Assmann/Uwe H. Schneider/Mülbert
Wertpapierhandelsrecht · Kommentar

Wertpapierhandelsrecht

Kommentar
WpHG
MAR · PRIIP · MiFIR
Leerverkaufs-VO · EMIR

herausgegeben von

Professor Dr. Heinz-Dieter Assmann, LL.M.
em. Universitätsprofessor, Universität Tübingen
Of Counsel, Stuttgart

Professor Dr. Dr. h.c. Uwe H. Schneider
em. Universitätsprofessor,
Direktor des Instituts für deutsches und internationales Recht
des Spar-, Giro- und Kreditwesens, Universität Mainz

Professor Dr. Peter O. Mülbert
Universitätsprofessor,
Direktor des Instituts für deutsches und internationales Recht
des Spar-, Giro- und Kreditwesens, Universität Mainz

7. grundlegend neu bearbeitete
und erweiterte Auflage

2019

ottoschmidt

Bearbeiter

Prof. Dr. Heinz-Dieter Assmann, LL.M.
(Philadelphia)
em. Universitätsprofessor,
Eberhard Karls Universität Tübingen,
Of Counsel, Stuttgart

Prof. Dr. Petra Buck-Heeb
Universitätsprofessorin,
Leibniz Universität Hannover

Dr. Doris Döhmel*
Regierungsdirektorin, Bundesanstalt
für Finanzdienstleistungsaufsicht,
Frankfurt am Main

Dr. Stefan Gebauer
Rechtsanwalt, Frankfurt am Main

Prof. Dr. Elke Gurlit
Universitätsprofessorin,
Johannes Gutenberg-Universität Mainz

Holger Hartenfels
Rechtsanwalt, Syndikusrechtsanwalt,
Frankfurt am Main

Prof. Dr. Alexander Hellgardt, LL.M.
(Harvard)
Universitätsprofessor,
Universität Regensburg

Dr. Henning Hönsch
Wirtschaftsprüfer, Rechtsanwalt,
Steuerberater, Berlin

Prof. Dr. Ingo Koller
em. Universitätsprofessor,
Universität Regensburg

Prof. Dr. Peter O. Mülbert
Universitätsprofessor,
Direktor des Instituts für deutsches und
internationales Recht des Spar-, Giro- und
Kreditwesens,
Johannes Gutenberg-Universität Mainz

Dr. Alexander Sajnovits, M.Sc. (Oxford)
Rechtsanwalt, Frankfurt am Main

Dr. Sven H. Schneider, LL.M. (Berkeley)
Rechtsanwalt, Frankfurt am Main,
Attorney-at-Law (New York)

Prof. Dr. Dr. h.c. Uwe H. Schneider
em. Universitätsprofessor,
Technische Universität Darmstadt,
Direktor des Instituts für deutsches und
internationales Recht des Spar-, Giro- und
Kreditwesens,
Johannes Gutenberg-Universität Mainz

Prof. Dr. Rolf Sethe, LL.M. (London)
Universitätsprofessor, Universität Zürich

Prof. Dr. Wolfgang Spoerr, LL.M.
(Edinburgh)
Honorarprofessor,
Humboldt-Universität zu Berlin,
Rechtsanwalt, Berlin

---

*Die Autorin gibt in ihren Kommentierungen ihre persönliche Meinung wieder.

Zitierempfehlung:

Bearbeiter in Assmann/Uwe H. Schneider/Mülbert, Wertpapierhandelsrecht, 7. Aufl. 2019, § 2 WpHG Rz. 10

Bearbeiter in Assmann/Uwe H. Schneider/Mülbert, Wertpapierhandelsrecht, 7. Aufl. 2019, Art. 12 VO Nr. 596/2014 Rz. 10

Bibliografische Information der Deutschen Nationalbibliothek

Die Deutsche Nationalbibliothek verzeichnet diese Publikation in der Deutschen Nationalbibliografie; detaillierte bibliografische Daten sind im Internet über http://dnb.d-nb.de abrufbar.

Verlag Dr. Otto Schmidt KG
Gustav-Heinemann-Ufer 58, 50968 Köln
Tel. 02 21/9 37 38-01, Fax 02 21/9 37 38-9 43
info@otto-schmidt.de
www.otto-schmidt.de

ISBN 978-3-504-40089-7

© 2019 by Verlag Dr. Otto Schmidt KG, Köln

Das Werk einschließlich aller seiner Teile ist urheberrechtlich geschützt. Jede Verwertung, die nicht ausdrücklich vom Urheberrechtsgesetz zugelassen ist, bedarf der vorherigen Zustimmung des Verlags. Das gilt insbesondere für Vervielfältigungen, Bearbeitungen, Übersetzungen, Mikroverfilmungen und die Einspeicherung und Verarbeitung in elektronischen Systemen.

Das verwendete Papier ist aus chlorfrei gebleichten Rohstoffen hergestellt, holz- und säurefrei, alterungsbeständig und umweltfreundlich.

Einbandgestaltung: Lichtenford, Mettmann
Satz: Schäper, Bonn
Druck und Verarbeitung: Kösel, Krugzell
Printed in Germany

Vorwort

Schon bei seiner Einführung im Juli 1994 wurde das WpHG als das Grundgesetz des Kapitalmarkts bezeichnet, da es die wesentlichen Regelungen für das Funktionieren der Finanzmärkte und den Schutz von Kapitalanlegern enthielt. Trotz der ständigen Ausdifferenzierung seiner Bestimmungen und der stetigen Ausweitung seiner Regelungsfelder blieb dieser Regelungszuschnitt bis zur 6. Auflage des Assmann/Uwe H. Schneider im Jahre 2012 erhalten. Seitdem hat sich sein Charakter aber grundlegend verändert. Vom WpHG als Grundgesetz des Kapitalmarkts ist nur noch ein Torso erhalten. Zwar umfasst es noch immer eine Reihe seiner ursprünglichen Regelungsbereiche, und es sind sogar einige neue Regelungsmaterien hinzugekommen (für die Änderungen des WpHG seit der 6. Aufl. siehe die Einl. WpHG Rz. 12 bis 19). Jedoch wurden wesentliche seiner ursprünglichen Regelungsfelder in unmittelbar geltende EU-Verordnungen überführt, woran im heutigen WpHG nur noch einige Bestimmungen zur Durchführung dieser Verordnungen erinnern. Darüber hinaus hat die Schaffung der europäischen Aufsichtsbehörde ESMA, obschon dadurch die Bedeutung der mitgliedstaatlichen Aufsichtsbehörden alles andere als beschnitten wurde, zu komplizierten Anpassungen bei den Zuständigkeiten der nationalen Behörden in grenzüberschreitenden Sachverhalten geführt. Näheres zu den Facetten und Charakteristika dieses weithin verordneten und nur noch in Teilbereichen richtliniengeprägten Wertpapierhandelsrechts, wie es sich nach Erscheinen der 6. Auflage des Kommentars herausgebildet hat, sowie den sich aus diesen ergebenden Konsequenzen für die Anwendung des neuen Rechts lässt sich der Einleitung zum WpHG (namentlich Rz. 5 ff. und 10 ff.) und zu den Art. 12 ff. VO Nr. 596/2014 (namentlich Rz. 45 ff.) entnehmen.

Die 7. Auflage bildet dementsprechend in vielerlei Hinsicht eine veritable Zäsur. Von den Kommentierungen der 6. Auflage ist nicht mehr viel geblieben. Selbst in den noch im WpHG zu findenden Bereichen des deutschen und europäischen Wertpapierhandelsrechts haben umfangreiche Änderungen zur Umsetzung neuer EU-Richtlinien und zu diesen ergangene Rechtsakte vielfach Neukommentierungen erforderlich gemacht. Das betrifft etwa die Regelungen zu den Aufgaben und den allgemeinen Befugnissen der BaFin, zur Offenlegung bei wesentlichen Beteiligungen, zu den Verhaltenspflichten, Organisations- und den Transparenzpflichten der Wertpapierdienstleistungsunternehmen, zur Haftung für falsche und unterlassene Kapitalmarktinformation, zu Finanztermingeschäften, zur Überwachung von Unternehmensabschlüssen und zur Veröffentlichung von Finanzberichten sowie den Straf- und Bußgeldvorschriften in Bezug auf Verstöße gegen Bestimmungen des WpHG und jetzt auch der EU-Verordnungen. In allen diesen Neukommentierungen spiegelt sich zugleich die Struktur des neuen Kapitalmarktrechts aus komplementärem und jeweils mehrfach gestaffeltem Richtlinien- und Verordnungsrecht, und in allen diesen Neukommentierungen waren die sachlichen und methodischen Konsequenzen der gleichzeitigen Zurückdrängung von Richtlinienrecht und entsprechend vereinheitlichten mitgliedstaatlichem Recht durch EU-Verordnungsrecht zu ziehen.

Bei der Überführung des Kommentars zum WpHG in einen Kommentar zum deutschen und europäischen Wertpapierhandelsrecht, wie sie im neuen Titel des Kommentars zum Ausdruck kommt, sind die Herausgeber und Autoren nicht nur den Geboten der Entwicklung des neuen Kapitalmarktrechts und der epochalen Ablösung von Richtlinienrecht durch Verordnungsrecht in der EU gefolgt und haben unterschiedliche Rechtsakte unter einem Kommentardach vereint. Vielmehr haben sie dabei auch den Rest einer auch durch das neue System kapitalmarktrechtlicher nationaler Gesetze, zu diesen ergangenen nationalen Verordnungen sowie EU-Richtlinien und Verordnungen nicht gänzlich verschütteten Kodifikationsidee zu bewahren und in das klassische Konzept einer Kommentierung der äußerlich disparaten Vorschriften zu retten versucht. Aber auch Letzteres war schon wegen der Fülle, des Umfangs und Detailversessenheit zahlreicher europäischer Rechtsakte bisweilen nicht ohne eine Überführung des klassischen Kommentierungsstils in bereichsübergreifende Erläuterungen zu bewältigen.

Dessen ungeachtet finden sich auch in dieser Auflage die wichtigsten Rechtsakte des deutschen und europäischen Wertpapierhandelsrecht auf bekannte Weise kommentiert:

– Das gilt namentlich für das **WpHG** in der auf das 2. FiMaNoG vom 23.6.2017 zurückgehenden Neuzählung seiner Vorschriften und der zu diesem Gesetz ergangenen nationalen Verordnungen sowie die Verordnung (EU) Nr. 596/2014 vom 16.4.2014 über Marktmissbrauch (**Marktmissbrauchsverordnung**), in welche die bisher im WpHG zu findenden und zu einem Marktmissbrauchsrecht ausgebauten Regelungen zum Insiderrecht, zu Directors' Dealings, zur Ad-hoc-Publizität und zur Marktmanipulation überführt wurden. Beide, WpHG und Marktmissbrauchsverordnung, werden – erstmalig im Schrifttum – in allen ihren Vorschriften erläutert.

- Darüber hinaus finden sich umfassende Erläuterungen zu den wichtigsten Bestimmungen der Verordnung (EU) Nr. 600/2014 vom 15.5.2014 über Märkte für Finanzinstrumente und zur Änderung der Verordnung (EU) Nr. 648/2012 (**MiFIR**) und der Verordnung (EU) Nr. 1286/2014 vom 26.11.2014 über Basisinformationsblätter für verpackte Anlageprodukte für Kleinanleger und Versicherungsanlageprodukte (**PRIIP-Verordnung**), die – komplementär zu den Verhaltenspflichten von Wertpapierdienstleistungsunternehmen im neuen Abschnitt 11 des WpHG in §§ 63 bis 96 WpHG – Vorschriften zur Verbesserung des Kleinanlegerschutzes im Hinblick auf von der Verordnung so bezeichnete „verpackte Anlageprodukte" enthält.
- Ebenfalls vollständig erläutert sind die Verordnung (EU) Nr. 236/2012 über Leerverkäufe und bestimmte Aspekte von Credit Default Swaps vom 14.3.2012 (**Leerverkaufsverordnung**) und die Verordnung (EU) Nr. 648/2012 vom 4.7.2012 über OTC-Derivate (**EMIR**).
- Die zu den vorstehend aufgeführten Verordnungen ergangenen Rechtsakte auf Level 2 und 3 der europäischen Rechtssetzung – namentlich **Delegierte Verordnungen und Durchführungsverordnungen** – sind im Zusammenhang mit den Vorschriften der Verordnungen, die sie betreffen, kommentiert. Gleiches gilt für die nicht unbedeutenden Verlautbarungen der ESMA, vor allem in Gestalt von Reports, Guidelines sowie Questions and Answers.

In Pionierarbeit enthält diese 7. Auflage damit Kommentierungen zu allen wichtigen und praktisch bedeutenden Vorschriften des nationalen sowie des in den Mitgliedstaaten direkt als Verordnungen geltenden EU-Wertpapierhandelsrechts. Das rechtfertigt den neuen Titel des Kommentars als Kommentar zum Wertpapierhandelsrecht. Da dieses zum größten Teil aus direkt geltendem EU-Verordnungsrecht besteht, haben die Herausgeber – im Hinblick auf die Bewerkstelligung der vorhersehbar mit großem herausgeberischen und planerischem Aufwand verbundenen Neuauflage – den Herausgeberkreis um den im europäischen Kapitalmarktrecht besonders ausgewiesenen Prof. Dr. Peter O. Mülbert erweitert. Aus dem gleichen Grund waren auch die Kommentierungsaufgaben neu zu verteilen und der Autorenkreis auszudehnen. Zu den bisherigen Autoren hinzugekommen sind Prof. Dr. Petra Buck-Heeb, Rechtsanwalt Dr. Stefan Gebauer, Prof. Dr. Elke Gurlit, Rechtsanwalt Holger Hartenfels, Prof. Dr. Alexander Hellgardt, LL.M., Rechtsanwalt Dr. Alexander Sajnovits, M.Sc., und Rechtsanwalt Dr. Wolfgang Spoerr. Prof. Dr. Rolf Sethe, LL.M., ist auf eigenen Wunsch ausgeschieden. Ihm sei an dieser Stelle für seine über vier Auflagen aktive Autorenschaft herzlich gedankt. An seine Stelle tritt Prof. Dr. Alexander Hellgardt, LL.M. Neben Prof. Dr. Peter O. Mülbert hat Prof. Dr. Wolfgang Spoerr die Kommentierungen von Prof. Dr. Joachim Vogel übernommen, der im August 2013 durch einen tragischen Unfall in seinem 51. Lebensjahr ums Leben gekommen ist und dem wir auch an dieser Stelle gedenken wollen.

Alle bis zur Drucklegung dieser Auflage Mitte August 2018 erfolgten – nicht wenigen – Änderungen der Vorschriften der hier kommentierten Rechtsakte sind in den Erläuterungen berücksichtigt worden. Gleiches gilt für das bis zu diesem Zeitpunkt veröffentlichte Schrifttum. Zu einigen absehbaren Änderungen – darunter auch den von der BaFin zur Konsultation gestellten Entwurf einer Verordnung zur Einführung einer Stimmrechtsmitteilungsverordnung und zur Ergänzung der Gegenpartei-Prüfbescheinigungsverordnung sowie von geplanten Änderungen des Emittentenleitfadens im Hinblick auf die Überwachung von Unternehmensabschlüssen und zur Veröffentlichung von Finanzberichten nach §§ 106 ff. bzw. 114 ff. WpHG (dazu Einl. WpHG Rz. 46) – finden sich Hinweise in den einschlägigen Erläuterungen.

Die schon in den Vorauflagen ausgesprochene Ermunterung, den Herausgebern und Autoren Hinweise, Anregungen und Kritik nicht vorzuenthalten, sondern zur Kenntnis zu bringen, sei auch an dieser Stelle wiederholt (gerne per E-Mail: lektorat@otto-schmidt.de). Selbst lobende Anmerkungen sind willkommen. Mit der Beibehaltung der die Grenzen des herstellerisch Machbaren strapazierenden Einbändigkeit des Kommentars, die vor allem ein kompakteres Layout verlangt haben, wollen Verlag und Herausgeber vor allem den Interessen seiner Benutzer gerecht werden.

Bei der Vorbereitung von Kommentaren wirken viele helfende Hände mit. Wie in den Vorauflagen dieses Kommentars ist es erneut seinen Autoren überlassen, ihre individuellen Dankesschulden persönlich abzutragen. Anders verhält sich dies mit dem Dr. Birgitta Peters und Dr. Bastian Schoppe vom Verlag Dr. Otto Schmidt auch an dieser Stelle abzustattenden Dank. Sie haben die Herausgeber bei der Neukonzeption des Kommentars intensiv begleitet, die Autoren bei der Erstellung ihrer Kommentierung aufs Beste unterstützt und viel Energie darauf verwandt zu verhindern, dass sich der vorgesehene Zeitplan über Gebühr verzögert; Mühen, deren Ausmaß sich nur ermessen lässt, wenn man bedenkt, dass de facto aus dem Stand ein praktisch neuer Kommentar dieses Ausmaßes auf den Weg zu bringen war.

Tübingen, Mainz und Frankfurt, im August 2018
Heinz-Dieter Assmann, Peter O. Mülbert und Uwe H. Schneider

Bearbeiterverzeichnis

Es haben bearbeitet:

Assmann	Einl., §§ 1–4, 25, 26, 29, 128, 135 WpHG
	Art. 1–4, 6, Vor Art. 7, Art. 7–11, 14, 17, 35–39 VO Nr. 596/2014
Buck-Heeb	Art. 1–14, 30–34 VO Nr. 1286/2014
Döhmel	Vor § 6, §§ 6–12, 14, 16–22, 24, 27, 28, 47, 90, 91, Vor § 102, §§ 102–105, 129 WpHG
	Art. 22–29 VO Nr. 596/2014
	Art. 19–21 VO Nr. 1286/2014
	Art. 38, 46–49, 54 VO Nr. 600/2014 (Art. 54 mit Hartenfels)
	Art. 32–40 VO Nr. 236/2012
	Art. 23, 24, 55–63, 70–77, 83, 84 VO Nr. 648/2012
Gebauer	Vor § 58, §§ 58–62, 72–77, 79 WpHG
	Art. 1–27, 52 VO Nr. 600/2014 (Art. 1 mit Gurlit und Hartenfels, Art. 2 mit Gurlit, Art. 52 mit Hartenfels)
Gurlit	§§ 15, 54–57, 88, 89 WpHG
	Art. 15–18 VO Nr. 1286/2014
	Art. 1, 2, 39–45 VO Nr. 600/2014 (Art. 1 mit Gebauer und Hartenfels, Art. 2 mit Gebauer)
Hartenfels	§§ 30–32, 78, 138 WpHG
	Art. 1, 28–37, 50–52, 54 VO Nr. 600/2014 (Art. 1 mit Gebauer und Gurlit, Art. 52 mit Gebauer, Art. 54 mit Döhmel)
	Vor Art. 1, Art. 1–11, 13–22, 25–54, 78–82, 85–91 VO Nr. 648/2012
Hellgardt	§§ 97, 98, 101 WpHG (§ 101 mit Sethe)
	Art. 18, 19 VO Nr. 596/2014 (mit Sethe)
Hönsch	Vor § 106, §§ 106–118, 132, 134, 136 WpHG
Koller	§§ 63–71, 80–87, 92, 95, 96, 131, 133 WpHG
	Art. 20, 21 VO Nr. 596/2014
Mülbert	Vor § 48, §§ 48–53, Vor § 99, §§ 99, 100, 130 WpHG
	Art. 5, Vor Art. 12, Art. 12, 13, 15, 16 VO Nr. 596/2014
	Vor Art. 1, Art. 1–31, 42–48 VO Nr. 236/2012 (mit Sajnovits)
Sajnovits	Vor Art. 1, Art. 1–31, 42–48 VO Nr. 236/2012 (mit Mülbert)
Sven H. Schneider	§ 35 WpHG
Uwe H. Schneider	§ 5, Vor § 33, §§ 33, 34, 36–46, 127 WpHG
Sethe	§ 101 WpHG (mit Hellgardt)
	Art. 18, 19 VO Nr. 596/2014 (mit Hellgardt)
Spoerr	Vor § 13, §§ 13, 23, 93, 94, Vor § 119, §§ 119–126, 137 WpHG
	Art. 30–34 VO Nr. 596/2014
	Art. 22–29 VO Nr. 1286/2014
	Art. 41 VO Nr. 236/2012
	Art. 12, 64–69 VO Nr. 648/2012

Inhaltsübersicht

	Seite
Vorwort	VII
Inhaltsverzeichnis	XIII
Allgemeines Schrifttumsverzeichnis	XXVII

Einleitung 1

Wertpapierhandelsgesetz
Gesetz über den Wertpapierhandel (Wertpapierhandelsgesetz – WpHG) 19

Verordnung (EU) Nr. 596/2014
des Europäischen Parlaments und des Rates vom 16. April 2014 über Marktmissbrauch (Marktmissbrauchsverordnung) und zur Aufhebung der Richtlinie 2003/125/EG des Europäischen Parlaments und des Rates und der Richtlinien 2003/124/EG, 2003/125/EG und 2004/72/EG der Kommission (MAR) 1483

Verordnung (EU) Nr. 1286/2014
des Europäischen Parlaments und des Rates vom 26. November 2014 über Basisinformationsblätter für verpackte Anlageprodukte für Kleinanleger und Versicherungsanlageprodukte (PRIIP) 2185

Verordnung (EU) Nr. 600/2014
des Europäischen Parlaments und des Rates vom 15. Mai 2014 über Märkte für Finanzinstrumente und zur Änderung der Verordnung (EU) Nr. 648/2012 (MiFIR) 2325

Verordnung (EU) Nr. 236/2012
des Europäischen Parlaments und des Rates vom 14. März 2012 über Leerverkäufe und bestimmte Aspekte von Credit Default Swaps (Leerverkaufs-VO) 2651

Verordnung (EU) Nr. 648/2012
des Europäischen Parlaments und des Rates vom 4. Juli 2012 über OTC-Derivate, zentrale Gegenparteien und Transaktionsregister (EMIR) 2833

Sachregister 3395

Inhaltsverzeichnis

	Seite
Vorwort	VII
Inhaltsübersicht	XI
Allgemeines Schrifttumsverzeichnis	XXVII
Einleitung	1

Wertpapierhandelsgesetz

Abschnitt 1 Anwendungsbereich, Begriffsbestimmungen (§§ 1–5) ... 19
§ 1 Anwendungsbereich ... 19
§ 2 Begriffsbestimmungen ... 23
§ 3 Ausnahmen; Verordnungsermächtigung ... 107
§ 4 Wahl des Herkunftsstaates; Verordnungsermächtigung ... 132
§ 5 Veröffentlichung des Herkunftsstaates; Verordnungsermächtigung ... 136

Abschnitt 2 Bundesanstalt für Finanzdienstleistungsaufsicht (§§ 6–24) ... 137
Vorbemerkungen zu §§ 6–11 ... 137
§ 6 Aufgaben und allgemeine Befugnisse der Bundesanstalt ... 157
§ 7 Herausgabe von Kommunikationsdaten ... 205
§ 8 Übermittlung und Herausgabe marktbezogener Daten; Verordnungsermächtigung ... 215
§ 9 Verringerung und Einschränkung von Positionen oder offenen Forderungen ... 220
§ 10 Besondere Befugnisse nach der Verordnung (EU) Nr. 1286/2014 und der Verordnung (EU) 2016/1011 ... 224
§ 11 Anzeige straftatbegründender Tatsachen ... 234
§ 12 Adressaten einer Maßnahme wegen möglichen Verstoßes gegen Artikel 14 oder 15 der Verordnung (EU) Nr. 596/2014 ... 238
Vorbemerkungen zu § 13 (Rechtsschutz gegen Maßnahmen der Bundesanstalt und Informationszugang) ... 240
§ 13 Sofortiger Vollzug ... 252
§ 14 Befugnisse zur Sicherung des Finanzsystems ... 256
§ 15 Produktintervention ... 263
§ 16 Wertpapierrat ... 271
§ 17 Zusammenarbeit mit anderen Behörden im Inland ... 274
§ 18 Zusammenarbeit mit zuständigen Stellen im Ausland; Verordnungsermächtigung ... 279
§ 19 Zusammenarbeit mit der Europäischen Wertpapier- und Marktaufsichtsbehörde ... 299
§ 20 Zusammenarbeit mit der Europäischen Kommission im Rahmen des Energiewirtschaftsgesetzes ... 305
§ 21 Verschwiegenheitspflicht ... 307
§ 22 Meldepflichten ... 328
§ 23 Anzeige von Verdachtsfällen ... 332
§ 24 Verpflichtung des Insolvenzverwalters ... 350

Abschnitt 3 Marktmissbrauchsüberwachung (§§ 25–28) ... 357
§ 25 Anwendung der Verordnung (EU) Nr. 596/2014 auf Waren und ausländische Zahlungsmittel ... 357
§ 26 Übermittlung von Insiderinformationen und von Eigengeschäften; Verordnungsermächtigung ... 358
§ 27 Aufzeichnungspflichten ... 361
§ 28 Überwachung der Geschäfte der bei der Bundesanstalt Beschäftigten ... 363

		Seite
Abschnitt 4	**Ratingagenturen (§ 29)**	367
§ 29	Zuständigkeit im Sinne der Verordnung (EG) Nr. 1060/2009	367

Abschnitt 5	**OTC-Derivate und Transaktionsregister (§§ 30–32)**	373
§ 30	Überwachung des Clearings von OTC-Derivaten und Aufsicht über Transaktionsregister	373
§ 31	Mitteilungspflichten nichtfinanzieller Gegenparteien	380
§ 32	Prüfung der Einhaltung bestimmter Pflichten der Verordnung (EU) Nr. 648/2012 und der Verordnung (EU) Nr. 600/2014	382

Abschnitt 6	**Mitteilung, Veröffentlichung und Übermittlung von Veränderungen des Stimmrechtsanteils an das Unternehmensregister (§§ 33–47)**	393
Vorbemerkungen zu §§ 33–47		393
§ 33	Mitteilungspflichten des Meldepflichtigen; Verordnungsermächtigung	407
§ 34	Zurechnung von Stimmrechten	426
§ 35	Tochterunternehmenseigenschaft; Verordnungsermächtigung	457
§ 36	Nichtberücksichtigung von Stimmrechten	468
§ 37	Mitteilung durch Mutterunternehmen; Verordnungermächtigung	480
§ 38	Mitteilungspflichten beim Halten von Instrumenten; Verordnungsermächtigung	482
§ 39	Mitteilungspflichten bei Zusammenrechnung; Verordnungsermächtigung	495
§ 40	Veröffentlichungspflichten des Emittenten und Übermittlung an das Unternehmensregister	497
§ 41	Veröffentlichung der Gesamtzahl der Stimmrechte und Übermittlung an das Unternehmensregister	507
§ 42	Nachweis mitgeteilter Beteiligungen	509
§ 43	Mitteilungspflichten für Inhaber wesentlicher Beteiligungen	512
§ 44	Rechtsverlust	517
§ 45	Richtlinien der Bundesanstalt	537
§ 46	Befreiungen; Verordnungsermächtigung	538
§ 47	Handelstage	540

Abschnitt 7	**Notwendige Informationen für die Wahrnehmung von Rechten aus Wertpapieren (§§ 48–52)**	541
Vorbemerkungen zu §§ 48–52		541
§ 48	Pflichten der Emittenten gegenüber Wertpapierinhabern	545
§ 49	Veröffentlichung von Mitteilungen und Übermittlung im Wege der Datenfernübertragung	553
§ 50	Veröffentlichung zusätzlicher Angaben und Übermittlung an das Unternehmensregister; Verordnungsermächtigung	562
§ 51	Befreiung	566
§ 52	Ausschluss der Anfechtung	568

Abschnitt 8	**Leerverkäufe und Geschäfte in Derivaten (§ 53)**	570
§ 53	Überwachung von Leerverkäufen; Verordnungsermächtigung	570

Abschnitt 9	**Positionslimits und Positionsmanagementkontrollen bei Warenderivaten und Positionsmeldungen (§§ 54–57)**	572
§ 54	Positionslimits und Positionsmanagementkontrollen	572
§ 55	Positionslimits bei europaweit gehandelten Derivaten	589
§ 56	Anwendung von Positionslimits	593
§ 57	Positionsmeldungen; Verordnungsermächtigung	602

Abschnitt 10	**Organisationspflichten von Datenbereitstellungsdiensten (§§ 58–62)**	611
Vorbemerkungen zu §§ 58–62		611
§ 58	Organisationspflichten für genehmigte Veröffentlichungssysteme	614
§ 59	Organisationspflichten für Bereitsteller konsolidierter Datenticker	623

Seite

§ 60 Organisationspflichten für genehmigte Meldemechanismen 631
§ 61 Überwachung der Organisationspflichten 639
§ 62 Prüfung der Organisationspflichten; Verordnungsermächtigung 641

Abschnitt 11 Verhaltenspflichten, Organisationspflichten, Transparenzpflichten (§§ 63–96) . . . 644
§ 63 Allgemeine Verhaltensregeln; Verordnungsermächtigung 644
§ 64 Besondere Verhaltensregeln bei der Erbringung von Anlageberatung und Finanzportfolioverwaltung; Verordnungsermächtigung 708
§ 65 Selbstauskunft bei der Vermittlung des Vertragsschlusses über eine Vermögensanlage im Sinne des § 2a des Vermögensanlagengesetzes 748
§ 65a Selbstauskunft bei der Vermittlung des Vertragsschlusses über Wertpapiere im Sinne des § 3c des Wertpapierprospektgesetzes 750
§ 66 Ausnahmen für Immobiliar-Verbraucherdarlehensverträge 751
§ 67 Kunden; Verordnungsermächtigung 751
§ 68 Geschäfte mit geeigneten Gegenparteien; Verordnungsermächtigung 761
§ 69 Bearbeitung von Kundenaufträgen; Verordnungsermächtigung 763
§ 70 Zuwendungen und Gebühren; Verordnungsermächtigung 768
§ 71 Erbringung von Wertpapierdienstleistungen und Wertpapiernebendienstleistungen über ein anderes Wertpapierdienstleistungsunternehmen 790
§ 72 Betrieb eines multilateralen Handelssystems oder eines organisierten Handelssystems 792
§ 73 Aussetzung des Handels und Ausschluss von Finanzinstrumenten 837
§ 74 Besondere Anforderungen an multilaterale Handelssysteme 843
§ 75 Besondere Anforderungen an organisierte Handelssysteme 848
§ 76 KMU-Wachstumsmärkte; Verordnungsermächtigung 856
§ 77 Direkter elektronischer Zugang 863
§ 78 Handeln als General-Clearing-Mitglied 875
§ 79 Mitteilungspflicht von systematischen Internalisierern 878
§ 80 Organisationspflichten; Verordnungsermächtigung 884
§ 81 Geschäftsleiter 958
§ 82 Bestmögliche Ausführung von Kundenaufträgen 960
§ 83 Aufzeichnungs- und Aufbewahrungspflicht 978
§ 84 Vermögensverwahrung und Finanzsicherheiten; Verordnungsermächtigung 994
§ 85 Anlagestrategieempfehlungen und Anlageempfehlungen; Verordnungsermächtigung 1011
§ 86 Anzeigepflicht 1018
§ 87 Einsatz von Mitarbeitern in der Anlageberatung, als Vertriebsbeauftragte, in der Finanzportfolioverwaltung oder als Compliance-Beauftragte; Verordnungsermächtigung 1019
§ 88 Überwachung der Meldepflichten und Verhaltensregeln 1030
§ 89 Prüfung der Meldepflichten und Verhaltensregeln; Verordnungsermächtigung . . . 1038
§ 90 Unternehmen, organisierte Märkte und multilaterale Handelssysteme mit Sitz in einem anderen Mitgliedstaat der Europäischen Union oder in einem anderen Vertragsstaat des Abkommens über den Europäischen Wirtschaftsraum 1046
§ 91 Unternehmen mit Sitz in einem Drittstaat 1055
§ 92 Werbung der Wertpapierdienstleistungsunternehmen 1058
§ 93 Register Unabhängiger Honorar-Anlageberater; Verordnungsermächtigung 1061
§ 94 Bezeichnungen zur Unabhängigen Honorar-Anlageberatung 1067
§ 95 Ausnahmen 1074
§ 96 Strukturierte Einlagen 1075

Abschnitt 12 Haftung für falsche und unterlassene Kapitalmarktinformationen (§§ 97–98) . . . 1077
§ 97 Schadenersatz wegen unterlassener unverzüglicher Veröffentlichung von Insiderinformationen 1077
§ 98 Schadenersatz wegen Veröffentlichung unwahrer Insiderinformationen 1077

Seite

Abschnitt 13 Finanztermingeschäfte (§§ 99–100) 1152
Vorbemerkungen zu §§ 99, 100 1152
§ 99   Ausschluss des Einwands nach § 762 des Bürgerlichen Gesetzbuchs 1157
§ 100 Verbotene Finanztermingeschäfte 1160

Abschnitt 14 Schiedsvereinbarungen (§ 101) 1164
§ 101 Schiedsvereinbarungen 1164

Abschnitt 15 Märkte für Finanzinstrumente mit Sitz außerhalb der Europäischen Union (§§ 102–105) 1181
Vorbemerkungen zu §§ 102–105 1181
§ 102 Erlaubnis; Verordnungsermächtigung 1183
§ 103 Versagung der Erlaubnis 1190
§ 104 Aufhebung der Erlaubnis 1191
§ 105 Untersagung 1194

Abschnitt 16 Überwachung von Unternehmensabschlüssen, Veröffentlichung von Finanzberichten (§§ 106–118) 1196
Unterabschnitt 1 Überwachung von Unternehmensabschlüssen (§§ 106–113) 1196
Vorbemerkungen zu §§ 106–118 1196
§ 106 Prüfung von Unternehmensabschlüssen und -berichten 1200
§ 107 Anordnung einer Prüfung der Rechnungslegung und Ermittlungsbefugnisse der Bundesanstalt 1205
§ 108 Befugnisse der Bundesanstalt im Falle der Anerkennung einer Prüfstelle 1214
§ 109 Ergebnis der Prüfung von Bundesanstalt oder Prüfstelle 1217
§ 110 Mitteilungen an andere Stellen 1223
§ 111 Internationale Zusammenarbeit 1225
§ 112 Widerspruchsverfahren 1226
§ 113 Beschwerde 1229

Unterabschnitt 2 Veröffentlichung und Übermittlung von Finanzberichten an das Unternehmensregister (§§ 114–118) 1233
§ 114 Jahresfinanzbericht; Verordnungsermächtigung 1233
§ 115 Halbjahresfinanzbericht; Verordnungsermächtigung 1242
§ 116 Zahlungsbericht; Verordnungsermächtigung 1252
§ 117 Konzernabschluss 1255
§ 118 Ausnahmen; Verordnungsermächtigung 1257

Abschnitt 17 Straf- und Bußgeldvorschriften (§§ 119–126) 1260
Vorbemerkungen zu §§ 119–126 1260
§ 119 Strafvorschriften 1272
§ 120 Bußgeldvorschriften 1323
§ 121 Zuständige Verwaltungsbehörde 1431
§ 122 Beteiligung der Bundesanstalt und Mitteilungen in Strafsachen 1436
§ 123 Bekanntmachung von Maßnahmen 1443
§ 124 Bekanntmachung von Maßnahmen und Sanktionen wegen Verstößen gegen Transparenzpflichten 1454
§ 125 Bekanntmachung von Maßnahmen und Sanktionen wegen Verstößen gegen die Verordnung (EU) Nr. 596/2014, die Verordnung (EU) 2015/2365 und die Verordnung (EU) 2016/1011 ... 1462
§ 126 Bekanntmachung von Maßnahmen und Sanktionen wegen Verstößen gegen Vorschriften der Abschnitte 9 bis 11 und gegen die Verordnung (EU) Nr. 600/2014 1465

Abschnitt 18 Übergangsbestimmungen (§§ 127–138) 1470
§ 127 Erstmalige Mitteilungs- und Veröffentlichungspflichten 1470

		Seite
§ 128	Übergangsregelung für die Mitteilungs- und Veröffentlichungspflichten zur Wahl des Herkunftsstaats	1472
§ 129	Übergangsregelung für die Kostenerstattungspflicht nach § 11 der bis zum 2. Januar 2018 gültigen Fassung dieses Gesetzes	1473
§ 130	Übergangsregelung für die Mitteilungs- und Veröffentlichungspflichten für Inhaber von Netto-Leerverkaufspositionen nach § 30i in der Fassung dieses Gesetzes vom 6. Dezember 2011 (BGBl. I S. 2481)	1474
§ 131	Übergangsregelung für die Verjährung von Ersatzansprüchen nach § 37a der bis zum 4. August 2009 gültigen Fassung dieses Gesetzes	1475
§ 132	Anwendungsbestimmung für das Transparenzrichtlinie-Umsetzungsgesetz	1475
§ 133	Anwendungsbestimmung für § 34 der bis zum 2. Januar 2018 gültigen Fassung dieses Gesetzes	1475
§ 134	Anwendungsbestimmung für das Gesetz zur Umsetzung der Transparenzrichtlinie-Änderungsrichtlinie	1476
§ 135	Übergangsvorschriften zur Verordnung (EU) Nr. 596/2014	1476
§ 136	Übergangsregelungen zum CSR-Richtlinie-Umsetzungsgesetz	1477
§ 137	Übergangsvorschrift für Verstöße gegen die §§ 38 und 39 in der bis zum Ablauf des 1. Juli 2016 geltenden Fassung dieses Gesetzes	1478
§ 138	Übergangsvorschrift zur Richtlinie 2014/65/EU über Märkte für Finanzinstrumente	1479

Verordnung (EU) Nr. 596/2014

des Europäischen Parlaments und des Rates vom 16. April 2014 über Marktmissbrauch (Marktmissbrauchsverordnung) und zur Aufhebung der Richtlinie 2003/125/EG des Europäischen Parlaments und des Rates und der Richtlinien 2003/124/EG, 2003/125/EG und 2004/72/EG der Kommission (MAR)

Kapitel 1	**Allgemeine Bestimmungen (Art. 1–6)**	**1483**
Art. 1	Gegenstand	1483
Art. 2	Anwendungsbereich	1485
Art. 3	Begriffsbestimmungen	1492
Art. 4	Meldungen und Liste der Finanzinstrumente	1506
Art. 5	Ausnahmen für Rückkaufprogramme und Stabilisierungsmaßnahmen	1511
Art. 6	Ausnahme für Maßnahmen im Rahmen der Geldpolitik, der Staatsschuldenverwaltung und der Klimapolitik	1552
Kapitel 2	**Insiderinformationen, Insidergeschäfte, unrechtmäßige Offenlegung von Insiderinformationen und Marktmanipulation (Art. 7–16)**	**1555**
Vorbemerkungen zu den insiderrechtlichen Regelungen der Art. 7–11 und zum Insiderhandelsverbot nach Art. 14		1555
Art. 7	Insiderinformation	1570
Art. 8	Insidergeschäfte	1603
Art. 9	Legitime Handlungen	1632
Art. 10	Unrechtmäßige Offenlegung von Insiderinformationen	1641
Art. 11	Marktsondierungen	1666
Vorbemerkungen zu Art. 12, 13, 15 und 16		1690
Art. 12	Marktmanipulation	1715
Art. 13	Zulässige Marktpraxis	1788
Art. 14	Verbot von Insidergeschäften und unrechtmäßiger Offenlegung von Insiderinformationen	1821
Art. 15	Verbot der Marktmanipulation	1826
Art. 16	Vorbeugung und Aufdeckung von Marktmissbrauch	1839

	Seite
Kapitel 3 Offenlegungsvorschriften (Art. 17–21)	1863
Art. 17 Veröffentlichung von Insiderinformationen	1863
Art. 18 Insiderlisten	1965
Art. 19 Eigengeschäfte von Führungskräften	2000
Art. 20 Anlageempfehlungen und Statistik	2079
Art. 21 Weitergabe oder Verbreitung von Informationen in den Medien	2112
Kapitel 4 ESMA und zuständige Behörden (Art. 22–29)	2113
Art. 22 Zuständige Behörden	2113
Art. 23 Befugnisse der zuständigen Behörden	2115
Art. 24 Zusammenarbeit mit der ESMA	2121
Art. 25 Verpflichtung zur Zusammenarbeit	2123
Art. 26 Zusammenarbeit mit Drittstaaten	2135
Art. 27 Berufsgeheimnis	2137
Art. 28 Datenschutz	2139
Art. 29 Übermittlung personenbezogener Daten in Drittstaaten	2141
Kapitel 5 Verwaltungsrechtliche Massnahmen und Sanktionen (Art. 30–34)	2144
Art. 30 Verwaltungsrechtliche Sanktionen und andere verwaltungsrechtliche Maßnahmen	2144
Art. 31 Wahrnehmung der Aufsichtsbefugnisse und Verhängung von Sanktionen	2155
Art. 32 Meldung von Verstößen	2158
Art. 33 Informationsaustausch mit der ESMA	2167
Art. 34 Veröffentlichung von Entscheidungen	2176
Kapitel 6 Delegierte Rechtsakte und Durchführungsrechtsakte (Art. 35–36)	2181
Art. 35 Ausübung der Befugnisübertragung	2181
Art. 36 Ausschussverfahren	2181
Kapitel 7 Schlussbestimmungen (Art. 37–39)	2182
Art. 37 Aufhebung der Richtlinie 2003/6/EG und ihrer Durchführungsmaßnahmen	2182
Art. 38 Bericht	2182
Art. 39 Inkrafttreten und Geltung	2183

Verordnung (EU) Nr. 1286/2014
des Europäischen Parlaments und des Rates vom 26. November 2014 über Basisinformationsblätter für verpackte Anlageprodukte für Kleinanleger und Versicherungsanlageprodukte (PRIIP)

Kapitel I Gegenstand; Anwendungsbereich und Begriffsbestimmungen (Art. 1–4)	2185
Art. 1 [Gegenstand]	2185
Art. 2 [Anwendungsbereich]	2196
Art. 3 [Konkurrenzen]	2199
Art. 4 [Begriffsbestimmungen]	2202
Kapitel II Basisinformationsblatt (Art. 5–14)	2209
Abschnitt I Abfassung des Basisinformationsblatts (Art. 5)	2209
Art. 5 [Abfassung und Veröffentlichung]	2209
Abschnitt II Form und Inhalt des Basisinformationsblatts (Art. 6–12)	2212
Art. 6 [Form des Basisinformationsblatts]	2212
Art. 7 [Sprache des Basisinformationsblatts]	2218

	Seite
Art. 8 [Titel und Inhalt des Basisinformationsblatts]	2220
Art. 9 [Inhalt der Werbematerialien]	2238
Art. 10 [Überprüfung der Informationen durch Hersteller]	2239
Art. 11 [Zivilrechtliche Haftung]	2244
Art. 12 [Versicherungsvertrag]	2251
Abschnitt III Bereitstellung des Basisinformationsblatts (Art. 13–14)	2251
Art. 13 [Zeitpunkt der Bereitstellung des Basisinformationsblatts]	2251
Art. 14 [Art der Bereitstellung des Basisinformationsblatts]	2256
Kapitel III Marktüberwachung und Produktinterventionsbefugnisse (Art. 15–18)	2259
Art. 15 [Marktüberwachungsaufgabe]	2259
Art. 16 [Produktinterventionsbefugnis der EIOPA]	2264
Art. 17 [Produktinterventionsbefugnis der zuständigen mitgliedstaatlichen Behörde]	2274
Art. 18 [Koordination und Vermittlung der EIOPA bei Maßnahmen der zuständigen Behörden]	2289
Kapitel IV Beschwerden, Rechtsbehelfe, Zusammenarbeit und Aufsicht (Art. 19–21)	2291
Art. 19 [Beschwerden und Rechtsbehelfe]	2291
Art. 20 [Zusammenarbeit und Aufsicht]	2295
Art. 21 [Verarbeitung personenbezogener Daten]	2297
Kapitel V Verwaltungsrechtliche Sanktionen und andere Maßnahmen (Art. 22–29)	2300
Art. 22 [Festlegung verwaltungsrechtlicher Sanktionen]	2300
Art. 23 [Organisation des mitgliedstaatlichen Vollzugs]	2303
Art. 24 [Mindestanforderungen an mitgliedstaatliche Sanktionsbefugnisse]	2304
Art. 25 [Zumessung der Sanktion]	2309
Art. 26 [Rechtsmittel]	2310
Art. 27 [Meldungen an die ESMA]	2311
Art. 28 [Schaffung wirksamer Meldemechanismen]	2312
Art. 29 [Bekanntmachung von Maßnahmen und Sanktionen]	2314
Kapitel VI Schlussbestimmungen (Art. 30–34)	2318
Art. 30 [Erlass delegierter Rechtsakte]	2318
Art. 31 [Erlass technischer Regulierungsstandards]	2319
Art. 32 [Übergangsregelung]	2320
Art. 33 [Überprüfung durch die Kommission]	2320
Art. 34 [Inkrafttreten und Geltung]	2323

Verordnung (EU) Nr. 600/2014
des Europäischen Parlaments und des Rates vom 15. Mai 2014 über Märkte für Finanzinstrumente und zur Änderung der Verordnung (EU) Nr. 648/2012 (MiFIR)

Titel I Gegenstand, Anwendungsbereich und Begriffsbestimmungen (Art. 1–2)	2325
Art. 1 Gegenstand und Anwendungsbereich	2325
Art. 2 Begriffsbestimmungen	2330
Titel II Transparenz für Handelsplätze (Art. 3–13)	2333
Kapitel 1 Transparenz für Eigenkapitalinstrumente (Art. 3–7)	2333
Art. 3 Vorhandelstransparenzanforderungen für Handelsplätze im Hinblick auf Aktien, Aktienzertifikate, börsengehandelte Fonds, Zertifikate und andere vergleichbare Finanzinstrumente	2333

		Seite
Art. 4	Ausnahmen für Eigenkapitalinstrumente	2340
Art. 5	Mechanismus zur Begrenzung des Volumens	2349
Art. 6	Nachhandelstransparenzanforderungen für Handelsplätze im Hinblick auf Aktien, Aktienzertifikate, börsengehandelte Fonds, Zertifikate und andere vergleichbare Finanzinstrumente	2353
Art. 7	Genehmigung einer späteren Veröffentlichung	2357
Kapitel 2	**Transparenz für Nichteigenkapitalinstrumente** (Art. 8–11)	2361
Art. 8	Vorhandelstransparenzanforderungen für Handelsplätze im Hinblick auf Schuldverschreibungen, strukturierte Finanzprodukte, Emissionszertifikate und Derivate	2361
Art. 9	Ausnahmen für Nichteigenkapitalinstrumente	2370
Art. 10	Nachhandelstransparenzanforderungen für Handelsplätze im Hinblick auf Schuldverschreibungen, strukturierte Finanzprodukte, Emissionszertifikate und Derivate	2379
Art. 11	Genehmigung einer späteren Veröffentlichung	2383
Kapitel 3	**Verpflichtung, Handelsdaten gesondert und zu angemessenen kaufmännischen Bedingungen anzubieten** (Art. 12–13)	2390
Art. 12	Verpflichtung zur gesonderten Offenlegung von Vorhandels- und Nachhandelsdaten	2390
Art. 13	Verpflichtung zur Offenlegung von Vorhandels- und Nachhandelsdaten zu angemessenen kaufmännischen Bedingungen	2391
Titel III	**Transparenz für systematische Internalisierer und Wertpapierfirmen, die mit OTC handeln** (Art. 14–23)	2396
Art. 14	Verpflichtung der systematischen Internalisierer zur Offenlegung von verbindlichen Kursofferten für Aktien, Aktienzertifikate, börsengehandelte Fonds, Zertifikate und andere vergleichbare Finanzinstrumente	2396
Art. 15	Ausführung von Kundenaufträgen	2407
Art. 16	Pflichten der zuständigen Behörden	2412
Art. 17	Zugang zu Kursofferten	2413
Art. 18	Verpflichtung der systematischen Internalisierer zur Veröffentlichung verbindlicher Kursofferten in Bezug auf Schuldverschreibungen, strukturierte Finanzprodukte, Emissionszertifikate und Derivate	2416
Art. 19	Überwachung durch die ESMA	2430
Art. 20	Veröffentlichungen von Wertpapierfirmen – einschließlich systematischer Internalisierer – nach dem Handel betreffend Aktien, Aktienzertifikate, börsengehandelte Fonds, Zertifikate und andere vergleichbare Finanzinstrumente	2431
Art. 21	Veröffentlichungen von Wertpapierfirmen – einschließlich systematischer Internalisierer – nach dem Handel betreffend Schuldverschreibungen, strukturierte Finanzprodukte, Emissionszertifikate und Derivate	2436
Art. 22	Bereitstellung von Informationen für Transparenz- und andere Berechnungen	2441
Art. 23	Handelspflichten für Wertpapierfirmen	2443
Titel IV	**Meldung von Geschäften** (Art. 24–27)	2451
Art. 24	Pflicht zur Wahrung der Marktintegrität	2451
Art. 25	Pflicht zum Führen von Aufzeichnungen	2455
Art. 26	Pflicht zur Meldung von Geschäften	2466
Art. 27	Pflicht zur Bereitstellung von Referenzdaten für die einzelnen Finanzinstrumente	2484
Titel V	**Derivate** (Art. 28–34)	2490
Art. 28	Pflicht zum Handel über geregelte Märkte, MTF oder OTF	2490
Art. 29	Clearingpflicht für über geregelte Märkte gehandelte Derivate und Zeitrahmen für die Annahme zum Clearing	2499
Art. 30	Indirekte Clearingvereinbarungen	2504
Art. 31	Portfoliokomprimierung	2514
Art. 32	Verfahren bei einer Handelspflicht	2517

	Seite
Art. 33 Mechanismus zur Vermeidung doppelter oder kollidierender Vorschriften	2525
Art. 34 Verzeichnis von der Handelspflicht unterliegenden Derivaten	2527

Titel VI Diskriminierungsfreier Zugang zum Clearing für Finanzinstrumente (Art. 35–38) ... 2528

Art. 35 Diskriminierungsfreier Zugang zu einer zentralen Gegenpartei	2528
Art. 36 Diskriminierungsfreier Zugang zu einem Handelsplatz	2541
Art. 37 Diskriminierungsfreier Zugang zu Referenzwerten und Genehmigungspflicht	2551
Art. 38 Zugang für in einem Drittland niedergelassene zentrale Gegenparteien und Handelsplätze	2559

Titel VII Aufsichtsmaßnahmen zur Produktintervention und zu den Positionen (Art. 39–45) ... 2564

Kapitel 1 Produktüberwachung und Produktintervention (Art. 39–43) ... 2564

Art. 39 Marktüberwachung	2564
Art. 40 Befugnisse der ESMA zur vorübergehenden Intervention	2567
Art. 41 Befugnisse der EBA zur vorübergehenden Intervention	2580
Art. 42 Produktintervention seitens der zuständigen Behörden	2584
Art. 43 Koordinierung durch die ESMA und die EBA	2601

Kapitel 2 Positionen (Art. 44–45) ... 2603

Art. 44 Koordinierung nationaler Positionsmanagementmaßnahmen und Positionsbeschränkungen durch die ESMA	2603
Art. 45 Positionsmanagementbefugnisse der ESMA	2605

Titel VIII Erbringung von Dienstleistungen und Tätigkeiten durch Drittlandfirmen infolge einer Gleichwertigkeitsentscheidung oder ohne Zweigniederlassung (Art. 46–49) ... 2623

Art. 46 Allgemeine Bestimmungen	2623
Art. 47 Gleichwertigkeitsbeschluss	2630
Art. 48 Register	2634
Art. 49 Widerruf der Registrierung	2635

Titel IX Delegierte Rechtsakte und Durchführungsrechtsakte (Art. 50–51) ... 2639

Kapitel 1 Delegierte Rechtsakte (Art. 50) ... 2639

Art. 50 Ausübung der Befugnisübertragung	2639

Kapitel 2 Durchführungsrechtsakte (Art. 51) ... 2641

Art. 51 Ausschussverfahren	2641

Titel X Schlussbestimmungen (Art. 52–55) ... 2642

Art. 52 Berichte und Überprüfung	2642
Art. 53 Änderung der Verordnung (EU) Nr. 648/2012	2647
Art. 54 Übergangsbestimmungen	2648
Art. 55 Inkrafttreten und Anwendung	2649

Verordnung (EU) Nr. 236/2012
des Europäischen Parlaments und des Rates vom 14. März 2012
über Leerverkäufe und bestimmte Aspekte von Credit Default Swaps
(Leerverkaufs-VO)

Vorbemerkungen vor Art. 1–41	2651
Kapitel I Allgemeine Bestimmungen (Art. 1–4)	2673
Art. 1 Anwendungsbereich	2673
Art. 2 Begriffsbestimmungen	2677

		Seite
Art. 3	Short- und Long-Positionen	2687
Art. 4	Ungedeckte Position in einem Credit Default Swap auf öffentliche Schuldtitel	2701

Kapitel II Transparenz von Netto-Leerverkaufspositionen (Art. 5–11) 2710

Art. 5	Meldung signifikanter Netto-Leerverkaufspositionen in Aktien an die zuständigen Behörden	2710
Art. 6	Offenlegung signifikanter Netto-Leerverkaufspositionen in Aktien gegenüber der Öffentlichkeit	2711
Art. 7	Meldung signifikanter Netto-Leerverkaufspositionen in öffentlichen Schuldtiteln an die zuständigen Behörden	2711
Art. 8	Meldung ungedeckter Positionen in Credit Default Swaps auf öffentliche Schuldtitel an die zuständigen Behörden	2711
Art. 9	Melde- und Offenlegungsverfahren	2712
Art. 10	Anwendung der Melde- und Offenlegungsverfahren	2712
Art. 11	Bereitstellung von Informationen an die ESMA	2728

Kapitel III Ungedeckte Leerverkäufe (Art. 12–15) 2732

Art. 12	Beschränkung ungedeckter Leerverkäufe in Aktien	2732
Art. 13	Beschränkung ungedeckter Leerverkäufe von öffentlichen Schuldtiteln	2733
Art. 14	Beschränkungen für ungedeckte Credit Default Swaps auf öffentliche Schuldtitel	2754
Art. 15	Eindeckungsverfahren	2759

Kapitel IV Ausnahmen (Art. 16–17) 2760

Art. 16	Ausnahme für in Drittländern befindliche Haupthandelsplätze	2760
Art. 17	Ausnahme für Market-Making-Tätigkeiten und Primärmarkttätigkeiten	2766

Kapitel V Eingriffsbefugnisse der zuständigen Behörden und der ESMA (Art. 18–31) 2778

Abschnitt 1 Befugnisse der zuständigen Behörden (Art. 18–26) 2778

Art. 18	Meldung und Offenlegung in Ausnahmesituationen	2778
Art. 19	Meldepflicht von Verleihern in Ausnahmesituationen	2778
Art. 20	Beschränkung von Leerverkäufen und vergleichbaren Transaktionen in Ausnahmesituationen	2778
Art. 21	Beschränkung von Transaktionen mit Credit Default Swaps auf öffentliche Schuldtitel in Ausnahmesituationen	2779
Art. 22	Maßnahmen durch andere zuständige Behörden	2779
Art. 23	Befugnis zur befristeten Beschränkung des Leerverkaufs von Finanzinstrumenten bei signifikantem Kursverfall	2779
Art. 24	Dauer der Beschränkungen	2780
Art. 25	Bekanntmachung von Beschränkungen	2781
Art. 26	Unterrichtung der ESMA und der anderen zuständigen Behörden	2781

Abschnitt 2 Befugnisse der ESMA (Art. 27–31) 2794

Art. 27	Koordinierung durch die ESMA	2794
Art. 28	Eingriffsbefugnisse der ESMA in Ausnahmesituationen	2794
Art. 29	Befugnisse der ESMA in Ausnahmesituationen im Zusammenhang mit öffentlichen Schuldtiteln	2795
Art. 30	Abgrenzung ungünstiger Ereignisse oder Entwicklungen	2796
Art. 31	Untersuchungen der ESMA	2796

Kapitel VI Rolle der zuständigen Behörden (Art. 32–41) 2807

Art. 32	Zuständige Behörden	2807
Art. 33	Befugnisse der zuständigen Behörden	2809
Art. 34	*Berufsgeheimnis*	2813
Art. 35	Verpflichtung zur Zusammenarbeit	2816

	Seite
Art. 36 Zusammenarbeit mit der ESMA	2817
Art. 37 Zusammenarbeit bei Anträgen auf Prüfungen oder Ermittlungen vor Ort	2818
Art. 38 Zusammenarbeit mit Drittländern	2819
Art. 39 Übermittlung und Speicherung personenbezogener Daten	2821
Art. 40 Offenlegung von Informationen gegenüber Drittländern	2824
Art. 41 Strafmaßnahmen	2825
Kapitel VII Delegierte Rechtsakte (Art. 42–43)	2829
Art. 42 Ausübung der Befugnisübertragung	2829
Art. 43 Frist für den Erlass delegierter Rechtsakte	2829
Kapitel VIII Durchführungsrechtsakte (Art. 44)	2829
Art. 44 Ausschussverfahren	2829
Kapitel IX Übergangs- und Schlussbestimmungen (Art. 45–48)	2830
Art. 45 Überprüfung und Berichterstattung	2830
Art. 46 Übergangsbestimmung	2831
Art. 47 Personal und Ressourcen der ESMA	2831
Art. 48 Inkrafttreten	2831

Verordnung (EU) Nr. 648/2012
des Europäischen Parlaments und des Rates vom 4. Juli 2012
über OTC-Derivate, zentrale Gegenparteien und Transaktionsregister (EMIR)

Vorbemerkungen vor Art. 1–91	2833
Titel I Gegenstand, Anwendungsbereich und Begriffsbestimmungen (Art. 1–3)	2848
Art. 1 Gegenstand und Anwendungsbereich	2848
Art. 2 Begriffsbestimmungen	2854
Art. 2a Entscheidung über die Gleichwertigkeit für die Zwecke der Bestimmung des Begriffs „OTC-Derivate"	2886
Art. 3 Gruppeninterne Geschäfte	2887
Titel II Clearing, Meldung und Risikominderung von OTC-Derivaten (Art. 4–13)	2898
Art. 4 Clearingpflicht	2898
Art. 5 Verfahren in Bezug auf die Clearingpflicht	2929
Art. 6 Öffentliches Register	2948
Art. 7 Zugang zu einer CCP	2951
Art. 8 Zugang zu einem Handelsplatz	2956
Art. 9 Meldepflicht	2959
Art. 10 Nichtfinanzielle Gegenparteien	2985
Art. 11 Risikominderungstechniken für nicht durch eine CCP geclearte OTC-Derivatekontrakte	2994
Art. 12 Sanktionen	3123
Art. 13 Mechanismus zur Vermeidung doppelter oder kollidierender Vorschriften	3127
Titel III Zulassung und Beaufsichtigung von CCPs (Art. 14–25)	3130
Kapitel 1 Bedingungen und Verfahren für die Zulassung einer CCP (Art. 14–21)	3130
Art. 14 Zulassung einer CCP	3130
Art. 15 Ausweitung der Tätigkeit und Dienstleistungen	3133

	Seite
Art. 16 Eigenkapitalforderungen	3134
Art. 17 Verfahren zur Erteilung oder Verweigerung der Zulassung	3139
Art. 18 Kollegium	3144
Art. 19 Stellungnahme des Kollegiums	3150
Art. 20 Entzug der Zulassung	3153
Art. 21 Überprüfung und Bewertung	3154
Kapitel 2 Beaufsichtigung und Überwachung von CCPs (Art. 22)	3156
Art. 22 Zuständige Behörde	3156
Kapitel 3 Zusammenarbeit (Art. 23–24)	3158
Art. 23 Zusammenarbeit zwischen den Behörden	3158
Art. 24 Krisensituationen	3161
Kapitel 4 Beziehungen zu Drittstaaten (Art. 25)	3163
Art. 25 Anerkennung einer in einem Drittstaat ansässigen CCP	3163
Titel IV Anforderungen an CCPs (Art. 26–50d)	3174
Kapitel 1 Organisatorische Anforderungen (Art. 26–35)	3174
Art. 26 Allgemeine Bestimmungen	3174
Art. 27 Geschäftsleitung und Leitungsorgan	3183
Art. 28 Risikoausschuss	3186
Art. 29 Aufbewahrungspflichten	3188
Art. 30 Aktionäre und Gesellschafter mit qualifizierten Beteiligungen	3192
Art. 31 Informationspflicht gegenüber den zuständigen Behörden	3193
Art. 32 Beurteilung	3194
Art. 33 Interessenkonflikte	3199
Art. 34 Fortführung des Geschäftsbetriebs	3201
Art. 35 Auslagerung	3205
Kapitel 2 Wohlverhaltensregeln (Art. 36–39)	3207
Art. 36 Allgemeine Bestimmungen	3207
Art. 37 Vorschriften über die Teilnahme	3208
Art. 38 Transparenz	3212
Art. 39 Trennung und Übertragbarkeit	3214
Kapitel 3 Aufsichtsrechtliche Anforderungen (Art. 40–50)	3223
Art. 40 Management von Risikopositionen	3223
Art. 41 Einschussforderungen	3224
Art. 42 Ausfallfonds	3231
Art. 43 Sonstige Finanzmittel	3235
Art. 44 Kontrolle der Liquiditätsrisiken	3237
Art. 45 Wasserfallprinzip	3242
Art. 46 Anforderungen an die Sicherheiten	3245
Art. 47 Anlagepolitik	3253
Art. 48 Verfahren bei Ausfall eines Clearingmitglieds	3260
Art. 49 Überprüfung der Modelle, Stresstests und Backtesting	3267
Art. 50 Abwicklung	3277
Kapitel 4 Berechnungen und Meldungen für die Zwecke der Verordnung (EU) Nr. 575/2013 (Art. 50a–50d)	3278
Art. 50a Berechnung der hypothetischen Kapitalanforderung (K_{CCP})	3278
Art. 50b Allgemeine Regeln für die Berechnung der K_{CCP}	3278

	Seite
Art. 50c Information	3279
Art. 50d Berechnung der von der ZGP zu meldenden besonderen Positionen	3280

Titel V   Interoperabilitätsvereinbarungen (Art. 51–54) 3285
- Art. 51 Interoperabilitätsvereinbarung 3285
- Art. 52 Risikomanagement 3286
- Art. 53 Leistung von Einschusszahlungen im Rahmen der Vereinbarungen zwischen CCPs 3286
- Art. 54 Genehmigung einer Interoperabilitätsvereinbarung 3287

Titel VI   Registrierung und Aufsicht von Transaktionsregistern (Art. 55–77) 3292

Kapitel 1   Bedingungen und Verfahren für die Registrierung eines Transaktionsregisters (Art. 55–74) 3292
- Art. 55 Registrierung eines Transaktionsregisters 3292
- Art. 56 Registrierungsantrag 3294
- Art. 57 Unterrichtung und Konsultation der zuständigen Behörden vor der Registrierung 3298
- Art. 58 Prüfung des Antrags 3299
- Art. 59 Mitteilung von Beschlüssen der ESMA in Bezug auf die Registrierung 3301
- Art. 60 Ausübung der in den Artikeln 61 bis 63 genannten Befugnisse 3302
- Art. 61 Informationsersuchen 3303
- Art. 62 Allgemeine Untersuchungen 3306
- Art. 63 Prüfungen vor Ort 3309
- Art. 64 Verfahrensvorschriften für Aufsichtsmaßnahmen und die Verhängung von Geldbußen 3314
- Art. 65 Geldbußen 3321
- Art. 66 Zwangsgelder 3326
- Art. 67 Anhörung der betreffenden Personen 3330
- Art. 68 Offenlegung, Art, Zwangsvollstreckung und Zuweisung der Geldbußen und Zwangsgelder 3331
- Art. 69 Kontrolle durch den Gerichtshof 3334
- Art. 70 Änderungen des Anhang II 3336
- Art. 71 Widerruf der Registrierung 3337
- Art. 72 Gebühren für die Beaufsichtigung 3339
- Art. 73 Aufsichtsmaßnahmen der ESMA 3344
- Art. 74 Delegation von Aufgaben durch die ESMA an die zuständigen Behörden 3346

Kapitel 2   Beziehungen zu Drittstaaten (Art. 75–77) 3349
- Art. 75 Gleichwertigkeit und internationale Übereinkünfte 3349
- Art. 76 Kooperationsvereinbarungen 3353
- Art. 77 Anerkennung von Transaktionsregistern 3355

Titel VII   Anforderungen an Transaktionsregister (Art. 78–82) 3357
- Art. 78 Allgemeine Anforderungen 3357
- Art. 79 Operationale Zuverlässigkeit 3361
- Art. 80 Schutz und Speicherung der Daten 3362
- Art. 81 Transparenz und Datenverfügbarkeit 3364
- Art. 82 Ausübung der Befugnisübertragung 3373

Titel VIII   Gemeinsame Bestimmungen (Art. 83–84) 3375
- Art. 83 Wahrung des Berufsgeheimnisses 3375
- Art. 84 Informationsaustausch 3379

Titel IX   Übergangs- und Schlussbestimmungen (Art. 85–91) 3381
- Art. 85 Berichte und Überprüfung 3381
- Art. 86 Ausschussverfahren 3385

		Seite
Art. 87	Änderung der Richtlinie 98/26/EG	3386
Art. 88	Websites	3386
Art. 89	Übergangsbestimmungen	3388
Art. 90	Personal und Ressourcen der ESMA	3394
Art. 91	Inkrafttreten	3394

Sachregister 3395

Allgemeines Schrifttumsverzeichnis

Ausführliche Schrifttumshinweise finden Sie auch zu Beginn der Kommentierungen.

Adler/Düring/Schmaltz	Rechnungslegung und Prüfung der Unternehmen, 6. Aufl. 1995 ff.
Achenbach/Ransiek/Rönnau (Hrsg.)	Handbuch Wirtschaftsstrafrecht, 4. Aufl. 2015
Angerer/Geibel/Süßmann (Hrsg.)	Wertpapiererwerbs- und Übernahmegesetz (WpÜG), 3. Aufl. 2017
Assmann/Pötzsch/Uwe H. Schneider (Hrsg.)	Wertpapiererwerbs- und Übernahmegesetz, 2. Aufl. 2013
Assmann/Schlitt/von Kopp-Colomb (Hrsg.)	WpPG/VermAnlG, 3. Aufl. 2017
Assmann/Schütze (Hrsg.)	Handbuch des Kapitalanlagerechts, 4. Aufl. 2015
Assmann/Wallach/Zetzsche (Hrsg.)	Kapitalanlagegesetzbuch, 2019
Baumbach/Hopt	Handelsgesetzbuch, begr. von Baumbach, bearb. von Hopt u.a., 38. Aufl. 2018
Baur/Tappen (Hrsg.)	Investmentgesetze, 3. Aufl. 2015
Beck'scher Bilanz-Kommentar	Handels- und Steuerbilanz, §§ 238 bis 339, 342 bis 342e HGB, hrsg. von Grottel, Schmidt und Schubert, Winkeljohann, 11. Aufl. 2018
Beck/Samm/Kokemoor	Kreditwesengesetz mit CRR, Loseblatt
Boos/Fischer/Schulte-Mattler	KWG, CRR-VO. Kommentar zu Kreditwesengesetz, VO (EU) Nr. 575/2013 (CRR) und Ausführungsvorschriften, 5. Aufl. 2016
BuB	Bankrecht und Bankpraxis, hrsg. von Hellner und Steuer, Loseblatt
Buck-Heeb	Kapitalmarktrecht, 9. Aufl. 2017
Bürgers/Körber	Aktiengesetz (Heidelberger Kommentar), 4. Aufl. 2017
Derleder/Knops/Bamberger (Hrsg.)	Deutsches und eruopäisches Bank- und Kapitalmarktrecht, 3. Aufl. 2017
Ebenroth/Boujong/Joost/Strohn	HGB, hrsg. von Joost und Strohn, Band I (§§ 1–342e), 3. Aufl. 2014, Band II (§§ 343–475h), 3. Aufl. 2015
Ellenberger/Schäfer/Clouth/Lang (Hrsg.)	Praktikerhandbuch Wertpapier- und Derivategeschäft, 4. Aufl. 2011
Emmerich/Habersack	Aktien- und GmbH-Konzernrecht, 8. Aufl. 2016
Esser/Rübenstahl/Saliger/Tsambikakis (Hrsg.)	Wirtschaftsstrafrecht, Kommentar, 2017
Fuchs (Hrsg.)	Wertpapierhandelsgesetz (WpHG), 2. Aufl. 2016
Gebauer/Teichmann (Hrsg.)	Europäisches Privat- und Unternehmensrecht, Band 6 der Enzyklopädie Europarecht, 2016
Groß	Kapitalmarktrecht, 6. Aufl. 2016
Großkommentar	Aktiengesetz, hrsg. von Hopt und Wiedemann, 4. Aufl. 1992 ff.; hrsg. von Hirte, Mülbert und Roth, 5. Aufl. 2016 ff.
Grunewald/Schlitt	Einführung in das Kapitalmarktrecht, 3. Aufl. 2014
Haarmann/Schüppen (Hrsg.)	Frankfurter Kommentar zum WpÜG, 4. Aufl. 2017
Habersack/Mülbert/Schlitt (Hrsg.)	Handbuch der Kapitalmarktinformation, 2. Aufl. 2013
Habersack/Mülbert/Schlitt (Hrsg.)	Unternehmensfinanzierung am Kapitalmarkt, 4. Aufl. 2019
Hauschka/Moosmayer/Lösler (Hrsg.)	Corporate Compliance, 3. Aufl. 2016
Heidel (Hrsg.)	Aktienrecht und Kapitalmarktrecht, 4. Aufl. 2014
Hölters (Hrsg.)	Aktiengesetz, 3. Aufl. 2017
Hellgardt	Kapitalmarktdeliktsrecht, 2008
Hellner/Steuer (Hrsg.)	Bankrecht und Bankpraxis (BuB), Loseblatt

Hopt	Der Kapitalanlegerschutz im Recht der Banken, 1975
Hopt/Seibt (Hrsg.)	Schuldverschreibungsrecht, 2017
Hüffer/Koch	Aktiengesetz, 13. Aufl. 2018
Immenga/Mestmäcker	Wettbewerbsrecht, Kommentar, hrsg. von Immenga, Mestmäcker und Körber, 5. Aufl. 2012 ff.
Just/Voß/Ritz/Becker (Hrsg.)	Wertpapierhandelsgesetz, 2015
Karlsruher Kommentar	Ordnungswidrigkeitengesetz, hrsg. von Mitsch, 5. Aufl. 2018
Klöhn (Hrsg.)	Marktmissbrauchsverordnung, 2018
Kölner Kommentar	Aktiengesetz, hrsg. von Zöllner, 2. Aufl. 1986 ff.; hrsg. von Zöllner und Noack, 3. Aufl. 2006 ff.
Kölner Kommentar	WpHG, hrsg. von Hirte und Möllers, 2. Aufl. 2014
Kölner Kommentar	WpÜG, hrsg. von Hirte und von Bülow, 2. Aufl. 2010
Krieger/Uwe H. Schneider (Hrsg.)	Handbuch Managerhaftung, 3. Aufl. 2017
Kübler/Assmann	Gesellschaftsrecht, 6. Aufl. 2006
Kümpel/Hammen/Ekkenga	Kapitalmarktrecht, Loseblatt
Kümpel/Veil	Wertpapierhandelsgesetz, 2. Aufl. 2006
Kümpel/Wittig	Bank- und Kapitalmarktrecht, 4. Aufl. 2011
Langenbucher	Aktien- und Kapitalmarktrecht, 4. Aufl. 2017
Leipziger Kommentar	Strafgesetzbuch, begr. von Jescheck/Ruß/Willms, hrsg. von Jähnke, Laufhütte und Odersky, 11. Aufl. 1992 ff., 12. Aufl. 2006 ff.
Lenenbach	Kapitalmarktrecht, 2. Aufl. 2010
Lutter/Bayer/J. Schmidt	Europäisches Unternehmens- und Kapitalmarktrecht, 6. Aufl. 2017
Marsch-Barner/Schäfer (Hrsg.)	Handbuch börsennotierte AG, 4. Aufl. 2018
Meyer-Goßner/Schmitt	Strafprozessordnung, begr. von Schwarz, bearb. von Meyer-Goßner und Schmitt, 60. Aufl. 2017
Meyer/Veil/Rönnau	Handbuch zum Marktmissbrauchsrecht, 2018
Möllers/Rotter (Hrsg.)	Ad-hoc-Publizität, 2003
Moritz/Klebeck/Jesch (Hrsg.)	Frankfurter Kommentar zum Kapitalanlagerecht, Band 1: KAGB, 2016
Müller-Gugenberger (Hrsg.)	Wirtschaftsstrafrecht, 6. Aufl. 2015
Münchener Handbuch des Gesellschaftsrechts	Band 4, Aktiengesellschaft, hrsg. von Hoffmann-Becking, 4. Aufl. 2015
Münchener Kommentar zum Aktiengesetz	hrsg. von Goette und Habersack, 3. Aufl. 2008 ff., 4. Aufl. 2014 ff.
Palandt	Bürgerliches Gesetzbuch, 77. Aufl. 2018
Park (Hrsg.)	Kapitalmarktstrafrecht, 4. Aufl. 2017
Patzner/Döser/Kempf (Hrsg.)	Investmentrecht, 3. Aufl. 2017
Prölss/Martin (Hrsg.)	VVG, 30. Aufl. 2018
Reischauer/Kleinhans	Kreditwesengesetz (KWG), Loseblatt
Schäfer/Hamann	Kapitalmarktgesetze, Kommentar, Loseblatt
Schäfer/Sethe/Lang (Hrsg.)	Handbuch der Vermögensverwaltung, 2. Aufl. 2016
Schimansky/Bunte/Lwowski (Hrsg.)	Bankrechts-Handbuch, 5. Aufl. 2017
Schlüter	Börsenhandelsrecht, 2. Aufl. 2002
Schmidt, Karsten	Gesellschaftsrecht, 4. Aufl. 2002
Schmidt, Karsten/Lutter, Marcus (Hrsg.)	Aktiengesetz, 3. Aufl. 2015

Schönke/Schröder	Strafgesetzbuch, 29. Aufl. 2014
Scholz	Kommentar zum GmbHG, Band I (§§ 1–34), 12. Aufl. 2018, Band II (§§ 35–52), 11. Aufl. 2014 und Band III (§§ 53–85), 11. Aufl. 2015
Schröder	Handbuch Kapitalmarktstrafrecht, 3. Aufl. 2015
Schwark/Zimmer (Hrsg.)	Kapitalmarktrechts-Kommentar, 4. Aufl. 2010
Schwintowski	Bankrecht, 5. Aufl. 2018
Sethe	Anlegerschutz im Recht der Vermögensverwaltung, 2005
Siering/Izzo-Wagner (Hrsg.)	VermAnlG, 2017
Staub	Handelsgesetzbuch, hrsg. von Canaris, Habersack und Schäfer, 5. Aufl. 2008 ff. inkl. Band 10, 5. Aufl. 2016 und Band 11, 5. Aufl. 2017
Steinmeyer (Hrsg.)	Wertpapiererwerbs- und Übernahmegesetz (WpÜG), 3. Aufl. 2013
Weitnauer/Boxberger/Anders (Hrsg.)	KAGB, 2. Aufl. 2017
Wilhelmi/Achtelik/Kunschke/Sigmundt (Hrsg.)	Handbuch EMIR – Europäische Regulierung der OTC-Derivate, 2016
Zöller	ZPO, 32. Aufl. 2018

Einleitung

Schrifttum: *Assmann*, Kapitalmarktrecht – Zur Formation eines Rechtsgebiets in der vierzigjährigen Rechtsentwicklung der Bundesrepublik Deutschland, in K. W. Nörr (Hrsg.), 40 Jahre Bundesrepublik Deutschland – 40 Jahre Rechtsentwicklung, 1990, S. 251; *Assmann*, Die rechtliche Ordnung des europäischen Kapitalmarkts, ORDO 44 (1993), 8; *Assmann/Buck*, Europäisches Kapitalmarktrecht, EWS 1990, 110 (I.), 190 (II.), 220 (III.); *Beck*, Die Reform des Börsenrechts im Vierten Finanzmarktförderungsgesetz, BKR 2002, 662; *Beiersdorf/Buchheim*, Verabschiedung des Gesetzes zur Umsetzung der EU-Transparenzrichtlinie (TUG), BB 2007, 99; *Bosse*, Wesentliche Neuerungen ab 2007 aufgrund des Transparenzrichtlinie-Umsetzungsgesetz für börsennotierte Unternehmen, DB 2007, 39; *Bosse*, Referentenentwurf zur Umsetzung der EU-Transparenzrichtlinie-Änderungsrichtlinie: Änderungen bei periodischer Finanzberichterstattung und Beteiligungstransparenz, BB 2015, 746; *Buck-Heeb*, Kapitalmarktrecht, 9. Aufl. 2017; *Buck-Heeb*, Die Verhaltenspflichten (§§ 63 ff. WpHG n.F.) nach dem 2. FiMaNoG – Inhalt und Durchsetzung, BKR 2017, 485; *Bürgers*, Das Anlegerschutzverbesserungsgesetz, BKR 2004, 424; *Burgard/Heimann*, Beteiligungspublizität nach dem Regierungsentwurf eines Gesetzes zur Umsetzung der Transparenzrichtlinie-Änderungsrichtlinie, WM 2015, 1445; *Diekmann/Merkner*, Erhöhte Transparenzanforderungen im Aktien- und Kapitalmarktrecht – ein Überblick über den Regierungsentwurf zum Risikobegrenzungsgesetz, NZG 2007, 921; *Diekmann/Sustmann*, Gesetz zur Verbesserung des Anlegerschutzes (Anlegerschutzverbesserungsgesetz – AnSVG), NZG 2004, 929; *Fenchel*, Das Vierte Finanzmarktförderungsgesetz – ein Überblick, DStR 2002, 1355; *Fleischer*, Das Vierte Finanzmarktförderungsgesetz, NJW 2002, 2977; *Frank*, Die Rechtswirkungen der Leitlinien und Empfehlungen der Europäischen Wertpapier- und Marktaufsichtsbehörde, 2012; *Gebauer/Teichmann* (Hrsg.), Europäisches Privat- und Unternehmensrecht, Band 6 der Enzyklopädie Europarecht, 2016; *Gebauer/Wiedmann* (Hrsg.), Zivilrecht unter europäischem Einfluss, 2. Aufl. 2010; *Großmann/Nikoleyczik*, Praxisrelevante Änderungen des Wertpapierhandelsgesetzes – Die Auswirkungen des Vierten Finanzmarktförderungsgesetzes, DB 2002, 2031; *Jung/Bischof*, Europäisches Finanzmarktrecht, 2015; *Hemeling*, Editorial – Europäische Finanz- und Kapitalmarktregulierung auf dem Prüfstand, ZHR 181 (2017), 595; *Holzborn/Israel*, Das Anlegerschutzverbesserungsgesetz, WM 2004, 1948; *Hopt*, Vom Aktien- und Börsenrecht zum Kapitalmarktrecht?, ZHR 140 (1976), 201 (Teil 1), ZHR 141 (1977), 389 (Teil 2); *Hupka*, Kapitalmarktaufsicht im Wandel – Rechtswirkungen der Empfehlungen des Committee of European Securities Regulators (CESR) im deutschen Kapitalmarktrecht, WM 2009, 1351; *Hutter/Kaulamo*, Das Transparenzrichtlinie-Umsetzungsgesetz: Änderung der anlassabhängigen Publizität, NJW 2007, 471; *Hutter/Kaulamo*, Transparenzrichtlinie-Umsetzungsgesetz: Änderung der Regelpublizität und das neue Veröffentlichungsregime für Kapitalmarktinformation, NJW 2007, 550; *Jordans*, Zum aktuellen Stand der Finanzmarktnovellierung in Deutschland, BKR 2007, 273; *von Keussler*, Vom Grauen zum Weißen Kapitalmarkt, 2001; *Korff*, Das Risikobegrenzungsgesetz und seine Auswirkungen auf das WpHG, AG 2008, 692; *Kuthe*, Änderungen des Kapitalmarktrechts durch das Anlegerschutzverbesserungsgesetz, ZIP 2004, 883; *Langenbucher* (Hrsg.), Europäisches Privat- und Wirtschaftsrecht, 4. Aufl. 2017; *Lutter*, Die Auslegung angeglichenen Rechts, JZ 1992, 593; *Meixner*, Das Zweite Finanzmarktnovellierungsgesetz, ZAP 2017, 911; *Mülbert*, Regulierungstsunami im europäischen Kapitalmarktrecht, ZHR 176 (2012), 369; *Mülbert/Sajnovits*, Vertrauen und Finanzmarktrecht, ZfPW 2016, 1; *Müller/Oulds*, Transparenz im europäischen Fremdkapitalmarkt, WM 2007, 573; *Nießen*, Die Harmonisierung der kapitalmarktrechtlichen Transparenzregeln durch das TUG, NZG 2007, 41; *Noack*, Neue Publizitätspflichten und Publizitätsmedien für Unternehmen – eine Bestandsaufnahme nach EHUG und TUG, WM 2007, 377; *Oser/Staß*, Gesetz zur Umsetzung der Transparenzrichtlinie-Änderungsrichtlinie, DB 2015, 2825; *Pfeiffer*, Richtlinienkonforme Auslegung gegen den Wortlaut des nationalen Gesetzes – Die Quelle-Folgeentscheidung des BGH, NJW 2009, 412; *Pirner/Lebherz*, Wie nach dem Transparenzrichtlinie-Umsetzungsgesetz publiziert werden muss, AG 2007, 19; *Potacs*, Effet utile als Auslegungsgrundsatz, EuR 2009, 465; *Reuschle*, Viertes Finanzmarktförderungsgesetz, 2002; *Roth*, Das Gesetz zur Umsetzung der Transparenzrichtlinie-Änderungsrichtlinie, GWR 2015, 485; *Roth*, Erstes Gesetz zur Novellierung von Finanzmarktvorschriften auf Grund europäischer Rechtsakte, GWR 2016, 291; *Schlitt/Schäfer*, Auswirkungen der Umsetzung der Transparenzrichtlinie und der Finanzmarktrichtlinie auf Aktien- und Equity-Linked-Emissionen, AG 2007, 227; *Schmolke*, Der Lamfalussy-Prozess im Europäischen Kapitalmarktrecht – eine Zwischenbilanz, NZG 2005, 912; *Uwe H. Schneider*, Internationales Kapitalmarktrecht, AG 2001, 269; *Uwe H. Schneider*, Aufsicht und Kontrolle von Rating-Agenturen, FS Hans-Jürgen Hellwig, 2010, S. 329; *Uwe H. Schneider/Brouwer*, Kapitalmarktrechtliche Meldepflichten bei Finanzinstrumenten, AG 2008, 557; *Schwintek*, Das Anlegerschutzverbesserungsgesetz, 2005; *Spindler*, Kapitalmarktreform in Permanenz – Das Anlegerschutzverbesserungsgesetz, NJW 2004, 3449; *Spindler/Kasten*, Der neue Rechtsrahmen für den Finanzdienstleistungssektor – die MiFID und ihre Umsetzung, WM 2006, 1749 (I), 1797 (II); *Spindler/Kasten*, Änderungen des WpHG durch das Finanzmarktrichtlinie-Umsetzungsgesetz (FRUG), WM 2007, 1245; *Tautges*, Stimmrechtsmitteilungen (§§ 21 ff. WpHG) im Aktienemissionsgeschäft nach dem Gesetz zur Umsetzung der Transparenzrichtlinie-Änderungsrichtlinie, WM 2017, 512; *Teuber*, Finanzmarkt-Richtlinie (MiFID) – Auswirkungen auf Anlageberatung und Vermögensverwaltung im Überblick, BKR 2006, 429; *Veil* (Hrsg.), Europäisches Kapitalmarktrecht, 2. Aufl. 2014; *Wiederhold/Pukallus*, Zwischenberichterstattung nach dem Transparenz-Richtlinie-Umsetzungsgesetz – Neue Anforderungen an kapitalmarktorientierte Unternehmen aus der Sicht der Corporate Governance, Der Konzern 2007, 264.

I. Deutsch-europäisches Kapitalmarktrecht: Ein Gemisch aus europäischem Richtlinienrecht, angeglichenem nationalem Kapitalmarktrecht und europäischem Verordnungsrecht 1	**II. Direkt geltende EU-Verordnungen als Gegenstand des Kommentars** 20
1. Entwicklung des WpHG: Ausweitung und Reduktion seiner Regelungsfelder 1	**III. Die Anwendung der Vorschriften des WpHG und europäischer Verordnungen** 26
	1. Die Anwendung von Vorschriften des WpHG . 26
	2. Die Anwendung von Verordnungsvorschriften . 36
2. Kapitalmarktrecht in Deutschland: Das Wertpapierhandelsgesetz und mehrfach gestuftes EU-Verordnungsrecht 10	**IV. Die Wertpapieraufsicht in Europa als Teil des europäischen Finanzaufsichtssystems** . . . 38
	V. Jüngste Änderungen und Ausblick 44

Einl. | Einleitung

1   **I. Deutsch-europäisches Kapitalmarktrecht: Ein Gemisch aus europäischem Richtlinienrecht, angeglichenem nationalem Kapitalmarktrecht und europäischem Verordnungsrecht. 1. Entwicklung des WpHG: Ausweitung und Reduktion seiner Regelungsfelder.** Mit der Einführung des **Wertpapierhandelsgesetzes** (WpHG) als Art. 1 des Zweiten Finanzmarktförderungsgesetzes (2. FFG)[1] mit Wirkung teils vom 1.8.1994 teils vom 1.1.1995 wurde eine neue Ära in der rechtlichen Ordnung des deutschen Kapitalmarkts eingeleitet: Das WpHG etablierte auf breiter Ebene den bereits mit dem zwischenzeitlich aufgehobenen **Verkaufsprospektgesetz** von 1990 eingeleiteten Versuch, den Kapitalmarkt als solchen und nicht, wie zuvor, eine bestimmte Anlageart oder das Anlageangebot des in einer bestimmten Rechtsform organisierten Emittenten zum Gegenstand der gesetzgeberischen Regulierung des Markts für Risikokapital zu machen. Das WpHG löste damit ein Kapitalmarktrecht ab, dessen Regulierungsperspektive als „rechtsform- und institutionenbezogen" bezeichnet werden konnte: Kapitalmarktrecht war in Deutschland bis in die siebziger Jahre hinein praktisch gleichbedeutend mit denjenigen Regelungen, die sich auf Beteiligungen an Aktiengesellschaften und die bei der Emission entsprechender Beteiligungstitel mitwirkenden Institutionen bezogen. Seine Bestandteile waren dementsprechend das Aktienrecht, das Börsenrecht und Teile des Bankrechts[2]. Inhaber- und Orderschuldverschreibungen durften aufgrund des Gesetzes über die staatliche Genehmigung der Ausgabe von Inhaber- und Orderschuldverschreibungen vom 26.6.1954 (BGBl. I 1954, 147) bis zur Aufhebung der §§ 795, 808a BGB a.F. durch Art. 1 Gesetz zur Vereinfachung der Ausgabe von Schuldverschreibungen vom 17.12.1990 (BGBl. I 1990, 2839) mit Wirkung vom 1.1.1991 nur mit staatlicher Genehmigung in den Verkehr gebracht werden und spielten deshalb in dieser Zeit als Finanzierungsinstrumente keine Rolle.

2   In seiner **Erstausstattung** enthielt das WpHG **drei große Regelungsbereiche**: die Insiderüberwachung, Mitteilungs- und Veröffentlichungspflichten bei Veränderungen des Stimmrechtsanteils an börsennotierten Gesellschaften und Verhaltensregeln für Wertpapierdienstleistungen. Dabei handelte es sich um aufsichtsrechtliche Bestimmungen, die durch Vorschriften über die Kapitalmarktaufsicht durch die seinerzeit als Bundesaufsichtsamt für den Wertpapierhandel (BAWe) neu geschaffene Aufsichtsbehörde und durch Straf- und Bußgeldvorschriften flankiert wurden. Nahezu durchweg dienten die Vorschriften des WpHG der **teils vollständigen, teils partiellen Umsetzung von Richtlinien** zur Schaffung eines einheitlichen europäischen Kapitalmarkts durch Angleichung der einschlägigen mitgliedstaatlichen Rechtsvorschriften[3]. Einer vollständigen Transformation diente das WpHG im Hinblick die Richtlinie 88/627/EWG vom 12.12.1988 über die bei Erwerb und Veräußerung einer bedeutenden Beteiligung an einer börsennotierten Gesellschaft zu veröffentlichenden Informationen[4] und der Richtlinie 89/592/EWG vom 13.11.1989 zur Koordinierung der Vorschriften betreffend Insidergeschäfte[5]. Eine zumindest partielle Umsetzung im WpHG erfolgte in Bezug auf die Richtlinie 93/22/EWG vom 10.5.1993 über Wertpapierdienstleistungen[6]. Seitdem dürfen die Änderungen des WpHG, von denen es bis zur derzeitigen 68 frühere Fassungen gibt, als die Wachstumsringe des Europäischen Kapitalmarktrechts betrachtet werden.

3   Ungeachtet der **europasekundärrechtlichen Grundlagen des WpHG** und über die Umsetzung der vorgenannten Richtlinien hinaus bot sich dem deutschen Gesetzgeber seinerzeit noch genügend Spielraum zur Förderung des Finanzplatzes Deutschland durch die Neugestaltung der rechtlichen Grundlagen des Finanzplatzes Deutschland mit dem Ziel, die rechtlichen Rahmenbedingungen der Finanzmärkte so zu modernisieren, dass sie „international wettbewerbsfähig bleiben" und „ihre volkswirtschaftlichen Funktionen zu jeder Zeit erfüllen"[7]. Diese **autonome Gestaltungsmöglichkeit** konnte auch noch in den nachfolgenden Änderungen und Ergänzungen des WpHG um weitere Regelungsfelder genutzt werden, wie etwa in Gestalt der Einführung von Vorschriften zur Haftung für falsche und unterlassene Ad-hoc- Mitteilungen nach §§ 37b und § 37c WpHG a.F., über den Anlegerschutz bei Finanztermingeschäften nach Maßgabe von §§ 37d bis 37g WpHG a.F. und zur Überwachung der Rechnungslegung kapitalmarktorientierter Unternehmen durch ein „Enforcement-Verfahren" nach §§ 37n bis 37u WpHG a.F. Auch die mit dem Vierten Finanzmarktförderungsgesetz vom 21.6.2002[8] (4. FFG) in das WpHG gelangten Vorschriften zur Überwachung des Verbots der Kurs- und Marktpreismani-

---

1   Gesetz über den Wertpapierhandel und zur Änderung börsenrechtlicher und wertpapierrechtlicher Vorschriften (Zweites Finanzmarktförderungsgesetz) vom 26.7.1994, BGBl. I 1994, 1749.
2   *Hopt*, Vom Aktien- und Börsenrecht zum Kapitalmarktrecht?, ZHR 140 (1976), 201 (Teil 1), ZHR 141 (1977), 389 (Teil 2). Hierzu und zu den Entwicklungslinien des Kapitalmarkt- und Finanzmarktrechts in Deutschland im Rahmen der diesbezüglichen europäischen Rechtsentwicklung etwa *Assmann* in Assmann/Schütze, § 1 Rz. 5 ff.
3   Zu diesem Ansatz und dem dabei verfolgten Konzept s. *Assmann/Buck*, Europäisches Kapitalmarktrecht, EWS 1990, 110 (I.), 190 (II.), 220 (III.); *Assmann*, Die rechtliche Ordnung des europäischen Kapitalmarkts, ORDO 44 (1993), 87.
4   ABl. EG Nr. L 348 v. 17.12.1988, S. 62.
5   ABl. EG Nr. L 334 v. 18.11.1989, S. 30.
6   ABl. EG Nr. L 141 v. 11.6.1993, S. 27.
7   RegE 2. FFG, BT-Drucks. 12/6679, 33. Eine wesentliche Leitlinie für den späteren Entwurf des 2. FFG lieferte in dieser Hinsicht die Verlautbarung „Konzept Finanzplatz Deutschland" des Bundesministers der Finanzen vom 16.1.1992 (abgedruckt in WM 1992, 420).
8   Gesetz zur weiteren Fortentwicklung des Finanzplatzes Deutschland (Viertes Finanzmarktförderungsgesetz), BGBl. I 2002, 2010.

pulation (§§ 20a und 20b WpHG a.F.) wiesen einen solchen eigenständigen Gestaltungswillen auf, waren jedoch schon kurz danach zum Zwecke der Umsetzung der zwischenzeitlich verabschiedeten Marktmissbrauchsrichtlinie 2003/6/EG vom 28.1.2003[1] durch das Anlegerschutzverbesserungsgesetz vom 28.10.2004[2] (AnSVG) nicht unerheblich zu modifizieren.

Spätestens mit den Änderungen des WpHG durch das vorstehend angeführte Anlegerschutzverbesserungsgesetz war eine Phase eingeläutet, in der die Erweiterung und Modifikationen des WpHG **zunehmend auf europarechtliche Vorgaben zurückzuführen** war. Mit der Umsetzung der Richtlinie 2004/109/EG vom 15.12.2004[3] (Transparenzrichtlinie) und der Richtlinie 2004/39/EG vom 21.4.2004 über Märkte für Finanzinstrumente[4] (MiFID I) durch das Transparenzrichtlinie-Umsetzungsgesetz[5] bzw. das Finanzmarktrichtlinie-Umsetzungsgesetz (FRUG) vom 16.7.2007[6] gingen nicht europarechtlich veranlasste Änderungen des WpHG, die nicht lediglich Randkorrekturen betrafen, stark zurück. Zu den wenigen Ausnahmen gehören die mit dem Finanzmarktrichtlinie-Umsetzungsgesetz verbundene Änderung des Systems des Anlegerschutzes bei Finanztermingeschäften zu einem System anlegerbezogener Aufklärungspflichten nach §§ 31 ff. WpHG a.F.[7] sowie Änderungen des WpHG, der Wertpapierhandelsanzeige- und Insiderverzeichnisverordnung (WpAIV) a.F. und der Wertpapierdienstleistungs-Verhaltens- und Organisationsverordnung (WpDVerOV) durch das als Reaktion auf die 2007 einsetzende Finanzkrise ergangene Gesetz zur Stärkung des Anlegerschutzes und Verbesserung der Funktionsfähigkeit des Kapitalmarkts (Anlegerschutz- und Funktionsverbesserungsgesetz) vom 5.4.2011[8].

Die beständige Erweiterung der Regelungsfelder des WpHG haben dessen Ruf bestätigt, in ihm erwachse das **Grundgesetz des Kapitalmarktrechts**. Zwei **parallel verlaufende Entwicklungen des europäischen Kapitalmarktrechts** lassen eine solche Kennzeichnung des WpHG indes nicht mehr zu:

– Zum einen haben sich die Maßnahmen und Rechtsakte der EU zur Schaffung eines einheitlichen europäischen Kapitalmarktrechts auf Regelungsbereiche erstreckt, denen eine herausragende Bedeutung für die Ordnung der Finanzmärkte zukommt, die aber **nicht innerhalb des WpHG umgesetzt** werden. Anzuführen hierzu sind namentlich die Rechtsangleichung im Bereich des Investmentrechts, das heute weit mehr erfasst als die klassischen Investmentanteile und zu einer Überführung des Investmentgesetzes (InvG) a.F. in das neue KAGB geführt hat[9], des europäischen Prospektrechts, das im WpPG, dem VermAnlG und dem KAGB in nationales Recht umgesetzt wurde[10], und der Einlagensicherung und Anlegerentschädigung[11].

– Zum anderen sind dem WpHG durch die zunehmende **Ablösung von Richtlinienrecht durch Verordnungsrecht der EU**, d.h. die Ablösung der noch in mitgliedstaatliches Recht umzusetzenden Richtlinien durch unmittelbar in den Mitgliedstaaten verbindliche Verordnungen[12], erhebliche Regelungsfelder entzo-

---

1 Richtlinie 2003/6/EG vom 28.1.2003 über Insider-Geschäfte und Marktmanipulation (Marktmissbrauch), ABl. EG Nr. L 96 v. 12.4.2003, S. 16.
2 Gesetz zur Verbesserung des Anlegerschutzes (Anlegerschutzverbesserungsgesetz – AnSVG) vom 28.10.2004, BGBl. I 2004, 2630.
3 ABl. EG Nr. L 390 v. 31.12.2004, S. 38. Zur Durchführung der Richtlinie erging die Richtlinie 2007/14/EG, ABl. EG Nr. L 69 v. 8.3.2007, S. 27. Die Umsetzung der Durchführungsrichtlinie erfolgte durch Verordnung zur Umsetzung der Richtlinie 2007/14/EG der Kommission vom 8.3.2007 mit Durchführungsbestimmungen zu bestimmten Vorschriften der Richtlinie 2004/109/EG zur Harmonisierung der Transparenzanforderungen in Bezug auf Informationen über Emittenten, deren Wertpapiere zum Handel an einem geregelten Markt zugelassen sind (TranspRLDV) vom 13.3.2008, BGBl. I 2008, 408.
4 Richtlinie 2004/39/EG vom 21.4.2004 über Märkte für Finanzinstrumente, zur Änderung der Richtlinie 85/611/EWG und 93/6/EWG des Rates und der Richtlinie/EG und zur Aufhebung der Richtlinie 93/22/EWG des Rates, ABl. EG Nr. L 145 v. 30.4.2004, S. 1 (sog. MiFID).
5 Gesetz zur Umsetzung der Richtlinie 2004/109/EG des Europäischen Parlaments und des Rates vom 15.12.2004 zur Harmonisierung der Transparenzanforderungen in Bezug auf Informationen über Emittenten, deren Wertpapiere zum Handel auf einem geregelten Markt zugelassen sind, und zur Änderung der Richtlinie 2001/34/EG (Transparenzrichtlinie-Umsetzungsgesetz – TUG) vom 5.1.2007, BGBl. I 2007, 10. Zu den umfangreichen Änderungen des WpHG durch das Transparenzrichtlinie-Umsetzungsgesetz s. ausführlich Einl., 5. Aufl. 2009, Rz. 61 ff. m.w.N.
6 Gesetz zur Umsetzung der Richtlinie über Märkte für Finanzinstrumente und der Durchführungsrichtlinie der Kommission vom 16.7.2007, BGBl. I 2007, 1330. Zu den umfangreichen Änderungen des WpHG durch das Finanzmarktrichtlinie-Umsetzungsgesetz s. ausführlich Einl., 5. Aufl. 2009, Rz. 71 ff. m.w.N.
7 Ausführlich 6. Aufl., Vor § 37e WpHG Rz. 1 ff.
8 BGBl. I 2011, 538. Dazu 6. Aufl., Einl. Rz. 51 ff.
9 Art. 1 des Gesetzes zur Umsetzung der Richtlinie 2011/61/EU über die Verwalter alternativer Investmentfonds vom 4.7.2013 (AIFM-Umsetzungsgesetz – AIFM-UmsG), BGBl. I 2013, 1981.
10 Zur Entwicklung des Prospektrechts und der Prospekthaftung s. *Assmann* in Assmann/Schütze, § 5 Rz. 5 ff.; *Assmann* in Assmann/Schlitt/von Kopp-Colomb, Einl. WpPG Rz. 2 ff. und Einl. VermAnlG Rz. 1 ff.
11 Zuletzt Richtlinie 2009/14/EG vom 11.3.2009 zur Änderung der Richtlinie 94/19/EG über Einlagensicherungssysteme im Hinblick auf die Deckungssumme und die Auszahlungsfrist, ABl. EU Nr. L 68 v. 13.3.2009, S. 3, umgesetzt durch das Gesetz zur Änderung des Einlagensicherungs- und Anlegerentschädigungsgesetzes und anderer Gesetze vom 25.6.2009, BGBl. I 2009, 1528 und Verordnung vom 11.7.2013, BGBl. I 2013, 2435.
12 Dazu *Mülbert*, ZHR 176 (2012), 369, 373 ff., 377 ff.

gen worden. Dazu gehören neben dem Insiderrecht einschließlich dem Recht der Ad-hoc-Publizität und der Führung von Insiderlisten, den Mitteilungen der Geschäfte von Führungskräften („Directors' Dealings") sowie dem Verbot der Marktmissbrauchs – allesamt in die Verordnung (EU) Nr. 596/2014[1] (Marktmissbrauchsverordnung) überführt – auch die Vorschriften über Leerverkäufe und Geschäfte in Derivaten (§§ 30h bis 30j WpHG a.F.), wohingegen die Vorschriften über Ratingagenturen (§ 17 WpHG a.F.) sich von vornherein nur auf die Überwachung von Ratingagenturen und deren Ratings nach Maßgabe der mehrfach geänderten Verordnung (EG) Nr. 1060/2009 über Ratingagenturen bezogen (dazu § 29 WpHG Rz. 1 ff.), der keine diesbezügliche Richtlinie vorausging. Mit der Ablösung von Richtlinienrecht durch Verordnungsrecht einher geht der Übergang der *primären* Beaufsichtigung nach dem europäischen Finanzmarktrecht auf die europäische Aufsichtsbehörde ESMA[2] und die Änderung der Kompetenzen der BaFin in solche der nach den jeweiligen Verordnungen zuständigen nationalen Behörde. Die Ablösung von Richtlinienrecht durch Verordnungsrecht trifft im Übrigen nicht nur früher im WpHG geregelte Rechtsbereiche, sondern auch anderer Regelungsfelder, wie etwa die Verordnung (EU) 2017/1129 vom 14.6.2017[3] (EU-Prospektverordnung), die schrittweise[4] die Prospektrichtlinie – Richtlinie 2003/71/EG[5] – und die auf ihr beruhende nationale Umsetzungsgesetzgebung, in Deutschland die wesentlichen Teile des WpPG, ersetzen wird.

8 Die zu beobachtende **Ablösung von Richtlinienrecht durch Verordnungsrecht der EU** ist nur dadurch möglich, dass *erstens* das über nahezu drei Jahrzehnte dominierende Richtlinienrecht[6] zwecks Schaffung eines einheitlichen europäischen Kapitalmarkts auf der Grundlage des „Financial Services Action Plan" der Kommission von 1999[7] zur Verwirklichung des Binnenmarkts für Finanzdienstleistungen im Wesentlichen auf vier großen Rahmenrichtlinien der Jahre 2003 und 2004 – der Prospektrichtlinie (Rz. 7), der Markmissbrauchsrichtlinie[8], der Richtlinie über Märkte für Finanzinstrumente[9] und der Transparenzrichtlinie[10] – nebst den zu diesen sowie ihren Änderungsrichtlinien ergangenen, der Durchführung und/oder der Konkretisierung derselben dienenden Rechtsakten beruhte, *zweitens* beständig perfektioniert wurde und *drittens* einen Grad der Detaillierung und der Angleichung des mitgliedstaatlichen Rechts erreicht hatte, der eine weitgehend authentisch Überführung und Weiterentwicklung des Richtlinienrechts und des angeglichenen Rechts der Mitgliedstaaten in und als Verordnungsrecht erlaubte. Dabei ist indes nicht zu übersehen, dass dieser Vorgang durch das Lamfalussy-Verfahren[11] der Rechtsetzung in der EU begünstigt wurde. Aufgrund von der zu diesem gehörenden und im Gefolge einer Verordnung regelmäßig – im sog. Komitologie-Verfahren als Teil der Rechtsetzung nach dem Lamfalussy-Verfahren – ergehenden Delegierten Verordnungen und Durchführungsverordnungen ist ein **mehrfach ge-**

---

1 Verordnung (EU) Nr. 596/2014 vom 16.4.2014 über Marktmissbrauch (Marktmissbrauchsverordnung) und zur Aufhebung der Richtlinie 2003/6/EG des Europäischen Parlaments und des Rates und der Richtlinien 2003/124/EG, 2003/125/EG und 2004/72/EG der Kommission, ABl. EU Nr. L 173 v. 12.6.2014, S. 1.
2 Zur Schaffung eines europäischen Finanzaufsichtssystems zwecks Verbesserung der Aufsicht im Finanzsektor s. *Assmann* in Assmann/Schütze, § 1 Rz. 60 ff. Die Einrichtung der Europäischen Wertpapieraufsichtsbehörde – „European Securities and Markets Authority"/ESMA – mit Sitz in Paris geht zurück auf Verordnung (EU) Nr. 1095/2010 vom 24.11.2010 zur Errichtung einer Europäischen Aufsichtsbehörde (Europäische Wertpapier- und Marktaufsichtsbehörde), zur Änderung des Beschlusses Nr. 716/2009/EG und zur Aufhebung des Beschlusses 2009/77/EG der Kommission, ABl. EU Nr. L 331 v. 15.12.2010, S. 84.
3 Verordnung (EU) 2017/1129 vom 14.6.2017 über den Prospekt, der beim öffentlichen Angebot von Wertpapieren oder bei deren Zulassung zum Handel an einem geregelten Markt zu veröffentlichen ist und zur Aufhebung der Richtlinie 2003/71/EG, ABl. EU Nr. L 168 v. 30.6.2017, S. 12.
4 Die Verordnung tritt nach Art. 49 VO 2017/1129 zum 20.7.2017 in Kraft, gilt in ihren wesentlichen Bestimmungen aber erst ab dem 21.7.2019.
5 Richtlinie 2003/71/EG vom 4.11.2003 betreffend den Prospekt, der beim öffentlichen Angebot von Wertpapieren oder bei deren Zulassung zum Handel zu veröffentlichen ist, und zur Änderung der Richtlinie 2001/34/EG, ABl. EG Nr. L 325 v. 31.12.2003, S. 64.
6 Die ersten einschlägigen Richtlinien ergingen in den Jahren 1979, 1988 und 1989: Die Richtlinie 79/279/EWG zur Koordinierung der Bedingungen für die Zulassung von Wertpapieren zur amtlichen Notierung an einer Wertpapierbörse erging am 5.3.1979, die Richtlinie 88/627/EWG über die beim Erwerb und Veräußerung einer bedeutenden Beteiligung zu veröffentlichenden Informationen (ABl. EG Nr. L 348 v. 17.12.1988, S. 62) am 12.12.1988 und die Richtlinie 89/592/EWG zu Koordinierung der Vorschriften betreffend Insidergeschäfte (ABl. EG Nr. L 334 v. 18.11.1989, S. 30) am 13.11.1989.
7 Financial Services: Implementing the Framework for Financial Markets: Action Plan, 11.5.1999, KOM (1999) 232.
8 Richtlinie 2003/6/EG vom 28.1.2003 über Insider-Geschäfte und Marktmanipulation, ABl. EG Nr. L 96 v. 12.4.2003, S. 16.
9 Richtlinie 2004/39/EG vom 21.4.2004 über Märkte für Finanzinstrumente, zur Änderung der Richtlinie 85/611/EWG und 93/6/EWG des Rates und der Richtlinie 2000/12/EG und zur Aufhebung der Richtlinie 93/22/EWG des Rates, ABl. EG Nr. L 145 v. 30.4.2004, S. 1.
10 *Richtlinie 2004/109/EG zur Harmonisierung der Transparenzanforderungen in Bezug auf Informationen über Emittenten, deren Wertpapiere zum Handel auf einem geregelten Markt zugelassen sind, und zur Änderung der Richtlinie 2001/35/EG vom 15.12.2004*, ABl. EG Nr. L 390 v. 31.12.2004, S. 38.
11 Dazu etwa *Schmolke*, NZG 2005, 912 ff.; *Walla* in Veil, § 4 Rz. 4 bis 27.

stuftes **Verordnungsrecht** von einer bislang nicht gekannten Komplexität und Kompliziertheit entstanden, das nicht selten noch von komplementären Richtlinien flankiert und von Leitlinien des ESMA ergänzt wird[1].

Es ist vor allem das mehrfach gestufte, überaus verschachtelte, schon heute in seinem Umfang ausladende, in seiner hypertechnischen Terminologie nur schwer verständliche, hinsichtlich der Entstehungsgründe[2] nicht leicht zu recherchierende, komplexe und komplizierte **Verordnungssystem** im Bereich der Regulierung der Finanz- und Kapitalmärkte, das **Kritik** hervorgerufen hat. Die „Vervielfachung der Texte auf den verschiedenen Ebenen", formuliert *Hemeling*, „steht in keinem Verhältnis zum Regelungsnutzen, führt aber zwangsläufig zu einem Verlust an Systematik, Konsistenz, sprachlicher Klarheit und Bestimmtheit", um konkretisierend hinzuzufügen: „So zeichnen sich die neuen Regelungen durch unnötige Komplexität, etwa bei der Definition des Begriffs ‚Finanzinstrumente' über eine lange Verweisungskette, sowie einer Bürokratisierung im Bereich des *Directors Dealing* aus"[3]. Dass und wie der entfesselte Prometheus in Gestalt des „Europäischen Gesetzgebers" wieder in Ketten gelegt werden könnte, ist angesichts der hypertrophen Brüsseler Rechtssetzungsmaschinerie und der unbestreitbaren Schwierigkeiten, in allen Mitgliedstaaten unmittelbar geltende sowie den unterschiedlichen Rechtskulturen und Rechtssysteme gerecht zu werdende Bestimmungen zu schaffen, nicht erkennbar. Entsprechend inflationär wie das Verordnungsrecht sind auch die **Sanktionen** von Verstößen gegen dieselben. So weist § 120 WpHG – neben strafrechtlichen Sanktionen in § 119 WpHG – hunderte Blankett-Tatbestände auf, in denen Verstöße gegen noch weitaus mehr teils kompliziert teils vage formulierte Bestimmungen des WpHG und gegen EU-Verordnungen als Ordnungswidrigkeiten erfasst und bußgeldrechtlich sanktioniert werden.

2. Kapitalmarktrecht in Deutschland: Das Wertpapierhandelsgesetz und mehrfach gestuftes EU-Verordnungsrecht. Noch zu Zeiten, als man vom WpHG als Grundgesetz des Kapitalmarkts sprach, war nicht zu erwarten, dass es eine Kodifikation des deutsch-europäischen Kapitalmarktrechts in einem Gesetz und erst Recht in einem Gesetz über den Wertpapier-Handel geben könne. Das hätte eine Zusammenführung einer Vielzahl von multifunktionalen Gesetzen wie – neben zahlreichen anderen – vor allem des Börsengesetzes, des Kreditwesengesetzes, des Wertpapierprospektgesetzes und des Vermögensanlagegesetzes, des Kapitalanlagegesetzbuchs, des Depotgesetzes, des Wertpapiererwerbs- und Übernahmegesetzes, des Kapitalanleger-Musterverfahrensgesetzes bedurft, samt aller mit diesen verbundenen Verordnungen. Einer Kodifikation, die von vornherein der Beherrschung durch den nationalen Gesetzgeber entzogen gewesen und die durch die immer stärker sprudelnde Quelle des europäischen Richtlinienrechts und neuerdings Verordnungsrechts so zerfleddert worden wäre wie es dem hinsichtlich seines Anwendungsbereichs bereits weitaus schmäleren WpHG widerfahren ist.

Dementsprechend liefert auch der vorliegende Kommentar zum WpHG sowie einer Fülle von Verordnungen der EU und mit diesen zusammenhängenden Delegierten Verordnungen und Durchführungsverordnungen keine Kommentierung des deutschen und europäischen Kapitalmarktrechts. Versammelt sind hier vielmehr Erläuterungen zu den Bestimmungen des WpHG und der Verordnungen der EU, die mehr oder weniger Regelungsbereiche des WpHG auf dem Höhepunkt seines Anwendungsbereichs zum Gegenstand haben und von denen man mit Fug und Recht als dem Kern des deutsch-europäischen Kapitalmarktrechts sprechen darf.

Seit seinem Inkrafttreten zum 1.8.1994 ist das Wertpapierhandelsgesetz vom 26.7.1994 (zu dessen Entstehung Rz. 1) aufgrund von 78 Änderungsgesetzen geändert worden. Das Spektrum der Änderungen reicht von gravierenden bis hin zu rein redaktionellen Änderungen reicht. Sie sind in den sechs Vorauflagen des Kommentars in der jeweiligen Einleitung nachgewiesen und erläutert. Die letzte der in der 6. Aufl. aufgeführten Änderungen des WpHG betraf diejenigen durch Art. 3 des Gesetzes zur Novellierung des Finanzanlagenvermittler- und Vermögensanlagenrechts vom 6.12.2011[4] (6. Aufl., Einl. Rz. 58). Danach ist das WpHG weitere vierzigmal geändert worden. Auch hier betrafen die Änderungen teils nur einen oder wenige Vorschriften, teils ganze Regelungskomplexe mit weitreichenden Neuregelungen.

Im Einzelnen handelt es sich um folgende, in der Vorauflage nicht aufgeführte **Änderungsgesetze**, beginnend mit der jüngsten und absteigend zu der ältesten Änderung bezogen auf das Datum der Verabschiedung des Gesetzes. Soweit die Änderungen durch einzelne Änderungsgesetze oder Artikel derselben zu unterschiedlichen Zeiten in Kraft treten, werden Gesetze bzw. Artikel im Folgenden nur einmal – mit dem Zusatz des jeweiligen Änderungszeipunkts („m.W.v.") – aufgeführt. Auf die Auflistung der jeweils geänderten Bestimmungen wird

---

1 Das Lamfalussy-Verfahren endete mit dem Inkrafttreten der Reformen des Vertrags von Lissabon in Gestalt der Art. 289 bis 291 AEUV und der hierauf aufbauenden ESA-Verordnungen mit ihrer Detaillierung der unterschiedlichen Varianten der Mitwirkung der Europäischen Finanzaufsichtsbehörden. Etwa *Moloney*, EU Securities und Financial Markets Regulation, 3. Aufl. 2014, S. 860.
2 Den Verordnungen sind zwar Erwägungsgründe vorangestellt, doch geben diese über die Entstehung und den systematischen Zusammenhang der Vorschriften regelmäßig keine für deren Auslegung und Anwendung brauchbaren Informationen, sondern paraphrasieren ganz überwiegend nur den Verordnungstext. Auch die Konsultationsdokumente sowie Zwischenberichte und endgültige Berichte zu einem Rechtsetzungsverfahren sind – abgesehen davon, dass sie vielfach nur in Englisch zur Verfügung stehen – wegen ihrer Zahl und ihres Umfangs für den Rechtsanwender nur sehr schwierig zu erschließen und selten hilfreich.
3 *Hemeling*, ZHR 181 (2017), 595, 596, Hervorhebung im Original.
4 BGBl. I 2011, 2481.

verzichtet, da sich entsprechende Hinweise in den Erläuterungen zu den einzelnen Vorschriften des WpHG im Rahmen der jeweiligen Darstellung der Normentwicklung finden. Besonders bedeutsame Änderungsgesetze und Änderungen werden im Anschluss an die nachfolgende Aufstellung näher behandelt:

- Art. 3a Zweites Finanzmarktnovellierungsgesetz (2. FiMaNoG) vom 23.6.2017, BGBl. I 2017, 1693, teils erst m.W.v. 1.7.2018, teils m.W.v. 25.6.2017.
- Art. 3 Zweites Finanzmarktnovellierungsgesetz (2. FiMaNoG) vom 23.6.2017, BGBl. I 2017, 1693, teils m.W.v. 3.1.2018, teils m.W.v. 25.6.2017.
- Art. 2 Zweites Finanzmarktnovellierungsgesetz (2. FiMaNoG) vom 23.6.2017 (BGBl. I 2017, 1693) teils m.W.v. 1.1.2018, teils m.W.v. 26.6.2017.
- Art. 1 Zweites Finanzmarktnovellierungsgesetz (2. FiMaNoG) vom 23.6.2017, BGBl. I 2017, 1693.
- Art. 14 Gesetz zur effektiveren und praxistauglicheren Ausgestaltung des Strafverfahrens vom 17.8.2017, BGBl. I 2017, 3202.
- Art. 6 CSR-Richtlinie-Umsetzungsgesetz vom 11.4.2017, BGBl. I 2017, 802.
- Art. 2 Erstes Finanzmarktnovellierungsgesetz (1. FiMaNoG) vom 30.6.2016, BGBl. I 2016, 1514.
- Art. 1 Erstes Finanzmarktnovellierungsgesetz (1. FiMaNoG) vom 30.6.2016, BGBl. I 2016, 1514.
- Art. 6 Abschlussprüferaufsichtsreformgesetz (APAReG) vom 31.3.2016, BGBl. I 2016, 518.
- Art. 1 Gesetz zur Umsetzung der Transparenzrichtlinie-Änderungsrichtlinie vom 20.11.2015, BGBl. I 2015, 2029.
- Art. 11 Abwicklungsmechanismusgesetz (AbwMechG) vom 2.11.2015, BGBl. I 2015, 1864.
- Art. 192 Zehnte Zuständigkeitsanpassungsverordnung vom 31.8.2015, BGBl. I 2015, 1474.
- Art. 3 Kleinanlegerschutzgesetz vom 3.7.2015, BGBl. I 2015, 1114.
- Art. 2 Gesetz zur Modernisierung der Finanzaufsicht über Versicherungen vom 1.4.2015, BGBl. I 2015, 434.
- Art. 1 Gesetz zur Verringerung der Abhängigkeit von Ratings vom 10.12.2014, BGBl. I 2014, 2085.
- Art. 5 Gesetz zur Anpassung von Gesetzen auf dem Gebiet des Finanzmarktes vom 15.7.2014, BGBl. I 2014, 934.
- Art. 6 CRD IV-Umsetzungsgesetz vom 28.8.2013, BGBl. I 2013, 3395.
- Art. 1 Honoraranlageberatungsgesetz vom 15.7.2013, BGBl. I 2013, 2390, teils m.W.v. 1.8.2014, teils m.W.v. 19.7.2013.
- Art. 8 AIFM-Umsetzungsgesetz (AIFM-UmsG) vom 4.7.2013, BGBl. I 2013, 1981.
- Art. 4 Altersvorsorge-Verbesserungsgesetz (AltvVerbG) vom 24.6.2013, BGBl. I 2013, 1667.
- Art. 3 Hochfrequenzhandelsgesetz vom 7.5.2013, BGBl. I 2013, 1162, teils m.W.v. 14.11.2013, teils m.W.v. 15.5.2013.
- Art. 2 EMIR-Ausführungsgesetz vom 13.2.2013, BGBl. I 2013, 174.
- Art. 10 EMIR-Ausführungsgesetz vom 13.2.2013, BGBl. I 2013, 174.
- Art. 3 Gesetz zur Änderung der Gewerbeordnung und anderer Gesetze vom 5.12.2012, BGBl. I 2012, 2415.
- Art. 1 EU-Leerverkaufs-Ausführungsgesetz vom 6.11.2012, BGBl. I 2012, 2286.
- Art. 2 Gesetz zur Umsetzung der Richtlinie 2010/73/EU und zur Änderung des Börsengesetzes vom 26.6.2012, BGBl. I 2012, 1375.
- Art. 2 Gesetz zur Änderung von Vorschriften über Verkündung und Bekanntmachungen sowie der Zivilprozessordnung, des Gesetzes betreffend die Einführung der Zivilprozessordnung und der Abgabenordnung vom 22.12.2011, BGBl. I 2011, 3044.

14 Unter den vorstehend angeführten Gesetzen, die eine Änderung des WpHG mit sich brachten, kommen dem Gesetz vom 20.11.2015 zur Umsetzung der Transparenzrichtlinie-Änderungsrichtlinie[1], dem Ersten Finanzmarktnovellierungsgesetz (1. FiMaNoG) vom 30.6.2016[2] und dem Zweiten Finanzmarktnovellierungsgesetz (2. FiMaNoG) vom 23.6.2017[3] **besondere Bedeutung** zu:

15 Das **Gesetz zur Umsetzung der Transparenzrichtlinie-Änderungsrichtlinie** vom 20.11.2015 dient in erster Linie der Umsetzung der Transparenzrichtlinie-Änderungsrichtlinie 2013/50/EU vom 22.10.2013[4]. Wie in der

---

[1] BGBl. I 2015, 2029.
[2] BGBl. I 2016, 1514.
[3] BGBl. I 2017, 1693.
[4] *Richtlinie 2013/50/EU des Europäischen Parlaments und des Rates vom 22.10.2013* zur Änderung der Richtlinie 2004/109/EG des Europäischen Parlaments und des Rates zur Harmonisierung der Transparenzanforderungen in Bezug auf Informationen über Emittenten, deren Wertpapiere zum Handel auf einem geregelten Markt zugelassen sind, der Richtlinie 2003/71/EG des Europäischen Parlaments und des Rates betreffend den Prospekt, der beim öffentlichen Angebot

Transparenzrichtlinie 2004/109/EG (Rz. 4) vorgesehen, wurde diese fünf Jahre nach ihrem Inkrafttreten von der Kommission überprüft. Die hieraus hervorgegangenen Änderungsvorschläge wurden mit der Transparenzrichtlinie-Änderungsrichtlinie 2013/50/EU umgesetzt. Diese ist am 27.11.2013 in Kraft getreten und war bis zum 27.11.2015 in nationales Recht umzusetzen. Das hat vor allem zu Änderungen des WpHG sowie des auf dieses Gesetz gestützten Verordnungsrechts geführt. Zu den Änderungen des WpHG gehört zunächst die Überarbeitung und Vereinfachung des Begriffs des Herkunftsstaats in den seinerzeitigen §§ 2 Abs. 6 und 2b und 2c WpHG (a.F.), heute §§ 2 Abs. 13 und 4 und 5 WpHG. Des Weiteren werden die Bestimmungen über die Mitteilung und Veröffentlichung von Veränderungen des Stimmrechtsanteils an einem Emittenten nach dem ehemaligen Abschnitt 5 (§§ 21–30e) WpHG a.F., heute Abschnitt 6 (§§ 33–47) WpHG überwiegend neu gefasst: „Zukünftig regelt", heißt es im Regierungsentwurf des Änderungsgesetzes in Bezug auf die betroffenen Bestimmungen des WpHG a.F., „§ 21 des Wertpapierhandelsgesetzes die Meldepflicht beim Stimmrechten aus Aktien [heute § 33 WpHG], § 25 die Meldepflicht für sämtliche meldepflichtigen Instrumente [heute § 38 WpHG] und § 25a [heute § 39 WpHG] enthält eine Meldepflicht für die Summe der nach § 21 und § 25 gehaltenen Anteile. Zudem werden in dem neuen § 22a [heute § 35 WpHG] bisher im Wertpapierhandelsgesetz und im Kapitalanlagegesetzbuch verteilte Vorgaben zu einer umfassenden Regelung der Tochterunternehmenseigenschaft sowie deren Wegfall zusammengefasst."[1] Eine Gruppe weiterer Änderungen betrifft die Vorschriften des WpHG über die Überwachung von Unternehmensabschlüssen (§§ 37n ff. WpHG a.F., heute §§ 106 ff. WpHG) und die Veröffentlichung von Finanzberichten: Vor allem entfällt dabei die Verpflichtung zur Erstellung von Zwischenmitteilungen nach dem bisherigen § 37x WpHG a.F., „da sie insbesondere für viele kleine und mittlere Emittenten, deren Wertpapiere zum Handel an geregelten Märkten zugelassen sind, eine große Bürde bedeuten, ohne für den Anlegerschutz notwendig zu sein", und „die dadurch frei werdende Stelle im Wertpapierhandelsgesetz [wird] zur Umsetzung des neu gefassten Art. 6 der Transparenzrichtlinie genutzt, der unter Verweis auf die diesbezüglichen Vorgaben des Kapitels 10 der Richtlinie 2013/34/EU Berichtspflichten bestimmter Unternehmen des Rohstoffsektors über ihre Zahlungen an staatliche Stellen vorsieht"[2].

Die in der Sache und dem Umfang nach weitreichendsten Änderungen des WpHG verbanden sich mit den Finanzmarktnovellierungsgesetzen von 2016 und 2017. Dabei dient das **Erste Finanzmarktnovellierungsgesetz** (1. FiMaNoG)[3] der Umsetzung der Richtlinie 2014/57/EU vom 16.4.2014 über strafrechtliche Sanktionen bei Marktmanipulation[4] und der Anpassung des WpHG an die Marktmissbrauchsverordnung[5], namentlich durch die Aufhebung einer Reihe von Bestimmungen mit (an Richtlinienrecht) angeglichenen Regelungen und deren Ersetzung durch Ausführungsbestimmung zur Verordnung. Weiterer Anpassungsbedarf des WpHG bestand darüber hinaus im Hinblick auf die Verordnung (EU) Nr. 909/2014 vom 23.7.2014 zur Verbesserung der Wertpapierlieferungen und -abrechnungen in der Europäischen Union[6] und die Verordnung (EU) Nr. 1286/2014 vom 26.11.2014 über Basisinformationsblätter für verpackte Anlageprodukte für Kleinanleger und Versicherungsprodukte (PRIIP)[7]. Im Mittelpunkt der Änderungen des WpHG durch das 1. FiMaNoG steht die Aufhebung zahlreicher Bestimmungen des bisherigen Abschnitts 3 über die Insiderüberwachung einschließlich derer zur Ad-hoc-Publizität und des Abschnitts 4 über die Überwachung der Marktmanipulation. Entsprechende, sowohl in der Sache als auch dem Umfang nach erheblich erweiterte Vorschriften finden sich nunmehr in der in allen Mitgliedstaaten der EU unmittelbar in geltenden Marktmissbrauchsverordnung. Erhebliche Veränderungen haben des Weiteren die zur Umsetzung der vorgenannten Richtlinie 2014/57/EU vorgenommenen Änderungen – im Wesentlichen Ergänzungen – der Straf- und Bußgeldvorschriften des bisherigen Abschnitts 12 des WpHG erfahren: Dort wurde, wie es im RegE 1. FiMaNoG heißt, „zum einen inhaltliche Ausweitung der zu ahndenden Verstöße vorgenommen, zum anderen wurden auch den europäischen Vorgaben zu schärferen Sanktionsmöglichkeiten, insbesondere bei der Bußgeldhöhe, berücksichtigt"[8]. Darüber hinaus wurden in

---

von Wertpapieren oder bei deren Zulassung zum Handel zu veröffentlichen ist, sowie der Richtlinie 2007/14/EG der Kommission mit Durchführungsbestimmungen zu bestimmten Vorschriften der Richtlinie 2004/109/EG, ABl. EU Nr. L 294 v. 3.11.2013, S. 13. Zur Umsetzung etwa *Bosse*, BB 2015, 746; *Burgard/Heimann*, WM 2015, 1445; *Oser/Staß*, DB 2015, 2825; *Roth*, GWR 2015, 485; *Stephan*, Der Konzern 2016, 53; *Tautges*, WM 2017, 512.

1 RegE eines Gesetzes zur Umsetzung der Transparenzrichtlinie-Änderungsrichtlinie, BT-Drucks. 18/5010 v. 26.5.2015, 1, 36.
2 RegE eines Gesetzes zur Umsetzung der Transparenzrichtlinie-Änderungsrichtlinie, BT-Drucks. 18/5010 v. 26.5.2015, 1, 36.
3 Erstes Gesetz zur Novellierung von Finanzmarktvorschriften auf Grund europäischer Rechtsakte (Erstes Finanzmarktnovellierungsgesetz – 1. FiMaNoG) vom 30.6.2016, BGBl. I 2016, 1514. Dazu etwa *Jordans*, BKR 2017, 273, 276 ff.; *Roth*, GWR 2016, 291.
4 ABl. EU Nr. L 173 v. 12.6.2014, S. 179.
5 Verordnung (EU) Nr. 596/2014 vom 16.4.2014 über Marktmissbrauch und zur Aufhebung der Richtlinie 2003/6/EG des Europäischen Parlaments und des Rates und der Richtlinien 2003/124/EG, 2003/125/EG und 2004/72/EG der Kommission, ABl. EU Nr. L 173 v. 12.6.2014, S. 1.
6 Verordnung (EU) Nr. 909/2014 vom 23.7.2014 zur Verbesserung der Wertpapierlieferungen und -abrechnungen in der Europäischen Union und über Zentralverwahrer sowie zur Änderung der Richtlinien 98/26/EG und 2014/65/EU und der Verordnung (EU) Nr. 236/2012, ABl. EU Nr. L 257 v. 28.8.2014, S. 1.
7 ABl. EU Nr. L 352 v. 9.12.2014, S. 1, mit Berichtigung in ABl. EU Nr. L 358 v. 13.12.2014, S. 50.
8 RegE eines Ersten Gesetzes zur Novellierung von Finanzmarktvorschriften auf Grund europäischer Rechtsakte (Erstes Finanzmarktnovellierungsgesetz – 1. FiMaNoG), BT-Drucks. 18/748 v. 8.2.2016, 1, 49.

Einl. | Einleitung

Fortführung von Änderungen des WpHG und vor allem des Finanzdienstleistungsaufsichtsgesetzes (FinDAG) durch das Kleinanlegerschutzgesetz vom 3.7.2015 (Rz. 13) die aufsichtsrechtlichen Befugnisse ergänzt und an die gesetzlichen Anforderungen angepasst. Schließlich dienen weitere Änderungen des WpHG dazu, die Einhaltung von Verpflichtungen gemäß der Verordnung (EU) Nr. 648/2012 vom 4.7.2012 über OTC-Derivate, zentrale Gegenparteien und Transaktionsregister[1] sicherzustellen.

17 Das **Zweite Finanzmarktnovellierungsgesetz** (2. FiMaNoG)[2] dient vor allem der Umsetzung der Richtlinie 2014/65/EU vom 15.5.2014 über Märkte für Finanzinstrumente[3] (MiFID II) sowie der Vorschriften zur Bestimmung der technischen Einzelheiten zu deren Vorgaben in einer Unzahl von Europäischen Delegierten Verordnungen[4], der Delegierten Richtlinie (EU) 2017/593 der Kommission vom 7.4.2016[5] und EU-Durchführungsverordnungen[6]. Darüber hinaus enthält das 2. FiMaNoG u.a. zur Änderung des WpHG eine Vielzahl von Ausführungsbestimmungen zur Verordnung (EU) Nr. 600/2014 vom 15.5.2014 über Märkte für Finanzinstrumente und zur Änderung der Verordnung (EU) Nr. 648/2012[7], der Verordnung (EU) 2015/2365 vom 25.11.2015 über die Transparenz von Wertpapierfinanzierungsgeschäften und der Weiterverwendung sowie zur Änderung der Verordnung (EU) Nr. 648/2012[8] sowie zur Verordnung (EU) 2016/1011 des Rates vom 8.6.2016 über Indizes, die bei Finanzinstrumenten und Finanzkontrakten als Referenzwert oder zur Messung der Wertentwicklung eines Investmentfonds verwendet werden, und zur Änderung der Richtlinien 2008/48/EG und 2014/17/EU sowie der Verordnung (EU) Nr. 596/2014[9]. Insgesamt ist es die Aufgabe des 2. FiMaNoG, die vorgenannten „Richtlinien in das nationale Recht umzusetzen und soweit angebracht die genannten Verordnungen dabei zu berücksichtigen sowie mit den europäischen Vorschriften inhaltlich nicht vereinbare oder redundante Inhalte im deutschen Kapitalmarktrecht aufzuheben"[10].

18 Ein erster **Schwerpunkt der Änderungen des WpHG** durch das 2. FiMaNoG betrifft Vorschriften des früheren Abschnitts 6 und heutigen Abschnitts 11 über Verhaltens-, Organisations- und Transparenzpflichten von Wertpapierdienstleistungsunternehmen, durch die die Vorgaben der Richtlinie 2014/65/EU und der Delegierten Richtlinie EU 2017/593 zu Verhaltens- und Organisationspflichten umgesetzt werden. Ein zweiter Schwerpunkt der Änderungen des WpHG durch das 2. FiMaNoG hat die früher in Abschnitt 12 und jetzt in Abschnitt 17 des WpHG zu findenden Straf- und Bußgeldvorschriften zum Gegenstand. Dabei geht die immense inhaltliche Ausweitung der zu ahndenden Verstöße mit einer deutlichen Verschärfung der Sanktionsmöglichkeiten und der Bußgeldhöhe einher. Darüber hinaus werden dem WpHG im neuen Abschnitt 9 (§§ 54 bis 57 WpHG) Vorschriften zur Überwachung von Positionslimits und Positionsmanagementkontrollen bei Warenderivaten und Positionsmeldungen und im neuen Abschnitt 10 (§§ 58 bis 62 WpHG) Bestimmungen zu Organisationspflichten von Datenbereitstellungsdiensten eingefügt. Der Einfügung neuer Regelungsfelder in das WpHG steht die Aufhebung der Vorschriften alter gegenüber, die der Anpassung des WpHG an Verordnungen, namentlich an die Verordnung (EU) Nr. 600/2014 über Märkte für Finanzinstrumente sowie der zahlreichen Delegierten Verordnungen zur Richtlinie 2014/65/EU über Märkte für Finanzinstrumente (MiFID II), geschuldet ist.

19 Am augenfälligsten an den Änderungen des WpHG durch das 2. FiMaNoG ist schließlich die durch dessen Art. 3 bewirkte Neuordnung und v.a. **Neunummerierung** der Vorschriften des WpHG, die der Verbesserung

---

1 ABl. EU Nr. L 201 v. 27.7.2012, S. 1.
2 Zweites Gesetz zur Novellierung von Finanzmarktvorschriften auf Grund europäischer Rechtsakte (Zweites Finanzmarktnovellierungsgesetz – 2. FiMaNoG) vom 23.6.2017, BGBl. I 2017, 1693. Dazu etwa *Jordans*, BKR 2017, 273, 279; *Meixner*, ZAP 2017, 911. Zur Änderung der Verhaltenspflichten nach den §§ 63 ff. WpHG durch das 2. FiMaNoG *Buck-Heeb*, BKR 2017, 485.
3 Richtlinie 2014/65/EU des Europäischen Parlaments und des Rates vom 15.5.2014 über Märkte für Finanzinstrumente sowie zur Änderung der Richtlinien 2002/92/EG und 2011/61/EU, ABl. EU Nr. L 173 v. 12.6.2014, S. 349.
4 Sechzehn Delegierte Verordnungen zur Richtlinie 2014/65/EU sind – mit anderen Verordnungen – veröffentlicht im ABl. EU Nr. L 87 v. 31.3.2017, S. 1 bis 499 (sic!).
5 Delegierte Richtlinie (EU) 2017/593 der Kommission vom 7.4.2016 zur Ergänzung der Richtlinie 2014/65/EU des Europäischen Parlaments und des Rates im Hinblick auf den Schutz der Finanzinstrumente und Gelder von Kunden, Produktüberwachungspflichten und Vorschriften für die Entrichtung beziehungsweise Gewährung oder Entgegennahme von Gebühren, Provisionen oder anderen monetären oder nicht-monetären Vorteilen, ABl. EU Nr. L 87 v. 31.3.2017, S. 500.
6 Durchführungsverordnung (EU) 2017/988 technische Durchführungsstandards für Standardformulare, Muster und Verfahren für die Zusammenarbeit in Bezug auf Handelsplätze, deren Geschäfte in einem Aufnahmemitgliedstaat von wesentlicher Bedeutung sind, ABl. EU Nr. L 149 v. 13.6.2017, S. 3; Durchführungsverordnung (EU) 2017/1110 zur Festlegung technischer Durchführungsstandards für die Standardformulare, Muster und Verfahren für die Zulassung von Datenbereitstellungsdiensten und die damit zusammenhängenden Mitteilungen gemäß der Richtlinie 2014/65/EU des Europäischen Parlaments und des Rates über Märkte für Finanzinstrumente, ABl. EU Nr. L 162 v. 23.6.2017, S. 3.
7 ABl. EU Nr. 173 v. 12.6.2014, S. 84.
8 *ABl. EU Nr. L 337 v. 23.12.2015, S. 1.*
9 ABl. EU Nr. 171 v. 29.6.2016, S. 1.
10 RegE Zweites Gesetz zur Novellierung von Finanzmarktvorschriften auf Grund europäischer Rechtsakte (Zweites Finanzmarktnovellierungsgesetz – 2. FiMaNoG), BT-Drucks. 18/10936 v. 23.1.2017, 1.

der Lesbarkeit des Gesetzes dienen sollen. Augenfällig ist auch die **Aufspaltung der „Änderungsbefehle"** des 2. FiMaNoG **in jeweils mehrere Artikel**, wie namentlich zum WpHG in Art. 1 bis 3 sowie zum Kreditwesengesetz (in Art. 4 bis 6), zum Börsengesetz (in Art. 7 und 8), zum Kapitalanlagegesetzbuch (in Art. 10 bis12) und zum Versicherungsaufsichtsgesetz (in Art. 13 bis 15). Sie soll der „besseren Übersichtlichkeit im Hinblick auf unterschiedliche Umsetzungs- und Anwendungsfristen der umgesetzten und verankerten europäischen Vorgaben" dienen[1]. Zu **letzten Änderungen von Finanzmarktgesetzen und namentlich des WpHG** durch das Gesetz zur Ausübung von Optionen der EU-Prospektverordnung und zur Anpassung weiterer Finanzmarktgesetze einerseits sowie das vorgesehene Gesetz zur Anpassung von Finanzmarktgesetzen an die Verordnung (EU) 2017/2402 und an die durch die Verordnung (EU) 2017/2401 geänderte Verordnung (EU) Nr. 575/2013 anderseits ist auf Rz. 44 f. zu verweisen.

II. Direkt geltende EU-Verordnungen als Gegenstand des Kommentars. Das europäisch-mitgliedstaatliche Finanz- und Kapitalmarktrecht wird, wie bereits in Rz. 7 ff. ausgeführt, mehr und mehr **durch Verordnungsrecht der EU geprägt**, das in den Mitgliedstaaten unmittelbar gilt und nicht erst der Umsetzung in mitgliedstaatliches Recht bedarf. Die folgende Kommentierung beschränkt sich daher nicht auf das WpHG. Sie bezieht vielmehr eine Reihe von europäischen Verordnungen mit ein. Solche Rechtsakte finden sich nicht nur auf Level 1 der Rechtsetzung in der EU, sondern auch auf deren Level 2 und 3, und sie dienen auf Letzteren nicht nur der Konkretisierung bzw. Durchführung der Verordnungen der EU des ersten Levels, sondern auch derjenigen von Richtlinien, wie das Beispiel der Richtlinie 2014/65/EU vom 15.5.2014 über Märkte für Finanzinstrumente (MiFID II) zeigt, deren technischen Einzelheiten zu ihren Vorgaben auch in einer Vielzahl von Europäischen Delegierten Verordnungen bestimmt werden (Rz. 17). Und wie ebenfalls bereits erwähnt (Rz. 7 und Rz. 16) wurde, haben Verordnungen der EU ganze der bislang im WpHG geregelten Regelungsfelder in Verordnungsrecht überführt. Dementsprechend führt dieser Kommentar zum WpHG und den auf dessen Grundlage erlassenen Rechtsverordnungen in Gestalt von Erläuterungen zum einschlägigen EU-Verordnungsrecht fort, gibt aber auch Erläuterungen zu den Verordnungen, die neben dem EU-Richtlinienrecht und mitgliedstaatlich angeglichenen Recht das europäisch-mitgliedstaatliche Finanz- und Kapitalmarktrecht prägen. Die hierfür maßgeblichen Verordnungen auf Level 1 sind in **§ 1 Abs. 1 Nr. 8 lit. b bis j WpHG** aufgeführt. 20

Die im Hinblick auf die Regelung zuvor im WpHG enthaltener Bereiche bedeutendste unter den auf Level 1 ergangenen Verordnungen ist die **Verordnung (EU) Nr. 596/2014 vom 16.4.2014 über Marktmissbrauch (Marktmissbrauchsverordnung)** (Rz. 7). Sie tritt an die Stelle der Richtlinie 2003/6/EG vom 28.1.2003 über Insider-Geschäfte und Marktmanipulation (Marktmissbrauch)[2], die ihrerseits die Richtlinie 89/592/EWG des Rates vom 13.11.1989 zur Koordinierung der Vorschriften betreffend Insider- Geschäfte ersetzte[3] und durch Art. 37 Satz 1 VO Nr. 596/2014 mitsamt der zu ihr ergangenen Durchführungsmaßnahmen aufgehoben wird. Flankierend zur Marktmissbrauchsverordnung erging die Richtlinie 2014/57/EU des Europäischen Parlaments und des Rates vom 16.4.2014 über strafrechtliche Sanktionen bei Marktmanipulation (Marktmissbrauchsrichtlinie)[4]. Ihren Gegenstandsbereich umreist die Marktmissbrauchsverordnung in Art. 1 VO Nr. 596/2014 selbst: „Mit dieser Verordnung wird ein gemeinsamer Rechtsrahmen für Insidergeschäfte, die unrechtmäßige Offenlegung von Insiderinformationen und Marktmanipulation (Marktmissbrauch) sowie für Maßnahmen zur Verhinderung von Marktmissbrauch geschaffen, um die Integrität der Finanzmärkte in der Union sicherzustellen und den Anlegerschutz und das Vertrauen der Anleger in diese Märkte zu stärken." Näher zur Entstehung der Verordnung und ihren Regelungsfeldern sowie zu ihrem Regelungszwecke Art. 1 VO Nr. 596/2014 Rz. 2 ff. bzw. Rz. 6 ff. Nicht minder folgenreich für die Neuausrichtung des WpHG und die Neuregelung des Handels mit Finanzinstrumenten ist die komplementär zur Richtlinie 2014/65/EU vom 15.5.2014 über Märkte für Finanzinstrumente (MiFID II, Rz. 20) ergangene **Verordnung (EU) Nr. 600/2014 vom 15.5.2014 über Märkte für Finanzinstrumente** und zur Änderung der Verordnung (EU) Nr. 648/2012[5] (**MiFIR**), deren Schwerpunkt auf der Herstellung von Markttransparenz bei Geschäften in Finanzinstrumenten liegt und deren wesentlichen Vorschriften in diesem Kommentar erläutert werden. Zusammen sollen die durch das 2. FiMaNoG (Rz. 17) umgesetzte Richtlinie (MiFID Insiderinformationen) und die Verordnung (MiFIR) „den Rechtsrahmen für die Festlegung der Anforderungen bilden, denen Wertpapierfirmen, geregelte Märkte und Datenübermittlungsdienstleister zu genügen haben"[6]. Das WpHG ist in einer Reihe von neuen Vorschriften – etwa in Gestalt der §§ 6, 18 und 22 WpHG – an die Verordnung angepasst worden, darunter auch durch Ausweitung der Sanktionsvorschriften des WpHG (§§ 120, 126 WpHG) auf die Ge- und Verbote der MiFIR. 21

Komplementär zu den Verhaltenspflichten von Wertpapierdienstleistungsunternehmen im neuen Abschnitt 11 des WpHG in §§ 63 bis 96 WpHG enthält die **Verordnung (EU) Nr. 1286/2014 vom 26.11.2014 über Basis-** 22

---

[1] RegE Zweites Gesetz zur Novellierung von Finanzmarktvorschriften auf Grund europäischer Rechtsakte (Zweites Finanzmarktnovellierungsgesetz – 2. FiMaNoG), BT-Drucks. 18/10936 v. 23.1.2017, 1, 214, auch 191.
[2] ABl. EU Nr. L 96 v. 12.4.2003, S. 16.
[3] ABl. EG Nr. L 334 v. 18.11.1989, S. 30.
[4] ABl. EU Nr. L 173 v. 12.6.2014, S. 179.
[5] ABl. EU Nr. L 173 v. 12.6.2014, S. 84.
[6] Erwägungsgrund 3 VO (EU) Nr. 600/2014, ABl. EU Nr. L 173 v. 12.6.2014, S. 84.

informationsblätter für verpackte Anlageprodukte für Kleinanleger und Versicherungsanlageprodukte[1], die sog. **PRIIP-Verordnung**, Vorschriften zur Verbesserung des Kleinanlegerschutzes im Hinblick auf von der Verordnung so bezeichnete und in Art. 2 VO Nr. 1286/2014 (PRIIP-VO) näher umschriebene **verpackte Anlageprodukte**. Dabei handelt es sich nach Erwägungsgrund 1 VO Nr. 1286/2014 um Anlagen, „die auf die Bedürfnisse von Kleinanlegern zugeschnitten sind, häufig mit einem Versicherungsschutz verbunden sind oder komplex und schwer zu verstehen sein können" und für die es keine aufeinander abgestimmten und Vergleiche erlaubende Offenlegungspflichten gibt. Dementsprechend legt die PRIIP-Verordnung – wie es in Art. 1 VO Nr. 1286/2014 zu Gegenstand und Anwendungsbereich der Verordnung heißt – „einheitliche Vorschriften für das Format und den Inhalt des Basisinformationsblatts das von Herstellern von verpackten Anlageprodukten für Kleinanleger und Versicherungsanlageprodukten (packaged retail and insurance-based investment products – im Folgenden ‚PRIIP') abzufassen ist, sowie für die Bereitstellung des Basisinformationsblatts an Kleinanleger fest, um Kleinanlegern zu ermöglichen, die grundlegenden Merkmale und Risiken von PRIIP zu verstehen und zu vergleichen". Wie Erwägungsgrund 2 VO Nr. 1286/2014 deutlich macht, handelt es sich bei der Verbesserung der Transparenz in Bezug auf PRIIP-Anlagen, die Kleinanlegern angeboten werden, um eine Maßnahme zur „Wiederherstellung des Vertrauens von Kleinanlegern in den Finanzmarkt, insbesondere nach der Finanzkrise" nach 2007[2], die erste Schritte in diese Richtung in Gestalt der „Entwicklung der Regelung zu den wesentlichen Informationen für den Anleger durch die Richtlinie 2009/65/EG"[3], ergänze. Einzelheiten zum Gegenstand, zum Anwendungsbereich und zu den Vorschriften der Verordnung finden sich in den Erläuterungen zur PRIIP-Verordnung.

23   Ebenfalls erläutert sind die Vorschriften der **Verordnung (EU) Nr. 236/2012 über Leerverkäufe und bestimmte Aspekte von Credit Default Swaps vom 14.3.2012**[4]. Leerverkäufe (d.h. der Verkauf eines Wertpapiers, das sich im Zeitpunkt des Abschlusses nicht im Eigentum des Verkäufers befindet) und Credit Default Swaps (d.h. außerbörslich gehandelte Verträge zwischen Parteien, die – unabhängig von bestehenden Kreditbeziehungen – einen Referenzschuldner und Ausfallrisiken der Gläubiger dieses Schuldners zum Gegenstand haben, gelten als Instrumente der Spekulation und verbreitet als Mitverursacher, jedenfalls aber als Verstärker von Kursbewegungen, namentlich von solchen nach unten, und als Katalysatoren der Finanz- und Staatsschuldenkrise nach 2007. Da ihnen auch positive Funktionen für die Liquidität der Märkte, die Kursbildung und für die Absicherung von Kreditausfallrisiken nicht abzusprechen sind, ist nicht ihre Eindämmung, sondern Transparenz das Mittel ihrer Regulierung auf europäischer Ebene. Diese ist durch die Verordnung (EU) Nr. 236/2012 vom 14.3.2012 über Leerverkäufe und bestimmte Aspekte von Credit Default Swaps erfolgt. Die Verordnung enthält neben dem Verbot ungedeckter Leerverkäufe umfangreiche Transparenzregelungen, und gibt den mitgliedstaatlichen Aufsichtsbehörden sogar Befugnisse, um in Ausnahmesituationen gedeckte, Leerverkäufe in Abstimmung mit der ESMA untersagen oder beschränken zu können, und soll ein weiterer Schritt hin zu einer größeren Finanzstabilität in Europa sein.

24   **Derivate** sind für die Marktliquidität und die Absicherung von Risiken aus der zukünftigen Entwicklung von Finanz- und Produktmärkten wichtige Instrumente, bergen aber für die Vertragsparteien und das Funktionierung der Märkte aber auch beträchtliche Risiken. Da der bei weitem größte Anteil an Derivaten (die Kommission geht von 80 % aus) auf außerbörslich, „over the counter (OTC)" gehandelten Kontrakten unterschiedlicher Ausgestaltung beruht, sind die sich aus solchen Instrumenten ergebenden Risiken schon wegen der schieren Größe der hier gehandelten Volumina (die Kommission schätzt den Nominalwert von OTC-Derivaten für Ende Dezember 2009 auf 615 Billionen Euro) eine für die Stabilität von Finanzmärkten und die Volkswirtschaft nicht zu übersehende Größe. Auch die sich daraus ergebenden und vor allem in der Finanz- und Staatsschuldenkrise zutage getretenen Regulierungsprobleme geht die EU mit der **Verordnung (EU) Nr. 648/2012 vom 4.7.2012 über OTC-Derivate, zentrale Gegenparteien und Transaktionsregister**[5], auch als European Market Infrastructure Regulation – **EMIR** – bekannt – über Transparenzregelungen, Vorschriften zur Reduzierung der mit solchen Derivaten verbundenen systemischen Risiken sowie durch Maßnahmen zum Schutz von Marktmissbrauch an. Dazu verlangt die Verordnung die **Abwicklung standardisierter OTC-Derivat-Geschäfte über eine Zentrale Gegenpartei** („Central Counterparty – CCP") und setzt Grenzwerte für OTC Geschäfte, die aufgrund ihrer Struktur nicht für das zentrale Clearing geeignet sind. Zudem schreibt die Verordnung u.a. vor, dass Informationen zu allen europäischen Derivate-Transaktion an ein **Transaktionsregister** gemeldet werden,

---

1 Verordnung (EU) Nr. 1286/2014 des Europäischen Parlaments und des Rates vom 26.11.2014 über Basisinformationsblätter für verpackte Anlageprodukte für Kleinanleger und Versicherungsanlageprodukte (PRIIP), ABl. EU Nr. L 352 v. 9.12.2014, S. 1.
2 Zur Bedeutung von Vertrauen im Finanzmarktrecht *Mülbert/Sajnovits*, ZfPW 2016, 1 ff.
3 Richtlinie 2009/65/EG des Europäischen Parlaments und des Rates vom 13.7.2009 zur Koordinierung der Rechts- und Verwaltungsvorschriften betreffend bestimmte Organismen für gemeinsame Anlagen in Wertpapieren (OGAW), ABl. EU Nr. L 302 v. 17.11.2009, S. 32.
4 *Verordnung (EU) Nr. 236/2012* des Europäischen Parlaments und des Rates vom 14.3.2012 über Leerverkäufe und bestimmte Aspekte von Credit Default Swaps, ABl. EU Nr. L 86 v. 24.3.2012, S. 1.
5 ABl. EU Nr. L 201 v. 27.7.2012, S. 1. Dazu: Ausführungsgesetz zur Verordnung (EU) Nr. 648/2012 über OTC-Derivate, zentrale Gegenparteien und Transaktionsregister (EMIR-Ausführungsgesetz) vom 13.2.2013, BGBl. I 2013, 174.

welches den nationalen Aufsichtsbehörden und ESMA zugänglich ist, um sowohl politischen Entscheidungsträgern als auch Aufsichtsorganen einen Überblick über die Aktivitäten auf den Märkten **zu verschaffen**. Ferner enthält sie der Aufsicht unterliegende Auflagen an Zentrale Gegenparteien in Bezug auf deren Organisation und Geschäftsgebaren.

Nicht eigens erläutert wird in diesem Kommentar die **Verordnung (EU) 2015/2365 vom 25.11.2015 über die Transparenz von Wertpapierfinanzierungsgeschäften** und der Weiterverwendung sowie zur Änderung der Verordnung (EU) Nr. 648/2012[1]. Sie modifiziert und komplementiert die in Rz. 24 behandelte Verordnung (EU) Nr. 648/2012 vom 4.7.2012 über OTC-Derivate, zentrale Gegenparteien und Transaktionsregister in Bezug auf Wertpapierfinanzierungsgeschäfte. Durch diese können nach den Ermittlungen des Rats für Finanzstabilität (FSB) und des mit der Verordnung (EU) Nr. 1092/2010[2] eingerichteten Europäische Ausschusses für Systemrisiken (ESRB), Hebeleffekte, Prozyklizität und wechselseitige Verflechtungen auf den Finanzmärkten anwachsen. Insbesondere die mangelnde Transparenz bei der Nutzung von Wertpapierfinanzierungsgeschäften habe, so wird in Erwägungsgrund 2 VO 2015/2365 dargelegt, „dazu geführt, dass Regelungs- und Aufsichtsbehörden ebenso wie Anleger die einschlägigen bankähnlichen Risiken und das Ausmaß der wechselseitigen Verflechtungen im Finanzsystem vor und während der Finanzkrise nicht richtig einschätzen und verfolgen konnten". Vor dem Hintergrund umfangreicher Studien zum Schattenbankwesen und zu den Möglichkeiten seiner Eindämmung will das Europäische Parlament und der Rat mit der Verordnung (EU) 2015/2365 die Märkte für Wertpapierfinanzierungen und damit auch das Finanzsystem transparenter zu machen. Dabei sollen die in der Verordnung festgelegten verbindlichen Transparenz- und Meldeanforderungen für Wertpapierfinanzierungsgeschäfte das Abwandern dieses Geschäftsfelds in weniger streng geregelte Bereiche, etwa den Schattenbankensektor, verhindern. Um gleiche Wettbewerbsbedingungen und internationale Konvergenz zu gewährleisten soll die Verordnung einen Unionsrahmen schaffen, „in dem Einzelheiten von Wertpapierfinanzierungsgeschäften auf effiziente Weise an Transaktionsregister gemeldet werden können und Anleger in Organismen für gemeinsame Anlagen Informationen über Wertpapierfinanzierungsgeschäfte und Gesamtrendite-Swaps (*total return swaps*) erhalten" (Erwägungsgrund 7 VO 2015/2365).

III. Die Anwendung der Vorschriften des WpHG und europäischer Verordnungen. 1. Die Anwendung von Vorschriften des WpHG. Die Vorschriften des WpHG in ihrer heutigen Form sind überwiegend angeglichenes Recht, d.h. der Umsetzung von EU-Richtlinien dienendes Recht. Als angeglichenes Recht unterliegen sie nicht nur im Hinblick auf ihre Änderung, sondern auch in Bezug auf seine Anwendung und Fortbildung einigen Besonderheiten. Dabei sind es weniger die kompetentiellen Sperren, die das Unionsrecht nationaler Gesetzgebungskompetenz auferlegt[3], als die Rechtsanwendungsfragen, die besondere Hervorhebung verdienen.

Die angeglichenen Vorschriften des WpHG enthalten in nicht geringem Umfang Vorschriften mit unbestimmten, konkretisierungsbedürftigen Rechtsbegriffen. Soweit die anzuwendende Norm unmittelbar der Transformation einer Richtlinie in nationales Recht dient oder zumindest den Regelungsbereich einer solchen Richtlinie berührt, ist sie, im Rahmen und auf der Grundlage des nach den nationalen Auslegungsregeln Möglichen[4], **richtlinienkonform auszulegen**[5], d.h. „im Lichte der Richtlinie"[6]. Zur Konkretisierung der Grenzen richtlinienkonformer Auslegung von mitgliedstaatlichen Rechts, das der Angleichung nationalen Rechts an Gemeinschaftsrecht dient, ist der BGH in seiner sog. *Quelle*-Folgeentscheidung von seiner Rechtsprechung abgerückt,

---

1 ABl. EU Nr. L 337 v. 23.12.2015, S. 1.
2 Verordnung (EU) Nr. 1092/2010 des Europäischen Parlaments und des Rates vom 24.11.2010 über die Finanzaufsicht der Europäischen Union auf Makroebene und zur Errichtung eines Europäischen Ausschusses für Systemrisiken, ABl. EU Nr. L 331 v. 15.12.2010, S. 1.
3 Dazu etwa *Hayder*, RabelsZ 53 (1989), 622, 655.
4 EuGH v. 5.10.2004 – verb. Rs. C-397/01 bis C-403/01 – Pfeiffer, ZIP 2004, 2342, 2343, Rz. 115 ff. Das schließt die über den Wortlaut einer Vorschrift hinausgehende „richtlinienkonforme" Rechtsfortbildung ein. S. BGH v. 26.11.2008 – VIII ZR 200/05 („Quelle-Folgeentscheidung"), NJW 2009, 427, LS 1: „soweit dies nötig und möglich ist".
5 EuGH v. 10.4.1984 – Rs. C-14/83 – von Colson und Kamann, EuGHE 1984, 1891, 1909; EuGH v. 10.4.1984 – Rs. C-79/83 – Harz, EuGHE 1984, 1921, 1942; EuGH v. 8.10.1987 – Rs. C-80/86 – Kolpinghuis Nijmegen, EuGHE 1987, 3969 (3986 f.); EuGH v. 4.2.1988 – Rs. C-157/86 – Murphy, EuGHE 1988, 673, 678 f.; EuGH v. 7.11.1989 – Rs. C-125/88 – Nijmann, EuGHE 1989, 3533, 3546; EuGH v. 13.11.1990 – Rs. C-106/89 – Marleasing, EuGHE 1990, 4135, 4158; EuGH v. 16.12.1993 – Rs. C-334/92 – Wagner Miret, EuGHE 1993, 6911, 6932; EuGH v. 14.7.1994 – Rs. C-91/92 – Faccini Dori, EuGHE 1994, 3325, 3357; EuGH v. 27.6.2000 – Rs. C-240 bis 244/98 – Océano, EuGHE 2000, 4941, 4955; EuGH v. 13.7.2000 – Rs. C-456/98 – Centrosteel, EuGHE 2000, 1651; EuGH v. 15.5.2003 – Rs. C-160/01 – Mau, NJW 2003, 2371, Rz. 34; EuGH v. 23.10.2003 – Rs. C-408/01 – Adidas, EuZW 2004, 54, Rz. 21; EuGH v. 5.10.2004 – Rs. C-397/01 bis C-403/01 – Pfeiffer, NJW 2004, 3547, Rz. 113–116; EuGH v. 4.7.2006 – Rs. C-212/04 – Adeneler, NJW 2006, 2465, Rz. 110–112; EuGH v. 6.12.2005 – Rs. C-461/03 – Gaston Schul Douane-expediteur, Slg. 2005, I-10513, Rz. 21; EuGH v. 10.1.2006 – Rs. C-344/04 – IATA und ELFAA, NJW 2006, 351, Rz. 27; EuGH v. 17.4.2008 – Rs. C-404/06 – Quelle, NJW 2008, 1433, Rz. 22. Zur richtlinienkonformen Auslegung nationalen Rechts s. den Überblick bei *Gebauer* in Gebauer/Wiedmann (Hrsg.), Kap. 4 Rz. 17 ff.; *Gebauer/Teichmann* in Gebauer/Teichmann, § 1 Rz. 82 ff.; *Langenbucher* in Langenbucher (Hrsg.), S. 54 ff.; *Roth* in Riesenhuber (Hrsg.), Europäische Methodenlehre, 3. Aufl. 2015, § 14.
6 *Gebauer/Teichmann* in Gebauer/Teichmann, § 1 Rz. 82.

der **Wortlaut eines nationalen Gesetzes** bilde eine *absolute* Grenze für die richtlinienkonforme Auslegung[1]. Um die Auslegungsgrenze des Gesetzeswortlauts zu überwinden, kommt zukünftig vor allem eine teleologische Reduktion der fraglichen Vorschrift in Betracht. Das setzt indes den Nachweis voraus, dass der Gesetzgeber mit dieser Vorschrift die Richtlinie korrekt umzusetzen gedachte. Dabei muss sich der Wille der korrekten Richtlinienumsetzung auf die konkrete in Frage stehende Regelung beziehen, wohingegen ein genereller Wille zur Umsetzung der Richtlinie nicht als ausreichend zu betrachten ist[2].

28 Das wiederum verlangt eine **Auslegung des Unionsrechts** nach den hierfür maßgeblichen **unionsrechtlichen Auslegungsmethoden**[3]: In deren Vordergrund steht die **Wortlautauslegung**. Sie führt allerdings gerade bei der Interpretation des Unionssekundärrechts selten zu eindeutigen Ergebnissen, weil die Auslegung auf die Ermittlung der Wortbedeutung in dem insoweit rechtsdogmatisch noch wenig elaborierten Unionsrecht gerichtet ist und selbst dann nicht auf eine mitgliedstaatliche Begriffsbildung zurückgegriffen werden darf, wenn diese einem Regelungszusammenhang entstammt, welcher der fraglichen Richtlinie ganz offenbar als Regelungsvorbild oder -grundlage diente. Die **rechtssystematische Auslegung** spielt dagegen bei der Auslegung von Gemeinschaftssekundärrecht in Gestalt von Richtlinien und Verordnungen praktisch keine Rolle[4], was nicht verwundert, da diesen jegliches System und rechtssystematisches Denken fehlt. Im Mittelpunkt der Auslegung des Unionssekundärrechts steht deshalb die systematisch-teleologische Auslegung[5]. Sie umfasst einerseits die Frage nach dem sich aus der Systematik des Vertrages, des Unionssekundärrechts und der jeweiligen Richtlinie ergebenden Sinn der Norm und andererseits diejenige nach dem Zweck der Vorschrift. Auch die historische Auslegung spielt allenfalls bei der Ermittlung des Zwecks eines Rechtsakts bzw. einer seiner Bestimmungen eine Rolle.

29 So wie sich der **EuGH** im Zusammenhang mit der Auslegung des Unionsrechts durchaus der Rechtsvergleichung in Bezug auf die einzelnen mitgliedstaatlichen Regelungen und deshalb besser **Umsetzungsrechtsvergleichung** bedient, verlangt er eine solche auch bei der Auslegung angeglichenen nationalen Rechts durch den nationalen Rechtsanwender: Auch wenn die Herkunft des Regelungsmodells einer Richtlinie oder einzelner ihrer Vorschriften aus dem Rechtssystem bestimmter Mitgliedstaaten bei der Anwendung angeglichenen Rechts als unbeachtlich zu gelten hat[6], ist bei der Auslegung angeglichenen Rechts doch die Art und Weise der Umsetzung und Auslegung einer Richtlinie durch die übrigen Mitgliedstaaten bzw. deren Gerichte mit zu berücksichtigen.

30 Soweit die Theorie: In der Praxis der Auslegung unionsrechtlicher Vorschriften und der hieran auszurichtenden richtlinienkonformen Auslegung angeglichenen Rechts folgt der EuGH bedingungslos und *de facto* ausschließlich der *effet utile*-**Methode**, der zufolge Unionsrecht und entsprechend auch angeglichenes Recht – soweit die Auslegung nicht dem offensichtlichen Wortlaut der Bestimmung widerspricht (dazu Rz. 31) – so auszulegen ist, dass das Ziel der umzusetzenden Richtlinie **am effektivsten erreicht** werden kann[7]. Damit kommt dem Zweck einer Regelung für die Auslegung der einzelnen Vorschriften des Gemeinschaftsrechts und des angeglichenen mitgliedstaatlichen Rechts eine herausragende Bedeutung zu. Das hat sich namentlich, und in den Ausführungen vor Art. 7 VO Nr. 596/2014 Rz. 12 und Rz. 29 näher belegt, in den bislang ergangenen Entscheidungen des EuGH zum Insiderrecht bestätigt.

31 Im Rahmen der teleologischen Auslegung europäischer Rechtsakte, die durch die *effet utile*-Methode (vorstehend Rz. 30) des EuGH geprägt ist, kommt den sog. **Erwägungsgründen**, die dem jeweiligen Rechtsakt vorangestellt sind und die vielfach nicht mehr als eine Paraphrasierung der Bestimmungen des Rechtsakts darstellen, bei der Ermittlung des Zwecks desselben besondere Bedeutung zu, doch beschränkt sich die Rolle der Erwägungsgründe darin auch. Nach der Rechtsprechung des EuGH ist davon auszugehen, dass „die Begründungserwägungen eines Gemeinschaftsrechtsakts rechtlich nicht verbindlich sind und weder herangezogen werden können, um von den Bestimmungen des betreffenden Rechtsakts abzuweichen, noch um diese Bestimmungen in einem Sinne auszulegen, der ihrem Wortlaut offensichtlich widerspricht."[8]

---

1 BGH v. 26.11.2008 – VIII ZR 200/05 („Quelle-Folgeentscheidung"), NJW 2009, 427. Hierzu etwa *Gebauer* in Gebauer/Wiedmann (Hrsg.), Kap. 4 Rz. 37 ff.; *Pfeiffer*, NJW 2009, 412.
2 Vgl. *Pfeiffer*, NJW 2009, 412 f.
3 Zur Auslegung von Gemeinschaftsrecht s. etwa *Gebauer* in Gebauer/Wiedmann (Hrsg.), Kap. 4 Rz. 3 ff.; *Langenbucher* in Langenbucher (Hrsg.), S. 28 ff.; *Nettesheim* in Oppermann/Classen/Nettesheim (Hrsg.), Europarecht, 7. Aufl. 2016, § 9 V., S. 141 ff.; *Henninger*, Europäisches Privatrecht und Methode, 2009, S. 275 ff.
4 *Veil* in Veil, § 5 Rz. 43, der aber meint, Systemdenken im europäischen Kapitalmarktrecht könne angesichts der zunehmenden Ablösung rein mitgliedstaatlichen Kapitalmarktrechts durch Richtlinien und Verordnungen nicht mehr grundsätzlich in Frage gestellt werden. Die systematische Europäisierung mitgliedstaatlichen Kapitalmarktrechts ist aber nicht das, was europäisches Kapitalmarktrecht aufweisen müsste, um dieses als ein System des europäischen Kapitalmarktrechts einer rechtssystematischen Auslegung seiner Normen aussetzen zu können.
5 *Gebauer* in Gebauer/Wiedmann (Hrsg.), Kap. 4 Rz. 7.
6 *Lutter*, JZ 1992, 593, 601 f. m.w.N.
7 Zu dieser Auslegungsmethode des EuGH etwa *Potacs*, EuR 2009, 465 Rz. 31.
8 EuGH v. 19.6.2014 – Rs. C-345/13, EuZW 2014, 703, 704 f., Rz. 31; EuGH v. 24.11.2005 – Rs. C-136/04, BeckRS 2005, 70929, Rz. 32 m.w.N.

Auch **Leitlinien und Empfehlungen der ESMA**, die diese nach Art. 16 VO Nr. 1094/2010 (ESMA-Verordnung)[1] und mitunter auch aufgrund ausdrücklichen Auftrags in Rechtsakten der EU – etwa in Art. 17 Abs. 11 VO Nr. 596/2014 zur Erstellung von Leitlinien zum Aufschub der Offenlegung von Insiderinformationen (Art. 17 VO Nr. 596/2014 Rz. 17) – herausgibt, sind rechtlich nicht bindend[2]. Das gilt für Gerichte ebenso wie für die Betroffenen und die nationalen Aufsichtsbehörden. Für Letztere folgt dies schon aus Art. 16 Abs. 3 Unterabs. 2 Satz 1 VO Nr. 1094/2010, in dem bestimmt ist, dass die zuständige Behörde binnen zwei Monaten nach Herausgabe einer Leitlinie oder Empfehlung der ESMA bestätigen muss, ob sie dieser Leitlinie oder Empfehlung nachkommt oder nachzukommen beabsichtigt. Für den Fall, dass sie der Leitlinie oder Empfehlung nachkommt oder nachzukommen beabsichtigt, muss die zuständige nationale Behörde dies der ESMA nach Art. 16 Abs. 3 Unterabs. 2 Satz 2 VO Nr. 1094/2010 unter Angabe von Gründen mitteilen. Diese veröffentlicht diese Tatsache dann nach Maßgabe von Art. 16 Abs. 3 Unterabs. 3 VO Nr. 1094/2010.

32

Dessen ungeachtet entfalten auch Leitlinien oder Empfehlungen der ESMA informelle Rechtsanwendung **formelle und informelle Bindungswirkungen:** Für die ESMA und die nationalen Aufsichtsbehörden, die erklärt haben, dass sie einer Leitlinie oder Empfehlung der ESMA nachkommen oder nachzukommen beabsichtigen, sind deren Bestimmungen im Sinne einer Selbstbindung[3] anzuwenden. Auch Gerichte werden Leitlinien oder Empfehlungen der ESMA als Auslegungshilfe heranziehen, zumal dann, wenn Leitlinien und Empfehlungen auf breite Akzeptanz durch die nationalen Aufsichtsbehörden gestoßen sind. Und schließlich werden sich auch die Betroffenen, die ihr Handeln an den Leitlinien oder Empfehlungen ausgerichtet haben, im Hinblick auf die Frage schuldhafter Verstöße gegen angeglichenes Recht oder Verordnungsrecht auf diesen Umstand berufen können[4].

33

Erst recht rechtlich unverbindlich sind **Verlautbarungen der nationalen Aufsichtsbehörde** zur Auslegung angeglichenen Rechts oder von Verordnungsrecht. Das gilt namentlich für die Veröffentlichungen der BaFin in Gestalt sog. **Frequently Asked Questions (FAQs)**, wie etwa in Gestalt der Fragen und Antworten in *BaFin*, Art. 17 MAR – Veröffentlichung von Insiderinformationen (FAQs), Stand 20.6.2017 (Art. 17 VO Nr. 596/2014 Rz. 17). Von Leitlinien und Empfehlungen der ESMA und den Verlautbarungen der nationalen Aufsichtsbehörden zur Auslegung angeglichenen Rechts oder von Verordnungsrecht zu unterscheiden sind **technische Regulierungs- und Durchführungsstandards**, die von der Kommission aufgrund entsprechender Ermächtigungen in Gesetzgebungsakten – vielfach unter Hinweis auf deren Vorbereitung durch die ESNA wie etwa in Art. 17 Abs. 10 VO Nr. 596/2014 (Art. 17 VO Nr. 596/2014 Rz. 297) – als **delegierte Rechtsakte nach Art. 290 AEUV** erlassen werden.

34

Nach wie vor umstritten ist die Frage, ob die Wortlautgrenze der Auslegung, namentlich unter Berufung auf teleologische Erwägungen, überschritten werden darf, wenn es um **zivilrechtliche Folgen** des Verstoßes gegen straf- oder ordnungswidrigkeitsrechtlich sanktionierte Verhaltensge- oder -verbote des WpHG geht. Das wurde von *Cahn*[5] im Hinblick auf den diesbezüglichen Hauptanwendungsfall der Behandlung von Vorschriften des WpHG, die als Schutzgesetze i.S.v. § 823 Abs. 2 BGB zu betrachten sind, bejaht, wobei eine **gespaltene Gesetzesanwendung** in Kauf genommen wird. Rechtspolitisch mag man dieser Auffassung zugutehalten, dass der Gesetzgeber einzelne Verhaltensge- oder -verbote des WpHG durchaus konform den Vorgaben der umzusetzenden europäischen Richtlinien (s. Rz. 13, 19) auch zivilrechtlich hätte sanktionieren können, wodurch die einschlägigen Vorschriften der Rechtsfortbildung nach zivilrechtlichen Grundsätzen zugänglich gewesen wären. *De lege lata* war und ist eine gespaltene Auslegung von Bestimmungen des WpHG indes nicht haltbar: Die sich über den Wortlaut eines strafrechtlichen Schutzgesetzes hinwegsetzende zivilrechtliche Auslegung bedeutet de facto die richterrechtliche Ausweitung dieser Bestimmung vom Gesetzgeber beigelegten Schutzbereichs. Zwar wird im deliktsrechtlichen Schrifttum heute verbreitet die Ansicht vertreten, zumindest „gesetzesvertretendes Richterrecht in Form relativ ‚fertiger', von Einzelsachverhalten gelöster Normen" müsse als „Bezugsgegenstand des § 823 Abs. 2 BGB in Betracht kommen können"[6], doch sind diese Voraussetzungen im Falle der Anwendung konkreter strafgesetzlicher Schutzgesetze offenkundig nicht gegeben. Hinzu kommt, dass der EuGH in seiner Entscheidung *Grøngaard und Bang* in einem *obiter dictum* der gespaltenen Richtlinienauslegung und damit auch der gespaltenen Auslegung nationalen Rechts eine Absage erteilt hat[7]. Dem folgt auch der BGH: In seiner Entscheidung vom 19.7.2011 hat er die Ablehnung einer gespaltenen Auslegung von Vorschriften des WpHG bekräftigt: „Wenn aber nach Art. 103 Abs. 2 GG, § 3 OWiG insoweit eine über den Wortlaut hinausgehende Anwendung der §§ 21, 22 WpHG nicht zulässig ist, kommt eine andersartige („gespaltene")

35

---

1 Richtlinie (EU) 2017/593 des Europäischen Parlaments und des Rates vom 24.11.2010 zur Errichtung einer Europäischen Aufsichtsbehörde (Europäische Wertpapier- und Marktaufsichtsbehörde), zur Änderung des Beschlusses Nr. 716/2009/EG und zur Aufhebung des Beschlusses 2009/77/EG der Kommission, ABl. EU Nr. L 331 v. 31.3.2017, S. 84.
2 *Veil* in Veil, § 5 Rz. 38 f., 61 f.
3 *Buck-Heeb*, Kapitalmarktrecht, Rz. 38; *Frank*, S. 171 ff.; *Hupka*, WM 2009, 1351 ff.; *Veil* in Veil, § 5 Rz. 62.
4 *Frank*, S. 133, 167; *Veil* in Veil, § 5 Rz. 39, 62.
5 *Cahn*, Grenzen des Markt- und Anlegerschutzes durch das WpHG, ZHR 162 (1998), 1, 9 f.
6 *Mertens* in MünchKomm. BGB, 3. Aufl. 1997, § 823 BGB Rz. 172 m.w.N.
7 EuGH v. 22.11.2005 – Rs. C-384/02, WM 2006, 612, 615, Rz. 28. S. auch 6. Aufl., Vor § 21 WpHG Rz. 41 f.

Auslegung oder analoge Anwendung auch für den Bereich des Zivilrechts grundsätzlich nicht in Betracht (*Veil/Dolff*, AG 2010, 385, 389 f.; *Fleischer/Bedkowski*, DStR 2010, 933, 936 f.; *von Bülow/Petersen*, NZG 2009, 1373, 1375 f.; *Widder/Kocher*, ZIP 2010, 457, 459; s. auch BGH v. 18.9.2006 – II ZR 137/05, BGHZ 169, 98 = AG 2006, 883 – WMF – Rz. 17)."[1]

36 **2. Die Anwendung von Verordnungsvorschriften.** Was für die Auslegung angeglichenen Rechts und der ihm zugrunde liegenden Bestimmungen von EU-Richtlinien gilt, gilt auch für die unmittelbar geltenden Verordnungen und ihrer Bestimmungen. Auch diese sind, legt man die Auslegungspraxis des EuGH zugrunde, im Wesentlichen nach Sinn und Zweck und hier nach der *effet utile*-Methode des EuGH (vorstehend Rz. 30) auszulegen. Das kann allerdings nur so weit gehen, als die Auslegung dem Wortlaut einer Vorschrift nicht offensichtlich widerspricht (Rz. 30 f.). Bei der Bestimmung von dessen Grenzen können einem nationalen Recht entstammende rechtssystematische Überlegungen ebenso wenig herangezogen werden, wie diese generell bei der Auslegung von Verordnungsrecht durch ein nationales Recht Berücksichtigung finden dürfen. Auch hier hat die Auslegung **verordnungsautonom** unter Zugrundelegung von Sinn und Zweck der Verordnung und der Vorschrift zu erfolgen[2].

37 Auch hinsichtlich der rechtlichen Bindungswirkung von **Leitlinien und Empfehlungen der ESMA**, von **Verlautbarungen der nationalen Aufsichtsbehörden** zur Auslegung von Verordnungsrecht namentlich in der Form sog. **Frequently Asked Questions (FAQs)** sowie von **technischen Regulierungs- und Durchführungsstandards** ist auf die Ausführungen zur Auslegung von Richtlinien und angeglichenem Recht – Rz. 32 f., Rz. 34 bzw. Rz. 35 zu verweisen.

38 **IV. Die Wertpapieraufsicht in Europa als Teil des europäischen Finanzaufsichtssystems.** Die 2007 einsetzende Finanzkrise hat nicht nur Schwächen des nationalen, sondern auch des europäischen Aufsichtssystems offenbart[3]. Vor allem wurde offenkundig, dass die europäische Finanzmarktaufsicht trotz erheblicher Fortschritte bei der Finanzmarktintegration und einer zunehmenden Zahl grenzübergreifend tätiger Unternehmen noch immer national fragmentiert ist[4]. Um diese Schwäche zu beseitigen, sind seit Oktober 2008 auch Bestrebungen zur **Weiterentwicklung der europäischen Finanzmarktaufsicht** im Gange. Eingeleitet wurden sie dadurch, dass Kommissionspräsident *Barroso* im Oktober 2008 eine hochrangige Expertengruppe unter dem Vorsitz des ehemaligen geschäftsführenden Direktors des IWF *Jacques de Larosière* einsetzte und sie beauftragte, Empfehlungen zur Schaffung eines effizienteren, integrierten und nachhaltigen Aufsichtsrahmens zu erarbeiten. Die Expertengruppe legte am 25.2.2009 ihren Bericht vor[5].

39 Die Empfehlungen der *Larosière*-Gruppe wurden im März 2009 von der Kommission und dem Europäischen Rat gebilligt[6]. Aus ihnen sind vier in den Mitgliedstaaten der EU unmittelbar geltende **Verordnungen** hervorgegangen:

40 – Eine dieser Verordnungen – die VO (EU) Nr. 1092/2010 vom 24.11.2010 über die Finanzaufsicht der Europäischen Union auf Makroebene und zur Errichtung eines Europäischen Ausschusses für Systemrisiken –

---

1 BGH v. 19.7.2011 – II ZR 246/09, AG 2011, 786, 788, Rz. 33. Ablehnend *Schürnbrand*, Wider den Verzicht auf die gespaltene Auslegung im Kapitalmarktrecht, NZG 2011, 1213. Nach *Segna*, Die sog. gespaltene Rechtsanwendung im Kapitalmarktrecht, ZGR 2015, 84, soll eine gespaltene Rechtsanwendung zulässig und geboten sein, wenn die in Frage stehende kapitalmarktrechtliche Ge- oder Verbotsnorm einer analogen Anwendung zugänglich sei. Für die §§ 21 ff. WpHG a.F. sei dies zu verneinen. Über das aus diesem Grund bestehende Analogieverbot dürfe sich der Rechtsanwender nur hinwegsetzen, soweit ein Bedürfnis nach richtlinienkonformer Rechtsfortbildung bestehe.
2 Dazu etwa *Gebauer/Teichmann* in Gebauer/Teichmann, § 1 Rz. 67 ff. Ebd. Rz. 67: „Autonome Auslegung bedeutet Entkoppelung von einem national vorgeprägten Verständnis, welches bei der Interpretation von Begriffen nach mitgliedstaatlichem Recht geläufig sein mag. Autonome Auslegung zeichnet sich dadurch aus, dass sie ‚ohne Rekurs auf mitgliedstaatliche Konzepte' erfolgt (*Baldus/Raff* [in Gebauer/Teichmann, § 3] Rz. 52). Entsprechend sind etwa die Fragen, was eine ‚Zivilsache' im Sinne des europarechts ist oder ob ein Anspruch einem vertraglichen oder außervertraglichen Schuldverhältnis entspringt, aus dem Europarecht selbst zu beantworten."
3 So heißt es etwa in Erwägungsgrund 1 der Verordnung (EU) Nr. 1092/2010 des Europäischen Parlaments und des Rates vom 24.11.2010 über die Finanzaufsicht der Europäischen Union auf Makroebene und zur Errichtung eines Europäischen Ausschusses für Systemrisiken, ABl. EU Nr. L 331 v. 15.12.2010, S. 1: „Die Aufsichtsmodelle auf nationaler Ebene konnten mit der Globalisierung des Finanzsektors und mit der Realität der Integration und Verknüpfung der europäischen Finanzmärkte mit vielen grenzüberschreitend tätigen Finanzinstituten nicht Schritt halten. Die Krise brachte Mängel bei der Zusammenarbeit, bei der Koordinierung, bei der kohärenten Anwendung des Unionsrechts und einen Mangel an Vertrauen zwischen den nationalen Aufsichtsbehörden zutage."
4 Vgl. Kommissionsvorschlag KOM(2009)499 v. 23.9.2009, S. 2 (1. Kontext des Vorschlags).
5 Der Bericht ist abrufbar unter http://ec.europa.eu/internal_market/finances/docs/de_larosiere_report_de.pdf.
6 Zum weiteren Verlauf der Umsetzung der Vorschläge s. etwa Begründung zum Kommissionsvorschlag zu einer Verordnung des Europäischen Parlaments und des Rates über die gemeinschaftliche Finanzaufsicht auf Makroebene und zur Einsetzung eines Europäischen Ausschusses für Systemrisiken, KOM(2009)499 v. 23.9.2009, S. 2 (1. Kontext des Vorschlags) *und Erwägungsgrund 3 ff.* VO Nr. 1092/2010 des Europäischen Parlaments und des Rates vom 24.11.2010 über die Finanzaufsicht der Europäischen Union auf Makroebene und zur Errichtung eines Europäischen Ausschusses für Systemrisiken, ABl. EU Nr. L 331 v. 15.12.2010, S. 1 f.

dient der Schaffung des **Europäischen Ausschusses für Systemrisiken** (ESRB)[1]. Der Ausschuss soll „die potentiellen Risiken für die Finanzmarktstabilität, die sich aus makroökonomischen Entwicklungen und aus Entwicklungen innerhalb des Finanzsystems insgesamt ergeben, überwachen und bewerten", um „frühzeitig vor sich abzeichnenden systemweiten Risiken warnen und erforderlichenfalls Empfehlungen für Maßnahmen zur Eindämmung dieser Risiken aussprechen" zu können[2].

– Drei weitere Verordnungen haben die **Einrichtung eines Europäischen Finanzaufsichtssystems** (ESFS) zum Gegenstand, das sich aus einem Netz nationaler Finanzaufsichtsbehörden zusammensetzt, die mit den neuen **Europäischen Aufsichtsbehörden** („European Supervisory Authorities"/ESA) kooperieren. Ankerpunkte dieses neuen Aufsichtssystems sind **drei neue europäische Aufsichtsbehörden**, die durch die Zusammenführung und Umbildung der vorhandenen europäischen Aufsichtsausschüsse in eine Europäische Bankaufsichtsbehörde („European Banking Authority"/EBA mit Sitz in London)[3], eine Europäische Aufsichtsbehörde für das Versicherungswesen und die betriebliche Altersversorgung („European Insurance and Occupational Pensions Authority"/EIOPA mit Sitz in Frankfurt/M.)[4] und eine Europäische Wertpapieraufsichtsbehörde („European Securities and Markets Authority"/ESMA mit Sitz in Paris)[5] geschaffen wurden. Auf der Grundlage der sog. SSM-Verordnung – Verordnung (EU) Nr. 1024/2013 vom 15.10.2013[6] – und der diese flankierenden sog. EBA-Änderungsverordnung – Verordnung (EU) Nr. 1022/2013 vom 22.10.2013[7] – ist am 4.11.2014 der Einheitliche Europäische Aufsichtsmechanismus (Single Supervisory Mechanism – SSM) in Kraft getreten. Er unterstellt – seinerzeit 120[8] – als für das europäische Bankensystem besonders wichtig eingestufte Kreditinstitute der zentralen Beaufsichtigung durch die Europäische Zentralbank (EZB). Hierbei kooperiert die EZZ mit den nationalen Aufsichtsbehörden, die Teil des SSM sind. Der EBA verbleibt die Aufgabe, technische Standards, Leitlinien und Empfehlungen auszuarbeiten, um die aufsichtsrechtliche Konvergenz und die Kohärenz der Aufsichtsergebnisse innerhalb der Union sicherzustellen.

Um ein reibungsloses **Funktionieren des Europäischen Finanzaufsichtssystems** zu gewährleisten, waren Änderungen der Rechtsakte der Union im Tätigkeitsbereich der drei neuen europäischen Aufsichtsbehörden notwendig. Sie betrafen die Festlegung des Umfangs bestimmter Befugnisse der Behörden, die Integration bestimmter Befugnisse, die durch bestehende Rechtsakte der Union festgelegt sind, sowie Änderungen, die eine reibungslose und wirksame Funktionsweise der Behörden im Rahmen des Europäischen Finanzaufsichtssystems ermöglichen sollen, und wurden durch Richtlinie 2010/78/EU vom 24.11.2010[9] in die Wege geleitet. Die Richtlinie wurde durch das Gesetz vom 4.12.2011 zur Umsetzung der Richtlinie 2010/78/EU vom 24.11.2010 im Hinblick auf die Errichtung des Europäischen Finanzaufsichtssystems in deutsches Recht umgesetzt[10].

Das neue Europäische Finanzaufsichtssystem (ESFS) soll die **Qualität und Kohärenz der nationalen Aufsicht verbessern** und es damit nicht mehr dem Zufall überlassen, ob die nationalen Aufsichtsbehörden bei Aufsichtsentscheidungen für grenzübergreifend tätige Finanzmarktteilnehmer effektiv zusammenarbeiten und zur bestmöglichen Lösung gelangen. Ziel der Maßnahmen ist der Aufbau eines integrierten Netzes nationaler Auf-

---

1 ABl. EU Nr. L 331 v. 15.12.2010, S. 1.
2 Vorschlag für eine Verordnung zur Einrichtung einer Europäischen Wertpapieraufsichtsbehörde, KOM (2009) 503 v. 23.9.2009, S. 2.
3 Verordnung (EU) Nr. 1093/2010 vom 24.11.2010 zur Errichtung einer Europäischen Aufsichtsbehörde (Europäische Bankenaufsichtsbehörde), zur Änderung des Beschlusses Nr. 716/2009/EG und zur Aufhebung des Beschlusses 2009/78/EG der Kommission, ABl. EU Nr. L 331 v. 15.12.2010, S. 12.
4 Verordnung (EU) Nr. 1094/2010 vom 24.11.2010 zur Errichtung einer Europäischen Aufsichtsbehörde (Europäische Aufsichtsbehörde für das Versicherungswesen und die betriebliche Altersversorgung), zur Änderung des Beschlusses Nr. 716/2009/EG und zur Aufhebung des Beschlusses 2009/79/EG der Kommission, ABl. EU Nr. L 331 v. 15.12.2010, S. 48.
5 Verordnung (EU) Nr. 1095/2010 vom 24.11.2010 zur Errichtung einer Europäischen Aufsichtsbehörde (Europäische Wertpapier- und Marktaufsichtsbehörde), zur Änderung des Beschlusses Nr. 716/2009/EG und zur Aufhebung des Beschlusses 2009/77/EG der Kommission, ABl. EU Nr. L 331 v. 15.12.2010, S. 84.
6 Verordnung (EU) Nr. 1024/2013 vom 15.10.2013 zur Übertragung besonderer Aufgaben im Zusammenhang mit der Aufsicht über Kreditinstitute auf die Europäische Zentralbank, ABl. EU Nr. L 287 v. 29.10.2013, S. 63.
7 Verordnung (EU) Nr. 1022/2013 vom 22.10.2013 zur Änderung der Verordnung (EU) Nr. 1093/2010 zur Errichtung einer Europäischen Aufsichtsbehörde (Europäische Bankenaufsichtsbehörde) hinsichtlich der Übertragung besonderer Aufgaben auf die Europäische Zentralbank gemäß der Verordnung (EU) Nr. 1024/2013, ABl. EU Nr. L 287 v. 29.10.2013, S. 5.
8 Eine aktuelle Liste der beaufsichtigten Institute ist abrufbar unter https://www.bankingsupervision.europa.eu/banking/list/who/index.en.html.
9 Richtlinie 2010/78/EU vom 24.11.2010 zur Änderung der Richtlinien 98/26/EG, 2002/87/EG, 2003/6/EG, 2003/41/EG, 2003/71/EG, 2004/39/EG, 2004/109/EG, 2005/60/EG, 2006/48/EG, 2006/49/EG und 2009/65/EG im Hinblick auf die Befugnisse der Europäischen Aufsichtsbehörde (Europäische Bankenaufsichtsbehörde), der Europäischen Aufsichtsbehörde (Europäische Aufsichtsbehörde für das Versicherungswesen und die betriebliche Altersversorgung) und der Europäischen Aufsichtsbehörde (Europäische Wertpapier- und Marktaufsichtsbehörde), ABl. EU Nr. L 331 v. 15.12.2010, S. 120.
10 BGBl. I 2011, 2427.

sichtsbehörden und der Aufsichtsbehörden der Union, in dem **die laufende Beaufsichtigung auf nationaler Ebene verbleibt**, aber eine kohärente Anwendung und Weiterentwicklung der europäischen Aufsichtsregeln gewährleistet wird. Nur in wenigen Fällen übernehmen die neuen europäischen Aufsichtsbehörden direkte Aufsichtsfunktionen, wie etwa die ESMA in Gestalt von Aufsichtsbefugnissen über Ratingagenturen[1]. Die Errichtung und die Festlegung der Aufgaben der **ESMA als Europäische Wertpapieraufsichtsbehörde** einschließlich ihrer Stellung im Europäischen System der Finanzaufsicht (ESFS) ist Gegenstand der Verordnung (EU) Nr. 1095/2010 vom 24.11.2010[2].

44 **V. Jüngste Änderungen und Ausblick.** Am 6.4.2018 wurde der Regierungsentwurf eines **Gesetzes zur Ausübung von Optionen der EU-Prospektverordnung und zur Anpassung weiterer Finanzmarktgesetze** veröffentlicht[3]. Dieses Gesetz wurde inzwischen in der vom Finanzausschuss geänderten Fassung[4] verabschiedet und verkündet[5]. Mit dem Gesetz werden, vor dem Hintergrund EU-rechtlicher Vorgaben, verschiedene Finanzmarktgesetze und zu diesen ergangene Verordnungen geändert. Zu diesen gehören, neben dem WpHG vor allem das Wertpapierprospektgesetz (WpPG), die Wertpapierprospektgebührenverordnung (WpPGebV), das Handelsgesetzbuch (HGB), das Vermögensanlagengesetz (VermAnlG), das Gesetz zur Errichtung eines Finanzmarktstabilisierungsfonds (FMStFG), das Kreditwesengesetz (KWG), das Kapitalanlagegesetzbuch (KAGB) und das Geldwäschegesetz (GwG). Alle auf das Gesetz zurückgehenden Änderungen hier kommentierter Vorschriften konnten noch in die diese betreffenden Erläuterungen eingearbeitet werden. Zu berücksichtigen sind vor allem in §§ 26, 64 Abs. 2 Satz 3, 73, 82, 102 und § 120 WpHG und die Einfügung eines neuen § 65a WpHG über die Selbstauskunft bei der Vermittlung des Vertragsschlusses über Wertpapiere i.S.d. § 3c WpPG. Die Änderungen im Einzelnen sind überschaubar. Neben der Einfügung des neuen § 65a WpHG am gewichtigsten erscheinen dabei noch die Neufassung des § 73 Abs. 2 WpHG, mit der die Vorgaben des Art. 32 Abs. 2 Unterabs. 2 Richtlinie 2014/65/EU (Rz. 17) auch hinsichtlich systematischer Internalisierer berücksichtigt und im Hinblick auf die multilateralen und organisierten Handelssysteme angepasst werden, sowie die Einfügung eines weiteren Ordnungswidrigkeitentatbestands in Gestalt eines neuen § 120 Abs. 15a WpHG für fehlerhafte Verdachtsmeldungen i.S.v. Art. 5 Abs. 5 DelVO 2016/957[6]. Nach Art. 14 Abs. 1 des Gesetzes sind die Vorschriften zur Ausübung der bereits geltenden Vorschriften der EU-Prospektverordnung und zur Ausübung der durch die EU-Prospektverordnung eingeräumten Optionen sowie damit in Zusammenhang stehende Änderungen zum 21.7.2018, d.h. zeitgleich mit deren Anwendungsbeginn nach Art. 49 Abs. 2 der EU-Prospektverordnung, in Kraft getreten. Die Verordnung über Geldmarktfonds gilt ab dem 21.7.2018, so dass die diese ausführenden Vorschriften des Gesetzentwurfs seit dem 21.7.2018 in Kraft getreten sind. Im Übrigen trat das Gesetz nach seinem Art. 14 Abs. 2 am Tag nach seiner Verkündung in Kraft, d.h. am 14.7.2018.

45 Am 24.4.2018 ist der Referentenentwurf[7] und am 25.6.2018 der Regierungsentwurf[8] eines **Gesetzes zur Anpassung von Finanzmarktgesetzen** an die Verordnung (EU) 2017/2402 und an die durch die Verordnung (EU) 2017/2401 geänderte Verordnung (EU) Nr. 575/2013 vorgelegt worden. Die für das WpHG vorgesehenen Änderungen beschränken sich auf die Anfügung eines Satzes 4 in § 64 Abs. 3 WpHG, der einen lediglich deklara-

---

1 § 29 WpHG Rz. 11, 13 und 14; 6. Aufl., § 17 WpHG Rz. 10. Zu den Aufgaben der ESMA und zu den Befugnissen der Behörde bei der Durchsetzung derselben ist auf Art. 8 Abs. 1 bzw. Abs. 2 VO Nr. 1095/2010 vom 24.11.2010 zur Errichtung einer Europäischen Aufsichtsbehörde (Europäische Wertpapier- und Marktaufsichtsbehörde), zur Änderung des Beschlusses Nr. 716/2009/EG und zur Aufhebung des Beschlusses 2009/77/EG der Kommission, ABl. EU Nr. L 331 v. 15.12.2010, S. 84, 95 f., zu verweisen.
2 Verordnung (EU) Nr. 1095/2010 vom 24.11.2010 zur Errichtung einer Europäischen Aufsichtsbehörde (Europäische Wertpapier- und Marktaufsichtsbehörde), zur Änderung des Beschlusses Nr. 716/2009/EG und zur Aufhebung des Beschlusses 2009/77/EG der Kommission, ABl. EU Nr. L 331 v. 15.12.2010, S. 84.
3 Der Regierungsentwurf und der diesem vorangegangene Referentenentwurf sind abrufbar über die Website des BMF https://www.bundesfinanzministerium.de unter den Rubriken Service > Gesetze und Gesetzesvorhaben (Auflistung, unter dem Datum 6.4.2018) oder direkt unter https://www.bundesfinanzministerium.de/Content/DE/Gesetzestexte/Gesetze_Gesetzesvorhaben/Abteilungen/Abteilung_VII/19_Legislaturperiode/2018-02-13-EU-Prospektverordnung/2-Regierungsentwurf-Optionen-EU-Prospektverordnung.pdf?__blob=publicationFile&v=3.
4 BT-Drucks. 19/3036 v. 27.6.2018, 1.
5 Gesetz zur Ausübung von Optionen der EU-Prospektverordnung und zur Anpassung weiterer Finanzmarktgesetze vom 10.7.2018 (BGBl. I 2018, 1102).
6 Delegierte Verordnung (EU) 2016/957 der Kommission vom 9.3.2016 zur Ergänzung der Verordnung (EU) Nr. 596/2014 des Europäischen Parlaments und des Rates im Hinblick auf technische Regulierungsstandards für die geeigneten Regelungen, Systeme und Verfahren sowie Mitteilungsmuster zur Vorbeugung, Aufdeckung und Meldung von Missbrauchspraktiken oder verdächtigen Aufträgen oder Geschäften, ABl. EU Nr. L 160 v. 17.6.2016, S. 1.
7 Der Referentenentwurf ist abrufbar unter https://www.bundesfinanzministerium.de/Content/DE/Gesetzestexte/Gesetze_Gesetzesvorhaben/Abteilungen/Abteilung_VII/19_Legislaturperiode/00-Gesetz-zur-Anpassung-von-Finanzmarktgesetzen-zur-Regulierung-von-Verbriefungen/0-Gesetz.html.
8 Der Regierungsentwurf ist abrufbar über die Website des BMF https://www.bundesfinanzministerium.de unter den Rubriken Service > Gesetze und Gesetzesvorhaben, aufgeführt unter dem 25.6.2018 oder direkt unter https://www.bundesfinanzministerium.de/Content/DE/Gesetzestexte/Gesetze_Gesetzesvorhaben/Abteilungen/Abteilung_VII/19_Legislaturperiode/2018-06-20-Gesetz-zur-Anpassung-von-Finanzmarktgesetzen-an-Verordnung-EU-2017-2402/2-Regierungsentwurf.pdf?__blob=publicationFile&v=2.

torischen Verweis auf die Spezialvorschriften der Verordnung (EU) 2017/2402 zum Verkauf von Verbriefungen an Kleinanleger[1] enthält.

Schließlich ist noch darauf hinzuweisen, dass die **BaFin** den Erlass einer **Verordnung zur Einführung einer Stimmrechtsmitteilungsverordnung und zur Ergänzung der Gegenpartei-Prüfbescheinigungsverordnung plant** und ihren Entwurf der Verordnung im Mai 2018 zur Konsultation gestellt hat[2]. Mit der Verordnung will die BaFin in Abstimmung mit dem Bundesfinanzministerium die Möglichkeit einführen, Stimmrechtsmitteilungen elektronisch abgeben zu können. Des Weiteren soll die Gegenpartei-Prüfbescheinigungsverordnung um die Prüfpflicht hinsichtlich der Einhaltung von Art. 28 Abs. 1 bis 3 der Verordnung (EU) Nr. 600/2014 vom 15.5.2014 über Märkte für Finanzinstrumente und zur Änderung der Verordnung (EU) Nr. 648/2012 (Rz. 17) ergänzt werden. Darüber hinaus konsultiert die BaFin seit dem 27.6.2018 die die **Überwachung von Unternehmensabschlüssen und zur Veröffentlichung von Finanzberichten** (§§ 106 ff. bzw. §§ 114 ff. WpHG) betreffenden Teile des Emittentenleitfadens[3] – die Konsultationsfassung ist bereits in die Erläuterungen zu §§ 106 ff. WpHG eingearbeitet – sowie seit dem 12.7.2018 auch die überarbeiteten Teile des Emittentenleitfadens zu **Informationen über bedeutende Stimmrechtsanteile** und zu **Notwendigen Informationen für die Wahrnehmung von Rechten aus Wertpapieren** (§§ 33 ff. bzw. §§ 48 ff. WpHG)[4].

---

1 Verordnung (EU) 2017/2402 des Europäischen Parlaments und des Rates vom 12.12.2017 zur Festlegung eines allgemeinen Rahmens für Verbriefungen und zur Schaffung eines spezifischen Rahmens für einfache, transparente und standardisierte Verbriefung und zur Änderung der Richtlinien 2009/65/EG, 2009/138/EG, 2011/61/EU und der Verordnungen (EG) Nr. 1060/2009 und (EU) Nr. 648/2012, ABl. EU Nr. L 347 v. 28.12.2017, S. 35.
2 S. https://www.bafin.de/SharedDocs/Veroeffentlichungen/DE/Konsultation/2018/kon_0818_wa_stimmrmv_u_gpruefbv.html;jsessionid=5F414F6B293841B6E67FFB1F1563B5CC.1_cid363 (mit der zur Konsultation gestellten Verordnung in der Anlage zu diesem Dokument).
3 Konsultation 09/2018, Gz. WA 11-Wp 2000-2017/0009, abrufbar unter https://www.bafin.de/SharedDocs/Veroeffentlichungen/DE/Konsultation/2018/kon_0918_ueberarbeitung_emittentenleitfaden.html (mit den zur Konsultation gestellten Überarbeitungen in der Anlage zu diesem Dokument).
4 Konsultation 12/2018, Gz. WA 11-Wp 2000-2017/0009, abrufbar unter https://www.bafin.de/SharedDocs/Veroeffentlichungen/DE/Konsultation/2018/kon_1218_ueberarbeitung_emittentenleitfaden.html (mit den zur Konsultation gestellten Überarbeitungen in der Anlage zu diesem Dokument).

Wertpapierhandelsgesetz

Abschnitt 1
Anwendungsbereich, Begriffsbestimmungen

§ 1 Anwendungsbereich

(1) Dieses Gesetz enthält Regelungen in Bezug auf
1. die Erbringung von Wertpapierdienstleistungen und Wertpapiernebendienstleistungen,
2. die Erbringung von Datenbereitstellungsdiensten und die Organisation von Datenbereitstellungsdienstleistern,
3. das marktmissbräuchliche Verhalten im börslichen und außerbörslichen Handel mit Finanzinstrumenten,
4. die Vermarktung, den Vertrieb und den Verkauf von Finanzinstrumenten und strukturierten Einlagen,
5. die Konzeption von Finanzinstrumenten zum Vertrieb,
6. die Überwachung von Unternehmensabschlüssen und die Veröffentlichung von Finanzberichten, die den Vorschriften dieses Gesetzes unterliegen,
7. die Veränderungen der Stimmrechtsanteile von Aktionären an börsennotierten Gesellschaften sowie
8. die Zuständigkeiten und Befugnisse der Bundesanstalt für Finanzdienstleistungsaufsicht (Bundesanstalt) und die Ahndung von Verstößen hinsichtlich
   a) der Vorschriften dieses Gesetzes,
   b) der Verordnung (EG) Nr. 1060/2009 des Europäischen Parlaments und des Rates vom 16. September 2009 über Ratingagenturen (ABl. L 302 vom 17.11.2009, S. 1; L 350 vom 29.12.2009, S. 59; L 145 vom 31.5.2011, S. 57; L 267 vom 6.9.2014, S. 30), die zuletzt durch die Richtlinie 2014/51/EU (ABl. L 153 vom 22.5.2014, S. 1; L 108 vom 28.4.2015, S. 8) geändert worden ist, in der jeweils geltenden Fassung,
   c) der Verordnung (EU) Nr. 236/2012 des Europäischen Parlaments und des Rates vom 14. März 2012 über Leerverkäufe und bestimmte Aspekte von Credit Default Swaps (ABl. L 86 vom 24.3.2012, S. 1), die zuletzt durch die Verordnung (EU) Nr. 909/2014 (ABl. L 257 vom 28.8.2014, S. 1) geändert worden ist, in der jeweils geltenden Fassung,
   d) der Verordnung (EU) Nr. 648/2012 des Europäischen Parlaments und des Rates vom 4. Juli 2012 über OTC-Derivate, zentrale Gegenparteien und Transaktionsregister (ABl. L 201 vom 27.7.2012, S. 1; L 321 vom 30.11.2013, S. 6), die zuletzt durch die Verordnung (EU) 2015/2365 (ABl. L 337 vom 23.12.2015, S. 1) geändert worden ist, in der jeweils geltenden Fassung,
   e) der Verordnung (EU) Nr. 596/2014 des Europäischen Parlaments und des Rates vom 16. April 2014 über Marktmissbrauch (Marktmissbrauchsverordnung) und zur Aufhebung der Richtlinie 2003/6/EG des Europäischen Parlaments und des Rates und der Richtlinien 2003/124/EG, 2003/125/EG und 2004/72/EG der Kommission (ABl. L 173 vom 12.6.2014, S. 1; L 287 vom 21.10.2016, S. 320; L 306 vom 15.11.2016, S. 43; L 348 vom 21.12.2016, S. 83), die zuletzt durch die Verordnung (EU) 2016/1033 (ABl. L 175 vom 30.6.2016, S. 1) geändert worden ist, in der jeweils geltenden Fassung,
   f) der Verordnung (EU) Nr. 600/2014 des Europäischen Parlaments und des Rats vom 15. Mai 2014 über Märkte für Finanzinstrumente und zur Änderung der Verordnung (EU) Nr. 648/2012 (ABl. L 173 vom 12.6.2014, S. 84; L 6 vom 10.1.2015, S. 6; L 270 vom 15.10.2015, S. 4) in der jeweils geltenden Fassung,
   g) der Verordnung (EU) Nr. 909/2014 des Europäischen Parlaments und des Rates vom 23. Juli 2014 zur Verbesserung der Wertpapierlieferungen und -abrechnungen in der Europäischen Union und über Zentralverwahrer sowie zur Änderung der Richtlinien 98/26/EG und 2014/65/EU und der Verordnung (EU) Nr. 236/2012 (ABl. L 257 vom 28.8.2014, S. 1; L 349 vom 21.12.2016, S. 5), die zuletzt durch die Verordnung (EU) 2016/1033 (ABl. L 175 vom 30.6.2016, S. 1) geändert worden ist, in der jeweils geltenden Fassung,
   h) der Verordnung (EU) Nr. 1286/2014 des Europäischen Parlaments und des Rates vom 26. November 2014 über Basisinformationsblätter für verpackte Anlageprodukte für Kleinanleger und Versicherungsanlageprodukte (PRIIP) (ABl. L 352 vom 9.12.2014, S. 1; L 358 vom 13.12.2014, S. 50), in der jeweils geltenden Fassung,

i) der Verordnung (EU) 2015/2365 des Europäischen Parlaments und des Rates vom 25. November 2015 über die Transparenz von Wertpapierfinanzierungsgeschäften und der Weiterverwendung sowie zur Änderung der Verordnung (EU) Nr. 648/2012 (ABl. L 337 vom 23.12.2015, S. 1), in der jeweils geltenden Fassung,

j) der Verordnung (EU) 2016/1011 des Europäischen Parlaments und des Rates vom 8. Juni 2016 über Indizes, die bei Finanzinstrumenten und Finanzkontrakten als Referenzwert oder zur Messung der Wertentwicklung eines Investmentfonds verwendet werden, und zur Änderung der Richtlinien 2008/48/EG und 2014/17/EU sowie der Verordnung (EU) Nr. 596/2014 (ABl. L 171 vom 29.6.2016, S. 1), in der jeweils geltenden Fassung.

(2) Soweit nicht abweichend geregelt, sind die Vorschriften des Abschnitts 11 sowie die §§ 54 bis 57 auch anzuwenden auf Handlungen und Unterlassungen, die im Ausland vorgenommen werden, sofern sie

1. einen Emittenten mit Sitz im Inland,
2. Finanzinstrumente, die an einem inländischen organisierten Markt, einem inländischen multilateralen Handelssystem oder einem inländischen organisierten Handelssystem gehandelt werden oder
3. Wertpapierdienstleistungen oder Wertpapiernebendienstleistungen, die im Inland angeboten werden,

betreffen. Die §§ 54 bis 57 gelten auch für im Ausland außerhalb eines Handelsplatzes gehandelte Warenderivate, die wirtschaftlich gleichwertig mit Warenderivaten sind, die an Handelsplätzen im Inland gehandelt werden.

(3) Bei Anwendung der Vorschriften der Abschnitte 6, 7 und 16 unberücksichtigt bleiben Anteile und Aktien an offenen Investmentvermögen im Sinne des § 1 Absatz 4 des Kapitalanlagegesetzbuchs. Für Abschnitt 6 gilt dies nur, soweit es sich nicht um Spezial-AIF im Sinne des § 1 Absatz 6 des Kapitalanlagegesetzbuchs handelt.

In der Fassung des 2. FiMaNoG vom 23.6.2017 (BGBl. I 2017, 1693).

Schrifttum: S. das allgemeine Schrifttumsverzeichnis.

I. Gegenstand der Vorschrift und Normentwicklung 1	2. Territorialer Anwendungsbereich (§ 1 Abs. 2 WpHG) 8
II. Die Bestimmungen zum Anwendungsbereich des WpHG 3	3. Anwendung des WpHG auf Anteile und Aktien an offenen Investmentvermögen (§ 1 Abs. 3 WpHG) 12
1. Sachlicher Anwendungsbereich (§ 1 Abs. 1 WpHG) 3	

1 **I. Gegenstand der Vorschrift und Normentwicklung.** Die Vorschrift bestimmt den Anwendungsbereich des WpHG. Dabei enthält sie teils eine bloße und zudem nicht abschließende Übersicht über den Regelungsgegenstand des WpHG (§ 1 Abs. 1 WpHG), teils eine lediglich klarstellende Beschreibung des territorialen Anwendungsbereichs des WpHG (§ 1 Abs. 1 WpHG), teils aber auch eine vor allem aufsichtsrechtlich bedeutsame Einschränkung des Anwendungsbereichs des WpHG in Bezug auf Anteile und Aktien an offenen Investmentvermögen.

2 Wenig überraschend hat die Vorschrift über den Anwendungsbereich des WpHG seit der Einführung des Gesetzes im Juli 1994 aufgrund der beständigen Modifikationen seiner Regelungsfelder immer wieder Änderungen erfahren. Für die heutige Fassung der Vorschrift sind ausschließlich deren Änderungen von Bedeutung, die mit dem Gesetz zur Umsetzung der Transparenzrichtlinie-Änderungsrichtlinie vom 20.11.2015[1] beginnen. Der durch dieses Gesetz in das WpHG eingefügte Abs. 4, heute aufgrund der Änderungen der Vorschrift durch Art. 1 Nr. 2 des Ersten Finanzmarktnovellierungsgesetzes (1. FiMaNoG) vom 30.6.2016[2] § 1 Abs. 3 WpHG, war von späteren Änderungen der Vorschrift nicht betroffen. Mit Art. 1 Nr. 2 und Art. 2 Nr. 1 des vorgenannten Ersten Finanzmarktnovellierungsgesetzes, mit dem u.a. die Richtlinie 2014/57/EU vom 16.4.2014 über strafrechtliche Sanktionen bei Marktmanipulation[3] umgesetzt und das WpHG an die Marktmissbrauchsverordnung vom 16.4.2014[4] angepasst wurden, erhielt die Vorschrift einen gänzlich neuen Abs. 1 und eine erhebliche Modifikation des seinem Regelungsgegenstand nach bis zur Einführung des WpHG zurückreichenden Abs. 2. Das Zweite Finanzmarktnovellierungsgesetz vom 23.6.2017 (2. FiMaNoG)[5], das u.a. der Umsetzung der MiFID II (RL 2014/

---

[1] BGBl. I 2015, 2029.
[2] BGBl. I 2016, 1514.
[3] Richtlinie 2014/57/EU des Europäischen Parlaments und des Rates vom 16.4.2014 über strafrechtliche Sanktionen bei Marktmanipulation, ABl. EU Nr. L 173 v. 12.6.2014, S. 179.
[4] Verordnung (EU) Nr. 596/2014 des Europäischen Parlaments und des Rates vom 16.4.2014 über Marktmissbrauch und zur Aufhebung der Richtlinie 2003/6/EG des Europäischen Parlaments und des Rates und der Richtlinien 2003/124/EG, 2003/125/EG und 2004/72/EG der Kommission, ABl. EU Nr. L 173 v. 12.6.2014, S. 1.
[5] BGBl. I 2017, 1693.

65/EU vom 15.5.2014)[1] diente und das WpHG an die Verordnung (EU) Nr. 600/2014 vom 15.5.2014 über Märkte für Finanzinstrumente[2] anpasste, brachte schließlich, mit Wirkung vom 25.6.2017 bzw. 26.6.2017, in seinem Art. 1 Nr. 2 bzw. Art. 2 Nr. 2 Änderungen des § 1 Abs. 2 Nr. 6 WpHG und in seinem Art. 3 Nr. 2 umfangreiche Änderungen der Abs. 1 und 2 von § 1 WpHG mit Wirkung teils vom 1.1.2018 teils vom 3.1.2018 mit sich.

II. Die Bestimmungen zum Anwendungsbereich des WpHG. 1. Sachlicher Anwendungsbereich (§ 1 Abs. 1 WpHG). § 1 Abs. 1 WpHG umriss von jeher die Regelungsbereiche des WpHG, ohne damit den **sachlichen Anwendungsbereich** des Gesetzes abschließend zu bestimmen. Das wird seit den Änderungen des § 1 Abs. 1 WpHG durch das 1. FiMaNoG mit der Formulierung „enthält Regelungen in Bezug auf" zu erreichen versucht, die deutlich machen soll, „dass die Funktion der Norm darin liegt, einen Überblick über den Regelungsgegenstand des Gesetzes zu gewinnen, ohne den Anwendungsbereich abschließend zu bestimmen"[3].

§ 1 Abs. 1 WpHG führt – einem Inhaltsverzeichnis ähnlich – zwar Regelungen auf, die sich im WpHG finden, enthält darüber hinaus aber seinerseits **keine Regelungen des sachlichen Anwendungsbereichs des WpHG**. Aufschlussreich ist in diesem Zusammenhang aber die Auflistung der Zuständigkeiten und Befugnisse der BaFin und die Ahndung von Verstößen hinsichtlich der Vorschriften des WpHG und der die Finanzmärkte der EU betreffenden Europäischen Verordnungen, doch mangelt es hierbei, um für den Rechtsanwender wirklich hilfreich zu sein, aus naheliegenden Gründen an der Benennung der Vorschriften, aus denen sich die Zuständigkeit der BaFin für die angeführten Rechtsakte im Einzelnen ergibt.

Da es § 1 Abs. 1 WpHG an einer eigenständigen Regelung fehlt, sind als **Erläuterungen zu den einzelnen Nummern und Buchstaben** dieser Vorschrift die für die aktuelle Fassung derselben relevanten Hinweise der Regierungsbegründungen zum 1. FiMaNoG und zum 2. FiMaNoG (beide Rz. 2) wiedergegeben:

Zur Neufassung von § 1 Abs. 1 WpHG – der **aktuellen Fassung** – durch Art. 3 des 2. FiMaNoG (Rz. 2) heißt es allgemein[4]: „Die Neufassung von Abs. 1 nimmt ... die Datenbereitstellungsdienste unter Nr. 2 und die Konzeption von Finanzinstrumenten unter Nr. 5 auf. In diesen Bereichen wird die Richtlinie 2014/65/EU [MiFID II, Rz. 2] im WpHG umgesetzt. Ferner werden mit der Neufassung zur Klarstellung weitere Tatbestände aufgenommen, auf die das WpHG bereits in seiner aktuellen Fassung Anwendung findet. Dies betrifft insbesondere die Aufnahme der Überwachung von Unternehmensabschlüssen und die Veröffentlichung von Finanzberichten in Nr. 6.[[5]] In Nr. 8 werden die Verordnungen der Europäischen Kommission aufgeführt, hinsichtlich derer das WpHG Zuständigkeits-, Befugnis- und Sanktionsnormen enthält."

Hinweise zu **§ 1 Abs. 1 Nr. 8 WpHG:** „In **Buchstabe h** wird die zuständige Behörde im Sinne der Verordnung (EU) 2015/2365 für die in den Anwendungsbereich der Verordnung fallenden Unternehmen, die der Aufsicht nach dem Wertpapierhandelsgesetz unterliegen, konkretisiert."[6] Zu **Buchstabe i:** „Einige der gem. Art. 50 der Verordnung (EU) 2016/1011 ab dem 30.6.2016 geltenden Artikel setzen die Benennung der zuständigen Behörde voraus. Entsprechend wird der Anwendungsbereich des Wertpapierhandelsgesetzes in Buchstabe i auf die Überwachung der Verordnung (EU) 2016/1011 erstreckt."[7] Zu **Buchstabe j:** „In Abs. 1 Satz 1 Nr. 8 Buchstabe j wird die zuständige Behörde im Sinne der Verordnung (EU) 2015/2365 für die in den Anwendungsbereich der Verordnung fallenden Unternehmen, die der Aufsicht nach dem Wertpapierhandelsgesetz unterliegen, konkretisiert."[8]

2. Territorialer Anwendungsbereich (§ 1 Abs. 2 WpHG). Auch § 1 Abs. 2 WpHG enthält keine sachliche Regelung, sondern lediglich eine **Klarstellung**[9] im Hinblick auf den territorialen Anwendungsbereich der Vorschriften des 11. Abschnitts des WpHG über „Verhaltenspflichten, Organisationspflichten und Transparenzpflichten" von Wertpapierdienstleistungsunternehmen (§§ 63 bis 96 WpHG) und der §§ 54 bis 57 WpHG (das sind die Vorschriften des 9. Abschnitts über „Positionslimits und Positionsmanagementkontrollen bei Warenderivaten und Positionsmeldungen"). Um eine Klarstellung handelt es sich insoweit, als sich der territoriale Anwendungsbereich dieser Vorschriften bereits aus diesen selbst und den Begriffsbestimmungen der von diesen verwandten Merkmalen in § 2 WpHG ergibt.

---

1 Richtlinie 2014/65/EU des Europäischen Parlaments und des Rates vom 15.5.2014 über Märkte für Finanzinstrumente sowie zur Änderung der Richtlinien 2002/92/EG und 2011/61/EU, ABl. EU Nr. L173 v. 12.6.2014, S. 349.
2 Verordnung (EU) Nr. 600/2014 des Europäischen Parlaments und des Rates vom 15.5.2014 über Märkte für Finanzinstrumente und zur Änderung der Verordnung (EU) Nr. 648/2012, ABl. EU Nr. L 173 v. 12.6.2014, S. 84.
3 RegE 1. FiMaNoG, BT-Drucks. 18/7482 v. 8.2.2016, 1, 57. Wortgleich RegE 2. FiMaNoG, BT-Drucks. 18/10936 v. 23.1.2017, 1, 219.
4 RegE 2. FiMaNoG, BT-Drucks. 18/10936 v. 23.1.2017, 1, 219/220 zu Art. 3 Nr. 2.
5 Ebenso schon RegE 1. FiMaNoG, BT-Drucks. 18/7482 v. 8.2.2016, 1, 57.
6 RegE 2. FiMaNoG, BT-Drucks. 18/10936 v. 23.1.2017, 1, 215 zu Art. 1 Nr. 2.
7 RegE 2. FiMaNoG, BT-Drucks. 18/10936 v. 23.1.2017, 1, 218 zu Art. 2 Nr. 2; zu Letzterem ebenso ebd. S. 220 zu Art. 3 Nr. 2.
8 RegE 2. FiMaNoG, BT-Drucks. 18/10936 v. 23.1.2017, 1, 220 zu Art. 3 Nr. 2.
9 RegE 2. FiMaNoG, BT-Drucks. 18/10936 v. 23.1.2017, 1, 220 zu Art. 3 Nr. 2: „Die Neufassung hat klarstellende Funktion".

9 Anders als der § 1 Abs. 2 WpHG a.F., enthält die aktuelle Vorschrift – der entsprechende Platz wäre § 1 Abs. 2 Satz 1 Nr. 2 WpHG gewesen – nicht mehr den Hinweis, die in der Vorschrift genannten Bestimmungen seien auch auf Handlungen und Unterlassungen anzuwenden, die im Ausland vorgenommen werden, sofern sie Finanzinstrumente betreffen, die an einem inländischen organisierten Markt, einem inländischen multilateralen Handelssystem „**oder dem Freiverkehr**" gehandelt werden. Dies ist nicht als Ausschluss des Freiverkehrs zu lesen. Vielmehr bedarf dieser nicht mehr der Erwähnung, da der Freiverkehr ein multilaterales Handelssystem darstellt (§ 2 WpHG Rz. 233), was etwa § 48 Abs. 3 BörsG in seiner neuen Fassung klarstellt[1].

10 Die Bestimmung des **§ 1 Abs. 2 Satz 1 WpHG** – der zufolge die vorgenannten Bestimmungen auch auf Handlungen und Unterlassungen anzuwenden sind, die im Ausland vorgenommen werden, wenn sie 1. einen Emittenten mit Sitz im Inland, 2. Finanzinstrumente, die an einem inländischen organisierten Markt, einem inländischen multilateralen Handelssystem oder einem inländischen organisierten Handelssystem gehandelt werden, oder 3. Wertpapierdienstleistungen oder Wertpapiernebendienstleistungen, die im Inland angeboten werden, betreffen – „löst die bisherige Regelung ab, die auf Art. 10 Buchstabe a der Richtlinie 2003/6/EG beruhte und den dritten und vierten Abschnitt sowie die §§ 34b und 34c zum Gegenstand hatte."[2] Bei den von den vorgenannten Nr. 1 bis 3 angeführten Merkmalen handelt es sich um alternative Anknüpfungspunkte. Der in § 1 Abs. 2 Satz 1 WpHG an dessen Anfang zu findende Vorbehalt „Soweit nicht abweichend geregelt", macht deutlich, dass der in der Bestimmung beschriebene territoriale Anwendungsbereich der Vorschriften des 9. und des 11. Abschnitts des WpHG nur in dem Umfang gilt, als nicht andere Vorschriften des WpHG speziellere Regelungen zur internationalen Anwendbarkeit des Gesetzes vorsehen. Weiter ist zu beachten, dass der Anwendungsbereich der in § 1 Abs. 2 Satz 1 WpHG angeführten Bestimmungen nach dessen § 1 Abs. 2 Satz 1 Nr. 3 WpHG nur auf Wertpapierdienstleistungen Anwendung finden, die im Inland angeboten werden. Das hat zur Folge, dass „beispielsweise die Anlageberatung durch eine Zweigniederlassung im Ausland, die gegenüber Kunden im Ausland erfolgt, nicht vom internationalen Anwendungsbereich des WpHG nach Abs. 2 erfasst" ist[3].

11 **§ 1 Abs. 2 Satz 2 WpHG** hat nur die territoriale Anwendung von §§ 54 bis 57 WpHG zum Gegenstand und stellt klar, dass diese Bestimmungen auch für im Ausland außerhalb eines Handelsplatzes gehandelte Warenderivate gelten, die wirtschaftlich gleichwertig mit Warenderivaten sind, die an Handelsplätzen im Inland gehandelt werden.

12 **3. Anwendung des WpHG auf Anteile und Aktien an offenen Investmentvermögen (§ 1 Abs. 3 WpHG).**
§ 1 Abs. 3 Satz 1 WpHG geht auf seine Neufassung durch das Gesetz zur Umsetzung der Transparenzrichtlinie-Änderungsrichtlinie vom 20.11.2015 (Rz. 2) zurück. Mit dem 1. FiMaNoG (Rz. 2) wurde der seinerzeitige § 1 Abs. 4 WpHG (a.F.) in den heutigen § 1 Abs. 3 WpHG verschoben und um den heutigen **§ 1 Abs. 3 Satz 2 WpHG** ergänzt. Die Vorschrift wurde durch das 2. FiMaNoG (Rz. 2) unverändert übernommen.

13 **§ 1 Abs. 3 Satz 1 WpHG** bestimmt, dass bei der Anwendung der Vorschriften des Abschnitts 6 (über „Mitteilung, Veröffentlichung und Übermittlung von Veränderungen des Stimmrechtsanteils an das Unternehmensregister", §§ 33 bis 47 WpHG), des Abschnitts 7 (über „Notwendige Informationen für die Wahrnehmung von Rechten aus Wertpapieren", §§ 48 bis 52 WpHG) und des Abschnitts 16 (über die „Überwachung von Unternehmensabschlüssen [und die] Veröffentlichung von Finanzberichten", §§ 106 bis 113 WpHG) **Anteile und Aktien an offenen Investmentvermögen** i.S.d. § 1 Abs. 4 KAGB unberücksichtigt bleiben. Für die Vorschriften des Abschnitts 6 (§§ 106 bis 113 WpHG) gilt dies nach **§ 1 Abs. 3 Satz 2 WpHG** allerdings nur, soweit es sich nicht um Spezial-AIF i.S.d. § 1 Abs. 6 KAGB handelt. **Offene Investmentvermögen** i.S.d. § 1 Abs. 4 KAGB sind *sowohl* Organismen für gemeinsame Anlagen in Wertpapieren (OGAW) i.S.d. § 1 Abs. 2 KAGB, d.h. „Investmentvermögen, die die Anforderungen der Richtlinie 2009/65/EG des Europäischen Parlaments und des Rates vom 13.7.2009 zur Koordinierung der Rechts- und Verwaltungsvorschriften betreffend bestimmte Organismen für gemeinsame Anlagen in Wertpapieren (**OGAW**) (ABl. Nr. L 302 vom 17.11.2009, S. 1), die zuletzt durch die Richtlinie 2014/91/EU (ABl. Nr. L 257 vom 28.8.2014, S. 186) geändert worden ist, erfüllen", *als auch* Alternative Investmentfonds (**AIF**) i.S.d. § 1 Abs. 3 KAGB, d.h. alle Investmentvermögen, die keine OGAW sind und nach § 1 Abs. 4 Nr. 2 KAGB „die Voraussetzungen von Art. 1 Abs. 2 der Delegierten Verordnung (EU) Nr. 694/2014 der Kommission vom 17.12.2013 zur Ergänzung der Richtlinie 2011/61/EU des Europäischen Parlaments und des Rates im Hinblick auf technische Regulierungsstandards zur Bestimmung der Arten von Verwaltern alternativer Investmentfonds (ABl. Nr. L 183 vom 24.6.2014, S. 18) erfüllen". **Spezial-AIF** i.S.v. § 1 Abs. 3 Satz 2 WpHG und § 1 Abs. 6 Satz 1 KAGB sind AIF, deren Anteile auf Grund von schriftlichen Vereinbarungen mit der Verwaltungsgesellschaft oder auf Grund der konstituierenden Dokumente des AIF nur erworben werden dürfen von professionellen Anlegern und semiprofessionellen Anlegern (i.S.v. § 1 Abs. 19 Nr. 32 bzw. 33 KAGB). Soweit diese Voraussetzungen nicht gegeben sind, handelt es sich bei den fraglichen Investmentvermögen um **Publikumsinvestmentvermögen** (§ 1 Abs. 6 Satz 2 KAGB).

14 Der Vorschrift des **§ 1 Abs. 3 Satz 1 WpHG** liegen folgende Erwägungen zugrunde: „Offene Investmentvermögen und deren Verwaltungsgesellschaften unterliegen einer umfangreichen Überwachung auch hinsichtlich

---

1 Vgl. RegE 2. FiMaNoG, BT-Drucks. 18/10936 v. 23.1.2017, 1, 220 zu Art. 3 Nr. 2.
2 RegE 2. FiMaNoG, BT-Drucks. 18/10936 v. 23.1.2017, 1, 220 zu Art. 3 Nr. 2.
3 RegE 2. FiMaNoG, BT-Drucks. 18/10936 v. 23.1.2017, 1, 220 zu Art. 3 Nr. 2.

Rechnungslegung und Bewertung sowie Information der Anleger aufgrund EU-weit einheitlicher sektorenspezifischer Vorgaben. Diesem Umstand trägt auch die Transparenzrichtlinie [Rz. 15] Rechnung, indem sie die Ausgabe und das Halten von Anteilen oder Aktien an offenen Investmentvermögen gem. Art. 1 Abs. 2 aus dem Anwendungsbereich ausnimmt, da insoweit kein weitergehender Schutz der Interessen der Anleger geboten ist. Vor dem Hintergrund dieser speziellen Regelungen ist eine parallele Überwachung durch die Vorschriften des Wertpapierhandelsgesetzes, die auf der europäischen Transparenzrichtlinie beruhen, und der im Kapitalanlagegesetzbuch umgesetzten EU-Vorgaben nicht sinnvoll. Die Gesetzesänderung berücksichtigt dies und beschränkt insoweit die Anwendbarkeit des Wertpapierhandelsgesetzes, als die Ausgabe und das Halten von Anteilen oder Aktien an einem offenen Investmentvermögen keine Pflichten nach den Abschnitten 5, 5a und 11 des Wertpapierhandelsgesetzes auslösen. Insbesondere die bisherige Sonderregelung in § 94 Abs. 2 Satz 3, auch i.V.m. Abs. 3 Satz 2 und Abs. 4 Satz 2 KAGB geht in der neuen horizontalen Ausnahme auf. Zugleich ergibt sich aus der Beschränkung auf Anteile und Aktien, dass die Meldepflichten des Abschnitts 5 für die Investmentvermögen selbst unberührt bleiben. Auf geschlossene Investmentvermögen in Form von Investmentaktiengesellschaften mit fixem Kapital findet schließlich – entsprechend der Regelung der Transparenzrichtlinie – die Ausnahmevorschrift des § 1 Abs. 4 keine Anwendung."[1]

§ 1 Abs. 3 Satz 2 WpHG, der auf Änderungen durch das 1. FiMaNoG zurückgeht (Rz. 12), beschränkt den Anwendungsbereich der Ausnahme nach § 1 Abs. 3 Satz 1 WpHG gemäß den Vorgaben von Art. 1 Abs. 2 i.V.m. mit Art. 2 Abs. 1 lit. g RL 2013/50/EU (Transparenzrichtlinie[2]) auf **Publikumsinvestmentvermögen**[3] (Rz. 13 a.E.), d.h. auf Investmentvermögen, die keine OGAW (Rz. 13) sind, und damit auf AIF (Rz. 13), die keine Spezial-AIF (Rz. 13) sind.

§ 2 Begriffsbestimmungen

(1) Wertpapiere im Sinne dieses Gesetzes sind, auch wenn keine Urkunden über sie ausgestellt sind, alle Gattungen von übertragbaren Wertpapieren mit Ausnahme von Zahlungsinstrumenten, die ihrer Art nach auf den Finanzmärkten handelbar sind, insbesondere
1. Aktien,
2. andere Anteile an in- oder ausländischen juristischen Personen, Personengesellschaften und sonstigen Unternehmen, soweit sie Aktien vergleichbar sind, sowie Hinterlegungsscheine, die Aktien vertreten,
3. Schuldtitel,
    a) insbesondere Genussscheine und Inhaberschuldverschreibungen und Orderschuldverschreibungen sowie Hinterlegungsscheine, die Schuldtitel vertreten,
    b) sonstige Wertpapiere, die zum Erwerb oder zur Veräußerung von Wertpapieren nach den Nummern 1 und 2 berechtigen oder zu einer Barzahlung führen, die in Abhängigkeit von Wertpapieren, von Währungen, Zinssätzen oder anderen Erträgen, von Waren, Indices oder Messgrößen bestimmt wird; nähere Bestimmungen enthält die Delegierte Verordnung (EU) 2017/565 der Kommission vom 25. April 2016 zur Ergänzung der Richtlinie 2014/65/EU des Europäischen Parlaments und des Rates in Bezug auf die organisatorischen Anforderungen an Wertpapierfirmen und die Bedingungen für die Ausübung ihrer Tätigkeit sowie in Bezug auf die Definition bestimmter Begriffe für die Zwecke der genannten Richtlinie (ABl. L 87 vom 31.3.2017, S. 1), in der jeweils geltenden Fassung.

(2) Geldmarktinstrumente im Sinne dieses Gesetzes sind Instrumente, die üblicherweise auf dem Geldmarkt gehandelt werden, insbesondere Schatzanweisungen, Einlagenzertifikate, Commercial Papers und sonstige vergleichbare Instrumente, sofern im Einklang mit Artikel 11 der Delegierten Verordnung (EU) 2017/565
1. ihr Wert jederzeit bestimmt werden kann,
2. es sich nicht um Derivate handelt und
3. ihre Fälligkeit bei Emission höchstens 397 Tage beträgt,

es sei denn, es handelt sich um Zahlungsinstrumente.

---

1 RegE eines Gesetzes zur Umsetzung der Transparenzrichtlinie-Änderungsrichtlinie, BT-Drucks. 18/5010 v. 26.5.2015, 1, 42.
2 Richtlinie 2013/50/EU vom 22.10.2013 zur Änderung der Richtlinie 2004/109/EG des Europäischen Parlaments und des Rates zur Harmonisierung der Transparenzanforderungen in Bezug auf Informationen über Emittenten, deren Wertpapiere zum Handel auf einem geregelten Markt zugelassen sind, der Richtlinie 2003/71/EG des Europäischen Parlaments und des Rates betreffend den Prospekt, der beim öffentlichen Angebot von Wertpapieren oder bei deren Zulassung zum Handel zu veröffentlichen ist, sowie der Richtlinie 2007/14/EG der Kommission mit Durchführungsbestimmungen zu bestimmten Vorschriften der Richtlinie 2004/109/EG, ABl. EU Nr. L 294 v. 6.11.2013, S. 13.
3 RegE 1. FiMaNoG, BT-Drucks. 18/7482 v. 8.2.2016, 1, 57.

(3) Derivative Geschäfte im Sinne dieses Gesetzes sind
1. als Kauf, Tausch oder anderweitig ausgestaltete Festgeschäfte oder Optionsgeschäfte, die zeitlich verzögert zu erfüllen sind und deren Wert sich unmittelbar oder mittelbar vom Preis oder Maß eines Basiswertes ableitet (Termingeschäfte) mit Bezug auf die folgenden Basiswerte:
   a) Wertpapiere oder Geldmarktinstrumente,
   b) Devisen, soweit das Geschäft nicht die in Artikel 10 der Delegierten Verordnung (EU) 2017/565 genannten Voraussetzungen erfüllt, oder Rechnungseinheiten,
   c) Zinssätze oder andere Erträge,
   d) Indices der Basiswerte der Buchstaben a, b, c oder f, andere Finanzindizes oder Finanzmessgrößen,
   e) derivative Geschäfte oder
   f) Berechtigungen, Emissionsreduktionseinheiten und zertifizierte Emissionsreduktionen im Sinne des § 3 Nummer 3, 6 und 16 des Treibhausgas-Emissionshandelsgesetzes, soweit sie im EU-Emissionshandelsregister gehalten werden dürfen (Emissionszertifikate).
2. Termingeschäfte mit Bezug auf Waren, Frachtsätze, Klima- oder andere physikalische Variablen, Inflationsraten oder andere volkswirtschaftliche Variablen oder sonstige Vermögenswerte, Indices oder Messwerte als Basiswerte, sofern sie
   a) durch Barausgleich zu erfüllen sind oder einer Vertragspartei das Recht geben, einen Barausgleich zu verlangen, ohne dass dieses Recht durch Ausfall oder ein anderes Beendigungsereignis begründet ist,
   b) auf einem organisierten Markt oder in einem multilateralen oder organisierten Handelssystem geschlossen werden und nicht über ein organisiertes Handelssystem gehandelte Energiegroßhandelsprodukte im Sinne von Absatz 20 sind, die effektiv geliefert werden müssen, oder
   c) die Merkmale anderer Derivatekontrakte im Sinne des Artikels 7 der Delegierten Verordnung (EU) 2017/565 aufweisen und nichtkommerziellen Zwecken dienen,
   und sofern sie keine Kassageschäfte im Sinne des Artikels 7 der Delegierten Verordnung (EU) 2017/565 sind;
3. finanzielle Differenzgeschäfte;
4. als Kauf, Tausch oder anderweitig ausgestaltete Festgeschäfte oder Optionsgeschäfte, die zeitlich verzögert zu erfüllen sind und dem Transfer von Kreditrisiken dienen (Kreditderivate);
5. Termingeschäfte mit Bezug auf die in Artikel 8 der Delegierten Verordnung (EU) 2017/565 genannten Basiswerte, sofern sie die Bedingungen der Nummer 2 erfüllen.

(4) Finanzinstrumente im Sinne dieses Gesetzes sind
1. Wertpapiere im Sinne des Absatzes 1,
2. Anteile an Investmentvermögen im Sinne des § 1 Absatz 1 des Kapitalanlagegesetzbuchs,
3. Geldmarktinstrumente im Sinne des Absatzes 2,
4. derivative Geschäfte im Sinne des Absatzes 3,
5. Emissionszertifikate,
6. Rechte auf Zeichnung von Wertpapieren und
7. Vermögensanlagen im Sinne des § 1 Absatz 2 des Vermögensanlagengesetzes mit Ausnahme von Anteilen an einer Genossenschaft im Sinne des § 1 des Genossenschaftsgesetzes sowie Namensschuldverschreibungen, die mit einer vereinbarten festen Laufzeit, einem unveränderlich vereinbarten festen positiven Zinssatz ausgestattet sind, bei denen das investierte Kapital ohne Anrechnung von Zinsen ungemindert zum Zeitpunkt der Fälligkeit zum vollen Nennwert zurückgezahlt wird, und die von einem CRR-Kreditinstitut im Sinne des § 1 Absatz 3d Satz 1 des Kreditwesengesetzes, dem eine Erlaubnis nach § 32 Absatz 1 des Kreditwesengesetzes erteilt worden ist, ausgegeben werden, wenn das darauf eingezahlte Kapital im Falle des Insolvenzverfahrens über das Vermögen des Instituts oder der Liquidation des Instituts nicht erst nach Befriedigung aller nicht nachrangigen Gläubiger zurückgezahlt wird.

(5) Waren im Sinne dieses Gesetzes sind fungible Wirtschaftsgüter, die geliefert werden können; dazu zählen auch Metalle, Erze und Legierungen, landwirtschaftliche Produkte und Energien wie Strom.

(6) Waren-Spot-Kontrakt im Sinne dieses Gesetzes ist ein Vertrag im Sinne des Artikels 3 Absatz 1 Nummer 15 der Verordnung (EU) Nr. 596/2014.

(7) Referenzwert im Sinne dieses Gesetzes ist ein Kurs, Index oder Wert im Sinne des Artikels 3 Absatz 1 Nummer 29 der Verordnung (EU) Nr. 596/2014.

(8) Wertpapierdienstleistungen im Sinne dieses Gesetzes sind
1. die Anschaffung oder Veräußerung von Finanzinstrumenten im eigenen Namen für fremde Rechnung (Finanzkommissionsgeschäft),
2. das
   a) kontinuierliche Anbieten des An- und Verkaufs von Finanzinstrumenten an den Finanzmärkten zu selbst gestellten Preisen für eigene Rechnung unter Einsatz des eigenen Kapitals (Market-Making),
   b) häufige organisierte und systematische Betreiben von Handel für eigene Rechnung in erheblichem Umfang außerhalb eines organisierten Marktes oder eines multilateralen oder organisierten Handelssystems, wenn Kundenaufträge außerhalb eines geregelten Marktes oder eines multilateralen oder organisierten Handelssystems ausgeführt werden, ohne dass ein multilaterales Handelssystem betrieben wird (systematische Internalisierung),
   c) Anschaffen oder Veräußern von Finanzinstrumenten für eigene Rechnung als Dienstleistung für andere (Eigenhandel) oder
   d) Kaufen oder Verkaufen von Finanzinstrumenten für eigene Rechnung als unmittelbarer oder mittelbarer Teilnehmer eines inländischen organisierten Marktes oder eines multilateralen oder organisierten Handelssystems mittels einer hochfrequenten algorithmischen Handelstechnik im Sinne von Absatz 44, auch ohne Dienstleistung für andere (Hochfrequenzhandel),
3. die Anschaffung oder Veräußerung von Finanzinstrumenten in fremdem Namen für fremde Rechnung (Abschlussvermittlung),
4. die Vermittlung von Geschäften über die Anschaffung und die Veräußerung von Finanzinstrumenten (Anlagevermittlung),
5. die Übernahme von Finanzinstrumenten für eigenes Risiko zur Platzierung oder die Übernahme gleichwertiger Garantien (Emissionsgeschäft),
6. die Platzierung von Finanzinstrumenten ohne feste Übernahmeverpflichtung (Platzierungsgeschäft),
7. die Verwaltung einzelner oder mehrerer in Finanzinstrumenten angelegter Vermögen für andere mit Entscheidungsspielraum (Finanzportfolioverwaltung),
8. der Betrieb eines multilateralen Systems, das die Interessen einer Vielzahl von Personen am Kauf und Verkauf von Finanzinstrumenten innerhalb des Systems und nach nichtdiskretionären Bestimmungen in einer Weise zusammenbringt, die zu einem Vertrag über den Kauf dieser Finanzinstrumente führt (Betrieb eines multilateralen Handelssystems),
9. der Betrieb eines multilateralen Systems, bei dem es sich nicht um einen organisierten Markt oder ein multilaterales Handelssystem handelt und das die Interessen einer Vielzahl Dritter am Kauf und Verkauf von Schuldverschreibungen, strukturierten Finanzprodukten, Emissionszertifikaten oder Derivaten innerhalb des Systems auf eine Weise zusammenführt, die zu einem Vertrag über den Kauf dieser Finanzinstrumente führt (Betrieb eines organisierten Handelssystems),
10. die Abgabe von persönlichen Empfehlungen im Sinne des Artikels 9 der Delegierten Verordnung (EU) 2017/565 an Kunden oder deren Vertreter, die sich auf Geschäfte mit bestimmten Finanzinstrumenten beziehen, sofern die Empfehlung auf eine Prüfung der persönlichen Umstände des Anlegers gestützt oder als für ihn geeignet dargestellt wird und nicht ausschließlich über Informationsverbreitungskanäle oder für die Öffentlichkeit bekannt gegeben wird (Anlageberatung).

Das Finanzkommissionsgeschäft, der Eigenhandel und die Abschlussvermittlung umfassen den Abschluss von Vereinbarungen über den Verkauf von Finanzinstrumenten, die von einem Wertpapierdienstleistungsunternehmen oder einem Kreditinstitut ausgegeben werden, im Zeitpunkt ihrer Emission. Ob ein häufiger systematischer Handel vorliegt, bemisst sich nach der Zahl der Geschäfte außerhalb eines Handelsplatzes (OTC-Handel) mit einem Finanzinstrument zur Ausführung von Kundenaufträgen, die von dem Wertpapierdienstleistungsunternehmen für eigene Rechnung durchgeführt werden. Ob ein Handel in erheblichem Umfang vorliegt, bemisst sich entweder nach dem Anteil des OTC-Handels an dem Gesamthandelsvolumen des Wertpapierdienstleistungsunternehmens in einem bestimmten Finanzinstrument oder nach dem Verhältnis des OTC-Handels des Wertpapierdienstleistungsunternehmens zum Gesamthandelsvolumen in einem bestimmten Finanzinstrument in der Europäischen Union; nähere Bestimmungen enthalten die Artikel 12 bis 17 der Delegierten Verordnung (EU) 2017/565. Die Voraussetzungen der systematischen Internalisierung sind erst dann erfüllt, wenn sowohl die Obergrenze für den häufigen systematischen Handel als auch die Obergrenze für den Handel in erheblichem Umfang überschritten werden oder wenn ein Unternehmen sich freiwillig den für die systematische Internalisierung geltenden Regelungen unterworfen und eine Erlaubnis zum Betreiben

§ 2 | Anwendungsbereich, Begriffsbestimmungen

der systematischen Internalisierung bei der Bundesanstalt beantragt hat. Als Wertpapierdienstleistung gilt auch die Anschaffung und Veräußerung von Finanzinstrumenten für eigene Rechnung, die keine Dienstleistung für andere im Sinne des Satzes 1 Nr. 2 darstellt (Eigengeschäft). Der Finanzportfolioverwaltung gleichgestellt ist hinsichtlich der §§ 22, 63 bis 83 und 85 bis 92 dieses Gesetzes sowie des Artikels 20 Absatz 1 der Verordnung (EU) Nr. 596/2014 und der Artikel 72 bis 76 der Delegierten Verordnung (EU) Nr. 2017/565 die erlaubnispflichtige Anlageverwaltung nach § 1 Abs. 1a Satz 2 Nr. 11 des Kreditwesengesetzes.

(9) Wertpapiernebendienstleistungen im Sinne dieses Gesetzes sind

1. die Verwahrung und die Verwaltung von Finanzinstrumenten für andere, einschließlich Depotverwahrung und verbundener Dienstleistungen wie Cash-Management oder die Verwaltung von Sicherheiten mit Ausnahme der Bereitstellung und Führung von Wertpapierkonten auf oberster Ebene (zentrale Kontenführung) gemäß Abschnitt A Nummer 2 des Anhangs zur Verordnung (EU) Nr. 909/2014 (Depotgeschäft),
2. die Gewährung von Krediten oder Darlehen an andere für die Durchführung von Wertpapierdienstleistungen, sofern das Unternehmen, das den Kredit oder das Darlehen gewährt, an diesen Geschäften beteiligt ist,
3. die Beratung von Unternehmen über die Kapitalstruktur, die industrielle Strategie sowie die Beratung und das Angebot von Dienstleistungen bei Unternehmenskäufen und Unternehmenszusammenschlüssen,
4. Devisengeschäfte, die in Zusammenhang mit Wertpapierdienstleistungen stehen,
5. das Erstellen oder Verbreiten von Empfehlungen oder Vorschlägen von Anlagestrategien im Sinne des Artikels 3 Absatz 1 Nummer 34 der Verordnung (EU) Nr. 596/2014 (Anlagestrategieempfehlung) oder von Anlageempfehlungen im Sinne des Artikels 3 Absatz 1 Nummer 35 der Verordnung (EU) Nr. 596/2014 (Anlageempfehlung),
6. Dienstleistungen, die im Zusammenhang mit dem Emissionsgeschäft stehen,
7. Dienstleistungen, die sich auf einen Basiswert im Sinne des Absatzes 2 [richtig Absatzes 3] Nr. 2 oder Nr. 5 beziehen und im Zusammenhang mit Wertpapierdienstleistungen oder Wertpapiernebendienstleistungen stehen.

(10) Wertpapierdienstleistungsunternehmen im Sinne dieses Gesetzes sind Kreditinstitute, Finanzdienstleistungsinstitute und nach § 53 Abs. 1 Satz 1 des Kreditwesengesetzes tätige Unternehmen, die Wertpapierdienstleistungen allein oder zusammen mit Wertpapiernebendienstleistungen gewerbsmäßig oder in einem Umfang erbringen, der einen in kaufmännischer Weise eingerichteten Geschäftsbetrieb erfordert.

(11) Organisierter Markt im Sinne dieses Gesetzes ist ein im Inland, in einem anderen Mitgliedstaat der Europäischen Union oder einem anderen Vertragsstaat des Abkommens über den Europäischen Wirtschaftsraum betriebenes oder verwaltetes, durch staatliche Stellen genehmigtes, geregeltes und überwachtes multilaterales System, das die Interessen einer Vielzahl von Personen am Kauf und Verkauf von dort zum Handel zugelassenen Finanzinstrumenten innerhalb des Systems und nach nichtdiskretionären Bestimmungen in einer Weise zusammenbringt oder das Zusammenbringen fördert, die zu einem Vertrag über den Kauf dieser Finanzinstrumente führt.

(12) Drittstaat im Sinne dieses Gesetzes ist ein Staat, der weder Mitgliedstaat der Europäischen Union (Mitgliedstaat) noch Vertragsstaat des Abkommens über den Europäischen Wirtschaftsraum ist.

(13) Emittenten, für die die Bundesrepublik Deutschland der Herkunftsstaat ist, sind

1. Emittenten von Schuldtiteln mit einer Stückelung von weniger als 1 000 Euro oder dem am Ausgabetag entsprechenden Gegenwert in einer anderen Währung oder von Aktien,
   a) die ihren Sitz im Inland haben und deren Wertpapiere zum Handel an einem organisierten Markt im Inland oder in einem anderen Mitgliedstaat der Europäischen Union oder einem anderen Vertragsstaat des Abkommens über den Europäischen Wirtschaftsraum zugelassen sind oder
   b) die ihren Sitz in einem Drittstaat haben, deren Wertpapiere zum Handel an einem organisierten Markt im Inland zugelassen sind und die die Bundesrepublik Deutschland als Herkunftsstaat nach § 4 Absatz 1 gewählt haben,
2. Emittenten, die andere als die in Nummer 1 genannten Finanzinstrumente begeben und
   a) die ihren Sitz im Inland haben und deren Finanzinstrumente zum Handel an einem organisierten Markt im Inland oder in anderen Mitgliedstaaten der Europäischen Union oder in anderen Vertragsstaaten des Abkommens über den Europäischen Wirtschaftsraum zugelassen sind oder
   b) die ihren Sitz nicht im Inland haben und deren Finanzinstrumente zum Handel an einem organisierten Markt im Inland zugelassen sind

und die die Bundesrepublik Deutschland nach Maßgabe des § 4 Absatz 2 als Herkunftsstaat gewählt haben,
3. Emittenten, die nach Nummer 1 Buchstabe b oder Nummer 2 die Bundesrepublik Deutschland als Herkunftsstaat wählen können und deren Finanzinstrumente zum Handel an einem organisierten Markt im Inland zugelassen sind, solange sie nicht wirksam einen Herkunftsmitgliedstaat gewählt haben nach § 4 in Verbindung mit § 5 oder nach entsprechenden Vorschriften anderer Mitgliedstaaten der Europäischen Union oder anderer Vertragsstaaten des Abkommens über den Europäischen Wirtschaftsraum.

(14) Inlandsemittenten sind
1. Emittenten, für die die Bundesrepublik Deutschland der Herkunftsstaat ist, mit Ausnahme solcher Emittenten, deren Wertpapiere nicht im Inland, sondern lediglich in einem anderen Mitgliedstaat der Europäischen Union oder einem anderen Vertragsstaat des Abkommens über den Europäischen Wirtschaftsraum zugelassen sind, soweit sie in diesem anderen Staat Veröffentlichungs- und Mitteilungspflichten nach Maßgabe der Richtlinie 2004/109/EG des Europäischen Parlaments und des Rates vom 15. Dezember 2004 zur Harmonisierung der Transparenzanforderungen in Bezug auf Informationen über Emittenten, deren Wertpapiere zum Handel auf einem geregelten Markt zugelassen sind, und zur Änderung der Richtlinie 2001/34/EG (ABl. EU Nr. L 390 S. 38) unterliegen, und
2. Emittenten, für die nicht die Bundesrepublik Deutschland, sondern ein anderer Mitgliedstaat der Europäischen Union oder ein anderer Vertragsstaat des Abkommens über den Europäischen Wirtschaftsraum der Herkunftsstaat ist, deren Wertpapiere aber nur im Inland zum Handel an einem organisierten Markt zugelassen sind.

(15) MTF-Emittenten im Sinne dieses Gesetzes sind Emittenten von Finanzinstrumenten,
1. die ihren Sitz im Inland haben und die für ihre Finanzinstrumente eine Zulassung zum Handel an einem multilateralen Handelssystem im Inland oder in einem anderen Mitgliedstaat der Europäischen Union (Mitgliedstaat) oder einem anderen Vertragsstaat des Abkommens über den Europäischen Wirtschaftsraum beantragt oder genehmigt haben, wenn diese Finanzinstrumente nur auf multilateralen Handelssystemen gehandelt werden, mit Ausnahme solcher Emittenten, deren Finanzinstrumente nicht im Inland, sondern lediglich in einem anderen Mitgliedstaat oder einem anderen Vertragsstaat des Abkommens über den Europäischen Wirtschaftsraum zugelassen sind, wenn sie in diesem anderen Staat den Anforderungen des Artikels 21 der Richtlinie 2004/109/EG unterliegen, oder
2. die ihren Sitz nicht im Inland haben und die für ihre Finanzinstrumente eine Zulassung zum Handel auf einem multilateralen Handelssystem im Inland beantragt oder genehmigt haben, wenn diese Finanzinstrumente nur an multilateralen Handelssystemen im Inland gehandelt werden.

(16) OTF-Emittenten im Sinne dieses Gesetzes sind Emittenten von Finanzinstrumenten,
1. die ihren Sitz im Inland haben und die für ihre Finanzinstrumente eine Zulassung zum Handel an einem organisierten Handelssystem im Inland oder in einem anderen Mitgliedstaat oder einem anderen Vertragsstaat des Abkommens über den Europäischen Wirtschaftsraum beantragt oder genehmigt haben, wenn diese Finanzinstrumente nur auf organisierten Handelssystemen gehandelt werden, mit Ausnahme solcher Emittenten, deren Finanzinstrumente nicht im Inland, sondern lediglich in einem anderen Mitgliedstaat oder einem anderen Vertragsstaat des Abkommens über den Europäischen Wirtschaftsraum zugelassen sind, soweit sie in diesem Staat den Anforderungen des Artikels 21 der Richtlinie 2004/109/EG unterliegen, oder
2. die ihren Sitz nicht im Inland haben und die für ihre Finanzinstrumente nur eine Zulassung zum Handel an einem organisierten Handelssystem im Inland beantragt oder genehmigt haben.

(17) Herkunftsmitgliedstaat im Sinne dieses Gesetzes ist
1. im Falle eines Wertpapierdienstleistungsunternehmens,
    a) sofern es sich um eine natürliche Person handelt, der Mitgliedstaat, in dem sich die Hauptverwaltung des Wertpapierdienstleistungsunternehmens befindet;
    b) sofern es sich um eine juristische Person handelt, der Mitgliedstaat, in dem sich ihr Sitz befindet;
    c) sofern es sich um eine juristische Person handelt, für die nach dem nationalen Recht, das für das Wertpapierdienstleistungsunternehmen maßgeblich ist, kein Sitz bestimmt ist, der Mitgliedstaat, in dem sich die Hauptverwaltung befindet;
2. im Falle eines organisierten Marktes der Mitgliedstaat, in dem dieser registriert oder zugelassen ist, oder, sofern für ihn nach dem Recht dieses Mitgliedstaats kein Sitz bestimmt ist, der Mitgliedstaat, in dem sich die Hauptverwaltung befindet;
3. im Falle eines Datenbereitstellungsdienstes,
    a) sofern es sich um eine natürliche Person handelt, der Mitgliedstaat, in dem sich die Hauptverwaltung des Datenbereitstellungsdienstes befindet;

b) sofern es sich um eine juristische Person handelt, der Mitgliedstaat, in dem sich der Sitz des Datenbereitstellungsdienstes befindet;

c) sofern es sich um eine juristische Person handelt, für die nach dem nationalen Recht, das für den Datenbereitstellungsdienst maßgeblich ist, kein Sitz bestimmt ist, der Mitgliedstaat, in dem sich die Hauptverwaltung befindet.

(18) Aufnahmemitgliedstaat im Sinne dieses Gesetzes ist

1. für ein Wertpapierdienstleistungsunternehmen der Mitgliedstaat, in dem es eine Zweigniederlassung unterhält oder Wertpapierdienstleistungen im Wege des grenzüberschreitenden Dienstleistungsverkehrs erbringt;
2. für einen organisierten Markt der Mitgliedstaat, in dem er geeignete Vorkehrungen bietet, um in diesem Mitgliedstaat niedergelassenen Marktteilnehmern den Zugang zum Handel über sein System zu erleichtern.

(19) Eine strukturierte Einlage ist eine Einlage im Sinne des § 2 Absatz 3 Satz 1 und 2 des Einlagensicherungsgesetzes, die bei Fälligkeit in voller Höhe zurückzuzahlen ist, wobei sich die Zahlung von Zinsen oder einer Prämie, das Zinsrisiko oder das Prämienrisiko aus einer Formel ergibt, die insbesondere abhängig ist von

1. einem Index oder einer Indexkombination,
2. einem Finanzinstrument oder einer Kombination von Finanzinstrumenten,
3. einer Ware oder einer Kombination von Waren oder anderen körperlichen oder nicht körperlichen nicht übertragbaren Vermögenswerten oder
4. einem Wechselkurs oder einer Kombination von Wechselkursen.

Keine strukturierten Einlagen stellen variabel verzinsliche Einlagen dar, deren Ertrag unmittelbar an einen Zinsindex, insbesondere den Euribor oder den Libor, gebunden ist.

(20) Energiegroßhandelsprodukt im Sinne dieses Gesetzes ist ein Energiegroßhandelsprodukt im Sinne des Artikels 2 Nummer 4 der Verordnung (EU) Nr. 1227/2011 des Europäischen Parlaments und des Rates vom 25. Oktober 2011 über die Integrität und Transparenz des Energiegroßhandelsmarkts (ABl. L 326 vom 8.12.2011, S. 1), sowie der Artikel 5 und 6 der Delegierten Verordnung (EU) 2017/565.

(21) Multilaterales System im Sinne dieses Gesetzes ist ein System oder ein Mechanismus, der die Interessen einer Vielzahl Dritter am Kauf und Verkauf von Finanzinstrumenten innerhalb des Systems zusammenführt.

(22) Handelsplatz im Sinne dieses Gesetzes ist ein organisierter Markt, ein multilaterales Handelssystem oder ein organisiertes Handelssystem.

(23) Liquider Markt im Sinne dieses Gesetzes ist ein Markt für ein Finanzinstrument oder für eine Kategorie von Finanzinstrumenten,

1. auf dem kontinuierlich kauf- oder verkaufsbereite vertragswillige Käufer oder Verkäufer verfügbar sind und
2. der unter Berücksichtigung der speziellen Marktstrukturen des betreffenden Finanzinstruments oder der betreffenden Kategorie von Finanzinstrumenten nach den folgenden Kriterien bewertet wird:
    a) Durchschnittsfrequenz und -volumen der Geschäfte bei einer bestimmten Bandbreite von Marktbedingungen unter Berücksichtigung der Art und des Lebenszyklus von Produkten innerhalb der Kategorie von Finanzinstrumenten;
    b) Zahl und Art der Marktteilnehmer, einschließlich des Verhältnisses der Marktteilnehmer zu den gehandelten Finanzinstrumenten in Bezug auf ein bestimmtes Finanzinstrument;
    c) durchschnittlicher Spread, sofern verfügbar.

Nähere Bestimmungen enthalten die Artikel 1 bis 4 der Delegierten Verordnung (EU) 2017/567 der Kommission vom 18. Mai 2016 zur Ergänzung der Verordnung (EU) Nr. 600/2014 des Europäischen Parlaments und des Rates im Hinblick auf Begriffsbestimmungen, Transparenz, Portfoliokomprimierung und Aufsichtsmaßnahmen zur Produktintervention und zu den Positionen (ABl. L 87 vom 31.3.2017, S. 90), in der jeweils geltenden Fassung.

(24) Zweigniederlassung im Sinne dieses Gesetzes ist eine Betriebsstelle, die

1. nicht die Hauptverwaltung ist,
2. einen rechtlich unselbstständigen Teil eines Wertpapierdienstleistungsunternehmens bildet und
3. Wertpapierdienstleistungen, gegebenenfalls auch Wertpapiernebendienstleistungen, erbringt, für die dem Wertpapierdienstleistungsunternehmen eine Zulassung erteilt wurde.

Alle Betriebsstellen eines Wertpapierdienstleistungsunternehmens mit Hauptverwaltung in einem anderen Mitgliedstaat, die sich in demselben Mitgliedstaat befinden, gelten als eine einzige Zweigniederlassung.

(25) Mutterunternehmen im Sinne dieses Gesetzes ist, sofern nicht die Abschnitte 6 und 16 besondere Regelungen enthalten, ein Mutterunternehmen im Sinne des Artikels 2 Nummer 9 und des Artikels 22 der Richtlinie 2013/34/EU des Europäischen Parlaments und des Rates vom 26. Juni 2013 über den Jahresabschluss, den konsolidierten Abschluss und damit verbundene Berichte von Unternehmen bestimmter Rechtsformen und zur Änderung der Richtlinie 2006/43/EG des Europäischen Parlaments und des Rates und zur Aufhebung der Richtlinien 78/660/EWG und 83/349/EWG des Rates (ABl. L 182 vom 29.6.2013, S. 19), die zuletzt durch die Richtlinie 2014/102/EU (ABl. L 334 vom 21.11.2014, S. 86) geändert worden ist.

(26) Tochterunternehmen im Sinne dieses Gesetzes ist, sofern nicht die Abschnitte 6 und 16 besondere Regelungen enthalten, ein Tochterunternehmen im Sinne des Artikels 2 Nummer 10 und des Artikels 22 der Richtlinie 2013/34/EU, einschließlich aller Tochterunternehmen eines Tochterunternehmens des an der Spitze stehenden Mutterunternehmens.

(27) Gruppe im Sinne dieses Gesetzes ist eine Gruppe im Sinne des Artikels 2 Nummer 11 der Richtlinie 2013/34/EU.

(28) Eine enge Verbindung im Sinne dieses Gesetzes liegt vor, wenn zwei oder mehr natürliche oder juristische Personen wie folgt miteinander verbunden sind:
1. durch eine Beteiligung in Form des direkten Haltens oder des Haltens im Wege der Kontrolle von mindestens 20 Prozent der Stimmrechte oder der Anteile an einem Unternehmen,
2. durch Kontrolle in Form eines Verhältnisses zwischen Mutter- und Tochterunternehmen, wie in allen Fällen des Artikels 22 Absatz 1 und 2 der Richtlinie 2013/34/EU oder einem vergleichbaren Verhältnis zwischen einer natürlichen oder juristischen Person und einem Unternehmen; Tochterunternehmen von Tochterunternehmen gelten ebenfalls als Tochterunternehmen des Mutterunternehmens, das an der Spitze dieser Unternehmen steht oder
3. durch ein dauerhaftes Kontrollverhältnis beider oder aller Personen, das zu derselben dritten Person besteht.

(29) Zusammenführung sich deckender Kundenaufträge (Matched Principal Trading) im Sinne dieses Gesetzes ist ein Geschäft, bei dem
1. zwischen Käufer und Verkäufer ein Vermittler zwischengeschaltet ist, der während der gesamten Ausführung des Geschäfts zu keiner Zeit einem Marktrisiko ausgesetzt ist,
2. Kauf- und Verkaufsgeschäfte gleichzeitig ausgeführt werden und
3. das zu Preisen abgeschlossen wird, durch die der Vermittler abgesehen von einer vorab offengelegten Provision, Gebühr oder sonstigen Vergütung weder Gewinn noch Verlust macht.

(30) Direkter elektronischer Zugang im Sinne dieses Gesetzes ist eine Vereinbarung, in deren Rahmen ein Mitglied, ein Teilnehmer oder ein Kunde eines Handelsplatzes einer anderen Person die Nutzung seines Handelscodes gestattet, damit diese Person Aufträge in Bezug auf Finanzinstrumente elektronisch direkt an den Handelsplatz übermitteln kann, mit Ausnahme der in Artikel 20 der Delegierten Verordnung (EU) 2017/565 genannten Fälle. Der direkte elektronische Zugang umfasst auch Vereinbarungen, die die Nutzung der Infrastruktur oder eines anderweitigen Verbindungssystems des Mitglieds, des Teilnehmers oder des Kunden durch diese Person zur Übermittlung von Aufträgen beinhalten (direkter Marktzugang), sowie diejenigen Vereinbarungen, bei denen eine solche Infrastruktur nicht durch diese Person genutzt wird (geförderter Zugang).

(31) Hinterlegungsscheine im Sinne dieses Gesetzes sind Wertpapiere, die auf dem Kapitalmarkt handelbar sind und die ein Eigentumsrecht an Wertpapieren von Emittenten mit Sitz im Ausland verbriefen, zum Handel auf einem organisierten Markt zugelassen sind und unabhängig von den Wertpapieren des jeweiligen Emittenten mit Sitz im Ausland gehandelt werden können.

(32) Börsengehandeltes Investmentvermögen im Sinne dieses Gesetzes ist ein Investmentvermögen im Sinne des Kapitalanlagegesetzbuchs, bei dem mindestens eine Anteilsklasse oder Aktiengattung ganztägig an mindestens einem Handelsplatz und mit mindestens einem Market Maker, der tätig wird, um sicherzustellen, dass der Preis seiner Anteile oder Aktien an diesem Handelsplatz nicht wesentlich von ihrem Nettoinventarwert und, sofern einschlägig, von ihrem indikativen Nettoinventarwert abweicht, gehandelt wird.

(33) Zertifikat im Sinne dieses Gesetzes ist ein Wertpapier, das auf dem Kapitalmarkt handelbar ist und das im Falle der durch den Emittenten vorgenommenen Rückzahlung einer Anlage bei dem Emittenten Vorrang vor Aktien hat, aber nicht besicherten Anleiheinstrumenten und anderen vergleichbaren Instrumenten nachgeordnet ist.

§ 2 | Anwendungsbereich, Begriffsbestimmungen

(34) **Strukturiertes Finanzprodukt** im Sinne dieses Gesetzes ist ein Wertpapier, das zur Verbriefung und Übertragung des mit einer ausgewählten Palette an finanziellen Vermögenswerten einhergehenden Kreditrisikos geschaffen wurde und das den Wertpapierinhaber zum Empfang regelmäßiger Zahlungen berechtigt, die vom Geldfluss der Basisvermögenswerte abhängen.

(35) **Derivate** im Sinne dieses Gesetzes sind derivative Geschäfte im Sinne des Absatzes 3 sowie Wertpapiere im Sinne des Absatzes 1 Nummer 3 Buchstabe b.

(36) **Warenderivate** im Sinne dieses Gesetzes sind Finanzinstrumente im Sinne des Artikels 2 Absatz 1 Nummer 30 der Verordnung (EU) Nr. 600/2014.

(37) **Genehmigtes Veröffentlichungssystem** im Sinne dieses Gesetzes ist ein Unternehmen, das im Namen von Wertpapierdienstleistungsunternehmen Handelsveröffentlichungen im Sinne der Artikel 20 und 21 der Verordnung (EU) Nr. 600/2014 vornimmt.

(38) **Bereitsteller konsolidierter Datenticker** im Sinne dieses Gesetzes ist ein Unternehmen, das zur Einholung von Handelsveröffentlichungen nach den Artikeln 6, 7, 10, 12, 13, 20 und 21 der Verordnung (EU) Nr. 600/2014 auf geregelten Märkten, multilateralen und organisierten Handelssystemen und bei genehmigten Veröffentlichungssystemen berechtigt ist und diese Handelsveröffentlichungen in einem kontinuierlichen elektronischen Echtzeitdatenstrom konsolidiert, über den Preis- und Handelsvolumendaten für jedes einzelne Finanzinstrument abrufbar sind.

(39) **Genehmigter Meldemechanismus** im Sinne dieses Gesetzes ist ein Unternehmen, das dazu berechtigt ist, im Namen des Wertpapierdienstleistungsunternehmens Einzelheiten zu Geschäften an die zuständigen Behörden oder die Europäische Wertpapier- und Marktaufsichtsbehörde zu melden.

(40) **Datenbereitstellungsdienst** im Sinne dieses Gesetzes ist
1. ein genehmigtes Veröffentlichungssystem,
2. ein Bereitsteller konsolidierter Datenticker oder
3. ein genehmigter Meldemechanismus.

(41) **Drittlandunternehmen** im Sinne dieses Gesetzes ist ein Unternehmen, das ein Wertpapierdienstleistungsunternehmen wäre, wenn es seinen Sitz im Europäischen Wirtschaftsraum hätte.

(42) **Öffentliche Emittenten** im Sinne dieses Gesetzes sind folgende Emittenten von Schuldtiteln:
1. die Europäische Union,
2. ein Mitgliedstaat einschließlich eines Ministeriums, einer Behörde oder einer Zweckgesellschaft dieses Mitgliedstaats,
3. im Falle eines bundesstaatlich organisierten Mitgliedstaats einer seiner Gliedstaaten,
4. eine für mehrere Mitgliedstaaten tätige Zweckgesellschaft,
5. ein von mehreren Mitgliedstaaten gegründetes internationales Finanzinstitut, das dem Zweck dient, Finanzmittel zu mobilisieren und seinen Mitgliedern Finanzhilfen zu gewähren, sofern diese von schwerwiegenden Finanzierungsproblemen betroffen oder bedroht sind,
6. die Europäische Investitionsbank.

(43) **Ein dauerhafter Datenträger** ist jedes Medium, das
1. es dem Kunden gestattet, an ihn persönlich gerichtete Informationen derart zu speichern, dass er sie in der Folge für eine Dauer, die für die Zwecke der Informationen angemessen ist, einsehen kann, und
2. die unveränderte Wiedergabe der gespeicherten Informationen ermöglicht.

Nähere Bestimmungen enthält Artikel 3 der Delegierten Verordnung (EU) 2017/565.

(44) **Hochfrequente algorithmische Handelstechnik** im Sinne dieses Gesetzes ist ein algorithmischer Handel im Sinne des § 80 Absatz 2 Satz 1, der gekennzeichnet ist durch
1. eine Infrastruktur zur Minimierung von Netzwerklatenzen und anderen Verzögerungen bei der Orderübertragung (Latenzen), die mindestens eine der folgenden Vorrichtungen für die Eingabe algorithmischer Aufträge aufweist: Kollokation, Proximity Hosting oder einen direkten elektronischen Hochgeschwindigkeitszugang,
2. die Fähigkeit des Systems, einen Auftrag ohne menschliche Intervention im Sinne des Artikels 18 der Delegierten Verordnung (EU) 2017/565 einzuleiten, zu erzeugen, weiterzuleiten oder auszuführen und
3. ein hohes untertägiges Mitteilungsaufkommen im Sinne des Artikels 19 der Delegierten Verordnung *(EU) 2017/565 in Form von Aufträgen, Kursangaben oder Stornierungen.*

(45) **Zentrale Gegenpartei** im Sinne dieses Gesetzes ist ein Unternehmen im Sinne des Artikels 2 Nummer 1 der Verordnung (EU) Nr. 648/2012 in der jeweils geltenden Fassung.

(46) Kleine und mittlere Unternehmen im Sinne dieses Gesetzes sind Unternehmen, deren durchschnittliche Marktkapitalisierung auf der Grundlage der Notierungen zum Jahresende in den letzten drei Kalenderjahren weniger als 200 Millionen Euro betrug. Nähere Bestimmungen enthalten die Artikel 77 bis 79 der Delegierten Verordnung (EU) 2017/565.

(47) Öffentlicher Schuldtitel im Sinne dieses Gesetzes ist ein Schuldtitel, der von einem öffentlichen Emittenten begeben wird.

(48) PRIP im Sinne dieses Gesetzes ist ein Produkt im Sinne des Artikels 4 Nummer 1 der Verordnung (EU) Nr. 1286/2014.

(49) PRIIP im Sinne dieses Gesetzes ist ein Produkt im Sinne des Artikels 4 Nummer 3 der Verordnung (EU) Nr. 1286/2014.

In der Fassung des 2. FiMaNoG vom 23.6.2017 (BGBl. I 2017, 1693).

Schrifttum: *Assmann*, Irrungen und Wirrungen im Recht der Termingeschäfte, ZIP 2001, 2061; *BaFin*, Merkblatt Abschlussvermittlung („Merkblatt – Hinweise zum Tatbestand der Abschlussvermittlung") vom 7.12.2009, geändert am 11.9. 2014, abrufbar unter www.bafin.de/SharedDocs/Veroeffentlichungen/DE/Merkblatt/mb_091207_tatbestand_abschlussvermittlung.html; *BaFin*, Merkblatt Anlagevermittlung („Merkblatt – Hinweise zum Tatbestand der Anlagevermittlung") vom 4.12.2009, geändert am 13.7.2017, abrufbar unter www.bafin.de/SharedDocs/Veroeffentlichungen/DE/Merkblatt/mb_091204_tatbestand_anlagevermittlung.html; *BaFin*, Merkblatt Depotgeschäft („Merkblatt – Hinweise zum Tatbestand des Depotgeschäfts") vom 6.1.2009, geändert am 17.2.2014, abrufbar unter www.bafin.de/SharedDocs/Veroeffentlichungen/DE/Merkblatt/mb_090106_tatbestand_depotgeschaeft.html; *BaFin*, Merkblatt Eigenhandel und Eigengeschäft („Merkblatt – Hinweise zu den Tatbeständen des Eigenhandels und des Eigengeschäfts") vom 22.3.2011, geändert am 15.1.2018, abrufbar unter www.bafin.de/dok/7866844; *BaFin*, Merkblatt Emissionsgeschäft („Merkblatt – Hinweise zum Tatbestand des Emissionsgeschäfts") vom 7.1.2009, geändert am 24.7.2013, abrufbar unter https://www.bafin.de/SharedDocs/Veroeffentlichungen/DE/Merkblatt/mb_090107_tatbestand_emissionsgeschaeft.html; *BaFin*, Merkblatt Finanzportfolioverwaltung vom 3.1.2011 in der Fassung vom 11.5.2014, abrufbar unter www.bafin.de/dok/7866842; *BaFin*, Merkblatt Finanzkommissionsgeschäft („Merkblatt – Hinweise zum Tatbestand des Finanzkommissionsgeschäfts") vom 18.3.2010 (Stand Mai 2017), abrufbar unter www.bafin.de/dok/7866824; *BaFin*, Merkblatt Investmentclubs vom 9.6.2011 in der Fassung v. 18.7. 2013, abrufbar unter www.bafin.de (Suchbegriffeingabe: Merkblatt Investmentclubs); *BaFin*, Merkblatt multilaterales Handelssystem („Merkblatt – Tatbestand des Betriebs eines multilateralen Handelssystems") vom 7.12.2009, geändert am 25.7. 2013, abrufbar unter https://www.bafin.de/SharedDocs/Veroeffentlichungen/DE/Merkblatt/mb_091208_tatbestand_multilaterales_handelssystem.html; *BaFin*, Merkblatt Platzierungsgeschäft („Merkblatt – Hinweise zum Tatbestand des Platzierungsgeschäfts") vom 10.12.2009, geändert am 25.07.2013, abrufbar unter https://www.bafin.de/SharedDocs/Veroeffentlichungen/DE/Merkblatt/mb_091211_tatbestand_platzierungsgeschaeft.html; *BaFin/Deutsche Bundesbank*, Gemeinsames Informationsblatt der BaFin und der Deutschen Bundesbank zum Tatbestand der Anlageberatung vom 13.5.2011, geändert am 15.11.2017, abrufbar unter https://www.bafin.de/SharedDocs/Downloads/DE/Merkblatt/dl_mb_110513_anlageberatung_neu.html; *Balzer*, Umsetzung der MiFID: Ein neuer Rechtsrahmen für die Anlageberatung, ZBB 2007, 333; *Baumbach/Hefermehl*, Wechselgesetz und Scheckgesetz, 23. Aufl. 2008; *Baur*, Das neue Wertpapierhandelsrecht, Die Bank 1997, 346; *Binder*, Daytrading als Finanztermingeschäft i.S.d. § 2 Abs. 2a WpHG?, ZHR 169 (2005), 329; *Bürgers*, Das Anlegerschutzverbesserungsgesetz, BKR 2004, 424; *Casper*, Das neue Recht der Termingeschäfte, WM 2003, 161; *Diekmann/Sustmann*, Gesetz zur Verbesserung des Anlegerschutzes (Anlegerschutzverbesserungsgesetz – AnSVG), NZG 2004, 929; *du Buisson*, Die Reichweite der Erlaubnistatbestände Emissionsgeschäft und Eigenhandel für andere in § 1 Kreditwesengesetz (KWG), WM 2003, 1401; *Duve/Keller*, MiFID: Die neue Welt des Wertpapiergeschäfts, BB 2006, 2537; *Eßer*, Kollektive Anlagemodelle als Finanzportfolioverwaltung, WM 2008, 671; *Fleckner*, Die Lücke im Recht des Devisenterminhandels, WM 2003, 168; *Fleckner*, Finanztermingeschäfte in Devisen, ZBB 2005, 96; *Gomber/Hirschberg*, Ende oder Stärkung der konventionellen Börsen?, AG 2006, 777; *Habersack/Mülbert/Schlitt* (Hrsg.), Unternehmensfinanzierung am Kapitalmarkt, 4. Aufl. 2019; *Hirschberg*, MiFID – ein neuer Rechtsrahmen für die Wertpapierhandelsplätze in Deutschland, AG 2006, 398; *Hueck/Canaris*, Recht der Wertpapiere, 12. Aufl. 1986; *Jung*, Die Auswirkungen der 6. KWG-Novelle auf Anlagevermittler, (Börsen-)Makler und Vermögensverwalter, BB 1998, 649; *Kumpan*, Die Regulierung außerbörslicher Wertpapierhandelssysteme im deutschen, europäischen und US-amerikanischen Recht, 2006; *Kuthe*, Änderungen des Kapitalmarktrechts durch das Anlegerschutzverbesserungsgesetz, ZIP 2004, 883; *von Livonius/Bernau*, Der neue Tatbestand der „Anlageverwaltung" als erlaubnispflichtige Finanzdienstleistung, WM 2009, 1216; *Meixner*, Neuerungen im Bankenaufsichts- und Kapitalmarktrecht, NJW 1998, 862; *Melzer*, Zum Begriff des Finanztermingeschäfts, BKR 2003, 366; *Mielk*, Die wesentlichen Neuerungen der KWG-Novelle, WM 1997, 2200 (I), 2237 (II); *Müller-Deku*, Daytrading zwischen Termin- und Differenzeinwand, WM 2000, 1029; *Mutschler*, Internalisierung der Auftragsausführung im Wertpapierhandel, 2007; *Reiner*, Derivative Finanzinstrumente im Recht, 2002; *Ringe*, Die Neuregelung des Internationalen Kapitalmarktpublizitätsrechts durch die Neufassung der Transparenzrichtlinie, AG 2007, 809; *Samtleben*, Das Börsentermingeschäft ist tot – es lebe das Finanztermingeschäft?, ZBB 2003, 69; *Schäfer/Lang*, Zur Reform des Rechts der Börsentermingeschäfte, BKR 2002, 197; *Schwintek*, Das Anlegerschutzverbesserungsgesetz, 2005; *Spindler*, Kapitalmarktreform in Permanenz – Das Anlegerschutzverbesserungsgesetz, NJW 2004, 3449; *Spindler/Kasten*, Der neue Rechtsrahmen für den Finanzdienstleistungssektor – die MiFID und ihre Umsetzung, WM 2006, 1749 (I), 1797 (II); *Spindler/Kasten*, Änderungen des WpHG durch das Finanzmarktrichtlinie-Umsetzungsgesetz (FRUG), WM 2007, 1245; *Stefanski*, Eigenhandel für andere, 2009; *Voge*, Nr. 4 KWG – Zugleich Anmerkung zu den Urteilen des Hessischen VGH vom 13.12.2006, WM 2007, 1640; *Waclawik*, Erlaubnispflicht privater Family Offices nach Umsetzung der MiFID, ZIP 2007, 1341; *Weber-Rey/Baltzer*, Aufsichtsrechtliche Regelungen für Vermittler von Finanzanlagen und Vermögensverwalter nach der 6. KWG-Novelle, WM 1997, 2288; *Wiebke*, Das neue Aufsichtsrecht für Finanzdienstleistungsunternehmen, DStR 1998, 491. S. im Übrigen das in der Einleitung aufgeführte Schrifttum und das allgemeine Schrifttumsverzeichnis.

§ 2 | Anwendungsbereich, Begriffsbestimmungen

I. Normentwicklung und gesetzessystematische Bedeutung der Vorschrift 1
II. Begriffsbestimmungen 8
  1. Wertpapiere (§ 2 Abs. 1 WpHG) 8
    a) Normentwicklung und Übersicht 8
    b) Gemeinsame Merkmale von Wertpapieren i.S.d. WpHG 11
    c) Wertpapiere nach § 2 Abs. 1 Nr. 1 bis 3 WpHG 17
      aa) Aktien (§ 2 Abs. 2 Nr. 1 WpHG) 18
      bb) Aktien vergleichbare Anteile sowie Aktien vertretende Hinterlegungsscheine (§ 2 Abs. 1 Nr. 2 WpHG) 19
        (1) Anteile 19
        (2) Aktien vertretende Hinterlegungsscheine 23
      cc) Schuldtitel (§ 2 Abs. 1 Nr. 3 lit. a und b WpHG) 25
        (1) Schuldtitel im Allgemeinen 25
        (2) Genussscheine 28
        (3) Inhaber- und Orderschuldverschreibungen 29
        (4) Namensschuldverschreibungen 34
        (5) Schuldtitel vertretende Zertifikate ... 35
        (6) Sonstige Wertpapiere i.S.v. § 2 Abs. 2 Nr. 3 lit. b WpHG (Optionsscheine) ... 36
  2. Geldmarktinstrumente (§ 2 Abs. 2 WpHG) ... 38
  3. Derivative Geschäfte (§ 2 Abs. 3 WpHG) ... 45
    a) Normentwicklung und Übersicht 45
    b) Elemente des Derivatebegriffs als Element derivativer Geschäfte 48
    c) Die derivativen Geschäfte im Einzelnen ... 50
      aa) Allgemeines 50
      bb) Termingeschäfte i.S.v. § 2 Abs. 3 Nr. 1 WpHG 51
        (1) Festgeschäfte und Optionsgeschäfte .. 51
        (2) Basiswerte 53
      cc) Termingeschäfte i.S.v. § 2 Abs. 3 Nr. 2 WpHG 62
        (1) Termingeschäft 63
        (2) Basiswerte 64
        (3) Voraussetzungen nach § 2 Abs. 3 Nr. 2 lit. a bis c WpHG 70
        (4) Kein Kassageschäft 74
      dd) Finanzielle Differenzgeschäfte (§ 2 Abs. 3 Nr. 3 WpHG) 75
      ee) Kreditderivate (§ 2 Abs. 3 Nr. 4 WpHG) 76
      ff) Termingeschäfte i.S.v. § 2 Abs. 3 Nr. 5 WpHG 78
  4. Finanzinstrumente (§ 2 Abs. 4 WpHG) 80
    a) Normentwicklung 80
    b) Die Finanzinstrumente i.S.v. § 2 Abs. 4 Nr. 1 bis 7 WpHG 82
  5. Waren (§ 2 Abs. 5 WpHG) 88
  6. Waren-Spot-Kontrakt (§ 2 Abs. 6 WpHG) ... 90
  7. Referenzwert (§ 2 Abs. 7 WpHG) 91
  8. Wertpapierdienstleistungen (§ 2 Abs. 8 WpHG) 92
    a) Normentwicklung 92
    b) Die Wertpapierdienstleistungen i.S.v. § 2 Abs. 8 Satz 1 Nr. 1 bis 10 und Sätze 2 bis 6 WpHG 97
      aa) Finanzkommissionsgeschäft (§ 2 Abs. 8 Satz 1 Nr. 1 und Satz 2 WpHG) 97
      bb) Eigenhandelsgeschäfte und Hochfrequenzhandel (§ 2 Abs. 8 Satz 1 Nr. 2 WpHG) 106
        (1) Normentwicklung und Übersicht ... 106
        (2) Market-Making (§ 2 Abs. 8 Satz 1 Nr. 2 lit. a WpHG) 110
        (3) Systematische Internalisierung (§ 2 Abs. 8 Satz 1 Nr. 2 lit. b und Sätze 3 bis 5 WpHG) 112
        (4) Eigenhandel und Eigengeschäft (§ 2 Abs. 8 Satz 1 Nr. 2 lit. c, Satz 6 WpHG) 115
        (5) Hochfrequenzhandel (§ 2 Abs. 8 Satz 1 Nr. 2 lit. d WpHG) 119
      cc) Abschlussvermittlung (§ 2 Abs. 8 Satz 1 Nr. 3, Satz 2 WpHG) 121
      dd) Anlagevermittlung (§ 2 Abs. 8 Satz 1 Nr. 4 WpHG) 125
      ee) Emissionsgeschäft (§ 2 Abs. 8 Satz 1 Nr. 5 WpHG) 132
        (1) Übernahme der Finanzinstrumente für eigenes Risiko zur Platzierung 133
        (2) Übernahme gleichwertiger Garantien . 140
      ff) Platzierungsgeschäft (§ 2 Abs. 8 Satz 1 Nr. 6 WpHG) 141
      gg) Finanzportfolioverwaltung (§ 2 Abs. 8 Satz 1 Nr. 7, Satz 7 WpHG) 148
      hh) Betrieb eines multilateralen Handelssystems (§ 2 Abs. 8 Satz 1 Nr. 8 WpHG) .. 160
      ii) Betrieb eines organisierten Handelssystems (§ 2 Abs. 8 Satz 1 Nr. 9 WpHG) 165
      jj) Anlageberatung (§ 2 Abs. 8 Satz 1 Nr. 10 WpHG) 167
  9. Wertpapiernebendienstleistungen (§ 2 Abs. 9 WpHG) 177
    a) Normentwicklung und systematische Stellung der Vorschrift 177
    b) Depotgeschäft (§ 2 Abs. 9 Nr. 1 WpHG) ... 180
    c) Kredite für Wertpapierdienst- und Wertpapiernebendienstleistungen (§ 2 Abs. 9 Nr. 2 WpHG) 186
    d) Unternehmensberatung (§ 2 Abs. 9 Nr. 3 WpHG) 189
    e) Devisengeschäft (§ 2 Abs. 9 Nr. 4 WpHG) .. 191
    f) Anlagestrategieempfehlung und Anlageempfehlung (§ 2 Abs. 9 Nr. 5 WpHG) ... 192
    g) Dienstleistungen im Zusammenhang mit dem Emissionsgeschäft (§ 2 Abs. 9 Nr. 6 WpHG) 195
    h) Spotgeschäfte (§ 2 Abs. 9 Nr. 7 WpHG) ... 196
  10. Wertpapierdienstleistungsunternehmen (§ 2 Abs. 10 WpHG) 198
    a) Normentwicklung und systematische Stellung der Vorschrift 198
    b) Erfasste Unternehmen 201
      aa) Gemeinsame Anforderungen an Wertpapierdienstleistungsunternehmen 201
      bb) Kreditinstitute 206
      cc) Finanzdienstleistungsinstitute 207
      dd) Zweigstellen von Unternehmen mit Sitz im Ausland 208
  11. Organisierter Markt (§ 2 Abs. 11 WpHG) ... 210
  12. Drittstaat (§ 2 Abs. 12 WpHG) 216
  13. Emittenten mit Herkunftsstaat Deutschland (§ 2 Abs. 13 WpHG) 217
    a) Normhintergrund 217
    b) Bestimmung der Bundesrepublik Deutschland als Herkunftsstaat 220
      aa) Übersicht 220
      bb) Emittenten von Schuldtiteln und Aktien (§ 2 Abs. 13 Nr. 1 WpHG) ... 221
      cc) Emittenten anderer Finanzinstrumente als Schuldtitel und Aktien (§ 2 Abs. 13 Nr. 2 WpHG) 225
      dd) Herkunftsstaat bei Nichtwahl (§ 2 Abs. 13 Nr. 3 WpHG) 227
  14. Inlandsemittent (§ 2 Abs. 14 WpHG) 229

15. MTF-Emittenten (§ 2 Abs. 15 WpHG) 233
16. OTF-Emittenten (§ 2 Abs. 16 WpHG) 239
17. Herkunftsmitgliedstaat (§ 2 Abs. 17 WpHG) .. 243
   a) Übersicht 243
   b) Herkunftsstaat von Wertpapierdienstleistungsunternehmen (§ 2 Abs. 17 Nr. 1 WpHG) 244
   c) Herkunftsstaat eines Organisierten Markts (§ 2 Abs. 17 Nr. 2 WpHG) 246
   d) Herkunftsstaat eines Datenbereitstellungsdiensts (§ 2 Abs. 17 Nr. 3 WpHG) 247
18. Aufnahmemitgliedstaat (§ 2 Abs. 18 WpHG) .. 248
19. Strukturierte Einlage (§ 2 Abs. 19 WpHG) 251
20. Energiegroßhandelsprodukt (§ 2 Abs. 20 WpHG) 254
21. Multilaterales System (§ 2 Abs. 21 WpHG) und multilaterales Handelssystem (MTF) 257
22. Handelsplatz (§ 2 Abs. 22 WpHG) 259
23. Liquider Markt (§ 2 Abs. 23 WpHG) 260
24. Zweigniederlassung (§ 2 Abs. 24 WpHG) 261
25. Mutterunternehmen (§ 2 Abs. 25 WpHG) 263
26. Tochterunternehmen (§ 2 Abs. 26 WpHG) ... 267
27. Gruppe (§ 2 Abs. 27 WpHG) 270
28. Enge Verbindung (§ 2 Abs. 28 WpHG) 271
29. Zusammenführung sich deckender Kundenaufträge (§ 2 Abs. 29 WpHG) 274
30. Direkter elektronischer Zugang (§ 2 Abs. 30 WpHG) 276
31. Hinterlegungsscheine (§ 2 Abs. 31 WpHG) ... 280
32. Börsengehandeltes Investmentvermögen (§ 2 Abs. 32 WpHG) 282
33. Zertifikate (§ 2 Abs. 33 WpHG) 284
34. Strukturiertes Finanzprodukt (§ 2 Abs. 34 WpHG) 285
35. Derivate (§ 2 Abs. 35 WpHG) 286
36. Warenderivate (§ 2 Art. 36 WpHG) 287
37. Genehmigtes Veröffentlichungssystem (§ 2 Abs. 37 WpHG) 289
38. Bereitsteller konsolidierter Datenticker (§ 2 Abs. 38 WpHG) 291
39. Genehmigter Meldemechanismus (§ 2 Abs. 39 WpHG) 292
40. Datenbereitstellungsdienst (§ 2 Abs. 40 WpHG) 293
41. Drittlandunternehmen (§ 2 Abs. 41 WpHG) .. 294
42. Öffentliche Emittenten (§ 2 Abs. 42 WpHG) .. 295
43. Dauerhafter Datenträger (§ 2 Abs. 43 WpHG) . 296
44. Hochfrequente algorithmische Handelstechnik (§ 2 Abs. 44 WpHG) 298
45. Zentrale Gegenpartei (§ 2 Abs. 45 WpHG) ... 299
46. Kleine und mittlere Unternehmen (§ 2 Abs. 46 WpHG) 300
47. Öffentlicher Schuldtitel (§ 2 Abs. 47 WpHG) .. 302
48. PRIP (§ 2 Abs. 48 WpHG) 303
49. PRIIP (§ 2 Abs. 49 WpHG) 304

I. Normentwicklung und gesetzessystematische Bedeutung der Vorschrift. Die Vorschrift definiert die zur **Bestimmung des Anwendungsbereichs** des WpHG sowie seiner einzelnen Regelungen in den verschiedenen Abschnitten des WpHG **maßgeblichen Begriffe**. Ließ sich aufgrund der ursprünglichen Fassung des WpHG nach Maßgabe des Art. 1 des Zweiten Finanzmarktförderungsgesetzes vom 26.7.1994 (2. FFG)[1] noch feststellen, der Begriff des Wertpapiers bestimme als Schlüsselbegriff des WpHG dessen Regelungsreichweite (1. Aufl., § 2 WpHG Rz. 1), so konnte dieser Befund schon nach der Novellierung der Vorschrift durch das Umsetzungsgesetz vom 22.10.1997[2] infolge der Einbeziehung von Geldmarktinstrumenten (§ 2 Abs. 1a WpHG a.F.) und eines erweiterten Derivatebegriffs (§ 2 Abs. 2 WpHG a.F.) nur noch eingeschränkt aufrechterhalten werden. Heute dominiert der Begriff der Finanzinstrumente (§ 2 Abs. 2b WpHG a.F., heute § 2 Abs. 4 WpHG), der nach seiner auf Art. 1 Nr. 2 Anlegerschutzverbesserungsgesetzes (AnSVG) vom 28.10.2004[3] zurückgehenden Einfügung in das WpHG als § 2 Abs. 2b WpHG (a.F.) den Oberbegriff für Wertpapiere, Geldmarktinstrumente, Derivate und Rechte auf Zeichnung von Wertpapieren bildet und eines der wesentlichen Begriffsmerkmale von Wertpapierdienstleistungen (§ 2 Abs. 3 WpHG a.F.) darstellte und dessen Instrumentenkanon danach sukzessive erweitert wurde (Rz. 81 f.).

Die **Historie des § 2 WpHG über „Begriffsbestimmungen"** spiegelt die Geschichte des WpHG und seiner – zumeist auf Impulse der in nationales Recht umzusetzenden EU-Richtlinien zurückzuführenden – Erweiterung des Anwendungsbereichs und der Regelungsfelder des WpHG wider (Einl. Rz. 1 ff.) und ist damit zugleich auch ein Spiegelbild der Entwicklung des europäischen Finanzmarktrechts. Mit der zunächst beständigen Ausweitung der Regelungsbereiche und der Regelungsdichte des WpHG (Einl. Rz. 5 f.) ist der Bedarf an vor die Klammer gezogenen Begriffsbestimmungen gewachsen. Aber auch die spätere Entkernung des WpHG aufgrund der Überführung zahlreicher seiner Regelungsfelder in unmittelbar geltendes Verordnungsrecht hat die **Ausweitung der Zahl, des Umfangs und der Differenzierung von Begriffsbestimmungen** nicht zu reduzieren vermocht, sondern – im Gegenteil – exponentiell vermehrt. Das ist vor allem darauf zurückzuführen, dass zwar zahlreiche Regelungsfelder des WpHG in Verordnungsrecht – namentlich in die VO Nr. 596/2014[4] (Marktmissbrauchsverordnung) – überführt wurden (Einl. Rz. 7 ff.), aber im Hinblick auf das diesbezügliche Aufsichtsrecht und Sanktionenrecht weiterhin im WpHG ihre Spuren hinterlassen.

---

1 Gesetz über den Wertpapierhandel und zur Änderung börsenrechtlicher und wertpapierrechtlicher Vorschriften (Zweites Finanzmarktförderungsgesetz) vom 26.7.1994, BGBl. I 1994, 1749.
2 Gesetz vom 22.10.1997 zur Umsetzung von EG-Richtlinien zur Harmonisierung bank- und wertpapieraufsichtsrechtlicher Vorschriften, BGBl. I 1997, 2518, 2560; Begleitgesetz BGBl. I 1997, 2567.
3 Gesetz zur Verbesserung des Anlegerschutzes (Anlegerschutzverbesserungsgesetz – AnSVG), BGBl. I 2004, 2630.
4 Verordnung (EU) Nr. 596/2014 vom 16.4.2014 über Marktmissbrauch (Marktmissbrauchsverordnung) und zur Aufhebung der Richtlinie 2003/6/EG des Europäischen Parlaments und des Rates und der Richtlinien 2003/124/EG, 2003/125/EG und 2004/72/EG der Kommission, ABl. EU Nr. L 173 v. 12.6.2014, S. 1.

§ 2 | Anwendungsbereich, Begriffsbestimmungen

3   Mit dem exponentiellen Wachstum der Begriffsbestimmungen des WpHG v.a. im Zuge des 2. FiMaNoG (Rz. 5 a.) verbinden sich **weitere – qualitative – Veränderungen** in den Vorschriften des § 2 WpHG. Nahezu sämtliche Begriffsbestimmungen haben heute einen tiefgehenden und vielfach auch tiefgestaffelten europasekundärrechtlichen Unterbau sowohl in Gestalt von Richtlinien als auch von Verordnungsrecht und nicht selten sogar einer Kombination aus diesen (Einl. Rz. 8 f.). Das ist mitunter ganz offensichtlich aufgrund der Verweise der Begriffsbestimmungen auf Richtlinien sowie Verordnungen, Delegierte Verordnungen und Durchführungsverordnungen. Das wiederum wäre nicht zu beanstanden, wenn solche Verweise wenigstens bei der Norm, auf die verwiesen wird, enden würden. Dies ist allerdings nur selten der Fall, vielmehr verweisen die Normen, auf die in Begriffsbestimmungen des § 2 WpHG verwiesen wird, überwiegend ihrerseits auf anderes Europasekundärrecht. Das wiederum ist dem Umstand geschuldet, dass die vier großen Rahmenrichtlinien der Jahre 2003 und 2004 (Einl. Rz. 8) ihrerseits vielfach geändert, differenziert und ausgeweitet und durch Verordnungsrecht ergänzt oder in Teilen ersetzt wurden und so zu einem hinsichtlich seiner Interdependenzen und vor allem feinziselierten Unterscheidungen nicht mehr durchschaubaren Regulierungsnetz geführt haben.

4   Die Normentwicklung des § 2 WpHG ist über diese Beobachtungen hinaus eine solche der einzelnen Absätze des § 2 WpHG und dementsprechend auch in den Erläuterungen zu diesen darzustellen. Für alle Vorschriften aber gilt, dass die **heutige – neue – Zählung der Vorschriften** des § 2 WpHG wie auch der übrigen Bestimmungen des WpHG mit Wirkung vom 3.1.2018 auf Art. 3 2. FiMaNoG vom 23.6.2017 (Rz. 5 a.) zurückgeht.

5   Die Gesetze, die zu Änderungen des § 2 WpHG nach den in der 6. Auflage berücksichtigten Änderungen führten, sowie besonders bedeutsame und immer wieder zu zitierende frühere Änderungsgesetze sind nachfolgend – nach Verabschiedungszeitpunkt absteigend, unter Voranstellung ihrer amtlichen Abkürzungen – aufgelistet, nicht zuletzt um einen zentralen Bezugspunkt für ihre Zitation zu schaffen und platzraubende Mehrfachzitate zu vermeiden. Im Einzelnen handelt es sich um folgende **Änderungsgesetze:**
   a. 2. FiMaNoG vom 23.6.2017: Zweites Gesetz zur Novellierung von Finanzmarktvorschriften auf Grund europäischer Rechtsakte (Zweites Finanzmarktnovellierungsgesetz – 2. FiMaNoG) vom 23.6.2017, BGBl. I 2017, 1693.
   b. 1. FiMaNoG vom 30.6.2016: Erstes Gesetz zur Novellierung von Finanzmarktvorschriften auf Grund europäischer Rechtsakte (Erstes Finanzmarktnovellierungsgesetz – 1. FiMaNoG) vom 30.6.2016, BGBl. I 2016, 1514.
   c. Gesetz zur Umsetzung der Transparenzrichtlinie-Änderungsrichtlinie vom 20.11.2015, BGBl. I 2015, 2029.
   d. Kleinanlegerschutzgesetz vom 3.7.2015, BGBl. I 2015, 1114.
   e. CRD IV-Umsetzungsgesetz vom 28.8.2013: Gesetz zur Umsetzung der Richtlinie 2013/36/EU über den Zugang zur Tätigkeit von Kreditinstituten und die Beaufsichtigung von Kreditinstituten und Wertpapierfirmen und zur Anpassung des Aufsichtsrechts an die Verordnung (EU) Nr. 575/2013 über Aufsichtsanforderungen an Kreditinstitute und Wertpapierfirmen (CRD IV-Umsetzungsgesetz) vom 28.8.2013, BGBl. I 2013, 3395.
   f. AIFM-Umsetzungsgesetz (AIFM-UmsG) vom 4.7.2013: Gesetz zur Umsetzung der Richtlinie 2011/61/EU über die Verwalter alternativer Investmentfonds (AIFM-Umsetzungsgesetz – AIFM-UmsG) vom 4.7.2013, BGBl. I 2013, 1981.
   g. Hochfrequenzhandelsgesetz vom 7.5.2013: Gesetz zur Vermeidung von Gefahren und Missbräuchen im Hochfrequenzhandel (Hochfrequenzhandelsgesetz) vom 7.5.2013, BGBl. I 2013, 1162.
   h. Gesetz zur Umsetzung der Richtlinie 2010/73/EU und zur Änderung des Börsengesetzes vom 26.6.2012, BGBl. I 2012, 1375.
   i. Gesetz zur Novellierung des Finanzanlagenvermittler- und Vermögensanlagenrechts vom 6.12.2011, BGBl. I 2011, 2481.
   j. Finanzmarktrichtlinie-Umsetzungsgesetz vom 16.7.2007: Gesetz zur Umsetzung der Richtlinie über Märkte für Finanzinstrumente und der Durchführungsrichtlinie der Kommission vom 16.7.2007, BGBl. I 2007, 1330.
   k. Transparenzrichtlinie-Umsetzungsgesetz vom 5.1.2007: Gesetz zur Umsetzung der Richtlinie 2004/109/EG des Europäischen Parlaments und des Rates vom 15.12.2004 zur Harmonisierung der Transparenzanforderungen in Bezug auf Informationen über Emittenten, deren Wertpapiere zum Handel auf einem geregelten Markt zugelassen sind, und zur Änderung der Richtlinie 2001/34/EG (Transparenzrichtlinie-Umsetzungsgesetz – TUG) vom 5.1.2007, BGBl. I 2007, 10.

6   Die Änderungen von § 2 WpHG seit der 6. Auflage beruhen zu einem großen Teil auf der Umsetzung von **EU-Richtlinien** und der Anpassung der Vorschriften des WpHG an **EU-Verordnungen**. Im Einzelnen handelt es sich – aufgelistet absteigend nach dem Datum ihrer Verabschiedung – um die Folgenden:
   a. **Verordnung (EU) Nr. 1286/2014** des Europäischen Parlaments und des Rates vom 26.11.2014 über Basisinformationsblätter für verpackte Anlageprodukte für Kleinanleger und Versicherungsanlageprodukte (PRIIP), ABl. EU Nr. L 352 v. 9.12.2014, S. 1.

b. **Richtlinie 2014/65/EU** des Europäischen Parlaments und des Rates vom 15.5.2014 über Märkte für Finanzinstrumente sowie zur Änderung der Richtlinien 2002/92/EG und 2011/61/EU – Neufassung (MiFID II), ABl. EU Nr. L 173 v. 12.6.2014, S. 349, mit **Delegierte Verordnung (EU) 2017/565** der Kommission vom 25.4.2016 zur Ergänzung der Richtlinie 2014/65/EU des Europäischen Parlaments und des Rates in Bezug auf die organisatorischen Anforderungen an Wertpapierfirmen und die Bedingungen für die Ausübung ihrer Tätigkeit sowie in Bezug auf die Definition bestimmter Begriffe für die Zwecke der genannten Richtlinie, ABl. EU Nr. L 87 v. 31.3.2017, S. 1. **Verordnung Nr. 600/2014** des Europäischen Parlaments und des Rates vom 15.5.2014 über Märkte für Finanzinstrumente und zur Änderung der Verordnung (EU) Nr. 648/201, ABl. EU Nr. L 173 v. 12.6.2014, S. 84.

c. **Verordnung (EU) Nr. 596/2014** des Europäischen Parlaments und des Rates vom 16.4.2014 über Marktmissbrauch (Marktmissbrauchsverordnung) und zur Aufhebung der Richtlinie 2003/6/EG des Europäischen Parlaments und des Rates und der Richtlinien 2003/124/EG, 2003/125/EG und 2004/72/EG der Kommission, ABl. EU Nr. L 173 v. 12.6.2014, S. 1.

d. **Richtlinie 2014/57/EU** des Europäischen Parlaments und des Rates vom 16.4.2014 über strafrechtliche Sanktionen bei Marktmanipulation (Marktmissbrauchsrichtlinie), ABl. EU Nr. L 173 v. 12.6.2014, S. 179.

e. **Richtlinie 2013/50/EU** des Europäischen Parlaments und des Rates vom 22.10.2013 zur Änderung der Richtlinie 2004/109/EG des Europäischen Parlaments und des Rates zur Harmonisierung der Transparenzanforderungen in Bezug auf Informationen über Emittenten, deren Wertpapiere zum Handel auf einem geregelten Markt zugelassen sind, der Richtlinie 2003/71/EG des Europäischen Parlaments und des Rates betreffend den Prospekt, der beim öffentlichen Angebot von Wertpapieren oder bei deren Zulassung zum Handel zu veröffentlichen ist, sowie der Richtlinie 2007/14/EG der Kommission mit Durchführungsbestimmungen zu bestimmten Vorschriften der Richtlinie 2004/109/EG (Transparenzrichtlinie-Änderungsrichtlinie), ABl. EU Nr. L 294 v. 6.11.2013, S. 13, 18.

f. **Richtlinie 2013/34/EU** des Europäischen Parlaments und des Rates vom 26.6.2013 über den Jahresabschluss, den konsolidierten Abschluss und damit verbundene Berichte von Unternehmen bestimmter Rechtsformen und zur Änderung der Richtlinie 2006/43/EG des Europäischen Parlaments und des Rates und zur Aufhebung der Richtlinien 78/660/EWG und 83/349/EWG des Rates, ABl. EU Nr. L 182 v. 29.6.2013, S. 19; geändert durch **Richtlinie 2014/102/EU** des Rates vom 7.11.2014 zur Änderung der Richtlinie 2013/34/EU des Europäischen Parlaments und des Rates über den Jahresabschluss, den konsolidierten Abschluss und damit verbundene Berichte von Unternehmen bestimmter Rechtsformen aufgrund des Beitritts der Republik Kroatien Text von Bedeutung für den EWR, ABl. EU Nr. L 334 v. 21.11.2014, S. 86.

g. **Richtlinie 2010/73/EU** des Europäischen Parlaments und des Rates vom 24.11.2010 zur Änderung der Richtlinie 2003/71/EG betreffend den Prospekt, der beim öffentlichen Angebot von Wertpapieren oder bei deren Zulassung zum Handel zu veröffentlichen ist, und der Richtlinie 2004/109/EG zur Harmonisierung der Transparenzanforderungen in Bezug auf Informationen über Emittenten, deren Wertpapiere zum Handel auf einem geregelten Markt zugelassen sind, ABl. EU Nr. L 327 v. 11.12.2010, S. 1.

Die meisten der Bestimmungen des § 2 WpHG beruhen auf früheren Fassungen derselben, die der Umsetzung von Richtlinien des Europäischen Rates und der Kommission dienten, wiederholt zu zitieren sind und deshalb auch hier als zentrale Zitatstelle aufgelistet werden. Dabei handelt es sich vor allem – aufgelistet absteigend nach dem Datum ihrer Verabschiedung – um die folgenden Richtlinien:

a. **Richtlinie 2004/109/EG** vom 15.12.2004 zur Harmonisierung der Transparenzanforderungen in Bezug auf Informationen über Emittenten, deren Wertpapiere zum Handel auf einem geregelten Markt zugelassen sind, und zur Änderung der Richtlinie 2001/34/EG (Transparenzrichtlinie), ABl. EG Nr. L 390 v. 31.12.2004, S. 38.

b. **Richtlinie 2004/39/EG** des Europäischen Parlaments und des Rates vom 21.4.2004 über Märkte für Finanzinstrumente, zur Änderung der Richtlinien 85/611/EWG und 93/6/EWG des Rates und der Richtlinie 2000/12/EG des Europäischen Parlaments und des Rates und zur Aufhebung der Richtlinie 93/22/EWG des Rates (Finanzmarktrichtlinie), ABl. EU Nr. L 145 v. 30.4.2004, S. 1 mit **Richtlinie 2006/73/EG** der Kommission vom 10.8.2006 zur Durchführung der Richtlinie 2004/39/EG des Europäischen Parlaments und des Rates in Bezug auf die organisatorischen Anforderungen an Wertpapierfirmen und die Bedingungen für die Ausübung ihrer Tätigkeit sowie in Bezug auf die Definition bestimmter Begriffe für die Zwecke der genannten Richtlinie, ABl. EU Nr. L 241 v. 2.9.2006, S. 26.

II. Begriffsbestimmungen. 1. Wertpapiere (§ 2 Abs. 1 WpHG). a) Normentwicklung und Übersicht. Der **Wertpapierbegriff** des § 2 Abs. 1 WpHG entspricht im Wesentlichen den Vorgaben in Art. 4 Abs. 1 Nr. 18 RL 2004/39/EG (Finanzmarktrichtlinie, Rz. 7 b.). Der dieser Richtlinie entsprechende Begriff der Wertpapiere stellt seinerseits eine Neufassung der Definition des Wertpapierbegriffs in Art. 1 Nr. 4 RL 93/22/EWG vom 10.5.1993 über Wertpapierdienstleistungen[1] dar, die sich aber in der Sache weitgehend darauf beschränkt, den Wert-

---

1 ABl. EG Nr. L 141 v. 11.6.1993, S. 27.

papierbegriff der letztgenannten Richtlinie präziser und klarer zu fassen. Umgesetzt wurden die Vorgaben von RL 2004/39/EG durch Art. 1 Nr. 2 lit. a des Finanzmarktrichtlinie-Umsetzungsgesetzes vom 16.7.2007 (Rz. 5 j.)[1].
Änderungen hat § 2 Abs. 1 WpHG zunächst durch das AIF-Umsetzungsgesetz vom 4.7.2013 (Rz. 5 f.) und dann das 2. FiMaNoG (Rz. 5 a.) erfahren: Art. 8 Nr. 1 lit. a des **AIFM-Umsetzungsgesetzes** hat den ehemaligen § 2 Abs. 1 Satz 2 WpHG, demzufolge „auch Anteile an Investmentvermögen, die von einer Kapitalanlagegesellschaft oder einer ausländischen Investmentgesellschaft ausgegeben werden" als Wertpapiere galten, aufgehoben. Die Streichung steht im Zusammenhang mit der Ergänzung des Kanons von Finanzinstrumenten um Anteile an Investmentvermögen i.S.v. § 1 Abs. 1 KAGB[2]. Durch Art. 3 Nr. 3 lit. a **2. FiMaNoG** vom 23.6.2017 (Rz. 5 a.) wurden in § 2 Abs. 1 Nr. 2 und 3 lit. a WpHG jeweils das Wort „Zertifikate" durch das Wort „Hinterlegungsscheine" ersetzt, was der Neufassung der Definition des Begriffs „Hinterlegungsschein" in § 2 Abs. 31 WpHG zur Umsetzung von RL 2014/65/EU vom 15.5.2014 (Rz. 6 b.; näher Rz. 280) geschuldet ist; zum anderen wurde § 2 Abs. 1 Nr. 3 lit. b WpHG um den Hinweis auf „nähere Bestimmungen" in der DelVO 2017/565 vom 25.4.2016 (Rz. 6 b.) ergänzt.

9 Auch wenn **Wertpapiere** im Rahmen des WpHG ausweislich § 2 Abs. 4 Nr. 1 WpHG nur ein Unterfall von Finanzinstrumenten darstellen, stellen sie doch das für die Finanz- und Kapitalmärkte nach wie vor bedeutendste Finanzinstrument und Instrument der Unternehmensfinanzierung dar und dienen dementsprechend auch zahlreichen Bestimmungen des WpHG als Anknüpfungspunkt und Tatbestandsmerkmal. Nicht zuletzt deshalb war und ist der **Begriff des Wertpapiers** als solcher als auch in Begriffsverbindungen (wie Wertpapierdienstleistung oder Wertpapierdienstleistungsunternehmen) auch heute noch von erheblicher Bedeutung für die Bestimmung des Anwendungsbereichs des WpHG. Bei seiner **Auslegung** ist zu beachten, dass es dem WpHG als eigenständiger kapitalmarktrechtlicher und mithin wirtschaftsrechtlicher Kodifikation nicht um Fragen der Begründung, Übertragung und Geltendmachung von Rechten aus den Wertpapieren geht. Regelungsgegenstand des Gesetzes ist vielmehr die Ordnung der marktlichen Rahmenbedingungen des Zustandekommens von **Finanzierungsbeziehungen** zwischen Investoren und Unternehmen und die Beaufsichtigung der Einhaltung der hierzu aufgestellten Verhaltenspflichten der Vertragsparteien und der beteiligten Finanzintermediäre. Dementsprechend ist zur Definition des Wertpapierbegriffs auch nicht auf die Begriffsbestimmungen des Wertpapierrechts oder eines anderen Rechtsgebiets zurückzugreifen, vielmehr definiert das Gesetz – nicht anders als die Richtlinien, auf die die Begriffsbestimmung des Wertpapierbegriffs zurückgeht – diesen **Schlüsselbegriff** eigenständig unter Berücksichtigung seiner speziellen Regelungsziele[3]. Das bedeutet zugleich, dass die Auslegung des Begriffs sowie seiner einzelnen Begriffselemente gesetzesspezifisch („autonom"), ohne vorgängige Anleihen bei den Wertpapierbegriffen anderer Rechtsgebiete und richtlinienkonform (Einl. Rz. 27) zu erfolgen hat. Unter dem Begriff der Finanzinstrumente finden sich in § 1 Abs. 11 Satz 1, 3 und 4 sowie Satz 2 KWG Instrumente aufgeführt, die den Wertpapieren nach § 2 Abs. 1 WpHG aufgeführten Papieren entsprechen. Da auch der Wertpapierbegriff des WpHG in erster Linie als Anknüpfungsmerkmal aufsichtsrechtlicher Vorschriften dient und die institutionelle Beaufsichtigung nach dem KWG und die operationale nach dem WpHG komplementär zueinander verlaufen, sind die sich aus angeglichenem Recht ergebenden Begriffe des Wertpapiers nach dem WpHG und dem KWG gleichlaufend auszulegen[4].

10 Die gesetzliche **Definition des Wertpapierbegriffs** umschreibt den Begriff nicht anhand abstrakter Begriffsmerkmale, sondern bedient sich einer **Methode**, welche, aufbauend auf einer katalogartigen Auflistung erfasster Beteiligungs- und Anlagetitel, typologische und abstrahierende Begriffsbildungselemente kombiniert: So verbindet die Definition abstrakte Merkmale – kein Verbriefungserfordernis, Übertragbarkeit und Handelbarkeit – mit einer nicht abschließenden[5] Aufzählung von Papieren, die Wertpapiere im Sinne des Gesetzes sind. Angeführt werden hier etwa Aktien, Aktien vergleichbare Anteile an Unternehmen, Aktien vertretende Zertifikate, Schuldtitel in Gestalt von Genussscheinen, Inhaber- und Orderschuldverschreibungen sowie Schuldtitel vertretende Zertifikate und nicht zuletzt zum Erwerb oder zur Veräußerung von Wertpapieren berechtigende oder zu einer Barzahlung führende Wertpapiere.

11 **b) Gemeinsame Merkmale von Wertpapieren i.S.d. WpHG.** Nach § 2 Abs. 1 WpHG sind Wertpapiere i.S.d. WpHG, auch wenn keine Urkunden über sie ausgestellt sind, alle Gattungen von übertragbaren Wertpapieren

---

1 Ausführlich zum Umsetzungsbedarf und zu den Neuerungen des Wertpapierbegriffs RegE Finanzmarkt-Richtlinie-Umsetzungsgesetz, BT-Drucks. 16/4028 v. 12.1.2007, 1, 53 f.
2 Näher hierzu RegE AIFM-Umsetzungsgesetz, BT-Drucks. 17/12294 v. 6.2.2013, 1, 308.
3 Vgl. auch *Kumpan* in Schwark/Zimmer, § 2 WpHG Rz. 4; *G.H. Roth* in Assmann/Schütze, Handbuch des Kapitalanlagerechts, 3. Aufl. 2007, § 10 Rz. 14; *Schäfer* in Schäfer/Hamann, § 2 WpHG Rz. 8; *G. Roth* in KölnKomm. WpHG, § 2 WpHG Rz. 17, 37.
4 Ebenso *Fuchs* in Fuchs, § 2 WpHG Rz. 8; *Kumpan* in Schwark/Zimmer, § 2 WpHG Rz. 5; *Schäfer* in Schäfer/Hamann, § 2 WpHG Rz. 6.
5 Das war hinsichtlich der Fassung des Gesetzes vor seiner Änderung durch das Finanzmarktrichtlinie-Umsetzungsgesetz streitig (a.A. noch *Versteegen* in KölnKomm. WpHG, 1. Aufl. 2007, § 2 WpHG Rz. 10), ist aber heute durch den Vorsatz „insbesondere" zweifelsfrei. Vgl. nur *Fuchs* in Fuchs, § 2 WpHG Rz. 19; *Kumpan* in Schwark/Zimmer, § 2 WpHG Rz. 13; *G. Roth* in KölnKomm. WpHG, § 2 WpHG Rz. 16.

mit Ausnahme von Zahlungsinstrumenten, die ihrer Art nach auf den Finanzmärkten handelbar sind. Als Wertpapiere i.S.d. § 2 Abs. 1 WpHG kommen, der Begriffsbestimmung in Art. 4 Abs. 1 Nr. 18 RL 2004/39/EG (Rz. 7 b.) folgend, nur **Gattungen von Wertpapieren** oder – präziser – gattungsmäßig ausgestaltete Wertpapiere in Betracht[1]. Gemeint sind damit (verbriefte oder unverbriefte) Papiere, die **standardisiert ausgestaltete** private Rechte zum Gegenstand haben. Papieren, die individuell vereinbarte oder – unter „Berücksichtigung spezieller Kundenwünsche z.B. hinsichtlich Laufzeit, Volumen und Basispreis"[2] – modifizierte Rechte zum Gegenstand haben, fehlt es an der erforderlichen Standardisierung[3].

Des Weiteren werden nur solche Gattungen von Wertpapieren erfasst, die ihrer Art nach auf den Finanzmärkten **handelbar** sind. Das heißt zunächst nicht mehr, als dass sie bei Abschluss des Übertragungsgeschäfts nach Art und Zahl der Stücke bestimmt werden können[4]. Indem das Gesetz von der Handelbarkeit der zu beurteilenden Papiere **„auf den Finanzmärkten"** spricht, werden auch solche Finanzinstrumente erfasst, die nicht an einem „organisierten Markt" i.S.v. § 2 Abs. 11 WpHG („geregelter Markt" i.S.v. Art. 4 Nr. 14 RL 2004/39/EG, Rz. 7 b.) gehandelt werden. Tatsächlich wurde in einer früheren Fassung der Vorschrift die Handelbarkeit an einem Markt verlangt, „der von staatlich anerkannten Stellen geregelt und überwacht wird, regelmäßig stattfindet und für das Publikum unmittelbar oder mittelbar zugänglich ist", doch wurde diese Voraussetzung schon im Zuge der Restumsetzung von RL 93/22/EWG vom 10.5.1993 (Rz. 8) durch das Umsetzungsgesetz vom 22.10.1997 (Rz. 1) aufgegeben. Andererseits ergibt sich aus der Bezugnahme auf Papiere, „die ihrer Art nach auf den Finanzmärkten handelbar sind" keine Beschränkung des Kreises der Wertpapiere i.S.d. WpHG. Deshalb ist es hinreichend, dass die Wertpapiere überhaupt an einem Markt gehandelt werden können. Nicht Voraussetzung ist darüber hinaus, dass sich ein solcher Markt für die fraglichen Papiere tatsächlich bereits gebildet hat und diese tatsächlich gehandelt werden[5]. Vielmehr genügt die Eignung, Gegenstand des Handels an einem Markt sein zu können.

12

Die **freie Handelbarkeit**, wie sie von Art. 35 DurchfVO Nr. 1287/2006[6], näher umschrieben wird, ist damit nicht Voraussetzung der Wertpapiereigenschaft eines Papiers i.S.d. WpHG, da eine solche nach Art. 40 Abs. 1 Satz 1 RL 2004/39/EG (Rz. 7 b.) nur für solche Finanzinstrumente vorgesehen ist, die zum Handel an geregelten Märkten zugelassen werden sollen. Dementsprechend ist auch der zum früheren Recht vertretenen Ansicht, das in Frage stehende Papier müsse „uneingeschränkt fungibel" sein[7], nicht zu folgen[8]. Deshalb unterfallen auch Wertpapiere, die zwar umlauffähig, aber nicht zirkulationsfähig sind, dem Wertpapierbegriff des WpHG. Zu solchen Wertpapieren gehören etwa solche, deren Übertragung (wie bspw. im Falle von Namensschuldverschreibungen oder anderen Rektapapieren) nur durch Abtretung des im Wertpapier verkörperten Rechts nach zessionsrechtlichen Grundsätzen (§ 396 BGB) oder mit Zustimmung Dritter erfolgen kann[9]. Schon aus dem Umstand, dass es nicht auf die „freie" Handelbarkeit eines Wertpapiers ankommt, folgt, dass die **Vinkulierung**[10] von Wertpapieren – namentlich in Gestalt vinkulierter Aktien – oder zeitweise Umlaufhemmnisse wie **Lock-Up-Vereinbarungen**[11] der Annahme der Handelbarkeit von Wertpapieren nicht entgegenstehen.

13

Darüber hinaus sollen unter den Wertpapierbegriff des WpHG nur Gattungen von **„übertragbaren"** Papieren fallen. Ob dem Merkmal eine eigenständige Bedeutung zukommt, ist zu bezweifeln, denn Art. 4 Abs. 1 Nr. 18 RL 2004/39/EG (Rz. 7 b.), der durch § 2 Abs. 1 WpHG umgesetzt wurde, definiert übertragbare Wertpapiere mit dem Begriff der Handelbarkeit: „Übertragbare Wertpapiere" sind nach der Richtlinienbestimmung „die Gattungen von Wertpapieren, die auf dem Kapitalmarkt gehandelt werden können…". Das ist auch in der Sa-

14

---

1 Auch *Versteegen* in KölnKomm. WpHG, 1. Aufl. 2007, § 2 WpHG Rz. 16, hält die aus Art. 4 Abs. 1 Nr. 18 RL 2004/39/EG (Finanzmarktrichtlinie) übernommene Formulierung des Gesetzes für „unglücklich". Ähnlich der hier verwandten Formulierung meint er, es hätte formuliert werden sollen, „dass die betreffenden Wertpapiere einer Gattung gleichartiger Instrumente *angehören* müssen" (Hervorhebung im Original).
2 Vgl. RegE Finanzmarktrichtlinie-Umsetzungsgesetz, BT-Drucks. 16/4028 v. 12.1.2007, 1, 54.
3 *Kumpan* in Schwark/Zimmer, § 2 WpHG Rz. 7; *G. Roth* in KölnKomm. WpHG, § 2 WpHG Rz. 25.
4 *G.H. Roth* in Assmann/Schütze, Handbuch des Kapitalanlagerechts, 3. Aufl. 2007, § 10 Rz. 16; *G. Roth* in KölnKomm. WpHG, § 2 WpHG Rz. 31.
5 *Fuchs* in Fuchs, § 2 WpHG Rz. 17; *Kumpan* in Schwark/Zimmer, § 2 WpHG Rz. 9; *G. Roth* in KölnKomm. WpHG, § 2 WpHG Rz. 36.
6 Verordnung (EG) Nr. 1287/2006 der Kommission vom 10.8.2006 zur Durchführung der Richtlinie 2004/39/EG des Europäischen Parlaments und des Rates betreffend die Aufzeichnungspflichten für Wertpapierfirmen, die Meldung von Geschäften, die Markttransparenz, die Zulassung von Finanzinstrumenten zum Handel und bestimmte Begriffe im Sinne dieser Richtlinie, ABl. EG Nr. L 241 v. 2.9.2006, S. 1.
7 *Beck* in Schwark, Kapitalmarktrechts-Kommentar, 3. Aufl. 2004, § 2 WpHG Rz. 4; *Versteegen* in KölnKomm. WpHG, 1. Aufl. 2007, § 2 WpHG Rz. 32. Offen, die Argumente für und gegen einen engen bzw. weiten Begriff der Handelbarkeit darstellend, *Kumpan* in Schwark/Zimmer, § 2 WpHG Rz. 8 f. m.w.N.
8 Ebenso *G. Roth* in KölnKomm. WpHG, § 2 WpHG Rz. 32.
9 RegE Finanzmarktrichtlinie-Umsetzungsgesetz, BT-Drucks. 16/4028 v. 12.1.2007, 1, 54.
10 So i.E. auch *Fuchs* in Fuchs, § 2 WpHG Rz. 15; *Kumpan* in Schwark/Zimmer, § 2 WpHG Rz. 10; *G. Roth* in KölnKomm. WpHG, § 2 WpHG Rz. 32.
11 *Kumpan* in Schwark/Zimmer, § 2 WpHG Rz. 10; *Roth* in KölnKomm. WpHG, § 2 WpHG Rz. 32.

che folgerichtig, denn die Eigenschaft eines Wertpapiers, an Märkten handelbar zu sein, setzt zwangsläufig seine Übertragbarkeit voraus, wohingegen ein übertragbares Wertpapier nicht notwendigerweise auch ein handelbares sein muss[1]. Das Merkmal der Übertragbarkeit eines Wertpapiers geht mithin in dem selektiveren der Handelbarkeit auf[2]. Dies lässt sich auch dem die Zulassung von Finanzinstrumenten zu geregelten Märkten betreffenden Art. 35 Abs. 1 VO Nr. 1287/2006 (Rz. 13) entnehmen, der Wertpapiere für frei handelbar erklärt, „wenn sie zwischen den Parteien eines Geschäfts gehandelt und anschließend übertragen werden können und wenn alle Wertpapiere innerhalb der gleichen Kategorie wie das besagte Wertpapier fungibel sind" und die Übertragbarkeit eines Wertpapiers mithin als Kriterium seiner Handelbarkeit behandelt. Eine „freie" Übertragbarkeit der Papiere ist aber ebenso wenig Voraussetzung von Wertpapieren i.S.d. WpHG wie die „freie" Handelbarkeit (Rz. 13)[3].

15 Schließlich gelten als Wertpapiere i.S.d. § 2 Abs. 1 WpHG auch solche, die **nicht urkundlich verbrieft** sind. Das kann allerdings nur in dem Umfang gelten als die Verbriefung für die Begründung mitgliedschaftlicher oder vermögensrechtlicher Rechte und Ansprüche (nach nationalem Recht) nicht – wie etwa bei Inhaber- und Orderschuldverschreibungen (dazu Rz. 30 bzw. Rz. 32) – konstitutive Voraussetzung ist[4].

16 **Zahlungsinstrumente** sind kraft ausdrücklicher, Art. 4 Abs. 1 Nr. 18 RL 2004/39/EG (Rz. 7 b.) entsprechender Bestimmung **keine Wertpapiere** i.S.d. § 2 Abs. 1 WpHG. Um Zahlungsinstrumente handelt es sich etwa bei Bargeld, Schecks oder anderen liquide Mitteln, die üblicherweise als Zahlungsmittel verwendet werden[5]. Nicht ausgenommen sind damit Wechsel, weil es sich bei diesen, obschon sie auch eine Zahlungsfunktion haben, nicht um liquide Zahlungsmittel handelt.

17 c) **Wertpapiere nach § 2 Abs. 1 Nr. 1 bis 3 WpHG.** In nicht abschließender Aufzählung (Rz. 10) führt das Gesetz in § 2 Abs. 1 Nr. 1 bis 3 WpHG Gattungen von Beteiligungs- und Schuldtiteln an, die Wertpapiere i.S.d. WpHG sind. Der Gesetzgeber folgt hierin zwar nicht in der Gestaltung, wohl aber in der Sache den Vorgaben in § 4 Nr. 18 RL 2004/39/EG (Rz. 7 b.). Ungeachtet ihrer Auflistung in § 2 Abs. 1 WpHG sind die dort genannten Beteiligungs- und Schuldtitel Wertpapiere i.S.d. WpHG allerdings nur dann, wenn sie die an solche zu stellenden allgemeinen Kriterien erfüllen, d.h. im Einzelfall standardisiert ausgestaltet und handelbar und damit auch übertragbar sind.

18 aa) **Aktien (§ 2 Abs. 1 Nr. 1 WpHG).** Wertpapiere i.S.d. WpHG sind gem. § 2 Abs. 1 Nr. 1 WpHG **Aktien**. Die ausschließliche Erwähnung von Aktien in § 2 Abs. 1 Nr. 1 WpHG geht zurück auf die Änderung des § 2 Abs. 1 Satz 1 WpHG durch Art. 1 Nr. 2 lit. a aa des Transparenzrichtlinie-Umsetzungsgesetzes vom 5.1.2007 (Rz. 5 k.). Aktien sind der Prototyp handelbarer Wertpapiere des Kapitalmarkts. Dass sie gleichwohl eigens aufgeführt werden, hängt vor allem damit zusammen, dass in dem in § 2 Abs. 1 Nr. 1 bis 3 WpHG zu findenden Katalog der Wertpapiere auch Aktien vergleichbare Beteiligungspapiere und Aktien vertretende Zertifikate aufgeführt werden. Zu den Aktien zählen etwa **Inhaberaktien**, **Namensaktien** (§ 68 Abs. 1 AktG) und **vinkulierte Namensaktien** (§ 68 Abs. 2 AktG)[6]. Als Orderpapiere sind Namensaktien fungibel und dementsprechend auch möglicher Gegenstand des Handels an den Börsen[7] und anderen Handelsplätzen. Mangels rechtlicher Selbstständigkeit und damit auch Handelbarkeit gehören Aktien zugehörige **Nebenpapiere**, wie etwa **Kuponbögen** (nebst **Erneuerungsschein**) oder einzelne **Kupons**, nicht als solche zu den Wertpapieren[8].

19 bb) **Aktien vergleichbare Anteile sowie Aktien vertretende Hinterlegungsscheine (§ 2 Abs. 1 Nr. 2 WpHG). (1) Anteile.** Nach § 2 Abs. 1 Nr. 2 WpHG zählen auch **Beteiligungen** an in- oder ausländischen juristischen Personen, Personengesellschaften und sonstigen Unternehmen zu den Wertpapieren des WpHG, **soweit sie Aktien vergleichbar sind**. Die jetzige Fassung der Vorschrift geht zurück auf Art. 1 Nr. 2 lit. a des Transparenzrichtlinie-Umsetzungsgesetzes vom 5.1.2007 (Rz. 5 k.). Schon in der früheren und durch das Transparenzrichtlinie-Umsetzungsgesetz nur unwesentlich modifizierten Gesetzesfassung wurde davon ausgegangen,

---

1 So auch *Kumpan* in Schwark/Zimmer, § 2 WpHG Rz. 11.
2 So auch *Kumpan* in Schwark/Zimmer, § 2 WpHG Rz. 11; *G. Roth* in KölnKomm. WpHG, § 2 WpHG Rz. 26.
3 Anders wohl RegE Finanzmarktrichtlinie-Umsetzungsgesetz, BT-Drucks. 16/4028 v. 12.1.2007, 1, 54: Dort wird (linke Spalte, 1. Abs.) zwar anerkannt, dass die Finanzmarktrichtlinie nicht ausdrücklich bestimme, ob Papiere auch „frei übertragbar" sein müssten, um Wertpapiere i.S.d. Richtlinie zu sein, oder ob auch solche Papiere erfasst würden, die – wie Namensschuldverschreibungen – nur durch schriftliche Abtretung übertragen werden können, doch werden Namensschuldverschreibungen dann (linke Spalte, 4. Abs.) unter Hinweis auf die fehlende freie Übertragbarkeit aus dem Kreis der erfassten Wertpapiere ausgeschieden.
4 Ebenso *Kumpan* in Schwark/Zimmer, § 2 WpHG Rz. 6; *G. Roth* in KölnKomm. WpHG, § 2 WpHG Rz. 40.
5 RegE Finanzmarktrichtlinie-Umsetzungsgesetz, BT-Drucks. 16/4028 v. 12.1.2007, 1, 54.
6 Ebenso *Kumpan* in Schwark/Zimmer, § 2 WpHG Rz. 14; *Schäfer* in Schäfer/Hamann, § 2 WpHG Rz. 10; *G. Roth* in KölnKomm. WpHG, § 2 WpHG Rz. 32, 44.
7 Vgl. §§ 16, 17 Bedingungen für die Geschäfte an der Frankfurter Wertpapierbörse, Stand 3.1.2018, abrufbar über Google unter Eingabe FWB 042018.
8 Ebenso *Beck* in Schwark, Kapitalmarktrechts-Kommentar, 3. Aufl. 2004, § 2 WpHG Rz. 5; *Fuchs* in Fuchs, § 2 WpHG Rz. 21; *G. Roth* in KölnKomm. WpHG, § 2 WpHG Rz. 45; *Schäfer* in Schäfer/Hamann, § 2 WpHG Rz. 14. A.A. (außer für den Erneuerungsschein) *Kumpan* in Schwark/Zimmer, § 2 WpHG Rz. 15.

dass Wertpapiere als **mit Aktien vergleichbar** anzusehen sind, wenn sie – wie diese – Mitgliedschaftsrechte verkörpern[1]. Dementsprechend galt die **Organisationsform**, die das Gebilde, auf das sich das Mitgliedschaftsrecht bezog, aufzuweisen hatte, als **unerheblich**.

Damit kamen auch Geschäftsanteile an einer GmbH, Beteiligungen als Kommanditist an einer KG oder etwa (die zu den Rektapapieren zählenden) Kuxe grundsätzlich als „Aktien vergleichbare Wertpapiere" in Betracht. Insoweit hat der durch das Finanzmarktrichtlinie-Umsetzungsgesetz vom 16.7.2007 (Rz. 5 j.) nach Maßgabe von Art. 4 Abs. 1 Nr. 18 lit. a RL 2004/39/EG (Rz. 7 b.) geänderte Wortlaut des § 2 Abs. 1 WpHG, namentlich die Erwähnung von Anteilen an Personengesellschaften, lediglich klarstellende Funktion. Wurden **GmbH-Anteile** oder **Kommanditanteile** damit zwar grundsätzlich als Aktien vergleichbare Beteiligungen angesehen, so wurde ihre Wertpapiereigenschaft doch gleichwohl unter Hinweis auf die fehlende Fungibilität solcher Beteiligungstitel zurückgewiesen[2]. Auf diesem Standpunkt steht auch noch heute die h.M.[3] Diese Ansicht lässt sich aber nicht mehr ohne weiteres aufrechterhalten: Selbst wenn man den Umstand, dass GmbH-Anteile nur durch Abtretungsvertrag in notarieller Form übertragen werden können (§ 15 Abs. 2 GmbHG), als eine Einschränkung der *freien* Handelbarkeit von GmbH-Anteilen betrachten wollte, stünde er doch der Handelbarkeit solcher Anteile nicht entgegen. Dagegen kann auch nicht eingewandt werden, es fehle bislang an einem Markt für solche Anteile, genügt doch die Eignung, Gegenstand des Handels an einem Markt sein zu können. Weiter steht außer Frage, dass die fehlende Verbriefung von GmbH-Anteilen in einer Urkunde nicht gegen ihre Wertpapiereigenschaft spricht (Rz. 15). Für die Wertpapiereigenschaft von Anteilen an einer GmbH wird es deshalb entscheidend auf ihre Standardisierung ankommen, d.h. darauf, dass alle Anteile einer GmbH die gleiche Ausgestaltung aufweisen. Entsprechendes gilt für Kommanditbeteiligungen, bei denen zudem das Argument ihrer erschwerten Übertragbarkeit entfällt.

Folgt man der Begründung des Regierungsentwurfs des Finanzmarktrichtlinie-Umsetzungsgesetzes vom 16.7.2007 (Rz. 5 j.), ist dies allerdings anders zu sehen, denn dieser zufolge soll eine **Vergleichbarkeit mit Aktien** sowohl die Verbriefung als auch eine Verkörperung in einer Art und Weise voraussetzen, die eine Anwendung der Vorschriften über den gutgläubigen Erwerb möglich macht[4]. Danach wäre eine Vergleichbarkeit bei einem Eigentumswechsel im Wege der Abtretung des Anteils nicht gegeben. Anteile an **geschlossenen Fonds** könnten folglich keine Wertpapiere i.S.d. § 2 Abs. 1 Nr. 2 WpHG darstellen[5]. Das würde auch für **GmbH-Anteile** gelten: Zwar hat das Gesetz zur Modernisierung des GmbH-Rechts vom 23.10.2008 (MoMiG)[6] mit § 16 Abs. 3 GmbHG den gutgläubigen Erwerb von GmbH-Anteilen eingeführt, doch knüpft dieser nicht an eine Verkörperung der Anteile, sondern an die Eintragung des Veräußerers in eine ins Handelsregister aufgenommene Gesellschafterliste an[7]. Aber wie dem auch sei: Der an die Möglichkeit eines gutgläubigen Erwerbs aufgrund einer Anteilsverkörperung anknüpfenden Ansicht, die eine Auslegung des mit § 2 Abs. 1 Nr. 2 WpHG (seinerzeit § 2 Abs. 1 Satz 1 Nr. 2 WpHG) umgesetzten Art. 4 Abs. 1 Nr. 18 lit. a RL 2004/39/EG (Rz. 7 b.) darstellt, ist nicht zu folgen. Wenn die Verbriefung eines Papiers keine Voraussetzung seiner Wertpapiereigenschaft i.S.d. § 2 Abs. 1 WpHG ist und damit die Wertpapiereigenschaft von Aktien nicht von deren Verbriefung abhängt, so kann die Verbriefung auch bei anderen Beteiligungsformen nicht Voraussetzung von deren Wertpapiereigenschaft sein. Ebenso wenig ist erkennbar, weshalb gerade die Möglichkeit des gutgläubigen Erwerbs eines Papiers eine essentielle Voraussetzung seiner Handelbarkeit sein soll, zumal bei Orderpapieren wie Namensaktien, die unzweifelhaft als Wertpapiere i.S.d. WpHG anzusehen sind, die Möglichkeit des gutgläubigen Erwerbs erheblich eingeschränkt ist.

Aktien vergleichbare Anteile i.S.v. § 2 Abs. 1 Nr. 2 WpHG sind **Zwischenscheine** (§ 8 Abs. 6 AktG)[8], die – obschon sie den Berechtigten namentlich bezeichnen müssen (§ 10 Abs. 3 AktG) – zu den Orderpapieren zählen und als standardisierte und handelbare Papiere zu betrachten sind (Rz. 23).

---

1 RegE 2. FFG, BT-Drucks. 12/6679 v. 27.1.1994, 1, 39; *Beck* in Schwark, Kapitalmarktrechts-Kommentar, 3. Aufl. 2004, § 2 WpHG Rz. 7; *Schäfer* in Schäfer/Hamann, § 2 WpHG Rz. 14. Das Merkmal der Vergleichbarkeit mit Aktien geht zurück auf eine entsprechende Definition in Art. 1 Nr. 4 RL 93/22/EWG des Rates vom 10.5.1993 über Wertpapierdienstleistungen (ABl. EG Nr. L 141 v. 11.6.1993, S. 27) und wurde von Art. 4 Abs. 1 Nr. 18 lit. a RL 2004/39/EG (Rz. 7 b.) übernommen.
2 So noch 4. Aufl., § 2 WpHG Rz. 16 i.V.m. Rz. 10.
3 *Fuchs* in Fuchs, § 2 WpHG Rz. 23; *Kumpan* in Schwark/Zimmer, § 2 WpHG Rz. 19; *G. Roth* in KölnKomm. WpHG, § 2 WpHG Rz. 32, 51; *Schäfer* in Schäfer/Hamann, § 2 WpHG Rz. 9.14.
4 RegE Finanzmarktrichtlinie-Umsetzungsgesetz, BT-Drucks. 16/4028 v. 12.1.2007, 1, 54. Auch *Fuchs* in Fuchs, § 2 WpHG Rz. 23 m.w.N.
5 So ohnehin die h.M. Vgl., jeweils m.w.N., *Fuchs* in Fuchs, § 2 WpHG Rz. 23; *Kumpan* in Schwark/Zimmer, § 2 WpHG Rz. 15; *Schäfer* in Schäfer/Hamann, § 2 WpHG Rz. 9.
6 Art. 1 Nr. 15 des Gesetzes zur Modernisierung des GmbH-Rechts und zur Bekämpfung von Missbräuchen vom 23.10.2008, BGBl. I 2008, 2026.
7 Zur h.M., die GmbH-Anteile nicht als erfasst ansieht, s. schon Rz. 20.
8 *Fuchs* in Fuchs, § 2 WpHG Rz. 25; *Kumpan* in Schwark/Zimmer, § 2 WpHG Rz. 17. Nach *Versteegen* in KölnKomm. WpHG, 1. Aufl. 2007, § 2 WpHG Rz. 28, zählen Zwischenscheine zu den Aktien. Nach *G. Roth* in KölnKomm. WpHG, § 2 WpHG Rz. 45, und *Schäfer* in Schäfer/Hamann, § 2 WpHG Rz. 10, sind Zwischenscheine als „vorläufige Aktien" aktienvertretende Zertifikate.

23 **(2) Aktien vertretende Hinterlegungsscheine.** Nicht nur Aktien, sondern auch **Aktien vertretende Hinterlegungsscheine** sind Wertpapiere im Sinne dieser Vorschrift. Vor der Änderung von § 2 Abs. 1 Nr. 2 WpHG durch Art. 3 Nr. 3 lit. a 2. FiMaNoG vom 23.6.2017 (dazu Rz. 8) war von Aktien vertretenden Zertifikaten die Rede. Die Ersetzung des Begriffs „Zertifikate" durch den Begriff „Hinterlegungsscheine" soll nach der Begründung der Änderung im Regierungsentwurf 2. FiMaNoG der Neufassung der Definition des Begriffs „Hinterlegungsschein" in § 2 Abs. 31 WpHG zur Umsetzung der RL 2014/65/EU vom 15.5.2014 (Rz. 6 b.; näher Rz. 280) Rechnung tragen (Rz. 8). Wäre dem so, kämen als Aktien vertretende Hinterlegungsscheine in Bezug auf Aktien i.S.v. § 2 Abs. 1 Nr. 2 WpHG nur Hinterlegungsscheine nach § 2 Abs. 31 WpHG in Bezug auf verbriefte und zum Handel auf einem organisierten Markt zugelassene Aktien von Emittenten mit Sitz im Ausland in Betracht. Das widerspräche der bisherigen Auslegung von Aktien vertretenden Zertifikaten i.S.d. § 2 Abs. 1 Satz 1 Nr. 2 WpHG a.F., nach der Aktien vertretende Zertifikate unabhängig vom Sitz des Emittenten der Aktien, ihrer Verbriefung und der Zulassung derselben zum Handel an einem organisierten Markt Wertpapiere i.S.d. WpHG darstellen. Da auch in anderen Vorschriften des WpHG der Begriff „Zertifikat" weiterverwandt wird und weder die Richtlinie 2014/65/EU vom 15.5.2014 noch andere Umstände erkennen lassen, weshalb der frühere Anwendungsbereich der Vorschrift (§ 2 Abs. 1 Satz 1 Nr. 2 WpHG a.F.) durch die Definition des Hinterlegungsscheins in § 2 Abs. 31 WpHG verengt werden sollte, kann die Änderung durch das 2. FiMaNoG nur als gesetzgeberische Fehlleistung angesehen werden.

24 Dementsprechend ist der Begriff des **Hinterlegungsscheins i.S.v. § 2 Abs. 1 Nr. 2 WpHG** – nichts anderes gilt im Übrigen für den in § 2 Abs. 1 Nr. 3 lit. a WpHG verwandten Begriff Hinterlegungsschein – nicht als identisch mit dem in § 2 Abs. 31 WpHG verwandten anzusehen, sondern wie der bisher gebrauchte Begriff des Zertifikats auszulegen. Solche Zertifikate können etwa ausgestellt werden, um die Handelbarkeit von Aktien von Emittenten mit Sitz im Inland oder Ausland zu erleichtern, sei es, weil diese auf den Namen lauten, oder sei es, weil für die Aktien keine Urkunden ausgestellt wurden. Auch Hinterlegungsscheine im wertpapierrechtlichen Sinne über eine Vielzahl oder einen Bruchteil der bei einer Depotbank **hinterlegten Aktien** kommen als aktienvertretende Zertifikate in Frage. Bekanntestes Beispiel sind **American Depositary Receipts** (ADRs)[1], die allerdings regelmäßig die Voraussetzungen eines Hinterlegungsscheins i.S.v. § 2 Abs. 31 WpHG erfüllen werden. **Zwischenscheine** (§ 8 Abs. 6 AktG) vertreten nicht Aktien, sondern werden zur vorläufigen Verbriefung des Mitgliedschaftsrechts erteilt, wenn Aktien aus rechtlichen Gründen noch nicht ausgegeben werden dürfen, etwa weil die vollständige Leistung des Nennbetrags und gegebenenfalls des Agios noch nicht erbracht ist oder die Satzung die Ausgabe von Namensaktien nicht vorsieht oder untersagt (vgl. § 10 Abs. 2 Satz 1 AktG). Als mitgliedschaftsverbriefende Wertpapiere sind sie aber als aktiengleich i.S.v. § 2 Abs. 1 Nr. 2 WpHG einzuordnen (Rz. 21). Keine Aktien vertretenden Hinterlegungsscheine i.S.d. § 2 Abs. 1 Nr. 2 WpHG, sondern eine Form ihrer Verbriefung, sind **Sammel- oder Globalurkunden**[2]. Nicht erfasst sind schließlich die im Anlagegeschäft vielfach als **„Zertifikate"** bezeichneten, die Wertentwicklung eines Basiswerts abbildenden Anlageinstrumente: Auch wenn sich der Preis dieser Zertifikate nach dem der Aktien als „Underlyings" richtet, vertreten sie die Aktien nicht[3].

25 cc) **Schuldtitel (§ 2 Abs. 1 Nr. 3 lit. a und b WpHG). (1) Schuldtitel im Allgemeinen.** Wertpapiere i.S.d. WpHG sind nach § 2 Abs. 1 Nr. 3 WpHG Schuldtitel, wobei in lit. b und in lit. a keine abschließender Aufzählung[4] – das wäre für die in lit. b aufgezählten Titel und für die gesamte Nr. 3 deutlicher geworden, wäre das Wort „insbesondere" vor lit. a gezogen worden (also „3. Schuldtitel, insbesondere") – Genussscheine, Inhaberschuldverschreibungen, Orderschuldverschreibungen, Hinterlegungsscheine, die Schuldtitel vertreten, sowie sonstige Wertpapiere angeführt werden, die zum Erwerb oder zur Veräußerung von Wertpapieren nach § 2 Abs. 1 Nr. 1 und 2 WpHG berechtigen oder zu einer Barzahlung führen, die in Abhängigkeit von Wertpapieren, von Währungen, Zinssätzen oder anderen Erträgen, von Waren, Indices oder Messgrößen bestimmt wird.

26 Die aktuelle Fassung der Vorschrift **geht zurück auf** Art. 1 Nr. 2 lit. a des Finanzmarktrichtlinie-Umsetzungsgesetzes vom 16.7.2007 (Rz. 5 j.), der seinerseits die bereits durch Art. 1 Nr. 2 lit. a cc des Transparenzrichtlinie-Umsetzungsgesetzes vom 5.1.2007 (Rz. 5 k.) dem Inhalt nach geänderte Fassung weitgehend übernimmt. Mit letztgenannter Bestimmung wurde Art. 2 Abs. 1 lit. b RL 2004/109/EG vom 15.12.2004 (Rz. 7 a.) umgesetzt, welcher Schuldtitel definiert als „Schuldverschreibungen oder andere übertragbare Forderungen in verbriefter Form, mit Ausnahme von Wertpapieren, die Aktien gleichzustellen sind oder die bei Umwandlung oder Ausübung der durch sie verbrieften Rechte zum Erwerb von Aktien oder Aktien gleichzustellenden Wertpapieren berechtigen". Vor diesem Hintergrund sind unter dem Begriff der Schuldtitel, den das Gesetz in § 2 WpHG undefiniert lässt, standardisierte und handelbare (und damit auch übertragbare), schuldrechtlich begründete An-

---

1 *Fuchs* in Fuchs, § 2 WpHG Rz. 25; *Kumpan* in Schwark/Zimmer, § 2 WpHG Rz. 21; *Versteegen* in KölnKomm. WpHG, 1. Aufl. 2007, § 2 WpHG Rz. 21. Näher zu ADRs und den vergleichbaren New York Registry Shares und Global Registered Shares *Werlen/Sulzer* in Habersack/Mülbert/Schlitt, Unternehmensfinanzierung am Kapitalmarkt, Rz. 45.195 ff.
2 Ebenso *Versteegen* in KölnKomm. WpHG, 1. Aufl. 2007, § 2 WpHG Rz. 23; auch *Fuchs* in Fuchs, § 2 WpHG Rz. 26; *Kumpan* in Schwark/Zimmer, § 2 WpHG Rz. 22. A.A. *Schäfer* in Schäfer/Hamann, § 2 WpHG Rz. 10.
3 Ebenso *Fuchs* in Fuchs, § 2 WpHG Rz. 26.
4 *Fuchs* in Fuchs, § 2 WpHG Rz. 28.

sprüche vermögensrechtlichen Inhalts zu verstehen[1]. Dabei handelt es sich bei den Erfordernissen der Standardisierung und der Handelbarkeit um allgemeine Anforderungen an Wertpapiere i.S.d. WpHG (s. Rz. 11 ff.). Die Schuldtitel können, müssen aber nicht verbrieft sein. Im Falle ihrer Verbriefung können sie als Inhaber-, Order- oder Rektapapiere ausgestaltet werden.

Seit Juli 1997 ist die Abtrennung und der selbstständige Handel von **Anleihemänteln** und **Zinsscheinen** („**Bondstripping**") zulässig[2]. Deshalb wurden bis zur Änderung von § 2 Abs. 1 Satz 1 WpHG a.F. durch das Transparenzrichtlinie-Umsetzungsgesetz vom 5.1.2007 (Rz. 5 k.) und das Finanzmarktrichtlinie-Umsetzungsgesetz vom 16.7.2007 (Rz. 5 j.) Zinsscheine – wegen ihrer rechtlich selbstständigen Handelbarkeit – teilweise als Schuldverschreibungen vergleichbare Wertpapiere betrachtet[3], sind aufgrund der geänderten und heutigen Fassung von § 2 Abs. 1 WpHG aber den Schuldtiteln zuzuordnen[4]. Kein Schuldtitel ist die bürgerlich-rechtliche **Anweisung** (§ 783 BGB)[5]. Sofern die Anweisung durch den Angewiesenen nicht ausnahmsweise angenommen wurde (§ 784 BGB), fehlt es regelmäßig schon an einem Forderungsrecht des Anweisungsempfängers. Das Erfordernis der Annahme der regelmäßig individuellen Verhältnissen angepassten Anweisung als Voraussetzung der Begründung des Rechts des Anweisungsempfängers führt im Übrigen dazu, dass es sowohl an der Standardisierung als auch an der Handelbarkeit der Anweisung fehlt. Auch handelbare **Emissionsberechtigungen** (Emissionszertifikate i.S.v. § 2 Abs. 3 Nr. 1 lit. f WpHG) nach dem Gesetz über den Handel mit Berechtigungen zur Emission von Treibhausgasen (Treibhausgas-Emissionshandelsgesetz) vom 21.7.2011[6] sind keine Schuldtitel.

(2) Genussscheine. Zu den Schuldtiteln, die das Gesetz in § 2 Abs. 1 Nr. 3 lit. a WpHG beispielhaft aufzählt, gehören zunächst Genussscheine, d.h. Papiere, die **Genussrechte** zum Gegenstand haben. In §§ 160 Abs. 1 Nr. 6, 221 Abs. 3 und 4 AktG zwar erwähnt und damit als existent vorausgesetzt, aber nicht definiert, handelt es sich bei Genussrechten um (nicht mitgliedschaftsrechtlich begründete) vermögensrechtliche Ansprüche gegen eine Gesellschaft, wie sie typischerweise einem Gesellschafter zustehen[7]. Genussscheine können als Inhaber-, Order- oder Rektapapiere ausgestaltet sein und sind in den ersten beiden Formen Inhaber- oder Orderschuldverschreibungen. Spezielle Ausprägungen von Genussscheinen sind etwa Optionsgenussscheine, Wandelgenussscheine und Optionsgenussscheine mit Beifügung von Optionsscheinen[8].

(3) Inhaber- und Orderschuldverschreibungen. Weiter erwähnt § 2 Abs. 1 Nr. 3 lit. a WpHG Inhaberschuldverschreibungen und Orderschuldverschreibungen. Beide sind **Schuldverschreibungen** und haben dementsprechend das Versprechen einer Leistung zum Gegenstand. Der Unterscheidung von Aktien in Inhaber- und Namensaktien entspricht im Bereich der Schuldverschreibungen diejenige von Inhaberschuldverschreibung und Orderschuldverschreibung.

Die in § 793 BGB geregelte **Inhaberschuldverschreibung** stellt den Grundtypus handelbarer Schuldverschreibungen dar. Nach dieser Bestimmung handelt es sich bei einer Schuldverschreibung auf den Inhaber um eine Urkunde, in der der Aussteller der Urkunde dem Inhaber derselben eine Leistung verspricht. Für das Entstehen der Verpflichtung ist zwingend die Errichtung der Urkunde (Form: § 126 BGB; § 793 Abs. 2 Satz 2 BGB: faksimilierte Unterschrift ausreichend) und der Abschluss eines Begebungsvertrags (d.h. die schuldrechtliche Einigung von Aussteller und erstem Nehmer über das Entstehen der Schuldverschreibung und dingliche Einigung nach §§ 929 ff. BGB, wobei nach Rechtsprechung und h.M., unter Berufung auf die sich aus § 794 BGB ergebende Rechtsscheinhaftung, ein fehlender oder unwirksamer Begebungsvertrag durch den Rechtsschein eines Begebungsvertrags ersetzt werden)[9] erforderlich. Der Umstand, dass § 2 Abs. 1 WpHG die Ausstellung einer Urkunde nicht zur Voraussetzung eines Wertpapiers i.S.d. WpHG macht, kann das Urkundenerfordernis des § 793 BGB nicht ersetzen[10].

---

1 Ebenso *Fuchs* in Fuchs, § 2 WpHG Rz. 27; *Kumpan* in Schwark/Zimmer, § 2 WpHG Rz. 23; *G. Roth* in KölnKomm. WpHG, § 2 WpHG Rz. 57.
2 S. *Kußmaul*, Investition eines gewerblichen Anlegers in Zero-Bonds und Stripped-Bonds, BB 1998, 2083; *Weiss*, Bondstripping – Novität am deutschen Rentenmarkt, Die Bank 1997, 338.
3 4. Aufl., § 2 WpHG Rz. 17. Kritisch schon gegen die Vorstellung, es könne Schuldverschreibungen vergleichbare Wertpapiere geben, welche in der aktuellen Gesetzesfassung keine Grundlage mehr findet, *Versteegen* in KölnKomm. WpHG, 1. Aufl. 2007, § 2 WpHG Rz. 15, 30.
4 I.E. damit wie *Schäfer* in Schäfer/Hamann, § 2 WpHG Rz. 11; *Versteegen* in KölnKomm. WpHG, 1. Aufl. 2007, § 2 WpHG Rz. 30.
5 Ebenso *Fuchs* in Fuchs, § 2 WpHG Rz. 27; *Kumpan* in Schwark/Zimmer, § 2 WpHG Rz. 30; *G. Roth* in KölnKomm. WpHG, § 2 WpHG Rz. 57.
6 Eingeführt durch Art. 1 Gesetz zur Anpassung der Rechtsgrundlagen für die Fortentwicklung des Emissionshandels vom 21.7.2011, BGBl. I 2011, 1475.
7 Vgl. BGH v. 5.10.1992 – II ZR 172/91, AG 1993, 125, 127; BGH v. 9.11.1992 – II ZR 230/92, AG 1993, 134, 135. S. auch *Fuchs* in Fuchs, § 2 WpHG Rz. 28; *Kumpan* in Schwark/Zimmer, § 2 WpHG Rz. 23; *G. Roth* in KölnKomm. WpHG, § 2 WpHG Rz. 57.
8 Zu diesen Wertpapieren s. etwa *Jaskulla*, Die Einführung derivativer Finanzinstrumente an den deutschen Wertpapierbörsen, Frankfurt/M. 1995, S. 29 ff.
9 Vgl. *Habersack* in MünchKomm. BGB, 7. Aufl. 2017, § 794 BGB Rz. 3.
10 A.A. *Versteegen* in KölnKomm. WpHG, 1. Aufl. 2007, § 2 WpHG Rz. 25.

§ 2 | Anwendungsbereich, Begriffsbestimmungen

31 Zu den **Schuldverschreibungen auf den Inhaber** gehören auf den Inhaber lautende Anleihen sowohl des Bundes (Bundesanleihen), der Sondervermögen des Bundes, der Bundesländer und der öffentlich-rechtlichen Körperschaften als auch solche von Unternehmen[1]. Zur ersten Gruppe zählen kraft ihrer rechtlichen Qualifikation als Schuldverschreibungen (i.S.d. § 793 Abs. 1 BGB) auch die (unverzinslichen) Schatzanweisungen[2] des Bundes und der Länder. Zu den von den Unternehmen begebenen, auf den Inhaber lautenden **Anleihen** von Unternehmen gehören etwa Wandel- und Gewinnschuldverschreibungen (§ 221 AktG)[3], Umtauschanleihen[4], Nullkuponanleihen (Zero Bonds)[5], Optionsanleihen[6], Pfandbriefe[7], Asset-Backed-Securities[8], Anleihen mit variabler Verzinsung (Floating Rate Notes)[9], Zins- und Dividendenscheine[10] sowie Finanzinnovationen, die Schuldverschreibungen mit Tausch- oder Erwerbsrechten oder Leistungsmerkmalen anderer Wertpapiere und Finanzinstrumente kombinieren, wie etwa als Aktienanleihen bezeichnete Schuldverschreibungen mit optionaler Aktienandienung[11] oder Inhaberschuldverschreibungen mit abtrennbaren Zinsscheinen[12]. **Keine Inhaberschuldverschreibungen** sind dagegen Schuldscheindarlehen sowie Namensschuldverschreibungen[13]. Zu Letzteren gehören etwa die als Rektapapiere ausgestalteten Kommunalobligationen, Sparbriefe, Sparkassenbriefe sowie Hypotheken-, Grund- und Rentenschuldbriefe[14].

32 **Orderschuldverschreibungen** sind Urkunden, in denen der Aussteller der Urkunde verspricht, an eine in der Urkunde namentlich benannte Person oder deren Order eine Leistung zu erbringen. Wie bei Inhaberschuldverschreibungen ist für das wirksame Entstehen der Verpflichtung die Errichtung der Urkunde und der Abschluss eines Begebungsvertrags erforderlich (Rz. 30). Da Schuldverschreibungen nicht zu den geborenen Orderpapieren gehören, ist auch die Orderklausel zwingende Voraussetzung, um eine Schuldverschreibung zur Orderschuldverschreibung zu machen. Aufgrund der Orderklausel handelt es sich bei Orderschuldverschreibungen, trotz der Nennung einer bestimmten Person (als erster Nehmerin), um Orderpapiere und nicht um Rektapapiere. Dementsprechend werden Orderschuldverschreibungen durch Indossament und Übereignung der Urkunde (nach §§ 929 ff. BGB) übertragen. Forderungsberechtigt ist die in der Urkunde namentlich benannte Person oder der durch eine ununterbrochene Indossamentenkette als Berechtigter ausgewiesene Indossatar. Die Umlauffähigkeit und Handelbarkeit einer Orderschuldverschreibung kann durch Blankoindossament erleichtert werden.

33 Alle als Inhaberschuldverschreibungen ausgestalteten Papiere können auch **Orderschuldverschreibungen** sein, wenn als jeweils Berechtigter nicht der Inhaber der Urkunde, sondern die in der Urkunde angeführte Person benannt wird und das Papier an Order ausgestellt ist. **Beispiele** hierfür sind an Order gestellte Schuldverschreibungen und Schatzanweisungen des Bundes und der Länder. Orderschuldverschreibungen sind weiter etwa Verpflichtungsscheine, die von einem Kaufmann über die Leistung von Geld, Wertpapieren oder anderen vertretbaren Sachen an Order ausgestellt sind, ohne dass darin die Leistung von einer Gegenleistung abhängig gemacht wird (§ 363 Abs. 1 Satz 2 HGB).

---

1 *Kumpan* in Schwark/Zimmer, § 2 WpHG Rz. 24; *Versteegen* in KölnKomm. WpHG, 1. Aufl. 2007, § 2 WpHG Rz. 26.
2 RegE Finanzmarktrichtlinie-Umsetzungsgesetz, BT-Drucks. 16/4028 v. 12.1.2007, 1, 54, zählt sie zu den Geldmarktinstrumenten i.S.d. § 2 Abs. 1a WpHG. Das österreichische Bundesgesetz über die Beaufsichtigung von Dienstleistungen (Wertpapieraufsichtsgesetz 2007 – WAG 2007) erwähnt Schatzanweisungen sogar in § 1 Nr. 5 ausdrücklich als Beispiel für Geldinstrumente. *Kumpan* in Schwark/Zimmer, § 2 WpHG Rz. 24; *G. Roth* in KölnKomm. WpHG, § 2 WpHG Rz. 61.
3 *Fuchs* in Fuchs, § 2 WpHG Rz. 28; *Kumpan* in Schwark/Zimmer, § 2 WpHG Rz. 24; *G. Roth* in KölnKomm. WpHG, § 2 WpHG Rz. 61.
4 *Schlitt/Kammerlohr* in Habersack/Mülbert/Schlitt, Unternehmensfinanzierung am Kapitalmarkt, Rz. 12.1 ff.; *Kumpan* in Schwark/Zimmer, § 2 WpHG Rz. 24; *G. Roth* in KölnKomm. WpHG, § 2 WpHG Rz. 61.
5 D.h. Wandel- oder Umtauschanleihen ohne Kuponzahlung während der Laufzeit. *Fuchs* in Fuchs, § 2 WpHG Rz. 28; *Kumpan* in Schwark/Zimmer, § 2 WpHG Rz. 24; *G. Roth* in KölnKomm. WpHG, § 2 WpHG Rz. 61.
6 *Schlitt* in Habersack/Mülbert/Schlitt, Unternehmensfinanzierung am Kapitalmarkt, Rz. 11.3; *Kumpan* in Schwark/Zimmer, § 2 WpHG Rz. 24; *G. Roth* in KölnKomm. WpHG, § 2 WpHG Rz. 61.
7 *Hagen* in Habersack/Mülbert/Schlitt, Unternehmensfinanzierung am Kapitalmarkt, Rz. 22.1; *Kumpan* in Schwark/Zimmer, § 2 WpHG Rz. 24; *G. Roth* in KölnKomm. WpHG, § 2 WpHG Rz. 61.
8 *Geiger* in Habersack/Mülbert/Schlitt, Unternehmensfinanzierung am Kapitalmarkt, Rz. 21.1 ff.; *Sethe* in Bankrechts-Handbuch, § 114a Rz. 1 ff.; *Willburger*, Asset Backed Securities im Zivil- und Steuerrecht, Köln 1997, S. 42. In Bezug auf § 2 Abs. 1 WpHG *Fuchs* in Fuchs, § 2 WpHG Rz. 28; *Kumpan* in Schwark/Zimmer, § 2 WpHG Rz. 24; *G. Roth* in KölnKomm. WpHG, § 2 WpHG Rz. 61.
9 *Fuchs* in Fuchs, § 2 WpHG Rz. 28; *Kumpan* in Schwark/Zimmer, § 2 WpHG Rz. 24; *G. Roth* in KölnKomm. WpHG, § 2 WpHG Rz. 61.
10 *G. Roth* in KölnKomm. WpHG, § 2 WpHG Rz. 61.
11 S. BGH v. 12.3.2002 – XI ZR 258/01, BGHZ 150, 164 = AG 2002, 346; *Assmann*, ZIP 2001, 2061 ff.; *Fuchs* in Fuchs, § 2 WpHG Rz. 28.
12 *G. Roth* in KölnKomm. WpHG, § 2 WpHG Rz. 61.
13 RegE 2. FFG, BT-Drucks. 12/6679 v. 27.1.1994, 1, 39. S. auch *Fuchs* in Fuchs, § 2 WpHG Rz. 30.
14 *G.H. Roth* in Assmann/Schütze, Handbuch des Kapitalanlagerechts, 3. Aufl. 2007, § 10 Rz. 16. Ebenso *Fuchs* in Fuchs, § 2 WpHG Rz. 30; *Kumpan* in Schwark/Zimmer, § 2 WpHG Rz. 31; *G. Roth* in KölnKomm. WpHG, § 2 WpHG Rz. 65.

(4) Namensschuldverschreibungen. Namensschuldverschreibungen, d.h. auf jeweils eine bestimmte Person ausgestellte, nicht an Order gestellte und damit als Rektapapiere zu behandelnde Schuldverschreibungen, sind in § 2 Abs. 1 Nr. 3 lit. a WpHG nicht erwähnt. Da die in dieser Bestimmung genannten Schuldtitel nur beispielhaft aufgeführt werden, bedeutet dies allerdings nicht, dass Namensschuldverschreibungen per se aus dem Kreis der Schuldtitel und damit auch der Wertpapiere i.S.d. WpHG auszuscheiden sind[1]. Dass sie als Rektapapiere nur durch (grundsätzlich formfreie, nach Maßgabe von § 396 BGB vorzunehmende) Abtretung der verbrieften Forderung und damit möglicherweise nicht „frei" übertragen werden können, steht ihrer Handelbarkeit aber nicht zwingend entgegen, weil weder die freie Übertragbarkeit noch die freie Handelbarkeit Voraussetzungen des Wertpapierbegriffs des WpHG sind (Rz. 13 und 14). Dagegen dürfte es Namensschuldverschreibungen typischerweise an der erforderlichen Standardisierung fehlen, denn die Ausgestaltung einer Schuldverschreibung als Rektapapier macht in der Regel nur bei einem fallspezifisch ausgestalteten, individualisierten und personenbezogenen Inhalt Sinn.

34

(5) Schuldtitel vertretende Zertifikate. Nicht anders als Aktien vertretende Hinterlegungsscheine (s. Rz. 23 f.) gehören auch **Schuldtitel vertretende Hinterlegungsscheine** zu den Wertpapieren i.S.d. WpHG. Ihre in § 2 Abs. 1 Nr. 3 lit. a WpHG zu findende ausdrückliche Erwähnung geht zurück auf die Änderung der Vorschrift durch Art. 1 Nr. 2 lit. a cc des Transparenzrichtlinie-Umsetzungsgesetzes vom 5.1.2007 (Rz. 5 k.). Wie Aktien vertretende Hinterlegungsscheine sind Schuldtitel vertretende Hinterlegungsscheine nicht identisch mit Hinterlegungsscheinen i.S.v. § 2 Abs. 31 WpHG. Vielmehr ist der Begriff Hinterlegungsschein i.S.d. § 2 Abs. 1 Nr. 3 lit. a WpHG so auszulegen wie der Begriff des Zertifikats, der durch Art. 3 Nr. 3 lit. a **2. FiMaNoG** vom 23.6.2017 (Rz. 5 a.) durch den des Hinterlegungsscheins ersetzt wurde; die Ausführungen Rz. 23 gelten hier entsprechend.

35

(6) Sonstige Wertpapiere i.S.v. § 2 Abs. 1 Nr. 3 lit. b WpHG (Optionsscheine). Bis zur Änderung von § 2 Abs. 1 WpHG durch das Finanzmarktrichtlinie-Umsetzungsgesetz vom 16.7.2007 (oben Rz. 5 j.) wurde unter den eigens aufgeführten Wertpapieren i.S.d. WpHG auch **Optionsscheine** genannt. In der Sache war dies überflüssig, weil es sich bei Optionsscheinen um Schuldverschreibungen handelt[2]. Auch nach der Änderung des § 2 Abs. 1 Satz 1 WpHG a.F. durch das Finanzmarktrichtlinie-Umsetzungsgesetz zählten Optionsscheine gewiss zu den durch § 2 Abs. 1 Nr. 3 WpHG erfassten Schuldtiteln. In dieser Vorschrift wurden sie allerdings nicht mehr speziell angeführt, sondern – unter Rückgriff auf eine in Art. 4 Abs. 1 Nr. 18 lit. c RL 2004/39/EG (Rz. 7 b.) zu findende Definition – durch **allgemeine Umschreibung ihrer Begriffsmerkmale** in § 2 Abs. 1 Satz 1 Nr. 3 lit. b WpHG a.F., dem heutigen § 2 Abs. 1 Nr. 3 lit. b Halbsatz 1, in den Kreis der Wertpapiere i.S.d. WpHG inkorporiert: Wertpapier i.S.d. WpHG waren danach insbesondere auch „Wertpapiere, die zum Erwerb oder zur Veräußerung von Wertpapieren nach den Nummern 1 und 2 berechtigten oder zu einer Barzahlung führten, die in Abhängigkeit von Wertpapieren, von Währungen, Zinssätzen oder anderen Erträgen, von Waren, Indices oder Messgrößen bestimmt wird". Ergänzt wurde diese auch heute geltende Definition durch den Hinweis in § 2 Abs. 1 Nr. 3 lit. b Halbsatz 2 WpHG auf **„nähere Bestimmungen"** zu derselben und den in ihr enthaltenen Merkmalen in der DelVO 2017/565 vom 25.4.2016 (Rz. 6 b.) in der jeweils geltenden Fassung. Diese enthalten jedoch derzeit keine für die Bestimmung von Wertpapieren i.S.v. § 2 Abs. 1 Nr. 3 lit. b Halbsatz 1 WpHG zu beachtende Besonderheiten.

36

Dieser Aufwand der allgemeinen Definition von Optionsscheinen mag dem Umstand geschuldet sein, dass **Optionsscheine** eine **Vielzahl von Ausgestaltungen** aufweisen, die im Einzelfall Zweifel an der Wertpapiereigenschaft des jeweiligen Anlageinstruments wecken können, zumal wenn die Option nicht auf die Verpflichtung zur Lieferung oder Abnahme von Wertpapieren gerichtet ist. Die Unterschiede resultieren teils aus der jeweiligen inhaltlichen Ausgestaltung (insbesondere dem jeweiligen Optionsgegenstand) und dem Ziel (Erwerb oder Veräußerung von Wertpapieren oder Geldzahlungen) des Optionsrechts, teils aus der beim Emittenten vorhandenen („covered warrants") oder nicht vorhandenen („naked warrants") Deckung des Optionsrechts durch den Optionsgegenstand (etwa Aktien), teils daraus, dass Optionsscheine selbstständig oder in Verbindung – aber abtrennbar und selbstständig handelbar – mit anderen Papieren („issue linked warrants", etwa in Gestalt von Optionsanleihen, Rz. 31) begeben werden können. Sämtliche der diesbezüglichen Varianten unterfallen der Definition „sonstiger Wertpapiere" in § 2 Abs. 1 Nr. 3 lit. b Halbsatz 1 WpHG, sofern die Option nach Maßgabe der allgemeinen Anforderungen des § 2 Abs. 1 WpHG an Wertpapiere standardisiert und handelbar ist[3] und nach Maßgabe der besonderen Anforderungen in § 2 Abs. 1 Nr. 3 lit. b Halbsatz 1 WpHG entweder den Erwerb oder die Veräußerung von Wertpapieren i.S.d. § 2 Abs. 1 Nr. 1 und 2 WpHG zum Gegenstand hat oder auf die Zahlung eines Geldbetrags gerichtet ist, der in Abhängigkeit von Wertpapieren i.S.d. WpHG, Währungen, Zinssätzen, anderen Erträgen als Zinssätze (Art. 4 Abs. 1 Nr. 18 lit. c RL 2004/39/EG, Rz. 7 b., spricht von Zinserträgen), Waren, Indices oder Messgrößen bestimmt wird.

37

---

1 Anders RegE Finanzmarktrichtlinie-Umsetzungsgesetz, BT-Drucks. 16/4028 v. 12.1.2007, 1, 54; *Fuchs* in Fuchs, § 2 WpHG Rz. 30.

2 *Schäfer* in Schäfer/Hamann, § 2 WpHG Rz. 12 (Vermeidung von Unklarheiten); *Versteegen* in KölnKomm. WpHG, 1. Aufl. 2007, § 2 WpHG Rz. 24 (Bestreben nach anschaulicher Darstellung). I.E. auch *Kumpan* in Schwark/Zimmer, § 2 WpHG Rz. 25, 28.

3 Ebenso *G. Roth* in KölnKomm. WpHG, § 2 WpHG Rz. 67.

38　2. **Geldmarktinstrumente (§ 2 Abs. 2 WpHG).** Mit dem Umsetzungsgesetz vom 22.10.1997 (Rz. 1) wurde der **Anwendungsbereich des WpHG** auf Geldmarktinstrumente **erweitert.** Der diese definierende neue seinerzeitige § 2 Abs. 1a WpHG, dessen Parallelvorschrift § 1 Abs. 11 Satz 3 KWG war und ist, diente zugleich der Umsetzung von Art. 1 Nr. 5 und Abschnitt B Nr. 2 des Anhangs RL 93/22/EWG vom 10.5.1993 über Wertpapierdienstleistungen (Rz. 8). Mit dem Finanzmarktrichtlinie-Umsetzungsgesetz vom 16.7.2007 (Rz. 5 j.) ist die Vorschrift nur unwesentlich geändert worden (6. Aufl., § 2 WpHG Rz. 35).

39　Durch Art. 3 Nr. 3 lit. b 2. FiMaNoG (Rz. 5 a.) ist die Definition der Geldmarktinstrumente durch die Verbindung des Wortlauts von Art. 4 Abs. 1 Nr. 17 RL 2014/65/EU vom 15.5.2014 (Rz. 6 b.) – „‚Geldmarktinstrumente' [sind] die üblicherweise auf dem Geldmarkt gehandelten Gattungen von Instrumenten, wie Schatzanweisungen, Einlagenzertifikate und Commercial Papers, mit Ausnahme von Zahlungsinstrumenten" – und der diese Bestimmung konkretisierenden Regelung des Art. 11 DelVO 2017/565 vom 25.4.2016 (Rz. 6 b.) – „Zu den Geldmarktinstrumenten gem. Art. 4 Abs. 1 Ziff. 17 der Richtlinie 2014/65/EU gehören Schatzanweisungen, Einlagenzertifikate, Commercial Papers und sonstige Instrumente mit im Wesentlichen den gleichen Merkmalen, soweit sie die folgenden Eigenschaften aufweisen: a) ihr Wert kann jederzeit bestimmt werden; b) es handelt sich nicht um Derivate; c) ihre Fälligkeit bei der Emission beträgt maximal 397 Tage" – **neu gefasst worden.** Ebenfalls aufgrund des Art. 3 Nr. 3 lit. b 2. FiMaNoG wurde der bisherige § 2 Abs. 1a WpHG (a.F.) – im Zuge der **Neunummerierung** des WpHG (Rz. 4) – zum heutigen § 2 Abs. 2 WpHG. Der Begriff „Geldmarktinstrumente" spielt im WpHG eine Rolle bei der Definition von derivativen Geschäften in § 2 Abs. 3 Nr. 1 lit. a WpHG und Finanzinstrumenten in § 2 Abs. 4 Nr. 3 WpHG sowie in § 63 Abs. 11 Nr. 1 lit. c WpHG.

40　**Geldmarktinstrumente** im Sinne dieses Gesetzes sind **nach § 2 Abs. 2 WpHG** Instrumente, die üblicherweise auf dem Geldmarkt gehandelt werden, deren Wert jederzeit bestimmt werden kann, die keine Derivate darstellen und deren Fälligkeit bei Emission höchstens 397 Tage beträgt. Die letztgenannten drei Voraussetzungen entsprechen den in Art. 11 DelVO 2017/565 (Rz. 6 b.) über Geldmarktinstrumente i.S.v. Art. 4 Abs. 1 Nr. 17 RL 2014/65/EU (Rz. 6 b.) genannten Merkmalen von Geldmarktinstrumenten. Kraft ausdrücklicher Regelungen in § 2 Abs. 2 a.E. WpHG sind Zahlungsinstrumente von den Geldmarktinstrumenten ausgenommen.

41　Als Geldmarktinstrumente kommen nach § 2 Abs. 2 WpHG nur solche in Betracht, die **üblicherweise auf dem Geldmarkt gehandelt** werden. Wie bei den in § 2 Abs. 1 WpHG erfassten Wertpapieren ist danach auch bei Geldmarktinstrumenten die Handelbarkeit der als solche in Betracht kommenden Instrumente erforderlich (Rz. 12). Anders als bei diesen (Rz. 12) genügt indes die bloße Eignung eines Instruments, an einem Geldmarkt gehandelt zu werden, nicht, um als Geldmarktinstrument zu gelten. Vielmehr muss hinzukommen, dass es sich um ein Instrument handelt, das üblicherweise auf dem Geldmarkt gehandelt wird. Damit werden nur solche Instrumente erfasst, für die ein Markt bereits besteht[1]. Geldmarktinstrumente sind darüber hinaus nur Instrumente, deren **Wert jederzeit genau bestimmt werden kann**, d.h. für sie muss es exakte und verlässliche Marktdaten und Bewertungssysteme geben. Mit Geldmarkinstrumenten werden kurzfristige Finanzmittel gehandelt, was darin zum Ausdruck kommt, dass die **Fälligkeit** der als Geldmarktinstrumente in Betracht kommenden Instrumente bei ihrer Emission höchstens 397 Tage betragen darf.

42　Ungeachtet der Abgrenzung des Geldmarkts im Detail[2], sind doch nahezu alle der hier in Betracht kommenden handelbaren Instrumente Schuldtitel (Schulverschreibungen) i.S.v. § 2 Abs. 1 Nr. 3 WpHG. Nach der früheren, durch das 2. FiMaNoG geänderten Fassung des § 2 Abs. 2 WpHG (Rz. 39) – § 2 Abs. 1a WpHG a.F. – schieden Instrumente, die die Wertpapierdefinition des § 2 Abs. 1 WpHG erfüllten, und damit praktisch alle **als Geldmarktinstrumente in Betracht kommende Schuldverschreibungen**, aus dem Kreis der Geldmarktinstrumente aus („Geldmarktinstrumente … sind alle Gattungen von Forderungen, die nicht unter Abs. 1 fallen"). Das ist heute so nicht mehr der Fall: Nach der aktuellen Fassung des § 2 Abs. 2 WpHG können lediglich Instrumente, die Derivate oder – was auch schon unter § 2 Abs. 1a WpHG a.F. galt – Zahlungsinstrumente sind, keine Geldmarktinstrumente sein. Derivate sind nach § 2 Abs. 35 WpHG „derivative Geschäfte im Sinne des Absatzes 3 sowie Wertpapiere im Sinne des Absatzes 1 Nummer 3 Buchstabe b", wodurch praktisch doch nahezu alle Schuldtitel, die auch Geldmarktinstrumente sein könnten, nicht als Geldmarktinstrumente zu behandeln sind. Das wäre nur dann anders, wenn man den Begriff der Handelbarkeit i.S.d. § 2 Abs. 1 WpHG enger fassen und Handelbarkeit für grundsätzlich „jedermann" verlangen würde, denn fraglos sind die als Geldmarktinstrumente auf dem Geldmarkt in einem engeren Sinne (d.h. einem Markt, auf dem ausschließlich Kreditinstitute und Zentralbanken auftreten) in Frage kommenden Schuldverschreibungen kein jedermann zugängliches Handelsgut. Weder die mit § 2 Abs. 1 und 2 WpHG umgesetzten Richtlinien noch das Gesetz gibt für diese Auslegung aber etwas her.

43　Zu den Geldmarktinstrumenten, die nicht bereits durch § 2 Abs. 1 Nr. 3 lit. b WpHG erfasst sind, sind durch die Neufassung des Gesetzes auch **Commercial Papers** (CP) und **Schatzanweisungen** zu zählen[3]. Das war bis-

---

[1] Auch *Fuchs* in Fuchs, § 2 WpHG Rz. 36; *Kumpan* in Schwark/Zimmer, § 2 WpHG Rz. 32.
[2] In einem weiteren Sinne kann man ihn, im Gegensatz zum Kapitalmarkt, als Markt für kurzfristige Kredite ansehen können, in einem engeren Sinne mag man ihn als Markt betrachten, auf dem – zum Zwecke des Liquiditätsausgleichs – zwischen Kreditinstituten oder zwischen Kreditinstituten und Zentralbank(en) kurzfristige Finanzmittel gehandelt werden.
[3] Auch *Grundmann* in Staub, HGB, Bd. 11/2, Achter Teil Rz. 64.

her nicht der Fall, weil diese Instrumente Schuldverschreibungen (§ 793 Abs. 1 Satz 1 BGB) waren, damit Wertpapiere darstellten und folglich nach § 2 Abs. 1a WpHG a.F. keine Geldmarktinstrumente sein konnten[1]. § 2 Abs. 3 WpHG erwähnt sie nunmehr ausdrücklich zusammen mit **Einlagenzertifikaten**. Schon unter § 2 Abs. 1a WpHG a.F. gehörten und gehören auch weiterhin **kurzfristige Schuldscheindarlehen** oder **Schatzwechsel** zu den Geldmarktinstrumenten[2]. Bei **Termingeldern, Tagesgeldern** und kurzfristigen **Sparbriefen** handelt es sich dagegen um nicht für den Handel ausgelegte und von daher als Geldmarktinstrumente ausscheidende Geldanlageformen[3].

Zahlungsinstrumente können kraft der ausdrücklichen Regelung des § 2 Abs. 2 WpHG keine Geldmarktinstrumente sein. Bei diesen handelt es sich etwa um Bargeld, Schecks oder andere liquide Mittel, die üblicherweise als Zahlungsinstrumente verwendet werden (Rz. 16). 44

3. Derivative Geschäfte (§ 2 Abs. 3 WpHG). a) Normentwicklung und Übersicht. Der bisherige § 2 Abs. 2 45
WpHG a.F. ist aufgrund der geänderten Nummerierung des Gesetzes (Rz. 4) durch Art. 3 Nr. 3 lit. c 2. FiMaNoG (Rz. 5 a.) zum neuen § 2 Abs. 3 WpHG geworden. Die ebenfalls auf Art. 3 Nr. 3 lit. c 2. FiMaNoG zurückgehende Änderung des zuvor in der Bestimmung definierten Begriffs „Derivate" in den in der neuen Vorschrift definierten Begriff „Derivative Geschäfte" ist rein terminologischer Art: Die Ersetzung des einen Begriffs durch den anderen erfolgte, „um mögliche Widersprüche mit dem nunmehr in Art. 4 Abs. 1 Nr. 49 RL 2014/65/EU i.V.m. Art. 2 Abs. 1 Nr. 29 VO Nr. 600/2014 [Rz. 6 b.] definierten und in § 2 Abs. 38 [im endgültigen Gesetz § 2 Abs. 35] umgesetzten Begriff des Derivats zu vermeiden"[4]. Das erhellt auch daraus, dass § 2 Abs. 35 WpHG „Derivate" im Wesentlichen als „derivative Geschäfte im Sinne des Absatzes 3" definiert. Eine Definition des Begriffs „Derivate" fand sich schon in der ursprünglichen Fassung des WpHG vom 26.7.1994 (Rz. 46), doch hat der Begriff seither eine gegenüber seiner ursprünglichen Fassung stetige und beträchtliche **Ausdehnung** erfahren. Das freilich ist nicht auf Mängel früherer Begriffsbestimmungen, sondern auf die beständige Fortentwicklung seinerzeit sog. Finanzinnovationen einerseits und das Bedürfnis, die Emission, den Handel und den Vertrieb derselben aufsichtsrechtlicher Kontrolle zu unterwerfen, andererseits zurückzuführen. Dementsprechend heißt es in Erwägungsgrund 4 RL 2004/39/EG vom 21.4.2004 (Rz. 7 b.), deren Anhang I Abschnitt C Nrn. 4–10 durch Art. 1 Nr. 2 lit. c des Finanzmarktrichtlinie-Umsetzungsgesetzes vom 16.7.2007 (Rz. 5 j.) umgesetzt wurde: „Es ist zweckmäßig, in die Liste der Finanzinstrumente bestimmte Waren- und sonstige Derivate aufzunehmen, die so konzipiert sind und gehandelt werden, dass sie unter aufsichtsrechtlichen Aspekten traditionellen Finanzinstrumenten vergleichbar sind."

Gegenüber der mit dem Finanzmarktrichtlinie-Umsetzungsgesetz vom 16.7.2007 (Rz. 5 j.) eingeführten Derivatedefinition, die die Grundlage der aktuellen Fassung derselben als Definition „derivativer Geschäfte" bildet, wirkt die **ursprüngliche** – im WpHG vom 26.7.1994[5] – nachgerade bescheiden und unkompliziert. Sie lautete: „Derivate im Sinne dieses Gesetzes sind an einem inländischen oder ausländischen Markt im Sinne des Absatzes 1 gehandelte Rechte, deren Börsen- oder Marktpreis unmittelbar oder mittelbar von der Entwicklung des Börsen- oder Marktpreises von Wertpapieren oder ausländischen Zahlungsmitteln oder der Veränderung von Zinssätzen abhängt". Bereits durch das Umsetzungsgesetz vom 22.10.1997 (Rz. 1) erfuhr der Begriff der Derivate nicht nur eine erhebliche Umgestaltung und Erweiterung, sondern brachte auch eine Aufspaltung des Begriffs in Devisentermingeschäfte einerseits und die seinerzeit in § 2 Abs. 2 Nr. 1 lit. a bis d WpHG a.F. und bis zur Änderung durch das Finanzmarktrichtlinie-Umsetzungsgesetz vom 16.7.2007 (Rz. 5 j.) in § 2 Abs. 2 Nr. 1 bis 4 WpHG a.F. erfassten Termingeschäfte andererseits. Diese Aufspaltung ist schon aufgrund der Neufassung der Vorschrift durch Art. 1 Nr. 2 des **Anlegerschutzverbesserungsgesetzes** vom 28.10.2004[6] aufgehoben worden. Damit einhergehend wurde eine Lücke in der Erfassung von Devisentermingeschäften geschlossen, die darin bestand, dass § 2 Abs. 2 Nr. 2 WpHG a.F. der geänderten Fassung nur an einem organisierten Markt gehandelte Devisentermingeschäfte einbezog[7]. Darüber hinaus wurden mit § 2 Abs. 2 Nr. 5 WpHG a.F. auch außerbörslich gehandelte Termingeschäfte erfasst, deren Preis unmittelbar oder mittelbar vom Preis von Devisen abhängt. Das diente vor allem der Ausweitung des durch das Recht der Finanztermingeschäfte nach §§ 37d ff. WpHG a.F. bezweckten Anlegerschutzes. Anknüpfungspunkt dieser Vorschriften waren Finanztermingeschäfte, deren Definition in § 2 Abs. 2a WpHG a.F. ihrerseits auf den Begriff der Derivate nach § 2 Abs. 2 WpHG a.F. zurückgriff. 46

---

1 Dies übersehend, führte der RegE Finanzmarktrichtlinie-Umsetzungsgesetz, BT-Drucks. 16/4028 v. 12.1.2007, 1, 54, diese Instrumente als Geldmarktinstrumente auf. Wie hier schon 6. Aufl., § 2 WpHG Rz. 37; *Fuchs* in Fuchs, § 2 WpHG Rz. 37; *Kumpan* in Schwark/Zimmer, § 2 WpHG Rz. 32 a.E.; *G. Roth* in KölnKomm. WpHG, § 2 WpHG Rz. 70 und 71.
2 *Fuchs* in Fuchs, § 2 WpHG Rz. 38; *Kumpan* in Schwark/Zimmer, § 2 WpHG Rz. 32; *Schäfer* in Schäfer/Hamann, § 2 WpHG Rz. 17; *Versteegen* in KölnKomm. WpHG, 1. Aufl. 2007, § 2 WpHG Rz. 38 und weiter *G. Roth* in KölnKomm. WpHG, § 2 WpHG Rz. 71.
3 S. auch RegE Umsetzungsgesetz, BT-Drucks. 13/7142 v. 6.3.1997, 1, 100; *Fuchs* in Fuchs, § 2 WpHG Rz. 38; *Kumpan* in Schwark/Zimmer, § 2 WpHG Rz. 32; *Mielk*, WM 1997, 2200, 2204; *Schäfer* in Schäfer/Hamann, § 2 WpHG Rz. 17; *Schäfer* in Boos/Fischer/Schulte-Mattler, § 1 KWG Rz. 286; *G. Roth* in KölnKomm. WpHG, § 2 WpHG Rz. 72.
4 RegE 2. FiMaNoG, BT-Drucks. 18/10936 v. 23.1.2017, 1, 220.
5 WpHG v. 26.7.1994, BGBl. I 1994, 1749.
6 BGBl. I 2004, 2630.
7 Zu dieser Lücke im alten Recht *Fleckner*, WM 2003, 168 ff., und zur Neuregelung *Fleckner*, BKR 2005, 96 ff.

47 Die Erweiterung des Begriffs der Derivate, welche die auf das **Finanzmarktrichtlinie-Umsetzungsgesetz vom 16.7.2007** (Rz. 5 j.) zurückgehende Neufassung des seinerzeitigen § 2 Abs. 2 WpHG (a.F.) mit sich brachte, beruht vor allem auf einer Ausweitung der sog. Basiswerte einerseits sowie der Aufnahme von Kreditderivaten und finanziellen Differenzgeschäften andererseits. Damit wurden zugleich die in Anhang I Abschnitt C Nr. 4 bis 10 RL 2004/39/EG (Rz. 7 b.) enthaltenen Vorgaben (6. Aufl., § 2 WpHG Rz. 41) umgesetzt. Die neuerliche Änderung der Derivatedefinition durch **Art. 3 Nr. 3 lit. c 2. FiMaNoG** (Rz. 5 a.) – dazu schon Rz. 45 – dienen der Umsetzung der Änderungen in Anhang 1 Abschnitt C Abs. 4 bis 10 RL 2014/65/EU vom 15.5.2014 (Rz. 6 b.) und der Anpassung an Vorgaben der DelVO 2017/565 vom 25.4.2016 (Rz. 6 b.).

48 **b) Elemente des Derivatebegriffs als Element derivativer Geschäfte.** Die Definition von derivativen Geschäften in § 2 Abs. 3 WpHG verzichtet ebenso wie diejenige von Derivaten in § 2 Abs. 35 WpHG auf eine **allgemeine Definition von derivativen Geschäften bzw. Derivaten**, wie sie im Hinblick auf den Begriff „Derivate" noch in der ursprünglichen Fassung des § 2 Abs. 2 WpHG (s. Rz. 46) zu finden war. Derivate waren dort umschrieben als handelbare „Rechte, deren Börsen- oder Marktpreis unmittelbar oder mittelbar von der Entwicklung des Börsen- oder Marktpreises von Wertpapieren oder ausländischen Zahlungsmitteln oder der Veränderung von Zinssätzen abhängt". Abstrahiert man von den in dieser Definition angeführten Instrumenten, auf deren Börsen- oder Marktpreis sich die fraglichen Rechte beziehen sollen, so schält sich aus der Umschreibung das entscheidende Merkmal von Derivaten heraus: Es besteht darin, dass die Bewertung (und damit der Preis) des Rechts, das in der Zukunft oder über einen zukünftigen Zeitraum geltend gemacht werden kann oder zu erfüllen ist, aufgrund seiner inhaltlichen Ausgestaltung unmittelbar oder mittelbar von einem **Basiswert** (auch „Underlying") abhängt, der seinerseits Preis- und Bewertungsschwankungen unterliegt[1].

49 Die Art des stipulierten Rechts ist für den Begriff des Derivats zweitrangig, solange dies nur den geschilderten Basiswertbezug aufweist, doch lassen sich je nach dem Inhalt des vereinbarten Rechts unterschiedliche Gattungen von Derivaten unterscheiden. Dabei ist die wichtigste hieraus folgende Unterscheidung die von Festgeschäften, Optionsgeschäften und Swaps: Um **Festgeschäfte** (auch als Terminkontrakte und im Falle der Standardisierung der Kontrakte als „Futures", sonst als „Forward" bezeichnet und abweichend von der Terminologie in § 2 Abs. 3 WpHG auch Termingeschäfte[2] genannt), handelt es sich, wenn der in Frage stehende Kontrakt die Parteien zur effektiven Erfüllung der vertragsgegenständlichen Leistung, etwa den Kauf/Verkauf eines bestimmten Wertpapiers, zu einem hinausgeschobenen Zeitpunkt zu einem im Voraus bestimmten Preis verpflichtet[3]. **Optionsgeschäfte** liegen dagegen vor, wenn eine der Vertragsparteien berechtigt, aber nicht verpflichtet ist, zu einem bestimmten Zeitpunkt oder über einen bestimmten Zeitraum und gegen eine vorausbestimmten Gegenleistung (Basispreis) von der anderen Seite (dem Stillhalter) die Erfüllung der vereinbarten Leistung, etwa den Kauf (Put-Option) oder den Verkauf (Call-Option) eines bestimmten Wertpapiers, zu verlangen[4]. **Swaps**[5] schließlich sind Vereinbarungen, in der Zukunft unterschiedliche Zahlungsströme über einen bestimmten Zeitraum zu bestimmten Zeitpunkten zu tauschen, wie etwa im Falle eines Währungsswaps[6] der Tausch von Kapital und Kapitalzinsen in einer Währung gegen Kapital und Zinsen in einer anderen oder im Falle des Zinsswaps der Tausch unterschiedlicher Zinssätze (vielfach auch variabler gegen feste Zinssätze) auf einen bestimmten Nominalbetrag.

50 **c) Die derivativen Geschäfte im Einzelnen. aa) Allgemeines.** § 2 Abs. 3 WpHG enthält keine Aussage darüber, ob die in der Bestimmung angeführten derivativen Geschäfte verbrieft sein müssen oder nicht. Da die **Verbriefung** kein Merkmal der in § 2 Abs. 3 WpHG aufgeführten Geschäfte ist, kommt ihr für den Begriff der derivativen Geschäfte keine Bedeutung zu[7]. Hinzu kommt: Wenn schon im Falle von Wertpapieren die Verbriefung keine allgemeine Voraussetzung für Wertpapiere i.S.d. § 2 Abs. 1 WpHG ist, so ist dies erst recht im Falle von derivativen Geschäften nicht zu verlangen. Gleiches gilt für die Merkmale der **Handelbarkeit und der Standardisierung:** Im Gesetz unerwähnt, kommt ihnen für den Begriff derivativer Geschäfte keine Bedeutung zu, so dass auch ein einzelnes, individuell ausgestaltetes Geschäft ein derivatives Geschäft i.S.v. § 2 Abs. 3 WpHG sein kann[8]. Des Weiteren können die in Frage kommenden Geschäfte **börslich oder außerbörslich** zustande kommen.

51 **bb) Termingeschäfte i.S.v. § 2 Abs. 3 Nr. 1 WpHG. (1) Festgeschäfte und Optionsgeschäfte.** Derivative Geschäfte i.S.v. § 2 Abs. 3 Nr. 1 WpHG sind Termingeschäfte in Bezug auf die in § 2 Abs. 3 Nr. 1 lit. a bis f WpHG aufgeführten Basiswerte. Dabei definiert § 2 Abs. 3 Nr. 1 WpHG implizit **Termingeschäfte** als „als

---

1 Ebenso *Beck* in Schwark, Kapitalmarktrechts-Kommentar, 3. Aufl. 2004, § 2 WpHG Rz. 9; *Fuchs* in Fuchs, § 2 WpHG Rz. 39; *Grundmann* in Staub, HGB, Bd. 11/2, Achter Teil Rz. 66; *Schäfer* in Schäfer/Hamann, § 2 WpHG Rz. 20.
2 Termingeschäfte i.S.d. § 2 Abs. 3 Nr. 1 WpHG sind sowohl Festgeschäfte wie Optionsgeschäfte, Rz. 52.
3 Vgl. etwa *Fuchs* in Fuchs, § 2 WpHG Rz. 45; *Kumpan* in Schwark/Zimmer, § 2 WpHG Rz. 37.
4 Vgl. etwa *Fuchs* in Fuchs, § 2 WpHG Rz. 44; *Kumpan* in Schwark/Zimmer, § 2 WpHG Rz. 37.
5 Ausführlich *Jahn* in Bankrechts-Handbuch, § 114 Rz. 6 ff. S. auch *Kumpan* in Schwark/Zimmer, § 2 WpHG Rz. 38.
6 Davon zu unterscheiden der Devisenswap; s. *Jahn* in Bankrechts-Handbuch, § 114 Rz. 21.
7 So schon zur Urfassung des Derivatebegriffs in § 2 Abs. 2 WpHG a.F. RegE 2. FFG, BT-Drucks. 12/6679 v. 27.1.1994, 1, 39. Vgl. auch *Kumpan* in Schwark/Zimmer, § 2 WpHG Rz. 38.
8 Für Derivate i.S.v. § 2 Abs. 2 WpHG a.F. *Kumpan* in Schwark/Zimmer, § 2 WpHG Rz. 38.

Kauf, Tausch oder anderweitig ausgestaltete Festgeschäfte oder Optionsgeschäfte, die zeitlich verzögert zu erfüllen sind und deren Wert sich unmittelbar oder mittelbar vom Preis oder Maß eines Basiswertes ableitet". Dieser Definition von Termingeschäften kommt eine für die Begriffsbestimmung von derivativen Geschäfte in § 2 Abs. 3 WpHG zentrale Bedeutung zu, denn Termingeschäfte sind auch der Anknüpfungspunkt der in § 2 Abs. 3 Nr. 2 und Nr. 5 WpHG aufgeführten derivativen Geschäfte.

Was die in der Definition von Termingeschäften genannten **Festgeschäfte und Optionsgeschäfte** ausmacht, wird in der Vorschrift nur rudimentär, nämlich im Hinblick auf das ihnen Gemeinsame, aber ohne das sie Trennende umschrieben. Dabei geht der Gesetzgeber offenbar von auch für den juristischen Sprachgebrauch verfestigten Begriffen im oben Rz. 30 dargestellten Sinne aus. Dessen ungeachtet sind die in der Vorschrift erwähnten Merkmale der **zeitlich verzögerten Erfüllung** und der **unmittelbaren oder mittelbaren Abhängigkeit** des Werts des jeweiligen Geschäfts vom Preis oder Maß eines **Basiswertes** integrale Bestandteile sowohl des Begriffs des Festgeschäfts als auch desjenigen des Optionsgeschäfts[1]. Mag die Erwähnung des erstgenannten Merkmals damit mehr der Klarstellung dienen, so ist die Erwähnung des Letzteren aber erforderlich, um im Anschluss daran diejenigen Basiswerte anzuführen, die ein Geschäft zu einem derivativen i.S.d. § 2 Abs. 3 Nr. 1 WpHG machen. Zugleich wird dadurch klargestellt, dass es für Termingeschäfte unerheblich ist, ob deren Preis **unmittelbar oder mittelbar** von einem der möglichen Basiswerte abhängt. Das hat etwa zur Folge, dass zu den Termingeschäften auch Optionen auf Indices (wie den DAX) gehören, die ihrerseits von der Wertentwicklung eines der in Frage kommenden Basiswerte (wie den in den DAX einbezogenen Wertpapieren) abhängen. Weiter erfasst werden dadurch als Termingeschäfte auch Kontrakte über oder Optionen auf synthetische Anleihen, wie etwa Bund-Future-Kontrakte oder Bund-Future-Optionen, da auch deren Preis mittelbar von der Entwicklung des Preises von Wertpapieren in Gestalt von Bundesanleihen und von der Entwicklung von Zinssätzen abhängig ist. Das **Recht**, das Gegenstand des Festgeschäfts oder Optionsgeschäfts ist, kann ein solches aus einem Kaufvertrag, einem Tausch oder einem anderweitigen Vertragstyp (etwa Leihe) sein. 52

(2) Basiswerte. Derivative Geschäfte i.S.v. § 2 Abs. 3 Nr. 1 WpHG sind nur solche Termingeschäfte, deren Wert sich unmittelbar oder mittelbar vom Preis oder Maß eines der in § 2 Abs. 3 Nr. 1 lit. a bis f WpHG angeführten **Basiswerte** ableitet. 53

(a) Wertpapiere oder Geldmarktinstrumente. Mit dem Basiswert „Wertpapiere oder Geldmarktinstrumente" (§ 2 Abs. 3 Nr. 1 lit. a WpHG) sind Wertpapiere i.S.v. § 2 Abs. 1 WpHG und Geldmarktinstrumente i.S.v. § 2 Abs. 2 WpHG erfasst. 54

(b) Devisen und Rechnungseinheiten. Als weiterer Basiswert von Termingeschäften kommen Devisen und Rechnungseinheiten in Betracht, Devisen allerding nur, soweit das Geschäft nicht die in Art. 10 DelVO 2017/565 vom 25.4.2016 (Rz. 6 b.) genannten Voraussetzungen erfüllt (§ 2 Abs. 3 Nr. 1 lit. b WpHG), d.h. nach Abs. 1 dieser Bestimmung, soweit es sich „um einen der folgenden Kontrakte handelt: a) ein Kassageschäft im Sinne von Absatz 2 dieses Artikels[2]; b) ein Zahlungsmittel, das (i) aus einem anderen Grund als Verzug oder einer sonstigen Beendigung des Kontrakts effektiv geleistet werden muss; (ii) von mindestens einer Person, die keine finanzielle Gegenpartei im Sinne von Art. 2 Ziff. 8 der Verordnung (EU) Nr. 648/2012 des Europäischen Parlaments und des Rates ... ist, eingegangen wird; (iii) eingegangen wird, um Zahlungen für Waren, Dienstleistungen oder Direktinvestitionen zu vereinfachen; und (iv) nicht auf einem Handelsplatz gehandelt wird." 55

---

1 S. auch *Fuchs* in Fuchs, § 2 WpHG Rz. 43; *Kumpan* in Schwark/Zimmer, § 2 WpHG Rz. 38.
2 Ein *Kassageschäft* nach Art. 10 Abs. 2 DelVO 2017/565 vom 25.4.2016 ist ein „[Unterabs. 1] ... Kontrakt über den Austausch einer Währung gegen eine andere Währung, dessen Bedingungen zufolge die Lieferung in dem jeweils längeren der nachfolgend genannten Zeiträume erfolgt: a) 2 Handelstage für alle Hauptwährungspaare gemäß Absatz 3; b) für alle Währungspaare, bei denen es sich bei mindestens einer Währung nicht um eine Hauptwährung handelt, 2 Handelstage oder der Zeitraum, der für dieses Währungspaar auf dem Markt allgemein als Standardlieferfrist anerkannt ist, je nachdem, welcher Zeitraum länger ist; c) wenn der Kontrakt über den Austausch dieser Währungen für den Hauptzweck des Verkaufs oder Kaufs eines übertragbaren Wertpapiers oder eines Anteils an einem Organismus für gemeinsame Anlagen verwendet wird, der Zeitraum, der für die Abrechnung dieses übertragbaren Wertpapiers oder eines Anteils an einem Organismus für gemeinsame Anlagen auf dem Markt allgemein als Standardlieferfrist anerkannt ist, oder 5 Handelstage, je nachdem, welcher Zeitraum kürzer ist. [Unterabs. 2] Ein Kontrakt wird nicht als Kassageschäft betrachtet, wenn unabhängig von seinen ausdrücklichen Bedingungen eine Absprache zwischen den Vertragsparteien besteht, gemäß der die Lieferung der Währung verschoben und nicht innerhalb der in Unterabs. 1 genannten Frist vorgenommen wird."
Zu den *Hauptwährungen* im Sinne dieser Bestimmung gehören nach Art. 10 Abs. 3 DelVO 2017/565 „nur der US-Dollar, der Euro, der Japanische Yen, das Pfund Sterling, der Australische Dollar, der Schweizer Franken, der Kanadische Dollar, der Hongkong-Dollar, die Schwedische Krone, der Neuseeländische Dollar, der Singapur-Dollar, die Norwegische Krone, der Mexikanische Peso, die Kroatische Kuna, der Bulgarische Lew, die Tschechische Krone, die Dänische Krone, der Ungarische Forint, der Polnische Zloty und der Rumänische Leu."
Ein *Handelstag* i.S.v. Art. 10 Abs. 2 DelVO 2017/565 ist nach dessen Abs. 4 „jeder Tag, an dem der normale Handel in dem Land der beiden Währungen, die gemäß dem Kontrakt über deren Austausch ausgetauscht werden, sowie in dem Land einer Drittwährung stattfindet, wenn die folgenden Bedingungen erfüllt sind: a) für Liquiditätszwecke beinhaltet der Austausch dieser Währungen deren Umrechnung anhand der Drittwährung; b) die Standardlieferfrist für den Austausch dieser Währungen bezieht sich auf das Land dieser Drittwährung."

56 Als **Devisen** i.S.d. § 2 Abs. 3 Nr. 1 lit. b WpHG kommen nicht nur Devisen im engeren Sinne, d.h. gesetzliche Zahlungsmittel in fremder Währung in Betracht, sondern auch Devisen im weiteren Sinne, d.h. auf fremde Währung lautende Forderungen (etwa aus Wechsel, Schecks oder Zahlungsanweisungen)[1], denn auch mit diesen als Basiswerten sind Termingeschäfte, bei denen es auf Handelbarkeit und Standardisierung nicht ankommt (Rz. 50), denkbar[2]. **Rechnungseinheiten** – wie etwa vor der Einführung des Euro der ECU – sind Wertmaße und Verrechnungseinheiten, die keine gesetzlichen Zahlungsmittel darstellen. Zu Termingeschäften mit Basiswert Devisen (**Devisentermingeschäfte**)[3] gehören bspw. Devisenterminkontrakte (Kontrakte über die Lieferung eines Fremdwährungsbetrags zu einem bestimmten Erfüllungszeitpunkt), Devisenoptionsgeschäfte (d.h. das Recht, von einer Person zu einem bestimmten Zeitpunkt oder innerhalb eines bestimmten Zeitraums zu einem festgelegten Preis einen bestimmten Betrag in einer bestimmten Währung verlangen zu können)[4], Währungsswaps und (die mit diesen nicht identischen) Devisenswaps (als Kombination eines Devisenkassageschäfts mit einem Devisentermingeschäft über identische oder unterschiedliche Währungen oder Rechnungseinheiten)[5] sowie, als „Finanzinnovation", Termingeschäfte über nicht lieferbare Devisen (NDFs = „non-deliverable foreign exchange transactions")[6].

57 **(c) Zinssätze oder andere Erträge.** Basiswerte von Termingeschäften nach § 2 Abs. 3 Nr. 1 WpHG können nach § 2 Abs. 3 Nr. 1 lit. c WpHG auch Zinssätze und andere Erträge sein. Die **Zinssätze** sind nicht ihrerseits auf bestimmte Bezugsgrößen beschränkt. Als Zinssatzbasiswerte kommen deshalb u.a. in Betracht: Geldmarktsätze an bestimmten Finanzplätzen, FIBOR, EONIA oder EURIBOR oder Zinssätze der EZB und der Deutschen Bundesbank (wie der Diskontsatz, der Lombardsatz oder der Basiszinssatz i.S.v. § 247 BGB)[7]. Im Einzelnen kommen als **Zinsderivate** insbesondere in Betracht: Zinsterminkontrakte, Zinsswaps, Terminsatzgeschäfte (Forward Rate Agreements), Zinsoptionen, Swap-Optionen (Swaptions) sowie die Zinssatzbegrenzungsgeschäfte in Gestalt von Caps, Floors, Corridors und Collars[8]. Zu den (anderen) **Erträgen** gehören etwa im Allgemeinen Früchte i.S.v. § 99 BGB und im Besonderen Gewinnanteile.

58 **(d) Indices von Basiswerten, andere Finanzindizes oder Finanzmessgrößen.** Als Basiswerte kommen nach § 2 Abs. 3 Nr. 1 lit. c WpHG weiterhin Indices der Basiswerte der Buchstaben a, b, c oder f, andere Finanzindizes oder Finanzmessgrößen in Betracht. Wie bereits an früherer Stelle (Rz. 52) angeführt, ist es für den Begriff der Termingeschäfte unerheblich, ob deren Preis unmittelbar oder mittelbar von einem der nach dem Gesetz in Betracht kommenden Basiswerte abhängt. Der Hinweis auf **Indices als mögliche Basiswerte** von Termingeschäften in § 2 Abs. 3 Nr. 1 lit. d WpHG wäre insoweit lediglich eine Klarstellung, enthielte er nicht zugleich auch eine Beschränkung, indem er nur solche Indices erfasst, die sich auf die in „Buchstaben a, b, c oder f" angeführten Basiswerte oder „andere **Finanzindices** oder **Finanzmessgrößen**" beziehen. Letztere eröffnen allerdings wieder ein denkbar weites Feld. Auf jeden Fall erfasst werden die zahlreichen bekannten Wertpapier-Indices, wie etwa der DAX, der MDAX, der SDAX, der TecDAX, der Euro-Stoxx 50, der S&P 500, der Dow Jones oder der Nikkei 225[9]. Termingeschäfte mit Indices als Basiswert sind damit etwa Optionen auf einen Aktienindex, bspw. DAX-Optionen.

59 **(e) Derivative Geschäfte.** Gemäß § 2 Abs. 3 Nr. 1 lit. e WpHG können Basiswert auch alle Arten der in § 2 Abs. 3 WpHG angeführten derivativen Geschäfte sein. Anzuführen ist hier etwa die verbreitete Swap-Option, mit welcher deren Käufer das Recht erwirbt, zu einem bestimmten Zeitpunkt mit dem Verkäufer der Option einen bestimmten Swap-Vertrag abzuschließen[10].

60 **(f) Emissionszertifikate.** Mit den Änderungen des § 2 Abs. 3 WpHG durch das 2. FiMaNoG (Rz. 5 a.) zu den Basiswerten hinzugekommen ist der Basiswert „Berechtigungen, Emissionsreduktionseinheiten und zertifizierte Emissionsreduktionen im Sinne des § 3 Nummer 3, 6 und 16 des Treibhausgas-Emissionshandelsgesetzes [vom 21.7.2011 (TEHG)[11], soweit sie im EU-Emissionshandelsregister gehalten werden dürfen (Emissionszertifikate)". Emissionszertifikate waren bis zur Änderung des § 2 Abs. 3 WpHG durch das 2. FiMaNoG (Rz. 5 a.) als Emissionsberechtigungen in § 2 Abs. 2 Nr. 2 WpHG a.F. geregelt und finden sich nach der Änderung nicht

---

1 Zum Devisenbegriff etwa *Oulds* in Kümpel/Wittig, Bank- und Kapitalmarktrecht, Rz. 14.59; *Schefold* in Bankrechts-Handbuch, § 117 Rz. 2. In Bezug auf § 2 WpHG *G. Roth* in KölnKomm. WpHG, § 2 WpHG Rz. 87.
2 So i.E. auch *Kumpan* in Schwark/Zimmer, § 2 WpHG Rz. 41.
3 Zu diesen näher *Jahn* in Bankrechts-Handbuch, § 114 Rz. 16 f.; *Rudolf* in Kümpel/Wittig, Bank- und Kapitalmarktrecht, Rz. 19.167.
4 Vgl. *Oulds* in Kümpel/Wittig, Bank- und Kapitalmarktrecht, Rz. 14.61; *Schefold* in Bankrechts-Handbuch, § 116 Rz. 287 ff.
5 Vgl. *Oulds* in Kümpel/Wittig, Bank- und Kapitalmarktrecht, Rz. 14.67; *Jahn* in Bankrechts-Handbuch, § 114 Rz. 21 ff. bzw. Schefold in Bankrechts-Handbuch, § 116 Rz. 205 ff., 215 ff.
6 *Jahn* in Bankrechts-Handbuch, § 114 Rz. 22.
7 Ebenso *Kumpan* in Schwark/Zimmer, § 2 WpHG Rz. 42.
8 Ebenso *Fuchs* in Fuchs, § 2 WpHG Rz. 54; *Kumpan* in Schwark/Zimmer, § 2 WpHG Rz. 42.
9 Ebenso *Fuchs* in Fuchs, § 2 WpHG Rz. 49; *Kumpan* in Schwark/Zimmer, § 2 WpHG Rz. 39.
10 *Jahn* in Bankrechts-Handbuch, § 114 Rz. 24, zugleich Rz. 15 f. zu weiteren Optionen auf Derivate.
11 BGBl. I 2011, 1475.

mehr in § 2 Abs. 2 Nr. 2 WpHG, sondern in § 2 Abs. 3 Nr. 1 lit. f WpHG. Begründet wird dies mit der Erwägung, Emissionszertifikate würden in der RL 2014/65/EU vom 15.5.2014 (Rz. 6 b.) in Anhang 1 Abschnitt C Abs. 4 und nicht mehr wie in RL 2004/39/EG vom 21.4.2004 (Rz. 7 b.) in Abs. 10 aufgeführt. Es sei daher folgerichtig, Emissionsberechtigungen aus dem Anwendungsbereich von § 2 Abs. 3 Nr. 2 WpHG herauszunehmen und in § 2 Abs. 3 Nr. 1 lit. f WpHG aufzunehmen[1]. Im Hinblick auf die Definition von Emissionszertifikaten unter Verweis auf § 3 Nr. 3, 6 und 16 TEHG wird angeführt, die Richtlinie 2014/65/EU definiere Emissionszertifikate in Anhang 1 Abschnitt C Abs. 11 unter Verweis auf die Richtlinie 2003/87/EG, welche im TEHG in nationales Recht umgesetzt worden sei, weshalb für die Definition auf die entsprechenden Regelungen im TEHG verwiesen werden könne[2].

Eine **Berechtigung** ist nach § 3 Nr. 3 TEHG die Befugnis zur Emission von einer Tonne Kohlendioxidäquivalent in einem bestimmten Zeitraum; eine Tonne Kohlendioxidäquivalent ist eine Tonne Kohlendioxid oder die Menge eines anderen Treibhausgases, die in ihrem Potential zur Erwärmung der Atmosphäre einer Tonne Kohlendioxid entspricht. Bei einer **Emissionsreduktionseinheit** handelt es sich nach § 3 Nr. 6 TEHG um eine „Einheit i.S.d. § 2 Nr. 20 des Projekt-Mechanismen-Gesetzes", d.h. um „eine nach Art. 6 des Protokolls [Protokoll von Kyoto zum Rahmenübereinkommen der Vereinten Nationen über Klimaänderungen vom 11.12.1997, BGBl. II 2002, 967] und dem Beschluss 16/CP.7 der Konferenz der Vertragsparteien des Übereinkommens [Rahmenübereinkommen der Vereinten Nationen über Klimaänderungen vom 9.5.1992, BGBl. II 1993, 1784)] ausgestellte Einheit, die einer Tonne Kohlendioxidäquivalent entspricht". 61

cc) Termingeschäfte i.S.v. § 2 Abs. 3 Nr. 2 WpHG. Derivative Geschäfte sind nach § 2 Abs. 3 Nr. 2 WpHG des Weiteren (1) Termingeschäfte (2) mit Bezug auf Waren, Frachtsätze, Klima- oder andere physikalische Variablen, Inflationsraten oder andere volkswirtschaftliche Variablen oder sonstige Vermögenswerte, Indices oder Messwerte als Basiswerte, sofern sie (3) zumindest eine der drei in § 2 Abs. 3 Nr. 2 lit. a bis c WpHG genannten Voraussetzungen erfüllen und (4) keine Kassageschäfte i.S.v. Art. 7 DelVO 2017/565 vom 25.4.2016 (Rz. 6 b.) sind. 62

(1) Termingeschäft. Ein Termingeschäft ist gem. § 2 Abs. 3 Nr. 1 WpHG ein als Kauf, Tausch oder anderweitig ausgestaltete Festgeschäfte oder Optionsgeschäfte, die zeitlich verzögert zu erfüllen sind und deren Wert sich unmittelbar oder mittelbar vom Preis oder Maß eines Basiswertes ableitet (Rz. 51). 63

(2) Basiswerte. § 2 Abs. 3 Nr. 2 WpHG erfasst Termingeschäfte, deren Basiswerte Waren, Frachtsätze, Klima- oder andere physikalische Variablen, Inflationsraten oder andere volkswirtschaftliche Variablen oder sonstige Vermögenswerte, Indices oder Messwerte darstellen. Nach den Änderungen des § 2 Abs. 3 Nr. 2 WpHG durch Art. 3 Nr. 3 lit. c cc 2. FiMaNoG (Rz. 5 a.) sind Emissionsberechtigungen als Basiswert entfallen. Sie sind aus den in Rz. 60 dargelegten Gründen in § 2 Abs. 3 Nr. 1 lit. f WpHG verschoben worden. 64

Dabei stellen die sich auf **Waren** als Basiswerte beziehenden **Warentermingeschäfte** die am meisten verbreiteten unter den durch § 2 Abs. 3 Nr. 2 WpHG erfassten Termingeschäften dar. Waren im Sinne dieser Vorschrift sind gemäß der Definition in § 2 Abs. 6 WpHG fungible Wirtschaftsgüter, die geliefert werden können (näher Rz. 88). Zu diesen zählen nach dieser Bestimmung auch Metalle, Erze und Legierungen, landwirtschaftliche Produkte und Energien wie Strom. 65

Bei **Frachtsätzen** handelt es sich um die im Güterverkehr zu Land, zu Wasser oder in der Luft von bestimmten Anbietern verlangten Entgelte (Frachttarife). Nicht erforderlich ist, dass die Frachtsätze amtlich festgesetzt sind[3], wie etwa die vom Bundesminister für Verkehr nach dem Güterverkehrsgesetz in seiner bis Ende 1993 geltenden Fassung (auf der Grundlage entsprechender Vorschläge von Tarifkommissionen) für die Unternehmen im Wege der Rechtsverordnung verbindlich festgesetzten Sätze (§ 20a GüKG a.F.). 66

Weitere Basiswerte sind **Klimavariablen oder andere physikalische Variablen**. Zu den Ersteren gehören etwa Messwerte im Hinblick auf die Veränderungen von Temperatur, Sonnenscheindauer oder Niederschlagsmengen. Die entsprechenden Termingeschäfte werden auch als „Wetterderivate"[4] bezeichnet und dienen der wetterabhängigen Industrie (wie etwa Landwirtschaft und Tourismus) als Absicherung gegen Wetterrisiken. Zu den Letzteren zählen etwa Breite, Höhe, Tiefe, Durchmesser, Gewicht oder spezifische Härte eines Objekts. 67

Basiswerte sind darüber hinaus **Inflationsraten**, etwa die Inflationsraten einzelner Länder, oder **andere volkswirtschaftlichen Variablen**, wie etwa das Bruttoinlandsprodukts (BIP), das Bruttonationalprodukt (BNE, früher: Bruttosozialprodukt – BSP) oder die Arbeitslosenquote (ALQ). 68

Sonstige Vermögenswerte als Basiswerte sind alle Vermögenswerte, die nicht bereits von einem anderen der möglichen Basiswerte – wie etwa Waren – erfasst werden. Darunter fallen bspw. die in Anhang I Abschnitt C 69

---

1 RegE 2. FiMaNoG, BT-Drucks. 18/10936 v. 23.1.2017, 1, 220.
2 RegE 2. FiMaNoG, BT-Drucks. 18/10936 v. 23.1.2017, 1, 220.
3 Ebenso *Kumpan* in Schwark/Zimmer, § 2 WpHG Rz. 45.
4 *G. Roth* in KölnKomm. WpHG, § 2 WpHG Rz. 97. Näher zu diesen *Hee/Hoffmann*, Wetterderivate, 2006; *Rinker*, Wetterderivate, 2008; *Seebach*, Wetterderivate, 2008; *Wamser*, Wetterderivate: Struktur, Einsatzmöglichkeiten und Markt, 2008.

Nr. 10 RL 2014/65/EU vom 15.5.2014 (Rz. 6 b.) angeführten Rechte und Obligationen. Entsprechendes gilt für alle **sonstigen Indices**, d.h. Veränderungen bestimmter Größen anzeigende (meist auf der Basis 100 aufbauende) Kennziffern, und **sonstigen Messwerte**, wie etwa die Messwerte der Landesanstalt für Umwelt, Messungen und Naturschutz Baden-Württemberg in Bezug auf Luftqualität, Radioaktivität und Wasser.

70 **(3) Voraussetzungen nach § 2 Abs. 3 Nr. 2 lit. a bis c WpHG.** Des Weiteren werden von § 2 Abs. 3 Nr. 2 WpHG nur solche Termingeschäfte in Bezug auf die in der Vorschrift angeführten Basiswerte erfasst, die wenigstens eine der nachstehend aufgeführten, sich aus § 2 Abs. 3 Nr. 2 lit. a bis c WpHG ergebenden **zusätzlichen Voraussetzungen** erfüllen. So muss ein Terminkontrakt bspw. über die zu einem zukünftigen Zeitpunkt fällige Lieferung etwa des Basiswerts einer Emissionsberechtigung mit hinausgeschobenem Erfüllungstermin[1] mindestens eine der in § 2 Abs. 3 Nr. 2 lit. a bis c WpHG angeführten Voraussetzungen erfüllen, um ein derivatives Geschäft i.S.v. § 2 Abs. 3 Nr. 2 WpHG zu sein.

71 Die erste der zusätzlichen Voraussetzungen, die ein Termingeschäft zu einem solchen i.S.v. § 2 Abs. 3 Nr. 2 WpHG machen können, besteht darin, dass das fragliche Termingeschäft durch **Barausgleich** zu erfüllen ist oder einer – d.h. richtigerweise: zumindest einer[2] -Vertragspartei das Recht gibt, einen Barausgleich zu verlangen, ohne dass dieses Recht durch Ausfall oder ein anderes Beendigungsereignis begründet ist (§ 2 Abs. 3 Nr. 2 lit. a WpHG). Terminkontrakte, die auf effektive Lieferung gerichtet sind und einen an Stelle der Lieferung zu zahlenden Betrag etwa nur für den Fall vorsehen, dass der zu liefernde Gegenstand einen bestimmten Preis überschreitet, erfüllen diese Voraussetzung nicht[3].

72 Weiterhin können Termingeschäfte solche nach § 2 Abs. 3 Nr. 2 WpHG sein, wenn sie auf einem organisierten Markt oder in einem multilateralen oder organisierten Handelssystem geschlossen werden und nicht über ein organisiertes Handelssystem gehandelte Energiegroßhandelsprodukte i.S.v. § 2 Abs. 20 WpHG sind, die effektiv geliefert werden müssen (§ 2 Abs. 3 Nr. 2 lit. b WpHG). Die Aufnahme des organisierten Handelssystems als Handelsplatz in Buchstabe b „beruht darauf, dass in Anhang 1 Abschnitt C Abs. 6 und 10 RL 2014/65/ EU [vom 15.5.2014 (Rz. 6 b.)] die Handelsplätze um die organisierte Handelsplattform ergänzt und eine Ausnahme für Energiegroßhandelsprodukte, die effektiv geliefert werden müssen, geschaffen wurden"[4]. Die in lit. b angeführten Märkte und Systeme sind Handelsplätze i.S.v. § 2 Abs. 22 WpHG. Organisierter Markt ist ein Markt i.S.v. § 2 Abs. 11 WpHG. Zum Begriff des **multilateralen Handelssystems (MTF)** s. Rz. 258 und zu demjenigen des **organisierten Handelssystems (OTF)** Rz. 259.

73 Schließlich können Termingeschäfte als solche nach § 2 Abs. 3 Nr. 2 WpHG zu qualifizieren sein, wenn sie gem. § 2 Abs. 3 Nr. 2 lit. c WpHG die Merkmale anderer Derivatekontrakte i.S.v. **Art. 7 DelVO 2017/565** vom 25.4.2016 (Rz. 6 b.) aufweisen und nichtkommerziellen Zwecken dienen. Der Verweis auf diese Vorschrift beruht auf der Neufassung des § 2 Abs. 3 Nr. 2 lit. c WpHG durch Art. 3 Nr. 3 lit. c cc ccc 2. FiMaNoG (Rz. 5 a.)[5].

74 **(4) Kein Kassageschäft.** Um ein derivatives Geschäft i.S.v. § 2 Abs. 3 Nr. 2 WpHG zu sein, darf es sich bei dem Termingeschäft **nicht um ein Kassageschäft** i.S.v. Kassageschäft i.S.v. Art. 7 DelVO 2017/565 vom 25.4.2016 (Rz. 6 b.) handeln. Dieser Verweis geht auf eine Änderung des bisherigen in § 2 Abs. 3 Nr. 2 WpHG a.F. enthaltenen Verweises durch Art. 3 Nr. 3 lit. c cc ddd 2. FiMaNoG (Rz. 5 a.) zurück[6]. Nach Art. 7 Abs. 2 DelVO 2017/ 565 ist ein **Kassageschäft** ein „Verkaufsgeschäft für eine Ware, einen Vermögenswert oder ein Recht, dessen Bedingungen zufolge die Lieferung zu dem jeweils längeren der nachfolgend genannten Zeiträume erfolgt: a) 2 Handelstage; b) die Frist, die in der Regel vom Markt für diese Ware, diesen Vermögenswert oder dieses Recht als Standardlieferfrist akzeptiert wird", wohingegen es sich nicht um ein Kassageschäft handelt, „wenn unabhängig von seinen ausdrücklichen Bedingungen eine Absprache zwischen den Vertragsparteien besteht, gemäß der die Lieferung des Basiswerts verschoben und nicht innerhalb der in Absatz 2 genannten Frist vorgenommen wird".

75 **dd) Finanzielle Differenzgeschäfte (§ 2 Abs. 3 Nr. 3 WpHG).** Derivative Geschäfte i.S.d. WpHG sind nach § 2 Abs. 3 Nr. 3 WpHG weiterhin **finanzielle Differenzgeschäfte**, die nach Anhang I Abschnitt C Abs. 9 RL 2014/65/EU vom 15.5.2014 (Rz. 6 b.) zu den Finanzinstrumenten zu zählen sind. Bei den von der Vorschrift erfassten Differenzkontrakten, die besser unter dem Begriff der „Contracts for Difference – CFD" bekannt sind, handelt es sich um Geschäfte mit unbegrenzter Laufzeit über die Differenz zwischen dem Kaufpreis und Verkaufspreis des Referenzwerts. Der Kontrakt kann sowohl auf steigende Kurse (und die Übernahme einer sog. „long position") als auch auf fallende Kurse (und die Übernahme einer sog. „short position") des fraglichen Werts eingegangen werden. Differenzkontrakte bieten die Möglichkeit, an den Preisveränderungen des Referenzwerts partizipieren zu können, ohne diese erwerben zu müssen. Statt des Erwerbspreises für den jeweiligen

---

1 Beispiel nach RegE Finanzmarktrichtlinie-Umsetzungsgesetz, BT-Drucks. 16/4028 v. 12.1.2007, 1, 55.
2 Ebenso *G. Roth* in KölnKomm. WpHG, § 2 WpHG Rz. 101.
3 Ebenso *G. Roth* in KölnKomm. WpHG, § 2 WpHG Rz. 101.
4 RegE 2. FiMaNoG, BT-Drucks. 18/10936 v. 23.1.2017, 1, 221.
5 RegE 2. FiMaNoG, BT-Drucks. 18/10936 v. 23.1.2017, 1, 221.
6 RegE 2. FiMaNoG, BT-Drucks. 18/10936 v. 23.1.2017, 1, 221.

Referenzwert ist lediglich eine erheblich hinter dem Ersteren zurückbleibende Sicherheitsleistung („Margin") zu hinterlegen. Die Vorschrift kennt weder eine Eingrenzung auf einen bestimmten Referenzwert noch eine solche auf einen bestimmten Handelsplatz, über den der Kontrakt zustande gekommen sein muss.

ee) **Kreditderivate (§ 2 Abs. 3 Nr. 4 WpHG).** § 2 Abs. 3 Nr. 4 WpHG erfasst als derivative Geschäfte auch Kreditderivate und definiert diese als Kauf, Tausch oder anderweitig ausgestaltete Festgeschäfte oder Optionsgeschäfte, die zeitlich verzögert zu erfüllen sind und dem Transfer von Kreditrisiken dienen. Mit dieser Vorschrift werden die Anhang I Abschnitt C Nr. 8 RL 2014/65/EU vom 15.5.2014 (Rz. 6 b.) angeführten Finanzinstrumente erfasst, welche diese Bestimmung als „derivative Instrumente für den Transfer von Kreditrisiken" umschreibt. Kreditderivate transferieren Kreditrisiken in der Weise, dass das Risiko des Gläubigers einer Leistung in Bezug auf die Erfüllung derselben durch den Schuldner isoliert und ganz oder teilweise auf den Vertragspartner des Kreditderivats (den Sicherungsgeber) übertragen wird. Kamen Instrumente zum Transfer von Kreditrisiken nach früherer Begriffsbestimmung in § 2 Abs. 2 WpHG a.F. nur dann als Derivate in Frage, wenn die Risiken im Hinblick auf die Leistung des Schuldners aus Wertpapieren, Schuldverschreibungen oder Geldmarkinstrumenten flossen, so ist nach der Regelung in § 2 Abs. 3 Nr. 4 WpHG – wie schon in der seinerzeit neu gefassten Vorgängervorschrift des § 2 Abs. 2 Nr. 4 WpHG a.F. – ein solcher Bezug nicht mehr erforderlich, so dass sämtliche Kreditrisiken erfasst werden[1]. 76

Die Gebräuchlichsten der unter § 2 Abs. 3 Nr. 4 WpHG fallenden Kreditderivate[2] sind die sog. **Kreditsicherungs-Swaps** („credit default swaps")[3] und **Gesamtrisiko-Swaps** („total return swaps" oder „total rate of return swaps")[4]. Bei dem Ersteren erhält der Sicherungsnehmer gegen einen einmaligen Betrag oder – häufiger – gegen periodische Zahlungen eine Ausgleichszahlung für den Fall, dass das definierte „Kreditereignis" eintritt, d.h. der in Frage stehende Kredit notleidend wird. Das mehr einer Versicherung als einem Derivat ähnlich und vermag deshalb nur bei großzügiger Auslegung des Derivatebegriffs zu den Derivaten gezählt zu werden. Bei dem Gesamtrisiko-Swap handelt es sich um einen Tausch von Erträgen, bei dem der Sicherungsnehmer dem Sicherungsgeber periodisch alle Erträge aus dem Darlehen oder dem den Schuldner zur Leistung verpflichtenden Recht zahlt, während dieser im Gegenzug entsprechende periodische Gegenleistungen erbringt. Seltener sind die (den Gesamtrisiko-Swaps ähnelnden) **Spannensicherungs-Swaps** („credit swaps")[5] sowie die **Risiko-Swaps** (meist „credit swaps")[6] und **Verbrieften Kreditderivate** („credit linked notes")[7]. 77

ff) **Termingeschäfte i.S.v. § 2 Abs. 3 Nr. 5 WpHG.** Derivative Geschäfte sind nach § 2 Abs. 3 Nr. 5 WpHG auch Termingeschäfte mit Bezug auf die in Art. 8 DelVO 2017/565 vom 25.4.2016 (Rz. 6 b.) genannten Basiswerte, sofern sie die Bedingungen von § 2 Abs. 3 Nr. 2 WpHG erfüllen. Derivative Geschäfte i.S.v. § 2 Abs. 3 Nr. 5 WpHG sind damit – die „Bedingungen" von § 2 Abs. 3 Nr. 2 WpHG einbauend – (1) Termingeschäfte (2) mit Bezug auf die in Art. 8 DelVO 2017/565 angeführten Basiswerte („Punkte"), sofern sie (3) zumindest eine der drei in § 2 Abs. 3 Nr. 2 lit. a bis c WpHG genannten Voraussetzungen erfüllen und (4) keine Kassageschäfte i.S.v. Art. 7 DelVO 2017/565 vom 25.4.2016 (Rz. 6 b.). Zu den unter (1), (3) und (4) angeführten Voraussetzungen s. Rz. 63 und 70 ff. 78

In Art. 8 DelVO 2017/565 vom 25.4.2016 (Rz. 6 b.) sind folgende **Basiswerte** („Punkte") aufgeführt: 79

„a) Telekommunikations-Bandbreite;

b) Lagerkapazität für Waren;

c) Übertragungs- oder Transportkapazität in Bezug auf Waren, unabhängig davon, ob dies über Kabel, Rohrleitungen oder andere Mittel erfolgt, mit Ausnahme von Übertragungsrechten in Bezug auf die Kapazitäten zur zonenübergreifenden Elektrizitätsübertragung, wenn diese auf dem Primärmarkt mit oder von einem Übertragungsnetzbetreiber oder einer Person, die im eigenen Namen als Dienstleister handelt, und zur Zuweisung der Übertragungskapazitäten vereinbart werden; d) die Erlaubnis, ein Kredit, eine Zulassung, ein Recht oder ein ähnlicher Vermögenswert, der bzw. die direkt mit der Lieferung, der Verteilung oder dem Verbrauch von Energie aus erneuerbaren Energiequellen verbunden ist, es sei denn, der Kontrakt fällt bereits in den Anwendungsbereich von Anhang I Abschnitt C der Richtlinie 2014/65/EU;

---

1 Zur Vorgängervorschrift RegE Finanzmarktrichtlinie-Umsetzungsgesetz, BT-Drucks. 16/4028 v. 12.1.2007, 1, 55. *Grundmann* in Staub, HGB, Bd. 11/2, Achter Teil Rz. 71.
2 Zu diesen etwa *Jahn* in Bankrechts-Handbuch, § 114 Rz. 27 ff.; *Rudolf* in Kümpel/Wittig, Bank- und Kapitalmarktrecht, Rz. 19.221 ff. Vgl. auch *Schäfer* in Boos/Fischer/Schulte-Mattler, § 1 KWG Rz. 293 m.w.N.
3 Beispielhaft erwähnt in RegE Finanzmarktrichtlinie-Umsetzungsgesetz, BT-Drucks. 16/4028 v. 12.1.2007, 1, 55. S. *Jahn* in Bankrechts-Handbuch, § 114 Rz. 29; *Rudolf* in Kümpel/Wittig, Bank- und Kapitalmarktrecht, Rz. 19.229 ff. Auch *Grundmann* in Staub, HGB, Bd. 11/2, Achter Teil Rz. 71.
4 Dazu *Jahn* in Bankrechts-Handbuch, § 114 Rz. 193; *Rudolf* in Kümpel/Wittig, Bank- und Kapitalmarktrecht, Rz. 19.246 ff. Auch *Grundmann* in Staub, HGB, Bd. 11/2, Achter Teil Rz. 71.
5 Dazu *Jahn* in Bankrechts-Handbuch, § 114 Rz. 193; *Rudolf* in Kümpel/Wittig, Bank- und Kapitalmarktrecht, Rz. 19.250 ff.
6 S. *Jahn* in Bankrechts-Handbuch, § 114 Rz. 193.
7 Dazu *Jahn* in Bankrechts-Handbuch, § 114 Rz. 33; *Rudolf* in Kümpel/Wittig, Bank- und Kapitalmarktrecht, Rz. 19.253 ff. Auch *Grundmann* in Staub, HGB, Bd. 11/2, Achter Teil Rz. 71.

e) eine geologische, ökologische oder sonstige physikalische Variable, es sei denn, der Kontrakt bezieht sich auf Einheiten, deren Übereinstimmung mit den Anforderungen der Richtlinie 2003/87/EG des Europäischen Parlaments und des Rates (1) anerkannt ist;

f) ein sonstiger Vermögenswert oder ein sonstiges Recht fungibler Natur, bei dem es sich nicht um ein Recht auf Dienstleistung handelt, der bzw. das übertragbar ist;

g) ein Index oder ein Maßstab, der mit dem Preis, dem Wert oder dem Volumen von Geschäften mit einem Vermögenswert, einem Recht, einer Dienstleistung oder einer Verpflichtung in Verbindung steht;

h) ein Index oder ein Maßstab, der auf versicherungsmathematischen Statistiken beruht."

80 **4. Finanzinstrumente (§ 2 Abs. 4 WpHG). a) Normentwicklung.** Die Definition von Finanzinstrumenten ist sowohl für die Bestimmung des Anwendungsbereichs des WpHG als auch die Anwendung seiner Vorschriften bedeutendste der Begriffsbestimmungen des § 2 WpHG. Der Begriff wird in nicht weniger als 47 Bestimmungen verwandt. Dabei handelt es sich bei dem Begriff der Finanzinstrumente um einen erst spät in das WpHG eingeführten Begriff. Die Einführung in das WpHG erfolgte durch Art. 1 Nr. 2 des Anlegerschutzverbesserungsgesetzes (AnSVG) vom 28.10.2004 (Rz. 1) als § 2 Abs. 2b WpHG (a.F.). Unter dem neuen Begriff wurden – nicht zuletzt, um den Tatbestand zahlreicher Regelungen des WpHG zu vereinfachen – verschiedene Instrumente zusammengefasst.

81 Durch Art. 1 Nr. 2 lit. e Finanzmarktrichtlinie-Umsetzungsgesetz vom 16.7.2007 (Rz. 5 j.) hat § 2 Abs. 2b WpHG a.F. nur geringfügige **Änderungen** erfahren. Weitergehend war die auf Art. 8 Nr. 2 lit. b des AIFM-Umsetzungsgesetzes vom 4.7.2013 (Rz. 5 f.) zurückzuführende Ergänzung des Kanons der Finanzinstrumente um „Anteile an Investmentvermögen im Sinne des § 1 Abs. 1 des Kapitalanlagegesetzbuchs". Wiederum nur geringfügige Änderung brachte Art. 6 Abs. 3 Nr. 1 des CRD IV-Umsetzungsgesetz vom 28.8.2013 (Rz. 5 e.), der in § 2 Abs. 2b WpHG a.F. das Wort „Einlagenkreditinstitut" durch das Wort „CRR-Kreditinstitut" ersetzte. Dagegen brachte Art. 3 Nr. 1 des Gesetzes zur Novellierung des Finanzanlagenvermittler- und Vermögensanlagenrechts vom 6.12.2011 (Rz. 5 i.) eine erhebliche Ausweitung der als Finanzinstrumente erfassten Instrumente mit sich (näher zu den Änderungen 6. Aufl., § 2 WpHG Rz. 60a). Sie bildet die Grundlage der Neufassung der Vorschrift durch Art. 3 Nr. 3 lit. d des 2. FiMaNoG (Rz. 5 a.), welcher zugleich die Neunummerierung des bisherigen § 2 Abs. 2b WpHG (a.F.) als neuer § 2 Abs. 4 WpHG anordnet. Die Neufassung fügt den Finanzinstrumenten i.S.d. WpHG (in § 2 Abs. 4 Nr. 5 WpHG) Emissionszertifikate hinzu und setzt damit entsprechende Vorgaben der RL 2014/57/EU vom 16.4.2014 über strafrechtliche Sanktionen bei Marktmanipulation (Rz. 6 d.) um. Darüber hinaus strukturiert sie die Begriffsbestimmung von Finanzinstrumenten neu, in denen sie die als solche erfassten Instrumente nummeriert auflistet.

82 **b) Die Finanzinstrumente i.S.v. § 2 Abs. 4 Nr. 1 bis 7 WpHG. Wertpapiere** i.S.d. § 2 Abs. 1 WpHG sind Finanzinstrumente i.S.d. § 2 Abs. 4 Nr. 1 WpHG.

83 Gleiches gilt gem. § 2 Abs. 4 Nr. 2 WpHG für **Investmentvermögen** i.S.v. § 1 Abs. 1 KAGB. Nach § 1 Abs. 1 Satz 1 KAGB ist Investmentvermögen jeder Organismus für gemeinsame Anlagen, der von einer Anzahl von Anlegern Kapital einsammelt, um es gemäß einer festgelegten Anlagestrategie zum Nutzen dieser Anleger zu investieren und der kein operativ tätiges Unternehmen außerhalb des Finanzsektors ist. Eine „Anzahl von Anlegern" ist nach § 1 Abs. 1 Satz 2 KAGB gegeben, wenn die Anlagebedingungen, die Satzung oder der Gesellschaftsvertrag des Organismus für gemeinsame Anlagen die Anzahl möglicher Anleger nicht auf einen Anleger begrenzen. Anteile an Investmentvermögen sind durch das AIFM-Umsetzungsgesetzes vom 4.7.2013 in den Kreis der Finanzinstrumente gelangt (Rz. 81). **Anteile an operativ tätigen Unternehmen** außerhalb des Finanzsektors – namentlich Anteile an Personengesellschaften wie Kommanditanteile an Kommanditgesellschaften, GmbH-Anteile, Anteile an Gesellschaften bürgerlichen Rechts sowie stille Beteiligungen an den genannten Gesellschaften oder an bestimmten Vermögensmassen – sind nach § 1 Abs. 1 Satz 1 KAGB keine Anlagen in Investmentvermögen. Bei ihnen handelt es sich vielmehr um Vermögensanlagen i.S.d. Vermögensanlagengesetzes (§ 1 Abs. 2 VermAnlG)[1]. Entsprechend der Ausführungen in den ESMA-Leitlinien zu Unternehmen mit einem allgemein-kommerziellen oder allgemein-industriellen Zweck werden damit solche Unternehmen aus dem Anwendungsbereich des KAGB ausgeschlossen, die überwiegend einer kommerziellen Tätigkeit einschließlich Kauf, Verkauf und/oder Austausch von Waren oder Gütern und/oder Verkehr mit nicht-finanziellen Dienstleistungen nachgehen oder überwiegend eine industrielle Tätigkeit einschließlich der Produktion von Waren oder der Errichtung von Immobilien ausüben oder überwiegend eine Kombination aus beiden vorstehend bezeichneten Tätigkeiten darstellen[2]. Darin kommt auch zum Ausdruck, dass zusätzlich zu der überwie-

---

1 Dazu *Assmann* in Assmann/Schütze, Handbuch des Kapitalanlagerechts, § 5 Rz. 243, 346, 347 ff.; *Maas* in Assmann/Schlitt/von Kopp-Colomb, § 1 VermAnlG Rz. 48.

2 *ESMA*, Leitlinien zu Schlüsselbegriffen der Richtlinie über die Verwalter alternativer Investmentfonds (AIFMD) – Berichtigte Fassung vom 30.1.2014 der am 13.8.2013 veröffentlichten Leitlinien zu Schlüsselbegriffen der Richtlinie über die Verwalter alternativer Investmentfonds (ESMA/2013/611), www.esma.europa.eu/system/files/esma_2013_00600000_de_cor-_revised_for_publication.pdf., Nr. 12 lit. b, S. 4.

gend operativen Tätigkeit vorgenommene Investitionen zu Anlagezwecken wie die Anlage in Finanzinstrumente dieser Qualifikation keinen Abbruch tun[1].

Finanzinstrumente sind nach § 2 Abs. 4 Nr. 3 bzw. 4 WpHG auch **Geldmarktinstrumente** wie sie in § 2 Abs. 2 WpHG definiert sind und **derivative Geschäfte** i.S.v. § 2 Abs. 3 WpHG. 84

Gemäß § 2 Abs. 4 Nr. 5 WpHG sind **Emissionszertifikate** Finanzinstrumente. Emissionszertifikate sind als Basiswert in § 2 Abs. 3 Nr. 1 lit. f WpHG definiert. Sie umfassen Berechtigungen, Emissionsreduktionseinheiten und zertifizierte Emissionsreduktionen i.S.d. § 3 Nr. 3, 6 und 16 des Treibhausgas-Emissionshandelsgesetzes, soweit sie im EU-Emissionshandelsregister gehalten werden dürfen (Rz. 60). 85

Die nach § 2 Abs. 4 Nr. 6 WpHG als Finanzinstrumente geltenden **Rechte auf Zeichnung von Wertpapieren** – erfasst sind sämtliche der in § 2 Abs. 1 WpHG aufgeführten Wertpapiere – finden weder in § 2 WpHG noch in anderen Bestimmungen des Gesetzes definiert, weshalb auf die wertpapierrechtlichen Grundlagen solcher Zeichnungsrechte zurückzugreifen ist. Dementsprechend erfasst der Begriff der **Zeichnung** die auf vertraglich oder gesetzlich gewährten Rechten beruhende Erklärung des Berechtigten über die Ausübung eines Erwerbsrechts einschließlich eines Umtauschrechts[2]. Als Rechte auf Zeichnung kommen jedenfalls Bezugsrechte und Optionen auf Zeichnung junger Aktien nach Maßgabe von § 185 Abs. 1 AktG und §§ 202, 203 Abs. 1 AktG in Betracht[3]. Darüber hinaus fallen unter Rechte auf Zeichnung von Wertpapieren auch Bezugsrechte auf Wertpapiere aus Optionsprogrammen (namentlich Aktienoptionsprogrammen) für Führungskräfte und Mitarbeiter von Unternehmen[4] sowie die auf den Erwerb von Wertpapieren gerichteten Rechte aus Options- und Wandelanleihen[5]. 86

Schließlich sind nach § 2 Abs. 4 Nr. 7 WpHG auch **Vermögensanlagen i.S.v. § 1 Abs. 2 VermAnlG** – mit den in dieser Bestimmung genannten **Ausnahmen** – Finanzinstrumente. Finanzinstrumente sind dementsprechend nicht in Wertpapieren i.S.d. WpPG verbriefte und nicht als Anteile an – von § 2 Abs. 4 Nr. 2 WpHG aber bereits als Finanzinstrumente erfasste (Rz. 80) – Investmentvermögen i.S.d. § 1 Abs. 1 KAGB ausgestaltete Vermögensanlagen in Gestalt von: 87

1. Anteilen, die eine Beteiligung am Ergebnis eines Unternehmens gewähren, *ausgenommen* gem. § 2 Abs. 4 Nr. 7 WpHG Anteile an einer Genossenschaft i.S.v. § 1 GenG.
2. Anteilen an einem Vermögen, das der Emittent oder ein Dritter in eigenem Namen für fremde Rechnung hält oder verwaltet (Treuhandvermögen).
3. Partiarischen Darlehen.
4. Nachrangdarlehen.
5. Genussrechten.
6. Namensschuldverschreibungen, *ausgenommen* gem. § 2 Abs. 4 Nr. 7 WpHG „Namensschuldverschreibungen, die mit einer vereinbarten festen Laufzeit, einem unveränderlich vereinbarten festen positiven Zinssatz ausgestattet sind, bei denen das investierte Kapital ohne Anrechnung von Zinsen ungemindert zum Zeitpunkt der Fälligkeit zum vollen Nennwert zurückgezahlt wird, und die von einem CRR-Kreditinstitut [vor der Änderung durch Art. 6 Abs. 3 Nr. 1 CRD IV-Umsetzungsgesetz, Rz. 81, „Einlagenkreditinstitut"] i.S.d. § 1 Abs. 3d Satz 1 des Kreditwesengesetzes, dem eine Erlaubnis nach § 32 Abs. 1 des Kreditwesengesetzes erteilt worden ist, ausgegeben werden, wenn das darauf eingezahlte Kapital im Falle des Insolvenzverfahrens über das Vermögen des Instituts oder der Liquidation des Instituts nicht erst nach Befriedigung aller nicht nachrangigen Gläubiger zurückgezahlt wird".
7. Sonstigen Anlagen, die eine Verzinsung und Rückzahlung oder einen vermögenswerten Barausgleich im Austausch für die zeitweise Überlassung von Geld gewähren oder in Aussicht stellen.

5. Waren (§ 2 Abs. 5 WpHG). Waren i.S.d. WpHG sind nach § 2 Abs. 5 WpHG fungible Wirtschaftsgüter, die geliefert werden können. Dazu zählen auch Metalle, Erze und Legierungen, landwirtschaftliche Produkte und 88

---

1 *BaFin*, Auslegungsschreiben zum Anwendungsbereich des KAGB und zum Begriff des „Investmentvermögens" vom 14.6. 2013, geändert am 9.3.2015, Geschäftszeichen Q 31-Wp 2137-2013/0006, https://www.bafin.de/SharedDocs/Veroeffentlichungen/DE/Auslegungsentscheidung/WA/ae_130614_Anwendungsber_KAGB_begriff_invvermoegen.html, I. 7., mit Beispielsfällen aus dem Immobilien- und Schiffsbereich. Nicht als Investmentvermögen erfasst sind damit Unternehmen, die überwiegend im Bereich der Produktion, des Immobilienbetriebs (etwa in Gestalt des Betreibens eines Hotels oder einer Pflegeeinrichtung, nicht aber des Erwerbs und des Verkaufs oder der Vermietung, Verpachtung oder Verwaltung von Immobilien) oder der Immobilienprojektentwicklung (Konzeption, Ankauf, Entwicklung und anschließender Verkauf der Immobilie) oder auf dem Gebiet des Handels oder der Erbringung von Dienstleistungen außerhalb des Finanzsektors operieren. Unschädlich ist, dass sich das Unternehmen dabei fremder Dienstleister oder gruppeninterner Gesellschaften bedient, solange die unternehmerischen Entscheidungen im laufenden Geschäftsbetrieb bei ihm verbleiben.
2 So i.E. auch *Fuchs* in Fuchs, § 2 WpHG Rz. 69; *Kumpan* in Schwark/Zimmer, § 2 WpHG Rz. 59.
3 Ebenso *Fuchs* in Fuchs, § 2 WpHG Rz. 69; *Kumpan* in Schwark/Zimmer, § 2 WpHG Rz. 59.
4 Auch *Kumpan* in Schwark/Zimmer, § 2 WpHG Rz. 59; *G. Roth* in KölnKomm. WpHG, § 2 WpHG Rz. 134.
5 Unstreitig, etwa *Fuchs* in Fuchs, § 2 WpHG Rz. 69; *Kumpan* in Schwark/Zimmer, § 2 WpHG Rz. 59; *Schäfer* in Schäfer/Hamann, § 2 WpHG Rz. 38; *G. Roth* in KölnKomm. WpHG, § 2 WpHG Rz. 135.

Energien wie Strom. Die Definition von Waren ist aufgrund von Art. 1 Nr. 2 lit. e des Finanzmarktrichtlinie-Umsetzungsgesetzes vom 16.7.2007 (Rz. 5 j.) als § 2 Abs. 2c WpHG (a.F.) in das WpHG gelangt. Sie hat seither, außer der Neunummerierung dieser Vorschrift als § 2 Abs. 5 WpHG durch Art. 3 Nr. 3 lit. e 2. FiMaNoG vom 23.6.2017 (Rz. 5 a.), keine Änderung erfahren. Die Definition ist für eine Fülle von Vorschriften des WpHG, die – selbstständig oder kombiniert mit anderen (etwa im Begriff „Warenderivate") – den Begriff „Waren" verwenden, darunter auch Definitionen anderer Begriffe in § 2 WpHG.

89 **Allgemein** umschreibt § 2 Abs. 5 Halbsatz 1 WpHG Waren i.S.d. WpHG als **fungible Wirtschaftsgüter**. Zumal § 2 Abs. 5 Halbsatz 2 WpHG ausdrücklich klarstellt, dass zu den Waren auch Energien wie Strom gehören, lässt sich der Warenbegriff des § 2 Abs. 5 WpHG in Anlehnung an die entsprechende Begriffsbestimmung im Handelsrecht auch so fassen, dass Waren als **handelbare bewegliche Sachen**[1] begriffen werden. Als handelbar sind solche Sachen weiterhin nur dann zu betrachten, wenn sie vertretbar sind, d.h. – in Anlehnung an § 91 BGB – nach Zahl, Maß oder Gewicht bestimmt werden können. Kraft ausdrücklicher Regelung in § 2 Abs. 5 Halbsatz 2 WpHG zählen dazu auch Metalle, Erze und Legierungen, landwirtschaftliche Produkte und Energien wie Strom. In Art. 2 Nr. 1 DurchfVO Nr. 1287/2006 (Finanzmarktrichtlinie-Durchführungsverordnung), der der durch das Finanzmarktrichtlinie-Umsetzungsgesetz vom 16.7.2007 (Rz. 5 j.) in das WpHG gelangte § 2 Abs. 2c WpHG a.F. (Rz. 88) weitgehend folgt, ist von Gütern fungibler Art die Rede, die „geliefert werden können". Das entspricht vorstehender Umschreibung: Da der Begriff der Ware erkennbar nicht mit der einzelnen Sache (Stück) identisch ist, denn dazu bedürfte es der Regelungen des Wertpapierhandelsgesetzes nicht, kann davon ausgegangen werden, dass – ohne an eine ganz bestimmte Sache (bestimmtes Stück) zu denken – nur geliefert werden kann, was im Allgemeinen (d.h. der Gattung nach) bestimmt werden kann.

90 **6. Waren-Spot-Kontrakt (§ 2 Abs. 6 WpHG).** Die Definition eines Waren-Spot-Kontrakts in § 2 Abs. 6 WpHG wurde durch Art. 1 Nr. 3 1. FiMaNoG in § 2 WpHG eingefügt. Sie ist im Hinblick auf die Anwendung der Strafvorschriften in § 119 Abs. 1 Nr. 1 und Nr. 2 WpHG erforderlich, die eine in § 120 Abs. 2 Nr. 3 oder Abs. 15 Nr. 2 WpHG bezeichnete vorsätzliche Handlung voraussetzen, die einen Verstoß gegen § 25 WpHG i.V.m. Art. 15 VO Nr. 596/2014 (Rz. 6 c.) darstellt[2]. Dementsprechend definiert die Vorschrift Waren-Spot-Kontrakt für die Zwecke des WpHG unter Verweis auf Art. 3 Nr. 1 Nr. 15 VO Nr. 596/2014 (Rz. 6 c.). Nach dieser Bestimmung ist ein Waren-Spot-Kontrakt ein Kontrakt über die Lieferung einer an einem Spotmarkt i.S.v. Art. 3 Nr. 16 VO Nr. 596/2014 (Rz. 6 c.) gehandelten Ware, die bei Abwicklung des Geschäfts unverzüglich geliefert wird, sowie einen Kontrakt über die Lieferung einer Ware, die kein Finanzinstrument ist, einschließlich physisch abzuwickelnde Terminkontrakte. Ein Spotmarkt sind nach Art. 3 Abs. 1 Nr. 16 VO Nr. 596/2014 (Rz. 6 c.) ein Warenmarkt, an dem Waren gegen bar verkauft und bei Abwicklung des Geschäfts unverzüglich geliefert werden, und jeder andere Markt, der kein Finanzmärkte ist, beispielsweise ein Warenterminmarkt.

91 **7. Referenzwert (§ 2 Abs. 7 WpHG).** Wie die Definition des Waren-Spot-Kontrakts in § 2 Abs. 6 WpHG ist auch diejenige des Begriffs Referenzwert in § 2 Abs. 7 WpHG durch Art. 1 Nr. 3 1. FiMaNoG vor allem im Hinblick auf ihre Verwendung in einer Strafvorschrift des § 120 WpHG eingefügt worden. Auch in § 119 Abs. 1 Nr. 4 WpHG wird eine in § 120 Abs. 2 Nr. 3 oder Abs. 15 Nr. 2 WpHG bezeichnete vorsätzliche Handlung vorausgesetzt, die einen Verstoß gegen § 25 WpHG i.V.m. Art. 15 VO Nr. 596/2014 (Rz. 6 c.) bzw. Art. 15 VO Nr. 596/2014 (Rz. 6 c.) darstellt, und in diesem Falle auf „die Berechnung eines Referenzwertes im Inland oder in einem anderen Mitgliedstaat oder in einem anderen Vertragsstaat des Abkommens über den Europäischen Wirtschaftsraum" einwirkt. Nicht anders als Definition des Waren-Spot-Kontrakts in § 2 Abs. 6 WpHG greift deshalb auch diejenige des Referenzwerts auf die Marktmissbrauchsverordnung zurück und definiert Referenzwert im Sinne des WpHG als einen Kurs, Index oder Wert i.S.d. Art. 3 Abs. 1 Nr. 29 VO Nr. 596/2014 (Rz. 6 c.). Nach dieser Bestimmung bezeichnet der Begriff Referenzwert einen Kurs, Index oder Wert, der der Öffentlichkeit zugänglich gemacht oder veröffentlicht wird und periodisch oder regelmäßig durch die Anwendung einer Formel auf den Wert eines oder mehrerer Basiswerte oder -preise, einschließlich geschätzter Preise, tatsächlicher oder geschätzter Zinssätze oder sonstiger Werte, oder auf Erhebungsdaten ermittelt bzw. auf der Grundlage dieser Werte bestimmt wird und auf den bei der Festsetzung des für ein Finanzinstrument zu entrichtenden Betrags oder des Wertes eines Finanzinstruments Bezug genommen wird. Darüber hinaus ist die Definition des Begriffs Referenzwerts von Bedeutung für die Anwendung von § 1 Abs. 1 Nr. 8 lit. j, § 6 Abs. 3 Satz 4 und § 10 Abs. 2 Satz 3 Nr. 2 WpHG.

92 **8. Wertpapierdienstleistungen (§ 2 Abs. 8 WpHG). a) Normentwicklung.** Der in § 2 Abs. 8 WpHG definierte Begriff der **Wertpapierdienstleistungen** ist – teils direkt (in 24 Bestimmungen), teils indirekt (über Begriffsverbindungen wie bei dem Begriff des Wertpapierdienstleistungsunternehmens, unten § 2 Abs. 10 WpHG, hier in 56 Bestimmungen) – **Anknüpfungspunkt** zahlreicher Vorschriften des WpHG.

93 Seit der Einführung des WpHG ist die Definition von Wertpapierdienstleistungen als einer der Schlüsselbegriffe des WpHG **kontinuierlich geändert** und dabei meist erweitert worden. Gegenüber seiner ursprüng-

---

1 Etwa *Hopt* in Baumbach/Hopt, Einl. vor § 373 HGB Rz. 8. Auch *Grundmann* in Staub, HGB, Bd. 11/2, Achter Teil Rz. 74.
2 Vgl. RegE eines Ersten Gesetzes zur Novellierung von Finanzmarktvorschriften auf Grund europäischer Rechtsakte, BT-Drucks. 18/7842 v. 8.2.2015, 1, 57.

lichen Fassung als § 2 Abs. 3 WpHG wurde der Begriff der Wertpapierdienstleistungen zunächst durch Art. 2 Nr. 3 des Umsetzungsgesetzes vom 22.10.1997 (Rz. 1) zum Zwecke der (Rest-)Umsetzung der der Richtlinie 93/22/EWG vom 10.5.1993 über Wertpapierdienstleistungen (Rz. 8) ausgedehnt (näher 6. Aufl., § 2 WpHG Rz. 64). Nach Änderungen durch das Anlegerschutzverbesserungsgesetz vom 28.10.2004 (Rz. 1) wurde durch Art. 1 Nr. 2 lit. f des Finanzmarktrichtlinie-Umsetzungsgesetzes vom 16.7.2007 (Rz. 5 j.) der Kreis der in § 2 Abs. 3 WpHG aufgeführten Wertpapierdienstleistungen erweitert, Kurzbezeichnungen für die einzelnen Wertpapierdienstleistungen eingeführt und § 2 Abs. 3 WpHG a.F. ein neuer Satz 2 hinzugefügt (Einzelheiten 6. Aufl., § 2 WpHG Rz. 64). Aufgrund des Gesetzes zur Umsetzung der geänderten Bankenrichtlinie und der geänderten Kapitaladäquanzrichtlinie vom 19.11.2010[1] wurde der seinerzeitige § 2 Abs. 3 Satz 1 Nr. 2 WpHG (a.F.) neu gefasst. Sodann ergänzte das Gesetz zur Fortentwicklung des Pfandbriefrechts vom 20.3.2009[2] § 2 Abs. 3 WpHG um einen neuen Satz 3. Mit Art. 3 Nr. 1 des Hochfrequenzhandelsgesetzes vom 17.5.2013 (Rz. 5 g.) wurde § 2 Abs. 3 Satz 1 Nr. 2 WpHG a.F. neu gefasst, um den Hochfrequenzhandel als Wertpapierdienstleistung zu qualifizieren und damit der Aufsicht nach Maßgabe der Bestimmungen des WpHG über Wertpapierdienstleistungen zu unterwerfen.

Die **weitreichendste Änderung** hat die Definition der Wertpapierdienstleistungen durch Art. 3 Nr. 3 lit. f 94 **2. FiMaNoG vom 23.6.2017** (Rz. 5 a.) erfahren. Zur Umsetzung der RL 2014/65/EU vom 15.5.2014 über Märkte für Finanzinstrumente (Rz. 6 b.) und der DelVO 2017/565 vom 25.4.2016 (Rz. 6 b.) zur Ergänzung dieser Richtlinie sind zahlreiche Bestimmungen des § 2 Abs. 3 WpHG a.F. über Wertpapierdienstleistungen geändert worden. Im Zuge der Neuzählung der Vorschriften des WpHG wurde der bisherige § 2 Abs. 3 WpHG a.F. der neue § 2 Abs. 8 WpHG.

Durchgängig beziehen sich die in § 2 Abs. 8 WpHG erfassten Dienstleistungen auf **Finanzinstrumente** i.S.v. § 2 95 Abs. 4 WpHG. Da Wertpapierdienstleistungen nach § 2 Abs. 3 WpHG a.F. einst nur Leistungen in Bezug auf Wertpapiere, Geldmarktinstrumente und Derivate betrafen, war mit der Einführung des Begriffs der Finanzinstrumente durch das Anlegerschutzverbesserungsgesetz vom 28.10.2004 (Rz. 80) und den nachfolgenden Erweiterungen der als Finanzinstrumente erfassten Instrumente sowie der Bezugnahme der Begriffsbestimmung von Wertpapierdienstleistungen auf den weiteren Begriff der Finanzinstrumente zugleich eine stetige Ausweitung des Kreises von Wertpapierdienstleistungen verbunden. In der ursprünglichen Fassung von § 2 Abs. 3 WpHG galten als Wertpapierdienstleistungen nur solche Dienstleistungen, die ihrem Umfang nach einen in kaufmännischer Weise eingerichteten Geschäftsbetrieb erforderten. Diese Voraussetzung ist mit der Novellierung dieser Bestimmung durch das Umsetzungsgesetz vom 22.10.1997 (Rz. 1) in die Definition von Wertpapierdienstleistungsunternehmen in § 2 Abs. 4 WpHG a.F. – heute § 2 Abs. 10 WpHG – überführt worden. Zur Qualifikation als Wertpapierdienstleistungsunternehmen genügt es nach dieser Vorschrift allerdings, dass Wertpapierdienstleistungen (ggf. zusammen mit Wertpapiernebendienstleistungen) *gewerbsmäßig* erbracht werden (Rz. 202).

Welche Aktivitäten Wertpapierdienstleistungen sind, ist in § 2 Abs. 8 Satz 1 Nr. 1 bis 10 WpHG bestimmt. Die 96 in diesen Bestimmungen enthaltenen Definitionen werden durch § 2 Abs. 8 Sätze 2 bis 7 WpHG überwiegend spezifiziert, teils aber auch ergänzt, wie in § 2 Abs. 8 Satz 6 WpHG um die Definition von Eigengeschäften.

b) **Die Wertpapierdienstleistungen i.S.v. § 2 Abs. 8 Satz 1 Nr. 1 bis 10 und Sätze 2 bis 6 WpHG. aa) Fi-** 97 **nanzkommissionsgeschäft (§ 2 Abs. 8 Satz 1 Nr. 1 und Satz 2 WpHG).** Nach § 2 Abs. 8 Satz 1 Nr. 1 WpHG handelt es sich bei Finanzkommissionsgeschäften, d.h. der Anschaffung oder Veräußerung von Finanzinstrumenten im eigenen Namen für fremde Rechnung, um Wertpapierdienstleistungen. Die **Definition** geht auf **Vorgaben** von Art. 1 Nr. 1 i.V.m. Abschnitt A Nr. 1 des Anhangs RL 93/22/EWG vom 10.5.1993 über Wertpapierdienstleistungen (Rz. 8) zurück und diente der Umsetzung von Art. 4 Abs. 1 Nr. 2 i.V.m. Anhang I Abschnitt A Nr. 1 RL 2004/39/EG vom 21.4.2004 (Finanzmarktrichtlinie, Rz. 7 b.). Er hat durch das Finanzmarktrichtlinie-Umsetzungsgesetz vom 16.7.2007 (Rz. 5 j.) nur eine klarstellende redaktionelle Änderung erfahren, indem die Formulierung „die Anschaffung und die Veräußerung" durch die Formulierung „Anschaffung oder Veräußerung" ersetzt wurde. Dadurch wurde klargestellt, dass es ausreicht, wenn Finanzinstrumente entweder angeschafft *oder* veräußert werden. Weiter wurde die Kurzbezeichnung „Finanzkommissionsgeschäft" hinzugefügt. Eine § 2 Abs. 8 Satz 1 Nr. 1 WpHG entsprechende Bestimmung findet sich in § 1 Abs. 1 Satz 2 Nr. 4 KWG. Die Auslegung dieser Bestimmung ist – im Hinblick auf das Finanzkommissionsgeschäft als erlaubnispflichtiges Geschäft – Gegenstand des **Merkblatts Finanzkommissionsgeschäft** der BaFin, doch kann es auch für die Auslegung von § 2 Abs. 8 Satz 1 Nr. 1 WpHG herangezogen werden. Außer dass das Finanzkommissionsgeschäft eine Wertpapierdienstleistung darstellt und damit allen Vorschriften für Wertpapierdienstleistungen unterfällt, hat der Begriff „Finanzkommissionsgeschäft" auch Bedeutung für die Anwendung der §§ 63 und 68 WpHG.

Wertpapierdienstleistung nach § 2 Abs. 8 Satz 1 Nr. 1 WpHG, vom Gesetz als **Finanzkommissionsgeschäft** be- 98 zeichnet, ist die **Anschaffung oder Veräußerung** von Finanzinstrumenten **im eigenen Namen für fremde Rechnung** (mittelbare Stellvertretung). Entscheidend ist, dass es sich bei dem fraglichen Geschäft um ein Kom-

---

1 BGBl. I 2010, 1592.
2 BGBl. I 2009, 607.

missionsgeschäft i.S.d. §§ 383 ff. HGB[1] oder um ein diesem hinreichend ähnliches Geschäft (näher Rz. 100) handelt. Das **Kommissionsgeschäft** kann sowohl die Anschaffung in Gestalt des Kaufs (Einkaufskommission) als auch die Veräußerung in Gestalt des Verkaufs (Verkaufskommission) des Kommissionsgegenstands – hier eines Finanzinstruments – betreffen und mit dem Recht oder ohne das Recht zum Selbsteintritt des Kommissionärs einhergehen[2]. Erfasst sind darüber hinaus auch Tauschgeschäfte oder der Bezug von Wertpapieren aus Emissionen[3]. Dabei liegt ein Handeln **im eigenen Namen** vor, wenn die Willenserklärung nicht erkennbar im Namen eines anderen (des Vertretenen), d.h. in offener Stellvertretung, abgegeben wird (§ 164 Abs. 1 BGB i.V.m. Abs. 2 BGB). Von einem Handeln **auf fremde Rechnung** ist auszugehen, wenn die wirtschaftlichen Vor- und Nachteile aus dem Geschäft zur Anschaffung oder Veräußerung der Finanzinstrumente den Auftraggeber (Kommittenten) treffen sollen. Dies wiederum hängt davon ab, ob der Handelnde (Kommissionär) nach der von ihm gem. §§ 362 ff. BGB vorgenommenen und nach außen erkennbaren[4] Tilgungsbestimmung das Geschäft zur Erfüllung eines Kommissionsvertrags mit dem Kommittenten vornimmt. Mangels eines Handelns für fremde Rechnung betreibt eine Kommanditgesellschaft, die die eingeworbenen Mittel ihrer Treugeberkommanditisten im eigenen Namen und auf eigene Rechnung in Finanzinstrumenten anlegt, kein Finanzkommissionsgeschäft[5]. Für die Qualifikation eines Geschäfts als Finanztermingeschäft ist es unerheblich, auf **welchem Markt** der Kommissionsvertrag zustande kam und ausgeführt wurde[6].

99 So wie das Kommissionsgeschäft nach § 2 Abs. 8 Satz 1 Nr. 1 WpHG gegenüber demjenigen nach § 383 Abs. 1 HGB hinsichtlich des Kommissionsgegenstands eine Modifizierung erfahren hat und Finanzinstrumente statt „Waren oder Wertpapiere" umfasst, ist nach § 2 Abs. 8 Satz 1 Nr. 1 WpHG auch eine Modifikation im Hinblick auf das Ausführungsgeschäft vorzunehmen: Anders als § 383 Abs. 1 HGB, der den Kauf oder den Verkauf des Kommissionsgegenstands verlangt, ist in § 2 Abs. 8 Satz 1 Nr. 1 WpHG von der **„Anschaffung oder Veräußerung"** von Finanzinstrumenten die Rede. Dementsprechend kommt es bei Finanzkommissionsgeschäften nicht zwingend auf den Erwerb des Eigentums an dem jeweiligen Finanzinstrument an. Vielmehr können auch auf **Tausch oder Leihe** von Finanzinstrumenten gerichtete Geschäfte Finanzkommissionsgeschäfte sein[7]. Damit werden auch solche Geschäfte erfasst, die, wie bei der **Wertpapierleihe**, nicht zu einem Vollerwerb auf der einen und einem entsprechenden Rechtsverlust auf der anderen Seite führen, aber gleichwohl die Übertragung der mit den einzelnen Instrumenten verbundenen Rechte zum Gegenstand haben[8].

100 Wenn § 2 Abs. 8 Satz 1 Nr. 1 WpHG nur dem Rechtsbegriff der Kommission i.S.v. §§ 383 ff. HGB entsprechende **Kommissionsgeschäfte** erfasst, bedeutet dies nicht notwendigerweise, dass im einzelnen Fall alle Merkmale des Kommissionsgeschäfts nach §§ 383 ff. HGB gegeben sein müssen. Vielmehr ist es ausreichend, dass das zwischen dem Unternehmen und seinem Kunden abgeschlossene Rechtsgeschäft **hinreichende Ähnlichkeit** mit den in §§ 383 ff. HGB geregelten **Typus des Kommissionsgeschäfts** aufweist, um diesem Typus zugeordnet werden zu können[9]. Dagegen ist eine im Interesse des Anlegerschutzes vorgenommene rein wirtschaftliche Betrachtungsweise bei der Auslegung des Merkmals „für fremde Rechnung" von der Vorschrift nicht gedeckt. Die Vorschrift kann mithin nicht als allgemeiner Auffangtatbestand für Anlagemodelle verstan-

---

1 Hierzu und zum Folgenden BVerwG v. 27.2.2008 – 6 C 12.07, ZIP 2008, 911 Rz. 47 und 912 Rz. 51; BVerwG v. 8.7.2009 – 8 C 4.09, ZIP 2009, 1899, 1901 Rz. 30. Sieht man von veröffentlichten Meinungsäußerungen von Mitarbeitern der BaFin – etwa *Eßer*, WM 2008, 671; *Sahavi*, ZIP 2005, 929; *Voge*, WM 2007, 1640 – ab, entsprach dies der einhelligen Ansicht im Schrifttum. S. etwa *Baum* in KölnKomm. WpHG, § 2 WpHG Rz. 154; *Dreher*, ZIP 2004, 2161; *Fock*, ZBB 2004, 365, 368; *Frey*, BKR 2005, 200, 201; *Görner/Dreher*, ZIP 2005, 2139; *Gstädtner/Elicker*, BKR 2006, 437, 440 f.; *Hammen*, WM 2005, 813; *Oelkers*, WM 2001, 340, 344 f.; *Reischauer/Kleinhans*, § 1 KWG Rz. 85; *Schmalenbach/Sester*, WM 2005, 2025, 2030; *Wolf*, DB 2005, 1723, 1724; *Zerwas/Hanten*, ZBB 2000, 44, 47. Auch *BaFin*, Merkblatt Finanzkommissionsgeschäft, 1.b): „Die neuere verwaltungsgerichtliche Rechtsprechung, die mit dem Wechsel der zuständigen Kammer beim VG Frankfurt/M. ... eingeleitet und zuletzt durch die Urteile des BVerwG ... bestätigt wurde", schränkt den gesetzlichen Tatbestand „entgegen der früheren Praxis der [BaFin] und der älteren Rechtsprechung der Instanzgerichte weitgehend auf die handelsrechtliche Kommission im Sinne der §§ 383 ff. HGB".
2 Zu Finanzkommissionsgeschäften im Effektengeschäft näher etwa *Ekkenga* in MünchKomm. HGB, 3. Aufl. 2014, Bd. 6, Effektengeschäfte, Rz. 82 ff.; *Schelm* in Kümpel/Wittig, Bank- und Kapitalmarktrecht, Rz. 2.41 ff.; *Seiler/Geier* in Bankrechts-Handbuch, § 104 Rz. 1 ff.; *G.H. Roth* in Assmann/Schütze, Handbuch des Kapitalanlagerechts, 3. Aufl. 2007, § 10 Rz. 43 ff.
3 Vgl. *BaFin*, Merkblatt Finanzkommissionsgeschäft, 1.b). Dazu auch noch am Ende dieser Rz.
4 Vgl. etwa *Hopt* in Baumbach/Hopt, § 383 HGB Rz. 16.
5 BGH v. 7.12.2009 – II ZR 15/08, ZIP 2010, 176, 177 Rz. 15.
6 S. *Kumpan* in Schwark/Zimmer, § 2 WpHG Rz. 62; *Schäfer* in Schäfer/Hamann, § 2 WpHG Rz. 45; *Baum* in KölnKomm. WpHG, § 2 WpHG Rz. 151.
7 *BaFin*, Merkblatt Finanzkommissionsgeschäft, 1.b). Auch *Fuchs* in Fuchs, § 2 WpHG Rz. 80; *Kumpan* in Schwark/Zimmer, § 2 WpHG Rz. 62; *Schäfer* in Schäfer/Hamann, § 2 WpHG Rz. 49; *Baum* in KölnKomm. WpHG, § 2 WpHG Rz. 151.
8 Ebenso *Baum* in KölnKomm. WpHG, § 2 WpHG Rz. 151; *Fuchs* in Fuchs, § 2 WpHG Rz. 80; *Kumpan* in Schwark/Zimmer, § 2 WpHG Rz. 62; *Schäfer* in Schäfer/Hamann, § 2 WpHG Rz. 45 f., 48.
9 BVerwG v. 27.2.2008 – 6 C 12.07, ZIP 2008, 911, 912 Rz. 51; BVerwG v. 8.7.2009 – 8 C 4.09, ZIP 2009, 1899, 1901 Rz. 30; BGH v. 7.12.2009 – II ZR 15/08, ZIP 2010, 176, 177 Rz. 14. Folgend *BaFin*, Merkblatt Finanzkommissionsgeschäft, 1.d). S. auch *Kumpan* in Schwark/Zimmer, § 2 WpHG Rz. 66.

den werden, bei denen im Drittinteresse mit Finanzinstrumenten gehandelt wird, sondern ist als ein auf das Kommissionsgeschäft bezogener und dadurch begrenzter Tatbestand zu betrachten.

Vorstehende Grundsätze hat das **BVerwG** in seinem Urteil vom 27.2.2008[1] im Hinblick auf die Erlaubnispflicht von **kollektiven Anlagemodellen** nach § 1 Satz 2 Nr. 4 KWG i.V.m. § 32 KWG dargelegt, doch sind die entsprechenden Ausführungen des Gerichts einschließlich seiner Würdigung der europarechtlichen Grundlagen der vorgenannten Bestimmungen ohne weiteres auf § 2 Abs. 8 Satz 1 Nr. 1 WpHG übertragbar[2], denn bei der Einordnung der auf den Finanzmärkten angebotenen Dienstleistungen geht es über die Frage ihrer Erlaubnispflicht hinaus auch um die für erlaubnispflichtige Geschäfte maßgeblichen Verhaltenspflichten, namentlich etwa der nachgerade auf Kommissionsgeschäfte anwendbaren Pflicht zur getrennten Vermögensverwaltung nach § 84 Abs. 2 WpHG. Das bedeutet, dass kollektive Anlageformen wie etwa geschlossene, u.a. in Finanzinstrumente investierende **Fondsgesellschaften** (namentlich in der Rechtsform der Publikumskommanditgesellschaft mit regelmäßiger Einschaltung eines Treuhandkommanditisten) oder die Schaffung von Portfolios und die Beteiligung von Anlegern an deren Erfolg in Gestalt von (als Namens- oder Inhaberschuldverschreibungen ausgestalteten) **Indexzertifikaten** keine Finanzkommissionsgeschäfte i.S.v. § 2 Abs. 8 Satz 1 Nr. 1 WpHG darstellen[3]. Da sich sämtliche kollektiven Anlagemodelle dadurch auszeichnen, dass die vom Fondsträger bei Anlegern eingesammelten Gelder nicht nur im eigenen Namen, sondern auch für eigene Rechnung anlegen, werden sie auch nicht etwa dadurch zu Finanzkommissionsgeschäften, dass den Anlegern – etwa über einen sog. Anlageausschuss – ein gewisser Einfluss auf die Anlagepolitik der Fonds eingeräumt wird.

101

Aus den Vorgaben des BVerwG (Rz. 101) hat die BaFin „für die Praxis" abgeleitet, der **Tatbestand des Finanzkommissionsgeschäfts sei jedenfalls immer dann erfüllt**, „wenn jemand einen anderen, dem gegenüber er auch weisungsbefugt ist, damit beauftragt, bestimmte Finanzinstrumente im eigenen Namen anzuschaffen bzw. zu veräußern, wobei die wirtschaftlichen Vor- und Nachteile dieses Geschäfts den Auftraggeber treffen und der Beauftragte verpflichtet ist, den Auftraggeber über die Ausführung des Geschäfts zu benachrichtigen, ihm über das Geschäft Rechenschaft abzulegen und das Eigentum an den angeschafften Finanzinstrumenten zu übertragen"[4].

102

Von § 2 Abs. 8 Satz 1 Nr. 1 WpHG erfasst werden alle **Kommissionsgeschäfte** in Bezug auf die fraglichen **Finanzinstrumente**[5], namentlich das **Wertpapier- und Effektenkommissionsgeschäft** (§§ 383 ff. HGB, Nr. 1 bis 9 der Sonderbedingungen für Wertpapiergeschäfte[6], sowie – im Hinblick auf die Einkaufskommission – §§ 18 ff. DepotG). Die Tätigkeit von **Botenbanken** und sog. **Introducing Brokers** im Geschäft mit Finanzinstrumenten (näher zur Qualifikation dieser Tätigkeit Rz. 129) wird von dem Begriff der Finanzkommissionsgeschäfte nicht erfasst[7]. Verspricht ein Unternehmen oder ein Unternehmenskonsortium dem Emittenten, die Emission der Finanzinstrumente durch Platzierung im eigenen Namen, aber für Rechnung des Emittenten zu übernehmen („**Begebungsübernahme**" oder „**Begebungskonsortium**"), so handelt es sich nach nicht einhelliger Ansicht um ein Geschäft i.S.v. § 2 Abs. 8 Satz 1 Nr. 1 WpHG[8], doch ist der Streit um die Qualifizierung solcher Geschäfte als Finanzkommissionsgeschäfte obsolet geworden, da derartige Geschäfte in § 2 Abs. 8 Satz 1 Nr. 6 WpHG als selbstständige Wertpapierdienstleistungen („Platzierungsgeschäft") erfasst werden[9].

103

Der **Vertrieb von Anteilen an Investmentvermögen**, die nach § 2 Abs. 4 Nr. 3 WpHG Finanzinstrumente sind, stellt, sofern er im Wege einer der in § 2 Abs. 8 Satz 1 WpHG erfassten Transaktionsformen erfolgt, eine Wertpapierdienstleistung dar. Keine Wertpapierdienstleistungen im Sinne dieser Vorschrift sind dagegen die Geschäfte der Kapitalverwaltungsgesellschaften von Investmentvermögen i.S.v. § 17 KAGB im Rahmen der Portfolioverwaltung[10].

104

---

1 BVerwG v. 27 2. 2008 – 6 C 12.07, ZIP 2008, 911. Zu dieser Entscheidung etwa *Unzicker*, ZIP 2008, 919. Im Ergebnis entsprachen dem auch die Entscheidungen der Vorinstanzen: VGH Kassel v. 13.12.2006 – 6 UE 3083/05, ZIP 2007, 999, und VG Frankfurt/M. v. 27.10.2005 – 1 E 1159/05, ZIP 2006, 415. Bestätigt durch BVerwG v. 8.7.2009 – 8 C 4.09, ZIP 2009, 1899.
2 Daran lässt auch das BVerwG v. 27.2.2008 – 6 C 12.07, ZIP 2008, 911, 915 Rz. 38 keinen Zweifel: „Der Gesetzgeber ging also ersichtlich davon aus, dass mit dem Tatbestand des § 2 Abs. 3 Nr. 1 WpHG, dessen Wortlaut mit dem des § 1 Abs. 1 Satz 2 Nr. 4 KWG a.F. weitgehend übereinstimmte, (nur) das Kommissionsgeschäft erfasst werden sollte".
3 *Fuchs* in Fuchs, § 2 WpHG Rz. 84; i.E. auch *Kumpan* in Schwark/Zimmer, § 2 WpHG Rz. 63.
4 BaFin, Merkblatt Finanzkommissionsgeschäft, 1.d)aa).
5 Dazu etwa *G.H. Roth* in Assmann/Schütze, Handbuch des Kapitalanlagerechts, 3. Aufl. 2007, § 10 Rz. 43 ff., 60 f. und § 11 Rz. 184 f.
6 Abgedruckt bei *Bunte*, AGB-Banken, 4. Aufl. 2015, 4. Teil VII.
7 Auch *Baum* in KölnKomm. WpHG, § 2 WpHG Rz. 155; *Kumpan* in Schwark/Zimmer, § 2 WpHG Rz. 64.
8 S. auch RegE Umsetzungsgesetz, BT-Drucks. 13/7142 v. 6.3.1997, 1, 101 zu § 2 Abs. 3 Nr. 5 WpHG, und Rz. 58. Wie hier *Schäfer* in Schäfer/Hamann, § 2 WpHG Rz. 73. Ebenso zu § 1 Abs. 1 Satz 1 Nr. 4 KWG *Reischauer/Kleinhans*, § 1 KWG Rz. 84, 151, 159. A.A. *Kumpan* in Schwark/Zimmer, § 2 WpHG Rz. 64.
9 *Fuchs* in Fuchs, § 2 WpHG Rz. 80; *Kumpan* in Schwark/Zimmer, § 2 WpHG Rz. 64.
10 Zur Auseinandersetzung um die Frage, ob Investmentgesellschaften (d.h. der von Kapitalanlagegesellschaften verwalteten Investmentfonds und der Investmentaktiengesellschaften) i.S.d. seinerzeitigen InvG als Vorgängerregelung des KAGB Wertpapierdienstleistungsunternehmen sein können, wenn ihre Anlagegeschäfte keine Wertpapierdienstleistungen darstellen, s. 6. Aufl., § 2 WpHG Rz. 72.

§ 2 | Anwendungsbereich, Begriffsbestimmungen

105 Nach § 2 Abs. 8 Satz 2 WpHG umfasst das Finanzkommissionsgeschäft, nicht anders als der Eigenhandel und die Abschlussvermittlung, auch den Abschluss von Vereinbarungen über den Verkauf von **Finanzinstrumenten, die von einem Wertpapierdienstleistungsunternehmen oder einem Kreditinstitut ausgegeben** werden, im Zeitpunkt und im Zusammenhang mit ihrer Emission. Dieser § 2 Abs. 8 WpHG durch Art. 2. FiMaNoG (Rz. 5 a.) eingefügte Satz 2 „dient der Klarstellung und setzt den letzten Teil des Art. 4 Abs. 1 Nr. 5 der Richtlinie 2014/65/EU [Rz. 6 b.], angelehnt an die englische Fassung der Richtlinie, um"[1]. Dabei kommt implizit zum Ausdruck, dass der Tatbestand der Eigenemission nicht der systematischen Internalisierung i.S.v. § 2 Abs. 8 Satz 1 Nr. 2 lit. b WpHG unterfällt.

106 **bb) Eigenhandelsgeschäfte und Hochfrequenzhandel (§ 2 Abs. 8 Satz 1 Nr. 2 WpHG). (1) Normentwicklung und Übersicht.** Schon in der ursprünglichen Fassung des WpHG – Art. 1 Nr. 1 i.V.m. Abschnitt A Nr. 2 des Anhangs RL 93/22/EWG vom 10.5.1993 über Wertpapierdienstleistungen (Rz. 8) umsetzend – gehörte „die Anschaffung und Veräußerung von Wertpapieren, Geldmarktinstrumenten oder Derivaten im Wege des Eigenhandels für andere" (§ 2 Abs. 3 Nr. 2 WpHG a.F.) zu den Wertpapierdienstleistungen i.S.d. WpHG. Durch Art. 1 Nr. 2 lit. f Finanzmarktrichtlinie-Umsetzungsgesetz vom 16.7.2007 (Rz. 5 j.) wurde der Wortlaut der Vorschrift geringfügig geändert, um mit der Formulierung „für eigene Rechnung als Dienstleistung für andere" klarzustellen, dass lediglich der Eigenhandel, nicht aber die Eigengeschäfte eines Instituts Wertpapierdienstleistungen i.S.d. § 2 Abs. 3 Satz 1 Nr. 2 WpHG a.F. darstellen. Die Eigengeschäfte sind aber in § 2 Abs. 3 Satz 2 WpHG a.F. Wertpapierdienstleistungen gleichgestellt worden. Nach Änderungen durch Art. 7 Nr. 1 des Gesetzes zur Umsetzung der geänderten Bankenrichtlinie und der geänderten Kapitaladäquanzrichtlinie vom 19.11. 2010[2] wurde § 2 Abs. 3 Satz 1 Nr. 2 WpHG a.F. durch Art. 3 Nr. 1 des Hochfrequenzhandelsgesetzes vom 17.5. 2013 (Rz. 5 g.) neu gefasst: zum einen wurde die Vorschrift um den Hochfrequenzhandel ergänzt, um diesen als Wertpapierdienstleistung zu qualifizieren und damit der Aufsicht zu unterwerfen; zum anderen wurde die Bestimmung neu – in Nr. 2 lit. a bis d – strukturiert und erhielt ihre bis heute geltende Form. Durch Art. 3 Nr. 3 lit. f 2. FiMaNoG (Rz. 5 a.) hat die Vorschrift nicht nur ihre heutige Nummerierung als § 2 Abs. 8 Satz 1 Nr. 2 WpHG erhalten, sondern auch eine Reihe von Änderungen (in Nr. 2 lit. a, b und d) zur Umsetzung von Art. 4 Abs. 1 Nr. 7, 20 und 40 RL 2014/65/EU vom 15.5.2014 (Rz. 6 b.).

107 Eine **Parallelvorschrift** zu § 2 Abs. 8 Satz 1 Nr. 2 WpHG findet sich in **§ 1 Abs. 1a Satz 2 Nr. 4 KWG**, die in Struktur und Inhalt weitgehend, aber nicht vollständig deckungsgleich mit der ersteren ist und vor allem die Aufgabe hat, die Betreiber bestimmter Geschäfte als Finanzdienstleistungsunternehmen zu qualifizieren und einer Erlaubnispflicht nach § 32 KWG zu unterstellen. Zur Auslegung von § 1 Abs. 1a Satz 2 Nr. 4 KWG hat die BaFin das Merkblatt Eigenhandel und Eigengeschäft vorgelegt, auf das – unter Beachtung der Unterschiede der vorgenannten Parallelvorschriften im WpHG und KWG – bei den nachfolgenden Erläuterungen zu § 2 Abs. 8 Satz 1 Nr. 2 WpHG zurückgegriffen werden kann.

108 Die Ausdifferenzierung und Ergänzung der ursprünglichen Eigenhandelsregelung in § 2 Abs. 3 Nr. 2 WpHG a.F. (Rz. 106) zum heutigen § 2 Abs. 8 Satz 1 Nr. 2 WpHG ist mehr den Vorgaben des europäischen Sekundärrechts und der Absicht der Unterstellung bestimmter Geschäfts- und Handelsformen „für eigene Rechnung" unter die Finanzmarktaufsicht als einem systematisch-dogmatischen Konzept gefolgt. Entsprechend erschwert und kompliziert ist die Erfassung des **Zusammenhangs der in § 2 Abs. 8 Satz 1 Nr. 2 lit. a bis d WpHG enthaltenen Definitionen** und damit zwangsläufig auch der systematischen Stellung des § 2 Abs. 8 Satz 1 Nr. 2 WpHG im Rahmen der Begriffsbestimmung von Wertpapierdienstleistungen in § 2 Abs. 8 WpHG:

109 § 2 Abs. 8 Satz 1 Nr. 2 lit. c WpHG enthält die als „Auffangtatbestand"[3] zu begreifende allgemeine Definition des **Eigenhandels** als „Anschaffen oder Veräußern von Finanzinstrumenten für eigene Rechnung als Dienstleistung für andere" und als Unterfälle des solchermaßen definierten Eigenhandels die Geschäfte des **Market-Making** in Nr. 2 lit. a und der **systematischen Internalisierung** in Nr. 2 lit. c. Ist das wesentliche Kennzeichen des Eigenhandels in Finanzinstrumenten, dass er für eigene Rechnung „als Dienstleistung für andere" erfolgt, so ist es nicht ohne weiteres einsichtig, Market-Making und systematische Internalisierung, von denen in den sie betreffenden Definitionen nicht explizit verlangt wird, dass sie als Dienstleistung für andere erfolgen müssen, als Unterfälle des Eigenhandels zu betrachten. Dafür spricht aber schon der Umstand, dass die in Nr. 2 lit. a bis c erfassten Geschäfte in ihrer Fassung vor der Änderung des § 2 Abs. 3 Nr. 2 WpHG a.F. und Aufspaltung in Nr. 2 lit. a bis c unter Hinzufügung von lit. d durch das Hochfrequenzhandelsgesetz vom 17.5.2013 (Rz. 5 g.) mit dem am Ende der Vorschrift angebrachten Klammerzusatz „Eigenhandel" versehen waren. Sieht man das Merkmal der Dienstleistung für andere als Kennzeichen der besonderen Beziehung des Eigenhändlers „zum Kunden, dem er unabhängig von der zivilrechtlichen Ausgestaltung des Geschäfts als Dienstleister gegenübertritt"[4], und als Kriterium zur Abgrenzung des Eigenhandels vom Eigengeschäft i.S.v. § 2 Abs. 8 Satz 6 WpHG, so ist den in Nr. 2 lit. a und b erfassten Geschäften schon implizit eine solche besondere Kundenbeziehung ei-

---

1 RegE 2. FiMaNoG, BT-Drucks. 18/10936 v. 23.1.2017, 1, 221.
2 BGBl. I 2010, 1592.
3 *BaFin*, Merkblatt Eigenhandel und Eigengeschäft, 1.c) Satz 1.
4 *BaFin*, Merkblatt Eigenhandel und Eigengeschäft, 1.c)cc).

gen. Die fehlende Erwähnung des Merkmals „als Dienstleistung für andere" Nr. 2 lit. a und b lässt es aber auch – für die Anwendung der Definition im Übrigen ohne Folgen – zu, die dort beschriebenen Fälle als Sonderfälle des An- und Verkaufs von Finanzinstrumenten bzw. des häufig organisierten und systematisch betriebenen Handels jeweils für eigene Rechnung zu betrachten, wobei außer Frage steht, dass es in diesen Fällen einer expliziten Prüfung der Frage, ob die erfassten Geschäfte bzw. der erfasste Handel „als Dienstleistung für andere" erfolgt[1]. Dagegen kann der Hochfrequenzhandel nach Nr. 2 lit. d schon kraft der expliziten Regelung, dass dieser „auch ohne Dienstleistung für andere" eine Wertpapierdienstleistung i.S.d. WpHG darstellt, nicht als Unterfall des Eigenhandels angesehen.

(2) Market-Making (§ 2 Abs. 8 Satz 1 Nr. 2 lit. a WpHG). Nach § 2 Abs. 8 Satz 1 Nr. 2 lit. a WpHG ist das kontinuierliche Anbieten des An- und Verkaufs von Finanzinstrumenten an den Finanzmärkten zu selbst gestellten Preisen für eigene Rechnung unter Einsatz des eigenen Kapitals – Market-Making – eine Wertpapierdienstleistung i.S.d. WpHG. Die BaFin bezeichnet den Eigenhandel als **„1. Variante" des Eigenhandels** i.S.v. § 2 Abs. 8 Satz 1 Nr. 2 lit. a WpHG[2]. Die Definition setzt Art. 4 Abs. 1 Nr. 7 RL 2014/65/EU vom 15.5.2014 (Rz. 6 b.) um und ist weitgehend mit dessen Wortlaut identisch. Sie gilt nur für Zwecke der Umsetzung der Vorgaben RL 2014/65/EU im WpHG, dagegen nicht auch für andere europäische Rechtsgrundlagen, in denen an Market-Maker oder Market-Making angeknüpft wird, wie z.B. die Verordnung (EU) Nr. 236/2012 vom 14.3.2012[3] (Leerverkaufsverordnung). Anders als in der durch das Hochfrequenzhandelsgesetz vom 17.5.2013 geänderten Fassung der Vorgängervorschrift (Rz. 106; 6. Aufl., § 2 WpHG Rz. 73b) ist das Market-Making i.S.v. § 2 Abs. 8 Satz 1 Nr. 2 lit. c WpHG nicht mehr auf eine Tätigkeit an einem organisierten Markt oder multilateralen Handelssystem beschränkt. Außer dass das Market-Making eine Wertpapierdienstleistung darstellt und damit allen Vorschriften für Wertpapierdienstleistungen unterfällt, hat der Begriff „Market-Making" auch Bedeutung für die Anwendung der §§ 3, 72, 75, 80 und 120 Abs. 8 Nr. 103 bis 105 WpHG.

110

Finanzinstrumente sind die in § 2 Abs. 4 WpHG aufgeführten Instrumente. **Kontinuierliches Anbieten** des An- und Verkaufs von Finanzinstrumenten ist die Kundgebung der ständigen Bereitschaft zum Abschluss von Geschäften zum Kauf oder Verkauf von Finanzinstrumenten[4]. Die Geschäfte müssen unter **Einsatz des eigenen Kapitals für eigene Rechnung** getätigt werden. Das heißt nichts anderes als dass das Unternehmen nicht (in Vertretung) für andere, sondern für sich selbst handelt und selbst das Preis- und Erfüllungsrisiko des jeweiligen Geschäfts trägt. Schließlich darf das Unternehmen nicht anbieten, zu von Dritten gestellten Kursen zu kaufen oder zu verkaufen, sondern muss die **Kurse**, zu denen, zu denen die Geschäfte abgewickelt werden, **selbst stellen**.

111

(3) Systematische Internalisierung (§ 2 Abs. 8 Satz 1 Nr. 2 lit. b und Sätze 3 bis 5 WpHG). Die „**2. Variante" des Eigenhandels**[5] (i.S.v. § 2 Abs. 8 Satz 1 Nr. 2 lit. c WpHG) ist die in § 2 Abs. 8 Satz 1 Nr. 2 lit. b WpHG definierte systematische Internalisierung: Bei dieser handelt es sich um das häufige organisierte und systematische Betreiben von Handel für eigene Rechnung in erheblichem Umfang außerhalb eines organisierten Marktes oder eines multilateralen oder organisierten Handelssystems, wenn Kundenaufträge außerhalb eines geregelten Marktes oder eines multilateralen oder organisierten Handelssystems ausgeführt werden, ohne dass ein multilaterales Handelssystem betrieben wird. In der Sache werden damit Unternehmen erfasst, die auf der Grundlage einer bilateralen Handelsplattform Eigengeschäfte mit Finanzinstrumenten tätigen. Die heutige Fassung der Vorschrift beruht auf Änderungen durch Art. 3 Nr. 3 lit. f aa 2. FiMaNoG (Rz. 5 a.) und setzt Art. 4 Abs. 1 Nr. 20 Unterabs. 1 RL 2014/65/EU vom 15.5.2014 (Rz. 6 b.) um und ist weitgehend mit dessen Wortlaut identisch. Die der Konkretisierung von § 2 Abs. 8 Satz 1 Nr. 2 lit. b WpHG dienenden § 2 Abs. 8 Sätze 3 bis 5 WpHG setzen Art. 4 Abs. 1 Nr. 20 Unterabs. 2 RL 2014/65/EU vom 15.5.2014 um. Außer dass die systematische Internalisierung eine Wertpapierdienstleistung darstellt und damit allen Vorschriften für Wertpapierdienstleistungen unterfällt, hat der Begriff „systematische Internalisierung" für die Anwendung der §§ 14, 58 f., 72, 75, 79 82 und 120 Abs. 8 Nr. 83 f. WpHG Bedeutung.

112

Handel steht hier für – wie in § 2 Abs. 8 Satz 1 Nr. 2 lit. c WpHG formuliert wird – das Anschaffen oder Veräußern von Finanzinstrumenten für eigene Rechnung, d.h. der Abschluss von Rechtsgeschäft unter Lebenden, die auf einen abgeleiteten Erwerb zu Eigentum bzw. bei Rechten zur Inhaberschaft gerichtet sind (Rz. 116)[6]. **Finanzinstrumente** sind die in § 2 Abs. 4 WpHG aufgeführten Instrumente. **Für eigene Rechnung** heißt auch hier, dass das Unternehmen nicht für andere, sondern das, das Preis- und Erfüllungsrisiko des jeweiligen Geschäfts tragen. Das Merkmal dient damit vor allem der Abgrenzung zum Finanzkommissionsgeschäft nach § 2 Abs. 8 Satz 1 Nr. 1 WpHG als Anschaffung oder Veräußerung von Finanzinstrumenten im eigenen Namen für

113

---

1 Zu § 2 Abs. 3 Nr. 2 (1. und 2. Fall) WpHG schon 6. Aufl., § 2 WpHG Rz. 73a. Auch *Baum* in KölnKomm. WpHG, § 2 WpHG Rz. 156, zu § 2 Abs. 3 Satz 1 Nr. 2 lit. a und b WpHG (a.F.).
2 *BaFin*, Merkblatt Eigenhandel und Eigengeschäft, 1.a).
3 ABl. EU Nr. L 86 v. 24.3.2012, S. 1.
4 *BaFin*, Merkblatt Eigenhandel und Eigengeschäft, 1.a). Dazu, auch in rechtsvergleichender Sicht, *Stefanski*, Eigenhandel.
5 *BaFin*, Merkblatt Eigenhandel und Eigengeschäft, 1.b).
6 Schon 6. Aufl., § 2 WpHG Rz. 73c; *BaFin*, Merkblatt Eigenhandel und Eigengeschäft, 1.b).

fremde Rechnung. Darüber hinaus müssen die Kundenaufträge außerhalb eines geregelten Marktes (Rz. 240), eines multilateralen Handelssystems (Rz. 258) oder organisierten Handelssystems (Rz. 259) ausgeführt werden, ohne dass dabei selbst ein multilaterales Handelssystem – Handelsplätze i.S.v. § 2 Abs. 22 WpHG – betrieben wird.

114 Ob – wie § 2 Abs. 8 Satz 1 Nr. 2 lit. b WpHG verlangt – **ein häufiger systematischer Handel vorliegt**, bemisst sich nach **§ 2 Abs. 8 Satz 3 WpHG** nach der Zahl der Geschäfte außerhalb eines Handelsplatzes (i.S.v. § 2 Abs. 22 WpHG, d.h. im OTC-Handel) mit einem Finanzinstrument zur Ausführung von Kundenaufträgen, die von dem Wertpapierdienstleistungsunternehmen für eigene Rechnung durchgeführt werden. Ob das sich aus § 2 Abs. 8 Satz 1 Nr. 2 lit. b WpHG ergebende Erfordernis eines **Handels in erheblichem Umfang** erfüllt ist, bemisst sich nach **§ 2 Abs. 8 Satz 4 WpHG** entweder nach dem Anteil des OTC-Handels in vorstehendem Sinne an dem Gesamthandelsvolumen des Wertpapierdienstleistungsunternehmens in einem bestimmten Finanzinstrument oder nach dem Verhältnis des OTC-Handels des Wertpapierdienstleistungsunternehmens zum Gesamthandelsvolumen in einem bestimmten Finanzinstrument in der Europäischen Union. Nähere Bestimmungen enthalten die Art. 12 bis 17 DelVO 2017/565 (Rz. 6 b.). Schließlich sind nach **§ 2 Abs. 8 Satz 5 WpHG** die Voraussetzungen der systematischen Internalisierung erst dann erfüllt, wenn sowohl die Obergrenze für den häufigen systematischen Handel als auch die Obergrenze für den Handel in erheblichem Umfang überschritten werden oder wenn ein Unternehmen sich freiwillig den für die systematische Internalisierung geltenden Regelungen unterwirft und eine Erlaubnis zum Betreiben der systematischen Internalisierung bei der Bundesanstalt beantragt hat.

115 **(4) Eigenhandel und Eigengeschäft (§ 2 Abs. 8 Satz 1 Nr. 2 lit. c, Satz 6 WpHG).** Nach § 2 Abs. 8 Satz 1 Nr. 2 lit. c WpHG wird schließlich der **Eigenhandel mit Finanzinstrumenten**, d.h. die Anschaffung oder Veräußerung von Finanzinstrumenten für eigene Rechnung als Dienstleistung für andere, als Wertpapierdienstleistung erfasst. Darunter fallen sämtliche Transaktionen, bei denen der Händler, anders als beim Finanzkommissionsgeschäft nach § 2 Abs. 8 Satz 1 Nr. 1 WpHG, nicht für Rechnung des Kunden, sondern für eigene Rechnung tätig wird und Händler und Kunde sich als Verkäufer und Käufer *et vice versa* gegenübertreten. Davon zu unterscheiden sind die **Eigengeschäfte** eines Händlers nach § 2 Abs. 8 Satz 6 WpHG, mit denen der Händler, ohne dass dem ein entsprechender Kundenauftrag zugrunde läge[1], Finanzinstrumente für sich kauft oder verkauft. Diese Geschäfte sind weder Geschäfte „für andere", noch weisen sie einen Handelsbezug („Geschäft als Dienstleistung für einen Kunden"[2]) auf[3]. Nach § 2 Abs. 8 Satz 6 WpHG gelten aber auch sie als Wertpapierdienstleistungen. Außer dass der Eigenhandel eine Wertpapierdienstleistung darstellt und damit allen Vorschriften für Wertpapierdienstleistungen unterfällt, hat der Begriff „Eigenhandel" für die Anwendung der §§ 36, 63 und 68 WpHG Bedeutung.

116 **Finanzinstrumente** sind die in § 2 Abs. 4 WpHG aufgeführten Instrumente. Als Geschäfte kommen lediglich die **Anschaffung oder Veräußerung** von Finanzinstrumenten in Betracht, d.h. jedes auf einen abgeleiteten Erwerb zu Eigentum bzw. bei Rechten zur Inhaberschaft gerichtetes Rechtsgeschäft unter Lebenden, worunter auch Tauschgeschäfte oder der Bezug von Wertpapieren aus einer Emission zu verstehen ist[4]. Unter Anschaffung fallen insbesondere „auch die Übertragung von Ansprüchen aus Wertpapierrechnung (Übertragung eines schuldrechtlichen Herausgabeanspruchs hinsichtlich eines Wertpapiers) sowie die sicherungsweise Übertragung von Wertpapieren, bei denen der Verfügungsbefugnis beschränkt ist oder eine Substitutionsbefugnis gegeben ist, insbesondere bei der Übertragung von Wertpapieren im Zuge von Wertpapierpensionsgeschäften, auch zur Liquiditätssteuerung"[5]. Die Anschaffung oder Veräußerung wird **für eigene Rechnung** vorgenommen, wenn der Erwerber oder Veräußerer nicht für andere handelt, sondern das Preis- und Erfüllungsrisiko des jeweiligen Geschäfts vollumfänglich selbst trägt. Mit der Einfügung des **Art. 16a in die Delegierte Verordnung (EU) 2017/565** vom 25.4.2016 (Rz. 6 b.) durch Art. 1 Delegierte Verordnung (EU) 2017/2294 vom 29.8.2017[6] ist die Begriffsbestimmung des systematischen Internalisierers in Art. 4 Abs. 1 Nr. 20 RL 2014/65/EU vom 15.5.2014 (Rz. 6 b.), welche durch § 2 Abs. 8 Satz 1 Nr. 2 lit. b WpHG umgesetzt wurde (Rz. 112), präzisiert worden, um den neuesten technologischen Entwicklungen an den Wertpapiermärkten bei Zusammenführungssyste-

---

1 *BaFin*, Merkblatt Eigenhandel und Eigengeschäft, 1.e).: „Ein Dienstleistungscharakter fehlt etwa, wenn die Geschäfte ohne einen entsprechenden Kundenauftrag erfolgen und auch sonst kein Handelsbezug für einen potentiellen Kunden zu erkennen ist oder sich das Unternehmen nicht bereit hält, mit dem interessierten Publikum Verträge über die Anschaffung oder Veräußerung von Finanzinstrumenten zu schließen."
2 *BaFin*, Merkblatt Eigenhandel und Eigengeschäft, 1.c)cc). Schon *Weber-Rey/Baltzer*, WM 1997, 2288, 2289. Auf den fehlenden Kundenbezug stellt auch RegE Finanzmarkt-Richtlinie-Umsetzungsgesetz, BT-Drucks. 16/4028 v. 12.1.2007, 1, 56, ab.
3 Ebenso *G.H. Roth* in Assmann/Schütze, Handbuch des Kapitalanlagerechts, 3. Aufl. 2007, § 10 Rz. 55. Auch *Fuchs* in Fuchs, § 2 WpHG Rz. 88; *Kumpan* in Schwark/Zimmer, § 2 WpHG Rz. 65.
4 Ebenso *BaFin*, Merkblatt Eigenhandel und Eigengeschäft, 1.c)aa).
5 *BaFin*, Merkblatt Eigenhandel und Eigengeschäft, 1.c)aa).
6 Delegierte Verordnung (EU) 2017/2294 vom 29.8.2017 zur Änderung der Delegierten Verordnung (EU) 2017/565 durch Präzisierung der Begriffsbestimmung des systematischen Internalisierers für die Zwecke der Richtlinie 2014/65/EU, ABl. EU Nr. L 329 v. 13.12.2017, S. 4.

men, an denen sich Wertpapierfirmen beteiligen können, Rechnung zu tragen[1]. Art. 16a DelVO 2017/2294 vom 29.8.2017 bestimmt: „Nicht als Handel für eigene Rechnung zu betrachten ist es für die Zwecke des Artikels 4 Absatz 1 Nummer 20 der Richtlinie 2014/65/EU, wenn eine Wertpapierfirma sich mit dem Ziel oder der Folge, dass sie außerhalb eines Handelsplatzes de facto risikolose Back-to-Back-Geschäfte mit einem Finanzinstrument tätigt, an Zusammenführungssystemen beteiligt, die sie mit nicht der eigenen Gruppe angehörenden Unternehmen eingerichtet hat". S. dazu auch die Erläuterungen in § 79 WpHG Rz. 9.

Schließlich muss die Anschaffung oder Veräußerung von Finanzinstrumenten als **Dienstleistung für andere** erfolgen. Entscheidend ist, dass das Erwerbs- oder Veräußerungsgeschäft in Erfüllung einer Leistungspflicht aus einem Rechtsverhältnis mit einem Dritten erfolgt und dadurch einen Kundenbezug aufweist[2]. Auf die rechtliche Qualifizierung dieses Rechtsverhältnisses als Dienstvertrag i.S.v. § 611 BGB oder als dienstvertragsähnlich kommt es dabei nicht an. Ausführlich beschreibt die BaFin das als Merkmal der **Abgrenzung von Eigenhandel und Eigengeschäft** dienende Kriterium „Dienstleistung für andere": „Den Eigenhändler zeichnet eine besondere Beziehung zum Kunden aus, dem er unabhängig von der zivilrechtlichen Ausgestaltung des Geschäfts als Dienstleister gegenübertritt und sich bereithält, mit dem Kunden Verträge, die die Anschaffung oder Veräußerung von Finanzinstrumenten zum Inhalt haben, abzuschließen. Charakteristisch ist regelmäßig ein Ungleichgewicht zwischen Eigenhändler und Kunden, das sich dadurch auszeichnet, dass der Eigenhändler den besseren Zugang zu dem Markt hat, auf dem er agiert, um sich für das Geschäft mit dem Kunden einzudecken oder die aus dem Kundengeschäft resultierende offene Position zu schließen oder dem Kunden überhaupt erst den Zugang zu dem Markt zu verschaffen, der diesem ansonsten verschlossen bliebe. Beispiele sind der *Generalclearer* an der Terminbörse, ohne den für den einfachen Handelsteilnehmer ein Geschäft an dieser Börse nicht möglich ist, das Kreditinstitut, das über Festpreisgeschäfte dem Privatanleger überhaupt erst die Investition und Spekulation in Wertpapieren ermöglicht, sowie die Aufgabegeschäfte, mit denen der Börsenmakler temporäre Ungleichgewichte zwischen Angebot und Nachfrage in weniger liquiden Werten ausgleicht."[3] Als Eigenhandelsgeschäfte erfasst werden damit namentlich die Effektengeschäfte in Gestalt der **Festpreisgeschäfte** nach Nr. 1 (3) der Sonderbedingungen für Wertpapiergeschäfte (s. Rz. 103)[4]. Wertpapierdienstleistungen im Sinne dieser Vorschrift sind darüber hinaus etwa auch die **Aufgabegeschäfte der Börsenmakler**[5].

Nach § 2 Abs. 8 Satz 2 WpHG umfasst der Eigenhandel, nicht anders als das Finanzkommissionsgeschäft und die Abschlussvermittlung, auch den Abschluss von Vereinbarungen über den Verkauf von **Finanzinstrumenten, die von einem Wertpapierdienstleistungsunternehmen oder einem Kreditinstitut ausgegeben** werden, im Zeitpunkt und im Zusammenhang mit ihrer Emission. Dieser § 2 Abs. 8 WpHG durch Art. 3 Nr. 3 lit. f ee 2. FiMaNoG (Rz. 5 a.) eingefügte Satz 2 „dient der Klarstellung und setzt den letzten Teil des Art. 4 Abs. 1 Nr. 5 der Richtlinie 2014/65/EU [Rz. 6 b.], angelehnt an die englische Fassung der Richtlinie, um"[6]. Dabei kommt implizit zum Ausdruck, dass der Tatbestand der Eigenemission nicht der systematischen Internalisierung i.S.v. § 2 Abs. 8 Satz 1 Nr. 2 lit. b WpHG unterfällt.

(5) Hochfrequenzhandel (§ 2 Abs. 8 Satz 1 Nr. 2 lit. d WpHG). Durch die Änderungen von § 2 Abs. 8 Satz 1 Nr. 2 WpHG durch Art. 3 Nr. 3 lit. f aa 2. FiMaNoG (Rz. 5 a.), die Art. 4 Abs. 1 Nr. 40 RL 2014/65/EU vom 15.5.2014 (Rz. 6 b.) umsetzt, wurde der Hochfrequenzhandel erstmals als Wertpapierdienstleistung erfasst. Damit wird **bezweckt**, „dass der An- und Verkauf von Finanzinstrumenten an organisierten Märkten und multilateralen Handelssystemen mittels eines Einsatzes von Rechnern, die in Sekundenbruchteilen Marktpreisänderungen erkennen, Handelsentscheidungen nach vorgegebenen Regeln selbständig treffen und die zugehörigen Auftragsparameter entsprechend dieser Regeln selbständig bestimmen, anpassen und übermitteln, als Wertpapierdienstleistung in der Form des Eigenhandels eingestuft wird und damit die an diesen Handelsplätzen aktiven Unternehmen grundsätzlich der Aufsicht der Bundesanstalt für Finanzdienstleistungsaufsicht nach dem Wertpapierhandelsgesetz unterstellt werden... Insbesondere einige der in erheblichem Umfang an Handelsplätzen aktiven Hochfrequenzhändler unterstanden bisher nicht der Aufsicht der Bundesanstalt für Finanzdienstleistungsaufsicht, da diese teilweise ausschließlich auf eigene Rechnung handeln und keine weiteren Wertpapierdienstleistungen erbringen und daher unter den Ausnahmetatbestand des § 2a Abs. 1 Nr. 10 des Wert-

---

1 Erwägungsgrund 1 DelVO 2017/2294 vom 29.8.2017. Zu Einzelheiten zu den fraglichen technologischen Entwicklungen an den Wertpapiermärkten s. ebd. Erwägungsgrund 2.
2 Vgl. BVerwG v. 27.2.2008 – 6 C 11.07, ZIP 2008, 911, 919 (Rz. 59: aufgrund eines Kundenauftrages tätig wird) m.w.N. S. auch *Fuchs* in Fuchs, § 2 WpHG Rz. 88; *Kumpan* in Schwark/Zimmer, § 2 WpHG Rz. 65; *Baum* in KölnKomm. WpHG, § 2 WpHG Rz. 159.
3 *BaFin*, Merkblatt Eigenhandel und Eigengeschäft, 1.c)cc) (Hervorhebung im Original) in Bezug auf die Definitionen von Eigenhandel und Eigengeschäft in § 1 Abs. 1a Satz 2 Nr. 4 lit. c bzw. Satz 3 KWG.
4 BVerwG v. 27.2.2008 – 6 C 11.07, ZIP 2008, 911, 919 Rz. 59. S. auch *Baum* in KölnKomm. WpHG, § 2 WpHG Rz. 159; *Fuchs* in Fuchs, § 2 WpHG Rz. 89; *Kumpan* in Schwark/Zimmer, § 2 WpHG Rz. 66; *G.H. Roth* in Assmann/Schütze, Handbuch des Kapitalanlagerechts, 3. Aufl. 2007, § 10 Rz. 54 ff.; *Starke* in Kümpel/Wittig, Bank- und Kapitalmarktrecht, Rz. 17.192.
5 *Fuchs* in Fuchs, WpHG, 1. Aufl. 2009, § 2 WpHG Rz. 86; *Kumpan* in Schwark/Zimmer, § 2 WpHG Rz. 66; *Schäfer* in Schäfer/Hamann, § 2 WpHG Rz. 61. A.A. *Versteegen* in KölnKomm. WpHG, 1. Aufl. 2007, § 2 WpHG Rz. 135.
6 RegE 2. FiMaNoG, BT-Drucks. 18/10936 v. 23.1.2017, 1, 221.

papierhandelsgesetzes fielen. Die Neuregelung schließt diese Aufsichtslücke bereits im Vorgriff auf die durch MiFID II geplanten Änderungen, indem diese Geschäfte nicht mehr als Eigengeschäfte gelten, sondern als Eigenhandel definiert werden und daher die Ausnahme des § 2a Abs. 1 Nr. 10 des Wertpapierhandelsgesetzes nicht eingreift."[1] Außer dass der Hochfrequenzhandel eine Wertpapierdienstleistung darstellt und damit allen Vorschriften für Wertpapierdienstleistungen unterfällt, hat der Begriff „Hochfrequenzhandel" für die Anwendung von § 135 WpHG Bedeutung.

120 Der eine Wertpapierdienstleistung darstellende Hochfrequenzhandel besteht nach § 2 Abs. 8 Satz 1 Nr. 2 lit. d WpHG im Kaufen oder Verkaufen von Finanzinstrumenten für eigene Rechnung als unmittelbarer oder mittelbarer Teilnehmer eines inländischen organisierten Marktes oder eines multilateralen oder organisierten Handelssystems mittels einer hochfrequenten algorithmischen Handelstechnik i.S.v. § 2 Abs. 44 WpHG, auch ohne Dienstleistung für andere. Obschon im Zusammenhang mit Eigenhandelsgeschäften geregelt, erfasst die Vorschrift damit Hochfrequenzhandelsgeschäfte unabhängig davon, ob sie als Dienstleistung für andere – zu diesem Merkmal Rz. 117 – erfolgen oder nicht. Der Hochfrequenzhandel ist im Hochfrequenzhandelsgesetz vom 7.5.2013 (Rz. 5 g.) geregelt. Zu diesem und ihrer Aufsichtspraxis hat die BaFin „Häufig gestellte Fragen zum HFT-Gesetz" veröffentlicht[2].

121 **cc) Abschlussvermittlung (§ 2 Abs. 8 Satz 1 Nr. 3, Satz 2 WpHG).** § 2 Abs. 8 Satz 1 Nr. 3 WpHG geht auf die **Umsetzung** von Art. 1 Nr. 1 i.V.m. Abschnitt A Nr. 1 des Anhangs RL 93/22/EWG vom 10.5.1993 über Wertpapierdienstleistungen (Rz. 8) zurück und dient der Umsetzung von Art. 4 Abs. 1 Nr. 3 i.V.m. Anhang I Abschnitt A Nr. 2 RL 2004/39/EG vom 21.4.2004 (Finanzmarktrichtlinie, Rz. 7 b.). Durch Art. 1 Nr. 2 lit. f Finanzmarktrichtlinie-Umsetzungsgesetz vom 16.7.2007 (Rz. 5 j.) hat der Wortlaut der Vorschrift eine nur geringfügige **Änderung** erfahren und die Kurzbezeichnung „Abschlussvermittlung" erhalten. Durch Art. 3 Nr. 3 lit. f 2. FiMaNoG wurde der bisherige § 2 Abs. 3 Satz 1 Nr. 3 WpHG (a.F.) zum neuen § 2 Abs. 8 Satz 1 Nr. 3 WpHG (Rz. 4), wobei sich an der Nummerierung der Abschlussvermittlung innerhalb der Vorschrift über Wertpapierdienstleistungen als Nr. 3 nichts geändert hat. Eine § 2 Abs. 8 Satz 1 Nr. 3 WpHG entsprechende Bestimmung findet sich in § 1 Abs. 1a Satz 2 Nr. 2 KWG. Die Auslegung dieser Bestimmung ist – im Hinblick auf die Abschlussvermittlung als erlaubnispflichtiges Geschäft – Gegenstand des **Merkblatts Abschlussvermittlung** der BaFin, doch kann es auch für die Auslegung von § 2 Abs. 8 Satz 1 Nr. 3 WpHG herangezogen werden. Außer dass die Abschlussvermittlung eine Wertpapierdienstleistung darstellt und damit allen Vorschriften für Wertpapierdienstleistungen unterfällt, hat der Begriff „Abschlussvermittlung" für die Anwendung der §§ 3, 63 und 68 WpHG Bedeutung.

122 Nach § 2 Abs. 8 Satz 1 Nr. 3 WpHG stellt die **Anschaffung oder Veräußerung von Finanzinstrumenten** (i.S.v. § 2 Abs. 4 WpHG) **in fremdem Namen für fremde Rechnung** eine Wertpapierdienstleistung dar. Die Vorschrift erfasst damit sämtliche Fälle der Ausführung von Kundenaufträgen über Finanzinstrumente **in offener Stellvertretung** (i.S.d. § 164 Abs. 1 Satz 1 BGB)[3]. Darin liegt auch die **Abgrenzung zum Finanzkommissionsgeschäft** nach § 2 Abs. 8 Satz 1 Nr. 1 WpHG, dem eine mittelbare Stellvertretung zugrunde liegt, d.h. eine eigene Willenserklärung im eigenen Namen für fremde Rechnung[4]. Die offene Stellvertretung kann sich in der Weise kundtun, dass der Dienstleister seine Willenserklärung, die (in Abgrenzung zur Botenschaft und zum Anlagevermittler) eigene Willenserklärung ist, ausdrücklich im Namen des Kunden abgibt, doch kann sich auch aus den Umständen ergeben, dass er als Vertreter des Kunden handelt[5]. Ein Handeln **für fremde Rechnung** liegt vor, wenn die vom Dienstleister abgeschlossenen Geschäfte „auch wirtschaftlich den Kunden betreffen", wovon im Falle der offenen Stellvertretung regelmäßig auszugehen ist[6]. Eher irreführend, weil nur einen Teilaspekt dieser Tätigkeit erfassend, ist die Bezeichnung der Geschäfte in offener Stellvertretung als Abschlussvermittlung, wie sie schon zuvor in § 1 Abs. 1a Satz 2 Nr. 2 KWG für solche Geschäfte gebräuchlich war, doch war nur ein Schlagwort als Kurzbezeichnung zu finden und Prägnanteres bietet sich nicht an. Wer in **organschaftlicher oder gesetzlicher Vertretung** Finanzinstrumente für den Vertretenen erwirbt oder veräußert, handelt nicht als Abschlussvermittler: Die Abschlussvermittlung beruht hier nicht auf einem auf diese Geschäftsbesorgung gerichteten Rechtsgeschäft[7], so dass den fraglichen Geschäften jeder Kundenbezug fehlt, wie er für

---

1 RegE Hochfrequenzhandelsgesetz, BT-Drucks. 17/11631 v. 28.11.2012, 1, 17.
2 Abrufbar unter https://www.bafin.de/DE/RechtRegelungen/FAQ/HFT-Gesetz/hft-gesetz_node.html.
3 Vgl. *BaFin*, Merkblatt Abschlussvermittlung, 1.a). Ganz h.M., etwa: *Baum* in KölnKomm. WpHG, § 2 WpHG Rz. 160; *Fuchs* in Fuchs, § 2 WpHG Rz. 94; *Kumpan* in Schwark/Zimmer, § 2 WpHG Rz. 68; *Schäfer* in Schäfer/Hamann, § 2 WpHG Rz. 63.
4 Näher *BaFin*, Merkblatt Abschlussvermittlung, 2.b): „Die Tatbestände der Abschlussvermittlung und des Finanzkommissionsgeschäftes können nicht durch ein und dasselbe Rechtsgeschäft erfüllt werden, weil die Abschlussvermittlung ein Handeln im fremden Namen, das Finanzkommissionsgeschäft ein Handeln im eigenen Namen voraussetzt. Beides schließt sich gegenseitig aus".
5 *BaFin*, Merkblatt Abschlussvermittlung, 1.a).
6 *BaFin*, Merkblatt Abschlussvermittlung, 1.b). Dort findet sich auch der Hinweis, die Tätigkeit des Abschlussvermittlers entspreche der Tätigkeit eines Abschlussmaklers i.S.d. § 34c Gewerbeordnung, sofern dieser bei Abschluss des Geschäfts vertrete.
7 *Baum* in KölnKomm. WpHG, § 2 WpHG Rz. 160. I.E. auch *Kumpan* in Schwark/Zimmer, § 2 WpHG Rz. 68. A.A. *Fülbier* in Boos/Fischer/Schulte-Mattler, 2. Aufl. 2004, § 1 KWG Rz. 124; *Reischauer/Kleinhans*, § 1 KWG Rz. 185.

Dienstleistungen charakteristisch ist. Als **Anschaffung und Veräußerung** von Finanzinstrumenten kommt jedes auf einen abgeleiteten entgeltlichen Erwerb zu Eigentum bzw. bei Rechten zur Inhaberschaft gerichtete Rechtsgeschäft unter Lebenden einschließlich Tauschgeschäfte und den Bezug von Wertpapieren aus Emissionen in Betracht[1].

Eine Abschlussvermittlung in offener Stellvertretung liegt etwa dann vor, wenn ein Unternehmen oder ein Unternehmenskonsortium die **Platzierung von Finanzinstrumenten** beim Publikum im Namen und für Rechnung des Emittenten oder – im Falle etwa von sog. Zweitplatzierungen – oder des Anbieters der Finanzinstrumente verspricht, ohne sich weiter gehend zur festen Übernahme eines Teils der Emission oder – wie bei sog. Geschäftsbesorgungsübernahmen der Fall – des nicht platzierten Rests der Emission zu verpflichten[2]. Kundenbezug hat diese Tätigkeit in doppelter Hinsicht: Einerseits gegenüber dem Emittenten oder dem Anbieter der Finanzinstrumente als Kapitalmarktteilnehmer und andererseits gegenüber den Anlegern, auch wenn der Emissionshelfer diesen gegenüber nur als den Rechtspflichten eines Emissionshelfers unterliegender Vertreter des Emittenten oder Anbieters der Finanzinstrumente entgegentritt; dass der Anleger der Auftraggeber des Wertpapierdienstleisters im Allgemeinen oder hier des Emissionshelfers im Besonderen ist, stellt kein (ungeschriebenes) Merkmal von Wertpapierdienstleistungen dar[3]. Weiter erfolgen die **Geschäfte des Vermögensverwalters** in Ausführung des Vermögensverwaltungsvertrags und dem in Deutschland vorherrschenden Vertretermodell[4] in offener Stellvertretung des Kunden und stellen damit Geschäfte i.S.v. § 2 Abs. 8 Satz 1 Nr. 3 WpHG dar[5]. Dem kommt indes keine besondere wertpapierhandelsgesetzliche Bedeutung zu, weil bereits die Vermögensverwaltung als „**Finanzportfolioverwaltung**" eine Wertpapierdienstleistung i.S.d. § 2 Abs. 8 Satz 1 Nr. 7 WpHG darstellt; im Hinblick auf die Erlaubnis zur Vornahme der Abschlussvermittlung bzw. der Finanzportfolioverwaltung ist dies jedoch anders, da diese Geschäfte unterschiedlichen Erlaubnisanforderungen unterliegen[6].

123

Nach **§ 2 Abs. 8 Satz 2 WpHG** umfasst die Abschlussvermittlung, nicht anders als Finanzkommissionsgeschäft und der Eigenhandel, auch den Abschluss von Vereinbarungen über den Verkauf von **Finanzinstrumenten, die von einem Wertpapierdienstleistungsunternehmen oder einem Kreditinstitut ausgegeben** werden, im Zeitpunkt und im Zusammenhang mit ihrer Emission. Dieser § 2 Abs. 8 WpHG durch Art. 2. FiMaNoG (Rz. 5 a.) eingefügte Satz 2 „dient der Klarstellung und setzt den letzten Teil des Art. 4 Abs. 1 Nr. 5 der Richtlinie 2014/65/EU [Rz. 6 b.], angelehnt an die englische Fassung der Richtlinie, um"[7]. Dabei kommt implizit zum Ausdruck, dass der Tatbestand der Eigenemission nicht der systematischen Internalisierung i.S.v. § 2 Abs. 8 Satz 1 Nr. 2 lit. b WpHG unterfällt.

124

dd) Anlagevermittlung (§ 2 Abs. 8 Satz 1 Nr. 4 WpHG). § 2 Abs. 8 Satz 1 Nr. 4 WpHG geht auf die **Umsetzung** von Art. 1 Nr. 1 i.V.m. Abschnitt A Nr. 1 des Anhangs RL 93/22/EWG vom 10.5.1993 über Wertpapierdienstleistungen (Rz. 8) zurück und dient der Umsetzung von Art. 4 Abs. 1 Nr. 3 i.V.m. Anhang I Abschnitt A Nr. 1 RL 2004/39/EG vom 21.4.2004 (Finanzmarktrichtlinie, Rz. 7 b.). Aufgrund von Art. 1 Nr. 2 lit. f Finanzmarktrichtlinie-Umsetzungsgesetz vom 16.7.2007 (Rz. 5 j.) hat der Wortlaut der Vorschrift eine Änderung erfahren: Erfasste die Vorschrift in ihrer alten Fassung „die Vermittlung oder den Nachweis von Geschäften", so erfasst sie in ihrer neuen Fassung nunmehr allein die Vermittlung von Anlagegeschäften. Damit soll deutlich gemacht werden, dass die reine Nachweistätigkeit ohne sonstige Vermittlungstätigkeit oder Anlageberatung keine Wertpapierdienstleistung darstellt[8]. Weiter wurde die Kurzbezeichnung „Anlagevermittlung" hinzugefügt. Hintergrund der Gesetzesänderung ist die **Rechtsprechung des VGH Kassel** zur Anwendung der mit der früheren Fassung des § 2 Abs. 3 Satz 1 Nr. 4 WpHG (a.F.) identischen früheren (und ebenfalls durch das Finanzmarktrichtlinie-Umsetzungsgesetz aufgrund von dessen Art. 3 Nr. 2 lit. a aa aaa geänderten) Fassung der Parallelvorschrift des § 1 Abs. 1a Satz 2 Nr. 1 KWG[9]. In seinem Beschluss vom 6.1.2006[10] hatte das Gericht befunden, dass die Erstreckung des Begriffes der Anlagevermittlung in § 1 Abs. 1a Satz 2 Nr. 1 KWG (a.F.) auf den Nachweis von Geschäften über die Anschaffung und Veräußerung von Finanzinstrumenten nicht von der Richtlinie des Rates über Wertpapierdienstleistungen vom 10.5.1993 (93/22/EWG, s. vorstehend) gedeckt sei und der Gesetzgeber es verabsäumt habe, klar zu erkennen zu geben, dass er mit der Nachweistätigkeit einen Sachverhalt regeln wollte, der nicht von der Richtlinie, die lediglich eine Mindestharmonisierung bezwecke und

125

---

1 Rz. 106. Ebenso *BaFin*, Merkblatt Abschlussvermittlung, 1.c).
2 A.A. *Versteegen* in KölnKomm. WpHG, 1. Aufl. 2007, § 2 WpHG Rz. 136.
3 A.A. aber wohl *Baum* in KölnKomm. WpHG, § 2 WpHG Rz. 167.
4 Dazu *U. Schäfer* in Assmann/Schütze, Handbuch des Kapitalanlagerechts, § 23 Rz. 14, 16.
5 Dazu *Walz* in Bankrechts-Handbuch, § 111 Rz. 8; *Schäfer* in Schäfer/Hamann, § 2 WpHG Rz. 63; *F. Schäfer/Sethe/Lang* in F. Schäfer/Sethe/Lang, Handbuch der Vermögensverwaltung, 2. Aufl. 2016, § 1 Rz. 52 ff.; *Sethe* in F. Schäfer/Sethe/Lang, Handbuch der Vermögensverwaltung, 2. Aufl. 2016, § 2 Rz. 10 ff. Auch *BaFin*, Merkblatt Abschlussvermittlung, 1.c).
6 Näher hierzu *BaFin*, Merkblatt Abschlussvermittlung, 1.c).
7 RegE 2. FiMaNoG, BT-Drucks. 18/10936 v. 23.1.2017, 1, 221.
8 RegE FRUG, BT-Drucks. 16/4028, 56.
9 VGH Kassel v. 6.1.2006 – 6 TG 985/05, ZIP 2006, 701; VGH Kassel v. 3.3.2006 – 6 TG 2789/05, ZBB 2006, 297. Zu den Entscheidungen *Stüsser*, ZBB 2006, 298; *Linker*, ZBB 2007, 187.
10 VGH Kassel v. 6.1.2006 – 6 TG 985/05, ZIP 2006, 701.

weitergehende mitgliedstaatliche Regelungen nicht ausschließe, erfasst worden sei. Der Gesetzgeber hat auf diese Rechtsprechung dadurch reagiert, dass er die Nachweistätigkeit aus der in § 2 Abs. 3 Satz 1 Nr. 4 WpHG a.F. geregelten Wertpapierdienstleistung herausnahm. Durch Art. 3 Nr. 3 lit. f 2. FiMaNoG wurde der bisherige § 2 Abs. 3 WpHG (a.F.) zum neuen § 2 Abs. 8 WpHG (Rz. 4), wobei sich an der Nummerierung der Abschlussvermittlung innerhalb der Vorschrift über Wertpapierdienstleistungen als Nr. 4 nichts geändert hat. Eine § 2 Abs. 8 Satz 1 Nr. 4 WpHG **entsprechende Bestimmung** findet sich in § 1 Abs. 1a Satz 2 Nr. 1 KWG. Die Auslegung dieser Bestimmung ist – im Hinblick auf die Anlagevermittlung als erlaubnispflichtiges Geschäft – Gegenstand des **Merkblatts Anlagevermittlung** der BaFin, doch kann es auch für die Auslegung von § 2 Abs. 8 Satz 1 Nr. 4 WpHG herangezogen werden. Außer dass die Anlagevermittlung eine Wertpapierdienstleistung darstellt und damit allen Vorschriften für Wertpapierdienstleistungen unterfällt, hat der Begriff „Anlagevermittlung" für die Anwendung der §§ 3 und 63 WpHG Bedeutung.

126 Nach § 2 Abs. 8 Satz 1 Nr. 4 WpHG stellt die Vermittlung von Geschäften über die Anschaffung und die Veräußerung von Finanzinstrumenten (i.S.v. § 2 Abs. 4 WpHG) eine Wertpapierdienstleistung dar. Die in Rz. 125 angeführte Rechtsprechung berücksichtigend, lässt sich von der **Vermittlung** von Geschäften über die Anschaffung und die Veräußerung von Finanzinstrumenten und entsprechend den Grundsätzen des Maklerrechts (§§ 93 ff. HGB für den sog. Handelsmakler und §§ 652 ff. BGB für den sog. Zivilmakler) nur dann sprechen, wenn der Betroffene (1) entweder mit beiden Parteien des beabsichtigten Geschäfts in Verbindung tritt und dadurch zum Vertragsschluss beiträgt oder zwei in dem fraglichen Geschäft entschlossene Parteien zusammenführt[1] und (2) dabei eine Tätigkeit entfaltet, die über den bloßen Nachweis der Gelegenheit zum Abschluss solcher Verträge (so die Umschreibung der Nachweismaklertätigkeit in § 34c Abs. 1 Nr. 1 und 1a GewO) hinausgeht. Das geschieht regelmäßig dadurch, dass der Vermittler zugleich als **Bote** mindestens einer Partei tätig wird und damit zum Zustandekommen des Geschäfts beiträgt. Unnötig eng und von der Rechtsprechung (Rz. 125) sowie der Änderung der Vorschrift durch das Finanzmarktrichtlinie-Umsetzungsgesetz (Rz. 5 j.) nicht veranlasst, ist aber die Auslegung des Merkmals der Anlagevermittlung durch die BaFin, die Vermittlung im Sinne der Vorschrift erbringe, „wer **als Bote die Willenserklärung des** *Anlegers*, die der Anschaffung oder die Veräußerung von Finanzinstrumenten gerichtet ist, an denjenigen, mit dem der Anleger ein solches Geschäft abschließen will", weiterleitet[2], denn die Vermittlungstätigkeit in vorstehendem Sinne geht vielmehr regelmäßig von Personen aus, die auf der Grundlage entsprechender Vereinbarungen und ohne Vertretungsmacht für den *Veräußerer und Vertreiber* von Finanzinstrumenten auftreten. Diese Fälle sind von der Rechtsprechung des VGH Kassel (Rz. 125) nicht aus dem Bereich der Anlagevermittlung ausgeschlossen worden. Dass das Gericht in seinem Beschluss die Tätigkeit der Antragstellerin nicht als bloße Nachweisvermittlung einordnete, ist nicht darauf zurückzuführen, dass sie im Rahmen ihres Betriebs eines Call-Centers Dienstleistungen für eine Vermögensverwaltungsgesellschaft erbrachte, sondern hat seinen Grund darin, dass ihre Tätigkeit im Wesentlichen darin bestand, nach vorangegangener Adressenselektion bei bestimmten Personen telefonisch abzufragen, ob Interesse an einer Vermögensverwaltung durch die MWB besteht, ohne über diesen Nachweis hinausgehende Beiträge zum Vertragsabschluss zu leisten.

127 Dementsprechend liegt eine von § 2 Abs. 8 Satz 1 Nr. 4 WpHG **nicht erfasste bloße Nachweistätigkeit** vor, wenn der Betreffende dem Auftraggeber lediglich Kenntnis von der Gelegenheit eines Vertragsabschlusses mit einer bestimmten Person über einen bestimmten Gegenstand verschafft, sich aber im Übrigen jeder weiteren Förderung des Vertragsschlusses enthält[3]. Außer Frage steht im Übrigen, dass die Mittelsperson bei der Vermittlung der Geschäfte über die Anschaffung und die Veräußerung von Finanzinstrumenten jeweils **als Bote und nicht als Vertreter** einer der Parteien, d.h. des Anlegers oder des Veräußerers von Finanzinstrumenten, tätig wird, da sie in diesem Falle die Abschlussvermittlung i.s.v. § 2 Abs. 8 Satz 1 Nr. 3 WpHG oder die Finanzportfolioverwaltung i.S.v. § 2 Abs. 8 Satz 1 Nr. 7 WpHG betriebe. Die Vermittlung muss **unmittelbar auf** Geschäfte gerichtet sein, welche d**ie Anschaffung oder Veräußerung von Finanzinstrumenten** i.S.v. § 2 Abs. 4 WpHG zum Gegenstand haben. Nicht ausreichend ist es, wenn sich die Vermittlungstätigkeit auf „Unter- oder Zwischen-Tätigkeiten" beschränkt, die nicht direkt zu dem Erwerb eines Finanzinstrumentes führen[4]. Nicht erfasst ist deshalb die **Vermittlung von Vermittlern** oder anderen Erbringern von Wertpapierdienstleistungen,

---

1 Vgl. statt vieler *Roth* in Baumbach/Hopt, § 93 HGB Rz. 13 m.w.N., zugleich zur Abgrenzung zwischen Vermittlung und bloßem Nachweis. Im Hinblick auf § 2 Abs. 3 Satz 1 Nr. 4 WpHG a.F.: *Baum* in KölnKomm. WpHG, § 2 WpHG Rz. 161; *Fuchs* in Fuchs, § 2 WpHG Rz. 97; *Kumpan* in Schwark/Zimmer, § 2 WpHG Rz. 69; *Schäfer* in Schäfer/Hamann, § 2 WpHG Rz. 66.
2 *BaFin*, Merkblatt Anlagevermittlung, 1.a) (Hervorhebung hinzugefügt).
3 *BaFin*, Merkblatt Abschlussvermittlung, 1.a): „Wer dagegen nur den Kontakt zwischen dem Anleger und einem Veräußerer von Finanzinstrumenten herstellt, betreibt nicht die Anlagevermittlung, wenn die Kontaktherstellung sich als bloße Nachweistätigkeit im Sinne des Gewerberechts darstellt; der Gesetzgeber hat mit dem Gesetz zur Umsetzung der Richtlinie über Märkte für Finanzinstrumente und der Durchführungsrichtlinie der Kommission (Finanzmarktrichtlinie-Umsetzungsgesetz – FRUG) diese Form der Kontaktherstellung aus dem Tatbestand herausgenommen und damit den Anwendungsbereich der Norm auf die Fälle beschränkt, in denen eine Vermittlungstätigkeit ... gegeben ist."
4 VGH Kassel v. 3.3.2006 – 6 TG 2789/05, ZBB 2006, 297.

auch wenn diese ihrerseits auf Finanzinstrumente gerichtet sind[1]. Desgleichen fehlt es an einer unmittelbar auf die Anschaffung oder Veräußerung von Finanzinstrumenten gerichteten Tätigkeit, wenn sich diese auf die Weiterleitung einer von einem Anleger unterzeichneten Beitrittserklärung zu einer Gesellschaft beschränkt, deren Gesellschaftszweck darin besteht, das Gesellschaftsvermögen gewinnbringend in Finanzinstrumente zu investieren[2]. Dagegen stellt die Tätigkeit von **Börsenmaklern** eine Anlagevermittlungstätigkeit i.S.d. § 2 Abs. 8 Satz 1 Nr. 4 WpHG dar[3]. Auch die **Bereitstellung eines EDV-Systems**, durch das auf die Anschaffung oder die Veräußerung von Finanzinstrumenten gerichtete Willenserklärungen an potentielle Vertragspartner weitergeleitet wird, stellt eine Anlagevermittlung dar, solange die Vertragspartner nicht nach einem festen Regelwerk zusammengeführt werden und ihnen jeder Entscheidungsspielraum genommen wird, ob sie im Einzelfall das Geschäft mit einem bestimmten Vertragspartner abschließen wollen[4]. **Anschaffung oder Veräußerung** von Finanzinstrumenten als Gegenstand der Vermittlungstätigkeit umfasst jedes auf einen abgeleiteten entgeltlichen Erwerb zu Eigentum (bei Rechten: Inhaberschaft) gerichtete Rechtsgeschäft unter Lebenden sowie Tauschgeschäfte und den Bezug von Wertpapieren aus Emissionen[5]. Anschaffung und Veräußerung von Finanzinstrumenten liegen bereits mit Abschluss eines Verpflichtungsgeschäfts vor[6].

Die Weiterleitung einer Willenserklärung, die auf den Abschluss eines **Vermögensverwaltungsvertrages** und die Finanzportfolioverwaltung i.S.v. § 2 Abs. 8 Satz 1 Nr. 7 WpHG gerichtet ist, als auch das Einwirken auf einen Anleger, damit dieser einen Vermögensverwaltungsvertrag abschließt, ist mit der BaFin bei europarechtskonformer Auslegung des Tatbestands der Anlagevermittlung nicht als erfasst anzusehen, auch wenn der Abschluss eines Vermögensverwaltungsvertrags in ein Geschäft über die Anschaffung und die Veräußerung von Finanzinstrumenten anzusehen ist. Die BaFin begründet dies ausführlich mit folgenden Erwägungen: „Denn ein solcher Vertrag ist darauf gerichtet, dass in offener oder verdeckter Stellvertretung des Anlegers Finanzinstrumente angeschafft und veräußert werden. Dennoch ist sowohl die Weiterleitung einer Willenserklärung, die auf den Abschluss eines Vermögensverwaltungsvertrages gerichtet ist, als auch das Einwirken auf einen Anleger, damit dieser einen Vermögensverwaltungsvertrag abschließt, nach europarechtskonformer Auslegung vom Tatbestand der Anlagevermittlung nicht erfasst. Der Europäische Gerichtshof (EuGH) hat in seinem Urteil vom 14.6.2017 – Rs. C-678/15, insoweit klargestellt (Rz. 45): ‚Art. 4 Abs. 1 Nr. 2 der Richtlinie 2004/39/EG des Europäischen Parlaments und des Rates vom 21.4.2004 über Märkte für Finanzinstrumente, zur Änderung der Richtlinien 85/611/EWG und 93/6/EWG des Rates und der Richtlinie 2000/12/EG des Europäischen Parlaments und des Rates und zur Aufhebung der Richtlinie 93/22/EWG des Rates (MiFID I) in Verbindung mit Anhang I Abschnitt A Nr. 1 dieser Richtlinie ist dahin auszulegen, dass die Wertpapierdienstleistung, die in der Annahme und Übermittlung von Aufträgen besteht, die ein oder mehrere Finanzinstrument(e) zum Gegenstand haben, auch den Abschluss eines Portfolioverwaltungsvertrags umfasst.' Die Richtlinie 2014/65/EU des Europäischen Parlaments und des Rates vom 15.5.2014 (MiFID II), welche die MiFID I ersetzt, trifft insoweit keine andere Regelung, so dass die Auslegung des EuGH auch für die aktuelle Rechtslage gilt. Da § 1 Abs. 1a Satz 2 Nr. 1 KWG eine Umsetzung dieser europäischen Vorgaben in nationales Recht ist und nach dem Willen des deutschen Gesetzgebers insoweit auch keine über diese Vorgaben hinausgehende Regelung treffen sollte, wurde vor dem Hintergrund der Entscheidung des EuGH die bis dahin ständige und seinerzeit verwaltungsgerichtlich bestätigte[3] Verwaltungspraxis, die Vermittlung von Finanzportfolioverwaltungsverträgen als Anlagevermittlung einzustufen, im Juli 2017 aufgegeben."[7]

128

---

1 *Baum* in KölnKomm. WpHG, § 2 WpHG Rz. 162; *Schäfer* in Schäfer/Hamann, § 2 WpHG Rz. 71. Anders BaFin mit Billigung VG Frankfurt/M. v. 17.3.2005 – 1 G 7060/04 (1), WM 2005, 1028; dagegen aber wieder VG Frankfurt/M. v. 21.10.2005 – 1 G 3155/05 (2), ZIP 2005, 2105: „Die Vermittlung des Beitritts zu einer Gesellschaft bürgerlichen Rechts, deren Geschäftszweck die gemeinsame Anlage der eingezahlten Einlagen in Finanzinstrumenten ist, stellt jedenfalls dann keine erlaubnispflichtige Anlagevermittlung i.S.d. § 1 Abs. 1a Satz 2 Nr. 1 KWG dar, wenn die Anschaffung und Veräußerung der Finanzinstrumente nach dem Gesellschaftsvertrag einem Finanzportfolioverwalter übertragen werden soll, der von allen Gesellschaftern nach dem Ende der Zeichnungsfrist noch gewählt werden muss."
2 *BaFin*, Merkblatt Anlagevermittlung, 1.a). Ohne Bedeutung sei es allerdings, ob es sich in diesem Fall bei der weitergeleiteten Willenserklärung um ein an den Veräußerer gerichtetes Angebot des Anlegers oder um die Annahme eines Angebotes des Veräußerers handle. Ebenso wenig komme es darauf an, ob der Bote die Willenserklärung mündlich weitergebe oder dem möglichen Vertragspartner ein Schriftstück des Anlegers aushändige. Entscheidend sei, dass es um eine Willenserklärung des Anlegers gehe, die lediglich an den Vertragspartner übermittelt werde.
3 *Baum* in KölnKomm. WpHG, § 2 WpHG Rz. 164; *Kumpan* in Schwark/Zimmer, § 2 WpHG Rz. 70; *Schäfer* in Schäfer/Hamann, § 2 WpHG Rz. 66.
4 *BaFin*, Merkblatt Anlagevermittlung, 1.a). In letzterem Falle fehle es in der Regel an einer Weiterleitung einer Willenserklärung eines Vertragspartners an einen von diesem bestimmten Vertragspartner. Der Betreiber eines solchen Systems erbringt jedoch die Wertpapierdienstleistung des Betriebs eines multilateralen Handelssystems i.S.v. § 2 Abs. 3 Satz 1 WpHG (a.F.).
5 Rz. 106. Ebenso *BaFin*, Merkblatt Anlagevermittlung, 1.b): „Als Anschaffung von Finanzinstrumenten ist insbesondere deren Kauf (mitsamt Erfüllungsgeschäft) oder der Abschluss kaufähnlicher Verträge anzusehen. Um eine Veräußerung von Finanzinstrumenten handelt es sich, wenn das Eigentum (bei Rechten: Inhaberschaft) an ihnen durch Rechtsgeschäft unter Lebenden auf einen anderen übertragen wird."
6 *BaFin*, Merkblatt Anlagevermittlung, 1.b).
7 *BaFin*, Merkblatt Anlagevermittlung, 1.b).

129 Nicht unter § 2 Abs. 8 Satz 1 Nr. 4 WpHG fällt der Abschluss von Geschäften, die vom Anlageberater aufgrund einer vorausgegangenen **Anlageberatung** durchgeführt werden, denn diese beruhen nicht auf Vermittlung, sondern Beratung. Dabei **unterscheidet sich Anlagevermittlung von der Anlageberatung** dadurch, dass der Vermittler lediglich die richtige und vollständige Information des Anlegers in Bezug auf die vermittelte Anlage schuldet und sich jeder fachkundigen Bewertung und Beurteilung der Anlage im Hinblick auf die Anlageziele und die Risikotragungsfähigkeit des Anlegers enthalten kann. Ob ein auf die Anlagevermittlung oder Anlageberatung gerichteter Vertrag zustande kommt, richtet sich nach den Vereinbarungen der Parteien, die mangels ausdrücklicher Absprachen aufgrund des Auftretens der betreffenden Person und den dieser erkennbaren Erwartungen des Kunden zu ermitteln ist. Die Unterscheidung hat an Bedeutung verloren, nachdem die Anlageberatung aufgrund von Art. 1 Nr. 2 lit. f Finanzmarktrichtlinie-Umsetzungsgesetz vom 16.7.2007 (Rz. 5 j.) gem. § 2 Abs. 8 Satz 1 Nr. 9 WpHG zu den Wertpapierdienstleistungen gehört. Über solchen Abgrenzungsbedarf hinaus kann auch die Beantwortung der Frage, ob im Einzelfall überhaupt eine Vermittlungs- oder Nachweistätigkeit vorliegt, Schwierigkeiten bereiten. Das ist etwa im Hinblick auf die Qualifikation der Tätigkeit der sog. **Botenbanken** der Fall, welche die an sie herangetragenen Aufträge in Bezug auf die Anschaffung oder Veräußerung der in § 2 Abs. 8 Satz 1 Nr. 4 WpHG erfassten Finanzinstrumente nicht selbst ausführen, sondern „als Boten" an andere Kreditinstitute (i.d.R. Dachkreditinstitute) weiterleiten. Fraglos stellt eine bloße Botentätigkeit keine Vermittlung (ja nicht einmal den Nachweis) eines Geschäfts dar, doch kommt es zur Beurteilung einer Tätigkeit als Anlagevermittlung „nicht auf die Bezeichnung, sondern auf den materiellen Inhalt der Tätigkeit an"[1]. Diese beschränkt sich bei den Botenbanken regelmäßig nicht auf die bloße botenweise Weitergabe eines Auftrags an ein Unternehmen, das rechtlich als Vertragspartner des Auftraggebers zu qualifizieren ist. So sind es gerade die Botenbanken selbst, die durch ihr Geschäftsgebaren und ihre Geschäftsverbindungen eine Vertrauensstellung anstreben und erlangen, um diese für den Erhalt von Aufträgen über Geschäfte mit Finanzinstrumenten zu nutzen. Teil dieses Erscheinungsbildes von Botenbanken ist die (auf eine effiziente Auftragsausführung ausgerichtete) stehende Verbindung zu den geschäftsausführenden Dachinstituten sowie die *Gewissheit*, dass die an das einzelne Kreditinstitut herangetragenen Aufträge unter Ausnützung dieser Verbindung – und insofern dem Kunden gegenüber vermittelnd – von dem Dachinstitut ausgeführt werden. Botenbanken sind deshalb als Anlagevermittler i.S.d. § 2 Abs. 8 Satz 1 Nr. 4 WpHG zu betrachten[2]. Nach gleichen Gesichtspunkten sind die in vergleichbarer Weise operierenden sog. **Introducing Brokers** zu behandeln; auch sie stellen regelmäßig Vermittler dar[3].

130 Die Frage, ob die Träger der staatlicher Aufsicht unterliegenden **Handelssysteme** des organisierten Marktes (**Börsen**) und diejenigen des nicht organisierten Markts die Abschlussvermittlung betreiben, ist durch den Wegfall des bloßen Nachweises von Geschäftsgelegenheiten als Wertpapierdienstleistung insofern neu zu beantworten, als davon ausgegangen wurde, dass diese Handelssysteme zumindest den Nachweis von Geschäftsgelegenheiten erbrächten[4]. Doch sah die h.M. zur Qualifikation solcher Handelssysteme als erlaubnispflichtige Anlagevermittlung i.S.v. § 1 Abs. 1a Satz 2 Nr. 1 KWG in deren Tätigkeit ohnehin nicht nur die Nachweistätigkeit, sondern die Vermittlung von Anlagegeschäften[5]. Dass die Annahme, solche Handelssysteme betrieben Anlagevermittlung, zumindest für Börsen nicht zutreffend ist, weil nicht die Börsenträger, sondern die Börsenmakler (Skontroführer) die Geschäfte vermitteln und deren Verhalten der Börse jedenfalls nicht rechtsgeschäftlich zurechenbar ist[6], hat die h.M. ebenso wenig zu beeindrucken vermocht wie der Hinweis, dass die Einordnung solcher Handelssysteme als Wertpapierdienstleistungen i.S.v. § 2 Abs. 8 Satz 1 Nr. 4 WpHG in erster Linie darauf hinausläuft, diese den auf sie nicht zugeschnittenen und passenden Verhaltens- und Organisationspflichten der §§ 31 ff. WpHG a.F., heute §§ 63 ff. WpHG, zu unterwerfen[7]. Dass solche Gegenargumente kein Gehör fanden, mag v.a. daran gelegen haben, dass der Ansicht, die fraglichen Handelssysteme betrieben die Anlagevermittlung, offenkundig das Bestreben zugrunde lag, diese Handelssysteme im Interesse des Anlegerschutzes einer Erlaubnispflicht und der Beaufsichtigung zu unterwerfen. Wenig beeindruckt hat deshalb auch das Argument, dass die Börsenteilnehmer und nicht deren Kunden (d.h. die Anleger) Partei der an der

---

1 RegE Umsetzungsgesetz, BT-Drucks. 13/7142 v. 6.3.1997, 1, 101.
2 Ebenso RegE Umsetzungsgesetz, BT-Drucks. 13/7142 v. 6.3.1997, 1, 101. Auch *Baum* in KölnKomm. WpHG, § 2 WpHG Rz. 164; *Fuchs* in Fuchs, § 2 WpHG Rz. 98; *Kumpan* in Schwark/Zimmer, § 2 WpHG Rz. 70. Zurückhaltender und Einzelfallprüfung verlangend *Schäfer* in Schäfer/Hamann, § 2 WpHG Rz. 67.
3 RegE Umsetzungsgesetz, BT-Drucks. 13/7142 v. 6.3.1997, 1, 101. *Kumpan* in Schwark/Zimmer, § 2 WpHG Rz. 70. Differenzierend auch hier *Schäfer* in Schäfer/Hamann, § 2 WpHG Rz. 67.
4 So namentlich *Schäfer* in Schäfer/Hamann, § 2 WpHG Rz. 69; auch *Beck* in Schwark, Kapitalmarktrechts-Kommentar, 3. Aufl. 2004, § 2 WpHG Rz. 29. Dagegen *Baum* in KölnKomm. WpHG, § 2 WpHG Rz. 142, mit dem zutreffenden Hinweis, an Börsen würden Geschäftsgelegenheiten nicht nur nachgewiesen, sondern (allerdings nicht i.S.v. § 2 Abs. 3 Satz 1 Nr. 4 WpHG a.F.) vermittelt.
5 *Cohn*, ZBB 2002, 365, 371; *Fülbier* in Boos/Fischer/Schulte-Mattler, 2. Aufl. 2004, § 1 KWG Rz. 122; *Hammen*, WM 2001, 929, 932. Entsprechend für Parallelvorschrift des WpHG (a.F.) *Beck* in Schwark, Kapitalmarktrechts-Kommentar, 3. Aufl. 2004, § 2 WpHG Rz. 29.
6 *Baum* in KölnKomm. WpHG, § 2 WpHG Rz. 165.
7 *Schäfer* in Schäfer/Hamann, § 2 WpHG Rz. 69.

Börse zustande kommenden Geschäfte und damit die möglichen Adressaten der mit solchen Geschäften gekoppelten wertpapierhandelsgesetzlichen Verhaltenspflichten sind, die Kunden aber gleichwohl hinreichend durch die Verhaltenspflichten der Börsenteilnehmer als Wertpapierdienstleistungsunternehmen und Vertragspartner der Kunden im Hinblick auf eine Wertpapierdienstleistung geschützt sind[1]. Nachdem Börsen ohnehin der staatlichen Börsenaufsicht unterliegen, sollte dem Anlegerschutzinteresse jedoch durch die Aufnahme des Betriebs von **multilateralen Handelssystemen** (§ 2 Abs. 8 Satz 1 Nr. 8 WpHG) in den Katalog von Wertpapierdienstleistungen (§ 2 Abs. 8 Satz 1 WpHG) und Finanzdienstleistungen (§ 1 Abs. 1a Satz 2 Nr. 1b KWG) hinreichend Genüge getan worden sein, um den Weg zu der Erkenntnis frei zu machen, dass anonym arbeitende institutionalisierte Handelssysteme nicht Anlagevermittlern mit individuellen Kundenbeziehungen gleichzustellen sind.

Börsenbriefe, Börseninformationsdienste oder **Kapitalanlagemagazine** unterfallen nicht der Vermittlungs- oder Nachweistätigkeit i.S.d. § 2 Abs. 8 Satz 1 Nr. 4 WpHG[2]: Auch wenn sie Anlagetipps geben oder Anlageempfehlungen aussprechen, führen sie weder zum Geschäft entschlossene Parteien zusammen, noch weisen sie die Identität abschlusswilliger Parteien nach. Ebenso wenig genügen sie den Anforderungen an die Anlageberatung (dazu Rz. 175). Sie erfüllen vielmehr regelmäßig den Tatbestand der Anlageempfehlung als eine Wertpapiernebendienstleistung i.S.v. § 2 Abs. 9 Nr. 5 WpHG. 131

ee) Emissionsgeschäft (§ 2 Abs. 8 Satz 1 Nr. 5 WpHG). Nach § 2 Abs. 8 Satz 1 Nr. 5 WpHG gilt die Übernahme von Finanzinstrumenten (i.S.v. § 2 Abs. 4 WpHG) für eigenes Risiko zur Platzierung oder die Übernahme gleichwertiger Garantien, kurz: das Emissionsgeschäft, als Wertpapierdienstleistung. Die Vorschrift geht auf das Umsetzungsgesetz voom 22.10.1997 (Rz. 1) zurück und diente der Umsetzung von Art. 1 Nr. 1 i.V.m. Abschnitt A Nr. 4 und Abschnitt B des Anhangs RL 93/22/EWG vom 10.5.1993 über Wertpapierdienstleistungen (Rz. 8). Eine § 2 Abs. 8 Satz 1 Nr. 5 WpHG entsprechende Bestimmung findet sich in § 1 Abs. 1 Satz 2 Nr. 10 KWG. Die Auslegung dieser Bestimmung ist – im Hinblick auf das Emissionsgeschäft als erlaubnispflichtiges Geschäft – Gegenstand des Merkblatts Emissionsgeschäft der BaFin, doch kann es auch für die Auslegung von § 2 Abs. 8 Satz 1 Nr. 5 WpHG herangezogen werden. Im Schrifttum wurde die Einbeziehung von Emissionsgeschäften in den Kreis von Wertpapierdienstleistungen als verfehlt angesehen, weil sie keine Dienstleistungen gegenüber Anlegern, sondern gegenüber Emittenten zum Gegenstand hätten[3]. Diese Ansicht verkennt, dass das WpHG nicht ausschließlich unmittelbar anlegerschützende, sondern auch marktfunktionsbezogene Bestimmungen enthält und Regelungen des Emissionsgeschäfts doch zumindest mittelbar auch Anleger und ihre Interessen berühren. Außer dass das Emissionsgeschäft eine Wertpapierdienstleistung darstellt und damit allen Vorschriften für Wertpapierdienstleistungen unterfällt, hat der Begriff „Emissionsgeschäft" für die Anwendung weiterer Vorschriften als des § 2 WpHG keine Bedeutung. 132

(1) Übernahme der Finanzinstrumente für eigenes Risiko zur Platzierung. Mit dem in der Vorschrift erstgenannten Geschäft, der Übernahme von Finanzinstrumenten für eigenes Risiko zur Platzierung, sind diejenigen Fälle gemeint, in denen sich ein Emittent zur Platzierung von Finanzinstrumenten eines anderen Unternehmens oder eines Konsortiums aus Drittunternehmen (sog. **Übernahmekonsortium**) bedient, welche die zu emittierenden Finanzinstrumente gegen Zahlung des (ggf. um einen Abschlag verringerten) Gegenwerts fest übernehmen, um sie auf eigenes Risiko[4] beim Publikum zu platzieren[5]. Dabei bezeichnet der Begriff des **Platzierens** die Unterbringung von Finanzinstrumenten beim Publikum („im Kapitalmarkt" im Wege eines sog. *public placement*) oder in einem begrenzten Kreis von Personen (*private placement*) im Rahmen einer Emission auf der Grundlage einer **Platzierungsabrede** im Sinne einer Vereinbarung („Übernahmevertrag"), mit der der Emittent den oder die Platzierenden mit der Unterbringung der von ihm emittierten Finanzinstrumente bei den vorstehend bezeichneten Anleger beauftragt[6]. Bei dem Emittenten, der die zu emittierenden Finanzinstrumente selbst im Wege einer **Eigenemission** platziert, fehlt es an der Übernahme von Finanzinstrumenten und an einer Platzierungsabrede, so dass seine Tätigkeit nicht von § 2 Abs. 8 Satz 1 Nr. 5 WpHG erfasst wird[7]. Wer ausschließlich **im Auftrag eines Erwerbers Finanzinstrumente aus einer Emission ankauft**, ohne dass zwischen ihm und dem Emittenten oder einer Konsortialbank eine Platzierungsabrede besteht, erbringt hier- 133

---

1 *Schäfer* in Schäfer/Hamann, § 2 WpHG Rz. 69.
2 *Kumpan* in Schwark/Zimmer, § 2 WpHG Rz. 70; *Schäfer* in Schäfer/Hamann, § 2 WpHG Rz. 70; *Versteegen* in KölnKomm. WpHG, 1. Aufl. 2007, § 2 WpHG Rz. 139.
3 *Versteegen* in KölnKomm. WpHG, 1. Aufl. 2007, § 2 WpHG Rz. 144. Auch *Baum* in KölnKomm. WpHG, § 2 WpHG Rz. 167 („Einbeziehung des Emissionsgeschäfts in den Kreis der Wertpapierdienstleistungen [ist] sachlich verfehlt").
4 Die Übernahme des Absatzrisikos ist Merkmal des Emissionsgeschäfts. BaFin, Merkblatt Emissionsgeschäft. 1.b)bb); *Baum* in KölnKomm. WpHG, § 2 WpHG Rz. 171; *Fuchs* in Fuchs, § 2 WpHG Rz. 100 und 101 a.E.; *Kumpan* in Schwark/Zimmer, § 112 Rz. 1 ff. bzw. 70 ff.; *Schäfer* in Schäfer/Hamann, § 2 WpHG Rz. 72, 73.
5 Zum Emissionsgeschäft und den Rechtsverhältnissen eines Emissionskonsortiums s. etwa *Grundmann* in Bankrechts-Handbuch, § 112 Rz. 1 ff. bzw. 70 ff.; *Müller* in Kümpel/Wittig, Bank- und Kapitalmarktrecht, Rz. 15.81 ff. bzw. 15.316 ff.; *Singhoff* in MünchKomm. HGB, 3. Aufl. 2014, Bd. 6 Emissionsgeschäft Rz. 1 ff.
6 *BaFin*, Merkblatt Emissionsgeschäft, 1.b)aa).
7 *Schäfer* in Schäfer/Hamann, § 2 WpHG Rz. 74.

durch kein Emissionsgeschäft[1]. Bei demjenigen, der die Finanzinstrumente **übernimmt, um sie für sich oder für andere zu halten**, fehlt es an der auf einer Platzierungsabrede beruhenden Übernahme zur Platzierung. Diese wird auch nicht dadurch ersetzt, dass sich der Betreffende später zur Platzierung der Finanzinstrumente entschließt. Eine nur kurzfristige Halteperiode[2] und die nachfolgende Unterbringung der Instrumente beim Publikum ist allerdings als Indiz dafür anzusehen, dass die für Emissionsgeschäfte kennzeichnende Platzierungsabsicht („**Übernahme zur Platzierung**") vorlag und lediglich verdeckt werden sollte[3]. Kein Mittel zur Verhinderung von Umgehungsstrategien der vorstehend angeführten Art ist dagegen die Behandlung der Emission von zunächst in den Eigenbestand genommenen Finanzinstrumenten als Eigenhandel i.S.v. § 2 Abs. 8 Satz 1 Nr. 2 lit. c WpHG[4]. Auch diejenigen, die allein oder mit anderen ein Emissionskonsortium bei ihrem Emissionsgeschäft unterstützen, ohne selbst durch eine Platzierungsabrede mit dem Emittenten verbunden zu sein („**Seller**" oder „**Selling Groups**"), betreiben selbst dann kein Emissionsgeschäft[5], wenn sie dabei ein gewisses Risiko übernehmen sollten (in der Regel fehlt es aber auch daran, s. Rz. 134).

134 Da die Gesetzesformulierung keine diesbezügliche Einschränkung erkennen lässt, wird als Emissionsgeschäft sowohl die **Gesamtübernahme** als auch die **Übernahme nur eines Teils** der zu emittierenden Finanzinstrumente erfasst, solange nur die Übernahme fest, d.h. unter Übernahme des Absatzrisikos („firm commitment underwriting"), und nicht bloß kommissionsweise, im Sinne einer sog. **Begebungsübernahme** („Begebungskonsortium", „best effort underwriting"), erfolgt. Im letzteren Falle handelt es sich nicht um ein Geschäft i.S.v. § 2 Abs. 8 Satz 1 Nr. 5 WpHG[6], sondern um ein Geschäft sowohl i.S.v. § 2 Abs. 8 Satz 1 Nr. 1 WpHG als auch i.S.v. § 2 Abs. 6 Satz 1 Nr. 6 WpHG (Rz. 146). Ebenfalls kein Emissionsgeschäft i.S.v. § 2 Abs. 8 Satz 1 Nr. 5 WpHG erbringen sog. **Seller** oder **Selling Groups**, die ein Emissionskonsortium beim Absatz der zu platzierenden Wertpapiere unterstützen, selbst aber kein Absatzrisiko übernehmen[7]. In der Regel fehlt es hier schon an einer Platzierungsabrede mit dem Emittenten (Rz. 133 a.E.).

135 Eine feste Übernahme liegt auch im Falle einer **Geschäftsbesorgungsübernahme** vor, bei dem das übernehmende Unternehmen oder Unternehmenskonsortium die Emission im Namen und für Rechnung des Emittenten verkauft, sich aber gleichzeitig dazu verpflichtet, den – etwa nach Ablauf eines bestimmten Zeitraums – nicht verkauften Teil der Emission fest, d.h. in den eigenen Bestand, zu übernehmen. Das Risiko aus der Übernahme trägt auch hier das übernehmende Unternehmen bzw. Konsortium[8].

136 Erfasst wird auch diejenige Gestaltung, in der ein Unternehmen oder ein Konsortium wegen unsicherer Platzierungserwartungen nur einen Teil der Emission übernimmt und sich für den Rest der zu platzierenden Instrumente eine Übernahmeoption einräumen lässt (**Optionsübernahme/Optionskonsortium**)[9]. Inwieweit auch **garantierte Übernahmen oder Garantiekonsortien** einschlägig sind oder in die Gruppe der „Übernahme gleichwertiger Garantien" (Rz. 140) fallen, hängt von ihrer Ausgestaltung ab. Diese geht regelmäßig dahin, dass sich ein Unternehmen/Konsortium verpflichtet, zu einem im Voraus festgelegten Kurs vom Emittenten oder von Dritten nicht absetzbare Stücke ganz oder teilweise zu übernehmen. Handelt es sich bei der Restübernahme um eine Übernahmeverpflichtung zur Platzierung, ist sie in die hier behandelte Kategorie von Wertpapierdienstleistungen einzustufen; wird lediglich eine Verpflichtung zur Abnahme eingegangen, liegt eher die Übernahme einer gleichwertigen Garantie (Rz. 140) vor. In beiden Varianten geht es jedenfalls darum, den Erfolg der Emission durch Risikoverlagerung auf Dritte zu gewährleisten.

---

1 *BaFin*, Merkblatt – Hinweise zum Tatbestand des Emissionsgeschäfts vom 7.1.2009, 1.b)aa).
2 Vor der Einführung der Abgeltungsteuer betreffend die Besteuerung ab 2009 waren Kursgewinne aus den Verkäufen von Aktien und Fonds, die nach einer Haltefrist von mehr als zwölf Monaten erzielt wurden, steuerfrei, doch lässt sich diese (anderen Zwecken dienende) Frist allenfalls als eine „Safe harbor"-Regel verwenden, was zur Folge hätte, dass Verkäufe der fraglichen Papiere zwölf Monate nach deren Erwerb nicht geeignet wären, eine Platzierungsabsicht zu indizieren.
3 Gegen solche, auf die Vermeidung von Folgepflichten aus Emissionsgeschäften gerichtete Überlegungen, *Baum* in KölnKomm. WpHG, § 2 WpHG Rz. 170.
4 Ablehnend gegen diesen Versuch des seinerzeitigen BAKred, Schreiben vom 30.8.2002 – VII (110531) 100, auch *Beck* in Schwark, Kapitalmarktrechts-Kommentar, 3. Aufl. 2004, § 2 WpHG Rz. 30; *Schäfer* in Schäfer/Hamann, § 2 WpHG Rz. 75; *Schäfer*, WM 2002, 361, 365.
5 Vgl. *du Buisson*, WM 2003, 1401, 1402; *Kumpan* in Schwark/Zimmer, § 2 WpHG Rz. 75; *Schäfer* in Schäfer/Hamann, § 2 WpHG Rz. 74; *Schäfer*, WM 2002, 361, 363.
6 Ebenso *Fuchs* in Fuchs, § 2 WpHG Rz. 102; *Kumpan* in Schwark/Zimmer, § 2 WpHG Rz. 75; *Schäfer* in Schäfer/Hamann, § 2 WpHG Rz. 73.
7 Vgl. *du Buisson*, WM 2003, 1401, 1402; *Kumpan* in Schwark/Zimmer, § 2 WpHG Rz. 72; *Schäfer* in Schäfer/Hamann, § 2 WpHG Rz. 74; *Schäfer*, WM 2002, 361, 363.
8 So RegE Umsetzungsgesetz, BT-Drucks. 13/7142 v. 6.3.1997, 1, 101, mit dem Hinweis, dass bei einer Geschäftsbesorgungsübernahme ohne entsprechende Verpflichtung zur festen Übernahme der Restmenge ein Fall der Abschlussvermittlung nach dem seinerzeitigen § 2 Abs. 3 Satz 1 Nr. 3 WpHG (a.F.) vorliegt. Auch *BaFin*, Merkblatt Emissionsgeschäft, 1. b)bb); *Fuchs* in Fuchs, § 2 WpHG Rz. 102; *Baum* in KölnKomm. WpHG, § 2 WpHG Rz. 171; *Kumpan* in Schwark/Zimmer, § 2 WpHG Rz. 75; *Schäfer* in Schäfer/Hamann, § 2 WpHG Rz. 73.
9 *BaFin*, Merkblatt Emissionsgeschäft, 1. b)bb); *du Buisson*, WM 2003, 1401, 1406; *Fuchs* in Fuchs, § 2 WpHG Rz. 102; *Kumpan* in Schwark/Zimmer, § 2 WpHG Rz. 75.

Für die Einordnung als Emissionsgeschäft und Wertpapierdienstleistung unerheblich ist, ob es sich bei der übernommenen Emission um eine **Erstemission**, eine „**weitere Übernahme**"[1] oder eine **Nachfolgeemission** etwa in Gestalt eines öffentlichen „**resale**" einer bereits privat platzierten Emission handelt[2]. 137

Erfolgt die Übernahme von Finanzinstrumenten durch ein **Konsortium** und erfüllt sie im Übrigen die Voraussetzungen von § 2 Abs. 8 Satz 1 Nr. 5 WpHG, so betreibt nicht (nur) das (i.d.R. als Gesellschaft bürgerlichen Rechts zu qualifizierende) Konsortium selbst, sondern jedes **Konsortialmitglied** ein Wertpapierdienstleistungsgeschäft[3]. 138

Der Hauptanwendungsfall von Emissionsgeschäften war bislang die **Übernahme neuer Aktien** zur Platzierung beim Publikum durch ein Kreditinstitut oder ein Konsortium aus Kreditinstituten: In der Regel verpflichtet sich in einem solchen Fall das Kreditinstitut oder das Konsortium schon vor dem Kapitalerhöhungsbeschluss gegenüber der AG dazu, alle neuen Aktien zu zeichnen (§ 185 AktG) und sie – sofern kein Bezugsrechtsausschluss vorliegt – vor einer Platzierung beim Publikum den bezugsberechtigten Aktionären anzubieten (§ 186 Abs. 5 AktG). **Gründungsübernahmen** durch Banken oder Bankenkonsortien erfüllen ebenfalls die Voraussetzungen von § 2 Abs. 8 Satz 1 Nr. 5 WpHG[4]. Da sie jedoch voraussetzen, dass die Übernahme die Stellung der Gründer der AG (mit dem Risiko der Gründerhaftung nach § 46 AktG) einnehmen (§ 23 Abs. 2 AktG), war und ist ihre Bedeutung gering. 139

(2) Übernahme gleichwertiger Garantien. Eine der Übernahme von Finanzinstrumenten für eigenes Risiko zur Platzierung **gleichwertige Garantie** ist mit jeder anderen Verpflichtung gegeben, durch die ein Unternehmen oder ein Unternehmenskonsortium das Risiko für den Erfolg der Emission übernimmt[5]. Verpflichtet sich ein Unternehmen oder ein Konsortium, zu einem im Voraus festgelegten Kurs vom Emittenten oder Dritten nicht absetzbare Stücke ganz oder teilweise zu übernehmen (**garantierte Übernahmen oder Garantiekonsortien**), so kann dies – je nach Ausgestaltung der Restübernahmeverpflichtung – eine Übernahme der Finanzinstrumente für eigenes Risiko zur Platzierung oder die Übernahme einer gleichwertigen Garantie sein (Rz. 136)[6]. Eine Garantie, die der Übernahme von Finanzinstrumenten für eigenes Risiko zur Platzierung gleichwertig ist, kann im Übrigen auch jede von einem Dritten übernommene Garantie sein, die eine Zahlungsverpflichtung für den Fall beinhaltet, dass ein bestimmter Platzierungserfolg nicht eintritt, ohne dass es darauf ankommt, ob der Garant auch die zu platzierenden Finanzinstrumente ganz oder teilweise übernommen hat. 140

ff) Platzierungsgeschäft (§ 2 Abs. 8 Satz 1 Nr. 6 WpHG). Das als Wertpapierdienstleistung zu behandelnde Platzierungsgeschäft besteht nach § 2 Abs. 8 Satz 1 Nr. 6 WpHG in der Platzierung von Finanzinstrumenten ohne feste Übernahmeverpflichtung. Diese hochabstrakte Definition von Platzierungsgeschäften **konkretisierend**, handelt es ich bei diesen – wie noch im Einzelnen (Rz. 143 ff.) zu erläutern ist – um die im Rahmen einer Emission und auf der Grundlage einer Platzierungsabrede mit dem Emittenten und in (offener oder mittelbarer) Stellvertretung desselben vorgenommenen Veräußerungen von Finanzinstrumenten i.S.v. § 2 Abs. 4 WpHG ohne feste Übernahmeverpflichtung[7]. Die gesetzliche Qualifizierung von Platzierungsgeschäften als Wertpapierdienstleistung erfolgte durch Art. 1 Nr. 2 lit. f Finanzmarktrichtlinie-Umsetzungsgesetz vom 16.7.2007 (Rz. 5 j.). Davor wurden sie als Unterfall der Abschlussvermittlung i.S.v. § 2 Abs. 8 Satz 1 Nr. 3 WpHG behandelt. Die Vorschrift dient der Umsetzung von Art. 4 Abs. 1 Nr. 2 i.V.m. Anhang I Abschnitt A Nr. 7 RL 2004/39/EG vom 21.4.2004 (Finanzmarktrichtlinie, Rz. 7 b.). Eine entsprechende Bestimmung findet sich in § 1 Abs. 1a Satz 2 Nr. 1c KWG. Die Auslegung dieser Bestimmung ist – im Hinblick auf das Platzierungsgeschäft als erlaubnispflichtiges Geschäft – Gegenstand des **Merkblatts Platzierungsgeschäft** der BaFin, doch kann es auch für die Auslegung von § 2 Abs. 8 Satz 1 Nr. 6 WpHG herangezogen werden. Außer dass das Platzierungsgeschäft eine Wertpapierdienstleistung darstellt und damit allen Vorschriften für Wertpapierdienstleistungen unterfällt, hat der Begriff „Platzierungsgeschäft" nur für die Anwendung der § 3 WpHG Bedeutung. 141

Gegenstand des Platzierungsgeschäfts kann nur die Veräußerung – nicht auch die Anschaffung – von Finanzinstrumenten sein. Fälle, in denen der Dienstleister auf der Erwerberseite auftritt, werden damit nicht vom Tatbestand des Platzierungsgeschäfts erfasst[8]. Die **Veräußerung von Finanzinstrumenten** i.S.v. § 2 Abs. 4 WpHG 142

---

1 RegE Umsetzungsgesetz, BT-Drucks. 13/7142 v. 6.3.1997, 1, 101, beispielsweise eine Übernahme im Rahmen einer Privatisierung anführend.
2 Grundlos anders *BaFin*, Merkblatt Emissionsgeschäft, 1.a), wonach unter einer „Emission" die erste Ausgabe einer bestimmten Anzahl von Wertpapieren durch einen Wertpapieraussteller (Emittenten) zu verstehen sei.
3 *BaFin*, Merkblatt Emissionsgeschäft, 1.d); *Fuchs* in Fuchs, § 2 WpHG Rz. 101; *Kumpan* in Schwark/Zimmer, § 2 WpHG Rz. 71; *Schäfer* in Schäfer/Hamann, § 2 WpHG Rz. 77.
4 A.A. *du Buisson*, WM 2003, 1401, 1402; *Kumpan* in Schwark/Zimmer, § 2 WpHG Rz. 73, mit dem Hinweis, hier fehle es an einer Platzierungsabrede, da es noch keinen Emittenten gäbe.
5 Vgl. auch RegE Umsetzungsgesetz, BT-Drucks. 13/7142 v. 6.3.1997, 1, 101. Auch *Baum* in KölnKomm. WpHG, § 2 WpHG Rz. 171.
6 Ebenso *Kumpan* in Schwark/Zimmer, § 2 WpHG Rz. 77; *du Buisson*, WM 2003, 1401, 1404; *Schlüter*, S. 121; *Schäfer* in Schäfer/Hamann, § 2 WpHG Rz. 78. S. auch *BaFin*, Merkblatt Emissionsgeschäft, 1.c).
7 Ebenso *BaFin*, Merkblatt Platzierungsgeschäft, 1. (vor a)).
8 Ebenso *BaFin*, Merkblatt Platzierungsgeschäft, 1.a).

als Gegenstand des Platzierungsgeschäfts umfasst jedes auf einen abgeleiteten entgeltlichen Erwerb zu Eigentum (bei Rechten: Inhaberschaft) gerichtete Rechtsgeschäft unter Lebenden sowie Tauschgeschäfte[1]. Als Veräußerung kommen dabei sowohl Verpflichtungsgeschäfte wie Verfügungsgeschäfte in Betracht (Rz. 106)[2].

143 § 2 Abs. 8 Satz 1 Nr. 6 WpHG erfasst **sämtliche Formen der Platzierung** von **Finanzinstrumenten**, die – darin unterscheidet sich das Platzierungsgeschäft vom Emissionsgeschäft in § 2 Abs. 8 Satz 1 Nr. 5 WpHG – **keine Verpflichtung zur festen Übernahme der Finanzinstrumente** enthalten, sondern das Absatzrisiko beim Emittenten oder dem Anbieter der Finanzinstrumente belassen.

144 Im Hinblick auf die Anwendung der Parallelvorschrift § 1 Abs. 1a Satz 2 Nr. 1c KWG umschreibt die BaFin die **Platzierung** als „die Unterbringung (der Verkauf) von Finanzinstrumenten im Kapitalmarkt oder an einen begrenzten Kreis von Personen oder (institutionellen) Anlegern **im Rahmen einer Emission**" und folgert daraus, dass „zwischen dem Unternehmen, das die Platzierung vornimmt, und dem Emittenten oder solchen Unternehmen, die ihrerseits bereits in die Emission eingebunden sind, eine **Platzierungsabrede** bestehen" müsse[3]. Dem kann weitgehend gefolgt werden: Das gilt zunächst für die **Beschränkung auf Veräußerungsgeschäfte**, d.h. den Ausschluss von Anschaffungsgeschäften – sind doch solche Geschäfte, die nicht auf die Übertragung des Eigentums an den fraglichen Instrumenten unter Lebenden gerichtet sind. Keine Einwände bestehen v.a. dagegen, unter der Platzierung auch die Unterbringung von Finanzinstrumenten zu verstehen, die sich nicht an das **Publikum**, sondern nur einen **begrenzten Kreis von Personen** („private offering") richtet; Letztere mag zwar vom Anwendungsbereich einiger Vorschriften des Anlegerschutzes (wie etwa der Prospektpublizität) ausgeschlossen sein, doch rechtfertigt dies noch nicht ihre gänzliche Herausnahme aus dem Begriff der Platzierung. Zu folgen ist auch der Ansicht, es müsse eine (direkt mit dem Emittenten getroffene oder mit einem anderen in die Platzierung eingeschalteten Unternehmen geschlossene) **Platzierungsabrede** vorliegen, um von einer Platzierung sprechen zu können, denn erfasst werden sollen nur solche Geschäfte in den fraglichen Finanzinstrumenten, die den planmäßigen Absatz derselben im Interesse des Emittenten zum Gegenstand haben und nicht nur gelegentlich für diesen oder im Wege des Eigengeschäfts vorgenommen werden. Soweit sich der Begriff der Platzierung nur auf Platzierungsmaßnahmen für den Emittenten – „**Emissionen**" – bezieht und solche im Rahmen von **Zweitplatzierungen** („secondary offerings") ausschließt, ist er dagegen zu eng. Emissionen sind dagegen unbestritten auch **Daueremissionen**[4].

145 § 2 Abs. 8 Satz 1 Nr. 6 WpHG gibt keinerlei Anhaltspunkte dafür, dass als Platzierungsgeschäfte nur Geschäfte in Betracht kommen, die in offener **Stellvertretung** für den Emittenten oder Anbieter von Finanzinstrumenten vorgenommen werden[5]. Unter die Vorschrift fallen deshalb auch Geschäfte in mittelbarer Stellvertretung, solange nur das Absatzrisiko beim Emittenten oder Anbieter verbleibt (auch Rz. 147). Ebenso wenig wie das Emissionsgeschäft (§ 2 Abs. 8 Satz 1 Nr. 5 WpHG) umfasst auch das Platzierungsgeschäft die **Eigenemission**, d.h. die Platzierung von Finanzinstrumenten durch den Emittenten oder Anbieter von Finanzinstrumenten selbst; ihr fehlt jeder Dienstleistungscharakter und Kundenbezug.

146 Sofern die Platzierung im Namen und für Rechnung des Emittenten – d.h. in **offener, unmittelbarer Stellvertretung** – erfolgt, erfüllte diese Tätigkeit schon bisher[6] und erfüllt sie auch weiter den Tatbestand der Abschlussvermittlung nach § 2 Abs. 8 Satz 1 Nr. 3 WpHG. Das impliziert freilich nicht, dass jede Abschlussvermittlung auch ein Platzierungsgeschäft ist, denn von einer Platzierung von Finanzinstrumenten lässt sich entsprechend den vorstehenden Ausführungen nur für den Fall der Erfüllung einer Verpflichtung zur planmäßigen und nicht nur auf die gelegentliche Vermittlung von Geschäften gerichteten Unterbringung von Finanzinstrumenten des Emittenten oder des Anbieters sprechen[7].

147 Auch sofern die Platzierung – wie bei der sog. **Begebungsübernahme** („Begebungskonsortium", „best effort underwriting", Rz. 134 – auf der Grundlage eines Kommissionsgeschäfts und damit im Wege der **mittelbaren Stellvertretung** erfolgt, handelt es sich sowohl um ein Platzierungsgeschäft i.S.v. § 2 Abs. 8 Satz 1 Nr. 6 WpHG[8] als auch um ein Finanzkommissionsgeschäft i.S.v. § 2 Abs. 8 Satz 1 Nr. 1 WpHG. Entscheidend für seine Einordnung als Platzierungsgeschäft ist der Umstand, dass es sich fraglos um ein Geschäft handelt, das der Emission von Finanzinstrumenten dient, ohne dass dem Emittenten bzw. dem diesem gleichzustellenden Anbieter das Risiko der Unterbringung der Instrumente abgenommen wird.

---

1 Ebenso *BaFin*, Merkblatt Platzierungsgeschäft, 1.a).
2 *BaFin*, Merkblatt Platzierungsgeschäft, 1.a).
3 *BaFin*, Merkblatt Platzierungsgeschäft, 1. (vor 1.a) und 1.c), Hervorhebung hinzugefügt.
4 *BaFin*, Merkblatt Platzierungsgeschäft, 1.c).
5 So auch *Kumpan* in Schwark/Zimmer, § 2 WpHG Rz. 78; *Schäfer* in Boos/Fischer/Schulte-Mattler, § 1 KWG Rz. 123n. Anders *BaFin*, Merkblatt Platzierungsgeschäft, 1. (1. Abs.) und 1.b)., aber offenbar nur aus dem Grund, dass sie solche Geschäfte ausschließlich als Finanzkommissionsgeschäfte betrachtet, deren Merkmale sie fraglos auch erfüllen.
6 RegE Finanzmarktrichtlinie-Umsetzungsgesetz, BT-Drucks. 16/4028 v. 12.1.2007, 1, 109.
7 Nach *BaFin*, Merkblatt Platzierungsgeschäft, 1. (2. Abs.), ist unter einer Platzierung „die Unterbringung (der Verkauf) von Finanzinstrumenten im Kapitalmarkt oder an einen begrenzten Kreis von Personen oder (institutionellen) Anlegern im Rahmen einer Emission" zu verstehen.
8 Ebenso *Schäfer* in Boos/Fischer/Schulte-Mattler, § 1 KWG Rz. 123n.

gg) **Finanzportfolioverwaltung (§ 2 Abs. 8 Satz 1 Nr. 7, Satz 7 WpHG)**. Als Wertpapierdienstleistung gilt gem. § 2 Abs. 8 Satz 1 Nr. 7 WpHG auch die mit der Kurzbezeichnung „Finanzportfolioverwaltung" versehene Verwaltung einzelner oder mehrerer in Finanzinstrumenten angelegter Vermögen für andere mit Entscheidungsspielraum. Die anfänglich in § 2 Abs. 3 Nr. 6 WpHG (a.F.) geregelte Bestimmung ist durch die Einfügung der Platzierungsgeschäfte in den Kreis der Wertpapierdienstleistungen und die Ergänzung des § 2 Abs. 3 WpHG um einen Satz 2 in § 2 Abs. 8 Satz 1 Nr. 7 WpHG gerückt. Die Vorschrift geht auf das Umsetzungsgesetz vom 22.10.1997 (Rz. 1) zurück und diente der Umsetzung von Art. 1 Nr. 1 i.V.m. Abschnitt A Nr. 4 und Abschnitt B des Anhangs RL 93/22/EWG vom 10.5.1993 über Wertpapierdienstleistungen (Rz. 8). Die RL 2004/39/EG (Finanzmarktrichtlinie; Rz. 7 b.), welche die Finanzportfolioverwaltung in ihrem Art. 4 Abs. 1 Nr. 2 i.V.m. Anhang I Abschnitt A Nr. 4 unter der Bezeichnung „Portfolio-Verwaltung" als Wertpapierdienstleistung aufführt, hat keinen sachlichen Änderungsbedarf hervorgerufen. Die geringe Änderung des Wortlauts, welche die Vorschrift durch Art. 1 Nr. 2 lit. f Finanzmarktrichtlinie-Umsetzungsgesetz vom 16.7.2007 (Rz. 5 j.) durch die Aufnahme der Wörter „oder mehrerer" erfahren hat, dient lediglich der Klarstellung; im Übrigen wurde lediglich die Kurzbezeichnung „Finanzportfolioverwaltung" hinzugefügt. Eine § 2 Abs. 8 Satz 1 Nr. 7 WpHG entsprechende Bestimmung findet sich in § 1 Abs. 1a Satz 2 Nr. 3 KWG. Die Auslegung dieser Bestimmung ist – im Hinblick auf die Finanzportfolioverwaltung als erlaubnispflichtiges Geschäft – Gegenstand des Merkblatts Finanzportfolioverwaltung der BaFin, doch kann es auch für die Auslegung von § 2 Abs. 8 Satz 1 Nr. 6 WpHG herangezogen werden. Außer dass die Finanzportfolioverwaltung eine Wertpapierdienstleistung darstellt und damit allen Vorschriften für Wertpapierdienstleistungen unterfällt, hat der Begriff „Finanzportfolioverwaltung" für die Anwendung der §§ 35, 63f., 80, 82 und 87 WpHG Bedeutung.

Zentrales Merkmal der Finanzportfolioverwaltung ist die **Verwaltung einzelner fremder Vermögen, die in Finanzinstrumenten angelegt** sind. **Finanzinstrumente** sind die in § 2 Abs. 4 WpHG angeführten Instrumente. Die Vorschrift setzt nicht voraus, dass das **fremde Vermögen** ausschließlich in Finanzinstrumenten angelegt ist. Vielmehr reicht es aus, wenn das Anlageportfolio neben anderen Vermögensgegenständen auch Finanzinstrumente enthält[1]. Nicht erforderlich ist auch, dass das fremde Vermögen bereits bei der Übernahme der Verwaltung in Finanzinstrumenten angelegt war. Deshalb ist auch die Übernahme von Geldvermögen, um sie in Finanzinstrumenten anzulegen, erfasst[2]. Ein sog. **Family Office**, das nur Portfoliostrukturentscheidungen („asset allocation") fällt, betreibt Anlageberatung, aber keine Finanzportfolioverwaltung[3].

Das Merkmal der **Verwaltung** eines Vermögens erfüllt jede Tätigkeit, „die auf eine laufende Überwachung und Anlage von Vermögensobjekten" gerichtet ist[4]. Das impliziert, dass es sich um eine Tätigkeit von einer gewissen **Dauer** handeln muss (dazu Rz. 154). Die Verwaltung ist von der Verwahrung der Finanzinstrumente, in die das Vermögen angelegt wurde, getrennt vorzunehmen; andernfalls erfüllt der Verwalter auch den Tatbestand des Depotgeschäfts (§ 2 Abs. 9 Nr. 1 WpHG; § 1 Abs. 1 Satz 2 Nr. 5 KWG) oder des Finanzkommissionsgeschäfts (§ 2 Abs. 8 Satz 1 Nr. 1 WpHG; § 1 Abs. 1 Satz 2 Nr. 4 KWG). Weiter erforderlich ist, dass die **Verwaltung für andere** erfolgt. Dieses Merkmal dient der Abgrenzung zu Geschäften, die zur Verwaltung eigenen Vermögens in Gestalt seiner Anlage in Finanzinstrumenten vorgenommen werden. Um Letzteres auszuschließen genügt ein Tätigwerden, das nicht im eigenen Namen und für eigene Rechnung erfolgt[5]. Nicht von der Finanzportfolioverwaltung erfasst sind damit **kollektive Anlagemodelle**, bei denen die zur Anlage gelangenden Mittel vom Vermögen derjenigen, die sie als Anleger aufbringen, rechtlich verselbständigt und damit einem anderen Rechtsträger zugeordnet werden, wie namentlich Investmentgesellschaften i.S.v. § 1 Abs. 11 KAGB. D.h. Investmentvermögen i.S.v. § 1 Abs. 1 KAGB in der Rechtsform einer Investmentaktiengesellschaft oder Investmentkommanditgesellschaft.

Die **Anzahl** der zu verwaltenden und voneinander getrennten Vermögen spielt keine Rolle. Die Vorschrift spricht, anders als zuvor, nicht nur von der „Verwaltung einzelner ... Vermögen", sondern klarstellend von der „Verwaltung **einzelner oder mehrerer** ... Vermögen" (Rz. 148). Das Merkmal dient der Abgrenzung der Finanzportfolioverwaltung von der Verwaltung „kollektiver", d.h. durch mehrere Anleger zum Zwecke der Anlage aufgebrachter, rechtlich verselbständigter Vermögen, oder, wie es heute in § 1 Abs. 1 Satz 1 KAGB heißt, des von einer Anzahl von Anlegern einsammelten Kapitals, das gemäß einer festgelegten Anlagestrategie zum Nutzen dieser Anleger investiert werden soll. Der Formulierung „einzelner Vermögen" ist mithin nicht zu entnehmen, die einzelnen Kundenvermögen seien getrennt in einzelnen separierten Portfolios anzulegen, vielmehr erfasst sie auch die Sachverhalte, in denen die Vermögen verschiedener Kunden in einem Portfolio zusammengefasst werden[6],

---

1 *BaFin*, Merkblatt Finanzportfolioverwaltung, 1.b); *Baum* in KölnKomm. WpHG, § 2 WpHG Rz. 174; *Kumpan* in Schwark/Zimmer, § 2 WpHG Rz. 79.
2 S. dazu *BaFin*, Merkblatt Finanzportfolioverwaltung, 1.a): „Der Tatbestand der Finanzportfolioverwaltung erfasst folglich auch Erstanlageentscheidungen." Ebenso *Kumpan* in Schwark/Zimmer, § 2 WpHG Rz. 79. In der Sache auch BVerwG v. 22.9.2005 – 6 C 29.03, ZIP 2005, 385, 387 f.
3 *Waclawik*, ZIP 2007, 1341, 1343.
4 Auch BVerwG v. 22.9.2005 – 6 C 29.03, ZIP 2005, 385, 387.
5 *BaFin*, Merkblatt Finanzportfolioverwaltung, 1.c).
6 BVerwG v. 22.9.2005 – 6 C 29.03, ZIP 2005, 385, 387 m.w.N. S. auch BVerwG v. 24.2.2010 – 8 C 10.09, ZIP 2010, 1170.

ohne einem anderen Rechtsträger zugeordnet zu werden. Das hat das BVerwG in seinem Urteil vom 22.9.2004 auch in dem Fall als gegeben angesehen, in dem eine **Gesellschaft bürgerlichen Rechts** von den eigens dazu beigetretenen Gesellschaftern über eine Treuhandgesellschaft Anlagebeträge entgegennahm, diese in Finanzinstrumenten anlegte und vom Monatsgewinn 40 % erhielt[1]. Dementsprechend können die Tätigkeiten eines **Investmentclubs** in der Rechtsform der Gesellschaft bürgerlichen Rechts sowie diejenige ihrer Geschäftsführer als Finanzportfolioverwaltung in Betracht kommen[2].

152 Schließlich muss der Verwalter bei der Verwaltung des Finanzportfolios einen **Entscheidungsspielraum** haben. Darin unterscheidet sich die Vermögensverwaltung von der Anlageberatung und Anlagevermittlung[3]. Ein Entscheidungsspielraum bei Portfolioverwaltung ist solange gegeben, als nicht die Dispositionsbefugnis zu den einzelnen Geschäften – und sei es auch nur in Gestalt eines Zustimmungserfordernisses – beim Kunden verbleibt. Das ist in der Regel in der Weise verwirklicht, dass der Finanzportfolioverwalter die Befugnis erhält, ohne vorherige Rücksprache mit dem Vermögensinhaber – gegebenenfalls unter Beachtung bestimmter mit dem Anleger vereinbarter Anlagerichtlinien (s. auch Rz. 153) – nach eigenem Ermessen zu verwalten[4]. Damit wird klargestellt, dass es keine Vermögensverwaltung darstellt, wenn der Verwalter ausschließlich auf Weisung des Vermögensinhabers handelt, wobei einzelne und gelegentliche Weisungen an den Verwalter dessen Entscheidungsspielraum nicht beseitigen[5]. Das ist aber dann der Fall, wenn ein Zustimmungsvorbehalt des Vermögensinhabers vereinbart wurde und der Verwalter eine von ihm getroffene Anlageentscheidung nur dann umsetzen darf, nachdem der Vermögensinhaber (ausdrücklich oder konkludent) zugestimmt hat[6]. Hat sich der Vermögensinhaber nur ein Vetorecht einräumen lassen, so steht dies der Annahme eines Entscheidungsspielraums des Verwalters nicht entgegen: Das Auswahl- und Entscheidungsermessen verbleibt auch in diesem Falle beim Verwalter und wird auch in dem Umfang umgesetzt als der Vermögensinhaber nicht widerspricht[7]. Daran ändert auch der Umstand nichts, dass dies den Verwalter dazu zwingt, beabsichtigte Transaktionen an den Vermögensinhaber zu berichten. Kommt es, wie eingangs zum Begriff des Entscheidungsspielraums dargelegt, entscheidend darauf an, ob sich der Vermögensinhaber seiner Dispositionsbefugnis zu den einzelnen Geschäften zugunsten eines anderen begeben hat, so ist das Merkmal auch dann erfüllt, wenn der Vermögensverwalter sich – gleich in welchem Umfang – Dritter zur Erfüllung seiner Pflichten aus dem Vermögensverwaltungsvertrag bedient[8].

153 **Hauptanwendungsfall** der Finanzportfolioverwaltung ist die **Vermögensverwaltung**, d.h. die Verwaltung des Vermögens eines Kunden durch Investition in Wertpapiere und andere Finanzinstrumente, wobei dem Verwalter bei den im Interesse des Kunden vorzunehmenden Entscheidungen über die Anlage des Vermögens ein Entscheidungsspielraum (Rz. 152) zusteht[9]. Um Vermögensverwaltung handelt es sich aber auch dann, wenn – wie regelmäßig – zwischen dem Kunden und dem Verwalter **Anlagerichtlinien** vereinbart werden, solange diese nur dergestalt sind, dass dem Verwalter nach wie vor ein Entscheidungsspielraum verbleibt[10]. Das ist

---

1 BVerwG v. 22.9.2005 – 6 C 29.03, ZIP 2005, 385 (Ls. und 387 ff.). Hierbei hat das Gericht den geschäftsführenden Gesellschafter der Gesellschaft als Finanzportfolioverwalter angesehen.
2 *BaFin*, Merkblatt Finanzportfolioverwaltung, 1.c). Ebenso auch *BaFin*, Merkblatt Investmentclubs, 2.b) (Hervorhebung hinzugefügt, Fußnoten weggelassen): „Die Tätigkeit der Investmentclubs und ihrer Geschäftsführer ... berührt eine Reihe von Tatbeständen des KWG, die im Zusammenspiel mit den Erheblichkeitsschwellen des § 1 Abs. 1 Satz 1 und Abs. 1a Satz 1 KWG die Erlaubnispflicht des einzelnen Investmentclubs ... und seiner Geschäftsführer auslösen können, namentlich je nach Ausgestaltung des Einzelfalls die Anlageverwaltung (§ 1 Abs. 1a Satz 2 Nr. 11 KWG), die *Finanzportfolioverwaltung* (§ 1 Abs. 1a Satz 2 Nr. 3 KWG) oder die Abschlussvermittlung (§ 1 Abs. 1a Satz 2 Nr. 2 KWG), und – falls die Konten und Depots nicht auf den Investmentclub lauten – eventuell auch das Finanzkommissionsgeschäft (§ 1 Abs. 1 Satz 2 Nr. 4 KWG), das Depotgeschäft (§ 1 Abs. 1 Satz 2 Nr. 5 KWG) oder das eingeschränkte Verwahrgeschäft (§ 1 Abs. 1a Satz 2 Nr. 12 KWG)." Ablehnend *Fuchs* in Fuchs, § 2 WpHG Rz. 110. S. auch *Brogl* in Reischauer/Kleinhans, § 1 KWG Rz. 189 ff.
3 *BaFin*, Merkblatt Finanzportfolioverwaltung, 2)e). Vgl. *Kumpan* in Schwark/Zimmer, § 2 WpHG Rz. 81; *Schäfer* in Assmann/Schütze, Handbuch des Kapitalanlagerechts, § 23 Rz. 6 f.; BVerwG v. 22.9.2005 – 6 C 29.03, ZIP 2005, 385, 390.
4 BVerwG v. 22.9.2005 – 6 C 29.03, ZIP 2005, 385, 390. Vgl. auch *BaFin*, Merkblatt Finanzportfolioverwaltung, 1.d).
5 BVerwG v. 22.9.2005 – 6 C 29.03, ZIP 2005, 385, 390. S. auch *Fuchs* in Fuchs, § 2 WpHG Rz. 108; *Kumpan* in Schwark/Zimmer, § 2 WpHG Rz. 81.
6 Ähnlich *BaFin*, Merkblatt Finanzportfolioverwaltung, 1.d).
7 *BaFin*, Merkblatt Finanzportfolioverwaltung, 1.d). S. auch *Fuchs* in Fuchs, § 2 WpHG Rz. 108; *Kumpan* in Schwark/Zimmer, § 2 WpHG Rz. 81; *Waclawik*, ZIP 2007, 1341, 1343.
8 Auch BVerwG v. 22.9.2005 – 6 C 29.03, ZIP 2005, 385, 390 mit dem Argument, aus Sicht des zu schützenden Anlegers mache es keinen Unterschied, ob der von ihm beauftragte Vermögensverwalter die konkrete Anlageentscheidung in vollem Umfang selbst treffe oder ob er seinen Entscheidungsspielraum nutze, dazu Dritte einzuschalten. Ferner *BaFin*, Merkblatt Finanzportfolioverwaltung, 1.d); *Kumpan* in Schwark/Zimmer, § 2 WpHG Rz. 81.
9 Ausführlich zur Vermögensverwaltung etwa *U. Schäfer* in Assmann/Schütze, Handbuch des Kapitalanlagerechts, § 23 Rz. 1 ff.; *F. Schäfer/Sethe/Lang*, Handbuch der Vermögensverwaltung, 2. Aufl. 2016; *Walz* in Bankrechts-Handbuch, § 111 Rz. 1 ff. Zur Abgrenzung der Vermögensverwaltung als Finanzportfolioverwaltung von anderen Wertpapierdienstleistungen namentlich *F. Schäfer/Sethe/Lang*, Handbuch der Vermögensverwaltung, 2. Aufl. 2016; § 1 Rz. 19 ff.; *U. Schäfer* in Assmann/Schütze, Handbuch des Kapitalanlagerechts, § 23 Rz. 7 ff.
10 Ebenso *Baum* in KölnKomm. WpHG, § 2 WpHG Rz. 175; *Fuchs* in Fuchs, § 2 WpHG Rz. 108; *Kumpan* in Schwark/Zimmer, § 2 WpHG Rz. 81.

auch dann der Fall, wenn der Vermögensverwaltungsvertrag die Möglichkeit vorsieht, dass der Kunde seinerseits für den Verwalter **bindende Weisungen** über die Anlage einzelner Vermögensbestandteile oder den Erwerb oder die Veräußerung bestimmter Finanzinstrumente erteilen kann, dem Verwalter aber dessen ungeachtet noch ein Handlungsermessen belassen ist. Dagegen fehlt es an dem erforderlichen Entscheidungsspielraum, wenn der Vermögensverwalter Dispositionen über das Vermögen **nur nach vorheriger Genehmigung** des Anlegers treffen darf (Rz. 152). Auch wenn der Anleger die Genehmigung regelmäßig, etwa absprachegemäß durch Stillschweigen, erteilt, bleibt allein er dispositionsbefugt. An einer Vermögensverwaltung mit Entscheidungsspielraum mangelt es auch bei der Verwaltung nach fixen, keinerlei Ermessen erlaubenden Vorgaben; das ist insbesondere bei der Indexfondsverwaltung der Fall, bei der die Vermögensanlage einen bestimmten Index abbilden muss[1].

Für die Qualifikation eines Vertragsverhältnisses als **Vermögensverwaltung** spielt es keine Rolle, ob es in weiteren rechtlichen Einzelheiten nach dem sog. **Treuhandmodell** oder, wie in Deutschland nahezu durchweg, nach dem sog. **Vertretermodell**[2] ausgestaltet ist[3]. Von „Verwaltung" i.S.d. Definition in § 2 Abs. 8 Satz 1 Nr. 7 WpHG wird man zur Abgrenzung von der Anlageberatung, der Anlagevermittlung und bloßen Kommissionsgeschäften (etwa der Effektenkommission) im Übrigen nur sprechen können, wenn die Vermögenssorge des Beauftragten auf eine gewisse **Dauer** erfolgen soll und fortlaufend wahrgenommen wird[4]. Dagegen soll nach den Ausführungen der BaFin im Merkblatt Finanzportfolioverwaltung ein auf Dauer angelegtes Mandat des Vermögensverwalters nicht zwingend sein, so dass auch eine einmalige Verwaltungstätigkeit den Tatbestand erfüllen könne[5]. Die nur einmalige Anlage des Geldvermögens eines anderen ohne Folgetätigkeit des damit Betrauten und ohne damit einhergehende Wertpapierdienstleistung (wie etwa der Anlageberatung) ist in der Praxis indes nicht vorzufinden und stellt auch keine der Beaufsichtigung bedürfte Dienstleistung dar. Dementsprechend umschreibt auch das BVerwG das Merkmal der Verwaltung eines Vermögens als „laufende" Überwachung und Anlage von Vermögensobjekten[6]. Allerdings ist zu verlangen, dass die jeweils angebotene Tätigkeit auf eine gewisse Dauer angelegt ist. 154

Die Tätigkeit von **Investmentgesellschaften** i.S.v. § 1 Abs. 11 KAGB und **Verwaltungsgesellschaften** i.S.v. § 1 Abs. 14 bis 18 KAGB ist keine Finanzportfolioverwaltung, sondern eine speziell geregelte Form der kollektiven Vermögensanlage (schon Rz. 150)[7]. Keine Vermögensverwaltung i.S.d. Finanzportfolioverwaltung stellt auch die **Testamentsvollstreckung** dar[8], da ihr jeder Kunden- und Marktbezug fehlt. Finanzportfoliogeschäfte stellen hier allenfalls Akzidenzgeschäfte dar, deren Vornahme von der (an besonderen erbrechtlichen Regeln ausgerichteten) Testamentsvollstreckung überlagert ist und Kraft des „privaten Amtes" des Testamentsvollstreckers erfolgt. Dazu gehört, dass der Testamentsvollstrecker als „Partei kraft Amtes" zwar im Interesse der Erben, aber kraft eigenen Rechts und im eigenen Namen tätig wird (§§ 2212, 2213 BGB). 155

Als von § 2 Abs. 8 Satz 1 Nr. 7 WpHG erfasst wird auch die Tätigkeit eines ehrenamtlich tätig werdenden, aus den Reihen der Mitglieder gewählten und keine Vergütung seiner Tätigkeit erhaltenden **Geschäftsführers**[9] eines als Gesellschaft bürgerlichen Rechts geführten **Investmentclubs** angesehen, sofern die Gesellschaft von den eigens dazu beigetretenen Gesellschaftern (etwa über eine Treuhandgesellschaft) Anlagebeträge entgegennimmt und die Verwaltung des in Wertpapieren, Geldmarktinstrumenten und Derivaten angelegten Gesamthandvermögens der Gesellschaft mit einem **Entscheidungsspielraum** versehen ist[10] (Rz. 151). Daran fehlt es, wenn der 156

---

1 *Kumpan* in Schwark/Zimmer, § 2 WpHG Rz. 81; *Fuchs* in Fuchs, § 2 WpHG Rz. 108; *Schäfer* in Schäfer/Hamann, § 2 WpHG Rz. 81.
2 Zu diesen Modellen etwa *Walz* in Bankrechts-Handbuch, § 111 Rz. 8 f.; *F. Schäfer/Sethe/Lang* in F. Schäfer/Sethe/Lang, Handbuch der Vermögensverwaltung, 2. Aufl. 2016, § 1 Rz. 43 ff. und 52 ff.; *Sethe* in F. Schäfer/Sethe/Lang, Handbuch der Vermögensverwaltung, 2. Aufl. 2016, § 2 Rz. 10 ff.; *Sethe*, Anlegerschutz im Recht der Vermögensverwaltung, 2005, S. 549 ff., 577 ff.
3 *Baum* in KölnKomm. WpHG, § 2 WpHG Rz. 174; *Fuchs* in Fuchs, § 2 WpHG Rz. 107; *Kumpan* in Schwark/Zimmer, § 2 WpHG Rz. 80; *Schäfer* in Schäfer/Hamann, § 2 WpHG Rz. 80; *Sethe*, Die funktionale Auslegung des Bankaufsichtsrechts am Beispiel der Vermögensverwaltung im Treuhandmodell, in FS Uwe H. Schneider, 2011, S. 1239 ff.
4 BVerwG v. 22.9.2005 – 6 C 29.03, ZIP 2005, 385, 387; *Baum* in KölnKomm. WpHG, § 2 WpHG Rz. 173; *Fuchs* in Fuchs, § 2 WpHG Rz. 107; *F. Schäfer/Sethe/Lang* in F. Schäfer/Sethe/Lang, Handbuch der Vermögensverwaltung, 2. Aufl. 2016, § 1 Rz. 24; *Walz* in Bankrechts-Handbuch, § 111 Rz. 1.
5 *BaFin*, Merkblatt Finanzportfolioverwaltung, 1.a).
6 Auch BVerwG v. 22.9.2005 – 6 C 29.03, ZIP 2005, 385, 387.
7 *Baum* in KölnKomm. WpHG, § 2 WpHG Rz. 174; *Fuchs* in Fuchs, § 2 WpHG Rz. 110; *Kumpan* in Schwark/Zimmer, § 2 WpHG Rz. 83; *Schäfer* in Schäfer/Hamann, § 2 WpHG Rz. 79.
8 *Kumpan* in Schwark/Zimmer, § 2 WpHG Rz. 84; *Schäfer* in Schäfer/Hamann, § 2 WpHG Rz. 84.
9 Als „Geschäftsführer" sind nach *BaFin*, Merkblatt Investmentclubs, 2.b) in Fn. 3, „sowohl ein als auch mehrere Geschäftsführer eines Investmentclubs sowie auch Einzelbeauftragte" erfasst, „die nur mit der Ausführung einzelner Geschäfte statt mit der Gesamtgeschäftsführung des Investmentclubs betraut werden".
10 Schreiben des BAKred vom 28.4.1998, Q 31 – 71.51 – 142/98. Bestätigt durch BVerwG v. 22.9.2005 – 6 C 29.03, ZIP 2005, 385, zu § 1 Abs. 1a Satz 2 Nr. 3 KWG. *Frey*, BKR 2005, 200; *Schäfer* in Schäfer/Hamann, § 2 WpHG Rz. 82. Kritisch *Kumpan* in Schwark/Zimmer, § 2 WpHG Rz. 82. Ablehnend *Versteegen* in KölnKomm. WpHG, 1. Aufl. 2007, § 2 WpHG Rz. 152. S. auch Rz. 152. Ohne diesbezügliche Hinweise *BaFin*, Merkblatt Investmentclubs.

Geschäftsführer eines Investmentclubs hinsichtlich der Anlagegeschäfte von den Weisungen oder der Zustimmung eines anderen Organs oder eines anderen Gremiums (etwa in Gestalt eines Anlageausschusses) abhängig ist. Nach einem Schreiben des seinerzeitigen BAKred vom 28.4.1998[1] setzt dies allerdings voraus, dass das Organ aus mindestens 10 % ehrenamtlich tätigen Mitgliedern der Gesellschaft, jedoch nicht weniger als drei Gesellschaftern besteht, die nicht der Geschäftsführung angehören. Als Beleg der Eigenverantwortlichkeit der Gesellschaft(er) für die Anlagegeschäfte verlangt das BAKred darüber hinaus eine gesellschaftsvertragliche „Rotationsregelung", die sicherstellt, dass alle Gesellschafter, die nicht der Geschäftsführung angehören, jedes Jahr über einen angemessenen Zeitraum Mitglied des Anlageausschusses sind. Zum Finanzdienstleistungsinstitut nach § 1 Abs. 1a Satz 1 KWG bzw. zum Wertpapierdienstleistungsunternehmen i.S.d. § 2 Abs. 10 WpHG würde die Geschäftsführung für Investmentclubs allerdings nur unter der Voraussetzung, dass sie gewerblich oder in einem Umfang erfolgt, der einen in kaufmännischer Weise eingerichteten Geschäftsbetrieb erfordert (dazu Rz. 259).

157 Die **Verwaltung des in Finanzinstrumenten angelegten Vermögens naher Angehöriger** mit Entscheidungsspielraum erfüllt, auch wenn sie unentgeltlich erfolgt, den Tatbestand der Finanzportfolioverwaltung. In teleologischer Reduktion des § 2 Abs. 8 Satz 1 Nr. 7 WpHG, d.h. unter Berufung auf den Schutzzweck dieser Vorschrift und der Normen des WpHG, die an den Tatbestand der Finanzportfolioverwaltung anknüpfen, ist die vorgenannte Tätigkeit jedoch nicht als solche anzusehen. Das lässt sich mit dem Argument begründen, der Schutzzweck der Vorschrift erlaube es, nicht marktorientiert erbrachte Verwaltungsdienste, die der Verwalter „nicht wie ein berufsmäßiger Verwalter am Markt gegenüber dem allgemeinen Anlagepublikum" anbiete, sondern lediglich für den engsten Familienkreis erbringe, vom Tatbestand der Finanzportfolioverwaltung auszunehmen[2]. Zum engsten Familienkreis sollen regelmäßig nur nahe Angehörige wie Ehegatten, Kinder und Enkelkinder sowie gleichgeschlechtliche Lebenspartner zu zählen sein[3]. Auch im Falle von Vermögensverwaltungsdiensten, die im Rahmen familiär begründeter und unentgeltlich erbrachter **Vormundschafts-, Betreuungs- und Testamentsvollstreckungsverhältnisse** erbracht werden, bildet nicht das marktorientierte professionelle Angebot der Finanzportfolioverwaltung die Grundlage, weshalb es auch gerechtfertigt ist, diese Form der Vermögensverwaltung den einschlägigen zivil- und namentlich familienrechtlichen Vorschriften zu unterstellen, statt sie der Erlaubnispflicht nach § 32 Abs. 1 Satz 1 KWG und Beaufsichtigung nach den für die Finanzportfolioverwaltung geltenden Bestimmungen des WpHG zu unterwerfen[4]. So genannte **Family Offices**, die sich mit der Verwaltung privater Großvermögen befassen und über die Verwaltung des in Finanzinstrumenten angelegten Vermögens naher Angehöriger im vorstehenden Sinne hinausgehen, weisen eine solche Vielfalt von Organisationsformen und Dienstleistungen auf, dass es einer Differenzierung nach dem Einzelfall bedarf, wobei jedoch in der Regel eine Einordnung als Finanzportfolioverwaltung und ausnahmsweise, insbesondere bei der Beschränkung auf Portfoliostrukturentscheidungen (Rz. 149), als Anlageberatung (§ 2 Abs. 8 Satz 1 Nr. 9 WpHG) in Betracht kommt[5].

158 Der **Finanzportfolioverwaltung nach § 2 Abs. 8 Satz 7 WpHG gleichgestellt** ist hinsichtlich der §§ 22, 63 bis 83 WpHG und §§ 85 bis 92 WpHG sowie der Art. 20 Abs. 1 VO Nr. 596/2014 (Rz. 6 c.) und der Art. 72 bis 76 DelVO 2017/565 vom 25.4.2016 (Rz. 6 b.) die erlaubnispflichtige Anlageverwaltung nach § 1 Abs. 1a Satz 2 Nr. 11 KWG. Die hierin berücksichtigten Änderungen von § 2 Abs. 8 Satz 7 WpHG durch Art. 3 Nr. 3 lit. f ff 2. FiMaNoG (Rz. 5 a.) sind redaktioneller Natur und erfolgten aufgrund der Neunummerierung des Gesetzes. Zudem entfällt auf Grund der Aufhebung der Verordnung (EG) Nr. 1287/2006 der Verweis auf diese Verordnung und wurde durch einen Verweis auf die anwendbaren Art. 72 bis 76 DelVO 2017/565 vom 25.4.2016 (Rz. 6 b.) ersetzt[6].

159 Der **Hintergrund** dieser auf die vorgenannten Vorschriften **beschränkten Gleichstellung von Finanzportfolioverwaltung und erlaubnispflichtige Anlageverwaltung** ist der, dass das BVerwG in seinem Urteil vom 27.2. 2008[7] dem Versuch der BaFin, den Tatbestand des Finanzkommissionsgeschäfts i.S.v. § 1 Abs. 1 Satz 2 Nr. 4 KWG und § 2 Abs. 8 Satz 1 Nr. 1 WpHG (seinerzeit § 2 Abs. 3 Satz 1 Nr. 1 WpHG a.F.) durch eine wirtschaftliche Betrachtungsweise bei der Auslegung des Merkmals „für fremde Rechnung" dergestalt auszuweiten, dass sie auch die kollektiven Anlagemodelle erfasst, bei denen im Drittinteresse mit Finanzinstrumenten gehandelt wird, mit dem Hinweis entgegengetreten, Finanzkommissionsgeschäfte seien nur solche Rechtsgeschäfte, die eine hinreichende Ähnlichkeit mit dem in §§ 383 ff. HGB geregelten und durch das Handeln für fremde Rech-

---

1 Geschäftszeichen Q 31 – 71.51 – 142/98. Kritisch zur Begründung des Rundschreibens aber *Sethe*, Anlegerschutz im Recht der Vermögensverwaltung, 2005, S. 582 ff., der betont, dass das entscheidende Abgrenzungsmerkmal die Verwaltung „für andere" sein müsse. Keine diesbezüglichen Hinweise bei *BaFin*, Merkblatt Investmentclubs.
2 *BaFin*, Merkblatt Finanzportfolioverwaltung, 1.e), in Bezug auf § 1 Abs. 1a Satz 2 Nr. 3 KWG und die mit der Erfassung der Finanzportfolioverwaltung als Finanzdienstleistung verbundene Erlaubnispflicht nach § 32 Abs. 1 Satz 1 KWG.
3 *BaFin*, Merkblatt Finanzportfolioverwaltung, 1.e).
4 So i.E. auch *BaFin*, Merkblatt Finanzportfolioverwaltung, 1.e).
5 Vgl. *Waclawik*, ZIP 2007, 1341 ff.
6 RegE 2. FiMaNoG, BT-Drucks. 18/10936 v. 23.1.2017, 1, 221/222.
7 S. die Nachweise Rz. 101.

nung gekennzeichneten Typus des Kommissionsgeschäfts aufwiesen (s. Rz. 100)[1]. Nach verschiedenen Anläufen, das auch vom BVerwG nicht geleugnete Bedürfnis zum Schutz der Anleger[2] bei kollektiven Anlagemodellen zu verwirklichen, hat der Gesetzgeber durch die Schaffung eines neuen Tatbestands einer Finanzdienstleistung in § 1 Abs. 1a Satz 2 Nr. 11 KWG reagiert: den Tatbestand der Anlageverwaltung, durch den u.a. auch eine solche kollektive Kapitalanlageform erfasst und einer Erlaubnispflicht nach § 32 Abs. 1 Satz 1 KWG unterworfen werden soll, wie sie der Entscheidung des BVerwG vom 27.2.2008 zugrunde lag[3]. Komplementär hierzu wurde § 2 Abs. 3 WpHG a.F. um einen Satz 3 – heute § 2 Abs. 8 Satz 7 WpHG – erweitert, der Finanzdienstleistungsinstitute mit der Erlaubnis zur Anlageverwaltung bei der Ausübung dieser Tätigkeit den in Satz 7 angeführten Vorschriften unterwirft, darunter vor allem den meisten der Vorschriften des Abschnitts 11 des WpHG über Verhaltens-, Organisationspflichten und Transparenzpflichten von Wertpapierdienstleistungsunternehmen. Ausführlich zu dieser (begrenzten) Gleichstellung, namentlich zu den Voraussetzungen derselben nach § 1 Abs. 1a Satz 2 Nr. 11 KWG, s. 6. Aufl., § 2 WpHG Rz. 121a ff.

hh) Betrieb eines multilateralen Handelssystems (§ 2 Abs. 8 Satz 1 Nr. 8 WpHG). Durch Art. 1 Nr. 2 lit. f des Finanzmarktrichtlinie-Umsetzungsgesetzes vom 16.7.2007 (Rz. 5 j.) wurde der Betrieb eines multilateralen Handelssystems erstmals in den Kreis von Wertpapierdienstleistungen als seinerzeitiger § 2 Abs. 3 Satz 1 Nr. 8 WpHG (a.F.) aufgenommen[4]. Die Vorschrift diente der **Umsetzung** von Art. 4 Abs. 1 Nr. 2 und Nr. 15 i.V.m. Anhang I Abschnitt A Nr. 8 RL 2004/39/EG vom 21.4.2004 (Finanzmarktrichtlinie, Rz. 7 b.). Heute aufgrund von Art. 3 Nr. 3 lit. f 2. FiMaNoG (Rz. 5 a.) § 2 Abs. 8 Satz 1 Nr. 8 WpHG, hat die Vorschrift durch Art. 3 Nr. 3 lit. f bb 2. FiMaNoG auch inhaltlich eine Änderung erfahren, indem in der **geänderten Vorschrift** nicht mehr von „festgelegten" Bestimmungen, sondern von „nichtdiskretionären" Bestimmungen die Rede ist (näher Rz. 162). Eine § 2 Abs. 8 Satz 1 Nr. 8 WpHG entsprechende Bestimmung findet sich in § 1 Abs. 1a Nr. 1b KWG. Die Auslegung dieser Bestimmung ist – im Hinblick auf den Betrieb eines multilateralen Handelssystems als erlaubnispflichtiges Geschäft – Gegenstand des Merkblatts multilaterales Handelssystem der BaFin, doch kann es auch für die Auslegung von § 2 Abs. 8 Satz 1 Nr. 8 WpHG herangezogen werden, soweit es nicht auf geänderten Vorschriften namentlich des WpHG (etwa dem geänderten und zu § 72 WpHG gewordenen § 31f. WpHG a.F.) beruht. Außer dass der Betrieb eines multilateralen Handelssystems Merkmal zahlreicher anderer Definitionen des § 2 WpHG ist und eine Wertpapierdienstleistung darstellt, hat der Begriff „der Betrieb eines multilateralen Handelssystems" für die Anwendung der §§ 1, 3, 54, 63, 72 bis 76, 90, 95, 97 f., 102, 119 Abs. 1 Nr. 2 und 120 Abs. 7 Nr. 2 sowie Abs. 8 Nr. 6 8 f., 75 und Abs. 9 Nr. 5 WpHG Bedeutung. Unter diesen Bestimmungen kommt § 72 WpHG besondere Bedeutung zu, der die Anforderungen an den Betrieb eines multilateralen Handelssystems regelt.

Die Einführung der neuen Wertpapierdienstleistung „Betrieb eines multilateralen Handelssystems" **geht zurück** auf das in Erwägungsgrund 5 RL 2004/39/EG vom 21.4.2004 (Finanzmarktrichtlinie, Rz. 7 b.) zum Ausdruck gebrachte Ziel derselben, „die Ausführung von Geschäften mit Finanzinstrumenten – unabhängig von den für den Abschluss dieser Geschäfte verwendeten Handelsmethoden – umfassend zu regeln, damit bei der Ausführung der entsprechenden Anlegeraufträge eine hohe Qualität gewährleistet ist und die Integrität und Gesamteffizienz des Finanzsystems gewahrt werden". Hierzu wird es in Erwägungsgrund 5 als erforderlich angesehen, „einer aufkommenden neuen Generation von Systemen des organisierten Handels neben den geregelten Märkten Rechnung zu tragen, die Pflichten unterworfen werden sollten, die auch weiterhin ein wirksames und ordnungsgemäßes Funktionieren der Finanzmärkte gewährleisten." Der Schaffung eines angemessenen Rechtsrahmens für diese Handelssysteme soll vor allem die in Art. 4 Abs. 1 Nr. 2 i.V.m. Anhang I Abschnitt A Nr. 8 RL 2004/39/EG vom 21.4.2004 (Rz. 7 b.) vorgenommene Einführung einer neuen Wertpapierdienstleistung dienen, die sich auf den Betrieb von multilateralen Handelssystemen (Multilateral Trading Facilities – MTF) bezieht. Neben dem schon in der RL 93/22/EWG vom 10.5.1993 über Wertpapierdienstleistungen (Rz. 8) hinsichtlich einiger Bedingungen für ihren Betrieb erfassten und in Art. 4 Abs. 1 Nr. 14 RL 2004/39/EG vom 21.4.2004 (Rz. 7 b.) definierten geregelten Markt und der Tätigkeit des sog. systematischen Internalisierer (Art. 4 Abs. 1 Nr. 7 RL 2004/39/EG vom 21.4.2004) bildete der Betrieb eines multilateralen Handelssystems die dritte Säule der von der RL 2004/39/EG vom 21.4.2004 erfassten **Grundformen des Handels** mit Finanzinstrumenten[5]. Wie sich aus Erwägungsgrund 6 RL 2004/39/EG vom 21.4.2004 ergibt, sollten geregelte Märkte und multilaterale Handelssysteme zusammen die Funktion des organisierten Handels erfüllen. Mit dem 2. FiMaNoG (Rz. 5 a.) ist – Vorgaben der RL 2014/57/EU vom 16.4.2014 (Marktmissbrauchsrichtlinie, Rz. 6 d.) umsetzend – neben den Begriff des multilateralen Handelssystems derjenige des organisierten Handelssystems getreten. Dessen ungeachtet gilt weiterhin: Multilaterale Handelssysteme sind keine Börsen (i.S.d. § 2 Abs. 1 BörsG), sondern privat betriebene Handelseinrichtungen[6].

---

1 Zur Entscheidung des BVerwG als Hintergrund der Gesetzesänderungen s. RegE PfandBFEG, BT-Drucks. 16/11130, 1, 43.
2 BVerwG v. 27.2.2008 – 6 C 12.07, ZIP 2008, 911, 913 Rz. 26, 916 Rz. 47.
3 Art. 2 Nr. 2 des Gesetzes zur Fortentwicklung des Pfandbriefrechts (PfandBFEG) vom 20.3.2009, BGBl. I 2009, 607.
4 Zur Regulierung außerbörslicher Handelssysteme wie multilateraler Handelssysteme im europäischen, deutschen und US-amerikanischen Recht s. *Kumpan*, Regulierung.
5 Vgl. *Duve/Keller*, BB 2006, 2537; *Spindler/Kasten*, WM 2006, 1749, 1754.
6 *Fuchs* in Fuchs, § 2 WpHG Rz. 111; *Kumpan* in Schwark/Zimmer, § 2 WpHG Rz. 85.

162 Nahezu wortgleich mit Art. 4 Abs. 1 Nr. 15 RL 2004/39/EG vom 21.4.2004 (Rz. 7 b.) umschrieb § 2 Abs. 8 Satz 1 Nr. 8 WpHG a.F. den **Betrieb eines multilateralen Handelssystems** als den Betrieb eines multilateralen Systems, das die Interessen einer Vielzahl von Personen am Kauf und Verkauf von Finanzinstrumenten innerhalb des Systems und nach festgelegten Bestimmungen in einer Weise zusammenbringt, die zu einem Vertrag über den Kauf dieser Finanzinstrumente führt. Art. 3 Nr. 3 lit. f bb 2. FiMaNoG (Rz. 5 a.) hat die Vorschrift dahingehend geändert, dass statt „festgelegten" Bestimmungen nunmehr „nichtdiskretionäre" Bestimmungen verlangt werden. Diese Änderung soll den Betrieb eines *multilateralen* Handelssystems von dem neu in § 2 Abs. 8 WpHG gelangten Betrieb eines *organisierten* Handelssystems § 2 Abs. 9 WpHG **abgrenzen:** „Die Einführung des organisierten Handelssystems als neuer Handelsplatzkategorie", heißt es im Regierungsentwurf 2. FiMaNoG, „macht eine trennscharfe Abgrenzung zu der bereits bestehenden Kategorie des multilateralen Handelssystems erforderlich. Die Abgrenzung erfolgt im Wesentlichen auf Grundlage der Bestimmungen zur Zusammenführung der Kauf- und Verkaufsinteressen. Nur wenn die Zusammenführung nach nichtdiskretionären Regeln erfolgt, liegt ein multilaterales Handelssystem vor"[1].

163 Als multilaterale Handelssysteme werden nur **Handelssysteme** erfasst, d.h. Einrichtungen, die geeignet sind, die Interessen einer Vielzahl von Personen am Kauf und Verkauf von **Finanzinstrumenten** i.S.v. § 2 Abs. 4 WpHG zusammenzubringen. Das sind nach Erwägungsgrund 6 Satz 3 RL 2004/39/EG vom 21.4.2004 (Rz. 7 b.) Märkte, die entweder aus einem Regelwerk und einer Handelsplattform bestehen oder ausschließlich auf der Grundlage eines Regelwerks funktionieren[2]. Um ein solches Handelssystem handelt es mithin bereits dann, wenn zumindest ein Regelwerk „über die Mitgliedschaft, die Handelsaufnahme von Finanzinstrumenten, den Handel zwischen den Mitgliedern, Meldungen über abgeschlossene Geschäfte und Transparenzpflichten" vorliegt, wohingegen „eine Handelsplattform im technischen Sinne ist nicht erforderlich" ist[3]. Um einen **ausschließlich aus einem Regelwerk bestehenden Markt** handelt es sich, wenn er sich auf der Grundlage eines Regelwerks bildet, das lediglich Fragen etwa der Mitgliedschaft, der Zulassung von Finanzinstrumenten zum Handel, des Handels zwischen Mitgliedern, der Meldung von Geschäften und gegebenenfalls die Transparenzpflichten regelt, aber keine technischen Handelsfazilitäten zur Zusammenführung von Aufträgen bereithält. Dabei kann es sich bei diesem Markt um ein organisiertes Handelssystem oder ein multilaterales Handelssystem handeln. Zu einem multilateralen Handelssystem wird er dadurch, dass die Zusammenführung der Kauf- und Verkaufsinteressen **nach nichtdiskretionären Regeln** erfolgt, d.h., er muss darauf angelegt sein, die Parteien effektiv und nicht nur gelegentlich[4] zu einem Vertrag zu führen, der nach den Regeln des Systems oder über dessen Protokolle oder interne Betriebsverfahren ausgeführt wird (Erwägungsgrund 6 Satz 9 RL 2004/39/EG vom 21.4.2004)[5]. Darin liegt das Hauptabgrenzungsmerkmal zu organisierten Handelssystemen, bei denen nach Art. 4 Abs. 1 Nr. 14 RL 2004/39/EG vom 21.4.2004 schon die bloße Förderung der Zusammenführung genügt, ohne dass weitere Vorkehrungen für die Herbeiführung eines Vertragsschlusses nach Maßgabe der Regeln des Systems getroffen sein müssen[6].

164 Weiter muss es sich bei den Handelssystemen um **multilaterale Systeme** i.S.v. § 2 Abs. 21 WpHG handeln, die die Interessen einer Vielzahl Dritter am Kauf und Verkauf von Finanzinstrumenten innerhalb des Systems zusammenführt, d.h. um solche, bei denen der Betreiber des Systems auf die „risikolose" Rolle[7] desjenigen beschränkt ist, der die Parteien eines potentiellen Geschäfts über Finanzinstrumente – Verkäufer und Käufer – zusammenbringt und den Parteien im Übrigen den Handel untereinander ermöglicht. Deshalb handelt es sich nicht um multilaterale, sondern um bilaterale Handelssysteme, wenn deren Betreiber selbst Vertragspartei der über das System vermittelten Verträge werden sollen. Darüber hinaus werden nur solche Systeme erfasst, die eine **Vielzahl von Personen** und nicht nur eine beschränkte Zahl von Marktteilnehmern nach gleichen Regeln zum Vertragsschluss zusammenbringt, ohne dass es eines Auftrags zur einzelfallbezogenen Abschlussvermittlung bedarf. Dazu gehört, dass die Interessen jener Vielzahl von Personen am Kauf und Verkauf von Finanzinstrumenten so zusammengeführt werden, dass den **Parteien kein Entscheidungsspielraum** verbleibt, ob sie im Einzelfall das Geschäft mit einem bestimmten Vertragspartner eingehen wollen oder nicht[8]. Erforderlich ist

---

1 RegE 2. FiMaNoG, BT-Drucks. 18/10936 v. 23.1.2017, 1, 221.
2 Vgl. RegE FRUG, BT-Drucks. 16/4028, 56: „Um von einem System im Sinne dieser Vorschrift zu sprechen, bedarf es zumindest eines Regelwerks über die Mitgliedschaft, die Handelsaufnahme von Finanzinstrumenten, den Handel zwischen den Mitgliedern, Meldungen über abgeschlossene Geschäfte und Transparenzpflichten; eine Handelsplattform im technischen Sinne ist nicht erforderlich".
3 Vgl. RegE Finanzmarktrichtlinie-Umsetzungsgesetz, BT-Drucks. 16/4028 v. 12.1.2007, 1, 56.
4 *Kumpan* in Schwark/Zimmer, § 2 WpHG Rz. 87 („gewisse Kontinuität"), 90.
5 Nach Erwägungsgrund 6 Satz 7 RL 2004/39/EG vom 21.4.2004 (Rz. 7 b.) bedeutet „nichtdiskretionär", dass Regeln des Betreibers des multilateralen Handelssystems diesem „keinerlei Ermessensspielraum im Hinblick auf die möglichen Wechselwirkungen zwischen Interessen einräumen".
6 Vgl. *Spindler/Kasten*, WM 2006, 1749, 1754 (echtes „Matching" im System oder nach den Regeln des Systems erforderlich).
7 Art. 4 Abs. 1 Nr. 7 RL 2004/39/EG vom 21.4.2004 (Rz. 7 b.) spricht von „risikoloser Gegenpartei", die zwischen Käufer und Verkäufer steht.
8 Erwägungsgrund 6 Satz 8 RL 2004/39/EG vom 21.4.2004 (Rz. 7 b.). S. auch *Kumpan* in Schwark/Zimmer, § 2 WpHG Rz. 89.

darüber hinaus, dass es sich bei dem Geschäft, dessen Parteien zusammengebracht werden sollen, um den **Kauf oder** den **Verkauf** von Finanzinstrumenten handelt. Soweit darüber hinaus verlangt wird, dass das multilaterale Handelssystem darauf gerichtet ist, die Interessen einer Vielzahl von Personen am Kauf und Verkauf von Finanzinstrumenten zusammenzubringen, ist der Begriff „**Interesse am Kauf und Verkauf**" in einem weiten Sinne zu verstehen und schließt Aufträge, Kursofferten und Interessenbekundungen ein[1].

ii) **Betrieb eines organisierten Handelssystems (§ 2 Abs. 8 Satz 1 Nr. 9 WpHG).** Durch Art. 3 Nr. 3 lit. f cc 2. FiMaNoG (Rz. 5 a.) und den neuen § 2 Abs. 8 Satz 1 Nr. 9 WpHG ist der Betrieb eines organisierten Handelssystems als neue Wertpapierdienstleistung in den Katalog der Wertpapierdienstleistungen des § 2 Abs. 8 WpHG aufgenommen worden. § 2 Abs. 8 Satz 1 Nr. 9 WpHG **definiert** diesen als Betrieb eines multilateralen Systems, bei dem es sich nicht um einen organisierten Markt oder ein multilaterales Handelssystem handelt und das die Interessen einer Vielzahl Dritter am Kauf und Verkauf von Schuldverschreibungen, strukturierten Finanzprodukten, Emissionszertifikaten oder Derivaten innerhalb des Systems auf eine Weise zusammenführt, die zu einem Vertrag über den Kauf dieser Finanzinstrumente führt (Betrieb eines organisierten Handelssystems). Der neue § 2 Abs. 8 Satz 1 Nr. 9 WpHG dient der Umsetzung von Anhang 1 Abschnitt A Abs. 9 i.V.m. Art. 4 Abs. 1 Nr. 23 RL 2014/65/EU vom 15.5.2014 (Rz. 6 b.). Die Erweiterung der Wertpapierdienstleistungen um den Betrieb eines organisierten Handelssystems dient zugleich der Umsetzung entsprechender Vorgaben der RL 2014/57/EU vom 16.4.2014 (Marktmissbrauchsrichtlinie, Rz. 6 d.). Eine § 2 Abs. 8 Satz 1 Nr. 9 WpHG entsprechende Bestimmung findet sich in § 1 Abs. 1a Satz 2 Nr. 1d KWG. Außer dass der Betrieb eines organisierten Handelssystems Merkmal zahlreicher anderer Definitionen des § 2 WpHG ist und eine Wertpapierdienstleistung darstellt, die damit allen Vorschriften für Wertpapierdienstleistungen unterfällt, hat der Begriff „Betrieb eines organisierten Handelssystems" für die Anwendung von §§ 1, 3, 54, 72 f., 90, 138 WpHG, von §§ 119 Abs. 1 Nr. 2, 120 Abs. 7 Nr. 2, Abs. 8 Nr. 68 f., 82, 84 f., Abs. 9 Nr. 5 WpHG und vor allem von § 75 WpHG über besondere Anforderungen an organisierte Handelssysteme Bedeutung.

Organisierte Handelssysteme sind – wie multilaterale Handelssysteme i.S.v. § 2 Abs. 8 Satz 1 Nr. 8 WpHG – **multilaterale Systeme**, d.h. gem. § 2 Abs. 21 WpHG die Interessen einer Vielzahl Dritter am Kauf und Verkauf von Finanzinstrumenten innerhalb des Systems zusammenführt (dazu Rz. 257 f. und Rz. 164). Erfasst sind jedoch nur solche multilateralen Systeme, bei denen es sich nicht um einen organisierten Markt oder ein multilaterales Handelssystem handelt. Von **multilateralen Handelssystemen** unterscheiden sich multilaterale Systeme dadurch, dass die Zusammenführung Interessen einer Vielzahl von Personen am Kauf und Verkauf von dort zum Handel zugelassenen Finanzinstrumenten innerhalb des Systems *nicht* nach nichtdiskretionären Bestimmungen erfolgen muss, wie dies für multilaterale Handelssysteme kennzeichnend ist (dazu und zur Abgrenzung der beiden Systeme Rz. 162). Das trennt multilaterale Systeme auch von **organisierten Märkten** als spezielle multilaterale Handelssysteme. Darüber hinaus sind organisierte Märkte gem. § 2 Abs. 11 WpHG – und darin müssen sich organisierte Handelssysteme als privat betriebene multilaterale Systeme (wie multilaterale Handelssysteme, Rz. 161) von diesen unterscheiden – durch staatliche Stellen genehmigte, geregelte und überwachte Handelssysteme.

jj) **Anlageberatung (§ 2 Abs. 8 Satz 1 Nr. 10 WpHG).** Ebenfalls **erstmals in den Kreis von Wertpapierdienstleistungen aufgenommen** wurde aufgrund von Art. 1 Nr. 2 lit. f des Finanzmarktrichtlinie-Umsetzungsgesetzes vom 16.7.2007 (Rz. 5 j.) die vom Gesetz zuvor (in § 2 Abs. 3a Nr. 3 WpHG a.F.) als Wertpapiernebendienstleistung behandelte Anlageberatung. Die Änderung diente der Umsetzung von Art. 4 Abs. 1 Nr. 2 und Nr. 4 i.V.m. Anhang I Abschnitt A Nr. 5 RL 2004/39/EG vom 21.4.2004 (Finanzmarktrichtlinie, Rz. 7 b.). Die Vorschrift hat durch Art. 3 Nr. 3 lit. f dd 2. FiMaNoG (Rz. 5 a.) ihre heutige Nummerierung erhalten und wurde durch diese Bestimmung dahingehend geändert, dass an die Stelle der Formulierung „persönlichen Empfehlungen" ein Verweis auf die umzusetzende Konkretisierung des Begriffs „persönliche Empfehlung" i.S.d. Definition von „Anlageberatung" in Art. 4 Abs. 1 Nr. 4 RL 2014/65/EU (Rz. 6 b.) durch Art. 9 DelVO 2017/565 vom 25.4.2016 (Rz. 6 b.) getreten ist. Eine entsprechende Bestimmung findet sich in § 1 Abs. 1a Nr. 1a KWG. Die Auslegung dieser Bestimmung ist – im Hinblick auf die Abschlussvermittlung als erlaubnispflichtiges Geschäft – Gegenstand des Gemeinsamen Informationsblatts der BaFin und der Deutschen Bundesbank, doch kann dieses auch für die Auslegung von § 2 Abs. 8 Satz 1 Nr. 10 WpHG herangezogen werden. Außer dass Anlageberatung eine Wertpapierdienstleistung darstellt und damit allen Vorschriften für Wertpapierdienstleistungen unterfällt, hat der Begriff „Anlageberatung" für die Anwendung der §§ 3, 63 f., 80, 87, 93 f. und 120 Abs. 8 Nr. 42 WpHG Bedeutung.

Nach § 2 Abs. 8 Satz 1 Nr. 10 WpHG ist die eine Wertpapierdienstleistung darstellende **Anlageberatung** die Abgabe von *persönlichen Empfehlungen* i.S.v. Art. 9 DelVO 2017/565 vom 25.4.2016 (Rz. 6 b.) an Kunden oder deren Vertreter, die sich auf Geschäfte mit bestimmten Finanzinstrumenten beziehen, sofern die Empfehlung auf eine Prüfung der persönlichen Umstände des Anlegers gestützt oder als für ihn geeignet dargestellt wird und nicht ausschließlich über Informationsverbreitungskanäle oder für die Öffentlichkeit bekannt gegeben wird. Kernelement dieser Definition der Anlageberatung ist die **Abgabe einer Empfehlung** in Bezug auf Geschäfte mit bestimmten Finanzinstrumenten. Als **Empfehlung** ist dabei jede Erklärung anzusehen, die ein be-

---

1 Erwägungsgrund 6 Satz 6 RL 2004/39/EG vom 21.4.2004 (Rz. 7 b.); *BaFin*, Merkblatt multilaterale Handelssysteme, 1.b).

stimmtes Verhalten – hier in Bezug auf Geschäfte mit bestimmten Finanzinstrumenten – als für den Adressaten vorteilhaft oder in seinem Interesse liegend[1] darstellt. Daran fehlt es, wenn dem Kunden lediglich eine Auskunft erteilt oder eine Information gegeben wird, „z.B. wenn der Dienstleister dem Kunden lediglich Erläuterungen über dessen in Finanzinstrumenten angelegtes Vermögen gibt, ohne dabei konkrete Vorschläge zur Änderung der Zusammensetzung dieses Vermögens zu unterbreiten"[2]. Empfehlungen in Bezug auf **Geschäfte mit bestimmten Finanzinstrumenten** sind gegeben, wenn sich die Empfehlung auf Rechtsgeschäfte bezieht, die auch einzelne oder mehrere Finanzinstrumente i.S.d. § 2 Abs. 4 WpHG bezieht und diese konkret benennt. Die auf Arten von Finanzinstrumenten (wie etwa Aktien, Genussscheine, Derivate oder Zertifikate) beschränkte Empfehlung stellt ebenso wenig Anlageberatung dar wie die Empfehlung, Finanzinstrumente von Emittenten bestimmter Branchen (wie etwa Automobil-, Banken- oder Technologiepapiere) oder Länder (wie etwa US-Papiere) anzuschaffen oder zu veräußern oder sich zur Beratung an ein bestimmtes Institut, einen bestimmten Vermögensverwalter oder eine bestimmte Person zu wenden[3]. Als empfohlene Rechtsgeschäfte kommen alle solchen über die Anschaffung oder Veräußerung von Finanzinstrumenten in Betracht, wie namentlich „der Kauf, der Verkauf, die Zeichnung, der Tausch, der Rückkauf oder die Übernahme eines bestimmten Finanzinstruments", darüber hinaus aber „auch das Halten eines bestimmten Finanzinstruments sowie die Ausübung bzw. Nichtausübung eines mit einem bestimmten Finanzinstrument einhergehenden Rechts betreffend den Kauf, den Verkauf, die Zeichnung, den Tausch oder den Rückkauf eines Finanzinstruments"[4]. Ausreichend ist, dass die Beratung auf Anschaffungs- und Veräußerungsgeschäfte gerichtet sind, weshalb die Beurteilung einer Tätigkeit für einen Kunden als Anlageberatung nicht deshalb ausscheidet, weil es bislang nur zu Gattungs- oder Branchenempfehlungen oder Halte- oder Nichterwerbsempfehlungen gekommen ist.

169 Die Definition der Anlageberatung in § 2 Abs. 8 Satz 1 Nr. 10 WpHG scheint die Empfehlung eines Geschäfts als **für den Anleger „geeignet"** genügen zu lassen, doch handelt es sich bei dem Kriterium der Eignung um ein solches, das im Zusammenhang mit der Beantwortung der Frage heranzuziehen ist, ob es sich bei der Empfehlung um eine persönliche handelt. Bloße Informationen etwa über einzelne Finanzinstrumente, mögliche Renditen oder die rechtlichen und steuerlichen Implikationen einer bestimmten Anlage beinhalten keine Empfehlung, solange sich damit nicht konkrete Anlagevorschläge verbinden. Die Empfehlung kann aus eigener Initiative des Empfehlenden oder aufgrund einer entsprechenden Veranlassung des Kunden erfolgen[5]. Das Gesetz stellt mithin nicht darauf ab, ob die Empfehlung auf der Grundlage entsprechender vertraglicher Verpflichtungen aus einem ausdrücklich oder stillschweigend[6] zustande gekommenen und auf die Anlageberatung gerichteten Vertrag (Beratungsvertrag) erteilt wurde oder, unabhängig von solchen vertraglichen Verpflichtungen, auf Initiative des Empfehlenden erfolgte. Entscheidend ist, wie sich die Erklärung aus der Sicht des Erklärungsempfängers (d.h. des Kunden bzw. des Vertreters des Kunden) darstellt (objektiver Empfängerhorizont). Dabei spielen das Auftreten der Erklärenden einerseits und die dadurch hervorgerufenen oder dem Erklärenden erkennbaren berechtigten Erwartungen der Kunden bzw. der Vertreter der Kunden, wie sie der Unterscheidung zwischen Anlageberater und Anlagevermittler zugrunde liegen, eine nicht unerhebliche Rolle: Von demjenigen, der – als **Anlagevermittler** – im Lager des Emittenten steht oder dessen Produkte vertreibt, darf nicht mehr als richtige und vollständige Information in Bezug auf die vermittelte Anlage erwartet werden[7]. Das schließt allerdings nicht aus, dass der Anlagevermittler im Einzelfall – namentlich, wenn das Erfordernis der persönlichen Empfehlung gegeben ist – diese Rolle überschreitet, d.h. über Informationen hinaus auch Empfehlungen abgibt. Unerheblich ist schließlich, ob der Empfehlung **gefolgt** wurde oder nicht[8].

170 Weiter ist erforderlich, dass es sich bei den Empfehlungen um persönliche Empfehlungen handelt, die „**an Kunden oder deren Vertreter**" gerichtet sind. Dabei sind als **Kunden** alle für Geschäfte mit bestimmten Fi-

---

1 So die Formulierung der *BaFin/Deutsche Bundesbank*, Gemeinsames Informationsblatt Anlageberatung, S. 1 unter 2; *Balzer*, ZBB 2007, 333, 335; *Kumpan* in Schwark/Zimmer, § 2 WpHG Rz. 94.
2 *BaFin/Deutsche Bundesbank*, Gemeinsames Informationsblatt Anlageberatung, S. 1 unter 2.
3 So auch *BaFin/Deutsche Bundesbank*, Gemeinsames Informationsblatt Anlageberatung, S. 1 unter 2.
4 *BaFin/Deutsche Bundesbank*, Gemeinsames Informationsblatt Anlageberatung, S. 1 unter 2. So auch Art. 9 Unterabs. 2 lit. a DelVO 2017/565 vom 25.4.2016 (Rz. 6 b.).
5 *BaFin*, Merkblatt Anlageberatung, 3. a.E.
6 Zu eng RegE Finanzmarkt-Richtlinie-Umsetzungsgesetz, BT-Drucks. 16/4028 v. 12.1.2007, 1, 56, wonach die Empfehlung „auf Initiative des Empfehlenden oder auf *ausdrücklichen* Wunsch des Kunden erfolgt" sein könne (Hervorhebung hinzugefügt).
7 Ständige Rspr., etwa BGH v. 25.11.1981 – IVa ZR 286/80, ZIP 1982, 169 = WM 1982, 90; BGH v. 13.5.1993 – III ZR 25/92, ZIP 1993, 997 = WM 1993, 1238, 1239; BGH v. 13.1.2000 – III ZR 62/99, ZIP 2000, 355, 356 = WM 2000, 426; BGH v. 12.2.2004 – III ZR 359/02, ZIP 2004, 1055, 1057; BGH v. 12.7.2007 – III ZR 145/06, ZIP 2007, 1864, Rz. 8; BGH v. 5.3.2009 – III ZR 17/08, WM 2009, 739, 740 Rz. 11; BGH v. 17.2.2011 – III ZR 144/10, WM 2011, 505, 510 Rz. 9. Zu den Schwierigkeiten der Trennung von Anlageberatung und Anlagevermittlung insb. BGH v. 13.5.1993 – III ZR 25/92, ZIP 1993, 997 = WM 1993, 1238, 1239: „Stellung und Aufgaben eines Anlagevermittlers und eines Anlageberaters sind unterschiedlich. Dabei sind Überschneidungen möglich. Der jeweilige Pflichtenumfang kann nicht allgemein bestimmt werden, sondern nur anhand der Besonderheiten des Einzelfalls". Aus dem Schrifttum etwa *Assmann*, Negativberichterstattung als Gegenstand der Nachforschungs- und Hinweispflichten von Anlageberatern und Anlagevermittlern, ZIP 2002, 637, 638 ff.
8 *BaFin/Deutsche Bundesbank*, Gemeinsames Informationsblatt Anlageberatung, S. 1 unter 2.

nanzinstrumenten und damit auch auf der Grundlage eines ausdrücklichen oder stillschweigenden Beratungsvertrags als Adressaten einer Empfehlung in Betracht kommenden natürlichen oder juristischen Personen[1], mithin auch potentielle Kunden, zu verstehen[2]. Kunde kann auch der Vertreter einer Person, dem im Hinblick auf an Anschaffungs- oder Veräußerungsgeschäfte des Vertretenen in Bezug auf bestimmte Finanzinstrumente Empfehlung gegeben werden[3]. Die Erfahrung oder wertpapierhandelsgesetzliche Qualifikation des Kunden – etwa als professioneller Kunde i.S.v. § 67 Abs. 2 WpHG oder Privatkunde i.S.v. § 67 Abs. 3 WpHG – ist im Hinblick auf das Vorliegen einer Anlageberatung unerheblich. Eine Einschränkung des Kundenkreises im Hinblick etwa auf Kleinanleger oder ein Ausschluss etwa von institutionellen oder professionellen Kunden lässt sich der Bestimmung nicht entnehmen. Unerheblich ist deshalb, ob der Kunde über einschlägige Fachkenntnisse und Anlageerfahrungen verfügt. Um eine persönliche Empfehlung handelt es sich nach § 2 Abs. 8 Satz 1 Nr. 10 WpHG auch dann, wenn diese gegenüber den **Vertretern der Kunden** abgegeben wird, wobei als Vertreter nicht nur solche im rechtsgeschäftlichen Sinne zu verstehen sind, sondern alle Personen, die – wie namentlich Repräsentanten oder Sachwalter – „im Lager" des Kunden stehen[4] und Einfluss auf dessen Anlageentscheidung haben. Anlageberatung betreibt mithin auch, wer Finanzportfolioverwalter i.S.v. § 2 Abs. 8 Satz 1 Nr. 7 WpHG oder Kapitalverwaltungsgesellschaften i.S.v. § 1 Abs. 15 und 16 KAGB durch die Abgabe von Empfehlungen berät[5].

Eine Anlageberatung i.S.v. § 2 Abs. 8 Satz 1 Nr. 10 WpHG verlangt des Weiteren die Abgabe von **persönlichen Empfehlungen**. Bezogen auf den mit § 2 Abs. 8 Satz 1 Nr. 10 WpHG umgesetzten Art. 4 Abs. 1 Nr. 4 RL 2014/65/EU (Rz. 6 b.) ergibt sich aus **Art. 9 Unterabs. 1 DelVO 2017/565** vom 25.4.2016 (Rz. 6 b.), auf die erstgenannte Bestimmung als in den Mitgliedstaaten unmittelbar geltende Vorschrift lediglich hinweist, dass eine persönliche Empfehlung eine Empfehlung ist, die an eine Person in ihrer Eigenschaft als Anleger oder potentieller Anleger oder in ihrer Eigenschaft als Beauftragter eines Anlegers oder potentiellen Anlegers gerichtet ist. 171

Nach **Art. 9 Unterabs. 2 DelVO 2017/565** (Rz. 6 b.) muss diese Empfehlung, um eine persönliche Empfehlung zu sein, *entweder* als für die betreffende Person geeignet dargestellt werden *oder* auf eine Prüfung der Verhältnisse der betreffenden Person gestützt sein. Im Hinblick auf die **Darstellung der Empfehlung als für die betreffende Person geeignet** muss die Empfehlung dem Kunden gegenüber als anlegergerecht, d.h. als geeignet dargestellt werden, die Anlageziele (Interessen) desselben zu erfüllen sowie seinen Vermögensverhältnissen und Risikotragungsfähigkeit zu entsprechen. Dabei brauchen solche Begriffe nicht zu fallen, vielmehr ist es ausreichend, wenn ein Kunde die Empfehlung so deuten darf, dass die abgegebene Empfehlung auf einer Berücksichtigung seiner persönlichen Umstände beruht. Hierbei genügt es wiederum, wenn „der Dienstleister zurechenbar den Anschein setzt, bei der Abgabe der Empfehlung die persönlichen Umstände des Anlegers berücksichtigt zu haben"[6]. Erfolgt die Empfehlung gegenüber einem Finanzportfolioverwalter oder einer Kapitalverwaltungsgesellschaft (Rz. 170), ist dem vorerwähnten Erfordernis Genüge getan, „wenn der Berater die bisherige Vermögenszusammensetzung oder die verfolgte Anlagestrategie der Gesellschaft berücksichtigt oder einen entsprechenden Eindruck erweckt"[7]. 172

Für eine **Prüfung der persönlichen Umstände** des Kunden ist – um der Definition der Anlageberatung zu genügen, obschon möglicherweise nicht dessen vertraglichen und aufsichtsrechtlichen Verhaltenspflichten gerecht werdend – nicht notwendigerweise eine umfassende Prüfung der Verhältnisse des Kunden im Hinblick auf seine Anlageziele und seine Risikotragungsfähigkeit erforderlich. Vielmehr reicht es aus, „wenn der Kunde den betreffenden Dienstleister lediglich in allgemeiner Form über seine finanzielle Situation unterrichtet und der Dienstleister daraufhin Geschäfte mit bestimmten Finanzinstrumenten empfiehlt"[8]. Die Empfehlung ist dann als auf eine Prüfung der persönlichen Umstände des Anlegers gestützt anzusehen, wenn der Dienstleister die erhaltene Information bei der seiner Empfehlung berücksichtigt hat[9], wobei es ausreicht, wenn er sie zumindest mitberücksichtigte. Darüber hinaus muss die Empfehlung nach dieser Vorschrift darauf abzielen, dass eine der folgenden Handlungen getätigt wird: a) Kauf, Verkauf, Zeichnung, Tausch, Rückkauf, Halten oder Übernahme eines bestimmten Finanzinstruments; b) Ausübung bzw. Nichtausübung eines mit einem bestimmten Finanzinstrument einhergehenden Rechts betreffend Kauf, Verkauf, Zeichnung, Tausch oder Rückkauf eines Finanzinstruments. Erkennbar in Werbemaßnahmen eingekleidete Empfehlungen sind nicht geeignet, die Erwartung zu wecken, sie beruhten auf einer Prüfung der persönlichen Umstände des Anlegers und potentiellen Kunden. Daran wird es auch bei Postsendungen mit gleichlautenden Empfehlungen an einen bestimmten Personenkreis fehlen, gleich wie dieser auch immer nach Art und Umfang bestimmt worden sein mag. 173

---

1 § 67 Abs. 1 WpHG. S. auch Art. 4 Abs. 1 Nr. 10 RL 2004/39/EG vom 21.4.2004 (Rz. 7 b.).
2 Schon 6. Aufl., § 2 WpHG Rz. 114 m.w.N. Das ist nunmehr ausdrücklich in Art. 9 Unterabs. 1 DelVO 2017/565 vom 25.4.2016 (Rz. 6 b.) so geregelt.
3 *BaFin/Deutsche Bundesbank*, Gemeinsames Informationsblatt Anlageberatung, S. 2 zu 3. und S. 3 noch zu 3.
4 *BaFin*, Merkblatt Anlageberatung, S. 2 unter 3.
5 *BaFin/Deutsche Bundesbank*, Gemeinsames Informationsblatt Anlageberatung, S. 3 noch zu 3.
6 *BaFin/Deutsche Bundesbank*, Gemeinsames Informationsblatt Anlageberatung, S. 3 zu 4.
7 *BaFin/Deutsche Bundesbank*, Gemeinsames Informationsblatt Anlageberatung, S. 3 zu 4 a.E.
8 *BaFin/Deutsche Bundesbank*, Gemeinsames Informationsblatt Anlageberatung, S. 3 zu 4.
9 *BaFin/Deutsche Bundesbank*, Gemeinsames Informationsblatt Anlageberatung, S. 3 zu 4.

174 Eine Empfehlung wird nach **Art. 9 Unterabs. 3 DelVO 2017/565** (Rz. 6 b.) nicht als persönliche Empfehlung betrachtet, wenn sie **ausschließlich für die Öffentlichkeit abgegeben** wird[1]. Das ist der Fall, wenn für die Verbreitung einer Empfehlung Informationsverbreitungskanäle verwendet werden, mit denen ihrer Art nach eine unbestimmte Zahl von Personen erreicht wird. Davon wiederum ist etwa bei der Abgabe von Empfehlungen in der Presse oder im Rundfunk, im Internet (namentlich in sozialen Medien) oder öffentlich zugänglichen Veranstaltungen auszugehen. Empfehlungen in Postsendungen an einen bestimmten Personenkreis mögen nicht als ausschließlich für die Öffentlichkeit gegeben angesehen werden, erfüllen regelmäßig aber zumindest nicht das Erfordernis der Prüfung der persönlichen Umstände (Rz. 173).

175 Mangels persönlicher Empfehlung (Rz. 172) scheiden erkennbar allgemein gehaltene, d.h. als generell vorteilhaft dargestellte **Anlagetipps** aus der Anlageberatung aus, auch wenn sie ihren Adressaten nicht über entindividualisierte Informationsverbreitungskanäle, sondern durch individuelle Kommunikationsformen (wie etwa persönlich gehaltene Postsendungen oder E-Mails) erreichen. Insbesondere einem Kunden oder seinem Vertreter unaufgefordert zugehenden oder zugängliche Anlagetipps sind erkennbar solche, die sich an das Anlegerpublikum wenden, ohne zu beanspruchen, die individuellen Verhältnisse des einzelnen Anlegers zu berücksichtigen, geschweige denn, auf der Prüfung der Verhältnisse der betreffenden Person zu beruhen. Das gilt auch für Publikationen wie **Börsenbriefe, Börseninformationsdienste** oder **Kapitalanlagemagazine**[2] und die in ihnen enthaltenen Anlagetipps, gleich ob sie unverlangt oder aufgrund einer Nachfrage oder eines Abonnements zum Kunden oder zu dessen Vertreter gelangen. In keinem der angeführten Fälle ist auch der Tatbestand der Vermittlungs- oder Nachweistätigkeit i.S.d. § 2 Abs. 8 Satz 1 Nr. 4 WpHG erfüllt. Dafür werden sie regelmäßig den Tatbestand der Anlageempfehlung als eine Wertpapiernebendienstleistung i.S.v. § 2 Abs. 9 Nr. 5 WpHG erfüllen.

176 An der tatsächlichen oder vorgeblichen Berücksichtigung persönlicher Verhältnisse des Anlegers fehlt es des Weiteren bei **Finanzanalysen**, seien es Anlagestrategieempfehlungen und Anlageempfehlungen i.S.v. von § 85 Abs. 1 WpHG oder seien es solche, die sich lediglich einen solchen Anschein geben. Auch wenn sie einem Kunden oder seinem Vertreter persönlich zugänglich gemacht werden und sich aus ihnen die Empfehlung des Erwerbs eines bestimmten Finanzinstruments ergibt, beruhen diese doch in erster Linie und erkennbar auf der Analyse eines Emittenten oder einzelner Finanzinstrumente. Anders verhält es sich, wenn eine für den Kunden als Berater tätige und mit seinen Verhältnissen vertraute Person diesem oder seinem Vertreter eine Finanzanalyse mit Erklärungen zugänglich macht, aus der sie persönliche Empfehlungen (Rz. 172) ableiten. Soweit Finanzanalysen einen Kunden oder seinen Vertreter nur im Wege von Veröffentlichungen erreichen, fehlt es sowohl an einer persönlichen Empfehlung als auch an der für die Anlageberatung in Frage kommenden Form der Kommunikation der Empfehlung (Rz. 174)[3]. Schließlich mangelt es an einer persönlichen Empfehlung (Rz. 172) auch bei **Veranstaltungen** (etwa sog. **Roadshows**), bei denen einem ausgewählten Kreis von interessierten Anlegern, deren genauere finanzielle Verhältnisse den Veranstaltern unbekannt sind, bestimmte Finanzprodukte vorgestellt und zur Anlage empfohlen werden. Selbst wenn in diesen Fällen dem Veranstalter die finanziellen Verhältnisse des einzelnen Anlegers (aufgrund anderweitiger Verbindungen) zumindest rudimentär bekannt sein sollten, kann der Kunde oder sein Vertreter von der gegenüber allen Teilnehmern ausgesprochenen Empfehlung nicht erwarten, diese habe die Eignung der empfohlenen Geschäfte gerade für ihn berücksichtigt. Sind solche Veranstaltungen öffentlich, werden die Empfehlungen in einer entindividualisierten Form kommuniziert, die eine Anlageberatung ausschließt (Rz. 174). Erkennbar als **Werbemaßnahmen** zu identifizierende Erklärungen sind weder in der Lage, den Eindruck einer persönlichen Empfehlung zu wecken, noch gelangen sie in der Regel in der gebotenen individuellen Kommunikationsform zum Kunden oder zu seinen Vertretern.

177 **9. Wertpapiernebendienstleistungen (§ 2 Abs. 9 WpHG). a) Normentwicklung und systematische Stellung der Vorschrift.** Der in § 2 Abs. 9 WpHG definierte Begriff der **Wertpapiernebendienstleistungen** ist – teils direkt (in 19 Bestimmungen), teils indirekt (als Merkmal anderer Definitionen in § 2 WpHG und über die Begriffsverbindung Wertpapiernebendienstleistungsunternehmen in § 2 Abs. 1 WpHG) – **Anknüpfungspunkt** zahlreicher Vorschriften des WpHG.

178 Der ursprünglichen Fassung des WpHG war der Begriff der Wertpapiernebendienstleistungen unbekannt. Mit dem Umsetzungsgesetz vom 22.10.1997 (Rz. 1) wurden die Verhaltensregeln für Wertpapierdienstleistungsunternehmen im seinerzeitigen Abschnitt 6 WpHG (a.F.) – §§ 31 ff. WpHG a.F., heute §§ 63 ff. WpHG – auch auf die Erbringung solcher Dienstleistungen ausgerichtet, die **typischerweise im Zusammenhang mit einer Wertpapierdienstleistung** stehen. Das Gesetz bezeichnete diese Dienstleistungen als Wertpapiernebendienstleistungen und definierte sie in § 2 Abs. 3a Nr. 1 bis 4 WpHG a.F. Mit der Erweiterung des Anwendungsbereichs der §§ 31 ff. WpHG a.F. sowie der Umschreibung der Wertpapiernebendienstleistungen in § 2 Abs. 3a WpHG a.F. machte der Gesetzgeber von der in Art. 11 Abs. 1 Satz 3 RL 93/22/EWG vom 10.5.1993 über Wertpapierdienstleistungen (Rz. 8) eingeräumten Möglichkeit Gebrauch, den Anwendungsbereich der nach Art. 11

---

[1] *Grundmann* in Staub, HGB, Bd. 11/2, Achter Teil Rz. 82.
[2] Vgl. *Balzer*, ZBB 2007, 333, 335; *Fuchs* in Fuchs, § 2 WpHG Rz. 1114; *Kumpan* in Schwark/Zimmer, § 2 WpHG Rz. 95; *Schäfer* in Boos/Fischer/Schulte-Mattler, § 1 KWG Rz. 123 f.
[3] *BaFin*, Merkblatt Anlageberatung, 5. a.E.

Abs. 1 Satz 1 RL 93/22/EWG zu erlassenden und im Abschnitt 6 des WpHG niedergelegten Wohlverhaltensregeln auf Wertpapiernebendienstleistungen i.S.v. Abschnitt C des Anhangs RL 93/22/EWG zu erstrecken. Mit Art. 1 Nr. 2 lit. g des Finanzmarktrichtlinie-Umsetzungsgesetzes vom 16.7.2007 (Rz. 5 j.) wurde der Kreis der Nebendienstleistungen erweitert und modifiziert. Die Änderungen dienten der Umsetzung von Anhang I Abschnitt B RL 2004/39/EG vom 21.4.2004 (Finanzmarktrichtlinie, Rz. 7 b.). Aufgrund von Art. 1 Nr. 3 lit. c 1. FiMaNoG (Rz. 5 b.) wurden im seinerzeitigen § 2 Abs. 3a Nr. 5 WpHG a.F. einige redaktionelle Änderungen vorgenommen, um die Begrifflichkeit an den Wortlaut der neuen, direkt anwendbaren Art. 20 VO Nr. 596/2014 (Rz. 6 c.) anzupassen[1]. Art. 3 Nr. 3 lit. g 2. FiMaNoG (Rz. 5 a.) hat der Vorschrift ihre neue Nummerierung gegeben (Rz. 4) und kleinere Anpassungsänderungen in § 2 Abs. 9 Nr. 1 WpHG mit sich gebracht.

Wenngleich es sich bei den Wertpapiernebendienstleistungen nach § 2 Abs. 9 WpHG um Dienstleistungen handelt, die typischerweise zusammen mit Wertpapierdienstleistungen (§ 2 Abs. 8 WpHG) erbracht werden, stellt es doch kein begrifflich-tatbestandliches Merkmal von Wertpapiernebendienstleistungen dar, dass diese in einem **einzelgeschäftsbezogenen inneren Zusammenhang mit Wertpapierdienstleistungen** stehen[2]. Ein solcher Zusammenhang ist nur erforderlich, soweit das Gesetz ihn im Hinblick auf einzelne Wertpapiernebendienstleistung – wie in § 2 Abs. 9 Nr. 4, 6 und 7 WpHG – ausdrücklich verlangt oder – wie in § 2 Abs. 9 Nr. 2 WpHG – voraussetzt[3]. Unternehmen, die ausschließlich Wertpapiernebendienstleistungen erbringen, sind nach der Begriffsbestimmung in § 2 Abs. 10 WpHG keine Wertpapierdienstleistungsunternehmen, so dass die für Wertpapierdienstleistungsunternehmen geltenden Vorschriften auf die Dienstleistungen dieser Unternehmen keine Anwendung finden. Ist ein Unternehmen dagegen ein Wertpapierdienstleistungsunternehmen i.S.v. § 2 Abs. 10 WpHG, so finden die für diese maßgeblichen Vorschriften auch dann Anwendung, wenn das Unternehmen gegenüber einem Kunden allein Wertpapiernebendienstleistungen erbringt.

179

b) Depotgeschäft (§ 2 Abs. 9 Nr. 1 WpHG). Nach § 2 Abs. 9 Nr. 1 WpHG stellen die mit der Kurzbezeichnung Depotgeschäft versehene Verwahrung und die Verwaltung von Finanzinstrumenten für andere, einschließlich Depotverwahrung und verbundener Dienstleistungen wie Cash-Management oder die Verwaltung von Sicherheiten mit Ausnahme der Bereitstellung und Führung von Wertpapierkonten auf oberster Ebene (zentrale Kontenführung) gem. Abschnitt A Nr. 2 des Anhangs VO Nr. 909/2014[4] eine Wertpapierdienstleistung dar. Die Vorschrift geht auf das Umsetzungsgesetz vom 22.10.1997 (Rz. 1) zurück und ist durch Art. 1 Nr. 2 lit. g des Finanzmarktrichtlinie-Umsetzungsgesetzes vom 16.7.2007 (Rz. 5 j.) geändert worden[5]. Ihre heutige, Anhang 1 Abschnitt B Abs. 1 RL 2014/65/EU vom 15.5.2014 (Rz. 6 b.) gemäß seiner Änderung durch Art. 71 Nr. 3 VO Nr. 909/2014 umsetzende, Fassung geht auf Art. 3 Nr. 3 lit. g 2. FiMaNoG (Rz. 5 a.) zurück, durch den sie zugleich ihre Neunummerierung als § 2 Abs. 9 Nr. 1 WpHG erhielt (Rz. 4). Eine der Vorschrift (nur) im Kern entsprechende Bestimmung, zu der die BaFin das Merkblatt Depotgeschäft veröffentlicht hat, findet sich in § 1 Abs. 1 Satz 2 Nr. 5 KWG.

180

Eine Wertpapiernebendienstleistung i.S.d. § 2 Abs. 9 Nr. 1 WpHG liegt vor, wenn das Unternehmen entweder die **Verwahrung** oder die **Verwaltung** von Finanzinstrumenten für andere – d.h. zumindest eine dieser Dienstleistungen – erbringt[6]. Die Verwahrung schließt die **Depotverwahrung** mit ein und die Verwahrung und Verwaltung von Finanzinstrumenten umfasst auch mit diesen **verbundene Dienstleistungen** wie Cash-Management oder die Verwaltung von Sicherheiten. Besteht die in Frage stehende Dienstleistung jedoch nur in der Bereitstellung und Führung von Wertpapierkonten auf oberster Ebene, d.h. der zentralen Kontenführung i.S.v. Abschnitt A Nr. 2 des Anhangs VO Nr. 909/2014 (Rz. 180), so stellt diese kein Depotgeschäft dar[7].

181

Verwahrung i.S.d. Bestimmung ist die Gewährung von Raum und Übernahme der Obhut, wobei bei bloßer Raumgewährung ohne Obhut lediglich die Raummiete (etwa ein sog. Save-Vertrag) oder die Raumleihe in Betracht kommt[8]. Im Hinblick auf die Verwahrung kommen sämtliche Formen der Verwahrung von Finanzinstrumenten in Betracht, namentlich die vom Depotgesetz für die Verwahrung von Wertpapieren vorgesehe-

182

---

1 Beschlussempfehlung und Bericht des Finanzausschusses (7. Ausschuss) zum Entwurf eines Ersten Gesetzes zur Novellierung von Finanzmarktvorschriften auf Grund europäischer Rechtsakte (Erstes Finanzmarktnovellierungsgesetz – 1. FiMaNoG, BT-Drucks. 18/8099 v. 13.4.2016, 1, 105.
2 RegE Umsetzungsgesetz, BT-Drucks. 13/7142 v. 6.3.1997, 1, 102; *Fuchs* in Fuchs, § 2 WpHG Rz. 131; *Kumpan* in Schwark/Zimmer, § 2 WpHG Rz. 105; *Schäfer* in Schäfer/Hamann, § 2 WpHG Rz. 88.
3 RegE Umsetzungsgesetz, BT-Drucks. 13/7142 v. 6.3.1997, 1, 102; *Kumpan* in Schwark/Zimmer, § 2 WpHG Rz. 105; *Schäfer* in Schäfer/Hamann, § 2 WpHG Rz. 88.
4 Verordnung (EU) Nr. 909/2014 des Europäischen Parlaments und des Rates vom 23.7.2014 zur Verbesserung der Wertpapierlieferungen und -abrechnungen in der Europäischen Union und über Zentralverwahrer sowie zur Änderung der Richtlinien 98/26/EG und 2014/65/EU und der Verordnung (EU) Nr. 236/2012, ABl. EU Nr. L 257 v. 28.8.2014, S. 1.
5 Einzelheiten hierzu und zur europasekundärrechtlichen Grundlage der Vorschrift bis zu ihrer Änderung durch das 2. FiMaNoG (Rz. 5 a.) 6. Aufl., § 2 WpHG Rz. 124.
6 *BaFin*, Merkblatt Depotgeschäft, 1.b): „Die beiden Tatbestandsmerkmale ‚Verwahrung' und ‚Verwaltung' stehen alternativ zueinander; jede Variante begründet für sich allein das Depotgeschäft."
7 RegE 2. FiMaNoG, BT-Drucks. 18/10936 v. 23.1.2017, 1, 222.
8 *BaFin*, Merkblatt Depotgeschäft, 1.b)aa).

nen Verwahrarten in Gestalt der Sonderverwahrung (§ 2 DepotG) einschließlich der Drittverwahrung (§ 3 DepotG) sowie der Sammelverwahrung i.S.v. §§ 5 ff. DepotG (Girosammelverwahrung und Haussammelverwahrung nach § 5 Abs. 1 Satz 2 DepotG und Drittverwahrung i.S.v. § 5 Abs. 1 Satz 2 i.V.m. § 3 Abs. 1 Satz 1 DepotG)[1]. An der Verwahrung von Finanzinstrumenten fehlt es, wenn dem Unternehmen die Finanzinstrumente in einem verschlossenen Behältnis übergeben werden und es keine Kenntnis von den Finanzinstrumenten hat. In diesem Fall liegt keine Wertpapiernebendienstleistung, sondern ein auf das Behältnis als bewegliche Sache bezogenes, rein bürgerlichrechtliches Verwahrgeschäft i.S.v. §§ 688 ff. BGB vor. Für die Verwahrung von Wertpapieren nach dem Depotgesetz folgt dies schon aus § 1 Abs. 2 DepotG.

183 Die **Verwaltung** von Finanzinstrumenten liegt vor, wenn sich das Unternehmen aufgrund vertraglicher Vereinbarungen neben oder zu der Verwahrung von Finanzinstrumenten verpflichtet hat, die Rechte aus (i.d.R. verwahrten) Finanzinstrumenten wahrzunehmen und alle im Übrigen damit zusammenhängenden Handlungen – etwa Überwachungsaufgaben – vorzunehmen. Im Einzelnen gehören dazu vor allem die Inkassotätigkeit, Benachrichtigungs- und Prüfungspflichten und gegebenenfalls auch die Ausübung des Auftragsstimmrechts sowie die Einziehung des Gegenwerts bei Fälligkeit, wobei auch Ausübung nur einzelner dieser Verwaltungstätigkeiten den Tatbestand der Verwaltung erfüllt[2].

184 Mit dem Merkmal „**für andere**" bringt das Gesetz zum Ausdruck, dass es sich hierbei um eine Dienstleistung für einen Kunden handeln muss, die Verwahrung und Verwaltung eigener Finanzinstrumente dagegen keine Wertpapiernebendienstleistung zu begründen vermag[3]. Anderer und Kunde können auch der Emittent der Finanzinstrumente[4] oder die Mitglieder des engsten Familienverbundes sein. Im letzten Falle sieht die BaFin allerdings „grundsätzlich" keine Verwaltung für andere, sofern die Verwaltung unentgeltlich erfolgt[5]. Darüber hinaus schließt die BaFin auch **Wertpapierdarlehen** und **Wertpapierpensionsgeschäfte** (Wertpapiere, die in Pension genommen werden, sog. Repurchase Agreements), aus dem Anwendungsbereich des Depotgeschäfts aus[6]: Zum einen betrieben die Wertpapierdarlehensnehmer oder -pensionsnehmer nicht das Depotgeschäft, auch wenn § 15 Abs. 3 DepotG die Formvorschrift des § 15 Abs. 2 DepotG sinngemäß gelten lasse; zum anderen schlössen sich Darlehen und Verwahrung aus, da darlehensweise erlangte Wertpapiere nicht für andere, sondern im eigenen Interesse verwahrt und/oder verwaltet würden. **Finanzinstrumente** sind die in § 2 Abs. 4 WpHG angeführten Instrumente.

185 Die Vorschrift fügt den Merkmalen „Verwahrung und Verwaltung von Finanzinstrumenten für andere" den Zusatz **einschließlich Depotverwahrung und verbundener Dienstleistungen** hinzu. Der Zusatz bewirkt, dass verbundene Dienstleistungen Teil der in § 2 Abs. 9 Nr. 1 WpHG erfassten Wertpapiernebendienstleistung sind und ihre Erbringung den gleichen Vorschriften unterliegt wie die Verwahrung oder Verwaltung der Finanzinstrumente als solche.

186 **c) Kredite für Wertpapierdienst- und Wertpapiernebendienstleistungen (§ 2 Abs. 9 Nr. 2 WpHG).** Nach § 2 Abs. 9 Nr. 2 WpHG stellt auch die Gewährung von Krediten oder Darlehen an andere für die Durchführung von Wertpapierdienstleistungen eine Wertpapiernebendienstleistung dar, sofern das Unternehmen, das den Kredit oder das Darlehen gewährt, an diesen Geschäften beteiligt ist. Die Bestimmung geht auf das Umsetzungsgesetz vom 22.10.1997 (Rz. 1) zurück und diente seinerzeit der Umsetzung von Art. 11 Satz 3 mit Anhang Abschnitt C Nr. 3 RL 93/22/EWG vom 10.5.1993 über Wertpapierdienstleistungen (Rz. 8). Die Vorschrift ist durch Art. 1 Nr. 2 lit. g des Finanzmarktrichtlinie-Umsetzungsgesetzes vom 16.7.2007 (Rz. 5 j.) zum Zwecke der adäquaten Umsetzung von Art. 4 Abs. 1 Nr. 3 i.V.m. Anhang I Abschnitt B Nr. 2 RL 2004/39/EG vom 21.4.2004 (Finanzmarktrichtlinie, Rz. 7 b.) geringfügig geändert worden. Durch Art. 3 Nr. 3 lit. g 2. FiMaNoG (Rz. 5 a.) hat die Vorschrift ihre heutige Zählung erhalten.

187 Die Vorschrift setzt die Gewährung von **Krediten oder Darlehen** voraus. Dabei darf der Begriff des Kredits als der weitere (und den des Darlehens miteinschließend) angesehen werden, denn er umfasst sowohl die Gewährung eines Geldbetrags (d.h. eines Darlehens i.S.v. § 488 Abs. 1 Satz 1 BGB) als auch die Stundung oder die zeitlich hinausgeschobene Zahlung eines Geldbetrags. Ein **Sachdarlehen** ist kein Kredit oder Darlehen nach § 2 Abs. 9 Nr. 2 WpHG, so dass die Wertpapierleihe als Kreditgeschäft im Sinne dieser Vorschrift ausscheidet[7].

---

1 *BaFin*, Merkblatt Depotgeschäft, 1.b)aa) mit Einzelheiten zu den Verwahrarten.
2 *BaFin*, Merkblatt Depotgeschäft, 1.b)bb): „Verwalten ist im weitesten Sinne die laufende Wahrnehmung der Rechte aus dem Wertpapier."
3 So auch *BaFin*, Merkblatt Depotgeschäft, 1.c): „‚Für andere' erfasst jede Form der Verwahrung oder Verwaltung für jede Person oder Personenmehrheit außer dem eigenen Unternehmen, es sei denn, sie erfolgt, einschließlich des Abschlusses des Depotvertrags, in offener Stellvertretung".
4 Vgl. *BaFin*, Merkblatt Depotgeschäft, 1.c).
5 Vgl. *BaFin*, Merkblatt Depotgeschäft, 1.c).
6 *BaFin*, Merkblatt Depotgeschäft, 1.c).
7 RegE Umsetzungsgesetz, BT-Drucks. 13/7142 v. 6.3.1997, 1, 102. *Baum* in KölnKomm. WpHG, § 2 WpHG Rz. 209; *Fuchs* in Fuchs, § 2 WpHG Rz. 136; *Kumpan* in Schwark/Zimmer, § 2 WpHG Rz. 107; *Schäfer* in Schäfer/Hamann, § 2 WpHG Rz. 92.

Wieder wird mit dem Merkmal der Gewährung von Krediten oder Darlehen **an andere** verlangt, dass es sich bei derselben um eine kundenbezogene Dienstleistung handelt. Diese fehlt bei der Kreditvergabe an konzerneingebundene Unternehmen. Der Kredit oder das Darlehen müssen des Weiteren **für die Durchführung von Wertpapierdienstleistungen** gewährt werden. Dadurch wird unmissverständlich[1] zum Ausdruck gebracht, dass damit auch alle Kosten gemeint sind, welche die Durchführung einer Wertpapierdienstleistung mit sich bringt. Das werden in der Regel die Geldmittel sein, die zum Erwerb eines Finanzinstruments erforderlich sind, doch können Gegenstand der Finanzierung auch die im Falle etwa des Platzierungsgeschäfts zu zahlenden Provisionen sein.

Schließlich werden von § 2 Abs. 9 Nr. 2 WpHG nur solche Kredite oder Darlehen erfasst, die ein Unternehmen zur Durchführung von Wertpapierdienstleistungen gewährt, an **denen es selbst beteiligt** ist. Nach der durch Art. 1 Nr. 2 lit. g Finanzmarktrichtlinie-Umsetzungsgesetzes vom 16.7.2007 (Rz. 5 j.) geänderten früheren Fassung der Vorschrift musste das Darlehen oder der Kredit von einem Unternehmen gewährt werden, das die finanzierte Wertpapierdienstleistung durchführt. Schon unter dem früheren Wortlaut der Vorschrift war unter Bezugnahme auf Abschnitt C Nr. 3 des Anhangs RL 93/22/EWG vom 10.5.1993 über Wertpapierdienstleistungen (Rz. 8) anerkannt, dass es die Vorschrift nicht ausschließt, eine Wertpapiernebendienstleistung auch dann anzunehmen, wenn das den Kredit oder das Darlehen gewährende Unternehmen an der Durchführung der Wertpapiernebendienstleistungen lediglich beteiligt ist, es also nicht allein ausführt[2]. Der – unter Übernahme der Formulierung in Anhang I Abschnitt B Nr. 2 RL 2004/39/EG vom 21.4.2004 (Rz. 7 b.) – geänderte Wortlaut der Vorschrift lässt hieran keinen Zweifel mehr. Der Wortlaut der Bestimmung lässt im Übrigen nicht erkennen, dass der **Kredit- oder Darlehensnehmer** mit dem **Vertragspartner oder Begünstigten** aus dem kredit- oder darlehensfinanzierten Wertpapierdienstleistungsgeschäft **identisch** sein muss[3].

188

d) Unternehmensberatung (§ 2 Abs. 9 Nr. 3 WpHG). Nach § 2 Abs. 9 Nr. 3 WpHG gehört zu den Wertpapiernebendienstleistungen die Beratung von Unternehmen über die Kapitalstruktur, die industrielle Strategie sowie die Beratung und das Angebot von Dienstleistungen bei Unternehmenskäufen und Unternehmenszusammenschlüssen. Diese Dienstleistungen sind erstmals mit der Änderung des § 2 Abs. 3a WpHG a.F. durch Art. 1 Nr. 2 lit. g des Finanzmarktrichtlinie-Umsetzungsgesetzes vom 16.7.2007 (Rz. 5 j.) in den Kreis der Wertpapiernebendienstleistungen aufgenommen worden. Die Streichung der zuvor in § 2 Abs. 3a Nr. 3 WpHG a.F. als Wertpapiernebendienstleistung aufgeführten Anlageberatung war dem Umstand geschuldet, dass diese aufgrund von Art. 1 Nr. 2 lit. f des Finanzmarktrichtlinie-Umsetzungsgesetzes ausweislich § 2 Abs. 8 Satz 1 Nr. 9 WpHG in den Kreis der Wertpapierdienstleistungen gelangte. Die Änderung von § 2 Abs. 3a Nr. 3 WpHG a.F. diente der Umsetzung von Art. 4 Abs. 1 Nr. 3 i.V.m. Anhang I Abschnitt B Nr. 3 RL 2004/39/EG vom 21.4.2004 (Finanzmarktrichtlinie, Rz. 7 b.). Der Vorschrift entspricht die Finanzunternehmen betreffende Bestimmung des § 1 Abs. 3 Satz 1 Nr. 7 KWG.

189

§ 2 Abs. 9 Nr. 3 WpHG erfasst nur **allgemeine Beratungsleistungen** für Unternehmen. Die Abgabe von Empfehlungen zur Vornahme von Geschäften mit bestimmten Finanzinstrumenten, welche die individuellen Verhältnisse des beratenen Unternehmens berücksichtigt, unterfällt der Anlageberatung i.S.v. § 2 Abs. 8 Satz 1 Nr. 10 WpHG und stellt keine Wertpapierdienstleistung nach § 2 Abs. 9 Nr. 3 WpHG dar. Die Beratung kann sich auf die **Kapitalstruktur**, d.h. die Zusammensetzung der dem Unternehmen zur Verfügung stehenden Finanzmittel durch verschiedene Formen und Zwischenformen von Eigen- oder Fremdkapital (bilanzielle Zusammensetzung des Kapitals), beziehen, oder die **industrielle Strategie** zum Gegenstand haben. Letzteres umfasst nicht nur Fragen der planvollen Verfolgung von Vorhaben in Bezug auf die industrielle Fertigung von Produkten oder Entwicklung von Dienstleistungen durch Mechanisierung und Automatisierung bzw. Standardisierung, sondern auch – allgemeiner – die produkt-, fertigungs- und marktbezogene Entwicklung des Unternehmens unter Einbeziehung von Überlegungen zur Standortwahl und Standortveränderung, und schließt selbst die Beratung des Unternehmens im Hinblick auf seine Organisation nicht aus, da diese die Stellung des Unternehmens als Marktteilnehmer beeinflusst. Weiter erfasst wird die Beratung und das Angebot von Dienstleistungen bei **Unternehmenskäufen und Unternehmenszusammenschlüssen**, soweit es sich dabei nicht nur um eine solche der (speziellen, v.a. standesrechtlichen Verhaltenspflichten unterworfenen) Rechtsberatung handelt.

190

e) Devisengeschäft (§ 2 Abs. 9 Nr. 4 WpHG). Als Wertpapiernebendienstleistungen galten bis zur Neufassung der – auf Änderungen des WpHG durch das Umsetzungsgesetz vom 22.10.1997 (Rz. 1) zurückgehenden – Vorschrift durch Art. 1 Nr. 2 lit. g des Finanzmarktrichtlinie-Umsetzungsgesetzes vom 16.7.2007 (Rz. 5 j.) alle in § 2 Abs. 3 Nr. 1 bis 4 WpHG a.F. genannten Tätigkeiten, soweit sie Devisengeschäfte zum Gegenstand hatten

191

---

1 A.A. („missverständlich") und zu Unrecht auf Dienstleistungen verengend, die den Erwerb von Finanzinstrumenten zum Gegenstand haben, *Versteegen* in KölnKomm. WpHG, 1. Aufl. 2007, § 2 WpHG Rz. 161; offen *Baum* in KölnKomm. WpHG, § 2 WpHG Rz. 208.
2 Näher 4. Aufl., § 2 WpHG Rz. 73. Auch *Baum* in KölnKomm. WpHG, § 2 WpHG Rz. 209; *Kumpan* in Schwark/Zimmer, § 2 WpHG Rz. 107.
3 Ebenso *Baum* in KölnKomm. WpHG, § 2 WpHG Rz. 209; *Kumpan* in Schwark/Zimmer, § 2 WpHG Rz. 107.

und im Zusammenhang mit Wertpapierdienstleistungen standen. Den Vorgaben von Anhang I Abschnitt B Nr. 4 RL 2004/39/EG vom 21.4.2004 (Finanzmarktrichtlinie, Rz. 7 b.) folgend, ist mit der Änderung der Bestimmung durch das Finanzmarktrichtlinie-Umsetzungsgesetz die Beschränkung der Devisengeschäfte auf bestimmte Wertpapierdienstleistungen gestrichen worden, so dass nunmehr **alle Devisengeschäfte**, die **in Zusammenhang mit Wertpapierdienstleistungen** i.S.v. § 2 Abs. 8 WpHG erbracht werden, als Wertpapiernebendienstleistung erfasst werden. Erforderlich ist ein **sachlicher Zusammenhang** mit einer Wertpapierdienstleistung[1], nicht nur ein bloß zeitlicher. Seit der auf das **Anlegerschutzverbesserungsgesetzes** vom 28.10.2004[2] zurückgehenden Einbeziehung von Devisentermingeschäften in den Derivatebegriff, die Erfassung von Derivaten als Finanztermingeschäften und der auf diese bezogenen Dienste als Wertpapierdienstleistungen in § 2 Abs. 8 WpHG ist die Bedeutung von § 2 Abs. 9 Nr. 4 WpHG zurückgegangen und besteht im Wesentlichen nur noch darin, **Devisenkassageschäfte** (Geschäfte in Gestalt des Tauschs von Devisen mit einem Erfüllungszeitpunkt von zwei Tagen nach Geschäftsabschluss) zu erfassen[3].

192 **f) Anlagestrategieempfehlung und Anlageempfehlung (§ 2 Abs. 9 Nr. 5 WpHG).** Die aktuelle Fassung der Vorschrift geht auf Art. 1 Nr. 3 lit. c 1. FiMaNoG (Rz. 5 f.) zurück, mit dem der frühere Wortlaut der Bestimmung – § 2 Abs. 3a Nr. 5 WpHG a.F. – an die Begrifflichkeit der direkt anwendbaren **Art. 20 VO Nr. 596/2014** vom 16.4.2014 (Rz. 6 c.) **über Anlageempfehlung und Statistik** und des dieser Bestimmung entsprechenden neugefassten **§ 85 WpHG über Organisationspflichten** von Unternehmen, die Anlagestrategieempfehlungen oder Anlageempfehlungen erstellen oder verbreiten, angepasst wurde[4]. Die **frühere Fassung** der Vorschrift ist aufgrund von Art. 1 Nr. 2 lit. g des Finanzmarktrichtlinie-Umsetzungsgesetzes vom 16.7.2007 (Rz. 5 j.) in das Gesetz aufgenommen worden, setzte Anhang I Abschnitt B Nr. 5 RL 2004/39/EG vom 21.4.2004 (Finanzmarktrichtlinie, Rz. 7 b.) um und erfasste als Wertpapiernebendienstleistung die Erstellung, Verbreitung oder Weitergabe von Finanzanalysen oder anderen Informationen über Finanzinstrumente oder deren Emittenten, die direkt oder indirekt eine Empfehlung für eine bestimmte Anlageentscheidung enthielten.

193 In ihrer heutigen Fassung qualifiziert sie Anlagestrategieempfehlungen – d.h. das Erstellen oder Verbreiten von Empfehlungen oder Vorschlägen von Anlagestrategien i.S.v. Art. 3 Abs. 1 Nr. 34 VO Nr. 596/2014 vom 16.4.2014 (Rz. 6 c.) – und Anlageempfehlungen – d.h. Anlageempfehlungen Art. 3 Abs. 1 Nr. 35 VO Nr. 596/2014 vom 16.4.2014 (Rz. 6 c.) zu Wertpapiernebendienstleistungen. **Empfehlung oder Vorschlag einer Anlagestrategie** bezeichnet nach Art. 3 Abs. 1 Nr. 34 VO Nr. 596/2014 zum einen (i) eine von einem unabhängigen Analysten, einer Wertpapierfirma, einem Kreditinstitut oder einer sonstigen Person, deren Haupttätigkeit in der Erstellung von Anlageempfehlungen besteht, oder einer bei den genannten Einrichtungen im Rahmen eines Arbeitsvertrags oder anderweitig tätigen natürlichen Person erstellte Information, die direkt oder indirekt einen bestimmten Anlagevorschlag zu einem Finanzinstrument oder einem Emittenten darstellt, und zum anderen (ii) eine von anderen als den in Ziffer i genannten Personen erstellte Information, die direkt eine bestimmte Anlageentscheidung zu einem Finanzinstrument vorschlägt. **Anlageempfehlungen** sind nach Art. 3 Abs. 1 Nr. 35 VO Nr. 596/2014 (Rz. 6 c.) Informationen mit expliziten oder impliziten Empfehlungen oder Vorschlägen zu Anlagestrategien in Bezug auf ein oder mehrere Finanzinstrumente oder Emittenten, die für Verbreitungskanäle oder die Öffentlichkeit vorgesehen sind, einschließlich einer Beurteilung des aktuellen oder künftigen Wertes oder Kurses solcher Instrumente.

194 Um nicht jede (auch private) Form der Kommunikation einer Anlageempfehlung zur Wertpapiernebendienstleistung zu machen, erfasst die Vorschrift nur das **Erstellen oder Verbreiten** von Anlagestrategieempfehlung und Anlageempfehlung im vorstehenden Sinne. Es braucht nur eine der angeführten Handlungsformen erfüllt zu sein, doch kommt im Hinblick auf die Verbreitung einer Information nicht jede beliebige Information in Betracht, sondern nur die Verbreitung oder Weitergabe einer im Sinne der Bestimmung „erstellten" Anlagestrategieempfehlung und Anlageempfehlung. Nur so können die Merkmale die ihnen zukommende Funktion der Einengung des Kreises der § 2 Abs. 9 Nr. 5 WpHG unterfallenden Empfehlungen erfüllen. Dass sie eine solche haben, ist schon dem Umstand zu entnehmen, dass sich die Vorschrift nicht auf die schiere Kommunikation (d.h. Verbreitung oder Weitergabe) von Empfehlungen beschränkt. Eine Empfehlung i.S.v. § 2 Abs. 9 Nr. 5 WpHG ist – für die Zwecke v.a. des § 85 WpHG – als **erstellt** anzusehen, wenn sie „inhaltlich erarbeitet, äußerlich gestaltet oder inhaltlich wesentlich verändert oder in ihrem äußeren Erscheinungsbild wesentlich modifiziert wird"[5]. Eine Empfehlung wird **verbreitet** i.S.v. § 2 Abs. 9 Nr. 5 WpHG, wenn die erstellte Information ei-

---

[1] Auch *Kumpan* in Schwark/Zimmer, § 2 WpHG Rz. 109; *Fuchs* in Fuchs, § 2 WpHG Rz. 141, der – konkretisierend, aber unnötig verengend – einen „direkten" und „einzelfallgeschäftsbezogenen" Zusammenhang mit der Erbringung einer Dienstleistung verlangt.
[2] BGBl. I 2004, 2630.
[3] Vgl. *Baum* in KölnKomm. WpHG, § 2 WpHG Rz. 211; *Fuchs* in Fuchs, § 2 WpHG Rz. 140; *Kumpan* in Schwark/Zimmer, § 2 WpHG Rz. 109.
[4] Beschlussempfehlung und Bericht des Finanzausschusses (7. Ausschuss) zum Entwurf eines Ersten Gesetzes zur Novellierung von Finanzmarktvorschriften auf Grund europäischer Rechtsakte (Erstes Finanzmarktnovellierungsgesetz – 1. FiMaNoG, BT-Drucks. 18/8099 v. 13.4.2016, 1, 105.
[5] 5. Aufl., § 34b WpHG Rz. 27.

ner Vielzahl von Personen zugänglich gemacht werden soll und wird[1]. Im Unterschied zu anderen Bestimmungen des WpHG – wie etwa der Finanzanalyse – ist hier von Verbreitung und nicht etwa (wie bei der Anlageberatung in § 2 Abs. 8 Satz 1 Nr. 10 WpHG) von einer Verbreitung über Informationsverbreitungskanäle oder von Bekanntgabe für die Öffentlichkeit oder (wie etwa in § 34b WpHG a.F. für die Finanzanalyse) von öffentlicher Verbreitung die Rede. Von der Verbreitung einer Empfehlung i.S.v. § 2 Abs. 9 Nr. 5 WpHG ist deshalb auch dann auszugehen, wenn sie nicht im Sinne der Mitteilung an einen unbestimmten Personenkreis öffentlich gemacht, sondern lediglich einem von vornherein bestimmten Personenkreis mitgeteilt wird.

g) Dienstleistungen im Zusammenhang mit dem Emissionsgeschäft (§ 2 Abs. 9 Nr. 6 WpHG). Die Vorschrift ist aufgrund von Art. 1 Nr. 2 lit. g des Finanzmarktrichtlinie-Umsetzungsgesetzes vom 16.7.2007 (Rz. 5 j.) in das Gesetz aufgenommen worden, setzt Anhang I Abschnitt B Nr. 6 RL 2004/39/EG vom 21.4.2004 (Finanzmarktrichtlinie, Rz. 7 b.) um und erfasst als Wertpapiernebendienstleistung alle Dienstleistungen, die in Zusammenhang mit dem Emissionsgeschäft stehen. Durch Art. 3 Nr. 3 lit. g 2. FiMaNoG (Rz. 5 a.) hat sie ihre heutige Zählung als § 2 Abs. 9 Nr. 6 WpHG erhalten. Emissionsgeschäft ist nach § 2 Abs. 8 Satz 1 Nr. 5 WpHG die Übernahme von Finanzinstrumenten für eigenes Risiko zur Platzierung oder die Übernahme gleichwertiger Garantien. Erforderlich ist ein **sachlicher Zusammenhang** mit dem Emissionsgeschäft, nicht nur ein bloß zeitlicher. Die Dienstleistung muss nicht notwendigerweise gegenüber dem Emittenten erbracht werden.

195

h) Spotgeschäfte (§ 2 Abs. 9 Nr. 7 WpHG). Die Vorschrift ist aufgrund von Art. 1 Nr. 2 lit. g Finanzmarktrichtlinie-Umsetzungsgesetz vom 16.7.2007 (Rz. 5 j.) in das Gesetz aufgenommen worden, setzt Anhang I Abschnitt B Nr. 7 RL 2004/39/EG vom 21.4.2004 (Finanzmarktrichtlinie, Rz. 7 b.) um und erfasst als Wertpapiernebendienstleistung solche Dienstleistungen, die sich auf einen Basiswert i.S.d. § 2 Abs. 3 Nr. 2 oder Nr. 5 WpHG beziehen und Wertpapierdienstleistungen oder Wertpapiernebendienstleistungen wären, wenn sie sich auf ein Finanzinstrument i.S.v. § 2 Abs. 4 WpHG beziehen würden[2]. Im Gesetz wird zwar noch auf Basiswerte i.S.d. „Abs. 2" verwiesen, doch handelt es sich hierbei um einen redaktionellen Fehler, weil dieser Verweis nicht der von Art. 3 2. FiMaNoG (Rz. 5 a.) bewirkten neuen Zählweise der Bestimmungen des WpHG angepasst wurde.

196

Die jeweilige **Dienstleistung** muss in sachlichem Zusammenhang mit der Erbringung von Wertpapierdienstleistungen oder Wertpapiernebendienstleistungen stehen. Als Beispiel für eine solche Dienstleistung führt der Regierungsentwurf eines Finanzmarktrichtlinie-Umsetzungsgesetzes sog. (nicht als Termingeschäfte zu betrachtende) Spotgeschäfte in Waren an, die ein Unternehmen im Zusammenhang mit Wertpapierdienstleistungen in Bezug auf Warenderivate erbringt[3]. Das habe - dem Erwägungsgrund 21 VO Nr. 1287/2006[4] entsprechend - zur Konsequenz, dass ein Unternehmen, welches für eine bestimmte Wertpapierdienstleistung in Bezug auf Warentermingeschäfte zugelassen sei, diese Dienstleistung in Bezug auf Spotgeschäfte ebenfalls mit dem sog. Europäischen Pass grenzüberschreitend erbringen dürfe.

197

10. Wertpapierdienstleistungsunternehmen (§ 2 Abs. 10 WpHG). a) Normentwicklung und systematische Stellung der Vorschrift. Die Definition des Begriffs Wertpapierdienstleistungsunternehmen beruht auf der **Neufassung des seinerzeitigen § 2 Abs. 4 WpHG** (a.F.) durch Art. 2 Nr. 3 lit. e des Umsetzungsgesetzes vom 22.10.1997[5] und hat seither keine andere Änderung erfahren als die Neuzählung des § 2 Abs. 4 WpHG (a.F.) als § 2 Abs. 10 WpHG durch Art. 3 Nr. 3 lit. h 2. FiMaNoG zurück (Rz. 4). Die Vorschrift setzt Art. 1 Nr. 2 RL 93/22/EWG vom 10.5.1993 über Wertpapierdienstleistungen (Rz. 8) mit seiner Definition einer „Wertpapierfirma" um, welche in der Umsetzung als „Wertpapierdienstleistungsunternehmen" bezeichnet wird. Eine weitere Novellierung war nicht erforderlich, weil Art. 4 Abs. 1 Nr. 1 RL 2014/65/EU vom 15.5.2014 (Rz. 6 b.) die Definition einer Wertpapierfirma nahezu wortgleich übernimmt. Der Begriff des Wertpapierdienstleistungsunternehmens wird in einer Vielzahl von Bestimmungen des WpHG zur Bestimmung der Adressaten von Verhaltenspflichten und als Tatbestandsmerkmal verwandt, darunter unzählige geänderte, aber für Altfälle relevante Vorschriften des WpHG sowie eine Vielzahl von Vorschriften des WpHG in seiner aktuellen Fassung, nämlich für weitere Begriffsbestimmungen in § 2 Abs. 8 Satz 2, Abs. 17 Nr. 1, Abs. 18 Nr. 1, Abs. 24, Abs. 39 und Abs. 41 WpHG, des Weiteren §§ 3, 6, 7, 10, 18, 21 bis 23, 27, 29, 35 f., 57 bis 60, 63 bis 65, 67 bis 71, 75, 77 f., 80 bis 84, 86 bis 89, 92 bis 96, 122, 138 WpHG und schließlich den Straf- und Ordnungswidrigkeitsvorschriften in § 119 Abs. 5 Nr. 2 WpHG bzw. in § 120 Abs. 4, Abs. 8 Nr. 3, 26 bis 32, 42, 91, 95 f., 98 f., 104 f., 109, 111, Abs. 9 Nr. 1 bis 5, 15, 22, 24, 27 und Abs. 27 WpHG.

198

---

1 Auch *Kumpan* in Schwark/Zimmer, § 2 WpHG Rz. 110.
2 RegE Finanzmarkt-Richtlinie-Umsetzungsgesetz, BT-Drucks. 16/4028 v. 12.1.2007, 1, 57.
3 RegE Finanzmarkt-Richtlinie-Umsetzungsgesetz, BT-Drucks. 16/4028 v. 12.1.2007, 1, 57.
4 Verordnung (EG) Nr. 1287/2006 der Kommission vom 10.8.2006 zur Durchführung der Richtlinie 2004/39/EG des Europäischen Parlaments und des Rates betreffend die Aufzeichnungspflichten für Wertpapierfirmen, die Meldung von Geschäften, die Markttransparenz, die Zulassung von Finanzinstrumenten zum Handel und bestimmte Begriffe im Sinne dieser Richtlinie, ABl. EG Nr. L 241 v. 2.9.2006, S. 1.
5 Gesetz vom 22.10.1997 zur Umsetzung von EG-Richtlinien zur Harmonisierung bank- und wertpapieraufsichtsrechtlicher Vorschriften, BGBl. I 1997, 2518, 2560.

199 **Wertpapierdienstleistungsunternehmen** nach § 2 Abs. 10 WpHG ist nicht jedes Unternehmen, das Wertpapierdienstleistungen allein oder zusammen mit Wertpapiernebendienstleistungen erbringt. Erfasst werden vielmehr nur solche Unternehmen, die, über die Leistung solcher Dienste hinaus, **Kreditinstitute** (i.S.v. § 1 Abs. 1 KWG i.V.m. § 2 Abs. 1 KWG) oder **Finanzdienstleistungsinstitute** (i.S.v. § 1 Abs. 1a Satz 1 KWG i.V.m. § 2 Abs. 6 KWG) sind oder – als Bankgeschäfte oder Finanzdienstleistungen erbringende Zweigstellen eines Unternehmens mit Sitz im Ausland – gem. § **53 Abs. 1 Satz 1 KWG** als Kreditinstitute oder Finanzdienstleistungsinstitute gelten. Schließlich muss hinzukommen, dass die Wertpapier- und Wertpapiernebendienstleistungen dieser Unternehmen gewerbsmäßig oder in einem Umfange erbracht werden, der einen in kaufmännischer Weise eingerichteten Geschäftsbetrieb erfordert. Organismen für gemeinsame Anlagen in Wertpapieren (**OGAW**) sowie Alternative Investmentfonds (**AIF**) i.S.v. § 1 Abs. 2 und 3 KAGB und insbesondere Investmentgesellschaften als Investmentvermögen in der Rechtsform einer **Investmentaktiengesellschaft** oder **Investmentkommanditgesellschaft** i.S.v. § 1 Abs. 11 KAGB sind keine Wertpapierdienstleistungsunternehmen, weil sie weder zu den in § 2 Abs. 10 WpHG aufgeführten Unternehmen (Instituten) gehören noch Wertpapierdienstleistungen und Wertpapiernebendienstleistungen i.S.v. § 2 Abs. 6 bzw. Abs. 9 WpHG erbringen.

200 Auch **Kreditinstitute** – die sich nach §§ 1 Abs. 1, 53 Abs. 1 Satz 1 KWG über den Betrieb der Bankgeschäfte i.S.v. § 1 Abs. 1 Satz 2 Nr. 1 bis 12 KWG definieren, die ihrerseits nicht deckungsgleich mit Wertpapierdienstleistungen sind – kommen nur dann als Wertpapierdienstleistungsunternehmen in Betracht, wenn sie Wertpapier- und Wertpapiernebendienstleistungen i.S.v. § 2 Abs. 8 und 9 WpHG gewerbsmäßig oder in einem Umfange erbringen, der einen in kaufmännischer Weise eingerichteten Geschäftsbetrieb erfordert. Dagegen definieren sich **Finanzdienstleistungsinstitute** dadurch, dass sie, ohne Kreditinstitute i.S.d. § 1 Abs. 1 KWG zu sein, Finanzdienstleistungen erbringen. Der Katalog der Finanzdienstleistungen in § 1 Abs. 1a Satz 2 Nr. 1–12 KWG ist in großen Teilen identisch mit dem der Wertpapierdienstleistungen in § 2 Abs. 8 WpHG. Da ein Unternehmen Finanzdienstleistungsinstitut im Übrigen nur sein kann, wenn es Finanzdienstleistungen gewerbsmäßig oder in einem Umfange erbringt, der einen in kaufmännischer Weise eingerichteten Geschäftsbetrieb erfordert (§ 1 Abs. 1a Satz 1 KWG), bedeutet dies, dass Finanzdienstleistungsinstitute praktisch – bei nur feinen Unterschieden – schon per se den Begriff des Wertpapierdienstleistungsunternehmens erfüllen[1]. Die auf den ersten Blick als kompliziert erscheinenden **Querbezüge** zwischen den für die Bestimmung des Anwendungsbereichs des WpHG maßgeblichen Begriffen des § 2 WpHG auf der einen und den Begrifflichkeiten des KWG auf der anderen Seite sowie die daraus resultierenden Unterschiede in Bezug auf den Kreis der von diesen jeweils erfassten Unternehmen sind dem Umstand unterschiedlicher **Regelungsziele** dieser Gesetze geschuldet: Regelt das KWG die institutionelle Aufsicht von Finanzintermediären, so ist das WpHG auf die Beaufsichtigung der Märkte und des Verhaltens eines weitaus größeren Kreises von Marktbeteiligten ausgerichtet, erfasst das Verhalten von Finanzintermediären anderseits aber nur in spezieller operationaler Hinsicht.

201 **b) Erfasste Unternehmen. aa) Gemeinsame Anforderungen an Wertpapierdienstleistungsunternehmen.** Kreditinstitute, Finanzdienstleistungsinstitute und Bankgeschäfte oder Finanzdienstleistungen erbringende Zweigstellen eines Unternehmens mit Sitz im Ausland (§ 53 Abs. 1 Satz 1 KWG) sind Wertpapierdienstleistungsunternehmen nur dann, wenn sie **Wertpapierdienstleistungen**, allein oder zusammen mit Wertpapiernebendienstleistungen, gewerbsmäßig *oder* in einem Umfang erbringen, der einen in kaufmännischer Weise eingerichteten Geschäftsbetrieb erfordert. Notwendiges Merkmal von Wertpapierdienstleistungsunternehmen ist folglich, dass sie Wertpapierdienstleistungen erbringen, während es unerheblich ist, ob damit auch Wertpapier*neben*dienstleistungen verbunden sind. Umgekehrt können Unternehmen, die ausschließlich Wertpapier*neben*dienstleistungen erbringen, keine Wertpapierdienstleistungsunternehmen sein[2]. Erbringt ein Unternehmen, das unter Berücksichtigung dieser Grundsätze und aufgrund der Erfüllung der weiteren Anforderungen nach § 2 Abs. 10 WpHG als Wertpapierdienstleistungsunternehmen anzusehen ist, gegenüber einem (oder mehreren) einzelnen Kunden ausschließlich Wertpapiernebendienstleistungen, so unterliegt es im Hinblick auf diese Nebendienstleistungen indes ohne Einschränkung den für Wertpapierdienstleistungsunternehmen geltenden Verhaltenspflichten des 11. Abschnitts des WpHG[3]. Aus dem Merkmal „allein oder zusammen" in § 2 Abs. 10 WpHG lassen sich im Übrigen keine Anforderungen an den Begriff der Wertpapierdienstleistungen oder Wertpapiernebendienstleistung (in § 2 Abs. 3 und 3a WpHG) ableiten[4].

202 Vor der Novellierung des WpHG durch das **Umsetzungsgesetz vom 22.10.1997** (Rz. 1) zur Umsetzung u.a. der RL 93/22/EWG vom 10.5.1993 über Wertpapierdienstleistungen (Rz. 8) konnten nur solche Unternehmen Wertpapierdienstleistungsunternehmen sein, die Wertpapierdienstleistungen in einem Umfang erbrachten, der

---

1 Anders *Versteegen* in KölnKomm. WpHG, 1. Aufl. 2007, § 2 WpHG Rz. 217.
2 BGH v. 19.1.2006 – III ZR 105/05, AG 2006, 244 = ZIP 2006, 382, 383 Rz. 10; RegE Umsetzungsgesetz, BT-Drucks. 13/7142 v. 6.3.1997, 1, 102; *Fuchs* in Fuchs, § 2 WpHG Rz. 1147 Fn. 385; *Grundmann* in Staub, HGB, Bd. 11/2, Achter Teil Rz. 87; *Kumpan* in Schwark/Zimmer, § 2 WpHG Rz. 114; *Schäfer* in Schäfer/Hamann, § 2 WpHG Rz. 101; *Baum* in KölnKomm. WpHG, § 2 WpHG Rz. 220.
3 Für die Vorschriften des früheren Abschnitts 6 so auch ausdrücklich RegE Umsetzungsgesetz, BT-Drucks. 13/7142 v. 6.3.1997, 1, 102; *Kumpan* in Schwark/Zimmer, § 2 WpHG Rz. 114.
4 RegE Umsetzungsgesetz, BT-Drucks. 13/7142 v. 6.3.1997, 1, 101 zu § 2 Abs. 3a WpHG, 102 zu § 2 Abs. 4 WpHG.

einen **in kaufmännischer Weise eingerichteten Geschäftsbetrieb** erforderte (§ 2 Abs. 3 der durch das Umsetzungsgesetz geänderten Fassung des WpHG a.F.). Entsprechend den Vorgaben der RL 93/22/EWG wurden in den seinerzeitigen § 2 Abs. 4 WpHG – neben den Unternehmen, die diese Voraussetzung erfüllen – aber auch solche Unternehmen als Wertpapierdienstleistungsunternehmen erfasst, welche die fraglichen Dienstleistungen zwar **gewerbsmäßig**, jedoch nicht in einem Umfange erbringen, welcher die Einrichtung eines kaufmännischen Geschäftsbetriebs verlangt. Diese Erweiterung des Begriffs des Wertpapierdienstleistungsunternehmens lässt sich neben dem Hinweis auf die Richtlinienvorgabe auch mit dem Argument begründen, dass es für den Publikumsschutz unerheblich sein muss, ob jemand, der auf dem Markt Dienste (i.S.v. § 2 Abs. 3 WpHG) anbietet, Kaufmann ist oder nicht[1]. Sie korrespondiert im Übrigen mit einer entsprechenden Fassung der Begriffe des Kreditinstituts und des Finanzdienstleistungsinstituts in § 1 Abs. 1 Satz 1, Abs. 1a Satz 1 KWG.

Da sowohl § 1 Abs. 1 Satz 1 und Abs. 1a Satz 1 KWG als auch § 2 Abs. 10 WpHG den Begriff „gewerbsmäßig" im Zusammenhang mit der handelsrechtlichen Kategorie der Erforderlichkeit eines in kaufmännischer Weise eingerichteten Geschäftsbetriebs verwenden, ist bei der Beurteilung der Frage, wann eine **gewerbsmäßige** Tätigkeit vorliegt, der **handelsrechtliche Gewerbebegriff** zugrunde zu legen[2]. Gewerblich ist danach jede außengerichtete (marktorientierte), selbstständige, planmäßige, von der Absicht der Gewinnerzielung getragene Tätigkeit[3], auch wenn der Betroffene oder das fragliche Unternehmen hierfür über keine Zulassung zum Geschäftsbetrieb i.S.v. § 32 Abs. 1 KWG verfügt[4]. **Nicht gewerbsmäßig** handelt der nur ehrenamtlich tätig werdende, aus den Reihen der Mitglieder gewählte und keine Vergütung seiner Tätigkeit erhaltende Geschäftsführer eines als Gesellschaft bürgerlichen Rechts geführten **Investmentclubs**[5]. Werden dem Geschäftsführer nur „die ihm bei der Verwaltung des Portfolios tatsächlich entstandenen **Aufwendungen** (z.B. für Auslagen, Porto, Fahrtkosten, Telekommunikation)" ersetzt, so stellt dies keine Vergütung dar[6]. Zur Frage, unter welchen Voraussetzungen die Tätigkeit von Investmentclubs und die Tätigkeit ihrer jeweiligen Geschäftsführer in einem Umfang erfolgt, der einen **in kaufmännischer Weise eingerichteten Geschäftsbetrieb** i.S.d. § 2 Abs. 4 WpHG erfordert, Rz. 205.

203

Im Übrigen enthält das **Merkblatt Investmentclubs** der BaFin in der Fassung vom 18.7.2013[7] mit Hinweisen zur finanzaufsichtsrechtlichen Erlaubnispflicht von Investmentclubs und ihrer Geschäftsführer eine Aufzählung von Bedingungen, unter denen Investmentclubs „grundsätzlich erlaubnisfrei" betrieben werden können und damit auch keine u.a. die Finanzportfolioverwaltung betreibende Wertpapierdienstleistungsunternehmen darstellen:

204

„a) Die Anzahl der Mitglieder des Investmentclubs überschreitet nicht die Zahl 50[8].

b) Die Summe der von allen – höchstens 50 – Mitgliedern eingezahlten Gelder (ohne die Gelder der wieder ausgeschiedenen Mitglieder) übersteigt nicht 500.000 Euro. Kursgewinne oder -verluste und die von den

---

1 RegE Umsetzungsgesetz, BT-Drucks. 13/7142 v. 6.3.1997, 1, 102/103.
2 So in der Sache auch RegE Umsetzungsgesetz, BT-Drucks. 13/7142 v. 6.3.1997, 1, 62, in Bezug auf die Parallelvorschriften in § 1 Abs. 1, Abs. 1a KWG; *Fuchs* in Fuchs, § 2 WpHG Rz. 151; *Grundmann* in Staub, HGB, Bd. 11/2, Achter Teil Rz. 87; *Mielk*, WM 1997, 2201 f.; *Weber-Rey/Baltzer*, WM 1997, 2289. Offen, in der Sache aber ebenso *Kumpan* in Schwark/Zimmer, § 2 WpHG Rz. 115; a.A. *Baum* in KölnKomm. WpHG, § 2 WpHG Rz. 221.
3 BGH v. 7.7.1960 – VIII ZR 215/59, BGHZ 33, 321, 324 ff.; BGH v. 10.5.1979 – VII ZR 97/78, BGHZ 74, 273, 276; *Hopt* in Baumbach/Hopt, § 1 HGB Rz. 12 ff.
4 Allgemein zur Erfassung auch gesetzeswidriger Tätigkeit *Hopt* in Baumbach/Hopt, § 1 HGB Rz. 12, 21; vgl. auch § 7 HGB.
5 *BaFin*, Merkblatt Investmentclubs, beschreibt die erfassten Investmentclubs unter 1. Als „Vereinigungen von natürlichen Personen, die sich in der Rechtsform der Gesellschaft bürgerlichen Rechts unter Führung eines Geschäftsführers oder mehrerer Geschäftsführer für die gemeinsame Anlage ihres privaten Vermögens in Aktien, Schuldtiteln und anderen Finanzinstrumenten zusammengefunden haben (Investmentclubs). Charakteristisch für diese Vereinigungen ist, dass ihre Mitglieder nicht auf professionelle Weise angeworben werden, sondern sich privat zusammenfinden, das gemeinsame Vermögen in eigener Regie verwalten, ihren Geschäftsführer aus ihren eigenen Reihen wählen und die Freiheit behalten, sich grundsätzlich jederzeit mit ihrem Anteil wieder von dem Investmentclub lösen zu können." Die vorgenannten Voraussetzungen ergeben sich im Übrigen aus den Ausführungen der BaFin in dem vorgenannten Merkblatt, namentlich denen unter 3. (s. Rz. 204).
6 *BaFin*, Merkblatt Investmentclubs, 4. Mit dem Hinweis „Dagegen beendet jede Vergütung der Tätigkeit des Geschäftsführers, die über den Ersatz der für die Geschäftsführung tatsächlich entstandenen Aufwendungen hinausgeht, die Privatheit der Veranstaltung. Insbesondere darf der Geschäftsführer einem Investmentclub nicht seine eigene Arbeitszeit in Rechnung stellen oder anderweitig aus seiner Geschäftsführung einen Profit (beispielsweise Mietzins für seine eigenen, jedoch für die Zwecke des Investmentclubs eingesetzten Räumlichkeiten, Gebühr für eine von ihm entwickelte Handelssoftware) ziehen wollen, der über seinen Anteil hinausgeht, der ihm wie jedem anderen Mitglied des Investmentclubs gemessen an seiner Kapitaleinlage zusteht."
7 *BaFin*, Merkblatt Investmentclubs.
8 Zu dieser und zu der folgenden unter lit. b angeführten Bedingung fügt die *BaFin*, Merkblatt Investmentclubs, 4. folgende Erläuterung hinzu: „Die Anzahl der Mitglieder darf die Zahl 50 und die Summe der eingezahlten Gelder den Betrag von 500.000 Euro (s. bereits oben, Punkt 3 lit. a bzw. lit. b) auch dann nicht übersteigen, wenn ein nach § 32 Abs. 1 KWG zugelassener Finanzportfolioverwalter mit der Verwaltung des Portfolios betraut ist. Dem Geschäftsführer darf kein Entscheidungsspielraum bei der Auswahl des Finanzportfolioverwalters eingeräumt werden."

Mitgliedern des Investmentclubs stehen gelassenen Gewinne, unabhängig davon, ob sie wiederangelegt werden, fließen nicht in diese Berechnung ein.

c) Inhaber der Konten und Depots ist der Investmentclub.

d) Der Geschäftsführer wird aus den Reihen der Mitglieder gewählt (Prinzip der Selbstorganschaft); er ist jederzeit von der Mehrheit der Mitglieder abwählbar, lässt sich seine Tätigkeit nicht vergüten und ist nicht zugleich Geschäftsführer in einem anderen Investmentclub.

e) Das einzelne Mitglied kann seine Mitgliedschaft in dem Investmentclub auf Basis der Clubstatuten jederzeit – auch ohne wichtigen Grund – kündigen; § 723 Abs. 2 Bürgerliches Gesetzbuch (BGB) bleibt unberührt. Nicht mehr angemessen ist jedenfalls eine Frist von mehr als sechs Monaten nach Ablauf des Monats, in dem die Kündigung ausgesprochen wurde.

f) Jedes Mitglied hat Anspruch darauf, die Namen und Anschriften der anderen Mitglieder des Investmentclubs zu erfahren.

g) Es werden regelmäßige, mindestens jährliche Mitgliederversammlungen durchgeführt.

h) Als private Veranstaltung stellt der Investmentclub keine abhängig Beschäftigten ein und setzt auch keine freien Mitarbeiter auf Entgeltbasis ein, die den Geschäftsführer bei der Verwaltung des Portfolios unterstützen."

205 Auch zur Beurteilung der Frage, wann die Dienstleistungen einen **in kaufmännischer Weise eingerichteten Geschäftsbetrieb** erfordern, ist auf die einschlägigen handelsrechtlichen Grundsätze zurückzugreifen. Dabei stellt § 2 Abs. 10 WpHG vor allem auf den **Umfang** ab, doch sind darüber hinaus auch die übrigen der zu §§ 2, 4 Abs. 1 HGB a.F. entwickelten und für die Auslegung des § 1 Abs. 2 HGB n.F. weiterhin maßgeblichen[1] Kriterien zur Beurteilung der Erforderlichkeit der Einrichtung eines kaufmännischen Geschäftsbetriebs mit zu berücksichtigen. Danach kann, selbst bei geringem Geschäftsumfang, schon die **Art** der Geschäftstätigkeit einen Geschäftsbetrieb mit kaufmännischen Einrichtungen erforderlich machen[2]. Wertpapierdienstleistungen und Wertpapiernebendienstleistungen müssen nicht je für sich einen kaufmännische Einrichtungen erfordernden Umfang haben; ausreichend ist es, wenn sich dieser aus der Kumulation von Wertpapierdienstleistungen und Wertpapiernebendienstleistungen ergibt[3]. Die Tätigkeit des nicht gewerbsmäßig, etwa weil nur ehrenamtlich wirkenden **Geschäftsführers** eines als Gesellschaft bürgerlichen Rechts geführten **Investmentclubs** kann dementsprechend auch dann eine Wertpapierdienstleistung i.S.v. § 2 Abs. 10 WpHG darstellen, wenn sie in einem Umfang erfolgt, der einen in kaufmännischer Weise eingerichteten Geschäftsbetrieb erfordert. Das sollte nach dem gemeinsamen Standpunkt der seinerzeitigen Aufsichtsbehörden BAKred und BAWe dann nicht der Fall, wenn die betroffene Person nicht mehr als drei Portfolios oder ein Gesamtvolumen von 1 Mio. DM, das entsprach seinerzeit rd. 511 000, verwaltet[4].

206 **bb) Kreditinstitute.** Zu den Unternehmen, die als Wertpapierdienstleistungsunternehmen in Frage kommen, gehören in erster Linie Kreditinstitute i.S.d. § 1 Abs. 1 KWG (unter Berücksichtigung der Ausnahmeregelung in § 2 Abs. 1 KWG)[5]. Als solche gelten Unternehmen, die – gewerbsmäßig oder in einem Umfang, der einen in kaufmännischer Weise eingerichteten Geschäftsbetrieb erfordert – mindestens eines der in § 1 Abs. 1 Satz 2 Nr. 1 bis 12 KWG angeführten Bankgeschäfte betreiben. Um als Wertpapierdienstleistungsunternehmen zu gelten, reicht es aber nicht aus, dass sie neben Bankgeschäften auch Wertpapierdienstleistungen (allein oder zusammen mit Wertpapiernebendienstleistungen) erbringen; vielmehr ist erforderlich, dass diese Dienstleistungstätigkeit gewerbsmäßig (Rz. 202, 203) oder in einer Art und Weise erfolgt, die kaufmännische Einrichtungen verlangt (Rz. 202, 205).

207 **cc) Finanzdienstleistungsinstitute.** Wertpapierdienstleistungsunternehmen können des Weiteren Finanzdienstleistungsinstitute i.S.v. § 1 Abs. 1a Satz 1 KWG (unter Berücksichtigung der Ausnahmeregelung in § 2 Abs. 6 KWG) sein[6]. Finanzdienstleistungsinstitute sind Unternehmen, die, ohne Kreditinstitute (oben Rz. 206) zu sein, Finanzdienstleistungen (i.S.v. § 1 Abs. 1a Satz 2 Nr. 1 bis 12 KWG vorbehaltlich der Regelungen in § 1 Abs. 1a Sätze 3 bis 8 KWG) für andere gewerbsmäßig oder in einem Umfang erbringen, der einen in kaufmän-

---

1 RegE Handelsrechtsreformgesetz, BT-Drucks. 13/8444 v. 29.8.1997, 1, 47/48. Dagegen nur auf den Umfang abstellend *Versteegen* in KölnKomm. WpHG, 1. Aufl. 2007, § 2 WpHG Rz. 172; *Schäfer* in Schäfer/Hamann, § 2 WpHG Rz. 103 (grundsätzlich nur Umfang).
2 Vgl. etwa *Hopt* in Baumbach/Hopt, § 1 HGB Rz. 23. Für die Berücksichtigung auch der Art der Geschäftstätigkeit wie hier *Fuchs* in Fuchs, § 2 WpHG Rz. 152; *Kumpan* in Schwark/Zimmer, § 2 WpHG Rz. 116.
3 Ebenso *Kumpan* in Schwark/Zimmer, § 2 WpHG Rz. 116. A.A. *Baum* in KölnKomm. WpHG, § 2 WpHG Rz. 222.
4 Schreiben des BAKred vom 2.6.1998 – VII 4 – 71.51 – 142/98 (abgedruckt in Reischauer/Kleinhans, KWG), Kennzahl 281 Nr. 42), Aufgabe der im Schreiben des BAKred vom 28.4.1998, gleichem Az., angeführten engeren Grenzen. Das Merkblatt Investmentclubs der *BaFin*, enthält dazu keine Ausführungen.
5 *Was ein Kreditinstitut ist*, bestimmt sich nach den Vorschriften des KWG; s. BVerwG v. 24.4.2002 – 6 C 2.02, WM 2002, 1919, 1922.
6 Was ein Finanzdienstleistungsinstitut ist, bestimmt sich nach den Vorschriften des KWG; s. BVerwG v. 24.4.2002 – 6 C 2.02, WM 2002, 1919, 1922.

nischer Weise eingerichteten Geschäftsbetrieb erfordert (§ 1 Abs. 1a Satz 1 KWG). Wertpapierdienstleistungsunternehmen sind Finanzdienstleistungsinstitute aber nur dann, wenn sie auch Wertpapierdienstleistungen gewerbsmäßig (Rz. 202, 203) oder in einer Art und Weise erbringen, die kaufmännische Einrichtungen verlangt (Rz. 202, 205).

dd) Zweigstellen von Unternehmen mit Sitz im Ausland. Als Wertpapierdienstleistungsunternehmen kommt schließlich ein **nach § 53 Abs. 1 Satz 1 KWG tätiges Unternehmen** in Betracht. Unternehmen in diesem Sinne ist die von einem anderen Unternehmen mit Sitz im Ausland unterhaltene inländische Zweigstelle, die Bankgeschäfte (§ 1 Abs. 1 Satz 2 KWG) betreibt oder Finanzdienstleistungen (i.S.v. § 1 Abs. 1a Satz 2 KWG) erbringt. Nach § 53 Abs. 1 Satz 1 KWG gilt in diesem Falle die Zweigstelle als Kreditinstitut oder Finanzdienstleistungsinstitut. Wertpapierdienstleistungsinstitut ist aber auch die Zweigstelle nur dann, wenn sie Wertpapierdienstleistungen gewerbsmäßig (Rz. 202, 203) oder in einem Umfange erbringt, der kaufmännische Einrichtungen verlangt (Rz. 202, 205). Das ist wegen der weitgehenden Deckungsgleichheit von Finanzdienstleistungen und Wertpapierdienstleistungen regelmäßig bei solchen Zweigstellen der Fall, die sich gem. § 53 Abs. 1 Satz 1 KWG kraft der Erbringung von Finanzdienstleistungen als Finanzdienstleistungsinstitut qualifizieren. 208

Zweigstellen i.S.d. § 53 Abs. 1 Satz 1 KWG sind zunächst alle unselbstständigen, örtlich v. Hauptunternehmen getrennten, an dessen Geschäftstätigkeit mitwirkenden **Betriebsstellen** eines Unternehmens[1]. Auf Gegenstand und Betätigung des Hauptunternehmens kommt es nicht an. Die Eigenschaft als „Zweigstelle im Inland" erlangt die fragliche Betriebsstelle bereits dadurch, dass wesentliche Teile von Bankgeschäften i.S.d. § 1 Abs. 1 Satz 2 KWG im Inland durchgeführt werden[2]. Als Zweigstellen gelten unter den gleichen Voraussetzungen aber auch **Einzelpersonen** oder rechtlich **selbstständige Unternehmen**, wenn sie namens eines Unternehmens mit Sitz in einem anderen Staate in einem von diesem bestimmten Rahmen tätig werden[3]. Unterhält ein Unternehmen mit Sitz im Ausland **mehrere inländische Zweigstellen** i.S.d. § 53 Abs. 1 Satz 1 KWG, so ist ein jedes von diesen als Wertpapierdienstleistungsunternehmen anzusehen. Dass sie nicht, der Regelung in § 53 Abs. 1 Satz 2 KWG entsprechend, als *ein* Wertpapierdienstleistungsunternehmen gelten, folgt aus der auf § 53 Abs. 1 Satz 1 KWG beschränkten Verweisung in § 2 Abs. 10 WpHG. Probleme erwachsen den Betroffenen daraus nicht, weil die in Frage stehenden Pflichten nach dem WpHG dergestalt sind, dass sie, anders als es bei den von jeder Zweigstelle einzeln zu erfüllenden Pflichten nach dem KWG der Fall wäre, zu keiner Pflichtenverdopplung führen. 209

11. Organisierter Markt (§ 2 Abs. 11 WpHG). Mit dem Begriff des organisierten Markts wird der **Anwendungsbereich von Vorschriften des WpHG begrenzt:** *Indirekt* über die Definition weiterer Begriffe in § 2 WpHG, wie etwa diejenige derivativer Geschäft, der Wertpapierdienstleistungen, des Emittenten, für den die Bundesrepublik Deutschland der Herkunftsstaat ist, des Inlandsemittenten, des OTF-Emittenten, des Herkunftsstaats, des Aufnahmemitgliedstaats oder des Handelsplatzes in § 2 Abs. 3 Nr. 2, Abs. 8 Satz 1 Nr. 2 und Nr. 9, Abs. 13, Abs. 14, Abs. 16, Abs. 17 bzw. Abs. 18 Abs. 22 WpHG; *direkt* über die Verwendung des Begriffs im Tatbestand anderer Vorschriften des WpHG wie namentlich in § 3 WpHG über Ausnahmen vom Anwendungsbereich des WpHG, § 4 WpHG über die Wahl des Herkunftsstaates, § 21 WpHG über Verschwiegenheitspflichten u.a. der bei der BaFin Beschäftigten, § 72 WpHG über den Betrieb eines multilateralen oder eines organisierten Handelssystems, der Strafvorschrift in § 119 Abs. 1 Nr. 2 WpHG oder den Bußgeldbestimmungen des § 120 Abs. 8 Nr. 66 bis 69 und 82 bis 85 WpHG. Zusammen mit multilateralen Handelssystemen und organisierten Handelssystemen unterfallen organisierte Märkte dem in zahlreichen Vorschriften des WpHG verwandten (Rz. 259) Begriff des Handelsplatzes (§ 2 Abs. 22 WpHG). 210

In der **ursprünglichen Fassung** des WpHG war die Definition eines organisierten Markts, ohne diese Bezeichnung zu führen, in § 2 Abs. 1 Satz 1 WpHG a.F. zu finden. Der Begriff „organisierter Markt", dessen sich dann auch die übrigen Vorschriften des WpHG bedienten, wurde erst durch das Umsetzungsgesetz vom 22.10.1997 (Rz. 1), welches den Begriff sodann in § 2 Abs. 5 WpHG a.F. definierte. Die Definition entsprach derjenigen des „geregelten Marktes" in Art. 1 Nr. 13 RL 93/22/EWG vom 10.5.1993 (Rz. 8). Die vom Sprachgebrauch abweichende Bezeichnung „organisierter Markt" war darauf zurückzuführen, dass der Begriff des „geregelten Marktes" bereits zur Bezeichnung des seinerzeitigen zweiten Segments der öffentlich-rechtlich strukturierten börslichen Marktsegmente, dem „geregelten Markt" (§§ 49 ff. BörsG a.F.), besetzt war und mögliche Irreführungen ausgeschlossen werden sollten[4]. Art. 1 Nr. 2 lit. h Finanzmarktrichtlinie-Umsetzungsgesetzes vom 16.7.2007 (Rz. 5 j.) hat die Definition des organisierten Marktes an den Wortlaut des von ihr umgesetzten Art. 4 Abs. 1 Nr. 14 RL 2004/39/EG vom 21.4.2004 (Finanzmarktrichtlinie, Rz. 7 b.) angepasst. Die Vorschrift hat seither keine andere Änderung erfahren als die Neuzählung des bisherigen § 2 Abs. 5 WpHG (a.F.) als § 2 Abs. 11 WpHG durch Art. 3 Nr. 3 lit. h 2. FiMaNoG zurück (Rz. 4). 211

---

[1] *Szagunn/Haug/Ergenzinger*, § 53 KWG Rz. 6 mit weiteren Einzelheiten.
[2] Vgl. Schreiben des BAKred vom 15.11.1984 – Abs. 2 – 173 – 5/84; *Reischauer/Kleinhans*, § 53 KWG Rz. 8: Bankgeschäfte dürfen nicht nur „nebenbei" getätigt werden.
[3] Vgl. Schreiben des BAKred vom 15.11.1984 – Abs. 2 – 173 – 5/84; vgl. auch *Reischauer/Kleinhans*, § 53 KWG Rz. 5.
[4] RegE Umsetzungsgesetz, BT-Drucks. 13/7142 v. 6.3.1997, 1, 103.

212 **Organisierter Markt** – aufgegliedert in seine **drei Komponenten** – ist
– ein im Inland in einem anderen Mitgliedstaat EU oder einem anderen Vertragsstaat des EWR betriebenes oder verwaltetes,
– durch staatliche Stellen genehmigtes, geregeltes und überwachtes
– multilaterales Handelssystem.

213 Dass es sich beim organisierten Markt um ein **spezielles multilaterales Handelssystem** handelt, folgt daraus, dass es bei der in der Definition des § 2 Abs. 11 WpHG enthaltenen Komponente „multilaterales System, das die Interessen einer Vielzahl von Personen am Kauf und Verkauf von dort zum Handel zugelassenen Finanzinstrumenten innerhalb des Systems und nach nichtdiskretionären Bestimmungen in einer Weise zusammenbringt oder das Zusammenbringen fördert, die zu einem Vertrag über den Kauf dieser Finanzinstrumente führt" um die Definition eines multilateralen Handelssystems handelt (Rz. 162 ff. und Rz. 258). Die Definition eines multilateralen Systems („System oder ein Mechanismus, der die Interessen einer Vielzahl Dritter am Kauf und Verkauf von Finanzinstrumenten innerhalb des Systems zusammenführt", § 2 Abs. 21 WpHG) ist in der Definition des multilateralen Handelssystems integriert. Soweit das als multilaterales Handelssystem in Betracht kommende multilaterale System aus einem Regelwerk und einer Handelsplattform besteht, muss das technische System der Letzteren nicht ausschließlich diesem speziellen System zugeordnet sein, d.h. es können mehrere, jeweils durch Regelwerke definierte organisierte Märkte auf derselben technischen Handelsplattform betrieben werden[1].

214 Organisierte Märkte sind des Weiteren nur solche multilateralen Handelssysteme, deren Betrieb oder Verwaltung der **Genehmigung, Regelung und Überwachung durch eine staatliche Aufsichtsbehörde** unterliegen. Zusätzlich hierzu muss es sich, um als organisierter Markt qualifiziert werden zu können, bei dem fraglichen multilateralen Handelssystem um ein solches handeln, das im **Geltungsbereich** der Finanzmarktrichtlinie betrieben oder verwaltet werden, d.h. im Inland, in einem anderen Mitgliedstaat der EU oder einem anderen Vertragsstaat des EWR. Die Vorschrift unterscheidet sich darin von der durch das Finanzmarktrichtlinie-Umsetzungsgesetz vom 16.7.2007 (Rz. 5 j.) geänderten anfänglich Regelung in §§ 2 Abs. 5, 37i WpHG a.F., nach der auch Märkte in Drittstaaten unter den ursprünglich rein materiell ausgestalteten und nicht räumlich eingegrenzten Begriff der organisierten Märkte fallen konnten.

215 In **Deutschland** erfüllt der **regulierte Markt** der Börsen i.S.v. § 32 BörsG die Voraussetzungen eines organisierten Marktes. Gleiches gilt für die aus dem Zusammenschluss der Deutsche Terminbörse und der Swiss Options and Financial Futures Exchange hervorgegangene Terminbörse EUREX[2]. Dagegen ist dies beim privatrechtlich organisierten und nicht durch staatliche Stellen genehmigten, geregelten und überwachten **Freiverkehr** nicht der Fall[3].

216 **12. Drittstaat (§ 2 Abs. 12 WpHG).** Drittstaat ist jeder Staat, der weder Mitgliedstaat der EU noch Vertragsstaat des Abkommens über den Europäischen Wirtschaftsraum (EWR) vom 2.5.1992 ist. Neben den Mitgliedstaaten der EU sind Vertragsstaaten des EWR Island, Liechtenstein und Norwegen. Die Definition eines Drittstaats gelangte durch Art. 1 Nr. 3 lit. a des Gesetzes zur Umsetzung der Transparenzrichtlinie-Änderungsrichtlinie vom 20.11.2015 (Rz. 5 c.) als seinerzeitiger Abs. 5a in § 2 WpHG (a.F.). Durch Art. 3 Nr. 3 lit. i 2. FiMaNoG hat die Vorschrift eine geringfügige redaktionelle Änderung erfahren und wurde zum neuen § 2 Abs. 12 WpHG.

217 **13. Emittenten mit Herkunftsstaat Deutschland (§ 2 Abs. 13 WpHG). a) Normhintergrund.** Mit dem Transparenzrichtlinie-Umsetzungsgesetz vom 5.1.2007 (Rz. 5 k.), das der Umsetzung der RL 2004/109/EG (Transparenzrichtlinie) vom 15.12.2004 (Rz. 7 a.) diente, ist die Bestimmung des Adressatenkreises kapitalmarktrechtlicher Informations- und Verhaltenspflichten auf das **Herkunftslandprinzip** umgestellt worden: Anknüpfungspunkt ist nicht mehr die Zulassung eines Emittenten an einer inländischen Börse, sondern der Sitz des Emittenten. Das soll insbesondere gewährleisten, dass grenzüberschreitend agierende Emittenten den gleichen Transparenzpflichten unterliegen, ohne sie im Fallen grenzüberschreitender Aktivitäten mehrfach in unterschiedlichen Mitgliedstaaten erfüllen zu müssen.

218 Dementsprechend wurde in dem erstmals aufgrund von Art. 1 Nr. 2 lit. b Transparenzrichtlinie-Umsetzungsgesetz vom 5.1.2007 (Rz. 5 k.) in das WpHG gelangten und der Umsetzung von Art. 2 Abs. 1 lit. i RL 2004/109/EG (Rz. 7 a.) dienenden § 2 Abs. 6 WpHG a.F. der **Adressatenkreis** zahlreicher Vorschriften des WpHG über den Begriff des Emittenten, für den dort die Bundesrepublik Deutschland der Herkunftsstaat ist, umschrieben: Mittelbar durch die Verwendung des – auf dem Begriff des Emittenten mit Herkunftsstaat Deutschland aufbauenden – Begriffs des Inlandsemittenten nach § 2 Abs. 7 WpHG a.F. (heute § 2 Abs. 14 WpHG) und unmittelbar durch die Umschreibung des Adressatenkreises von Verhaltenspflichten durch Verwendung des Begriffs selbst,

---

1 RegE eines Gesetzes zur Umsetzung der Richtlinie über Märkte für Finanzinstrumente und der Durchführungsrichtlinie der Kommission (Finanzmarkt-Richtlinie-Umsetzungsgesetz), BT-Drucks. 16/4028 v. 12.1.2007, 1, 57.
2 Etwa *Baum* in KölnKomm. WpHG, § 2 WpHG Rz. 231; *Fuchs* in Fuchs, § 2 WpHG Rz. 163.
3 Etwa *Baum* in KölnKomm. WpHG, § 2 WpHG Rz. 231; *Fuchs* in Fuchs, § 2 WpHG Rz. 163.

wie etwa in §§ 21 Abs. 1, 26 Abs. 1 und 27 WpHG oder §§ 30a Abs. 1 und 2, 30b Abs. 1 bis 3 WpHG a.F. (heute §§ 33 Abs. 1, 38 Abs. 1, 40 Abs. 1 WpHG bzw. §§ 48 Abs. 1 und 2, 49 Abs. 1 bis 3 WpHG). Vor allem aber dient der Begriff des Herkunftsstaats der Bestimmung der Behörde des Mitgliedstaats, deren Beaufsichtigung der Emittent unterliegt, dessen Wertpapiere zum Handel an einem geregelten Markt in der EU zugelassen sind.

Die ursprüngliche, auf dem Transparenzrichtlinie-Umsetzungsgesetz vom 5.1.2007 (Rz. 5 k.) beruhende Fassung der Vorschrift, hat durch Art. 2 Nr. 2 des Gesetzes zur Umsetzung der Richtlinie 2010/73/EU und zur Änderung des Börsengesetzes vom 26.6.2012 (Rz. 5 i.) eine erste Änderung erfahren und ist durch Art. 1 Nr. 3 lit. b des Gesetzes zur Umsetzung der Transparenzrichtlinie-Änderungsrichtlinie vom 20.11.2015 (Rz. 5 c.) neu gefasst worden. An der Verfolgung Herkunftsprinzips hat sich dadurch nichts geändert. Die heutige Zählung der Vorschrift geht auf Art. 3 Nr. 3 lit. j 2. FiMaNoG zurück (Rz. 4). 219

b) Bestimmung der Bundesrepublik Deutschland als Herkunftsstaat. aa) Übersicht. Zur Bestimmung von Emittenten, für die die Bundesrepublik Deutschland der Herkunftsstaat ist, unterscheidet die Vorschrift zwischen Emittenten von Schuldtiteln mit einer Stückelung von weniger als 1.000 oder dem am Ausgabetag entsprechenden Gegenwert in einer anderen Währung oder von Aktien (§ 2 Abs. 13 Nr. 1 WpHG) auf der einen Seite und Emittenten, die andere als die vorgenannten Finanzinstrumente begeben (§ 2 Abs. 13 Nr. 2 WpHG). In den Fällen von § 2 Abs. 13 Nr. 1 lit. b bzw. Nr. 2 WpHG ist die Bundesrepublik Deutschland dessen Herkunftsstaat, wenn von der Möglichkeit Gebrauch gemacht wurde, diese nach Maßgabe von § 4 Abs. 2 WpHG die Bundesrepublik Deutschland dessen Herkunftsstaat zu wählen. Dessen ungeachtet ist die Bundesrepublik Deutschland nach § 2 Abs. 13 Nr. 3 WpHG der Herkunftsstaat eines Emittenten, wenn nur die Möglichkeit der Wahl nach § 2 Abs. 13 Nr. 1 lit. b oder Nr. 2 WpHG besteht und deren Finanzinstrumente zum Handel an einem organisierten Markt im Inland zugelassen sind, solange sie nicht wirksam einen Herkunftsmitgliedstaat gewählt haben nach § 4 WpHG i.V.m. § 5 WpHG oder nach entsprechenden Vorschriften anderer Mitgliedstaaten der Europäischen Union oder anderer Vertragsstaaten des Abkommens über den Europäischen Wirtschaftsraum, solange sie nicht wirksam einen anderen Herkunftsmitgliedstaat gewählt haben. 220

bb) Emittenten von Schuldtiteln und Aktien (§ 2 Abs. 13 Nr. 1 WpHG). Die Frage, ob für einen Emittenten die Bundesrepublik Deutschland dessen Herkunftsstaat ist, beantwortet sich für Emittenten von Schuldtiteln mit einer Stückelung von weniger als 1.000 oder dem am Ausgabetag entsprechenden Gegenwert in einer anderen Währung oder Emittenten von Aktien nach § 2 Abs. 13 Nr. 1 WpHG: 221

– Das ist nach § 2 Abs. 13 Nr. 1 lit. a WpHG ohne weiteres dann der Fall, wenn der Emittent seinen **Sitz im Inland** hat und seine Wertpapiere zum Handel an einem organisierten Markt im Inland oder in einem anderen Mitgliedstaat der EU oder einem anderen Vertragsstaat des EWR zugelassen sind.

– Hat der Emittent dagegen seinen **Sitz in einem Drittstaat**, sind seine Wertpapiere aber zum Handel an einem organisierten Markt im Inland zugelassen, so ist die Bundesrepublik Deutschland dessen Herkunftsstaat, wenn er dies nach § 4 Abs. 1 WpHG als **Herkunftsstaat gewählt** hat (§ 4 WpHG Rz. 3 ff.). Das ist gem. § 4 Abs. 1 Satz 1 Nr. 1 WpHG allerdings nur unter der Voraussetzung zulässig, dass der Emittent nicht bereits einen anderen Staat als Herkunftsstaat gewählt hat. Hatte der Emittent zuvor einen anderen Staat als Herkunftsstaat gewählt hatte, so kann er nach § 4 Abs. 1 Satz 1 Nr. 2 WpHG gleichwohl die Bundesrepublik Deutschland als Herkunftsstaat wählen, wenn seine Wertpapiere in diesem Staat an keinem organisierten Markt mehr zum Handel zugelassen sind.

§ 2 Abs. 13 Nr. 1 WpHG betrifft nur Emittenten von **Aktien** i.S.v. § 2 Abs. 1 Nr. 1 WpHG und **Schuldtiteln** der in § 2 Abs. 13 Nr. 1 WpHG beschriebenen Stückelung. Schuldtitel im Sinne dieser Bestimmung sind die in § 2 Abs. 1 Nr. 3 lit. a oder b WpHG angeführten Titel, d.h. Genussscheine und Inhaberschuldverschreibungen und Orderschuldverschreibungen sowie Hinterlegungsscheine, die Schuldtitel vertreten, sowie sonstige Wertpapiere i.S.v. § 2 Abs. 1 WpHG, die zum Erwerb oder zur Veräußerung von Wertpapieren nach § 2 Abs. 1 Nr. 1 und 2 WpHG (d.h. Aktien und andere Anteile an in- oder ausländischen juristischen Personen, Personengesellschaften und sonstigen Unternehmen, soweit sie Aktien vergleichbar sind, sowie Hinterlegungsscheine, die Aktien vertreten) berechtigen oder zu einer Barzahlung führen, die in Abhängigkeit von Wertpapieren, von Währungen, Zinssätzen oder anderen Erträgen, von Waren, Indices oder Messgrößen bestimmt wird. 222

§ 2 Abs. 13 Nr. 1 lit. b WpHG verlangt, dass die **Wertpapiere des Emittenten von Schuldtiteln oder Aktien** i.S.v. § 2 Abs. 13 Nr. 1 WpHG zum Handel an einem organisierten Markt im Inland zugelassen sind. Wertpapiere in diesem Sinne sind solche nach § 2 Abs. 1 WpHG, d.h. „alle Gattungen von übertragbaren Wertpapieren mit Ausnahme von Zahlungsinstrumenten, die ihrer Art nach auf den Finanzmärkten handelbar sind", und nach § 2 Abs. 1 Nr. 1 bis 3 WpHG insbesondere Aktien, andere Anteile an in- oder ausländischen juristischen Personen, Personengesellschaften und sonstigen Unternehmen, soweit sie Aktien vergleichbar sind, sowie Hinterlegungsscheine, die Aktien vertreten, und Schuldtitel. **Organisierter Markt im Inland** i.S.d. § 2 Abs. 13 Nr. 1 lit. b WpHG ist nach § 2 Abs. 11 WpHG „ein im Inland", d.h. in der Bundesrepublik Deutschland „betriebenes oder verwaltetes, durch staatliche Stellen genehmigtes, geregeltes und überwachtes multilaterales System, das die Interessen einer Vielzahl von Personen am Kauf und Verkauf von dort zum Handel zugelassenen Finanzinstrumenten innerhalb des Systems und nach nichtdiskretionären Bestimmungen in einer Weise zusam- 223 menbringt oder das Zusammenbringen fördert, die zu einem Vertrag über den Kauf dieser Finanzinstrumente führt."

224 War als **Sitz des Emittenten** i.S.v. § 2 Abs. 13 WpHG über lange Zeit der effektive Verwaltungssitz des Emittenten zu verstehen (6. Aufl. zu § 2 Abs. 6 WpHG a.F., § 2 WpHG Rz. 169), so lässt sich dies angesichts der Entwicklung der Rechtsprechung des EuGH zur Niederlassungsfreiheit von Unternehmen[1] und zuletzt des Urteils des EuGH vom 25.10.2017[2], dem zufolge Unternehmen ihren rechtlichen Sitz frei in andere EU-Länder verlegen können, ohne dass eine gleichzeitige Verlegung ihrer tatsächlichen Tätigkeit erforderlich ist, nicht mehr aufrechterhalten. Die Konsequenz dieser Rechtsprechung besteht deshalb darin, den **statutarischen Sitz** des Unternehmens als Sitz i.S.d. § 2 Abs. 13 WpHG zu betrachten. Dafür spricht auch der Umstand, dass § 2 Abs. 17 WpHG aufgrund seiner Neufassung durch Art. 3 Nr. 3 lit. n 2. FiMaNoG (Rz. 4) für die Bestimmung des Herkunftsmitgliedstaats eines Wertpapierdienstleistungsunternehmens bzw. eines organisierten Markts nicht mehr primär an die „Hauptniederlassung" (§ 2 Abs. 8 Nr. 1 bzw. 2 WpHG a.F.) anknüpft, sondern auf diesen – jetzt als „Hauptverwaltung" bezeichnet – in § 2 Abs. 17 Nr. 1 lit. c, Nr. 2 und Nr. 3 lit. c WpHG nur noch subsidiär zur Bestimmung des Sitzes einer juristischen Person zurückgreift.

225 **cc) Emittenten anderer Finanzinstrumente als Schuldtitel und Aktien (§ 2 Abs. 13 Nr. 2 WpHG).** Für Emittenten anderer Finanzinstrumente als Schuldtitel und Aktien ist die Bundesrepublik Deutschland nur dann der Herkunftsstaat, wenn sie ihren **Sitz im Inland** haben oder deren Finanzinstrumente zum Handel an einem **organisierten Markt im Inland zugelassen** sind und die Bundesrepublik Deutschland als Herkunftsstaat nach Maßgabe des § 4 Abs. 2 WpHG (§ 4 WpHG Rz. 9f.) **gewählt wurde**. Mit dieser, durch Art. 1 Nr. 3 lit. b Transparenzrichtlinie-Umsetzungsgesetz vom 5.1.2007 (Rz. 5 k.) vorgenommenen Änderung von § 2 Abs. 6 Nr. 2 WpHG a.F. wurde Art. 2 Abs. 1 lit. i Ziff. ii RL 2004/109/EG (Transparenzrichtlinie, Rz. 7 a.) nach Maßgabe von Art. 1 Nr. 1 lit. ii Ziff. ii RL 2013/50/EU (Transparenzrichtlinie-Änderungsrichtlinie) vom 22.10.2013 (Rz. 6 e.) umgesetzt.

226 **Andere als die § 2 Abs. 1 Nr. 1 WpHG genannten Finanzinstrumente** sind Finanzinstrumente i.S.v. § 2 Abs. 4 WpHG mit Ausnahme von Schuldtiteln und Aktien als Wertpapiere i.S.v. § 2 Abs. 1 und Abs. 4 Nr. 1 WpHG. Die Ausführungen zu den Merkmalen „**organisierter Markt**" und „**Sitz**" Rz. 223 bzw. Rz. 224 gelten entsprechend.

227 **dd) Herkunftsstaat bei Nichtwahl (§ 2 Abs. 13 Nr. 3 WpHG).** Der Begriff des Herkunftsstaats dient auch der Bestimmung der Behörde des Mitgliedstaats, deren Beaufsichtigung der Emittent, dessen Wertpapiere zum Handel an einem geregelten Markt in der EU zugelassen sind, im Hinblick auf die Einhaltung der ihn aus diesem Grund treffenden Verhaltenspflichten unterliegt. Emittenten, die gemäß der Transparenzrichtlinie – RL 2004/109/EG (Rz. 7 a.) – ihren Herkunftsmitgliedstaat wählen müssen, dies jedoch nicht getan haben, können sich auf diese Weise jeglicher Beaufsichtigung durch eine zuständige Behörde in der Union entziehen. Um dies zu verhindern, wurde die Transparenzrichtlinie durch Art. 1 Nr. 1 lit. ii Ziff. iv RL 2013/50/EU (Transparenzrichtlinie-Änderungsrichtlinie) vom 22.10.2013 (Rz. 6 e.) – so geändert, dass für die Emittenten, die den zuständigen Behörden „nicht binnen drei Monaten ab der erstmaligen Zulassung seiner Wertpapiere zum Handel an einem geregelten Markt" die Wahl ihres Herkunftsmitgliedstaats mitgeteilt haben, ein Herkunftsmitgliedstaat festgelegt wird[3].

228 Art. 1 Nr. 3 lit. b Transparenzrichtlinie-Umsetzungsgesetz vom 5.1.2007 (Rz. 5 k.) hat diese Richtlinienänderung in § 2 Abs. 13 Nr. 3 WpHG umgesetzt: Danach ist die Bundesrepublik Deutschland auch für solche Emittenten der Herkunftsstaat, die nach § 2 Abs. 13 Nr. 1 lit. b oder Nr. 2 WpHG die Bundesrepublik Deutschland als Herkunftsstaat wählen könnten und deren Finanzinstrumente zum Handel an einem organisierten Markt im Inland zugelassen sind, diese Wahl aber nicht ausgeübt haben, vorausgesetzt sie haben nicht bereits (nach § 4 WpHG i.V.m. § 5 WpHG oder nach entsprechenden Vorschriften anderer Mitgliedstaaten der EU oder anderer Vertragsstaaten des EWR) einen anderen Herkunftsmitgliedstaat gewählt oder wählen später einen solchen. Mit anderen Worten „müssen sich Nicht-Wähler, die Deutschland als Herkunftsstaat wählen könnten und deren Wertpapiere zum Handel an einem organisierten Markt im Inland zugelassen sind, bis zu einer wirksamen Wahl so behandeln lassen, als sei Deutschland ihr Herkunftsstaat"[4]. Anders als die Richtlinie, die diese Folge der Nichtwahl erst nach Zeitraum von „drei Monaten ab der erstmaligen Zulassung seiner Wert-

---

1 Namentlich EuGH v. 16.12.2008 – Rs. C-210/06 – Cartesio, AG 2009, 79; EuGH v. 12.7.2012 – Rs. C-378/10 – VALE, ZIP 2012, 1394.
2 EuGH v. 25.10.2017 – Rs. C-106/16 – Polbud, AG 2017, 854. Dazu *Stiegler*, Grenzüberschreitender Formwechsel: Zulässigkeit eines Herausformwechsels, AG 2017, 846.
3 S. dazu Erwägungsgrund 20 RL 2013/50/EU (Transparenzrichtlinie-Änderungsrichtlinie) (Rz. 6 e.). Auch RegE eines Gesetzes zur Umsetzung der Transparenzrichtlinie-Änderungsrichtlinie, BT-Drucks. 18/5010 v. 26.5.2015, 1, 43: „Hierdurch soll im Sinne des Schutzes der Anleger vermieden werden, dass Emittenten für einen gewissen Zeitraum de facto *unbeaufsichtigt bleiben*."
4 RegE eines Gesetzes zur Umsetzung der Transparenzrichtlinie-Änderungsrichtlinie, BT-Drucks. 18/5010 v. 26.5.2015, 1, 43.

papiere zum Handel an einem geregelten Markt" (Rz. 227) vorsieht, greift diese nach § 2 Abs. 13 Nr. 3 WpHG „sofort"[1], d.h. mit der Entstehung der Wahlmöglichkeit ein. Da die Transparenzrichtlinie (Rz. 7 a.) nur eine Minimalharmonisierung anstrebt, steht sie einer solchen strengeren Regelung im WpHG nicht entgegen[2].

14. Inlandsemittent (§ 2 Abs. 14 WpHG). Ebenfalls Teil des mit der Transparenzrichtlinie – RL 2004/109/EG vom 15.12.2004 (Rz. 7 a.) – und dem Transparenzrichtlinie-Umsetzungsgesetz vom 5.1.2007 (Rz. 5 k.) umgesetzten Systems, das die Adressaten kapitalmarktrechtliche Verhaltens- und Informationspflichten nach dem **Herkunftslandprinzip** bestimmt, ist die Spezifizierung des Adressatenkreises namentlich von **Informationspflichten** unter dem Begriff des **Inlandsemittenten.** Der Begriff dient v.a. den Bestimmungen der §§ 26, 33 Abs. 4, 40, 41, 50, 51 und 115 WpHG als personeller Anknüpfungspunkt. Mit § 2 Abs. 14 WpHG – vor der auf Art. 3 2. FiMaNoG (Rz. 4) zurückgehenden Neuzählungen der Bestimmungen des WpHG § 2 Abs. 7 WpHG (a.F.) – wurde Art. 21 Abs. 3 RL 2004/109/EG umgesetzt. Die Vorgängervorschrift ist erstmals aufgrund von Art. 1 Nr. 2 lit. b Transparenzrichtlinie-Umsetzungsgesetz in das WpHG gelangt und seither sachlich unverändert geblieben. 229

Ob ein Emittent als **Inlandsemittent** zu betrachten ist, lässt sich anhand des nachfolgenden Schaubilds ermitteln: 230

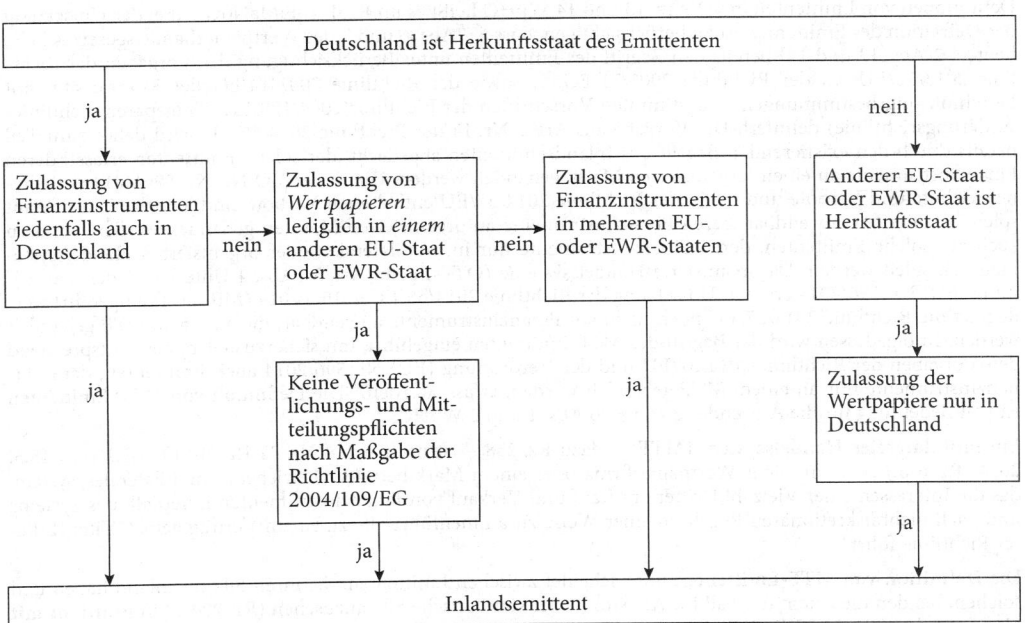

Das Gesetz kennt zwei **Formen von Inlandsemittenten:** Nach § 2 Abs. 14 Nr. 1 WpHG ist Inlandsemittent jeder Emittent, für den Deutschland der Herkunftsstaat ist und nimmt davon lediglich Emittenten aus, deren Wertpapiere nicht im Inland, sondern lediglich in einem anderen Mitgliedstaat der EU oder einem Vertragsstaat des EWR zugelassen sind, vorausgesetzt die Emittenten unterliegen in diesem Staat Veröffentlichungs- und Mitteilungspflichten nach Maßgabe von RL 2004/109/EG vom 15.12.2004 (Rz. 229). Der letztgenannte Vorbehalt dient der Vermeidung von Regelungs- und Aufsichtslücken[3]. Gleichsam spiegelbildlich zur Regelung in Nr. 1 können nach **§ 2 Abs. 14 Nr. 2 WpHG** Inlandsemittenten aber auch solche Emittenten sein, für die zwar nicht Deutschland, sondern ein anderer Mitgliedstaat der EU oder ein anderer Vertragsstaat des EWR der Herkunftsstaat ist, deren Wertpapiere dafür aber ausschließlich im Inland zum Handel an einem organisierten Markt i.S.d. § 2 Abs. 11 WpHG zugelassen sind. Ob für einen Emittenten die Bundesrepublik Deutschland bzw. ein anderer Mitgliedstaat der EU oder Vertragsstaat des EWR der **Herkunftsstaat** ist, beurteilt sich § 2 Abs. 13 bzw. Abs. 17 WpHG; auf die Ausführungen zu diesen Bestimmungen ist zu verweisen. 231

---

1 RegE eines Gesetzes zur Umsetzung der Transparenzrichtlinie-Änderungsrichtlinie, BT-Drucks. 18/5010 v. 26.5.2015, 1, 43.
2 RegE eines Gesetzes zur Umsetzung der Transparenzrichtlinie-Änderungsrichtlinie, BT-Drucks. 18/5010 v. 26.5.2015, 1, 43.
3 RegE eines Gesetzes zur Umsetzung der Transparenzrichtlinie-Änderungsrichtlinie, BT-Drucks. 18/5010 v. 26.5.2015, 1, 31.

§ 2 | Anwendungsbereich, Begriffsbestimmungen

232 Im Hinblick auf die Vorschriften des Abschnitts 6 (§§ 33-47 WpHG) betreffend Mitteilung, Veröffentlichung und Übermittlung von Veränderungen des Stimmrechtsanteils an das Unternehmensregister erfährt der Begriff des Inlandsemittenten durch § 21 Abs. 4 WpHG eine **bereichsspezifische Einschränkung**, indem nur solche Emittenten erfasst werden, deren Aktien zum Handel an einem organisierten Markt i.S.d. § 2 Abs. 11 WpHG zugelassen sind.

233 **15. MTF-Emittenten (§ 2 Abs. 15 WpHG).** Die Definition von MTF-Emittenten durch Art. 1 Nr. 3 lit. d 1. FiMaNoG vom 30.6.2016 (Rz. 5 b.) in § 2 WpHG als seinerzeitiger § 2 Abs. 7a WpHG (a.F.) eingefügt worden und ist aufgrund von Art. 3 Nr. 3 lit. l 2. FiMaNoG (Rz. 4) mit zusätzlichen redaktionellen Anpassungen zum heutigen § 2 Abs. 15 WpHG geworden. Zu Letzteren darf auch gezählt werden, dass die Vorschrift in ihrer neuen Fassung auf die (noch in § 2 Abs. 7a Nr. 1 und 2 WpHG a.F. zu findende) Erwähnung des Freiverkehrs als Platz der Zulassung von Finanzinstrumenten von MTF-Emittenten verzichtet, weil nach dem geänderten § 48 Abs. 3 Satz 2 BörsG der Freiverkehr als ein multilaterales Handelssystem gilt.

234 Mit § 2 Abs. 15 WpHG wird Art. 2 Nr. 14 RL 2014/57/EU vom 16.4.2014 (Marktmissbrauchsrichtlinie, Rz. 6 d.) umgesetzt. Zu den bei der Umsetzung zu berücksichtigenden Zusammenhängen und zur **Bedeutung der Definition** von MTF-Emittenten in § 2 Abs. 15 WpHG und OTF-Emittenten in § 2 Abs. 16 WpHG neben den Definitionen von Emittenten in § 2 Abs. 13 und 14 WpHG heißt es im RegE 1. FiMaNoG[1]: „Bei der Umsetzung der Definition des Emittenten ist zu berücksichtigen, dass § 2 Abs. 6 und 7 des Wertpapierhandelsgesetzes [a.F., heute § 2 Abs. 13 und 14] bereits den Begriff des Emittenten unter Berücksichtigung der Vorgaben der Richtlinie 2013/50/EU …, der Richtlinie 2003/71/EG … sowie der Richtlinie 2007/14/EG der Kommission mit Durchführungsbestimmungen zu bestimmten Vorschriften der Richtlinie 2004/109/EG (Transparenzrichtlinie-Änderungsrichtlinie) definiert. Die Vorgabe aus Art. 2 Nr. 14 der Richtlinie 2014/57/EU wird daher zum Teil bereits durch den existierenden Begriff des Inlandsemittenten abgedeckt, der solche Emittenten erfasst, deren Finanzinstrumente an einem organisierten Markt gehandelt werden. Die in der VO Nr. Nr. 596/2014 enthaltenen Gebote und Verbote und die in der Richtlinie 2014/57/EU enthaltenen Verbote sind jedoch nicht nur auf solche Emittenten anwendbar, deren Finanzinstrumente an organisierten Märkten gehandelt werden, sondern auch auf solche Emittenten, deren Finanzinstrumente nur in multilateralen oder organisierten Handelssystemen gehandelt werden. Da organisierte Handelssysteme (OTFs) gem. Art. 34 Abs. 4 Unterabs. 2 der Verordnung (EU) Nr. 596/2014 erst mit Umsetzung der Richtlinie 2014/65/EU v. 15.5.2014 (MiFID II) eingeführt werden, ist die Richtlinie 2014/57/EU noch nicht auf Finanzinstrumente anwendbar, die an einem OTF gehandelt werden. Infolgedessen wird der Begriff des MTF-Emittenten eingeführt, um sicherzustellen, dass entsprechend den Vorgaben der Richtlinie 2014/57/EU und der Verordnung (EU) Nr. 596/2014 auch Emittenten, deren Finanzinstrumente nur an einem MTF gehandelt werden, erfasst werden." Die Definition von MTF-Emittenten ist von Bedeutung für die Anwendung von § 26 Abs. 1 und 2 WpHG.

235 Ein **multilaterales Handelssystem (MTF)** – dazu Rz. 258 – ist nach Art. 4 Nr. 22 RL 2014/65/EU vom 15.5.2014 (Rz. 6 b.) „ein von einer Wertpapierfirma oder einem Marktbetreiber betriebenes multilaterales System, das die Interessen einer Vielzahl Dritter am Kauf und Verkauf von Finanzinstrumenten innerhalb des Systems und nach nichtdiskretionären Regeln in einer Weise zusammenführt, die zu einem Vertrag gemäß Titel II dieser Richtlinie führt".

236 Die **Definition von MTF-Emittenten** unterscheidet zwischen Emittenten, die ihren Sitz im Inland haben und solchen, bei den dies nicht der Fall ist. Als **Sitz** ist der statutarische Sitz anzusehen (Rz. 224). Ein **Emittent mit Sitz im Inland** ist MTF-Emittent, wenn er *erstens* für die von ihm emittierten Finanzinstrumente i.S.v. § 2 Abs. 4 WpHG über die Zulassung zum Handel an einem multilateralen Handelssystem im Inland, einem anderen Mitgliedstaat der EU oder einem Vertragsstaat EWR verfügt oder diese beantragt hat und, *zweitens*, diese Finanzinstrumente *nur* auf multilateralen Handelssystemen gehandelt werden. Ausgenommen davon, d.h. keine MTF-Emittenten, sind Emittenten mit Sitz im Inland, deren Finanzinstrumente nicht im Inland, sondern lediglich in einem anderen Mitgliedstaat der EU oder einem Vertragsstaat EWR zugelassen sind, wenn sie in diesem anderen Staat den Anforderungen des Art. 21 RL 2004/109/EG vom 15.12.2004 (Rz. 7 a.) unterliegen, d.h. vor allem die die vorgeschriebenen Informationen in einer Form bekannt geben müssen, „die in nicht diskriminierender Weise einen schnellen Zugang zu ihnen gewährleistet und sie dem amtlich bestellten System [für die zentrale Speicherung vorgeschriebener Informationen] i.S.d. Abs. 2 zur Verfügung stellt"[2].

237 Ein **Emittent, der seinen Sitz nicht im Inland** hat und der für seine Finanzinstrumente eine Zulassung zum Handel auf einem multilateralen Handelssystem im Inland beantragt oder genehmigt hat, ist MTF-Emittent, wenn diese Finanzinstrumente *nur* an multilateralen Handelssystemen *im Inland* gehandelt werden.

238 Sowohl für Emittenten mit Sitz im Inland wie auch solche, bei denen dies nicht der Fall ist, berücksichtigt die Definition des MTF-Emittenten, dass Finanzinstrumente, die nur in den **Freiverkehr** der Börsen einbezogen sind, erfasst werden. Das ist allerdings nach der Definition von MTF-Emittenten ausgeschlossen, „sobald die je-

---
1 RegE 1. FiMaNoG, BT-Drucks. 18/7482 v. 8.2.2016, 1, 58.
2 Art. 23 Abs. 1 Satz 2 RL 2004/109/EG, ABl. EU Nr. L 390 v. 31.12.2004, S. 38.

weiligen Finanzinstrumente nicht mehr nur in einem multilateralen Handelssystem oder dem Freiverkehr gehandelt werden, sondern zusätzlich auch an einem organisierten Markt"[1]. Damit ist auch das Kriterium benannt, nach dem sich die der Begriff des Inlandsemittenten nach § 2 Abs. 14 WpHG von dem des MTF-Emittenten abgrenzen lässt.

16. OTF-Emittenten (§ 2 Abs. 16 WpHG). Die zur Umsetzung der VO Nr. 596/2014 vom 1.4.2014 (Rz. 6 c.) erforderliche Definition von OTF-Emittenten ist durch Art. 3 Nr. 3 lit. m 2. FiMaNoG vom 23.6.2017 (Rz. 5 a.) in das WpHG gelangt. Zur Bedeutung der Definition s. die Ausführungen zu derjenigen von MTF-Emittenten in § 2 Abs. 15 WpHG Rz. 234. Nicht nur von der Aufgabe, sondern auch in der Struktur ist die Definition von OTF-Emittenten ganz derjenigen von MTF-Emittenten vergleichbar. Der einzige Unterschied liegt darin, dass bei OTF-Emittenten anstelle der Zulassung oder eines Antrags auf selbige zu einem multilateralen Handelssystem, welches im Mittelpunkt der Definition von MTF-Emittenten steht, auf die Zulassung oder den Antrag auf Zulassung zum Handel an einem **organisierten Handelssystem i.S.v. § 2 Abs. 11 WpHG** abgestellt wird. Die Definition von OTF-Emittenten ist von Bedeutung für die Anwendung von § 26 Abs. 1 und 2 WpHG. 239

Ein „**organisiertes Handelssystem**" ist nach Art. 3 Abs. 1 Nr. 8 VO Nr. 596/2014 (Rz. 6 c.) ein System oder eine Fazilität in der Union i.S.v. Art. 4 Abs. 1 Nr. 23 RL 2014/65/EU vom 15.5.2014 (Rz. 6 b.). Nach dieser Vorschrift ist ein organisiertes Handelssystem (Organised Trading Facility – OTF) „ein multilaterales System, bei dem es sich nicht um einen geregelten Markt oder ein MTF handelt und das die Interessen einer Vielzahl Dritter am Kauf und Verkauf von Schuldverschreibungen, strukturierten Finanzprodukten, Emissionszertifikaten oder Derivaten innerhalb des Systems in einer Weise zusammenführt, die zu einem Vertrag gemäß Titel II dieser Richtlinie führt". **Geregelter Markt** ist nach Art. 3 Abs. 1 Nr. 6 VO Nr. 596/2014 (Rz. 6 c.) ein geregelter Markt i.S.v. Art. 4 Abs. 1 Nr. 21 RL 2014/65/EU vom 15.5.2014 (Rz. 6 b.). Nach dieser Vorschrift ist ein **geregelter Markt** ein von einem Marktbetreiber i.S.v. Art. 3 Abs. 1 Nr. 5 VO Nr. 596/2014 (Rz. 6 c.) – s. Art. 3 VO Nr. 596/2014 Rz. 4 – „betriebenes und/oder verwaltetes multilaterales System, das die Interessen einer Vielzahl Dritter am Kauf und Verkauf von Finanzinstrumenten innerhalb des Systems und nach seinen nichtdiskretionären Regeln in einer Weise zusammenführt oder das Zusammenführen fördert, die zu einem Vertrag in Bezug auf Finanzinstrumente führt, die gemäß den Regeln und/oder den Systemen des Marktes zum Handel zugelassen wurden, sowie eine Zulassung erhalten hat und ordnungsgemäß und gemäß Titel III dieser Richtlinie funktioniert". Zum Begriff des **multilateralen Handelssystems (MTF)** s. die Ausführungen Rz. 235 und Rz. 258. 240

Wie diejenige von MTF-Emittenten unterscheidet auch die **Definition von OTF-Emittenten** zwischen Emittenten, die ihren **Sitz** im Inland haben und solchen, bei den dies nicht der Fall ist. Als **Sitz** ist der statutarische Sitz anzusehen (Rz. 224). Ein **Emittent mit Sitz im Inland** ist OTF-Emittent, wenn er *erstens* für die von ihm emittierten Finanzinstrumente i.S.v. § 2 Abs. 4 WpHG über eine Zulassung zum Handel an einem organisierten Handelssystem im Inland, einem anderen Mitgliedstaat der EU oder einem Vertragsstaat EWR verfügt oder diese beantragt hat und, *zweitens*, diese Finanzinstrumente *nur* auf organisierten Handelssystemen gehandelt werden. Ausgenommen davon, d.h. keine OTF-Emittenten, sind Emittenten mit Sitz im Inland, deren Finanzinstrumente nicht im Inland, sondern lediglich in einem anderen Mitgliedstaat der EU oder einem Vertragsstaat EWR zugelassen sind, wenn sie in diesem anderen Staat den Anforderungen des Art. 21 RL 2004/109/EG (Rz. 7 a.) unterliegen, d.h. vor allem die die vorgeschriebenen Informationen in einer Form bekannt geben müssen, „die in nicht diskriminierender Weise einen schnellen Zugang zu ihnen gewährleistet und sie dem amtlich bestellten System [für die zentrale Speicherung vorgeschriebener Informationen] i.S.d. Abs. 2 zur Verfügung stellt"[2]. 241

Ein **Emittent, der seinen Sitz nicht im Inland** hat, ist OTF-Emittent, wenn er für seine Finanzinstrumente *nur* eine Zulassung zum Handel an einem organisierten Handelssystem im Inland beantragt oder genehmigt hat. 242

17. Herkunftsmitgliedstaat (§ 2 Abs. 17 WpHG). a) Übersicht. Die Vorschrift ist durch Art. 1 Nr. 2 lit. i des Finanzmarktrichtlinie-Umsetzungsgesetzes vom 16.7.2007 (Rz. 5 j.) als § 2 Abs. 8 WpHG a.F. in das Gesetz gelangt. Sie ist von Bedeutung für die Anwendung von § 2 Abs. 13 Nr. 3, § 20 Abs. 4 Satz 2 Nr. 2 und § 90 Abs. 2 und 3 WpHG. Sie diente der Umsetzung von Art. 4 Abs. 1 Nr. 20 RL 2004/39/EG vom 21.4.2004 (Finanzmarktrichtlinie, Rz. 7 b.). In ihrer heutigen, in der Benennung als § 2 Abs. 17 WpHG und in der Sache auf Art. 3 Nr. 3 lit. n 2. FiMaNoG vom 23.6.2017 (Rz. 5 a.) zurückgehenden Fassung dient die Bestimmung der Umsetzung von Art. 4 Abs. 1 Nr. 55 RL 2014/65/EU vom 15.5.2014 (Rz. 6 b.). Die Bestimmung unterscheidet zwischen dem Herkunftsmitgliedstaat eines Wertpapierdienstleistungsunternehmens, eines organisierten Markts und eines Datenbereitstellungsdienstes. 243

b) Herkunftsstaat von Wertpapierdienstleistungsunternehmen (§ 2 Abs. 17 Nr. 1 WpHG). Im Hinblick auf den Herkunftsmitgliedstaat von Wertpapierdienstleistungsunternehmen i.S.v. § 2 Abs. 10 WpHG differenziert § 2 Abs. 17 Nr. 1 WpHG zwischen Wertpapierdienstleistungsunternehmen in Gestalt von natürlichen Personen 244

---
1 RegE 1. FiMaNoG, BT-Drucks. 18/7482 v. 8.2.2016, 1, 57/58.
2 Art. 23 Abs. 1 Satz 2 RL 2004/109/EG, ABl. EU Nr. L 390 v. 31.12.2004, S. 38.

und juristischen Personen. Handelt es sich bei dem Wertpapierdienstleistungsunternehmen um eine natürliche Person, so ist Herkunftsmitgliedstaat der Mitgliedstaat, in dem sich ihre **Hauptverwaltung** befindet. Weder § 2 WpHG noch die vorstehend angeführten Richtlinien enthalten eine Definition des Begriffs Hauptverwaltung, doch unterscheiden Letztere in zahlreichen Vorschriften zwischen Sitz und Hauptverwaltung. Darüber hinaus ist Erwägungsgrund 22 RL 2004/39/EG[1] zu entnehmen, dass die Hauptverwaltung einer Person in dem Mitgliedstaat liegt, in dem sie ihre Geschäftstätigkeit tatsächlich ausübt. Kommen danach mehrere Mitgliedstaaten in Betracht ist dies, so ist zu ergänzen, der Mitgliedstaat, in dem sie Wertpapierdienstleistungsunternehmen tätig ist und die wesentlichen Entscheidungen über ihre Geschäftstätigkeit getroffen werden. Das entspricht dem früher verwandten Begriff der „Hauptniederlassung", der als der „effektive" oder „tatsächliche" Sitz des Unternehmens definiert wurde, d.h. als der Ort, von dem aus die Geschäfte dauerhaft geleitet und die maßgeblichen Entscheidungen getroffen werden (6. Aufl., § 2 WpHG Rz. 179).

245 Handelt es sich bei dem Wertpapierdienstleistungsunternehmen um eine **juristische Person**, so ist Herkunftsstaat der Mitgliedstaat, in dem sich ihr Sitz befindet. Grundlage dieser Definition ist die Vorstellung, eine Wertpapierfirma, die eine juristische Person sei, solle in dem Mitgliedstaat zugelassen werden, in dem sie ihren **Sitz** hat. Bedenkt man, dass die Definition des Begriffs des Herkunftsmitgliedstaats für natürliche Personen, an den Ort anknüpft, an dem diese tatsächlich tätig wird und die wesentlichen Entscheidungen über ihre Geschäftstätigkeit getroffen werden, so spricht dies dafür, auch den Sitz eines Wertpapierdienstleistungsunternehmens in der Rechtsform einer juristischen Person i.S.v. § 2 Abs. 17 WpHG als den effektiven Verwaltungssitz zu verstehen. Das ließe sich indes mit der Rechtsprechung des EuGH zur Niederlassungsfreiheit von Unternehmen (Rz. 224), namentlich der Entscheidung Urteils des EuGH vom 25.10.2017[2], dem zufolge Unternehmen ihren rechtlichen Sitz frei in andere EU-Länder verlegen können, ohne dass eine gleichzeitige Verlegung ihrer tatsächlichen Tätigkeit erforderlich ist, nicht vereinbaren, sondern würde die Niederlassungsfreiheit von juristischen Personen beeinträchtigen. Als Sitz ist mithin der **statutarische Sitz** der juristischen Person anzusehen. Dass dies zum „Forum-Shopping" in Gestalt eines „Zulassungs- und Beaufsichtigungs-Shopping" führen könnte, ist angesichts der Schaffung eines Europäischen Finanzaufsichtssystems (Einl. Rz. 38 ff.) und der Vereinheitlichung der Zulassungs- und Aufsichtsbestimmungen, trotz der verbleibenden Zulassung und Beaufsichtigung durch die zuständigen mitgliedstaatlichen Behörden nicht zu erwarten. Falls es sich bei der juristischen Person um eine solche handelt, für die nach dem nationalen Recht, das für das Wertpapierdienstleistungsunternehmen maßgeblich ist, **kein Sitz bestimmt ist**, so ist Herkunftsmitgliedstaat nach § 2 Abs. 17 WpHG der Mitgliedstaat, in dem sich die Hauptverwaltung befindet; zur Bestimmung des Ortes der Hauptverwaltung gelten die Ausführungen zur Bestimmung der Herkunftsmitgliedstaat einer natürlichen Person Rz. 244 entsprechend.

246 c) **Herkunftsstaat eines Organisierten Markts (§ 2 Abs. 17 Nr. 2 WpHG).** Im Falle eines organisierten Marktes, das ist ein solcher i.S.v. § 2 Abs. 11 WpHG, ist nach § 2 Abs. 17 Nr. 2 WpHG Herkunftsmitgliedstaat der Mitgliedstaat, in dem dieser registriert oder zugelassen ist, oder, sofern für ihn nach dem Recht dieses Mitgliedstaats kein Sitz bestimmt ist, der Mitgliedstaat, in dem sich die Hauptverwaltung befindet. Zur Bestimmung des Sitzes und des Ortes der Hauptverwaltung eines solchen organisierten Markts gelten die Ausführungen zur Bestimmung der Herkunftsmitgliedstaat einer natürlichen Person Rz. 245 bzw. Rz. 244 entsprechend.

247 d) **Herkunftsstaat eines Datenbereitstellungsdiensts (§ 2 Abs. 17 Nr. 3 WpHG).** Im Falle eines Datenbereitstellungsdiensts i.S.v. § 2 Abs. 40 WpHG differenziert § 2 Abs. 17 Nr. 3 WpHG, wie im Hinblick auf Wertpapierdienstleistungsunternehmen nach § 2 Abs. 17 Nr. 1 WpHG, zwischen natürlichen und juristischen Personen und erklärt für Erstere die Hauptverwaltung des Datenbereitstellungsdienstes (§ 2 Abs. 17 Nr. 3 lit. a WpHG) und für Letztere den Sitz desselben (§ 2 Abs. 17 Nr. 3 lit. b WpHG) für maßgeblich. Falls es sich bei einem Datenbereitstellungsdienst in der Rechtsform einer juristischen Person um eine solche handelt, für die nach dem nationalen Recht, das für den Datenbereitstellungsdienst maßgeblich ist, kein Sitz bestimmt ist, ist nach § 2 Abs. 17 Nr. 3 lit. c WpHG Herkunftsmitgliedstaat der Mitgliedstaat, in dem sich die Hauptverwaltung befindet. Zur Bestimmung des Sitzes und des Ortes der Hauptverwaltung eines solchen Datenbereitstellungsdiensts gelten die Ausführungen zur Bestimmung der Herkunftsmitgliedstaat einer natürlichen Person Rz. 245 bzw. Rz. 244 entsprechend.

248 18. **Aufnahmemitgliedstaat (§ 2 Abs. 18 WpHG).** Die Vorschrift ist durch Art. 1 Nr. 2 lit. i des Finanzmarktrichtlinie-Umsetzungsgesetzes vom 16.7.2007 (Rz. 5 j.) als § 2 Abs. 9 WpHG a.F. in das Gesetz gelangt und ist von Bedeutung für die Anwendung von § 18 Abs. 7 Satz 3 WpHG sowie einer Reihe früherer Bestimmungen des WpHG. In ihrer ursprünglichen Fassung setzte sie Art. 4 Abs. 1 Nr. 20 RL 2004/39/EG vom 21.4.2004 (Finanzmarktrichtlinie, Rz. 7 b.). In ihrer heutigen, in der Benennung als § 2 Abs. 17 WpHG und in der Sache auf Art. 3 Nr. 3 lit. n 2. FiMaNoG vom 23.6.2017 (Rz. 5 a.) zurückgehenden Fassung dient die Vorschrift der Umsetzung von Art. 4 Abs. 1 Nr. 56 RL 2014/65/EU vom 15.5.2014 (Rz. 6 b.). Zur Bestimmung des Aufnahmemitgliedstaats unterscheidet die Bestimmung zwischen Wertpapierdienstleistungsunternehmen und organisierten Märkten.

---

1 ABl. EU Nr. L 145 v. 30.4.2004, S. 1.
2 EuGH v. 25.10.2017 – Rs. C-106/16 – Polbud, AG 2017, 854. Dazu *Stiegler*, Grenzüberschreitender Formwechsel: Zulässigkeit eines Herausformwechsels, AG 2017, 846.

Für **Wertpapierdienstleistungsunternehmen** i.S.v. § 2 Abs. 10 WpHG ist nach § 2 Abs. 18 Nr. 1 WpHG Aufnahmemitgliedstaats der Mitgliedstaat, in dem es eine Zweigniederlassung unterhält oder Wertpapierdienstleistungen im Wege des grenzüberschreitenden Dienstleistungsverkehrs erbringt. Eine **Zweigniederlassung** ist nach dem hierzu einschlägigen Art. 4 Abs. 1 Nr. 30 RL 2014/65/EU vom 15.5.2014 (Rz. 6 b.) eine Betriebsstelle, die nicht die Hauptverwaltung ist, die einen rechtlich unselbstständigen Teil einer Wertpapierfirma bildet und Wertpapierdienstleistungen, gegebenenfalls auch Nebendienstleistungen, erbringt und/oder Anlagetätigkeiten ausübt, für die der Wertpapierfirma eine Zulassung erteilt wurde; alle Geschäftsstellen einer Wertpapierfirma mit Hauptverwaltung in einem anderen Mitgliedstaat, die sich in ein und demselben Mitgliedstaat befinden, gelten als eine einzige Zweigniederlassung. Zum Begriff der Hauptverwaltung s. die Ausführungen Rz. 244. Im Fall des grenzüberschreitenden Dienstleistungsverkehrs – d.h. bei Dienstleistungen, bei denen sich das Wertpapierdienstleistungsunternehmen und der Empfänger von dessen Wertpapierdienstleistungen in unterschiedlichen Staaten befinden – ist Aufnahmemitgliedstaat der Mitgliedstaat, von dem aus das Wertpapierdienstleistungsunternehmen seine Leistungen erbringt. 249

Aufnahmemitgliedstaat für einen **organisierten Markt** i.S.v. § 2 Abs. 11 WpHG ist nach § 2 Abs. 18 Nr. 2 WpHG der Mitgliedstaat, in dem er geeignete Vorkehrungen bietet, um in diesem Mitgliedstaat niedergelassenen Marktteilnehmern den Zugang zum Handel über sein System zu erleichtern. Das ist jeder Mitgliedstaat, in dem das Wertpapierdienstleistungsunternehmen den in diesem Markt mit – das folgt aus der Verwendung des Begriffs „niedergelassener" Marktteilnehmer – einer gewissen Dauerhaftigkeit tätig werdenden Marktteilnehmern eine „Zugangsmöglichkeit zu dem Handelssystem des organisierten Marktes"[1] anbietet. 250

19. Strukturierte Einlage (§ 2 Abs. 19 WpHG). Die Definition strukturierter Einlagen ist durch Art. 3 Nr. 3 Kleinanlegerschutzgesetz vom 3.7.2015 (Rz. 5 d.) als seinerzeitiger § 2 Abs. 11 WpHG (a.F.) in § 2 Abs. 19 WpHG gelangt. Sie entspricht Art. 4 Abs. 1 Nr. 43 RL 2014/65/EU vom 15.5.2014 (Rz. 6 b.). Aufgrund der Berichtigung der RL 2014/65/EU vom 13.7.2016[2] wurde der ursprüngliche Verweis auf das KWG durch den entsprechenden Verweis auf den Begriff der Einlage im Sinne des Einlagensicherungsgesetzes (EinSiG) durch Art. 3 Nr. 3 lit. q 2. FiMaNoG vom 23.6.2017 (Rz. 5 a.) ersetzt. Die Definition und ist von Bedeutung für die Anwendung von § 1 Abs. 1 Nr. 4, § 6 Abs. 2 Satz 4, § 63 Abs. 1 Nr. 1 lit. e), § 87 Abs. 2, § 96 und § 120 Abs. 27 WpHG. 251

Eine **strukturierte Einlage** definiert § 2 Abs. 19 Satz 1 WpHG als eine Einlage i.S.d. § 2 Abs. 3 Sätze 1 und 2 EinSiG, die bei Fälligkeit in voller Höhe zurückzuzahlen ist, wobei sich die Zahlung von Zinsen oder einer Prämie, das Zinsrisiko oder das Prämienrisiko aus einer Formel ergibt, die insbesondere abhängig ist von *erstens* einem Index oder einer Indexkombination, *oder zweitens* einem Finanzinstrument oder einer Kombination von Finanzinstrumenten, *oder drittens* einer Ware oder einer Kombination von Waren oder anderen körperlichen oder nicht körperlichen nicht übertragbaren Vermögenswerten *oder viertens* einem Wechselkurs oder einer Kombination von Wechselkursen. Nicht hiervor erfasst sind nach § 2 Abs. 19 Satz 2 WpHG variabel verzinsliche Einlagen, deren Ertrag unmittelbar an einen Zinsindex, insbesondere den *Euribor* oder den *Libor*, gebunden ist. 252

Grundlage der Definition einer strukturierten Einlage in § 2 Abs. 19 WpHG ist eine **Einlage** i.S.d. § 2 Satz 1 Einlagensicherungsgesetz (EinSiG), d.h. „ein Guthaben, einschließlich Festgeld und Spareinlagen, das sich aus Beträgen, die auf einem Konto verblieben sind, oder aus Zwischenpositionen im Rahmen von Bankgeschäften ergeben *und* vom CRR-Kreditinstitut [d.h. der Einlagensicherung nach dem EinSiG verpflichtetes Institut i.S.v. § 1 Satz 1 EinSiG i.V.m. § 1 Abs. 3d Satz 1 KWG – früher „Einlagenkreditinstitut"] nach den geltenden gesetzlichen und vertraglichen Bedingungen zurückzuzahlen sind". Ausgenommen von den Einlagen in diesem Sinne ist nach § 3 Satz 2 EinSiG ein Guthaben, wenn die Existenz dieses Guthabens nur durch ein Finanzinstrument i.S.v. § 2 Abs. 4 WpHG nachgewiesen werden kann, es sei denn, es handelt sich um ein Sparprodukt, das durch ein auf eine benannte Person lautendes Einlagenzertifikat verbrieft ist und bereits zum 2.7.2014 bestand, *oder* das Guthaben nicht zum Nennwert rückzahlbar ist *oder* das Guthaben nur im Rahmen einer bestimmten, vom CRR-Kreditinstitut oder einem Dritten gestellten Garantie oder Vereinbarung rückzahlbar ist. 253

20. Energiegroßhandelsprodukt (§ 2 Abs. 20 WpHG). Mit der Definition des Begriffs Energiegroßhandelsprodukt wird Art. 4 Abs. 1 Nr. 58 RL 2014/65/EU vom 15.5.2014 (Rz. 6 b.) umgesetzt, die – wie § 2 Abs. 20 WpHG – ihrerseits bestimmt, ein Energiegroßhandelsprodukt sei ein solches i.S.v. Art. 2 Nr. 4 VO Nr. 1227/2011[3]. Dabei verweist § 2 Abs. 20 WpHG nicht nur auf Art. 2 Nr. 4 VO Nr. 1227/2011, sondern auch auf Art. 5 und 6 DelVO 2017/565 (Rz. 6 b.). Die Definition hat aktuell nur für § 18 Abs. 8 Satz 7 WpHG über die Zusammenarbeit der BaFin mit zuständigen Stellen im Ausland sowie die Begriffsbestimmung in § 2 Abs. 3 Nr. 2 lit. b WpHG Bedeutung. 254

---

1 RegE eines Gesetzes zur Umsetzung der Richtlinie über Märkte für Finanzinstrumente und der Durchführungsrichtlinie der Kommission (Finanzmarkt-Richtlinie-Umsetzungsgesetz), BT-Drucks. 16/4028 v. 12.1.2007, 1, 57.
2 ABl. EU Nr. L 188 v. 15.7.2016, S. 28.
3 Verordnung (EU) Nr. 1227/2011 des Europäischen Parlaments und des Rates vom 25.10.2011 über die Integrität und Transparenz des Energiegroßhandelsmarkts, ABl. EU Nr. L 326 v. 8.12.2011, S. 1.

255 Nach § 20 Abs. 20 WpHG i.V.m. **Art. 2 Nr. 4 Abs. 1 VO Nr. 1227/2011** (Rz. 6 b.) sind Energiegroßhandelsprodukte „die folgenden Verträge und Derivate unabhängig davon, wo und wie sie gehandelt werden: a) Verträge für die Versorgung mit Strom oder Erdgas, deren Lieferung in der Union erfolgt; b) Derivate, die Strom oder Erdgas betreffen, das/der in der Union erzeugt, gehandelt oder geliefert wurde; c) Verträge, die den Transport von Strom oder Erdgas in der Union betreffen, sowie d) Derivate, die den Transport von Strom oder Erdgas in der Union betreffen". Dagegen sind nach Art. 2 Nr. 4 Abs. 2 Satz 1 VO Nr. 1227/2011 Verträge über die Lieferung und die Verteilung von Strom oder Erdgas zur Nutzung durch Endverbraucher keine Energiegroßhandelsprodukte. Verträge über die Lieferung und die Verteilung von Strom oder Erdgas an Endverbraucher mit einer höheren Verbrauchskapazität als dem in Art. 2 Nr. 5 Abs. 2 VO Nr. 1227/2011 aufgeführten Schwellenwert [Von 600 GWh] gelten jedoch nach Art. 2 Nr. 4 Abs. 2 Satz 2 VO Nr. 1227/2011 als Energiegroßhandelsprodukte.

256 **Art. 5 DelVO 2017/565** (Rz. 6 b.) enthält Bestimmungen zu Energiegroßhandelsprodukten, die effektiv geliefert werden müssen, und konkretisiert damit Anhang I Abschnitt C Nr. 6 RL 2014/65/EU vom 15.5.2014 über „Optionen, Terminkontrakte (Futures), Swaps und alle anderen Derivatkontrakte in Bezug auf Waren, die effektiv geliefert werden können, vorausgesetzt, sie werden an einem geregelten Markt, über ein MTF [*Multilateral Trading Facility – Multilaterales Handelssystem*, s. Art. 3 Nr. 7 VO Nr. 596/2014 (Rz. 6 c.) und Art. 3 VO Nr. 596/2014 Rz. 15 f.] oder über ein OTF [*Organised Trading Facilty- Organisiertes Handelssystem*, s. Art. 3 Nr. 8 VO Nr. 596/2014, Rz. 6 c.] gehandelt", im Hinblick auf die davon ausgenommen und nicht als Finanzinstrumente zu betrachtenden Energiegroßhandelsprodukte, die zwar über ein OTF gehandelt, aber nicht effektiv geliefert werden müssen. Auch **Art. 6 DelVO 2017/565** (Rz. 6 b.) über „Energiederivatkontrakte in Bezug auf Öl und Kohle sowie Energiegroßhandelsprodukte" konkretisiert Anhang I Abschnitt C Nr. 6 RL 2014/65/EU vom 15.5.2014 in Bezug auf bestimmte Waren, darunter in seinem Abs. 3 im Hinblick auf Derivatekontrakte mit den Merkmalen eines Energiegroßhandelsprodukts.

257 **21. Multilaterales System (§ 2 Abs. 21 WpHG) und multilaterales Handelssystem (MTF).** Die Definition ist § 2 WpHG durch Art. 3 Nr. 2 1. FiMaNoG (Rz. 5 b.) hinzugefügt worden und hat ihre heutige Zählung als § 2 Abs. 21 WpHG durch Art. 3 lit. r 2. FiMaNoG vom 23.6.2017 (Rz. 5 a.) erhalten. Mit der Definition wird Art. 4 Abs. 1 Nr. 19 RL 2014/65/EU vom 15.5.2014 umgesetzt, in der ein multilaterales System als ein System oder Mechanismus definiert wird, der die Interessen einer Vielzahl Dritter am Kauf und Verkauf von Finanzinstrumenten innerhalb des Systems zusammenführt.

258 Der Begriff des multilateralen Systems ist Bestandteil der Definition des organisierten Markts nach § 2 Abs. 11 WpHG und des versteckt in § 2 Abs. 8 Satz 1 Nr. 8 WpHG definierten Begriffs eines **multilateralen *Handelssystems* (MTF)**. Ein **multilaterales Handelssystem (MTF)** ist nach Art. 4 Nr. 22 RL 2014/65/EU vom 15.5.2014 (Rz. 6 b.) „ein von einer Wertpapierfirma oder einem Marktbetreiber betriebenes multilaterales System, das die Interessen einer Vielzahl Dritter am Kauf und Verkauf von Finanzinstrumenten innerhalb des Systems und nach nichtdiskretionären Regeln in einer Weise zusammenführt, die zu einem Vertrag gemäß Titel II dieser Richtlinie führt". Entsprechend definiert § 2 Abs. 8 Satz 1 Nr. 8 WpHG, im Zusammenhang mit der Definition des „Betriebs" eines multilateralen Handelssystems, ein solches als ein System, „das die Interessen einer Vielzahl von Personen am Kauf und Verkauf von Finanzinstrumenten innerhalb des Systems und nach nichtdiskretionären Bestimmungen in einer Weise zusammenbringt, die zu einem Vertrag über den Kauf dieser Finanzinstrumente führt".

259 **22. Handelsplatz (§ 2 Abs. 22 WpHG).** Der Definition eines Handelsplatzes in § 2 Abs. 22 WpHG ist zu entnehmen, dass es sich bei diesem um den **Oberbegriff** für organisierte Märkte i.S.v. § 2 Abs. 11 WpHG, multilaterale Handelssysteme und organisierte Handelssysteme handelt. Zum Begriff des **multilaterales Handelssystems (MTF)** s. Rz. 258. Ein **organisiertes Handelssystem (OTF)** ist nach Nr. 23 Richtlinie 2014/65/EU vom 15.5.2014 (Rz. 6 b.) „ein multilaterales System, bei dem es sich nicht um einen geregelten Markt oder ein MTF handelt und das die Interessen einer Vielzahl Dritter am Kauf und Verkauf von Schuldverschreibungen, strukturierten Finanzprodukten, Emissionszertifikaten oder Derivaten innerhalb des Systems in einer Weise zusammenführt, die zu einem Vertrag gemäß Titel II dieser Richtlinie führt". Die Vorschrift setzt die Begriffsbestimmungen in Art. 4 Abs. 1 Nr. 24 RL 2014/65/EU vom 15.5.2014 (Rz. 6 b.) und Art. 2 Nr. 12 RL 2014/57/EU vom 15.5.2014 (Rz. 6 d.) um. Letztere definiert „Handelsplatz" unter Verweis auf die Definition durch die Erstere, und in deren Art. 4 Abs. 1 Nr. 24 bedeutet Handelsplatz „einen geregelten Markt, ein MTF oder ein OTF". Die Definition des Handelsplatzes ist von Bedeutung für die Anwendung von §§ 1 bis 3, 6, 8, 18, 22, 54 f., 57 bis 59, 69, 77, 80, 82, 97 f., 119 f. und 135 WpHG.

260 **23. Liquider Markt (§ 2 Abs. 23 WpHG).** Die Definition eines liquiden Marktes in § 2 Abs. 23 WpHG ist durch Art. 3 Nr. 3 lit. r 2. FiMaNoG vom 23.6.2017 (Rz. 5 a.) in § 2 WpHG gelangt. Sie ist von Bedeutung für die Anwendung von § 75 Abs. 3 und § 120 Abs. 8 Nr. 82 WpHG. § 2 Abs. 23 WpHG setzt Art. 4 Abs. 1 Nr. 25 RL 2014/65/EU vom 15.5.2014 (Rz. 6 b.) um und übernimmt dazu – bei Änderungen lediglich der Textgliederung – dessen Wortlaut. Der Begriff „liquider Markt" wurde im WpHG im aufgehobenen § 32a Abs. 1 WpHG (a.F.) Veröffentlichen von Quotes durch systematische Internalisierer verwandt und findet sich heute allein in § 75 Abs. 3 WpHG, der zufolge der Handel für eigene Rechnung einem Betreiber eines organisierten

Handelssystems nur gestattet ist, soweit es sich nicht um die Zusammenführung sich deckender Kundenaufträge i.S.v. § 2 Abs. 29 WpHG handelt und es um öffentliche Schuldtitel geht, für die kein liquider Markt besteht. In der Sache ist ein **liquider Markt** ein Markt für ein Finanzinstrument oder eine Kategorie von Finanzinstrumenten, auf dem kontinuierlich kauf- oder verkaufsbereite vertragswillige Käufer oder Verkäufer verfügbar sind und der unter Berücksichtigung der speziellen Marktstrukturen der fraglichen Marktinstrumente nach den in § 2 Abs. 23 Nr. 2 lit. a bis c WpHG aufgeführten Kriterien bewertet wird.

24. Zweigniederlassung (§ 2 Abs. 24 WpHG). Der **Begriff der Zweitniederlassung** fand sich schon in § 2 Abs. 9 WpHG a.F. als Bestandteil der Definition des Aufnahmestaats (6. Aufl., § 2 WpHG Rz. 182) sowie in zahlreichen Bestimmungen des WpHG a.F., war aber nicht gesetzlich definiert. Er wird heute in §§ 2 Abs. 18, 18, 80, 87 f., 90, 93 und 120 Abs. 25 WpHG verwandt. Die Definition einer Zweigniederlassung in § 2 Abs. 23 WpHG ist durch Art. 3 Nr. 3 lit. r 2. FiMaNoG vom 23.6.2017 (Rz. 5 a.) in § 2 WpHG gelangt. Mit ihr wird Art. 4 Abs. 1 Nr. 25 RL 2014/65/EU vom 15.5.2014 (Rz. 6 b.) umgesetzt. Dazu übernimmt – bei Änderungen lediglich der Textgliederung – dessen Wortlaut.

261

In der Sache ist eine **Zweigniederlassung** i.S.d. WpHG eine **Betriebsstelle**, die nicht die Hauptverwaltung ist, einen rechtlich unselbstständigen Teil eines Wertpapierdienstleistungsunternehmens bildet und Wertpapierdienstleistungen, gegebenenfalls auch Wertpapiernebendienstleistungen, erbringt, für die dem Wertpapierdienstleistungsunternehmen eine Zulassung erteilt wurde (§ 2 Abs. 24 Satz 1 WpHG). Vor allem im Hinblick auf aufsichtsrechtliche Zwecke bestimmt § 2 Abs. 24 Satz 2 WpHG, dass alle Betriebsstellen eines Wertpapierdienstleistungsunternehmens mit Hauptverwaltung in einem anderen Mitgliedstaat, die sich in demselben Mitgliedstaat befinden, als eine einzige Zweigniederlassung gelten. Wie bei der zuvor in Anlehnung an den in §§ 13 ff. HGB verwandten, aber auch dort nicht gesetzlich definierten handelsrechtlichen Zweigniederlassungsbegriff (6. Aufl., § 2 WpHG Rz. 182) kommen als Zweigniederlassung einer Hauptniederlassung nur von dieser räumlich getrennte Stellen („Betriebsstellen") in Betracht, an denen Dienstleistungen erbracht werden, die eine Gleichartigkeit mit den Geschäften der Hauptniederlassung aufweisen. Letzteres kommt in der Definition des § 2 Abs. 24 Satz 1 WpHG dadurch zum Ausdruck, dass die Zweigniederlassung Wertpapierdienstleistungen oder Wertpapiernebendienstleistungen erbringen muss, für die dem Wertpapierdienstleistungsunternehmen eine Zulassung erteilt wurde.

262

25. Mutterunternehmen (§ 2 Abs. 25 WpHG). Die Vorschrift ist durch Art. 3 Nr. 3 lit. r 2. FiMaNoG vom 23.6.2017 (Rz. 5 a.) in das WpHG gelangt und setzt Art. 4 Abs. 1 Nr. 32 RL 2014/65/EU vom 15.5.2014 (Rz. 6 b.) um. Sie ist von Bedeutung für die Anwendung von § 2 Abs. 26 und 28 Nr. 2, § 3 Abs. 1 Satz 1 Nr. 1, § 35 Abs. 2 bis 5, § 37 Abs. 1 und § 120 Abs. 22 Satz 5 und Abs. 23 Satz 2 WpHG.

263

Nach der Vorschrift ist **Mutterunternehmen** i.S.d. WpHG Mutterunternehmen i.S.v. Art. 2 Nr. 9 und Art. 22 RL 2013/34/EU vom 26.6.2013 (Rz. 6 f.), die zuletzt durch die Richtlinie 2014/102/EU vom 7.11.2014 (Rz. 6 f.) geändert worden ist[1]. Für die Verwendung des Begriffs in Abschnitt 6 über Mitteilung, Veröffentlichung und Übermittlung von Veränderungen des Stimmrechtsanteils an das Unternehmensregister (§§ 33 bis 47 WpHG) und Abschnitt 16 über Überwachung von Unternehmensabschlüssen, Veröffentlichung von Finanzberichten (§§ 106 bis 118 WpHG) gilt dies allerdings nur, soweit diese keine besonderen Regelungen enthalten. Die Vorschriften dieser Abschnitte sind von der Definition ausgenommen, da die in diesen verwandten Begriffe des Mutterunternehmens nicht auf der RL 2014/65/EU vom 15.5.2014 (Rz. 6 b.) beruhen[2]. Der in § 2 Abs. 25 WpHG definierte Begriff „Mutterunternehmen" hat damit nur für dessen Verwendung im WpHG außerhalb dieser Abschnitte Bedeutung, d.h. für §§ 3 und 120 WpHG.

264

Die Definition des Begriffs „Mutterunternehmen" übernimmt damit diejenige der **Art. 2 Nr. 9 und Art. 22 RL 2013/34/EU** vom 26.6.2013 (Rz. 6 f.). Dabei enthält Art. 2 Nr. 9 RL 2013/34/EU die abstrakte Definition des Begriffs, nach der Mutterunternehmen ein Unternehmen ist, das ein oder mehrere Tochterunternehmen **kontrolliert**. Unter Heranziehungen der Ausführungen in Erwägungsgrund 31 RL 2013/34/EU vom 26.6.2013 (Rz. 6 f.), in der es darum geht, unter welchen Voraussetzungen ein Tochterunternehmen als ein von einem Mutterunternehmen kontrolliertes Unternehmen zu betrachten ist, ist eine **Kontrolle** anzunehmen, wenn „eine Mehrheit der Stimmrechte gehalten wird" oder „entsprechende Vereinbarungen mit anderen Mitaktionären oder Mitgesellschaftern geschlossen wurden". Unter bestimmten Bedingungen soll, ungeachtet des Umstands, dass das Mutterunternehmen nur eine Minderheitsbeteiligung oder keine Beteiligung am Tochterunternehmen hält, auch eine tatsächliche Kontrolle genügen.

265

Die abstrakte Definition in Art. 2 Nr. 9 RL 2013/34/EU vom 26.6.2013 (Rz. 6 f.) **konkretisiert** der umfangreiche und detaillierte Art. 22 RL 2013/34/EU. Der hierfür grundlegende **Art. 22 Abs. 1 RL 2013/34/EU**, dessen Umsetzungsbedarf und Anwendung durch die weiteren Absätze des Artikels spezifiziert werden, lautet:

266

„(1) Ein Mitgliedstaat schreibt einem seinem Recht unterliegenden Unternehmen vor, einen konsolidierten Abschluss und einen konsolidierten Lagebericht zu erstellen, wenn dieses Unternehmen (Mutterunternehmen):

---

1 Die Änderungen sind für den Inhalt der angeführten Bestimmungen der geänderten Richtlinie indes ohne Bedeutung.
2 RegE 2. FiMaNoG, BT-Drucks. 18/10936 v. 23.1.2017, 1, 223.

§ 2 | Anwendungsbereich, Begriffsbestimmungen

a) die Mehrheit der Stimmrechte der Aktionäre oder Gesellschafter eines anderen Unternehmens (Tochterunternehmens) hält;
b) das Recht hat, die Mehrheit der Mitglieder des Verwaltungs-, Leitungs- oder Aufsichtsorgans eines anderen Unternehmens (Tochterunternehmens) zu bestellen oder abzuberufen und gleichzeitig Aktionär oder Gesellschafter dieses Unternehmens ist;
c) Satz 1das Recht hat, auf ein Unternehmen (Tochterunternehmen), dessen Aktionär oder Gesellschafter es ist, einen beherrschenden Einfluss aufgrund eines mit diesem Unternehmen geschlossenen Vertrags oder aufgrund einer Satzungsbestimmung dieses Unternehmens auszuüben, sofern das Recht, dem dieses Tochterunternehmen unterliegt, es zulässt, dass dieses solchen Verträgen oder Satzungsbestimmungen unterworfen wird.

Die Mitgliedstaaten brauchen nicht vorzuschreiben, dass das Mutterunternehmen Aktionär oder Gesellschafter des Tochterunternehmens sein muss. Mitgliedstaaten, deren Recht derartige Verträge oder Satzungsbestimmungen nicht vorsieht, sind nicht gehalten, diese Bestimmungen anzuwenden; oder

d) Aktionär oder Gesellschafter eines Unternehmens ist und
 i) allein durch die Ausübung seiner Stimmrechte die Mehrheit der Mitglieder des Verwaltungs-, Leitungs- oder Aufsichtsorgans dieses Unternehmens (Tochterunternehmens), die während des Geschäftsjahres sowie des vorhergehenden Geschäftsjahres bis zur Erstellung des konsolidierten Abschlusses im Amt sind, bestellt worden sind, oder
 ii) aufgrund einer Vereinbarung mit anderen Aktionären oder Gesellschaftern dieses Unternehmens (Tochterunternehmens) allein über die Mehrheit der Stimmrechte der Aktionäre oder Gesellschafter dieses Unternehmens verfügt. Die Mitgliedstaaten können nähere Bestimmungen über Form und Inhalt einer solchen Vereinbarung treffen.

Die Mitgliedstaaten schreiben mindestens die unter Ziffer ii angeführte Regelung vor. Sie können die Anwendung von Ziffer i davon abhängig machen, dass die Beteiligungen mindestens 20 % der gesamten Stimmrechte ausmachen.

Satz 3 Ziffer i findet jedoch keine Anwendung, wenn ein Dritter gegenüber diesem Unternehmen die Rechte im Sinne der Buchstaben a, b oder c hat."

267 **26. Tochterunternehmen (§ 2 Abs. 26 WpHG).** Die Vorschrift ist durch Art. 3 Nr. 3 lit. r 2. FiMaNoG vom 23.6.2017 (Rz. 5 a.) in das WpHG gelangt und setzt Art. 4 Abs. 1 Nr. 32 RL 2014/65/EU vom 15.5.2014 (Rz. 6 b.) um. Sie ist von Bedeutung für die Anwendung von §§ 2 Abs. 28, 34 f., 37, 40, 107, 116 f., 120 Abs. 22 Satz 5 WpHG.

268 Die Definition von **Tochterunternehmen** i.S.d. WpHG in § 2 Abs. 26 WpHG ist das Gegenstück zur Definition von Mutterunternehmen i.S.v. § 2 Abs. 25 WpHG. Nach § 2 Abs. 26 WpHG sind Tochterunternehmen i.S.d. WpHG ein Tochterunternehmen i.S.d. Art. 2 Nr. 10 und des Art. 22 RL 2013/34/EU vom 26.6.2013 (Rz. 6 f.), einschließlich aller **Tochterunternehmen eines Tochterunternehmens** des an der Spitze stehenden Mutterunternehmens i.S.v. § 2 Abs. 25 WpHG. Für die Verwendung des Begriffs Tochterunternehmen in Abschnitt 6 über Mitteilung, Veröffentlichung und Übermittlung von Veränderungen des Stimmrechtsanteils an das Unternehmensregister (§§ 33 bis 47 WpHG) und Abschnitt 16 über Überwachung von Unternehmensabschlüssen, Veröffentlichung von Finanzberichten (§§ 106 bis 118 WpHG) gilt dies allerdings – wie für den Begriff des Mutterunternehmens (Rz. 264) – nur, soweit diese keine besonderen Regelungen enthalten. Auch die Bedeutung der Definition von Tochterunternehmen für die Anwendung von Vorschriften des WpHG ist damit – wie die von Mutterunternehmen – eher gering (Rz. 264).

269 Nach der **abstrakten Definition** von Tochterunternehmen in **Art. 2 Nr. 10 RL 2013/34/EU** vom 26.6.2013 (Rz. 6 f.), die § 2 Abs. 26 WpHG übernimmt, sind Tochterunternehmen ein von einem Mutterunternehmen kontrolliertes Unternehmen, einschließlich jedes mittelbar kontrollierten Tochterunternehmens eines Mutterunternehmens. Diese Definition konkretisiert der umfangreiche und detaillierte, in Rz. 266 wiedergegebene Art. 22 RL 2013/34/EU. Zur Frage, wann ein Unternehmen von einer Muttergesellschaft **kontrolliert** wird und damit Tochterunternehmen ist, ist auf die Ausführungen Rz. 265 zu verweisen.

270 **27. Gruppe (§ 2 Abs. 27 WpHG).** Die Vorschrift ist durch Art. 3 Nr. 3 lit. r 2. FiMaNoG vom 23.6.2017 (Rz. 5 a.) in das WpHG gelangt und ist von Bedeutung für die Anwendung von §§ 3 Abs. 1 Satz 1 Nr. 8 lit. a, 32 Abs. 1, 56 Abs. 1, 64 Abs. 7 Satz 2 Nr. 2, 75 Abs. 1 und 84 Abs. 3 WpHG. Sie setzt Art. 4 Abs. 1 Nr. 34 RL 2014/65/EU vom 15.5.2014 (Rz. 6 b.) um. Gruppe i.S.d. WpHG ist eine Gruppe i.S.d. Art. 2 Nr. 11 RL 2013/34/EU vom 26.6.2013 (Rz. 6 f.). Nach dieser Bestimmung ist Gruppe ein Mutterunternehmen und alle Tochterunternehmen, nach § 2 Abs. 16 WpHG einschließlich aller Tochterunternehmen eines Tochterunternehmens des an der Spitze stehenden Mutterunternehmens.

271 **28. Enge Verbindung (§ 2 Abs. 28 WpHG).** Die Vorschrift ist durch Art. 3 Nr. 3 lit. r 2. FiMaNoG vom 23.6. 2017 (Rz. 5 a.) in das WpHG gelangt und setzt Art. 4 Abs. 1 Nr. 35 RL 2014/65/EU vom 15.5.2014 (Rz. 6 b.) um. Dazu übernimmt sie dessen Wortlaut. Die Definition ist für die Anwendung von § 64 Abs. 6 und § 75 Abs. 5 WpHG von Bedeutung.

Eine **enge Verbindung** i.S.d. WpHG liegt nach § 2 Abs. 28 WpHG vor, wenn zwei oder mehr natürliche oder juristische Personen in einer der drei in der Vorschrift angeführten Weisen verbunden sind: *Erstens* durch eine Beteiligung in Form des direkten Haltens oder des Haltens im Wege der Kontrolle von mindestens 20 Prozent der Stimmrechte oder der Anteile an einem Unternehmen, *oder zweitens* durch Kontrolle in Form eines Verhältnisses zwischen Mutter- und Tochterunternehmen, wie in allen Fällen des Art. 22 Abs. 1 und 2 RL 2013/34/EU vom 26.6.2013 (Rz. 6 f.) oder einem vergleichbaren Verhältnis zwischen einer natürlichen oder juristischen Person und einem Unternehmen; Tochterunternehmen von Tochterunternehmen gelten ebenfalls als Tochterunternehmen des Mutterunternehmens, das an der Spitze dieser Unternehmen steht *oder drittens* durch ein dauerhaftes Kontrollverhältnis beider oder aller Personen, das zu derselben dritten Person besteht. 272

Die Frage, unter welchen Voraussetzungen eine **Kontrolle** i.S.d. der vorstehenden Definition einer engen Verbindung vorliegt, ist nicht anders zu beantworten als im Zusammenhang mit der Definition der Begriffe Mutter- und Tochterunternehmen. Auf die diesbezüglichen Ausführungen Rz. 265 ist zu verweisen. Zur Frage, wann ein **Verhältnis zwischen Mutter- und Tochterunternehmen** vorliegt, s. die Ausführungen Rz. 264 und 268. 273

29. Zusammenführung sich deckender Kundenaufträge (§ 2 Abs. 29 WpHG). Die Vorschrift ist durch Art. 3 Nr. 3 lit. r 2. FiMaNoG vom 23.6.2017 (Rz. 5 a.) in das WpHG gelangt und setzt Art. 4 Abs. 1 Nr. 38 RL 2014/65/EU vom 15.5.2014 (Rz. 6 b.) um. Die in diesem Artikel enthaltene Definition wird nahezu wortgleich in § 2 Abs. 29 WpHG übernommen. Die Definition ist für die Anwendung von § 74 Abs. 5, § 75 Abs. 2, 3, 7 und 8 sowie § 120 Abs. 8 Nr. 79 WpHG von Bedeutung. 274

Nach § 2 Abs. 29 WpHG ist die **Zusammenführung sich deckender Kundenaufträge** („Matched Principal Trading") i.S.d. WpHG ein **Geschäft**, bei dem *erstens* zwischen Käufer und Verkäufer ein Vermittler zwischengeschaltet ist, der während der gesamten Ausführung des Geschäfts zu keiner Zeit einem Marktrisiko ausgesetzt ist, *zweitens* Kauf- und Verkaufsgeschäfte gleichzeitig ausgeführt werden und *drittens* das zu Preisen abgeschlossen wird, durch die der Vermittler abgesehen von einer vorab offengelegten Provision, Gebühr oder sonstigen Vergütung weder Gewinn noch Verlust macht. 275

30. Direkter elektronischer Zugang (§ 2 Abs. 30 WpHG). Die Vorschrift ist durch Art. 3 Nr. 3 lit. r 2. FiMaNoG vom 23.6.2017 (Rz. 5 a.) in das WpHG gelangt und setzt Art. 4 Abs. 1 Nr. 41 RL 2014/65/EU vom 15.5.2014 (Rz. 6 b.) um. Die Definition des Begriffs „direkter elektronischer Zugang" in § 2 Abs. 30 WpHG übernimmt weitgehend den Wortlaut derjenigen in Art. 4 Abs. 1 Nr. 41 RL 2014/65/EU (Rz. 6 b.) und ergänzt diese lediglich um den Zusatz „mit Ausnahme der in Art. 20 der Delegierten Verordnung (EU) 2017/565 [Rz. 6 b.] genannten Fälle" am Ende von § 2 Abs. 30 Satz 1 WpHG. 276

Die Definition ist für die Anwendung von § 77 WpHG von Bedeutung, der bestimmt, unter welchen Voraussetzungen Wertpapierdienstleistungsunternehmen i.S.v. einem Kunden einen direkten elektronischen Zugang zu einem Handelsplatz anbieten darf. So war bis zur Änderung des § 19 BörsG durch Einfügung des neuen Abs. 3a aufgrund von Art. 8 Nr. 16 2. FiMaNoG vom 23.6.2017 (Rz. 5 a.) und der entsprechenden Definition „direkten elektronischen Zugang" in § 19 Abs. 9 BörsG in Art. 8 Nr. 3 lit. c 2. FiMaNoG die Teilnahme am Börsenhandel nur den in § 19 BörsG genannten und durch die Geschäftsführung zugelassenen Personen gestattet, so dass ein Handelsteilnehmer seinen Handelscode, d.h. den ihm zugeteilten Code zur Teilnahme am Handel, grundsätzlich einem Dritten nicht zur Verfügung stellen und diesem dadurch die Nutzung eines fremden Handelscodes ohne eigene Zulassung am Handel eröffnen durfte. 277

Direkter elektronischer Zugang im Sinne dieses Gesetzes ist nach § 2 Abs. 30 Satz 1 WpHG eine **Vereinbarung**, in deren Rahmen ein Mitglied, ein Teilnehmer oder ein Kunde eines Handelsplatzes einer anderen Person die Nutzung seines Handelscodes gestattet, damit diese Person Aufträge in Bezug auf Finanzinstrumente elektronisch direkt an den Handelsplatz übermitteln kann, mit Ausnahme der in Art. 20 DelVO 2017/565 vom 25.4.2016 (Rz. 6 b.) genannten Fälle. Einer dieser Fälle ist der, dass eine Person als nicht in der Lage anzusehen ist, Aufträge in Bezug auf ein Finanzinstrument auf elektronischem Wege an einen Handelsplatz zu übermitteln, weil sie kein Ermessen bezüglich des genauen Bruchteils einer Sekunde der Auftragserfassung sowie der Dauer des Auftrags innerhalb dieses Zeitrahmens ausüben kann (Art. 20 Abs. 1 DelVO 2017/565). Der andere dieser Fälle ist der, dass eine Person als nicht zur Übermittlung eines solchen direkten elektronischen Auftrags in der Lage zu betrachten ist, weil die Übermittlung „durch Vorkehrungen zur Optimierung von Prozessen zur Auftragsausführung erfolgt, die Parameter des Auftrags festlegen, bei denen es sich nicht um den Handelsplatz oder die Handelsplätze handelt, an die der Auftrag übermittelt werden sollte, und nicht in die Systeme der Mitglieder oder Teilnehmer eines geregelten Marktes, eines MTF oder eines Kunden eines OTF eingebettet" (Art. 20 Abs. 2 DelVO 2017/565). Ein **Handelsplatz** ist nach § 2 Abs. 22 WpHG ein organisierter Markt, ein multilaterales Handelssystem oder ein organisiertes Handelssystem. **Handelscode** ist der einem Handelsteilnehmer zugeteilte Code für den elektronischen Zugang zum Handel, den er einem Kunden nur durch Vereinbarung unter den in § 77 WpHG zur Verfügung stellen darf, um auch diesem einen – damit direkten – elektronischen Zugang zum Handelsplatz zu ermöglichen. 278

Nach **§ 2 Abs. 30 Satz 2 WpHG** umfasst der direkte elektronische Zugang auch Vereinbarungen, die die **Nutzung der Infrastruktur oder eines anderweitigen Verbindungssystems** des Mitglieds, des Teilnehmers oder 279 des Kunden durch diese Person zur Übermittlung von Aufträgen beinhalten (direkter Marktzugang), sowie diejenigen Vereinbarungen, bei denen eine solche Infrastruktur nicht durch diese Person genutzt wird (**geförderter Zugang**).

280   **31. Hinterlegungsscheine (§ 2 Abs. 31 WpHG).** Die Vorschrift ist durch Art. 3 Nr. 3 lit. r 2. FiMaNoG vom 23.6.2017 (Rz. 5 a.) in das WpHG gelangt und ist von Bedeutung für die Anwendung von §§ 2 Abs. 1 Nr. 2 und 3, 33 Abs. 1 Satz 2 und 48 Abs. 3 WpHG. Sie setzt Art. 4 Abs. 1 Nr. 45 RL 2014/65/EU vom 15.5.2014 (Rz. 6 b.) um. Die in diesem Artikel für „‚Aktienzertifikate' (Hinterlegungsscheine)" enthaltene Definition ist weitgehend wortgleich in § 2 Abs. 31 WpHG, hier unter dem Titel „Hinterlegungsscheine" übernommen worden. Die Definition des Begriffs Hinterlegungsscheine ist in das WpHG gelangt, weil durch Art. 3 des 2. FiMaNoG vom 23.6.2017 in § 2 Abs. 1 Nr. 3 lit. a, 33 Abs. 2 Satz 1 und 48 Abs. 3 WpHG der – seinerzeit im WpHG nicht definierte – Terminus „Zertifikat" durch den Terminus „Hinterlegungsschein" ersetzt wurde. In anderen Vorschriften des WpHG wird der Begriff „Zertifikat" weiterverwandt – ganz überwiegend (eine Ausnahme bildet § 72 Abs. 1 Satz 1 Nr. 8 WpHG) in Verbindung mit einem bestimmten Finanzinstrument, das es zum Gegenstand hat, wie „Emissionszertifikat", „Einlagenzertifikat", „Aktienzertifikat" oder „Treibhausgasemissionszertifikaten" – und darauf bezogen in § 22 Abs. 33 WpHG definiert.

281   Die Definition des Hinterlegungsscheins in § 2 Abs. 31 WpHG betrifft nur **Wertpapiere von Emittenten mit Sitz im Ausland**, die – über die allgemeinen Anforderungen an Wertpapiere i.S.d. § 2 Abs. 1 WpHG hinaus – verbrieft, zum Handel auf einem organisierten Markt i.S.v. § 2 Abs. 11 WpHG zugelassen sind und unabhängig von den Wertpapieren der jeweiligen Emittenten mit Sitz im Ausland gehandelt werden können. Zu Hinterlegungsscheinen in Bezug auf inländische Wertpapiere und zu deren Wertpapiereigenschaft s. § 2 Abs. 1 Nr. 2 und Nr. 3 lit. a WpHG.

282   **32. Börsengehandeltes Investmentvermögen (§ 2 Abs. 32 WpHG).** Die Vorschrift ist durch Art. 3 Nr. 3 lit. r 2. FiMaNoG vom 23.6.2017 (Rz. 5 a.) in das WpHG gelangt. Sie setzt Art. 4 Abs. 1 Nr. 46 RL 2014/65/EU vom 15.5.2014 (Rz. 6 b.) um. Dabei ist dessen Wortlaut – bei Anpassung an die deutsche, im angeglichenen Kapitalanlagegesetzbuch (KAGB) verwandte Terminologie – weitgehend übernommen worden.

283   **Börsengehandeltes Investmentvermögen** i.S.d. WpHG ist nach § 2 Abs. 32 WpHG ein Investmentvermögen i.S.d. des KAGB, bei dem mindestens eine Anteilsklasse oder Aktiengattung ganztägig an mindestens einem Handelsplatz und mit mindestens einem Market Maker gehandelt wird. Erfasst werden allerdings nur ein Market Maker, der tätig wird, um sicherzustellen, dass der Preis seiner Anteile oder Aktien an diesem Handelsplatz nicht wesentlich von ihrem Nettoinventarwert und, sofern einschlägig, von ihrem indikativen Nettoinventarwert abweicht. Nach § 1 Abs. 1 Satz 1 KAGB ist **Investmentvermögen** jeder Organismus für gemeinsame Anlagen, der von einer Anzahl von Anlegern Kapital einsammelt, um es gemäß einer festgelegten Anlagestrategie zum Nutzen dieser Anleger zu investieren und der kein operativ tätiges Unternehmen außerhalb des Finanzsektors ist. Dabei ist nach § 1 Abs. 1 Satz 2 KAGB „eine Anzahl von Anlegern" gegeben, wenn die Anlagebedingungen, die Satzung oder der Gesellschaftsvertrag des Organismus für gemeinsame Anlagen die Anzahl möglicher Anleger nicht auf einen Anleger begrenzen.

284   **33. Zertifikate (§ 2 Abs. 33 WpHG).** Die Vorschrift ist durch Art. 3 Nr. 3 lit. r 2. FiMaNoG vom 23.6.2017 (Rz. 5 a.) in das WpHG gelangt und setzt Art. 4 Abs. 1 Nr. 47 RL 2014/65/EU vom 15.5.2014 (Rz. 6 b.) um. Nach diesem sind „Zertifikate" Wertpapiere i.s.v. Art. 2 Abs. 1 Nr. 27 VO Nr. 600/2014 vom 15.5.2014 (Rz. 6 b.). Dieser wiederum definiert Zertifikate als „Wertpapiere, die auf dem Kapitalmarkt handelbar sind und im Falle der Tilgung einer Anlage seitens des Emittenten Vorrang vor Aktien haben, aber nicht besicherten Anleiheinstrumenten und anderen vergleichbaren Instrumenten nachgeordnet sind". In nur geringfügig anderer Fassung definiert **§ 2 Abs. 33 WpHG** ein **Zertifikat** dementsprechend als Wertpapier, das auf dem Kapitalmarkt handelbar ist und das im Falle der durch den Emittenten vorgenommenen Rückzahlung einer Anlage bei dem Emittenten Vorrang vor Aktien hat, aber nicht besicherten Anleiheinstrumenten und anderen vergleichbaren Instrumenten nachgeordnet ist. Die Definition ist von Bedeutung für die Anwendung von § 2 Abs. 2, 3 Nr. 1 lit. f), 4 Nr. 5, 8 Nr. 9, § 3 Abs. 1 Satz 1 Nr. 6 bis 11 und 15 WpHG und §§ 17 Abs. 3, 26 Abs. 4 Nr. 3, 57 Abs. 2 bis 4, 72 Abs. 1 Satz 1 Nr. 8, 75 Abs. 2 und 120 Abs. 2 WpHG.

285   **34. Strukturiertes Finanzprodukt (§ 2 Abs. 34 WpHG).** Die Vorschrift ist durch Art. 3 Nr. 3 lit. r 2. FiMaNoG vom 23.6.2017 (Rz. 5 a.) in das WpHG gelangt und setzt Art. 4 Abs. 1 Nr. 48 RL 2014/65/EU vom 15.5. 2014 (Rz. 6 b.) um. Nach diesem sind „strukturierte Finanzprodukte" Wertpapiere i.s.v. Art. 2 Abs. 1 Nr. 28 VO Nr. 600/2014 vom 15.5.2014 (Rz. 6 b.). Dieser wiederum definiert strukturierte Finanzprodukte als „Wertpapiere, die zur Besicherung und Übertragung des mit einem Pool an finanziellen Vermögenswerten einhergehenden Kreditrisikos geschaffen wurden und die dem Wertpapierinhaber zum Empfang regelmäßiger Zahlungen berechtigen, die v. Cashflow der Basisvermögenswerte abhängen". Mit nur geringfügig anderem Wortlaut definiert **§ 2 Abs. 34 WpHG** dementsprechend ein **strukturiertes Finanzprodukt** i.S.d. WpHG als ein Wertpapier, das zur Verbriefung und Übertragung des mit einer ausgewählten Palette an finanziellen Vermögenswerten *einhergehenden Kreditrisikos* geschaffen wurde und das den Wertpapierinhaber zum Empfang regelmäßiger Zahlungen berechtigt, die vom Geldfluss der Basisvermögenswerte abhängen. Die Definition ist für die Anwendung von § 2 Abs. 8 Satz 1 Nr. 9 und § 75 Abs. 4 WpHG von Bedeutung.

35. Derivate (§ 2 Abs. 35 WpHG). Derivate im Sinne dieses Gesetzes sind derivative Geschäfte i.S.v. § 2 Abs. 3 WpHG sowie Wertpapiere i.S.v. § 2 Abs. 1 Nr. 3 lit. b WpHG. Die Vorschrift ist durch Art. 3 Nr. 3 lit. r 2. FiMaNoG vom 23.6.2017 (Rz. 5 a.) in das WpHG gelangt und setzt Art. 4 Abs. 1 Nr. 49 RL 2014/65/EU vom 15.5.2014 (Rz. 6 b.) um, der seinerseits auf Art. 2 Abs. 1 Nr. 29 VO Nr. 600/2014 (Rz. 6 b.) verweist, welcher wiederum auf Art. 4 Abs. 1 Nr. 44 lit. c RL 2014/65/EU und auf Anhang I Abschnitt C Abs. 4 bis 10 dieser Richtlinie Bezug nimmt. Die Definition ist für die Anwendung von §§ 2 Abs. 2 Nr. 2, 3 Abs. 1 Satz 1 Nr. 9, 73 Abs. 1 Satz 2, 75 Abs. 2, 129 Abs. 1 WpHG von Bedeutung. Darüber hinaus ist die Definition von Derivaten auch in Bezug auf im WpHG verwandte Verbindungen mit dem Begriff Derivate von Bedeutung wie etwa dem Begriff der OTC-Derivate (§§ 30, 32 Abs. 1, 120 Abs. 7 WpHG) oder dem der Währungsderivate (§ 14 Abs. 1 Satz 2 Nr. 1 WpHG).

286

36. Warenderivate (§ 2 Abs. 36 WpHG). Die Vorschrift ist durch Art. 3 Nr. 3 lit. r 2. FiMaNoG vom 23.6.2017 (Rz. 5 a.) in das WpHG gelangt und setzt Art. 4 Abs. 1 Nr. 50 RL 2014/65/EU vom 15.5.2014 (Rz. 6 b.) um. Die Definition ist von Bedeutung für die Anwendung von § 1 Abs. 2 Satz 2, § 3 Abs. 1 Satz 1 Nr. 8 Nr. 9, 11 und 16, § 8 Abs. 2, § 9 Abs. 2, § 18 Abs. 1 bis 4, § 56 Abs. 2, § 57 Abs. 1 bis 4, § 67 Abs. 2 und § 120 Abs. 8 Nr. 4 f. WpHG.

287

Warenderivate i.S.d. WpHG sind nach § 2 Abs. 36 WpHG Finanzinstrumente i.S.v. Art. 2 Abs. 1 Nr. 30 VO Nr. 600/2014 vom 15.5.2014 (Rz. 6 b.). Nach dieser Bestimmung sind Warenderivate **Finanzinstrumente**, die in Art. 4 Abs. 1 Nr. 44 lit. c RL 2014/65/EU vom 15.5.2014 (Rz. 6 b.) in Bezug auf eine **Ware oder einen Basiswert** definiert sind, wie sie in Anhang I Abschnitt C Nr. 10 RL 2014/65/EU oder in Anhang I Abschnitt C Ziff. 5, 6, 7 und 10 RL 2014/65/EU genannt werden. Vorstehende Verweisungen aus § 2 Abs. 36 WpHG liegen auch Art. 3 Nr. 1 Nr. 30 VO Nr. 596/2014 (Rz. 6 c.) und der in dieser Bestimmung enthaltenen Definition von Warenderivaten i.S.d. Marktmissbrauchsverordnung zugrunde. Auf die diesbezüglichen Ausführungen in Art. 3 VO Nr. 596/2014 Rz. 35 ff. kann deshalb verwiesen werden.

288

37. Genehmigtes Veröffentlichungssystem (§ 2 Abs. 37 WpHG). Die Vorschrift ist durch Art. 3 Nr. 3 lit. r 2. FiMaNoG vom 23.6.2017 (Rz. 5 a.) in das WpHG gelangt und setzt Art. 4 Abs. 1 Nr. 52 RL 2014/65/EU vom 15.5.2014 (Rz. 6 b.) um. Die Vorschrift ist von Bedeutung für die Anwendung von § 2 Abs. 11, 38 und 40, § 58 Abs. 1 bis 6, § 59 Abs. 1 und 3 sowie § 120 Abs. 9 Nr. 15 WpHG.

289

Nach Art. 4 Abs. 1 Nr. 52 RL 2014/65/EU ist ein genehmigtes Veröffentlichungssystem (auch „APA – Approved Publication Arrangement") eine Person, die gemäß dieser Richtlinie die Dienstleistung der Veröffentlichung von Handelsauskünften im Namen von Wertpapierfirmen i.S.v. Art. 20 und 21 VO Nr. 600/2014 vom 15.5.2014 (Rz. 6 b.) erbringt. Weitgehend wortgleich definiert § 2 Abs. 37 WpHG ein **genehmigtes Veröffentlichungssystem** i.S.d. WpHG als ein Unternehmen, das im Namen von Wertpapierdienstleistungsunternehmen i.S.v. § 2 Abs. 10 WpHG Handelsveröffentlichungen i.S.d. Art. 20 und 21 VO Nr. 600/2014 vom 15.5.2014 (Rz. 6 b.) vornimmt. Dabei geht es um folgende Veröffentlichungen: Nach Art. 20 VO Nr. 600/2014 vom 15.5. 2014 (Rz. 6 b.) haben Wertpapierfirmen, die entweder für eigene Rechnung oder im Namen von Kunden Geschäfte mit Aktien, Aktienzertifikaten, börsengehandelten Fonds, Zertifikaten und anderen vergleichbaren Finanzinstrumenten betreiben, die an einem Handelsplatz gehandelt werden, das Volumen und den Kurs dieser Geschäfte sowie den Zeitpunkt ihres Abschlusses zu veröffentlichen. Nach Art. 21 VO Nr. 600/2014 vom 15.5. 2014 (Rz. 6 b.) haben Wertpapierfirmen, die entweder für eigene Rechnung oder im Namen von Kunden Geschäfte mit Schuldverschreibungen, strukturierten Finanzprodukten, Emissionszertifikaten und Derivaten tätigen, die an einem Handelsplatz gehandelt werden, das Volumen und den Kurs dieser Geschäfte sowie den Zeitpunkt ihres Abschlusses zu veröffentlichen.

290

38. Bereitsteller konsolidierter Datenticker (§ 2 Abs. 38 WpHG). Die Vorschrift ist durch Art. 3 Nr. 3 lit. r 2. FiMaNoG vom 23.6.2017 (Rz. 5 a.) in das WpHG gelangt und ist von Bedeutung für die Anwendung von § 2 Abs. 40 und § 59 Abs. 1 bis 4 WpHG. Sie setzt Art. 4 Abs. 1 Nr. 53 RL 2014/65/EU vom 15.5.2014 (Rz. 6 b.) um. Dieser lautet wie folgt: „Bereitsteller konsolidierter Datenträger' oder „CTP" [„Consolidated Tape Providers"] eine Person, die gemäß dieser Richtlinie zur Einholung von Handelsauskünften über in den Art. 6, 7, 10, 12, 13, 20 und 21 der Verordnung (EU) Nr. 600/2014 genannte Finanzinstrumente auf geregelten Märkten, MTF, OTF und APS berechtigt ist und sie in einem kontinuierlichen elektronischen Live-Datenstrom konsolidiert, über den Preis- und Handelsvolumendaten pro Finanzinstrument abrufbar sind". Weitgehend wortgleich definiert § 2 Abs. 38 WpHG den **Bereitsteller konsolidierter Datenticker** i.S.d. WpHG als „ein Unternehmen, das zur Einholung von Handelsveröffentlichungen nach den Art. 6, 7, 10, 12, 13, 20 und 21 der Verordnung (EU) Nr. 600/2014 auf geregelten Märkten, multilateralen und organisierten Handelssystemen und bei genehmigten Veröffentlichungssystemen berechtigt ist und diese Handelsveröffentlichungen in einem kontinuierlichen elektronischen Echtzeitdatenstrom konsolidiert, über den Preis- und Handelsvolumendaten für jedes einzelne Finanzinstrument abrufbar sind".

291

39. Genehmigter Meldemechanismus (§ 2 Abs. 39 WpHG). Die Vorschrift ist durch Art. 3 Nr. 3 lit. r 2. FiMaNoG vom 23.6.2017 (Rz. 5 a.) in das WpHG gelangt und ist von Bedeutung für die Anwendung von §§ 2 Abs. 39, 60 Abs. 1 bis 4 und 120 Abs. 9 Nr. 20 WpHG. Sie setzt Art. 4 Abs. 1 Nr. 54 RL 2014/65/EU vom 15.5. 2014 (Rz. 6 b.) um. Weitgehend wortgleich mit diesem ist nach § 2 Abs. 39 WpHG ein genehmigter Meldeme-

292

chanismus i.S.d. WpHG (auch „ARM – Approved Reporting Mechanism") ein Unternehmen, das dazu berechtigt ist, im Namen eines Wertpapierdienstleistungsunternehmens (i.S.v. § 2 Abs. 10 WpHG) Einzelheiten zu Geschäften an die zuständigen Behörden oder die Europäische Wertpapier- und Marktaufsichtsbehörde ESMA zu melden.

293 **40. Datenbereitstellungsdienst (§ 2 Abs. 40 WpHG).** Die Vorschrift ist durch Art. 3 Nr. 3 lit. r 2. FiMaNoG vom 23.6.2017 (Rz. 5 a.) in das WpHG gelangt und ist von Bedeutung für die Anwendung von §§ 1 Abs. 1 Nr. 2, 2 Abs. 17 Nr. 3, 7 Abs. 2, 58 Abs. 7, 61 Satz 1 WpHG. Sie setzt Art. 4 Abs. 1 Nr. 63 RL 2014/65/EU vom 15.5.2014 (Rz. 6 b.) um. Diesem zufolge sind „‚Datenbereitstellungsdienste' ein APA (Approved Publication Arrangement), ein CTP (Consolidated Tape Providers) oder ein ARM (Approved reporting mechanism)". Die diesbezüglichen deutschen Begriffe verwendend, ist nach der Definition in § 2 Abs. 40 WpHG ein Datenbereitstellungsdienst i.S.d. WpHG *erstens* ein genehmigtes Veröffentlichungssystem (seinerseits definiert in § 2 Abs. 37 WpHG) oder, *zweitens*, ein Bereitsteller konsolidierter Datenticker (seinerseits definiert in § 2 Abs. 38 WpHG) oder, *drittens*, ein genehmigter Meldemechanismus (seinerseits definiert in § 2 Abs. 39 WpHG).

294 **41. Drittlandunternehmen (§ 2 Abs. 41 WpHG).** Die Vorschrift ist durch Art. 3 Nr. 3 lit. r 2. FiMaNoG vom 23.6.2017 (Rz. 5 a.) in das WpHG gelangt und setzt Art. 4 Abs. 1 Nr. 57 RL 2014/65/EU vom 15.5.2014 (Rz. 6 b.) um. Dessen Wortlaut dem Sprachgebrauch des WpHG anpassend, definiert § 2 Abs. 41 WpHG Drittlandunternehmen als ein Unternehmen, das ein Wertpapierdienstleistungsunternehmen (i.S.d. § 2 Abs. 10 WpHG) wäre, wenn es seinen Sitz im Europäischen Wirtschaftsraum hätte. Letzterem gehören aufgrund eines Abkommens von 1994 die Mitgliedstaaten der EU und der EFTA-Staaten Island, Liechtenstein und Norwegen an.

295 **42. Öffentliche Emittenten (§ 2 Abs. 42 WpHG).** Die Vorschrift ist durch Art. 3 Nr. 3 lit. r 2. FiMaNoG vom 23.6.2017 (Rz. 5 a.) in das WpHG gelangt. Sie setzt Art. 4 Abs. 1 Nr. 60 RL 2014/65/EU vom 15.5.2014 (Rz. 6 b.) um. Dessen Wortlaut weitgehend übernehmend, sind nach § 2 Abs. 42 WpHG – in abschließender Aufzählung[1] – öffentliche Emittenten im Sinne dieses Gesetzes folgende Emittenten von Schuldtiteln: 1. die Europäische Union, 2. ein Mitgliedstaat einschließlich eines Ministeriums, einer Behörde oder einer Zweckgesellschaft dieses Mitgliedstaats, 3. im Falle eines bundesstaatlich organisierten Mitgliedstaats einer seiner Gliedstaaten, 4. eine für mehrere Mitgliedstaaten tätige Zweckgesellschaft, 5. ein von mehreren Mitgliedstaaten gegründetes internationales Finanzinstitut, das dem Zweck dient, Finanzmittel zu mobilisieren und seinen Mitgliedern Finanzhilfen zu gewähren, sofern diese von schwerwiegenden Finanzierungsproblemen betroffen oder bedroht sind, und 6. die Europäische Investitionsbank.

296 **43. Dauerhafter Datenträger (§ 2 Abs. 43 WpHG).** Die Vorschrift ist durch Art. 3 Nr. 3 lit. r 2. FiMaNoG vom 23.6.2017 (Rz. 5 a.) in das WpHG gelangt und ist von Bedeutung für die Anwendung von § 34 Abs. 2 WpHG in seiner jeweils bis zum 25.6.2017 bzw. zum 3.1.2018 geltenden Fassung. Sie setzt Art. 4 Abs. 1 Nr. 62 RL 2014/65/EU vom 15.5.2014 (Rz. 6 b.) um.

297 Dessen Wortlaut übernehmend definiert § 2 Abs. 43 Satz 1 WpHG einen dauerhaften Datenträger als jedes Medium, das es dem Kunden gestattet, an ihn persönlich gerichtete Informationen derart zu speichern, dass er sie in der Folge für eine Dauer, die für die Zwecke der Informationen angemessen ist, einsehen kann, und darüber hinaus die unveränderte Wiedergabe der gespeicherten Informationen ermöglicht. Nicht erfasst sind nicht individualisierte Informationen in Gestalt werblicher, an eine Vielzahl von Personen gerichteter Informationen[2]. § 2 Abs. 43 Satz 1 WpHG weist darauf hin, dass Art. 3 DelVO 2017/565 (Rz. 6 b.) hierzu nähere Bestimmungen enthalten. Nach Art. 3 Abs. 1 DelVO 2017/565 dürfen Wertpapierfirmen einen anderen dauerhaften Datenträger als Papier nur dann verwenden, wenn die Bereitstellung der betreffenden Informationen über dieses Medium den Rahmenbedingungen, unter denen das Geschäft zwischen der Wertpapierfirma und dem Kunden ausgeführt wird oder werden soll, angemessen ist, und die Person, der die Informationen zur Verfügung zu stellen sind, die Wahl hat, diese auf Papier oder dem betreffenden anderen dauerhaften Datenträger zu erhalten, und sich ausdrücklich für Letzteres entscheidet. Die Art. 4 Abs. 1 Nr. 62 RL 2014/65/EU vom 15.5.2014 (Rz. 6 b.) umsetzende (Rz. 296) Definition des Datenträgers in § 2 Abs. 43 Satz 1 WpHG deckt sich mit der **nahezu wortgleichen Bestimmung des § 126b BGB** und sollte deshalb auch im Zusammenhang mit anderen Rechtsgeschäften Anwendung finden, in deren Rahmen es um Informationsspeicherung auf dauerhaften Datenträgern geht, wie etwa im Zahlungsverkehrsrecht[3] oder Verbraucherkreditrecht.

298 **44. Hochfrequente algorithmische Handelstechnik (§ 2 Abs. 44 WpHG).** Die Vorschrift ist durch Art. 3 Nr. 3 lit. r 2. FiMaNoG vom 23.6.2017 (Rz. 5 a.) in das WpHG gelangt und ist von Bedeutung für die Anwendung von § 8 Satz 1 Nr. 2 lit. d, § 3 Abs. 1 Satz 1 Nr. 8 lit. c, Nr. 11 lit. c und Nr. 15 lit. c, § 80 Abs. 3 Satz 2 und § 135 Satz 2 Nr. 3 WpHG. Sie setzt Art. 4 Abs. 1 Nr. 40 RL 2014/65/EU vom 15.5.2014 (Rz. 6 b.) um. Dessen Wortlaut wird in der Definition einer hochfrequenten algorithmischen Handelstechnik i.S.d. WpHG in § 2

---

1 *Grundmann* in Staub, HGB, Bd. 11/2, Achter Teil Rz. 107.
2 *Grundmann* in Staub, HGB, Bd. 11/2, Achter Teil Rz. 108.
3 Zu den Voraussetzungen der Mitteilung auf einem dauerhaften Datenträger nach der Zahlungsdiensterichtlinie etwa EuGH v. 25.1.2017 – C-375/15, BKR 2017, 304 = ZIP 2017, 514.

Abs. 44 WpHG weitgehend übernommen. Diese nimmt auf einen algorithmischen Handel i.S.d. § 80 Abs. 2 Satz 1 WpHG Bezug, der die in § 2 Abs. 44 Nr. 1 bis 3 WpHG aufgeführten Kriterien erfüllen muss. Nach § 80 Abs. 2 Satz 1 WpHG muss ein Wertpapierdienstleistungsunternehmen zusätzlich die in § 80 Abs. 1 WpHG genannten Bestimmungen einhalten, wenn es algorithmischen Handel betreibt, d.h. in der Weise mit Finanzinstrumenten handelt, dass ein Computeralgorithmus die einzelnen Auftragsparameter automatisch bestimmt, ohne dass es sich um ein System handelt, das nur zur Weiterleitung von Aufträgen zu einem oder mehreren Handelsplätzen, zur Bearbeitung von Aufträgen ohne die Bestimmung von Auftragsparametern, zur Bestätigung von Aufträgen oder zur Nachhandelsbearbeitung ausgeführter Aufträge verwendet wird.

45. Zentrale Gegenpartei (§ 2 Abs. 45 WpHG). Die Vorschrift ist durch Art. 3 Nr. 3 lit. r 2. FiMaNoG v. 23.6. 2017 (Rz. 5 a.) in das WpHG gelangt und ist von Bedeutung für die Anwendung von § 1 Abs. 1 Nr. 8 lit. d, 2 Abs. 1 Nr. 9, 22 Abs. 3 Satz 1, 30 Abs. 1 Satz 1 und Abs. 3, 55 Abs. 1 bis 3, 57 Abs. 4 Satz 2 Nr. 3, 72 Abs. 8 Satz 2, 120 Abs. 7 WpHG. Sie setzt Art. 4 Abs. 1 Nr. 51 RL 2014/65/EU vom 15.5.2014 (Rz. 6 b.) um. Dessen Wortlaut weitgehend übernehmend, definiert § 2 Abs. 45 WpHG eine zentrale Gegenpartei im Sinne dieses Gesetzes ist ein Unternehmen i.S.v. Art. 2 Nr. 1 VO Nr. 648/2012[1] in der jeweils geltenden Fassung. Nach dieser Bestimmung ist „CCP" eine juristische Person, die zwischen die Gegenparteien der auf einem oder mehreren Märkten gehandelten Kontrakte tritt und somit als Käufer für jeden Verkäufer bzw. als Verkäufer für jeden Käufer fungiert.

46. Kleine und mittlere Unternehmen (§ 2 Abs. 46 WpHG). Die Vorschrift ist durch Art. 3 Nr. 3 lit. r 2. FiMaNoG vom 23.6.2017 (Rz. 5 a.) in das WpHG gelangt und ist von Bedeutung für die Anwendung von § 32 Abs. 1 Satz 1 und § 76 Abs. 1 Satz 1 WpHG. Sie setzt Art. 4 Abs. 1 Nr. 13 RL 2014/65/EU vom 15.5.2014 (Rz. 6 b.) um. Dessen Wortlaut fast vollständig übernehmend, definiert **§ 2 Abs. 46 Satz 1 WpHG** kleine und mittlere Unternehmen im Sinne des WpHG als Unternehmen, deren durchschnittliche Marktkapitalisierung auf der Grundlage der Notierungen zum Jahresende in den letzten drei Kalenderjahren weniger als 200 Millionen Euro betrug. **Marktkapitalisierung** ist der rechnerische Gesamtwert der Anteile eines Unternehmens, ermittelt als Produkt aus dem aktuellen Kurswert der Anteile und der Zahl der im Umlauf befindlichen Anteile desselben, wobei die von dem Unternehmen selbst gehaltenen Anteile an demselben bei der Berechnung unberücksichtigt bleiben.

§ 2 Abs. 46 Satz 2 WpHG weist im Übrigen auf die vorstehende Definition ergänzenden „nähere[n] Bestimmungen" der **Art. 77 bis 79 DelVO 2017/565** (Rz. 6 b.) hin. Diese Bestimmungen lauten wie folgt:

Art. 77
Qualifizierung als ein KMU (Artikel 4 Absatz 1 Nummer 13 der Richtlinie 2014/65/EU [Rz. 6 b.])
(1) Ein Emittent, dessen Aktien erst seit weniger als drei Jahren zum Handel zugelassen sind, gilt im Sinne von Artikel 33 Absatz 3 Buchstabe a der Richtlinie 2014/65/EU als ein KMU, wenn seine Marktkapitalisierung aufgrund einer der nachstehenden Punkte weniger als 200 Millionen EUR beträgt:
a) dem Aktienschlusskurs am ersten Handelstag, wenn seine Aktien erst seit weniger als einem Jahr zum Handel zugelassen sind;
b) dem letzten Aktienschlusskurs im ersten Handelsjahr, wenn seine Aktien seit mehr als einem Jahr, aber weniger als zwei Jahren zum Handel zugelassen sind;
c) dem Durchschnittswert der letzten Aktienschlusskurse in jedem der ersten beiden Handelsjahre, wenn seine Aktien seit mehr als zwei Jahren, aber weniger als drei Jahren zum Handel zugelassen sind.
(2) Emittenten, von denen keine Eigenkapitalinstrumente an einem Handelsplatz gehandelt werden, werden als KMU im Sinne von Artikel 4 Absatz 1 Ziffer 13 der Richtlinie 2014/65/EU als KMU betrachtet, wenn sie gemäß ihrem letzten Jahresabschluss bzw. konsolidierten Abschluss mindestens zwei der folgenden drei Kriterien erfüllen: durchschnittliche Beschäftigtenzahl im letzten Geschäftsjahr von weniger als 250, Gesamtbilanzsumme von höchstens 43 000 000 EUR und Jahresnettoumsatz von höchstens 50 000 000 EUR.
In der Fassung vom 25.4.2016 (ABl. EU Nr. L 87 v. 31.3.2017, S. 1).

Art. 78
Registrierung als ein KMU-Wachstumsmarkt (Artikel 33 Absatz 3 der Richtlinie 2014/65/EU [Rz. 8 b.])
(1) Bei der Festlegung, ob es sich bei mindestens 50 % der Emittenten, die zum Handel über ein MTF zugelassen sind, im Sinne einer Registrierung als ein KMU-Wachstumsmarkt gemäß Artikel 33 Absatz 3 Buchstabe a der Richtlinie 2014/65/EU um KMU handelt, berechnet die zuständige Behörde des Herkunftsmitgliedstaats des Betreibers eines MTF das Durchschnittsverhältnis der KMU gegenüber der Gesamtanzahl derjenigen Emittenten, deren Finanzinstrumente auf diesem Markt zum Handel zugelassen sind. Das Durchschnittsverhältnis berechnet sich zum 31. Dezember des vorausgehenden Kalenderjahres als Durchschnitt der zwölf Verhältnisse zum jeweiligen Monatsende dieses Kalenderjahres.
Unbeschadet der anderen in Artikel 33 Absatz 3 Buchstaben b bis g der Richtlinie 2014/65/EU genannten Registrierungsvoraussetzungen registriert die zuständige Behörde einen Antragsteller, der über keine Vorgeschichte als Betreiber verfügt, als KMU-Wachstumsmarkt und überprüft nach dem Ablauf von drei Kalenderjahren, dass dies demgem. Unterabsatz 1 festgelegten Mindestanteil an KMU entspricht.

---

[1] Verordnung (EU) Nr. 648/2012 des Europäischen Parlaments und des Rates vom 4.7.2012 über OTC-Derivate, zentrale Gegenparteien und Transaktionsregister, ABl. EU Nr. L 201 v. 27.7.2012, S. 1.

(2) Hinsichtlich der in Artikel 33 Absatz 3 Buchstaben b, c, d und f der Richtlinie 2014/65/EU aufgeführten Kriterien darf die zuständige Behörde des Herkunftsmitgliedstaats des Betreibers eines MTF das MTF nur als einen KMU-Wachstumsmarkt registrieren, wenn sie davon überzeugt ist, dass das MTF

a) Regeln verabschiedet hat und anwendet, die objektive, transparente Kriterien für die ursprüngliche und laufende Zulassung von Emittenten zum Handel auf ihrem Handelsplatz vorsehen;
b) über ein Geschäftsmodell verfügt, das für die Wahrnehmung seiner Aufgaben geeignet ist und einen fairen, ordnungsgemäßen Handel in den zum Handel auf seinem Handelsplatz zugelassenen Finanzinstrumenten gewährleistet;
c) Regeln verabschiedet hat und anwendet, denen zufolge Emittenten, die eine Zulassung ihrer Finanzinstrumente zum Handel auf dem MTF beantragen, im Falle, dass die Richtlinie 2003/71/EG keine Anwendung findet, ein angemessenes Zulassungsdokument veröffentlichen, das unter der Verantwortung des Emittenten erstellt wurde und aus dem eindeutig hervorgeht, ob das Zulassungsdokument gebilligt oder geprüft wurde oder nicht und durch wen die Billigung oder Prüfung erfolgte;
d) Regeln verabschiedet hat und anwendet, denen zufolge das Zulassungsdokument nach Buchstabe c einen Mindestinhalt hat, der den Anlegern ausreichende Informationen bietet, um sich ein fundiertes Urteil über die Finanzlage und die Zukunftsaussichten des Emittenten und über mit seinen Wertpapieren verbundene Rechte machen zu können;
e) von Emittenten verlangt, im Zulassungsdokument nach Buchstabe c anzugeben, ob ihr Geschäftskapital ihrer Ansicht nach für die derzeitigen Anforderungen ausreichend ist oder, falls dies nicht der Fall ist, wie sie beabsichtigen, sich das zusätzlich erforderliche Geschäftskapital zu beschaffen;
f) Vorkehrungen dafür getroffen hat, dass das Zulassungsdokument nach Buchstabe c Gegenstand einer angemessenen Überprüfung im Hinblick auf seine Vollständigkeit, Kohärenz und Verständlichkeit ist;
g) von Emittenten, deren Wertpapiere an seinem Handelsplatz gehandelt werden, verlangt, innerhalb von sechs Monaten nach Ende jeden Geschäftsjahrs einen Jahresfinanzbericht und innerhalb von vier Monaten nach Ablauf der ersten sechs Monate jedes Geschäftsjahres einen Halbjahresfinanzbericht zu veröffentlichen;
h) die Verbreitung von gemäß der Richtlinie 2003/71/EG erstellten Prospekten, den in Buchstabe c genannten Zulassungsdokumenten, den in Buchstabe g genannten Finanzberichten sowie den in Artikel 7 Absatz 1 der Verordnung (EU) Nr. 594/2014 definierten Informationen, die von Emittenten öffentlich bekannt gegeben wurden, deren Wertpapiere auf seinem Handelsplatz gehandelt werden, in der Öffentlichkeit sicherstellt, indem es sie auf seiner Website einstellt oder einen direkten Link zur entsprechenden Seite der Website der Emittenten angibt, auf der diese Dokumente, Berichte und Informationen veröffentlicht werden;
i) sicherstellt, dass die in Buchstabe h genannten vorgeschriebenen Informationen sowie die direkten Links über einen Zeitraum von mindestens fünf Jahren auf seiner Website verfügbar bleiben.

In der Fassung vom 25.4.2016 (ABl. EU Nr. L 87 v. 31.3.2017, S. 1), geändert durch Berichtigung vom 26.9.2017 (ABl. EU Nr. L 246 v. 26.9.2017, S. 12).

Art. 79

Aufhebung der Registrierung als KMU-Wachstumsmarkt (Artikel 33 Absatz 3 der Richtlinie 2014/65/EU [Rz. 6 b.])

(1) In Bezug auf den Anteil der KMU und unbeschadet der sonstigen Bedingungen nach Artikel 33 Absatz 3 Buchstaben b bis g der Richtlinie 2014/65/EU und Artikel 78 Absatz 2 dieser Verordnung wird die Registrierung als KMU-Wachstumsmarkt von der zuständigen Behörde des Herkunftsmitgliedstaats nur aufgehoben, wenn der gemäß Artikel 78 Absatz 1 Unterabsatz 1 ermittelte Anteil der KMU während drei aufeinander folgenden Kalenderjahren unter 50 % fällt.

(2) In Bezug auf die in Artikel 33 Absatz 3 Buchstaben b bis g der Richtlinie 2014/65/EU und in Artikel 78 Absatz 2 dieser Verordnung genannten Bedingungen wird die Registrierung des Betreibers eines KMU-Wachstumsmarkts von der zuständigen Behörde seines Herkunftsmitgliedstaats nur aufgehoben, wenn diese Bedingungen nicht mehr erfüllt sind.

In der Fassung vom 25.4.2016 (ABl. EU Nr. L 87 v. 31.3.2017, S. 1).

302 **47. Öffentlicher Schuldtitel (§ 2 Abs. 47 WpHG).** Die Vorschrift ist durch Art. 3 Nr. 3 lit. r 2. FiMaNoG vom 23.6.2017 (Rz. 5 a.) in das WpHG gelangt und setzt Art. 4 Abs. 1 Nr. 61 RL 2014/65/EU vom 15.5.2014 (Rz. 6 b.) um. Mit diesem wortgleich definiert § 2 Abs. 47 WpHG öffentlicher Schuldtitel i.S.d. WpHG als einen Schuldtitel (i.S.d. § 2 Abs. 1 Nr. 3 WpHG), der von einem öffentlichen Emittenten begeben wird.

303 **48. PRIP (§ 2 Abs. 48 WpHG).** Die Vorschrift ist § 2 WpHG durch Art. 2 Nr. 2 1. FiMaNoG (Rz. 5 b.) hinzugefügt worden und hat ihre heutige Nummerierung durch Art. 3 lit. s 2. FiMaNoG vom 23.6.2017 (Rz. 5 a.) erhalten. Zur Definition des Produkts PRIP verweist sie auf Art. 4 Nr. 1 VO Nr. 1286/2014 vom 26.11.2014 (Rz. 6 a.). Dieser zufolge sind **PRIP** – in der Langform – „**verpacktes Anlageprodukt für Kleinanleger**" – „eine Anlage, einschließlich von Zweckgesellschaften i.S.d. Art. 13 Nr. 26 RL 2009/138/EG oder Verbriefungszweckgesellschaften i.S.d. Art. 4 Abs. 1 lit. a RL 2011/61/EU des Europäischen Parlaments und des Rates ausgegebener Instrumente, bei der unabhängig von der Rechtsform der Anlage der dem Kleinanleger rückzuzahlende Betrag Schwankungen aufgrund der Abhängigkeit von Referenzwerten oder von der Entwicklung eines oder mehrerer Vermögenswerte, die nicht direkt v. Kleinanleger erworben werden, unterliegt". **Kleinanleger** im Sinne dieser Definition ist nach Art. 4 Nr. 1 VO Nr. 1286/2014 ein Kleinanleger i.S.v. Art. 4 Abs. 1 Nr. 11 RL 2014/65/EU vom 15.5.2014 (Rz. 6 b.) – d.h. ein Kunde, der kein professioneller Anleger i.S.v. Art. 4 Abs. 1 Nr. 10 RL 2014/65/EU vom 15.5.2014 ist, welcher seinerseits auf die in dem umfangreichen Anhang II der Richtlinie aufgeführten Kriterien verweist – oder ein Kunde i.S.d. RL 2002/92/EG vom 9.12.2002[1], wenn dieser in der Richt-

---
1 Richtlinie 2002/92/EG Europäischen Parlaments und des Rates v. 9.12.2002, ABl. EG Nr. L 9 v. 15.1.2003, S. 3.

linie nicht näher definierte Kunde kein professioneller Kunde im vorstehenden Sinne ist. Näheres zum Begriff PRIP s. Art. 4 VO Nr. 1286/2014 Rz. 3 ff.

49. PRIIP (§ 2 Abs. 49 WpHG). Die Vorschrift ist § 2 WpHG durch Art. 2 Nr. 2 1. FiMaNoG (Rz. 5 b.) hinzugefügt worden und hat ihre heutige Nummerierung durch Art. 3 lit. s 2. FiMaNoG vom 23.6.2017 (Rz. 5 a.) erhalten. Zur Definition des Produkts PRIIP verweist sie auf Art. 4 Nr. 3 VO Nr. 1286/2014 vom 26.11.2014 (Rz. 6 a.). Danach ist **PRIIP** – in der Langform „**verpacktes Anlageprodukt für Kleinanleger und Versicherungsanlageprodukt**" – „jedes Produkt, das unter eine oder beide der folgenden Begriffsbestimmungen fällt: a) ein PRIP; b) ein Versicherungsanlageprodukt". Zum Begriff des Kleinanlegers s. Rz. 303. Näheres zum Begriff PRIIP s. Art. 4 VO Nr. 1286/2014 Rz. 21 ff.

304

§ 3 Ausnahmen; Verordnungsermächtigung

(1) Als Wertpapierdienstleistungsunternehmen gelten nicht

1. Unternehmen, die Wertpapierdienstleistungen im Sinne des § 2 Absatz 8 Satz 1 ausschließlich für ihr Mutterunternehmen oder ihre Tochter- oder Schwesterunternehmen im Sinne des Artikels 4 Absatz 1 Nummer 15 und 16 der Verordnung (EU) Nr. 575/2013 des Europäischen Parlaments und des Rates vom 26. Juni 2013 über Aufsichtsanforderungen an Kreditinstitute und Wertpapierfirmen und zur Änderung der Verordnung (EU) Nr. 646/2012 (ABl. L 176 vom 27.6.2013, S. 1) und des § 1 Absatz 7 des Kreditwesengesetzes erbringen,
2. Unternehmen, deren Wertpapierdienstleistung für andere ausschließlich in der Verwaltung eines Systems von Arbeitnehmerbeteiligungen an den eigenen oder an mit ihnen verbundenen Unternehmen besteht,
3. Unternehmen, die ausschließlich Wertpapierdienstleistungen sowohl nach Nummer 1 als auch nach Nummer 2 erbringen,
4. private und öffentlich-rechtliche Versicherungsunternehmen, soweit sie die Tätigkeiten ausüben, die in der Richtlinie 2009/138/EG des Europäischen Parlaments und des Rates vom 25. November 2009 betreffend die Aufnahme und Ausübung der Versicherungs- und der Rückversicherungstätigkeit (Solvabilität II) (ABl. L 335 vom 17.12.2009, S. 1; L 219 vom 25.7.2014, S. 66; L 108 vom 28.4.2015, S. 8), die zuletzt durch die Richtlinie 2014/51/EU (ABl. L 153 vom 22.5.2014, S. 1; L 108 vom 28.4.2015, S. 8) geändert worden ist, genannt sind,
5. die öffentliche Schuldenverwaltung des Bundes, eines seiner Sondervermögen, eines Landes, eines anderen Mitgliedstaates der Europäischen Union oder eines anderen Vertragsstaates des Abkommens über den Europäischen Wirtschaftsraum, die Deutsche Bundesbank und andere Mitglieder des Europäischen Systems der Zentralbanken sowie die Zentralbanken der anderen Vertragsstaaten und internationale Finanzinstitute, die von zwei oder mehreren Staaten gemeinsam errichtet werden, um zugunsten dieser Staaten Finanzierungsmittel zu beschaffen und Finanzhilfen zu geben, wenn Mitgliedstaaten von schwerwiegenden Finanzierungsproblemen betroffen oder bedroht sind,
6. Angehörige freier Berufe, die Wertpapierdienstleistungen nur gelegentlich im Sinne des Artikels 4 der Delegierten Verordnung (EU) 2017/565 und im Rahmen eines Mandatsverhältnisses als Freiberufler erbringen und einer Berufskammer in der Form der Körperschaft des öffentlichen Rechts angehören, deren Berufsrecht die Erbringung von Wertpapierdienstleistungen nicht ausschließt,
7. Unternehmen, die als Wertpapierdienstleistung für andere ausschließlich die Anlageberatung und die Anlagevermittlung zwischen Kunden und
    a) Instituten im Sinne des Kreditwesengesetzes,
    b) Instituten oder Finanzunternehmen mit Sitz in einem anderen Staat des Europäischen Wirtschaftsraums, die die Voraussetzungen nach § 53b Abs. 1 Satz 1 oder Abs. 7 des Kreditwesengesetzes erfüllen,
    c) Unternehmen, die aufgrund einer Rechtsverordnung nach § 53c des Kreditwesengesetzes gleichgestellt oder freigestellt sind,
    d) Kapitalverwaltungsgesellschaften, extern verwalteten Investmentgesellschaften, EU-Verwaltungsgesellschaften oder ausländischen AIF-Verwaltungsgesellschaften oder
    e) Anbietern oder Emittenten von Vermögensanlagen im Sinne des § 1 Absatz 2 des Vermögensanlagengesetzes

    betreiben, sofern sich diese Wertpapierdienstleistungen auf Anteile oder Aktien von inländischen Investmentvermögen, die von einer Kapitalverwaltungsgesellschaft ausgegeben werden, die eine Erlaubnis nach § 7 oder § 97 Absatz 1 des Investmentgesetzes in der bis zum 21. Juli 2013 geltenden Fassung hat, die für den in § 345 Absatz 2 Satz 1, Absatz 3 Satz 2, in Verbindung mit Absatz 2 Satz 1, oder Absatz 4 Satz 1 des Kapitalanlagegesetzbuchs vorgesehenen Zeitraum noch fortbesteht, oder die eine Erlaubnis nach den §§ 20, 21 oder den §§ 20, 22 des Kapitalanlagegesetzbuchs hat, oder die von einer EU-Verwaltungsgesellschaft ausgegeben werden, die eine Erlaubnis nach Artikel 6 der Richtlinie 2009/65/EG des Europäischen Parlaments und des Rates vom 13. Juli 2009 zur Koordinierung der Rechts- und Verwaltungsvorschriften betreffend bestimmte Organismen für gemeinsame Anlagen in Wertpapieren (OGAW) (ABl. L 302 vom 17.11.2009, S. 32, L 269 vom 13.10. 2010, S. 27), die zuletzt durch die Richtlinie 2014/91/EU (ABl. L 257 vom 28.8.2014, S. 186) geändert worden ist, oder nach Artikel 6 der Richtlinie 2011/61/EU des Europäischen Parlaments und des Rates vom 8. Juni 2011 über die Verwalter alternativer Investmentfonds und zur Änderung der Richtlinien 2003/41/EG und 2009/65/EG und der Verordnungen (EG) Nr. 1060/2009 und (EU) Nr. 1095/2010 (ABl. L 174 vom 1.7.2011, S. 1, L 115 vom 27.4.2012, S. 35), die zuletzt durch die Richtlinie 2014/65/EU (ABl. L 173 vom 12.6.2014, S. 349, L 74 vom 18.3.2015, S. 38) geändert worden ist, hat, oder auf Anteile oder Aktien an EU-Investmentvermögen oder ausländischen AIF, die nach dem Kapitalanlagegesetzbuch vertrieben werden dürfen, mit Ausnahme solcher AIF, die nach § 330a des Kapitalanlagegesetzbuchs vertrieben werden dürfen, oder auf Vermögensanlagen im Sinne des § 1 Absatz 2 des Vermögensanlagengesetzes, die erstmals öffentlich angeboten werden, beschränken und die Unternehmen nicht befugt sind, sich bei der Erbringung dieser Finanzdienstleistungen Eigentum oder Besitz an Geldern oder Anteilen von Kunden zu verschaffen, es sei denn, das Unternehmen beantragt und erhält eine entsprechende Erlaubnis nach § 32 Abs. 1 des Kreditwesengesetzes; Anteile oder Aktien an Hedgefonds im Sinne des § 283 des Kapitalanlagegesetzbuchs gelten nicht als Anteile an Investmentvermögen im Sinne dieser Vorschrift,

8. Unternehmen, die bezüglich Warenderivaten, Emissionszertifikaten oder Derivaten auf Emissionszertifikate Eigengeschäft oder Market-Making betreiben oder ausschließlich Wertpapierdienstleistungen im Sinne des § 2 Absatz 8 Nummer 1 und 3 bis 10 gegenüber den Kunden und Zulieferern ihrer Haupttätigkeit erbringen, sofern

    a) diese Tätigkeiten in jedem dieser Fälle auf sowohl individueller als auch aggregierter Basis auf der Ebene der Unternehmensgruppe eine Nebentätigkeit im Sinne der Delegierten Verordnung (EU) 2017/592 der Kommission vom 1. Dezember 2016 zur Ergänzung der Richtlinie 2014/65/EU des Europäischen Parlaments und des Rates durch technische Regulierungsstandards zur Festlegung der Kriterien, nach denen eine Tätigkeit als Nebentätigkeit zur Haupttätigkeit gilt (ABl. L 87 vom 31.3.2017, S. 492), in der jeweils geltenden Fassung, darstellen,

    b) die Haupttätigkeit des Unternehmens weder in der Erbringung von Wertpapierdienstleistungen im Sinne des § 2 Absatz 8 Satz 1 Nummer 1, 2 Buchstabe b bis d, Nummer 3 bis 10 oder Satz 2, noch in der Tätigkeit als Market Maker in Bezug auf Warenderivate noch in der Erbringung von Bankgeschäften im Sinne des § 1 Absatz 1 Satz 2 des Kreditwesengesetzes besteht,

    c) das Unternehmen keine hochfrequente algorithmische Handelstechnik anwendet und

    d) das Unternehmen der Bundesanstalt gemäß § 2 Absatz 1 Satz 3 und 4 oder Absatz 6 Satz 3 und 4 des Kreditwesengesetzes angezeigt hat, dass es von der Ausnahme nach dieser Nummer Gebrauch macht,

9. Unternehmen, die Wertpapierdienstleistungen ausschließlich in Bezug auf Warenderivate, Emissionszertifikate oder Derivate auf Emissionszertifikate mit dem alleinigen Ziel der Absicherung der Geschäftsrisiken ihrer Kunden erbringen, sofern diese Kunden

    a) ausschließlich lokale Elektrizitätsunternehmen im Sinne des Artikels 2 Nummer 35 der Richtlinie 2009/72/EG des Europäischen Parlaments und des Rates vom 13. Juli 2009 über gemeinsame Vorschriften für den Elektrizitätsbinnenmarkt und zur Aufhebung der Richtlinie 2003/54/EG (ABl. L 211 vom 14.8.2009, S. 55) oder Erdgasunternehmen im Sinne des Artikels 2 Nummer 1 der Richtlinie 2009/73/EG des Europäischen Parlaments und des Rates vom 13. Juli 2009 über gemeinsame Vorschriften für den Erdgasbinnenmarkt und zur Aufhebung der Richtlinie 2003/55/EG (ABl. L 211 vom 14.8.2009, S. 94) sind,

    b) zusammen 100 Prozent des Kapitals oder der Stimmrechte der betreffenden Unternehmen halten und dieses gemeinsam kontrollieren und

    c) nach Nummer 8 ausgenommen wären, wenn sie die betreffenden Wertpapierdienstleistungen selbst erbrächten,

10. Unternehmen, die Wertpapierdienstleistungen ausschließlich in Bezug auf Emissionszertifikate oder Derivate auf Emissionszertifikate mit dem alleinigen Ziel der Absicherung der Geschäftsrisiken ihrer Kunden erbringen, sofern diese Kunden

a) ausschließlich Anlagenbetreiber im Sinne des § 3 Nummer 2 des Treibhausgas-Emissionshandelsgesetzes sind,

b) zusammen 100 Prozent des Kapitals oder der Stimmrechte der betreffenden Unternehmen halten und dieses gemeinsam kontrollieren und

c) nach Nummer 8 ausgenommen wären, wenn sie die betreffenden Wertpapierdienstleistungen selbst erbrächten,

11. Unternehmen, die ausschließlich Eigengeschäft mit anderen Finanzinstrumenten als Warenderivaten, Emissionszertifikaten oder Derivaten auf Emissionszertifikate betreiben, die keine anderen Wertpapierdienstleistungen erbringen, einschließlich keiner anderen Anlagetätigkeiten, in anderen Finanzinstrumenten als Warenderivaten, Emissionszertifikaten oder Derivaten auf Emissionszertifikate, es sei denn,

a) es handelt sich bei diesen Unternehmen um Market Maker,

b) die Unternehmen sind entweder Mitglied oder Teilnehmer eines organisierten Marktes oder multilateralen Handelssystems oder haben einen direkten elektronischen Zugang zu einem Handelsplatz, mit Ausnahme von nichtfinanziellen Stellen, die an einem Handelsplatz Geschäfte tätigen, die in objektiv messbarer Weise die direkt mit der Geschäftstätigkeit oder dem Liquiditäts- und Finanzmanagement verbundenen Risiken dieser nichtfinanziellen Stellen oder ihrer Gruppen verringern,

c) die Unternehmen wenden eine hochfrequente algorithmische Handelstechnik an oder

d) die Unternehmen betreiben Eigengeschäft bei der Ausführung von Kundenaufträgen,

12. Unternehmen, die als Wertpapierdienstleistung ausschließlich die Anlageberatung im Rahmen einer anderen beruflichen Tätigkeit erbringen, ohne sich die Anlageberatung gesondert vergüten zu lassen,

13. Börsenträger oder Betreiber organisierter Märkte, die neben dem Betrieb eines multilateralen oder organisierten Handelssystems keine anderen Wertpapierdienstleistungen im Sinne des § 2 Absatz 8 Satz 1 erbringen,

14. Unternehmen, die das Platzierungsgeschäft ausschließlich für Anbieter oder für Emittenten von Vermögensanlagen im Sinne des § 1 Absatz 2 des Vermögensanlagengesetzes erbringen,

15. Betreiber im Sinne des § 3 Nummer 4 des Treibhausgas-Emissionshandelsgesetzes, wenn sie beim Handel mit Emissionszertifikaten

a) ausschließlich Eigengeschäft betreiben,

b) keine Anlagevermittlung und keine Abschlussvermittlung betreiben,

c) keine hochfrequente algorithmische Handelstechnik anwenden und

d) keine anderen Wertpapierdienstleistungen erbringen,

16. Übertragungsnetzbetreiber im Sinne des Artikels 2 Nummer 4 der Richtlinie 2009/72/EG oder des Artikels 2 Nummer 4 der Richtlinie 2009/73/EG, wenn sie ihre Aufgaben gemäß diesen Richtlinien, gemäß der Verordnung (EG) Nr. 714/2009 des Europäischen Parlaments und des Rates vom 13. Juli 2009 über die Netzzugangsbedingungen für den grenzüberschreitenden Stromhandel und zur Aufhebung der Verordnung (EG) Nr. 1228/2003 (ABl. L 211 vom 14.8.2009, S. 15), die zuletzt durch die Verordnung (EU) Nr. 543/2013 (ABl. L 163 vom 15.6.2013, S. 1) geändert worden ist, gemäß der Verordnung (EG) Nr. 715/2009 des Europäischen Parlaments und des Rates vom 13. Juli 2009 über die Bedingungen für den Zugang zu den Erdgasfernleitungsnetzen und zur Aufhebung der Verordnung (EG) Nr. 1775/2005 (ABl. L 211 vom 14.8.2009, S. 36; L 229 vom 1.9.2009, S. 29; L 309 vom 24.11.2009, S. 87), die zuletzt durch den Beschluss (EU) 2015/715 (ABl. L 114 vom 5.5.2015, S. 9) geändert worden ist, sowie gemäß den nach diesen Verordnungen erlassenen Netzcodes oder Leitlinien wahrnehmen, Personen, die in ihrem Namen als Dienstleister handeln, um die Aufgaben eines Übertragungsnetzbetreibers gemäß diesen Gesetzgebungsakten sowie gemäß den nach diesen Verordnungen erlassenen Netzcodes oder Leitlinien wahrzunehmen, sowie Betreiber oder Verwalter eines Energieausgleichssystems, eines Rohrleitungsnetzes oder eines Systems zum Ausgleich von Energieangebot und -verbrauch bei der Wahrnehmung solcher Aufgaben, sofern sie die Wertpapierdienstleistung in Bezug auf Warenderivate, die mit dieser Tätigkeit in Zusammenhang stehen, erbringen und sofern sie weder einen Sekundärmarkt noch eine Plattform für den Sekundärhandel mit finanziellen Übertragungsrechten betreiben,

17. Zentralverwahrer im Sinne des Artikels 2 Absatz 1 Nummer 1 der Verordnung (EU) Nr. 909/2014, soweit sie die in den Abschnitten A und B des Anhangs dieser Verordnung genannten Dienstleistungen erbringen und

18. Kapitalverwaltungsgesellschaften, EU-Verwaltungsgesellschaften und extern verwaltete Investmentgesellschaften, sofern sie nur die kollektive Vermögensverwaltung oder neben der kollektiven Vermögensverwaltung ausschließlich die in § 20 Absatz 2 und 3 des Kapitalanlagegesetzbuchs aufgeführten Dienstleistungen oder Nebendienstleistungen erbringen.

Unternehmen, die die Voraussetzungen des Satzes 1 Nummer 8 bis 10 erfüllen, haben dies der Bundesanstalt jährlich anzuzeigen.

(2) Ein Unternehmen, das als vertraglich gebundener Vermittler im Sinne des § 2 Absatz 10 Satz 1 des Kreditwesengesetzes als Wertpapierdienstleistung nur die Anlagevermittlung, das Platzieren von Finanzinstrumenten ohne feste Übernahmeverpflichtung oder Anlageberatung erbringt, gilt nicht als Wertpapierdienstleistungsunternehmen. Seine Tätigkeit wird dem Institut oder Unternehmen zugerechnet, für dessen Rechnung und unter dessen Haftung es seine Tätigkeit erbringt.

(3) Für Unternehmen, die Mitglieder oder Teilnehmer von organisierten Märkten oder multilateralen Handelssystemen sind und die von der Ausnahme nach Absatz 1 Nummer 4, 8 oder 15 Gebrauch machen, gelten die §§ 77, 78 und 80 Absatz 2 und 3 entsprechend. Für Unternehmen, die von einer Ausnahme nach Absatz 1 Nummer 9 oder 10 Gebrauch machen, gelten die §§ 22, 63 bis 83 und 85 bis 92 entsprechend.

(4) Das Bundesministerium der Finanzen kann durch Rechtsverordnung nähere Bestimmungen über Zeitpunkt, Inhalt und Form der Einreichung der Anzeige nach Absatz 1 Satz 2 sowie die Führung eines öffentlichen Registers über die anzeigenden Unternehmen erlassen. Das Bundesministerium der Finanzen kann die Ermächtigung durch Rechtsverordnung auf die Bundesanstalt übertragen.

In der Fassung des 2. FiMaNoG vom 23.6.2017 (BGBl. I 2017, 1693).

Schrifttum: *BaFin*, Merkblatt Ausnahme für öffentliche Schuldenverwaltung („Merkblatt – Hinweise zur Bereichsausnahme für die öffentliche Schuldenverwaltung") vom 12.11.2010; *BaFin*, Merkblatt Ausnahme für Versicherungsunternehmen („Merkblatt – Hinweise zur Bereichsausnahme für Versicherungsunternehmen") vom 15.11.2010, geändert am 25.1.2016, abrufbar unter www.bafin.de/SharedDocs/Veroeffentlichungen/DE/Merkblatt/mb_101112_ausnahme_versicherungsunternehmen.html; *BaFin*, Merkblatt Ausnahme für Verwaltung Arbeitnehmerbeteiligungen („Merkblatt – Hinweise zur Bereichsausnahme eines neues Systems von Arbeitnehmerbeteiligungen") vom 26.11.2010, abrufbar unter www.bafin.de/SharedDocs/Veroeffentlichungen/DE/Merkblatt/mb_101126_ausnahme_verwaltung_arbeitnehmerbeteiligungen.html. *Lehrl*, Das Haftungsdach vertraglich gebundener Vermittler gemäß § 2 Abs. 10 KWG in der Praxis unter besonderer Berücksichtigung aufsichtsrechtlicher Anforderungen, BKR 2009, 497. S. das in der Einleitung und zu § 2 WpHG aufgeführte Schrifttum sowie das allgemeine Schrifttumsverzeichnis.

I. Systematische Stellung und Normentwicklung 1	8. Besondere Geschäfte in Warenderivaten, Emissionszertifikaten oder Derivaten auf Emissionszertifikate (§ 3 Abs. 1 Satz 1 Nr. 8, 9 und 10, Satz 2 WpHG) 54
II. Die Ausnahmetatbestände des § 3 Abs. 1 WpHG 6	a) Unternehmen nach § 3 Abs. 1 Satz 1 Nr. 8 WpHG 56
1. Wertpapierdienstleistungen innerhalb eines Konzerns (§ 3 Abs. 1 Satz 1 Nr. 1 WpHG) 7	b) Unternehmen nach § 3 Abs. 1 Satz 1 Nr. 9 und Nr. 10 WpHG (Absicherung von Geschäftsrisiken bestimmter Kunden) 60
2. Verwaltung von Arbeitnehmerbeteiligungen (§ 3 Abs. 1 Satz 1 Nr. 2 WpHG) 20	9. Besondere Geschäfte in Finanzinstrumenten (§ 3 Abs. 1 Satz 1 Nr. 11 WpHG) 64
3. Kumulative Erbringung von Wertpapierdienstleistungen (§ 3 Abs. 1 Satz 1 Nr. 3 WpHG) 24	10. Anlageberatung im Rahmen einer anderen beruflichen Tätigkeit (§ 3 Abs. 1 Satz 1 Nr. 12 WpHG) 67
4. Versicherungsunternehmen (§ 3 Abs. 1 Satz 1 Nr. 4 WpHG) 25	11. Ausschließlicher Betrieb eines multilateralen Handelssystems (§ 3 Abs. 1 Satz 1 Nr. 13 WpHG) 69
5. Öffentliche Schuldenverwaltung, Zentralbanken und bestimmte internationale Finanzinstitute (§ 3 Abs. 1 Satz 1 Nr. 5 WpHG) 28	12. Platzierungsgeschäft für Anbieter oder Emittenten von Vermögensanlagen (§ 3 Abs. 1 Satz 1 Nr. 14 WpHG) 71
6. Gelegentliche Wertpapierdienstleistungen der Angehörigen freier Berufe (§ 3 Abs. 1 Satz 1 Nr. 6 WpHG) 30	13. Handel mit Emissionszertifikaten durch Betreiber i.S.v. § 3 Nr. 4 TEHG (§ 3 Abs. 1 Satz 1 Nr. 15 WpHG) 74
7. Anlageberatung und Anlagevermittlung in Bezug auf Anteile oder Aktien an Investmentvermögen und Vermögensanlagen (§ 3 Abs. 1 Satz 1 Nr. 7 WpHG) 34	14. Übertragungsnetzbetreiber (§ 3 Abs. 1 Satz 1 Nr. 16 WpHG) 76
a) Normentwicklung und Übersicht 34	15. Zentralverwahrer (§ 3 Abs. 1 Satz 1 Nr. 17 WpHG) 79
b) Einzelheiten 39	
aa) Anlageberater und Anlagevermittler . . . 39	16. Kapitalverwaltungsgesellschaften, EU-Verwaltungsgesellschaften und extern verwaltete Investmentgesellschaften (§ 3 Abs. 1 Satz 1 Nr. 18 WpHG) 83
bb) Partei und erfasste Gegenparteien bei der Anlagevermittlung (§ 3 Abs. 1 Satz 1 Nr. 7 lit. a bis e WpHG) 42	
cc) Erfasste Produkte (nach § 3 Abs. 1 Satz 1 Nr. 7 lit. e WpHG) 48	
(1) Investmentvermögen 49	
(2) Vermögensanlagen 53	

III. Vertraglich gebundener Vermittler
 (§ 3 Abs. 2 WpHG) 85
IV. Bei bestimmten Unternehmen trotz Ausnahme anwendbare Vorschriften des WpHG
 (§ 3 Abs. 3 WpHG) 92

1. § 3 Abs. 3 Satz 1 WpHG 93
2. § 3 Abs. 3 Satz 2 WpHG 95
V. Verordnungsermächtigung
 (§ 3 Abs. 4 WpHG) 96

I. Systematische Stellung und Normentwicklung. § 3 WpHG nimmt gewisse natürliche und juristische Personen in bestimmten Tätigkeitsfeldern von vornherein aus dem Anwendungsbereich von Vorschriften aus, deren Adressaten Wertpapierdienstleistungsunternehmen sind oder deren Gegenstand die Überwachung von Wertpapierdienstleistungsunternehmen ist. Rechtstechnisch geschieht dies dadurch, dass die Betroffenen, die unter eine Ausnahmeregelung des § 3 Abs. 1 WpHG fallen, nicht als Wertpapierdienstleistungsunternehmen gelten. In der Sache **rechtfertigen sich die Ausnahmeregelungen** namentlich dadurch, dass es für den mit dem WpHG angestrebten Anlegerschutz und die Sicherung des Vertrauens der Anleger in Finanzmärkte nicht als erforderlich angesehen wird, die fraglichen Unternehmen diesen Bestimmungen zu unterwerfen. Dafür ist es aber erforderlich, dass diejenigen, die die Ausnahmebestimmungen in Anspruch nehmen, die Voraussetzungen für diese Ausnahmen nicht nur vorübergehend, sondern **auf Dauer** erfüllen (Erwägungsgrund 16 RL 2004/39/EG (Finanzmarktrichtlinie), Rz. 5 i.).

1

Seine heutige Zählung der Vorschrift über „Ausnahmen" als § 3 WpHG geht auf die Neuzählung der Vorschriften des WpHG durch Art. 3 2. FiMaNoG vom 23.6.2017 (Rz. 4 a.) im Allgemeinen und auf Art. 3 Nr. 4 lit. a bis e 2. FiMaNoG im Besonderen zurück. Sie **gehört zu den am meisten geänderten Vorschriften des WpHG**, und selbst das letzte Änderungsgesetz in Gestalt des 2. FiMaNoG brachte nicht nur die Neunummerierung des WpHG, sondern auch eine Fülle von Änderungen des zum neuen § 3 WpHG erklärten § 2a WpHG a.F. mit sich. Das ist wenig verwunderlich, sind die Ausnahmebestimmungen des § 3 WpHG doch, wie die Begriffsbestimmungen des § 2 WpHG, ein Spiegel der ständigen Veränderung des Anwendungsbereichs des WpHG und seiner Regelungsfelder (§ 2 WpHG Rz. 2).

2

Vor der **Einfügung des § 2a WpHG a.F. in das WpHG** durch das Umsetzungsgesetz vom 22.10.1997 (Rz. 4 i.) fanden sich einige Ausnahmeregelungen in § 37 Abs. 1 WpHG a.F. Durch Art. 2 Nr. 4 des Umsetzungsgesetzes 1997 (Rz. 4 i.), das der Umsetzung von Art. 2 Abs. 2 Nr. 4 RL 93/22/EWG vom 10.5.1993 über Wertpapierdienstleistungen (Rz. 5 j.) diente, wurden diese in § 2a WpHG a.F. überführt. Dessen ungeachtet verblieben in § 37 WpHG a.F. Ausnahmeregelungen zu den Verhaltens- und Organisationspflichten von Wertpapierdienstleistungsunternehmen in §§ 31ff. WpHG a.F., die sich allerdings darauf beschränkten und auch im neuen § 95 WpHG darauf beschränken, bestimmte Unternehmen von einzelnen der in dieser Vorschrift genannten Anforderungen auszunehmen. Weitere, für die Anwendung der Ausnahmebestimmung des § 3 WpHG weitgehend obsolet gewordene Änderungen – zuletzt berücksichtigt diejenige durch das Gesetz zur Novellierung des Finanzanlagenvermittler- und Vermögensanlagenrechts vom 6.12.2011 (Rz. 4 g.) sind in der 6. Aufl., § 2a WpHG Rz. 2f. aufgeführt. Seither ist § 2a WpHG a.F. **durch sechs Gesetze geändert worden**; es handelt sich um die Rz. 4 a. bis f. genannten. Sämtliche dieser Änderungsgesetze brachten eine Anpassung entweder an ihren jeweiligen Regelungsgegenstand (wie etwa das Hochfrequenzhandelsgesetz) oder eine Umsetzung von bzw. Anpassung an Richtlinien und Verordnungen (wie namentlich das 1. und 2. FiMaNoG vor allem im Hinblick auf die Marktmissbrauchsverordnung VO Nr. 596/2014 vom 16.4.2014, die PRIIP-Verordnung VO Nr. 1286/2014 vom 26.11.2014, die Marktmissbrauchsrichtlinie RL 2014/57/EU vom 16.4.2014, und die RL 2014/65/EU vom 15.5.2014 über Märkte für Finanzinstrumente, Rz. 5 a. bis d.). Die detailreichen Änderungen sind im Zusammenhang mit den Änderungen der einzelnen Bestimmungen des § 3 WpHG anzuführen und zu behandeln.

3

Die Gesetze, die zu Änderungen des ehemaligen § 2a WpHG a.F. nach den in der 6. Auflage berücksichtigten Modifikationen der Vorschrift führten, sowie besonders bedeutsame und immer wieder zu zitierende frühere Änderungsgesetze sind nachfolgend – nach Verabschiedungszeitpunkt absteigend, unter Voranstellung ihrer amtlichen Kurzbezeichnungen oder Abkürzungen – aufgelistet, nicht zuletzt um einen zentralen Bezugspunkt für ihre Zitation zu schaffen und platzraubende Mehrfachzitate zu vermeiden. Im Einzelnen handelt es sich um folgende **Änderungsgesetze:**

4

a. **2. FiMaNoG** vom 23.6.2017: Zweites Gesetz zur Novellierung von Finanzmarktvorschriften auf Grund europäischer Rechtsakte (Zweites Finanzmarktnovellierungsgesetz – 2. FiMaNoG) vom 23.6.2017, BGBl. I 2017, 1693.

b. **1. FiMaNoG** vom 30.6.2016: Erstes Gesetz zur Novellierung von Finanzmarktvorschriften auf Grund europäischer Rechtsakte (Erstes Finanzmarktnovellierungsgesetz – 1. FiMaNoG) vom 30.6.2016, BGBl. I 2016, 1514.

c. **Gesetz zur Anpassung von Gesetzen auf dem Gebiet des Finanzmarktes** vom 15.7.2014, BGBl. I 2014, 934.

d. **CRD IV-Umsetzungsgesetz** vom 28.8.2013: Gesetz zur Umsetzung der Richtlinie 2013/36/EU [Rz. 9] über den Zugang zur Tätigkeit von Kreditinstituten und die Beaufsichtigung von Kreditinstituten und Wertpapierfirmen und zur Anpassung des Aufsichtsrechts an die Verordnung (EU) Nr. 575/2013 über Aufsichts-

§ 3 | Anwendungsbereich, Begriffsbestimmungen

anforderungen an Kreditinstitute und Wertpapierfirmen (CRD IV-Umsetzungsgesetz) vom 28.8.2013, BGBl. I 2013, 3395.

e. **AIFM-Umsetzungsgesetz** (AIFM-UmsG) vom 4.7.2013: Gesetz zur Umsetzung der Richtlinie 2011/61/EU über die Verwalter alternativer Investmentfonds (AIFM-Umsetzungsgesetz – AIFM-UmsG) vom 4.7.2013, BGBl. I 2013, 1981.

f. **Hochfrequenzhandelsgesetz** vom 7.5.2013: Gesetz zur Vermeidung von Gefahren und Missbräuchen im Hochfrequenzhandel (Hochfrequenzhandelsgesetz) vom 7.5.2013, BGBl. I 2013, 1162.

g. **Gesetz zur Novellierung des Finanzanlagenvermittler- und Vermögensanlagenrechts** vom 6.12.2011, BGBl. I 2011, 2481.

h. **Finanzmarktrichtlinie-Umsetzungsgesetz** vom 16.7.2007: Gesetz zur Umsetzung der Richtlinie über Märkte für Finanzinstrumente und der Durchführungsrichtlinie der Kommission vom 16.7.2007, BGBl. I 2007, 1330.

i. **Umsetzungsgesetz** vom 22.10.1997: Gesetz vom 22.10.1997 zur Umsetzung von EG-Richtlinien zur Harmonisierung bank- und wertpapieraufsichtsrechtlicher Vorschriften, BGBl. I 1997, 2518, 2560; Begleitgesetz BGBl. I 1997, 2567.

5 Die Änderungen von § 3 WpHG seit der 6. Aufl. des Kommentars beruhen zu einem großen Teil auf der Umsetzung von **EU-Richtlinien** und der Anpassung der Vorschriften des WpHG an **EU-Verordnungen**. Gleiches gilt aber auch für die geänderten Bestimmungen selbst, die allesamt eine europasekundärrechtliche Grundlage haben. Da auch diese vielfach für das Verständnis der Normentwicklung anzuführen sind, werden sie nachfolgend, um eine zentrale Zitatstelle zu haben und platzraubende Mehrfachnachweise zu vermeiden, absteigend nach dem Datum ihrer Verabschiedung aufgelistet:

a. **Verordnung (EU) Nr. 1286/2014** des Europäischen Parlaments und des Rates vom 26.11.2014 über Basisinformationsblätter für verpackte Anlageprodukte für Kleinanleger und Versicherungsanlageprodukte (PRIIP), ABl. EU Nr. L 352 v. 9.12.2014, S. 1.

b. **Richtlinie 2014/65/EU** des Europäischen Parlaments und des Rates vom 15.5.2014 über Märkte für Finanzinstrumente sowie zur Änderung der Richtlinien 2002/92/EG und 2011/61/EU – Neufassung (MiFID II), ABl. EU Nr. L 173 v. 12.6.2014, S. 349, mit **Delegierte Verordnung (EU) 2017/565** der Kommission vom 25.4.2016 zur Ergänzung der Richtlinie 2014/65/EU des Europäischen Parlaments und des Rates in Bezug auf die organisatorischen Anforderungen an Wertpapierfirmen und die Bedingungen für die Ausübung ihrer Tätigkeit sowie in Bezug auf die Definition bestimmter Begriffe für die Zwecke der genannten Richtlinie, ABl. EU Nr. L 87 v. 31.3.2017, S. 1. **Verordnung Nr. 600/2014** des Europäischen Parlaments und des Rates vom 15.5.2014 über Märkte für Finanzinstrumente und zur Änderung der Verordnung (EU) Nr. 648/201, ABl. EU Nr. L 173 v. 12.6.2014, S. 84.

c. **Verordnung (EU) Nr. 596/2014** des Europäischen Parlaments und des Rates vom 16.4.2014 über Marktmissbrauch (Marktmissbrauchsverordnung) und zur Aufhebung der Richtlinie 2003/6/EG des Europäischen Parlaments und des Rates und der Richtlinien 2003/124/EG, 2003/125/EG und 2004/72/EG der Kommission, ABl. EU Nr. L 173 v. 12.6.2014, S. 1.

d. **Richtlinie 2014/57/EU** des Europäischen Parlaments und des Rates vom 16.4.2014 über strafrechtliche Sanktionen bei Marktmanipulation (Marktmissbrauchsrichtlinie), ABl. EU Nr. L 173 v. 12.6.2014, S. 179.

e. **Richtlinie 2013/50/EU** des Europäischen Parlaments und des Rates vom 22.10.2013 zur Änderung der Richtlinie 2004/109/EG des Europäischen Parlaments und des Rates zur Harmonisierung der Transparenzanforderungen in Bezug auf Informationen über Emittenten, deren Wertpapiere zum Handel auf einem geregelten Markt zugelassen sind, der Richtlinie 2003/71/EG des Europäischen Parlaments und des Rates betreffend den Prospekt, der beim öffentlichen Angebot von Wertpapieren oder bei deren Zulassung zum Handel zu veröffentlichen ist, sowie der Richtlinie 2007/14/EG der Kommission mit Durchführungsbestimmungen zu bestimmten Vorschriften der Richtlinie 2004/109/EG (Transparenzrichtlinie-Änderungsrichtlinie), ABl. EU Nr. L 294 v. 6.11.2013, S. 13, 18.

f. **Richtlinie 2013/34/EU** des Europäischen Parlaments und des Rates vom 26.6.2013 über den Jahresabschluss, den konsolidierten Abschluss und damit verbundene Berichte von Unternehmen bestimmter Rechtsformen und zur Änderung der Richtlinie 2006/43/EG des Europäischen Parlaments und des Rates und zur Aufhebung der Richtlinien 78/660/EWG und 83/349/EWG des Rates, ABl. EU Nr. L 182 v. 29.6.2013, S. 19; geändert durch **Richtlinie 2014/102/EU** des Rates vom 7.11.2014 zur Änderung der Richtlinie 2013/34/EU des Europäischen Parlaments und des Rates über den Jahresabschluss, den konsolidierten Abschluss und damit verbundene Berichte von Unternehmen bestimmter Rechtsformen aufgrund des Beitritts der Republik Kroatien Text von Bedeutung für den EWR, ABl. EU Nr. L 334 v. 21.11.2014, S. 86.

g. **Richtlinie 2010/73/EU** des Europäischen Parlaments und des Rates vom 24.11.2010 zur Änderung der Richtlinie 2003/71/EG betreffend den Prospekt, der beim öffentlichen Angebot von Wertpapieren oder bei deren Zulassung zum Handel zu veröffentlichen ist, und der Richtlinie 2004/109/EG zur Harmonisierung der Transparenzanforderungen in Bezug auf Informationen über Emittenten, deren Wertpapiere zum Handel auf einem geregelten Markt zugelassen sind, ABl. EU Nr. L 327 v. 11.12.2010, S. 1.

h. **Richtlinie 2004/109/EG** des Europäischen Üarlaments und des Rates vom 15.12.2004 zur Harmonisierung der Transparenzanforderungen in Bezug auf Informationen über Emittenten, deren Wertpapiere zum Handel auf einem geregelten Markt zugelassen sind, und zur Änderung der Richtlinie 2001/34/EG (Transparenzrichtlinie), ABl. EG Nr. L 390 v. 31.12.2004, S. 38.

i. **Richtlinie 2004/39/EG** des Europäischen Parlaments und des Rates vom 21.4.2004 über Märkte für Finanzinstrumente, zur Änderung der Richtlinien 85/611/EWG und 93/6/EWG des Rates und der Richtlinie 2000/12/EG des Europäischen Parlaments und des Rates und zur Aufhebung der Richtlinie 93/22/EWG des Rates (Finanzmarktrichtlinie), ABl. EU Nr. L 145 v. 30.4.2004, S. 1 mit **Richtlinie 2006/73/EG** der Kommission vom 10.8.2006 zur Durchführung der Richtlinie 2004/39/EG des Europäischen Parlaments und des Rates in Bezug auf die organisatorischen Anforderungen an Wertpapierfirmen und die Bedingungen für die Ausübung ihrer Tätigkeit sowie in Bezug auf die Definition bestimmter Begriffe für die Zwecke der genannten Richtlinie, ABl. EU Nr. L 241 v. 2.9.2006, S. 26.

j. **Richtlinie 93/22/EWG** des Rates vom 10.5.1993 über Wertpapierdienstleistungen (Wertpapierdienstleistungsrichtlinie), ABl. EG Nr. L 141 v. 11.6.1993, S. 27.

II. Die Ausnahmetatbestände des § 3 Abs. 1 WpHG. § 2a WpHG a.F. hat durch das 2. FiMaNoG vom 23.6. 2017 (Rz. 4 a.) nicht nur seine neue Nummerierung als § 3 WpHG erhalten (Rz. 2), sondern ist von diesem als neuer § 3 WpHG zugleich, wie sonst von keinem Gesetz zuvor, erheblich geändert und erweitert worden. Sämtliche dieser § 3 Abs. 1 WpHG betreffenden Änderungen dienen der Umsetzung der von der Richtlinie 2004/39/ EG vom 21.4.2004 (Rz. 5 i.) abweichenden Ausnahmevorschriften von Art. 2 Abs. 1 und Art. 3 Abs. 1 RL 2014/ 65/EU vom 15.5.2014 (Rz. 5 b.).

1. Wertpapierdienstleistungen innerhalb eines Konzerns (§ 3 Abs. 1 Satz 1 Nr. 1 WpHG). Unternehmen, die Wertpapierdienstleistungen i.S.d. § 2 Abs. 8 Satz 1 WpHG ausschließlich für ihr Mutterunternehmen oder ihre Tochter- oder Schwesterunternehmen, also als konzerninterne Dienstleistung erbringen, gelten nach § 3 Abs. 1 Satz 1 Nr. 1 WpHG nicht als Wertpapierdienstleistungsunternehmen und werden damit, mangels Berührung mit Anlegern, nicht den für Wertpapierdienstleistungsunternehmen geltenden Verhaltens-, Mitteilungs- und Organisationspflichten unterworfen. Unternehmen, die neben den Wertpapierdienstleistungen, die sie in vorstehendem Sinne ausschließlich für ihr Mutterunternehmen oder ihre Tochter- oder Schwesterunternehmen erbringen, auch Wertpapierdienstleistungen gegenüber Dritten erbringen, sind im Hinblick auf diese dem WpHG unterfallende Wertpapierdienstleistungsunternehmen (arg. § 3 Abs. 1 Satz 1 Nr. 1 WpHG i.V.m. § 3 Abs. 1 Satz 1 Nr. 3 WpHG; Rz. 30).

Die auf das Umsetzungsgesetz vom 22.10.1997 (Rz. 4 i.) und die Umsetzung von Art. 2 Abs. 2 lit. b RL 93/22/ EWG vom 10.5.1993 (Rz. 5 j.) zurückgehende Vorschrift hat danach eine Reihe eher redaktioneller Änderungen erfahren (6. Aufl., § 2a WpHG Rz. 3). Zu diesen zählt auch die jüngste Änderung des § 3 Abs. 1 Satz 1 Nr. 1 WpHG durch Art. 3 Nr. 4 lit. b aa 2. FiMaNoG vom 23.6.2017 (Rz. 4 a.), durch welche die Angabe „Abs. 3" durch die Angabe „Abs. 8" ersetzt wurde. Eine folgenreichere Änderung wurde ihr indes durch Art. 6 Abs. 3 Nr. 2 CRD IV-Umsetzungsgesetz vom 28.8.2013 (Rz. 4 d.) zuteil, durch den die, der Bestimmung der Begriffe „Mutter-, Tochter- und Schwesterunternehmen" dienende Verweisung auf § 1 Abs. 6 und 7 KWG und dessen Weiterverweisung auf § 290 HGB durch die heutige Verweisung auf Art. 4 Abs. 1 Nr. 15 und 16 VO Nr. 575/ 2013 vom 26.6.2013[1] und § 1 Abs. 7 KWG ersetzt wurde. Das wiederum war aufgrund der Aufhebung von § 1 Abs. 6 KWG und die Neufassung des § 1 Abs. 7 KWG (mit der Definition des Begriffs Schwesterunternehmen) durch Art. 1 Nr. 2 lit. f und g des CRD IV-Umsetzungsgesetzes erforderlich geworden, wozu der Gesetzentwurf lapidar bemerkt, die Begriffsbestimmungen würden „aufgehoben, weil sich diese nunmehr inhaltlich identisch aus Art. 4 Verordnung (EU) Nr. …/2012" – gemeint ist Art. 4 Abs. 1 Nr. 15 und 16 VO Nr. 575/2013, wie er in § 3 Abs. 1 Satz 1 Nr. 1 WpHG angeführt wird – ergäben[2].

Für die Bestimmung der Begriffe „Mutter-, Tochter- und Schwesterunternehmen" führen diese Änderung von § 1 Abs. 6 und 7 KWG und die Verweisungsanpassung in § 3 Abs. 1 Satz 1 Nr. 1 WpHG für die Anwendung der letzteren Bestimmung keineswegs zu – mit der vorausgegangenen Regelung – „inhaltlich identischen" (Rz. 8) Begriffsbestimmungen. Auch wenn sich dadurch an den zentralen Merkmalen zur Bestimmung von Mutter-, Tochter- und Schwesterunternehmen nichts geändert haben mag, ist der Rechtsanwender nunmehr – zumindest was die Begriffe „Mutter- und Tochterunternehmen" betrifft – mit einer höchst unerfreulichen Verweiskaskade konfrontiert. Welche Unternehmen Mutterunternehmen oder Tochterunternehmen sind, ergibt sich nach dem **Verweis aus § 3 Abs. 1 Satz 1 Nr. 1 WpHG auf Art. 4 Abs. 1 Nr. 15 und 16 VO Nr. 575/2013** (Rz. 8), die allerdings ihrerseits mit einer mehrschichtigen Weiterverweisung reagieren. Den Begriff **Mutterunternehmen** definiert Art. 4 Abs. 1 Nr. 15 VO Nr. 575/2013 als „a) ein Mutterunternehmen i.S.d. Art. 1 und 2 der Richtlinie 83/349/EWG [Rz. 55]" und „b) für die Zwecke von Titel VII Kapitel 3 und 4 Abschnitt 2 und Ti-

---

[1] Verordnung (EU) Nr. 575/2013 vom 26.6.2013 über Aufsichtsanforderungen an Kreditinstitute und Wertpapierfirmen und zur Änderung der Verordnung (EU) Nr. 646/2012, ABl. EU Nr. L 176 v. 27.6.2013, S. 1.
[2] RegE 2. CRD IV-Umsetzungsgesetz, BT-Drucks. 17/10974 v. 15.10.2012, 1, 70.

§ 3 | Anwendungsbereich, Begriffsbestimmungen

tel VIII der Richtlinie 2013/36/EU[1] und Teil 5 dieser Verordnung ein Mutterunternehmen i.S.d. Art. 1 Abs. 1 der Richtlinie 83/349/EWG sowie jedes Unternehmen, das tatsächlich einen beherrschenden Einfluss auf ein anderes Unternehmen ausübt". **Tochterunternehmen** sind nach Art. 4 Abs. 1 Nr. 16 VO Nr. 575/2013 „a) ein Tochterunternehmen i.S.d. Art. 1 und 2 der Richtlinie 83/349/EWG, b) ein Tochterunternehmen i.S.d. Art. 1 Abs. 1 der Richtlinie 83/349/EWG sowie jedes Unternehmen, auf das ein Mutterunternehmen tatsächlich einen beherrschenden Einfluss ausübt", wobei nicht erkennbar ist, wozu es neben der Begriffsbestimmung in lit. b noch derjenigen in lit. a bedarf.

10 **Art. 1 und 2 RL 83/349/EWG vom 13.6.1983[2] lauten:**

Art. 1

(1) Die Mitgliedstaaten schreiben jedem ihrem Recht unterliegenden Unternehmen vor, einen konsolidierten Abschluss und einen konsolidierten Lagebericht zu erstellen, wenn dieses Unternehmen (Mutterunternehmen)

a) die Mehrheit der Stimmrechte der Aktionäre oder Gesellschafter eines Unternehmens (Tochterunternehmens) hat

oder

b) das Recht hat, die Mehrheit der Mitglieder des Verwaltungs-, Leitungs- oder Aufsichtsorgans eines Unternehmens (Tochterunternehmens) zu bestellen oder abzuberufen und gleichzeitig Aktionär oder Gesellschafter dieses Unternehmens ist

oder

c) das Recht hat, auf ein Unternehmen (Tochterunternehmen), dessen Aktionär oder Gesellschafter es ist, einen beherrschenden Einfluss aufgrund eines mit diesem Unternehmen geschlossenen Vertrags oder aufgrund einer Satzungsbestimmung dieses Unternehmens auszuüben, sofern das Recht, dem dieses Tochterunternehmen unterliegt, es zulässt, dass dieses solchen Verträgen oder Satzungsbestimmungen unterworfen wird. Die Mitgliedstaaten brauchen nicht vorzuschreiben, dass das Mutterunternehmen Aktionär oder Gesellschafter des Tochterunternehmens sein muss. Mitgliedstaaten, deren Recht derartige Verträge oder Satzungsbestimmungen nicht vorsieht, sind nicht gehalten, diese Bestimmungen anzuwenden

oder

d) Aktionär oder Gesellschafter eines Unternehmens ist und

aa) allein durch die Ausübung seiner Stimmrechte die Mehrheit der Mitglieder des Verwaltungs-, Leitungs- oder Aufsichtsorgans dieses Unternehmens (Tochterunternehmens), die während des Geschäftsjahres sowie des vorhergehenden Geschäftsjahres bis zur Erstellung des konsolidierten Abschlusses im Amt sind, bestellt worden sind,

oder

bb) aufgrund einer Vereinbarung mit anderen Aktionären oder Gesellschaftern dieses Unternehmens allein über die Mehrheit der Stimmrechte der Aktionäre oder Gesellschafter dieses Unternehmens (Tochterunternehmens) verfügt.

Die Mitgliedstaaten können nähere Bestimmungen über Form und Inhalt einer solchen Vereinbarung treffen. Die Mitgliedstaaten schreiben mindestens die unter Unterbuchstabe bb) angeführte Regelung vor.

Sie können die Anwendung von Unterbuchstabe aa) davon abhängig machen, dass auf die Beteiligung 20 % oder mehr der Stimmrechte der Aktionäre oder Gesellschafter entfallen.

Unterbuchstabe aa) findet jedoch keine Anwendung, wenn ein anderes Unternehmen gegenüber diesem Tochterunternehmen die Rechte im Sinne der Buchstaben a), b) oder c) hat.

(2) Außer den in Absatz 1 bezeichneten Fällen können die Mitgliedstaaten bis zu einer späteren Koordinierung jedem ihrem Recht unterliegenden Unternehmen die Aufstellung eines konsolidierten Abschlusses und eines konsolidierten Lageberichts vorschreiben, wenn dieses Unternehmen (Mutterunternehmen) an einem anderen Unternehmen (Tochterunternehmen) eine Beteiligung im Sinne von Artikel 17 der Richtlinie 78/660/EWG besitzt und

a) das Mutterunternehmen tatsächlich einen beherrschenden Einfluss auf das Tochterunternehmen ausübt

oder

b) Mutter – und Tochterunternehmen unter einheitlicher Leitung des Mutterunternehmens stehen.

Art. 2

(1) Bei der Anwendung von Artikel 1 Absatz 1 Buchstaben a), b) und d) sind den Stimm-, Bestellungs- oder Abberufungsrechten des Mutterunternehmens die Rechte eines anderen Tochterunternehmens oder einer Person, die in eigenem Namen, aber für Rechnung des Mutterunternehmens oder eines anderen Tochterunternehmens handelt, hinzuzurechnen.

(2) Bei der Anwendung von Artikel 1 Absatz 1 Buchstaben a), b) und d) sind von den in Absatz 1 des vorliegenden Artikels bezeichneten Rechten die Rechte abzuziehen,

a) die mit Aktien oder Anteilen verbunden sind, die für Rechnung einer anderen Person als das Mutterunternehmen oder ein Tochterunternehmen gehalten werden,

oder

---

1 Richtlinie 2013/36/EU des Europäischen Parlaments und des Rates vom 26.6.2013 über den Zugang zur Tätigkeit von Kreditinstituten und die Beaufsichtigung von Kreditinstituten und Wertpapierfirmen, zur Änderung der Richtlinie 2002/87/EG und zur Aufhebung der Richtlinien 2006/48/EG und 2006/49/EG, ABl. EU Nr. L 176 v. 27.6.2013, S. 338.
2 ABl. EG Nr. L 193 v. 18.7.1983, S. 1.

b) die mit Aktien oder Anteilen verbunden sind, die als Sicherheit gehalten werden, sofern diese Rechte nach erhaltenen Weisungen ausgeübt werden, oder der Besitz dieser Anteile oder Aktien für das haltende Unternehmen ein laufendes Geschäft im Zusammenhang mit der Gewährung von Darlehen darstellt, sofern die Stimmrechte im Interesse des Sicherungsgebers ausgeübt werden.

(3) Für die Anwendung von Artikel 1 Absatz 1 Buchstaben a) und d) sind von der Gesamtheit der Stimmrechte der Aktionäre oder Gesellschafter eines Tochterunternehmens die Stimmrechte abzuziehen, die mit Aktien oder Anteilen verbunden sind, die von diesem Unternehmen selbst, von einem seiner Tochterunternehmen oder von einer im eigenen Namen, aber für Rechnung dieser Unternehmen handelnden Person gehalten werden.

Art. 17 RL 78/660/EWG vom 25.7.1978[1]**, auf den Art. 1 Abs. 2 RL 83/349/EWG vom 13.6.1983 verweist, lautet:** 11

Beteiligungen im Sinne dieser Richtlinie sind Anteile an anderen Unternehmen, die dazu bestimmt sind, dem eigenen Geschäftsbetrieb durch Herstellung einer dauernden Verbindung zu jenen Unternehmen zu dienen; dabei ist es gleichgültig, ob die Anteile in Wertpapieren verbrieft sind oder nicht. Es wird eine Beteiligung an einer anderen Gesellschaft vermutet, wenn der Anteil an ihrem Kapital über einem Vomhundertsatz liegt, der von den Mitgliedstaaten auf höchstens 20 % festgesetzt werden darf.

Die Vorschrift verlangt ein Unternehmen, das Wertpapierdienstleistungen i.S.d. § 2 Abs. 8 Satz 1 WpHG für 12
ein anderes Unternehmen erbringt, das seinerseits Mutterunternehmen oder Tochter- oder Schwesterunternehmen des Ersteren ist. Auf beiden Seiten der Wertpapierdienstleistung muss mithin ein **Unternehmen** beteiligt sein. Auch nach der Änderung des Verweises in § 1 Abs. 1 Satz 1 Nr. 1 WpHG wird man für diesen für Parallelbestimmungen des KWG und des WpHG maßgeblichen Unternehmensbegriff heranziehen können und als **Unternehmen** „einen dauerhaften oder zumindest auf einen nicht unerheblichen Zeitraum hin ausgerichteten Geschäftsbetrieb, der planmäßig und organisatorisch selbstständig geführt wird"[2] betrachten (6. Aufl., § 2a WpHG Rz. 5). Diese Voraussetzung können sowohl natürliche Personen als auch Gesellschaften erfüllen, wobei es auf deren Rechtsform nicht ankommt.

Mutter- und Tochterunternehmen werden in Art. 1 und 2 RL 83/349/EWG (Rz. 10) komplementär definiert, 13
d.h. durch ein bestimmtes **Verhältnis zweier Unternehmen** zueinander. **Schwesterunternehmen** werden in § 1 Abs. 7 KWG als Unternehmen – d.h. als Tochterunternehmen – definiert, die ein gemeinsames Mutterunternehmen haben. Anders als zuvor durch den Verweis auf § 1 Abs. 6 und 7 KWG a.F. und deren Weiterverweis auf § 290 HGB definieren sich Mutterunternehmen und Tochterunternehmen nicht generell dadurch, dass Erstere einen beherrschenden Einfluss ausüben können und auf Letztere ein beherrschender Einfluss ausgeübt werden kann, sondern direkt durch die Fälle, in denen § 290 Abs. 2 HGB zuvor unwiderleglich einen beherrschenden Einfluss annahm. Die Verhältnisse zwischen zwei Unternehmen, die – alternativ – in Betracht kommen, um diese nach Art. 1 und 2 RL 83/349/EWG jeweils zu Mutter- oder Tochterunternehmen zu machen, sind die Folgenden:

– Ein Unternehmen (Mutterunternehmen) verfügt über die **Mehrheit der Stimmrechte** der Aktionäre oder 14
Gesellschafter eines anderen Unternehmens (Tochterunternehmens), Art. 1 Abs. 1 lit. a RL 83/349/EWG. Die bloße Mehrheit der Stimmen nach Maßgabe der jeweiligen Hauptversammlungs- oder Gesellschafterversammlungspräsenz oder eine Anteilsmehrheit reicht dazu nicht aus[3]. Darüber hinaus muss die Stimmrechtsmehrheit in Bezug auf die wesentlichen – nicht notwendigerweise alle – Entscheidungsbereiche des Unternehmens bestehen[4]. Bei der Berechnung der Stimmrechtsmehrheit sind die Bestimmungen des Art. 2 RL 83/349/EWG zu beachten.

– Ein Unternehmen (Mutterunternehmen) hat (1) das Recht, die Mehrheit der Mitglieder des Verwaltungs-, 15
Leitungs- oder Aufsichtsorgans eines Unternehmens (Tochterunternehmens) **zu bestellen oder abzuberufen** und ist (2) gleichzeitig Aktionär oder Gesellschafter dieses Unternehmens (Art. 1 Abs. 1 lit. b RL 83/349/EWG). In Bezug auf das Aufsichtsorgan ist mit der Mehrheit der Mitglieder die Gesamtzahl der Mitglieder des gesamten Organs und nicht nur die Mehrheit der gegebenenfalls von der Anteilseignerseite zu bestimmenden Mitglieder gemeint[5]. Das Bestellungs- oder Berufungsrecht muss rechtlich begründet sein. Bei der Bestimmung der Bestellungs- oder Abberufungsrechten des Mutterunternehmens ist Art. 2 Abs. 1 und 2 RL 83/349/EWG zu berücksichtigen.

– Ein Unternehmen (Mutterunternehmen) hat das Recht auf ein Unternehmen (Tochterunternehmen), des- 16
sen Aktionär oder Gesellschafter es ist, einen **beherrschenden Einfluss aufgrund** eines mit diesem Unternehmen geschlossenen **Vertrags oder** aufgrund einer **Satzungsbestimmung** dieses Unternehmens auszuüben, sofern das Recht, dem dieses Tochterunternehmen unterliegt, es zulässt, dass dieses solchen Verträgen oder Satzungsbestimmungen unterworfen wird (Art. 1 Abs. 1 lit. c RL 83/349/EWG). Als Beherrschungsvertrag kommt hier nicht nur ein Vertrag i.S.d. § 291 Abs. 1 AktG mit einer AG oder KGaA, sondern auch mit jeder anderen Gesellschaftsform in Betracht.

---

1 ABl. EG Nr. L 221 v. 14.8.1978, S. 11.
2 BVerwG v. 22.9.2005 – 6 C 29.03, NZG 2005, 265, 270.
3 *Merkt* in Baumbach/Hopt, § 290 HGB Rz. 10.
4 *Merkt* in Baumbach/Hopt, § 290 HGB Rz. 10.
5 *Merkt* in Baumbach/Hopt, § 290 HGB Rz. 11.

17 – Ein Unternehmen (Mutterunternehmen) ist Aktionär oder Gesellschafter eines Unternehmens und hat allein durch die Ausübung seiner Stimmrechte die Mehrheit der Mitglieder des Verwaltungs-, Leitungs- oder Aufsichtsorgans dieses Unternehmens (Tochterunternehmens), die während des Geschäftsjahres sowie des vorhergehenden Geschäftsjahres bis zur Erstellung des konsolidierten Abschlusses im Amt sind, bestellt (Art. 1 Abs. 1 lit. d aa RL 83/349/EWG). Bei der Anwendung der Vorschrift sind im Hinblick auf die Frage, ob dies allein durch die Stimmrechte des Mutterunternehmens bewirkt werden konnte, die Bestimmungen des Art. 2 RL 83/349/EWG zu beachten. Die Qualifizierung eines Unternehmens als Mutterunternehmen aufgrund des vorstehend beschriebenen Bestellungsvorgangs greift jedoch nicht ein, wenn ein anderes Unternehmen gegenüber dem als Tochterunternehmen in Betracht kommenden Unternehmen die oben in Spiegelstrichen 1 bis 3 beschriebenen Rechte hat (Art. 1 Abs. 1 lit. d letzter Unterabsatz RL 83/349/EWG).

18 – Ein Unternehmen (Mutterunternehmen) ist Aktionär oder Gesellschafter eines Unternehmens und verfügt aufgrund einer Vereinbarung mit anderen Aktionären oder Gesellschaftern dieses Unternehmens allein über die Mehrheit der Stimmrechte der Aktionäre oder Gesellschafter dieses Unternehmens (Tochterunternehmens), Art. 1 Abs. 1 lit. d bb RL 83/349/EWG. Erfasst werden damit nur solche „Stimmbindungs- oder Poolverträge", die die Stimmrechtsausübung allein dem Mutterunternehmen erlauben, das damit über die Mehrheit der Stimmrechte an der Tochtergesellschaft verfügt. „Stimmbindungs- oder Poolverträge" zur Zusammenfassung der Interessen der „Poolmitglieder" und Sicherstellung der einheitlichen Stimmabgabe der Gesellschafter eines Unternehmens fallen nicht hierunter. Bei der Ermittlung der Stimmenmehrheit ist Art. 2 RL 83/349/EWG heranzuziehen.

19 Nach Art. 1 Abs. 2 RL 83/349/EWG (Rz. 10) ist, übereinstimmend mit Art. 4 Abs. 1 Nr. 15 lit. b und Nr. 16 lit. b VO Nr. 575/2013 (Rz. 8), ein Unternehmen aber auch dann Mutterunternehmen, wenn es an einem anderen Unternehmen (Tochterunternehmen) eine Beteiligung i.S.v. Art. 17 RL 78/660/EWG vom 25.7.1978 besitzt und a) das Mutterunternehmen **tatsächlich einen beherrschenden Einfluss** auf das Tochterunternehmen ausübt oder b) Mutter – und Tochterunternehmen **unter einheitlicher Leitung** des Mutterunternehmens stehen. Die hierbei vorausgesetzte Beteiligung ist eine solche, die dazu bestimmt sind, dem eigenen Geschäftsbetrieb durch Herstellung einer dauernden Verbindung zu jenen Unternehmen zu dienen; dabei ist es gleichgültig, ob die Anteile in Wertpapieren verbrieft sind oder nicht. Es wird eine Beteiligung an einer anderen Gesellschaft vermutet, wenn der Anteil an ihrem Kapital über einem Vomhundertsatz liegt, der von den Mitgliedstaaten auf höchstens 20 % festgesetzt werden darf. Damit kann, wie schon zuvor (6. Aufl., § 2a WpHG Rz. 14), auch der nicht rechtlich vermittelte, **tatsächliche Ausübung eines beherrschenden Einflusses** ein Mutter/Tochter-Verhältnis begründen. Um nicht jedem potentiell fremder Einflussnahme ausgesetzten Unternehmen Ansprüche auf die Beachtung der Verpflichtungen eines Wertpapierdienstleistungsunternehmens nach dem WpHG durch das potentielle Mutterunternehmen zu nehmen, erscheint es sinnvoll, den Begriff des Mutterunternehmens kraft faktischen Einflusspotentials in Übereinstimmung mit den zu § 17 AktG entwickelten Grundsätzen dahin gehend **einzugrenzen**, dass die Einflussnahmemöglichkeit als **beständig**[1] und **umfassend**[2] zu betrachten ist[3]. Dabei ist beherrschender Einfluss in Anlehnung an die Auslegung von § 17 Abs. 1 AktG anzunehmen, wenn er seiner Art nach dem Einflusspotential einer Mehrheitsbeteiligung (Rz. 14) entspricht[4]. Eine **einheitliche Leitung** des Mutter- und Tochterunternehmens durch das Mutterunternehmen ist, hier in Anlehnung an § 18 AktG und den heute herrschenden weiten Konzernbegriff, anzunehmen, wenn die Leitung in Gestalt der Planung, Durchführung und Kontrolle von Maßnahmen in wenigstens einem der zentralen Bereiche unternehmerischer Tätigkeit (wie etwa der Organisation, der Finanzierung, der Produktion oder dem Vertrieb) für Mutter- und Tochterunternehmen einheitlich erfolgt[5].

20 **2. Verwaltung von Arbeitnehmerbeteiligungen (§ 3 Abs. 1 Satz 1 Nr. 2 WpHG).** Unternehmen, deren Wertpapierdienstleistung ausschließlich in der Verwaltung eines **Systems von Arbeitnehmerbeteiligungen** an den eigenen oder mit ihnen verbundenen Unternehmen besteht, gelten nach § 3 Abs. 1 Satz 1 Nr. 2 WpHG nicht als Wertpapierdienstleistungsunternehmen. Die Bestimmung entspricht § 2 Abs. 6 Satz 1 Nr. 6 KWG und dient der Umsetzung von Art. 2 Abs. 2 lit. d RL 93/22/EWG vom 10.5.1993 (Rz. 5 j.). Durch Art. 1 Nr. 3 des Finanzmarktrichtlinie-Umsetzungsgesetzes ist der Begriff der Wertpapierdienstleistung um den Zusatz „für andere" ergänzt worden. Seither ist lediglich ihre ursprüngliche Zählung als § 2b Abs. 1 Nr. 2 WpHG a.F. in § 3 Abs. 1 Satz 1 Nr. 2 WpHG durch Art. 3 Nr. 4 des 2. FiMaNoG vom 23.6.2017 (Rz. 4 a.) geändert worden.

21 Die Vorschrift stellt zunächst dasjenige Unternehmen frei, das Wertpapierdienstleistungen ausschließlich im Rahmen der Verwaltung eines Systems der Beteiligungen von Arbeitnehmern **an demselben Unternehmen** erbringt. Sie erfasst darüber hinaus aber auch ein Unternehmen, welches – neben dem vorgenannten Fall oder anstelle desselben – keine anderen Wertpapierdienstleistungen erbringt als solche, die in der Verwaltung eines Systems von Arbeitnehmerbeteiligungen **an einem verbundenen Unternehmen** bestehen, sofern sich diese Be-

---

1 D.h. verlässlich, nicht aber notwendigerweise auch auf gewisse Dauer: *Hüffer/Koch*, § 17 AktG Rz. 7.
2 D.h. breit und nicht nur punktuell: h.M., etwa *Hüffer/Koch*, § 17 AktG Rz. 7 m.w.N.
3 *Kumpan* in Schwark/Zimmer, § 2a WpHG Rz. 5.
4 Etwa *Hüffer/Koch*, § 17 AktG Rz. 5 m.w.N.
5 Etwa *Hüffer/Koch*, § 18 AktG Rz. 9 m.w.N.

teiligungen auf das verbundene Unternehmen selbst beziehen. Die **Freistellung** nach § 3 Abs. 1 Satz 1 Nr. 2 WpHG greift mithin **dann nicht** ein, wenn es um die Verwaltung der Beteiligungen von Arbeitnehmern geht, die sich nicht auf Unternehmen beziehen, in denen diese beschäftigt sind, und zwar auch dann nicht, wenn die Beteiligungen verbundene Unternehmen betreffen[1]. Zum **Unternehmensbegriff** Rz. 12.

Die Vorschrift spricht von der Verwaltung eines **Systems von Arbeitnehmerbeteiligungen** und meint damit die Verwaltung von planmäßig, organisiert und nach bestimmten Regeln zustande kommenden Arbeitnehmerbeteiligungen am Zielunternehmen[2]. Als **Arbeitnehmerbeteiligungen** kommen alle unmittelbaren oder mittelbaren Beteiligungen von Arbeitnehmern am Unternehmenserfolg in Betracht, darunter vor allem Belegschaftsaktien und Bezugsrechte an Arbeitnehmer (§ 192 Abs. 2 Nr. 3 AktG). 22

Der Ausnahmetatbestand des § 3 Abs. 1 Satz 1 Nr. 2 WpHG ist nur dann erfüllt, wenn das Unternehmen **ausschließlich** zur Verwaltung eines Systems von Beteiligungen an dem eigenen oder an mit ihm verbundenen Unternehmen für die jeweiligen Arbeitnehmer tätig wird[3]. Unternehmen, welche neben Wertpapierdienstleistungen, die der Verwaltung von Systemen von Arbeitnehmerbeteiligungen der vorstehend (Rz. 22) angeführten Art dienen, **noch andere als die in § 3 Abs. 1 Satz 1 Nr. 1 WpHG angeführten Wertpapierdienstleistungen** erbringen, sind nicht freigestellt und gelten als Wertpapierdienstleistungsunternehmen (§ 3 Abs. 1 Satz 1 Nr. 2 WpHG i.V.m. § 3 Abs. 1 Satz 1 Nr. 3 WpHG; s. auch Rz. 24)[4]. **Verbundene Unternehmen** sind Unternehmen i.S.v. § 15 AktG[5]. **§ 34c GewO** wird vom Ausnahmetatbestand des § 3 Abs. 1 Satz 1 Nr. 2 WpHG nicht berührt[6]. 23

3. Kumulative Erbringung von Wertpapierdienstleistungen (§ 3 Abs. 1 Satz 1 Nr. 3 WpHG). Unternehmen, die ausschließlich Wertpapierdienstleistungen i.S. sowohl der Nr. 1 als auch der Nr. 2 erbringen, gelten nach § 3 Abs. 1 Satz 1 Nr. 3 WpHG nicht als Wertpapierdienstleistungsunternehmen. Die über Art. 2 Nr. 4 des Umsetzungsgesetzes vom 22.10.1997 (Rz. 4 i.) in das Gesetz gelangte Vorschrift entspricht § 2 Abs. 6 Satz 1 Nr. 7 KWG und setzt Art. 2 Abs. 2 lit. e RL 93/22/EWG vom 10.5.1993 (Rz. 5 j.) um. Sie bestimmt, dass die Ausnahmevoraussetzungen der Nr. 1 und Nr. 2 – jeweils für sich und zusammengenommen – auch dann eingreifen, wenn ein Unternehmen gleichzeitig Wertpapierdienstleistungen i.s.v. § 3 Abs. 1 Satz 1 Nr. 1 und Nr. 2 WpHG erbringt, darüber hinaus aber keine anderen Geschäfte oder Tätigkeiten ausübt, die Wertpapierdienstleistungen darstellen[7]. Zum Unternehmensbegriff Rz. 12. 24

4. Versicherungsunternehmen (§ 3 Abs. 1 Satz 1 Nr. 4 WpHG). Aufgrund der Regelung in § 2b Abs. 1 Nr. 4 WpHG a.F., die auf Art. 2 Nr. 4 des Umsetzungsgesetzes vom 22.10.1997 (Rz. 4 i.) beruhte und Art. 2 Abs. 2 lit. a RL 93/22/EWG vom 10.5.1993 (Rz. 5 j.) umsetzte, galten private und öffentlich-rechtliche Versicherungsunternehmen nicht als Wertpapierdienstleistungsunternehmen. Art. 3 Nr. 4 lit. b bb des 2. FiMaNoG fügte der Bestimmung den qualifizierenden Zusatz hinzu: „soweit sie [d.h. private und öffentlich-rechtliche Versicherungsunternehmen] die Tätigkeiten ausüben, die in der Richtlinie 2009/138/EG des Europäischen Parlaments und des Rates vom 25.11.2009 betreffend die Aufnahme und Ausübung der Versicherungs- und der Rückversicherungstätigkeit (Solvabilität II) (ABl. Nr. L 335 vom 17.12.2009, S. 1; L 219 vom 25.7.2014, S. 66; L 108 vom 28.4.2015, S. 8), die zuletzt durch die Richtlinie 2014/51/EU (ABl. Nr. L 153 vom 22.5.2014, S. 1; L 108 vom 28.4.2015, S. 8) geändert worden ist, genannt sind". Der Zusatz dient der Umsetzung von Art. 2 Abs. 1 lit. a RL 2014/65/EU vom 15.5.2014 (Rz. 5 b.)[8] und soll vor allem sicherstellen, dass Versicherungsunternehmen sowie Unternehmen, die die in der Richtlinie 2009/138/EG genannten Rückversicherungs- und Retrozessionstätigkeiten – d.h. Tätigkeiten der Direktversicherung (in Gestalt von Lebens- und Nichtlebensversicherungen) und der Rückversicherung – ausüben, nicht als Wertpapierdienstleistungsunternehmen gelten[9]. 25

---

1 RegE Umsetzungsgesetz, BT-Drucks. 13/7142 vom 6.3.1997, 1, 103 und 71: „Beteiligungen, die Arbeitnehmer an einem anderen Konzernunternehmen, bei dem sie nicht beschäftigt sind, oder an konzernfremden Unternehmen halten, werden nicht erfasst". Auch *Beck* in Schwark, Kapitalmarktrechts-Kommentar, 3. Aufl. 2004, § 2a WpHG Rz. 7; *Reischauer/Kleinhans*, § 2 KWG Rz. 56; *Schäfer* in Boos/Fischer/Schulte-Mattler, § 2 KWG Rz. 54; *Schäfer* in Schäfer/Hamann, § 2a WpHG Rz. 14. A.A. *Fuchs* in Fuchs, § 2a WpHG Rz. 18; *Kumpan* in Schwark/Zimmer, § 2a WpHG Rz. 7; *Versteegen/Baum* in KölnKomm. WpHG, § 2a WpHG Rz. 13 (Beteiligungen von Arbeitnehmern des Tochterunternehmens am Mutterunternehmen sind erfasst).
2 Ähnlich *Kumpan* in Schwark/Zimmer, § 2a WpHG Rz. 7 (gewisser Organisationsgrad); *Versteegen/Baum* in KölnKomm. WpHG, 1. Aufl. 2007, § 2a WpHG Rz. 12 („Beteiligungen von Arbeitnehmern aufgrund eines dahingehenden Konzepts und entsprechend in einer gewissen Vielzahl").
3 RegE Umsetzungsgesetz, BT-Drucks. 13/7142 v. 6.3.1997, 1, 71; *BaFin*, Merkblatt Ausnahme für Verwaltung Arbeitnehmerbeteiligungen, 2.a).
4 Vgl. *BaFin*, Merkblatt Ausnahme für Verwaltung Arbeitnehmerbeteiligungen, 2.a).
5 Ebenso *Fuchs* in Fuchs, § 2a WpHG Rz. 18; *Kumpan* in Schwark/Zimmer, § 2a WpHG Rz. 7.
6 RegE Umsetzungsgesetz, BT-Drucks. 13/7142 v. 6.3.1997, 1, 71; *BaFin*, Merkblatt Ausnahme für Verwaltung Arbeitnehmerbeteiligungen, 2.a).
7 RegE Umsetzungsgesetz, BT-Drucks. 13/7142 v. 6.3.1997, 1, 103, 71.
8 RegE 2. FiMaNoG, BT-Drucks. 18/10936 v. 23.2.2017, 1, 223.
9 Art. 2 Abs. 1 lit. a RL 2014/65/EU vom 15.5.2014 lautet: „Diese Richtlinie gilt nicht für a) Versicherungsunternehmen sowie Unternehmen, die die in der Richtlinie 2009/138/EG genannten Rückversicherungs- und Retrozessionstätigkeiten ausüben, wenn sie die in jener Richtlinie genannten Tätigkeiten ausüben".

26 **Versicherungsunternehmen** sind Unternehmen, die den Betrieb von Versicherungsgeschäften i.S.d. Richtlinie 2009/138/EG (Rz. 25) zum Gegenstand haben und nicht Träger der Sozialversicherung sind (§ 1 Abs. 1 Nr. 1 VAG i.V.m. § 7 Nr. 33 und 34 VAG)[1]. Ihre Herausnahme aus dem Kreis von Wertpapierdienstleistungsunternehmen und aus der Beaufsichtigung nach den Vorschriften des WpHG beruht auf dem Umstand, dass Versicherungsunternehmen bereits der Aufsicht nach den Vorschriften des Gesetzes über die Beaufsichtigung der Versicherungsunternehmen (Versicherungsaufsichtsgesetz – VAG) unterliegen. Aus diesem Grund ist es auch gerechtfertigt, die ebenfalls im VAG erfassten **Pensionsfonds** i.S.v. § 236 Abs. 1 VAG (§ 1 Abs. 1 Nr. 5 VAG) und **Versicherungs-Zweckgesellschaften** i.S.v. § 168 VAG (§ 1 Abs. 1 Nr. 3 VAG) als von der Ausnahmebestimmung erfasst zu betrachten: Sie stellen zwar keine Versicherungsunternehmen dar, unterliegen aber wie diese der Aufsicht nach dem VAG[2]. Im Übrigen sind nur solche Unternehmen erfasst, die nach dem VAG zum Geschäftsbetrieb im Inland befugt sind[3].

27 Auf Versicherungsunternehmen, die kraft der Ausnahme des § 3 Abs. 1 Satz 1 Nr. 4 WpHG nicht als Wertpapierdienstleistungsunternehmen gelten und damit nicht den Vorschriften des WpHG über Wertpapierdienstleistungsunternehmen unterliegen, bei denen es sich aber um Unternehmen handelt, die Mitglieder oder Teilnehmer von organisierten Märkten (i.S.v. § 2 Abs. 11 WpHG) oder multilateralen Handelssystemen (i.S.v. § 2 Abs. 8 Satz 1 Nr. 8 WpHG) sind und die von der Ausnahme nach § 3 Abs. 1 Satz 1 Nr. 4 WpHG Gebrauch machen, finden nach § 3 Abs. 3 Satz 1 WpHG die §§ 77, 78 und 80 Abs. 2 und 3 WpHG entsprechende Anwendung. Dazu Rz. 93.

28 **5. Öffentliche Schuldenverwaltung, Zentralbanken und bestimmte internationale Finanzinstitute (§ 3 Abs. 1 Satz 1 Nr. 5 WpHG).** Keine Wertpapierdienstleistungsunternehmen waren nach § 2b Abs. 1 Nr. 5 WpHG a.F. und sind nach § 3 Abs. 1 Satz 1 Nr. 5 WpHG auch weiterhin die öffentliche Schuldenverwaltung des Bundes, eines seiner Sondervermögen, eines Landes, eines anderen Mitgliedstaats der Europäischen Union oder eines anderen Vertragsstaats des Abkommens über den Europäischen Wirtschaftsraum, die Deutsche Bundesbank und andere Mitglieder des Europäischen Systems der Zentralbanken sowie die Zentralbanken der anderen Vertragsstaaten[4]. Die Ausnahmevorschrift des § 2a Abs. 1 Nr. 5 WpHG a.F. gleicht derjenigen in § 37 Abs. 1 Nr. 2 der Ursprungsfassung des WpHG und diente zunächst der – durch Art. 2 Nr. 4 des Umsetzungsgesetzes vom 22.10.1997 (Rz. 4 i.) bewirkten – Umsetzung von Art. 2 Abs. 2 lit. f RL 93/22/EWG vom 10.5.1993 (Rz. 5 j.). Um den Anforderungen von Art. 2 lit. e RL 2004/39/EG vom 21.4.2004 (Rz. 5 i.) zu genügen, bedurfte die Vorschrift keiner großen Änderungen. Durch Art. 1 Nr. 3 des Finanzmarktrichtlinie-Umsetzungsgesetzes vom 16.7.2007 (Rz. 4 h.) wurde der Wortlaut lediglich an Art. 2 Abs. 1 lit. g RL 2004/39/EG angeglichen, um dem Umstand Rechnung zu tragen, dass zum 1.6.1998 das Europäische System der Zentralbanken geschaffen wurde. Inhaltlich stellt dies eine Klarstellung und keine Änderung der Vorschrift dar[5].

29 Die Neuzählung des bisherigen § 2b Abs. 1 Nr. 5 WpHG a.F. als § 3 Abs. 1 Satz 1 Nr. 5 WpHG durch Art. 3 Nr. 4 des 2. FiMaNoG (Rz. 4 a.) verband sich mit einer **Erweiterung des Anwendungsbereichs der Vorschrift** auf „internationale Finanzinstitute, die von zwei oder mehreren Staaten gemeinsam errichtet werden, um zugunsten dieser Staaten Finanzierungsmittel zu beschaffen und Finanzhilfen zu geben, wenn Mitgliedstaaten von schwerwiegenden Finanzierungsproblemen betroffen oder bedroht sind" durch Art. 3 Nr. 4 lit. b cc des 2. FiMaNoG. Mit dieser Ergänzung wurde Art. 2 Abs. 1 lit. h RL 2014/65/EU vom 15.5.2014 (Rz. 5 b.) umgesetzt. Der Bestimmung entspricht § 2 Abs. 6 Satz 1 Nr. 1, 1b und 3 KWG.

30 **6. Gelegentliche Wertpapierdienstleistungen der Angehörigen freier Berufe (§ 3 Abs. 1 Satz 1 Nr. 6 WpHG).** Nach § 2a Abs. 1 Nr. 6 WpHG a.F. galten Angehörige freier Berufe, die Wertpapierdienstleistungen nur gelegentlich und im Rahmen eines Mandatsverhältnisses als Freiberufler erbringen und einer Berufskammer in der Form der Körperschaft des öffentlichen Rechts angehören, deren Berufsrecht die Erbringung von Wertpapierdienstleistungen nicht ausschließt, gelten nach § 3 Abs. 1 Satz 1 Nr. 6 WpHG nicht als Wertpapierdienstleistungsunternehmen. Art. 3 Nr. 4 des 2. FiMaNoG hat der Bestimmung die neue Zählung als § 3 Abs. 1 Satz 1 Nr. 6 WpHG gebracht und Art. 3 Nr. 4 lit. b cc 2. FiMaNoG hat bewirkt, dass das Merkmal „gelegentlich" ergänzt wurde und die Wertpapierdienstleistung, um unter die Ausnahme zu fallen, nunmehr „gelegentlich i.S.d. Art. 4 der Delegierten Verordnung (EU) 2017/565 [Rz. 5 b.]" erbracht werden muss. Die frühere Fassung der Vorschrift diente der Umsetzung von Art. 2 Abs. 2 lit. c RL 93/22/EWG vom 10.5.1993 (Rz. 5 j.). Eine geringfügige Abwandlung des Wortlauts der ursprünglichen Bestimmung durch Art. 1 Nr. 3 des Finanzmarktrichtlinie-Umsetzungsgesetzes vom 16.7.2007 (Rz. 4 h.) diente der Klarstellung, dass nur im Rahmen eines

---

1 *BaFin*, Merkblatt Ausnahme für Versicherungsunternehmen, 1., mit dem Hinweis, das VAG sei als Bundesrecht auch dann die Grundlage für die Aufsicht, wenn sie nicht durch die Bundesanstalt, sondern durch die Länderaufsichtsbehörden ausgeübt werde. Das Merkblatt bezieht sich zwar auf die Parallelvorschrift des § 2 Abs. 6 Satz 1 Nr. 4 KWG, kann aber auch für die Auslegung des Ausnahmetatbestands des § 2a Abs. 1 Nr. 4 WpHG herangezogen werden.
2 *BaFin*, Merkblatt Ausnahme für Versicherungsunternehmen, 1.
3 *BaFin*, Merkblatt Ausnahme für Versicherungsunternehmen, 2.
4 RegE Umsetzungsgesetz, BT-Drucks. 13/7142 v. 6.3.1997, 1, 103, 71. Vgl. auch *BaFin*, Merkblatt Ausnahme für öffentliche Schuldenverwaltung, 2.
5 RegE Finanzmarktrichtlinie-Umsetzungsgesetz, BT-Drucks. 16/4028 v. 12.1.2007, 1, 57.

Mandatsverhältnisses Wertpapierdienstleistungen von Angehörigen freier Berufe ohne aufsichtsrechtliches Zulassungserfordernis erbracht werden dürfen. Die Vorschrift entspricht § 2 Abs. 6 Satz 1 Nr. 10 KWG.

Angehörige **freier Berufe** sind Personen, die Dienste höherer Art höchstpersönlich zu erbringen haben. Darunter fallen auf jeden Fall die für den Anwendungsbereich des WpHG und dieser Ausnahmebestimmung in erster Linie in Frage kommenden Rechts- und Patentanwälte, Anwalts-Notare, Wirtschaftsprüfer, Steuerberater und (wenngleich in diesem Zusammenhang weniger bedeutsam) Architekten[1]. Eine Aufzählung freier Berufe findet sich in § 1 Abs. 2 PartGG.

Die fraglichen Wertpapierdienstleistungen müssen **im Zusammenhang mit der Berufsausübung** des Freiberuflers anfallen und in einer sachlichen Verbindung gerade zu dieser Berufstätigkeit stehen[2]. Freigestellt werden diese Dienstleistungen nur dann, wenn sie nicht planmäßig und auf Dauer erbracht werden, sondern nur **gelegentlich i.S.d. Art. 4 DelVO 2017/565** vom 25.4.2016 (Rz. 5 b.). Eine gelegentliche Erbringung von Wertpapierdienstleistungen im Rahmen einer (frei-)beruflichen Tätigkeit liegt nach dieser Bestimmung vor, wenn sämtliche der „folgenden Bedingungen erfüllt sind:

a) es besteht ein enger und sachlicher Zusammenhang zwischen der beruflichen Tätigkeit und der Erbringung der Wertpapierdienstleistung an den gleichen Kunden, so dass die Wertpapierdienstleistung als Zusatz zur hauptberuflichen Tätigkeit betrachtet werden kann;

b) die Erbringung der Wertpapierdienstleistung an die Kunden der hauptberuflichen Tätigkeit zielt nicht darauf ab, der Person, welche die berufliche Tätigkeit ausübt, eine systematische Einnahmequelle zu bieten; und

c) die Person, welche die berufliche Tätigkeit ausübt, vermarktet seine Fähigkeit zur Erbringung von Wertpapierdienstleistungen nicht und wirbt nicht anderweitig dafür, es sei denn in Bezug auf diese Wertpapierdienstleistungen wird gegenüber den Kunden offengelegt, dass diese zusätzlich zu der hauptberuflichen Tätigkeit erbracht werden."

Auch wenn diese Voraussetzungen gegeben sind, werden Wertpapierdienstleistungen eines Freiberuflers nur freigestellt, wenn dieser selbst **Mitglied einer Berufskammer** ist und deren Berufsrecht (Standesregeln) Wertpapierdienstleistungen der fraglichen Art nicht ausschließt.

7. Anlageberatung und Anlagevermittlung in Bezug auf Anteile oder Aktien an Investmentvermögen und Vermögensanlagen (§ 3 Abs. 1 Satz 1 Nr. 7 WpHG). a) Normentwicklung und Übersicht. In ihrer durch das Umsetzungsgesetz vom 22.10.1997 (Rz. 4 i.) in das WpHG gelangten Ursprungsfassung galt ein Unternehmen, dessen einzige Wertpapierdienstleistung darin bestand, Aufträge zum Erwerb oder zur Veräußerung von in der Vorschrift näher bestimmten Anteilen an Investmentvermögen an einen der in der Vorschriften angeführten Adressaten weiterzuleiten, nicht als Wertpapierdienstleistungsunternehmen, sofern es dem Unternehmen untersagt war, sich bei der Erbringung dieser Wertpapierdienstleistungen Eigentum oder Besitz an Geldern, Anteilscheinen oder Anteilen der Kunden zu verschaffen[3]. Diese vergleichsweise einfache Regelung ist im Laufe der Zeit ausgeweitet und differenziert und im Zuge dessen zu einem sprachlichen Monstrum geworden. Die wesentlichen Änderungen, die die Vorschrift erfahren hat, gehen zurück Art. 1 Nr. 3 des Finanzmarktrichtlinie-Umsetzungsgesetzes vom 16.7.2007 (Rz. 4 h.), auf Art. 3 Nr. 2 lit. a Gesetz zur Novellierung des Finanzanlagenvermittler- und Vermögensanlagenrechts vom 6.12.2011 (Rz. 4 g.), auf Art. 8 Nr. 2 lit. b AIFM-Umsetzungsgesetz vom 4.7.2013 (Rz. 4 e.) sowie Art. 1 Nr. 4 lit. a und Art. 2 Nr. 3 des 1. FiMaNoG vom 30.6.2016 (Rz. 4 b.). Art. 3 Nr. 4 des 2. FiMaNoG hat § 2b WpHG a.F. die neue Zählung als § 3 WpHG gebracht. Auf die einzelnen Änderungen ist hier nur insoweit einzugehen als sie sich in der heutigen Fassung der Vorschrift widerspiegeln.

Dem Verständnis und der Erläuterung der Vorschrift ist es dienlich, die aus einem Monstersatz bestehende Bestimmung **in ihre Bestandteile aufzuspalten**. Dabei bietet sich vor allem die Unterscheidung zwischen den **Adressaten der Vorschrift** – d.h. den Unternehmen, die bei Erfüllung der Voraussetzungen des § 3 Abs. 1 Satz 1 Nr. 7 WpHG nicht als Wertpapierdienstleistungsunternehmen gelten – und den im Satzteil nach lit. e bezeichneten **Produkten** an, auf die sich ihre Beratungstätigkeit bzw. Vermittlertätigkeit beziehen muss:

– **Adressaten der Vorschrift** in vorstehendem Sinn sind *zum einen* Unternehmen, die als Wertpapierdienstleistung für andere ausschließlich die **Anlageberatung** in Bezug auf Anteile oder Aktien von Investmentvermögen oder Vermögensanlagen der im Satzteil nach lit. e bezeichneten Art ausüben. Adressaten sind *zum anderen* **Anlagevermittler**, die ausschließlich die Vermittlung zwischen Kunden (d.h. Anlegern) einerseits und den in lit. a bis e bezeichneten möglichen Vermittlungspartnern anderseits in Bezug auf Anteile oder Aktien von Investmentvermögen oder Vermögensanlagen der im Satzteil nach lit. e bezeichneten Art betreiben.

---

1 Vgl. *Hopt* in Baumbach/Hopt, § 1 HGB Rz. 19.
2 RegE Finanzmarktrichtlinie-Umsetzungsgesetz, BT-Drucks. 16/4028 v. 12.1.2007, 1, 57/58; *Fuchs* in Fuchs, § 2a WpHG Rz. 24; *Kumpan* in Schwark/Zimmer, § 2a WpHG Rz. 11; *Schäfer* in Schäfer/Hamann, § 2a WpHG Rz. 20; *Versteegen/Baum* in KölnKomm. WpHG, § 2a WpHG Rz. 19.
3 Zum regulatorischen Hintergrund dieser Vorschrift ausführlich 2. Aufl. (1999), § 2a WpHG Rz. 31 ff.

37 – Die Wertpapierdienstleistungen der Anlageberater oder Anlagevermittler für andere müssen sich, um diese nicht als dem WpHG unterfallende Wertpapierdienstleistungsunternehmen zu qualifizieren, auf die im Satzteil nach lit. e bezeichneten **Produkte** beschränken, nämlich auf

(1) Anteile oder Aktien von inländischen Investmentvermögen, die ausgegeben werden von einer Kapitalverwaltungsgesellschaft, welche eine Erlaubnis nach § 7 oder § 97 Abs. 1 InvG in der bis zum 21.7.2013 geltenden Fassung hat, die für den in § 345 Abs. 2 Satz 1, Abs. 3 Satz 2, i.V.m. Abs. 2 Satz 1, oder Abs. 4 Satz 1 KAGB vorgesehenen Zeitraum noch fortbesteht, oder die eine Erlaubnis nach den §§ 20, 21 oder den §§ 20, 22 KAGB hat, *oder*

(2) Anteile oder Aktien von inländischen Investmentvermögen, die ausgegeben werden von einer EU-Verwaltungsgesellschaft, die eine Erlaubnis hat

i) *entweder* nach Art. 6 RL 2009/65/EG vom 13.7.2009, die zuletzt durch RL 2014/91/EU geändert worden ist,

ii) *oder* nach Art. 6 RL 2011/61/EU vom 8.6.2011, die zuletzt durch RL 2014/65/EU geändert worden ist,

(3) oder Anteile oder Aktien an EU-Investmentvermögen oder ausländischen AIF, die nach dem Kapitalanlagegesetzbuch vertrieben werden dürfen, mit Ausnahme solcher AIF, die nach § 330a KAGB vertrieben werden dürfen,

(4) oder Vermögensanlagen i.S.d. § 1 Abs. 2 VermAnlG, die erstmals öffentlich angeboten werden.

Für die Anlageprodukte „Investmentvermögen" – vorstehend (1) bis (3) – bestimmt § 3 Abs. 1 Satz 1 Nr. 7 Halbsatz 2 WpHG, dass Anteile oder Aktien an Hedgefonds i.S.v. § 283 KAGB nicht als Anteile an Investmentvermögen i.S.d. § 3 Abs. 1 Satz 1 Nr. 7 WpHG gelten.

38 – Um nicht als Wertpapierdienstleistungsunternehmen zu gelten, dürfen die vorstehende Voraussetzungen erfüllenden Anlageberater oder Anlagevermittler **nicht befugt sein**, sich bei der Erbringung dieser Dienstleistungen **Eigentum oder Besitz an Geldern oder Anteilen von Kunden zu verschaffen**, es sei denn, das Unternehmen beantragt und erhält eine entsprechende Erlaubnis nach § 32 Abs. 1 KWG.

39 **b) Einzelheiten. aa) Anlageberater und Anlagevermittler.** Als Unternehmen, die bei Erfüllung der Voraussetzungen des § 3 Abs. 1 Satz 1 Nr. 7 WpHG nicht als Wertpapierdienstleistungsunternehmen gelten, kommen solche in Betracht, die ausschließlich Anlageberatung und Anlagevermittlung nach näherer Maßgabe der Vorschrift (Rz. 36) betreiben. Nahm die ursprüngliche Fassung der Vorschrift Unternehmen aus, die als einzige Wertpapierleistung Aufträge zum Erwerb oder zur Veräußerung von Investmentanteilen an näher bestimmte Stellen „weiterleiten", so sind dies seit der Änderung der Vorschrift durch Art. 1 Nr. 3 lit. a des Finanzmarktrichtlinie-Umsetzungsgesetzes v. 16.7.2007 (Rz. 4 h.) Unternehmen, die als Wertpapierdienstleistung für andere ausschließlich die Anlageberatung und die Anlagevermittlung betreiben (näher dazu 6. Aufl., § 2a WpHG Rz. 29). Diese Änderung korrespondiert mit dem Umstand, dass das Finanzmarktrichtlinie-Umsetzungsgesetz die zuvor als Wertpapiernebendienstleistung behandelte Anlageberatung in den Kreis der Wertpapierdienstleistungen aufnahm (§ 2 WpHG Rz. 167).

40 Zum **Unternehmensbegriff** Rz. 12. Aus der Definition der **Anlageberatung** in § 2 Abs. 8 Satz 1 Nr. 10 WpHG ergibt sich, dass es sich bei der Anlageberatung i.S.d. § 3 Abs. 1 Satz 1 Nr. 7 WpHG um die Abgabe von persönlichen Empfehlungen gegenüber Kunden oder deren Vertreter handeln muss (näher § 2 WpHG Rz. 168). Bei der **Anlagevermittlung** handelt es sich nach § 2 Abs. 8 Satz 1 Nr. 4 WpHG um die Vermittlung von Geschäften über die Anschaffung und die Veräußerung von Finanzinstrumenten *entweder* in der Weise, dass der Vermittler mit beiden Parteien des beabsichtigten Geschäfts in Verbindung tritt und dadurch zum Vertragsschluss beiträgt, oder zwei zu dem fraglichen Geschäft entschlossene Parteien zusammenführt *oder* dergestalt, dass er eine Tätigkeit entfaltet, die über den bloßen Nachweis der Gelegenheit zum Abschluss solcher Verträge hinausgeht. § 3 Abs. 1 Satz 1 Nr. 7 WpHG begrenzt den Kreis der miteinander in Verbindung zu bringenden Parteien auf Kunden, d.h. Anleger, einerseits und die in lit. a bis e bezeichneten Gegenparteien andererseits.

41 Nicht als Wertpapierdienstleistungsunternehmen gelten nach § 3 Abs. 1 Satz 1 Nr. 7 WpHG nur solche Anlageberater und Vermittler, die **ausschließlich** die Anlageberatung über die in der Vorschrift nach lit. e angeführten Produkte (Rz. 37) bzw. die Anlagevermittlung zwischen Anlegern und den in lit. a bis e angeführten Gegenparteien in Bezug auf diese Produkte betreiben. Die Ausschließlichkeit ist erfüllt, wenn das betroffene Unternehmen die Anlageberatung und/oder Anlagevermittlung in Bezug auf mindestens eine der in der Vorschrift nach lit. e benannten Produktarten vornimmt und darüber hinaus im Hinblick auf keine Geschäfte mit anderen Finanzprodukten berät oder vermittelt.

42 **bb) Partei und erfasste Gegenparteien bei der Anlagevermittlung (§ 3 Abs. 1 Satz 1 Nr. 7 lit. a bis e WpHG).** Die Anlagevermittlung muss sich auf Geschäfte zwischen **Kunden**, d.h. Anlegern, und den **in lit. a bis e bezeichneten Gegenparteien** beziehen.

43 – Bei den in lit. a bezeichneten „**Instituten im Sinne des Kreditwesengesetzes**" handelt es sich gem. § 1 Abs. 1b KWG um Kreditinstitute i.S.v. § 1 Abs. 1 KWG und um Finanzdienstleistungsinstitute i.S.v. § 1a KWG.

– Des Weiteren werden in lit. b als potentielle Gegenparteien **Institute oder Finanzunternehmen** mit Sitz in einem anderen Staat des **Europäischen Wirtschaftsraums** angeführt, die die Voraussetzungen nach § 53b Abs. 1 Satz 1 oder Abs. 7 KWG erfüllen; Vertragsstaaten des Europäischen Wirtschaftsraums sind die Mitgliedstaaten der EU sowie Island, Liechtenstein und Norwegen. 44

– Mögliche Gegenparteien sind gem. lit. c **Unternehmen mit Sitz in einem Drittstaat**, die aufgrund einer Rechtsverordnung durch das Bundesministerium der Finanzen nach § 53c KWG gleichgestellt oder freigestellt sind. 45

– Darüber hinaus kommen als Gegenparteien nach lit. d auch **Kapitalverwaltungsgesellschaften** (d.h. nach § 17 Abs. 1 KAGB Unternehmen mit satzungsmäßigem Sitz und Hauptverwaltung im Inland, deren Geschäftsbetrieb darauf gerichtet ist, inländische Investmentvermögen, EU-Investmentvermögen oder ausländische AIF zu verwalten, wobei die Verwaltung mindestens die Portfolioverwaltung oder das Risikomanagement für ein oder mehrere Investmentvermögen umfassen muss), **extern verwaltete Investmentgesellschaften** (d.h. nach § 2 Abs. 13 i.V.m. Abs. 11 KAGB Investmentgesellschaften i.S.v. Investmentvermögen in der Rechtsform einer Investmentaktiengesellschaft oder Investmentkommanditgesellschaf, die eine externe Verwaltungsgesellschaft bestellt haben), **EU-Verwaltungsgesellschaften** i.S.v. § 1 Abs. 17 KAGB (dazu Rz. 51) oder **ausländischen AIF-Verwaltungsgesellschaften** i.S.v. § 1 Abs. 18 KAGB[1] in Betracht. Die Terminologie geht auf Art. 8 Nr. 2 lit. a AIFM-Umsetzungsgesetz vom 4.7.2013 (Rz. 4 e.) zurück und dient der redaktionellen Anpassung von lit. d an die durch das KAGB geänderten Begriffsbestimmungen. 46

– Schließlich können Gegenparteien nach lit. e auch **Anbieter oder Emittenten von Vermögensanlagen i.S.d. § 1 Abs. 2 VermAnlG** sein. **Vermögensanlagen** sind nach dieser Bestimmung nicht in Wertpapieren im Sinne des WpPG verbriefte und nicht als Anteile an Investmentvermögen i.S.d. § 1 Abs. 1 KAGB ausgestaltete 1. Anteile, die eine Beteiligung am Ergebnis eines Unternehmens gewähren, 2. Anteile an einem Vermögen, das der Emittent oder ein Dritter in eigenem Namen für fremde Rechnung hält oder verwaltet (Treuhandvermögen), 3. partiarische Darlehen, 4. Nachrangdarlehen, 5. Genussrechte, 6. Namensschuldverschreibungen und 7. sonstige Anlagen, die eine Verzinsung und Rückzahlung oder einen vermögenswerten Barausgleich im Austausch für die zeitweise Überlassung von Geld gewähren oder in Aussicht stellen, in allen vorgenannten Fällen vorausgesetzt, dass die Annahme der Gelder nicht als Einlagengeschäft i.S.d. § 1 Abs. 1 Satz 2 Nr. 1 KWG zu qualifizieren ist. **Emittent** solcher Vermögensanlagen ist nach § 1 Abs. 3 VermAnlG die Person oder die Gesellschaft, deren Vermögensanlagen auf Grund eines öffentlichen Angebots im Inland ausgegeben sind. **Anbieter** ist, wer öffentlich eine konkrete Möglichkeit zum Erwerb der Vermögensanlagen eröffnet[2]. 47

cc) **Erfasste Produkte (nach § 3 Abs. 1 Satz 1 Nr. 7 lit. e WpHG).** Unternehmen, die als Wertpapierdienstleistung für andere ausschließlich die Anlageberatung einerseits und die Anlagevermittlung zwischen Anlegern und den in lit. a bis d bezeichneten Kunden betreiben, gelten nur dann nicht als Wertpapierdienstleistungsunternehmen, wenn sich diese Wertpapierdienstleistungen auf die nachfolgend angeführten **vier Anlageinstrumente (Produkte) beschränken:** (1) Anteile oder Aktien von inländischen Investmentvermögen, die von einer Kapitalverwaltungsgesellschaft der in § 3 Abs. 1 Satz 1 Nr. 7 nach lit. e WpHG bezeichneten Art ausgegeben werden, (2) Anteile oder Aktien an inländischen Investmentvermögen bezieht, die von einer EU-Verwaltungsgesellschaft der in § 3 Abs. 1 Satz 1 Nr. 7 nach lit. e WpHG bezeichneten Art ausgegeben werden, (3) Anteile oder Aktien an EU-Investmentvermögen oder ausländischen AIF, oder (4) Vermögensanlagen i.S.v. § 1 Abs. 2 VermAnlG, die erstmals öffentlich angeboten werden (Rz. 37). 48

(1) **Investmentvermögen.** Die vorstehend in Rz. 48 und in Rz. 37 jeweils unter (1) bis (3) aufgeführten Anlageprodukte betreffen Anteile oder Aktien an inländischen Investmentvermögen. **Inländischen Investmentvermögen** sind nach § 1 Abs. 7 KAGB Investmentvermögen, die dem inländischen Recht unterliegen. **Investmentvermögen** ist nach § 1 Abs. 1 Satz 1 KAGB jeder Organismus für gemeinsame Anlagen, der von einer Anzahl von Anlegern (i.S.v. § 1 Abs. 1 Satz 2 KAGB) Kapital einsammelt, um es gemäß einer festgelegten Anlagestrategie zum Nutzen dieser Anleger zu investieren und der kein operativ tätiges Unternehmen außerhalb des Finanzsektors ist. Investmentvermögen in diesem Sinne sind Organismen für gemeinsame Anlagen in Wertpapieren (OGAW) nach § 1 Abs. 2 KAGB und Alternative Investmentfonds (AIF) nach § 1 Abs. 3 KAGB als Investmentvermögen, die keine OGAW sind. Damit erfasst die Bereichsausnahme „sowohl Publikumsinvestmentvermögen als auch Spezial-AIF"[3] Kraft ausdrücklicher Regelung in **§ 3 Abs. 1 Satz 1 Nr. 7 Halbsatz 2 WpHG** gelten Anteile oder Aktien an den als besonders risikoreich geltenden **Hedgefonds** i.S.v. § 283 KAGB nicht als Anteile an Investmentvermögen. 49

---

1 Nach dieser Vorschrift sind ausländische AIF-Verwaltungsgesellschaften „Unternehmen mit Sitz in einem Drittstaat, die den Anforderungen an einen Verwalter alternativer Investmentfonds im Sinne der Richtlinie 2011/61/EU entsprechen".
2 *Maas* in Assmann/Schlitt/von Kopp-Colomb, § 1 VermAnlG (zum Begriff des Angebots und des Anbieters i.S.d. VermAnlG näher ebd. Rz. 3 bis 18).
3 RegE AIFM-Umsetzungsgesetz, BT-Drucks. 17/12294 v. 6.2.2013, 1, 309.

50 Die nähere Bestimmung der in Rz. 48 und Rz. 37 jeweils unter (1) bezeichneten **Anteile oder Aktien von inländischen Investmentvermögen, die von einer Kapitalverwaltungsgesellschaft ausgegeben werden**, in § 3 Abs. 1 Satz 1 Nr. 7 nach lit. e WpHG geht zurück auf Art. 8 Nr. 2 lit. b des AIFM-Umsetzungsgesetzes vom 4.7.2013 (Rz. 4 e.). Mit der Änderung wird – abweichend von der früheren Vorschrift – verlangt, dass diese Kapitalgesellschaft eine Erlaubnis nach § 7 oder § 97 Abs. 1 InvG in der bis zum 21.7.2013 geltenden Fassung hat, die für den in § 345 Abs. 2 Satz 1, Abs. 3 Satz 2 i.V.m. Abs. 2 Satz 1 oder Abs. 4 Satz 1 KAGB vorgesehenen Zeitraum noch fortbesteht oder die eine Erlaubnis nach den §§ 20, 21 KAGB oder den §§ 20, 22 KAGB hat. Abgesehen davon, dass dadurch für einen **Übergangszeitraum** auch noch inländische Investmentvermögen von AIF-Kapitalverwaltungsgesellschaften mit Erlaubnis nach dem durch Art. 2a des AIFM-Umsetzungsgesetzes aufgehobenen InvG einbezogen wurden, werden dadurch nur noch Anteile oder Aktien inländischen Investmentvermögen erfasst, die von einer Kapitalverwaltungsgesellschaft mit **Erlaubnis** nach den vorstehenden Bestimmungen des KAGB ausgegeben werden.

51 Die Beschreibung der in Rz. 48 und Rz. 37 jeweils unter (2) **Anteile oder Aktien von inländischen Investmentvermögen** bezieht, **die von einer EU-Verwaltungsgesellschaft** der in § 3 Abs. 1 Satz 1 Nr. 7 nach lit. e WpHG bezeichneten Art ausgegeben werden, geht auf Art. 1 Nr. 4 lit. a 1. FiMaNoG (Rz. 4 b.) zurück. Im Mittelpunkt der Neufassung dieser Bestimmung des § 2a Abs. 1 Nr. 7 WpHG a.F. steht, dass die EU-Verwaltungsgesellschaft nunmehr über eine Erlaubnis nach näherer Maßgabe dieser Bestimmung verfügen muss. Diese Änderung begründet der Gesetzesentwurf eines 1. FiMaNoG wie folgt[1]: „Auf Grund der Änderung in Abs. 1 Nr. 7 [gemeint ist: nach] Buchstabe e ist die Vermittlung von in der Vorschrift genannten Finanzinstrumenten ohne Erlaubnis ausdrücklich nur noch zwischen Kunden und Emittenten der Finanzinstrumente möglich. Die Änderung geht auf ein verwaltungsgerichtliches Urteil (VG Frankfurt/M., Urt. v. 25.2.2013 – 9 K 3960/12.F [[2]]) zurück, in dem das Gericht die Vermittlung von bestimmten Anteilen an geschlossenen Fonds auf dem Zweitmarkt zwischen Investoren als tatbestandsmäßig und damit erlaubnisfrei ansah. Dies trägt dem Anlegerschutzziel unzureichend Rechnung." **EU-Verwaltungsgesellschaften** sind nach § 1 Abs. 17 KAGB „Unternehmen mit Sitz in einem anderen Mitgliedstaat der Europäischen Union oder einem anderen Vertragsstaat des Abkommens über den Europäischen Wirtschaftsraum [Rz. 44], die den Anforderungen 1. an eine Verwaltungsgesellschaft oder an eine intern verwaltete Investmentgesellschaft im Sinne der Richtlinie 2009/65/EG oder 2. an einen Verwalter alternativer Investmentfonds im Sinne der Richtlinie 2011/61/EU des Europäischen Parlaments und des Rates vom 8.6.2011 über die Verwalter alternativer Investmentfonds und zur Änderung der Richtlinien 2003/41/EG und 2009/65/EG und der Verordnungen (EG) Nr. 1060/2009 und (EU) Nr. 1095/2010 (ABl. Nr. L 174 vom 1.7.2011, S. 1) entsprechen".

52 Die Anlageberater- oder Anlagevermittlertätigkeit i.S.v. § 3 Abs. 1 Satz 1 Nr. 7 WpHG kann sich weiter auf **Anteile oder Aktien an EU-Investmentvermögen oder ausländischen AIF** beziehen. **EU-Investmentvermögen** sind nach § 1 Abs. 8 KAGB Investmentvermögen, die dem Recht eines anderen Mitgliedstaates der EU oder eines anderen Vertragsstaates des EWR (Rz. 44) unterliegen. **Ausländische AIF** sind nach § 1 Abs. 9 KAGB Alternative Investmentfonds (AIF), die dem Recht eines Drittstaates unterliegen. AIF wiederum sind nach § 1 Abs. 3 KAGB alle Investmentvermögen i.S.v. § 1 Abs. 1 KAGB, die keine OGAW i.S.v. § 1 Abs. 2 KAGB sind.

53 **(2) Vermögensanlagen.** Zu den Anlageprodukten, auf die sich eine freigestellte Anlageberatung oder Anlagevermittlung beziehen kann, gehören **Vermögensanlagen** i.S.d. § 1 Abs. 2 VermAnlG, **die erstmals öffentlich angeboten** werden. Zu den damit erfassten Vermögensanlagen s. Rz. 47. Anders als zuvor erfasst die Freistellung nach § 3 Abs. 1 Satz 1 Nr. 7 WpHG aufgrund einer Änderung des ehemaligen § 2a Abs. 1 Nr. 7 WpHG a.F. durch Art. 2 Nr. 3 des 1. FiMaNoG (Rz. 4 b.) nur Vermögensanlagen, die erstmals öffentlich angeboten werden. Als Grund für diese Änderung wird in dem Bericht des Finanzausschusses zum Gesetzentwurf eines 1. FiMaNoG, auf dessen Beschlussempfehlung die Änderung zurückgeht, im Hinblick auf die gleichartige Änderung der Parallelvorschrift des § 2 Abs. 6 Satz 1 Nr. 8 KWG durch Art. 4 Nr. 2 des 1. FiMaNoG an[3]: „Durch die Änderung wird klargestellt, dass Unternehmen, die ausschließlich die Anlageberatung und die Anlagevermittlung zwischen Kunden und Anbietern oder Emittenten von Vermögensanlagen i.S.d. § 1 Abs. 2 des Vermögensanlagengesetzes (VermAnlG) betreiben, nur dann nicht als Finanzdienstleistungsinstitute anzusehen sind, wenn sich die Vermittlung auf Vermögensanlagen bezieht, die erstmals öffentlich angeboten werden. Den Anlass für eine entsprechende Klarstellung gab ein Urteil des VG Frankfurt/M. (Urt. v. 25.2.2013 – 9 K 3960/12.F [Nachweis Rz. 51]) in dem die Vermittlung von bestimmten Anteilen an geschlossenen Fonds auf dem Zweitmarkt zwischen Investoren als tatbestandsmäßig und damit nicht als erlaubnispflichtig nach dem KWG angesehen wurde. Die Ausnahmeregelung für Vermittler von Vermögensanlagen von den für Finanzdienstleistungsinstitute geltenden Vorschriften, insbesondere der KWG-Erlaubnispflicht und der laufenden Be-

---

1 RegE 1. FiMaNoG, BT-Drucks. 18/7482 v. 8.2.2016, 1, 58.
2 Nachgewiesen in juris, direkt abrufbar unter www.juris.de/perma?d=MWRE130000900, und beck-online BeckRS 2013, 48750.
3 *Beschlussempfehlung und Bericht des Finanzausschusses* (87. Ausschuss) zum RegE 1. FiMaNoG, BT-Drucks. 18/8099 v. 13.4.2016, 1, 110 f. Auf diese Begründung verweist die Begründung der Änderung des § 2a Abs. 1 Nr. 7 WpHG a.F. ebd. S. 109.

aufsichtigung durch die Bundesanstalt, war jedoch nur auf den unmittelbar mit der Emissionstätigkeit in Zusammenhang stehenden Vertrieb von Vermögensanlagen gerichtet. Eine über die Vermittlung zwischen Kunden und Anbietern oder Emittenten von Vermögensanlagen am Primärmarkt hinausgehende Ausnahme von den aufsichtsrechtlichen Vorschriften war dagegen nicht beabsichtigt. Eine solche weitergehende Vermittlung von Vermögensanlagen fällt als Finanzdienstleistung unter die für die Erbringung von Finanzdienstleistungen geltenden gesetzlichen Vorschriften und sollte von der Bundesanstalt entsprechend beaufsichtigt werden. Um klarzustellen, dass der Anwendungsbereich der Ausnahmeregelung in dieser Weise beschränkt ist, war im Regierungsentwurf eine Beschränkung des Ausnahmetatbestands auf die Anlagevermittlung zwischen Kunden und Emittenten vorgesehen. Diese Beschränkung hat jedoch nicht ausreichend berücksichtigt, dass Vermögensanlagen am Primärmarkt nicht nur durch den Emittenten selbst, sondern auch durch einen vom Emittenten verschiedenen Anbieter vertrieben werden. Vor diesem Hintergrund ist die beabsichtigte Klarstellung in der Weise vorzunehmen, dass auch die Anlagevermittlung zwischen Kunden und anderen Anbietern als Emittenten als tatbestandsmäßig und damit als nicht nach dem KWG erlaubnispflichtig angesehen wird, wenn die betroffenen Vermögensanlagen erstmals öffentlich angeboten werden. Um den bestehenden Gleichlauf mit der vorliegenden Regelung zu gewährleisten, erfolgt eine entsprechende Änderung in § 2a Abs. 1 Nr. 7 des Wertpapierhandelsgesetzes (WpHG)."

8. Besondere Geschäfte in Warenderivaten, Emissionszertifikaten oder Derivaten auf Emissionszertifikate (§ 3 Abs. 1 Satz 1 Nr. 8, 9 und 10, Satz 2 WpHG). Unternehmen, die Wertpapierdienstleistungen in der von § 3 Abs. 1 Satz 1 Nr. 8, 9 und 10 WpHG beschriebenen Weise erbringen, gelten nicht als Wertpapierdienstleistungsunternehmen. Alle drei Ausnahmetatbestände sind aufgrund von Art. 3 Nr. 4 lit. b ee 2. FiMaNoG (Rz. 4 a.) in § 3 Abs. 1 WpHG eingefügt worden. Die **bisherige Nr. 8** über die Freistellung von Geschäften sog. Locals an Derivatemärkten (6. Aufl., § 2a WpHG Rz. 34 ff.) ist durch die Neufassung von Nr. 8 de facto aufgehoben worden. Die Aufhebung beruht darauf, dass der in Art. 2 Abs. 1 lit. l RL 2004/39/EG vom 21.4.2004 (Rz. 5 i.) beschriebene Ausnahmetatbestand, auf den derjenige des alten Nr. 8 zurückgeht, in RL 2014/65/EU vom 15.5. 2014 (Rz. 5 b.) gestrichen wurde. Frühere Änderungen der Nr. 8 (a.F.) – etwa durch Art. 2 Nr. 1 lit. a des Hochfrequenzhandelsgesetzes vom 7.5.2013 (Rz. 4 f.) – sind damit obsolet geworden. Die Ausnahmetatbestände in Nr. 8 und 9 betreffen Unternehmen im Hinblick auf Wertpapierdienstleistungen in Bezug auf Warenderivate, Emissionszertifikate oder Derivate auf Emissionszertifikate, der Ausnahmetatbestand in Nr. 10 Unternehmen in Bezug auf Emissionszertifikate oder Derivate auf Emissionszertifikate.

54

Der Neufassung von § 3 Abs. 1 Satz 1 Nr. 8, 9 und 10 korrespondiert die **Einfügung von § 3 Abs. 1 Satz 2 WpHG** durch Art. 3 Nr. 4 lit. b nn 2. FiMaNoG (Rz. 4 a.). Sie ordnet an, dass Unternehmen, die die Voraussetzungen von § 3 Abs. 1 Satz 1 Nr. 8, 9 und/oder 10 WpHG erfüllen, dies der BaFin jährlich anzuzeigen haben.

55

a) Unternehmen nach § 3 Abs. 1 Satz 1 Nr. 8 WpHG. Die Neufassung von § 3 Abs. 1 Satz 1 Nr. 8 WpHG übernimmt nahezu wortgleich die umzusetzende Ausnahmeregelung des Art. 2 Abs. 1 lit. j RL 2014/65/EU vom 15.5.2014 (Rz. 5 b.).

56

Inhalt und Grund dieser sehr technisch gehaltenen **Ausnahmeregelung** fasst Erwägungsgrund 20 Abs. 1 RL 2014/65/EU vom 15.5.2014 wie folgt zusammen: „Personen, die für eigene Rechnung mit Warenderivaten, Emissionszertifikaten und Derivaten davon handeln oder für Kunden oder Zulieferer ihrer Haupttätigkeit Wertpapierdienstleistungen in Bezug auf Warenderivate oder Emissionszertifikate oder Derivate davon erbringen, einschließlich Market-Maker und unter Ausschluss von Personen, die Handel für eigene Rechnung treiben, wenn sie Kundenaufträge ausführen, sollten unter der Voraussetzung nicht in den Anwendungsbereich dieser Richtlinie fallen, dass diese Tätigkeit eine Nebentätigkeit zu ihrer Haupttätigkeit auf der Ebene der Unternehmensgruppe ist, und das die Haupttätigkeit weder in der Erbringung von Wertpapierdienstleistungen im Sinne der vorliegenden Richtlinie noch in der Erbringung von Bankgeschäften im Sinne der Richtlinie 2013/36/ EU [Rz. 9] des Europäischen Parlaments und des Rates ... oder im Betreiben des Market-Makings in Bezug auf Warenderivate besteht, und diese Personen keine hochfrequente algorithmische Handelstechnik anwenden. Die technischen Kriterien zur Bestimmung, wann eine Tätigkeit eine Nebentätigkeit zu einer solchen Haupttätigkeit darstellt, sollten in technischen Regulierungsstandards klargestellt werden, die den in dieser Richtlinie festgelegten Kriterien Rechnung tragen." Umgekehrt, so heißt es weiter in Erwägungsgrund 20 Abs. 2 RL 2014/ 65/EU vom 15.5.2014, solle durch die Regelung, namentlich durch die in lit. a bis d aufgestellten Ausnahmebedingungen, „sichergestellt werden, dass Nichtfinanzunternehmen, die mit Finanzinstrumenten in einer Weise Handel treiben, die im Vergleich zu dem Umfang der Anlagen in der Haupttätigkeit unverhältnismäßig ist, in den Anwendungsbereich dieser Richtlinie fallen".

57

Die Ausnahme nach Art. 2 Abs. 1 lit. j RL 2014/65/EU vom 15.5.2014, wie sie in § 3 Abs. 1 Satz 1 Nr. 8 WpHG umgesetzt ist, kann nach Erwägungsgrund 22 Satz 3 RL 2014/65/EU in Verbindung mit der Ausnahme nach Art. 2 Abs. 1 lit. d RL 2014/65/EU, die in § 3 Abs. 1 Satz 1 Nr. 11 WpHG als Eigengeschäfts- und Nebentätigkeitsausnahme umgesetzt wurde, angewandt werden[1].

58

---

1 Auch RegE 2. FiMaNoG, BT-Drucks. 18/10936 v. 23.2.2017, 1, 224.

59 Auf Unternehmen i.S.v. § 3 Abs. 1 Satz 1 Nr. 8 WpHG, die kraft der in dieser Bestimmung geregelten Ausnahme nicht als Wertpapierdienstleistungsunternehmen gelten und damit nicht den Vorschriften des WpHG über Wertpapierdienstleistungsunternehmen unterliegen, bei denen es sich aber um Unternehmen handelt, die Mitglieder oder Teilnehmer von organisierten Märkten (i.S.v. § 2 Abs. 11 WpHG) oder multilateralen Handelssystemen (i.S.v. § 2 Abs. 8 Satz 1 Nr. 8 WpHG) sind und die von der Ausnahme nach § 3 Abs. 1 Satz 1 Nr. 8 WpHG Gebrauch machen, finden nach § 3 Abs. 3 Satz 1 WpHG die §§ 77, 78 und 80 Abs. 2 und 3 WpHG entsprechende Anwendung. Dazu Rz. 93.

60 **b) Unternehmen nach § 3 Abs. 1 Satz 1 Nr. 9 und Nr. 10 WpHG (Absicherung von Geschäftsrisiken bestimmter Kunden).** § 3 Abs. 1 Satz 1 Nr. 9 und Nr. 10 WpHG erfasst Unternehmen, die Wertpapierdienstleistungen im Falle von Nr. 9 ausschließlich in Bezug auf Warenderivate, Emissionszertifikate oder Derivate auf Emissionszertifikate und im Falle von Nr. 10 ausschließlich in Bezug auf Emissionszertifikate oder Derivate auf Emissionszertifikate mit dem alleinigen Ziel der Absicherung der Geschäftsrisiken der in den Bestimmungen jeweils spezifizierten Kunden erbringen.

61 Mit § 3 Abs. 1 Satz 1 Nr. 9 und Nr. 10 WpHG werden nur fakultativ umsetzende Ausnahmen nach Art. 3 Abs. 1 lit. d und e RL 2014/65/EU umgesetzt. Dass von der Möglichkeit, die Ausnahmen umzusetzen, Gebrauch gemacht wurde, begründet der Gesetzentwurf eines 2. FiMaNoG wie folgt[1]: „Die Mitgliedstaaten der Europäischen Union haben im Hinblick auf Art. 3 Abs. 1 Buchstabe d und e ein Wahlrecht zur Umsetzung der Richtlinienvorschriften. Von diesem Wahlrecht macht der Gesetzgeber Gebrauch, weil einige lokale Energieversorgungsunternehmen und Betreiber von Anlagen, die unter das Emissionshandelssystem der Europäischen Union fallen, ihre Handelstätigkeiten in nichtkonsolidierten Tochtergesellschaften bündeln, um geschäftliche Risiken abzusichern. Das Erbringen von Wertpapierdienstleistungen durch solche Tochtergesellschaften mit dem alleinigen Ziel der Absicherung von Geschäftsrisiken ihrer Kunden, die aus Warenderivaten, Emissionszertifikaten oder Derivaten auf Emissionszertifikate resultieren, ist im volkswirtschaftlichen Interesse."

62 Die Nr. 9 und 10 haben nach dem vorzitierten Gesetzentwurf „weitgehend deckungsgleiche Voraussetzungen, wobei Nr. 9 als Kunden der Tochtergesellschaften bestimmte lokale Elektrizitätsunternehmen und Erdgasunternehmen und Nr. 10 als Kunden bestimmte Anlagenbetreiber erfasst."[2]

63 Für Unternehmen, die von einer Ausnahme nach § 3 Abs. 1 Satz 1 Nr. 9 oder 10 WpHG Gebrauch machen, gelten nach **§ 3 Abs. 3 Satz 2 WpHG** die §§ 22, 63 bis 83 und 85 bis 92 WpHG entsprechend. Dazu Rz. 95.

64 **9. Besondere Geschäfte in Finanzinstrumenten (§ 3 Abs. 1 Satz 1 Nr. 11 WpHG).** In Erwägungsgrund 22 Satz 1 RL 2014/65/EU vom 15.5.2014 (Rz. 5 b.) heißt es, Unternehmen, die mit Warenderivaten, Emissionszertifikaten und Derivaten davon handeln, können als Teil ihres mit der Geschäftstätigkeit oder dem Liquiditäts- und Finanzmanagement verbundenen Risikomanagements auch mit anderen Finanzinstrumenten Handel treiben, um sich gegen Risiken, wie z.B. Wechselkursrisiken, abzusichern. Solche Unternehmen, so ist im Hinblick auf die in § 3 Abs. 1 Satz 1 Nr. 11 WpHG – bei fast wortgleicher Übernahme der Richtlinienbestimmung – umgesetzte Ausnahmeregelung des Art. 2 Abs. 1 lit. d RL 2014/65/EU zu ergänzen, sind von den Anforderungen an Wertpapierdienstleistungsunternehmen auszunehmen.

65 Die Vorschrift erfasst **nur Unternehmen**, die ausschließlich Eigengeschäft mit anderen Finanzinstrumenten als Warenderivaten, Emissionszertifikaten oder Derivaten auf Emissionszertifikate betreiben, die keine anderen Wertpapierdienstleistungen – einschließlich keiner anderen Anlagetätigkeiten – erbringen, soweit sich diese auf andere Finanzinstrumente als Warenderivaten, Emissionszertifikaten oder Derivaten auf Emissionszertifikate bezieht und es sich nicht um ein Unternehmen nach Nr. 11 lit. a bis d handelt. Dabei finden sich sämtliche Begriffe außer dem der „Anlagetätigkeiten" in § 2 WpHG definiert. Die Aufnahme dieses im WpHG undefinierten Begriffs begründet der Gesetzesentwurf eines 2. FiMaNoG wie folgt: „Der Begriff der Wertpapierdienstleistung umfasst im deutschen Recht auch die Anlagetätigkeit gemäß MiFID II-Terminologie [d.h. der Terminologie von RL 2014/65/EU]. Um Zweifeln hinsichtlich des Anwendungsbereichs der Ausnahmeregelung entgegenzuwirken, wird die Anlagetätigkeit ausdrücklich genannt."[3] Dass es sich hierbei um eine Klarstellung handelt, erhellt schon daraus, dass RL 2014/65/EU die Begriffe „Wertpapierdienstleistungen" und „Anlagetätigkeit" synonym verwendet und in Art. 2 Abs. 1 Nr. 2 RL 2014/65/EU entsprechend definiert: „‚Wertpapierdienstleistungen und Anlagetätigkeiten' [als] jede in Anhang I Abschnitt A genannte Dienstleistung und Tätigkeit, die sich auf eines der Instrumente in Anhang I Abschnitt C bezieht". Die dort beschriebenen „Wertpapierdienstleistung und Anlagetätigkeiten" sind jedenfalls vom Katalog der Wertpapierdienstleistungen in § 2 Abs. 8 WpHG erfasst.

66 Die Ausnahme nach § 3 Abs. 1 Satz 1 Nr. 8 WpHG und diejenige nach § 3 Abs. 1 Satz 1 Nr. 11 WpHG können nebeneinander eingreifen (Rz. 58).

---

1 RegE 2. FiMaNoG, BT-Drucks. 18/10936 v. 23.2.2017, 1, 224.
2 RegE 2. FiMaNoG, BT-Drucks. 18/10936 v. 23.2.2017, 1, 224.
3 RegE 2. FiMaNoG, BT-Drucks. 18/10936 v. 23.2.2017, 1, 224.

10. Anlageberatung im Rahmen einer anderen beruflichen Tätigkeit (§ 3 Abs. 1 Satz 1 Nr. 12 WpHG). 67
Nicht als Wertpapierdienstleistungsunternehmen gelten nach § 3 Abs. 1 Satz 1 Nr. 12 WpHG Unternehmen, die als Wertpapierdienstleistung ausschließlich die Anlageberatung im Rahmen einer anderen beruflichen Tätigkeit erbringen, ohne sich die Anlageberatung gesondert vergüten zu lassen. Die aufgrund von Art. 1 Nr. 3 lit. a des Finanzmarktrichtlinie-Umsetzungsgesetzes vom 16.7.2007 (Rz. 4 h.) als § 2a Abs. 1 Nr. 11 WpHG in das Gesetz gelangte Ausnahmebestimmung dient der Umsetzung von Art. 2 Abs. 1 lit. j RL 2004/39/EG vom 21.4.2004 (Rz. 5 i.) und ist seither nur durch Art. 3 Abs. 4 lit. b gg 2. FiMaNoG vom 23.6.2017 (Rz. 4 a.) und lediglich in ihrer Zählung geändert worden. Ihr entspricht § 2 Abs. 6 Satz 1 Nr. 14 KWG. **Die bisherige Ausnahmevorschrift in § 2b Abs. 1 Nr. 12 WpHG a.F.** über Eigengeschäfte und Eigenhandel mit Waren oder Derivaten als Haupttätigkeit ist durch Art. 3 Abs. 4 lit. b gg 2. FiMaNoG aufgehoben worden, weil der jener zugrunde liegende Ausnahmetatbestand des Art. 2 Abs. 1 lit. k RL 2004/39/EG in der RL 2014/65/EU (Rz. 5 b.) gestrichen wurde.

Zum **Unternehmensbegriff** Rz. 12. **Anlageberatung** ist die in § 2 Abs. 8 Satz 1 Nr. 10 WpHG beschriebene Wertpapierdienstleistung. Daraus, dass die Anlageberatung **im Rahmen einer anderen beruflichen Tätigkeit** erbracht werden muss und **nicht zusätzlich zu dieser vergütet** werden darf, ist – schon um die Umgehung der für Wertpapierdienstleistungsunternehmen bzw. Finanzdienstleistungsinstitute geltenden Regeln des WpHG bzw. des KWG zu vermeiden – zu folgern, dass nicht jede *neben* einer anderen beruflichen Tätigkeit erbrachte Anlageberatung ausgenommen ist, sondern nur eine solche, die *im Zusammenhang* mit der jeweiligen beruflichen Tätigkeit wahrgenommen wird und dieser gegenüber eine untergeordnete Nebendienstleistung darstellt. Die Ausnahme ist etwa für Unternehmen von Bedeutung, die ihre Kunden bei Unternehmenserwerbs- und Übernahmevorhaben und -geschäften (M&A-Geschäften) beraten und in diesem Zusammenhang aufgrund der Kenntnis der individuellen Verhältnisse des Kunden auch Anlagerat erteilen. Als eine die Bereichsausnahme ausschließende Vergütung kommt nicht nur eine solche durch den Kunden, sondern auch eine solche durch Dritte in Form einer direkten leistungsbezogenen Vergütung oder in Form anderweitiger Zuwendungen (wie etwa Boni) in Betracht[1]. 68

11. Ausschließlicher Betrieb eines multilateralen Handelssystems (§ 3 Abs. 1 Satz 1 Nr. 13 WpHG). Nicht 69
als Wertpapierdienstleistungsunternehmen gelten schließlich nach § 3 Abs. 1 Satz 1 Nr. 13 WpHG Börsenträger oder Betreiber organisierter Märkte, die neben dem Betrieb eines multilateralen oder organisierten Handelssystems keine anderen Wertpapierdienstleistungen i.S.v. § 2 Abs. 8 Satz 1 WpHG erbringen. Diese Bereichsausnahme hat ihren **Grund** darin, dass die gesetzlichen Pflichten der Börsenträger oder Betreiber organisierter Märkte abschließend im Börsengesetz geregelt sind. Betreiber eines organisierten Markts ist der Betreiber eines **organisierten Markts** i.S.v. § 2 Abs. 11 WpHG. Im Hinblick auf die Begriffe „**multilaterales Handelssystem**" bzw. „**organisiertes Handelssystem**" ist auf die impliziten Begriffsbestimmungen in § 2 Abs. 8 Satz 1 Nr. 8 bzw. Nr. 9 WpHG und die Definitionen in § 2 Abs. 6 bzw. 7 BörsG zu verweisen.

Die aufgrund von Art. 1 Nr. 3 lit. a des Finanzmarktrichtlinie-Umsetzungsgesetzes vom 16.7.2007 (Rz. 4 h.) 70
erstmals in das WpHG gelangte Ausnahmevorschrift dient der Umsetzung von Art. 5 Abs. 2 RL 2004/39/EG vom 21.4.2004 (Rz. 5 i.). Der Vorschrift entspricht § 2 Abs. 6 Satz 1 Nr. 16 KWG. Ihre heutige Fassung und Zählung mit den neu eingefügten Begriffen „oder organisierten" Handelssystems hat die Vorschrift durch Art. 3 Nr. 4 lit. b ii 2. FiMaNoG erhalten. Mit diesem wurde Art. 5 Abs. 2 RL 2014/65/EU (Rz. 5 b.) umgesetzt.

12. Platzierungsgeschäft für Anbieter oder Emittenten von Vermögensanlagen (§ 3 Abs. 1 Satz 1 Nr. 14 71
WpHG). Die Ausnahmebestimmung des § 3 Abs. 1 Satz 1 Nr. 14 WpHG, dass Unternehmen, die das Platzierungsgeschäft ausschließlich für Anbieter oder für Emittenten von Vermögensanlagen i.S.d. § 1 Abs. 2 VermAnlG erbringen, ist durch Art. 3 Nr. 2 lit. d des Gesetzes zur Novellierung des Finanzanlagenvermittler- und Vermögensanlagenrechts vom 6.12.2011 (Rz. 4 g.) als § 2b Abs. 1 Nr. 14 WpHG a.F. in das WpHG eingeführt worden. Geringfügige redaktionelle Änderungen hat letztgenannte Bestimmung durch Art. 1 Nr. 4 lit. c 1. FiMaNoG (Rz. 4 b.) und Art. 3 Nr. 4 lit. b jj 2. FiMaNoG (Rz. 4 a.) erfahren. Die Neuzählung geht auf Art. 3 Nr. 4 des 2. FiMaNoG zurück.

Die Einfügung von § 2b Abs. 1 Nr. 14 WpHG a.F. in das WpHG beruht auf einer diesbezüglichen Beschluss- 72
empfehlung des Finanzausschusses, der hierfür zur **Begründung** anführt[2]: „Durch die Erweiterung der Ausnahmetatbestände um § 2 Abs. 6 Nr. 19 KWG und § 2a Abs. 1 Nr. 14 WpHG wird sichergestellt, dass einige Dienstleistungen, die im Rahmen der Emission, Platzierung und Verwaltung von Vermögensanlagen i.S.d. § 1 Abs. 2 des Vermögensanlagengesetzes typischerweise durch vom Anbieter oder Emittenten der Vermögensanlagen eingeschaltete Dritte wie etwa Treuhandgesellschaften oder Vertriebspartnern erbracht werden, nicht zu einer Erlaubnispflicht als Kredit- oder Finanzdienstleistungsinstitut führen und vom Anwendungsbereich des WpHG nicht erfasst werden. Eine Institutsaufsicht erscheint hier für den Anlegerschutz nicht erforderlich

---

1 *Balzer*, Umsetzung der MiFID: Ein neuer Rechtsrahmen für die Anlageberatung, ZBB 2007, 333, 335; *Kumpan* in Schwark/Zimmer, § 2a WpHG Rz. 20.
2 Beschlussempfehlung des Finanzausschusses, BT-Drucks. 17/7453 v. 25.10.2011, 1, 110.

§ 3 | Anwendungsbereich, Begriffsbestimmungen

und würde zu einer unverhältnismäßigen Belastung zahlreicher Fondsanbieter führen. So dient die verbreitete Einschaltung einer Treuhandgesellschaft in der Regel der Vereinfachung des Verfahrens bei der Beteiligung, etwa an einer Kommanditgesellschaft. Vergleichbares gilt für die vom Anbieter oft angebotenen und als Emissionsgeschäft zu qualifizierenden Platzierungsgarantien. Die Ausnahmetatbestände sind eng auf Vermögensanlagen nach § 1 Abs. 2 des Vermögensanlagengesetzes beschränkt, um keine Umgehungsmöglichkeiten zu eröffnen. Dienstleistungen in Bezug auf sonstige Finanzinstrumente sind nicht erfasst. Bringt ein von dem Anbieter oder dem Emittenten von Vermögensanlagen beauftragter Dritter im Rahmen der Organisation des Vertriebs Vermögensanlagen bei Wertpapierdienstleistungsunternehmen oder gewerblichen Finanzanlagenvermittlern im Rahmen einer Emission zur weiteren Vermittlung an Anleger unter, ohne dabei eine feste Übernahmeverpflichtung zu übernehmen, erfüllt dies den Tatbestand des Platzierungsgeschäfts nach § 1 Abs. 1a Satz 2 KWG und § 2 Abs. 8 Satz 1 Nr. 6 WpHG. Die Einführung einer weiteren Ausnahme in § 2 Abs. 6 KWG und § 2a Abs. 1 WpHG für diese Konstellation ist daher erforderlich. Durch die Qualifizierung von Vermögensanlagen i.S.d. § 1 Abs. 2 des Vermögensanlagengesetzes als Finanzinstrumente würden Zweitmarktfonds ggf. die Finanzportfolioverwaltung oder die Anlageverwaltung erbringen. Für diese Unternehmen ist daher eine Ausnahme unter § 2 Abs. 6 Satz 1 Nr. 20 vorgesehen."

73 **Platzierungsgeschäft** ist nach § 2 Abs. 8 Satz 1 Nr. 6 WpHG die Platzierung von Finanzinstrumenten ohne feste Übernahme, d.h. – die hochabstrakte Definition konkretisierend – die im Rahmen einer Emission und auf der Grundlage einer Platzierungsabrede mit dem Emittenten und in (offener oder mittelbarer) Stellvertretung desselben vorgenommenen Veräußerungen von Finanzinstrumenten i.S.v. § 2 Abs. 4 WpHG ohne feste Übernahmeverpflichtung (§ 2 WpHG Rz. 141). Zu den Begriffen **Anbieter oder Emittenten von Vermögensanlagen i. Abs. 2 VermAnlG** den von letzterer Bestimmung erfassten Vermögensanlagen Rz. 47.

74 13. **Handel mit Emissionszertifikaten durch Betreiber i.S.v. § 3 Nr. 4 TEHG (§ 3 Abs. 1 Satz 1 Nr. 15 WpHG). Emissionszertifikate** sind Finanzinstrumente i.S.v. § 2 Abs. 4 WpHG. Der Handel mit diesen (bspw. durch einen Betreiber i.S.d. § 3 Nr. 4 des Treibhausgas-Emissionshandelsgesetzes – TEHG – vom 21.7.2011[1]) kann – je nach der Art des Handels – eine der in § 2 Abs. 8 WpHG angeführten Wertpapierdienstleistungen erfüllen und den Händler (im Beispiel den Betreiber) zum Wertpapierdienstleistungsunternehmen machen. Das ist nach § 3 Abs. 1 Satz 1 Nr. 15 WpHG allerdings ausgeschlossen, wenn ein Betreiber i.S.d. § 3 Nr. 4 TEHG beim Handel mit Emissionszertifikaten alle der in § 3 Abs. 1 Satz 1 Nr. 15 lit. a bis d WpHG angeführten Voraussetzungen erfüllt, das heißt: a) ausschließlich Eigengeschäfte tätigt, b) keine Anlagevermittlung und keine Abschlussvermittlung betreibt, c) keine hochfrequente algorithmische Handelstechnik anwendet und d) keine anderen Wertpapierdienstleistungen i.S.v. § 2 Abs. 8 Satz 1 WpHG erbringt. Die Ausnahmevorschrift des § 3 Abs. 1 Satz 1 Nr. 15 WpHG ist durch Art. 3 Nr. 4 lit. b kk 2. FiMaNoG (Rz. 4 a.) in das WpHG eingefügt worden und setzt, bei weitgehender Übernahme des Wortlauts der Richtlinienbestimmung, Art. 2 Abs. 1 lit. e RL 2014/65/EU vom 15.5.2014 (Rz. 5 b.) um.

75 **Betreiber i.S.d. § 3 Nr. 4 TEHG** ist ein Anlagenbetreiber oder Luftfahrzeugbetreiber. **Anlagenbetreiber** ist nach § 3 Nr. 2 TEHG „eine natürliche oder juristische Person oder Personengesellschaft, die die unmittelbare Entscheidungsgewalt über eine Anlage innehat, in der eine Tätigkeit nach Anhang 1 Teil 2 Nr. 1 bis 32 durchgeführt wird, und die dabei die wirtschaftlichen Risiken trägt; wer im Sinne des Bundes-Immissionsschutzgesetzes eine genehmigungsbedürftige Anlage betreibt, in der eine Tätigkeit nach Anhang 1 Teil 2 Nr. 1 bis 30 durchgeführt wird, ist Anlagenbetreiber nach Halbsatz 1." **Luftfahrzeugbetreiber** ist nach § 3 Nr. 7 TEHG „eine natürliche oder juristische Person oder Personengesellschaft, die die unmittelbare Entscheidungsgewalt über ein Luftfahrzeug zu dem Zeitpunkt innehat, zu dem mit diesem eine Luftverkehrstätigkeit durchgeführt wird, und die dabei die wirtschaftlichen Risiken der Luftverkehrstätigkeit trägt, oder, wenn die Identität dieser Person nicht bekannt ist oder vom Luftfahrzeugeigentümer nicht angegeben wird, der Eigentümer des Luftfahrzeugs". **Eigengeschäfte** eines Händlers sind nach § 2 Abs. 8 Satz 6 WpHG Geschäfte, mit denen der Händler, ohne dass dem ein entsprechender Kundenauftrag zugrunde läge, Finanzinstrumente für sich kauft oder verkauft (§ 2 WpHG Rz. 115). **Anlagevermittlung** ist die Vermittlung von Geschäften über die Anschaffung und die Veräußerung von Finanzinstrumenten (§ 2 Abs. 8 Satz 1 Nr. 4 WpHG). **Abschlussvermittlung** ist die Anschaffung oder Veräußerung von Finanzinstrumenten in fremdem Namen für fremde Rechnung (§ 2 Abs. 8 Satz 1 Nr. 3 WpHG). Was eine **hochfrequente algorithmische Handelstechnik** ist, ergibt sich aus der Definition in § 2 Abs. 44 WpHG.

76 14. **Übertragungsnetzbetreiber (§ 3 Abs. 1 Satz 1 Nr. 16 WpHG).** Nach § 3 Abs. 1 Satz 1 Nr. 16 WpHG sind Übertragungsnetzbetreiber von dem Anwendungsbereich des WpHG ausgenommen, soweit sie Dienstleistungen erbringen, die mit den Tätigkeiten eines Übertragungsnetzbetreibers nach den in der Vorschrift angeführten Verordnungen in Zusammenhang stehen. Die Ausnahmebestimmung ist durch Art. 3 Nr. 4 lit. b kk 2. FiMaNoG in das WpHG eingefügt worden und dient der Umsetzung von Art. 2 Abs. 1 lit. n RL 2014/65/EU vom 15.5.2014 (Rz. 5 b.).

---

1 BGBl. I 2011, 1475.

Übertragungsnetzbetreiber i.S.d. § 3 Abs. 1 Satz 1 Nr. 16 WpHG ist zum einen ein Übertragungsnetzbetreiber 77
gem. Art. 2 Nr. 4 RL 2009/72/EG vom 13.7.2009[1], d.h. „eine natürliche oder juristische Person, die verantwortlich ist für den Betrieb, die Wartung sowie erforderlichenfalls den Ausbau des Übertragungsnetzes in einem bestimmten Gebiet und gegebenenfalls der Verbindungsleitungen zu anderen Netzen sowie für die Sicherstellung der langfristigen Fähigkeit des Netzes, eine angemessene Nachfrage nach Übertragung von Elektrizität zu decken" und zum anderen ein Fernleitungsnetzbetreiber gem. Art. 2 Nr. 4 RL 2009/72/EG vom 13.7.2009[2], d.h. „eine natürliche oder juristische Person, die die Funktion der Fernleitung wahrnimmt und verantwortlich ist für den Betrieb, die Wartung sowie erforderlichenfalls den Ausbau des Fernleitungsnetzes in einem bestimmten Gebiet und gegebenenfalls der Verbindungsleitungen zu anderen Netzen sowie für die Sicherstellung der langfristigen Fähigkeit des Netzes, eine angemessene Nachfrage nach Transport von Gas zu befriedigen".

Erwägungsgrund 35 RL 2014/65/EU schildert den **Bedarf für eine Freistellung** von Übertragungsnetzbetreibern 78
wie folgt: „Es ist notwendig, vom Anwendungsbereich dieser Richtlinie Übertragungsnetzbetreiber i.S.d. Art. 2 Abs. 4 der Richtlinie 2009/72/EG des Europäischen Parlaments und des Rates ... oder Art. 2 Abs. 4 der Richtlinie 2009/73/EG des Europäischen Parlaments und des Rates ... auszunehmen, wenn sie die Aufgaben nach diesen Richtlinien, nach der Verordnung (EG) Nr. 714/2009 des Europäischen Parlaments und des Rates, nach der Verordnung (EG) zu Nr. 715/2009 des Europäischen Parlaments und des Rates ... bzw. nach den aufgrund der genannten Gesetzgebungsakte erlassenen Netzcodes oder Leitlinien wahrnehmen. Im Einklang mit diesen Gesetzgebungsakten haben Übertragungsnetzbetreiber spezifische Pflichten und Verantwortlichkeiten, unterliegen einer spezifischen Zertifizierung und werden von sektorspezifischen zuständigen Behörden beaufsichtigt. Übertragungsnetzbetreiber sollten eine solche Ausnahme auch in den Fällen in Anspruch nehmen können, wenn andere Personen in ihrem Namen als Dienstleister handeln, um die Aufgaben eines Übertragungsnetzbetreibers gemäß jener Gesetzgebungsakte bzw. den nach diesen Verordnungen erlassenen Netzcodes oder Leitlinien wahrzunehmen. Übertragungsnetzbetreiber sollten eine solche Ausnahme nicht in Anspruch nehmen können, wenn sie Wertpapierdienstleistungen erbringen oder Tätigkeiten mit Finanzinstrumenten ausüben, darunter den Betrieb einer Plattform für den Sekundärhandel mit finanziellen Übertragungsrechten." Daraus folgert der Regierungsentwurf eines 2. FiMaNoG[3], dass Übertragungsnetzbetreiber vom Anwendungsbereich der Richtlinienvorschriften ausgenommen sind, „soweit sie Dienstleistungen erbringen, die mit den Tätigkeiten eines Übertragungsnetzbetreibers in Zusammenhang stehen" und nicht über die von der Ausnahmevorschrift erfassten Tätigkeiten hinausgingen. Tätigkeiten im letzteren Sinne könnten dann auch auf den Betrieb eines Sekundärmarkts oder einer Handelsplattform ausgerichtet sein, wobei allerdings die Voraussetzungen für die entsprechenden Wertpapierdienstleistungen, wie beispielsweise den Betrieb eines multilateralen oder organisierten Handelssystems, erfüllt sein müssten.

15. Zentralverwahrer (§ 3 Abs. 1 Satz 1 Nr. 17 WpHG). Zentralverwahrer i.S.v. Art. 2 Abs. 1 Nr. 1 VO 79
Nr. 909/2014 vom 23.7.2014[4], die in den Abschnitten A und B des Anhangs dieser Verordnung genannten Dienstleistungen erbringen, gelten nach § 3 Abs. 1 Satz 1 Nr. 17 WpHG nicht als Wertpapierdienstleistungsunternehmen. **Zentralverwahrer ist nach Art. 2 Abs. 1 Nr. 1 VO Nr. 909/2014** eine juristische Person, die ein Wertpapierliefer- und Wertpapierabrechnungssystem („Abwicklungsdienstleistung", Anhang Abschnitt A Nr. 3 VO Nr. 909/2014) betreibt und die wenigstens eine weitere Kerndienstleistung nach Anhang Abschnitt A VO Nr. 909/2014 erbringt. Als solche kommen in Betracht: die erstmalige Verbuchung von Wertpapieren im Effektengiro („notarielle Dienstleistung", Anhang Abschnitt A Nr. 1 VO Nr. 909/2014) oder die Bereitstellung und Führung von Depotkonten auf oberster Ebene („zentrale Kontoführung", Anhang Abschnitt A Nr. 2 VO Nr. 909/2014).

Die **Dienstleistungen nach Anhang Abschnitt B VO Nr. 909/2014** („Nichtbankartige Nebendienstleistungen 80
der Zentralverwahrer, die kein Kredit- oder Liquiditätsrisiko bergen"), die ein Zentralverwahrer nach § 3 Abs. 1 Satz 1 Nr. 17 WpHG erbringen muss, umfassen nach der Eingangsformel des Abschnitts B „u.a., jedoch nicht ausschließlich":

„1. Dienstleistungen im Zusammenhang mit der Abwicklungsdienstleistung, beispielsweise
   a) Betreiben eines Wertpapierdarlehensmechanismus, als Mittler unter den Teilnehmern an einem Wertpapierliefer- und -abrechnungssystem fungierend,
   b) Dienstleistungen zur Verwaltung von Sicherheiten, als Mittler für die Teilnehmer an einem Wertpapierliefer- und -abrechnungssystems fungierend,
   c) Auftragsabgleich („settlement matching"), elektronische Anweisungsübermittlung (Anweisungsrouting), Geschäftsbestätigung, Geschäftsüberprüfung.

---

1 Richtlinie 2009/72/EG des Europäischen Parlaments und des Rates vom 13.7.2009 über gemeinsame Vorschriften für den Elektrizitätsbinnenmarkt und zur Aufhebung der Richtlinie 2003/54/EG, ABl. EU Nr. L 211 v. 14.8.2009, S. 55.
2 Richtlinie 2009/72/EG des Europäischen Parlaments und des Rates vom 13.7.2009 über gemeinsame Vorschriften für den Erdgasbinnenmarkt und zur Aufhebung der Richtlinie 2003/55/EG, ABl. EU Nr. L 211 v. 14.8.2009, S. 94.
3 RegE 2. FiMaNoG, BT-Drucks. 18/10936 v. 23.2.2017, 1, 224.
4 Verordnung (EU) Nr. 909/2014 des Europäischen Parlaments und des Rates vom 23.7.2014 zur Verbesserung der Wertpapierlieferungen und -abrechnungen in der Europäischen Union und über Zentralverwahrer sowie zur Änderung der Richtlinien 98/26/EG und 2014/65/EU und der Verordnung (EU) Nr. 236/2012, ABl. EU Nr. L 257 v. 28.8.2014, S. 1.

2. Dienstleistungen im Zusammenhang mit der notariellen Dienstleistung und der zentralen Kontoführung, beispielsweise
   a) Dienstleistungen im Zusammenhang mit Gesellschafterregistern,
   b) Unterstützung bei der Durchführung von Kapitalmaßnahmen und anderen gesellschaftsrechtlichen Maßnahmen, einschließlich Dienstleistungen in Bezug auf Steuern, Hauptversammlungen und Informationsdienstleistungen,
   c) Dienstleistungen im Zusammenhang mit neuen Emissionen, einschließlich Zuteilung und Verwaltung von ISIN-Codes und ähnlichen Codes,
   d) elektronische Anweisungsübermittlung und -abwicklung, Gebühreneinzug und -bearbeitung sowie diesbezügliche Meldungen.
3. Einrichtung von Zentralverwahrer-Verbindungen, Angebot, Führung oder Betrieb von Depotkonten im Zusammenhang mit der Abwicklungsdienstleistung, Verwaltung von Sicherheiten, andere Nebendienstleistungen.
4. Alle weiteren Dienstleistungen, beispielsweise
   a) Erbringung allgemeiner Mittler-Dienstleistungen zur Verwaltung von Sicherheiten,
   b) Erstellen vorgeschriebener Berichte und Meldungen,
   c) Übermittlung von Informationen, Daten und Statistiken an Marktforschungsstellen, Statistikbehörden oder andere staatliche und zwischenstaatliche Stellen,
   d) Erbringung von IT-Dienstleistungen."

81 Die Ausnahmevorschrift betreffend Zentralverwahrer ist durch Art. 1 Nr. 4 lit. d 1. FiMaNoG (Rz. 4 b.) als § 2b Abs. 1 Nr. 15 WpHG (a.F.) in das Gesetz gelangt und wurde aufgrund von Art. 3 Nr. 4 lit. b ll 2. FiMaNoG (Rz. 4 a.) zum neuen § 3 Abs. 1 Satz 1 Nr. 17 WpHG. Die Ausnahmeregelung **begründet** der RegE 1. FiMaNoG[1] wie folgt: „Zentralverwahrer werden ... abschließend nach Maßgabe der Verordnung (EU) Nr. 909/2014 reguliert. Es besteht dementsprechend ... kein Bedürfnis, die in Umsetzung der Richtlinie 2004/39/EG eingefügten Vorschriften auf sie anzuwenden. Dies entspricht dem Willen des europäischen Gesetzgebers, der in Art. 2 Abs. 1 Buchstabe o der Richtlinie 2014/65/EU, die an die Stelle der Richtlinie 2004/39/EG tritt, geregelt hat, dass die vorgenannten Zentralverwahrer von dem Anwendungsbereich der Richtlinie 2014/65/EU ausgenommen sind, soweit sie bereits nach Unionsrecht reguliert sind. Soweit Zentralverwahrer über die Dienstleistungen nach den Abschnitten A und B des Anhangs der Verordnung (EU) Nr. 909/2014 hinaus Wertpapierdienstleistungen erbringen, sind sie jedoch im Hinblick auf das Erbringen dieser Wertpapierdienstleistungen Wertpapierdienstleistungsunternehmen."

82 Auf Zentralverwahrer, die kraft der Ausnahme des § 3 Abs. 1 Satz 1 Nr. 17 WpHG nicht als Wertpapierdienstleistungsunternehmen gelten und damit nicht den Vorschriften des WpHG über Wertpapierdienstleistungsunternehmen unterliegen, bei denen es sich aber um Unternehmen handelt, die Mitglieder oder Teilnehmer von organisierten Märkten (i.S.v. § 2 Abs. 11 WpHG) oder multilateralen Handelssystemen (i.S.v. § 2 Abs. 8 Satz 1 Nr. 8 WpHG) sind und die von der Ausnahme nach § 3 Abs. 1 Satz 1 Nr. 17 WpHG Gebrauch machen, finden nach § 3 Abs. 3 Satz 1 WpHG die §§ 77, 78 und 80 Abs. 2 und 3 WpHG entsprechende Anwendung. Dazu Rz. 93.

83 **16. Kapitalverwaltungsgesellschaften, EU-Verwaltungsgesellschaften und extern verwaltete Investmentgesellschaften (§ 3 Abs. 1 Satz 1 Nr. 18 WpHG).** Kapitalverwaltungsgesellschaften, EU-Verwaltungsgesellschaften und extern verwaltete Investmentgesellschaften gelten nach § 3 Abs. 1 Satz 1 Nr. 18 WpHG nicht als Wertpapierdienstleistungsunternehmen, wenn sie ausschließlich die kollektive Vermögensverwaltung oder, neben der kollektiven Vermögensverwaltung, ausschließlich die in § 20 Abs. 2 und 3 KAGB aufgeführten Dienstleistungen oder Nebendienstleistungen erbringen. Die Vorschrift ist durch Art. 3 Nr. 4 lit. b mm 2. FiMaNoG in das Gesetz gelangt und setzt Art. 4 Abs. 1 lit. i RL 2014/65/EU vom 15.5.2014 (Rz. 5 b.) um.

84 **Kapitalverwaltungsgesellschaften** sind gem. § 17 Abs. 1 KAGB Unternehmen mit satzungsmäßigem Sitz und Hauptverwaltung im Inland, deren Geschäftsbetrieb darauf gerichtet ist, inländische Investmentvermögen, EU-Investmentvermögen oder ausländische AIF zu verwalten, wobei die Verwaltung mindestens die Portfolioverwaltung oder das Risikomanagement für ein oder mehrere Investmentvermögen umfassen muss. Nach § 17 Abs. 2 KAGB kann die Die Kapitalverwaltungsgesellschaft eine externe Kapitalverwaltungsgesellschaft – d.h. eine solche, die vom Investmentvermögen oder im Namen des Investmentvermögens bestellt ist und auf Grund dieser Bestellung für die Verwaltung des Investmentvermögens verantwortlich ist – oder eine interne Kapitalverwaltungsgesellschaft sein. In letzterem Fall ist Kapitalverwaltungsgesellschaft das Investmentvermögen selbst, sofern die Rechtsform des Investmentvermögens eine interne Verwaltung zulässt und der Vorstand oder die Geschäftsführung des Investmentvermögens entscheidet, keine externe Kapitalverwaltungsgesellschaft zu bestellen. **EU-Verwaltungsgesellschaften** sind nach § 1 Abs. 17 KAGB „Unternehmen mit Sitz in einem anderen Mitgliedstaat der Europäischen Union oder einem anderen Vertragsstaat des Abkommens über den Euro-

---
1 RegE 1. FiMaNoG, BT-Drucks. 18/7482 v. 8.2.2016, 1, 58.

päischen Wirtschaftsraum [Rz. 44], die den Anforderungen 1. an eine Verwaltungsgesellschaft oder an eine intern verwaltete Investmentgesellschaft im Sinne der Richtlinie 2009/65/EG oder 2. an einen Verwalter alternativer Investmentfonds im Sinne der Richtlinie 2011/61/EU des Europäischen Parlaments und des Rates vom 8.6. 2011 über die Verwalter alternativer Investmentfonds und zur Änderung der Richtlinien 2003/41/EG und 2009/65/EG und der Verordnungen (EG) Nr. 1060/2009 und (EU) Nr. 1095/2010 (ABl. Nr. L 174 vom 1.7.2011, S. 1) entsprechen". **Extern verwaltete Investmentgesellschaften** sind nach § 2 Abs. 13 i.V.m. Abs. 11 KAGB Investmentgesellschaften i.S.v. Investmentvermögen in der Rechtsform einer Investmentaktiengesellschaft oder Investmentkommanditgesellschaf, die eine externe Verwaltungsgesellschaft bestellt haben.

III. Vertraglich gebundener Vermittler (§ 3 Abs. 2 WpHG). Nach § 3 Abs. 2 Satz 1 WpHG gilt ein vertraglich gebundener Vermittler i.S.d. § 2 Abs. 10 Satz 1 KWG nicht als Wertpapierdienstleistungsunternehmen, wenn es als Wertpapierdienstleistung nur die Anlagevermittlung, das Platzieren von Finanzinstrumenten ohne feste Übernahmeverpflichtung oder Anlageberatung erbringt. Dafür wird seine Tätigkeit aber gem. § 3 Abs. 2 Satz 1 WpHG dem Institut oder Unternehmen zugerechnet, für dessen Rechnung und unter dessen Haftung es diese erbringt. Grundlage dieser Fassung der Vorschrift ist der durch Art. 1 Nr. 3 lit. b des Finanzmarktrichtlinie-Umsetzungsgesetzes vom 16.7.2007 (Rz. 4 h.) neu gefasste § 2b Abs. 2 WpHG (a.F.). Dieser wurde durch Art. 5 Nr. 1 des Gesetzes zur Anpassung von Gesetzen auf dem Gebiet des Finanzmarktes vom 15.7.2014 (Rz. 4 c.) dahingehend geändert, dass die Abschlussvermittlung als mögliche Wertpapierdienstleistung vertraglich gebundener Vermittler aus der Freistellung herausgenommen wurde. Durch Art. 3 Nr. 4 bzw. Nr. 4 lit. c 2. FiMaNoG vom 23.6. 2017 (Rz. 4 a.) hat die Vorschrift ihre neue Zählung bzw. eine rein redaktionell bedingte Änderung erfahren.

85

Die Ausnahmebestimmung des § 3 Abs. 2 Satz 1 WpHG bezieht sich auf **vertraglich gebundene Vermittler i.S.d. § 2 Abs. 10 Satz 1 KWG**. Nach dieser aufgrund von Art. 3 Nr. 3 lit. g des Finanzmarktrichtlinie-Umsetzungsgesetzes vom 16.7.2007 (Rz. 4 h.) in das KWG gelangten, Art. 4 Abs. 1 Nr. 25 RL 2004/39/EG vom 21.4. 2004 (Rz. 5 i.) umsetzenden Vorschrift handelt es sich bei einem vertraglich gebundenen Vermittler um ein Unternehmen, das keine Bankgeschäfte i.S.d. § 1 Abs. 1 Satz 2 [KWG] betreibt und das als Finanzdienstleistungen nur die Anlagevermittlung, die Anlageberatung oder das Platzierungsgeschäft erbringt und dies ausschließlich für Rechnung und unter der Haftung eines CRR-Kreditinstituts oder eines Wertpapierhandelsunternehmens, das seinen Sitz im Inland hat oder nach § 53b Abs. 1 Satz 1 oder Abs. 7 [KWG] im Inland tätig ist. Erfasst wird damit zunächst jedes **Unternehmen**, das selbst keine Bankgeschäfte im § 1 Abs. 1 Satz 2 Nr. 1 bis 12 KWG aufgeführten Art betreibt. Als Unternehmen ist auch in diesem Zusammenhang ein dauerhafter oder zumindest auf einen nicht unerheblichen Zeitraum hin ausgerichteter Geschäftsbetrieb, der planmäßig und organisatorisch selbstständig geführt wird (Rz. 12). Sowohl für den Begriff des vertraglich gebundenen Vermittlers nach § 2 Abs. 10 Satz 1 KWG als auch für die Freistellung nach § 3 Abs. 2 WpHG ist Voraussetzung, dass das betreffende Unternehmen **nur die Anlagevermittlung** (i.S.v. § 1 Abs. 1a Satz 2 Nr. 1 KWG, § 2 Abs. 8 Satz 1 Nr. 4 WpHG), **die Anlageberatung** (i.S.v. § 1 Abs. 1a Satz 2 Nr. 1a KWG, § 2 Abs. 8 Satz 1 Nr. 10 WpHG) **oder das Platzierungsgeschäft** (i.S.v. § 1 Abs. 1a Satz 2 Nr. 1c KWG, § 2 Abs. 8 Satz 1 Nr. 6 WpHG) erbringt. Die Tätigkeit des Unternehmens muss sich auf die angeführten Finanzdienstleistungen i.S.d. KWG bzw. Wertpapierdienstleistungen i.S.d. WpHG beschränken, kann aber im Einzelfall mehrere derselben oder alle umfassen. Erbringt das Unternehmen – obschon nur selten oder nur gelegentlich – auch andere als die angeführten Finanzdienstleistungen, ist es nicht als vertraglich gebundener Vermittler zu betrachten.

86

Weiter darf das fragliche Unternehmen die vorstehend angeführten Finanz- bzw. Wertpapierdienstleistungen nicht in eigenem Namen und für eigene Rechnung, sondern ausschließlich **für Rechnung eines CRR-Kreditinstituts** oder eines **Wertpapierhandelsunternehmens** erbringen, das seinen Sitz im Inland hat oder nach Maßgabe von § 53b Abs. 1 Satz 1 oder Abs. 7 KWG im Inland tätig wird. **CRR-Kreditinstitute** (früher Einlagekreditinstitut) sind nach § 1 Abs. 3d Satz 1 KWG Kreditinstitute i.S.d. Art. 4 Abs. 1 Nr. 1 VO Nr. 575/2013 (Rz. 8), d.h. Unternehmen, deren Tätigkeit darin besteht, Einlagen oder andere rückzahlbare Gelder des Publikums entgegenzunehmen und Kredite für eigene Rechnung zu gewähren. **Wertpapierhandelsunternehmen** sind nach § 1 Abs. 3d Satz 4 KWG Institute (i.S.v. § 1 Abs. 1b KWG, d.h. Kreditinstitute und Finanzdienstleistungsinstitute), die keine CRR-Kreditinstitute sind und die Bankgeschäfte i.S.d. § 1 Abs. 1 Satz 2 Nr. 4 oder 10 KWG betreiben oder Finanzdienstleistungen i.S.d. § 1 Abs. 1a Satz 2 Nr. 1 bis 4 KWG erbringen, es sei denn, die Bankgeschäfte oder Finanzdienstleistungen beschränken sich auf Devisen oder Rechnungseinheiten.

87

Vertraglich gebundener Vermittler kann das Unternehmen im Übrigen nur sein, wenn es **ausschließlich für einen** (der angeführten möglichen) **Geschäftsherrn** handelt. Entgegen einer früheren Fassung der Vorschrift (4. Aufl., § 2a WpHG Rz. 48) ist nach der auf das Finanzmarktrichtlinie-Umsetzungsgesetz vom 16.7.2007 zurückgehenden Fassung der Bestimmung (Rz. 85), die Art. 4 Abs. 1 Nr. 25 RL 2004/39/EG vom 21.4.2004 (Rz. 5 i.)[1] um-

88

---

1 Der Richtlinienbestimmung nach kann ein vertraglich gebundener Vermittler nur eine Person sein, „die unter unbeschränkter und vorbehaltsloser Haftung *einer einzigen* Wertpapierfirma, *für die sie tätig ist*, Wertpapier- und/oder Nebendienstleistungen für Kunden oder potentielle Kunden erbringt" (Hervorhebung hinzugefügt). Klarstellend heißt es im Übrigen auch in Erwägungsgrund 36 RL 2004/39/EG, „Personen, die für mehr als eine Wertpapierfirma Wertpapierdienstleistungen erbringen, sollten nicht als vertraglich gebundener Vermittler, sondern als Wertpapierfirma gelten".

setzt, eine Mehrfachvertretung nicht möglich[1]. Ein Tätigwerden des Vermittlers **für Rechnung** eines CRR-Kreditinstituts oder eines Wertpapierhandelsunternehmens setzt nach dem zwischenzeitlich durch die KWG-Vermittlerverordnung vom 4.12.2007[2] ersetzten Rundschreiben der BaFin vom 2.7.1998[3] voraus, dass der Vermittler rechtlich und wirtschaftlich für das haftende Institut handelt. Darüber hinaus soll es nach dieser Verlautbarung der BaFin aber auch erforderlich sein, dass der Vermittler im Rahmen der mit dem haftenden Institut eingegangenen Vertragsbeziehung in dessen **Vertriebsorganisation eingegliede**rt ist[4]. Letzteres trägt ohne Not organisationsrechtliche Elemente in einen rechtsgeschäftlichen Begriff[5], denn eine solche Einschaltung, wie sie aus dem Vertragshändlerbegriff bekannt ist, ergibt sich regelmäßig bereits dadurch, dass der Vermittler *ausschließlich* für ein einziges Einlagenkreditinstitut oder ein Wertpapierhandelsunternehmen tätig werden muss. Als Konkretisierung dieses Merkmals bestehen gegen das Eingliederungserfordernis im Hinblick auf aufsichtsrechtliche Anforderungen an den Einsatz und die Überwachung vertraglich verbundener Vermittler nach § 25e KWG[6] keine Bedenken.

89 Darüber hinaus verlangt § 2 Abs. 10 Satz 1 KWG in Umsetzung von Art. 23 Abs. 2 Satz 1 RL 2004/39/EG vom 21.4.2004 (Rz. 5 i.)[7], dass das Unternehmen die fraglichen Finanzdienstleistungen auch unter der **Haftung** des CRR-Kreditinstituts oder des Wertpapierhandelsunternehmens, für das es tätig wird, erbringt. Eine solche Haftung ergibt sich weder aus einer Bestimmung des KWG noch einer solchen des WpHG oder einer anderen Spezialbestimmung und kann deshalb allein aus den Vorschriften des Schuldrechts folgen[8] oder unter Beachtung derselben herzustellen sein. Soweit der Vermittler in offener Stellvertretung seines Geschäftsherrn tätig wird, ist eine solche Zurechnung über § 278 BGB ohne weiteres möglich. Da § 2 Abs. 10 Satz 1 KWG aber nur im Handeln „für Rechnung" des Geschäftsherrn verlangt, scheitert eine solche Zurechnung, wenn der Vermittler in mittelbarer Stellvertretung handelt, d.h. die Geschäfte zwar für Rechnung des Geschäftsherrn, jedoch im eigenen Namen abschließt. In diesem Falle wird aus den abgeschlossenen Geschäften allein der Vertreter berechtigt und verpflichtet. Um zu gewährleisten, dass der Vermittler unter der Haftung des Einlagenkreditinstituts oder des Wertpapierhandelsunternehmens tätig wird, hätten diese damit entweder dafür Sorge tragen, dass der Vermittler in einer Weise auftritt, welche ihre Haftung für das Verhalten des Vermittlers nach den geltenden schuldrechtlichen Bestimmungen begründet, oder sie müssten – was allerdings aufwendig und wenig praktikabel ist – sicherstellen, dass sie aufgrund entsprechender einzelvertraglicher Gestaltungen (wie etwa durch Bürgschaft, Schuldübernahme oder Garantie) für Pflichtverletzungen gegenüber dem Kunden haften[9]. Tatsächlich aber verlangt der Zweck der Verantwortungsübernahme des den vertraglich gebundenen Vermittler in seine Vertriebsorganisation eingliedernden CRR-Kreditinstituts oder des Wertpapierhandelsunternehmens nicht notwendigerweise die Schaffung der Voraussetzungen für eine direkte Haftung der vorgenannten Institute: Vielmehr ist es als ausreichend anzusehen, wenn Vermittler und jeweiliges Institut die Haftungsübernahme durch Letzteres in einen Vertrag vereinbaren, „in dem das haftende Unternehmen sich gegenüber dem Vermittler verpflichtet, für dessen Fehlverhalten gegenüber Kunden einzustehen"[10].

---

1 RegE FRUG, BT-Drucks. 16/4028, 93.
2 Verordnung über die vertraglich gebundenen Vermittler und das öffentliche Register nach § 2 Abs. 10 Satz 6 des Kreditwesengesetzes (KWGVermV) vom 4.12.2007 (BGBl. I 2007, 2785), zuletzt geändert durch Art. 19 des Gesetzes vom 23.6.2017, BGBl. I 2017, 1693.
3 Rundschreiben 8/98 vom 2.7.1998 – VII.4.–71.61.
4 Rundschreiben 8/98 vom 2.7.1998 – VII.4.–71.61.
5 Vorbehalte hiergegen („keine Stütze im Gesetz") auch schon unter der alten Fassung der Vorschrift bei *Versteegen* in KölnKomm. WpHG, 1. Aufl. 2007, § 2a WpHG Rz. 32.
6 § 25e KWG wurde mit Wirkung vom 1.1.2014 durch Gesetz vom 28.8.2013, BGBl. I 2013, 3395, geändert und lautet in seiner heutigen, zuletzt durch das 2. FiMaNoG (Rz. 4 a.) geänderten Fassung: „Bedient sich ein CRR-Kreditinstitut oder ein Wertpapierhandelsunternehmen eines vertraglich gebundenen Vermittlers im Sinne des § 2 Absatz 10 Satz 1, hat es sicherzustellen, dass dieser zuverlässig und fachlich geeignet ist, bei der Erbringung der Finanzdienstleistungen die gesetzlichen Vorgaben erfüllt, Kunden vor Aufnahme der Geschäftsbeziehung über seinen Status nach § 2 Absatz 10 Satz 1 und 2 informiert und unverzüglich über die Beendigung dieses Status in Kenntnis setzt. Die erforderlichen Nachweise für die Erfüllung seiner Pflichten nach Satz 1 muss das CRR-Kreditinstitut oder das Wertpapierhandelsunternehmen mindestens bis zum Ablauf von fünf Jahren nach dem Ende des Status des vertraglich gebundenen Vermittlers aufbewahren. Nähere Bestimmungen zu den erforderlichen Nachweisen können durch Rechtsverordnung nach § 24 Absatz 4 getroffen werden."
7 Nach dieser Vorschrift haben die Mitgliedstaaten vorzuschreiben, „dass eine Wertpapierfirma, die beschließt, einen vertraglich gebundenen Vermittler heranzuziehen, für jedes Handeln oder Unterlassen des vertraglich gebundenen Vermittlers uneingeschränkt haftet, wenn er im Namen der Firma tätig ist".
8 Auch *Kumpan* in Schwark/Zimmer, § 2a WpHG Rz. 25.
9 Vgl. *Schäfer* in Boos/Fischer/Schulte-Mattler, § 2 KWG Rz. 128; ähnlich zum früheren Recht schon *Schäfer* in Schäfer/Hamann, § 2a WpHG Rz. 31.
10 *Lehr*, BKR 2009, 497, 498. Mit welcher Verlautbarung der BaFin die Annahme bei *Schäfer* in Boos/Fischer/Schulte-Mattler, § 2 KWG Rz. 127, gerechtfertigt ist, die „‚Haftung' des Instituts oder Unternehmens i.S.d. [§ 2] Absatz 10 Satz 1 [KWG] lieg[e] nach Ansicht der BaFin ... nur dann vor, wenn der Kunde im Haftungsfall bei einer Pflichtverletzung des Vermittlers z.B. aus fehlerhafter Beratung einen unmittelbaren zivilrechtlichen Anspruch gegen diese Einrichtungen" habe, ist nicht erkennbar.

Um nicht als Finanzdienstleistungsinstitut, sondern als Finanzunternehmen zu gelten und den für Finanzdienstleistungsinstitute maßgeblichen Bestimmungen des KWG unterworfen zu sein, verlangt § 2 Abs. 10 Satz 1 KWG am Ende, dass das CRR-Kreditinstitut oder das Wertpapierhandelsunternehmen als das haftende Unternehmen gegenüber der BaFin eine entsprechend **Anzeige** abgibt[1]. Diese Anzeige ist für die Qualifikation eines Unternehmens als vertraglich gebundener Vermittler konstitutiv[2]. Anders verhält es sich dagegen, dass dieser im Register der vertraglich gebundenen Vermittler nach § 2 Abs. 10 Satz 6 KWG und nach § 53b Abs. 2a Satz 2 KWG genannt wird[3]. 90

Nach **§ 3 Abs. 2 Satz 2 WpHG** wird die Tätigkeit des vertraglich gebundenen Vermittlers dem Einlagenkreditinstitut oder dem Wertpapierhandelsunternehmen, für dessen Rechnung und unter dessen Haftung er seine Tätigkeit erbringt, zugerechnet. Die **Zurechnung** hat zur Folge, dass – was sich auch aus § 25e KWG ergibt (zu dessen Wortlaut Rz. 88) – diese Institut für die Einhaltung der Vorschriften des KWG und des WpHG (auch) durch die Vermittler verantwortlich sind[4]. 91

IV. Bei bestimmten Unternehmen trotz Ausnahme anwendbare Vorschriften des WpHG (§ 3 Abs. 3 WpHG). § 3 Abs. 3 WpHG unterstellt bestimmte Unternehmen, die nach den in der Vorschrift angeführten Ausnahmebestimmungen nicht als Wertpapierdienstleistungsunternehmen gelten und sich auf die Ausnahmebestimmung berufen, gleichwohl einzelnen Vorschriften des WpHG. Die Vorschrift ist durch Art. 3 Nr. 4 lit. d 2. FiMaNoG (Rz. 4 a.) in § 3 WpHG gelangt. Dabei setzt der neue § 3 Abs. 3 Satz 1 WpHG Art. 1 Abs. 5 RL 2014/65/EU vom 15.5.2014 (Rz. 5 b.) und § 3 Abs. 3 Satz 2 WpHG Art. 3 Abs. 2 RL 2014/65/EU um. 92

1. § 3 Abs. 3 Satz 1 WpHG. Nach § 3 Abs. 3 Satz 1 WpHG finden auf **Versicherungsunternehmen**, **Unternehmen i.S.v. § 3 Abs. 1 Satz 1 Nr. 8 WpHG** bzw. **Zentralverwahrer**, die die Ausnahmevoraussetzungen des § 3 Abs. 1 Satz 1 Nr. 4, Nr. 8 bzw. Nr. 17 WpHG erfüllen und damit nicht den Vorschriften des WpHG über Wertpapierdienstleistungsunternehmen unterliegen, bei denen es sich aber um Unternehmen handelt, die Mitglieder oder Teilnehmer von organisierten Märkten und multilateralen Handelssystemen sind, die aber von der Ausnahme nach § 3 Abs. 1 Satz 1 Nr. 4, Nr. 8 bzw. Nr. 17 WpHG Gebrauch machen, die §§ 77, 78 und 80 Abs. 2 und 3 WpHG entsprechende Anwendung. Dabei handelt es sich um die Vorschriften für Wertpapierdienstleistungsunternehmen, die einen das einen direkten elektronischen Zugang zu einem Handelsplatz anbieten (§ 77 WpHG), oder als General-Clearing-Mitglied für andere Personen handeln (§ 78 WpHG) sowie um Organisationspflichten von Wertpapierdienstleistungsunternehmen, die algorithmischen Handel betreiben (80 Abs. 2 und 3 WpHG). 93

Ein **organisierter Markt** ist nach § 2 Abs. 11 WpHG ein im Inland, in einem anderen Mitgliedstaat der Europäischen Union oder einem anderen Vertragsstaat des Abkommens über den Europäischen Wirtschaftsraum betriebenes oder verwaltetes, durch staatliche Stellen genehmigtes, geregeltes und überwachtes multilaterales System, das die Interessen einer Vielzahl von Personen am Kauf und Verkauf von dort zum Handel zugelassenen Finanzinstrumenten innerhalb des Systems und nach nichtdiskretionären Bestimmungen in einer Weise zusammenbringt oder das Zusammenbringen fördert, die zu einem Vertrag über den Kauf dieser Finanzinstrumente führt. Ein **multilaterales Handelssystem** ist nach § 2 Abs. 8 Satz 1 Nr. 8 WpHG (ebenso § 2 Abs. 6 BörsG) ein multilaterales System, das die Interessen einer Vielzahl von Personen am Kauf und Verkauf von Finanzinstrumenten innerhalb des Systems und nach nichtdiskretionären Bestimmungen in einer Weise zusammenbringt, die zu einem Vertrag über den Kauf dieser Finanzinstrumente führt. 94

2. § 3 Abs. 3 Satz 2 WpHG. Für Unternehmen, die von einer Ausnahme nach § 3 Abs. 1 Satz 1 Nr. 9 oder 10 WpHG Gebrauch machen, gelten die §§ 22, 63 bis 83 und 85 bis 92 WpHG entsprechend. Bei den in § 3 Abs. 1 Satz 1 Nr. 9 und Nr. 10 WpHG erfassten Unternehmen handelt es sich um solche, die Wertpapierdienstleistungen im Falle von Nr. 9 ausschließlich in Bezug auf Warenderivate, Emissionszertifikate oder Derivate auf Emissionszertifikate und im Falle von Nr. 10 ausschließlich in Bezug auf Emissionszertifikate oder Derivate auf Emissionszertifikate mit dem alleinigen Ziel der Absicherung der Geschäftsrisiken der in den Bestimmungen jeweils spezifizierten Kunden erbringen (Rz. 60 ff.). Bei den trotz Erfüllung der Ausnahmevoraussetzungen der § 3 Abs. 1 Satz 1 Nr. 9 oder 10 WpHG finden auf diese Unternehmen die Vorschriften über Meldepflichten nach § 22 WpHG und nahezu sämtlicher Bestimmungen des Abschnitts 11 des WpHG über Verhaltenspflichten, Organisationspflichten und Transparenzpflichten Anwendung. 95

V. Verordnungsermächtigung (§ 3 Abs. 4 WpHG). Art. 3 Nr. 4 lit. d 2. FiMaNoG (Rz. 4 a.) hat § 3 WpHG den neuen Abs. 4 hinzugefügt. Nach dessen Satz 1 kann das Bundesministerium der Finanzen durch Rechtsverordnung nähere Bestimmungen über Zeitpunkt, Inhalt und Form der Einreichung der Anzeige nach § 3 Abs. 1 Satz 2 WpHG sowie die Führung eines öffentlichen Registers über die anzeigenden Unternehmen erlassen. Satz 2 erlaubt es, diese Ermächtigung durch Rechtsverordnung auf die BaFin zu übertragen. Bei Drucklegung dieses Kommentars hat das Bundesministerium weder von der einen noch der anderen Ermächtigung Ge- 96

---

1 Einreichung und Inhalt der Anzeige regelt die KWG-Vermittlerverordnung (Rz. 88).
2 *Lehr*, BKR 2009, 497, 499.
3 *Lehr*, BKR 2009, 497, 499.
4 *Schäfer* in Boos/Fischer/Schulte-Mattler, § 2 KWG Rz. 122.

brauch gemacht. Auch die Verordnung des Bundesministeriums der Finanzen zur Konkretisierung von Anzeige-, Mitteilungs- und Veröffentlichungspflichten nach dem Wertpapierhandelsgesetz (Wertpapierhandelsanzeigeverordnung – WpAV)[1] enthält keine entsprechenden Regelungen.

§ 4 Wahl des Herkunftsstaates; Verordnungsermächtigung

(1) Ein Emittent im Sinne des § 2 Absatz 13 Nummer 1 Buchstabe b kann die Bundesrepublik Deutschland als Herkunftsstaat wählen, wenn
1. er nicht bereits einen anderen Staat als Herkunftsstaat gewählt hat oder
2. er zwar zuvor einen anderen Staat als Herkunftsstaat gewählt hatte, aber seine Wertpapiere in diesem Staat an keinem organisierten Markt mehr zum Handel zugelassen sind.

Die Wahl gilt so lange, bis
1. die Wertpapiere des Emittenten an keinem inländischen organisierten Markt mehr zugelassen sind, sondern stattdessen in einem anderen Mitgliedstaat der Europäischen Union oder in einem anderen Vertragsstaat des Abkommens über den Europäischen Wirtschaftsraum zum Handel an einem organisierten Markt zugelassen sind und der Emittent einen neuen Herkunftsstaat wählt, oder
2. die Wertpapiere des Emittenten an keinem organisierten Markt in einem Mitgliedstaat der Europäischen Union oder in einem anderen Vertragsstaat des Abkommens über den Europäischen Wirtschaftsraum mehr zum Handel zugelassen sind.

(2) Ein Emittent im Sinne des § 2 Absatz 13 Nummer 2 kann die Bundesrepublik Deutschland als Herkunftsstaat wählen, wenn
1. er nicht innerhalb der letzten drei Jahre einen anderen Staat als Herkunftsstaat gewählt hat oder
2. er zwar bereits einen anderen Staat als Herkunftsstaat gewählt hatte, aber seine Finanzinstrumente in diesem Staat an keinem organisierten Markt mehr zum Handel zugelassen sind.

Die Wahl gilt so lange, bis
1. der Emittent Wertpapiere im Sinne des § 2 Absatz 13 Nummer 1, die zum Handel an einem organisierten Markt in einem Mitgliedstaat der Europäischen Union oder in einem anderen Vertragsstaat des Abkommens über den Europäischen Wirtschaftsraum zugelassen sind, begibt,
2. die Finanzinstrumente des Emittenten an keinem organisierten Markt in einem Mitgliedstaat der Europäischen Union oder in einem anderen Vertragsstaat des Abkommens über den Europäischen Wirtschaftsraum mehr zum Handel zugelassen sind oder
3. der Emittent nach Satz 3 einen neuen Herkunftsstaat wählt.

Ein Emittent im Sinne des § 2 Absatz 13 Nummer 2, der die Bundesrepublik Deutschland als Herkunftsstaat gewählt hat, kann einen neuen Herkunftsstaat wählen, wenn
1. die Finanzinstrumente des Emittenten an keinem inländischen organisierten Markt mehr zugelassen sind, aber stattdessen in einem anderen Mitgliedstaat der Europäischen Union oder in einem anderen Vertragsstaat des Abkommens über den Europäischen Wirtschaftsraum zum Handel an einem organisierten Markt zugelassen sind, oder
2. die Finanzinstrumente des Emittenten zum Handel an einem organisierten Markt in einem anderen Mitgliedstaat der Europäischen Union oder in einem anderen Vertragsstaat des Abkommens über den Europäischen Wirtschaftsraum zugelassen sind und seit der Wahl der Bundesrepublik Deutschland als Herkunftsstaat mindestens drei Jahre vergangen sind.

(3) Die Wahl des Herkunftsstaates wird mit der Veröffentlichung nach § 5 wirksam.

(4) Das Bundesministerium der Finanzen kann durch Rechtsverordnung, die nicht der Zustimmung des Bundesrates bedarf, nähere Bestimmungen zur Wahl des Herkunftsstaates erlassen.

In der Fassung des 2. FiMaNoG vom 23.6.2017 (BGBl. I 2017, 1693).

Schrifttum: S. das allgemeine Schrifttumsverzeichnis.

I. Regelungsgegenstand und Normentwicklung 1	a) Wahl des Herkunftsstaats (§ 4 Abs. 1 Satz 1 WpHG) 3
II. Die Wahl des Herkunftsstaats 3	b) Dauer der Wahl (§ 4 Abs. 1 Satz 2 WpHG) 8
1. Die Wahl durch Emittenten i.S.d. § 2 Abs. 13 Nr. 1 lit. b WpHG (§ 4 Abs. 1 WpHG) 3	

[1] Verordnung vom 13.12.2004, BGBl. I 2004, 3376, zuletzt geändert durch Art. 1 Verordnung vom 2.11.2017, BGBl. I 2017, 3727.

2. Die Wahl durch Emittenten i.S.d. § 2 Abs. 13 Nr. 2 WpHG (§ 4 Abs. 2 WpHG) 9
   a) Wahl des Herkunftsstaats (§ 4 Abs. 2 Satz 1 WpHG) 9
   b) Dauer der Wahl (§ 4 Abs. 2 Sätze 3 und 4 WpHG) 11

III. **Wirksamkeit der Wahl des Herkunftsstaats (§ 4 Abs. 3 WpHG)** 13
IV. **Verordnungsermächtigung (§ 4 Abs. 4 WpHG)** 14

I. Regelungsgegenstand und Normentwicklung. Zahlreiche Vorschriften des WpHG und der auf dessen Grundlage ergangenen Rechtsverordnungen, wie etwa die Wertpapierhandelsanzeigeverordnung (WpAV) und damit auch die Beaufsichtigung der Einhaltung dieser Bestimmungen durch die BaFin knüpfen an Emittenten an, für die die **Bundesrepublik Deutschland der Herkunftsstaat** ist, oder führen dieses Merkmal in ihrem Tatbestand auf. Nach § 2 Abs. 13 Nr. 1 lit. b und Nr. 2 WpHG können Emittenten, für die die Bundesrepublik Deutschland der Herkunftsstaat ist, auch solche sein, die ihren Sitz nicht im Inland haben und deren Wertpapiere nicht zum Handel an einem organisierten Markt im Inland, einem Mitgliedstaat der EU oder einem Vertragsstaat des EWR zugelassen sind (§ 2 Abs. 13 Nr. 1 lit. a WpHG), vorausgesetzt, sie haben die Bundesrepublik Deutschland nach § 2 Abs. 13 Nr. 1 lit. b oder Nr. 2 WpHG als Herkunftsstaat gewählt oder können nach sie als Herkunftsstaat wählen und erfüllen im Übrigen die Voraussetzungen von § 2 Abs. 13 Nr. 3 WpHG. Hieran anknüpfend regelt § 4 WpHG die **Modalitäten der Wahl des Herkunftsstaats: § 4 Abs. 1 WpHG** hat die Wahl der Bundesrepublik Deutschland als Herkunftsstaat für Emittenten – einschließlich der Dauer der Wahl – zum Gegenstand, für die sich diese Wahlmöglichkeit nach § 2 Abs. 13 Nr. 1 lit. b WpHG eröffnet. **§ 4 Abs. 2 WpHG** enthält eine entsprechende Regelung für die Emittenten, deren Wahlmöglichkeit aus § 2 Abs. 13 Nr. 2 WpHG folgt und regelt darüber hinaus, unter welchen Voraussetzungen ein Emittent einen neuen Herkunftsstaat wählen kann. **§ 4 Abs. 3 WpHG** bestimmt, ab wann die Wahl des Herkunftsstaats wirksam wird. **§ 4 Abs. 4 WpHG** enthält eine Ermächtigung des Bundesministeriums der Finanzen, nähere Bestimmungen zur Wahl des Herkunftsstaates zu erlassen. Der Emittent der nach § 2 Abs. 13 Nr. 1 lit. b und Nr. 2 WpHG die Bundesrepublik Deutschland als Herkunftsstaat wählt, hat dies nach **§ 5 Abs. 1 Satz 1 WpHG** unverzüglich zu veröffentlichen und die Information, dass die Bundesrepublik Deutschland sein Herkunftsstaat ist, an die in § 5 Abs. 1 Satz 2 WpHG bezeichneten Stellen mitzuteilen. Des Zusammenhangs halber ist darauf hinzuweisen, dass die Bundesrepublik Deutschland gem. § 2 Abs. 13 Nr. 3 WpHG auch für solche Emittenten der Herkunftsstaat ist, die nach § 2 Abs. 13 Nr. 1 lit. b bzw. Nr. 2 WpHG i.V.m. § 4 Abs. 1 bzw. Abs. 2 WpHG die Bundesrepublik Deutschland als Herkunftsstaat wählen könnten und deren Finanzinstrumente zum Handel an einem organisierten Markt im Inland zugelassen sind, diese Wahl aber nicht ausgeübt haben, vorausgesetzt, sie haben nicht bereits einen anderen Herkunftsmitgliedstaat gewählt oder wählen später einen solchen (§ 2 WpHG Rz. 228).

Grundlage der vorgenannten Vorschriften ist, dass mit dem Transparenzrichtlinie-Umsetzungsgesetz (TUG) vom 5.1.2007[1], das der Umsetzung der Transparenzrichtlinie in Gestalt der Richtlinie 2004/109/EG vom 15.12. 2004[2] diente, die Bestimmung des Adressatenkreises kapitalmarktrechtlicher Informations- und Verhaltenspflichten von Emittenten auf das **Herkunftsstaatsprinzip** umgestellt wurde: Anknüpfungspunkt ist nicht mehr die Zulassung eines Emittenten an einer inländischen Börse, sondern der Sitz des Emittenten und der sich im Wesentlichen nach diesem und den emittierten Finanzinstrumenten bestimmende Herkunftsstaat desselben. Daran hat sich auch mit den späteren Änderungen der Vorschrift nichts geändert: Nach dem durch das Transparenzrichtlinie-Umsetzungsgesetz neu in das WpHG eingefügten § 2b WpHG a.F. hat diese Vorschrift durch Art. 2 des Gesetzes zur Umsetzung der Richtlinie 2010/73/EU und zur Änderung des Börsengesetzes vom 26.6. 2012[3] eine erste Änderung erfahren. Die Änderungen der vorstehend angeführten Transparenzrichtlinie durch die Richtlinie 2013/50/EU vom 22.10.2013[4] wurden durch Art. 1 des Gesetzes zur Umsetzung der Transparenzrichtlinie-Änderungsrichtlinie vom 20.11.2015[5] umgesetzt. Dadurch erhielt die Vorschrift, die durch Art. 3 des Zweiten Finanzmarktnovellierungsgesetzes (2. FiMaNoG) vom 23.6.2017[6] mit Wirkung vom 3.1.2018 zu § 4 WpHG wurde, ihre heutige, lediglich in ihren Verweisen auf andere Vorschriften des WpHG an die Neuzählung der Bestimmungen desselben angepasste Fassung.

---

1 BGBl. I 2007, 10.
2 Art. 1 der Richtlinie 2004/109/EG vom 15.12.2004 zur Harmonisierung der Transparenzanforderungen in Bezug auf Informationen über Emittenten, deren Wertpapiere zum Handel auf einem geregelten Markt zugelassen sind, und zur Änderung der Richtlinie 2001/34/EG, ABl. EG Nr. L 390 v. 31.12.2004, S. 38.
3 BGBl. I 2012, 1375.
4 Richtlinie 2013/50/EU vom 22.10.2013 des Europäischen Parlaments und des Rates zur Änderung der Richtlinie 2004/109/EG des Europäischen Parlaments und des Rates zur Harmonisierung der Transparenzanforderungen in Bezug auf Informationen über Emittenten, deren Wertpapiere zum Handel auf einem geregelten Markt zugelassen sind, der Richtlinie 2003/71/EG des Europäischen Parlaments und des Rates betreffend den Prospekt, der beim öffentlichen Angebot von Wertpapieren oder bei deren Zulassung zum Handel zu veröffentlichen ist, sowie der Richtlinie 2007/14/EG der Kommission mit Durchführungsbestimmungen zu bestimmten Vorschriften der Richtlinie 2004/109/EG, ABl. EU Nr. L 294 v. 6.11.2013, S. 13.
5 BGBl. I 2015, 2029.
6 BGBl. I 2017, 1693.

3   II. Die Wahl des Herkunftsstaats. 1. Die Wahl durch Emittenten i.S.d. § 2 Abs. 13 Nr. 1 lit. b WpHG (§ 4 Abs. 1 WpHG). a) Wahl des Herkunftsstaats (§ 4 Abs. 1 Satz 1 WpHG). Die Vorschriften zur Wahl der Bundesrepublik Deutschland als Herkunftsstaat durch Emittenten i.S.d. § 2 Abs. 13 Nr. 1 lit. b WpHG in § 4 Abs. 1 Satz 1 WpHG setzen die Änderung der Transparenzrichtlinie durch Art. 1 Nr. 1 lit. a Ziff. ii i RL 2013/50/EU vom 22.10.2013 (Rz. 2) um. In dieser Bestimmung heißt es: „In Ziffer i erhält der zweite Gedankenstrich folgende Fassung: ‚… für Emittenten mit Sitz in einem Drittland der Mitgliedstaat, den der Emittent unter den Mitgliedstaaten auswählt, in denen seine Wertpapiere zum Handel an einem geregelten Markt zugelassen sind. Die Wahl des Herkunftsmitgliedstaats bleibt so lange gültig, bis der Emittent nach Ziffer iii einen neuen Herkunftsmitgliedstaat ausgewählt und seine Wahl gem. Abs. 2 dieser Ziffer i mitgeteilt hat'"[1].

4   § 4 Abs. 1 WpHG betrifft **Emittenten i.S.d. § 2 Abs. 13 Nr. 1 lit. b WpHG**, d.h. **Emittenten von Schuldtiteln** (Rz. 5) mit einer Stückelung von weniger als 1.000 Euro oder dem am Ausgabetag entsprechenden Gegenwert in einer anderen Währung **oder von Aktien** (Rz. 5), die ihren Sitz (Rz. 7) in einem Drittstaat haben, deren Wertpapiere (Rz. 6) zum Handel an einem organisierten Markt im Inland (Rz. 6) zugelassen sind. Diese Emittenten können die Bundesrepublik Deutschland nach Maßgabe von § 4 Abs. 1 WpHG als Herkunftsstaat wählen. Das ist gem. **§ 4 Abs. 1 Satz 1 Nr. 1 WpHG** allerdings nur unter der Voraussetzung zulässig, dass der Emittent nicht bereits einen anderen Staat als Herkunftsstaat gewählt hat. Hatte der zuvor einen anderen Staat als Herkunftsstaat gewählt, so kann er nach § 4 Abs. 1 Satz 1 Nr. 2 WpHG gleichwohl die Bundesrepublik Deutschland als Herkunftsstaat wählen, wenn seine Wertpapiere in diesem Staat an keinem organisierten Markt mehr zum Handel zugelassen sind.

5   Erfasst sind nur Emittenten von **Aktien** i.S.v. § 2 Abs. 1 Nr. 1 WpHG und von **Schuldtiteln** der in § 2 Abs. 13 Nr. 1 WpHG beschriebenen Stückelung. Schuldtitel in diesem Sinne sind solche gem. § 2 Abs. 1 Nr. 3 lit. a oder b WpHG, d.h. Genussscheine und Inhaberschuldverschreibungen und Orderschuldverschreibungen sowie Hinterlegungsscheine, die Schuldtitel vertreten, sowie sonstige Wertpapiere i.S.v. § 2 Abs. 1 WpHG, die zum Erwerb oder zur Veräußerung von Wertpapieren nach § 2 Abs. 1 Nr. 1 und 2 WpHG (d.h. Aktien und andere Anteile an in- oder ausländischen juristischen Personen, Personengesellschaften und sonstigen Unternehmen, soweit sie Aktien vergleichbar sind, sowie Hinterlegungsscheine, die Aktien vertreten) berechtigen oder zu einer Barzahlung führen, die in Abhängigkeit von Wertpapieren, von Währungen, Zinssätzen oder anderen Erträgen, von Waren, Indices oder Messgrößen bestimmt wird.

6   § 2 Abs. 13 Nr. 1 lit. b WpHG verlangt, dass die Wertpapiere des Emittenten von Schuldtiteln oder Aktien i.S.v. § 2 Abs. 13 Nr. 1 WpHG zum Handel an einem organisierten Markt im Inland zugelassen sind. **Wertpapiere** in diesem Sinne sind solche nach § 2 Abs. 1 WpHG, d.h. „alle Gattungen von übertragbaren Wertpapieren mit Ausnahme von Zahlungsinstrumenten, die ihrer Art nach auf den Finanzmärkten handelbar sind", und nach § 2 Abs. 1 Nr. 1 bis 3 WpHG insbesondere Aktien, andere Anteile an in- oder ausländischen juristischen Personen, Personengesellschaften und sonstigen Unternehmen, soweit sie Aktien vergleichbar sind, sowie Hinterlegungsscheine, die Aktien vertreten, und Schuldtitel. **Organisierter Markt im Inland** i.S.d. § 2 Abs. 13 Nr. 1 lit. b WpHG ist unter Anwendung von § 2 Abs. 11 WpHG „ein im Inland [d.h. in der Bundesrepublik Deutschland, d. Verf.] betriebenes oder verwaltetes, durch staatliche Stellen genehmigtes, geregeltes und überwachtes multilaterales System, das Interessen einer Vielzahl von Personen am Kauf und Verkauf von dort zum Handel zugelassenen Finanzinstrumenten innerhalb des Systems und nach nichtdiskretionären Bestimmungen in einer Weise zusammenbringt oder das Zusammenbringen fördert, die zu einem Vertrag über den Kauf dieser Finanzinstrumente führt." Wenn es nach § 4 Abs. 1 Satz 1 Nr. 2 WpHG darauf ankommt, dass die Wertpapiere des Emittenten, der zuvor einen anderen Staat als Herkunftsstaat gewählt hatte, **an keinem organisierten Markt dieses ausländischen Staates** mehr zum Handel zugelassen sind, so ist damit jedes in diesem Staat betriebenes oder verwaltetes, durch staatliche Stellen genehmigtes, geregeltes und überwachtes multilaterales System i.S.v. § 2 Abs. 11 WpHG gemeint.

7   War als **Sitz des Emittenten** i.S.v. § 2 Abs. 13 WpHG über lange Zeit der effektive Verwaltungssitz des Emittenten zu verstehen (6. Aufl. zu § 2 Abs. 6 WpHG a.F., § 2 WpHG Rz. 169), so lässt sich dies angesichts der Entwicklung der Rechtsprechung des EuGH zur Niederlassungsfreiheit von Unternehmen[2] und zuletzt des Urteils des EuGH vom 25.10.2017[3], dem zufolge Unternehmen ihren rechtlichen Sitz frei in andere EU-Länder verlegen können, ohne dass eine gleichzeitige Verlegung ihrer tatsächlichen Tätigkeit erforderlich ist (Az: C-106/16), nicht mehr aufrechterhalten, so dass der **statutarische Sitz** des Unternehmens als Sitz zu betrachten ist. S. dazu auch § 2 WpHG Rz. 224.

8   b) **Dauer der Wahl (§ 4 Abs. 1 Satz 2 WpHG).** Im Gegensatz zu der sich nach § 4 Abs. 2 WpHG richtenden Wahl der Bundesrepublik Deutschland als Herkunftsstaat durch Emittenten i.S.d. § 2 Abs. 13 Nr. 2 WpHG und

---

1 Richtlinie 2013/50/EU vom 22.10.2013, ABl. EU Nr. L 294 v. 6.11.2013, S. 13, 18.
2 Namentlich EuGH v. 16.12.2008 – Rs. C-210/06 – Cartesio, AG 2009, 79; EuGH v. 12.7.2012 – Rs. C-378/10 – VALE, ZIP 2012, 1394.
3 EuGH v. 25.10.2017 – Rs. C-106/16 – Polbud, AG 2017, 854. Dazu *Stiegler*, Grenzüberschreitender Formwechsel: Zulässigkeit eines Herausformwechsels, AG 2017, 846.

des diesbezüglich maßgeblichen § 4 Abs. 2 Satz 2 Nr. 3, Satz 3 WpHG erfolgt die nach § 4 Abs. 1 WpHG zu treffende Wahl „zum Schutze der Anleger grundsätzlich dauerhaft"[1]. § 4 Abs. 1 Satz 2 WpHG benennt jedoch – die Vorgaben der in Rz. 3 wiedergegebenen Änderung der Transparenzrichtlinie durch Art. 1 Nr. 1 lit. a Ziff. ii i RL 2013/50/EU vom 22.10.2013 entsprechend – zwei Fälle, in denen die **Wahl** der Bundesrepublik Deutschland als Herkunftsstaat nach § 4 Abs. 1 Satz 1 WpHG **endet:** Im ersten Fall, wenn (1) die Wertpapiere des Emittenten an keinem inländischen organisierten Markt mehr zugelassen sind, sondern stattdessen in einem anderen Mitgliedstaat EU oder in einem anderen Vertragsstaat des EWR zum Handel an einem organisierten Markt zugelassen sind, und (2) der Emittent einen neuen Herkunftsstaat wählt (§ 4 Abs. 1 Satz 2 Nr. 1 WpHG). Im zweiten Fall, wenn die Wertpapiere des Emittenten an keinem organisierten Markt in einem Mitgliedstaat der EU oder in einem anderen Vertragsstaat des EWR mehr zum Handel zugelassen sind (§ 4 Abs. 1 Satz 2 Nr. 2 WpHG).

2. Die Wahl durch Emittenten i.S.d. § 2 Abs. 13 Nr. 2 WpHG (§ 4 Abs. 2 WpHG). a) Wahl des Herkunftsstaats (§ 4 Abs. 2 Satz 1 WpHG). Die Vorschriften zur Wahl der Bundesrepublik Deutschland als Herkunftsstaat durch Emittenten i.S.d. § 2 Abs. 13 Nr. 2 WpHG in § 4 Abs. 2 Satz 1 WpHG setzen die Änderung der Transparenzrichtlinie durch Art. 1 Nr. 1 lit. a Ziff. ii ii Satz 3 RL 2013/50/EU vom 22.10.2013 (Rz. 2) um. In dieser Bestimmung heißt es: „Die Wahl ist mindestens drei Jahre gültig, außer wenn im Laufe des Dreijahreszeitraums die Wertpapiere des Emittenten auf keinem geregelten Markt in der Union mehr zum Handel zugelassen sind oder der Emittent unter die Bestimmungen der Ziffern i oder iii fällt"[2].

§ 4 Abs. 2 WpHG betrifft **Emittenten i.S.d. § 2 Abs. 13 Nr. 2 WpHG.** Das sind Emittenten, die (1) andere als die § 2 Abs. 1 Nr. 1 WpHG genannten Finanzinstrumente begeben und darüber hinaus (2) entweder ihren Sitz im Inland haben und deren Finanzinstrumente zum Handel an einem organisierten Markt im Inland zugelassen sind oder ihren Sitz nicht im Inland haben, deren Finanzinstrumente aber zum Handel an einem organisierten Markt im Inland zugelassen sind. **Andere als die in § 2 Abs. 1 Nr. 1 WpHG genannten Finanzinstrumente** sind Finanzinstrumente i.S.v. § 2 Abs. 4 WpHG mit Ausnahme von Schuldtiteln und Aktien als Wertpapiere i.S.v. § 2 Abs. 1 und Abs. 4 Nr. 1 WpHG. Die Ausführungen zu den Merkmalen „**organisierter Markt**" und „**Sitz**" Rz. 6 und Rz. 7 gelten entsprechend.

b) Dauer der Wahl (§ 4 Abs. 2 Sätze 3 und 4 WpHG). Die vom Emittenten nach § 4 Abs. 2 Satz 1 WpHG getroffene **Wahl gilt so lange** wie der Emittent Wertpapiere i.S.d. § 2 Abs. 13 Nr. 1 WpHG, die zum Handel an einem organisierten Markt in einem Mitgliedstaat der EU oder in einem anderen Vertragsstaat des EWR zugelassen sind, begibt oder bis die Finanzinstrumente des Emittenten i.S.d. § 2 Abs. 4 WpHG an keinem organisierten Markt in einem Mitgliedstaat der EU oder in einem anderen Vertragsstaat des EWR mehr zum Handel zugelassen sind.

Anders als einem Emittenten nach § 4 Abs. 1 WpHG wird einem Emittenten i.S.d. §§ 4 Abs. 2 Satz 1, 2 Abs. 13 Nr. 2 WpHG, der die Bundesrepublik Deutschland als Herkunftsstaat gewählt hat, aufgrund der Änderung des § 4 Abs. 2 WpHG in Umsetzung der Änderung der Transparenzrichtlinie durch Art. 1 Nr. 1 lit. a Ziff. ii ii Satz 3 RL 2013/50/EU vom 22.10.2013 (dazu Rz. 9) in § 4 Abs. 2 Satz 2 Nr. 3 WpHG unter den Voraussetzungen von § 4 Abs. 2 Satz 3 WpHG die Möglichkeit der **Neuwahl eines Herkunftsstaats** eröffnet. Diese ist in **zwei Fällen** zulässig: Zum einen, wenn die Finanzinstrumente des Emittenten zwar nicht mehr an einem inländischen organisierten Markt, stattdessen aber in einem anderen Mitgliedstaat der EU oder in einem anderen Vertragsstaat EWR zum Handel an einem organisierten Markt zugelassen sind (§ 4 Abs. 2 Satz 3 Nr. 1 WpHG); zum anderen, wenn die Finanzinstrumente des Emittenten zum Handel an einem organisierten Markt in einem anderen Mitgliedstaat der EU oder in einem anderen Vertragsstaat des EWR zugelassen sind und seit der Wahl der Bundesrepublik Deutschland als Herkunftsstaat mindestens drei Jahre vergangen sind.

III. Wirksamkeit der Wahl des Herkunftsstaates (§ 4 Abs. 3 WpHG). Die Wahl des Herkunftsstaates nach § 4 Abs. 1 Satz 1 WpHG oder nach § 4 Abs. 2 Satz 1 WpHG wird mit der Veröffentlichung nach § 5 Abs. 1 Satz 1 WpHG wirksam. Die Veröffentlichung erfolgt gem. §§ 1 Nr. 1, 21 Wertpapierhandelsanzeigeverordnung (WpAV) nach Maßgabe von § 3a WpAV.

IV. Verordnungsermächtigung (§ 4 Abs. 4 WpHG). Nach § 4 Abs. 4 WpHG kann das Bundesministerium der Finanzen durch Rechtsverordnung, die nicht der Zustimmung des Bundesrates bedarf, nähere Bestimmungen zur Wahl des Herkunftsstaates erlassen. Eine spezielle Verordnung hierzu ist nicht ergangen, doch ist die Wahl des Herkunftsstaats nach §§ 4 und 5 WpHG zumindest im Hinblick auf die Veröffentlichung der Wahl nach § 5 Abs. 1 Satz 1 WpHG Gegenstand der nach § 1 Nr. 1 WpAV auf §§ 4 und 5 WpHG anwendbaren WpAV.

---

[1] RegE eines Gesetzes zur Umsetzung der Transparenzrichtlinie-Änderungsrichtlinie, BT-Drucks. 18/5010 v. 26.5.2015, 1, 43.
[2] Richtlinie 2013/50/EU vom 22.10.2013, ABl. EU Nr. L 294 v. 6.11.2013, S. 13, 18.

§ 5 Veröffentlichung des Herkunftsstaates; Verordnungsermächtigung

(1) Ein Emittent, dessen Herkunftsstaat nach § 2 Absatz 11 Nummer 1 Buchstabe a die Bundesrepublik Deutschland ist oder der nach § 4 Absatz 1 oder Absatz 2 die Bundesrepublik Deutschland als Herkunftsstaat wählt, hat dies unverzüglich zu veröffentlichen. Außerdem muss er die Information, dass die Bundesrepublik Deutschland sein Herkunftsstaat ist,

1. unverzüglich dem Unternehmensregister gemäß § 8b des Handelsgesetzbuchs zur Speicherung übermitteln und
2. unverzüglich den folgenden Behörden mitteilen:
    a) der Bundesanstalt für Finanzdienstleistungsaufsicht (Bundesanstalt),
    b) wenn er seinen Sitz in einem anderen Mitgliedstaat der Europäischen Union oder einem anderen Vertragsstaat des Abkommens über den Europäischen Wirtschaftsraum hat, auch der dort zuständigen Behörde im Sinne des Artikels 24 der Richtlinie 2004/109/EG des Europäischen Parlaments und des Rates vom 15. Dezember 2004 zur Harmonisierung der Transparenzanforderungen in Bezug auf Informationen über Emittenten, deren Wertpapiere zum Handel auf einem geregelten Markt zugelassen sind, und zur Änderung der Richtlinie 2001/34/EG (ABl. L 390 vom 31.12.2004, S. 38), die durch die Richtlinie 2013/50/EU (ABl. L 294 vom 6.11.2013, S. 13) geändert worden ist, und,
    c) wenn seine Finanzinstrumente zum Handel an einem organisierten Markt in einem anderen Mitgliedstaat der Europäischen Union oder einem anderen Vertragsstaat des Abkommens über den Europäischen Wirtschaftsraum zugelassen sind, auch der dort zuständigen Behörde im Sinne des Artikels 24 der Richtlinie 2004/109/EG.

(2) Das Bundesministerium der Finanzen kann durch Rechtsverordnung, die nicht der Zustimmung des Bundesrates bedarf, nähere Bestimmungen zur Veröffentlichung des Herkunftsstaates erlassen.

In der Fassung des 2. FiMaNoG vom 23.6.2017 (BGBl. I 2017, 1693).

I. Die Entstehung der Vorschrift 1	III. Übermittlungs- und Mitteilungspflicht 4
II. Veröffentlichungspflicht 2	

1 **I. Die Entstehung der Vorschrift.** Das Zweite Gesetz zur Nominierung von Finanzmarktvorschriften auf Grund europäischer Rechtsakte (Zweites Finanzmarktnovellierungsgesetz) vom 23.6.2017 (BGBl. I 2017, 1693) hat das WpHG i.d.F. der Bekanntmachung vom 9.9.1998 (BGBl. I 1998, 2708), das durch Art. 6 des Gesetzes vom 11.4.2017 (BGBl. I 2017, 802) geändert worden war, neu nummeriert und ergänzt. Dazu heißt es in Art. 3 Nr. 6: „§ 2c wird § 5 und in Abs. 1 Satz 1 wird die Angabe „Abs. 6" durch die Angabe „Abs. 11" und die Angabe „§ 2b" durch die Angabe „§ 4" ersetzt." Daraus ergibt sich der oben stehende neue Text von § 5 WpHG.

2 **II. Veröffentlichungspflicht.** § 5 Abs. 1 Satz 1 WpHG begründet eine Veröffentlichungspflicht. Sie ist unverzüglich zu erfüllen. **Sinn und Zweck** der Veröffentlichungspflicht ist die Information des Marktes darüber, dass ein Marktteilnehmer Emittent i.S.v. § 2 Abs. 11 WpHG ist. Nach § 2 Abs. 11 WpHG kann ein Emittent die Bundesrepublik Deutschland als Herkunftsstaat wählen. Nicht ausdrücklich in § 5 Abs. 1 Satz 1 WpHG vorgesehen ist, was zu veröffentlichen und wie die Veröffentlichung vorzunehmen ist.

3 Die **Art und Weise** der Veröffentlichung ist in §§ 3a ff. der Verordnung zur Konkretisierung von Anzeige-, Mitteilungs- und Veröffentlichungspflichten nach dem Wertpapierhandelsgesetz (Wertpapierhandelsanzeigeverordnung) geregelt. Nach § 3a Abs. 1 WpAV sind die Informationen zur Veröffentlichung Medien zuzuleiten, einschließlich solcher, bei denen davon ausgegangen werden kann, dass sie die Information in der gesamten Europäischen Union und in den übrigen Vertragsstaaten des Abkommens über den Europäischen Wirtschaftsraum verbreiten. Verlangt ist somit eine **europaweite Veröffentlichung**. Der **Inhalt** der Veröffentlichung ist im Einzelnen in § 4 WpAV aufgelistet. Erst mit der Veröffentlichung wird die Wahl wirksam. Das bedeutet, dass die Wahl bis zur erfolgten Veröffentlichung geändert werden kann[1].

4 **III. Übermittlungs- und Mitteilungspflicht.** Darüber hinaus begründet § 5 Abs. 1 Satz 2 WpHG eine Übermittlungs- und Mitteilungspflicht. Zum einen hat der Emittent die Information, dass die Bundesrepublik Deutschland sein Herkunftsstaat ist, unverzüglich dem **Unternehmensregister** zur Speicherung zu übermitteln. Zum anderen ist die Information unverzüglich den in § 5 Abs. 1 Satz 2 Nr. 2 WpHG genannten **Behörden** mitzuteilen. Diese Mitteilung ist gleichzeitig mit der Veröffentlichung vorzunehmen. Die Frist für die Verwirklichung der Pflicht zur Mitteilung und zur Veröffentlichung beginnt, wenn der Herkunftsstaat feststeht, bzw. gewählt wurde.

---

[1] Ebenso *Kumpan* in Schwark/Zimmer, § 2b WpHG Rz. 2.

Abschnitt 2
Bundesanstalt für Finanzdienstleistungsaufsicht

Vorbemerkungen zu §§ 6–11 WpHG

Schrifttum: *Berg*, Sonderabgaben – Möglichkeiten und Grenzen in Wirtschaftsverwaltungs- und Umweltrecht, GewArch 2006, 441; *Binder*, Keine Staatshaftung für fehlerhafte Bankenaufsicht kraft Gemeinschaftsrechts: Anmerkungen zu EuGH, Urteil vom 12.10.2004, C-222/02 – Paul gegen Deutschland, GPR 2005, 28; *Bürkle*, Aufsichtsrechtliches Legal Judgment: Sachlicher Anwendungsbereich und prozedurale Voraussetzungen, VersR 2013, 792; *Dechent*, Bundesanstalt für Finanzdienstleistungsaufsicht und Bundesanstalt für Finanzmarktstabilisierung – Unabhängige Behörden in der Bankenaufsicht?, NVwZ 2015, 767; *Deiseroth*, Das Wirtschaftsverwaltungsrecht in der neueren Rechtsprechung des Bundesverwaltungsgerichts, GewArch 2017, 49; *Fischer*, Anmerkung zur Entscheidung des BVerwG vom 23.11.2011, 8 C 20/10 – Zur Umlagefähigkeit von durch Amtspflichtverletzung verursachten finanziellen Aufwendungen der BaFin, EWiR 2012, 503; *Fölsing*, Zur Haftung des von der BaFin mir der Sonderprüfung beauftragten Wirtschaftsprüfers, EWiR 2009, 503; *Forst*, Zum Verordnungsvorschlag der Kommission über eine europäische Versicherungsaufsicht, VersR 2010, 155; *Fricke*, Wer den Schaden hat …? – Gilt die Finanzierung der Aufsicht durch die Bundesanstalt auch für fehlerhafte Aufsichtsmaßnahmen?, VersR 2007, 300; *Geschwandtner*, Josef Ackermann im Visier der Bundesanstalt für Finanzdienstleistungsaufsicht, NJW 2006, 1571; *Halfpap*, Rechtsschutz gegenüber Kapitalmarktaufsichtsbehörden, RIW 2008, 692; *Hammen*, Anmerkung zur Entscheidung des BVerfG vom 24.11.2015 (2 BvR 355/12) – Einbeziehung von Amtshaftungskosten in die Umlagefinanzierung der BaFin, WuB 2017, 29; *Han*, Die Unabhängigkeit der Bundesanstalt für Finanzdienstleistungsaufsicht, Diss. 2015; *Hanten/Haußmann*, Zur Umlage gemäß § 51 KWG, EWiR 2004, 1239; *Heun*, Finanzaufsicht im Wandel, JZ 2012, 235; *Hippeli*, Gebühren und Entgelte nach Umwandlung in ein Pfändungsschutzkonto – ein Überblick, DZWIR 2017, 367; *Hummel*, Finanzierung von Amtshaftungsaufwendungen durch Sonderabgaben, DVBl. 2012, 747; *Kube*, Anmerkung zu einem Beschluss des BVerfG vom 24.11.2015 (2 BvR 355/12) – Zur Frage der Verfassungsmäßigkeit der BaFin-Umlage als Sonderabgabe und die Erstreckung der Umlage i.S.d. § 16 Abs. 1 FinDAG auf die Kostenlasten aus Amtshaftungspflichten, JZ 2016, 373; *Lehmann*, Finanzaufsicht – Quo vadis?, VuR 2010, 399; *Lenz*, Wem nützt eigentlich die Bankenaufsicht?, NVwZ 2010, 29; *Moraht*, Kein individueller Anspruch des Versicherungsnehmers auf Einschreiten der Versicherungsaufsicht, jurisPR-VersR 5/2011 Anm. 1; *Ohler*, Sonderabgaben für Bilanzpolizei, WM 2007, 45; *Pott*, Zur Amtshaftung wegen unzureichender Bankenaufsicht, EWiR 2005, 219; *Selmer*, Zur Umlagefähigkeit von Amtshaftungslasten der Bundesanstalt für Finanzdienstleistungsaufsicht, WM 2011, 1733; *Viegener*, Drittschutz staats-, wirtschafts- und gemeinschaftsaufsichtsrechtlicher Bestimmungen, Diss. 2008; *Weber-Rey/Horak*, Allfinanzaufsicht der BaFin überlebt Finanzmarktreform, VersR 2011, 452; *Wende*, Verfassungsmäßigkeit von Sonderabgaben am Beispiel der Umlage gem. § 17d FinDAG, NVwZ 2006, 765.

I. Einleitung 1	IV. Einrichtung einer Hinweisgeberstelle bei der Bundesanstalt (§ 4d FinDAG) 55
II. Struktur der Bundesanstalt, organisatorische Einbindung der Wertpapieraufsicht 8	1. Gesetzliche Regelung der Hinweisgeberstelle .. 55
1. Die einschlägigen Vorschriften des FinDAG ... 8	2. Allgemeines 56
2. Bundesanstalt 9	3. Zielrichtung der Hinweisgeberstelle 60
3. Selbständigkeit 10	4. Umfassender Schutz der Hinweisgeber 63
4. Sitz und Gerichtsstand 12	5. Kommunikationswege der Hinweisgeberstelle der Bundesanstalt 66
5. Aufbau der Bundesanstalt 15	6. Praktische Relevanz 69
III. Aufgaben der Bundesanstalt 21	V. Kosten der Aufsicht 71
1. Die Vorschriften des FinDAG bezüglich Ausgabenwahrnehmung und Zusammenarbeit ... 21	1. Übersicht 71
2. Aufgaben und Zusammenarbeit 22	2. Gebühren (§ 14 FinDAG) 76
a) Zusammenarbeit 25	3. Gesonderte Erstattung (§ 15 FinDAG) 79
b) Aufgabenstellung 30	4. Umlage (§ 16 FinDAG) 81
3. Kollektiver Verbraucherschutz – Aufgabe und Befugnisnorm (§ 4 Abs. 1a FinDAG) 33	a) Grundsätzliches zur Umlage 83
4. Mitwirkung Dritter (§ 4 Abs. 3 FinDAG) 41	b) Umzulegende Kosten 85
5. Aufgabenwahrnehmung nur im öffentlichen Interesse (§ 4 Abs. 4 FinDAG) 46	c) Verfahren der Kostenumlage 87
6. Haftung bei Amtspflichtverletzungen 54	5. Beitreibung der Kostenforderungen 92

I. Einleitung. Mit Wirkung vom 1.5.2002 wurden die ehemaligen Bundesaufsichtsämter für das Kredit-, das Versicherungswesen und für den Wertpapierhandel zusammengelegt und die Bundesanstalt für Finanzdienstleistungsaufsicht mit einem Doppelsitz in Bonn und Frankfurt/M. errichtet. Der Gründungsakt der Bundesanstalt erfolgte mit dem **FinDAG**, dem Gesetz über die integrierte Finanzdienstleistungsaufsicht vom 22.4.2002 (BGBl. I 2002, 1310)[1]. Im FinDAG wurde die **grundsätzliche Struktur der Bundesanstalt** geregelt, die mit ihrer Gründung als „Allfinanzaufsicht" aufgestellt wurde. Die Bundesanstalt übernahm die Aufgaben ihrer drei Vorgängerbehörden, insbesondere die Aufsicht über Versicherungen, über Banken und Finanzdienstleistungsinstitute sowie über den Wertpapierhandel und die Investmentgesellschaften. Zugleich wurden mit dem Fin-

---

1 FinDAG, zuletzt geändert durch Art. 14 Abs. 3 Gesetz vom 17.7.2017, BGBl. I 2017, 2446.

Vor § 6 | Bundesanstalt für Finanzdienstleistungsaufsicht

DAG die organisationsrechtlichen Vorschriften bezüglich der Vorgängerbehörden, wie beispielsweise in § 3 WpHG a.F., der den Gründungsakt und die wesentliche Struktur des früheren Bundesaufsichtsamtes für den Wertpapierhandel enthielt, gegenstandslos und aufgehoben. Gleiches gilt für allgemeine Regelungen bezüglich der Aufgabenwahrnehmung, die nur im öffentlichen Interesse erfolgt und die Finanzierung der Aufsicht.

2   Das **materielle Aufsichtsrecht** wurde durch das FinDAG **nicht geändert**. Einzig wurden Normen, die die fachgesetzlichen Aufsichtsnormen ergänzen und in allen drei Aufsichtsbereichen in gleicher Weise geregelt waren, wie in einem allgemeinen Teil, in das FinDAG aufgenommen. Die Normen gelten nun aus dem FinDAG heraus auch für die Aufsicht nach dem WpHG. Das betrifft beispielsweise die Möglichkeit des Heranziehens Dritter zur Durchführung der Aufgaben der Bundesanstalt und die Norm bezüglich der Zwangsmittel. Zugleich wurden die Regelungen zur Umlage der Aufsichtskosten aus den drei Aufsichtsbereichen im FinDAG zusammengeführt. Entsprechend wurden auch die diesbezüglichen früheren Regelungen des WpHG a.F. durch das FinDAG aufgehoben und durch die Vorschriften der §§ 4 Abs. 2, 3 und 14 bis 17 FinDAG ersetzt. Um hier einen Überblick über die Struktur der Bundesanstalt, die organisatorische Anbindung der Wertpapieraufsicht und das Zusammenspiel der Regelungen zwischen FinDAG und WpHG zu geben, werden **im Folgenden die Vorschriften des FinDAG kommentiert**, soweit sie für die Wertpapieraufsicht von Bedeutung sind.

3   Seit dem Inkrafttreten des FinDAG und der Gründung der Bundesanstalt hat das FinDAG verschiedene **Änderungen** erfahren, die sich häufig **auf Normen zur Finanzierung der Bundesanstalt** beziehen. Eine erste wesentliche Änderung erfuhr das FinDAG mit dem **Gesetz zur Umsetzung der Richtlinie 2010/78/EU**[1]. Mit diesem Gesetz wurden die notwendigen **Anpassungen des FinDAG in Hinblick auf die Errichtung des Europäischen Finanzaufsichtssystems** in § 4 Abs. 2 FinDAG vorgenommen und die Befugnis zur Zusammenarbeit mit den europäischen Einrichtungen im Rahmen des Europäischen Finanzaufsichtssystems klargestellt. Des Weiteren wurde die rechtliche Stellung der Mitglieder des Direktoriums der Bundesanstalt in § 9 FinDAG neu geregelt und an die gesteigerten Anforderungen angepasst.

4   Eine weitere wesentliche Änderung erfuhr das FinDAG durch das **Gesetz zur Stärkung der deutschen Finanzaufsicht**[2]. Mit diesem Gesetz wurde neben einer Neufassung der Umlageregelungen in §§ 16 ff. FinDAG auch das zuvor in § 3 FinDAG geregelte Forum für Finanzmarktaufsicht abgeschafft und durch die Regelung des § 4a FinDAG ersetzt, der die notwendige Koordinierung als laufenden Abstimmungsprozess zwischen Bundesanstalt und Deutscher Bundesbank insoweit verbessert, als er das Verfahren zur Koordinierung bei Meinungsverschiedenheiten von erheblicher Bedeutung im Rahmen der laufenden Überwachung nach § 7 Abs. 1 KWG und § 3 Abs. 3 ZAG bestimmt. Zudem wurde mit § 8a FinDAG ein **Verbraucherbeirat als weiteres Gremium** bei der Bundesanstalt eingerichtet, um Verbraucherfragen stärkere Beachtung zu verschaffen. Dies korrespondiert mit der gleichfalls eingefügten Norm des § 4b FinDAG, der ein **förmliches Beschwerdeverfahren** für Kunden beaufsichtigter Unternehmen und für bestimmte Verbraucherverbände vorsieht, um die Zusammenarbeit zwischen der Bundesanstalt und Verbraucherverbänden zu verbessern.

5   Diese Zielrichtung der Stärkung des kollektiven Verbraucherschutzes wurde auch durch das **Kleinanlegerschutzgesetz**[3] weiterverfolgt. Dessen Art. 1 fügte § 4 Abs. 1a FinDAG ein, der den **kollektiven Verbraucherschutz als Ziel und als Bestandteil der Aufsichtstätigkeit** der Bundesanstalt nunmehr **ausdrücklich gesetzlich verankert**.

6   Weitere aufsichtsrechtliche relevante Änderungen wurden mit dem **1. FiMaNoG**[4] in das FinDAG eingefügt. So wurde mit § 4d FinDAG eine Pflicht der Bundesanstalt eingeführt, eine **Hinweisgeberstelle für Meldungen über potentielle oder tatsächliche Verstöße** gegen nationale und europarechtliche Normen, deren Überwachung Aufgabe der Bundesanstalt ist, einzurichten („Whistleblowing")[5]. Eine weitere Änderung durch das 1. FiMaNoG ist die Aufnahme von spezialgesetzlichen Regelungen zur **Bekanntgabe von Allgemeinverfügungen** in § 17 Abs. 2 und 3 FinDAG, die der Bundesanstalt – über die Regelungen des allgemeinen Verwaltungsrechts hinaus – Möglichkeiten einräumen, gegenüber den betroffenen Marktteilnehmer effizient Allgemeinverfügungen bekannt zu geben (vgl. § 6 WpHG Rz. 50 f.).

7   Eine für die Struktur der Bundesanstalt wesentliche Änderung des FinDAG wurde mit dem **FMSA-Neuordnungsgesetz**[6] normiert. Durch diese Änderung wurde die nationale Abwicklungsbehörde (NAB) für Banken und Wertpapierfirmen, bisher Teil der FSMA (Bundesanstalt für Finanzmarktstabilisierung), als **neuer Geschäftsbereich „Abwicklung" in die Bundesanstalt** eingegliedert. Dies hat auch Auswirkungen auf das Direk-

---

1 Gesetz zur Umsetzung der Richtlinie 2010/78/EU vom 24.11.2010 im Hinblick auf die Errichtung des Europäischen Finanzaufsichtssystems vom 4.12.2011, BGBl. I 2011, 2427.
2 Gesetz zur Stärkung der deutschen Finanzaufsicht (FinAStG) vom 28.11.2012, BGBl. I 2012, 2369.
3 Kleinanlegerschutzgesetz vom 3.7.2015, BGBl. I 2015, 1114.
4 Erstes Gesetz zur Novellierung von Finanzmarktvorschriften auf Grund europäischer Rechtsakte (Erstes Finanzmarktnovellierungsgesetz – 1. FiMaNoG) vom 30.6.2016, BGBl. I 2016, 1514, zuletzt geändert durch Bekanntmachung über das Inkrafttreten von Teilen des Ersten Finanzmarktnovellierungsgesetzes vom 20.3.2017, BGBl. I 2017, 559.
5 Vgl. die weiterführenden Ausführungen unter Rz. 55 ff.
6 Gesetz zur Neuordnung der Aufgaben der Bundesanstalt für Finanzmarktstabilisierung (FMSA-Neuordnungsgesetz – FMSANeuOG) vom 23.12.2016, BGBl. I 2016, 3171.

torium der Bundesanstalt. Zudem wurde durch das Gesetz der Bundesanstalt die Aufsicht über die Versorgungsanstalt des Bundes und der Länder (VBL) übertragen.

II. Struktur der Bundesanstalt, organisatorische Einbindung der Wertpapieraufsicht. 1. Die einschlägigen Vorschriften des FinDAG. Die einschlägigen Regelungen des FinDAG bezüglich der Errichtung der Bundesanstalt, ihrer Struktur und bezüglich der Aufsicht über die Bundesanstalt lauten seit dem 1.1.2018:

§ 1 FinDAG Errichtung

(1) Im Geschäftsbereich des Bundesministeriums der Finanzen wird durch Zusammenlegung des Bundesaufsichtsamtes für das Kreditwesen, des Bundesaufsichtsamtes für das Versicherungswesen und des Bundesaufsichtsamtes für den Wertpapierhandel eine bundesunmittelbare, rechtsfähige Anstalt des öffentlichen Rechts zum 1. Mai 2002 errichtet. Sie trägt die Bezeichnung „Bundesanstalt für Finanzdienstleistungsaufsicht" (Bundesanstalt).

(2) Die Bundesanstalt hat ihren Sitz in Bonn und in Frankfurt am Main.

(3) Für Klagen gegen die Bundesanstalt gilt Frankfurt am Main als Sitz der Behörde. In Verfahren nach dem Gesetz über Ordnungswidrigkeiten gilt Frankfurt am Main als Sitz der Verwaltungsbehörde. Satz 1 ist auf Klagen aus dem Beamtenverhältnis und auf Rechtsstreitigkeiten, für die die Gerichte für Arbeitssachen zuständig sind, nicht anzuwenden.

...

§ 2 FinDAG Rechts- und Fachaufsicht

Die Bundesanstalt untersteht der Rechts- und Fachaufsicht des Bundesministeriums der Finanzen (Bundesministerium).

§ 5 FinDAG Organe und Satzung

(1) Organe der Bundesanstalt sind das Direktorium, der Präsident oder die Präsidentin und der Verwaltungsrat.

...

§ 6 FinDAG Leitung

(1) Die Bundesanstalt wird durch das Direktorium gesamtverantwortlich geleitet und verwaltet. Das Direktorium besteht aus einem Präsidenten oder einer Präsidentin sowie fünf Exekutivdirektoren oder Exekutivdirektorinnen, von denen einer oder eine als Vizepräsidenten oder Vizepräsidentin ständiger Vertreter oder ständige Vertreterin des Präsidenten ist. ...

(2) Das Direktorium berät unter dem Vorsitz des Präsidenten oder der Präsidentin. ... Das Direktorium regelt die innere Organisation der Bundesanstalt durch eine Geschäftsordnung. ...

(3) Der Präsident oder die Präsidentin bestimmen die strategische Ausrichtung der Bundesanstalt als Allfinanzaufsicht national und international. Im Rahmen dieser Vorgaben obliegt den Exekutivdirektoren und Exekutivdirektorinnen die Verantwortung für ihren Geschäftsbereich.

(4) Zur Wahrnehmung der gesetzlichen Aufgaben der Bundesanstalt werden fünf Geschäftsbereiche eingerichtet: Innere Verwaltung und Recht, Bankenaufsicht, Versicherungs- und Pensionsfondsaufsicht, Wertpapieraufsicht/Asset-Management sowie Abwicklung.

(5) Der Präsident oder die Präsidentin vertritt die Bundesanstalt gerichtlich und außergerichtlich.

2. Bundesanstalt. Die Vorschrift des **§ 1 FinDAG** enthält den **grundlegenden organisatorischen Errichtungsakt für die Bundesanstalt**. Die Regelung bestimmt auch, dass sie die Bezeichnung „Bundesanstalt für Finanzdienstleistungsaufsicht" (Bundesanstalt) trägt. Wie die drei Vorgängerbehörden ist die Bundesanstalt im Geschäftsbereich des Bundesministeriums der Finanzen eingerichtet. Die Bundesanstalt trat unmittelbar in die bestehenden Rechte und Pflichten der drei früheren Bundesaufsichtsämter ein (§ 21 FinDAG). Seit dem entwickelt sich die Aufgabenstellung der Bundesanstalt stetig weiter, ohne dass an der grundsätzlichen Art der Errichtung Änderungen vorgenommen wurden.

3. Selbständigkeit. Die Bundesanstalt ist eine **selbständige Anstalt des öffentlichen Rechts mit eigener Rechtspersönlichkeit**[1]. Sie untersteht der **Rechts- und Fachaufsicht des Bundesministeriums der Finanzen (BMF)**, das damit auch die Tätigkeit des Amtes parlamentarisch zu verantworten hat (vgl. § 2 FinDAG). Die Rechts- und Fachaufsicht des BMF gewährleistet die erforderliche Anbindung an die Kontrolle durch das Parlament. Für diese Aufsicht sind die „Grundsätze für die Ausübung der Rechts- und Fachaufsicht des Bundesministeriums der Finanzen über die Bundesanstalt für Finanzdienstleistungsaufsicht" vom 16.2.2010, geändert am 29.5.2013, maßgebend[2]. Aus dieser Verantwortung und aus § 3 Abs. 1 Satz 1 Finanzverwaltungsgesetz („Der Bundesminister der Finanzen leitet die Bundesfinanzverwaltung") folgt das Recht zu fachlichen Weisungen.

Die Selbständigkeit der Anstalt manifestiert sich darin, dass sie die ihr **übertragenen Aufgaben in eigener Verantwortung** durchführt und nicht etwa „im Auftrag" des BMF. So kann die Bundesanstalt **im eigenen Namen klagen** und ist **im eigen Namen zu verklagen** und nicht die Bundesrepublik Deutschland vertreten durch die Bundesanstalt. Der Status als Anstalt hat zudem die **Lösung vom Bundeshaushalt** mit sich gebracht, wodurch

---

1 Vgl. Begr. Art. 1 und § 1 FinDAG, BT-Drucks. 14/7033, 32.
2 Veröffentlicht auf der Internetseite der Bundesanstalt unter https://www.bafin.de/SharedDocs/Veroeffentlichungen/DE/Aufsichtsrecht/Satzung/aufsicht_bmf_bafin.html.

die Anstalt deutlich mehr Unabhängigkeit im budgetären, organisationsrechtlichen und personellen Bereich gewinnt. Die Kontrolle über die Haushaltsführung obliegt dem Verwaltungsrat (vgl. § 7 FinDAG) als Organ der Bundesanstalt, das aus Vertretern von Ministerien, Mitgliedern des Bundestages und aus Vertretern der Wirtschaft gebildet wird.

12 **4. Sitz und Gerichtsstand.** Der **Sitz der Anstalt** ist gesetzlich mit **Bonn und Frankfurt/M.** festgelegt. Die gesetzliche Regelung als gleichberechtigten **Doppelsitz** ist durch zwei Aspekte motiviert. Zum einen entspricht der Sitz in Bonn dem Berlin/Bonn-Gesetz vom 26.4.1994 (BGBl. I 1994, 918). Zum anderen zeigt der Sitz in Frankfurt/M., dass die wichtige Aufgabe der Wertpapieraufsicht gerade nicht von einer Außenstelle am wichtigsten deutschen Finanzplatz erbracht werden sollte. Mit der Einrichtung des Doppelsitzes sollen auch im Bereich der internationalen Tätigkeit Signale gesetzt werden, dass die Wertpapieraufsicht weiterhin im Zentrum des Wertpapierhandels in Deutschland, in Frankfurt/M., tätig ist. Mit dem Sitz der EZB (Europäische Zentralbank) und der EIOPA (Europäische Versicherungsaufsichtsbehörde) in Frankfurt/M. ist diese Überlegung bestätigt worden. Ein Nachteil erwachse der Anstalt durch den Doppelsitz für die Organisation – so die Begründung zu § 1 Abs. 3 FinDAG[1] – und ihre Verwaltungsabläufe im Zeitalter der elektronischen Datenkommunikation und der Möglichkeit von Telefonkonferenzen nicht.

13 Bei **verwaltungsrechtlichen Klagen**, wie Anfechtungs-, Verpflichtungs- und Feststellungsklagen, bei zivilrechtlichen Klagen gegen die Bundesanstalt sowie für Verfahren in Bußgeldsachen gilt gem. § 1 Abs. 3 FinDAG **Frankfurt/M. als Sitz der Behörde**. Im Hinblick auf die Vorschriften der § 52 VwGO, §§ 18, 12 ZPO ist durch die Fiktion des § 1 Abs. 3 FinDAG eine **eindeutige örtliche Zuständigkeitsregelung** gegeben. Diese dient nicht nur der Verwaltungsökonomie, sondern auch den Interessen potentieller Kläger. Für Entscheidungen über **Einsprüche gegen Bußgeldbescheide** der Bundesanstalt ist grundsätzlich das AG Frankfurt/M. zuständig (§ 68 Abs. 1 OWiG). Eine Ausnahme besteht bezüglich der Einsprüche gegen Bußgeldbescheide gemäß dem Übernahmerecht nach WpÜG. Diese werden aufgrund einer Spezialzuweisung ebenso wie die Beschwerden gegen Entscheidungen aus dem Bereich der Überwachung von Unternehmensabschlüssen (§§ 106ff. WpHG) und gegen übernahmerechtliche Entscheidungen nach dem WpÜG durch den Wertpapiererwerbs- und Übernahmesenat des OLG Frankfurt, entschieden (§ 113 WpHG und §§ 48 Abs. 4, 62, 67 WpÜG). Eine weitere Spezialzuweisung ergibt sich aus § 150 Abs. 2 Satz 1 SAG[2]. Für **Anfechtungsklagen gegen Abwicklungsmaßnahmen** ist der Hess. VGH zuständig.

14 Bezüglich **arbeitsrechtlicher und beamtenrechtlicher Klagen** kommt es mit Rücksicht auf den jeweiligen Dienst- oder Arbeitsort der Beschäftigten nicht auf die Bestimmung des Sitzes in Frankfurt/M. an (§ 1 Abs. 2 Satz 3 FinDAG). Maßgeblich für derartige Klagen ist die Regelung des § 172 Bundesbeamtengesetz i.V.m. § 52 Nr. 4 VwGO oder das Arbeitsgerichtsgesetz. Bei **Klagen in Bezug auf Amtspflichtverletzungen** gem. § 839 BGB, Art. 34 GG besteht als weiterer Gerichtsstand alternativ der Gerichtsstand der unerlaubten Handlung, d.h. der Ort, an dem der Tatbestand verwirklicht wurde (§ 32 ZPO).

15 **5. Aufbau der Bundesanstalt.** Die Bundesanstalt wird seit dem 18.4.2008 von einem **Direktorium**[3] geleitet, das mit der Schaffung des neuen Geschäftsbereichs „Abwicklung" seit dem 1.1.2018 durch **sechs Personen** besetzt ist. Unter der Leitung des **Präsidenten und der fünf Exekutivdirektorinnen und Exekutivdirektoren** ist die Bundesanstalt neben dem Präsidialbereich in **fünf Geschäftsbereiche** gegliedert, die ihrerseits in Abteilungen und Referate gegliedert sind, in Einzelfall auch in Gruppen und Referate. Die Bundesanstalt verfügte zum 1.1.2018 über einen Personalbestand von ca. 2.700 Bediensteten[4].

16 Um die Verantwortlichkeit gegenüber dem die Fach- und Rechtsaufsicht führenden Bundesministerium der Finanzen eindeutig manifestieren zu können, wurde bei der Schaffung der Bundesanstalt zunächst der Gedanke an ein kollegiales Leitungsorgan zugunsten einer Präsidialverfassung verworfen. Um den Anforderungen an eine moderne Aufsicht mit ihren internationalen und nationalen Verflechtungen noch besser gerecht zu werden, wurde mit dem **Aufsichtsstrukturmodernisierungsgesetz** eine Umorganisation der Führungsstruktur der Bundesanstalt durchgeführt. Da die Anforderungen an die Aufsicht im nationalen und internationalen Bereich erheblich gestiegen sind und zunehmend komplexer wurden, bedurfte es einer Leitungsstruktur, die sich intensiv den neuen materiellen Herausforderungen einer Allfinanzaufsicht im nationalen und internationalen Bereich stellen und gleichzeitig die BaFin selbst als Aufsichtsbehörde weiterentwickeln kann[5]. Mit dem Gesetz wurden dem **Präsidenten/Präsidentin Exekutivdirektoren/Exekutivdirektorinnen zur Seite gestellt**. Deren **Eigenverantwortung für ihren Bereich** verbreitert die Entscheidungsbasis der Bundesanstalt. Das fachliche Know-how wird durch die jeweils verantwortliche Exekutivdirektorin oder den verantwortlichen Exekutivdirektor in das Direktorium eingebracht. Die Exekutivdirektorinnen und Exekutivdirektoren berichten gegenüber

---

1 Vgl. Begr. RegE Gesetz über die integrierte Aufsicht, BT-Drucks. 14/7033, 33.
2 Gesetz zur Sanierung und Abwicklung von Instituten und Finanzgruppen vom 10.12.2014, BGBl. I 2014, 2091, zuletzt geändert durch Art. 3 Gesetz vom 23.12.2016, BGBl. I 2016, 3171.
3 Vgl. auch Jahresbericht der Bundesanstalt für das Jahr 2007, S. 227; abzurufen im Internet unter www.bafin.de.
4 S. Internetpräsentation der Bundesanstalt unter www.bafin.de/Die BaFin/Organisation/Mitarbeiter.
5 Vgl. Begr. RegE Aufsichtsstrukturmodernisierungsgesetz, BT-Drucks. 16/7078, 7 und 8.

dem Verwaltungsrat auch in Bezug auf ihren Aufgabenbereich. Die Anstalt wird so durch ein **Direktorium gesamtverantwortlich** geleitet (§ 6 Abs. 1 Satz 1 FinDAG). Das Direktorium berät unter dem Vorsitz des Präsidenten oder einer Präsidentin.

Mit dem Gesetz zur Umsetzung der Richtlinie 2010/78/EU[1] wurde in einem weiteren Schritt die **Rechtsstellung der Mitglieder des Direktoriums** in § 9 FinDAG neu geregelt. „Angesichts der auf nationaler und internationaler Ebene ständig wachsenden Anforderungen an die Finanzaufsicht steigen auch die Anforderungen an die nachgewiesene berufliche Qualifikation des Präsidenten und der Direktoriumsmitglieder. So benötigt die im Rahmen einer qualitativen Aufsicht notwendige risikoorientierte Würdigung der Geschäftsstrategie der beaufsichtigten Kredit- und Finanzdienstleistungsinstitute sowie Versicherungen Führungskräfte mit adäquaten Branchenkenntnissen und -erfahrungen. Gleichzeitig besteht ein erheblicher Wettbewerb um qualifizierte und im Finanzsektor erfahrene Führungskräfte."[2] In Anlehnung an Regelungen bei der Deutschen Bundesbank, der Bundesnetzagentur und der Bundesanstalt für Immobilienaufgaben stehen die Mitglieder des Direktoriums in einem öffentlich-rechtlichen Anstellungsverhältnis, dessen Rahmenbedingungen sich aus den Regelungen in § 9 FinDAG ergeben. „Gleichzeitig wird das öffentlich-rechtliche Amtsverhältnis in besonderem Maße den hoheitlichen Aufgaben der Bundesanstalt und ihrer herausgehobenen Funktion für den Finanzplatz Deutschland gerecht."[3] Für die übrigen Beamten ist oberste Dienstbehörde der Präsident, an den auch Dienstaufsichtsbeschwerden gegen die Bediensteten der Bundesanstalt zu richten sind. 17

Hinsichtlich der grundsätzlichen Struktur der Bundesanstalt blieben die drei ehemaligen Ämter bei der Errichtung der Bundesanstalt sozusagen als tragende Säulen der Anstalt hinsichtlich der Wahrnehmung der Fachaufgaben bestehen. Sie werden als **Geschäftsbereiche** „Bankenaufsicht", „Versicherungs- und Pensionsfondsaufsicht" und „Wertpapieraufsicht/Asset Management" je einem Exekutivdirektor oder einer Exekutivdirektorin[4] zugeordnet. Dies gilt auch für den neuen Geschäftsbereich „Abwicklung". Um einen Mehrwert aus der Zusammenlegungen zu erreichen, wurden erhebliche organisatorische Veränderungen vorgenommen. So wurde ein Querschnittsbereich eingerichtet, der heutige Geschäftsbereich „Interne Verwaltung und Recht", in dem sich Bereiche wie Haushalt, Finanzen, Organisation, Personalwesen, Liegenschaftsverwaltung, eine zentrale Rechtsabteilung und der IT-Bereich befinden. Dieser Geschäftsbereich, der einer Exekutivdirektorin (oder einem Exekutivdirektor) zugeordnet ist, ist zugleich Basis und Rechtsvertreter der übrigen Geschäftsbereiche. Die Entscheidung über die strategische Ausrichtung und das Risikomanagement der Bundesanstalt verbleiben beim Präsidenten[5], wie auch die Zuständigkeit für die Abteilung „Internationales, Finanzstabilität und Regulierung", die Gruppe „Kommunikation" und die Innenrevision. 18

Weitere Details zur Organisation der Bundesanstalt sind in einem „Organisationsstatut für die Bundesanstalt für Finanzdienstleistungsaufsicht (OsBaFin)" und in der „Geschäftsordnung des Direktoriums der Bundesanstalt für Finanzdienstleistungsaufsicht" geregelt[6].

Weiteres Organ der Anstalt ist neben dem Direktorium ihr **Verwaltungsrat** (§ 7 FinDAG), der die Geschäftsführung überwacht, diese bei der Aufgabenerfüllung unterstützt und den Haushalt feststellt. Er besteht aus 17 stimmberechtigten Mitgliedern. Dies sind sechs Angehörige unterschiedlicher Ministerien, einschließlich dem Bundesfinanzministerium, fünf Mitglieder des Deutschen Bundestages und sechs weitere Personen mit Fachexpertise, die vom Bundesfinanzministerium in den Verwaltungsrat berufen werden. Einzelheiten zur Besetzung des Verwaltungsrates ergeben sich aus § 7 FinDAG, insbesondere Abs. 3. Das Direktorium der Bundesanstalt erstellt einen Entwurf des Haushaltsplans, der dem Verwaltungsrat vorzulegen ist (§ 12 FinDAG). Der Haushaltsplan wird vom Verwaltungsrat festgestellt. Nach Ende des Haushaltsjahres hat das Direktorium eine Rechnung über Einnahmen und Ausgaben der Bundesanstalt aufzustellen. Die Entlastung erteilt der Verwaltungsrat mit Zustimmung des BMF. 19

Eine Übersicht über sonstige **Gremien** bei der Bundesanstalt, die keine Organfunktion haben, wie z.B. die verschiedenen Beiräte, einschließlich dem seit 2013 eingerichteten Verbraucherbeirat, und dem Ausschuss für Finanzstabilität (AFS), sowie deren Tätigkeit kann auf der Internetseite der Bundesanstalt[7] abgerufen werden. 20

III. Aufgaben der Bundesanstalt. 1. Die Vorschriften des FinDAG bezüglich Ausgabenwahrnehmung und Zusammenarbeit. Die Aufgabenstellung der Bundesanstalt einschließlich der Übertragung der Zusammenarbeit mit anderen in- und ausländischen Stellen wurde mit Gründung der Bundesanstalt ausdrücklich in § 4 21

---

1 Gesetz zur Umsetzung der Richtlinie 2010/78/EU vom 24.11.2010 im Hinblick auf die Errichtung des Europäischen Finanzaufsichtssystems vom 4.12.2011, BGBl. I 2011, 2427.
2 Vgl. Begr. RegE Gesetz zur Umsetzung der Richtlinie 2010/78/EU, BT-Drucks. 17/7508, 10.
3 Vgl. Begr. RegE Gesetz zur Umsetzung der Richtlinie 2010/78/EU, BT-Drucks. 17/7508, 10.
4 Vgl. hierzu auch die auf der Internetseite der Bundesanstalt veröffentlichten Daten der Exekutivdirektorin und Exekutivdirektoren unter www.bafin.de/Die BaFin/Die Leitung.
5 Vgl. Protokoll der 142. Sitzung des Bundestags am 14.2.2008 Anlage 6 (15043) Rz. D und § 1 Abs. 2 des Organisationsstatuts der Bundesanstalt.
6 Zu finden über die Veröffentlichungen unter www.bafin.de.
7 Veröffentlicht unter https://www.bafin.de/DE/DieBaFin/GrundlagenOrganisation/Gremien/gremien_node.html.

FinDAG geregelt. Zugleich wurden Regelungen zur Art und Weise der Aufgabenwahrnehmung, die in allen drei Aufsichtsbereichen einheitlich normiert waren, für die gesamte Bundesanstalt zusammengefasst. Mit den Änderungen des FinDAG durch die unter Rz. 3 ff. aufgezeigten Rechtsänderungen sind diese Regelungen weiter ausgebaut worden. Die heutige Regelung zu Aufgaben und Zusammenarbeit lautet:

§ 4 FinDAG Aufgaben und Zusammenarbeit

(1) Die Bundesanstalt übernimmt die dem Bundesaufsichtsamt für das Kreditwesen, dem Bundesaufsichtsamt für das Versicherungswesen und dem Bundesaufsichtsamt für den Wertpapierhandel übertragenen Aufgaben. Sie nimmt darüber hinaus die ihr nach anderen Bestimmungen übertragenen Aufgaben einschließlich der Beratungstätigkeit im Zusammenhang mit dem Aufbau und der Unterstützung ausländischer Aufsichtssysteme wahr. Die Bundesanstalt wird im Wege der Organleihe für das Bundesministerium der Finanzen im Rahmen der ihm nach den Vorschriften der Anstaltssatzung obliegenden Aufsicht über die Versorgungsanstalt des Bundes und der Länder tätig. Das Nähere einschließlich des Beginns der Organleihe wird im Einvernehmen mit dem Bundesministerium des Innern in einer Verwaltungsvereinbarung zwischen dem Bundesministerium der Finanzen und der Bundesanstalt geregelt. Die Bundesanstalt nimmt außerdem die Aufgaben der Abwicklungsbehörde nach § 3 Absatz 1 des Sanierungs- und Abwicklungsgesetzes sowie die ihr auf Grundlage des Restrukturierungsfondsgesetzes übertragenen Aufgaben wahr.

(1a) Die Bundesanstalt ist innerhalb ihres gesetzlichen Auftrags auch dem Schutz der kollektiven Verbraucherinteressen verpflichtet. Unbeschadet weiterer Befugnisse nach anderen Gesetzen kann die Bundesanstalt gegenüber den Instituten und anderen Unternehmen, die nach dem Kreditwesengesetz, dem Zahlungsdiensteaufsichtsgesetz, dem Versicherungsaufsichtsgesetz, dem Wertpapierhandelsgesetz, dem Kapitalanlagegesetzbuch sowie nach anderen Gesetzen beaufsichtigt werden, alle Anordnungen treffen, die geeignet und erforderlich sind, um verbraucherschutzrelevante Missstände zu verhindern oder zu beseitigen, wenn eine generelle Klärung im Interesse des Verbraucherschutzes geboten erscheint. Ein Missstand im Sinne des Satzes 2 ist ein erheblicher, dauerhafter oder wiederholter Verstoß gegen ein Verbraucherschutzgesetz, der nach seiner Art oder seinem Umfang die Interessen nicht nur einzelner Verbraucherinnen oder Verbraucher gefährden kann oder beeinträchtigt.

(2) Die Bundesanstalt arbeitet mit anderen Stellen und Personen im In- und Ausland nach Maßgabe der in Absatz 1 genannten Gesetze und Bestimmungen sowie nach Maßgabe

1. der Verordnung (EU) Nr. 1092/2010 des Europäischen Parlaments und des Rates vom 24. November 2010 über die Finanzaufsicht der Europäischen Union auf Makroebene und zur Errichtung eines Europäischen Ausschusses für Systemrisiken (ABl. L 331 vom 15.12.2010, S. 1),
2. der Verordnung (EU) Nr. 1093/2010 des Europäischen Parlaments und des Rates vom 24. November 2010 zur Errichtung einer Europäischen Aufsichtsbehörde (Europäische Bankenaufsichtsbehörde), zur Änderung des Beschlusses Nr. 716/2009/EG und zur Aufhebung des Beschlusses Nr. 2009/78/EG der Kommission (ABl. L 331 vom 15.12.2010, S. 12),
3. der Verordnung (EU) Nr. 1094/2010 des Europäischen Parlaments und des Rates vom 24. November 2010 zur Errichtung einer Europäischen Aufsichtsbehörde (Europäische Aufsichtsbehörde für das Versicherungswesen und die betriebliche Altersversorgung), zur Änderung des Beschlusses Nr. 716/2009/EG und zur Aufhebung des Beschlusses Nr. 2009/79/EG der Kommission (ABl. L 331 vom 15.12.2010, S. 48) und
4. der Verordnung (EU) Nr. 1095/2010 des Europäischen Parlaments und des Rates vom 24. November 2010 zur Errichtung einer Europäischen Aufsichtsbehörde (Europäische Wertpapier- und Marktaufsichtsbehörde), zur Änderung des Beschlusses Nr. 716/2009/EG und zur Aufhebung des Beschlusses Nr. 2009/77/EG der Kommission (ABl. L 331 vom 15. Dezember 2010, S. 84) zusammen.

(3) Bei der Durchführung ihrer Aufgaben kann sich die Bundesanstalt anderer Personen und Einrichtungen bedienen.

(4) Die Bundesanstalt nimmt ihre Aufgaben und Befugnisse nur im öffentlichen Interesse wahr.

22 **2. Aufgaben und Zusammenarbeit.** Mit der Gründung der Bundesanstalt wurden ihr die **Aufgaben der drei Vorgängerbehörden übertragen**. Hinsichtlich des damaligen Aufgabenkatalogs der drei Vorgängerbehörden kann auf die Gesetzesbegründung zum FinDAG verwiesen werden[1]. Bei diesen Aufgaben sollte es sich auch im Jahr 2002 **nicht** um einen **abgeschlossenen Katalog** handeln. Entsprechend regelte der Gesetzgeber in § 4 Abs. 1 Satz 2 FinDAG, dass die Bundesanstalt über die zum damaligen Zeitpunkt übertragenen Aufgaben hinaus die Aufgaben, die ihr nach anderen Bestimmungen übertragen werden, einschließlich der Beratungstätigkeit im Zusammenhang mit dem Aufbau und der Unterstützung ausländischer Aufsichtssysteme wahrnimmt.

23 Neben der **Erweiterung der Aufsichtsaufgaben der Bundesanstalt durch die jeweiligen Aufsichtsgesetze**, deren Überwachung der Bundesanstalt als Aufgabe übertragen wurden, ist auch **im Rahmen von § 4 FinDAG die Aufgabenzuweisung nebst Wahrnehmung der Zusammenarbeit deutlich erweitert** worden. So wurden mit dem Gesetz zur Umsetzung der Richtlinie 2010/78/EU die Zusammenarbeit in Hinblick auf die Errichtung des Europäischen Finanzaufsichtssystems in § 4 Abs. 2 FinDAG neu geregelt und die Befugnis zur Zusammenarbeit mit den europäischen Einrichtungen im Rahmen des Europäischen Finanzaufsichtssystems klargestellt. Das Kleinanlegerschutzgesetz fügte § 4 Abs. 1a FinDAG ein, der den kollektiven Verbraucherschutz als Ziel und als Bestandteil der Aufsichtstätigkeit der Bundesanstalt nunmehr ausdrücklich gesetzlich verankert. Zudem hat die Bundesanstalt die Aufgaben der nationalen Abwicklungsbehörde (NAB) für Banken und Wertpapierfirmen *und die Aufsicht über die Versorgungsanstalt des Bundes und der Länder (VBL)* übertragen bekommen.

---

1 Begr. RegE FinDAG, BT-Drucks. 14/7033, 92 f.

Aufgabe und damit zugleich **Zweck** der Errichtung der Bundesanstalt ist die Wahrnehmung der umfangreichen Aufgaben einschließlich der Zusammenarbeit. Hierbei ist die Bundesanstalt mit dem FinDAG bewusst als integrierte Aufsichtsbehörde für den Finanzmarkt in Deutschland aufgestellt worden, unter deren Dach sich die verschiedenen Bereiche der Aufsicht über den Finanzmarkt einen. Entsprechend weit ist auch die Aufgabenstellung einschließlich der Verpflichtung zur Zusammenarbeit gefasst. 24

a) **Zusammenarbeit.** Besonders hervorgehoben ist die Zusammenarbeit in § 4 Abs. 2 FinDAG. Hier kann die Frage aufkommen, wie das Verhältnis dieser Regelungen zur Aufgabenübertragung nach § 4 Abs. 1 FinDAG ist. Die Regelungen zur Zusammenarbeit der Bundesanstalt stellen einen Teilaspekt der Ausgabenstellung für die Bundesanstalt dar. Dies zeigt auch schon die Formulierung in § 4 Abs. 1 Satz 2 FinDAG „Aufgaben einschließlich der Beratungstätigkeit...". Die Regelungen zur Zusammenarbeit enthalten aber neben der Aufgabenstellung zugleich auch die Befugnis der Bundesanstalt für eine entsprechende Zusammenarbeit. 25

Die Zusammenarbeit der Bundesanstalt bezieht sich sowohl auf die **Zusammenarbeit mit ausländischen Stellen und Personen, insbesondere europäischen Stellen,** als auch **auf inländische Stellen und Personen** (vgl. § 4 Abs. 2 FinDAG). Die Gesetzesbegründung führt aus, dass § 4 Abs. 2 FinDAG der Klarstellung dient. „Neben der bisher bestehenden Zusammenarbeit mit Aufsichtsbehörden im Ausland und mit anderen Personen und Einrichtungen arbeitet die Bundesanstalt für Finanzdienstleistungsaufsicht ab dem 1.1.2011 innerhalb des Europäischen Finanzaufsichtssystems mit den Europäischen Aufsichtsbehörden und dem Europäischen Ausschuss für Systemrisiken sowie anderen Stellen nach Maßgabe der genannten EU-Verordnungen und der spezifischen Regelungen des KWG, VAG oder WpHG zusammen."[1] Insoweit ist die Aufgabenstellung und Befugnis der Bundesanstalt sehr weit gefasst. 26

Eine **Beschränkung der Zusammenarbeit** ergibt sich auf der **sachlichen Ebene.** Die Zusammenarbeit muss **nach Maßgabe der in § 4 Abs. 1 FinDAG genannten Gesetze und Bestimmungen** erfolgen oder nach Maßgabe der **VO Nr. 1092/2010, VO Nr. 1093/2010, VO Nr. 1094/2010 und VO Nr. 1095/2010 (ESRB-VO und ESA-VOen)**. § 4 Abs. 1 Satz 1 FinDAG bezieht sich auf alle Aufgaben, die die Bundesanstalt bei ihrer Gründung von ihren Vorgängerbehörden übernommen hat (Satz 1), und auf alle Aufgabe, die ihr nach anderen Bestimmungen übertragen worden sind (Satz 2), die Aufsicht über die Versorgungsanstalt des Bundes und der Länder (VBL) nach Satz 3 und die Aufgaben der Abwicklungsbehörde nach § 3 Abs. 1 des Sanierungs- und Abwicklungsgesetzes sowie die ihr auf Grundlage des Restrukturierungsfondsgesetzes übertragenen Aufgaben (Satz 5). Insoweit bezieht sich die Zusammenarbeit auf alle der Bundesanstalt übertragenen Aufgabengebiete. 27

Zusätzlich bestimmt § 4 Abs. 1 Satz 2 FinDAG, dass sich die Zusammenarbeit **auch auf die Beratungstätigkeit im Zusammenhang mit dem Aufbau und der Unterstützung ausländischer Aufsichtssysteme** bezieht. Hier kann an Projekte zur Unterstützung ausländischer Aufsichtssysteme gedacht werden, um die Erweiterung der Europäischen Union zu fördern, wie die sog. EU-Twinning-Projekte. 28

Die in § 4 Abs. 2 FinDAG aufgenommenen Regelungen zur Zusammenarbeit haben teilweise eine **deklaratorische Funktion.** Denn ganz überwiegend ist die Aufgabenstellung der Zusammenarbeit mit inländischen und ausländischen Stellen und Personen, insbesondere europäischen Stellen, schon in den jeweiligen Aufsichtsgesetzen verankert. Das gilt auch für die Zusammenarbeit innerhalb des Europäischen Finanzaufsichtssystems mit den ESAs[2] und dem Europäischen Ausschuss für Systemrisiken und anderen Stellen, die in dieses System einbezogen sind[3]. Die Zusammenarbeit kann in unterschiedlicher Art und Weise stattfinden und unterschiedlichen Zwecken dienen. Die Art und Weise der Zusammenarbeit der Bundesanstalt wird in erster Linie durch die verschiedenen Regelungen der Aufsichtsgesetze bestimmt. Im WpHG handelt es sich vornehmlich um die Regelungen der §§ 17, 18, 19 und 20 WpHG, aber auch spezielle Regelungen wie z.B. § 22 Abs. 1 Satz 3 WpHG oder § 111 WpHG. Die Zusammenarbeit umfasst unter Berücksichtigung der fachgesetzlichen Verschwiegenheitspflicht auch einen Informationsaustausch nebst der hierfür ggf. erforderlichen Informationsbeschaffung und -weitergabe und die Zusammenarbeit zum Zwecke der Verwaltungsökonomie. Die in § 4 Abs. 1 Satz 2 FinDAG geregelte **Beratungstätigkeit** im Zusammenhang mit dem Aufbau und der Unterstützung ausländischer Aufsichtssysteme **kann hingegen über die in den Fachgesetzen vorgesehene Zusammenarbeit hinausgehen.** So bestimmt § 18 Abs. 10 WpHG die Zusammenarbeit mit zuständigen Stellen in einem Drittstaat, wobei diese Zusammenarbeit nach § 18 Abs. 1 Satz 2 WpHG zum Zwecke der Überwachung der Verbote und Gebote des WpHG, europäischer Verordnungen und der vergleichbaren ausländischen Regelungen dienen soll. Die Beratungstätigkeit im Zusammenhang mit dem Aufbau und der Unterstützung ausländischer Aufsichtssysteme dürfte darüber hinaus gehen. 29

b) **Aufgabenstellung.** Die Summe der Aufgabenstellungen der Bundesanstalt, die ihr nach § 4 Abs. 1 FinDAG übertragen wurden, ist bezogen auf die gesamte Bundesanstalt **sehr vielfältig.** Neben den Themen Banken und Versicherungsaufsicht, Wertpapieraufsicht und Bankenabwicklung, die offensichtlich auf der Hand liegen, ist 30

---

1 Vgl. Begr. RegE Gesetz zur Umsetzung der Richtlinie 2010/78/EU, BT-Drucks. 17/6255, 35.
2 Dazu auch § 19 WpHG Rz. 8, 18 ff.
3 Vgl. BT-Drucks. 17/6255, 35.

auch an Themen wie Prävention von Geldwäsche und Terrorismusfinanzierung nach GWG, Tätigkeiten der Bundesanstalt nach dem Zahlungskontengesetz (ZKG), dem Zahlungsdiensteaufsichtsgesetz (ZAG), Aufsicht über die Sicherungseinrichtungen und vieles mehr zu denken. Die Wahrnehmung der Zusammenarbeit als Aufgabenstellung wurde bereits dargestellt. Die Darstellung der Fülle der Aufgaben der Bundesanstalt in Gänze **würde den Rahmen einer WpHG-Kommentierung sprengen.** Insoweit soll an dieser Stelle nur auf die Aufgaben des Geschäftsbereichs Wertpapieraufsicht/Asset Management näher eingegangen werden.

31 Für den **Geschäftsbereich Wertpapieraufsicht/Asset Management** hat sich bezüglich der Aufgabenstellung seit dem Zeitpunkt der Gründung der Bundesanstalt vieles geändert. So signalisiert der Doppelname der Säule „Wertpapieraufsicht/Asset Management" eine **strukturelle Veränderung:** Die zum ehemaligen Bundesaufsichtsamt für das Kreditwesen gehörende Investmentabteilung wurde kraft Sachzusammenhangs der Wertpapieraufsicht zugeordnet. Zudem wurde die Aufsicht über die Finanzdienstleistungsinstitute, außer den Wertpapierhandelsbanken, auch bezüglich der Zulassung der Institute und deren Solvenzaufsicht auf den Geschäftsbereich der Wertpapieraufsicht übertragen. Eine **Erweiterung** erfuhr die Aufgabenstellung für den Geschäftsbereich Wertpapieraufsicht/Asset Management durch **neue gesetzliche Aufgaben.** So wurde der Wertpapieraufsicht fast zeitgleich mit der Gründung der Bundesanstalt die Aufsicht nach dem Wertpapiererwerbs- und Übernahmegesetz (WpÜG) übertragen. Im Laufe der Jahre wurde dem Bereich zudem die Aufsicht nach dem Vermögensanlagengesetz, dem Wertpapierprospektgesetz und dem Bilanzkontrollgesetz etc. übertragen. Durch das Kleinanlegerschutzgesetz ist die Aufgabe der Wahrnehmung des kollektiven Verbraucherschutzes hinzugekommen, die auch dem Geschäftsbereich Wertpapieraufsicht/Asset Management zugeordnet ist. Mit den Änderungen des 1. FiMaNoG und des 2. FiMaNoG ist zudem die Übertragung der Überwachung einer Vielzahl europäischer Verordnungen hinzugekommen, die die Regelungen des WpHG ergänzen oder an deren Stelle getreten sind.

32 Zusammengefasst ist die Aufsichtssäule Wertpapieraufsicht/Asset Management im Wesentlichen zuständig für:
1. die Aufsicht nach dem **WpHG** nebst Wahrnehmung der Aufgaben der internationalen Zusammenarbeit nach § 18 WpHG und der Aufgaben nach dem Bilanzkontrollgesetz (BilKoG);
2. die **Wahrnehmung** der den zuständigen nationalen Behörden übertragenen Aufgaben nach den **europäischen kapitalmarktrechtlichen Vorschriften** der VO Nr. 1060/2009 (Ratingagentur-VO), VO Nr. 236/2012 (Leerverkaufs-VO), VO Nr. 596/2014 (MAR), VO Nr. 600/2014 (MiFIR), VO Nr. 909/2014, VO 2015/2365 (SFT-VO), VO 2016/1011 (Benchmark-VO);
3. die Überwachung der Hinterlegung von Verkaufsprospekten gemäß **Vermögensanlagengesetz** (VermAnlG);
4. die Wahrnehmung der Aufgaben nach dem **Wertpapierprospektgesetz** (WpPG);
5. die Überwachung der Verpflichtungen nach dem **Wertpapiererwerbs- und Übernahmegesetz** (WpÜG);
6. die Wahrnehmung der Aufgaben nach dem **Kapitalanlagegesetzbuch** (KAGB);
7. die **Beaufsichtigung der Finanzdienstleistungsunternehmen** bezüglich der Regelungen des KWG;
8. die **Beaufsichtigung der zentralen Kontrahenten** bezüglich der Regelungen des KWG
9. Wahrnehmung der Aufgaben nach der VO Nr. 1286/2014 (**PRIIP-VO**) und
10. die Wahrnehmung des **kollektiven Verbraucherschutzes** in Rahmen des gesetzlichen Auftrags.

33 **3. Kollektiver Verbraucherschutz – Aufgabe und Befugnisnorm (§ 4 Abs. 1a FinDAG).** Die durch das Kleinanlegerschutzgesetz[1] eingefügte Norm des § 4 Abs. 1a FinDAG verankert den **kollektiven Verbraucherschutz als Ziel und als Bestandteil der Aufsichtstätigkeit** der Bundesanstalt. Die Norm ist in Rz. 21 abgedruckt.

34 Die **Aufgabe des kollektiven Verbraucherschutzes** obliegt der **Bundesanstalt im Rahmen ihres gesetzlichen Auftrags.** „Die Formulierung „innerhalb ihres gesetzlichen Auftrags" in Satz 1 stellt klar, dass die aufsichtlichen Tätigkeiten der Bundesanstalt nicht ausgeweitet werden." Das bedeutet, dass die Verstöße gegen verbraucherschützende Rechtsvorschriften im Zusammenhang mit den fachaufsichtsgesetzlich festgelegten Aufgaben und Kompetenzen der Bundesanstalt – auch im Rahmen des einheitlichen Aufsichtsmechanismus -stehen müssen[2]. Hier kann an die Wohlverhaltensregelungen der §§ 63 ff. WpHG gedacht werden. Verbraucherschützende Vorschriften, die keinen Bezug zu den Aufsichtsaufgaben der Bundesanstalt haben, werden von § 4 Abs. 1a FinDAG nicht erfasst, z.B. bei bankfremden Geschäften[3], eine Maklertätigkeit eines Kreditinstituts für Immobilien. Die verbraucherschützenden Rechtsvorschriften im Zusammenhang mit der Aufsichtsaufgabe der Bundesanstalt können hierbei öffentlich-rechtlicher oder zivilrechtlicher Natur sein.

35 Nach § 4 Abs. 1a Satz 1 FinDAG ist die Bundesanstalt dem Schutz der kollektiven Verbraucherinteressen verpflichtet. Dies ist eine **gesetzliche Zielbestimmung,** mit der klargestellt wird, dass die Bundesanstalt innerhalb

---
1 Kleinanlegerschutzgesetz vom 3.7.2015, BGBl. I 2015, 1114.
2 Vgl. Begr. RegE Kleinanlegerschutzgesetz, BT-Drucks. 18/3994, 36.
3 Vgl. Begr. RegE Kleinanlegerschutzgesetz, BT-Drucks. 18/3994, 36.

ihres gesetzlichen Auftrags auch dem kollektiven Verbraucherschutz verpflichtet ist[1]. Dies ist vornehmlich eine politische Botschaft, denn eine belastbare Rechtsnorm[2]. Es bedeutet, dass die Bundesanstalt beispielsweise bei Ermessenserwägungen auch den Schutz der kollektiven Verbraucherinteressen zu berücksichtigen hat.

Neben dieser gesetzlichen Zielbestimmung enthält § 4 Abs. 1a Satz 2 FinDAG eine **zusätzliche Befugnis** der Bundesanstalt zur Gewährleistung des Schutzes der kollektiven Verbraucherinteressen. Diese zusätzliche Befugnis steht **neben den Befugnissen der im einzelnen aufgeführten Aufsichtsgesetze**. Die Bundesanstalt kann hiernach alle **Anordnungen treffen**, die geeignet und erforderlich sind, um **verbraucherschutzrelevante Missstände** zu **verhindern** oder zu **beseitigen, wenn** eine **generelle Klärung im Interesse des Verbraucherschutzes geboten** erscheint. Wie auch bei § 6 Abs. 1 Satz 3 WpHG müssen die Missstände noch nicht eingetreten sein. Die Bundesanstalt ist auch zu einem präventiven Eingreifen befugt, um Missstände zu vermeiden. Insoweit kann die Bundesanstalt, bei Vorliegen der übrigen Voraussetzungen, eine Maßnahme ergreifen, wenn z.B. der potentielle Adressat bereits öffentlich signalisiert hat, ein rechtskräftiges verbraucherschützendes BGH-Urteil nicht umzusetzen.

Der Terminus **„Missstand"** ist in § 4 Abs. 1a Satz 3 FinDAG in Bezug auf den kollektiven Verbraucherschutz legaldefiniert und weicht daher zwangsläufig von den „Missständen" nach § 6 Abs. 1 Satz 2 WpHG und den parallelen Fachgesetzen ab. Nach § 4 Abs. 1a Satz 3 FinDAG ist ein Missstand **ein erheblicher, dauerhafter oder wiederholter Verstoß** gegen ein **Verbraucherschutzgesetz**, der nach seiner Art oder seinem Umfang die Interessen **nicht nur einzelner Verbraucherinnen oder Verbraucher** gefährden kann oder beeinträchtigt. Als Beispiele nennt die Gesetzesbegründung etwa, dass „ein Institut oder Unternehmen im Sinne des Satzes 2 eine einschlägige Entscheidung des BGH zur Anwendung einer zivilrechtlichen Norm mit verbraucherschützender Wirkung nicht beachtet. In Fällen, in denen die Bundesanstalt Kenntnis von systematischen oder gewichtigen Verstößen gegen verbraucherschützende Rechtsvorschriften erhält und in absehbarer Zeit kein höchstrichterliches Urteil zu erwarten ist, hat sie ebenfalls die Möglichkeit einzuschreiten."[3]

Ein **erheblicher, dauerhafter oder wiederholter Verstoß** gegen verbraucherschützende Rechtsvorschriften ist nicht erst bei einem weitverbreiteten Fehlverhalten der Branche gegeben, sondern kann schon bei einem wiederholten oder einem gewichtigen Gesetzesverstoß eines einzelnen Instituts vorliegen. Zudem muss der Verstoß nach seiner Art oder seinem Umfang die **Interessen nicht nur einzelner Verbraucherinnen oder Verbraucher gefährden oder beeinträchtigen**. Das bedeutet, der Verstoß muss eine generelle Wirkung haben. **Verbraucherschützende Rechtsvorschriften** sind sowohl öffentlich-rechtliche als auch zivilrechtliche Verbraucherschutzgesetze. Gemäß der Gesetzesbegründung dienen sie dem Schutz der Verbraucherinnen und Verbraucher. „Eine Norm „dient" dem Schutz der Verbraucherinnen und Verbraucher, wenn der Verbraucherschutz ihr eigentlicher Zweck ist. Die Norm kann auch anderen Zwecken dienen; es genügt aber nicht, wenn der Verbraucherschutz in der Norm nur untergeordnete Bedeutung hat oder nur eine zufällige Nebenwirkung ist."[4]

Neben dem Vorliegen eines vorbezeichneten Missstands muss als zusätzliche Voraussetzung für eine Anordnung der Bundesanstalt eine **generelle Klärung im Interesse des Verbraucherschutzes geboten** erscheinen. Diese Voraussetzung steht im Einklang mit der Regelung in § 4 Abs. 4 FinDAG, dass die Bundeanstalt ausschließlich im öffentlichen Interesse tätig ist, und mit der Bestimmung des Missstandes als einem Verstoß, der die Interessen nicht nur einzelner Verbraucherinnen oder Verbraucher gefährden kann oder beeinträchtigt. Ein individueller Verbraucherschutz ist gerade nicht Aufgabe der Bundesanstalt. „Eine generelle Klärung im Interesse des Verbraucherschutzes geboten erscheint" bedeutet, dass die Bundesanstalt im Rahmen einer Prognoseentscheidung zu dem Ergebnis gekommen ist, dass die grundsätzliche Klärung der dem Missstand zugrunde liegenden Frage zur Wahrung des kollektiven Verbraucherschutzes geboten ist.

Bei Vorliegen dieser Voraussetzungen ist die Bundesanstalt befugt, alle Anordnungen zu treffen, die geeignet und erforderlich sind, um die jeweiligen verbraucherschutzrelevanten Missstände zu verhindern oder zu beseitigen. Anordnungen können Verwaltungsakte sein, aber auch schlicht-hoheitliche Maßnahmen, wie Warnungen, Veröffentlichungen etc. Maßgeblich ist, dass die **Anordnung geeignet und erforderlich ist, um den jeweiligen verbraucherschutzrelevanten Missstand zu verhindern oder zu beseitigen**. Diese Anforderung korrespondiert mit wesentlichen Teilen des auf der Rechtsfolgenseite **auszuübenden Ermessens**. Danach muss die Maßnahme geeignet, erforderlich und angemessen sein.

4. Mitwirkung Dritter (§ 4 Abs. 3 FinDAG). Gemäß § 4 Abs. 3 FinDAG kann sich die Bundesanstalt **bei der Durchführung ihrer Aufgaben anderer Personen und Einrichtungen bedienen**. Sinn der Vorschrift ist eine **effiziente Aufgabenerfüllung** durch die Bundesanstalt auch unter **Kostenaspekten**. Aus verwaltungsökonomischen Gründen können so die Kosten der Aufsicht reduziert werden und ggf. flexibler auf Spezialwissen zurückgegriffen werden. So sind im Rahmen der Aufsicht verschiedene, z.T. hochkomplexen Sachverhalte zu bearbeiten. So kann z.B. die Heranziehung von IT-Spezialisten, Mathematiker etc. für die Erfüllung der Aufgaben

---

1 Vgl. Begr. RegE Kleinanlegerschutzgesetz, BT-Drucks. 18/3994, 36.
2 *Laars* Nomos-BR/Laars FinDAG § 4 Rz. 4, beck-online.
3 Vgl. Begr. RegE Kleinanlegerschutzgesetz, BT-Drucks. 18/3994, 36.
4 Vgl. Begr. RegE Kleinanlegerschutzgesetz, BT-Drucks. 18/3994, 37.

der Bundesanstalt in Betracht kommen, wenn es beispielsweise um Fragen des algorithmischen Handels, ggf. auch in Form des Hochfrequenzhandels, geht. Die Bundesanstalt muss daher nicht für die verschiedenen, teilweise hochkomplexen Spezialfragen teure eigene Spezialisten zur Erledigung von punktuellen Sonderaufgaben vorhalten. Teilweise ist die Einschaltung von Dritten ausdrücklich vorgesehen, wie z.B. bei der Einschaltung von Wirtschaftsprüfern, die u.a. die Durchführung von Prüfungen gem. § 88 Abs. 1 WpHG („... zur Durchführung eingeschalteten dritten Personen oder Unternehmen") übernehmen können. Der Einsatz Dritter muss allerdings nicht ausdrücklich im Fachgesetz vorgesehen sein. § 4 Abs. 3 FinDAG gibt die Möglichkeit, jegliche Aufgabe der Bundesanstalt durch einen Dritten durchführen zu lassen, soweit die Tätigkeit nicht originär hoheitlich ausgeübt werden muss[1].

42 **„Andere Personen und Einrichtungen"** im Sinne dieser Vorschrift sind vornehmlich solche, die **keinen Behördencharakter** haben. Die Reichweite der Vorschrift bezieht sich daher auf alle Hilfsorgane und Erfüllungsgehilfen, deren Mitwirkung für eine zentralisierte, jedoch nicht in der Fläche vertretene Aufsichtsstruktur unerlässlich ist. Der Regelfall des Heranziehens von Dritten ist bislang die Einschaltung von Wirtschaftsprüfern[2] oder ggf. Prüfungsverbände, die z.B. bei einer Prüfung eines Wertpapierdienstleistungsunternehmens nach § 88 Abs. 1 WpHG hinzugezogen werden können.

43 Die Heranziehung privater Dritter zur Aufgabenerfüllung der Bundesanstalt erfolgt **regelmäßig als Verwaltungshelfer**. Hierfür ist anders als bei der Aufgabenübertragung an Beliehene keine besondere gesetzliche Grundlage nötig[3]. Das Rechtsverhältnis zwischen dem Verwaltungshelfer und dem Hoheitsträger, hier der Bundesanstalt, ist privatrechtlich geprägt. Andere **Personen und Einrichtungen privater Natur**, deren sich die Bundesanstalt bei der Durchführung ihrer Aufgaben nach § 4 Abs. 3 FinDAG bedienen kann, sind nicht zur Mitwirkung oder Unterstützung der Bundesanstalt verpflichtet. Es sind insoweit Verträge oder Aufträge zivilrechtlicher Art, wie Werkverträge, ggf. auch Dienstverträge, erforderlich. Die Bundesanstalt bleibt weiterhin in der Verantwortlichkeit im Sinne einer „Gewährleistungsverantwortung", z.B. im Hinblick auf Einflussmöglichkeit, Kontrolle etc.[4]

44 Bezüglich der Behörden des Bundes und der Länder bedarf es der Regelung in § 4 Abs. 3 WpHG nicht. Denn die Möglichkeiten der Amtshilfe gem. Art. 35 GG („Alle Behörden des Bundes und der Länder leisten sich gegenseitig Rechts- und Amtshilfe") und nach §§ 4ff. VwGO stehen der Bundesanstalt als Bundesbehörde unabhängig von § 4 Abs. 3 FinDAG nach allgemeinen Regelungen offen. Die Bundesanstalt kann **Amtshilfe nach Bedarf** in Anspruch nehmen, wobei die Beistandsleistung der ersuchten Behörde nicht darauf hinauslaufen darf, dass die eigenen Hoheitsbefugnisse der Bundesanstalt faktisch übertragen werden. Damit ist eine langandauernde oder gar ständige Wahrnehmung von hoheitlichen Befugnissen durch eine andere Behörde nicht zulässig. Amtshilfe ist auch nur insoweit zulässig, als nicht das originäre Handeln der Bundesanstalt z.B. durch Erlass von Verwaltungsakten erforderlich ist.

45 Die nach § 4 Abs. 3 FinDAG zur Wahrnehmung aufsichtlicher Aufgabenstellungen herangezogenen Personen und Einrichtungen sind in die fachgesetzlichen Verschwiegenheitspflichten mit einbezogen, d.h. sie haben in Bezug auf Ihre Tätigkeit für die Bundesanstalt in gleichem Umfang eine Verschwiegenheitspflicht, wie die Bediensteten der Bundesanstalt selbst. So verweist z.B. die Verschwiegenheitspflicht des § 21 Abs. 1 Satz 1 WpHG ausdrücklich auf die nach § 4 Abs. 3 FinDAG beauftragten Personen.

46 **5. Aufgabenwahrnehmung nur im öffentlichen Interesse (§ 4 Abs. 4 FinDAG).** § 4 Abs. 4 FinDAG regelt ausdrücklich, dass die **Bundesanstalt nur im öffentlichen Interesse tätig** wird. Die Regelung entspricht den früheren Regelungen in § 4 Abs. 2 WpHG a.F. sowie § 6 Abs. 4 KWG a.F. und § 81 Abs. 2 Satz 2 VAG a.F.[5] Die Wahrnehmung der Aufsicht der Bundesanstalt im Rahmen ihres gesetzlichen Auftrags (vgl. § 4 Abs. 1 FinDAG), erfolgt somit **nicht im Interesse einzelner Personen oder Gruppen, sondern im Interesse der Vermeidung und Beseitigung von Missständen und der Durchsetzung der konkreten aufsichtsrechtlichen Vorschriften.** Als positives Ergebnis dieser Tätigkeit stellt sich die Stabilität der beaufsichtigten Institute sowie ein funktionsfähiges, stabiles und integres deutsches Finanzsystem in seiner europäischen Einbettung insgesamt dar. Der einzelne Kunde eines beaufsichtigten Unternehmens profitiert hiervon, ohne dass ihm jedoch ein konkreter Anspruch auf Vornahme von Handlungen seitens der Bundesanstalt gegeben ist. Vergleichbare Regelung finden sich beispielsweise auch in § 3 Abs. 3 BörsG und dem fast zeitgleich mit den FinDAG normierten § 4 Abs. 2 WpÜG.

47 Bezogen auf das im Rahmen dieses Kommentars besonders relevanten **WpHG** ergibt sich daraus Folgendes: Die Tätigkeit der Bundesanstalt im Rahmen der ihr nach dem WpHG und der hiermit im Sachzusammenhang stehenden sonstigen nationalen und europäischen Vorschriften zugewiesenen Aufgaben und Befugnisse erfolgt nicht im Interesse einzelner (potentieller) Wertpapierkunden oder Gruppen von ihnen, sondern im Interesse eines **ordnungsgemäß funktionierenden Wertpapiermarktes**. Diese Aufgabenstellung wird im Rahmen des

---

1 *Ramsauer* in Kopp/Ramsauer, § 1 VwVfG Rz. 65.
2 Keine Schutzwirkung zugunsten Dritter aus Vertrag zwischen der Bundesanstalt und dem Wirtschaftsprüfer, vgl. BGH v. 7.5.2009 – III ZR 277/08, BGHZ 181, 12 Rz. 19ff.
3 Vgl. *Ramsauer* in Kopp/Ramsauer, § 1 VwVfG Rz. 65.
4 Vgl. *Ramsauer* in Kopp/Ramsauer, § 1 VwVfG Rz. 64f.
5 § 294 Abs. 8 VAG enthält für die Landesaufsichtsbehörden die gleiche Regelung.

§ 4 Abs. 1a FinDAG insoweit konkretisiert, nicht erweitert[1], als auch der kollektive Verbraucherschutz bei der Prüfung des ordnungsgemäß funktionierenden Wertpapiermarkts zu berücksichtigen ist.

Ungeachtet der auf den ersten Blick **eindeutigen Aussage des Gesetzgebers**[2] wird in der Literatur diskutiert, ob dieser Ausschluss des Drittschutzes umfassend gilt[3]. Trotz der eindeutigen Aussagen des Gesetzgebers in neueren Zeiten wird in Bezug auf die Betonung des Ausschlusses amtshaftungsrechtlicher Ansprüche Dritter mit nicht wirklich überzeugenden Argumenten z.B. auf den Anlass der Regelung der Vorgängernormen in § 6 Abs. 4 KWG a.F. abgestellt. Diese Norm wurde in Folge der Änderung der amts- und staatshaftungsrechtlichen Rechtsprechung des BGH[4] zur Bankenaufsicht ins KWG eingefügt. Hieraus ergebe sich, dass Ziel der Regelung (nur) der Ausschluss amts- und staatshaftungsrechtlicher Ansprüche sei. Dem kann schon mit der Gesetzesbegründung zur 3. KWG-Novelle[5] entgegengetreten werden. Denn die Begründung führt aus, dass „in erster Linie" Amtshaftungsansprüche ausgeschlossen werden sollen. Dies besagt zugleich, dass der **Ausschluss der Amtshaftungsansprüche nicht die einzige Zielsetzung der Normierung** war. So führt die Gesetzesbegründung unter Bezugnahme auf das „hergebrachten Verständnis von der Zielrichtung der staatlichen Bankaufsicht" auch aus, dass „Amtspflichten gegenüber den durch das Wirken des Bundesaufsichtsamtes nur mittelbar geschützten Personen oder Personenkreisen ... bei der Tätigkeit des Bundesaufsichtsamtes deshalb nicht begründet (werden)". Die auch im Gesetzeswortlaut von § 6 Abs. 4 KWG a.F. dokumentierte **Zielrichtung des Ausschlusses eines Drittschutzes**, und nicht allein des Ausschlusses von Amtshaftungsansprüchen Dritter, wird seitdem **vom Gesetzgeber immer wieder aufgegriffen**. Für die eindeutige Intension des Gesetzgebers in Bezug auf den Ausschluss des Drittschutzes kann z.B. auch auf die Begründung der Vorgängernorm § 4 Abs. 2 WpHG a.F. verwiesen werden, die den Schutz des einzelnen Anlegers als bloßen Rechtsreflex der Aufsichtstätigkeit des früheren Bundesaufsichtsamts für Wertpapieraufsicht bestimmt[6]. Diese gesetzgeberische Aussage wird in der Gesetzesbegründung zum Gesetz über die integrierte Finanzdienstleistungsaufsicht[7] wieder aufgegriffen.

In Bezug auf den Ausschluss des Drittschutzes **führt** auch die **Schutznormtheorie zu keinen anderen Ergebnissen**. Das gilt auch, soweit einzelne aufsichtsrechtliche Normen in einem Reflex auch gegenüber den Kunden von beaufsichtigten Unternehmen eine individuell schützende Wirkung entfalten[8]. Diese individuell schützende Wirkung ist nach dem gesetzgeberischen Willen nicht Ziel der aufsichtlichen Regelungen, sondern nur Reflex. Der Gesetzgeber hat klar zu erkennen gegeben, dass er als Ziel und Zweck der aufsichtlichen Tätigkeit eben nicht die Wahrung individueller Interessen sieht, sondern nur das öffentliche Interesse[9]. Insoweit ist der Schutzzweck der Aufsicht als Sicherung des Allgemeininteresses an einem ordnungsgemäß funktionierenden Finanzmarkt vorgezeichnet, auch wenn dem Einzelnen in einem Rechtsreflex diese Tätigkeit zugutekommen kann. Dies gilt auch, wenn aufsichtsrechtliche Maßnahmen, wie z.B. eine Abwicklungsanordnung wegen unerlaubter Geschäfte nach 37 Abs. 1 Satz 1 KWG, Auswirkung auf die zivilrechtlichen Rechte und Pflichten eines Dritten haben[10].

---

1 Vgl. Begr. RegE Kleinanlegerschutzgesetz, BT-Drucks. 18/3994, 36.
2 So auch *Giesberts* in KölnKomm. WpHG, § 4 WpHG Rz. 36, 66.
3 So z.B. *Schlette/Bouchon* in Fuchs, § 4 WpHG Rz. 11; *Giesberts* in KölnKomm. WpHG, § 4 WpHG Rz. 64.
4 Zwei recht zeitgleiche Urteile: BGH v. 15.2.1979 – III ZR 108/76 – Wetterstein, BHGZ 74, 144 und BGH v. 12.7.20197 – III ZR 154/77 – Herstatt, BGHZ 75, 120 = AG 1980, 53. Demgegenüber hatte der BGH den Drittschutz in Bezug auf das VAG zuvor abgelehnt: BGH v. 24.1.1972 – III ZR 166/69, BGHZ 58, 96.
5 Vgl. Begr. RegE § 6 KWG in der 3. KWG-Novelle, BT-Drucks. 10/1441, 20.
6 Vgl. Begr. Beschlussempfehlung und Bericht des Finanzausschusses (7. Ausschuss), BT-Drucks. 12/7918, 100: „Für die Funktionsfähigkeit der Wertpapiermärkte ist das Vertrauen des Anlegerpublikums in eine ordnungsgemäße Abwicklung des Wertpapiergeschäfts und einen fairen Handel von entscheidender Bedeutung. Die Vorschriften des WpHG dienen der Sicherung dieses Vertrauens. Aufgabe des Bundesaufsichtsamtes ist es, die Einhaltung dieser Vorschriften zu überwachen. Die Aufsichtstätigkeit des Bundesaufsichtsamtes erfolgt zum Schutz der Funktionsfähigkeit der Wertpapiermärkte. Der Schutz des einzelnen Anlegers ist ein bloßer Rechtsreflex. Unberührt bleibt die Pflicht zu rechtmäßigem Verhalten in Bezug auf die von Aufsichtsmaßnahmen unmittelbar betroffenen Personen und Unternehmen. Soweit ihnen gegenüber schuldhaft Amtspflichten verletzt werden, gelten die allgemeinen Grundsätze".
7 Begr. RegE Gesetz über die integrierte Finanzdienstleistungsaufsicht, § 4 Abs. 4 FinDAG, BT-Drucks. 14/7033, 34: „Privatrechtliche Ansprüche werden von der Bundesanstalt nicht geprüft. Die Durchsetzung individueller Ansprüche gehört nicht zu den Aufgaben der Bundesanstalt."
8 Anders *Schlette/Bouchon* in Fuchs, § 4 WpHG Rz. 11, *Giesberts* in KölnKomm. WpHG, § 4 WpHG Rz. 96.
9 Vgl. auch VG Frankfurt v. 19.5.2004 – 1 E 1184/04 (1), VersR 2004, 1397; VG Frankfurt v. 21.1.2005 – 1 E 1863/04, juris Rz. 22: „Gemäß § 4 Abs. 4 des Gesetzes über die Bundesanstalt für Finanzdienstleistungsaufsicht nimmt die Bundesanstalt „ihre Aufgaben und Befugnisse" nur im öffentlichen Interesse wahr. Diese Norm bringt für sich genommen bereits zum Ausdruck, dass insoweit subjektiv rechtliche Rechte nicht existieren."
10 Vgl. BVerwG v. 23.11.2011 – 8 C 18/10, juris Rz. 15 und 18: „Die Beklagte war nicht verpflichtet, die möglichen zivilrechtlichen Ansprüche des Klägers aus den mit den Anlegern nachträglich geschlossenen Vereinbarungen zu berücksichtigen, mit denen diese auf einen Teil ihrer Rückzahlungsansprüche verzichteten. ... Die zivilrechtlichen Vereinbarungen zur Abwicklung der unerlaubten Geschäfte zwischen den Anlegern und dem ohne Erlaubnis tätigen Unternehmen bleiben deshalb generell unberücksichtigt. Es kommt damit auch nicht darauf an, ob zivilrechtlich gem. § 134 BGB wegen Verstoßes gegen § 32 Abs. 1 Satz 1 KWG – gegebenenfalls i.V.m. § 54 Abs. 1 Nr. 2 KWG – von einer Gesamtnichtigkeit der Einlagengeschäfte auszugehen ist oder ob eine Teilnichtigkeit anzunehmen ist oder ob die Verträge vollumfänglich wirksam sind." So auch BVerwG v. 15.12.2010 – 8 C 37/09, BKR 2011, 208.

Gerade Fälle einer Abwicklungsanordnung oder der Verhängung eines Moratoriums nach KWG zeigen ganz deutlich, dass derartige Maßnahmen faktisch nicht mehr durchgeführt werden könnten und das gesetzgeberische Ziel der Aufsicht nicht mehr erreichbar wäre, wenn – entgegen dem klaren Wortlaut – ein Drittschutz der Maßnahmen der Bundesanstalt bejaht werden würden. Das gilt auch für andere aufsichtsrechtliche Maßnahmen, wie Handelsaussetzungen nach § 6 Abs. 2 Satz 4 WpHG etc.

50 Soweit die Beschränkung der Aufsichtstätigkeit der Bundesanstalt auf die **Wahrung des öffentlichen Interesses** als inkonsequent betrachtet wird[1], da der Bundesanstalt auch **Verbraucherschutzinteressen zu wahren** hat, ist auf § 4 Abs. 1a FinDAG und dessen Gesetzesbegründung[2] zu verweisen. Mit der Einführung des § 4 Abs. 1a FinDAG sollte der **Verbraucherschutz gestärkt** und hierfür der **kollektive Verbraucherschutz als Ziel und als Bestandteil der Aufsichtstätigkeit** nunmehr ausdrücklich gesetzlich verankert werden. Hierbei betont der Gesetzgeber ausdrücklich, dass es sich **ausschließlich um den kollektiven Verbraucherschutz** handelt und nicht um individuellen Verbraucherschutz. Der Gesetzgeber führt aus: „Die Bundesanstalt ist auch hinsichtlich des kollektiven Verbraucherschutzes entsprechend der Regelung in § 4 Abs. 4 FinDAG ausschließlich im öffentlichen Interesse tätig. Dieses umfasst auch das kollektive Verbraucherinteresse. Kollektiv bedeutet dabei, dass die Bundesanstalt ausschließlich dem Schutz der Verbraucherinnen und Verbraucher in ihrer Gesamtheit verpflichtet ist. Die mögliche Verletzung individueller Rechte der Verbraucherinnen und Verbraucher, seien diese zivilrechtlicher oder öffentlich-rechtlicher Natur, können auf diesem Wege nicht geltend gemacht werden. Es gibt keinen individuellen Anspruch der Verbraucherinnen und Verbraucher auf ein Tätigwerden der Bundesanstalt. Dieses Vorgehen entspricht bewährter Aufsichtspraxis." Insoweit hat der Gesetzgeber § 4 Abs. 1a FinDAG und § 4 Abs. 4 FinDAG im Einklang miteinander erachtet. Letztlich zeigt auch diese Verankerung des kollektiven Verbraucherschutzes in § 4 Abs. 1a FinDAG, dass weder heute, noch vor der Normierung von § 4 Abs. 1a FinDAG ein individueller Schutz Dritter durch die aufsichtliche Tätigkeit bezweckt ist oder war.

51 Die Regelung der **Wahrnehmung der Aufgaben durch die Bundesanstalt allein im öffentlichen Interesse** ist nach ständiger Rechtsprechung sowohl **mit dem europäischen Recht**[3] als auch **mit dem Verfassungsrecht**[4] **vereinbar**. Auch im Übrigen sieht die **Rechtsprechung keine drittschützende Tätigkeit der Bundesanstalt**[5]. Diese Wahrnehmung der Aufgaben der Bundesanstalt allein im öffentlichen Interesse ist umfassend zu verstehen[6] und bezieht sich sowohl auf die Frage des Drittschutzes der Tätigkeit der Bundesanstalt als auch auf den Ausschluss von Schadensersatzansprüchen Dritter gegen die Bundesanstalt, etwa wegen unzureichender Aufsichtswahrnehmung.

52 Nach der gesetzgeberischen Intension ist damit ein **Handeln der Bundesanstalt im Individualinteresse einzelner Personen ausgeschlossen**[7]. Ziel des aufsichtlichen Wirkens der Bundesanstalt ist ein **im Allgemeininteresse ordnungsgemäß funktionierender Finanzmarkt**. Soweit die Bundesanstalt im Rahmen ihrer Tätigkeit im öffentlichen Interesse **gegenüber einzelnen Personen oder Unternehmen aufsichtsrechtliche Maßnahmen** ergreift, hat sie ihnen gegenüber eine Pflicht zu rechtmäßigem Verhalten. Diese Personen oder Unternehmen können Rechtsschutz gegen die aufsichtsrechtlichen Maßnahmen und bei schuldhaften Amtspflichtverletzungen nach allgemeinen Grundsätze ggf. Amtshaftungsansprüche geltend machen. **Dritte hingegen, die ggf. mittelbar von Maßnahmen tangiert werden, können gegenüber der Bundesanstalt keine Ansprüche geltend**

---

1 *Schlette/Bouchon* in Fuchs, § 4 WpHG Rz. 11.
2 Vgl. Begr. RegE Kleinanlegerschutzgesetz, BT-Drucks. 18/3994, 37.
3 EuGH v. 12.10.2004 – Rs. C-222/02, NJW 2004, 3479; BVerwG v. 15.12.2010 – 8 C 37/09, BKR 2011, 208; BGH v. 20.1.2005 – III ZR 48/01, NJW 2005, 742; BGH v. 2.6.2005 – III ZR 365/03, WM 2005, 1362; OLG Köln v. 11.1.2001 – 7 U 104/00, NJW 2001, 2725; LG Bonn v. 16.4.1999 – 1 O 186/98, NJW 2000, 815, 820.
4 BGH v. 20.1.2005 – III ZR 48/01, NJW 2005, 742; BGH v. 2.6.2005 – III ZR 365/03, WM 2005, 1362; OLG Köln v. 11.1.2001 – 7 U 104/00, NJW 2001, 2725; LG Bonn v. 16.4.1999 – 1 O 186/98, NJW 2000, 815, 820; VG Frankfurt/M. v. 28.3.2011 – 9 K 566/10.F, NJW 2011, 2747.
5 Z.B. zum Bereich der Versicherungsaufsicht vgl. VG Frankfurt/M. v. 28.3.2011 – 9 K 566/10.F, NJW 2011, 2747. Zum KWG: BVerwG v. 23.11.2011 – 8 C 18/10, juris Rz. 15 bis 18; BVerwG v. 15.12.2010 – 8 C 37/09, BKR 2011, 208 Rz. 17 ff.; BGH v. 7.5.2009 – III ZR 277/08, ZIP 2009, 1166; BVerwG v. 14.12.1995 – 1 A 4.95, VersR 1996, 1133 zur Frage der Genehmigung einer Tarifänderung.
6 So zum Bankenaufsichtsrecht: BVerwG v. 23.11.2011 – 8 C 18/10, juris Rz. 15–18; BVerwG v. 15.12.2010 – 8 C 37/09, BKR 2011, 208 Rz. 17 ff.; BGH v. 7.5.2009 – III ZR 277/08, ZIP 2009, 1166; BGH v. 20.1.2005 – III ZR 48/01, BGHZ 162, 49, nach EuGH-Vorlage, ob der Ausschluss der Amtshaftung in § 4 Abs. 4 FinDAG europarechtswidrig sei, was der EuGH verneinte, EuGH v. 12.10.2004 – Rs. C-222/02, WM 2005, 365; dazu v. *Danwitz*, JZ 2005, 729; *Hafke*, WuB I L 3 Sonstiges (RL 94/19/EWG) 1.05; *Jaskulla*, BKR 2005, 231; *Rohlfrig*, WM 2005, 311; *Sethe*, Anlegerschutz im Recht der Vermögensverwaltung, S. 956 ff. m.w.N.; *Sethe*, Die Verfassungsmäßigkeit des Haftungsausschlusses für fehlerhafte Bankaufsicht, in FS Hopt, S. 2549 ff., 2569; VG Frankfurt/M. v. 17.6.2010 – 1 K 823/10.F, juris. Zum Bereich der Versicherungsaufsicht vgl. VG Frankfurt/M. v. 28.3.2011 – 9 K 566/10.F, NJW 2011, 2747. Zum Wertpapiererwerbs- und Übernahmegesetz: OLG Frankfurt v. 4.7.2003 – WpÜG 4/03, ZIP 2003, 1392 = AG 2003, 513, nachgehend BVerfG v. 2.4.2004 – 1 BvR 1620/03, AG 2004, 607 = NJW 2004, 3031 – Nichtannahmebeschluss; OLG Frankfurt v. 9.10.2003 – WpÜG 2/02, ZIP 2003, 2254 und OLG Frankfurt v. 27.5.2003 – WpÜG 1/03, ZIP 2003, 1297 = AG 2003, 516; OLG Frankfurt v. 15.9.2014 – WpÜG 3/11, AG 2015, 125 = ZIP 2014, 2443; OLG Frankfurt v. 8.1.2018 – WpÜG 1/17, nicht veröffentlicht.
7 So auch *Klepsch* in Just/Voß/Ritz/Becker, § 4 WpHG Rz. 2.

machen. Eine Klage solcher Personen gegen die Bundesanstalt auf ein Tätigwerden wäre nicht zulässig. Denn nach § 42 VwGO muss in einer verwaltungsrechtlichen Klage geltend gemacht werden, dass der Kläger durch den Verwaltungsakt oder seine Ablehnung oder seine Unterlassung in seinen öffentlichen-rechtlichen Rechtsposition verletzt wurde. Die aufsichtliche Tätigkeit der Bundesanstalt erfolgt aber gerade nicht im individuellen Interesse von Dritten. Ihre öffentlich-rechtlichen Rechte können nicht verletzt sein. Zudem haften weder die Bundesanstalt noch ihre Bediensteten einem Dritten, der nur mittelbar von einer Maßnahme berührt ist, aus **Amtspflichtverletzung**[1] oder aus anderen Gesichtspunkten[2]. § 4 Abs. 3 FinDAG bestimmt hingegen nicht, ob einzelne aufsichtsrechtliche Normen im Verhältnis zwischen einem beaufsichtigten Unternehmen und seinen Kunden ggf. drittschützende Wirkung entfalten können[3]. Die Norm bezieht sich auf die Ausrichtung der Tätigkeit der Bundesanstalt.

Der Umstand, dass die Wertpapieraufsicht allen am Wertpapiermarkt Handelnden zugutekommen und gerade auch den Schwächeren, d.h. insbesondere den Kleinanlegern, gegenüber ein Mindestmaß an Anlegerschutz gewährleisten soll, führt des Öfteren zu Enttäuschungen von Anlegern, wenn der Bundesanstalt **Beschwerden z.B. über das Verhalten von Wertpapierdienstleistungsunternehmen** unterbreitet werden. Sofern solche Beschwerden nicht offensichtlich unbegründet sind, geht ihnen die Bundesanstalt nach und fordert dabei regelmäßig auch das betreffende Unternehmen zur Stellungnahme auf. Dieses Vorgehen bezieht sich auf die Sachverhaltsklärung in Bezug auf aufsichtsrechtliche Aspekte, vornehmlich im Rahmen der Aufsicht nach § 6 Abs. 1 Satz 1 WpHG bzw. im Rahmen der Überwachung der jeweiligen Ge- und Verbote (§ 6 Abs. 2 Satz 1 WpHG). Trotz des häufig herangetragenen Wunsches der Beschwerdeführer ist es der Bundesanstalt nicht möglich, auf diesem Wege die von den Beschwerdeführern behaupteten oder tatsächlich bestehenden Rechte durchzusetzen. Privatrechtliche Ansprüche werden von der Bundesanstalt nicht geprüft. Die **Durchsetzung individueller Ansprüche gehört nicht zu den Aufgaben der Bundesanstalt**[4]. Der Umstand, dass die Aufsicht im öffentlichen Interesse erfolgt, führt dazu, dass die Bundesanstalt bei begründeten Beschwerden das Unternehmen auffordert, seine Geschäftspraxis zu ändern, da anderenfalls eine Fortsetzung des beanstandeten Verhaltens als Missstand angesehen werden kann. Hiervon würde bei Beschwerden gegen Kreditinstitute der Bereich Bankaufsicht in Kenntnis gesetzt, der von der Sachverhalt im Hinblick auf die Zuverlässigkeit von Geschäftsleitern von Bedeutung sein kann. Die Beseitigung eines solchen Verhaltens kommt damit allen Kunden – insbesondere dieses Instituts – zugute; dem Beschwerdeführer, dem unter Hinweis auf die Verschwiegenheitspflicht nach § 21 WpHG auch das Ergebnis der Untersuchung nicht mitgeteilt werden darf, kann nur anheimgestellt werden, seine (behaupteten) Ansprüche auf dem Rechtsweg durchzusetzen. Ungeachtet dessen sind Beschwerden und deren Bearbeitung in ihrer Gesamtheit ein sehr **hilfreiches Instrumentarium, um auf Probleme, Missstände und Problemlage** aufmerksam zu werden, die aufsichtsrechtlich relevant sein können.

6. Haftung bei Amtspflichtverletzungen. § 4 Abs. 4 FinDAG lässt die Pflicht zu rechtmäßigem Verhalten in Bezug auf die von Aufsichtsmaßnahmen unmittelbar betroffenen Personen und Unternehmen unberührt. Die Wahrnehmung der Aufgaben und Befugnisse allein im öffentlichen Interesse stellt die Bundesanstalt nicht von Amtshaftungsansprüchen frei, die durch **fehlerhaftes Verwaltungshandeln** einem **unmittelbar Betroffenen** entstehen. Hierfür haftet die Bundesanstalt nach den allgemeinen Grundsätzen (§ 839 BGB, Art. 34 GG). Hinsichtlich der Amtshaftungsansprüche Dritter, die nicht unmittelbar von den Maßnahmen der Bundesanstalt betroffen sind, kann auf die Ausführungen Rz. 48 ff., insbesondere Rz. 52, verwiesen werden. Dieser Ausschluss amtshaftungsrechtlicher Ansprüche Dritter erstreckt sich auch auf parallele Ansprüche aus enteignungsgleichen Eingriff[5].

IV. Einrichtung einer Hinweisgeberstelle bei der Bundesanstalt (§ 4d FinDAG). 1. Gesetzliche Regelung der Hinweisgeberstelle. Die **Meldungen von Hinweisgebern (sog. Whistleblowern)** können für die aufsichtliche Tätigkeit der Bundesanstalt und für die Transparenz und Integrität der Märkte und des Anlegerschutzes **wertvolle Beiträge** leisten, um Fehlverhalten einzelner Personen oder von ganzen Unternehmen aufzudecken. Diese Hinweise können jedoch in einem Spannungsfeld zu **arbeits-, zivil- und strafrechtlichen Regelungen** stehen, die Hinweisgeber ggf. negative Folgen befürchten lassen. Daher hat der Gesetzgeber dieses **Spannungsfeld zugunsten der Herstellung der Transparenz und Integrität der Märkte und des Anlegerschutzes aufgelöst**. Hierfür hat er folgende Regelungen getroffen:

---

[1] Vgl. z.B. BGH v. 20.1.2005 – III ZR 48/01, NJW 2005, 742; BGH v. 2.6.2005 – III ZR 365/03, ZIP 2005, 1168; VG Frankfurt v. 17.6.2010 – 1 K 823/10.F, juris Rz. 31.
[2] VG Frankfurt v. 19.5.2004 – 1 E 1184/04 (1), VersR 2004, 1397 = juris Rz. 16: Die Ablehnung aufsichtlichen Einschreitens gegenüber einer Versicherungsgesellschaft ist kein Verwaltungsakt. Ein derartiges Ablehnungsschreiben ist ein Hinweis ohne Regelungsgehalt. „Kein Verwaltungsakt ist mangels unmittelbarer Rechtserheblichkeit gegenüber dem Bürger (dem nach materiellem Recht kein Anspruch auf Einschreiten der Aufsichtsbehörde oder einer sonst geschützte Rechtsposition insoweit zukommt) auch die Weigerung der übergeordneten Behörde oder der Aufsichtsbehörde, gegen die ihrer Aufsicht unterstehende Behörde oder Körperschaft im Aufsichtsweg einzuschreiten (BSG, DVBl. 1968, 809); ebenso nicht die Ablehnung eines dahingehenden Antrags des Bürgers (Kopp/Ramsauer, VwVfG, 8. Aufl., Rz. 56)".
[3] Schimansky/Bunte/Lwowski, Bankrechts-Handbuch, 5. Abschnitt. Öffentliches Bankrecht (einschließlich Europa-Recht) 23. Kapitel. Aufsicht über Kredit- und Finanzdienstleistungsinstitute § 125. Grundlagen Rz. 24–26.
[4] S. Begr. RegE FinDAG, BT-Drucks. 14/7033, 93.
[5] Vgl. auch Schlette/Bouchon in Fuchs, § 4 WpHG Rz. 12.

§ 4d FinDAG Meldung von Verstößen; Verordnungsermächtigung

(1) Die Bundesanstalt errichtet ein System zur Annahme von Meldungen über potentielle oder tatsächliche Verstöße gegen Gesetze, Rechtsverordnungen, Allgemeinverfügungen und sonstige Vorschriften sowie Verordnungen und Richtlinien der Europäischen Union, deren es die Aufgabe der Bundesanstalt ist, deren Einhaltung durch die von ihr beaufsichtigten Unternehmen und Personen sicherzustellen oder Verstöße dagegen zu ahnden. Die Meldungen können auch anonym abgegeben werden.

(2) Die Bundesanstalt ist zu diesem Zweck befugt, personenbezogene Daten zu erheben, zu verarbeiten und zu nutzen, soweit dies zur Erfüllung ihrer Aufgaben erforderlich ist. Die eingehenden Meldungen unterliegen dem Datenschutz im Sinne des Bundesdatenschutzgesetzes.

(3) Die Bundesanstalt macht die Identität einer Person, die eine Meldung erstattet hat, nicht bekannt, ohne zuvor die ausdrückliche Zustimmung dieser Person eingeholt zu haben. Ferner gibt die Bundesanstalt die Identität einer Person, die Gegenstand einer Meldung ist, nicht preis. Die Sätze 1 und 2 gelten nicht, wenn eine Weitergabe der Information im Kontext weiterer Ermittlungen oder nachfolgender Verwaltungs- oder Gerichtsverfahren auf Grund eines Gesetzes erforderlich ist oder wenn die Offenlegung durch einen Gerichtsbeschluss oder in einem Gerichtsverfahren angeordnet wird.

(4) Die Bundesanstalt berichtet in ihrem Jahresbericht in abgekürzter oder zusammengefasster Form über die eingegangenen Meldungen. Der Bericht lässt keine Rückschlüsse auf die beteiligten Personen oder Unternehmen zu.

(5) Das Informationsfreiheitsgesetz findet auf die Vorgänge nach dem Hinweisgeberverfahren keine Anwendung.

(6) Mitarbeiter, die bei Unternehmen und Personen beschäftigt sind, die von der Bundesanstalt beaufsichtigt werden, oder bei anderen Unternehmen oder Personen beschäftigt sind, auf die Tätigkeiten von beaufsichtigten Unternehmen oder Personen ausgelagert wurden, und die eine Meldung nach Absatz 1 abgeben, dürfen wegen dieser Meldung weder nach arbeitsrechtlichen oder strafrechtlichen Vorschriften verantwortlich gemacht noch zum Ersatz von Schäden herangezogen werden, es sei denn, die Meldung ist vorsätzlich oder grob fahrlässig unwahr abgegeben worden.

(7) Die Berechtigung zur Abgabe von Meldungen nach Absatz 1 durch Mitarbeiter, die bei Unternehmen und Personen beschäftigt sind, die von der Bundesanstalt beaufsichtigt werden oder bei anderen Unternehmen oder Personen beschäftigt sind, auf die Tätigkeiten von beaufsichtigten Unternehmen oder Personen ausgelagert wurden, darf vertraglich nicht eingeschränkt werden. Entgegenstehende Vereinbarungen sind unwirksam.

(8) Die Rechte einer Person, die Gegenstand einer Meldung ist, insbesondere die Rechte nach den §§ 28 und 29 des Verwaltungsverfahrensgesetzes, nach den §§ 68 bis 71 der Verwaltungsgerichtsordnung und nach den §§ 137, 140, 141 und 147 der Strafprozessordnung werden durch die Einrichtung des Systems zur Meldung von Verstößen nach Absatz 1 nicht eingeschränkt.

(9) Das Bundesministerium der Finanzen kann durch Rechtsverordnung, die nicht der Zustimmung des Bundesrates bedarf, nähere Bestimmungen über Inhalt, Art, Umfang und Form der Meldung von Verstößen gegen Vorschriften der Verordnung (EU) Nr. 596/2014 des Europäischen Parlaments und des Rates vom 16. April 2014 über Marktmissbrauch (Marktmissbrauchsverordnung) und zur Aufhebung der Richtlinie 2003/6/EG des Europäischen Parlaments und des Rates und der Richtlinien 2003/124/EG, 2003/125/EG und 2004/72/EG der Kommission (ABl. L 173 vom 12.6.2014, S. 1) sowie gegen sonstige Gesetze, Rechtsverordnungen, Allgemeinverfügungen und sonstige Vorschriften sowie Verordnungen und Richtlinien der Europäischen Union nach Absatz 1, zur Konkretisierung des auf Grundlage von Artikel 32 Absatz 5 der Verordnung (EU) Nr. 596/2014 erlassenen Durchführungsrechtsakts der Europäischen Kommission erlassen. Das Bundesministerium der Finanzen kann die Ermächtigung durch Rechtsverordnung auf die Bundesanstalt übertragen.

56 **2. Allgemeines.** Gemäß § 4d FinDAG besteht für die Bundesanstalt eine Verpflichtung zur Einrichtung eines Systems zur Annahme von Meldungen über potentielle oder tatsächliche Verstöße gegen aufsichtsrechtliche Normen. Die Norm wurde **mit dem 1. FiMaNoG**[1] in das FinDAG **eingefügt**. Die Einrichtung einer solchen Hinweisgeberstelle gem. § 4d FinDAG dient der Umsetzung verschiedener europarechtlicher Vorgaben. Durch § 4d FinDAG werden die **europarechtlichen Anforderungen** aus Art. 71 RL 2013/36/EU (CRD IV), Art. 32 VO Nr. 596/2014 (MAR), Art. 28 VO Nr. 1286/2014 (PRIIP-VO), Art. 99d RL 2014/91/EU (OGAW-V-Richtlinie), Art. 73 RL 2014/65/EU (MiFID II) und Art. 14 VO 2016/1011 (Benchmark-VO), Art. 24 VO 2015/2365 (SFT-VO) **im nationalen Recht umgesetzt**.

57 Zudem kann die EU-Kommission gem. Art. 32 Abs. 5 VO Nr. 596/2014 (MAR) Durchführungsrechtsakte zur Konkretisierung des Hinweisgeberverfahrens erlassen. Um diese im nationalen Recht umzusetzen, regelt § 4d Abs. 9 FinDAG eine Ermächtigung des BMF zum Erlass einer entsprechenden Verordnung. Von dieser Ermächtigung hat das BMF Gebrauch gemacht und die **Verordnung zur Meldung von Verstößen bei der Bundesanstalt für Finanzdienstleistungsaufsicht**[2] erlassen. Diese Verordnung dient der Umsetzung der Durchführungs-RL 2015/2392[3].

---

1 Erstes Gesetz zur Novellierung von Finanzmarktvorschriften auf Grund europäischer Rechtsakte (Erstes Finanzmarktnovellierungsgesetz – 1. FiMaNoG) vom 30.6.2016, BGBl. I 2016, 1514, zuletzt geändert durch Bekanntmachung über das Inkrafttreten von Teilen des Ersten Finanzmarktnovellierungsgesetzes vom 20.3.2017, BGBl. I 2017, 559.

2 Verordnung zur Meldung von Verstößen bei der Bundesanstalt für Finanzdienstleistungsaufsicht (BaFin-Verstoßmeldeverordnung – BaFinVerstMeldV) vom 2.7.2016, zuletzt geändert durch Art. 22 Gesetz vom 23.6.2017 (BGBl. I 2017, 1693).

3 Durchführungs-RL 2015/2392 der Kommission vom 17.12.2015 zur Verordnung (EU) Nr. 596/2014 des Europäischen Parlaments und des Rates hinsichtlich der Meldung tatsächlicher oder möglicher Verstöße gegen diese Verordnung, ABl. EU Nr. L 332 v. 18.12.2015, S. 126.

Die Regelungen zur Hinweisgeberstelle schaffen zudem mit § 4d Abs. 2 FinDAG die **Rechtsgrundlage für die Erhebung, Verarbeitung und Nutzung personenbezogener Daten** (vgl. § 3 BDSG 2018 und Art. 6 Abs. 1 lit. c VO 2016/679 (DSGVO))[1]. 58

Die Regelung des § 4d Abs. 1 Satz 1 FinDAG ist **inhaltlich von der** seit vielen Jahren bestehenden Regelung des **§ 23 WpHG abzugrenzen**. Beide Normen haben eine **unterschiedliche Ausgestaltung**. Dies gilt z.B. in Bezug auf den Kreis der jeweiligen Hinweisgeber, auf die Ausgestaltung der Mitteilung als Pflicht oder als freiwilligen Hinweis, auf die formalen Anforderungen an die Anzeige nach § 23 WpHG einschließlich des Meldewegs etc. Bezüglich § 23 WpHG kann auf die entsprechende Kommentierung verwiesen werden. 59

3. Zielrichtung der Hinweisgeberstelle. Der europäische Gesetzgeber hat in Folge der Finanzkrise und verschiedener aufgedeckter Unregelmäßigkeiten Initiativen zur **Verbesserung der Transparenz und Integrität der Märkte und des Anlegerschutzes** ergriffen, die sich in verschiedenen Richtlinien und Verordnungen niederschlagen. Marktteilnehmer, Beschäftigte von am Marktgeschehen beteiligten Unternehmen und andere Personen können durch ihre **speziellen Einblicke in Geschehen** durchaus über Informationen verfügen, die auf Verstöße gegen aufsichtsrechtliche Normen hinweisen. Gegen die Weitergabe dieser Informationen an zuständige Stellen – in Bezug auf den Finanzmarkt an die Bundesanstalt – stand bis zur Einrichtung der Hinweisgeberstelle oftmals die Befürchtung vor Konsequenzen infolge der Weitergabe dieser Informationen, die für Dritte durchaus kompromittierend sein können. Ungeachtet dessen können solche Hinweisgeber (Whistleblower) **wertvolle Beiträge leisten, um das Fehlverhalten** von einzelnen Personen oder von Unternehmen **aufzudecken** und die negativen Folgen dieses Fehlverhaltens einzudämmen bzw. zu korrigieren. 60

Die **Zielrichtung** der Hinweisgeberstelle kann daher in einer **doppelten Ausrichtung** gesehen werden. Die von den Hinweisgebern (Whistleblowern) gegebenen Hinweise können **für die aufsichtsrechtliche Tätigkeit der Bundesanstalt ausgesprochen wertvoll** sein, um Verstöße gegen das Aufsichtsrecht aufdecken und beseitigen zu können. Sie stellen eine wichtige Erkenntnisquelle für die aufsichtliche Tätigkeit dar. Insoweit sind Möglichkeiten zu schaffen, damit diese ihre Informationen ohne Hürden oder Hemmnisse an die Bundesanstalt geben können. Für die Hinweisgeber ist es aber auch von großer Bedeutung, ihre **Hinweise ohne Gefahr für negative Konsequenzen an die Aufsicht** geben zu können und ggf. auch agieren zu können. Insofern ist es von Bedeutung, dass der Hinweisgerber Sicherheit haben, dass mit der Tatsache ihres Hinweises so sensibel wie möglich umgegangen wird. Gemäß dieser Zielrichtung ist **die sensible Kommunikation mit den Whistleblowern Hauptaufgabe der Hinweisgeberstelle**. 61

Aus dieser Zielrichtung folgt zudem ein **weit gefasster sachlicher Zuständigkeitsbereich der Hinweisgeberstelle der Bundesanstalt**. Die potentiellen oder tatsächlichen Verstöße gegen aufsichtsrechtliche Normen, die die Hinweisgeberstelle entgegennehmen soll, beziehen sich gem. § 4d Abs. 1 Satz 1 FinDAG auf potentielle oder tatsächliche Verstöße gegen „Gesetze, Rechtsverordnungen, Allgemeinverfügungen und sonstige Vorschriften sowie Verordnungen und Richtlinien der Europäischen Union, bei denen es die Aufgabe der Bundesanstalt ist, deren Einhaltung durch die von ihr beaufsichtigten Unternehmen und Personen sicherzustellen oder Verstöße dagegen zu ahnden". Diese Formulierung ist weit und umfassend zu verstehen. Erfasst sind hiervon alle nationalen und europäischen Rechtsnormen, auch die der Europäischen Aufsichtsbehörden EBA, EIOPA und ESMA, deren Einhaltung von der Bundesanstalt sicherzustellen ist oder bei denen die Bundesanstalt zur Ahndung von Verstößen befugt ist. 62

4. Umfassender Schutz der Hinweisgeber. § 4d FinDAG enthält **verschiedene Regelungen, die sicherstellen, dass die Hinweisgeber und die Personen,** die Gegenstand des Hinweises sind, **wirksam geschützt werden**. Der Schutz der Hinweisgeber und seines Hinweises haben somit eine ausgesprochen hohe Priorität bei der Schaffung der Hinweisgeberstelle. So regelt z.B. § 4d Abs. 1 Satz 2 FinDAG ausdrücklich die Möglichkeit von anonymen Hinweisen. Ungeachtet der Möglichkeit zu anonymen Hinweisen sollen aber auch die Hinweisgeber, die ihre Identität offenbaren, in Bezug auf ihren Hinweis bei der Bundesanstalt vor Nachteilen geschützt werden. Entsprechend regelt § 4d Abs. 3 Satz 1 FinDAG, dass die Bundesanstalt die **Identität eines Hinweisgebers grundsätzlich nicht bekannt** geben darf, ohne zuvor dessen ausdrückliche Zustimmung einzuholen. Entsprechendes gilt nach § 4d Abs. 3 Satz 2 FinDAG für die **Identität der Personen, die von einer Meldung betroffen sind**. Die einzige Befugnis der Bundesanstalt zur Weitergabe der Informationen zur Identität des Hinweisgebers und der Person, die Gegenstand des Hinweises ist, besteht gem. § 4d Abs. 3 Satz 3 FinDAG in dem Fall, dass die Weitergabe der Informationen im Kontext weiterer Ermittlungen und nachfolgender Verwaltungs- oder Gerichtsverfahren auf Grund eines Gesetzes erforderlich ist oder wenn die Offenlegung durch einen Gerichtsbeschluss oder in einem Gerichtsverfahren angeordnet wird. 63

Um diesen Schutz nicht auszuhöhlen, regelt § 4d Abs. 5 FinDAG ausdrücklich, dass das **Informationsfreiheitsgesetz (IFG) auf die Vorgänge nach dem Hinweisgeberverfahren keine Anwendung** findet. Denn das anerkannte Schutzbedürfnis der Hinweisgeber und der von dem Hinweis betroffenen Personen ist höher zu wer- 64

---

[1] Hier wird das Zweite Gesetz zur Anpassung des Datenschutzrechts an die Verordnung (EU) 2016/679 und zur Umsetzung der Richtlinie (EU) 2016/680 (2. DSAnpUG-EU) voraussichtlich eine Konsolidierung bringen.

ten als der Anspruch auf Zugang zu amtlichen Informationen. Insoweit ist der Schutz nach § 4d Abs. 5 FinDAG weitergehender als der Schutz nach § 3 Nr. 7 IFG, denn es werden nicht nur die jeweiligen amtlichen Informationen geschützt, sondern der gesamte Vorgang nach dem Hinweisgeberverfahren ist aus dem Anwendungsbereich des IFG ausgenommen. Im Gleichlauf mit dieser Bestimmung wird die Bundesanstalt gem. § 4d Abs. 4 FinDAG verpflichtet, in ihrem **Jahresbericht nur in abgekürzter oder zusammengefasster Form über die eingegangenen Meldungen** zu berichten, ohne dass Rückschlüsse auf die beteiligen Personen oder Unternehmen möglich sind.

65 Als weiteren Schutz normiert § 4d Abs. 6 FinDAG, dass Beschäftigte von beaufsichtigten Unternehmen und Personen sowie von Unternehmen, auf die beaufsichtigte Tätigkeiten ausgelagert wurden, grundsätzlich **weder nach arbeitsrechtlichen noch nach strafrechtlichen Vorschriften verantwortlich gemacht werden oder zu Schadensersatz herangezogen** werden dürfen. Eine Ausnahme gilt nur für den Fall, dass die Hinweisgeber die Meldung vorsätzlich oder grob fahrlässig unwahr abgegeben haben. Durch diese den Hinweisgeber schützende Regelung wird das offensichtliche Spannungsfeld, dass ein Hinweis ein Verstoß gegen arbeitsvertraglichen Pflicht gegenüber dem Arbeitgeber ist, zugunsten der Herstellung der Transparenz und Integrität der Märkte und des Anlegerschutzes aufgelöst. Dieser Konfliktlösung entspricht auch die Regelung in § 4d Abs. 7 FinDAG, dass die Berechtigung zur Abgabe von **Hinweisen an die Bundesanstalt vertraglich nicht eingeschränkt werden** darf und derartige Vereinbarungen unwirksam sind.

66 **5. Kommunikationswege der Hinweisgeberstelle der Bundesanstalt.** Die **Hinweisgeberstelle der Bundesanstalt ist zum 1.7.2016 als eine zentrale Stelle eingerichtet**[1] worden. Zudem wurde die Hinweisgeberstelle zum 1.1.2017 insoweit optimiert, als zusätzlich ein spezielles elektronisches System für die Abgabe der Hinweise eingerichtet wurde[2]. Die Hinweisgeberstelle der Bundesanstalt ist der Weg der Kommunikation der Bundesanstalt mit den Hinweisgebern. Dies gilt sowohl für die eingehenden Hinweise als auch für eine etwaige Folgekommunikation zwischen der Bundesanstalt und den Hinweisgebern.

67 Der **Kontakt** zur Hinweisgeberstelle der Bundesanstalt kann **auf folgenden Wegen** erfolgen:
- schriftlich in Papierform, Fax etc.
- auf elektronischem Wege, d.h. per E-Mail,
- telefonisch mit oder ohne Aufzeichnung des Gesprächs,
- mündlich gegenüber den Beschäftigten der Hinweisgeberstelle und
- mittels des speziellen elektronischen Systems für Hinweisgeber.

Weiterführende Informationen zu der Möglichkeit, auch anonym, Hinweise an die Bundesanstalt zu richten, sind auf der Internetseite der Bundesanstalt abrufbar[3].

68 Das **spezielle elektronische System** für Hinweisgeber, das seit dem 1.1.2017 bei der Bundesanstalt eingerichtet ist, verdient bezüglich seiner Ausgestaltung noch eine kurze Erwähnung. Über dieses elektronische System können Hinweisgeber mutmaßliche Verstöße gegen Aufsichtsrecht bei der Bundesanstalt melden, ohne dass die übrigen Zugangswege eingeschränkt werden. Das elektronische System **garantiert die Anonymität** eines anonymen Hinweisgebers[4], ermöglicht es der Bundesanstalt aber zugleich mit dem Hinweisgeber in Kontakt zu treten, ohne dass die Anonymität negiert wird. So kann die Bundesanstalt im Rahmen dieses Systems über einen geschützten Postkasten **Rückfragen an den Hinweisgeber** stellen. Denn je konkreter ein Hinweis ist, desto hilfreicher kann dieser für die aufsichtliche Arbeit sein. Das System stellt sicher, dass es technisch ausgeschlossen ist, die Kommunikation zum jeweiligen Hinweisgeber zurückzuverfolgen und ihm seine Anonymität zu nehmen.

69 **6. Praktische Relevanz.** Im **ersten Jahr nach der Einrichtung der Hinweisgeberstelle** bei der Bundesanstalt, also von Juli 2016 bis Juli 2017 sind knapp **400 Hinweise** eingegangen[5]. Der Anteil von Hinweisen ohne erkennbaren Tatsachengehalt oder mit verleumderischen Inhalt ist erfreulich gering. Für Hinweisgeber ist es aber schwer zu beurteilen, welche Informationen von aufsichtlicher Bedeutung sind. Die Hälfte der Meldungen bezog sich bislang auf mutmaßliche Verstöße beaufsichtigter Unternehmen. Einige Hinweise haben dazu beigetragen, aufsichtsrechtliches Fehlverhalten aufzudecken. In anderen Fällen klärt die Bundesanstalt den Sachverhalt noch weiter auf. Meldungen zu Unternehmen, die nicht unter der Aufsicht der Bundesanstalt stehen, greift diese im Rahmen der Verfolgung unerlaubter Geschäfte auf. Darüber hinaus gingen bei der Hinweisgeberstelle auch Verbraucherbeschwerden ein sowie Meldungen zu Sachverhalten, für die die Bundesanstalt nicht zuständig ist[6].

---

1 Vgl. hierzu auch den Beitrag im BaFin-Journal Juli 2016, abzurufen über die Internetseite der Bundesanstalt.
2 Vgl. hierzu auch den Beitrag im BaFin-Journal Januar 2017, abzurufen über die Internetseite der Bundesanstalt.
3 Weitergehende Informationen unter https://www.bafin.de/DE/Aufsicht/Uebergreifend/Hinweisgeberstelle/hinweisgeberstelle_node.html.
4 Vgl. hierzu auch den Beitrag im BaFin-Journal Januar 2017, abzurufen über die Internetseite der Bundesanstalt.
5 S. *den Fachartikel der Bundesanstalt* unter https://www.bafin.de/SharedDocs/Veroeffentlichungen/DE/Fachartikel/2017/fa_bj_1707_Hinweisgeberstelle.html.
6 S. den Beitrag zur Hinweisgeberstelle im Jahresbericht 2016 der Bundesanstalt, veröffentlicht auf der Internetseite der Bundesanstalt.

Die Hinweisgeberstelle der Bundesanstalt **prüft** die eingehenden Hinweise im ersten Schritt auf deren **Relevanz für die Fachaufsicht**. Relevante Hinweise **leitet** die Hinweisgeberstelle zum Schutz der Hinweisgeber und anderer betroffener Personen **in der Regel anonymisiert oder pseudonymisiert an den jeweils zuständigen Fachbereich der Aufsicht weiter**. Dieser prüft die Hinweise in sachlicher und rechtlicher Hinsicht und leitet – falls erforderlich – entsprechende Maßnahmen ein. Fachaufsicht und Hinweisgeberstelle unterstützen sich gegenseitig bei der Erfüllung ihrer Aufgaben. Während des gesamten Verfahrens übernehmen in der zentralen Hinweisgeberstelle speziell – insbesondere datenschutzrechtlich – geschulte Beschäftigte die Kommunikation mit den Hinweisgebern, z.B. bei etwaigen Rückfragen der Bundesanstalt[1].

70

V. Kosten der Aufsicht. 1. Übersicht. Die **Finanzierung der Aufsicht u.a. durch eine Umlage** der Aufsichtskosten gegenüber den Beaufsichtigten und durch eine gesonderte Erstattung von Prüfungskosten hat eine **lange Tradition** in der Finanzdienstleistungsaufsicht. So war die Umlagepflicht der Beaufsichtigten für die Aufsichtskosten in § 11 WpHG a.F., § 51 KWG a.F. und § 101 VAG a.F.[2] geregelt. Mit der Gründung der Bundesanstalt durch das FinDAG wurden die Regelungen zur Finanzierung der Aufsicht durch die Bundesanstalt vereinheitlicht und im FinDAG zusammengefasst.

71

Die **Finanzierung der Bundesanstalt** ist insoweit besonders, als sie ihre Ausgaben vollständig, d.h. zu 100 %, durch Umlagen, Gebühren und Erstattungen abdeckt. Sie erhält keine Zuschüsse aus dem Bundeshaushalt. Das bedeutet, die Tätigkeit der Bundesanstalt ist – entgegen vieler Vermutungen – **nicht steuerfinanziert**. Die Aufsichtskosten werden stattdessen von den von der Bundesanstalt beaufsichtigten Unternehmen und sonstigen Marktteilnehmern, wie Emittenten, getragen.

72

Die **Finanzierung der Aufsicht basiert auf drei Pfeilern:**

73

1. die Geltendmachung von Gebühren für einzelne gebührenpflichtige Amtshandlungen (§§ 14, 17b FinDAG),
2. die gesonderte Erstattung von Kosten (§§ 15, 17c FinDAG) und
3. die Umlage der Aufsichtskosten (§§ 16, 17d FinDAG).

Die Regelungen sind in §§ 14 ff. FinDAG verankert und werden durch die FinDAGKostV ergänzt und ausgestaltet.

Neben diesen drei Instrumenten zur Finanzierung der Aufsichtskosten der Bundesanstalt können beaufsichtigten Unternehmen oder Marktteilnehmern **ggf. weitere Kosten** entstehen. Diese haben dann allerdings eine andere Zielrichtung. So können Kosten durch die Vollstreckung von Zwangsmitteln, insbesondere von Zwangsgeldern, entstehen, deren Ziel nicht die Finanzierung der Aufsichtstätigkeit der Bundesanstalt, sondern die Durchsetzung von bestimmten öffentlich-rechtlichen Pflichten. Bußgelder haben auch keinen Finanzierungscharakter, wohl aber einen Sanktionscharakter bei Verstößen gegen die aufsichtsrechtlichen Vorschriften. Kosten können zudem auch z.B. für Einlagensicherungen und Entschädigungseinrichtungen anfallen, deren Mitgliedschaft für Kreditinstitute und Finanzdienstleistungsunternehmen gesetzlich vorgeschrieben ist. Diese Kosten haben keinen Bezug zur Finanzierung der Aufsichtskosten der Bundesanstalt.

74

Die **Finanzierung der Aufsicht** wurde **zunächst**, sowohl vor der Gründung der Bundesanstalt bei den Bundesaufsichtsämtern, als auch nach der Gründung der Bundesanstalt, **anhand eines großen Rechnungskreises** bestimmt. Mit dem Bilanzkontrollgesetz wurde dann ein neuer Aufsichtsbereich in das WpHG eingegliedert (§§ 106 ff. WpHG). Das Bilanzkontrollgesetz sieht eine Aufsicht über die Rechnungslegung der börsennotierten Gesellschaften, aber nicht allein durch die Bundesanstalt, vor. Mit Errichtung der Deutschen Prüfstelle für Rechnungslegung (DPR) und der Übertragung der Zuständigkeit für die erste Stufe der Bilanzkontrolle auf diese, besteht ein zweistufiges Prüfungsverfahren, das zum Teil durch die Deutsche Prüfstelle für Rechnungslegung und zum anderen Teil durch die Bundesanstalt durchgeführt wird. Auch diese **zweistufige Aufsicht nach dem Bilanzkontrollgesetz wird durch eine Umlage finanziert**, die durch Gebührenerhebungen und gesonderte Erstattungen von Prüfungskosten ergänzt wird. Da es sich hierbei sowohl um die Kosten der Deutschen Prüfstelle für Rechnungslegung, als auch um die Kosten der Bundesanstalt bezüglich der Aufgaben nach dem 16. Abschnitt des WpHG handelt, hat der Gesetzgeber für diese Kosten eine eigene Finanzierung vorgesehen. Diese wird unabhängig von der übrigen Kostenerstattung, die weiterhin einen eigenen Rechnungskreis bildet, nach §§ 14 bis 16 FinDAG berechnet. Somit **besteht ein zweiter Rechnungskreis** für die Aufsicht über die Rechnungslegung der börsennotierten Gesellschaften. Die entsprechenden Regelungen hierzu finden sich in §§ 17a ff. FinDAG und ergänzend in einer Bilanzkontroll-Umlageverordnung (BilKoUmV)[3] Wenn auch für dieses spezielle Aufgabengebiet eine eigene Kostenerstattung vorgesehen ist, so ist das Vorgehen bezüglich Gebühren, gesonderter Erstattung und Umlage[4] doch ähnlich dem Vorgehen nach §§ 14 bis 16 FinDAG. Entspre-

75

---

1 Vgl. die Ausführungen zur Hinweisgeberstelle in den BaFin-Journalen von Juli 2016 und Januar 2017 sowie der Beitrag im Jahresbericht 2016 der Bundesanstalt, abzurufen über die die Internetseite der Bundesanstalt.
2 Vgl. auch *Präve*, Zur Finanzierung der Versicherungsaufsicht gemäß § 101 VAG, VW 1995, 1004.
3 BilKoUmV vom 9.5.2005 (BGBl. I 2005, 1259), zuletzt geändert durch Art. 15 Gesetz vom 20.11.2015, BGBl. I 2015, 2029.
4 Zur Verfassungsmäßigkeit der Bilanzkontrollkosten-Umlage und deren Höchstbetragsregelung: VG Frankfurt/M. v. 11.10. 2007 – 1 E 1477/07, juris.

chend kann im Rahmen dieser Kommentierung **bezüglich der grundsätzlichen Fragen auf die Regelungen der allgemeinen Finanzierung der Aufsichtstätigkeit**, auf die Hinweise zur Bilanzkontrollumlage auf der Internetseite der Bundesanstalt[1] und die Rechtsprechung zur Umlagepflicht nach § 16 FinDAG hierzu **verwiesen werden**.

76 **2. Gebühren (§ 14 FinDAG).** Ausgangspunkt der Gebührenerhebung für die Aufsichtstätigkeit ist § 14 FinDAG (bezüglich der Bilanzkontrolle § 17b FinDAG). Hiernach kann die Bundesanstalt für Amtshandlungen Gebühren i.H.v. bis zu 500.000 Euro erheben. Unter Gebühren werden in der Regel öffentlich-rechtliche Geldleistungen bezeichnet, die aus Anlass individuell zurechenbarer öffentlicher Leistungen dem Gebührenschuldner durch eine öffentlich-rechtliche Norm oder sonstige hoheitliche Maßnahmen auferlegt werden und dazu bestimmt sind, in Anknüpfung an diese Leistung deren Kosten ganz oder teilweise zu decken[2]. In der Regel werden Gebühren erhoben für die (positive) Bearbeitung eines Antrags durch die Behörde. Allerdings ist ein Antrag nicht Voraussetzung für eine Gebührenpflicht. Gebührenpflichtige Amtshandlungen können auch Aufsichtsmaßnahmen von Amts wegen sein, die sich auf einen konkret Beaufsichtigten oder dessen Tätigkeitsbereich beziehen. Zu denken ist hier z.B. an den Entzug einer Erlaubnis, der gebührenpflichtig sein kann.

77 Näheres zu der relativ allgemeinen Regelung der Gebührenerhebung in § 14 FinDAG wird in Bezug auf die Tätigkeiten nach dem WpHG in der Verordnung über die Erhebung von Gebühren und die Umlegung von Kosten nach dem Finanzdienstleistungsaufsichtsgesetz (**FinDAGKostV**) vom 29.4.2002[3] geregelt. Die FinDAGKostV enthält in §§ 1 bis 3 und in einem anliegenden Gebührenverzeichnis die maßgeblichen Bestimmungen über die gebührenpflichtigen Amtshandlungen und die Gebührenhöhen. Darüber hinaus regelt § 3 FinDAGKostV die Gebührenerhebung in besonderen Fällen, wie die Ablehnung, die Rücknahme oder den Widerruf einer Amtshandlung, die Rücknahme eines Antrags auf Vornahme einer Amtshandlung sowie die Zurückweisung eines Widerspruchs.

78 Als **Gebührentatbestände** für Amtshandlungen der Bundesanstalt nach dem WpHG sind festgelegt:
 – Maßnahmen der Produktintervention nach § 15 Abs. 1 WpHG,
 – Befreiung von der jährlichen Prüfung,
  – der Meldepflichten und Verhaltensregeln (§ 89 Abs. 1 Satz 1 und 3 WpHG),
  – des Depotgeschäfts (§ 89 Abs. 1 Satz 2 und 3 WpHG),
 – Eintragung in das Register Unabhängiger Honorar-Anlageberater (§ 93 Abs. 2 WpHG),
 – Erlaubnis für ausländische Märkte oder ihre Betreiber, die Handelsteilnehmern mit Sitz im Inland über ein elektronisches Handelssystem einen unmittelbaren Marktzugang gewähren (§ 102 Abs. 1 i.V.m. Abs. 2 und 3 WpHG),
 – Bekanntmachung von Fehlern bei der Rechnungslegung nach § 109 Abs. 2 WpHG,
  – Anordnung der Bekanntmachung (§ 109 Abs. 2 Satz 1 WpHG),
  – Entscheidung über den Antrag, von der Anordnung der Bekanntmachung abzusehen (§ 109 Abs. 2 Satz 3 WpHG),
 – Befreiung von den Anforderungen der §§ 114 bis 117 WpHG (§ 118 Abs. 4 Satz 1 WpHG)

(Nr. 5.1 bis 5.6 des FinDAGKostV-Gebührenverzeichnisses). Ferner fließen der Bundesanstalt im Bereich der Wertpapieraufsicht Gebühren aus dem Vollzug des Kapitalanlagegesetzbuchs, des Wertpapierprospektgesetzes, des Vermögensanlagegesetzes und des Wertpapiererwerbs- und Übernahmegesetzes zu[4].

79 **3. Gesonderte Erstattung (§ 15 FinDAG).** Die **Kosten einer relativ aufwendigen Tätigkeit für ein einzelnes Unternehmen** sind von diesem **gesondert zu erstatten**[5]. Derartig individuell zuordenbare Kosten werden nicht der Gesamtheit der Beaufsichtigten aufgebürdet. Die betroffenen Tätigkeiten sind in §§ 15 Abs. 1 und 17c FinDAG aufgezählt. Es handelt sich hierbei überwiegend um die Kosten von Prüfungen[6] bei einem beaufsichtigten

---

1 Unter www.bafin.de/Über die BaFin/Finanzierung.
2 Vgl. BVerwG v. 25.8.1999 – 8 C 12.98, BVerwGE 109, 272; BVerwG v. 13.9.2006 – 6 C 10/06, NVwZ-RR 2007, 192 Rz. 41.
3 Verordnung über die Erhebung von Gebühren und die Umlegung von Kosten nach dem Finanzdienstleistungsaufsichtsgesetz vom 29.4.2002, BGBl. I 2002, 1504, 1847, zuletzt geändert durch Art. 1 Verordnung vom 15.12.2017, BGBl. I 2017, 3960.
4 Weitere Gebührenverordnungen für den Bereich der Wertpapieraufsicht sind die Verordnung über Gebühren nach dem Wertpapiererwerbs- und Übernahmegesetz (WpÜG-Gebührenverordnung), die Verordnung über die Erhebung von Gebühren nach dem Wertpapierprospektgesetz (Wertpapierprospektgebührenverordnung – WpPGebV) und die Verordnung über die Gebühren für Amtshandlungen betreffend Verkaufsprospekte für Vermögensanlagen nach dem Vermögensanlagegesetz (Vermögensanlagen-Verkaufsprospektgebührenverordnung – VermVerkProspGebV).
5 Vgl. auch VG Frankfurt/M. v. 13.3.2007 – 1 E 3904/06, juris.
6 Entsprechende Regelungen bestanden vor der Gründung der Bundesanstalt neben § 11 Abs. 4 WpHG a.F. auch in § 53 Abs. 3 KWG. Zur Vereinbarkeit der gesonderten Erstattung von Prüfungskosten nach § 51 Abs. 3 KWG vgl. BVerwG v. 4.5.1982 – 1 C 190/79, BVerwGE 65, 292. Prüfungskosten nach § 53 Abs. 3 KWG, die unmittelbar vor der Insolvenzeröffnung von der Gemeinschuldnerin gezahlt worden sind, unterliegen nicht der Insolvenzanfechtung nach §§ 129 ff. InsO, weil die getroffenen Maßnahmen dem Schutz der Gläubiger dienen und die damit verbundenen Kosten folglich nicht zu ihrer Benachteiligung führen; so KG v. 19.9.2000 – 7 U 1590/00, NZI 2000, 537.

Unternehmen. Im Bereich der Wertpapieraufsicht betrifft das die Kosten für außerplanmäßige Prüfungen[1] nach § 88 Abs. 1 WpHG. Entsprechendes gilt für die Kosten einer Prüfung durch die Bundesanstalt oder deren Beauftragte nach § 89 Abs. 5 WpHG. Im Bereich der Bilanzkontrolle handelt es sich um die Kosten für die zweite Stufe der Prüfung nach § 108 Abs. 1 Satz 2 Nr. 1 WpHG, wenn das Unternehmen seine Mitwirkung verweigert oder mit dem Ergebnis der Prüfung durch die Deutsche Prüfstelle für Rechnungslegung nicht einverstanden ist und die Bundesanstalt nicht zugunsten des Unternehmens von dem Ergebnis der Deutschen Prüfstelle für Rechnungslegung abweicht (§ 17c FinDAG).

Im Falle der gesonderten Erstattung sind der Bundesanstalt für das Tätigwerden nicht nur die Kosten ihrer eigenen, für die besondere Tätigkeit eingesetzten Mitarbeiter zu erstatten. Zu erstatten sind auch Personal- und Sachaufwendungen, die bei den Personen und Einrichtungen angefallen sind, derer sich die Bundesanstalt bedient, um ihre Aufgaben durchzuführen (§ 4 Abs. 3 FinDAG). Das sind insbesondere die Kosten der Wirtschaftsprüfer sowie Personal- und Sachaufwand der Deutschen Bundesbank (§ 17 Abs. 2 FinDAG). 80

4. Umlage (§ 16 FinDAG). Da die Bundesanstalt ihre Ausgaben vollständig selber decken muss und keine Zuschüsse aus dem Bundeshaushalt erhält, müssen die Aufsichtskosten, die nicht durch Gebühren, eine gesonderte Erstattung oder sonstige Einnahmen getragen werden, durch eine sog. Umlage anteilig auf die Umlagepflichtigen umgelegt werden. Die Umlage ist die wichtigste Finanzierungsquelle der Bundesanstalt. Die finanzielle Belastung für die Betroffenen durch die Umlage ist in der Regel deutlich höher als die Belastung durch Gebühren oder die gesonderte Erstattung nach § 15 FinDAG. 81

Alle Regelungen zur Umlage der Bundesanstalt sind seit dem 1.1.2013 im FinDAG normiert. Die bisherigen Vorschriften zur Umlage aus der Verordnung über die Erhebung von Gebühren und die Umlegung von Kosten nach dem FinDAG (FinDAGKostV) wurden in das FinDAG überführt und haben damit vollständig Gesetzesrang erlangt (§§ 16 ff. FinDAG). Durch die Eingliederung der Abwicklungsfunktion der FMSA in der BaFin zum 1.1.2018 wurden die Regelungen über die Umlegung von Kosten im FinDAG überarbeitet. 82

a) Grundsätzliches zur Umlage. Die grundsätzliche Entscheidung, die Aufsichtskosten auf die Marktteilnehmer umzulegen, folgte der Überlegung, dass diese einen besonderen Nutzen aus der Aufsicht ziehen. In Bezug auf die Wertpapieraufsicht ergibt sich das aus Folgendem: Das 2. FFG[2], in dessen Rahmen das WpHG normiert wurde, war in wesentlichen Teilen auch eine Reaktion auf die internationale Kritik an der wenig funktionsfähigen Aufsicht im Wertpapierhandel der Bundesrepublik Deutschland. Es gab deutliche Vorbehalte gegenüber dem deutschen Wertpapiermarkt, weil die praktisch fehlende Marktaufsicht insbesondere bei internationalen Wertpapierhandelshäusern zur Zurückhaltung und damit anscheinend auch zu geschäftlichen Beeinträchtigungen führte. Dies hat sich mit der Errichtung des (vormaligen) Bundesaufsichtsamtes für den Wertpapierhandel und der konsequenten Durchführung der Überwachungsaufgaben deutlich zugunsten der Stärkung des Vertrauens und der Erhöhung der Attraktivität des Finanzplatzes Deutschland für in- und ausländische Anleger gewandelt. Diese Fortschritte liegen im Interesse aller Marktteilnehmer am Finanzplatz Deutschland, weshalb es – über den polizeirechtlichen Gedanken der auch vom Wertpapierhandel ausgehenden Gefahren für das Publikum (Verursacherprinzip) hinausgehend – im Sinne einer fördernden Aufsicht liegt, die Marktteilnehmer auch an den **Kosten des (früheren) Bundesaufsichtsamtes** zu beteiligen. Vergleichbares galt für die beiden anderen Vorgängerbehörden der Bundesanstalt und gilt heute für die Finanzierung der Bundesanstalt. 83

Auch aus Sicht des BVerfG bestehen **keine rechtlichen Bedenken** gegen eine solche Kostenumlage[3]. Sie verstößt weder dem Grunde nach, noch in Bezug auf den Mindestbetrag gegen Art. 12 Abs. 1 GG i.V.m. Art. 105 GG und Art. 110 GG und aus Art. 3 Abs. 1 GG[4]. Es bestand zwar bis vor ca. 10 Jahren Unsicherheit, wie eine derartige Kostenumlage dogmatisch einzuordnen ist. Mit drei Parallelentscheidungen des BVerwG vom 13.9. 2006[5] ist diese Frage höchstrichterlich entschieden und in der Einordnung durch das BVerfG[6] bestätigt worden. Bei der Kostenumlage handelt es sich um eine zulässige nichtsteuerliche Abgabe in der Art einer **Sonderabgabe**. Die **Voraussetzungen für eine solche Sonderabgabe zu Finanzierungszwecken** sind in Bezug auf die Kostenumlage der Bundesanstalt **erfüllt**. Denn die Umlage verfolgt durch ihre Anknüpfung an die Beaufsichtigung der Marktteilnehmer einen Sachzweck, der über die bloße Mittelbeschaffung hinausgeht. Der Sachzweck besteht in der finanziellen Sicherstellung einer Aufsicht zur Reduzierung der mit der Ausübung der Tätigkeit ver- 84

---

1 Zur Kostenerstattung bei einer Prüfung nach § 44 KWG: VG Frankfurt/M. v. 13.3.2007 – 1 E 3904/06, juris und VG Frankfurt/M. v. 16.3.2005 – 1 G 3462/04, juris.
2 Gesetz über den Wertpapierhandel und zur Änderung börsenrechtlicher und wertpapierrechtlicher Vorschriften (Zweites Finanzmarktförderungsgesetz – 2. FFG) vom 26.7.1994, BGBl. I 1994, 1749.
3 Vgl. VG Frankfurt/M. v. 20.11.2000 – 9 E 4474/99 (2), ZIP 2001, 605 bezüglich der Umlage nach § 11 WpHG a.F.; zur Bilanzkontrollkosten-Umlage: VG Frankfurt/M. v. 11.10.2007 – 1 E 1477/07, juris; zur KWG-Umlage z.B. BVerfG v. 27.2.2007 – 1 BvR 3140/06, WM 2007, 729.
4 Vgl. BVerfG v. 16.9.2009 – 2 BvR 852/07, BVerfGE 124, 235, insb. Rz. 11 ff.
5 Entscheidungen zum früheren § 51 Abs. 1 KWG: BVerwG v. 13.9.2006 – 6 C 10/06, 6 C 11/06, 6 C 12/06, NVwZ-RR 2007, 192.
6 Vgl. BVerfG v. 16.9.2009 – 2 BvR 852/07, BVerfGE 124, 235, insb. Rz. 16.

bundenen Gefahren[1]. Auch die Mittelverwendung für mehrere in sich homogene Gruppen ist rechtlich unbedenklich. Für die Beaufsichtigten entstehen durch die Beaufsichtigung besondere Vorteile, die über die jedermann zugutekommenden Vorteile der Einhaltung der Rechtsordnung hinausgehen. Diese bestehen z.B. in dem Vertrauenszugewinn, der es erleichtert, geschäftliche Verbindungen aufzubauen und zu entwickeln.

85 **b) Umzulegende Kosten.** Die Kosten sind nach § 5 FinDAG die Ausgaben eines Haushaltsjahres. Das sind alle tatsächlichen und finanziellen Aufwendungen eines Haushaltsjahres für Personal und Sachmittel, einschließlich der von der Bundesanstalt zu tragenden Versorgungslasten, Abschreibungen, Rückstellungen, Zuführungen zu einer Investitionsrücklage sowie sonstigen Aufwendungen. Sie werden nach den verschiedenen Aufsichtsbereichen ermittelt und der Umlage zugrunde gelegt, soweit sie nicht durch Gebühren, besondere Erstattung oder durch andere Einnahmen gedeckt sind. Bei den Einnahmen werden **Buß- und Zwangsgelder** nicht berücksichtigt. Die Zuordnung der Kosten zu den verschiedenen Aufsichtsbereichen macht die Einrichtung einer leistungsfähigen Kosten- und Leistungsrechnung erforderlich.

86 Gewisse Diskussionen können in der Literatur nachvollzogen werden, ob auch **Amtshaftungskosten der Bundesanstalt zu den umlagepflichtigen Aufwendungen** gehören. Nach der vom BVerfG bestätigten Entscheidungen des BVerwG[2] ist diese Frage zu bejahen. Das BVerwG führt aus, dass zu den umlagefinanzierten Kosten der Bundesanstalt auch Aufwendungen der Beklagten zur Erfüllung von Schadensersatzansprüchen zu rechnen sind, die Dritten gegen die Bundesanstalt aus Amtspflichtverletzungen zustehen. Der Kostenbegriff der §§ 13 und 16 FinDAG ist umfassend zu verstehen. Ob die Frage bei vorsätzlichen Amtspflichtverstößen und dadurch entstandenen Schäden anders zu beantworten wäre, konnte das Gericht im entschiedenen Fall offenlassen.

87 **c) Verfahren der Kostenumlage.** Die Erhebung der Umlage erfolgt in einem mehrfach gestaffelten Verfahren. So erhebt die Bundesanstalt in jedem Jahr eine Vorauszahlung, um die Ausgaben des laufenden Jahres zu decken. Die **Vorauszahlungen** sind in zwei Raten zum 15. Januar und zum 15. Juli zu zahlen. Die Vorauszahlungen werden auf Basis des letzten abgerechneten Umlagejahres erhoben (§ 16l Abs. 3 FinDAG). Diese Vorauszahlungen werden im folgenden Jahr mit den tatsächlich für den einzelnen Umlagepflichtigen ermittelten Umlagekosten verrechnet.

88 Die tatsächlich entstandenen Kosten der Bundesanstalt werden nach Abschluss des Kalenderjahres ermittelt. Hierfür bestimmt die Bundesanstalt den Umlagebetrag anhand der Jahresrechnung, welche die Bundesanstalt für das jeweilige Umlagejahr erstellt, durch den Verwaltungsrat festgestellt wird und die Einnahmen und Ausgaben enthält (vgl. hierzu § 16b FinDAG). Hierbei werden nur die Kosten in Anschlag gebracht, die nicht durch anzurechnende Einnahmen gedeckt sind. So werden Einnahmen aus Gebühren und „gesonderter Erstattung" von den Kosten des jeweiligen Aufgabenbereichs abgezogen (§ 16b Abs. 4 FinDAG) und Fehlbeträge oder Überschüsse aus der Umlage der vorangegangenen Umlagejahre gruppenbezogen hinzugerechnet bzw. abgezogen (§ 16c FinDAG).

89 Der Aufwand der Bundesanstalt wird systematisch über eine Kosten- und Leistungsrechnung den verschiedenen Aufsichtsbereichen zugeordnet. Entsprechend den in der FinDAG detailliert festgelegten Schlüsseln werden diese **Kosten** im nächsten Schritt auf die **einzelnen Gruppen von Umlagepflichtigen** innerhalb des Aufsichtsbereiches[3] und sodann auf die konkreten Umlagepflichtigen **verteilt**. Die festgelegten Schlüssel zur Verteilung nehmen Rücksicht auf die wirtschaftliche Belastbarkeit der Umlagepflichtigen und ihren abstrakten Nutzen aus der Aufsicht. Soweit ein Umlagepflichtiger einer Tätigkeit nachgeht, die unterschiedlichen Aufgabenbereichen zugeordnet ist, kann der Umlagepflichtige zu Umlagebeträgen mehrerer Aufgabenbereiche herangezogen werden (§ 16d Satz 2 FinDAG). So ist es möglich, dass ein Unternehmen sowohl in Rahmen einer Unternehmensaufsicht nach KWG oder VAG als auch in Bereich „Wertpapierhandel" beaufsichtigt wird und dort jeweils gesondert umlagepflichtig ist.

90 Das Verfahren der Kostenumlage wird auch in Bezug auf solche Umlagepflichtigen durchgeführt, über deren Vermögen das **Insolvenzverfahren eröffnet** wurde. Die zunächst kontrovers diskutierte Frage, ob im Falle einer der Insolvenz eines Umlagepflichtigen die Umlagekosten gleichfalls zu zahlen sind, ist inzwischen mehrfach gerichtlich entscheiden und jeweils bejaht worden. Danach sind Umlagekosten Masseverbindlichkeiten, die gegenüber dem Insolvenzverwalter geltend zu machen sind, wenn der Umlagetatbestand nach Eröffnung der Insolvenz erfüllt wurde[4]. Das Vermögen des in Insolvenz geratenen börsennotierten Emittenten und damit die

---

1 BVerwG v. 13.9.2006 – 6 C 10/06, NVwZ-RR 2007, 192 Rz. 47.
2 Vgl. BVerfG v. 24.11.2015 – 2 BvR 355/12, AG 2016, 133 = NVwZ 2016, 606; BVerwG v. 23.11.2011 – 8 C 20.10, AG 2012, 253 = ZIP 2012, 313; zuvor schon VG Frankfurt/M. v. 30.9.2010 – 1 K 1059/10.F, WM 2010, 2357, so auch VG Frankfurt/M. v. 30.9.2010 – 1 K 1060/10.F. und 1 K 1061/10.F.
3 Vgl. hierzu auch die graphische Übersicht über die Verteilung der Kosten auf die verschiedenen Bereiche im Jahresbericht der Bundesanstalt 2016, veröffentlicht auf der Internetseite unter Publikationen, Jahresbericht 2016, Über die BaFin, Haushalt. Hiernach entfielen von den insgesamt rund 263 Mio. Euro 24,3 % auf den Bereich Wertpapierhandel.
4 Vgl. VG Frankfurt/M. v. 7.12.2006 – 1 E 1578/06; bestätigt durch Hess. VGH v. 3.9.2007 – 6 UZ 179/07, AG 2007, 877 = ZIP 2007, 1999 und VG Frankfurt/M. v. 5.6.2008 – 1 K 845/08.F; bestätigt durch Hess. VGH v. 26.4.2010 – 6 A 1648/08, ZIP 2010, 1507. Vgl. auch Hess. VGH v. 7.3.2006 – 5 UZ 1996/05, ZIP 2006, 1311 zu Gebühren für die Notierung von Wertpapieren an einer Börse als Masseverbindlichkeiten.

Insolvenzmasse ist durch die Fortsetzung des Börsenhandels insoweit betroffen, als die Börsenzulassung zu Lasten der Insolvenzmasse betriebswirtschaftliche Kosten und rechtlich begründete Leistungsverpflichtungen verursacht, zu denen auch die Umlageverpflichtungen nach §§ 16 und 17d FinDAG gehören.

Hinsichtlich weiterer Details der Umlage kann auf die detaillierten Regelungen des FinDAG verwiesen werden. Eine ausführliche Beschreibung des Verfahrens der Bestimmung des jeweiligen Umlagebetrags mit Ausführungen zu Mindestbeträgen, Pauschalbeträgen etc. sowie mit Merkblätter zur Umlageerstattung[1] und Hinweise zu Reduzierungsanträgen[2] ist zudem auf der Internetseite[3] der Bundesanstalt eingestellt. Dort ist auch eine Sammlung von häufig gestellten Fragen und den jeweiligen Antworten zu finden. 91

5. Beitreibung der Kostenforderungen. Hierbei handelt es sich um die **Vollstreckung wegen Geldforderungen**, die gem. § 16n Abs. 5 FinDAG nach den Vorschriften des VwVG durchgesetzt werden. Die Vollstreckung erfolgt nach Maßgabe der §§ 1 bis 5 VwVG. Die Vollstreckung wird gegen den Vollstreckungsschuldner durch Vollstreckungsanordnung eingeleitet. Ein zusätzlicher vollstreckbarer Titel ist nicht erforderlich. Es wird ein von der Bundesanstalt erlassener Kostenbescheid vollstreckt. Zuständig für die Durchführung der Vollstreckung ist das Hauptzollamt, in dessen Bezirk der Schuldner seinen Wohnsitz hat (§ 16n Abs. 5 FinDAG). 92

§ 6 Aufgaben und allgemeine Befugnisse der Bundesanstalt

(1) Die Bundesanstalt übt die Aufsicht nach den Vorschriften dieses Gesetzes aus. Sie hat im Rahmen der ihr zugewiesenen Aufgaben Missständen entgegenzuwirken, welche die ordnungsgemäße Durchführung des Handels mit Finanzinstrumenten oder von Wertpapierdienstleistungen, Wertpapiernebendienstleistungen oder Datenbereitstellungsdienstleistungen beeinträchtigen oder erhebliche Nachteile für den Finanzmarkt bewirken können. Sie kann Anordnungen treffen, die geeignet und erforderlich sind, diese Missstände zu beseitigen oder zu verhindern.

(2) Die Bundesanstalt überwacht im Rahmen der ihr jeweils zugewiesenen Zuständigkeit die Einhaltung der Verbote und Gebote dieses Gesetzes, der auf Grund dieses Gesetzes erlassenen Rechtsverordnungen, der in § 1 Absatz 1 Nummer 8 aufgeführten europäischen Verordnungen einschließlich der auf Grund dieser Verordnungen erlassenen delegierten Rechtsakte und Durchführungsrechtsakte der Europäischen Kommission. Sie kann Anordnungen treffen, die zu ihrer Durchsetzung geeignet und erforderlich sind. Sie kann insbesondere auf ihrer Internetseite öffentlich Warnungen aussprechen, soweit dies für die Erfüllung ihrer Aufgaben nach diesem Gesetz erforderlich ist. Sie kann den Handel mit einzelnen oder mehreren Finanzinstrumenten vorübergehend untersagen oder die Aussetzung des Handels in einzelnen oder mehreren Finanzinstrumenten an Märkten, an denen Finanzinstrumente gehandelt werden, anordnen, soweit dies zur Durchsetzung der Verbote und Gebote dieses Gesetzes, der Verordnung (EU) Nr. 596/2014 oder der Verordnung (EU) Nr. 600/2014 oder zur Beseitigung oder Verhinderung von Missständen nach Absatz 1 geboten ist; hierzu kann sie Anordnungen auch gegenüber einem öffentlich-rechtlichem Rechtsträger oder gegenüber einer Börse erlassen. Sie kann den Vertrieb oder Verkauf von Finanzinstrumenten oder strukturierten Einlagen aussetzen, wenn ein Wertpapierdienstleistungsunternehmen kein wirksames Produktfreigabeverfahren nach § 80 Absatz 9 entwickelt hat oder anwendet oder in anderer Weise gegen § 80 Absatz 1 Satz 2 Nummer 2 oder § 80 Absatz 9 bis 11 verstoßen hat.

(3) Die Bundesanstalt kann, um zu überwachen, ob die Verbote oder Gebote dieses Gesetzes oder der Verordnung (EU) Nr. 596/2014, der Verordnung (EU) Nr. 600/2014, der Verordnung (EU) Nr. 1286/2014, der Verordnung (EU) 2015/2365, der Verordnung (EU) Nr. 1011/2016 eingehalten werden, oder um zu prüfen, ob die Voraussetzungen für eine Maßnahme nach § 15 oder Artikel 42 der Verordnung (EU) Nr. 600/2014 vorliegen, von jedermann Auskünfte, die Vorlage von Unterlagen oder sonstigen Daten und die Überlassung von Kopien verlangen sowie Personen laden und vernehmen. Sie kann insbesondere folgende Angaben verlangen:
1. über Veränderungen im Bestand in Finanzinstrumenten,
2. über die Identität weiterer Personen, insbesondere der Auftraggeber und der aus Geschäften berechtigten oder verpflichteten Personen,

---

[1] Zwei Merkblätter zur Umlageerstattung: https://www.bafin.de/DE/DieBaFin/GrundlagenOrganisation/Finanzierung/finanzierung_node.html;jsessionid= 7201739D169725E60C761E2F623CEDC0.1_cid290.

[2] Hinweise zu Reduzierungsanträgen nach § 16j Abs. 2 FinDAG v. 24.7.2014, geändert am 20.5.2016 nebst zwei Formularen (für: Kreditinstitute und Wertpapierdienstleistungsunternehmen) https://www.bafin.de/SharedDocs/Veroeffentlichungen/DE/Merkblatt/mb_140724_umlage_reduzierungsantraege.html.

[3] Vgl. die Darstellung der Bundesanstalt https://www.bafin.de/DE/DieBaFin/GrundlagenOrganisation/Finanzierung/finanzierung_node.html;jsessionid= 7201739D169725E60C761E2F623CEDC0.1_cid290 und die Darstellung in jeweiligen Jahresbericht hinsichtlich der Einnahmen und Ausgaben.

3. über Volumen und Zweck einer mittels eines Warenderivats eingegangenen Position oder offenen Forderung sowie
4. über alle Vermögenswerte oder Verbindlichkeiten am Basismarkt.

Gesetzliche Auskunfts- oder Aussageverweigerungsrechte sowie gesetzliche Verschwiegenheitspflichten bleiben unberührt. Im Hinblick auf die Verbote und Gebote der Verordnung (EU) 2016/1011 gelten die Sätze 1 und 3 bezüglich der Erteilung von Auskünften, der Vorladung und der Vernehmung jedoch nur gegenüber solchen Personen, die an der Bereitstellung eines Referenzwertes im Sinne der Verordnung (EU) 2016/1011 beteiligt sind oder die dazu beitragen.

(4) Von einem Wertpapierdienstleistungsunternehmen, das algorithmischen Handel im Sinne des § 80 Absatz 2 Satz 1 betreibt, kann die Bundesanstalt insbesondere jederzeit Informationen über seinen algorithmischen Handel und die für diesen Handel eingesetzten Systeme anfordern, soweit dies auf Grund von Anhaltspunkten für die Überwachung der Einhaltung eines Verbots oder Gebots dieses Gesetzes erforderlich ist. Die Bundesanstalt kann insbesondere eine Beschreibung der algorithmischen Handelsstrategien, von Einzelheiten der Handelsparameter oder Handelsobergrenzen, denen das System unterliegt, von den wichtigsten Verfahren zur Überprüfung der Risiken und Einhaltung der Vorgaben des § 80 sowie von Einzelheiten über seine Systemprüfung verlangen.

(5) Die Bundesanstalt ist unbeschadet des § 3 Absatz 5, 11 und 12 sowie des § 15 Absatz 7 des Börsengesetzes zuständige Behörde im Sinne des Artikels 22 der Verordnung (EU) Nr. 596/2014 und im Sinne des Artikels 2 Absatz 1 Nummer 18 der Verordnung (EU) Nr. 600/2014. Die Bundesanstalt ist zuständige Behörde für die Zwecke des Artikels 25 Absatz 4 Unterabsatz 3 der Richtlinie 2014/65/EU des Europäischen Parlaments und des Rates vom 15. Mai 2014 über Märkte für Finanzinstrumente sowie zur Änderung der Richtlinien 2002/92/EG und 2011/61/EU (ABl. L 173 vom 12.6.2014, S. 349; L 74 vom 18.3.2015, S. 38; L 188 vom 13.7.2016, S. 28; L 273 vom 8.10.2016, S. 35; L 64 vom 10.3.2017, S. 116), die zuletzt durch die Richtlinie (EU) 2016/1034 (ABl. L 175 vom 30.6.2016, S. 8) geändert worden ist, in der jeweils geltenden Fassung.

(6) Im Falle eines Verstoßes gegen
1. Vorschriften des Abschnitts 3 dieses Gesetzes sowie die zur Durchführung dieser Vorschriften erlassenen Rechtsverordnungen,
2. Vorschriften der Verordnung (EU) Nr. 596/2014, insbesondere gegen deren Artikel 4 und 14 bis 21, sowie die auf Grundlage dieser Artikel erlassenen delegierten Rechtsakte und Durchführungsrechtsakte der Europäischen Kommission,
3. Vorschriften der Abschnitte 9 bis 11 dieses Gesetzes sowie die zur Durchführung dieser Vorschriften erlassenen Rechtsverordnungen,
4. Vorschriften der Verordnung (EU) Nr. 600/2014, insbesondere die in den Titeln II bis VI enthaltenen Artikel sowie die auf Grundlage dieser Artikel erlassenen delegierten Rechtsakte und Durchführungsrechtsakte der Europäischen Kommission,
5. die Artikel 4 und 15 der Verordnung (EU) 2015/2365 sowie die auf Grundlage des Artikels 4 erlassenen delegierten Rechtsakte und Durchführungsrechtsakte der Europäischen Kommission,
6. Vorschriften der Verordnung (EU) 2016/1011 sowie auf deren Grundlage erlassenen delegierten Rechtsakte und Durchführungsrechtsakte der Europäischen Kommission oder
7. eine Anordnung der Bundesanstalt, die sich auf eine der in den Nummern 1 bis 6 genannte Vorschrift bezieht,

kann die Bundesanstalt zur Verhinderung weiterer Verstöße für einen Zeitraum von bis zu zwei Jahren die Einstellung der den Verstoß begründenden Handlungen oder Verhaltensweisen verlangen. Bei Verstößen gegen die in Satz 1 Nummer 3 und 4 genannten Vorschriften sowie gegen Anordnungen der Bundesanstalt, die sich hierauf beziehen, kann sie verlangen, dass die der Verstoß begründenden Handlungen oder Verhaltensweisen dauerhaft eingestellt werden sowie deren Wiederholung verhindern.

(7) Die Bundesanstalt kann es einer natürlichen Person, die verantwortlich ist für einen Verstoß gegen die Artikel 14, 15, 16 Absatz 1 und 2, Artikel 17 Absatz 1, 2, 4, 5 und 8, Artikel 18 Absatz 1 bis 6, Artikel 19 Absatz 1 bis 3, 5 bis 7 und 11 sowie Artikel 20 Absatz 1 der Verordnung (EU) Nr. 596/2014 oder gegen eine Anordnung der Bundesanstalt, die sich auf diese Vorschriften bezieht, für einen Zeitraum von bis zu zwei Jahren untersagen, Geschäfte für eigene Rechnung in den in Artikel 2 Absatz 1 der Verordnung (EU) Nr. 596/2014 genannten Finanzinstrumenten und Produkten zu tätigen.

(8) Die Bundesanstalt kann einer Person, die bei einem von der Bundesanstalt beaufsichtigten Unternehmen tätig ist, *für einen Zeitraum von bis zu zwei Jahren* die Ausübung der Berufstätigkeit untersagen, wenn diese Person vorsätzlich gegen eine der in Absatz 6 Satz 1 Nummer 1 bis 4 und 6 genannten Vorschriften oder gegen eine Anordnung der Bundesanstalt, die sich auf diese Vorschriften bezieht, versto-

ßen hat und dieses Verhalten trotz Verwarnung durch die Bundesanstalt fortsetzt. Bei einem Verstoß gegen eine der in Absatz 6 Satz 1 Nummer 5 genannten Vorschriften oder eine sich auf diese Vorschriften beziehende Anordnung der Bundesanstalt kann die Bundesanstalt einer Person für einen Zeitraum von bis zu zwei Jahren die Wahrnehmung von Führungsaufgaben untersagen, wenn diese den Verstoß vorsätzlich begangen hat und das Verhalten trotz Verwarnung durch die Bundesanstalt fortsetzt.

(9) Bei einem Verstoß gegen eine der in Absatz 6 Satz 1 Nummer 1 bis 5 genannten Vorschriften oder eine vollziehbare Anordnung der Bundesanstalt, die sich auf diese Vorschriften bezieht, kann die Bundesanstalt auf ihrer Internetseite eine Warnung unter Nennung der natürlichen oder juristischen Person oder der Personenvereinigung, die den Verstoß begangen hat, sowie der Art des Verstoßes veröffentlichen. § 125 Absatz 3 und 5 gilt entsprechend.

(10) Die Bundesanstalt kann es einem Wertpapierdienstleistungsunternehmen, das gegen eine der in Absatz 6 Satz 1 Nummer 3 und 4 genannten Vorschriften oder gegen eine vollziehbare Anordnung der Bundesanstalt, die sich auf diese Vorschriften bezieht, verstoßen hat, für einen Zeitraum von bis zu drei Monaten untersagen, am Handel eines Handelsplatzes teilzunehmen.

(11) Während der üblichen Arbeitszeit ist Bediensteten der Bundesanstalt und den von ihr beauftragten Personen, soweit dies zur Wahrnehmung ihrer Aufgaben erforderlich ist, das Betreten der Grundstücke und Geschäftsräume der nach Absatz 3 auskunftspflichtigen Personen zu gestatten. Das Betreten außerhalb dieser Zeit oder wenn die Geschäftsräume sich in einer Wohnung befinden, ist ohne Einverständnis nur zulässig und insoweit zu dulden, wie dies zur Verhütung von dringenden Gefahren für die öffentliche Sicherheit und Ordnung erforderlich ist und Anhaltspunkte vorliegen, dass die auskunftspflichtige Person gegen ein Verbot oder Gebot dieses Gesetzes verstoßen hat. Das Grundrecht des Artikels 13 des Grundgesetzes wird insoweit eingeschränkt.

(12) Bedienstete der Bundesanstalt dürfen Geschäfts- und Wohnräume durchsuchen, soweit dies zur Verfolgung von Verstößen gegen die Artikel 14 und 15 der Verordnung (EU) Nr. 596/2014 geboten ist. Das Grundrecht des Artikels 13 wird insoweit eingeschränkt. Im Rahmen der Durchsuchung dürfen Bedienstete der Bundesanstalt Gegenstände sicherstellen, die als Beweismittel für die Ermittlung des Sachverhalts von Bedeutung sein können. Befinden sich die Gegenstände im Gewahrsam einer Person und werden sie nicht freiwillig herausgegeben, können Bedienstete der Bundesanstalt die Gegenstände beschlagnahmen. Durchsuchungen und Beschlagnahmen sind, außer bei Gefahr im Verzug, durch den Richter anzuordnen. Zuständig ist das Amtsgericht Frankfurt am Main. Gegen die richterliche Entscheidung ist die Beschwerde zulässig. Die §§ 306 bis 310 und 311a der Strafprozessordnung gelten entsprechend. Bei Beschlagnahmen ohne gerichtliche Anordnung gilt § 98 Absatz 2 der Strafprozessordnung entsprechend. Zuständiges Gericht für die nachträglich eingeholte gerichtliche Entscheidung ist das Amtsgericht Frankfurt am Main. Über die Durchsuchung ist eine Niederschrift zu fertigen. Sie muss die verantwortliche Dienststelle, Grund, Zeit und Ort der Durchsuchung und ihr Ergebnis enthalten. Die Sätze 1 bis 11 gelten für die Räumlichkeiten juristischer Personen entsprechend, soweit dies zur Verfolgung von Verstößen gegen die Verordnung (EU) 2016/1011 geboten ist.

(13) Die Bundesanstalt kann die Beschlagnahme von Vermögenswerten beantragen, soweit dies zur Durchsetzung der Verbote und Gebote der in Absatz 6 Satz 1 Nummer 3, 4 und 6 genannten Vorschriften und der Verordnung (EU) Nr. 596/2014 geboten ist. Maßnahmen nach Satz 1 sind durch den Richter anzuordnen. Zuständig ist das Amtsgericht Frankfurt am Main. Gegen die richterliche Entscheidung ist die Beschwerde zulässig; die §§ 306 bis 310 und 311a der Strafprozessordnung geltend entsprechend.

(14) Die Bundesanstalt kann eine nach den Vorschriften dieses Gesetzes oder nach der Verordnung (EU) Nr. 596/2014 gebotene Veröffentlichung oder Mitteilung auf Kosten des Pflichtigen vornehmen, wenn die Veröffentlichungs- oder Mitteilungspflicht nicht, nicht richtig, nicht vollständig oder nicht in der vorgeschriebenen Weise erfüllt wird.

(15) Der zur Erteilung einer Auskunft Verpflichtete kann die Auskunft auf solche Fragen verweigern, deren Beantwortung ihn selbst oder einen der in § 383 Absatz 1 Nummer 1 bis 3 der Zivilprozessordnung bezeichneten Angehörigen der Gefahr strafgerichtlicher Verfolgung oder eines Verfahrens nach dem Gesetz über Ordnungswidrigkeiten aussetzen würde. Der Verpflichtete ist über sein Recht zur Verweigerung der Auskunft oder Aussage zu belehren und darauf hinzuweisen, dass es ihm nach dem Gesetz freisteht, jederzeit, auch schon vor seiner Vernehmung, einen von ihm zu wählenden Verteidiger zu befragen.

(16) Die Bundesanstalt darf ihr mitgeteilte personenbezogene Daten nur zur Erfüllung ihrer aufsichtlichen Aufgaben und für Zwecke der internationalen Zusammenarbeit nach Maßgabe des § 18 speichern, verändern und nutzen.

(17) Die Bundesanstalt kann zur Erfüllung ihrer Aufgaben auch Wirtschaftsprüfer oder Sachverständige bei Ermittlungen oder Überprüfungen einsetzen.

In der Fassung des 2. FiMaNoG vom 23.6.2017 (BGBl. I 2017, 1693).

§ 6 | Bundesanstalt für Finanzdienstleistungsaufsicht

Schrifttum: *Bliesener*, Aufsichtsrechtliche Verhaltenspflichten beim Wertpapierhandel, Diss. Hamburg 1997; *Böse*, Wirtschaftsaufsicht und Strafverfolgung, 2005; *Gurlit*, Informationsfreiheit und Verschwiegenheitspflichten der BaFin, NZG 2014, 1161; *Habetha*, Verwaltungsrechtliche Rasterfahndung mit strafrechtlichen Konsequenzen? – Zur Einschränkung des Bankgeheimnisses durch § 16 WpHG –, WM 1996, 2133; *Himmelreich*, Insiderstrafverfolgung durch die Bundesanstalt für Finanzdienstleistungsaufsicht, 2013; *Junker*, Gewährleistungsaufsicht über Wertpapierdienstleistungsunternehmen, 2003; *Luchtman/Vervaele*, Enforcing the Market Abuse Regime: Towards an Integrated Model of Criminal and Administrative Law Enforcement in the European Union?, New Journal of European Criminal Law 2014, 192; *Maume*, Staatliche Rechtsdurchsetzung im deutschen Kapitalmarktrecht: eine kritische Bestandsaufnahme, ZHR 180 (2016), 358; *Mennicke*, Sanktionen gegen Insiderhandel: eine rechtsvergleichende Untersuchung unter Berücksichtigung des US-amerikanischen und britischen Rechts, 1996; *Nartowska/Walla*, Das Sanktionsregime für Verstöße gegen die Beteiligungstransparenz nach der Transparenzrichtlinie 2013, AG 2014, 891; *Ransiek*, Zur prozessualen Durchsetzung des Insiderstrafrechts, DZWIR 1995, 53; *Wilson*, The New Market Abuse Regulation and Directive on Criminal Sanctions for Market Abuse: European Capital Markets Law and New Global Trends in Financial Crime Enforcement, ERA Forum 2015, 427; *Zietsch/Weigand*, Auskunftsanspruch der BaFin und Akteneinsichtsrecht gegenüber der BaFin – ein rechtsfreier Raum?, WM 2013, 1785; *Zimmer/Beisken*, Die Regulierung von Leerverkäufen de lege lata und de lege ferenda, WM 2010, 485.

I. Übersicht und Entwicklung der Norm 1	4. Auskunftersuchen 105
II. Europarechtlicher Hintergrund der Regelungen 6	a) Angaben über Veränderungen im Bestand von Finanzinstrumenten 108
III. Systematischer Überblick über den Regelungsgehalt der Norm 7	b) Angaben über die Identität weiterer Personen 112
1. Aufgabenzuweisungen und Beaufsichtigte 8	c) Angaben über Positionen oder offene Forderungen in Warenderivaten 115
2. Ermächtigungen zur Missstandsbekämpfung und zur Durchsetzung der zu überwachenden Verbote und Gebote 14	d) Angaben über alle Vermögenswerte oder Verbindlichkeiten am Basismarkt 116
3. Befugnisse zur Sachverhaltsaufklärung 18	5. Vorlage von Unterlagen und sonstigen Daten . 117
4. Befugnisse für verwaltungsrechtliche Maßnahmen bei Verstößen 22	6. Verlangen zur Überlassung von Kopien 122
	7. Ladung und Vernehmung von Personen 123
5. Ergänzende Regelungen zu den Eingriffsbefugnissen der Bundesanstalt 24	8. Gesetzliche Auskunfts- oder Aussageverweigerungsrechte 125
IV. Grundsätzliche Aufgabenzuweisung und Missstandsaufsicht durch die Bundesanstalt (§ 6 Abs. 1 WpHG) 26	9. Befugnisse zur Sachverhaltsaufklärung in Bezug auf die VO 2016/1011 (Benchmark-VO) 127
1. Allgemeines 26	VII. Befugnis zur Informationseinholung bezüglich algorithmischen Handel (§ 6 Abs. 4 WpHG) 128
2. Allgemeine Überwachungspflicht nach den Vorschriften des WpHG (§ 6 Abs. 1 Satz 1 WpHG) 30	VIII. Zuständigkeitszuweisung für die Bundesanstalt in Bezug auf MAR, MiFIR und MiFID II (§ 6 Abs. 5 WpHG) 138
3. Aufgabe des Entgegenwirkens gegen Missstände (§ 6 Abs. 1 Satz 2 WpHG) 34	IX. Befugnis zum Verbot bestimmter Handlungen (§ 6 Abs. 6 WpHG) 146
4. Befugnis zum Einschreiten gegen bestehende und gegen drohende Missstände (§ 6 Abs. 1 Satz 3 WpHG) 43	1. Befristete Untersagung von Handlung oder Verhaltensweise (§ 6 Abs. 6 Satz 1 WpHG) .. 148
5. Anordnungen der Bundesanstalt, insbesondere Verwaltungsakte nebst Allgemeinverfügungen . 46	2. Dauerhafte Untersagung von Handlungen oder Verhaltensweisen (§ 6 Abs. 6 Satz 2 WpHG) 153
6. Durchsetzung von Verwaltungsakten der Bundesanstalt durch Verwaltungszwang 52	X. Befugnis zum Verbot von Geschäften natürlicher Personen (§ 6 Abs. 7 WpHG) 156
V. Überwachung der Verbote und Gebote und Befugnisse zu deren Durchsetzung (§ 6 Abs. 2 WpHG) 60	XI. Befugnis zum Verbot beruflicher Tätigkeit (§ 6 Abs. 8 WpHG) 162
1. Aufgabenzuweisung bezüglich der Überwachung der Verbote und Gebote (§ 6 Abs. 2 Satz 1 WpHG) 60	1. Tätigkeitsverbote für Beschäftigte eines beaufsichtigten Unternehmens (§ 6 Abs. 8 Satz 1 WpHG) 165
2. Befugnis zu Maßnahmen zur Durchsetzung der Verbote und Gebote (§ 6 Abs. 2 Satz 2 WpHG) 67	2. Untersagung von Führungsaufgaben gegenüber jedermann (§ 6 Abs. 8 Satz 2 WpHG) ... 172
3. Befugnis zu Warnungen (§ 6 Abs. 2 Satz 3 WpHG) 72	XII. Öffentliche Bekanntgabe von Verstößen (§ 6 Abs. 9 WpHG) 178
4. Aussetzung und Untersagung des Handels (§ 6 Abs. 2 Satz 4 WpHG) 76	XIII. Verbot der Nutzung eines Handelsplatzes (§ 6 Abs. 10 WpHG) 188
5. Befugnis zur Aussetzung des Vertriebs oder Verkaufs von Produkten (§ 6 Abs. 2 Satz 5 WpHG) 84	XIV. Betretungsrecht der Bundesanstalt (§ 6 Abs. 11 WpHG) 196
VI. Befugnisse zur Sachverhaltsaufklärung durch die Bundesanstalt (§ 6 Abs. 3 WpHG) 90	XV. Befugnis zum Betreten von Räumlichkeiten, zur Durchsuchung, Sicherstellung und Beschlagnahme durch die Bundesanstalt (§ 6 Abs. 12 WpHG) 205
1. Allgemeines 90	
2. Voraussetzungen für die Begehren nach § 6 Abs. 3 WpHG und Ermessensausübung 96	XVI. Beschlagnahmeantrag der Bundesanstalt (§ 6 Abs. 13 WpHG) 220
3. Adressatenkreis 103	

XVII.	Befugnis zur Vornahme von Veröffentlichungen oder Mitteilungen (§ 6 Abs. 14 WpHG) 226	XIX.	Nutzung personenbezogener Daten (§ 6 Abs. 16 WpHG) 240
XVIII.	Auskunftsverweigerungsrecht und Pflicht zur Belehrung (§ 6 Abs. 15 WpHG) 231	XX.	Einsatz von Dritten bei aufsichtlichen Aufgaben (§ 6 Abs. 17 WpHG) 244

I. Übersicht und Entwicklung der Norm. § 6 WpHG stellt eine **Generalklausel zur Festlegung der Aufgaben und Befugnisse der Bundesanstalt** dar, die die wesentlichen Aufgabenzuweisungen an die Bundesanstalt, eine umfangreiche Sammlung von Eingriffsermächtigungen der Bundesanstalt und weitere ergänzende Regelungen enthält. Diese werden durch weitere korrespondierende Regelungen im WpHG und in der FinDAG ergänzt. Als eine solche Generalaufgaben- und Befugnisnorm wurde die Norm im Jahr 2004 mit dem Anlegerschutzverbesserungsgesetz (AnSVG)[1] als § 4 WpHG a.F. normiert. Zuvor enthielt § 4 WpHG a.F. schon die zentrale Aufgabenzuweisung und war insoweit Kernstück der Normierung des WpHG mit dem 2. FFG. Demgegenüber waren die Befugnisse der Bundesanstalt unübersichtlich und lückenhaft an verschiedenen Stellen des WpHG, jeweils im Zusammenhang mit den unterschiedlichen Aufsichtsbereichen, geregelt (frühere §§ 16, 18, 20b, 29 und 35 WpHG in der Fassung bis zum 29.10.2004). Seit der Normierung der **Generalbefugnisnorm** in § 4 WpHG a.F. wurde die Norm in Anpassung an die wachsenden Aufgabenbereiche und europarechtlichen Anforderungen stetig ausgebaut. 1

Die Norm erfuhr Änderungen und Ergänzungen zur **Umsetzung der Anforderungen der RL 2004/39/EG (MiFID I)** durch das FRUG[2]. Eine weitere Änderung erfuhr die Norm mit dem **Hochfrequenzhandelsgesetz**[3], das mit dem eingefügten Abs. 3a (a.F.) eine Befugnis zur Informationsverlangen in Bezug auf algorithmischen Handel einfügte[4]. 2

Durch das **1. FiMaNoG** wurden die Befugnisse der Bundesanstalt vor allem zur Umsetzung der Anforderungen der VO Nr. 596/2014 (MAR) und der VO Nr. 1286/2014 (PRIIP) ergänzt und in diesem Rahmen die Abs. 3b bis 3l und die Abs. 4a und b eingefügt[5]. 3

Mit dem **2. FiMaNoG** wurde die Norm im Kern als Generalklausel zur Festlegung der Aufgaben und Befugnisse der Bundesanstalt beibehalten. Die Norm erfuhr dennoch **deutliche Änderungen**[6]. So wurde infolge der Umnummerierung des Gesetzes der vorherige § 4 WpHG a.F. zum neuen § 6 WpHG. Zudem wurden die Befugnisse der Bundesanstalt ergänzt, um die RL 2014/65/EU (MiFID II) umzusetzen und zur Durchsetzung der VO 2015/2365, VO Nr. 600/2014 (MiFIR) und VO 2016/1011. Das somit mengenmäßig stark ausgeweitete Gerüst der Generalnorm[7], wurde zwecks besserer Systematisierung und Handhabbarkeit aufgeteilt und einzelne Befugnisse teilweise in die nachfolgenden Paragraphen verschoben. Mit der Ausgliederung war jedoch keine inhaltliche Änderung bezweckt[8]. Im Übrigen wurden die Absätze ebenfalls neu nummeriert. Insoweit ist § 6 WpHG zwar noch immer die Generalaufgaben- und Befugnisnorm, wie dies mit dem AnSVG angelegt wurde; sie wird nun aber durch eine wachsende Anzahl von weiteren Aufgabenzuweisungs- und Ermächtigungsnormen sowohl im WpHG als auch in europäischen Vorschriften flankiert und ergänzt. 4

Die **Bedeutung der Norm** besteht in ihrem Charakter als Generalaufgaben- und Befugnisnorm der Bundesanstalt in Bezug auf die Wertpapieraufsicht. Die u.a. in § 6 WpHG geregelten Eingriffsbefugnisse sind für die Tätigkeit der Bundesanstalt notwendig, um eingreifende Maßnahmen gegenüber Marktteilnehmern zu erlassen. Die Eingriffsbefugnisse als Generalbefugnisnorm dienen der umfassenden Missstandsaufsicht und der Überwachung von recht unterschiedlichen Teilgebieten der Wertpapieraufsicht. So werden die Möglichkeiten z.B. sowohl zur Überwachung der bedeutenden Stimmrechtsmeldungen, der Überwachung des Insider- und Marktmanipulationsverbots als auch der Überwachung der besonderen Verhaltenspflichten von Wertpapierdienstleistungsunternehmen genutzt. Dies ist beim Verständnis und Auslegung der einzelnen Befugnisse zu berücksichtigen. 5

II. Europarechtlicher Hintergrund der Regelungen. Mit § 6 WpHG werden eine **Vielzahl von europarechtlichen Vorgaben** umgesetzt. Dies sind vor allem verschiedene Aufgabenzuweisungen und die Ausstattung der Bundesanstalt mit den für die zuständige nationale Aufsichtsbehörde geforderten (Mindest-)Befugnissen. Hier- 6

---

1 Gesetz zur Verbesserung des Anlegerschutzes (Anlegerschutzverbesserungsgesetz – AnSVG) vom 28.10.2004, BGBl. I 2004, 2630.
2 Gesetz zur Umsetzung der Richtlinie über Märkte für Finanzinstrumente und der Durchführungsrichtlinie der Kommission (Finanzmarktrichtlinie-Umsetzungsgesetz – FRUG) vom 16.7.2007, BGBl. I 2007, 1330.
3 Gesetz zur Vermeidung von Gefahren und Missbräuchen im Hochfrequenzhandel (Hochfrequenzhandelsgesetz) vom 7.5.2013, BGBl. I 2013, 1162, dort Art. 3 Nr. 3.
4 Vgl. Begr. RegE Hochfrequenzhandelsgesetz, BT-Drucks. 17/11631, 9 und 18.
5 Vgl. Begr. RegE 1. FiMaNoG, BT-Drucks. 18/7482, 24, 58 f., 68.
6 Vgl. Begr. RegE 2. FiMaNoG, BT-Drucks. 18/10936, 8 f., 12, 37 ff., 215, 218 f. und 225 f.
7 Im Referentenentwurf des 2. FiMaNoG umfasste § 6 WpHG-E noch 29 Absätze.
8 Vgl. Begr. RegE 2. FiMaNoG zu §§ 7 bis 13 WpHG, BT-Drucks. 18/10936, 226.

§ 6 | Bundesanstalt für Finanzdienstleistungsaufsicht

bei handelt es sich beispielsweise um die zu im Einklang mit dem nationalen Recht zu übertragenden Befugnissen nach Art. 12 Abs. 2 RL 2003/6/EG (MarktmissbrauchsRL), Art. 50 Abs. 2 RL 2004/39/EG (MiFID I), Art. 24 Abs. 4 RL 2004/109/EG (TransparenzRL), Art. 69 Abs. 2 RL 2014/65/EU (MiFID II), Art. 23 Abs. 2 VO Nr. 596/2014 (MAR), Art. 33 Abs. 2 VO Nr. 236/2012 (Leerverkaufs-VO), Art. 41 Abs. 1 VO 2016/1011(Benchmark-VO) sowie zur Überwachung der VO Nr. 600/2014 (MiFIR), der VO Nr. 1286/2014 (PRIIP), der VO 2015/2365 (SFT-VO). In Anbetracht der Vielzahl unterschiedlicher europarechtlicher Vorgaben wird im **Rahmen der Kommentierung der jeweiligen einzelnen Regelung deren europarechtlicher Hintergrund dargestellt.**

7 **III. Systematischer Überblick über den Regelungsgehalt der Norm.** In § 6 WpHG können unterschiedliche Kategorien von Regelungsmaterien unterschieden werden:
   - Aufgaben- bzw. Zuständigkeitszuweisungen für die Bundesanstalt,
   - Ermächtigungsnormen zur Missstandsbekämpfung und zur Durchsetzung der zu überwachenden Verbote und Gebote,
   - Befugnisse zur Sachverhaltsaufklärung und Informationsgewinnung,
   - Befugnisse für verwaltungsrechtliche Maßnahmen bei Verstößen sowie
   - sonstige ergänzende Regelungen zu den Aufgaben und Befugnissen der Bundesanstalt.

   Diese Kategorien sind nicht trennscharf voneinander abzugrenzen und gehen häufig ineinander über bzw. einzelne Befugnisse können durchaus unterschiedlichen Kategorien zugeordnet werden. Hier soll zunächst eine Übersicht über die Regelungen gegeben werden, die diesen Kategorien zugeordnet werden können. In den **folgenden Abschnitten werden die Regelungen in der Reihenfolge der Absätze und Sätze von § 6 WpHG kommentiert**.

8 **1. Aufgabenzuweisungen und Beaufsichtigte.** Der Bundesanstalt wird mit § 6 Abs. 1 Satz 1 WpHG die Aufgabe **der Aufsicht nach den Vorschriften des WpHG** übertragen und mit § 6 Abs. 1 Satz 2 WpHG diese Aufgabe ausdrücklich auch auf die Aufgabe des **Entgegenwirkens gegen Missstände** übertragen. Mit diesen Regelungen wird die Übertragung weiterer Aufgaben nach weiteren Vorschriften nicht ausgeschlossen. Es ist also **keine abschließende Aufgabenzuweisung** an die Bundesanstalt. Schon mit der Aufgabenübertragung für die **Zusammenarbeit mit Stellen im Ausland** sowie auf europäischer Ebene und dies auch in Bezug auf Verbote und Gebote anderer Staaten, die denen des Börsengesetzes entsprechen, wird der Aufgabenbereich der Bundesanstalt erweitert (vgl. §§ 18–20 WpHG). Diese Aufgabenstellung nach WpHG wird zusätzlich mit der Regelung in § 6 Abs. 2 Satz 1 WpHG deutlich erweitert. Denn der Bundesanstalt wird die Aufgabe übertragen, im Rahmen der ihr jeweils zugewiesenen Zuständigkeit die Einhaltung der **Verbote und Gebote** zu überwachen, und zwar nicht nur des **WpHG** und der auf Grund dieses Gesetzes erlassenen **Rechtsverordnungen**, sondern auch der in § 1 Abs. 1 Nr. 8 WpHG aufgeführten **neun europäischen Verordnungen einschließlich** der auf Grund dieser Verordnungen erlassenen **delegierten Rechtsakte und Durchführungsrechtsakte** der Europäischen Kommission. Somit wird die in § 6 Abs. 1 Satz 1 WpHG noch auf das WpHG beschränkte Aufsicht der Bundesanstalt ausgeweitet auf die europäischen Normen, für die die Bundesanstalt zuständige Behörde ist.

9 Dem entsprechend werden der Bundesanstalt neben den vorgenannten „traditionellen" Aufgaben durch verschiedene Änderungen, insbesondere durch das **1. und 2. FiMaNoG**, eine Vielzahl europarechtlich begründeter Aufgaben zugewiesen. So finden sich weitere Aufgabenzuweisungen bzw. Normen zur Bestimmungen der Bundesanstalt als zuständige Behörde und damit zugleich der Zuweisung der Aufsichtsaufgabe an verschiedenen Stellen im WpHG. So wird die Bundesanstalt im Rahmen des WpHG zur zuständigen Behörde bestimmt in
   - § 6 Abs. 5 WpHG: für Art. 22 VO Nr. 596/2014 (MAR), Art. 2 Abs. 1 Nr. 18 VO Nr. 600/2014 (MiFIR) sowie für Art. 25 Abs. 4 lit. a RL 2014/65/EU (MiFID II),
   - § 10 Abs. 1 WpHG: für die Überwachung der Verbote und Gebote der VO Nr. 1286/2014 (PRIIP) sowie der entsprechenden delegierten Rechtsakte und Durchführungsrechtsakte,
   - § 10 Abs. 2 WpHG: für Art. 40 Abs. 1 VO 2016/1011 (Benchmarkt-VO),
   - § 15 WpHG: für Produktintervention bezüglich Vermögensanlagen nach § 1 Abs. 2 VermAnlG,
   - § 22 Abs. 1 WpHG: für Art. 26 und 27 VO Nr. 600/2014 (MiFIR),
   - § 29 Abs. 1 WpHG: für Art. 22 VO Nr. 1060/2009 (Ratingagentur-VO),
   - § 29 Abs. 2 WpHG: sektoral zuständige Behörde für Art. 25a VO Nr. 1060/2009 (Ratingagentur-VO),
   - § 30 Abs. 1 WpHG: für Art. 62 Abs. 4, Art. 63 Abs. 3 bis 7, Art. 68 Abs. 3 und Art. 74 Abs. 1 bis 3 VO Nr. 648/2012 (EMIR),
   - § 53 Abs. 1 und § 55 Abs. 1 Satz 2 WpHG: für VO Nr. 236/2012 (Leerverkaufs-VO).

10 **Weitere Aufgaben** werden der Bundesanstalt durch das **FinDAG** (z.B. kollektiver Verbraucherschutz gem. § 4 Abs. 1a FinDAG) **und durch andere fachgesetzliche Aufsichtsgesetze**, wie dem Kreditwesengesetz, Versicherungsaufsichtsgesetz, Kapitalanlagegesetzbuch, Wertpapierprospektgesetz, Vermögensanlagengesetz und dem Wertpapiererwerbs- und Übernahmegesetz zugewiesen (vgl. Vor § 6 WpHG Rz. 22 ff.).

Die **Struktur der Beaufsichtigten** nach dem WpHG ist **relativ inhomogen** im Vergleich zu anderen Aufsichtsgebieten, wie der Aufsicht nach dem KWG oder VAG, die auch schon eine Vielzahl von Beaufsichtigten[1] betreffen. So werden neben den **Wertpapierdienstleistungsunternehmen** und **Emittenten** börsennotierter Wertpapiere auch **sonstige Marktteilnehmer überwacht**. Das **Spektrum** der **sonstigen Marktteilnehmer** reicht von Unternehmen, die zum Handel an einer inländischen Börse zugelassen sind, über Datenbereitstellungsdiensten, Anbietern von Finanzinstrumenten und Vermögensanlagen, bis hin zu fallbezogenen Beaufsichtigten, wie z.B. Inhabern bedeutender Stimmrechtsanteile einschließlich zugerechneter Stimmrechte, Finanzanalysten i.S.v. § 85 WpHG oder den Marktteilnehmer in ihrer Gesamtheit, die dem von Insider- und Marktmanipulationsverbot unterliegen. Hinsichtlich der Einzelheiten der angesprochenen Aufsichtsbereiche und der jeweils Beaufsichtigten kann auf die Kommentierungen zu den jeweiligen Vorschriften verwiesen werden. Die **Vielfalt der dauerhaft Beaufsichtigten bzw. derer, die aus der Aufsicht Nutzen ziehen**, spiegelt sich letztlich auch bei Regelung der **Umlage der Aufsichtskosten** und der dort vorgenommenen der Aufgliederung der Umlagepflichtigen in vier verschiedenen Gruppen wider (vgl. z.B. §§ 16b und 16i FinDAG). 11

Darüber hinaus ist der Kreis der Personen oder Unternehmen, die mit der Wertpapieraufsicht der Bundesanstalt in Berührung kommen, **nicht auf die vorgenannten beaufsichtigten Personen festgelegt**. Im Rahmen der Sachverhaltsermittlungen oder Missstandsaufsicht können im Rahmen des Ermessens **auch weitere Personen** herangezogen werden. Denn zahlreiche Befugnisse bestehen gegenüber „jedermann". 12

Im Rahmen der Aufgabenzuweisung der Bundesanstalt stellen sich an verschiedenen Stellen Querbezüge zur Tätigkeit der Börsenaufsichtsbehörden und ggf. zu den Handelsüberwachungsstellen der Börsen dar. Deutlich werden diese Querbezüge beispielsweise in § 18 Abs. 1 WpHG, der der Bundesanstalt die Aufgabe der internationalen Zusammenarbeit auch in Bezug auf ausländische Verbote und Gebote überträgt, die denen des Börsengesetzes entsprechen, und zusätzlich bestimmt, dass die Vorschriften des Börsengesetzes zur Zusammenarbeit der Handelsüberwachungsstellen und Börsengeschäftsführungen hiervon unberührt bleiben. Insgesamt gliedert sich die **Aufsicht über den Börsenhandel** in drei Ebenen: 13

- die Bundesanstalt für Finanzdienstleistungsaufsicht/Wertpapierhandelsaufsicht (zuständig für börsliche und außerbörsliche Geschäfte, insbesondere im Rahmen des § 6 WpHG einschließlich der europäischen Verordnungen im Zuständigkeitsbereich der Bundesanstalt),
- die Börsenaufsichtsbehörden der Bundesländer üben die Aufsicht über die Börse, die Börsenorgane, der Börsenträger sowie Einrichtungen des Börsenverkehrs einschließlich ausgelagerter Bereiche und dem Freiverkehr in Bezug auf die Einhaltung der börsenrechtlichen Vorschriften und Anordnungen im Rahmen von § 1 BörsG aus (vgl. auch §§ 3 bis 6 BörsG – nur börsliches Geschäft) und
- die Handelsüberwachungsstellen der Börsen (§ 7 BörsG – nur börsliches Geschäft).

Die Aufsichtskompetenzen der Bundesanstalt in börslicher Hinsicht beziehen sich auf die Aufsicht nach dem WpHG, KWG und den europäischen Vorschriften nebst den jeweiligen Verordnungen, die Überwachung der Einhaltung der entsprechenden Verbote und Gebote sowie die Missstandsaufsicht nach § 6 Abs. 1 Satz 2 WpHG. **Die Bundesanstalt übt** darüber hinaus **keine Börsenaufsicht aus**, nicht im weitergehenden Bereich der Marktaufsicht an der Börse, und erst recht nicht im Bereich der weiteren Rechtsaufsicht über die Börse. Die Sicherstellung des ordnungsgemäßen Börsenhandels und die Überwachung der Feststellung der Börsenpreise ist Aufgabe der Börsenaufsichtsbehörden der Länder in Zusammenwirken mit den Handelsüberwachungsstellen der Börsen. In Anbetracht der verschiedenen Berührungspunkte sehen sowohl § 8 BörsG als auch § 17 Abs. 2 und 3 WpHG eine **enge Zusammenarbeit der Behörden** bei der Aufsicht vor.

2. Ermächtigungen zur Missstandsbekämpfung und zur Durchsetzung der zu überwachenden Verbote und Gebote. Die Bundesanstalt ist nach § 6 Abs. 1 Satz 3 WpHG befugt, **Anordnungen treffen**, die geeignet und erforderlich sind, **Missstände i.S.v. § 6 Abs. 1 Satz 1 WpHG zu beseitigen oder zu verhindern**. Diese generelle Befugnis zur Missstandsbekämpfung und Vermeidung wird ergänzt durch die Regelung in § 6 Abs. 2 Satz 2 WpHG. Danach kann die Bundesanstalt alle Anordnungen treffen, die zur **Durchsetzung der zu überwachenden Verbote und Gebote** geeignet und erforderlich sind. Die der Bundesanstalt mit diesen Befugnissen ermöglichten Anordnungen werden oftmals verpflichtende Verwaltungsakte sein, können aber auch in Form eines schlicht-hoheitliches Handeln der Bundesanstalt ergehen, wie z.B. öffentliche Warnungen. 14

Zur Erfüllung ihrer Aufgaben, insbesondere zur **Durchsetzung der zu überwachenden Verbote und Gebote**, ist die Bundesanstalt auch befugt, **Veröffentlichungen vorzunehmen oder öffentlich Warnungen auszusprechen**. Entsprechende Befugnisse sehen § 6 Abs. 2 Satz 3 WpHG oder § 6 Abs. 9 WpHG (Warnung bei Verstößen unter Nennung der Person und des Verstoßes) vor. Zudem kann die Bundesanstalt nach § 6 Abs. 14 WpHG Veröffentlichung oder Mitteilung auf Kosten des Pflichtigen vornehmen, wenn dieser seiner Pflicht nicht (hinreichend) nachkommt. 15

---

1 Z.B. für das KWG sind Beaufsichtigte alle Typen von Kreditinstituten und Finanzdienstleistungsinstitute und zwar unabhängig von ihrer Rechtsform. Maßnahmen der Bundesanstalt können auch an Personen und Unternehmen adressiert werden, bei denen Anhaltspunkte dafür sprechen, dass sie unerlaubt Bankgeschäfte oder Finanzdienstleistungen erbringen.

16 Zur Durchsetzung von Verboten und Geboten bzw. zur Beseitigung oder Verhinderung von Missständen kann die Bundesanstalt auch den **Handel mit Finanzinstrumenten untersagen** oder dessen Aussetzung anordnen (§ 6 Abs. 2 Satz 4 WpHG) oder die **Verringerung und Einschränkung von Positionen oder offenen Forderungen (§ 9 Abs. 1 und 2 WpHG) anordnen**. Zudem kann sie im Falle näher bezeichneter Verstöße nach § 6 Abs. 6 WpHG für einen Zeitraum von bis zu zwei Jahren z.B. die **Einstellung von Handlungen und Verhaltensweisen verlangen**, die einen Verstoß gegen die jeweiligen Vorschriften begründen.

17 Maßnahmen der Bundesanstalt, die **sowohl der Durchsetzung der zu überwachenden Verbote und Gebote dienen als auch verwaltungsrechtliche Sanktionen** darstellen, sind neben der bereits erwähnten Möglichkeit von Warnungen nach § 6 Abs. 9 WpHG auch die **Verbote** von bestimmten Handlungen, von Geschäften natürlicher Personen, zur Nutzung eines Handelsplatzes und berufliche Tätigkeitsverbote nach § 6 Abs. 6 bis 8 und 10 WpHG. Denn durch die Verbote wird nicht nur der jeweilige Verstoß sanktioniert, sondern für einen bestimmten Zeitraum weitere Verstöße verhindert.

18 **3. Befugnisse zur Sachverhaltsaufklärung.** Zur Wahrnehmung ihrer Überwachungsaufgaben steht der Bundesanstalt eine **Vielzahl unterschiedlicher Möglichkeiten zur Sachverhaltsaufklärung** zur Verfügung. Diese Befugnisse beziehen sich auf die Sachverhaltsaufklärung der Bundesanstalt in ihrem eigenen Aufsichtsbereich (vgl. z.B. § 6 Abs. 3 Satz 2 WpHG, aber auch die Verweisung in § 53 Abs. 1 Satz 3 WpHG), aber auch auf die Erfüllung von Ersuchen ausländischer Stellen bei deren entsprechenden Überwachungsaufgaben (vgl. z.B. § 18 Abs. 1 Satz 2 WpHG). Die Möglichkeiten zur Sachverhaltsaufklärung reichen von schlicht-hoheitlichen Möglichkeiten, wie z.B. der Entgegennahme von Informationen und Meldungen, über die Recherche öffentlich zugänglicher (Markt-)Informationen und das Führen von Gesprächen, bis hin zur Nutzung von übertragenen Befugnissen zur Aufklärung von unklaren Sachverhalten oder Auffälligkeiten.

19 Bevor die Bundesanstalt von den Möglichkeiten der Erkenntnisgewinnung durch hoheitliche Maßnahmen, wie Auskunfts- oder Vorlageersuchen, Gebrauch macht, nutzt sie regelmäßig zunächst verschiedene andere Erkenntnisquellen. Überwiegend aus diesen Erkenntnisquellen ergeben sich sodann Anhaltspunkte für die Überwachung der Einhaltung der Ge- und Verbote des WpHG. Die Erkenntnisquellen richten sich nach dem jeweiligen Teilbereich des WpHG. So wertet sie die eingehenden **Mitteilungen, Veröffentlichungen, Presseinformationen** und Informationen aus Kreisen der Marktteilnehmer aus. Hinzu tritt als Ausgangspunkt für Insider- bzw. Marktmanipulationsuntersuchungen der Bundesanstalt auch die systematische Untersuchung von Kursbildung und Umsatzentwicklung und die Auswertung der eingegangenen Meldungen, beispielsweise nach Art. 26 VO Nr. 600/2014 (MiFIR). Denn typischerweise stellen deutliche Kurs- und Umsatzveränderungen vor einer öffentlichen Bekanntgabe von wichtigen Unternehmensinformationen etwa nach Art 17 VO Nr. 596/2014 (MAR) Anhaltspunkte für Insidertransaktionen dar. Hinsichtlich der Überwachung von Wertpapierdienstleistungsunternehmen spielen auch die Berichte über die **jährlichen Prüfungen** eine gewichtige Rolle. Soweit sich aus dieser Informationslage Anhaltspunkte ergeben, wie Auffälligkeiten, Unklarheiten oder Entwicklungstendenzen, wird die Bundesanstalt dazu übergehen, den Sachverhalt mit ihren Eingriffsbefugnissen weiter aufzuklären. Diese Eingriffsbefugnisse sind zu einem großen Teil in § 6 WpHG normiert.

20 Hinsichtlich der Ausgestaltung der Befugnisse zur Sachverhaltsklärung **unterscheidet der Gesetzgeber** die Tatbestandsvoraussetzungen zur Sachverhaltsaufklärung **je nach Zielrichtung und Schwere des Eingriffs**. So können die Ermächtigungen unterschieden werden nach ihren Tatbestandsvoraussetzungen. Vom Grundsatz her hat der Gesetzgeber **drei verschiedene Varianten** normiert:

- eine bestimmte **Zielrichtung** der Sachverhaltsklärung: z.B. zur Überwachung in § 6 Abs. 3, § 8 Abs. 1, § 88 Abs. 1 WpHG, auch bei Prüfungen ohne besonderen Anlass nach § 88 Abs. 1 WpHG,
- **Anhaltspunkte für die Erforderlichkeit der Überwachung:** z.B. in §§ 6 Abs. 4, 7 Abs. 2, 8 Abs. 2 WpHG oder
- **Anhaltspunkte oder Verdacht für einen Verstoß:** z.B. §§ 6 Abs. 11 Satz 2, Abs. 12 Satz 1, 7 Abs. 1, 107 Abs. 1 WpHG.

Bei den aufgezeigten Möglichkeiten der Sachverhaltsklärung handelt es sich stets um verwaltungsrechtliche Mittel, für die sinngemäß der Maßstab des § 24 VwVfG gilt[1]. Denn die Überwachungsaufgabe der Bundesanstalt setzt nicht zwingend ein laufendes Verwaltungsverfahren (§ 9 VwVfG) oder gar einen Antrag voraus. Die vorgenannten Befugnisse stellen eigene Ermächtigungsgrundlagen dar.

21 **Losgelöst** von den verwaltungsrechtlichen Möglichkeiten der Sachverhaltsklärung kann die Bundesanstalt als zuständige Bußgeldbehörde (§ 121 WpHG) auch im Rahmen eines **laufenden Bußgeldverfahrens** nach § 46 Abs. 1 OWiG i.V.m. § 160 StPO den **Sachverhalt ermitteln**. Diese Sachverhaltsklärung erfolgt jedoch grundsätzlich mit den Mitteln der StPO und ist in der Bundesanstalt eigenen Bußgeldreferaten zugeordnet, die nicht an der laufenden Aufsicht beteiligt sind.

22 **4. Befugnisse für verwaltungsrechtliche Maßnahmen bei Verstößen.** Soweit die Bundesanstalt Verstöße gegen die zu überwachenden Verbote und Gebote festgestellt hat, stehen ihr **verschiedenen Reaktionsmöglich-**

---

[1] Vgl. *Ramsauer* in Kopp/Ramsauer, § 24 VwVfG Rz. 4.

keiten zur Verfügung. Wie soeben angesprochen ist die Bundesanstalt auch zuständige Verwaltungsbehörde i.S.d. § 36 Abs. 1 Nr. 1 OWiG (§ 121 WpHG), so dass sie im Rahmen eines **Bußgeldverfahrens** insbesondere Verstöße gem. § 120 WpHG sanktionieren kann. Unabhängig von dieser bußgeldrechtlichen Reaktionsmöglichkeit stehen der Bundesanstalt in erster Linie verschiedene verwaltungsrechtliche Maßnahmen bei Verstößen gegen die zu überwachenden Vorschriften zur Verfügung. Insoweit kann die Bundesanstalt auf Verstöße durchaus auch mit untersagenden bzw. künftige Verstöße hindernde Anordnungen reagieren.

In Umsetzung europarechtliche Vorgaben, insbesondere der VO Nr. 596/2014 (MAR), stehen der Bundesanstalt nach § 6 WpHG Befugnisse zur Verfügung, die **sowohl der Durchsetzung der zu überwachenden Verbote und Gebote dienen als auch verwaltungsrechtliche Sanktionen**[1] darstellen. Hier sind besonders die zeitlich befristeten **Verbote** von Geschäften natürlicher Personen, zur Nutzung des Handelsplatzes und berufliche Tätigkeitsverbote sowie die Veröffentlichung von Warnungen nach **§ 6 Abs. 7 bis 10 WpHG** zu erwähnen. Die Bundesanstalt kann aber auch bei bestimmten Verstößen gegen § 80 WpHG den Vertrieb oder Verkauf von Finanzinstrumenten oder strukturierten Einlagen aussetzen (§ 6 Abs. 2 Satz 5 WpHG). Insoweit hat sich durch das 1. und 2. FiMaNoG das **Spektrum der verwaltungsrechtlichen Maßnahmen** der Bundesanstalt **deutlich erweitert**.

23

5. Ergänzende Regelungen zu den Eingriffsbefugnissen der Bundesanstalt. Letztlich normiert § 6 WpHG weitere Vorschriften, die die Aufgabenwahrnehmung der Bundesanstalt, die Ermächtigungen zur Missstandsbekämpfung, zur Durchsetzung der zu überwachenden Verbote und Gebote, der Sachverhaltsaufklärung und die Befugnisse für verwaltungsrechtliche Maßnahmen bei Verstößen ergänzen. Dies sind z.B. das **Auskunftsweigerungsrecht** nach § 6 Abs. 15 WpHG, die Vorschriften zur **Nutzung personenbezogener Daten** nach § 6 Abs. 16 WpHG, die Möglichkeit der **Heranziehung Dritter zur Aufgabenwahrnehmung** nach § 6 Abs. 17 WpHG.

24

Neben den hier relevanten Regelungen des WpHG, die die Generalaufgaben- und Befugnisnorm des WpHG ergänzen, ist an dieser Stelle auch auf die **Normen des FinDAG** zu verweisen (s. auch Vor § 6 WpHG), die die Bundesanstalt in ihrer Gesamtheit betreffen. Die Vorschriften der FinDAG umfassen beispielsweise Regelungen bezüglich der **Aufgabenwahrnehmung im öffentlichen Interesse** (§ 4 Abs. 4 FinDAG), des **Schutzes kollektiver Verbraucherinteressen** (§ 4 Abs. 1a FinDAG) und die in § 17 FinDAG normierten **Spezialvorschriften bezüglich der Zwangsmittel und der Bekanntgabe von Allgemeinverfügungen** (s. Rz. 50 ff.). Diese haben einen relevanten Einfluss auf die praktische Handhabung der in § 6 WpHG normierten Befugnisse.

25

IV. Grundsätzliche Aufgabenzuweisung und Missstandsaufsicht durch die Bundesanstalt (§ 6 Abs. 1 WpHG).
1. Allgemeines. § 6 Abs. 1 Satz 1 WpHG überträgt der Bundesanstalt die **Aufgabe**, die **Aufsicht nach den Vorschriften des WpHG** auszuüben. Bei dieser Aufgabenerfüllung ist die Bundesanstalt **nicht ständig in einer aktiven Rolle**, sondern sie nimmt in verschiedenen Fällen Meldungen oder Informationen zunächst nur entgegen, wie z.B. die Meldungen nach § 33 Abs. 1 WpHG, Art. 26 VO Nr. 600/2014 (MiFIR) oder Art. 5 VO Nr. 236/2012 (Leerverkaufs-VO). Inwieweit diese Entgegennahme bereits die Ausübung von Aufsicht darstellt oder nicht, ist eine Frage von nur theoretischer Bedeutung. Unabhängig davon, dass auch die Entgegennahme der Information organisatorische und technische Vorkehrungen erfordert, ist diese **jedenfalls untrennbar mit der aktiven Aufsichtstätigkeit verbunden**, da die eingehenden oder auch nicht eingehenden Meldungen, wie auch sonstige verfügbare Informationen, Voraussetzung für weitergehende Aufsichtsaktivitäten der Bundesanstalt sind.

26

Die **aktive Aufsichtstätigkeit** der Bundesanstalt im Sinne der grundsätzlichen Aufgabenstellung der wertpapierhandelsrechtlichen Aufsicht umfasst zunächst die Aufgabe der Bundesanstalt, sich einen **Überblick über den Kapitalmarkt und die Akteure** am Kapitalmarkt zu verschaffen. Hierzu gehört die Beobachtung des Marktes in all seinen Fassetten. Diese Fassetten können in auch in neuen Handelstechniken, Technologien etc. bestehen. Dies ist notwendig, um Entwicklungen und Trends im Aufsichtsbereich sowie neue Chancen und Risiken erkennen zu können und hieraus aufsichtliche Überlegungen zur Überwachung und Beaufsichtigung abzuleiten. Hierfür kann die Bundesanstalt vielfältige Informations- und Kommunikationskanäle nutzen und diese auch über themenbezogenen Veranstaltung schaffen.

27

Die Nutzung der so gewonnenen Erkenntnisse für die Aufsichtstätigkeit der Bundesanstalt manifestiert sich im Weiteren in **zwei Dimensionen.** Zum einen hat sie **unerwünschte oder verbotene Sachverhalte zu verhindern oder zu beseitigen** (gewerbepolizeilicher Aspekt). Zum anderen hat sie im Hinblick auf den grundlegenden Aufsichtssachverhalt im Rahmen des gesetzlich Möglichen auch einen **fördernden Charakter**. Der Wertpapierhandel ist ein sich ständig wandelnder, dynamischer Prozess von volkswirtschaftlich hervorragender Bedeutung. Die europarechtlichen Einflüsse nehmen unübersehbar einen immer größeren Rahmen ein. Entsprechend muss die **Vorschriftenauslegung** in immer größer werdenden Umfang abgestimmt und harmonisiert werden. In diesem Rahmen kann die Bundesanstalt beispielsweise ihre **Verwaltungspraxis und ggf. Vorschriftenauslegung** als Richtschnur für die Marktteilnehmer an diese zu **kommunizieren**. Zu dieser Tätigkeit zählt auch, mit geeigneten **Vorschlägen an den Gesetzgeber** heranzutreten, wenn Regelungsmechanismus und wirtschaftlicher Sachverhalt oder europarechtliche Anforderungen in unangemessener Weise auseinanderlaufen. Im Rahmen

28

---

[1] Vgl. zur Einordnung als verwaltungsrechtliche Maßnahmen und verwaltungsrechtliche Sanktionen z.B. Erwägungsgrund 71 VO Nr. 596/2014 (MAR).

ihrer fördernden Aufgabe ist die Aufsicht aufgerufen, aus eigener Erkenntnis oder aufgrund entsprechender Anregungen zur Lösung von Konflikten oder zur Schaffung gangbarer Verhaltensmuster beizutragen.

29 Die übertragene **Aufsicht nach den Vorschriften des WpHG** nimmt die Bundesanstalt, wie auch ihre anderen Aufsichtsaufgaben, **nur im öffentlichen Interessen wahr** (§ 4 Abs. 4 FinDAG). Die Bundesanstalt wird damit nicht zur Wahrung individueller Interessen tätig. Dies ist nicht Teil ihrer Aufgabe. Auch im Rahmen einer **Beschwerdebearbeitung** durch die Bundesanstalt geht es um eine **Erkenntnisgewinnung für die Aufsicht**, ggf. im Rahmen der Missstandsaufsicht oder als Grundlage zur Prüfung anderer verwaltungsrechtlicher Maßnahmen. Auch im Rahmen der ihr mit § 1 Abs. 1a FinDAG übertragenen Aufgabe des Schutzes von Verbraucherinteressen bezieht sich das ausdrücklich und ausschließlich auf **kollektive Verbraucherschutzinteressen**. Insoweit ist es nicht Aufgabe der Bundesanstalt, ihre Aufsichtstätigkeit, insbesondere die Sachverhaltsklärung, für einzelne Marktteilnehmer auszuüben. Vgl. hierzu ausführlich Kommentierung zu § 4 Abs. 4 FinDAG Vor § 6 WpHG Rz. 46 ff.

30 **2. Allgemeine Überwachungspflicht nach den Vorschriften des WpHG (§ 6 Abs. 1 Satz 1 WpHG).** Gemäß § 6 Abs. 1 Satz 1 WpHG übt die Bundesanstalt die Aufsicht nach den Vorschriften dieses Gesetzes aus. Diese Aufsicht obliegt dem **Geschäftsbereich Wertpapieraufsicht**. Dieser Geschäftsbereich nimmt zu einem **großen Teil die Marktaufsicht**[1] wahr, während in der Bundesanstalt die Geschäftsbereiche Banken- und Versicherungsaufsicht überwiegend für die Unternehmensaufsicht, wie die Zulassung von Unternehmen und deren Solvenzaufsicht, zuständig sind. Diese grundsätzliche Aufteilung wird durch sachliche Gründe dadurch durchbrochen, als z.B. die Organisationspflichten für Datenbereitstellungsdienste und die Organisations- und Wohlverhaltenspflichten für Wertpapierdienstleistungsunternehmen **auch eine laufende Unternehmensaufsicht** darstellen, die im WpHG verankert sind und im Geschäftsbereich Wertpapieraufsicht ausgeübt werden.

31 Die Marktaufsicht war zunächst überwiegend im WpHG geregelt. Mit Inkrafttreten verschiedener unmittelbar geltender **europarechtlicher Regelungen** ist das WpHG zwar immer noch der zentrale nationalrechtliche Ausgangspunkt der Marktaufsicht, die konkreten Regelungen finden sich aber zu einem beachtlichen Teil in europarechtlichen Vorschriften. Entsprechende Verweisungen bzw. Aufgabenzuweisungen bezüglich dieser europarechtlichen Vorschriften sind nunmehr im WpHG verankert. Ungeachtet dessen bezieht sich die **Aufgabenzuweisung des § 6 Abs. 1 Satz 1 WpHG nur auf die Aufsicht nach den Vorschriften des WpHG**. Auch in Anbetracht der entsprechenden EU-Regelungen ist die Aufgabenzuweisung in § 6 Abs. 1 Satz 1 WpHG noch immer die zentrale Aufgabenzuweisung, die aber von einer Vielzahl zusätzlich normierter Aufgabenzuweisungen in Bezug auf europäische Regelungen ergänzt wird (vgl. Rz. 9).

32 Die im WpHG angelegte **Marktaufsicht** umfasst eine rasant **gewachsene Anzahl von verschiedenen Einzelbereichen**. Nach den Abschnitten des WpHG gezählt sind neben den beiden einleitenden Abschnitte über den Anwendungsbereich, die Begriffsbestimmung und die Regelungen über die Bundesanstalt sowie den beiden abschließenden Abschnitten bezüglich der Straf- und Bußgeldvorschriften und der Übergangsvorschriften 14 Abschnitte bezüglich unterschiedlicher Aufsichtsbereiche normiert. Auf eine Aufzählung dieser Bereiche soll hier verzichtet werden und nur **beispielsweise:**

1. die Überwachung der Mitteilungs-, Veröffentlichungs- und Übermittlungspflichten von Veränderungen des Stimmrechtsanteils an börsennotierten Gesellschaften (§§ 33 ff. WpHG),
2. die Überwachung der Einhaltung der Verhaltenspflichten von Datenbereitstellungsdiensten (§§ 58 ff. WpHG),
3. die Überwachung der Einhaltung der Verhaltens-, Organisations- und Transparenzpflichten (§§ 63 ff. WpHG),
4. die Überwachung von Unternehmensabschlüssen und Veröffentlichung von Finanzberichten (§§ 106 ff. WpHG)[2]

benannt werden.

33 Die gem. § 6 Abs. 1 Satz 1 WpHG von der Bundesanstalt auszuübende **Aufsicht nach den Vorschriften des WpHG ist weit zu verstehen**. „Aufsicht ausüben" heißt zunächst, den Markt und die Marktteilnehmer in ihrer Tätigkeit zu überwachen und zu beobachten, öffentlich zugängliche und übermittelte Informationen dazu auszuwerten, mit den Marktteilnehmern in einen informellen Informationsaustausch einzutreten und sich aus Sicht der Bundesanstalt eine **Übersicht und einen möglichst umfangreichen Einblick in das Marktgeschehen** zu verschaffen. Dies bedeutet auch, dass die Bundesanstalt Marktentwicklungen beobachtet und bestehende Unklarheiten für sich aufklärt etc. Damit ist die Marktaufsicht im ersten Schritt ein schlicht-hoheitliches Tätigwerden der Bundesanstalt, im zweiten Schritt geht die Aufsicht über diese schlicht-hoheitliches Tätigkeit hinaus. Auf Basis ihrer durch die Aufsicht getroffenen Erkenntnisse und zugleich im Rahmen der Aufgabenstellung nach § 6 Abs. 1 Satz 1 WpHG kann die Bundesanstalt aber auch von allen Ermächtigungen Gebrauch machen, die das WpHG einräumt. Zu denken ist hier an die generellen Eingriffsbefugnisse, wie § 6 Abs. 1 Satz 3,

---

1 Umfassend zur Marktaufsicht, die über die Aufgaben nach dem WpHG hinausgeht, s. Vor § 6 WpHG Rz. 32.
2 *Auch die Regelungen der §§ 106 ff. WpHG werden von § 6 Abs. 1 WpHG als Überwachungsaufgabe der BaFin und von den Eingriffsbefugnissen des § 6 Abs. 1 und 2 WpHG erfasst und in Bezug auf die Regelungsmaterie modifiziert. Sonst könnten z.B. §§ 114 ff. WpHG nicht durchgesetzt werden. A.A. Zetzsche* in Schwark/Zimmer, § 4 WpHG Rz. 27.

Abs. 2 bis 4 WpHG, aber auch an die speziellen Eingriffsbefugnisse, wie z.B. §§ 88, 107 oder 108 WpHG. In diesem Rahmen wird die Bundesanstalt dann überwiegend durch Verwaltungsakte einschließlich Allgemeinverfügungen tätig.

3. Aufgabe des Entgegenwirkens gegen Missstände (§ 6 Abs. 1 Satz 2 WpHG). Gemäß § 6 Abs. 1 Satz 2 WpHG hat die Bundesanstalt **im Rahmen der ihr zugewiesenen Aufgaben Missständen entgegenzuwirken**, welche die ordnungsgemäße Durchführung des Handels mit Finanzinstrumenten oder von Wertpapierdienstleistungen, Wertpapiernebendienstleistungen oder Datenbereitstellungsdienstleistungen beeinträchtigen oder erhebliche Nachteile für den Finanzmarkt bewirken können. Diese Regelung wurde in ihrem Wortlaut und ihrer Regelungsweite durch das 2. FiMaNoG geändert. So wurden die Aufsichtsbefugnisse in Bezug auf die Datenbereitstellungsdienstleistungen erweitert, um die Vorgaben der RL 2014/65/EU (MiFID II) umzusetzen[1].

34

Die Missstandsaufsicht hat **im Rahmen der ihr zugewiesenen Aufgaben zu erfolgen**. Der Rahmen der der Bundesanstalt zugewiesenen Aufgaben wird in Satz 2 nicht näher bestimmt. Es handelt sich hierbei zweifellos um die **Aufsicht nach den Vorschriften dieses Gesetzes** im Sinne des Satzes 1, aber **auch um die übrigen Aufgabenzuweisungen an die Bundesanstalt im Rahmen der europarechtlichen Vorgaben.** Insoweit sind die zugewiesenen Aufgaben unter Berücksichtigung des Anwendungsbereichs des WpHG gem. § 1 WpHG zu bestimmen. Die Aufgabe des Entgegenwirkens gegen Missstände erstreckt sich damit auf alle Sachverhalte im Zuständigkeitsbereich der Bundesanstalt, welche die ordnungsgemäße Durchführung des Handels mit Finanzinstrumenten oder von Wertpapierdienstleistungen, Wertpapiernebendienstleistungen oder Datenbereitstellungsdienstleistungen beeinträchtigen oder erhebliche Nachteile für den Finanzmarkt bewirken können.

35

Der Begriff des **Missstandes** ist ein **unbestimmter, auslegungsbedürftiger Rechtsbegriff**. Wirtschaftsaufsichtsgesetze wie das WpHG können ohne eine solche Rechtsbegriffe nicht auskommen. Die wirtschaftlichen Sachverhalte sind so vielfältig und ändern sich ständig, so dass eine noch so weite Kasuistik in kürzerer Zeit überholt sein dürfte. Bei Meidung unbestimmter bzw. auslegungsbedürftiger Rechtsbegriffe müsste die Aufsicht gegenüber neu auftretenden Sachverhalten mangels konkreter Eingriffskompetenz Entwicklungen, die einen negativen oder schädlichen Charakter aufweisen, solange tatenlos zusehen, bis eine entsprechende Gesetzesänderung erfolgt wäre. Derartige Entwicklungen können mit auslegungsfähigen Begriffen zum Gegenstand aufsichtsrechtlicher Maßnahmen werden.

36

Missstand kann als nicht hinnehmbare Verhaltensweise oder als ein solcher Umstand[2] verstanden werden. Im Sinne des § 6 Abs. 1 Satz 2 WpHG liegt ein Missstand vor, wenn die **ordnungsmäßige Durchführung des Handels mit Finanzinstrumenten oder von Wertpapierdienstleistungen, Wertpapiernebendienstleistungen oder Datenbereitstellungsdienstleistungen beeinträchtigt** ist. Im Vergleich hierzu muss sich ein Missstand i.S.d. KWG oder des VAG auf gesetzlich näher bestimmte Aspekte im Kredit- und Finanzdienstleistungswesen oder im Versicherungsbereich beziehen[3]. In Bezug auf den Missstandsbegriff des WpHG ist mit dem 2. FiMaNoG ein Bezug auf die Datenbereitstellungsdienstleistungen eingefügt worden, um die mit Titel V Abschnitt 1 RL 2014/65/EU (MiFID II) geforderten weitergehenden Aufsichtsbefugnisse hinsichtlich der Tätigkeit von Datenbereitstellungsdienstleistungen umzusetzen. Es kann sich aber auch um Sachverhalte handeln, in denen **erhebliche Nachteile für den Finanzmarkt** drohen. Unter „Finanzmarkt" im Sinne dieser Vorschrift ist kein wirtschaftspolitischer Sachverhalt zu verstehen, sondern der (technische) Markt, auf dem Finanzinstrumente gehandelt werden[4].

37

Missstände können verschiedene Erscheinungsbilder haben. So können sie sich z.B. bei einer Institutsgruppe manifestieren oder bei **mehreren Dienstleistern** völlig heterogener Struktur eintreten. Dies gilt, wenn mehrere Dienstleister abgestimmt oder auch durch Einzelentschluss z.B. die Vorschriften der besonderen Verhaltensregeln (§§ 63 ff. WpHG) auf einem Niveau umsetzten, dass dem Sinn der gesetzlichen Regelung nur sehr eingeschränkt Rechnung trägt. Gleiches gilt auch für ein derartiges Verhalten eines **einzelnen Instituts**, wobei ein singuläres Fehlverhalten bei der Umsetzung des Gesetzes im Einzelfall nicht zwingend ein Missstand sein muss. Jedenfalls ist aber ein auf **Dauer angelegtes Verhalten als Missstand zu werten, wenn es den Grundsätzen** des nationalen oder europäischen Kapitalmarktrechts widerspricht, auch wenn es auf einer Fehlinterpretation der jeweiligen Vorschriften beruht. Auf eine bestimmte Dauer oder Erheblichkeit des Verhaltens kommt es nicht an[5]. Ein Missstand kann aber auch ein unmittelbares oder mittelbares **Einwirken auf den Handel mit Finanzinstrumenten** sein, wenn hierdurch die ordnungsmäßige Durchführung des Handels beeinträchtigt wird.

38

---

1 Vgl. Begr. RegE zum 2. FiMaNoG, BT-Drucks. 18/10936, 225.
2 Anders als in § 298 Abs. 1 Satz 2 VAG ist der Missstand in § 6 Abs. 1 Satz 2 WpHG nicht nur als Verhalten definiert. Wenn auch letztlich alle Umstände auf menschliches Verhalten zurückzuführen sind, so muss die Bundesanstalt auch in kritischen, nicht hinnehmbaren Marktsituationen reagieren können, ohne dass ein nicht hinnehmbares Verhalten einer konkreten Person dafür maßgeblich ist. Insoweit zeigt sich der Unterschied zwischen der Marktaufsicht und einer Unternehmensaufsicht. Für eine Beschränkung auf Verhaltensweisen: Zetzsche in Schwark/Zimmer, § 4 WpHG Rz. 20.
3 Vgl. §§ 298 Abs. 1, 140 Abs. 2, 151 Abs. 2 VAG und § 6 Abs. 2 KWG.
4 Vgl. Begr. RegE AnSVG zu § 4 Abs. 1 WpHG, BT-Drucks. 15/3174, 29.
5 So auch Schlette/Bouchon in Fuchs, § 4 WpHG Rz. 19.

39 Nach höchstrichterlicher Rechtsprechung ist ein **Verstoß gegen zwingende gesetzliche Vorgaben des WpHG** für die betroffene Tätigkeit **stets ein Missstand**[1]. Ob ein Missstand i.S.d. § 6 Abs. 1 Satz 2 WpHG auch bei Verstößen gegen andere zwingende Rechtsvorschriften gegeben ist, ist höchstrichterlich nicht entschieden. Jedenfalls wird ein Missstand vorliegen, wenn ein Verstoß gegen die zwingenden Vorschriften einer auf Grundlage des WpHG erlassenen Verordnung vorliegt oder ein Verstoß gegen die zwingenden, unmittelbar anzuwendenden europarechtlichen Regulationen. Nach dem Willen des Gesetzgebers[2] liegt die Vermutung eines Missstandes schon dann vor, wenn gegen eine von der Bundesanstalt erlassene **Richtlinie verstoßen** wird. Denn dann besteht die Vermutung, dass Verhaltensregeln verletzt wurden und damit ein Missstand im Sinne des WpHG vorliegt. Im Ergebnis wird die Bundesanstalt bei derartigen Verstößen heute in der Regel nicht mehr auf die Befugnis zu Missstandsmaßnahmen zugrückgreifen müssen. Denn anderes als bei dem Fall, der zu den Entscheidungen des BVerwG führte, steht der Bundesanstalt heute die Befugnis nach § 6 Abs. 2 Satz 2 WpHG zu, alle Anordnungen zu treffen, die zur Durchsetzung der zu überwachenden Verbote oder Gebote geeignet und erforderlich sind. Auch die Missachtung eines Verwaltungsakts der Bundesanstalt kann ein Missstand sein, wobei die Nutzung der Mittel des Verwaltungszwangs im Regelfall eine effektivere Möglichkeit der Durchsetzung sein wird, als der Erlass eines weiteren Verwaltungsakts als Missstandsverfügung[3].

40 Letztlich kommt es für das Vorliegen eines Missstandes auf einen Gesetzesverstoß im eigentlichen Sinne nicht an. Der **Missstandsbegriff** ist, wie zuvor ausgeführt, weit und auslegungsbedürftig gewählt, um **auch neue Entwicklungen erfassen zu können**, die in den kapitalmarktrechtlichen Normenwerken noch nicht erfasst sind. Fraglich ist allein, ob eine Situation oder ein Verhalten vorliegt, das die ordnungsgemäße Durchführung des Handels mit Finanzinstrumenten oder von Wertpapierdienstleistungen, Wertpapiernebendienstleistungen oder Datenbereitstellungsdienstleistungen beeinträchtigt oder erhebliche Nachteile für den Finanzmarkt bewirken kann. Entsprechend kann auch eine besondere Situation am Kapitalmarkt einen Missstand darstellen. Diese Frage stellte sich z.B. während der Finanzmarktkrise ab 2007 in Bezug auf die situationsverschärfend eingeschätzten Leerverkäufe. Da die Bundesanstalt zu der Einschätzung gelangte, dass die Leerverkäufe von bestimmten Finanzinstrumenten in dieser Situation zu gezielten transaktionsbezogenen Markmanipulationen genutzt werden konnten, erließ sie ein Verbot von bestimmten Leerverkäufen[4]. Die daraufhin in der Literatur geführte Diskussion, ob derartige Verfügungen auf Grundlage von Abs. 1 Satz 3 oder Abs. 2 Satz 2 hätte erlassen werden können, ist aus heutiger Sicht akademisch. Denn unabhängig davon, dass die Verfügungen bestandskräftig waren, stehen seit Mitte des Jahres 2010 mit § 4a WpHG a.F., heute § 14 WpHG, besondere Eingriffsbefugnisse zur Sicherung des Finanzsystems zur Verfügung. Es kann insoweit auf die entsprechende Kommentierung verwiesen werden.

41 Die **Aufgabenstellung** der Bundesanstalt nach § 6 Abs. 1 Satz 2 WpHG ist, im Rahmen der ihr zugewiesenen Aufgaben entsprechenden **Missständen entgegenzuwirken**. Dieses Entgegenwirken ist weit zu verstehen. Denn das Treffen von Anordnungen, die die Missstände beseitigen oder verhindern, ist in § 6 Abs. 1 Satz 3 WpHG normiert. Entsprechend ist das Entgegenwirken generell gemeint. Das Entgegenwirken kann jegliche Form des Verwaltungshandels haben, wobei bei eingreifenden Maßnahmen auf die entsprechenden Ermächtigungsgrundlagen zurückgegriffen werden muss. So kann ein Entgegenwirken beispielsweise auch darin bestehen, in Bezug auf neue Entwicklungen Hinweise an die politische Ebene zu adressieren, Marktteilnehmern Hinweise zu geben, mit ausländischen Aufsichtsbehörden zu kooperieren und Abstimmungen zu treffen, Sachverhalte unterschiedlichster Ausprägung aufzuklären oder Informationen zu erheben oder zu geben oder Hinweisen nachzugehen, die ggf. für die Entwicklung von Missständen sprechen könnten, etc. Das Entgegenwirken bezieht sich sowohl auf schon **eingetretene Missstände** als auch auf **Entwicklungen, die das künftige Entstehen von Missständen befürchten lassen**.

42 Die **Missstandsaufsicht der Bundesanstalt** nach § 6 Abs. 1 Satz 2 WpHG kann letztlich von der **Missstandsaufsicht der Börsenaufsichtsbehörde** nach § 3 Abs. 4 BörsG **abgegrenzt** werden. Beide Behörden haben Missständen im Wertpapierhandel entgegenzutreten, zu dem insbesondere auch der Börsenhandel zählt. Die Missstandskompetenz der Börsenaufsichtsbehörde greift ein, wenn börsenrechtliche Vorschriften oder Anordnungen verletzt werden oder sonstige Missstände vorliegen, welche die ordnungsmäßige Durchführung des Handels an der Börse oder die Börsengeschäftsabwicklung beeinträchtigen können. Damit ist für die Börsenaufsichtsbehörde eine Eingrenzung in Bezug auf den Börsenhandel als gesetzlichem Regelungsgegenstand erfolgt, während die Bundesanstalt eine Missstandsaufsicht im Rahmen ihres deutlich weiteren Zuständigkeitsbereiches wahrzunehmen hat (vgl. auch Rz. 13).

---

1 BVerwG v. 13.4.2005 – 6 C 4/04, NZI 2005, 510 ff.; auch BVerwG v. 24.4.2002 – 6 C 2/02, WM 2002, 1919.
2 BT-Drucks. 12/7918, 106.
3 Zutreffend *Schlette/Bouchon* in Fuchs, § 4 WpHG Rz. 20.
4 Leerverkaufsverbotsverfügungen der Bundesanstalt vom 19.9.2008 und vom 21.9.2008 sowie vom 18.5.2010 nebst Verfügung zur Verlängerung des Leerverkaufsverbots; vgl. Jahresbericht 2008 der Bundesanstalt S. 147 f., unter www.bafin.de. Zwischenzeitlich war in § 30h WpHG a.F. ein gesetzliches Leerverkaufsverbot geregelt und nun sind in Art. 12 ff. VO Nr. 236/2012 Leerverkaufsverbote geregelt. Die Verfügungen sind daher widerrufen.

4. Befugnis zum Einschreiten gegen bestehende und gegen drohende Missstände (§ 6 Abs. 1 Satz 3 WpHG). Die Bundesanstalt ist nach § 6 Abs. 1 Satz 3 WpHG befugt, Anordnungen zu treffen, die geeignet und erforderlich sind, die vorgenannten Missstände zu beseitigen oder zu verhindern. Diese Befugnis zu **Missstandsanordnungen** tritt neben die Eingriffsbefugnisse, die auch Teilaspekte der Missstandsaufsicht betreffen, wie z.B. Anordnungen zur Durchsetzung von Verboten und Geboten nach § 6 Abs. 2 Satz 2 WpHG (vgl. Rz. 69 ff.). Das bedeutet, dass die Befugnis zu Missstandsanordnungen insbesondere dann zum Tragen kommen, wenn es keine spezifischeren Eingriffsmöglichkeiten gibt. Hierbei bietet die Befugnis auch eine rechtliche Grundlage zum Einschreiten gegen individuelle Regelwidrigkeiten[1], die den Missstandsbegriff erfüllen. 43

Voraussetzung einer Missstandsmaßnahme der Bundesanstalt ist, dass ein **Missstand eingetreten ist oder droht**. Ausdrücklich bezieht der Gesetzgeber die Befugnis zum Einschreiten gegen Missstände sowohl auf die Beseitigung als auch auf die Verhinderung von Missstände. Das heißt, die Bundesanstalt hat die Befugnis, **auch präventiv** gegen drohende Missstände vorzugehen. Diese Regelung ist in Anbetracht der Schnelligkeit des Kapitalmarkts und des potentiellen Schadens bei Missständen zwingend angezeigt. Wenn die Bundesanstalt für ein Eingreifen erst abwarten müsste, dass der Missstand sich realisiert, wären oft schon erhebliche, ggf. kaum noch revisible Schäden eingetreten, jedenfalls aber Vertrauensverlust entstanden. 44

Zudem müssen die Anordnungen der Bundesanstalt **geeignet und erforderlich sein, diese Missstände zu beseitigen oder zu verhindern.** Die Hervorhebung der Eignung und der Erforderlichkeit der Maßnahme korrespondiert mit dem Rechtsstaatsprinzip, insbesondere der Verhältnismäßigkeit der staatlichen Maßnahmen, und der auf der Rechtsfolgenseite notwendigen **Ermessensausübung** durch die Bundesanstalt. Die Maßnahme muss somit geeignet, erforderlich und angemessen sein. Hinsichtlich einer präventiven Missstandsmaßnahme muss dabei neben der Angemessenheit besonders die Erforderlichkeit der Anordnung näher beleuchtet werden. Bei einer sehr abstrakten Gefahr eines künftigen Missstands müssten sehr große Gefahren drohen, um eine so frühzeitige Missstandsmaßnahme zu begründen. In der Regel wird konkret das Drohen eines Missstands dargelegt werden müssen, um die Erforderlichkeit einer solchen Maßnahme zu belegen. 45

5. Anordnungen der Bundesanstalt, insbesondere Verwaltungsakte nebst Allgemeinverfügungen. Der Terminus „Anordnungen" der Bundesanstalt ist nicht näher eigegrenzt. Der Gesetzgeber nutzt die Begrifflichkeiten wie Verwaltungsakt, Verfügung, Bescheid etc. Die Bundesanstalt ist daher befugt **alle erdenklichen Anordnungen** zu treffen. Zwar wird die Bundesanstalt im Rahmen der Missstandsaufsicht in der Regel mittels Verwaltungsakt vorgehen. Das ist aber nicht zwingend. Denkbar ist z.B. auch schlicht hoheitliches Handeln, z.B. warnende und damit schützende Hinweise an die (Bereichs-)Öffentlichkeit. 46

Anordnungen der Bundesanstalt können sein, z.B.:
– schlicht-hoheitliches Handeln, wie etwa das Bekanntgeben von Hinweisen, Verwaltungsvorschriften, Mitteilungen, oder Verlautbarungen und Schreiben an die Verbände, um den Marktteilnehmern Richtlinien für ein rechtskonformes Handeln an die Hand zu geben und negativen Tendenzen entgegenzutreten,
– der Erlass von Verwaltungsakten, auch in Form von Allgemeinverfügungen oder Sammelverfügungen,
– der Erlass von Rechtsverordnungen; dies allerdings nur bei ausdrücklicher gesetzlicher Ermächtigung und entsprechender Subdelegation, wie dies durch die „Verordnung zur Übertragung von Befugnissen zum Erlass von Rechtsverordnungen auf die Bundesanstalt für Finanzdienstleistungsaufsicht" vom 13.12.2002, zuletzt geändert durch Art. 1 der Verordnung vom 25.1.2018, BGBl. I 2018, 184, erfolgt ist.

Schlicht-hoheitliches Handeln ist dadurch gekennzeichnet, dass die Behörde **keine verbindliche Regelung**, wie bei einem Verwaltungsakt, trifft. Im Übrigen kann es in einer **Vielzahl von Formen** auftreten[2]. In Bezug auf die Bundesanstalt können vor allem **Realakte**, beispielsweise in Form von Warnungen und Hinweisen an die Öffentlichkeit in Betracht kommen. Solange keine Rechte und Rechtsgüter von Marktteilnehmern beeinträchtigt werden, benötigt die Bundesanstalt keine speziellen Ermächtigungsgrundlagen für diese Realakte. In Betracht kommen aber auch **informelle Absprachen**, die vor Erlass oder statt eines Verwaltungsaktes im Rahmen einer kooperativen Aufsicht Sachverhalte regeln. Auch diese informellen Absprachen sind grundsätzlich ohne speziellen Ermächtigungsgrundlagen möglich, entfalten aber keine Bindungswirkung. Entsprechendes gilt für Auskunftsbitten, aber auch die Bekanntgabe einer Verwaltungspraxis, Verlautbarungen und Schreiben an Verbände etc. 47

Verwaltungsakte dürften in der überwiegenden Anzahl von Fällen das adäquate Mittel des Tätigwerdens gegenüber jedem Einzelnen sein. Bevor die Bundesanstalt gegen einen Beaufsichtigten belastende Verwaltungsakte erlässt, ist der Betroffene grundsätzlich nach § 28 VwVfG anzuhören, soweit nicht besondere Umstände wie Gefahr im Verzug, Vollstreckungsmaßnahmen etc. vorliegen. Ein Verwaltungsakt ohne die **erforderliche Anhörung** ist anfechtbar, doch kann zur Heilung die Anhörung nachgeholt werden. 48

Besondere **Formvorschriften für den Erlass von Verwaltungsakten** durch die Bundesanstalt sind nur in wenigen Fällen geregelt. Neben die praktisch häufig genutzte Form schriftlicher Verwaltungsakte tritt der Erlass in 49

---
1 *Bliesener*, S. 117.
2 Vgl. *Ramsauer* in Kopp/Ramsauer, § 35 VwVfG Rz. 38 a ff.

elektronischer, mündlicher Form oder in sonstiger Weise. Schriftliche und elektronische Verwaltungsakte sind grundsätzlich zu begründen (§ 39 VwVfG) und soweit sie der Anfechtung unterliegen mit einer **Rechtsbehelfsbelehrung** zu versehen (§ 37 Abs. 6 VwVfG).

50 Eine **besondere Form des Verwaltungsakts** ist die **Allgemeinverfügung**, die ein durch die Bundesanstalt regelmäßig genutztes Instrumentarium ist. Nach § 35 Satz 2 VwVfG ist die Allgemeinverfügung ein Verwaltungsakt, der sich beispielsweise an einen **nach allgemeinen Merkmalen bestimmten oder bestimmbaren Personenkreis** richtet. Eine besondere Befugnis zum Erlass von Allgemeinverfügungen ist nicht erforderlich, die Befugnis zum Erlass von Verwaltungsalten ist ausreichend. Hinsichtlich der **Bekanntgabe einer Allgemeinverfügung** durch die Bundesanstalt sieht § 17 Abs. 2 und 3 FinDAG, anders als § 41 VwVfG, **zwingend eine öffentliche Bekanntgabe** vor und zwar regelmäßig durch die elektronische Bekanntmachung auf der Internetseite der Bundesanstalt. Abweichend von § 41 Abs. 4 Satz 4 VwVfG kann in besonders begründeten Fällen der Bekanntmachungszeitpunkt als **Bekanntgabezeitpunkt** bestimmt werden. Diese besondere Regelung zur Bekanntgabe von Allgemeinverfügungen durch die Bundesanstalt wurde mit dem 1. FiMaNoG eingefügt[1]. „Diese Bekanntgabeform erreicht die Adressaten schneller und umfassender als der bisher vorgesehene schriftliche Aushang an einer dafür vorgesehenen allgemein zugänglichen Stelle. ... Die Bundesanstalt beaufsichtigt auch Handelsteilnehmer und Unternehmen, die über elektronische Systeme sehr schnell über bedeutende Vermögenswerte verfügen können. Insbesondere in den aufgeführten Ausnahmefällen kann deshalb das dringende aufsichtliche Bedürfnis bestehen, Allgemeinverfügungen innerhalb sehr kurzer Zeit, notfalls mit sofortiger Wirkung, in Kraft setzen zu können. Auf Ebene des europäischen Rechts wird eine solche Möglichkeit für die nationalen Aufsichtsbehörden zudem bereits an einigen Stellen vorausgesetzt"[2].

51 Die Möglichkeit der beschleunigten Bekanntgabe von Allgemeinverfügungen unterstreicht die gesetzgeberische Einschätzung, dass die **Verwaltungsakte der Bundesanstalt** nach § 6 Abs. 1 bis 14 WpHG und §§ 7 bis 10 WpHG, auch in Form der Allgemeinverfügung, nach § 13 WpHG **sofort vollziehbar sind** (vgl. z.B. § 6 Abs. 9 WpHG in Bezug auf vollziehbare Anordnungen der Bundesanstalt). Bezüglich näherer Einzelheiten des Ausschlusses der aufschiebenden Wirkung von Widerspruch und Anfechtungsklage in Bezug auf diese Maßnahmen kann auf die Kommentierung zu § 13 WpHG verwiesen werden.

52 **6. Durchsetzung von Verwaltungsakten der Bundesanstalt durch Verwaltungszwang.** Um die Verfügungen der Bundesanstalt durchzusetzen, können diese mit den Mitteln des Verwaltungszwangs, insbesondere Zwangsgeldern, verbunden werden. Zur effektiven Durchsetzung hat der Gesetzgeber der Bundesanstalt auch in Bezug auf die Maßnahmen des Verwaltungszwangs besondere Regelungen zur Verfügung gestellt. Hier ist auf die **Spezialregelung des § 17 Abs. 1 FinDAG**[3] hinzuweisen. Hiernach kann die Bundesanstalt ihre Verfügungen, die sie innerhalb ihrer gesetzlichen Befugnisse trifft, mit Zwangsmitteln nach den Bestimmungen des VwVG (Verwaltungs-Vollstreckungsgesetz) durchsetzen, wobei § 17 Abs. 1 FinDAG auf den Finanzmarkt ausgerichtete Spezialregelungen enthält. Da sich aus dem WpHG, anders als dem FinDAG und anderer Fachaufsichtsgesetze, keine unmittelbaren Zahlungsverpflichtungen für die Beaufsichtigten ergeben, kann bezüglich der **Verwaltungsvollstreckung öffentlich-rechtlicher Geldforderungen** auf die Kommentierungen zu den §§ 1–5 VwVG verwiesen werden[4].

53 **Zweck des Verwaltungszwangs** ist die Durchsetzung von öffentlich-rechtlichen Ansprüchen einer Behörde gegenüber einem nicht leistungsbereiten Bürger, also die **Herbeiführung eines bestimmten Verhaltens** des Betroffenen in Form einer Handlung, eines Duldens oder Unterlassens in der Gegenwart oder für die Zukunft[5], nicht aber dessen Bestrafung. Im Gegensatz dazu steht das Bußgeld als Folge eines Ordnungswidrigkeitenverfahrens, mit dem ein zurückliegendes verwaltungsmäßiges Fehlverhalten sanktioniert wird. **Verwaltungszwang und Bußgelder stehen mit ihrer unterschiedlichen Zweckrichtung**[6] **unabhängig nebeneinander und können unabhängig voneinander verhängt werden**[7] (vgl. § 13 Abs. 6 VwVG).

54 Gemäß den Bestimmungen des VwVG besteht für die Bundesanstalt die Möglichkeit, bei Nichtbefolgung ihrer Verfügungen diese mit **Zwangsmitteln** durchzusetzen. Nach § 9 VwVG stehen der Bundesanstalt als Zwangsmittel das Zwangsgeld, der unmittelbare Zwang und die Ersatzvornahme zur Verfügung. Dabei kann sie die Zwangsmittel gem. § 17 Abs. 1 Satz 2 und 3 FinDAG **für jeden Fall der Nichtbefolgung** androhen und auch

---

1 Vgl. Begr. RegE 1. FiMaNoG, BT-Drucks. 18/7482, 44 und 78.
2 Vgl. Begr. RegE 1. FiMaNoG, BT-Drucks. 18/7482, 78.
3 § 17 FinDAG vereinheitlicht die früheren Vorschriften zum Verwaltungszwang der Bundesanstalt aus § 50 KWG a.F., § 145a VAG a.F. und § 10 WpHG a.F.
4 Vgl. z.B. Engelhardt/App/Schlattmann, VwVG/VwZG Kommentar, 11. Aufl. 2017; Sadler, VwVG/VwZG Kommentar, 9. Aufl. 2014.
5 Mosbacher in Engelhardt/App/Schlattmann, VwVG/VwZG, 11. Aufl., Vor §§ 6–18 VwVG Rz. 2.
6 Vgl. etwa Sadler, VwVG/VwZG, 9. Aufl., § 9 VwVG Rz. 15 ff.
7 Vgl. § 13 Abs. 6 VwVG. Die Festsetzung eines Zwangsgeldes neben bzw. nach der Verhängung eines Bußgeldes ist wegen der unterschiedlichen Zielrichtung kein Verstoß gegen das Verbot der Doppelbestrafung, vgl. etwa Sadler, VwVG/VwZG, 9. Aufl., § 13 VwVG Rz. 124; VG Freiburg v. 25.11.2011 – 4 K 2329/10, juris, m.w.N.

gegen juristische Personen des öffentlichen Rechts anwenden[1]. Bei erfolgloser Anwendung des Zwangsmittels kann dieses so oft **wiederholt** werden bis das gewünschte Verhalten erzwungen ist. Dabei kann das angedroht Zwangsmittel, insbesondere das Zwangsgeld, jedes Mal erhöht und ggf. auch gewechselt werden, bis die Verpflichtung erfüllt ist.

Von besonderer praktischer Bedeutung ist die Androhung und Festsetzung von **Zwangsgeld**. Das ist das alleinige Zwangsmittel bei unvertretbaren Handlungen, wie zur Durchsetzung von Handlungen, die nicht von einem beauftragten Dritten vorgenommen werden können[2]. Zudem kann es verhängt werden, wenn die Ersatzvornahme untunlich ist (§ 11 Abs. 1 VwVG) oder wenn ein Tun oder Unterlassen durchgesetzt werden soll (§ 11 Abs. 2 VwVG). Zwangsgeld als Beugungsmittel kann so oft angewandt werden, bis der Betroffene seine Verpflichtungen erfüllt (§ 13 Abs. 6 VwVG). Insoweit berücksichtigte schon das frühere, gegenüber § 11 Abs. 3 VwVG deutlich erhöhte Zwangsgeld nach § 17 Satz 3 FinDAG a.F. von bis zu 250.000 Euro, dass eine zu geringe Höhe letztlich die Maßnahmen der Bundesanstalt konterkarieren könnte, weil die Betroffenen geneigt sein könnten, in einer „Güterabwägung" eher einen für sie vorteilhaften Gesetzesverstoß zu begehen als die Anordnungen der Bundesanstalt mangels entsprechender Durchsetzungskraft zu befolgen[3]. Diese maximale Höhe eines Zwangsgeldes wurde im Jahr 2016[4] nochmals auf nun **2.500.000 Euro** angehoben. Diese Erhöhung dient der effektiveren Durchsetzbarkeit von Verfügungen der Bundesanstalt und erlaubt es, Zwangsgelder in angemessener Art und Weise an die jeweilige Finanzkraft des Adressaten anzupassen[5]. 55

Als mögliche Zwangsmaßnahme für vertretbaren Handlungen sehen §§ 9, 10 VwVG die **Ersatzvornahme** vor, die darin besteht, dass die Bundesanstalt die zu erzwingende vertretbare Handlung an Stelle des Verpflichteten durch einen Dritten ausführen lässt. Die Kosten der Ersatzvornahme hat der Handlungspflichtige zu tragen (§ 10 VwVG). Im Bereich der Wertpapieraufsicht kommt diese Alternative selten in Betracht, da es sich bei dem zu vollstreckenden Verhalten meist um Auskunfts- oder Vorlageersuchen handelt oder um die Aufforderung einen bestimmten, gesetzmäßigen Zustand zu schaffen. Derartige Ansprüche können nur mit Zwangsgeld durchgesetzt werden. 56

Führt die Ersatzvornahme oder das Zwangsgeld nicht zum Ziel oder sind sie untunlich, so kann die Bundesanstalt den Pflichtigen zur Handlung, Duldung oder Unterlassung zwingen oder die Handlung selbst vornehmen, der sog. **unmittelbare Zwang**. Untunlich sind Zwangsgeld und Ersatzvornahme z.B. dann, wenn deren Einsatz zwar Erfolg verspricht, der unmittelbare Zwang im konkreten Fall aber wirksamer ist. Unmittelbarer Zwang ist z.B. vorstellbar, wenn der Verpflichtete z.B. den Bediensteten der Bundesanstalt bei einer Prüfung nach § 88 WpHG den Zugang zum Geschäftslokal verweigert. Der Widerstand kann unter Zuziehung von Polizei gebrochen werden (§ 15 Abs. 2 VwVG). Der **Einsatz von physischer Gewalt** im Rahmen der Anwendung unmittelbaren Zwangs ist erst dann zulässig, wenn Ersatzvornahme oder Zwangsgeld nicht zum Ziele führen oder deren Einsatz untunlich ist (§ 12 VwVG). 57

Voraussetzung für die zwangsweise Durchsetzung von öffentlich-rechtlichen Ansprüchen ist grundsätzlich, dass ein wirksamer[6], vollstreckungsfähiger[7] und vollziehbarer[8] Verwaltungsakt als Grundverfügung der Vollstreckung gegenüber dem Betroffenen bekannt gegeben wurde und der Adressat der Verfügung nicht oder nicht hinreichend[9] nachkommt. Die Anwendung von Verwaltungszwang ohne vorangegangenen Verwaltungsakt ist unter den Voraussetzungen des § 6 Abs. 2 VwVG dann möglich, wenn der sofortige Vollzug zur Verhinderung strafbarer Handlungen oder zur Abwendung einer drohenden Gefahr notwendig ist und die Bundesanstalt innerhalb ihrer gesetzlichen Befugnisse handelt. 58

Das Verfahren der Anwendung von Zwangsmitteln ist grundsätzlich dreistufig. Das anzuwendende **Zwangsmittel** muss im ersten Schritt **schriftlich unter Setzung einer Frist zur Erfüllung angedroht** werden[10]. Diese **Androhung** muss sich auf ein bestimmtes Zwangsmittel beziehen. Die Androhung kann entfallen, wenn nach § 6 Abs. 2 VwVG der sofortige Vollzug zur Verhinderung einer Tat, die einen Straf- oder Bußgeldtatbestand 59

---

1 Vgl. Begr. RegE 2. FFG zu § 10, BT-Drucks. 12/6679, 44.
2 Vgl. auch VG Frankfurt v. 11.1.2011 – 9 L 2966/10.F, juris.
3 Vgl. Begr. FinDAG zu § 17 Abs. 2, BT-Drucks. 14/7033, 38.
4 Änderung durch Art. 2 des Gesetzes zur Neuordnung der Aufgaben der Bundesanstalt für Finanzmarktstabilisierung (FMSA-Neuordnungsgesetz – FMSANeuOG) vom 23.12.2016, BGBl. I 2016, 3171.
5 Vgl. Begr. RegE FMSA-Neuordnungsgesetz – FMSANeuOG, BT-Drucks. 18/9530, 46.
6 Die Wirksamkeit eines Verwaltungsakts bestimmt sich nach § 43 VwVfG.
7 Nicht vollstreckungsfähig sind feststellende oder gestaltende Verwaltungsakte wie z.B. Fehlerfeststellungen im Rahmen der Bilanzkontrolle oder die Aufhebung einer Erlaubnis nach § 104 WpHG. Bei feststellenden oder gestaltenden Verwaltungsakten ist eine Vollstreckung auch nicht notwendig, da deren Rechtsfolgen mit der sofortigen Vollziehbarkeit oder der Bestandskraft des Bescheides eintreten.
8 Vollziehbar ist ein Verwaltungsakt, wenn er entweder unanfechtbar ist oder sein sofortiger Vollzug durch die Behörde nach § 80 Abs. 2 Satz 1 Nr. 4 VwGO angeordnet wurde oder wenn das Rechtsmittel keine aufschiebende Wirkung hat (vgl. z.B. § 13 WpHG).
9 Bezüglich der unvollständigen Auskunftserteilung VG Frankfurt/M. v. 11.1.2011 – 9 L 2966/10.F, juris.
10 Hess. VGH v. 6.5.2015 – 6 A 207/15, WM 2015, 1900; BVerwG v. 18.4.2016 – 8 B 7/16, juris.

verwirklicht, oder zur Abwendung einer drohenden Gefahr notwendig ist und die Behörde hierbei innerhalb ihrer Befugnisse handelt. Einer vorherigen Anhörung nach § 28 VwVfG bedarf es nicht[1] zwingend (§ 28 Abs. 2 Nr. 5 VwVfG). Im zweiten Schritt erfolgt die **Festsetzung des Zwangsmittels** und zwar dann, wenn der Verpflichtete nicht innerhalb der in der Androhung bestimmten Frist seinen Verpflichtungen nachkommt (§ 14 VwVG). Hierbei wird das Zwangsmittel festgesetzt, dass zuvor angedroht worden ist. Die Festsetzung des Zwangsmittels ist ein eigenständiger Verwaltungsakt, der Voraussetzung der Anwendung des Zwangsmittels ist. Bei sofortigem Vollzug (§ 6 Abs. 2 VwVG) fällt die Festsetzung, wie auch schon die Androhung, weg. Die **Anwendung des Zwangsmittels** als dritter Schritt richtet sich nach dem festgesetzten Zwangsmittel (§ 15 VwVG). Ist das Zwangsgeld uneinbringlich, droht sogar bis zu zwei Wochen **Ersatzzwangshaft** (§ 16 VwVG). Der **Vollzug des Zwangsmittels ist einzustellen, sobald sein Zweck erreicht ist**, selbst wenn dies verspätet oder erst nach Fristsetzung für das Zwangsmittel erfolgt. In diesem Zusammenhang wird allerdings die Einleitung eines Ordnungswidrigkeitsverfahrens nach § 120 WpHG zu prüfen sein.

60 **V. Überwachung der Verbote und Gebote und Befugnisse zu deren Durchsetzung (§ 6 Abs. 2 WpHG).**
1. Aufgabenzuweisung bezüglich der Überwachung der Verbote und Gebote (§ 6 Abs. 2 Satz 1 WpHG). § 6 Abs. 2 Satz 1 WpHG überträgt der Bundesanstalt die Aufgabe, im Rahmen der ihr jeweils zugewiesenen Zuständigkeit die Einhaltung der Verbote und Gebote dieses Gesetzes, der auf Grund dieses Gesetzes erlassenen Rechtsverordnung, der in § 1 Abs. 1 Nr. 8 WpHG angeführten europäischen Verordnungen einschließlich der aufgrund dieser Verordnungen erlassenen delegierten Rechtsakte und Durchführungsrechtsakte der Europäischen Kommission zu überwachen.

61 Die Aufgabenstellung der Überwachung der Verbote und Gebote des WpHG wurde der Bundesanstalt im Jahr 2004 als § 4 Abs. 2 Satz 1 WpHG a.F. mit dem AnSVG[2] übertragen. Die **Normierung diente** u.a. **der Umsetzung** des Art. 12 Abs. 1 Satz 1 und Abs. 2 RL 2003/6/EG (MarktmissbrauchsRL) Rechnung, wonach die Bundesanstalt als zuständige Behörde mit allen Aufsichts- und Ermittlungsbefugnissen auszustatten ist, die zur Ausübung ihrer Tätigkeit erforderlich sind. Zugleich berücksichtigt die Norm die von der EU-Transparenzrichtlinie und von der MiFID vorgesehene Schaffung einer zentralen Norm[3] zur Überwachung der Wohlverhaltens- und Zulassungsfolgepflichten. Damit trat diese Aufgabenzuweisung neben die allgemeine Überwachungsaufgabe und Missstandsaufsicht nach Abs. 1 Satz 1.

62 Eine **deutliche Erweiterung** erfuhr die Aufgabenstellung der Überwachung der Verbote und Gebote mit dem 2. FiMaNoG. Durch diese Änderung wurde die Aufgabenzuweisung und die Generalklausel zur Festlegung der Befugnisse der Bundesanstalt an die insbesondere durch neue **europäische Rechtsakte** stark erweiterten Rechtsgrundlagen angepasst[4]. Insoweit dient § 6 Abs. 2 Satz 1 WpHG nun auch der Umsetzung der Anforderungen, die sich aus den verschiedenen europäischen Regelungen, wie der MiFID II und der Vielzahl von europäischen Verordnungen, ergeben.

63 Konkret wird der Bundesanstalt die **Aufgabe** übertragen, die Einhaltung der **Verbote und Gebote**
– des **WpHG**,
– der auf Grund des WpHG erlassenen **Rechtsverordnungen** und
– der in § 1 Abs. 1 Nr. 8 WpHG angeführten **neun europäischen Verordnungen** einschließlich der aufgrund dieser Verordnungen erlassenen delegierten Rechtsakte und Durchführungsrechtsakte der Europäischen Kommission, wie beispielsweise der Leerverkaufs-VO, MAR, PRIIP, MiFIR etc.,

im Rahmen der ihr jeweils übertragenen Zuständigkeit **zu überwachen**.

64 Bezüglich der Bestimmung „im Rahmen der ihr jeweils zugewiesenen Zuständigkeit" kann auf die Ausführungen unter Rz. 8 ff. verwiesen werden. Das **Überwachen** der bezeichneten Verbote und Gebote ist im ersten Schritt ein schlicht-hoheitliches Tätigwerden der Bundesanstalt im Sinne von Informationssammlung und deren Auswertung. In einem zweiten Schritt bedeutet Überwachen aber ggf. auch das Nutzen der auf Grundlage dieser Aufgabenstellung eingeräumten Befugnisse zur Sachverhaltsklärung.

65 In Bezug auf dieses Überwachen, auch im Sinne der Sachverhaltsaufklärung, entsteht gelegentlich die Frage, welcher Tätigkeit die Bundesanstalt aus **dogmatischer Sicht** nachgeht. Teilweise wird die Tätigkeit der Bundesanstalt mit der einer Staatsanwaltschaft verglichen. Eine solche Sichtweise verkennt die Tätigkeit der Bundesanstalt inhaltlich. Denn die Tätigkeit der Bundesanstalt nach §§ 6 ff. WpHG bezieht sich auf **alle Bereiche der Wertpapieraufsicht** und nicht nur auf die Überwachung des Verbots von Insiderhandel und Marktmanipulation, bei denen Verstöße auch nur teilweise strafrechtlich, teilweise aber auch bußgeldrechtlich sanktioniert sind. Aufgabe der Bundesanstalt ist die Überwachung der Einhaltung dieser Verbote aber auch der übrigen Verbote und Gebote, wie beispielsweise aus dem Regelungsbereich der bedeutenden Stimmrechtsanteile, der besonderen

---
1 VG Frankfurt v. 11.1.2011 – 9 L 2966/10.F, juris.
2 Gesetz zur Verbesserung des Anlegerschutzes (Anlegerschutzverbesserungsgesetz – AnSVG) vom 28.10.2004, BGBl. I 2004, 2630.
3 Vgl. Begr. RegE AnSVG, BT-Drucks. 15/3174, 29.
4 Vgl. Begr. RegE 2. FiMaNoG, BT-Drucks. 18/10936, 225.

Verhaltenspflichten von Wertpapierdienstleistungsunternehmen etc. Bei diesen von der Bundesanstalt nach dem WpHG zu überwachenden Normen handelt es sich um **verwaltungsrechtliche Gebote und Verbote**. Hiervon geht auch § 6 Abs. 2 Satz 1 WpHG aus, wie im Übrigen auch die europarechtlichen Vorschriften. Entsprechend kann hinsichtlich der früher allein zur Überwachung des Verbots von Insiderhandel durch die Bundesanstalt geführten verfassungsrechtlichen Diskussion vollumfänglich auf die Vorauflagen dieser Kommentierung verwiesen werden[1]. Die geäußerten Bedenken, dass es durch die verwaltungsrechtliche Klärung der Einhaltung der Regelungen des WpHG zu Massenfahndungen im strafprozessualen Vorfeld kommen würde, haben sich nicht realisiert. Gemäß ihrer Aufgabe und den Befugnissen ist die Bundesanstalt also eine **Verwaltungsbehörde, die im Rahmen des Verwaltungsrechts tätig** ist.

Außenstehende gehen teilweise davon aus, dass die Bundesanstalt im Rahmen der **Überwachung der Verbote von Insiderhandel und Marktmanipulation** Untersuchungen bezüglich konkreter Personen durchführen würde. Das entspricht nicht der Tätigkeit der Bundesanstalt. Wenn die Bundesanstalt im Rahmen der **Marktbeobachtung oder der Auswertung der verfügbaren Informationen** auffällige Sachverhalte erkennt, die bevorzugt im Zusammenhang mit einem Verstoß gegen die Insider- oder Marktmanipulationsverbote stehen, analysiert sie zunächst den zugrunde liegenden Sachverhalt. Hierbei überprüft die Bundesanstalt, ob sich anhand der verfügbaren Datenlage Auffälligkeiten zeigen, die Anhaltspunkte für die nähere Überwachung der Verbote bieten. Hierfür werden i.d.R. schlicht hoheitliche Maßnahmen genutzt, die Sammlung von im Haus vorhandenen und von allgemein zugänglichen Informationen und deren Auswertung. In der Mehrzahl der so analysierten Fälle sind keine solchen Auffälligkeiten festzustellen[2]. Soweit Auffälligkeiten aufgefunden werden, sind sie der Anlass, den Sachverhalt intensiver zu beleuchten, sprich: eine **sachverhaltsbezogene Untersuchung** durchzuführen. Aber auch zu diesem Zeitpunkt steht weder fest, dass gegen das Verbot von Insiderhandel oder Marktmanipulation verstoßen wurde, noch wer ggf. gehandelt haben könnte[3]. Zur weiteren Aufklärung des Sachverhalts und Abklärung der Anhaltspunkte nutzt die Bundesanstalt die ihr eingeräumten, also verwaltungsrechtlichen Möglichkeiten, insbesondere des § 6 Abs. 3 WpHG. Mit Hilfe der so gewonnenen Informationen stellt sich ein Sachverhalt häufig als unproblematisch heraus. Ergeben sich jedoch Tatsachen, die einen Verdacht einer Straftat nach § 119 WpHG begründen, hat die Bundesanstalt die Tatsachen an die Staatsanwaltschaft anzuzeigen. Teilweise ist aus verfahrenstaktischen Gründen eine recht frühzeitige Anzeige bei den Staatsanwaltschaften angezeigt, die dann Herrin des Verfahrens ist. Sofern bei der Überwachung und Sachverhaltsklärung durch die Bundesanstalt eine Person festgestellt werden kann, die ggf. gegen die Insider- oder Marktmanipulationsverbote verstoßen hat, findet das regelmäßig in einem der letzten Schritte der Sachverhaltsaufklärung statt. Insoweit ist **die teilweise geäußerte Anregung des Trennens von „unbeteiligten" und „beteiligten" Adressaten**[4] durch die Bundesanstalt gar **nicht möglich**. Denn wer „beteiligter" Adressat ist, wird – wenn überhaupt bei der Bundesanstalt – erst zu einem sehr späten Zeitpunkt bekannt. Das bedeutet, im Rahmen der Überwachung der Einhaltung der Insider- oder Marktmanipulationsverbote durch die Bundesanstalt ist weder klar, ob gegen eines der Verbote verstoßen wurde – das soll ja erst aufgeklärt werden –, noch wer ggf. verstoßen haben könnte. Bei Auffälligkeiten, die die Überwachung der Einhaltung der Verbote durch die Bundesanstalt erforderlich erscheinen lassen, erfolgt dies mit den üblichen Mitteln des Verwaltungsrechts.

2. Befugnis zu Maßnahmen zur Durchsetzung der Verbote und Gebote (§ 6 Abs. 2 Satz 2 WpHG). Nach § 6 Abs. 2 Satz 2 WpHG ist die Bundesanstalt befugt, alle Anordnungen zu treffen, die zur Durchsetzung der von ihr zu überwachenden Verbote und Gebote geeignet und erforderlich sind. Diese Befugnis wurde mit dem AnSVG[5] im Jahr 2004 als § 4 Abs. 2 Satz 1 Teilsatz 2 WpHG a.F. eingefügt[6]. Die Befugnis setzt Art. 12 Abs. 1 Satz 1 und Abs. 2 lit. e RL 2003/6/EG (MarktmissbrauchsRL) um und berücksichtigte schon die Vorgaben aus den damaligen Entwürfen zur EU-Transparenzrichtlinie und zur Überarbeitung der EU-Wertpapierdienstleistungsrichtlinie.

Mit dem **2. FiMaNoG** wurde diese Generalbefugnisnorm der Bundesanstalt der zu überwachenden Verbote und Gebote an die insbesondere durch **neue europäische Rechtsakte** stark erweiterten Rechtsgrundlagen angepasst und als Satz 2 des § 6 Abs. 2 WpHG normiert[7].

Voraussetzung für eine entsprechende Anordnung der Bundesanstalt ist, dass diese zur Durchsetzung der in § 6 Abs. 2 Satz 1 WpHG genannten Verbote und Gebote geeignet und erforderlich sind. Hierbei handelt es sich um die in § 6 Abs. 2 Satz 1 WpHG genannten Verbote und Gebote
- des WpHG,
- der auf Grund des WpHG erlassenen Rechtsverordnung und

---

1 Vgl. *Dreyling* in der 4. Aufl., § 4 WpHG Rz. 37 ff.
2 Vgl. z.B. Jahresbericht der Bundesanstalt 2010, S. 193 ff.
3 Vgl. Jahresbericht der Bundesanstalt 2010, S. 196 ff.
4 Vgl. *Zetzsche* in Schwark/Zimmer, § 4 WpHG Rz. 10.
5 Gesetz zur Verbesserung des Anlegerschutzes (Anlegerschutzverbesserungsgesetz – AnSVG) vom 28.10.2004, BGBl. I 2004, 2630.
6 Vgl. Begr. RegE AnSVG, BT-Drucks. 15/3174, 7 und 29 f.
7 Vgl. Begr. RegE 2. FiMaNoG, BT-Drucks. 18/10936, 225.

– der in § 1 Abs. 1 Nr. 8 WpHG angeführten neun europäischen Verordnungen einschließlich der aufgrund dieser Verordnungen erlassenen delegierten Rechtsakte und Durchführungsrechtsakte der Europäischen Kommission, wie beispielsweise der Leerverkaufs-VO, MAR, PRIIP, MiFIR etc.

Hierbei muss sich die Bundesanstalt jeweils an den **Rahmen der ihr zugewiesenen Zuständigkeit** halten. Soweit für einen speziellen Bereich, wie z.B. der Börsenaufsicht, eine andere Behörde als zuständige Behörde benannt wurde, können Abgrenzungsfragen entstehen. Der Bundesanstalt stehen die Befugnisse jedoch nur im Rahmen der ihr jeweils zugewiesenen Zuständigkeit zu.

70 Die Durchsetzung der in § 6 Abs. 2 Satz 1 WpHG genannten Verbote und Gebote bezieht sich nicht nur auf die Durchsetzung von Verboten und Geboten, gegen die bereits verstoßen wurde, sondern auch die Durchsetzung der Normen bei hinreichend konkret drohenden Verstößen gegen diese. Die Bundesanstalt kann **alle Anordnungen** treffen, die geeignet und erforderlich sind, unabhängig von Ihrer rechtlichen Qualität. Anordnungen der Bundesanstalt, die zur Durchsetzung geeignet und erforderlich sind, können **Verwaltungsakte** sein aber auch **sonstige Maßnahmen, wie z.B. schlicht-hoheitliches Handeln.** So kann die Bundesanstalt z.B. zur Verhinderung von Marktmanipulationen auf aktuelle, unseriöse Geschäftspraktiken hinweisen und damit potentielle Geschäftspartner sensibilisieren[1]. Soweit die Bundesanstalt mittels eingreifender Maßnahmen tätig wird, muss sie darlegen können, dass die Maßnahme geeignet ist, tatsächlich drohende Verstöße[2] gegen die in Bezug genommene Norm zu verhindern. So darf die Bundesanstalt nicht auf Basis dieser Ermächtigungsgrundlage, gleichsam im Vorgriff im Hinblick auf alle denkbaren Fälle potentieller Privatkunden und unabhängig sowohl von einer konkreten Anlageberatung und ihrer Durchführung im Einzelfall wie auch von den finanziellen Verhältnissen und den Anlageinteressen eines betroffenen Privatkunden ein bestimmtes, der Vermögensanlage dienendes Finanzinstrument abstrakt als ungeeignet ansehen und einem Wertpapierdienstleistungsinstitut im Hinblick darauf die Empfehlung dieses Finanzinstruments im Rahmen der von ihm betriebenen Anlageberatung untersagen[3].

71 Die Befugnis nach § 6 Abs. 2 Satz 2 WpHG, **alle Anordnungen** zur Durchsetzung der bezeichneten Verbote und Gebote zu treffen, **tritt neben die Ermächtigung zum Erlass von Maßnahmen im Rahmen der Missstandsaufsicht.** Abweichend von der Regelung des § 6 Abs. 1 Satz 3 WpHG braucht die Bundesanstalt einen (potentiellen) Missstand tatbestandlich nicht darlegen[4]. Die teilweise Parallelität der Befugnis zu Missstandsmaßnahmen, die in Bezug auf einen Verstoß gegen die zwingenden Vorschriften des WpHG durch das BVerwG bestätigt ist[5], und der Befugnis zur Durchsetzung der Verbote und Gebote ist rechtshistorisch zu klären. Bei den Fällen, die den Entscheidungen des BVerwG zur Missstandsaufsicht nach WpHG zugrunde lagen, war die Befugnis des § 6 Abs. 2 Satz 2 WpHG noch nicht kodifiziert. Sie wurde erst im Jahr 2004 in Umsetzung europarechtlichen Vorgaben eingefügt und ist im Wesentlichen ein Unterfall der Missstandsmaßnahmen.

72 **3. Befugnis zu Warnungen (§ 6 Abs. 2 Satz 3 WpHG).** Die Regelung in § 6 Abs. 2 Satz 3 WpHG stellt klar, dass die Bundesanstalt insbesondere auf ihrer Internetseite öffentlich Warnungen aussprechen kann, soweit dies für die Erfüllung ihrer Aufgaben nach diesem Gesetz erforderlich ist. Die Norm wurde mit dem **2. FiMaNoG** in das WpHG eingefügt. Sie **dient der Umsetzung** von Art. 69 Abs. 2 lit. q RL 2014/65/EU (MiFID II)[6]. Hiernach muss die Bundesanstalt die Befugnis haben, öffentlich Bekanntmachungen abzugeben.

73 **Voraussetzung einer solchen Warnung** durch die Bundesanstalt ist, dass eine solche **für die Erfüllung ihrer Aufgaben nach diesem Gesetz erforderlich ist.** Die Erfüllung ihrer Aufgaben nach diesem Gesetz umfasst beispielsweise die Aufsicht nach dem WpHG einschließlich die Beseitigung oder Verhinderung von Missständen (§ 6 Abs. 1 WpHG), die Überwachung der Verbote und Gebote nach dem WpHG einschließlich der jeweiligen Verordnungen und die Überwachung der Verbote und Gebote nach den europäischen Verordnungen, denen der Bundesanstalt eine Zuständigkeit zugewiesen wurde (vgl. auch § 6 Abs. 2 Satz 1 WpHG) und den jeweiligen delegierten Rechtsakte, Durchführungsverordnungen etc. Aufgabe nach dem WpHG ist aber auch die Wahrnehmung der europäischen und internationalen Zusammenarbeit nach § 18 WpHG.

74 Als **Rechtsfolge** kann die Bundesanstalt insbesondere **auf ihrer Internetseite öffentlich Warnungen** aussprechen. Die Warnung kann aber **auch in anderen Medien** erfolgen[7]. Denn die Internetseite der Bundesanstalt

---

1 Z.B. Hinweis der Bundesanstalt vom 26.7.2011 zu Telefaxen, die den Anschein erwecken, fehlgeleitet zu sein, und massiv Aktien zum Kauf empfehlen.
2 Vgl. VG Frankfurt/M. v. 21.11.2014 – 7 L 2291/14.F, juris Rz. 87, eine Verfügung ablehnend, die einem Wertpapierdienstleistungsinstitut die Empfehlung eines als abstrakt als ungeeignet angesehenen Finanzinstruments im Rahmen der Anlageberatung in Bezug auf alle denkbaren Fälle potentieller Privatkunden und unabhängig von der konkreten Anlageberatung wie auch von den finanziellen Verhältnissen und den Anlageinteressen eines betroffenen Privatkunden als Verstoß gegen § 31 Abs. 4a WpHG a.F. untersagte. Heute ggf. ein Fall einer Produktintervention nach Art. 42 VO Nr. 600/2014 (MiFIR).
3 Vgl. VG Frankfurt/M. v. 21.11.2014 – 7 L 2291/14.F, juris Rz. 87.
4 Vgl. Begr. RegE AnSVG, BT-Drucks. 15/3174, 29 f.
5 BVerwG v. 13.4.2005 – 6 C 4/04, NZI 2005, 510 ff.; auch BVerwG v. 24.4.2002 – 6 C 2/02, WM 2002, 1919.
6 Vgl. Begr. RegE 2. FiMaNoG, BT-Drucks. 18/10936, 225.
7 Vgl. Begr. RegE 2. FiMaNoG, BT-Drucks. 18/10936, 225.

wird durch das „insbesondere" als Beispiel der nutzbaren Medien geregelt. Häufig wird eine entsprechende Warnung der Bundesanstalt vornehmlich auf ihrer Internetseite erwartet werden, es sei denn in besonderen Fällen müsste die Öffentlichkeit umfassend erreicht werden, um das angestrebte Ziel erreichen zu können. Zugleich ist mit der ausdrücklichen Befugnis zur Veröffentlichung von Warnungen auch eine **Befugnis zum Offenbaren** von ansonsten geheimhaltungsbedürftigen Tatsachen i.S.v. § 21 Abs. 1 WpHG normiert.

Auch in der Vergangenheit hat die Bundesanstalt schon **Warnungen auf ihrer Internetseite** veröffentlicht, dies aber unter den Voraussetzungen des heutigen § 6 Abs. 2 Satz 2 WpHG, und zwar zur Durchsetzung der Verbote und Gebote des WpHG und der jeweiligen europäischen Vorschriften. So warnt die Bundesanstalt beispielsweise seit längerem bei entsprechenden Anhaltspunkten zur Verhinderung von Verstößen gegen § 119 WpHG **vor marktmanipulativen Aktivitäten.** Diese Maßnahmen können heute auch auf § 6 Abs. 2 Satz 3 WpHG gestützt werden, der mit seiner Voraussetzung „zur Erfüllung der Aufgaben" weitergehender ist als § 6 Abs. 2 Satz 2 WpHG.

4. Aussetzung und Untersagung des Handels (§ 6 Abs. 2 Satz 4 WpHG). § 6 Abs. 2 Satz 4 WpHG berechtigt die Bundesanstalt, **den Handel mit einzelnen oder mehreren Finanzinstrumenten** vorübergehend zu **untersagen** oder die Aussetzung des Handels in einzelnen oder mehreren Finanzinstrumenten an Märkten, an denen Finanzinstrumente gehandelt werden, anzuordnen. Diese Befugnis wurde im Jahr 2004 mit dem AnSVG[1] als § 4 Abs. 2 Satz 2 WpHG a.F. eingefügt[2] und mehrfach an die veränderten Rahmenbedingungen angepasst.

Die Regelung dient der **Umsetzung verschiedener europarechtlicher Vorgaben.** Sie setzte zunächst Art. 12 Abs. 2 lit. f RL 2003/6/EG (MarktmissbrauchsRL) um. Hiernach ist nicht nur die zeitweilige Aussetzung des Handels an der Börse vorgesehen, sondern die Aussetzung jeglicher, auch außerbörslicher und privater Transaktionen mit den betroffenen Finanzinstrumenten. Im Rahmen der Umsetzung der RL 2004/34/EG (TransparenzRL) und der RL 2004/39/EG (MiFID I) wurde diese Befugnis gemäß der Vorgabe in Art. 24 Abs. 4 lit. d und lit. e RL 2004/34/EG (TransparenzRL) sowie Art. 50 Abs. 2 lit. j und lit. k RL 2004/39/EG (MiFID I) erweitert. Die Handelsaussetzung und der Ausschluss eines Finanzinstruments vom Handel kann seitdem auch zur Durchsetzung der Bestimmungen über die Organisations- und Wohlverhaltensregelungen der Wertpapierdienstleistungsunternehmen sowie zur Durchsetzung der übrigen Verbote und Gebote des WpHG angeordnet werden[3].

Mit dem 1. FiMaNoG wurde in Bezug auf die Befugnis ausdrücklich klargestellt, dass Adressat einer Handelsaussetzung auch ein öffentlich-rechtlicher Rechtsträger oder eine Börse sein kann[4]. Mit dem 2. FiMaNoG wurden die Tatbestandsvoraussetzungen erweitert. Die Befugnis besteht nun auch zur Durchsetzung der Verbote und Gebote der VO Nr. 596/2014 (MAR) oder der VO Nr. 600/2014 (MiFIR).

Voraussetzung der Befugnis der Bundesanstalt nach § 6 Abs. 2 Satz 4 WpHG, den **Handel** in einzelnen oder mehreren Finanzmarktinstrumenten vorübergehend zu **untersagen oder** die **Aussetzung des Handels** in einzelnen oder mehreren Finanzinstrumenten an Märkten, an denen die Instrumente gehandelt werden, ist, dass dies geboten ist

– zur Durchsetzung der Gebote oder Verbote des WpHG,
– zur Durchsetzung der Verbote und Gebote der VO Nr. 596/2014 (MAR),
– zur Durchsetzung der Verbote und Gebote der VO Nr. 600/2014 (MiFIR),
– zur Beseitigung oder Verhinderung von Missständen nach § 6 Abs. 1 WpHG sowie
– zur Durchsetzung der Verbote und Gebote der VO Nr. 236/2012 (Leerverkaufs-VO) gem. § 53 Abs. 1 Satz 3 WpHG,
– auf Ersuchen einer ausländischen Aufsichtsbehörde nach § 18 Abs. 1 Satz 3 WpHG, sofern die Interessen der Anleger und der ordnungsgemäße Handel an dem betreffenden Markt nicht erheblich gefährdet werden.

Mögliche **Adressaten einer solchen Anordnung der Bundesanstalt** können **alle natürlichen und juristischen Personen oder Personenvereinigungen** sein, die in entsprechenden Finanzinstrumenten handeln, am Handel mit solchen beteiligt sind, den Handel mit entsprechenden Finanzinstrumenten an Handelsplätzen organisieren oder darauf einwirken. So verlangte schon Art. 12 Abs. 2 lit. f RL 2003/6/EG (MarktmissbrauchsRL) nicht nur die (zeitweilige) Aussetzung des Handels an der Börse, sondern die Untersagung jeglicher, auch außerbörslicher und privater Transaktionen mit den betroffenen Finanzinstrumenten. Spricht die Bundesanstalt ein Handelsverbot für ein bestimmtes Finanzinstrument nicht gegenüber jedermann aus, sondern untersagt sie einer bestimmten Person oder einem Unternehmen für einen abgegrenzten Zeitraum Geschäfte bezüglich Finanz-

---

1 Gesetz zur Verbesserung des Anlegerschutzes (Anlegerschutzverbesserungsgesetz – AnSVG) vom 28.10.2004, BGBl. I 2004, 2630.
2 Vgl. Begr. RegE AnSVG, BT-Drucks. 15/3174, 7 und 29 f.
3 Vgl. Begr. RegE FRUG, BT-Drucks. 16/4028, 60.
4 Vgl. Begr. RegE 1. FiMaNoG, BT-Drucks. 18/7482, 12, 58.

instrumente, so kann eine solche Anordnung auch als präventive oder repressive Verwaltungsmaßnahme oder -sanktion dienen, wie sie in Art. 51 Abs. 1 RL 2004/39/EG (MiFID) vorgesehen ist[1].

81 § 6 Abs. 2 Satz 4 WpHG enthält zugleich die Befugnis, eine entsprechende **Anordnung auch gegenüber einem öffentlich-rechtlichem Rechtsträger oder gegenüber einer Börse zu erlassen**. Schon die Gesetzesbegründung zum AnSVG führt hierzu aus „Dies beinhaltet die Befugnis, gegenüber der Börsengeschäftsführung anzuordnen, dass der Handel in einem oder mehreren Finanzinstrumenten vorübergehend auszusetzen ist. ... Die diesbezügliche Kompetenz der Bundesanstalt lässt die Befugnis der Börsengeschäftsführung nach § 38 des Börsengesetzes, den Handel auszusetzen, ebenso unberührt wie die Spezialvorschrift des § 37 Abs. 3 des Investmentgesetzes. Es handelt sich hierbei auch nicht um eine Verlagerung von Kompetenzen der Börsengeschäftsführung auf die Bundesanstalt, sondern um eine aus wertpapieraufsichtsrechtlichen Gründen gesonderte und parallel zu den Befugnissen der Börsengeschäftsführung bestehende Aufsichtskompetenz."[2]. Ungeachtet dessen hat der Gesetzgeber mit dem 1. FiMaNoG nun auch im Gesetzeswortlaut klargestellt[3], dass die Bundesanstalt Anordnung auch gegenüber einem öffentlich-rechtlichen Rechtsträger oder gegenüber einer Börse erlassen kann.

82 **Gegenstand der Anordnung** der Bundesanstalt nach § 6 Abs. 2 Satz 4 WpHG ist,
- den Handel mit einzelnen oder mehreren Finanzinstrumenten vorübergehend zu untersagen oder
- die Aussetzung des Handels in einzelnen oder mehreren Finanzinstrumenten an Märkten, an denen Finanzinstrumente gehandelt werden, anzuordnen.

Die **Untersagung des Handels** ist das unmittelbar gegenüber den betroffenen Marktteilnehmern wirkende Verbot des Handels **mit den Finanzinstrumenten**. Die **Anordnung der Aussetzung des Handels** kann demgegenüber eine Verpflichtung des jeweiligen Marktbetreibers sein. Aussetzung ist im Börsenhandel üblicherweise eine kurze Unterbrechung des Handels, also das mildere Mittel gegenüber einer auch nur vorübergehenden Handelsuntersagung, die das Verbot jeglicher weiterer Kursfeststellungen umfasst. Als nachhaltiger Eingriff in Rechtspositionen der betroffenen Marktteilnehmer kommen Aussetzung oder Untersagung des Handels aus Verhältnismäßigkeitsgründen regelmäßig nur in Ausnahmefällen in Betracht[4]. Die gilt auch bei einem entsprechenden Ersuchen einer ausländischen Wertpapieraufsicht nach § 18 Abs. 1 Satz 3 WpHG, wonach eine Handelsaussetzung oder -untersagung nur in Betracht kommt, sofern die Interessen der Anleger oder der ordnungsgemäße Handel an dem betreffenden Markt nicht erheblich gefährdet werden. Das bedeutet, dass der Bundesanstalt ein Ermessen nur im Falle des Ausschlusses einer erheblichen Gefährdung zusteht. Ziel des hiermit möglichen koordinierten europäischen Vorgehens ist die Vermeidung von Umgehungsstrategien durch Geschäftsverlagerungen auf andere europäische Märkte und die Vermeidung von Marktverzerrungen, wenn an einem Markt der Handel in den Instrumenten ausgesetzt oder untersagt ist.

83 **Denkbare Fallkonstellationen** für die Nutzung der Befugnis nach § 6 Abs. 2 Satz 4 WpHG sind Handelsuntersagungen oder die Anordnung der Aussetzung des Handels in Finanzinstrumenten, wenn der Bundesanstalt Tatsachen bekannt würden, die beispielsweise auf beabsichtigte „Insider- oder Marktmanipulations-Attacken" auf bestimmte Finanzinstrumente schließen lassen und die sich auf andere Weise nicht verhindern ließen. Daneben könnte ein Eingreifen in den Handel im Rahmen der Missstandsaufsicht geboten sein, wenn außerordentliche Marktlagen entstehen oder wenn beispielsweise ein Handelsplatz Allgemeine Geschäfts- und Handelsbedingungen anwendete, nach denen institutionelle Handelsteilnehmer deutlich bessergestellt würden als private Anleger (oder umgekehrt).

84 **5. Befugnis zur Aussetzung des Vertriebs oder Verkaufs von Produkten (§ 6 Abs. 2 Satz 5 WpHG)**. Nach § 6 Abs. 2 Satz 5 WpHG ist die Bundesanstalt befugt, den Vertrieb oder Verkauf von Finanzinstrumenten oder strukturierten Einlagen auszusetzen, wenn ein Wertpapierdienstleistungsunternehmen kein wirksames Produktfreigabeverfahren nach § 80 Abs. 9 WpHG entwickelt hat oder anwendet oder in anderer Weise gegen § 80 Abs. 1 Satz 2 Nr. 2, Abs. 9 bis 11 WpHG verstoßen hat.

85 Diese Befugnis wurde mit dem 2. FiMaNoG eingefügt. Sie dient der **Umsetzung** des Art. 69 Abs. 2 lit. t RL 2014/65/EU (MiFID II)[5]. Diese europarechtliche Vorgabe verlangt, dass die zuständige Behörde die Befugnis haben muss, „den Vertrieb oder Verkauf von Finanzinstrumenten oder strukturierten Einlagen auszusetzen, wenn die Wertpapierfirma kein wirksames Genehmigungsverfahren für Produkte entwickelt hat oder anwendet oder in anderer Weise gegen Art. 16 Abs. 3 dieser Richtlinie verstoßen hat"[6].

86 Als mögliche **Adressaten einer Verfügung der Bundesanstalt zur Aussetzung des Vertriebs oder Verkaufs** von Finanzinstrumenten oder strukturierten Einlagen kommen entweder nur Wertpapierdienstleistungsunter-

---
1 Vgl. Begr. RegE FRUG, BT-Drucks. 16/4028, 60.
2 Vgl. Begr. RegE AnSVG zu § 4 Abs. 2 WpHG, BT-Drucks. 15/3174, 30.
3 Vgl. Begr. RegE 1. FiMaNoG, BT-Drucks. 18/7482, 58.
4 Vgl. auch die in Rz. 40 angesprochenen Leerverkaufsverbote der Bundesanstalt in der Finanzkrise 2008/2009.
5 Vgl. Begr. RegE 2. FiMaNoG, BT-Drucks. 18/10936, 225, die zwar ausführt, dass Satz 4 „der Umsetzung des Art. 69 Abs. 2 Buchstabe t der Richtlinie 2014/65/EU" dient. Offensichtlich ist hiermit Satz 5 gemeint.
6 So Wortlaut von Art. 69 Abs. 2 lit. t RL 2014/65/EU (MiFID II).

nehmen oder jedermann in Betracht, der ein entsprechendes Produkt dieses Wertpapierdienstleistungsunternehmens vertreibt. Der Wortlaut der Befugnis benennt den möglichen Adressaten nicht. Aus Sinn und Zweck der Regelung muss geschlossen werden, dass eine Verfügung nach § 6 Abs. 2 Satz 5 WpHG zur Aussetzung des Vertriebs oder Verkaufs **gegenüber jedermann** erlassen werden kann, der ein Finanzinstrumente oder eine strukturierte Einlage eines Wertpapierdienstleistungsunternehmens vertreibt, dass nicht den Anforderungen des § 80 Abs. 1 Satz 2 Nr. 2, Abs. 9 bis 11 WpHG entspricht. Denn nach diesen Regelungen darf ein solches Produkt erst an Kunden vermarktet oder vertrieben werden, wenn es die entsprechenden Vorgaben, wie eine angemessene Zielmarktbestimmung, erfüllt und allen Vertriebsunternehmen sämtliche erforderlichen und sachdienlichen Informationen zu dem Finanzinstrument und dem Produktfreigabeverfahren zur Verfügung stehen. Insoweit betrifft eine Aussetzung des Vertriebs oder Verkaufs auch diejenigen, die ein Produkt vertreiben (wollen), welches den vorgegebenen Anforderungen nicht genügt.

Gegenstand einer Verfügung nach § 6 Abs. 2 Satz 5 WpHG ist die **Aussetzung** des **Vertriebs oder Verkaufs** von **Finanzinstrumenten oder strukturierten Einlagen**. Der Terminus „strukturierte Einlage" ist in § 2 Abs. 19 WpHG legal definiert. Insoweit kann auf die Kommentierung hierzu verwiesen werden. Gleiches gilt für den Begriff der Finanzinstrumente gem. § 2 Abs. 4 WpHG. Die Aussetzung des Vertriebs oder Verkaufs ist die vorläufige Untersagung des weiteren Vertriebs und Verkaufs bis die gesetzlichen Anforderungen erfüllt sind. 87

Voraussetzung einer solchen Aussetzung ist, dass ein Wertpapierdienstleistungsunternehmen kein wirksames Produktfreigabeverfahren nach § 80 Abs. 9 WpHG entwickelt hat oder anwendet oder in anderer Weise gegen § 80 Abs. 1 Satz 2 Nr. 2, Abs. 9 bis 11 WpHG verstoßen hat. So muss das Wertpapierdienstleistungsunternehmen ein Verfahren anwenden, das sicherstellt, dass für jedes Finanzinstrument oder strukturierte Einlage für Endkunden innerhalb der jeweiligen Kundengattung ein bestimmter Zielmarkt unter Berücksichtigung der einschlägigen Risiken des Zielmarktes festgelegt wird und die Vertriebsstrategie entsprechend ausgerichtet ist. Zudem darf das Wertpapierdienstleistungsunternehmen auch nicht gegen die übrigen Vorgaben der § 80 Abs. 1 Satz 2 Nr. 2, Abs. 9 bis 11 WpHG verstoßen. Hinsichtlich der Details zu diesen Vorgaben kann auf die Kommentierung zu § 80 WpHG verwiesen werden. Verstöße des Wertpapierdienstleistungsunternehmens gegen diese Vorgaben können Grundlage einer Entscheidung der Bundesanstalt zur Aussetzung des Vertriebs oder Verkaufs eines entsprechenden Produktes sein. 88

Eine Verfügung der Bundesanstalt nach § 6 Abs. 2 Satz 5 WpHG **zur Aussetzung des Vertriebs oder Verkaufs** eines den Vorgaben des § 80 Abs. 1 Satz 2 Nr. 2, Abs. 9 bis 11 WpHG nicht entsprechenden Finanzinstruments oder einer strukturierten Einlage ist ein Verwaltungsakt, der auf der Rechtsfolgenseite **im Ermessen der Bundesanstalt** steht. Das bedeutet, dass die Aussetzung des Vertriebs oder Verkaufs **erforderlich, geeignet und verhältnismäßig** sein muss. Hierbei ist im Rahmen der Verhältnismäßigkeit auch die Zielsetzung der Vorgaben des § 80 Abs. 1 Satz 2 Nr. 2, Abs. 9 bis 11 WpHG zu berücksichtigen, die dem kollektiven Verbraucherschutz dienen und ihn wirksam durchsetzen sollen. 89

VI. Befugnisse zur Sachverhaltsaufklärung durch die Bundesanstalt (§ 6 Abs. 3 WpHG). 1. Allgemeines. Die Regelungen des § 6 Abs. 3 WpHG ermächtigen die Bundesanstalt zur Sachverhaltsaufklärung auf verschiedenen Wegen, um ihre Aufgabe der Überwachung der verschiedenen Regelungsmaterien hinreichend wahrnehmen zu können. Hierbei kann sie eingreifende Maßnahmen nutzen, die nicht nur auf schlicht-hoheitliche Informationsgewinnung angewiesen. Die nach § 6 Abs. 3 WpHG normierten Möglichkeit der Bundesanstalt sind Auskünfte, die Vorlage von Unterlagen oder sonstigen Daten und die Überlassung von Kopien zu verlangen sowie Personen zu laden und zu vernehmen. Diese Befugnisnorm hat mit der Schaffung von verschiedenen Möglichkeiten zur näheren Aufklärung von potentiell aufsichtsrechtlich relevanten Sachverhalten gegenüber jedermann eine **besondere praktische Relevanz**. Die gilt insbesondere für die Befugnis des Auskunftsverlangens, der Vorlage von Unterlagen und der Überlassung von Kopien. 90

Verschiedene Möglichkeiten zur Sachverhaltsklärung wurden der Bundesanstalt schon mit der Schaffung des WpHG mit dem 2. FFG[1] eingeräumt und seitdem **stetig weiterentwickelt**. So wurden mit dem AnSVG[2] im Jahre 2004 eine umfassende Generalbefugnisnorm zur Sachverhaltsklärung in § 4 Abs. 3 WpHG a.F. geschaffen, die die zuvor an verschiedenen Stellen im WpHG verstreuten Befugnisnormen zusammenfasste (vgl. §§ 16 Abs. 2 und 3, 18, 20b Abs. 2, 29 Abs. 1 und 35 Abs. 1 bis 3 WpHG a.F.). Weitere ergänzende Befugnisse wurden beispielsweise durch das Hochfrequenzhandelsgesetz[3] in § 4 Abs. 3a WpHG a.F., nun in § 6 Abs. 4 WpHG, eingefügt, die gegenüber Wertpapierdienstleistungsunternehmen gelten, die algorithmischen Handel betreiben. Diese ergänzenden Regelungen werden unter VIII. gesondert kommentiert. 91

---

1 Gesetz über den Wertpapierhandel und zur Änderung börsenrechtlicher und wertpapierrechtlicher Vorschriften (2. Finanzmarktförderungsgesetz – 2. FFG) vom 26.7.1994, BGBl. I 1994, 1749.
2 Gesetz zur Verbesserung des Anlegerschutzes (Anlegerschutzverbesserungsgesetz – AnSVG) vom 28.10.2004, BGBl. I 2004, 2630.
3 Gesetz zur Vermeidung von Gefahren und Missbräuchen im Hochfrequenzhandel (Hochfrequenzhandelsgesetz) vom 7.5.2013, BGBl. I 2013, 1162.

92 Mit dem 1. FiMaNoG erfuhr die Regelung der Befugnisse zur Sachverhaltsaufklärung insoweit eine Änderung als die Möglichkeiten der Sachverhaltsermittlung in Bezug auf die Gebote und Verbote der VO Nr. 596/2014 (MAR), VO Nr. 1286/2014 (PRIIP) und in Bezug auf die Prüfung von Maßnahmen einer Produktintervention nach § 4b WpHG a.F. eingefügt wurden[1].

93 Mit dem 2. FiMaNoG[2] wurde die Norm nicht nur zu § 6 Abs. 3 WpHG umbenannt, sondern auch Änderungen zur Umsetzung europarechtlicher Vorgaben vorgenommen. So stellt die Norm nun ausdrücklich klar, dass die Bundesanstalt auch die Vorlage von sonstigen Daten, wie E-Mails und Chatprotokolle, verlangen kann. Diese Vorlage elektronische Unterlagen war auch bislang schon unter § 4 Abs. 3 Satz 1 WpHG a.F. möglich[3], ohne ausdrücklich normiert zu sein. Darüber hinaus wurden die Befugnisse zur Ermittlung der Voraussetzungen für das Ergreifen von Produktinterventionsmaßnahmen nach Art. 42 VO Nr. 600/2014 (MiFIR) und die Sachverhaltsklärung im Rahmen der VO 2016/1011 (Benchmark-VO) ergänzt.

94 Die Norm dient inzwischen der **Umsetzung verschiedener europarechtlicher Vorgaben**. So wurde zunächst mit der Befugnisnorm auch Art. 12 Abs. 2 lit. a, b, d RL 2003/6/EG (MarktmissbrauchsRL), Art. 50 Abs. 2 lit. a, b, d RL 2004/39/EG (MiFID), Art. 24 Abs. 4 lit. a, b, c RL 2004/109/EG (TransparenzRL) umgesetzt. Heute dient die Norm u.a. der Umsetzung von Art. 69 Abs. 2 lit. a, b und j RL 2014/65/EU (MiFID II), Art. 23 Abs. 2 lit. a und b VO Nr. 596/2014 (MAR), Art. 33 Abs. 2 lit. a und b VO Nr. 236/2012 (Leerverkaufs-VO), Art. 41 Abs. 1 lit. a und b VO 2016/1011(Benchmark-VO) sowie der Sachverhaltsermittlungen im Rahmen der Überwachung der VO Nr. 600/2014 (MiFIR), der VO Nr. 1286/2014 (PRIIP), der VO 2015/2365 (SFT-VO).

95 Eine vorsätzliche oder fahrlässige Zuwiderhandlung gegen eine vollziehbare Anordnung der Bundesanstalt ist nach § 120 Abs. 12 Nr. 1 lit. a WpHG eine **Ordnungswidrigkeit**, die mit einem Bußgeld bis zu 50.000 Euro geahndet werden kann (§ 120 Abs. 24 letzter Teilsatz WpHG). Die sofortige Vollziehbarkeit ergibt sich aus § 13 WpHG.

96 **2. Voraussetzungen für die Begehren nach § 6 Abs. 3 WpHG und Ermessensausübung.** Die bis zum 2.1. 2018 als § 4 Abs. 3 WpHG a.F. normierten **Voraussetzungen** für entsprechende Begehren der Bundesanstalt, sind im Rahmen des 2. FiMaNoG nicht bezüglich der Nummerierung der Norm, sondern auch **inhaltlich geändert** worden. Während des Gesetzgebungsvorgangs wurden drei verschiedene Entwürfe der Tatbestandsvoraussetzungen für entsprechende Verlangen der Bundesanstalt diskutiert. Im Ergebnis **entschied sich der Gesetzgeber für die Formulierung der Befugnis**: „Die Bundesanstalt kann, um zu überwachen, ob die Verbote oder Gebote dieses Gesetzes oder der Verordnung (EU) Nr. 596/2014, der Verordnung (EU) Nr. 600/2014, der Verordnung (EU) Nr. 1286/2014, der Verordnung (EU) 2015/2365, der Verordnung (EU) 2016/1011 eingehalten werden, oder um zu prüfen, ob die Voraussetzungen für eine Maßnahme nach § 15 oder Art. 42 der Verordnung (EU) Nr. 600/2014 vorliegen, von jedermann Auskünfte, die Vorlage von Unterlagen oder sonstigen Daten und die Überlassung von Kopien verlangen sowie Personen laden und vernehmen. …"

97 **Voraussetzung** nach § 6 Abs. 3 WpHG ist, dass die Bundesanstalt ihr Begehren geltend macht, um zu überwachen, ob die Verbote oder Gebote des WpHG oder der aufgeführten europäischen Verordnung eingehalten werden, oder um zu prüfen, ob die Voraussetzungen für eine Maßnahme nach § 15 WpHG oder Art. 42 VO Nr. 600/2014 (MiFIR, Produktintervention) vorliegen. Damit unterscheiden sich die Tatbestandsvoraussetzungen von der vorherigen Fassung der Norm in § 4 Abs. 3 WpHG a.F., die als Tatbestandsvoraussetzung Anhaltspunkte für die Überwachung der Verbote und Gebote des WpHG forderte. Die Tatbestandsvoraussetzung „um zu überwachen, dass … eingehalten werden" bzw. „zur Überwachung der Einhaltung" ist im WpHG nicht neu. Schon § 88 Abs. 1 und 2 WpHG (zuvor § 35 Abs. 1 und 2 WpHG a.F.) nutzt diese Formulierung als Tatbestandsvoraussetzung, um der Bundesanstalt eine Sachverhaltsermittlung zu ermöglichen. Der Gesetzgeber wählte hiermit die niedrigste Schwelle für den Eingriff, der der Überwachungstätigkeit, insbesondere Sachverhaltsklärung, durch die Bundesanstalt dient (vgl. auch Gegenüberstellung der verschiedenen Eingriffsschwellen unter Rz. 20).

98 **Maßgeblich** für ein entsprechendes Begehren nach § 6 Abs. 3 WpHG ist damit der **Zweck**, der mit dem Begehren erreicht werden soll. Der Zweck des Begehrens muss entweder die **Überwachung der benannten Gebote und Verbote** oder die **Überprüfung** sein, **ob die Voraussetzungen für eine Produktinterventionsmaßnahme vorliegen**. Im Rahmen einer Überprüfung muss die Bundesanstalt nachvollziehbar darlegen können, dass ihr Begehren dem Zweck der Überwachung der Verbote und Gebote oder der Prüfung der Voraussetzungen für eine Produktinterventionsmaßnahme dient. Das Begehren muss also in einem **sachlichen Zusammenhang** mit dem zu überprüfenden Verbot oder Gebot bzw. der zu überprüfenden Produktinterventionsmaßnahme stehen. Nicht erforderlich ist, dass die Bundesanstalt Anhaltspunkte insbesondere für Verstöße gegen die benannten Verbote und Gebote darlegt.

---

1 Vgl. Begr. RegE 1. FiMaNoG, BT-Drucks. 18/7482, 12, 24, 58, 68.
2 Vgl. Begr. RegE 2. FiMaNoG, BT-Drucks. 18/10936, 12, 37, 218 und 225.
3 Hess. VGH v. 19.5.2009 – 6 A 2672/08.Z, NJW 2009, 2470; VG Frankfurt/M. v. 6.11.2008 – 1 K 628/08.F, WM 2009, 948. Vgl. auch Begr. RegE 2. FiMaNoG, BT-Drucks. 18/10936, 225.

Die Bundesanstalt kann die ihr nach § 6 Abs. 3 Satz 1 WpHG verliehenen Befugnisse nutzen, 99
- zur Überwachung der Einhaltung der Verbote oder Gebote
  - des WpHG,
  - der VO Nr. 596/2014 (MAR),
  - der VO Nr. 600/2014 (MiFIR),
  - der VO Nr. 1286/2014 (PRIIP),
  - der VO 2015/2365 (SFT-VO) und
  - der VO 2016/1011 (Benchmark-VO) im modifizierten Umfang,
  - der VO Nr. 236/2012 (Leerverkaufs-VO) nach § 53 Abs. 1 Satz 3 WpHG sowie
- um zu prüfen, ob die Voraussetzungen für eine Produktinterventionsmaßnahme nach § 15 WpHG oder Art. 42 VO Nr. 600/2014 (MiFIR) vorliegen.

Eine **weitere Möglichkeit** zur Nutzung der Befugnisse aus § 6 Abs. 3 WpHG ergibt sich aus einer **Rechtsfolgenverweisung aus dem Bereich der internationalen Zusammenarbeit**. So ermöglicht § 18 Abs. 1 Satz 2, Abs. 10 Satz 1 und Abs. 11 WpHG, dass die Bundesanstalt im Rahmen ihrer Zusammenarbeit mit zuständigen Stellen in Ausland von allen ihr nach dem WpHG und der VO Nr. 600/2014 (MiFIR) zustehenden Befugnissen Gebrauch machen kann. Voraussetzung ist, dass die Befugnisse zum Zwecke der Überwachung der Einhaltung der Verbote und Gebote des WpHG und der VO Nr. 600/2014 (MiFIR) sowie der Verbote und Gebote der anderen Staaten, die denen dieses Gesetzes, des Börsengesetzes oder der VO Nr. 600/2014 (MiFIR) entsprechen, genutzt werden. Zudem muss die Maßnahme geeignet und erforderlich sein, um den Ersuchen der entsprechenden Stellen nachzukommen. Das bedeutet, dass bei Vorliegen eines entsprechenden Ersuchens einer zuständigen ausländischen Stelle die Bundesanstalt von den Befugnissen des § 6 Abs. 3 WpHG Gebrauch machen kann, wenn diese geeignet und erforderlich sind, um diesem Ersuchen nachzukommen. Der Bundesanstalt ist hierbei grundsätzlich auch die Auskunftseinholung bei **Unternehmen mit Sitz im Ausland** möglich, die an einer inländischen Börse zur Teilnahme am Handel zugelassen sind und vom Ausland aus über einen Handelsbildschirm an einer inländischen Börse handeln[1]. Im Hinblick auf die Beaufsichtigung von Wertpapierdienstleistungen gegenüber Inlandskunden unterstreicht § 88 Abs. 2 WpHG zudem die Möglichkeit der Adressierung eines Auskunfts- oder Vorlageersuchens direkt an ein Unternehmen mit Sitz in einem Drittstaat. Fraglich ist nur, ob ein unmittelbar an einen ausländischen Marktteilnehmer gerichtetes Auskunftsersuchen ohne Einschaltung der „zuständigen Stellen" i.S.v. § 18 Abs. 10 WpHG zwangsweise durchsetzbar sein wird. 100

Innerhalb des § 6 Abs. 3 WpHG besteht **kein Stufenverhältnis** zwischen den verschiedenen Möglichkeiten, Auskünfte, die Vorlage von Unterlagen oder sonstigen Daten und die Überlassung von Kopien zu verlangen sowie Personen zu laden und zu vernehmen[2]. Es handelt sich um gleichwertige Eingriffsmöglichkeiten. Die Bundesanstalt hat im Rahmen ihres Auswahlermessens zu prüfen, welche der Möglichkeiten geeignet und erforderlich ist oder ob ggf. auch eine Kombination von verschiedenen Möglichkeiten erforderlich ist. So kann bei einfachen Sachverhalten durchaus die Auskunft das geeignete Mittel sein, während in anderen Fällen eine Einsichtnahme der Bundesanstalt in Unterlagen nötig ist, z.B. um sich einen eigenen Eindruck zu verschaffen oder die Datenlage zu verifizieren. Eine Auskunft muss den Beaufsichtigten nicht weniger belasten, als die Vorlage von Unterlagen, insbesondere wenn er sich die Kenntnis selbst erst wieder durch Einsicht in die Unterlagen verschaffen müsste. Es ist also eine Frage der Abwägung im Einzelfall, welches Mittel ergriffen werden sollte. 101

Bei der Nutzung der Befugnisse muss sich die Bundesanstalt an den verwaltungsrechtlichen Grundsätzen messen lassen. So ist die Norm in Bezug auf alle vorgesehenen Begehren der Bundesanstalt auf ihrer Rechtsfolge als **Ermessensnorm** ausgestaltet. Denn die Bundesanstalt „kann" die Befugnisse zur Überwachung bzw. Überprüfung nutzen. Das bedeutet, dass das jeweilige Begehren der Bundesanstalt geeignet, erforderlich und angemessen sein muss, damit diese einen Sachverhalt näher aufklären kann. Die Befugnis überlässt es der Bundesanstalt, im Rahmen ihrer pflichtmäßigen Ermessensausübung festzustellen und zu entscheiden, ob und in welchem Umfang die geforderten Informationen zur Erfüllung ihres Informationsbedarfs erforderlich sind. So führt auch das VG Frankfurt/M. aus[3], dass es sich bei der der vorherigen Fassung der Befugnis in § 4 Abs. 3 Satz 1 WpHG a.F. um eine einheitliche Ermessensvorschrift handelt, die der Bundesanstalt zwar keinen Beurteilungsspielraum einräumt, die aber doch im Sinne einer **intendierten Ermessensermächtigung** zu verstehen ist, bei Vorliegen entsprechender Anhaltspunkte tätig werden zu müssen[4]. Im Rahmen ihrer gesetzlichen Über- 102

---

1 Vgl. Begr. RegE UmsetzungsG zu § 16 Abs. 1 WpHG, BT-Drucks. 13/7142, 108.
2 Vgl. Hess. VGH v. 7.8.2013 – 6 B 583/13, juris Rz. 30. So auch z.B. *Zetzsche* in Schwark/Zimmer, § 4 WpHG Rz. 47; a.A. *Altenhain* in KölnKomm. WpHG, § 4 WpHG Rz. 120 unter Bezug auf die Begr. RegE 4. FFG, BT-Drucks. 14/8017, 90 f. zu § 20b WpHG a.F., die Auskunft und Vorlage nebeneinanderstellt und als Beschränkung nur die Erforderlichkeit erwähnt.
3 Vgl. VG Frankfurt/M. v. 15.3.2017 – 7 L 1124/17.F., nicht veröffentlicht.
4 Vgl. VG Frankfurt/M. v. 15.3.2017 – 7 L 1124/17.F., nicht veröffentlicht. So auch *Schlette/Bouchon* in Fuchs, § 4 WpHG Rz. 75.

wachungsaufgabe hat die Bundesanstalt nur noch zu prüfen, welche Informationen sie für die von ihr vorzunehmende Prüfung als erforderlich ansieht. Diese **Ermessens- und Einschätzungsprärogative** ist auch im Rahmen einer gerichtlichen Prüfung des Informationsersuchens zu beachten[1].

103 **3. Adressatenkreis.** Gemäß § 6 Abs. 3 WpHG besteht die Befugnis der Bundesanstalt **gegenüber „jedermann"**. Vor der Schaffung der Generalbefugnisnorm gab es mehrere einzelne Befugnisnormen in den verschiedenen Abschnitten des WpHG, bei denen der Kreis der Verpflichteten unterschiedlich ausgestaltet war. Im Rahmen der **Vereinheitlichung der Befugnisnorm**, aber auch zum Zwecke der **Umsetzung der europarechtlichen Vorgaben** ist hingegen die Befugnis gegenüber jedermann erforderlich (vgl. z.B. Art. 23 Abs. 2 lit. b VO Nr. 596/2014 (MAR): von jeder Person). Die Auswahl des jeweiligen Adressaten richtet sich nach dem Auswahlermessen der Bundesanstalt, die hierbei z.B. die Nähe der jeweiligen Personen zum aufzuklärenden Sachverhalt oder die vermuteten Informationen und Kenntnisse zu berücksichtigen hat. Insoweit kann die Bundesanstalt alle die Personen heranziehen, deren **Tätigkeit** in Bezug auf die Einhaltung der Verbote und Gebote **überwacht wird** bzw. **gegenüber denen eine Produktinterventionsmaßnahme in Betracht kommt**. So kann auch ein Rechtsanwalt zur Sachverhaltsklärung herangezogen werden, der z.B. in der Funktion als Treuhänder oder anderweitig Geschäfte in Finanzinstrumenten tätigt oder daran beteiligt ist[2].

104 Das Begehren der Bundesanstalt kann sich über diesen Personenkreis hinaus aber **auch an andere Personen** richten, d.h. an „jedermann". Das Heranziehen von „jedermann" bezieht sich auf solche Personen, bei denen die Vermutung besteht, dass diese Kenntnis von Teilaspekten des aufzuklärenden Sachverhalts haben. In Betracht kommen so auch ausgeschiedene Bedienstete eines Unternehmens, ehemalige Organmitglieder, Dienstleister etc. können. So kann z.B. auch ein Rechtsanwalt zur Sachverhaltsaufklärung herangezogen werden, wenn ein Vorgehen gegen dessen Mandant nicht möglich oder erfolgversprechend ist[3].

105 **4. Auskunftsersuchen.** § 6 Abs. 3 Satz 1 WpHG normiert die Befugnis der Bundesanstalt, Auskünfte zu verlangen. Neben dieser Generalbefugnis, Auskünfte von jedermann verlangen zu dürfen, finden sich im WpHG – auch aufgrund der Aufgliederung der Generalbefugnisnorm – vermehrt wieder auf einzelne Sachmaterien abgestimmte spezielle Ermächtigungen zu Auskunftsverlangen, wie z.B. in §§ 8 Abs. 2, 10 Abs. 2 Nr. 2, 28 Abs. 2, 30 Abs. 6, 88 Abs. 2, 107 Abs. 5 WpHG. Diese Befugnisse ermöglichen den Erlass eines entsprechenden förmlichen Auskunftsersuchens in Form eines verpflichtenden Verwaltungsakts. Daneben sind auch Bitten um Auskünfte durch die Bundesanstalt möglich, die weder verpflichtend noch vollstreckbar sind.

106 Mit einem Auskunftsersuchen kann die Bundesanstalt alle zur Überwachung oder Überprüfung erforderlichen Informationen anfordern. Sie ist befugt sowohl mündliche als auch schriftliche Auskünfte einzuholen. Hierbei handelt es sich vorrangig um vorhandene Informationen, die dem Betroffenen bekannt sein müssten oder deren Kenntnis er sich aufgrund seiner Stellung beschaffen kann und ggf. erst zusammenstellen muss[4]. Nach Eröffnung des Insolvenzverfahrens gegen ein verpflichtetes Unternehmen hat nicht mehr der Vorstand, sondern der Insolvenzverwalter die Auskunftspflicht, wie auch die Vorlage von Unterlagen und die Duldungen des Zutritts, zu erfüllen[5]. Der Auskunftspflichtige kann eine Auskunftserteilung nicht mit dem Hinweis auf die verständige und ggf. zeitraubende Erkenntnisgewinnung der Bundesanstalt durch vorgelegten Unterlagen ablehnen[6].

107 § 6 Abs. 3 Satz 2 WpHG führt **Beispiele für solche Angaben** auf, die die Bundesanstalt nach § 6 Abs. 3 Satz 1 WpHG fordern kann. Hierbei lässt die Formulierung „kann insbesondere die Angabe verlangen" offen, ob die Bundesanstalt die Angaben im Rahmen eines Auskunftsverlangens oder durch die Vorlage von Unterlagen, sonstigen Daten oder die Überlassung von Kopien verlangt oder im Rahmen einer Vernehmung erfragt.

108 **a) Angaben über Veränderungen im Bestand von Finanzinstrumenten.** Nach § 6 Abs. 3 Satz 2 Nr. 1 WpHG ist die Bundesanstalt insbesondere befugt, Angaben über **Veränderungen im Bestand von Finanzinstrumenten** zu verlangen. Hinsichtlich des Begriffs Finanzinstrument kann auf die Legaldefinition in § 2 Abs. 4 WpHG verwiesen werden. Angaben über Veränderungen im Bestand von Finanzinstrumenten betreffen jedwede Art von Abgängen oder Zugängen im Bestand von Finanzinstrumenten. Die Veränderungen können aufgrund von Kauf- oder Verkaufsgeschäften, Schenkungen, Leihen etc. erfolgen.

109 Die **Angaben über Veränderungen im Bestand** von Finanzinstrumenten können zudem **ohne Rücksicht auf ihre Größenordnung** abgefragt werden. Der gelegentlich zu hörende Einwand, Kleinstgeschäften lohnen keinen Insiderhandel, dürfte zwar überwiegend zutreffen. Dennoch würde eine Abfragemöglichkeit nach § 6 Abs. 3 Satz 2 Nr. 1 WpHG erst ab einer bestimmten Stückzahl nicht nur zu relativ hohen Informationsdefiziten für die Aufsicht, sondern auch zu offensichtlichen Möglichkeiten führen, um die Überwachung der Einhaltung der Verbote und Gebote durch die Bundesanstalt zu umgehen. Zudem können bei wenig liquiden Nebenwerten

---

1 Vgl. VG Frankfurt/M. v. 15.3.2017 – 7 L 1124/17.F., nicht veröffentlicht.
2 Hess. VGH v. 19.9 2017 – 6 A 510/16, GewArch 2018, 40.
3 BVerwG v. 13.12.2011 – 8 C 24/10, NJW 2012, 1241 Rz. 30 ff.; Hess. VGH v. 10.11.2010 – 6 A 1896/09, DVBl. 2011, 176.
4 Hess. VGH v. 23.8.2012 – 6 B 1374/12, juris Rz. 32.
5 VG Frankfurt v. 4.4.2003 – 9 G 5631/02, juris; VG Frankfurt v. 17.2.2005 – 1 E 6716/03, juris.
6 Vgl. *Reschke* in Beck/Samm/Kokemoor, KWG mit CRR, § 44c KWG Rz. 47 mit weiteren Fundstellen.

auch kleinste Stückzahlen von Relevanz sein. Die Bundesanstalt erfragt üblicherweise Bestandsveränderungen für einen bestimmten Zeitraum, der sich aus registrierten Marktauffälligkeiten beispielsweise der involvierten Aktie herleitet. Letztlich ist die Angabe von Veränderungen im Bestand von Finanzinstrumenten nicht allein für die Überwachung des Insiderhandels nutzbar.

Relevante Adressaten eines Verlangens dieser Angaben kann neben dem **Inhaber der Finanzinstrumente** beispielsweise auch das **depotführende Kreditinstitut** sein. Der Inhaber der Finanzinstrumente müsste jedenfalls Kenntnis bezüglich der Veränderungen im Bestand der von ihm gehaltenen Finanzinstrumente haben. Ungeachtet dessen kann es aus verfahrenstaktischen Gründen, je nach Zielrichtung der Sachverhaltsklärung, günstiger sein, die Informationen z.B. von dem depotführenden Kreditinstitut abzufragen, um eine umfassende Sachverhaltsaufklärung in z.B. potentiellen Insiderfällen nicht zu behindern. Insoweit kann auch auf die Gesetzesintension von § 12 WpHG verwiesen werden. Insoweit ist die Nachfrage bei dem depotführenden Kreditinstitut oftmals die bessere Wahl, auch wenn sie sich nur auf den dort bekannten Bestand an Finanzinstrumenten beziehen kann. Zeitliche Einschränkungen für Depotbestandsabfragen gibt es nicht (mehr). Die Abfrage kann sich auf das Depot der berechtigten oder verpflichteten Personen oder des Auftraggebers beziehen, welcher die Finanzinstrumente/Insiderpapiere enthält.

Die gewonnenen Erkenntnisse lassen **Rückschlüsse auf das Anlageverhalten des Betroffenen** zu, die sowohl für als auch gegen Verstöße gegen die Verbote und Gebote des WpHG bzw. der europarechtlichen Verordnungen sprechen können. Die so gewonnenen Erkenntnisse ermöglichen eine Einschätzung des üblichen Anlageverhaltens des Depotinhabers, so dass ein Abweichen hiervon ein Anhaltspunkt für weitergehende Sachverhaltsaufklärungen, z.B. wegen eines möglichen Verstoßes gegen das Insider- oder Marktmanipulationsverbots, sein kann. Das hier vorgesehene Verfahren einer verwaltungsrechtlichen Klärung des Sachverhalts dürfte für den Betroffenen weniger belastend sein als die anderenfalls notwendigen Ermittlungsmaßnahmen durch die Staatsanwaltschaft.

b) Angaben über die Identität weiterer Personen. Aus den Meldungen nach Art. 26 VO Nr. 600/2014 (MiFIR) kennt die Bundesanstalt alle wesentlichen Merkmale der abgeschlossenen Geschäfte einschließlich (der zwingenden Angabe) des LEI (Legal Entity Identifier)[1] des Käufers und des Verkäufers. Um weitere Details des jeweiligen Geschäfts aufklären zu können, ist die Bundesanstalt nach § 6 Abs. 3 Satz 2 Nr. 2 WpHG befugt, die **Identität weiterer Personen zu verlangen**, insbesondere

- die Identität der Auftraggeber und
- die Identität der berechtigten oder verpflichteten Personen.

Dieses Auskunftsrecht ist notwendige Voraussetzung dafür, dass die Bundesanstalt Maßnahmen gegen die ggf. hinter der unmittelbar handelnden Person stehenden anderen Personen ergreifen kann, die als Auftraggeber selbst nicht an der Durchführung des Geschäftes beteiligt sind, aber gleichfalls die Verbote zu beachten haben.

Durch die Angabe weiterer Bevollmächtigter können schließlich Verbindungen zu weiteren Personen, die möglicherweise Kenntnis von der Insidertatsache gehabt haben, gezogen werden.

Mit **Identität** ist die eindeutige Bestimmung bei **juristischen Personen oder Personenvereinigung** gemeint oder die einwohnermelderechtliche Identität der jeweiligen **natürlichen Person**. Bei abweichenden Geburts- oder Familiennamen sind auch diese mitzuteilen. Bei Gemeinschaftskonten haben die zur Auskunft verpflichteten Unternehmen bei natürlichen Personen den jeweiligen Namen, das Geburtsdatum und die Anschrift festzustellen und diese Angaben aufzuzeichnen. Es ist daher durch geeignete Maßnahmen sicherzustellen, dass der konkrete Auftraggeber zweifelsfrei erfasst werden kann, z.B. durch Zuweisung verschiedener PIN-/TAN-Nummern. Die Angaben von Geburtsdatum und Anschrift können der Bundesanstalt Rückschlüsse auf die Einschaltung z.B. eines Strohmanns geben, der beispielsweise als Sekundärinsider tätig wird. Entsprechendes gilt für die Benennung der möglicherweise hinter dem Geschäft stehenden Personen, die als Auftraggeber selbst nicht an der Durchführung des Geschäftes beteiligt sind.

Bezüglich der Offenlegung der Identität von Auftraggebern und Depotbestandsveränderungen liegt eine **Einschränkung** des privatrechtlichen **Bankgeheimnisses** vor. Das Interesse der Betroffenen an der Vertraulichkeit der Geschäfte muss hinter das Erfordernis der Überwachung der Verbote und Gebote zurücktreten. Eine Sachverhaltsaufklärung beispielsweise zur Überwachung des Verbots von Insiderhandel und Marktmanipulation wäre der Bundesanstalt ohne entsprechende Befugnisse nicht möglich[2]. Zudem ist die Befugnis zum Fordern dieser Angaben Teil der europarechtlich für die zuständigen Behörden geforderten Mindestbefugnisse, wie z.B. aus Art. 23 Abs. 2 lit. b VO Nr. 596/2014 (MAR).

c) Angaben über Positionen oder offene Forderungen in Warenderivaten. Das mit dem 2. FiMaNoG in § 6 Abs. 3 Satz 2 Nr. 3 WpHG neu eingefügte Beispiel für Angaben über Volumen und Zweck einer mittels eines

---

[1] Vgl. zum LEI beispielsweise die Veröffentlichung der Bundesanstalt zum Legal Entity Identifier (LEI), unter https://www.bafin.de/DE/Aufsicht/BoersenMaerkte/Transparenzpflichten/LEI/lei_node.html.
[2] Vgl. Begr. RegE 2. FFG zu § 16 Abs. 2 WpHG, BT-Drucks. 12/6679, 49 f.

Warenderivats eingegangenen Position oder offenen Forderung, die die Bundesanstalt fordern kann, setzt die **europarechtlichen Vorgaben** des Art. 69 Abs. 2 lit. j RL 2014/65/EU (MiFID II) um. Hiernach muss die zuständige Behörde mindestens die Befugnis haben, „von jeder Person die Bereitstellung von Informationen, einschließlich aller einschlägigen Unterlagen, über Volumen und Zweck einer mittels eines Warenderivats eingegangenen Position oder offenen Forderung sowie über alle Vermögenswerte oder Verbindlichkeiten am Basismarkt zu fordern oder zu verlangen". Hintergrund der ausdrücklichen Erwähnung der Angaben über Volumen und Zweck von Warenderivatepositionen ist der Erwägungsgrund 126 der RL 2014/65/EU (MiFID II), der ausführt: „Die den zuständigen Behörden eingeräumten Befugnisse sollten durch ausdrückliche Befugnisse ergänzt werden, von jeder Person Auskünfte über die Größe und den Zweck einer Position in Warenderivatkontrakten zu erhalten…".

116 **d) Angaben über alle Vermögenswerte oder Verbindlichkeiten am Basismarkt.** Die in § 6 Abs. 3 Satz 2 Nr. 4 WpHG ausdrücklich aufgeführten Angaben über alle Vermögenswerte oder Verbindlichkeiten am Basismarkt beruhen, wie Nr. 3, auf den Vorgaben des Art. 69 Abs. 2 lit. j RL 2014/65/EU (MiFID II). Entsprechend kann auf die vorherige Randziffer verwiesen werden.

117 **5. Vorlage von Unterlagen und sonstigen Daten.** Gemäß § 6 Abs. 3 WpHG kann die Bundesanstalt auch die Vorlage von Unterlagen oder sonstigen Daten verlangen. Die Befugnis zum Auskunftsverlangen und die Befugnis zur Vorlage von Unterlagen ergänzen sich in sehr vielen Fällen und werden in der Praxis daher sehr oft miteinander verbunden. Die Vorlage von Unterlagen dient der Bundesanstalt zur Überprüfung von Vorgängen, zur eigenen Erkenntnisgewinnung oder zum besseren Verständnis von Zusammenhängen. Hierdurch gewinnt sie Informationen und tiefere Einblicke in die einzelnen Geschäftsabläufe. Zudem hat die Bundesanstalt so die Möglichkeit noch eingehendere Einblicke in Abläufe oder frühere Einschätzungen der Marktteilnehmer zu gewinnen.

118 **Unterlagen** sind jegliche Materialien, die sachbezogene Informationen enthalten können. Insoweit ist der Begriff der Unterlagen nicht allein auf Papierdokumente bezogen. Schon in Art. 12 Abs. 2 lit. a RL 2003/6/EG (MarktmissbrauchsRL) wird der Zugriff der Aufsichtsbehörde auf Unterlagen „aller Art" gefordert. Dies können neben Papierbelegen oder -dokumenten jedweder Art beispielsweise auch Tonbänder sein. Im heutigen elektronischen Zeitalter sind unter Unterlagen auch vorhandene elektronische Aufzeichnungen und Verbindungsdaten, etwa von Telefongesprächen und Datenübermittlungen[1], und andere **elektronische Daten** auf unterschiedlichen Datenträgern, Speichermedien, Clouds etc. zu verstehen[2], die der Bundesanstalt unverschlüsselt zugänglich gemacht werden müssen. Klarstellend und zur Anpassung an den Wortlaut von Art. 69 Abs. 2 lit. a RL 2014/65/EU (MiFID II) wurde in § 6 Abs. 3 Satz 1 WpHG ausdrücklich auch die Vorlage sonstiger Daten vorgesehen, was E-Mails und Chatprotokolle umfasst. Elektronische Unterlagen konnten auch bislang nach der vorherigen Befugnis nach § 4 Abs. 3 Satz 1 WpHG a.F. eingesehen werden[3].

119 Die Bundesanstalt kann die **Vorlage bei sich verlangen**. Nicht ausreichend ist damit das Ermöglichen der Einsichtnahme durch die Bundesanstalt an einem anderen Ort[4] oder in einem virtuellen Datenraum. Die Bundesanstalt muss mit den eingereichten Unterlagen und Daten arbeiten, diese insbesondere auswerten und zur Grundlage weiterer Entscheidungen machen können. Vorzulegen sind bei einem Vorlageersuchen grundsätzlich die originalen Unterlagen, im Gegensatz zum Verlangen der Bundesanstalt zur Überlassung von Kopien.

120 Das Verlangen zur Vorlage von Unterlagen bezieht sich in der Mehrzahl der Fälle auf die Vorlage von **vorhandenen Unterlagen**. Eine geforderte Aufstellung kann als schriftliche Auskunft gewertet werden, wenn sie von Verpflichteten erst erstellt werden muss[5]. Ein Verpflichteter kann sich zum Zwecke der Verweigerung der Vorlage nicht darauf berufen, er habe die Unterlagen verloren. Der Verpflichtete muss sich gehörig anstrengen, die **verlorenen Unterlagen wieder zu rekonstruieren**[6]. Auch eine Beschlagnahme im Rahmen eines Strafverfahrens steht einem Vorlageersuchen nicht entgegen[7]

121 Auch wenn in den von der Bundesanstalt geforderten Unterlagen Informationen enthalten sind, die den Verpflichteten oder einen seiner nahen Angehörigen der Gefahr einer strafgerichtlichen Verfolgung oder eines Bußgeldverfahrens aussetzen würde, besteht kein Auskunftsverweigerungsrecht. Vgl. hierzu ausführlicher die Kommentierung zu § 6 Abs. 15 WpHG (Rz. 234).

122 **6. Verlangen zur Überlassung von Kopien.** Statt sich die originalen Unterlagen vorlegen zu lassen, kann die Bundesanstalt auch die Überlassung von Kopien verlangen. Für die Überlassung der Kopien kann der Ver-

---

1 Vgl. Begr. RegE AnSVG, BT-Drucks. 15/3174, 30.
2 So auch *Reschke* in Beck/Samm/Kokemoor, KWG mit CRR, § 44c KWG Rz. 44; *Lindemann* in Boos/Fischer/Schulte-Mattler, § 44c KWG Rz. 41; *Schröder/Hansen*, ZBB 2003, 113 ff.
3 Vgl. Begr. RegE 2. FiMaNoG, BT-Drucks. 18/10936, 225.
4 A.A. *Schlette/Bouchon* in Fuchs, § 4 WpHG Rz. 67.
5 Vgl. Hess. VGH v. 23.8.2012 – 6 B 1374/12, juris Rz. 32.
6 Vgl. VG Frankfurt/M. v. 22.12.2008 – 1 K 862/08.F, zitiert nach *Reschke* in Beck/Samm/Kokemoor, KWG mit CRR, § 44c KWG Rz. 46.
7 Vgl. *Reschke* in Beck/Samm/Kokemoor, KWG mit CRR, § 44c KWG Rz. 49 mit weiteren Fundstellen.

pflichtete der Bundesanstalt keinen Aufwendungsersatz in Rechnung stellen, denn schon die Gesetzesbegründung zur Einführung dieser Befugnis führt ausdrücklich aus, dass sich das Verlangen auf eine **kostenfreie Überlassung** von Kopien bezieht[1].

7. Ladung und Vernehmung von Personen. Nach § 6 Abs. 3 Satz 1 WpHG hat die Bundesanstalt zudem die Befugnis in eigener Verantwortung Personen vorzuladen und zu vernehmen. Diese Befugnis wurde mit dem durch AnSVG eingefügt und diente der Umsetzung von Art. 12 Abs. 2 lit. a, b und d RL 2003/6/EG (MarktmissbrauchsRL). Inzwischen dient die Regelung auch der Umsetzung der europäischen Anforderungen aus z.B. Art. 23 Abs. 2 lit. b VO Nr. 596/2014 (MAR), Art. 33 Abs. 2 lit. b VO Nr. 236/2012 (Leerverkaufs-VO) und Art. 69 Abs. 2 lit. b RL 2014/65/EU (MiFID II), die als Mindestbefugnis der zuständigen Behörde die Befugnis zur Vorladung und Befragung von Personen fordern.

123

Der Vorteil einer Vernehmung von Personen durch die Bundesanstalt liegt z.B. im unmittelbaren Eindruck von der Person und in der schnellen und effizienten Möglichkeit zu Rückfragen oder der zu vertiefenden Fragen als Reaktion auf die gegebenen Antworten. Insoweit kann eine effizientere Sachverhaltsklärung durchgeführt werden als mit Hilfe von ggf. mehrfachen Auskunfts- und Vorlageersuchen. Dem steht ein größerer Aufwand sowohl für die verpflichtete Person als auch für die Bundesanstalt gegenüber. Hinsichtlich der Ermessensprüfung kann auf die Ausführungen in Rz. 102 verwiesen werden. Die im Rahmen des § 26 VwVfG entwickelten Grundsätze finden regelmäßig eine entsprechende Anwendung[2]. Denn häufiger nutzt die Bundesanstalt die Befugnisse zur Wahrnehmung der Überwachungsaufgabe, wie der Prüfung einer Anzeige an die Staatsanwaltschaft nach § 11 WpHG, und nicht im Rahmen eines Verwaltungsverfahrens nach § 9 VwVfG, das auf die Prüfung und den Erlass eines Verwaltungsakts ausgerichtet ist.

124

8. Gesetzliche Auskunfts- oder Aussageverweigerungsrechte. Von der Befugnis, Auskunft zu verlangen, bleiben nach § 6 Abs. 3 Satz 3 WpHG gesetzliche Auskunfts- und Aussageverweigerungsrechte sowie Verschwiegenheitspflichten unberührt. Gesetzliche Auskunfts- und Aussageverweigerungsrechte meint beispielsweise das **Recht des Beschuldigten** nach § 55 OWiG[3]. Die angesprochenen Verschwiegenheitspflichten sind z.B. diejenige eines **Rechtsanwalts für seine rechtsberatende Tätigkeit** nach § 43a Abs. 2 BRAO oder des Abschlussprüfers nach § 323 HGB[4]. Anders kann das in den spezielleren Befugnissen zu Auskunftsverlangen sein. So kann die Bundesanstalt nach § 107 Abs. 5 Satz 1 WpHG gerade auch von Abschlussprüfern von Unternehmen, deren Wertpapiere an einem inländischen regulierten Markt zugelassen sind, verlangen, Auskünfte zu erteilen und Unterlagen vorzulegen.

125

Um Auskünfte aufgrund gesetzlicher Auskunfts- oder Aussagenverweigerungsrechte verweigern zu könne, muss der zur Auskunft Verpflichtete dessen Voraussetzungen dartun. So ist auch ein Rechtsanwalt dafür darlegungspflichtig, dass Informationen in Rede stünden, die ihm in Ausübung einer anwaltlichen Tätigkeit anvertraut oder sonst bekannt geworden seien[5]. Die anwaltliche Verschwiegenheit kann zudem durch die Pflicht zur Informationserteilung gegenüber der Bundesanstalt eingeschränkt werden, wenn ein Vorgehen gegen dessen Mandant nicht möglich oder erfolgsversprechend ist[6]. Die Auskunftspflicht entfällt auch nicht dadurch, dass der Verpflichtete einem Gesprächspartner Vertraulichkeit zugesichert hat[7].

126

9. Befugnisse zur Sachverhaltsaufklärung in Bezug auf die VO 2016/1011 (Benchmark-VO). Gemäß § 6 Abs. 3 Satz 4 WpHG ist die Bundesanstalt befugt, im modifizierten Umfang auch im Hinblick auf die Verbote und Gebote der VO 2016/1011 (Benchmark-VO) von ihren Befugnissen nach Satz 1 und 3 Gebrauch zu machen. Bezüglich der Erteilung von Auskünften, der Vorladung und der Vernehmung darf sie ihre Befugnisse **nur gegenüber solchen Personen nutzen, die an der Bereitstellung eines Referenzwertes im Sinne der VO 2016/1011 beteiligt sind oder die dazu beitragen**. Hintergrund der Regelung ist, dass mit dieser Art. 41 Abs. 1 lit. b VO 2016/1011 (Benchmark-VO) umgesetzt wird. Die Befugnis zu Auskunftsverlangen, Vorladung und Vernehmung werden in der VO 2016/1011 (Benchmark-VO) aber nur gegenüber den Personen verlangt, die an der Bereitstellung eines Referenzwertes im Sinne der VO 2016/1011 beteiligt sind oder die dazu beitragen, und nicht gegenüber jedermann eingeräumt, insbesondere also nicht gegenüber den ebenfalls von der VO 2016/1011 (Benchmark-VO) betroffenen Verwendern eines Referenzwertes[8].

127

VII. Befugnis zur Informationseinholung bezüglich algorithmischen Handels (§ 6 Abs. 4 WpHG). Die Befugnis der Bundesanstalt zur Einholung von Informationen gegenüber algorithmischen Handel betreibenden

128

---

1 Vgl. Begr. RegE AnSVG zu § 4 WpHG, BT-Drucks. 15/3174, 30.
2 Wohl für eine unmittelbare Anwendung *Schlette/Bouchon* in Fuchs, § 4 WpHG Rz. 74.
3 Vgl. Begr. RegE AnSVG zu § 4 WpHG, BT-Drucks. 15/3174, 30.
4 Vgl. Begr. RegE AnSVG zu § 4 WpHG, BT-Drucks. 15/3174, 30.
5 Vgl. Hess. VGH v. 23.8.2012 – 6 B 1374/12, juris, Rz. 26 unter Bezugnahme auf BVerwG v. 13.12.2011 – 8 C 24/10, NJW 2012, 1241 Rz. 23.
6 BVerwG v. 13.12.2011 – 8 C 24/10, NJW 2012, 1241 Rz. 30 ff.; Hess. VGH v. 10.11.2010 – 6 A 1896/09, DVBl. 2011, 176.
7 VG Frankfurt v. 9.12.1997 – 15 G 2328/97 (1), NJW-RR 1998, 625; Hess. VGH v. 16.3.1998 – 8 TZ 98/98, AG 1998, 436 = NJW-RR 1999, 120.
8 Vgl. Begr. RegE 2. FiMaNoG, BT-Drucks. 18/10936, 218.

Wertpapierdienstleistungsunternehmen wurde im Jahr 2013 mit dem Hochfrequenzhandelsgesetz[1] als § 4 Abs. 3a WpHG a.F. in das WpHG eingefügt. „Die Vorschrift schafft ein **spezielles Auskunftsrecht, um eine bessere Überwachung der Unternehmen zu ermöglichen, die algorithmischen Handel betreiben**. Die Regelung ist an Art. 17 Abs. 2 des Kommissionsvorschlags für die MiFID II angelehnt, schafft aber keine regelmäßigen Berichtspflichten, sondern Auskunftsrechte der Bundesanstalt"[2]. Hintergrund ist, dass der algorithmische Handel mit verschiedenen Risiken, wie z.B. Überreaktionen auf das Marktgeschehen, Systemüberlastungen und missbräuchlichen Verhalten verknüpft ist[3]. Im Rahmen der Änderungen durch das **2. FiMaNoG** erfuhr die Regelung keine inhaltlichen Änderungen, nur eine **redaktionelle Anpassung** an die Neunummerierung einschließlich der Umbenennung zu § 6 Abs. 4 WpHG.

129 **Adressaten einer entsprechenden Verfügung** der Bundesanstalt können nach § 6 Abs. 4 WpHG **alle Wertpapierdienstleistungsunternehmen** sein, **die algorithmischen Handel i.S.d. § 80 Abs. 2 Satz 1 WpHG betreiben**. Bezüglich des Begriffs Wertpapierdienstleistungsunternehmen kann auf die Legaldefinition in § 2 Abs. 10 WpHG verwiesen werden[4]. Aufgrund der besonderen Risikolage beim algorithmischen Handel müssen Wertpapierdienstleistungsunternehmen, die diesen betreiben, über angemessene System- und Risikokontrollen für ihre Handelssysteme und über wirksame Notfallvorkehrungen verfügen sowie besondere Dokumentationspflichten bei der Änderung des zum Handel verwendeten Computeralgorithmus einhalten (§ 80 Abs. 2 WpHG).

130 Der **Begriff des algorithmischen Handels** ist in § 80 Abs. 2 Satz 1 WpHG **legal definiert**. Danach ist algorithmischer Handel ein Handel mit Finanzinstrumenten, bei dem ein Computeralgorithmus die einzelnen Auftragsparameter automatisch bestimmt, ohne dass es sich um ein System handelt, das nur zur Weiterleitung von Aufträgen zu einem oder mehreren Handelsplätzen oder zur Bestätigung von Aufträgen verwendet wird. Solche Auftragsparameter sind insbesondere Faktoren, dass der Auftrag eingeleitet wird, über Zeitpunkt, Preis oder Quantität des Auftrags oder wie der Auftrag nach seiner Einreichung mit eingeschränkter oder überhaupt keiner menschlichen Beteiligung bearbeitet wird. Zu näheren Einzelheiten der Definition des algorithmischen Handels kann auf die Kommentierung zu § 80 Abs. 2 Satz 1 WpHG verwiesen werden.

131 In Bezug auf die Termini **algorithmischer Handel** und **Hochfrequenzhandels** ist darauf hinzuweisen, dass diese **nicht synonym** genutzt werden, sondern voneinander zu unterscheiden sind. **Algorithmischer Handel ist der Oberbegriff und der Hochfrequenzhandel eine Teilmenge des algorithmischen Handels** (vgl. auch § 2 Abs. 4 WpHG). Das Betreiben von Hochfrequenzhandel ist nach dem KWG erlaubnispflichtig. Er wurde in § 1 Abs. 1a Satz 2 Nr. 4 lit. d KWG als eine Form von Eigenhandel definiert (vgl. auch § 2 Abs. 8 WpHG – Wertpapierdienstleistung). Er zeichnet sich durch eine besondere hochfrequente algorithmische Handelstechnik aus, die gekennzeichnet ist durch die Nutzung von besonderen Infrastrukturen. Entsprechend dieser Systematik von algorithmischen Handel als Oberbegriff und Hochfrequenzhandel als Unterfall kann die Bundesanstalt **auch von Hochfrequenzhandel betreibenden Wertpapierdienstleistungsunternehmen entsprechende Informationen anfordern**.

132 Gemäß der Befugnis nach § 6 Abs. 4 WpHG kann die Bundesanstalt **jederzeit Informationen** über den algorithmischen Handel des Wertpapierdienstleistungsunternehmens und die für diesen Handel eingesetzten Systeme **anfordern**. Man kann die Frage aufwerfen, welche Bedeutung das „jederzeit" im Wortlaut der Regelung hat. Die Formulierung könnte **als Ausschluss weiterer Tatbestandsmerkmale** oder als ein **zeitlicher Aspekt** bei der Anforderung verstanden werden. Beides vermag nicht wirklich zu überzeugen. Denn soweit die Bundesanstalt eine Sachverhaltsklärung für erforderlich erachtet und die Tatbestandsvoraussetzungen erfüllt sind, steht es in ihrem Ermessen, Auskünfte zu verlangen. Nachvollziehbar wird die Formulierung mit einem Blick auf die Gesetzesbegründung[5], in der ausgeführt wird, dass die Regelung keine regelmäßigen Berichtspflichten schafft, sondern Auskunftsrechte. Wohl im Ausgleich für die Entscheidung, keine regelmäßigen Berichterstattungspflichten einzuführen, fügte der Gesetzgeber die Befugnis als „jederzeitige" Informationsanforderung in den Katalog der Befugnisse der Bundesanstalt ein. Letztlich ist aber auch schon durch die Fassung der Tatbestandsmerkmale gewährleistet, dass die Bundesanstalt immer dann Auskunft verlangen kann, wenn sie dies für erforderlich hält.

133 **Tatbestandsvoraussetzung** für ein Informationsverlangen nach § 6 Abs. 4 WpHG ist, dass dies auf Grund von Anhaltspunkten für die Überwachung der Einhaltung eines Verbots oder Gebots dieses Gesetzes erforderlich ist. Damit knüpft die Norm an die früheren Tatbestandsvoraussetzungen des § 4 Abs. 3 WpHG a.F. an. Zudem zeigt der Tatbestand eine Parallelität zu den Tatbestandsvoraussetzungen der §§ 7 Abs. 2 und 8 Abs. 2 WpHG auf, die gleichfalls auf eine Sachverhaltsklärung ausgerichtet sind. Erforderlich sind jeweils **Anhaltspunkte für**

---

1 Gesetz zur Vermeidung von Gefahren und Missbräuchen im Hochfrequenzhandel vom 7.5.2013, BGBl. I 2013, 1162.
2 Vgl. Begr. RegE Hochfrequenzhandelsgesetz, BT-Drucks. 17/11631, 18.
3 Vgl. auch Begr. RegE Hochfrequenzhandelsgesetz, BT-Drucks. 17/11631, 1.
4 Vgl. auch die Ausführungen der Bundesanstalt im Rundschreiben 6/2013 (BA) – Anforderungen an Systeme und Kontrollen für den Algorithmushandel von Instituten vom 18.12.2013, Gz. BA 54-FR 2210-2013/0021, der Beitrag zum Algorithmushandel im Bafin-Journal 4/2014 und die „Fragen und Antworten" (FaQ) zum Rundschreiben, veröffentlicht auf der Homepage der Bundesanstalt unter www.bafin.de.
5 Vgl. Begr. RegE zum Hochfrequenzhandelsgesetz, BT-Drucks. 17/11631, 18.

die Erforderlichkeit der Überwachung durch die Bundesanstalt. Diese Anhaltspunkte für die Erforderlichkeit der Überwachung müssen sich zudem auf die Überwachung der Einhaltung eines Verbots oder Gebots dieses Gesetzes beziehen. Die Verbote oder Gebote dieses Gesetzes sind alle **Verbote und Gebote**, die sich aus den Regelungen des WpHG ergeben. Hier insbesondere § 80 WpHG, aber auch andere Verbote oder Gebote des WpHG, wie dem Verbot von Marktmanipulation nach § 119 WpHG.

Insofern ist bedeutsam, was unter **Anhaltspunkte** zu verstehen ist und worauf sich die Anhaltspunkte beziehen müssen. „Anhaltspunkte" müssen nur einen Tatsachenkern erkennen lassen, der in seinen Grundzügen beweisbar ist. Die Anhaltspunkte müssen sich auf die **Erforderlichkeit der Überwachung der Einhaltung der Verbote und Gebote des WpHG** beziehen. Durch die Anhaltspunkte muss sich die Bundesanstalt demnach veranlasst sehen, weitere Nachforschungen beim Adressaten des Ersuchens anzustellen. Es muss nur nachvollziehbar sein, dass die Bundesanstalt einen Nachfragebedarf hat, und zwar dahingehend, zu überprüfen, ob, inwieweit oder auf welche Weise den kapitalmarktrechtlichen Pflichten Folge geleistet wurde und ggf. eine verwaltungsrechtliche Maßnahme angebracht oder erforderlich erscheint. Für die Annahme tatsächlicher Anhaltspunkte reichen auch entfernte Indizien aus, nicht hingegen reine Vermutungen[1]. Insoweit können Anhaltspunkte für die Erforderlichkeit der Überwachung der Einhaltung der Ge- oder Verbote des WpHG auch darin liegen, dass die Bundesanstalt im Rahmen der Überwachungstätigkeit eine nähere Kenntnis der Praxis der Umsetzung der Verhaltenspflichten in Bezug auf algorithmischen Handel durch Wertpapierdienstleistungsunternehmen benötigt. Ein **Anhaltspunkt für einen Verstoß** oder gar einen Verdacht eines Verstoßes gegen eine entsprechende Norm **muss hingegen nicht vorliegen**, auch wenn in Einzelfällen die Schwelle eines Verdachts auf einen Verstoß durchaus erreicht werden kann. Schon **Sinn und Zweck der Befugnis** lassen es konsequent erscheinen, dass die Bundesanstalt zur Wahrnehmung ihrer Überwachungsaufgabe mit hinreichenden Befugnissen zur Sachverhaltsklärung ausgestattet sein muss. Insofern ist es folgerichtig, dass der Gesetzgeber als Voraussetzung für die Befugnis Anhaltspunkte für die Erforderlichkeit der Überwachung der Einhaltung der Verbote und Gebote normiert und nicht Anhaltspunkte für Verstöße verlangt (vgl. Gegenüberstellung Rz. 20).

134

Die Norm ist in ihrer Rechtsfolge als **Ermessensnorm** ausgestaltet. Denn die Bundesanstalt „kann" Auskunft verlangen, „soweit" dies „erforderlich" ist. Das bedeutet, dass das Begehren der Bundesanstalt geeignet, erforderlich und angemessen sein muss, damit diese den Sachverhalt näher aufklären kann. Die Befugnis überlässt es der Bundesanstalt, im Rahmen ihrer pflichtmäßigen Ermessensausübung festzustellen und zu entscheiden, ob und in welchem Umfang die geforderten Informationen zur Erfüllung ihres Informationsbedarfs erforderlich sind. Gemäß dem VG Frankfurt/M.[2], handelt es sich um eine einheitliche Ermessensvorschrift, die der Bundesanstalt zwar keinen Beurteilungsspielraum einräumt, die aber doch im Sinne einer **intendierten Ermessensermächtigung** zu verstehen ist, bei Vorliegen entsprechender Anhaltspunkte tätig werden zu müssen[3]. Im Rahmen ihrer gesetzlichen Überwachungsaufgabe hat die Bundesanstalt nur doch zu prüfen, welche Informationen sie für die von ihr vorzunehmende Prüfung als erforderlich ansieht. Diese **Ermessens- und Einschätzungsprärogative** ist auch im Rahmen einer gerichtlichen Prüfung des Informationsersuchens zu beachten[4].

135

Gegenstand der Informationsersuchen der Bundesanstalt gegenüber den betroffenen Wertpapierdienstleistungsunternehmen nach § 6 Abs. 4 WpHG können sowohl **Informationen über deren algorithmischen Handel** als auch **Informationen über die für diesen Handel eingesetzten Systeme** sein. Die erste Variante der Informationen bezieht sich vor allem auf die Vorgaben, Parameter etc. des Handels selbst, während die zweite Variante sich mehr auf die (auch technischen) Daten des eingesetzten Handelssystems beziehen. In § 6 Abs. 4 Satz 2 WpHG führt der Gesetzgeber ausdrücklich („insbesondere") als Beispiele bezeichnete Informationen auf, die die Bundesanstalt ggf. anfordern kann. Ein Verlangen anderer, ggf. auch weitergehender Informationen ist damit nicht ausgeschlossen. Die beispielsweise aufgezählten Informationen sind:

136

- eine Beschreibung der algorithmischen Handelsstrategien,
- Einzelheiten zu den Handelsparametern oder Handelsobergrenzen, denen das System unterliegt,
- Einzelheiten zu den wichtigsten Verfahren zur Überprüfung der Risiken,
- Einzelheiten zu den Verfahren zur Einhaltung der Vorgaben des § 80 WpHG, wie z.B. das Vorhalten von Notfallvorkehrungen und eines Systems zur Sicherstellung der Belastbarkeit der Handelssysteme,
- Einzelheiten über seine Systemprüfung.

Die Norm regelt ausdrücklich die Befugnis der Bundesanstalt, **Informationen anzufordern**. In der entsprechenden Gesetzesbegründung wird das als **Auskunftsrechte** der Bundesanstalt bezeichnet[5]. Fraglich ist, ob die

137

---

1 Vgl. VG Frankfurt/M. v. 15.3.2017 – 7 L 1124/17.F., nicht veröffentlicht. So auch *Schlette/Bouchon* in Fuchs, § 4 WpHG Rz. 37.
2 Vgl. VG Frankfurt/M. v. 15.3.2017 – 7 L 1124/17.F., nicht veröffentlicht.
3 Vgl. VG Frankfurt/M. v. 15.3.2017 – 7 L 1124/17.F., nicht veröffentlicht. So auch *Schlette/Bouchon* in Fuchs, § 4 WpHG Rz. 75.
4 Vgl. VG Frankfurt/M. v. 15.3.2017 – 7 L 1124/17.F., nicht veröffentlicht.
5 Vgl. Begr. RegE Hochfrequenzhandelsgesetz, BT-Drucks. 17/11631, 18.

Bundesanstalt auf Grundlage von § 6 Abs. 4 WpHG neben reinen Auskünften ggf. **auch Unterlagen** anfordern kann. Dies könnte beispielsweise in Betracht kommen, wenn es z.B. um technische Beschreibungen des verwendeten Handelssystems, den Nachweis der Dokumentation von Änderungen im verwendeten Computeralgorithmus etc. geht. Der Wortlaut „kann die Bundesanstalt insbesondere jederzeit Informationen ... anfordern" lässt die Anforderung von Unterlagen durchaus zu. Daher ist die Anforderung erforderlicher Unterlagen bei Anhaltspunkten für die Erforderlichkeit der Überwachung der Normen möglich. Losgelöst hiervon, wäre eine Anforderung von Unterlagen auch nach §§ 6 Abs. 3 Satz 1 und 88 f. WpHG möglich. Denn die Formulierung „insbesondere" zeigt an, dass die Befugnis nach § 6 Abs. 4 WpHG kein die anderen Befugnisse ausschließender lex spezialis ist, sondern **neben den sonstigen Befugnissen** der Bundesanstalt steht.

138 **VIII. Zuständigkeitszuweisung für die Bundesanstalt in Bezug auf MAR, MiFIR und MiFID II (§ 6 Abs. 5 WpHG).** § 6 Abs. 5 WpHG **bestimmt die Bundesanstalt als zuständige Behörde** im Sinne verschiedener europarechtlicher kapitalmarktrechtlicher Regelungsmaterien. Diese ausschließliche Zuständigkeit der Bundesanstalt wird durchbrochen durch eine Zuständigkeit der Börsenaufsichtsbehörde in Bezug auf die Pflichteneinhaltung der Börsen und Börsenträger.

139 Eine Zuständigkeitszuweisung für die Bundesanstalt wurde mit dem **1. FiMaNoG**[1] als § 4 Abs. 3b WpHG a.F. in Bezug auf die MAR normiert. Sie setzt Art. 22 VO Nr. 596/2014 (MAR) um. Schon diese Regelung enthielt einen Vorbehalt in Bezug auf die Regelung in § 3 Abs. 5 BörsG[2], der die Befugnis der Börsenaufsichtsbehörde zu allen Anordnungen umfasst, um die Ordnung und den Geschäftsverkehr an der Börse aufrecht zu erhalten. Mit dem **2. FiMaNoG** wurde die Zuständigkeitszuweisung für die Bundesanstalt in Umsetzung der RL 2014/65/EU (MiFID II) und in Bezug auf die VO 2015/2365 (SFT-VO) und VO 2016/1011 (Benchmark-VO) erweitert[3]. Der Vorbehalt für die Börsenaufsichtsbehörde wurde gleichfalls erweitert und bezieht sich nunmehr auch auf § 3 Abs. 11 und 12 sowie § 15 Abs. 7 BörsG[4]. Diese Erweiterung des Vorbehalts bezieht sich auf die Befugnisse der Börsenaufsichtsbehörde und deren Bestimmung als eine der zuständigen Behörden nach der MiFIR.

140 § 6 Abs. 5 WpHG bestimmt die Bundesanstalt als **zuständige Behörde nach:**
- Art. 22 VO Nr. 596/2014 (MAR) und
- Art. 2 Abs. 1 Nr. 18 VO Nr. 600/2014 (MiFIR) sowie
- für Art. 25 Abs. 4 Unterabs. 3 RL 2014/65/EU (MiFID II).

141 Als zuständige Behörde nach Art. 22 VO Nr. 596/2014 (MAR) hat die Bundesanstalt die Aufgabe, die **Anwendung der Bestimmungen der VO Nr. 596/2014 (MAR)** in ihrem Hoheitsgebiet, auf alle in ihrem Hoheitsgebiet ausgeführten Handlungen und auf im Ausland ausgeführte Handlungen in Bezug auf Instrumente, die an inländischen Handelsplätzen gehandelt werden oder gehandelt werden sollen oder die auf einer Versteigerungsplattform versteigert wurden, **zu gewährleisten**. Die Bundesanstalt ist folgerichtig in der ESMA-Liste der zuständigen Behörden nach Art. 22 VO Nr. 596/2014 (MAR) aufgeführt[5].

142 Die **zuständige Behörde nach Art. 2 Abs. 1 Nr. 18 VO Nr. 600/2014 (MiFIR)** ist legal definiert als die in Art. 4 Abs. 1 Nr. 26 RL 2014/65/EU (MiFID II) genannte Behörde. Dies ist die nach Art. 67 RL 2014/65/EU (MiFID II) benannte Behörde, sofern in dieser Richtlinie nichts anderes bestimmt ist. Mit der Regelung in § 6 Abs. 5 Satz 1 WpHG und entsprechend der veröffentlichten Liste der ESMA[6] ist die Bundesanstalt die zuständige Behörde für die Aufsicht über Wertpapierfirmen und MTF und OTF, die nicht Teil einer Börse sind. Die Bestimmung des § 6 Abs. 5 Satz 1 WpHG, die grundsätzlich die Bundesanstalt als zuständiger Behörde nach Art. 2 Abs. 1 Nr. 18 VO Nr. 600/2014 (MiFIR) benennt, wird ergänzt durch die Regelung in § 22 Abs. 1 WpHG, die die Bundesanstalt als zuständige Behörde für die Meldungen nach Art. 26 und 27 VO Nr. 600/2014 (MiFIR) bestimmt.

143 § 6 Abs. 5 Satz 2 WpHG bestimmt zudem die Bundesanstalt als **zuständige Behörde für die Zwecke des Art. 25 Abs. 4 Unterabs. 3 RL 2014/65/EU (MiFID II)**. Art. 25 Abs. 4 RL 2014/65/EU (MiFID II) enthält keine drei Unterabsätze. Die Gesetzesbegründung hilft für das Verständnis der Regelung nicht weiter. Offensichtlich wurde bei der Zitierung der MiFID II der Buchstabe a vergessen und die Zuständigkeitsbestimmung bezieht sich auf Art. 25 Abs. 4 lit. a RL 2014/65/EU (MiFID II). Diese Regelung bestimmt: „Auf Antrag der zuständigen Behörde eines Mitgliedstaats erlässt die Kommission gemäß dem in Art. 89a Abs. 2 genannten Prüfungsverfahren Beschlüsse über die Gleichwertigkeit, durch die festgestellt wird, ob der Rechts- und Aufsichtsrahmen eines Drittlands gewährleistet, dass .... Die zuständige Behörde legt dar, weshalb sie der Ansicht ist, dass der Rechts- und Aufsichtsrahmen des betreffenden Drittlands als gleichwertig anzusehen ist, und legt hierfür einschlägige

---

1 Vgl. Begr. RegE 1. FiMaNoG, BT-Drucks. 18/7482, 12, 58.
2 Vgl. Begr. RegE 1. FiMaNoG zu § 4 Abs. 3b WpHG, BT-Drucks. 18/7482, 12 und 58.
3 Vgl. Begr. RegE 2. FiMaNoG, BT-Drucks. 18/10936, 38, 225.
4 Vgl. Begr. Anordnungen des 2. FiMaNoG zu den § 6 Abs. 5 WpHG-E, BT-Drucks. 18/10936, 38 und 225.
5 Vgl. die von der EU-Kommission veröffentlichte Liste der zuständigen nationalen Aufsichtsbehörden nach Art. 22 VO Nr. 596/2014 unter https://ec.europa.eu/info/system/files/mar-2014-596-art-22-list_en.pdf.
6 Liste der zuständigen nationalen Aufsichtsbehörden nach Art. 67 RL 2014/65/EU veröffentlicht unter https://www.esma.europa.eu/sites/default/files/list_of_ncas_under_article_673_of_mifid_ii.pdf.

Informationen vor."[1] Entsprechende Anträge darf die Bundesanstalt nach § 6 Abs. 5 Satz 2 WpHG stellen und ist sodann zur Darlegung verpflichtet. Die Relevanz der Regelung ergibt sich auch in der Zusammenschau mit Art. 23 Abs. 1 VO Nr. 600/2014 (MiFIR), der verlangt, dass Wertpapierfirmen sicher stellen, dass ihre Geschäfte mit Aktien, die zum Handel an einem geregelten Markt zugelassen sind oder an einem Handelsplatz gehandelt werden, grundsätzlich an einem geregelten Markt, im Rahmen eines MTF, OTF, systematischen Internalisierers oder an einem Drittlandhandelsplatz getätigt werden, der gem. Art. 25 Abs. 4 RL 2014/65/EU (MiFID II) als gleichwertig gilt.

Diese **Bestimmung als zuständige Behörde** bewirkt zugleich eine **nationalrechtliche Aufgabenzuweisung**. So fordert beispielsweise Art. 22 Satz 3 VO Nr. 596/2014 (MAR), dass die zuständige Behörde die Anwendung der Bestimmungen dieser Verordnung in Bezug auf ihr Mitgliedsstaat gewährleistet. Entsprechend bestimmt § 6 Abs. 2 Satz 1 WpHG, dass die Bundesanstalt **im Rahmen der ihr jeweils zugewiesenen Zuständigkeit auch die Einhaltung der Verbote und Gebote** der in § 1 Abs. 1 Nr. 8 WpHG aufgeführten europäischen Verordnungen einschließlich der auf Grund dieser Verordnungen erlassenen delegierten Rechtsakte und Durchführungsrechtsakte der Europäischen Kommission überwacht. Hierzu gehört nach § 1 Abs. 1 Nr. 8 lit. e, f WpHG auch die MAR, MiFID etc. In Bezug auf Art. 25 Abs. 4 RL 2014/65/EU (MiFID II) ist die Bundesanstalt nationalrechtlich befugt, entsprechende **Anträge für Gleichwertigkeitsprüfungen** an die Europäische Kommission zu stellen. 144

Die Bestimmung der Bundesanstalt als zuständige Behörde erfolgt in § 6 Abs. 5 WpHG „**unbeschadet**" der §§ 3 Abs. 5, 11 und 12 sowie 15 Abs. 7 BörsG. Hiernach ist die **Börsenaufsichtsbehörde beispielsweise zuständige Behörde** im Sinne des Titels II sowie der Art. 22 und 25 Abs. 2, der Art. 29 bis 31 und 36 VO Nr. 600/2014 (MiFIR), soweit die Pflichten von Börsenträgern und Börsen betroffen sind. Sie ist auch befugt, Anordnungen zur Aufrechterhaltung der Ordnung und für den Geschäftsverkehr an der Börse zu erlassen. 145

IX. Befugnis zum Verbot bestimmter Handlungen (§ 6 Abs. 6 WpHG). Gemäß § 6 Abs. 6 WpHG kann die Bundesanstalt zur Verhinderung weiterer Verstöße gegen näher bezeichnete Vorschriften **für einen Zeitraum von bis zu zwei Jahren die Einstellung der den Verstoß begründenden Handlungen oder Verhaltensweisen verlangen**. In bestimmten Fällen kann sie zudem verlangen, dass die den Verstoß begründenden **Handlungen oder Verhaltensweisen dauerhaft eingestellt werden sowie deren Wiederholung verhindern**. 146

Die Befugnis wurde mit dem **1. FiMaNoG**[2] als § 4 Abs. 3h WpHG a.F. eingefügt. Mit der Einfügung wurden die Vorgaben aus Art. 23 Abs. 2 lit. k VO Nr. 596/2014 (MAR) umgesetzt. Mit dem **2. FiMaNoG**[3] wurde die Regelung jeweils mit den Art. 1 bis 3 geändert. Diese Änderungen dienen der Umsetzung von Art. 22 Abs. 4 Satz 1 lit. a VO 2015/2365 (SFT-VO), Art. 41 Abs. 1 lit. h VO 2016/1011 (Benchmark-VO) und Art. 69 Abs. 2 lit. k RL 2014/65/EU (MiFID II). Danach muss das nationale Recht bei bestimmten Verstößen den zuständigen Behörden die verwaltungsrechtliche Möglichkeit einräumen, gegenüber der für den Verstoß verantwortlichen Person Anordnungen treffen zu können, um Verhaltensweise – auch dauerhaft – einzustellen und von einer Wiederholung abzuhalten. 147

1. Befristete Untersagung von Handlung oder Verhaltensweise (§ 6 Abs. 6 Satz 1 WpHG). Gegenstand des Begehrens der Bundesanstalt ist das Verlangen der Einstellung einer Handlung oder Verhaltensweise, die einen näher bezeichneten Verstoß begründen. Welche Handlungen oder Verhaltensweisen das im Einzelnen sein können, bestimmt sich nach dem jeweiligen Verstoß. Der mögliche **Adressat des Begehrens** der Bundesanstalt wird in der Norm nicht explizit benannt. Vom Sinn und Zweck der Norm her kann **jedermann** Adressat sein, der eine einen Verstoß begründende Handlung vornimmt oder eine solche Verhaltensweise an den Tag legt. 148

Voraussetzung für ein solches Verlangen der Bundesanstalt nach § 6 Abs. 6 **Satz 1** WpHG gegenüber einer Person, eine den Verstoß begründende Handlung oder Verhaltensweise für einen Zeitraum von bis zu zwei Jahren einzustellen, ist ein **Verstoß** gegen 149

1. Vorschriften des Abschnitts 3 des WpHG (Marktmissbrauchsüberwachung) sowie die zur Durchführung dieser Vorschriften erlassenen Rechtsverordnungen,
2. Vorschriften der VO Nr. 596/2014 (MAR), insbesondere gegen deren Art. 4 und 14 bis 21 bezüglich der Meldungen der Finanzinstrumente und das Insider- und Marktmanipulationsverbot einschließlich der Offenlegungsvorschriften und der Regelungen zur Vorbeugung auf Aufdeckung von Marktmissbrauch, sowie die auf Grundlage dieser Artikel erlassenen delegierten Rechtsakte und Durchführungsrechtsakte der Europäischen Kommission,
3. Vorschriften der Abschnitte 9 bis 11 des WpHG sowie die zur Durchführung dieser Vorschriften erlassenen Rechtsverordnungen; das sind

---

1 Eingefügt in Art. 25 Abs. 4 RL 2014/65/EU (MiFID II) mit der Richtlinie (EU) 2016/1034 des Europäischen Parlaments und des Rates vom 23.6.2016 zur Änderung der Richtlinie 2014/65/EU über Märkte für Finanzinstrumente, ABl. EU Nr. L 175 v. 30.6.2016, S. 8.
2 Vgl. Begr. RegE 1. FiMaNoG, BT-Drucks. 18/7482, 13 und 59.
3 Vgl. Begr. RegE 2. FiMaNoG, BT-Drucks. 18/10936, 8, 12, 38, 215, 219 und 225.

- die Regelungen bezüglich der Positionslimits und Positionsmanagementkontrolle bei Warenderivaten und Positionsmeldungen (§§ 54 ff. WpHG),
- die Regelungen bezüglich der Organisationspflichten von Datenbereitstellungsdiensten (§§ 58 ff. WpHG) und
- die Wohlverhaltensregeln, Organisationspflichten, Transparenzpflichten von Wertpapierdienstleistungsunternehmen (§§ 63 ff. WpHG),

4. Vorschriften der VO Nr. 600/2014 (MiFIR), insbesondere die in Titel II bis VI enthaltenen Artikel sowie die auf Grundlage dieser Artikel erlassenen delegierten Rechtsakte und Durchführungsrechtsakte der Europäischen Kommission,
5. Art. 4 und 15 der VO 2015/2365 (SFT-VO) sowie die auf Grundlage des Art. 4 erlassenen delegierten Rechtsakte und Durchführungsrechtsakte der Europäischen Kommission; das sind die Regelungen zur Meldepflicht und Sicherheitsvorkehrungen für Wertpapierfinanzierungsgeschäfte sowie zur Weiterverwendung von als Sicherheit erhaltenen Finanzinstrumenten,
6. Vorschriften der VO 2016/1011 (Benchmark-VO) sowie auf deren Grundlage erlassenen delegierten Rechtsakte und Durchführungsrechtsakte der Europäischen Kommission, oder
7. eine sich auf eine der in Nr. 1 bis 6 genannten Vorschriften beziehende Anordnung der Bundesanstalt.

Zudem verweist § 53 Abs. 1 Satz 3 WpHG auf die entsprechende Anwendung dieser Norm auch für die Überwachung der VO Nr. 236/2012 (Leerverkaufs-VO), die in Art. 33 Abs. 2 lit. e VO Nr. 236/2012 (Leerverkaufs-VO) die Befugnis der zuständigen Behörde für eine Anordnung des Einstellens von rechtswidrigen Praktiken verlangt. Der **Verstoß muss schon erfolgt sein**, er kann aber noch andauern.

150 Ein **Verstoß gegen eine Anordnung** der Bundesanstalt wurde schon durch das 1. FiMaNoG als Voraussetzung einer entsprechenden Anordnung normiert; wobei dieses Merkmal jeweils in den (damals alleinigen) Nr. 1 und 2 enthalten war. Mit der Erweiterung des Katalogs der in Bezug genommenen Vorschriften wurden die Verstöße gegen eine entsprechende Anordnung der Bundesanstalt in eine eigene Nummer aufgenommen und an den erweiterten Katalog angepasst. Die Erweiterung der Nr. 7 mit dem 2. FiMaNoG setzt auch Vorgaben der Benchmark-VO um. In diesem Zusammenhang ist darauf hinzuweisen, dass die Anordnung gegen die verstoßen wurde, weder unbedingt bestandskräftig oder vollstreckbar sein muss. Der Gesetzeswortlaut geht von einer Anordnung der Bundesanstalt aus, die wirksam sein muss. In Anbetracht der Verfahrensläufe und unter Berücksichtigung von § 13 WpHG wird es sich aber ganz überwiegend um vollstreckbare Verfügungen der Bundesanstalt handeln. Ein Abstellen auf die Bestandskraft der Verfügung würde ein Einschreiten der Bundesanstalt hinauszögern, da es der betroffene in der Hand hätte, durch Rechtsmittel die Bestandskraft der Verfügung hinauszuziehen.

151 **Weitere Voraussetzung** für eine Verfügung nach § 6 Abs. 6 Satz 1 WpHG ist, dass die Anordnung **zur Verhinderung weiterer Verstöße** erlassen wird. Zielrichtung der Anordnung muss damit sein, einen vom Tatbestand erfassten Verstoß durch die Anordnung zu verhindern oder doch zu erschweren.

152 Im Rahmen der Ermessensprüfung durch die Bundesanstalt hat diese die Geeignetheit der Anordnung für diese Zielsetzung zu prüfen. Neben der Geeignetheit sind auch die Erforderlichkeit und die Angemessenheit des Verlangens zu prüfen. Die **Ermessensprüfung** bezieht sich auch auf die zeitliche Komponente des Verlangens der Bundesanstalt. Denn die Bundesanstalt kann die Einstellung der den Verstoß begründenden Handlungen oder Verhaltensweisen für **einen Zeitraum von bis zu zwei Jahren** verlangen. Insoweit muss die Bundesanstalt auch einen angemessenen Zeitraum, der nicht länger als zwei Jahre sein darf, bestimmen.

153 **2. Dauerhafte Untersagung von Handlungen oder Verhaltensweisen (§ 6 Abs. 6 Satz 2 WpHG).** Nach § 6 Abs. 6 **Satz 2** WpHG kann die Bundesanstalt auch eine dauerhafte Einstellung der den Verstoß begründenden Handlungen oder Verhaltensweisen verlangen sowie eine Wiederholung verhindern, wenn Verstößen gegen die in den Nr. 3 und 4 genannten Vorschriften sowie sich hierauf beziehende Anordnungen der Bundesanstalt vorliegen. Die Formulierung der normierten Befugnis ist bezüglich der zweiten Alternative, die Verhinderung einer Wiederholung der den Verstoß begründenden Handlung oder Verhaltensweise, nicht ganz eindeutig formuliert. Die Befugnis kann sich darauf beziehen, dass die Bundesanstalt befugt ist, die Verhinderung der Wiederholung zu verlangen, oder dass sie die Befugnis hat, die Wiederholung selbst zu verhindern. Die Norm übernimmt die Vorgabe des Art. 69 Abs. 2 lit. k[1] RL 2014/65/EU (MiFID II) auch vom Aufbau der Befugnis mit den beiden möglichen Lesarten. Da aber das Verlangen der dauerhaften Einstellung der den Verstoß begründenden Handlungen oder Verhaltensweisen schon die Verhinderung der Wiederholung durch den verpflichteten umfasst, kann diese Alternative nur so verstanden werden, dass die Bundesanstalt befugt ist, eine Wiederholung verhindern. Die Bundesanstalt kann folglich alle Maßnahmen anordnen bzw. ergreifen, um eine Wiederholung

---

1 Die Anforderung lautet: „Die Befugnisse gemäß Absatz 1 umfassen zumindest folgende Befugnisse ... zu verlangen, dass Praktiken oder Verhaltensweisen, die nach Ansicht der zuständigen Behörde den Bestimmungen der Verordnung (EU) Nr. 600/2014 und den zur Umsetzung dieser Richtlinie erlassenen Vorschriften zuwiderlaufen, vorübergehend oder dauerhaft eingestellt werden, und eine Wiederholung dieser Praktiken und Verhaltensweisen zu verhindern".

verhindern, und nicht nur gegenüber dem Verpflichteten verlangen, dass dieser dauerhaft die den Verstoß begründenden Handlungen oder Verhaltensweisen einstellt.

Hierbei handelt es sich um **Verstöße** gegen die 154
- Vorschriften der Abschnitte 9 bis 11 dieses Gesetzes sowie die zur Durchführung dieser Vorschriften erlassenen Rechtsverordnungen,
- Vorschriften der Verordnung Nr. 600/2014, insbesondere die in Titel II bis VI enthaltenen Artikel sowie die auf Grundlage dieser Artikel erlassenen delegierten Rechtsakte und Durchführungsrechtsakte der Europäischen Kommission oder
- eine sich hierauf beziehende Anordnungen der Bundesanstalt.

Zudem verweist § 53 Abs. 1 Satz 3 WpHG auf die entsprechende Anwendung dieser Norm auch für die Überwachung der VO Nr. 236/2012 (Leerverkaufs-VO), die in Art. 33 Abs. 2 lit. e VO Nr. 236/2012 (Leerverkaufs-VO) die Befugnis der zuständigen Behörde für eine Anordnung des Einstellens von rechtswidrigen Praktiken verlangt.

Die **Zielrichtung** dieser Befugnis ist **gleichfalls die Verhinderung weiterer Verstöße** gegen diese Vorschriften. 155
Anders als nach Satz 1 kann die Bundesanstalt auch die **dauerhafte Einstellung** der den Verstoß begründenden Handlungen oder Verhaltensweisen sowie eine **Verhinderung von deren Wiederholung** verlangen. Die Norm setzt Art. 22 Abs. 4 Satz 1 lit. a VO 2015/2365 (SFT-VO) um. In Bezug auf die **Ermessensausübung** kann auf die entsprechenden Ausführungen zu Satz 1 verwiesen werden, wobei die Möglichkeit der dauerhaften Untersagung zu berücksichtigen ist.

X. Befugnis zum Verbot von Geschäften natürlicher Personen (§ 6 Abs. 7 WpHG). Die Befugnis nach § 6 156
Abs. 7 WpHG räumt der Bundesanstalt die Möglichkeit ein, einer **natürlichen Person für einen Zeitraum von bis zu zwei Jahren Geschäfte für eigene Rechnung in benannten Finanzinstrumenten und Produkten zu untersagen**, wenn diese für einen Verstoß gegen näher bezeichnete Vorschriften verantwortlich ist. Diese Befugnis wurde im Jahr 2016 mit dem **1. FiMaNoG**[1] als § 4 Abs. 3i WpHG a.F. eingefügt. Sie setzt Art. 30 Abs. 2 Unterabs. 1 lit. g VO Nr. 596/2014 (MAR) um. Mit dem 2. FiMaNoG erfuhr die Regelung nur eine geringfügige sprachliche Anpassung und wurde durch die Neunummerierung zu § 6 Abs. 7 WpHG.

Voraussetzung einer Verfügung der Bundesanstalt nach § 6 Abs. 7 WpHG ist das **Vorliegen eines Verstoßes** 157
gegen folgende **Vorschriften der VO Nr. 596/2014 (MAR)**
- Art. 14 (Insiderverbot),
- Art. 15 (Verbot der Marktmanipulation),
- Art. 16 Abs. 1 und 2 (Vorschriften zur Vorbeugung und Aufdeckung von Marktmissbrauch),
- Art. 17 Abs. 1, 2, 4, 5 und 8 (Regelungen zur Veröffentlichung von Insiderinformationen),
- Art. 18 Abs. 1 bis 6 (Vorschriften zum Führen von Insiderlisten),
- Art. 19 Abs. 1 bis 3, 5 bis 7 und 11 (Vorschriften für director dealings-Meldungen) sowie
- Art. 20 Abs. 1 (Regelungen für Anlageempfehlungen)
- oder gegen eine sich auf diese Vorschriften beziehende Anordnung der Bundesanstalt.

In Bezug auf einen Verstoß führt die Gesetzesbegründung zum 1. FiMaNoG aus, dass ein vorbezeichneter Verstoß auch bereits in der fehlenden Übereinstimmung eines Verhaltens mit einem der betreffenden verwaltungsrechtlichen Ge- oder Verbote zu sehen ist[2].

Adressat einer solchen Verfügung der Bundesanstalt kann **jede natürliche Person** sein. Diese muss als Adressat 158
für einen vorbenannten Verstoß **verantwortlich sein**. Der Terminus „verantwortlich" ist nicht gleichzusetzen mit einem straf- oder bußgeldrechtlichen Verschulden, in Form eines fahrlässigen oder vorsätzlichen Handelns. Verantwortlich bedeutet, für die Einhaltung der vorbenannten Vorschriften oder die Umsetzung der Anordnung der Bundesanstalt zuständig bzw. verpflichtet zu sein, hierfür die Verantwortung zu tragen oder deren Realisierung vertreten müssen. Bezogen auf den tatbestandlichen Verstoß muss diese Person den Verstoß selbst verursacht haben oder die Verantwortung für die Einhaltung der Norm und damit auch für den Verstoß tragen.

Gegenstand der Verfügung ist eine **Untersagung** der Bundesanstalt gegenüber der verantwortlichen Person 159
für eigene Rechnung Geschäfte in den in Art. 2 Abs. 1 VO Nr. 596/2014 (MAR) **genannten Finanzinstrumenten und Produkten zu tätigen**. Soweit die Person derartige Geschäfte auch für Rechnung Dritter tätigt, kann die Bundesanstalt die Geschäfte für Rechnung Dritter nicht auf Basis dieser Befugnis untersagen. Die Untersagung der Geschäfte muss sich zudem auf die in Art. 2 Abs. 1 VO Nr. 596/2014 (MAR) genannten Finanzinstrumente beschränken. Das sind im Wesentlichen Finanzinstrumente, deren Handel am geregelten Markt zugelassen oder beantragt ist, die an einem MTF oder OTF gehandelt werden, Derivate dieser Finanzinstrumente und Geschäfte und Gebote bei der Versteigerungen von Treibhausgasemissionszertifikaten und anderen darauf be-

---

1 Vgl. Begr. RegE 1. FiMaNoG, BT-Drucks. 18/7482, 13 und 59.
2 Vgl. Begr. RegE 1. FiMaNoG, BT-Drucks. 18/7482, 59.

ruhenden Auktionsobjekten auf einer als geregelten Markt zugelassenen Versteigerungsplattform. Bezüglich der Details der Geschäfte in den in Art. 2 Abs. 1 VO Nr. 596/2014 (MAR) genannten Finanzinstrumenten und Produkten kann auf die Regelung der MAR verwiesen werden.

160 Die Bundesanstalt ist befugt, Geschäfte für eigene Rechnung in den bezeichneten Finanzinstrumenten und Produkten für einen Zeitraum von **bis zu zwei Jahren untersagen**. Dies ist eine **Maximaldauer** für eine solche Untersagung. Im Rahmen ihres Ermessens muss die Bundesanstalt prüfen, ob ein kürzerer Zeitraum für die Zweckerreichung gleichfalls ausreichend ist.

161 Die **Pflicht zur Ermessensausübung der Bundesanstalt** ergibt sich unmittelbar aus der Befugnis, die als „Kann"-Norm gefasst ist. Im Rahmen des Ermessens ist nicht nur der Zeitraum sondern auch der Umstand zu prüfen, ob überhaupt eine Untersagung geeignet, erforderlich und angemessen ist.

162 **XI. Befugnis zum Verbot beruflicher Tätigkeit (§ 6 Abs. 8 WpHG).** § 6 Abs. 8 WpHG **ermächtigt die Bundesanstalt** bei bestimmten Rechtsverstößen einer Person für einen Zeitraum von bis zu zwei Jahren die **Ausübung der Berufstätigkeit zu untersagen**. Hierbei unterscheidet die Regelung **zwei Fallalternativen:** Satz 1 regelt eine Untersagung der Ausübung der Berufstätigkeit für eine Person, die bei einem von der Bundesanstalt beaufsichtigten Unternehmen tätig ist. Satz 2 regelt die Untersagung der Wahrnehmung von Führungsaufgaben durch die Bundesanstalt. Gemeinsam ist beiden Regelungsalternativen, dass der Verstoß gegen die Pflicht vorsätzlich erfolgen muss und das Verhalten trotz Verwarnung durch die Bundesanstalt fortgesetzt wird. In Anbetracht der damit erforderlichen Intensität der Missachtung der entsprechenden kapitalmarktrechtlichen Vorschriften ist der durchaus erheblich eingreifende Charakter der Maßnahme nicht nur als repressive Maßnahme bei Verstößen sondern auch als präventive Maßnahme erforderlich, um die Einhaltung der jeweiligen Vorschriften und Anordnungen sicherzustellen.

163 Die Befugnis der Bundesanstalt zu derartigen beruflichen Tätigkeitsverboten wurde **erstmals im Jahre 2016** mit dem **1. FiMaNoG** als **§ 4 Abs. 3j WpHG a.F. eingefügt**. Die mit dem 1. FiMaNoG[1] eingefügte Befugnis entspricht dem heutigen Satz 1. Diese Regelung **setzt die Anforderungen** des Art. 23 Abs. 2 lit. l VO Nr. 596/2014 (MAR) **um**.

164 Mit dem **2. FiMaNoG**[2] wurde die Regelung, zeitlich gestaffelt, durch dessen Art. 1 bis 3 geändert. Durch diese **Änderungen** wurde der Satz 2 der Regelung angefügt und die in Bezug genommenen Normen aktualisiert. Im Rahmen der Neunummerierung wurde die Norm von § 4 Abs. 3j WpHG a.F. zu § 6 Abs. 8 WpHG. Die Regelung dient mit diesen Änderungen nicht mehr nur der **Umsetzung der Vorgaben** der MAR sondern auch der Umsetzung des Art. 69 Abs. 2 lit. f RL 2014/65/EU (MiFID II), des Art. 41 Abs. 1 lit. i VO 2016/1011 (Benchmark-VO) und des Art. 22 Abs. 4 Satz 1 lit. d VO 2015/2365 (SFT-VO).

165 **1. Tätigkeitsverbote für Beschäftigte eines beaufsichtigten Unternehmens (§ 6 Abs. 8 Satz 1 WpHG).** Gemäß § 6 Abs. 8 Satz 1 WpHG kann die Bundesanstalt einer **Person, die bei einem von der Bundesanstalt beaufsichtigten Unternehmen tätig ist**, für einen Zeitraum von **bis zu zwei Jahren die Ausübung der Berufstätigkeit untersagen**, wenn sie vorsätzlich gegen eine der genannten Vorschriften oder eine sich auf diese Vorschriften beziehende Anordnung der Bundesanstalt verstoßen hat und dieses Verhalten trotz Verwarnung durch die Bundesanstalt fortsetzt.

166 Möglicher **Adressat einer solchen Untersagung** durch die Bundesanstalt ist eine **Person, die bei einem von der Bundesanstalt beaufsichtigten Unternehmen tätig** ist. Die Formulierung „bei ...tätig sein" bezieht sich nur auf eine **natürliche Person**, die somit Adressat sein kann. Bei einem von der Bundesanstalt beaufsichtigten Unternehmen tätig sein, bezieht sich **auf alle von der Bundesanstalt beaufsichtigten Unternehmen**, unabhängig davon, nach welchem Aufsichtsgesetz das Unternehmen von der Bundesanstalt beaufsichtigt wird. Das können also auch Versicherungsunternehmen, Kapitalverwaltungsgesellschaften etc. sein. In Bezug auf den somit eingeschränkten Adressatenkreis führt die Gesetzesbegründung zum 2. FiMaNoG aus, Art. 41 Abs. 1 lit. i VO 2016/1011 sieht anders als Abs. 8 Satz 1 zwar keine Beschränkung auf bei „von der Bundesanstalt beaufsichtigten Unternehmen" tätige Personen vor. Allerdings können nur „beaufsichtigten Unternehmen" i.S.d. Art. 3 Abs. 1 Nr. 17 VO 2016/1011 gegen deren Artikel verstoßen, welche spätestens mit der Umsetzung der VO 2016/1011 zu „von der Bundesanstalt beaufsichtigten Unternehmen" werden[3].

167 **Voraussetzung** einer entsprechenden Untersagung der Tätigkeit durch die Bundesanstalt ist, dass die Person vorsätzlich gegen eine der in § 6 Abs. 6 Satz 1 Nr. 1 bis 4 und Nr. 6 WpHG genannten **Vorschriften** oder eine sich auf diese **Vorschriften beziehende Anordnung** (Nr. 7) der Bundesanstalt **verstoßen hat**. Das bedeutet, der **Verstoß ist schon erfolgt**, er kann aber noch andauern. Hierbei handelt es sich um die

– Vorschriften des Abschnitts 3 des WpHG (Marktmissbrauchsüberwachung, §§ 25 ff. WpHG) sowie die zur Durchführung dieser Vorschriften erlassenen Rechtsverordnungen,

---

[1] Vgl. Begr. RegE 1. FiMaNoG, BT-Drucks. 18/7482, 13 und 59.
[2] Vgl. Begr. RegE 2. FiMaNoG, BT-Drucks. 18/10936, 8, 12, 38 f., 215, 219 und 225.
[3] Vgl. Begr. RegE 2. FiMaNoG, BT-Drucks. 18/10936, 225.

- Vorschriften der VO Nr. 596/2014 (MAR), insbesondere gegen deren Art. 4 und 14 bis 21, sowie die auf Grundlage dieser Artikel erlassenen delegierten Rechtsakte und Durchführungsrechtsakte der Europäischen Kommission,
- Vorschriften der Abschnitte 9 bis 11 des WpHG sowie die zur Durchführung dieser Vorschriften erlassenen Rechtsverordnungen, d.h. die Regelungen bezüglich der Positionslimits und Positionsmanagementkontrolle bei Warenderivaten und Positionsmeldungen (§§ 54 ff. WpHG), Organisationspflichten von Datenbereitstellungsdiensten (§§ 58 ff. WpHG) und Wohlverhaltensregeln, Organisationspflichten, Transparenzpflichten von Wertpapierdienstleistungsunternehmen (§§ 63 ff. WpHG) sowie die zur Durchführung dieser Vorschriften erlassenen Rechtsverordnungen,
- Vorschriften der VO Nr. 600/2014 (MiFIR), insbesondere die in Titel II bis VI enthaltenen Artikel sowie die auf Grundlage dieser Artikel erlassenen delegierten Rechtsakte und Durchführungsrechtsakte der Europäischen Kommission und
- Vorschriften der VO 2016/1011 (Benchmark-VO) sowie auf deren Grundlage erlassenen delegierten Rechtsakte und Durchführungsrechtsakte der Europäischen Kommission.

Ausdrücklich ist im Katalog der potentiellen Verstöße auch ein **Verstoß gegen eine Anordnung der Bundesanstalt**, die sich auf diese Vorschriften bezieht, aufgenommen (Nr. 7). Insoweit besteht eine Parallele zu § 6 Abs. 6 WpHG, der gleichfalls eine Befugnis bei einem Verstoß gegen eine Anordnung der Bundesanstalt, die sich auf die dort bezeichneten Vorschriften bezieht, vorsieht.

Der **Verstoß** gegen eine der vorgenannten Vorschriften oder gegen eine Anordnung der Bundesanstalt muss durch die betroffene Person **vorsätzlich** erfolgt sein. Mit Blick darauf, dass es sich bei einer solchen Maßnahme um eine verwaltungsrechtliche Sanktion und Maßnahme handelt, kann für den Begriff, wie im OWiG (Bußgeld ist Verwaltungsstrafe), auf die klassische Definition des Vorsatzes zurückgegriffen werden. Vorsatz kann kurz als „Wissen und Wollen der Tatbestandsverwirklichung" beschrieben werden[1]. Ein bestimmter Grad des Vorsatzes (z.B. „dolus eventualis" oder „absichtlich") wird für die Tatbestandsverwirklichung nicht gefordert.

Weitere Voraussetzung einer Untersagung nach § 6 Abs. 8 WpHG durch die Bundesanstalt ist, dass der Adressat das **Verhalten**, dass einen vorgenannten Verstoß darstellt, **trotz einer Verwarnung** durch die Bundesanstalt **fortsetzt**. Der Begriff der Verwarnung wird auch in § 36 Abs. 2 KWG genutzt. Da es sich in beiden Fällen um die verwaltungsrechtliche Reaktion auf Verstöße handelt, kann auf die zu § 36 Abs. 2 KWG entwickelte Bedeutung des Begriffs zurückgegriffen werden. Die Verwarnung ist ein Verwaltungsakt[2], dessen Regelungsgehalt die Feststellungswirkung des Fehlverhaltens ist. In der Verwarnung sind daher die einzelnen Verstöße festzustellen und die Folgen eines weiteren Verstoßes hinzuweisen Eine Verwarnung ist zwar nicht bei jedem (kleinen) Defizit, aber durchaus schon bei einem einmaligen schwerwiegenden Verstoß gerechtfertigt[3]. Da der Tatbestand in Bezug auf die Verstöße nur die Verwarnung und Fortsetzung des pflichtwidrigen Verhaltens verlangt, kann die Bundesanstalt schon nach einmaliger Verwarnung und einem nochmaligen Verstoß gegen die entsprechende Vorschrift, die Ausübung der Geschäftstätigkeit untersagen.

Als **Rechtsfolge** sieht § 6 Abs. 8 Satz 1 WpHG vor, dass die Bundesanstalt die **Ausübung der Berufstätigkeit** für einen Zeitraum von bis **zu zwei Jahren untersagen** kann. Das ist eine sehr weitgehende verwaltungsrechtliche Maßnahme. Ihr steht aber auch ein nachhaltiger Verstoß gegen die kapitalmarktrechtlichen Vorschriften gegenüber. Denn um zu dieser Rechtsfolge zu kommen, muss ein vorsätzlicher Verstoß vorliegen und das Verhalten trotz Verwarnung durch die Bundesanstalt fortgesetzt werden. Das Verbot kann sich auf die Ausübung der **Berufstätigkeit als Ganzes** beziehen[4]. Dies entspricht den europarechtlichen Vorgaben, die z.B. in Art. 22 Abs. 2 lit. l VO Nr. 596/2014 (MAR) die Befugnis für ein „Verbot der Ausübung der Berufstätigkeit" fordern. Das Verbot kann auch auch einen **Teil der Berufstätigkeit** beziehen, wie z.B. Führungstätigkeit oder bestimmte Handelstätigkeiten etc. Die Untersagung nur der Führungsfähigkeit statt der Berufstätigkeit ist kein Wertungswiderspruch zur Regelung in Satz 2, denn nach Satz 2 kann die Führungstätigkeit gegenüber jedermann untersagt werden, während Satz 1 sich nur auf Personen bezieht, die bei einem beaufsichtigten Unternehmen tätig sind.

Bei einer Untersagung nach § 6 Abs. 8 Satz 1 WpHG handelt es sich um eine verwaltungsrechtliche Maßnahme, die **im Ermessen** der Bundesanstalt liegt. Daher muss die Untersagung **geeignet, erforderlich und angemessen**

168

169

170

171

---

[1] Vgl. für die detaillierte Begriffsbestimmung schon BGH v. 5.5.1964 – 1 StR 26/64, BGHSt 19, 295, 298 = NJW 1964, 1330.
[2] Der Rechtscharakter war zunächst umstritten. Ablehnend: *Ficus*, NVwZ 2009, 1413, der die erforderliche Außenwirkung der Verwarnung als Verwaltungsakt mangels rechtlicher Wirkung ablehnt; VG Berlin v. 27.1.1992 – 25 A 68/92, WM 1992, 1059, 1062. Eindeutig als Verwaltungsakt einordnend: Hess. VGH v. 31.5.2006 – 6 UE 3256/05, WM 2007, 392, juris Rz. 62; Hess. VGH v. 22.5.2013 – 6 A 2016/11, juris Rz. 43 und die überwiegende Literatur, z.B. *Fischer/Müller* in Boos/Fischer/Schulte-Mattler, § 36 KWG Rz. 84 und *Müller-Grune* in Beck/Samm/Kokemoor, KWG mit CRR, Rz. 117.
[3] So auch *Müller-Grune* in Beck/Samm/Kokemoor, KWG mit CRR, Rz. 118; *Fischer/Müller* in Boos/Fischer/Schulte-Mattler, § 36 KWG Rz. 63.
[4] Vgl. auch Begr. RegE 2. FiMaNoG zu § 6 Abs. 8 Satz 2 in Abgrenzung zu Satz 1, der das „Verbot ... der Berufsausübung schlechthin" enthält, BT-Drucks. 18/10936, 225.

sein. Die bezieht sich auf die Prüfung des „Ob" der Untersagung, ihrer konkreten Dauer und ihres Umfangs. So wird die Untersagung jeglicher Berufstätigkeit Ultima Ratio sein. Als mildere Mittel kommen Berufsverbote in Bezug auf eine Tätigkeit bei einem beaufsichtigten Unternehmen oder in Bezug auf die untersagte Tätigkeit, wie z.B. eine Tätigkeit im Bereich Handel und Abwicklung etc., in Betracht. Auch die in der Befugnis bestimmten zwei Jahre sind der maximale Zeitraum für eine Untersagung. Die europarechtlichen Vorgaben sehen eine vorübergehende Untersagung der Berufstätigkeit vor. Der nationale Gesetzgeber hat im Rahmen der Angemessenheit verwaltungsrechtlicher Maßnahmen und der **verfassungsrechtlichen Grenzen** dieses „vorübergehend" einer Untersagung auf maximal zwei Jahre begrenzt.

172 **2. Untersagung von Führungsaufgaben gegenüber jedermann (§ 6 Abs. 8 Satz 2 WpHG).** Gemäß § 6 Abs. 8 Satz 2 WpHG ist die Bundesanstalt zusätzlich befugt, einer Person die Wahrnehmung von Führungsaufgaben zu untersagen, wenn diese einen Verstoß gegen die in der in § 6 Abs. 6 Satz 1 Nr. 5 WpHG genannten Vorschriften oder eine sich auf diese Vorschriften beziehende Anordnung der Bundesanstalt vorsätzlich begangen hat und das Verhalten trotz Verwarnung durch die Bundesanstalt fortsetzt.

173 **Hintergrund der Regelung** ist die Umsetzung des Art. 22 Abs. 4 Satz 1 lit. d VO 2015/2365 (SFT-VO) sowie der Umstand, dass „der Adressatenkreis in Satz 1 auf Personen, „die bei einem von der Bundesanstalt beaufsichtigten Unternehmen tätig" sind, beschränkt ist. Eine solche Einschränkung sieht die SFT-VO nicht vor, sondern erstreckt die Befugnis vielmehr auch auf „nicht-finanzielle Gegenparteien" (Art. 3 Nr. 4 der Verordnung (EU) 2015/2365), die regelmäßig nicht der Aufsicht durch die Bundesanstalt unterliegen. Außerdem ermöglicht sie nur ein Verbot der Wahrnehmung von Leitungsaufgaben, nicht der Berufsausübung schlechthin."[1] Insoweit **unterscheidet sich** die Befugnis in Satz 2 von der Befugnis in Satz 1 durch die jeweils **benannten Vorschriften, den Adressatenkreis und die Tätigkeit**, die untersagt werden kann.

174 Möglicher **Adressat** einer Untersagung nach Satz 2 ist **jede Person, die die entsprechenden Verstöße begangen hat**. Gegen eine ausschließliche Adressierung an Personen mit Führungsaufgaben bei solchen Marktteilnehmern, die den Pflichten nach Art. 4 und 15 VO 2015/2365 (SFT-VO) unterliegen und hierfür verantwortlich ist, spricht neben dem den Personenkreis nicht einschränkenden Wortlaut von Satz 2 auch die Anforderung aus Art. 22 Abs. 4 Satz 1 lit. d VO 2015/2365 (SFT-VO), die entsprechenden Befugnisse „gegen eine Person mit Leitungsbefugnissen oder eine natürliche Person, die für den Verstoß zur Verantwortung gezogen wird".

175 **Gegenstand der Verfügung** der Bundesanstalt ist eine **Untersagung, Führungsaufgaben wahrzunehmen**. Der Begriff der Führungsaufgaben ist synonym zum europarechtlich genutzten Begriff der Leitungsaufgaben zu verstehen. Die zunächst vorgesehene Beschränkung der Untersagung auf „Führungsaufgaben bei finanziellen und nichtfinanziellen Gegenparteien i.S.d. Art. 3 Nr. 3 und 4 der Verordnung (EU) 2015/2365"[2] ist mit Art. 2 des 2. FiMaNoG aufgegeben worden. Die Bundesanstalt kann daher bei Vorliegen der Voraussetzungen gegenüber jeder Person die **Wahrnehmung von jeglichen Führungsaufgaben untersagen**. Die betroffene Person kann in einem Unternehmen nach einer solchen Untersagung mit anderweitigen Aufgaben weiter beschäftigt werden, nicht mehr aber mit Führungsaufgaben.

176 **Voraussetzung** für einer Untersagung nach § 6 Abs. 8 Satz 2 WpHG ist ein **Verstoß gegen eine der in Abs. 6 Satz 1 Nr. 5 genannten Vorschriften oder eine sich auf diese Vorschriften beziehende Anordnung** der Bundesanstalt. Hierbei handelt es sich um einen Verstoß gegen die in Art. 4 und 15 VO 2015/2365 (SFT-VO) sowie die auf Grundlage des Art. 4 VO 2015/2365 erlassenen delegierten Rechtsakte und Durchführungsrechtsakte der Europäischen Kommission. Dies sind die Regelung der Meldepflicht und der Sicherheitsvorkehrungen für Wertpapierfinanzierungsgeschäfte sowie zur Weiterverwendung von als Sicherheit erhaltenen Finanzinstrumenten. Die Voraussetzung ist nicht nur bei einem Verstoß gegen Art. 4 und 15 VO 2015/2365 (SFT-VO) einschließlich der delegierten Akte, sondern auch bei einem Verstoß gegen eine sich auf diese Vorschriften beziehende Anordnung der Bundesanstalt erfüllt.

177 Hinsichtlich der **weitergehenden Voraussetzungen**, nämlich dass der **Verstoß vorsätzlich** begangen sein muss und dass das Verhalten durch die Person **trotz Verwarnung** durch die Bundesanstalt **fortgesetzt** wurde, kann auf die Kommentierung zu Satz 1 verwiesen werden. Gleiches gilt hinsichtlich des Zeitraums von **bis zu zwei Jahren** für die Untersagung, deren Qualität als **Verwaltungsakt im Ermessen der Bundesanstalt**.

178 **XII. Öffentliche Bekanntgabe von Verstößen (§ 6 Abs. 9 WpHG).** § 6 Abs. 9 WpHG berechtigt die Bundesanstalt, in Abweichung von ihrer fachgesetzlichen Verschwiegenheitspflicht nach § 21 Abs. 1 WpHG, einen Verstoß gegen näher bezeichnete Vorschriften oder gegen ihre darauf bezogenen vollziehbaren Anordnungen als Warnung unter namentlicher Benennung des Verstoßenden und der Art des Verstoßes zu veröffentlichen.

179 Die Befugnis wurde im Jahre 2016 mit dem **1. FiMaNoG**[3] in das WpHG als § 4 Abs. 3k WpHG a.F. eingefügt. Mit der Norm wurde Art. 30 Abs. 2 Unterabs. 1 lit. c VO Nr. 596/2014 (MAR) umgesetzt. Mit der Neunum-

---

1 Vgl. Begr. RegE 2. FiMaNoG, BT-Drucks. 18/10936, 225.
2 Vgl. Begr. RegE 2. FiMaNoG, BT-Drucks. 18/10936, 8.
3 Vgl. Begr. RegE 1. FiMaNoG, BT-Drucks. 18/7482, 14 und 59.

merierung im 2. FiMaNoG[1] wurde die Norm zu § 6 Abs. 9 WpHG. Die Regelung setzt zudem auch Art. 70 Abs. 6 lit. a RL 2014/65/EU (MiFID II) und Art. 22 Abs. 4 Satz 1 lit. b VO 2015/2365 (SFT-VO)[2] um. Die übrigen Änderungen durch das 2. FiMaNoG sind redaktionelle Anpassung infolge der veränderten Nummerierung.

Voraussetzung einer entsprechenden Veröffentlichung durch die Bundesanstalt gem. § 6 Abs. 9 Satz 1 WpHG ist ein **Verstoß gegen folgende Vorschriften** oder gegen **eine sich auf diese Vorschriften beziehende Anordnung** der Bundesanstalt. Bei den Vorschriften handelt es sich um:

- Vorschriften des Abschnitts 3 des WpHG (Marktmissbrauchsüberwachung, §§ 25 ff. WpHG) sowie die zur Durchführung dieser Vorschriften erlassenen Rechtsverordnungen,
- Vorschriften der VO Nr. 596/2014 (MAR), insbesondere gegen deren Art. 4 und 14 bis 21, sowie die auf Grundlage dieser Artikel erlassenen delegierten Rechtsakte und Durchführungsrechtsakte der Europäischen Kommission,
- Vorschriften der Abschnitte 9 bis 11 des WpHG sowie die zur Durchführung dieser Vorschriften erlassenen Rechtsverordnungen, d.h. die Regelungen bezüglich der Positionslimits und Positionsmanagementkontrolle bei Warenderivaten und Positionsmeldungen (§§ 54 ff. WpHG), Organisationspflichten von Datenbereitstellungsdiensten (§§ 58 ff. WpHG) und Wohlverhaltensregeln, Organisationspflichten, Transparenzpflichten von Wertpapierdienstleistungsunternehmen (§§ 63 ff. WpHG) sowie die zur Durchführung dieser Vorschriften erlassenen Rechtsverordnungen,
- Vorschriften der VO Nr. 600/2014 (MiFIR), insbesondere die in Titel II bis VI enthaltenen Artikel sowie die auf Grundlage dieser Artikel erlassenen delegierten Rechtsakte und Durchführungsrechtsakte der Europäischen Kommission,
- Art. 4 und 15 VO 2015/2365 (SFT-VO) (Regelung der Meldepflicht und Sicherheitsvorkehrungen für Wertpapierfinanzierungsgeschäfte sowie zur Weiterverwendung von als Sicherheit erhaltenen Finanzinstrumenten) sowie die auf Grundlage des Art. 4 erlassenen delegierten Rechtsakte und Durchführungsrechtsakte der Europäischen Kommission.

Die jeweilige Person oder Personenvereinigung muss gegen eine der **benannten Vorschriften verstoßen** haben. Das bedeutet, der **Verstoß ist schon erfolgt**, er kann aber noch andauern. Und die **Bundesanstalt muss den Verstoß** durch die jeweilige Person oder Personenvereinigung **nachweisen können**. Die Bundesanstalt muss wegen des Verstoßes aber noch kein Bußgeldverfahren eingeleitet oder abgeschlossen haben. Das Vorliegen des Verstoßes ist ausreichend.

Ausreichend ist auch ein Verstoß gegen eine **vollziehbare Anordnung der Bundesanstalt, die sich auf diese Vorschriften bezieht**. Eine Anordnung der Bundesanstalt ist dann vollziehbar, wenn sie bestandskräftig ist oder durch behördliche Anordnung oder aufgrund gesetzlicher Regelung sofort vollziehbar ist (vgl. § 80 Abs. 2 Nr. 3 und 4 VwGO). In diesem Zusammenhang ist insbesondere auf die Regelung des § 13 WpHG hinzuweisen, der den sofortigen Vollzug der Maßnahmen nach § 6 Abs. 1 bis 14 und §§ 7 bis 10 WpHG anordnet. Eine Anordnung der Bundesanstalt, die sich auf eine dieser Vorschriften bezieht und gegen die verstoßen worden sein muss, kann beispielsweise eine Anordnung nach § 6 Abs. 2 Satz 2 oder Abs. 1 Satz 3 WpHG sein, aber auch eine Anordnung auf Basis speziellerer Ermächtigungsgrundlagen.

Die **von der Warnung Betroffenen** können damit alle **natürlichen oder juristischen Personen oder Personenvereinigung** sein, die Adressaten der vorgenannten gesetzlichen Pflichten oder der diesbezüglichen behördlichen Anordnung sind und gegen die darauf erwachsenden Pflichten verstoßen haben. Dass der Gesetzgeber insoweit keine Unterschiede zwischen natürlichen Personen und juristischen Personen oder Personenvereinigung macht, zeigt sich schon an der ausdrücklichen Normierung der Bekanntgabe der verstoßenden natürlichen Person. Auch die europarechtlichen Vorgaben sehen keine Unterscheidung zwischen natürlichen Personen und juristischen Personen oder Personenvereinigung vor.

Gemäß § 6 Abs. 9 Satz 1 WpHG ist die Bundesanstalt befugt, **auf ihrer Internetseite** einen entsprechenden **Verstoß zu veröffentlichen**. Ziel dieser Veröffentlichung ist entsprechend den Anforderung der MAR eine „öffentliche Warnung" betreffend der für den Verstoß verantwortlichen Person und der Art des Verstoßes. Die Gesetzesbegründung des 1. FiMaNoG führt hierzu aus: „Die „öffentliche Warnung" wird in diesem Zusammenhang weniger als Warnung vor der Person verstanden, die den Verstoß begangen hat; vielmehr soll eine (ver)warnende Wirkung der Veröffentlichung gegenüber dem Verstoßenden selbst eintreten und ihn sowie übrige Marktteilnehmer für die Zukunft zu normgemäßem Verhalten anhalten."[3] Somit handelt es sich um

---

1 Vgl. Begr. RegE 2. FiMaNoG, BT-Drucks. 18/10936, 226.
2 Verordnung (EU) 2015/2365 des Europäischen Parlaments und des Rates vom 25.11.2015 über die Transparenz von Wertpapierfinanzierungsgeschäften und der Weiterverwendung sowie zur Änderung der Verordnung (EU) Nr. 648/2012, ABl. EU Nr. L 337 v. 23.12.2015, S. 1.
3 Vgl. Begr. RegE 1. FiMaNoG, BT-Drucks. 18/7482, 59.

eine **repressive Maßnahme**, die aber durchaus auch **general- und individualpräventive Funktionen** erfüllen soll[1].

185 Eine Warnung der Bundesanstalt kann unter **Nennung der natürlichen oder juristischen Person oder der Personenvereinigung**, die den Verstoß begangen hat, sowie unter Bezeichnung der Art des Verstoßes veröffentlicht werden. Dies entspricht sowohl den Anforderungen aus Art. 30 Abs. 2 Unterabs. 1 lit. c VO Nr. 596/2014 (MAR) als auch aus Art. 22 Abs. 4 Satz 1 lit. b VO 2015/2365, die die Bekanntmachung der verantwortlichen Person und der Art des Verstoßes verlangen. § 6 Abs. 9 WpHG enthält insoweit eine **Befugnis zur Offenbarung** von sonst grundsätzlich geheimhaltungsbedürftigen Tatsachen, wie personenbezogenen Daten und Geschäfts- und Betriebsgeheimnisse, i.S.d. § 21 Abs. 1 Satz 3 WpHG.

186 Gemäß § 6 Abs. 9 Satz 2 WpHG gilt § 125 Abs. 3 und 5 WpHG entsprechend. § 125 Abs. 3 WpHG sieht unter bestimmten Voraussetzungen die Möglichkeit vor, dass die Bundesanstalt eine Veröffentlichung (vorerst) nicht oder nur in anonymisierter Form vornimmt oder die Veröffentlichung zeitlich verschiebt. Nach § 125 Abs. 5 WpHG ist eine **Warnung fünf Jahre nach ihrer Bekanntmachung zu löschen**; abweichend hiervon sind personenbezogene Daten zu löschen, sobald ihre Bekanntmachung nicht mehr erforderlich ist.

187 Die **Veröffentlichung selbst ist eine schlicht-hoheitliche Maßnahme** der Bundesanstalt, die durchaus einen eingreifenden Charakter hat. Die Ermächtigung hierfür ist als Ermessensnorm geregelt. Insoweit steht der Bundesanstalt ein **Ermessen** in Bezug auf das Ergreifen der Maßnahme als auch in Bezug auf die Möglichkeit der Anonymisierung oder zeitlichen Verschiebung der Veröffentlichung[2] zu.

188 **XIII. Verbot der Nutzung eines Handelsplatzes (§ 6 Abs. 10 WpHG).** § 6 Abs. 10 WpHG räumt der Bundesanstalt die **Befugnis** ein, einem **Wertpapierdienstleistungsunternehmen bis zu drei Monaten die Teilnahme am Handel an einem Handelsplatz zu untersagen, wenn es gegen näher bezeichnete Vorschriften verstoßen hat**. Mit dieser mit dem 2. FiMaNoG[3] eingefügten Norm werden die europarechtlichen Vorgaben des Art. 70 Abs. 6 lit. e RL 2014/65/EU (MiFID II) umgesetzt. Danach haben die Mitgliedstaaten im Einklang mit nationalem Recht vorzusehen, dass die zuständigen Behörden die Befugnis haben müssen, im Falle der in den Art. 70 Abs. 3, 4 und 5 RL 2014/65/EU (MiFID II) genannten Verstöße ein vorübergehendes Verbot für die Wertpapierfirmen, die Mitglied oder Teilnehmer geregelter Märkte oder MTF sind, oder für alle Kunden eines OTF zu erlassen.

189 **Adressaten** einer Verfügung der Bundesanstalt nach § 6 Abs. 10 WpHG können nur **Wertpapierdienstleistungsunternehmen** sein. So führt die Gesetzesbegründung hierzu aus, dass eine verwaltungsrechtliche Befugnis der Bundesanstalt geregelt wird, „gegenüber Wertpapierfirmen ein „vorübergehendes Verbot" als Mitglied, Teilnehmer oder Kunde eines geregelten Markts, MTF oder OTF tätig zu sein, auszusprechen".

190 **Voraussetzung** für ein solches Verbot ist, dass ein Wertpapierdienstleistungsunternehmen gegen eine der in § 6 Abs. 6 Satz 1 Nr. 3 und 4 WpHG **genannten Vorschriften** oder gegen eine sich **auf diese Vorschriften beziehende vollziehbare Anordnung der Bundesanstalt verstoßen hat**. Hierbei handelt es sich um Verstöße gegen die

- Vorschriften des 9. Abschnitts des WpHG, d.h. die Regelungen bezüglich der Positionslimits und Positionsmanagementkontrolle bei Warenderivaten und Positionsmeldungen (§§ 54 ff. WpHG),
- Vorschriften des 10. Abschnittes des WpHG, den Regelungen bezüglich der Organisationspflichten von Datenbereitstellungsdiensten (§§ 58 ff. WpHG),
- Vorschriften des 11. Abschnittes des WpHG mit den Wohlverhaltensregeln, Organisationspflichten, Transparenzpflichten von Wertpapierdienstleistungsunternehmen (§§ 63 ff. WpHG) und
- Vorschriften der VO Nr. 600/2014 (MiFIR), insbesondere die in Titel II bis VI enthaltenen Artikel sowie die auf Grundlage dieser Artikel erlassenen delegierten Rechtsakte und Durchführungsrechtsakte der Europäischen Kommission.

---

1 Vgl. auch Erwägungsgrund 61 VO 2016/1011 (Benchmarks-VO): „Damit die Beschlüsse der zuständigen Behörden, eine Verwaltungssanktion oder eine andere Verwaltungsmaßnahme zu verhängen, in der Öffentlichkeit abschreckend wirken, sollten sie öffentlich bekannt gemacht werden. Die Bekanntmachung von Beschlüssen, die eine Verwaltungssanktion oder andere Verwaltungsmaßnahme verhängen, ist auch ein wichtiges Instrument für die zuständigen Behörden zur Unterrichtung der Marktteilnehmer darüber, welches Verhalten als Verstoß gegen diese Verordnung gewertet wird, sowie zur Förderung eines einwandfreien Verhaltens unter den Marktteilnehmern im Allgemeinen."
2 Vgl. auch Erwägungsgrund 61 VO 2016/1011 (Benchmark-VO): „Wenn eine solche Bekanntmachung den beteiligten Personen unverhältnismäßig großen Schaden zuzufügen droht oder die Stabilität der Finanzmärkte oder eine laufende Untersuchung gefährdet, sollte die zuständige Behörde die Verwaltungssanktion oder die andere Verwaltungsmaßnahmen (sic!) anonym bekannt machen oder die Bekanntmachung zurückstellen. Außerdem sollten in Fällen, in denen die Anonymisierung oder Zurückstellung der Bekanntmachung von Sanktionen als unzureichend dafür erachtet wird, sicherzustellen, dass die Stabilität der Finanzmärkte nicht gefährdet wird, die zuständigen Behörden auch die Möglichkeit haben, eine Entscheidung zur Verhängung von Verwaltungssanktionen oder anderer Verwaltungsmaßnahmen nicht bekannt zu machen."
3 Vgl. Begr. RegE 2. FiMaNoG, BT-Drucks. 18/10936, 226.

Das Wertpapierdienstleistungsunternehmen muss gegen eine der benannten Vorschriften verstoßen haben. Das bedeutet, der **Verstoß ist schon erfolgt**, kann aber noch andauern. Und die **Bundesanstalt muss den Verstoß** durch das Wertpapierdienstleistungsunternehmen, insbesondere im Rahmen verwaltungsgerichtlicher Nachprüfungen, **nachweisen können**. Die Bundesanstalt muss wegen des Verstoßes aber noch kein Bußgeldverfahren eingeleitet oder abgeschlossen haben. Das Vorliegen des Verstoßes ist ausreichend. 191

Eine **Anordnung** der Bundesanstalt, die sich auf eine dieser Vorschriften bezieht, ist dann **vollziehbar**, wenn sie bestandskräftig ist oder durch behördliche Anordnung oder aufgrund gesetzlicher Regelung sofort vollziehbar ist (vgl. § 80 Abs. 2 Nr. 3 und 4 VwGO). In diesem Zusammenhang ist insbesondere auf die Regelung des § 13 WpHG hinzuweisen, der den sofortigen Vollzug der Maßnahmen nach § 6 Abs. 1 bis 14 und §§ 7 bis 10 WpHG anordnet. Eine Anordnung der Bundesanstalt, die sich auf eine dieser Vorschriften bezieht, kann beispielsweise eine Anordnung nach § 6 Abs. 2 Satz 2 oder Abs. 1 Satz 3 WpHG sein oder eine Anordnung auf Grundlage speziellerer Ermächtigungsgrundlagen. 192

In einem solchen Fall kann die Bundesanstalt **untersagen**, dass das **Wertpapierdienstleistungsunternehmen am Handel eines Handelsplatzes teilnimmt**. Mögliche Handelsplätze, für die die Bundesanstalt den Handel untersagen kann, sind geregelte Märkte, MTF oder OTF[1]. Das Verbot am Handel teilzunehmen heißt, dass das Wertpapierdienstleistungsunternehmen weder Mitglied eines Handelssystems, noch Teilnehmer am Handel oder Kunde eines MTF oder OTF sein darf. Hierbei erstreckt sich die Untersagung sowohl auf Geschäfte für eigene Rechnung als auch im Auftrag von Kunden. 193

Die Regelung in § 6 Abs. 10 WpHG sieht vor, dass die Teilnahme am Handel für einen Zeitraum von **bis zu drei Monaten** untersagt werden kann. Art. 70 Abs. 6 lit. e RL 2014/65/EU (MiFID II) fordert die Befugnis für ein **vorübergehendes Verbot**, ohne die zeitliche Komponente näher auszuführen. Hierzu führt die Begründung zum 2. FiMaNoG aus „Die englische Sprachfassung der Richtlinie, die insofern von einem „temporary ban" spricht, macht deutlich, dass ein vorübergehender Ausschluss von der Teilnahme am Handel an den betreffenden Handelsplätzen gemeint ist. Eine Begrenzung auf höchstens drei Monate erscheint hier angemessen."[2] 194

Bei der vorliegenden Befugnis der Bundesanstalt handelt es sich um eine verwaltungsrechtliche Befugnis[3]. Das bedeutet, dass die Bundesanstalt bezüglich der Untersagung der Teilnahme am Handel einen regelnden **Verwaltungsakt** erlässt. Hierbei handelt es sich um eine **Ermessensnorm**. Dieses Ermessen bezieht sich sowohl darauf, ob die Bundesanstalt eine solche Maßnahme erlässt, als auch auf die konkrete Festlegung des Zeitraumes, der maximal drei Monate betragen darf. 195

XIV. Betretungsrecht der Bundesanstalt (§ 6 Abs. 11 WpHG). Die Regelung des § 6 Abs. 11 WpHG befugt die Bundesanstalt zum Betreten von Grundstücken und Geschäftsräumen der nach Abs. 3 auskunftspflichtigen Personen. Die Regelung wurde im Jahre 2004 zur Umsetzung der Anforderungen aus Art. 12 Abs. 2 lit. c RL 2003/6/EG (MarktmissbrauchsRL) in die Generalbefugnisnorm des WpHG als § 4 Abs. 4 WpHG a.F. eingefügt[4] und ersetzte zugleich Vorgängerregelungen zum Betretungsrecht aus §§ 16 Abs. 3, 20b Abs. 3 und 35 Abs. 1 WpHG a.F. Im Rahmen des 2. FiMaNoG erfuhr die Regelung neben der Neunummerierung in § 6 Abs. 11 WpHG eine Erweiterung durch die Ausweitung der nach § 6 Abs. 3 WpHG auskunftspflichtigen Personen. Somit wird mit der Befugnis auch Art. 41 Abs. 1 lit. d VO 2016/1011 (Benchmark-VO) umgesetzt[5]. 196

Die Befugnis der Bundesanstalt ist formuliert als **Pflicht der entsprechenden Personen, das Betreten der Grundstücke und Geschäftsräume zu gestatten**. Dies umfasst zugleich die entsprechende Befugnis der Bundesanstalt. Diese Befugnis der Bundesanstalt besteht für ihre **Bediensteten und die von ihr beauftragten Personen**. Durch die Befugnis zum Betreten wird der Bundesanstalt die **Sachverhaltsaufklärung vor Ort** ermöglicht. So kann die Bundesanstalt möglichst authentische Einblicke in Unternehmensabläufe erhalten oder sich einen eigenen Eindruck von den Gegebenheiten eines Unternehmens, den Räumlichkeiten oder z.B. von Unterlagen verschaffen. Insoweit kann beispielsweise von Interesse sein, ob ein Callcenter eingerichtet ist etc. Soweit der Pflichtige einer Aufforderung zur Zutrittsgewährung nicht nachkommt, handelt es sich nach § 120 Abs. 12 Nr. 2 WpHG um eine **Ordnungswidrigkeit**. 197

Das **Recht zum Betreten** bedeutet, dass die Bediensteten der Bundesanstalt bzw. deren Beauftragte sich auf den entsprechenden Grundstücken und in den Geschäftsräumen aufhalten dürfen. Hierzu gehört auch die **Besichtigung** dieser Grundstücke und Geschäftsräume[6]. Nur so bietet die Befugnis die Möglichkeit zu „Ermittlungen 198

---

1 Vgl. Begr. RegE 2. FiMaNoG, BT-Drucks. 18/10936, 226.
2 Vgl. auch Art. 70 Abs. 1 Satz 1 RL 2014/65/EU (MiFID II) „Unbeschadet der Aufsichtsbefugnisse, ... strafrechtliche Sanktionen vorzusehen und zu verhängen, legen die Mitgliedstaaten Vorschriften für verwaltungsrechtliche Sanktionen und Maßnahmen fest ..." und Begr. RegG 2. FiMaNoG, BT-Drucks. 18/10936, 226.
3 Vgl. Begr. RegE 2. FiMaNoG, BT-Drucks. 18/10936, 226.
4 Vgl. Begr. RegE AnSVG, BT-Drucks. 15/3174, 30.
5 Vgl. Begr. RegE 2. FiMaNoG, BT-Drucks. 18/10936, 219.
6 Vgl. auch *Klepsch* in Just/Voß/Ritz/Becker, § 4 WpHG Rz. 25; a.A. *Schlette/Bouchon* in Fuchs, § 4 WpHG Rz. 86; *Altenhain* in KölnKomm. WpHG, § 4 WpHG Rz. 136.

vor Ort" i.S.d. Art. 12 Abs. 2 lit. c RL 2003/6/EG (MarktmissbrauchsRL). Das Betretungsrecht nach § 6 Abs. 11 WpHG umfasst hingegen **kein Durchsuchungsrecht**[1]. Insoweit sind die Befugnisse der Bundesanstalt nach § 6 Abs. 11 WpHG nicht so weitgehend, wie nach § 6 Abs. 12 WpHG oder § 44 Abs. 3 KWG. Es liegt nahe, dass in Einzelfällen zusätzlich ein Durchsuchungsrecht zweckmäßig wäre. Dieses scheitert an den staatsanwaltschaftlichen Befugnissen[2] bzw. der verwaltungsrechtlichen Befugnis für eine Durchsuchung im Rahmen der Befugnisse nach § 6 Abs. 11 WpHG[3]. Die Grenze der Befugnisse der Bundesanstalt nach § 6 Abs. 11 WpHG ist die Nutzung des Betretungsrechts in Kombination mit einem Auskunfts- und Vorlageersuchen, Vernehmung von Personen und ggf. auch Nutzung des Prüfungsrechts nach § 88 WpHG, welches jedoch eine andere Qualität hat, als ein Durchsuchungsrecht.

199 **Verpflichtete** nach § 6 Abs. 11 WpHG sind **alle nach § 6 Abs. 3 WpHG auskunftspflichtigen Personen**. Gegenstand sind die von diesem Personenkreis genutzten Geschäftsräume und Grundstücke. Das Betretungsrecht gilt auch für Geschäftsräume und Grundstücke, bei denen ausgelagerte Tätigkeiten, wie Buchführungs- oder Archivierungsaufgaben, erbracht werden, da auch diese Personen auskunftspflichtig sind. Die Befugnis zum Betreten bezieht sich auf **alle Geschäftsräume und Grundstücke**, auch wenn sich diese in **Wohnräumen** befinden. Der Gesetzgeber unterscheidet hier bei den Voraussetzungen für das Betretungsrecht und unterscheidet drei verschiedene Fallkonstellationen. So regelt § 6 Abs. 11 Satz 1 WpHG das Betreten der Grundstücke und Geschäftsräume während der üblichen Arbeitszeit, soweit es sich hierbei nicht um Geschäftsräume in einer Wohnung handelt. § 6 Abs. 11 Satz 2 WpHG regelt die Voraussetzungen eines Betretungsrechts, wenn sich die Geschäftsräume in einer Wohnung befinden. Zudem regelt § 6 Abs. 11 Satz 2 WpHG die Voraussetzungen der Befugnis zu Betreten außerhalb der üblichen Arbeitszeit.

200 Gemäß § 6 Abs. 11 Satz 1 WpHG dürfen **Grundstücke und Geschäftsräume, die sich nicht in einer Wohnung befinden, während der üblichen Arbeitszeit** betreten werden, soweit dies zur Wahrnehmung der Aufgaben der Bundesanstalt erforderlich ist. Diese Erforderlichkeit des Betretens zur Wahrnehmung der Aufgaben der Bundesanstalt ist zugleich Bestandteil der Ermessensausübung der Bundesanstalt. Die Erforderlich zur Wahrnehmung der Aufgaben ist einzige Voraussetzung der Befugnis zum Betreten während der üblichen Arbeitszeit. Hinsichtlich der üblichen Arbeitszeit kann die Frage nach der Bezugsgröße des „üblich" aufgeworfen werden. Die übliche Arbeitszeit ist als **orts- und branchenübliche Geschäftszeit** zu verstehen, anderenfalls hätte der Gesetzgeber auf „betriebsübliche" Arbeitszeiten Bezug genommen[4].

201 Nach § 6 Abs. 11 Satz 2 WpHG ist bei Vorliegen **weiterer Voraussetzungen ein Betreten** von Grundstücken und Geschäftsräumen auch **außerhalb der üblichen Arbeitszeit** möglich. Eine Alternative für das Recht des Betretens ist ein **Einverständnis des Betroffenen**. Nähere Voraussetzungen für dieses Einverständnis sind in § 6 Abs. 11 Satz 2 WpHG nicht geregelt. Das Einverständnis muss aber eindeutig vorliegen und nicht durch unlautere Methoden bewirkt sein.

202 Liegt kein Einverständnis des Betroffenen vor, setzt ein Betreten von Grundstücken und Geschäftsräumen außerhalb der üblichen Arbeitszeit voraus, dass das Betreten zur **Verhütung von dringenden Gefahren für die öffentliche Sicherheit und Ordnung** erforderlich ist und das Anhaltspunkte vorliegen, dass die auskunftspflichtige Person gegen ein Verbot oder Gebot dieses Gesetzes verstoßen hat. Eine Gefahr für die öffentliche Sicherheit und Ordnung liegt vor, wenn der Schutz der Unversehrtheit der Rechtsordnung sowie der Gesamtheit der ungeschriebenen Regeln, deren Befolgung nach den jeweils herrschenden Anschauungen als unerlässliche Voraussetzung für ein geordnetes und gedeihliches Zusammenleben innerhalb eines bestimmten Gebiets angesehen wird, gefährdet ist. Hierzu zählen auch das kapitalmarktrechtliche Normengefüge. Eine dringende Gefahr liegt vor, wenn die Gefahr für die geschützten Rechtsgüter entweder „erheblich" oder „gegenwärtig" ist. Zudem müssen **Anhaltspunkte**[5] vorliegen, dass die auskunftspflichtige Person gegen ein **Verbot oder Gebot des WpHG** verstoßen hat. Hierzu gehören alle Ge- oder Verbote des WpHG einschließlich der Regelungen des §§ 119f. WpHG. Insoweit ist ein Betreten von Grundstücken und Geschäftsräumen außerhalb der üblichen Arbeitszeit nach § 6 Abs. 11 WpHG auch vorstellbar, wenn z.B. Anhaltspunkte für Marktmanipulationen durch Spam-Faxe durch den Auskunftspflichtigen vorliegen. Weiter stehen auch effektivere Befugnisse nach § 6 Abs. 12 WpHG zur Verfügung, die die Möglichkeiten nach § 6 Abs. 11 WpHG nicht verdrängen. Das Betreten von Geschäftsräumen unter diesen Bedingungen dürfte praktisch selten relevant werden und im Einzelfall werden Maßnahmen der Staatsanwaltschaft nach der StPO effizienter sein.

---

1 Vgl. 3. Aufl. § 20b WpHG Rz. 34; *Zetzsche* in Schwark/Zimmer, § 4 WpHG Rz. 62; *Schlette/Bouchon* in Fuchs, § 4 WpHG Rz. 86.
2 Zum verwaltungsrechtlichen Handeln der Bundesanstalt vgl. Rz. 65.
3 Anders im Rahmen der Befugnisse nach § 6 Abs. 12 WpHG und im Bereich der Befugnisse zur Überwachung unerlaubter Bankgeschäfte oder Finanzdienstleistungen nach § 44c Abs. 3 KWG, wo der Bundesanstalt auch ein Durchsuchungsrecht zusteht.
4 So auch *Klepsch* in Just/Voß/Ritz/Becker, § 4 WpHG Rz. 25; *Schlette/Bouchon* in Fuchs, § 4 WpHG Rz. 87 für montags bis freitags 8.00 bis 18.00 Uhr; a.A. *Altenhain* in KölnKomm. § 4 WpHG Rz. 132: wenn das Grundstück oder die Geschäftsräume normalerweise für die geschäftliche Nutzung zur Verfügung stehen.
5 Zum Begriff der „Anhaltspunkte" vgl. Rz. 134.

Das **Betreten von Geschäftsräumen, die sich in einer Wohnung befinden**, ist unter den gleichen Voraussetzungen möglich, wie das Betreten von Grundstücken und Geschäftsräumen außerhalb der üblichen Arbeitszeit, und zwar entweder mit Einverständnis oder soweit dies zur Verhütung von dringenden Gefahren für die öffentliche Sicherheit und Ordnung erforderlich ist und Anhaltspunkte vorliegen, dass die auskunftspflichtige Person gegen ein Verbot oder Gebot dieses Gesetzes verstoßen hat. Insoweit weist die Befugnisnorm in § 6 Abs. 11 Satz 3 WpHG auf die Einschränkung des Rechts auf Unverletzlichkeit der Wohnung gem. Art. 13 GG hin und erfüllt das Zitiergebot nach Art. 19 Abs. 1 Satz 2 GG. 203

Auf der Rechtsfolgenseite muss die Bundesanstalt die Verhältnismäßigkeit ihrer Maßnahme berücksichtigen. Insoweit muss sie den Umfang und die Intensität des Eingriffs durch ihre Maßnahme abwägen mit dem angestrebten Erfolg der Maßnahme, der gekennzeichnet ist durch das Maß der Erforderlichkeit der Maßnahme und der konkreten Aufgabe, die hierdurch wahrgenommen werden soll. 204

XV. Befugnis zum Betreten von Räumlichkeiten, zur Durchsuchung, Sicherstellung und Beschlagnahme durch die Bundesanstalt (§ 6 Abs. 12 WpHG). § 6 Abs. 12 WpHG räumt der Bundesanstalt die Befugnis ein, **Geschäfts- und Wohnräume zu betreten** und **Gegenstände sicherzustellen** sowie auf richterliche Anordnung **Durchsuchungen durchzuführen** und **Gegenstände zu beschlagnahmen**, soweit dies zur Verfolgung von Verstößen gegen die Art. 14 und 15 VO Nr. 596/2014 (MAR) sowie gegen die VO 2016/1011 (Benchmark-VO) geboten ist. Die Befugnis wurde zur Verfolgung von Verstößen gegen Insiderhandel und Marktmanipulation, zunächst ohne die Durchsuchungsbefugnis, im Jahr 2016 mit dem 1. FiMaNoG in die Generalbefugnisnorm des WpHG als § 4 Abs. 4a WpHG a.F. eingefügt[1]. Mit dem 2. FiMaNoG wurde die Norm zu § 6 Abs. 12 WpHG und erfuhr insoweit Veränderungen, als das Betretungsrecht um die Durchsuchungsmöglichkeit ergänzt wurde und die Befugnisse auf Verstöße gegen die VO 2016/1011 (Benchmark-VO) in Bezug auf Räumlichkeiten juristischer Personen ausgedehnt wurden[2]. 205

Die Norm dienst der **Umsetzung von europarechtlichen Anforderungen**, insbesondere aus Art. 23 Abs. 2 lit. e VO Nr. 596/2014 (MAR) und Art. 41 Abs. 1 lit. d VO 2016/1011 (Benchmark-VO). 206

Auf **Tatbestandsseite ist Voraussetzung** der verschiedenen Befugnisse der Bundesanstalt nach § 6 Abs. 12 WpHG, dass deren Nutzung zur **Verfolgung von Verstößen** gegen die Art. 14 und 15 VO Nr. 596/2014 (MAR) geboten ist, also zur Verfolgung des **Verbots von Insiderhandel** nebst unrechtmäßiger Offenlegung von Insiderinformationen und Empfehlungen sowie des **Verbots von Marktmanipulation**. Zudem darf die Bundesanstalt die Befugnisse nutzen, soweit dies zur Verfolgung von **Verstößen gegen die VO 2016/1011 (Benchmark-VO)** geboten ist und sich die Maßnahme in diesem Zusammenhang auf Räumlichkeiten juristischer Personen bezieht. 207

Wann die Maßnahmen **zur Verfolgung der bezeichneten Verstöße geboten** ist, wird in § 6 Abs. 12 WpHG nicht näher geregelt. Diese Voraussetzung kann jedoch nicht erst dann erfüllt sein, wenn schon ein Anfangsverdacht vorliegt oder die Anzeigepflicht der Bundesanstalt nach § 11 WpHG kurz vor der Bejahung des Anfangsverdachts vorliegen. Denn es handelt sich um eine Befugnis der Bundesanstalt, nicht der Strafverfolgungsbehörden. Art. 23 Abs. 2 lit. e VO Nr. 596/2014 (MAR) formuliert die geforderte Befugnis in der Form, dass der begründete Verdacht bestehen soll, dass die im Rahmen der Durchsuchung beschlagnahmten Daten bzw. Dokumente für den Nachweis von Insidergeschäften oder Marktmanipulation relevant sein können. Insoweit ist die Maßnahme geboten, wenn sie **zur Verfolgung von mutmaßlich vorliegenden Marktmanipulations- oder Insiderverstößen oder Verstößen gegen die Benchmark-VO erforderlich** ist. 208

Es können **alle Geschäfts- und Wohnräume** betroffen sein, und damit auch die Inhaber bzw. Nutzer dieser Räume, in denen mutmaßlich derartige Erkenntnisse gewonnen werden können bzw. entsprechende Informationen und Gegenstände, wie Daten oder Dokumente, aufgefunden werden können. Nicht maßgeblich ist, dass die Inhaber bzw. Nutzer dieser Räume (alle) einen derartigen Verstoß begangen haben, sondern dass aufgrund der Maßnahmen in den Räumlichkeiten **entsprechende Sachverhaltsklärungen durchgeführt** werden können. In Bezug auf Verstöße gegen die VO 2016/1011 (Benchmark-VO) besteht die Befugnis nach Satz 13 nur gegenüber juristischen Personen[3]. 209

Gemäß § 6 Abs. 12 Satz 1 WpHG sind die **Bediensteten der Bundesanstalt befugt, Geschäfts- und Wohnräume zu betreten**. Wenn auch die Voraussetzungen etwas unterschiedlich ausgestaltet sind, so kann das Be- 210

---

1 Vgl. Begr. RegE 1. FiMaNoG, BT-Drucks. 18/7482, 14 und 59.
2 Vgl. Begr. RegE 2. FiMaNoG, BT-Drucks. 18/10936, 9, 12, 39 und 215, 219, 226.
3 Vgl. auch Erwägungsgrund 51 VO 2016/1011 (Benchmarkts-VO): „Zur Aufdeckung von Verstößen ... müssen die zuständigen Behörden ... die Möglichkeit haben, sich Zugang zu den Räumlichkeiten juristischer Personen zu verschaffen, um Dokumente zu beschlagnahmen. Der Zugang zu solchen Räumlichkeiten ist notwendig, wenn der begründete Verdacht besteht, dass Dokumente und andere Daten vorhanden sind, die in Zusammenhang mit dem Gegenstand einer Prüfung oder Untersuchung stehen und Beweismittel für einen Verstoß gegen diese Verordnung sein könnten. Darüber hinaus ist der Zugang zu solchen Räumlichkeiten notwendig, wenn die Person, an die ein Auskunftsersuchen gerichtet wurde, diesem nicht nachkommt, oder wenn berechtigte Gründe für die Annahme bestehen, dass im Fall eines Auskunftsersuchens diesem nicht nachgekommen würde oder die Dokumente oder Informationen, die Gegenstand des Auskunftsersuchens sind, beseitigt, manipuliert oder vernichtet würden."

tretungsrecht mit dem in § 6 Abs. 11 WpHG geregelten durchaus verglichen werden. Anders als in § 6 Abs. 11 WpHG werden Beauftragte der Bundesanstalt bei diesem Betretungsrecht nicht ausdrücklich angesprochen. Ungeachtet dessen ist auch in diesem Rahmen die Bundesanstalt nach § 6 Abs. 17 WpHG, § 4 Abs. 3 FinDAG befugt, sich geeigneter **anderer Personen oder Einrichtungen zu bedienen**, wie IT-Experten, Polizeibeamte, Steuerfahndung etc.

211 Die Befugnis der Bundesanstalt zum Betreten der Geschäfts- und Wohnräume wird in Satz 3 deutlich erweitert. Danach hat die Bundesanstalt ein **Durchsuchungsrecht** und die Befugnis, **Gegenstände sicherstellen**, die als Beweismittel für die Ermittlung des Sachverhalts von Bedeutung sein können. Nach Satz 4 können Bediensteten der Bundesanstalt **Gegenstände beschlagnahmen**, wenn sich diese im Gewahrsam einer Person befinden und sie nicht freiwillig herausgegeben werden. In Anbetracht der unterschiedlichen prozessualen Voraussetzungen soll auf diese Befugnisse im Einzelnen eingegangen werden. Auch diese weitergehenden Befugnisse sind in Bezug auf die Verfolgung von Verstößen gegen die VO 2016/1011 (Benchmark-VO) auf juristische Personen beschränkt.

212 Das **Recht zur Durchsuchung** umfasst nicht nur das Betreten einschließlich des Besichtigens der Geschäfts- und Wohnräume, sondern das **ziel- und zweckgerichtete Suchen**[1] innerhalb der Geschäfts- und Wohnräume, um einen Lebenssachverhalt von Amts wegen aufzuklären und Informationen oder Gegenstände, wie Dokumente oder Datenträger, zu erlangen oder aufzuspüren, die der Betroffene evtl. zurückhalten will. Die Befugnis zur Durchsuchung umfasst neben dem Betreten und Besichtigen der Räumlichkeiten auch die Durchsicht der dort vorhandenen Dokumente und Datenträger sowie die Einsicht in Datenverarbeitungs- und Datenverwaltungssysteme. Die Durchsuchung bezieht sich, anders als in § 44 Abs. 3 KWG, nur auf die Geschäfts- und Wohnräume, nicht aber auf die entsprechenden Personen.

213 Grundsätzlich müssen die **Durchsuchungen der Bundesanstalt** gemäß Satz 5 **durch den Richter angeordnet** werden. Gleiches gibt auch Art. 13 Abs. 2 GG vor. Eine Ausnahme dafür gilt für den Fall von Gefahr im Verzug. Zuständig für die richterliche Anordnung der Durchsuchung ist ausschließlich das AG Frankfurt/M. Die Prüfung des Antrags der Bundesanstalt auf Durchsuchung durch den Richter bezieht sich auf das Vorliegen der Tatbestandsvoraussetzung für die Durchsuchung und die Verhältnismäßigkeit der Maßnahme. Gegen die richterliche Entscheidung ist die Beschwerde beim AG Frankfurt/M. zulässig, die keine aufschiebende Wirkung hat. In Bezug auf die **Entscheidung über den Durchsuchungsantrag** gelten die §§ 306 bis 310 und 311a StPO entsprechend.

214 Eine **Durchsuchung durch die Bundesanstalt ohne richterlicher Anordnung** ist bei Gefahr im Verzug möglich. Die Durchsuchungsanordnung erlässt die Bundesanstalt in diesem Fall selbst. **Gefahr im Verzug** ist ein Zustand, bei dem ein Schaden eintreten würde oder, mit Blick auf § 6 Abs. 12 WpHG, **insbesondere Beweismittel verloren** gingen, wenn nicht an Stelle des Richters die Bundesanstalt über die Anordnung der Durchsuchung entscheiden würde. Gefahr im Verzug liegt somit vor, wenn ohne ein unverzügliches Handeln der angestrebte Erfolg der Durchsuchung[2] und damit die hinreichende Verfolgung der erfassten Verstöße, vereitelt würde. Die Möglichkeit der Durchsuchung bei Gefahr im Verzug besteht nach § 6 Abs. 12 WpHG sowohl für **Geschäfts- als auch** für **Wohnräume**. Praktisch relevant wird diese Fallkonstellation wohl nur, wenn im Rahmen einer anderen Maßnahme, wie bei einem Betretungsrecht nach § 6 Abs. 11 WpHG, einer Prüfung nach §§ 88f. WpHG oder einer mit anderer Ausrichtung angeordneter Durchsuchung, bekannt wird, dass vermutlich Beweismittel für die in § 6 Abs. 12 WpHG benannten Verstöße vorhanden sind, die bei einem Abwarten wohl nicht mehr auffindbar wären.

215 Im Rahmen der Durchsuchung dürfen die Bediensteten der Bundesanstalt **Gegenstände sicherstellen**, die **als Beweismittel** für die Ermittlung des Sachverhalts von Bedeutung sein können. Sicherstellung ist der (vorübergehende) Übergang der Sachherrschaft in hoheitlichen Gewahrsam. Die Bundesanstalt begründet damit ein amtliches Verwahrungsverhältnis. Hierbei ist es unerheblich, ob der Inhaber der tatsächlichen Gewalt über eine Sache bei Durchsuchungsbeginn der Eigentümer ist oder nicht. Bei der Sicherstellung handelt es sich um eine eingreifende **verwaltungsrechtliche Maßnahme**, die mit den Mitteln der VwGO überprüft werden können. Für eine Sicherstellung benötigt die Bundesanstalt insbesondere keine richterliche Anordnung, die nur für die Durchsuchung und Beschlagnahme angeordnet ist.

216 Nach § 6 Abs. 12 Satz 4 WpHG können Bedienstete der Bundesanstalt auch **Gegenstände beschlagnahmen**, die sich im Gewahrsam einer Person befinden und von dieser nicht freiwillig herausgegeben werden. Wie auch eine Durchsuchung ist auch eine Beschlagnahme nach Satz 5 **grundsätzlich durch den Richter anzuordnen, es sei denn, es liegt Gefahr im Verzug vor**. Hinsichtlich der richterlichen Anordnung der Beschlagnahme als auch bezüglich der Beschlagnahme durch die Bundesanstalt bei Gefahr in Verzug kann auf die vorherigen Ausführungen zur Durchsuchung verwiesen werden.

217 Bei **Beschlagnahmen ohne gerichtliche Anordnung**, also bei Gefahr in Verzug, gilt **§ 98 Abs. 2 StPO entsprechend**. Danach soll der Beamte, der einen Gegenstand ohne gerichtliche Anordnung beschlagnahmt hat, bin-

---

1 Vgl. *Reschke* in Beck/Samm/Kokemoor, KWG mit CRR, § 44c KWG Rz. 87.
2 BVerfG v. 20.2.2001 – 2 BvR 1444/00, BVerfGE 103, 142 = NJW 2001, 1121.

nen drei Tagen die gerichtliche Bestätigung beantragen, wenn bei der Beschlagnahme weder der davon Betroffene noch ein erwachsener Angehöriger anwesend war oder wenn der Betroffene oder im Falle seiner Abwesenheit ein erwachsener Angehöriger gegen die Beschlagnahme ausdrücklichen Widerspruch erhoben hat. Der Betroffene kann jederzeit die gerichtliche Entscheidung beantragen. Zuständiges Gericht für die nachträglich eingeholte gerichtliche Entscheidung ist nach Satz 9 das AG Frankfurt/M. Der Betroffene kann den Antrag auch bei dem AG einreichen, in dessen Bezirk die Beschlagnahme stattgefunden hat; dieses leitet den Antrag dem zuständigen Gericht zu. Der Betroffene ist über seine diesbezüglichen Rechte zu belehren.

Die Bundesanstalt muss nach Satz 11 **über die Durchsuchung eine Niederschrift fertigen**. Zwingender Inhalt der Niederschrift ist die Angabe der verantwortlichen Dienststelle, des Grundes, der Zeit und des Ortes der Durchsuchung und ihr Ergebnis. Kein zwingender Inhalt der Niederschrift ist die Darlegung, warum die Behörde von Gefahr im Verzug ausgegangen ist. Aus verfahrenstaktischen Gründen kann eine entsprechende Darlegung hilfreich sein.

In Bezug auf die Befugnis zum **Betreten und Durchsuchen von Wohnräumen** weist die Befugnisnorm in § 6 Abs. 12 Satz 2 WpHG auf die **Einschränkung des Rechts auf Unverletzlichkeit der Wohnung** gem. Art. 13 GG hin und erfüllt insoweit das **Zitiergebot** nach Art. 19 Abs. 1 Satz 2 GG.

XVI. Beschlagnahmeantrag der Bundesanstalt (§ 6 Abs. 13 WpHG). Die Regelung des § 6 Abs. 13 WpHG räumt der Bundesanstalt das Recht ein, die Beschlagnahme von Vermögenswerten **bei einem Richter zu beantragen**. Diese Regelung wurde im Jahr 2016 mit dem 1. FiMaNoG[1] zur Umsetzung von Art. 23 Abs. 2 lit. i VO Nr. 596/2014 (MAR) als § 4 Abs. 4b WpHG eingefügt. Art. 23 Abs. 2 lit. i VO Nr. 596/2014 (MAR) fordert, dass die zuständigen nationalen Behörden die Befugnis haben müssen, das Einfrieren oder die Beschlagnahme von Vermögenswerten oder beides zu beantragen. Der deutsche Gesetzgeber hat sich insoweit entschieden, die Variante des Beschlagnahmeantrags umzusetzen. Mit dem 2. FiMaNoG[2] wurde die Norm neben der Neunummerierung als § 6 Abs. 13 WpHG insoweit ergänzt, als dies zur Umsetzung von Art. 69 Abs. 2 lit. e RL 2014/65/EU (MiFID II) erforderlich war. Entsprechend ist ein Beschlagnahmeantrag auch zur Durchsetzung der in Abs. 6 Nr. 3 und 4 und Nr. 6 genannten Verbote und Gebote möglich. Damit besteht für die Bundesanstalt eine zweite Befugnis zur Beschlagnahme, die eigenständig mit einer anderen Zielrichtung neben der Befugnis nach § 6 Abs. 12 WpHG besteht.

Voraussetzung eines Antrags der Bundesanstalt auf Beschlagnahme von Vermögenswerten ist nach § 6 Abs. 13 Satz 1 WpHG, dass dies zur **Durchsetzung der Verbote und Gebote** der in Abs. 6 Satz 1 Nr. 3, Nr. 4 und Nr. 6 genannten Vorschriften und der VO Nr. 596/2014 (MAR) geboten ist. Konkret handelt es sich hierbei um die Durchsetzung der

- Vorschriften der Abschnitte 9 bis 11 des WpHG, d.h. die Regelungen bezüglich der Positionslimits und Positionsmanagementkontrolle bei Warenderivaten und Positionsmeldungen (§§ 54 ff. WpHG), Organisationspflichten von Datenbereitstellungsdiensten (§ 58 ff. WpHG) und Wohlverhaltensregeln, Organisationspflichten, Transparenzpflichten von Wertpapierdienstleistungsunternehmen (§§ 63 ff. WpHG) sowie die zur Durchführung dieser Vorschriften erlassenen Rechtsverordnungen,
- Vorschriften der VO Nr. 600/2014 (MiFIR), insbesondere die in Titel II bis VI enthaltenen Artikel sowie die auf Grundlage dieser Artikel erlassenen delegierten Rechtsakte und Durchführungsrechtsakte der Europäischen Kommission,
- Vorschriften der VO 2016/1011 (Benchmark-VO) sowie auf deren Grundlage erlassenen delegierten Rechtsakte und Durchführungsrechtsakte der Europäischen Kommission,
- Vorschriften der VO Nr. 596/2014 (MAR) sowie
- nach § 53 Abs. 1 Satz 3 WpHG im Rahmen der entsprechenden Geltung einbezogenen Vorschriften der VO Nr. 236/2012 (Leerverkaufs-VO). Vgl. hierzu auch Art. 33 Abs. 2 lit. f VO Nr. 236/2012 (Leerverkaufs-VO).

Zudem muss die Beschlagnahme **erforderlich sein für die Durchsetzung der aufgeführten Verbote und Gebote**. Zur Durchsetzung der aufgeführten Verbote und Gebote ist eine Beschlagnahme nicht nur erforderlich, wenn **schon gegen die Verbote und Gebote** verstoßen wurde, sondern auch als **vorbeugende Maßnahme, wenn ein Verstoß** gegen ein aufgeführtes Verbot oder Gebot **droht**. Im Ergebnis muss mit der Beschlagnahme die Hoffnung verbunden sein, dass hiermit ein (weiterer) Verstoß gegen die benannten Verbote und Gebote verhindert wird.

Mögliche Objekte der beantragten Beschlagnahme nach § 6 Abs. 13 WpHG sind **Vermögenswerte** und nicht – wie bei § 6 Abs. 12 WpHG – Gegenstände, insbesondere Dokumente und Daten, die als Beweismittel für die Ermittlung des Sachverhalts von Bedeutung sein können. Ein Vermögenswert ist ein **materielles oder immaterielles Gut, dem ein Wert zugeschrieben werden kann**. Ein Vermögenswert kann insoweit ein Sachwert, etwa Maschinen oder langlebige Gebrauchsgüter, ein Finanzwert, beispielsweise Bargeld oder Forderungen oder ein immaterielles Gut, z.B. eine Software-Lizenz, ein Nutzungsrecht oder eine Lizenz/Konzession sein, dem ein

---

1 Vgl. Begr. RegE 1. FiMaNoG, BT-Drucks. 18/7482, 14, 59.
2 Vgl. Begr. RegE 2. FiMaNoG, BT-Drucks. 18/10936, 39, 226.

Marktpreis zugeordnet werden kann oder der gehandelt werden kann. Mit Blick auf die Erforderlichkeit der Beschlagnahme für die Durchsetzung der aufgeführten Verbote und Gebote muss der Vermögenswert einen Bezug zu dem (drohenden) Verstoß gegen eines der aufgezählten Verbote oder Gebote haben. Er muss der Realisierung des Verstoßes dienen bzw. die Realisierung fördern, unterstützen oder ermöglichen.

224 Die Befugnis der Bundesanstalt ist als **Ermessensnorm** ausgestaltet. Die Bundesanstalt „kann" einen entsprechenden Antrag stellen. Das bedeutet, dass im Zeitpunkt der Antragstellung die Beschlagnahme des Vermögenswertes für die Bundesanstalt als geeignet, erforderlich und verhältnismäßig erscheinen muss. Diese Ermessensabwägung ist im Rahmen der üblichen Ermessensprüfungen vor Gericht eingeschränkt überprüfbar. Die Antragstellung selbst ist jedoch **kein Verwaltungsakt**. Es wird keine behördliche Entscheidung in einem Über- oder Unterordnungsverhältnis mit Außenwirkung getroffen. Die Antragstellung ist ein **schlicht hoheitliches Handeln der Bundesanstalt**, dass nach Satz 1 ein Entschließungsermessen voraussetzt. Ein **Rechtsschutz** gegen die Antragstellung der Bundesanstalt ist **nicht möglich** und – mit Blick auf das weitere Verfahren – auch nicht erforderlich.

225 **Über die Beschlagnahme** von Vermögenswerten **entscheidet** aufgrund des Antrags der Bundesanstalt gemäß Satz 2 **ein Richter**. Die Zuständigkeit für die Anträge der Bundesanstalt liegt nach Satz 3 allein beim **AG Frankfurt/M.** Die Prüfung des Richters auf Antrag der Bundesanstalt auf Durchsuchung bezieht sich auf das Vorliegen der Tatbestandsvoraussetzung für die Durchsuchung und die Verhältnismäßigkeit der Maßnahme. Gegen eine entsprechende richterliche Beschlagnahmeanordnung kann der Betroffene Beschwerde beim AG Frankfurt/M. einlegen. Diese hat keine aufschiebende Wirkung. In Bezug auf die **Entscheidung über die Beschlagnahme von Vermögensgegenständen** gelten die §§ 306 bis 310 und 311a StPO entsprechend.

226 **XVII. Befugnis zur Vornahme von Veröffentlichungen oder Mitteilungen (§ 6 Abs. 14 WpHG).** Nach § 6 Abs. 14 WpHG hat die Bundesanstalt die Befugnis, auf Kosten von veröffentlichungs- oder mitteilungspflichtigen Personen selbst die für den Finanzmarkt **erforderliche Transparenz** in Bezug auf die veröffentlichungs- oder mitteilungspflichtige Information **herzustellen**. Die Vorschrift des § 6 Abs. 14 WpHG entspricht der Regelung des § 4 Abs. 6 WpHG a.F. bis zum 2.1.2017, die Art. 6 Abs. 7 RL 2003/6/EG (MarktmissbrauchsRL) umsetzte und die Vorgängernorm des § 29 Abs. 3 WpHG a.F. (gültig bis zum 29.10.2004) ersetzte. Neben der Neunummerierung des WpHG durch das 2. FiMaNoG hat die Norm nur insoweit eine inhaltliche Änderung erfahren, als mit der Anpassung des WpHG an das Inkrafttreten der VO Nr. 596/2014 (MAR) durch das 1. FiMaNoG verschiedene Veröffentlichungs- oder Mitteilungspflichten nunmehr nicht mehr im WpHG, sondern in der VO Nr. 596/2014 (MAR) geregelt sind. Dementsprechend hat der Gesetzgeber in diesem Zuge auch den Anwendungsbereich der Norm auch auf die Veröffentlichungs- oder Mitteilungspflichten der VO Nr. 596/2014 (MAR) ausgedehnt.

227 Voraussetzung für eine Veröffentlichung oder Mitteilung durch die Bundesanstalt ist, dass eine **gesetzliche Veröffentlichungs- oder Mitteilungspflicht** nach dem WpHG oder der VO Nr. 596/2014 (MAR) von dem Pflichtigen **nicht, nicht richtig, nicht vollständig oder nicht in der vorgeschriebenen Weise erfüllt** wird. Praktische Voraussetzung, die keine gesetzliche Erwähnung findet, ist, dass die Bundesanstalt hinreichende und gesicherte Kenntnisse von den mitteilungs- oder veröffentlichungspflichtigen Informationen hat. Da es sich hier beispielsweise um die Veröffentlichung von Insiderinformationen nach Art. 17 VO Nr. 596/2014 (MAR) („Ad-hoc-Mitteilungen") oder die Veröffentlichung von Stimmrechtsanteilen handeln kann, kann sich dieses praktische Problem häufig stellen.

228 Die Bundesanstalt kann im Wege einer **Selbstvornahme** auf Kosten der pflichtigen Personen jenseits[1] des zeitaufwendigen Verfahrens des Verwaltungsvollstreckungsgesetzes (VwVG) mit Androhung, Festsetzung und Vollzug des Zwangsmittels eine schnelle Information des Marktes bei sämtlichen Veröffentlichungs- und Mitteilungspflichten des WpHG erreichen. Bei dieser Selbstvornahme handelt es sich **nicht um eine Ersatzvornahme im Sinne des VwVG**. Weder wird hier ein Verwaltungsakt der Bundesanstalt zwangsweise durchgesetzt, noch beauftragt die Bundesanstalt einen anderen mit der Pflichterfüllung. Stattdessen setzt die Bundesanstalt eine bestehende gesetzliche Pflicht[2] durch und zwar in der Form, dass sie die dem Pflichtigen obliegende Handlung selber veranlasst. Die Veröffentlichung durch die Bundesanstalt ist selbst kein Verwaltungsakt, sondern **schlicht hoheitliches Handeln**[3]. Auf andere Weise wäre die angestrebte schnelle[4] Information des Marktes nicht erreichbar.

---

1 So auch *Hirte* in KölnKomm. WpHG, § 4 WpHG Rz. 152; *Klepsch* in Just/Voß/Ritz/Becker, § 4 WpHG Rz. 29; a.A. *Schlette/Bouchon* in Fuchs, § 4 WpHG Rz. 105, als Unterfall des unmittelbaren Zwangs einordnend.
2 Die Zulässigkeit der Vollstreckung von Nicht-Geldforderungen regelt § 6 VwVfG. Dies ist nach § 6 Abs. 1 VwVG nur bei einem Verwaltungsakt oder öffentlich-rechtlicher Vertrag (§§ 54, 61 Abs. 1 VwVfG) möglich, also einer hinreichend konkreten Einzelfallregelung, und nicht allein auf Grund einer gesetzlichen Regelung im Sinne einer abstrakt-generellen Regelung. Zur fehlenden Vollstreckungsfähigkeit von Rechtsverordnungen *Sadler*, VwVG, VwZG, 9. Aufl., § 6 VwVG Rz. 19. Ohne vorherigen Verwaltungsakt sind Vollstreckungsmaßnahmen nur nach § 6 Abs. 2 VwVG zur Gefahrenabwehr möglich.
3 A.A. *Hirte* in KölnKomm. WpHG, § 4 WpHG Rz. 152, als Verwaltungsakt einordnend.
4 Zielsetzung der Verfahrensbeschleunigung jenseits des VwVG: *Hirte* in KölnKomm. WpHG, § 4 WpHG Rz. 154.

Mit der Befugnis zur Veröffentlichung entsprechender Informationen regelt § 6 Abs. 14 WpHG auch die Befugnis der Bundesanstalt, die ihr hierfür entstandenen **Kosten als Auslagenerstattung** im Rahmen eines entsprechenden Kostenbescheides vom Veröffentlichungspflichtigen **zurückzufordern**. Ob der Erlass des Kostenbescheides zwingend ist, ist gesetzlich nicht geregelt. Der Bundesanstalt dürfte aber ein **Entschließungsermessen** zustehen, ob sie einen solchen Bescheid erlässt[1]. Hierbei wird sie neben besonderen Einzelfallaspekten auch den Umstand zu berücksichtigen haben, dass diese Kosten anderenfalls in die Kostenumlage der Bundesanstalt einfließen würden.   229

Die Befugnis der Bundesanstalt nach § 6 Abs. 14 WpHG besteht neben der grundsätzlich fortbestehenden Möglichkeit, den Pflichtigen aufgrund einer anderen Ermächtigungsgrundlage, wie z.B. § 6 Abs. 2 Satz 2 WpHG, per Verwaltungsakt zur Veröffentlichung seiner Informationen zu verpflichten. Dieser Verwaltungsakt könnte dann mit den Mitteln des Verwaltungszwangs nach VwVG durchgesetzt werden. Dieses Verfahren ist deutlich (zeit-)aufwendiger, eignet sich aber beispielsweise, wenn die zu veröffentlichende Information der Bundesanstalt nicht bekannt ist. Zudem ist die Befugnis nach § 6 Abs. 14 WpHG zu unterscheiden von Befugnissen der Bundesanstalt, Veröffentlichungen zu untersagen. § 6 Abs. 14 WpHG ermächtigt die Bundesanstalt nicht zu solchen Untersagungen[2].   230

XVIII. Auskunftsverweigerungsrecht und Pflicht zur Belehrung (§ 6 Abs. 15 WpHG). Die Regelung in § 6 Abs. 15 WpHG enthält **drei Teilaspekte**. Dies sind ein **Auskunftsverweigerungsrecht**, die Pflicht der Bundesanstalt, den Verpflichteten über sein Auskunftsverweigerungsrecht **zu belehren**, und die Pflicht der Bundesanstalt, den Betroffenen auf die Möglichkeit **hinzuweisen, dass er jederzeit einen Verteidiger befragen darf**.   231

Das in § 6 Abs. 15 WpHG geregelte **Auskunftsverweigerungsrecht** begrenzt punktuell die Möglichkeit der Bundesanstalt, von jedermann tatsächlich Auskünfte zu erlangen. Ein zur Auskunft Verpflichteter darf Auskünfte auf solche Fragen verweigern, deren Beantwortung ihn selbst oder einen in § 383 Abs. 1 Nr. 1 bis Abs. 3 ZPO bezeichneten Angehörigen der Gefahr strafgerichtlicher Verfolgung oder eines Ordnungswidrigkeitenverfahrens aussetzen würde. Das bedeutet, dass Auskunftsverweigerungsrecht **steht dem Verpflichteten zu**, bezieht sich aber auf die Gefahr der strafgerichtlichen Verfolgung oder der Durchführung eines Ordnungswidrigkeitenverfahrens in Bezug auf: 232
- ihn selbst,
- den Verlobten des Verpflichteten oder denjenigen, mit dem der Verpflichtete ein Versprechen eingegangen ist, eine Lebenspartnerschaft zu begründen,
- den Ehegatten, auch wenn die Ehe nicht mehr besteht,
- der Lebenspartner einer Partei, auch wenn die Lebenspartnerschaft nicht mehr besteht oder
- diejenigen, die mit dem Verpflichteten in gerader Linie verwandt oder verschwägert, in der Seitenlinie bis zum dritten Grad verwandt oder bis zum zweiten Grad verschwägert sind oder waren.

Das Auskunftsverweigerungsrecht bezieht sich damit inhaltlich auf den Verpflichteten selbst und auf solche Personen, denen ein zivilrechtliches Zeugnisverweigerungsrecht nach § 383 ZPO zustehen würde. Entsprechend ist ein der juristischen Person drohendes Bußgeld kein Grund für ein Auskunftsverweigerungsrecht der verantwortlichen Person innerhalb der juristischen Person[3].

Die Formulierung „auf solche Fragen" verdeutlicht, dass es sich nicht um ein generelles Auskunfts- oder Zeugnisverweigerungsrecht im Sinne der Verweigerung jedweder Aussage zur Sache handelt, sondern dass der Auskunftspflichtige nur in Bezug auf eine jeweils **konkrete Fragestellung** – bei Vorliegen der Voraussetzungen – auf sein Auskunftsverweigerungsrecht berufen kann[4]. Hierbei hat der Verpflichtete, auch wenn er Rechtsanwalt ist, dessen Voraussetzungen darzulegen[5]. Der Bundesanstalt obliegt die Prüfung, ob das behauptete Auskunftsverweigerungsrecht vorliegt[6] oder sie auf die Pflichterfüllung dringen kann. Macht der Auskunftspflichtige von seinem Aussageverweigerungsrecht nicht ausdrücklich Gebrauch, ist er verpflichtet, die geforderte Auskunft, richtig, vollständige und nicht irreführend zu erteilen.   233

Das Auskunftsverweigerungsrecht **bezieht sich nicht auf die Pflicht zur Vorlage** von geforderten Unterlagen. Dies ergibt sich schon aus dem Wortlaut des Auskunftsverweigerungsrechts, das lautet: „kann die Auskunft auf solche Fragen verweigern …". In der Literatur wird teilweise eine Ausdehnung des Auskunftsverweigerungs-   234

---

1 Ermessen gleichfalls befürwortend *Schlette/Bouchon* in Fuchs, § 4 WpHG Rz. 106; für eine grundsätzliche Kostenerhebung beim Pflichtigen *Klepsch* in Just/Voß/Ritz/Becker, § 4 WpHG Rz. 29.
2 Vgl. *Hirte* in KölnKomm. WpHG, § 4 WpHG Rz. 154a.
3 So für das KWG: *Reischauer/Kleinhans*, § 44 KWG Rz. 39; *Beck/Samm/Kokemoor*, § 44 KWG Rz. 138.
4 Vgl. VGH Hess. v. 25.5.2007 – 6 TG 1483/06, juris Rz. 22: zu § 44 Abs. 6 KWG; *Klepsch* in Just/Voß/Ritz/Becker, § 4 WpHG Rz. 35; *Schlette/Bouchon* in Fuchs, § 4 WpHG Rz. 54; *Altenhain* in KölnKomm WpHG, § 4 WpHG Rz. 165.
5 BVerwG v. 13.12.2011 – 8 C 24/10, NJW 2012, 1241, juris Rz. 23; Hess. VGH v. 23.8.2012 – 6 B 1374/12, juris Rz. 26.
6 *Klepsch* in Just/Voß/Ritz/Becker, § 4 WpHG Rz. 36; *Schlette/Bouchon* in Fuchs, § 4 WpHG Rz. 59.

rechts auch auf die Vorlage von Unterlagen befürwortete[1], teilweise wird sie abgelehnt[2]. Die Rechtsprechung lehnt einhellig eine über Wortlaut der Regelung hinausgehenden Ausdehnung des Auskunftsverweigerungsrechts auf die Vorlage von Unterlagen hinaus sowohl in Bezug auf kapitalmarktrechtliche Sachverhalte[3] aber auch in anderen Rechtsbereichen ab[4]. Die Regelung eines Auskunftsverweigerungsrechts ohne Einbeziehung der Vorlage von Unterlagen führt auch nicht zu einer Regelungslücke. Insbesondere stellt die uneingeschränkte Pflicht zur Vorlage von Unterlagen **keinen Verstoß gegen das Verbot des Zwangs zur Selbstbezichtigung** dar. Die Begrenzung des Auskunftsverweigerungsrechts allein auf Auskünfte stellt keine Umgehung prozessualer Rechte dar[5]. So bezieht sich das Verbots des Zwangs zur Selbstbezichtigung nicht auf die Vorlage von Unterlagen, sondern nur auf die eigene, sich selbst bezichtigende Aussage des Betroffenen[6]. Denn hinsichtlich der Verpflichtung zur Vorlage von Unterlagen fehlt es an einer Konfliktlage, wie sie bei einer Verpflichtung zur Selbstbezichtigung durch Auskünfte besteht[7]. So muss die Bundesanstalt z.B. die geforderten Unterlagen selbst auswerten und den für sie relevanten Sachverhaltsteil ermitteln. Insoweit entsteht durch die Pflicht zur Vorlage geforderter Unterlagen keine Pflicht zur Selbstbezichtigung. Unter Berücksichtigung des Umstandes, dass der Gesetzgeber in anderen rechtlichen Regelungen durchaus ausdrücklich auch ein Recht zur Verweigerung der Vorlage von Unterlagen vorgesehen hat[8], ist eine Ausdehnung des Auskunftsverweigerungsrechts in § 6 Abs. 15 WpHG entgegen dem Wortlaut auf die Vorlage von Unterlagen abzulehnen. Entsprechend kann aus dem Auskunftsverweigerungsrecht auch kein Recht zu einer Verweigerung der Informationsgewährung bei Vor-Ort-Prüfungen abgeleitet werden[9].

235 Das **aufsichtsrechtliche Auskunftsverweigerungsrecht** ist **unabhängig** von den **Rechten der Betroffenen in Bezug auf die Befugnisse anderer staatlicher Stellen**, wie Finanzverwaltung, Strafverfolgungsbehörde etc.[10]. Sobald beispielsweise der zur Auskunft Verpflichtete die Stellung als Betroffener eines Bußgeldverfahrens oder als Verdächtiger eines Strafverfahrens erlangt, steht ihm in diesem Verfahren das Aussageverweigerungsrecht nach § 136 Abs. 1 Satz 2 StPO zu[11]. Zur anwaltlichen Verschwiegenheitspflicht, die zwar eine andere Zielrichtung hat, aber Überschneidungen zum Auskunftsverweigerungsrecht hat, vgl. die Ausführungen zu § 6 Abs. 3 WpHG Rz. 125 f. Auch ein Rechtsanwalt, der sich auf seine Pflicht zur Verschwiegenheit beruft, hat dessen Voraussetzungen darzutun[12].

236 Umstritten ist die **Frage, ob das Auskunftsverweigerungsrecht** auch für **juristische Personen** gilt. Aus tatsächlichen Gründen kann es bei einer juristischen Person jedenfalls nicht in Bezug auf deren Angehörige bzw. deren Gefahr einer strafgerichtlichen Verfolgung zum Tragen kommen. Es verbleibt insoweit allein die Gefahr eines Bußgeldverfahrens, der sich eine juristische Person durch eine Auskunft aussetzen könnte. Ungeachtet der Frage, ob der verfassungsrechtliche Schutz gegen Selbstbezichtigungen überhaupt den Schutz vor einer bußgeldrechtlichen Ahndung umfasst[13], wird mit Blick auf die geringere Schutzwürdigkeit teilweise ein Auskunftsver-

---

1 *Schlette/Bouchon* in Fuchs, § 4 WpHG Rz. 73; *Gallandi*, wistra 1987, 127; *Bärlein/Pananis/Rehmsmeiner*, NJW 2002, 182, 1829, ab Anfangsverdacht ein Unterlagenverweigerungsrecht.
2 *Altenhain* in KölnKomm WpHG, § 4 WpHG Rz. 169; *Klepsch* in Just/Voß/Ritz/Becker, § 4 WpHG Rz. 35; *Braun* in Boos/Fischer/Schulte-Mattler, § 44 KWG Rz. 94; *Szagunn/Haug/Ergenzinger*, § 44 KWG Rz. 47; *Schwennicke/Auerbach*, § 44 KWG Rz. 31; *Hartung*, NJW 1988, 1070; *Schröder/Hansen*, ZBB 2003, 113; *Szesny*, Finanzmarktaufsicht und Strafprozess, 2008, S. 108/125.
3 Vgl. VG Berlin v. 12.6.1978 zu § 44 KWG in *Beckmann/Bauer*, Bankenaufsichtsrecht Entscheidungssammlung, § 44 Nr. 19 S. 32 (3.); VG Berlin v. 23.7.1987 – 14 A 16/87, NJW 1988, 1105 zu § 44 KWG; VG Frankfurt v. 22.11.2004 – 1 G 4052/04 zum insoweit parallelen § 83 Abs. 6 VAG, juris Rz. 57; VG Frankfurt v. 4.6.2009 – 1 K 4060/08.F, juris Rz. 2; Hess. VGH v. 25.5.2007 – 6 TG 1483/06, juris Rz. 22 zu § 44 Abs. 6 KWG; Hess. VGH v. 23.8.2012 – 6 B 1374/12, juris Rz. 34; OLG Frankfurt v. 12.2.2007 – WpÜG 1/06, AG 2007, 207 = ZIP 2007, 768 Rz. 21 zu § 37o Abs. 4 WpHG a.F. (heute § 107 Abs. 5 WpHG).
4 Vgl. in Bezug auf die Vorlage von Fahrtenschreiberschaublätter, Fahrtenbücher etc. BVerfG v. 7.9.1984 – 2 BvR 159/84, juris Rz. 11 f.; VG Mainz v. 8.3.2017 – 3 K 621/16.MZ, juris; OLG Hamm v. 25.9.1991 – 2 Ss OWi 456/91, juris Rz. 13 = NZV 1992, 159; VGH Baden-Württemberg v. 10.8.2015 – 10 S 278/15, juris Rz. 12 f.
5 So auch *Klepsch* in Just/Voß/Ritz/Becker, § 4 WpHG Rz. 35; *Altenhain* in KölnKomm WpHG, § 4 WpHG Rz. 169.
6 Nur ein Verbot des Zwangs zur Selbstbezichtigung durch eine Aussage, vgl. BVerfG v. 26.2.1997 – 1 BvR 2172/96, BVerfGE 95, 220: Es ist Teil des allgemeinen Persönlichkeitsrechts aus Art. 2 Abs. 1 GG i.V.m. Art. 1 Abs. 1 GG, dass niemand gezwungen werden darf, durch eigene Aussage die Voraussetzung für eine strafgerichtliche Verurteilung zu liefern. Vgl. auch BVerfG v. 13.1.1981 – 1 BvR 116/77, BVerfGE 56, 37; BVerwG v. 14.11.1996 – 2 B 16/96, juris; BVerfG v. 15.10. 2004 – 2 BvR 1316/04, NJW 2005, 352; VGH Baden-Württemberg v. 23.8.2012 – 10 S 2023/10, VBlBW 2013, 265 Rz. 42.
7 Vgl. VG Mainz v. 8.3.2017 – 3 K 621/16.MZ, juris.
8 Vgl. § 16 Abs. 2 Satz 4 letzter Teilsatz Infektionsschutzgesetz (IfSG) vom 20.7.2000, zuletzt geändert durch Gesetz vom 17.7.2017, BGBl. I 2017, 2615, bei dem es in Bezug auf die Verhütung von übertragbaren Krankheiten um sehr sensible persönliche Daten geht.
9 Vgl. *Hartung*, NJW 1998, 1070; VGH Baden-Württemberg v. 23.8.2012 – 10 S 2023/10, VBlBW 2013, 265, juris Rz. 42; *Beck/Samm/Kokemoor*, § 44 KWG Rz. 136, *Reischauer/Kleinhans*, § 44 KWG Rz. 39, auch § 44c KWG Rz. 66.
10 *Braun* in Boos/Fischer/Schulte-Mattler, § 44 KWG Rz. Rz. 97.
11 Vgl. *Klepsch* in Just/Voß/Ritz/Becker, § 4 WpHG Rz. 34.
12 BVerwG v. 13.12.2011 – 8 C 24/10, NJW 2012, 1241, juris Rz. 23; Hess. VGH v. 23.8.2012 – 6 B 1374/12, juris Rz. 26.
13 Diese Frage offenlassend BVerwG v. 11.8.1999 – 3 B 96/99, NZV 2000, 385; VGH Baden-Württemberg v. 23.8.2012 – 10 S 2023/10, VBlBW 2013, 265.

weigerungsrecht für juristische Personen abgelehnt[1]. Mit Blick auf den Beschluss des BVerfG vom 26.2.1997[2], dass das aus Art. 2 Abs. 1 i.V.m. Art. 1 Abs. 1 GG folgende Recht, sich nicht selbst einer Straftat bezichtigen zu müssen, gemäß Art. 19 Abs. 3 GG nicht auf juristische Personen anwendbar ist, kann dieser ablehnenden Auffassung zugestimmt werden.

Das Berufen auf ein Auskunftsverweigerungsrecht bezüglich der Beantwortung konkret gestellter Fragen hat **keine Auswirkungen auf** die Frage der **Rechtmäßigkeit des Auskunftsersuchens**[3]. Die Bundesanstalt kann bei Erlass eines Auskunftsersuchens nicht das Vorliegen des Auskunftsverweigerungsrechts vorhersehen und nicht die Entscheidung vorwegnehmen, ob ein Adressat von diesem ggf. Gebrauch macht. Insoweit kann die Bundesanstalt diesen Aspekt bei ihrer Ermessensentscheidung schon objektiv nicht mit einfließen lassen. Die berechtigte Geltendmachung eines Auskunftsverweigerungsrechts kann hingegen Auswirkungen auf die Möglichkeit der zwangsweisen Durchsetzung eines solchen Auskunftsersuchens haben[4]. 237

Neben dem Auskunftsverweigerungsrecht regelt § 6 Abs. 15 WpHG auch eine Pflicht der Bundesanstalt zur **Belehrung** der zur Auskunft nach § 6 Abs. 3 Satz 1 WpHG Verpflichteten **über das Recht zur Auskunftsverweigerung**. Der Hinweis auf die Existenz und den Inhalt des Auskunftsverweigerungsrechts ist notwendiger Bestandteil dieser Belehrung[5]. Weitere Formvorschriften bestehen nicht. Die verwaltungsrechtliche Belehrungspflicht des § 6 Abs. 15 WpHG kann hinsichtlich der **Folgen bei einer unterlassenen Belehrung** nicht gleichgesetzt werden mit der strafprozessualen Belehrungspflicht nach § 136 Abs. 1 Satz 2 StPO, insbesondere nicht hinsichtlich eines möglichen Beweisverwertungsverbots. Denn vorliegend geht es nicht um den staatlichen Strafverfolgungsanspruch, sondern um eine verwaltungsrechtliche Überwachungsaufgabe, bei der – anders als im Strafverfahren – auch andere Rechtsgüter zu wahren sind[6]. Ein Verstoß gegen die Belehrungspflicht führt grundsätzlich nicht zu einem Verwertungsverbot der durch ein entsprechendes Auskunftsersuchen erlangten Informationen, insbesondere nicht im weiteren Verwaltungsverfahren[7]. Die Belehrung über das Auskunftsverweigerungsrecht kann auch einen Hinweis auf die sofortige Vollziehbarkeit des Auskunftsersuchens und den entsprechenden Bußgeldtatbestand mit umfassen[8]. Eine rechtliche Notwendigkeit für einen solchen erweiterten Hinweis besteht jedoch nicht. 238

Die Regelung des § 6 Abs. 15 Satz 2 WpHG sieht zudem vor, dass der Verpflichtete von der Bundesanstalt **zwingend darauf hinzuweisen** ist, dass es ihm **nach dem Gesetz freisteht, jederzeit, auch schon vor seiner Vernehmung, einen von ihm zu wählenden Verteidiger zu befragen**. Im Hinblick darauf, dass die Bundesanstalt keine Strafverfolgungsbehörde ist und in Bezug auf Bußgeldverfahren andere Ermächtigungsgrundlagen für die Sachverhaltsermittlung zur Verfügung stehen, verwundert diese Hinweispflicht auf die mögliche Hinzuziehung eines Verteidigers, die sogar über die Hinweispflicht in der Anhörung nach § 55 Abs. 2 Satz 1 OWiG hinausgeht[9]. Denn im Rahmen der Sachverhaltsklärung nach § 6 WpHG ist der Verpflichtete Beteiligter eines Verwaltungsverfahrens. Offensichtlich wurde die Regelung vom Gesetzgeber im Vorgriff auf die mögliche Verwirklichung von Straftatbeständen nach § 119 WpHG getroffen. Diese bilden jedoch nur einen sehr kleinen Ausschnitt der Gründe ab, weshalb die Bundesanstalt Auskunft nach § 6 Abs. 3 WpHG begehrt. 239

XIX. Nutzung personenbezogener Daten (§ 6 Abs. 16 WpHG). Nach § 6 Abs. 16 WpHG darf die Bundesanstalt ihr mitgeteilte personenbezogene Daten speichern, verändern und nutzen, soweit dies zur Erfüllung ihrer aufsichtsrechtlichen Aufgaben und für Zwecke der internationalen Zusammenarbeit gem. § 18 WpHG dient. Die Norm regelt damit eine **strenge Zweckbindung** der an die Bundesanstalt übermittelten personenbezogenen Daten. Die Norm hat im Rahmen des 2. FiMaNoG Änderungen nur in Bezug auf die Neunummerierung der Normen des WpHG erfahren. Inhaltlich blieb die Norm unverändert, wie sie seit ihrer Normierung im AnSVG im Jahre 2004 als § 4 Abs. 10 WpHG a.F. bis zum 2.1.2018 bestand. 240

Die ihr mitgeteilten personenbezogenen Daten darf die Bundesanstalt zur Erfüllung ihrer aufsichtlichen Aufgaben speichern, verändern und nutzen. Diese **aufsichtlichen Aufgaben** werden nicht beschränkt. Damit sind nicht nur alle **Aufgabenfelder** des WpHG oder der **Wertpapieraufsicht**, sondern auch die aufsichtlichen Aufgaben der Bundesanstalt nach **KWG, VAG** etc. von der Befugnis umfasst. Die Zweckbindung der Nutzung um- 241

---

1 *Klepsch* in Just/Voß/Ritz/Becker, § 4 WpHG Rz. 35; *Altenhain* in KölnKomm. WpHG, § 4 WpHG Rz. 166; *Braun* in Boos/Fischer/Schulte-Mattler, § 44 KWG Rz. 95; BVerfG v. 9.10.2002 – 1 BvR 1611/96, NJW 1997, 1841.
2 Vgl. BVerfG v. 26.2.1997 – 1 BvR 2172/96, BVerfGE 95, 220 = NJW 1997, 1841.
3 Vgl. Hess. VGH v. 7.8.2013 – 6 B 583/13, juris Rz. 25 und 28.
4 Vgl. Hess. VGH v. 7.8.2013 – 6 B 583/13, juris Rz. 25 und 28 mit Verweis auf *Sadler*, VwVG/VwZG Kommentar, 8. Aufl. 2011, § 6 VwVG Rz. 22 f.
5 *Schlette/Bouchon* in Fuchs, § 4 WpHG Rz. 61.
6 Vgl. z.B. bezüglich des verwaltungsrechtlichen Führerscheinentzugs: VG München v. 23.1.2015 – M 6a K 14.4275, juris Rz. 14.
7 VG Frankfurt v. 4.6.2009 – 1 K 4060/08.F, juris Rz. 2. Vgl. die ständige Rechtsprechung zur Belehrungspflicht nach § 393 Abs. 1 Satz 4 AO: BFH v. 29.8.2017 – VIII R 17/13, DB 2018, 421 Rz. 47; BFH v. 28.10.2009 – I R 28/2008, IStR 2010, 103 Rz. 33.
8 Vgl. *Klepsch* in Just/Voß/Ritz/Becker, § 4 WpHG Rz. 36.
9 Vgl. *Klepsch* in Just/Voß/Ritz/Becker, § 4 WpHG Rz. 37.

fasst auch die **Weitergabe** von personenbezogenen Daten, die ihrerseits weiteren Beschränkungen unterliegt, wie z.B. aus § 21 WpHG. Die Speicherung, Änderung und Nutzung der personenbezogenen Daten einschließlich der Weitergabe im Rahmen der internationalen Zusammenarbeit nach § 18 WpHG entspricht einer Vielzahl von europäischen Verordnungen, wie z.B. Art. 36, 39 VO Nr. 236/2012 (Leerverkaufs-VO) und Art. 84 VO Nr. 648/2012 (EMIR).

242 Nach Art. 4 Nr. 1 VO 2016/679 (DSGVO) handelt es sich bei **personenbezogenen Daten** um alle Informationen, die sich auf eine identifizierte oder identifizierbare natürliche Person beziehen. Als identifizierbar gilt eine natürliche Person nach dieser Norm, „die direkt oder indirekt, insbesondere mittels Zuordnung zu einer Kennung wie einem Namen, zu einer Kennnummer, zu Standortdaten, zu einer Online-Kennung oder zu einem oder mehreren besonderen Merkmalen identifiziert werden kann, die Ausdruck der physischen, physiologischen, genetischen, psychischen, wirtschaftlichen, kulturellen oder sozialen Identität dieser natürlichen Person sind". Inhaltlich handelt es sich hierbei beispielsweise um die Identität der Auftraggeber und der berechtigten oder verpflichteten Personen aus den betroffenen Geschäften sowie die Angabe von Bestandsveränderungen im Depot beispielsweise in Insiderpapieren, soweit es sich hierbei um natürliche Personen handelt.

243 Aus dieser Regelung zur Speicherung, Veränderung und Nutzung der Daten ergibt sich im Umkehrschluss auch, dass **personenbezogene Daten dann nicht mehr gespeichert werden dürfen und somit nach Datenschutzrecht zu löschen sind, wenn** die Voraussetzungen nach § 6 Abs. 16 WpHG nicht mehr gegeben sind, weil die **Erforderlichkeit für die Speicherung entfallen ist**[1]. Eine Unterrichtung der Personen, deren Daten gelöscht werden, ist weder vom Datenschutzrecht noch vom WpHG vorgesehen und würde unabhängig vom Aufwand teilweise auch § 12 WpHG widersprechen.

244 **XX. Einsatz von Dritten bei aufsichtlichen Aufgaben (§ 6 Abs. 17 WpHG).** Nach § 6 Abs. 17 WpHG kann die Bundesanstalt zur Erfüllung ihrer Aufgaben auch Wirtschaftsprüfer oder Sachverständige einsetzen. Diese Regelung setzt verschiedene europarechtliche Vorgaben um, die vorsehen, dass die beaufsichtigende nationale Aufsichtsbehörde auch Dritte heranziehen kann, um ihre Aufsichtstätigkeit auszuüben. So wurde diese Regelung im Jahre 2007 eingefügt, um Art. 50 Abs. 2 lit. m RL 2004/39/EG (MiFID) umzusetzen[2]. Zugleich setzt der nationale Gesetzgeber mit der Norm auch weitere europäische Anforderung um, wie z.B. aus Art. 23 Abs. 1 lit. c VO Nr. 596/2014 (MAR), der eine Aufgabenwahrnehmung durch die zuständige nationale Behörde auch durch eine Aufgabenübertragung auf andere Behörden oder Marktteilnehmer vorsieht. Mit der Ablösung der MiFID durch die MiFID II dient die Regelung des § 6 Abs. 17 WpHG zugleich auch der Umsetzung von Art. 69 Abs. 2 lit. i RL 2014/65/EU (MiFID II).

245 Eine mit § 6 Abs. 17 WpHG **vergleichbare Regelung enthält § 4 Abs. 3 FinDAG**[3]. Diese Norm regelt, dass sich die Bundesanstalt bei der Durchführung ihrer Aufgaben anderer Personen und Einrichtungen bedienen kann. Hier kann die Frage aufgeworfen werden, ob im Rahmen der Aufsicht nach dem WpHG die Möglichkeiten der Einbeziehung Dritter enger ist, als bei den übrigen Aufsichtsbereichen der Bundesanstalt, bzw. ob § 6 Abs. 17 WpHG lex spezialis zu § 4 Abs. 3 FinDAG ist. Auf den ersten Blick scheint § 6 Abs. 17 WpHG mit der ausdrücklichen Bezugnahme auf Wirtschaftsprüfer oder Sachverständige enger gefasst als § 4 Abs. 3 FinDAG. Nach § 6 Abs. 17 WpHG können aber, wie auch nach § 4 Abs. 3 FinDAG auch andere Personen und Einrichtungen zur Aufgabenerfüllung herangezogen werden. Denn nach dem Wortlaut vom § 6 Abs. 17 WpHG kann die Bundesanstalt zur Erfüllung ihrer Aufgaben „auch" Wirtschaftsprüfer oder Sachverständige[4] einsetzen. Dieses „auch" spricht gegen eine abschließende Aufzählung, sondern eher für eine Betonung des Regelfalls der Heranziehung Dritter zur Aufgabenerfüllung. Der Regelfall ist bislang die Heranziehung von Wirtschaftsprüfern.

246 Die Formulierung „auch" lässt offen, weitere Dritte zur Erfüllung ihrer Aufsichtsaufgaben heranzuziehen. Die Bundesanstalt muss daher nicht für die verschiedenen, teilweise hochkomplexen Spezialfragen eigene Experten vorhalten[5]. In Anbetracht der Vielzahl von z.T. hochkomplexen Sachverhalten in Rahmen der Aufsicht nach dem WpHG, wie z.B. dem algorithmischen Handel, könnte beispielsweise auch an die **Heranziehung von IT-Spezialisten, Mathematiker etc. für die Erfüllung der Aufgaben** der Bundesanstalt gedacht werden. Die Möglichkeit der Heranziehung weiterer Personen und Einrichtungen entspricht auch europarechtlichen Vorgaben. Denn z.B. Art. 23 Abs. 1 lit. c VO Nr. 596/2014 (MAR) sieht eine Aufgabenwahrnehmung durch die zuständige nationale Behörde auch durch eine Aufgabenübertragung auf andere Behörden oder Marktteilnehmer vor. Diese Vorgabe geht zweifelsohne über die Heranziehung von Wirtschaftsprüfern und Sachverständigen hinaus. § 6 Abs. 17 WpHG kommt daher nur eine klarstellende Bedeutung[6] zu, nicht aber eine Rolle als lex spezialis zu

---

1 Vgl. Begr. RegE AnSVG zu § 4 WpHG, BT-Drucks. 15/3174, 31.
2 Vgl. Begr. RegE FRUG zu § 4 Abs. 11 WpHG, BT-Drucks. 16/4028, 60.
3 Vgl. Vor § 6 WpHG Rz. 41 zu § 4 Abs. 3 FinDAG.
4 Der Begriff „Sachverständige" ist insoweit weit gefasst als der Gesetzgeber keine Einschränkung im Sinne von öffentlich bestellten Sachverständigen o.Ä. vorgenommen hat.
5 Vgl. auch *Klepsch* in Just/Voß/Ritz/Becker, § 4 WpHG Rz. 39; *Schlette/Bouchon* in Fuchs, § 4 WpHG Rz. 138.
6 So auch *Möllers/Wenninger* in KölnKomm. WpHG, § 4 WpHG Rz. 181; *Klepsch* in Just/Voß/Ritz/Becker, § 4 WpHG Rz. 39. A.A. *Zetzsche* in Schwark/Zimmer, § 4 WpHG Rz. 105.

§ 4 Abs. 3 FinDAG. Für diese klarstellende Bedeutung spricht auch der Umstand, dass § 21 Abs. 1 Satz 1 WpHG in Bezug auf die Verschwiegenheitspflicht auf die Regelung des § 4 Abs. 3 FinDAG verweist und damit alle Dritten, die zur Erfüllung der Aufsichtsaufgabe von der Bundesanstalt herangezogen werden, zur Verschwiegenheit verpflichtet.

Die Heranziehung Dritter zur Aufgabenerfüllung der Bundesanstalt erfolgt **regelmäßig als Verwaltungshelfer**. Hierfür ist anders als bei der Aufgabenübertragung an Beliehene keine besondere gesetzliche Grundlage[1] nötig. Das Rechtsverhältnis zwischen dem Verwaltungshelfer und dem Hoheitsträger, hier der Bundesanstalt, ist privatrechtlich geprägt und wird beispielsweise durch Werkverträge, ggf. auch Dienstverträge begründet. Die Bundesanstalt bleibt weiterhin in der Verantwortlichkeit im Sinne einer „Gewährleistungsverantwortung", z.B. im Hinblick auf Einflussmöglichkeit, Kontrolle etc.[2].

247

§ 7 Herausgabe von Kommunikationsdaten

(1) Die Bundesanstalt kann von einem Telekommunikationsbetreiber die Herausgabe von in dessen Besitz befindlichen bereits existierenden Verkehrsdaten im Sinne des § 96 Absatz 1 des Telekommunikationsgesetzes verlangen, wenn bestimmte Tatsachen den Verdacht begründen, dass jemand gegen Artikel 14 oder 15 der Verordnung (EU) Nr. 596/2014 oder eine der in § 6 Absatz 6 Satz 1 Nummer 3 und 4 genannten Vorschriften verstoßen hat, soweit dies zur Erforschung des Sachverhalts erforderlich ist. § 100a Absatz 3 und § 100b Absatz 1 bis 4 Satz 1 der Strafprozessordnung gelten entsprechend mit der Maßgabe, dass die Bundesanstalt antragsberechtigt ist. Das Briefgeheimnis sowie das Post- und Fernmeldegeheimnis nach Artikel 10 des Grundgesetzes werden insoweit eingeschränkt.

(2) Die Bundesanstalt kann von Wertpapierdienstleistungsunternehmen, Datenbereitstellungsdiensten, Kreditinstituten im Sinne des Artikels 4 Absatz 1 Nummer 1 der Verordnung (EU) Nr. 575/2013, beaufsichtigten Unternehmen im Sinne des Artikels 3 Absatz 1 Nummer 17 der Verordnung (EU) 2016/1011 und Finanzinstituten im Sinne des Artikels 4 Absatz 1 Nummer 26 der Verordnung (EU) Nr. 575/2013 die Herausgabe von bereits existierenden

1. Aufzeichnungen von Telefongesprächen,
2. elektronischen Mitteilungen oder
3. Verkehrsdaten im Sinne des § 96 Absatz 1 des Telekommunikationsgesetzes,

die sich im Besitz dieser Unternehmen befinden, verlangen, soweit dies auf Grund von Anhaltspunkten für die Überwachung der Einhaltung eines Verbots nach den Artikeln 14 und 15 der Verordnung (EU) Nr. 596/2014 oder eine der in § 6 Absatz 6 Satz 1 Nummer 3 bis 4 genannten Vorschriften oder eines Verbots oder Gebots nach der Verordnung (EU) 2016/1011 erforderlich ist. Das Briefgeheimnis sowie das Post- und Fernmeldegeheimnis nach Artikel 10 des Grundgesetzes werden insoweit eingeschränkt.

In der Fassung des 2. FiMaNoG vom 23.6.2017 (BGBl. I 2017, 1693). Die Änderungen durch das Gesetz zur effektiveren und praxistauglicheren Ausgestaltung des Strafverfahrens vom 17.8.2017 (BGBl. I 2017, 3202, 3630) wurden durch das Inkrafttreten des 2. FiMaNoG wieder überholt (s. Rz. 5).

Schrifttum: *Just/Voß*, Zum Schutz des Fernmeldegeheimnisses bei privater E-Mail-Nutzung am Arbeitsplatz, EWiR 2009, 657; *Schantz*, Der Zugriff auf E-Mails durch die BaFin, WM 2009, 2112; *Schöttler*, Schutz von E-Mail-Daten durch das Fernmeldegeheimnis, jurisPR-ITR 4/2009 Anm 2.

I. Rechtsentwicklung und europarechtlicher Hintergrund 1	III. Aufzeichnungen von beaufsichtigten Personen (§ 7 Abs. 2 WpHG) 29
II. Verkehrsdaten eines Telekommunikationsbetreibers (§ 7 Abs. 1 WpHG) 6	1. Allgemeines 29
1. Allgemeines 6	2. Adressaten des Herausgabeverlangens nach § 7 Abs. 2 Satz 1 WpHG 32
2. Adressaten des Verlangens nach § 7 Abs. 1 Satz 1 WpHG 7	3. Voraussetzungen des Verlangens nach § 7 Abs. 2 Satz 1 WpHG 35
3. Voraussetzungen des Verlangens nach § 7 Abs. 1 Satz 1 WpHG 9	4. Betroffene Daten nach § 7 Abs. 2 Satz 1 WpHG 40
4. Herausgabe von Verkehrsdaten 15	5. Ermessen, Verhältnismäßigkeit 46
5. Verfahren und Antragsberechtigung der Bundesanstalt nach § 7 Abs. 1 Satz 2 WpHG . . 19	
6. Ermessen, Verhältnismäßigkeit 28	

---
[1] Vgl. *Ramsauer* in Kopp/Ramsauer, § 1 VwVfG Rz. 65.
[2] Vgl. *Ramsauer* in Kopp/Ramsauer, § 1 VwVfG Rz. 64 f.

§ 7 | Bundesanstalt für Finanzdienstleistungsaufsicht

1   **I. Rechtsentwicklung und europarechtlicher Hintergrund.** Die Regelungen des § 7 WpHG umfassen spezielle Regelungen zur **Befugnis der Bundesanstalt zur Abfrage von Verbindungs- und sonstigen Telekommunikationsdaten** gegenüber Telekommunikationsbetreibern und gegenüber zugelassenen Unternehmen. Die Besonderheit dieser Regelungen ist die Befugnis der Bundesanstalt, die Herausgabe der Kommunikationsdaten **an sich selbst** zu verlangen, und nicht z.B. nur die Aufbewahrung dieser Daten oder die Herausgabe an eine Staatsanwaltschaft verlangen zu können. Ziel der Regelungen ist es, der Bundesanstalt ein weiteres Instrumentarium zur Verfügung zu stellen, damit sie auffällige Sachverhalte aufklären und aufsichtsrechtlich würdigen kann.

2   Die Regelungen wurden im Jahr 2016 mit dem **1. FiMaNoG**[1] als Abs. 3c und 3d in die Generalbefugnisnorm des § 4 WpHG a.F. eingefügt. Sie setzten in einem ersten Schritt die europarechtlichen Vorgaben für die Mindestbefugnisse der nationalen Aufsichtsbehörden bezüglich der Befugnis zur Anforderung von Datenverkehrsaufzeichnungen u.a. aus Art. 23 Abs. 2 Unterabs. 1 lit. h und g VO Nr. 596/2014 (**MAR**) um[2].

3   Bei dieser Umsetzung der europarechtlichen Vorgaben betrat der deutsche Gesetzgeber kein Neuland in Bezug auf die Befugnis der Bundesanstalt, Kommunikationsdaten zum Zwecke der Sachverhaltsklärung heranzuziehen. Schon mit dem 4. FFG[3] war mit § 16b WpHG a.F. eine Befugnis der Bundesanstalt normiert worden, um die **Aufbewahrung von Verbindungsdaten** von verschiedenen Marktteilnehmern zu verlangen und damit deren Löschung zu verhindern. Hintergrund dieser Regelung war, dass sich für die Bundesanstalt **wertvolle Indizien und weiterführende Ermittlungshinweise** aus der Auswertung von Telekommunikationsdaten im Rahmen von Insider- und Marktmanipulationsuntersuchungen ergeben können. So kann die Analyse der Verbindungsdaten in einem Unternehmen bei z.B. Insideruntersuchungen wichtige Anhaltspunkte für eine Verbindung zwischen Primär- und Sekundärinsidern liefern. Auf diese Weise kann beispielsweise zurückverfolgt werden, welche Internetseiten von einem Rechner aus aufgerufen wurden oder welche Telefonverbindungen wann gewählt wurden. Um derartige Untersuchungen zu ermöglichen, ohne schon in einem sehr frühen Stadium der Sachverhaltsaufklärung die Staatsanwaltschaft einzuschalten, konnte die Bundesanstalt nach § 16b WpHG a.F. beispielsweise von Wertpapierdienstleistungsunternehmen verlangen, dass diese die vorhandenen Verbindungsdaten aufbewahren muss. Eine Möglichkeit des Herausverlangens dieser Daten durch die Bundesanstalt konnte aus § 16b WpHG a.F. nicht abgeleitet werden, ggf. aber aus § 4 Abs. 3 WpHG a.F. Die mit der Änderung durch das Finanzmarktrichtlinie-Umsetzungsgesetz[4] nur redaktionell angepasste Regelung in § 16b WpHG a.F. bezüglich der Aufbewahrung von Verbindungsdaten wurde mit der Normierung von § 4 Abs. 3c und 3d WpHG a.F. durch das 1. FiMaNoG aufgehoben. Der Grundgedanke einer Sachverhaltsklärung gerade auch durch die Nutzung von Kommunikationsdaten wurde dabei insoweit fortgeführt, als nun auch die Bundesanstalt selbst bei Vorliegen der Voraussetzungen die Daten zur Klärung des Sachverhalts heranziehen kann.

4   In einem zweiten Schritt wurden mit dem **2. FiMaNoG**[5] die Regelungen zur Befugnis der Bundesanstalt, Kommunikationsdaten von Telekommunikationsbetreibern und bestimmten Marktteilnehmern zu verlangen, in einen **eigenen Paragraphen als § 7 WpHG** eingefügt. Mit der Ausgliederung war jedoch keine inhaltliche Änderung bezweckt[6], sondern es sollte trotz der Vielzahl der neuen Regelungen möglichst eine Übersichtlichkeit der Generalbefugnisse erhalten bleiben. Zusätzlich werden mit § 7 Abs. 1 WpHG die europarechtlichen Vorgaben für die Mindestbefugnisse der nationalen Aufsichtsbehörden aus Art. 69 Abs. 2 lit. r RL 2014/65/EU (MiFID II) und mit § 7 Abs. 2 WpHG die Vorgaben aus Art. 69 Abs. 2 lit. d RL 2014/65/EU (MiFID II) umgesetzt[7]. Letztlich werden mit § 7 Abs. 2 WpHG aber auch weitere europäische Vorgaben umgesetzt, wie z.B. aus Art. 41 Abs. 1 lit. f VO 2016/1011 (EU-Benchmark-VO).

5   Nach der Verabschiedung des 2. FiMaNoG und vor dessen Inkrafttreten änderte der Gesetzgeber mit dem **Gesetz zur effektiveren und praxistauglicheren Ausgestaltung des Strafverfahrens** vom 17.8.2017 (BGBl. I 2017, 3202, 3630) die StPO und weitere Regelungen, die auf diesen Normenkomplex verwiesen. Mit Art. 14 des vorgenannten Gesetzes wurde auch § 4 Abs. 3c Satz 2 WpHG a.F., nunmehr § 7 Abs. 1 WpHG, geändert. Nach dieser Änderung lautete § 4 Abs. 3c Satz 2 WpHG a.F. „§ 100a Abs. 3 und 4, § 100e Abs. 1, 3 und 5 Satz 1 der Strafprozessordnung gelten entsprechend." Durch das Inkrafttreten des 2. FiMaNoG wurden diese Änderungen wieder negiert, denn das Gesetz zur effektiveren und praxistauglicheren Ausgestaltung des Strafverfahrens änderte nicht das bereits verabschiedete 2. FiMaNoG. Insoweit gilt heute in Bezug auf § 7 Abs. 1 Satz 2 WpHG wieder der gleiche Wortlaut, wie bei der vorherigen Fassung des § 4 Abs. 3c Satz 2 WpHG a.F., die die Ände-

---

1   Erstes Gesetz zur Novellierung von Finanzmarktvorschriften auf Grund europäischer Rechtsakte (Erstes Finanzmarktnovellierungsgesetz – 1. FiMaNoG) vom 30.6.2016, BGBl. I 2016, 1514.
2   Vgl. Begr. RegE 1. FiMaNoG zu § 4 Abs. 3c WpHG, BT-Drucks. 18/7482, 58.
3   Gesetz zur weiteren Fortentwicklung des Finanzplatzes Deutschland vom 21.6.2002 (Viertes Finanzmarktförderungsgesetz), BGBl. I 2002, 2010.
4   Gesetz zur Umsetzung der Richtlinie über Märkte für Finanzinstrumente und der Durchführungsrichtlinie der Kommission (Finanzmarktrichtlinie-Umsetzungsgesetz – FRUG) vom 16.7.2007, BGBl. I 2007, 1330.
5   Zweites Gesetz zur Novellierung von Finanzmarktvorschriften auf Grund europäischer Rechtsakte (Zweites Finanzmarktnovellierungsgesetz – 2. FiMaNoG) vom 23.6.2017, BGBl. I 2017, 1693.
6   Vgl. Begr. RegE 2. FiMaNoG zu §§ 7 bis 13 WpHG, BT-Drucks. 18/10936, 226.
7   Vgl. Begr. RegE 2. FiMaNoG zu § 7 WpHG, BT-Drucks. 18/10936, 226.

rungen der StPO nicht berücksichtigt. Insoweit kann erwartet werden, dass in absehbarer Zeit § 7 Abs. 1 Satz 2 WpHG insoweit nochmals korrigiert wird.

II. Verkehrsdaten eines Telekommunikationsbetreibers (§ 7 Abs. 1 WpHG). 1. Allgemeines. Sowohl Art. 23 Abs. 2 Unterabs. 1 lit. h VO Nr. 596/2014 (MAR) als auch Art. 69 Abs. 2 lit. r RL 2014/65/EU (MiFID II) verpflichten die Mitgliedstaaten für ihre zuständigen Aufsichtsbehörden **Mindestbefugnisse in Bezug auf die Verkehrsdaten eines Telekommunikationsbetreibers für deren Aufsichtstätigkeit** vorzusehen. So formuliert Art. 69 Abs. 2 lit. r RL 2014/65/EU (MiFID II), dass die zuständige Aufsichtsbehörde zumindest die Befugnis haben muss: „bereits existierende Aufzeichnungen von Datenübermittlungen, die sich im Besitz eines Telekommunikationsbetreibers befinden, anzufordern, soweit dies nach nationalem Recht zulässig ist, wenn ein begründeter Verdacht eines Verstoßes besteht und wenn derlei Aufzeichnungen für eine Ermittlung im Zusammenhang mit Verstößen gegen diese Richtlinie oder die Verordnung (EU) Nr. 600/2014 von Belang sein könnten". Die in Bezug genommene MAR formuliert in Art. 23 Abs. 2 Unterabs. 1 lit. h VO Nr. 596/2014, dass die zuständige nationale Behörde zumindest über die Befugnis verfügen muss, „bestehende Datenverkehrsaufzeichnungen im Besitz einer Telekommunikationsgesellschaft anzufordern, wenn der begründete Verdacht eines Verstoßes besteht und wenn diese Aufzeichnungen für die Untersuchung eines Verstoßes gegen Art. 14 Buchstaben a oder b oder Art. 15 relevant sein können, soweit dies nach nationalem Recht zulässig ist". Diese Vorgaben hat der nationale Gesetzgeber zunächst mit § 4 Abs. 3c WpHG a.F. und nunmehr § 7 Abs. 1 WpHG umgesetzt.

2. Adressaten des Verlangens nach § 7 Abs. 1 Satz 1 WpHG. Auf der Grundlage von § 7 Abs. 1 WpHG kann sich die Bundesanstalt an **alle in- und ausländischen Telekommunikationsbetreiber** wenden. Der Begriff des Telekommunikationsbetreibers wird im WpHG nicht näher erläutert. Er entspricht den Begrifflichkeiten der MiFID II. Die MAR nutzt den Begriff der Telekommunikationsgesellschaft. Aufgrund der Bezugnahme der entsprechenden Regelung in der MiFID II auf die Regelung der MAR ist davon auszugehen, dass beide Begriffe synonym verwendet werden.

Der Begriff des Telekommunikationsbetreibers wird in der Literatur auch im Zusammenhang mit der seit dem 24.8.2017 geltenden Regelung des § 100a Abs. 4 StPO verwandt, der abgesehen von geringfügigen Änderungen dem § 100b Abs. 3 StPO a.F. entspricht[1]. Der Gesetzeswortlaut formuliert in diesem Zusammenhang „**jeder, der Telekommunikationsdienste erbringt oder daran mitwirkt**". Da die Gesetzesbegründung zum 1. FiMa-NoG auf diese Regelungen des § 100b Abs. 3 StPO a.F. verweist, wenn sie ausführt, dass der Bundesanstalt keine weitergehenden Eingriffsbefugnisse als der Staatsanwaltschaft zustehen sollen, kann zur Auslegung des Begriffs „Telekommunikationsbetreiber" auf die bisherigen Kommentierungen zu § 100b Abs. 3 StPO a.F. zurückgegriffen werden. Insoweit ist es nicht erforderlich, dass die Telekommunikationsdienste geschäftsmäßig erbracht werden[2]. Entsprechend kann Adressat eines entsprechenden Ersuchens der Bundesanstalt auch ein solcher Anbieter sein, der Telekommunikationsdienste nur innerhalb eines geschlossenen Systems anbietet, wie z.B. unternehmens- oder behördenintern betriebene Nebenstellen, Netzwerke, Intranets etc[3].

3. Voraussetzungen des Verlangens nach § 7 Abs. 1 Satz 1 WpHG. Tatbestandsvoraussetzungen für ein entsprechendes Verlangen der Bundesanstalt gegenüber einem Telekommunikationsbetreiber ist, dass ihr **bestimmte Tatsachen** vorliegen und diese Tatsachen **den Verdacht begründen**, dass jemand gegen die Vorschriften in Art. 14 oder 15 VO Nr. 596/2014 (MAR) oder gegen eine der in § 6 Abs. 6 Satz 1 Nr. 3 und 4 WpHG genannten Vorschriften verstoßen hat.

Diese Aufzählung umfasst **Verstöße gegen folgende Regelungsmaterien** einschließlich der jeweils hierzu erlassenen Rechtsverordnungen:
- das Verbot von Insidergeschäften und unrechtmäßiger Offenlegung von Insiderinformationen nach Art. 14 VO Nr. 596/2014 (MAR),
- das Verbot der Marktmanipulation nach Art. 15 VO Nr. 596/2014 (MAR),
- die Vorschriften bezüglich Positionslimits und Positionsmanagementkontrollen bei Warenderivaten und Positionsmeldungen in §§ 54 bis 57 WpHG (§ 6 Abs. 6 Satz 1 Nr. 3 WpHG mit Verweis auf den 9. Abschnitt des WpHG),
- die Organisationspflichten von Datenbereitstellungsdiensten nach §§ 58 bis 62 WpHG (§ 6 Abs. 6 Satz 1 Nr. 3 WpHG mit Verweis auf den 10. Abschnitt des WpHG),
- die Verhaltens-, Organisations- und Transparenzpflichten nach §§ 63 bis 96 WpHG (§ 6 Abs. 6 Satz 1 Nr. 3 WpHG mit Verweis auf den 11. Abschnitt des WpHG) und
- die Vorschriften der VO Nr. 600/2014 (MiFIR) sowie die auf Grundlage dieser Artikel erlassenen delegierten Rechtsakte und Durchführungsrechtsakte der Europäischen Kommission (§ 6 Abs. 6 Satz 1 Nr. 4 WpHG).

---
1 Vgl. Begr. RegE zu § 100a Abs. 4 StPO, BT-Drucks. 18/12785, 52.
2 Vgl. z.B. *Schmitt* in Meyer-Goßner/Schmitt, 60. Aufl., § 100b StPO Rz. 8.
3 Vgl. z.B. *Schmitt* in Meyer-Goßner/Schmitt, 60. Aufl., § 100b StPO Rz. 8.

Um die Herausgabe der Verkehrsdaten fordern zu können, ist Voraussetzung, dass der Bundesanstalt bestimmte Tatsachen vorliegen, aus denen sich ein **Verdacht für einen Verstoß** gegen diese in § 7 Abs. 1 Satz 1 WpHG bezeichneten Vorschriften ergeben.

11 Erste Voraussetzung für das Herausgabeverlangen der Bundesanstalt ist somit, dass ihr **bestimmte Tatsachen** vorliegen, die den Verdacht eines Rechtsverstoßes begründen. Der Begriff der bestimmten Tatsachen ist auslegungsbedürftig. Nicht ausreichend sind – sprachlich gesehen – unbestimmte Tatsachen. Hier kann schon die Frage gestellt werden, ob sich nicht „unbestimmt" und „Tatsache" ausschließen und die Formulierung „bestimmte Tatsache" keine besondere Hürde für die weitere Sachverhaltsaufklärung mit den Mitteln des § 7 Abs. 1 WpHG darstellt. Schon der Tatsachenbegriff verlangt die Darlegung konkreter nach Zeit und Raum bestimmter, der Vergangenheit oder Gegenwart angehörender Geschehen oder Zustände der Außenwelt (äußere Tatsache) wie auch des menschlichen Seelenlebens (innere Tatsache)[1]. Anders formuliert kann als Tatsache ein sinnlich wahrnehmbarer Vorgang oder Zustand aus der Vergangenheit oder Gegenwart verstanden werden[2]. Die bloße Meinungsäußerung oder ein reines Werturteil stellt als Mitteilung subjektiver Wertungen den Gegenbegriff zum Tatsachenbegriff dar. Fraglich ist, ob bzw. inwiefern z.B. Gerüchte[3] Tatsachen sein können, die zur Begründung einer Maßnahme nach § 7 Abs. 1 WpHG herangezogen werden können. Die Existenz eines Gerüchtes ist durchaus eine Tatsache, soweit es sinnlich wahrgenommen werden kann und z.B. seine Herkunft für die Aufklärung von Marktmanipulationen von großer Bedeutung sein kann. In Anbetracht, dass es vorliegend um die Nutzung von weitergehenden Möglichkeiten für eine Sachverhaltsaufklärung auf verwaltungsrechtlicher Basis geht, können entsprechende Aspekte, denen ein Tatsachenkern zugrunde liegt, nicht ausgeschlossen werden.

12 Diese Tatsachen müssen zudem einen entsprechenden **Verdacht begründen**. Wie auch bei § 11 WpHG handelt es sich bei dem in § 7 Abs. 1 Satz 1 WpHG als Tatbestandsmerkmal normierten Verdacht eines Rechtsverstoßes nicht um einen Anfangsverdacht im strafrechtlichen Sinne. Ein strafrechtlicher Anfangsverdacht ist schon deshalb nicht anzunehmen, da die absolute Mehrzahl der im Tatbestand aufgeführten Normen keinen Straftatbestand ausfüllen. Zudem kann nicht der Ausschluss von persönlichen Strafausschließungsgründen, Verfahrens- oder Verfolgungshindernissen etc. (vgl. § 152 Abs. 2 StPO i.V.m. § 160 Abs. 1 StPO) Voraussetzung dafür sein, dass die Bundesanstalt das ihr zur Verfügung gestellte Mittel zur Sachverhaltsaufklärung nutzen kann. Demgegenüber sind aber allein Anhaltspunkte für die Überwachung der benannten Vorschriften nicht ausreichend für einen solchen Eingriff. Dieser – im Verhältnis zu den Tatbestandsvoraussetzungen z.B. in § 6 Abs. 4 WpHG oder auch in § 7 Abs. 2 Satz 1 WpHG (dazu Rz. 39) – deutlich höhere Maßstab für das Verlangen der Daten zur Sachverhaltsaufklärung ist in Anbetracht des Zugriffs auf die Daten über Telekommunikationsanbieter und insoweit der Relevanz des Eingriffs gerechtfertigt. Insoweit ist unter „den durch Tatsachen begründeten Verdacht" zu verstehen, dass die Bundesanstalt unter Angabe von Tatsachen ihre Vermutung bzw. Mutmaßung des Vorliegens eines oder mehrerer der oben dargestellten Verstöße darlegen kann, ohne dass erforderlich ist, dass der mit dem Verdacht zusammenhängende Vorwurf tatsächlich bewiesen ist. Denn der Sachverhalt soll mithilfe der Befugnis weiter aufgeklärt werden. Hierfür muss die Bundesanstalt Tatsachen darlegen können, aus denen sie den Schluss der Vermutung zieht.

13 Der darzulegende Verdacht muss zudem auf einen Verstoß gegen die aufgeführten Normen beziehen. Ein **Verdacht für einen Verstoß** ist dann begründet, wenn sich aufgrund vorliegender Tatsachen die Vermutung begründen lässt, dass ein entsprechender Verstoß vorliegt. Das Vorliegen einer Vermutung eines Verstoßes enthält zugleich den Umstand, dass noch keine gesicherte Kenntnis über das Vorhandensein des Verstoßes vorliegen muss. Nicht erforderlich ist also, dass der mit dem Verdacht eines Verstoßes zusammenhängende Vorwurf tatsächlich bewiesen ist. Ein Verdacht eines Verstoßes liegt also auch schon vor, wenn sich aufgrund der noch vorhandenen Sachverhaltsunklarheiten, die die Bundesanstalt hofft mit der Kenntnis der Verkehrsdaten weiter einschränken zu können, das Vorliegen eines Verstoßes nicht abschließend beurteilen lässt, sich aber aus Tatsachen die Vermutung, Mutmaßung eines Verstoßes begründen lässt.

14 § 7 Abs. 1 WpHG verlangt zudem, dass die Herausgabe der Verkehrsdaten **zur Erforschung des Sachverhalts erforderlich** ist. Die Norm lautet, „soweit dies zur Erforschung des Sachverhalts erforderlich ist". Diese Formulierung ist eine unmittelbare Umsetzung der europarechtlichen Vorgaben. So sind den zuständigen nationalen Aufsichtsbehörden die Befugnis zur Herausgabe der Verkehrsdaten einzuräumen, „wenn derlei Aufzeichnungen für eine Ermittlung im Zusammenhang mit Verstößen ... von Belang sein könnten"[4] bzw. „wenn diese Aufzeichnungen für die Untersuchung eines Verstoßes relevant sein können"[5]. Diese Erforderlichkeit der Maß-

---

1 Vgl. z.B. BGH v. 25.11.1997 – VI ZR 306/96, NJW 1998, 1223; BGH v. 22.4.2008 – VI ZR 83/07, NJW 2008, 2262 Rz. 19; auch *Wagner* in MünchKomm. BGB, § 824 BGB Rz. 14 ff.
2 Vgl. *Schlette/Bouchon* in Fuchs, § 8 WpHG Rz. 7. Hierzu auch *Beck* in Schwark/Zimmer, § 8 WpHG Rz. 5 f. Vgl. auch BGH v. 24.1.2006 – XI ZR 384/03, NJW 2006, 830 Rz. 35 zu Wertungen als Teil des Bankgeheimnisses und Rz. 63 ff. zu Tatsachenbehauptungen in Werturteilen und Meinungsäußerungen.
3 Vgl. auch Hess. VGH v. 16.3.1998 – 8 TZ 98/98, AG 1998, 436; VG Frankfurt v. 9.12.1997 – 15 G 2328/97 (1), NJW-RR 1998, 625.
4 So Art. 69 Abs. 2 lit. r RL 2014/65/EU (MiFID II).
5 So Art. 23 Abs. 2 Unterabs. 1 lit. h VO Nr. 596/2014 (MAR).

nahme ist im deutschen Verwaltungsrecht aber auch schon im Rahmen des Ermessens und insbesondere der Verhältnismäßigkeit der verwaltungsrechtlichen Maßnahme durch die Behörde zu prüfen. Insoweit handelt es sich hier nicht um ein gesondertes Tatbestandsmerkmal, sondern um die Hervorhebung der notwendigen Prüfung der Erforderlichkeit auf der Rechtsfolgenseite.

4. Herausgabe von Verkehrsdaten. Die Bundesanstalt kann bei dem entsprechenden Telekommunikationsbetreiber die Herausgabe von Verkehrsdaten verlangen. Hierbei verweist die Regelung auf die näheren Regelungen zu den Verkehrsdaten in § 96 Abs. 1 TKG[1]. Weniger aussagekräftig ist demgegenüber die Legaldefinition von „Verkehrsdaten" in § 3 Nr. 30 TKG. Denn danach sind Verkehrsdaten solche Daten, die bei der Erbringung eines Telekommunikationsdienstes erhoben, verarbeitet oder genutzt werden.

Nach § 96 Abs. 1 TKG darf ein Diensteanbieter **folgende Verkehrsdaten** erheben:
1. die Nummer oder Kennung der beteiligten Anschlüsse oder der Endeinrichtung, personenbezogene Berechtigungskennungen, bei Verwendung von Kundenkarten auch die Kartennummer, bei mobilen Anschlüssen auch die Standortdaten,
2. den Beginn und das Ende der jeweiligen Verbindung nach Datum und Uhrzeit und, soweit die Entgelte davon abhängen, die übermittelten Datenmengen,
3. den vom Nutzer in Anspruch genommenen Telekommunikationsdienst,
4. die Endpunkte von festgeschalteten Verbindungen, ihren Beginn und ihr Ende nach Datum und Uhrzeit und, soweit die Entgelte davon abhängen, die übermittelten Datenmengen,
5. sonstige zum Aufbau und zur Aufrechterhaltung der Telekommunikation sowie zur Entgeltabrechnung notwendige Verkehrsdaten.

Die Bundesanstalt darf die Verkehrsdaten herausverlangen, die **bereits existieren** und sich **im Besitz des Telekommunikationsbetreibers** befinden. Hierbei ist maßgeblich, welche Daten sich zum Zeitpunkt des Verlangens auf Herausgabe im Besitz des Telekommunikationsbetreibers befinden bzw. befanden. Die Einschränkung auf die in Besitz befindlichen bereits existierenden Verkehrsdaten hat zwei zeitliche Dimensionen. Schon aus der sprachlichen Fassung der „bereits existierenden Verkehrsdaten" ergibt sich, dass die Bundesanstalt **keine erst künftig entstehenden Daten** anfordern darf. Zudem müssen sich die Daten im Zeitpunkt des Zugangs des Herausgabeverlangens noch im Besitz des Telekommunikationsbetreibers befinden, also **noch nicht gelöscht sein.** Dies ist insoweit beachtlich, als Diensteanbieter z.B. nach § 97 Abs. 3 TKG die Daten nur bis zu sechs Monate nach Versendung der Rechnung speichern dürfen. Zudem ist in § 113b TKG eine Pflicht zur Speicherung von bestimmten Verkehrsdaten geregelt, die kürzere Mindestspeicherfristen vorsieht[2].

Die von dem Herausgabeverlangen der Bundesanstalt betroffenen Daten unterliegen dem verfassungsrechtlich geschützten Recht des Briefgeheimnisses sowie des Post- und Fernmeldegeheimnisses nach **Art. 10 GG**. Da mit einem entsprechenden Herausgabeverlangen in diese Grundrechte eingegriffen wird, ist eine hinreichende Beschränkung des Grundrechts aus Art. 10 GG in der Befugnisnorm erforderlich. Eine solche Regelung ist in § 7 Abs. 1 Satz 3 WpHG enthalten. Dem Zitiergebot ist mit dieser ausdrücklichen Beschränkung des Briefgeheimnisses sowie des Post- und Fernmeldegeheimnisses nach Art. 10 GG Genüge getan.

5. Verfahren und Antragsberechtigung der Bundesanstalt nach § 7 Abs. 1 Satz 2 WpHG. Hinsichtlich des Verfahrens zur Anordnung eines entsprechenden Herausgabeverlangens regelt § 7 Abs. 1 Satz 2 WpHG, dass **§ 100a Abs. 3 und § 100b Abs. 1 bis 4 Satz 1 StPO** mit der Maßgabe, dass die Bundesanstalt antragsberechtigt ist, **entsprechend** gelten. Die Gesetzesbegründung führt zu dieser Regelung aus: „Die Formulierung ist an § 100g StPO angelehnt. Insbesondere ergibt sich durch den Verweis auf § 100b der Strafprozessordnung, dass die Herausgabe der Verkehrsdaten einem Richtervorbehalt unterliegt. Insofern stehen der Bundesanstalt keine weitergehenden Eingriffsbefugnisse zu als der Staatsanwaltschaft."[3] Aus dieser Verweisung auf Regelungen der StPO ergeben sich weitere Schranken für die Befugnis der Bundesanstalt.

Eine nur entsprechende Anwendung der Vorschriften § 100a Abs. 3 und § 100b Abs. 1 bis 4 Satz 1 StPO ist nicht nur hinsichtlich der Antragsbefugnis der Bundesanstalt, sondern auch in Bezug auf die gänzlich **anders geartete Ausgangssituation** angezeigt. Denn da es sich bei den Maßnahmen nach § 7 Abs. 1 WpHG nicht um Ermittlungsverfahren einer Strafverfolgungsbehörde handelt, sondern um Maßnahmen der Sachverhaltsaufklärung einer Verwaltungsbehörde, kann es beispielsweise auch keine Beschuldigten geben. Zudem richtet sich die Befugnis auf die Herausgabe gegenüber der Bundesanstalt und nicht an die Staatsanwaltschaft. Insoweit ist die entsprechende Anwendung der Normen auf verschiedene Aspekte bezogen.

---

1 Telekommunikationsgesetz vom 22.6.2004, BGBl. I 2004, 1190, zuletzt geändert durch Art. 10 Abs. 12 des Gesetzes vom 30.10.2017, BGBl. I 2017, 3618.
2 Vgl. auch den von der Bundesnetzagentur und der Bundesbeauftragten für den Datenschutz und die Informationsfreiheit entwickelten Leitfaden für eine datenschutzgerechte Speicherung von Verkehrsdaten bei Telekommunikationsanbietern vom 27.9.2012 unter https://www.bundesnetzagentur.de/DE/Sachgebiete/Telekommunikation/Unternehmen_Institutionen/Anbieterpflichten/Datenschutz/SpeicherungvonVerkehrsdaten/speicherungvonverkehrsdaten-node.html.
3 Vgl. Begr. RegE 1. FiMaNoG zu § 4 Abs. 3c WpHG, BT-Drucks. 18/7482, 58.

§ 7 | Bundesanstalt für Finanzdienstleistungsaufsicht

21 Die mit dem **Gesetz zur effektiveren und praxistauglicheren Ausgestaltung des Strafverfahrens** vom 17.8. 2017 (BGBl. I 2017, 3202, 3630) erfolgte Änderung der Vorgängernorm § 4 Abs. 3c Satz 2 WpHG a.F. ist durch die in diesem Zuge nicht geänderte Fassung des 2. FiMaNoG – ersichtlich ungewollt – überholt worden. Eindeutig ist, dass § 7 Abs. 1 Satz 2 WpHG eigentlich lauten sollte „§ 100a Abs. 3 und 4, § 100e Abs. 1, 3 und 5 Satz 1 der Strafprozessordnung gelten entsprechend." Fraglich ist, welche konkreten Auswirkungen dies auf das Antragsrecht der Bundesanstalt hat. Die Befugnis der Bundesanstalt und die ausdrückliche Zitierung der Beschränkung der Grundrechte sind von der nun vorliegenden Fehlverweisung nicht berührt. Insoweit ist die Befugnis der Bundesanstalt wirksam, von der Fehlverweisung ist die Ausgestaltung des Antragsrechts betroffen. In Anbetracht der derzeitigen Rechtslage werden verschiedene Fragen zur ordnungsgemäßen Antragstellung wohl einer **künftigen Klärung** vorbehalten bleiben.

22 § 7 Abs. 1 Satz 2 WpHG verweist zutreffend auf die **entsprechende Anwendung von § 100a Abs. 3 StPO**. Gemäß § 100a Abs. 3 StPO darf sich die Anordnung nur gegen den Beschuldigten oder gegen Personen richten, von denen auf Grund bestimmter Tatsachen anzunehmen ist, dass sie für den Beschuldigten bestimmte oder von ihm herrührende Mitteilungen entgegennehmen oder weitergeben oder dass der Beschuldigte ihren Anschluss benutzt. Da der Terminus „Beschuldigter" im Rahmen der Verwaltungstätigkeit der Aufsichtsbehörde fehl geht, muss diese Vorgabe auf das vorliegende Verfahren angepasst werden. Nach Maßgabe der entsprechenden Anwendung von § 100a Abs. 3 StPO darf sich das Daten-Herausgebeverlangen inhaltlich also nur auf die Personen beziehen, von denen auf Grund bestimmter Tatsachen anzunehmen ist, dass sie gegen die näher bezeichneten Vorschriften verstoßen haben, oder auf Dritte, von denen auf Grund bestimmter Tatsachen anzunehmen ist, dass sie die für diese Person bestimmte oder von ihr herrührende Mitteilung entgegennehmen oder weitergeben oder dass diese Person deren Anschluss benutzt bzw. dieses im maßgeblichen Zeitraum taten. Insoweit beschränkt die Verweisung auf § 100a Abs. 3 StPO die Befugnis der Bundesanstalt, als sich das Begehren nach § 7 Abs. 1 WpHG zwar auf Herausgabe der Verkehrsdaten gegen den Telekommunikationsbetreiber richtet, sich inhaltlich aber nur auf die vorbezeichneten Personen beziehen darf.

23 § 7 Abs. 1 Satz 2 WpHG in seiner derzeitigen Fassung **verweist nicht** – wie vom Gesetz zur effektiveren und praxistauglicheren Ausgestaltung des Strafverfahrens gewollt – auf **§ 100a Abs. 4 StPO**. Diese Norm regelt „Auf Grund der Anordnung einer Überwachung und Aufzeichnung der Telekommunikation hat jeder, der Telekommunikationsdienste erbringt oder daran mitwirkt, dem Gericht, der Staatsanwaltschaft und ihren im Polizeidienst tätigen Ermittlungspersonen (§ 152 des Gerichtsverfassungsgesetzes) diese Maßnahmen zu ermöglichen und die erforderlichen Auskünfte unverzüglich zu erteilen. Ob und in welchem Umfang hierfür Vorkehrungen zu treffen sind, bestimmt sich nach dem Telekommunikationsgesetz und der Telekommunikations-Überwachungsverordnung. § 95 Abs. 2 gilt entsprechend." Das Fehlen dieser Verweisung dürfte keine ernstlichen Probleme bei der Anwendung der vorliegenden Befugnis bewirken. Denn die Befugnis zur Begründung der Pflicht eines Kommunikationsbetreibers zur Vorlage bei der Bundesanstalt einschließlich der Möglichkeit einer angemessenen Fristsetzung durch die Bundesanstalt ergibt sich schon aus § 7 Abs. 1 Satz 1 WpHG.

24 Die derzeitige Regelung des § 7 Abs. 1 Satz 2 WpHG verweist auf die **entsprechende Anwendung des § 100b Abs. 1 bis 4 Satz 1 StPO**. Eine Verweisung auf § 100b Abs. 1 bis 4 Satz 1 StPO ist durchaus möglich, auch wenn § 100b Abs. 4 StPO nur einen Satz hat und insoweit die Verweisung schon irritiert. Aber § 100b StPO bezieht sich auf die Möglichkeiten einer Online-Durchsuchung. Eine solche Befugnis der Bundesanstalt kann ersichtlich nicht bezweckt sein. Die Gesetzesbegründung des 1. FiMaNoG führt hierzu aus: „Der neue Abs. 3c setzt Art. 23 Abs. 2 Unterabs. 1 Buchstabe h der Verordnung (EU) Nr. 596/2014 um. Die Formulierung ist an § 100g StPO angelehnt. Insbesondere ergibt sich durch den Verweis auf § 100b der Strafprozessordnung, dass die Herausgabe der Verkehrsdaten einem Richtervorbehalt unterliegt. Insofern stehen der Bundesanstalt keine weitergehenden Eingriffsbefugnisse zu als der Staatsanwaltschaft."[1] Insoweit ist der gesetzgeberische Wille deutlich, dass durch die Verweisung eine Anordnung durch das Gericht bezweckt ist und nicht eine Online-Durchsuchung. Dies wäre durch die vom Gesetz zur effektiveren und praxistauglicheren Ausgestaltung des Strafverfahrens geänderte Verweisung auf bestimmte Regelungen des § 100e StPO gewährleistet. Es fragt sich nun, ob aufgrund der Fehlverweisung die Bundesanstalt die Anordnung auch ohne Richtervorbehalt erlassen kann oder ob entsprechend dem gesetzgeberischen Willen eine **entsprechende Anwendung der § 100e Abs. 1, 3 und 5 Satz 1 StPO** erfolgen muss. Sinn und Zweck der Regelung, die Qualität des Eingriffes und der Umstand, dass es sich nicht um die Eingriffsbefugnis selbst handelt, sondern um das prozessuale Vorgehen, sprechen für eine entsprechende Anwendung der § 100e Abs. 1, 3 und 5 Satz 1 StPO.

25 Gemäß § 100e Abs. 1 StPO dürfen Maßnahmen nach § 100a StPO nur auf Antrag der Staatsanwaltschaft durch das **Gericht** angeordnet werden. Statt der Staatsanwaltschaft kann vorliegend gem. § 7 Abs. 1 Satz 2 WpHG die Bundesanstalt den Antrag stellen. Die Anordnung kann bei Gefahr im Verzug ausnahmsweise auch durch die Bundesanstalt getroffen werden. Diese Anordnung muss dann binnen drei Werktagen von dem Gericht bestätigt werden; anderenfalls tritt sie außer Kraft. Nach § 100e Abs. 1 StPO ist eine Anordnung auf höchstens drei

---

1 Vgl. Begr. RegE 1. FiMaNoG zu § 4 Abs. 3c WpHG, BT-Drucks. 18/7482, 58.

Monate zu befristen. Eine Verlängerung um jeweils nicht mehr als drei Monate ist zulässig, soweit die Voraussetzungen der Anordnung unter Berücksichtigung der gewonnenen Ermittlungsergebnisse fortbestehen. Diese Regelung bezieht sich auf die Überwachung eines Anschlusses, nicht aber das Verlangen von schon existierenden Verkehrsdaten. Auch dies zeigt die Notwendigkeit der entsprechenden Anwendung, da diese Regelung auf ein Herausgabeverlangen der Bundesanstalt nicht passt.

Nach § 100e Abs. 3 StPO ergeht die Anordnung **schriftlich**. In der Entscheidungsformel sind anzugeben: 26
- soweit möglich, der Name und die Anschrift des Betroffenen, gegen den sich die Maßnahme richtet,
- der Vorwurf, auf Grund dessen die Maßnahme angeordnet wird,
- Art, Umfang, Dauer und Endzeitpunkt der Maßnahme,
- die Art der durch die Maßnahme zu erhebenden Informationen und ihre Bedeutung für das Verfahren,
- die Rufnummer oder eine andere Kennung des zu überwachenden Anschlusses oder des Endgerätes, sofern sich nicht aus bestimmten Tatsachen ergibt, dass diese zugleich einem anderen Endgerät zugeordnet ist; im Fall des § 100a Abs. 1 Satz 2 und 3 StPO eine möglichst genaue Bezeichnung des informationstechnischen Systems, in das eingegriffen werden soll.

Auch diese Vorgaben für die Entscheidungsformel sind auf ein Vorlageersuchen der Bundesanstalt entsprechend anzuwenden. So müssen z.B. die nach § 100e StPO erforderlichen Angaben zu den erst zu erhebenden Informationen durch die Angaben der nach § 7 Abs. 1 Satz 1 WpHG geforderten Informationen ersetzt werden. Gleiches gilt für die nach § 100e StPO erforderlichen Angaben über den zu überwachenden Anschluss und Dauer und Endzeitpunkt der Maßnahme. Diese Daten sind durch die Angabe des Anschlusses, dessen Daten gefordert werden, und die Angabe des Zeitraums der geforderten, schon existierenden Verkehrsdaten auszutauschen. Eine Verweisung auf die Regelung des § 100b Abs. 4 StPO, der weitere Vorschriften in Bezug auf die Begründung der Anordnung oder Verlängerung der Maßnahme enthält, war auch durch das Gesetz zur effektiveren und praxistauglicheren Ausgestaltung des Strafverfahrens nicht vorgesehen.

Nach § 100e Abs. 5 Satz 1 StPO sind die auf Grund der Anordnung ergriffenen Maßnahmen unverzüglich zu 27
beenden, wenn die Voraussetzungen der Anordnung nicht mehr vorliegen. Die Maßnahme der Bundesanstalt besteht jedoch nicht im Erheben der Daten, sondern im Anfordern von bereits existierenden Daten. Die entsprechende Anwendung der Regelung kann man sich wohl nur für den Fall vorstellen, dass die Bundesanstalt von der Durchsetzung der Herausgabe der Daten absieht, wenn sie zwar bereits die richterliche Anordnung erwirkt hat, ihr die Daten aber noch nicht vorliegen und sie in dieser Zwischenphase erkennt, dass die Daten, z.B. aufgrund neuerer Entwicklungen, zur Sachverhaltsaufklärung nicht mehr nötig sind.

6. Ermessen, Verhältnismäßigkeit. Die Befugnis, die Herausgabe der Verkehrsdaten von einem Telekommunikationsbetreiber verlangen zu können, ist als Ermessensvorschrift normiert. Dies entspricht den europarechtlichen Vorgaben von MAR und MiFID II, die die Erforderlichkeit des Verlangens vorsehen (vgl. Rz. 14). Die Bundesanstalt hat daher bei der Anordnung eines Herausgabeverlangens stets die Geeignetheit, Erforderlichkeit und Verhältnismäßigkeit ihrer Maßnahme zu prüfen. In Bezug auf diese Erforderlichkeit sind keine überhöhten Anforderungen zu stellen. Im Rahmen des ihr zustehenden Ermessens hat die Bundesanstalt bei Vorliegen der Voraussetzungen für das Verlangen nur noch zu prüfen, welche konkreten Auskünfte und Unterlagen sie begehrt. Insoweit kommt ihr eine Einschätzungsprärogative zu, welche das Gericht zu beachten hat[1]. Dabei prüft das Gericht im Rahmen des Ermessens nur, ob die Verfügung als erkennbar rechtswidrig oder willkürlich erscheint und das Verlangen den sachlich erforderlichen Umfang überschreitet[2]. Im Rahmen der Verhältnismäßigkeit ist auch zu berücksichtigen, dass mit der Maßnahme in das Briefgeheimnis sowie das Post- und Fernmeldegeheimnis nach Art. 10 GG eingegriffen wird. Dieser Eingriff selbst ist durch begründete Maßnahmen nach § 7 Abs. 1 WpHG gerechtfertigt. 28

III. Aufzeichnungen von beaufsichtigten Personen (§ 7 Abs. 2 WpHG). 1. Allgemeines. § 7 Abs. 2 WpHG 29
regelt die **Befugnis der Bundesanstalt von beaufsichtigten Unternehmen die Herausgabe von verschiedenen gespeicherten Daten zu verlangen**. Die Regelung wurde als umfassende Befugnisnorm der Bundesanstalt mit dem 1. FiMaNoG als § 4 Abs. 3d WpHG a.F. eingefügt. Zuvor regelte § 16a WpHG a.F. die Möglichkeit der Bundesanstalt, von Wertpapierdienstleistungsunternehmen, inländischen an einer Börse zugelassenen Unternehmen und von bestimmten Emittenten von Insiderpapieren sowie mit diesen verbundenen Unternehmen die Aufbewahrung von bereits existierenden Verbindungsdaten über den Fernmeldeverkehr zu verlangen. Zudem konnte die Bundesanstalt nach § 4 Abs. 3 WpHG a.F. und im Rahmen von Prüfungen vorhandene Aufzeichnungen von Telefonaten oder von gespeicherten E-Mails heraus verlangen. Durch das 2. FiMaNoG erfuhr die Regelung insoweit eine Erweiterung ihres Anwendungsbereichs, als nun beispielsweise auch Datenbereitstellungsdienste in den Adressatenkreis der Verfügung der Bundesanstalt mit aufgenommen wurden[3].

---

1 Vgl. hierzu VG Frankfurt v. 15.3.2017 – 7 L 1124/17.F.
2 Vgl. hierzu VG Frankfurt v. 15.3.2017 – 7 L 1124/17.F.
3 Vgl. Begr. RegE 2. FiMaNoG zu § 7 Abs. 2 WpHG, BT-Drucks. 18/10936, 218.

§ 7 | Bundesanstalt für Finanzdienstleistungsaufsicht

30 § 7 Abs. 2 WpHG setzt die **europarechtlichen Anforderungen** aus Art. 23 Abs. 2 Unterabs. 1 lit. g VO Nr. 596/2014 (MAR)[1], aus Art. 69 Abs. 2 lit. d RL 2014/65/EU (MiFID II)[2] und aus Art. 41 Abs. 1 lit. f VO 2016/1011 (EU-Benchmark-VO)[3] um. Alle drei Regelungen verlangen, dass die Mitgliedstaaten den zuständigen Aufsichtsbehörden u.a. zumindest die Befugnis einräumen, „bestehende Aufzeichnungen von Telefongesprächen oder elektronischen Mitteilungen oder Datenverkehrsaufzeichnungen im Besitz von Wertpapierfirmen, Kreditinstituten oder Finanzinstituten anzufordern"[4] bzw. „bereits existierende Aufzeichnungen von Telefongesprächen, elektronische Mitteilungen oder sonstigen Datenübermittlungen anzufordern, die sich im Besitz einer Wertpapierfirma, eines Kreditinstituts oder sonstiger Stellen gemäß dieser Richtlinie oder der Verordnung (EU) Nr. 600/2014 befinden"[5] und „sie können bereits existierende Aufzeichnungen von Telefongesprächen, elektronischer Kommunikation oder andere Datenverkehrsaufzeichnungen, die sich im Besitz beaufsichtigter Unternehmen befinden, anfordern"[6].

31 § 7 Abs. 2 WpHG enthält eine gegenüber § 7 Abs. 1 WpHG **spezielle, deutlich anders ausgestaltete Befugnis** der Bundesanstalt. Denn für die als mögliche Adressaten einer Verfügung nach § 7 Abs. 2 WpHG aufgeführten Personen bestehen regelmäßig **spezielle Aufzeichnungspflichten**, die zumindest auch aufsichtsrechtlichen Zwecken dienen und mittels eines Herausgabeverlangens von der Bundesanstalt zur Sachverhaltsaufklärung beim Verdacht von Verstößen gegen ausdrücklich aufgeführte Vorschriften herangezogen werden können. Hierfür bedarf es entgegen § 7 Abs. 1 WpHG keines Richtervorbehalts. Denn es ist davon auszugehen, dass Telefongespräche von den beaufsichtigten Unternehmen mit ihren Kunden regelmäßig mit Einverständnis der Kunden aufgezeichnet werden (vgl. § 83 Abs. 5 WpHG). Hierdurch ist die Verwertung heimlicher Aufzeichnungen des nicht öffentlich gesprochenen Wortes eines anderen auf einem Tonträger[7] ausgeschlossen. Hauptanwendungsfall der Regelung des § 7 Abs. 2 WpHG dürfte daher das Anfordern der Aufzeichnungen nach § 83 Abs. 4 ff. WpHG sein[8].

32 **2. Adressaten des Herausgabeverlangens nach § 7 Abs. 2 Satz 1 WpHG.** Als mögliche Adressaten des Verlangens der Bundesanstalt nach § 7 Abs. 2 Satz 1 WpHG ist eine Vielzahl von unterschiedlichen Marktteilnehmern vorgesehen. Ihnen gemein ist ihre Beaufsichtigung durch die Finanzmarktaufsicht, insbesondere durch die Bundesanstalt. Die Aufzählung der möglichen Adressaten folgt den verschiedenen europarechtlichen Vorgaben. Mit den Änderungen durch das 2. FiMaNoG, die auch die Anforderungen aus Art. 69 Abs. 2 lit. d RL 2014/65/EU (MiFID II) umsetzen, sind in den möglichen Adressatenkreis auch **beaufsichtigte Unternehmen** i.S.d. Art. 3 Abs. 1 Nr. 17 VO 2016/1011 aufgenommen worden. Zudem setzt die Regelung auch Art. 41 Abs. 1 lit. f VO 2016/1011 (EU-Benchmark-VO) um, weshalb der Adressatenkreis abermals über den Kreis der bereits nach dem 1. FiMaNoG erfassten Wertpapierdienstleistungsunternehmen, CRR-Kreditinstitute und CRR-Finanzinstitute hinaus ausgedehnt wurde.

33 So werden über die Adressatenbestimmung des § 7 Abs. 2 Satz 1 WpHG folgende Unternehmen bzw. Personen erfasst:

1. **Wertpapierdienstleistungsunternehmen** i.S.v. § 2 Abs. 10 WpHG einschließlich **Wertpapierfirmen** i.S.d. Art. 4 Abs. 1 Nr. 1 RL 2014/65/EU (MiFID II),
2. **Datenbereitstellungsdienste** i.S.v. § 2 Abs. 40 WpHG,
3. **Kreditinstitute** i.S.d. Art. 4 Abs. 1 Nr. 1 VO Nr. 575/2013 (CRR) (CRR-Kreditinstitute i.S.v. § 1 Abs. 3d Satz 1 KWG),
4. **Finanzinstitute** i.S.d. Art. 4 Abs. 1 Nr. 26 VO Nr. 575/2013 (CRR),
5. **Wertpapierfirmen** i.S.d. Art. 4 Abs. 1 Nr. 1 RL 2014/65/EU (MiFID II),
6. **Versicherungsunternehmen** i.S.d. Art. 13 Nr. 1 RL 2009/138/EG,
7. **Rückversicherungsunternehmen** i.S.d. Art. 13 Nr. 4 RL 2009/138/EG,
8. **OGAW** i.S.d. Art. 1 Abs. 2 RL 2009/65/EG oder gegebenenfalls eine OGAW-Verwaltungsgesellschaft i.S.d. Art. 2 Abs. 1 lit. b RL 2009/65/EG,
9. **Verwalter alternativer Investmentfonds (AIFM)** i.S.d. Art. 4 Abs. 1 lit. b RL 2011/61/EU,
10. **Einrichtung der betrieblichen Altersversorgung** i.S.d. Art. 6 lit. a RL 2003/41/EG,
11. **Kreditgeber** i.S.d. Art. 3 lit. b RL 2008/48/EG zu Zwecken von Kreditverträgen i.S.d. Art. 3 lit. c RL 2008/48/EG,

---

1 Vgl. Begr. RegE 1. FiMaNoG zu § 4 Abs. 3c WpHG, BT-Drucks. 18/7482, 59.
2 Vgl. Begr. RegE 2. FiMaNoG zu § 7 Abs. 2 WpHG, BT-Drucks. 18/10936, 226.
3 Vgl. Begr. RegE 2. FiMaNoG zu § 7 Abs. 2 WpHG, BT-Drucks. 18/10936, 218.
4 So Art. 23 Abs. 2 Unterabs. 1 lit. g VO Nr. 596/2014 (MAR).
5 So Art. 69 Abs. 2 lit. d RL 2014/65/EU (MiFID II).
6 So Art. 41 Abs. 1 lit. f VO 2016/1011 (EU-Benchmark-VO).
7 Vgl. Begr. RegE 1. FiMaNoG zu § 4 Abs. 3c WpHG, BT-Drucks. 18/7482, 59.
8 Vgl. Begr. RegE 2. FiMaNoG zu § 7 Abs. 2 WpHG, BT-Drucks. 18/10936, 226.

12. **Nichtkreditinstitute** i.S.d. Art. 4 Nr. 10 RL 2014/17/EU zu Zwecken von Kreditverträgen i.S.d. Art. 4 Nr. 3 RL 2014/17/EU,
13. **Marktbetreiber** i.S.d. Art. 4 Abs. 1 Nr. 18 RL 2014/65/EU (MiFID II),
14. **Zentrale Gegenparteien (CCP)** i.S.d. Art. 2 Nr. 1 VO Nr. 648/2012 (EMIR),
15. **Transaktionsregister** i.S.d. Art. 2 Nr. 2 VO Nr. 648/2012 (EMIR) und
16. **Administratoren** i.S.d. VO 2016/1011 (EU-Benchmark-VO).

Bei dieser Aufzählung der möglichen Adressaten des Verlangens der Bundesanstalt kann ggf. die Befugnis gegenüber Administratoren Verwunderung auslösen. Entgegen dem allgemeinen Verständnis des Administrators als IT-Administrator ist der Begriff mit seiner Verweisung in die VO 2016/1011 (EU-Benchmark-VO) in einem anderen Sinn bestimmt. Nach dem Erwägungsgrund 16 VO 2016/1011 ist ein **Administrator** die natürliche oder juristische Person, die die Kontrolle über die Bereitstellung eines Referenzwerts ausübt und die insbesondere die Mechanismen für die Bestimmung eines Referenzwerts verwaltet, die Eingabedaten erhebt und auswertet, den Referenzwert bestimmt und den Referenzwert veröffentlicht. Einem Administrator sollte es gestattet sein, eine oder mehrere dieser Aufgaben, einschließlich der Berechnung oder Veröffentlichung des Referenzwerts oder anderer entsprechender Dienstleistungen und Tätigkeiten bei der Bereitstellung des Referenzwerts, an einen Dritten auszulagern. Sofern eine Person allerdings lediglich im Rahmen ihrer journalistischen Tätigkeit einen Referenzwert veröffentlicht oder als Bezugsgrundlage verwendet, jedoch keine Kontrolle über die Bereitstellung dieses Referenzwerts ausübt, sollte diese Person nicht den Anforderungen dieser Verordnung für Administratoren unterliegen. Nach der EU-Benchmark-VO unterliegen die Administratoren detaillierten Pflichten, um angemessene Regelungen zur Unternehmensführung umzusetzen, Interessenkonflikte zu kontrollieren und das Vertrauen in die Integrität der Referenzwerte zu erhalten. Entsprechend wird der Administrator im WpHG auch ausdrücklich in Regelungen aufgeführt, wie in § 10 Abs. 2 Nr. 3 und § 120 WpHG.

3. Voraussetzungen des Verlangens nach § 7 Abs. 2 Satz 1 WpHG. Die Voraussetzungen für das Herausverlangen von Kommunikationsdaten gegenüber den aufgeführten Personen nach § 7 Abs. 2 WpHG **unterscheiden sich in wesentlichen Aspekten** von den Voraussetzungen des Herausgabeverlangens gegenüber Telekommunikationsbetreibern nach § 7 Abs. 1 WpHG. Der Grund hierfür liegt – wie schon unter Rz. 29 ausgeführt – neben den unterschiedlichen europarechtlichen Vorgaben auch darin, dass die aufgeführten Personen einer ständigen Aufsicht der Bundesanstalt unterstehen und besonderen Organisations- und Aufzeichnungspflichten unterliegen und beispielsweise Kunden, Mitarbeiter und beauftragte Personen über die Aufzeichnung von Telefongesprächen nach § 83 Abs. 5 WpHG aufgeklärt werden müssen, so dass die Verwertung heimlicher Aufzeichnungen des nicht öffentlich gesprochenen Wortes ausgeschlossen werden kann.

Konkret ist die Bundesanstalt nach § 7 Abs. 2 WpHG **befugt, die Herausgabe der näher bestimmten Informationen zu verlangen**, soweit dies auf Grund von Anhaltspunkten für die Überwachung der Einhaltung eines Verbots nach den Art. 14 und 15 VO Nr. 596/2014 (MAR) oder einer der in § 6 Abs. 6 Satz 1 Nr. 3 bis 4 WpHG genannten Vorschriften, eines Verbots oder Gebots nach der VO 2016/1011 (EU-Benchmark-VO) oder nach § 53 Abs. 1 Satz 3 WpHG zur Überwachung der VO Nr. 236/2012 (Leerverkaufs-VO), vgl. auch Art. 33 Abs. 2 lit. d VO Nr. 236/2012 (Leerverkaufs-VO), erforderlich ist. Hierzu benötigt sie **keine richterliche Anordnung oder Bestätigung** ihrer Verfügung. Das Briefgeheimnis sowie das Post- und Fernmeldegeheimnis nach Art. 10 GG werden gem. § 7 Abs. 2 Satz 2 WpHG entsprechend eingeschränkt.

Eine Parallelität der Tatbestandsvoraussetzungen von § 7 Abs. 2 WpHG zu den Voraussetzungen nach § 7 Abs. 1 WpHG besteht allein hinsichtlich der in **Bezug genommenen Normen** bezüglich des Verbots von Insiderhandel und Marktmanipulation sowie der in § 6 Abs. 6 Satz 1 Nr. 3 bis 4 WpHG genannten Vorschriften. Das Herausgabeverlangen der Bundesanstalt kann sich auf die **Überwachung der folgenden Regelungen einschließlich der jeweils hierzu erlassenen Rechtsverordnungen** beziehen:

– das Verbot von Insidergeschäften und unrechtmäßiger Offenlegung von Insiderinformationen nach Art. 14 VO Nr. 596/2014 (MAR),
– das Verbot der Marktmanipulation nach Art. 15 VO Nr. 596/2014 (MAR),
– die Vorschriften bezüglich Positionslimits und Positionsmanagementkontrollen bei Warenderivaten und Positionsmeldungen in §§ 54 bis 57 WpHG (§ 6 Abs. 6 Satz 1 Nr. 3 WpHG mit Verweis auf den 9. Abschnitt des WpHG),
– die Organisationspflichten von Datenbereitstellungsdiensten nach §§ 58 bis 62 WpHG (§ 6 Abs. 6 Satz 1 Nr. 3 WpHG mit Verweis auf den 10. Abschnitt des WpHG),
– die Verhaltens-, Organisations- und Transparenzpflichten nach §§ 63 bis 96 WpHG (§ 6 Abs. 6 Satz 1 Nr. 3 WpHG mit Verweis auf den 11. Abschnitt des WpHG) und
– die Vorschriften der MiFIR (VO Nr. 600/2014) sowie die auf Grundlage dieser Artikel erlassenen delegierten Rechtsakte und Durchführungsrechtsakte der Europäischen Kommission (§ 6 Abs. 6 Satz 1 Nr. 4 WpHG).

Wenn auch eine Parallelität hinsichtlich der in Bezug genommenen Normen erkennbar ist, so weicht allerdings die Art des Bezuges ab. Nach § 7 Abs. 2 WpHG kann die Bundesanstalt die näher bestimmten Daten heraus verlangen, soweit dies **auf Grund von Anhaltspunkten für die Überwachung der Einhaltung der vorbenannten Normen** erforderlich ist. Anders als bei § 7 Abs. 1 WpHG muss die Bundesanstalt also nicht Tatsachen darlegen, die den Verdacht eines Verstoßes der benannten Vorschriften begründet. Für das Herausgabeverlangen ist ausreichend, wenn die Bundesanstalt darlegt, dass es auf Grund von Anhaltspunkten für die Bundesanstalt erforderlich ist, bestimmte aufsichtsrechtliche Aspekte zu überwachen. Anhaltspunkte liegen somit schon vor, wenn Hinweise oder Tatsachen vermuten lassen, dass die Notwendigkeit der Überwachung der Regelungen gegeben ist. Das Verlangen nach Vorlage der benannten Aufzeichnungen bzw. Daten soll die Bundesanstalt gerade in die Lage versetzen, die Umsetzung bzw. Einhaltung der entsprechenden Normen näher prüfen zu können. Diese Tatbestandsvoraussetzung deckt sich mit den Voraussetzungen für das Verlangen der Bundesanstalt nach beispielsweise § 6 Abs. 4 WpHG und mit den Voraussetzungen für Auskunfts- bzw. Vorlageersuchen nach § 4 Abs. 3 WpHG a.F.[1].

39 § 7 Abs. 2 Satz 1 WpHG verlangt zudem, dass das Herausgabeverlangen **aufgrund von Anhaltspunkten für die Überwachung der näher bezeichneten Normen erforderlich** ist. Auch dieses setzt die europarechtlichen Vorgaben um. Diese Erforderlichkeit der Maßnahme ist im deutschen Verwaltungsrecht aber auch schon im Rahmen des Ermessens und insbesondere der Verhältnismäßigkeit der verwaltungsrechtlichen Maßnahme durch die Behörde zu prüfen. Insoweit handelt es sich hier nicht um ein gesondertes Tatbestandsmerkmal, sondern um die Hervorhebung der notwendigen Prüfung der Erforderlichkeit auf der Rechtsfolgenseite.

40 **4. Betroffene Daten nach § 7 Abs. 2 Satz 1 WpHG.** Die Bundesanstalt ist befugt, die **Herausgabe von folgenden Daten zu verlangen:**
1. Aufzeichnungen von Telefongesprächen,
2. elektronischen Mitteilungen oder
3. Verkehrsdaten i.S.d. § 96 Abs. 1 TKG.

41 Die Möglichkeit bzw. Pflicht zur **Aufzeichnung von Telefongesprächen** kann sich aus unterschiedlichen Aspekten heraus für die möglichen Adressaten eines Verlangens der Bundesanstalt ergeben. Neben Einverständniserklärungen der jeweiligen Gesprächspartner kommen gesetzliche Aufzeichnungspflichten zum Tragen, wie z.B. die Aufzeichnungspflicht für Wertpapierdienstleistungsunternehmen nach § 83 Abs. 4 ff. WpHG, ggf. aber auch nach § 77 Abs. 3 WpHG oder nach europarechtlichen Vorschriften. Hierbei geht es anders als bei den reinen Verkehrsdaten nicht nur um die Inhalte der Gespräche, um der Bundesanstalt die Prüfung der Einhaltung der Pflichten z.B. nach § 84 WpHG, zu ermöglichen.

42 Hinsichtlich der Herausgabe von **elektronischen Mitteilungen**, wie z.B. E-Mails, Instant Messaging, App-Services etc., gelten die Ausführungen zu der Aufzeichnung von Telefongesprächen entsprechend. Auch hier geht es nicht nur um das „Ob" der Kommunikation, sondern auch um den Inhalt der elektronischen Mitteilungen[2].

43 Bezüglich der herauszugebenden **Verkehrsdaten** verweist § 7 Abs. 2 Satz 1 WpHG auf die Legaldefinition von „Verkehrsdaten" in **§ 96 Abs. 1 TKG**. Danach sind Verkehrsdaten solche Daten, die ein Telekommunikations-Diensteanbieter speichern darf. Das sind
1. die Nummer oder Kennung der beteiligten Anschlüsse oder der Endeinrichtung, personenbezogene Berechtigungskennungen, bei Verwendung von Kundenkarten auch die Kartennummer, bei mobilen Anschlüssen auch die Standortdaten,
2. den Beginn und das Ende der jeweiligen Verbindung nach Datum und Uhrzeit und, soweit die Entgelte davon abhängen, die übermittelten Datenmengen,
3. den vom Nutzer in Anspruch genommenen Telekommunikationsdienst,
4. die Endpunkte von festgeschalteten Verbindungen, ihren Beginn und ihr Ende nach Datum und Uhrzeit und, soweit die Entgelte davon abhängen, die übermittelten Datenmengen,
5. sonstige zum Aufbau und zur Aufrechterhaltung der Telekommunikation sowie zur Entgeltabrechnung notwendige Verkehrsdaten.

Das Begehren nach § 7 Abs. 2 WpHG richtet sich jedoch nicht an Telekommunikations-Diensteanbieter, sondern an die aufgeführten Kategorien von beaufsichtigten Unternehmen. Demgemäß müssen alle Daten, die dieser Adressatenkreis im Rahmen der Erbringung eines Telekommunikationsdienstes erhoben haben, verarbeiten oder nutzen, an die Bundesanstalt herausgegeben werden. Hierzu gehören beispielsweise auch die Daten, die die Telekommunikations-Diensteanbieter im Rahmen der Abrechnung der Dienste den bezeichneten Personen und Unternehmen zur Verfügung stellen. Mit diesen Daten kann belegt werden, dass, wann und zwischen welchen Anschlüssen eine Kommunikation stattgefunden hat. Das Herausgabeverlangen betrifft auch die beim Betrieb eines Nebenstellennetzes oder Intranets in einem Unternehmen anfallenden Daten.

---

1 Vgl. hierzu VG Frankfurt v. 15.3.2017 – 7 L 1124/17.F; vgl. auch die Ausführungen zu den Anhaltspunkten für die Erforderlichkeit der Überwachung nach § 6 Abs. 4 WpHG unter § 6 WpHG Rz. 134 f.
2 Vgl. hierzu VG Frankfurt v. 6.11.2008 – 1 K 628/08.F (3), WM 2009, 948; Hess. VGH v. 19.5.2009 – 6 A 2672/08.Z, NJW 2009, 2470.

Das Herausgabeverlangen der Bundesanstalt ist insoweit begrenzt, als sie nur die **Herausgabe von bereits exis-** 44
tierenden Daten verlangen darf. Dies entspricht inhaltlich den europarechtlichen Vorgaben, die z.B. in Art. 41
Abs. 1 lit. f VO 2016/1011 (EU-Benchmark-VO) fordern, dass die nationalen Aufsichtsbehörden bereits existierende Aufzeichnungen von Telefongesprächen, elektronischer Kommunikation oder andere Datenverkehrsaufzeichnungen, die sich im Besitz beaufsichtigter Unternehmen befinden, anfordern können müssen. Wie schon bei § 7 Abs. 1 Satz 1 WpHG schränkt auch § 7 Abs. 2 Satz 1 WpHG die Herausgabe auf die bereits existierenden Verkehrsdaten insoweit ein, als die Bundesanstalt nur „bereits existierende Daten" und somit **keine erst künftig entstehenden Daten** anfordern darf. Der beispielsweise in Art. 41 Abs. 1 lit. f VO 2016/1011 (EU-Benchmark-VO) vorgesehene Bezug auf Daten, die sich im Besitz beaufsichtigter Unternehmen befinden, ist im Tatbestand des § 7 Abs. 2 WpHG nicht abgebildet. Zum einen sind die europarechtlichen Vorgaben Mindestvorgaben, so dass der nationale Gesetzgeber darüber hinausgehend kann. Zum anderen wird dieser Aspekt im Rahmen des deutschen Verwaltungsverfahrensrechts zu berücksichtigen sein, denn ein Herausgabeverlangen in Bezug auf Daten, die weder im **unmittelbaren** noch im **mittelbaren Besitz** der betreffenden Person befinden, wird nicht durchsetzbar sein.

Die von dem Herausgabeverlangen der Bundesanstalt betroffenen Daten unterliegen grundsätzlich dem **verfas-** 45
sungsrechtlich geschützten Recht des Briefgeheimnisses sowie des Post- und Fernmeldegeheimnisses nach
Art. 10 GG. Da mit einem entsprechenden Herausgabeverlangen in diese Grundrechte eingegriffen wird, ist
eine hinreichende Beschränkung des Grundrechts aus Art. 10 GG in der Befugnisnorm erforderlich. Eine solche Regelung ist in § 7 Abs. 2 Satz 2 WpHG enthalten. Dem **Zitiergebot** ist mit dieser ausdrücklichen Beschränkung des Briefgeheimnisses sowie des Post- und Fernmeldegeheimnisses nach Art. 10 GG **Genüge getan**.

5. Ermessen, Verhältnismäßigkeit. Die Befugnis der Bundesanstalt, die Herausgabe der bezeichneten Daten 46
zu verlangen, ist als **Ermessensnorm** ausgestaltet. Das bedeutet, dass die Bundesanstalt auf der Rechtsfolgenseite stets zu prüfen hat, dass ihr Verlangen ermessensfehlerfrei, insbesondere verhältnismäßig ist. Das Herausgabeverlangen muss also **geeignet, angemessen und verhältnismäßig** im engeren Sinn sein für die Überwachung der Einhaltung der vorbezeichneten Vorschriften. In Bezug auf diese Erforderlichkeit sind keine überhöhten Anforderungen zu stellen. Im Rahmen des ihr zustehenden Ermessens hat die Bundesanstalt bei Vorliegen der Voraussetzungen für das Verlangen nur noch zu prüfen, welche konkreten Auskünfte und Unterlagen sie begehrt. Insoweit kommt ihr eine Einschätzungsprärogative zu, welche das Gericht zu beachten hat. Dabei prüft das Gericht im Rahmen des Ermessens nur, ob die Verfügung als erkennbar rechtswidrig oder willkürlich erscheint und das Verlangen den sachlich erforderlichen Umfang überschreitet[1]. Im Rahmen der Verhältnismäßigkeit ist auch zu berücksichtigen, dass mit der Maßnahme in das Briefgeheimnis sowie das Post- und Fernmeldegeheimnis nach Art. 10 GG eingegriffen wird.

§ 8 Übermittlung und Herausgabe marktbezogener Daten; Verordnungsermächtigung

**(1) Von Börsen und Betreibern von Märkten, an denen Finanzinstrumente gehandelt werden, kann die Bundesanstalt insbesondere verlangen, dass die Daten, die zur Erfüllung der Aufgaben der Bundesanstalt nach § 54, nach Artikel 4 der Verordnung (EU) Nr. 596/2014, nach Artikel 27 der Verordnung (EU) Nr. 600/2014 und den auf Grundlage dieser Artikel sowie den auf Grundlage von Artikel 57 der Richtlinie 2014/65/EU erlassenen delegierten Rechtsakten und Durchführungsrechtsakten erforderlich sind, in standardisierter und elektronischer Form übermittelt werden. Die Bundesanstalt kann, insbesondere auf Grund der Meldungen, die sie nach Artikel 4 der Verordnung (EU) Nr. 596/2014 erhält, auf ihrer Internetseite Informationen dazu veröffentlichen, welcher Emittent beantragt oder genehmigt hat, dass seine Finanzinstrumente auf einem Handelsplatz gehandelt oder zum Handel zugelassen werden und welche Finanzinstrumente dies betrifft.
(2) Von Marktteilnehmern, die an Spotmärkten im Sinne des Artikels 3 Absatz 1 Nummer 16 der Verordnung (EU) Nr. 596/2014 tätig sind, kann die Bundesanstalt insbesondere Auskünfte und die Meldung von Geschäften in Warenderivaten verlangen, soweit dies auf Grund von Anhaltspunkten für die Überwachung der Einhaltung eines Verbots nach den Artikeln 14 und 15 der Verordnung (EU) Nr. 596/2014 in Bezug auf Warenderivate erforderlich ist. Der Bundesanstalt ist unter den Voraussetzungen des Satzes 1 ferner der direkte Zugriff auf die Handelssysteme von Händlern zu gewähren. Die Bundesanstalt kann verlangen, dass die Informationen nach Satz 1 in standardisierter Form übermittelt werden. § 6 Absatz 15 gilt entsprechend.
(3) Das Bundesministerium der Finanzen kann durch Rechtsverordnung, die nicht der Zustimmung des Bundesrates bedarf, nähere Bestimmungen über Inhalt, Art, Umfang und Form der nach Absatz 1**

---

1 Vgl. hierzu VG Frankfurt v. 15.3.2017 – 7 L 1124/17.F.

Satz 1 und Absatz 2 zu übermittelnden Mitteilungen und über die zulässigen Datenträger und Übertragungswege sowie zu Form, Inhalt, Umfang und Darstellung der Veröffentlichung nach Absatz 1 Satz 2 erlassen. Das Bundesministerium der Finanzen kann die Ermächtigung durch Rechtsverordnung auf die Bundesanstalt übertragen.

In der Fassung des 2. FiMaNoG vom 23.6.2017 (BGBl. I 2017, 1693). Zu § 8 Abs. 3 WpHG s. auch § 21 WpHG Rz. 94 ff.

Schrifttum: S. § 6 WpHG.

I. Übersicht und europarechtlicher Hintergrund 1	3. Datenquellen 15
II. Verlangen von standardisierter elektronischer Meldung (§ 8 Abs. 1 Satz 1 WpHG) 4	4. Ermessen 16
1. Zielrichtung der Regelung 4	IV. Verlangen von Auskünften und Meldung von Geschäften in Warenderivaten durch Spotmarkt-Teilnehmer (§ 8 Abs. 2 WpHG) 17
2. Adressaten der Verfügung 5	1. Gegenstand der Regelung 17
3. Voraussetzung und Gegenstand des Verlangens 9	2. Adressaten 18
4. Ermessen 12	3. Voraussetzung für Auskünfte und Meldungen . 19
III. Befugnis zur Veröffentlichung von Informationen (§ 8 Abs. 1 Satz 2 WpHG) 13	4. Ausgestaltung der Befugnisse 21
1. Gegenstand der Regelung 13	5. Ermessensausübung 24
2. Art der Information 14	6. Auskunftsverweigerungsrecht 25
	V. Verordnungsermächtigung (§ 8 Abs. 3 WpHG) 26

1 **I. Übersicht und europarechtlicher Hintergrund.** Die Regelungen des § 8 WpHG wurden im Wesentlichen mit dem 1. FiMaNoG als § 4 Abs. 3e bis 3g in das WpHG a.F. eingefügt. Hiermit wurden verschiedene **Vorgaben der MAR** (Verordnung Nr. 596/2014), insbesondere Art. 23 Abs. 2 Unterabs. 2 lit. c VO Nr. 596/2014 umgesetzt. So umfassen diese Regelungen die Befugnis der Bundesanstalt, eine standardisierte elektronische Meldung von Daten durch Börsen und Betreibern von Märkten anzufordern, Auskünfte und Meldung von Geschäften in Warenderivaten durch Marktteilnehmer an Spotmärkten zu verlangen, sowie eine Verordnungsermächtigung bezüglich näherer Regelungen zur Ausgestaltung dieser zu übermittelnden Mitteilungen und über Meldewege.

2 Im Rahmen des 2. FiMaNoG wurden diese Normen aus der sonst ausufernden Generalermächtigungsnorm ausgegliedert und in einen **eigenen Paragraphen** eingefügt. Nach der Neunummerierung des WpHG ist dies § 8 WpHG. Mit der Ausgliederung aus der Generalbefugnisnorm, dem heutigen § 6 WpHG, war keine inhaltliche Änderung bezweckt[1]. Dies ist auch daran erkennbar, dass die Befugnisse zum Anfordern von Daten, Auskünften und Meldungen im Wortlaut der Norm mit einem „insbesondere" eingeleitet werden. Die Regelungen in § 8 Abs. 1 Satz 1 und Abs. 2 WpHG sind damit letztlich ein Unterfall der Befugnisse nach § 6 WpHG.

3 Zudem wurden mit dem 2. FiMaNoG **Ergänzungen** in den Regelungen des § 8 WpHG eingefügt. Durch Ergänzung in § 8 Abs. 1 Satz 1 WpHG erweitert sich der Aufgabenkreis, für dessen Erfüllung die Bundesanstalt die Informationen abfragen kann. Zudem wurde in § 8 Abs. 1 WpHG eine Befugnis der Bundesanstalt zur Veröffentlichung von Informationen über die Emittenten eingefügt, deren Finanzinstrumente auf einem Handelsplatz gehandelt oder zum Handel zugelassen werden sollen, und welche Finanzinstrumente dies betrifft. Im Hinblick auf diese Veröffentlichungsbefugnis wurde die Verordnungsermächtigung ergänzt um die Befugnis zur Regelung weiterer Details dieser Veröffentlichung. Diese Ergänzungen dienen der Umsetzung der Vorgaben aus Art. 57 RL 2014/65/EU (MiFID II), Art. 27 VO Nr. 600/2014 (MiFIR) und Art. 4 VO Nr. 596/2014 (MAR)[2].

4 **II. Verlangen von standardisierter elektronischer Meldung (§ 8 Abs. 1 Satz 1 WpHG). 1. Zielrichtung der Regelung.** Gemäß der Gesetzesbegründung des 1. FiMaNoG wird mit der Regelung in § 8 Abs. 1 Satz 1 WpHG **sichergestellt, dass bestimmte Daten**, wie Referenzdaten zu Finanzinstrumenten, **in standardisierter und elektronischer Form an die Bundesanstalt übermittelt werden**, damit die Bundesanstalt diese Daten an die ESMA weiterleiten kann[3]. Ungeachtet der Weiterleitung der Daten an die ESMA erleichtert die standardisierte und elektronische Form der zu übermittelnden Daten auch die Überwachungstätigkeit der Bundesanstalt, die in Anbetracht der Fülle der marktaufsichtlichen Daten gleichfalls auf eine möglichst medienbruchfreie, elektronische Datenverarbeitung angewiesen ist. Sowohl in Bezug auf die Nutzung der Daten durch die Bundesanstalt als auch in Bezug auf die Weiterleitung der Daten an die ESMA ist mit dem 2. FiMaNoG der Umfang der von Börsen sowie von den Betreibern multilateraler und organisierter Handelssysteme standardisiert und elektronisch an die Bundesanstalt zu übermittelnden Daten ausgeweitet worden. So soll sichergestellt werden, dass die BaFin von diesen Adressaten diejenigen Informationen abfragen kann, die zur Erfüllung ihrer Aufgaben nach dem WpHG, der MAR, der MiFIR und den entsprechenden Durchführungsrechtsakten erforderlich sind[4].

---

1 Vgl. Begr. RegE 2. FiMaNoG zu §§ 7 bis 13 WpHG, BT-Drucks. 18/10936, 226.
2 Vgl. Begr. RegE 2. FiMaNoG zu § 8 WpHG, BT-Drucks. 18/10936, 227.
3 Vgl. Begr. RegE 1. FiMaNoG zu § 4 Abs. 3g WpHG, BT-Drucks. 18/7482, 59.
4 Vgl. Begr. RegE 2. FiMaNoG, BT-Drucks. 18/10936, 227.

2. Adressaten der Verfügung. Adressaten eines Verlangens zur Übermittlung entsprechender Daten der Bundesanstalt nach § 8 Abs. 1 Satz 1 WpHG können nach dem Wortlaut der Regelung **Börsen und Betreiber von Märkten** sein, an denen **Finanzinstrumente** gehandelt werden. Die Bezugnahme auf Plätze, an denen Finanzinstrumente gehandelt werden, bezieht sich nicht nur auf die Märkte, sondern auch auf Börsen. Denn die Aufgabenstellung der Bundesanstalt bezieht sich auch auf die Aufsicht über den Handel mit Finanzinstrumenten einschließlich Warenderivate, die nach Anhang I Abschnitt C Nr. 5 RL 2014/65/EU (MiFID II) gleichfalls Finanzinstrumente sind.

Hinsichtlich der Bestimmung von **Börsen** als Adressaten ist auf § 2 BörsG zurückzugreifen. Nach § 2 Abs. 1 BörsG sind Börsen **teilrechtsfähige Anstalten** des öffentlichen Rechts, die nach § 2 Abs. 5 BörsG in verwaltungsgerichtlichen Verfahren unter ihrem Namen klagen und verklagt werden können. Da es sich vorliegend um Daten gerade in Bezug auf die Börsentätigkeit und um öffentlich-rechtliche Pflichten handelt, ist davon auszugehen, dass die Börsen insoweit selbst Adressaten eines entsprechenden Verlangens sein können.

Der Terminus **Betreiber von Märkten** ist zwar nicht legal definiert, kann aber aus dem Zusammenhang der Regelungen in Art. 4 VO Nr. 596/2014 als **Betreiber von geregelten Märkten** sowie **Wertpapierdienstleistungsunternehmen und Betreiber eines multilateralen oder organisierten Handelssystems** verstanden werden[1]. Denn die Pflicht nach Art. 4 Abs. 1 Unterabs. 4 VO Nr. 596/2014 zur Übermittlung von bestimmten Daten an die zuständige Behörde des Handelsplatzes besteht neben Wertpapierfirmen auch für Marktbetreiber, was i.S.d. Art. 4 Abs. 1 Unterabs. 1 VO Nr. 596/2014 Betreiber von geregelten Märkten und Betreiber eines multilateralen oder organisierten Handelssystems sind. Insoweit irritiert die Gesetzesbegründung zum 2. FiMaNoG, wenn sie scheinbar die Betreiber von Märkten gleichsetzt mit Betreibern multilateraler und organisierter Handelssysteme und die Betreiber von geregelten Märkten nicht benennt. Dies könnte dem Umstand geschuldet sein, dass die Börsen als Adressaten gesondert genannt sind, die zugleich in der Regel auch der Betreiber einer Börse ein Betreiber eines (geregelten) Marktes ist (vgl. z.B. Art. 4 Abs. 1 Nr. 21 RL 2014/65/EU). Ungeachtet dieser missverständlichen Gesetzesbegründung kann Adressat neben der Börse auch der Betreiber der Börse sein. Dies entspricht dem Gesetzeswortlaut und der europarechtlichen Vorgabe beispielsweise aus Art. 4, 23 Abs. 2 lit. a VO Nr. 596/2014.

Im Ergebnis kommen als Adressaten damit sowohl
- Börsen als auch
- Börsenträger in ihrer Funktion als Börsenträger,
- Börsenträger als Betreiber eines MTF bzw. OTF,
- Wertpapierdienstleistungsunternehmen als Betreiber von MTF und
- Wertpapierdienstleistungsunternehmen als Betreiber eines OTF

in Betracht.

3. Voraussetzung und Gegenstand des Verlangens. Voraussetzung des Verlangens von Daten durch die Bundesanstalt ist, dass die **Daten zur Erfüllung bestimmter Aufgaben erforderlich** sind. Neben der Erforderlichkeit für die Aufgabenerfüllung hat der Gesetzgeber keine weiteren Tatbestandsmerkmale für ein entsprechendes Verlangen der Bundesanstalt geregelt. Es obliegt somit der Bundesanstalt zu bestimmen, welche Daten sie für die jeweilige Aufgabenerfüllung benötigt.

Gegenstand des Verlangens sind ebendiese **Daten**, die zur Erfüllung der näher aufgeführten Aufgaben der Bundesanstalt erforderlich sind. In Umsetzung der europarechtlichen Regelungen der MiFID II und der MiFIR ist der Katalog der Aufgaben, für die die Daten verlangt werden können, mit dem 2. FiMaNoG erweitert worden[2]. Die Bundesanstalt kann Daten anfordern zur Erfüllung ihrer **Aufgaben** in Bezug auf:
a) die Festlegung von Positionslimits und die Kontrolle des Positionsmanagements nach
   - § 54 WpHG,
   - den auf Grundlage von Art. 57 RL 2014/65/EU erlassenen delegierten Rechtsakten und Durchführungsrechtsakten der Europäischen Kommission,
b) die Information über ein Finanzinstrument, für das ein Antrag auf Zulassung zum Handel an einem Markt gestellt wurde, das zum Handel zugelassen wird, das erstmalig gehandelt wird oder das nicht mehr gehandelt wird nach Art. 4 VO Nr. 596/2014 und den auf Grundlage dieses Artikels erlassenen delegierten Rechtsakte und Durchführungsrechtsakte der Europäischen Kommission und
c) die Bereitstellung von Referenzdaten für die einzelnen Finanzinstrumente nach Art. 27 VO Nr. 600/2014 und den auf dieser Grundlage erlassenen delegierten Rechtsakte und Durchführungsrechtsakte, wie Art. 14 und 15 DelVO 2017/591 vom 1.12.2016.

---

[1] In der Gesetzesbegründung zum 2. FiMaNoG werden die Betreiber von Märkten gleichgesetzt mit Betreibern multilateraler und organisierter Handelssysteme. Vgl. Begr. RegE 2. FiMaNoG, BT-Drucks. 18/10936, 227.
[2] Vgl. Begr. RegE 2. FiMaNoG, BT-Drucks. 18/10936, 227.

11 Das Verlangen der Bundesanstalt kann sich ausdrücklich auch auf eine standardisierte, elektronische Form der Übermittlung der geforderten Daten beziehen. Dies erleichtert sowohl die Weitergabe der Daten durch die Bundesanstalt an die ESMA als auch die weitere Verarbeitung der Daten bei der Bundesanstalt und bei der ESMA. Im Rahmen einer immer stärkeren elektronischen Behördenarbeit können so Medienbrüche und unnötige Übertragungs- und Korrekturarbeiten vermieden werden. Hinsichtlich der standardisierten und elektronischen Übermittlung der Daten besteht nach § 8 Abs. 3 WpHG eine Ermächtigung für den Erlass einer Verordnung. Bis zu einer möglichen Nutzung der Verordnungsermächtigung kann die Bundesanstalt im Rahmen ihres jeweiligen Begehrens die Vorgaben für die standardisierte und elektronische Übermittlung der Daten festsetzen.

12 **4. Ermessen.** Die Befugnis der Bundesanstalt, die entsprechenden Daten zur Aufgabenerfüllung zu verlangen, ist als Ermessensnorm ausgestaltet. Auf der Rechtsfolgenseite hat die Bundesanstalt daher Ermessen auszuüben. Insbesondere müssen das Verlangen der Daten und die Vorgaben für ihre standardisierte und elektronische Übermittlung auch verhältnismäßig sein. Im Rahmen des Auswahlermessens ist hierbei auch zu prüfen, wer als Adressat heranzuziehen ist, insbesondere ob entsprechende Daten beispielsweise von der jeweiligen Börse oder ihrem Betreiber angefordert werden.

13 **III. Befugnis zur Veröffentlichung von Informationen (§ 8 Abs. 1 Satz 2 WpHG). 1. Gegenstand der Regelung.** § 8 Abs. 1 Satz 2 WpHG regelt die Befugnis der Bundesanstalt, auf ihrer Internetseite Informationen darüber zu veröffentlichen, welcher Emittent beantragt oder genehmigt hat, dass seine Finanzinstrumente auf einem Handelsplatz gehandelt oder zum Handel zugelassen werden, und welche Finanzinstrumente dies betrifft. Diese Regelung ist mit dem 2. FiMaNoG eingefügt worden. Zielrichtung der Regelung ist: „Durch diese Informationen sollen Anleger insbesondere feststellen können, welche Emittenten, deren Finanzinstrumente ausschließlich an inländischen multilateralen oder organisierten Handelssystem gehandelt werden, erhöhten Transparenzpflichten (z.B. Pflicht zur Veröffentlichung von Insiderinformationen nach Art. 17 der Verordnung (EU) Nr. 596/2014) unterliegen."[1] Diese Regelung ist in Bezug auf die Verschwiegenheitspflicht des § 21 Abs. 1 WpHG zugleich eine Befugnis zur Offenbarung, soweit es sich bei diesen Informationen um noch nicht veröffentlichte Informationen handelt, etwa weil der Antrag auf Zulassung des Handels mit dem Instrument noch nicht abschließend beschieden ist.

14 **2. Art der Information.** Die Informationen müssen sich beziehen auf:
- den Emittenten,
- das konkrete Finanzinstrument,
- den Antrag oder die Genehmigung des Handels mit dem Finanzinstrument.

Die Formulierung „Informationen dazu" dehnt die Veröffentlichungsbefugnis insoweit aus, als nicht nur die Information dieser drei Aspekte veröffentlicht werden können, sondern dass ein Bezug der Informationen auf diese Aspekte gegeben sein muss. So ist beispielsweise auch der Handelsplatz von Belang, für den der Antrag gestellt ist. Die von der ESMA nach Art. 4 Abs. 2 und 3 VO Nr. 596/2014 veröffentlichte Liste kann ein Anhalt bieten, wie eine Veröffentlichung gestaltet sein kann.

15 **3. Datenquellen.** Die Bundesanstalt kann für ihre Veröffentlichung auf unterschiedliche Datenquellen zugreifen. Die Regelung normiert „insbesondere aufgrund der Meldungen, die sie nach Art. 4 der Verordnung (EU) Nr. 596/2014 erhält". Damit ist deutlich, dass die Meldung nach Art. 4 VO Nr. 596/2014 nur ein Regelbeispiel ist. In der Praxis dürfte die Meldung nach Art. 4 VO Nr. 596/2014 „die" Datenquelle für Veröffentlichungen durch die Bundesanstalt sein.

16 **4. Ermessen.** Die Regelung in § 8 Abs. 1 Satz 2 WpHG ist als Befugnis der Bundesanstalt und als Ermessensvorschrift ausgestaltet. Hinsichtlich der Ermessensausübung sollte auch die Ausführung in der Gesetzesbegründung berücksichtigt werden: „Von der Veröffentlichungsbefugnis kann die Bundesanstalt Gebrauch machen, wenn die von der ESMA nach Art. 4 der Verordnung (EU) Nr. 596/2014 veröffentlichte Liste insoweit als nicht ausreichend für die Bedürfnisse der Anleger angesehen wird."[2] In Anbetracht der verpflichtenden Veröffentlichung einer detaillierten Liste der gehandelten Instrumente durch die ESMA nach Art. 4 Abs. 2 bis 4 VO Nr. 596/2014 bleibt abzuwarten, ob ein praktisches Bedürfnis für eine zusätzliche Veröffentlichung durch die Bundesanstalt entstehen wird.

17 **IV. Verlangen von Auskünften und Meldung von Geschäften in Warenderivaten durch Spotmarkt-Teilnehmer (§ 8 Abs. 2 WpHG). 1. Gegenstand der Regelung.** § 8 Abs. 2 WpHG regelt **drei verschiedene Befugnisse** der Bundesanstalt gegenüber Teilnehmern an Spotmärkten. Der Bundesanstalt wird die Befugnis eingeräumt von diesen Spotmarkt-Teilnehmern sowohl (ggf. standardisierte) **Auskünfte** als auch **Meldung** von Geschäften in Warenderivaten und den **direkten Zugriff auf die Handelssysteme** von Händlern zu verlangen. Hiermit werden die Anforderungen nach Art. 23 Abs. 2 Unterabs. 2 lit. c VO Nr. 596/2014 eins zu eins umgesetzt.

---

[1] Vgl. Begr. RegE 2. FiMaNoG, BT-Drucks. 18/10936, 227.
[2] Vgl. Begr. RegE 2. FiMaNoG, BT-Drucks. 18/10936, 227.

2. Adressaten. Adressaten eines entsprechenden Verlangens nach Auskunft oder Meldung der Bundesanstalt nach § 8 Abs. 2 Satz 1 WpHG können **alle Marktteilnehmer sein, die an Spotmärkten tätig** sind, egal in welcher Rolle oder Funktion sie an dem Spotmarkt tätig werden. Adressaten eines Verlangens der Bundesanstalt auf Gewährung eines direkten Zugriffs auf die Handelssysteme nach § 8 Abs. 2 Satz 2 WpHG können alle Händler an Spotmärkten sein. Zur näheren Bestimmung des Terminus „Spotmarkt" verweist die Norm auf Art. 3 Abs. 1 Nr. 16 VO Nr. 596/2014. Hiernach ist ein Spotmarkt ein Warenmarkt, an dem Waren gegen bar verkauft und bei Abwicklung des Geschäfts unverzüglich geliefert werden, und andere Märkte, die keine Finanzmärkte sind, beispielsweise Warenterminmärkte.

3. Voraussetzung für Auskünfte und Meldungen. Voraussetzung eines Verlangens der Bundesanstalt auf Auskunft, auf Meldung und/oder auf Gewährung eines direkten Zugriffs auf die Handelssysteme ist, dass der Bundesanstalt Anhaltspunkte vorliegen, die eine Überwachung der Verbote von Insidergeschäften und unrechtmäßiger Offenlegung von Insiderinformation (Art. 14 VO Nr. 596/2014) bzw. Marktmanipulation (Art. 15 VO Nr. 596/2014) **in Bezug auf Warenderivate** erforderlich erscheinen lassen. Der Bezug auf Warenderivate entspricht der Ausrichtung der Befugnisse der Bundesanstalt auf Teilnehmer an Spotmärkten.

Anhaltspunkte für die Erforderlichkeit der Überwachung der benannten Verbote können für die Bundesanstalt alle Auffälligkeiten, Unklarheiten oder Anfragen anderer Aufsichtsbehörden in Bezug auf Warenderivate und den Handel mit ihnen sein. Nicht erforderlich ist, dass der Bundesanstalt schon Anhaltspunkte für Verstöße gegen das Verbot von Insiderhandel oder Marktmanipulation vorliegen. Die Voraussetzung für die Befugnisse sind in Anlehnung an die früheren Voraussetzungen für Auskunfts- und Vorlageersuchen nach § 4 Abs. 3 WpHG a.F. und parallel zu den Voraussetzungen des heutigen § 6 Abs. 4 WpHG gefasst. Diese niedrige Schwelle für entsprechende Ersuchen der Bundesanstalt entspricht auch den Vorgaben der MAR. Denn nach der MAR müssen die Befugnisse zur Wahrnehmung der Aufgaben nach der MAR eingeräumt werden, wozu auch die Überwachung der Einhaltung der Normen zählt. Entsprechend müssen der Bundesanstalt die Befugnisse zu einer Sachverhaltsaufklärung in Bezug auf Warenderivate zur Verfügung stehen, um die Einhaltung der Verbote von Insiderhandel und Marktmanipulation zu überwachen.

4. Ausgestaltung der Befugnisse. Die Befugnisse der Bundesanstalt nach § 8 Abs. 2 Satz 1 WpHG, von den Spotmarkt-Teilnehmern **sowohl Auskünfte als auch Meldung** von Geschäften in Warenderivaten zu verlangen, erscheinen zunächst wenig Unterschiede aufzuweisen. Dies gilt insbesondere, da regelmäßige Meldungen von Geschäften anderweitig normiert sind. Auch die Regelung in Art. 23 Abs. 2 Unterabs. 2 lit. c VO Nr. 596/2014 ist in Bezug auf die Unterscheidung der beiden Befugnisse nicht wirklich hilfreich, da dort von genormten Informationen und Meldungen über Geschäfte gesprochen wird. Eine Unterscheidung der beiden Befugnisse dürfte sein, dass sich das Auskunftsersuchen auf Informationen bezieht, die objektiv schon existieren, und die Meldung auf erst künftig entstehende Informationen abstellt. Insoweit kann sich das Begehren auf Meldung beispielsweise darauf beziehen, dass der Spotmarkt-Teilnehmer verpflichtet wird, bei Eintreten bestimmter Umstände, dem Abschluss bestimmter Geschäfte, dem Erreichen bestimmter Schwellen etc. der Bundesanstalt hiervon Mitteilung zu machen.

Hinsichtlich der Befugnis der Bundesanstalt, **Auskünfte** zu verlangen, betont § 8 Abs. 2 Satz 3 WpHG, dass die Bundesanstalt die Informationen nach Satz 1 **in standardisierter Form** verlangen kann. Dies nimmt Bezug auf die Vorgabe in Art. 23 Abs. 2 Unterabs. 2 lit. c VO Nr. 596/2014, der von Informationen in genormten Formaten spricht. Hinsichtlich der standardisierten Form der Auskünfte sieht § 8 Abs. 3 WpHG eine Verordnungsermächtigung vor. Solange von dieser Verordnungsermächtigung noch kein Gebrauch gemacht wurde, kann die Bundesanstalt jeweils im Einzelfall vorgeben, in welcher Form und Weise sie die Informationen übermittelt haben möchte.

Nach § 8 Abs. 2 Satz 2 WpHG ist der Bundesanstalt von Händlern der **direkte Zugriff auf die Handelssysteme** zu gewähren. Die Bundesanstalt kann durch den direkten Zugriff auf die Handelssysteme sich einen eigenen Eindruck vom Handelsgeschehen machen und die für ihre Sachverhaltsaufklärung erforderlichen Informationen herausfiltern. Die Bundesanstalt kann ihr Verlangen im Rahmen der Verhältnismäßigkeit auch mit einem Auskunftsersuchen ergänzen, um gezielter die erforderlichen Informationen in dem Handelssystem auffinden zu können.

5. Ermessensausübung. Die Befugnis zur Sachverhaltsklärung sind als Ermessensvorschriften normiert. Die Bundesanstalt muss daher neben der Erforderlichkeit und Geeignetheit auch die **Verhältnismäßigkeit ihrer Maßnahme** berücksichtigen. Hierbei kommt ihr eine Einschätzungsprärogative zu, welche konkreten Auskünfte und Unterlagen sie begehrt, um ihrer Überwachungsaufgabe nachzukommen[1]. Der direkte Zugriff durch die Bundesanstalt auf die Handelssysteme wird in Anbetracht des Umfangs des Eingriffs besonderen Fällen vorbehalten sein, etwa wenn Zweifel an der Glaubwürdigkeit von Auskünften bestehen, oder bei besonders komplexen Fragestellungen.

6. Auskunftsverweigerungsrecht. Nach § 8 Abs. 2 Satz 4 WpHG gilt das Auskunftsverweigerungsrecht des § 6 Abs. 15 WpHG entsprechend. Satz 4 ist mit dem 2. FiMaNoG eingefügt worden, ohne dass die Gesetzesbegrün-

---

1 Vgl. VG Frankfurt v. 15.3.2017 – 7 L 1124/17.

dung dies anspricht. Hintergrund dürfte die Aufteilung der verschiedenen Regelungen im § 4 WpHG a.F. in §§ 6 bis 14 WpHG nach dem 2. FiMaNoG sein. Durch die Aufteilung würde sich die Regelung des Auskunftsverweigerungsrechts, die sich nach der alten Fassung auch auf das vorliegend geregelte Auskunftsersuchen bezog, nicht mehr auf die nun eigenständige Regelung des § 8 Abs. 2 WpHG beziehen, so dass zur Verhinderung von inhaltlichen Änderungen[1] die Aufnahme des Verweises auf das Auskunftsverweigerungsrecht erforderlich war. Hinsichtlich der Möglichkeit, Auskunft auf solche Fragen zu verweigern, die den Auskunftspflichtigen selbst oder einen näher bezeichneten Angehörigen der Gefahr strafgerichtlicher Verfolgung oder eines Ordnungswidrigkeitenverfahrens aussetzen, kann auf die Kommentierung von § 6 Abs. 15 WpHG verwiesen werden (§ 6 WpHG Rz. 232 ff.).

26 **V. Verordnungsermächtigung (§ 8 Abs. 3 WpHG).** Die Ermächtigung des § 8 Abs. 3 WpHG zum Erlass einer Verordnung durch das Bundesfinanzministerium[2] wurde mit dem 1. FiMaNoG als § 4 Abs. 3g WpHG a.F. eingefügt. Die Verordnungsermächtigung soll ermöglichen, dass die nach § 8 Abs. 1 Satz 1 und Abs. 2 WpHG zu übermittelnden Mitteilungen später im Verordnungswege weiter konkretisiert werden können[3]. Die Gesetzesbegründung deutet mit „ermöglichen" und „später" schon an, dass bei der Normierung noch keine zwingenden Gründe für die Nutzung der Verordnungsermächtigung vorlagen, sondern die Ermächtigung vorsorglich für künftig erkannte Notwendigkeiten geschaffen wurde. Mit dem 2. FiMaNoG wurde die Verordnungsermächtigung in Bezug auf die Veröffentlichung der Bundesanstalt nach § 8 Abs. 1 Satz 2 WpHG ergänzt. Bislang wurde von der Verordnungsermächtigung noch kein Gebrauch gemacht.

27 Mit der Verordnungsermächtigung wird das Bundesministerium der Finanzen befugt, durch Rechtsverordnung nähere Bestimmungen zu erlassen, die nicht der Zustimmung des Bundesrates bedürfen. Die Verordnungsermächtigung bezieht sich auf nähere Bestimmungen über Inhalt, Art, Umfang und Form der nach § 8 Abs. 1 Satz 1 und Abs. 2 WpHG zu übermittelnden Mitteilungen und über die zulässigen Datenträger und Übertragungswege.

28 Mit dem 2. FiMaNoG wurde die Befugnis zum Erlass einer Verordnung auch auf die mit dem gleichen Gesetz eingefügte Befugnis der Bundesanstalt zur Veröffentlichung von Informationen über die Handelbarkeit von Finanzinstrumenten nach § 8 Abs. 1 Satz 2 WpHG ausgedehnt. Entsprechend kann das Bundesfinanzministerium in der Verordnung auch nähere Regelungen zu Form, Inhalt, Umfang und Darstellung der Veröffentlichung nach § 8 Abs. 1 Satz 2 WpHG erlassen.

29 Das Bundesfinanzministerium ist zudem befugt, die Ermächtigung durch Rechtsverordnung auf die Bundesanstalt zu übertragen. Von dieser Übertragungsbefugnis hat das Bundesfinanzministerium bislang keinen Gebrauch gemacht. Die Verordnung zur Übertragung von Befugnissen zum Erlass von Rechtsverordnungen auf die Bundesanstalt für Finanzdienstleistungsaufsicht (BaFinBefugV) umfasst auch in der derzeit letzten Fassung[4] diese Verordnungsermächtigung nicht.

§ 9 Verringerung und Einschränkung von Positionen oder offenen Forderungen

(1) Die Bundesanstalt kann von jedermann verlangen, die Größe der Positionen oder offenen Forderungen in Finanzinstrumenten zu verringern, soweit dies zur Durchsetzung der Verbote und Gebote der in § 6 Absatz 6 Satz 1 Nummer 3 und 4 genannten Vorschriften geboten ist.

(2) Die Bundesanstalt kann für jedermann die Möglichkeit einschränken, eine Position in Warenderivaten einzugehen, soweit dies zur Durchsetzung der Verbote und Gebote der in § 6 Absatz 6 Satz 1 Nummer 3 und 4 genannten Vorschriften erforderlich ist.

In der Fassung des 2. FiMaNoG vom 23.6.2017 (BGBl. I 2017, 1693).

Schrifttum: *Baur*, Das Wertpapierhandelsrecht wird neu geordnet - MiFID, MiFIR und das neue WpHG, jurisPR-BKR 6/2017 Anm. 1; *Friedrich*, Mehr Transparenz auf den Finanzmärkten angekündigt - Kommission setzt hohe Erwartungen in die Revision der Finanzmarktrichtlinie, VW 2011, 1574; *Geier/Schmitt*, MiFID-Reform: der neue Anwendungsbereich der MiFID II und MiFIR, WM 2013, 915; *Meixner*, Das Zweite Finanzmarktnovellierungsgesetz, ZAP 2017, 911. S. auch das Schrifttum zu § 53 WpHG.

---

1 Mit der Aufteilung des § 4 WpHG a.F. ist keine inhaltliche Änderung bezweckt. Vgl. Begr. RegE 2. FiMaNoG zu §§ 7 bis 13 WpHG, BT-Drucks. 18/10936, 226.
2 Zu § 8 Abs. 3 WpHG s. auch § 21 WpHG Rz. 94 ff.
3 Vgl. Begr. RegE 1. FiMaNoG, BT-Drucks. 18/7482, 59 mit dem Bezug auf Abs. 3e und 3f, die mit der Neunummerierung des 2. FiMaNoG zu § 8 Abs. 1 und 2 WpHG wurden.
4 Vgl. Einundzwanzigste Verordnung zur Änderung der Verordnung zur Übertragung von Befugnissen zum Erlass von Rechtsverordnungen auf die Bundesanstalt für Finanzdienstleistungsaufsicht vom 11.12.2017, BGBl. I 2017, 3908.

I. Übersicht und europarechtlicher Hintergrund	1	III. Beschränkung des Eingehens von Positionen bezüglich Warenderivaten (§ 9 Abs. 2 WpHG)	16
II. Verringerung von Positionen und Forderungen bezüglich Finanzinstrumenten (§ 9 Abs. 1 WpHG)	3	1. Zusammenspiel mit anderen Befugnisnormen	16
		2. Ausrichtung der Befugnis	19
1. Zusammenspiel mit anderen Befugnisnormen	3	3. Voraussetzungen des Verlangens der Bundesanstalt	24
2. Ausrichtung der Befugnis	7		
3. Voraussetzungen des Verlangens der Bundesanstalt	12		

I. Übersicht und europarechtlicher Hintergrund. § 9 WpHG regelt die Befugnisse der Bundesanstalt, von jedermann zu verlangen, **Positionen oder offenen Forderungen in Finanzinstrumenten zu verringern**, bzw. gegenüber jedermann die **Möglichkeit einzuschränken, Positionen in Warenderivaten einzugehen**. Diese Befugnisse sind mit dem 2. FiMaNoG neu als eigener Paragraph in das WpHG eingefügt worden. Im Referentenentwurf war ihre Verankerung noch in § 6 WpHG vorgesehen, der dann aber zu einem unübersichtlichen Normen-Kollos mit 29 Absätzen angewachsen wäre, so dass sich der Gesetzgeber zu einer Aufteilung der Generalbefugnisnorm entschied, ohne dass hiermit inhaltliche Änderungen bezweckt sind[1]. 1

Die Regelungen in § 9 WpHG setzen nach dem gesetzgeberischen Willen[2] ausdrücklich Art. 69 Abs. 2 lit. o und p RL 2014/65/EU (MiFID II) um, normieren also explizit einen **Teilbereich der nach Art. 69 RL 2014/65/EU** für die Aufsichtsbehörden **geforderten Mindestbefugnisse**. 2

II. Verringerung von Positionen und Forderungen bezüglich Finanzinstrumenten (§ 9 Abs. 1 WpHG). 3
1. Zusammenspiel mit anderen Befugnisnormen. Die Bundesanstalt kann von jedermann verlangen, die Größe der Positionen oder offenen Forderungen in Finanzinstrumenten zu verringern, soweit dies zur Durchsetzung der Verbote und Gebote der in § 6 Abs. 1 Satz 1 Nr. 3 und 4 WpHG genannten Vorschriften geboten ist. Diese Zielrichtung der Durchsetzung von bestimmten Verboten und Geboten ist auch in der Generalnorm des § 6 Abs. 2 WpHG enthalten. **§ 9 WpHG konkretisiert** damit in Bezug auf die hier genannten Verbote und Gebote die in **§ 6 Abs. 2 WpHG** gegebene Möglichkeiten, jedwede Anordnung zu erlassen, um Verbote oder Gebote durchzusetzen. § 9 WpHG ist damit eigentlich ein Unterfall von § 6 Abs. 2 WpHG.

Ungeachtet dessen kann die Frage aufkommen, **in welchem Verhältnis** die beiden Normen stehen. Für die beiden in teilweiser Normenkonkurrenz stehenden Normen wurde ein Rangverhältnis nicht normiert. Bei einer – so wie hier – fehlenden Normenkollision führt die Spezialität einer Norm nicht unbedingt zum Verdrängen der generelleren Norm[3]. Nach Sinn und Zweck der Regelung in § 9 WpHG und dem gesetzgeberischen Willen ist davon auszugehen, dass beide Normen nebeneinanderstehen. Denn der Gesetzgeber wollte erkennbar seiner Pflicht zur Umsetzung von MiFID II nachkommen und keine inhaltliche Einschränkung der Befugnisse von § 6 WpHG bewirken[4]. Zudem sind die Befugnisse nach § 9 WpHG nur ein Teilausschnitt der Mindestbefugnisse, die den nationalen Aufsichtsbehörden im Rahmen der Umsetzung von MiFID II einzuräumen sind. Schon nach Art. 69 Abs. 2 lit. l RL 2014/65/EU müssen die nationalen Aufsichtsbehörden zudem zu Maßnahmen beliebiger Art befugt sein, um sicherzustellen, dass Wertpapierfirmen, geregelte Märkte und andere Personen, auf die MiFID II oder MiFIR Anwendung finden, weiterhin den (also allen) rechtlichen Anforderungen genügen. Daher ist § 9 WpHG insoweit als speziellere Norm heranzuziehen, wenn die Bundesanstalt eine Verringerung bzw. Einschränkung von Positionen oder offenen Forderungen bezüglich der in § 9 WpHG näher bezeichneten Verbote und Gebote verlangt. Darüber hinaus bleibt es der Bundesanstalt unbenommen, von ihren weitergehenden Befugnissen nach § 6 Abs. 2 WpHG Gebrauch zu machen. 4

Letztlich spricht für diese Lesart auch, dass die Nutzung dieser speziellen Ausgestaltung der Befugnis zur Durchsetzung der näher konkretisieren Verbote und Gebote **besondere Pflichten im Rahmen der internationalen Zusammenarbeit** nach § 18 Abs. 8 WpHG auslöst. Möglicherweise erschien wegen dieser besonderen Folgen eine gesonderte Normierung dieses Unterfalls der Befugnisse aus § 6 Abs. 2 WpHG als angezeigt. 5

Flankiert wird die Befugnis zur Reduzierung der Positionen und offenen Forderungen durch die Befugnisse der Bundesanstalt zur **Sachverhaltsaufklärung**, insbesondere der Auskunfts- bzw. Vorlageersuchen nach § 6 Abs. 3 Satz 1 und Satz 2 Nr. 1 und 4 WpHG. Diese können sowohl im Vorfeld des Erlasses der Maßnahmen nach § 9 Abs. 1 WpHG als auch zur Überwachung der Maßnahme eingesetzt werden. Für nähere Einzelheiten hierzu kann auf die Kommentierung zu § 18 WpHG (vgl. § 18 WpHG Rz. 19 ff.) verwiesen werden. 6

2. Ausrichtung der Befugnis. Die Befugnis der Bundesanstalt nach § 9 Abs. 1 WpHG ist ausgestaltet als die **Möglichkeit, zu verlangen,** die **Größe der Positionen oder offenen Forderungen in Finanzinstrumenten zu verringern.** Die nach Art. 69 Abs. 2 lit. o RL 2014/65/EU der Aufsichtsbehörde einzuräumende Mindestbefug- 7

---
1 Vgl. Begr. RegE zu §§ 7 bis 13 WpHG-E, BT-Drucks. 18/10936, 227.
2 Vgl. Begr. RegE, BT-Drucks. 18/10936, 227.
3 Vgl. Larenz/Canaris, Methodenlehre der Rechtswissenschaft, 3. Aufl. 1995, S. 134 f.
4 Die Gesetzesbegründung geht nur auf eine „Ergänzung der Befugnisse" und nicht auf eine Anpassung oder Reduzierung ein: BT-Drucks. 18/10936, 225.

nis ist, von jeder Person zu verlangen, dass sie Schritte zur Verringerung der Größe der Position oder offenen Forderung unternimmt. Die etwas andere, mehr auf das Ziel ausgerichtete Formulierung in § 9 Abs. 1 WpHG ist inhaltlich die gleiche Befugnis wie die aktivitätsfordernde Mindestbefugnis nach Art. 69 Abs. 2 lit. o RL 2014/65/EU. Intention beider Formulierungen ist das Erreichen des Ziels, was regelmäßig nur durch ein aktives Handeln erreicht werden kann. Einzig in Bezug auf das – eher weniger wahrscheinliche – Eintreiben offener Forderungen erscheint die Formulierung in Art. 69 Abs. 2 lit. o RL 2014/65/EU etwas treffgenauer, wenn auch bei einem erfolglosen Eintreiben offener Forderungen trotz aller Bemühungen dem Verpflichteten wohl keine negativen Sanktionen drohen werden.

8   Die Befugnis der Bundesanstalt bezieht sich auf die Verringerung der Größe von Positionen oder offenen Forderungen in Finanzinstrumenten. Damit umfasst sie die Reduzierung von bestehenden Positionen oder offenen Forderungen. Der Begriff der **Finanzinstrumente** ist in § 2 Abs. 4 WpHG legaldefiniert, so dass auf die dortige Kommentierung verwiesen werden kann. Der Begriff Finanzinstrumente umfasst auch Warenderivate, für die zusätzlich nach Abs. 2 die Möglichkeit des Positionsaufbaus beschränkt werden kann. Die Befugnis nach § 9 Abs. 1 WpHG erfüllt damit auch die Forderung aus Art. 57 Abs. 8 Satz 2 lit. c RL 2014/65/EU, wonach in Bezug auf Warenderivate die Befugnis gefordert wird, „von jeder Person je nach Einzelfall die zeitweilige oder dauerhafte Auflösung oder Reduzierung einer Position zu verlangen und – falls der Betreffende dem nicht nachkommt – geeignete Maßnahmen zu ergreifen, um die Auflösung oder Reduzierung sicherzustellen".

9   Der Begriff der **Positionen** ist weit zu verstehen. Es handelt sich nicht nur um Leerverkaufspositionen i.S.d. EU-LeerverkaufsVO, sondern um alle Erwerbs- oder Veräußerungspositionen in Finanzinstrumenten. Hinsichtlich der Berechnung der Positionen in Warenderivaten ist auf die Berechnungsvorgaben in § 56 WpHG zu verweisen. Der Begriff „**offene Forderungen**" geht über den Begriff der Position hinaus und ist wohl so zu verstehen, dass die Forderung bezüglich des Finanzinstruments zum Fälligkeitsdatum oder zum Lieferdatum noch nicht beglichen worden ist, obwohl sie unbestritten, bezifferbar und fällig ist.

10 Die **Befugnis** nach § 9 Abs. 1 WpHG kann von der Bundesanstalt **gegenüber jedermann** ausgeübt werden. Da die Befugnis als Ermessensnorm ausgestaltet wurde, muss von der Bundesanstalt im Rahmen der **Ermessensausübung** die Geeignetheit, Erforderlichkeit und Verhältnismäßigkeit des Verlangens nach Reduzierung der Positionen und/oder Forderungen gegenüber dieser Person oder gegenüber diesem Personenkreis dargelegt werden. Gleiches verlangen auch die in der Befugnisnorm aufgenommenen Begrenzungen durch das „soweit dies … geboten ist". Das bedeutet, dass der Adressat der Verfügung Einfluss auf die Größe der Positionen und offenen Forderungen haben muss. Dies ist zumindest bei dem Inhaber der entsprechenden Positionen und offenen Forderungen gegeben.

11 Das **Verlangen nach Reduzierung der Positionen und offenen Forderungen** durch die Bundesanstalt hat für diese zugleich die Folge, dass sie **besonderen Pflichten im Rahmen der internationalen Zusammenarbeit** zu erfüllen hat. Diese besonderen Unterrichtungspflichten im Rahmen der Europäischen Zusammenarbeit sind in § 18 Abs. 8 Satz 4–7 WpHG normiert (vgl. hierzu auch § 18 WpHG Rz. 51 ff.). Gemäß § 18 Abs. 8 Satz 4 Nr. 3 WpHG hat die Bundesanstalt die zuständigen ausländischen Aufsichtsbehörden und die ESMA über Anordnungen nach § 9 Abs. 1 WpHG und über hierzu ergangene Auskunfts- und Vorlageersuchen nach § 6 Abs. 3 Satz 2 Nr. 1 WpHG zu informieren. Da die Unterrichtung nach § 18 Abs. 8 Satz 5 WpHG im Regelfall mindestens 24 Stunden vor der Bekanntgabe der Anordnung erfolgen muss, ist das im Rahmen der Planung eines solchen Vorgehens zu berücksichtigen. Betrifft die Anordnung der Bundesanstalt Energiegroßhandelsprodukte, so hat sie gem. § 18 Abs. 8 Satz 7 WpHG auch die durch Verordnung (EG) Nr. 713/2009 gegründete Agentur für die Zusammenarbeit der Energieregulierungsbehörden zu unterrichten.

12 **3. Voraussetzungen des Verlangens der Bundesanstalt.** Die Bundesanstalt kann von ihrer Befugnis nach § 9 Abs. 1 WpHG Gebrauch machen, wenn ein solches Vorgehen **zur Durchsetzung der Verbote und Gebote der in § 6 Abs. 6 Satz 1 Nr. 3 und 4 WpHG genannten Vorschriften geboten** ist. Damit ist Voraussetzung, dass die Bundesanstalt mit der **Zweckrichtung** tätig wird, die entsprechenden Verbote und Gebote durchzusetzen. Diese Durchsetzung der Verbote und Gebote umfasst, wie in § 6 Abs. 1 WpHG, sowohl das repressive als auch das präventive Durchsetzen der Verbote und Gebote. Diese Möglichkeit des präventiven Vorgehens der Bundesanstalt wird noch deutlicher durch die klar präventiv ausgerichtete Befugnisse in § 9 Abs. 2 WpHG, die die gleichen Tatbestandsmerkmale aufweisen. Nicht erforderlich ist, dass ihr schon Anhaltspunkte für Verstöße gegen die Verbote und Gebote vorliegen. Soweit der Gesetzgeber eine so hohe Eingriffsschwelle, wie Anhaltspunkte für Verstöße, für erforderlich gehalten hat, hat er die Tatbestandsvoraussetzungen auch so formuliert, wie z.B. in § 6 Abs. 11 Satz 2 WpHG ersichtlich ist. Als Voraussetzung für das Verlangen der Bundesanstalt ist die Zielrichtung des Tätigwerdens maßgeblich, wobei die Maßnahme – wie oben dargelegt – durch das Ermessen einschließlich der ausdrücklich erwähnten Angemessenheit („geboten") begrenzt wird.

13 Die Formulierung „**zur Durchsetzung**" der Verbote und Gebote lässt dabei sowohl repressives als auch präventives Handeln der Bundesanstalt zur Durchsetzung der Verbote und Gebote zu. Dies korrespondiert mit dem Umstand, dass Anhaltspunkte für Verstöße noch nicht vorliegen müssen. Die mit dem Verlangen durchzusetzenden konkreten Verbote und Gebote sind durch die Verweisung auf § 6 Abs. 6 Satz 1 Nr. 3 und 4 WpHG bestimmt.

Die **Verbote und Gebote nach § 6 Abs. 6 Satz 1 Nr. 3 WpHG**, auf die § 9 Abs. 1 WpHG verweist, sind die Ge- oder Verbotsnormen, die in den Abschnitten 9 bis 11 des WpHG sowie in den zur Durchführung dieser Vorschriften erlassenen Rechtsverordnungen normiert sind. Konkret sind das die **Regelungen in den §§ 54 bis 96 WpHG** zu den Positionslimits und Positionsmanagementkontrollen bei Warenderivaten und Positionsmeldungen, zu den Organisationspflichten von Datenbereitstellungsdiensten und zu den Verhaltenspflichten, Organisationspflichten, Transparenzpflichten. 14

Durch die **Verweisung auf die in § 6 Abs. 6 Satz 1 Nr. 4 WpHG genannten Verbote und Gebote** werden die Vorschriften der MiFIR, insbesondere die Regelungen in Titel II bis VI sowie die auf deren Grundlage erlassenen delegierten Rechtsakte und Durchführungsrechtsakte der Europäischen Kommission, in den Zielbereich der Regelung aufgenommen. Konkret handelt es sich um die in Art. 3 bis 27 VO Nr. 600/2014 (MiFIR) aufgenommenen Verbote und Gebote, die sich auf die Regelungsmaterien zur Transparenz für Handelsplätze einschließlich der Transparenz für Finanzinstrumente und der Verpflichtung, Handelsdaten gesondert und zu angemessenen kaufmännischen Bedingungen anzubieten, zur Transparenz für systematische Internalisierer und Wertpapierfirmen, die mit OTC handeln, und auf die Meldung von Geschäften beziehen. 15

III. Beschränkung des Eingehens von Positionen bezüglich Warenderivaten (§ 9 Abs. 2 WpHG). 1. Zusammenspiel mit anderen Befugnisnormen. Nach § 9 Abs. 2 WpHG kann die Bundesanstalt für jedermann die **Möglichkeit einschränken, eine Position in Warenderivaten einzugehen**, soweit dies zur Durchsetzung der näher bezeichneten Verbote und Gebote erforderlich ist. Damit regelt § 9 Abs. 2 WpHG eine Befugnis, schon präventiv ein Verbot auszusprechen, bestimmte Positionen in Warenderivate einzugehen. Hinsichtlich der auch bei dieser Befugnis festzustellenden teilweisen Überschneidung mit den Möglichkeiten der Bundesanstalt aus der Generalbefugnisnorm in § 6 Abs. 2 WpHG kann auf die Ausführungen unter Rz. 4 und Rz. 5 verwiesen werden. 16

Die Befugnisse nach § 9 Abs. 2 WpHG sind unbedingt auch **im Zusammenspiel mit den Regelungen des 9. Abschnitts des WpHG „Positionslimits und Positionsmanagementkontrollen bei Warenderivaten und Positionsmeldungen" zu sehen**. Hier sind in den Regelungen der §§ 54 ff. WpHG gleichfalls Regelungen zu generellen Positionslimits für jedes Warenderivat (insbesondere § 54 Abs. 1 und 2, § 55 Abs. 1 WpHG) und zu Positionsmeldung und zu Positionsmanagementkontrollen (insbesondere §§ 57, 54 Abs. 6 WpHG) enthalten. Die für das jeweilige Warenderivat nach §§ 54 ff. WpHG generell geltende Positionslimits werden durch die gerade auch auf einzelne Personen ausgerichteten Möglichkeiten der Bundesanstalt zur Einschränkung des Eingehens von Positionen in Warenderivaten ergänzt. 17

Die **Möglichkeiten der Sachverhaltsaufklärung** zur Klärung der Voraussetzungen für die Nutzung dieser Befugnisnorm ergeben sich aus **§ 6 Abs. 3 Satz 1 und Satz 2 Nr. 3 WpHG**. Die zu der Befugnis aus Abs. 1 parallelen besonderen Pflichten zur Information der zuständigen ausländischen Aufsichtsbehörden und der ESMA im Rahmen der internationalen Zusammenarbeit sind in § 18 Abs. 8 Satz 4 Nr. 4 WpHG enthalten. Auch hier hat die Bundesanstalt die Agentur für die Zusammenarbeit der Energieregulierungsbehörden (Verordnung (EG) Nr. 713/2009) gem. § 18 Abs. 8 Satz 7 WpHG zu unterrichten, wenn Energiegroßhandelsprodukte von der Beschränkung nach § 9 Abs. 2 WpHG betroffen sind. In Bezug auf die vorgenannten Aspekte kann auf die Kommentierung unter Rz. 6 und Rz. 10 verwiesen werden. 18

2. Ausrichtung der Befugnis. Die Art. 69 Abs. 2 lit. p RL 2014/65/EU (MiFID II) umsetzende Befugnis der Bundesanstalt sieht vor, dass diese für jedermann die Möglichkeit, eine **Position in Warenderivaten** einzugehen, einschränken kann, soweit dies zur Durchsetzung der näher bezeichneten Verbote und Gebote erforderlich ist. Anders als bei der Befugnis nach § 9 Abs. 1 WpHG bezieht sich die Befugnis nach § 9 Abs. 2 WpHG nur auf Positionen, hier für Warenderivate, nicht aber auch auf offene Forderungen. Hinsichtlich der Frage, was Position in Warenderivaten sind, kann auf die Regelung in § 56 WpHG und die ergänzenden Regelungen in der Delegierte Verordnung (EU) 2017/591 verwiesen werden. Insoweit wird auf die Kommentierung zu § 56 WpHG verwiesen. 19

Weitergehend und damit § 9 Abs. 1 WpHG insoweit ergänzend kann die Bundesanstalt nach § 9 Abs. 2 die Möglichkeit einschränken, **Positionen** in Warenderivaten **einzugehen**. Das bedeutet, die Bundesanstalt kann schon vorab, also **präventiv**, die Anordnung erlassen, dass entsprechende Positionen in Warenderivaten nicht aufgebaut werden dürfen. Bezüglich der Reduzierung bestehender Positionen steht der Bundesanstalt die Befugnis nach Abs. 1 auch für Warenderivate zu, die Finanzinstrumente sind. Insoweit kann auf die Legaldefinition in § 2 Abs. 36 WpHG verwiesen werden, wonach Warenderivate Finanzinstrumente i.S.d. MiFIR sind. 20

Wie auch in § 9 Abs. 1 WpHG ist die Bundesanstalt **befugt, gegenüber jedermann derartige Anordnungen zu erlassen**. Diese Formulierung ist – auch mit Blick auf §§ 54 ff. WpHG – als eine weitergehende Befugnis zum Erlass von Verwaltungsakten an eine bestimmte Person oder einen bestimmbaren Personenkreis zu verstehen. Das bedeutet, dass die Befugnis zur Beschränkung des Eingehens vom Positionen in Warenderivaten nach § 9 Abs. 2 WpHG zusätzlich neben die Befugnis der Bundesanstalt zur Festlegung von quantitativen Schwellenwerten für die maximale Größe einer Position in einem bestimmten Warenderivat nach §§ 54 ff. WpHG tritt. 21

Diese weitgehenden Eingriffsbefugnisse in Bezug auf Warenderivate entsprechen einer der **Hauptzielrichtungen des 2. FiMaNoG** und der **Intention der MiFID II**. In den Erwägungsgründen 125 und 126 RL 2014/65/EU 22 wird ausgeführt, dass auf den G-20-Gipfel am 25.9.2009 in Pittsburgh und am 4.11.2011 in Cannes die Regulierung, Funktionsweise und Transparenz der Finanz- und Warenmärkte sowie das mögliche Vorgehen gegen übermäßige Schwankungen der Rohstoffpreise Thema war. Nach dem in diesem Zuge vereinbarten Prinzipien für die Regulierung und Überwachung der Warenderivatemärkte sollen „Marktaufsichtsbehörden über formelle Befugnisse zum Positionsmanagement verfügen ..., inklusive der Befugnis, vorab Positionslimits festzulegen, soweit dies angemessen ist". Dies soll durch eine ausdrückliche Befugnis ergänzt werden, „Person zu ersuchen, Maßnahmen zur Reduzierung der Größe der Position in den Derivatkontrakten zu ergreifen".

23 Regelungen dazu, wie die Einschränkung der Möglichkeit eine **Position in Warenderivaten** einzugehen, ausgestaltet sein kann, enthält die Regelung des § 9 Abs. 2 WpHG nicht. Es obliegt daher der Bundesanstalt im Rahmen der Zielrichtung der Befugnis und des auszuübenden Ermessens, die sich als die Schranken der Befugnis darstellen, festzulegen, in welcher Art und Weise sie die Beschränkung ausgestaltet.

24 **3. Voraussetzungen des Verlangens der Bundesanstalt.** Die Voraussetzungen für die Ausübung der Befugnis der Bundesanstalt nach § 9 Abs. 2 WpHG entsprechen vollumfänglich den Voraussetzungen der Anordnung nach Abs. 1, so dass auf die Kommentierung Rz. 10 ff. verwiesen kann.

§ 10 Besondere Befugnisse nach der Verordnung (EU) Nr. 1286/2014 und der Verordnung (EU) 2016/1011

(1) Die Bundesanstalt überwacht die Einhaltung der Verbote und Gebote der Verordnung (EU) Nr. 1286/2014 sowie der auf deren Grundlage erlassenen delegierten Rechtsakte und Durchführungsrechtsakte der Europäischen Kommission. Gegenüber einem Wertpapierdienstleistungsunternehmen, das über ein PRIIP berät, es verkauft oder Hersteller von PRIIP ist, kann sie Anordnungen treffen, die zur Durchsetzung der in Satz 1 genannten Verbote und Gebote geeignet und erforderlich sind. Insbesondere kann sie

1. die Vermarktung, den Vertrieb oder den Verkauf des PRIIP vorübergehend oder dauerhaft untersagen, wenn ein Verstoß gegen Artikel 5 Absatz 1, die Artikel 6, 7 und 8 Absatz 1 bis 3, die Artikel 9, 10 Absatz 1, Artikel 13 Absatz 1, 3 und 4 oder die Artikel 14 oder 19 der Verordnung (EU) Nr. 1286/2014 vorliegt,
2. die Bereitstellung eines Basisinformationsblattes untersagen, das nicht den Anforderungen der Artikel 6 bis 8 oder 10 der Verordnung (EU) Nr. 1286/2014 genügt,
3. den Hersteller eines PRIIP verpflichten, eine neue Fassung des Basisinformationsblattes zu veröffentlichen, sofern die veröffentlichte Fassung nicht den Anforderungen der Artikel 6 bis 8 oder 10 der Verordnung (EU) Nr. 1286/2014 genügt, und
4. bei einem Verstoß gegen eine der in Nummer 1 genannten Vorschriften auf ihrer Internetseite eine Warnung unter Nennung des verantwortlichen Wertpapierdienstleistungsunternehmens sowie der Art des Verstoßes veröffentlichen; § 114 Absatz 3 und 5 gilt entsprechend[1].

Die in Satz 2 genannten Befugnisse stehen der Bundesanstalt vorbehaltlich § 34d Absatz 8 Nummer 5, § 34e Absatz 2 und § 34g Absatz 1 Satz 2 Nummer 5 der Gewerbeordnung, jeweils in Verbindung mit einer hierzu erlassenen Rechtsverordnung, § 5 Absatz 6a des Kapitalanlagegesetzbuchs, § 308a des Versicherungsaufsichtsgesetzes und § 47 des Kreditwesengesetzes auch gegenüber sonstigen Personen oder Personenvereinigungen zu, die über ein PRIIP beraten, es verkaufen oder Hersteller von PRIIP sind.

(2) Außer für Versicherungsunternehmen unter Landesaufsicht ist die Bundesanstalt zuständige Behörde im Sinne des Artikels 40 Absatz 1 der Verordnung (EU) 2016/1011. Sie überwacht die Einhaltung der Verbote und Gebote der Verordnung (EU) 2016/1011 sowie der delegierten Rechtsakte und Durchführungsrechtakte der Europäischen Kommission, die auf der Grundlage dieser Verordnung erlassen worden sind, und kann Anordnungen treffen, die zu ihrer Durchsetzung geeignet und erforderlich sind. Insbesondere kann sie

1. Maßnahmen zur korrekten Information der Öffentlichkeit über die Bereitstellung eines Referenzwertes treffen und Richtigstellungen verlangen,
2. von Kontributoren, die an Spotmärkten tätig sind und dabei Daten zur Erstellung eines Rohstoff-Referenzwertes bereitstellen, Auskünfte und die Meldung von Geschäften verlangen, soweit dies erforderlich ist, um die Einhaltung der Gebote und Verbote der Verordnung (EU) 2016/1011 in Bezug auf diese Rohstoff-Referenzwerte zu überwachen; hierbei gilt § 8 Absatz 1 Satz 2 und 3 und Absatz 2 entsprechend[2],

---

[1] Vermutlich Fehlzitat, vgl. Rz. 25.
[2] Wohl Fehlzitat, vgl. Rz. 44.

3. bei einem Verstoß gegen die Artikel 4 bis 16, 21, 23 bis 29 und 34 der Verordnung (EU) 2016/1011 oder gegen eine vollziehbare Anordnung der Bundesanstalt, die im Zusammenhang mit einer Untersuchung betreffend die Einhaltung der Pflichten nach dieser Verordnung gemäß Nummer 1 oder 2, § 6 Absatz 3 Satz 4, Absatz 6 Satz 1, Absatz 8, 11 bis 13, § 7 Absatz 2 ergangen ist

   a) von einem beaufsichtigten Unternehmen im Sinne des Artikels 3 Absatz 1 Nummer 17 dieser Verordnung eine dauerhafte Einstellung der den Verstoß begründenden Handlungen oder Verhaltensweisen verlangen,

   b) bezüglich eines beaufsichtigten Unternehmens im Sinne des Artikels 3 Absatz 1 Nummer 17 dieser Verordnung eine Warnung gemäß § 6 Absatz 9 unter Nennung der natürlichen oder juristischen Person oder Personenvereinigung, die den Verstoß begangen hat, veröffentlichen,

   c) die Zulassung oder Registrierung eines Administrators entziehen oder aussetzen,

   d) einer Person für einen Zeitraum von bis zu zwei Jahren die Wahrnehmung von Führungsaufgaben bei einem Administrator oder beaufsichtigten Kontributor untersagen, wenn die Person den Verstoß vorsätzlich oder grob fahrlässig begangen hat und dieses Verhalten trotz Verwarnung durch die Bundesanstalt fortsetzt.

In der Fassung des 2. FiMaNoG vom 23.6.2017 (BGBl. I 2017, 1693).

Schrifttum: *Buck-Heeb*, Aufsichtsrechtliches Produktverbot und zivilrechtliche Rechtsfolgen – Der Anleger zwischen Mündigkeit und Schutzbedürftigkeit, BKR 2017, 89; *Buck-Heeb*, Der Product-Governance-Prozess – MiFID II, Kleinanlegerschutzgesetz und die Auswirkungen, ZHR 179 (2015), 782; *Luttermann*, Kapitalmarktrechtliche Information bei Finanzprodukten (PRIIP), Privatautonomie (Vertragskonzept) und Vermögensordnung, ZIP 2015, 805; *Möllers*, Europäische Gesetzgebungslehre 2.0: Die dynamische Rechtsharmonisierung im Kapitalmarktrecht am Beispiel von MiFID II und PRIIP, ZEuP 2016, 325.

I. Übersicht über die Norm	1
II. Aufgaben und Befugnisse in Bezug auf die PRIIP-VO (§ 10 Abs. 1 WpHG)	4
1. Allgemeines	4
2. Aufgabenzuweisung (§ 10 Abs. 1 Satz 1 WpHG)	7
3. Generalbefugnis (§ 10 Abs. 1 Satz 2 und 4 WpHG)	9
4. Einzelbefugnisse (§ 10 Abs. 1 Satz 3 WpHG) ..	19
a) Untersagung der Vermarktung, des Vertriebs oder Verkaufs des PRIIP (§ 10 Abs. 1 Satz 3 Nr. 1 WpHG)	21
b) Untersagung der Bereitstellung eines Basisinformationsblattes (§ 10 Abs. 1 Satz 3 Nr. 2 WpHG)	22
c) Verpflichtung zur Veröffentlichung eines neuen Basisinformationsblattes (§ 10 Abs. 1 Satz 3 Nr. 3 WpHG)	23
d) Veröffentlichung einer Warnung (§ 10 Abs. 1 Satz 3 Nr. 4 WpHG)	24
III. Aufgaben und Befugnisse in Bezug auf die Benchmark-VO (§ 10 Abs. 2 WpHG)	26
1. Allgemeines	26
2. Aufgabenzuweisung (§ 10 Abs. 2 Satz 1 WpHG)	27
3. Generalbefugnis (§ 10 Abs. 2 Satz 2 WpHG) ..	30
4. Einzelbefugnisse (§ 10 Abs. 2 Satz 3 WpHG) ..	39
a) Maßnahmen zur korrekten Information der Öffentlichkeit (§ 10 Abs. 2 Satz Nr. 1 WpHG)	41
b) Auskünfte und die Meldung von Geschäften (§ 10 Abs. 2 Satz 3 Nr. 2 WpHG)	43
c) Verwaltungssanktionen und Verwaltungsmaßnahmen bei Verstößen gegen die Benchmark-VO (§ 10 Abs. 2 Satz 3 Nr. 3 WpHG) .	45
aa) Voraussetzung für die Befugnisse nach § 10 Abs. 2 Satz 3 Nr. 3 WpHG	45
bb) Dauerhafte Einstellung von Verhaltensweisen (§ 10 Abs. 2 Satz 3 Nr. 3 lit. a WpHG)	50
cc) Veröffentlichung von Warnungen (§ 10 Abs. 2 Satz 3 Nr. 3 lit. b WpHG) .	52
dd) Zulassung oder Registrierung eines Administrators (§ 10 Abs. 2 Satz 3 Nr. 3 lit. c WpHG)	53
ee) Untersagung der Wahrnehmung von Führungsaufgaben (§ 10 Abs. 2 Satz 3 Nr. 3 lit. d WpHG)	54

I. Übersicht über die Norm. Die Regelungen in § 10 WpHG dienen auch in ihren Details vollumfänglich der Umsetzung europarechtlicher Vorgaben. Dies sind Vorgaben aus der Verordnung (EU) Nr. 1286/2014 (**PRIIP-VO**) und der Verordnung (EU) 2016/1011 (**Benchmark-VO**). Hierbei handelt es sich sowohl um entsprechende Aufgabenzuweisungen als auch die Übertragung von Eingriffsbefugnissen an die Bundesanstalt. 1

Die Regelungen zur Umsetzung verschiedener Vorgaben der PRIIP-VO sind in **§ 10 Abs. 1 WpHG** enthalten. *Diese Regelungen wurden mit dem 1. FiMaNoG als § 4 Abs. 3l WpHG a.F. eingefügt. Durch das 2. FiMaNoG wurden an diesen Regelungen noch wenige Änderungen vorgenommen und im Rahmen der Aufteilung des früheren § 4 WpHG a.F. in einen eigenen Paragraphen aufgenommen. Hierbei ist mit der Überführung in einen eigenen Paragraphen keine inhaltliche Änderung, sondern die Verhinderung einer unübersichtlichen Generalnorm bezweckt*[1]. 2

---

[1] Vgl. Begr. RegE 2. FiMaNoG zu §§ 7 bis 13 WpHG, BT-Drucks. 18/10936, 226.

3   Neu in den Regelungskontext des WpHG wurden mit dem 2. FiMaNoG die Regelungen in § 10 Abs. 2 WpHG aufgenommen. Mit diesen Regelungen werden diverse Vorgaben aus der Benchmark-VO umgesetzt, die sich sowohl auf die Aufgabenübertragung an eine nationale Aufsichtsbehörde als auch auf die Übertragung von Befugnissen beziehen und im Folgenden näher bezeichnet werden.

4   **II. Aufgaben und Befugnisse in Bezug auf die PRIIP-VO (§ 10 Abs. 1 WpHG). 1. Allgemeines.** Normiert wurden die Aufgabenzuweisung und die entsprechenden Befugnisse der Bundesanstalt **in Bezug auf die PRIIP-VO mit dem 1. FiMaNoG** (vgl. die umfangreiche Kommentierung der PRIIP-VO im vorliegenden Werk). Hierbei ist zu berücksichtigen, dass die PRIIP-VO zwar unmittelbar geltendes Recht ist, einige Regelungen aber dennoch so gefasst wurden, dass sie einer Umsetzung durch den nationalen Gesetzgeber bedürfen. Diese Umsetzung erfolgt u.a. mit der hier vorliegenden Regelung. Entsprechend führte der Gesetzgeber aus: „Der neue Abs. 3l (Red.: heute § 10 Abs. 1 WpHG) setzt die Vorgaben des Art. 24 Abs. 2 der Verordnung (EU) Nr. 1286/2014 (PRIIP-VO) hinsichtlich der zur Überwachung der Verordnung vorzusehenden verwaltungsrechtlichen Maßnahmen um. Satz 1 Nr. 4 setzt dabei Art. 24 Abs. 2 Buchstabe c PRIIP-VO um und ist abzugrenzen von der Veröffentlichung unanfechtbarer Entscheidungen nach Art. 29 PRIIP-VO. Einer diesbezüglichen Umsetzung bedarf es nicht, da Art. 29 PRIIP-VO unmittelbar anwendbar ist."[1]

5   Gleichzeitig mit dieser Norm wurde noch eine **Vielzahl von parallelen Vorschriften zur Umsetzung der Vorgaben der PRIIP-VO normiert**, die sich auf weitere, teilweise abweichende Gruppen von Marktteilnehmern beziehen, die gleichfalls über ein PRIIP beraten, es verkaufen oder herstellen. So sind entsprechende Regelungen auch in § 34d Abs. 8 Nr. 5, § 34e Abs. 2 und § 34g Abs. 1 Satz 2 Nr. 5 GewO, § 5 Abs. 6a KAGB, § 308 VAG und § 47 KWG eingefügt worden. Die Gesetzesbegründung führt hierzu aus: „Die Regelung ermächtigt die Bundesanstalt primär zu Maßnahmen gegenüber Wertpapierdienstleistungsunternehmen, sieht aber in Satz 4 eine Auffangregelung vor, soweit die genannten Regelungen im KWG, KAGB und der Gewerbeordnung nicht vorrangig anwendbar sind. Danach sind Maßnahmen auch gegenüber sonstigen natürlichen oder juristischen Personen oder Personenvereinigungen möglich, beispielsweise auch gegenüber Emittenten oder Anbietern von Vermögensanlagen oder Wertpapieren. Für Versicherungsanlageprodukte ist die Regelung nicht anwendbar."[2]

6   Mit dem 2. FiMaNoG wurde der bisherige § 4 Abs. 3l WpHG a.F. im Rahmen der **Neunummerierung des WpHG zu § 10 Abs. 1 WpHG**. Hierbei wurden noch **kleinere sprachliche Anpassungen** vorgenommen. Insbesondere wurde ein zweiter Vorbehalt in Bezug auf § 47 KWG aus der Norm gestrichen. Die Gesetzesbegründung führt diese Änderung nicht aus, sondern verweist auf die Ausführung der PRIIP-VO[3].

7   **2. Aufgabenzuweisung (§ 10 Abs. 1 Satz 1 WpHG).** Mit § 10 Abs. 1 Satz 1 WpHG wird der Bundesanstalt die Aufgabe übertragen, die **Einhaltung der Verbote und Gebote** der Verordnung (EU) Nr. 1286/2014 (PRIIP-VO) sowie der auf deren Grundlage erlassenen delegierten Rechtsakte und Durchführungsrechtsakte der Europäischen Kommission zu überwachen. Damit **ergänzt § 10 Abs. 1 Satz 1 WpHG die grundsätzliche Aufgabenzuweisung in § 6 Abs. 1 WpHG**, die sich im ersten Schritt auf die Aufsicht nach den Vorschriften des WpHG bezieht.

8   Zu der Aufsicht nach den Vorschriften des WpHG gehört u.a. auch die Überwachung von Verboten und Geboten der in § 1 Abs. 1 Nr. 8 WpHG aufgeführten europäischen Verordnungen einschließlich der auf deren Grundlage erlassenen delegierten Rechtsakte und Durchführungsrechtsakte der EU-Kommission (§ 6 Abs. 2 Satz 1 WpHG). In § 1 Abs. 1 Nr. 8 lit. h WpHG ist auch die PRIIP-VO aufgeführt. Entsprechend ist die Aufgabe der Überwachung der Einhaltung der Verbote und Gebote der PRIIP-VO sowohl in § 10 Abs. 1 Satz 1 WpHG als auch in § 6 Abs. 2 Satz 1 WpHG i.V.m. § 1 Abs. 1 Nr. 8 lit. h WpHG geregelt. Beide Aufgabenzuweisungen stehen parallel nebeneinander, umfassen eine identische Aufgabenzuweisung und führen nicht zu einer Verdrängung durch eine Spezialität. Erkennbar wollte der Gesetzgeber seiner Pflicht zur Umsetzung der PRIIP-VO zweifelsfrei nachkommen und hat wohl daher neben der ausdrücklichen Übertragung von bestimmten Befugnissen auch die Aufgabenübertragung nochmals aufgeführt.

9   **3. Generalbefugnis (§ 10 Abs. 1 Satz 2 und 4 WpHG).** In § 10 Abs. 1 Satz 2 WpHG ist eine **generelle Eingriffsbefugnis** der Bundesanstalt geregelt: Gegenüber einem Wertpapierdienstleistungsunternehmen, das über ein PRIIP berät, es verkauft oder Hersteller von PRIIP ist, kann die Bundesanstalt Anordnungen treffen, die zur Durchsetzung der in Satz 1 genannten Verbote und Gebote geeignet und erforderlich sind.

10 Möglicher Adressat der Maßnahme ist ein **Wertpapierdienstleistungsunternehmen** i.S.d. § 2 Abs. 10 WpHG, **das über ein PRIIP berät, es verkauft oder Hersteller von PRIIP ist.** Der Terminus „PRIIP" ist in § 2 Abs. 49 WpHG legal definiert. Danach ist ein PRIIP i.S.d. Gesetzes ein Produkt i.S.d. Art. 4 Nr. 3 VO Nr. 1286/2014 (PRIIP-VO). Dort ist es als „verpacktes Anlageprodukt für Kleinanleger und Versicherungsanlageprodukt"

---
1 Vgl. Begr. RegE 1. FiMaNoG zu § 4 Abs. 3l WpHG, BT-Drucks. 18/7482, 68.
2 Vgl. Begr. RegE 1. FiMaNoG zu § 4 Abs. 3l WpHG, BT-Drucks. 18/7482, 68; nähere Ausführungen zum Konkurrenzverhältnis unter Rz. 11 bis 13.
3 Vgl. Begr. RegE 2. FiMaNoG zu § 10 WpHG, BT-Drucks. 18/10936, 227.

oder gleichfalls als „PRIIP" definiert. Das PRIIP umfasst nach der PRIIP-VO sowohl ein PRIP (synonym: „verpacktes Anlageprodukts für Kleinanleger") im Sinne einer Anlage, bei der unabhängig von deren Rechtsform der dem Kleinanleger rückzuzahlende Betrag Schwankungen aufgrund der Abhängigkeit von Referenzwerten oder von der Entwicklung eines oder mehrerer Vermögenswerte unterliegt, die nicht direkt vom Kleinanleger erworben werden, als auch ein Versicherungsanlageprodukt im Sinne eines Versicherungsprodukts, das einen Fälligkeitswert oder einen Rückkaufwert bietet, der vollständig oder teilweise direkt oder indirekt Marktschwankungen ausgesetzt ist[1].

Nach § 10 Abs. 1 Satz 4 WpHG stehen der Bundesanstalt diese in Satz 2 genannten Befugnisse zu Anordnungen **auch gegenüber sonstigen Personen oder Personenvereinigungen** zu, die über ein PRIIP beraten, es verkaufen oder Hersteller von PRIIP sind. In Bezug auf diesen über die Wertpapierdienstleistungsunternehmen hinausgehenden weiten Adressatenkreis, der jedermann umfasst, der über ein PRIIP berät, es verkauft oder Hersteller von PRIIP ist, steht der Bundesanstalt die Befugnis vorbehaltlich § 34d Abs. 8 Nr. 5, § 34e Abs. 2 und § 34g Abs. 1 Satz 2 Nr. 5 GewO, jeweils in Verbindung mit einer hierzu erlassenen Rechtsverordnung, § 5 Abs. 6a KAGB, § 308a VAG und § 47 KWG zu. Mit der Ausdehnung des Adressatenkreises wird eine Auffangregelung geschaffen, um die Regelungen der PRIIP-VO umfassend umzusetzen. So führt der Gesetzgeber in der Begründung zum 1. FiMaNoG aus: „Die Regelung ... sieht aber in Satz 4 eine Auffangregelung vor, soweit die genannten Regelungen im KWG, KAGB und der Gewerbeordnung nicht vorrangig anwendbar sind. Danach sind Maßnahmen auch gegenüber sonstigen natürlichen oder juristischen Personen oder Personenvereinigungen möglich, beispielsweise auch gegenüber Emittenten oder Anbietern von Vermögensanlagen oder Wertpapieren. Für Versicherungsanlageprodukte ist die Regelung nicht anwendbar."[2] Entsprechend tritt die Ermächtigung der Bundesanstalt nach § 10 Abs. 1 WpHG zurück, soweit diese aufgeführten, vorrangig anwendbaren Vorschriften einschlägig sind; insbesondere auch in Bezug auf die in der Gesetzesbegründung ausdrücklich benannten Versicherungsanlageprodukte.

Bezüglich **Versicherungsvermittler, Versicherungsberater, Finanzanlagenvermittler und Honorar-Finanzanlagenberater**, die der Erlaubnis durch die zuständigen Industrie- und Handelskammern bedürfen, kann nach dem Vorschriften der GewO das Bundesministerium für Wirtschaft und Energie im Einvernehmen mit dem Bundesministerium der Justiz und für Verbraucherschutz und dem Bundesministerium der Finanzen durch Rechtsverordnung zur Umsetzung der PRIIP-VO oder zum Schutze der Allgemeinheit und der Versicherungsnehmer u.a. Vorschriften über Sanktionen und Maßnahmen nach Art. 24 Abs. 2 VO Nr. 1286/2014, einschließlich des Verfahrens erlassen. Die sich hieraus ergebenden Eingriffsmöglichkeiten sind vorrangig vor den Befugnissen der Bundesanstalt nach § 10 Abs. 1 WpHG.

Bezüglich der von den Befugnissen nach **§ 5 Abs. 6a KAGB betroffenen Verwaltungsgesellschaft**, nach **§ 308a VAG erfassten Versicherungsunternehmen** und den nach **§ 47 KWG berührten Instituten** ist die Bundesanstalt stets die zuständige und befugte Behörde. Hier stellt sich für die Bundesanstalt die Frage nach der zutreffenden Ermächtigungsgrundlage. Soweit § 5 Abs. 6a KAGB, § 308a VAG oder § 47 KWG eine Ermächtigung zu Anordnungen bezüglich der Einhaltung der Anforderungen der PRIIP-VO gibt, ist dies vorrangig vor Anordnungen der Bundesanstalt nach § 10 Abs. 1 WpHG.

Die **Befugnis** gegenüber den entsprechenden Wertpapierdienstleistungsunternehmen und sonstigen Personen steht der Bundesanstalt zu, wenn dies **zur Durchsetzung der in § 6 Abs. 6 Satz 1 WpHG genannten Verbote und Gebote geeignet und erforderlich** ist. Hierbei handelt es sich um die Verbote und Gebote der PRIIP-VO sowie die auf deren Grundlage erlassenen delegierten Rechtsakte und Durchführungsrechtsakte der Europäischen Kommission. Mit der Regelung können damit in Bezug auf alle Verbote und Gebote der PRIIP-VO sowie der auf deren Grundlage erlassenen delegierten Rechtsakte und Durchführungsrechtsakte entsprechende Anordnungen durch die Bundesanstalt erlassen werden.

Nach § 10 Abs. 1 WpHG kann die Bundesanstalt alle **Anordnungen** treffen, die zur Durchsetzung der bezeichneten Verbote und Gebote geeignet und erforderlich sind. Die Art der Anordnungen ist in § 10 Abs. 1 WpHG ebenso wenig eingegrenzt wie in der Generalbefugnisnorm des § 6 Abs. 2 WpHG. Die Anordnungen können in Form von **Verwaltungsakten** aber auch in Form von **schlicht hoheitlichem Handeln** oder **auf andere Art und Weise** erfolgen. Die Möglichkeit des Treffens von Anordnungen durch schlicht hoheitliches Handeln wird auch mit dem 4. Regelbeispiel verdeutlicht, dass die Veröffentlichung von Warnungen vorsieht. Auch insoweit besteht eine Parallele zu § 6 Abs. 2 WpHG.

Die Anordnungen müssen der Durchsetzung der bezeichneten Verbote und Gebote dienen. Nach § 10 Abs. 1 WpHG können daher Anordnungen sowohl **repressiver** als auch **präventiver** Art getroffen werden. Die Möglichkeit des Einschreitens gegen (drohende) Verstöße bedarf keiner näheren Ausführungen. Darüber hinaus stellt sich die Frage, welche Anordnungen im Übrigen der Durchsetzung der bezeichneten Verbote und Gebote dienen. Mit Blick auf die Regelung in § 10 Abs. 2 WpHG, hier insbesondere Satz 3 Nr. 2, ist festzustellen, dass

---

1 Vgl. Art. 4 Nr. 1 bis 3 VO Nr. 1286/2014 (PRIIP-VO).
2 Vgl. Begr. RegE 1. FiMaNoG, Art. 2, zu § 4 Abs. 3l WpHG, BT-Drucks. 18/7482, 68.

der Gesetzgeber auch Maßnahmen zur Überwachung, ob die Verbote und Gebote eingehalten worden sind, als Regelbeispiele der Anordnungen zur Durchsetzung der Verbote und Gebote normiert hat. Hiervon ausgehend ist die Zweckbestimmung der Anordnung weit zu verstehen, so dass zumindest auch Anordnungen zur Sachverhaltsaufklärung, ob die Verbote und Gebote eingehalten worden sind, deren Durchsetzung dienen. Denn ohne Aufklärung von unklaren Situationen können Verstöße nicht hinreichend erkannt und dagegen vorgegangen werden.

17 Beschränkt wird die Befugnis der Bundesanstalt dadurch, dass die Anordnung zur Durchsetzung der genannten Verbote und Gebote **geeignet und erforderlich** sein muss. Diese Beschränkung nimmt Bezug auf das von der Bundesanstalt auszuübende Auswahlermessen. Denn die Befugnis ist sowohl durch den Bezug auf die Geeignetheit und Erforderlichkeit der Anordnung als auch durch die Formulierung als „Kann-Vorschrift" als Ermessensnorm ausgestaltet. Dieses in Kombination mit dem Grundsatz der Verhältnismäßigkeit des Verwaltungshandelns führt dazu, dass die Bundesanstalt auf der Rechtsfolgenseite vor einer Anordnung stets die Geeignetheit, Erforderlichkeit und Verhältnismäßigkeit ihrer Maßnahme prüfen muss.

18 Hingewiesen wurde schon auf die Parallelität der Befugnis von § 10 Abs. 1 WpHG zur Generalbefugnisnorm des § 6 Abs. 2 WpHG in Bezug auf Überwachung und Durchsetzung der Regelungen der PRIIP-VO als **Teilmenge von § 6 Abs. 2 WpHG** (vgl. Rz. 7, 15). In Bezug auf die Befugnis zu Anordnungen zur Durchsetzung der Verbote und Gebote besteht diese Parallelität konkret zu § 6 Abs. 2 Satz 2 WpHG i.V.m. Satz 1; § 1 Abs. 1 Nr. 8 lit. h WpHG. Entsprechend stellt sich die Frage nach dem Verhältnis dieser beiden Befugnisnormen zueinander. Anders als in § 10 Abs. 1 Satz 4 WpHG wurde ein Rangverhältnis für die beiden in teilweiser Normenkonkurrenz stehenden Normen nicht geregelt. Bei fehlender Normenkollision – hier sogar Gleichlauf im Sinne der Befugnis zu Anordnungen zur Durchsetzung der Verbote und Gebote – führt die Spezialität einer Norm nicht unbedingt zum Verdrängen der generelleren Norm[1]. Entsprechend ist davon auszugehen, dass beide Befugnisse nebeneinanderstehen. Denn der Gesetzgeber wollte erkennbar nur seiner Pflicht zur Umsetzung der PRIIP-VO nachkommen und insbesondere keine inhaltliche Einschränkung der Befugnisse von § 6 WpHG bewirken[2]. Daher ist § 10 WpHG insoweit als speziellere Norm heranzuziehen, wenn die Bundesanstalt eine Anordnung gegenüber einem entsprechenden Wertpapierdienstleistungsunternehmen bezüglich der in § 10 Abs. 1 WpHG bezeichneten Verbote und Gebote der PRIIP-VO verlangt. Darüber hinaus bleibt es der Bundesanstalt unbenommen, von ihren weitergehenden Befugnissen nach § 6 Abs. 2 Satz 2 WpHG Gebrauch zu machen, soweit dies erforderlich ist.

19 **4. Einzelbefugnisse (§ 10 Abs. 1 Satz 3 WpHG).** Neben der Befugnis, alle Anordnungen zu treffen, die zur Durchsetzung der Verbote und Gebote der PRIIP-VO geeignet und erforderlich sind, regelt § 10 Abs. 1 Satz 3 WpHG auch konkrete Einzelbefugnisse. Diese Einzelbefugnisse sind mit der generellen Befugnis zu Anordnungen durch ein „insbesondere" verbunden. Entsprechend handelt es sich bei den bezeichneten Einzelbefugnissen um **eine nicht abschließende Aufzählung** von Beispielen der nach § 10 Abs. 1 Satz 2 WpHG möglichen Anordnungen.

20 Wie auch die generelle Befugnis in § 10 Abs. 1 Satz 2 WpHG sind auch die Einzelbefugnisse gleichfalls als **Ermessensnorm** ausgestaltet. Dies entspricht der Ausgestaltung der Einzelbefugnisse als Regelbeispiele der generellen Befugnis zu Anordnungen. Entsprechend muss die Bundesanstalt auf der Rechtsfolgenseite vor der Nutzung einer der Einzelbefugnisse stets die Geeignetheit, Erforderlichkeit und Verhältnismäßigkeit ihrer Maßnahme prüfen.

21 **a) Untersagung der Vermarktung, des Vertriebs oder Verkaufs des PRIIP (§ 10 Abs. 1 Satz 3 Nr. 1 WpHG).** Nach § 10 Abs. 1 Satz 3 Nr. 1 WpHG ist die Bundesanstalt befugt, die Vermarktung, den Vertrieb oder den Verkauf des PRIIP vorübergehend oder dauerhaft untersagen, wenn ein Verstoß gegen Art. 5 Abs. 1, die Art. 6, 7 und 8 Abs. 1 bis 3, die Art. 9, 10 Abs. 1, Art. 13 Abs. 1, 3 und 4, die Art. 14 und 19 VO Nr. 1286/2014 vorliegt. Hierbei handelt es sich um grundlegende Vorschriften zum Angebot von PRIIP, der Vorgaben zum Erstellen, Überprüfen und Zurverfügungstellung eines Basisinformationsblattes, der Widerspruchsfreiheit von Werbeaussagen zum Basisinformationsblatt und der Schaffung einer Beschwerdemöglichkeit für Kleinanleger. Hinsichtlich der Details der in Bezug genommenen Vorschriften wird hier auf die Vorschriften der PRIIP-VO verwiesen. Die vorübergehende oder dauerhafte Untersagung der Vermarktung, des Vertriebs oder Verkaufs des PRIIP umfasst als Vermarktung beispielsweise alle Werbemaßnahmen für das PRIIP, als Vertrieb beispielsweise das gezielte Ansprechen von Anlegerkreisen, die als Erwerber in Betracht kommen können oder als Verkauf z.B. auch ein zeitverzögertes Übertragen eines PRIIP.

22 **b) Untersagung der Bereitstellung eines Basisinformationsblattes (§ 10 Abs. 1 Satz 3 Nr. 2 WpHG).** Die Bundesanstalt kann nach dem Regelbeispiel in § 10 Abs. 1 Satz 3 Nr. 2 WpHG die Bereitstellung eines Basisinformationsblattes untersagen, das nicht den Anforderungen der Art. 6 bis 8 oder 10 VO Nr. 1286/2014 ge-

---

1 Vgl. *Larenz/Canaris*, Methodenlehre der Rechtswissenschaft, 3. Aufl. 1995, S. 134 f.
2 Die Begr. RegE 2. FiMaNoG zu § 6 WpHG geht nur auf eine „Ergänzung der Befugnisse" und nicht auf eine Anpassung oder Reduzierung ein: BT-Drucks. 18/10936, 225 f.

nügt. Da das Basisinformationsblatt auf der Website des PRIIP-Herstellers zu veröffentlichen ist, bevor das PRIIP Kleinanlegern angeboten wird (Art. 5 Abs. 1, 13 Abs. 1 VO Nr. 1286/2014), wäre damit ein Angebot des PRIIP auf Basis dieses Basisinformationsblattes nicht möglich. Das Basisinformationsblatt muss als Grundlage des Angebots des PRIIP an Kleinanleger beispielsweise ohne Querverweise auf Werbematerialien sein, einen maximalen Umfang und eine Mindestschriftgröße aufweisen, bestimmte Angaben enthalten etc. Hinsichtlich der Vielzahl von detaillierten Vorgaben kann auf die in Bezug genommenen Vorschriften der PRIIP-VO verwiesen werden.

c) **Verpflichtung zur Veröffentlichung eines neuen Basisinformationsblattes (§ 10 Abs. 1 Satz 3 Nr. 3 WpHG).** Die Bundesanstalt kann nach dem Regelbeispiel in § 10 Abs. 1 Satz 3 Nr. 3 WpHG den Hersteller von PRIIP verpflichten, eine neue Fassung des Basisinformationsblattes zu veröffentlichen. Hierfür ist die Bundesanstalt nach dem Regelbeispiel befugt, falls die veröffentlichte Fassung nicht den Anforderungen der Art. 6 bis 8 oder 10 VO Nr. 1286/2014 genügt. Hinsichtlich der Vielzahl von detaillierten Vorgaben kann wie bei der vorgenannten Einzelbefugnis auf die in Bezug genommenen Vorschriften der PRIIP-VO verwiesen werden. 23

d) **Veröffentlichung einer Warnung (§ 10 Abs. 1 Satz 3 Nr. 4 WpHG).** Nach § 10 Abs. 1 Satz 3 Nr. 4 WpHG ist die Bundesanstalt befugt, auf ihrer Internetseite eine Warnung zu veröffentlichen. Voraussetzung ist, dass ein Verstoß gegen eine der in Nr. 1 genannten Vorschriften vorliegt, also ein Verstoß gegen ein Verbot oder Gebot der PRIIP-VO. Die Warnung, zu der die Bundesanstalt befugt ist, darf die Bundesanstalt auf ihrer Internetseite veröffentlichen, und zwar unter Nennung des verantwortlichen Wertpapierdienstleistungsunternehmens sowie der Art des Verstoßes. Damit liegt zugleich eine Befugnis vor, grundsätzlich vertrauliche Informationen im Rahmen der Warnung zu offenbaren. Die Bundesanstalt hat somit eine Befugnis zur Offenbarung von Tatsachen i.S.d. § 21 Abs. 1 WpHG. 24

Im zweiten Teilsatz verweist § 10 Abs. 1 Satz 3 Nr. 4 WpHG auf die entsprechende Anwendung von § 114 Abs. 3 und 5 WpHG. Bei dieser Verweisung muss es sich um ein Fehlzitat im Rahmen der Neunummerierung des WpHG handeln. Denn § 114 WpHG enthält Regelungen zum Jahresfinanzbericht und umfasst nur drei Absätze. § 114 Abs. 3 WpHG regelt eine Verordnungsermächtigung für die Veröffentlichung der Jahresfinanzberichte, die auf die in Nr. 4 geregelte Warnung nicht passt. In der Fassung der Regelung nach dem 1. FiMaNoG verwies die Befugnis noch auf § 40d Abs. 3 und 5 WpHG. Diese Verweisung ist inhaltlich nachvollziehbar. Davon ausgehend muss die Verweisung so verstanden werden, dass auf § 125 Abs. 3 und 5 WpHG verwiesen werden soll. Das würde auch der parallelen Regelung in § 47 Satz 2 Nr. 4 KWG entsprechen, der auf die mit § 125 WpHG vergleichbare Norm des § 60c KWG verweist. Entsprechendes gilt für die vergleichbare Norm in § 10 Abs. 2 Satz 2 Nr. 3 lit. b WpHG, die letztlich auch auf § 125 Abs. 3 und 5 WpHG verweist. In entsprechender Anwendung dieser Norm ist die Bundesanstalt befugt, die Warnung aufzuschieben, entfallen zu lassen oder ohne Angabe der Identität oder der personenbezogenen Daten zu veröffentlichen, wenn die Warnung unverhältnismäßig wäre oder die Bekanntmachung laufende Ermittlungen oder die Stabilität der Finanzmärkte gefährden würde. Zudem ist die Warnung fünf Jahre nach ihrer Bekanntmachung zu löschen und personenbezogene Daten dann zu löschen, sobald ihre Bekanntmachung nicht mehr erforderlich ist. 25

III. Aufgaben und Befugnisse in Bezug auf die Benchmark-VO (§ 10 Abs. 2 WpHG). 1. Allgemeines. § 10 Abs. 2 WpHG wurde erstmals mit dem 2. FiMaNoG in das WpHG eingefügt. Die Regelung bestimmt die Bundesanstalt als zuständige Behörde i.S.d. Verordnung (EU) 2016/1011 (Benchmark-VO), überträgt ihr die Aufgabe der Überwachung der Einhaltung der Verbote und Gebote der Benchmark-VO und verleiht ihr Eingriffsbefugnisse zur Durchsetzung dieser Verbote und Gebote. Damit setzt der nationale Gesetzgeber verschiedene Anforderungen der Benchmark-VO ins nationale Recht um[1]. Auf die Umsetzung der einzelnen Anforderungen wird im Rahmen der Kommentierung an den jeweiligen Stellen der nationalen Umsetzung eingegangen. Zugleich hat der Gesetzgeber mit dem 2. FiMaNoG noch in weiteren rechtlichen Regelungen, wie im KAGB, KWG und VAG, Aspekte der Umsetzung der Anforderungen der Benchmark-VO aufgegriffen. Entsprechend werden die Regelungen in § 10 Abs. 2 WpHG von weiteren Regelungen ergänzt, um die am 30.6.2016 in Kraft getretene und seit 1.1.2018 geltende Benchmark-VO hinreichend umzusetzen und anzuwenden. 26

2. Aufgabenzuweisung (§ 10 Abs. 2 Satz 1 WpHG). Nach § 10 Abs. 2 Satz 1 WpHG ist die Bundesanstalt zuständige Behörde i.S.d. Art. 40 Abs. 1 VO 2016/2011 (Benchmark-VO). Eine **Ausnahme** gilt hiervon für **Versicherungsunternehmen unter Landesaufsicht**. Als Hintergrund für diese Regelung ist zu berücksichtigen, dass die Bundesanstalt nicht nur nach § 10 Abs. 2 Satz 1 WpHG, sondern auch nach § 5 Abs. 10 KAGB zuständige Behörde i.S.d. Art. 40 Abs. 1 VO 2016/2011 bestimmt wurde und eben grundsätzlich auch nach § 295 Nr. 3 VAG. In § 295 Nr. 3 VAG wird die zuständige Behörde danach bestimmt, welche Behörde auch für die Aufsicht nach dem VAG zuständig ist[2]. Nach §§ 320ff. VAG sind entweder die Bundesanstalt oder die jeweiligen Landesaufsichtsbehörden zuständige Behörde. Für die Versicherungsunternehmen unter Landesaufsicht sind daher die jeweiligen Landesaufsichtsbehörden zuständige Behörde. 27

---

1 Vgl. Begr. RegE 2. FiMaNoG zu § 10 WpHG, BT-Drucks. 18/10936, 227.
2 Vgl. Begr. RegE 2. FiMaNoG zu § 295 VAG, BT-Drucks. 18/10936, 281.

28 Art. 40 VO 2016/2011 lässt grundsätzlich auch die **Benennung von mehr als einer zuständigen Aufsichtsbehörde** zu. Art. 40 Abs. 2 VO 2016/2011 sieht für diese Fälle vor, dass der Mitgliedstaat dann die jeweiligen Aufgaben klar festlegt und eine einzige Behörde benennt, die für die **Koordinierung der Zusammenarbeit** und den **Informationsaustausch mit der Kommission, der ESMA und den zuständigen Behörden der anderen Mitgliedstaaten** verantwortlich ist. Das ist die Bundesanstalt[1].

29 Nach § 10 Abs. 2 Satz 2 Halbs. 1 WpHG obliegt der Bundesanstalt darüber hinaus die **Überwachung der Einhaltung der Verbote und Gebote** der Benchmark-VO sowie der auf ihrer Grundlage erlassenen delegierten Rechtsakte und Durchführungsrechtakte der Europäischen Kommission. Wie schon bei § 10 Abs. 1 WpHG ergänzt § 10 Abs. 2 WpHG die grundsätzliche Aufgabenzuweisung in **§ 6 Abs. 1 WpHG** (vgl. Rz. 8).

30 3. Generalbefugnis (§ 10 Abs. 2 Satz 2 WpHG). In § 10 Abs. 2 Satz 2 Alt. 2 WpHG ist eine **generelle Eingriffsbefugnis** der Bundesanstalt in Bezug auf die Benchmark-VO geregelt: Die Bundesanstalt kann Anordnungen treffen, die zur Durchsetzung der bezeichneten Verbote und Gebote geeignet und erforderlich sind. Hierbei handelt es sich um alle Verbote und Gebote der Benchmark-VO sowie der delegierten Rechtsakte und Durchführungsrechtakte der Europäischen Kommission, die auf der Grundlage dieser Verordnung erlassen worden sind.

31 **Entsprechende Normen** zur Umsetzung der Vorgaben der Benchmark-VO sind **auch in anderen finanzmarktbezogenen Gesetzen** eingefügt worden. So bestimmt auch § 5 Abs. 10 KAGB die Bundesanstalt zur zuständigen Behörde und regelt die Befugnis alle Anordnungen zu erlassen, die zur Überwachung der Vorschriften der Benchmark-VO geeignet und erforderlich sind. Diese Regelung wird durch verschiedene Detailregelungen im KAGB ergänzt. Zudem sind entsprechende Regelungen auch im VAG aufgenommen worden. Auf die Benennung der zuständigen Behörde wurde schon unter Rz. 27 hingewiesen. Eine entsprechende generelle Eingriffsbefugnis und Einzelbefugnisse sind in § 305a VAG, insbesondere Abs. 5, normiert. Im KWG sind in einzelnen Regelungen Ergänzungen in Bezug auf die Benchmark-VO aufgenommen worden, wie bezüglich des Prüfungsumfangs, der Abberufung von Geschäftsleitern und von Mitgliedern des Verwaltungs- oder Aufsichtsorgans und Bekanntmachung von Maßnahmen und Sanktionen.

32 In Bezug auf die generelle Eingriffsbefugnis der Bundesanstalt nach § 10 Abs. 2 WpHG ist der mögliche **Adressatenkreis einer solchen Anordnung** nicht eingeschränkt. Die Bundesanstalt ist daher grundsätzlich befugt, gegenüber **jedermann** Anordnungen zu treffen. Begrenzt wird die Bestimmung des Adressaten nur durch das Auswahlermessen, das die Bundesanstalt auszuüben hat.

33 Die Befugnis steht der Bundesanstalt zu, wenn die Anordnung zur **Durchsetzung der Verbote und Gebote** der Benchmark-VO sowie der auf deren Grundlage erlassenen delegierten Rechtsakte und Durchführungsrechtsakte der Europäischen Kommission geeignet und erforderlich ist. Mit der Regelung können damit in Bezug auf **ausnahmslos alle Verbote und Gebote** der Benchmark-VO sowie der auf deren Grundlage erlassenen delegierten Rechtsakte und Durchführungsrechtsakte entsprechende Anordnungen durch die Bundesanstalt erlassen werden.

34 Die Bundesanstalt ist nach § 10 Abs. 2 WpHG befugt, **alle Anordnungen** zu treffen, die zur Erreichung des vorgegebenen Zwecks geeignet und erforderlich sind. Die Art der Anordnungen ist in § 10 Abs. 2 WpHG ebenso wenig eingegrenzt wie in der Generalbefugnisnorm des § 6 Abs. 2 WpHG oder bei der generellen Befugnis nach § 10 Abs. 1 WpHG. Die Anordnungen können in Form von **Verwaltungsakten** aber auch in Form von **schlicht hoheitlichem Handeln** oder **auf andere Art und Weise** erfolgen. Auch insoweit kann eine Parallele zu §§ 6 Abs. 2 und 10 Abs. 1 WpHG festgestellt werden.

35 Die Anordnungen müssen der Durchsetzung der bezeichneten Verbote und Gebote dienen. Nach § 10 Abs. 2 WpHG können daher Anordnungen sowohl **repressiver** als auch **präventiver** Art getroffen werden. Die Möglichkeit des Einschreitens gegen (drohende) Verstöße bedarf daher keiner näheren Ausführungen. Darüber hinaus stellt sich die Frage, welche Anordnungen im Übrigen der Durchsetzung der bezeichneten Verbote und Gebote dienen. Mit Blick auf das Regelbeispiel in § 10 Abs. 2 Satz 3 Nr. 2 WpHG ist zu erkennen, dass der Gesetzgeber auch Maßnahmen zur Überwachung, ob die Verbote und Gebote eingehalten worden sind, als Regelbeispiele der Anordnungen zur Durchsetzung der Verbote und Gebote normiert hat. Hiervon ausgehend ist die Zweckbestimmung der Anordnung weit zu verstehen, so dass zumindest auch Anordnungen zur Sachverhaltsaufklärung, ob die Verbote und Gebote eingehalten worden sind, deren Durchsetzung dienen. Denn ohne Aufklärung von unklaren Situationen können Verstöße nicht hinreichend erkannt und dagegen vorgegangen werden.

36 Die Befugnis der Bundesanstalt bezieht sich darauf, dass die Anordnung zur Durchsetzung der genannten Verbote und Gebote **geeignet und erforderlich** sein muss. Diese nimmt Bezug auf das von der Bundesanstalt auszuübende Auswahlermessen. Denn die Befugnis ist sowohl durch den Bezug auf die Geeignetheit und Erforder-

---

1 Vgl. die von ESMA veröffentlichte Liste der zuständigen nationalen Aufsichtsbehörden unter https://www.esma.europa.eu/designated-national-competent-authorities-under-benchmarks-regulation.

lichkeit der Anordnung als auch durch die Formulierung als „Kann-Vorschrift" als Ermessensnorm ausgestaltet. Dieses in Kombination mit dem Grundsatz der Verhältnismäßigkeit des Verwaltungshandelns führt dazu, dass die Bundesanstalt auf der Rechtsfolgenseite vor einer Anordnung stets die Geeignetheit, Erforderlichkeit und Verhältnismäßigkeit ihrer Maßnahme prüfen muss.

Wie bei der generellen Befugnis in § 10 Abs. 1 WpHG ist auch in Bezug auf die generelle Befugnis in § 10 Abs. 2 WpHG eine **Parallele** zur Generalbefugnisnorm des **§ 6 Abs. 2 WpHG** festzustellen. In Bezug auf die Befugnis zu Anordnungen zur Durchsetzung der Verbote und Gebote der Benchmark-VO besteht diese Parallelität konkret zu § 6 Abs. 2 Satz 2 WpHG i.V.m. § 6 Abs. 2 Satz 1; § 1 Abs. 1 Nr. 8 lit. j WpHG. Entsprechend stellt sich auch hier die Frage nach dem Verhältnis dieser beiden Befugnisnormen zueinander. Anders als in Bezug auf § 10 Abs. 1 WpHG führt die Gesetzesbegründung zum 2. FiMaNoG zu dieser Normenkonkurrenz aus: „Soweit entsprechende Kompetenzen schon andernorts, insbesondere in § 6 WpHG, geregelt sind, erfolgte hier auf Grund der differenzierten Voraussetzungen und Adressaten der Befugnisse im Rahmen der Verordnung (EU) 2016/1011 eine separate Umsetzung um die bestehenden Regelungen in § 6 WpHG redaktionell nicht zu überfrachten."[1] Entsprechend hat der Gesetzgeber § 10 Abs. 2 Satz 2 WpHG als speziellere Norm zur Durchsetzung der Verbote und Gebote der Benchmark-VO verstanden. In der Praxis dürfte dies keine Auswirkungen haben, da beide Befugnisnormen Anordnungen gegenüber Jedermann zur Durchsetzung der Verbote und Gebote ermöglichen und insoweit deckungsgleich sind. Andere Generalbefugnisnormen, wie in § 6 Abs. 3 ff. WpHG, bleiben von diesem Konkurrenzverhältnis unberührt, wie auch das Regelbeispiel in § 10 Abs. 2 Satz 2 Nr. 3 WpHG zeigt, das auf Verstöße gegen vollziehbare Anordnungen nach § 6 Abs. 3 ff. WpHG verweist. 37

Zudem stellt sich die Frage nach dem **Verhältnis** von § 10 Abs. 2 WpHG **zu anderen vergleichbaren generellen Eingriffsbefugnissen**, wie § 5 Abs. 10 KAGB und § 305a Abs. 5 VAG. Anders als in § 10 Abs. 1 Satz 2 WpHG wurde ein Rangverhältnis zwischen diesen Normen nicht geregelt. Bei fehlender Normenkollision – hier sogar relativem Gleichlauf – führt die Spezialität einer Norm nicht unbedingt zum Verdrängen der generelleren Norm[2]. Entsprechend ist davon auszugehen, dass Befugnisse neben einander stehen. Denn der Gesetzgeber wollte erkennbar nur seiner Pflicht zur Umsetzung der Benchmark-VO nachkommen. Im Rahmen ihrer Zuständigkeit kann die Bundesanstalt daher wählen, auf welche der Ermächtigungen sie ihr Vorgehen stützt. Dies wird sich in der Praxis auch aus dem jeweiligen Sachzusammenhang ableiten. 38

4. Einzelbefugnisse (§ 10 Abs. 2 Satz 3 WpHG). Neben der generellen Befugnis, alle Anordnungen zu treffen, die zur Durchsetzung der Verbote und Gebote der Benchmark-VO und der darauf basierenden EU-Rechtsakte geeignet und erforderlich sind, regelt § 10 Abs. 2 Satz 3 WpHG auch konkrete Einzelbefugnisse. Diese Einzelbefugnisse sind mit der generellen Befugnis in Satz 2 durch ein „insbesondere" verbunden. Entsprechend handelt es sich bei den bezeichneten Einzelbefugnissen – wie auch schon bei § 10 Abs. 2 WpHG – um **eine nicht abschließende Aufzählung** von Beispielen der nach § 10 Abs. 2 Satz 2 WpHG möglichen Anordnungen. 39

Wie die generelle Befugnis in § 10 Abs. 2 Satz 2 WpHG sind auch die Einzelbefugnisse gleichfalls als **Ermessensnorm** ausgestaltet. Die entspricht der Ausgestaltung der Einzelbefugnisse als Regelbeispiele der generellen Befugnis zu Anordnungen. Entsprechend muss die Bundesanstalt auf der Rechtsfolgenseite vor der Nutzung einer der Einzelbefugnisse stets die Geeignetheit, Erforderlichkeit und Verhältnismäßigkeit ihrer Maßnahme prüfen. 40

a) Maßnahmen zur korrekten Information der Öffentlichkeit (§ 10 Abs. 2 Satz 3 Nr. 1 WpHG). Nach § 10 Abs. 2 Satz 3 Nr. 1 WpHG kann die Bundesanstalt Maßnahmen zur korrekten Information der Öffentlichkeit über die Bereitstellung eines Referenzwertes verlangen. Insbesondere kann sie Richtigstellungen von unrichtigen oder missverständlichen Informationen zu Referenzwerten verlangen. Die Befugnis setzt Art. 41 Abs. 1 lit. j VO 2016/2011 um[3]. Dort wird verlangt, dass die zuständige Behörde alle notwendigen Maßnahmen treffen kann, damit die Öffentlichkeit korrekt über die Bereitstellung eines Referenzwerts unterrichtet wird, und zu diesem Zweck u.a. von dem jeweiligen Administrator oder einer Person, die den Referenzwert veröffentlicht oder verbreitet hat, oder von beiden die Veröffentlichung einer korrigierten Erklärung zu vergangenen Beiträgen zu dem Referenzwert oder den Referenzwert-Werten verlangen kann. Auch anhand der europarechtlichen Vorgaben wird deutlich, dass es sich um alle zweckdienlichen Maßnahmen handelt, zu denen die Bundesanstalt befugt sein soll. In diesem Sinne wird regelmäßig der Marktteilnehmer nach der Anordnung der Bundesanstalt die Öffentlichkeit über die Bereitstellung eines Referenzwertes korrekt zu informieren haben. Die europarechtliche Vorgabe lässt aber auch zu, dass die Bundesanstalt notfalls die Öffentlichkeit informieren kann, wenn dieser die entsprechenden Informationen gesichert vorliegen. 41

Der **Begriff des Referenzwertes** ist im WpHG in § 2 Abs. 7 WpHG legaldefiniert. Hiernach ist ein Referenzwert ein Kurs, Index oder Wert i.S.d. Art. 3 Abs. 1 Nr. 29 VO Nr. 596/2014 (MAR). Danach bezeichnet „Refe- 42

---
1 Vgl. Begr. RegE 2. FiMaNoG zu § 10 WpHG, BT-Drucks. 18/10936, 227.
2 Vgl. *Larenz/Canaris*, Methodenlehre der Rechtswissenschaft, 3. Aufl. 1995, S. 134 f.
3 Vgl. Begr. RegE 2. FiMaNoG zu § 10 WpHG, BT-Drucks. 18/10936, 227.

renzwert" einen Kurs, Index oder Wert, der der Öffentlichkeit zugänglich gemacht oder veröffentlicht wird und periodisch oder regelmäßig durch die Anwendung einer Formel auf den Wert eines oder mehrerer Basiswerte oder -preise, einschließlich geschätzter Preise, tatsächlicher oder geschätzter Zinssätze oder sonstiger Werte, oder auf Erhebungsdaten ermittelt bzw. auf der Grundlage dieser Werte bestimmt wird und auf den bei der Festsetzung des für ein Finanzinstrument zu entrichtenden Betrags oder des Wertes eines Finanzinstruments Bezug genommen wird. Schon im 1. Erwägungsgrund der Benchmark-VO wird beispielsweise auf Referenzzinssätzen wie LIBOR und EURIBOR oder auf Energie-, Öl- und Devisen-Referenzwerte Bezug genommen.

43 b) **Auskünfte und die Meldung von Geschäften (§ 10 Abs. 2 Satz 3 Nr. 2 WpHG).** Nach dem zweiten Regelbeispiel kann die Bundesanstalt von Kontributoren bestimmten Auskünfte und die Meldung von Geschäften verlangen, soweit dies zur Überwachung der Einhaltung der Gebote und Verbote der Benchmark-VO in Bezug auf diese Rohstoff-Referenzwerte erforderlich ist. Diese Befugnis setzt Art. 41 Abs. 1 lit. c VO 2016/2011 um[1]. Dort ist vorgesehen, dass die zuständige Behörde von Kontributoren in Bezug auf Rohstoff-Referenzwerte gegebenenfalls in standardisierten Formaten Informationen über verbundene Spotmärkte und Transaktionsmeldungen anfordern und direkt auf die Systeme der Händler zugreifen können muss. Ein „Kontributor" ist nach Art. 3 Abs. 1 Nr. 9 VO 2016/2011 eine natürliche oder juristische Person, die Eingabedaten beiträgt und sich hierbei ggf. eines „Submittent" bedient, der als natürliche Person vom Kontributor zum Zweck des Beitragens von Eingabedaten beschäftigt wird (Art. 3 Abs. 1 Nr. 9 VO 2016/2011). Das Regelbeispiel bezieht sich im Konkreten auf solche Kontributoren, die eine Verbindung zu Spotmärkten aufweisen, die in einem Zusammenhang mit einem Rohstoff-Referenzwert stehen.

44 Bezüglich der angeforderten Auskünfte und der Meldung von Geschäften bestimmt der zweite Teil der Regelung, dass die Regelungen der § 8 Abs. 1 Satz 2 und 3 und § 8 Abs. 2 WpHG entsprechend gelten. Hier handelt es sich offensichtlich um ein **Fehlzitat**, dass sich im Rahmen der Gesetzgebungsarbeit eingeschlichen hat. Denn einen § 8 Abs. 1 Satz 3 WpHG gibt es nicht und der Verweis auf § 8 Abs. 1 Satz 2 WpHG (Regelung zur Veröffentlichung über Handelbarkeit von Instrumenten) passt inhaltlich nicht. Der Blick auf den vom BMF im Dezember 20016 veröffentlichten Referentenentwurf zeigt, dass ein Verweis auf § 6 Abs. 11 Satz 2 und 3 und Abs. 12 WpHG-E geplant war. Dies entspricht nunmehr § 8 Abs. 2 Satz 2 und 3 und § 8 Abs. 3 WpHG. Diese Verweisung entspricht auch den europarechtlichen Vorgaben, die vorsehen, dass die zuständige Behörde in Bezug auf Rohstoff-Referenzwerte von Kontributoren gegebenenfalls in standardisierten Formaten Informationen über verbundene Spotmärkte und Transaktionsmeldungen anfordern und direkt auf die Systeme der Händler zugreifen können sollen. Daher ist von einer Verweisung auf § 8 Abs. 2 Satz 2 und 3 und § 8 Abs. 3 WpHG auszugehen. Entsprechend ist der Bundesanstalt der direkte Zugriff auf die Handelssysteme von Händlern zu gewähren. Zudem kann die Bundesanstalt die Übermittlung von Informationen nach Satz 1 in standardisierter Form verlangen (§ 8 Abs. 2 Satz 2 und 3 WpHG). Nähere Bestimmungen über Inhalt, Art, Umfang und Form der zu übermittelnden Mitteilungen und über die zulässigen Datenträger und Übertragungswege kann das Bundesministerium der Finanzen durch Rechtsverordnung erlassen. Das Bundesministerium der Finanzen kann die Ermächtigung durch Rechtsverordnung auf die Bundesanstalt übertragen (§ 8 Abs. 3 WpHG).

45 c) **Verwaltungssanktionen und Verwaltungsmaßnahmen bei Verstößen gegen die Benchmark-VO (§ 10 Abs. 2 Satz 3 Nr. 3 WpHG). aa) Voraussetzung für die Befugnisse nach § 10 Abs. 2 Satz 3 Nr. 3 WpHG.** Nach Art. 42 Abs. 2 VO 2016/2011 haben die Mitgliedstaaten den zuständigen Behörden in Einklang mit ihrem nationalen Recht zumindest die Befugnis zu übertragen, bei einem der in Art. 42 Abs. 1 VO 2016/2011 genannten Verstöße die in den Folgenden aufgezählten Verwaltungssanktionen und andere Verwaltungsmaßnahmen zu verhängen. Diese Anforderung wird vom deutschen Gesetzgeber in § 10 Abs. 2 Satz 3 Nr. 3 WpHG umgesetzt[2]. In Umsetzung von Art. 42 Abs. 1 VO 2016/2011 ist als Tatbestandsvoraussetzung für ein Vorgehen nach § 10 Abs. 2 Satz 3 Nr. 3 WpHG normiert „bei einem Verstoß gegen die Art. 4 bis 16, 21, 23 bis 29 und 34 der Verordnung (EU) Nr. 2016/1011 oder gegen eine im Zusammenhang mit einer Untersuchung betreffend der Pflichten dieser Verordnung ergangene vollziehbare Anordnung der Bundesanstalt nach Abs. 2 Satz 3 Nr. 1 oder 2, § 6 Abs. 3 Satz 4, § 6 Abs. 6 Satz 1, § 6 Abs. 11 bis 13, § 7 Abs. 2, § 6 Abs. 8".

46 Die Bundesanstalt soll daher zu Verwaltungssanktionen und andere Verwaltungsmaßnahmen befugt sein, aufgrund von Verstößen gegen **folgende Regelungsmaterien** der Benchmark-VO: Vorschriften zur Integrität und Zuverlässigkeit von Referenzwerten einschließlich der Vorgaben zur Unternehmensführung und Kontrolle durch Administratoren und bezüglich Eingabedaten, Methodik sowie Meldung von Verstößen, die Regelungen über Referenzwerte und die Bestimmungen über die Zulassung und Registrierung eines Administrators. Hinsichtlich der Details der Regelungen wird auf die in Bezug genommenen Vorschriften der Benchmark-VO verwiesen.

47 Zudem wird der Bundesanstalt die Befugnis übertragen, bei Verstößen gegen eine von ihr erlassenen vollziehbaren **Anordnung**, die im Zusammenhang mit einer Untersuchung betreffend die Pflichten aus der Bench-

---

[1] Vgl. Begr. RegE 2. FiMaNoG zu § 10 WpHG, BT-Drucks. 18/10936, 227.
[2] Vgl. Begr. RegE 2. FiMaNoG zu § 10 WpHG, BT-Drucks. 18/10936, 227.

mark-VO ergangen ist, gleichfalls entsprechende Maßnahmen zu ergreifen. Hierbei wird jeweils die mögliche Ermächtigungsgrundlage der Anordnung zur Kennzeichnung herangezogen, um konkreter zu bestimmen, bei welchen Verstößen gegen vollziehbare Anordnung entsprechende Verwaltungssanktionen und Verwaltungsmaßnahmen drohen. Bei den in Bezug genommenen Anordnungen der Bundesanstalt handelt es sich um:
- das Verlangen nach korrekter Information der Öffentlichkeit nach § 10 Abs. 2 Satz 3 Nr. 1 WpHG,
- Auskünfte und die Meldung von Geschäften nach § 10 Abs. 2 Satz 3 Nr. 2 WpHG,
- das Verlangen von Auskünften, Vorlage von Unterlagen oder sonstigen Daten, Überlassung von Kopien und die Befugnis zur Ladung und Vernehmung nach § 6 Abs. 3 Satz 4 WpHG,
- die Forderung nach Einstellung der einen Verstoß begründenden Handlung nach § 6 Abs. 6 Satz 1 WpHG,
- die Betretens-, Durchsuchungs- und Beschlagnahmebefugnis der Bundesanstalt nach § 6 Abs. 11 bis 13 WpHG,
- das Verlangen auf Herausgabe von vorhandenen Daten durch beaufsichtigte Unternehmen nach § 7 Abs. 2 WpHG und
- die Untersagung der Berufstätigkeit nach § 6 Abs. 8 WpHG.

Voraussetzung für die näher bezeichneten Verwaltungssanktionen bzw. Verwaltungsmaßnahmen ist, dass es sich um eine **vollziehbare Anordnung** der Bundesanstalt handelt. Vollziehbar ist eine Anordnung mit der Bekanntgabe der Anordnung und im Falle eines Rechtsmittels mit der Anordnung des Sofortvollzugs, sei es durch eine gesetzgeberische Entscheidung oder durch die Entscheidung der Bundesanstalt. In diesem Zusammenhang ist auf § 13 WpHG hinzuweisen, der den Sofortvollzug der Maßnahmen nach § 6 Abs. 1 bis 14 WpHG und §§ 7 bis 10 WpHG anordnet. Es muss daher nicht die Bestandskraft der Anordnung eingetreten sein, die Vollziehbarkeit der Anordnung ist ausreichend, um Maßnahmen bei Verstößen gegen die Anordnung zu rechtfertigen. 48

Auf die Notwendigkeit der **Ermessensausübung** durch die Bundesanstalt wurde schon hingewiesen (Rz. 36). Hierbei ist auch zu berücksichtigen, dass europarechtlich in der Benchmark-VO hinsichtlich dieser Maßnahmen der zuständigen Behörde gewisse Rahmenbedingungen vorgegeben wurden. So sollen die Verwaltungssanktionen und andere Verwaltungsmaßnahmen, die unbeschadet der Aufsichtsbefugnisse gem. Art. 41 VO 2016/2011 und der Befugnis der Mitgliedstaaten, strafrechtliche Sanktionen vorzusehen und zu verhängen, angemessen, aber auch **wirksam, verhältnismäßig und abschreckend** sein (Art. 42 Abs. 1 VO 2016/2011). Wie dieser Maßstab bei Verstößen umzusetzen sein wird, wird stets eine Prüfung im Einzelfall erfordern. 49

bb) Dauerhafte Einstellung von Verhaltensweisen (§ 10 Abs. 2 Satz 3 Nr. 3 lit. a WpHG). Nach § 10 Abs. 2 Satz 3 Nr. 3 lit. a WpHG ist die Bundesanstalt befugt, bei den dargestellten Verstößen von einem beaufsichtigten Unternehmen i.S.v. Art. 3 Abs. 1 Nr. 17 VO 2016/2011 zu verlangen, dass es die den Verstoß begründenden Handlungen oder Verhaltensweisen dauerhaft einstellt. Diese Befugnis setzt Art. 42 Abs. 2 lit. a VO 2016/2011 um[1]. 50

Art. 42 Abs. 2 lit. a VO 2016/2011 unterscheidet sich insoweit von der vorliegenden WpHG-Befugnis, als die WpHG-Regelung das „beaufsichtigten Unternehmen" als **Adressat der Anordnung** benennt, die Norm der Benchmark-VO aber sowohl den verantwortlichen Administrator als auch das verantwortliche beaufsichtigte Unternehmen. Nach Art. 3 Abs. 1 Nr. 17 lit. m VO 2016/2011 wird ein Administrator gleichfalls unter den Terminus „beaufsichtigtes Unternehmen" definiert. Insoweit sind beide Normen deckungsgleich. Zudem verlangt Art. 42 Abs. 2 lit. a VO 2016/2011 eine Befugnis der zuständigen Behörde für die Anordnung, dass der Verantwortliche seine Verhaltensweise einstellt und von einer Wiederholung absieht. § 10 Abs. 2 Satz 3 Nr. 3 lit. b WpHG sieht als **Zielrichtung der Befugnis** nur die dauerhafte Einstellung der Handlung oder Verhaltensweise. Das Absehen von einer Wiederholung kann aber durchaus vollumfänglich unter das dauerhafte Einstellen der Handlung oder Verhaltensweise gefasst werden. Somit setzt § 10 Abs. 2 Satz 3 Nr. 3 lit. a WpHG die diesbezüglichen europäischen Vorgaben vollständig um. 51

cc) Veröffentlichung von Warnungen (§ 10 Abs. 2 Satz 3 Nr. 3 lit. b WpHG). Nach § 10 Abs. 2 Satz 3 Nr. 3 lit. b WpHG ist die Bundesanstalt zudem befugt, bezüglich eines beaufsichtigten Unternehmens i.S.v. Art. 3 Abs. 1 Nr. 17 VO 2016/2011 eine Warnung zu veröffentlichen. Mit dieser Befugnis setzt § 10 Abs. 2 Satz 3 Nr. 3 lit. b WpHG Art. 42 Abs. 2 lit. c VO 2016/2011 um[2]. Bezüglich der Warnung wird auf § 6 Abs. 9 WpHG verwiesen. Die **Warnung** soll entsprechend **öffentlich unter Nennung** der natürlichen oder juristischen **Person** oder Personenvereinigung, die den Verstoß begangen hat, erfolgen und die **Art des Verstoßes** benennen. Mit der Verweisung von § 6 Abs. 9 WpHG auf § 125 Abs. 3 und 5 WpHG ist die Bundesanstalt berechtigt, die Warnung aufzuschieben, entfallen zu lassen oder ohne Angabe der Identität oder der personenbezogenen Daten zu veröffentlichen, wenn die Warnung unverhältnismäßig wäre oder die Bekanntmachung laufende Ermittlungen oder die Stabilität der Finanzmärkte gefährden würde. Zudem ist die Warnung fünf Jahre nach ihrer Bekanntmachung zu löschen und personenbezogene Daten dann zu löschen, sobald ihre Bekanntmachung nicht mehr erforderlich ist. 52

---

1 Vgl. Begr. RegE 2. FiMaNoG zu § 10 WpHG, BT-Drucks. 18/10936, 227.
2 Vgl. Begr. RegE 2. FiMaNoG zu § 10 WpHG, BT-Drucks. 18/10936, 227.

53 **dd) Zulassung oder Registrierung eines Administrators (§ 10 Abs. 2 Satz 3 Nr. 3 lit. c WpHG).** Die europarechtlichen Vorgaben aus Art. 42 Abs. 2 lit. d VO 2016/2011 werden in § 10 Abs. 2 Satz 3 Nr. 3 lit. c WpHG umgesetzt[1]. Danach kann die Bundesanstalt bei entsprechenden Verstößen die Zulassung oder die Registrierung eines Administrators entziehen oder aussetzen. Die Zulassung oder Registrierung eines Administrators ist in Art. 34 VO 2016/2011 geregelt. Der Entzug oder die Aussetzung der Zulassung oder Registrierung eines Administrators ist grundsätzlich in Art. 35 VO 2016/2011 geregelt. Diese Regelung zum Entzug oder die Aussetzung der Zulassung oder Registrierung eines Administrators in Art. 35 wird durch die Befugnis in § 10 Abs. 2 Satz 3 Nr. 3 lit. c WpHG ergänzt.

54 **ee) Untersagung der Wahrnehmung von Führungsaufgaben (§ 10 Abs. 2 Satz 3 Nr. 3 lit. d WpHG).** Die Regelung des § 10 Abs. 2 Satz 3 Nr. 3 lit. d WpHG setzt die Vorgaben aus Art. 42 Abs. 2 lit. e VO 2016/2011 um[2]. Danach ist die Bundesanstalt bei Vorliegen der aufgeführten Verstöße befugt, einer Person für einen Zeitraum von **bis zu zwei Jahren** die Wahrnehmung von Führungsaufgaben bei einem Administrator oder beaufsichtigten Kontributor untersagen, wenn diese den Verstoß grob fahrlässig oder vorsätzlich begangen hat und das Verhalten trotz Verwarnung durch die Bundesanstalt fortsetzt. Mit dieser Regelung konkretisiert der deutsche Gesetzgeber die europarechtliche Vorgabe deutlich. Denn die europarechtlichen Vorgaben sprechen nur von einem vorübergehenden Verbot, ohne dies zeitlich einzuschränken. Zudem spricht die Norm der Benchmark-VO nur von der Verantwortung für den Verstoß, während der deutsche Gesetzgeber einen Grad des Verschuldens als Voraussetzung für die Untersagung regelt. Konkret ist ein grob fahrlässiges oder vorsätzliches Handeln Voraussetzung der Befugnis. In Anbetracht der Auswirkung der Untersagung der Wahrnehmung von Führungsaufgaben ist diese Konkretisierung angemessen, auch wenn andere Tätigkeiten im Unternehmen durchaus weiter möglich sind.

55 Eine nähere Bestimmung darüber, welche Tätigkeit als **Führungsaufgabe im Sinne dieser Regelung** zu verstehen ist, findet sich weder im WpHG noch in der Benchmark-VO. Zur näheren Bestimmung bietet sich ein Rückgriff auf die Regelungen der MAR an, denn thematisch ist die Benchmark-VO ein Spezialbereich der Marktregulierung im Sinne der Verhinderung vom Manipulationen. So wird schon in Erwägungsgrund 1 VO 2016/1011 darauf hingewiesen, dass die schweren Manipulationen bzw. Manipulationsvorwürfe bei Referenzzinssätzen und Energie-, Öl- und Devisen-Referenzwerten auf die Möglichkeit von Interessenkonflikten und die mögliche Ausnutzung von Ermessensspielräume aufzeigen, die das Marktvertrauen untergraben, Verbrauchern und Anlegern Verluste verursachen und Verzerrungen der Realwirtschaft zur Folge haben können. „Aus diesem Grund ist es notwendig, die Genauigkeit, Robustheit und Integrität der Referenzwerte und des Verfahrens zu ihrer Bestimmung sicherzustellen." Im Hinblick auf diese inhaltliche Nähe ist zur Auslegung des Terminus auf eine **entsprechende Anwendung der Legaldefinition in Art. 3 Abs. 1 Nr. 25 VO Nr. 596/2014 (MAR)** zurückzugreifen. Hiernach bezeichnet eine „Person, die Führungsaufgaben wahrnimmt", eine Person innerhalb eines Emittenten, eines Teilnehmers am Markt für Emissionszertifikate oder eines anderen in Art. 19 Abs. 10 VO Nr. 596/2014 genannten Unternehmens,

a) die einem Verwaltungs-, Leitungs- oder Aufsichtsorgan dieses Unternehmens angehört oder
b) die als höhere Führungskraft zwar keinem der unter Buchstabe a genannten Organe angehört, aber regelmäßig Zugang zu Insiderinformationen mit direktem oder indirektem Bezug zu diesem Unternehmen hat und befugt ist, unternehmerische Entscheidungen über zukünftige Entwicklungen und Geschäftsperspektiven dieses Unternehmens zu treffen.

Die (nur) entsprechende Anwendung dieser Regelung ist angezeigt, da es um Führungsaufgaben bei einem Administrator oder beaufsichtigten Kontributor und dessen Tätigkeit in Bezug auf Referenzwerte geht.

§ 11 Anzeige straftatbegründender Tatsachen

Die Bundesanstalt hat Tatsachen, die den Verdacht einer Straftat nach § 119 begründen, der zuständigen Staatsanwaltschaft unverzüglich anzuzeigen. Sie kann die personenbezogenen Daten der Betroffenen, gegen die sich der Verdacht richtet oder die als Zeugen in Betracht kommen, der Staatsanwaltschaft übermitteln, soweit dies für Zwecke der Strafverfolgung erforderlich ist. Die Staatsanwaltschaft entscheidet über die Vornahme der erforderlichen Ermittlungsmaßnahmen, insbesondere über Durchsuchungen, nach den Vorschriften der Strafprozessordnung. Die Befugnisse der Bundesanstalt nach § 6 Absatz 2 bis 13 sowie den §§ 7 bis 9 und § 10 Absatz 2 bleiben hiervon unberührt, soweit dies für die Vornahme von Verwaltungsmaßnahmen oder zur Erfüllung von Ersuchen ausländischer Stellen nach § 18 Absatz 2, 4 Satz 1 oder Absatz 10 erforderlich ist und soweit eine Gefährdung des Untersuchungszwecks von Ermittlungen der Strafverfolgungsbehörden oder der für Strafsachen zuständigen Gerichte nicht zu besorgen ist.

In der Fassung des 2. FiMaNoG vom 23.6.2017 (BGBl. I 2017, 1693).

---
1 Vgl. Begr. RegE 2. FiMaNoG zu § 10 WpHG, BT-Drucks. 18/10936, 227.
2 Vgl. Begr. RegE 2. FiMaNoG zu § 10 WpHG, BT-Drucks. 18/10936, 227.

Schrifttum: *Mennicke*, Sanktionen gegen Insiderhandel: eine rechtsvergleichende Untersuchung unter Berücksichtigung des US-amerikanischen und britischen Rechts, 1996; *Meyer-Goßner/Schmitt*, Strafprozessordnung, 60. Aufl. 2017; *Ransiek*, Zur prozessualen Durchsetzung des Insiderstrafrechts, DZWIR 1995, 53; *Paulo de Sousa Mendes*, Die Finanzmarktaufsicht und der Transfer von Informationen aus dem Verwaltungsverfahren in das Strafverfahren, GA 2016, 380.

I. Rechtlicher Hintergrund 1	3. Staatsanwaltschaft als Herrin des Ermittlungsverfahrens (§ 11 Satz 3 WpHG) 15
II. Regelungsgehalt 3	4. Fortbestehende Befugnisse der Bundesanstalt bei laufenden Ermittlungsverfahren (§ 11 Satz 4 WpHG) 18
1. Pflicht der Bundesanstalt zur Anzeige (§ 11 Satz 1 WpHG) 3	
2. Weitergabe von Daten an die Staatsanwaltschaft (§ 11 Satz 2 WpHG) 12	

I. Rechtlicher Hintergrund. Schon in der ersten Fassung des WpHG aus dem Jahr **1995** war eine **Pflicht der Bundesanstalt zur Anzeige** normiert, die sich auf Tatsachen bezog, die einen Verdacht einer Insiderstraftat begründeten (§ 18 WpHG a.F. bis zum 29.10.2004). Mit dem **4. FFG** im Jahre 2002 und der Normierung des Verbots von Marktmanipulation wurde diese Pflicht auch auf Tatsachen ausgedehnt, die den Verdacht einer Marktmanipulation begründen. Bei der Schaffung einer Generalbefugnisnorm in § 4 WpHG a.F. durch das **AnSVG**[1] wurde diese Pflicht zum 30.10.2004 in § 4 Abs. 5 WpHG a.F. übernommen. Mit der Aufteilung der stetig gewachsenen Generalbefugnisnorm von § 4 WpHG a.F. im Rahmen der Neufassung des WpHG durch das **2. FiMaNoG** in insgesamt acht Paragraphen wurde diese Pflicht fast wortgleich in § 11 WpHG übernommen. Neben der Neunummerierung der Norm wurden nur die Verweisungen an die neue Nummerierung des WpHG angepasst. 1

Neben dieser Fortführung der nationalen Regelung der Anzeigepflicht der Bundesanstalt gegenüber der zuständigen Staatsanwaltschaft für die im WpHG normierten Straftaten dient die Regelung nunmehr auch der **Umsetzung** von Art. 23 Abs. 2 lit. f VO Nr. 596/2014 **(MAR)**, der vorsieht, dass die nationale Behörde die Befugnis haben muss, eine Sache zwecks strafrechtlicher Verfolgung weiter zu verweisen. 2

II. Regelungsgehalt. 1. Pflicht der Bundesanstalt zur Anzeige (§ 11 Satz 1 WpHG). Der Gesetzgeber regelt mit § 11 Satz 1 WpHG eine **gesetzliche Pflicht** der Bundesanstalt, eine Strafanzeige zu erstatten, wenn ihr bestimmte Tatsachen vorliegen. Denn die Bundesanstalt „hat" nach dieser Regelung Tatsachen, die den Verdacht einer Straftat nach § 119 WpHG begründen, der zuständigen Staatsanwaltschaft unverzüglich anzuzeigen. Ab dem Zeitpunkt des Vorliegens dieser noch näher zu betrachtenden Tatsachen liegt es nicht mehr im Ermessen der Bundesanstalt zu entscheiden, ob sie die Strafanzeige stellt. Ihr obliegt dann eine Pflicht zur Anzeige. 3

Die Normierung einer Anzeigepflicht einer Behörde ist nur in besonderen Fällen vom Gesetzgeber vorgesehen. Üblicherweise liegt es im Ermessen der Behörde, ggf. unter Berücksichtigung weiterer Regelungen wie z.B. Verschwiegenheitspflichten, eine Anzeige bei der zuständigen Staatsanwaltschaft einzureichen. Insoweit ist die gesetzgeberische Intension bei der Schaffung dieser Anzeigepflicht interessant: Die Gesetzesbegründung[2] führt aus: „Damit (mit der Pflicht zur Abgabe) wird klargestellt, dass bei Verdacht einer Straftat nach § 31 die Staatsanwaltschaft über die Einleitung eines Ermittlungsverfahrens entscheidet. Ein Strafverfahren sollte erst eingeleitet werden, wenn ein auf konkrete Anhaltspunkte gestützter Verdacht eines Insidervergehens vorliegt." Diese Begründung spricht dafür, dass die als Pflicht der Bundesanstalt formulierte Regelung mehr noch eine **Klarstellung der Aufgabenverteilung zwischen Bundesanstalt und Staatsanwaltschaft** bezweckt. Hieraus lässt sich ableiten, dass sich aus der Pflicht der Bundesanstalt zur Anzeige bestimmter Tatsachen nicht zugleich auch ein Verbot ableiten lässt, eine Anzeige bei der Staatsanwaltschaft schon zu einem früheren Zeitpunkt zu erstatten[3]. Eine Pflicht zur Abgabe einer Strafanzeige ab einem bestimmten Grad des Verdachtes lässt keinen Schluss darauf zu, dass das Ermessen der Behörde auf ein Tätigwerden zu diesem Zeitpunkt eingeschränkt sein könnte. Für eine solche Einschränkung des Ermessens der Bundesanstalt zur Anzeige von auffälligen Sachverhalten an die Staatsanwaltschaft im Vorfeld liegen auch sonst keine Anhaltspunkte vor. Weder der Zweck der Anzeigepflicht noch die Regelungen der Verschwiegenheitspflicht mit der Eröffnung der Weitergabe sensibler Informationen an Strafverfolgungsbehörden in § 21 WpHG lassen einen solchen Schluss zu. Letztlich verlangt auch Art. 23 Abs. 2 lit. f VO Nr. 596/2014 die Befugnis der nationalen Aufsichtsbehörde zur Weitergabe einer Sache zwecks strafrechtlicher Verfolgung, ohne hierbei Einschränkungen oder Begrenzungen vorzusehen. Entsprechend ist kein Grund ersichtlich, in Bezug auf eine „freiwillige" Anzeige an die Bundesanstalt höhere Anforderungen zu stellen, als an jedermann. 4

Die **Pflicht zur Anzeige** ist daher **kein Hinderungsgrund**, dass die Bundesanstalt den Sachverhalt nicht aufgrund taktischer Gründe oder zum Zwecke einer effizienteren Zusammenarbeit auch vor dem Vorliegen dieser 5

---

1 Gesetz zur Verbesserung des Anlegerschutzes (Anlegerschutzverbesserungsgesetz – AnSVG) vom 28.10.2004, BGBl. I 2004, 2630.
2 Vgl. Begr. RegE, BT-Drucks. 12/6679, 51.
3 Hinsichtlich der Befürchtung einer frühzeitigen Anzeige bei der Staatsanwaltschaft vgl. *Himmelreich*, Insiderstrafverfolgung durch die Bundesanstalt für Finanzdienstleistungsaufsicht, Dissertation 2013, S. 103 ff.

Schwelle für eine Anzeigepflicht an die Staatsanwaltschaft abgeben kann[1]. Eine **frühzeitige Anzeige** eines Sachverhalts durch die Bundesanstalt kommt in Betracht, wenn z.B. zunächst nur Anhaltspunkte für Verstöße oder gar nur besondere Auffälligkeiten vorliegen, die jedoch mit verwaltungsrechtlichen Mitteln nicht mit hinreichender Wahrscheinlichkeit weiter aufgeklärt werden können. Diese Anzeige an die Staatsanwaltschaft in einem frühen Stadium der Untersuchungen durch die Bundesanstalt ist auch nicht unüblich. Denn regelmäßig kann die Staatsanwaltschaft, auch im Hinblick auf den häufig vorliegenden Verdacht der Tatmehrheit mit anderen Straftatbeständen, wie Betrug etc., die weiteren Untersuchungen mit den ihr zu Gebote stehenden Mitteln der StPO, wie etwa die Durchführung einer Telekommunikationsüberwachung, effizienter führen als die Bundesanstalt mit den ihr zur Verfügung stehenden verwaltungsrechtlichen Mitteln.

6   Der Bundesanstalt müssen Tatsachen vorliegen, die einen Verdacht einer Straftat nach § 119 WpHG begründen, um die Pflicht zur Anzeige entstehen zu lassen. Hierbei handelt es sich um strafbewährte Verstöße gegen das **Verbot von Insiderhandel oder Marktmanipulation**, die in § 119 WpHG näher konkretisiert werden (vgl. die Kommentierung zu § 119 WpHG).

7   Die Anzeigepflicht entsteht in dem Zeitpunkt, in dem der Bundesanstalt **Tatsachen** vorliegen, **die den Verdacht einer Straftat nach § 119 WpHG begründen**. Hier liegt scheinbar eine Assoziation zum Vorliegen eines Anfangsverdachts nahe. Nach der üblichen Definition wird unter dem Anfangsverdacht für eine Straftat verstanden, dass zureichende tatsächliche Anhaltspunkte für eine verfolgbare Straftat vorliegen (vgl. § 152 Abs. 2 StPO). Bloße Vermutungen sind hierfür nicht ausreichend. Zur Beurteilung, ob eine verfolgbare Straftat vorliegt, gehört aber auch die Prüfung, dass keine erkennbaren Verfolgungshindernisse vorliegen, d.h. keine persönlichen Strafausschließungsgründe, Verfahrens- oder Verfolgungshindernisse (vgl. § 152 Abs. 2 StPO i.V.m. § 160 Abs. 1 StPO). Die Bundesanstalt kann diese letztgenannten Aspekte jedoch nicht (hinreichend) überprüfen. Das ist auch nicht ihre Aufgabe. Sie kann nur bestimmen, wann ihr Tatsachen vorliegen, die nach ihrem Dafürhalten den Verdacht einer Straftat nach § 119 WpHG begründen[2]. In Anbetracht der vielfältigen Marktsituationen muss die Bundesanstalt daher die Mutmaßung haben, dass das Marktgeschehen nicht auf legale Handelsaktivitäten zurückzuführen ist, sondern auf einer strafbewährten Handlung beruht, um die Anzeigepflicht auszulösen. Dies ist ein Stadium des Verdachts direkt und unmittelbar vor dem Anfangsverdacht. Es ist also davon auszugehen, dass der Gesetzgeber bewusst nicht die Begrifflichkeit des Anfangsverdachtes gewählt hat, um die Anzeigepflicht der Bundesanstalt entstehen zu lassen. Dieses Anknüpfen unmittelbar vor dem Stadium des Anfangsverdachts ist im Zusammenspiel zwischen Bundesanstalt und Staatsanwaltschaft auch stringent. Denn Herrin des dann ggf. zu eröffnenden Ermittlungsverfahrens ist die Staatsanwaltschaft. Die Anzeige der Bundesanstalt kann nicht dazu führen, dass die Staatsanwaltschaft zur Eröffnung eines Ermittlungsverfahrens gezwungen wird, weil der Anfangsverdacht von der Bundesanstalt schon bejaht wurde. Dies entspricht auch der vom Gesetzgeber im 2. FFG vorgesehenen Aufgabenteilung zwischen Bundesanstalt und Staatsanwaltschaft.

8   Die Anzeige ist an die **zuständige Staatsanwaltschaft** zu richten. Im Einzelfall kann die Bestimmung der zuständigen Staatsanwaltschaft jedoch schwierig sein. Denn Wertpapiergeschäfte werden zu einer sehr großen Zahl über weite Distanzen hinweg getätigt. D.h., der Ort der Beauftragung eines Geschäfts oder der Steuerung einer Marktmanipulation, der Ort der Ausführung der Geschäfte oder der Sitz des Marktplatzes, an dem die Manipulation stattfand oder stattfinden soll, fallen häufig auseinander. Da es sich vorliegend um ein Erfolgsdelikt handelt, ist diejenige Staatsanwaltschaft als zuständig zu erachten, in deren Bezirk der Erfolgsort der Handlung. Im Börsenhandel ist es oftmals die Staatsanwaltschaft am Ort der entsprechenden Börse. Kommen mehrere Börsenplätze in Betracht, richtet sich die Bundesanstalt im Zweifel nach der sog. Heimatbörse.

9   Die Bundesanstalt hat beim Vorliegen dieser Tatsachen eine Pflicht zur **unverzüglichen Anzeige**. Nach dem allgemeinen Verständnis ist unter „unverzüglich" ein Handeln ohne schuldhaftes Zögern zu verstehen. Das bedeutet, dass der Bundesanstalt in Bezug auf den ihr vorliegenden Sachverhalt eine angemessene Prüfungs-, Überlegungs- und Bearbeitungsfrist in Bezug auf das Vorliegen eines Verdachts einer Straftat nach § 119 WpHG und bezüglich der Erstellung der Strafanzeige zusteht. In Anbetracht der regelmäßig recht umfangreichen Sachverhalte, der Komplexität der Straftatbestände, der Vielzahl der aufzuführenden Beweismittel bzw. Nachweise für die Tatsachen etc. benötigt das Fertigen der Anzeige durchaus einen gewissen zeitlichen Umfang. Der hierfür benötigte Zeitaufwand einschließlich des Aufwands für die verwaltungsinternen Abstimmungen können nicht als schuldhaftes Zögern gewertet werden.

10 Rechtsdogmatisch ist die Anzeigenerstattung an die Staatsanwaltschaft **kein Verwaltungsakt** der Bundesanstalt. Denn es wird hier keine Regelung auf dem Gebiet des öffentlichen Rechts getroffen, die auf eine unmittelbare Rechtswirkung nach außen gerichtet ist. Eine Strafanzeige ist allein das Mitteilen eines möglicherweise strafrechtlich relevanten Sachverhaltes an die Staatsanwaltschaft. Sie hat damit keine rechtliche, sondern nur die

---

[1] So auch *Schlette/Bouchon* in Fuchs, § 4 WpHG Rz. 94; kritischer *Altenhain* in KölnKomm. WpHG, § 4 WpHG Rz. 142 letzter Satz.
[2] Der Bundesanstalt insoweit einen Ermessensspielraum einräumend *Himmelreich*, Insiderstrafverfolgung durch die Bundesanstalt für Finanzdienstleistungsaufsicht, Dissertation 2013, S. 103 ff.

faktische Wirkung einer Wissenserklärung. Dementsprechend ist die Anzeigenerstattung durch die Bundesanstalt als schlicht hoheitliches Handeln einer Behörde einzustufen.

Die vorliegende Anzeigepflicht der Bundesanstalt **korrespondiert mit den Regelungen in § 122 WpHG** zur Beteiligung der Bundesanstalt an Strafverfahren wegen Straftaten nach § 119 WpHG, insbesondere der Informationsweitergabe von der Staatsanwaltschaft an die Bundesanstalt (vgl. Kommentierung zu § 122 WpHG).

2. Weitergabe von Daten an die Staatsanwaltschaft (§ 11 Satz 2 WpHG). Die Bundesanstalt kann die **personenbezogenen Daten** der Betroffenen, gegen die sich der Verdacht richtet oder die als Zeugen in Betracht kommen, der Staatsanwaltschaft übermitteln. Diese schon seit der Schaffung des WpHG vorgesehene ausdrückliche Möglichkeit der Weitergabe von personenbezogenen Daten trägt datenschutzrechtlichen Belangen Rechnung[1]. Aus dem Sinnzusammenhang bezieht sich diese Regelung in § 11 Satz 2 WpHG auf die Übermittlung der Daten im Rahmen der Strafanzeige. Die Regelung korrespondiert auch mit der Regelung in § 21 WpHG zur Verschwiegenheitspflicht der Bundesanstalt. Insoweit ist § 11 Satz 2 WpHG eine Bestätigung der schon in § 21 WpHG getroffenen Regelung, die insoweit über § 11 Satz 2 WpHG hinaus geht als sie nicht nur die Weitergabe von personenbezogenen Daten von der Verschwiegenheitspflicht ausnimmt, sondern auch Geschäfts- und Betriebsgeheimnisse und andere Tatsachen, deren Geheimhaltung im Interesse der Beaufsichtigten und Dritten liegt.

Die Besonderheit der Regelung von § 11 Satz 2 WpHG besteht in dem Zusammenspiel mit der Pflicht zur Anzeige. Auch wenn die Bundesanstalt zur Anzeige verpflichtet ist, weil ihr entsprechende Tatsachen vorliegen, so steht es aber dennoch in ihrem **Ermessen** auch die personenbezogenen Daten weiterzugeben. Diese Ermessensausübung der Bundesanstalt wird von § 11 Satz 2 WpHG insoweit ausgerichtet, als die Weitergabe der personenbezogenen Daten für Zwecke der Strafverfolgung erforderlich sein muss.

Von der Zielrichtung her wird durch diese Regelung der angemessene **Schutz der personenbezogenen Daten** bezweckt. Dem entspricht, dass die Anzeigen an die Staatsanwaltschaft und die Abgabe der jeweiligen Behördenvorgänge strikt vertraulich erfolgen. Da das weitere Verfahren zur Ermittlung der Straftat nach der Anzeige ausschließlich in den Händen der Staatsanwaltschaft liegt, obliegt dieser auch die Abwägung, inwieweit im Hinblick auf die jeweiligen Landespressegesetze die Öffentlichkeit über die Eröffnung eines Ermittlungsverfahrens zu unterrichten ist. Entsprechende Entscheidungen trifft die Staatsanwaltschaft autonom.

3. Staatsanwaltschaft als Herrin des Ermittlungsverfahrens (§ 11 Satz 3 WpHG). Die Staatsanwaltschaft entscheidet über die Vornahme der erforderlichen Ermittlungsmaßnahmen, insbesondere über Durchsuchungen, nach den Vorschriften der Strafprozessordnung (§ 11 Satz 3 WpHG). Diese eigentlich selbstverständliche Aussage stellt nochmals das Verhältnis der Tätigkeit zwischen Bundesanstalt zur Tätigkeit der Staatsanwaltschaft klar. Die Tätigkeit der Bundesanstalt stellt sich nicht als Ermittlungstätigkeit im strafrechtlichen Sinne dar. Herrin des Ermittlungsverfahrens ist die Staatsanwaltschaft, die in eigener Verantwortung das Verfahren führt. Hierzu gehört auch die Entscheidung über die Eröffnung eines Ermittlungsverfahrens. Die Staatsanwaltschaft entscheidet nach der Anzeige der Bundesanstalt über die erforderlichen Ermittlungsmaßnahmen, einschließlich der Eröffnung des Ermittlungsverfahrens. Die Staatsanwaltschaft kann aber auch ohne Anzeige der Bundesanstalt ein Ermittlungsverfahren einleiten, sei es aufgrund einer Anzeige von dritter Seite, sei es auf Basis von eigenen Erkenntnissen z.B. aus der Presse etc.[2]

Im Umkehrschluss wird aus dieser Regelung auch deutlich, dass die **Tätigkeit der Bundesanstalt eine verwaltungsrechtliche Sachverhaltsaufklärung** ist. Sie beruht auf dem gesetzgeberischen Auftrag der Bundesanstalt und zwar der Ausübung der Aufsicht nach dem WpHG und der Wahrnehmung der Aufgaben der zuständigen nationalen Aufsichtsbehörde nach den Art. 22 ff. VO Nr. 596/2014 einschließlich der Überwachung der Einhaltung des Verbots von Insiderhandel und Marktmanipulation. Diese Aufsichtstätigkeit kann die Bundesanstalt nur mit den ihr übertragenen verwaltungsrechtlichen Mitteln durchführen.

Im Rahmen der Verfahrensführung durch die Staatsanwaltschaft kann diese auch entscheiden, **die Bundesanstalt zur Unterstützung ihrer Untersuchungen heranzuziehen**. So kann die Staatsanwaltschaft auf die Bundesanstalt beispielsweise im Rahmen der §§ 161, 163 StPO herantreten oder nach § 122 Abs. 1 WpHG Angehörige der Bundesanstalt als Sachverständige heranziehen, um deren Kompetenz im Bereich Wertpapieraufsicht mit nutzen zu können. Teilweise greifen Staatsanwaltschaften auch auf Beschäftigte der Bundesanstalt zurück, um deren fachliches Fachwissen beispielsweise schon im Rahmen von Durchsuchungen oder bei der Bewertung von Einlassungen nutzen zu können.

4. Fortbestehende Befugnisse der Bundesanstalt bei laufenden Ermittlungsverfahren (§ 11 Satz 4 WpHG). Auch während laufender staatsanwaltschaftlicher Ermittlungen besteht die Aufgabe der Bundesanstalt zur **Aufsicht nach WpHG**, der **Wahrnehmung der Zuständigkeiten nach MAR und zur internationalen Zusammenarbeit** insbesondere mit den anderen europäischen Aufsichtsbehörden **fort**. Insoweit entsteht ein Span-

---

1 Vgl. Begr. RegE zur Vorläuferregelung in § 17 Abs. 2 WpHG, BT-Drucks. 12/6679, 51.
2 Vgl. *Schlette/Bouchon* in Fuchs, § 4 WpHG Rz. 99; *Altenhain* in KölnKomm. WpHG, § 4 WpHG Rz. 148.

nungsfeld zwischen der laufenden Verwaltungstätigkeit der Bundesanstalt und der Ermittlungstätigkeit der Staatsanwaltschaft soweit sich beides auf den gleichen Lebenssachverhalt bezieht. Daher stellt der Gesetzgeber in § 11 Satz 4 WpHG klar, dass die Befugnisse der Bundesanstalt grundsätzlich unberührt bleiben von der Zuständigkeit der Staatsanwaltschaft für die Ermittlungstätigkeit[1].

19 Ausdrücklich benennt der Gesetzgeber die **Befugnisse der Bundesanstalt** nach § 6 Abs. 2 bis 13 sowie in §§ 7 bis 9 und § 10 Abs. 2 WpHG, die von der staatsanwaltschaftlichen Ermittlungstätigkeit unberührt bleiben. Das sind beispielsweise die Sachverhaltsaufklärung durch Auskunfts- bzw. Vorlageersuchen, um z.B. Ersuchen ausländischer Aufsichtsbehörden nachkommen zu können oder die Befugnisse eine Verringerung oder Einschränkung von Positionen oder offenen Forderungen nach § 9 WpHG zu verlangen. Ausgenommen sind von dieser Verweisung damit nur die Befugnisse im Rahmen der Missstandsaufsicht nach § 6 Abs. 1 WpHG und in Bezug auf ihre Aufsicht nach der PRIIP-VO (Verordnung (EU) Nr. 1286/2014) gem. § 10 Abs. 1 WpHG, von denen die Bundesanstalt während eines laufenden Ermittlungsverfahrens keinen Gebrauch machen darf.

20 Die Bundesanstalt kann die benannten Befugnisse nutzen, soweit dies entweder für die Vornahme von Verwaltungsmaßnahmen oder zur Erfüllung von Ersuchen ausländischer Stellen nach § 18 Abs. 2, Abs. 4 Satz 1 oder Abs. 10 WpHG erforderlich ist. Diese Betonung der Erforderlichkeit hat deklaratorische Bedeutung. Denn die aufgezählten Maßnahmen der Bundesanstalt sind alle als **Ermessensentscheidungen** der Bundesanstalt ausgestaltet. Im Rahmen der Ermessensausübung muss die Bundesanstalt die Erforderlichkeit stets prüfen.

21 Zudem darf die Bundesanstalt von ihren Befugnissen nur Gebrauch machen, **soweit eine Gefährdung des Untersuchungszwecks von Ermittlungen der Strafverfolgungsbehörden oder der für Strafsachen zuständigen Gerichte nicht zu besorgen ist.** Das setzt eine entsprechende Zusammenarbeit und einen entsprechenden Informationsaustausch zwischen Bundesanstalt und Staatsanwaltschaft bzw. Gericht voraus. Bezüglich dieser Zusammenarbeit kann auch auf § 122 WpHG verwiesen werden. Für die Tätigkeit der Bundesanstalt stellt dieser Aspekt eine Selbstverständlichkeit dar.

§ 12 Adressaten einer Maßnahme wegen möglichen Verstoßes gegen Artikel 14 oder 15 der Verordnung (EU) Nr. 596/2014

Die Adressaten von Maßnahmen nach § 6 Absatz 2 bis 13 sowie den §§ 7 bis 9, die von der Bundesanstalt wegen eines möglichen Verstoßes gegen ein Verbot nach Artikel 14 oder 15 der Verordnung (EU) Nr. 596/2014 ergriffen werden, dürfen andere Personen als Mitarbeiter staatlicher Stellen und solche, die auf Grund ihres Berufs einer gesetzlichen Verschwiegenheitspflicht unterliegen, von diesen Maßnahmen oder von einem daraufhin eingeleiteten Ermittlungsverfahren nicht in Kenntnis setzen.

In der Fassung des 2. FiMaNoG vom 23.6.2017 (BGBl. I 2017, 1693).

Schrifttum: *Habetha*, Verwaltungsrechtliche Rasterfahndung mit strafrechtlichen Konsequenzen? – Zur Einschränkung des Bankgeheimnisses durch § 16 WpHG, WM 1996, 2133; *Junker*, Gewährleistungsaufsicht über Wertpapierdienstleistungsunternehmen, 2003.

I. Übersicht und Rechtsentwicklung	1	2. Voraussetzung der Schweigepflicht	4
II. Regelungsgehalt der Schweigepflicht	2	3. Verpflichtete nach § 12 WpHG	7
1. Gegenstand der Pflicht	2	4. Ausnahmen von der Schweigepflicht	9

1 **I. Übersicht und Rechtsentwicklung.** § 12 WpHG regelt eine besondere **Schweigepflicht für Adressaten** einer Maßnahme wegen eines möglichen Verstoßes gegen das Verbot von Insiderhandel und Marktmanipulation nach Art. 14 oder nach Art. 15 VO Nr. 596/2014 (MAR). Diese Regelung hat im deutschen Kapitalmarktrecht eine inzwischen schon recht lange Tradition. Bis zur Neufassung des WpHG durch das 2. FiMaNoG war eine entsprechende Schweigepflicht für Adressaten von Maßnahmen zur Sachverhaltsaufklärung von möglichen Insider- oder Marktmanipulationsverstößen in § 4 Abs. 8 WpHG a.F.[2] enthalten. Anpassungen hat diese Norm bislang nur mit dem 1. FiMaNoG durch die redaktionelle Anpassung des WpHG an die MAR[3] und im Rahmen des 2. FiMaNoG durch die Neunummerierung des WpHG erfahren. Hierbei hat sich der Regelungsgehalt nicht geändert[4]. Durch die Regelung soll vermieden werden, dass die Sachverhaltsaufklärung im Rahmen der Über-

---
1 Vgl. Begr. RegE AnSVG zu § 4 WpHG a.F., BT-Drucks. 15/3174, 30.
2 § 4 Abs. 8 WpHG a.F. ersetzte die vorherigen Regelungen in §§ 16 Abs. 8, 20b Abs. 5 WpHG in der Fassung bis zum 29.10.2004, die sich gleichfalls auf die Überwachung der Verbote von Insiderhandel und Marktmanipulation bezogen.
3 Vgl. Beschlussempfehlung des Finanzausschusses zum 1. FiMaNoG zu § 4 Abs. 8 WpHG, BT-Drucks. 18/8099, 17, 106.
4 Vgl. Begr. RegE 2. FiMaNoG zu § 12 WpHG, BT-Drucks. 18/10936, 227.

wachung des Verbots von Insiderhandel und Marktmanipulation durch die Bundesanstalt erschwert wird[1], weil die Betroffenen von bevorstehenden Sachverhaltsaufklärungen oder Ermittlungen vorzeitig erfahren und ggf. Verdunkelungshandlungen vornehmen oder sich untereinander abstimmen. Vergleichbare Schweigepflichten bestehen auch in anderen wirtschaftsstrafrechtlichen Regelungen, wie beispielsweise in § 12 GwG.

II. Regelungsgehalt der Schweigepflicht. 1. Gegenstand der Pflicht. Die in § 12 WpHG geregelte Pflicht ist eine **Schweigepflicht** für die Adressaten von Maßnahmen der Bundesanstalt, die diese zur Sachverhaltsaufklärung bezüglich der Überwachung des Verbots von Insiderhandel oder Marktmanipulation ergreift. Diesen Adressaten ist es untersagt, andere Personen von der Maßnahme bzw. den Maßnahmen der Bundesanstalt oder von einem daraufhin eingeleiteten Ermittlungsverfahren in Kenntnis zu setzen. Entsprechend kann die Regelung auch als ein **Verbot der Kenntnis- oder Informationsweitergabe in Bezug auf entsprechende Maßnahmen der Bundesanstalt oder der Einleitung eines Ermittlungsverfahrens** durch die Staatsanwaltschaft bezeichnet werden. Dieses Verbot ist ohne besondere Beschränkungen normiert. Es bezieht sich also auf jedwede Form der Weitergabe dieser Kenntnis. Dies entspricht auch dem Ziel der Norm, dass die Marktteilnehmer von den Sachverhaltsaufklärungen oder anstehenden Ermittlungen nicht vorzeitig erfahren sollen und ihnen hiermit die Möglichkeit genommen werden soll, ggf. Verdunkelungshandlungen vornehmen oder sich untereinander abstimmen. 2

Ein vorsätzlicher oder leichtfertiger Verstoß gegen die Schweigepflicht des § 12 WpHG stellt gem. § 120 Abs. 2 Nr. 2a WpHG eine **Ordnungswidrigkeit** dar. 3

2. Voraussetzung der Schweigepflicht. Voraussetzung für diese Schweigepflicht ist, dass die Bundesanstalt nach außen wirkende Maßnahmen wegen eines möglichen Verstoßes gegen das Verbot nach Art. 14 oder nach Art. 15 VO Nr. 596/2014 (MAR) erlässt. Es handelt sich hierbei um Maßnahmen zur Sachverhaltsaufklärung in Rahmen der **Überwachung der Einhaltung des Verbots von Insiderhandel und Marktmanipulation**. 4

Hierbei bezieht sich die Schweigepflicht auf **Maßnahmen** der Bundesanstalt **nach § 6 Abs. 2 bis 13 sowie den §§ 7 bis 9 WpHG**. Dies sind Maßnahmen zur Sachverhaltsaufklärung, wie beispielsweise Auskunfts- und Vorlageersuchen auch in Bezug auf algorithmischen Handel sowie Betretungs- und Durchsuchungsbefugnis nach § 6 Abs. 3, 4, 11, 12 WpHG, die Herausgabe von Kommunikationsdaten bzw. Übermittlung und Herausgabe marktbezogener Daten nach §§ 7 und 8 WpHG. Hierzu gehören aber auch Untersagungen von bestimmten Handlungen, Verhaltensweisen, Geschäften, Tätigkeiten oder Positionen nach § 6 Abs. 6 bis 8 und 10, § 9 WpHG bzw. Anordnungen zur Durchsetzung der Ge- und Verbote des WpHG und entsprechender EU-Verordnungen nach § 6 Abs. 2 WpHG. Nicht überzeugend erscheint die Anordnung einer Schweigepflicht in Bezug auf die Veröffentlichung von Warnungen durch die Bundesanstalt auf ihrer Internetseite nach § 6 Abs. 9 WpHG. Denn zumindest nach der Veröffentlichung der Warnung muss die Information als marktbekannt gelten. Eine Schweigepflicht geht insoweit ins Leere. 5

Die Schweigepflicht umfasst die Maßnahmen der Bundesanstalt bezüglich der aufgeführten Eingriffsbefugnisse. Eine **entsprechende Maßnahme** ist nicht nur der Erlass des entsprechenden Verwaltungsakts, sondern auch schon die hierfür notwendigen Verfahrensschritte, wie die Anhörung vor Erlass eines solchen Verwaltungsakts nach § 28 VwVfG oder Schritte zur Sachverhaltsaufklärung zur Prüfung des Erlasses eines solchen Verwaltungsakts nach § 24 VwVfG. 6

3. Verpflichtete nach § 12 WpHG. Alle Adressaten der vorgenannten Maßnahmen unterliegen dieser Schweigepflicht. Das bedeutet, dass die Schweigepflicht nicht nur Personen obliegt, deren Geschäfte oder deren Handeln auf die Einhaltung des Verbots von Insiderhandel und Marktmanipulation überprüft wird, sondern auch andere Personen, die zur Sachverhaltsaufklärung herangezogen werden, wie beispielsweise Wertpapierdienstleistungsunternehmen, Telekommunikationsbetreiber, Börsen etc. Diese Schweigepflicht bezüglich aller Adressaten ist u.a. auch deshalb so wichtig, da mit Beginn einer Sachverhaltsaufklärung durch die Bundesanstalt regelmäßig noch gar nicht bestimmt werden kann, ob und ggf. wer gegen ein entsprechendes Verbot verstoßen haben könnte. Denn regelmäßig ist Ausgangspunkt einer Sachverhaltsaufklärung durch die Bundesanstalt eine Auffälligkeit im Marktgeschehen, in der Informationslage etc., ohne dass schon erkennbar ist, ob und ggf. welche Personen eventuell gegen ein Verbot verstoßen haben könnten (s. § 6 WpHG Rz. 66). Die Regelung bezweckt gerade die Sicherung einer ungestörten Sachverhaltsklärung durch die Bundesanstalt. 7

Die gesetzliche Schweigepflicht nach § 12 WpHG schließt auch die Unterrichtung von Bankkunden durch ihr jeweiliges Kreditinstitut unter dem Gesichtspunkt des **(bank-)vertraglichen Treueverhältnisses** aus[2], wenn die Bank beispielsweise über die Identität des Kunden nach § 6 Abs. 3 WpHG befragt wurde. Gleiches gilt auch für andere Treueverhältnisse, es sei denn in Bezug auf die Empfänger der Informationen regelt § 12 WpHG ausdrücklich eine Ausnahme von der Pflicht. 8

---

1 Vgl. Begr. RegE Umsetzungsgesetz zu § 16 Abs. 8 WpHG, BT-Drucks. 12/7142, 106; Begr. RegE 4. FFG zu § 20b Abs. 5 WpHG, BT-Drucks. 14/8017, 91.
2 Vgl. Begr. RegE Umsetzungsgesetz zu § 16 Abs. 8 WpHG, BT-Drucks. 12/7142, 106; Begr. RegE 4. FFG zu § 20b Abs. 5 WpHG, BT-Drucks. 14/8017, 91.

4. Ausnahmen von der Schweigepflicht. Auch beim Vorliegen der Voraussetzungen der Schweigepflicht nach § 12 WpHG dürfen bestimmte Stellen über die Maßnahmen der Bundesanstalt informiert werden. Es handelt sich insoweit um eine **eng begrenzte Ausnahme** von der sonst einschlägigen Schweigepflicht. So dürfen über die Maßnahmen der Bundesanstalt andere **staatliche Stellen** informiert werden. Bei diesen staatlichen Stellen kann es sich beispielsweise um die in einem späteren Stadium ermittelnde Staatsanwaltschaft, die zuständige Börsenaufsichtsbehörde oder Handelsüberwachungsstelle handeln.

Die Adressaten dieser Maßnahmen dürfen als Ausnahme von dieser besonderen Schweigepflicht neben den staatlichen Stellen auch **Personen** unterrichten, die **aufgrund ihres Berufes einer gesetzlichen Verschwiegenheitspflicht unterliegen**. Bei den beruflichen Geheimnisträgern ist insbesondere an Rechtsanwälte, Steuerberater oder Wirtschaftsprüfer zu denken. Ziel der Ausnahme ist es, dem Adressaten die Ausübung seiner verfassungsmäßigen Rechte wie beispielsweise die Hinzuziehung eines Verteidigers (§ 137 StPO) zu ermöglichen.

Der reguläre Informationsfluss innerhalb eines von einer Maßnahme betroffenen Unternehmens, wie etwa die Benachrichtigung der sog. „**Compliance-Stelle**" oder der eigenen Rechtsabteilung, wird von der Vorschrift nicht umfasst, sofern das Unternehmen selbst der Adressat der Maßnahme ist[1]. Im Umkehrschluss darf ein Kreditinstitut bzw. dessen Compliance-Stelle einen Angestellten, der Geschäfte mit Bezug zu einem von der Bundesanstalt nachgefragten Finanzinstrument für eigene Rechnung getätigt hat, keinesfalls unterrichten. Denn im letzteren Fall ist das Unternehmen zwar der Adressat des Verwaltungsakts nicht aber derjenige, dessen Daten bzw. Handels- oder Geschäftsinformationen an die Bundesanstalt weitergegeben werden.

Vorbemerkungen zu § 13 WpHG

Rechtsschutz gegen Maßnahmen der Bundesanstalt und Informationszugang

Schrifttum: *Bliesener*, Aufsichtsrechtliche Verhaltenspflichten beim Wertpapierhandel, Diss. Hamburg 1997; *Böse*, Wirtschaftsaufsicht und Strafverfolgung, 2005; *Gurlit*, Informationsfreiheit und Verschwiegenheitspflichten der BaFin, NZG 2014, 1161; *Habetha*, Verwaltungsrechtliche Rasterfahndung mit strafrechtlichen Konsequenzen? – Zur Einschränkung des Bankgeheimnisses durch § 16 WpHG –, WM 1996, 2133; *Himmelreich*, Insiderstrafverfolgung durch die Bundesanstalt für Finanzdienstleistungsaufsicht, 2013; *Junker*, Gewährleistungsaufsicht über Wertpapierdienstleistungsunternehmen, 2003; *Luchtman/Vervaele*, Enforcing the Market Abuse Regime: Towards an Integrated Model of Criminal and Administrative Law Enforcement in the European Union?, New Journal of European Criminal Law 2014, 192; *Mennicke*, Sanktionen gegen Insiderhandel: eine rechtsvergleichende Untersuchung unter Berücksichtigung des US-amerikanischen und britischen Rechts, 1996; *Ransiek*, Zur prozessualen Durchsetzung des Insiderstrafrechts, DZWIR 1995, 53; *Wilson*, The New Market Abuse Regulation and Directive on Criminal Sanctions for Market Abuse: European Capital Markets Law and New Global Trends in Financial Crime Enforcement, ERA Forum 2015, 427; *Zietsch/Weigand*, Auskunftsanspruch der BaFin und Akteneinsichtsrecht gegenüber der BaFin – ein rechtsfreier Raum?, WM 2013, 1785; *Zimmer/Beisken*, Die Regulierung von Leerverkäufen de lege lata und de lege ferenda, WM 2010, 485.

I. Allgemeines 1	III. Ansprüche auf Informationszugang und Rechtsschutz 31
II. Rechtsschutz bei aufsichtlichem (verwaltungsbehördlichem) Handeln 13	IV. Rechtsschutz im Verwaltungsvollstreckungsverfahren 38
1. Widerspruch und Anfechtungsklage (§§ 42 Abs. 1 Alt. 1, 68 ff. VwGO) 14	V. Rechtsschutz im straf- und ordnungswidrigkeitenrechtlichen Ermittlungsverfahren 41
2. Fortsetzungsfeststellungsklage (vgl. § 113 Abs. 1 Satz 4 VwGO) 22	VI. Besonderheiten bei der verwaltungsbehördlichen Amtshilfe 48
3. Widerspruch und Verpflichtungsklage (§ 42 Abs. 1 Alt. 2, §§ 68 ff. VwGO) 23	VII. Rechtsgewährleistung durch staatliche Ersatzleistungen und Sekundäransprüche ... 51
4. Leistungs- und Feststellungsklage (§ 43 VwGO) 26	
5. Rechtsschutz gegen Rechtsverordnungen 27	
6. Einstweiliger Rechtsschutz 30	

I. Allgemeines. Spiegelbildlich zur Ausweitung und Ausdifferenzierung der Eingriffsbefugnisse mit der neuen europäischen Kapitalmarktregulierung[2] werden die Anforderungen an den Rechtsschutz der jeweils Betroffenen komplexer. Schon europarechtlich (Art. 47 GRCh), aber auch verfassungsrechtlich (Art. 19 Abs. 4 GG), ist ein Rechtsbehelf vor einem Gericht gegen Entscheidungen der Bundesanstalt geboten[3], soweit die Bundesanstalt als zuständige Behörde in Rechte Einzelner eingreift, z.B. als zuständige Behörde nach Art. 22 VO Nr. 596/2014 oder Art. 23 VO Nr. 1286/2014. Darüber hinausgehende Schutzgarantien können sich aus den jeweils tangierten Grundrechten ergeben. Unter Berücksichtigung dieser europa- und verfassungsrechtlichen

---

1 Vgl. Begr. RegE AnSVG zu § 4 Abs. 8 WpHG, BT-Drucks. 15/3174, 31.
2 *Wilson*, ERA Forum 2015, 427, 437, 444.
3 Vgl. Erwägungsgrund 27 RL 2014/57/EU (Marktmissbrauchsrichtlinie).

Vorgaben richtet sich der **Rechtsschutz nach den allgemeinen Vorschriften**. Besondere Vorschriften greifen dagegen nur vereinzelt: Nach § 13 WpHG haben Widerspruch und Anfechtungsklage gegen Maßnahmen nach § 6 Abs. 1 bis 14 WpHG und den §§ 7 bis 10 WpHG keine aufschiebende Wirkung (s. § 13 WpHG Rz. 1 ff.); von Bedeutung ist auch, dass Dritte, insbesondere Wettbewerber und Anleger, grundsätzlich kein geschütztes berechtigtes Interesse auf Tätigwerden oder Untätigbleiben der Bundesanstalt haben, da die Bundesanstalt nach § 4 Abs. 4 FinDAG ausschließlich im öffentlichen Interesse handelt (Rz. 7 ff.). Nur im Hinblick auf die Überwachung von Unternehmensabschlüssen enthalten die §§ 112 und 113 WpHG besondere Regelungen zu Widerspruch und Beschwerde, die ebenso eine aufschiebende Wirkung des Rechtsbehelfs ausschließen (§ 113 WpHG Rz. 5).

Der materiell-rechtlichen Harmonisierung des Kapitalmarktrechts auf europäischer Ebene entspricht nur teilweise eine auch verfahrens- und prozessrechtliche Konvergenz zwischen den Mitgliedstaaten. Dies folgt allgemein aus der dezentralen Anwendung des Europarechts mittels bereits bestehender nationalstaatlicher Verfahren[1]. Dementsprechend unterschiedlich sind die jeweiligen Rechtsschutzmechanismen zwischen den Mitgliedstaaten ausgeprägt, nicht nur aufgrund der unterschiedlichen verwaltungs-, bußgeld- und strafrechtlichen Verfahren, sondern auch entsprechend der jeweiligen nationalstaatlichen Wahl zwischen der Verwaltungs- oder der Strafrechtsebene. Erwägungsgrund 66 VO Nr. 596/2014 erkennt die Einfügung in das *„Gesamtsystem nationaler Rechtsvorschriften"* ausdrücklich an[2]. 2

Entsprechend der Vielfalt der Aufgaben und Befugnisse der Bundesanstalt nach dem WpHG gestalten sich die Rechtsschutzmöglichkeiten gegen sie vielfältig, und es sind unterschiedliche Rechtsbehelfe gegeben, wenn die Bundesanstalt etwas tut oder unterlässt, im Einzelfall, oder normsetzend, aufsichts- oder bußgeldrechtlich tätig wird. Eher phänomenologisch kann nach den verschiedenen **Rechtsschutzinteressenten und -interessen** unterschieden werden: 3

– Die *institutionellen Akteure* der Wertpapiermärkte, namentlich Emittenten und Wertpapierdienstleistungsunternehmen, haben ein vorrangiges Interesse an einer guten und vertrauensvollen Zusammenarbeit mit der Bundesanstalt; für sie steht Rechtsschutz nicht im Vordergrund.

– Erst wenn sie zu *unmittelbar Betroffenen* von aufsichts- oder bußgeldrechtlich eingreifenden Maßnahmen werden, besteht ein Rechtsschutz- als klassisches Eingriffsabwehr- oder -minimierungsinteresse.

– Seit einiger Zeit drängen *Anleger* (vor allem wenn sie Schäden befürchten oder erlitten haben, aber auch sog. Berufsaktionäre) auf Rechtsschutz, sei es, dass sie von der Bundesanstalt ein aufsichtsrechtliches Tätigwerden begehren, sei es, dass sie Amts- und Staatshaftungsansprüche geltend machen, oder sei es, dass sie Auskünfte begehren, um diese in zivilrechtlichen Streitigkeiten zu verwenden, wobei neuerdings das Informationsfreiheitsgesetz als Anspruchsgrundlage herangezogen worden ist[3].

– Weiterhin zeichnet sich ab, dass *Wettbewerber* von Emittenten oder Wertpapierdienstleistungsunternehmen wettbewerbliche Interessen daran haben können, dass die Bundesanstalt gegen diese aufsichts- oder bußgeldrechtlich vorgeht[4].

Darüber hinaus lassen sich die Rechtsschutzmöglichkeiten gegen Handlungen oder Unterlassungen der Bundesanstalt, aber auch nach der Natur der gem. § 6 WpHG ausgeübten Befugnis, differenzieren. Dies ist auch zweckmäßig, da die Rechtsnatur der Eingriffs- oder Regulierungsmaßnahme seitens der Bundesanstalt darüber entscheidet, welche Rechtsschutzmöglichkeiten gegen diese bestehen. Die Relevanz dieser Differenzierung wird insbesondere in den unterschiedlich gesetzlich vorgesehenen Rechtsschutzmechanismen sichtbar, deren Einschlägigkeit etwa davon abhängt, ob es sich bei der im Wege des Rechtsschutzverfahrens gerügten oder begehrten Handlung um einen Verwaltungsakt oder einen Realakt handelt, was entscheidend für die Form des verwaltungsgerichtlichen Rechtsschutzes ist – Anfechtungs-, Verpflichtungs- und Fortsetzungsfeststellungsklage sind statthaft, wenn es sich der Kompetenz nach um Verwaltungsakte gem. § 35 VwVfG handelt, wohingegen bei Realakten Rechtsschutz im Wege der Leistungs- und Feststellungsklage besteht. Für die eine entsprechende Abgrenzung erfordernden Kompetenzen des § 6 WpHG hat der Gesetzgeber in § 6 Abs. 12, 13 WpHG jedoch spezifische abdrängende Sonderzuweisungen an die ordentlichen Gerichte für die Entscheidung über entsprechende Anträge der BaFin geschaffen, so dass es auf § 23 EGGVG insoweit nicht ankommt. 4

Ausgehend von einer Differenzierung entsprechend der Natur der durch § 6 WpHG der Bundesanstalt übertragenen Kompetenzen lassen sich folgende Kategorien von Eingriffsbefugnissen der Bundesanstalt unterscheiden: 5

---

1 *Luchtman/Vervaele*, NJECL 2014, 192, 210.
2 Eigene Hervorhebung.
3 Vgl. hierzu BVerwG v. 27.11.2014 – 7 C 18/12, NVwZ 2015, 823; BVerwG v. 24.5.2011 – 7 C 6.10, ZIP 2011, 1313 (Bestätigung von VG Frankfurt/M. v. 20.3.2010 – 7 K 243/09.F); aus der Literatur s. *Gurlit*, NZG 2014, 1161; *Möllers/Wenninger*, ZHR 170 (2006), 455 ff. (näher noch Rz. 31 ff.).
4 So ist im Rahmen der Übernahme der Continental AG durch die Schaeffler-Gruppe im Sommer 2008 ein Einschreiten der Bundesanstalt gefordert worden, u.a. weil die Schaeffler-Gruppe entgegen § 21 (nunmehr § 26) WpHG die Überschreitung der Schwellenwerte nicht mitgeteilt habe.

- das Verlangen um Auskunft (Auskunftsanspruch) in § 6 Abs. 3, 4 WpHG, § 8 Abs. 2 WpHG, § 10 Abs. 2 Satz 3 Nr. 2 WpHG;
- das Herausgabeverlangen (Herausgabeanspruch) in § 6 Abs. 3 Satz 1 WpHG, § 7 WpHG;
- die Befugnis zur Untersagung bestimmter Tätigkeiten in § 6 Abs. 2 Satz 4, 5, Abs. 6, 7, 8, 10 WpHG, § 9 Abs. 2 WpHG, § 10 Abs. 1 Satz 3 Nr. 1, 2, Abs. 2 Satz 3 Nr. 3 lit. a, c, d WpHG;
- die Verpflichtung zur Vornahme einer bestimmten Handlung oder Duldung in § 6 Abs. 3 WpHG, § 9 Abs. 1 WpHG (Vorlage von Unterlagen), § 6 Abs. 11 WpHG (Duldung des Betretens des eigenen Grundstückes), § 8 Abs. 1 WpHG (Übermittlung von Informationen in bestimmter Form), § 10 Abs. 1 Satz 3 Nr. 3 (Verpflichtung zur Neuveröffentlichung eines Basisinformationsblattes); die öffentliche Warnung vor der die Stabilität des Finanzmarktes gefährdenden Faktoren in § 6 Abs. 2 Satz 3, Abs. 8 WpHG, § 10 Abs. 1 Satz 3 Nr. 4, Abs. 2 Satz 3 Nr. 1, Nr. 3 lit. b WpHG;
- die Befugnis zur Durchsuchung von Räumlichkeiten und Sicherstellung und Beschlagnahme von Gegenständen in § 6 Abs. 12, 13 WpHG; sowie
- die Ladung und Vernehmung von Personen in § 6 Abs. 3 Satz 1 WpHG.

Ausgehend von dieser Unterscheidung bestehen für die Eingriffsbefugnisse der Bundesanstalt verschiedene Rechtsschutzformen (s. Rz. 13 ff.).

6 Der Rechtsweg steht natürlichen oder juristischen Personen offen, die eine abgeschlossene, andauernde oder ggf. auch nur unmittelbar bevorstehende **Verletzung eigener Rechte** als zumindest möglich geltend machen können[1]. Damit sind Popular- oder Verbandsklagen z.B. der Spitzenverbände der Kreditwirtschaft oder Anlegerschutzverbände ausgeschlossen. Die geltend gemachte Rechtsverletzung kann sich auf alle *Individualrechte* beziehen, gleich, ob sie verfassungsrechtlich oder nur einfach-gesetzlich (oder auch nur rechtsgeschäftlich) begründet sind. Der Kläger muss die Verletzung eines *subjektiv öffentlichen Rechts* i.S.d. sog. Schutznormtheorie geltend machen[2]. Die für die behördliche Entscheidung maßgeblichen Rechtssätze müssen die Person objektiv begünstigen und die individuelle Begünstigung und deren Durchsetzbarkeit müssen von der Rechtsordnung bezweckt sein. Den Kreis dieser Personen hat der Gesetzgeber für das WpHG aber im Grundsatz eng gezogen und insbesondere vom Tätigwerden oder Untätigbleiben der Bundesanstalt mitbetroffene Dritte in der Regel ausgeschlossen:

7 Einen **Ausschluss des Drittschutzes** bei der integrierten Finanzaufsicht bezweckt der nationale Gesetzgeber mit § 4 Abs. 4 FinDAG: *"Die Bundesanstalt nimmt ihre Aufgaben und Befugnisse nur im öffentlichen Interesse wahr."* Damit durchaus im Einklang steht es, wenn europäisch die privatrechtliche Durchsetzbarkeit im Horizontalverhältnis verstärkt wird[3]. Zweck der Vorschrift war, dass Amts- und Staatshaftungsansprüche Drittbetroffener ausgeschlossen werden, wie sie zur früheren Kreditwesenaufsicht in der Rechtsprechung anerkannt gewesen waren (vgl. BGHZ 74, 144 ["Wetterstein"] und BGHZ 75, 120 ["Herstatt"])[4]. Vergleichbare Vorschriften fanden und finden sich namentlich in § 6 Abs. 4 KWG a.F., § 4 Abs. 2 WpÜG, § 3 Abs. 3 BörsG (für die Börsenaufsicht) und § 294 Abs. 8 VAG (für die Versicherungsaufsicht). Nach dem Wortlaut soll die Norm aber auch ein subjektiv-öffentliches Recht Drittbetroffener, insbesondere Anleger und Wettbewerber, auf Tätigwerden oder Untätigbleiben der Bundesanstalt ausschließen.

8 Zur **Begründung** dieser Rechtslage wird teils mehr oder weniger offen der Schutz des Fiskus vor potentiell astronomischen Schadensersatzforderungen ins Feld geführt, teils darauf hingewiesen, dass, wären die Aufsichtsbehörden Ansprüchen Dritter ausgesetzt, dies auf eine erhebliche Komplizierung der aufsichtsrechtlichen Prozesse hinauslaufe und Erwägungen der Risikominimierung und Absicherung nochmals größere Bedeutung gewinnen würden[5]. Die verbreitete Auffassung leitet aus diesen Vorschriften darüber hinausgehend auch für das verwaltungsrechtliche Primärverhältnis ab, dass die Wahrnehmung der aufsichtlichen Befugnisse der Bundesanstalt nicht im Interesse einzelner Wertpapierkunden oder von Gruppen von ihnen obliege, sondern im Interesse der Vermeidung und Beseitigung von Missständen und der Durchsetzung der konkreten aufsichtsrechtlichen Vorschriften des Gesetzes (Vor § 6 WpHG Rz. 46). Als positives Ergebnis dieser Aufsicht stelle sich der ordnungsgemäß funktionierende Wertpapiermarkt insgesamt dar, von dem auch der Einzelkunde profitiere, ohne dass ihm jedoch ein konkreter Anspruch auf Vornahme von Handlungen seitens der Bundesanstalt gegeben ist.

9 Gegen den Ausschluss des primären und amtshaftungsrechtlichen Drittschutzes brachte und bringt die Literatur **europa- und verfassungsrechtliche Bedenken** vor[6]. Das europäische Richtlinienrecht betone durchweg den Anlegerschutz und aus Art. 15 RL 2003/6/EG (Marktmissbrauchsrichtlinie) a.F. folge, dass Rechtsschutz gegen alle „Entscheidungen" der Bundesanstalt eröffnet werden müsse; zwar wurde Art. 15 RL 2003/6/EG a.F. nicht

---

1 S. nur *Sachs* in Sachs, 7. Aufl. 2014, Art. 19 GG Rz. 126 ff.
2 S. nur *Sachs* in Sachs, 7. Aufl. 2014, Art. 19 GG Rz. 129 ff. m. umf. N.
3 *Grundmann*, ZBB 2018, 1, 3 f.; *Einsele*, ZHR 180 (2016), 233, 238 ff.
4 Vgl. Beschlussempfehlung und Bericht des Finanzausschusses, BT-Drucks. 12/7918, 100 zu § 4 Abs. 2 WpHG a.F.
5 *Zetzsche* in Schwark/Zimmer, § 4 WpHG Rz. 11.
6 S. nur *Fleischer*, Gutachten F für den 64. DJT, 2002, S. F 54 f.; *Papier* in MünchKomm. BGB, Bd. 5, 6. Aufl. 2013, § 839 BGB Rz. 255; je m.w.N.

in die Marktmissbrauchsverordnung übertragen, die Rechtsschutzgarantie ergibt sich aber weiterhin aus Art. 47 GRCh, soweit die Bundesanstalt als zuständige Behörde i.S.v. Art. 22 VO Nr. 596/2014 Unionsrecht anwendet. Damit seien jedenfalls alle Einzelfall-Entscheidungen gemeint, die Rechte Einzelner einschränkten. Alle Maßnahmen der Bundesanstalt, die *grundrechtlich geschützte Positionen* einschränkten, seien unmittelbar kraft Verfassungsrecht der gerichtlichen Überprüfung zugänglich. Die Aufsicht sei auch als Konkretisierung der staatlichen Schutzpflicht zugunsten des Eigentums (Art. 14 GG) zu verstehen; ein genereller Ausschluss des Drittschutzes könne nicht mehr als verfassungskonform angesehen werden.

Diese Bedenken haben Gewicht. Für den haftungsrechtlichen Sekundärschutz haben EuGH[1] und auch BGH[2] in Grundsatzentscheidungen ausgesprochen, dass es europarechtskonform und verfassungsgemäß sei, bei der Bankenaufsicht den Drittschutz grundsätzlich auszuschließen. Die Rechtfertigung liegt hier im Moral Hazard-Paradigma[3]. Dass die Wertpapierhandelsaufsicht abweichend zu beurteilen wäre, ist bislang noch nicht überzeugend dargetan, und jedenfalls ist eine abweichende Beurteilung durch EuGH und BGH nicht zu erwarten. Deutlich anders ist die Frage nach verwaltungsrechtlichem Drittschutz zu beurteilen. Auf ihn zielt § 4 Abs. 4 FinDAG seiner entstehungsgeschichtlichen Intention nach nicht. 10

Ob entscheidungserhebliche Normen des europäischen und nationalen Kapitalmarktrechts qualifiziert und individualisiert schutzfähige Positionen Einzelner begründen und auf der primären Ebene des Verwaltungsrechtsschutzes drittschützend sind, ist durch Auslegung des einzelnen Tatbestandes zu beurteilen (Schutznormlehre). Besondere Bedeutung hat dabei, ob die Norm auf eine öffentlich-rechtliche Lösung von Konflikten im privaten Horizontalverhältnis zielt[4]. Der durch § 4 Abs. 4 FinDAG angeordnete Ausschluss des amtshaftungsrechtlichen Drittschutzes ist hier schon angesichts seiner Pauschalität lediglich indiziell, zumal der Gestaltungsspielraum des Gesetzgebers hier ohnehin grundrechtlich und europäisch begrenzt ist[5] und der subjektiv-historischen Regelungsabsicht des Gesetzgebers nur eingeschränkte Bedeutung zukommt[6]. Bei einzelfallbezogenen (Regulierungs-) Maßnahmen der Bundesanstalt ersetzt § 4 Abs. 4 FinDAG eine exakte Auslegung des Normprogramms nicht, sondern kann hier lediglich die norminterne Auslegung indiziell beeinflussen[7], ohne eine strikte und kategorische Ausschlusswirkung zu haben. Erst recht kann die einfachrechtliche Aussage des § 4 Abs. 4 FinDAG den normexternen, grundrechtsorientierten Drittschutz nicht beeinträchtigen[8]. 11

Vor diesem Hintergrund sind die – in tendenziell abnehmender Zahl – an die Bundesanstalt gerichteten **Anlegerbeschwerden**[9], mit denen Marktteilnehmer wirkliche oder vermeintliche Missstände im Wertpapierhandel rügen, in aller Regel nicht als förmliche Rechtsbehelfe, sondern als Petitionen i.S.v. Art. 17 GG zu behandeln. Die Bundesanstalt muss sich also mit ihnen befassen und dem Beschwerdeführer schriftlichen Bescheid über die Behandlung der Beschwerde geben, ohne dass hierfür eine weitergehende inhaltliche Begründung erforderlich ist. Beschwerden gegenüber einem Wertpapierdienstleistungsunternehmen i.S.v. Art. 26 DelVO 2017/565 sind nicht an die Bundesanstalt adressiert und deshalb auch keine Petitionen; werden sie gem. § 87 Abs. 1 Satz 4 WpHG an die Bundesanstalt weitergeleitet, muss diese zwar prüfen, ob Anlass besteht, Maßnahmen nach § 87 Abs. 9 WpHG zu ergreifen, nicht aber die Beschwerdeführer bescheiden. 12

II. Rechtsschutz bei aufsichtlichem (verwaltungsbehördlichem) Handeln. Gegen aufsichtsrechtliches Tätigwerden oder Untätigbleiben der Bundesanstalt nach dem WpHG ist vorbehaltlich von Sonderregelungen der **Verwaltungsrechtsweg** gem. § 40 Abs. 1 Satz 1 VwGO eröffnet. Die Aufsichtstätigkeit der Bundesanstalt (§ 6 Abs. 1 Satz 1 WpHG) ist materielle Verwaltung[10]. Die Bundesanstalt ist im öffentlichen Interesse tätig (§ 4 Abs. 4 FinDAG); Anordnungen insbesondere nach § 6 Abs. 1 Satz 3, Abs. 2–14 WpHG ergehen im Über-Unterordnungsverhältnis und enthalten einseitig verbindliche Regelungen; und nach der sog. Zuordnungs- oder Sonderrechtstheorie berechtigen und verpflichten die Ermächtigungsvorschriften des WpHG die Bundesanstalt gerade als Trägerin hoheitlicher Gewalt. 13

1. Widerspruch und Anfechtungsklage (§§ 42 Abs. 1 Alt. 1, 68 ff. VwGO). Widerspruch und Anfechtungsklage sind nur statthaft, wenn sie eine Maßnahme der Bundesanstalt zum Gegenstand haben, die **Verwaltungs-** 14

---

1 EuGH v. 12.10.2004 – Rs. C-222/02, Paul u.a. ./. Deutschland, Slg. 2004, I-9425; dazu v. *Danwitz*, JZ 2005, 729; *Hafke*, WuB I L 3 Sonstiges (RL 94/19/EWG) 1.05; *Jaskulla*, BKR 2005, 231; *Rohlfrig*, WM 2005, 311; *Sethe*, Anlegerschutz im Recht der Vermögensverwaltung, S. 956 ff. m.w.N.
2 BGH v. 20.1.2005 – III ZR 48/01, BGHZ 162, 49 = VersR 2005, 1287 mit Anm. *Bruns*, EWiR 2005, 611; *Danwitz*, JZ 2005, 729; *Hafke*, WuB I L 3 Sonstiges (RL 94/19/EWG) 1.05; *Schwintek*, EWiR 2005, 793.
3 *Thiele*, Finanzaufsicht, 2014, S. 101.
4 *Schmidt-Preuss*, Kollidierende Privatinteressen im Verwaltungsrecht, 1992, S. 208 ff.
5 *Schulze-Fielitz* in Dreier, 3. Aufl. 2013, Art. 19 IV GG Rz. 63, 68 ff.
6 *Schmidt-Aßmann* in Maunz/Dürig, Art. 19 Abs. 4 GG Rz. 138.
7 Vgl. *Sachs* in Sachs, 7. Aufl. 2014, Art. 19 GG Rz. 132 m.N.
8 Bei „schwer und unerträglicher" Grundrechtsbeeinträchtigung für Drittschutz deshalb *Giesberts* in KölnKomm. WpHG, § 4 WpHG Rz. 98, 100. Offener gegenüber einem „verwaltungsrechtlichen Drittschutz" *Zetzsche* in Schwark/Zimmer, § 4 WpHG Rz. 12 ff.
9 Hierzu *Schlette/Bouchon* in Fuchs, § 4 WpHG Rz. 15.
10 S. nur *Maurer*, Allgemeines Verwaltungsrecht, 18. Aufl. 2011, § 3 Rz. 10 ff. m.N.

akt i.S.v. § 35 VwVfG ist, nämlich eine hoheitliche Maßnahme, die die Bundesanstalt als Behörde zur Regelung eines Einzelfalls auf dem Gebiet des öffentlichen Rechts trifft und die auf unmittelbare Rechtswirkung nach außen gerichtet ist (§ 35 Satz 1 VwVfG), ggf. in Gestalt einer Allgemeinverfügung (§ 35 Satz 2 VwVfG). Aufgrund der abdrängenden Sonderzuweisung gem. § 6 Abs. 12 Satz 6 WpHG sowie § 6 Abs. 13 Satz 3 WpHG, welche jeweils als *lex specialis* vorgehen, kommt es auf § 23 EGGVG nicht an. In beiden Fällen ist der Verwaltungsrechtsweg gem. § 40 Abs. 1 Satz 1 VwGO nicht eröffnet.

15 Im WpHG kommen u.a. folgende **Verwaltungsakte der Bundesanstalt** in Betracht:
- *Anordnungen zur Durchsetzung der Verbote oder Gebote des WpHG* gem. § 6 Abs. 2 Satz 2 WpHG, wenn sie Einzelfälle mit unmittelbarer Rechtswirkung nach außen regeln;
- *Untersagung oder Aussetzung des Handels mit Finanzinstrumenten* gem. § 6 Abs. 2 Satz 4 WpHG und *Aussetzung des Vertriebs oder Verkaufs von Finanzinstrumenten oder strukturierten Einlagen* gem. § 6 Abs. 2 Satz 5 WpHG. In beiden Fällen handelt es sich um eine Allgemeinverfügung gem. § 35 Satz 2 VwVfG[1], die zwar an einen nur nach allgemeinen Merkmalen bestimmbaren Personenkreis adressiert ist, jedoch durch den Bezug auf ein bestimmtes Finanzinstrument (oder mehrere) oder strukturierte Einlagen und einen bestimmten Missstand, durch den räumlich-gegenständlichen Bezug auf diejenigen im Inland gelegenen organisierten Märkte, auf denen das Finanzinstrument gehandelt wird, und durch die erforderliche zeitliche Begrenzung („vorübergehend") einen hinreichenden Einzelfallbezug aufweist;
- *Verlangen, die Größe von Positionen oder offenen Forderungen in Finanzinstrumenten zu verringern* gem. § 9 Abs. 1 WpHG. Die Vorschrift ermächtigt die Behörde zur Begründung einer Rechtspflicht des Adressaten, der verpflichtet ist dieser nachzukommen;
- *Einschränkung der Möglichkeit, eine Position in Warenderivaten einzugehen/Festlegung von Positionslimits nach §§ 54, 55 WpHG* gem. § 9 Abs. 2 WpHG. Die jeweiligen Maßnahmen der Behörde stellen Verwaltungsakte dar. Ihre Regelungswirkung besteht in dem rechtsverbindlichen Verbot an den Adressaten der Verfügung, eine Position in Warenderivaten einzugehen bzw. eine eindeutige quantitative Schwellengröße einer Position in einem Warenderivat (Positionslimit) zu überschreiten;
- *Auskunfts-, Vorlage- und Überlassungs- (bzw. Herausgabe-)verlangen* gem. § 6 Abs. 3, 4 WpHG, § 7 Abs. 1, 2 WpHG, § 8 Abs. 1, 2 WpHG, § 10 Abs. 2 Satz 3 Nr. 2 WpHG. Zwar handelt es sich z.T. um behördliche Verfahrenshandlungen i.S.v. § 44a Satz 1 VwGO, die an sich nur gleichzeitig mit Rechtsbehelfen gegen die Sachentscheidung angefochten werden können. Die selbständige Anfechtbarkeit ergibt sich jedoch aus § 44a Satz 2 Alt. 1 VwGO, da die genannten Maßnahmen vollstreckt werden können (s. noch Rz. 40), und auch aus Alt. 2, wenn sie gegenüber am Überwachungsverfahren nicht selbst Beteiligten ergehen;
- *Ladung einer Person* zur Vernehmung gem. § 6 Abs. 3 WpHG[2]; das soeben zu § 44a VwGO Ausgeführte gilt hier entsprechend. Auch handelt es sich nicht um einen Fall des § 23 Abs. 1 Satz 1 EGGVG, da die Ladung hier nicht primär zu repressiven Zwecken erfolgen soll, sondern zu präventiven, was aus dem Wortlaut „für die Überwachung der Einhaltung eines Verbots oder Gebots" sowie dem Sinn und Zweck der Vorschrift folgt. Folglich ist der Verwaltungsrechtsweg eröffnet;
- *Unterlassungsverlangen, Untersagung bestimmter Tätigkeiten* gem. § 6 Abs. 6, 7, 8, 10 WpHG, § 10 Abs. 1, 2 Satz 3 Nr. 3 WpHG. Auch hierbei handelt es sich um den Adressaten verbindlich verpflichtende Verbote;
- *Verlangen, das Betreten von Räumlichkeiten zu gestatten,* gem. § 6 Abs. 11 WpHG; das soeben zu § 44a VwGO Ausgeführte gilt hier entsprechend. Das schlichte Betreten dürfte demgegenüber nur ein Realakt sein.
- *Auskunfts- und Vorlageverlangen* gegenüber den Beschäftigten der Bundesanstalt gem. § 28 Abs. 2 Satz 1 WpHG. Sie betreffen die Privatsphäre der Beschäftigten und deren privates wirtschaftliches Handeln und entfalten in diesem Sinne Außenwirkung, sind also nicht bloße Innenrechtshandlungen wie z.B. Organisationsakte der Bundesanstalt;
- *Nachweisverlangen* nach § 42 WpHG;
- *Anordnungen von Prüfungen* gem. § 88 Abs. 1 WpHG und *Auskunfts-* sowie *Vorlageverlangen* gem. § 88 Abs. 2 WpHG;
- *Verlangen, einen anderen Prüfer zu bestellen* gem. § 78 Abs. 3 Satz 2 WpHG, und *Bestimmungen über den Inhalt von Prüfungen* gem. § 78 Abs. 4 Satz 1 WpHG;
- *Untersagung bestimmter Arten der Werbung* gem. § 92 Abs. 1 WpHG;
- *Untersagung der Ausführung von Aufträgen in elektronischen Handelssystemen* gem. § 105 WpHG.

16 Demgegenüber ist es **nicht** möglich, mit Widerspruch und Anfechtungsklage gegen Maßnahmen der Bundesanstalt vorzugehen, die

---

[1] In diesem Sinne hat die Bundesanstalt das im Zuge der Weltfinanzkrise 2008 ergangene Verbot von Leerverkäufen der Aktien bestimmter Unternehmen der Finanzbranche durch (auf § 4 Abs. 1 [nunmehr § 6 Abs. 1] WpHG gestützte) Allgemeinverfügung vom 19.9.2008 erlassen; s. hierzu *Zimmer/Beisken*, WM 2010, 485 ff.
[2] Ebenso *Böse*, Wirtschaftsaufsicht und Strafverfolgung, 2005, S. 205 m.N.

- **bloße Realakte** ohne rechtliche Regelungswirkung sind. Dazu gehören u.a. *Veröffentlichungen* und *Bekanntmachungen* der Bundesanstalt, aber auch die *Anzeige* gem. § 11 WpHG, die zwar ggf. die faktische Konsequenz hat, dass eine Staatsanwaltschaft ein Ermittlungsverfahren einleitet, aber ebenso wenig wie eine private Strafanzeige selbständig rechtlich anfechtbar ist;
- **bloße Innenrechtsakte** sind. Dazu gehören nicht nur *interne Organisationsakte* der Bundesanstalt, sondern auch *Maßnahmen der Zusammenarbeit* der Bundesanstalt mit anderen Behörden im Inland (§ 17 WpHG) oder mit zuständigen Stellen im Ausland (§ 18 WpHG). Bloße Innenrechtsakte sind auch *Verwaltungsvorschriften* der Bundesanstalt, auch wenn sie mittelbar Außenwirkung entfalten wie bei norminterpretierenden, normkonkretisierenden oder ermessensleitenden Verwaltungsvorschriften wie z.B. *Richtlinien* i.S.v. § 45 WpHG;
- **bloße Verfahrenshandlungen** i.S.v. § 44a Satz 1 VwGO sind, es sei denn, die Voraussetzungen des § 44a Satz 2 VwGO sind erfüllt (s. Rz. 40);
- als **Rechtsetzungsakte** einzuordnen sind. Dazu gehören insbesondere *Rechtsverordnungen* der Bundesanstalt (s. noch Rz. 27 ff.), aber auch die Anerkennung einer zulässigen Marktpraxis nach Art. 13 VO Nr. 596/2014, z.T. unter Mitwirkung der ESMA (s. Art. 13 VO Nr. 596/2014 Rz. 80 ff.).

Gemäß § 42 Abs. 2 VwGO ist die Anfechtungsklage nur zulässig, wenn der Kläger geltend macht, durch den Verwaltungsakt in seinen, d.h. eigenen Rechten betroffen zu sein. Dieses Erfordernis einer besonderen **Anfechtungsbefugnis** gilt im Widerspruchsverfahren entsprechend als Erfordernis einer besonderen **Widerspruchsbefugnis**[1]. 17

Die Widerspruchs- bzw. Anfechtungsbefugnis ergibt sich für die **Adressaten belastender Verwaltungsakte** der Bundesanstalt bereits aus deren Adressatenstellung und Belastung in Verbindung mit der als möglich geltend gemachten Rechtswidrigkeit des Verwaltungsakts. Dann kommt es nicht darauf an, ob der Adressat selbst Verfahrensbeteiligter, insbesondere Betroffener eines Überwachungsverfahrens, sonst Verantwortlicher oder „Störer" ist. Demgegenüber können **belastete Nichtadressaten** („Dritte") nur dann widerspruchs- bzw. anfechtungsbefugt sein, wenn sie die Verletzung einer Rechtsnorm geltend machen, die ihnen ein subjektives öffentliches Recht vermittelt und in diesem Sinne drittschützend ist. Wegen § 4 Abs. 4 FinDAG (s. Rz. 23) vermitteln die Vorschriften des WpHG im Grundsatz keinen solchen Drittschutz[2]. Wenig geklärte, interessante und heikle Grenzfragen wirft insoweit freilich die *Handelsuntersagung oder -aussetzung gem. § 6 Abs. 2 Satz 4 WpHG* auf. Da sie als Allgemeinverfügung ad incertas personas adressiert ist und grundrechtlich geschützte Positionen aus Art. 2, 12 und 14 GG betrifft, kann sie nicht mit der Begründung, es handele sich um eine Maßnahme lediglich im öffentlichen Interesse, als unanfechtbar eingeordnet werden. Widerspruchs- und anfechtungsbefugt dürfte jedenfalls die Geschäftsführung der Börsen bzw. Märkte sein, auf denen das betroffene Finanzinstrument gehandelt wird; zu denken ist aber auch an Kapitalmarktintermediäre und auch Anleger, mögen sie auch nicht förmliche Adressaten einer Anordnung nach § 6 Abs. 2 Satz 4 WpHG sein[3]. 18

Dass gegen Verwaltungsakte der Bundesanstalt ein **Widerspruchsverfahren** stattfindet, ergibt sich bereits aus § 68 Abs. 1 Nr. 1 VwGO, da es sich bei der Bundesanstalt – anders als bei dem Bundesministerium der Finanzen – nicht um eine *oberste Bundesbehörde* handelt[4] und wird in § 6 Abs. 25 WpHG vorausgesetzt. – Der Widerspruch muss **innerhalb eines Monats** nach Bekanntgabe **schriftlich oder zur Niederschrift**[5] bei der Bundesanstalt eingelegt werden. Die Frist beginnt nur zu laufen, wenn eine ordnungsgemäße Rechtsbehelfsbelehrung erfolgte; andernfalls gilt gem. § 70 Abs. 2 VwGO die Ausschlussfrist des § 58 Abs. 2 VwGO. – Der Widerspruch hat gem. § 13 WpHG **keine aufschiebende Wirkung**, die gem. § 80 Abs. 4, 5 VwGO wieder hergestellt werden kann, s. noch Rz. 1. – Im Widerspruchsverfahren wird nicht nur die Recht-, sondern auch die Zweckmäßigkeit des Verwaltungsakts geprüft. Die Bundesanstalt kann dem Widerspruch gem. § 72 VwGO **abhelfen**. 19

---

1 Allg. M.; vgl. *Kothe* in Redeker/v. Oertzen, 16. Aufl. 2014, § 70 VwGO Rz. 11.
2 Krit. *Zetzsche* in Schwark/Zimmer, § 4 WpHG Rz. 14: „Vom Generalausschluss aller subjektiv-öffentlichen Rechte ist in den Gesetzesmaterialien nichts zu lesen"; der, a.a.O., gemachte Vorschlag, kollektive Sachwalter wie Verwahrstellen (§ 78 KAGB), Treuhänder (§§ 7 ff. PfandBG) oder Gemeinsame Vertreter (§ 7 SchVG) als klagebefugt anzusehen, läuft aber auf eine dem Gesetzgeber vorbehaltene Verbands- oder Sammelklagebefugnis hinaus. – Offener als hier gegenüber einem verwaltungsrechtlichen Drittschutz auch *Schlette/Bouchon* in Fuchs, § 4 WpHG Rz. 11.
3 Die in Fn. 1 zu Rz. 15 erwähnte Allgemeinverfügung vom 19.9.2008 (Verbot bestimmter Leerverkäufe) nimmt von vornherein Aufgabegeschäfte durch Skontroführer und Geschäfte von Personen, die sich vertraglich verpflichtet haben, verbindliche Angebote zu stellen (z.B. Market Maker, Designated Sponsors) von dem Verbot aus und bestimmt im Übrigen, dass auf schriftlichen Antrag Ausnahmen zugelassen werden können. Das verschiebt den Rechtsschutz von der Anfechtung- hin zur Verpflichtungs- bzw. Bescheidungsklage.
4 Zum Begriff der obersten Bundesbehörde s. nur *Kothe* in Redeker/v. Oertzen, 16. Aufl. 2014, § 68 VwGO Rz. 12 m.N.
5 Die Bundesanstalt ermöglicht die rechtswirksame Übermittlung elektronischer Dokumente i.S.d. § 3a VwVfG über folgende ausschließliche Kommunikationsadressen: qes-posteingang@bafin.de für die Übermittlung qualifiziert elektronisch signierter Dokumente per E-Mail bzw. poststelle@bafin.dE-Mail.de für die Übermittlung per De-Mail, s. https://www.bafin.de/DE/Service/TopNavigation/Kontakt/RechtswirksameKommunikation/rechtswirksame_kommunikation_node.html. Die Einlegung eines Widerspruchs auf mündlichem, ggf. telefonischem Wege ist dagegen ausgeschlossen.

20 Im anschließenden **Verfahren der Anfechtungsklage** genügt zur Bezeichnung des Beklagten jedenfalls die Angabe, die Klage richte sich gegen die **Bundesanstalt** (§ 78 Abs. 1 Nr. 1 VwGO); im Hinblick auf die Rechtspersönlichkeit der Bundesanstalt (§ 1 Abs. 1 FinDAG) ist sie – nicht die Bundesrepublik Deutschland – die richtige Beklagte (vgl. auch § 18 Abs. 1 FinDAG). – § 1 Abs. 3 Satz 1 FinDAG bestimmt, dass für Klagen gegen die Bundesanstalt Frankfurt/M. als Sitz der Bundesanstalt gilt, so dass das **VG Frankfurt/M.** örtlich zuständig ist (vgl. § 52 Nr. 2 VwGO)[1]. – Die Klage hat gem. § 13 WpHG **keine aufschiebende Wirkung**.

Andernfalls erlässt die Bundesanstalt selbst als Widerspruchsbehörde (§ 73 Abs. 1 Nr. 2 VwGO) einen **Widerspruchsbescheid**, der seinerseits mit einer Rechtsmittelbelehrung zu versehen ist (§ 73 Abs. 3 Satz 1 VwGO).

21 Gegenstand der Anfechtungsprüfung einer auf § 6 Abs. 2 Satz 2 WpHG gestützten Anordnung sind regelmäßig die Tatbestandsmerkmale der Verbote und Gebote jener Gesetze, auf die Satz 1 verweist, wobei eine Weiterverweisung wiederum möglich ist[2]. Im Übrigen ist es der Bundesanstalt verwehrt, getroffene Maßnahmen erst im verwaltungsgerichtlichen Verfahren auf zusätzliche Ermächtigungsgrundlagen zu stützen, wenn diese eine Ermessensausübung vorsehen und die Bundesanstalt deren spezifisches Ermessen im Verwaltungsverfahren nicht bereits ausgeübt hat; so im Verhältnis zwischen den Ermächtigungsgrundlagen des § 6 Abs. 2 Satz 2 und Abs. 1 Satz 3 WpHG[3].

22 **2. Fortsetzungsfeststellungsklage (vgl. § 113 Abs. 1 Satz 4 VwGO).** § 113 Abs. 1 Satz 4 VwGO lässt es zu, im Wege der Klageänderung auf den Antrag überzugehen, die Rechtswidrigkeit eines Verwaltungsakts festzustellen, wenn sich ein Verwaltungsakt durch Rücknahme oder anders **erledigt**. Diese sog. **Fortsetzungsfeststellungsklage** ist auch dann möglich, wenn sich der Verwaltungsakt bereits vor Rechtshängigkeit erledigt hat[4], z.B. wenn die von der Bundesanstalt verlangte Auskunft erteilt, die Urkunde vorgelegt oder das Betreten gestattet worden ist (vgl. § 6 Abs. 3, 11 WpHG), etwa um Zwangsmittel zu vermeiden (s. § 6 WpHG Rz. 52 ff.). In diesen Fällen kommt eine Anfechtungsklage nicht mehr in Betracht; nach h.A. bedarf es dann auch nicht mehr zwingend der Durchführung eines Widerspruchsverfahrens, und die diesbezüglichen Fristen sind nach h.A. nicht mehr zwingend einzuhalten[5]. Zulässig ist die Fortsetzungsfeststellungsklage aber nur, wenn neben der allgemeinen Anfechtungsbefugnis zudem ein besonderes **Feststellungsinteresse** besteht[6]. Es kann sich aus *konkreter Wiederholungsgefahr*, aus einem *Rehabilitationsinteresse*, insbesondere mit Blick auf ein anhängiges Strafverfahren (im vorliegenden Zusammenhang gem. § 119 WpHG) und daraus ergeben, dass in den *Schutzbereich eines Grundrechts* (z.B. aus Art. 13 GG im Falle des Betretens, § 6 Abs. 11 WpHG) eingegriffen worden ist. Tritt Erledigung nach Klageeinreichung ein, kann auch eine beabsichtigte *Amtshaftungsklage* ein Feststellungsinteresse begründen.

23 **3. Widerspruch und Verpflichtungsklage (§ 42 Abs. 1 Alt. 2, §§ 68 ff. VwGO).** Unterlässt es die Bundesanstalt, einen Verwaltungsakt zu erlassen, so sind gegen dieses Unterlassen im Ausgangspunkt Widerspruch und Verpflichtungsklage statthaft (§ 42 Abs. 1 Alt. 2, § 68 Abs. 2 VwGO). Allerdings setzen diese Rechtsschutzmöglichkeiten eine Widerspruchs- und Verpflichtungsbefugnis in dem Sinne voraus, dass der Widerspruchsführer bzw. Verpflichtungskläger ein eigenes subjektives öffentliches Recht auf Erlass des begehrten Verwaltungsakts geltend machen können muss (vgl. § 42 Abs. 2 VwGO), sei es auch nur als Recht auf rechtsfehlerfreie Ermessensausübung. An dieser Stelle wirkt sich § 4 Abs. 4 FinDAG im Grundsatz in der Weise aus, dass Marktteilnehmer im Ausgangspunkt **kein subjektives öffentliches Recht** haben, dass die Bundesanstalt Anordnungen gem. § 6 Abs. 1 Satz 3 WpHG zur Beseitigung von Missständen oder Anordnungen gem. § 6 Abs. 2 Satz 2 WpHG zur Durchsetzung der Verbote und Gebote des WpHG trifft; erst recht gibt es kein subjektives öffentliches Recht darauf, dass gem. § 6 Abs. 3 WpHG die Erteilung von Auskünften oder die Vorlage von Unterlagen verlangt werden können.

24 Gleichwohl gibt es im WpHG **Ausnahmefälle**, in denen Widerspruch und Verpflichtungsklage möglich erscheinen, weil und soweit ausnahmsweise subjektive öffentliche Rechte bestimmter Marktteilnehmer auf Erlass eines sie begünstigenden Verwaltungsakts unter bestimmten Voraussetzungen anzuerkennen sind. Ein Indiz hierfür ist, wenn das Gesetz bzw. die EU-Verordnung ein Antragsrecht vorsehen. Zu denken ist u.a. an die Weigerung der Bundesanstalt,
– die Nichtberücksichtigung bestimmter Stimmrechte gem. § 36 Abs. 1, 3 WpHG *zuzulassen*;

---

1 Nach der Geschäftsverteilung 2017 (zugänglich über http://www.vg-frankfurt.justiz.hessen.de) ist dort die 7. Kammer für Finanzdienstleistungsaufsichtsrecht zuständig; für Fragen des IFG (auch bezüglich der BaFin) ist die 11. Kammer zuständig.
2 Vgl. VG Frankfurt/M. v. 21.11.2014 – 7 L 2291/14, BeckRS 2015, 49308, Rz. 89 und 98 im Hinblick auf § 31 Abs. 4a und Abs. 4 WpHG a.F. (heute § 55 Abs. 10 WpHG mit Verweis auf Art. 54 und 55 DurchfVO 2017/1110 [DurchfVO MiFID II]); Hess. VGH v. 1.10.2014 – 6 A 923/13, WM 2015, 282, 284 im Hinblick auf § 31 Abs. 1 Nr. 1 und 2 WpHG a.F. i.V.m. § 125 InvG a.F. (gestützt nunmehr auf das KAGB, s. WM 2015, 284).
3 Vgl. VG Frankfurt/M. v. 20.8.2012 – 9 K 87/11.F, BeckRS 2012, 59957 und juris Rz. 23.
4 Statt aller *Redeker* in Redeker/v. Oertzen, 16. Aufl. 2014, § 113 VwGO Rz. 50 m.N.
5 S. *Redeker* in Redeker/v. Oertzen, 16. Aufl. 2014, § 113 VwGO Rz. 50 m.N. (auch zur Gegenauffassung).
6 S. – auch zum Folgenden – *Redeker* in Redeker/v. Oertzen, 16. Aufl. 2014, § 113 VwGO Rz. 45 ff.

- einen Inlandsemittenten mit Sitz im Ausland gem. § 46 WpHG von Veröffentlichungspflichten nach §§ 40 Abs. 1, 41 WpHG zu *befreien*;
- von jährlichen Prüfungen gem. § 89 Abs. 1 Satz 3 WpHG *abzusehen*; und
- eine *Erlaubnis* für einen ausländischen organisierten Markt gem. § 102 WpHG zu erteilen.

Diese Vorschriften begünstigen bestimmte juristische oder natürliche Personen unter bestimmten tatbestandlichen Voraussetzungen, mögen sie auch Beurteilungs- und Ermessensspielräume enthalten; die Ausnahmetatbestände sind vor dem grundrechtlichen Hintergrund der Art. 2, 12 und 14 GG zu sehen. All das spricht für ein subjektives öffentliches Recht zumindest auf fehlerfreie Ermessensausübung, das durch Widerspruch und Verpflichtungsklage durchgesetzt werden kann.

4. Leistungs- und Feststellungsklage (§ 43 VwGO). Wird die Bundesanstalt anders als durch Verwaltungsakte tätig oder unterlässt sie ein Verhalten, das nicht als Verwaltungsakt zu qualifizieren ist, so kommt eine **allgemeine Leistungs- oder eine Feststellungsklage** gem. § 43 VwGO in Betracht, beispielsweise wenn der Betroffene gegen eine öffentliche Bekanntgabe einer unanfechtbaren Maßnahme gem. § 123 WpHG vorgehen will, sofern die Entscheidung zur Bekanntgabe nicht bereits als Verwaltungsakt zu qualifizieren ist. In derartigen Fällen ist allerdings das erforderliche *Rechtsschutzinteresse* unter Berücksichtigung des § 4 Abs. 4 FinDAG sorgfältig zu prüfen. Bei Leistungsklagen verlangt die h.A. eine § 42 Abs. 2 VwGO entsprechende mögliche Verletzung eigener Rechte, d.h. ein eigenes subjektives öffentliches Recht des Klägers darauf, dass die begehrte Leistung (Tun oder Unterlassen) erbracht werde. Bei Feststellungsklagen genügt ein berechtigtes Interesse, nämlich ein schutzwürdiges Interesse rechtlicher, wirtschaftlicher oder auch nur ideeller Art[1]. Zu denken ist schließlich an die **vorbeugende Unterlassungsklage**, wenn die Bundesanstalt beabsichtigt, gegen einen Marktteilnehmer Maßnahmen zu ergreifen. Zwar muss in derartigen Fällen regelmäßig die Maßnahme abgewartet werden; jedoch ist nach h.A. eine vorbeugende Unterlassungsklage ausnahmsweise zulässig, wenn die Zuwiderhandlung gegen die drohende Maßnahme, insbesondere gegen einen drohenden Verwaltungsakt, straf- oder bußgeldbewehrt ist, wie dies im WpHG teilweise der Fall ist (vgl. § 120 Abs. 12 WpHG)[2]. An eine Unterlassungsklage ist insbesondere zu denken, wenn die Bundesanstalt eine **öffentliche Warnung** gem. §§ 6 Abs. 2 Satz 3, Abs. 9, 10 Abs. 2 Satz 3 Nr. 4, Abs. 2 Satz 3 Nr. 1, Nr. 3 lit. b WpHG aufgrund eines Regelverstoßes eines Wertpapierdienstleistungsunternehmens oder Emittenten vornimmt. Dem modernen Eingriffsbegriff – nach dem auch eine lediglich mittelbar auf die staatliche Handlung zurückführbare Beeinträchtigung des Klägers einen Eingriff in dessen Rechte darstellt – folgend, besteht bei staatlichen Warnungen die für die Zulässigkeit von Leistungs- und Feststellungsklage ebenfalls zu fordernde Klagebefugnis gem. § 42 Abs. 2 VwGO analog.

5. Rechtsschutz gegen Rechtsverordnungen. Auch wenn sich der Schwerpunkt bei untergesetzlichen Normen von der nationalen auf die europäische Ebene verlagert hat, gibt es nach wie vor Verordnungsermächtigungen für das BMF oder die BaFin.

Rechtsschutz gegen Rechtsverordnungen kann nicht von vornherein mit dem Argument versagt werden, es handele sich um Rechtsetzung im ausschließlich öffentlichen Interesse; vielmehr können derartige Rechtsverordnungen belastende Verpflichtungen der Normadressaten begründen, die in grundrechtlich geschützte Positionen aus Art. 2, 12, 14 GG eingreifen können[3]. Allerdings kommt **kein verwaltungsgerichtliches Normenkontrollverfahren** gem. § 47 Abs. 1 VwGO in Betracht, da es sich um bundesrechtliche Rechtsverordnungen außerhalb des BauGB handelt; eine Analogie scheidet mangels planwidriger Regelungslücke aus. Bei selbstvollziehenden Verordnungen und bei positivem Rechtsschutz durch Verordnungserlass können hier Rechtsschutzlücken bestehen[4], soweit die inzidente Normenkontrolle wirksamen Rechtsschutz nicht gewährleistet. In solchen Fällen ist eine auf Feststellung der Nichtigkeit einer Bundesrechtsverordnung gerichtete **allgemeine Feststellungsklage** nach § 43 Abs. 1 VwGO zulässig[5].

§§ 112, 113 WpHG enthalten besondere Vorschriften über den **Rechtsschutz gegen Verfügungen der Bundesanstalt bei der Überwachung von Unternehmensabschlüssen** (sog. Enforcement-Verfahren) gem. §§ 106 ff. WpHG. Zu den Einzelheiten s. die dortige Kommentierung.

6. Einstweiliger Rechtsschutz. In § 13 WpHG, aber auch in §§ 88 Abs. 3, 89 Abs. 3 Satz 2 Halbs. 2, 112 Abs. 2 WpHG ordnet der Gesetzgeber an, dass Widerspruch und Anfechtungsklage keine aufschiebende Wirkung haben. In diesen Fällen kann einstweiliger Rechtsschutz durch Antrag auf Wiederherstellung der aufschiebenden Wirkung gem. § 80 Abs. 4, 5 VwGO bzw. bei § 112 Abs. 2 WpHG über § 113 Abs. 2 WpHG i.V.m. § 50 Abs. 3 WpÜG gewährt werden; zu den Einzelheiten s. die dortigen Kommentierungen. Der einstweilige Rechtsschutz nach § 123 VwGO ist hierzu subsidiär (§ 123 Abs. 5 VwGO), kann aber z.B. in Bereichen in Betracht kommen, in denen in der Hauptsache Verpflichtungsklage zu erheben wäre. Hingegen kann der Bundesanstalt nicht über

---

1 S. nur *von Nicolai* in Redeker/v. Oertzen, 16. Aufl. 2014, § 43 VwGO Rz. 20.
2 S. *Schenke*, Verwaltungsprozessrecht, 14. Aufl. 2014, Rz. 361 m.N.
3 BVerwG v. 28.1.2010 – 8 C 19/09, BVerwGE 136, 54.
4 Vgl. zum Folgenden *Rupp*, NVwZ 2002, 286 ff. m.N.
5 BVerwG v. 28.1.2010 – 8 C 19/09, BVerwGE 136, 54 (atypische Feststellungsklage).

§ 123 VwGO untersagt werden, einen (möglichen oder beabsichtigten) Verwaltungsakt wie z.B. eine Handelsuntersagung zu erlassen: Das Gesetz geht davon aus, dass einstweiliger Rechtsschutz erst nach Erlass des Verwaltungsakts über § 80 VwGO gewährt wird; erst dann steht fest, ob und in welcher Weise der Betroffene belastet wird; das qualifizierte Rechtsschutzinteresse, das ausnahmsweise einen derart weit vorgelagerten vorbeugenden Rechtsschutz tragen könnte, ist nicht bereits dadurch begründet, dass allein der Erlass eines belastenden Verwaltungsakts durch die Bundesanstalt geschäftsschädigend wirken kann[1].

31 **III. Ansprüche auf Informationszugang und Rechtsschutz.** Mit dem Urteil vom 19.6.2018 in der Rechtssache Baumeister[2] eine abschließende und befriedigende Klärung an den Schnittstellen von nationalem Verwaltungsrecht und europäischem materiellen Rechtsrahmen gefunden hat das Thema allgemeiner Informationszugangsrechte nach dem deutschen IFG. Fraglich war hier, ob das Informationszugangsrecht nach § 1 Abs. 1 Satz 1 IFG auf generelle Weise durch das sog. „Berufsgeheimnis" ausgeschlossen ist, das in den europäischen Kapitalmarkt- und Finanzaufsichtsrichtlinien in unterschiedlichen Formulierungen nicht nur – individuell – für Bedienstete und Beauftragte der Aufsicht, sondern auch, institutionell, für die Aufsicht selbst angeordnet ist. Hintergrund sind beispielsweise Versuche von Marktteilnehmern, die – mit Blick auf Zivilrechtsstreitigkeiten im Zusammenhang mit Insiderhandel oder Marktmanipulation – ein Interesse an den aufsichtlich gewonnenen Informationen haben (s. dazu restriktiv *Döhmel*, § 21 WpHG Rz. 65 ff.). Als Behörde des Bundes ist die Bundesanstalt eine informationspflichtige Stelle nach § 1 Abs. 1 Satz 1 IFG. Anspruchsgegenstand sind amtliche Informationen, die bereits vorhanden sind, so dass insofern weder ein Anspruch auf Beschaffung noch Aufarbeitung von Informationen besteht[3]. Insbesondere ergibt sich daher auch aus dem IFG kein Anspruch Privater auf Tätigwerden der Bundesanstalt im Sinne einer Informationsbeschaffung unter Einsatz ihrer Befugnisse bei Dritten.

32 Evident ist, dass dem Informationszugang § 3 Nr. 1 lit. g Alt. 3 IFG entgegenstehen kann, soweit das Bekanntwerden der Informationen nachteilige Auswirkungen auf die Durchführung strafrechtlicher oder ordnungswidrigkeitsrechtlicher Ermittlungen hat. Die Rechtsprechung legt die dem Wortlaut nach weite Tatbestandsfassung der Informationsversagung in Anlehnung an die Vorschriften zur Akteneinsicht aus der StPO einschränkend aus und verlangt eine auf Tatsachen begründete Prognose im Hinblick auf die konkret verlangten Informationen[4], so dass ein pauschaler Verweis auf laufende Ermittlungen nicht ausreicht. Strittig ist, inwieweit der strenge Maßstab des § 147 StPO Anwendung finden sollte[5]. Der Ausschlussgrund ist bei eingriffsintensiven heimlichen Aufklärungsmaßnahmen der BaFin fehlkonstruiert, da die Berufung der Behörde auf ihn den Verdacht offenlegt.

33 Die praktisch bedeutsamste Ausnahme zum Informationsanspruch ist die Verschwiegenheitspflicht der Bundesanstalt im Hinblick auf den Schutz von Kontroll- und Aufsichtsaufgaben einer Finanz- oder Regulierungsbehörde nach § 3 Nr. 4 IFG i.V.m. § 9 KWG. Dort verlangt die Rechtsprechung, dass die Bundesanstalt im Hinblick auf die Ausnahme der Gefährdung ihrer Kontroll- oder Aufsichtsaufgaben nach § 3 Nr. 1 lit. d IFG die konkrete Möglichkeit einer erheblichen und spürbaren Beeinträchtigung der Aufgabenerfüllung als Folge des Informationszugangs darlegt[6]. In der Praxis erkennt die Rechtsprechung eine Gefährdung kaum an, wobei als Schutzgut die Finanzstabilität in Frage kommt, soweit die Offenlegung z.B. von Kreditrisiken einer Großbank Finanzakteure weiter verunsichert[7].

Für die BaFin attraktiver wäre es, wenn § 9 KWG, § 21 WpHG als spezialgesetzliche Geheimhaltungsvorschriften i.S.v. § 3 Nr. 4 IFG fungierten. Der EuGH tendierte ursprünglich dazu, aus der entsprechenden Richtlinienbestimmung[8] einen Per-Se-Schutz des aufsichtlichen Amtsgeheimnisses *unabhängig* vom materiellen Geheimnischarakter einer Information und realen Vertraulichkeitsinteressen abzuleiten[9], so dass es auf den ein Betriebs- und Geschäftsgeheimnis positiv voraussetzenden Ausnahmegrund des § 6 IFG gar nicht mehr ankam.[10] Damit spielte für die Finanzmarktaufsicht die Argumentationsfigur keine Rolle, ein Informationsanspruch bestehe im Hinblick auf die Offenlegung von Rechtsverstößen, da es dann an der Schutzwürdigkeit des Geheimnisinhabers mangele[11].

34 Ebenso wenig wäre dann gesondert zu prüfen, ob die BaFin eine Finanz- oder Regulierungsbehörde i.S.d. § 3 Nr. 1 lit. d IFG[12] ist. Die ursprüngliche Rechtsprechung des EuGH, die aus dem „Berufsgeheimnis" in der Fi-

---

1 VG Frankfurt/M. v. 2.7.2004 – 9 G 3115/04, juris, Rz. 3 ff.
2 EuGH v. 19.6.2018 – Rs. C-15/16, Rz. 46, 51, 57.
3 *Gurlit*, NZG 2014, 1161, 1162 f.
4 BVerwG v. 27.11.2014 – 7 C 18/12, NVwZ 2015, 823; VGH Kassel v. 21.3.2012 – 6 A 1150/10, DVBl. 2012, 701 ff.; s. *Zietsch/Weigand*, WM 2013, 1785, 1787 ff.
5 Dafür *Zietsch/Weigand*, WM 2013, 1785, 1790.
6 VGH Kassel v. 21.3.2012 – 6 A 1150/10, DVBl. 2012, 701 m.N.
7 *Gurlit*, NZG 2014, 1161, 1166.
8 Entschieden für Art. 54 RL 2004/39/EG; im geltenden Recht sind entsprechende Schutzklauseln u.a. in Art. 27 VO Nr. 596/2014 und Art. 76 RL 2014/65/EU vorhanden.
9 EuGH v. 12.11.2014 – Rs. C-140/13, Altmann u.a.; so noch GA *Bot* in der Rechtssache C-15/16 – Baumeister.
10 Zum Verhältnis der §§ 3, 4 und 5, 6 IFG *Schoch*, 2. Aufl. 2016, Vor §§ 3–6 IFG Rz. 71.
11 *Gurlit*, NZG 2014, 1161, 1164 f.
12 *Schoch*, 2. Aufl. 2016, § 3 IFG Rz. 77 m.w.N.

nanzmarktaufsicht eine generelle Sperre gegen nationale Informationszugangsansprüche annahm[1], respektierte zu wenig die nationale **Verfahrensautonomie der Mitgliedstaaten** im Verwaltungsorganisations- und Verwaltungsverfahrensrecht, zu der der Informationszugang wie erst recht die Akteneinsichtsrechte gehören. Sie führte in ihrer nicht überzeugenden Absolutheit zudem auch im Ergebnis in kaum auflösbare Widersprüche zur Rechtsprechung des EuGH beispielsweise im Kartellrecht[2] und kann die Verwerfungen bei verwaltungsrechtlichen, verfassungs- und europäisch-grundrechtlichen Verteidigungsrechte nur äußerst mühsam wieder einfangen[3]. Zutreffend hat sie der EuGH am 19.6.2018 kassiert und das „Berufsgeheimnis" an die sonst geltenden Grundsätze angepasst und auf Geschäftsgeheimnisse (und personenbezogene Daten) beschränkt, wie sie insbesondere im Evonik-Degussa-Urteil entwickelt worden sind[4]. Damit lassen sich die europäischen Wertungen (nun wohl) besser über die § 6 IFG in das nationale Recht als bindende Direktiven für die einzelfallbezogene Abwägung integrieren als über § 3 Nr. 4 IFG.

Gegen die ablehnende Entscheidung der Bundesanstalt sind gem. § 9 Abs. 4 IFG Widerspruch und Verpflichtungsklage zulässig, wobei nach Satz 2 der 8. Abschnitt der VwGO ausdrücklich Anwendung findet[5]. Im Rahmen des Verwaltungsprozesses kann daneben das Akteneinsichtsrechts der Beteiligten nach § 100 VwGO den Streitgegenstand erledigen. Gegen die Vorlage der amtlichen Information auf diesem Wege kann die Bundesanstalt sich allerdings auf eine Sperrerklärung nach § 99 Abs. 1 Satz 2 VwGO i.V.m. § 4c FinDAG berufen. Diese wiederum unterliegt auf Antrag des Klägers einer Überprüfung vor einem Fachsenat des Hessischen Verwaltungsgerichtshofs in Form des in-camera-Verfahrens gem. § 99 Abs. 2 VwGO i.V.m. § 189 VwGO unter Ausschluss der Beteiligten, wobei diesem Verfahren regelmäßig präjudizielle Wirkung zukommt. Nach der Rechtsprechung des BVerwG sind die prozessualen Verweigerungsgründe gem. § 99 Abs. 1 Satz 2 VwGO von den materiellen Geheimhaltungsgründen nach dem IFG jedoch insofern entkoppelt, als dass danach der Verschwiegenheitspflichten der § 9 KWG, § 21 WpHG nicht „nach einem Gesetz" als geheimhaltungsbedürftig gelten, sondern „ihrem Wesen nach"[6]. Dies erfordert von der Bundesanstalt eine Ermessensausübung, die zwar faktisch – jedoch nicht rechtlich – anhand der § 9 KWG, § 21 WpHG vorgezeichnet ist[7]. Außerdem kann das Ermessen dann rechtlich zwingend vorgezeichnet sein, wenn im Rahmen von Dreieckskonstellationen grundrechtlich geschützte private Interessen an der Geheimhaltung bestehen[8], insbesondere Geschäfts- und Betriebsgeheimnisse. 35

Im Rahmen des europäischen Informationsaustausches greift als europarechtliches Pendant zum IFG die Verordnung Nr. 1049/2001 über den Zugang der Öffentlichkeit zu Dokumenten des Europäischen Parlaments, des Rates und der Kommission. Übermittelt die Bundesanstalt amtliche Informationen an die ESMA, tritt dort die Anspruchsgrundlage aus der Verordnung Nr. 1049/2001 an die Stelle der IFG-Ansprüche. Dasselbe gilt spiegelverkehrt, sobald die Bundesanstalt Informationen vonseiten der ESMA erhält[9]. ESMA und Bundesanstalt sind gem. Art. 4 Abs. 4 bzw. Art. 5 VO Nr. 1049/2001 jeweils zur Konsultation verpflichtet, entscheiden dann aber anhand ihres jeweiligen Rechtsrahmens, respektive Verordnung Nr. 1049/2001 bzw. IFG. Darüber hinaus kann sich die Bundesanstalt nach Art. 4 Abs. 5 VO Nr. 1049/2001 ein Zustimmungserfordernis vorbehalten, das sich nach der Auslegung des EuGH allerdings wiederum am Maßstab der Verordnung zu orientieren hat[10]. Informationen, die die Bundesanstalt nicht über ein EU-Organ im Sinne der Verordnung Nr. 1049/2001 erhält, kann die Bundesanstalt gem. § 9 Abs. 1 Satz 8 KWG, § 18 WpHG hingegen nur mit ausdrücklicher Zustimmung der zuständigen ausländischen Stellen weitergeben[11]. 36

Lehnt die ESMA den Informationszugang ab, besteht spiegelbildlich zum deutschen Widerspruchsverfahren Rechtsschutz in Form eines Zweitantrages nach Art. 8 VO Nr. 1049/2001. Wird auch dieser negativ beschieden, kann gegen die ESMA Klage vor dem EuG nach Art. 263 AEUV erhoben und/oder Beschwerde beim Bürgerbeauftragten nach Art. 228 AEUV eingelegt werden. Die mangelnde Antwort binnen 15 Arbeitstagen steht einer negativen Bescheidung gleich. 37

IV. Rechtsschutz im Verwaltungsvollstreckungsverfahren. § 17 Satz 1 FinDAG bestimmt, dass die Bundesanstalt ihre Verfügungen mit **Zwangsmitteln nach dem VwVG** durchsetzen kann, die sie nach Satz 2 für jeden Fall der Nichtbefolgung androhen kann – was bloß deklaratorisch ist, da das VwVG ohnehin gilt[12]. Satz 3 stellt 38

---

1 EuGH v. 12.11.2014 – Rs. C-140/13, Altmann u.a.
2 EuGH v. 14.7.2017 – Rs. C-162/15, Evonik Degussa.
3 GA *Kokott* in der Rechtssache UBS Luxemburg, C-359/16.
4 EuGH v. 19.6.2018 – Rs. C-15/16, Rz. 49, 54.
5 *Gurlit*, NZG 2014, 1161, 1167.
6 BVerwG v. 23.6.2011 – 20 F 21/10, NVwZ 2012, 112, 113.
7 Vgl. BVerwG v. 21.2.2008 – 20 F 2/07, BVerwGE 130, 236, 244f.
8 BVerwG v. 21.2.2008 – 20 F 2/07, BVerwGE 130, 236, 244.
9 *Gurlit*, NZG 2014, 1163.
10 EuGH v. 21.6.2012 – Rs. C-135/11 P, Rz. 57f. mit Verweis auf EuGH v. 18.12.2007 – Rs. C-64/05 P, Schweden/Kommission, EuZW 2008, 219.
11 S. *Gurlit*, NZG 2014, 1166.
12 S. *Schäfer*, 1. Aufl., § 10 WpHG Rz. 1.

klar, dass Zwangsmittel auch gegen juristische Personen *des öffentlichen Rechts* angewendet werden dürfen. Satz 4 stellt einen *erhöhten Zwangsgeldrahmen* bis zu 250 000 Euro zur Verfügung. Im Rahmen des § 6 WpHG kann der Verwaltungszwang insbesondere zur Durchsetzung der als Verwaltungsakte ergehenden (s. Rz. 15) Auskunfts-, Vorlage- und Betretensverlangen nach § 6 Abs. 3, 11 WpHG eingesetzt werden. Da **§ 13 WpHG** die sofortige Vollziehbarkeit von Maßnahmen nach § 6 Abs. 1–14 WpHG und §§ 7–10 WpHG anordnet, ist deren Bestandskraft nicht erforderlich (§ 6 Abs. 1 VwVG).

39 Unter den **Zwangsmitteln** spielt die *Ersatzvornahme* (§§ 9 Abs. 1 lit. a, 10 VwVG) bei § 6 Abs. 3, 11 WpHG keine praktisch bedeutsame Rolle, da Auskunft und Vorlage von Unterlagen ebenso wie das Gestatten des Betretens von Räumen unvertretbare Handlungen sind. In Betracht kommen vor allem *Zwangsgelder* (§§ 9 Abs. 1 lit. b, 11 VwVG), die wiederholt verhängt sowie gesteigert werden dürfen. Um die Betretensbefugnis, aber auch die Vorlagepflicht durchzusetzen, kommt als ultima ratio auch *unmittelbarer Zwang* in Betracht (§§ 9 Abs. 1 lit. c, 12 VwVG). Allerdings dürfen die Bediensteten der Bundesanstalt ihn nicht selbst anwenden, da sie nicht zu den in § 6 UZwG genannten Vollzugsbeamten des Bundes gehören, sondern müssen sich der zuständigen (Vollzugs-)Polizei bedienen, die auf Verlangen der Bundesanstalt Amtshilfe zu leisten hat (§ 15 Abs. 2 Satz 2 VwVG). Im Übrigen ermächtigt § 6 Abs. 14 WpHG zur *Selbstvornahme* von Veröffentlichungen durch die Bundesanstalt auf Kosten des Veröffentlichungspflichtigen; das ist entweder schon der Fall der Selbstvornahme als Verwaltungszwang (§ 6 WpHG Rz. 228) oder jedenfalls ist § 6 Abs. 14 WpHG lex specialis zu § 12 VwVG, der die Selbstvornahme beim unmittelbaren Zwang als Zwangsmittel einordnet, so dass es insbesondere keiner Androhung usw. bedarf.

40 Gegen Maßnahmen in der Verwaltungsvollstreckung wird **selbständiger Rechtsschutz** nach den allgemeinen Vorschriften gewährt[1]. Allerdings kann der Einwand, der vollstreckte Verwaltungsakt sei rechtswidrig, nach h.A. im Grundsatz nur im Rechtsschutzverfahren gegen diesen Verwaltungsakt geltend gemacht werden. Demgegenüber kann die Androhung eines Zwangsmittels, soweit sie eine selbständige Rechtsverletzung bewirkt, selbständig durch Widerspruch und Anfechtungsklage angegriffen werden. Erst recht gilt das für die Festsetzung von Zwangsgeldern und von Kosten, die bei der Ersatzvornahme entstanden sind. Demgegenüber ist unmittelbarer Zwang für sich gesehen ein Realakt, gegen den Widerspruch und Anfechtungsklage nicht statthaft sind; jedoch kommt eine Feststellungsklage in Betracht, wenn rechtswidriger, z.B. unverhältnismäßiger Zwang angewendet worden ist und z.B. Wiederholungsgefahr besteht.

41 **V. Rechtsschutz im straf- und ordnungswidrigkeitenrechtlichen Ermittlungsverfahren. Rechtsschutz nach der StPO** besteht gegen die Durchsuchung von Geschäfts- und Wohnräumen sowie die Sicherstellung und Beschlagnahme von Gegenständen, wozu die Bundesanstalt gem. § 6 Abs. 12, 13 WpHG auch als Aufsichtsbehörde ermächtigt ist. Mit § 6 Abs. 12 Satz 6 WpHG sowie § 6 Abs. 13 Satz 3 WpHG hat der Gesetzgeber **abdrängende Sonderzuweisungen** geschaffen, die Rechtsschutz ausschließlich vor den ordentlichen Gerichten ermöglichen. Nach wie vor (zum früheren Recht 4. Aufl., § 4 WpHG Rz. 91) ist die BAFin nicht für die Verfolgung von Straftaten zuständig; nach § 11 WpHG muss sie einen Verdacht der zuständigen Staatsanwaltschaft anzeigen. Allerdings hat sie nicht nur die strafprozessualen Ermittlungsbefugnisse als Bußgeldbehörde nach dem OWiG (§ 46 OWiG), sondern darüber hinaus spezielle, in der Eingriffsintensität der StPO analoge Ermittlungsbefugnisse, die sie „zur Verfolgung von Verstößen" ausüben kann (**§ 6 Abs. 12 WpHG**). Heute besteht deshalb eine weitgehende Parallelität der Eingriffsbefugnisse von Staatsanwaltschaft und Bundesanstalt in ihrer Rolle als Aufsichts- und Bußgeldbehörde. Dies ist mehr denn je nicht unproblematisch und veranlasst, die rechtsstaatlichen Garantien des Strafverfahrens in das Aufsichtsverfahren vorzuverlagern[2].

42 Soweit die Bundesanstalt auch neben einem Strafverfahren Verwaltungsmaßnahmen vornehmen oder Ersuchen ausländischer Stellen erfüllen und hierzu von ihren Befugnissen nach § 6 Abs. 2–13 WpHG, §§ 7–9 WpHG sowie § 10 Abs. 2 WpHG Gebrauch machen darf (§ 11 Satz 4 WpHG), bleibt es beim Verwaltungsrechtsweg.

43 Aufgrund der Formulierung des **§ 6 Abs. 13 WpHG**, wonach die Bundesanstalt Vermögenswerte zur Durchsetzung der Marktmissbrauchsverordnung, der Abschnitte 9 bis 11 des WpHG[3] sowie weiterer europäischer Rechtsakte[4] beschlagnahmen kann, bestehen Bedenken, die Kompetenz ohne weiteres als strafverfahrensrechtlicher Natur zu qualifizieren. Da der Gesetzgeber aber insoweit offensichtlich einen Gleichlauf im Hinblick auf den Rechtsschutz gegen die Eingriffsbefugnisse der Bundesanstalt beabsichtigte, soll dieser im Folgenden für die genannten Kompetenzen der Bundesanstalt gemeinsam dargestellt werden.

44 Entsprechend den verfassungsrechtlichen Anforderungen gem. Art. 13 Abs. 2 GG verlangt § 6 Abs. 12 Satz 5 WpHG im Falle der Durchsuchung, Sicherstellung oder Beschlagnahme in Wohnungen grundsätzlich eine richterliche Genehmigung der Maßnahmen vorab einzuholen. Lediglich bei Bestehen von Gefahr im Verzug

---

1 S. hierzu und zum Folgenden *Erichsen/Rauschenberg*, Jura 1998, 323 ff.
2 Allgemein hierzu *Himmelreich*, S. 225 ff.
3 *Die genannten Abschnitte betreffen Schiedsvereinbarungen, außereuropäische Märkte für Finanzinstrumente und die Überwachung von Unternehmensabschlüssen.*
4 Konkret die Verordnungen Nr. 600/2014 und Nr. 1011/2016.

kann diese nachträglich eingeholt werden. Die Beschlagnahme von Vermögensgegenständen außerhalb von Wohnungen unterliegt demgegenüber nicht der verfassungsrechtlichen Einschränkung von Art. 13 Abs. 2 GG. Das Erfordernis des richterlichen Einverständnisses besteht einfachgesetzlich gem. § 6 Abs. 13 Satz 2 WpHG.

Der strafprozessuale Rechtsschutz knüpft an diese Voraussetzung an, indem gegen die jeweilige richterliche Entscheidung gem. § 6 Abs. 12 Satz 7, 8 WpHG sowie § 6 Abs. 13 Satz 4 WpHG die Beschwerde nach den §§ 306 bis 310 und 311a StPO statthaftes Rechtsmittel ist. Sollte es zu einer richterlichen Entscheidung über die Rechtmäßigkeit der Maßnahme noch nicht gekommen sein, besteht eine Möglichkeit, die gerichtliche Entscheidung gem. § 98 Abs. 2 Satz 2 StPO gegebenenfalls analog und auch nach der Ermittlungsmaßnahme zu beantragen[1]. 45

Neben den genannten Kompetenzen als Aufsichts- und Überwachungsbehörde ist die Bundesanstalt **zugleich zur Verfolgung und Ahndung von Ordnungswidrigkeiten** v.a. nach § 120 WpHG **zuständige Verwaltungsbehörde** (s. § 121 WpHG und die dortige Kommentierung). Gemäß § 46 Abs. 2 OWiG hat die Bundesanstalt insoweit grundsätzlich dieselben Rechte und Pflichten wie die Staatsanwaltschaft bei der Verfolgung von Straftaten. Insbesondere ist sie als Bußgeldbehörde i.S.v. § 36 Abs. 1 Satz 1 OWiG zu **bußgeldrechtlichen Ermittlungsmaßnahmen** mit Ausnahme u.a. der vorläufigen Festnahme und Verhaftung (s. § 46 Abs. 3 OWiG) und Einschränkungen u.a. bei der körperlichen Untersuchung (s. § 46 Abs. 4 OWiG) und Vorführung (s. § 46 Abs. 5 OWiG) ermächtigt. Gemäß § 62 OWiG steht insoweit der spezielle **Rechtsbehelf des Antrags auf gerichtliche Entscheidung** durch das gem. § 68 OWiG zuständige AG zur Verfügung; diese Regelung ist abschließend und sperrt den Rückgriff auf denkmögliche verwaltungsrechtliche Rechtsbehelfe[2]. 46

Freilich kann sich das Problem stellen, dass die Bundesanstalt im Rahmen eines Überwachungsverfahrens nach § 6 Abs. 2 WpHG einen hinreichenden Tatverdacht für eine nach dem WpHG ahndbare Ordnungswidrigkeit gewinnt und sich nach pflichtgemäßem Ermessen entscheidet, die Ordnungswidrigkeit zu verfolgen, also (auch) ein Bußgeldverfahren einzuleiten. In derartigen Fällen dürfte a maiore ad minus aus § 11 Satz 4 WpHG folgen, dass die Befugnisse zu Verwaltungsmaßnahmen nach § 6 Abs. 2–13 WpHG, §§ 7–9 WpHG sowie § 10 Abs. 2 WpHG bestehen bleiben. Lädt nun die Bundesanstalt z.B. eine Person zur Vernehmung, so fragt sich, ob dies gestützt auf § 6 Abs. 3 Satz 1 WpHG als *Verwaltungs*maßnahme oder gestützt auf § 46 Abs. 2 OWiG i.V.m. §§ 161 Abs. 1, 48 StPO als *Ermittlungs*maßnahme im Bußgeldverfahren zu qualifizieren ist oder ob eine sog. *doppelfunktionelle Maßnahme* vorliegt. Die Problematik ist beim polizeilichen Einschreiten aus Anlass von Straftaten bekannt; dort kommt es darauf an, ob der Schwerpunkt der Maßnahme im Einzelfall auf dem präventiv-polizeilichen, also verwaltungs(verfahrens)rechtlichen, oder dem repressiv-strafverfolgenden, also straf(verfahrens)rechtlichen Vorgehen liegt[3]. Es liegt nahe, diese sog. **Schwerpunkttheorie** auf Maßnahmen der Bundesanstalt zu übertragen. Da der Schwerpunkt aus Sicht des Betroffenen und Rechtsschutz Suchenden nicht immer einfach zu bestimmen ist, dürfte es nahe liegen, in Zweifelsfällen nach dem **Meistbegünstigungsprinzip** alle in Betracht kommenden Rechtswege und -behelfe zuzulassen. Die Praxis der BaFin basiert auf einer organisatorischen Trennung von Verwaltungs- und Bußgeldreferat und scheint eher an einem zeitlichen Abschichtungsmodell als an sachlichen Kriterien orientiert zu sein. 47

VI. Besonderheiten bei der verwaltungsbehördlichen Amtshilfe. Problematisch können divergierende Rechtsschutzmechanismen bei transnationalen Verfahren werden, soweit ein Amtshilfeersuchen aus einem anderen Mitgliedstaat zugeht[4]. Art. 24 und 25 VO Nr. 596/2014 normieren die verpflichtende Zusammenarbeit der jeweils zuständigen nationalen Behörden über die ESMA, wobei nach dem Grundsatz der gegenseitigen Anerkennung Amtshilfe nach Art. 25 Abs. 2 VO Nr. 596/2014 nur in Ausnahmefällen verweigert werden kann, insbesondere wenn dadurch eigene Ermittlungen gefährdet würden oder gegen die betroffene Person bereits ein Gerichtsverfahren anhängig ist. Aus Rechtsschutzperspektive bedeutend ist, dass die ESMA direkt nur mit den zuständigen Verwaltungsbehörden nach Art. 22 VO Nr. 596/2014 interagiert, in Deutschland der BaFin. Dass die ESMA dadurch über keine polizeilichen oder justiziellen Befugnisse verfügt[5], ist angesichts der breiten und eingriffsintensiven Ermittlungsbefugnisse der nationalen Aufsichtsbehörden von keiner Relevanz. Für Marktmissbrauch besteht derzeit keine Zuständigkeit von EUROJUST[6], obwohl ein Vorschlag dahingehend im Gesetzgebungsverfahren liegt[7]. 48

Die ersuchte Behörde hat typischerweise nur sehr eingeschränkte Prüfungsbefugnisse; in wesentlichen Teilen ist sie häufig an die Entscheidung und Beurteilung der ersuchenden Behörde gebunden. In diesen Fällen stellt sich die Frage, ob konzentrierter oder dezentraler Rechtsschutz gewährleistet wird. Wesentlicher Eckpunkt ist bei eingreifender Amtshilfe Art. 47 GRCh, der eine vollständige Prüfbarkeit der Eingriffsvoraussetzungen ver- 49

---

1 *Schmitt* in Meyer-Goßner/Schmitt, 60. Aufl. 2017, § 98 StPO Rz. 23.
2 Allg. M.; s. nur *Kurz* in Karlsruher Komm. OWiG, 4. Aufl. 2014, § 62 OWiG Rz. 1 m.N.
3 S. nur *Wohlers/Albrecht* in Systematischer Komm. StPO, 5. Aufl. 2016, § 163 StPO Rz. 32 f. m.N.
4 *Luchtman/Vervaele*, NJECL 2014, 192, 217 f.
5 So *Luchtman/Vervaele*, NJECL 2014, 192, 216.
6 Art. 4 mit Verweis auf EUROPOL, COM (2013) 535.
7 COM (2013) 535.

langt. Die eigentliche Eingriffshandlung obliegt der ersuchten Behörde, was dafür spricht, dass gegen ihre Maßnahmen konzentrierter Rechtsschutz im Zielland zu gewähren ist. Dies hätte indessen zur Folge, dass die Gerichte des Ziellandes ausländisches Recht prüfen müssten. Dies spricht dafür, dass die Gerichte im Zielland lediglich die besonderen Voraussetzungen an die Umsetzungsentscheidung (Vornahmehandlung) prüfen[1]. Als Konsequenz muss dann, um ein Rechtsschutzvakuum im Hinblick auf die Voraussetzungen des Ersuchens zu vermeiden, Rechtsschutz gegen das Ersuchen selbst vor den VG des ersuchenden Staates gewährt werden.

50 Wiederum andere Grundsätze gelten für Zwangsmaßnahmen auf Ersuchen der ESMA. Hier gibt es keine Gründe gegen einen konzentrierten Rechtsschutz im Staat der ersuchten Behörde.

51 **VII. Rechtsgewährleistung durch staatliche Ersatzleistungen und Sekundäransprüche.** § 4 Abs. 4 FinDAG lässt eine **Amts- und Staatshaftung** nach § 839 BGB, Art. 34 GG unberührt, soweit es um Schäden geht, die der Adressat und unmittelbar Betroffene – sei es eine natürliche oder eine juristische Person (Unternehmen) – einer rechtswidrigen und schuldhaften Maßnahme der Bundesanstalt adäquat kausal erleidet[2]. Gegenüber diesen Personen ist die allgemeine Rechtsbeachtungspflicht drittschützend i.S.v. § 839 Abs. 1 Satz 1 BGB, was durch § 4 Abs. 4 FinDAG nicht ausgeschlossen werden kann und soll[3].

52 Bei rechtswidrigen, aber nicht schuldhaften Maßnahmen der Bundesanstalt kommt nach allgemeinen Regeln ein **Folgenbeseitigungsanspruch** in Betracht; beispielsweise wäre bei einer rechtswidrigen Bekanntmachung nach § 123 WpHG an einen Anspruch auf Widerruf der Bekanntmachung zu denken. Bislang ungeklärt ist, ob Konstellationen in Betracht kommen, in denen die Bundesanstalt auch für rechtmäßige Maßnahmen unter eigentumsrechtlichen Gesichtspunkten (ausgleichspflichtige Inhaltsbestimmung oder enteignender Eingriff) **ausgleichs- oder entschädigungspflichtig** ist. So beinhaltet eine Handelsuntersagung (§ 6 Abs. 2 Satz 4 WpHG), auch wenn die betroffenen Instrumente bei den jeweiligen Inhabern verbleiben und die Untersagung zeitlich befristet ist, einen Eingriff in das Eigentumsrecht[4], der sich je nach den Umständen im Einzelfall als Sonderopfer oder sonst unzumutbar auswirken könnte.

§ 13 Sofortiger Vollzug

Widerspruch und Anfechtungsklage gegen Maßnahmen nach § 6 Absatz 1 bis 14 und den §§ 7 bis 10 haben keine aufschiebende Wirkung.

In der Fassung des 2. FiMaNoG vom 23.6.2017 (BGBl. I 2017, 1693).

Schrifttum: *Finkelnburg/Dombert/Külpmann*, Vorläufiger Rechtsschutz im Verwaltungsstreitverfahren, 7. Aufl. 2017; *Quaas/Zuck*, Prozesse in Verwaltungssachen, 2. Aufl. 2011; *Schoch*, Vorläufiger Rechtsschutz und Risikoverteilung im Verwaltungsrecht, 1988, S. 991 ff.

I. Normzweck und verwaltungsprozessrechtlicher Hintergrund 1	III. Rechtsschutz gem. § 80 Abs. 5 Satz 1 1. Fall VwGO 9
II. Verfassungs- und unionsrechtlicher Hintergrund 6	

1 **I. Normzweck und verwaltungsprozessrechtlicher Hintergrund.** Mit § 13 WpHG schafft der Gesetzgeber – beruhend auf **§ 80 Abs. 2 Satz 1 Nr. 3 VwGO** – eine Ausnahme zu der allgemein im Verwaltungsprozess geltenden aufschiebenden Wirkung von Widerspruch und Anfechtungsklage gem. § 80 Abs. 1 Satz 1 VwGO.

2 Verwaltungsakte sind **mit Erlass**, das heißt mit Bekanntgabe gem. § 41 VwVfG, **wirksam und vollziehbar**; hiervon regelt § 80 Abs. 1 Satz 1 VwGO eine Ausnahme. Vollziehbarkeit bedeutet die (vorläufige) Berechtigung oder Verpflichtung zu allen Folgerungen tatsächlicher oder rechtlicher Art, die Behörden, Gerichte oder Bürger aus dem Bestand eines Verwaltungsaktes ziehen können[5]. Jene Vollziehbarkeit eines Verwaltungsaktes wird allerdings gem. § 80 Abs. 1 Satz 1 VwGO durch Einlegung oder Erhebung von Widerspruch oder Anfechtungsklage gehindert: Die Einlegung des Rechtsmittels hat einen **Suspensiveffekt** zufolge, der darin besteht, dass der Verwaltungsakt nicht bestandskräftig wird und weder vollzogen noch gebraucht werden darf bis zum Eintritt

---

1 So für die Amtshilfe nach Art. 12, 22 VO 1/2003 OGH Österreich v. 11.5.2017 – 16 Ok 8/16, NZKart 2017, 385.
2 Beschlussempfehlung und Bericht des Finanzausschusses, BT-Drucks. 12/7918, 100 (zu § 4 Abs. 2 WpHG a.F.); *Giesberts* in KölnKomm. WpHG, § 4 WpHG Rz. 38.
3 S. Beschlussempfehlung und Bericht des Finanzausschusses, BT-Drucks. 12/7918, 100 zu § 4 Abs. 2 WpHG a.F.
4 *Die* in Fn. 1 zu Rz. 15 erwähnte Allgemeinverfügung vom 19.9.2008 (Verbot bestimmter Leerverkäufe) bezieht sich bemerkenswerter Weise nicht auf Positionen, die ein Marktteilnehmer vor Bekanntmachung der Verfügung eingegangen ist (Bestandsschutz).
5 *Schenke* in Kopp/Schenke, 23. Aufl. 2017, § 80 VwGO Rz. 23. Im Einzelnen ist hier allerdings vieles streitig.

der Unanfechtbarkeit oder bis zu einer Anordnung des Sofortvollzuges, etwa im- Rechtsmittel gem. § 80b VwGO. In dem Konflikt zwischen dem staatlichen Interesse an der Vollziehung des Verwaltungsaktes und dem privaten Interesse an dem Ausbleiben der Vollziehung für die Dauer des Widerspruchs- oder Klageverfahrens nimmt der Gesetzgeber mit § 80 Abs. 1 VwGO eine grundsätzliche Entscheidung zugunsten des gegen den Verwaltungsakt Rechtsmittel einlegenden Bürgers vor.

Mit **§ 80 Abs. 2 Satz 1 Nr. 3 VwGO** hat der Gesetzgeber darüber hinaus die Möglichkeit eröffnet, durch zusätzliche gesetzliche Regelungen weitere Tatbestände zu schaffen, unter denen die aufschiebende Wirkung von Rechtsmitteln gegen Verwaltungsakte entfallen soll. Eine solche Regelung ist **§ 13 WpHG**[1]. Hinter dieser Regelung dürfte die Erwägung des Gesetzgebers stehen, dass **Verstöße gegen die Verbote und Gebote des WpHG**, wie z.B. das Verbot des Insiderhandels, erhebliche **wirtschaftliche Schäden und Vertrauensschäden** herbeiführen können und daher einer unverzüglichen Aufklärung und Gefahrenabwehr bedürfen, die durch die Einlegung von Rechtsmitteln nicht gehemmt werden soll[2]. 3

Andernfalls müsste die Bundesanstalt die sofortige Vollziehung des von ihr erlassenen Verwaltungsaktes im Einzelfall nach Maßgabe von **§ 80 Abs. 3 VwGO** anordnen, um ein Entfallen der aufschiebenden Wirkung zu erreichen. Nach dieser Vorschrift müsste die Bundesanstalt das besondere Interesse an der sofortigen Vollziehung in jedem Einzelfall begründen. § 13 WpHG macht dies entbehrlich und nimmt der Bundesanstalt diesen Begründungsaufwand, wodurch die Möglichkeit entfällt, die Anordnung gegebenenfalls bereits wegen formaler Mängel aufzuheben bzw. die aufschiebende Wirkung wiederherzustellen[3]. 4

Rechtspolitisch ist die Regelung wenig überzeugend[4]. Zwar sind Wertpapierdienstleistungsunternehmen und sonstige Adressaten von Maßnahmen der Bundesanstalt in einem hochsensiblen und, aufgrund der weit fortgeschrittenen globalen und technologisch bedingten Vernetzung, einem von sehr schnellen Abläufen gekennzeichneten Wirtschaftsbereich aktiv, der die Möglichkeit der Ergreifung schneller Maßnahmen der Regulierung und Gefahrenabwehr erforderlich macht. Aber die Eingriffsbefugnisse der Bundesanstalt sind äußerst vielgestaltig; eingreifende Verwaltungsakte bilden in ihren Handlungsweisen eher die Ausnahme. Die hohe Qualifikation der Bundesanstalt als Allfinanzaufsicht wäre auch damit vereinbar, dass man es ihr überlässt, im Einzelfall zu beurteilen und zu entscheiden, ob ein besonderes Interesse an der sofortigen Vollziehung besteht. 5

II. Verfassungs- und unionsrechtlicher Hintergrund. Die aufschiebende Wirkung von Rechtsbehelfen ist ein **tragender Grundsatz des öffentlich-rechtlichen Prozessrechts**. Die Gründe für die gem. § 80 Abs. 1 VwGO grundsätzlich vorgesehene Rechtsfolge der aufschiebenden Wirkung bestehen in der verfassungsrechtlichen Garantie eines wirksamen Rechtsschutzes gem. **Art. 19 Abs. 4 GG** – denn durch Art. 19 Abs. 4 GG wird nicht nur der Zugang zum Rechtsweg gewährleistet, sondern auch ein wirksamer Rechtsschutz[5]. Art. 19 Abs. 4 GG verlangt einen adäquaten vorläufigen Rechtsschutz[6]. Die aufschiebende Wirkung dient dem Ziel, vollendete Tatsachen durch die vorläufige Vollziehung des Verwaltungsaktes zu verhindern[7], aber auch - basierend auf dem Verhältnismäßigkeitsgrundsatz – den Bürger vor der Belastung einer möglicherweise rechtswidrigen Verwaltungsakte vor abschließender Überprüfung der Rechtmäßigkeit und Eintritt der formellen Bestandskraft zu schützen. Es gilt: Nur rechtzeitiger Rechtsschutz ist wirksamer Rechtsschutz[8]. In jedem Fall müssen vorläufiger und endgültiger Rechtsschutz zusammen gesetzlich wirksam ausgestaltet werden[9]. 6

Ungeachtet dieser Ausgangslage ist indes die verfassungsrechtliche Sicht auf § 80 Abs. 1 VwGO nicht frei von Schwankungen: So ist insbesondere umstritten, wie weit die dem Gesetzgeber obliegenden Pflichten aus Art. 19 Abs. 4 GG reichen. Nach einer Ansicht beinhaltet die Garantie des Art. 19 Abs. 4 GG auch den Suspensiveffekt[10]. Der Suspensiveffekt sei verfassungsbewehrt und Ausdruck bzw. „Ausfluss" von Art. 19 Abs. 4 GG[11]. 7

---

1 Allerdings wäre § 13 WpHG auch ohne § 80 Abs. 2 Satz 1 Nr. 3 VwGO wirksam, weil die VwGO und das WpHG gleichrangig sind, so dass die lex posterior-Regel gelten würde.
2 So auch *Schlette-Bouchon* in Fuchs, § 4 WpHG Rz. 128; *Zetzsche* in Schwark/Zimmer, § 4 WpHG Rz. 72; *Giesberts* in KölnKomm. WpHG, § 4 WpHG Rz. 155; jeweils mit Verweis auf BT-Drucks. 12/6679, 50.
3 In der verwaltungsgerichtlichen Praxis und der verwaltungsprozessualen Literatur ist umstritten, ob eine formal fehlerhafte Anordnung der sofortigen Vollziehung gem. § 80 Abs. 2 Satz 1 Nr. 4 VwGO zur Aufhebung der Anordnung der sofortigen Vollziehung oder zur Wiederherstellung der aufschiebenden Wirkung durch das Gericht führt, s. dazu *Schenke* in Kopp/Schenke, 23. Aufl. 2017, § 80 VwGO Rz. 148; *Bostedt* in Fehling/Kastner/Störmer, Verwaltungsrecht, 4. Aufl. 2016, § 80 VwGO Rz. 159.
4 Anders *Giesberts* in KölnKomm. WpHG, § 4 WpHG Rz. 160; wie hier kritisch hingegen *Zetzsche* in Schwark/Zimmer, § 4 WpHG Rz. 72.
5 Den Suspensiveffekt ebenfalls aus Art. 19 Abs. 4 GG herleitend: BVerfG v. 14.9.2016 – 1 BvR 1335/13, NVwZ 2017, 149, 150; BVerfG v. 27.4.2005 – 1 BvR 223/05, NVwZ 2005, 1303, 1303; *Schoch*, Vorläufiger Rechtsschutz und Risikoverteilung im Verwaltungsrecht, Lorenz-von-Stein-Institut Schriftenreihe, Band 10, 1988, S. 991.
6 *Schmidt-Aßmann* in Maunz/Dürig, 78. EL September 2016, Art. 19 Abs. 4 GG Rz. 273.
7 BVerfG v. 19.6.1973 – 1 BvL 39/69 und 14/72, NJW 1973, 1491, 1493.
8 *Schoch*, Vorläufiger Rechtsschutz und Risikoverteilung im Verwaltungsrecht, 1988, S. 992.
9 BVerfG v. 22.11.2016 – 1 BvL 6/14, MMR 2017, 321.
10 *Hufen*, Verwaltungsprozessrecht, 10. Aufl. 2016, § 31 Rz. 3.
11 *Erbguth*, UPR 2000, 81, 82; *Schenke*, NVwZ 1990, 1009, 1014; *Erdmann*, NVwZ 1988, 508, 509.

Nur der Suspensiveffekt schaffe sofortigen Schutz, weshalb das Verfahren nach § 80 Abs. 5 VwGO nicht gleichwertig sei[1]. Die wohl herrschende Meinung geht demgegenüber davon aus, dass der Suspensiveffekt zwar eine adäquate Ausprägung von Art. 19 Abs. 4 GG ist, gerichtlicher Eilrechtsschutz jedoch ein gleichwertiges Modell darstellt[2]. Entscheidend sei allein der Sicherungserfolg und nicht die Sicherungstechnik[3]. Die Wahl und Ausformung des Sicherungsinstruments sei eine dem einfachen Gesetzgeber obliegende Aufgabe[4]. Letztere Ansicht findet sich auch in der Rechtsprechung wieder. Zwar spricht auch das BVerfG davon, dass die aufschiebende Wirkung ein fundamentaler Grundsatz des öffentlich-rechtlichen Prozesses ist[5] und dass dem Suspensiveffekt eine verfassungsrechtliche Bedeutung zukommt[6]. Auf solche Passagen wird verwiesen, wenn argumentiert wird, dass der Suspensiveffekt von der Verfassung vorgegeben werde[7]. Eine solche Betrachtung ist jedoch zu eng. Zugleich betont das BVerfG nämlich, dass **das Verfahren nach § 80 Abs. 5 VwGO eine adäquate Ausprägung des grundgesetzlich garantierten Rechtsschutzes ist**[8]. So gewährleiste Art. 19 Abs. 4 GG die aufschiebende Wirkung von Rechtsbehelfen nicht schlechthin[9]. Die Rechtsweggarantie aus Art. 19 Abs. 4 GG werde nicht durch die Frage berührt, ob ein Antrag aufschiebende Wirkung hat oder nicht[10]. Entscheidend sei vielmehr, dass dem Bürger effektiver Rechtsschutz gewährt werde, was auch auf andere Weise als durch den Suspensiveffekt erreicht werden könne[11]. Von Verfassungs wegen sei es nicht geboten, jeden Verwaltungsakt dem auf dem Suspensiveffekt aufbauenden Rechtsschutzsystem des § 80 VwGO zu unterstellen[12]. Art. 19 Abs. 4 GG verlange den automatischen Eintritt des Suspensiveffekts als gesetzlichen Regelfall nicht[13]. Insgesamt ist es also zutreffend, dass dem Suspensiveffekt als eine mögliche Ausprägung von Art. 19 Abs. 4 GG eine verfassungsrechtliche Bedeutung zukommt. Er wird vom Grundgesetz aber nicht gefordert, sondern das Verfahren nach § 80 Abs. 5 VwGO ist ausreichend, um verfassungsrechtliche Vorgaben zu erfüllen.

8 Im Europarecht und ebenso im Recht der Mehrzahl der Mitgliedstaaten kommt Hauptsacherechtsbehelfen keine aufschiebende Wirkung zu[14]. Dennoch steht das deutsche Modell der aufschiebenden Wirkung nicht grundsätzlich im Widerspruch zum Unionsrecht. Da sich in der aufschiebenden Wirkung das Gebot des effektiven Rechtsschutzes wiederspiegelt, welches auch dem europäischen Recht nicht fremd ist (so normiert Art. 47 Abs. 1 GRCh das Recht einer jeden Person auf einen wirksamen gerichtlichen Rechtsbehelf, einschließlich des vorläufigen Rechtsschutzes; ebenso Art. 6 Abs. 1 EMRK – rechtsstaatliche Verfahrensgarantie – und Art. 13 EMRK – das Recht auf wirksame Beschwerde), kann **§ 80 Abs. 1 VwGO als innerstaatliche Ausformung europarechtlicher Vorgaben** betrachtet werden[15]. Die unionsrechtlichen Vorgaben können jedoch auch dazu führen, dass die nationale Behörde beim Vollzug des Europarechts dazu verpflichtet ist, gem. § 80 Abs. 2 Satz 1 Nr. 4 VwGO die sofortige Vollziehung anzuordnen[16].

9 **III. Rechtsschutz gem. § 80 Abs. 5 Satz 1 1. Fall VwGO.** Trotz des Entfallens der aufschiebenden Wirkung von Anfechtungsklage und Widerspruch bleiben diese statthafte Rechtsbehelfe gegen den in Frage stehenden Verwaltungsakt in der Hauptsache. Sie vermögen aber nicht, das Rechtsschutzziel des Widerspruchsführers oder Klägers, gerichtet auf die vorläufige – bis zum Abschluss des Rechtsmittelverfahrens – Nichtvollziehbarkeit des ergangenen Verwaltungsaktes, zu erreichen. Zur Erreichung dieses Rechtsschutzziels ist der Betroffene auf Inanspruchnahme vorläufigen Rechtsschutzes nach Maßgabe von § 80 Abs. 5 VwGO verwiesen. Der Antragsteller im Verfahren des vorläufigen Rechtsschutzes kann nach Maßgabe von § 80 Abs. 5 Satz 1 1. Fall VwGO die **Anordnung der aufschiebenden Wirkung** des eingelegten Rechtsmittels durch das VG beantragen[17].

---

1 *Hufen*, Verwaltungsprozessrecht, 10. Aufl. 2016, § 31 Rz. 3.
2 *Schmidt-Aßmann* in Maunz/Dürig, 79. EL Dezember 2016, Art. 19 Abs. 4 GG Rz. 274; *Schulze-Fielitz* in Dreier, 3. Aufl. 2013, Art. 19 GG Rz. 113.
3 *Schmidt-Aßmann* in Maunz/Dürig, 79. EL Dezember 2016, Art. 19 Abs. 4 GG Rz. 274; *Gersdorf* in Posser/Wolff, 2. Aufl. 2014, § 80 VwGO Rz. 2.
4 *Schmidt-Aßmann* in Maunz/Dürig, 79. EL Dezember 2016, Art. 19 Abs. 4 GG Rz. 275; *Sachs* in Sachs, 7. Aufl. 2014, Art. 19 GG Rz. 148a.
5 BVerfG v. 19.6.1973 – 1 BvL 39/69 u. 14/72, VerwRspr. 1974, 385, 387.
6 BVerfG v. 19.6.1973 – 1 BvL 39/69 u. 14/72, VerwRspr. 1974, 385, 388; BVerfG v. 11.6.2008 – 2 BvR 2062/07, NVwZ-RR 2008, 657, 658.
7 So z.B. *Erbguth*, UPR 2000, 81, 82.
8 BVerfG v. 19.6.1973 – 1 BvL 39/69 u. 14/72, VerwRspr. 1974, 385, 389.
9 BVerfG v. 11.6.2008 – 2 BvR 2062/07, NVwZ-RR 2008, 657, 658; BVerfG v. 1.10.2008 – 1 BvR 2466/08, NVwZ 2009, 240, 241; BVerfG v. 14.9.2016 – 1 BvR 1335/13, NVwZ 2017, 149, 150.
10 BVerfG v. 22.6.1960 – 2 BvR 37/60, VerwRspr. 1961, 140, 141.
11 BVerfG v. 1.10.2008 – 1 BvR 2466/08, NVwZ 2009, 240, 241.
12 BVerfG v. 13.6.1997 – 1 BvR 699/77, NJW 1980, 35, 36; BVerfG v. 1.10.2008 – 1 BvR 2466/08, NVwZ 2009, 240, 241.
13 BVerfG v. 1.10.2008 – 1 BvR 2466/08, NVwZ 2009, 240, 241.
14 *Koehl*, JA 2016, 610, 610.
15 *Schoch* in Schoch/Schneider/Bier, 33. EL Juni 2017, § 80 VwGO Rz. 71.
16 EuGH v. 10.7.1990 – Rs. C-217/88, Slg. 1990, 2879, 2905 („Tafelwein"); so auch *Redeker* in Redeker/v. Oertzen, 16. Aufl. 2014, § 80 VwGO Rz. 3a; *Krämer*, Vorläufiger Rechtsschutz in VwGO-Verfahren, 1. Aufl. 1998, § 80 VwGO Rz. 2. S. auch: *Schmidt-Aßmann* in Maunz/Dürig, 78. EL September 2016, Art. 19 Abs. 4 GG Rz. 273a.
17 *Kuhla* in Kuhla/Hüttenbrink, Der Verwaltungsprozess, 3. Aufl. 2002, S. 609.

Der Gesetzeswortlaut ist offen und es bleibt unklar, wie das Gericht im Verfahren nach § 80 Abs. 5 VwGO vorzugehen hat. Es besteht aber weitgehend Einigkeit, dass sich die Entscheidung im vorläufigen Rechtsschutz primär an den **Erfolgsaussichten der Hauptsache** auszurichten hat[1]. In der Praxis hat sich daher eine zweistufige Prüfung entwickelt. Zunächst ist zu prüfen, ob die Hauptsache offensichtlich Erfolg bzw. keinen Erfolg haben wird; bei offenem Ausgang ist eine Interessenabwägung maßgeblich[2]. Dementsprechend lassen sich drei Fallgruppen unterscheiden: Hauptsache offensichtlich erfolgreich, Hauptsache offensichtlich erfolglos, Ausgang der Hauptsache völlig offen.

Somit ist auch im Rahmen des Verfahrens gem. § 80 Abs. 5 Satz 1 2. Fall VwGO eine Entscheidung basierend auf dem durch das Gericht akzessorisch zu prüfenden materiellen Recht vorzunehmen, da letztlich auch das Verfahren im vorläufigen Rechtsschutz der Durchsetzung des materiellen Rechts dient[3]. Grundsätzlich handelt es sich dabei um eine summarische Prüfung[4]. Dabei steigt jedoch die Erforderlichkeit der materiellen Rechtmäßigkeitsprüfung abhängig von der Intensität der drohenden Rechtsverletzung und kann dazu führen, die Sache abschließend zu prüfen[5]. Die dadurch erfolgende Annäherung der Entscheidung im Verfahren im einstweiligen Rechtsschutz an das Verfahren in der Hauptsache ist zu begrüßen, sofern die Dringlichkeit der Entscheidung die dafür erforderliche Ermittlung der Tatsachen erlaubt. Der Grundsatz des Verbotes der Vorwegnahme der Hauptsache kann einer Entscheidung nur dann im Wege stehen, wenn die Folgen der Entscheidung zu irreversiblen Zuständen führen würden[6].

Lässt sich durch das Gericht feststellen, dass der Antragsteller in der Hauptsache Erfolg haben wird, weil der Verwaltungsakt rechtswidrig und der Antragsteller dadurch in seinen Rechten verletzt ist, ordnet es die aufschiebende Wirkung an. Dies ist schlicht damit zu begründen, dass an der Vollziehung von rechtswidrigen Verwaltungsakten kein öffentliches Interesse besteht[7].

Wird die Hauptsache offensichtlich ohne Erfolg bleiben, weil der Verwaltungsakt rechtmäßig ist bzw. keine Rechtsverletzung vorliegt, ist der Antrag unbegründet. Während dies für die Fälle der behördlichen Anordnung des Sofortvollzugs umstritten ist[8], besteht bezüglich dieser Rechtsfolge bei gesetzlicher Anordnung wie durch § 13 WpHG Einigkeit[9]. Nur in Ausnahmefällen kann die Eilbedürftigkeit widerlegt werden[10].

Bei offenem Ausgang der Hauptsache erfolgt eine **reine Interessenabwägung**. Für die Fälle, in denen der Entfall der aufschiebenden Wirkung nicht durch eine Behörde, sondern kraft Gesetzes angeordnet ist, ist die Vorgehensweise dabei allerdings in Literatur und Rechtsprechung umstritten. Der Streit dreht sich um die Frage, ob der gesetzgeberischen Anordnung ein anderes Gewicht zukommt als einer behördlichen Anordnung des Entfalls der aufschiebenden Wirkung. Es geht darum, ob das Gericht der Anordnung des Gesetzgebers ein besonderes Gewicht zusprechen muss mit der Folge, dass die gerichtliche Entscheidung vorbestimmt ist. Nach einer Ansicht sei der **gesetzgeberischen Anordnung** des Entfalls der aufschiebenden Wirkung ein **besonderes Gewicht zuzusprechen**. Eine solche Anordnung sei als Vermutung dafür anzusehen, dass das öffentliche Interesse am Sofortvollzug Vorrang genieße[11]. So hat auch das BVerfG ausgeführt, dass sich die Interessenabwägung im Fall einer gesetzlichen Anordnung der aufschiebenden Wirkung von dem Fall der behördlichen Anordnung unterscheide[12]. Von der gesetzgeberischen Grundentscheidung sei nur im Ausnahmefall abzuweichen. Nur wenn vom Betroffenen besondere Umstände vorgetragen werden, ist eine Einzelfallbetrachtung überhaupt erst erforderlich[13].

---

1 BVerwG v. 14.4.2005 – 4 VR 1005/04, NVwZ 2005, 689, 690; *Schenke* in Kopp/Schenke, 23. Aufl. 2017, § 80 VwGO Rz. 158; *Funke-Kaiser* in Quaas/Zuck, Prozesse in Verwaltungssachen, 2. Aufl. 2011, S. 595.
2 BVerwG v. 14.4.2005 – 4 VR 1005/04, NVwZ 2005, 689, 690; *Gersdorf* in Posser/Wolff, 2. Aufl. 2014, § 80 VwGO Rz. 187; *Funke-Kaiser* in Bader/Funke-Kaiser/Stuhlfauth/v. Albedyll, 6. Aufl. 2014, § 80 VwGO Rz. 88–93.
3 *Schmidt-Aßmann* in Maunz/Dürig, 78. EL September 2016, Art. 19 Abs. 4 GG Rz. 276.
4 *Schenke* in Kopp/Schenke, 23. Aufl. 2017, § 80 VwGO Rz. 158; *Schoch* in Schoch/Schneider/Bier, 33. EL Juni 2017, § 80 VwGO Rz. 399.
5 BVerfG v. 14.9.2016 – 1 BvR 1335/13, NVwZ 2017, 149, 150; *Funke-Kaiser* in Quaas/Zuck, Prozesse in Verwaltungssachen, 2. Aufl. 2011, S. 602.
6 *Schmidt-Aßmann* in Maunz/Dürig, 78. EL September 2016, Art. 19 Abs. 4 GG Rz. 276.
7 BVerwG v. 25.3.1993 – 1 ER 301/92, NJW 1993, 3213, 3213; *Schenke* in Kopp/Schenke, 23. Aufl. 2017, § 80 VwGO Rz. 159; *Funke-Kaiser* in Bader/Funke-Kaiser/Stuhlfauth/v. Albedyll, 6. Aufl. 2014, § 80 VwGO Rz. 88.
8 Für eine Übersicht zum Streitstand s. *Gersdorf* in Posser/Wolff, 2. Aufl. 2014, § 80 VwGO Rz. 188.
9 BVerwG v. 17.9.2004 – 9 VR 3/04, NVwZ 2005, 330, 330; *Funke-Kaiser* in Quaas/Zuck, Prozesse in Verwaltungssachen, 2. Aufl. 2011, S. 597; *Schoch* in Schoch/Schneider/Bier, 33. EL Juni 2017, § 80 VwGO Rz. 384.
10 BVerwG v. 31.3.2011 – 9 VR 2/11, NVwZ 2011, 820, 820; *Schoch* in Schoch/Schneider/Bier, 33. EL Juni 2017, § 80 VwGO Rz. 384; *Külpmann* in Finkelnburg/Dombert/Külpmann, Vorläufiger Rechtsschutz im Verwaltungsstreitverfahren, 7. Aufl. 2017, Rz. 974.
11 *Redeker/v. Oertzen* in Redeker/v. Oertzen, 16. Aufl. 2014, § 80 VwGO Rz. 48; kritisch dazu: *Timmler*, Aussetzungsentscheidung, S. 49 ff.
12 BVerfG v. 10.10.2003 – 1 BvR 2015/03, NVwZ 2004, 93, 94.
13 BVerfG v. 10.10.2003 – 1 BvR 2015/03, NVwZ 2004, 93, 94; BVerfG v. 21.2.2011 – 2 BvR 1392/10, NVwZ-RR 2011, 420, 421.

15 Diese Rechtsprechung des BVerfG ist jedoch auf Kritik gestoßen. Das materielle Gewicht der behördlichen und gesetzgeberischen Entscheidung sei nicht unterschiedlich, vielmehr seien alle Fälle des § 80 Abs. 2 VwGO gleich zu behandeln[1]. Bei Vorschriften i.S.v. § 80 Abs. 2 Satz 1 Nr. 3 VwGO handele es sich um bloße Beschleunigungsnormen, die keine Aussage zum materiellen Entscheidungsmaßstab treffen[2]. Es gäbe gerade keine gesetzliche Vermutung für ein überwiegendes öffentliches Interesse, die der Betroffene zu widerlegen habe[3]. Es sei immer eine Interessenbewertung im Einzelfall erforderlich; nur wenn diese zu keinem eindeutigen Ergebnis führe, könne die vom Gesetzgeber getroffene abstrakt-generelle Regelung zugunsten des Vollzugsinteresses berücksichtigt werden[4].

16 Die Rechtsprechung des BVerwG lässt sich keiner dieser Meinungen uneingeschränkt zuordnen. Eine klare Linie gab es in der Rechtsprechung längere Zeit nicht. So hat das BVerwG angenommen, dass ein gesetzlicher Ausschluss der aufschiebenden Wirkung zu der Vermutung führt, dass das öffentliche Interesse am Sofortvollzug das Individualinteresse an der Aussetzung überwiegt[5]. In anderen Urteilen ging es hingegen davon aus, dass der gesetzlichen Anordnung des Entfalls der aufschiebenden Wirkung keinerlei materielle Bedeutung zukommt. Es sah den Sinn einer solchen Regelung lediglich darin, der Behörde im Einzelfall den Begründungsaufwand für den Sofortvollzug zu erlassen[6].

17 In seiner neueren Rechtsprechung nähert sich das BVerwG der Linie des BVerfG an. Seine Rechtsprechung, nach der lediglich der Begründungsaufwand entfällt, hat es ausdrücklich aufgegeben[7]. Unter Verweis auf die Rechtsprechung des BVerfG hat es ausgeführt, **dass es der Darlegung besonderer individueller Umstände bedarf, um von der gesetzgeberischen Grundentscheidung zugunsten der sofortigen Vollziehbarkeit abzuweichen**[8]. Allerdings kann die Entscheidung des Gesetzgebers, die aufschiebende Wirkung auszuschließen, den Vorrang des Vollzugsinteresses nicht regelhaft zur Folge habe. Es habe eine Interessenabwägung stattzufinden, die den Einzelfallbezug wahre. Die gebotene Abwägung sei zwar gesetzlich strukturiert, nicht aber präjudiziert[9].

18 Von maßgeblicher Bedeutung in den Fällen der „offenen" Interessensabwägung sind tatsächliche Gegebenheiten ebenso wie normative Strukturen des Entscheidungsprogrammes. Bestimmender Teil der Interessensabwägung ist eine **Folgenabwägung**, die das **Gewicht** und die **Reversibilität** der Vollzugsfolgen mit ebensolchen Folgen des Aufschubes gegeneinander stellt.

19 Von besonderer Bedeutung in dieser Interessensabwägung sind **materielle Grundrechte** wie etwa das Grundrecht der Berufsfreiheit (Art. 12 GG). Die **Irreversibilität** von Folgen besteht beispielsweise bei einer Entscheidung über die **Veröffentlichung** personen- oder unternehmensbezogener Daten (**naming and shaming**): Es ist in aller Regel nicht möglich, die Folgen einer Veröffentlichung rückgängig zu machen, deshalb ist in der Folgenabwägung bei offenen Erfolgsaussichten in der Regel die aufschiebende Wirkung anzuordnen. Das Grundrecht der **Berufsfreiheit** (Art. 12 Abs. 1 GG) streitet bei **Tätigkeitsverboten**, die berufszugangsbeschränkende Wirkung haben, für die aufschiebende Wirkung, wenn nicht *besondere* Gründe, die über allgemeine Erwägungen und die Rechtfertigung des Verbots selbst hinausgehen, überwiegend für eine sofortige Umsetzung sprechen. Demgegenüber können **Drittinteressen**, etwa der **Schutz der Anleger**, für die sofortige Vollziehung sprechen.

§ 14 Befugnisse zur Sicherung des Finanzsystems

(1) Die Bundesanstalt kann im Benehmen mit der Deutschen Bundesbank Anordnungen treffen, die geeignet und erforderlich sind, Missstände, die Nachteile für die Stabilität der Finanzmärkte bewirken oder das Vertrauen in die Funktionsfähigkeit der Finanzmärkte erschüttern können, zu beseitigen oder zu verhindern. Insbesondere kann die Bundesanstalt vorübergehend

1. den Handel mit einzelnen oder mehreren Finanzinstrumenten untersagen, insbesondere ein Verbot des Erwerbs von Rechten aus Währungsderivaten im Sinne des § 2 Absatz 2 Nummer 1 Buchstabe b, d oder e anordnen, deren Wert sich unmittelbar oder mittelbar vom Devisenpreis des Euro ableitet, soweit zu erwarten ist, dass der Marktwert dieser Rechte bei einem Kursrückgang des Euro steigt,

---

1 *Happ*, NVwZ 2005, 282, 283.
2 *Debus*, NVwZ 2006, 49, 51.
3 *Funke-Kaiser* in Bader/Funke-Kaiser/Stuhlfauth/v. Albedyll, 6. Aufl. 2014, § 80 VwGO Rz. 25.
4 *Funke-Kaiser* in Quaas/Zuck, Prozesse in Verwaltungssachen, 2. Aufl. 2011, S. 602.
5 BVerwG v. 19.5.1994 – 3 C 11/94, Buchholz 310 § 80 VwGO Nr. 57.
6 BVerwG v. 21.7.1994 – 4 VR 1/94, NVwZ 1995, 383, 384; BVerwG v. 17.9.2001 – 4 VR 19/01, NVwZ-RR 2002, 153, 153.
7 BVerwG v. 14.4.2005 – 4 VR 1005/04, NVwZ 2005, 689, 690; bestätigt in BVerwG v. 13.6.2007 – 6 VR 5/07, NVwZ 1207, 1209.
8 BVerwG v. 14.4.2005 – 4 VR 1005/04, NVwZ 2005, 689, 690.
9 BVerwG v. 14.4.2005 – 4 VR 1005/04, NVwZ 2005, 689, 690; auch der VGH Kassel versteht das Urteil des BVerwG dahingehend, dass sich das Vollzugsinteresse nicht regelhaft durchsetzt, VGH Kassel v. 15.9.2005 – 6 TG 1816/05, NVwZ-RR 2006, 300.

und wenn der Erwerb der Rechte nicht der Absicherung eigener bestehender oder erwarteter Währungsrisiken dient, wobei das Verbot auch auf den rechtsgeschäftlichen Eintritt in solche Geschäfte erstreckt werden kann,
2. die Aussetzung des Handels in einzelnen oder mehreren Finanzinstrumenten an Märkten, an denen Finanzinstrumente gehandelt werden, anordnen oder
3. anordnen, dass Märkte, an denen Finanzinstrumente gehandelt werden, mit Ausnahme von Börsen im Sinne des § 2 des Börsengesetzes, schließen oder geschlossen bleiben oder die Tätigkeit der systematischen Internalisierung eingestellt wird.

Die Bundesanstalt kann Anordnungen nach Satz 2 Nummer 1 und 2 auch gegenüber einem öffentlich-rechtlichen Rechtsträger oder gegenüber einer Börse erlassen.

(2) Die Bundesanstalt kann anordnen, dass Personen, die Geschäfte in Finanzinstrumenten tätigen, ihre Positionen in diesen Finanzinstrumenten veröffentlichen und gleichzeitig der Bundesanstalt mitteilen müssen. Die Bundesanstalt kann Mitteilungen nach Satz 1 auf ihrer Internetseite öffentlich bekannt machen.

(3) § 6 Absatz 3, 11, 14 und 16 ist entsprechend anzuwenden.

(4) Maßnahmen nach den Absätzen 1 bis 3 sind auf höchstens zwölf Monate zu befristen. Eine Verlängerung über diesen Zeitraum hinaus um bis zu zwölf weitere Monate ist zulässig. In diesem Falle legt das Bundesministerium der Finanzen dem Deutschen Bundestag innerhalb eines Monates nach erfolgter Verlängerung einen Bericht vor. Widerspruch und Anfechtungsklage gegen Maßnahmen nach den Absätzen 1 bis 3 haben keine aufschiebende Wirkung.

In der Fassung des 2. FiMaNoG vom 23.6.2017 (BGBl. I 2017, 1693).

Schrifttum: *Baur*, Gesetz zur Vorbeugung gegen missbräuchliche Wertpapier- und Derivategeschäfte vom 21.7.2010 (BGBl. I 2010, 945), jurisPR-BKR 9/2010; *Beisken/Zimmer*, Die Regulierung von Leerverkäufen de lege lata und de lege ferenda, WM 2010, 485; *Harrer/Christ/Harrer/Christ/Möllers*, Nationale Alleingänge und die europäische Reaktion auf ein Verbot ungedeckter Leerverkäufe, NZG 2010, 1167; *Ott/Liebscher*, Die Regulierung der Finanzmärkte – Reformbedarf und Regelungsansätze des deutschen Gesetzgebers im Überblick, NZG 2010, 841; *Ruffert*, Verfassungsrechtliche Überlegungen zur Finanzkrise, NJW 2009, 2093; *Walla*, Kapitalmarktrechtliche Normsetzung durch Allgemeinverfügung?, DÖV 2010, 853.

I. Übersicht und Entwicklung der Norm 1	V. Befristung der Maßnahmen (§ 14 Abs. 4 Satz 1 WpHG) 22
II. Missstandsaufsicht und Anordnungsbefugnis (§ 14 Abs. 1 WpHG) 4	VI. Verlängerung der Befristung mit Berichtspflicht (§ 14 Abs. 4 Satz 2 und 3 WpHG) 24
III. Veröffentlichungs- bzw. Mitteilungspflicht (§ 14 Abs. 2 WpHG) 17	VII. Sofortige Vollziehbarkeit der Maßnahmen (§ 14 Abs. 4 Satz 4 WpHG) 27
IV. Verweisung auf Regelungen des § 6 WpHG (§ 14 Abs. 3 WpHG) 20	

I. Übersicht und Entwicklung der Norm. Die Regelungen in § 14 WpHG ergänzen die Eingriffsbefugnisse der Bundesanstalt bezüglich solcher Maßnahmen, die diese zugunsten der **Stabilität der Finanzmärkte** und des **Vertrauens in die Funktionsfähigkeit der Finanzmärkte** für erforderlich hält. Die Regelungen in § 14 WpHG gehen daher über den Anwendungsbereich des § 6 WpHG hinaus[1] und ergänzen ihn für Krisenfälle. Die Regelung setzt hierbei nicht Europarecht um, sondern ist eine rein nationalrechtliche Regelung von Maßnahmen zur Sicherung des Finanzsystems.

Hintergrund der Regelungen ist die **Finanzmarktkrise** ab 2007, die nicht nur das Vertrauen in die Finanzmärkte erschüttert, sondern auch die Notwendigkeit der Änderung der Rahmenbedingungen des Finanzsystems einschließlich des Aufsichtsrechts zu erkennen gegeben hat[2]. Insoweit offenbarte sich die Notwendigkeit des Schutzes der Funktionsfähigkeit der Finanzmärkte aufgrund ihrer volkswirtschaftlichen Bedeutung. Es wurde auch erkennbar, dass der Maßnahmenkatalog der Bundesanstalt in § 4 WpHG für diesen Schutz nicht ausreichend ist. Denn – so die Gesetzesbegründung[3] – „Geschäfte in Finanzinstrumenten können unter bestimmten Konstellationen, selbst wenn diese an sich keine Verstöße gegen Ge- oder Verbote des Wertpapierhandelsgesetzes darstellen, hinsichtlich des Preises anderer Finanzinstrumente trendverstärkend wirken. Dies kann unter bestimmten Umständen zu einer erhöhten Anfälligkeit der Finanzmärkte etwa gegen spekulative Geschäfte führen und so Kernfunktionen der Märkte, z.B. die geregelte Kapitalallokation der Marktteilnehmer, gefährden. Je nach Umständen können so systemische Risiken für die gesamten Finanzmärkte entstehen, die sich auch auf die Finanzstabilität auswirken können. Neben den Auswirkungen für die betroffenen Kapital-

---
1 Vgl. Gesetzesbegründung, BT-Drucks. 17/1952, 8.
2 Zu den Ursachen der weltweiten Finanzkrise und der Regelungsansätze vgl. z.B. *Liebscher/Ott*, NZG 2010, 841.
3 Vgl. Gesetzesbegründung, BT-Drucks. 17/1952, 8.

marktteilnehmer können solche Geschäfte in bestimmten Szenarien auch das Vertrauen in die Funktionsfähigkeit der Kapitalmärkte erschüttern". Eine der diskutierten neu zu schaffenden Rahmenbedingungen war die Regulierung von Leerverkäufen.

3 Entsprechend diesen Überlegungen wurde mit dem Gesetz zur Vorbeugung gegen rechtsmissbräuchliche Wertpapier- und Derivategeschäfte vom 21.7.2010 der Aufgabenbereich der Bundesanstalt und ihre Befugnisse erweitert und die vorliegende Regelung als § 4a WpHG a.F. aufgenommen. Hierbei wurden im Rahmen der Normierung einer Befugnis zur Missstandsverhinderung bzw. -beseitigung auch Regelbeispiele für Anordnungen der Bundesanstalt normiert, die u.a. die Möglichkeit eines Verbots von Leerverkäufen in Bezug auf Aktien oder Schuldtitel vorgesehen haben, die von Zentralregierungen, Regionalregierungen und örtlichen Gebietskörperschaften von Mitgliedstaaten der Europäischen Union ausgegeben wurden. Mit Inkrafttreten der **EU-Leerverkaufs-VO** im Jahr 2012 (vgl. auch die Kommentierung der Leerverkaufs-VO in diesem Werk) und der damit einhergehenden Regulierung der Leerverkäufe auf europäischer Ebene konnte und musste dieses Beispiel einer Anordnung der BaFin gestrichen werden. Diese Anpassung des nationalen Rechts an die veränderten europäischen Rahmenbedingungen erfolgte mit dem EU-Leerverkaufs-Ausführungsgesetz[1] vom 6.11.2012. Mit den Änderungen durch das 1. FiMaNoG wurde in Abs. 1 ein 3. Regelbeispiel eingefügt und redaktionelle Änderungen an Abs. 1 vorgenommen. Mit dem 2. FiMaNoG wurde zudem zu Klarstellungszwecken ausdrücklich eine Anordnungsbefugnis gegenüber öffentlich-rechtlichen Rechtsträgern und gegenüber Börsen aufgenommen und eine Anpassung an die Neunummerierung des WpHG vorgenommen. § 4a WpHG a.F. wurde hierbei zu § 14 WpHG.

4 **II. Missstandsaufsicht und Anordnungsbefugnis (§ 14 Abs. 1 WpHG).** Die Bundesanstalt kann Anordnungen treffen, die geeignet und erforderlich sind, bestimmte **Missstände zu beseitigen oder zu verhindern**. Es handelt sich hierbei um die Befugnis, Anordnungen zu erlassen, die sowohl bestehende Missstände beseitigen als auch das Entstehen der Missstände verhindern sollen. Entsprechend handelt es sich sowohl um Maßnahmen der Gefahrenabwehr als auch der Gefahrenprävention, wenn man hier den Missstand mit Gefahr gleichsetzt.

5 Im Unterschied zu § 6 Abs. 1 WpHG handelt es sich bei § 14 Abs. 1 WpHG um Missstände, die **Nachteile für die Stabilität der Finanzmärkte bewirken oder das Vertrauen in die Funktionsfähigkeit der Finanzmärkte erschüttern** können. Geschützt wird somit die Funktionsfähigkeit der Finanzmärkte aus ökonomischer Sicht aufgrund ihrer volkswirtschaftlichen Bedeutung[2]. Mit dieser Ausrichtung geht der Missstandsbegriff von § 14 WpHG über den Missstandsbegriff von § 6 Abs. 1 WpHG hinaus, stellt somit auch höhere Anforderungen an die Darlegung seines Vorliegens. Voraussetzung ist, dass Missstände vorliegen oder drohen, die Nachteile für die Stabilität der Finanzmärkte bewirken oder das Vertrauen in die Funktionsfähigkeit der Finanzmärkte erschüttern können. Insoweit kann man von einer Stabilitäts- oder Vertrauenskrise sprechen. Welche Aspekte künftig eine solche Stabilitäts- oder Vertrauenskrise auslösen können, ist reine Spekulation. Entsprechend verbleibt dem Gesetzgeber keine andere Möglichkeit, als mit diesen deutlich auslegungsbedürftigen Tatbestandsvoraussetzungen zu arbeiten, was den Tatbestand – im rechtlichen Sinn – nicht unbestimmt, sondern nur auslegungsbedürftig macht. Unabhängig von dieser etwas anderen Ausrichtung des Missstandsbegriffs in § 14 Abs. 1 WpHG im Vergleich zu § 6 Abs. 1 WpHG ist im Übrigen die Parallelität zu § 6 Abs. 1 WpHG augenscheinlich. Insoweit kann auch auf die dortige Kommentierung verwiesen werden.

6 Wie schon in der Gesetzesbegründung[3] ausgeführt, **ergänzt § 14 WpHG den § 6 WpHG**. Das bedeutet, eine problematische Marktsituation kann unter Umständen nur einen Missstandsbegriff (den niedrigschwelligen Missstandsbegriff von § 6 Abs. 1 WpHG oder den höherschwelligen Missstandsbegriff von § 14 WpHG) ausfüllen, kann ggf. aber auch beide Missstandtatbestände erfüllen. Die beiden Missstandsregelungen schließen sich nicht gegenseitig aus[4]. Entsprechend ist es aus heutiger Sicht nur noch ein dogmatischer Streit[5], ob die Allgemeinverfügungen der Bundesanstalt[6] zur Beschränkung von Leerverkäufen in der Regelung des heutigen § 6 Abs. 1 WpHG eine hinreichende Ermächtigungsgrundlage hatten.

7 Die von der Bundesanstalt zur Missstandsabwehr oder Missstandsprävention ergriffenen **Maßnahmen** müssen **geeignet und erforderlich** sein, um einen schon entstandenen Missstand zu beseitigen oder einen künftig zu befürchtenden Missstand zu verhindern. Ob für die Zukunft ein Missstand zu befürchten ist, der durch eine

---

1 Gesetz zur Ausführung der Verordnung (EU) Nr. 236/2012 des Europäischen Parlaments und des Rates vom 14.3.2012 über Leerverkäufe und bestimmte Aspekte von Credit Default Swaps (EU-Leerverkaufs-Ausführungsgesetz) vom 6.11. 2012, BGBl. I 2012, 2286.
2 Vgl. Begr. RegE, BT-Drucks. 17/1952, 8.
3 Begr. RegE, BT-Drucks. 17/1952, 8.
4 Für ein gegenseitiges Ausschließen der Befugnisnormen *Mock* in KölnKomm. WpHG, § 4a WpHG Rz. 8.
5 Vgl. z.B. *Harrer/Christ/Möllers*, NZG 2010, 1167; *Zimmer/Beisken*, WM 2010, 485.
6 *Die Allgemeinverfügungen der Bundesanstalt* vom 19.9.2008, 21.9.2008, 17.12.2008 und 30.3.2009 (veröffentlicht auch auf der Homepage der Bundesanstalt: www.bafin.de) sind begründet mit den sonst zu erwartenden negativen Auswirkungen auf die Durchführung des ordnungsgemäßen Handels an hiesigen Märkten und der Verhinderung von Marktmanipulationen.

Maßnahme verhindert werden muss, ist letztlich eine Prognose der Bundesanstalt, die auf bestimmte Tatsachen, Entwicklungstendenzen etc. gegründet werden muss.

Es sind **verschiedene Anordnungen denkbar**, um Missstände zu beseitigen oder zu verhindern. Die Anordnungen müssen nicht zwingend in Form von Verwaltungsakten ergehen, es ist beispielsweise auch schlicht-hoheitliches Handeln denkbar[1]. In Anbetracht der Gefahr oder des Bestehens einer krisenhaften Ausgangssituation werden häufiger Verwaltungsakte in Form von Allgemeinverfügungen in Betracht kommen. Hinsichtlich des Erlasses von Allgemeinverfügungen ist auf § 17 Abs. 2 und 3 FinDAG[2] hinzuweisen. Diese Regelungen sehen mit § 17 Abs. 2 Satz 5 Nr. 1 FinDAG eine besonders schnelle Veröffentlichungsmöglichkeit auch für die Fälle des § 14 WpHG vor.

Als mögliche Anordnungen führt § 14 Abs. 1 Satz 2 WpHG drei **Regelbeispiele** auf. Wie sich schon aus der Konstruktion der Regelbeispiele ergibt, sind diese drei Möglichkeiten nicht abschließend[3]. Maßgeblich ist, welche Anordnung bei der (drohenden) Krisensituation geeignet und verhältnismäßig ist. So kann die Bundesanstalt nach den Regelbeispielen

- den Handel mit einzelnen oder mehreren Finanzinstrumenten untersagen, insbesondere ein Verbot des Erwerbs von Rechten aus Währungsderivaten i.S.d. § 2 Abs. 2 Nr. 1 Buchstabe b, d oder e anordnen, deren Wert sich unmittelbar oder mittelbar vom Devisenpreis des Euro ableitet, soweit zu erwarten ist, dass der Marktwert dieser Rechte bei einem Kursrückgang des Euro steigt, und wenn der Erwerb der Rechte nicht der Absicherung eigener bestehender oder erwarteter Währungsrisiken dient, wobei das Verbot auch auf den rechtsgeschäftlichen Eintritt in solche Geschäfte erstreckt werden kann,
- die Aussetzung des Handels in einzelnen oder mehreren Finanzinstrumenten an Märkten, an denen Finanzinstrumente gehandelt werden, anordnen oder
- anordnen, dass Märkte, an denen Finanzinstrumente gehandelt werden, mit Ausnahme von Börsen i.S.d. § 2 des Börsengesetzes, schließen oder geschlossen bleiben oder die Tätigkeit der systematischen Internalisierung eingestellt wird.

Zielsetzung der Anordnung ist, dass mit diesen Befugnissen „insbesondere in Situationen, in denen die Nachrichtenlage nicht einheitlich erscheint, erst einmal **Ruhe in die Märkte** gebracht werden kann, so dass eine Marktstörung oder ein Marktversagen präventiv abgewendet werden kann. Durch die verschiedenen Handlungsmöglichkeiten kann die Bundesanstalt passgenau und zeitlich befristet auf mögliche Gefahren für die Stabilität der Finanzmärkte reagieren und auch im Zuge weltweiter Finanzkrisen angemessen konzertierte Aktionen mit anderen Aufsichtsbehörden abstimmen. Zudem kann die Bundesanstalt bei Missständen, die durch neu entwickelte Finanzinstrumente erzeugt werden, flexibel reagieren"[4].

Mit dem Ziel, Ruhe in den Markt zu bringen, hat die Bundesanstalt im Juni 2016 erstmals von der Möglichkeit einer Anordnung in Form einer **Allgemeinverfügung** Gebrauch gemacht, und zwar in Bezug auf die vereinbarungsgemäße Abwicklung von Nettingvereinbarungen i.S.d. Art. 295 VO Nr. 575/2013 (Kapitaladäquanzverordnung, engl. CRR – Capital Requirements Regulation). Gemäß der Begründung der Allgemeinverfügung[5] war eine erhebliche Verunsicherung der Finanzmarktakteure, insbesondere durch die Unsicherheit über den Anwendungsbereich des BGH-Urteils vom 9.6.2016[6] zur Unwirksamkeit von Nettingvereinbarungen im Anwendungsbereich des deutschen Insolvenzrechts und über mögliche europarechtliche Konsequenzen und damit eine Erschütterung des Vertrauens in die Funktionsfähigkeit der Finanzmärkte zu befürchten. Die Bundesanstalt entschied sich daher zu der Allgemeinverfügung, um einen dadurch entstehenden Missstand zu verhindern und das Vertrauen in die Funktionsfähigkeit der Finanzmärkte wiederherzustellen sowie negative Auswirkungen auf die Finanzmarktstabilität zu vermeiden. Der Gesetzgeber reagierte auf diese Situation mit einem teilweise rückwirkenden InsO-Änderungsgesetz vom 22.12.2016, mit dem § 104 InsO dahingehend angepasst wurde, dass Nettingklauseln, die die Anforderung für die aufsichtsrechtliche Anerkennung z.B. nach Art. 296 Abs. 2a und Art. 178 VO Nr. 575/2013 vollumfänglich erfüllen, wieder insolvenzfest vereinbart werden können.

Nach dem **ersten Regelbeispiel** ist die Bundesanstalt befugt, den Handel mit einzelnen oder mehreren Finanzinstrumenten zu untersagen. Dieses Beispiel führt das im Jahr 2010 eingeführte, auf Währungsderivate bezogene Regelbeispiel in Abs. 1 lit. b fort und erweitert es auf alle Finanzinstrumente. Die Untersagung des Handels mit Währungsderivaten findet aber auch weiterhin eine ausdrückliche Erwähnung in § 14 Abs. 1 Satz 2 Nr. 1 WpHG. Hintergrund der Einführung dieser Befugnis war: „Eine Beschränkung des beispielhaft unter

---

1 Vgl. die Ausführungen zu den möglichen Anordnungen nach § 6 Abs. 1 WpHG, insb. § 6 WpHG Rz. 43 ff.
2 Vgl. die Ausführungen zu § 17 Abs. 2 und 3 FinDAG in § 6 WpHG Rz. 50.
3 So auch *Mock* in KölnKomm. WpHG, § 4a WpHG Rz. 20; *Bouchon/Mehlkopp* in Fuchs, § 4a WpHG Rz. 5.
4 Vgl. Begr. RegE, BT-Drucks. 17/1952, 8.
5 Vgl. die „Allgemeinverfügung zu Nettingvereinbarungen im Anwendungsbereich des deutschen Insolvenzrechts" vom 9.6.2016, GZ: ED WA-Wp 1000-2016/0001, veröffentlicht auf der Internetseite der Bundesanstalt unter www.bafin.de > Recht & Regelungen > Verfügungen.
6 BGH v. 9.6.2016 – IX ZR 314/14, AG 2016, 538.

Satz 2 Nr. 1 ... genannten Verbotes auf den Erwerb von Rechten, die bei einem Kursrückgang des Euro an Wert gewinnen, entspricht der Zielrichtung des Gesetzentwurfs, Spekulationen gegen den Euro im Bedarfsfall einzuschränken"[1]. Dabei stehen Geschäfte zur Reduzierung und Absicherung von Risiken nicht im Fokus der Anordnungsbefugnis. Die bisherige Ausrichtung dieser Befugnis zur Sicherung der Stabilität des Euro als Gemeinschaftswährung[2] wird nun auf alle Finanzinstrumente ausgedehnt.

13 Nach dem **zweiten Regelbeispiel** kann die Bundesanstalt die Aussetzung des Handels in einzelnen oder mehreren Finanzinstrumenten an Märkten, an denen Finanzinstrumente gehandelt werden, anordnen. Eine Befugnis zur **Handelsaussetzung** ist auch in § 6 Abs. 2 Satz 4 WpHG enthalten. Hierbei unterscheiden sich die Voraussetzungen für die Befugnis deutlich. Während nach § 6 Abs. 2 Satz 4 WpHG die Anordnung zur Durchsetzung der dort benannten Verbote und Gebote erforderlich sein muss, ist nach § 14 Abs. 1 Satz 2 WpHG die Gefährdung der Stabilität der Finanzmärkte oder des Vertrauens in die Funktionsfähigkeit der Finanzmärkte Voraussetzung der Handelsaussetzung. In Anbetracht der Befristung der Anordnungen der Bundesanstalt nach § 14 Abs. 4 WpHG kann es sich stets nur um zeitweise Handelsaussetzungen handeln.

14 Das **dritte Regelbeispiel** wurde im Prozess der Normierung mit dem 1. FiMaNoG deutlich verändert. Zunächst war vorgesehen, dass die Bundesanstalt die in § 46g Abs. 1 Nr. 3 KWG verankerte und noch aus der Weimarer Republik stammende Befugnis der Bundesregierung übertragen bekommt, anzuordnen, dass Börsen, andere Märkte oder systematische Internalisierer schließen oder geschlossen bleiben[3]. Auf Empfehlung des Finanzausschusses wurde das neue Regelbeispiel insoweit beschränkt: „In Bezug auf Börsen bleibt die Befugnis der Bundesregierung nach § 46g Abs. 1 Nr. 3 des Kreditwesengesetzes (KWG) bestehen, unter den dort genannten Voraussetzungen durch Rechtsverordnung anordnen zu können, dass die Börsen im Sinne des BörsG vorübergehend geschlossen bleiben. Damit wird eine mögliche Überschneidung von Zuständigkeiten der für die Börsenaufsicht zuständigen Landesbehörden und der für die Wertpapieraufsicht zuständigen Bundesanstalt vermieden. Durch die Änderung der Formulierung zur Anwendung der Befugnis der Bundesanstalt zur vorübergehenden Schließung von Handelsplätzen auf systematische Internalisierer wird klargestellt, dass sich die Befugnis der Bundesanstalt lediglich auf die vorübergehende Einstellung der Tätigkeit der systematischen Internalisierung, nicht aber auf die Schließung des gesamten Unternehmens, das die systematische Internalisierung betreibt, bezieht."[4]

15 Die Bundesanstalt hat bei der Anordnung der Maßnahmen nach § 14 Abs. 1 WpHG das **Benehmen mit der Bundesbank** herzustellen. Das ist notwendig aufgrund des Bezugs zur Stabilität des Finanzsystems. „Die Notwendigkeit der Abstimmung mit der Deutschen Bundesbank und die Eingriffsschwelle, insbesondere hinsichtlich der Notwendigkeit von Nachteilen für die Finanzmärkte insgesamt, verdeutlichen, dass angesichts der Intensität des Eingriffs ein Gebrauch dieser Befugnisse lediglich in Ausnahmefällen geboten ist. Es handelt sich hierbei auch nicht um eine Verlagerung von Kompetenzen der Börsengeschäftsführung auf die Bundesanstalt, sondern um eine aus Gründen der Stabilität der Finanzmärkte gesondert und parallel zu den Befugnissen der Börsengeschäftsführung bestehende Aufsichtskompetenz. Dabei ist auch zu berücksichtigen, dass die Börsengeschäftsführungen insbesondere bei nicht an der Börse gehandelten Finanzinstrumenten keine Befugnisse haben"[5]. Im Benehmen mit der Bundesbank bedeutet, dass die Bundesanstalt die Bundesbank mehr als nur anzuhören hat. Benehmen bedeutet aber nicht Einvernehmen, so dass ein Einverständnis der Bundesbank nicht erforderlich ist[6].

16 Die Bundesanstalt kann gem. § 14 Abs. 1 Satz 3 WpHG die Anordnungen zur Sicherung des Finanzsystems auch gegenüber einem **öffentlich-rechtlichen Rechtsträger** oder gegenüber einer **Börse** erlassen. Dieser Satz wurde mit dem 2. FiMaNoG in Abs. 1 eingefügt. Zuvor war mit dem 1. FiMaNoG in § 6 Abs. 2 WpHG dieser Satz hinsichtlich des personellen Anwendungsbereichs handelsbeschränkender Maßnahmen der Bundesanstalt eingefügt. Entsprechend der Gesetzesbegründung[7] hat dieser Satz eine klarstellende Natur und wurde mit dem 2. FiMaNoG für handelsbeschränkende Maßnahmen der Bundesanstalt zur Sicherung der Finanzstabilität in § 14 WpHG redaktionell nachgeholt[8].

17 **III. Veröffentlichungs- bzw. Mitteilungspflicht (§ 14 Abs. 2 WpHG).** § 14 Abs. 2 WpHG sieht die Ermächtigung der Bundesanstalt zur **Anordnung** einer Veröffentlichungs- und/oder Mitteilungspflicht an die Bundesanstalt **hinsichtlich eingegangener Positionen** in Finanzinstrumenten vor. Diese Veröffentlichungs- bzw. Mitteilungspflicht kommt sowohl als milderes Mittel als auch als flankierende Anordnung zu den Maßnahmen nach § 14 Abs. 1 WpHG in Betracht. Die Bundesanstalt ist zudem ermächtigt, Mitteilungen nach § 14 Satz 1 WpHG auch auf ihrer Internetseite öffentlich bekannt zu machen.

---

1 So die Begründung des Finanzausschusses, BT-Drucks. 17/2336, 13.
2 Vgl. *Mock* in KölnKomm. WpHG, § 4a WpHG Rz. 22.
3 Vgl. Begr. RegE zum 1. FiMaNoG, BT-Drucks. 18/7482, 14 und 59.
4 Vgl. Beschlussempfehlung und Bericht des Finanzausschusses zum 1. FiMaNoG, BT-Drucks. 18/8099, 106.
5 Vgl. Begr. RegE, BT-Drucks. 17/1952, 8.
6 So auch *Mock* in KölnKomm. WpHG, § 4a WpHG Rz. 23; *Bouchon/Mehlkopp* in Fuchs, § 4a WpHG Rz. 6.
7 Vgl. Begr. RegE zum 1. FiMaNoG, BT-Drucks. 18/7482, 58.
8 Vgl. Begr. RegE zum 2. FiMaNoG, BT-Drucks. 18/10936, 227.

Die Bundesanstalt kann **Maßnahmen** nach § 14 Abs. 2 WpHG erlassen **gegenüber bestimmten oder bestimmbaren Personen**, die Geschäfte in Finanzinstrumenten tätigen. Gegenstand der Anordnung sind bestimmte oder ggf. alle Positionen dieser Personen in Finanzinstrumenten. Die Befugnis bezieht sich anders als die EU-LeerverkaufsVO nicht nur auf Nettoleerverkaufspositionen, sondern auch auf alle Positionen im Soll- und Haben-Bereich. Die Bundesanstalt kann verlangen, dass die Personen ihre Positionen in den benannten Finanzinstrumenten veröffentlichen und gleichzeitig der Bundesanstalt mitteilen müssen. Der nicht näher konkretisierte Tatbestand muss in Anbetracht seiner Zielrichtung und seines systematischen Zusammenhangs auch auf die Sicherung des Finanzsystems bezogen werden[1]. Anders als bei Art. 12–15 VO Nr. 236/2012 (EU-Leerverkaufs-VO) muss Ausgangspunkt einer solchen Anordnung nach § 14 Abs. 2 WpHG die (drohende) Problemlage am Finanzmarkt sein und nicht eine Schwellenüberschreitung bezüglich einer Position. Bei Vorliegen dieser Voraussetzungen kann die Bundesanstalt im Rahmen der Ermessensausübung aber auch eine Veröffentlichungs- bzw. Mitteilungspflicht anordnen, wenn die Positionen bestimmte Schwellenwerte überschreiten. 18

Die Nutzung und konkrete Ausgestaltung der Veröffentlichungs- bzw. Mitteilungspflicht bezüglich des Personenkreises, der Finanzinstrumente, der Positionshöhe etc. ist im Rahmen der **Ermessensausübung** festzulegen. Durch die Möglichkeit der Anordnung einer Veröffentlichungs- bzw. Mitteilungspflicht „kann die Bundesanstalt die Gefahren für die Stabilität der Finanzmärkte besser einschätzen. Gleichzeitig werden durch eine Veröffentlichung solcher Positionen die übrigen Marktteilnehmer in die Lage versetzt, das Marktgeschehen besser überblicken zu können. So können im Einzelfall ein erheblicher Preisdruck auf bestimmte Finanzinstrumente und die damit einhergehenden drohenden Nachteile für die Stabilität der Finanzmärkte verhindert oder gemindert werden"[2]. Zudem kann die Transparenz derartiger Positionen eine vertrauensbildende Maßnahme für den Kapitalmarkt sein. 19

IV. Verweisung auf Regelungen des § 6 WpHG (§ 14 Abs. 3 WpHG). § 14 Abs. 3 WpHG **ermächtigt die Bundesanstalt** zum Zweck Überwachung der Finanzmärkte in Bezug auf **bestehende oder sich entwickelnde Missstände**, die Nachteile für die Stabilität der Finanzmärkte bewirken oder das Vertrauen in die Funktionsfähigkeit der Finanzmärkte erschüttern können, **von den Befugnissen nach § 6 Abs. 3, 11, 14 und 16 WpHG entsprechend Gebrauch zu machen**. Die Bundesanstalt wird also ermächtigt, Sachverhalte weiter aufzuklären, um Missstände i.S.d. § 14 Abs. 1 WpHG zu verhindern. Zur **Sachverhaltsaufklärung** wird sie neben den sonstigen Möglichkeiten der Amtsermittlung die Ermächtigungen nach § 6 Abs. 3 und 11 WpHG nutzen. Das heißt, die Bundesanstalt kann z.B. Auskunfts- bzw. Vorlageersuchen erlassen, Personen laden und vernehmen sowie von ihrem Betretungsrecht Gebrauch machen. Hinsichtlich dieser Befugnisse wird auf die Kommentierung zu § 6 Abs. 3 WpHG (§ 6 WpHG Rz. 90 ff.) und zu § 6 Abs. 11 WpHG (§ 6 WpHG Rz. 196 ff.) verwiesen. Soweit dem zur Auskunft Verpflichteten ein gesetzliches Auskunfts- oder Aussageverweigerungsrechte zusteht sowie Verschwiegenheitspflichten bestehen, bleiben diese nach § 6 Abs. 3 Satz 3 WpHG unberührt. Auf das Auskunftsverweigerungsrecht nach § 6 Abs. 15 WpHG wird nunmehr nicht mehr ausdrücklich hingewiesen. Ungeachtet dessen gilt dies für alle Auskunftsersuchen nach § 6 Abs. 3 WpHG, so dass es auch im Rahmen von § 14 WpHG Anwendung findet. 20

Zudem **verweist § 14 Abs. 3 WpHG auf die Befugnis der Bundesanstalt**, nach § 6 Abs. 14 WpHG eine gebotene Veröffentlichung oder Mitteilung auf Kosten des Pflichtigen vorzunehmen (vgl. § 6 WpHG Rz. 226 ff.). Hierbei liegt insbesondere die Bezugnahme auf die Veröffentlichungspflichten nach § 2 WpHG auf der Hand. Die Bundesanstalt darf zudem die personenbezogenen Daten im Rahmen von § 6 Abs. 16 WpHG nutzen (vgl. § 6 WpHG Rz. 240 ff.). Weitergehende Verweisungen auf die Befugnisse der Bundesanstalt aus §§ 6 ff. WpHG erscheinen im Rahmen der Befugnisse zur Sicherung des Finanzsystems als nicht erforderlich. Selbst wenn der Verdacht massiver Marktmanipulationen oder Insiderhandels im Raum stehen würden, würden die Befugnisse nach § 6 WpHG in vollem Umfang greifen. Auch eine Verweisung auf § 13 WpHG erübrigt sich, weil in § 14 Abs. 4 Satz 4 WpHG eine entsprechende Regelung aufgenommen wurde. 21

V. Befristung der Maßnahmen (§ 14 Abs. 4 Satz 1 WpHG). Maßnahmen der Bundesanstalt nach § 14 Abs. 1 bis 3 WpHG sind gem. § 14 Abs. 4 WpHG auf höchstens zwölf Monate zu befristen. Diese Befristung ist gem. § 36 Abs. 2 Nr. 1 VwVfG eine **Nebenbestimmung zu einem Verwaltungsakt**. Diese zwingende Regelung wurde auf Anregung des Finanzausschusses[3] aufgenommen, der dies aus Gründen der Verhältnismäßigkeit für angezeigt hielt. Innerhalb des Zeitraumes von zwölf Monaten sind mehrere Verlängerungen möglich, sofern diese Frist insgesamt nicht überschritten wird. Eine Verlängerung der Befristung über den Zeitraum von 12 Monaten hinaus ist nur unter den Voraussetzungen von § 14 Abs. 4 Satz 2 und 3 WpHG möglich. 22

Die Regelung zur Befristung der Maßnahmen bezieht sich nach ihrem Wortlaut auf die Maßnahmen nach § 14 Abs. 1 bis Abs. 3 WpHG. Inhaltlich kann sich diese Regelung jedoch nur auf **Verwaltungsakte der Bundesanstalt nach § 14 Abs. 1 und 2 WpHG** beziehen. Denn schon nach dem Zweck der Regelung und nach der In- 23

---

[1] So auch *Mock* in KölnKomm. WpHG, § 4a WpHG Rz. 25; *Bouchon/Mehlkopp* in Fuchs, § 4a WpHG Rz. 5.
[2] Vgl. Begr. RegE, BT-Drucks. 17/1952, 8.
[3] BT-Drucks. 17/2336, 5 und 13.

tention des Finanzausschusses sollen die Maßnahmen der Bundesanstalt zur Sicherung des Finanzsystems zeitlich beschränkt und nicht dauerhaft sein. Diese Überlegungen bezogen sich jedoch nicht auf die Möglichkeiten der Sachverhaltsaufklärung. Aber auch vom Sinn her passt die Befristung nicht zu den Befugnissen der Sachverhaltsaufklärung. Eine Befristung der Pflicht zur Übermittlung von Informationen an die Bundesanstalt, im Rahmen von Auskunfts- oder Vorlageersuchen etc., macht schon unter dem Aspekt wenig Sinn, da Marktteilnehmer durch Verzögerungsmaßnahmen die Informationsübermittlung verhindern könnten und Verwaltungszwangsmaßnahmen zu spät kämen. Da die Sachverhaltsaufklärung schon nach ihren Tatbestandsvoraussetzungen nur im Vorfeld der Maßnahmen nach § 14 Abs. 1 WpHG möglich ist, und zwar zur Prüfung, ob Maßnahmen nach Abs. 1 ergriffen werden können oder müssen, ist die Belastung der betroffenen Marktteilnehmer nicht auf Dauer ausgerichtet, sondern auf die Situation der Informationserteilung. Bezüglich der Veröffentlichungen und Mitteilungen nach § 14 Abs. 2 WpHG kann es sich sowohl um einmalige Belastungen als auch um Dauerverwaltungsakte handeln. Dauerverwaltungsakte sind z.B. als eine Art „Wasserstandsmeldungen" für besonders relevante Finanzinstrumente denkbar, um in Krisensituationen die Entwicklung in bestimmten Finanzinstrumenten auch in der Öffentlichkeit abbilden zu können. Insoweit ist die Pflicht zu einer Befristung der Belastung auf 12 Monate durchaus von Relevanz.

24 **VI. Verlängerung der Befristung mit Berichtspflicht (§ 14 Abs. 4 Satz 2 und 3 WpHG).** Eine **Verlängerung** über den Zeitraum von 12 Monaten hinaus ist für maximal 12 weitere Monate **zulässig**. Bei jeder Verlängerung handelt es sich jeweils um einen neuen Verwaltungsakt, für den jeweils die Anordnungsvoraussetzungen vorliegen müssen. Im Falle einer Verlängerung über 12 Monate hinaus ist das Bundesministerium der Finanzen verpflichtet, dem Deutschen Bundestag innerhalb eines Monats nach erfolgter Verlängerung einen Bericht vorzulegen. Nach den Intentionen des Finanzausschusses soll der Bericht die Hintergründe der Verlängerung darlegen, um gegebenenfalls eine gesetzliche Regelung zum Gegenstand der Anordnung herbeiführen zu können[1].

25 Im Rahmen des Gesetzgebungsverfahrens[2] war zunächst geplant, dem BMF eine **Verordnungsbefugnis** einzuräumen. Diese Befugnis sollte die Möglichkeit vorsehen, im Wege der Rechtsverordnung dauerhaft den Handel in Finanzinstrumenten zu untersagen oder als milderes Mittel oder flankierend Veröffentlichungs- und Mitteilungspflichten hinsichtlich Positionen in Finanzinstrumenten festzulegen, soweit Nachteile für die Stabilität der Finanzmärkte zu befürchten sind oder das Vertrauen der Marktteilnehmer in die Funktionsfähigkeit der Finanzmärkte erschüttert werden könnte. Aufgrund der Empfehlung des Finanzausschusses[3] wurde die Ermächtigung hierfür gestrichen. Denn bei derartigen dauerhaften Regelungen handelt es sich um so gravierende Eingriffe, dass sie einer gesetzlichen Regelung vorbehalten sein sollten. Stattdessen wurde die Befristung der Maßnahmen auf zunächst 12 Monate und die Möglichkeit der Verlängerung auf insgesamt 24 Monate vorgesehen und diese mit der Berichtspflicht des BMF gegenüber dem Bundestag verbunden. So hat der Bundestag als Gesetzgeber die Möglichkeit darüber zu entscheiden, ob und in welchem Umfang eine gesetzliche Regelung zur Sicherung des Finanzsystems vorgenommen wird.

26 Letztlich müssen diese Befugnisse der Bundesanstalt zur Krisenintervention (Vermeidung von Nachteilen für die Stabilität in die Finanzmärkte und in das Vertrauen in die Funktionsfähigkeit der Finanzmärkte) nunmehr auch im **Zusammenhang mit den Befugnissen der Europäischen Wertpapier- und Marktaufsichtsbehörde (European Securities and Market Authority – ESMA)** gesehen werden. Nach Art. 18 VO Nr. 1095/2010 (ESMA-VO[4]) kann die ESMA in Krisensituationen verschiedene Maßnahmen (vgl. § 19 WpHG Rz. 8) ergreifen. Aus heutiger Sicht besteht für dauerhafte Handelsaussetzungen oder Transparenzanordnungen, die über die Befristung in § 14 Abs. 4 WpHG hinausgehen und im Wege der Verordnungsbefugnis erlassen werden müssten, keine Notwendigkeit.

27 **VII. Sofortige Vollziehbarkeit der Maßnahmen (§ 14 Abs. 4 Satz 4 WpHG).** Nach § 14 Abs. 4 Satz 4 WpHG haben **Widerspruch und Anfechtungsklage keine aufschiebende Wirkung**. Denn es handelt sich bei den Anordnungen zur Abwendung von Gefahren für die Stabilität der Finanzmärkte und für das Vertrauen in deren Funktionsfähigkeit um äußerst eilbedürftige Maßnahmen[5]. Das bedeutet, dass auch ohne gesonderte Anordnung der sofortigen Vollziehung der von der Bundesanstalt ergriffenen Maßnahme Folge zu leisten ist. In Anbetracht der Parallelität der Regelung zu § 13 WpHG kann auf die dortige Kommentierung verwiesen werden.

---

1 BT-Drucks. 17/2336, 13.
2 Vgl. Begr. RegE, BT-Drucks. 17/1952, 8/9.
3 BT-Drucks. 17/2336, 5.
4 Verordnung (EU) Nr. 1095/2010 des Europäischen Parlaments und des Rates vom 24.11.2010 zur Errichtung einer Europäischen Aufsichtsbehörde (Europäische Wertpapier- und Marktaufsichtsbehörde), zur Änderung des Beschlusses Nr. 716/2009/EG und zur Aufhebung des Beschlusses 2009/77/EG der Kommission, ABl. EU Nr. L 331 v. 15.12.2010, S. 84 ff.
5 Vgl. Begr. RegE, BT-Drucks. 17/1952, 8.

§ 15 Produktintervention

(1) Der Bundesanstalt stehen die Befugnisse nach Artikel 42 der Verordnung (EU) Nr. 600/2014 unter den dort genannten Voraussetzungen, mit Ausnahme der Voraussetzungen nach Artikel 42 Absatz 3 und 4 der Verordnung (EU) Nr. 600/2014, entsprechend für Vermögensanlagen im Sinne des § 1 Absatz 2 des Vermögensanlagengesetzes zu. Die Bundesanstalt kann Maßnahmen nach Satz 1 und Artikel 42 der Verordnung (EU) Nr. 600/2014 gegenüber jedermann treffen, soweit die Verordnung nicht unmittelbar anwendbar ist.
(2) Widerspruch und Anfechtungsklage gegen Maßnahmen nach Absatz 1 und Artikel 42 der Verordnung (EU) Nr. 600/2014 haben keine aufschiebende Wirkung.

In der Fassung des 2. FiMaNoG vom 23.6.2017 (BGBl. I 2017, 1693).

Schrifttum: *Bröker/Machunsky*, Die Produkt- und Vertriebskontrollen nach dem Kleinanlegerschutzgesetz, BKR 2016, 229; *Buck-Heeb*, Aufsichtsrechtliches Produktverbot und zivilrechtliche Rechtsfolgen – Der Anleger zwischen Mündigkeit und Schutzbedürftigkeit, BKR 2017, 89; *Buck-Heeb*, Vom Kleinanleger- zum Verbraucherschutz, ZHR 176 (2012), 66; *Bußalb*, Produktintervention und Vermögensanlagen, WM 2017, 553; *Cahn/Müchler*, Produktinterventionen nach MiFID II: Eingriffsvoraussetzungen und Auswirkungen auf die Pflichten des Vorstands von Wertpapierdienstleistungsunternehmen, BKR 2013, 45; *Ehlers*, Das Produktinterventionsrecht der BaFin nach § 4b WpHG, WM 2017, 420; *Gerding*, Die Ungleichbehandlung der betroffenen Anleger als Folge einer Produktintervention nach Art. 42 MiFIR, BKR 2017, 441; *Gläßner*, Die Beschränkung des Vertriebs von Finanzprodukten, 2017; *Klingenbrunn*, Produktintervention zugunsten des Anlegerschutzes – Zur Systematik innerhalb des Aufsichtsrechts, dem Anlegerleitbild und zivilrechtlichen Konsequenzen –, WM 2015, 316; *Köndgen*, Structured Products from the Perspective of Investor Protection: Can the Courts Police the Market or Do We Need More Regulation?, in FS Klaus Hopt, 2010, Bd. 2, S. 2113; *Möllers/Kastl*, Das Kleinanlegerschutzgesetz, NZG 2015, 849; *Moloney*, The Investor Model Underlying the EU's Investor Protection Regime: Consumers or Investors?, EBOR 13 (2012), 169; *Mülbert*, Anlegerschutz und Finanzmarktregulierung – Grundlagen, ZHR 177 (2013), 160; *Schäfer*, Produktverbote für Finanzinstrumente und ihre zivilrechtliche Folgen, in FS Hans-Peter Schwintowski, 2018, S. 345; *Seitz*, Die Beschränkung von Contracts for Difference (CFDs) nach § 4b Abs. 1 WpHG, WM 2017, 1883; *Veil*, Produktintervention im Finanzdienstleistungsrecht – Systematik, Dogmatik und Grundsatzfragen der neuen Aufsichtsbefugnisse, Bankrechtstag 2017, 2018, S. 159.

I. Entstehung der Vorschrift	1	5. Ermessen	16
II. Regelungszweck	2	V. Adressaten (§ 15 Abs. 1 Satz 2 WpHG)	17
III. Systematischer Zusammenhang	6	VI. Behördliche Durchsetzung und Rechtsschutz (§ 15 Abs. 2 WpHG)	19
IV. Voraussetzungen einer Intervention (§ 15 Abs. 1 Satz 1 WpHG)	9	1. Die Problematik der Rechtsform einer Intervention	19
1. Maßstäbe bei „überschießender" Anwendung des Unionsrechts	9	2. Durchsetzung der Interventionsmaßnahme	24
2. Gegenstand	11	3. Gerichtlicher Rechtsschutz	26
3. Materielle Voraussetzungen	12	VII. Zivilrechtliche Wirkungen einer Intervention	30
4. Verfahrensrechtliche Voraussetzungen	15		

I. Entstehung der Vorschrift. Der mit dem Zweiten Finanzmarktnovellierungsgesetz geschaffene § 15 WpHG löst § 4b WpHG a.F. ab, der mit dem Kleinanlegerschutzgesetz im Jahr 2015 eingeführt wurde[1]. § 4b WpHG a.F. sollte schon vor dem Zeitpunkt der direkten Anwendbarkeit von Art. 42 VO Nr. 600/2014 (MiFIR)[2] eine Rechtsgrundlage für Produktinterventionen der BaFin schaffen und kopierte die wesentlichen Anforderungen der Norm in das deutsche Recht[3]. Mit dem Ersten Finanzmarktnovellierungsgesetz wurde § 4b WpHG um Abs. 6 ergänzt, der die aufschiebende Wirkung von Widerspruch und Anfechtungsklage gegen Interventionsmaßnahmen der Bundesanstalt ausschloss[4]. Mit der unmittelbaren Anwendbarkeit von Art. 42 VO Nr. 600/2014 ab dem 3.1.2018 ist die Notwendigkeit und Zulässigkeit[5] einer nationalen Rechtsgrundlage entfallen, soweit sich behördliche Produktinterventionen auf Finanzinstrumente und strukturierte Einlagen i.S.v. Art. 2 Abs. 1 Nr. 9 und 23 VO Nr. 600/2014 i.V.m. Art. 4 Abs. 1 Nr. 15 und 43 RL 2014/65/EU (MiFID II)[6] beziehen[7]. Hierauf wird mit § 15 WpHG reagiert, der allein ergänzende Regelungen zum verpflichtenden MiFIR-Regime trifft.

---

1 Art. 3 Kleinanlegerschutzgesetz vom 3.7.2015, BGBl. I 2015, 1114.
2 Verordnung (EU) Nr. 600/2014 des Europäischen Parlaments und des Rates vom 15.5.2014 über Märkte für Finanzinstrumente und zur Veränderung der Verordnung (EU) Nr. 648/2912, ABl. EU Nr. L 173 v. 12.6.2014, S. 84.
3 Begr. RegE, BT-Drucks. 18/3994, 53.
4 Art. 1 Erstes Finanzmarktnovellierungsgesetz vom 30.6.2016, BGBl. I 2016, 1514.
5 Zum aus der direkten Anwendbarkeit folgenden grundsätzlichen Umsetzungsverbot EuGH v. 31.1.1978 – 94/77, Slg. 1978, 99 Rz. 22 ff.
6 Richtlinie 2014/65/EU des Europäischen Parlaments und des Rates vom 15.5.2014 über Märkte für Finanzinstrumente sowie zur Änderung der Richtlinien 2002/92/EG und 2011/61/EU, ABl. EU Nr. L 173 v. 12.6.2014, S. 349.
7 Zu den Grenzen eines *grandfathering* von auf § 4b WpHG gestützten Maßnahmen unter der Geltung von Art. 42 VO Nr. 600/2014 Securities and Markets Stakeholder Group (SMSG), Advice – Own initiative report on product intervention powers under MiFIR v. 16.6.2017, S. 6 (ESMA22-106-264).

2 **II. Regelungszweck.** § 15 WpHG ist nicht Zuständigkeitsnorm für auf Art. 42 VO Nr. 600/2014 gestützte Produktinterventionen der Bundesanstalt[1], sondern in erster Linie als **nationale Befugnisnorm für Produktinterventionen betreffend Vermögensanlagen** i.S.v. § 1 Abs. 2 VermAnlG konzipiert. Vermögensanlagen sind zwar Finanzinstrumente i.S.v. § 2 Abs. 4 Nr. 7 WpHG, fallen aber nicht unter den entsprechenden europäischen Begriff gem. Art. 2 Abs. 1 Nr. 9 VO Nr. 600/2014 i.V.m. Art. 4 Abs. 1 Nr. 15 i.V.m. Anhang I Abschnitt C RL 2014/65/EU. Durch den Verweis in § 15 Abs. 1 Satz 1 WpHG auf Art. 42 VO Nr. 600/2014 werden die materiellen Voraussetzungen des unionalen Produktinterventionsregimes auf Vermögensanlagen erstreckt. Die Interventionsbefugnis hinsichtlich Vermögensanlagen erklärte sich bei ihrer Einführung vornehmlich vor dem Hintergrund der Insolvenzen des Windenergieunternehmens Prokon und der S & K Gruppe und wird nunmehr mit dem Anliegen einer einheitlichen Anwendung des Unionsrechts begründet[2]. Insoweit liegt eine **überschießende „Umsetzung"** der MiFIR-Anforderungen vor.

3 § 15 Abs. 1 Satz 2 WpHG trifft **erweiternde Regelungen zum Adressatenkreis** von Produktinterventionen. Regelungssubjekte des Unionsrechts sind gem. Art. 1 Abs. 2 und Art. 2 Abs. 1 Nr. 1 und 2 VO Nr. 600/2014 i.V.m. Art. 4 Abs. 1 Nr. 1 und 2 RL 2014/65/EU Wertpapierfirmen und Kreditinstitute, die Wertpapierdienstleistungen erbringen und Anlagetätigkeiten ausüben[3]. Schon unter der Geltung von § 4b WpHG a.F. war es Wille des Gesetzgebers, auch freie Finanzvermittler und den Direktvertrieb von Finanzinstrumenten der Interventionsbefugnis der BaFin zu unterstellen[4]. Mit der Eingriffsbefugnis gegenüber „jedermann" wird an diesem Ziel festgehalten[5].

4 § 15 Abs. 2 WpHG entspricht § 4b Abs. 6 WpHG a.F. Der **gesetzlich angeordnete Ausschluss der aufschiebenden Wirkung von Rechtsbehelfen** gegen Produktinterventionsmaßnahmen wurde vom Gesetzgeber für erforderlich gehalten, um im Sinne der tatbestandlichen Voraussetzungen von Art. 42 VO Nr. 600/2014 für eine effektive Gefahrenabwehr zu sorgen[6].

5 Mit der durch § 15 WpHG bewirkten Erstreckung des unionalen Produktinterventionsregimes auf Vermögensanlagen hat der deutsche Gesetzgeber aktiv den **Paradigmenwechsel von einem informationsbasierten Anlegerschutz zu einem sog. paternalistischen Schutzregime** aufgegriffen, das gegebenenfalls mittels hoheitlichen Eingriffs den Anleger vor sich selbst schützt[7]. Dabei hat zwar weder das Unionsrecht noch das nationale Recht den Begriff des Kleinanlegers (Art. 4 Abs. 1 Nr. 10 i.V.m. Nr. 11 i.V.m. Anhang II RL 2014/65/EU) bzw. des Privatkunden (§ 67 Abs. 3 i.V.m. Abs. 2 WpHG) umformuliert. Die unter § 4b WpHG a.F. begründete Interventionspraxis der BaFin zu dem beabsichtigten Verbot von sog. Bonitätsanleihen und zu den angeordneten Beschränkungen von Contracts for Difference (CFDs) erweist allerdings, dass die Aufsichtsbehörde vor allem den **zu privaten Zwecken handelnden Verbraucher als Schutzsubjekt** ansieht[8]. Im vermögensanlagenbezogenen originären Anwendungsbereich des § 15 Abs. 1 Satz 1 WpHG ist dies nachvollziehbar, da auch das VermAnlG in seiner Ausgestaltung durch das Kleinanlegerschutzgesetz vorrangig auf den Schutz des nur über ein beschränktes Anlagevermögen verfügenden Verbraucher abzielt[9]. Im Übrigen aber wirft die **„schleichende" Umorientierung vom Anleger- zum Verbraucherschutz** zahlreiche **Folgefragen** nicht nur für die Schutzmaßstäbe bei Produktinterventionen (vgl. Art. 40 VO Nr. 600/2014 Rz. 9, Art. 42 VO Nr. 600/2014 Rz. 10 ff., 20 f.), sondern auch für die Handhabung weiterer anlegerschützender Vorschriften auf[10].

6 **III. Systematischer Zusammenhang.** Behördliche Produktinterventionen sind dem Finanzmarktrecht nicht fremd[11]. So verschafft § 100 WpHG dem Bundesfinanzministerium die Möglichkeit, im Verordnungsweg Fi-

---

1 So aber *Buck-Heeb*, BKR 2017, 89, 90 betr. den wortgleichen § 8 WpHG i.d.F. des Referentenentwurfs. Die Zuständigkeit der BaFin für Produktinterventionen nach Art. 42 VO Nr. 600/2014 folgt schon aus § 6 Abs. 5 Satz 1 WpHG.
2 Begr. RegE 2. FiMaNoG, BT-Drucks. 18/10936, 228.
3 S. aber den Vorschlag der Kommission, durch Einfügung eines Art. 1 Abs. 5a in VO Nr. 600/2014 auch OGAW-Verwaltungsgesellschaften und AIFM-Verwalter in das Interventionsregime einzubeziehen, COM (2017) 536 final v. 20.9.2017.
4 Begr. RegE Kleinanlegerschutzgesetz, BT-Drucks. 18/3994, 53; s. auch *Bußalb*, WM 2017, 553, 556; *Bouchon/Mehlkopp* in Fuchs, § 4b WpHG Rz. 7.
5 Begr. RegE 2. FiMaNoG, BT-Drucks. 18/10936, 228.
6 Begr. RegE 1. FiMaNoG, BT-Drucks. 18/7482, 59; Begr. RegE 2. FiMaNoG, BT-Drucks. 18/10936, 228.
7 Krit. zu diesem Wandel *Mülbert*, ZHR 177 (2013), 160, 198 ff.; *Dreher*, VersR 2013, 401, 410; *Zimmer*, JZ 2014, 714, 721; *Buck-Heeb*, JZ 2017, 279, 286 f.; *Buck-Heeb*, BKR 2017, 89, 96 f.
8 Anhörung zur Allgemeinverfügung bezüglich sog. „Bonitätsanleihen" v. 28.7.2016, Gz. VBS 7-Wp 5427-2016/0019; Erledigung durch freiwillige Selbstverpflichtung der Deutschen Kreditwirtschaft und des Deutschen Derivate Verbands vom 16.12.2016: Verbotsvermeidung u.a. durch eine Mindeststückelung von 10.000 Euro; Allgemeinverfügung der BaFin bezüglich CFDs v. 8.5.2017, Gz. VBS 7-Wp 5427-2016/0017 unter B.I.4.2 und B.II.3: Begründung der Verhältnismäßigkeit der Beschränkung mit der Aufgabe des kollektiven Verbraucherschutzes gem. § 4 Abs. 1a FinDAG; dazu auch Merkblatt zur Allgemeinverfügung v. 8.5.2017 bezüglich Contracts for Difference (CFDs) v. 29.11.2017, Gz. VBS 7-Wp 5465-2017/0003.
9 Beispiel: Begrenzung der Anlagesumme und die auf Vorschlag des Finanzausschusses eingeführte Rückausnahme für Anleger in der Rechtsform der Kapitalgesellschaft in § 2a Abs. 3 VermAnlG.
10 Dazu *Moloney*, EBOR 13 (2012), 169, 181 ff. mit dem Begriff der *consumerisation* des Anlegerschutzes; *Gurlit* in Grüneberg/Habersack/Mülbert/Wittig, Bankrechtstag 2015, 2016, S. 3, 6 f.; *Buck-Heeb*, JZ 2017, 279, 284 f.; *Buck-Heeb*, BKR 2017, 89, 97 f. mit dem Versuch einer Typenbildung.
11 Zu *gesetzlichen* Verkaufs- und Vertriebsbeschränkungen *Buck-Heeb*, BKR 2017, 89, 90 f.

nanztermingeschäfte zu verbieten. Diese Vorschrift bleibt durch § 15 WpHG unberührt. Behördliche Befugnisse zur Untersagung oder Aussetzung des Handels mit bestimmten Finanzinstrumenten gem. §§ 6 Abs. 2 Satz 4, 14 Abs. 1 Satz 1 Nr. 1 und 2 WpHG und zum Verbot von Leerverkäufen nach Art. 20 ff. VO Nr. 236/2012[1] i.V.m. § 53 WpHG beziehen sich hingegen ausschließlich auf den **Sekundärmarkt** und erfassen nicht den von § 15 WpHG adressierten **Primärmarkt** des Verkaufs und Vertriebs von Vermögensanlagen[2], weshalb sie durch § 15 WpHG unberührt bleiben.

§ 15 WpHG steht ebenso wie Art. 42 VO Nr. 600/2014 in einem **sachlichen Zusammenhang** mit den Vorgaben zu einem unternehmensinternen **Produktfreigabeverfahren** gem. § 80 Abs. 9 bis 13 WpHG, das auch bei Vermögensanlagen zu beachten ist. Allerdings fungieren die behördlichen Interventionsbefugnisse nicht als aufsichtsrechtliches Pendant für einen misslungenen *Product Governance*-Prozess auf Unternehmensebene[3]. Bei Missachtung der Vorgaben für den Produktfreigabeprozess hat nämlich eine Verfügung zur Aussetzung des Vertriebs oder Verkaufs von Finanzinstrumenten gem. **§ 6 Abs. 2 Satz 5 WpHG Vorrang** vor einer auf § 15 WpHG bzw. Art. 42 VO Nr. 600/2014 gestützten Produktintervention. Die Norm verdeutlicht, dass die behördliche Produktintervention kein originärer Hebel zur Durchsetzung der Wohlverhaltens- und Organisationspflichten ist[4].

Die **behördliche Billigung des Verkaufsprospekts** für Vermögensanlagen gem. § 8 VermAnlG schließt ein Einschreiten auf der Grundlage von § 15 Abs. 1 WpHG nicht aus, da mit ihr eine sachliche Prüfung des Produkts nicht verbunden ist[5]. Nur **relativen Vorrang** gegenüber dem Produktinterventionsverfahren haben im Rahmen ihrer jeweiligen tatbestandlichen Voraussetzungen die Untersagung des öffentlichen Angebots von Vermögensanlagen nach **§ 18 Abs. 1 VermAnlG**[6] und Vermarktungsverbote zur Sanktionierung von Verstößen gegen die VO Nr. 1286/2014 (PRIIPs)[7] nach **§ 10 Abs. 1 Satz 3 Nr. 1 WpHG**, die gem. § 10 Abs. 1 Satz 4 WpHG auch gegenüber Emittenten und Anbietern von Vermögensanlagen ergehen können[8]. Liegen zugleich die Voraussetzungen des § 15 WpHG i.V.m. Art. 42 VO Nr. 600/2014 vor, kann eine Interventionsmaßnahme ergehen. § 18 Abs. 2 VermAnlG, der auf die Befugnis nach § 15 WpHG verweist, hat keinen eigenständigen Anwendungsbereich, sondern allein klarstellenden Charakter[9].

IV. Voraussetzungen einer Intervention (§ 15 Abs. 1 Satz 1 WpHG). 1. Maßstäbe bei „überschießender" Anwendung des Unionsrechts. § 15 Abs. 1 Satz 1 WpHG ermächtigt die BaFin, die ihr nach Art. 42 VO Nr. 600/2014 zustehenden Befugnisse unter den dort genannten Voraussetzungen überschießend „entsprechend" für Vermögensanlagen i.S.v. § 1 Abs. 2 VermAnlG wahrzunehmen. Ungeachtet des gesetzgeberischen Ziels, für eine einheitliche Anwendung der unionalen Voraussetzungen bei allen Finanzinstrumenten zu sorgen, hindert weder das Unionsrecht noch das nationale Recht die Rechtsanwendung, bei der Auslegung der Voraussetzungen des Art. 42 VO Nr. 600/2014 den Besonderheiten der Vermögensanlagen Rechnung zu tragen[10]. Nur diese bilden den Gegenstand der folgenden Erläuterungen (eingehend zu den Voraussetzungen Art. 42 VO Nr. 600/2014 Rz. 8 ff.).

Die „überschießende" Anwendung des Unionsrechts wirft die Frage auf, ob die BaFin hierbei gem. **Art. 51 Abs. 2 Satz 1 GRCh** an die Grundrechte des Unionsrechts gebunden ist, die für die Mitgliedstaaten ausschließlich bei der „Durchführung des Unionsrechts" gelten. Während der EuGH geneigt ist, diese Voraussetzung weit auszulegen[11] und hinsichtlich europarechtlich nicht geforderter Rechtsakte für eine kumulative Anwendung europäischer und nationaler Grundrechte plädiert[12], bleiben nach Auffassung des BVerfG allein die Grundrechte des Grundgesetzes maßstäblich, wenn die nationale Rechtsnorm – wie hier – nicht durch das Unionsrecht determiniert wird[13]. Da die einheitliche Wirksamkeit des Unionsrechts nicht beeinträchtigt wird, wenn außerhalb des Anwendungsbereichs des Sekundärrechts **allein nationale Grundrechte** herangezogen werden, ist der sog. Alternativitätsthese des BVerfG zuzustimmen[14].

---

1 Verordnung (EU) Nr. 236/2012 des Europäischen Parlaments und des Rates vom 14.3.2012 über Leerverkäufe und bestimmte Aspekte von Credit Default Swaps, ABl. EU Nr. L 86 v. 24.3.2012, S. 1.
2 *Bouchon/Mehlkopp* in Fuchs, § 4b WpHG Rz. 4.
3 Zutreffend *Klingenbrunn*, WM 2015, 316, 319; a.A. *Bröker/Machunsky*, BKR 2016, 229, 232 f.; *Gläßner*, Die Beschränkung des Vertriebs von Finanzprodukten, S. 295 f.
4 Ausführlicher *Klingenbrunn*, WM 2015, 316, 319.
5 *Bußalb*, WM 2017, 553.
6 *Bußalb*, WM 2017, 553.
7 Verordnung (EU) Nr. 1286/2014 des Europäischen Parlaments und des Rates vom 26.11.2014 über Basisinformationsblätter für verpackte Anlageprodukte für Kleinanleger und Versicherungsanlageprodukte (PRIIP), ABl. EU Nr. L 352 v. 9.12.2014, S. 1.
8 Begr. RegE. FiMaNoG, BT-Drucks. 18/7482, 68; die klarstellende Spiegelvorschrift in § 18 Abs. 3 VermAnlG wurde versehentlich nicht an den neuen Regelungsstandort der Befugnis zur Sanktionierung von PRIIP-Verstößen angepasst.
9 So schon Begr. RegE Kleinanlegerschutzgesetz, BT-Drucks. 18/3994, 49; *Bußalb*, WM 2017, 553.
10 Zum vergleichbaren methodischen Problem einer gespaltenen Auslegung bei der überschießenden Richtlinienumsetzung *Mayer/Schürnbrand*, JZ 2004, 545.
11 EuGH v. 26.2.2013 – C-617/10 – ECLI:EU:C:2013:105 – Akerberg Fransson, NJW 2013, 1415 Rz. 18 f.; möglicherweise enger EuGH v. 10.7.2014 – C-198/13 – ECLI:EU:C:2014:2055 – Hernández, EuZW 2014, 795 Rz. 34, 37.
12 EuGH v. 26.2.2013 – C-617/10 – ECLI:EU:C:2013:105 – Akerberg Fransson, NJW 2013, 1415 Rz. 29.
13 BVerfG v. 24.4.2013 – 1 BvR 1215/07, BVerfGE 133, 277 Rz. 90.
14 So auch *Kingreen* in Calliess/Ruffert, EUV/AEUV, 5. Aufl. 2016, Art. 51 GRCh Rz. 13 ff.

11 **2. Gegenstand.** Objekt einer Intervention sind gem. § 15 Abs. 1 Satz 1 WpHG i.V.m. Art. 42 Abs. 1 VO Nr. 600/2014 bestimmte Finanzinstrumente oder Finanzinstrumente mit bestimmten Merkmalen, daneben eine Form der Finanztätigkeit oder -praxis. **Bestimmte Finanzinstrumente** sind im Anwendungsbereich von § 15 Abs. 1 WpHG Vermögensanlagen i.S.v. § 1 Abs. 2 VermAnlG, die individuelle Merkmale aufweisen. Im wenig standardisierten Geschäft mit Vermögensanlagen wird deshalb eine Intervention nicht selten auf das Verbot oder die Beschränkung des Vertriebs oder Verkaufs eines **konkreten Anlageobjekts** abzielen[1]. **Finanzinstrumente mit bestimmten Merkmalen** werden durch gemeinsame Merkmale konkretisiert, z.B. durch identische Risiken oder ein gemeinsames Marktsegment[2]. Beschränkbar sind **Verkauf, Vertrieb und Vermarktung**. Dies ist jede Tätigkeit mit absatzförderndem Charakter, ungeachtet der Frage, ob der Absatz durch Anlageberatung getrieben ist oder im beratungsfreien Geschäft erfolgt[3]. Der weit gefasste Begriff der **Finanztätigkeit oder -praxis** ist weniger produkt- als **verhaltensbezogen**[4] und erfasst gerade auch vertriebsunabhängige Aktivitäten, die z.B. auf die Finanzierung des Erwerbs von Vermögensanlagen gerichtet sind[5].

12 **3. Materielle Voraussetzungen.** Gemäß Art. 42 Abs. 2 Unterabs. 1 lit. a Ziff. i VO Nr. 600/2014 ist das Risiko einer Beeinträchtigung von Aufsichtszielen erste Voraussetzung einer Interventionsmaßnahme. Der Vertrieb von Vermögensanlagen dürfte kaum einmal Gefahren für den Funktionsschutz oder die Finanzstabilität aufwerfen. Zu denken ist deshalb vor allem an **erhebliche Bedenken für den Anlegerschutz** (zum Maßstab Art. 42 VO Nr. 600/2014 Rz. 12 f.).

13 Nach dem **Erforderlichkeitsgrundsatz** des Art. 42 Abs. 2 Unterabs. 1 lit. b VO Nr. 600/2014, der unter der Geltung von § 4b WpHG a.F. nicht gesondert geregelt war[6], darf die zuständige Behörde nur dann zu einer Interventionsmaßnahme greifen, wenn bestehende regulatorische Anforderungen nach dem Unionsrecht den Risiken nicht hinreichend begegnen und das Problem zudem nicht durch eine stärkere Aufsicht oder Durchsetzung der vorhandenen Anforderungen gelöst werden kann (Art. 42 VO Nr. 600/2014 Rz. 16 ff.). Da Vermögensanlagen i.S.v. § 1 Abs. 2 VermAnlG keinen unionalen Anforderungen unterliegen, ist im Rahmen entsprechender Anwendung des Art. 42 VO Nr. 600/2014 entscheidend, ob **europarechtlich veranlasste Normen, die nach deutschem Recht auch auf Vermögensanlagen anwendbar sind**, für eine gleichermaßen effektive Gefahrenabwehr sorgen. Da Vermögensanlagen Finanzinstrumente i.S.v. § 2 Abs. 4 Nr. 7 WpHG sind, gilt dies jedenfalls für die zentralen Wohlverhaltens- und Organisationspflichten des Gesetzes.

14 Der **Verhältnismäßigkeitsgrundsatz** nach Art. 42 Abs. 2 Unterabs. 1 lit. c VO Nr. 600/2014 verlangt eine umfassende Abwägung unter Berücksichtigung der Natur des Risikos, des Kenntnisniveaus der Anleger oder Marktteilnehmer und der wahrscheinlichen Auswirkungen der Intervention auf Anleger und Marktteilnehmer (ausf. Art. 42 VO Nr. 600/2014 Rz. 18 ff.). Wird der Auffassung gefolgt, dass auf § 15 WpHG gestützte Interventionsmaßnahmen allein an den Grundrechten des Grundgesetzes zu messen sind (Rz. 10), so ist neben den Schutzinteressen der Anleger auch deren durch Art. 2 Abs. 1 GG geschützte Privatautonomie in Rechnung zu stellen. Auf Seiten der Emittenten und Vermarkter von Vermögensanlagen ist die Berufsfreiheit nach Art. 12 Abs. 1 GG maßgeblich.

15 **4. Verfahrensrechtliche Voraussetzungen.** Gemäß Art. 42 Abs. 2 Unterabs. 1 lit. d VO Nr. 600/2014 muss die BaFin die zuständigen **Behörden anderer Mitgliedstaaten**, die von der Maßnahme erheblich betroffen sind, angemessen **anhören**. Dieses Gebot erlangt Relevanz aus dem Umstand, dass Art. 42 Abs. 1 VO Nr. 600/2014 auch zu Interventionen betreffend Finanzprodukten befugt, die entweder im Wege des grenzüberschreitenden Dienstleistungsverkehrs aus einem anderen Mitgliedstaat angeboten werden oder die aus Deutschland heraus in einem anderen Mitgliedstaat angeboten werden (vgl. Art. 39 VO Nr. 600/2014 Rz. 6; Art. 42 VO Nr. 600/2014 Rz. 4 f.). Das **grenzüberschreitende Notifikationsverfahren** gem. Art. 42 Abs. 3 und 4 VO Nr. 600/2014 findet hingegen bei Maßnahmen, die auf den Vertrieb oder Verkauf von Vermögensanlagen gerichtet sind, **keine Anwendung**, da keine Notwendigkeit besteht, außerhalb des Anwendungsbereichs der MiFIR Maßnahmen mit der ESMA zu konsultieren.

16 **5. Ermessen.** Der Erlass einer Interventionsmaßnahme steht im Ermessen der BaFin. Obwohl wesentliche Bestandteile einer Verhältnismäßigkeitsprüfung schon tatbestandliche Voraussetzung einer Intervention sind, wird hierdurch das **Ermessen nicht vollständig verbraucht** (Art. 42 VO Nr. 600/2014 Rz. 27 f.). Die BaFin hat insbesondere zu prüfen, ob das spezifische nationale Rechtsregime für Vermögensanlagen oder weitere nach nationalem Recht verfügbare Aufsichtsinstrumente gleichermaßen geeignet sind, das festgestellte Risiko für den Anlegerschutz zu bekämpfen.

---

1 *Bußalb*, WM 2017, 553, 554: z.B. alle Kommanditanteile der XY GmbH & Co. KG.
2 *Bußalb*, WM 2017, 553, 554 mit Beispielen; *Bouchon/Mehlkopp* in Fuchs, § 4b WpHG Rz. 10 halten die Unterscheidung für nicht nachvollziehbar.
3 Anhörung zur Allgemeinverfügung bezüglich sog. „Bonitätsanleihen" v. 28.7.2016, Gz. VBS 7-Wp 5427-2016/0019 unter 2; s. auch *Seitz*, WM 2017, 1883, 1884 f.; zu unterschiedlichen Begriffsverständnissen s. *Gläßner*, Die Beschränkung des Vertriebs von Finanzprodukten, S. 191 ff.
4 *Bröker/Machunsky*, BKR 2016, 229.
5 *Cahn/Müchler*, BKR 2013, 45, 49 f.; *Bußalb*, WM 2017, 553, 554.
6 § 4b Abs. 2 Nr. 2 WpHG a.F. setzte allein die Eignung der Interventionsmaßnahme voraus, *Bouchon/Mehlkopp* in Fuchs, § 4b WpHG Rz. 23.

V. Adressaten (§ 15 Abs. 1 Satz 2 WpHG). Die BaFin kann Interventionsmaßnahmen gegenüber „jedermann" treffen. Der Gesetzgeber beabsichtigte hiermit eine **Erweiterung des Adressatenkreises** gegenüber dem MiFIR-Regime, das derzeit nur Wertpapierfirmen i.S.v. Art. 1 Abs. 2 und Art. 2 Abs. 1 Nr. 1 und 2 VO Nr. 600/2014 i.V.m. Art. 4 Abs. 1 Nr. 1 und 2 RL 2014/65/EU erfasst. Da § 15 Abs. 1 Satz 2 WpHG auf behördliche Maßnahmen nach Satz 1 und auf solche nach Art. 42 Abs. 1 VO Nr. 600/2014 verweist, gilt die Erweiterung des Adressatenkreises sowohl hinsichtlich der Regulierung der von Art. 42 VO Nr. 600/2014 ohnehin nicht erfassten Vermögensanlagen als auch bezüglich des Einschreitens gegen von Art. 42 VO Nr. 600/2014 geregelte Finanzinstrumente und strukturierte Einlagen. Art. 42 VO Nr. 600/2014 entfaltet insoweit keine Sperrwirkung[1]. Wegen der unmittelbaren Anwendbarkeit von Art. 42 VO Nr. 600/2014 ist die „jedermann"-Klausel aber bei einem Vorgehen außerhalb von Vermögensanlagen nur beachtlich, wenn sich die Adressatenstellung nicht schon aus der MiFIR ergibt[2]. Unionale Aufsichtslücken bestehen insbesondere für den Direktvertrieb von Investmentfonds durch OGAW-Verwaltungsgesellschaften und AIF-Verwalter (Art. 39 VO Nr. 600/2014 Rz. 4)[3]. Die Bundesanstalt ist hingegen befugt, auch den Vertrieb durch diese Unternehmen zu beschränken oder zu verbieten. 17

Mit der Erweiterung des Adressatenkreises soll nach dem Willen des Gesetzgebers vor allem der **Direktvertrieb** von Vermögensanlagen und weiteren Finanzinstrumenten und die Anlagevermittlung durch **freie Finanzanlagenvermittler** erfasst werden[4]. Letztere unterliegen gem. § 34f GewO der Überwachung durch die Gewerbeaufsichtsbehörden. Deren Zuständigkeiten, Aufgaben und Befugnisse nach der GewO sollen zwar durch das Interventionsrecht der BaFin nicht berührt werden[5]; Verfügungen der BaFin gegenüber mit einer gewerberechtlichen Erlaubnis versehenen Finanzanlagenvermittlern wecken aber **behördliche Kooperationsbedürfnisse**, da z.B. die verbotswidrige Vermittlung von Vermögensanlagen oder von Anteilen an Investmentvermögen i.S.d. KAGB die von der Gewerbeaufsichtsbehörde zu prüfende Frage der gewerberechtlichen Zuverlässigkeit gem. § 34f Abs. 2 Nr. 1 GewO aufwerfen kann. 18

VI. Behördliche Durchsetzung und Rechtsschutz (§ 15 Abs. 2 WpHG). 1. Die Problematik der Rechtsform einer Intervention. Das Verwaltungsverfahren, die Bestandskraft der getroffenen Regelung sowie die Art des Rechtsschutzes werden durch die **Handlungsform** der Intervention determiniert. Soweit Produktverbote unmittelbar auf der Grundlage von Art. 42 VO Nr. 600/2014 ergehen, bestehen **keine unionalen Vorgaben** für die Rechtsform behördlicher Maßnahmen. Zwar ist im Einzelfall denkbar, einem konkreten Marktteilnehmer durch einen individuellen Verwaltungsakt ein bestimmtes Produkt oder eine Tätigkeit zu untersagen. Nach der Vorstellung des Gesetzgebers hat die Produktintervention aber im Regelfall keinen bestimmten Adressaten. Sie könne daher im Wege der **Allgemeinverfügung** erfolgen und sich dann an einen „gegebenenfalls noch unbestimmten Adressatenkreis" richten[6]. Dieser Annahme ist das Schrifttum einhellig gefolgt[7]. Auch die BaFin hat sowohl ihren Entwurf zu einem Verbot der Vermarktung, des Vertriebs und des Verkaufs von Bonitätsanleihen an Privatkunden als auch die Beschränkung von CFDs auf der Grundlage von § 4b WpHG a.F. als Allgemeinverfügungen gekennzeichnet. 19

Da es sich bei einer Produktintervention nicht um eine adressatenlose, sachbezogene Regelung i.S.v. § 35 Satz 2 Var. 2 und 3 VwVfG handelt, ist die Qualifizierung als Allgemeinverfügung allerdings nur zutreffend, wenn der **Adressatenkreis** i.S.v. § 35 Satz 2 Var. 1 VwVfG zumindest **bestimmbar** ist. Umstritten ist, ob der Kreis der Adressaten zum Zeitpunkt des Erlasses der Regelung geschlossen sein muss. Die Anforderungen an das Wirksamwerden einer Allgemeinverfügung nach § 41 Abs. 3 Satz 2 und Abs. 4 VwVfG i.V.m. § 17 Abs. 2 FinDAG durch eine elektronische öffentliche Bekanntgabe könnten dafür sprechen, von der Produktintervention nur solche Personen als erfasst anzusehen, die zum Zeitpunkt der Bekanntgabe bereits als Anbieter von Finanzprodukten tätig waren[8]. Sollte nämlich der öffentlichen Bekanntgabe eine darüber hinausgehende normgleiche zu- 20

---

1 So auch das Verständnis der ESMA, Opinion: Impact of the exclusion of fund management companies from the scope of MiFIR intervention powers v. 12.1.2017 Nr. 4 (ESMA-1215332076-23).
2 Begr. RegE 2. FiMaNoG, BT-Drucks. 18/10936, 228.
3 S. aber nunmehr Art. 6 COM (2017) 536 final v. 20.9.2017: Die Kommission schlägt vor, durch Einfügung eines neuen Art. 1 Abs. 5a VO Nr. 600/2014 die Anwendung von Art. 40 und 42 auf OGAW-Verwaltungsgesellschaften und AIFM-Verwalter zu erstrecken.
4 Begr. RegE Kleinanlegerschutzgesetz, BT-Drucks. 18/3994, 53; Begr. RegE 2. FiMaNoG, BT-Drucks. 18/10936, 228; s. auch *Bußalb*, WM 2017, 553, 556; *Bröker/Machunsky*, BKR 2016, 229, 231; *Ehlers*, WM 2017, 420, 423; a.A. betr. Finanzanlagenvermittler i.s.v. § 34f GewO *Bouchon/Mehlkopp* in Fuchs, § 4b WpHG Rz. 7.
5 Begr. RegE Kleinanlegerschutzgesetz, BT-Drucks. 18/3994, 53; laut Koalitionsvertrag 2018 v. 14.3.2018, S. 135 soll zur Herstellung einer einheitlichen und qualitativ hochwertigen Finanzaufsicht die Aufsicht über die freien Finanzanlagevermittler schrittweise auf die BaFin übertragen werden.
6 Begr. RegE Kleinanlegerschutzgesetz, BT-Drucks. 18/3994, 53.
7 *Möllers/Kastl*, NZG 2015, 849, 853 f.; *Ehlers*, WM 2017, 420, 423; *Buck-Heeb*, BKR 2017, 89, 92; *Bouchon/Mehlkopp* in Fuchs, § 4b WpHG Rz. 9.
8 Für eine Beschränkung der Allgemeinverfügung auf existente Adressaten BSG v. 14.6.1995 – 3 RK 20/94, NZS 1995, 502, 510; NdsOVG v. 21.5.1992 – 13 L 148/10 (juris); *Laubinger* in FS Rudolf, 2001, S. 305, 315, 318; s. auch *Gurlit*, WM 2015, 1217, 1225 zum vergleichbaren Problem der behördlichen „Festlegung" von antizyklischen Kapitalpuffern gem. § 10d Abs. 3 KWG.

kunftsgerichtete Wirkung für zu diesem Zeitpunkt noch nicht existente Marktteilnehmer beigemessen werden[1], so würden diese nach den Regeln über die formelle Bestandskraft von Verwaltungsakten jedenfalls des Anfechtungsrechtsschutzes beraubt[2] (Rz. 22 und 28).

21 Auch wenn aber der öffentlichen Bekanntgabe eine generelle Wirkung auch mit Blick auf noch nicht existente Akteure zugesprochen wird, ist jedenfalls die Grenze zur Rechtsnorm überschritten, wenn sich der den „Einzelfall" i.S.v. § 35 Satz 1 VwVfG auslösende Anlass – die Gefahr für den Anleger- oder den Systemschutz – als **abstrakte Gefahr** darstellt[3]. Insbesondere der Umstand, dass § 15 WpHG und Art. 42 VO Nr. 600/2014 zum Erlass zeitlich unbegrenzter, jenseits von Rechtsbehelfsfristen nach §§ 70, 74 VwGO wirkender Produktverbote und -beschränkungen befugen[4], ist Indiz für eine generell-abstrakte Wirkung, die weit über die Abwehr einer konkreten Gefahr hinausreicht, wie sie dem berühmten „Endiviensalat-Fall" des BVerwG zugrunde lag[5]. Schon für die auf die Generalklausel des § 4 Abs. 1 Satz 3 WpHG a.F. gestützten Allgemeinverfügungen der BaFin zu auf zehn Monate befristeten Leerverkaufsverboten[6] wurde deshalb die Zulässigkeit der genutzten Rechtsform bezweifelt[7].

22 Allerdings ist nicht nur der Begründung des Regierungsentwurfs, sondern auch der Regelung des § 15 Abs. 2 WpHG zum Ausschluss der aufschiebenden Wirkung von Rechtsbehelfen zu entnehmen, dass der Gesetzgeber Produktinterventionen generell als Verwaltungsakte verstanden wissen wollte. Unter Beachtung des legislativen Willens können deshalb durch öffentliche Bekanntgabe erlassene Interventionsmaßnahmen als **Allgemeinverfügungen sui generis** qualifiziert werden[8]. Da der Definition des § 35 VwVfG kein Verfassungsrang zukommt und Art. 80 Abs. 1 GG keine Sperrwirkung entfaltet[9], liegt hierin kein verfassungswidriger Formenmissbrauch. Der **Rechtsschutzgarantie des Art. 19 Abs. 4 GG** lässt sich im Hinblick auf zum Zeitpunkt der Bekanntgabe noch nicht existente Marktteilnehmer durch Art. 42 Abs. 6 VO Nr. 600/2014 Rechnung tragen, der die BaFin bei Wegfall der Interventionsvoraussetzungen zur Aufhebung des Verbots oder der Beschränkung verpflichtet (Rz. 28).

23 Die Qualifikation als Verwaltungsakt gilt unabhängig davon, ob die von der BaFin erlassene Maßnahme sich i.S.v. Art. 42 Abs. 1 VO Nr. 600/2014 als **Verbot** eines bestimmten Finanzinstruments oder einer Finanztätigkeit oder als eine **Beschränkung** darstellt. Der Sache nach liegt jeweils eine Teiluntersagung vor, wenn ein Produkt wie von der BaFin im Fall der sog. Bonitätsanleihen intendiert nur für Privatkunden untersagt werden soll oder wie im Fall der CFDs nur in einer bestimmten Ausgestaltung für diesen Kundenkreis beschränkt wird[10]. Die der BaFin durch Art. 42 Abs. 2 Unterabs. 3 VO Nr. 600/2014 eröffnete Möglichkeit, eine Verbots- oder Beschränkungsmaßnahme von weiteren Bedingungen oder Ausnahmen abhängig zu machen, gestattet der Behörde den Gebrauch von **Nebenbestimmungen i.S.v. § 36 Abs. 2 VwVfG**. Da Auflagen und Auflagenvorbehalte nur begünstigenden Verwaltungsakten beigefügt werden dürfen[11], ist hierbei an **Bedingungen** und **Befristungen**[12]

---

1 *U. Stelkens* in Stelkens/Bonk/Sachs, 9. Aufl. 2018, § 35 VwVfG Rz. 280, 289, § 41 VwVfG Rz. 139; möglicherweise auch BVerfG v. 17.12.2002 – 1 BvL 28/95, NJW 2003, 1232, 1235.
2 Ein nicht übertragbarer Sonderfall ist die Verkehrszeichen-Rechtsprechung zu § 35 Satz 2 Var. 3 VwVfG, s. BVerwG v. 23.9.2010 – 3 C 37/09, BVerwGE 138, 21 Rz. 15 ff.: Verkehrszeichen werden zwar mit ihrer Aufstellung bekanntgegeben und als Verwaltungsakt wirksam, die Rechtsbehelfsfristen laufen jedoch individuell ab dem Zeitpunkt, zu dem ein Verkehrsteilnehmer erstmals mit der Regelung konfrontiert wird.
3 *U. Stelkens* in Stelkens/Bonk/Sachs, 9. Aufl. 2018, § 35 VwVfG Rz. 289 mit Beispielen.
4 Eine die Rechtsbehelfsfristen überschreitende Geltungsdauer macht die Annahme eines VA besonders begründungsbedürftig, *Schwarz* in Fehling/Kastner/Störmer, Verwaltungsrecht, 4. Aufl. 2016, § 35 Rz. 121; *U. Stelkens* in Stelkens/Bonk/Sachs, 9. Aufl. 2018, § 35 VwVfG Rz. 285.
5 BVerwG v. 24.2.1961 – IV C 111/60, BVerwGE 12, 87, 89 f.: Verbot des Verkaufs von Endiviensalat wegen einer lokalen Typhus-Epidemie; für Rechtssatzcharakter des Verkaufsverbots wegen der Vielzahl hypothetischer Verkaufsfälle *Laubinger* in FS Rudolf, 2001, S. 305, 318 f.; *Schoch*, Jura 2012, 26, 27.
6 Allgemeinverfügung der BaFin zur Einführung einer Transparenzpflicht für Netto-Leerverkaufspositionen vom 4.3.2010, verlängert durch Allgemeinverfügung vom 31.1.2011 bis zum 25.3.2011; Allgemeinverfügung zum Verbot ungedeckter Leerverkäufe vom 18.5.2010, widerrufen durch Allgemeinverfügung vom 26.7.2010; jeweils abrufbar auf www.bafin.de.
7 *Walla*, DÖV 2010, 853, 855 ff.
8 *U. Stelkens* in Stelkens/Bonk/Sachs, 9. Aufl. 2018, § 35 VwVfG Rz. 13, 297.
9 *U. Stelkens* in Stelkens/Bonk/Sachs, 9. Aufl. 2018, § 35 VwVfG Rz. 13; wohl auch BVerfG v. 17.12.2002 – 1 BvL 28/95, NJW 2003, 1232, 1235.
10 Allgemeinverfügung der BaFin bezüglich sog. CFDs v. 8.5.2017, Gz. VBS 7-Wp 5427-2016/0017: Beschränkung auf Privatkunden in der Ausgestaltung der Begründung einer Nachschusspflicht; Anhörung zur Allgemeinverfügung der BaFin bezüglich sog. „Bonitätsanleihen" v. 28.7.2016, Gz. VBS 7-Wp 5427-2016/0019: Beschränkung des Verbots auf Privatkunden i.S.v. § 31a Abs. 3 WpHG a.F.
11 *U. Stelkens* in Stelkens/Bonk/Sachs, 9. Aufl. 2018, § 36 VwVfG Rz. 7; missverständlich deshalb Anhörung zur Allgemeinverfügung bezüglich sog. „Bonitätsanleihen" v. 28.7.2016, Gz. VBS 7-Wp 5427-2016/0019 unter 2. lit. d mit der Erörterung von „Auflagen" für den Vertrieb als milderen Maßnahmen.
12 Allgemeinverfügung der BaFin bezüglich sog. CFDs v. 8.5.2017, Gz. VBS 7-Wp 5427-2016/0017: Anordnung der Beschränkung des Vertriebs von CFDs mit dreimonatiger aufschiebender Befristung.

oder einen **Widerrufsvorbehalt**[1] zu denken. Sie dienen ebenso wie die Verwendung bloßer Beschränkungsmaßnahmen der Wahrung der Verhältnismäßigkeit der behördlichen Intervention[2].

2. Durchsetzung der Interventionsmaßnahme. Gemäß Art. 42 Abs. 5 VO Nr. 600/2014 hat die BaFin auf ihrer **Webseite** jede Interventionsmaßnahme **bekanntzumachen**. Diese Pflicht, die auch schon in § 4b Abs. 4 Satz 1 WpHG a.F. normiert war, ist nicht zu verwechseln mit der Bekanntmachung zum Zwecke der **öffentlichen Bekanntgabe** als Wirksamkeitsvoraussetzung einer Allgemeinverfügung[3]. Die elektronische Bekanntgabe einer Allgemeinverfügung kann unter den Voraussetzungen des § 17 Abs. 2 Satz 3 bis 5 FinDAG in Abweichung von § 41 Abs. 4 Satz 4 VwVfG mit dem Tag der Bekanntmachung zusammenfallen, um z.B. Umgehungen durch die Adressaten zu verhindern[4]. Die vom individuellen Zugang unabhängige Wirkung der Bekanntgabe ist nicht auf den territorialen Zuständigkeitsbereich der BaFin beschränkt. Sie wirkt grundsätzlich **weltweit**[5]. Dies ist vor allem deshalb bedeutsam, weil sich die Interventionsbefugnisse der BaFin im Anwendungsbereich der MiFIR auch auf Finanztätigkeiten und Finanzprodukte richten, die im Wege des freien Dienstleistungsverkehrs in oder aus Deutschland angeboten werden (Art. 39 VO Nr. 600/2014 Rz. 6; Art. 42 VO Nr. 600/2014 Rz. 4 f.). 24

Die BaFin kann die Interventionsmaßnahmen gem. § 17 Abs. 1 FinDAG nach Maßgabe des VwVG **vollstrecken**. Zudem sind Verstöße gegen vermögensanlagenbezogene Maßnahmen der BaFin **bußgeldbewehrt** (§ 120 Abs. 2 Nr. 2b und Abs. 24 WpHG). Zu den Durchsetzungsmaßnahmen bei unmittelbar auf Art. 42 VO Nr. 600/2014 gestützten Interventionsmaßnahmen vgl. Art. 42 VO Nr. 600/2014 Rz. 34. 25

3. Gerichtlicher Rechtsschutz. Wegen des in § 15 Abs. 2 WpHG angeordneten **Ausschlusses der aufschiebenden Wirkung** von Rechtsbehelfen müssen die von einem Verbot Betroffenen zunächst um **vorläufigen Rechtsschutz nach § 80 Abs. 5 VwGO** nachsuchen. Soweit § 15 Abs. 2 WpHG auf Verbote oder Beschränkungen von Finanzinstrumenten und strukturierten Einlagen i.S.v. Art. 2 Abs. 1 Nr. 9 und 23 VO Nr. 600/2014 i.V.m. Art. 4 Abs. 1 Nr. 15 und 43 RL 2014/65/EU Anwendung findet, handelt es sich um eine den Rechtsschutz ausgestaltende Regelung i.S.v. Art. 74 Abs. 1 RL 2014/65/EU, die **mit europarechtlichen Anforderungen vereinbar** ist[6]. 26

Die tatbestandlichen Abwägungsspielräume der Behörde lassen die Frage nach einer gerichtlich nicht überprüfbaren **Letztentscheidungsermächtigung** der BaFin virulent werden. Nach der sog. normativen Ermächtigungslehre entscheidet grundsätzlich der Gesetzgeber über die Zuerkennung eines Beurteilungsspielraums, der sich aus dem Wortlaut einer Norm oder durch Auslegung hinreichend deutlich ermitteln lässt. Zudem müssen hierfür tragfähige Sachgründe vorliegen[7]. Soweit die BaFin jenseits unionaler Vorgaben Beschränkungen oder Verbote für Vermögensanlagen ausspricht, ist ihr danach **kein Beurteilungsspielraum** eingeräumt. Dieser wird insbesondere nicht von den entsprechend anwendbaren Art. 42 Abs. 2 Unterabs. 1 lit. c VO Nr. 600/2014 (tatbestandliche Verhältnismäßigkeitsprüfung) und Art. 42 Abs. 2 Unterabs. 1 lit. b VO Nr. 600/2014 (Eignungs- und Erforderlichkeitsprüfung) gefordert. Die Anforderungen an die behördliche Rechtsanwendung sind zwar in ihrer Kombination komplex, liegen aber im vertrauten Spektrum gewerbepolizeilicher Regelungstraditionen und gebieten deshalb in Ansehung von Art. 19 Abs. 4 GG eine gerichtliche Vollkontrolle. Auch folgt aus der Kombination von tatbestandlichen Abwägungsspielräumen und Rechtsfolgeermessen **kein** nach planungsrechtlichen Grundsätzen nur nachvollziehend zu kontrollierendes **Abwägungsermessen**[8]. Für derartige behördliche Letztentscheidungsermächtigungen fehlen neben ausdrücklichen oder durch Auslegung zu ermittelnden legislativen Zuweisungen auch Sachgründe, wie etwa die Notwendigkeit zur Vornahme besonders komplexer ökonomischer Wertungen und Prognosen[9]. Zudem erfüllen die Entscheidungsverfahren der BaFin auch nicht die 27

---

1 Allgemeinverfügung der BaFin bezüglich sog. CFDs v. 8.5.2017, Gz. VBS 7-Wp 5427-2016/0017: Widerrufsvorbehalt für den Fall einer unionsweiten CFD-Regulierung.
2 *Bouchon/Mehlkopp* in Fuchs, § 4b WpHG Rz. 11; s. auch Anhörung zur Allgemeinverfügung bezüglich sog. „Bonitätsanleihen" v. 28.7.2016, Gz. VBS 7-Wp 5427-2016/0019 unter 2. lit. c.
3 S. auch die differenzierende Bezeichnung der Bekanntmachung der Allgemeinverfügung der BaFin bezüglich sog. CFDs v. 8.5.2017, Gz. VBS 7-Wp 5427-2016/0017; für eine Gleichsetzung hingegen *Ehlers*, WM 2017, 420, 423.
4 In ihren Entwürfen zu einem Verbot von Bonitätsanleihen und zu einer Beschränkung von CFDs hat die BaFin jeweils den auf die Bekanntmachung folgenden Tag als Bekanntgabezeitpunkt bestimmt.
5 *U. Stelkens* in Stelkens/Bonk/Sachs, 9. Aufl. 2018, § 41 VwVfG Rz. 138 m.w.N.
6 Das Europarecht folgt dem Grundsatz der Durchsetzbarkeit von Entscheidungen auch bei Einlegung von Rechtsbehelfen, s. Art. 278 Satz 1 AEUV.
7 BVerfG v. 31.5.2011 – 1 BvR 857/07, BVerfGE 129, 1 Rz. 72 f.; BVerfG-K v. 8.12.2011 – 1 BvR 1932/08, NVwZ 2012, 694 Rz. 24 f.; BVerwG v. 10.12.2014 – 6 C 18/13, BVerwGE 151, 56 Rz. 31; BVerwG v. 25.11.2015 – 6 C 39.14, BVerwGE 153, 265 Rz. 23; BVerwG v. 17.8.2016 – 6 C 50.15, BVerwGE 156, 75 Rz. 32.
8 Das sog. Regulierungsermessen der Bundesnetzagentur speist sich daraus, dass tatbestandliche Abwägungsspielräume mit einem weiten Auswahlermessen hinsichtlich der zu treffenden Regelungen kombiniert werden, dazu BVerwG v. 28.11.2007 – 6 C 42/06, BVerwGE 130, 39 Rz. 28 ff.; BVerwG v. 2.4.2008, BVerwGE 131, 41 Rz. 47 ff., 66; BVerwG v. 27.1.2010 – 6 C 22/08, NVwZ 2010, 1359 Rz. 16 ff.
9 S. aus der Rspr. zur Bestimmung der Kosten effizienter Leistungsbereitstellung gem. §§ 31 ff. TKG BVerwG v. 25.9.2013 – 6 C 13.12, BVerwGE 148, 48 Rz. 18 ff.: Methodenwahl zur Berechnung von Anlagevermögen; BVerwG v. 10.12.2014 – 6 C

Anforderungen, die von der Judikatur ergänzend als Beleg für die Zuerkennung einer Letztentscheidungsermächtigung herangezogen werden, wie insbesondere die Entscheidungszuständigkeit von fachlich besonders legitimierten Kollegialorganen[1]. Im Ergebnis gilt dasselbe für Produktinterventionen der BaFin im unmittelbaren Anwendungsbereich des Art. 42 VO Nr. 600/2014 (Art. 42 VO Nr. 600/2014 Rz. 36 f.).

28 Von einem Verbot oder einer Beschränkung betroffenen Anbietern kommt ein grundrechtlich fundierter **Abwehrrechtsschutz** zu. Die Anfechtungskläger besitzen einen **subjektiven Anspruch auf Einhaltung der behördlichen Abwägungs- und Ermessensgrenzen**. Unter den gleichen Voraussetzungen können Anbieter von Finanzprodukten im Wege der **Verpflichtungsklage** die **Aufhebung eines Verbots oder einer Beschränkung** geltend machen, wenn deren Voraussetzungen nicht mehr vorliegen. Ein derartiger Wiederaufgreifensanspruch i.w.S. ist vor dem Hintergrund der verfassungsrechtlichen Rechtsschutzgarantie geboten, um die mit der Wirkung der öffentlichen Bekanntgabe verbundenen Rechtsschutzeinbußen für nach der Bestandskraft eintretende Marktteilnehmer zu kompensieren (Rz. 20 ff.)[2]. Art. 42 Abs. 6 VO Nr. 600/2014 sieht hierfür in Abweichung von § 49 Abs. 1 VwVfG **kein behördliches Widerrufsermessen** vor. Rechtsfehlerhafte Interventionen bzw. ein rechtswidriges Unterlassen des Widerrufs einer Interventionsmaßnahme können einen **Amtshaftungsanspruch** der Finanzanbieter gegenüber der BaFin gem. § 839 BGB i.V.m. Art. 34 GG auslösen[3].

29 **Dritte**, namentlich Anleger, haben **keinen Anspruch auf ein aufsichtsbehördliches Einschreiten** bzw. auf eine Ermessensentscheidung über den Erlass eines Produktverbots oder einer Beschränkung, da weder § 15 Abs. 1 WpHG noch Art. 42 VO Nr. 600/2014 in Abweichung von § 4 Abs. 4 FinDAG als individuelle Schutznorm konzipiert sind[4]. Sie können auch nicht eine Interventionsmaßnahme, die sie am Erwerb eines Finanzinstruments hindert und folglich einen mittelbaren Eingriff in die allgemeine Handlungsfreiheit darstellt, mit einer Drittanfechtung zu Fall bringen. Gegen eine behördliche Vertriebs- und Verkaufsbeschränkung z.B. auf professionelle Kunden bleibt ihnen nur die Möglichkeit, unter den Voraussetzungen des § 67 Abs. 6 WpHG mit dem Finanzinstitut eine entsprechende Umstufung der Kundenkategorie zu vereinbaren[5]. Ein **Amtshaftungsanspruch Dritter besteht** wegen der ausschließlichen Ausrichtung der Aufsicht auf das öffentliche Interesse gem. § 4 Abs. 4 FinDAG **nicht**.

30 **VII. Zivilrechtliche Wirkungen einer Intervention.** Aus Art. 42 Abs. 5 Satz 3 VO Nr. 600/2014 folgt, dass eine Interventionsmaßnahme der BaFin **nicht rückwirkend** die Wirksamkeit des Erwerbs von Finanzinstrumenten beeinträchtigt. Dasselbe gilt entsprechend für Vermögensanlagen i.S.v. § 1 Abs. 2 VermAnlG. Im Ergebnis ist **unionsrechtlich** auch **nicht die Unwirksamkeit von Geschäften gefordert, die entgegen einem Verbot oder einer Beschränkungsmaßnahme abgeschlossen wurden**[6]. Art. 69 Abs. 2 Unterabs. 1 lit. s RL 2014/65/EU als Gefahrenabwehrbefugnis oder Art. 70 Abs. 3 lit. b Ziff. xxviii und Abs. 6 RL 2014/65/EU als Sanktionsgebot könnten zwar als Ansatzpunkt für eine Nichtigkeitsfolge genutzt werden, verlangen eine solche aber nicht[7].

31 Der Gesetzgeber verzichtete entgegen einem Wunsch des Bundesrats zu § 4b WpHG a.F. im Interesse der Rechtssicherheit bewusst auf die gesetzliche Anordnung der Nichtigkeit von verbotswidrig abgeschlossenen Geschäften[8]. Ein von der BaFin erlassenes Verbot wirkt auch **nicht privatrechtsgestaltend**. Insbesondere folgt aus der Interventionsnorm nicht die Nichtigkeit von Rechtsgeschäften gem. § 134 BGB, da ein **behördliches Verbot** in der Rechtsform eines Verwaltungsakts (Rz. 22) **kein „Gesetz" i.S.v. Art. 2 EGBGB, § 134 BGB** ist[9].

18/13, BVerwGE 151, 56 Rz. 31 ff.: Auswahl von Vergleichsmärkten; BVerwG v. 17.8.2016 – 6 C 50/15, BVerwGE 156, 17 Rz. 31 ff.: Methodik der Bestimmung einer angemessenen Verzinsung des Kapitals; BVerwG v. 25.11.2015 – 6 C 39.14, BVerwGE 153, 265 Rz. 22 ff.: abgelehnt für die Kostenkontrolle von Personalstundensätzen.

1 Zum Regulierungsermessen und zu Beurteilungsermächtigungen der durch justizähnliche Beschlusskammern entscheidenden Bundesnetzagentur BVerwG v. 28.11.2007 – 6 C 42/06, BVerwGE 130, 39 Rz. 29 f.; BVerwG v. 2.4.2008 – 6 C 15/07, BVerwGE 131, 41 Rz. 21 f.; BVerwG v. 10.12.2014 – 6 C 18/13, BVerwGE 151, 56 Rz. 36; hinzutreten muss aber immer ein Sachgrund, BVerfG v. 31.5.2011 – 1 BvR 857/07, BVerfGE 129, 1 Rz. 73; BVerwG v. 25.11.2015 – 6 C 39.14, BVerwGE 153, 265 Rz. 30.
2 *U. Stelkens* in Stelkens/Bonk/Sachs, 9. Aufl. 2018, § 41 VwVfG Rz. 140.
3 Zu ungeachtet § 4 Abs. 4 FinDAG bestehenden Amtspflichten gegenüber den beaufsichtigten Instituten BGH v. 20.1.2005 – III ZR 48/01, EuZW 2005, 186, 189; s. auch *Cahn/Müchler*, BKR 2013, 45, 53.
4 Krit. *Buck-Heeb*, BKR 2017, 89, 90; *Bröker/Machunsky*, BKR 2016, 229, 231.
5 So auch die Erwägung in Allgemeinverfügung der BaFin bezüglich sog. CFDs v. 8.5.2017, Gz. VBS 7-Wp 5427-2016/0017 unter B.I.4.2.2 und B.II.2; s. auch Anhörung zur Allgemeinverfügung der BaFin bezüglich sog. „Bonitätsanleihen" v. 28.7.2016, Gz. VBS 7-Wp 5427-2016/0019 unter 2. lit. d; zum „Zwangsschutz" nicht schutzbedürftiger Anleger krit. *Buck-Heeb*, JZ 2017, 279, 286; *Buck-Heeb*, BKR 2017, 89, 98.
6 *Cahn/Müchler*, BKR 2013, 45, 54; *Ehlers*, WM 2017, 420, 426.
7 Ausführlich *Klingenbrunn*, WM 2015, 316, 322.
8 Stellungnahme BR zum Kleinanlegerschutzgesetz, BT-Drucks. 18/3994, 71, Gegenäußerung der BReg, BT-Drucks. 18/3994, 81; krit. *Möllers/Kastl*, NZG 2015, 849, 854.
9 *Cahn/Müchler*, BKR 2013, 45, 54; *Klingenbrunn*, WM 2015, 316, 321; *Bröker/Machunsky*, BKR 2016, 229, 231; *Buck-Heeb*, BKR 2017, 89, 94; *Ehlers*, WM 2017, 420, 426; *Gerding*, BKR 2017, 441, 444; *Gläßner*, Die Beschränkung des Vertriebs von Finanzprodukten, S. 347 f.; *Schäfer* in FS Schwintowski, S. 345, 353; s. auch BGH v. 28.4.2015 – XI ZR 378/13, BGHZ 205, 117 Rz. 66 f.

Vermarktung, Verkauf oder Vertrieb von Vermögensanlagen i.S.v. § 1 Abs. 2 VermAnlG und von sonstigen Finanzinstrumenten entgegen einem behördlichen Verbot können allerdings einen **Schadensersatzanspruch wegen der Verletzung von Pflichten aus einem Auskunfts- oder Beratungsvertrag** auslösen. In jüngerer Zeit hat der BGH seine Sichtweise, den aufsichtsrechtlichen Normen sei keine unmittelbare schuldrechtliche Relevanz zuzubilligen[1], modifiziert, soweit „tragende Grundprinzipien des Aufsichtsrechts" durch den Vertrag berührt werden[2]. Zwar weisen die auf exekutive Konkretisierung gerichteten Befugnisnormen in § 15 Abs. 1 WpHG und Art. 42 VO Nr. 600/2014 nicht selbst die Qualität eines tragenden Prinzips auf[3]. Allerdings steht nach einem durch bestandskräftige Allgemeinverfügung erlassenen Verbot für den Anlageberater rechtsirrtumsfrei[4] fest, dass das Produkt oder die Finanztätigkeit im Umfang ihres Verbots weder anleger- noch objektgerecht ist. In der Folge besteht nicht nur eine **Aufklärungspflicht über das Verbot**, sondern **auch die vertragliche Pflicht, das verbotene Produkt nicht anzubieten**[5]. Dies gilt ungeachtet einer unterschiedlichen Pflichtenlage sowohl für die Anlageberatung als auch für die freie Finanzanlagevermittlung i.S.v. § 34f GewO. Ein administratives Verbot gestattet allerdings **keinen Rückschluss auf die Verletzung beratungsvertraglicher Pflichten vor dem Verbotszeitpunkt**[6]. Und schließlich ist die zivilgerichtliche Judikatur nicht daran gehindert, für den Vertrieb bislang nicht administrativ verbotener Finanzinstrumente scharfe Aufklärungs- und Beratungspflichten zu begründen, die einem faktischen Produktverbot gleichkommen[7]. 32

Verstöße gegen Interventionsmaßnahmen der BaFin begründen regelmäßig keine deliktischen Ansprüche[8]. Falls nicht im Einzelfall in einem verbotswidrigen Verhalten zugleich ein strafwürdiges Handeln i.S.v. §§ 263, 264a StGB liegt, lässt sich insbesondere **keine Haftung nach § 823 Abs. 2 BGB i.V.m. einem Schutzgesetz** begründen. Hiergegen spricht zwar noch nicht, dass § 15 Abs. 1 WpHG und Art. 42 VO Nr. 600/2014 lediglich Ermächtigungsgrundlage für ein behördlich angeordnetes Verbot sind[9]. Die Qualifizierung der Vorschriften als durch Verwaltungsakt konkretisierte Schutzgesetze[10] erfordert aber, dass die Normen selbst auch auf den Schutz von Individualinteressen bezogen sind und Dritte nicht bloß reflexartig geschützt werden. Eine individuelle Schutzrichtung scheidet unzweifelhaft aus, soweit die Intervention mit Gefährdungen des Finanzsystems oder der Finanzstabilität begründet wird. Bei einer Intervention aus Gründen des Anlegerschutzes ist ein deliktischer Drittschutz der Vorschriften zwar noch nicht durch § 4 Abs. 1a und 4 FinDAG ausgeschlossen. Sinn und Zweck der Produktintervention und insbesondere der Umstand, dass eine Intervention gem. Art. 42 Abs. 2 Unterabs. 2 VO Nr. 600/2014 schon präventiv vor einer beabsichtigten Vermarktung ergehen kann, sprechen aber dafür, dass die Vorschriften nur dem institutionellen Anlegerschutz dienen[11]. 33

§ 16 Wertpapierrat

(1) Bei der Bundesanstalt wird ein Wertpapierrat gebildet. Er besteht aus Vertretern der Länder. Die Mitgliedschaft ist nicht personengebunden. Jedes Land entsendet einen Vertreter. An den Sitzungen können Vertreter der Bundesministerien der Finanzen, der Justiz und für Verbraucherschutz und für Wirtschaft und Energie sowie der Deutschen Bundesbank teilnehmen. Der Wertpapierrat kann Sachverständige insbesondere aus dem Bereich der Börsen, der Marktteilnehmer, der Wirtschaft und der Wissenschaft anhören. Der Wertpapierrat gibt sich eine Geschäftsordnung.

---

1 BGH v. 19.12.2006 – XI ZR 56/05, BGHZ 170, 226 Rz. 18 – Kick back; BGH v. 27.9.2011 – XI ZR 182/10, BGHZ 191, 119 Rz. 47 = AG 2012, 35 – Lehman I; BGH v. 17.9.2013 – XI ZR 332/12, AG 2013, 803 Rz. 20 – Lehman II; krit. zum Auseinanderfallen zivilrechtlicher und öffentlich-rechtlicher Maßstäbe *Harnos*, BKR 2014, 1, 5; *Dieckmann*, AcP 213 (2013), 1, 15 ff., 29 ff.; *Herresthal*, ZBB 2012, 89, 102 ff.; *Köndgen*, JZ 2012, 260, 261.
2 BGH v. 3.6.2014 – XI ZR 147/12, BGHZ 201, 310 Rz. 37.
3 *Gerding*, BKR 2017, 441, 444; so schon für § 4b WpHG a.F. *Buck-Heeb*, BKR 2017, 89, 94.
4 Zu den Irrtumsspielräumen BGH v. 3.6.2014 – XI ZR 147/12, BGHZ 201, 310 Rz. 24 ff.
5 *Klingenbrunn*, WM 2015, 316, 323; *Bröker/Machunsky*, BKR 2016, 229, 231 f.; *Cahn/Müchler*, BKR 2013, 45, 55; *Gerding*, BKR 2017, 441, 444 f.; *Gläßner*, Die Beschränkung des Vertriebs von Finanzprodukten, S. 350 f.; *Schäfer* in FS Schwintowski, S. 345, 354; zweifelnd *Buck-Heeb*, BKR 2017, 89, 94.
6 *Gerding*, BKR 2017, 441, 444; weitere Überlegungen bei *Buck-Heeb*, BKR 2017, 89, 94.
7 *Mülbert*, ZHR 177 (2013), 160, 199 f.; die objektbezogenen Beratungsmaßstäbe in BGH v. 22.3.2011 – XI ZR 33/10, BGHZ 189, 13 Rz. 28 ff. = AG 2011, 412 – CMS Spread Ladder Swap werden als funktionales Äquivalent eines administrativen Vertriebsverbots für komplexe Finanzinstrumente an Kleinanleger eingestuft, *Koch*, BKR 2012, 485, 490 ff.; *Buck-Heeb*, ZHR 176 (2012), 66, 93; *Mülbert*, ZHR 177 (2013), 160, 200.
8 Zur im Einzelfall denkbaren Anwendung von § 826 BGB *Klingenbrunn*, WM 2015, 316, 323; *Buck-Heeb*, BKR 2017, 89, 95; *Gerding*, BKR 2017, 441, 445.
9 *Gerding*, BKR 2017, 441, 445; so aber wohl *Buck-Heeb*, BKR 2017, 89, 95.
10 BGH v. 26.2.1993 – V ZR 74/92, BGHZ 122, 1, 3; s. auch *Wagner* in MünchKomm., 7. Aufl. 2017, § 823 BGB Rz. 494 f.
11 *Cahn/Müchler*, BKR 2013, 45, 55; *Gerding*, BKR 2017, 441, 445; *Klingenbrunn*, WM 2015, 316, 323 und *Gläßner*, Die Beschränkung des Vertriebs von Finanzprodukten, S. 351 f. mit dem Vorschlag, eine Schutzgesetzeigenschaft normativ zu verankern.

(2) Der Wertpapierrat wirkt bei der Aufsicht mit. Er berät die Bundesanstalt, insbesondere
1. bei dem Erlass von Rechtsverordnungen und der Aufstellung von Richtlinien für die Aufsichtstätigkeit der Bundesanstalt,
2. hinsichtlich der Auswirkungen von Aufsichtsfragen auf die Börsen- und Marktstrukturen sowie den Wettbewerb im Handel mit Finanzinstrumenten,
3. bei der Abgrenzung von Zuständigkeiten zwischen der Bundesanstalt und den Börsenaufsichtsbehörden sowie bei Fragen der Zusammenarbeit.

Der Wertpapierrat kann bei der Bundesanstalt Vorschläge zur allgemeinen Weiterentwicklung der Aufsichtspraxis einbringen. Die Bundesanstalt berichtet dem Wertpapierrat mindestens einmal jährlich über die Aufsichtstätigkeit, die Weiterentwicklung der Aufsichtspraxis sowie über die internationale Zusammenarbeit.

(3) Der Wertpapierrat wird mindestens einmal jährlich vom Präsidenten der Bundesanstalt einberufen. Er ist ferner auf Verlangen von einem Drittel seiner Mitglieder einzuberufen. Jedes Mitglied hat das Recht, Beratungsvorschläge einzubringen.

In der Fassung des 2. FiMaNoG vom 23.6.2017 (BGBl. I 2017, 1693).

I. Übersicht und Entwicklung der Norm 1	III. Mitglieder des Wertpapierrates und sonstige Teilnehmer (§ 16 Abs. 1 WpHG) 9
II. Aufgaben des Wertpapierrates (§ 16 Abs. 2 WpHG) 5	IV. Einberufung und die Geschäftsordnung des Wertpapierrates (§ 16 Abs. 3 WpHG) 12

1 **I. Übersicht und Entwicklung der Norm.** Die Schaffung eines die Bundesanstalt beratenden Wertpapierrats erfolgte schon mit der Normierung des WpHG mit dem **2. Finanzmarktförderungsgesetz** vom 26.7.1994 (BGBl. I 1994, 1749). Die bisherigen Änderungen der Norm hatten ausschließlich redaktionellen Charakter. So beschränkt sich auch die Änderung im Rahmen des 2. FiMaNoG auf die Neunummerierung des WpHG, bei der die vorliegende Norm von § 5 WpHG a.F. zu § 16 WpHG umbenannt wurde.

2 Die Einrichtung eines beratenden Gremiums für die Wertpapieraufsicht folgt keinen europarechtlichen Vorgaben, steht mit ihnen aber durchaus in Einklang. Denn verschiedenen europarechtliche Vorgaben sehen die Möglichkeit beratender Einrichtungen für die Wertpapieraufsicht durchaus vor. So sah z.B. Art. 11 Satz 3 der inzwischen aufgehobenen **Marktmissbrauchsrichtlinie** (RL 2003/6/EG vom 28.1.2003[1]) vor, dass in den zuständigen nationalen Aufsichtsbehörden beratende Ausschüsse eingerichtet werden können, die die Vielfalt der Marktteilnehmer widerspiegeln sollten. Die Einrichtung vergleichbarer beratender Beiräte sind im nationalen Recht an zahlreichen Stellen normiert worden, so z.B. ein Versicherungsbeirat in § 325 VAG, ein Fachbeirat in § 8 FinDAG, ein Verbraucherbeirat in § 8a FinDAG und ein Beirat in § 5 WpÜG.

3 Die Einrichtung des Wertpapierrates bei der Bundesanstalt trägt einerseits den historisch gewachsenen Zuständigkeiten der Bundesländer im Bereich der Börsenaufsicht Rechnung[2], andererseits können auch Länder ohne Wertpapierbörse durch ihre **Mitwirkung im Wertpapierrat** ihre börsenrechtlichen und -politischen Intentionen einbringen. Dies rechtfertigt sich aus dem bundesweiten Wirken der Börsen als kapitalmarktbezogener Mechanismus zur Generierung von Eigenkapital bzw. zur Aufnahme und Platzierung von Schuldtiteln.

4 Die **Erfahrungen** und der **Sachverstand** insbesondere der **Börsenländer** sollen auf diese Weise **institutionalisiert** und für die Aufsichtstätigkeit der Bundesanstalt nutzbar gemacht werden. Zwar handelt es sich bei den Kompetenzen der Bundesanstalt in immer größer werdenden Umfang um Aufgabenfelder, die auf der Umsetzung von EU-Recht beruhen und die nicht Gegenstand der Aufsicht der Länder nach den Vorschriften des Börsengesetzes sind. Gleichwohl besteht in vielerlei Hinsicht, insbesondere im Bereich der Insiderüberwachung und der Überwachung von Marktmanipulationen, ein sachlich enger Zusammenhang mit der traditionellen Aufsichtstätigkeit der Länder über ihre Wertpapierbörsen, so dass deren Erfahrungen und die bei der Aufsichtstätigkeit gewonnenen Erkenntnisse auch für die Tätigkeit der Bundesanstalt nutzbar gemacht werden sollen. Die Einbeziehung von Vertretern aller Länder, nicht nur der Börsenländer, ist notwendig, da die Aufsichtstätigkeit der Bundesanstalt über die an den Börsen abgeschlossenen Wertpapiergeschäfte hinausgeht und damit auch diejenigen Länder berührt, in denen nur außerbörsliche Wertpapierdienstleistungen angeboten und durchgeführt werden. So erstrecken sich insbesondere präventive Maßnahmen und Ermittlungen in Insiderangelegenheiten, der Marktmanipulation, die Überwachung der Transparenzpflichten auch auf die **Nicht-Börsenländer**.

5 **II. Aufgaben des Wertpapierrates (§ 16 Abs. 2 WpHG).** Die Aufgaben des Wertpapierrates bestehen in der „Mitwirkung bei der Aufsicht". Diese **Mitwirkung** besteht in der Beratung der Bundesanstalt und im Einbrin-

---
1 ABl. EU Nr. L 96 v. 12.4.2003, S. 16.
2 Vgl. Begr. RegE 2. FFG zu § 5 Abs. 1 WpHG, BT-Drucks. 12/6679, 40.

gen von Vorschlägen in den in § 16 Abs. 2 WpHG aufgeführten Bereichen, die für die Tätigkeit der Bundesanstalt von besonderer Bedeutung sind. Der Katalog ist nicht abschließend. Die Mitwirkung erstreckt sich aus der Systematik heraus nur auf die Aufsicht nach dem WpHG, nicht auf die gesamte Aufsicht der Bundesanstalt. Vorschläge und Beschlüsse des Wertpapierrates sind für die Bundesanstalt nicht bindend. Eine weitergehende tatsächliche Mitwirkung bei der Ausübung der Aufsicht wäre eine mit Art. 87 Abs. 3 GG nicht zu vereinbarende **Mischverwaltung**[1].

Nach § 16 Abs. 2 Satz 2 Nr. 1 WpHG berät der Wertpapierrat bei dem Erlass von Rechtsverordnungen und der Aufstellung von Richtlinien für die Aufsichtstätigkeit der Bundesanstalt. Eine Nichtbeachtung des Gebotes der Beratung ist für das Wirksamwerden der Rechtsverordnung ohne Bedeutung, denn zum einen ist die Bundesanstalt an den Rat der Länder nicht gebunden[2], zum anderen müsste die Auswirkung eines Beratungsmangels ausdrücklich in die Formvorschriften für den Erlass der Rechtsverordnung aufgenommen werden. Insofern kann die **Nichtbeachtung des Beratungsgebotes** allenfalls politische Auswirkungen haben. 6

Des Weiteren berät der Wertpapierrat hinsichtlich der Auswirkungen von Aufsichtsfragen auf die Börsen- und Marktstrukturen sowie den Wettbewerb im Handel mit Finanzinstrumenten. Hierbei kann es nicht um eine Beratung bezüglich konkreter Einzelfälle gehen, sondern um die Ausrichtung langfristiger Aufsichtsstrategien. **Abstimmungen** unter den Bundesländern zu Sachthemen des Wertpapierrates haben nur Orientierungsfunktion, denn jedes Land ist legitimiert, seinen eigenen Standpunkt darzustellen. 7

Letztlich erwähnt § 16 Abs. 2 Satz 2 Nr. 3 WpHG die **Beratung bei der Abgrenzung der Zuständigkeiten zwischen der Bundesanstalt und den Börsenaufsichtsbehörden**. Eine Abgrenzung der Zuständigkeiten ergibt sich grundsätzlich aus den gesetzlichen Regelungen des BörsG und des WpHG. Insoweit verbleiben für die Beratung nur darüberhinausgehende praktische Einzelfragen. 8

III. Mitglieder des Wertpapierrates und sonstige Teilnehmer (§ 16 Abs. 1 WpHG). „Geborene" Mitglieder sind die Bundesländer, repräsentiert durch ihren jeweiligen Vertreter. Jedes Land entsendet einen Vertreter. Die Mitgliedschaft im Wertpapierrat ist nicht personengebunden an einen bestimmten Vertreter eines Bundeslandes, sondern auf das Land bezogen. Als Vertreter der Länder können nur Personen benannt werden, die dienstlich mit Kapitalmarktfragen befasst sind. Die Benennung Dritter, z.B. eines Universitätsprofessors für Volks- oder Betriebswirtschaft, ist nicht zulässig. Dies würde der Absicht des Gesetzgebers widersprechen, sich im Rahmen der Mitwirkung beim Wertpapierrat die besonderen Kenntnisse gerade der Verwaltungsbehörden zunutze zu machen. Nur die Vertreter der Länder sind – soweit abgestimmt wird – abstimmungsberechtigt. 9

Alle **übrigen Teilnehmer** seitens der genannten Ministerien und übrigen Behörden sind **Gäste**. Gleiches gilt für Sachverständige, die nach § 16 Abs. 1 Satz 6 WpHG vom Wertpapierrat gehört werden können und die gleichfalls nicht abstimmungsberechtigt sind[3]. Die Teilnahme der Vertreter der in § 16 Abs. 1 Satz 5 WpHG genannten Ministerien, einschließlich des Bundesfinanzministeriums, ist als Recht, nicht als Pflicht für diese ausgestaltet. Der Wertpapierrat kann zudem Sachverständige hören. 10

Am Wertpapierrat nimmt weiterhin der **Präsident der Bundesanstalt** bzw. von ihm benannte Vertreter und Beschäftigte der Bundesanstalt teil. Diese Teilnahme ist in § 16 WpHG zwar nicht ausdrücklich geregelt, ergibt sich jedoch aus dem Sinn der Regelung, ein Beratungsgremium für die Bundesanstalt zu schaffen, und aus der Pflicht des Präsidenten der Bundesanstalt, den Wertpapierrat einzuberufen. 11

IV. Einberufung und die Geschäftsordnung des Wertpapierrates (§ 16 Abs. 3 WpHG). Der Präsident der Bundesanstalt hat den Wertpapierrat mindestens **einmal jährlich einzuberufen**. Besondere Förmlichkeiten sind hierzu nicht vorgesehen. Der Präsident kann bei Bedarf den Wertpapierrat jedoch auch unterjährig einberufen. Auf Verlangen eines Drittels seiner Mitglieder ist der Wertpapierrat auch zu weiteren Sitzungen einzuberufen. Nach § 16 Abs. 3 Satz 3 WpHG hat jedes Mitglied das Recht, Beratungsvorschläge einzubringen. D.h. die einzelnen Länder können durch das Einbringen von Beratungsvorschlägen auch eigenständig zur Weiterentwicklung der Aufsichtspraxis beitragen. 12

In der Sitzung berichtet der Präsident der Bundesanstalt dem Wertpapierrat über die Aufsichtstätigkeit, die Weiterentwicklung der Aufsichtspraxis sowie über die internationale Zusammenarbeit. Der letztgenannte Aspekt ist für die Länder insofern von besonderer Bedeutung, da die Bundesanstalt im internationalen Bereich auch börsenaufsichtsrechtliche Kompetenzen wahrnimmt (§ 18 Abs. 1 WpHG). Das Nähere zur Sitzung des Wertpapierrates, wie z.B. Organisation und Verfahren, regelt eine unveröffentlichte **Geschäftsordnung**. 13

---

1 Vgl. Begr. RegE 2. FFG zu § 5 Abs. 2, BT-Drucks. 12/6679, 40 f.
2 *Beck* in Schwark/Zimmer, § 5 WpHG Rz. 3.
3 Vgl. *Carny* in KölnKomm. WpHG, § 5 WpHG Rz. 12.

§ 17 Zusammenarbeit mit anderen Behörden im Inland

(1) Die Börsenaufsichtsbehörden werden im Wege der Organleihe für die Bundesanstalt bei der Durchführung von eilbedürftigen Maßnahmen im Rahmen der Überwachung der Verbote von Insidergeschäften nach Artikel 14 der Verordnung (EU) Nr. 596/2014 und des Verbots der Marktmanipulation nach Artikel 15 der Verordnung (EU) Nr. 596/2014 an den ihrer Aufsicht unterliegenden Börsen tätig. Das Nähere regelt ein Verwaltungsabkommen zwischen dem Bund und den börsenaufsichtsführenden Ländern.

(2) Die Bundesanstalt, die Deutsche Bundesbank im Rahmen ihrer Tätigkeit nach Maßgabe des Kreditwesengesetzes, das Bundeskartellamt, die Börsenaufsichtsbehörden, die Handelsüberwachungsstellen, die zuständigen Behörden für die Durchführung der Verordnung (EU) Nr. 1308/2013 des Europäischen Parlaments und des Rates vom 17. Dezember 2013 über eine gemeinsame Marktorganisation für landwirtschaftliche Erzeugnisse und zur Aufhebung der Verordnungen (EWG) Nr. 922/72, (EWG) Nr. 234/79, (EG) Nr. 1037/2001 und (EG) Nr. 1234/2007 (ABl. L 347 vom 20.12.2013, S. 671; L 189 vom 27.6.2014, S. 261; L 130 vom 19.5.2016, S. 18; L 34 vom 9.2.2017, S. 41), die zuletzt durch die Delegierte Verordnung (EU) 2016/1226 (ABl. L 202 vom 28.7.2016, S. 5) geändert worden ist, im Rahmen ihrer Tätigkeiten nach Maßgabe des Energiewirtschaftsgesetzes die Bundesnetzagentur und die Landeskartellbehörden sowie die für die Aufsicht über Versicherungsvermittler und die Unternehmen im Sinne des § 3 Absatz 1 Nummer 7 zuständigen Stellen haben einander Beobachtungen und Feststellungen einschließlich personenbezogener Daten mitzuteilen, die für die Erfüllung ihrer Aufgaben erforderlich sind.

(3) Die Bundesanstalt arbeitet mit den Börsenaufsichtsbehörden, den Handelsüberwachungsstellen sowie mit den nach § 19 Absatz 1 der Treibhausgas-Emissionshandelsgesetzes zuständigen Behörden zusammen, um sicherzustellen, dass sie sich einen Gesamtüberblick über die Emissionszertifikatemärkte verschaffen kann.

(4) Die Bundesanstalt darf zur Erfüllung ihrer Aufgaben die nach § 2 Abs. 10, §§ 2c, 24 Abs. 1 Nr. 1, 2, 5, 7 und 10 und Abs. 3, § 25b Absatz 1 bis 3, § 32 Abs. 1 Satz 1 und 2 Nr. 2 und 6 Buchstabe a und b des Kreditwesengesetzes bei der Deutschen Bundesbank gespeicherten Daten im automatisierten Verfahren abrufen. Die Deutsche Bundesbank hat für Zwecke der Datenschutzkontrolle den Zeitpunkt, die Angaben, welche die Feststellung der aufgerufenen Datensätze ermöglichen, sowie die für den Abruf verantwortliche Person zu protokollieren. Die protokollierten Daten dürfen nur für Zwecke der Datenschutzkontrolle, der Datensicherung oder zur Sicherstellung eines ordnungsmäßigen Betriebs der Datenverarbeitungsanlage verwendet werden. Die Protokolldaten sind am Ende des auf die Speicherung folgenden Kalenderjahres zu löschen.

In der Fassung des 2. FiMaNoG vom 23.6.2017 (BGBl. I 2017, 1693).

Schrifttum: *Brockhausen*, Kapitalmarkt in Selbstverwaltung – Voraussetzungen und Bedingungen am Beispiel der Handelsüberwachungsstellen gemäß § 1b Börsengesetz, WM 1997, 1924; *Kümpel*, Die Organleihe im Rahmen der neuen Kapitalmarktaufsicht, in WM-Festgabe Hellner, 1994, S. 35; *Pötzsch*, Das Dritte Finanzmarktförderungsgesetz, WM 1998, 949.

I. Übersicht und Entwicklung der Norm 1	IV. Zusammenarbeit für einen Überblick über die Emissionszertifikatemärkte (§ 17 Abs. 3 WpHG) 18
II. Die Mitwirkung der Börsenaufsichtsbehörden bei der Überwachung des Verbots von Insiderhandel und Marktmanipulation (§ 17 Abs. 1 WpHG) 4	V. Verfahren des automatisierten Datenabrufs von Daten bei der Deutschen Bundesbank (§ 17 Abs. 4 WpHG) 23
III. Zusammenarbeit der Aufsichtsbehörden (§ 17 Abs. 2 WpHG) 6	

1 **I. Übersicht und Entwicklung der Norm.** § 17 WpHG regelt die Zusammenarbeit der Bundesanstalt mit verschiedenen Aufsichtsbehörden im Inland. Die Norm wurde als § 6 WpHG a.F. schon bei der Normierung des WpHG aufgenommen. Mit dem Anlegerschutzverbesserungsgesetz vom 28.10.2004 wurde die Vorschrift überarbeitet. Nach Aufhebung der Regelung zur Heranziehung Dritter zur Aufgabenerfüllung durch die Bundesanstalt in Abs. 1 a.F. und der Aufnahme dieser Regelung in § 4 Abs. 3 FinDAG, traten die früheren Abs. 2 bis 4 in überarbeiteter Form an die Stelle der Abs. 1 bis 3. Zugleich wurde mit dem früheren Abs. 4 Art. 6 Abs. 8 RL 2014/57/EU (Marktmissbrauchsrichtlinie) umgesetzt. Die Änderungen in § 6 Abs. 3 WpHG a.F. im Jahr 2006 haben die Änderungen des KWG nachvollzogen. Mit dem Finanzmarktrichtlinie-Umsetzungsgesetz wurde § 6 Abs. 2 WpHG a.F. in Umsetzung von Art. 49 RL 2004/39/EG (Finanzmarktrichtlinie) geändert. Durch das Gesetz zur Änderung des Einlagensicherungs- und Anlegerentschädigungsgesetzes vom 25.6.2009 wurde zudem die Bundesnetzagentur in den Kreis der informationsaustauschenden Behörden einbezogen. Mit dem Gesetz zur Neuregelung energiewirtschaftsrechtlicher Vorschriften wurden neben der Bundesnetzagentur auch die Landeskartellbehörden im Rahmen der Tätigkeit nach Maßgabe des Energiewirtschaftsgesetzes in den Informationsaustausch mit einbezogen.

Mit dem 1. FiMaNoG wurde die Regelung im Jahre 2016 insoweit angepasst, als sich die Verweisungen bezüglich des Verbotes von Insiderhandel und Marktmanipulation nicht mehr auf das WpHG, sondern auf die unmittelbar anwendbare MAR beziehen. Zudem wurde Abs. 4 a.F. gelöscht. Dieser regelte, dass öffentliche Stellen bei der Veröffentlichung von Statistiken, die zu einer erheblichen Einwirkung auf die Finanzmärkte geeignet sind, sachgerecht und transparent vorzugehen haben. Eine entsprechende Verpflichtung für öffentliche Stellen zur objektiven und transparenten Verbreitung von marktrelevanten Statistiken und Prognosen ergibt sich nun aus Art. 20 Abs. 2 VO Nr. 596/2014 (MAR), so dass eine parallele nationalrechtliche Regelung entbehrlich ist[1]. 2

Weitere Änderungen erfuhr die Norm mit dem am 3.1.2018 in Kraft getretenen Art. 3 des 2. FiMaNoG. Unabhängig von den Änderungen durch die Neunummerierung des WpHG wurde mit der Änderung von Abs. 2 und dem Einfügen eines neuen Abs. 3 die Regelungen aus Art. 79 Abs. 6 und 7 RL 2014/65/EU (MiFID II) umgesetzt[2]. 3

II. Die Mitwirkung der Börsenaufsichtsbehörden bei der Überwachung des Verbots von Insiderhandel und Marktmanipulation (§ 17 Abs. 1 WpHG). § 17 Abs. 1 WpHG regelt eine **Organleihe**[3] der zuständigen Börsenaufsichtsbehörden bei eilbedürftigen Maßnahmen für die Überwachung der Verbote von Insidergeschäften nach Art. 14 VO Nr. 596/2014 und von Marktmanipulation nach Art. 15 VO Nr. 596/2014 an den ihrer Aufsicht unterliegenden Börsen. Die Regelung wurde als § 6 WpHG a.F. schon bei der Schaffung des WpHG aufgenommen und betraf zunächst nur die Überwachung des Verbots von Insiderhandel. Sie ist vor allem verständlich, wenn man sich vergegenwärtigt, dass bei Bund und Ländern bei der Schaffung des WpHG im Jahre 1994 und insbesondere bei der Konzeption dieser Vorschrift keine genaueren Vorstellungen darüber bestanden und mangels gesetzlicher Regelung der Insiderverfolgung bis zu diesem Zeitpunkt auch nicht gegeben sein konnten, wie die Überwachung des Verbots von Insiderhandel – und seit 2002 auch Marktmanipulation – im Einzelnen vonstattengehen würde. Sie entspringt dem Bedürfnis nach weitestgehender Sicherung der Zugriffsmöglichkeiten und einer gewissen Skepsis, ob und wie die Handelsüberwachungsstellen an den Börsen funktionieren würden. Diese Regelung hat bislang **keine praktische Bedeutung** erlangt, ein Verwaltungsabkommen wurde bisher nicht abgeschlossen. Nach nunmehr etlichen Jahren Überwachungstätigkeit hat es bisher keinen Bedarf zur Anwendung dieser Vorschrift gegeben. Da es aber nicht auszuschließen ist, dass die Regelungen unter den sich ständig ändernden Rahmenbedingungen doch noch Bedeutung erlangen könnten, scheint eine Streichung der Regelungen nicht angezeigt. 4

Ausgangspunkt des Gesetzgebers bei der Regelung war, dass die Verwaltungszuständigkeiten von Bund und Ländern in den Art. 83 ff. GG erschöpfend geregelt und grundsätzlich nicht abdingbar sind. Daher bedarf es für eine Organleihe – als verfassungsrechtlich zulässiger Organisationsform – nach der Rechtsprechung des BVerfG[4] eines besonderen sachlichen Grundes. Dieser wurde aus sachlichen und verwaltungsökonomischen Überlegungen sowie Effizienzgesichtspunkten hergeleitet. Die Nähe der Börsenaufsichtsbehörden ermöglicht in Eilfällen eine schnelle Feststellung von aufsichtsrelevanten Tatbeständen. Für weitere Überlegungen zu der Regelung kann auf die amtliche Begründung zu § 6 Abs. 2 WpHG a.F., heute § 17 Abs. 1 WpHG verwiesen werden[5]. 5

III. Zusammenarbeit der Aufsichtsbehörden (§ 17 Abs. 2 WpHG). § 17 Abs. 2 WpHG regelt die Verpflichtung der Bundesanstalt und verschiedener weiterer inländischer Aufsichtsbehörden zum gegenseitigen Informationsaustausch. Entsprechende Regelungen sind zugleich auch in den Gesetzen zu finden, die die Tätigkeit der benannten Behörden regeln[6]. Ziel der Regelung ist eine enge Kooperation zwischen unterschiedlichen Aufsichtsbehörden und damit die Erhöhung der Effektivität der Aufsicht. Denn aufgrund der zunehmenden, teilweise institutionell unterlegten Verbindungen zwischen den Dienstleistungsunternehmen am Kapitalmarkt, der wachsenden Bedeutung des Handels mit Finanzinstrumenten sowie der wechselseitigen Inanspruchnahme von Finanzdienstleistungen ist eine Verknüpfung verschiedener Aufsichtsbereiche unabdingbar[7]. 6

Die Regelung sah zunächst nur einen Informationsaustausch zwischen den Vorgängerbehörden der Bundesanstalt, den Börsenaufsichtsbehörden und der Bundesbank vor. Durch die Integration der drei ehemaligen Aufsichtsämter in die Bundesanstalt entfiel einerseits die zuvor bestehende strenge Aufgabentrennung zwischen den Aufsichtsbereichen, so dass es für den Datenaustausch zwischen den Aufsichtsbereichen keiner besonderen Regelungen mehr bedarf[8]. Mit dem Aufgabenzuwachs der Wertpapieraufsicht und der Notwendigkeit eines immer engeren Austauschs zwischen den Aufsichtsgebieten unterschiedlicher Marktsegmente, die sich überschneiden oder beeinflussen, ist der **Kreis der Aufsichtsbehörden** Stück für Stück gewachsen, die in den Infor- 7

---

1 Vgl. auch Beschlussempfehlung des Finanzausschusses zum 1. FiMaNoG, BT-Drucks. 18/8099, 106.
2 Vgl. Begr. RegE zum 2. FiMaNoG, BT-Drucks. 18/10936, 228.
3 Zu Organleihe vgl. beispielsweise *Kopp/Ramsauer*, § 1 VwVfG Rz. 25; BVerfG v. 12.1.1983 – 2 BvL 23/81, BVerfGE 63, 1, 42 f.; *Hartmann*, DVBl. 2011, 803.
4 BVerfG v. 12.1.1983 – 2 BvL 23/81, BVerfGE 63, 1, 42.
5 Vgl. Begr. RegE 2. FFG zu § 6 Abs. 2 WpHG, BT-Drucks. 12/6679, 41.
6 Vgl. z.B. § 8 BörsG, § 50c Abs. 2 GWB, § 58a EnWG und § 7 Abs. 3 KWG. Zur dogmatischen Einordnung der Verpflichtung zum Informationsaustausch vgl. BaWürt. VGH v. 30.11.2010 – 1 S 1120/10, VBlBW 2011, 153 ff.
7 Vgl. auch Begr. RegE 2. FFG zu § 6 Abs. 2 WpHG, BT-Drucks. 12/6679, 41; *Schlette/Bouchon* in Fuchs, § 6 WpHG Rz. 6.
8 Vgl. Begr. RegE zu § 1 Abs. 1 FinDAG, BT-Drucks. 14/7033, 32.

mationsaustausch einbezogen sind. Je nach Aufgabenzuschnitt der Behörden wird die Pflicht zum Informationsaustausch teilweise auf bestimmte Aufgabengebiete beschränkt. Heute sind in den Informationsaustausch einbezogen:

- die Bundesanstalt
- die Deutsche Bundesbank im Rahmen ihrer Tätigkeit nach Maßgabe des Kreditwesengesetzes
- das BKartA
- die Börsenaufsichtsbehörden
- die Handelsüberwachungsstellen
- die für eine gemeinsame Marktorganisation für landwirtschaftliche Erzeugnisse zuständigen Marktordnungsbehörden[1], insbesondere die Bundesanstalt für Landwirtschaft und Ernährung
- die Bundesnetzagentur im Rahmen ihrer Tätigkeiten nach Maßgabe des Energiewirtschaftsgesetzes
- die Landeskartellbehörden
- die für die Aufsicht über Versicherungsvermittler und über Unternehmen nach § 3 Abs. 1 Satz 1 Nr. 7 WpHG zuständigen Stellen, insbesondere die jeweiligen Gewerbeämter.

8   Die Mitwirkung der **Deutschen Bundesbank** am Informationsaustausch nach dem WpHG beschränkt sich ausdrücklich auf solche Beobachtungen und Feststellungen, die sie im Rahmen ihrer Tätigkeit nach Maßgabe des KWG macht. Dies gilt auch bezüglich der Beobachtungen und Feststellungen im Rahmen ihrer Tätigkeit nach KWG, die die Bundesbank im Rahmen des Einheitlichen Aufsichtsmechanismus für die Banken der Eurozone (Single Supervisory Mechanism – SSM)[2] macht, wobei hier die besonderen Verschwiegenheitspflichten nach Art. 27 SSM-VO Nr. 1024/2013[3] zu berücksichtigen sind. Bezogen auf die Aufsicht nach dem WpHG können bei der Bundesbank vorliegende Erkenntnisse aus eingehenden Anzeigen nach § 24 KWG, Jahresabschlüssen, Lageberichten und Prüfungsberichten nach § 26 KWG wertvolle Hinweise auf Insidergeschäfte oder Marktmanipulationen, die fehlende Zuverlässigkeit von eingesetzten Mitarbeitern in der Anlageberatung oder von z.B. Vertriebsbeauftragten nach § 87 WpHG ergeben. In diesem Zusammenhang ist auch auf § 7 KWG zu verweisen. Nach § 7 Abs. 3 KWG teilt die Deutsche Bundesbank der Bundesanstalt Beobachtungen und Feststellungen mit, die für die Erfüllung deren Aufgaben von Bedeutung sein können, ohne dass es dabei eine Einschränkung hinsichtlich personenbezogener Daten gibt (§ 7 Abs. 4 KWG)[4].

9   Die Einbeziehung des **BKartA** in den Informationsverbund ist darin begründet, dass beispielsweise kartellrechtlich relevante Ereignisse bei Emittenten börsennotierter Finanzinstrumente häufig auch Insidertatsachen darstellen. Da das Kartellamt ggf. schon im Vorfeld eines Unternehmenszusammenschlusses tätig wird oder relevante Anzeigen erhält, kann die Bundesanstalt z.B. weitere Informationen erhalten, zu welchem Zeitpunkt eine Insiderinformation beim Emittenten vermutlich schon vorlag. Deshalb ist ein auf diese Weise institutionalisierter und rechtlich abgesicherter Informationsaustausch mit dem BKartA für effektive Wertpapieraufsicht erforderlich.

10 Die Einbeziehung der **Bundesnetzagentur** in den Informationsaustausch greift einen Vorschlag der Monopolkommission in einem Sondergutachten „Strom und Gas 2007: Wettbewerbsdefizite und zögerliche Regulierung" auf[5]. Aufgrund der Entwicklungen an den Energiebörsen soll eine vertiefte Zusammenarbeit der zuständigen Aufsichtsbehörden bei der Aufsicht über den Energiehandel erreicht werden. Die Regelung korrespondiert mit der in § 18 WpHG vorgesehenen Zusammenarbeit mit Energieregulierungsbehörden im Ausland und mit der in § 20 WpHG normierten Zusammenarbeit mit der EU-Kommission im Rahmen des Energiewirtschaftsgesetzes. In die Zusammenarbeit aufgenommen wurden auch die **Landeskartellbehörden**. Neben der Umsetzung europarechtlicher Vorgaben dient diese Einbeziehung der Vermeidung von Bürokratieaufwand[6].

---

1   Genauer Gesetzestext: Behörden für die Durchführung der Verordnung (EU) Nr. 1308/2013 des Europäischen Parlaments und des Rates vom 17.12.2013 über eine gemeinsame Marktorganisation für landwirtschaftliche Erzeugnisse und zur Aufhebung der Verordnungen (EWG) Nr. 922/72, (EWG) Nr. 234/79, (EG) Nr. 1037/2001 und (EG) Nr. 1234/2007 (ABl. EU Nr. L 347 v. 20.12.2013, S. 671; L 189 v. 27.6.2014, S. 261; L 130 v. 19.5.2016, S. 18; L 34 v. 9.2.2017, S. 41), die zuletzt durch die Delegierte Verordnung (EU) 2016/1226 (ABl. EU Nr. L 202 v. 28.7.2016, S. 5) geändert worden ist.
2   Nähere Ausführungen zum SSM beispielsweise auf der Internetseite der Bundesanstalt unter: www.bafin.de/DE/Internationales/EuropaeischeAufsicht/LeitbildSSM/leitbild_ssm_node.html.
3   Verordnung (EU) Nr. 1024/2013 des Rates vom 15.10.2013 zur Übertragung besonderer Aufgaben im Zusammenhang mit der Aufsicht über Kreditinstitute auf die Europäische Zentralbank, ABl. EU Nr. L 287 v. 9.10.2013, S. 63.
4   Vgl. z.B. Abschnitte 2.2.3 Abs. 2 und 3.3 Abs. 2 der Aufsichtsrichtlinie („Richtlinie zur Durchführung und Qualitätssicherung der laufenden Überwachung der Kredit- und Finanzdienstleistungsinstitute durch die Deutsche Bundesbank (Aufsichtsrichtlinie)" vom 21.5.2013, geändert am 19.12.2016, zu finden auf der Homepage der Bundesanstalt unter www.bafin.de).
5   Vgl. BR-Drucks. 170/09 (B), 6; BT-Drucks. 16/13024, 2, 6.
6   Vgl. BR-Drucks. 343/11, 252: Umsetzung von Art. 40 Abs. 7 RL 2009/72/EG und Art. 44 Abs. 7 RL 2009/73/EG. In diesem Zusammenhang vgl. auch § 20 WpHG.

Sowohl die Zusammenarbeit mit der Bundesnetzagentur als auch mit den Landeskartellbehörden ist auf deren Tätigkeit im Rahmen des Energiewirtschaftsgesetzes beschränkt.

Durch die Änderungen des Finanzmarktrichtlinie-Umsetzungsgesetzes einschließlich des Gesetzes zur Umsetzung der Richtlinie 2010/78/EU sind in den Informationsverbund die für die Aufsicht über Versicherungsvermittler und über Unternehmen nach § 3 Abs. 1 Satz 1 Nr. 7 WpHG zuständigen Stellen aufgenommen worden. Das sind insbesondere die **Gewerbeämter**. Zur Klarstellung der bestehenden Rechtslage wurden zudem auch die **Handelsüberwachungsstellen** ausdrücklich in den Katalog aufgenommen. Die Änderungen diente der Umsetzung von Art. 49 RL 2004/39/EG (MiFID I)[1], heute dient sie der Umsetzung von Art. 68 Unterabs. 2 und 3 RL 2014/65/EU (MiFID II).

Im Rahmen der Änderungen durch das 2. FiMaNoG sind auch die **Marktordnungsbehörden für landwirtschaftliche Erzeugnisse** in den Informationsverbund aufgenommen worden. Dies dient der Umsetzung von Art. 79 Abs. 7 RL 2014/65/EU (MiFID II)[2], der regelt, dass in Bezug auf **Derivate auf landwirtschaftliche Grunderzeugnisse** die zuständigen Behörden den für die Beaufsichtigung, Verwaltung und Regulierung der landwirtschaftlichen Warenmärkte gemäß der Verordnung (EU) Nr. 1308/2013 zuständigen öffentlichen Stellen Bericht erstatten und mit diesen zusammenarbeiten. Nach dieser EU-Verordnung sollen z.B. die erforderlichen Maßnahmen ermöglicht werden, um effizient und wirksam gegen Marktstörungen vorzugehen, die durch erhebliche Preissteigerungen oder Preisrückgänge auf internen oder externen Märkten oder andere Ereignisse oder Umstände hervorgerufen werden, durch die der Markt erheblich gestört wird oder gestört zu werden droht.

Die in den Informationsaustausch einbezogenen Behörden haben einander nach § 17 Abs. 2 WpHG **Beobachtungen und Feststellungen** mitzuteilen, die für die Erfüllung ihrer Aufgaben erforderlich sind. Beobachtungen und Feststellungen sind sowohl die von der Behörde wahrgenommenen Tatsachen, Entwicklungen, Umstände als auch die von der Behörde selbst erarbeiteten Erkenntnisse, z.B. durch eigene Schlussfolgerungen oder Entscheidungen[3]. Diese Beobachtungen und Feststellungen sind unaufgefordert an die in den Informationsaustausch einbezogenen Behörde mitzuteilen, wenn erkennbar ist, dass diese für die Tätigkeit der anderen Behörde erforderlich ist. Soweit eine Behörde bei einer der anderen benannten Behörden Informationen anfordert, greifen die Regelungen des § 17 Abs. 2 WpHG gleichfalls. Nach einer anfänglichen Gewöhnungsphase hat sich das Informationsprozedere eingespielt und zu einer vertrauensvollen Zusammenarbeit der Aufsichtsbehörden in der Handhabung dieser Rechtspflicht entwickelt.

Zu diesen Beobachtungen und Feststellungen gehören auch **personenbezogene Daten** i.S.v. Art. 4 Nr. 1 VO 2016/679 (DSGVO[4]). Unter dem Eindruck der Entscheidung des BVerfG vom 15.12.1983 zum **Volkszählungsgesetz** bezweckt diese ausdrückliche Benennung der personenbezogenen Daten die Schaffung einer klaren Regelung für die Übermittlung personenbezogener Daten zwischen den im Bereich der Bank-, Wertpapierhandels- und Börsenaufsicht tätigen Behörden[5]. Die Befugnis zur Weitergabe personenbezogener Daten kann sich neben § 17 Abs. 2 WpHG aber auch aus anderen nationalen oder europäischen Rechtsvorschriften ergeben. Art. 6 Abs. 3 Satz 2 VO 2016/679 verlangt insoweit, dass der Zweck der Verarbeitung in der entsprechenden Rechtsgrundlage festgelegt oder hinsichtlich der Verarbeitung gem. Art. 1 Abs. 1 lit. e VO 2016/679 für die Erfüllung einer Aufgabe erforderlich sein muss, die im öffentlichen Interesse liegt oder in Ausübung öffentlicher Gewalt erfolgt, die dem Verantwortlichen übertragen wurde. Insoweit bieten beispielsweise auch §§ 19, 20 WpHG, Art. 35, 36 ESMA-VO Nr. 1095/2010, Art. 24, 25 VO Nr. 596/2014 (MAR) und Art. 26 VO Nr. 236/2012 (Leerverkaufs-VO) eine hinreichende Grundlage zum Austausch von personenbezogenen Daten.

Mit Blick auf die in § 21 WpHG geregelte Verschwiegenheitspflicht der Bundesanstalt liegt bei Einhaltung der Vorgaben von § 17 Abs. 2 WpHG implizit auch die **Befugnis zur Weitergabe der Informationen** i.S.d. § 21 Abs. 1 Satz 3 WpHG vor[6]. § 17 Abs. 2 WpHG regelt hier spezialgesetzlich eine Pflicht zum Informationsaustausch, der zwingend auch verschwiegenheitspflichtige Tatsachen nach § 21 Abs. 1 WpHG mit umfasst, wie sich aus der ausdrücklichen Befugnis der Weitergabe der in den Regelbeispielen von § 21 Abs. 1 WpHG aufgeführten personenbezogenen Daten ergibt.

Der Informationsaustausch der genannten Institutionen steht unter dem Vorbehalt, dass die Mitteilungen für die **Erfüllung der Aufgaben** der jeweiligen Behörde **erforderlich** sind. Damit wird einem allgemeinen Daten-

---

1 Vgl. Begr. RegE FRUG zu § 6 Abs. 2 WpHG, BT-Drucks. 16/4028, 60.
2 Vgl. Begr. RegE 2. FiMaNoG zu § 17 WpHG, BT-Drucks. 18/10936, 228.
3 Vgl. *Carny* in KölnKomm. WpHG, § 6 WpHG Rz. 14.
4 Verordnung (EU) 2016/679 des Europäischen Parlaments und des Rates vom 27.4.2016 zum Schutz natürlicher Personen bei der Verarbeitung personenbezogener Daten, zum freien Datenverkehr und zur Aufhebung der Richtlinie 95/46/EG (Datenschutz-Grundverordnung), ABl. EU Nr. L 119 v. 4.5.2016, S. 1.
5 BVerfG v. 15.12.1983 – 1 BvR 209/83, 1 BvR 269/83, 1 BvR 362/83, 1 BvR 420/83, 1 BvR 440/83, 1 BvR 484/83, BVerfGE 65, 1 ff. Vgl. Begr. RegE UmsetzungsG § 6 Abs. 3 WpHG, BT-Drucks. 13/7142, 104.
6 So auch *Schlette/Bouchon* in Fuchs, § 6 WpHG Rz. 6; für die parallele Regelung in § 7 Abs. 1 KWG *Beck/Samm*, § 7 KWG Rz. 24.

transfer Einhalt geboten. Somit dürfen der Deutschen Bundesbank keine Informationen beispielsweise aus der Untersuchung von Insidergeschäften zugehen, an denen Kreditinstitute oder Finanzdienstleistungsinstitute nicht mitgewirkt haben.

17 Die in § 17 Abs. 2 WpHG geregelte Pflicht zum gegenseitigen Austausch von Beobachtungen und Feststellungen **geht über die generellen Regelungen der Amtshilfe** nach Art. 35 GG, §§ 4 ff. VwVfG deutlich **hinaus**. Insoweit kann die Übermittlung der Informationen auf Anfrage durchaus als Amtshilfe eingeordnet werden, während die „spontane" Mitteilung der Information dogmatisch ein aliud[1] zur Amtshilfe ist. In Anbetracht dieser über die Amtshilfe deutlich hinausgehenden Pflicht des Informationsaustausches nach § 17 Abs. 2 WpHG und der Bedeutung für die Verschwiegenheitspflicht der Bundesanstalt ist diese Pflicht auch dann nicht als reiner Auffangtatbestand anzusehen[2], wenn an anderer Stelle Informationspflichten spezialgesetzlich geregelt sind. Parallele Regelungen sind so z.B. in Bezug auf Regelungsmaterien außerhalb des WpHG und in den jeweiligen Aufsichtsgesetzen der gleichfalls in § 17 Abs. 2 WpHG aufgeführten Behörden zu finden, um für beide Seiten klare Pflichtenregelungen zu schaffen.

18 **IV. Zusammenarbeit für einen Überblick über die Emissionszertifikatemärkte (§ 17 Abs. 3 WpHG).** Der mit dem 2. FiMaNoG **neu eingefügte Abs. 3** verpflichtet die Bundesanstalt zur Zusammenarbeit mit den Börsenaufsichtsbehörden, den Handelsüberwachungsstellen sowie mit den für den Treibhausgas-Emissionshandel zuständigen Behörden, um einen Gesamtüberblick über die Emissionszertifikatemärkte sicherzustellen. Durch diese Regelung **setzt** der Gesetzgeber ausdrücklich **Art. 79 Abs. 6 RL 2014/65/EU (MiFID II) um**[3].

19 Die Regelung in § 17 Abs. 3 WpHG normiert eine **umfassende Pflicht zur Zusammenarbeit**, die nicht näher spezifiziert wird. Jedenfalls umfasst die Pflicht zur Zusammenarbeit auch eine Pflicht zum Informationsaustausch. Die Zusammenarbeit geht aber über einen solchen Informationsaustausch hinaus und umfasst auch gegenseitige Unterstützungen, wie die Mitteilung von rechtlichen und sachlichen Einschätzungen etc. Maßgeblich ist, dass die Zusammenarbeit im Sinne einer Kooperation auf das gesetzlich normierte Ziel ausgerichtet ist.

20 Bei der Pflicht zur Zusammenarbeit nach § 17 Abs. 3 WpHG ist eine andere, **spezifischere Zielrichtung** des Gesetzgebers zu erkennen als bei der Pflicht zum Informationsaustausch nach § 17 Abs. 2 WpHG. Der Informationsaustausch in Abs. 2 ist genereller Art, denn die Informationen sollen für die Erfüllung der Aufgaben der jeweiligen Behörde erforderlich sein. Demgegenüber soll die Zusammenarbeit nach § 17 Abs. 3 WpHG einen **Gesamtüberblick über die Emissionszertifikatemärkte** sicherstellen. Hiermit betont der Gesetzgeber besonders die Notwendigkeit eines Gesamtüberblicks über die Emissionszertifikatemärkte und damit auch seiner Besonderheiten, wie sie sich z.B. aus dem System von Cap & Trade, den verschiedenen Handelsperioden, den Schwierigkeiten der Prognostizierbarkeit der Preisentwicklung aufgrund des Einflusses von z.B. Konjunkturentwicklung und technischen Fortschritten sowie dem in Deutschland inzwischen notwendigen Zukauf von Emissionszertifikaten aus dem Ausland[4] ergeben.

21 In diesem Zusammenhang stellt sich zudem die Frage, welcher Behörde der Gesamtüberblick über die Emissionszertifikatemärkte ermöglicht werden soll. Nach dem Wortlaut des § 17 Abs. 3 WpHG kann man zu dem Schluss kommen, dass die Zusammenarbeit der Bundesanstalt den Überblick ermöglichen soll. Denn die Regelung lautet: „Die Bundesanstalt arbeitet … zusammen, … dass sie sich … verschaffen kann." Demgegenüber regelt Art. 79 Abs. 6 RL 2014/65/EU (MiFID II): „Im Hinblick auf Emissionszertifikate arbeiten die zuständigen Behörden mit den für die Beaufsichtigung der Spot- und Auktionsmärkte zuständigen staatlichen Stellen sowie mit den zuständigen Behörden, Registerverwaltern und anderen mit der Überwachung der Einhaltung der Richtlinie 2003/87/EG betrauten staatlichen Stellen zusammen, um sicherzustellen, dass sie sich einen Gesamtüberblick über die Emissionszertifikatmärkte verschaffen können." Nach Sinn und Zweck der Regelung und entsprechend einer europarechtskonformen Auslegung ist davon auszugehen, dass die Zusammenarbeit **allen hierzu verpflichteten Behörden** einen Gesamtüberblick über die Emissionszertifikatemärkte ermöglichen soll, also eine Zusammenarbeit zum gegenseitigen Nutzen.

22 Letztlich unterscheidet sich die Regelung in § 17 Abs. 3 WpHG von der in Abs. 2 auch durch die in die Zusammenarbeit einbezogenen Behörden. Neben der **Bundesanstalt**, den **Börsenaufsichtsbehörden** und den **Handelsüberwachungsstellen** werden auch die nach § 19 Abs. 1 **Treibhausgas-Emissionshandelsgesetzes zuständigen Behörden** in die Zusammenarbeit einbezogen. Das ist in Deutschland schwerpunktmäßig das Umweltbundesamt.

23 **V. Verfahren des automatisierten Datenabrufs von Daten bei der Deutschen Bundesbank (§ 17 Abs. 4 WpHG).** Zur Erfüllung ihrer Überwachungsaufgabe darf die Bundesanstalt nach § 17 Abs. 4 Satz 1 WpHG in

---

1 Vgl. Kopp/Ramsauer, § 4 VwVfG Rz. 12a.
2 Anders wohl Schlette/Bouchon in Fuchs, § 6 WpHG Rz. 16.
3 Vgl. Begr. RegE 2. FiMaNoG zu § 17 WpHG, BT-Drucks. 18/10936, 228.
4 Vgl. z.B. die Ausführungen zum Europäischen Emissionshandel auf der Internetseite des Umweltbundesamtes unter http://www.umweltbundesamt.de.

einem **automatisierten Abrufverfahren** bestimmte Informationen von der Deutschen Bundesbank abrufen. Das automatisierte Abrufverfahren steht neben verschiedenen anderen Pflichten oder Möglichkeiten des Informationsaustauschs zwischen Bundesanstalt und Bundesbank. Ein solches automatisiertes Verfahren ist im Hinblick darauf, dass die Bundesanstalt gewöhnlich – insbesondere bei der Durchführung von Insider- und Manipulationsuntersuchungen – große Datenmengen benötigt, für die beaufsichtigten Unternehmen grundsätzlich weniger belastend als eine Informationsbeschaffung durch die Bundesanstalt im Wege der Eingriffsverwaltung bei den Unternehmen selbst.

Von der Regelung des automatisierten Abrufverfahrens werden eine Vielzahl von Daten aus der Beaufsichtigung der Kreditinstitute und Finanzdienstleistungsinstitute erfasst. Die Regelung verweist auf die nach § 2 Abs. 10, §§ 2c, 24 Abs. 1 Nr. 1, 2, 5, 7 und 10 und Abs. 3, § 25b Abs. 1 bis 3, § 32 Abs. 1 Satz 1 und 2 Nr. 2 und 6 lit. a und b KWG gespeicherten Daten. Hierbei handelt es sich beispielsweise um Daten aus der Anzeige eines beabsichtigten Erwerbs einer bedeutenden Beteiligung nach § 2c KWG, die Bedeutung für die Überwachung der Stimmrechtsanteile nach §§ 33 ff. WpHG haben können, oder um die Informationen über vertraglich gebundene Vermittler nach § 2 Abs. 10 KWG. Die abrufbaren Daten nach § 24 KWG beziehen sich z.B. auf die Anzeige eines neuen oder das Ausscheiden eines bisherigen Geschäftsleiters oder eines Einzelvertretungsberechtigten, auf die Änderung der Rechtsform oder der Firma des Instituts, auf die Verlegung seines Sitzes und auf Änderungen bezüglich der bedeutenden Beteiligung. Dies alles sind Informationen, die jedenfalls auch im Rahmen der Aufsicht nach §§ 80 ff. WpHG eine herausragende Bedeutung haben. Gleiches gilt für Informationen über die Auslagerung von Geschäftsaktivitäten und Prozessen nach § 25b KWG und bezüglich der im Verfahren zur Erlaubniserteilung anzugebenden Informationen über die Geschäftsleiter und die bedeutenden Beteiligungen an dem Institut nach § 32 Abs. 1 Satz 1 und 2 Nr. 2 und 6 lit. a und b KWG. 24

Das automatisierte Abrufverfahren steht unter dem Vorbehalt, dass der Datenabruf zum Zweck der Erfüllung Aufgaben der Bundesanstalt erfolgt. Diese Zweckbestimmung ist damit Voraussetzung des Datenabrufes. Um dies sicherzustellen, hat die Bundesbank die **Datenabrufe zu protokollieren.** § 17 Abs. 4 Satz 2 WpHG verlangt ausdrücklich, dass zum Zweck der Datenschutzkontrolle der Zeitpunkt, die Angaben, welche die Feststellung der aufgerufenen Datensätze ermöglichen, sowie die für den Abruf verantwortliche Person zu protokollieren sind. Im Hinblick auf die im Zuge der technischen Entwicklung deutlich einfacher gewordenen elektronischen Speicherung von Daten sieht die Vorschrift eine Vollprotokollierung der durch die Bundesanstalt vorgenommenen Datenabrufe vor. Bis Ende 2004 musste nur jeder zehnte Abruf protokolliert werden. § 17 Abs. 4 Satz 3 WpHG stellt klar, dass die protokollierten Daten **ausschließlich zum Zwecke der Datenschutzkontrolle, der Datensicherung** oder zur **Sicherstellung eines ordnungsmäßigen Betriebs der Datenverarbeitungsanlage** verwendet werden dürfen. Entsprechend müssen die Protokolldaten nach § 17 Abs. 4 Satz 4 WpHG am Ende des auf die Speicherung folgenden Kalenderjahres gelöscht werden. In diesem Zeitraum von mehr als 12 Monaten müssen und können die jeweiligen Kontrollen abgeschlossen sein. Eine Verlängerung der Aufbewahrung der Protokolldaten sieht das Gesetz nicht vor. 25

§ 18 Zusammenarbeit mit zuständigen Stellen im Ausland; Verordnungsermächtigung

(1) Der Bundesanstalt obliegt die Zusammenarbeit mit den für die Überwachung von Verhaltens- und Organisationspflichten von Unternehmen, die Wertpapierdienstleistungen erbringen, von Finanzinstrumenten und von Märkten, an denen Finanzinstrumente oder Waren gehandelt werden, zuständigen Stellen der Europäischen Union, der anderen Mitgliedstaaten der Europäischen Union und der anderen Vertragsstaaten des Abkommens über den Europäischen Wirtschaftsraum. Die Bundesanstalt kann im Rahmen ihrer Zusammenarbeit zum Zwecke der Überwachung der Einhaltung der Verbote und Gebote dieses Gesetzes und der Verordnung (EU) Nr. 600/2014 sowie der Verbote und Gebote der in Satz 1 genannten Staaten, die denen dieses Gesetzes, des Börsengesetzes oder der genannten Verordnungen entsprechen, von allen ihr nach diesem Gesetz und der Verordnung (EU) Nr. 600/2014 zustehenden Befugnissen Gebrauch machen, soweit dies geeignet und erforderlich ist, um den Ersuchen der in Satz 1 genannten Stellen nachzukommen. Sie kann auf ein Ersuchen der in Satz 1 genannten Stellen die Untersagung oder Aussetzung des Handels nach § 6 Absatz 2 Satz 4 an einem inländischen Markt nur anordnen, sofern die Interessen der Anleger oder der ordnungsgemäße Handel an dem betreffenden Markt nicht erheblich gefährdet werden. Die Vorschriften des Börsengesetzes über die Zusammenarbeit der Handelsüberwachungsstellen mit entsprechenden Stellen oder Börsengeschäftsführungen anderer Staaten bleiben hiervon unberührt.

(2) Auf Ersuchen der in Absatz 1 Satz 1 genannten zuständigen Stellen führt die Bundesanstalt nach Maßgabe der auf Grundlage von Artikel 80 Absatz 4 und Artikel 81 Absatz 4 der Richtlinie 2014/65/EU erlassenen Durchführungsverordnung Untersuchungen durch und übermittelt unverzüglich alle Infor-

mationen, soweit dies für die Überwachung von organisierten Märkten oder anderen Märkten für Finanzinstrumente, von Kreditinstituten, Finanzdienstleistungsinstituten, Kapitalverwaltungsgesellschaften, extern verwaltete Investmentgesellschaften, EU-Verwaltungsgesellschaften, ausländische AIF-Verwaltungsgesellschaften, Finanzunternehmen oder Versicherungsunternehmen oder damit zusammenhängender Verwaltungs- oder Gerichtsverfahren erforderlich ist. Bei der Übermittlung von Informationen hat die Bundesanstalt den Empfänger darauf hinzuweisen, dass er unbeschadet seiner Verpflichtungen im Rahmen von Strafverfahren die übermittelten Informationen einschließlich personenbezogener Daten nur zur Erfüllung von Überwachungsaufgaben nach Satz 1 und für damit zusammenhängende Verwaltungs- und Gerichtsverfahren verwenden darf.

(3) Die Bundesanstalt trifft angemessene Vorkehrungen für eine wirksame Zusammenarbeit insbesondere gegenüber solchen Mitgliedstaaten, in denen die Geschäfte eines inländischen Handelsplatzes eine wesentliche Bedeutung für das Funktionieren der Finanzmärkte und den Anlegerschutz nach Maßgabe des Artikels 90 der Delegierten Verordnung (EU) 2017/565 haben oder deren Handelsplätze eine solche Bedeutung im Inland haben.

(4) Die Bundesanstalt kann Bediensteten der zuständigen Stellen anderer Staaten auf Ersuchen die Teilnahme an den von der Bundesanstalt durchgeführten Untersuchungen gestatten. Nach vorheriger Unterrichtung der Bundesanstalt sind die zuständigen Stellen im Sinne des Absatzes 1 Satz 1 befugt, selbst oder durch ihre Beauftragten die Informationen, die für eine Überwachung der Einhaltung der Meldepflichten nach Artikel 26 der Verordnung (EU) Nr. 600/2014, der Verhaltens-, Organisations- und Transparenzpflichten nach den §§ 63 bis 83 oder entsprechender ausländischer Vorschriften durch eine Zweigniederlassung im Sinne des § 53b Absatz 1 Satz 1 des Kreditwesengesetzes erforderlich sind, bei dieser Zweigniederlassung zu prüfen. Bedienstete der Europäischen Wertpapier- und Marktaufsichtsbehörde können an Untersuchungen nach Satz 1 teilnehmen.

(5) Die Bundesanstalt kann in Bezug auf die Erleichterung der Einziehung von Geldbußen mit den in Absatz 1 Satz 1 genannten Stellen zusammenarbeiten.

(6) Die Bundesanstalt kann eine Untersuchung, die Übermittlung von Informationen oder die Teilnahme von Bediensteten zuständiger ausländischer Stellen im Sinne von Absatz 1 Satz 1 verweigern, wenn auf Grund desselben Sachverhalts gegen die betreffenden Personen bereits ein gerichtliches Verfahren eingeleitet worden oder eine unanfechtbare Entscheidung ergangen ist. Kommt die Bundesanstalt einem Ersuchen nicht nach oder macht sie von ihrem Recht nach Satz 1 Gebrauch, so teilt sie ihre Entscheidung einschließlich ihrer Gründe der ersuchenden Stelle und der Europäischen Wertpapier- und Marktaufsichtsbehörde unverzüglich mit und übermittelt diesen genaue Informationen über das gerichtliche Verfahren oder die unanfechtbare Entscheidung.

(7) Die Bundesanstalt ersucht die in Absatz 1 genannten zuständigen Stellen nach Maßgabe der auf Grundlage von Artikel 80 Absatz 4 und Artikel 81 Absatz 4 der Richtlinie 2014/65/EU erlassenen Durchführungsverordnung um die Durchführung von Untersuchungen und die Übermittlung von Informationen, die für die Erfüllung ihrer Aufgaben nach den Vorschriften dieses Gesetzes geeignet und erforderlich sind. Sie kann die zuständigen Stellen ersuchen, Bediensteten der Bundesanstalt die Teilnahme an den Untersuchungen zu gestatten. Mit Einverständnis der zuständigen Stellen kann die Bundesanstalt Untersuchungen im Ausland durchführen und hierfür Wirtschaftsprüfer oder Sachverständige beauftragen; bei Untersuchung einer Zweigniederlassung eines inländischen Wertpapierdienstleistungsunternehmens in einem Aufnahmemitgliedstaat durch die Bundesanstalt genügt eine vorherige Unterrichtung der zuständigen Stelle im Ausland. Trifft die Bundesanstalt Anordnungen gegenüber Unternehmen mit Sitz im Ausland, die Mitglieder inländischer organisierter Märkte sind, unterrichtet sie die für die Überwachung dieser Unternehmen zuständigen Stellen. Werden der Bundesanstalt von einer Stelle eines anderen Staates Informationen mitgeteilt, so darf sie diese unbeschadet ihrer Verpflichtungen in strafrechtlichen Angelegenheiten, die den Verdacht einer Straftat nach den Strafvorschriften dieses Gesetzes zum Gegenstand haben, nur zur Erfüllung von Überwachungsaufgaben nach Absatz 2 Satz 1 und für damit zusammenhängende Verwaltungs- und Gerichtsverfahren verwenden. Die Bundesanstalt darf diese Informationen unter Beachtung der Zweckbestimmung der übermittelnden Stelle den in § 17 Absatz 2 genannten Stellen mitteilen, sofern dies für die Erfüllung ihrer Aufgaben erforderlich ist. Eine anderweitige Verwendung der Informationen ist nur mit Zustimmung der übermittelnden Stelle zulässig. Außer bei Informationen im Zusammenhang mit Insiderhandel oder Marktmanipulation kann in begründeten Ausnahmefällen auf diese Zustimmung verzichtet werden, sofern dieses der übermittelnden Stelle unverzüglich unter Angabe der Gründe mitgeteilt wird. Wird einem Ersuchen der Bundesanstalt nach den Sätzen 1 bis 3 nicht innerhalb angemessener Frist Folge geleistet oder wird es ohne hinreichende Gründe abgelehnt, kann die Bundesanstalt die Europäische Wertpapier- und Marktaufsichtsbehörde nach Maßgabe des Artikels 19 der Verordnung (EU) Nr. 1095/2010 des Europäischen Parlaments und des Rates vom 24. November 2010 zur Errichtung einer Europäischen Auf-

sichtsbehörde (Europäische Wertpapier- und Marktaufsichtsbehörde), zur Änderung des Beschlusses Nr. 716/2009/EG und zur Aufhebung des Beschlusses 2009/77/EG der Kommission (ABl. L 331 vom 15.12.2010, S. 84) um Hilfe ersuchen.

(8) Hat die Bundesanstalt hinreichende Anhaltspunkte für einen Verstoß gegen Verbote oder Gebote nach den Vorschriften dieses Gesetzes oder nach entsprechenden ausländischen Vorschriften der in Absatz 1 Satz 1 genannten Staaten, teilt sie diese Anhaltspunkte der Europäischen Wertpapier- und Marktaufsichtsbehörde und den nach Absatz 1 Satz 1 zuständigen Stellen des Staates mit, auf dessen Gebiet die vorschriftswidrige Handlung stattfindet oder stattgefunden hat oder auf dessen Gebiet die betroffenen Finanzinstrumente an einem organisierten Markt gehandelt werden oder der nach dem Recht der Europäischen Union für die Verfolgung des Verstoßes zuständig ist. Sind die daraufhin getroffenen Maßnahmen der zuständigen ausländischen Stellen unzureichend oder wird weiterhin gegen die Vorschriften dieses Gesetzes oder gegen die entsprechenden ausländischen Vorschriften verstoßen, ergreift die Bundesanstalt nach vorheriger Unterrichtung der zuständigen Stellen alle für den Schutz der Anleger erforderlichen Maßnahmen und unterrichtet davon die Europäische Kommission und die Europäische Wertpapier- und Marktaufsichtsbehörde. Erhält die Bundesanstalt eine entsprechende Mitteilung von zuständigen ausländischen Stellen, unterrichtet sie diese sowie die Europäische Wertpapier- und Marktaufsichtsbehörde über Ergebnisse daraufhin eingeleiteter Untersuchungen. Die Bundesanstalt unterrichtet ferner

1. die zuständigen Stellen nach Satz 1 und die Europäische Wertpapier- und Marktaufsichtsbehörde über Anordnungen zur Aussetzung, Untersagung oder Einstellung des Handels nach § 6 Absatz 2 Satz 4 dieses Gesetzes sowie § 3 Absatz 5 Satz 3 Nummer 1 und § 25 Absatz 1 des Börsengesetzes,
2. die zuständigen Stellen nach Satz 1 innerhalb eines Monats nach Erhalt einer Mitteilung nach § 19 Absatz 10 des Börsengesetzes von der Absicht der Geschäftsführung einer Börse, Handelsteilnehmern aus den betreffenden Staaten einen unmittelbaren Zugang zu ihrem Handelssystem zu gewähren,
3. die zuständigen Stellen nach Satz 1 und die Europäische Wertpapier- und Marktaufsichtsbehörde über Anordnungen nach § 9 Absatz 1 zur Verringerung von Positionsgrößen oder offenen Forderungen sowie
4. die zuständigen Stellen nach Satz 1 und die Europäische Wertpapier- und Marktaufsichtsbehörde über Anordnungen nach § 9 Absatz 2 zur Beschränkung von Positionen in Warenderivaten.

Die Unterrichtung nach Satz 4 Nummer 3 und 4 muss mindestens 24 Stunden vor Bekanntgabe der Anordnung erfolgen; wenn dies im Ausnahmefall nicht möglich ist, muss die Unterrichtung spätestens vor der Bekanntgabe erfolgen. Die Unterrichtung nach Satz 4 Nummer 3 und 4 umfasst Angaben über Auskunfts- und Vorlageersuchen gemäß § 6 Absatz 3 Satz 2 Nummer 1 einschließlich ihrer Begründung und den Adressaten sowie über den Umfang von Anordnungen gemäß § 9 Absatz 2 einschließlich ihres Adressatenkreises, der betroffenen Finanzinstrumente, Positionsschranken und Ausnahmen, die nach § 56 Absatz 3 gewährt wurden. Betrifft eine in Satz 4 Nummer 3 und 4 genannte Maßnahme Energiegroßhandelsprodukte, so unterrichtet die Bundesanstalt auch die durch Verordnung (EG) Nr. 713/2009 gegründete Agentur für die Zusammenarbeit der Energieregulierungsbehörden.

(9) Die Regelungen über die internationale Rechtshilfe in Strafsachen bleiben unberührt.

(10) Die Bundesanstalt kann mit den zuständigen Stellen anderer als der in Absatz 1 genannten Staaten entsprechend den Absätzen 1 bis 9 zusammenarbeiten und Vereinbarungen über den Informationsaustausch abschließen. Absatz 7 Satz 5 und 6 findet mit der Maßgabe Anwendung, dass Informationen, die von diesen Stellen übermittelt werden, nur unter Beachtung einer Zweckbestimmung der übermittelnden Stelle verwendet und nur mit ausdrücklicher Zustimmung der übermittelnden Stelle der Deutschen Bundesbank oder dem Bundeskartellamt mitgeteilt werden dürfen, sofern dies für die Erfüllung ihrer Aufgaben erforderlich ist. Absatz 7 Satz 8 findet keine Anwendung. Für die Übermittlung personenbezogener Daten gilt § 4b des Bundesdatenschutzgesetzes. Die Bundesanstalt unterrichtet die Europäische Wertpapier- und Marktaufsichtsbehörde über den Abschluss von Vereinbarungen nach Satz 1.

(11) Die Bundesanstalt kann im Rahmen der Zusammenarbeit zum Zwecke der Überwachung der Einhaltung der Verbote und Gebote nach der Verordnung (EU) Nr. 596/2014 sowie der Verbote und Gebote entsprechender ausländischer Bestimmungen anderer Vertragsstaaten des Abkommens über den Europäischen Wirtschaftsraum oder von Drittstaaten von allen ihr nach diesem Gesetz zustehenden Befugnissen Gebrauch machen, um den einschlägigen Ersuchen der zuständigen Behörden der jeweiligen Staaten nachzukommen.

(12) Das Bundesministerium der Finanzen kann durch Rechtsverordnung, die nicht der Zustimmung des Bundesrates bedarf, zu den in den Absätzen 2, 3 und 7 genannten Zwecken nähere Bestimmungen über die Übermittlung von Informationen an ausländische Stellen, die Durchführung von Unter-

suchungen auf Ersuchen ausländischer Stellen sowie Ersuchen der Bundesanstalt an ausländische Stellen erlassen. Das Bundesministerium der Finanzen kann die Ermächtigung durch Rechtsverordnung auf die Bundesanstalt für Finanzdienstleistungsaufsicht übertragen.

In der Fassung des 2. FiMaNoG vom 23.6.2017 (BGBl. I 2017, 1693).

Schrifttum: *Grolimund*, Internationale Amtshilfe im Bereich der Börsen- und Wertpapierhandelsaufsicht, IPRax 2000, 553; *Hupka*, Die Integration der europäischen Finanzmärkte. Zur Rolle des Committee of European Securities Regulators (CESR) und der Bindungswirkung von Standards, GPR 2008, 286; *Kurth*, Problematik grenzüberschreitender Wertpapieraufsicht, WM 2000, 1521.

I. Regelungsgehalt, Entwicklung und europarechtlicher Hintergrund der Regelung 1	10. Ersuchen der Bundesanstalt an zuständige europäische Stellen (§ 18 Abs. 7 Satz 1 bis 4 und 9 WpHG) 39
II. Umfang der Aufgabenzuweisung (§ 18 Abs. 1 Satz 1, Abs. 10 Satz 1 WpHG) 8	11. Verwendung der von zuständigen Stellen übermittelten Informationen (§ 18 Abs. 7 Satz 5 bis 8 WpHG) 44
III. Europäische Zusammenarbeit (§ 18 Abs. 1 bis 8 und 11 WpHG) 12	12. Unterrichtungspflichten (§ 18 Abs. 8 WpHG) . 47
1. Grundlagen der europäischen Zusammenarbeit 12	IV. Zusammenarbeit mit Drittstaaten (§ 18 Abs. 10 WpHG) 54
2. Pflicht zum Treffen von Vorkehrungen für Zusammenarbeit (§ 18 Abs. 3 WpHG) 15	V. Verordnungsermächtigung für nähere Bestimmungen zur Zusammenarbeit (§ 18 Abs. 12 WpHG) 66
3. Zuständige Stellen für die Kooperation 18	VI. Internationale Rechtshilfe in Strafsachen (§ 18 Abs. 9 WpHG) 67
4. Erfüllung der Ersuchen der zuständigen Stellen (§ 18 Abs. 1 Satz 2, Abs. 2 und Abs. 11 WpHG) 19	1. Regelungsbereich des § 18 Abs. 9 WpHG 67
5. Untersagung oder Aussetzung des Handels (§ 18 Abs. 1 Satz 3 WpHG) 27	2. Internationale Rechtshilfe in Strafsachen durch die Bundesanstalt 76
6. Gestattung der Teilnahme an Untersuchungen (§ 18 Abs. 4 Satz 1 und 3 WpHG) 28	a) Zuständigkeit der Bundesanstalt 76
7. Eigene Prüfungen ausländischer Stellen (§ 18 Abs. 4 Satz 2 WpHG) 30	b) Bewilligungsentscheidung 78
8. Zusammenarbeit zur Einziehung von Geldbußen (§ 18 Abs. 5 WpHG) 33	c) Rechtsschutz 79
9. Befugnis zur Kooperationsverweigerung (§ 18 Abs. 6 WpHG) 34	

1 I. Regelungsgehalt, Entwicklung und europarechtlicher Hintergrund der Regelung. Die Regelung enthält die **Pflicht und** die **ausschließliche Zuständigkeit der Bundesanstalt zur internationalen Zusammenarbeit** sowohl im **Bereich der Wertpapieraufsicht** als auch im **Bereich der Börsenaufsicht**. Zudem enthält die Regelung die Befugnisse der Bundesanstalt im Rahmen dieser Zusammenarbeit, die neben den Befugnissen der Handelsüberwachungsstellen und Börsengeschäftsführungen zur Zusammenarbeit stehen. Letztlich enthält § 18 WpHG ergänzende Regelungen bezüglich einer Verordnungsermächtigung für das Bundesministerium der Finanzen zu näheren Details der Regelungen zur Zusammenarbeit und die Bestimmung, dass die Regelungen über die internationale Rechtshilfe in Strafsachen unberührt bleiben. Der Aufbau von § 18 WpHG unterscheidet grundsätzlich zwischen der **Zusammenarbeit mit zuständigen Stellen in EU- und EWR-Staaten** in § 18 Abs. 1 bis 8 WpHG und der **Zusammenarbeit mit Drittstaaten** in § 18 Abs. 10 WpHG, die aber im Wesentlichen auf die Regelungen in Abs. 1 bis 9 verweisen wird. § 18 Abs. 11 WpHG betrifft die Zusammenarbeit sowohl mit zuständigen Stellen in EU- und EWR-Staaten als auch mit zuständigen Stellen in Drittstaaten. Diese Regelung wird vornehmlich im Kontext der Zusammenarbeit auf europäischer Ebene behandelt und in Bezug auf die Zusammenarbeit auf diese Regelungen verwiesen.

2 Vor der Schaffung der Bundesanstalt und des früheren Bundesaufsichtsamtes für den Wertpapierhandel war an eine, in Vergleich zu einem zentralen Ansprechpartner, gleichwertige **internationale Zusammenarbeit** mit den wesentlichen Wertpapierhandelsnationen kaum zu denken. In Anbetracht der auf die verschiedenen Bundesländer aufgeteilten Börsenaufsicht führte es zunehmend zu Irritationen, dass auch für ausländische Anfragen im Grunde kein kompetenter, zentraler Gegenpart in Deutschland vorhanden war. Unter dem Eindruck dieser Schwierigkeiten wandten sich die börsenaufsichtsführenden Bundesländer seinerzeit an das Bundesfinanzministerium mit der Bitte, bis zur Änderung der Verhältnisse die Aufsichtsinteressen des Finanzplatzes Deutschland im internationalen Bereich wahrzunehmen[1]. Dieser praktizierte Notbehelf wurde mit der Verabschiedung des 2. FFG[2] durch eine klare Zuständigkeitszuweisung ersetzt, die u.a. mit § 7 WpHG a.F. die Aufgabe der internationalen Zusammenarbeit auf die neu gegründete Behörde übertrug.

---

1 Vgl. *Dreyling* in 3. Aufl., § 7 WpHG Rz. 1; *Beck* in Schwark/Zimmer, § 7 WpHG Rz. 1.
2 Gesetz über den Wertpapierhandel und zur Änderung börsenrechtlicher und wertpapierrechtlicher Vorschriften (Zweites Finanzmarktförderungsgesetz) (2. FFG) vom 26.7.1994, BGBl. I 1994, 1749.

In den **letzten rund 20 Jahren hat sich das Bild der internationalen Zusammenarbeit vollkommen gewandelt**. Im Zuge der Globalisierung der Finanzströme konnte schon seit der Jahrtausendwende eine effektive Kapitalmarktaufsicht nicht mehr ohne internationale Zusammenarbeit funktionieren. Sie war Spiegelbild der stetig wachsenden Vernetzung und Verflechtung der internationalen Finanzmärkte[1]. Dies wurde verstärkt durch die durch Globalisierung deutlich forcierte europarechtliche Normierung der Kapitalmarktaufsicht[2]. Mit der Schaffung von europäischen Aufsichtsbehörden, insbesondere der Europäischen Wertpapier- und Marktaufsichtsbehörde (ESMA)[3] als Folge der Finanzkrise ab 2007 wurde ein weiterer Schritt der Europäisierung der Kapitalmarktaufsicht vollzogen. Derzeit kann der nächste Schritt der zunehmenden Bedeutung der internationalen Zusammenarbeit beobachtet werden: Im Rahmen der Überarbeitung verschiedener kapitalmarktrechtlicher Richtlinien oder als Ersatz[4] für diese werden immer mehr unmittelbar anwendbare europäische Vorschriften erlassen[5]. Zudem sollen die unmittelbar geltenden europäischen Vorschriften in den Mitgliedstaaten möglichst einheitlich angewandt werden. Hieraus und aus der Aufgabenstellung der ESA aus den jeweiligen ESA-VO leitet sich die wachsende Aufgabe der Koordinierung der Aufsicht durch die ESMA ab. Diese Stärkung und Koordinierung der Aufsicht wird komplettiert durch mehrere unmittelbar geltende Regelungen in europäischen Verordnungen und delegierten Verordnungen oder Durchführungsverordnungen[6] zur Konkretisierung der Pflichten zur Zusammenarbeit zwischen den jeweils zuständigen Behörden in den Mitgliedstaaten und in Bezug auf die ESMA. Die Vereinheitlichung und Koordinierung der Aufsicht einschließlich der Zusammenarbeit erfolgt auch durch die verschiedenen veröffentlichten sog. Level-3-Maßnahmen, wie z.B. Guidelines, und durch häufig gestellte Frage und Antworten (Q&A). Dieses Gesamtbild wird ergänzt durch die künftig wachsenden Zuständigkeiten der ESMA in Bezug auf unmittelbare Aufsichtsaufgaben[7]. Der internationalen Zusammenarbeit muss inzwischen und für die Zukunft eine Rolle zugesprochen werden, die gar nicht groß genug zu bewerten ist.

Diese Entwicklung spiegelt sich auch in der Historie der Regelungen wider. So wurde der die internationale Zusammenarbeit regelnde § 7 WpHG a.F. durch das 2. FFG[8] normiert. Im Rahmen der **Umsetzung der Marktmissbrauchsrichtlinie**[9] durch das Anlegerschutzverbesserungsgesetz[10] wurde die Norm tiefgreifend überarbeitet und verschiedene im WpHG verstreute Spezialnormen für internationale Zusammenarbeit in dieser Regelung als Generalnorm für internationalen Zusammenarbeit zusammengefasst. Diesen Ausbau als Generalnorm fortführend und weitere Möglichkeiten zur Zusammenarbeit eröffnend, nahm der Gesetzgeber weitere Änderungen an § 7 WpHG a.F. durch das **Gesetz zur Neuordnung des Pfandbriefrechts**[11] (Art. 10a), im Rahmen der Umsetzung der EU-Transparenzrichtlinie, durch das **Finanzmarktrichtlinie-Umsetzungsgesetz**[12] und

---

1 Vgl. *Klepsch* in Just/Voß/Ritz/Becker, § 7 WpHG Rz. 1; *Schlette/Bouchon* in Fuchs, § 7 WpHG Rz. 1; *Carny* in KölnKomm. WpHG, § 7 WpHG Rz. 4.
2 Vgl. beispielsweise nur RL 2004/39/EG (MiFID I), RL 1060/2009 (Rating-VO), RL 2009/65/EU (OGAW-IV).
3 Verordnung (EU) Nr. 1092/2010 (ESRB), Nr. 1093/2010 (EBA), Nr. 1094/2010 (EIOPA), Nr. 1095/2010 (ESMA) und Nr. 1096/2010 (Einbeziehung der EZB in Aufgaben des ESFS). EIOPA-VO und ESMA-VO, zuletzt geändert durch die Richtlinie 2014/51/EU des Europäischen Parlaments und des Rates vom 16.4.2014 zur Änderung der Richtlinien 2003/71/EG und 2009/138/EG und der Verordnungen (EG) Nr. 1060/2009, (EU) Nr. 1094/2010 und (EU) Nr. 1095/2010 im Hinblick auf die Befugnisse der Europäischen Aufsichtsbehörde (Europäische Aufsichtsbehörde für das Versicherungswesen und die betriebliche Altersversorgung) und der Europäischen Aufsichtsbehörde (Europäische Wertpapier- und Marktaufsichtsbehörde), ABl. EU Nr. L 153 v. 22.5.2014, S. 1.
4 So wurden z.B. die RL 2003/6/EG (Marktmissbrauch) und die diese ergänzenden RL 2003/124/EG (Begriffsbestimmung und Veröffentlichung von Insider-Informationen, Begriffsbestimmung der Marktmanipulation), die Durchführungs-RL 2003/125/EG und die Durchführungs-RL 2004/72/EG durch die VO Nr. 596/2014 (MAR) abgelöst.
5 Vgl. allein schon VO Nr. 648/2012 (EMIR), VO Nr. 236/2012 (Leerverkaufs-VO), VO Nr. 596/2014 (MAR), VO Nr. 600/2014 (MiFIR) und VO Nr. 1286/2014 (PRIIP).
6 S. z.B. Durchführungsverordnung (EU) 2017/980 der Kommission vom 7.6.2017 zur Festlegung technischer Durchführungsstandards für die Standardformulare, Muster und Verfahren für die Zusammenarbeit der zuständigen Behörden bei der Überwachung, den Überprüfungen vor Ort und den Ermittlungen und für den Informationsaustausch zwischen den zuständigen Behörden gemäß der Richtlinie 2014/65/EU des Europäischen Parlaments und des Rates, ABl. EU Nr. L 148 v. 10.6.2017, S. 3 und Durchführungsverordnung (EU) 2018/292 der Kommission vom 26.2.2018 zur Festlegung technischer Durchführungsstandards im Hinblick auf Verfahren und Formulare für Informationsaustausch und Amtshilfe zwischen zuständigen Behörden gemäß der Verordnung (EU) Nr. 596/2014 des Europäischen Parlaments und des Rates über Marktmissbrauch, ABl. EU Nr. L 55 v. 27.2.2018, S. 34.
7 Vgl. Internetseite der EU-Kommission, z.B. unter https://ec.europa.eu/germany/news/20170920-reform-eu-finanzaufsicht_de.
8 Gesetz über den Wertpapierhandel und zur Änderung börsenrechtlicher und wertpapierrechtlicher Vorschriften (Zweites Finanzmarktförderungsgesetz) (2. FFG) vom 26.7.1994, BGBl. I 1994, 1749.
9 Richtlinie 2003/6/EG des Europäischen Parlaments und des Rates vom 28.1.2003 über Insider-Geschäfte und Marktmanipulation (Marktmissbrauch), ABl. Nr. L 96 v. 12.4.2003, S. 16.
10 Gesetz zur Verbesserung des Anlegerschutzes (Anlegerschutzverbesserungsgesetz – AnSVG) vom 28.10.2004, BGBl. I 2004, 2630; Begr. RegE, BT-Drucks. 15/3174, 31.
11 Gesetz zur Neuordnung des Pfandbriefrechts vom 22.5.2005, BGBl. I 2005, 1373; Begr. RegE, BT-Drucks. 15/4878, 18.
12 Gesetz zur Umsetzung der Richtlinie über Märkte für Finanzinstrumente und der Durchführungsrichtlinie der Kommission (Finanzmarktrichtlinie-Umsetzungsgesetz) (FRUG) vom 16.7.2007, BGBl. I 2007, 1330. Vgl. Begr. RegE, BT-Drucks. 16/4028, 78.

durch das **Gesetz zur Änderung des Einlagensicherungs- und Anlagerentschädigungsgesetzes**[1] vor. Mit dem **Gesetz zur Umsetzung der Richtlinie 2010/78/EU**[2] wurde zudem das nationale Normengefüge der Kapitalmarktaufsicht, hier die internationale Zusammenarbeit, an die Anforderungen durch das europäische Finanzaufsichtssystem, insbesondere der Zusammenarbeit mit der ESMA, angepasst[3].

5 Mit dem **2. FiMaNoG**[4] wurde die Norm nicht nur im Rahmen der **Neunummerierung** von § 7 WpHG a.F. zu § 18 WpHG, sondern es wurde eine **Vielzahl von inhaltlichen Änderungen** vorgenommen[5]. Änderungen sind sowohl in Art. 1 als auch in Art. 3 des 2. FiMaNoG enthalten. Diese dienten alle der **Anpassung der Vorschriften zur internationalen Zusammenarbeit an die neuen europarechtlichen Vorgaben**. Auf die Details der Änderungen wird im Rahmen der Kommentierung der Einzelvorschriften eingegangen.

6 Von seiner Bedeutung her handelt es sich bei § 18 WpHG um die nationalrechtliche **Generalnorm im WpHG zur Zusammenarbeit mit Stellen ausländischer Staaten bezüglich aller Aufsichtsbereiche des WpHG und der Börsenaufsicht**. Eine **Sonderregelung** findet sich im WpHG noch für die Bilanzkontrolle in der Vorschrift des § 111 WpHG, die auf Regelungen des § 18 WpHG verweist. **Ergänzt** werden die nationalen Regelungen über Zusammenarbeit mit den zuständigen Stellen anderer Staaten nach § 18 WpHG durch § 19 WpHG, der die Zusammenarbeit mit der ESMA regelt, und durch § 20 WpHG, der in Bezug auf das Energiewirtschaftsgesetz den Umfang der Zusammenarbeit mit der EU-Kommission bestimmt.

7 Im Kontext der in den letzten Jahren erlassenen europäischen Regelungen zur Zusammenarbeit hat § 18 WpHG eine **völlig neue Bedeutung** erlangt. § 18 WpHG dient nun vornehmlich der **Ergänzung der europarechtlich normierten Pflichten zur Zusammenarbeit und der Schaffung hinreichender Befugnisse für die Bundesanstalt**. Denn eine Vielzahl von europäischen Regelungen, sowohl auf der Ebene der **unmittelbar anwendbaren europäischen Verordnungen**, wie beispielsweise aus Art. 24 ff. VO Nr. 596/2014 (MAR), Art. 23 ff., 84 VO Nr. 648/2012 (EMIR), Art. 35 ff. VO Nr. 236/2012 (Leerverkaufs-VO) etc., als auch auf der Ebene der flankierenden **delegierten Verordnungen** oder **Durchführungsverordnungen**, enthalten vorrangig geltende Regelungen zur Zusammenarbeit bei der Kapitalmarktaufsicht, und zwar sowohl für die Zusammenarbeit auf europäischer Ebene als auch für die Zusammenarbeit mit zuständigen Stellen in Drittstaaten. Diese Regelungen finden regelmäßig keinen Niederschlag in § 18 WpHG, denn dies würde eine Wiederholung der schon europarechtlich geregelten Pflichten bedeuten. Insoweit ist beim Verständnis des § 18 WpHG stets auch ein Blick auf die europarechtlichen Vorgaben zu richten. Die europarechtlich geregelten Pflichten der Bundesanstalt zur Zusammenarbeit erfordern ihrerseits im Gegenzug häufig einen Einsatz der der Bundesanstalt über § 18 WpHG zur Verfügung gestellten nationalrechtlichen Befugnisse. Zudem ist bei der Bearbeitung von konkreten Fallgestaltungen auch zu berücksichtigen, dass das deutsche allgemeine Verwaltungsrecht in den §§ 8a bis 8e VwVfG verfahrensrechtliche Vorschriften für die europäische Verwaltungszusammenarbeit normiert.

8 **II. Umfang der Aufgabenzuweisung (§ 18 Abs. 1 Satz 1, Abs. 10 Satz 1 WpHG).** § 18 Abs. 1 Satz 1 WpHG überträgt der Bundesanstalt die Aufgabe nicht nur in **Fragen der Wertpapieraufsicht**, sondern auch in **Angelegenheiten, die die Börsenaufsicht der Länder betreffen, die internationale Zusammenarbeit wahrzunehmen**. Diese in § 18 Abs. 1 Satz 1 WpHG nur für die Zusammenarbeit im Rahmen der EU und des EWR normierten Aufgabenzuweisung wird in § 18 Abs. 10 Satz 1 WpHG auf die Zusammenarbeit mit zuständigen Stellen in Drittstaaten erstreckt. Dies gewinnt im Hinblick auf den wachsenden Einfluss europäischer Vorgaben für die Wahrnehmung der Aufsicht und auf die Kooperation von Börsen aus unterschiedlichen Staaten zunehmend an Bedeutung und ist europarechtlich überwiegend zwingend vorgeschrieben. Die umfassende internationale Zuständigkeit der Bundesanstalt ist notwendig, da nur über eine zentrale Behörde die internationale Kooperation effizient abgewickelt werden kann und den ausländischen Stellen auch in Börsenaufsichtsangelegenheiten ein geeigneter Ansprechpartner zur Verfügung steht. Hinzu kommt, dass bei der internationalen Zusammenarbeit eine klare Trennung zwischen Wertpapier- und Börsenaufsichtsfragen kaum möglich ist, da im Ausland die Zuständigkeiten für Wertpapier- und Börsenaufsicht oft in einer Behörde vereinigt sind. Letztlich entspricht diese weite Kompetenz bei der Zusammenarbeit mit ausländischen Stellen den Regelungen verschiedener europäischer Richtlinien. Die Außenkompetenz der Bundesanstalt steht in Einklang mit der Zuständigkeitsregelung in Art. 32 GG. Die **Zuständigkeiten der Börsenaufsichtsbehörden der Länder nach dem BörsG werden hierdurch nicht berührt**[6].

9 In diesem Sinne bestimmt auch § 18 Abs. 1 Satz 4 WpHG, dass die **Vorschriften des Börsengesetzes** über die Zusammenarbeit der Handelsüberwachungsstellen mit entsprechenden Stellen oder Börsengeschäftsführungen

---

1 Gesetz zur Änderung des Einlagensicherungs- und Anlagerentschädigungsgesetzes vom 25.6.2009, BGBl. I 2009, 1528; vgl. Begr. RegE, BT-Drucks. 16/12255, 16 f.
2 Gesetz zur Umsetzung der Richtlinie 2010/78/EU vom 4.12.2011, BGBl. I 2011, 2427.
3 Vgl. BT-Drucks. 17/6255, 19.
4 Zweites Gesetz zur Novellierung von Finanzmarktvorschriften auf Grund europäischer Rechtsakte (Zweites Finanzmarktnovellierungsgesetz – 2. FiMaNoG) vom 23.6.2017, BGBl. I 2017, 1693.
5 Vgl. Begr. RegE 2. FiMaNoG, BT-Drucks. 18/10936, 9, 44 f., 215 und 228 f.
6 Vgl. Begr. RegE 2. FFG zu § 7 Abs. 1 WpHG, BT-Drucks. 12/6679, 41 f.

anderer Staaten hiervon unberührt bleiben. Diese Regelung bezieht sich auf die Zusammenarbeit in konkreten Sachverhalten. Zu denken ist hier beispielsweise an die Regelungen in § 36 BörsG zur Zusammenarbeit in der EU und in §§ 3 Abs. 5b, 26f Abs. 2, 48 Abs. 3 oder § 50 Abs. 2 Satz 10 und 11 BörsG, die Mitteilungspflichten der Börsenaufsichtsbehörde an die ESMA vorsieht. Diese Kompetenz der Zusammenarbeit steht neben der grundsätzlichen Aufgabenzuweisung für die internationale Zusammenarbeit der Bundesanstalt und den entsprechenden Kompetenzen der Bundesanstalt für eine umfassende Zusammenarbeit. Hierbei ist die Durchsetzung des nationalen Börsenrechts den Handelsüberwachungsstellen und Börsengeschäftsführungen vorbehalten. Ungeachtet dessen bezieht sich die Zusammenarbeit der Bundesanstalt auch auf die Überwachung der Einhaltung der Verbote und Gebote der anderen Staaten, die denen des Börsengesetzes entsprechen. Dies zeigt die Notwendigkeit einer engen Zusammenarbeit der Bundesanstalt mit den Handelsüberwachungsstellen und Börsengeschäftsführungen, die auch in den Regelungen des § 17 Abs. 2 und 3 WpHG ihren Niederschlag gefunden haben.

Zugleich sieht § 7 Abs. 4 BörsG vor, dass die Handelsüberwachungsstelle Daten über Geschäftsabschlüsse auch der Geschäftsführung und der Handelsüberwachungsstelle einer anderen Börse und den zur Überwachung des Handels an ausländischen organisierten Märkten oder entsprechenden Märkten mit Sitz außerhalb der EU oder eines EWR zuständigen Stellen übermitteln und solche Daten von diesen Stellen empfangen, soweit sie zur ordnungsgemäßen Durchführung des Handels und der Börsengeschäftsabwicklung erforderlich sind. Über die Absicht des Austauschs ist die Bundesanstalt vorab zu informieren. Die **Wahrnehmung der Börsenaufsichtsinteressen** im internationalen Bereich erfordert somit eine enge Kooperation zwischen den Landesaufsichtsbehörden und der Bundesanstalt. Die internationale Tätigkeit im Sinne dieser Vorschrift kann auch nur dann funktionieren, wenn die Börsenaufsichtsbehörden der Länder die erforderliche **Amtshilfe** insbesondere beim Informationsaustausch gewähren[1]. Die Bundesanstalt hat im Rahmen der Wahrnehmung der Aufsichtsinteressen der Länder keine materielle Gestaltungskompetenz. Ihr steht jedoch nach § 6 WpHG ein Bewertungsspielraum dahingehend zu, ob Börsenaufsichtsinteressen möglicherweise mit dem Missstandsbegriff kollidieren. Dies wäre etwa der Fall, wenn von einer Landesaufsichtsbehörde nicht gegen den elektronischen Marktzutritt aus einem Drittstaat eingeschritten würde, wenn es in diesem Drittstaat kein vergleichbares Insiderrecht mit Möglichkeiten der Feststellung und Weitergabe der Namen von Auftraggebern aus insoweit verdächtigen Geschäften an die Bundesanstalt gäbe (vgl. §§ 102 ff. WpHG).

Die ausschließliche Zuständigkeit der Bundesanstalt für die internationale Zusammenarbeit gilt auch bei Fragen der **Bilanzkontrolle** nach §§ 106 ff. WpHG (vgl. § 111 WpHG). Wie bei der internationalen Zusammenarbeit zu Fragen der Börsenaufsicht ist es auch bei der Zusammenarbeit zu Fragen der Bilanzkontrolle von Bedeutung, dass Prüfstelle und Bundesanstalt intensiv Informationen austauschen. Die Bundesanstalt wird in diesem Teilbereich der internationalen Zusammenarbeit im Benehmen mit der Prüfstelle tätig.

III. Europäische Zusammenarbeit (§ 18 Abs. 1 bis 8 und 11 WpHG). 1. Grundlagen der europäischen Zusammenarbeit. Die europäische Zusammenarbeit wird neben der seit vielen Jahren schon zur gängigen Praxis zählenden Umsetzung der EU-Richtlinien seit dem 1.1.2011 durch die Schaffung von **drei europäischen** (Finanzdienstleistungs-) **Aufsichtsbehörden** (European Supervisory Authorities – ESA's) geprägt. Für die Tätigkeit auf dem Sektor des Wertpapierhandels ist das vornehmlich die Europäische Wertpapier- und Marktaufsichtsbehörde (European Securities und Market Authority – **ESMA**). Im Rahmen der Anwendung der VO Nr. 1286/2014 (PRIIP-VO) ist dies aber auch die Europäische Aufsichtsbehörde für das Versicherungswesen und die betriebliche Altersversorgung (European Insurance and Occupational Pensions Authority – EIOPA).

Der **Gründung der ESMA** als europäische Wertpapieraufsichtsbehörde ist die Gründung von Einrichtungen vorausgegangen, die die Zusammenarbeit auf europäischer Ebene intensiviert haben. So wurde unter Mitwirkung des früheren Bundesaufsichtsamtes am 8.12.1997 in Paris das „Forum of European Securities Commissions" **(FESCO)** gegründet, deren Mitglieder die Wertpapieraufsichtsbehörden der EU sowie aus Island und Norwegen waren. Die FESCO wurde durch das am 6.6.2001 von der EU-Kommission geschaffene „Committee of European Securities Regulators" (CESR) abgelöst, dessen Mitglieder ebenfalls die Wertpapieraufsichtsbehörden der EU sowie Islands und Norwegens waren. Aus **CESR als Beratungsorgan** ist in Anbetracht der durch die Finanzkrise ab 2007 aufgezeigten Schwachstellen der Finanzaufsicht die ESMA als europäische Aufsichtsbehörde mit eigenen Aufsichtsaufgaben und einer starken Koordinierungsrolle herausgebildet worden.

Die Entwicklung der Intensivierung der Zusammenarbeit auf europäischer Ebene hat sich in den vergangenen Jahren stetig verstärkt. Dies wird angetrieben durch das Inkrafttreten einer **Vielzahl von unmittelbar anwendbaren europäischen Verordnungen, delegierter Verordnungen** und **Durchführungsverordnungen**, die zusätzlich zahlreiche Vorschriften[2] über die Zusammenarbeit der zuständigen Behörden untereinander und mit der ESMA enthalten. Insoweit ist bei konkreten Fragestellungen in Bezug auf die Zusammenarbeit vorrangig zunächst zu prüfen, ob und welche speziellen Regelungen die fachbezogenen europäischen Vorschriften in Be-

---

[1] Vgl. Begr. RegE 2. FFG zu § 7 Abs. 1 WpHG, BT-Drucks. 12/6679, 41 f.
[2] Vgl. z.B. Art. 35 ff. VO Nr. 236/2012 (Leerverkaufs-VO), Art. 23, 84 VO Nr. 648/2012 (EMIR), Art. 23 VO Nr. 596/2014 (MAR), Art. 20 VO Nr. 1286/2014 (PRIIP-VO), Art. 37 ff. VO 2016/1011 (Benchmark-VO), Art. 17 VO Nr. 2015/2365 (SFT-VO) etc.

zug auf die Zusammenarbeit enthalten. Diese gelten im Fall von Überschneidungen vorrangig vor den Regelungen des § 18 WpHG. Zur weiteren Intensivierung der Zusammenarbeit auf europäischer Ebene trägt zudem die verstärkte Wahrnehmung der Koordinierung der Aufsicht durch die ESMA bei. Da die **Zusammenarbeit mit der ESMA** gesondert in § 19 WpHG geregelt ist, kann bezüglich der näheren Ausgestaltung, Aufgaben und Zusammenarbeit auf die **Kommentierung zu § 19 WpHG** verwiesen werden.

15 **2. Pflicht zum Treffen von Vorkehrungen für Zusammenarbeit (§ 18 Abs. 3 WpHG).** Neben der Aufgabenstellung der grundsätzlichen Zusammenarbeit der Bundesanstalt auf europäischer Ebene, und der Zusammenarbeit in konkreten Sachverhalten verlangt § 18 Abs. 3 WpHG von der Bundesanstalt auch das **Treffen von Vorkehrungen**, um eine effiziente Zusammenarbeit zu gewährleisten. Konkret ist die Bundesanstalt verpflichtet, Vorkehrungen für eine wirksame Zusammenarbeit insbesondere gegenüber solchen Mitgliedstaaten zu treffen, in denen die Geschäfte eines inländischen Handelsplatzes eine wesentliche Bedeutung für das Funktionieren der Finanzmärkte und den Anlegerschutz nach Maßgabe des Art. 90 DelVO 2017/565[1] haben oder deren Handelsplätze eine solche Bedeutung im Inland haben. § 18 Abs. 3 WpHG setzt die Anforderungen aus Art. 79 Abs. 2 und 3 Unterabs. 1 RL 2014/65/EU (MiFID II) um. Eingefügt wurde die Norm mit FRUG[2] als § 7 Abs. 2a WPHG a.F. und diente zunächst der Umsetzung von Art. 56 Abs. 2 RL 2004/39/EG (MiFID I).

16 Die Voraussetzungen für das Eingreifen der nach Art. 79 Abs. 2 RL 2014/65/EU (MiFID II) erforderlichen Vorkehrungen wurden gegenüber der vorherigen Regelung insoweit erweitert, als es nun um Handelsplätze mit einer entsprechenden wesentlichen Bedeutung geht. Umfasst sind daher neben organisierten Märkten multilaterale Handelssysteme (MTF) oder organisierte Handelssysteme (OTF). Die Vorgaben für die Bestimmung der „wesentlichen Bedeutung" dieser Handelsplätze werden durch Art. 90 DelVO 2017/565 weiter konkretisiert. Dieser bestimmt: Das **Betreiben eines geregelten Marktes** in einem Aufnahmemitgliedstaat wird als **von wesentlicher Bedeutung** für das Funktionieren der Wertpapiermärkte und den Anlegerschutz in diesem Aufnahmemitgliedstaat angesehen, wenn der Aufnahmemitgliedstaat früher der Herkunftsmitgliedstaat des besagten geregelten Marktes war oder der besagte geregelte Markt durch eine Fusion, eine Übernahme oder eine andere Form von Übertragung ganz oder teilweise das Geschäft eines regulierten Marktes erworben hat, welches zuvor von einem Marktbetreiber betrieben wurde, der seinen Sitz oder seine Hauptverwaltung in diesem Aufnahmemitgliedstaat hatte. Die Erfüllung eines der beiden Kriterien ist ausreichend. Das **Betreiben eines MTF oder OTF** in einem Aufnahmemitgliedstaat wird als **von wesentlicher Bedeutung** für das Funktionieren der Wertpapiermärkte und den Anlegerschutz in diesem Aufnahmemitgliedstaat angesehen, wenn mindestens eines der in Abs. 1 aufgeführten Kriterien im Hinblick auf dieses MTF bzw. OTF sowie mindestens eines der nachfolgend genannten Kriterien erfüllt ist. Bevor im Hinblick auf das MTF bzw. OTF eine der in Abs. 1 genannten Situationen eingetreten ist, hatte der Handelsplatz vorbehaltlich der Transparenzpflichten der VO Nr. 600/2014 (MiFIR) mit Blick auf den Gesamtumsatz in monetärer Hinsicht beim Handel auf Handelsplätzen sowie beim Handel systematischer Internalisierer in diesem Aufnahmemitgliedstaat bei mindestens einer Aktienklasse beim Handelsverkehr einen Marktanteil von mindestens 10 % oder das MTF bzw. OTF ist als ein KMU-Wachstumsmarkt registriert.

17 Welche Vorkehrungen die Bundesanstalt für eine noch weitergehende wirksame Zusammenarbeit treffen kann, wird auch in den Gesetzesmaterialen und den Erwägungsgründen der Richtlinien nicht näher ausgeführt. In Anbetracht der schon sehr weitgehenden Pflichten zur Zusammenarbeit **scheint hier kaum noch Raum für grundsätzliche Vorkehrungen** zu sein. Die Pflicht kann ggf. **in konkreten Situationen relevant** werden, wenn sich Problemlagen anbahnen. Derzeit scheint die praktische Bedeutung der Norm begrenzt zu sein[3].

18 **3. Zuständige Stellen für die Kooperation.** Die Zusammenarbeit der Bundesanstalt bezieht sich auf die zuständigen Stellen **der Europäischen Union**[4], **der anderen EU-Mitgliedstaaten und der anderen EWR-Vertragsstaaten**, die **zuständig sind für die Überwachung** von Verhaltens- und Organisationspflichten von Unternehmen, die Wertpapierdienstleistungen erbringen, von Finanzinstrumenten und von Märkten, an denen Finanzinstrumente oder Waren gehandelt werden. Die Zuständigkeit ergibt sich aus dem jeweiligen nationalen Recht. Welchen **rechtlichen Status** die „Stelle" nach den jeweiligen Vorschriften haben muss, wird **nicht näher bestimmt**. Eine konkrete Definition ist im Hinblick auf unterschiedliche Rechtssysteme und sich auch ändernde Organisationsstrukturen weder zweckmäßig noch erforderlich. Je nach Ausgestaltung kommen neben Aufsichtsbehörden und Ministerien auch Einrichtungen der Selbstverwaltung der Finanzwirtschaft in Betracht[5]. Zur Be-

---

1 Delegierte Verordnung (EU) 2017/565 der Kommission vom 25.4.2016 zur Ergänzung der Richtlinie 2014/65/EU des Europäischen Parlaments und des Rates in Bezug auf die organisatorischen Anforderungen an Wertpapierfirmen und die Bedingungen für die Ausübung ihrer Tätigkeit sowie in Bezug auf die Definition bestimmter Begriffe für die Zwecke der genannten Richtlinie, ABl. EU Nr. L 87 v. 31.3.2017, S. 1.
2 Gesetz zur Umsetzung der Richtlinie über Märkte für Finanzinstrumente und der Durchführungsrichtlinie der Kommission (Finanzmarkt-Richtlinie-Umsetzungsgesetz) (FRUG) vom 16.7.2007, BGBl. I 2007, 1330.
3 Vgl. *Carny* in KölnKomm. WpHG, § 7 WpHG Rz. 27a.
4 Vgl. BT-Drucks. 17/6255, 28 f.: Durch die Aufnahme der zuständigen EU-Stellen wird sichergestellt, dass die Zusammenarbeit sich u.a. auch auf ESMA erstreckt, und damit zugleich Art. 3 Nr. 5, Unterabs. 1, Art. 6 Nr. 28, Unterabs. 1 und Art. 7 Nr. 14 (a), Unterabs. 2 der Omnibusrichtlinie I (2010/78/EU) umgesetzt.
5 Vgl. *Carny* in KölnKomm. WpHG, § 7 WpHG Rz. 12.

stimmung des Kooperationspartners reicht es für die Bundesanstalt aus, dass diese Stelle Überwachungsaufgaben i.S.d. § 18 Abs. 1 WpHG aufgrund gesetzlicher Vorschriften oder durch sonstigen staatlichen Auftrag wahrnimmt. Die Bestimmung ist insoweit erleichtert worden, als die für die Überwachung der Einhaltung der Vorschriften aus den EU-Verordnungen zuständigen Stellen regelmäßig gegenüber der EU-Kommission bzw. der ESMA zu benennen sind (vgl. z.B. Art. 22 VO Nr. 596/2014 (MAR)) und diese Listen der jeweils zuständigen Stellen veröffentlichen.

4. Erfüllung der Ersuchen der zuständigen Stellen (§ 18 Abs. 1 Satz 2, Abs. 2 und Abs. 11 WpHG). § 18 WpHG normiert an verschiedenen Stellen **die Befugnis der Bundesanstalt**, zur **Erfüllung der an sie herangetragenen Amtshilfeersuchen** einer zuständigen Stelle i.S.d. Abs. 1 Satz 1 von allen ihren **Befugnissen, die ihr das WpHG in rein nationalen Sachverhalten verleiht, Gebrauch zu machen**. Im Rahmen der Änderungen durch das 2. FiMaNoG wurden diese Befugnisse erweitert in Bezug auf die Zusammenarbeit zur Überwachung der Gebote und Verbote der verschiedenen neuen europäischen Vorschriften, wie der VO Nr. 600/2014 (MiFIR), der VO Nr. 596/2014 (MAR) und der Vorgaben gemäß der RL 2014/65/EU (MiFID II)[1].

So bestimmt § 18 Abs. 1 Satz 2 WpHG, dass die Bundesanstalt im Rahmen ihrer Zusammenarbeit zum Zwecke der **Überwachung der Einhaltung der Verbote und Gebote des WpHG und der VO Nr. 600/2014 (MiFIR)** sowie der Verbote und Gebote der in Satz 1 genannten Staaten, die denen des WpHG, **des Börsengesetzes** oder der MiFIR entsprechen, von allen ihr nach dem WpHG und der MiFIR zustehenden Befugnissen Gebrauch machen kann. Voraussetzung ist, dass die Nutzung der Befugnisse geeignet und erforderlich ist, den Ersuchen der in Satz 1 genannten Stellen nachzukommen. Diese Befugnisse werden in § 18 Abs. 11 WpHG erweitert in Bezug auf die Überwachung der Einhaltung der Verbote und Gebote nach der **VO Nr. 596/2014 (MAR)** sowie der Verbote und Gebote entsprechender ausländischer Bestimmungen anderer EWR-Vertragsstaaten oder von Drittstaaten von allen ihr nach diesem Gesetz zustehenden Befugnissen Gebrauch machen, um den einschlägigen Ersuchen der zuständigen Behörden der jeweiligen Staaten nachzukommen. § 18 Abs. 2 Satz 1 WpHG normiert ergänzend die Pflicht der Bundesanstalt, auf Ersuchen der in § 18 Abs. 1 Satz 1 WpHG genannten zuständigen Stellen Untersuchungen durchzuführen und unverzüglich alle Informationen zu übermitteln, soweit dies für die Überwachung von organisierten Märkten oder anderen Märkten für **Finanzinstrumente, von Kreditinstituten, Finanzdienstleistungsinstituten, Kapitalverwaltungsgesellschaften, extern verwaltete Investmentgesellschaften, EU-Verwaltungsgesellschaften, ausländische AIF-Verwaltungsgesellschaften, Finanzunternehmen oder Versicherungsunternehmen oder damit zusammenhängender Verwaltungs- oder Gerichtsverfahren** erforderlich ist.

Hieraus ergibt sich folgendes Bild für die auf § 18 WpHG basierenden **Möglichkeiten** der Bundesanstalt ihren Pflichten zur Erfüllung von Ersuchen der zuständigen Stellen nachzukommen:

a) **Nutzung von Befugnissen nach WpHG und VO Nr. 600/2014 (MiFIR)** bezüglich der
   – Überwachung der Einhaltung der Verbote und Gebote des **WpHG** und entsprechender ausländischer Verbote und Gebote,
   – der VO Nr. 600/2014 (**MiFIR**) und entsprechender ausländischer Verbote und Gebote,
   – ausländischen Verbote und Gebote, die denen des **Börsengesetzes** entsprechen,

b) **Nutzung von Befugnissen nach WpHG** bezüglich der
   – Überwachung der Einhaltung der Verbote und Gebote nach der VO Nr. 596/2014 (**MAR**) und entsprechende ausländische Verbote und Gebote,

c) **Durchführen von Untersuchungen und unverzügliche Informationenübermittlung**, soweit dies für die Überwachung von organisierten Märkten oder anderen Märkten für Finanzinstrumente, von Kreditinstituten, Finanzdienstleistungsinstituten, Kapitalverwaltungsgesellschaften, extern verwaltete Investmentgesellschaften, EU-Verwaltungsgesellschaften, ausländische AIF-Verwaltungsgesellschaften, Finanzunternehmen oder Versicherungsunternehmen oder damit zusammenhängender Verwaltungs- oder Gerichtsverfahren erforderlich ist, nach Maßgabe der nach Art. 80 Abs. 4 und Art. 81 Abs. 4 RL 2014/65/EU (**MiFID II**) erlassenen Durchführungsverordnung.

Die Pflicht zur Zusammenarbeit aus § 18 Abs. 2 Satz 1 WpHG wird ergänzt durch das begrenzte Recht zur Verweigerung der Zusammenarbeit nach § 18 Abs. 6 WpHG.

Die im Rahmen der Zusammenarbeit zur Überwachung nach § 18 Abs. 2 Satz 1 WpHG durchzuführenden Untersuchungen und Informationsübermittlungen haben nach Maßgabe der **auf Grundlage von Art. 80 Abs. 4 und Art. 81 Abs. 4 RL 2014/65/EU (MiFID II) erlassenen Durchführungsverordnung**[2] zu erfolgen. Diese

---
[1] Vgl. Begr. RegE 2. FiMaNoG, BT-Drucks. 18/10936, 9, 44 f., 215 und 228 f.
[2] Durchführungsverordnung (EU) 2017/980 der Kommission vom 7.6.2017 zur Festlegung technischer Durchführungsstandards für die Standardformulare, Muster und Verfahren für die Zusammenarbeit der zuständigen Behörden bei der Überwachung, den Überprüfungen vor Ort und den Ermittlungen und für den Informationsaustausch zwischen den zuständigen Behörden gemäß der Richtlinie 2014/65/EU des Europäischen Parlaments und des Rates, ABl. EU Nr. L 148 v. 10.6.2017, S. 3.

Durchführungsverordnung enthält verbindliche **Vorgaben zu Verfahren sowie Muster und Formulare**, die von den zuständigen Behörden für die Zusammenarbeit und den Informationsaustausch zu verwenden sind, darunter auch für die Einreichung von Ersuchen auf Zusammenarbeit oder Informationsaustausch, für Eingangsbestätigungen und für die Antworten auf diese Ersuchen. Die Art. 80 und Art. 81 RL 2014/65/EU (MiFID II) bestimmen für den Aufgabenbereich der RL 2014/65/EU (MiFID II) die Anforderungen für die Zusammenarbeit der zuständigen Behörden. Die in der RL 2014/65/EU (MiFID II) vorgesehenen Verbote und Gebote sind im WpHG und in der VO Nr. 600/2014 (MiFIR) umgesetzt worden, so dass sich die Eingriffsbefugnisse in Bezug auf Marktteilnehmer regelmäßig mittels § 18 Abs. 1 Satz 2 WpHG herleiten. Insoweit bestimmt § 18 Abs. 2 Satz 1 WpHG die Art und Weise, wie die entsprechenden Ersuchen durch die Bundesanstalt zu erfüllen sind und verweist insoweit auf die benannte Durchführungsverordnung.

23 Die Regelungen bezüglich des Gebrauchmachens der WpHG- bzw. MiFIR-Befugnisse **erweitern die Eingriffsbefugnisse** der Bundesanstalt gem. §§ 6 ff. WpHG. Denn für die Nutzung der Befugnisse ist es unbeachtlich, ob das Ersuchen zum Zweck der Überwachung der benannten nationalen oder europäischen Verbote oder Gebote gestellt wird oder zum Zweck der Überwachung der Verbote oder Gebote der anderen Staaten, die denen des WpHG, des Börsengesetzes[1] der VO Nr. 600/2014 (MiFIR), der VO Nr. 596/2014 (MAR) oder der Vorgaben gem. RL 2014/65/EU (MiFID II) entsprechen. Dogmatisch kann die Frage aufgeworfen werden, ob es sich hierbei um eine Rechtsgrund- oder Rechtsfolgenverweisung handelt. Da § 18 WpHG eigene Tatbestandsvoraussetzungen und die Pflicht der Bundesanstalt zur Zusammenarbeit normiert, kann es sich hier nur um **Rechtsfolgenverweisungen** handeln. **Voraussetzung** für die Anwendung der WpHG-Befugnisse ist eine entsprechende **Anfrage einer ausländischen Aufsichtsbehörde** und die **Geeignetheit und Erforderlichkeit der Maßnahme**, um den Ersuchen nachzukommen. Nicht erforderlich ist, dass die Tatbestandsvoraussetzungen der originären WpHG-Befugnisse, die zur Erfüllung des ausländischen Ersuchens genutzt werden sollen, wie z.B. § 6 Abs. 3 WpHG, vollständig erfüllt sind. Dies wäre regelmäßig auch nicht möglich, da die Befugnisse in Bezug auf die Sachverhaltsklärung durch die Bundesanstalt im eigenen Zuständigkeitsbereich normiert wurden und daher § 18 WpHG deren Nutzung auch zur Erfüllung ausländischer Ersuchen ermöglicht.

24 Im Rahmen der Zusammenarbeit ist die **Bundesanstalt verpflichtet**, die an sie gerichteten **Ersuchen zu erfüllen** (§ 18 Abs. 1 Satz 2 WpHG) und entsprechende **Untersuchungen durchzuführen** und die **Informationen unverzüglich zu übermitteln** (§ 18 Abs. 2 Satz 1 WpHG). Teilweise ergibt sich die Verpflichtung aus unmittelbar geltenden Regelungen der europäischen Verordnungen, wie Art. 25 VO Nr. 596/2014 (MAR), Art. 35 VO Nr. 236/2012 (Leerverkaufs-VO). Auch zur Durchführung der Untersuchungen nach § 18 Abs. 2 Satz 1 WpHG kann die Bundesanstalt auf ihre **nationalen Befugnisse** z.B. nach § 6 Abs. 2 Satz 2, Abs. 3 Satz 1 WpHG zurückgreifen. D.h., sofern die von der ausländischen Stelle erbetenen Informationen nicht bereits bei der Bundesanstalt vorhanden sind – wie beispielsweise bei der Bitte um Informationsbeschaffung im Rahmen von Insider- oder Marktmanipulationsüberwachungen –, macht sie zur Erledigung des Amtshilfeersuchens von ihren Befugnissen, z.B. nach dem WpHG, Gebrauch oder sie ersucht eine andere inländische Behörde, die die Informationen liefern kann, um **Amtshilfe** (§§ 4 ff. VwVfG). Andere Behörden, wie etwa die Handelsüberwachungsstellen der Börsen (§ 7 Abs. 5 Satz 4 und 5 BörsG) und das BKartA (§ 50c Abs. 2 GWB), sind kraft eigener Zuständigkeit zur Informationsbeschaffung verpflichtet. Die Bundesanstalt darf ihre Befugnisse auch dann noch zur Erfüllung ausländischer Amtshilfeersuchen nutzen, wenn schon staatsanwaltliche Ermittlungen im Rahmen eines Strafverfahrens laufen und wenn keine Gefährdung des Untersuchungszwecks der Strafverfolgungsbehörden oder -gerichte zu besorgen ist.

25 Die **angeforderten Informationen** sind der zuständigen ausländischen Stelle **in Erfüllung des Ersuchens zu übermitteln**. Der Informationsbegriff ist inhaltsgleich mit dem Tatsachenbegriff in § 21 WpHG (vgl. § 21 WpHG Rz. 20 f.) zu verstehen. Danach sind **sämtliche Erkenntnisse, die in amtlicher Tätigkeit gewonnen werden, Informationen**. Hierzu gehören auch Insiderinformationen. Es können also auch die Kenntnis über bestimmte Absichten von Beaufsichtigten oder die Existenz eines Gerüchts Informationen sein. Ihre Übermittlung setzt jedoch voraus, dass diese Informationen für

- die Überwachung bezeichneten Verbote und Gebote, die denen des **WpHG, BörsG** entsprechen bzw. der **MiFIR, MAR** oder
- die Durchführung damit zusammenhängender **Verwaltungs- oder Gerichtsverfahren**

erforderlich sein müssen. Diese Erforderlichkeit muss aus dem Ersuchen für die Bundesanstalt erkennbar sein bzw. für die Bundesanstalt auf der Hand liegen. Anderenfalls muss die Bundesanstalt sich rückversichern, zu welchem Zweck die Information genutzt werden soll.

26 Bei der Übermittlung von Informationen im Rahmen der internationalen Zusammenarbeit ist es üblich, dass die übermittelnde Behörde den **Verwendungszweck der Informationen vorgibt**, soweit sich dieser nicht aus unmittelbar geltenden Vorschriften, wie z.B. EU-Verordnungen, ergibt. Bei der Übermittlung von Informationen an ausländische Stellen nach RL 2014/65/EU (MiFID II) ist die Bundesanstalt zudem gem. § 18 Abs. 2

---

[1] Hinsichtlich der Einbeziehung der dem Börsengesetz entsprechenden Regelungen vgl. Rz. 9 f.

Satz 2 WpHG verpflichtet, den Empfänger auf den gesetzlich vorgegebenen **Verwendungszweck** hinzuweisen. Der Empfänger ist darauf hinzuweisen, dass er unbeschadet seiner Verpflichtungen im Rahmen von Strafverfahren die übermittelten Informationen einschließlich personenbezogener Daten nur zur Erfüllung seiner Überwachungsaufgaben nach Satz 1 und für damit zusammenhängende Verwaltungs- und Gerichtsverfahren verwenden darf. Wichtig für einen effizienten Informationsaustausch ist die Möglichkeit der ersuchenden Behörde, die empfangenen Informationen an die Strafverfolgungsbehörden weiterleiten zu können, sofern Anhaltspunkte für eine Straftat vorliegen. Unzulässig wäre demgegenüber eine Verwendung der übermittelten Informationen für Strafverfahren wegen anderer, insbesondere steuerlicher Straftaten. Bei sensiblen Informationen, die nicht den in § 18 Abs. 2 Satz 1 WpHG genannten Bereichen zuzuordnen sind, verbietet sich die Übermittlung von selbst. Entsprechendes gilt für Informationen, die der Bundesanstalt zwar dienstlich bekannt werden, die aber für den Betroffenen rein privater Natur sind.

5. Untersagung oder Aussetzung des Handels (§ 18 Abs. 1 Satz 3 WpHG). Nach § 18 Abs. 1 Satz 3 WpHG hat die Bundesanstalt die Befugnis, die Untersagung oder Aussetzung des Handels nach § 6 Abs. 2 Satz 4 WpHG an einem inländischen Markt anzuordnen. **Voraussetzungen** für diese Befugnis nach § 18 Abs. 1 Satz 3 WpHG sind, das der Bundesanstalt ein entsprechendes Ersuchen der in Satz 1 genannten Stellen vorliegt und dass die Interessen der Anleger oder der ordnungsgemäße Handel an dem betreffenden Markt nicht erheblich gefährdet werden. Diese Regelung setzt Art. 52 Abs. 2 Unterabs. 5 und 6 RL 2014/65/EU (MiFID II) um (zuvor Art. 41 Abs. 2 RL 2004/39/EG (MiFID I)). Diese Regelung verlangt, dass innerhalb der EU bei behördlichen Aussetzungen des Handels in bestimmten Finanzinstrumenten, die aussetzende Behörde die zuständigen Behörden der anderen Mitgliedstaaten informiert. Die zuständigen Behörden, die eine solche Mitteilung erhalten, haben ihrerseits den Handel in diesen Instrumenten aussetzen zu lassen, außer wenn Anlegerinteressen oder das ordnungsgemäße Funktionieren des Marktes durch diese Maßnahme erheblich geschädigt werden können. Die Information der Bundesanstalt über die Aussetzungen, Untersagungen oder Einstellungen des Handels durch die zuständigen Stellen korrespondiert mit der in § 18 Abs. 8 Satz 4 Nr. 1 WpHG für die Bundesanstalt normierten Pflicht, die zuständigen Stellen nach Satz 1 zu informieren.

6. Gestattung der Teilnahme an Untersuchungen (§ 18 Abs. 4 Satz 1 und 3 WpHG). § 18 Abs. 4 Satz 1 WpHG regelt die Möglichkeit, dass die Bundesanstalt Bediensteten der zuständigen Stellen anderer EU- und EWR-Staaten auf deren Ersuchen die Teilnahme an von ihr durchgeführten Untersuchungen gestatten kann. Diese Möglichkeit war zunächst in § 7 Abs. 2 Satz 3 WpHG a.F. (bis 31.10.2007) geregelt und wurde sodann mit dem FRUG[1] in Umsetzung von Art. 16 Abs. 4 RL 2003/6/EG (Marktmissbrauchs-RL) in § 7 Abs. 2b Satz 1 WpHG a.F. übernommen. Die Möglichkeit der Teilnahme an den Untersuchungen eines anderen Mitgliedstaates sieht heute z.B. Art. 25 Abs. 6 Unterabs. 3 lit. b VO Nr. 596/2014 (MAR) vor. Voraussetzung der Teilnahme der Bediensteten der anderen zuständigen Stelle ist, dass der Bundesanstalt ein entsprechendes Ersuchen der anderen zuständigen Stelle zugeht und die Bundesanstalt selbst eine Untersuchung durchführt.

An den gemeinsamen Untersuchungen der Bundesanstalt und anderer zuständiger Stellen können auch **Bedienstete der ESMA teilnehmen.** Diese Änderung wurde durch das Gesetz zur Umsetzung der Richtlinie 2010/78/EU (Omnibusrichtlinie) eingeführt und setzte Art. 6 Nr. 22 (b), Unterabs. 1 RL 2010/78/EU (Omnibusrichtlinie I) um, der Art. 57 Abs. 2 RL 2004/39/EG (MiFID I) änderte. Die entsprechende Vorgabe ist heute in Art. 80 Abs. 2 RL 2014/65/EU (MiFID II) enthalten.

7. Eigene Prüfungen ausländischer Stellen (§ 18 Abs. 4 Satz 2 WpHG). Gemäß § 18 Abs. 4 Satz 2 WpHG sind die zuständigen Stellen i.S.d. § 18 Abs. 1 Satz 1 WpHG befugt, selbst oder durch ihre Beauftragten die Informationen, die für eine Überwachung der Einhaltung der Meldepflichten nach Art. 26 VO Nr. 600/2014, der Verhaltens-, Organisations- und Transparenzpflichten nach den §§ 63 bis 83 WpHG oder entsprechender ausländischer Vorschriften durch eine Zweigniederlassung i.S.d. § 53b Abs. 1 Satz 1 KWG erforderlich sind, bei dieser Zweigniederlassung zu prüfen.

Diese Befugnis wurde **durch das 2. FiMaNoG an die Vorgaben durch die MiFID II** angepasst. Diente die Regelung zuvor der Umsetzung des Art. 32 Abs. 8 RL 2004/39/EG (MiFID I), so setzt sie heute die Vorgaben des Art. 35 Abs. 9 RL 2014/65/EU (MiFID II) um. Diese Befugnis vervollständigt die bankenrechtlichen Befugnisse nach § 53b Abs. 6 KWG und die Befugnisse nach § 90 WpHG, insbesondere § 90 Abs. 2 WpHG, die die Aufgabenteilung zwischen Herkunfts- und Aufnahmestaataufsicht umfassen.

Voraussetzung einer eigenen Prüfung einer anderen zuständigen Stelle bei einer Zweigniederlassung im Inland ist die **vorherige Unterrichtung der Bundesanstalt**. Die ausländischen Stellen des Herkunftsstaates können die Prüfung und damit Erhebung der erforderlichen Informationen bei der Zweigniederlassung i.S.d. § 53b KWG durch **eigene Mitarbeiter oder Beauftragte einschließlich Wirtschaftsprüfer und Sachverständige** durchführen. Die Maßnahme muss zudem zur Erfüllung ihrer Überwachungsaufgaben erforderliche Informationen bezüglich der Beaufsichtigung von Zweigniederlassungen betreffen.

---

1 Gesetz zur Umsetzung der Richtlinie über Märkte für Finanzinstrumente und der Durchführungsrichtlinie der Kommission (Finanzmarktrichtlinie-Umsetzungsgesetz) (FRUG) vom 16.7.2007, BGBl. I 2007, 1330.

8. Zusammenarbeit zur Einziehung von Geldbußen (§ 18 Abs. 5 WpHG). Der mit dem 2. FiMaNoG neu eingefügte § 18 Abs. 5 WpHG gibt der Bundesanstalt die Befugnis, in Bezug auf die Erleichterung der Einziehung von Geldbußen mit den in § 18 Abs. 1 Satz 1 WpHG genannten Stellen zusammen zu arbeiten. Diese Regelung dient der Umsetzung von Art. 79 Abs. 1 Unterabs. 4 RL 2014/65/EU (MiFID II), der gleichfalls ausführt, dass die zuständigen Behörden zu Erleichterung der Einziehung von Geldbußen auch mit den zuständigen Behörden anderer Mitgliedstaaten zusammenarbeiten können. Diese Zusammenarbeit wird sich im Schwerpunkt auf die Zurverfügungstellung von Informationen, ggf. deren Beschaffung und z.B. auf Hilfestellungen bei der Bekanntgabe und Zustellung von Vollstreckungstiteln erstrecken. Die Bundesanstalt ist hingegen keine Vollstreckungsstelle.

9. Befugnis zur Kooperationsverweigerung (§ 18 Abs. 6 WpHG). § 18 Abs. 6 WpHG bestimmt, dass die Bundesanstalt eine Untersuchung, die Übermittlung von Informationen oder die Teilnahme von Bediensteten zuständiger ausländischer Stellen aufgrund bestimmter Umstände verweigern kann. Dieser Absatz ist mit dem 2. FiMaNoG nicht nur in seiner Nummerierung angepasst (zuvor § 7 Abs. 3 WpHG a.F.), sondern auch inhaltlich verändert worden. Die Norm dient nun der **Umsetzung der Vorgaben der MiFID II**. Da Art. 83 RL 2014/65/EU (MiFID II), anders als Art. 59 RL 2004/39/EG (MiFID I), eine Verweigerungsmöglichkeit bei möglicher Beeinträchtigung der Souveränität, der Sicherheit oder der öffentlichen Ordnung der Mitgliedstaaten nicht mehr vorsieht, wurde dieser in § 7 Abs. 3 WpHG a.F. normierte Grund für eine Verweigerung der Kooperation gestrichen[1].

Die Möglichkeit der Verweigerung einer Untersuchung, der Übermittlung von Informationen oder der Teilnahme von Bediensteten zuständiger ausländischer Stellen **bezieht sich nach dem Wortlaut auf die Pflicht zur Zusammenarbeit nach § 18 Abs. 2 Satz 1 WpHG.** Demgegenüber normiert diese Regelung nicht das Recht auf Verweigerung der Erfüllung anderer Pflichten zur Zusammenarbeit, wie sie sich z.B. aus Art. 25 VO Nr. 596/2014 (MAR) ergeben. Dies entspricht insbesondere der Systematik der Regelungen. Denn Art. 25 VO Nr. 596/2014 (MAR) ist unmittelbar geltendes europäisches Rechts und geht der Regelung des § 18 WpHG vor. Art. 25 Abs. 2 VO Nr. 596/2014 (MAR) normiert eigenständige Möglichkeiten zur Verweigerung der Zusammenarbeit. In Bezug auf das Recht zur Verweigerung der Zusammenarbeit bei der Überwachung der VO Nr. 596/2014 (MAR) sind daher die Regelungen des Art. 25 Abs. 2 VO Nr. 596/2014 (MAR) anzuwenden und nicht die Vorschrift des § 18 Abs. 6 WpHG.

Die Befugnis zur Verweigerung der Zusammenarbeit kann sich auf die **Durchführung einer Untersuchung**, die **Übermittlung von Informationen** oder die **Gestattung der Teilnahme von Bediensteten** zuständiger ausländischer Stellen beziehen. In Umsetzung von Art. 83 RL 2014/65/EU (MiFID II) liegen die **Voraussetzungen** für die Befugnis der Bundesanstalt zur Ablehnung der Zusammenarbeit nur vor, wenn

a) auf Grund desselben Sachverhalts gegen die betreffenden Personen bereits ein gerichtliches Verfahren eingeleitet worden ist oder

b) auf Grund desselben Sachverhalts gegen die betreffenden Personen bereits eine unanfechtbare Entscheidung ergangen ist.

Anders als die Regelung in Art. 83 RL 2014/65/EU (MiFID II) nimmt die Regelung in § 18 Abs. 6 WpHG nicht ausdrücklich Bezug auf ein Verfahren oder Urteil im jeweiligen Mitgliedstaat, vorliegend vor einem deutschen Gericht. In Rahmen der richtlinienkonformen Auslegung ist die Regelung der Kooperationshindernisse entsprechend zu verstehen.

Die Befugnis zur Verweigerung der Kooperation nach § 18 Abs. 6 WpHG ist auch bei Vorliegen der Voraussetzungen **keine zwingende Regelung.** Sie ist eine Ermessensnorm. Das bedeutet, die Bundesanstalt kann von ihrer Befugnis zur Verweigerung der Kooperation im **pflichtgemäßen Ermessen** Gebrauch machen, wenn die Voraussetzungen vorliegen. Bei Nichtvorliegen ist sie hingegen zur Kooperation verpflichtet. Bei Vorliegen einer der Gründe kann die Bundesanstalt die **Erfüllung eines Ersuchens auf Zusammenarbeit ganz oder teilweise verweigern.**

In einem Fall des **Nichtnachkommens** oder der **Ablehnung** hat die Bundesanstalt ihre Entscheidung und ihre **Gründe der ersuchenden Stelle und der ESMA unverzüglich mitzuteilen.** Zudem hat sie beiden genaue Informationen über das gerichtliche Verfahren oder die unanfechtbare Entscheidung zu übermitteln. Eine entsprechende Ermächtigung für die Bundesanstalt, die ESMA darüber zu informieren, dass eine Stelle im Ausland ihrem Ersuchen auf Zusammenarbeit nicht nachkommt, einschließlich der Bitte um Hilfe nach Art. 19 VO Nr. 1095/2010 (ESMA-VO), ist in § 18 Abs. 7 Satz 9 WpHG enthalten.

10. Ersuchen der Bundesanstalt an zuständige europäische Stellen (§ 18 Abs. 7 Satz 1 bis 4 und 9 WpHG). Spiegelbildlich zu den schon unter III.4. (Rz. 20 ff.) beschriebenen Möglichkeiten der Inanspruchnahme der Bundesanstalt durch die europäischen Stellen und der in § 18 Abs. 4 WpHG geregelten Möglichkeit der Informationsgewinnung von ausländischen Stellen im Inland sind in § 18 Abs. 7 Satz 1 bis 4 WpHG die Anfor-

---

1 Vgl. Begr. RegE 2. FiMaNoG, BT-Drucks. 18/10936, 228 f.

derungen an die Bundesanstalt geregelt, wenn sie **Unterstützung für ihre aufsichtliche Tätigkeit** bei den zuständigen Stellen der EU- und EWR-Mitgliedstaaten nach § 18 Abs. 1 Satz 1 WpHG **anfordert** oder ihrerseits **im Ausland Informationen gewinnen möchte**. Diese Regelungen werden ergänzt durch verschiedene europäische Vorgaben. Unter Berücksichtigung der notwendigen Umsetzung der Vorgaben der RL 2014/65/EU (MiFID II) finden diese Vorgaben besondere Erwähnung in § 18 Abs. 7 WpHG. Ungeachtet dieser besonderen Erwähnung sind auch weitere europäische Vorgaben[1] durch die Bundesanstalt bei Ersuchen an andere zuständige Stellen zu berücksichtigen. § 18 Abs. 7 Satz 9 WpHG regelt zudem eine **Eskalationsmöglichkeit**, wenn einem Ersuchen der Bundesanstalt nicht innerhalb angemessener Frist Folge geleistet oder es ohne hinreichende Gründe abgelehnt wird.

Gemäß § 18 Abs. 7 Satz 1 WpHG kann die Bundesanstalt die in Abs. 1 genannten zuständigen Stellen um die Durchführung von Untersuchungen und die Übermittlung von Informationen zur Überwachung der Vorschriften des WpHG nach Maßgabe der auf Grundlage der **Art. 80 Abs. 4 und Art. 81 Abs. 4 RL 2014/65/EU (MiFID II) erlassenen Durchführungsverordnung**[2] ersuchen. Voraussetzung eines solchen Ersuchens ist, dass die geforderten Untersuchungen und Informationen für die Erfüllung ihrer Aufgaben nach dem WpHG geeignet und erforderlich sind. Die Aufgaben der Bundesanstalt bestimmen sich nach § 6 Abs. 1 und 2 Satz 1 WpHG. Die Ersuchen der Bundesanstalt an andere zuständige Stellen richten sich nach Maßgabe der bezeichneten Durchführungsverordnung. Die Durchführungsverordnung enthält verbindliche **Vorgaben zu Verfahren sowie Muster und Formulare**, die von den zuständigen Behörden für die Zusammenarbeit und den Informationsaustausch zu verwenden sind, darunter auch für die Einreichung von Ersuchen auf Zusammenarbeit oder Informationsaustausch, für Eingangsbestätigungen und für die Antworten auf diese Ersuchen. Die Einhaltung dieser Vorgaben dient der Effizienz der Zusammenarbeit. 40

Als Gegenstück zu den Regelungen in § 18 Abs. 4 WpHG, nach der ausländische Stellen Untersuchungen im Inland begleiten oder selber Untersuchungen durchführen können, bestimmt § 18 Abs. 7 Satz 2 WpHG, dass die Bundesanstalt die zuständigen Stellen ersuchen kann, die **Teilnahme von Bediensteten der Bundesanstalt an Untersuchungen der ausländischen Stellen zu gestatten**. Mit Einverständnis der ausländischen Stelle kann die **Bundesanstalt eigene Untersuchungen im Ausland durchführen** und hierfür Wirtschaftsprüfer oder Sachverständige beauftragen (§ 18 Abs. 7 Satz 3 WpHG). Bei einer Untersuchung einer Zweigniederlassung eines inländischen Wertpapierdienstleistungsunternehmens in einem Aufnahmemitgliedstaat durch die Bundesanstalt (auch unter Hinzuziehung von Wirtschaftsprüfern oder Sachverständigen) genügt eine vorherige Unterrichtung der ausländischen Stelle. 41

Gemäß § 18 Abs. 7 Satz 4 WpHG kann die Bundesanstalt auch unmittelbar Anordnungen, wie z.B. Auskunfts- oder Vorlageersuchen, an ausländische Unternehmen richten, die Mitglieder inländischer organisierter Märkte sind. In einem solchen Fall muss die **Herkunftsstaatsaufsicht des Unternehmens** von der Anordnung in **Kenntnis** gesetzt werden. 42

Nach § 18 Abs. 7 Satz 9 WpHG ist die Bundesanstalt zudem befugt, **die ESMA** nach Maßgabe des Art. 19 VO Nr. 1095/2010 (ESMA-VO)[3] **um Hilfe zu ersuchen**, wenn einem Ersuchen der Bundesanstalt nach den § 18 Abs. 7 Sätzen 1 bis 3 WpHG nicht innerhalb angemessener Frist Folge geleistet wird oder das Ersuchen ohne hinreichende Gründe abgelehnt wird. Die Regelung ist als Möglichkeit, nicht als Pflicht der Bundesanstalt normiert. 43

11. Verwendung der von zuständigen Stellen übermittelten Informationen (§ 18 Abs. 7 Satz 5 bis 8 WpHG). Werden der Bundesanstalt von einer Stelle eines anderen Staates Informationen mitgeteilt, so darf die Bundesanstalt diese gem. § 18 Abs. 7 Satz 5 WpHG **grundsätzlich nur zur Erfüllung von Überwachungsaufgaben** nach § 18 Abs. 2 Satz 1 WpHG und für **damit zusammenhängende Verwaltungs- und Gerichtsverfahren** verwenden. Die Überwachungsaufgaben nach § 18 Abs. 2 Satz 1 WpHG sind die Überwachung von organisierten Märkten oder anderen Märkten für Finanzinstrumente, von Kreditinstituten, Finanzdienstleistungsinstituten, Kapitalverwaltungsgesellschaften, extern verwaltete Investmentgesellschaften, EU-Verwaltungsgesellschaften, ausländische AIF-Verwaltungsgesellschaften, Finanzunternehmen oder Versicherungsunternehmen. 44

---

1 Vgl. z.B. in Bezug auf die Pflicht zur Zusammenarbeit nach Art. 25 VO Nr. 596/2014 (MAR) die Durchführungsverordnung (EU) 2018/292 der Kommission vom 26.2.2018 zur Festlegung technischer Durchführungsstandards im Hinblick auf Verfahren und Formulare für Informationsaustausch und Amtshilfe zwischen zuständigen Behörden gemäß der Verordnung (EU) Nr. 596/2014 des Europäischen Parlaments und des Rates über Marktmissbrauch, ABl. EU Nr. L 55 v. 27.2. 2018, S. 34.
2 Durchführungsverordnung (EU) 2017/980 der Kommission vom 7.6.2017 zur Festlegung technischer Durchführungsstandards für die Standardformulare, Muster und Verfahren für die Zusammenarbeit der zuständigen Behörden bei der Überwachung, den Überprüfungen vor Ort und den Ermittlungen und für den Informationsaustausch zwischen den zuständigen Behörden gemäß der Richtlinie 2014/65/EU des Europäischen Parlaments und des Rates, ABl. EU Nr. L 148 v. 10.6.2017, S. 3.
3 Verordnung (EU) Nr. 1095/2010 des Europäischen Parlaments und des Rates vom 24.11.2010 zur Errichtung einer Europäischen Aufsichtsbehörde (Europäische Wertpapier- und Marktaufsichtsbehörde), zur Änderung des Beschlusses Nr. 716/2009/EG und zur Aufhebung des Beschlusses 2009/77/EG der Kommission (ABl. EU Nr. L 331 v. 15.12.2010, S. 84).

Von dieser Regelung unberührt bleiben die Verpflichtungen der Bundesanstalt zur Informationsweitergabe in strafrechtlichen Angelegenheiten, die den Verdacht einer Straftat nach den Strafvorschriften des WpHG zum Gegenstand haben. Dies sind die Strafvorschriften des § 119 WpHG in Bezug auf das Insider- und Marktmanipulationsverbot. Damit kann die Bundesanstalt unproblematisch ihren Verpflichtungen zur Anzeige von entsprechenden Tatsachen nach § 11 WpHG nachkommen. Zudem bestimmt § 53 Abs. 1 Satz 3 WpHG, dass in Bezug auf die VO Nr. 236/2012 (Leerverkaufs-VO) die Regelungen des § 18 Abs. 7 Satz 5 bis 8 WpHG keine entsprechende Anwendung finden. In der VO Nr. 236/2012 (Leerverkaufs-VO) sind unmittelbar geltende Regelungen in Bezug auf die Weitergabe von Informationen an andere zuständige Stellen normiert (Art. 35 ff. VO Nr. 236/2012 (Leerverkaufs-VO)).

45 Nach § 18 Abs. 7 Satz 6 WpHG darf die Bundesanstalt die **erlangten Informationen** zudem **den in § 17 Abs. 2 WpHG genannten Stellen mitteilen**. Hierbei muss die Bundesanstalt die Zweckbestimmung der übermittelnden Stelle beachten. Zudem darf die Weitergabe an die in § 17 Abs. 2 WpHG genannten Stellen nur erfolgen, sofern dies für die Erfüllung der Aufgaben der in § 17 Abs. 2 WpHG genannten Stellen erforderlich ist. Hier ist **beispielsweise** an eine Informationsweitergabe an die **Bundesbank** im Rahmen der Aufsicht in Umsetzung der RL 2014/65/EU (MiFID II) oder an die **Handelsüberwachungsstellen** oder **Börsenaufsichtsbehörden** im Rahmen der Überwachung der Regelungen der VO Nr. 596/2014 (MAR) zu denken.

46 Eine **anderweitige Verwendung** der Informationen ist gem. § 18 Abs. 7 Satz 7 WpHG **grundsätzlich nur mit Zustimmung der übermittelnden Stelle** zulässig. Anderweitig ist jede Verwendung, die über die aufgezeigten Fallgruppen hinausgeht. Auf die erforderliche Zustimmung der übermittelnden Stelle kann in **begründeten Ausnahmefällen** verzichtet werden. In einem solchen Fall muss der Umstand der Weitergabe der Informationen der übermittelnden Stelle unverzüglich (ohne schuldhaftes Zögern) mitgeteilt und die jeweiligen Gründe angegeben werden. Eine **Rückausnahme** hiervon ist für **Informationen im Zusammenhang mit Insiderhandel oder Marktmanipulation** vorgesehen, bei denen auf die Zustimmung für eine anderweitige Verwendung der Informationen nicht verzichtet werden kann.

47 **12. Unterrichtungspflichten (§ 18 Abs. 8 WpHG).** § 18 Abs. 8 WpHG regelt eine **umfassende Unterrichtungspflicht der Bundesanstalt gegenüber der ESMA und anderen zuständigen Behörden** bei Vorliegen hinreichender Anhaltspunkte für einen Verstoß gegen Verbote oder Gebote nach dem WpHG oder nach entsprechenden ausländischen Vorschriften. Diese Regelung setzte zunächst Art. 41 Abs. 1 Unterabs. 2 Satz 2, Abs. 2 Satz 1 und Art. 42 Abs. 6 Unterabs. 2 Satz 2 RL 2004/39/EG (MiFID I) um[1]. Nun dient die Norm der Umsetzung von Art. 79 Abs. 5 RL 2014/65/EU (MiFID II).

48 § 18 Abs. 8 Satz 1 und 2 WpHG normiert ein **zweistufiges Eskalationsverfahren** bei Anhaltspunkten für einen Verstoß gegen die Vorschriften des WpHG oder gegen entsprechende ausländische Vorschriften. So verpflichtet § 18 Abs. 8 Satz 1 WpHG die Bundesanstalt zur **Unterrichtung**, wenn sie **hinreichende Anhaltspunkte für einen Verstoß** gegen Verbote oder Gebote nach dem WpHG oder nach entsprechenden ausländischen Vorschriften der in § 18 Abs. 1 Satz 1 WpHG genannten Staaten hat und die Bundesanstalt nicht selbst für die Verfolgung des Verstoßes zuständig ist[2]. Die Unterrichtungspflicht besteht gegenüber der ESMA und den nach § 18 Abs. 1 Satz 1 WpHG zuständigen Stellen des Staates, auf dessen Gebiet die vorschriftswidrige Handlung stattfindet oder stattgefunden hat oder auf dessen Gebiet die betroffenen Finanzinstrumente an einem organisierten Markt gehandelt werden oder der nach dem Recht der Europäischen Union für die Verfolgung des Verstoßes zuständig ist[3]. Durch diese gegenseitige, aktive Unterstützung soll eine effektivere Überwachung des gemeinschaftlichen Binnenmarktes erreicht werden[4].

49 Sind die von der zuständigen ausländischen Stelle daraufhin getroffenen Maßnahmen unzureichend oder wird weiterhin gegen die WpHG-Vorschriften oder gegen die entsprechenden ausländischen Vorschriften verstoßen, ergreift die Bundesanstalt gem. § 18 Abs. 8 Satz 2 WpHG **alle für den Schutz der Anleger erforderlichen Maßnahmen**. Vor Ergreifen der Maßnahmen hat sie die zuständige Stelle hierüber zu informieren. Zudem unterrichtet die Bundesanstalt die EU-Kommission und die ESMA über das Ergreifen von Maßnahmen. Eine entsprechende subsidiäre Eingriffskompetenz der Bundesanstalt verlangt schon Art. 26 Abs. 2 RL 2004/109/EG (Transparenz-RL). Damit entspricht die Regelung des § 18 Abs. 8 Satz 1 und 2 WpHG der Eskalationsregelung des § 90 Abs. 3 WpHG. Eine Befugnis für eingreifende Maßnahmen steht der Bundesanstalt nach § 6 Abs. 2 Satz 2 WpHG, ggf. auch in Rahmen der Missstandsmaßnahmen nach § 6 Abs. 1 Satz 3 WpHG zur Verfügung.

50 Erhält die Bundesanstalt eine entsprechende Mitteilung von einer zuständigen ausländischen Stelle, unterrichtet sie diese sowie die ESMA über **Ergebnisse** daraufhin **eingeleiteter Untersuchungen**. Art. 79 Abs. 5 Unterabs. 4 RL 2014/65/EU (MiFID II) führt zu dieser Pflicht aus: „Die zuständige Behörde eines Mitgliedstaats, die gemäß

---

1 Vgl. Begr. RegE FRUG, BT-Drucks. 16/4028, 61.
2 Die Regelung setzt Art. 26 Abs. 1 und 2 RL 2004/109/EG (Transparenzrichtlinie) sowie Art. 79 Abs. 4 RL 2014/65/EU (MiFID II) um. Zuvor diente die Regelung der Umsetzung von Art. 56 Abs. 4 RL 2004/39/EG (MiFID I) einschließlich der Änderungen aus Art. 6 Nr. 21 (b) und Art. 7 Nr. 15 RL 2010/78/EU (Omnibus-RL I).
3 Vgl. Art. 26 Abs. 1 RL 2004/109/EG (Transparenzrichtlinie).
4 Vgl. Begr. RegE TUG, BT-Drucks. 16/2498, 31.

diesem Absatz unterrichtet wird, kann Maßnahmen nach Art. 69 Abs. 2 Buchstabe o oder p ergreifen, wenn sie überzeugt ist, dass die Maßnahme notwendig ist, um das Ziel der anderen zuständigen Behörde zu erreichen. Will die zuständige Behörde Maßnahmen ergreifen, nimmt sie ebenfalls eine Unterrichtung gemäß diesem Absatz vor." Durch diese Mitteilung kann die zuständige ausländische Stelle, die die Bundesanstalt unterrichtet hat, prüfen, ob die getroffenen Maßnahmen ausreichend sind oder weiterhin gegen die entsprechenden Vorschriften verstoßen wird.

Die Bundesanstalt hat ferner bei folgenden **vier Fallkonstellationen Unterrichtungspflichten**[1]: 51

1. an die zuständigen Stellen nach Satz 1 und die ESMA über Anordnungen zur Aussetzung, Untersagung oder Einstellung des Handels nach § 6 Abs. 2 Satz 4 WpHG sowie § 3 Abs. 5 Satz 3 Nr. 1 und § 25 Abs. 1 BörsG sowie
2. an die zuständigen Stellen nach Satz 1 innerhalb eines Monats nach Erhalt einer Mitteilung nach § 19 Abs. 10 BörsG von der Absicht der Geschäftsführung einer Börse, Handelsteilnehmern aus den betreffenden Staaten einen unmittelbaren Zugang zu ihrem Handelssystem zu gewähren;
3. an die zuständigen Stellen nach Satz 1 und die ESMA über Anordnungen nach § 9 Abs. 1 WpHG zur Verringerung von Positionsgrößen oder offenen Forderungen sowie
4. an die zuständigen Stellen nach Satz 1 und die ESMA über Anordnungen nach § 9 Abs. 2 WpHG zur Beschränkung von Positionen in Warenderivaten.

Die **Unterrichtungspflicht** in Bezug auf die **Fallkonstellationen unter § 18 Abs. 8 Satz 4 Nr. 3 und 4 WpHG**, 52 also die Anordnungen zur Verringerung von Positionsgrößen oder offenen Forderungen nach § 9 Abs. 1 WpHG und die Anordnungen zur Beschränkung von Positionen in Warenderivaten nach § 9 Abs. 2 WpHG, werden in § 18 Abs. 8 Satz 5 bis 7 WpHG **weiter spezifiziert**. Diese näheren Vorgaben folgen den Anforderungen aus Art. 79 Abs. 5 RL 2014/65/EU (MiFID II). Nach diesen Regelungen muss in einem solchen Fall die Unterrichtung mindestens 24 Stunden vor Bekanntgabe der Anordnung erfolgen; wenn dies im Ausnahmefall nicht möglich ist, muss die Unterrichtung spätestens vor der Bekanntgabe erfolgen. Zudem umfasst die Unterrichtung ggf. auch[2] Angaben über Auskunfts- und Vorlageersuchen gem. § 6 Abs. 3 Satz 2 Nr. 1 WpHG einschließlich ihrer Begründung und den Adressaten sowie über den Umfang von Anordnungen gem. § 9 Abs. 2 WpHG einschließlich ihres Adressatenkreises, der betroffenen Finanzinstrumente, Positionsschranken und Ausnahmen, die nach § 56 Abs. 3 WpHG gewährt wurden. Betrifft eine solche Maßnahme Energiegroßhandelsprodukte, so muss die Bundesanstalt auch die durch VO Nr. 713/2009 gegründete Agentur für die Zusammenarbeit der Energieregulierungsbehörden (ACER) unterrichten.

Die Regelungen des § 18 Abs. 8 WpHG finden nach § 18 Abs. 10 WpHG eine **entsprechende Anwendung** 53 auch auf die Zusammenarbeit mit **zuständigen Stellen in Drittstaaten**. Hierbei ist zu berücksichtigen, dass die Zusammenarbeit mit diesen Stellen nicht verpflichtend ist, sondern im **Ermessen der Bundesanstalt** steht.

IV. Zusammenarbeit mit Drittstaaten (§ 18 Abs. 10 WpHG). Die Zusammenarbeit mit Drittstaaten, also 54 Staaten außerhalb der EU und des EWR, ist nationalrechtlich grundsätzlich in § 18 Abs. 10 WpHG geregelt. Daneben normiert § 18 Abs. 11 WpHG Befugnisse für die Erfüllung der Ersuchen ausländischer Stellen, damit auch für Ersuchen aus Drittstaaten. Diese Vorschriften werden **überlagert durch** eine Vielzahl von unmittelbar geltenden **europäischen Regelungen in den verschiedenen Verordnungen**, die teilweise recht detailliertere Regelungen in Bezug auf die in den Verordnungen im Einzelnen geregelten Spezialmaterien. So sind beispielsweise in Art. 26, 29 VO Nr. 596/2014 (MAR), Art. 38, 40 VO Nr. 236/2012 (Leerverkaufs-VO) und Art. 75, 76 VO Nr. 648/2012 (EMIR) spezielle Regelungen zur Zusammenarbeit und dem Informationsaustausch mit zuständigen Stellen in Drittstaaten enthalten. Diese **unmittelbar geltenden europarechtlichen Regelungen gehen** im Zweifelsfall den in § 18 Abs. 10 WpHG getroffenen Regelungen **vor**.

§ 18 Abs. 10 WpHG bestimmt, dass die Bundesanstalt mit den zuständigen Stellen anderer als der in Abs. 1 ge- 55 nannten Staaten, also **mit zuständigen Stellen in Drittstaaten, entsprechend § 18 Abs. 1 bis 9 WpHG zusammenarbeiten und Vereinbarungen über den Informationsaustausch abschließen** kann. Danach stehen der Bundesanstalt die gleichen Befugnisse wie bei der Zusammenarbeit innerhalb der EU zu und die Bundesanstalt ist gleichfalls berechtigt, Vereinbarungen über die Zusammenarbeit, sog. **Memoranda of Understanding (MoU)**, abzuschließen. Ungeachtet der Bestimmung der entsprechend Anwendung der Abs. 1 bis 9 umfasst die Regelung in § 18 Abs. 10 WpHG auch **abweichende Regelungen**, die bei der entsprechenden Anwendung der Regelungen für die europäische Zusammenarbeit zu berücksichtigen sind. Das bedeutet, dass (nur) vom Grundsatz her eine entsprechende Anwendung der Abs. 1 bis 9 möglich ist, aber **weitere Besonderheiten** zu berücksichtigen sind. So enthalten § 18 Abs. 10 Satz 2 bis 4 WpHG Vorgaben, die ein zwingendes Abweichen von den Regelungen des § 18 Abs. 1 bis 9 WpHG normieren.

---

1 Die Vorschrift setzte Art. 6 Nr. 14 RL 2010/78/EU (Omnibus-RL I) um, der Art. 41 Abs. 2 RL 2004/39/EG (MiFID I) änderte.
2 Die Vorgabe aus Art. 79 Abs. 5 Unterabs. 2 RL 2014/65/EU ist insoweit deutlicher, als die Unterrichtung diese Aspekte nur enthalten muss, wenn sie auch vorliegen.

56 Eine weitere Abweichung in Bezug auf die Zusammenarbeit mit den Stellen in Drittstaaten ergibt sich daraus, dass es keine gesetzliche Pflicht zur Zusammenarbeit mit den Stellen in Drittstaaten für die Bundesanstalt gibt. Sowohl die Zusammenarbeit mit den zuständigen Stellen von Drittstaaten als auch der Abschluss von Vereinbarungen über die Zusammenarbeit mit diesen Stellen steht im **Ermessen der Bundesanstalt**. Insoweit finden die strengen Regelungen über die Möglichkeiten der Verweigerung der Zusammenarbeit in § 18 Abs. 6 WpHG nur beschränkt Anwendung.

57 Grundsätzlich beruht die Zusammenarbeit mit den zuständigen Stellen eines Drittstaates auf den **gesetzlichen Möglichkeiten basierenden bilateralen Vereinbarungen**. Seit vielen Jahren ist es in der Praxis üblich, zwischen den Aufsichtsbehörden schriftliche Vereinbarungen über den Informationsaustausch (**MoU**) zu schließen. Hierunter versteht man bilaterale Absichtserklärungen über den Austausch vertraulicher Informationen zwischen Aufsichtsbehörden, die eine grenzüberschreitende Zusammenarbeit erleichtern sollen. Hierdurch erklären die Aufsichtsbehörden ihre Bereitschaft, Auskunftsersuchen bei Untersuchungen in aufsichtsrechtlich relevanten Sachverhalten, wie z.B. bei Anhaltspunkten für die Überwachung des Insider- und Marktmanipulationsverbots oder anderweitiger aufsichtsrechtlicher Verbote und Gebote im Rahmen ihrer nationalen Gesetze nachzukommen. Es gibt institutsspezifische, sektorspezifische und sektorübergreifende MoU, außerdem existieren bilaterale und multilaterale Vereinbarungen.

58 MoU können zwar **kein eigenes Recht setzen** und damit über die jeweilige nationale Gesetzgebung hinausgehende Rechte oder Verpflichtungen schaffen oder nationale Vorschriften modifizieren; sie sind aber geeignet, nach Maßgabe der EU-rechtlichen Vorgaben bzw. in Auslegung der nationalen Vorschriften die **Zusammenarbeit** zwischen den vertragsschließenden Aufsichtsbehörden **näher auszugestalten** und die **Grundlagen für die konkrete Zusammenarbeit zu schaffen**. Eine **Übersicht über die von der Bundesanstalt geschlossenen MoU** wird von der Bundesanstalt fortlaufend aktualisiert und z.B. im Jahresbericht veröffentlicht[1].

59 Das derzeit wichtigste, nicht allein auf die EWR-Staaten bezogene internationale Forum im Bereich der Wertpapierhandelsaufsicht, ist die 1983 gegründete „International Organization of Securities Commissions" (**IOSCO**) – Internationale Vereinigung der Wertpapieraufsichtsbehörden mit derzeit 217 Mitgliedern (Stand Mai 2018). Die **Bundesanstalt ist Mitglied** der IOSCO und **in deren Gremien vertreten**[2]. Die IOSCO entwickelt u.a. internationale Standards der Wertpapierregulierung[3] und die Methodik[4] zu deren Prüfung und Umsetzung sowie Prinzipien zur Zusammenarbeit[5] mit dem Ziel, die internationale Zusammenarbeit der Aufsichtsbehörden zu erleichtern und effizienter zu machen. Grundlage der weltweit ähnlichen MoUs ist eine Empfehlung der IOSCO vom September 1991, die „Principles of Memoranda of Understanding". Ein weiterer Schritt zu einer weltweit einheitlichen Kooperation ist das im Mai 2002 verabschiedete, zuletzt im Mai 2012 geänderte **multilaterale MoU** der IOSCO (**MMoU**). Dieses stellt an die Kooperationsmöglichkeiten eines Zeichners besonders weitgehende Anforderungen, deren Vorliegen in einem gesonderten IOSCO-internen Verfahren geprüft wird. Bis Anfang Mai 2018 hatten 117 Behörden, darunter die Bundesanstalt, das IOSCO MoU gezeichnet. Eine aktuelle Liste der Behörden, die das MMoU unterzeichnet haben (current signatories) ist auf der Homepage der IOSCO zugänglich[6]. Das gleiche gilt für den Text des MMoU[7]. Zur Erweiterung der bisherigen Zusammenarbeit wurde im Jahr 2016 im Rahmen von IOSCO ein erweitertes multilaterales Rahmenwerk zu internationalen Amtshilfe[8], ein Enhanced Multilateral Memorandum of Understanding (EMMoU), erstellt. Dieses Rahmenwerk umfasst nun auch Maßnahmen, wie das Einholen von Wirtschaftsprüfungsunterlagen, die Erzwingung von Aussagen, die Beratung beim Einfrieren von Vermögenswerten für einen ausländischen Aufseher sowie die Einholung und Übermittlung von Internetprovider- und Telefonverbindungsdaten[9]. Die Implementierung des EMMoU begann im Jahr 2017[10].

---

1 Vgl. die zuletzt veröffentlichte Übersicht im Jahresbericht der Bundesanstalt 2017, dort auch gesondert für den Wertpapierbereich ausgewiesen, auf S. 197; auch unter https://www.bafin.de/DE/PublikationenDaten/Jahresbericht/jahresbericht_node.html. Zudem findet sich eine Übersicht auf der Internetseite der Bundesanstalt unter ttps://www.bafin.de/DE/Internationales/BilateraleZusammenarbeit/MoU/gemeinsamestandpunkte_mou_artikel.html.
2 Vgl. nähere Ausführungen auf der Internetseite der Bundesanstalt unter https://www.bafin.de/DE/Internationales/GlobaleZusammenarbeit/IOSCO/iosco_artikel.html.
3 Veröffentlicht von der IOSCO unter http://www.iosco.org/library/pubdocs/pdf/IOSCOPD561.pdf. Vgl. auch die Ausführungen auf der Internetseite der Bundesanstalt unter https://www.bafin.de/SharedDocs/Veroeffentlichungen/DE/Fachartikel/2017/fa_bj_1706_IOSCO.html.
4 Veröffentlicht von der IOSCO unter http://www.iosco.org/library/pubdocs/pdf/IOSCOPD562.pdf.
5 Nähere Einzelheiten auf den Internetseiten von IOSCO unter http://www.iosco.org/library/pubdocs/pdf/IOSCOPD17.pdf.
6 S. die Internetseite der IOSCO, dort unter https://www.iosco.org/about/?subSection=mmou&subSection1=signatories.
7 Vgl. die Internetseite der IOSCO, dort unter https://www.iosco.org/library/pubdocs/pdf/IOSCOPD386.pdf.
8 Der Text ist veröffentlicht auf der Internetseite der IOSCO unter: https://www.iosco.org/about/pdf/Text-of-the-EMMoU.pdf. und weitere Ausführungen unter: https://www.iosco.org/about/?subsection=emmou.
9 Vgl. die Hinweise auf der Internetseite der Bundesanstalt unter: https://www.bafin.de/SharedDocs/Veroeffentlichungen/DE/Fachartikel/2017/fa_bj_1705_IOSCO_EMMoU.html.
10 Vgl. die Hinweise auf der Internetseite der Bundesanstalt unter: https://www.bafin.de/DE/PublikationenDaten/Jahresbericht/Jahresbericht2016/Kapitel 2/Kapitel 2_7/Kapitel 2_7_1/kapitel2_7_1_artikel.html.

Sofern ein entsprechendes bilaterales oder ein multilaterales MoU mit den zuständigen Stellen eines Drittstaates 60
besteht, sollen die jeweiligen Ersuchen und die Antwort den in dem getroffenen (M)MoU vereinbarten Form-
und Inhaltsvorgaben genügen. Durch eine klare **Festlegung der Übermittlungsverfahren und ggf. Standardisierung** in Bezug auf Auskunftsersuchen wird den Aufsichtsstellen die Zusammenarbeit und damit die Wahrnehmung ihrer gesetzlichen Aufgaben erleichtert.

Die (M)MoU enthalten zudem **Vereinbarungen über die Vertraulichkeit und über die Verwendung der er-** 61
haltenen Informationen nur für den jeweils festgelegten Zweck. Diese **Vereinbarungen entsprechen den Vorgaben des § 18 Abs. 10 WpHG**. Denn neben der Regelung zu einer entsprechenden Zusammenarbeit der Behörden von Drittstaaten entsprechend § 18 Abs. 1–9 WpHG sieht § 18 Abs. 10 Satz 2 WpHG vor, dass § 18
Abs. 7 Satz 5 und 6 WpHG mit der Maßgabe Anwendung findet, dass Informationen, die von Drittstaaten-Stel-
len übermittelt werden, nur unter Beachtung der Zweckbestimmung der übermittelnden Stelle verwendet und
nur mit ausdrücklicher Zustimmung der übermittelnden Stelle der Deutschen Bundesbank oder dem BKartA
mitgeteilt werden dürfen, sofern dies für die Erfüllung ihrer Aufgaben erforderlich ist. Durch diese Modifizierungen wird der von der übermittelnden Behörde vorgenommenen **Zweckbestimmung ein unbedingter Vorrang** gewährt. So darf die Bundesanstalt die Daten aus den Drittstaaten zwar grundsätzlich im gleichen Umfang
verwenden und an andere inländische Stellen weitergeben. Nur bedarf die Weitergabe an die Deutsche Bundesbank oder das BKartA einer ausdrücklichen Zustimmung der übermittelnden Stelle. Der Gesetzgeber ging davon aus, dass eine Weitergabe an die beiden Behörden für den ausländischen Drittstaat nur schwer vorhersehbar ist und in der Zweckbestimmung möglicherweise nicht berücksichtigt wird.

Diesem **Vorrang der Zweckbestimmung** entsprechend, regelt § 18 Abs. 10 Satz 3 WpHG, dass § 18 Abs. 7 62
Satz 8 WpHG **keine Anwendung** findet. Dieser regelt, außer bei Informationen im Zusammenhang mit Insiderhandel oder Marktmanipulation, die Möglichkeit in begründeten **Ausnahmefällen** auf die Zustimmung
der übermittelnden Behörde zu verzichten, sofern dieses der übermittelnden Stelle unverzüglich unter Angabe
der Gründe mitgeteilt wird. Auch mit dieser Regelung soll eine überraschende Verwendung der übermittelten
Informationen ausgeschlossen und eine vertrauensvolle internationale Zusammenarbeit sichergestellt werden[1].

Die Bundesanstalt ist nach § 18 Abs. 10 Satz 5 WpHG verpflichtet, die **ESMA** über den Abschluss von Verein- 63
barungen über den Informationsaustausch mit zuständigen Stellen in Drittstaaten **zu unterrichten**. Diese Regelung wurde mit dem Gesetz zur Umsetzung der RL 2010/78/EU eingefügt[2]. Sie setzte Art. 7 Nr. 14 (c) RL 2010/
78/EU (Omnibus-I-RL) um, der seinerseits Art. 25 Abs. 4 RL 2004/109/EG (Transparenz-RL) änderte.

§ 18 Abs. 10 Satz 4 WpHG bestimmt zudem, dass **für die Übermittlung personenbezogener Daten § 4b** 64
BDSG gilt. Dieser Verweis bezieht sich auf das BDSG in der bis zum 24.5.2018 geltenden Fassung. Seit 25.5.
2018 gilt die europäische Datenschutz-Grundverordnung[3] (EU-DSGVO) unmittelbar. Zudem wurde das BDSG
mit dem Gesetz zur Anpassung des Datenschutzrechts an die Verordnung (EU) 2016/679 und zur Umsetzung
der Richtlinie (EU) 2016/680 grundlegend geändert. Die Verweisung auf § 4b BDSG **geht ins Leere**. § 18
Abs. 10 Satz 4 WpHG teilt das Schicksal mit einer größeren Anzahl von fachgesetzlichen Regelungen, die derzeit noch auf die früheren Regelungen des Datenschutzrechts verweisen. Insoweit ist ein Entwurf[4] eines Zweiten Gesetzes zur Anpassung des Datenschutzrechts an die Verordnung (EU) 2016/679 und zur Umsetzung der
Richtlinie (EU) 2016/680 in Arbeit, der diese Änderungen und Anpassungen an die VO 2016/679 (EU-
DSGVO) vornehmen soll.

Ungeachtet dessen finden die **Regelungen der VO 2016/679 (EU-DSGVO)** unmittelbare Anwendung. In Be- 65
zug auf die Übermittlungen personenbezogener Daten an Drittländer oder an internationale Organisationen
enthält das 5. Kapitel der VO 2016/679 (EU-DSGVO) vielfältige Regelungen. So ist nach Art. 44 VO 2016/679
(EU-DSGVO) jedwede Übermittlung personenbezogener Daten, die bereits verarbeitet werden oder nach ihrer
Übermittlung an ein Drittland oder eine internationale Organisation verarbeitet werden sollen, nur zulässig,
wenn der Verantwortliche und der Auftragsverarbeiter die im 5. Kapitel niedergelegten Bedingungen einhalten
und auch die sonstigen Bestimmungen dieser Verordnung eingehalten werden; dies gilt auch für die etwaige
Weiterübermittlung personenbezogener Daten durch das betreffende Drittland oder die betreffende internationale Organisation an ein anderes Drittland oder eine andere internationale Organisation. Hiernach ist eine
Weiterleitung von personenbezogenen Daten nur möglich, wenn im Rahmen eines dreifach gestuften Verfahrens nach Art. 45 ff. VO 2016/679 (EU-DSGVO) letztlich die Übermittlung des jeweiligen Datums möglich ist.
Insoweit muss nach Art. 45 VO 2016/679 (EU-DSGVO) die Datenübermittlung grundsätzlich auf der Grund-

---

1 Vgl. Begr. RegE FRUG, BT-Drucks. 16/4028, 61.
2 Gesetz zur Umsetzung der Richtlinie 2010/78/EU vom 4.12.2011, BGBl. I 2011, 2427.
3 Verordnung (EU) 2016/679 des Europäischen Parlaments und des Rates vom 27.4.2016 zum Schutz natürlicher Personen
 bei der Verarbeitung personenbezogener Daten, zum freien Datenverkehr und zur Aufhebung der Richtlinie 95/46/EG.
4 Vgl. Hinweise auf Gesetzesvorhaben unter https://datenschutzbeauftragter-hamburg.de/2017/11/dsanpug-eu-2-nach-der-
 reform-ist-vor-der-reform/; https://www.delegedata.de/2017/10/bundeslaender-passen-datenschutzgesetze-an-aktueller-
 stand-der-gesetzesvorhaben-und-anmerkungen/.

lage eines Angemessenheitsbeschlusses der EU-Kommission erfolgen. Wenn ein solcher nicht vorliegt (so Stand Juni 2018), kann eine Datenübermittlung nach Art. 46 f. VO 2016/679 (EU-DSGVO) nur vorbehaltlich geeigneter Garantien erfolgen. Soweit auch die Möglichkeit einer Datenübermittlung aufgrund geeigneter Garantien noch nicht eröffnet ist, kann eine Datenübermittlung nur als Ausnahme nach Art. 49 VO 2016/679 (EU-DSGVO) für bestimmte Fällen erfolgen. Für nähere Einzelheiten kann hier auf die einschlägigen Ausführungen und Kommentierungen zum neuen Datenschutzrecht und insbesondere der EU-Datenschutz-Grundverordnung verwiesen werden[1].

66 **V. Verordnungsermächtigung für nähere Bestimmungen zur Zusammenarbeit (§ 18 Abs. 12 WpHG).** § 18 Abs. 12 Satz 1 WpHG enthält eine Verordnungsermächtigung für das Bundesfinanzministerium bezüglich näherer Bestimmungen über die Übermittlung von Informationen an ausländische Stellen, die Durchführung von Untersuchungen auf Ersuchen ausländischer Stellen sowie die Ersuchen der Bundesanstalt an ausländische Stellen. Konkret bezieht sich die Verordnungsermächtigung auf die in den Abs. 2, 3 und 7 geregelte Übermittlung von Informationen, die Durchführung von Untersuchungen auf Ersuchen ausländischer Stellen sowie Ersuchen der Bundesanstalt an ausländische Stellen. Zudem räumt § 18 Abs. 12 Satz 2 WpHG die Möglichkeit zur Delegation der Ermächtigung an die Bundesanstalt ein. Von dieser **Verordnungsermächtigung ist bislang kein Gebrauch gemacht** worden. In Anbetracht der Vielzahl von immer detaillierteren europäischen Regelungen über Pflichten der zuständigen nationalen Behörden zur Zusammenarbeit und zum Schutz vertraulicher Informationen, ist fraglich, ob diese Verordnungsermächtigung noch Anwendung finden wird.

67 **VI. Internationale Rechtshilfe in Strafsachen (§ 18 Abs. 9 WpHG). 1. Regelungsbereich des § 18 Abs. 9 WpHG.** Die heutige Fassung des § 18 Abs. 9 WpHG wurde wortgleich schon in der Ursprungsfassung des WpHG von 1994 als § 7 Abs. 4 WpHG a.F. normiert. Mit Inkrafttreten des AnSVG wurden die Regelungen zur internationalen Zusammenarbeit zwar umfassend neu geregelt. Die vorliegende Regelung wurde ungeachtet dessen unverändert zu § 7 Abs. 6 WpHG a.F. Durch die neue Absatzzählung hat der Gesetzgeber keine Änderung bezweckt und nur hervorgehoben, § 7 Abs. 6 WpHG a.F. gelte „für den gesamten neuen Anwendungsbereich des § 7" WpHG a.F.[2]. Mit dem 2. FiMaNoG wurde die Regelung wortgleich zu § 18 Abs. 9 WpHG.

68 Zur **Bedeutung der Regelung** führt der Gesetzgeber nur aus: „Diese Bestimmung stellt klar, dass die Regelungen über die internationale Rechtshilfe in Strafsachen unberührt bleiben."[3] In der Literatur wird die Bedeutung der Aussage **unterschiedlich verstanden**. Einige Stimmen[4] vertreten die Auffassung, dass der Informationsaustausch bei Sachverhalten, bei denen (hauptsächlich) strafrechtliche Ermittlungen oder ein Strafverfahren zugrunde lägen, nicht nach vorliegender Norm erfolge; Gleiches gelte für den Informationsaustausch in Ordnungswidrigkeitenverfahren.

69 Demgegenüber vertreten andere Stimmen die Auffassung[5], das Recht der internationalen Zusammenarbeit in Strafsachen könne die Bestimmungen des gemeinschaftsrechtlich fundierten Kooperationsrechts nicht verdrängen. Soweit Art. 16 Abs. 1 Satz 2 RL 2003/6/EG (MarktmissbrauchsRL) nur von „Amtshilfe" spreche, sei das eine unzureichende Übersetzung; im englischen Text sei von „assistance" unter den „competent authorities" die Rede, und es werde nicht zwischen Amts- und Rechtshilfe unterschieden. Im Rahmen der vorgesehenen europäischen Zusammenarbeit dürfe die Bundesanstalt Daten aus deutschen Straf- oder Ordnungswidrigkeitenverfahren selbständig nach vorliegender Regelung an die zuständigen Stellen im Ausland übermitteln und derartige Informationen auch im Ausland einfordern.

70 In Anbetracht der unterschiedlichen Auffassungen erscheint eine **nähere Betrachtung der Bedeutung von § 18 Abs. 9 WpHG angezeigt**. Vom **Wortlaut** her regelt die Norm, dass die Regelungen über die internationale Rechtshilfe in Strafsachen unberührt bleiben. Unberührt bleiben bedeutet, dass § 18 Abs. 9 WpHG die Regelungen über die internationale Rechtshilfe in Strafsachen nicht verdrängt, sondern neben ihnen steht. In Bezug auf diejenigen Bereiche, in denen ausschließlich nur die eine oder die andere Regelungsmaterie greift, dürfte dieser Aspekt unstreitig sein.

71 § 18 WpHG regelt die Zusammenarbeit der Bundesanstalt mit den für die Überwachung von kapitalmarktrechtlichen Pflichten zuständigen Stellen. Mithin handelt es sich um **Aufsichts- und Verwaltungsbehörden**. Die Zusammenarbeit der Bundesanstalt mit **ausländischen Justizbehörden** (Kriminalpolizei, Staatsanwaltschaft, Gerichte) berührt § 18 WpHG hingegen nicht. Bei Ersuchen ausländischer Justizbehörden gilt somit das Recht der internationalen Zusammenarbeit in Strafsachen. Die Regelungen des § 18 WpHG erstrecken sich

---

1 Vgl. z.B. *Albrecht*, Das neue Datenschutzrecht der EU, 2017; *Bundesbeauftragter für den Datenschutz und Informationsfreiheit*, Veröffentlichungen zum Thema Datenschutz-Grundverordnung, unter www.bfdi.bund.de; *Ehmann/Selmayr*, Datenschutz-Grundverordnung, 2017; *Keppeler*, Die Datenschutz-Grundverordnung im Überblick, IPRB 2017, 224; *Paal/Pauly*, Datenschutz-Grundverordnung, 2016; *Plath*, DSGVO/BDSG, 3. Aufl. 2018.
2 S. Begr. RegE AnSVG, BT-Drucks. 15/3173, 32.
3 Vgl. Begr. RegE 2. FFG, BT-Drucks. 12/6679, 42.
4 Zu § 7 WpHG a.F.: *Beck* in Schwark/Zimmer, § 7 WpHG Rz. 30, wenn es „hauptsächlich um strafrechtliche Ermittlungen oder ein Strafverfahren geht".
5 *Carny* in KölnKomm. WpHG, § 7 WpHG Rz. 38 ff.; *Klepsch* in Just/Voß/Ritz/Becker, § 7 WpHG Rz. 8.

auch nicht auf Ersuchen der Bundesanstalt unmittelbar an ausländische Justizbehörden. Auch diese richten sich nach dem Recht der internationalen Rechtshilfe in Strafsachen.

Die **Zusammenarbeit der Bundesanstalt mit ausländischen Stellen nach § 18 Abs. 1 Satz 1 und 10 WpHG**, die für die Überwachung von Verhaltens- und Organisationspflichten von Unternehmen, die Wertpapierdienstleistungen erbringen, von Finanzinstrumenten und von Märkten, an denen Finanzinstrumente oder Waren gehandelt werden, zuständig sind, richtet sich nach den Regelungen des § 18 WpHG. Diese Zusammenarbeit stellt **keine Rechtshilfe in Strafsachen** i.S.v. § 18 Abs. 9 WpHG dar. Teil der Zusammenarbeit nach § 18 WpHG ist auch die Übermittlung der der Bundesanstalt vorliegenden oder z.B. aufgrund ihrer Eingriffsbefugnisse erlangten Informationen. Dies gilt auch für die der Bundesanstalt **aus eigenen Ordnungswidrigkeitenverfahren oder aus Strafverfahren** (vgl. § 122 WpHG) **verfügbaren Informationen**. Auch in umgekehrter Richtung ist die Mitteilung ausländischer Stellen von Informationen betreffend strafrechtliche Angelegenheiten zu aufsichtsrechtlichen Zwecken keine Rechtshilfe in Strafsachen. Die Bundesanstalt darf diese Informationen zur Erfüllung ihrer Überwachungsaufgaben – einschließlich der Anzeigepflicht nach § 11 WpHG – verwenden. Dass auch die Weitergabe von Informationen über strafrechtliche Angelegenheiten im Rahmen der Zusammenarbeit der Aufsichtsbehörden möglich sein muss, ergibt sich schon aus der Regelung des § 18 Abs. 6 WpHG. Denn hiernach ist eine Verweigerung der Zusammenarbeit z.B. wegen eines bereits eingeleiteten Strafverfahrens nur dann möglich, wenn die verweigernde Behörde genaue Informationen über das gerichtliche Verfahren an die ersuchende Behörde und die ESMA übermittelt. Diese europarechtlich begründete Regelung zeigt klar, dass im Rahmen der Zusammenarbeit nach § 18 WpHG auch die Weitergabe von Informationen betreffend strafrechtlicher Angelegenheiten gewollt und möglich ist.

72

Fraglich könnten die Fälle sein, bei denen **Informationen** ausgetauscht werden sollen, **die beim Empfänger – auch – in einem Bußgeld-, Sanktions- bzw. Strafverfahren verwendet werden sollen**. Gem. § 18 Abs. 2 Satz 1 WpHG übermittelt die Bundesanstalt Informationen an ausländische zuständige Stellen nicht nur zu Überwachungszwecken, sondern auch für „damit zusammenhängende Verwaltungs- oder Gerichtsverfahren"; § 18 Abs. 2 Satz 2 WpHG lässt die Verwendung der übermittelten Informationen auch in solchen Verfahren und „unbeschadet seiner Verpflichtungen im Rahmen von Strafverfahren" zu. Beides entspricht den europarechtlichen Vorgaben[1]. Auch die Bundesanstalt kann ihr übermittelte Informationen nach § 18 Abs. 7 Satz 5 WpHG „unbeschadet ihrer Verpflichtungen in strafrechtlichen Angelegenheiten" die den Verdacht einer Straftat nach den Strafvorschriften des WpHG zum Gegenstand haben, verwenden. Hieraus folgt, dass die Nutzung der im Rahmen der aufsichtsrechtlichen Zusammenarbeit übermittelten Informationen für ein Sanktions- bzw. Strafverfahren ausdrücklich **von der Regelung der Zusammenarbeit mit umfasst** ist. Eine Weitergabe und Verwertung der übermittelten Informationen zur Erfüllung der Aufsichtsaufgabe und damit im Zusammenhang stehenden Verwaltungs- und Gerichtsverfahren sowie unbeschadet der Verpflichtungen in strafrechtlichen Angelegenheiten ist damit auf Basis von § 18 WpHG möglich. Dies gilt auch, wenn z.B. für die Staatsanwaltschaft im Ergebnis eine Rechtshilfe in Strafsachen damit entbehrlich wird.

73

Die Frage der **Weite der aufsichtsrechtlichen Zusammenarbeit** ist im Gesetzgebungsverfahren des AnSVG durchaus thematisiert worden. Der Bundesrat wollte „unmissverständlich klargestellt" wissen, dass mit § 7 WpHG a.F. „kein Sonderrechtshilferecht geschaffen wird"[2]. Der Finanzausschuss ist dem in der Weise nachgekommen, dass in § 7 Abs. 1 Satz 2 WpHG a.F. (heute § 18 Abs. 1 Satz 2 WpHG) die Zusammenarbeit auf den Zweck der „Überwachung der Einhaltung der Verbote und Gebote" des WpHG „und entsprechender Verbote oder Gebote dieser Staaten" beschränkt wurde[3]. Damit besteht die Befugnis der Bundesanstalt zur Zusammenarbeit gem. § 18 WpHG auch dann, wenn damit auch **Hilfe für ein ausländisches Straf- oder Sanktionsverfahren geleistet wird**; in formeller Hinsicht verbleibt es dann bei der Zuständigkeit der Bundesanstalt[4].

74

Im Ergebnis ist damit entscheidend, mit **welcher Art von Behörde** die Bundesanstalt zusammenarbeitet. Erfolgt die Zusammenarbeit mit einer anderen zuständigen Behörde nach § 18 Abs. 1 Satz 1 oder Abs. 10 WpHG, ist § 18 Abs. 1 bis 8 und 10 und 11 WpHG einschlägig. Soll die Zusammenarbeit zwischen der Bundesanstalt und einer Strafverfolgungsbehörde oder einem Strafgericht erfolgen, sind über § 18 Abs. 9 WpHG die Regelungen über die internationale Rechtshilfe anzuwenden. Dieses wird durch die Rechtsentwicklung der letzten Jahre, insbesondere auf europarechtlicher Ebene und der Umsetzung der Anforderungen hieraus, gestützt. Denn die Zusammenarbeit bezieht sich nun auch auf die kapitalmarktrechtlichen europäischen Verordnungen. Damit ist der Kreis der Informationen weiter ausgedehnt worden (vgl. z.B. § 18 Abs. 11 WpHG). Vor allem aber ist die **Pflicht** der Bundesanstalt zur Zusammenarbeit einschließlich des Informationsaustausches **weiter gestärkt** (vgl. z.B. § 18 Abs. 3 und 5 WpHG) und die Möglichkeiten der Verweigerung der Zusammenarbeit weiter beschränkt worden (vgl. § 18 Abs. 6 WpHG).

75

---

1 Vgl. z.B. Art. 81 Abs. 3 lit. c, Art. 83 RL 2014/65/EU (MiFID II) und Art. 25 Abs. 1 Unterabs. 4 VO Nr. 596/2014 (MAR).
2 Stellungnahme des Bundesrats in BR-Drucks. 341/04, 2.
3 Beschlussempfehlung und Bericht des Finanzausschusses, BT-Drucks. 15/3493, 12, 51.
4 So auch *Carny* in KölnKomm. WpHG, § 7 WpHG Rz. 41.

76 **2. Internationale Rechtshilfe in Strafsachen durch die Bundesanstalt. a) Zuständigkeit der Bundesanstalt.**
Bei der Rechtshilfe in Strafsachen[1] wird traditionell zwischen der justiziellen Rechtmäßigkeitsprüfung (sog. Zulässigkeitsverfahren) und der gouvernementalen Rechts- und vor allem Zweckmäßigkeitsprüfung (sog. Bewilligungsverfahren) unterschieden. Bei den Ersuchen um Übermittlung von Informationen im Rahmen der Überwachung der kapitalmarktrechtlichen Pflichten geht es um **sonstige Rechtshilfe** (§ 59 IRG, ggf. unter Berücksichtigung der §§ 91 ff. IRG), zu deren Erledigung („Vornahme") kein Gericht, sondern – wie hier – eine Behörde zuständig ist[2] und das **Bewilligungsverfahren** vornimmt. Das Bewilligungsverfahren ist grundsätzlich zweistufig. Es besteht aus Bewilligung und Vornahme. In derartigen Fällen entscheidet die Bewilligungsbehörde verbindlich über die Bewilligung. Hält die für die Bewilligung der Rechtshilfe zuständige Behörde die Voraussetzungen für die Leistung der Rechtshilfe für gegeben, so ist die für die Leistung der Rechtshilfe zuständige Behörde hieran gebunden (vgl. § 60 Satz 1 IRG). Die **Vornahme der Handlung** erfolgt **durch die nach innerstaatlichem Recht zuständige Behörde** bzw. **das entsprechende Gericht** entsprechend den innerstaatlichen prozessualen Vorschriften. Über die Voraussetzungen der Erledigung des Ersuchens entscheidet die Vornahmebehörde oder das Vornahmegericht eigenverantwortlich[3].

77 Wer **zuständige Behörde** ist, ergibt sich aus § 74 Abs. 1 Satz 2 IRG. Da die Bundesanstalt im Geschäftsbereich des **Bundesministeriums der Finanzen (BMF)** liegt, ist an sich dieses zuständig. Das BMF hat von der Möglichkeit des § 74 Abs. 1 Satz 3 IRG Gebrauch gemacht, die Ausübung der **Bewilligungsbefugnis** in den Fällen der **Bundesanstalt zu übertragen, wenn die ersuchte Vornahme in den Aufgabenbereich der Bundesanstalt fällt**[4]. Im Aufgabenbereich der Bundesanstalt liegt neben der Beaufsichtigung der kapitalmarktrechtlichen Pflichten auch die Bearbeitung von Bußgeldverfahren nach § 120 WpHG[5] (vgl. § 121 WpHG). In den Aufgabenbereich der Bundesanstalt fällt hingegen nicht das Führen von Ermittlungsverfahren (vgl. § 11 WpHG). In diesem Rahmen entscheidet die Bundesanstalt i.d.R. über die Bewilligung und über die Vornahme von Ersuchen ausländischer Strafermittlungsbehörden und Strafgerichte in Bezug verwaltungs- und aufsichtsrechtliche oder bußgeldrechtliche Maßnahmen in ihrem Zuständigkeitsbereich oder bezüglich vorhandener oder anzufordernder Informationen. Da nicht die Befugnis, sondern nur deren Ausübung übertragen wurde[6], bleibt allerdings das BMF berechtigt, die Entscheidung im Einzelfall zu beeinflussen oder gar an sich zu ziehen[7].

78 **b) Bewilligungsentscheidung.** Handelt es sich um eine sonstige **Rechtshilfe für einen anderen EU-Mitgliedstaat nach Maßgabe der RL 2014/41/EU**[8] (RL Europäische Ermittlungsanordnung), gilt der 10. Teil des IRG (§§ 91 ff. IRG) vorrangig gegenüber den übrigen Bestimmungen des IRG. In diesem Rahmen normieren beispielsweise §§ 91b, 91e IRG spezielle Vorgaben für die Zulässigkeit der Rechtshilfe bzw. deren Verweigerungsgründe. § 91d IRG sieht spezielle Regelungen für die Vorlage von Unterlagen und § 91f IRG einen Rückgriff auf andere Ermittlungsmaßnahmen vor. Hinsichtlich der Details dieser Regelungen kann auf einschlägige Kommentierungen verwiesen werden[9]. Soweit der 10. Teil des IRG (§§ 91 ff. IRG) keine speziellen Regelungen vorsieht oder die Rechtshilfe nicht im Rahmen der RL 2014/41/EU (RL Europäische Ermittlungsanordnung) erfolgt, gelten die **allgemeinen Regelungen**.

79 **c) Rechtsschutz.** Der **Rechtsschutz gegen die Bewilligungsentscheidung** bei eingehenden Ersuchen ist **nicht im IRG geregelt** und folglich umstritten[10]. Die bisherige Meinung[11] lehnt verwaltungsgerichtlichen Rechtsschutz gegen die Bewilligungsentscheidung ab, weil **präventiver Rechtsschutz über die Zulässigkeitsprüfung gewährleistet** sei und kein individualrechtlicher Anspruch auf fehlerfreie Ermessensausübung bestehe. Teilweise[12] wird

---

1 S. zu den allgemeinen Fragen der internationalen Rechtshilfe in Strafsachen den Überblick bei *Vogel* in Grützner/Pötz/Kreß, Internationaler Rechtshilfeverkehr in Strafsachen, 3. Aufl. 2007, I A 2 – IRG-Kommentar, Vor § 1 insb. Rz. 111 ff., 134 ff.
2 Vgl. z.B. *Hackner* in Schomburg/Lagodny/Gleß/Hachner, Internationale Rechtshilfe in Strafsachen, 5. Aufl., Einführung Rz. 74 ff.
3 Vgl. z.B. *Hackner* in Schomburg/Lagodny/Gleß/Hachner, Internationale Rechtshilfe in Strafsachen, 5. Aufl., Einführung Rz. 77.
4 Verfügung vom 23.7.1998 (Gz. Vii B 5 – W 6027 – 41/98), zitiert nach *Vogel*, 4. Aufl., § 7 WpHG Rz. 30.
5 Vgl. *Klepsch* in Just/Voß/Ritz/Becker, § 7 WpHG Rz. 9.
6 S. nur *Wilkitzki* in Grützner/Pötz/Kreß, Internationaler Rechtshilfeverkehr in Strafsachen, 3. Aufl. 2007, I A 2 – IRG-Kommentar, § 60 Rz. 6.
7 Vgl. OLG Hamm v. 17.12.1973 – 1 VAs 103/73, GA 1975, 178.
8 Richtlinie 2014/41/EU des Europäischen Parlaments und des Rates vom 3.4.2014 über die Europäische Ermittlungsanordnung in Strafsachen (ABl. Nr. L 130 vom 1.5.2014, S. 1, L 143 vom 9.6.2015, S. 16) (Richtlinie Europäische Ermittlungsanordnung).
9 Vgl. z.B. *Grützner/Pötz/Kress/Gazeas*, Internationaler Rechtshilfeverkehr in Strafsachen; *Schomburg/Lagodny/Gleß/Hachner*, Internationale Rechtshilfe in Strafsachen.
10 S. nur *Vogel* in Grützner/Pötz/Kreß, Internationaler Rechtshilfeverkehr in Strafsachen, 3. Aufl. 2007, I A 2 – IRG-Kommentar, Vor § 1 Rz. 135 ff. m.N.
11 Vgl. z.B. *Schomburg/Lagodny/Gleß/Hachner*, Internationale Rechtshilfe in Strafsachen, 5. Aufl., Einleitung Rz. 147.
12 Vgl. *Lagodny* in Schomburg/Lagodny/Gleß/Hachner, Internationale Rechtshilfe in Strafsachen, 5. Aufl., § 12 Rz. 22 ff.; *Vogel* in Grützner/Pötz/Kreß, Internationaler Rechtshilfeverkehr in Strafsachen, 3. Aufl. 2007, I A 2 – IRG-Kommentar, Vor § 1 Rz. 135, 138.

Rechtsschutz befürwortet mit Hinweis auf eine Entscheidung des BVerfG[1] zu einer Bewilligungsentscheidung für eine Auslieferung, die Rechtsschutz dann zulässt, wenn die ihnen zugrunde liegenden Normen auch individualschützenden Charakter haben. Vorliegend geht es nicht um eine Auslieferung, die durchaus einen hohen Grad des persönlichen Eingriffs enthält, sondern um sonstige Rechtshilfe. Die aufsichtsrechtlichen Regelungen des WpHG und der entsprechenden europarechtlichen Verordnungen haben hingegen keinen individualschützenden Charakter, wohl müssen die unmittelbar gegen einen Beteiligten gerichteten Maßnahmen rechtmäßig sein[2]. Hierbei handelt es sich aber wieder um eine Frage der Zulässigkeit der Vornahmehandlung. Insoweit wird hier der Auffassung zugestimmt, dass ein Rechtsschutz über die Zulässigkeitsprüfung gewährleistet wird[3].

Betroffene Unternehmen oder Personen können gem. § 61 Abs. 1 Satz 2 IRG eine gerichtliche **Zulässigkeitsprüfung durch das zuständige OLG** herbeiführen, wenn es sich bei der ersuchten Maßnahme um eine nach § 66 IRG statthafte Herausgabe von Gegenständen handelt (z.B. Unterlagen nach § 6 Abs. 3 Satz 2 WpHG). 80

§ 19 Zusammenarbeit mit der Europäischen Wertpapier- und Marktaufsichtsbehörde

(1) Die Bundesanstalt stellt der Europäischen Wertpapier- und Marktaufsichtsbehörde gemäß den Artikeln 35 und 36 der Verordnung (EU) Nr. 1095/2010 auf Verlangen unverzüglich alle für die Erfüllung ihrer Aufgaben erforderlichen Informationen zur Verfügung.
(2) Die Bundesanstalt übermittelt der Europäischen Wertpapier- und Marktaufsichtsbehörde jährlich eine Zusammenfassung von Informationen zu allen im Zusammenhang mit der Überwachung nach den Abschnitten 9 bis 11 ergriffenen Verwaltungsmaßnahmen und verhängten Sanktionen.
(3) Die Bundesanstalt unterrichtet die Europäische Wertpapier- und Marktaufsichtsbehörde über das Erlöschen einer Erlaubnis nach § 4 Absatz 4 des Börsengesetzes und die Aufhebung einer Erlaubnis nach § 4 Absatz 5 des Börsengesetzes oder nach den Vorschriften der Verwaltungsverfahrensgesetze der Länder.

In der Fassung des 2. FiMaNoG vom 23.6.2017 (BGBl. I 2017, 1693).

Schrifttum: *Baur/Boegl*, Die neue europäische Finanzmarktausicht – Der Grundstein ist gelegt, BKR 2011, 177; *Lehmann/Manger-Nestler*, Die Vorschläge zur neuen Architektur der europäischen Finanzaufsicht, EuZW 2010, 87; *Möllers*, Auf dem Weg zu einer europäischen Finanzmarktaufsichtsstruktur – Ein systematischer Vergleich der Rating-VO (EG) Nr. 1060/2009 mit der geplanten ESMA-VO, NZG 2010, 285; *Papathanassiou/Zagouras*, Mehr Sicherheit für den Finanzsektor: der Europäische Ausschuss für Systemrisiken und die Rolle der EZB, WM 2010, 274; *Ruffert*, Europarecht: Rechtsgrundlagen und Rechtssetzungsbefugnisse von Agenturen, JuS 2014, 279; *Saurer*, Die Errichtung von Europäischen Agenturen auf Grundlage der Binnenmarktharmonisierungskompetenz des Art. 114 AEUV, DÖV 2014, 549; *Sonder*, Rechtsschutz gegen Maßnahmen der neuen europäischen Finanzmarktagenturen, BKR 2012, 8; *Walla*, Die Europäische Wertpapier- und Marktaufsichtsbehörde (ESMA) als Akteur bei der Regulierung der Kapitalmärkte Europas – Grundlagen, erste Erfahrungen und Ausblick, BKR 2012, 265; *Zimmer*, Finanzmarktregulierung – Welche Regelungen empfehlen sich für den deutschen und europäischen Finanzsektor, NJW-Beil. 2010, 101.

I. Entwicklung und europarechtlicher Hintergrund der Regelung 1	IV. Informationsweitergabe von der Bundesanstalt an die ESMA (§ 19 Abs. 1 WpHG) 18
II. Das Europäische Finanzaufsichtssystem 3	V. Jährliche Übersicht über Maßnahmen der Bundesanstalt (§ 19 Abs. 2 WpHG) 25
III. Die Europäische Wertpapier- und Marktaufsichtsbehörde (ESMA) 7	VI. Unterrichtungspflicht der Bundesanstalt (§ 19 Abs. 3 WpHG) 27

I. Entwicklung und europarechtlicher Hintergrund der Regelung. Die Normierung einer Pflicht der Bundesanstalt zur Zusammenarbeit mit der Europäischen Wertpapier- und Marktaufsichtsbehörde war ein **Ausfluss der Reaktionen auf die Finanzmarktkrise** ab 2007 auf europäischer Ebene. Denn mit Beschluss des Rates der Wirtschafts- und Finanzminister (ECOFIN-Rat) vom 17.11.2010 wurde zum 1.1.2011 ein **Europäisches Finanzaufsichtssystem** (European System of Financial Supervision, **ESFS**) geschaffen. Hierzu gehört auch die 1

---
1 BVerfG v. 18.7.2005 – 2 BvR 2236/04, BVerfGE 113, 273, 310 ff. m. Bspr. *Vogel*, JZ 2005, 801.
2 Vgl. Ausführungen zum Drittschutz unter Vor § 6 WpHG Rz. 46 ff.
3 Vgl. auch *Klepsch* in Just/Voß/Ritz/Becker, § 7 WpHG Rz. 9. Hierzu auch *Schomburg/Nemitz* in Schomburg/Lagodny/Gleß/Hachner, Internationale Rechtshilfe in Strafsachen, 5. Aufl., § 74 Rz. 16. In Bezug auf die europäische Zusammenarbeit *Böse* in Grützner/Pötz/Kress/Gazeas, Internationaler Rechtshilfeverkehr in Strafsachen, 3. Aufl., § 94 Rz. 3, 15. Zur sonstigen Rechtshilfe: *Johnson* in Grützner/Pötz/Kress/Gazeas, Internationaler Rechtshilfeverkehr in Strafsachen, 3. Aufl., § 59 Rz. 23 ff., § 61 Rz. 12.

Schaffung von drei europäischen Aufsichtsbehörden, darunter die Europäische Wertpapier- und Marktaufsichtsbehörde (**ESMA**).

2 Um eine hinreichende Zusammenarbeit der Bundesanstalt mit der ESMA auf dem Gebiet der Aufsicht über den Wertpapierhandel zu gewährleisten, nahm der Gesetzgeber mit dem Gesetz zur Umsetzung der Richtlinie 2010/78/EU im Hinblick auf die Errichtung des Europäischen Finanzaufsichtssystems[1] unter anderen eine Regelung zur Zusammenarbeit mit der ESMA als § 7a in das WpHG auf. Weitere **Anpassungen des nationalen Regelwerks**, insbesondere zur Gewährleistung des Informationsaustauschs mit der europäischen Aufsicht, wurden in den allgemeinen Regelungen des WpHG, wie z.B. §§ 18 und 21 WpHG, in einer Vielzahl von Einzelregelungen, wie z.B. in §§ 46 Abs. 1, 51 Abs. 1, 54, 73 Abs. 3, 79 WpHG, und auch in den übrigen Aufsichtsgesetzen der Bundesanstalt, wie dem KWG und VAG, eingefügt. Die Regelung des § 7a WpHG a.F. wurde im Rahmen der Änderungen durch das 2. FiMaNoG in seinem Abs. 1 an die neue Rechtslage nach der Umsetzung der MiFID II angepasst und erhielt durch die Neunummerierung des WpHG die Bezeichnung als § 19 WpHG.

3 **II. Das Europäische Finanzaufsichtssystem.** Ziel dieses Europäischen Finanzaufsichtssystems ist die Stärkung und **Verbesserung der Qualität und Kohärenz der Finanzaufsicht in Europa**, die Stärkung der Aufsicht über grenzüberschreitend tätige Gruppen und die Einführung eines einheitlichen europäischen Regelwerks, das für alle Finanzmarktteilnehmer im europäischen Binnenmarkt gilt[2]. Das Europäische Finanzaufsichtssystem verfolgt ein Gesamtkonzept einer europäischen Finanzaufsicht und setzt sich neben den bestehenden nationalen Finanzaufsichtsbehörden aus einem System von verschiedenen europäischen Aufsichtseinrichtungen zusammen[3], die untereinander zu einem intensiven Informationsaustausch verpflichtet sind. Dieses System ist mit der Einführung des Einheitlichen Bankenaufsichtsmechanismus (SSM) modifiziert worden und wird künftig wohl noch weitere Veränderungen erfahren.

4 Das europäische Aufsichtssystem wird zum einen getragen durch den **Europäischen Ausschuss für Systemrisiken** (European Systemic Risk Board, **ESRB**), der eine **makroprudenzielle Aufsicht** ausübt[4]. Das bedeutet, er überwacht die Stabilität des gesamten europäischen Finanzsystems, indem er mittels einer Sammlung und Analyse von relevanten Informationen systemische Risiken identifiziert und bewertet, vor ihnen warnt und Empfehlungen zur Risikobeseitigung ausspricht. Der ESRB ist ein unabhängiger Ausschuss der EU ohne eigene Rechtspersönlichkeit, der jährlich an das Europäische Parlament und den Europäischen Rat berichtet. Neben dieser makroprudentiellen Aufsicht des ESFS wurden zum anderen drei **europäische Finanzaufsichtsbehörden** (European Supervisory Authorities, **ESA**) und ein **Gemeinsamer Ausschuss der Europäischen Finanzaufsichtsbehörden** (Gemeinsamer Ausschuss, z.T. auch als Joint Committee bezeichnet) eingerichtet. Die Aufgabe der drei ESA ist die **mikroprudentielle Aufsicht** über jeweils einen der drei Teilbereiche des Finanzmarktes. Im Bereich der Bankenaufsicht ist das die Europäische Bankenaufsichtsbehörde (European Banking Authority – EBA), im Bereich der Versicherungsaufsicht nebst betrieblicher Altersvorsorge ist es die Europäische Aufsichtsbehörde für das Versicherungswesen und die betriebliche Altersvorsorge (European Insurance and Occupational Pensions Authority – EIOPA) und im Bereich der **Wertpapieraufsicht** ist das die Europäische Wertpapier- und Marktaufsichtsbehörde (European Securities and Markets Authority – **ESMA**). Der Gemeinsame Ausschuss ist für sektorübergreifende Fragen der mikroprudentiellen Aufsicht bzw. für eine sektorübergreifende Koordinierung zuständig. Für diese Aufgabe können verschiedene Unterausschüsse gebildet werden.

5 Die Gründung der drei ESA's, des ESRB und des Gemeinsamen Ausschusses erfolgte durch verschiedene Verordnungen des Europäischen Parlaments und des Rates[5]. Die bestehenden Richtlinien auf den einzelnen Gebieten der Finanzmarktaufsicht bedurften zur Anpassung an das neue europäische Aufsichtssystem einer Änderung. Diese Änderungen erfolgten gemeinsam in der sog. **Omnibusrichtlinie I** (RL 2010/78/EU)[6]. Letztlich mussten die nationalen Regelungswerke, hier das WpHG, angepasst werden, um die Anforderungen aus den Änderungen aufgrund der Omnibusrichtlinie I zu erfüllen und die Anforderungen des europäischen Finanzauf-

---

1 Gesetz zur Umsetzung der Richtlinie 2010/78/EU vom 24.11.2010 im Hinblick auf die Errichtung des Europäischen Finanzaufsichtssystems vom 4.12.2011, BGBl. I 2011, 2427.
2 Vgl. 9. Erwägungsgrund der ESMA-VO 1095/2010 vom 24.11.2010, ABl. EU Nr. L 331 v. 15.12.2010, S. 84 f.
3 Vgl. hierzu z.B. BT-Drucks. 17/6255, 19; die Darstellungen auf der Internetseite des Europäischen Parlaments unter: http://www.europarl.europa.eu/atyourservice/de/displayFtu.html?ftuId=FTU_3.2.5.html und auf der Internetseite der Bundesanstalt unter: www.bafin.de/DE/Internationales/EuropaeischeAufsicht/europaeischeaufsicht_node.html.
4 Näheres zum Aufbau, Ziel und Rahmenbedingungen des ESFS vgl. auch die Ausführungen auf der Internetseite des Europäischen Parlaments unter: http://www.europarl.europa.eu/atyourservice/de/displayFtu.html?ftuId=FTU_3.2.5.html.
5 Verordnung (EU) Nr. 1092/2010 (ESRB), Nr. 1093/2010 (EBA), Nr. 1094/2010 (EIOPA), Nr. 1095/2010 (ESMA) und Nr. 1096/2010 (Einbeziehung der EZB in Aufgaben des ESFS). EIOPA-VO und ESMA-VO zuletzt geändert durch die Richtlinie 2014/51/EU des Europäischen Parlaments und des Rates vom 16.4.2014 zur Änderung der Richtlinien 2003/71/EG und 2009/138/EG und der Verordnungen (EG) Nr. 1060/2009, (EU) Nr. 1094/2010 und (EU) Nr. 1095/2010 im Hinblick auf die Befugnisse der Europäischen Aufsichtsbehörde (Europäische Aufsichtsbehörde für das Versicherungswesen und die betriebliche Altersversorgung) und der Europäischen Aufsichtsbehörde (Europäische Wertpapier- und Marktaufsichtsbehörde), ABl. EU Nr. L 153 v. 22.5.2014, S. 1.
6 ABl. EU Nr. L 331 v. 15.12.2010, S. 120.

sichtssystems eindeutig und widerspruchsfrei in das **nationale Regelungsgefüge** einzufügen. Insbesondere war die **Zusammenarbeit der Bundesanstalt mit dem Europäischen Aufsichtssystem** zu ermöglichen und zu konkretisieren[1].

Derzeit ist ein **weiterer Ausbau des europäischen Finanzaufsichtssystems geplant**. Die EU-Kommission hat mit Datum vom 20.9.2017 entsprechende **Vorschläge hierzu veröffentlicht**[2]. Die von der Europäischen Kommission vorgeschlagenen Reformen[3] zielen darauf ab, die Finanzmärte stärker zu vernetzen und den Weg zur Kapitalmarktunion zu ebnen. So soll weiterhin an einer europäischen Aufsicht durch drei ESA's festgehalten werden, deren Aufgaben sollen ausgebaut sowie die Lenkungsstruktur und die Finanzierung der ESA's gestärkt werden. Hierbei steht insbesondere eine Stärkung der Aufgaben der ESMA im Mittelpunkt der Änderungen. Des Weiteren sollen gezielte Änderungen an der Zusammensetzung und Organisation des ESRB, der die Risiken für die Stabilität des Finanzsystems als Ganzes überwacht, durchgeführt werden. Zudem umfassen die Vorschläge der EU-Kommission Maßnahmen, mit denen die Entwicklung von Finanztechnologien (FinTech) gefördert und dafür gesorgt werden soll, dass Nachhaltigkeitsaspekte in der Aufsichtspraxis auf europäischer Ebene systematisch berücksichtigt werden. Der Vorschlag soll nun diskutiert werden und vom EU-Parlament möglichst bis Ende 2018/Anfang 2019 angenommen werden. Je nach Ausgang der Diskussion ist in nächster Zeit mit weiteren Änderungen in Bezug auf die Regelungen zur Zusammenarbeit der Bundesanstalt mit den europäischen Aufsichtsbehörden zu rechnen, insbesondere mit weiteren Verflechtungen und stärkerer Steuerung durch das europäische Finanzaufsichtssystem.

III. Die Europäische Wertpapier- und Marktaufsichtsbehörde (ESMA). Der Errichtungsakt für die ESMA, die Verordnung (EU) Nr. 1095/2010[4] (**ESMA-VO**), regelt grundsätzlich die Aufgaben und Befugnisse der ESMA. Aufbauend auf dieser ESMA-VO sind zusätzlich weitere Aufgaben und Befugnisse in weiteren europäischen Verordnungen geregelt, wie beispielsweise bezüglich der Aufsicht über die Ratingagenturen nach der EU-Rating-Verordnung[5] und der Aufsicht über die Transaktionsregister nach der EMIR[6] (vgl. hierzu die Kommentierung der EMIR im vorliegenden Werk, insbesondere der Art. 55 ff. VO Nr. 648/2012). Ziel der Tätigkeit der ESMA ist die Förderung der aufsichtlichen Konvergenz[7] sowohl unter den nationalen europäischen Wertpapieraufsichtsbehörden als auch im Zusammenspiel mit den verschiedenen europäischen Aufsichtsgremien, die den europäischen Finanzmarkt mikro- und makroprudentiell beaufsichtigen. Die ESMA wird künftig – noch mehr als heute – die Wertpapieraufsicht aufgrund ihrer **weitgehenden Befugnisse** deutlich beeinflussen. Die ESMA hat nicht mehr nur die Befugnis rechtlich unverbindliche Leitlinien und Empfehlungen zur Anwendung der EU-Richtlinien zu geben. Unabhängig davon, dass diese zumindest faktisch Wirkungen bei der Beaufsichtigung des Finanzmarktes entfalten, übernimmt sie immer stärker eine aktive Rolle bei der Aufsicht, die nach dem Vorschlag der EU-Kommission auch künftig weiter ausgebaut werden soll[8].

Die ESMA und die nationalen Aufsichtsbehörden **teilen sich die Aufgabe der Aufsicht über den Kapitalmarkt**. Eine **direkte Aufsicht durch die ESMA** findet **bislang im Bereich eigener Aufsichtszuständigkeiten der ESMA** statt. So werden derzeit Ratingagenturen und Transaktionsregister direkt von der ESMA beaufsichtigt[9]. Zudem ergeben sich weitere **spezifische Eingriffsbefugnisse** der ESMA auch aus einzelnen europäischen kapitalmarktrechtlichen Verordnungen, wobei es hier vornehmlich um Befugnisse im Zusammenhang mit einer koordinierenden Tätigkeit und dem Tätigwerden der ESMA in besonderen **Ausnahmesituationen** geht (vgl.

---

1 Vgl. BT-Drucks. 17/6255, 19.
2 Vgl. Internetseite der EU-Kommission, z.B. unter https://ec.europa.eu/germany/news/20170920-reform-eu-finanzaufsicht_de.
3 S. auch den Vorschlag für eine Verordnung des Europäischen Parlaments und des Rates zur Änderung verschiedener kapitalmarktrechtlicher EU-Verordnungen unter: http://ec.europa.eu/transparency/regdoc/rep/1/2017/DE/COM-2017-536-F1-DE-MAIN-PART-1.PDF.
4 Verordnung (EU) Nr. 1095/2010 vom 24.11.2010 zur Errichtung einer Europäischen Aufsichtsbehörde (Europäische Wertpapier- und Marktaufsichtsbehörde), zur Änderung des Beschlusses 716/2009/EG und zur Aufhebung des Beschlusses 2009/77/EG der Kommission, ABl. EU Nr. L 331 v. 15.12.2010, S. 84, zuletzt geändert durch die Richtlinie 2014/51/EU des Europäischen Parlaments und des Rates vom 16.4.2014, ABl. EU Nr. L 153 v. 22.5.2014, S. 1.
5 Verordnung (EG) Nr. 1060/2009 des Europäischen Parlaments und des Rates vom 16.9.2009 über Ratingagenturen, ABl. EU Nr. L 302 v. 17.11.2009, S. 1, zuletzt geändert durch Richtlinie 2014/51/EU des Europäischen Parlaments und des Rates vom 16.4.2014, ABl. EU Nr. L 153 v. 22.5.2014, S. 1.
6 Verordnung (EU) Nr. 648/2012 des Europäischen Parlaments und des Rates vom 4.7.2012 über OTC-Derivate, zentrale Gegenparteien und Transaktionsregister, ABl. EU Nr. L 201 v. 27.7.2012, S. 1.
7 Vgl. Art. 1 Abs. 5 ESMA-VO und die Internetseite der ESMA unter www.esma.europa.eu.
8 Vgl. Internetseite der EU-Kommission, z.B. unter https://ec.europa.eu/germany/news/20170920-reform-eu-finanzaufsicht_de.
9 Beaufsichtigung der Ratingagenturen gemäß Verordnung (EU) Nr. 513/2011 vom 11.5.2011, ABl. EU Nr. L 145 v. 31.5.2011, S. 30 zur Änderung der VO (EU) Nr. 1060/2009, ABl. EU Nr. L 302 v. 17.11.2009, S. 1, insbesondere Art. 15 ff. und Beaufsichtigung der Transaktionsregister gemäß Verordnung (EU) Nr. 648/2012 des Europäischen Parlaments und des Rates vom 4.7.2012 über OTC-Derivate, zentrale Gegenparteien und Transaktionsregister, ABl. EU Nr. L 201 v. 27.7.2012, S. 1, insbesondere Art. 55 ff.

auch Art. 18 ESMA-VO Nr. 1095/2010). Diese Überlegung fortführend stehen der ESMA bestimmte Eingriffsbefugnisse auch in anderen Ausnahmesituationen z.B. nach Art. 28 VO Nr. 236/2012 (Leerverkaufs-VO) zu, die im Rahmen einer Überprüfung durch den EuGH[1] bestätigt wurden. **Zusätzliche künftige unmittelbare Zuständigkeiten** der ESMA werden derzeit im Rahmen der Neuorganisation der ESA's diskutiert (s. auch Rz. 6)[2], so z.B. für den Bereich der Genehmigung von Referenzdaten, der Billigung bestimmter Prospekte und bei Teilaspekten der Investmentaufsicht.

9   Die ESMA übernimmt bislang vor allem eine harmonisierende Tätigkeit auf EU-Ebene, intensiviert die Zusammenarbeit der nationalen Aufseher und schafft die Grundlagen für ein einheitliches Aufsichtshandeln. Der bisherige Grundsatz der täglichen Aufsicht durch die nationalen Aufsichtsbehörden in nationaler Verantwortung verschiebt sich schrittweise in eine **immer stärkere Koordinierung der Aufsicht bis hin zu eigenen Befugnissen der ESMA**, wie es beispielsweise derzeit von der EU-Kommission für grenzüberschreitende Marktmissbrauchsfälle ausdrücklich vorgeschlagen wird[3]. Bei den Aufgaben der ESMA, aber auch bei Aufgaben von nationalen Aufsichtsbehörden, ist eine Delegation auf (andere) nationale Aufsichtsbehörden möglich (Art. 28 ESMA-VO Nr. 1095/2010). Mittel hierfür sind Delegationsvereinbarungen zwischen den jeweiligen Aufsichtsbehörden. Hintergrund ist die Überlegung, dass „die Delegation von Aufgaben und Zuständigkeiten ... ein nützliches Instrument für das Funktionieren des Netzes der Aufsichtsbehörden sein (kann), wenn es darum geht, Doppelarbeit bei den Aufsichtsaufgaben zu verringern, die Zusammenarbeit zu fördern und dadurch die Aufsichtsprozesse zu vereinfachen und die Verwaltungslast für Finanzmarktteilnehmer abzubauen"[4].

10 Die Grundlagen für ein einheitliches Aufsichtshandeln der nationalen Aufsichtsbehörden schafft die ESMA – ähnlich wie schon CESR bis 2010 – durch die Befugnis, **Leitlinien und Empfehlungen** zur kohärenten Anwendung des Gemeinschaftsrechts auszusprechen. Die ESMA hat bei ihrer Gründung alle bestehenden Aufgaben und Befugnisse von CESR übernommen[5]. Die Befugnis der ESMA, Leitlinien und Empfehlungen herauszugeben, ist in Art. 16 ESMA-VO Nr. 1095/2010 geregelt. Inhalt dieser Befugnis aus Art. 16 ESMA-VO Nr. 1095/2010 ist zugleich auch die Möglichkeit, die Einhaltung der Leitlinien und Empfehlungen zu überprüfen und die Nichteinhaltung zu veröffentlichen. Ganz deutlich über die früheren Möglichkeiten hinaus geht die **Befugnis zur Rechtssetzung** durch die ESMA (Art. 10 bis 15 ESMA-VO Nr. 1095/2010). So kann die ESMA, nach Delegation der Rechtssetzungsbefugnis durch das Europäische Parlament und den Rat der Kommission, **technische Regulierungsstandards** erlassen, die von den nationalen Aufsichtsbehörden unmittelbar anzuwenden sind (Art. 10 ESMA-VO Nr. 1095/2010). Zudem darf die ESMA für bestimmte in EU-Richtlinien vorgesehene Bereiche nach Art. 15 ESMA-VO Nr. 1095/2010 **technische Durchführungsstandards** erlassen. Auch diese technischen Durchführungsstandards sind unmittelbar von den nationalen Aufsichtsbehörden anzuwenden. Sie beziehen sich im Gegensatz zu den technischen Regulierungsstandards auf die technische Festlegung der Bedingungen für die Anwendung der Regelungen einer Richtlinie, nicht auf deren strategische Anwendung und deren grundsätzliche Fragen. Eine besondere Bedeutung kommt ihr auch bei Gleichwertigkeitserklärungen von Rechts- und Aufsichtsmechanismen von Drittstaaten zu.

11 Nach Art. 17 ESMA-VO Nr. 1095/2010 hat die ESMA die Befugnis zur **Aufklärung und Beseitigung von Verletzungen von Unionsrecht** i.S.d. einschlägigen EU-Richtlinien einschließlich der technischen Regulierungs- und Durchführungsstandards. Die ESMA wird bei angeblicher Verletzung oder Nichtanwendung des EU-Rechts auf Antrag oder von Amts wegen untersuchend tätig. Die **Rechtsfolgen** einer solchen Untersuchung sind in einem **Drei-Stufenverhältnis** geregelt und reichen von der Aufklärung des Sachverhalts einschließlich einer Empfehlung an die nationale Aufsichtsbehörde, über eine förmliche Stellungnahme der Europäischen Kommission bis hin zu verbindlichen EU-Verwaltungsakten gegenüber Marktteilnehmern, die Vorrang vor den nationalen Entscheidungen haben[6].

---

1 EuGH v. 22.1.2014 – Rs. C-270/12, AG 2014, 199. Vgl. hierzu auch *Frisch*, Anmerkung zum Urteil des EuGH vom 22.1.2014 – Rs. C-270/12 – Zu Art. 28 der EU-Leerverkaufs-VO (EU) Nr. 236/2012; EWiR 2014, 237; *Kohtamäki*, Die ESMA darf Leerverkäufe regeln, EuR 2014, 321; *Manger-Nestler*, Lehren aus dem Leerverkauf? Zum Verbot von Leerverkäufen durch ESMA, GPR 2014, 141; *Ohler*, Anmerkung zu einem Urteil des EuGH vom 22.1.2014 (C-270/12; JZ 2014, 244) – Zur Übertragung von Rechtsetzungsbefugnissen auf die Europäische Wertpapier- und Marktaufsichtsbehörde, JZ 2014, 249; *Orator*, Die unionsrechtliche Zulässigkeit von Eingriffsbefugnissen der ESMA im Bereich von Leerverkäufen, EuZW 2013, 852; *Skowron*, Kapitalmarktrecht: Rechtmäßigkeit der Eingriffsbefugnisse der ESMA nach Art. 28 Leerverkaufsverordnung, EuZW 2014; 349.
2 Vgl. Internetseite der EU-Kommission, z.B. unter https://ec.europa.eu/germany/news/20170920-reform-eu-finanzaufsicht_de und den Vorschlag für eine Verordnung des Europäischen Parlaments und des Rates zur Änderung verschiedener kapitalmarktrechtlicher EU-Verordnungen unter: http://ec.europa.eu/transparency/regdoc/rep/1/2017/DE/COM-2017-536-F1-DE-MAIN-PART-1.PDF.
3 Vgl. Internetseite der EU-Kommission, z.B. unter https://ec.europa.eu/germany/news/20170920-reform-eu-finanzaufsicht_de.
4 Vgl. Erwägungsgrund 39 ESMA-VO Nr. 1095/2010 vom 24.11.2010, ABl. EU Nr. L 331 v. 15.12.2010, S. 84f.
5 Vgl. Art. 8 Abs. 1 lit. l ESMA-VO Nr. 1095/2010 und Erwägungsgrund 67 ESMA-VO Nr. 1095/2010 vom 24.11.2010, ABl. EU Nr. L 331 v. 15.12.2010, S. 84f.
6 Vgl. Erwägungsgrund 28 und 29 ESMA-VO Nr. 1095/2010 vom 24.11.2010, ABl. EU Nr. L 331 v. 15.12.2010, S. 84f.

Im Fall von ungünstigen Entwicklungen, die das ordnungsgemäße Funktionieren und die Integrität von Finanzmärkten oder die Stabilität des Finanzsystems in der Union als Ganzes oder in Teilen ernsthaft gefährden können, kann die ESMA Kriseninterventionsmaßnahmen ergreifen. Die **Maßnahmen in Krisensituationen** sind grundlegend in Art. 18 ESMA-VO Nr. 1095/2010 geregelt. Ob eine solche Krisensituation besteht, stellt der Rat der Europäischen Union durch Beschluss fest. Der Maßnahmenkatalog in Krisensituationen reicht von der aktiven Unterstützung und Koordination der nationalen Behörden, Beschlüsse gegenüber nationalen Behörden im Einzelfall bis hin zu ggf. verbindlichen, einzelfallbezogenen Beschlüssen gegenüber Finanzmarktteilnehmern. Um Krisensituationen rechtzeitig erkennen zu können, entwickelt die ESMA in Zusammenarbeit mit dem ESRB einen gemeinsamen Ansatz für die Ermittlung und Messung des Systemrisikos, das von wichtigen Finanzmarktteilnehmern ausgeht (Art. 22 bis 24 ESMA-VO Nr. 1095/2010). Hierauf aufbauend sind in verschiedenen europäischen Verordnungen, wie z.B. in Art. 24 VO Nr. 648/2012 (EMIR), Informationspflichten der zuständigen nationalen Aufsichtsbehörden normiert. Das **Systemrisiko** berücksichtigt die ESMA bei allen Rechtsakten und formuliert bei Bedarf zusätzliche Leitlinien und Empfehlungen. 12

Art. 19 ESMA-VO Nr. 1095/2010 in Verbindung mit einer einschlägigen EU-Richtlinie gibt der ESMA die Befugnis, auch streitschlichtend zwischen den nationalen Aufsichtsbehörden der Mitgliedstaaten tätig zu werden. Voraussetzung ist ein Antrag einer oder mehrerer nationaler Behörden, die mit dem Vorgehen oder dem Inhalt der Maßnahme einer nationalen Aufsichtsbehörde nicht einverstanden ist. Diese **Befugnis zur Streitschlichtung** besteht losgelöst von der Befugnis zur Aufklärung und Beseitigung von Rechtsverletzungen nach Art. 17 ESMA-VO Nr. 1095/2010. Die Tätigkeit der ESMA ist zunächst ein rein vermittelndes Agieren zwischen den Behörden, sodann der Erlass von verpflichtenden Beschlüssen zu streitbeilegenden Maßnahmen gegenüber den Behörden und letztlich verpflichtende Maßnahmen gegenüber Marktteilnehmern im Einzelfall. Gleiches gilt für den Gemeinsamen Ausschuss, der nach Art. 20 ESMA-VO Nr. 1095/2010 sektorübergreifend streitschlichtend tätig wird. 13

Wie schon zu Art. 17 (Verletzung von Unionsrecht), Art. 18 (Krisensituation) und nun zu Art. 19 (Streitschlichtung) ESMA-VO Nr. 1095/2010 ausgeführt, ist die ESMA unter bestimmten Bedingungen auch befugt, verbindliche und verpflichtende Beschlüsse gegenüber Marktteilnehmern im Einzelfall zu erlassen. Es handelt sich damit faktisch um EU-Verwaltungsakte. Hiergegen können natürliche und juristische Personen, an die der Beschluss gerichtet ist, einschließlich der zuständigen nationalen Behörden und unmittelbar betroffene Dritte Beschwerde einlegen (Art. 60 ESMA-VO Nr. 1095/2010). Über diesen **Rechtsbehelf gegen die von ESMA erlassenen Beschlüsse** entscheidet ein Beschwerdeausschuss. Nachvollziehbarer Zweck des Rechtsbehelfsverfahrens ist der Schutz des Betroffenen und die Überprüfung der Bindung der ESMA an Gesetz und Recht einschließlich der europäischen Menschenrechtskonvention. Prozessrechtliche Regelung wie Herstellung einer aufschiebenden Wirkung des Rechtsmittels, rechtliches Gehör, Fristen etc. ergeben sich aus Art. 60 ESMA-VO Nr. 1095/2010. Gegen Entscheidungen des Beschwerdeausschusses oder gegen eine Entscheidung der ESMA, soweit eine Beschwerde zum Beschwerdeausschuss nicht möglich ist, kann vor dem EuGH gem. Art. 61 ESMA-VO Nr. 1095/2010 Klage oder Untätigkeitsklage erhoben werden. 14

Eine führende Rolle nimmt die ESMA bei **Aufsichtskollegien** (Colleges) zu grenzüberschreitend tätigen Instituten nach Art. 21 ESMA-VO Nr. 1095/2010 ein. Ein Aufsichtskollegium ist eine Gruppe von Aufsichtsbehörden, die zum Zweck der effektiven Beaufsichtigung eines Unternehmens mit grenzüberschreitender Bedeutung eingerichtet wurde. Zu denken ist hier z.B. an die Aufsichtskollegien nach Art. 18 ff. VO Nr. 648/2012 (EMIR)[1], die bei der Registrierung und Überwachung einer CCP (zentraler Kontrahent) wichtige Aufgaben übernehmen. 15

Entsprechend Art. 33 ESMA-VO Nr. 1095/2010 pflegt die ESMA **internationale Beziehungen** zu Aufsichtsbehörden, zu internationalen Organisationen und zu den Verwaltungen von Drittländern und kann Verwaltungsvereinbarungen (MoU) abschließen. Die ESMA hilft bei der Vorbereitung von Entscheidungen bezüglich der **Gleichwertigkeitsprüfungen**, die nach Maßgabe der fachbezogenen EU-Verordnungen oder -Richtlinien getroffen werden müssen. Hier ist z.B. an die Gleichwertigkeitsprüfung bei der Finanzberichterstattung nach § 118 Abs. 4 WpHG zu denken. 16

Letztlich ist hinsichtlich der Aufgaben und Befugnisse der ESMA noch auf die Aufgaben im Bereich des **Verbraucherschutzes** nach Art. 9 ESMA-VO Nr. 1095/2010, auf die Aufgabe der vergleichenden Analysen der aufsichtlichen Tätigkeit der nationalen Aufsichtsbehörden nach Art. 30 ESMA-VO Nr. 1095/2010 (**Peer Reviews**)[2], auf die **Koordinatorfunktion** der ESMA nach Art. 31 ESMA-VO Nr. 1095/2010 und die Befugnis zur **Sammlung von Informationen** nach Art. 35 ESMA-VO Nr. 1095/2010 hinzuweisen. Bezogen auf die vielfältigen und recht weitreichenden Befugnisse der ESMA und der Befugnis zur Informationssammlung schließt sich der Kreis zu § 19 WpHG, der genau den Informationsfluss von der Bundesanstalt an die ESMA regelt und sicherstellt. 17

IV. Informationsweitergabe von der Bundesanstalt an die ESMA (§ 19 Abs. 1 WpHG). Gemäß § 19 Abs. 1 WpHG ist die Bundesanstalt verpflichtet, die von der ESMA für ihre Aufgabenerfüllung benötigten Informatio- 18

---

[1] Verordnung (EU) Nr. 648/2012 des Europäischen Parlaments und des Rates vom 4.7.2012 über OTC-Derivate, zentrale Gegenparteien und Transaktionsregister, ABl. EU Nr. L 201 v. 27.7.2012, S. 1.
[2] Vgl. Erwägungsgrund 41 ESMA-VO Nr. 1095/2010 vom 24.11.2010, ABl. EU Nr. L 331 v. 15.12.2010, S. 84f.

nen gemäß den Art. 35 und 36 ESMA-VO Nr. 1095/2010 zur Verfügung zu stellen. Mit der gesetzlichen Pflicht der Bundesanstalt, Informationen zunächst nur nach Art. 35 ESMA-VO Nr. 1095/2010 an die ESMA zu übermitteln, werden **eine Reihe von europarechtlichen Vorschriften umgesetzt**. So führt die Gesetzesbegründung[1] zu § 7a WpHG a.F., heute § 19 Abs. 1 WpHG, aus: „Die Vorschrift setzt Art. 3 Nr. 5, 2. Unterabsatz, Art. 6 Nr. 9 (b), Art. 6 Nr. 28, 2. Unterabsatz und Art. 7 Nr. 14 (a), 3. Unterabsatz der Richtlinie 2010/78/EU um, die Art. 15a Abs. 2 der Richtlinie 2003/6/EG, Art. 25 und Art. 62a Abs. 2 der Richtlinie 2004/39/EG und Art. 25 Abs. 2 (c) der Richtlinie 2004/109/EG ergänzen beziehungsweise einfügen."

19 Im Rahmen der **Änderungen durch das 2. FiMaNoG** wurde diese **Pflicht** zur Informationsweitergabe **erweitert**. Hintergrund dessen ist: „Die Erweiterung im bisherigen § 7a um Art. 36 Verordnung (EU) Nr. 1095/2010 dient der Umsetzung von Art. 87 Abs. 1 der Richtlinie 2014/65/EU."[2] Art. 87 Abs. 1 RL 2014/65/EU (MiFID II) sieht gleichfalls eine Pflicht der zuständigen nationalen Behörden mit der ESMA zum Zwecke der MiFID II vor. In Art. 87 Abs. 2 RL 2014/65/EU ist zudem eine Mitteilungspflicht in Bezug auf die **Informationen** geregelt, die die **ESMA für ihre Zusammenarbeit mit dem ESRB benötigt**. Entsprechend gewährleistet § 19 Abs. 1 WpHG, dass die Bundesanstalt der ESMA die Informationen zur Verfügung stellt, die die ESMA zur Erfüllung ihrer Aufgaben auch in Bezug auf die Zusammenarbeit mit dem ESRB benötigt.

20 Der Gesetzgeber bezieht sich in der **Ausgestaltung der Pflicht** der Bundesanstalt neben Art. 36 ESMA-VO Nr. 1095/2010 ausdrücklich auf **Art. 35 ESMA-VO Nr. 1095/2010**. Die Bundesanstalt hat nach Art. 35 Abs. 1 ESMA-VO Nr. 1095/2010 dieser alle Informationen zur Verfügung zu stellen, die die ESMA zur Wahrnehmung ihrer durch die ESMA-VO übertragenen Aufgaben benötigt. Die Aufgabenübertragung an die ESMA erfolgt durch Art. 8 Abs. 1 ESMA-VO Nr. 1095/201. Soweit erforderlich sind in Bezug auf diese Aufgaben alle Informationen von der Bundesanstalt an die ESMA zu übermitteln.

21 Die Pflicht zur Datenübermittlung setzt voraus, dass es sich um **Informationen** handelt, die **für die Aufgabenerfüllung der ESMA erforderlich** sind. Diese Erforderlichkeit kommt auch darin zum Ausdruck, dass die ESMA – zur Vermeidung doppelter Berichtspflichten – vor der Anforderung von Informationen einschlägige bestehende Statistiken berücksichtigen soll, die vom Europäischen Statistischen System und vom Europäischen System der Zentralbanken erstellt und verbreitet werden (Art. 35 Abs. 4 ESMA-VO Nr. 1095/2010)[3].

22 Voraussetzung der Verpflichtung der Bundesanstalt zur Informationsweitergabe an die ESMA ist sowohl nach § 19 Abs. 1 WpHG als auch nach Art. 35 Abs. 1 ESMA-VO Nr. 1095/2010 ein entsprechendes **Verlangen der ESMA an die Bundesanstalt**. Die ESMA kann die Informationen nicht nur einzelfallbezogen anfordern, sondern sie kann auch verlangen, dass ihr diese Informationen in regelmäßigen Abständen und ggf. auch in vorgegebenen Formaten zur Verfügung gestellt werden (Art. 35 Abs. 2 ESMA-VO Nr. 1095/2010). Nach Art. 35 Abs. 1 ESMA-VO Nr. 1095/2010 ist weitere Voraussetzung für die Informationsübermittlung, dass die Bundesanstalt **rechtmäßigen Zugang zu den einschlägigen Informationen** hat.

23 Die Pflicht aus § 19 Abs. 1 WpHG bezieht sich seit dem 3.1.2018 ausdrücklich auch auf **Art. 36 ESMA-VO Nr. 1095/2010**. Diese Norm regelt detailliert die **Pflicht der ESMA zur Zusammenarbeit mit dem ESRB**. Auch wenn die deutsche Gesetzesbegründung[4] auf Art. 87 Abs. 1 RL 2014/65/EU (MiFID II) mit verweist, der inhaltlich nur die Pflicht der zuständigen nationalen Behörden zur Zusammenarbeit mit der ESMA wiederholt, wird mit der Inbezugnahme von Art. 36 ESMA-VO Nr. 1095/2010 inhaltlich doch vornehmlich Art. 87 Abs. 2 RL 2014/65/EU umgesetzt. Dessen Regelung kann aber sowohl als Unterfall von Art. 87 Abs. 1 RL 2014/65/EU als auch als Unterfall von Art. 35 ESMA-VO Nr. 1095/2010 angesehen werden. Denn die Pflicht zur Zusammenarbeit der ESMA mit dem ESRB ist schon im Katalog der Aufgaben der ESMA erfasst (Art. 8 Abs. 1 lit. d ESMA-VO Nr. 1095/2010). Entsprechend sind die Informationen, die die ESMA zur Zusammenarbeit mit dem ESRB benötigt, Informationen die für die ESMA zur Aufgabenerfüllung erforderlich sind. Im Ergebnis ist die Bezugnahme auf Art. 36 ESMA-VO Nr. 1095/2010 eine Betonung der schon seit Schaffung der ESMA normierten Aufgabe der Zusammenarbeit mit dem ESRB und der Pflicht zur Weitergabe der hierfür erforderlichen Informationen.

24 Die Bundesanstalt ist des Weiteren verpflichtet, die Informationen **unverzüglich** zu übermitteln, also ohne schuldhaftes Zögern. Stehen der Bundesanstalt diese Informationen nicht zur Verfügung oder übermittelt sie diese nicht rechtzeitig an die ESMA, so kann die ESMA ein begründetes Informationsersuchen **auch an andere nationale Aufsichtsbehörden**, an die Bundesbank, das Statistische Bundesamt oder an das Bundesfinanzministerium richten, sofern diese über aufsichtsrechtliche Informationen verfügen (Art. 35 Abs. 5 ESMA-VO Nr. 1095/2010). Soweit die ESMA auch auf diesem Weg die benötigten Informationen nicht erlangt, kann die ESMA sodann ein hinreichend begründetes Ersuchen **direkt an die betreffenden Finanzmarktteilnehmer** richten (Art. 35 Abs. 6 ESMA-VO Nr. 1095/2010). In einem solchen Fall hat die Bundesanstalt die ESMA bei der Durchsetzung der Auskunftsersuchen zu unterstützen (Art. 35 Abs. 6 Unterabs. 3 ESMA-VO Nr. 1095/2010).

---

1 Begr. RegE zu § 7a WpHG, BT-Drucks. 17/6255, 29.
2 So Begr. RegE, BT-Drucks. 18/10936, 229.
3 Vgl. auch Erwägungsgrund 46 ESMA-VO Nr. 1095/2010 vom 24.11.2010, ABl. EU Nr. L 331 v. 15.12.2010, S. 84f.
4 Vgl. Begr. RegE, BT-Drucks. 18/10936, 229.

V. Jährliche Übersicht über Maßnahmen der Bundesanstalt (§ 19 Abs. 2 WpHG). Mit § 19 Abs. 2 WpHG setzt der Gesetzgeber „Art. 3 Nr. 4, 1. Unterabsatz und Art. 6 Nr. 18, 1. Unterabsatz der Richtlinie 2010/78/EU um, die Art. 14 Abs. 5 der Richtlinie 2003/6/EG und Art. 51 Abs. 4 der Richtlinie 2004/39/EG einfügen"[1]. Hiernach ist die Bundesanstalt verpflichtet, der ESMA eine Zusammenfassung von Informationen zu bestimmten **Verwaltungsmaßnahmen und verhängten Sanktionen zu übermitteln.** Unausgesprochen setzt die Norm voraus, dass die Bundesanstalt eine solche Übersicht für die ESMA erstellt. Die Übersicht muss einmal jährlich übermittelt werden.

25

Mit dem 2. FiMaNoG wurden die an die ESMA zu meldenden Verwaltungsmaßnahmen und verhängten Sanktionen **neu bestimmt.** Die Bundesanstalt hat ab 2018 alle im Zusammenhang mit der Überwachung nach den Abschnitten 9 bis 11 ergriffenen Verwaltungsmaßnahmen und verhängten Sanktionen zu übermitteln. Das sind die Maßnahmen im Rahmen der Überwachung der Positionslimits und Positionsmanagementkontrollen bei Warenderivaten und Positionsmeldungen (§§ 54 bis 57 WpHG), der Organisationspflichten von Datenbereitstellungsdiensten (§§ 58 bis 62 WpHG) sowie der Verhaltens-, Organisations- und Transparenzpflichten der Wertpapierdienstleistungsunternehmen (§§ 63 bis 96 WpHG). Nach der Vorfassung der Norm, dem § 7a WpHG a.F., hatte die Bundesanstalt die ergriffenen Verwaltungsmaßnahmen und verhängten Sanktionen im Zusammenhang mit der Überwachung nach den Abschnitten 3, 4 und 6 des WpHG zu melden, also auch im Zusammenhang mit der Überwachung des Verbots von Insiderhandel und Marktmanipulation. Diese Aufsichtsbereiche sind nun aus dem WpHG herausgelöst und werden europarechtlich durch die MAR geregelt. Die Meldung dieser Verwaltungsmaßnahmen und verhängten Sanktionen haben die zuständigen Behörden, so auch die Bundesanstalt, nach Art. 33 Abs. 1 Satz 1 VO Nr. 596/2014 einmal jährlich in aggregierter Form zu übermitteln. Aufgrund dieser unmittelbar geltenden Regelung der MAR ist eine Normierung im WpHG nicht mehr erforderlich.

26

VI. Unterrichtungspflicht der Bundesanstalt (§ 19 Abs. 3 WpHG). Nach § 19 Abs. 3 WpHG hat die Bundesanstalt die ESMA über das Erlöschen einer Erlaubnis nach § 4 Abs. 4 BörsG und die Aufhebung einer Erlaubnis nach § 4 Abs. 5 BörsG oder nach den Vorschriften der Verwaltungsverfahrensgesetze der Länder zu unterrichten. Die Regelung setzt Art. 6 Nr. 13 RL 2010/78/EU (Omnibusrichtlinie I) um[2]. Durch diese wurde Art. 36 Abs. 6 in die Richtlinie 2004/39/EG einfügt. Diese Regelung sieht vor, dass jeder Entzug der Zulassung der ESMA mitgeteilt wird.

27

§ 20 Zusammenarbeit mit der Europäischen Kommission im Rahmen des Energiewirtschaftsgesetzes

Die Bundesanstalt übermittelt der Europäischen Kommission auf Verlangen diejenigen Angaben zu Geschäften in Finanzinstrumenten einschließlich personenbezogenen Daten, die ihr nach Artikel 26 der Verordnung (EU) Nr. 600/2014 mitgeteilt worden sind, soweit die Europäische Kommission deren Überlassung gemäß § 5a Absatz 1 des Energiewirtschaftsgesetzes auch unmittelbar von den mitteilungspflichtigen Unternehmen verlangen könnte und die Europäische Kommission diese Informationen zur Erfüllung ihrer im Energiewirtschaftsgesetz näher beschriebenen Aufgaben benötigt.

In der Fassung des 2. FiMaNoG vom 23.6.2017 (BGBl. I 2017, 1693).

Schrifttum: *Granzow,* die Aufsicht über den Handel mit Energiederivaten nach dem Gesetz über das Kreditwesen, Diss. 2006; *Hagena,* Der Stromhandel unter Finanzmarktaufsicht, Diss. 2011; *Zenker/Schäfer,* Energiehandel in Europa Öl, Gas, Strom, Derivate, Zertifikate, 3. Aufl. 2012.

I. Entwicklung und europarechtlicher Hintergrund der Regelung 1	II. Datenübermittlung 3

I. Entwicklung und europarechtlicher Hintergrund der Regelung. Die Regelung wurde als § 7b WpHG a.F. im Jahr 2011 durch das Gesetz zur Neuregelung energiewirtschaftlicher Vorschriften[3] in das WpHG eingefügt. Die Regelung setzt Art. 40 Abs. 7 mit Abs. 1 der **Richtlinie 2009/72/EG** und Art. 44 Abs. 7 mit Abs. 1 der **Richtlinie 2009/73/EG um.** Beide Artikel verlangen bezüglich bestimmter Transaktionen im Energiesektor Aufbewahrungspflichten für die Versorgungsunternehmen von 5 Jahren und eine Übermittlungspflicht der nationalen Behörden an die EU-Kommission, wenn die jeweiligen Behörden Zugang zu den Daten haben. Systematisch ist die Regelung in ihrem Zusammenspiel mit der zeitgleich in § 17 Abs. 2 WpHG geregelten, notwendigen Zusammenarbeit der Bundesanstalt mit der Bundesnetzagentur und den Kartellbehörden im Rahmen ihrer Tätigkeit nach Maßgabe des Energiewirtschaftsgesetzes (EnWG) zu sehen.

1

---

1 BT-Drucks. 17/6255, 29.
2 BT-Drucks. 17/6255, 29.
3 Art. 5 des Gesetzes zur Neuregelung energiewirtschaftlicher Vorschriften vom 26.7.2011, BGBl. I 2011, 1554.

2 Änderungen erfuhr die Regelung im Rahmen des **2. FiMaNoG**. Die Regelung wurde in diesem Rahmen insoweit geändert, als der Verweis auf die entsprechenden Meldedaten aktualisiert wurde: Die Daten zu Geschäften in Finanzinstrumenten erlangte die Bundesanstalt bis zum 2.1.2018 aus den Meldungen nach § 9 WpHG a.F. Mit dem Inkrafttreten der MiFIR[1] zum 3.1.2018 sind die Meldepflichten verbindlich europarechtlich geregelt, so dass sich die Datengrundlage für die Geschäfte in Finanzinstrumenten für die Bundesanstalt aus Art. 26 VO Nr. 600/2014 ergibt. Hierauf verweist die Verweisung der Regelung nunmehr. Zudem wurde die Regelung im Rahmen der Neunummerierung des WpHG zu § 20 WpHG.

3 **II. Datenübermittlung.** Nach § 20 WpHG ist die Bundesanstalt verpflichtet, der EU-Kommission auf Verlangen grundsätzlich diejenigen Angaben, die ihr nach Art. 26 VO Nr. 600/2014 (MiFIR) von den Unternehmen mitgeteilt wurden, zu übermitteln. Inhalt der Regelung in § 20 WpHG ist damit allein eine Verpflichtung der Bundesanstalt zur Übermittlung der ihr nach Art. 26 VO Nr. 600/2014 **vorliegenden Daten**[2]. Die EU-Kommission kann hingegen „nicht verlangen, dass die Bundesanstalt darüber hinaus Daten erhebt, ihr vorliegenden Daten weiter aufbereitet oder von ihren Befugnissen Gebrauch macht"[3]. Die Formulierung „weiter aufbereiten" bezieht sich darauf, dass die Daten nach Art. 26 VO Nr. 600/2014 von den Unternehmen im Rahmen eines besonderen elektronischen Meldesystems an die Bundesanstalt gemeldet werden und hier standardisiert schon vorverarbeitet werden[4]. Denn nur so kann auf die Daten im Rahmen von Datenbankabfragen zugegriffen werden. Eine darüberhinausgehende Aufbereitung der Daten braucht die Bundesanstalt nicht zu leisten. Die Pflicht zur direkten Übermittlung der Daten an die EU-Kommission vermeidet unnötigen Verwaltungsaufwand. Denn die Bundesanstalt müsste die Daten sonst im Rahmen der Zusammenarbeit nach § 17 Abs. 2 WpHG an die Bundesnetzagentur übermitteln, die dann ihrerseits wiederum die Daten an die EU-Kommission weitergeben würde (§ 57 Abs. 4 EnWG).

4 Die Bundesanstalt hat die ihr nach Art. 26 VO Nr. 600/2014 mitgeteilten **Daten der Unternehmen zu den abgeschlossenen Geschäften in Finanzinstrumenten** einschließlich personenbezogenen Daten zu übermitteln. Diese Übermittlungspflicht bezieht sich nicht auf alle Daten nach Art. 26 VO Nr. 600/2014, sondern **beschränkt sich auf die Daten, deren Überlassung die EU-Kommission gem. § 5a Abs. 1 EnWG auch unmittelbar von den mitteilungspflichtigen Unternehmen verlangen könnte**. Damit bezieht sich die Mitteilungspflicht auf die Daten der Energieversorgungsunternehmen, die Energie an Kunden verkaufen[5]. Zudem beschränkt sich der Inhalt auf die nach § 5a Abs. 1 Satz 2 EnWG bezeichneten Daten. Das sind genaue Angaben zu den Merkmalen der Transaktion im Rahmen von Energieversorgungsverträgen und Energiederivaten wie Laufzeit, Liefer- und Abrechnungsbestimmungen, Menge, Datum, Uhrzeit der Ausführung, Transaktionspreise und Angaben zur Identifizierung des betreffenden Vertragspartners sowie entsprechende Angaben zu sämtlichen offenen Positionen und nicht abgerechneten Energieversorgungsverträgen und Energiederivaten.

5 Die übermittlungspflichtigen **personenbezogenen Daten** sind die nach Art. 26 Abs. 3 Satz 1 VO Nr. 600/2014 übermittelten **Angaben zur Identifizierung der Kunden**, in deren Namen die Wertpapierfirma das Geschäft abgeschlossen hat. Diese Angaben sind näher ausgeführt in dem die Meldepflichten nach Art. 26 VO Nr. 600/2014 konkretisierenden technischen Regulierungsstandard in der Delegierten Verordnung (EU) 2017/590 der Kommission[6], insbesondere in Art. 6 DelVO 2017/590 über die Angaben zur Identifizierung natürlicher Personen und den Vorgaben im Anhang II DelVO 2017/590 über die nationalen Kundenkennungen für natürliche Personen, die in Geschäftsmeldungen zu verwenden sind.

6 Voraussetzung für die Übermittlung der Daten ist, dass die EU-Kommission mit einem entsprechenden **Ersuchen an die Bundesanstalt** herantritt. Aus dem Inhalt des Ersuchens muss sich auch ableiten lassen, dass die EU-Kommission die gewünschten Informationen zur Erfüllung ihrer im Energiewirtschaftsgesetz näher beschriebenen Aufgaben benötigt. Eine Pflicht zu Mitteilungen aus eigener Initiative der Bundesanstalt gegenüber der EU-Kommission ergibt sich aus § 20 WpHG nicht[7]. Soweit die Bundesanstalt bei ihrer Aufsichtstätigkeit Auffälligkeiten in Bezug auf die Regelungsmaterie des Energiewirtschaftsgesetzes entdeckt, kann sich hieraus ggf. eine Pflicht zur Mitteilung von Beobachtungen oder Feststellungen gegenüber der Bundesnetzagentur und der Landeskartellbehörden nach § 17 Abs. 2 WpHG ergeben.

---

1 Verordnung (EU) Nr. 600/2014 des Europäischen Parlaments und des Rates vom 15.5.2014 über Märkte für Finanzinstrumente und zur Änderung der Verordnung (EU) Nr. 648/2012, ABl. EU Nr. L 173 v. 12.6.2014, S. 84; zuletzt berichtigt im ABl. EU Nr. L 278 v. 27.10.2017, S. 5.
2 So auch *Schlette/Bouchon* in Fuchs, § 7b WpHG Rz. 5; *Klepsch* in Just/Voß/Ritz/Becker, § 7b WpHG Rz. 5.
3 BR-Drucks. 343/11, 252, 253.
4 Vgl. 6. Aufl., § 9 WpHG Rz. 49 f. und das von der Bundesanstalt veröffentlichte Informationsblatt zum Fachverfahren Transaktionsmeldungen (Art. 26 VO Nr. 600/2014) (Stand: 19.9.2017) unter: www.bafin.de/DE/DieBaFin/Service/MV Pportal/26MiFIR/26MiFIR_artikel.html.
5 Vgl. auch *Schlette/Bouchon* in Fuchs, § 7b WpHG Rz. 6; *Klepsch* in Just/Voß/Ritz/Becker, § 7b WpHG Rz. 6.
6 Delegierte Verordnung (EU) 2017/590 der Kommission vom 28.7.2016 zur Ergänzung der Verordnung (EU) Nr. 600/2014 des Europäischen Parlaments und des Rates durch technische Regulierungsstandards für die Meldung von Geschäften an die zuständigen Behörden, ABl. EU Nr. L 87 v. 31.3.2017, S. 449.
7 So auch *Eufinger* in MünchKomm. WpHG, 2. Aufl., § 7b WpHG Rz. 6; *Klepsch* in Just/Voß/Ritz/Becker, § 7b WpHG Rz. 6.

§ 21 Verschwiegenheitspflicht

(1) Die bei der Bundesanstalt Beschäftigten und die nach § 4 Abs. 3 des Finanzdienstleistungsaufsichtsgesetzes beauftragten Personen dürfen die ihnen bei ihrer Tätigkeit bekannt gewordenen Tatsachen, deren Geheimhaltung im Interesse eines nach diesem Gesetz Verpflichteten oder eines Dritten liegt, insbesondere Geschäfts- und Betriebsgeheimnisse sowie personenbezogene Daten, nicht unbefugt offenbaren oder verwenden, auch wenn sie nicht mehr im Dienst sind oder ihre Tätigkeit beendet ist. Dies gilt auch für andere Personen, die durch dienstliche Berichterstattung Kenntnis von den in Satz 1 bezeichneten Tatsachen erhalten. Ein unbefugtes Offenbaren oder Verwenden im Sinne des Satzes 1 liegt insbesondere nicht vor, wenn Tatsachen weitergegeben werden an

1. Strafverfolgungsbehörden oder für Straf- und Bußgeldsachen zuständige Gerichte,
2. kraft Gesetzes oder im öffentlichen Auftrag mit der Überwachung von Börsen oder anderen Märkten, an denen Finanzinstrumente gehandelt werden, des Handels mit Finanzinstrumenten oder Devisen, von Kreditinstituten, Finanzdienstleistungsinstituten, Kapitalverwaltungsgesellschaften, extern verwaltete Investmentgesellschaften, EU-Verwaltungsgesellschaften oder ausländische AIF-Verwaltungsgesellschaften, Finanzunternehmen, Versicherungsunternehmen, Versicherungsvermittlern, Unternehmen im Sinne von § 3 Absatz 1 Nummer 7 oder Mitarbeitern im Sinne des § 87 Absatz 1 bis 5 betraute Stellen sowie von diesen beauftragte Personen,
3. Zentralbanken in ihrer Eigenschaft als Währungsbehörden sowie an andere staatliche Behörden, die mit der Überwachung der Zahlungssysteme betraut sind,
4. mit der Liquidation oder dem Insolvenzverfahren über das Vermögen eines Wertpapierdienstleistungsunternehmens, eines organisierten Marktes oder des Betreibers eines organisierten Marktes befasste Stellen,
5. die Europäische Zentralbank, das Europäische System der Zentralbanken, die Europäische Wertpapier- und Marktaufsichtsbehörde, die Europäische Aufsichtsbehörde für das Versicherungswesen und die betriebliche Altersversorgung, die Europäische Bankenaufsichtsbehörde, den Gemeinsamen Ausschuss der Europäischen Finanzaufsichtsbehörden, den Europäischen Ausschuss für Systemrisiken oder die Europäische Kommission,

soweit diese Stellen die Informationen zur Erfüllung ihrer Aufgaben benötigen. Für die bei den in Satz 3 Nummer 1 bis 4 genannten Stellen beschäftigten Personen sowie von diesen Stellen beauftragten Personen gilt die Verschwiegenheitspflicht nach Satz 1 entsprechend. Befindet sich eine in Satz 3 Nummer 1 bis 4 genannte Stelle in einem anderen Staat, so dürfen die Tatsachen nur weitergegeben werden, wenn die bei dieser Stelle beschäftigten und die von dieser Stelle beauftragten Personen einer dem Satz 1 entsprechenden Verschwiegenheitspflicht unterliegen.

(2) Die §§ 93, 97, 105 Absatz 1, § 111 Absatz 5 in Verbindung mit § 105 Absatz 1 sowie § 116 Absatz 1 der Abgabenordnung gelten für die in Absatz 1 Satz 1 oder 2 bezeichneten Personen nur, soweit die Finanzbehörden die Kenntnisse für die Durchführung eines Verfahrens wegen einer Steuerstraftat sowie eines damit zusammenhängenden Besteuerungsverfahrens benötigen. Die in Satz 1 genannten Vorschriften sind jedoch nicht anzuwenden, soweit Tatsachen betroffen sind,

1. die den in Absatz 1 Satz 1 oder Satz 2 bezeichneten Personen durch eine Stelle eines anderen Staates im Sinne von Absatz 1 Satz 3 Nummer 2 oder durch von dieser Stelle beauftragte Personen mitgeteilt worden sind oder
2. von denen bei der Bundesanstalt beschäftigte Personen dadurch Kenntnis erlangen, dass sie an der Aufsicht über direkt von der Europäischen Zentralbank beaufsichtigte Institute mitwirken, insbesondere in gemeinsamen Aufsichtsteams nach Artikel 2 Nummer 6 der Verordnung (EU) Nr. 468/2014 der Europäischen Zentralbank vom 16. April 2014 zur Einrichtung eines Rahmenwerks für die Zusammenarbeit zwischen der Europäischen Zentralbank und den nationalen zuständigen Behörden und den nationalen benannten Behörden innerhalb des einheitlichen Aufsichtsmechanismus (SSM-Rahmenverordnung) (EZB/2014/17) (ABl. L 141 vom 14.5.2014, S. 1), und die nach den Regeln der Europäischen Zentralbank geheim sind.

(3) Das Bundesministerium der Finanzen kann durch Rechtsverordnung, die nicht der Zustimmung des Bundesrates bedarf, nähere Bestimmungen über Inhalt, Art, Umfang und Form der nach Absatz 1 Satz 1 und Absatz 2 zu übermittelnden Mitteilungen und über die zulässigen Datenträger und Übertragungswege sowie zu Form, Inhalt, Umfang und Darstellung der Veröffentlichung nach Absatz 1 Satz 2 erlassen. Das Bundesministerium der Finanzen kann die Ermächtigung durch Rechtsverordnung auf die Bundesanstalt übertragen[1].

In der Fassung des 2. FiMaNoG vom 23.6.2017 (BGBl. I 2017, 1693).

---

1 Dieser teilweise als § 21 Abs. 3 WpHG ausgewiesene Absatz ist Absatz 3 von § 8 WpHG; vgl. Ausführungen unter Rz. 94 ff.

Schrifttum: *Buck-Heeb*, Verschwiegenheitspflicht des von der BaFin beauftragten Wirtschaftsprüfers im Schadensersatzprozess bezüglich fehlerhafter Anlageberatung, jurisPR-BKR 2/2017 Anm. 5; *Döhmel*, Berücksichtigung der fachgesetzlichen Verschwiegenheitspflicht nach KWG und WpHG im Rahmen der zivilrechtlichen Beweiserhebung – Anmerkung zum Urteil des BGH vom 16.02.2016, Az.: VI ZR 441/14, ZWH 2016, 277; *Gurlit*, Gläserne Banken- und Kapitalmarktaufsicht?, WM 2009, 773; *Gurlit*, Informationsfreiheit und Verschwiegenheitspflicht der BaFin, NZG 2014, 1161; *Hippeli*, Zu Verschwiegenheitspflicht und Zeugnisverweigerungsrecht des von der BaFin beauftragten Wirtschaftsprüfers im Schadensersatzprozess eines geschädigten Anlegers, jurisPR-HaGesR 4/2016 Anm. 4; *Huber*, Anmerkung zu einem Urteil des EuGH vom 12.11.2014 (C-140/13) – Stellungnahme zu kapitalmarktrechtlichen Verschwiegenheitspflichten von Finanzaufsichtsbehörden des Bundes, NVwZ 2015, 48; *Hüttner*, Zur Informationsgewährung durch die BaFin, VuR 2009, 156; *Landauer*, Erheblich erschwerte Durchsetzung von Ansprüchen nach dem IFG gegen die BaFin, jurisPR-BKR 4/2016 Anm. 2; *Landauer*, Ablehnung eines Informationsbegehrens nach dem Informationsfreiheitsgesetz (IFG) mangels Rechtsschutzinteresses, jurisPR-BKR 2/2017 Anm. 2; *Merkelbach*, Anmerkung zu einer Entscheidung des BGH, Urteil vom 16.02.2016 (VI ZR 441/14, AG 2016, 399) – Zur Verschwiegenheitspflicht des bankaufsichtsrechtlichen Sonderprüfers, WuB 2016, 491; *Mock*, Zum Akteneinsichtsrecht nach § 406e StPO, EWiR 2008, 617; *Möllers/Madel*, Anmerkung zum Urteil des BGH vom 16.2.2016, Az. VI ZR 441/14 – Zu den zivilprozessualen Auswirkungen der kapitalmarktrechtlichen Verschwiegenheitspflicht, EWiR 2016, 355; *Möllers/Niedorf*, Anmerkung zum Urteil des BVerwG vom 24.5.2011, Az. 7 C 6/10 – Zum Informationsanspruch gegen die BaFin, EWiR 2011, 569; *Möllers/Wenninger*, Informationsansprüche gegen die BaFin im Lichte des neuen Informationsfreiheitsgesetzes (IFG), ZHR 170 (2006), 455; *Schmitz/Jastrow*, Das Informationsfreiheitsgesetz des Bundes, NVwZ 2005, 984; *Spindler*, Informationsfreiheit und Finanzmarktaufsicht, ZGR 2011, 690; *Zwade*, Zeugenbeweis und „Amtsverschwiegenheit" in kapitalmarktrechtlichen Fällen, jurisPR-BKR 1/2017.

I. Übersicht und Entwicklung der Norm 1	b) Bestimmung der Geheimhaltungsinteressen und Kategorien von Tatsachen im Geheimhaltungsinteresse 34
II. Gesetzgeberische Intention und europarechtlicher Hintergrund der Verschwiegenheitspflicht 7	3. Bei amtlicher Tätigkeit bekannt gewordene Tatsachen 42
III. Systematische Einbettung von § 21 WpHG im Gesamtsystem der finanzmarktrechtlichen Verschwiegenheitspflichten 11	4. Offenbaren 45
	5. Verwertungsverbot 46
IV. Von der Verschwiegenheitspflicht betroffene Personen 14	VI. Befugtes Offenbaren 47
V. Gegenstand der Verschwiegenheitspflicht .. 19	VII. Informationsweitergabe nach dem Informationsfreiheitsgesetz des Bundes 65
1. Tatsachenbegriff 20	VIII. Eingeschränkte Auskunftspflicht gegenüber den Finanzbehörden 83
2. Relevante Geheimhaltungsinteressen – europarechtskonforme Auslegung 22	IX. Folgen bei Verletzung der Verschwiegenheitspflicht 88
a) Berücksichtigung von privaten und aufsichtsrechtlichen Geheimhaltungsinteressen 23	X. Verordnungsermächtigung in einem Absatz 3? 94

1 I. Übersicht und Entwicklung der Norm. § 21 WpHG normiert eine besondere **Verschwiegenheitspflicht** einschließlich eines **Verwertungsverbots** für die bei der Bundesanstalt Beschäftigten und für die von ihr beauftragten Personen. Diese Verschwiegenheitspflicht wurde schon bei der Schaffung des WpHG mit dem 2. FFG[1] als § 8 WpHG a.F. im Jahre 1994 als eine wesentliche Komponente der Tätigkeit der Wertpapieraufsicht in das Regelwerk des WpHG aufgenommen und diente hierbei von Beginn an zugleich auch der Umsetzung europarechtlicher Vorgaben. Sie gilt für alle Aufsichtsbereiche nach dem WpHG. Im gleichen Zuge soll die Norm zur Sicherstellung der notwendigen umfassenden Aufsicht über den (globalisierten) Finanzmarkt die Zusammenarbeit mit anderen Aufsichtsbehörden und Aufsichtsstellen im In- und Ausland dienen und eine effektive Strafverfolgung gewährleisten. Zu diesem Zwecke sieht die Norm die Möglichkeit der befugten Weitergabe von Informationen vor, die durch einen Katalog von Stellen ergänzt wird, an die verschwiegenheitspflichtige Informationen weitergegeben werden dürfen. Die Gewährleistung der Verschwiegenheitspflicht entsprechend dieser Vorgaben muss daher bei allen Anfragen, Akteneinsichtsgesuchen und Datenweitergaben bezüglich der Aufgabenbereiche nach dem WpHG geprüft werden.

2 Die bisherigen Änderungen der Verschwiegenheitspflicht änderten die grundsätzliche Aussage der Regelung nicht[2] und waren ganz wesentlich Folgen des sich stets **erweiternden Anwendungsbereichs des WpHG und des stetig wachsenden Einflusses europäischer Regelungen auf die aufsichtliche Tätigkeit**. Ausdruck hierfür ist die zielgerichtete Ausweitung des Katalogs der Stellen, an die eine befugte Weitergabe von vertraulichen Informationen im Rahmen der europarechtlichen Vorgaben möglich ist. Die Erweiterung des Katalogs war stets auf die Sicherstellung der Aufsicht über den Finanzmarkt ausgerichtet. So dienen die durch das Finanzmarktrichtlinie-Umsetzungsgesetz[3] eingefügten Ergänzungen in Abs. 1 Satz 3 WpHG der Umsetzung der Art. 54

---

1 Gesetz über den Wertpapierhandel und zur Änderung börsenrechtlicher und wertpapierrechtlicher Vorschriften (Zweites Finanzmarktförderungsgesetz – 2. FFG) vom 26.7.1994, BGBl. I 1994, 1749.
2 Für § 9 KWG *Lindemann* in Boos/Fischer/Schulte-Mattler, KWG/CRR-VO, § 9 KWG Rz. 4.
3 Gesetz zur Umsetzung der Richtlinie über Märkte für Finanzinstrumente und der Durchführungsrichtlinie der Kommission (FRUG) vom 16.7.2007, BGBl. I 2007, 1330.

Abs. 2 und Abs. 4 sowie Art. 58 Abs. 5 RL 2004/39/EG (MiFID I). Informationen dürfen seither auch an Stellen weitergegeben werden, die für die Überwachung von Versicherungsvermittlern oder gem. § 3 Abs. 1 Satz 1 Nr. 7 WpHG ausgenommenen Unternehmen zuständig sind, sowie an Zentralbanken in ihrer Funktion als Währungsbehörden oder an Insolvenzverwalter, soweit diese mit der Abwicklung von überwachten Unternehmen betraut sind.

Weitere Anpassungen der Verschwiegenheitspflicht und insbesondere der Regelungen der befugten Weitergabe von Informationen waren erforderlich, um die nationale Verschwiegenheitspflicht an die Anforderungen durch die Schaffung des **Europäischen Finanzaufsichtssystems** anzupassen. Die Verschwiegenheitspflichten mussten insoweit ergänzt werden, als der notwendige Informationsfluss zu den Einrichtungen der europäischen Finanzaufsicht gewährleistet werden musste und zugleich die Vertraulichkeit der Informationen gegenüber den Stellen, die nicht in dieses aufsichtliche System eingebunden sind, sicherzustellen war. Diese Änderungen wurden durch das Gesetz zur Umsetzung der Richtlinie 2010/78/EU[1] eingefügt.

Neben den durch die europarechtlichen Vorgaben und die Erweiterung des Aufgabenbereichs getriebenen Änderungen der Verschwiegenheitspflicht erfolgte nur mit dem Abwicklungsmechanismusgesetz[2] eine Änderung der Verschwiegenheitspflicht in Bezug auf die **Zusammenarbeit mit Finanzbehörden** in Abs. 2. Mit der Änderung wird die nur eingeschränkte Anwendbarkeit der in der Abgabenordnung enthaltenen Auskunfts-, Vorlage-, Amtshilfe- und Anzeigepflichten gegenüber Steuerbehörden auf die Bundesanstalt so erweitert, dass diese für sämtliche Steuerstrafverfahren gelten und nicht nur für solche, an denen ein zwingendes öffentliches Interesse besteht[3].

Mit dem **2. FiMaNoG** wurde die Regelung an die Neunummerierung des WpHG angepasst. Sie wurde in diesem Zuge von § 8 WpHG a.F. zu § 21 WpHG umbenannt und die Verweisungen angepasst. Wie schon bei verschiedenen anderen Änderungen des WpHG wurde der Anwendungsbereich der Norm insofern ausgeweitet, als durch den erweiterten Aufgabenbereich der Bundesanstalt, wie beispielsweise die Aufsicht über die Datenbereitstellungsdienste, auch diese Informationen aus diesen neuen Aufgabenbereichen des WpHG unter diese Verschwiegenheitspflicht fallen.

Zugleich **trägt** die Verschwiegenheitspflicht inzwischen einer **immer größer werdenden Anzahl von europarechtlichen Anforderungen Rechnung**, die die Verschwiegenheit der nationalen Aufsichtsbehörden, ihrer Beschäftigten und der von ihr beauftragten Personen verlangen. Diese Anforderungen ergeben sich nicht nur aus den umzusetzenden Richtlinien, wie der RL 2014/65/EU (MiFID II), sondern auch aus einer Vielzahl von Regelungen in den europäischen Verordnungen, wie z.B. Art. 34 VO Nr. 236/2012 (Leerverkaufs-VO), Art. 83 VO Nr. 648/2012 (EMIR), Art. 27 VO Nr. 596/2014 (MAR) und Art. 48 VO 2016/1011 (Benchmark-VO) und Art. 18 VO 2015/2365 (SFT-VO). Diese Vorschriften finden regelmäßig **keinen ausdrücklichen Niederschlag** im Normtext der Verschwiegenheitspflicht, da eine nationale Umsetzung der Anforderung aufgrund der vorliegenden Verschwiegenheitspflicht bzw. aufgrund der unmittelbaren Geltung nicht gesondert erforderlich war. Dieser europarechtliche Hintergrund ist **bei der Auslegung der Verschwiegenheitspflicht unbedingt zu berücksichtigen**.

II. Gesetzgeberische Intention und europarechtlicher Hintergrund der Verschwiegenheitspflicht. Schon bei der Normierung des WpHG im 2. FFG hielt es der Gesetzgeber für erforderlich, eine spezielle Verschwiegenheitspflicht für die Kapitalmarktaufsicht einzuführen. Insoweit hielt er offensichtlich die allgemeine Verschwiegenheitspflicht nach § 30 VwVfG, wie auch die Pflichten aus z.B. § 67 BBeamtG, für nicht ausreichend. In der Gesetzesbegründung wurde klargestellt, dass eine solche **Regelung notwendig ist, um das Vertrauen in die Integrität der Aufsichtspraxis und eine entsprechende Kooperationsbereitschaft sicherzustellen**. Wegen der vielfältigen und tiefgehenden Aufsichtsbefugnisse und den daraus resultierenden Einblicken der Bundesanstalt in die Vermögensverhältnisse und Geschäftsstrategien war die Verankerung einer **besonderen gesetzlichen Verschwiegenheitspflicht** unabweisbar, um das notwendige Vertrauen in die Integrität der Aufsichtspraxis und eine entsprechende Kooperationsbereitschaft der Beaufsichtigten sicherzustellen[4].

§ 21 WpHG ist aber auch ein Ausdruck der nationalgesetzlichen **Umsetzung der in den europarechtlichen Regelungen vorgesehenen Verschwiegenheitspflichten**. So wurden bei der Normierung der Verschwiegenheitspflicht mit dem 2. FFG vornehmlich Art. 9 RL 89/592/EWG (Insiderrichtlinie), Art. 14 RL 88/627/EWG (Transparenzrichtlinie von 1988), Art. 25 RL 93/22/EWG (Wertpapierdienstleistungsrichtlinie) und Art. 19 RL 79/279/EWG (Börsenzulassungsrichtlinie) umgesetzt. In der folgenden Zeit setzte die Norm auch Art. 13 RL 2003/6/EG (Marktmissbrauchsrichtlinie), die Anforderungen der Art. 25 RL 2004/109/EG (Transparenzricht-

---

1 Gesetz zur Umsetzung der Richtlinie 2011/89/EU des Europäischen Parlaments und des Rates vom 16.11.2011 zur Änderung der Richtlinien 98/78/EG, 2002/87/EG, 2006/48/EG und 2009/138/EG hinsichtlich der zusätzlichen Beaufsichtigung der Finanzunternehmen eines Finanzkonglomerats vom 27.6.2013, BGBl. I 2013, 1862.
2 Art. 11 des Gesetzes zur Anpassung des nationalen Bankenabwicklungsrechts an den Einheitlichen Abwicklungsmechanismus und die europäischen Vorgaben zur Bankenabgabe (Abwicklungsmechanismusgesetz – AbwMechG) vom 2.11.2015, BGBl. I 2015, 1864.
3 Vgl. Begr. RegE AbwMechG, BT-Drucks. 18/5009, 89 mit Verweis auf S. 71.
4 Vgl. Begr. RegE 2. FFG, BT-Drucks. 12/6679, 42.

linie von 2004) und Art. 54 RL 2004/39/EG (MiFID I) um. Seit Januar 2018 dient die vorliegende Norm auch der Umsetzung von Art. 76 RL 2014/65/EU (MiFID II). Entsprechend müssen bei der Auslegung der Voraussetzungen und Folgen der Verschwiegenheitspflicht auch diese europarechtlichen Vorgaben berücksichtigt werden.

9 **Ziel der Verschwiegenheitspflicht** aus § 21 WpHG ist auch die Schaffung einer gemeinsamen Basis für die Zusammenarbeit der verschiedenen nationalen Aufsichtsbehörden und der in die Finanzmarktaufsicht einbezogenen europäischen Einrichtungen, wie EZB, ESMA etc. Diese Basis ist gezeichnet von zwei Komponenten, und zwar der Sicherstellung eines **effizienten Informationsflusses zwischen den Aufsichtsstellen** und des **gegenseitigen Vertrauens auf die Vertraulichkeit der aufsichtlichen Informationen**, also die strikte Wahrung der Verschwiegenheitspflicht. In diesem Sinne führt der EuGH in seiner Entscheidung vom 12.11.2014 – Rs. C-140/13[1] aus: „Das wirksame Funktionieren des … Systems zur Überwachung der Tätigkeit von Wertpapierfirmen, das auf einer Überwachung innerhalb eines Mitgliedstaats und dem Informationsaustausch zwischen den zuständigen Behörden mehrerer Mitgliedstaaten beruht, erfordert es, dass sowohl die überwachten Firmen als auch die zuständigen Behörden sicher sein können, dass die vertraulichen Informationen grundsätzlich auch vertraulich bleiben (vgl. entsprechend Urteil Hillenius, 110/84, EU:C:1985:495, Rz. 27)." Hierfür ist auch eine unionsweit einheitliche Auslegung der Fälle erforderlich, die unter die eng auszulegenden Ausnahmetatbestände fallen, da anderenfalls der reibungslose Informationsaustausch zwischen den verschiedenen Aufsichtsbehörden und den beaufsichtigten Marktteilnehmern gefährdet wäre[2].

10 In diesem Sinne ist Ziel dieser speziellen Verschwiegenheitspflicht die Sicherstellung des Vertrauens sowohl der Marktteilnehmer als auch der anderen Aufsichtsbehörden in die Wahrung der Vertraulichkeit verschwiegenheitspflichtiger Informationen durch die Bundesanstalt, um die Kooperation der Marktteilnehmer und die Zusammenarbeit auf europäischer Ebene zu gewährleisten, ohne den notwendigen Informationsfluss im Rahmen der europäischen Marktaufsicht und der Sanktionierung von Verstößen auf den Finanzmarkt zu behindern.

11 **III. Systematische Einbettung von § 21 WpHG im Gesamtsystem der finanzmarktrechtlichen Verschwiegenheitspflichten.** In allen das Kapitalmarktrecht bzw. die Finanzdienstleistungsaufsicht betreffenden Gesetze sind Verschwiegenheitspflichten enthalten, die in entsprechender Weise besondere Verschwiegenheitspflichten der Bundesanstalt bzw. der nationalen Aufsichtsbehörden regeln. So finden sich **parallele Normen** z.B. in § 10 BörsG, § 9 KWG, § 309 VAG, § 4 VermAnlG, § 27 WpPG, § 9 WpÜG sowie die teilweise auch auf § 9 KWG verweisenden § 8 KAGB, § 6 ZAG[3] und §§ 4 bis 11 SAG[4]. Vergleichbar sind auch § 21 EinSiG und § 13 AnlEntG. Insoweit hat der Gesetzgeber unter Berücksichtigung der jeweiligen Regelungsmaterie ein geschlossenes System der Verschwiegenheitspflichten geschaffen[5], was beispielsweise auch durch die verschiedenen Verweise auf die jeweiligen Parallelnormen in den Gesetzesbegründungen oder in den Regelungen selbst dokumentiert wird[6]. Die Berücksichtigung der unterschiedlichen Aufsichtsmaterien und die jeweils unterschiedlichen Kooperationsnotwendigkeiten führen bei einem grundsätzlich vergleichbaren Aufbau der Normen der Verschwiegenheitspflichten zu sachlich begründeten unterschiedlichen Detailregelungen z.B. im Katalog der befugten Offenbarungsmöglichkeiten. Letztlich bildet § 11 FinDAG für die Bundesanstalt eine Klammer um die verschiedenen spezialgesetzlichen Verschwiegenheitspflichten.

12 **Ergänzt** wird die Verschwiegenheitspflicht nach § 21 WpHG durch eine Vielzahl **unmittelbar geltender europarechtlicher Verschwiegenheitspflichten** in den diversen europarechtlichen Verordnungen, die ihrerseits auch auf den europäischen Richtlinien, wie der MiFID II, beruhen, deren Anforderungen in Bezug auf die Schaffung entsprechender Berufsgeheimnisse auch durch § 21 WpHG umgesetzt werden. Hier kann beispielsweise auf Art. 27 VO Nr. 596/2014 (MAR), Art. 34 VO Nr. 236/2012 (EU-LeerverkaufsVO), Art. 83 VO Nr. 648/2012 (EMIR), Art. 70 VO Nr. 1095/2010 (ESMA-VO) nebst den parallelen ESA-VO, Art. 27 VO Nr. 1024/2013 (SSM-VO) verwiesen werden. Die hiervon erfassten vertraulichen Informationen unterliegen überwiegend zugleich der Verschwiegenheitspflicht nach § 21 WpHG und den hierauf basierenden nationalen Sanktionsregelungen.

---

1 EuGH (Zweite Kammer) v. 12.11.2014 – Rs. C-140/13, ABl. EU Nr. C 16 v. 19.1.2015; Annett Altmann und andere gegen Bundesanstalt für Finanzdienstleistungsaufsicht.; Ersuchen um Vorabentscheidung: VG Frankfurt/M. – Deutschland; Vorlage zur Vorabentscheidung – Rechtsangleichung – Richtlinie 2004/39/EG – Art. 54 – Berufsgeheimnis der nationalen Finanzaufsichtsbehörden – Informationen über eine betrügerische Wertpapierfirma, die sich im Verfahren der gerichtlichen Liquidation befindet.
2 Vgl. Rz. 37 und 41 der Schlussanträge der Generalanwältin *Juliane Kokott* v. 26.7.2017 – Rs. C-358/16; Rz. 59 der Schlussanträge des Generalanwalts *Yves Bot* v. 12.12.2017 – Rs. C-15/16, beide veröffentlicht unter curia.europa.eu.
3 Gesetz über die Beaufsichtigung von Zahlungsdiensten (Zahlungsdiensteaufsichtsgesetz – ZAG) vom 17.7.2017, BGBl. I 2017, 2446.
4 Gesetz zur Sanierung und Abwicklung von Instituten und Finanzgruppen (Sanierungs- und Abwicklungsgesetz – SAG) vom 10.12.2014, BGBl. I 2014, 2091, zuletzt geändert durch Art. 3 des Gesetzes vom 23.12.2016, BGBl. I 2016, 3171.
5 Vgl. *Bruchwitz* in Just/Voß/Ritz/Becker, § 8 WpHG Rz. 1.
6 Vgl. z.B. die Begr. RegE, BT-Drucks. 12/6959, 87 zur Orientierung für § 84 VAG a.F. (heute § 309 VAG) an § 9 KWG, BT-Drucks. 12/6679, 42 für das Heranziehen von § 9 KWG bei der Normierung von § 8 WpHG a.F. und BT-Drucks. 13/7142, 75 für den Einfluss von § 8 WpHG a.F. (heute § 21 WpHG) auf § 9 KWG.

Entsprechend bildet der – im **Verhältnis zu den allgemeinen Verschwiegenheitspflichten** der § 30 VwVfG, § 67 BBeamtenG, § 3 Abs. 1 TVöD – als **lex spezialis**[1] einzuordnende § 21 WpHG gemeinsam mit den übrigen fachgesetzlichen Verschwiegenheitspflichten der Finanzmarkaufsicht ein Gesamtsystem zur Wahrung der Vertraulichkeit der verschwiegenheitspflichtigen Informationen aus der aufsichtlichen Tätigkeit bei Sicherstellung des Informationsflusses zwischen den in die Beaufsichtigung des Finanzmarkts einbezogenen Behörden und Institutionen[2]. Demgegenüber ist die Nutzung der aufsichtlichen Informationen zu privaten, zivilrechtlichen und sonstigen nicht der Finanzmarktaufsicht dienenden Zwecken ausgeschlossen.

IV. Von der Verschwiegenheitspflicht betroffene Personen. Unter die Regelung des § 21 Abs. 1 Satz 1 WpHG fallen zunächst alle bei der Bundesanstalt beschäftigten Personen, d.h. alle **Beamten, Angestellten und Arbeiter, auch Azubis, dorthin Abgeordnete etc.**[3] Über die Regelung des § 11 Satz 2 FinDAG gilt die Verschwiegenheitspflicht aber auch für alle **Mitglieder des Verwaltungsrats** der Bundesanstalt und der verschiedenen **Beiräte**[4], wie z.B. dem Verbraucherbeirat nach § 8a FinDAG, soweit diesen Mitgliedern bei der Wahrnehmung ihrer Tätigkeit entsprechende verschwiegenheitspflichtige Tatsachen bekannt werden. Die Verschwiegenheitspflicht gilt fort, wenn die Personen nicht mehr im Dienst sind oder ihre Tätigkeit beendet ist. In Bezug auf die Bediensteten gilt die Verschwiegenheitspflicht also fort, wenn sie aus den Diensten der Bundesanstalt ausscheiden, sei es durch Eintritt in den Ruhestand, sei es durch Wechsel zu einem anderen Arbeitgeber – auch innerhalb der Bundesverwaltung. Es handelt sich in Bezug auf die Fortwirkung der Verschwiegenheitsverpflichtung um eine Parallele zu der allgemeinen dienstlichen Verschwiegenheitspflicht, wie sie sich aus den Vorschriften der § 67 BBeamtenG, § 3 Abs. 1 TVöD ergibt. Ungeachtet dessen ist die Verschwiegenheitspflicht nach § 21 WpHG keine Konkretisierung dieser allgemeinen dienstlichen Verschwiegenheitspflicht, sondern eine eigenständige, europarechtlich begründete Verschwiegenheitspflicht. Sie hat einen eigenen Anwendungsbereich, eigene Tatbestandsvoraussetzungen und eigene Rechtsfolgen.

Die Verschwiegenheitspflicht richtet sich nach dem Wortlaut des Gesetzes zunächst nur an **Personen**, nämlich die Bediensteten der Bundesanstalt, nicht an die Bundesanstalt selbst. Es wäre aber ein geradezu groteskes Ergebnis, wenn die Behörde alles dies an Dritte weitergeben könnte, was den einzelnen Beschäftigten untersagt ist. Die Diskussion, ob die Geheimhaltungspflicht einer Behörde identisch ist mit der Summe der zur Verschwiegenheit verpflichteten dort tätigen Bediensteten, bedarf keiner Vertiefung. Denn in der Begründung zu § 8 WpHG a.F. hat der Gesetzgeber eindeutig klargestellt, dass wegen der vielfältigen und tiefgehenden Aufsichtsbefugnisse und den daraus resultierenden Einblicken des (früheren) Bundesaufsichtsamtes in die Vermögensverhältnisse und Geschäftsstrategien ... die Verankerung einer besonderen gesetzlichen Verschwiegenheitspflicht unabweisbar ist[5]. Entsprechend diesem Zweck, die bei der Bundesanstalt durch die Tätigkeit von Einzelpersonen gewonnenen Erkenntnisse gegen unbefugte Weitergabe und Offenbaren zu sichern, sind denklogisch **Behörde und Bedienstete gleichermaßen gemeint**. Das ergibt sich auch aus den systematischen Zusammenhängen innerhalb von § 21 WpHG und im Gesamtkontext der Tätigkeit der Bundesanstalt[6]. Letztlich geht auch die Rechtsprechung[7] und die Literatur[8] einhellig von einer Verschwiegenheitsplicht auch für die Bundesanstalt aus.

Zum Kreis der zur Verschwiegenheit Verpflichteten zählen ferner die **Personen, deren sich die Bundesanstalt zur Durchführung ihrer Aufgaben bedient**, sei es im Rahmen einer Amtshilfe oder durch privatrechtliche Beauftragung. Hier kann beispielsweise an Wirtschaftsprüfer, Prüfungsverbände der Sparkassen und genossenschaftlichen Institute z.B. Im Rahmen einer Prüfung nach §§ 88, 89 WpHG oder Sachverständigen bzw. Spezialisten z.B. Beurteilung von algorithmischen Handelssystemen etc. gedacht werden. Näheres zu diesem Personenkreis s. Anmerkungen zu § 4 Abs. 3 FinDAG (Vor § 6 WpHG Rz. 41 ff.). Mit Blick auf die Entscheidung des BGH[9], nach der die fachgesetzliche Verschwiegenheitspflicht aus § 8 WpHG a.F. und § 9 KWG den Wirtschaftsprüfern keine Pflicht zur Amtsverschwiegenheit nach § 376 Abs. 1 ZPO auferlege und ihnen stattdessen

---

1 Vgl. *Möllers/Wenninger* in KölnKomm. WpHG, § 8 WpHG Rz. 10; *Schlette/Bouchon* in Fuchs, § 8 WpHG Rz. 1.
2 Vgl. *Möllers/Wenninger* in KölnKomm. WpHG, § 8 WpHG Rz. 3.
3 Vgl. *Möllers/Wenninger* in KölnKomm. WpHG, § 8 WpHG Rz. 12; *Schlette/Bouchon* in Fuchs, § 8 WpHG Rz. 4; *Holst* in KölnKomm. WpÜG, § 9 WpÜG Rz. 11; für § 9 KWG z.B. *Lindemann* in Boos/Fischer/Schulte-Mattler, KWG/CRR-VO, § 9 KWG Rz. 5.
4 Vgl. BVerwG v. 28.7.2016 – 7 C 3.15, NVwZ 2016, 1820, zu den Sitzungen des Verwaltungsrats und des Haushaltskontroll- und Prüfungsausschusses, Rz. 10 und 21 f.; vgl. auch OVG Berlin-Brandenburg v. 28.1.2015 – OVG 12 B 2.13 – juris.
5 Vgl. BT-Drucks. 12/6679, 42.
6 Soweit diese Fragestellung noch diskutiert wird, kann auf die Argumentation von *Dreyling/Döhmel* in der 5. Aufl. des Kommentars, § 8 WpHG Rz. 5 verwiesen werden.
7 Vgl. beispielsweise VG Frankfurt/M. v. 23.1.2008 – 7 E 3280/06, NVwZ 2008, 1384.
8 So auch *Beck* in Schwark/Zimmer, § 8 WpHG Rz. 4; *Schlette/Bouchon* in Fuchs, § 8 WpHG Rz. 5; *Möllers/Wenniger* in KölnKomm. WpHG, § 8 WpHG Rz. 15; *Bruchwitz* in Just/Voß/Ritz/Becker, § 8 WpHG Rz. 1; für parallele Normen: *Lindemann* in Boos/Fischer/Schulte-Mattler, KWG/CRR-VO, § 9 KWG Rz. 6; *Becker* in Reischauer/Kleinhans, § 9 KWG Rz. 6; *Brocker* in Schwennige/Auerbach, § 9 KWG Rz. 6; *Klepsch* in Steinmeyer, § 9 WpÜG Rz. 2.
9 BGH v. 16.2.2016 – VI ZR 441/14, AG 2016, 399 = WM 2016, 508.

nur ein Zeugnisverweigerungsrecht nach § 383 Abs. 1 Nr. 6 ZPO zustehen könne, besteht hier nun die ernstliche Gefahr einer vom Gesetzgeber nicht gewollten Lücke in den fachgesetzlichen Verschwiegenheitspflichten[1]. Um dieser zu begegnen und für die von der Bundesanstalt Beauftragten Rechtssicherheit herzustellen, wird die Bundesanstalt die Beauftragten nun regelmäßig zusätzlich nach dem Verpflichtungsgesetz[2] verpflichten müssen.

17 Des Weiteren unterliegen nach § 21 Abs. 1 Satz 2 WpHG diejenigen **Personen** der Verschwiegenheitspflicht, **die durch dienstliche Berichterstattung Kenntnis** von den in § 21 Abs. 1 Satz 1 WpHG bezeichneten Tatsachen **erlangt** haben. Hier ist insbesondere an die Fälle der dienstlichen Berichterstattung an das Bundesministerium für Finanzen (BMF) zu denken. Dieses übt nach § 2 FinDAG die Fach- und Rechtsaufsicht über die Bundesanstalt aus.

18 Letztlich gilt die Verschwiegenheitspflicht aber auch für diejenigen, die als befugte **Stellen die Information nach § 21 Abs. 1 Satz 3 Nr. 1 bis 4 WpHG erhalten** haben. Dies sind z.B. die Strafverfolgungsbehörden, Insolvenzverwalter und andere Aufsichtsbehörden. Mit der Weitergabe der Informationen an diese Stellen geht zugleich auch die Verschwiegenheitspflicht auf diese über (§ 21 Abs. 1 Satz 4 WpHG). Da diese Rechtsfolge für diese Stellen oftmals nicht offensichtlich ist, empfiehlt es sich, bei der Weitergabe von Informationen z.B. gem. § 11 WpHG oder im Rahmen privatrechtlicher Beauftragung, auf die Verpflichtung nach § 21 WpHG hinzuweisen. Von der mit der Offenbarung der verschwiegenheitspflichtigen Information verbundenen Weitergabe der Verschwiegenheitspflicht sind die europäischen Einrichtungen der Finanzmarktaufsicht nach § 21 Abs. 1 Satz 3 Nr. 5 WpHG ausgenommen, da sie zum einen durch den nationalen Gesetzgeber nicht verpflichtet werden könnten und zum anderen – teilweise weitergehenden – europäischen Verschwiegenheitspflichten unterliegen.

19 **V. Gegenstand der Verschwiegenheitspflicht.** Der Inhalt, insbesondere der Umfang bzw. die Weite der Verschwiegenheitspflicht, ist derzeit eine der interessanten Fragestellungen zur Verschwiegenheitspflicht nach § 21 WpHG. Diese Fragestellung ist gegenwärtig Gegenstand mehrerer obergerichtlicher und europäischer Gerichtsverfahren. Kern der Fragestellung ist, auf welche Aspekte sich die Verschwiegenheitspflicht bezieht, wie weitgehend sie ist. Die Verschwiegenheitspflicht gem. § 21 Abs. 1 Satz 1 WpHG bezieht sich auf **alle Tatsachen, deren Geheimhaltung im Interesse eines nach diesem Gesetz Verpflichteten oder eines Dritten liegt**. Bei der Bestimmung des entsprechenden Umfangs der Verschwiegenheitspflicht müssen auch die europarechtlichen Vorgaben Berücksichtigung finden.

20 **1. Tatsachenbegriff.** Der Verschwiegenheitspflicht gem. § 21 WpHG unterfallen Tatsachen. Die dem WpHG zugrunde liegenden europäischen Vorgaben für die Verschwiegenheitspflicht beziehen sich im Wesentlichen auf **vertrauliche Informationen** (z.B. Art. 76 Abs. 1 Satz 2 RL 2014/65/EU). Die Begriffe Tatsache und Information sind nicht deckungsgleich, der Begriff der Information ist deutlich weitergehender als der Begriff der Tatsache, insbesondere wenn man das strafrechtliche Verständnis zugrunde legen würde. Schon die europarechtskonforme Auslegung, die einen einheitlichen Maßstab in allen Mitgliedstaaten anstrebt[3], lässt daher ein strafrechtliches Verständnis des Tatsachenbegriffs nicht zu. Aber auch in Anbetracht des Zwecks des WpHG, den Kapitalmarkt zu überwachen und z.B. auch die Herkunft von Marktgerüchten aufzuklären sowie den sich hieraus ergebenden aufsichtlichen Kenntnissen, kann der Begriff der Tatsache i.S.d. § 21 WpHG nicht an den Grenzen des strafrechtlichen Tatsachenbegriffs enden, der z.B. Werturteile, Schlussfolgerungen, Vermutungen und Gerüchte nicht mit umfasst. Ein solch einengendes Verständnis würde weder dem Zweck der Verschwiegenheitspflicht im Sinne des Vertrauensschutzes in Bezug auf die Marktteilnehmer als auch auf die anderen Aufsichtsbehörden und europäischen Institutionen (vgl. Rz. 8 ff.) noch den deutlich weitergehenden europarechtlichen Vorgaben Rechnung tragen.

21 Als Tatsachen können daher **sämtliche Erkenntnisse über gegenwärtige und vergangene Geschehnisse, Zustände und Verhältnisse, auch Meinungsäußerungen, Gerüchte**[4]**, Wertungen etc.** verstanden werden[5]. Auch die Existenz von Meinungen, Gerüchten etc. sind sinnlich wahrnehmbar. Ihre Weitergabe und damit Verbreitung durch die Bundesanstalt kann für den Betroffenen ungewünschte Folgen haben, so dass er ein Interesse an deren Geheimhaltung haben kann. Bezüglich möglicher Einwände, dass dieses Verständnis zu weitgehend sei, sei darauf hingewiesen, dass der Bundesanstalt verschiedene Eingriffsbefugnisse zur Aufklärung von Sachverhalten schon dann zustehen, wenn sie Anhaltspunkte für die Erforderlichkeit der Überwachung der Gebote oder Verbote des WpHG hat, wie z.B. §§ 7 Abs. 2 oder 8 Abs. 2 WpHG. So ist z.B. die Aufklärung der Herkunft

---

1 Vgl. z.B. *Zwade*, jurisPR-BKR 1/2017 Anm. 2.
2 Gesetz über die förmliche Verpflichtung nichtbeamteter Personen (Verpflichtungsgesetz) vom 2.3.1974, BGBl. I 1974, 469, 547, zuletzt geändert durch § 1 Nr. 4 des Gesetzes vom 15.8.1974, BGBl. I 1974, 1942.
3 Vgl. z.B. Schlussanträge der Generalanwältin *Juliane Kokott* v. 26.7.2017 – Rs. C-358/16, Rz. 37, veröffentlicht unter curia.europa.eu.
4 Vgl. auch Hess. VGH v. 16.3.1998 – 8 TZ 98/98, AG 1998, 436; VG Frankfurt v. 9.12.1997 – 15 G 2328/97 (1), NJW-RR 1998, 625.
5 Vgl. *Schlette/Bouchon* in Fuchs, § 8 WpHG Rz. 7. Hierzu auch *Beck* in Schwark/Zimmer, § 8 WpHG Rz. 5 f. Vgl. auch BGH v. 24.1.2006 – XI ZR 384/03, NJW 2006, 830 Rz. 35 zu Wertungen als Teil des Bankgeheimnisses und Rz. 63 ff. zu Tatsachenbehauptungen in Werturteilen und Meinungsäußerungen.

von ggf. marktmanipulierenden Gerüchten Teil der aufsichtsrechtlichen Tätigkeit. Auch im Interesse der zur Sachverhaltsaufklärung herangezogenen Marktteilnehmer, sowie im Interesse der aufsichtlichen Tätigkeit und der europäischen Zusammenarbeit ist es erforderlich, dass auch diese Anhaltspunkte (vgl. § 6 WpHG Rz. 133) der Vertraulichkeit der Bundesanstalt unterliegen. Auch unter Berücksichtigung der Strafrechtsrelevanz von § 21 WpHG und dem Analogieverbot[1] muss sich der Tatsachenbegriff in § 21 Abs. 1 Satz 1 WpHG nicht an den Grenzen des strafrechtlichen Tatsachenbegriffs messen lassen. Denn die zunächst verwaltungsrechtliche Verschwiegenheitspflicht kann durchaus weiterreichen als ihre buß- oder strafrechtlichen Sanktionsmöglichkeiten. Erst diese aus weiteren Regelungen folgenden Rechtsfolgen bei Verstößen unterliegen den strengen strafrechtlichen Kriterien.

2. Relevante Geheimhaltungsinteressen – europarechtskonforme Auslegung. Die Verschwiegenheitspflicht nach § 21 Abs. 1 Satz 1 WpHG gilt für alle Tatsachen, deren Geheimhaltung im Interesse eines nach diesem Gesetz Verpflichteten oder eines Dritten liegt. Insoweit stellt sich zum einen die Frage, wessen Geheimhaltungsinteressen Berücksichtigung finden können und zum anderen um welche Art von Geheimhaltungsinteressen es sich hierbei handelt sowie welche Kategorien von Informationen regelmäßig unter das Geheimhaltungsinteresse gefasst werden können.

a) Berücksichtigung von privaten und aufsichtsrechtlichen Geheimhaltungsinteressen. Geheimhaltungspflichtig sind nach dem Wortlaut von § 21 Abs. 1 Satz 1 WpHG alle Tatsachen **im Geheimhaltungsinteresse** eines nach diesem Gesetz Verpflichteten oder eines Dritten. Das bedeutet, dass zum einen die Tatsachen im Geheimhaltungsinteresse **nach dem WpHG Verpflichteten**, sei z.B. es durch Auskunfts-, Vorlage-, Mitteilungs- oder Meldepflichten, aber auch freiwillige Mitteilungen von Beaufsichtigten oder Auskunftserteilung aufgrund der Anhörung zu einem Auskunftsersuchen etc., geschützt sind. Es werden zum anderen aber auch solche Tatsachen geschützt, deren Geheimhaltung **im Interesse sonstiger Dritter** liegt, wie von z.B. von Hinweisgebern (sog. Whistleblowern).

Der Wortlaut von § 21 Abs. 1 Satz 1 WpHG könnte so verstanden werden, dass die Verschwiegenheitspflicht allein die **Geheimhaltungsinteressen Privater** – im Sinne von Beaufsichtigter oder Dritter – schützt, nicht aber die **öffentlich-rechtlichen Interessen** einer funktionierenden Aufsicht und des vertrauensvollen Informationsaustauschs zwischen den Aufsichtsbehörden. Gegen ein solch enges Verständnis spricht schon die Gesetzesbegründung zur Verschwiegenheitspflicht. Die Zielrichtung der Verschwiegenheitspflicht ist vornehmlich die Wahrung öffentlich-rechtlicher Interessen, und zwar „um das notwendige Vertrauen in die Integrität der Aufsichtspraxis und eine entsprechende Kooperationsbereitschaft, insbesondere bei der Aufdeckung von Verstößen gegen das Insiderverbot sicherzustellen."[2] Der Schutz der Interessen der Privaten ist damit Rechtsreflex, um das öffentlich-rechtliche Interesse durchzusetzen. Im Lichte der Umsetzung verschiedener europarechtlicher Vorgaben durch § 21 WpHG und der damit notwenigen europarechtskonformen Auslegung muss zudem auch die Rechtsprechung der EuGH zur Verschwiegenheitspflicht oder im europäischen Kontext des Berufsgeheimnisses berücksichtigt werden.

In einer **richtungsweisenden Entscheidung** entschied der **EuGH** mit Urteil vom 12.11.2014[3] zur Wirkung und Reichweite des europarechtlich geforderten Berufsgeheimnisses nach Art. 54 Abs. 1 RL 2004/39/EG (MiFID I). Diese Entscheidung, die ihrerseits auf die entsprechenden Ausführungen des Generalanwalts verwies, muss künftig bei der Auslegung des Begriffs der „Tatsachen im Geheimhaltungsinteresse" i.S.d. § 21 WpHG berücksichtigt werden. In dieser Entscheidung schloss sich der EuGH den Ausführungen des Generalanwalts an, der **drei Arten von verschwiegenheitspflichtigen Informationen** aus Art. 54 RL 2004/39/EG (MiFID I) herausarbeitete[4], auf die sich das Berufsgeheimnis der Aufsichtsbehörde bezieht.

Verschwiegenheitspflichtige Informationen sind danach „erstens die **Informationen, die dem sog. Bankgeheimnis unterliegen,** das sich auf die Beziehungen zwischen dem Kreditinstitut, der Wertpapierfirma oder einem anderen Finanzunternehmen und deren Kunden und Vertragspartnern erstreckt." Diese Informationen können teilweise auch unter das deutsche Regelbeispiel der Geschäfts- und Betriebsgeheimnisse des beaufsichtigten Unternehmens gefasst werden. Im Schwerpunkt handelt es sich hierbei aber personenbezogene Daten der privaten Kunden und soweit die Vertragspartner juristische Personen sind, um deren Geschäfts- und Betriebsgeheimnisse.

„Zweitens gibt es Informationen, die durch das „Betriebsgeheimnis" der beaufsichtigten Unternehmen geschützt werden. Dabei handelt es sich um die eigenen Geschäfts- und Betriebsgeheimnisse der betreffenden Wertpapierfirmen oder Finanzunternehmen. Es liegt auf der Hand, dass das Vertrauen der beaufsichtigten Un-

---

1 Ein weites Verständnis aufgrund des Analogieverbotes ablehnend: *Möllers/Wenniger* in KölnKomm. WpHG, § 8 WpHG Rz. 19.
2 Vgl. Begr. RegE 2. FFG, BT-Drucks. 12/6679, 42.
3 EuGH v. 12.11.2014 – Rs. C-140/13 – Annett Altmann u.a./BaFin, NVwZ 2016, 46.
4 Vgl. Schlussanträge des Generalanwalts *Jääskinen* v. 4.9.2014 – Rs. C-140/13, Rz. 34 bis 38, veröffentlicht unter curia.europa.eu und juris.

ternehmen, auf das die zuständigen Behörden angewiesen sind, von der Voraussetzung abhängig ist, dass derartige Geheimnisse einer Verpflichtung der Behörden zur Wahrung des Berufsgeheimnisses unterliegen. Wäre das nicht der Fall, würden die für die Aufsicht erforderlichen vertraulichen Informationen den Behörden nur widerstrebend oder gar nur unter Zwang erteilt." Diese Informationen sind als **Geschäfts- und Betriebsgeheimnisse der nach dem WpHG Verpflichteten** vom Regelbeispiel des § 21 Abs. 1 Satz 1 WpHG umfasst.

28 Dem Berufsgeheimnis unterfallen „Drittens ... Informationen, die der eigenen Geheimhaltungspflicht der Aufsichtsbehörden unterliegen, dem sog. „aufsichtsrechtlichen Geheimnis", das den Aufsichtsbehörden des Finanzsektors und ihren Mitarbeitern auferlegt ist. Zu dieser Kategorie gehören insbesondere die von den zuständigen Behörden angewandten Überwachungsmethoden, die Korrespondenz und der Informationsaustausch der verschiedenen zuständigen Behörden untereinander sowie zwischen ihnen und den beaufsichtigten Unternehmen und alle sonstigen nicht öffentlichen Informationen über den Stand der beaufsichtigten Märkte und die dort ablaufenden Transaktionen."[1] Dieses schützenswerte „**aufsichtsrechtliche Geheimnis**" umfasst damit unzweifelhaft die Tatsachen, deren Geheimhaltung im eigenen Interesse der Aufsichtsbehörden liegen.

29 Der EuGH stellt damit klar, dass das **Berufsgeheimnis auch im Interesse der Aufsichtsbehörde** besteht, wenn er formuliert: „Wie der Generalanwalt in Nr. 37 seiner Schlussanträge ausgeführt hat und wie auch aus dem letzten Satz des 63. Erwägungsgrundes der Richtlinie 2004/39 hervorgeht, könnte das Fehlen eines solchen Vertrauens die reibungslose Übermittlung der vertraulichen Informationen gefährden, die zur Ausübung der Überwachungstätigkeit erforderlich sind. Daher stellt Art. 54 Abs. 1 der Richtlinie 2004/39 zum Schutz nicht nur der unmittelbar betroffenen Firmen, sondern auch des normalen Funktionierens der Unionsmärkte für Finanzinstrumente die Grundregel auf, dass das Berufsgeheimnis zu wahren ist."[2] Das hiermit deutlich herausgearbeitet „**aufsichtsrechtliche Geheimnis**" muss bei der Bestimmung der Tatsachen im Geheimhaltungsinteresse nach § 21 WpHG im Rahmen der europarechtskonformen Auslegung berücksichtigt werden. Es zeigt zudem deutlich, dass **nicht nur die Interessen Privater, sondern auch öffentliche Interessen durch die Verschwiegenheitspflicht geschützt** werden sollen.

30 In Anbetracht dieser EuGH-Entscheidung haben zunächst der Hessische Verwaltungsgerichtshof[3] und das VG Frankfurt/M.[4] das „aufsichtsrechtliche Geheimnis" in ihre Rechtsprechung zur Reichweite der fachgesetzlichen Verschwiegenheitspflichten übernommen. Sodann hat auch das BVerwG mit seiner EuGH-Vorlage vom 4.11. 2015[5] die Verankerung des „aufsichtsrechtlichen Geheimnisses" im nationalen Aufsichtsrecht bestätigt. Das BVerwG führt in der EuGH-Vorlage zum insoweit parallelen § 9 KWG aus, dass „§ 9 Abs. 1 KWG des Weiteren – über seinen Wortlaut hinaus – Angaben und Informationen (schützt), deren Geheimhaltung allein im Interesse der Beklagten liegt"[6]. Das BVerwG ersuchte den EuGH im Rahmen der ersten Frage eines erneuten Vorlageersuchens nun den Umfang und die Kriterien zur Bestimmung der Tatsachen, die unter das „aufsichtsrechtlichen Geheimnis" fallen, näher zu definieren sowie das diesbezügliche Darlegungserfordernis zu bestimmen.

31 Ausgangspunkt der daraufhin ergangenen EuGH-Entscheidung[7] ist die Erforderlichkeit der **Sicherstellung der Vertraulichkeit von vertraulichen Informationen** sowohl für die überwachten Firmen als auch für die zuständigen Behörden zum Zwecke des wirksamen Funktionierens des zuvor beschriebenen Systems zur Überwachung der Tätigkeit von Wertpapierfirmen, das auf einer Überwachung innerhalb eines Mitgliedstaats und dem Informationsaustausch zwischen den zuständigen Behörden mehrerer Mitgliedstaaten beruht[8]. Daher dient der streitgegenständliche Art. 54 Abs. 1 RL 2004/39/EG (MiFID I) dem Schutz nicht nur der speziellen Interessen der unmittelbar betroffenen Firmen, sondern auch des allgemeinen Interesses am normalen Funktionieren der Unionsmärkte für Finanzinstrumente[9]. Der EuGH unterscheidet im Weiteren zwischen vertraulichen und sonstigen, nicht vertraulichen Informationen, über die die zuständigen Behörden bei der Wahrnehmung ihrer Aufgaben verfügen[10]. Hieraus leitet das Gericht ab, dass das allgemeine Verbot der Weitergabe ver-

---

1 Vgl. Schlussanträge des Generalanwalts *Jääskinen* v. 4.9.2014 – Rs. C-140/13, Rz. 34 bis 38, veröffentlicht unter www.curia.europa.eu.
2 EuGH v. 12.11.2014 – Rs. C-140/13, ZIP 2014, 2307 Rz. 31 bis 33.
3 Vgl. Hess. VGH v. 11.3.2015 – 6 A 1071/13, WM 2015, 1750, insb. Rz. 92 f.; Hess. VGH v. 11.3.2015 – 6 A 1598/13, NVwZ 2015, 1302; Hess. VGH v. 11.032015 – 6 A 330/14, juris; Hess VGH v. 11.3.2015 – 6 A 329/14, DÖV 2015, 672.
4 Vgl. VG Frankfurt v. 22.4.2015 – 7 K 4127/12.F, juris Rz. 49 f. und VG Frankfurt v. 10.11.2015 – 7 K 2707/15.F Rz. 25 f.
5 Vorabentscheidungsersuchen des BVerwG v. 4.11.2015 – 7 C 4.14, juris.
6 Vgl. Rz. 19 EuGH-Vorlage des BVerwG v. 4.11.2015 – 7 C 4.14, juris.
7 EuGH v. 19.6.2018 – Rs. C-15/16 – Ewald Baumeister/BaFin, AG 2018, 574.
8 EuGH v. 19.6.2018 – Rs. C-15/16, Rz. 24, 31, AG 2018, 574.
9 EuGH v. 19.6.2018 – Rs. C-15/16, Rz. 33, AG 2018, 574.
10 EuGH v. 19.6.2018 – Rs. C-15/16, Rz. 25, AG 2018, 574; anders noch *Yves Bot* in seinen Schlussanträgen zur Entscheidung des EuGH, „dass alle bei einer nationalen Aufsichtsbehörde für die Finanzmärkte angefallenen Informationen, einschließlich Korrespondenz und Äußerungen, über ein beaufsichtigtes Unternehmen unabhängig von weiteren Voraussetzungen unter den Begriff „vertrauliche Informationen" i.S.v. Art. 54 Abs. 1 Satz 2 RL 2004/39/EG fallen und daher nach Art. 54 Abs. 1 Satz 1 RL 2004/39/EG durch das Berufsgeheimnis geschützt sind", vgl. Rz. 65 der Schlussanträge des Generalanwalts *Yves Bot* v. 12.12.2017 – Rs. C-15/16, veröffentlicht unter curia.europa.eu.

traulicher Informationen durch die zuständigen Behörden solche Informationen betrifft, die **erstens nicht öffentlich zugänglich sind** und bei **deren Weitergabe zweitens die Gefahr einer Beeinträchtigung der Interessen der natürlichen oder juristischen übermittelnden Person oder der Interessen Dritter oder des ordnungsgemäßen Funktionierens des vom Unionsgesetzgeber durch die RL 2004/39/EG (MiFID I) geschaffenen Systems zur Überwachung der Tätigkeit von Wertpapierfirmen bestünde**[1]. Dieses Berufsgeheimnis gilt nach der EuGH-Entscheidung[2] **unbeschadet anderer unionsrechlicher Bestimmungen, mit denen die Vertraulichkeit strenger geschützt werden soll**, wie z.b. die Veröffentlichungsbefugnis nur bei ausdrücklicher Zustimmung durch übermittelnde Behörde (Art. 58 Abs. 1 Unterabs. 2 RL 2004/39/EG (MiFID I)). Zudem stellt der EuGH klar, dass – anders als die VO Nr. 1049/2001 – Art. 54 RL 2004/39/EG (MiFID I) den allgemeinen Grundsatz aufstellt, dass die Weitergabe der den zuständigen Behörden vorliegenden vertraulichen Informationen verboten ist, und die speziellen Fälle, in denen dieses allgemeine Verbot ausnahmsweise der Übermittlung oder Verwendung solcher Informationen nicht entgegensteht, abschließend aufgeführt sind[3]. Insoweit betont er ausdrücklich, dass weder ein Zugangsrecht der Öffentlichkeit zu den vorliegenden Informationen geschaffen noch die Ausübung eines etwaigen nach nationalem Recht bestehenden Zugangsrechts näher geregelt werden soll. Sind die über den Informationszugang entscheidenden Behörden angesichts der beiden genannten kumulativen Voraussetzungen der Auffassung, dass die angeforderten Informationen vertraulich i.S.v. Art. 54 Abs. 1 RL 2004/39/EG (MiFID I) sind, dürfen sie nach dem EuGH einem solchen Antrag nur in den in Art. 54 RL 2004/39/EG (MiFID I) abschließend aufgezählten Fällen stattgeben. Im Übrigen **steht es** nach dem EuGH **den Mitgliedstaaten frei**, den Schutz vor der Weitergabe auf den gesamten Inhalt der Überwachungsakten der zuständigen Behörden zu erstrecken oder umgekehrt **den Zugang zu Informationen bei den zuständigen Behörden zu gestatten, die keine vertraulichen Informationen im Sinne dieser Vorschrift sind**[4].

Zum Themenkomplex „Berufsgeheimnis der Aufsichtsbehörden" sind **weitere Verfahren vor dem EuGH** anhängig. Relativ fortgeschritten ist das aufgrund einer Vorlage des Luxemburgischen Verwaltungsgerichtshof eingeleitete Verfahren C-358/16. Es behandelt die Frage, ob eine Finanzbehörde dem Adressaten einer belastenden Maßnahme den Zugang zu Unterlagen, die Dritte betreffen, unter Berufung auf das Berufsgeheimnis verweigern darf. Die Schlussanträge der Generalanwältin *Kokott* vom 26.7.2017[5] weisen insoweit auf die Bedeutung der Gewährleistung der Vertraulichkeit vertraulicher Informationen gegenüber überwachten Wertpapierfirmen und den zuständigen Behörden (Rz. 30), auf die Notwendigkeit der unionsweit einheitlichen Auslegung des Berufsgeheimnisses für den reibungslosen Informationsaustausch (Rz. 73), auf den abschließenden Charakter der in Art. 54 RL 2004/39/EG (MiFID) geregelten Ausnahmen für eine befugte Weitergabe vertraulicher Informationen (Rz. 36), auf die enge Auslegung dieser Ausnahmen (Rz. 41) und den möglichen wirtschaftlichen Wert der vertraulichen Informationen (Rz. 87) hin. Im Ergebnis der getroffenen Abwägungen schlägt die Generalanwältin dem EuGH vor, dass die Aufsichtsbehörde im vorgelegten Fall die Weitergabe der vertraulichen Informationen unter Berufung auf das Berufsgeheimnis verweigern darf. Eine Entscheidung des EuGH zu dem Vorlageersuchen des BVerwG steht derzeit noch aus. Die Ausführungen in den Schlussanträgen sprechen für eine Fortführung der schon im EuGH, Urteil vom 12.11.2014[6] aufgezeigten Argumentationslinie für eine **Bestätigung des Berufsgeheimnisses** der Aufsichtsbehörden und einer strengen Auslegung der Ausnahmen davon. 32

Entsprechend diesen Ausführungen in den vorgenannten EuGH-Verfahren und der Notwendigkeit und der Akzeptanz der europarechtskonformen Auslegung der Verschwiegenheitspflichten kann es als gesichert gelten, dass nach § 21 Abs. 1 Satz 1 WpHG sowohl alle Tatsachen im Geheimhaltungsinteresse eines nach diesem Gesetz Verpflichteten oder eines Dritten **geschützt sind**, als auch **alle Tatsachen, die unter den Begriff des aufsichtsrechtlichen Geheimnisses fallen**. 33

b) Bestimmung der Geheimhaltungsinteressen und Kategorien von Tatsachen im Geheimhaltungsinteresse. Der Gesetzgeber bestimmt das Geheimhaltungsinteresse nicht näher im Sinne eines objektiven, subjektiven, berechtigten oder anders gearteten Geheimhaltungsinteresses. Insoweit ist die **Zielrichtung der Verschwiegenheitspflicht** heranzuziehen, um das notwendige Geheimhaltungsinteresse näher zu bestimmen. Entsprechend ist Ausgangspunkt für die Bestimmung des Geheimhaltungsinteresses die angestrebte Sicherstellung des Vertrauens sowohl der Marktteilnehmer als auch der anderen Aufsichtsbehörden in die Wahrung der Vertraulichkeit verschwiegenheitspflichtiger Informationen durch die Bundesanstalt. Hierbei sind zudem die europarechtlichen Vorgaben zu berücksichtigen. 34

Das öffentliche Geheimhaltungsinteresse im Rahmen des **aufsichtsrechtlichen Geheimnisses** ist entsprechend der vorstehenden europarechtlichen Vorgaben weit zu verstehen. Ein entsprechendes Geheimhaltungsinteresse ist für die Tatsachen gegeben, deren Geheimhaltung im Interesse des Funktionierens der aufsichtsrechtlichen 35

---

1 EuGH v. 19.6.2018 – Rs. C-15/16, Rz. 35, AG 2018, 574.
2 EuGH v. 19.6.2018 – Rs. C-15/16, Rz. 36 f., AG 2018, 574.
3 EuGH v. 19.6.2018 – Rs. C-15/16, Rz. 38 ff., AG 2018, 574.
4 EuGH v. 19.6.2018 – Rs. C-15/16, Rz. 39, 43, 44, AG 2018, 574.
5 Vgl. Schlussanträge der Generalanwältin *Kokott* v. 26.7.2017 – Rs. C-358/16, veröffentlicht unter www.curia.europa.eu.
6 EuGH v. 12.11.2014 – Rs. C-140/13, ZIP 2014, 2307.

Tätigkeit liegt, insbesondere die von den zuständigen Behörden angewandten **Überwachungsmethoden**, die **Korrespondenz und** der **Informationsaustausch der verschiedenen zuständigen Behörden** untereinander sowie zwischen ihnen und den beaufsichtigten Unternehmen und alle sonstigen nicht öffentlichen Informationen über den Stand der beaufsichtigten Märkte und die dort ablaufenden Transaktionen[1]. Entsprechend den Ausführungen des EuGH[2] gilt das „aufsichtsrechtliche Geheimnis" für alle bei einer nationalen Aufsichtsbehörde für die Finanzmärkte angefallenen Informationen, die nicht öffentlich bekannt sind und bei deren Weitergabe die Gefahr einer Beeinträchtigung des ordnungsgemäßen Funktionierens des vom Unionsgesetzgeber geschaffenen Systems zur Aufsicht über den Finanzmarkt besteht. Hinsichtlich dieser beiden Voraussetzungen ist insoweit eine Darlegung der Aufsichtsbehörde erforderlich. Den Tatsachen, die unter das aufsichtsrechtliche Geheimnis zu fassen sind, ist somit ein öffentliches Geheimhaltungsinteresse immanent.

36 Das Geheimhaltungsinteresse der nach den WpHG Verpflichteten oder Dritter kann durchaus über das aufsichtsrechtliche Geheimnis hinausgehen. Zur näheren Bestimmung dieses Geheimhaltungsinteresses ist gleichfalls auf das gesetzgeberische Ziel der Verschwiegenheitspflicht abzustellen, und zwar die Sicherstellung des angestrebten Vertrauens der Marktteilnehmer in die Wahrung der Vertraulichkeit verschwiegenheitspflichtiger Informationen durch die Bundesanstalt. Eine solche Zielerreichung setzt voraus, dass die Bundesanstalt die ggf. vorgetragenen Geheimhaltungsinteressen ernstlich prüft. Entsprechend der Zielrichtung muss das Geheimhaltungsinteresse[3] eines nach diesem Gesetz Verpflichteten oder eines Dritten für die Bundesanstalt erkennbar sein. Insoweit greift für die Feststellung des Geheimhaltungsinteresses dieser Personen nicht ein rein objektiver Maßstab, sondern ein subjektiver Maßstab der durch die Sicht der Behörde einer objektiven Betrachtung zugeführt wird und der durch die Kundgabe eines bestimmten, nachvollziehbaren subjektiven Interesses beeinflusst werden kann. Es kommt mit Blick auf die Zielrichtung der Verschwiegenheitspflicht also nicht auf ein berechtigtes oder rechtliches Interesse an. Insbesondere hat hierbei eine Abwägung mit Interessen Dritter nicht zu erfolgen[4].

37 Zur weiteren Beschreibung der geheimhaltungspflichtigen Tatsachen der Beaufsichtigten und Dritten hat der nationale Gesetzgeber in § 21 Abs. 1 Satz 1 WpHG mit der Formulierung „insbesondere" zwei Regelbeispiele aufgeführt, die – entsprechend dem Charakter als Regelbeispiele – nicht abschließend sind. Diese **Regelbeispiele** sind **Geschäfts- und Betriebsgeheimnisse** und **personenbezogene Daten**. Geschäfts- und Betriebsgeheimnisse sind Tatsachen, die im Zusammenhang mit einem Gewerbebetrieb stehen, nur einem begrenzten Personenkreis bekannt sind und nach dem erkennbaren Willen des Inhabers sowie dessen berechtigten wirtschaftlichen Interesse geheim gehalten werden sollen[5]. Diese Geschäfts- und Betriebsgeheimnisse sind in der EuGH-Entscheidung[6] vom 12.11.2014 zu Art. 54 RL 2004/39/EG (MiFID) sowohl in der Alternative der Betriebsgeheimnisse der Beaufsichtigten als auch der dem Bankgeheimnis unterliegenden Informationen zuzuordnen. In Anbetracht des weitergehenden Aufsichtsbereichs sind aber nicht nur die Geschäfts- und Betriebsgeheimnisse der der Beaufsichtigten, sondern auch Dritter geschützt. Hiervon ausgehend hat das BVerwG in einem Vorabentscheidungsersuchen[7] den EuGH um Klärung gebeten, ob es zur Bestimmung eines Geschäftsgeheimnisses auf den Zeitpunkt der Übermittlung der Information an die Aufsichtsbehörde ankommt und ob eine zeitliche Schranke besteht, nach deren Überschreiten eine widerlegliche Vermutung des Verlustes des wirtschaftlichen Wertes eintritt. Der EuGH[8] hat insoweit entschieden, dass es auf den **Zeitpunkt ankommt, zu dem die Behörde ihre Prüfung im Rahmen der Entscheidung über den Antrag auf Zugang zu den betreffenden Informationen vornehmen muss**[9]. Zudem sind **Geschäftsgeheimnisse nach der EuGH-Entscheidung aufgrund des Zeitablaufs nach mehr als fünf Jahren grundsätzlich als nicht mehr aktuell** und deshalb als nicht mehr vertraulich anzusehen, es sei denn, die Partei, die sich auf die Vertraulichkeit beruft, weist ausnahmsweise nach, dass die Informationen trotz ihres Alters immer noch wesentliche Bestandteile ihrer eigenen wirtschaftlichen Stellung oder der von betroffenen Dritten sind[10]. Dieses Darlegungserfordernis, insbesondere

---

1 Vgl. Schlussanträge des Generalanwalts *Jääskinen* v. 4.9.2014 – Rs. C-140/13, Rz. 34 bis 38, veröffentlicht unter www.curia.europa.eu.
2 EuGH v. 19.6.2018 – Rs. C-15/16, Rz. 25, AG 2018, 574. Anders noch *Yves Bot* in seinen Schlussanträgen zur vorgenannten EuGH-Entscheidung, der das aufsichtsrechtliche Geheimnis für alle bei den Aufsichtsbehörden vorhandenen Informationen, unabhängig von weiteren Voraussetzungen, verstand, vgl. Rz. 65 der Schlussanträge des Generalanwalts *Yves Bot* v. 12.12.2017 – Rs. C-15/16, veröffentlicht unter www.curia.europa.eu.
3 Kombiniert objektiv-subjektive Betrachtungsweise *Schlette/Bouchon* in Fuchs, § 8 WpHG Rz. 8; für eine rein objektive Bestimmung *Möllers/Wenniger* in KölnKomm. WpHG, § 8 WpHG Rz. 23.
4 *Möllers/Wenniger* in KölnKomm. WpHG, § 8 WpHG Rz. 23; *Beck* in Schwark/Zimmer, § 8 WpHG Rz. 9; *Gurlit*, WM 2009, 773; *Spindler*, ZGR 2011, 690.
5 BGH v. 10.5.1995 – 1 StR 764/94, NJW 1995, 2301 und BGH v. 18.2.1977 – I ZR 112/75, NJW 1977, 1062.
6 Vgl. Schlussanträge des Generalanwalts *Jääskinen* v. 4.9.2014 – Rs. C-140/13, Rz. 34 bis 38, veröffentlicht unter www.curia.europa.eu und EuGH v. 12.11.2014 – Rs. C-140/13 – Annett Altmann u.a./BaFin, NVwZ 2016, 46.
7 Vorabentscheidungsersuchen des BVerwG v. 4.11.2015 – 7 C 4.14, NVwZ 2016, 1335.
8 EuGH v. 19.6.2018 – Rs. C-15/16 – Ewald Baumeister/BaFin, AG 2018, 574.
9 EuGH v. 19.6.2018 – Rs. C-15/16, Rz. 50 f., AG 2018, 574.
10 EuGH v. 19.6.2018 – Rs. C-15/16, Rz. 54, AG 2018, 574.

nach Ablauf der fünf Jahre, kann zu beachtlichen praktischen Problemen führen. Denn die Darlegung muss so abstrakt erfolgen, dass das Geheimnis selbst nicht offenbart wird, aber die Geheimhaltungsbedürftigkeit auch für ein überprüfendes Gericht erkennbar ist, was bei umfangreicheren Hintergrundwissen und -informationen des Klägers an Grenzen stößt. Die **Erwägungen über die schwindende Aktualität des Geschäftsgeheimnisses nach fünf Jahren gelten** nach der EuGH-Entscheidung[1] **nicht für die den Behörden vorliegenden Informationen, deren Vertraulichkeit aus anderen Gründen als ihrer Bedeutung für die wirtschaftliche Stellung der fraglichen Unternehmen gerechtfertigt sein könnte**[2]. Die Vertraulichkeit aus anderen Gründen kann somit z.B. auch aufgrund der Einordnung der Information als personenbezogenes Datum oder als „aufsichtsrechtliches Geheimnis" (vgl. Rz. 28 ff.) über die fünf Jahre hinaus gerechtfertigt sein.

Hinsichtlich des Begriffs „**personenbezogene Daten**" im **zweiten Regelbeispiel** kann auf die Legaldefinition in Art. 4 Nr. 1 VO 2016/679 (DSGVO) zurückgegriffen werden. Das sind alle Informationen, die sich auf eine identifizierte oder identifizierbare natürliche Person beziehen, wobei die Identifizierbarkeit in der Legaldefinition näher ausgeführt wird. Im Rahmen der EuGH-Entscheidung[3] vom 12.11.2014 zu Art. 54 RL 2004/39/EG (MiFID I) sind die personenbezogenen Daten durch die dem Bankgeheimnis unterliegenden Informationen mit umfasst. Im Rahmen von § 21 Abs. 1 Satz 1 WpHG sind aber alle personenbezogenen Daten geschützt, auch die der Dritten. 38

Ein Geheimhaltungsinteresse kann allerdings nicht angenommen werden bei **bereits öffentlich bekannt gegebenen oder der Öffentlichkeit zugänglichen Tatsachen**. Hier ist z.B. zu denken an Handelsregistereintragungen, Tatsachen aus anderen öffentlich zugänglichen Registern, Mitteilungen im Bundesanzeiger, veröffentlichte Mitteilungen oder Inhalte von veröffentlichten Geschäftsberichten. Davon zu unterscheiden sind aber Tatsachen, die zwar schon verschiedene Personen kennen, an denen der Betroffene aber immer noch ein Geheimhaltungsinteresse hat und daher keine „amtliche Bestätigung" wünscht, es sei denn, dass sie bereits den Charakter des Geheimnisses verloren haben[4]. Entsprechend sind Tatsachen geheim zu halten, wenn ihre Weitergabe eine amtliche Bestätigung der Information darstellen oder einer unbestätigten, vagen oder spekulativen Veröffentlichung einer Information einen neuen Charakter verleihen würde. 39

Ein Geheimhaltungsinteresse eines nach diesem Gesetz Verpflichteten oder eines Dritten liegt zudem dann nicht vor, wenn **alle Personen und Stellen**, die ein Geheimhaltungsinteresse geltend machen können, der Weitergabe oder Veröffentlichung der Tatsache – zumindest in der konkreten Situation, gegenüber einer bestimmten Person oder Institution – durch die Bundesanstalt **zugestimmt haben**[5]. 40

Soweit eine Person ein Geheimhaltungsinteresse an einer solchen **Tatsache** geltend macht, die **nach einer Norm veröffentlichungspflichtig** ist, kann man auf dogmatischer Ebene unterschiedlicher Auffassung sein, ob schon ein Geheimhaltungsinteresse abgelehnt wird oder dieses Interesse zugesprochen wird, aber die Befugnis zur Weitergabe der Tatsache auf der Hand liegt. M.E. spricht viel für das Vorliegen einer Befugnis zur Veröffentlichung, da es sich bei den Normen jeweils um Ermächtigungsgrundlagen handelt. Das Ergebnis ist ungeachtet der dogmatischen Frage eindeutig: Soweit eine gesetzliche Pflicht des Betroffenen[6] zur Veröffentlichung der Tatsache besteht, kann die Verschwiegenheitspflicht der Weitergabe dieser Information nicht entgegenstehen. 41

3. Bei amtlicher Tätigkeit bekannt gewordene Tatsachen. Der Verschwiegenheit unterliegen zudem nur solche Tatsachen, die den zur Verschwiegenheit verpflichteten Personen (vgl. Rz. 14 ff.) bei ihrer amtlichen Tätigkeit bekannt geworden sind. Gemäß dem Ziel der Regelung ist dies weit[7] auszulegen. Das sind nicht nur die übermittelten aufsichtsrechtlich relevanten Tatsachen, sondern auch sämtliche gewonnen Erkenntnisse über die im Rahmen der amtlichen Tätigkeit zur Kenntnis genommenen Sachverhalte. Hierzu zählen also auch Kenntnisse, die lediglich aus Unterhaltungen mit den Beaufsichtigten gewonnen werden, die möglicherweise nur Erwägungen der Gegenseite zum Gegenstand haben. Es bedarf hier keiner besonderen Vertraulichkeitsvereinbarung. Die Betroffenen müssen sich grundsätzlich auf die vertrauliche Behandlung der sensiblen Informationen durch die Bundesanstalt verlassen können. 42

Die Verschwiegenheitspflicht gilt im Zweifel auch in Bezug auf **Tatsachen privaten Charakters**, da auch personenbezogene Daten Dritter der Verschwiegenheitspflicht unterliegen[8]. Hierzu können beispielsweise die Ein- 43

---

1 EuGH v. 19.6.2018 – Rs. C-15/16, Rz. 54, 57, AG 2018, 574. Anders noch die Schlussanträge des Generalanwalts *Yves Bot* v. 12.12.2017 – Rs. C-15/16, Rz. 64, veröffentlicht unter curia.europa.eu, der eine zeitliche Begrenzung abgelehnt hat.
2 EuGH v. 19.6.2018 – Rs. C-15/16, Rz. 54, 57, veröffentlicht unter curia.europa.eu.
3 Vgl. Schlussanträge des Generalanwalts *Jääskinen* v. 4.9.2014 – Rs. C-140/13, Rz. 34 bis 38, veröffentlicht unter www.curia.europa.eu und EuGH v. 12.11.2014 – Rs. C-140/13 – Annett Altmann u.a./BaFin, NVwZ 2016, 46.
4 OLG Stuttgart v. 7.11.2006 – 8 W 388/06, AG 2007, 218; OLG Frankfurt v. 18.8.1981 – 2 Ws B 230/81 OWiG, NVwZ 1982, 215.
5 Vgl. *Schlette/Bouchon* in Fuchs, § 8 WpHG Rz. 8; *Möllers/Wenniger* in KölnKomm. WpHG, § 8 WpHG Rz. 25.
6 Vgl. BVerwG v. 24.5.2011 – 7 C 6.10, ZIP 2011, 1313.
7 So auch für § 9 KWG *Lindemann* in Boos/Fischer/Schulte-Mattler, KWG/CRR-VO, § 9 KWG Rz. 9.
8 *Becker* in Reischauer/Kleinhans, § 9 KWG Rz. 13.

richtung einer nach § 6 Abs. 11 f. WpHG betretenen Wohnung etwa mit teuren Gemälden oder die bekanntgewordene außereheliche Beziehung zählen. Das Geheimhaltungsinteresse in Bezug auf die privaten Tatsachen muss im Interesse des Betroffenen liegen, was nach Lage der Dinge im Einzelfall geprüft werden muss.

44 **Außerdienstlich bekannt gewordene Tatsachen** unterfallen nicht der Geheimhaltungspflicht. Als dienstlich ist jedoch alles das zu bezeichnen, was gerade in Bezug auf die Tätigkeit bei der Bundesanstalt oder an andere Beschäftigte in der Bundesanstalt weitergegeben wird, auch ohne, dass die Informationsempfänger etwa mit dem konkreten Sachverhalt befasst wären. Die Information wird unter dem Selbstverständnis weitergegeben, dass der Empfänger gleichermaßen der Verschwiegenheitspflicht unterliegt. Bei sachlich nicht beteiligten Beschäftigten ist ggf. zu erwägen, ob nicht eine besondere Verschwiegenheitspflicht im Hinblick auf bestimmte, ihrer hohen Sensibilität wegen strikt vertraulich zu behandelnder Tatsachen gegeben ist. Hier kann beispielsweise an Informationen aus dem einheitlichen Bankenaufsichtsmechanismus (SSM – Single Supervisory Mechanism) gedacht werden. Im Zweifel ist in entsprechenden Situationen nach dem Prinzip zu verfahren, ob die Weitergabe dienstlichen Erfordernissen entspricht. Das ändert aber nichts an der Qualifizierung als „bei ihrer amtlichen Tätigkeit bekannt geworden".

45 **4. Offenbaren.** Untersagt ist das unbefugte Offenbaren und Verwerten der geheim zuhaltenden Tatsachen. Offenbaren ist **jede Form der Weitergabe** oder öffentlichen Bekanntmachung der verschwiegenheitspflichtigen Tatsache gegenüber einem Unbefugten[1], der diese bislang nicht kannte, unabhängig vom Kommunikationsweg, sei es konkludent, mündlich, schriftlich, über elektronische Medien wie Internet, durch Akteneinsicht, durch Liegenlassen von Akten, das Ermöglichen des Zugriffs auf elektronische Daten[2] oder auch durch fehlgeleitete E-Mails. Da das Offenbaren ein tatsächlicher Vorgang aufgrund des Tuns des Verschwiegenheitspflichtigen ist, kommt es auf einen Offenbarungswillen nicht an[3]. Die subjektive Seite der Weitergabe ist erst für die Frage der Folgen der Verletzung der Verschwiegenheitspflicht von Bedeutung.

46 **5. Verwertungsverbot.** Neben der Verschwiegenheitspflicht statuiert § 21 Abs. 1 WpHG auch ein allgemeines Verwertungsverbot, um das Ausnutzung amtlich gewonnener Erkenntnisse für private Zwecke zu verhindern[4]. Unter **Verwertung** ist das Ausnutzen der Verwerten der Tatsachen für private eigene oder für fremde Zwecke zu verstehen, ohne dass die Tatsache selbst offenbart werden müsste. So wird schon in der Gesetzesbegründung zu § 8 WpHG a.F. ausgeführt, dass die Regelung neben der Verschwiegenheitspflicht auch ein allgemeines Verwertungsverbot statuiert, um das Ausnutzen amtlich gewonnener Erkenntnisse für private Zwecke zu verhindern[5]. Eine unzulässige Verwertung ist allerdings nicht gegeben, wenn die Tatsachen in hinreichend anonymisierter Form als Grundlagenmaterial für wissenschaftliche oder sonstige fachliche Ausarbeitungen oder Vorträge weitergegeben und sodann genutzt werden.

47 **VI. Befugtes Offenbaren.** Verboten ist das unbefugte Offenbaren von Tatsachen. Ein **unbefugtes Offenbaren** ist dann gegeben, wenn **keine Ermächtigung bzw. Ermächtigungsgrundlage oder kein Rechtfertigungsgrund** für die Weitergabe oder Verwertung der verschwiegenheitspflichtigen Information gegeben ist. Ein unbefugtes Offenbaren liegt daher dann nicht vor, wenn es sich nicht um geheimhaltungsbedürftige Tatsachen handelt. Befugt ist zudem die behördeninterne Weitergabe der verschwiegenheitspflichtigen Informationen[6], also die Gewährleistung der Tätigkeit der Bundesanstalt. Somit kann die Weitergabe – wie auch in § 6 Abs. 16 WpHG bezüglich personenbezogener Daten geregelt – zur Erfüllung aller aufsichtlichen Aufgaben der Bundesanstalt erfolgen.

48 Befugt ist auch die Weitergabe der verschwiegenheitspflichtigen Tatsache auf Grund entsprechender **spezialgesetzlicher Ermächtigung** der Bundesanstalt zur Veröffentlichung oder Bekanntgabe bestimmter Informationen. In Anbetracht der Vielzahl von Veröffentlichungsvorschriften, die insbesondere in Umsetzung der europarechtlichen Vorgaben mit dem 2. FiMaNoG in das WpHG eingefügt wurden, ist diese Fallkonstellation ausgesprochen praxisrelevant. Hinsichtlich der Weitergabe einer Tatsache, für die eine gesetzliche Pflicht zur Veröffentlichung durch Marktteilnehmer einschlägig ist[7], kann auf die Ausführungen in Rz. 41 verwiesen werden.

49 Befugt ist zudem das Offenbaren gegenüber den im **Katalog des § 21 Abs. 1 Satz 3 WpHG** beispielhaft genannten **nationalen und internationalen Stellen und Personen,** soweit diese Stellen und Personen die Informationen **für die Erfüllung ihrer Aufgaben benötigen**. Diese Stellen und Personen sind in die deutsche und europäische Wertpapierhandelsaufsicht einbezogen und die Bundesanstalt muss zur eigenen Aufgabenerfüllung auf deren Hilfe zurückgreifen können oder die Stellen sind ihrerseits für die Aufgabenerfüllung im Rahmen der aufsichtlichen Tätigkeit auf Informationen der Bundesanstalt angewiesen. In Bezug auf diese Stellen, zu denen

---

1 Vgl. *Fischer* in Fischer, § 353b StGB Rz. 15.
2 *Schlette/Bouchon* in Fuchs, § 8 WpHG Rz. 12; *Möllers/Wenniger* in KölnKomm. WpHG, § 8 WpHG Rz. 29; *Schäfer/Geibel* in Schäfer/Hamann, § 8 WpHG Rz. 9; *Beck* in Schwark/Zimmer, § 8 WpHG Rz. 11.
3 Zutreffend *Schlette/Bouchon* in Fuchs, § 8 WpHG Rz. 12.
4 BT-Drucks. 12/6679, 42; BT-Drucks. 13/7142, 105; ähnlich § 9 KWG, hierzu *Szagunn/Haug/Ergenzinger*, § 9 KWG.
5 Vgl. BT-Drucks. 12/6679, 42.
6 *Möllers/Wenniger* in KölnKomm. WpHG, § 8 WpHG Rz. 30; *Lindemann* in Boos/Fischer/Schulte-Mattler, KWG/CRR-VO, § 9 KWG Rz. 28; *Beck* in Reischauer/Kleinhans, § 9 KWG Rz. 18.
7 Vgl. auch BVerwG v. 24.5.2011 – 7 C 6.10, NVwZ 2011, 1012 Rz. 16.

auch die in § 17 Abs. 2 und 3 WpHG genannten Institutionen zählen, wird eine enge Kooperation ohne Gefahr der Verletzung der Verschwiegenheitspflicht ermöglicht. Unabhängig davon, dass die Informationen nur zur Erfüllung der eigenen aufsichtlichen Aufgaben genutzt werden dürfen[1], wird der Schutzzweck der Verschwiegenheitspflicht nicht ausgehöhlt. Denn diese Stellen unterliegen ebenfalls einer hinreichenden Verschwiegenheitspflicht.

Die Gewährleistung der **Verschwiegenheitspflicht dieser Stellen** erfolgt auf unterschiedlichen Wegen: Die in Nr. 1 bis 4 genannten **inländischen Stellen** werden neben ihrer üblichen Verschwiegenheitspflicht zusätzlich über § 21 Abs. 1 Satz 4 WpHG in die Verschwiegenheitspflicht von § 21 WpHG einbezogen. Demgegenüber können die europäischen oder sonstigen ausländischen Stellen durch den nationalen Gesetzgeber nicht (wirksam) verpflichtet werden. Daher schränkt der Gesetzgeber die Weitergabe von Tatsachen an eine entsprechende **Stelle eines anderen Staates** im Vergleich zu den in Nr. 1 bis 4 genannten Stellen gem. § 21 Abs. 1 Satz 5 WpHG insoweit ein, als diese Stelle oder die von ihr beauftragten Personen einer entsprechenden Verschwiegenheitspflicht unterliegen müssen. Für die Weitergabe von Informationen nach § 21 WpHG an die Einrichtungen der **europäischen Finanzaufsicht** in Nr. 5 wird eine besondere Verschwiegenheitspflicht bzw. deren Prüfung nicht gefordert; eine solche Verschwiegenheitspflicht ist europarechtlich hinreichend normiert, z.B. für die ESMA in Art. 70 ESMA-VO Nr. 1095/2010. Dementsprechend bedarf es zur Informationsweitergabe an die in Nr. 5 genannten EU-Behörden keiner gesonderten Gleichwertigkeitsprüfung[2] der Verschwiegenheitspflicht. 50

Befugt ist nach § 21 Abs. 1 Satz 3 Nr. 1 WpHG die Weitergabe der Tatsachen gegenüber **Strafverfolgungsbehörden** oder **für Straf- und Bußgeldsachen zuständige Gerichte**. Hiervon zu unterscheiden sind die nicht benannten Zivilgerichte. An diese dürfen keine verschwiegenheitspflichtigen Tatsachen weitergegeben werden (vgl. Rz. 62). 51

Nach § 21 Abs. 1 Satz 3 Nr. 2 WpHG ist zudem die **Weitergabe** vertraulicher Tatsachen an **zuständige Stellen** zur Überwachung von näher bestimmten Marktteilnehmern sowie an von diesen Stellen beauftragte Personen befugt. Erforderlich ist, dass diese Stellen kraft Gesetzes oder im öffentlichen Auftrag ihre Überwachungstätigkeit wahrnehmen. In Bezug auf ausländische Stellen, insbesondere in Drittstaaten, bedarf die Feststellung der zuständigen Stelle einer hinreichenden Prüfung (s. auch § 18 WpHG Rz. 18). Hier sind im Einzelfall genauere Informationen einzuholen, da z.B. die Börsenaufsicht bisweilen in Teilbereichen auch von halbstaatlichen oder gar privaten Organisationen durchgeführt wird. 52

Die jeweiligen **Überwachungsaufgaben** müssen sich beziehen auf Börsen oder anderen Märkte, an denen Finanzinstrumente gehandelt werden, den Handel mit Finanzinstrumenten oder Devisen, auf Kreditinstitute, Finanzdienstleistungsinstitute, Kapitalverwaltungsgesellschaften, extern verwaltete Investmentgesellschaften, EU-Verwaltungsgesellschaften oder ausländische AIF-Verwaltungsgesellschaften, Finanzunternehmen, Versicherungsunternehmen, Versicherungsvermittlern, Unternehmen gem. § 3 Abs. 1 Satz 1 Nr. 7 WpHG und Mitarbeitern gem. § 87 Abs. 1 bis 5 WpHG. In Bezug auf die Beaufsichtigung von Kreditinstituten, Finanzdienstleistungsinstituten und Finanzunternehmen werden sowohl inländische als auch ausländische Unternehmen erfasst, wobei bei ausländischen Unternehmen der Unternehmensbegriff im materiellen Sinne zu verstehen ist, es also nicht darauf ankommt, ob sie nach dem für sie maßgeblichen Recht formal unter diese Begriffe fallen[3]. Ein Informationsaustausch ist auch mit den Stellen erforderlich, die für die Überwachung von Versicherungsvermittlern oder Unternehmen gem. § 3 Abs. 1 Satz 1 Nr. 7 WpHG zuständig sind[4]. Diese Unternehmen unterliegen zum Teil nur aufgrund der Ausnahmeregelung in § 3 Abs. 1 Satz 1 Nr. 7 WpHG nicht der Aufsicht der Bundesanstalt. Die insoweit zuständigen Stellen sind insbesondere die Gewerbeaufsichtsämter und die Industrie- und Handelskammern. 53

Zu den mit der Überwachung von Börsen betrauten und zugleich in § 17 Abs. 2 WpHG ausdrücklich aufgeführten Stellen gehören auch die **Handelsüberwachungsstellen** an den Börsen, die im Einzelfall Informationen benötigen, um Regelstöße an der Börse verfolgen zu können. Umgekehrt sind die Handelsüberwachungsstellen nach § 7 BörsG legitimiert, der Bundesanstalt Informationen – in der Praxis insbesondere über den Verdacht von Verstößen gegen das Insiderhandels- und Marktmanipulationsverbot – zu übermitteln. 54

Zudem stellt § 21 Abs. 1 Satz 3 Nr. 3 WpHG ausdrücklich klar, dass die Bundesanstalt geheimhaltungsbedürftige Tatsachen an **Zentralbanken in ihrer Funktion als Währungsbehörden** weitergeben darf[5]. Die Europäische Zentralbank (EZB) wird von § 21 Abs. 1 Satz 3 Nr. 5 WpHG als lex spezialis erfasst. 55

Nach § 21 Abs. 1 Satz 3 Nr. 4 WpHG kann die Bundesanstalt geheimhaltungsbedürftige Informationen befugt an solche Stellen weitergeben, die mit der **Liquidation** oder **Insolvenz** eines Wertpapierdienstleistungsunternehmens, eines organisierten Marktes oder des Betreibers eines organisierten Marktes betraut sind. In einem 56

---

[1] Vgl. Begr. RegE 2. FFG zu § 8 Abs. 1 WpHG, BT-Drucks. 12/6679, 42 f.
[2] Vgl. Begr. RegE Gesetz zur Umsetzung der Richtlinie 2010/78/EU, BT-Drucks. 17/6255, 30.
[3] Vgl. Begr. RegE UmsetzungsG zu § 8 Abs. 1 WpHG, BT-Drucks. 13/7142, 105.
[4] Die befugte Weitergabe an diese Stellen wurde mit dem Finanzmarktrichtlinie-Umsetzungsgesetz aufgenommen, wobei die Regelung mit dem Gesetz zur Novellierung des Finanzanlagenvermittler- und Vermögensanlagenrechts sprachlich angepasst wurde.
[5] Vgl. Begr. RegE FRUG zu Nr. 7 (§ 8) lit. b cc, BT-Drucks. 16/4028, 62.

solchen Fall können die Informationen auch für Zwecke zivil- oder handelsrechtlicher Verfahren übermittelt werden, soweit das zur Aufgabenerfüllung des Abwicklers oder Insolvenzverwalters erforderlich ist[1]. Das entspricht § 9 Abs. 1 Satz 4 Nr. 3 KWG.

57 Zudem darf die Bundesanstalt nach § 21 Abs. 1 Satz 3 Nr. 5 WpHG Informationen befugt an die **EZB**, das **Europäische System der Zentralbanken**, die **ESMA**, die **EIOPA**, die **EBA**, den **Gemeinsamen Ausschuss der Europäischen Aufsichtsbehörden**, den **Europäischen Ausschuss für Systemrisiken** oder die **Europäische Kommission** weitergeben, wenn diese die Informationen zur Erfüllung ihrer Aufgaben benötigen. Die bei diesen EU-Behörden beschäftigten Personen unterliegen nicht der nationalen Verschwiegenheitspflicht des § 21 WpHG. Für sie gilt die Verschwiegenheitspflicht aus Art. 339 AEUV, Art. 8 VO Nr. 1092/2010 bzw. Art. 70 VO 1093/2010 (EBA-VO), Art. 70 VO Nr. 1094/2010 (EIOPA-VO) und Art. 70 VO Nr. 1095/2010 (ESMA-VO)[2].

58 Eine **befugte Weitergabe** von Tatsachen ist nach § 21 Abs. 1 Satz 2 WpHG auch **im Rahmen dienstlicher Berichterstattung** möglich, insbesondere an das Bundesministerium der Finanzen (BMF), das die Fachaufsicht und Rechtsaufsicht über die Bundesanstalt ausübt. Gemäß § 21 Abs. 1 Satz 2 WpHG gilt die Verschwiegenheitspflicht gleichermaßen für die Personen, die im Rahmen dienstlicher Berichterstattung von den verschwiegenheitspflichtigen Informationen Kenntnis erlangt haben. Insoweit ergibt sich in Bezug auf die Verschwiegenheitspflichten ein Spannungsfeld aufgrund der Entscheidung des BVerfG[3] vom 7.11.2017 zum parlamentarischen Informationsanspruch aus Art. 38 Abs. 1 Satz 2 GG und der europarechtlichen Rechtsprechung zu den finanzmarktrechtlichen Verschwiegenheitspflichten[4]. Auf dieses Spannungsfeld geht die BVerfG-Entscheidung nicht ein und wertet die Verschwiegenheitspflicht als einfachgesetzliche Norm, die den grundgesetzlichen parlamentarischen Informationsanspruch nicht einschränke. Gleichzeitig bestätigt die BVerfG-Entscheidung, dass die Funktionsfähigkeit staatlicher Aufsicht über Finanzinstitute, die Stabilität des Finanzmarktes und der Erfolg staatlicher Stützungsmaßnahmen in der Finanzkrise Belange des Staatswohls sind, die die Antwortpflicht der Bundesregierung auf parlamentarische Fragen beschränken könne[5]. Im Rahmen der Prüfung der Belange des Staatswohls muss jedoch auch Berücksichtigung finden, dass die jeweiligen Mitgliedstaaten, auch die Bundesrepublik, zum einen über die finanzmarktrechtlichen Richtlinien verpflichtet werden, entsprechende effektive Berufsgeheimnisse für die nationalen Aufsichtsbehörden zu normieren, und zum anderen nach Art. 4 Abs. 3 EUV verpflichtet sind, das nationale Recht, entsprechend dem effet utile-Grundsatz, möglichst so auszulegen und anzuwenden bzw. fortzubilden, dass das Vertragsziel am besten und einfachsten erreicht werden kann. Unter Berücksichtigung dieser umzusetzenden europarechtlichen Vorgaben und ihrer Wirkung auf die Belange des Staatswohls ist es m.E. angezeigt, dass die nach § 21 WpHG verschwiegenheitspflichtigen Tatsachen bei entsprechenden Anfragen gegenüber der Geheimschutzstelle des Deutschen Bundestages zur Verfügung gestellt werden und nicht in der Öffentlichkeit beantwortet werden müssen.

59 Das WpHG enthält zudem verschiedene **weitere Normen**, die die **Weitergabe von Informationen an ausländischen Stellen erlauben** und unter dem Gesichtspunkt der Verschwiegenheitspflicht konkretisieren. Ist eine entsprechende Möglichkeit zur Weitergabe von vertraulichen Informationen vorgesehen, handelt es sich nicht um eine unbefugte Weitergabe. Hier kann beispielsweise auf die Regelungen in § 18 WpHG bezüglich der grundsätzlichen internationalen Zusammenarbeit verwiesen werden, aber auch § 19 WpHG zur Zusammenarbeit der Bundesanstalt mit ESMA, auf § 20 WpHG bezüglich der Zusammenarbeit im Rahmen des Energiewirtschaftsgesetzes oder § 111 WpHG für die Informationsweitergabe im Rahmen der Überwachung von Unternehmensabschlüssen.

60 Ein Offenbaren verschwiegenheitspflichtiger Tatsachen nach § 21 WpHG auf Grundlage von **Landespressegesetzen** ist nicht befugt. Das BVerwG hat in seinem Urteil vom 20.2.2013[6] klargestellt, dass die Bundesländer durch ihre Pressegesetze den Bundesnachrichtendienst und andere Bundesbehörden, soweit sie sonstige Sachmaterien der Art. 73 f. GG ausführen, nicht zu Auskünften gegenüber der Presse verpflichten können[7]. Dies trifft auch auf die Tätigkeit der Bundesanstalt zu[8], die Ausfluss der konkurrierenden Gesetzgebung gem. Art. 74 Abs. 1 Nr. 11 GG im Bereich des Bank- und Börsenwesens ist, zu dem der Wertpapierhandel zählt[9]. Da keine anderweitigen Bundesregelungen zur Ausgestaltung pressespezifischer Auskunftspflichten vorliegen, ist Grundlage eines solchen Auskunftsanspruchs Art. 5 Abs. 2 Satz 2 GG. Der verfassungsunmittelbare Auskunfts-

---

1 Vgl. Begr. RegE FRUG zu Nr. 7 (§ 8) lit. b cc, BT-Drucks. 16/4028, 62.
2 Vgl. auch Begr. RegE, BT-Drucks. 17/6255, 30.
3 BVerfG v. 7.11.1017 – 2 BvE 1/11, WM 2017, 2345.
4 Vgl. EuGH v. 12.11.2014 – Rs. C-140/13, NVwZ 2015, 46 nebst entsprechenden Schlussanträgen des Generalanwalts v. 4.9.2014, curia.europa.eu; vgl. auch Schlussanträge in den EuGH-Verfahren C-358/16 v. 26.7.2017 und C-15/16 v. 12.12. 2017, beide veröffentlicht unter curia.europa.eu.
5 Vgl. BVerfG v. 7.11.1017 – 2 BvE 1/11 Rz. 312, WM 2017, 2345.
6 BVerwG v. 20.2.2013 – 6 A 2.12, BVerwGE 146, 56; Nichtannahmebeschluss des BVerfG v. 27.7.2015 – 1 BvR 1452/13, NVwZ 2016, 50; anders noch OVG Berlin v. 25.7.1994 – 8B/16/94, VerBAV 1995, 351.
7 BVerwG v. 20.2.2013 – 6 A 2.12, BVerwGE 146, 56 Rz. 18, 25.
8 Vgl. Hess. VGH v. 11.3.2015 – 6 A 1071/13, WM 2015, 1750 = juris Rz. 98.
9 So schon Begr. RegE 2. FFG, BT-Drucks. 12/6679, 39.

anspruch ist „auf das Niveau eines Minimalstandards begrenzt, den auch der Gesetzgeber nicht unterschreiten dürfte. ... Danach endet das verfassungsunmittelbare Auskunftsrecht von Pressevertretern dort, wo berechtigte schutzwürdige Interessen Privater oder öffentlicher Stellen an der Vertraulichkeit der Information entgegenstehen."[1] Entsprechend dieser Rechtslage ist auch im Rahmen der Beantwortung presserechtlicher Anfragen durch die Bundesanstalt § 21 WpHG zu berücksichtigen.

Inwieweit ein befugtes Offenbaren von Tatsachen im Rahmen der **Rechts- und Amtshilfe** nach Art. 35 GG möglich ist, bedarf einer Einzelfallprüfung[2]. Eine Weitergabe ist nur dann möglich, wenn es sich um besondere Ausnahmefälle handelt, denn bei den in § 21 Abs. 1 Satz 3 Nr. 2 und 3 WpHG genannten Stellen handelt es sich um Regelbeispiele. Unter Berücksichtigung der europarechtlich gebotenen engen Auslegung der Fälle einer befugten Weitergabe[3], ist eine Weitergabe von geschützten Informationen nur denkbar, wenn dies zum Schutz höherrangiger Rechtsgüter und im öffentlichen Interesse an der Sicherstellung der Finanzaufsicht und -stabilität erfolgt. So kann die Weitergabe von Erkenntnissen, die öffentlich-rechtliche Kreditinstitute betreffen, an die jeweils zuständige Staatsaufsichtsbehörde befugt sein. Zudem muss die empfangende Stelle einer vergleichbaren Verschwiegenheitspflicht unterliegen. 61

In einem **Zivilprozess** können beispielsweise – auch auf Rechtshilfeersuchen des Gerichts – keine Unterlagen zur Einsichtnahme zur Verfügung gestellt werden, die den Prozessbeteiligten zwangsweise Aufschluss über die Geschäftsbeziehungen einer Partei zu Dritten geben[4]. Gleiches gilt für Zeugenaussagen durch Beschäftigte der Bundesanstalt sowie für die Offenbarung der geheimhaltungsbedürftigen Tatsache für Zwecke des Parteivortrags im Zivilprozess oder andere private Zwecke[5]. Je nach Einzelfall könnte aber in einem Zivilprozess eine sachverständige Äußerung zu abstrakten Rechtsfragen denkbar sein, wenn hierbei keine – auch nicht mittelbar – verschwiegenheitspflichtige Tatsachen offenbart werden. Hierzu wäre zudem eine Aussagegenehmigung[6] des Dienstherrn erforderlich. 62

Befugt ist letztlich die Weitergabe von verschwiegenheitspflichtigen Informationen an das jeweils zuständige **VG im Rahmen der Aktenvorlage** gem. §§ 87 Abs. 1, 99 Abs. 1 Satz 1 VwGO[7], soweit sich diese Informationen auf die klägerische Partei selbst beziehen und diese erforderlich sind für die Überprüfung der Rechtmäßigkeit der Maßnahmen der Bundesanstalt. Anderenfalls muss die Bundesanstalt die Abgabe einer Sperrerklärung nach § 99 Abs. 1 Satz 2 VwGO i.V.m. § 4c FinDAG prüfen. 63

Eine Befugnis zum Offenbaren verschwiegenheitspflichtiger Tatsachen ergibt sich für die Bundesanstalt auch nicht aus der Geltendmachung von Ansprüchen auf Zugang zu amtlichen Informationen nach dem Informationsfreiheitsgesetz des Bundes. Vgl. hierzu die folgenden Ausführungen, insbesondere unter Rz. 73 ff. 64

VII. Informationsweitergabe nach dem Informationsfreiheitsgesetz des Bundes. Eine Vielzahl von Fragestellungen bezüglich der Verschwiegenheitspflichten der Bundesanstalt sind in den letzten Jahren im Zusammenhang mit dem am 1.1.2006 in Kraft getretenen **Informationsfreiheitsgesetz des Bundes (IFG)**[8] aufgetreten. Dieses Gesetz eröffnet für jedermann grundsätzlich einen Anspruch auf Herausgabe von amtlichen Informationen durch Bundesbehörden. Diese Umkehrung der allgemeinen Prinzips des Aktengeheimnisses und der Vertraulichkeit der Verwaltung führt zu einer grundsätzlichen Pflicht der Bundesbehörden, auf Antrag die bei ihr verfügbaren amtlichen Informationen an den Antragsteller herauszugeben. Diese Pflicht gilt aber keineswegs unbeschränkt. Stattdessen geht das IFG von einem Vorrang spezialgesetzlicher Regelungen aus[9]. Entsprechend gibt es bei Anwendung des IFG auf dem Gebiet des Kapitalmarktrechts praktisch bedeutsame Ausnahmetatbestände von dieser grundsätzlichen Pflicht zur Herausgabe der amtlichen Informationen. Diese Ausnahmen bewirken – auch unter der Anwendung des IFG – den Schutz der vertraulichen bzw. geheimhaltungsbedürftigen Informationen bei der Bundesanstalt. Ungeachtet dessen haben **Anträge nach dem IFG und die diesbezüglichen rechtlichen Auseinandersetzungen** bei der Tätigkeit der Bundesanstalt in den letzten Jahren 65

---

1 BVerwG v. 20.2.2013 – 6 A 2.12, BVerwGE 146, 56 Rz. 29.
2 *Becker* in Reischauer/Kleinhans, § 9 KWG Rz. 21.
3 EuGH v. 12.11.2014 – Rs. C-140/13, ZIP 2014, 2307 Rz. 35; auch EuGH-Schlussanträge der Generalanwältin *Juliane Kokott* v. 26.7.2017 – Rs. C-358/16, Rz. 41, veröffentlicht unter curia.europa.eu.
4 Hess. VGH v. 2.3.2010 – 6 A 1684/08, NVwZ 2010, 1036 Rz. 48; *Beck* in Schwark/Zimmer, § 8 WpHG Rz. 24; *Lindemann* in Boos/Fischer/Schulte-Mattler, KWG/CRR-VO, § 9 KWG Rz. 30.
5 So auch VG Köln v. 29.4.2002 – 14 L 2316/01, S. 15 zu § 9 KWG und Begr. RegE 2. FFG, BT-Drucks. 12/6679, 42.
6 Ein Anspruch auf Erteilung der Aussagegenehmigung besteht nicht, wenn die Aussage nur unter Verstoß gegen die Verschwiegenheitspflicht möglich wäre, VG Minden v. 17.12.2010 – 10 L 690/10, WM 2011, 1130; auch *Brocker* in Schwennicke/Auerbach, 2. Aufl., § 9 KWG Rz. 29.
7 Entsprechende Möglichkeiten zur Verwendung der Informationen im Rahmen von Verwaltungs- und Gerichtsverfahren, die sich speziell auf die Wahrnehmung der entsprechenden aufsichtlichen Aufgabe beziehen, sehen auch europäische Vorschriften, wie Art. 76 Abs. 3 RL 2014/65/EU, vor. Für die Weitergabe an das VG auch *Möllers/Wenniger* in Köln-Komm. WpHG, § 8 WpHG Rz. 49.
8 Informationsfreiheitsgesetz des Bundes (IFG) vom 5.9.2005, BGBl. I 2005, 2722, zuletzt geändert durch Art. 2 Abs. 6 des Gesetzes vom 7.8.2013, BGBl. I 2013, 3154.
9 Vgl. Begr. RegE IFG, BT-Drucks. 15/4493, 8, 11.

einen **beachtlichen Umfang** erreicht. Denn bei der Bundesanstalt liegt eine Vielzahl von Informationen vor, die z.B. im Rahmen zivilrechtlicher Auseinandersetzungen oder für sonstige private Zwecke von Bedeutung oder Nutzen sein können. In Anbetracht der durch die EuGH-Entscheidung vom 12.11.2014[1] zu verzeichnenden Entwicklung in der Rechtsprechung zu diesen Fragestellungen soll hier nur auf den neuesten Stand eingegangen werden.

66 Das IFG des Bundes gilt nur für **Bundesbehörden**. Das bedeutet zum einen, dass der Anspruch auf Informationszugang nur gegenüber **Behörden** besteht. Während die Bundesanstalt zweifelsohne eine Bundesbehörde ist, besteht beispielsweise kein Anspruch gegenüber der privatrechtlich organisierten Deutschen Prüfstelle für Rechnungslegung (**DPR**), auch wenn diese in § 108 WpHG erwähnt ist. Zum anderen werden **Landesbehörden**, wie z.B. die Handelsüberwachungsstellen der Börsen oder Staatsanwaltschaften, nicht durch das IFG verpflichtet, ggf. aber durch vergleichbare Landesgesetze. Die bei diesen Stellen vorliegenden amtlichen Informationen können auch nicht über die Bundesanstalt herausverlangt werden.

67 Der Anspruch auf Informationszugang besteht für **jede in- oder ausländische natürliche oder juristische Person des Privatrechts**. Nicht antragsbefugt sind juristische Personen des öffentlichen Rechts, die die Möglichkeit der Amtshilfe, Auskunfts- oder Übermittlungsrechte oder -pflichten haben, oder nicht rechtsfähige Vereinigungen des Privatrechts[2]. Der Anspruch ist grundsätzlich voraussetzungslos. Es bedarf also in der Regel keines Vortrags eines besonderen Interesses oder einer besonderen Begründung durch den Antragsteller, warum dieser die Informationen begehrt. Der Anspruch darf jedoch auch nicht rechtsmissbräuchlich geltend gemacht werden[3], etwa zur Generierung von kostenpflichtigen Dienstleistungen.

68 Der Anspruch auf Informationszugang bezieht sich auf die bei der Bundesanstalt vorhandenen amtlichen Informationen, über die die Bundesanstalt ein Verfügungsrecht hat. Der Terminus der „amtlichen Informationen" ist in § 2 Nr. 1 IFG definiert. **Amtliche Informationen** sind alle amtlichen Zwecken dienende Aufzeichnungen, nicht aber Entwürfe und Notizen[4]. Die **Begrenzung des Anspruchs auf vorhandene amtliche Informationen** bedeutet, dass **keine Informationsbeschaffungspflicht** für die erwünschten Informationen besteht[5]. Eine Beschaffungspflicht würde gerade im Fall der Bundesanstalt im Ergebnis zu unbilligen Ergebnissen führen, da diese nicht steuerfinanziert ist, sondern sich über eine Umlage ihrer Kosten auf verschiedene Marktteilnehmer finanziert. Bei einer Beschaffungspflicht der Bundesanstalt könnte sich anderenfalls ein Einzelner auf Kosten der umlagepflichtigen Kapitalmarktteilnehmer die begehrten Informationen beschaffen. Der Informationszugang ist zu gewähren als Auskunftserteilung, Akteneinsicht oder in sonstiger Weise, wie z.B. durch Kopien. In welcher Art und Weise die Informationen zugänglich gemacht werden, liegt im pflichtgemäßen Ermessen der Bundesanstalt. Hierbei ist dem Begehren des Antragstellers grundsätzlich zu folgen, wobei vom Begehren aus wichtigen Gründen abgewichen werden kann.

69 Eine weitere Einschränkung des Anwendungsbereiches des IFG ergibt sich für den Tätigkeitsbereich der Bundesanstalt aus § 1 Abs. 3 IFG. Nach dieser Vorschrift gehen **Regelungen über den Zugang zu amtlichen Informationen in anderen Rechtsvorschriften** den Regelungen des IFG vor. Ausgenommen ist hiervon § 29 VwVfG und § 25 SGB X. Kapitalmarktrechtlich bedeutsam sind die Regelungen über den Zugang zu amtlichen Informationen z.B. in § 46 OWiG i.V.m. § 147 StPO, §§ 49, 49b OWiG i.V.m. §§ 406e, 475 StPO. Das bedeutet, dass Akten des Ordnungswidrigkeitenverfahrens (oder des Strafverfahrens) nicht dem Informationszugang nach IFG unterliegen, da hierfür im OWiG und in der StPO besondere Zugangsregelungen bestehen[6].

70 Hinsichtlich der vorhandenen amtlichen Informationen, die grundsätzlich dem Zugangsrecht des IFG unterliegen, enthält das IFG in §§ 3, 4 Gründe, die einen **Informationszugang im öffentlichen Interesse ausschließen**. Zudem enthalten §§ 5, 6 IFG Gründe, die einen **Informationszugang im privaten Interesse ausschließen**. Hiermit bringt der Gesetzgeber die Interessen an einem Informationszugang und die Belange des Daten- und Geheimnisschutzes in Einklang. Diese gesetzlichen Ausschlussgründe für den Informationszugang spielen auch in Bezug auf die Bundesanstalt eine bedeutsame Rolle.

71 Im öffentlichen Interesse soll nach § 4 IFG der Informationszugang dann verwehrt werden, wenn es sich um **ein laufendes Verwaltungsverfahren** handelt und wenn die **vorzeitige Bekanntgabe der Information** den Er-

---

1 EuGH v. 12.11.2014 – Rs. C-140/13, ZIP 2014, 2307.
2 Vgl. Begr. RegE IFG, BT-Drucks. 15/4493, 7.
3 Vgl. Begr. RegE IFG, BT-Drucks. 15/4493, 16; VG Frankfurt v. 10.11.2015 – 7 K 2707/15.F Rz. 15 ff., insb. Rz. 18, VersR 2016, 711, vgl. auch Hess. VGH v. 24.3.2010 – 6 A 1832/09, DÖV 2010, 568, „wenn der Verfolgung des Rechtsanspruchs offensichtlich keinerlei nachvollziehbare Motive zugrunde liegen, sondern das Handeln des Anspruchsinhabers offenkundig und zweifelsfrei allein von der Absicht geprägt ist, die Behörde oder einen Drittbetroffenen zu schikanieren oder zu belästigen oder einem anderen Schaden zuzufügen."
4 Das IFG gibt auch keinen Anspruch auf einen von einer vorherigen Rechtsanwendung oder Rechtsprüfung abhängigen Informationsanspruch, nur auf vorliegende Informationen; vgl. VG Frankfurt/M. v. 23.1.2008 – 7 E 1487/07, NVwZ 2008, 1389.
5 BVerwG v. 27.5.2013 – 7 B 43.12, NJW 2013, 2538; BVerwG v. 27.11.2014 – 7 C 20.12, NVwZ 2015, 669.
6 Vgl. hierzu auch Begr. RegE zu § 3 Nr. 1g IFG, BT-Drucks. 15/4493, 10.

folg der Entscheidung oder der bevorstehenden behördlichen Maßnahmen **vereiteln oder erschweren würde**. Hierbei ist es ausreichend, wenn die Entscheidung der Behörde voraussichtlich gar nicht, mit anderem Inhalt oder wesentlich später zustande käme. Damit schützt § 4 IFG neben der ungestörten behördlichen Entscheidungsfindung auch die vollständige behördliche Aktenführung.

Der gleichfalls zum Schutz der öffentlichen Belange aufgenommene **Katalog von Ausschlusstatbeständen** in § 3 IFG kann an dieser Stelle nicht umfassend dargelegt werden. Insoweit muss auf die einschlägige Literatur zum IFG verwiesen werden[1]. An dieser Stelle kann nur auf die für das WpHG relevantesten Tatbestände eingegangen werden. 72

Der Informationszugang ist z.B. gem. § 3 Nr. 4 IFG ausgeschlossen, wenn die gewünschte Information einer durch Rechtsvorschrift geregelten Geheimhaltungs- oder Vertraulichkeitspflicht unterliegt. Diese IFG-Regelung ist u.a. Ausgleich für den voraussetzungslosen Anspruch auf Informationszugang um den Grundsatz des IFG umzusetzen „So viel Information wie möglich, so viel Geheimnisschutz wie nötig". Mit dieser Regelung schließt sich aber auch der Kreis zu § 21 WpHG. Denn dieser **ist eine Norm, die per Rechtsvorschrift eine Geheimhaltungspflicht**[2] **regelt**. Das ergibt sich aus den Gesetzesbegründungen sowohl zu § 21 WpHG als auch zu § 3 Nr. 4 IFG. So zählt z.B. die Gesetzesbegründung zu § 3 Nr. 4 IFG bezüglich der Regelungen, die den Informationszugang ausschließen, gerade das KWG auf, das mit der Verschwiegenheitsregelung in § 9 KWG die Parallelnorm zu § 21 WpHG enthält. Ergänzend kann darauf hingewiesen werden, dass die Rechtsvorschriften, die die Geheimhaltung regeln, nicht nur Gesetze im formellen Sinne sein müssen, sondern auch untergesetzliches Recht in Gestalt einer Rechtsverordnung sein kann, was auch die Satzung der Bundesanstalt mit umfasst[3]. Insoweit dürfen **Informationen, die u.a. § 21 WpHG** unterliegen (vgl. insbes. Ausführungen unter Rz. 22 ff.), auch **nicht nach dem IFG zugänglich gemacht werden**[4]. 73

Gleichfalls dürfen Informationen, die im Rahmen der europäischen oder sonstigen **internationalen Zusammenarbeit** zwischen der Bundesanstalt und einer ausländischen Aufsichtsbehörde ausgetauscht werden, nicht an einen Antragsteller nach IFG herausgegeben werden[5]. In solchen Fällen schließt § 3 IFG den Informationszugang bezüglich derartiger Informationen aus[6], unabhängig davon, ob man das unter nachteilige Auswirkungen auf die internationalen Beziehungen i.S.d. § 3 Nr. 1 lit. a IFG oder das vom EuGH weit gefasste aufsichtsrechtliche Geheimnis fasst (§ 3 Nr. 4 IFG i.V.m. §§ 18, 21 WpHG). Vergleichbares gilt für die Informationen, die sich auf die aufsichtlichen Geheimnisse der Bundesanstalt beziehen und damit sowohl unter den Ausnahmetatbestand der **nachteiligen Auswirkungen auf die Kontroll- oder Aufsichtsaufgaben** von Finanzbehörden[7] nach § 3 Nr. 1 lit. d IFG[8] als auch unter das Amtsgeheimnis[9] i.S.d. § 3 Nr. 4 IFG i.V.m. § 21 WpHG bezieht. So ist es unverantwortlich und auch vom Gesetzgeber des IFG nicht gewollt, z.B. Grundsatzpapiere über die geplanten Aufsichtsstrategien herauszugeben oder durch die Pflicht zur Herausgabe sensibler Informationen die erforderliche Vertrauensbasis zu erschüttern. 74

Nach § 3 Nr. 1 lit. g IFG ist der Informationszugang ausgeschlossen bezüglich der Akten der Verwaltungsbehörde, die Grundlage für ein **bußgeld- oder strafrechtliches Verfahren** werden, soweit sich nachteilige Auswirkungen auf ein faires Verfahren oder die Durchführung entsprechender Ermittlungen ergeben könnten. Von dieser Regelung sind die Akten des bußgeldrechtlichen oder strafrechtlichen Verfahrens selbst nicht betroffen, denn für diese greift schon die Regelung des § 1 Abs. 3 IFG[10]. Es kann sich also nur um die Akten handeln, die bei der Bundesanstalt zwecks der Pflichtenüberwachung geführt und die dann Ausgangspunkt von bußgeld- oder strafrechtlichen Ermittlungen wurden[11]. Die Darlegung dieses Ausschlussgrundes führt dann zu 75

---

1 *Berger/Roth/Scheel*, Informationsfreiheitsgesetz, 2006; *Jastrow/Schlatmann*, Informationsfreiheitsgesetz IFG, 2006; *Rossi*, Informationsfreiheitsgesetz, 2006.
2 Inzwischen ständige Rechtsprechung, vgl. z.B. VG Frankfurt/M. v. 19.3.2008 – 7 E 4067/06; VG Frankfurt/M. v. 28.1.2009 – 7 K 4037/07.F; VG Frankfurt/M. v. 18.2.2009 – 7 K 4170/07.F, jeweils veröffentlicht in der Entscheidungssammlung der hessischen Justiz unter http://lareda.hessenrecht.hessen.de; VG Frankfurt/M. v. 7.5.2009 – 7 L 676/09.F, NVwZ 2009, 1182. Teilweise werden die Verschwiegenheitspflichten als besonderes Amtsgeheimnis eingeordnet, was gleichfalls zum Ausschluss des IFG-Anspruchs führt, vgl. z.B. *Rossi*, Informationsfreiheitsgesetz, 2006, § 3 Rz. 20.
3 Vgl. BVerwG v. 28.7.2016 – 7 C 3.15, NVwZ 2016, 1820, zur Satzung der Bundesanstalt und zu den Sitzungen des Verwaltungsrats und des Haushaltskontroll- und Prüfungsausschusses, Rz. 10 und 21 f.
4 Vgl. z.B. Vorabentscheidungsersuchen des BVerwG v. 4.11.2015 – 7 C 4.14, NVwZ 2016, 1335, zum entsprechenden § 9 KWG, insbes. Rz. 15 in juris.
5 Hess. VGH v. 28.4.2010 – 6 A 1767/08, NVwZ 2010, 984.
6 Vgl. VG Frankfurt/M. v. 12.3.2008 – 7 E 5426/06, ZIP 2008, 2138.
7 Die Bundesanstalt ist Finanzbehörde i.S.d. IFG, vgl. BVerwG v. 24.5.2011 – 7 C 6.10, NVwZ 2011, 1012, Rz. 13.
8 Hierbei stellen die Gerichte hohe Konkretisierungsanforderungen, vgl. VG Berlin v. 3.12.2008 – 2 A 132/07, juris; Hess. VGH v. 11.10.2010 – 27 F 1081/10, DVBl. 2011, 124.
9 EuGH v. 12.11.2014 – Rs. C-140/13 – Annett Altmann u.a./BaFin, NVwZ 2016, 46. Vgl. auch Rz. 31 f.
10 Vgl. Begr. RegE, BT-Drucks. 15/4493, 10.
11 Zur Rechtsprechung zu § 3 Nr. 1g IFG vgl. VG Frankfurt/M. v. 11.11.2008 – 7 E 1675/07 und VG Frankfurt/M. v. 30.8.2010 – 7 L 1957/10.F, beide veröffentlicht in der Entscheidungssammlung der hessischen Justiz unter http://lareda.hessenrecht.hessen.de.

praktischen Problemen, wenn beispielsweise schon die Information über die Einleitung entsprechender strafrechtlicher Ermittlungen vertraulich ist, weil anderenfalls die strafrechtlich angeordneten Ermittlungsmaßnahmen, wie eine Telekommunikationsüberwachung, konterkariert würden.

76 Relevanz hat zudem der **Ausnahmetatbestand des § 3 Nr. 7 IFG**. Hiernach ist der Informationszugang bezüglich **vertraulich erhobener oder übermittelter Informationen** zu verwehren[1], wenn das Geheimhaltungsinteresse des Informationsgebers fortbesteht. Kommt bei der Prüfung des Antrags auf Informationszugang erkennbar in Betracht, dass das Interesse an einer vertraulichen Behandlung nachträglich entfallen ist, hat die Behörde dem z.B. durch eine Nachfrage bei dem Informationsgeber im Rahmen ihres Verfahrensermessens nachzugehen[2]. Hintergrund der Regelung ist, dass Behörden in hohem Maße auf eine Informationszusammenarbeit mit Bürgern angewiesen sind[3]. Hier kann beispielsweise auch an aufsichtsrechtlich genutzte **Informationen von Hinweisgebern** gedacht werden (hinsichtlich des Ausschlusses des IFG für die Vorgänge nach dem Hinweisgeberverfahren vgl. § 4b Abs. 5 FinDAG, s. Vor § 6 WpHG Rz. 64). Da die Bereitschaft der Bürger zu einer solchen Kooperation von dem Vertrauen in die umfassende Verschwiegenheit der Verwaltung abhängt, wird diese Vertraulichkeit auch für die weiterverwendeten Informationen von Hinweisgebern, die Rückschlüsse ermöglichen, durch das IFG gewahrt.

77 Neben Ausschlussgründen im öffentlichen Interesse enthält das IFG in §§ 5, 6 IFG Gründe, die im Interesse Dritter den Informationszugang ausschließen. § 5 IFG schützt **personenbezogene Daten**. Da sich der Schutz dieser Daten bereits über § 3 Nr. 4 IFG i.V.m. § 21 WpHG ergibt[4], gewährt der neben § 3 IFG anzuwendende[5] § 5 IFG nur insoweit einen weitergehenden Schutz, wenn im Einzelfall die personenbezogenen Daten nicht über § 21 WpHG erfasst sind. Ein IFG-Antrag auf personenbezogene Daten muss zudem – entgegen der sonstigen Intention des IFG – begründet werden. Der Behörde obliegt dann die Abwägung der verschiedenen Interessen. Der Schutz der personenbezogenen Daten genießt grundsätzlich Vorrang vor dem Informationsinteresse des Antragstellers, es sei denn, dass im Rahmen der Abwägung das Informationsinteresse ausnahmsweise überwiegt oder eine der Rückausnahmen in § 5 Abs. 3, 4 IFG greift. So sind Name, Titel, akademischer Grad, Berufs- und Funktionsbezeichnung, Büroanschrift und -Telefonnummer der jeweiligen Bearbeiter zu offenbaren, soweit sie Ausdruck und Folge der amtlichen Tätigkeit sind[6] und kein Ausnahmetatbestand erfüllt ist, wie z.B. die persönliche Schutzbedürftigkeit des Amtsträgers oder die Gefährdung der Funktionsfähigkeit und der effektiven Aufgabenerfüllung staatlicher Einrichtungen[7].

78 Zudem gewährleistet § 6 IFG zusätzlich den Schutz von **Betriebs- und Geschäftsgeheimnissen** und den Schutz **geistigen Eigentums**. Der Ausschlusstatbestand hat für die Tätigkeit der Bundesanstalt nur Relevanz, wenn entsprechende Informationen nicht schon über § 21 WpHG i.V.m. § 3 Nr. 4 IFG geschützt sein sollten. Hinsichtlich des Betriebs- und Geschäftsgeheimnisses kann auf die Ausführungen unter Rz. 37 verwiesen werden. Zum geistigen Eigentum gehören insbesondere Urheber-, Marken-, Patent-, Gebrauchs- und Geschmacksmusterrechte. Soweit eines der benannten Rechte von dem Antrag auf Informationszugang betroffen ist und keine Einwilligung des Inhabers vorliegt, ist der Antrag ohne Ermessensabwägung abzulehnen.

79 Letztlich enthält das IFG noch **sonstige Gründe**, die den Informationszugang ausschließen können[8]. So kann der Informationszugang nach § 9 Abs. 3 IFG abgelehnt werden, wenn der Antragsteller über die **begehrten Informationen schon verfügt oder sich diese in zumutbarer Weise aus allgemein zugänglichen Quellen beschaffen kann**[9]. Relevanz hat diese Regelung beispielsweise in Bezug auf den mit dem Antragsteller ausgetauschten Schriftverkehr, für die Herausgabe von Ad-hoc-Mitteilungen, Pressemitteilungen oder -meldungen, veröffentlichten Prospekten, andere öffentliche Kapitalmarktinformationen etc. Zu den Daten aus allgemein zugänglichen Quellen gehören auch Daten aus dem Internet oder Datenbanken, auch wenn sie kostenpflichtig beschafft werden müssen[10]. Maßgeblich ist, ob sich der Antragsteller unter Berücksichtigung seiner individuellen Umstände die Daten in zumutbarer Weise aus öffentlich zugänglichen Quellen beschaffen kann. Soweit das Trennen der Informationen in die Teile, für die der Informationszugang möglich, und in die Teile, in die er ausgeschlossen ist, ein **unzumutbarer Aufwand** für die Bundesanstalt ist, kann diese auch einen teil-

---

1 Vgl. z.B. VG Frankfurt/M. v. 22.4.2009 – 7 K 805/08.F, in der vorgenannten Entscheidungssammlung.
2 Vgl. Begr. RegE, BT-Drucks. 15/4493, 12.
3 Vgl. Begr. RegE, BT-Drucks. 15/4493, 11.
4 Vgl. Begr. RegE, BT-Drucks. 15/4493, 13.
5 BVerwG v. 29.6.2017 – 7 C 24.15, DVBl. 2017, 1423.
6 Kein Anspruch auf Herausgabe einer Telefonliste aller Beschäftigter eine Behörde, vgl. BVerwG v. 20.10.2016 – 7 C 27.15, NVwZ 2017, 625.
7 BVerwG v. 20.10.2016 – 7 C 20.15, NVwZ 2017, 624.
8 Z.B. rechtsmissbräuchliche Anträge, wenn offensichtlich keine nachvollziehbaren Motive dem Antrag zugrunde liegen und der Antragsteller handelt, um die Behörde oder Dritte zu schikanieren oder zu belästigen, vgl. Hess. VGH v. 24.3.2010 – 6 A 1832/09, NVwZ 2010, 1112.
9 Vgl. Hess. VGH v. 24.3.2010 – 6 A 1832/09, NVwZ 2010, 1112.
10 Vgl. Begr. RegE, BT-Drucks. 15/4493, 16.

weise bestehenden Anspruch auf Informationszugang nach § 7 Abs. 2 Satz 2 IFG ablehnen[1]. Das kann man sich beispielsweise vorstellen bei Anträgen auf Zugang zu Akten von Insideruntersuchungen, in denen öffentlich zugängliche Informationen mit vertraulichen Informationen verknüpft werden, um den Sachverhalt aufzuklären oder gezielte Nachfragen stellen zu können. Hier verbleibt kaum ein Blatt Papier, das unproblematisch zugänglich gemacht werden kann, weil es auch geheimhaltungsbedürftige Informationen enthält. Demgegenüber sind die öffentlich zugänglichen Informationen problemlos zu recherchieren.

Die Bundesanstalt muss den **Antragsteller** des IFG-Antrags **identifizieren** können[2]. Eine Schriftlichkeit des Antrags ist darüber hinaus nicht zwingend vorgesehen. Eine **Begründung** ist nur dann erforderlich, wenn personenbezogene Daten nach § 5 IFG begehrt werden. Die Bundesanstalt prüft sodann die Verfahrensvoraussetzungen, das Vorhandensein der begehrten Informationen, ihre Verfügungsbefugnis über die Daten[3], das Vorhandensein besonderer Informationszugangsregelungen i.S.d. § 1 Abs. 3 IFG und das Vorliegen der Ausnahmetatbestände i.S.d. §§ 3 ff. IFG. Soweit in Betracht gezogen werden muss, dass die Informationszugang nach §§ 5 f. IFG ausgeschlossen ist, muss nach § 8 IFG ein **Beteiligungsverfahren** durchgeführt werden[4]. Das bedeutet, dass die Bundesanstalt die Person, deren personenbezogenen Daten, deren geistiges Eigentum oder deren Betriebs- und Geschäftsgeheimnisse betroffen sind, von dem Antrag auf Informationszugang und der Identität des Antragstellers zu informieren hat und dieser die Möglichkeit zur Stellungnahme einräumen muss. Die Entscheidung über den Informationszugang muss dann schriftlich ergehen, wobei der Antragsteller erst dann die Informationen erhalten darf, wenn die Entscheidung gegenüber dem Dritten bestandskräftig ist oder der Dritte die Möglichkeit des einstweiligen Rechtsschutzes hatte. Soweit die Anwendung der §§ 5 f. IFG nicht in Betracht kommt, kann die Bundesanstalt über den Antrag auf Informationszugang ohne das Beteiligungsverfahren entscheiden. Ohne Beteiligungsverfahren nach § 8 IFG kann die Bundesanstalt auch entscheidet, wenn die Informationen schon aufgrund der Ausschlussregelungen der §§ 3 und 4 IFG nicht weitergegeben werden können.

Die Entscheidungen der Bundesanstalt können vor den zuständigen Verwaltungsgerichten (VG) überprüft werden. Eine Weitergabe von verschwiegenheitspflichtigen Informationen an das jeweils zuständige **VG im Rahmen der Aktenvorlage** gem. §§ 87 Abs. 1, 99 Abs. 1 Satz 1 VwGO ist zulässig, soweit sich diese Informationen auf die klägerische Partei selbst beziehen und diese Informationen erforderlich sind für die Überprüfung der Rechtmäßigkeit der Maßnahmen der Bundesanstalt. In Bezug auf verschwiegenheitspflichtige Informationen über Dritte, die regelmäßig im Rahmen von IFG-Anträgen gefordert werden, ist die Abgabe einer Sperrerklärung nach § 99 Abs. 1 Satz 2 VwGO i.V.m. § 4c FinDAG zu prüfen. Für Verfahren ab dem Jahr 2012 ist nicht mehr das Bundesministerium für Finanzen (BMF) zuständige Stelle hierfür, sondern die Bundesanstalt ist gem. § 4c FinDAG zuständig für die Prüfung und Abgabe einer Sperrerklärung gem. § 99 Abs. 1 Satz 2 VwGO. Nach der bisherigen Rechtsprechung ist § 21 WpHG nicht als Gesetz i.S.d. § 99 Abs. 1 Satz 2 VwGO anerkannt[6]. Stattdessen muss die Bundesanstalt nach dieser Rechtsprechung darlegen, dass die entsprechenden Tatsachen ihrem Wesen nach geheim zu halten sind, was bislang nur für personenbezogene Daten und Geschäfts- und Betriebsgeheimnisse und unter Aufschlüsselung für jede einzelne Tatsache akzeptiert wird. Durch das umfassende Akteneinsichtsrecht auch in die Prozessakten bezüglich des in-camera-Verfahrens entsteht ein unbefriedigendes prozessuales Dilemma[7]. Dieses wird durch praktische Schwierigkeiten verschärft. Denn die Darlegung der Geheimhaltungsbedürftigkeit der Tatsachen, ohne das Geheimnis selbst zu offenbaren, stößt an praktische Grenzen, wenn der IFG-Antragsteller über umfangreichere Hintergrundkenntnisse und -informationen verfügt als das Gericht. Das inzwischen anerkannte „aufsichtsrechtlichen Geheimnis" wird in diesem Zusammengang (noch) nicht anerkannt, so dass die weitere Entwicklung der Rechtsprechung zu der Berücksichtigung der fachgesetzlichen Verschwiegenheitspflicht im in-camera-Verfahren nach § 99 Abs. 2 VwGO abzuwarten bleibt.

Zusammenfassend kann gesagt werden, dass das materielle Recht mit dem IFG keine Aushöhlung der besonderen Verschwiegenheitspflicht nach § 21 WpHG bewirkt. Das IFG geht gerade von einem Vorrang der spezialgesetzlichen Regelungen aus. Die gesetzgeberische Intension für § 21 WpHG, das Vertrauen in die Integrität

---

1 Vgl. VG Frankfurt/M. v. 5.12.2008 – 7 E 1780/07; VG Frankfurt/M. v. 28.1.2009 – 7 K 4037/07.F, veröffentlicht in der Entscheidungssammlung der hessischen Justiz unter http://www.lareda.hessenrecht.hessen.de; VG Frankfurt/M. v. 7.5.2009 – 7 L 676/09.F, NVwZ 2009, 1182 und Hess. VGH v. 2.3.2010 – 6 A 1684/08, NVwZ 2010, 1036. Bislang ist der Maßstab unklar.
2 Vgl. Begr. RegE, BT-Drucks. 15/4493, 14; vgl. auch VG München v. 10.3.2017 – M – 7 K 15.3998, juris.
3 Das ergibt sich aus der Prüfung der Zuständigkeit der Behörde. Vgl. BT-Drucks. 15/4493, 14.
4 Vgl. Begr. RegE zu § 8 IFG mit Verweis auf Begründung zu § 2 Nr. 2 IFG, BT-Drucks. 15/4493, 15 und 9.
5 Entsprechende Möglichkeiten zur Verwendung der Informationen im Rahmen von Verwaltungs- und Gerichtsverfahren, die sich speziell auf die Wahrnehmung der entsprechenden aufsichtlichen Aufgabe beziehen, sehen auch europäische Vorschriften, wie Art. 76 Abs. 3 RL 2014/65/EU, vor. Für die Weitergabe an das VG auch *Möllers/Wenniger* in Köln-Komm. WpHG, § 8 WpHG Rz. 49.
6 BVerwG v. 23.6.2011 – 20 F 21.10, NVwZ 2012, 112 Rz. 10; BVerwG v. 12.4.2013 – 20 F 6.12, juris.
7 Kritisch in Bezug auf die entstandene prozessuale Situation *Schoch*, NVwZ 2012, 87. Vgl. auch *Brocker* in Schwennicke/Auerbach, 2. Aufl., § 9 KWG Rz. 23.

der Aufsichtspraxis und eine entsprechende Kooperationsbereitschaft sicherzustellen, ist durch das IFG nicht überholt worden. Zudem ist über § 3 Nr. 4 IFG auch die europarechtliche Auslegung des aufsichtsrechtlichen Berufsgeheimnisses und damit auch des § 21 WpHG im Rahmen der Anwendung des IFG zu berücksichtigen.

83 **VIII. Eingeschränkte Auskunftspflicht gegenüber den Finanzbehörden.** § 21 Abs. 2 WpHG enthält ein **besonderes Weitergabe- und Verwertungsverbot** der im Rahmen der Aufsichtstätigkeit erlangten Informationen, Kenntnisse und Unterlagen **im Verhältnis zu den Finanzbehörden**. Insoweit tritt das öffentliche Interesse an einer gleichmäßigen Besteuerung gegenüber den Zielen einer effektiven Wertpapieraufsicht (wie auch der Börsenaufsicht, der Versicherungsaufsicht und der Aufsicht über die Kreditinstitute) zurück. Da die Bundesanstalt bei ihrer gesamten Tätigkeit in hohem Maße auf die Kooperationsbereitschaft der gewerbsmäßigen Erbringer von Wertpapierdienstleistungen, ihrer Kunden und des Publikums insgesamt angewiesen ist, ist das Verwertungsverbot notwendig, um eine wirksame Aufsicht zu ermöglichen. Darüber hinaus werden die zuständigen Stellen in anderen Staaten als Ausfluss der europäischen Richtlinien vielfach nur unter dem Vorbehalt der steuerlichen Nichtverwertung zur Übermittlung von Informationen an die Bundesanstalt bereit sein (vgl. z.B. Art. 16 Abs. 2 Satz 3 RL 2014/57/EU)[1].

84 Dem entsprechend ist die **Weitergabe von verschwiegenheitspflichtigen Informationen an Finanzbehörden nur in bestimmten Fallkonstellationen möglich**. So gelten die Vorschriften der §§ 93, 97, 105 Abs. 1, § 111 Abs. 5 AO i.V.m. § 105 Abs. 1 AO sowie § 116 Abs. 1 AO grundsätzlich nicht. Eine Ausnahme gilt für bestimmte Steuerstrafverfahren. Diese Ausnahmeregelung wurde mit dem Abwicklungsmechanismusgesetz erweitern. Nach der vorherigen Rechtslage galten für die BaFin die Informationspflichten der AO gegenüber Steuerbehörden nur in Bezug auf Steuerstraftaten, an deren Verfolgung ein zwingendes öffentliches Interesse bestand, sowie bei vorsätzlich falschen Angaben. Nunmehr gelten die Pflichten für die Beschäftigten der Bundesanstalt, die nach § 4 Abs. 3 FinDAG beauftragten Personen und die Personen, die im Rahmen der dienstlichen Berichterstattung Kenntnis von den verschwiegenheitspflichtigen Informationen erhalten haben, nur, soweit die Finanzbehörden die Kenntnisse für die Durchführung eines Verfahrens wegen einer Steuerstraftat sowie eines damit zusammenhängenden Besteuerungsverfahrens benötigen. Mit dieser Änderung wurden die Möglichkeiten der Steuerbehörden zur Sachverhaltsfeststellung gestärkt, um Steuerhinterziehung im Finanzmarktbereich wirksam zu bekämpfen. Die Änderung schafft damit im unionsrechtlich zulässigen Rahmen angepasste Pflichten der Bundesanstalt nach der AO gegenüber Finanzbehörden[2], da die Weitergabe zur strafrechtlichen Verfolgung zulässig ist. Insoweit ist weiterhin maßgeblicher Aspekt, dass die Kenntnisse für die Durchführung eines Steuerstrafverfahrens erforderlich sind.

85 In Bezug auf die vorgenannte Ausnahme hat der Gesetzgeber in § 21 Abs. 2 Satz 2 WpHG **zwei Rückausnahmen** geregelt, bei der eine Weitergabe von verschwiegenheitspflichtigen Informationen an Finanzbehörden auch im Falle von Steuerstrafverfahren nicht befugt, also ausgeschlossen ist.

86 Nach **§ 21 Abs. 2 Satz 2 Nr. 1 WpHG** dürfen von den in Abs. 1 Satz 1 oder Satz 2 bezeichneten Personen, also den bei der Bundesanstalt Beschäftigten oder den nach § 4 Abs. 3 FinDAG beauftragten Personen oder Personen, solche Tatsachen nicht weitergegeben werden, die durch eine Stelle eines anderen Staates im Sinne von Abs. 1 Satz 3 Nr. 2 oder durch von dieser Stelle beauftragte Personen mitgeteilt worden sind. Hintergrund dieser Rückausnahme ist, dass die Bundesanstalt vertrauliche Informationen aus dem Ausland regelmäßig nur mit ausdrücklicher Zustimmung der ausländischen Behörden und nur für Zwecke weitergeben darf, denen diese Behörden zugestimmt haben. Entsprechend nimmt diese Regelung darauf Rücksicht, dass anderenfalls der Informationsaustausch auf internationaler Ebene gefährdet werden könnte.

87 Nach **§ 21 Abs. 2 Satz 2 Nr. 2 WpHG** dürfen die bei der Bundesanstalt beschäftigte Personen zudem solche Informationen nicht weitergeben, die sie durch ihre Mitwirkung an der Aufsicht über direkt von der Europäischen Zentralbank beaufsichtige Institute erlangen und nach den Regeln der EZB geheim sind. Hierbei verweist der Gesetzgeber insbesondere auf die Tätigkeit in gemeinsamen Aufsichtsteams nach Art. 2 Nr. 6 VO Nr. 468/2014 (SSM-Rahmenverordnung).

88 **IX. Folgen bei Verletzung der Verschwiegenheitspflicht.** Die **strafrechtlichen Konsequenzen** aus einer Verletzung der Verschwiegenheitspflicht können sich aus den Vorschriften der §§ 203 Abs. 2, 204, 353b StGB ergeben. Nach § 203 Abs. 2 StGB wird mit **Freiheitsstrafe** bis zu einem Jahr oder mit **Geldstrafe** bestraft, wer als Amtsträger unbefugt ein fremdes Geheimnis offenbart, namentlich ein zum persönlichen Lebensbereich gehörendes Geheimnis oder ein Betriebs- oder Geschäftsgeheimnis, das ihm anvertraut oder sonst bekannt geworden ist. Handelt er dabei gegen Entgelt oder in der Absicht, sich oder einen anderen zu bereichern oder einen anderen zu schädigen, so kann auf Freiheitsstrafe bis zu zwei Jahren erkannt werden (§ 203 Abs. 5 StGB).

89 Wer **fremde Geheimnisse**, namentlich ein Betriebs- oder Geschäftsgeheimnis unter Verstoß gegen die Verschwiegenheitspflicht verwertet, wird nach § 204 StGB mit Freiheitsstrafe bis zu zwei Jahren oder mit Geldstrafe bestraft.

---

1 Vgl. Begr. RegE Drucks. 12/6679, 43.
2 Vgl. Begr. RegE zum AbwMechG, BT-Drucks. 18/5009, 89, 71.

Es handelt sich um Antragsdelikte, für die **Vorsatz** gegeben sein muss. Der Täter muss wissen oder zumindest billigend in Kauf nehmen, dass er ein im Interesse eines nach dem WpHG Verpflichteten oder eines Dritten zu wahrendes Geheimnis preisgibt und dass er unbefugt handelt. Der **Versuch** der Tat ist nicht strafbar, da dies im Gesetz nicht ausdrücklich bestimmt ist (§ 23 Abs. 1 StGB). 90

In Betracht kommen könnte auch ein Verstoß gegen § 353b StPO wegen der Verletzung eines Dienstgeheimnisses, dessen Verfolgung eine Ermächtigung der obersten Dienstbehörde voraussetzt[1]. Hierfür ist eine Strafandrohung bis hin zu einer Freiheitsstrafe von fünf Jahren geregelt. 91

Die Einhaltung der Verschwiegenheitspflicht nach § 21 WpHG ist eine **Amtspflicht**. Entsteht dem geschützten Personenkreis durch vorsätzliche oder fahrlässige Verletzung der Verschwiegenheitspflicht ein Schaden, so haftet der Beamte hierfür einschließlich eines etwa entgangenen Gewinns (§§ 839 Abs. 1, 252 BGB). Die Vorschrift des § 21 WpHG dürfte ein Schutzgesetz i.S.v. § 823 Abs. 2 BGB[2] sein. Hat der Beamte oder sonstige Bedienstete die Verschwiegenheitspflicht in Ausübung seines öffentlichen Amtes verletzt, so tritt an die Stelle seiner Haftung diejenige des Bundes nach Art. 34 Satz 1 GG, der im Falle des Vorsatzes oder der groben Fahrlässigkeit auf den Bediensteten Rückgriff nehmen kann (Art. 34 Satz 2 GG). 92

Aus der fahrlässigen Verletzung der Verschwiegenheitspflicht nach § 21 WpHG können sich für den jeweiligen Beschäftigten der Bundesanstalt letztlich auch **dienst- und arbeitsrechtliche Konsequenzen**[3] ergeben. 93

X. Verordnungsermächtigung in einem Absatz 3? Es ist fraglich, ob § 21 WpHG durch das 2. FiMaNoG einen Absatz 3 erhalten hat oder ob dieser Absatz 3 zu § 8 WpHG gehört. Hintergrund ist die Normierung des **stufenweisen Inkrafttretens der Regelungen** des 2. FiMaNoG, und zwar auch innerhalb seines Art. 3, der sowohl § 8 WpHG als auch § 21 WpHG betrifft. Daher ist eine Lesart, dass der geplante § 8 Abs. 3 WpHG durch das vorgezogene Inkrafttreten aller Verordnungsermächtigungen innerhalb des Art. 3 des 2. FiMaNoG versehentlich zu einem Teil des § 8 WpHG a.F. wurde, der heute § 21 WpHG ist. Die andere Lesart ist, dass § 8 Abs. 3 WpHG zwar vorzeitig in Kraft getreten ist, aber nicht aus dem in Art. 3 des 2. FiMaNoG angelegten Regelungskontextes herausgerissen wurde und Teil des neuen § 8 WpHG geblieben ist. Die Fassung des 2. FiMaNoG lässt beide Lesarten zu. 94

Bei der **Gesetzesauslegung** des 2. FiMaNoG ist der Wille des Gesetzgebers, einen § 8 Abs. 3 WpHG zu schaffen, eindeutig. Das ergibt sich aus mehreren Aspekten. So wird in der **amtlichen Überschrift** von § 8 WpHG die Verordnungsermächtigung aufgeführt, nicht aber bei § 21 WpHG. Ein **Sinnzusammenhang** der Regelung ergibt sich nur bezüglich der in § 8 Abs. 1 und 2 WpHG normierten Veröffentlichungspflichten, nicht aber in Bezug auf die Verschwiegenheitspflicht des § 21 Abs. 1 und 2 WpHG. Im Gesetzgebungsvorgang wird der Absatz 3 **stets im Zusammenhang mit § 8 Abs. 1 und 2 WpHG** behandelt (vgl. Art. 3 Nr. 9 und 10 des 2. FiMaNoG und in den Regierungsentwürfen). Die Aufteilung des § 8 WpHG in zwei Ziffern innerhalb des Art. 3 des 2. FiMaNoG erfolgte zum **Zweck** der notwendigen Unterscheidungsmöglichkeit für die unterschiedlichen Zeitpunkte des Inkrafttretens. Denn die Rechtsverordnungsermächtigungen sollten unmittelbar nach Verkündung in Kraft treten, damit die Rechtsverordnungen zur näheren Bestimmung der materiellen Vorschriften rechtzeitig erlassen werden können[4], um zum Inkrafttreten des überwiegenden Teils der Regelungen des Art. 3 des 2. FiMaNoG zum 3.1.2918 einen umfassenden neuen Rechtsstand zu schaffen. Ohne vorgezogene Verordnungsermächtigungen könnten sonst verschiedene Teile der neuen Rechtslage wegen fehlender Detaillierung nicht hinreichend angewandt werden. In der Gesetzesbegründung findet sich zudem keine Erwähnung einer Änderung des § 21 WpHG durch Anfügen eines Absatzes 3[5]. Zudem ist das **2. FiMaNoG**, unabhängig von der Regelung des Inkrafttretens, **streng systematisch aufgebaut**. Die Änderungen des WpHG in Art. 2 des 2. FiMaNoG bauen auf den Änderungen in Art. 1 auf. Die Änderungen in Art. 3 des 2. FiMaNoG bauen auf dem Gesetzesstand nach den Änderungen durch Art. 2 auf. Insoweit weist Art. 3 in sich einen Sachzusammenhang für die nach seiner Umsetzung geltenden Rechtslage auf. Ein Anhalt, dass dieser Sachzusammenhang durch die Regelungen des vorgezogenen Inkrafttretens einzelner Normen nach Art. 26 des 2. FiMaNoG aufgehoben werden soll, ist nicht erkenntlich. 95

In Anbetracht dessen wird **Absatz 3 entsprechend dem Sachzusammenhang bei § 8 WpHG kommentiert**. Im Rahmen von § 21 WpHG würden die Regelungen des Absatzes 3 ins Leere gehen und für eine Kommentierung nichts bieten. 96

---

1 Vgl. einschlägige Kommentierungen zum StGB, wie *Fischer*, § 353b StGB.
2 *Becker* in Reischauer/Kleinhans, § 9 KWG Rz. 29.
3 *Schlette/Bouchon* in Fuchs, § 8 WpHG Rz. 29.
4 Vgl. Begr. RegE zum 2. FiMaNoG, BT-Drucks. 18/10936, 286 und BT-Drucks. 18/11775, 394.
5 Vgl. Begr. RegE zum 2. FiMaNoG, BT-Drucks. 18/10936, 45, 229: Änderungen sind nur in Bezug auf die geänderte Nummerierung des WpHG erwähnt, nicht aber inhaltlicher Art.

§ 22 Meldepflichten

(1) Die Bundesanstalt ist zuständige Behörde im Sinne der Artikel 26 und 27 der Verordnung (EU) Nr. 600/2014. Dies gilt insbesondere auch für die Mitteilung von Referenzdaten, die von Handelsplätzen nach Artikel 27 Absatz 1 der Verordnung (EU) Nr. 600/2014 zu übermitteln sind. Sie ist zuständig für die Übermittlung von Mitteilungen nach Artikel 26 Absatz 1 der Verordnung (EU) Nr. 600/2014 an die zuständige Behörde eines anderen Mitgliedstaates oder eines anderen Vertragsstaates des Abkommens über den Europäischen Wirtschaftsraum, wenn sich in diesem Staat der unter Liquiditätsaspekten relevanteste Markt für das gemeldete Finanzinstrument im Sinne des Artikels 26 Absatz 1 der Verordnung (EU) Nr. 600/2014 befindet.

(2) Ein inländischer Handelsplatz, der im Namen eines Wertpapierdienstleistungsunternehmens Meldungen nach Artikel 26 Absatz 1 der Verordnung (EU) Nr. 600/2014 vornimmt, muss Sicherheitsmechanismen einrichten, die die Sicherheit und Authentifizierung der Informationsübermittlungswege gewährleisten sowie eine Verfälschung der Daten und einen unberechtigten Zugriff und ein Bekanntwerden von Informationen verhindern und so jederzeit die Vertraulichkeit der Daten wahren. Der Handelsplatz muss ausreichende Mittel vorhalten und Notfallsysteme einrichten, um seine diesbezüglichen Dienste jederzeit anbieten und aufrechterhalten zu können.

(3) Die Verpflichtung nach Artikel 26 Absatz 1 bis 3 sowie 6 und 7 der Verordnung (EU) Nr. 600/2014 in Verbindung mit der Delegierten Verordnung (EU) 2017/590 der Kommission vom 28. Juli 2016 zur Ergänzung der Verordnung (EU) Nr. 600/2014 des Europäischen Parlaments und des Rates durch technische Regulierungsstandards für die Meldung von Geschäften an die zuständigen Behörden (ABl. L 87 vom 31.3.2017, S. 449), in der jeweils geltenden Fassung, gilt entsprechend für inländische zentrale Gegenparteien im Sinne des § 1 Absatz 31 des Kreditwesengesetzes hinsichtlich der Informationen, über die sie auf Grund der von ihnen abgeschlossenen Geschäfte verfügen. Diese Informationen umfassen Inhalte, die gemäß Anhang 1 Tabelle 2 Meldefelder Nummer 1 bis 4, 6, 7, 16, 28 bis 31, 33 bis 36 und 38 bis 56 der Delegierten Verordnung (EU) 2017/590 anzugeben sind. Die übrigen Meldefelder sind so zu befüllen, dass sie den technischen Validierungsregeln, die von der Europäischen Wertpapier- und Marktaufsichtsbehörde vorgegeben sind, entsprechen.

In der Fassung des 2. FiMaNoG vom 23.6.2017 (BGBl. I 2017, 1693).

Schrifttum: *Baur*, Das Wertpapierhandelsrecht wird neu geordnet – MiFID, MiFIR und das neue WpHG, jurisPR-BKR 6/2017 Anm. 1; *Becker*, Rechtsfolgen regulatorischer Mängel des Stromhandels, WuW 2010, 398; *Dreyling*, Ein Jahr Anlegerschutzverbesserungsgesetz, Der Konzern 2006, 1; *Einsele*, Verhaltenspflichten im Bank- und Kapitalmarktrecht – öffentliches Recht oder Privatrecht?, ZHR 180 (2016), 233; *Hirschberg*, MiFID – Ein neuer Rechtsrahmen für die Wertpapierhandelsplätze in Deutschland, AG 2006, 389; *Knauth*, Änderung der Wertpapierhandel-Meldeverordnung – § 9 WpHG quo vadis, WM 2003, 1593; *Schwenk*, European Market Infrastructure Regulation – „EMIR": Das neue Aufsichtsrecht der Derivate, jurisPR-BKR 11/2012 Anm. 1; *Stüber*, Bekanntmachungen von durchgeführten Transaktionen im Rahmen von Mitarbeiteraktienprogrammen nach der Safe Harbor-VO, ZIP 2015, 1374; *Süßmann*, Meldepflichten nach § 9 Wertpapierhandelsgesetz, WM 1996, 937; *Zeitz*, Der Begriff des „Geschäfts" im Lichte des § 9 WpHG, WM 2008, 918.

I. Gesetzeshistorie und europarechtlicher Hintergrund 1	III. Organisationspflichten für inländische Handelsplätze (§ 22 Abs. 2 WpHG) 15
II. Bundesanstalt als zuständige Behörde (§ 22 Abs. 1 WpHG) 6	IV. Meldepflicht für inländische zentrale Gegenparteien (§ 22 Abs. 3 WpHG) 21

1 **I. Gesetzeshistorie und europarechtlicher Hintergrund.** Die Vorschrift des § 22 WpHG enthält **ergänzende Regelungen zur europarechtlich geregelten Pflicht der Meldung der börslichen und außerbörslichen Geschäfte und Referenzdaten** an die zuständige Aufsichtsbehörde als Basis für deren aufsichtliche Tätigkeit. Eine Meldepflicht für die entsprechenden getätigten Geschäfte war bis zum 2.1.2018 in § 9 WpHG a.F. normiert. Mit dem 2. FiMaNoG passte der nationale Gesetzgeber die Regelungen zu den Meldepflichten an die neuen europarechtlichen Vorgaben der MiFIR an. Entsprechend wurden die Regelungen des früheren § 9 WpHG a.F. überwiegend aufgehoben und stattdessen ergänzende nationale Regelungen in Bezug auf die europäischen Meldepflichten eingefügt. Zusätzlich wurde eine Meldepflicht für inländische zentrale Gegenparteien normiert. Zudem erfuhr die frühere Norm des § 9 WpHG a.F. eine Neunummerierung als § 22 WpHG.

2 Entsprechende **Meldepflichten für abgeschlossene Geschäfte** waren schon mit der Normierung des WpHG durch das 2. Finanzmarktförderungsgesetz im Jahre **1994 in § 9 WpHG a.F. aufgenommen** worden. Die Norm setzte Art. 20 RL 93/22/EWG (WpDRiL) um und sollte zugleich gewährleisten, dass „die für die Märkte und die Aufsicht zuständigen Behörden über die für die Erfüllung ihrer Aufgaben notwendigen Informationen verfügen können". Die Beaufsichtigung des Wertpapierhandels mit dem Ziel der Verhinderung oder der Aufdeckung von Insidergeschäften und manipulativem Verhalten oder zur Überwachung von Melde- und Informationspflichten setzt voraus, dass die Bundesanstalt ständig und in standardisierter Form diejenigen Informa-

tionen erhält, die die geschäftlichen Aktivitäten am Markt, sei es börslich oder außerbörslich, widerspiegeln. Ohne diesen stetigen Datenstrom müsste sich die Bundesanstalt auf bloße Zufallsfunde stützen, was zu einer lediglich punktuellen Aufsicht führte. In dieser Weise wäre die Bundesanstalt nicht in der Lage, ihre gesetzlichen Aufgaben zu erfüllen. Sie könnte nicht in eigener Erkenntnis Sachverhalten nachgehen und würde somit nicht den Kriterien genügen, die international als Gütesiegel einer effizienten Wertpapieraufsicht gelten[1].

Mit der Umsetzung der europäischen Finanzmarktrichtlinie (RL 2004/39/EG – MiFID I) wurde § 9 WpHG a.F. zur Umsetzung von Art. 25 RL 2004/39/EG (MiFID I) geändert und an die europäischen Vorgaben angepasst. Bei diesen **Anpassungen** wurden neben den europarechtlichen Vorgaben auch die Auswirkungen bei den Änderungen der rechtlichen Vorgaben bei den Meldepflichtigen berücksichtigt. Denn mit jeder Änderung in den rechtlichen Vorgaben waren weitere Investitionen durch die Meldepflichtigen notwendig, um die Anpassungen in dem IT-gestützten Meldesystem zu realisieren. Die europäischen Vorgaben nach der MiFID bezweckten schon eine weitgehende Harmonisierung des Meldewesens, damit die jeweils zuständigen Aufsichtsbehörden mit den für die Aufsicht relevanten Daten versorgt werden. Als Grundlage der Meldepflicht wurde das Herkunftslandprinzip festgelegt, d.h. die betroffenen Wertpapierdienstleistungsunternehmen haben grundsätzlich an die für sie in ihrem Heimatland zuständige Aufsichtsbehörde zu melden. Die Heimatlandbehörde leitet die relevanten Daten in bestimmten Fällen an andere europäische Aufsichtsbehörden weiter. Aus der MiFID ergaben sich somit auch erste Vorgaben für den Informationsfluss zwischen den zuständigen Aufsichtsbehörden. Ergänzt wurden diese europarechtlichen Vorgaben im Jahr 2009 mit einer Meldepflicht[2] für solche Finanzinstrumente, die in den deutschen Freiverkehr einbezogen sind und noch nicht einer Meldepflicht unterliegen, weil sie eine Zulassung an einem sonstigen organisierten Markt haben oder in den regulierten Markt einer inländischen Börse einbezogen sind.

Mit der Wirksamkeit der Regelungen der MiFIR als unmittelbar geltende EU-Verordnung ergeben sich die **Meldepflichten mit Wirkung zum 3.1.2018 direkt aus Art. 26 VO Nr. 600/2014 (MiFIR)**. Die in der Vergangenheit schon herausgearbeiteten Grundprinzipien der Meldepflichten werden gleichwohl europarechtlich fortgeführt. Entsprechend hat der nationale Gesetzgeber im 2. FiMaNoG die bisherige nationale Umsetzung der Meldepflichten nach MiFID diesen neuen Gegebenheiten angepasst. So führt er in der Gesetzesbegründung aus „Die bisher in § 9 WpHG enthaltene Pflicht zur Mitteilung von Geschäften an die Bundesanstalt wird künftig in Art. 26 der Verordnung (EU) Nr. 600/2014 umfassend geregelt, flankiert von deren Art. 27, der die Bereitstellung der notwendigen Referenzdaten sicherstellt. Der bisherige § 9 ist daher in weiten Teilen aufzuheben. Es verbleiben im nationalen Recht einzelne Ausführungsbestimmungen und die Zuständigkeitszuweisung. Darüber hinaus wird auch die Meldepflicht für inländische zentrale Kontrahenten beibehalten, da deren Meldungen für die Aufsichtstätigkeit der Bundesanstalt von großer Bedeutung sind. Denn durch diese nach den bisherigen Erfahrungen qualitativ guten und flächendeckenden Meldungen können insbesondere fehlerhafte oder fehlende Meldungen von Börsenteilnehmern kompensiert werden."[3]

§ 22 Abs. 1 und 2 WpHG bestimmt nunmehr, dass die **Bundesanstalt die zuständige Behörde** i.S.d. Art. 26 und 27 VO Nr. 600/2014 (MiFIR) ist und dass ein **inländischer Handelsplatz**, der im Namen eines Wertpapierdienstleistungsunternehmens entsprechende Meldungen vornimmt, bestimmte **organisatorisch-technische Vorkehrungen** treffen muss, um die Sicherheit und Authentifizierung der Informationsübermittlungswege sowie die Verfügbarkeit seiner Dienste jederzeit sicherzustellen. Als nationale Regelung ist mit § 22 Abs. 3 WpHG zudem eine **Meldepflicht für inländische zentrale Gegenparteien** normiert, die an den bisherigen guten Erfahrungen mit der Qualität dieser Meldungen gerade auch als Korrektiv und Kontrolle der teilweise fehlerhaften oder fehlenden Meldungen von Börsenteilnehmern anknüpft.

II. Bundesanstalt als zuständige Behörde (§ 22 Abs. 1 WpHG). Nach § 22 Abs. 1 Satz 1 WpHG ist die Bundesanstalt **zuständige Behörde i.S.d. Art. 26 und 27 VO Nr. 600/2014**. Eine besondere Hervorhebung erfuhr hierbei in § 22 Abs. 1 Satz 2 WpHG die Zuständigkeit der Bundesanstalt für die Mitteilung von Referenzdaten, die von Handelsplätzen nach Art. 27 Abs. 1 VO Nr. 600/2014 zu übermitteln sind. Wie die Verbindung von Satz 1 und Satz 2 durch das „insbesondere" aufzeigt, ist diese Zuständigkeit für die Mitteilung von Referenzdaten von Handelsplätzen nach Art. 27 Abs. 1 VO Nr. 600/2014 nur zur Klarstellung hervorgehoben und lässt nicht den Umkehrschluss zu, dass für andere Teilaspekte aus dem Regelungskontext der Art. 26 und 27 VO Nr. 600/2014 die Bundesanstalt nicht zuständige Behörde sein könnte. § 22 Abs. 1 Satz 3 WpHG regelt zudem, dass die Bundesanstalt zuständig ist für die Übermittlung von Mitteilungen nach Art. 26 Abs. 1 VO Nr. 600/2014 an die zuständigen Behörden eines anderen Mitgliedstaates oder eines anderen EWR-Vertragsstaates, wenn sich in diesem Staat der unter Liquiditätsaspekten relevanteste Markt für das gemeldete Finanzinstrument i.S.d. Art. 26 Abs. 1 VO Nr. 600/2014 befindet.

Diese Bestimmung der Zuständigkeit der Bundesanstalt umfasst sowohl **Aufgabenzuweisungen an die Bundesanstalt** als auch die **Übertragung von Befugnissen** an diese. Diese Befugnisse nach Art. 26 und 27 VO

---

1 Vgl. Begr. RegE 2. FFG zu § 9 Abs. 1 WpHG, BT-Drucks. 12/6679, 43 f.
2 Eingeführt mit Art. 6 des Gesetzes zur Stärkung der Finanzmarkt- und der Versicherungsaufsicht vom 29.7.2009.
3 Vgl. Begr. RegE 2. FiMaNoG zu § 22 WpHG, BT-Drucks. 18/10936, 229.

Nr. 600/2014 sind nicht als Eingriffsbefugnisse ausgestaltet, wohl aber als die Befugnis zur Weitergabe von Informationen. Ungeachtet dessen ist die Bundesanstalt auch nach § 6 Abs. 5 WpHG zuständige Behörde i.S.d. Art. 2 Abs. 1 Nr. 18 VO Nr. 600/2014. Ihr stehen zudem die Befugnisse beispielsweise aus § 6 Abs. 2 und 3 WpHG zur Überwachung und zur Durchsetzung der Pflichten der Marktteilnehmer nach Art. 26 und 27 VO Nr. 600/2014 zu. Entsprechend ist die Bundesanstalt auch die zuständige Behörde, die die Einhaltung der entsprechenden Meldepflichten laufendend kontrolliert. Zusätzlich wird deren Umsetzung im Rahmen einer jährlichen Prüfung nach § 89 WpHG oder sonstigen Prüfungen nach § 88 WpHG durch Wirtschaftsprüfer oder die Bundesanstalt überwacht.

8 Konkret hat die Bundesanstalt nach Art. 26 Abs. 1 VO Nr. 600/2014 die **Aufgabe** entsprechende Vorkehrungen zu treffen, um die Meldungen nach Art. 26 VO Nr. 600/2014 entgegennehmen zu können, und diese Meldungen auch tatsächlich entgegenzunehmen. Die Bundesanstalt hat zur Erfüllung dieser Aufgabe ein elektronisches Fachverfahren mit dem Namen „Transaktionsmeldungen (Art. 26 VO Nr. 600/2014)" entwickelt und stellt dieses über die elektronische Melde- und Veröffentlichungsplattform „MVP-Portal" zur Verfügung[1]. Wie die Hinweise auf dieses Fachverfahren ist auf der Internetseite der Bundesanstalt auch ein Informationsblatt zu diesem Fachverfahren Transaktionsmeldungen (Art. 26 VO Nr. 600/2014)[2] veröffentlicht.

9 Die Bundesanstalt ist zudem nach Art. 26 Abs. 1 Satz 3 VO Nr. 600/2014 **berechtigt und verpflichtet**, der ESMA auf Anfrage alle Informationen zur Verfügung zu stellen, die gem. Art. 26 VO Nr. 600/2014 übermittelt werden. Gleiches gilt nach Art. 26 Abs. 8 VO Nr. 600/2014: Werden Meldungen nach Art. 26 VO Nr. 600/2014 gem. Art. 35 Abs. 8 RL 2014/65/EU an die Bundesanstalt als zuständiger Behörde des Aufnahmemitgliedstaats gesandt, so leitet diese sie an die zuständigen Behörden des Herkunftsmitgliedstaats der Wertpapierfirma weiter, es sei denn, diese beschließen, dass sie die Übermittlung dieser Information nicht wünschen.

10 Nach Art. 27 Abs. 1 und 2 VO Nr. 600/2014 ist Aufgabe der Bundesanstalt, **Vorkehrungen für die Entgegennahme der Referenzdaten zu treffen und die Referenzdaten entgegenzunehmen**. Auch hierfür bietet die elektronische Melde- und Veröffentlichungsplattform „MVP Portal" ein elektronisches Fachverfahren mit dem Namen „Mitteilungen und Informationen zum Referenzsystem für Finanzinstrumente und Transparenzberechnungen (Title II VO Nr. 600/2014/Art. 22 + 27 VO Nr. 600/2014/Art. 4 VO Nr. 596/2014)", auch „FIRDS" zur Meldung dieser Referenzdaten[3].

11 Nach Art. 27 Abs. 1 und 2 VO Nr. 600/2014 hat die Bundesanstalt zudem die Aufgabe, **Vorkehrungen für die Kontrolle der Datenqualität** zu treffen, und die Aufgabe und Befugnis, die **mitgeteilten Referenzdaten unverzüglich an die ESMA zu übermitteln**, die diese umgehend auf ihrer Webseite veröffentlichen soll, damit die ESMA und die zuständigen Behörden die Meldungen über Geschäfte verwenden, auswerten und austauschen können[4], und den Informationsaustausch zwischen den Behörden wahrzunehmen.

12 Als zuständige Behörde **nutzt die Bundesanstalt die ihr übermittelten Daten für ihre aufsichtlichen Zwecke**. So führt der Erwägungsgrund 32 VO Nr. 600/2014 aus, dass die zuständige Behörde die Daten mitgeteilt bekommen soll, „… um diese in die Lage zu versetzen, potentielle Fälle eines Marktmissbrauchs aufzudecken und zu untersuchen sowie das faire und ordnungsgemäße Funktionieren der Märkte und die Tätigkeiten von Wertpapierfirmen zu überwachen." Wenn auch potentielle Fälle eines Marktmissbrauchs im Sinne der MAR im Mittelpunkt der Nutzung dieser Daten stehen[5], so gibt es keine Beschränkung der Nutzung der Daten auf diesen Aufgabenbereich der Bundesanstalt. Sollten sich aus den Daten Auffälligkeiten ergeben, die z.B. für die in § 17 Abs. 2 WpHG genannten Behörden von Bedeutung sein können, bestehen keine Bedenken einer Übermittlung an diese Stellen. Selbst wenn ausnahmsweise personenbezogenen Daten im Zuge der Meldungen an die Bundesanstalt übermittelt werden, dürfen diese von der Bundesanstalt nach § 6 Abs. 16 WpHG zur Erfüllung ihrer aufsichtlichen Aufgaben und für Zwecke der internationalen Zusammenarbeit nutzen.

13 Neben der Aufgabenzuweisung und Einräumung der Befugnis für die Bundesanstalt **konkretisiert** § 22 Abs. 1 WpHG die Regelungen in Art. 26 und 27 VO Nr. 600/2014 **für die jeweiligen Meldepflichtigen**. Denn durch die gesetzliche Benennung der zuständigen Behörde ist eindeutig geregelt, an welche Stelle die Meldepflichtigen die entsprechenden Daten zu melden bzw. mitzuteilen haben, um ihre Pflichten zu erfüllen.

---

1 Informationen und Erläuterungen hierzu sind veröffentlicht auf der Internetseite der Bundesanstalt unter: Die BaFin, Service, MVP-Portal, Transaktionsmeldungen nach Art. 26 VO Nr. 600/2014.
2 Informationsblatt derzeit mit Stand vom 19.9.2017 veröffentlicht auf der Internetseite der Bundesanstalt unter: Die BaFin, Service, MVP-Portal, Transaktionsmeldungen nach Art. 26 VO Nr. 600/2014 (www.bafin.de/DE/DieBaFin/Service/MVPportal/26MiFIR/26MiFIR_node.html).
3 Informationen zu dem Fachverfahren sind veröffentlicht auf der Internetseite der Bundesanstalt unter: Die BaFin, Service, MVP-Portal, Mitteilungen und Informationen zum Referenzsystem für Finanzinstrumente und Transparenzberechnungen (Title II VO Nr. 600/2014/Art. 22 + 27 VO Nr. 600/2014/Art. 4 VO Nr. 596/2014).
4 Vgl. *Erwägungsgrund* 33 VO Nr. 600/2014.
5 Vgl. Erwägungsgrund 32 VO Nr. 600/2014 und die Begr. RegE 2. FFG, BT-Drucks. 12/6679, 43, die die Nutzung der Meldedaten „zur Verhinderung von Insidergeschäften und zur Überwachung von Melde- und Informationspflichten" hervorhob.

Als zuständige Behörde trifft die Bundesanstalt nicht nur die Vorkehrungen für die Entgegennahme der Meldungen, nimmt die Meldungen entgegen und leitet diese an ESMA bzw. an andere Aufsichtsbehörden weiter, sondern überwacht auch deren ordnungsgemäße Übersendung durch die Pflichtigen, setzt die Erfüllung dieser Pflichten aus Art. 26 und 27 VO Nr. 600/2014 durch und ahndet auch entsprechende Verstöße gegen die Pflichten aus Art. 26 und 27 VO Nr. 600/2014. Die Pflichten der Marktteilnehmer aus der VO Nr. 600/2014 sind nach § 120 Abs. 9 WpHG **bußgeldbewährt**. Verstöße gegen die Meldepflichten der Wertpapierfirmen, Handelsplätze und systematische Internalisierer aus Art. 26 und 27 VO Nr. 600/2014 können durch die Bundesanstalt in § 120 Abs. 9 Nr. 4 lit. g, Nr. 18 ff. WpHG i.V.m. Abs. 20 mit einem Bußgeld i.H.v. bis zu 5 Mio. Euro, bei einer juristischen Person bis 10 % des Gesamtumsatzes oder bis zum zweifachen Wert des wirtschaftlichen Vorteils aus dem Verstoß geahndet werden.

III. Organisationspflichten für inländische Handelsplätze (§ 22 Abs. 2 WpHG). § 22 Abs. 2 WpHG regelt besondere Organisationspflichten für inländische Handelsplätze. Diese besonderen Organisationspflichten sind Folge der **Umsetzung der Vorgaben aus Art. 26 Abs. 7 Satz 6 und 7 VO Nr. 600/2014**. Danach verpflichtet der jeweilige Herkunftsmitgliedstaat den Handelsplatz, bestimmte Sicherheitsmechanismen einzurichten und Vorkehrungen für eine hinreichende Verfügbarkeit seiner Dienste zu treffen. Auch wenn die MiFIR eine unmittelbar geltende EU-Verordnung ist, so verlangen diese Vorgaben aus Art. 26 Abs. 7 Satz 6 und 7 VO Nr. 600/2014 dennoch eine Umsetzung durch die Mitgliedstaaten. Denn mit diesen Vorgaben aus Art. 26 Abs. 7 Satz 6 und 7 VO Nr. 600/2014 werden nach dem Wortlaut klar die Mitgliedstaaten verpflichtet, diese Pflichten den Handelsplätzen aufzuerlegen.

Der **Begriff des Handelsplatzes** ist für die Regelungen des WpHG in § 2 Abs. 22 WpHG legaldefiniert. Danach ist ein Handelsplatz ein organisierter Markt, ein multilaterales Handelssystem oder ein organisiertes Handelssystem. Zudem ist der Adressatenkreis insoweit eingeschränkt, als es sich um einen **inländischen Handelsplatz** handeln muss. Dieser Handelsplatz muss also seinen Sitz oder seine Hauptniederlassung in Deutschland haben.

Soweit ein inländischer Handelsplatz im Namen eines Wertpapierdienstleistungsunternehmens Meldungen nach Art. 26 Abs. 1 VO Nr. 600/2014 vornimmt, muss dieser **Sicherheitsmechanismen einrichten**, die die Sicherheit und Authentifizierung der Informationsübermittlungswege gewährleisten sowie eine Verfälschung der Daten und einen unberechtigten Zugriff und ein Bekanntwerden von Informationen verhindern und so jederzeit die Vertraulichkeit der Daten wahren. Diese Regelung entspricht den Anforderungen aus Art. 27 Abs. 7 Satz 6 VO Nr. 600/2014, der lautet: „Der Herkunftsmitgliedstaat verpflichtet den Handelsplatz für den Fall, dass dieser im Namen einer Wertpapierfirma Meldungen vornimmt, solide Sicherheitsmechanismen einzurichten, die darauf ausgelegt sind, die Sicherheit und Authentifizierung der Informationsübermittlungswege zu gewährleisten, das Risiko der Datenverfälschung und des unberechtigten Zugriffs zu minimieren, ein Durchsickern von Informationen zu verhindern und so jederzeit die Vertraulichkeit der Daten zu wahren." Die Unterschiede in den Formulierungen der Anforderungen sind rein redaktioneller Natur im Sinne einer Anpassung an die Wortwahl des deutschen Gesetzgebers. Unter Umständen können die Vorgaben aus Art. 27 Abs. 7 Satz 6 VO Nr. 600/2014 bei der Auslegung von § 22 Abs. 2 Satz 1 WpHG dienlich sein.

Der inländische Handelsplatz hat für die Dienstleistung der Übermittlung der Meldungen nach Art. 26 Abs. 1 VO Nr. 600/2014 für ein Wertpapierdienstleistungsunternehmen zweckbezogene Sicherheitsmechanismen einzurichten. Dass diese solide sein müssen, sollte in Anbetracht der besonderen aufsichtsrechtlichen Relevanz und der daraus herrührenden Beaufsichtigung der Handelsplätze eine Selbstverständlichkeit sein. Die Sicherheitsmechanismen müssen darauf ausgelegt sein, **drei verschiedene Risikoaspekte abzudecken:**

– Sie sollen die Sicherheit und Authentifizierung der Informationsübermittlungswege gewährleisten,
– sie sollen eine Verfälschung der Daten und einen unberechtigten Zugriff verhindern und
– sie sollen ein Bekanntwerden von Informationen verhindern und so jederzeit die Vertraulichkeit der Daten wahren.

Das bedeutet, dass der Informationsfluss von dem meldepflichtigen Wertpapierdienstleistungsunternehmen über das System des inländischen Handelsplatzes bis zur Melde- und Veröffentlichungsplattform der Bundesanstalt sicher im Sinne der Vermeidung von unbefugten Zugriffen auf die Übermittlungswege und die jeweiligen Daten einschließlich einer Verhinderung der Verfälschung der Daten sein soll.

Nach § 22 Abs. 2 Satz 2 WpHG muss der Handelsplatz zudem **ausreichende Mittel** vorhalten und **Notfallsysteme** einrichten, um seine diesbezüglichen **Dienste jederzeit anbieten und aufrechterhalten** zu können. Das bedeutet, dass zum einen eine jederzeitige Verfügbarkeit der entsprechenden Systeme für die Übernahme und Erfüllung der Meldepflichten vorgesehen sein muss und dass zum anderen ein Notfallplan und Notfallsystem für den Fall bereitsteht, wenn das Meldesystem keine hinreichende Kapazität hat oder gar ausfällt, sei es aufgrund von technischen Problemen, aufgrund von Angriffen von außen oder aufgrund sonstiger Vorkommnisse.

Verstöße gegen die besonderen Organisationspflichten für inländische Handelsplätze nach § 22 Abs. 2 WpHG sind **bußgeldbewährt**. Der entsprechende Bußgeldtatbestand ist in § 120 Abs. 8 Nr. 3 lit. a und b WpHG normiert. Im Rahmen des Gesetzgebungsverfahrens wurde dieser Tatbestand insoweit geringfügig modifiziert, als ein dynamischer Verweis auf die MiFIR durch einen statischen Verweis mit einer einheitlichen Verweisungstechnik ersetzt wurde[1]. Die angedrohte Bußgeldhöhe beträgt wie bei Verstößen nach § 22 Abs. 1 WpHG nach § 120 Abs. 20 WpHG bis zu 5 Mio. Euro, bei einer juristischen Person bis 10 % des Gesamtumsatzes oder bis zum zweifachen Wert des wirtschaftlichen Vorteils aus dem Verstoß.

21 **IV. Meldepflicht für inländische zentrale Gegenparteien (§ 22 Abs. 3 WpHG).** Über Art. 26 und 27 VO Nr. 600/2014 hinausgehend regelt § 22 Abs. 3 WpHG eine Meldepflicht für inländische zentrale Gegenparteien. Hintergrund hierfür ist, dass „deren Meldungen für die Aufsichtstätigkeit der Bundesanstalt von großer Bedeutung sind. Denn durch diese nach den bisherigen Erfahrungen qualitativ guten und flächendeckenden Meldungen können insbesondere fehlerhafte oder fehlende Meldungen von Börsenteilnehmern kompensiert werden."[2] Im Rahmen des Gesetzgebungsverfahrens wurde diese Regelung auf Empfehlung des Finanzausschusses an die Besonderheiten bei zentralen Gegenparteien angepasst und hinsichtlich der mitzuteilenden Daten eingeschränkt.

22 Diesen Überlegungen folgend regelt § 22 Abs. 3 Satz 1 WpHG, dass die **Verpflichtung nach Art. 26 Abs. 1 bis 3 sowie 6 und 7 VO Nr. 600/2014** in Verbindung mit der Delegierten Verordnung (EU) 2017/590 der Kommission vom 28.7.2016 zur Ergänzung der Verordnung (EU) Nr. 600/2014 des Europäischen Parlaments und des Rates durch technische Regulierungsstandards für die Meldung von Geschäften an die zuständigen Behörden[3], in der jeweils geltenden Fassung **für inländische zentrale Gegenparteien** i.S.d. § 1 Abs. 31 KWG hinsichtlich der Informationen, über die sie aufgrund der von ihnen abgeschlossenen Geschäfte verfügen, **entsprechend gilt.** „Durch die Änderung wird sichergestellt, dass inländische zentrale Gegenparteien bei ihren Transaktionsmeldungen nach § 22 Abs. 3 WpHG nur die Informationen zu übermitteln haben, die ihnen auch vorliegen."[4]

23 Der Terminus „Informationen, über die sie aufgrund der von ihnen abgeschlossenen Geschäfte verfügen" wird in § 22 Abs. 3 Satz 2 WpHG näher ausgeführt. Hiernach umfassen diese Informationen die Inhalte, die gem. Anhang 1 Tabelle 2 in den Meldefeldern Nr. 1 bis 4, 6, 7, 16, 28 bis 31, 33 bis 36 und 38 bis 56 DelVO 2017/590 anzugeben sind. Das sind **Basisdaten**, wie beispielsweise Status der Meldung (neu oder Storno), die Referenznummer des Geschäfts, den vom Handelsplatz vergebenen Identifikationscode für das Geschäft und den Identifikationscode der ausführenden und der übermittelnden Einrichtung (LEI), **Detailinformationen zum Käufer und zum Verkäufer**, wie den Identifikationscode des Käufers und des Verkäufers (zwingende Angabe des LEI), **Detailinformationen zum Geschäft**, wie Handelszeitpunkt, -kapazität, -platz, Menge, Währung, Preis, Nettobetrag, und **Detailinformationen zum Instrument**, wie Kennung, vollständige Bezeichnung und Klassifizierung des Instruments, Fälligkeit und Art der Lieferung. Die übrigen Meldefelder sind von der meldepflichtigen zentralen Gegenpartei so zu befüllen, dass sie den technischen Validierungsregeln entsprechen, die von der Europäischen Wertpapier- und Marktaufsichtsbehörde vorgegeben sind. Die Begründung zu dieser Regelung ist, „der angefügte Satz 2 spezifiziert im Detail, um welche Informationen es sich dabei handelt. Der neue Satz 3 stellt sicher, dass trotz der inhaltlichen Beschränkung der gesamte Meldesatz technisch verarbeitet werden kann."[5] Entsprechend kann insoweit auf die Vorgaben aus Art. 26 VO Nr. 600/2014 verwiesen werden.

24 Verstöße gegen diese nationalrechtliche Regelung können von der Bundesanstalt geahndet werden. § 120 Abs. 2 Nr. 2 lit. b WpHG sieht eine **Bußgeldbewährung** für vorsätzliche oder leichtfertige Verstöße vor, die nach § 120 Abs. 24 WpHG mit einem Bußgeld i.H.v. bis zu 200.000 Euro geahndet werden können.

§ 23 Anzeige von Verdachtsfällen

(1) Wertpapierdienstleistungsunternehmen, andere Kreditinstitute, Kapitalverwaltungsgesellschaften und Betreiber von außerbörslichen Märkten, an denen Finanzinstrumente gehandelt werden, haben bei der Feststellung von Tatsachen, die den Verdacht begründen, dass mit einem Geschäft über Finanzinstrumente, für die die Bundesanstalt die zuständige Behörde im Sinne des Artikels 2 Absatz 1 Buchstabe j der Verordnung (EU) Nr. 236/2012 ist, gegen die Artikel 12, 13 oder 14 der Verordnung (EU) Nr. 236/2012 verstoßen wird, diese unverzüglich der Bundesanstalt mitzuteilen. Sie dürfen andere Personen als staatliche Stellen und solche, die auf Grund ihres Berufs einer gesetzlichen Verschwiegenheitspflicht unterliegen, von der Anzeige oder von einer daraufhin eingeleiteten Untersuchung nicht in Kenntnis setzen.

(2) Der Inhalt einer Anzeige nach Absatz 1 darf von der Bundesanstalt nur zur Erfüllung ihrer Aufgaben verwendet werden. Die Bundesanstalt darf die Identität einer anzeigenden Person nach Absatz 1 anderen als staatlichen Stellen nicht zugänglich machen. Das Recht der Bundesanstalt nach § 123 bleibt unberührt.

---

1 Vgl. Beschluss des Finanzausschusses zu 2. FiMaNoG zu § 120 WpHG, BT-Drucks. 18/11775, 317 f. und 649.
2 Vgl. Begr. RegE 2. FiMaNoG zu § 22 WpHG, BT-Drucks. 18/10936, 229.
3 ABl. EU Nr. L 87 v. 31.3.2017, S. 449.
4 Vgl. Beschlussempfehlung des Finanzausschusses zum 2. FiMaNoG zu § 22 WpHG, BT-Drucks. 18/11775, 647 f.
5 Vgl. Beschlussempfehlung des Finanzausschusses zum 2. FiMaNoG zu § 22 WpHG, BT-Drucks. 18/11775, 647 f.

(3) Wer eine Anzeige nach Absatz 1 erstattet, darf wegen dieser Anzeige nicht verantwortlich gemacht werden, es sei denn, die Anzeige ist vorsätzlich oder grob fahrlässig unwahr erstattet worden.

(4) Das Bundesministerium der Finanzen kann durch Rechtsverordnung, die nicht der Zustimmung des Bundesrates bedarf, nähere Bestimmungen erlassen über
1. die Form und den Inhalt einer Anzeige nach Absatz 1 und
2. die Art und Weise der Übermittlung einer Mitteilung nach Artikel 16 Absatz 1 und 2 der Verordnung (EU) Nr. 596/2014.

Das Bundesministerium der Finanzen kann die Ermächtigung durch Rechtsverordnung auf die Bundesanstalt übertragen.

In der Fassung des 2. FiMaNoG vom 23.6.2017 (BGBl. I 2017, 1693).

Schrifttum: *Diekmann/Sustmann*, Gesetz zur Verbesserung des Anlegerschutzes (Anlegerschutzverbesserungsgesetz – AnSVG), NZG 2004, 929; *Franz*, Verdachtsanzeigen liefern gute Hinweise, BaFinJournal 07/11, S. 6; *Gebauer*, Verdachtsmitteilungen gem. § 10 WpHG, in Gedächtnisschrift Ulrich Bosch, 2006, S. 31; *Laars*, Finanzdienstleistungsaufsichtsgesetz, 2015; *Lösler*, Spannungen zwischen der Effizienz der internen Compliance und möglichen Reporting-Pflichten des Compliance Officers, WM 2007, 676; *Schwintek*, Die Anzeigepflicht bei Verdacht von Insidergeschäften und Marktmanipulation nach § 10 WpHG, WM 2005, 861; *Spindler*, Kapitalmarktreform in Permanenz – Das Anlegerschutzverbesserungsgesetz, NJW 2004, 3449; *Szesny*, Finanzmarktaufsicht und Strafprozess, 2008; *Veil*, Compliance-Organisationen in Wertpapierdienstleistungsunternehmen im Zeitalter der MiFID, WM 2008, 1093.

I. Regelungsgegenstand 1	VIII. Ausführungsverbot? 43
II. Entstehungsgeschichte und Regelungssystematik 4	IX. Verschwiegenheitspflicht (§ 23 Abs. 1 Satz 2 WpHG) 46
III. Regelungszweck und Rechtstatsachen 6	X. Umgang der Bundesanstalt mit erstatteten Anzeigen (§ 23 Abs. 2 WpHG) 57
IV. Europarechtskonforme Auslegung 8	1. Allgemeines 57
V. Grundrechtliche Aspekte der Inpflichtnahme Privater 9	2. Verwendungsbeschränkung 58
VI. Anzeigepflicht (§ 23 Abs. 1 Satz 1 WpHG) . . 12	3. Verschwiegenheit 60
1. Adressatenkreis 12	4. § 123 WpHG 62
2. Voraussetzungen der Anzeigepflicht 15	XI. Beschränkte Verantwortlichkeit des Anzeigeerstatters (§ 23 Abs. 3 WpHG) 63
a) Feststellung von Tatsachen 16	1. Beschränkte Verantwortlichkeit für erstattete Anzeigen 63
b) Verdacht 18	
c) Geschäft 21	
d) Verdachtszeitpunkt 23	2. Verantwortlichkeit für die Wahrung der Verschwiegenheit 68
3. Inhalt und Form der Anzeige; Konkretisierung durch §§ 2, 3 WpAV 27	XII. Bußgeldrechtliche Aspekte 70
VII. Vorgelagerte Pflichten und Umfang der Sorgfaltspflichten zur Erfüllung der Anzeigepflicht? 35	

I. Regelungsgegenstand. § 23 Abs. 1 Satz 1 WpHG begründet eine **Anzeigepflicht** bestimmter Finanzintermediäre (näher Rz. 12 ff.) gegenüber der Bundesanstalt, wenn jene Tatsachen feststellen, die den Verdacht begründen, dass ein Geschäft mit Finanzinstrumenten gegen die Verbote oder Gebote der Art. 12, 13, 14 VO Nr. 236/2012 (**Leerverkaufsverordnung**) verstößt (näher Rz. 15 ff.). Für den Marktmissbrauch regelt dasselbe Thema Art. 16 VO Nr. 596/2014 i.V.m. der DelVO 2016/957 europarechtlich abschließend. Schon das Erste Finanzmarktnovellierungsgesetz (1. FiMaNoG)[1] hat mit Wirkung vom 2.7.2016 die Verdachtsanzeigepflicht des § 10 Abs. 1 Satz 1 WpHG a.F. auf Verstöße gegen die Leerverkaufsverordnung[2] (VO Nr. 236/2012) beschränkt[3]. 1

Die Anzeigepflicht ist bußgeldbewehrt (§ 120 Abs. 2 Nr. 2 lit. c WpHG, s. Rz. 70) und wird durch eine ebenfalls bußgeldbewehrte (§ 120 Abs. 2 Nr. 2 lit. a WpHG, s. Rz. 71) **Verschwiegenheitspflicht** des Anzeigeerstatters gegenüber anderen Personen als staatlichen Stellen und ihrerseits zur Verschwiegenheit verpflichteten Personen flankiert (§ 23 Abs. 1 Satz 2 WpHG, näher Rz. 46 ff.). Kommt ein Unternehmen, das der Aufsicht der Bundesanstalt unterliegt, seiner Anzeigepflicht nicht nach, besteht gem. § 4b FinDAG die Möglichkeit der Beschwerde. Dieses Beschwerdeverfahren dient nur der Anzeige von Verstößen gegen Rechtspflichten seitens der beaufsichtigten Unternehmen und nicht der Durchsetzung privater Ansprüche[4]. 2

---

1 Erstes Gesetz zur Novellierung von Finanzmarktvorschriften auf Grund europäischer Rechtsakte (Erstes Finanzmarktnovellierungsgesetz – 1. FiMaNoG) vom 30.6.2016, BGBl. I 2016, 1514.
2 Verordnung (EU) Nr. 236/2012 des Europäischen Parlaments und des Rates vom 14.3.2012 über Leerverkäufe und bestimmte Aspekte von Credit Default Swaps, ABl. EU Nr. L 86 v. 24.3.2012, S. 1.
3 Begr. RegE, BT-Drucks. 18/7482, 60.
4 *Laars*, Finanzdienstleistungsaufsichtsgesetz, § 4b FinDAG Rz. 1.

3 Der **Umgang der Bundesanstalt mit erstatteten Anzeigen** wird in § 23 Abs. 2 WpHG näher geregelt (s. Rz. 57 ff.). § 23 Abs. 3 WpHG beschränkt die **Verantwortlichkeit des Anzeigeerstatters** für unwahr erstattete Anzeigen auf Vorsatz und grobe Fahrlässigkeit. § 23 Abs. 4 WpHG enthält schließlich eine **Verordnungsermächtigung** betreffend Form und Inhalt der zu erstattenden Anzeige im Hinblick auf die Mitteilungspflichten aus § 23 Abs. 1 Satz 1 WpHG sowie aus Art. 16 Abs. 1, 2 VO Nr. 596/2014. Von dieser Ermächtigung ist mit §§ 2, 3 WpAV Gebrauch gemacht worden (s. Rz. 27 ff.).

4 **II. Entstehungsgeschichte und Regelungssystematik.** Die Regelung war vor Inkrafttreten des Zweiten Finanzmarktnovellierungsgesetzes (2. FiMaNoG)[1] fast inhaltsgleich in § 10 WpHG enthalten. § 10 WpHG a.F. ist durch Art. 1 Nr. 4 des Anlegerschutzverbesserungsgesetzes (**AnSVG**)[2] mit Wirkung vom 30.10.2004 in das WpHG eingefügt worden[3] und wurde konkretisiert durch §§ 2 und 3 der auf Grundlage von § 10 Abs. 4 Satz 1 WpHG a.F. erlassenen Wertpapierhandelsanzeige- und Insiderverzeichnisverordnung (**WpAIV**)[4]. Die WpAIV wurde mit Wirkung vom 3.1.2018 erneuert durch die **Wertpapierhandelsanzeigeverordnung (WpAV)**[5]. Das Zweite Finanzmarktnovellierungsgesetz (2. FiMaNoG)[6] brachte nur noch redaktionelle Anpassungen und die Neunummerierung zu § 23 WpHG. Daneben hat der Gesetzgeber im Zuge des 1. FiMaNoG mit § 4d Finanzdienstleistungsaufsichtsgesetz (**FinDAG**) eine allgemeine Verpflichtung der Bundesanstalt für Finanzdienstleistungsaufsicht (Bundesanstalt – BaFin) zur Errichtung eines Systems zur Annahme von Meldungen von Verstößen gegen nationale und europäische Rechtsakte geschaffen, deren Einhaltung die BaFin sicherstellen muss. Dies setzt Art. 71 RL 2013/36/EU, Art. 28 VO Nr. 1286/2014 (PRIIP), Art. 99d RL 2014/91/EU sowie Art. 32 VO Nr. 596/2014 (MAR) um[7].

5 § 23 WpHG weist gewisse **Parallelen zur Anzeigepflicht bei Geldwäscheverdacht** gem. § 11 GwG[8] auf. Im europäischen Rechtsetzungsverfahren ist hervorgehoben worden, dass die kapitalmarktrechtliche Verdachtsanzeigepflicht „entsprechend dem Geist der Maßnahmen, die zur Bekämpfung der Geldwäsche gegenüber den Banken getroffen wurden,"[9] eingeführt werden solle. Hier wie dort handelt es sich um ein Rechtsinstitut, das auf europarechtliche Vorgaben zurückgeht[10] und nicht der deutschen Rechtstradition entspricht, die Anzeigepflichten traditionell mit Zurückhaltung begegnet[11]. Sowohl bei § 11 GwG als auch bei § 23 Abs. 1 WpHG werden Private für staatliche Zwecke, einer möglichst flächendeckenden Effektuierung staatlicher Kontrolle, in die Pflicht genommen. Allerdings ist die geldwäscherechtliche Anzeigepflicht in ihrer **präventiven Wirkung** stärker ausgeprägt als die kapitalmarktrechtliche. So sieht § 11 Abs. 1a GwG etwa ein „Stillhaltegebot", d.h. ein grundsätzliches Verbot der Ausführung der geldwäscherechtlichen Transaktion vor und betrifft somit in erster Linie bevorstehende Transaktionen.

6 **III. Regelungszweck und Rechtstatsachen.** Zweck der Anzeigepflicht nach § 23 WpHG ist es, der Bundesanstalt die ihr gem. § 18 Abs. 2 WpHG und § 4 FinDAG obliegende Überwachung der Einhaltung der Verbote der Art. 12, 13, 14 VO Nr. 236/2012 (Leerverkaufsverordnung) zu erleichtern, indem bestimmte Finanzintermediäre zur Meldung von Geschäften verpflichtet werden, bei denen ein auf festgestellten Tatsachen gegründeter Verdacht von Verstößen besteht. Dabei geht es nicht um die Effektuierung der *präventiven* Überwachungsaufgaben der Bundesanstalt, aktuell bestehende Gefahren für die Integrität der Kapitalmärkte unmittelbar abwehren zu können[12]. Vielmehr gehört zu den Überwachungsaufgaben der Bundesanstalt auch, dafür Sorge zu tragen, dass Verstöße straf- und bußgeldrechtlich verfolgt werden. Insoweit hat die Anzeigepflicht

---

1 Zweites Gesetz zur Novellierung von Finanzmarktvorschriften auf Grund europäischer Rechtsakte (Zweites Finanzmarktnovellierungsgesetz – 2. FiMaNoG) vom 23.6.2017, BGBl. I 2017, 1693.
2 Gesetz zur Verbesserung des Anlegerschutzes (Anlegerschutzverbesserungsgesetz – AnSVG) vom 28.10.2004, BGBl. I 2004, 2630.
3 S. zur Entstehungsgeschichte auch *v. Hein* in Schwark/Zimmer, § 10 WpHG Rz. 2; *Heinrich* in KölnKomm. WpHG, § 10 WpHG Rz. 7; *Schlette/Bouchon* in Fuchs, § 10 WpHG Rz. 1 f.
4 Verordnung zur Konkretisierung von Anzeige-, Mitteilungs- und Veröffentlichungspflichten sowie der Pflicht zur Führung von Insiderverzeichnissen nach dem Wertpapierhandelsgesetz vom 13.12.2004, BGBl. I 2004, 3376, in Kraft getreten am 18.12.2004.
5 Änderung durch Art. 1 V. v. 2.11.2017, BGBl. I 2017, 3727.
6 Zweites Gesetz zur Novellierung von Finanzmarktvorschriften auf Grund europäischer Rechtsakte (Zweites Finanzmarktnovellierungsgesetz – 2. FiMaNoG) vom 23.6.2017, BGBl. I 2017, 1693.
7 S. hierzu ausführlich Kommentierung zu Art. 32 VO Nr. 596/2014 Rz. 10 ff.
8 In der Fassung des Gesetzes Art. 346 Zehnte ZuständigkeitsanpassungsVO vom 11.4.2016, BGBl. I 2015, 1474. Zur einschlägigen Literatur s. nur *Fülbier* in Fülbier/Aepfelbach/Langweg, § 11 GwG vor Rz. 1. Zum europarechtlichen Hintergrund s. Richtlinie 2005/60/EG des Europäischen Parlaments und des Rates vom 26.10.2005 zur Verhinderung der Nutzung des Finanzsystems zum Zweck der Geldwäsche und der Terrorismusfinanzierung, ABl. EU Nr. L 309 v. 25.11.2005, S. 15 (Zweite Geldwäscherichtlinie), dort v.a. Art. 22.
9 Bericht des Ausschusses für Wirtschaft und Währung des Europäischen Parlaments vom 27.2.2002 (EU-Parlamentsdokument Nr. PE 207.438, S. 37 [abrufbar über die Suchfunktion http://www.europarl.eu.int/activities/expert/reports/search.do?language=DE&LEG_ID=5]).
10 S. auch die allgemeine Verpflichtung zur Einrichtung eines Meldesystems für Verstöße gegen Normen, die der Aufsicht der Bundesanstalt unterliegen gem. § 4d FinDAG.
11 Vgl. aber z.B. § 138 StGB, der die Nichtanzeige bestimmter schwerwiegender Straftaten mit Strafe bedroht.
12 Hierauf beschränkt aber *Schwintek*, WM 2005, 861, 863, den Zweck des § 10 WpHG.

auch einen *repressiven* Hintergrund, wie u.a. § 23 Abs. 2 Satz 3 WpHG zeigt[1]. Dieser doppelfunktionale Zweck wird auch in der allgemeinen Pflicht zur Errichtung eines Systems zur Annahme von Meldungen von Verstößen gem. § 4d Abs. 1 FinDAG deutlich, da sich ein solches Meldesystem sowohl auf Normen erstrecken soll, deren Einhaltung die Bundesanstalt sicherzustellen hat, als auch auf solche, deren Zuwiderhandeln die Bundesanstalt ahnden kann.

Der Mitteilungspflicht gem. § 23 WpHG kommt in der **Praxis** eine erhebliche Bedeutung zu. Im Jahr 2015 gingen bei der BaFin 547 Verdachtsanzeigen gegenüber 435 Verdachtsanzeigen im Vorjahr 2014 ein[2]. Damit gingen etwa die Hälfte der in dem Jahr neu ausgelösten Analysen auf Anzeigen gem. § 10 WpHG a.F. zurück[3]. 2016 gab es 97 Untersuchungen nur über die Einhaltung der Verbote bei Leerverkäufen und bestimmter Geschäfte in Credit-Default-Swaps; 2015 entfielen auf diesen Bereich noch 185 Fälle[4]. Die BaFin hat inzwischen eine Möglichkeit geschaffen, eine entsprechende Anzeige per elektronischen Upload einzureichen[5]. Die Verdachtsanzeigen sind eine der Haupterkenntnisquellen der Bundesanstalt – neben der risikoorientierten Beobachtung des Marktgeschehens und der Marktanalysen durch die Anstalt selbst. Die Verdachtsanzeigen setzen sich insgesamt zusammen aus informellen Beschwerden und Hinweisen auf der einen Seite und förmlichen Verdachtsanzeigen aus der Kreditwirtschaft auf der anderen Seite. Dass letztere qualitativ hochwertiger sind, indem sich bei ihnen der Verdacht signifikant öfter bestätigt als im Durchschnitt, liegt nahe[6], müsste aber durch weitere Untersuchungen erhärtet werden. Eine Wirksamkeitsanalyse[7] müsste den Aufwand des Nutzen der konkreten Verdachtsanzeigen im Vergleich zu anderen Erkenntnisquellen der Behörden gegenüberstellen und zudem die schon erfassbaren präventiven Wirkungen einbeziehen.

IV. Europarechtskonforme Auslegung. Da § 23 WpHG und §§ 2, 3 WpAV nicht mehr auf einer Richtlinie beruhen, unterliegt die Norm auch nicht länger dem Gebot richtlinienkonformer Auslegung. Art. 33 VO Nr. 236/2012 verlangt lediglich allgemein, dass der nationale Gesetzgeber die Behörden mit den erforderlichen Aufsichtsbedingungen ausstattet. Gleichwohl ist eine unionsrechtskonforme Auslegung als harmonisierende bzw. systematische Auslegung zu Art. 16 VO Nr. 596/2014, mithin also im Einklang mit verwandten und mit der Regelungsmaterie im Kontext stehenden unionsrechtlichen Normen angezeigt. Die Zulässigkeit einer harmonisierenden bzw. systematischen Auslegung dürfte unbestritten sein, solange sie nicht contra legem ist; europäisch *geboten* ist sie aber auch aus Art. 4 Abs. 3 EUV nicht, wonach die Mitgliedstaaten der EU zur Treue verpflichtet sind und unionsrechtlichen Bestimmungen zu einer vollumfänglichen praktischen Wirksamkeit verhelfen sollen[8]. Gleichwohl spricht nichts dagegen, mit gleichem Rang zu anderen Auslegungsmethoden § 23 Abs. 1 WpHG im Einklang mit Art. 16 VO Nr. 596/2014 auszulegen; soweit dies einer wirksamen Umsetzung der Leerverkaufsverordnung dient, lässt sich dies auch auf den effet utile-Grundsatz stützen[9].

V. Grundrechtliche Aspekte der Inpflichtnahme Privater. Die Anzeigepflicht nach § 23 Abs. 1 WpHG sowie nach Art. 16 VO Nr. 596/2014 beinhaltet eine **Inpflichtnahme Privater** bei der staatlichen Überwachung öffentlich-rechtlicher Pflichten[10]. In diesem Sinne heißt es in Erwägungsgrund 45 VO Nr. 596/2014, dass die Betreiber von Märkten „dazu verpflichtet werden, wirksame Maßnahmen, Systeme und Verfahren zur Vorbeugung gegen Marktmanipulations- und Marktmissbrauchspraktiken und zu deren Aufdeckung zu unterhalten und aufrechtzuerhalten"[11]. Da eine solche Inpflichtnahme bei Finanzintermediären Kosten verursacht, Ressourcen bindet und die Kundenbindung durch mögliche Interessenkonflikte berührt[12], verwundert es nicht, dass sie in der Kreditwirtschaft auf Widerstand gestoßen ist. Berechtigter Kern der Kritik ist, dass eine Inpflichtnahme Privater[13] auch in Gestalt von Anzeigepflichten (und diesen vorgelagerten Pflichten, s. Rz. 35 ff.) auf **verfassungsrechtliche Grenzen** stößt (zu den Grenzen der Gemeinschaftsgrundrechte Art. 16 VO Nr. 596/2014 Rz. 8). Die An-

---

1 Wie hier *v. Hein* in Schwark/Zimmer, § 10 WpHG Rz. 1: § 10 WpHG „dient sowohl repressiven als auch präventiven Zwecken".
2 Jahresbericht 2015, S. 229.
3 Jahresbericht 2015, S. 229.
4 Jahresbericht 2016, S. 18.
5 S. https://www.bkms-system.net/bkwebanon/report/clientInfo?cin=2BaF6&language=ger (zuletzt abgerufen am 3.4.2018).
6 So *Franz*, BaFinJournal 07/11, S. 6: „überwiegend von guter bis sehr guter Qualität".
7 Kritisch zur GwG-Verdachtsanzeige *Fülbier* in Fülbier/Aepfelbach/Langweg, § 11 GwG Rz. 27.
8 Vgl. *Marauhn* in Schulze/Zuleeg/Kadelbach, § 7 Rz. 32 ff.; s. auch *Calliess/Kahl/Puttler* in Calliess/Ruffert, EUV/AEUV, Art. 4 EUV Rz. 96 ff.
9 Zum Harmonisierungsziel der Leerverkaufsverordnung Erwägungsgründe 27 (Effizienzgebot Möglichkeit der zuständigen Behörden Kursverfall zu verhindern und Finanzmarktstabilität herzustellen) und 29 (Harmonisierung der Überwachungspflichten) sowie Art. 12 Abs. 2, 13 Abs. 4, 16 Abs. 4 VO Nr. 236/2012 über die Schaffung einheitlicher Standards für die Mitteilung von Kapitalmarktinformationen.
10 S. hierzu auch *v. Hein* in Schwark/Zimmer, § 10 WpHG Rz. 4; *Heinrich* in KölnKomm. WpHG, § 10 WpHG Rz. 4 mit Verweis auf *Diekmann/Sustmann*, NZG 2004, 929, 933; *Schlette/Bouchon* in Fuchs, § 10 WpHG Rz. 2.
11 S. auch Erwägungsgrund 63 VO Nr. 596/2014, wonach auch die Marktteilnehmer einen Beitrag zur Marktintegrität leisten sollten.
12 *Diekmann/Sustmann*, NZG 2004, 929, 933.
13 S. dazu grundlegend *Appel* in Hoffmann-Riem/Schmidt-Assmann/Voßkuhle, Grundlagen des Verwaltungsrechts, § 32 Rz. 73 ff.

zeigepflicht greift in die Berufsfreiheit der Anzeigepflichtigen (Art. 12 Abs. 1, 14 GG) ein. Mit der Rechtsprechung des BVerfG ist die Indienstnahme Privater bei der Erfüllung öffentlicher Aufgaben gleichwohl auch ohne Kompensation für die Aufgabenwahrnehmung als grundsätzlich zulässig anzusehen[1]. Empfindlich ist der Eingriff in das privatrechtliche Horizontalverhältnis (Art. 2 Abs. 1 GG), indem ein privatautonom Beteiligter zum Überwacher seines Vertragspartners bestimmt wird.

10 Daran anknüpfend ist auch in der gesetzlichen Anordnung einer Anzeigepflicht von privaten Finanzintermediären zur Unterstützung der staatlichen Überwachung der Gebote nach Art. 12–14 VO Nr. 236/2012 sowie des Insiderhandels- und Marktmanipulationsverbots kein grundsätzlich verfassungswidriger Grundrechtseingriff zu sehen. Zutreffend ist zwar, dass die Inpflichtnahme Privater bei staatlichen Aufsichts-, Überwachungs- und Verfolgungsaufgaben, deren Durchsetzung im Ausgangspunkt staatlichen Stellen obliegt, grundsätzlich die Ausnahme bleiben muss und sachlich zu rechtfertigen ist[2]. Eine sachliche Rechtfertigung ergibt sich jedoch in Bezug auf die Anzeigepflicht nach § 23 Abs. 1 WpHG aus dem **Informationsvorsprung der Finanzintermediäre**, der sie mehr als jede staatliche Stelle in die Lage versetzt, Verstöße gegen die Leerverkaufsverordnung frühzeitig zu erkennen. Vor diesem Hintergrund kommt den Normadressaten des § 23 WpHG eine besondere Verantwortung für die Integrität der Kapitalmärkte zu. Die Anzeigepflicht zur Ermöglichung einer effektiveren Überwachung durch die Bundesanstalt verfolgt daher einen legitimen Eingriffszweck. Sie ist auch durch ihre präventive Wirkung geeignet, Verstöße gegen Verbotsnormen zu unterbinden und so die Integrität der Kapitalmärkte zu schützen. Mangels eines ersichtlichen milderen Mittels zum Schutz der Integrität der Kapitalmärkte ist die Anzeigepflicht auch erforderlich. Die vollständige Übernahme der Überwachung von Kapitalmarktverstößen durch staatliche Stellen etwa erwiese sich insbesondere den Adressaten des § 23 WpHG gegenüber nicht als weniger eingriffsintensiv, da dies wohl zu einer erheblichen Erhöhung der staatlichen Kontrolldichte führen würde. Jenseits der Anzeigepflicht, insbesondere bei der sieeffektuierenden Vorfeldkontrolle, insbesondere der algorithmischen Vorfeldkontrolle, ergeben sich aber hohe Anforderungen an die rechtssatzförmliche Bestimmtheit der Verhaltenspflichten. Dies schließt es etwa aus, unter dem Stichwort „Risikobasierung" ohne klare rechtssatzförmliche staatliche Verantwortung eine Kontroll-, Beobachtungs- und Überwachungspflichten zu generieren.

11 Auf Seiten der von der Anzeige Betroffenen stellt die Anzeigepflicht einen Eingriff in das Recht auf informationelle Selbstbestimmung (Art. 1 Abs. 1 GG i.V.m. Art. 2 Abs. 1 Satz 1 GG) dar[3]. Allerdings ist dieser Eingriff verfassungsrechtlich gerechtfertigt. § 23 Abs. 1 Satz 1 WpHG bildet die nach dem Gesetzesvorbehalt (Art. 20 Abs. 3 GG) erforderliche gesetzliche Ermächtigungsgrundlage[4]. Durch die Voraussetzung des Vorliegens eines qualifizierten Verdachts (s. Rz. 19) wird auch eine dem Verhältnismäßigkeitsgrundsatz Rechnung tragende Eingriffshürde aufgestellt. Auf diese Weise wird vermieden, dass mit § 23 Abs. 1 WpHG eine Pflicht begründet wird, jeden sich irgendwie auffällig verhaltenden Anleger anzuzeigen mit der Folge eines Überwachungs-, ggf. Bußgeld- oder gar Strafverfahrens. Vielmehr ist § 23 WpHG einer *am Verhältnismäßigkeitsgrundsatz orientierten Auslegung* zugänglich, die eine angemessene Berücksichtigung der genannten grundrechtlich geschützten Belange ermöglicht. Mit einer solchen Auslegung wird auch der teils beschworenen Gefahr einer Flut unbegründeter Verdachtsanzeigen[5] entgegen gesteuert. Auch in der Praxis hat sich diese Befürchtung nicht bewahrheitet[6].

12 **VI. Anzeigepflicht (§ 23 Abs. 1 Satz 1 WpHG). 1. Adressatenkreis.** Die Adressaten müssen entweder ihre **Hauptniederlassung** oder zumindest eine **Zweigniederlassung** im deutschen Inland haben oder hier **zugelassen** sein. In diesen Fällen müssen auch *grenzüberschreitende Sachverhalte* angezeigt werden[7]. **Adressat** der Anzeigepflicht ist nicht jedermann, sondern sind nur bestimmte Finanzintermediäre[8], nämlich

- Wertpapierdienstleistungsunternehmen i.S.v. § 2 Abs. 10 WpHG (s. § 2 WpHG Rz. 198 ff.), auch solche, die keine Kreditinstitute sind wie z.B. Finanzdienstleistungsinstitute i.S.v. § 1 Abs. 1a KWG oder nach § 53 Abs. 1 Satz 1 KWG tätige Unternehmen[9],

---

1 BVerfG v. 16.3.1971 – 1 BvR 52, 665, 667, 754/66, BVerfGE 30, 292, Erdölbevorratung; BVerfG v. 2.3.2010 – 1 BvR 256/08 u.a, BVerfGE 125, 260, 302 f., Vorratsdatenspeicherung.
2 Insoweit war im Diskussionsentwurf des AnSVG (abgedruckt in ZBB 2004, 168) mit Recht darauf hingewiesen worden, dass „eine Anzeigepflicht Privater […] eine rechtssystematische Ausnahme" darstelle (ZBB 2004, 177).
3 Überzogen *Szesny*, Finanzmarktaufsicht und Strafprozess, 2008, S. 209 ff., der den Eingriff als unverhältnismäßig einordnet und die Gefahr eines Verstoßes gegen den nemo-tenetur-Grundsatz sieht, wenn ein Mitarbeiter eines Wertpapierdienstleistungsunternehmens durch die Verdachtsanzeige risikiere, selbst wegen Beihilfe verfolgt zu werden.
4 S. zu diesem Erfordernis für Eingriffe in das Recht auf informationelle Selbstbestimmung *Albers* in Hoffmann-Riem/Schmidt-Assmann/Voßkuhle, § 20 Rz. 60.
5 Vgl. *Szesny*, Finanzmarktaufsicht und Strafprozess, 2008, S. 208 f.
6 Zutr. *v. Hein* in Schwark/Zimmer, § 10 WpHG Rz. 6 m.N.
7 Vgl. auch *v. Hein* in Schwark/Zimmer, § 10 WpHG Rz. 13; *Heinrich* in KölnKomm. WpHG, § 10 WpHG Rz. 24.
8 Art. 6 Abs. 9 Marktmissbrauchsrichtlinie (RL 2003/6/EG) spricht von natürlichen und juristischen (Art. 1 Nr. 6) „Personen, die beruflich Geschäfte mit Finanzinstrumenten tätigen".
9 *v. Hein* in Schwark/Zimmer, § 10 WpHG Rz. 7 gegen *Schäfer* in Marsch-Barner/Schäfer, Handbuch börsennotierte AG, 4. Aufl. 2018, § 14 Rz. 97 Fn. 5, der sich auf das Wort „andere" Kreditinstitute stützt und hinterfragt, ob nach dem Grundsatz „nulla poena sine lege scricta" Finanzdienstleistungsinstitute, die keine Kreditinstitute sind, von der Pflicht zur Verdachtsanzeige erfasst werden.

- andere Kreditinstitute, d.h. Kreditinstitute i.S.v. § 1 Abs. 1 KWG (s. die dortigen Kommentierungen), die keine Wertpapierdienstleistungen erbringen,
- Kapitalverwaltungsgesellschaften i.S.v. § 17 KAGB und
- Betreiber von außerbörslichen Märkten.

Mit der Einbeziehung der Betreiber von außerbörslichen Märkten in den Adressatenkreis des § 23 Abs. 1 WpHG ging der deutsche Gesetzgeber über die europäischen Vorgaben des damals geltenden und mittlerweile aufgehobenen Art. 1 Nr. 3 Durchführungsrichtlinie (RL 2004/72/EG) hinaus. Dies war unionsrechtlich unbedenklich, weil die Durchführungsrichtlinie (RL 2004/72/EG) ihrem Wortlaut nach („zumindest") nicht abschließend war und die Ausweitung ihrem Schutzzweck entsprach. Heute ist in § 23 WpHG der Adressatenkreis hiermit wohl kongruent zu Art. 16 Abs. 1 VO Nr. 596/2014 gestaltet (Art. 16 VO Nr. 596/2014 Rz. 12). Nicht einbezogen sind, anders als nach Art. 16 Abs. 2 VO Nr. 596/2014, Vermittler. 13

Welche **Stellen und Personen innerhalb der Unternehmen, Institute oder Betreiber** die Anzeige konkret erstatten müssen, wird vom WpHG nicht ausdrücklich vorgegeben. Dies richtet sich im Ausgangspunkt nach dem jeweils anwendbaren Unternehmensrecht; bei Kapitalgesellschaften etwa ist das vertretungsberechtigte Organ berufen[1]. Aus bußgeldrechtlicher Sicht richtet sich die persönliche Verantwortlichkeit nach §§ 9, 14 OWiG (s. Rz. 72 und allgemein § 120 WpHG Rz. 77 ff., zu den Anforderungen an die innerbetriebliche Organisation s. Rz. 42, zur Pflicht des Unternehmens, ein von einem Mitarbeiter getätigtes Geschäft anzuzeigen, s. Rz. 21). De facto begründet § 23 WpHG wohl eine Organisationspflicht, für eine (zumindest) systematische Sammlung von vorhandenen Tatsachenfeststellungen innerhalb des Unternehmens zu sorgen, aber aus sich heraus anders als Art. 16 VO Nr. 596/2014 keine Pflicht, algorithmische Überwachungssysteme einzurichten. Bei einem konkreten Verdacht dürfte auch dann eine Anzeigepflicht bestehen, wenn der Verdacht nicht bei der Handelsabwicklung gewonnen wird, sondern z.B. bei verbundenen Neutralisierungs-, Förderungs- und Hilfsgeschäften, die selbst keine Leerverkäufe sind. 14

2. Voraussetzungen der Anzeigepflicht. Die Anzeigepflicht nach § 23 Abs. 1 WpHG entsteht nur und erst, wenn Tatsachen festgestellt werden, die den Verdacht begründen, dass mit einem Geschäft über Finanzinstrumente gegen ein Verbot oder Gebot nach Art. 12, 13 oder 14 VO Nr. 236/2012 (Leerverkaufsverordnung) verstoßen wird. 15

a) Feststellung von Tatsachen. Der Verdacht des Verstoßes gegen ein Gebot oder Verbot gem. Art. 12, 13 oder 14 VO Nr. 236/2012 in Bezug auf Leerverkäufe und Credit Default Swaps *als solcher* löst die Anzeigepflicht nach § 23 Abs. 1 WpHG noch nicht aus. Vielmehr verlangt das Gesetz als Verdachtsgrundlage die **Feststellung von Tatsachen**, die einen solchen Verdacht begründen; bloße Gerüchte und Vermutungen genügen also nicht[2]. *Tatsachen* sind konkrete, in der Vergangenheit oder Gegenwart liegende Ereignisse, Vorgänge oder Zustände der Innen- oder Außenwelt, die dem Beweis zugänglich sind. Wie sich aus § 2 WpAV ergibt, müssen die Tatsachen beim Anzeigepflichtigen **verfügbar** sein, d.h. es besteht keine Pflicht, sie „extern" bei Dritten zu ermitteln (näher Rz. 30). **Festgestellt** sind Tatsachen, wenn sie in objektiv nachvollziehbarer Weise zur Überzeugung einer Person feststehen, nicht aber, wenn noch objektive Anhaltspunkte für Zweifel an der Tatsache bestehen und die Person zweifelt (zum Umgang mit Zweifelsfällen s. Rz. 28). 16

Da Tatsachen nur von natürlichen Personen festgestellt werden können, Adressaten der Anzeigepflicht aber Unternehmen, Institute oder Betreiber – also regelmäßig juristische Personen – sind, stellt sich die vom Gesetz nicht gelöste Frage der **Wissenszurechnung**. **Kapitalmarktrechtlich** muss es nach allgemeinen Grundsätzen genügen, dass die Tatsachenfeststellung durch einen *Wissensvertreter* des Unternehmens, Instituts oder Betreibers erfolgt ist, gleich, ob dieser nach der internen Organisation der mit der Erfüllung der Anzeigepflicht Betraute ist[3]. **Straf- und bußgeldrechtlich** ist eine solche Wissenszurechnung hingegen im Ausgangspunkt nicht möglich. Straf- bzw. ahndbar kann nur sein, wer (unter Berücksichtigung von §§ 9, 14 OWiG, § 14 StGB) *selbst* vorsätzlich oder leichtfertig handelt (wobei sich der Leichtfertigkeitsvorwurf freilich auch daraus ergeben kann, dass auf der Hand liegende innerbetriebliche Nachfragen unterblieben sind, s. Rz. 40). 17

b) Verdacht. Aus den festgestellten Tatsachen muss sich der **Verdacht** eines Verstoßes gegen die Art. VO Nr. 12–14 VO Nr. 236/2012 ergeben. Verboten sind dort nicht Leerverkäufe, sondern lediglich bestimmte ungedeckte Leerverkäufe. Der RegE AnSVG hatte noch – insoweit wortgleich mit § 11 Abs. 1 Satz 1 GwG[4] – genügen lassen, dass die Tatsachen „darauf schließen lassen", dass ein solcher Verstoß vorliegt. Mit der letztlich ver- 18

---
1 *v. Hein* in Schwark/Zimmer, § 10 WpHG Rz. 12.
2 Zutr. *Schlette/Bouchon* in Fuchs, § 10 WpHG Rz. 5; s. auch Begr. RegE, BT-Drucks. 15/3174, 32.
3 A.A. *Schwintek*, WM 2005, 861, 862, der behauptet, die Tatsachen müssten „durch die für den Adressaten der Anzeigepflicht handelnde Person" – wer soll das sein? – festgestellt werden, die Zurechnung der Kenntnis Dritter sei nicht möglich und das bloße Vorhandensein von Informationen an anderen Stellen des Unternehmens genüge nicht. Das überzeugt kapitalmarktrechtlich nicht, weil es auch nicht ersichtlich, dass es bereits aus den Begriffen „Verdacht" und „Feststellung" folge. Wie hier *Heinrich* in KölnKomm. WpHG, § 10 WpHG Rz. 31.
4 Dort wird im Ergebnis nur ein Anfangsverdacht im strafprozessualen Sinne verlangt; s. nur *Fülbier* in Fülbier/Aepfelbach/Langweg, 5. Aufl. 2006, § 11 GwG Rz. 38.

abschiedeten Fassung des § 23 Abs. 1 WpHG wollte der Gesetzgeber den Wortlaut von Art. 6 Abs. 9 Marktmissbrauchsrichtlinie (RL 2003/6/EG) des „begründeten Verdachts"[1] präziser abbilden[2] und eine restriktive Handhabung der Anzeigepflicht nahe legen. Diesen Wortlaut hat der Gesetzgeber auch nach Erlass der MAR beibehalten. Art. 16 VO Nr. 596/2014 verwendet für die Parallelthematik zwei verschiedene Formulierungen („sein könnten"; „begründeter Verdacht"), die in der DelVO 2016/957(Erwägungsgrund Nr. 9) um eine dritte ergänzt wird („hinreichende Verdachtsgründe") (Art. 16 VO Nr. 596/2014 Rz. 52 ff.). Nach allgemeinen Grundsätzen liegt ein Verdacht vor, wenn es nach der Lebenserfahrung in dem jeweiligen Sachgebiet – hier also nach der Erfahrung über Leerverkaufsaktivitäten auf Kapitalmärkten – konkret möglich erscheint, dass ein Verstoß vorliegt. Ein solcher Verdachtsbegriff entspräche im Wesentlichen dem **strafprozessualen Anfangsverdacht** gem. § 152 Abs. 2 StPO, dem sog. einfachen (Tat-)Verdacht. Dieses Verständnis wird auch zunehmend in der kapitalmarktrechtlichen Literatur vertreten[3], die sich damit freilich über den Willen des Gesetzgebers hinwegsetzt[4], der in dem gegenüber § 152 Abs. 2 StPO abweichenden Wortlaut des § 23 Abs. 1 Satz 1 WpHG hinreichend zum Ausdruck gekommen ist.

19   Hiernach ist der Verdachtsbegriff des § 23 Abs. 1 Satz 1 WpHG **kapitalmarktrechtlich autonom** zu bestimmen, wobei wegen des unterschiedlichen Regelungszusammenhanges der börsenrechtliche Begriff des „begründeten Verdachts" in §§ 16, 26 BörsG nicht ohne weiteres übertragbar ist[5]. Auf welche Weise sich der kapitalmarktrechtlich autonom bestimmte Verdacht vom strafprozessualen Anfangsverdacht unterscheidet, ist allerdings gleichfalls umstritten. Dem Verordnungsgeber des WpAIV zufolge sei die Verdachtsschwelle des § 23 Abs. 1 Satz 1 WpHG **niedriger** als diejenige des § 152 Abs. 2 StPO[6]. Das überzeugt nicht, weil hierdurch Anzeigebetroffene, aber auch Anzeigepflichtige und nicht zuletzt auch die Bundesanstalt unverhältnismäßig belastet würden[7]. Im Gegenteil genügt nach richtiger Auffassung für § 23 Abs. 1 Satz 1 WpHG nur ein **qualifizierter Verdacht** in dem Sinne, dass die konkrete Möglichkeit eines Verstoßes gegen das Verbot ungedeckter Leerverkäufe oder bestimmter Kreditderivate geradezu **nahe liegt** und die festgestellten Tatsachen **typische** Indizien für einen Verstoß sind[8]. Da der Leerverkauf nach EU-Recht nicht grundsätzlich verboten ist, hat er selbst als solcher keine Indizwirkung. Systematisch lässt sich das damit begründen, dass § 23 Abs. 1 Satz 1 WpHG anders als z.B. § 6 Abs. 11 Satz 2 WpHG oder § 152 Abs. 2 StPO bloße „Anhaltspunkte" gerade nicht genügen lässt, sondern einen auf festgestellte Tatsachen gegründeten Verdacht verlangt. Dies ist eine auch aus der StPO bekannte Formulierung, die nach dort allgemeiner Meinung eine qualifizierte Verdachtsschwelle bezeichnet (s. z.B. § 100a Satz 1 StPO: auf „bestimmte Tatsachen" gegründeter Tatverdacht). Die Schwellen können unterschiedlich hoch oder niedrig sein je nach dem, welche Rolle das Wertpapierdienstleistungsunternehmen konkret hat. Die Akteure müssen angesichts der Schnelligkeit und Anonymität des Handels solchen Verdachtsmomenten nachgehen, die naheliegender und typischer Weise auf Verstöße gegen das Verbot ungedeckter Leerverkäufe oder bestimmter Kreditderivate schließen lassen. Nur durch eine solche restriktive Auslegung wird auch der Verhältnismäßigkeitsgrundsatz gewahrt (Rz. 11; für Art. 16 VO Nr. 596/2014 s. Art. 16 VO Nr. 596/2014 Rz. 53, wobei die dort vorgeschlagene Quantifizierung eher fragwürdig ist und die Schwelle sehr hoch ansetzt. Da die Verdachtsmeldungen häufig auf algorithmischer Überwachung basieren, ließen sich quantitativ-probabilistische Wahrscheinlichkeitsrechnungen hier durchaus operationalisieren). Zu weit würde es allerdings gehen, § 23 Abs. 1 Satz 1 WpHG auf eine Art **Evidenzkontrolle** zu beschränken, wonach die Anzeigepflicht nur Fälle erfassen würde, welche den Gesetzesverstoß gleichsam „auf der Stirn" trügen[9].

20   Dass die hier entwickelte Auffassung derjenigen des Gesetzgebers entspricht, hat sich zuletzt bei der Erweiterung der Verdachtsanzeigepflicht auf die – nunmehr den alleinigen Anwendungsbereich der Norm ausmachenden – verbotenen ungedeckten Leerverkäufe und bestimmten Kreditderivate (Rz. 26) gezeigt. In der Gesetzesbegründung zum Gesetz zur Vorbeugung gegen missbräuchliche Wertpapier- und Derivategeschäfte[10] verlangt der Gesetzgeber, dass verdachtsbegründende Tatsachen in den Fällen verbotener ungedeckter Leerverkäufe und bestimmter Kreditderivate **„deutlich erkennbar"** sein und typische Anzeichen für einen Verstoß vorliegen müssen. Dies sei z.B. nicht der Fall, wenn jemand einen Leerverkauf tätigt und sein bei dem jeweiligen Institut geführtes Depot keine ausreichende Deckung aufweist.

---

1 Erwägungsgrund 9 der Durchführungsrichtlinie (RL 2004/72/EG) spricht von „ausreichenden Indizien", die die Vermutung auf Marktmissbrauch „nahe legen".
2 Beschlussempfehlung und Bericht des Finanzausschusses, BT-Drucks. 15/3493, 64.
3 v. Hein in Schwark/Zimmer, § 10 WpHG Rz. 21; Schlette/Bouchon in Fuchs, § 10 WpHG Rz. 5 („mit dem strafprozessualen Anfangsverdacht deckungsgleich").
4 Beschlussempfehlung und Bericht des Finanzausschusses, BT-Drucks. 15/3493, 64.
5 Schwintek, WM 2005, 861, 862 m.w.N.
6 S. Amtl. Begr. zur WpAIV (abrufbar unter http://www.bafin.de/SharedDocs/Downloads/DE/Aufsichtsrecht/dl_wpaiv_beg.pdf?__blob=publicationFile), S. 3: An den Verdacht seien „nicht die gleichen hohen Anforderungen zu stellen wie an einen Anfangsverdacht i.S.d. § 152 Abs. 2 StPO" (Herv. v. Verf.).
7 Zutr. v. Hein in Schwark/Zimmer, § 10 WpHG Rz. 21.
8 Ähnlich Heinrich in KölnKomm. WpHG, § 10 WpHG Rz. 33: „konkrete Anhaltspunkte".
9 In diese Richtung aber Schwintek, WM 2005, 861, 863.
10 Begr. RegE, BT-Drucks. 17/1952, 9.

c) **Geschäft.** Der Gegenstand des Verdachts muss sich auf einen Verstoß **gegen ein Verbot oder Gebot nach Art. 12, 13 oder 14 VO Nr. 236/2012 mit einem Geschäft über Finanzinstrumente** beziehen. Nicht ausdrücklich im Wortlaut niedergeschlagen hat sich, dass nur solche Geschäfte gemeint sein können, die der Adressat **selbst ausführt**; ein bei einem *anderen* Unternehmen, Institut oder Betreiber ausgeführtes verdächtiges Geschäft verpflichtet den Adressaten auch dann nicht zu einer Anzeige, wenn es diesem zur Kenntnis gelangt und bei diesem verdachtsbegründende Tatsachen verfügbar sind[1]. Anders bei zusammenhängenden Geschäften und Hilfsgeschäften: hier besteht bei Verdacht eine Anzeigepflicht. Der Wortlaut des § 23 Abs. 1 Satz 1 WpHG erfasst auch verdächtige *Geschäfte eines Mitarbeiters* des Unternehmens, Instituts oder Betreibers. Dies ist unproblematisch, wenn der Mitarbeiter wie jeder andere Dritte einen Auftrag erteilt hat (z.B. wenn der Bankangestellte, dessen privates Wertpapierdepot von der Bank geführt wird, eine marktmissbräuchliche Order gibt) oder wenn er lediglich bei Gelegenheit der Arbeit (z.B. als Trader) gegen das Verbot ungedeckter Leerverkäufe oder bestimmter Kreditderivate Eigengeschäfte tätigt[2]. Unter dem Gesichtspunkt des nemo tenetur-Satzes kann problematisiert werden, ob die Anzeigepflicht auch eingreift, wenn das Unternehmen selbst marktmissbräuchliche Geschäfte durch Mitarbeiter tätigen lässt. Nach h.A. jedoch ist der nemo tenetur-Satz auf natürliche Personen beschränkt, so dass auch ein „delinquentes Unternehmen" selbstanzeigepflichtig sein kann[3]. 21

Das **Geschäft** muss **Finanzinstrumente** i.S.d. § 2 Abs. 4 WpHG betreffen (s. § 2 WpHG Rz. 80 ff.). Geschäft bezeichnet insbesondere den Erwerb oder die Veräußerung, sei es für eigene oder für fremde Rechnung. Auf die zivilrechtliche Wirksamkeit kommt es nicht an. Es wurde vertreten dass der **Auftrag, ein Geschäft durchzuführen (Order)**, als solcher noch kein Geschäft und auch noch keine „Transaktion" sei im Sinne der VO Nr. 236/2012)[4]. Hieraus ist abgeleitet worden, dass Geschäfte bzw. Transaktionen, deren Ausführung von Beauftragten abgelehnt werden, anders als bei Art. 16 VO Nr. 596/2014 und § 11 Abs. 1 GwG[5] **nicht** der Anzeigepflicht des § 23 Abs. 1 Satz 1 WpHG unterfallen. Von diesem Begriffsverständnis ging auch der Verordnungsgeber der WpAV aus, wenn er verlangt, dass die Anzeige „Datum und Uhrzeit der Auftragserteilung und der Geschäftsausführung" beinhalten soll (§ 2 Abs. 1 Nr. 2 lit. b WpAV, Herv. v. *Verf.*). Davon zu trennen ist die Frage, ob die Anzeigepflicht bereits entstehen kann, wenn eine verdächtige Order eingeht und der Finanzintermediär beabsichtigt, die Order auszuführen (sogleich Rz. 23). Demgegenüber bezieht Art. 16 VO Nr. 596/2014 Aufträge ausdrücklich ein. 22

d) **Verdachtszeitpunkt.** Verstöße bei Leerverkäufen ergeben sich mitunter aus komplexen Umgehungsstrategien von verbundenen Geschäften. Ausgehend jedoch von Sinn und Zweck der Anzeigepflicht, der Bundesanstalt zu ermöglichen, eine verbotswidrige Beeinflussung des Marktgeschehens möglichst frühzeitig zu unterbinden und so Gefahren für die Integrität des Kapitalmarkts abwehren zu können, liegt es nahe, den Begriff des Geschäfts umfassend zu verstehen[6]. Zeitlich werden sich die Ausführungen mitunter nicht vermeiden lassen. 23

Anders als früher[7] begründet das nachträgliche Bekanntwerden von Tatsachen eines **bereits ausgeführten Geschäfts**, die einen Verstoß gegen das Verbot ungedeckter Leerverkäufe oder bestimmter Kreditderivate nahelegen, ebenfalls eine **Anzeigepflicht**[8] (ebenso nach europäischem Marktmissbrauchsrecht, s. Art. 16 VO Nr. 596/2014 Rz. 51). 24

Abgesehen hiervon und von der Pflicht, bei der Anzeigenerstattung noch nicht verfügbare und nachträglich bekannt gewordene Daten nachzureichen (§ 2 Abs. 2 Satz 2 WpAV), statuiert § 23 WpHG keine der Anzeigenerstattung bzw. Geschäftsausführung **nachgelagerten Pflichten**. Davon unberührt bleiben die anderweitigen Mitwirkungspflichten des Unternehmens, Instituts oder Betreibers, wenn nachträglich ein Überwachungs-, Bußgeld- oder Strafverfahren eingeleitet wird. Auch begründet ein anfänglicher Verdacht Pflichten, die auch noch nach Geschäftsausführung zu erfüllen sind (s. Rz. 26). Weiterhin folgt aus dem Gedanken der *Verantwortlichkeit für Vorverhalten (Ingerenz)* eine unverzügliche Mitteilungspflicht gegenüber der Bundesanstalt, wenn dem Unternehmen, Institut oder Betreiber nachträglich Tatsachen bekannt werden, die den Marktmissbrauchsverdacht entkräften. Schließlich muss jedenfalls bei dringendem Marktmissbrauchsverdacht erwogen werden, ob die *Geschäftsbeziehung beendet* wird. 25

Selbstverständlich bleibt die Anzeigepflicht erst recht auch nach Ausführung des Geschäfts bestehen, wenn bereits vor oder zur Zeit der Ausf*ührung des Geschäfts ein hinreichender Leerverkaufsverstoß-Verdacht bestanden* 26

---

1 Ebenso *Heinrich* in KölnKomm. WpHG, § 10 WpHG Rz. 29.
2 Ebenso *Heinrich* in KölnKomm. WpHG, § 10 WpHG Rz. 29.
3 In diesem Sinne *Gebauer* in GS Bosch, S. 31, 46 mit Verweis auf BVerfG v. 26.2.1997 – 1 BvR 2172/96, BVerfGE 95, 220, 242; a.A. *Böse*, Wirtschaftsaufsicht und Strafverfolgung, 2006, S. 196 ff.
4 Insoweit zutr. *Schwintek*, WM 2005, 861 f., der sich auf die alten europarechtlichen Rechtsnormen bezieht; ebenso *v. Hein* in Schwark/Zimmer, § 10 WpHG Rz. 14; *Heinrich* in KölnKomm. WpHG, § 10 WpHG Rz. 26; *Schlette/Bouchon* in Fuchs, § 10 WpHG Rz. 6.
5 S. nur *Fülbier* in Fülbier/Aepfelbach/Langweg, § 11 GwG Rz. 23 ff.
6 Zum Verhältnis Order/Ausführung *Heinrich* in KölnKomm. WpHG, § 10 WpHG Rz. 27: Zulässigkeit der vorzeitigen Erfüllung der Anzeigepflicht; wohl strenger *Schlette/Bouchon* in Fuchs, § 10 WpHG Rz. 9: „sofort" nach Erteilung des verdächtigen Auftrags. Zur zeitlichen Abfolge Order/Geschäft *Schwintek*, WM 2005, 861 f.
7 Näher *Schwintek*, WM 2005, 861, 863 mit dortigen Fn. 23, 24.
8 Ebenso *Heinrich* in KölnKomm. WpHG, § 10 WpHG Rz. 37; *Schlette/Bouchon* in Fuchs, § 10 WpHG Rz. 9.

hat[1]. Teleologisch geboten erscheint es auch, Fälle, in denen vor und bei Ausführung lediglich Zweifel an ihrer Vereinbarkeit mit Art. 12, 13, 14 VO Nr. 236/2012 (Leerverkaufsverordnung) bestanden, die sich bei der gebotenen Prüfung nach Geschäftsausführung (s. Rz. 23) erhärtet haben, in die Anzeigepflicht einzubeziehen. Die nachträgliche Anzeigepflicht kann sich auch daraus ergeben, dass auf ein an sich unverdächtiges Geschäft in zeitlichem Zusammenhang ein weiteres Geschäft folgt und sich aus diesem Zusammentreffen der Verdacht eines Verstoßes gegen eine Verbotsnorm ergibt. In diesem Fall ist zwar unmittelbar nur das zweite Geschäft anzeigepflichtig, aber zur Begründung des Verdachts müssen auch Angaben zu dem ersten Geschäft gemacht werden[2].

27   3. **Inhalt und Form der Anzeige; Konkretisierung durch §§ 2, 3 WpAV.** Die rechtlichen Vorgaben für Inhalt und Form der Anzeige ergeben sich aus § 23 WpHG und §§ 2, 3 WpAV. Die heutige BaFin-Verstoßmeldeverordnung (BaFinVerstMeldV) (ehemals Marktmanipulations-Verstoßmeldeverordnung (MarVerstMeldV))[3] findet demgegenüber keine Anwendung, da diese sich ausschließlich auf Verstöße gegen die MAR bezieht.

28   Mit § 23 Abs. 1 Satz 1 WpHG hat der Gesetzgeber die Pflicht geschaffen, der Bundesanstalt **unverzüglich** die **Tatsachen mitzuteilen**, aus denen sich der Verdacht eines Verstoßes gegen Art. 12, 13, 14 VO Nr. 236/2012 (Leerverkaufsverordnung) ergibt. Die Gesetz gewordene Fassung vermeidet den in der Überschrift und noch im Entwurfstext des RegE AnSVG gebrauchten Begriff der „Anzeige" bzw. des „Anzeigens". Dadurch wird eine zu repressiv klingende Terminologie vermieden, eine inhaltliche Änderung demgegenüber nicht bezweckt. Anzuzeigen sind allein *festgestellte Tatsachen*, die den Verdacht begründen, dass mit einem Geschäft über Finanzinstrumente gegen ein Verbot oder Gebot nach Art. 12, 13, 14 VO Nr. 236/2012 (Leerverkaufsverordnung) verstoßen wird. Die gesetzliche Anzeigepflicht umfasst weder zweifelhafte, (noch) nicht festgestellte Tatsachen noch deren rechtliche Beurteilung noch Angaben über den Anzeigenerstatter (s. aber zu § 2 Abs. 1 WpAV Rz. 33). Die Tatsachen sind der Bundesanstalt *mitzuteilen*, ihr also – von Gesetzes wegen in welcher Form auch immer (s. aber zu § 3 WpAV Rz. 34) – zur Kenntnis zu bringen. Die Mitteilung muss *unverzüglich*, also ohne (objektiv) schuldhaftes Zögern, erfolgen. Im Hinblick auf den präventiven Zweck der Anzeigepflicht, der Bundesanstalt zu ermöglichen, bestehende Gefahren für die Integrität der Kapitalmärkte unmittelbar abzuwehren (s. Rz. 6), ist für eine unverzügliche Mitteilung einerseits zu verlangen, dass alle zumutbaren Anstrengungen unternommen werden, die Bundesanstalt so rechtzeitig zu unterrichten, dass sie einer Beeinflussung des aktuellen Marktgeschehens durch das verdächtige Geschäft entgegenwirken kann. Andererseits betont der Verordnungsgeber des Vorgängers der WpAV, der WpAIV, dass Anzeigen „sorgfältig zu fertigen" seien und Anzeigeerstatter gehalten seien, „nochmals zu überprüfen, ob die Umstände des Geschäfts tatsächlich den Verdacht rechtfertigen", um Anzeigen zu verhindern, bei denen „nur entfernte Verdachtsmomente bestehen"[4]. Welche Aspekte überwiegen, richtet sich nach dem Gewicht des Verdachts und des in Rede stehenden Verstoßes.

29   **§ 2 WpAV** enthält nähere Bestimmungen zum **Inhalt der Anzeige**. Es handelt sich um **zwingende Vorschriften** (§ 2 Abs. 1 WpAV: „hat zu enthalten"), mag auch die amtliche Begründung zu § 2 Abs. 1 WpAV teilweise davon sprechen, dass die Anzeige bestimmte Angaben enthalten „soll"[5]. Die Anzeige darf nicht bloß, wie § 23 Abs. 1 Satz 1 WpHG bestimmt, Tatsachen, sondern muss **Daten** enthalten. Zu ihnen gehören *auch rechtliche Würdigungen* und Aussagen über *Rechtsbeziehungen* (s. § 2 Abs. 1 Nr. 4, Nr. 5 lit. f WpAV). Neben Daten, die das missbrauchsverdächtige Geschäft betreffen, werden *auch Daten zur anzeigepflichtigen Person* verlangt (s. § 2 Abs. 1 Nr. 1 WpAV). Dies geht über das Gesetz hinaus. Dies wird auch an der Regelung in § 2 Abs. 2 Satz 1 WpAV deutlich, nach der „zumindest" die Tatsachen anzugeben sind, die den Verdacht begründen, es handele sich bei dem Geschäft um einen Verstoß gegen ein Verbot oder Gebot. Insgesamt erscheint fraglich, ob es sich bei § 2 Abs. 1 WpAV noch um eine „nähere Bestimmung" des § 23 Abs. 1 Satz 1 WpHG handelt.

30   Begrenzt wird die Datenanzeigepflicht dadurch, dass die Daten zu dem Zeitpunkt, zu dem die Anzeige zu erstatten ist, **verfügbar** sein müssen (§ 2 Abs. 1, s. auch Abs. 2 WpAV). Das **Erfordernis der Verfügbarkeit** ging ursprünglich auf Art. 9 Abs. 2 der mittlerweile aufgehobenen Durchführungsrichtlinie (RL 2004/72/EG) zurück und wurde dort ebenso wenig wie in § 2 Abs. 1 WpAV näher bestimmt. Nach dem Willen des Verordnungsgebers der Vorgängerverordnung WpAIV müssen die Daten „originär verfügbar" sein. Eine Pflicht zu ihrer Ermittlung soll nicht bestehen, mag dem Anzeigeerstatter auch obliegen, die Anzeige sorgfältig zu fertigen und zu überprüfen, ob die Umstände des Geschäfts den Verdacht rechtfertigen[6]. Als verfügbar sind Daten anzusehen,

---

1   Zust. *Heinrich* in KölnKomm. WpHG, § 10 WpHG Rz. 38.
2   Zutr. *Schwintek*, WM 2005, 861, 863.
3   Seit 3.1.2018: Verordnung zur Meldung von Verstößen bei der Bundesanstalt für Finanzdienstleistungsaufsicht (BaFinVerstoßmeldeverordnung – BaFinVerstMeldV), BGBl. I 2017, 1693, zuvor: Verordnung zur Meldung von Verstößen gegen das Verbot der Marktmanipulation vom 2.7.2016, BGBl. I 2016, 1572.
4   Amtliche Begründung zur Vorgängerverordnung WpAIV (abrufbar unter http://www.bafin.de/SharedDocs/Downloads/DE/Aufsichtsrecht/dl_wpaiv_beg.pdf?__blob=publicationFile), S. 3.
5   Vgl. Begründung zur Vorgängerverordnung WpAIV (abrufbar unter http://www.bafin.de/SharedDocs/Downloads/DE/Aufsichtsrecht/dl_wpaiv_beg.pdf?__blob=publicationFile), S. 3.
6   Begründung zur Vorgängerverordnung WpAIV (abrufbar unter http://www.bafin.de/SharedDocs/Downloads/DE/Aufsichtsrecht/dl_wpaiv_beg.pdf?__blob=publicationFile), S. 3; s. auch Begr. GesE, BT-Drucks. 17/1952, 9: „es bestehen (…) keine Nachforschungspflichten der Institute".

über die der Anzeigepflichtige – ein Unternehmen, Institut oder Betreiber – verfügt, die also bei ihm – bei dem Unternehmen, Institut oder Betreiber – vorhanden sind[1]. Darauf, ob das Wissen gerade bei der mit der Anzeige befassten Stelle oder Person vorhanden ist, kommt es für die Verfügbarkeit nicht an (s. bereits Rz. 17 zur kapitalmarktrechtlich möglichen Wissenszurechnung; zur davon zu trennenden Frage nach innerbetrieblichen Organisations- und Nachprüfungspflichten s. Rz. 42). Es gibt keinen Erfahrungssatz und erst recht keine normative Vorgabe, dass in Konzernen das bei Tochterunternehmen vorhandene Wissen regelmäßig auch bei dem Mutterunternehmen verfügbar ist[2]. Nicht verfügbar sind Daten, über die *nur* andere als der Anzeigepflichtige verfügen; eine gleichsam „externe" Ermittlungspflicht besteht nicht. Auf der anderen Seite beschränkt sich das verfügbare Wissen nicht auf reines „Unternehmenswissen", sondern schließt solches ein, das allgemeinkundig oder sonst öffentlich bekannt und deshalb *auch* bei dem Unternehmen vorhanden ist.

Sind die Daten im entscheidenden Zeitpunkt **noch nicht verfügbar**, so muss „zumindest" die gesetzliche Pflicht aus § 16 Abs. 1 Satz 1 WpHG erfüllt werden (§ 2 Abs. 2 Satz 1 WpAV). Die noch nicht verfügbaren Daten müssen unverzüglich nachgereicht werden, sobald sie dem Anzeigepflichtigen bekannt sind (§ 2 Abs. 2 Satz 2 WpAV). Auch insoweit soll nach dem Willen des Verordnungsgebers keine Ermittlungspflicht bestehen[3], was jedoch innerbetriebliche Organisations- und Nachprüfungspflichten nicht ausschließt (s. Rz. 42). Mit § 2 Abs. 2 WpAV sollte ursprünglich Art. 9 Abs. 2 der mittlerweile aufgehobenen Durchführungsrichtlinie (RL 2004/72/EG) umgesetzt werden, der auf den ersten Blick deutlich weiter ging, indem die Anzeigepflicht auf alle „Gründe" erstreckt wurde, welche den Anzeigepflichtigen zu der bloßen „Vermutung" veranlassten, die in Rede stehende Transaktion sei marktmissbräuchlich. 31

Der in § 2 Abs. 1 WpAV enthaltene **Katalog anzeigepflichtiger Daten** ist sehr umfassend. Von Seiten der Kreditwirtschaft ist er insbesondere mit dem Hinweis darauf, dass nicht alle Daten für die mit der Anzeigepflicht verfolgten Zwecke erforderlich seien sowie wegen seiner Unbestimmtheit kritisiert worden. Mit Blick auf die Bußgeldbewehrung von Verstößen gegen die Anzeigepflicht ist sogar geltend gemacht worden, dass eine Verletzung des Bestimmtheitsgebots aus Art. 103 Abs. 2 GG vorliege[4]. Diese Kritik ist nicht von der Hand zu weisen. An der bußgeldrechtlich hinreichenden Bestimmtheit etwa des Tatbestands nach § 2 Abs. 1 Nr. 6 WpAV, vorsätzlich oder leichtfertig nicht „alle sonstigen Angaben, die für die Prüfung des Vorgangs von Belang sein können", zu machen, bestehen erhebliche Zweifel. 32

Im Einzelnen muss die Anzeige enthalten: 33
- den vollständigen **Namen und die (Geschäfts-)Anschrift** der anzeigepflichtigen (juristischen) Person und den vollständigen Namen und die Anschrift der für sie handelnden natürlichen Person (§ 2 Abs. 1 Nr. 1 WpAV). Das geht über die Vorgaben von § 10 Abs. 1 Satz 1 WpHG hinaus;
- eine **konkrete Beschreibung des verdächtigen Geschäfts** anhand der Art des Geschäfts (§ 2 Abs. 1 Nr. 2 lit. a WpAV); des Ortes, des Datums und der Uhrzeit der Auftragserteilung und Geschäftsausführung (§ 2 Abs. 1 Nr. 2 lit. b WpAV); sonstiger Auftragsmerkmale, namentlich zur Gültigkeit des Auftrags und zur Orderlimitierung (§ 2 Abs. 1 Nr. 2 lit. c WpAV); des Finanzinstruments einschließlich seiner internationalen Wertpapierkennnummer (§ 2 Abs. 1 Nr. 2 lit. d WpAV); Preis, Währung, Stückzahl und Geschäftsvolumen (§ 2 Abs. 1 Nr. 2 lit. e WpAV);
- eine Angabe der **Tatsachen**, die den Tatverdacht begründen (§ 2 Abs. 1 Nr. 3 WpAV). Nur das wäre gesetzlich geboten;
- eine **Begründung** des Tatverdachts anhand der angegebenen Tatsachen (§ 2 Abs. 1 Nr. 4 WpAV). Die Begründungspflicht soll den Anzeigenerstatter zu einer nochmaligen sorgfältigen Überprüfung anhalten, ob die Umstände des Geschäfts tatsächlich den Verdacht rechtfertigen. So sollen Anzeigen verhindert werden, bei denen nur entfernte Verdachtsmomente bestehen. Es geht also um Arbeitsentlastung für die Bundesanstalt einerseits. Andererseits wird die originär staatliche Aufgabe der Verdachtsprüfung (einschließlich der rechtlichen Würdigung) auf Private überwälzt;
- Angaben, die zur **Identifizierung der Person und zur Klärung der Rolle des Auftraggebers**, der aus dem Geschäft berechtigten oder verpflichteten Personen und aller sonstigen am Geschäft beteiligten Personen erforderlich sind, jeweils anhand der vollständigen Namen (§ 2 Abs. 1 Nr. 5 lit. a WpAV); der Privat- und Geschäftsanschrift (§ 2 Abs. 1 Nr. 5 lit. b WpAV); des Geburtstags (§ 2 Abs. 1 Nr. 5 lit. c WpAV); der Depot- und Kundenidentifikationsnummer (§ 2 Abs. 1 Nr. 5 lit. d WpAV); der geschäftsbezogenen Auftragsnummer (§ 2 Abs. 1 Nr. 5 lit. e WpAV); im Falle der Personenverschiedenheit von Auftraggeber und berechtigter bzw. verpflichteter Person ihrer rechtlichen (z.B. verwandtschaftlich) und wirtschaftlichen Beziehungen untereinander (§ 2 Abs. 1 Nr. 5 lit. f WpAV); der Art der Beteiligung (z.B. als Makler) der sonstigen am Geschäft beteiligten Personen (§ 2 Abs. 1 Nr. 5 lit. g WpAV); und schließlich

---

1 Ähnlich *v. Hein* in Schwark/Zimmer, § 10 WpHG Rz. 25; *Heinrich* in KölnKomm. WpHG, § 10 WpHG Rz. 48.
2 So auch *Heinrich* in KölnKomm. WpHG, § 10 WpHG Rz. 48.
3 Begründung zur Vorgängerverordnung WpAIV, S. 3 (abrufbar unter http://www.bafin.de/SharedDocs/Downloads/DE/Aufsichtsrecht/dl_wpaiv_beg.pdf?__blob=publicationFile).
4 *Schwintek*, WM 2005, 861, 864 f.

– alle **sonstigen Angaben**, die für die Prüfung des Vorgangs von Belang sein könnten (§ 2 Abs. 1 Nr. 6 WpAV); nicht geboten ist allerdings, selbst leichtfertige Verstöße hiergegen mit Geldbuße zu bewehren.

34 **§ 3 WpAV** enthält nähere Bestimmungen zur **Form der Anzeige**. § 3 Abs. 1 Satz 1 WpAV verlangt grundsätzlich **Schriftform** (vgl. § 126 BGB)[1]. Aus § 3 Abs. 1 Satz 2 WpAV folgt, dass es statthaft ist (und ggf. um der Unverzüglichkeit der Anzeige willen geboten sein kann), die Anzeige mittels **Telefax** zu übermitteln. Telefaxe müssen aber auf Verlangen der Bundesanstalt durch postalisch übersandte Unterschrift verifiziert werden. **Telefonische Übermittlung** ist in § 3 Abs. 1 WpAV nicht zugelassen. Nach Ansicht des Verordnungsgebers reichen telefonische Anzeigen zur Erfüllung der Anzeigepflicht nicht aus, diese könnten jedoch der Bundesanstalt zur Vorabinformation dienlich sein[2]. Mit der Aufhebung der Marktmissbrauchsrichtlinie (RL 2003/6/EG) ist diese Auffassung jedoch nicht mehr vertretbar, da sich die Rechtmäßigkeit der WpAV nunmehr nur nach den gesetzlichen Vorgaben des § 16 WpHG bestimmt. Gemäß § 3 Abs. 2 WpAV ist eine Anzeige im Wege der **Datenfernübertragung** nur möglich, sofern dem jeweiligen Stand der Technik entsprechende Maßnahmen zur Sicherstellung von Datenschutz und Datensicherheit getroffen werden, die insbesondere die Vertraulichkeit und Unversehrtheit der Daten gewährleisten. Bei Nutzung allgemein zugänglicher Netze müssen dem jeweiligen Stand der Technik entsprechende Verschlüsselungsverfahren angewendet werden[3].

35 **VII. Vorgelagerte Pflichten und Umfang der Sorgfaltspflichten zur Erfüllung der Anzeigepflicht?** In der Begründung zur Vorgängerverordnung WpAIV etwa wird mehrfach hervorgehoben, dass die Anzeigepflicht **keine (Verdachts-)Ermittlungspflicht** impliziere, sondern sich auf verfügbare Tatsachen oder Daten beschränke (s. Rz. 30 f.). Weiterhin wird vertreten, es bestehe **keine Pflicht zur näheren Prüfung und Bewertung oder laufenden Überwachung und Kontrolle** eingehender Aufträge und Geschäfte[4]. Zur Begründung wird vor allem auf die Schnelligkeit und Anonymität des Handels hingewiesen, die einer zeit- und sachaufwendigen Ermittlung, Prüfung oder Bewertung entgegen stünden. Ergänzend wird dies auch von grundrechtlichen Erwägungen getragen (Rz. 9 ff.).

36 Vorgelagerte und der Verhinderung von Verstößen gegen Art. 12, 13, 14 VO Nr. 236/2012 (Leerverkaufsverordnung) dienende Pflichten ergeben sich allenfalls aus den Transparenzregelungen der Art. 5 ff. VO Nr. 236/2012, die Pflichten für die jeweiligen Wertpapierinhaber konstituieren. Die Verpflichtungen zur Anzeige von Leerverkaufspositionen sollen die zuständigen Behörden und die ESMA in die Lage versetzen, einen Überblick über bestehende Leerverkaufspositionen zu gewinnen und ihnen dadurch eine effiziente Aufsicht über Marktentwicklungen ermöglichen[5]. Die Einzelheiten der Mitteilungspflicht werden in der Netto-Leerverkaufspositionsverordnung (**NLPosVO**)[6] näher geregelt.

37 Anders als bei § 23 WpHG und in der VO Nr. 236/2012 besteht in der MAR die bereichsspezifische Pflicht, „wirksame Regelungen, Systeme und Verfahren zur Vorbeugung und Aufdeckung von Insidergeschäften, Marktmissbrauch […] zu schaffen und aufrechtzuerhalten" (Art. 16 Abs. 1 Unterabs. 1 VO Nr. 596/2014), die in der DelVO 2016/957 näher ausgestaltet sind. Dazu verweist die MAR auf Art. 31 und 54 RL 2014/65/EU, durch die Marktbetreibern und Wertpapierfirmen geregelter und ungeregelter Märkte die Pflicht auferlegt wird, übermittelte Aufträge zu überwachen und Regelverstöße sowie nicht weiter definierte marktstörende Handelsbedingungen und Systemstörungen in Bezug auf ein Finanzinstrument zu verhindern (zur Verweisungsstruktur (Rechtsfolgenverweisung) Art. 16 VO Nr. 596/2014 Rz. 22). Art 17 Abs. 5 Unterabs. 2 RL 2014/65/EU begründet eine im Vorfeld der Anzeigepflicht liegende generelle Überwachungspflicht zur Vorbeugung von Marktmissbrauch und marktstörenden Handelsbedingungen für Wertpapierfirmen, die algorithmischen Handel betreiben.

38 Vor dem Hintergrund der Grundrechtseingriffe von privatwirtschaftlichen Überwachungssystemen können ohne solche speziellen Normierungen[7] aus der allgemeinen Sorgfaltspflicht nur sehr eingeschränkt vorgelagerte Pflichten abgeleitet werden. Hierbei kann nach den **vier Stufen** der Verdachtsgewinnung, Verdachtsprüfung, Entscheidung über die Anzeigenerstattung und innerbetrieblichen Organisation untergliedert werden[8].

---

1 Ein Formular der Bundesanstalt ist abrufbar unter http://www.bafin.de/DE/Aufsicht/BankenFinanzdienstleister/Anzeige-Meldepflichten/anzeige-meldepflichten_node.html (abgerufen am 9.8.2016).
2 Begründung zur Vorgängerverordnung WpAIV, S. 4.
3 Ein Formular der Bundesanstalt ist abrufbar unter https://www.bafin.de/DE/Aufsicht/BankenFinanzdienstleister/Anzeige-Meldepflichten/anzeige-meldepflichten_node.html (abgerufen am 29.5.2018).
4 *Schwintek*, WM 2005, 861, 862 f.
5 *Weick-Ludewig* in Heidel, Vor § 30h WpHG Rz. 20 ff.
6 Verordnung zur Konkretisierung der Mitteilungs- und Veröffentlichungspflichten für Netto-Leerverkaufspositionen vom 17.12.2012, BGBl. I 2012, 2699.
7 Jenseits des Kapitalmarktrechts etwa im Geldwäscherecht: Im Geldwäscherecht besteht eine besondere Aufmerksamkeitspflicht (s. schon Art. 20 RL 2001/97/EG (Zweite Geldwäscherichtlinie) und eine umfassende Pflicht, interne Verfahren zu entwickeln, um Geldwäsche vorzubeugen und zu verhindern, wozu auch die Schulung von Mitarbeitern gehört (*schon seit Art. 34, 35 RL 2001/97/EG(Zweite Geldwäscherichtlinie)*, § 9 GwG) und mit der Pflicht zu „besonderer Wachsamkeit" jedenfalls rudimentär auch im Finanzsanktionsrecht.
8 Ähnlich die Strukturierung bei der geldwäscherechtlichen Verdachtsanzeigepflicht, s. nur *Fülbier* in Fülbier/Aepfelbach/Langweg, § 11 GwG Rz. 50 ff.

Grundlage der **Verdachtsgewinnung** sind nur bei dem Adressaten verfügbare, d.h. vorhandene (s. Rz. 30 f.) Informationen bzw. Daten. Daher besteht *keine Pflicht, bei dem Adressaten nicht verfügbare, d.h. nicht vorhandene Informationen bzw. Daten extern oder intern zu ermitteln,* beispielsweise Anfragen an andere Unternehmen, Institute, Behörden oder sonstige Stellen zu richten. Verfügbare Tatsachen bzw. Daten müssen aber unter dem Gesichtspunkt, ob sie einen Verstoß gegen Art. 12, 13, 14 VO Nr. 236/2012 (Leerverkaufsverordnung) begründen, geprüft und bewertet werden. In diesem Sinne besteht durchaus eine *Prüfungs- und Bewertungspflicht;* andernfalls würde die Anzeigepflicht von dem zufälligen Umstand abhängig gemacht, ob der Adressat tatsächlich Verdacht schöpft oder nicht. In diesem frühen Stadium kommt es auch noch nicht darauf an, ob die Tatsachen bzw. Daten bereits festgestellt sind (s. Rz. 16). Vielmehr sind jedenfalls sich aufdrängende Tatsachen bzw. Daten, auch wenn sie noch nicht überprüft und bewertet worden sind, Anlass, in eine Prüfung und Bewertung einzutreten. Auf der Hand liegende *Zweifelsfälle* dürfen also noch nicht an dieser Stelle ausgeschieden werden. Demgegenüber kann es ohne besondere Regelung *keine besondere Aufmerksamkeitspflicht* und auch *keine Pflicht, flächendeckend nach Verdachtsfällen* zu suchen, insbesondere auch nicht durch algorithmische Überwachungsvorgänge. 39

An die Verdachtsgewinnung schließt sich die unverzüglich zu erfüllende (s. Rz. 28) **Verdachtsprüfung** an. Sie ist kein bloßes nobile officium, sondern eine *Rechtspflicht.* Dies ergibt sich aus § 23 Abs. 3 WpHG, der die Verantwortlichkeit des Anzeigepflichtigen für vorsätzliche oder grob fahrlässige unwahre Anzeigen bestehen lässt. Gemäß § 120 Abs. 2 Nr. 2 lit. c WpHG begründet die vorsätzliche oder leichtfertige Verletzung dieser Rechtspflicht eine Ordnungswidrigkeit. Damit ist zugleich der Sorgfaltsmaßstab benannt: Er beschränkt sich auf die für den Anzeigepflichtigen auf der Hand liegende, ohne weiteres erfüllbare Sorgfalt. Im Einzelnen bezieht sich die Verdachtsprüfungspflicht lediglich auf die dem Anzeigepflichtigen verfügbaren Tatsachen. Zwar besteht auch hier keine Pflicht, nicht verfügbare Tatsachen „extern" zu ermitteln; im Rahmen des Möglichen und Zumutbaren kann jedoch verlangt werden, dass die für die Verdachtsprüfung zuständige Person das unternehmensinterne Wissen zusammenführt und ausschöpft[1]. Ziel der Verdachtsprüfung ist es, Tatsachen festzustellen; nicht feststellbare Tatsachen lösen keine Anzeigepflicht aus (s. Rz. 16). Schließlich müssen die festgestellten Tatsachen daraufhin bewertet werden, ob sie einen qualifizierten (s. Rz. 19) Verdacht eines Verstoßes gegen Art. 12, 13, 14 VO Nr. 236/2012 (Leerverkaufsverordnung) begründen. 40

Sodann muss unverzüglich eine **Entscheidung über die Anzeigenerstattung** getroffen werden. Maßstab für die Entscheidung ist ausschließlich das Gesetz, wie sich auch aus § 2 Abs. 2 Satz 1 WpAV ergibt; die Anzeige darf nicht deshalb unterbleiben, weil Daten i.S.v. § 2 Abs. 1 WpAV noch nicht verfügbar sind. Der Sorgfaltsmaßstab beschränkt sich erneut auf diejenige Sorgfalt, die für jeden Anzeigepflichtigen auf der Hand liegt und von jedem erfüllt werden kann. Im Zweifelsfall empfehlen sich „vertrauensbildende Gespräche" mit der Bundesanstalt[2]. 41

Schließlich besteht eine **Pflicht zu einer angemessenen innerbetrieblichen Organisation**, um sicherzustellen, dass die Anzeigepflicht und die ihr vorgelagerten Pflichten zuverlässig erfüllt werden können. Diese Pflicht darf aber nicht zu einer systemischen Überwachungspflicht verdichtet und überspannt werden; eine solche müsste **ausdrücklich** zugewiesen werden. Sie ergibt sich auch aus § 80 Abs. 1 WpHG (s. § 80 WpHG Rz. 2 f.). Vordergründig soll eine zweckmäßige Arbeitsteilung gewährleistet sein. Die Verdachtsgewinnung wird sinnvoller Weise den Mitarbeitern eines Unternehmens, Instituts oder Betreibers zugewiesen, die mit der Entgegennahme von Orders und deren Ausführung befasst sind, also den *Tradern.* Naheliegend ist, die Verdachtsprüfung und Entscheidung über die Anzeigeerstattung der *Compliance-Funktion* zu überantworten. 42

VIII. Ausführungsverbot? Die Frage, ob ein marktmissbrauchsverdächtiges Geschäft ausgeführt werden darf oder muss, wird weder im europäischen noch im deutschen Recht ausdrücklich beantwortet. Das steht in bemerkenswertem Gegensatz zur Rechtslage bei der Geldwäsche, die ein grundsätzliches „Stillhaltegebot" vorsieht, bis die Staatsanwaltschaft oder die Zentralstelle für Finanztransaktionsuntersuchungen der Durchführung der Transaktion zugestimmt hat, und nur für Eilfälle die Durchführung erlaubt (s. Art. 24 RL 2001/97/EG (Zweite Geldwäscherichtlinie); § 46 Abs. 1 GwG), und führt zu erheblicher **Rechtsunsicherheit.** Denn bei Eingang einer marktmissbrauchsverdächtigen Order steht der mit der Ausführung Beauftragte vor einem Dilemma: Entweder lehnt er die Ausführung ab, was das Risiko einer zivilrechtlichen Verantwortlichkeit gegenüber dem Auftraggeber und ggf. bei Nachfrage nach den Gründen der Nichtausführung das Risiko eines Verstoßes gegen die bußgeldbewehrte Verschwiegenheitspflicht des § 23 Abs. 1 Satz 2 WpHG mit sich bringt. Oder aber er führt den Auftrag aus und geht so das Risiko einer Beteiligungsstrafbarkeit oder Ahndbarkeit sowie einer zivilrechtlichen Verantwortlichkeit gegenüber infolge des Marktmissbrauchs geschädigten Dritten ein[3]. Auflösen lässt sich dieses Dilemma wie folgt: 43

Kapitalmarktrechtlich besteht **kein Verbot, verbotsverdächtige Geschäfte auszuführen**[4]. Im europäischen Rechtsetzungsverfahren ist ein solches Verbot durchaus erwogen, aber nicht statuiert worden, und die – bloße 44

---

1 A.A. *Schwintek,* WM 2005, 861, 863: „ohne Hinzuziehung anderer unternehmensinterner Informationen".
2 S. zu dieser Vorgehensweise im Geldwäscherecht *Fülbier* in Fülbier/Aepfelbach/Langweg, § 11 GwG Rz. 59.
3 S. hierzu *Spindler,* NJW 2004, 3449, 3450.
4 Ebenso *v. Hein* in Schwark/Zimmer, § 10 WpHG Rz. 23; *Heinrich* in KölnKomm. WpHG, § 10 WpHG Rz. 55; *Schlette/ Bouchon* in Fuchs, § 10 WpHG Rz. 15.

– Anzeigepflicht ist geradezu als Substitut und milderes Mittel zu einem Ausführungsverbot angesehen worden[1]. Die Anzeigepflicht sollte gerade nicht mit Einschränkungen bei der Abwicklung des Handels verbunden sein. Auf diese Weise sollte auch der Schnelligkeit und Anonymität des Handels Rechnung getragen werden. De lege lata bezieht sich die Anzeigepflicht im Grundsatz auf ausgeführte Geschäfte (s. Rz. 22). Hieraus folgt, dass sie nicht mit einem grundsätzlichen Ausführungsverbot verbunden sein kann. Vor allem würde ein Ausführungsverbot einer *ausdrücklichen* gesetzlichen Grundlage bedürfen, da es in die grundrechtlich geschützte Wirtschaftsfreiheit der Beteiligten (Art. 2 Abs. 1, 12 Abs. 1, 14 Abs. 1 GG) eingriffe[2].

45 Ein Ausführungsverbot kann sich freilich aus **Straf- und Ordnungswidrigkeitenrecht** ergeben, soweit die Ausführung des marktmissbrauchsverdächtigen Geschäfts *selbst* als straf- bzw. ahndbare Beteiligung an einem Insiderverstoß oder einer Marktmanipulation anzusehen wäre. Hier stellt sich die schwierige Frage, ob im Ausgangspunkt *professionsadäquates Verhalten* straf- oder bußgeldrechtlich relevant sein kann[3]. Im Ergebnis unstreitig begründet es eine Beteiligungsstrafbarkeit bzw. Ahndbarkeit, wenn der Beteiligte (Täter oder Teilnehmer) *sicher weiß*, dass er sich an einer straf- bzw. ahndbaren Handlung beteiligt[4]. Steht also sicher fest, dass das Geschäft einen straf- oder ahndbaren Verstoß gegen Art. 12, 13, 14 VO Nr. 236/2012 (Leerverkaufsverordnung) beinhaltet, darf die diesbezügliche Order nicht ausgeführt werden. Problematisch ist demgegenüber, ob und wann *bedingter Vorsatz* oder gar nur Fahrlässigkeit bzw. Leichtfertigkeit des an sich professionsadäquat Handelnden zu dessen Beteiligungsstrafbarkeit bzw. Ahndbarkeit führen können (dazu § 119 WpHG Rz. 175 ff.). Bei der Einzelfallbeurteilung darf allerdings die kapitalmarktrechtliche Wertung mit dem Verzicht auf ein Ausführungsverbot und der grundsätzlichen Beschränkung der Anzeigepflicht auf ausgeführte – nicht: abgelehnte – Geschäfte nicht außer Betracht bleiben. Hiernach muss es als entscheidendes Indiz gegen das „Angelegensein" einer Förderung gewertet werden, wenn die verdächtige Order im normalen Geschäftsverlauf unter Beachtung der Anforderungen des WpHG und insbesondere verbunden mit einer unverzüglichen Verdachtsanzeige ausgeführt wird[5]. Auch bestehen keine Überwachergarantenpflichten der Wertpapierdienstleister über ihre Kunden (§ 119 WpHG Rz. 168 ff.).

46 **IX. Verschwiegenheitspflicht (§ 23 Abs. 1 Satz 2 WpHG).** § 23 Abs. 1 Satz 2 WpHG, der Ähnlichkeiten mit § 12 GwG aufweist, diente der Umsetzung von Art. 11 Abs. 1 Satz 1 der mittlerweile aufgehobenen Durchführungsrichtlinie (RL 2004/72/EG). Die Vorschrift verpflichtet die Adressaten, andere Personen als staatliche Stellen oder solche, die auf Grund ihres Berufs einer gesetzlichen Verschwiegenheitspflicht unterliegen, von der Anzeige oder von einer daraufhin eingeleiteten Untersuchung nicht in Kenntnis zu setzen. Diese **Verschwiegenheitspflicht** flankiert die Anzeigepflicht und bezweckt, eine auf die Anzeige hin eingeleitete Untersuchung nicht dadurch zu vereiteln oder zu gefährden, dass der Betroffene Kenntnis hiervon erhält und flieht oder Verdunkelungshandlungen vornimmt[6]. Zudem muss bedacht werden, dass die Informationsweitergabe über eine erfolgte Anzeige an Dritte oder gar die Öffentlichkeit das Persönlichkeitsrecht bzw. das Recht auf informationelle Selbstbestimmung des von der Anzeige Betroffenen beeinträchtigt; insoweit dient die Verschwiegenheitspflicht der Wahrung dieser Belange unter dem Gesichtspunkt der Verhältnismäßigkeit.

47 **Adressaten** des § 23 Abs. 1 Satz 2 WpHG sind ausschließlich Anzeigenerstatter, mithin diejenigen **Wertpapierdienstleistungsunternehmen, Kreditinstitute, Kapitalverwaltungsgesellschaften und Betreiber von außerbörslichen Märkten, die eine Anzeige nach § 23 Abs. 1 Satz 1 WpHG erstattet haben.** Dem Wortlaut des § 23 Abs. 1 Satz 2 WpHG nach könnten auch *andere* Unternehmen, Institute und Betreiber, die zwar keine Anzeige erstattet, aber von einer Anzeige oder einer daraufhin eingeleiteten Untersuchung erfahren haben, in den Adressatenkreis einbezogen sein. Die Formulierung des ursprünglich maßgeblichen Art. 11 Abs. 1 Satz 1 der Durchführungsrichtlinie (RL 2004/72/EG) war jedoch insoweit eindeutig („Personen, die … eine Meldung … erstatten"). Zur Frage, ob sich die Verschwiegenheitspflicht auf nur beabsichtigte Anzeigen erstreckt, s. Rz. 50.

48 Die Verschwiegenheitspflicht nach § 23 Abs. 1 Satz 2 WpHG trifft regelmäßig nur *juristische Personen*. Unmittelbar verletzt werden kann die Verschwiegenheitspflicht aber nur durch *natürliche Personen*. Es stellt sich daher die Frage (ähnlich wie bei § 11 Abs. 5 GwG a.F.[7]), ob die Verschwiegenheitspflicht auf diese erstreckt werden kann bzw. ob der juristischen Person das Verhalten bestimmter natürlicher Personen zugerechnet werden kann. Straf- und bußgeldrechtlich richtet sich die „Pflichtenüberwälzung" bzw. Zurechnung nach § 14 StGB, § 9 OWiG. Kapitalmarktrechtlich herrscht keine Klarheit: Beschränkt sich die Verschwiegenheitspflicht bzw.

---

1 Instruktiv *Schwintek*, WM 2005, 861, 866. Art. 6 Nr. 5 des Kommissionsvorschlages der Marktmissbrauchsrichtlinie (KOM [2001] 281 endgültig v. 30.5.2001) hatte noch bestimmt, dass Finanzintermediäre marktmissbrauchsverdächtige „Geschäfte nicht durchführen dürfen und entsprechende Aufträge von Kunden ablehnen müssen".
2 Zur verfassungsrechtlichen Problematik des geldwäscherechtlichen „Stillhaltegebots" s. *Fülbier* in Fülbier/Aepfelbach/Langweg, § 11 GwG Rz. 153 ff.
3 S. hierzu *Heine* in Schönke/Schröder, § 27 StGB Rz. 9 ff. m.w.N.
4 BGH v. 1.8.2000 – 5 StR 624/99, BGHSt 46, 107; s. zuvor BGH v. 20.9.1999 – 5 StR 729/98, NStZ 2000, 34.
5 Zutr. *Schwintek*, WM 2005, 861 867.
6 Begr. RegE AnSVG, BT-Drucks. 15/3174, 33; *v. Hein* in Schwark/Zimmer, § 10 WpHG Rz. 28; *Heinrich* in KölnKomm. WpHG, § 10 WpHG Rz. 56; *Schlette/Bouchon* in Fuchs, § 10 WpHG Rz. 9.
7 S. hierzu *Fülbier* in Fülbier/Aepfelbach/Langweg, § 11 GwG Rz. 214 f.

die Zurechenbarkeit von Verstößen auf den Mitarbeiter, der die Anzeige erstattet hat, oder erstreckt sie sich auf Mitarbeiter, die hiervon – sei es zufällig, sei es, weil sie nach der innerbetrieblichen Organisation mit der Anzeige befasst waren – erfahren haben? Ist dem Unternehmen auch privates (Exzess-)Verhalten eines Mitarbeiters zurechenbar (z.B. wenn ein Mitarbeiter nach Feierabend einen Freund über die Erstattung einer Anzeige gegen diesen wegen eines verdächtigen Geschäfts durch das Unternehmen informiert)? Sinnvoll erscheint eine möglichst weite Interpretation, so dass im Ergebnis *alle Mitarbeiter* eines Adressaten in die Verschwiegenheitspflicht einzubeziehen sein dürften.

Den Adressaten ist es grundsätzlich verboten, Personen von der Anzeige und einer daraufhin eingeleiteten Untersuchung **in Kenntnis zu setzen**. Wer bereits sichere Kenntnis hat, kann nicht mehr in Kenntnis gesetzt werden[1]. Wohl aber kann jemandem, der nur Vermutungen hegt, noch (sichere) Kenntnis verschafft werden. Unerheblich ist, wie die Kenntnis verschafft wird; gegen die Verschwiegenheitpflicht kann durch positives Tun oder Unterlassen (vgl. § 8 OWiG) verstoßen werden[2] und neben ausdrücklichen Erklärungen oder Hinweisen genügt schlüssiges Erklärungsverhalten ebenso wie nach den Umständen „beredtes Schweigen". In der Literatur wird die Frage thematisiert, inwieweit *Rückfragen* an den Auftraggeber zur Natur des Geschäfts bei diesem Argwohn hervorrufen und so gegen die Verschwiegenheitspflicht verstoßen können[3]. Unbedenklich wären solche Rückfragen unter Zugrundelegung der Annahme, dass die Verschwiegenheitspflicht sich von vornherein nicht auf die bloße Absicht, eine Anzeige zu erstatten, erstreckt (s. Rz. 50). Im Übrigen ist zu bedenken, dass § 23 Abs. 1 Satz 1 WpHG keine Ermittlungspflicht der Adressaten begründet, die über verfügbare Tatsachen bzw. Daten hinausgeht (s. Rz. 30). Praxisfern erscheint die Ansicht, dass Rückfragen, die mit dem konkreten Risiko behaftet sind, dem Auftraggeber Kenntnis von einer möglichen Anzeige(absicht) zu verschaffen, unterbleiben müssen[4]. Auf die Frage des Auftraggebers, ob gegen ihn Anzeige erstattet wird, darf und muss der Adressat lügen, wenn sich ein Inkenntnissetzen anders nicht vermeiden lässt[5]. Eine solche Lüge stellt keine Vertragsverletzung dar, weil sie durch die gesetzliche Pflicht aus § 23 Abs. 1 Satz 2 WpHG gerechtfertigt ist. § 4d Abs. 6 FinDAG bestimmt darüber hinaus explizit, dass die Mitarbeiter des Adressaten durch die Mitteilung an die Bundesanstalt weder arbeitsrechtlichen noch strafrechtlichen Sanktionen unterliegen dürfen, es sei denn diese erfolgte vorsätzlich oder grob fahrlässig falsch.

Die Verschwiegenheitspflicht erstreckt sich auf **erstattete Anzeigen** i.S.v. § 23 Abs. 1 Satz 1 WpHG, also auf Anzeigen marktmissbrauchsverdächtiger Geschäfte an die Bundesanstalt. Anderweitige Anzeigen, z.B. Strafanzeigen, unterfallen nicht der kapitalmarktrechtlichen Verschwiegenheitspflicht. Dem Sinn und Zweck der Anzeigepflicht nach erscheint es dringend geboten, die Verschwiegenheitspflicht auch auf die **Absicht** zu erstrecken, **eine Anzeige zu erstatten**[6]. Das schließt eine „Vorabinformation" des Kunden über eine bevorstehende Anzeigeerstattung aus, auch wenn sie in der wohlmeinenden Absicht erfolgt, den Kunden von einem rechtswidrigen Vorhaben abzubringen (vgl. § 12 Abs. 2 GwG)[7]. (Echte) Rückfragen zur Verdachtsklärung sind aber ungeachtet des Risikos, dass der Betroffene seine Schlüsse zieht, zulässig. Schließlich betrifft die Verschwiegenheitspflicht **eine aufgrund der Anzeige eingeleitete Untersuchung**. Der bewusst untechnische Wortlaut umfasst nicht bloß *Überwachungsverfahren* der Bundesanstalt, sondern auch daran anschließende *Straf- bzw. Bußgeldverfahren*.

Die Verschwiegenheitspflicht besteht dem Wortlaut nach **gegenüber jedermann** mit Ausnahme staatlicher Stellen und selbst zur Verschwiegenheit verpflichteter Personen. Im Vordergrund steht die Verschwiegenheit *gegenüber dem von der Anzeige Betroffenen* und *Personen seines Vertrauens*. Bereits begrifflich kann der Anzeigenerstatter keiner Verschwiegenheitspflicht *gegenüber sich selbst* unterliegen. Gleichwohl verbleiben hier – ähnlich wie beim geldwäscherechtlichen Hinweisverbot – praktisch durchaus drängende Fragen: Ist der innerhalb eines Unternehmens, Instituts oder Betreibers die Anzeige erstattende Mitarbeiter gegenüber (welchen?) anderen Mitarbeitern zur Verschwiegenheit verpflichtet, besteht also eine gleichsam „interne" Verschwiegenheitspflicht? Und erstreckt sich die Verschwiegenheitspflicht auf alle „externen" Stellen, auch dann, wenn sie funktional in die Anzeigeerstattung eingebunden, aber organisatorisch ausgegliedert („outgesourct") sind, z.B. wenn ein anderes Unternehmen mit der Compliance, IT-Verarbeitung oder dem Controlling beauftragt ist? Der Zweck der Verschwiegenheitspflicht dürfte es gebieten, den Kreis derer, die innerhalb eines Unternehmens, Instituts oder Betreibers Kenntnis von einer Anzeige bzw. Untersuchung erlangen dürfen, auf das für die An-

---

1 Zutreffend *Schwintek*, WM 2005, 861, 865.
2 Insoweit kann eine Parallele zum Offenbaren in § 203 StGB gezogen werden (vgl. *Fischer*, § 203 StGB Rz. 30 ff.).
3 S. *Schwintek*, WM 2005, 861, 865; zur parallelen geldwäscherechtlichen Problematik *Fülbier* in Fülbier/Aepfelbach/Langweg, § 11 GwG Rz. 216, der Rückfragen für zulässig erachtet, was *Schwintek*, WM 2005, 861, 865, ohne weiteres auf § 10 Abs. 1 Satz 2 WpHG übertragen will.
4 Vgl. tendenziell anders *Heinrich* in KölnKomm. WpHG, § 10 WpHG Rz. 58.
5 So für das geldwäscherechtliche Hinweisverbot *Fülbier* in Fülbier/Aepfelbach/Langweg, § 11 GwG Rz. 217 („zum Lügen gezwungen"); zust. *v. Hein* in Schwark/Zimmer, § 10 WpHG Rz. 30; *Heinrich* in KölnKomm. WpHG, § 10 WpHG Rz. 59; *Schlette/Bouchon* in Fuchs, § 10 WpHG Rz. 10.
6 Im Geldwäscherecht h.A., s. nur *Fülbier* in Fülbier/Aepfelbach/Langweg, § 11 GwG Rz. 216.
7 Hierzu *v. Hein* in Schwark/Zimmer, § 10 WpHG Rz. 31.

zeigebearbeitung zwingend Erforderliche zu beschränken. Mitarbeiter außerhalb dieses Kreises dürfen nur dann in Kenntnis gesetzt werden, wenn dies im Einzelfall zwingend erforderlich ist. Zudem muss sichergestellt werden, dass diese Mitarbeiter ihrerseits die Verschwiegenheit wahren[1]. Nicht hingegen darf ein Mitarbeiter, der selbst ein verdächtiges Geschäft vorgenommen und von dem Unternehmen angezeigt worden ist (s. hierzu Rz. 21), unterrichtet werden. In diesen Grenzen dürfen freilich auch „externe" Stellen in Kenntnis gesetzt werden, vorausgesetzt, die Auslagerung entspricht den Anforderungen des § 80 Abs. 6 WpHG (s. § 80 WpHG Rz. 116ff.)[2]. Insbesondere muss sich das Unternehmen vertraglich zusichern lassen, dass eine Verschwiegenheitsweisung in Bezug auf eine Anzeige oder Untersuchung erteilt werden darf, und es muss eine solche Weisung geben, wenn die „externe" Stelle von einer Anzeige bzw. Untersuchung in Kenntnis gesetzt wird.

52 Die Verschwiegenheitspflicht des § 23 Abs. 1 Satz 2 WpHG besteht – ähnlich wie bei § 11 Abs. 5 GwG – ausnahmsweise **nicht gegenüber staatlichen Stellen und Personen, die auf Grund ihres Berufs einer gesetzlichen Verschwiegenheitspflicht unterliegen** („Berufsgeheimnisträger"). Aus dem *Recht*, solche Stellen und Personen von einer Anzeige oder Untersuchung in Kenntnis zu setzen, folgt aber *keine Pflicht* und erst recht keine Anzeigepflicht. Anderweitige Verschwiegenheitspflichten („Bankgeheimnis" usw.) bleiben unberührt.

53 Nach dem Wortlaut des § 23 Abs. 1 Satz 2 WpHG dürfen Anzeigen bzw. Untersuchungen **allen staatlichen Stellen** zur Kenntnis gebracht werden. Das lässt sich damit begründen, dass zum einen bei staatlichen Stellen gleich welcher Art keine Gefahr besteht, dass sie Überwachungs-, Bußgeld- oder Strafverfahren vereiteln oder gefährden, und dass zum anderen Amtsträger selbst geheimhaltungspflichtig sind (s. § 353b StGB, auch § 203 Abs. 2 StGB). Jedenfalls in der Praxis dürfte die Ausnahme nur im Verhältnis zu solchen staatlichen Stellen bedeutsam sein, die ein *legitimes Interesse* an der Kenntnisnahme haben wie z.B. Strafverfolgungs- oder Aufsichtsbehörden; daneben ist an die Information von Behörden und Gerichten zu denken, wenn und soweit die Anzeige in einem behördlichen oder gerichtlichen Verfahren (z.B. einer Schadensersatzklage des von der Anzeige Betroffenen) von Bedeutung ist[3]. Vertretbar erscheint es, die Ausnahme auf diese Konstellation teleologisch zu reduzieren, da andernfalls das Recht des von der Anzeige bzw. Untersuchung Betroffenen auf informationelle Selbstbestimmung unverhältnismäßig beschränkt wird. Bei ausländischen staatlichen Stellen ist zu unterscheiden[4]: Gemäß §§ 18, 23 Abs. 2 WpHG ist es Sache der Bundesanstalt, die zuständigen Aufsichtsbehörden im Ausland zu unterrichten; ihnen gegenüber dürfen (und müssen) sich Anzeigeerstatter auf die Verschwiegenheitspflicht berufen und dürfen (und müssen) sie an die Bundesanstalt verweisen. Ein vergleichbarer Vorrang des Kommunikationswegs über die Bundesanstalt besteht aber nicht, wenn der Anzeigenerstatter im Wege der internationalen Rechtshilfe in Zivil- oder Strafsachen als Auskunftsperson in Anspruch genommen wird; in diesen Fällen richtet sich die Auskunftspflicht nach Rechtshilferecht.

54 Der Wortlaut des § 23 Abs. 1 Satz 2 WpHG wurde, soweit er **Berufsgeheimnisträger** betrifft, als zu weit und auf Grundlage der Durchführungsrichtlinie (RL 2004/72/EG) als *europarechtswidrig* angesehen. Angesichts des Entfallens der unionsrechtlichen Grundlage in Form der Durchführungsrichtlinie (RL 2004/72/EG) erscheint es aber fraglich, ob eine über den Wortlaut hinausgehende, die ausdrückliche gesetzliche Ausnahme für Berufsgeheimnisträger unterschlagende, Auslegung des § 23 Abs. 1 Satz 2 WpHG rechtlich zulässig ist. Dies würde dem eindeutigen Wortlaut der Norm zuwiderlaufen. Gleichwohl sprechen Sinn und Zweck der Vorschrift hier für eine teleologische Reduktion. Denn bei natürlicher Betrachtungsweise müsste es nach der Intention des Gesetzgebers selbstverständlich eine Verletzung der Verschwiegenheitspflicht darstellen, wenn ein Unternehmen den Hausanwalt oder Steuerberater *des angezeigten Kunden* von der Anzeige in Kenntnis setzen würde. Gemeint sein können daher nur Fälle, in denen der Berufsgeheimnisträger auch und gerade *gegenüber dem von der Anzeige Betroffenen* geheimhaltungspflichtig ist. Weiterhin ist die Ausnahme unter dem verfassungsrechtlichen Gesichtspunkt der Verhältnismäßigkeit des Eingriffs in das Recht des von der Anzeige Betroffenen auf informationelle Selbstbestimmung auf die – vom Gesetzgeber auch gemeinten und praktisch relevanten – Fälle zu reduzieren, in denen das Unternehmen, Institut oder der Betreiber in Bezug auf die Anzeige sich des Beistandes durch Rechtsanwälte, Wirtschaftsprüfer, vereidigte Buchprüfer (vgl. § 203 Abs. 1 Nr. 3 StGB) bedient. In derartigen Fällen darf der Berufsgeheimnisträger von seiner Schweigepflicht nicht entbunden werden.

55 Ähnlich wie bei § 11 Abs. 5 GwG stellt sich schließlich noch die Frage nach **ungeschriebenen Ausnahmen** von der Verschwiegenheitspflicht. Im Geldwäscherecht wird vertreten, sie dürfe insbesondere zur Klärung von Verdachtsfällen und zur Warnung vor Geldwäschern durchbrochen werden und ende, wenn die Ermittlungsbehörden mitteilten, dass keine Ermittlungen aufgenommen oder Ermittlungsverfahren eingestellt worden seien[5].

56 Auf der Hand liegt, dass sich **unredliche Anzeigenerstatter**, d.h. solche, die vorsätzlich oder grob fahrlässig unwahre Anzeigen erstatten, sich nicht auf die Verschwiegenheitspflicht berufen dürfen. Gemäß § 23 Abs. 3

---

1 A.A. *Heinrich* in KölnKomm. WpHG, § 10 WpHG Rz. 61, wonach die unternehmensinterne Weitergabe stets zulässig sei; vgl. auch *v. Hein* in Schwark/Zimmer, § 10 WpHG Rz. 29; *Schlette/Bouchon* in Fuchs, § 10 WpHG Rz. 13.
2 *Schwintek*, WM 2005, 861, 865f.; ebenso *Heinrich* in KölnKomm. WpHG, § 10 WpHG Rz. 61.
3 S. zu dieser Konstellation in geldwäscherechtlicher Sicht *Fülbier* in Fülbier/Aepfelbach/Langweg, § 11 GwG Rz. 220f.
4 *v. Hein* in Schwark/Zimmer, § 10 WpHG Rz. 32.
5 *Fülbier* in Fülbier/Aepfelbach/Langweg, § 11 GwG Rz. 220f.

WpHG sowie § 4d Abs. 6 FinDAG sind diese auch nicht vor arbeitsrechtlichen oder strafrechtlichen Konsequenzen geschützt. Auch erscheint es hoch problematisch, die Verschwiegenheitspflicht im Verhältnis zu dem Anzeigebetroffenen fortdauern zu lassen, wenn sich der der Anzeige zugrunde liegende Marktmissbrauchsverdacht nachträglich als unbegründet erweist.

X. Umgang der Bundesanstalt mit erstatteten Anzeigen (§ 23 Abs. 2 WpHG). 1. Allgemeines. § 23 Abs. 2 WpHG regelt den Umgang der Bundesanstalt mit erstatteten Anzeigen nicht umfassend, sondern enthält lediglich **besondere Bestimmungen**. Neben den für das behördliche Vorgehen besonderen Bestimmungen des § 23 Abs. 2 WpHG richtet sich das Vorgehen der Bundesanstalt nach den allgemeinen Vorschriften. Eine pflichtgemäß und sorgfältig erstattete Anzeige wird regelmäßig Anlass geben, ein *Überwachungsverfahren* nach § 6 Abs. 2 WpHG (s. § 6 WpHG Rz. 60 ff.) gegen die von der Anzeige Betroffenen durchzuführen, in dessen Rahmen es ggf. erforderlich werden kann, bei der zuständigen Staatsanwaltschaft *Strafanzeige* gem. § 11 WpHG zu erstatten (s. § 6 WpHG Rz. 66). Eine leichtfertig oder gar vorsätzlich unwahr erstattete Anzeige kann demgegenüber Anlass geben, *aufsichtsrechtliche Schritte gegen den Anzeigenerstatter* einzuleiten.

57

2. Verwendungsbeschränkung. Gemäß § 23 Abs. 2 Satz 1 WpHG darf die Bundesanstalt (BaFin) den Inhalt einer Anzeige **nur zur Erfüllung ihrer Aufgaben** verwenden. Diese Regelung entspricht im Wesentlichen der allgemeinen Bestimmung des § 4d Abs. 2 Satz 1 FinDAG. Danach ist die BaFin befugt, zum Zwecke der Errichtung eines Meldesystems über potentielle oder tatsächliche Verstöße gegen Gesetze, Rechtsverordnungen, Allgemeinverfügungen und sonstige Vorschriften sowie Verordnungen und Richtlinien der Europäischen Union, für deren Überwachung und Ahndung die BaFin zuständig ist, personenbezogene Daten zu erheben, zu nutzen und zu verarbeiten, sofern dies zur Erfüllung ihrer Aufgaben erforderlich ist. Diese Bestimmung stellt die datenschutzrechtlich nach § 4 Abs. 1 BDSG (Fassung bis 24.5.2018, ab dem 25.5.2018 nach Art. 6 Abs. 3 DSGVO und § 3 BDSG n.F.) erforderliche Rechtsgrundlage für die Verwendung personenbezogener Daten durch die BaFin dar[1].

58

§ 23 Abs. 2 Satz 1 WpHG greift vor allem für die Aufgaben der BaFin nach § 6 WpHG. Die BaFin darf den Anzeigeinhalt daher in erster Linie dazu verwenden, Missständen entgegenzuwirken und diesbezügliche Anordnungen zu treffen, § 6 Abs. 1 Satz 2, 3 WpHG (Missstandsaufsicht), sowie **Überwachungsverfahren** durchzuführen, § 6 Abs. 2 WpHG (laufende Überwachung). Weiterhin gehört zu den Aufgaben der BaFin, **Bußgeldverfahren** bei nach § 120 WpHG ahndbaren Verstößen durchzuführen. Auch in solchen Verfahren darf der Anzeigeinhalt verwendet werden.

59

3. Verschwiegenheit. Bereits aus § 21 WpHG (s. dort) und §§ 203 Abs. 2, 353b StGB folgt, dass die Bundesanstalt grundsätzlich zur **Verschwiegenheit** über erstattete Anzeigen verpflichtet ist. Diese Verschwiegenheitspflicht besteht *auch im Verhältnis zu anderen staatlichen Stellen*, soweit nicht die Ausnahmetatbestände insbesondere des § 21 Abs. 1 Satz 3, Abs. 2 WpHG eingreifen. Gemäß § 4d Abs. 2 Satz 2 FinDAG unterliegen die eingegangenen Meldungen dem Datenschutzrecht.

60

Darüber hinaus bestimmt § 23 Abs. 2 Satz 2 WpHG, dass die **Identität der anzeigenden Person** anderen als staatlichen Stellen auf keinen Fall zugänglich gemacht werden darf. Gleiches ergibt sich aus der allgemeineren Bestimmung des § 4d Abs. 3 FinDAG. Grund hierfür ist, dass die anzeigende Person vor Schäden bewahrt und – mittelbar – die Anzeigebereitschaft gefördert werden soll. Problematisch ist, dass § 23 Abs. 2 Satz 2 WpHG seinem eindeutigen Wortlaut nach auch *unredliche Anzeigenerstatter* schützt, die ggf. die Grenzen der Haftungsfreistellung des § 23 Abs. 3 WpHG überschritten haben; insoweit muss über eine teleologische Reduktion oder eine verfassungskonforme einschränkende Auslegung nachgedacht werden[2]. Eine solche verfassungskonforme Einschränkung scheint der Gesetzgeber mit § 4d Abs. 3 Satz 3 FinDAG im Ansatz vorgenommen zu haben. Die Verletzung der Verschwiegenheitspflicht durch Mitarbeiter der Bundesanstalt ist *strafbewehrt* (§§ 203 Abs. 2 Nr. 1, 353b StGB) und kann *Amtshaftungsansprüche* des von der Anzeige bzw. Untersuchung Betroffenen begründen (Art. 34 GG i.V.m. § 839 BGB)[3].

61

4. § 123 WpHG. Mit der Regelung des § 23 Abs. 2 Satz 3 WpHG hat der Gesetzgeber klargestellt, dass die Befugnis der Bundesanstalt, gem. § 123 WpHG unanfechtbare Maßnahmen wegen Verstößen gegen das WpHG auf ihrer Internetseite öffentlich bekannt zu machen, **unberührt** bleibt. Bei Licht besehen handelt es sich um eine bloß *deklaratorische* Bestimmung, da die öffentliche Bekanntmachung gem. § 123 WpHG in Erfüllung der Aufgaben der Bundesanstalt erfolgt (s. § 23 Abs. 2 Satz 1 WpHG) und § 123 WpHG selbst eine gesetzliche Ausnahme zur allgemeinen Verschwiegenheitspflicht der Bundesanstalt enthält (s. § 123 WpHG Rz. 2). Auf der anderen Seite ist gegenüber § 23 Abs. 2 Satz 3 WpHG klarzustellen, dass § 123 WpHG nicht ohne weiteres von der Verschwiegenheitspflicht des § 16 Abs. 2 Satz 2 WpHG dispensiert, so dass die Identität des Anzeigeerstatters nicht ohne weiteres bekannt gemacht werden darf (s. § 123 WpHG Rz. 2 ff.)[4].

62

---

1 Das Zweite Gesetz zur Anpassung des Datenschutzrechts an die Verordnung (EU) 2016/679 und zur Umsetzung der Richtlinie (EU) 2016/680 (2. DSAnpUG-EU) wird voraussichtlich eine Konsolidierung bringen.
2 Insoweit wohl a.A. *Heinrich* in KölnKomm. WpHG, § 10 WpHG Rz. 66.
3 S. hierzu *v. Hein* in Schwark/Zimmer, § 10 WpHG Rz. 38.
4 Ebenso *Heinrich* in KölnKomm. WpHG, § 10 WpHG Rz. 68.

63 **XI. Beschränkte Verantwortlichkeit des Anzeigeerstatters (§ 23 Abs. 3 WpHG). 1. Beschränkte Verantwortlichkeit für erstattete Anzeigen.** § 23 Abs. 3 WpHG wurde ursprünglich auf Grundlage des Art. 11 Abs. 3 der seinerzeit gültigen Durchführungsrichtlinie (RL 2004/72/EG) geschaffen. § 23 Abs. 3 WpHG legt fest, dass der Anzeigenerstatter wegen der Anzeige nicht verantwortlich gemacht werden kann, es sei denn, sie ist vorsätzlich oder grob fahrlässig unwahr erstattet worden. Parallel § 4d Abs. 6 FinDAG eine Beschränkung der arbeits-, straf- und zivilrechtlichen Verantwortlichkeit vor. Anders als § 4d Abs. 6 FinDAG normiert § 23 Abs. 3 WpHG dem Wortlaut nach nur, dass der Meldende nicht „verantwortlich gemacht werden darf", erstreckt sich im Ergebnis aber auf den gleichen Umfang, denn es soll eine umfassende (auch zivil-, namentlich arbeitsrechtliche) Haftungsfreistellung erfolgen[1]. Diese **Beschränkung der Verantwortlichkeit für erstattete Anzeigen** bezweckt einerseits, die Anzeigebereitschaft zu erhöhen[2], und stellt andererseits die Verhältnismäßigkeit der Inpflichtnahme der Unternehmen, Institute und Betreiber sicher. Soweit dem Anzeigebetroffenen zivilrechtliche Schadensersatzansprüche abgeschnitten werden, dürfte es sich um eine (noch) verhältnismäßige Inhalts- und Schrankenbestimmung i.S.v. Art. 14 Abs. 1 Satz 2 GG handeln. Allerdings lässt sich zumindest rechtspolitisch erwägen, ob in derartigen Fällen eine *staatliche Entschädigung* des Anzeigebetroffenen vorgesehen werden sollte[3]. Eine ähnliche Regelung findet sich im Geldwäscherecht (§ 13 GwG).

64 Dem Wortlaut des § 23 Abs. 3 WpHG nach kommt die Beschränkung der Verantwortlichkeit demjenigen zugute, welcher „Anzeige *nach Abs. 1* erstattet" (Herv. v. *Verf.*). Anders als im Geldwäscherecht[4] erstreckt sich die Privilegierung also *nicht auf jeden Anzeigeerstatter*, sondern nur auf den Adressatenkreis des § 23 Abs. 1 WpHG, also die dort genannten **Unternehmen, Institute, Verwaltungsgesellschaften und Betreiber**. Von der Freistellung können neben den Finanzintermediären selbst auch diejenigen Personen profitieren, die die Anzeige nach Abs. 1 für den Finanzintermediär abgegeben haben. Dabei dürfte es sich zumindest um solche Mitarbeiter handeln, die nach der innerbetrieblichen Organisation dafür zuständig sind (z.B. der Compliance-Beauftragte). Fraglich ist, ob die Verantwortungsbeschränkung *auch weiteren Mitarbeitern* zugutekommt. Nach Sinn und Zweck der Verantwortungsbeschränkung, die neben der zivil- und arbeitsrechtlichen auch die straf- und bußgeldrechtliche Verantwortung betrifft (s. sogleich Rz. 67), spricht viel dafür. Denn nur, wenn der Adressatenkreis möglichst weit gefasst wird, so dass niemand im unmittelbaren Einwirkbereich des Finanzintermediärs wegen einer Anzeige rechtliche Konsequenzen befürchten muss, kann das Anliegen einer möglichst effektiven Aufdeckung von Verstößen gefördert werden. So sieht auch § 4d Abs. 6 FinDAG vor, dass redliche Mitarbeiter von unter BaFin-Aufsicht stehenden Unternehmen bei einer Meldung von Verstößen gegen unionsrechtliche Ver- und Gebote im Finanzsektor weder arbeitsrechtliche Nachteile erleiden noch zivilrechtlich oder strafrechtlich zur Verantwortung gezogen werden dürfen. Der Ausschluss der Verantwortlichkeit kommt den Mitarbeitern zugute, die die Anzeige erstattet haben, ohne dass es darauf ankommt, ob diese nach der innerbetrieblichen Organisation dafür zuständig sind.

65 Wie sich durch einen Umkehrschluss aus § 23 Abs. 3 letzter Halbsatz WpHG ergibt, dürfen **wahr erstattete Anzeigen** keine Verantwortlichkeit auslösen. Entscheidend ist, dass der Anzeigeinhalt und insbesondere die nach § 23 Abs. 1 Satz 1 WpHG und § 2 Abs. 1 WpAV mitzuteilenden *Tatsachen und Daten* objektiv wahr sind. Ist der Anzeigeerstatter lediglich subjektiv von deren Unwahrheit ausgegangen, so kommt eine Verantwortlichkeit nicht in Betracht (auch der Versuch einer Ordnungswidrigkeit nach § 120 Abs. 2 Nr. 2 lit. c WpHG ist nicht ahndbar, s. Rz. 74). Eine ihren Tatsachen und Daten nach objektiv wahre Anzeige führt auch dann nicht zu einer Verantwortlichkeit, wenn die Anzeige auf einer zweifelhaften oder gar unvertretbaren rechtlichen Würdigung beruht[5]. Denn eine *rechtliche Würdigung* kann nicht „wahr" oder „unwahr", sondern – allenfalls – „vertretbar" oder „unvertretbar" sein[6]. Nach dem Außerkrafttreten der Durchführungsrichtlinie (RL 2004/72/EG) und deren in Art. 11 Abs. 3 getroffener Regelung, derzufolge eine Haftung bereits bei Handeln *in gutem Glauben* ausgeschlossen sein sollte, kommt eine insoweit „richtlinienkonforme Rechtsfortbildung" selbst für zivilrechtliche Zwecke nicht mehr in Betracht[7].

66 Objektiv **unwahr erstattete Anzeigen** lösen eine Verantwortung nur aus, wenn die Unwahrheit auf Vorsatz oder grober Fahrlässigkeit beruht. Aus dem soeben Ausgeführten (Rz. 65) folgt, dass sich der Vorsatz bzw. die grobe Fahrlässigkeit gerade auf die der Anzeige zugrunde liegenden Tatsachen bzw. Daten beziehen muss. **Vorsatz** schließt bedingten Vorsatz (dolus eventualis) ein. **Grobe Fahrlässigkeit** setzt einen besonders schweren Sorgfaltsverstoß voraus; das Unternehmen, Institut oder der Betreiber müssen ganz nahe liegende Überlegungen nicht angestellt und das nicht beachtet haben, was im gegebenen Fall jedem hätte einleuchten müssen. Für

---

[1] In diese Richtung auch *Schlette/Bouchon* in Fuchs, § 10 WpHG Rz. 14.
[2] Begr. RegE AnSVG, BT-Drucks. 15/3174, 33.
[3] Zur diesbezüglichen Diskussion bei § 12 GwG a.F., jetzt § 13 GwG, s. nur *Fülbier* in Fülbier/Aepfelbach/Langweg, § 12 GwG Rz. 9 m.w.N. und rechtsvergleichenden Hinweisen.
[4] S. hierzu *Fülbier* in Fülbier/Aepfelbach/Langweg, § 12 GwG Rz. 1 ff.
[5] Zu § 12 GwG möglicherweise a.A. *Fülbier* in Fülbier/Aepfelbach/Langweg, § 12 GwG Rz. 16: Es müsse „den Tatsachen entsprechend angezeigt" werden.
[6] I.E. ebenso *Heinrich* in KölnKomm. WpHG, § 10 WpHG Rz. 72.
[7] Dies auf Grundlage der mittlerweile außer Kraft getretenen Richtlinie noch befürwortend *v. Hein* in Schwark/Zimmer, § 10 WpHG Rz. 40.

eine straf- bzw. bußgeldrechtliche Verantwortlichkeit folgt bereits aus dem Grundsatz „in dubio pro reo", dass das vorsätzliche oder grob fahrlässige Verhalten des Anzeigenerstatters zur Überzeugung der Bundesanstalt bzw. des Gerichts feststehen muss. Aus der in § 23 Abs. 3 WpHG verwendeten Formulierung „es sei denn" ist aber auch zu folgern, dass eine zivilrechtliche Verantwortlichkeit nur ausgelöst wird, wenn der Kläger vollen Beweis für das vorsätzliche oder grob fahrlässige Verhalten des Anzeigeerstatters erbringt[1].

Rechtsfolge des § 23 Abs. 3 WpHG ist es, dass die Verantwortlichkeit bei nicht erweislichem Vorsatz bzw. nicht erweislicher grober Fahrlässigkeit **umfassend ausgeschlossen** ist. Nicht in Betracht kommt zunächst eine **straf- oder bußgeldrechtliche Verantwortlichkeit**, die für einfache Fahrlässigkeit auch weder im StGB noch im WpHG vorgesehen ist. Weiterhin kommt bei einfach fahrlässig unwahr erstatteten Anzeigen eine *zivilrechtliche Verantwortlichkeit*, insbesondere eine Haftung für etwaige Vermögensfolgeschäden, aber auch arbeitsrechtliche Nachteile für den anzeigenden Mitarbeiter, nicht in Betracht. Schließlich dürfte es nach Sinn und Zweck des § 23 Abs. 3 WpHG ausgeschlossen sein, an einfach fahrlässig unwahr erstattete Anzeigen **aufsichtsrechtliche Konsequenzen** zu knüpfen. 67

2. Verantwortlichkeit für die Wahrung der Verschwiegenheit. Seinem Wortlaut nach regelt § 23 Abs. 3 WpHG die Frage der Verantwortlichkeit für die gem. § 23 Abs. 1 Satz 2 WpHG zu wahrende Verschwiegenheit nicht. Demgegenüber bestimmte Art. 11 Abs. 1 Satz 2 Durchführungsrichtlinie (RL 2004/72/EG), dass die Erfüllung „dieser Verpflichtung" – eindeutig gemeint war die Verschwiegenheitspflicht nach Art. 11 Abs. 1 Satz 1 der Richtlinie[2] – „keinerlei Haftung nach sich ziehen" darf, sofern die Person, die die Verschwiegenheit wahrt, „in gutem Glauben handelt". Warum dies **nicht in § 23 Abs. 3 WpHG übernommen** worden ist, ergibt sich aus den Materialien nicht. Möglicherweise hat der Gesetzgeber angenommen, die Frage in § 23 Abs. 3 WpHG mitgeregelt zu haben oder er ist davon ausgegangen, es seien keine Fälle denkbar, in denen eine selbständige Verantwortlichkeit für gewahrte Verschwiegenheit in Betracht kommt. Demgegenüber könnte die nach hier vertretener Auffassung (s. Rz. 49) gebotene *Lüge* des Verschwiegenheitspflichtigen gegenüber dem Auftraggeber bzw. Kunden durchaus selbständiger Ansatzpunkt einer Haftung sein. Weiterhin ist es denkbar, dass *nachträglich* Tatsachen erkennbar werden, aus denen sich ergibt, dass die Anzeige zu Unrecht erstattet worden ist, was nach hier vertretener Auffassung (s. Rz. 25) nicht nur eine Mitteilungspflicht gegenüber der Bundesanstalt auslösen kann, sondern auch die Verschwiegenheitspflicht gegenüber dem Auftraggeber bzw. Kunden beendet. 68

Im Ergebnis kann es nicht richtig sein, dass in derartigen Fällen eine selbständige Verantwortlichkeit für einfach fahrlässiges Verhalten besteht; sie muss vielmehr **auf nachweisbaren Vorsatz oder nachweisbare grobe Fahrlässigkeit** beschränkt werden. Fraglich ist jedoch, wie dies rechtstechnisch begründet werden kann. Nahe liegt daher eine *analoge Anwendung* des § 23 Abs. 3 WpHG auch in Bezug auf die Wahrung der Verschwiegenheitspflicht, da vieles für eine nur planwidrige Lücke spricht und die Interessenlage vergleichbar ist: Anzeige- und Verschwiegenheitspflicht stehen in einem funktionalen Zusammenhang (s. Rz. 2), so dass der in § 23 Abs. 3 WpHG vorgesehene Anreiz- und Schutzmechanismus gleichermaßen bei der Anzeige- wie auch der Verschwiegenheitspflicht anwendbar sein muss. Dies würde sich bei der zivilrechtlichen Verantwortlichkeit („Haftung") nicht nur zugunsten des die Verschwiegenheit Wahrenden, sondern auch zu Lasten des von der Anzeige Betroffenen auswirken, was nicht nur als unbeachtlicher und von diesem hinzunehmender „Schutzreflex" gelten kann. Auch mit Blick auf Art. 14 Abs. 1 Satz 2 GG dürfte es deshalb angezeigt sein, dass der deutsche Gesetzgeber *ausdrücklich klarstellt*, dass § 23 Abs. 3 WpHG sich auch auf die Wahrung der Verschwiegenheit bezieht. 69

XII. Bußgeldrechtliche Aspekte. Gemäß § 120 Abs. 2 Nr. 2 lit. c WpHG sind vorsätzliche oder leichtfertige **Verstöße gegen die Anzeigepflicht** des § 23 Abs. 1 Satz 1 WpHG, auch in Verbindung mit der WpAV, mit einer Geldbuße bis zu 50.000 Euro bedroht (vgl. § 120 Abs. 2 WpHG). Im Einzelnen ahndbar ist es, die nach § 23 Abs. 1 Satz 1 WpHG i.V.m. §§ 2, 3 WpAV gebotene(n) **Mitteilung(en)** 70

– **nicht zu machen.** Insoweit handelt es sich um eine *echte Unterlassungsordnungswidrigkeit*, und die Voraussetzungen des § 8 OWiG müssen nicht vorliegen[3];

– **nicht richtig zu machen.** Hiervon ist ohne Zweifel die Konstellation erfasst, dass vorsätzlich oder grob fahrlässig unrichtige i.S.v. unwahre Tatsachen bzw. Daten mitgeteilt werden und sich dies *zugunsten* des Anzeigebetroffenen auswirkt. Fraglich ist demgegenüber, ob auch die Konstellation der „Falschanzeige" gemeint ist, wenn der Anzeigeerstatter *zuungunsten* des Anzeigebetroffenen vorsätzlich oder leichtfertig unwahre Tatsachen bzw. Daten mitteilt. Aus der Ahndbarkeit auszuscheiden sind jedenfalls solche „Falschanzeigen", in denen mangels begründeten Verdachts keine Anzeigepflicht nach § 23 Abs. 1 Satz 1 WpHG besteht; dann handelt der Anzeigeerstatter nicht „entgegen § 23 Abs. 1 Satz 1", sondern verletzt ggf. andere (Straf-)Gesetze (s. Rz. 65). Besteht an sich eine Anzeigepflicht und übertreibt der Anzeigenerstatter, indem er vorsätzlich oder grob fahrlässig unwahre Tatsachen bzw. Daten zuungunsten des Anzeigebetroffenen mitteilt, deckt der Wortlaut eine Ahndbarkeit, die auch zum Schutze des Anzeigebetroffenen geboten ist;

---

1 Zust. *v. Hein* in Schwark/Zimmer, § 10 WpHG Rz. 40.
2 Das ergibt sich aus dem Wortlaut („dieser") und schließlich aus der im Vergleich zu Art. 11 Abs. 3 Durchführungsrichtlinie (RL 2004/72/EG) weitergehenden Rechtsfolge („keinerlei Haftung").
3 Vgl. *Rengier* in KK OWiG, 4. Aufl. 2014, § 8 OWiG Rz. 8.

- **nicht vollständig zu machen**. Die *Vollständigkeitspflicht* bezieht sich zunächst auf die vom Anzeigepflichtigen festgestellten Tatsachen (s. Rz. 16). Weiterhin wird sie durch § 2 WpAV konkretisiert, was nach dem eindeutigen Wortlaut des § 120 Abs. 2 Nr. 2 lit. c WpHG („auch in Verbindung mit einer Rechtsverordnung ...") auch bußgeldrechtlich maßgeblich ist. Die Vollständigkeitspflicht umfasst also alle in § 2 Abs. 1 WpAV genannten „Daten" (s. Rz. 29) und beinhaltet eine gleichfalls bußgeldbewehrte Pflicht, ggf. nachträglich bekannt werdende Daten mitzuteilen (§ 2 Abs. 2 Satz 2 WpAV, s. Rz. 31). Freilich ist in bußgeldrechtlicher Sicht zu bedenken, dass die Verweisung auf § 2 WpAV (auch) an den Maßstäben der Art. 80, 103 Abs. 2 GG zu messen ist[1] und nicht darauf hinauslaufen darf, dass es der Gesetzgeber letztlich dem Verordnungsgeber überlässt, festzulegen, welches Verhalten bußgeldbewehrt sein soll. Vielmehr muss der Gesetzgeber selbst die verbotenen Verhaltensweisen in einer für den Normadressaten hinreichend erkennbaren Weise umschreiben. Vor diesem Hintergrund muss die Verweisung auf § 2 WpAV in ordnungswidrigkeitenrechtlicher Sicht „gesetzeskonform" gehandhabt werden.
- **nicht in der vorgeschriebenen Weise zu machen**. Diese Alternative bezieht sich insbesondere auf die *Formvorschriften* des § 3 WpAV (s. Rz. 34);
- **nicht rechtzeitig**, d.h. nicht unverzüglich, **zu machen**.

71 Vorsätzliche oder leichtfertige **Verstöße gegen die Verschwiegenheitspflicht** sind gem. § 120 Abs. 2 Nr. 2 lit. a WpHG mit Geldbuße bis zu 200.000 Euro (vgl. § 120 Abs. 24 WpHG) bedroht.

72 Die Eigenschaft, Adressat des § 23 Abs. 1 WpHG, nämlich Wertpapierdienstleistungsunternehmen, Kreditinstitut, Kapitalverwaltungsgesellschaft oder Betreiber außerbörslicher Märkte zu sein, ist ein **besonderes persönliches Merkmal** i.S.v. § 9 OWiG, da im Vordergrund die besondere Stellung und Verantwortlichkeit der Genannten steht, nicht aber das geschützte Rechtsgut (mittelbar die Integrität der Kapitalmärkte). Deshalb kommen in erster Linie *Organe (Organmitglieder)* und *gesetzliche Vertreter*, daneben aber auch mit der Erfüllung der Anzeigepflicht *Beauftragte* (z.B. Mitarbeiter einer Compliance-Stelle, s. Rz. 42) als ahndbare natürliche Personen in Betracht (vgl. § 9 Abs. 1 Nr. 1, 3, Abs. 2 Nr. 2 OWiG). In zweiter Linie kommen auch dritte (Hilfs-)Personen in Betracht, die sich an einer Ordnungswidrigkeit des in § 9 OWiG genannten Personenkreises beteiligen (§ 14 Abs. 1 Satz 2 OWiG).

73 Da und soweit § 120 Abs. 2 Nr. 2 lit. c, 2a WpHG auf § 23 Abs. 1 Satz 1, 2 WpHG verweist, stellt sich die Frage, ob der **Vorsatz** bzw. die **Leichtfertigkeit** auf die Anzeige- oder Verschwiegenheitspflicht als solche oder auf die Umstände zu beziehen ist, welche der Anzeige- oder Verschwiegenheitspflicht zugrunde liegen. Praktische Spitze der Frage ist, ob der bloße *Rechtsirrtum über die Reichweite des § 23 Abs. 1 WpHG* nur als Verbotsirrtum gem. § 11 Abs. 2 OWiG zu behandeln ist, die Ahndbarkeit also nur bei Unvermeidbarkeit ausschließt, oder ob er nach § 11 Abs. 1 OWiG zu behandeln ist, also unabhängig von seiner Vermeidbarkeit die Vorsatzahndbarkeit ausschließt und eine Leichtfertigkeitsahndbarkeit nur auslöst, wenn er geradezu auf Leichtfertigkeit beruht (dazu allgemein § 120 WpHG Rz. 362 ff.).

74 Der **Versuch** einer Ordnungswidrigkeit nach § 120 Abs. 2 Nr. 2 lit. c, 2a WpHG ist gem. § 13 Abs. 2 OWiG **nicht ahndbar**. Allerdings führt die subjektivierende Fassung der Anzeigepflicht in § 23 Abs. 1 Satz 1 WpHG („Feststellung von Tatsachen", s. Rz. 16) zu der Frage, ob nicht bereits eine *vollendete* Ordnungswidrigkeit nach § 120 Abs. 1 Nr. 2 lit. c WpHG vorliegt, wenn der Adressat einen Verstoß gegen Art. 12, 13, 14 VO Nr. 236/2012 (Leerverkaufsverordnung) begründende Tatsachen zu seiner Überzeugung feststellt, gleichwohl eine Anzeige unterlässt und sich nachträglich (z.B. im Überwachungsverfahren) herausstellt, dass die Tatsachen nicht gegeben waren bzw. nicht festgestellt werden können. Mit Blick auf den Zweck des § 23 Abs. 1 Satz 1 WpHG, der Bundesanstalt die Abwehr von aktuellen und realen Gefahren für die Marktintegrität zu ermöglichen, dürfte es bei einem nicht ahndbaren Versuch verbleiben. In jedem Falle nicht ahndbar, ggf. sogar ein bloßes Wahndelikt, ist es, wenn die festgestellten Tatsachen einen Verdacht eines Verstoßes gegen Art. 12, 13, 14 VO Nr. 236/2012 (Leerverkaufsverordnung) nicht begründen, auch wenn der Anzeigepflichtige hiervon ausgeht und gleichwohl die Anzeige unterlässt.

§ 24 Verpflichtung des Insolvenzverwalters

(1) Wird über das Vermögen eines nach diesem Gesetz zu einer Handlung Verpflichteten ein Insolvenzverfahren eröffnet, hat der Insolvenzverwalter den Schuldner bei der Erfüllung der Pflichten nach diesem Gesetz zu unterstützen, insbesondere indem er aus der Insolvenzmasse die hierfür erforderlichen Mittel bereitstellt.
(2) Wird vor Eröffnung des Insolvenzverfahrens ein vorläufiger Insolvenzverwalter bestellt, hat dieser den Schuldner bei der Erfüllung seiner Pflichten zu unterstützen, insbesondere indem er der Verwendung der Mittel durch den Verpflichteten zustimmt oder, wenn dem Verpflichteten ein allgemeines

---
1 Statt vieler *Rogall* in KK OWiG, § 3 OWiG Rz. 16 m.w.N.

Verfügungsverbot auferlegt wurde, indem er die Mittel aus dem von ihm verwalteten Vermögen zur Verfügung stellt.

In der Fassung des 2. FiMaNoG vom 23.6.2017 (BGBl. I 2017, 1693).

Schrifttum: *Albrecht/Stein*, Die Verantwortlichkeiten von Insolvenzverwaltern und Organen einer insolventen börsennotierten Aktiengesellschaft, ZInsO 2009, 1886 (Teil I), 1938 (Teil II), 1991 (Teil III); *Frind*, Insolvenzgerichtliche Veröffentlichungsnotwendigkeiten bei der vorläufigen Sachwalterschaft, ZIP 2012, 1591; *Grub/Streit*, Börsenzulassung und Insolvenz, BB 2004, 1397; *Hirte*, Ad-hoc-Publizität und Krise der Gesellschaft. Aktuelle Fragen im Grenzbereich zwischen Kapitalmarkt- und Insolvenzrecht, ZInsO 2006, 1289; *Lau*, Die börsennotierte Aktiengesellschaft in der Insolvenz, 2008; *Ott*, Zur Qualifizierung von Börsennotierungsgebühren als Masseverbindlichkeiten, EWiR 2010, 365; *Ott/Brauckmann*, Zuständigkeitsgerangel zwischen Gesellschaftsorganen und Insolvenzverwalter in der börsennotierten Aktiengesellschaft, ZIP 2004, 2117; *Rattunde/Berner*, Insolvenz einer börsennotierten Aktiengesellschaft – Pflicht des Insolvenzverwalters zur Publikation von Ad-hoc-Mitteilungen nach dem Wertpapierhandelsgesetz?, WM 2003, 1313; *Rubel*, Erfüllung von WpHG-Pflichten in der Insolvenz durch den Insolvenzverwalter oder Vorstand, AG 2009, 615; *Schuster/Friedrich*, Die Behandlung kapitalmarktrechtlicher Informationspflichten in der Insolvenz, ZInsO 2011, 321; *Siebel*, Insolvenzverwalter, Gesellschaftsorgane und der Börse, NZI 2007, 498; *Streit*, Veröffentlichungspflichten gem. §§ 21, 25 WpHG bei der insolventen AG, Inanspruchnahme des Insolvenzverwalters und Kostenhaftung der Masse?, NZI 2005, 486; *Thiele/Fedtke*, Mitteilungs- und Veröffentlichungspflichten des WpHG in der Insolvenz, AG 2013, 288; *von Buttlar*, Kapitalmarktrechtliche Pflichten in der Insolvenz, BB 2010, 1355; *Warmer*, Börsenzulassung und Insolvenz der Aktiengesellschaft, 2009; *Weber*, Börsennotierte Gesellschaften in der Insolvenz, ZGR 2001, 422.

I. Übersicht und Entwicklung der Norm	1	V. Unterstützungspflicht des Insolvenzverwalters (§ 24 Abs. 1 WpHG)	17
II. Ausgangspunkt der Norm	4	VI. Unterstützungspflicht des vorläufigen Insolvenzverwalters (§ 24 Abs. 2 WpHG)	21
III. Bestehenbleiben der kapitalmarktrechtlichen Pflichten	5	VII. Durchsetzung	25
IV. Regelung einer Unterstützungspflicht, nicht einer abweichenden Zuständigkeitsregelung	10	VIII. Haftung	26

I. Übersicht und Entwicklung der Norm. § 24 WpHG regelt eine Unterstützungspflicht des (vorläufigen) Insolvenzverwalters für den Schuldner. Diese Unterstützungspflicht wurde mit dem Transparenzrichtlinie-Umsetzungsgesetz[1] als § 11 WpHG a.F. normiert. Hierbei wurde eine ca. fünf Jahre bestehende Leerstelle im WpHG a.F. genutzt, die durch die Verschiebung der zuvor in § 11 WpHG a.F.[2] enthaltenen Regelungen zur Erstattung der Kosten für die Aufsicht (Kostenumlage)[3] in das FinDAG entstanden war. Bei der Suche nach § 11 WpHG a.F. in juristischen Datenbanken wird man daher neben dem Thema der Unterstützungspflicht des Insolvenzverwalters auch auf Themen der Umlagefinanzierung der Bundesanstalt bzw. deren Vorgängerbehörde stoßen.   1

Die Norm enthält nun eine Regelung, die die Erfüllung der kapitalmarktrechtlichen Pflichten eines Marktteilnehmers auch im Falle seiner Insolvenz sicherstellen soll. Insoweit ist der Insolvenzverwalter verpflichtet, den Schuldner bei der Erfüllung seiner kapitalmarktrechtlichen Pflichten zu unterstützen. Diese Regelung setzt nicht unmittelbar europarechtliche Anforderungen durch, sondern ist Ausfluss der nationalen Gesetzgebung, die eine Erfüllung der auch im Fall einer Insolvenz eines Marktteilnehmers bestehenden kapitalmarktrechtlichen Pflichten sicherstellen möchte. Mit dieser Zielrichtung dient die Norm letztlich auch der Durchsetzung der europarechtlichen Vorgaben im Kapitalmarktrecht[4].   2

Mit dem 2. FiMaNoG wurde § 11 WpHG a.F. infolge der Neunummerierung zu § 24 WpHG. Weitere Änderungen erfuhr die Regelung nicht.   3

II. Ausgangspunkt der Norm. Ausgangspunkt der Norm ist das Urteil des BVerwG vom 13.4.2005[5]. Das BVerwG entschied, dass der Insolvenzverwalter einer börsennotierten Gesellschaft nicht zur Erfüllung der Pflicht zur Veröffentlichung einer Mitteilung über einen bedeutenden Stimmrechtsanteil (heute § 40 WpHG, damals § 25 WpHG a.F.) herangezogen werden kann. Bei der Prüfung der Verpflichtung des Insolvenzverwalters zur Erfüllung dieser Veröffentlichungspflicht im Rahmen seiner Zuständigkeit nach der InsO, insbesondere   4

---

1 Gesetz zur Umsetzung der Richtlinie 2004/109/EG des Europäischen Parlaments und des Rates v. 15.12.2004 zur Harmonisierung der Transparenzanforderungen in Bezug auf Informationen über Emittenten, deren Wertpapiere zum Handel auf einem geregelten Markt zugelassen sind, und zur Änderung der Richtlinie 2001/34/EG (Transparenzrichtlinie-Umsetzungsgesetz – TUG) vom 5.1.2007, BGBl. I 2007, 10.
2 Aufgehoben durch Art. 4 Nr. 10 des Gesetzes über die integrierte Finanzdienstleistungsaufsicht vom 22.4.2002, BGBl. I 2002, 1310.
3 Heute sind die Regelungen zur Kostenumlage in §§ 16 ff. FinDAG, insbesondere §§ 16 f. FinDAG, enthalten sowie in § 129 WpHG (§ 42 WpHG a.F.) eine Übergangsregelung für die Kostenerstattungspflicht normiert. Zur vergleichbaren heutigen Kostentragungspflicht bezüglich der Kosten für die Wertpapierhandelsaufsicht s. Vor § 6 Rz. 81 ff.
4 Vgl. *Hirte* in KölnKomm. WpHG, § 11 WpHG Rz. 8; *v. Hein* in Schwark/Zimmer, § 11 WpHG Rz. 11.
5 BVerwG v. 13.4.2005 – 6 C 4.04, BVerwGE 123, 203 = AG 2005, 579; vorgehend VG Frankfurt/M. v. 29.1.2004 – 9 E 4228/03 [V], ZIP 2004, 469.

in seinem Aufgabengebiet der Verfügungs- und Verwaltungsbefugnis über die Insolvenzmasse nach §§ 80 Abs. 1, 35 f. InsO, kam das Gericht zur Überzeugung, dass diese Veröffentlichungspflicht keinen unmittelbaren Massebezug habe. Deshalb und wegen des Fehlens anderer Grundlagen für eine Zuständigkeit des Insolvenzverwalters lehnte das BVerwG eine Verpflichtung des Insolvenzverwalters zur Erfüllung dieser Veröffentlichungspflicht ab. Der Vorstand als vertretungsberechtigtes Organ der Gesellschaft konnte diese kapitalmarktrechtliche Pflicht jedoch auch nicht erfüllen, denn er hatte – wie im Regelfall – kein massefreies Gesellschaftsvermögen, um eine entsprechende Veröffentlichung in Auftrag zu geben. Man hätte von ihm also offensichtlich subjektiv Unmögliches verlangt, hätte man den Vorstand zur Veröffentlichung derartiger Mitteilungen verpflichten. Damit konnte nach dem Urteil weder der Insolvenzverwalter noch das vertretungsberechtigte Organ der insolventen Gesellschaft von der Bundesanstalt zur **Erfüllung der Pflicht der insolventen börsennotierten Gesellschaft** herangezogen werden. Gerade im Insolvenzfall besteht aber ein dringendes Informationsbedürfnis des Kapitalmarktes und der (potentiellen) Anleger. Der Gesetzgeber geht für den Fall der Insolvenz des Emittenten sogar von einer „besonders schützenswerten Anlegerschaft"[1] aus. Entsprechend sind die Transparenzanforderungen für insolvente börsennotierte Gesellschaften keinesfalls zu reduzieren. Um die **Transparenz** an den Finanzmärkten zu erreichen, wollte der Gesetzgeber sicherstellen, dass die kapitalmarktrechtlichen Pflichten auch **im Insolvenzfall** erfüllt werden. Insoweit sah sich der Gesetzgeber angehalten, eine besondere Norm zu schaffen, die die Erfüllung der kapitalmarktrechtlichen Pflichten auch im Insolvenzfall sicherstellt[2], d.h. in dem Fall, dass ein Insolvenzverfahren über das Vermögen des Verpflichteten eröffnet oder ein vorläufiger Insolvenzverwalter bestellt wurde und die Zuständigkeit für die Pflichterfüllung nicht aufgrund des Massebezugs auf den Insolvenzverwalter übergegangen ist.

5 III. **Bestehenbleiben der kapitalmarktrechtlichen Pflichten.** Der Antrag auf Eröffnung und die Eröffnung des Insolvenzverfahrens über das Vermögen einer börsennotierten Gesellschaft oder eines sonst nach WpHG Verpflichteten hat unmittelbar keine Auswirkungen auf das Bestehen der kapitalmarktrechtlichen Pflichten. Denn die hier in Rede stehenden kapitalmarktrechtlichen Pflichten sind **öffentlich-rechtliche Pflichten**. Öffentlich-rechtliche Pflichten werden grundsätzlich weder von der Stellung eines Insolvenzantrags noch von der Eröffnung des Insolvenzverfahrens berührt. Auch die (öffentlich-rechtlichen) kapitalmarktrechtlichen Pflichten bleiben im Falle einer Insolvenz bestehen. Weder im WpHG, im BörsG noch in der InsO sind Anhaltspunkte zu finden, die für ein Nichtentstehen, eine Suspendierung oder ein Erlöschen der kapitalmarktrechtlichen Pflichten nach Stellung des Insolvenzantrags oder der Eröffnung des Insolvenzverfahrens sprechen[3]. Denn Ausgangspunkt der kapitalmarktrechtlichen Pflichten ist die Börsenzulassung von Wertpapieren eines Emittenten.

6 So führt die **Eröffnung der Insolvenz über das Vermögen einer börsennotierten Gesellschaft** weder unmittelbar zu einem Delisting der Gesellschaft noch sonst zu einem Entzug der Börsenzulassung der Aktien der insolventen Gesellschaft. In der Praxis kann man beobachten, dass es über Jahre hinweg einen geregelten **Börsenhandel mit Aktien von insolventen Gesellschaften** gibt. Zeitweilig kann es sogar zu einem besonders regen Handel mit derartigen Wertpapieren kommen, insbesondere wenn diese Gegenstand von Spekulationen auf das Einsteigen eines neuen Investors oder von Übernahmephantasien werden. Nur ein Widerruf der Zulassung der Wertpapiere zum Börsenhandel (§ 39 BörsG) könnte das Entstehen weiterer kapitalmarktrechtlicher Pflichten verhindern. Um das Entstehen der Zulassungsfolgepflichten zu vermeiden, ist es auch nicht ausreichend, dass die Notierung der Wertpapiere (zeitweilig) ausgesetzt wird (§ 25 BörsG). Auch eine teleologische Reduktion lässt die Pflichten des WpHG im Falle einer Insolvenz nicht entfallen[4], noch nicht einmal nach Anzeige der Masseunzulänglichkeit. Zwar mögen die jeweiligen Wertpapiere mit der Insolvenz einen erheblichen Wertverlust verzeichnen, doch nimmt die Gesellschaft – wenn auch als Abwicklungsgesellschaft – weiter am Geschäftsleben teil. Die Wertpapiere der insolventen Gesellschaft sind **weiterhin börsengehandelt**, bis die börsenrechtliche Maßnahme des Widerrufs der Börsenzulassung die Voraussetzung für das Entstehen der Pflichten beseitigt.

7 Auch bei der **Eröffnung der Insolvenz** über das Vermögen eines **sonstigen Marktteilnehmers, der kapitalmarktrechtlich Verpflichten zu erfüllen hat**, wie z.B. bei Mitteilungspflichten nach § 33 WpHG, werden diese **Pflichten nicht suspendiert**. Auch hier gibt es weder Anhaltspunkte in den einschlägigen gesetzlichen Regelungen noch Anhaltspunkte aus Sinn und Zweck der Regelungen, dass diese Pflichten nach Insolvenz nicht mehr entstehen könnten. Im Rahmen der Aufsicht über Wertpapierdienstleistungsunternehmen kann der Antrag auf Eröffnung des Insolvenzverfahrens sogar Teil der (KWG-)Aufsicht sein (vgl. § 46b KWG), wenn das Institut zum kritischen Zeitpunkt noch eine Erlaubnis besitzt und diese nicht schon wegen Verstoßes z.B. gegen die Mindestkapitalausstattung entzogen ist.

8 Da die kapitalmarktrechtlichen Regelungen häufig an die Zulassung der Wertpapiere zum Handel an der Börse anknüpfen, kann im Insolvenzfall der **Rückzug von der Börse in Betracht gezogen** werden, um das Entstehen

---

1 Vgl. Begr. RegE TUG, BT-Drucks. 579/06, 62.
2 Vgl. Begr. RegE TUG, BT-Drucks. 579/06, 62, 70.
3 So auch BVerwG v. 13.4.2005 – 6 C 4.04, BVerwGE 123, 203 = AG 2005, 579 Tz. 26 f.; Vgl. *Hirte* in KölnKomm. WpHG, § 11 WpHG Rz. 24; a.A. *Streit/Schiermeyer*, EWiR 2004, 457 und *Grub/Streit*, BB 2004, 1397 für den Fall der Masseunzulänglichkeit.
4 Vgl. BVerwG v. 13.4.2005 – 6 C 4.04, BVerwGE 123, 203 = AG 2005, 579.

der **kapitalmarktrechtlichen Pflichten zu vermeiden.** Bei derartigen Überlegungen ist zu berücksichtigen, dass der Gesetzgeber regelmäßig schon an der Börsenzulassung[1] oder gar an dem Börsenzulassungsantrag[2] anknüpft, nicht erst an der Börsennotierung. Insoweit wäre allein das Einstellen der Börsennotierung noch nicht ausreichend, um die an die Börsenzulassung anknüpfenden kapitalmarktrechtlichen Pflichten zu vermeiden. Entsprechend den Änderungen durch das TUG[3] richtet sich der Antrag auf Rücknahme der Börsenzulassung nach § 39 Abs. 2 BörsG. Insbesondere darf der Widerruf nicht dem Schutz der Anleger widersprechen. Voraussetzung für ein Delisting ist ein Angebot zum Erwerb aller Wertpapiere nach den Vorschriften des Wertpapiererwerbs- und Übernahmegesetzes. Diese Regelung zum Schutz der Aktionäre ist Folge[4] der Aufgabe der Macrotron-Entscheidung des BGH[5] infolge der Entscheidung des BVerfG[6] und der Frosta-Entscheidung des BGH[7]. Ein entsprechender Antrag durch den Insolvenzverwalter[8] ist Voraussetzung dafür, diesen sicherlich nicht einfachen Weg zu beschreiten.

Soweit **Pflichten im Zeitpunkt der Insolvenzeröffnung bereits entstanden** sind, sind sie in Bezug auf den Insolvenzschuldner entstanden. Diese Pflichten können nur im Rahmen der allgemeinen verwaltungsrechtlichen Mechanismen erlöschen. Das ist ganz überwiegend nur durch die Erfüllung der bestehenden Pflicht durch den Schuldner, hier den nunmehr in Insolvenz befindlichen Verpflichteten, möglich. Insoweit hat die Eröffnung der Insolvenz über das Vermögen einer börsennotierten Gesellschaft oder eines sonst nach WpHG Verpflichteten unmittelbar keine Auswirkungen auf das Bestehen der schon eingetretenen kapitalmarktrechtlichen Pflichten. 9

IV. Regelung einer Unterstützungspflicht, nicht einer abweichenden Zuständigkeitsregelung. Damit das gesetzgeberische Ziel der Erfüllung der kapitalmarktrechtlichen Pflichten erreicht wird, verpflichtet § 24 WpHG den **Insolvenzverwalter**, den Schuldner bei der Erfüllung der Pflichten nach dem WpHG zu unterstützen. Eine parallele Vorschrift wurde auch in § 43 BörsG eingefügt. Nach dem Wortlaut der Regelung normiert § 24 WpHG ausdrücklich eine **Unterstützungspflicht** für die bei dem Insolvenzschuldner verbleibenden Pflichten. Die **Norm regelt hingegen nicht, wer grundsätzlich die kapitalmarktrechtlichen Pflichten erfüllen muss**[9]. Die Bestimmung, wer Verpflichteter für die Erfüllung der kapitalmarktrechtlichen Pflichten ist, ergibt sich aus den jeweils einschlägigen kapitalmarktrechtlichen Regelungen, wie dem WpHG, jeweils in Verbindung mit den allgemeinen Regelungen. Dies bedeutet: Soweit eine juristische Person oder Personenhandelsgesellschaft (z.B. ein Emittent) verpflichtet ist, kann diese die Pflicht nicht selbst erfüllen, sondern deren vertretungsberechtigte Organe müssen die Pflicht erfüllen. Das ergibt sich aus den grundsätzlichen gesellschaftsrechtlichen Regelungen. Für den Fall einer Insolvenz eines Verpflichteten ergibt sich aus § 80 InsO, dass der Insolvenzverwalter diejenigen Pflichten zu erfüllen hat, die einen unmittelbaren Massebezug haben. An diesem ausbalancierten System der Zuständigkeit für die Pflichtenerfüllung im Rahmen der Insolvenz ändert § 24 WpHG nichts. 10

In der Literatur wird teilweise die Auffassung einer ausschließlichen Zuständigkeitszuweisung auf das Organ des Emittenten durch § 24 WpHG vertreten[10]. Hierfür wird auf Gesetzesbegründung verwiesen, die ausführt, dass der Insolvenzverwalter keinen weiteren Haftungsrisiken ausgesetzt werden soll[11]. Die Gesetzesbegründung spricht aber auch nicht von einer Entlastung der Insolvenzverwalter von ihren Haftungsrisiken. Diese würde aber eintreten, wenn die Zuständigkeitsverteilung des § 80 InsO durch § 24 WpHG insoweit geändert würde, dass der Insolvenzschuldner, auch bei unmittelbarem Massebezug, stets für die Erfüllung der kapitalmarktrechtlichen Pflichten zuständig wäre. In Anbetracht dessen, dass die Regelung gerade den Fall des Leerlaufens der kapitalmarktrechtlichen Pflicht entgegentreten wollte, ist kein Anhaltspunkt dafür zu finden, dass eine generelle Zuständigkeitsverschiebung gewollt war. 11

Auch aus Sinn und Zweck der Regelung **ergibt sich nicht**, dass mit § 24 WpHG **eine abweichende Aufteilung der Pflichten zwischen Insolvenzverwalter und Vorstand** bezüglich der Erfüllung der kapitalmarktrechtlichen Pflichten geregelt werden sollte. Denn nach der Gesetzesbegründung[12] sollte genau die vom BVerwG aufgezeigte Lücke geschlossen werden. Die Beschränkung des Regelungsgehaltes auf die Unterstützungspflicht des Insolvenzverwalters bezüglich allein der beim Masseschuldner verbleibenden Pflichten entspricht auch der Aus- 12

---

1 Z.B. § 26 WpHG.
2 Z.B. Art. 2 Abs. 1 lit. a VO Nr. 596/2014 (MAR).
3 Gesetz zur Umsetzung der Transparenzrichtlinie-Änderungsrichtlinie v. 20.11.2015, BGBl. I 2015, 2029.
4 Vgl. Begr. RegE zum Gesetz zur Umsetzung der Transparenzrichtlinie-Änderungsrichtlinie, BT-Drucks. 18/6220, 83 ff.
5 BGH v. 25.11.2002 – II ZR 133/01, BGHZ 153, 47 = AG 2003, 273.
6 Vgl. BVerfG v. 11.7.2012 – BvR 3142/07, BVerfGE 132, 99.
7 BGH v. 8.10.2013 – II ZB 26/12, AG 2013, 877 = NJW 2014, 146.
8 Vgl. hierzu *Grub/Streit*, BB 2004, 1397, 1406; *Hirte* in KölnKomm. WpHG, § 11 WpHG Rz. 34; *Hirte*, ZInsO 2006, 1289, 1296; *Siebel*, NZI 2007, 498, 502; *v. Hein* in Schwark/Zimmer, § 11 WpHG Rz. 4; zur Mitwirkung des Vorstands *Schlette/Bouchon* in Fuchs, § 11 WpHG Rz. 12.
9 So auch *Rubel*, AG 2009, 615; *von Buttlar*, BB 2010, 1355, 1356. So nun auch *Schlette/Bouchon* in Fuchs, § 11 WpHG Rz. 5, dann aber den Massebezug des WpHG grundsätzlich ablehnend. A.A. *v. Hein* in Schwark/Zimmer, § 11 WpHG Rz. 7 f.
10 Vgl. *v. Hein* in Schwark/Zimmer, § 11 WpHG Rz. 7 f.
11 Vgl. *v. Hein* in Schwark/Zimmer, § 11 WpHG Rz. 8.
12 Vgl. Begr. RegE TUG, BT-Drucks. 579/06, 69.

gangslage nach dem Urteil des BVerwG[1]. In diesem Fall war der Insolvenzverwalter mangels unmittelbaren Massebezugs nicht zur Pflichterfüllung verpflichtet, der Schuldner konnte die Pflicht hingegen mangels freier Vermögenswerte nicht erfüllen. Nach der heutigen Rechtslage hätte der Insolvenzverwalter den Gemeinschuldner bei der Pflichterfüllung unterstützen müssen, insbesondere dem Schuldner die erforderlichen Mittel zur Erfüllung der Pflicht aus der Masse zur Verfügung zu stellen. Insoweit wäre die Erfüllung der kapitalmarktrechtlichen Pflicht aus dem WpHG seit 2007 sichergestellt. Genau diese, vom Urteil des BVerwG aufgezeigte Lücke wollte der Gesetzgeber füllen, nicht aber eine von der InsO abweichende Zuständigkeit zwischen Insolvenzverwalter und Masseschuldner regeln. Nach der Gesetzesbegründung soll der Beitrag des Insolvenzverwalters zur Pflichtenerfüllung möglichst gering gehalten werden, so dass für diesen keine weiteren Haftungsrisiken eröffnet werden. Von einer Aufgabenentlastung wird hingegen nicht ausgegangen.

13 Die zum Teil in der Literatur[2] vertretene Auffassung, dass – unter Bezugnahme auf § 155 Ans. 1 Satz 2 InsO – der Insolvenzverwalter für die Erfüllung der nach Insolvenzeröffnung entstandenen Pflichten des Emittenten aus dem WpHG zuständig sei, ist sehr gut nachvollziehbar und wäre sehr zu begrüßen. Insbesondere würde sie in Anbetracht der teilweise unsicheren Abgrenzung der Zuständigkeitsbereiche von Insolvenzverwalter und Insolvenzschuldner, insbesondere dem Vorstand der insolventen Gesellschaft, der Klarheit der Bestimmung des Verpflichteten dienen. Ein solches Verständnis wird hingegen nicht von der Entstehungsgeschichte der Norm, insbesondere der die Normierung auslösenden Entscheidung des BVerwG[3], gedeckt.

14 Insoweit muss davon ausgegangen werden, dass § 24 WpHG allein eine Unterstützungspflicht des Insolvenzverwalters für die Pflichten des Schuldners regelt, nicht aber eine von § 80 InsO abweichende Pflichtenaufteilung. Das hat folgende **Konsequenzen:** Wie schon im Urteil des BVerwG ist auch weiterhin zu unterscheiden, ob die bestehende Pflicht einen unmittelbaren Massebezug hat oder einen solchen unmittelbaren Bezug gerade nicht aufweist. Auch öffentlich-rechtliche Pflichten, einschließlich kapitalmarktrechtliche Pflichten können einen Massebezug aufweisen[4]. Soweit die Pflicht einen unmittelbaren Massebezug hat, obliegt die Erfüllung der Pflicht nach § 80 InsO dem Insolvenzverwalter. Soweit die Pflicht keinen unmittelbaren Massebezug hat, fällt sie in die Restzuständigkeit des Gemeinschuldners oder dessen Gesellschaftsorgans. In diesem Fall greift die Regelung des § 24 WpHG, der eine Unterstützungspflicht des Insolvenzverwalters vorsieht. Die Frage, welche Pflichten einen unmittelbaren Massebezug haben, ist eine Einzelfallfrage, die für jede Pflicht gesondert zu prüfen ist. Dies ist eine erhebliche Schwäche der Norm, da die Bestimmung nicht einfach und häufig von Unsicherheiten begleitet ist. Unter Berücksichtigung der Schnelllebigkeit des Kapitalmarktes und der kurzen gesetzlichen Fristen zur Erfüllung der kapitalmarktrechtlichen Pflichten ist dies misslich.

15 Teilweise kann eine **Orientierung** zu Bestimmung der Zuständigkeit für die Pflichterfüllung an den bislang ergangen **gerichtlichen Entscheidungen** erfolgen. Für § 40 WpHG (§ 25 WpHG in der bis zum 19.1.2007 geltenden Fassung) hat das BVerwG den unmittelbaren Massebezug abgelehnt und einen mittelbaren Massebezug[5] als nicht ausreichend erachtet[6]. Demgegenüber hat die nach Insolvenzeintritt entstandene Pflicht zur Zahlung der Umlage gemäß rechtskräftiger Urteile des VG Frankfurt/M., bestätigt durch den Hess. VGH, einen unmittelbaren Massebezug[7]. Auch die Kosten für eine Enforcement-Prüfung (§§ 106 ff. WpHG) durch die Bundesanstalt nach § 17c FinDAG sind dann Masseverbindlichkeiten, wenn sie sich auf eine Rechnungslegung beziehen, die vom Insolvenzverwalter für die Geschäftsjahre nach Eröffnung des Insolvenzverfahrens oder für das vorausgegangene Rumpfgeschäftsjahr aufzustellen war[8]. Das Vermögen des in Insolvenz geratenen börsennotierten Emittenten und damit die **Insolvenzmasse ist durch die Fortsetzung des Börsenhandels insoweit betroffen**, als die Börsenzulassung zu Lasten der Insolvenzmasse betriebswirtschaftliche Kosten und rechtlich begründete Leistungsverpflichtungen verursacht, zu denen auch die Umlageverpflichtungen nach §§ 16 und 17d FinDAG gehören. Die entsprechenden Kosten sind damit in Erfüllung der dem Insolvenzverwalter selbst obliegenden Pflichten von ihm der Masse zu begleichen. Diese Entscheidungen korrespondieren mit der Entscheidung, dass Gebühren für die Notierung von Wertpapieren an einer Börse Masseverbindlichkeiten sind[9]. Auch sind Auskunfts- bzw. Vorlagepflichten des Emittenten nach Eröffnung des Insolvenzverfahrens durch den Insolvenzver-

---

1 BVerwG v. 13.4.2005 – 6 C 4.04, BVerwGE 123, 203 = AG 2005, 579.
2 So insbesondere *Hirte* in KölnKomm. WpHG, § 11 WpHG Rz. 13 ff.
3 BVerwG v. 13.4.2005 – 6 C 4.04, BVerwGE 123, 203 = AG 2005, 579.
4 So auch *Rubel*, AG 2009, 615; *von Buttlar*, BB 2010, 1355, 1356; *Hirte* in KölnKomm. WpHG, § 11 WpHG Rz. 9 ff. Generell ablehnend *Schlette/Bouchon* in Fuchs, § 11 WpHG Rz. 5 f.; a.A. v. *Hein* in Schwark/Zimmer, § 11 WpHG Rz. 7 f.
5 BVerwG v. 13.4.2005 – 6 C 4.04, BVerwGE 123, 203 = AG 2005, 579; vorgehend VG Frankfurt/M. v. 29.1.2004 – 9 E 4228/03 [V], ZIP 2004, 469.
6 Einen Massebezug bejahend, nicht zuletzt durch die Auswirkungen des Rechtsverlustes nach § 44 WpHG: *Hirte* in KölnKomm. WpHG, § 11 WpHG Rz. 19; *von Buttlar*, BB 2010, 1355; *Rubel*, AG 2009, 615.
7 VG Frankfurt/M. v. 5.6.2008 – 1 K 845/08.F; bestätigt durch Hess. VGH v. 26.4.2010 – 6 A 1648/08, ZIP 2010, 1507: Die Umlage für den Wertpapierbereich nach § 16 FinDAG ist eine Masseverbindlichkeit, die gegenüber dem Insolvenzverwalter geltend zu machen ist, wenn der Tatbestand nach Eröffnung des Insolvenzverfahrens erfüllt wurde. Vgl. auch VG Frankfurt/M. v. 7.12.2006 – 1 E 1578/06; bestätigt durch Hess. VGH v. 3.9.2007 – 6 UZ 179/07, AG 2007, 877 = ZIP 2007, 1999.
8 Vgl. OLG Frankfurt v. 4.12.2012 – WpÜG 4/12, AG 2013, 299 = ZIP 2013, 420.
9 Vgl. auch Hess. VGH v. 7.3.2006 – 5 UZ 1996/05, ZIP 2006, 1311.

walter zu erfüllen[1]. Denn nach § 36 Abs. 2 Nr. 1 InsO i.V.m. § 148 Abs. 1 InsO hat der Insolvenzverwalter die Geschäftsbücher des Schuldners in Besitz zu nehmen. Diese umfassen auch die der Bundesanstalt vorzulegenden Unterlagen bzw. aus ihnen ergeben sich die entsprechenden Informationen, über die Auskunft zu geben ist. Dass der Insolvenzverwalter zu Auskünften bzw. der Vorlage von Unterlagen verpflichtet werden kann, ergibt sich im Übrigen auch aus dem „jedermann"-Adressatenkreis von z.B. § 6 Abs. 3 Satz 1 WpHG. Auch für die Duldung des Zutritts zu den Geschäftsräumlichkeiten ist der Insolvenzverwalter verantwortlich[2]. Bei einer Vielzahl von Pflichten ergibt sich der **unmittelbare Massebezug daraus, dass sie unmittelbare Folge der Handels- bzw. Dienstleistungstätigkeit des Schuldners sind.** Soweit diese Tätigkeit durch den Insolvenzverwalter fortgesetzt wird, sind auch diese Folgepflichten von ihm zu erfüllen. Hier kann an die Meldepflicht aufgrund der Geschäftstätigkeit, der eingegangen Netto-Leerverkaufspositionen etc. gedacht werden. Letztlich spricht vieles dafür, dass alle Börsenzulassungsfolgepflichten insoweit einen unmittelbaren Massebezug[3] haben, als z.B. börsennotierte Gesellschaftsmäntel durchaus einen wirtschaftlichen Wert haben[4], also die vorhandene Börsenzulassung nebst den daraus folgenden Pflichten einen wirtschaftlichen Wert darstellt.

Ein Verständnis, dass § 24 WpHG den Insolvenzverwalter von der Erfüllung der massebezogenen Pflichten des Schuldners freistellt, wäre auch nicht mit den Zielen des Kapitalmarktrechts zu vereinbaren. Soweit der Insolvenzverwalter die Geschäfte des Masseschuldners weiterführt, muss er auch die sich aus dieser Tätigkeit ergebenden Pflichten erfüllen. Dass es sich hier auch um Transparenzpflichten im öffentlichen Interesse handelt[5], ändert diese Bewertung nicht. Denn maßgeblich ist nur die Frage des unmittelbaren Massebezugs. Dieser kann auch bei kapitalmarktrechtlichen Transparenzpflichten vorliegen, z.B. wenn sich diese Pflicht auf die im Rahmen der Masseverwaltung vorgenommenen Geschäfte mit Finanzinstrumenten beziehen. Diese Folgepflichten sind durch den Insolvenzverwalter zu erfüllen. Weiterhin ist es denkbar, dass bei **Sanierungsverhandlungen, Verkäufen wesentlicher Unternehmenswerte etc.** Insiderinformationen entstehen. Diese Maßnahmen liegen im Zuständigkeitsbereich des Insolvenzverwalters. Die sich hieraus ergebenden Pflichten sind gleichfalls vom Insolvenzverwalter zu erfüllen. So würde eine Weitergabe der bei der Tätigkeit des Insolvenzverwalters entstandenen Insiderinformation an den Vorstand nicht nur eine unnötige Verzögerung der Veröffentlichung der Insiderinformation nach Art. 17 VO Nr. 596/2014 (MAR), § 26 WpHG darstellen, sondern auch eine sachlich unnötige Weitergabe. Ein weiteres Beispiel ist die Erfüllung der Verpflichtung zum **Führen von Insiderlisten** nach Art. 18 VO Nr. 596/2014 (MAR): Ein Insolvenzverwalter verhandelt beispielsweise mit potentiellen Investoren zwecks Sanierung der börsennotierten Gesellschaft. Hierbei wird es sich zweifelsfrei um eine Insiderinformation handeln. Alle Personen, die Zugang zu dieser Insiderinformation haben, sind in eine rasch zu aktualisierende Insiderliste aufzunehmen. Da diese Maßnahmen im Verantwortungsbereich des Insolvenzverwalters und nicht des nur den Innenbereich betreuende Vorstands liegen, liegt es in der Verantwortung des Insolvenzverwalters die Insiderlisten zu führen und unverzüglich zu aktualisieren. Eine Verantwortlichkeit des an derartigen Verhandlungen oft nicht beteiligten Vorstands würde in Anbetracht der zunächst erforderlichen Übermittlung der sensiblen Informationen die Erfüllung der Pflichten verzögern. Eine Übertragung der kapitalmarktrechtlichen Pflichten auf den Gemeinschuldner trotz unmittelbaren Massebezugs wäre somit gar nicht ohne weiteres möglich.

V. Unterstützungspflicht des Insolvenzverwalters (§ 24 Abs. 1 WpHG). § 24 Abs. 1 WpHG verpflichtet den Insolvenzverwalter zur Unterstützung des Schuldners **bei der Erfüllung seiner Pflichten.** In Bezug auf die Bestimmung der Pflichten, deren Erfüllung dem Schuldner auch im Insolvenzfall obliegt, kann auf die vorherigen Ausführungen (Rz. 10 ff.) verwiesen werden.

Diese Unterstützungspflicht des Insolvenzverwalters nach § 24 Abs. 1 WpHG ist bezogen auf die **Pflichten nach dem WpHG**. Im Rahmen der Umsetzung der europarechtlichen Vorgaben mit dem 1. FiMaNoG und 2. FiMaNoG ist offensichtlich übersehen worden, diese nicht europarechtlich basierte Pflicht des § 24 Abs. 1 WpHG redaktionell anzupassen. Insoweit bezieht sich die Unterstützungspflicht des Insolvenzverwalters nach dem Wortlaut nicht auf europarechtlich normierte Pflichten, deren Erfüllung dem Schuldner obliegen und die keine zusätzliche Verankerung in den Regelungen des WpHG haben. Da der ganz überwiegende Teil der europarechtlich basierten Normen einen unmittelbaren Massebezug hat und zudem etliche Normen auch eine Verankerung in WpHG haben, wie beispielsweise in § 26 WpHG bezüglich der Übermittlung von Insiderinformationen und von Eigengeschäften, ist die Lücke bei der Durchsetzung der kapitalmarktrechtlichen Pflichten, die durch die Nichtberücksichtigung europarechtlichen Normierung von kapitalmarktrechtlichen Pflichten entstanden ist, wohl recht klein. Inwieweit eine Ausdehnung der Pflicht im Rahmen einer teleologischen Auslegung möglich ist, bedarf einer Prüfung im Einzelfall. Ungeachtet dessen ist wohl zu erwarten, dass der Wortlaut des § 24 Abs. 1 WpHG im Rahmen einer Folgeänderung insoweit korrigiert wird.

---

1 Vgl. VG Frankfurt/M. v. 4.4.2003 – 9 G 5631/02, juris; VG Frankfurt/M. v. 17.2.2005 – 1 E 6716/03, juris.
2 Vgl. VG Frankfurt/M. v. 17.2.2005 – 1 E 6716/03, juris.
3 Diesen wirtschaftlichen Aspekt berührt das Urteil des BVerwG v. 13.4.2005 – 6 C 4.04, BVerwGE 123, 203 = AG 2005, 579 nicht.
4 Vgl. beispielsweise die Ausführungen zum sog. Cold oder Reverse IPO unter https://www.mmwarburg.de/de/geschaeftskunden/offen-gesprochen/Ist-der-Reverse-IPO-ein-geeigneter-Weg-an-den-Kapitalmarkt.
5 So *Schlette/Bouchon* in Fuchs, § 11 WpHG Rz. 5 f.

19 **Gegenstand der Pflicht** des Insolvenzverwalters ist eine **Unterstützungspflicht**. Insbesondere hat er aus der Insolvenzmasse die für die Pflichtenerfüllung **erforderlichen Mittel bereitzustellen**. Mit Eröffnung des Insolvenzverfahrens erhält der Insolvenzverwalter die Verfügungsmacht über die gesamte Insolvenzmasse. Zudem hat er das gesamte Schuldnervermögen in Verwaltung zu nehmen, also zunächst die Geschäfte des Schuldners weiterzuführen. Dementsprechend ist der Schuldner allein nicht in der Lage, solche Pflichten zu erfüllen, die zwar keinen unmittelbaren Massebezug haben, deren Erfüllung jedoch finanzielle Aufwendungen erfordern. In diesen Fällen hat der Insolvenzverwalter aus der Insolvenzmasse die hierfür erforderlichen Mittel bereitzustellen.

20 Die **Unterstützungspflicht geht aber über das Bereitstellen von finanziellen Mitteln** zur Erfüllung der nicht massebezogenen Pflichten **hinaus**. Das **Fortführen der Geschäfte** des Schuldners führt zudem dazu, dass der Schuldner teilweise auch die Pflichten nicht alleine erfüllen kann, für die Geldmittel gar nicht aufgewandt werden müssen. Denn für die Pflichtenerfüllung sind mitunter Informationen erforderlich, die zunächst im laufenden Geschäftsbetrieb eingehen. Als Fallbeispiel kann schon auf die vom BVerwG entschiedene Fallkonstellation einer Pflicht nach § 40 WpHG zurückgegriffen werden. Der Aktionär, der die Meldeschwelle einer bedeutenden Beteiligung berührt, über- oder unterschreitet, hat seine Mitteilung nach § 33 WpHG an die börsennotierte Gesellschaft zu senden. Da der Insolvenzverwalter die Geschäfte der insolventen börsennotierten Gesellschaft fortführt, wird die Meldung bei ihm eingehen. Im Rahmen seiner Unterstützungspflicht hat der Insolvenzverwalter diese **Informationen an das vertretungsberechtigte Organ der insolventen Gesellschaft weiterzuleiten**[1].

21 **VI. Unterstützungspflicht des vorläufigen Insolvenzverwalters (§ 24 Abs. 2 WpHG).** § 24 Abs. 2 WpHG regelt die **Situation nach Insolvenzantrag und vor Eröffnung des Insolvenzverfahrens**. Das Insolvenzgericht kann in dieser Konstellation alle Maßnahmen ergreifen, die erforderlich erscheinen, um bis zur Entscheidung über den Insolvenzantrag nachteilige Veränderungen der Vermögenslage des Schuldners zu vermeiden (§ 21 InsO). Insbesondere kann es einen **vorläufigen Insolvenzverwalter bestellen** und dem Schuldner ggf. ein allgemeines Verfügungsverbot auferlegen. Unabhängig davon, wie die Stellung des vorläufigen Insolvenzverwalters im Einzelnen ausgestaltet ist, ist dieser in jedem Falle zur Unterstützung des Schuldners bei dessen Pflichterfüllung verpflichtet. Entsprechend regelt § 24 Abs. 2 WpHG die **Unterstützungspflicht des vorläufigen Insolvenzverwalters**. Inhaltlich wird in § 24 Abs. 2 WpHG sowohl der starke vorläufige (§ 22 Abs. 1 InsO) als auch der schwache vorläufige Insolvenzverwalter (§ 22 Abs. 2 InsO) einbezogen.

22 Gemäß § 24 Abs. 2 WpHG hat der vorläufige Insolvenzverwalter den Schuldner „**bei der Erfüllung seiner Pflichten**" zu unterstützen[2]. Damit ist die Unterstützungspflicht des vorläufigen Insolvenzverwalters schon vom Wortlaut her nicht auf die Pflichten nach dem WpHG begrenzt. Sie bezieht sich klar auch auf die europäischen kapitalmarktrechtlichen Pflichten soweit diese nach § 6 Abs. 2 Satz 1 i.V.m. § 1 Abs. 1 WpHG Teil der Aufsicht der Bundesanstalt sind.

23 Soweit dem Schuldner ein allgemeines Verfügungsverbot nicht auferlegt wurde, der vorläufige Insolvenzverwalter als sog. **schwacher vorläufiger Insolvenzverwalter** nach § 22 Abs. 2 InsO tätig wird, sind die Verfügungen des weiterhin verwaltungs- und verfügungsbefugten Schuldners nur mit Zustimmung des sog. schwachen vorläufigen Insolvenzverwalters wirksam. Diese Fallkonstellation ist vom ersten Regelbeispiel in § 24 Abs. 2 WpHG aufgegriffen. Die Unterstützung besteht insbesondere in der Zustimmung zur Verwendung der Mittel durch den Verpflichteten.

24 Wurde hingegen ein allgemeines Verfügungsverbot für den Schuldner angeordnet, somit die Stellung des vorläufigen Insolvenzverwalters als **starker vorläufiger Insolvenzverwalter** ausgestaltet, geht die Verwaltungs- und Verfügungsbefugnis schon in dieser Phase auf den vorläufigen Insolvenzverwalter über. In dieser Situation greift das zweite Regelbeispiel, das den vorläufigen Insolvenzverwalter verpflichtet, insbesondere die notwendigen finanziellen Mittel für die Pflichterfüllung zur Verfügung zu stellen.

25 **VII. Durchsetzung.** Die Pflicht zur Unterstützung des Schuldners kann notfalls im Rahmen der **Missstandsaufsicht** oder mit den **Eingriffsmöglichkeiten des § 6 Abs. 2 Satz 2 WpHG** durchgesetzt werden. Hierfür sind ggf. die Mittel des Verwaltungszwangs anzuwenden. Denn bei den zu erfüllenden Pflichten handelt es sich um öffentlich-rechtliche Pflichten und die Unterstützungspflicht dient der Durchsetzung dieser öffentlich-rechtlichen Pflichten.

26 **VIII. Haftung.** Mit Normierung der Unterstützungspflicht für den Insolvenzverwalter kann für den Insolvenzverwalter dann ein zivilrechtliches **Haftungsrisiko** eintreten, wenn dieser trotz der **Verpflichtung in § 24 WpHG** seiner Unterstützungspflicht **nicht nachkommt** und dem Emittenten dadurch nachweisbar ein Schaden entsteht[3]. Für den Insolvenzverwalter entsteht hingegen **kein Haftungsrisiko**, wenn er **entsprechend der Pflicht aus § 24 WpHG Mittel aus der Insolvenzmasse freigibt**.

---

1 Vgl. Begr. RegE TUG, BR-Drucks. 579/06, 69/70.
2 So schon *Hirte* in KölnKomm. WpHG, § 11 WpHG Rz. 29.
3 Vgl. *Schlette/Bouchon* in Fuchs, § 11 WpHG Rz. 16; *Hirte* in KölnKomm. WpHG, § 11 WpHG Rz. 33 ff.; *v. Hein* in Schwark/Zimmer, § 11 WpHG Rz. 11.

Abschnitt 3
Marktmissbrauchsüberwachung

§ 25 Anwendung der Verordnung (EU) Nr. 596/2014 auf Waren und ausländische Zahlungsmittel

Artikel 15 in Verbindung mit Artikel 12 Absatz 1 bis 4 der Verordnung (EU) Nr. 596/2014 gilt entsprechend für
1. Waren im Sinne des § 2 Absatz 5 und
2. ausländische Zahlungsmittel im Sinne des § 51 des Börsengesetzes,

die an einer inländischen Börse oder einem vergleichbaren Markt in einem anderen Mitgliedstaat der Europäischen Union oder in einem anderen Vertragsstaat des Abkommens über den Europäischen Wirtschaftsraum gehandelt werden.

In der Fassung des 2. FiMaNoG vom 23.6.2017 (BGBl. I 2017, 1693).

Aufgrund der auf Art. 3 Nr. 1 des 2. FiMaNoG zurückgehenden Neuzählung der Vorschriften des WpHG wurde der vormalige § 12 WpHG (a.F.) zum neuen § 25 WpHG. Der vormalige § 12 WpHG (a.F.) wiederum beruhte auf der Änderung der Vorschrift durch Art. 1 Nr. 11 des 1. FiMaNoG. Vor dieser Änderung enthielt § 12 WpHG (a.F.) die Definition des Begriffs der Insiderpapiere im Hinblick auf die seinerzeitige Regelung des Insiderrechts einschließlich der Ad-hoc-Publizität in §§ 12 bis 15 WpHG (a.F.). Diese Bestimmungen wurden hinfällig, nachdem die Insiderhandelsverbote und die Pflicht zur Veröffentlichung von Insiderinformationen in Art. 7 bis 11, 14 und 17 der in den Mitgliedstaaten unmittelbar anwendbaren Marktmissbrauchsverordnung geregelt wurden. § 12 WpHG wurde deshalb durch Art. 1 Nr. 23 des 1. FiMaNoG mit dem Inhalt des bisherigen § 20a Abs. 4 WpHG (a.F.) neu gefasst. 1

Die Neufassung des nunmehr als § 25 WpHG geführten vormaligen § 12 WpHG (a.F.) im Wege der Übernahme der Regelung des § 20a Abs. 4 WpHG a.F. wiederum beruhte auf dem Umstand, dass auch die Regelung des § 20a WpHG a.F. über das Verbot der Marktmanipulation obsolet wurde, weil dieses ebenfalls von den in den Mitgliedstaaten unmittelbar geltenden Bestimmungen der Art. 12, 13 und 15 VO Nr. 596/2014 abgelöst wurde. Beibehalten und in § 12 WpHG (a.F.) überführt wurde lediglich die Regelung, die das Verbot der Marktmanipulation auf andere Produkte als die von diesem erfassten Finanzinstrumente für entsprechend anwendbar erklärte, nämlich ursprünglich auf Waren, Emissionsberechtigungen und ausländische Zahlungsmittel. Indem § 12 WpHG in der durch das 1. FiMaNoG novellierten Fassung Art. 15 i.V.m. Art. 12 Abs. 1 bis 4 VO Nr. 596/2014 auf Waren, Emissionsberechtigungen und ausländische Zahlungsmittel für entsprechend anwendbar erklärte, sicherte die Bestimmung zumindest den alten Anwendungsbereich des Verbots der Marktmanipulation. 2

Art. 4 Abs. 1 Nr. 15 i.V.m. Anhang I Abschnitt C RL 2014/65/EU vom 15.5.2014 über Märkte für Finanzinstrumente[1] (MiFID II) zählt Emissionszertifikate – „Emissionsberechtigungen" i.s.v. § 12 WpHG a.F. – zu den Finanzinstrumenten. Durch Bezugnahme auf diese Begriffsbestimmung in Art. 3 Abs. 1 Nr. 1 VO Nr. 596/2014 sind die Bestimmungen der Marktmissbrauchsverordnung zu Finanzinstrumenten, einschließlich der Vorschriften über Marktmanipulation und deren Verbot in Art. 12 und 13 bzw. Art. 15 VO Nr. 596/2014 auch auf Emissionszertifikate anwendbar. Darüber hinaus sind durch die Umsetzung der RL 2014/65/EU durch Art. 3 Nr. lit. d des 2 FiMaNoG Emissionszertifikate gemäß dem neuen § 2 Abs. 4 WpHG auch nach deutschem Recht Finanzinstrumente. Dementsprechend ist die Marktmanipulation in Berechtigungen i.s.v. § 3 Nr. 3 des Treibhausgas-Emissionshandelsgesetzes aufgrund der unmittelbar anwendbaren VO Nr. 596/2014 verboten, so dass es der Regelungen des § 12 Nr. 2 WpHG a.F., in der „Emissionsberechtigungen" i.S. § 3 Nr. 3 des Treibhausgas-Emissionshandelsgesetzes" aufgeführt waren, nicht mehr bedurfte. Art. 3 Nr. 23 des 2. FiMaNoG führte deshalb zur Aufhebung von § 12 Nr. 2 WpHG a.F. und machte die bisherige Nr. 3 zur neuen Nr. 2 des § 12 Nr. 2 WpHG a.F. und neuen § 26 WpHG. Entsprechend wurde auch die Überschrift dieser Vorschrift diesen Veränderungen angepasst und neu verfasst. 3

Waren i.S.d. § 2 Abs. 5 WpHG sind „fungible Wirtschaftsgüter, die geliefert werden können", d.h. handelbare bewegliche Sachen. Handelbar sind vertretbare Sachen, d.h. nach § 91 BGB Sachen, die nach Zahl, Maß oder Gewicht bestimmt zu werden pflegen (§ 2 WpHG Rz. 89). **Ausländische Zahlungsmittel** i.S.d. § 51 BörsG sind nicht nur Fremdwährungen (ausländische Geldsorten mit Ausnahme des Euro, und zwar auch dann, wenn er im Ausland Zahlungsmittel ist[2]), sondern nach dieser Vorschrift auch Auszahlungen, Anweisungen und 4

---
[1] ABl. EU Nr. L 173 v. 12.6.2014, S. 349.
[2] 6. Aufl., § 20a WpHG Rz. 43c.

Schecks und Wechsel, die auf fremde Währung lauten. Damit wird das Verbot der Marktmanipulation nach Art. 15 i.V.m. Art. 12f. VO Nr. 596/2014 auch auf die Manipulation der Kurse ausländischer Währungen erstreckt. Intervenieren Zentralbanken auf Devisenbörsen, um ausländische Währungen zu stützen, ist das nicht ohne weiteres zulässige „Kurspflege", unterfällt aber wegen Art. 6 VO Nr. 596/2014 über Ausnahmen für Maßnahmen im Rahmen der Geldpolitik, der Staatsschuldenverwaltung und der Klimapolitik nicht dem Marktmanipulationsverbot nach Art. 15 i.V.m. Art. 12f. VO Nr. 596/2014.

§ 26 Übermittlung von Insiderinformationen und von Eigengeschäften; Verordnungsermächtigung

(1) Ein Inlandsemittent, ein MTF-Emittent oder ein OTF-Emittent, der gemäß Artikel 17 Absatz 1, 7 oder 8 der Verordnung (EU) Nr. 596/2014 verpflichtet ist, Insiderinformationen zu veröffentlichen, hat diese vor ihrer Veröffentlichung der Bundesanstalt und den Geschäftsführungen der Handelsplätze, an denen seine Finanzinstrumente zum Handel zugelassen oder in den Handel einbezogen sind, mitzuteilen sowie unverzüglich nach ihrer Veröffentlichung dem Unternehmensregister im Sinne des § 8b des Handelsgesetzbuchs zur Speicherung zu übermitteln.

(2) Ein Inlandsemittent, ein MTF-Emittent oder ein OTF-Emittent, der gemäß Artikel 19 Absatz 3 der Verordnung (EU) Nr. 596/2014 verpflichtet ist, Informationen zu Eigengeschäften von Führungskräften zu veröffentlichen, hat diese Informationen unverzüglich, jedoch nicht vor ihrer Veröffentlichung, dem Unternehmensregister im Sinne des § 8b des Handelsgesetzbuchs zur Speicherung zu übermitteln sowie die Veröffentlichung der Bundesanstalt mitzuteilen.

(3) Verstößt der Emittent gegen die Verpflichtungen nach Absatz 1 oder nach Artikel 17 Absatz 1, 7 oder 8 der Verordnung (EU) Nr. 596/2014, so ist er einem anderen nur unter den Voraussetzungen der §§ 97 und 98 zum Ersatz des daraus entstehenden Schadens verpflichtet. Schadensersatzansprüche, die auf anderen Rechtsgrundlagen beruhen, bleiben unberührt.

(4) Das Bundesministerium der Finanzen kann durch Rechtsverordnung, die nicht der Zustimmung des Bundesrates bedarf, nähere Bestimmungen erlassen über

1. den Mindestinhalt, die Art, die Sprache, den Umfang und die Form einer Mitteilung nach Absatz 1 oder Absatz 2,
2. den Mindestinhalt, die Art, die Sprache, den Umfang und die Form einer Veröffentlichung nach Artikel 17 Absatz 1, 2 und 6 bis 9 der Verordnung (EU) Nr. 596/2014,
3. die Bedingungen, die ein Emittent oder Teilnehmer am Markt für Emissionszertifikate nach Artikel 17 Absatz 4 Unterabsatz 1 der Verordnung (EU) Nr. 596/2014 erfüllen muss, um die Offenlegung von Insiderinformationen aufzuschieben,
4. die Art und Weise der Übermittlung sowie den Mindestinhalt einer Mitteilung nach Artikel 17 Absatz 4 Unterabsatz 3 Satz 1 und Absatz 6 Unterabsatz 1 Satz 1 der Verordnung (EU) Nr. 596/2014,
5. die Art und Weise der Übermittlung einer Insiderliste nach Artikel 18 Absatz 1 Buchstabe c der Verordnung (EU) Nr. 596/2014,
6. die Art und Weise der Übermittlung sowie der Sprache einer Meldung nach Artikel 19 Absatz 1 der Verordnung (EU) Nr. 596/2014 und
7. den Inhalt, die Art, den Umfang und die Form einer zusätzlichen Veröffentlichung der Informationen nach Artikel 19 Absatz 3 der Verordnung (EU) Nr. 596/2014 durch die Bundesanstalt gemäß Artikel 19 Absatz 3 Unterabsatz 3 der Verordnung (EU) Nr. 596/2014.

Das Bundesministerium der Finanzen kann die Ermächtigung durch Rechtsverordnung auf die Bundesanstalt übertragen.

In der Fassung des 2. FiMaNoG vom 23.6.2017 (BGBl. I 2017, 1693), geändert durch Gesetz zur Ausübung von Optionen der EU-Prospektverordnung und zur Anpassung weiterer Finanzmarktgesetze vom 10.7.2018 (BGBl. I 2018, 1102).

I. Regelungsgegenstand und Normentwicklung . 1	2. Schadensersatzansprüche (§ 26 Abs. 3 WpHG) . 15
II. Ad-hoc-Publizität (§ 26 Abs. 1 und 3 WpHG) 6	III. Mitteilungs- und Übermittlungspflichten in Bezug auf Eigengeschäfte von Führungskräften (§ 26 Abs. 2 WpHG) 18
1. Vorabmittelungs- und Übermittlungspflichten (§ 26 Abs. 1 WpHG) 6	
a) Vorabmittelung 7	IV. Ermächtigungen 20
b) Übermittlung an das Unternehmensregister 12	
c) Sanktionen 14	

I. Regelungsgegenstand und Normentwicklung. Bis zur Geltung der Vorschriften der gem. Art. 39 Abs. 1 VO Nr. 596/2014 am 2.7.2014 in Kraft getretenen Marktmissbrauchsverordnung über die Veröffentlichung von Insiderinformationen ab dem 3.7.2016 – lediglich die Ermächtigungsvorschriften in Art. 17 Abs. 2 Unterabs. 3, Abs. 3, 10 und 11 VO Nr. 596/2014 galten bereits ab dem 2.7.2014 (Art. 39 Abs. 2 lit. b VO Nr. 596/2014) – enthielt § 15 WpHG (a.F.) die in Umsetzung europäischer Richtlinienvorgaben geschaffene Regelung der sog. Ad-hoc-Publizität. Seit der Geltung des Art. 17 VO Nr. 596/2014 enthält diese Vorschrift die in allen Mitgliedstaaten der EU unmittelbar anwendbaren Bestimmungen über die Veröffentlichung von Insiderinformationen, die zugleich die Grundlage des Verbots unrechtmäßiger Offenlegung von Insiderinformationen nach Art. 14 lit. c VO Nr. 596/2014 bilden.

Was die **Ad-hoc-Publizität** angeht, beschränkt sich § 26 WpHG – vor seiner Änderung durch das 2. FiMaNoG § 15 WpHG (a.F.), dazu Rz. 5 – in seiner aktuellen Fassung auf zwei Bestimmungen: *Die eine* – § 26 Abs. 1 WpHG – hat die Pflicht der nach Art. 17 VO Nr. 596/2014 ad-hoc-publizitätspflichtigen Inlandsemittenten, MTF-Emittent und OTF-Emittenten zum Gegenstand, die jeweils zu veröffentlichenden Insiderinformationen der BaFin und den Geschäftsführungen der Handelsplätze, an denen seine Finanzinstrumente zum Handel zugelassen oder in den Handel einbezogen sind, vor deren Veröffentlichung mitzuteilen (**Vorabmitteilung**) sowie die veröffentlichten Insiderinformationen unverzüglich nach ihrer Veröffentlichung dem Unternehmensregister (i.S.d. § 8b HGB) zur Speicherung zu übermitteln. *Die andere* – § 26 Abs. 3 WpHG – enthält die Regelung, dass wegen einer Verletzung der in der vorgenannten Bestimmung aufgestellten Pflichten sowie derjenigen aus Art. 17 Abs. 1, 7 und 8 VO Nr. 596/2014 über die Veröffentlichung von Insiderinformationen Schadensersatzansprüche nur unter den Voraussetzungen der §§ 97 und 98 WpHG geltend gemacht werden können, die Geltendmachung von Schadensersatz aufgrund anderer Rechtsgrundlagen davon aber unberührt bleiben.

Neben diese Vorschriften mit Bezug zur Veröffentlichung von Insiderinformationen ist in Art. 26 Abs. 2 WpHG die Verpflichtung von Inlandsemittenten, MTF-Emittent und OTF-Emittenten getreten, nach Art. 19 Abs. 3 VO Nr. 596/2014 veröffentlichungspflichtige **Informationen zu Eigengeschäften von Führungskräften** unverzüglich, jedoch nicht vor ihrer Veröffentlichung, dem Unternehmensregister zur Speicherung zu übermitteln sowie die Veröffentlichung der BaFin mitzuteilen.

Schließlich enthält die Vorschrift im Hinblick auf beide der vorgenannten Regelungsbereiche in § 26 Abs. 4 WpHG die **Ermächtigung** des Bundesministeriums der Finanzen zum Erlass von Bestimmungen zu den in § 26 Abs. 4 Satz 1 Nr. 1 bis 7 WpHG aufgeführten Regelungsfeldern sowie in § 26 Abs. 4 Satz 1 WpHG die Befugnis, die Ermächtigung durch Rechtsverordnung auf die BaFin zu übertragen.

Die **Transformation** der ursprünglichen Regelung des § 15 WpHG a.F. als solche der Ad-hoc-Publizität in die Vorschrift mit den vorstehend aufgeführten Regelungsbereichen unter Beibehaltung der Bezeichnung als § 15 WpHG (a.F.) geht auf Art. 1 Nr. 13 des 1. FiMaNoG vom 30.6.2016[1] zurück, die Neuzählung des durch dieses Gesetz novellierten § 15 WpHG (a.F.) als § 26 WpHG auf Art. 1 Nr. 24 des 2. FiMaNoG vom 23.6.2017[2].

II. Ad-hoc-Publizität (§ 26 Abs. 1 und 3 WpHG). 1. Vorabmitteilungs- und Übermittlungspflichten (§ 26 Abs. 1 WpHG). In zwei Absätzen beschäftigt sich § 26 WpHG mit der Veröffentlichung von Insiderinformationen. Der erste von diesen – § 26 Abs. 1 WpHG – hat Mitteilungs- und Übermittlungspflichten im Zusammenhang mit der Veröffentlichung von Insiderinformationen nach Art. 17 Abs. 1, 7 und 8 VO Nr. 596/2014 zum Gegenstand: einerseits die Verpflichtung von Inlandsemittenten, MTF-Emittenten oder OTF-Emittent, die Insiderinformationen nach den vorgenannten Bestimmungen zu veröffentlichen haben, der **BaFin** und den **Geschäftsführungen der Handelsplätze**, an denen deren Finanzinstrumente zum Handel zugelassen oder in den Handel einbezogen sind, diese Insiderinformationen **vorab mitzuteilen**; und zum anderen die Pflicht, dem Unternehmensregister i.S.v. § 8b HGB die Insiderinformationen unverzüglich nach deren Veröffentlichung zur **Speicherung** zu übermitteln.

a) **Vorabmitteilung.** Die Verpflichtung, der **BaFin** die zu veröffentlichenden Insiderinformationen vorab mitzuteilen, geht auf eine entsprechende Verpflichtung nach § 15 Abs. 4 Satz 1 Nr. 3 WpHG a.F. zurück, mit dem Art. 19 Abs. 1 der (nach wie vor verbindlichen) RL 2004/109/EG[3] umgesetzt wurde. Die Pflicht zur Vorabmitteilung gegenüber den **Geschäftsführungen** der Handelsplätze, an denen seine Finanzinstrumente zum Handel zugelassen oder in den Handel einbezogen sind, war bisher in § 15 Abs. 4 Satz 1 Nr. 1 und 2 WpHG a.F. geregelt und wurde unter Erweiterung des Adressatenkreises der Vorabmitteilungspflicht in § 26 Abs. 1 WpHG übernommen.

Die **Vorabmitteilungspflicht** des § 26 Abs. 1 WpHG ist Teil der von den Veröffentlichungspflichtigen zu beachtenden Vorschriften über die Veröffentlichung von Insiderinformationen. Die dazu gehörigen Bestimmun-

---
1 BGBl. I 2016, 1514.
2 BGBl. I 2017, 1693.
3 Richtlinie 2004/109/EG vom 15.12.2004 zur Harmonisierung der Transparenzanforderungen in Bezug auf Informationen über Emittenten, deren Wertpapiere zum Handel auf einem geregelten Markt zugelassen sind, und zur Änderung der Richtlinie 2001/34/EG, ABl. EU Nr. L 390 v. 31.12.2004, S. 38.

gen des § 26 WpHG, einschließlich derjenigen über die Pflicht der Übermittlung der Insiderinformationen zur Speicherung an das Unternehmensregister, werden deshalb im Zusammenhang mit den diesbezüglichen Bestimmungen des Art. 17 VO Nr. 596/2014 erläutert. Dort finden sich Ausführungen zur Einbindung von § 26 Abs. 1 WpHG in das **Veröffentlichungsverfahren** in Art. 17 VO Nr. 596/2014 Rz. 193, zu den zu benachrichtigenden **Geschäftsführungen der Handelsplätze** in Art. 17 VO Nr. 596/2014 Rz. 182 und zu den **Inlandsemittenten, MTF-Emittenten oder OTF-Emittenten** als Adressaten des § 26 Abs. 1 WpHG in Art. 17 VO Nr. 596/2014 Rz. 178. Zu den in die Vorabmitteilung nach § 8 WpAV aufzunehmenden **Angaben** und zu **Art und Form** der Vorabmitteilungen nach § 9 WpAV ist auf die Erläuterungen in Art. 17 VO Nr. 596/2014 Rz. 183 und Rz. 184 zu verweisen.

9 Einer **Aufschubveröffentlichung** nach Art. 17 Abs. 7 (i.V.m. Abs. 4 Unterabs. 3 Satz 1) VO Nr. 596/2014 (Art. 17 VO Nr. 596/2014 Rz. 209) muss nach § 26 Abs. 1 WpHG eine Vorabmitteilung vorausgehen. Neben dieser steht die sich aus Art. 17 Abs. 4 Unterabs. 3 Satz 1 VO Nr. 596/2014 ergebende Pflicht des Emittenten, der die Veröffentlichung von Insiderinformationen nach Art. 17 Abs. 4 Unterabs. 1 VO Nr. 596/2014 aufgeschoben hat, unmittelbar nach der Offenlegung der Informationen die zuständige Behörde über den Aufschub der Offenlegung zu informieren und schriftlich zu erläutern, inwieweit die in diesem Absatz festgelegten Bedingungen erfüllt waren. Die BaFin sieht die Mitteilungspflicht nach Art. 17 Abs. 4 Unterabs. 3 Satz 1 VO Nr. 596/2014 als erfüllt an, wenn die Befreiungsmitteilung zeitgleich mit einer Vorabmitteilung über die Insiderinformationen übersandt wird (Art. 17 VO Nr. 596/2014 Rz. 147 und Rz. 209).

10 Bei der erneuten Veröffentlichung einer bereits veröffentlichten, aber erheblich veränderter Insiderinformation, d.h. der Aktualisierung einer Ad-hoc-Mitteilung i.S.v. § 4 Abs. 2 WpAV (**Aktualisierungsveröffentlichung**, Art. 17 VO Nr. 596/2014 Rz. 99 ff.), besteht eine Pflicht zur Vorabmitteilung nach § 26 Abs. 1 WpHG. Aus Sicht der BaFin bestehen keine Bedenken, die Aktualisierungsveröffentlichung als solche nach § 4 Abs. 2 WpAV oder „im Rahmen einer ,normalen' Ad-hoc-Meldung" nach Art. 17 Abs. 1 Unterabs. 1 VO Nr. 596/2014 vorzunehmen (Art. 17 VO Nr. 596/2014 Rz. 199), doch ist in beiden Fällen eine Vorabmitteilung erforderlich (Art. 17 VO Nr. 596/2014 Rz. 200).

11 Auch bei der Berichtigung fehlerhafter Veröffentlichungen i.S.v. § 4 Abs. 3 und § 8 Abs. 2 WpAV (**Berichtigungsveröffentlichung**, Art. 17 VO Nr. 596/2014 Rz. 202 ff.) ist eine Vorabmitteilung erforderlich. In diesem Falle sind nach § 8 Abs. 2 Satz 1 WpAV in der **Vorabmitteilung nach § 26 Abs. 1 WpHG** aber nur in der an die BaFin gerichteten Vorabmitteilung „zusätzlich die Gründe für die Veröffentlichung der zu berichtigenden Information darzulegen" (Art. 17 VO Nr. 596/2014 Rz. 205).

12 **b) Übermittlung an das Unternehmensregister.** Die Pflicht zur Übermittlung veröffentlichter Insiderinformationen an das Unternehmensregister zur Speicherung (**Speicherungsübermittlung**) hat folgende Grundlage: Art. 17 Abs. 1 Unterabs. 2 Satz 1 VO Nr. 596/2014 verlangt von Emittenten sicherzustellen, dass Insiderinformationen in einer Art und Weise veröffentlicht werden, die der Öffentlichkeit einen schnellen Zugang und eine vollständige, korrekte und rechtzeitige Bewertung ermöglicht, und dass sie – die Insiderinformationen – „gegebenenfalls in dem amtlich bestellten System gem. Art. 21 der Richtlinie 2004/109/EG des Europäischen Parlaments und des Rates ... veröffentlicht werden". Das geschieht mit der Regelung in § 26 Abs. 1 WpHG und geschah zuvor schon in Umsetzung von Art. 21 Abs. 1 und 2 der weiterhin verbindlichen RL 2004/109/EG durch § 15 Abs. 1 Satz 1 WpHG a.F. Von letzterer Bestimmung unterscheidet sich § 26 Abs. 1 WpHG nur dadurch, dass mit dem 1. FiMaNoG (Rz. 5) – zum Zwecke der Anpassung an die Adressaten der Veröffentlichungspflichten nach Art. 17 Abs. 1 Unterabs. 2 Satz 1 VO Nr. 596/2014[1] – neben Inlandsemittenten auch MTF-Emittenten und OTF-Emittent in den Adressatenkreis der Übermittlungspflicht gelangt sind.

13 Zur Einbindung der Speicherungsübermittlung in das Verfahren zur Veröffentlichung von Insiderinformationen und zu der diesbezüglichen Bestimmung in § 26 Abs. 1 VO Nr. 596/2014 ist auf die **Erläuterungen** in Art. 17 VO Nr. 596/2014 Rz. 175 ff. bzw. Rz. 193 und Rz. 207 zu verweisen. Das umfasst auch die Verpflichtung, die Übermittlung der veröffentlichten Insiderinformationen an das Unternehmensregister **unverzüglich nach deren Veröffentlichung** vorzunehmen, d.h. entsprechend § 121 Abs. 1 Satz 1 BGB ohne schuldhaftes Zögern (Art. 17 VO Nr. 596/2014 Rz. 193).

14 **c) Sanktionen.** Nach § 120 Abs. 1 Nr. 2 und 3 WpHG handelt ordnungswidrig, wer entgegen § 26 Abs. 1 WpHG eine Information nicht oder nicht rechtzeitig übermittelt oder eine Mitteilung nicht, nicht richtig, nicht vollständig oder nicht rechtzeitig macht. Die Ordnungswidrigkeit kann nach § 120 Abs. 24 WpHG mit einer Geldbuße bis zu 200.000 Euro geahndet werden.

15 **2. Schadensersatzansprüche (§ 26 Abs. 3 WpHG).** Verstößt der Emittent gegen die Vorabmitteilungs- und Übermittlungspflichten nach § 26 Abs. 1 WpHG oder die Veröffentlichungspflichten nach Art. 17 Abs. 1, 7 oder 8 VO Nr. 596/2014, so ist er nach § 26 Abs. 3 Satz 1 WpHG einem anderen nur unter den Voraussetzungen der §§ 97 und 98 WpHG zum Ersatz des daraus entstehenden Schadens verpflichtet. Schadensersatzansprüche, die auf anderen Rechtsgrundlagen beruhen, bleiben aber nach § 26 Abs. 3 Satz 2 WpHG unberührt. § 26

---

[1] RegE 1. FiMaNoG, BT-Drucks. 18/7482 v. 8.2.2016, 1, 60; RegE 2. FiMaNoG, BT-Drucks. 18/10936 v. 23.1.2017, 1, 230.

Abs. 3 WpHG übernimmt, mit den gebotenen Anpassungen an Art. 17 VO Nr. 596/2014, die Bestimmungen des § 15 Abs. 6 WpHG a.F.

In Bezug auf **Schadensersatzansprüche wegen Verletzung der Veröffentlichungspflichten** nach Art. 17 Abs. 1, 7 oder 8 VO Nr. 596/2014, die nur unter den Voraussetzungen der §§ 97 und 98 WpHG möglich sind, ist auf die Erläuterungen in Art. 17 VO Nr. 596/2014 Rz. 307 zu verweisen. Das gilt namentlich im Hinblick auf die Frage, welche anderweitigen Rechtsgrundlagen es sind, die durch die Regelung des § 26 Abs. 3 Satz 1 WpHG gemäß der Bestimmung des § 26 Abs. 3 Satz 1 WpHG „unberührt" bleiben sollen (Art. 17 VO Nr. 596/2014 Rz. 308 ff., insb. Rz. 311). Dabei ist ein Anspruch wegen Verletzung der Veröffentlichungspflichten nach Art. 17 Abs. 1, 7 oder 8 VO Nr. 596/2014 auf der Grundlage von **§ 826 Abs. 2 BGB** ausgeschlossen, weil **Art. 17 VO Nr. 596/2014 kein Schutzgesetz** im Sinne dieser Vorschrift ist (Art. 17 VO Nr. 596/2014 Rz. 11 und Rz. 308).   16

Zu **Schadensersatzansprüchen nach § 97 WpHG** wegen unterlassener unverzüglicher Veröffentlichung von Insiderinformationen wegen Veröffentlichung **und nach § 98 WpHG** wegen unwahrer Insiderinformationen ist auf die Erläuterungen zu diesen Vorschriften zu verweisen.   17

III. Mitteilungs- und Übermittlungspflichten in Bezug auf Eigengeschäfte von Führungskräften (§ 26 Abs. 2 WpHG). Unter Erweiterung auf den an MAR anzupassenden Adressatenkreis[1] der Vorschrift übernimmt § 26 Abs. 2 WpHG die bisher in § 15a Abs. 4 WpHG a.F. enthaltene Regelung, die der Umsetzung der nach wie vor verbindlichen Art. 21 Abs. 1 und 2 RL 2004/109/EG (Rz. 7) diente, und verpflichtet Inlandsemittenten, MTF-Emittenten und OTF-Emittenten, nach Art. 19 Abs. 3 VO Nr. 596/2014 veröffentlichungspflichtige Informationen zu Eigengeschäften von Führungskräften unverzüglich, jedoch nicht vor ihrer Veröffentlichung, dem Unternehmensregister i.S.d. § 8b HGB zur Speicherung zu übermitteln sowie die Veröffentlichung der Bundesanstalt mitzuteilen.   18

Nach § 120 Abs. 1 Nr. 4 WpHG handelt ordnungswidrig, wer entgegen § 26 Abs. 2 WpHG eine Mitteilung nicht oder nicht rechtzeitig macht. Die Ordnungswidrigkeit kann nach § 120 Abs. 24 WpHG mit einer Geldbuße bis zu hunderttausend Euro geahndet werden.   19

IV. Ermächtigungen. § 26 Abs. 4 Sätze 1 und 2 WpHG ermächtigen das Bundesministerium der Finanzen, durch Rechtsverordnungen, die nicht der Zustimmung des Bundesrates bedürfen, nähere Bestimmungen zu den in § 26 Abs. 4 Nr. 1 bis 7 WpHG aufgeführten Gegenständen zu erlassen sowie diese Ermächtigung durch Rechtsverordnung auf die BaFin zu übertragen. Ihre aktuelle Fassung beruht auf Art. 3 Nr. 24 des 2. FiMaNoG (Rz. 5). Die durch das 2. FiMaNoG § 26 Abs. 4 Satz 1 WpHG hinzugefügten Ermächtigungen in Nr. 2 bzw. Nr. 7 wurden als erforderlich angesehen, um die notwendigen weiteren Details der Veröffentlichungen festzulegen, die nicht in der Marktmissbrauchsverordnung und den zu dieser ergangen Durchführungsrechtsakten (Art. 17 VO Nr. 596/2014 Rz. 16 f.) selbst getroffen werden[2].   20

Aufgrund der Ermächtigung durch § 26 Abs. 4 Satz 1 WpHG ist die **Dritte Verordnung zur Änderung der Wertpapierhandelsanzeige- und Insiderverzeichnisverordnung** vom 2.11.2017[3] ergangen, mit welcher die WpAIV zugleich die Bezeichnung „Verordnung zur Konkretisierung von Anzeige- Mitteilungs- und Veröffentlichungspflichten nach dem Wertpapierhandelsgesetz – WpAV" erhielt (Vor Art. 7 VO Nr. 596/2014 Rz. 42).   21

§ 27 Aufzeichnungspflichten

Wertpapierdienstleistungsunternehmen sowie Unternehmen mit Sitz im Inland, die an einer inländischen Börse zur Teilnahme am Handel zugelassen sind, haben vor Durchführung von Aufträgen, die Finanzinstrumente im Sinne des Artikels 2 Absatz 1 Unterabsatz 1 der Verordnung (EU) Nr. 596/2014 oder Handlungen oder Geschäfte im Sinne des Artikels 2 Absatz 1 Unterabsatz 2 Satz 1 der Verordnung (EU) Nr. 596/2014 zum Gegenstand haben, bei natürlichen Personen den Namen, das Geburtsdatum und die Anschrift, bei Unternehmen die Firma und die Anschrift der Auftraggeber und der berechtigten oder verpflichteten Personen oder Unternehmen festzustellen und diese Angaben aufzuzeichnen. Die Aufzeichnungen nach Satz 1 sind mindestens sechs Jahre aufzubewahren. Für die Aufbewahrung gilt § 257 Abs. 3 und 5 des Handelsgesetzbuchs entsprechend.

In der Fassung des 2. FiMaNoG vom 23.6.2017 (BGBl. I 2017, 1693).

Schrifttum: *Kühne*, Ausgewählte Auswirkungen der Wertpapierdienstleistungsrichtlinie – MiFID, BKR 2005, 275; *Seibt/Cziupka*, Rechtspflichten und Best Practices für Vorstands- und Aufsichtsratshandeln bei der Kapitalmarktrecht-Compliance, AG 2015, 93.

---

1 RegE 1. FiMaNoG, BT-Drucks. 18/7482 v. 8.2.2016, 1, 61; RegE 2. FiMaNoG, BT-Drucks. 18/10936 v. 23.1.2017, 1, 230.
2 RegE 2. FiMaNoG, BT-Drucks. 18/10936 v. 23.1.2017, 1, 230 bzw. 231.
3 BGBl. I 2017, 3727.

§ 27 | Marktmissbrauchsüberwachung

I. Übersicht und Entwicklung der Norm 1
II. Aufzeichnungspflichtige Unternehmen und aufzuzeichnende Daten 3
III. Aufbewahrungspflichten 9

1 **I. Übersicht und Entwicklung der Norm.** Die Vorschrift enthält eine **Aufzeichnungs- und Aufbewahrungspflicht für Daten**, um die **Identität der Auftraggeber und der berechtigten oder verpflichteten Person** von Geschäften feststellen zu können, auf die sich die Tätigkeit der Bundesanstalt zur Überwachung des Verbots von Insiderhandel oder Marktmanipulation erstrecken könnte. Diese Aufzeichnungs- und Aufbewahrungsfristen wurden zwar schon bei der Normierung der Überwachungsbefugnisse der Bundesanstalt mit dem 2. FFG in § 16 Abs. 2 WpHG a.F. vorausgesetzt, aber ausdrücklich erst im Jahr 1998 mit dem 3. FFG normiert. Nach den deutlichen Änderungen an § 16 WpHG a.F. durch das AnSVG[1] und der Schaffung der Generalbefugnisnorm in § 4 WpHG a.F. verblieben in § 16 WpHG a.F. noch die Aufzeichnungs- und Aufbewahrungspflichten. Im Rahmen des 1. FiMaNoG wurde die Norm insoweit an die Änderungen durch die MAR angepasst, als bezüglich der früheren Begrifflichkeiten „Insiderpapier" und „Finanzinstrumente" nun auf die entsprechenden Normen der MAR verwiesen wird. Mit der Neunummerierung des WpHG durch das 2. FiMaNoG wurde die Norm zu § 27 WpHG.

2 Die mit dieser Aufzeichnung ermöglichte Feststellung der Identität von Auftraggebern und Berechtigten oder verpflichteten Personen ist **unverzichtbar, um eine Überwachung der Einhaltung des Verbots von Insidergeschäften und Marktmanipulation durchführen** zu können[2]. Mit dieser Ausrichtung ist die Pflicht nach § 27 WpHG von der deutlich weitergehenden Pflicht nach § 83 WpHG (in Umsetzung von Art. 16 Abs. 7 RL 2014/65/EU (MiFID II)) zur Aufzeichnung von Telefonaten und elektronischen Kommunikation und deren Aufbewahrung (sog. „Taping") zu unterscheiden (vgl. hierzu die Kommentierung zu § 83 WpHG).

3 **II. Aufzeichnungspflichtige Unternehmen und aufzuzeichnende Daten.** Zur Aufzeichnung der Identität verpflichtet sind **Wertpapierdienstleistungsunternehmen** (§ 2 Abs. 10 WpHG) und **Unternehmen, die an einer inländischen Börse zur Teilnahme am Handel zugelassen sind** (§ 19 BörsG) und ihren Sitz im Inland haben. Ein Sitz im Inland wird nach §§ 13d–g HGB auch durch eine inländische Zweigniederlassung eines ausländischen Unternehmens begründet.

4 Die Aufzeichnung der Daten zur Identitätsfeststellung muss von den verpflichteten Unternehmen **vor der Durchführung von Aufträgen** durchgeführt werden. Die Aufzeichnungspflicht schließt die Feststellung der Identität denklogisch mit ein. Regelmäßig wird das schon der Zeitpunkt der Eröffnung von Konten und Depots sein. Zu diesem Zeitpunkt ist auch die Identitätsfeststellung nach dem Geldwäschegesetz (§§ 4 und 8 GWG) und der Abgabenordnung (§ 154 Abs. 2 AO) durchzuführen, so dass sich der zusätzliche Aufwand für die Unternehmen aufgrund von § 27 WpHG in Grenzen hält. Zur Identitätsfeststellung zwecks Aufzeichnung nach § 27 WpHG ist gleichfalls ein gültiger Ausweis zu verlangen.

5 Die Identitätsfeststellung und -aufzeichnung muss in Bezug auf **alle Aufträge** durchgeführt werden, die **Geschäfte in Finanzinstrumenten** nach Art. 2 Abs. 1 Satz 1 VO Nr. 596/2014 (MAR) **oder Handlungen und Geschäfte** nach Art. 2 Abs. 1 Satz 1 VO Nr. 596/2014 (MAR) zum Gegenstand haben. Zu letzteren gehören auch Aktivitäten auf einer als geregelter Markt zugelassenen Versteigerungsplattform in Bezug auf die Versteigerung von Treibhausgasemissionszertifikaten und anderen darauf beruhenden Auktionsobjekten.

6 Mit **Identität der Auftraggeber** ist bei natürlichen Personen die einwohnermelderechtliche Identität gemeint. Festzustellen und aufzuzeichnen sind Vor- und Familiennamen. Bei abweichenden Geburts- oder Familiennamen sind auch diese zu erfassen. Zudem ist die aktuelle Wohnanschrift und das Geburtsdatum aufzuzeichnen. Bei Unternehmen als Auftraggeber ist deren Firma und deren Geschäftsanschrift festzustellen und aufzuzeichnen. Bei Oder-Konten haben die verpflichteten Unternehmen die Identität des konkreten Auftraggebers aufzuzeichnen. Es ist daher durch geeignete Maßnahmen sicherzustellen, dass der konkrete Auftraggeber zweifelsfrei erfasst werden kann, z.B. durch Zuweisung verschiedener PIN-/TAN-Nummern. Die Angabe von Geburtsdatum und Anschrift können der Bundesanstalt Rückschlüsse auf die Einschaltung z.B. eines Strohmanns geben, der als Sekundärinsider tätig wird. Entsprechendes gilt für die Benennung der möglicherweise hinter dem Geschäft stehenden Personen, die als Auftraggeber selbst nicht an der Durchführung des Geschäftes beteiligt sind.

7 Zudem sind sowohl bei den natürlichen Personen als auch bei den Firmen die **berechtigten oder verpflichteten Personen oder Unternehmen** zu erfassen. Der Hintergrund für diese Regelung ist gemäß der Gesetzesbegründung zum 2. FFG: „Von besonderer Bedeutung ist in dem Zusammenhang, dass das [frühere] Bundesaufsichtsamt … verlangen kann, die Identität ihrer Auftraggeber und Begünstigten aufzudecken. Dieses Auskunftsrecht ist notwendige Voraussetzung dafür, dass das [frühere] Bundesaufsichtsamt über diesen Kreis hinaus Maßnahmen gegen die dahinter stehenden Personen ergreifen kann, die als Auftraggeber selbst nicht an der Durchführung des Wertpapiergeschäfts beteiligt sind, die aber auch die Verbote nach § 14 zu beachten ha-

---

1 Anlegerschutzverbesserungsgesetz (AnSVG) vom 28.10.2004, BGBl. I 2004, 2630.
2 Vgl. *Eufinger* in KölnKomm. WpHG, § 16 WpHG Rz. 2.

ben. ... Ohne entsprechende Befugnisse des [früheren] Bundesaufsichtsamts wäre insoweit eine Verfolgung von Verstößen praktisch nicht möglich"[1].

Die Aufzeichnungs- und Aufbewahrungspflichten **korrespondieren eng mit den Regelungen** in § 6 Abs. 3 WpHG zu dem Auskunfts- und Vorlagepflichten. Die Befugnis, die Identität des Auftraggebers und der berechtigten oder verpflichteten Person zu erfragen, ist als Regelbeispiel in § 6 Abs. 3 Satz 2 Nr. 2 WpHG aufgegriffen. Zudem ergänzen die Aufzeichnungspflichten nach § 27 WpHG die Aufzeichnungspflichten der Wertpapierdienstleistungsunternehmen über die Vereinbarungen zum Erbringen der Wertpapierdienstleistungen oder Wertpapiernebendienstleistungen nach § 83 WpHG (§ 34 WpHG a.F.). Während die Unternehmen nach § 83 WpHG andere, zusätzliche Daten aufzeichnen müssen, umfasst die Pflicht zur Aufzeichnung nach § 27 WpHG weitergehende Daten zur Identifizierung der entsprechenden Personen[2]. Auch in ihrer Kombination können diese aufzeichnungspflichtigen Daten hilfreiche Erkenntnisse bei der Sachverhaltsaufklärung im Rahmen der Überwachung bringen[3].

8

III. Aufbewahrungspflichten. Die festgestellten und aufgezeichneten Daten sind **sechs Jahre aufzubewahren**. Die Art und Weise der Aufbewahrung und der Beginn der 6-Jahres-Frist ergeben sich aus § 257 Abs. 3, 5 HGB. So beginnt die Frist mit Ablauf des Jahres, in dem die Daten aufzuzeichnen waren. Eine Aufbewahrung in elektronischer Form ist möglich, wenn die Aufzeichnungen in angemessener Frist optisch wieder hergestellt werden können[4].

9

Ordnungswidrig handelt, wer die erforderlichen Aufzeichnungen nicht, nicht richtig, nicht vollständig oder nicht rechtzeitig fertigt (§ 120 Abs. 2 Nr. 5 WpHG).

10

§ 28 Überwachung der Geschäfte der bei der Bundesanstalt Beschäftigten

(1) Die Bundesanstalt muss über angemessene interne Kontrollverfahren verfügen, die geeignet sind, Verstößen der bei der Bundesanstalt Beschäftigten gegen die Verbote nach Artikel 14 der Verordnung (EU) Nr. 596/2014 entgegenzuwirken.

(2) Der Dienstvorgesetzte oder die von ihm beauftragte Person kann von den bei der Bundesanstalt Beschäftigten die Erteilung von Auskünften und die Vorlage von Unterlagen über Geschäfte in Finanzinstrumenten im Sinne des Artikels 2 Absatz 1 Unterabsatz 1 der Verordnung (EU) Nr. 596/2014 und Handlungen und Geschäfte im Sinne des Artikels 2 Absatz 1 Unterabsatz 2 Satz 1 der Verordnung (EU) Nr. 596/2014 verlangen, die sie für eigene oder fremde Rechnung oder für einen anderen abgeschlossen haben. § 6 Absatz 15 ist insoweit anzuwenden. Beschäftigte, die bei ihren Dienstgeschäften bestimmungsgemäß Kenntnis von Insiderinformationen haben oder haben können, sind verpflichtet, Geschäfte in Finanzinstrumenten im Sinne des Artikels 2 Absatz 1 Unterabsatz 1 der Verordnung (EU) Nr. 596/2014 und Handlungen und Geschäfte im Sinne des Artikels 2 Absatz 1 Unterabsatz 2 Satz 1 der Verordnung (EU) Nr. 596/2014, die sie für eigene oder fremde Rechnung oder für einen anderen abgeschlossen haben, unverzüglich dem Dienstvorgesetzten oder der von ihm beauftragten Person schriftlich anzuzeigen. Der Dienstvorgesetzte oder die von ihm beauftragte Person bestimmt die in Satz 3 genannten Beschäftigten.

In der Fassung des 2. FiMaNoG vom 23.6.2017 (BGBl. I 2017, 1693).

I. Übersicht und Entwicklung der Norm	1	III. Verpflichtung der Beschäftigten nach § 28 Abs. 2 WpHG	9
II. Kontrollverfahren nach § 28 Abs. 1 WpHG	5		

I. Übersicht und Entwicklung der Norm. § 28 WpHG regelt eine **Pflicht der Bundesanstalt** zur Einrichtung angemessener interner Kontrollverfahren, die geeignet sind, Insiderverstößen der Beschäftigten der Bundesanstalt entgegenzuwirken, und sieht entsprechende Befugnisse der Bundesanstalt gegenüber den Beschäftigten vor, um diese Kontrollen durchführen zu können. Die Regelung basiert nicht auf europarechtlichen Vorgaben, sondern ergänzt die nationalen beamtenrechtlichen Regelungen im Hinblick auf derartige Kontrollmöglichkeiten. Eingefügt wurden die Regelungen mit dem 3. FFG im Jahr 1998 als § 16a WpHG a.F.

1

Hintergrund der Regelungen ist, dass alle bedeutenden Wertpapieraufsichtsbehörden über Regelungen verfügen, die sicherstellen, dass **Mitarbeiter der Aufsichtsbehörden** Insiderinformationen, von denen sie auf Grund ihrer Tätigkeit Kenntnis erlangt haben, nicht unbefugt verwerten oder weitergeben, d.h. insbesondere keine Käufe oder Verkäufe in Insiderpapieren tätigen. Der deutsche Gesetzgeber hatte bei der Schaffung der Re-

2

---

1 Vgl. Begr. RegE 2. FFG, BT-Drucks. 12/6679, 50.
2 Vgl. *Schlette/Bouchon* in Fuchs, § 16 WpHG Rz. 6.
3 So auch *Eufinger* in KölnKomm. WpHG, § 16 WpHG Rz. 6.
4 *Merkt* in Baumbach/Hopt, § 257 HGB Rz. 2 f.

gelung mit dem 3. FFG eine Abwägung dahingehend zu treffen, ob man den Bediensteten grundsätzlich Wertpapiergeschäfte untersagen sollte, ob man darauf hinwirkt, dass Wertpapierdispositionen nicht von den Bediensteten selbst, sondern von einer Vermögensverwaltungsgesellschaft getätigt werden sollten, oder ob amtsinterne Sicherungsmaßnahmen als ausreichender Schutz gegen missbräuchliche Nutzung von Insiderkenntnissen ausreichen. Die Entscheidung zugunsten einer Kontrolle – und nicht für ein Verbot – ist vom Gesichtspunkt der Verhältnismäßigkeit geprägt. Eine Kontrolle als amtsinterne Sicherungsmaßnahme kann die Bundesanstalt insbesondere mit ihren Kenntnissen aus den Überwachungsbefugnissen und den in § 28 Abs. 2 WpHG vorgesehenen Regelungen durchführen.

3 Die gefundene Regelung dient nicht zuletzt dazu, das Vertrauen des Finanzplatzes in die gesetzmäßige Ausübung der Wertpapierhandelsaufsicht zu stärken und jeglichen Anschein von Insidergeschäften durch Mitarbeiter der Bundesanstalt zu vermeiden[1]. Insoweit haben die Regelungen sowohl **eine repressive als auch eine präventive Wirkung**, denn sie sollen zugleich eine zusätzliche abschreckende Wirkung entfalten, damit Beschäftigten der Bundesanstalt, die bei ihrer Tätigkeit durchaus Kenntnis von Insidertatsachen erlangen können, bewusst ist, dass ihre Geschäfte einem besonderen Kontrollverfahren unterliegen, wie auch die Geschäfte von Bankmitarbeitern durch die Compliance-Abteilung überwacht werden sollen.

4 Im Rahmen der Umsetzung der MAR durch das 1. FiMaNoG sind an der Regelung insoweit Änderungen vorgenommen worden, als die Neuverortung des Verbots von Insiderhandel in der MAR notwendig geworden waren und somit die Verweisungen aktualisiert werden mussten und **redaktionelle Anpassungen** nötig waren[2]. Mit dem 2. FiMaNoG und der damit verbundenen Neunummerierung des WpHG wurde aus dem früheren § 16a WpHG a.F. § 28 WpHG und zudem die Verweisungen im WpHG an diese Neunummerierung angepasst. Zudem wird mit der Verweisung auf den Begriff der Finanzinstrumente in Art. 2 Abs. 1 Unterabs. 1 VO Nr. 596/2014 (MAR) der Kreis der betroffenen Instrumente an den aktuellen Anwendungsbereich des Verbots der Insidergeschäfte angepasst.

5 **II. Kontrollverfahren nach § 28 Abs. 1 WpHG.** Das bei der Bundesanstalt **zwingend einzurichtende Kontrollverfahren** muss angemessen und geeignet sein, um Verstößen gegen das Verbot von Insiderhandel und der unbefugten Weitergabe von Insiderinformationen nach Art. 14 VO Nr. 596/2014 (MAR) entgegenzuwirken. Die Regelung des § 28 Abs. 1 WpHG lehnt sich an § 80 Abs. 1 WpHG (zuvor § 33 WpHG a.F.) und an Art. 29 DelVO 2017/565 (zuvor § 33b WpHG a.F.) an. Diese Regelungen sehen entsprechende Verpflichtungen der Wertpapierdienstleistungsunternehmen vor, organisatorische Vorkehrungen und interne Kontrollverfahren vorzuhalten, die Verstößen gegen das Verbot von Insidergeschäften und der unbefugten Weitergabe von Insiderinformationen entgegenwirken, etwa in Form von „Chinese Walls" Vertraulichkeitsbereiche zu schaffen[3]. § 28 Abs. 1 WpHG gibt wenige Vorgaben, wie die Kontrollverfahren konkret auszugestalten sind. Vorgegeben ist das **Ziel**, dass das Kontrollverfahren so **angemessen und geeignet** sein muss, dass es Verstößen gegen das Verbot von Insiderhandel und der unbefugten Weitergabe von Insiderinformationen nach Art. 14 VO Nr. 596/2014 entgegenwirkt. Die konkrete Ausgestaltung des Verfahrens obliegt der Organisationshoheit des Dienstherrn, der diese an die entsprechenden Rahmenbedingungen anpassen kann. In § 28 Abs. 2 WpHG sind die Befugnisse der Bundesanstalt gegenüber ihren Beschäftigten enthalten, die auch Teil des Kontrollverfahrens sein können oder dieses ergänzen können. Im Sinne der Angemessenheit und Geeignetheit zur Verhinderung von Insiderverstößen ist es auch folgerichtig, dass sich das interne Kontrollverfahren auf alle Beschäftigte der Bundesanstalt, also sowohl auf Beamte als auch auf Tarifbeschäftigte und außertarifliche Beschäftigte, beziehen muss. Hierbei sind alle Geschäftsbereiche der Bundesanstalt in das Kontrollverfahren einzubeziehen, denn entsprechende Insiderinformationen können den Beschäftigten der Bundesanstalt nicht nur bei der Überwachung der Pflichten zur Ad-hoc-Publizität oder bei der bedeutenden Stimmrechtsmitteilungen, sondern auch bei Übernahmeverfahren nach dem WpÜG, bei Anzeigen zum Eigentümerwechsel nach § 2c KWG und an vielen anderen Stellen und Gelegenheiten bekannt werden.

6 Eine **gesetzliche Regelung des Kontrollverfahrens** war insbesondere im Hinblick auf die beamteten Mitarbeiter **erforderlich**. Eine amtsinterne Dienstanweisung oder eine freiwillige Verpflichtungserklärung wäre insoweit nicht ausreichend gewesen, da die Rechte und Pflichten von Beamten in den Beamtengesetzen abschließend geregelt sind[4]. Die gesetzliche Regelung der Beamtenpflichten ist zwar einer Konkretisierung durch Verwaltungsakt oder innerdienstliche Weisung des Dienstherrn zugänglich, aber es können weder durch Vereinbarung noch durch einseitige Erklärung des Dienstherrn oder des Beamten die gesetzlichen Pflichten abbedungen, in ihrem Inhalt verändert oder gesetzlich nicht vorgesehene Pflichten begründet werden[5]. Die Erforderlichkeit der Regelung und die Vorgabe eines internen Kontrollverfahrens sprechen zudem gegen eine mögliche Auslagerung des Kontrollverfahrens auf eine andere Einrichtung[6].

---

1 Vgl. Begr. RegE 3. FFG zu § 16a WpHG, BT-Drucks. 13/8933, 94.
2 Vgl. Beschlussempfehlung Finanzausschuss zum 1. FiMaNoG zu § 16a WpHG, BT-Drucks. 18/8099, 21 und 107.
3 *Vgl. Begr. RegE 3. FFG zu § 16a WpHG*, BT-Drucks. 13/8933, 94.
4 BVerwG v. 26.11.1992 – 2 C 11/92, DVBl. 1993, 558.
5 BVerwG v. 26.11.1992 – 2 C 11/92, DVBl. 1993, 558.
6 So auch *Eufinger* in KölnKomm. WpHG, § 16a WpHG Rz. 5.

Der Dienstvorgesetzte, d.h. der Präsident der Bundesanstalt, kann zur Erfüllung der Verpflichtungen aus § 28 WpHG eine Person mit der Kontrolle der Mitarbeitergeschäfte beauftragen. Von der in § 28 Abs. 2 WpHG vorgesehenen Möglichkeit ist auch Gebrauch gemacht worden. Dieser **amtsinterne Compliance-Beauftragte** kann alle Befugnisse aus § 28 Abs. 2 WpHG wahrnehmen und überwacht die Einhaltung der konkretisierenden Compliance-Dienstanweisung. Er ist organisatorisch in der Stabsstelle Zentrale Compliance[1] angesiedelt. Auf Grundlage und in Ausgestaltung von § 28 WpHG hat die Bundesanstalt eine entsprechende Compliance-Dienstanweisung erlassen[2]. Diese regelt näher die entsprechenden Anzeige-, Auskunfts- und Vorlagepflichten der Beschäftigten.

Möglichen Verstößen gegen unbefugtes Weitergeben von Insiderinformationen wird zusätzlich aber auch durch eine räumliche Separierung der vertraulich zu behandelnden Information und durch Anweisungen über die amtsinterne Weitergabe an zuständige Mitarbeiter vorgebeugt. Um eine **weitest gehende Vertraulichkeit** zu erreichen, werden z.B. die Mitteilungspflichtigen gebeten, bestimmte Mitteilungen auf besondere, von der Bundesanstalt vorgesehene Fax-Geräte zu übersenden. Verstöße gegen das Insiderverbot nach Art. 14 VO Nr. 596/2014 stellen ein unbefugtes Verwerten von geheimhaltungsbedürftigen Tatsachen i.S.v. § 21 Abs. 1 Satz 1 WpHG dar (s. § 21 WpHG Rz. 20 ff. und 42 ff., 46).

III. Verpflichtung der Beschäftigten nach § 28 Abs. 2 WpHG. Nach dieser Vorschrift können **alle bei der Bundesanstalt Beschäftigten** zur Auskunft und Vorlage von Unterlagen verpflichtet werden, d.h. Beamte, Tarifbeschäftige und außertariflich Beschäftigte. Die Pflicht zur Auskunft und Vorlage von Unterlagen besteht gegenüber dem Dienstvorgesetzten oder dem in der Dienstvereinbarung benannten internen Compliance-Beauftragten. Die Pflicht zur Erteilung von Auskünften und zur Vorlage von Unterlagen bezieht sich auf Geschäfte in den bezeichneten Finanzinstrumenten.

Die Auskunfts- bzw. Vorlageersuchen können sich sowohl auf Geschäfte in Finanzinstrumenten als auch auf bestimmte Handlungen und Geschäfte beziehen. Bei den von der Regelung umfassten Finanzinstrumenten handelt es sich um **Finanzinstrumente** i.S.d. Art. 2 Abs. 1 Unterabs. 1 VO Nr. 596/2014. In Anbetracht der Zielrichtung der Vermeidung von Insiderverstößen verweist der Gesetzgeber nicht auf die Bestimmung der Finanzinstrumente in § 2 Abs. 4 WpHG, sondern auf die Regelung der MAR, die ihrerseits auf Art. 4 Abs. 1 Nr. 15 RL 2014/65/EU (MiFID II) und dort auf den Anhang I C verweist. Es handelt sich hierbei z.B. um übertragbare Wertpapiere, Geldmarktinstrumente, Investmentanteile, finanzielle Differenzgeschäfte, näher bezeichnete Optionen, Futures, Swaps, außerbörsliche Zinstermingeschäfte (Forward Rate Agreements) und anderen Derivatkontrakte, die zum Handel an einem geregelten Markt oder in einem multilateralen Handelssystem zugelassen sind oder für die ein solcher Antrag gestellt wurde, die in einem multilateralen Handelssystem oder einem organisierten Handelssystem gehandelt werden oder deren Kurs oder Wert vom Kurs oder Wert eines vorgenannten Finanzinstruments abhängt oder sich darauf auswirkt (Art. 2 Abs. 1 i.V.m. Art. 3 Abs. 1 Nr. 1 VO Nr. 596/2014). Zur umfassenden Durchsetzung des Verbots von Insidergeschäften entsprechend der MAR, verweist der Gesetzgeber auch auf die Einbeziehung von **Handlungen und Geschäfte** nach Art. 2 Abs. 1 Unterabs. 2 Satz 1 VO Nr. 596/2014. Hierzu zählen auch Gebote, bezüglich Versteigerungen von Treibhausgasemissionszertifikaten und anderen darauf beruhenden Auktionsobjekten auf einer als geregelten Markt zugelassenen Versteigerungsplattform gem. der Verordnung (EU) Nr. 1031/2010, selbst wenn die versteigerten Produkte keine Finanzinstrumente sind.

Das Verlangen des i.d.R. internen Compliance-Beauftragten kann sich auf Auskünfte und/oder auf die Vorlage von Unterlagen erstrecken, die sich jeweils auf Geschäfte in den benannten Finanzinstrumenten und/oder auf Handlungen und Geschäfte i.S.v. Art. 2 Abs. 1 VO Nr. 596/2014 beziehen müssen. Zum Begriff der Auskunft s. § 6 WpHG Rz. 106, zum Begriff der Unterlagen s. § 6 WpHG Rz. 118. Das Verlangen auf Auskunft bzw. Vorlage von Unterlagen ist im Übrigen nicht an bestimmte Tatbestandsvoraussetzungen geknüpft. Es können also auch anlassunabhängige **Stichprobenprüfungen** durchgeführt werden. Beschränkt wird die Befugnis zu Auskunfts- bzw. Vorlageersuchen durch die notwendige **Ermessensausübung** und durch den Grundsatz der **Verhältnismäßigkeit**, der auch hier Anwendung findet. Diese Prüfung richtet sich an dem vorgegebenen Ziel aus, angemessene und geeignete Kontrollverfahren zur Verhinderung von Insiderverstößen vorzuhalten.

Die Auskunfts- und Vorlagepflicht bezieht sich nicht nur auf **Geschäfte für eigene Rechnung** des Beschäftigen der Bundesanstalt, sondern auch auf Geschäfte, die er **für fremde Rechnung oder für andere** abgeschlossen hat, wie Familienmitglieder, Freunde und Bekannte. Schon nach dem Gesetzeswortlaut bezieht sich die Pflicht auf Auskunft und Vorlage von Unterlagen auf **abgeschlossene Geschäfte**, nicht um künftige Geschäfte. In Bezug auf die Pflicht zur Auskunft findet das Auskunftsverweigerungsrecht nach § 6 Abs. 15 WpHG Anwendung, so dass sich durch eine Auskunft niemand selbst oder seine Angehörige i.S.v. § 383 Abs. 1 Nr. 1 bis 3 ZPO belasten muss. Vgl. hierzu auch § 6 WpHG Rz. 232 ff.

---

[1] Vgl. Hinweis auf der Internetseite der Bundesanstalt www.bafin.de unter Die BaFin > Grundlagen & Organisation > Compliance.
[2] So z.B. Jahresberichte des BAWe für das Jahr 2000, S. 41; für das Jahr 2001, S. 52, unter: www.bafin.de.

13 Diejenigen Mitarbeiter, die auf Grund ihrer Dienstgeschäfte bestimmungsgemäß Kenntnis von Insidertatsachen haben, sozusagen **aufsichtsamtliche Primärinsider**, müssen über die Auskunfts- und Vorlagepflicht hinaus dem Dienstvorgesetzten/Compliance-Beauftragten die entsprechenden Geschäfte in den schon näher bezeichneten Finanzinstrumenten unverzüglich anzeigen. Der Dienstvorgesetzte benennt diese Beschäftigten gem. § 28 Abs. 2 Satz 3 WpHG. Diese Benennung ist eine unmittelbare gesetzliche Verpflichtung, die seitens des **Personalrates** keiner Zustimmung bedarf. Auch wenn keine Pflicht zur Anzeige künftiger Geschäfte besteht, sollten diejenigen Mitarbeiter, die bestimmungsgemäß Kenntnisse von insiderrelevanten Sachverhalten erhalten, zu ihrer eigenen Sicherheit durch Rücksprache mit dem Compliance-Beauftragten vor Abschluss von Wertpapiergeschäften klären, ob Bedenken gegen die beabsichtigten Geschäfte bestehen.

14 Die Regelung sieht seit ihrer Normierung mit der 3. FFG im Jahre 1998 eine **schriftliche Anzeige** durch die Beschäftigten vor. In Zeiten stetig zunehmender elektronischer Kommunikation erscheint diese Bestimmung insbesondere unter Berücksichtigung der Umstände, dass es sich um eine hausinterne Meldung handelt und auch Behörden zur **elektronischen Kommunikation** übergehen sollen, als überholt. Ungeachtet dessen wurde die Meldepflicht noch nicht an eine elektronische Kommunikation angepasst. Es fragt sich, ob Beschäftigen Konsequenzen drohen, wenn sie zeitgemäß die Mitteilung auf elektronischem Weg abgeben. Dies wäre in Anbetracht von Treu und Glaube jedenfalls dann ausgeschlossen, wenn der Dienstherr ein entsprechendes hausinternes elektronisches Meldesystem zur Verfügung stellt.

Abschnitt 4
Ratingagenturen

§ 29 Zuständigkeit im Sinne der Verordnung (EG) Nr. 1060/2009

(1) Die Bundesanstalt ist zuständige Behörde im Sinne des Artikels 22 der Verordnung (EG) Nr. 1060/2009 des Europäischen Parlaments und des Rates vom 16. September 2009 über Ratingagenturen (ABl. L 302 vom 17.11.2009, S. 1), die zuletzt durch die Verordnung (EU) Nr. 462/2013 (ABl. L 146 vom 31.5.2013, S. 1) geändert worden ist, in der jeweils geltenden Fassung.

(2) Für Wertpapierdienstleistungsunternehmen ist die Bundesanstalt nach diesem Gesetz sektoral zuständige Behörde im Sinne des Artikels 25a der Verordnung (EG) Nr. 1060/2009 in der jeweils geltenden Fassung, soweit diese Unternehmen bei der Erbringung von Wertpapierdienstleistungen oder Wertpapiernebendienstleistungen Ratings verwenden.

(3) Soweit in der Verordnung (EG) Nr. 1060/2009 in der jeweils geltenden Fassung oder den auf ihrer Grundlage erlassenen Rechtsakten nichts Abweichendes geregelt ist, sind die §§ 2, 3, 6 bis 13, 17 Absatz 2, § 18 mit Ausnahme von Absatz 7 Satz 5 bis 8, § 21 mit Ausnahme von Absatz 1 Satz 3 bis 5 für die Ausübung der Aufsicht durch die Bundesanstalt nach den Absätzen 1, 2 und 5 entsprechend anzuwenden.

(4) Widerspruch und Anfechtungsklage gegen Maßnahmen der Bundesanstalt nach den Absätzen 1 und 2, auch aufgrund oder in Verbindung mit der Verordnung (EG) Nr. 1060/2009 in der jeweils geltenden Fassung oder den auf ihrer Grundlage erlassenen Rechtsakten, haben keine aufschiebende Wirkung.

(5) Zulassungsantragsteller im Sinne von § 2 Nummer 11 und Anbieter im Sinne von § 2 Nummer 10 des Wertpapierprospektgesetzes, die einen Antrag auf Billigung eines Prospekts im Sinne des Wertpapierprospektgesetzes für ein öffentliches Angebot oder die Zulassung zum Handel von strukturierten Finanzinstrumenten im Sinne der Artikel 8b oder Artikel 8c der Verordnung (EG) Nr. 1060/2009 in der jeweils geltenden Fassung oder einer Emission im Sinne des Artikels 8d der Verordnung (EG) Nr. 1060/2009 in der jeweils geltenden Fassung bei der Bundesanstalt stellen und zugleich Emittent dieses strukturierten Finanzinstruments oder dieser Emission sind, haben der Bundesanstalt mit der Stellung des Billigungsantrags eine Erklärung beizufügen, dass sie die auf sie anwendbaren Pflichten aus den Artikeln 8b, 8c oder Artikel 8d der Verordnung (EG) Nr. 1060/2009 in der jeweils geltenden Fassung erfüllen. Die Wirksamkeit des Billigungsantrags bleibt von der ordnungsgemäßen Abgabe dieser Erklärung unberührt.

In der Fassung des 2. FiMaNoG vom 23.6.2017 (BGBl. I 2017, 1693).

Schrifttum: *Bauer*, Ein Organisationsmodell zur Regulierung der Rating-Agenturen – ein Beitrag zur regulierten Selbstregulierung am Kapitalmarkt, 2009; *Becker*, Die Regulierung von Ratingagenturen, DB 2010, 941; *Berg*, Alles (noch) im Fluss – Zum Stand der EU-Ratingverordnung, in Going Public Special „Anleihen 2011", S. 62; *Brabänder*, Subprime-Krise – Die Rolle der Rating-Agenturen, Die Bank 8/2008, 8; *Cortez/Schön*, Die neue EU-Verordnung über Ratingagenturen, ZfW 2010, 226; *Deipenbrock*, Aktuelle Rechtsfragen zur Regulierung des Ratingwesens, WM 2005, 261; *Deipenbrock*, Was ihr wollt oder der Widerspenstigen Zähmung? – Aktuelle Entwicklungen der Regulierung von Ratingagenturen im Wertpapierbereich, BB 2005, 2085; *Deipenbrock*, „Mehr Licht"? – Der Vorschlag einer europäischen Verordnung über Ratingagenturen, WM 2009, 1165; *Deipenbrock*, Das Europäische Modell einer Regulierung von Ratingagenturen – aktuelle praxisrelevante Rechtsfragen und Entwicklungen, RIW 2010, 612; *Eisen*, Haftung und Regulierung internationaler Rating-Agenturen, 2007; *Haar*, Das deutsche Ausführungsgesetz zur EU-Ratingverordnung – Zwischenetappe auf dem Weg zu einer europäischen Finanzmarktarchitektur, ZBB 2010, 185; *Herfurth*, Die Regulierung von Ratingagenturen unter Basel II, 2010; *Kumpan*, Regulierung von Rating-Agenturen – ein anreizorientierter Ansatz, in FS Hopt, 2010, S. 2157; *Leyens*, Unabhängigkeit der Informationsintermediäre zwischen Vertrag und Markt, in Baum/Fleckner/Hellgardt/Roth (Hrsg.), Perspektiven des Wirtschaftsrechts – Beiträge für Klaus J. Hopt aus Anlass seiner Emeritierung, Berlin 2008, S. 423; *Lerch*, Ratingagenturen im Visier des europäischen Gesetzgebers, BKR 2010, 402; *Lybecker*, Financial Services Supervision in the United States: The House of Representatives Has Spoken, European Company Law 7 (2010), 68; *Möllers*, Regulierung der Ratingagenturen, JZ 2009, 861; *Möllers*, Von Standards zum Recht – auf dem Weg zu einer Regulierung der Ratingagenturen in Europa und den USA, ZJS 2009, 227; *Möllers*, Auf dem Weg zu einer neuen europäischen Finanzmarktaufsichtsstruktur – Ein systematischer Vergleich der Rating-VO (EG) Nr. 1060/2009 mit der geplanten ESMA-VO, NZG 2010, 285; *Reidenbach*, Aktienanalysten und Ratingagenturen, 2006; *Stemper*, Rechtliche Rahmenbedingungen des Ratings, 2010; *Rudolph*, Standpunkt – Problematische Aufwertung von Ratings, BB 2008, 2616; *Uwe H. Schneider*, Aufsicht und Kontrolle von Ratingagenturen, in FS Hans-Jürgen Hellwig, 2010, S. 329; *Stemper*, Rechtliche Rahmenbedingungen der Ratings, 2010; *Strunz-Happe*, Externe Ratingagenturen – Marktregulierung durch Basel II, WM 2004, 115; *Strunz-Happe*, Ein Ordnungsrahmen für Rating-Agenturen – Bericht, BFuP 2005, 231; *E. Vetter*, Rechtsprobleme des externen Ratings, WM 2004, 1701; *Zimmer*, Rating-Agenturen: Reformbedarf nach der Reform, in FS Hopt, 2010, S. 2688.

§ 29 | Ratingagenturen

I. Regelungsgegenstand und Beaufsichtigung von Ratingagenturen in der EU 1
1. Regelungsgegenstand 1
2. Beaufsichtigung von Ratingagenturen in der EU 2
   a) Verordnung (EG) Nr. 1060/2009 über Ratingagenturen 2
   b) Änderungen der Verordnung (EG) Nr. 1060/2009 6
      aa) Verordnung (EU) Nr. 513/2011 vom 11.5.2011 6
      bb) Verordnung (EU) Nr. 462/2013 vom 21.5.2013 8
II. Normentwicklung 10

III. Die Bestimmungen der Vorschrift im Einzelnen 13
1. Zuständige Behörde (§ 29 Abs. 1 WpHG) 13
2. Sektoral zuständige Behörde (§ 29 Abs. 2 WpHG) 14
3. Ausübung der Aufsicht durch die BaFin (§ 29 Abs. 3 WpHG) 16
4. Sofortige Vollziehbarkeit von Maßnahmen der BaFin (§ 29 Abs. 4 WpHG) 17
5. Entsprechenserklärung im Prospektprüfungsverfahren (§ 29 Abs. 5 WpHG) 19

1 **I. Regelungsgegenstand und Beaufsichtigung von Ratingagenturen in der EU. 1. Regelungsgegenstand.** Die Vorschrift hat die Zuständigkeit der BaFin nach Maßgabe der Verordnung (EG) Nr. 1060/2009 über Ratingagenturen (sog. CRA I)[1], zuletzt geändert durch die Verordnung (EU) Nr. 462/2013[2], in der jeweils geltenden Fassung zum Gegenstand. Sie enthält selbst keine materiellen Regelungen über die Registrierung und die laufende Beaufsichtigung registrierter Ratingagenturen. Regelungshintergrund und Regelungszusammenhang erhellen aus den nachfolgenden Ausführungen über die Entwicklung der Beaufsichtigung von Ratingagenturen in der Europäischen Union. Zur Normentwicklung Rz. 10.

2 **2. Beaufsichtigung von Ratingagenturen in der EU. a) Verordnung (EG) Nr. 1060/2009 über Ratingagenturen. Ratingagenturen** sind Unternehmen, die gewerbsmäßig und anhand festgelegter Einstufungsverfahren und Bonitätskategorien (sog. Ratingcodes oder Investmentgrades) ein Bonitätsurteil über andere Unternehmen, Emittenten von Wertpapieren und anderen Finanzinstrumenten oder von diesen emittierten Wertpapieren oder Finanzinstrumenten selbst abgeben[3]. Sowohl die Ratingagenturen als auch ihre Ratings sind im Verlauf der **Finanzkrise** in die Kritik geraten, die sich 2007 mit dem Zusammenbruch von *Lehman Brothers* und dem Platzen der Blase von Subprime-Krediten zur Finanzierung von Wohnungsimmobilien in den USA auszubreiten begann, um alsbald und manifest im Herbst 2009 als Banken-, Euro- und Staatsschuldenkrise eine neue Dimension zu erreichen[4]. Dabei wurde den Ratingagenturen vorgeworfen, durch fehlerhafte Beurteilung von „Collateralized-Debt-Obligations" (CDOs), d.h. von Subprime-Kredite zusammenfassenden und verbriefenden Schuldverschreibungen, sowie auch ihrer jeweiligen Emittenten maßgeblich zur Fehleinschätzung der mit solchen CDOs verbundenen Risiken bei Kreditinstituten und anderen Erwerbern dieser Anlageinstrumente und damit zur Finanzkrise beigetragen zu haben. All dies wäre freilich nicht ohne den Umstand möglich gewesen, dass private und institutionelle Investoren in aller Welt ihre Anlageentscheidungen maßgeblich von den Investmentgrades der wenigen großen Ratingagenturen abhängig machten und selbst die Regulatoren von Finanzmärkten zunehmend auf Ratings von Ratingagenturen setzten, indem sie diese in ihre jeweilige rechtliche Regulierung von Märkten, Emittenten, Kreditinstituten und institutionellen Investoren einbauen. So bestimmte sich etwa die Höhe der nach Basel II erforderlichen Eigenkapitalunterlegung von Banken regelmäßig (soweit die Bankenaufsicht nicht interne Ratings gestattet) nach externen Ratings von Ratingagenturen (dazu 6. Aufl., § 17 WpHG Rz. 1).

3 Die weltweite Dimension der Krise und des Geschäfts- und Wirkungskreises von Ratingagenturen ließen ein effektives Eingreifen der einzelnen Mitgliedstaaten der EU von vornherein als illusorisch erscheinen. Deshalb kann es nicht verwundern, dass die EU binnen kurzer Zeit gemeinschaftsrechtlich auf die von ihr als für die Finanzkrise mitverantwortliche und regulierungsbedürftig empfundene Rolle der Ratingagenturen reagierte. Dabei war es vor allem die „häufig **schematische Übernahme von Ratings von Ratingagenturen** zur Einstufung der Bonitätsgewichtung von Kreditnehmern, Wertpapieren und sonstigen Adressenausfallrisiken zu aufsichtsrechtlichen Zwecken durch die Unternehmen der Finanzbranche," die als nicht unwesentlicher Faktor „zu einer **unzureichenden Einschätzung der Ausfallrisiken**" angesehen wurde und zum Ausgangspunkt regulatorischer

---

1 Verordnung (EG) Nr. 1060/2009 des Europäischen Parlaments und des Rates vom 16.9.2009 über Ratingagenturen, ABl. EU Nr. L 302 v. 17.11.2009, S. 1.
2 Verordnung (EU) Nr. 462/2013 des Europäischen Parlaments und des Rates vom 21.5.2013 zur Änderung der Verordnung (EG) Nr. 1060/2009 über Ratingagenturen, ABl. EU Nr. L 146 v. 31.5.2013, S. 1.
3 Für die Zwecke der Regulierung von Ratingagenturen definieren Art. 3 Abs. 1 lit. b bzw. a VO Nr. 1060/2009 des Europäischen Parlaments und des Rates vom 16.9.2009 über Ratingagenturen (ABl. EU Nr. L 302 v. 17.11.2009, S. 1) eine Ratingagentur „als eine Rechtspersönlichkeit, deren Tätigkeit die gewerbsmäßige Abgabe von Ratings umfasst" und ein Rating als „ein Bonitätsurteil in Bezug auf ein Unternehmen, einen Schuldtitel oder eine finanzielle Verbindlichkeit, eine Schuldverschreibung, eine Vorzugsaktie oder ein anderes Finanzinstrument oder den Emittenten derartiger Schuldtitel, finanzieller Verbindlichkeiten, Schuldverschreibungen, Vorzugsaktien oder anderer Finanzinstrumente, das anhand eines festgelegten und definierten Einstufungsverfahrens für Ratingkategorien abgegeben wird".
4 Zum Erlass der EU-Marktmissbrauchsverordnung als Folge der Finanzkrise s. Vor Art. 7 VO Nr. 596/2014 Rz. 14.

Eingriffe werden sollte[1]. Deren erste Etappe bestand darin, dass das Europäische Parlament und der Rat die **Verordnung (EG) Nr. 1060/2009 über Ratingagenturen** (Rz. 1) beschloss. Der Grund für diesen Akt besteht aus der Sicht des deutschen Gesetzgebers[2] vor allem in der Erwägung, in der Finanzkrise habe sich gezeigt, dass infolge der unterschätzten Ausfallrisiken die Verluste von Unternehmen der Finanzbranche sehr schnell und plötzlich angestiegen seien. In der Folge sei es in zahlreichen Fällen zu einem dramatischen Verzehr des aufsichtsrechtlich erforderlichen Eigenkapitals gekommen. Damit habe die schematische Übernahme der Ratings von Ratingagenturen für bestimmte Finanzmarktprodukte nicht unerheblich zum Entstehen der Finanzmarktkrise im Herbst des Jahres 2008 beigetragen.

Noch spezifischer als vorstehend zum Ausdruck kommend sieht der Verordnungsgeber der VO Nr. 1060/2009 (Rz. 1) die **Verantwortlichkeit von Ratingagenturen für den Ausbruch und die Ausweitung der Finanzkrise ab 2007** vor allem darin, dass sie einerseits die verschlechterte Marktlage nicht früh genug in ihren Ratings zum Ausdruck gebracht hätten und dass es ihnen andererseits nicht gelungen sei, ihre Ratings rechtzeitig anzupassen, als sich die Krise auf dem Markt schon zugespitzt habe[3]. Dieses Versagen, so wird gefolgert, lasse sich „am besten durch Maßnahmen in den Bereichen Interessenkonflikte, Ratingqualität, Transparenz und interne Führungsstruktur der Ratingagenturen und Beaufsichtigung der Tätigkeit von Ratingagenturen korrigieren"[4]. Auf der Grundlage dieser Analyse formuliert Erwägungsgrund 1 VO Nr. 1060/2009 die Bedeutung und Regulierungsbedürftigkeit von Ratingagenturen wie folgt: „Ratingagenturen spielen auf den globalen Wertpapier- und Bankenmärkten eine wichtige Rolle, da Anleger, Kreditnehmer, Emittenten und Regierungen u.a. die Ratings dieser Agenturen nutzen, um fundierte Anlage- und Finanzentscheidungen zu treffen. Kreditinstitute, Wertpapierfirmen, Lebens- und Nichtlebensversicherungsunternehmen, Rückversicherungsgesellschaften, Organismen für gemeinsame Anlagen in Wertpapieren (OGAW) und Einrichtungen der betrieblichen Altersversorgung können sich bei der Berechnung ihrer gesetzlichen Eigenkapitalanforderungen oder der Berechnung der Risiken ihres Anlagegeschäfts auf diese Ratings stützen. Damit wirken sich Ratings erheblich auf das Funktionieren der Märkte sowie das Vertrauen von Anlegern und Verbrauchern aus. Es muss deshalb sichergestellt werden, dass Ratingaktivitäten im Einklang mit den Grundsätzen der Integrität, Transparenz, Rechenschaftspflicht und guten Unternehmensführung durchgeführt werden, damit die in der Gemeinschaft verwendeten Ratings unabhängig, objektiv und von angemessener Qualität sind."[5]

Eckpunkte der VO Nr. 1060/2009 (Rz. 1) sind Regelungen über die Zulässigkeit der Verwendung von Ratings durch Kreditinstitute, Wertpapierfirmen, Versicherungsunternehmen und Organismen für gemeinsame Anlagen in Wertpapieren, Einrichtungen der betrieblichen Altersversorgung. Die Vorgenannten dürfen gem. Art. 4 Abs. 1 VO Nr. 1060/2009 für aufsichtsrechtliche Zwecke nur Ratings von Ratingagenturen verwenden, die ihren Sitz in der Gemeinschaft haben und gemäß dieser Verordnung registriert sind. Darüber hinaus finden sich Bestimmungen über die Erstellung und Bekanntgabe von Ratings, über die auf einer Registrierungspflicht beruhenden Registrierung von Ratingagenturen sowie über die europäische Beaufsichtigung der Ratingagenturen. **Zu weiteren Einzelheiten der Verordnung**, ihre Umsetzung in deutsches Recht und die europäische Beaufsichtigung von Ratingagenturen im Vorfeld der erst noch als Bestandteil der Einrichtung eines Europäischen Finanzaufsichtssystems (ESFS) zu gründende Europäische Wertpapieraufsichtsbehörde (ESMA; dazu 6. Aufl., Einl. WpHG Rz. 92 f.) s. 6. Aufl., § 17 WpHG Rz. 7 ff. und Rz. 10 ff. Zur **rechtlichen Erfassung von Ratingagenturen vor der VO Nr. 1060/2009** in den USA, den Mitgliedstaaten der EU und in Deutschland s. 6. Aufl., § 17 WpHG Rz. 3.

b) Änderungen der Verordnung (EG) Nr. 1060/2009. aa) Verordnung (EU) Nr. 513/2011 vom 11.5.2011. Die VO Nr. 1060/2009 wurde erstmals durch die VO Nr. 513/2011 vom 11.5.2011 (sog. CRA II)[6] geändert. Kernstücke der Änderungen sind die Erstreckung der Bestimmungen von Art. 4 VO Nr. 1060/2009 über die Begrenzung der Verwendung von Rating auf alternative Investmentfonds und die Übertragung der ausschließlichen Zuständigkeit für die Registrierung und laufende Beaufsichtigung registrierter Ratingagenturen in der EU auf die Europäische Wertpapier und Marktaufsichtsbehörde (ESMA). Damit, dass die neu zu gründende Europäische Wertpapieraufsichtsbehörde die sich aus der Ratingverordnung Nr. 1060/2009 ergebenden Aufgaben würde wahrnehmen können, wurde ursprünglich für den 1.1.2011 gerechnet, doch hat die erst mit der VO Nr. 1095/2010 vom 24.11.2010[7] auf den Weg gebrachte ESMA die ihr zugedachte Aufgabe nicht vor dem 1.7.2011 übernehmen können. Dies wiederum erfolgte im Wege der VO Nr. 513/2011.

---

1 RegE eines Gesetzes zur Verringerung der Abhängigkeit von Ratings, BT-Drucks. 18/1774 v. 18.6.2014, 1 und 16 (Hervorhebung hinzugefügt).
2 Dargelegt im Rahmen der Regierungsbegründung zum Entwurf eines Gesetzes zur Verringerung der Abhängigkeit von Ratings, BT-Drucks. 18/1774 v. 18.6.2014, 1 und 16.
3 Erwägungsgrund 10 VO Nr. 1060/2009, ABl. EU Nr. L 302 v. 17.11.2009, S. 2. Vgl. RegE Ausführungsgesetz zur EU-Ratingverordnung, BT-Drucks. 17/716 v. 15.2.2010, 1.
4 Erwägungsgrund 10 VO Nr. 1060/2009, ABl. EU Nr. L 302 v. 17.11.2009, S. 2.
5 Erwägungsgrund 1 VO Nr. 1060/2009 (Rz. 1).
6 Verordnung (EU) Nr. 513/2011 vom 11.5.2011 zur Änderung der Verordnung (EG) Nr. 1060/2009 über Ratingagenturen, ABl. EU Nr. L 145 v. 31.5.2011, S. 30.
7 ABl. EU Nr. L 331 v. 15.12.2010, S. 84.

7   Auf der Grundlage der Verordnung Nr. 1060/2009 (Rz. 1) und der Verordnung Nr. 513/2011 (Rz. 6) ergingen die **Delegierte Verordnung Nr. 272/2012** vom 7.2.2012 zur Ergänzung der VO Nr. 1060/2009 in Bezug auf die Gebühren, die den Ratingagenturen von der Europäischen Wertpapier- und Marktaufsichtsbehörde in Rechnung gestellt werden[1], und die **Delegierte Verordnung Nr. 946/2012** vom 12.7.2012 zur Ergänzung der VO Nr. 1060/2009 im Hinblick auf Verfahrensvorschriften für von der Europäischen Wertpapier- und Marktaufsichtsbehörde (ESMA) Ratingagenturen auferlegte Geldbußen, einschließlich der Vorschriften über das Recht auf Verteidigung und Fristen[2].

8   **bb) Verordnung (EU) Nr. 462/2013 vom 21.5.2013.** Die zweite Änderung der VO Nr. 1060/2009 über Ratingagenturen (Rz. 1) in Gestalt der VO Nr. 462/2013 vom 21.5.2013 (sog. CRA III)[3] brachte vor allem Änderungen der materiell-rechtlichen Bestimmungen über die Registrierung und die laufende Beaufsichtigung von Ratingagenturen. Die zahlreichen Ergänzungen der VO Nr. 1060/2009 dienen vor allem dazu, den ausschließlichen oder automatischen Rückgriff auf Ratings von Ratingagenturen zu aufsichtsrechtlichen Zwecken auszuschließen (Erwägungsgründe 6 bis 8 VO Nr. 462/2013) und Kreditinstitute und Wertpapierfirmen dazu anzuhalten, interne Verfahren einzurichten, die es ihnen ermöglichen, Kreditrisiken selbst zu bewerten (Erwägungsgrund 9 Sätze 1 und 2 VO Nr. 462/2013). Im Zusammenhang mit Letzterem sieht die Verordnung vor, dass sich Finanzinstitute nicht ausschließlich oder automatisch auf Ratings verlassen und daher keine Verträge eingehen dürfen, die vorsehen, dass sie sich ausschließlich oder automatisch auf Ratings verlassen (Erwägungsgrund 9 Sätze 3 und 4 VO Nr. 462/2013).

9   Darüber hinaus sieht die VO Nr. 462/2013 u.a. vor, dass Ratingagenturen Verhaltensregeln einzuhalten haben, um mögliche Interessenkonflikte zu verringern und für Ratings sowie den Ratingprozess hohe Qualität und ausreichende Transparenz sicherzustellen. Die vertragliche Beziehung zwischen Ratingagentur und dem Emittenten, der bewertet wird oder dessen Schuldtitel bewertet werden, darf nur eine Höchstlaufzeit von vier Jahren aufweisen, um den Anreiz zur Abgabe günstiger Ratings in Bezug auf diesen Emittenten zu beseitigen. Darüber hinaus werden Ratingagenturen einer speziellen zivilrechtlichen Haftung nach Maßgabe von Art. 35a VO Nr. 462/2013 unterworfen, die zugunsten von Anlegern unabhängig davon eingreift, ob diese in einer vertraglichen Beziehung zwischen ihnen und einer Ratingagentur besteht (Erwägungsgrund 32 VO Nr. 462/2013). Art. 35a Abs. 5 VO Nr. 462/2013 schließt weitere zivilrechtliche Haftungsansprüche im Einklang mit dem nationalen Recht nicht aus, und nach Art. 35a Abs. 6 VO Nr. 462/2013 hindert die Haftungsregelung die ESMA nicht daran, ihre Befugnisse zur Verhängung von Geldbußen nach Maßgabe des durch VO Nr. 513/2011 (Rz. 6) der VO Nr. 1060/2009 (Rz. 1) hinzugefügten Art. 36a VO Nr. 1060/2009 voll auszuschöpfen.

10 **II. Normentwicklung.** § 29 WpHG übernimmt § 17 WpHG a.F. in neuer, durch Art. 3 des Zweiten Finanzmarktnovellierungsgesetzes (2. FiMaNoG) vom 23.6.2017[4] veranlasster Zählweise der Vorschriften des WpHG. In seiner ursprünglichen Fassung enthielt § 17 WpHG (a.F.) Vorschriften über die „Verarbeitung und Nutzung personenbezogener Daten" durch die seinerzeitige Aufsichtsbehörde, das ehemalige Bundesaufsichtsamt für den Wertpapierhandel. Diese Vorschrift wurde durch das Anlegerschutzverbesserungsgesetz vom 28.10.2004 (AnSVG)[5] aufgehoben; ihre Regelung wurde in den seinerzeitigen § 4 Abs. 10 WpHG a.F., heute § 6 Abs. 1 WpHG, überführt.

11 Der Pflicht zur Benennung der zuständigen Behörde sowie derjenigen zur Festlegung wirksamer, verhältnismäßiger und abschreckender Sanktionen zur Ahndung von Verstößen gegen die Vorgaben der VO Nr. 1060/2009 (Rz. 1) nach Art. 33 VO Nr. 1060/2009 ist Deutschland durch den Erlass des **Ausführungsgesetzes zur Verordnung (EG) Nr. 1060/2009** des Europäischen Parlaments und des Rates vom 16.9.2009 vom 14.6.2010[6] nachgekommen. Neben Änderungen der Bußgeldvorschriften des § 39 WpHG a.F. wurde mit dem Gesetz ein neuer Abschnitt 3a über Ratingagenturen und als einzige Vorschrift dieses Abschnitts der neue „§ 17 Überwachung von Ratingagenturen" eingefügt[7]. Auf den Übergang der ausschließlichen Zuständigkeit für die Registrierung und Beaufsichtigung von Ratingagenturen in der EU auf die Europäische Wertpapieraufsichtsbehörde ESMA VO Nr. 513/2011 auf der Grundlage der VO Nr. 513/2011 – dazu Rz. 6 – reagierte der deutsche Gesetzgeber durch eine Änderung des Art. 17 WpHG (a.F.): Aufgrund von Art. 3 Nr. 5 des **Gesetzes zur Novellierung des Finanzanlagenvermittler- und Vermögensanlagenrechts** vom 6.12.2011[8] wurden § 17 Abs. 3 bis 5 und 7 WpHG (a.F.) aufgehoben. § 17 WpHG in dieser geänderten Fassung war Gegenstand der Erläuterungen in der 6. Aufl.

12 Die neuerlichen Änderungen der Ratingverordnung VO Nr. 1060/2009 über Ratingagenturen (Rz. 1) in Gestalt der VO Nr. 462/2013 vom 21.5.2013, dazu Rz. 8, wurden durch Art. 1 Nr. 1 und 2 des **Gesetzes zur Verringe-**

---

1 ABl. EU Nr. L 90 v. 28.3.2012, S. 6.
2 ABl. EU Nr. L 282 v. 16.10.2012, S. 23.
3 Verordnung (EG) Nr. 462/2013 des Europäischen Parlaments und des Rates vom 21.5.2013 zur Änderung der Verordnung (EG) Nr. 1060/2009 über Ratingagenturen, ABl. EU Nr. L 146 v. 31.5.2013, S. 1.
4 BGBl. I 2017, 1693.
5 BGBl. I 2004, 2630.
6 BGBl. I 2010, 786.
7 Ausführlich zum Ausführungsgesetz *Haar*, ZBB 2010, 185; *Stemper*, S. 408 ff.
8 BGBl. I 2011, 2481.

rung der Abhängigkeit von Ratings vom 10.12.2014[1] umgesetzt. Damit erhielt die Vorschrift ihre heutige Fassung. Dabei wurde auch die **Überschrift** der Vorschrift von zuvor „§ 17 Überwachung von Ratingagenturen" in nunmehr „§ 17 Zuständigkeit im Sinne der Verordnung (EG) Nr. 1060/2009" geändert[2]. Aufgrund von Art. 3 Nr. 28, 26 Abs. 3 des **Zweiten Finanzmarktnovellierungsgesetzes** (Rz. 10) wurde der bisherige § 17 WpHG (a.F.) mit Wirkung vom 3.1.2018 zum neuen § 29 WpHG.

III. Die Bestimmungen der Vorschrift im Einzelnen. 1. Zuständige Behörde (§ 29 Abs. 1 WpHG). Art. 22 Abs. 1 VO Nr. 1060/2009 über Ratingagenturen (Rz. 1) verlangt von jedem der Mitgliedstaaten der EU die Benennung einer zuständigen Behörde im Sinne der Verordnung. Von den Änderungen der VO Nr. 1060/2009 und den Folgeänderungen des WpHG nur durch redaktionelle Anpassungen betroffen, bestimmt § 29 Abs. 1 WpHG weiterhin die **BaFin als zuständige Behörde** i.S.v. Art. 22 Abs. 1 VO Nr. 1060/2009.

2. Sektoral zuständige Behörde (§ 29 Abs. 2 WpHG). Neben der „zuständigen Behörde" i.S.v. Art. 22 Abs. 1 VO Nr. 1060/2009 (Rz. 1) kennt diese Verordnung nach ihrer Änderung durch VO Nr. 462/2013 (Rz. 8) auch „sektoral zuständige Behörden", d.h. die vom jeweiligen Mitgliedstaat der EU benannte nationale Behörde, die nach den einschlägigen sektoralen Rechtsvorschriften – das sind nach Art. 3 Abs. 1 lit. q der geänderten VO Nr. 1060/2009 die ebenda in lit. pa bis pj genannten Gesetzgebungsakte der Union – für die Beaufsichtigung von Kreditinstituten, Wertpapierfirmen, Versicherungsunternehmen, Rückversicherungsunternehmen, Einrichtungen der betrieblichen Altersversorgung, Verwaltungsgesellschaften, Investmentgesellschaften, Verwalter alternativer Investmentfonds und zentrale Gegenparteien sowie für die Beaufsichtigung im Zusammenhang mit den Prospekten, zu benennen sind. Diesbezüglich bestimmt § 29 Abs. 2 WpHG für die im Mittelpunkt des WpHG stehenden Wertpapierdienstleistungsunternehmen, dass die BaFin die sektoral zuständige Behörde i.S.d. Art. 25a VO Nr. 1060/2009 ist, soweit diese Unternehmen bei der Erbringung von Wertpapierdienstleistungen oder Wertpapiernebendienstleistungen Ratings verwenden. Der Umstand, dass die Aufsicht nach dem WpHG nur erfolgt, soweit im Zusammenhang mit der Erbringung von Wertpapierdienstleistungen und Wertpapiernebendienstleistungen Ratings verwandt werden, dient der Vermeidung einer Überschneidung mit der Beaufsichtigung der Institute nach dem KWG[3].

Mit § 29 Abs. 2 WpHG wird sichergestellt, dass die nach der VO Nr. 1060/2009 den national zuständigen Behörden zugewiesenen Aufgaben wahrgenommen werden[4]. Zu diesen gehört insbesondere die aufsichtsrechtliche Prüfung, ob die in Art. 4 Abs. 1, Art. 5a, 8b, 8c und Art. 8d VO Nr. 1060/2009 entsprechend deren Änderung durch die VO Nr. 462/2013 aufgeführten Pflichten von den Adressaten eingehalten werden. Erfasst wird dadurch jedenfalls auch der Eigenhandel von Wertpapierdienstleistungsunternehmen i.S.v. § 2 Abs. 8 Nr. 2 lit. c WpHG[5]. Die Durchsetzung der vorstehend aufgeführten und in Art. 25a der geänderten VO Nr. 1060/2009 genannten Pflichten wird durch neue Tatbestände für Ordnungswidrigkeiten – das sind die in § 120 Abs. 4 Nr. 2 bis 5 WpHG genannten – bewehrt. Dadurch soll sichergestellt werden, „dass die Ratings von Ratingagenturen nur nach sorgfältiger Prüfung und nicht mehr automatisch für aufsichtsrechtliche Zwecke eingesetzt werden und im Hinblick auf strukturierte Finanzinstrumente weitere Informationen auf der dazu bei der ESMA eingerichteten Webseite veröffentlicht werden"[6].

3. Ausübung der Aufsicht durch die BaFin (§ 29 Abs. 3 WpHG). § 29 Abs. 3 WpHG „stellt klar, welche Ermächtigungsgrundlagen der Bundesanstalt zur Aufsicht nach der Ratingverordnung gegenüber den von den Abs. 1, 2 und 5 erfassten Unternehmen zur Verfügung stehen"[7]. Gegenüber diesen hat die BaFin vor allem die sich aus § 6 WpHG ergebenden allgemeinen Befugnisse sowie die aus §§ 7 bis 13 und § 17 Abs. 2 WpHG folgenden besonderen Befugnisse, es sei denn aus der VO Nr. 1060/2009 in ihrer jeweils geänderten Fassung sowie der auf der Grundlage dieser Verordnung ergangenen Rechtsakte folgt eine abweichende Regelung der Befugnisse der BaFin als zuständiger nationaler Behörde i.S.v. § 29 Abs. 1 und 2 WpHG. Darüber hinaus sind die in § 29 Abs. 3 WpHG angeführten Bestimmungen des § 18 WpHG über die Zusammenarbeit mit den zuständigen Stellen des Auslands und die sich aus § 21 WpHG ergebenden Verschwiegenheitspflichten entsprechend anwendbar. Dabei betreffen die nicht wenigen Ausnahmen Vorschriften des WpHG, für die in der VO Nr. 1060/2009 abschließende Vorschriften existieren. Das ist namentlich im Hinblick auf die Datenübermittlung nach

---

1 BGBl. I 2014, 2085.
2 Zur Begründung führt der RegE eines Gesetzes zur Verringerung der Abhängigkeit von Ratings, BT-Drucks. 18/1774 v. 18.6.2014, 1, 20 an: „Die Zuständigkeit der Bundesanstalt hinsichtlich der Ratingverordnung liegt nun überwiegend in der Überwachung des Verwendens externer Ratings durch beaufsichtigte Unternehmen und nicht mehr in der Überwachung von Ratingagenturen, für die die Europäische Wertpapiermarktaufsichtsbehörde ESMA weitgehende Zuständigkeiten wahrnimmt. Die Angabe zu § 17 wird entsprechend angepasst."
3 RegE eines Gesetzes zur Verringerung der Abhängigkeit von Ratings, BT-Drucks. 18/1774 v. 18.6.2014, 1, 20.
4 Dazu und zum Folgenden RegE eines Gesetzes zur Verringerung der Abhängigkeit von Ratings, BT-Drucks. 18/1774 v. 18.6.2014, 1, 18.
5 RegE eines Gesetzes zur Verringerung der Abhängigkeit von Ratings, BT-Drucks. 18/1774 v. 18.6.2014, 1, 20.
6 RegE eines Gesetzes zur Verringerung der Abhängigkeit von Ratings, BT-Drucks. 18/1774 v. 18.6.2014, 1, 20.
7 RegE eines Gesetzes zur Verringerung der Abhängigkeit von Ratings, BT-Drucks. 18/1774 v. 18.6.2014, 1, 20.

§ 18 Abs. 7 Sätze 5 bis 8 WpHG der Fall, für die Art. 32 Abs. 2 und Art. 27 VO Nr. 1060/2009 entsprechend der Änderung dieser Verordnung durch die VO Nr. 513/2011 (Rz. 6) abschließende Regelungen enthalten.

17 **4. Sofortige Vollziehbarkeit von Maßnahmen der BaFin (§ 29 Abs. 4 WpHG).** Maßnahmen der Bundesanstalt nach § 29 Abs. 1 und 2 WpHG, auch aufgrund oder in Verbindung mit der VO Nr. 1060/2009 in der jeweils geltenden Fassung oder den auf ihrer Grundlage erlassenen Rechtsakten, sind Verwaltungsakte, gegen die Widerspruch eingelegt und Anfechtungsklage erhoben werden kann. Abweichend von § 80 Abs. 1 Satz 1 VwGO haben nach § 29 Abs. 4 WpHG (als Vorschrift i.S.d. § 80 Abs. 2 Nr. 3 VwGO) Widerspruch und Anfechtungsklage keine aufschiebende Wirkung. Die sofortige Vollziehbarkeit der nach dem WpHG zur Durchsetzung der Ratingverordnung ergriffenen Maßnahmen soll „eine wirksame europäische Zusammenarbeit ... ermöglichen"[1].

18 Die BaFin kann nach § 80 Abs. 1 Satz 1 VwGO die Vollziehung von sich aus oder auf Antrag aussetzen. Darüber hinaus kann das Gericht der Hauptsache auf Antrag die aufschiebende Wirkung nach Maßgabe von § 80 Abs. 5 VwGO ganz oder teilweise anordnen. Diesbezüglich ist zu beachten, dass für Klagen gegen die BaFin nach § 1 Abs. 3 Satz 1 FinDAG Frankfurt/M. als Sitz der Behörde gilt.

19 **5. Entsprechenserklärung im Prospektprüfungsverfahren (§ 29 Abs. 5 WpHG).** Gemäß Art. 25a VO Nr. 1060/2009 (Rz. 1) nach ihrer Änderung durch VO Nr. 462/2013 (Rz. 8) sind die sektoralen zuständigen Behörden für die Beaufsichtigung und rechtliche Durchsetzung der Art. 4 Abs. 1, 5a, 8b, 8c und 8d VO Nr. 1060/ 2009 (nach ihrer Änderung durch VO Nr. 462/2013) gemäß den einschlägigen sektoralen Rechtsvorschriften i.S.v. Art. 3 Abs. 1 lit. q i.V.m. lit. pa bis pj (durch VO Nr. 462/2013 geänderten) VO Nr. 1060/2009 verantwortlich. In den in Art. 3 Abs. 1 lit. q i.V.m. lit. pj VO Nr. 1060/2009 in Bezug genommenen Vorschriften der RL 2003/71/EG (sog. Prospektrichtlinie)[2] nebst der ihrer Umsetzung dienenden Vorschriften des Wertpapierprospektgesetzes (WpPG) sowie der in den Mitgliedstaaten unmittelbar geltenden Bestimmungen der VO Nr. 809/ 2004 (sog. Prospektverordnung)[3] finden sich – als weit vor der Ratingverordnung VO Nr. 1060/2009 ergangene Rechtsakte – zwangsläufig keine Vorgaben darüber, wie die Einhaltung der Vorschriften der Ratingverordnung in dem durch die zuständigen Behörden der Mitgliedstaaten vorzunehmende Prospektprüfungsverfahren (§ 13 WpPG) kontrolliert werden soll. Um deren wirksame Überprüfung sicherzustellen, begründet **§ 29 Abs. 5 Satz 1 WpHG** eine Pflicht des Zulassungsantragstellers und des Anbieters (i.S.v. § 2 Nr. 11 bzw. 10 WpPG), die zugleich Emittenten der öffentlich anzubietenden und zu prospektierenden Finanzinstrumente i.S.v. § 29 Abs. 5 Satz 1 WpHG sind (Rz. 20), die Erklärung beizufügen, dass sie die auf sie anwendbaren Pflichten aus den Art. 8b, 8c oder Art. 8d VO Nr. 1060/2009 in der jeweils geltenden Fassung erfüllen. Damit soll auch sichergestellt werden, „dass der Emittent diese Pflichten kennt und gemäß dieser Erklärung auch einhält"[4].

20 Die Entsprechenserklärung ist nach dem unzweideutigen Wortlaut des § 29 Abs. 5 Satz 1 WpHG nur von Zulassungsantragstellern und Anbietern i.S.v. § 2 Nr. 11 bzw. 10 WpPG vorzulegen, die Antrag auf Billigung eines Prospekts durch die BaFin nach § 13 WpPG stellen und **zugleich Emittent** der Finanzinstrumente sind, auf die sich der Prospekt bezieht. Die Begründung des Entwurfs eines Gesetzes zur Verringerung der Abhängigkeit von Ratings[5] liest sich allerdings so, dass – auch wenn Zulassungsantragsteller oder Anbieter nicht die Emittenten der fraglichen Finanzinstrumente sind – eine Entsprechenserklärung des Emittenten beizufügen ist, doch ist dies weder durch den Wortlaut der Vorschrift gedeckt noch sinnvoll, da bei Nichtidentität derer, die als Zulassungsantragsteller und Anbieter einen Antrag auf Prospektbilligung stellen, mit dem Emittenten der anzubietenden Finanzinstrumente, die Ersteren keinen Anspruch auf Abgabe einer Entsprechenserklärung des Emittenten haben.

21 Nach § 29 Abs. 5 Satz 2 WpHG bleibt die Wirksamkeit des Billigungsantrags von der ordnungsgemäßen Abgabe dieser Erklärung unberührt. Das heißt, dass die Nichtabgabe der Entsprechenserklärung keine Auswirkungen auf den Billigungsantrag oder das Prospektverfahren nach dem Wertpapierprospektgesetz (WpPG) hat[6] und die Billigung des Prospekts nicht aus diesem Grund verweigert werden darf. Das kann man als Klarstellung betrachten, da die BaFin nach § 13 Abs. 1 Satz 2 WpPG über die Billigung des Prospekts nur auf der Grundlage einer Vollständigkeitsprüfung des Prospekts einschließlich einer Prüfung der Kohärenz und Verständlichkeit der vorgelegten Informationen entscheidet und § 29 Abs. 5 Satz 2 WpHG keine Bestimmung darstellt, die die Entsprechenserklärung in den Kreis der erforderlichen Prospektangaben rückt.

---

1 RegE eines Gesetzes zur Verringerung der Abhängigkeit von Ratings, BT-Drucks. 18/1774 v. 18.6.2014, 1, 20.
2 Richtlinie 2003/71/EG des Europäischen Parlaments und des Rates vom 4.11.2003 betreffend den Prospekt, der beim öffentlichen Angebot von Wertpapieren oder bei deren Zulassung zum Handel zu veröffentlichen ist, und zur Änderung der Richtlinie 2001/34/EG, ABl. EU Nr. L 345 v. 3.12.2003, S. 64.
3 Verordnung (EG) Nr. 809/2004 der Kommission vom 29.4.2004 zur Umsetzung der Richtlinie 2003/71/EG des Europäischen Parlaments und des Rates betreffend die in Prospekten enthaltenen Angaben sowie die Aufmachung, die Aufnahme von Angaben in Form eines Verweises und die Veröffentlichung solcher Prospekte sowie die Verbreitung von Werbung, ABl. EU Nr. L 149 v. 30.4.2004, S. 1.
4 RegE eines Gesetzes zur Verringerung der Abhängigkeit von Ratings, BT-Drucks. 18/1774 v. 18.6.2014, 1, 20.
5 BT-Drucks. 18/1774 v. 18.6.2014, 1, 20.
6 RegE eines Gesetzes zur Verringerung der Abhängigkeit von Ratings, BT-Drucks. 18/1774 v. 18.6.2014, 1, 20.

Abschnitt 5
OTC-Derivate und Transaktionsregister

§ 30 Überwachung des Clearings von OTC-Derivaten und Aufsicht über Transaktionsregister

(1) Die Bundesanstalt ist unbeschadet des § 6 des Kreditwesengesetzes nach diesem Gesetz zuständig für die Einhaltung der Vorschriften nach den Artikeln 4, 5 und 7 bis 13 der Verordnung (EU) Nr. 648/2012 des Europäischen Parlaments und des Rates vom 4. Juli 2012 über OTC-Derivate, zentrale Gegenparteien und Transaktionsregister (ABl. L 201 vom 27.7.2012, S. 1), soweit sich nicht aus § 3 Absatz 5 oder § 5 Absatz 6 des Börsengesetzes etwas anderes ergibt. Die Bundesanstalt ist zuständige Behörde im Sinne des Artikels 62 Absatz 4, des Artikels 63 Absatz 3 bis 7, des Artikels 68 Absatz 3 und des Artikels 74 Absatz 1 bis 3 der Verordnung (EU) Nr. 648/2012. Soweit in der Verordnung (EU) Nr. 648/2012 nichts Abweichendes geregelt ist, gelten die Vorschriften der Abschnitte 1 und 2 dieses Gesetzes, mit Ausnahme der §§ 22 und 23, entsprechend.

(2) Eine inländische finanzielle Gegenpartei im Sinne des Artikels 2 Nummer 8 der Verordnung (EU) Nr. 648/2012 hat, wenn sie eine Garantie im Sinne der Artikel 1 und 2 Absatz 1 der Delegierten Verordnung (EU) Nr. 285/2014 der Kommission vom 13. Februar 2014 zur Ergänzung der Verordnung (EU) Nr. 648/2012 des Europäischen Parlaments und des Rates im Hinblick auf technische Regulierungsstandards in Bezug auf unmittelbare, wesentliche und vorhersehbare Auswirkungen von Kontrakten innerhalb der Union und die Verhinderung der Umgehung von Vorschriften und Pflichten (ABl. L 85 vom 21.3.2014, S. 1) in der jeweils geltenden Fassung gewährt oder erweitert, durch geeignete Maßnahmen, insbesondere durch Vertragsgestaltung und Kontrollen, sicherzustellen, dass die an garantierten OTC-Derivatekontrakten beteiligten, in einem Drittstaat ansässigen Einrichtungen nicht gegen auf diese garantierten OTC-Derivatekontrakte anwendbare Bestimmungen der Verordnung (EU) Nr. 648/2012 verstoßen.

(3) Inländische Clearingmitglieder im Sinne des Artikels 2 Nummer 14 der Verordnung (EU) Nr. 648/2012 sowie Handelsplätze im Sinne des Artikels 2 Nummer 4 der Verordnung (EU) Nr. 648/2012 dürfen Clearingdienste einer in einem Drittstaat ansässigen zentralen Gegenpartei im Sinne des Artikels 25 Absatz 1 der Verordnung (EU) Nr. 648/2012 nur nutzen, wenn diese von der Europäischen Wertpapier- und Marktaufsichtsbehörde anerkannt wurde.

(4) Die Bundesanstalt übt die ihr nach Absatz 1 in Verbindung mit der Verordnung (EU) Nr. 648/2012 übertragenen Befugnisse aus, soweit dies für die Wahrnehmung ihrer Aufgaben und die Überwachung der Einhaltung der in der Verordnung (EU) Nr. 648/2012 geregelten Pflichten erforderlich ist.

(5) Sofern die Bundesanstalt als zuständige Behörde nach Absatz 1 tätig wird oder Befugnisse nach Absatz 4 ausübt, sind die vorzulegenden Unterlagen in deutscher Sprache und auf Verlangen der Bundesanstalt zusätzlich in englischer Sprache zu erstellen und vorzulegen. Die Bundesanstalt kann gestatten, dass die Unterlagen ausschließlich in englischer Sprache erstellt und vorgelegt werden.

(6) Die Bundesanstalt kann von Unternehmen Auskünfte, die Vorlage von Unterlagen und die Überlassung von Kopien verlangen, soweit dies für die Überwachung der Einhaltung der Vorschriften nach Absatz 1 erforderlich ist. Gesetzliche Auskunfts- oder Aussageverweigerungsrechte sowie gesetzliche Verschwiegenheitspflichten bleiben unberührt.

(7) Widerspruch und Anfechtungsklage gegen Maßnahmen der Bundesanstalt nach den Absätzen 4 und 6, auch in Verbindung mit der Verordnung (EU) Nr. 648/2012, haben keine aufschiebende Wirkung.

In der Fassung des 2. FiMaNoG vom 23.6.2017 (BGBl. I 2017, 1693).

Schrifttum: *Litten/Schwenk,* EMIR – Auswirkungen der OTC-Derivateregulierung auf Unternehmen der Realwirtschaft, DB 2013, 857 und 918; *Teuber/Schoepp,* Derivate-Regulierung – Auswirkungen auf Unternehmen in Deutschland, RdF 2013, 209; *Wilhelmi/Achtelik/Kunschke/Sigmundt* (Hrsg.), Handbuch EMIR – Europäische Regulierung der OTC-Derivate, 2016; *Zerey* (Hrsg.), Finanzderivate, Rechtshandbuch, 4. Aufl. 2016.

I. Überblick über die Norm 1	IV. Nutzung von Drittstaaten-CCPs
II. Zuständigkeiten der BaFin (§ 30 Abs. 1 WpHG) 2	(§ 30 Abs. 3 WpHG) 23
1. Finanzielle Gegenparteien 5	V. Ausübung der Befugnisse durch die BaFin
2. Nichtfinanzielle Gegenparteien 11	(§ 30 Abs. 1 und 4 WpHG) 25
3. Zugang zu CCPs und Handelsplätzen 14	VI. Englischsprachige Unterlagen
4. Transaktionsregister 17	(§ 30 Abs. 5 WpHG) 27
III. Gewährung von Garantien für Drittstaaten-	1. Zusätzliche Unterlagen 28
einrichtungen (§ 30 Abs. 2 WpHG) 18	2. Ausschließlich englischsprachige Unterlagen . . 31

VII. Auskünfte und Vorlage von Unterlagen
 (§ 30 Abs. 6 WpHG) 33

VIII. Sofortige Vollziehbarkeit von Widerspruch
 und Anfechtungsklage (§ 30 Abs. 7 WpHG) . 37

IX. Sanktionen 38

1 **I. Überblick über die Norm.** § 30 WpHG weist die **Zuständigkeit** für die Wahrnehmung der durch die VO Nr. 648/2012 (EMIR) begründeten Aufgaben der Bundesanstalt für Finanzdienstleistungsaufsicht (BaFin) zu. Über den Verweis auf die Abschnitte 1 und 2 des WpHG gewährt er der BaFin zugleich die für die Erfüllung dieser Aufgaben erforderlichen Befugnisse. Darüber hinaus enthält § 30 WpHG **verfahrensrechtliche Vorschriften**, insbesondere über die Vorlage von Unterlagen in englischer Sprache. § 30 WpHG ist durch Art. 2 des EMIR-Ausführungsgesetzes vom 13.2.2013 (BGBl. I 2013, 174) als § 18 WpHG eingeführt worden[1]. Das EMIR-Ausführungsgesetz ist am 16.2.2013 in Kraft getreten. Die Abs. 2 und 3 sind durch Art. 1 des Ersten Finanzmarktnovellierungsgesetzes (1. FiMaNoG) vom 30.6.2016 (BGBl. I 2016, 1514) neu eingefügt worden. Das 1. FiMaNoG ist am 2.7.2016 in Kraft getreten. Durch Art. 3 Nr. 30 des Zweiten Finanzmarktnovellierungsgesetz (2. FiMaNoG) vom 23.6.2017 (BGBl. I 2017, 1693) ist § 18 WpHG zu § 30 WpHG geworden. Art. 3 des 2. FiMaNoG ist am 3.1.2018 in Kraft getreten.

2 **II. Zuständigkeiten der BaFin (§ 30 Abs. 1 WpHG).** Die Zuständigkeit für die Wahrnehmung der durch die VO Nr. 648/2012 (EMIR) begründeten Aufgaben wird teilweise bereits durch Art. 2 Nr. 13 VO Nr. 648/2012 (Begriff der zuständigen Behörde) definiert. § 30 Abs. 1 WpHG (ursprünglich § 18 Abs. 1 WpHG) hat insoweit lediglich klarstellende bzw. ergänzende Funktion.

3 Seine wesentliche Bedeutung liegt darin, dass er die in Art. 4, 5 und 7 bis 13 VO Nr. 648/2012 definierten Anforderungen thematisch den im WpHG geregelten Wertpapierdienstleistungen zuweist[2] bzw. der BaFin die in § 6 WpHG definierten Befugnisse gewährt[3]. Die Verortung der Zuständigkeiten im WpHG ist aufgrund der engen sachlichen Verknüpfung von VO Nr. 600/2014 (MiFIR) und VO Nr. 648/2012 (EMIR), die sich insbesondere in Art. 28 bis 38 VO Nr. 600/2014 zeigt, und der Tatsache, dass es sich bei den durch die EMIR begründeten Pflichten um solche handelt, die dem eigentlichen Handel in zeitlicher oder prozessualer Hinsicht nachgelagert sind (**post trading**), durchaus gerechtfertigt.

4 § 30 Abs. 1 WpHG weist der BaFin die Zuständigkeit für die Einhaltung der in Art. 4, 5 und 7 bis 13 VO Nr. 648/2012 definierten **Anforderungen** zu. Soweit es sich hierbei um Aufgaben handelt, die von der BaFin selbst zu erfüllen sind – zu denken ist etwa an die nach Art. 5 Abs. 1 Unterabs. 1 VO Nr. 648/2012 erforderliche Mitteilung, mit der die BaFin die Europäische Wertpapier- und Marktaufsichtsbehörde (ESMA) über die Zulassung einer CCP bzw. die Erweiterung deren Zulassung informiert, oder die nach Art. 7 Abs. 4 VO Nr. 648/2012 erforderliche Entscheidung über den Zugang zu einer CCP – ist die Formulierung zutreffend. Soweit es sich um Pflichten der Gegenparteien handelt, die von den Gegenparteien eines OTC-Derivates zu erfüllen sind, kann die BaFin hingegen nur für die Überwachung der Einhaltung dieser Pflichten zuständig sein[4].

5 **1. Finanzielle Gegenparteien.** Für die Zuständigkeit der Überwachung der von finanziellen Gegenparteien einzuhaltenden Pflichten verweist Art. 2 Nr. 13 VO Nr. 648/2012 auf die zuständige Behörde im Sinne derjenigen europäischen Rechtsvorschriften, die in Art. 2 Nr. 8 VO Nr. 648/2012 – der Definition des Begriffs finanzielle Gegenpartei – genannt sind. Die dort aufgeführten Richtlinien sind teilweise durch neue Richtlinien ersetzt worden. Gemeinsam ist ihnen, dass es dem jeweiligen Mitgliedstaat obliegt, die für die Wahrnehmung der durch die jeweiligen Richtlinien bzw. Verordnungen begründeten Aufgaben zu bestimmen. In Deutschland ist dies fast ausnahmslos die **BaFin**.

6 Der Begriff **finanzielle Gegenpartei** umfasst nach Art. 2 Nr. 8 VO Nr. 648/2012 die unter den Richtlinien RL 2014/65/EU (MiFID II), RL 2013/36/EU (CRD IV), RL 2009/138/EG (Solvabilität II), RL 2003/41/EG (AltersVersR), RL 2009/65/EG (OGAW-R) und RL 2011/61/EU (AIFMD) zugelassenen Wertpapierfirmen, Kreditinstitute, Versicherungen, Rückversicherungen, betriebliche Altersversorgungen und Organismen für gemeinsame Anlagen in Wertpapieren (OGAW) sowie die von zugelassenen oder registrierten Verwaltungsgesellschaften verwalteten alternativen Investmentfonds (AIFs). Mit der im Entwurf vorliegenden Verordnung zur Änderung der EMIR (**EMIR-REFIT-Entwurf**)[5] soll der in der Art. 2 Nr. 8 VO Nr. 648/2012 definierte Begriff der

---

1 § 18 WpHG war zum damaligen Zeitpunkt nicht mehr belegt. Die Urfassung des § 18 WpHG „Strafverfahren bei Insidervergehen" war durch das Zweite Finanzmarktförderungsgesetz vom 26.7.1994 (BGBl. I 1994, 1749) eingeführt worden. § 18 WpHG begründete die Pflicht des Bundesaufsichtsamts für den Wertpapierhandel (BAWe) und seit 1.5.2001 der BaFin, Tatsachen, die den Verdacht einer Insiderstraftat begründen, der Staatsanwaltschaft anzuzeigen. Diese Fassung des § 18 WpHG wurde durch das Gesetz zur Verbesserung des Anlegerschutzes (Anlegerschutzverbesserungsgesetz – AnSVG) vom 28.10.2004 (BGBl. I 2004, 2630) aufgehoben.
2 *Teuber* in Fuchs, § 18 WpHG Rz. 2.
3 RegE EMIR-Ausführungsgesetz, BT-Drucks. 17/11289, 23.
4 RegE EMIR-Ausführungsgesetz, BT-Drucks. 17/11289, 23; *Teuber* in Fuchs, § 18 WpHG Rz. 3.
5 Kommission, Vorschlag für eine Verordnung des Europäischen Parlaments und des Rates zur Änderung der Verordnung (EU) Nr. 648/2012 in Bezug auf die Clearingpflicht, die Aussetzung der Clearingpflicht, die Meldepflichten, die Risikomin-

finanziellen Gegenpartei jedoch deutlich erweitert werden. So schlägt die Kommission vor, zukünftig auch Zentralverwahrer, Verbriefungszweckgesellschaften sowie solche AIFs zu erfassen, die nicht von einer gemäß der RL 2011/61/EU zugelassenen oder registrierten Verwaltungsgesellschaft verwaltet werden. Mit der Annahme des Berichts zum EMIR-REFIT-Entwurf[1] seines Berichterstatters *Langen* am 23.5.2018 hat sich das Europäische Parlament zwischenzeitlich gegen eine entsprechende Erweiterung ausgesprochen. AIFs, die keinen Bezug zur Union aufweisen, und Verbriefungszweckgesellschaften sollen nach Auffassung des Europäischen Parlaments weiterhin als nichtfinanzielle Gegenparteien qualifiziert werden. Wegen der Einzelheiten zum Begriff finanzielle Gegenpartei wird auf die Ausführungen zu Art. 2 VO Nr. 648/2012 Rz. 48–78 verwiesen.

Die nach Art. 4 Abs. 1 Nr. 26 i.V.m. Art. 67 RL 2014/65/EU (MiFID II) und Art. 3 Abs. 1 Nr. 36 RL 2013/36/EU (CRD IV) i.V.m. Art. 4 Abs. 1 Nr. 40 VO Nr. 575/2013 (CRR) erforderliche Bestimmung der für **Kreditinstitute** und **Wertpapierfirmen** zuständigen Behörde ist, soweit es sich um die Einhaltung der an Wertpapierdienstleistungen zu stellenden Anforderungen handelt, durch § 4 Abs. 1 WpHG, und, soweit es sich um die von ihnen einzuhaltenden Eigenmittel- und organisatorischen Anforderungen handelt, durch § 6 Abs. 1 KWG erfolgt. Zuständige Behörde ist jeweils die BaFin. Die nach Art. 13 Nr. 10 RL 2009/138/EG (Solvabilität II) erforderliche Bestimmung der für **Versicherungen** und **Rückversicherungen** zuständigen Behörde ist in § 320 VAG vorgenommen worden. Auch hier ist grundsätzlich die BaFin zuständig. Nach § 321 VAG kann das Bundesministerium der Finanzen auf Antrag der BaFin die Aufsicht über private Versicherungsunternehmen von geringerer wirtschaftlicher Bedeutung sowie über Pensionsfonds und über öffentlich rechtliche Wettbewerbs-Versicherungsunternehmen mit Zustimmung der zuständigen Landesaufsichtsbehörde auf diese übertragen. Die nach Art. 6 lit. g RL 2003/41/EG erforderliche Bestimmung der für **betriebliche Altersversorgungen** zuständigen Behörde ist ebenfalls durch § 320 VAG erfolgt. Die nach Art. 2 Abs. 1 lit. h RL 2009/65/EG (OGAW-R) und Art. 4 Abs. 1 lit. f RL 2011/61/EU (AIFMD) gebotene Bestimmung der für **Organismen für gemeinsame Anlagen in Wertpapieren** (OGAW) und **alternative Investmentfonds** (AIFs) zuständigen Behörde findet sich in § 5 Abs. 1 KAGB. Auch hier ist wiederum die BaFin zuständig.

Die Eingangsformulierung „*unbeschadet des § 6 des Kreditwesengesetzes*" erinnert den Leser daran, dass es sich bei den zu Kreditinstitute und Wertpapierfirmen zu erfüllenden Anforderungen teilweise auch um **Organisationspflichten** i.S.d. § 25a KWG[2] handelt. Dies gilt im besonderen Maße für die durch Art. 11 VO Nr. 648/2012 begründeten Risikominderungspflichten, die zugleich Teil der nach § 25a Abs. 1 Nr. 3 lit. b KWG einzurichtenden Prozesse für die Identifizierung, Beurteilung und Steuerung der mit der Geschäftstätigkeit des Instituts verbundenen Risiken sind. Dies zeigt sich ganz prominent an BTO 2.2.2 Tz. 2 MaRisk[3], der wie die auf Art. 11 Abs. 14 lit. a VO Nr. 648/2012 basierenden Bestimmungen des Art. 12 DelVO Nr. 149/2013 Anforderungen an die unverzügliche bzw. zeitnahe Bestätigung von OTC-Derivaten stellt. Wegen der Einzelheiten wird auf die Ausführungen zu Art. 11 VO Nr. 648/2012 verwiesen.

Die VO Nr. 1024/2013[4], mit der einzelne Aufgaben im Zusammenhang mit der Beaufsichtigung von Kreditinstituten auf die **Europäische Zentralbank** (EZB) übertragen wurden, hat auf die Zuständigkeit der nationalen Aufsichtsbehörden grundsätzlich keinen Einfluss, da Art. 4 Abs. 1 VO Nr. 1024/2013 die von der EMIR begründeten Pflichten nicht benennt. Aufgrund der allgemeinen Zuständigkeit der EZB für die Einhaltung der von Kreditinstitute zu beachtenden besonderen organisatorischen Pflichten insbesondere im Hinblick auf ein angemessenes und wirksames Risikomanagement (Art. 4 Abs. 1 lit, e VO Nr. 1024/2013), kann es jedoch zu Zuständigkeitsüberschneidungen im Bereich der Risikominderungspflichten des bereits erwähnten Art. 11 VO Nr. 648/2012 kommen. Diese sind jedoch nur für die „teilnehmenden Mitgliedstaaten" i.S.d. Art. 2 Nr. 1 VO Nr. 1024/2013, d.h. nur für Mitgliedstaaten von Bedeutung, deren Währung der Euro ist.

Die von finanziellen Gegenparteien zu erfüllenden Pflichten, die der Aufsicht der BaFin unterliegen, sind
- die Clearingpflicht nach Art. 4 VO Nr. 648/2012,
- die Meldepflicht nach Art. 9 VO Nr. 648/2012 und
- die Risikominderungs- und Veröffentlichungspflichten nach Art. 11 Abs. 1 bis 4 und 11 VO Nr. 648/2012.

---

derungstechniken für nicht durch eine zentrale Gegenpartei geclearte OTC- Derivatekontrakte, die Registrierung und Beaufsichtigung von Transaktionsregistern und die Anforderungen an Transaktionsregister, COM(2017) 208 final vom 4.5. 2017, abrufbar über: http://ec.europa.eu/transparency/regdoc/rep/1/2017/DE/COM-2017-208-F1-DE-MAIN-PART-1.PDF.
1 Der Bericht ist abrufbar über: http://www.europarl.europa.eu/sides/getDoc.do?pubRef=-//EP//TEXT+REPORT+A8-2018-0181+0+DOC+XML+V0//EN&language=de.
2 *Litten/Schwenk*, DB 2013, 861; *Achtelik/Steinmüller* in Wilhelmi/Achtelik/Kunschke/Sigmundt, Handbuch EMIR, Teil 3.B.II Rz. 1.
3 BaFin, Rundschreiben 09/2017 (BA) – Mindestanforderungen an das Risikomanagement – MaRisk, BA 54-FR 2210-2017/0002 vom 27.10.2017, abrufbar über: https://www.bafin.de/SharedDocs/Downloads/DE/Rundschreiben/dl_rs0917_marisk_Endfassung_2017_pdf_ba.pdf;jsessionid=3C9EB966208B98EEFA667571EFFFA3F6.2_cid298?__blob=publicationFile&v=5.
4 Verordnung (EU) Nr. 1024/2013 des Rates vom 15.10.2013 zur Übertragung besonderer Aufgaben im Zusammenhang mit der Aufsicht über Kreditinstitute auf die Europäische Zentralbank, ABl. EU Nr. L 287 v. 29.10.2013, S. 63 („VO Nr. 1024/2013" oder „SSM-Verordnung").

Wegen der Ausgestaltung der genannten Pflichten wird auf die Kommentierung zu Art. 4, 9 und 11 VO Nr. 648/2012 verwiesen.

11 **2. Nichtfinanzielle Gegenparteien.** Für die Zuständigkeit der Überwachung der von nichtfinanziellen Gegenparteien einzuhaltenden Pflichten verweist Art. 2 Nr. 13 VO Nr. 648/2012 auf die nach Art. 10 Abs. 5 VO Nr. 648/2012 von den Mitgliedstaaten zu benennende Behörde. Mit § 30 Abs. 1 Satz 1 WpHG hat der deutsche Gesetzgeber die erforderliche Bestimmung vorgenommen.

12 Der Begriff **nichtfinanzielle Gegenpartei** ist in Art. 2 Nr. 9 VO Nr. 648/2012 sowohl positiv als auch negativ definiert. Er verlangt im positiven Sinne ein Unternehmen, das in der Union niedergelassen ist. In negativer Hinsicht verlangt er, dass das Unternehmen nicht zu den in Art. 2 Nr. 1 und 8 VO Nr. 648/2012 genannten Einrichtungen (CCPs oder finanzielle Gegenparteien) gehört. Der Begriff Unternehmen wird in der EMIR nicht definiert. Weit verbreitet ist der Ansatz, ihn in Anlehnung an das europäische Wettbewerbsrechts und unter Berücksichtigung der ständigen Rechtsprechung des Europäischen Gerichtshofes (EuGH) und des Europäischen Gerichts Erster Instanz (EuG) zu Art. 101 und 102 AEUV (ehemals Art. 85, 86 EGV) auszulegen[1]. Danach ist Unternehmen jede eine wirtschaftliche Tätigkeit ausübende Einrichtung unabhängig von ihrer Rechtsform und der Art ihrer Finanzierung[2]. Wirtschaftliche Tätigkeit ist jede Tätigkeit, die darin besteht, Güter oder Dienstleistungen auf einem bestimmten Markt anzubieten[3]. Eine Tätigkeit, die nach ihrer Art, den für sie geltenden Regeln und ihrem Gegenstand keinen Bezug zum Wirtschaftsleben hat oder die mit der Ausübung hoheitlicher Befugnisse zusammenhängt, unterliegt hingegen nicht den Wettbewerbsregeln des AEUV[4]. Wegen der Einzelheiten wird auf die Ausführungen zu Art. 2 VO Nr. 648/2012 Rz. 79–95 verwiesen.

13 Die von nichtfinanziellen Gegenparteien zu erfüllenden Pflichten, die der Aufsicht der BaFin unterliegen, sind
– sofern die nichtfinanzielle Gegenpartei die Clearingschwelle nachhaltig überschritten hat, die Clearingpflicht nach Art. 4 VO Nr. 648/2012,
– die Meldepflicht nach Art. 9 VO Nr. 648/2012,
– die Mitteilungspflichten nach Art. 10 VO Nr. 648/2012,
– die Risikominderungspflichten nach Art. 11 Abs. 1 VO Nr. 648/2012 und
– sofern die nichtfinanzielle Gegenpartei die Clearingschwelle nachhaltig überschritten hat, die Risikominderungs- und Veröffentlichungspflichten nach Art. 11 Abs. 2 bis 4 und 11 VO Nr. 648/2012.

Wegen der Ausgestaltung der genannten Pflichten wird auf die Kommentierung zu Art. 4, 9, 10 und 11 VO Nr. 648/2012 verwiesen.

14 **3. Zugang zu CCPs und Handelsplätzen.** § 30 Abs. 1 WpHG weist der BaFin auch die Zuständigkeiten für die Überwachung des in Art. 7 und 8 VO Nr. 648/2012 garantierten **freien Zugangs zu CCPs und Handelsplätzen** zu. Davon ausgenommen sind die durch § 3 Abs. 1 BörsG begründete Zuständigkeit der obersten Landesbehörde als Börsenaufsichtsbehörde und die in § 3 Abs. 5 Satz 3 Nr. 2 BörsG geregelte Befugnis, der von ihr beaufsichtigten Börse die Nutzung einer bestimmten CCP zu untersagen. Wegen der Gründe, eine Verweigerung des in Art. 7 und 8 VO Nr. 648/2012 garantierten Zugangs rechtfertigen, wird auf die Ausführungen zu Art. 7 und 8 VO Nr. 648/2012 verwiesen.

15 Bei dem in § 30 Abs. 1 WpHG ebenfalls erwähnten § 5 Abs. 6 BörsG handelt es sich offensichtlich um ein Versehen[5]. Die Vorschrift ist erst durch Art. 28 des Amtshilferichtlinie-Umsetzungsgesetzes (AmtshilfeRLUmsG) vom 26.6.2013 eingefügt worden und regelt die Pflicht des Börsenträgers, das Land von Schadensersatzansprüchen Dritter freizustellen.

16 In § 30 WpHG nicht geregelt ist die in Art. 2 Nr. 13 und Art. 22 Abs. 1 VO Nr. 648/2012 angesprochene Zuständigkeit für die **Zulassung und Beaufsichtigung von CCPs**. Sie findet sich in § 6a Abs. 1a KWG und ist dort ebenfalls der BaFin zugewiesen.

17 **4. Transaktionsregister.** Die in § 30 Abs. 1 Satz 2 WpHG definierten Zuständigkeiten der BaFin betreffen die Aufsicht der Transaktionsregister durch die ESMA und die in den Art. 62, 63, 68 und 74 VO Nr. 648/2012 geregelte Zusammenarbeit mit den nationalen Aufsichtsbehörden insbesondere im Falle von Prüfungen. § 30

---

1 Kommission, „EMIR: Häufig gestellte Fragen", zuletzt aktualisiert am 10.7.2014, abrufbar über: http://ec.europa.eu/internal_market/financial-markets/docs/derivatives/emir-faqs_en.pdf („*Kommission* FAQ"), II. 14; BaFin, Häufige Fragen und Antworten der BaFin zur EMIR, Stand: 6.10.2016, abrufbar über: https://www.bafin.de, Nr. 4; *Köhling/Adler*, WM 2012, 2129/2130, Fn. 31; *Donner* in Zerey, Finanzderivate, § 34 Rz. 103; a.A. *Teuber/Schoepp*, RdF 2013, 210, die nur wirtschaftlich tätige Personenmehrheiten, die durch eine Gesellschaftsform gebunden sind, als Unternehmen klassifizieren, bzw. Selbständige vom Anwendungsbereich der EMIR ausnehmen wollen.
2 Grundlegend: EuGH v. 23.4.1991 – Rs. C-41/90 – Höfner und Eiser, Slg. 1991, I-1979, Rz. 21 = NJW 1991, 2891.
3 *EuGH v. 16.6.1987 – Rs. C 118/85* – Kommission/Italien, Slg. 1987-2599, Rz. 7.
4 EuGH v. 19.2.2002 – Rs. C-309/99 – Wouters u.a., Slg. 2002, I-1577 = NJW 2002, 877 = BB 2002, 469.
5 *Mock* in KölnKomm. WpHG, § 18 WpHG Rz. 28; *Teuber* in Fuchs, § 18 WpHG Rz. 7.

Abs. 1 Satz 2 WpHG definiert damit für Deutschland diejenige Stelle, die von der ESMA kontaktiert werden muss, wenn sie Untersuchungen und Prüfungen in Deutschland vornehmen will[1].

III. Gewährung von Garantien für Drittstaateneinrichtungen (§ 30 Abs. 2 WpHG). § 30 Abs. 2 WpHG (ursprünglich § 18 Abs. 2 WpHG) ist durch Art. 1 des Ersten Finanzmarktnovellierungsgesetzes (1. FiMaNoG) vom 30.6.2016 (BGBl. I 2016, 1514) eingefügt worden. Der bis zu diesem Zeitpunkt geltende Absatz 2 ist zu § 18 Abs. 4 WpHG bzw. § 30 Abs. 4 WpHG geworden. Hintergrund für die Einfügung des § 30 Abs. 2 WpHG war der Erlass der **DelVO Nr. 285/2014**, mit der die Kommission diejenigen OTC-Derivate bestimmte, bei denen unmittelbare, wesentliche und vorhersehbare Auswirkungen innerhalb der Union gegeben sind.

Zum Hintergrund: Art. 4 Abs. 1 lit. a Ziff. v und Art. 11 Abs. 12 VO Nr. 648/2012 begründen die Clearing- bzw. Risikominderungspflichten für OTC-Derivate, die zwischen zwei in einem oder mehreren Drittstaaten ansässigen Einrichtungen abgeschlossen wurden. Sie unterliegen den Clearing- bzw. Risikominderungspflichten nur dann, wenn die beiden Drittstaateneinrichtungen im Falle der fingierten Sitzverlegung in die Union diesen Pflichten ebenfalls unterlägen, und die OTC-Derivate **unmittelbare, wesentliche und vorhersehbare Auswirkungen** innerhalb der Union entfalten. Nach Art. 2 Abs. 1 DelVO Nr. 285/2014 sind unmittelbare, wesentliche und vorhersehbare Auswirkungen dann anzunehmen, wenn eine in der Union ansässige finanzielle Gegenpartei einer der beiden Drittstaatseinrichtungen eine **Garantie** gewährt. Weitere Voraussetzung ist, dass die Garantie sich auf Verbindlichkeiten aus OTC-Derivaten bezieht, deren Volumen beide der in Art. 2 Abs. 1 Unterabs. 1 lit. a und b DelVO Nr. 285/2014 genannten **Schwellenwerte** – 8 Milliarden Euro Nominalwert und 5 % der Marktwerte des von der garantierenden finanziellen Gegenpartei gehaltenen OTC-Derivateportfolios – überschreitet. Wegen der Einzelheiten, insbesondere des in Art. 1 DelVO Nr. 285/2014 eingeführten Garantiebegriffs wird auf die Ausführungen zu Art. 4 VO Nr. 648/2012 Rz. 10–26 verwiesen.

Anknüpfend an Art. 2 Abs. 1 DelVO Nr. 285/2014 verpflichtet § 30 Abs. 2 WpHG nur die in Deutschland ansässigen **finanziellen Gegenparteien**. Wurde die Garantie von einer nichtfinanziellen Gegenpartei gewährt, ist § 30 Abs. 2 WpHG auch dann nicht anwendbar, wenn die Garantie im Übrigen die Anforderungen des Art. 2 Abs. 1 DelVO Nr. 285/2014 erfüllen würde.

§ 30 Abs. 2 WpHG verpflichtet die finanzielle Gegenpartei durch geeignete Maßnahmen sicher zu stellen, dass die Drittstaateneinrichtungen ihren Verpflichtungen unter der EMIR nachkommen, d.h. das betreffende OTC-Derivate entweder durch eine zugelassene oder anerkannte CCP clearen lassen oder, wenn eine Clearingpflicht mangels Erlass des nach Art. 5 VO Nr. 648/2012 erforderlichen delegierten Rechtsaktes nicht besteht, ausreichend Sicherheiten austauschen. Unabhängig davon muss die finanzielle Gegenpartei in der Lage sein, das Überschreiten der in Art. 2 Abs. 1 Unterabs. 1 lit. a und b DelVO Nr. 285/2014 genannten Schwellenwerte zu überwachen, in dem es sich die hierfür relevanten Daten – die Nominalwerte und die täglich zu ermittelnden Marktwerte – mitteilen lässt[2].

Die in § 30 Abs. 2 WpHG erwähnten Maßnahmen – Vertragsgestaltung und Kontrollen – sind nur beispielhaft genannt. Sofern es sich bei der Garantiegeberin um das Mutterunternehmen der garantierten Drittstaateneinrichtung handelt, zählt zu den **geeigneten Maßnahmen** auch die Anweisung des Tochterunternehmens im Wege der Ausübung der von der Mutter gehaltenen Stimmrechte oder Weisungsbefugnisse.

IV. Nutzung von Drittstaaten-CCPs (§ 30 Abs. 3 WpHG). § 30 Abs. 3 WpHG (ursprünglich § 18 Abs. 3 WpHG) ist ebenfalls erst durch Art. 1 des Ersten Finanzmarktnovellierungsgesetzes (1. FiMaNoG) vom 30.6.2016 (BGBl. I 2016, 1514) eingefügt worden; der bis zu diesem Zeitpunkt geltende Absatz 3 ist zu § 18 Abs. 5 WpHG bzw. § 30 Abs. 5 WpHG geworden. § 30 Abs. 3 WpHG soll sicherstellen, dass inländische Clearingmitglieder i.S.d. Art. 2 Nr. 14 VO Nr. 648/2012 und inländische Handelsplätze i.S.d. Art. 2 Nr. 4 VO Nr. 648/2012 Clearingdienstleistungen nur von solchen Drittstaaten-CCPs in Anspruch nehmen, die nach Art. 25 VO Nr. 648/2012 zugelassen sind[3]. Wegen des Begriffs Handelsplatz, der seit dem 3.1.2018 auch organisierte Handelssysteme (organised trading facilities, OTFs) erfasst, und des Begriffs Clearingmitglied wird auf die Anmerkungen zu Art. 2 VO Nr. 648/2012 Rz. 21–23 und Rz. 109 verwiesen.

Nachvollziehbar ist das Verbot für Clearingmitglieder, die ihre Mitgliedschaft erworben haben, um ihrer Clearingpflicht nach Art. 4 Abs. 3 Unterabs. 2 VO Nr. 648/2012 nachzukommen. Hier ist bereits durch Art. 4 Abs. 3 Unterabs. 1 VO Nr. 648/2012 klargestellt, dass die clearingpflichtige Gegenpartei ihrer Clearingpflicht nur dadurch nachkommen kann, dass sie eine nach Art. 14 VO Nr. 648/2012 zugelassene europäische CCP oder eine nach Art. 25 VO Nr. 648/2012 anerkannte Drittstaaten-CCP nutzt. Soweit das Clearingmitglied eine Drittstaaten-CCP freiwillig nutzt, kommt ihm das Verbot nach § 30 Abs. 3 WpHG jedoch zu weit. Dies gilt insbesondere dann, wenn die Drittstaaten-CCP von den Übergangsbestimmungen in Art. 89 Abs. 3 und 4 VO Nr. 648/2012 Gebrauch macht und die Anerkennung nach Art. 25 VO Nr. 648/2012 bislang nur daran gescheitert ist, dass der nach Art. 25 Abs. 2 VO Nr. 648/2012 erforderliche Durchführungsbeschluss nicht ergangen ist.

---

1 *Teuber* in Fuchs, § 18 WpHG Rz. 8.
2 RegE 1. FiMaNoG, BT-Drucks. 18/7482, 61.
3 RegE 1. FiMaNoG, BT-Drucks. 18/7482, 61.

25 **V. Ausübung der Befugnisse durch die BaFin (§ 30 Abs. 1 und 4 WpHG).** Nach § 30 Abs. 1 Satz 3 WpHG stehen der BaFin die in den Abschnitten 1 und 2 des WpHG vorgesehenen Befugnisse zu. Von Bedeutung ist insbesondere die allgemeine Kompetenzklausel des § 6 WpHG. Ausdrücklich ausgenommen sind die Befugnisse nach §§ 22 und 23 WpHG.

26 Nach § 30 Abs. 4 WpHG (ursprünglich § 18 Abs. 2 WpHG bzw. § 30 Abs. 2 WpHG, s. Rz. 18) darf die BaFin bei der Ausübung der ihr übertragenen Befugnisse nur tätig werden, soweit dies erforderlich ist. Die Vorschrift ist Ausdruck des aus den Grundrechten und dem Rechtsstaatsprinzip (Art. 20 Abs. 3 GG) abgeleiteten **Verhältnismäßigkeitsgrundsatzes** bzw. Übermaßverbot und geht über die bereits in § 6 Abs. 1 Satz 3 WpHG verankerte Verpflichtung, nur solche Anordnungen zu treffen, die geeignet und erforderlich sind, nicht hinaus[1].

27 **VI. Englischsprachige Unterlagen (§ 30 Abs. 5 WpHG).** § 30 Abs. 5 WpHG (ursprünglich § 18 Abs. 3 WpHG bzw. § 30 Abs. 3 WpHG, s. Rz. 23) konkretisiert und erweitert die Bestimmungen des § 23 Abs. 1 VwVfG. Danach ist die Amtssprache deutsch[2]. Die Vorschrift regelt – wie die gleichlautende Parallelnorm in § 53j Abs. 2 KWG[3] – **zwei Fälle**, die jedoch unterschiedlichen Zwecken dienen. Die mit § 30 Abs. 5 Satz 1 WpHG begründete Verpflichtung der Unternehmen, auf Verlangen der BaFin Unterlagen auch in englischer Sprache zu erstellen und vorzulegen, **unterstützt die BaFin** bei der Ausübung der ihr übertragenen Befugnisse. Sie ist, da die Anforderung von Unterlagen in englischer Sprache die Vorlage der Unterlagen in deutscher Sprache nicht ersetzt[4], für die betroffenen Unternehmen vordergründig lästig und allenfalls mittelbar von Vorteil. Soweit die BaFin den betroffenen Unternehmen nach § 30 Abs. 5 Satz 2 WpHG gestattet, Unterlagen ausschließlich in englischer Sprache zu erstellen und vorzulegen, dient dies in erster Linie den **Interessen der betroffenen Unternehmen**, die von dieser Möglichkeit Gebrauch machen wollen.

28 **1. Zusätzliche Unterlagen.** Die Befugnis der BaFin nach § 30 Abs. 5 Satz 1 WpHG, zusätzliche Unterlagen in englischer Sprache zu verlangen, trägt dem Umstand Rechnung, dass einige der in § 30 Abs. 1 WpHG genannten Aufgaben und Zuständigkeiten mit **grenzüberschreitender Kommunikation** verbunden sind, die die BaFin üblicherweise in Englisch führen wird[5]. Dies gilt z.B. für die Beaufsichtigung der nach Art. 55 VO Nr. 648/2012 registrierten Transaktionsregister durch die ESMA und die in diesem Zusammenhang durchgeführten Untersuchungen und Vorort-Prüfungen nach Art. 62 und 63 VO Nr. 648/2012, die nach Art. 74 VO Nr. 648/2012 auch auf die BaFin delegiert werden können. Ein anderes Beispiel sind die in Art. 7 und 8 VO Nr. 648/2012 geregelten Verfahren über den Zugang zu CCPs und Handelsplätzen, die auch einen grenzübergreifenden Bezug aufweisen können und die Einbindung der in einem anderen Mitgliedstaat ansässigen zuständigen Behörde erforderlich machen.

29 Bei der Frage, ob die BaFin zusätzliche englischsprachige Unterlagen verlangt, steht ihr ein **Ermessen** zu, dass sie jedoch im Einklang mit dem in § 30 Abs. 4 WpHG ausdrücklich erwähnten Verhältnismäßigkeitsprinzip ausüben muss. So sollte die Übersetzung der deutschsprachigen Unterlagen durch einen allgemein beeidigten oder öffentlich bestellten Übersetzer in entsprechender Anwendung von § 23 Abs. 2 Satz 2 VwVfG nur in begründeten Fällen verlangt werden. Zu prüfen ist auch, ob anstelle einer Vollübersetzung der deutschsprachigen Unterlagen nicht auch eine englische Zusammenfassung ausreicht.

30 Verlangt die BaFin die englische Übersetzung eines Antrages, durch den eine Frist in Lauf gesetzt wird – zu denken ist z.B. an die Anträge nach Art. 7 und 8 VO Nr. 648/2012, über die innerhalb von drei Monaten zu entscheiden ist – dann sollte die durch die Übersetzung verursachte Verzögerung auf den Gang der Frist keinen Einfluss haben; § 23 Abs. 3 VwVfG ist auch nicht entsprechend anwendbar.

31 **2. Ausschließlich englischsprachige Unterlagen.** Zweck des § 30 Abs. 5 WpHG Satz 2 WpHG ist es, den Bedürfnissen **international agierender Unternehmen** Rechnung zu tragen[6]. Diesen soll die Option eröffnet werden, Unterlagen ausschließlich in Englisch und damit in der Sprache zu erstellen, die sie für die Unternehmenssteuerung und die interne grenzüberschreitende Kommunikation verwenden. § 30 Abs. 5 Satz 2 WpHG ist insbesondere für deutsche systemrelevante Kreditinstitute von Bedeutung, die nach Art. 4 VO Nr. 1024/2013[7] von der Euro-

---

1 *Mock* in KölnKomm. WpHG, § 18 WpHG Rz. 31, der zu Recht darauf hinweist, dass der Vorschrift kein eigener Regelungsgehalt zukommt.
2 *Teuber* in Fuchs, § 18 WpHG Rz. 12.
3 Nach § 53j Abs. 2 KWG kann die BaFin von der CCP verlangen, dass diese Unterlagen auch in englischer Sprache erstellt und vorlegt.
4 *Mock* in KölnKomm. WpHG, § 18 WpHG Rz. 31; *Teuber* in Fuchs, § 18 WpHG Rz. 32.
5 *Liebrich* in Just/Voß/Ritz/Becker, §§ 18–20 WpHG Rz. 14 mit dem Hinweis auf die Vereinfachung des internationalen Austausches. S. auch *Ruschkowski* in Wilhelmi/Achtelik/Kunschke/Sigmundt, Handbuch EMIR, Teil 5.C Rz. 13 für die Parallelnorm in § 53j Abs. 2 KWG.
6 RegE EMIR-Ausführungsgesetz, BT-Drucks. 17/11289, 24.
7 Verordnung (EU) Nr. 1024/2013 des Rates vom 15.10.2013 zur Übertragung besonderer Aufgaben im Zusammenhang mit der Aufsicht über Kreditinstitute auf die Europäische Zentralbank, ABl. EU Nr. L 287 v. 29.10.2013, S. 63 („VO Nr. 1024/2013" oder „SSM-Verordnung").

päischen Zentralbank (EZB) beaufsichtigt werden und nach Art. 23 VO Nr. 468/2014[1] vereinbart haben, dass die Kommunikation zwischen ihnen, der EZB und den nationalen Aufsichtsbehörden ausschließlich in englischer Sprache erfolgt. Zwar zählen die in § 30 Abs. 1 WpHG genannten Aufgaben nicht zu den Aufgaben, die nach Art. 4 Abs. 1 VO Nr. 1024/2013 auf die EZB übertragen wurden. Soweit die durch Art. 4, 9 und 11 VO Nr. 648/2012 begründeten Pflichten auch Anforderungen an die Geschäftsorganisation stellen und z.B. die Einrichtung interner Risikomanagementverfahren oder Kontrollmechanismen verlangen, ergeben sich jedoch Überschneidung im Hinblick auf die in Art. 4 Abs. 1 lit. e VO Nr. 1024/2013 übertragenen Aufgaben.

Bei der Frage, ob die BaFin es gestattet, dass das Unternehmen ausschließlich Unterlagen in englischer Sprache 32
erstellt und vorlegt, steht ihr ein **Ermessen** zu, dass sie in diesem Fall auch im Lichte des Zweckes der Bestimmung[2] ausüben muss. So wird sie internationalen agierenden Unternehmen, die Möglichkeit, ausschließlich englischsprachige Unterlagen vorzulegen, ohne sachlichen Grund nicht verweigern dürfen[3].

VII. Auskünfte und Vorlage von Unterlagen (§ 30 Abs. 6 WpHG). § 30 Abs. 6 WpHG (ursprünglich § 18 33
Abs. 4 WpHG bzw. § 30 Abs. 4 WpHG) war als Ergänzung der allgemeinen Befugnisse gedacht, die der BaFin nunmehr bereits aufgrund des § 30 Abs. 1 Satz 3 WpHG i.V.m. § 6 Abs. 3 Satz 1 WpHG zustehen[4]. So sollte § 30 Abs. 6 WpHG sicherstellen, dass die BaFin im Rahmen der Überwachung **Auskünfte, Unterlagen und Kopien** oder die Durchführung von Stichproben auf Basis der nach der EMIR vorzuhaltenden Daten auch dann verlangen kann, wenn **kein konkreter Anfangsverdacht** für eine Verletzung der durch die EMIR begründeten Pflichten besteht[5]. Seit der Neufassung des § 6 WpHG durch das Zweite Finanzmarktnovellierungsgesetz[6] stehen der BaFin vergleichbar umfangreiche Auskunfts- und Vorlagerechte auch nach § 6 Abs. 3 WpHG zu.

Die Aussage, dass Auskünfte, Unterlagen und Kopien nur insoweit verlangt werden dürfen, soweit dies für die 34
Ausübung der Befugnisse nach § 30 Abs. 1 WpHG erforderlich ist, schränkt den **Kreis der Unternehmen**, die Adressat des Auskunfts- und Vorlagesuchens sein können ein: Betroffene Unternehmen sind nur die Gegenparteien, CCPs, und Transaktionsregister, die, weil sie OTC-Derivate abgeschlossen haben oder zentral clearen oder die für sie gemeldeten Daten sammeln und verwahren einen engen Bezug zu den OTC-Derivaten haben[7].

Die Regelung in § 30 Abs. 6 Satz 2 WpHG, wonach das Auskunfts- und Vorlagerecht die gesetzlichen **Aus-** 35
kunfts- und Aussageverweigerungsrechte sowie die gesetzlichen Verschwiegenheitspflichten unberührt lässt, findet sich seit der Neufassung des § 6 WpHG durch das Zweite Finanzmarktnovellierungsgesetz auch in § 6 Abs. 3 Satz 2 WpHG.

Verstöße gegen die durch die EMIR begründeten Pflichten können nach § 120 Abs. 7 WpHG nur als Ord- 36
nungswidrigkeiten geahndet werden[8]. Soweit es sich bei den betroffenen Unternehmen um juristische Personen handelt, können nach § 9 OWiG auch die **gesetzlichen Vertreter**, und **Betriebsleiter** verantwortlich sein. Gleiches gilt für diejenigen **leitenden Mitarbeiter**, die ausdrücklich beauftragt wurden, in eigener Verantwortung und mit entsprechender Einflussmöglichkeit Aufgaben des Unternehmens wahrzunehmen. Soweit sie als Betroffene i.S.d. § 55 OWiG vernommen werden, steht ihnen über § 163a Abs. 3 StPO das in § 136 Abs. 1 StPO verortete Aussageverweigerungsrecht zu[9].

VIII. Sofortige Vollziehbarkeit von Widerspruch und Anfechtungsklage (§ 30 Abs. 7 WpHG). § 30 Abs. 7 37
WpHG (ursprünglich § 18 Abs. 5 WpHG bzw. § 30 Abs. 5 WpHG) stellt klar, dass bei den nach § 30 Abs. 4 und 6 WpHG getroffenen Maßnahmen Widerspruch und Anfechtungsklage aufgrund der Eilbedürftigkeit der Maßnahmen keine aufschiebende Wirkung haben[10]. Die Vorschrift entspricht dem aufgrund des Verweises in § 30 Abs. 1 Satz 3 WpHG ohnehin anwendbaren § 13 WpHG. Nach § 80 Abs. 5 Satz 1 VwGO kann die aufschiebende Wirkung auf Antrag des betroffenen Unternehmens durch das zuständige VG ganz oder teilweise angeordnet werden.

IX. Sanktionen. Ein Verstoß gegen das Verbot des § 30 Abs. 3 WpHG – die Nutzung einer nicht nach Art. 25 38
VO Nr. 648/2012 anerkannten Drittstaaten-CCP – stellt nach § 120 Abs. 1 Nr. 5 WpHG eine Ordnungswidrigkeit dar, die nach § 120 Abs. 24 WpHG mit Geldbußen i.H.v. bis zu 50.000 Euro geahndet werden kann. Nach

---

1 Verordnung (EU) Nr. 468/2014 der Europäischen Zentralbank vom 16.4.2014 zur Einrichtung eines Rahmenwerks für die Zusammenarbeit zwischen der Europäischen Zentralbank und den nationalen zuständigen Behörden und den nationalen benannten Behörden innerhalb des einheitlichen Aufsichtsmechanismus (SSM-Rahmenverordnung), ABl. EU Nr. L 141 v. 14.5.2014, S. 1 („VO Nr. 468/2014" oder „SSM-Rahmenverordnung").
2 *Mock* in KölnKomm. WpHG, § 18 WpHG Rz. 31 mit Verweis auf die Bedürfnisse der internationalen Unternehmen.
3 *Liebrich* in Just/Voß/Ritz/Becker, §§ 18–20 WpHG Rz. 14.
4 RegE EMIR-Ausführungsgesetz, BT-Drucks. 17/11289, 24.
5 RegE EMIR-Ausführungsgesetz, BT-Drucks. 17/11289, 24.
6 Zweites Finanzmarktnovellierungsgesetz (2. FiMaNoG) vom 23.6.2017, BGBl. I 2017, 1693.
7 RegE EMIR-Ausführungsgesetz, BT-Drucks. 17/11289, 24; *Teuber* in Fuchs, § 18 WpHG Rz. 14.
8 *Mock* in KölnKomm. WpHG, § 18 WpHG Rz. 39.
9 A.A. *Mock* in KölnKomm. WpHG, § 18 WpHG Rz. 35 und *Ruschkowski* in Wilhelmi/Achtelik/Kunschke/Sigmundt, Handbuch EMIR, Teil 5.C Rz. 28, die das Aussageverweigerungsrecht der Organe und Mitarbeiter generell einschränken will.
10 RegE EMIR-Ausführungsgesetz, BT-Drucks. 17/11289, 24.

§ 123 Abs. 4 WpHG hat die BaFin jede unanfechtbar gewordene Bußgeldentscheidung unverzüglich auf ihrer Internetseite öffentlich bekannt zu machen, es sei denn, diese Veröffentlichung würde die Finanzmärkte erheblich gefährden oder zu einem unverhältnismäßigen Schaden bei den Beteiligten führen. Die Bekanntmachung darf keine personenbezogenen Daten enthalten und ist nach fünf Jahren zu löschen (§ 120 Abs. 5 WpHG). Wegen der Einzelheiten wird auf die Ausführungen zu Art. 12 VO Nr. 648/2012 und zu § 120 WpHG verwiesen.

§ 31 Mitteilungspflichten nichtfinanzieller Gegenparteien

(1) Eine Mitteilung nach Artikel 10 Absatz 1 Buchstabe a der Verordnung (EU) Nr. 648/2012 gegenüber der Bundesanstalt bedarf der Schriftform.

(2) Wird eine nichtfinanzielle Gegenpartei im Sinne des Artikels 2 Absatz 9 der Verordnung (EU) Nr. 648/2012 clearingpflichtig, weil die Voraussetzungen des Artikels 10 Absatz 1 Buchstabe b der Verordnung (EU) Nr. 648/2012 erfüllt sind, hat sie dies unverzüglich schriftlich der Bundesanstalt mitzuteilen.

(3) Als Nachweis im Sinne des Artikels 10 Absatz 2 der Verordnung (EU) Nr. 648/2012 gilt die Bescheinigung eines Wirtschaftsprüfers, eines vereidigten Buchprüfers oder einer Wirtschaftsprüfungs- und Buchprüfungsgesellschaft.

In der Fassung des 2. FiMaNoG vom 23.6.2017 (BGBl. I 2017, 1693).

Schrifttum: *Wilhelmi/Achtelik/Kunschke/Sigmundt* (Hrsg.), Handbuch EMIR – Europäische Regulierung der OTC-Derivate, 2016.

I. Überblick über die Norm 1	IV. Beendigung der Clearingpflicht (§ 31 Abs. 3 WpHG) 10
II. Überschreiten der Clearingschwelle (§ 31 Abs. 1 WpHG) 4	V. Sanktionen 15
III. Begründung der Clearingpflicht (§ 31 Abs. 2 WpHG) 8	

1 **I. Überblick über die Norm.** § 31 WpHG ergänzt die durch Art. 10 Abs. 1 VO Nr. 648/2012 (EMIR) begründeten Mitteilungspflichten nichtfinanzieller Gegenparteien in **dreierlei Hinsicht**. Zum einen stellt er klar, dass die nach Art. 10 Abs. 1 lit. a VO Nr. 648/2012 erforderliche Mitteilung an die BaFin über das Überschreiten der Clearingschwelle der Schriftform bedarf. Zum anderen begründet er eine entsprechende Mitteilungspflicht für die Fälle, in denen die nichtfinanzielle Gegenpartei die Clearingschwelle nachhaltig – d.h. über einen zusammenhängenden Zeitraum von 30 Geschäftstagen – überschreitet und dadurch nach Art. 10 Abs. 1 lit. b VO Nr. 648/2012 clearingpflichtig wird. Darüber hinaus schreibt § 31 WpHG vor, dass die finanzielle Gegenpartei den für die Beendigung der Clearingpflicht erforderlichen Nachweis über das nachhaltige Unterschreiten der Clearingschwelle nach Art. 10 Abs. 2 VO Nr. 648/2012 nur mittels Bescheinigung eines Wirtschaftsprüfers, eines vereidigten Buchprüfers oder einer Wirtschaftsprüfungs- und Buchprüfungsgesellschaft erbringen kann.

2 **Zweck** des § 31 WpHG und des von ihm ergänzten Art. 10 VO Nr. 648/2012 ist die Unterstützung der Beaufsichtigung nichtfinanzieller Gegenparteien. Die Mitteilungspflicht stellt sicher, dass den zuständigen Behörden diejenigen Unternehmen bekannt werden, die – weil sie die Clearingschwelle überschritten haben – eine für die Funktionsfähigkeit und Stabilität des Finanzmarktes relevante Bedeutung erlangt haben. Darüber hinaus sollen die erhöhten Anforderungen an den Nachweis des Unterschreitens der Clearingschwelle sicherstellen, dass nur diejenigen Unternehmen aus der Clearingpflicht entlassen werden, bei denen dies nach Durchführung einer Prüfung gerechtfertigt erscheint[1]. Der persönliche **Anwendungsbereich** des § 31 WpHG beschränkt sich auf nichtfinanzielle Gegenparteien i.S.d. Art. 2 Nr. 9 VO Nr. 648/2012. Wegen des Begriffs nichtfinanzielle Gegenpartei wird auf die Ausführungen zu § 30 WpHG Rz. 12 verwiesen.

3 § 31 WpHG ist durch Art. 2 des EMIR-Ausführungsgesetzes vom 13.2.2013 (BGBl. I 2013, 174) als § 19 WpHG eingeführt worden[2]. Das EMIR-Ausführungsgesetz ist am 16.2.2013 in Kraft getreten. Das EMIR-Ausführungsgesetz ist am 16.2.2013 in Kraft getreten. Durch Art. 3 Nr. 31 des Zweiten Finanzmarktnovellierungsgesetzes (2. FiMaNoG) vom 23.6.2017 (BGBl. I 2017, 1693) ist § 19 WpHG zu § 31 WpHG geworden.

---

1 *Teuber* in Fuchs, § 19 WpHG Rz. 7.
2 § 19 WpHG war zum damaligen Zeitpunkt nicht mehr belegt. Die Urfassung des § 19 WpHG „Strafverfahren bei Insidervergehen" war durch das Zweite Finanzmarktförderungsgesetz vom 26.7.1994 (BGBl. I 1994, 1749) eingeführt worden. § 19 WpHG regelte damals die internationale Zusammenarbeit der Aufsichtsbehörden bei der Überwachung des Verbote von Insidergeschäften. § 19 WpHG wurde durch das Gesetz zur Verbesserung des Anlegerschutzes (Anlegerschutzverbesserungsgesetz – AnSVG) vom 28.10.2004 (BGBl. I 2004, 2630) aufgehoben.

II. Überschreiten der Clearingschwelle (§ 31 Abs. 1 WpHG). Nach Art. 10 Abs. 1 lit. a VO Nr. 648/2012 ist das **erstmalige Überschreiten** der Clearingschwelle der Europäische Wertpapier- und Marktaufsichtsbehörde (ESMA) sowie der BaFin unverzüglich mitzuteilen.

Die ESMA hat auf ihrer Webseite[1] einen **Mustertext** veröffentlicht, den nichtfinanzielle Gegenparteien für ihre Mitteilungen nach Art. 10 Abs. 1 lit. a VO Nr. 648/2012 verwenden sollen. Die BaFin hat auf ihrer **Webseite**[2] ebenfalls einen Mustertext veröffentlicht, der in Form und Inhalt von der Vorlage der ESMA nur geringfügig abweicht. Alternativ können nichtfinanzielle Gegenparteien jedoch auch den Mustertext der ESMA verwenden[3].

Nach § 31 Abs. 1 WpHG (ursprünglich § 19 Abs. 1 WpHG) ist für die Meldung an die BaFin die **Schriftform** vorgeschrieben, d.h. eine elektronische Übermittlung per E-Mail (Textform) ist ausgeschlossen[4]. Die BaFin lässt, wie die ESMA, Sammelmeldungen zu. Die Mitteilung ist an das BaFin-Referat WA 26 zu richten und muss unterschrieben sein[5].

Das erstmalige Überschreiten der Clearingschwelle ist auch in die **Meldung nach Art. 9 VO Nr. 648/2012**, und zwar in Tabelle 1 Feld 19 aufzunehmen[6]. Das Feld ist als „life cycle event" in die Meldungen sämtlicher noch ausstehender OTC-Derivate aufzunehmen, die von der betreffenden nichtfinanziellen Gegenpartei oder einer anderen nichtfinanziellen Gegenpartei derselben Gruppe abgeschlossen wurden.

III. Begründung der Clearingpflicht (§ 31 Abs. 2 WpHG). Das nachhaltige Überschreiten der Clearingschwelle, durch das die **Clearingpflicht** begründet wird, ist nach Art. 10 Abs. 1 lit. a VO Nr. 648/2012 nicht mitteilungspflichtig[7]. § 31 Abs. 2 WpHG (ursprünglich § 19 Abs. 2 WpHG) hat diese Lücke für die in Deutschland ansässigen nichtfinanziellen Gegenparteien geschlossen. Auch für die Meldung nach § 31 Abs. 2 WpHG ist die **Schriftform** vorgeschrieben. Die BaFin hat auf ihrer Webseite[8] hierfür einen weiteren **Mustertext** veröffentlicht. Im Übrigen wird auf die Ausführungen zu Rz. 6 verwiesen.

Da die nichtfinanzielle Gegenpartei als clearingpflichtige Gegenpartei auch den Risikominderungspflichten des Art. 11 Abs. 2 und 3 VO Nr. 648/2012 unterliegt, sind mit der Meldung nach § 31 Abs. 2 WpHG für Zwecke der **Meldung nach Art. 9 VO Nr. 648/2012** erstmalig auch die Felder 17 bis 35 der Tabelle 1 auszufüllen: Anzugeben sind u.a. der Wert eines jeden OTC-Derivates, die Art der Bewertung, der Bewertungszeitstempel sowie die Einzelheiten zu den nach DelVO 2016/2251 auszutauschenden Sicherheiten.

IV. Beendigung der Clearingpflicht (§ 31 Abs. 3 WpHG). Unterschreiten sämtliche nach Art. 10 Abs. 1 lit. b VO Nr. 648/2012 ermittelten Durchschnittspositionen die in Art. 11 DelVO Nr. 149/2013 festgelegten Bruttonennwerte, so **entfällt die Clearingpflicht** an dem Geschäftstag an dem die letzte Produktkategorie unter dem für sie bestimmten Bruttonennwert fällt. Eine Übergangsfrist ist für den Wegfall der Clearingpflicht nicht vorgesehen.

Art. 10 Abs. 2 VO Nr. 648/2012 verlagert die **Darlegungs- und Beweislast** auf die nichtfinanzielle Gegenpartei. Sie muss der zuständigen Behörde nachweisen, dass ihre gleitende 30-Geschäftstage-Durchschnittposition unterhalb der Clearingschwelle liegt. § 31 Abs. 3 WpHG (ursprünglich § 19 Abs. 3 WpHG) erhöht die Anforderungen an die Darlegungs- und Beweislast dadurch, dass die nichtfinanzielle Gegenpartei das Unterschreiten der Clearingschwelle durch die **Bescheinigung eines Wirtschaftsprüfers** nachweisen muss. Der Nachweis durch andere Personen ist nicht ausreichend.

---

1 ESMA, Mustertext für eine Mitteilung der nichtfinanziellen Gegenpartei gegenüber der ESMA, dass die Clearingschwelle gem. Art. 10 Abs. 1 der Verordnung (EU) 648/2012 (EMIR) überschritten wurde, abrufbar über die Webseite „Non-financial counterparties (NFCs)", https://www.esma.europa.eu/regulation/post-trading/non-financial-counterparties-nfcs.
2 BaFin, Mustertext für eine Mitteilung der nichtfinanziellen Gegenpartei gegenüber der BaFin, dass die Clearingschwelle gem. Art. 10 Abs. 1 der Verordnung (EU) 648/2012 (EMIR) überschritten wurde, abrufbar über: https://www.bafin.de/DE/Aufsicht/BoersenMaerkte/EMIR/Mitteilungen/mitteilungen_node.html.
3 BaFin, Veröffentlichung „EMIR – Mitteilungen an die BaFin", Stand: 20.11.2015, abrufbar über: https://www.bafin.de/DE/Aufsicht/BoersenMaerkte/EMIR/Mitteilungen/mitteilungen_node.html.
4 *Mock* in KölnKomm. WpHG, § 20 WpHG Rz. 7.
5 BaFin, Veröffentlichung „EMIR – Mitteilungen an die BaFin", Stand: 20.11.2015, abrufbar über: https://www.bafin.de/DE/Aufsicht/BoersenMaerkte/EMIR/Mitteilungen/mitteilungen_node.html.
6 ESMA, Bericht Nr. 1 über die Verwendung von OTC-Derivaten durch nichtfinanzielle Gegenparteien, ESMA/2015/1251 vom 13.8.2015, abrufbar über: https://www.esma.europa.eu/sites/default/files/library/2015/11/esma-2015-1251_-_emir_review_report_no.1_on_non_financial_firms.pdf Rz. 48.
7 ESMA, „Fragen und Antworten – Umsetzung der Verordnung (EU) Nr. 648/2012 über OTC-Derivate, zentrale Gegenparteien und Transaktionsregister (EMIR)", ESMA70-1861941480-52 vom 30.5.2018, abrufbar über: https://www.esma.europa.eu/sites/default/files/library/esma70-1861941480-52_qa_on_emir_implementation.pdf, OTC Frage Nr. 2(b) [letzte Aktualisierung: 20.3.2013].
8 BaFin, Mustertext für eine Mitteilung der nichtfinanziellen Gegenpartei gegenüber der BaFin gem. § 19 Abs. 2 WpHG, abrufbar über: https://www.bafin.de/DE/Aufsicht/BoersenMaerkte/EMIR/Mitteilungen/mitteilungen_node.html.

12 Die Bescheinigung des Prüfers erfolgt **formlos**[1]. Sie muss lediglich bestätigen, dass die gleitende 30-Geschäftstage-Durchschnittposition der nichtfinanziellen Gegenpartei unterhalb der Clearingschwelle liegt. Im Einzelfällen, z.B. wenn eine gruppenangehörige nichtfinanzielle Gegenpartei, die die Clearingschwelle überschritten hat, aus dem Konzernverbund ausscheidet[2], kann es auch ausreichend sein, dass der Prüfer bestätigt, dass die übrigen der Gruppe angehörenden nichtfinanziellen Gegenparteien keine OTC-Derivate ausstehen haben.

13 Von der Beendigung der Clearingpflicht nach Art. 10 Abs. 2 VO Nr. 648/2012 zu unterscheiden ist die Korrektur einer irrtümlicherweise angenommenen Clearingpflicht. Die ESMA hat in ihren Auslegungsentscheidungen hierzu ausgeführt, dass die nichtfinanzielle Gegenpartei in den Fällen, in denen das Überschreiten des Schwellenwertes auf **falschen Annahmen** beruht und sie feststellt, dass sie die Clearingschwelle bei richtiger Ermittlung der Bruttonennwerte ihrer nicht der Absicherung dienenden OTC-Derivate nicht überschritten hätte, ihre zuständige Behörde informieren soll[3]. Sie ist dann für alle vergangenen und zukünftigen OTC-Derivaten als nicht clearingpflichtig bzw. „NFC-" zu behandeln. Es wäre sachgerecht, § 31 Abs. 3 WpHG auf die Korrektur einer irrtümlicherweise angenommenen Clearingpflicht entsprechend anzuwenden.

14 Die Bescheinigung eines Wirtschaftsprüfers dient lediglich des Nachweises. Erfüllt die nichtfinanzielle Gegenpartei die für die Clearingpflicht festgelegten Anforderungen nicht oder nicht mehr, so besteht die Clearingpflicht nicht[4].

15 **V. Sanktionen.** Ein Verstoß gegen das Verbot des § 31 Abs. 2 WpHG – das Unterlassen der Mitteilung über das nachhaltige Überschreiten der Clearingschwelle und die dadurch begründete Clearingpflicht – stellt nach § 120 Abs. 2 Nr. 7 WpHG eine Ordnungswidrigkeit dar, die nach § 120 Abs. 24 WpHG mit Geldbußen i.H.v. bis zu 100.000 Euro geahndet werden kann. Für Verstöße gegen die Mitteilungspflicht nach Art. 10 Abs. 1 lit. a VO Nr. 648/2012 – das Unterlassen der Mitteilung an die ESMA oder die BaFin über das Überschreiten der Clearingschwelle – sieht § 120 Abs. 7 Nr. 5 i.V.m. Abs. 24 WpHG sogar Geldbußen i.H.v. bis zu 500.000 Euro vor. Im Übrigen wird auf die Ausführungen zu § 30 WpHG Rz. 38 verwiesen.

§ 32 Prüfung der Einhaltung bestimmter Pflichten der Verordnung (EU) Nr. 648/2012 und der Verordnung (EU) Nr. 600/2014

(1) Kapitalgesellschaften, die weder kleine Kapitalgesellschaften im Sinne des § 267 Absatz 1 des Handelsgesetzbuchs noch finanzielle Gegenparteien im Sinne des Artikels 2 Nummer 8 der Verordnung (EU) Nr. 648/2012 sind und die im abgelaufenen Geschäftsjahr entweder

1. OTC-Derivate im Sinne des Artikels 2 Nummer 7 der Verordnung (EU) Nr. 648/2012 mit einem Gesamtnominalvolumen von mehr als 100 Millionen Euro oder
2. mehr als 100 OTC-Derivatekontrakte im Sinne des Artikels 2 Nummer 7 der Verordnung (EU) Nr. 648/2012

eingegangen sind, haben durch einen geeigneten Prüfer innerhalb von neun Monaten nach Ablauf des Geschäftsjahres prüfen und bescheinigen zu lassen, dass sie über geeignete Systeme verfügen, die die Einhaltung der Anforderungen nach Artikel 4 Absatz 1, 2 und 3 Unterabsatz 2, Artikel 9 Absatz 1 bis 3, Artikel 10 Absatz 1 bis 3 sowie Artikel 11 Absatz 1, 2 und 3 Satz 2 und Absatz 5 bis 11 Unterabsatz 1 der Verordnung (EU) Nr. 648/2012, nach Artikel 28 Absatz 1 bis 3 der Verordnung (EU) Nr. 600/2014 sowie nach § 31 Absatz 1 und 2 dieses Gesetzes sicherstellen. Für die Zwecke der Berechnung der Schwelle nach Satz 1 Nummer 1 und 2 sind solche Geschäfte nicht zu berücksichtigen, die als gruppeninterne Geschäfte der Ausnahme des Artikels 4 Absatz 2 der Verordnung (EU) Nr. 648/2012 unterliegen oder von den Anforderungen des Artikels 11 Absatz 3 der Verordnung (EU) Nr. 648/2012 befreit sind. Die Pflichten nach Satz 1 gelten nicht für solche Unternehmen, die den Prüfungspflichten nach § 35 des Versicherungsaufsichtsgesetzes oder den Prüfungspflichten nach § 29 des Kreditwesengesetzes unterliegen.

(2) Geeignete Prüfer im Sinne des Absatzes 1 Satz 1 sind Wirtschaftsprüfer, vereidigte Buchprüfer sowie Wirtschaftsprüfungs- und Buchprüfungsgesellschaften, die hinsichtlich des Prüfungsgegenstandes über ausreichende Kenntnisse verfügen. Die Kapitalgesellschaft hat den Prüfer spätestens 15 Monate nach Beginn des Geschäftsjahres, auf das sich die Prüfung erstreckt, zu bestellen.

---

1 BaFin, Häufige Fragen und Antworten der BaFin zur EMIR, Stand: 6.10.2016, abrufbar über: https://www.bafin.de/SharedDocs/Veroeffentlichungen/DE/FAQ/faq_emir.html;jsessionid=49FAFE220B13AD4EDFE6C04AB1BE512B.2_cid290, Nr. 9.
2 BaFin, Häufige Fragen und Antworten der BaFin zur EMIR, Stand: 6.10.2016, abrufbar über: https://www.bafin.de/SharedDocs/Veroeffentlichungen/DE/FAQ/faq_emir.html;jsessionid=49FAFE220B13AD4EDFE6C04AB1BE512B.2_cid290, Nr. 9.
3 ESMA, „Fragen und Antworten – Umsetzung der Verordnung (EU) Nr. 648/2012 über OTC-Derivate, zentrale Gegenparteien und Transaktionsregister (EMIR)", ESMA70-1861941480-52 vom 30.5.2018, abrufbar über: https://www.esma.europa.eu/sites/default/files/library/esma70-1861941480-52_qa_on_emir_implementation.pdf, OTC Frage Nr. 3(f) [letzte Aktualisierung: 21.5.2014].
4 *Mock* in KölnKomm. WpHG, § 20 WpHG Rz. 9.

(3) Der Prüfer hat die Bescheinigung zu unterzeichnen und innerhalb von neun Monaten nach Ablauf des Geschäftsjahres, auf das sich die Prüfung erstreckt, den gesetzlichen Vertretern und dem Aufsichtsrat vorzulegen, falls die Kapitalgesellschaft über einen solchen verfügt. Vor der Zuleitung der Bescheinigung an den Aufsichtsrat ist der Geschäftsleitung Gelegenheit zur Stellungnahme zu geben. In der Bescheinigung hat der Prüfer über die Ergebnisse der Prüfung schriftlich zu berichten. Werden dem Prüfer bei der Prüfung schwerwiegende Verstöße gegen die Anforderungen des Absatzes 1 bekannt, hat er die Bundesanstalt unverzüglich zu unterrichten. § 323 des Handelsgesetzbuchs gilt entsprechend.

(4) Enthält die Bescheinigung des Prüfers die Feststellung von Mängeln, hat die Kapitalgesellschaft die Bescheinigung unverzüglich der Bundesanstalt zu übermitteln. Stellt ein Prüfer fest, dass die Geschäftsleitung eine entsprechende Übermittlung an die Bundesanstalt in einem Geschäftsjahr, das vor dem Prüfungszeitraum liegt, unterlassen hat, hat er dies der Bundesanstalt unverzüglich mitzuteilen. Tatsachen, die auf das Vorliegen einer Berufspflichtverletzung durch den Prüfer schließen lassen, übermittelt die Bundesanstalt der Wirtschaftsprüferkammer. § 110 Absatz 1 Satz 2 gilt entsprechend.

(5) Die Pflichten nach Absatz 1 in Verbindung mit den Absätzen 2 bis 4 gelten auch für offene Handelsgesellschaften und Kommanditgesellschaften im Sinne des § 264a Absatz 1 des Handelsgesetzbuchs. § 264a Absatz 2 des Handelsgesetzbuchs gilt entsprechend.

(6) Das Bundesministerium der Finanzen kann durch Rechtsverordnung, die nicht der Zustimmung des Bundesrates bedarf, im Einvernehmen mit dem Bundesministerium der Justiz und für Verbraucherschutz nähere Bestimmungen über Art, Umfang und Zeitpunkt der Prüfung nach Absatz 1 sowie über Art und Umfang der Bescheinigungen nach Absatz 3 erlassen, soweit dies zur Erfüllung der Aufgaben der Bundesanstalt erforderlich ist, insbesondere um auf die Einhaltung der in Absatz 1 Satz 1 genannten Pflichten und Anforderungen hinzuwirken und um einheitliche Unterlagen zu erhalten. Das Bundesministerium der Finanzen kann die Ermächtigung durch Rechtsverordnung im Einvernehmen mit dem Bundesministerium der Justiz und für Verbraucherschutz auf die Bundesanstalt übertragen.

In der Fassung des 2. FiMaNoG vom 23.6.2017 (BGBl. I 2017, 1693).

Schrifttum: *Schüttler*, Zum neuen IDW EPS 920: EMIR im Mittelstand – das Prüfproblem schlechthin?, DStR 2016, 2006; *Teuber/Schoepp*, Derivate-Regulierung EMIR: Auswirkungen auf Unternehmen in Deutschland, RdF 2013, 209; *Wiesner/Christmann/Milke*, Regulierung des Derivatemarktes durch EMIR – Auswirkungen auf deutsche Unternehmen, Deloitte White Paper Nr. 56 vom 1.2.2013, abrufbar über: https://www2.deloitte.com/de/pages/financial-services/articles/White-Paper-No-56.html (*Wiesner/Christmann/Milke* Deloitte WP Nr. 56); *Wilhelmi/Achtelik/Kunschke/Sigmundt* (Hrsg.), Handbuch EMIR – Europäische Regulierung der OTC-Derivate, 2016; *Wulff/Kloka*, Umsetzung von EMIR-Pflichten im Zusammenhang mit nicht-geclearten Derivategeschäften, WM 2015, 215.

I. Überblick über die Norm 1	1. Geeignete Prüfer 25
II. Pflicht zur Prüfung der für die Einhaltung der EMIR-Pflichten erforderlichen Systeme (§ 32 Abs. 1 und 5 WpHG) 2	2. Bestellung der Prüfer und Kostentragung 27
	3. Gegenstand und Maßstab der Prüfung 31
1. Anwendungsbereich 3	4. Mitteilungspflicht des Prüfers 43
a) Finanzielle Gegenparteien 4	5. Inhalt und Form der Prüfungsbescheinigung . . . 46
b) Kleine Kapitalgesellschaften 7	6. Vorlage der Bescheinigung, Stellungnahme . . . 49
c) Unternehmen, die der Prüfungspflicht nach § 35 VAG oder § 29 KWG unterliegen 10	7. Mitteilungspflicht der geprüften Gesellschaft . . 51
	8. Mitteilung der BaFin an die Wirtschaftsprüferkammer 52
d) Kleine OTC-Derivateportfolien 12	
2. Organisationspflicht 21	IV. Rechtsverordnungsermächtigung (§ 32 Abs. 6 WpHG) 53
III. Prüfung und Prüfbescheinigung (§ 32 Abs. 2 bis 4 WpHG) 24	V. Sanktionen 54

I. Überblick über die Norm. § 32 WpHG verpflichtet nichtfinanzielle Gegenparteien, die Einhaltung ihrer 1 durch die VO Nr. 648/2012 (EMIR) und Art. 28 VO Nr. 600/2014 (MiFIR) begründeten **Pflichten** durch einen geeigneten Prüfer **prüfen und bestätigen** zu lassen. Umfang und Zeitpunkt der Prüfung sowie Art und Umfang der von dem Prüfer zu erstellenden Bescheinigung kann das Bundesministerium der Finanzen durch **Rechtsverordnung** bestimmen. § 32 WpHG ist durch Art. 2 des EMIR-Ausführungsgesetzes vom 13.2.2013 (BGBl. I 2013, 174) als § 20 WpHG[1] eingeführt worden. Das EMIR-Ausführungsgesetz ist am 16.2.2013 in Kraft getreten. Im weiteren Verlauf ist die Vorschrift mehrfach geändert worden: Abs. 1 Satz 3 ist durch Art. 1 des Geset-

---

1 § 20 WpHG war zum damaligen Zeitpunkt nicht mehr belegt. Die Urfassung des § 20 WpHG war durch das Zweite Finanzmarktförderungsgesetz vom 26.7.1994 (BGBl. I 1994, 1749) eingeführt worden. § 20 WpHG sah eine Ausnahme von den in Abschnitt 3 zusammengefassten Vorschriften über die Insiderüberwachung für Geschäfte vor, die aus geld- oder währungspolitischen Gründen oder im Rahmen der öffentlichen Schuldenverwaltung von Bund, Ländern oder deren Sondervermögen abgeschlossen worden waren. § 20 WpHG wurde durch das Gesetz zur Verbesserung des Anlegerschutzes (Anlegerschutzverbesserungsgesetz – AnSVG) vom 28.10.2004 (BGBl. I 2004, 2630) aufgehoben.

zes zur Verringerung der Abhängigkeit von Ratings vom 10.12.2014 (BGBl. I 2014, 2085) eingefügt worden; das Gesetz ist am 19.12.2014 in Kraft getreten. Abs. 1 ist durch Art. 1 des Ersten Finanzmarktnovellierungsgesetzes (1. FiMaNoG) vom 30.6.2016 (BGBl. I 2016, 1514) neu gefasst worden. Dabei ist die Bezugnahme auf § 57 VAG durch die Bezugnahme auf § 35 VAG ersetzt worden. Das 1. FiMaNoG ist am 2.7.2016 in Kraft getreten. Durch Art. 3 Nr. 32 des Zweiten Finanzmarktnovellierungsgesetzes (2. FiMaNoG) vom 23.6.2017 (BGBl. I 2017, 1693) ist § 20 WpHG zu § 32 WpHG geworden. Darüber hinaus wurden in der Überschrift die Wörter „und der Verordnung (EU) Nr. 600/2014" und in Abs. 1 Satz 1 die Wörter „nach Art. 28 Abs. 1 bis 3 der Verordnung (EU) Nr. 600/2014" angefügt sowie in Abs. 1 und Abs. 4 die Bezugnahmen auf neu nummerierte Bestimmungen angepasst. Art. 3 des 2. FiMaNoG ist am 3.1.2018 in Kraft getreten.

2 **II. Pflicht zur Prüfung der für die Einhaltung der EMIR-Pflichten erforderlichen Systeme (§ 32 Abs. 1 und 5 WpHG).** Nach § 32 Abs. 1 WpHG (ursprünglich § 20 Abs. 1 WpHG) haben nichtfinanzielle Gegenparteien, die als Kapitalgesellschaft oder als offene Handelsgesellschaft oder Kommanditgesellschaft i.S.d. § 264a HGB organisiert sind, und die über ein großes Portfolio an OTC-Derivaten verfügen, durch einen geeigneten Prüfer feststellen zu lassen, ob sie über Vorkehrungen und Systeme verfügen, mit denen sie sicherstellen, dass sie ihren Anforderungen aus Art. 4, 9, 10 und 11 VO Nr. 648/2012 nachkommen. Die Vorschrift soll sicherstellen, dass die BaFin die Einhaltung der wesentlichen EMIR-Pflichten auch bei nichtfinanziellen Gegenparteien überwachen kann[1]. Nichtfinanzielle Gegenparteien, die die Anforderungen des § 31 WpHG nicht erfüllen (z.B. als Einzelkaufmann eingetragene Unternehmer), werden lediglich von der Prüfungspflicht befreit. Sie unterliegen weiterhin der Aufsicht der BaFin, die in diesem Zusammenhang von den in §§ 6 und 30 Abs. 6 WpHG vorgesehenen Befugnissen, z.B. die Anforderung von Auskünften oder die Durchführung von Stichproben, Gebrauch machen kann[2].

3 **1. Anwendungsbereich.** Adressat der Prüfungspflicht sind nach § 32 Abs. 1 WpHG zunächst nur **Kapitalgesellschaften**. Wie sich aus der amtlichen Überschrift des zweiten Abschnittes des dritten Buches des HGB ergibt, gehören zu den Kapitalgesellschaften die Aktiengesellschaft (AG), die Kommanditgesellschaft auf Aktien (KGaA) und die Gesellschaft mit beschränkter Haftung (GmbH)[3]. Aufgrund des Verweises in Art. 61 VO Nr. 2157/2001[4] gelten die Vorschriften des zweiten Abschnittes des dritten Buches des HGB auch für die Europäische Gesellschaft (SE)[5]. Ihnen gleichgestellt sind nach § 32 Abs. 5 WpHG i.V.m. § 264a HGB die offenen Handelsgesellschaften (OHG) und Kommanditgesellschaften (KG), bei denen – wie bei der KGaA – wenigstens ein persönlich haftender Gesellschafter eine Kapitalgesellschaft ist. Personenhandelsgesellschaften, bei denen sämtliche persönlich haftenden Gesellschafter natürliche Personen sind, werden damit vom Anwendungsbereich des § 32 WpHG ebenso ausgenommen[6], wie die als Einzelkaufmann organisierten Unternehmen. Darüber hinaus sieht § 32 Abs. 1 WpHG folgende weiteren Ausnahmen vor.

4 **a) Finanzielle Gegenparteien.** Ausgenommen vom Anwendungsbereich sind zum einen die **finanziellen Gegenparteien** i.S.d. Art. 2 Nr. 8 VO Nr. 648/2012. Hierzu zählen die in der Union zugelassenen Wertpapierfirmen, Kreditinstitute, Versicherungen, Rückversicherungen, betriebliche Altersversorgungen und Organismen für gemeinsame Anlagen in Wertpapieren (OGAW) sowie die von zugelassenen oder registrierten Verwaltungsgesellschaften verwalteten alternativen Investmentfonds (AIFs). Mit der im Entwurf vorliegenden Verordnung zur Änderung der EMIR (**EMIR-REFIT-Entwurf**) soll Begriff der finanziellen Gegenpartei jedoch deutlich erweitert werden. So schlägt die Kommission vor, zukünftig auch Zentralverwahrer, Verbriefungszweckgesellschaften sowie solche AIF zu umfassen, die nicht von einer europäischen Verwaltungsgesellschaft verwaltet werden. Wegen der Einzelheiten wird auf die Ausführungen zu § 30 WpHG Rz. 6 verwiesen.

5 Die Ausnahme der finanziellen Gegenparteien ist deshalb gerechtfertigt, weil sie bereits **vergleichbaren Prüfungspflichten** unterliegen, die sicherstellen, dass die betreffende finanzielle Gegenpartei ihren gesetzlichen Anforderungen nachkommt[7]. So sehen die § 14a PrüfbV[8], § 40 PrüfV[9] und § 14 KAPrüfbV[10] im Wesentlichen vergleichbare Prüfungshandlungen und Ausführungen in den Berichten der Prüfer vor.

---

1 RegE EMIR-Ausführungsgesetz, BT-Drucks. 17/11289, 24.
2 *Barac* in Wilhelmi/Achtelik/Kunschke/Sigmundt, Handbuch EMIR, Teil 4.B Rz. 32.
3 *Teuber* in Fuchs, § 20 WpHG Rz. 4.
4 Verordnung (EG) Nr. 2157/2001 des Rates vom 8.10.2001 über das Statut der Europäischen Gesellschaft (SE), ABl. EG Nr. L 94 v. 10.11.2001, S. 1 („VO Nr. 2157/2001" oder „SE-Verordnung").
5 *Reiner* in MünchKomm. HGB, § 264 HGB Rz. 3; *Teuber/Schoepp*, RdF 2013, 212.
6 *Teuber* in Fuchs, § 20 WpHG Rz. 3.
7 *Barac* in Wilhelmi/Achtelik/Kunschke/Sigmundt, Handbuch EMIR, Teil 4.B Rz. 1; *Teuber* in Fuchs, § 20 WpHG Rz. 3.
8 Verordnung über die Prüfung der Jahresabschlüsse der Kreditinstitute und Finanzdienstleistungsinstitute sowie über die darüber zu erstellenden Berichte (Prüfungsberichtsverordnung – PrüfbV) vom 11.6.2015 (BGBl. I 2015, 930), zuletzt geändert durch Art. 1 VO vom 16.1.2018 (BGBl. I 2018, 134).
9 Verordnung über den Inhalt der Prüfungsberichte zu den Jahresabschlüssen und den Solvabilitätsübersichten von Versicherungsunternehmen (Prüfungsberichteverordnung – PrüfV) vom 19.7.2017 (BGBl. I 2017, 2846).
10 *Verordnung über den Gegenstand der Prüfung und die Inhalte der Prüfungsberichte für externe Kapitalverwaltungsgesellschaften, Investmentaktiengesellschaften, Investmentkommanditgesellschaften und Sondervermögen (Kapitalanlage-Prüfungsberichte-Verordnung – KAPrüfbV) vom 24.7.2013 (BGBl. I 2013, 2777), zuletzt geändert durch Art. 8 Abs. 20 des Gesetzes vom 17.7.2015 (BGBl. I 2015, 1245).*

In Deutschland ansässige Kapitalgesellschaften, die die Tätigkeit einer **CCP** ausüben, bedürfen zwar nach § 32 Abs. 1 KWG i.V.m. § 1 Abs. 1 Satz 2 Nr. 12 KWG der vorherigen Erlaubnis. Sie gelten jedoch, da es sich bei ihnen weder um Einlagenkreditinstitute noch um Wertpapierfirmen handelt, nicht als finanzielle Gegenpartei i.S.d. Art. 2 Nr. 8 VO Nr. 648/2012. Wegen der in diesem Zusammenhang aufgeworfenen Frage, ob und in welchem Umfang die von deutschen CCPs abgeschlossenen OTC-Derivate den Clearing- und Risikominderungspflichten unterliegen, wird auf die Ausführungen zu Art. 11 VO Nr. 648/2012 Rz. 674–678 verwiesen.

b) **Kleine Kapitalgesellschaften.** Eine weitere Ausnahme vom persönlichen Anwendungsbereich ist für **kleine Kapitalgesellschaften** i.S.d. § 267 Abs. 1 HGB vorgesehen. Kleine Kapitalgesellschaften sind solche, die mindestens zwei der folgenden drei Merkmale nicht überschreiten: (i) eine Bilanzsumme von 6 Millionen Euro[1], (ii) Umsatzerlöse in den letzten zwölf Monaten vor dem für die Bilanz maßgeblichen Abschlussstichtag von 12 Millionen Euro und (iii) im Jahresdurchschnitt fünfzig Arbeitnehmer. Ebenfalls zu den kleinen Kapitalgesellschaften zählen die Klein(st)kapitalgesellschaften i.S.d. § 267a HGB.

Nach § 267 Abs. 4 HGB treten die Rechtsfolgen des § 267 Abs. 1 bis 3 HGB nur ein, wenn die Kapitalgesellschaft die Merkmale, die sie als kleine, mittlere oder große Kapitalgesellschaft qualifizieren, an den Abschlussstichtagen von zwei aufeinanderfolgenden Geschäftsjahren über- bzw. überschreitet. Hieraus folgt auch für § 32 WpHG, dass eine kleine Kapitalgesellschaft dann „klein" bleibt, wenn sie zwei der drei relevanten Merkmale nur in einem Jahr überschritten hat. Ausgenommen sind nach § 267 Abs. 4 HGB nur die Fälle der Neugründung oder Umwandlung, nicht jedoch die Fälle des Rechtsformwechsels.

§ 32 Abs. 5 WpHG ist dahingehend auszulegen, dass die in § 264a HGB genannten Personenhandelsgesellschaften dann, wenn sie die für kleine Kapitalgesellschaften geltenden Merkmale erfüllen, ebenfalls von der Prüfungspflicht befreit sind. Dies wird in § 1 Abs. 2 der Gegenpartei-Prüfbescheinigungsverordnung (GPrüfbV) ausdrücklich klargestellt.

c) **Unternehmen, die der Prüfungspflicht nach § 35 VAG oder § 29 KWG unterliegen.** Von der Prüfungspflicht ebenfalls ausgenommen sind nach § 32 Abs. 1 Satz 3 WpHG die Unternehmen, die der Prüfungspflicht nach § 35 des Versicherungsaufsichtsgesetzes (VAG) oder nach § 29 KWG unterliegen. Die Ausnahme ist durch Art. 1 des Gesetzes zur Verringerung der Abhängigkeit von Ratings[2] eingefügt worden. § 35 Abs. 1 Nr. 3 VAG und § 29 Abs. 1 Satz 2 Nr. 2 lit. c KWG sehen für die Prüfung des Jahresabschlusses der in den Anwendungsbereich des KWG fallenden Kredit- und Wertpapierdienstleistungsinstitute und der unter das VAG fallenden Versicherungen, Rückversicherungen und betriebliche Altersversorgungen vor, dass die Prüfer auch die Einhaltung der durch die EMIR und Art. 28 VO Nr. 600/2014 begründeten Pflichten überprüfen müssen.

Soweit es sich bei den unter die Prüfungspflicht des § 35 VAG bzw. § 29 KWG fallenden Unternehmen auch um finanzielle Gegenparteien i.S.d. Art. 2 Nr. 8 VO Nr. 648/2012 handelt, hat § 32 Abs. 1 Satz 3 WpHG nur klarstellende Bedeutung[3]. Ist dies nicht der Fall – zu denken ist etwa an Kreditinstitute i.S.d. § 1 Abs. 1 KWG, die, weil sie entweder keine Einlagen entgegen nehmen oder keine Kredite vergeben, nicht CRR-Kreditinstitut i.S.d. § 1 Abs. 3d KWG sind –, handelt es sich bei § 32 Abs. 1 Satz 3 WpHG um eine weitere Ausnahme. Dies gilt insbesondere für die nach § 29 Abs. 1a KWG zu prüfenden deutschen CCPs.

d) **Kleine OTC-Derivateportfolien.** Kapital- und Personenhandelsgesellschaften unterliegen der Prüfungspflicht nach § 32 WpHG nur dann, wenn sie über ein Portfolio von OTC-Derivaten verfügen, das eines der beiden in § 32 Abs. 1 Satz 1 Nr. 1 und 2 WpHG genannten **Schwellenwerte** überschreitet. Aufgabe der Schwellenwerte ist es, diejenigen Gesellschaften zu beschreiben, die aufgrund des Umfangs[4], in dem sie OTC-Derivate abschließen, für die Funktionsfähigkeit und Stabilität des Finanzmarktes relevante Marktteilnehmer sind[5], die der besonderen – durch die Prüfungspflicht zu unterstützenden – Beaufsichtigung durch die BaFin bedürfen.

Der Begriff **OTC-Derivat** wird in § 32 Abs. 1 Satz 1 Nr. 1 WpHG durch Verweis auf Art. 2 Nr. 7 VO Nr. 648/2012 (EMIR) definiert. Er bildet einen Unterfall des Begriffs Derivat. Das entscheidende Merkmal ist, dass es sich bei einem OTC-Derivat um ein Derivat handelt, dessen Ausführung weder auf einem in der Union errichteten geregelten Markt i.S.d. Art. 4 Abs. 1 Nr. 21 RL 2014/65/EU noch auf einem gleichwertigen Markt eines Drittstaats i.S.d. Art. 2a VO Nr. 648/2012 (sondern „over the counter" oder „OTC") erfolgt. Da ein Markt in einem Drittstaat nach Art. 2a VO Nr. 648/2012 nur dann als gleichwertig anerkannt werden kann, wenn er Vorschriften unterliegt, die in den in Titel III der RL 2014/65/EU festgelegten Vorschriften für die Zulassung geregelter Märkte in Europa gleichwertig sind, ist es denkbar, dass der Begriff OTC-Derivat auch solche Derivate erfasst, die an einer Börse ausgeführt wurden. Eine Gleichsetzung des Begriffs OTC-Derivat mit dem Begriff

---

1 Die Merkmale wurden durch Art. 1 des Bilanzrichtlinie-Umsetzungsgesetzes (BilRUG) vom 17.7.2015 (BGBl. I 2015, 1245) angepasst.
2 Gesetz vom 10.12.2014, BGBl. I 2014, 2085.
3 RegE Gesetz zur Verringerung der Abhängigkeit von Ratings, BT-Drucks. 18/1774, 21 für die unter das VAG fallenden Versicherungen und Rückversicherungen.
4 RegE EMIR-Ausführungsgesetz, BT-Drucks. 17/11289, 24.
5 *Mock* in KölnKomm. WpHG, § 20 WpHG Rz. 10; *Teuber* in Fuchs, § 20 WpHG Rz. 3.

außerbörsliches Derivat ist daher nur eingeschränkt möglich. Wegen der Einzelheiten zum Begriff OTC-Derivat wird auf die Ausführungen zu Art. 2 VO Nr. 648/2012 Rz. 41–47 verwiesen. Ausführungen zum Oberbegriff Derivat finden sich in Art. 2 VO Nr. 648/2012 Rz. 24–38.

14 Der erste Schwellenwert wird nach § 32 Abs. 1 Satz 1 Nr. 1 WpHG durch das Gesamtnominalvolumen der in einem Geschäftsjahr neu abgeschlossenen OTC-Derivate bestimmt. Überschreitet das **Gesamtnominalvolumen** den Betrag von **100 Millionen Euro**, so unterliegt die Kapital- oder Personenhandelsgesellschaft – wenn keine andere Ausnahme greift – der Prüfungspflicht des § 32 WpHG.

15 Mit dem Gesamtnominalvolumen ist die Summe der Nominalvolumen der OTC-Derivate gemeint. Der Begriff **Nominalvolumen** ist weder im deutschen noch europäischen Recht definiert[1]. Seine Bedeutung entspricht den an verschiedenen Stellen des europäischen Rechts verwendeten Begriffen Nominalwert, Nominalbetrag, Nennwert oder Nennbetrag. Ein Beispiel ist Art. 274 VO Nr. 575/2013 (CRR), der die Berechnung des Risikopositionswertes von Derivaten mit Hilfe der Marktbewertungsmethode regelt. Danach ist der Nennwert eines Derivates entweder der als Bezugsgröße für Zahlungen dienende **Nominalbetrag** (notional amount) oder, soweit die Bezugsgröße nicht als Geldbetrag sondern als Anzahl oder Menge des dem OTC-Derivat zugrunde liegenden Basiswertes (z.B. 100 Aktien, 1.000 Feinunzen Gold) ausgedrückt ist, der mit der vereinbarte Anzahl oder Menge multiplizierte **Wert des Basiswertes** (underlying value) zum Zeitpunkt des Abschlusses[2]. Dies entspricht der Definition in Art. 3a DelVO 148/2013, der für die Meldung des **Nennbetrages** nach Art. 9 VO Nr. 648/2012 (in Tabelle 2 Feld 20) maßgeblich ist.

16 Der Zweck des § 32 WpHG – die Einhaltung der durch die EMIR und Art. 28 VO Nr. 600/2014 begründeten Pflichten – legt es nahe, an die Ermittlung des Gesamtnominalvolumens dieselben Maßstäbe anzulegen, die der Gesetzgeber bzw. die Europäische Wertpapier- und Marktaufsichtsbehörde (ESMA) für die Berechnung der nach Art. 10 Abs. 4 VO Nr. 648/2012 und Art. 11 DelVO Nr. 149/2013 festgelegten Clearingschwelle entwickelt haben. Danach sind Nominalvolumen, die nicht auf Euro lauten, auf Basis des aktuellen Wechselkurses in **Euro umzurechnen**[3]. Maßgeblich ist der Wechselkurs am Tag des Abschlusses des OTC-Derivates[4]. Ändert sich der Nennwert eines OTC-Derivats so ist der geänderte Betrag zu berücksichtigen[5]. Für die Ermittlung des Gesamtnominalvolumens sind die Nominalvolumen der OTC-Derivate zusammen zu zählen. Eine Verrechnung bzw. ein Netting von Nominalvolumen findet grundsätzlich nicht statt[6]. In Anlehnung an Art. 298 Abs. 2 VO Nr. 575/2013 (CRR) lässt die ESMA eine Ausnahme nur für **spiegelbildlich ausgestaltete OTC-Derivate** zu, bei denen sich die wechselseitigen Zahlungs- und Lieferpflichten ganz oder teilweise aufheben bzw. am jeweiligen Fälligkeitstag aufgrund vertraglicher Vereinbarung miteinander verrechnet werden[7].

17 Der zweite Schwellenwert wird nach § 32 Abs. 1 Satz 1 Nr. 2 WpHG durch die Anzahl der in einem Geschäftsjahr neu abgeschlossenen OTC-Derivate bestimmt; maßgeblich ist eine Anzahl von **100 Einzelabschlüssen**.

18 Nach § 32 Abs. 1 Satz 2 WpHG dürfen bei der Berechnung der beiden Schwellenwerte **gruppeninterne Geschäfte** ausgenommen werden, wenn diese nach Art. 4 Abs. 2 VO Nr. 648/2012 von der Clearingpflicht oder nach Art. 11 Abs. 5 bis 10 VO Nr. 648/2012 von den Risikominderungspflichten befreit sind. Nach Auffassung der BaFin[8]

---

1 *Sigmundt* in Wilhelmi/Achtelik/Kunschke/Sigmundt, Handbuch EMIR, Teil 1.A Rz. 19.
2 ESMA, „Fragen und Antworten – Umsetzung der Verordnung (EU) Nr. 648/2012 über OTC-Derivate, zentrale Gegenparteien und Transaktionsregister (EMIR)", ESMA70-1861941480-52 vom 30.5.2018, abrufbar über: https://www.esma.europa.eu/sites/default/files/library/esma70-1861941480-52_qa_on_emir_implementation.pdf, OTC Frage Nr. 9 [letzte Aktualisierung: 20.3.2014]; *Sigmundt* in Wilhelmi/Achtelik/Kunschke/Sigmundt, Handbuch EMIR, Teil 1.A Rz. 20.
3 ESMA, „Fragen und Antworten – Umsetzung der Verordnung (EU) Nr. 648/2012 über OTC-Derivate, zentrale Gegenparteien und Transaktionsregister (EMIR)", ESMA70-1861941480-52 vom 30.5.2018, abrufbar über: https://www.esma.europa.eu/sites/default/files/library/esma70-1861941480-52_qa_on_emir_implementation.pdf, OTC Frage Nr. 3(a) [letzte Aktualisierung: 21.5.2014]; *Mock* in KölnKomm. WpHG, § 20 WpHG Rz. 11; *Teuber* in Fuchs, § 20 WpHG Rz. 12.
4 A.A. *Mock* in KölnKomm. WpHG, § 20 WpHG Rz. 11, der stattdessen auf den Wechselkurs am Ende des Geschäftsjahres abstellen möchte, was jedoch dazu führt, dass das Unternehmen die Einhaltung des Schwellenwertes nicht mehr steuern kann.
5 ESMA, „Fragen und Antworten – Umsetzung der Verordnung (EU) Nr. 648/2012 über OTC-Derivate, zentrale Gegenparteien und Transaktionsregister (EMIR)", ESMA70-1861941480-52 vom 30.5.2018, abrufbar über: https://www.esma.europa.eu/sites/default/files/library/esma70-1861941480-52_qa_on_emir_implementation.pdf, OTC Frage Nr. 3(d) [letzte Aktualisierung: 21.5.2014] und Q&A OTC Frage Nr. 9 [letzte Aktualisierung: 20.3.2014].
6 *Teuber* in Fuchs, § 20 WpHG Rz. 12.
7 ESMA, „Fragen und Antworten – Umsetzung der Verordnung (EU) Nr. 648/2012 über OTC-Derivate, zentrale Gegenparteien und Transaktionsregister (EMIR)", ESMA70-1861941480-52 vom 30.5.2018, abrufbar über: https://www.esma.europa.eu/sites/default/files/library/esma70-1861941480-52_qa_on_emir_implementation.pdf, OTC Frage Nr. 3(e) [letzte Aktualisierung: 21.5.2014]; a.A. IDW Prüfungsstandard PS 920, Anlage Tz. 6, S. 81, der gegenläufige Geschäfte auch im Falle von Gegengeschäften nicht verrechnen will.
8 BaFin, Häufige Fragen und Antworten der BaFin zur EMIR, Stand: 6.10.2016, abrufbar über: https://www.bafin.de/SharedDocs/Veroeffentlichungen/DE/FAQ/faq_emir.html;jsessionid=49FAFE220B13AD4EDFE6C04AB1BE512B.2_cid290, Nr. 7; IDW Prüfungsstandard PS 920, Anlage Tz. 6, S. 81; *Barac* in Wilhelmi/Achtelik/Kunschke/Sigmundt, Handbuch EMIR, Teil 4.B, Rz. 18.

handelt es sich bei dem Verweis auf die Intragruppenfreistellungen um einen Rechtsfolgenverweis, weshalb gruppeninterne Geschäfte selbst dann unberücksichtigt bleiben können, wenn die für die Inanspruchnahme der Intragruppenfreistellung ggf. erforderliche Mitteilung an die BaFin unterblieben ist. Danach kommt es allein darauf an, ob die Anforderungen des Art. 3 VO Nr. 648/2012 erfüllt sind. Wegen der Einzelheiten wird auf die Ausführungen zu Art. 3 VO Nr. 648/2012 verwiesen.

Ebenfalls beiden Schwellenwerten gemeinsam ist, dass nur die OTC-Derivate zu berücksichtigen sind, die in einem Geschäftsjahr neu „**eingegangen**" worden sind. Dies hat zur Folge, dass ein OTC-Derivat, das im ersten Geschäftsjahr zu berücksichtigen war, in den nachfolgenden Geschäftsjahren aus der Schwellenwertberechnung herauszunehmen ist, und zwar auch dann, wenn es zu diesem Zeitpunkt noch aussteht[1]. Im Extremfall bedeutet dies, dass eine Gesellschaft, die in einem Geschäftsjahr keine OTC-Derivate tätigt, in diesem Jahr keine Prüfbescheinigung einholen muss[2]. Insoweit weicht die Schwellenwertberechnung nach § 32 Abs. 1 Satz 1 WpHG von der Berechnung anderer Schwellenwerte, die – wie die Clearingschwelle des Art. 10 Abs. 1 VO Nr. 648/2012 oder die Schwelle für die Ersteinschusspflicht nach Art. 28 Abs. 1 DelVO 2016/2251 – an die zum maßgeblichen Berechnungszeitraum noch ausstehenden OTC-Derivate anknüpfen. 19

Der Begriff „eingegangen" ist weit auszulegen. Er umfasst jeden **Neuabschluss** eines OTC-Derivates, jede Änderung, durch die die Laufzeit des OTC-Derivates hinausgeschoben wird (**Prolongation**)[3], sowie den Erwerb eines OTC-Derivates von einem Dritten durch dreiseitige **Vertragsübernahme**. Ob auch das im Rahmen der Portfoliokomprimierung durch **Novation** entstandene neue OTC-Derivat zu den neu eingegangen OTC-Derivaten zählt[4], ist fraglich, weil die bei Überschreitung der Schwelle drohende Prüfungspflicht die nichtfinanzielle Gegenpartei davon abhalten könnte, eine – in diesem Fall freiwillige[5] – Portfoliokomprimierung durchzuführen. 20

2. Organisationspflicht. § 32 Abs. 1 Satz 1 WpHG begründet zunächst nur die Pflicht der nichtfinanziellen Gegenpartei, sich von einem geeigneten Prüfer prüfen zu lassen. Der Gegenstand der Prüfung – die von der geprüften Gesellschaft eingerichteten Vorkehrungen und Systeme, mit denen sie die Einhaltung ihrer durch die EMIR und durch Art. 28 VO Nr. 600/2014 (MiFIR) begründeten Pflichten sicherstellt – setzt jedoch gedanklich notwendig voraus, dass die Gesellschaft zugleich auch verpflichtet ist, ihren Geschäftsorganisation entsprechend einzurichten. Diese allgemeine Organisationspflicht besteht unabhängig davon, ob die Gesellschaft in einem Geschäftsjahr der Prüfungspflicht unterliegt oder nicht. 21

Nach Tz. 11f und A7 des IDW Prüfungsstandards PS 920 umfassen die von der nichtfinanziellen Gegenpartei einzurichtenden Vorkehrungen und Systeme die Gesamtheit aller von den gesetzlichen Vertretern im Unternehmen eingeführten, Grundsätze, Verfahren, Vorkehrungen und Maßnahmen – zusammengefasst die Regelungen –, die auf die Einhaltung der in § 32 Abs. 1 WpHG genannten Anforderungen gerichtet sind. Dabei ergeben sich die Anforderungen nicht nur aus der EMIR bzw. Art. 28 VO Nr. 600/2014 (MiFIR) sondern auch aus den sie konkretisierenden technischen Regulierungsstandards, dem WpHG, der Gegenpartei-Prüfbescheinigungsverordnung (GPrüfbV) sowie den Auslegungsentscheidungen der Kommission, der Europäischen Aufsichtsbehörden und der BaFin. 22

Die durch § 32 Abs. 1 Satz 1 WpHG begründete Organisationspflicht entspricht den Parallelvorschriften in § 25a Abs. 1 KWG, § 23 Abs. 1 VAG und § 28 Abs. 1 KAGB. Danach müssen Kredit- und Wertpapierdienstleistungsinstitute, Versicherungen, Rückversicherungen und Kapitalverwaltungsgesellschaften über eine Geschäftsorganisation verfügen, die die Einhaltung der von ihnen zu beachtenden gesetzlichen Bestimmungen gewährleistet. § 32 WpHG ist jedoch enger gefasst, weil er sich auf die Einhaltung der EMIR-Verpflichtungen beschränkt. Auf der anderen Seite greift sie auch weiter als die durch § 91 Abs. 2 des Aktiengesetzes (AktG) begründete Organisationspflicht, weil diese lediglich verlangt, dass die den Fortbestand der Gesellschaft gefährdende Entwicklungen frühzeitig erkannt, bewertet und gesteuert werden. 23

III. Prüfung und Prüfbescheinigung (§ 32 Abs. 2 bis 4 WpHG). § 32 Abs. 1 Satz 1 WpHG verlangt von den über den Schwellenwerten liegenden Kapital- und Personenhandelsgesellschaften, dass sie ihre Vorkehrungen und Systeme, mit denen sie die Erfüllung ihrer Verpflichtung aus der EMIR sicherstellen, innerhalb von neun Monaten nach Ende des Geschäftsjahres, auf das sich die Prüfung erstreckt, durch geeignete Prüfer prüfen lassen. Gegenstand und Zeitpunkt der Prüfung sind in der auf § 32 Abs. 6 WpHG basierenden Gegenpartei-Prüfbescheinigungsverordnung (GPrüfbV) näher bestimmt worden. In Ergänzung der GPrüfbV[6] hat das Institut der Wirtschaftsprüfer in Deutschland e.V. (IDW) am 24.11.2016 einen neuen IDW Prüfungsstandard – den 24

---

1 IDW Prüfungsstandard PS 920, Anlage Tz. 6, S. 81; *Teuber* in Fuchs, § 20 WpHG Rz. 12.
2 RegE EMIR-Ausführungsgesetz, BT-Drucks. 17/11289, 24; *Barac* in Wilhelmi/Achtelik/Kunschke/Sigmundt, Handbuch EMIR, Teil 4.B, Rz. 21.
3 BaFin, Häufige Fragen und Antworten der BaFin zur EMIR, Stand: 6.10.2016, abrufbar über: https://www.bafin.de/SharedDocs/Veroeffentlichungen/DE/FAQ/faq_emir.html;jsessionid=49FAFE220B13AD4EDFE6C04AB1BE512B.2_cid290, Nr. 8.
4 Dafür IDW Prüfungsstandard PS 920, Anlage Tz. 6, S. 81.
5 Die Pflicht, eine Portfoliokomprimierung zu erwägen, besteht nach Art. 14 DelVO Nr. 149/2013 nur für nichtfinanzielle Gegenparteien mit einem Portfolio von mehr als 500 Einzelabschlüssen.
6 IDW Prüfungsstandard PS 920, Tz. 5.

IDW Prüfungsstandard PS 920 – veröffentlicht, in dem es Gegenstand, Ziel, Art und Umfang der Prüfungen nach § 32 WpHG weiter konkretisiert[1]. Die GPrüfbV und der IDW Prüfungsstandard PS 920 beschränken sich derzeit auf die durch die EMIR begründeten Pflichten. Die durch Art. 28 VO Nr. 600/2014 (MiFIR) begründete Handelspflicht ist noch nicht adressiert. Am 18.5.2018 hat die BaFin jedoch den Entwurf einer Verordnung zur Ergänzung der GPrüfbV vorgelegt, der diese Lücke schließen soll (s. Rz. 53). Da die Handelspflicht für clearingpflichtige nichtfinanzielle Gegenparteien erst am 9.5.2019 beginnen wird[2], wirkt sich das Fehlen konkreter Vorgaben für Umfang und Inhalt der Prüfung bislang nicht aus.

25   **1. Geeignete Prüfer.** Geeignete Prüfer sind nach § 32 Abs. 2 Satz 1 WpHG Wirtschaftsprüfer, vereidigte Buchprüfer und Wirtschaftsprüfungs- oder Buchprüfungsgesellschaften. Sie müssen hinsichtlich des Prüfungsgegenstandes, d.h. die durch Art. 4, 9, 10 und 11 VO Nr. 648/2012 und Art. 28 VO Nr. 600/2014 begründeten Pflichten nichtfinanzieller Gegenparteien über ausreichende Kenntnisse verfügen. Da der Prüfer nach § 5 Abs. 1 GPrüfbV an die Auslegungsentscheidungen der BaFin gebunden ist, müssen ihm insbesondere auch die von der BaFin veröffentlichten Leitlinien, Rundschreiben und Bekanntmachungen vertraut sein. Nach Tz. 20 IDW Prüfungsstandards PS 920 ist die ausreichende fachliche Kompetenz bereits im Rahmen der Zusammensetzung des Prüfungsteams zu beachten. Soweit erforderlich, sind Sachverständige hinzuzuziehen (Tz. 47 IDW Prüfungsstandards PS 920).

26   Neben der erforderlichen Fachkenntniss ist nach Tz. 29 IDW Prüfungsstandards PS 920 auch ein ausreichendes Verständnis des Unternehmens, dessen Umfeld (d.h. Branchenkenntnis) und der zu prüfenden Vorkehrungen und Systeme erforderlich, was in der Praxis nicht selten dazu führt, dass die Prüfungen von Prüfern vorgenommen wurde, die auch für die Abschlussprüfung zuständig sind[3]. Der an dieser Praxis geübten Kritik[4] ist nicht zu folgen[5]. Die Unverträglichkeit von Abschlussprüfung und § 32 WpHG-Prüfung findet im Gesetz keinen Anhaltspunkt. Eine unterschiedliche Mandatierung würde dazu führen, dass die durch die Abschlussprüfung gewonnenen Erkenntnisse – z.B. hinsichtlich der Einhaltung der Anforderungen für die Anerkennung von Sicherungsgeschäften im Sinne des IAS 39 – nicht ohne weiteres verwertet werden können[6]. Auf der anderen Seite ist zu berücksichtigen, dass der Prüfmaßstab der Abschlussprüfung ein anderer ist, dass es dem Abschlussprüfer primär um die Feststellung wesentlicher falscher Angaben in der Rechnungslegung geht und seine in diesem Zusammenhang erworbenen Kenntnisse über das Umfeld des Unternehmens daher nicht immer ausreichend sein werden[7].

27   **2. Bestellung der Prüfer und Kostentragung.** Die Bestellung durch das Unternehmen muss nach § 32 Abs. 2 Satz 2 WpHG spätestens 15 Monate nach Beginn des Geschäftsjahres erfolgen, auf das sich die Prüfung erstreckt. Stimmt z.B. das Geschäftsjahr einer Kapitalgesellschaft mit dem Kalenderjahr überein[8], so sind die Prüfer, die mit der Prüfung des Geschäftsjahres 2017 betraut sind, spätestens am 31.3.2018 zu bestellen. Sie haben dann **sechs Monate** Zeit[9] die Prüfung durchzuführen und die Prüfungsbestätigung auszufertigen. Der Zeitraum für die Prüfung ist vom Gesetzgeber so gewählt worden, dass er sich nicht mit der Abschlussprüfung überlappt[10].

28   Die Auswahl des Prüfers obliegt dem Unternehmen, das auch die **Kosten** der Prüfung zu tragen hat[11]. Innerhalb des Unternehmens liegt die Zuständigkeit für die Bestellung bei den **gesetzlichen Vertretern**. Ein Beschluss der Aktionärs- bzw. Gesellschafterversammlung, wie sie § 318 Abs. 1 HGB für den Abschlussprüfer verlangt, ist nicht erforderlich[12]. Auch ist es bei Kapitalgesellschaften, die über einen Aufsichtsrat verfügen, nicht Aufgabe des Aufsichtsrates, den Prüfungsauftrag zu erteilen. Eine Pflicht zur Anzeige der Bestellung gegenüber der BaFin oder die Befugnis der BaFin, die Bestellung eines anderen Prüfers zu verlangen, wie sie § 28 Abs. 1 KWG für die Prüfung von Kredit- und Wertpapierdienstleistungsinstituten vorsieht, besteht ebenfalls nicht.

---

1 Einen guten Überblick über den IDW Prüfungsstandard PS 920 vermittelt *Schüttler*, DStR 2016, 2006 ff.
2 S. ESMA, Öffentliches Register für die Handelspflicht für Derivate unter der MiFIR, ESMA70-156-300 vom 16.1.2018, abrufbar über: https://www.esma.europa.eu/press-news/esma-news/esma-publishes-register-derivatives-be-traded-venue-under-mifir, S. 6.
3 *Barac* in Wilhelmi/Achtelik/Kunschke/Sigmundt, Handbuch EMIR, Teil 4.B, Rz. 24.
4 Nach *Mock* in KölnKomm. WpHG, § 20 WpHG Rz. 22 sollte die § 32 WpHG-Prüfung nicht zu einem bloßen Annex der Abschlussprüfung herabgestuft werden.
5 *Teuber* in Fuchs, § 20 WpHG Rz. 25.
6 S. auch IDW Prüfungsstandard PS 920, Tz. A12, wonach der EMIR-Prüfer, wenn er auch mit der Jahresabschlussprüfung beauftragt war und er in deren Rahmen für die Beurteilung des EMIR-Systems relevante Informationen erlangt hat, diese bei der Prüfung des EMIR-Systems berücksichtigen sollte.
7 IDW Prüfungsstandard PS 920, Tz. A18.
8 Zu den besonderen Problemen, die ein Rumpfgeschäftsjahr von z.B. nur drei Monaten mit sich bringt: *Barac* in Wilhelmi/Achtelik/Kunschke/Sigmundt, Handbuch EMIR, Teil 4.B, Rz. 27 bis 31.
9 *Teuber* in Fuchs, § 20 WpHG Rz. 29.
10 RegE EMIR-Ausführungsgesetz, BT-Drucks. 17/11289, 24; kritisch hierzu: *Schüttler*, DStR 2016, 2006, 2008.
11 RegE EMIR-Ausführungsgesetz, BT-Drucks. 17/11289, 24.
12 *Mock* in KölnKomm. WpHG, § 20 WpHG Rz. 20; *Barac* in Wilhelmi/Achtelik/Kunschke/Sigmundt, Handbuch EMIR, Teil 4.B, Rz. 23.

Nach Tz. 16 IDW Prüfungsstandards PS 920 sind die **Auftragsbedingungen**, insbesondere die beiderseitigen Rechte und Pflichten, schriftlich zu vereinbaren. Der Inhalt der Vereinbarung ist in Tz. A 11 IDW Prüfungsstandards PS 920 beispielhaft aufgeführt. Die fristwahrende „Bestellung" i.S.d. § 32 Abs. 2 Satz 2 WpHG ist erst mit Abschluss der schriftlichen Vereinbarung über die Prüfung vollzogen[1]. 29

Der in § 32 Abs. 3 Satz 5 WpHG vorgesehene Verweis auf § 323 HGB stellt klar, dass der Prüfer seine Gehilfen und die bei der Prüfung mitwirkenden gesetzlichen Vertreter einer Prüfungsgesellschaft zur gewissenhaften und unparteiischen Prüfung und zur Verschwiegenheit verpflichtet sind und bei Pflichtverstößen schadensersatzpflichtig sind. 30

3. Gegenstand und Maßstab der Prüfung. Der Gegenstand der Prüfung sind die von der prüfpflichtigen Gesellschaft einzurichtenden Vorkehrungen und Systeme – der IDW Prüfungsstandards PS 920 spricht in diesem zusammenfassend vom „EMIR-System" –, mit denen sie die Einhaltung der durch Art. 4, 9, 10 und 11 VO Nr. 648/2012 und Art. 28 VO Nr. 600/2014 begründeten Pflichten sicherstellt. Maßgeblich ist die **Eignung des EMIR-Systems** im prüfpflichtigen Zeitraum. Der **prüfpflichtige Zeitraum** ist in § 4 GPrüfbV definiert worden. Es ist das am Stichtag des Jahresabschlusses endende Geschäftsjahr. Nach § 5 Abs. 2 GPrüfbV muss die Prüfung den gesamten prüfpflichtigen Zeitraum abdecken. 31

Der Gegenstand der Prüfung ist in § 3 GPrüfbV konkretisiert worden. Die dort gewählte Darstellung folgt der **Reihenfolge**, in der die pflichtbegründenden Anforderungen der EMIR in § 32 Abs. 1 Satz 1 WpHG aufgezählt sind. Der Nachteil der Darstellung ist, dass sie sich nicht an die für nichtfinanziellen Gegenparteien maßgebliche „Chronologie" der in Art. 10 VO Nr. 648/2012 beschriebenen Prozessschritte orientiert, bzw. die für den Prüfungskomplex „Clearingpflicht" maßgeblichen Anforderungen aus Art. 4 und 10 VO Nr. 648/2012 voneinander trennt. 32

Der Maßstab der Prüfung ergibt sich mittelbar aus § 32 Abs. 4 WpHG und dem in § 2 Abs. 2 GPrüfbV definierten Begriff **Mangel**. Danach ist zu prüfen, ob die Vorkehrungen und Systeme der nichtfinanziellen Gegenpartei insgesamt geeignet sind, die Erfüllung der EMIR-Pflichten sicherzustellen. Hieraus leiten sich zwei – zumindest gedanklich voneinander zu unterscheidende – Prüfschritte[2] ab. Zum einen ist zu prüfen, ob die Vorkehrungen und Systeme so wie sie konzipiert und implementiert sind, angemessen erscheinen (**Angemessenheitsprüfung**). Darüber hinaus ist zu prüfen, ob sie während des prüfpflichtigen Zeitraums von der geprüften Gesellschaft wie geplant angewendet und durchgeführt wurden und sich deshalb als wirksam erwiesen haben (**Wirksamkeitsprüfung**). Im Rahmen der Wirksamkeitsprüfung ist auch festzustellen, ob wesentliche Fehler des EMIR-Systems rechtzeitig erkannt und abgestellt wurden bzw. Anlass für eine Überprüfung und Verbesserung der organisatorischen Vorkehrungen gegeben haben. 33

Nach § 5 Abs. 3 GPrüfbV ist der Prüfer den Grundätzen der **risikoorientierten Prüfung** und der **Wesentlichkeit** verpflichtet. Diese wirken sich insbesondere auf die Planung und Durchführung der Prüfung, die hierbei definierten Schwerpunkte und die Bewertung von Beanstandungen aus. Ein wichtiger Aspekt der risikoorientierten und auf das Wesentlich beschränkten Prüfung ist, dass die Zielsetzung der Prüfung nicht die tatsächliche Einhaltung der EMIR bzw. das Aufspüren einzelner Fehler ist[3] –, sondern, wie sich auch aus dem Begriff Mangel ergibt, die Feststellung der grundsätzlichen Eignung des EMIR-Systems[4]. Die Grundätze der risikoorientierten Prüfung und der Wesentlichkeit werden in § 5 Abs. 4 und 5 GPrüfbV konkretisiert. Danach muss die Prüfung im **angemessenen Verhältnis** zum Umfang der Geschäfte und Aufgaben stehen (§ 5 Abs. 4 Satz 1 GPrüfbV); nach Tz. A14 IDW Prüfungsstandard PS 920 ist auch die Größe, das Risiko und die Komplexität des EMIR-Systems selbst angemessenen zu berücksichtigen. Andere wichtige Aspekte, die den Umfang der Prüfungshandlungen beeinflussen, sind die Auslagerung von Aufgaben auf externe Dienstleister (Tz. 51 ff. IDW Prüfungsstandard PS 920) oder der Umstand, dass die geprüfte Gesellschaft über eine interne Revision verfügt oder sich bei der Konzeption und Implementierung des EMIR-Systems externer Sachverständige bedient hat. 34

Der Prüfer kann im Rahmen seiner Prüfung **Schwerpunkte** bilden und sich ggf. auf **Stichproben** beschränken (§ 5 Abs. 4 Satz 2 GPrüfbV). Stellt der Prüfer einen **Fehler**, d.h. eine Abweichung von den Anforderungen der EMIR (§ 2 Abs. 1 GPrüfbV) fest, hat er die Prüfung nach § 5 Abs. 5 GPrüfbV auszudehnen und solange fortzuführen, bis er feststellen kann, ob es sich um einen Mangel handelt, d.h. einen wesentlichen Fehler, der die Eignung des EMIR-Systems in Frage stellt. 35

Nach § 3 Abs. 3 Nr. 5 GPrüfbV und Tz. 33 IDW Prüfungsstandard PS 920 ist für den Regelbereich „**Clearingpflicht**" zunächst zu prüfen, ob die nichtfinanzielle Gegenpartei mit den von ihr vorgehaltenen EMIR-System 36

---

1 *Barac* in Wilhelmi/Achtelik/Kunschke/Sigmundt, Handbuch EMIR, Teil 4.B, Rz. 32.
2 S. IDW Prüfungsstandard PS 920, Tz. 30, der zwischen der Prüfung der Angemessenheit (Aufbauprüfung) und der Prüfung der Wirksamkeit (Funktionsprüfung) unterscheidet.
3 IDW Prüfungsstandard PS 920, Tz. 17 und A11.
4 RegE EMIR-Ausführungsgesetz, BT-Drucks. 17/11289, 25: „Ein Mangel ist dabei nur in Ausnahmefällen schon ein einzelner Verstoß."

in der Lage ist, die auf die Clearingschwelle anzurechnenden OTC-Derivate, die nicht lediglich der Absicherung von Risiken dienen, richtig zu identifizieren und zu erfassen. Dies setzt bei nichtfinanziellen Gegenparteien, die einer Gruppe angehören, auch voraus, dass die miteinander verbundenen Mutter- und Tochterunternehmen die für die **Überwachung der Clearingschwelle** auf Gruppenebene erforderlichen Informationen zeitnah austauschen.

37 Ist die Clearingschwelle erstmals überschritten, muss das EMIR-System nach § 3 Abs. 3 Nr. 1 und 2 GPrüfbV und Tz. 34 IDW Prüfungsstandard PS 920 sicherstellen, dass das EMIR-System die nach Art. 10 Abs. 1 lit. a VO Nr. 648/2012 bzw. § 31 Abs. 1 WpHG erforderlichen **Anzeigen** an die ESMA und die BaFin unverzüglich auslösen kann. Überschreitet die nichtfinanzielle Gegenpartei die Clearingschwelle nachhaltig – d.h. über einen Zeitraum von 30 aufeinanderfolgenden Geschäftstagen – muss das EMIR-System auch die unverzügliche Mitteilung an die BaFin nach § 31 Abs. 2 WpHG sicherstellen (§ 3 Abs. 3 Nr. 3 GPrüfbV). Gleiches gilt für die Mitteilung nach § 31 Abs. 3 WpHG, mit der die clearingpflichtige Gegenpartei der BaFin mitteilt, dass die Clearingpflicht nachträglich wieder entfallen ist (§ 3 Abs. 3 Nr. 3 GPrüfbV). Wegen der Berechnung der Clearingschwelle und der durch ihr Überschreiten ausgelösten Mitteilungen wird auf die Anmerkungen zu Art. 10 VO Nr. 648/2012 verwiesen.

38 Ist die nichtfinanzielle Gegenpartei im prüfpflichtigen Zeitraum **clearingpflichtig geworden**, hat der Prüfer nach § 3 Abs. 1 Satz 1 GPrüfbV festzustellen, ob sie tatsächlich sämtliche der Clearingpflicht unterliegende OTC-Derivate über eine CCP clearen lässt. Macht die nichtfinanzielle Gegenpartei von der **Intragruppenfreistellung** nach Art. 4 Abs. 2 VO Nr. 648/2012 Gebrauch, so ist nach § 3 Abs. 1 Satz 2 GPrüfbV auch die Einhaltung der in Art. 3 VO Nr. 648/2012 definierten Anforderungen, insbesondere an das zentralisierte Risikobewertungs-, mess- und kontrollverfahren zu prüfen. Wegen der Einzelheiten zur Clearingpflicht und der Inanspruchnahme der Intragruppenfreistellung wird auf die Ausführungen zu Art. 4 VO Nr. 648/2012 verwiesen.

39 Die **Prüfungshandlungen** im Regelbereich „Clearingpflicht" und die hierbei heranzuziehenden **Unterlagen** sind in Tz. A24 bis A26 IDW Prüfungsstandard PS 920 beispielhaft aufgezählt worden.

40 Nach § 3 Abs. 2 GPrüfbV und Tz. 35 IDW Prüfungsstandard PS 920 ist für den Regelbereich „**Meldepflicht**" zu prüfen, ob das von der nichtfinanziellen Gegenpartei vorgehaltene EMIR-System so ausgestaltet ist, dass mit hinreichender Sicherheit zu allen meldepflichtigen Derivaten die erforderlichen Meldeinhalte in der gesetzlich vorgeschriebenen Frist gemeldet bzw. die in Art. 9 Abs. 2 VO Nr. 648/2012 verorteten Aufbewahrungspflichten eingehalten werden. Die Prüfungshandlungen und heranzuziehenden Unterlagen im Bereich Meldepflicht finden sich in Tz. A28 und A29 IDW Prüfungsstandard PS 920 erläutert.

41 Im Regelbereich „**Risikominderungstechniken**" ist nach § 3 Abs. 5 Satz 1 GPrüfbV und Tz. 36 IDW Prüfungsstandard PS 920 zunächst zu prüfen, ob die nichtfinanzielle Gegenpartei mit ihren Kontrahenten vor Abschluss der OTC-Derivate die nach Art. 11 Abs. 1 VO Nr. 648/2012 und Art. 13 und 15 DelVO Nr. 149/2013 erforderlichen Vereinbarungen über den **Portfolioabgleich** und die **Streitbeilegung** getroffen hat und anwendet. Darüber hinaus muss das EMIR-System so ausgestaltet ist, dass es die nach Art. 12 DelVO Nr. 149/2013 gebotene **Bestätigung** der OTC-Derivate innerhalb der gesetzlichen Fristen sicherstellt.

42 Ist die Gesellschaft im prüfpflichtigen Zeitraum **clearingpflichtig geworden**, hat der Prüfer nach § 3 Abs. 4 und Abs. 5 Satz 2 GPrüfbV festzustellen, ob sie ihrer durch Art. 11 Abs. 2 VO Nr. 648/2012 begründeten Pflicht zur täglichen **Bewertung** der OTC-Derivate nachkommt und ob sie mit ihren Kontrahenten die nach Art. 11 Abs. 3 Satz 2 VO Nr. 648/2012 und Art. 2 Abs. 2 Unterabs. 1 lit. g DelVO 2016/2251 erforderlichen Vereinbarungen über den **Austausch von Sicherheiten** abgeschlossen hat und anwendet. Die Prüfungshandlungen und heranzuziehenden Unterlagen im Bereich Risikominderungspflicht finden sich in Tz. A30 und A31 IDW Prüfungsstandard PS 920. Macht die nichtfinanzielle Gegenpartei von der **Intragruppenfreistellung** nach Art. 11 Abs. 5 bis 10 VO Nr. 648/2012 Gebrauch, so ist nach § 3 Abs. 4 Satz 2 GPrüfbV auch die Einhaltung der hierfür vorgesehenen Anforderungen, insbesondere die **Abwesenheit tatsächlicher oder rechtlicher Hindernisse** für die Übertagung von Eigenmitteln oder die Rückzahlung von Verbindlichkeiten zu prüfen. Wegen der Einzelheiten zu den Risikominderungstechniken und der Inanspruchnahme der Intragruppenfreistellungen wird auf die Ausführungen zu Art. 11 VO Nr. 648/2012 verwiesen.

43 **4. Mitteilungspflicht des Prüfers.** Werden dem Prüfer während der Prüfung schwerwiegende Verstöße gegen die in Art. 4, 9, 10 und 11 VO Nr. 648/2012 oder Art. 28 VO Nr. 600/2014 definierten Anforderungen bekannt, so hat der Prüfer die BaFin nach § 32 Abs. 4 Satz 4 WpHG unverzüglich zu unterrichten. Die Vorschrift ist den Parallelvorschriften in § 89 Abs. 4 Satz 3 WpHG und § 29 Abs. 3 Satz 1 KWG nachgebildet. Sie soll es der BaFin ermöglichen, bereits vor Eingang der Prüfbescheinigung tätig zu werden[1].

44 Die Formulierung „**schwerwiegender Verstoß**" wird weder im Gesetz noch in der GPrüfbV definiert. Nach Tz. 83 IDW Prüfungsstandard PS 920 ist von einem schwerwiegenden Verstoß auszugehen, wenn der Prüfer *vermuten muss, dass die BaFin im Falle der Kenntnis des Sachverhaltes* **sofortige Maßnahmen** ergreifen wür-

---

1 RegE EMIR-Ausführungsgesetz, BT-Drucks. 17/11289, 25.

de. Zu den schwerwiegenden Verstößen zählen nach Tz. 84 IDW Prüfungsstandard PS 920 das Überschreiten der Clearingschwelle ohne Mitteilung an die BaFin, das Fehlen jeglicher Risikominderungstechniken, die Nichtmeldung von Derivaten, und sämtliche vorsätzlichen Verstöße gegen die durch die EMIR und Art. 28 VO Nr. 600/2014 begründeten Pflichten, insbesondere das Fälschen von Bestätigungen oder die absichtliche Falschberechnung von Marktwerten. Darüber hinaus wird man bei kapitalmarktorientierten Kapitalgesellschaften i.S.d. § 264a HGB die Schwere des Verstoßes auch danach beurteilen müssen, ob und inwieweit bei seinem Bekanntwerden mit einer unmittelbaren Marktreaktion zu rechnen ist[1].

Nach § 7 GPrüfbV hat der Prüfer die BaFin auch dann unverzüglich zu unterrichten, wenn sich die prüfpflichtige Gesellschaft weigert, die Prüfung vornehmen zu lassen, oder wenn sie die Durchführung der Prüfungshandlungen behindert.

5. Inhalt und Form der Prüfungsbescheinigung. Gegenstand der Prüfungsbescheinigung ist nach § 32 Abs. 3 Satz 2 WpHG der Bericht des Prüfers über die Ergebnisse der Prüfung. Nach § 9 Abs. 1 Satz 1 GPrüfbV hat der Prüfer darzustellen, inwieweit die von der geprüften Gesellschaft eingerichteten Vorkehrungen und Systeme zur Einhaltung der durch die EMIR und Art. 28 VO Nr. 600/2014 begründeten Pflichten geeignet sind. Festgestellte Mängel, d.h. Fehler, die die Eignung der Vorkehrungen und System insgesamt in Frage stellen (§ 2 Abs. 2 GPrüfbV), sind nach § 9 Abs. 1 Satz 2 GPrüfbV ausführlich darzustellen.

Zum Mindestinhalt der Prüfbescheinigung zählen nach § 9 Abs. 1 Satz 3 GPrüfbV die Angabe des prüfpflichtigen Zeitraums und der Zeitraum, in dem die Prüfung durchgeführt wurde, die Art und Weise, wie Stichproben und deren Anzahl ermittelten wurden und das Ergebnis der Stichproben. Nach § 9 Abs. Abs. 2 und 3 GPrüfbV sind darüber hinaus darzustellen: die während der Prüfung beobachteten Vorgänge von besondere Bedeutung sowie eine ggf. erfolgte **Unterbrechung der Prüfung** sowie die Gründe für die Unterbrechung. Der Inhalt der Prüfbescheinigung ist in Tz. 78 und A52 IDW Prüfungsstandard PS 920 detailliert beschrieben worden. Anlage 2 zum IDW Prüfungsstandard PS 920 enthält darüber hinaus Formulierungsbeispiele für die Bescheinigung.

Die Bescheinigung ist in **Schriftform** abzufassen; sie ist nach § 32 Abs. 3 Satz 1 WpHG und § 9 Abs. 4 GPrüfbV mit Ort und Datum zu versehen und vom Prüfer eigenhändig zu unterzeichnen.

6. Vorlage der Bescheinigung, Stellungnahme. Nach § 32 Abs. 3 Satz 1 WpHG ist die Prüfungsbescheinigung den gesetzlichen Vertretern der geprüften Gesellschaft und, wenn diese über einen Aufsichtsrat verfügt, auch dem Aufsichtsrat innerhalb von neun Monaten nach Ende des Geschäftsjahres, das Gegenstand der Prüfung ist, vorzulegen. Die gesetzlichen Vertreter der Kapitalgesellschaft sind – je nach Rechtsform – der Vorstand (§ 78 Abs. 1 Satz 1 AktG) oder die Geschäftsführer (§ 35 Abs. 1 Satz 1 GmbHG). Bei den Personenhandelsgesellschaften i.S.d. § 264a Abs. 1 HGB gelten nach § 32 Abs. 5 Satz 2 WpHG die Bestimmungen des § 264a Abs. 2 HGB entsprechend. Gesetzliche Vertreter sind die Mitglieder des vertretungsberechtigten Organs der vertretungsberechtigten Gesellschafters. Bei der Kommanditgesellschaft auf Aktien (KGaA) ist dies der Vorstand der als Komplementär fungierenden Aktiengesellschaft.

Verfügt die geprüfte Gesellschaft über einen Aufsichtsrat, so ist die Prüfungsbescheinigung nach § 32 Abs. 3 Satz 2 WpHG zunächst den gesetzlichen Vertretern bzw. der Geschäftsleitung zur Kenntnis zu bringen, damit diese zum Inhalt der Prüfbescheinigung Stellung nehmen können. Die Frist, innerhalb der die Geschäftsleitung Stellung nehmen kann, ist nicht bestimmt. Um das Prüfungsverfahren nicht unnötig zu verzögern, sollte der Zeitraum i.d.R. nicht länger als **zwei Wochen** betragen[2].

7. Mitteilungspflicht der geprüften Gesellschaft. Wird in der Prüfbescheinigung von Mängeln berichtet, hat die geprüfte Gesellschaft die Prüfbescheinigung nach § 32 Abs. 4 Satz 1 WpHG unverzüglich der BaFin zu übermitteln. Stellt der Prüfer im Rahmen der Prüfung fest, dass die geprüfte Gesellschaft ihrer Pflicht zur Übermittlung der Prüfbescheinigung an die BaFin in einem früheren Geschäftsjahr nicht nachgekommen ist, hat der Prüfer die BaFin hiervon nach § 32 Abs. 4 Satz 2 WpHG ebenfalls unverzüglich zu unterrichten. Die Säumnis der geprüften Gesellschaft ist darüber hinaus in der Bescheinigung über die Ergebnisse der aktuellen Prüfung zu dokumentieren (Tz. 87 IDW Prüfungsstandard PS 920).

8. Mitteilung der BaFin an die Wirtschaftsprüferkammer. Stellt die BaFin Tatsachen fest, die darauf schließen lassen, dass der Prüfer gegen seine Berufspflichten verletzt haben könnte, so ist die BaFin nach § 32 Abs. 4 Satz 3 WpHG verpflichtet, diese Tatsachen der Wirtschaftsprüferkammer mitzuteilen. Der Verweis auf § 110 Abs. 1 Satz 2 WpHG stellt klar, dass die BaFin in diesem Zusammenhang auch personenbezogene Daten des betroffenen Prüfer sowie der als Zeugen in Betracht kommenden Personen übermitteln darf.

IV. Rechtsverordnungsermächtigung (§ 32 Abs. 6 WpHG). Von der Rechtsverordnungsermächtigung hat das Bundesministerium der Finanzen durch Erlass der Gegenpartei-Prüfbescheinigungsverordnung (GPrüfbV) vom 19.3.2014 Gebrauch gemacht. Die GPrüfbV regelte den Gegenstand und den Zeitpunkt der Prüfung sowie Art und Umfang der nach § 32 Abs. 3 WpHG auszufertigenden Bescheinigung. Am 18.5.2018 hat die BaFin

---

1 *Mock* in KölnKomm. WpHG, § 20 WpHG Rz. 28.
2 *Mock* in KölnKomm. WpHG, § 20 WpHG Rz. 25.

den Entwurf einer Verordnung zur Ergänzung der Gegenpartei-Prüfbescheinigungsverordnung veröffentlicht[1]. Der Entwurf sieht vor, den Gegenstand der Prüfung um die in Art. 28 Abs. 1 bis 3 VO Nr. 600/2014 vorgesehene Handelspflicht zu ergänzen.

54 **V. Sanktionen.** Ein Verstoß gegen die Prüfungspflicht des § 31 Abs. 1 Satz 1 WpHG stellt nach § 120 Abs. 2 Nr. 8 WpHG eine Ordnungswidrigkeit dar, die nach § 120 Abs. 24 WpHG mit Geldbußen i.H.v. bis zu 100.000 Euro geahndet werden kann. Enthält die Prüfbescheinigung Mängel und versäumt es die nichtfinanzielle Gegenpartei, die Prüfbescheinigung an die BaFin zu übermitteln, so sieht § 120 Abs. 2 Nr. 9 i.V.m. Abs. 24 WpHG Geldbußen i.H.v. bis zu 50.000 Euro vor. Im Übrigen wird auf die Ausführungen zu § 30 WpHG Rz. 38 verwiesen.

---

[1] Konsultation 08/2018 (WA) – Konsultation des Entwurfs einer Verordnung zur Einführung einer Stimmrechtsmitteilungsverordnung und zur Ergänzung der Gegenpartei-Prüfbescheinigungsverordnung – StimmRMV und GPrüfbV, abrufbar über: https://www.bafin.de/SharedDocs/Veroeffentlichungen/DE/Konsultation/2018/kon_0818_wa_stimmrmv_u_gpruefbv.html;jsessionid=4D496D4113D624D0EBA5D2305000C554.1_cid390.

Abschnitt 6
Mitteilung, Veröffentlichung und Übermittlung von Veränderungen des Stimmrechtsanteils an das Unternehmensregister

Vorbemerkungen zu §§ 33–47 WpHG

Europäische Rechtsakte: Richtlinie des Rates der Europäischen Gemeinschaften vom 12.12.1988 (88/627/EWG) über die bei Erwerb und Veräußerung einer bedeutenden Beteiligung an einer börsennotierten Gesellschaft zu veröffentlichenden Informationen, ABl. EG Nr. L 348 v. 17.12.1988, S. 62; Richtlinie 2001/34/EG vom 28.5.2001 über die Zulassung von Wertpapieren zur amtlichen Börsennotierung und über die hinsichtlich dieser Wertpapiere zu veröffentlichenden Informationen, ABl. EG Nr. L 184 v. 6.7.2001, S. 1; Richtlinie 2004/109/EG des Europäischen Parlaments und des Rates vom 15.12.2004 zur Harmonisierung der Transparenzanforderungen in Bezug auf Informationen über Emittenten, deren Wertpapiere zum Handel auf einem geregelten Markt zugelassen sind, und zur Änderung der Richtlinie 2001/34/EG, ABl. EU Nr. L 390 v. 31.12.2004, S. 38; Richtlinie 2007/14/EG der Kommission vom 8.3.2007 mit Durchführungsbestimmungen zu bestimmten Vorschriften der Richtlinie 2004/109/EG zur Harmonisierung der Transparenzanforderungen in Bezug auf Informationen über Emittenten, deren Wertpapiere zum Handel an einem geregelten Markt zugelassen sind, ABl. EU Nr. L 69 v. 9.3.2007, S. 27; Richtlinie 2013/50/EU des Europäischen Parlaments und des Rates vom 22.10.2013 zur Änderung der Richtlinie 2004/109/EG des Europäischen Parlaments und des Rates zur Harmonisierung der Transparenzanforderungen in Bezug auf Informationen über Emittenten, deren Wertpapiere zum Handel auf einem geregelten Markt zugelassen sind, ... sowie der Richtlinie 2007/14/EG der Kommission mit Durchführungsbestimmungen zu bestimmten Vorschriften der Richtlinie 2004/109/EU, ABl. EU Nr. L 294 v. 6.11.2013, S. 13.

Schrifttum: *Arends*, Die Offenlegung von Aktienbesitz nach deutschem Recht, 2000; *Bayer/Scholz*, Der Legitimationsaktionär – Aktuelle Fragen aus der gerichtlichen Praxis, NZG 2013, 721; *Bosse*, Melde- und Informationspflichten nach dem Aktiengesetz und dem Wertpapierhandelsgesetz im Zusammenhang mit dem Rückkauf eigener Aktien, ZIP 1999, 2047; *Bosse*, Wesentliche Neuregelungen ab 2007 aufgrund der Transparenzrichtlinie-Umsetzungsgesetzes börsennotierter Unternehmen, DB 2007, 39; *Bosse*, Referentenentwurf zur Umsetzung der EU-Transparenzrichtlinie-Änderungsrichtlinie: Änderungen bei periodischer Finanzberichterstattung und Beteiligungstransparenz, BB 2015, 746 *Brandt*, Stimmrechtsmitteilungen nach §§ 21, 25, 25a, 27a WpHG im Aktienemissionsgeschäft, WM 2014, 543; *Brellochs*, Die Neuregelung des kapitalmarktrechtlichen Beteiligungspublizität, AG 2016, 157; *Brouwer*, Stimmrechtsverlust de lege ferenda bei unterlassener Meldung potentieller Stimmrechte (§§ 25, 25a WpHG), AG 2012, 78; *Brouwer*, Unternehmensrechtliche Herausforderungen der 18. Legislaturperiode aus der Sicht der Realwirtschaft, NZG 2014, 201; *Buchheim/Schmidt/Ulbrich*, Was ändert sich mit dem Gesetz zur Umsetzung der Transparenzrichtlinie-Änderungsrichtlinie, WPg 2016, 102; *Buck-Heeb*, Informationsorganisation im Kapitalmarktrecht – Compliance zwischen Informationsmanagement und Wissensorganisationspflichten, CCZ 2009, 18; *Bücker/Petersen*, Kapitalmarkttransparenz bei Restrukturierungen, ZGR 2013, 802; *Burgard/Heimann*, Beteiligungspublizität nach dem Regierungsentwurf eines Gesetzes zur Umsetzung der Transparenzrichtlinie-Änderungsrichtlinie, WM 2015, 1445; *Busch*, Eigene Aktien in der Kapitalerhöhung, AG 2005, 429; *von Buttlar*, Kapitalmarktrechtliche Pflichten in der Insolvenz, BB 2010, 1355; *Cahn*, Probleme der Mitteilungs- und Veröffentlichungspflichten nach dem WpHG bei Veränderungen des Stimmrechtsanteils an börsennotierten Gesellschaften, AG 1997, 502; *Cahn*, Die Mitteilungspflicht des Legitimationsaktionärs, AG 2013, 459; *Diekmann/Merkner*, Erhöhte Transparenzanforderungen im Aktien- und Kapitalmarktrecht, NZG 2007, 921; *Dietrich*, Stimmrechtsmitteilungspflichten bei Gesellschaftsvereinbarungen mit Erwerbsrechten. Pflichten in Bezug auf Aktien einschließlich Aktien eines börsennotierten Emittenten, WM 2016, 1577; *Doenges*, Die §§ 21 ff. WpHG als Schutzgesetze im Sinne des § 823 Abs. 2 BGB, 2012; *Dolff*, Der Rechtsverlust gem. § 28 WpHG aus der Perspektive eines Emittenten, 2011; *Dutta*, Das Pooling von Kapitalgesellschaftsanteilen im inhabergeführten Unternehmen, ZGR 2016, 581; *Einsele*, Verhaltenspflichten im Bank- und Kapitalmarktrecht, ZHR 180 (2016), 233; *Fleischer/Schmolke*, Die Reform der Transparenzrichtlinie: Mindest- oder Vollharmonisierung der kapitalmarktrechtlichen Beteiligungspublizität, NZG 2010, 1241; *Franck*, Die Stimmrechtszurechnung nach § 22 WpHG und § 30 WpÜG, BKR 2002, 709; *Gelhausen/Bandey*, Bilanzielle Folgen der Nichterfüllung von Mitteilungspflichten gemäß §§ 20 f. AktG und §§ 21 ff. WpHG nach Inkrafttreten des Dritten Finanzmarktförderungsgesetzes, WPg 2000, 497; *Göres*, Kapitalmarktrechtliche Pflichten nach dem Transparenzrichtlinie-Umsetzungsgesetz, Der Konzern 2007, 15; *Götze*, Das jährliche Dokument nach § 10 WpPG – eine Bestandsaufnahme, NZG 2007, 570; *Handelsrechtsausschuss des Deutschen Anwaltvereins*, Stellungnahme zum Entwurf einer Überarbeitung von Teilen des Emittentenleitfadens des BaFin, NZG 2013, 658; *Happ*, Zur Nachholung aktienrechtlicher Meldepflichten und damit verbundenen prozessualen Fragen, in FS Karsten Schmidt, 2009, S. 545; *Heinrich*, Kapitalmarktrechtliche Transparenzbestimmungen und die Offenlegung von Beteiligungsverhältnissen, 2006; *Hennrichs/Pöschke*, Anmerkung zu BGH, Beschluss vom 29.4.2015 (II ZR 262/13, AG 2014, 624) – Zur Anfechtbarkeit eines Gewinnverwendungsbeschlusses wegen Mitzählung der vom Stimmrecht ausgeschlossenen Stimmen, WuB 2015, 27; *Heppe*, Zu den Mitteilungspflichten nach § 21 WpHG im Rahmen der Umwandlung von Gesellschaften, WM 2002, 60; *Heusel*, Der neue § 25a WpHG im System der Beteiligungstransparenz, WM 2012, 291; *Heusel*, Die Rechtsfolgen derjenigen einer Verletzung der Beteiligungstransparenz gem. §§ 21 ff. WpHG, 2011; *Hildner*, Kapitalmarktrechtliche Beteiligungstransparenz verbundener Unternehmen, 2002; *Hippeli*, Stiftungen und Trusts als Zurechnungsmittler von Stimmrechten, AG 2014, 147; *Hirte*, Handels-, gesellschafts- und kapitalmarktrechtliche Publizitätspflichten in der Insolvenz, in FS Uwe H. Schneider, 2011, S. 533; *Hirte*, Nachweis mitgeteilter Beteiligungen im Wertpapierhandel, in FS Lutter, 2000, S. 1347; *Hirte*, Der "Handelsbestand" – Bindeglied zwischen Kapitalmarkt- und Konzernrecht, in FS Wiedemann, 2002, S. 955; *Holfter*, Öffentliche Übernahme durch Anschleichen unter besonderer Berücksichtigung der Meldepflichten nach dem WpHG, 2012; *Hopt*, Familien- und Aktienpools unter dem Wertpapierhandelsgesetz, ZGR 1997, 1; *Hutter/Kaulamo*, Das Transparenzrichtlinie-Umsetzungsgesetz: Änderung der anlassabhängigen Publizität, NJW 2007, 471; *Janert*, Veröffentlichungspflicht börsennotierter Gesellschaft bei unterlassener Mitteilung nach § 21 WpHG?, BB 2004, 169; *Kaum/Zimmermann*, Das „jährliche Dokument" nach § 10 WpPG, BB 2005, 1466; *Kirschner*, Unterlassene Meldung einer Umfirmierung als Verstoß gegen § 21 Abs. 1 Satz 1 WpHG, DB 2008, 623; *Klein/*

Theusinger, Beteiligungstransparenz ohne Beteiligungsrelevanz? Mitteilungspflichten bei Umfirmierungen und Umwandlungsmaßnahmen, NZG 2009, 250; *Kocher*, Der Einfluss festgelegter Stimmen auf Hauptversammlungen, BB 2014, 2317; *Kocher*, Kapitalmarkt-Compliance bei der börsennotierten Familiengesellschaft, BB 2012, 721; *Kraack*, Beteiligungspublizität bei Erwerbs- und Übernahmeangeboten, AG 2017, 677; *Krause*, Eigene Aktien bei Stimmrechtsmitteilung und Pflichtangebot, AG 2015, 553; *Larisch/Bunz*, Der Entherrschungsvertrag als Mittel der Konzernvermeidung bei faktischen Hauptversammlungsmehrheiten, NZG 2013, 1247; *Leyendecker-Langner/Läufer*, Transaktionssicherheit und übernahmerechtliche Meldepflichten, NZG 2014, 161; *Merkt*, Unternehmenspublizität, 2001; *Maume*, Staatliche Rechtsdurchsetzung im deutschen Kapitalmarktrecht: eine Bestandsaufnahme, ZHR 180 (2016), 358; *Andreas Meyer*, Erleichterungen im Recht der Stimmrechtsmitteilungen bei Aktienemissionen, BB 2016, 771; *Merkner*, Das Damoklesschwert des Rechtsverlusts – Vorschlag für eine Neufassung von § 28 WpHG, AG 2012, 199; *Merkner/Sustmann*, Die Verwaltungspraxis der BaFin in Sachen Beteiligungstransparenz auf Grundlage der Neufassung des Emittentenleitfadens, NZG 2013, 1361; *Merkner/Sustmann*, Erste „Guidance" der BaFin zu den neuen Meldepflichten nach §§ 25, 25a WpHG, NZG 2012, 241; *Merkner/Sustmann*, Record Date und Rechtsverlust, AG 2013, 243; *Meyer*, Erleichterungen im Recht der Stimmrechtsmitteilungen bei Aktienemissionen, BB 2016, 771; *Meyer/Bundschuh*, Sicherungsübereignung börsennotierter Aktien, Pflichtangebot und Meldepflichten, WM 2003, 960; *Muhr*, Das Prinzip der Vollharmonisierung im Kapitalmarktrecht am Beispiel des Reformvorhabens zur Änderung der Transparenzrichtlinie, 2014; *Nartowska*, Stimmrechtsmeldepflichten und Rechtsverlust eines Legitimationsaktionärs nach §§ 21 ff. WpHG, NZG 2013, 124; *Nartowska/Walla*, Das Sanktionsregime für Verstöße gegen die Beteiligungstransparenz nach der Transparenzrichtlinie 2013, AG 2014, 891; *Nietsch*, Kapitalmarktrechtliche Beteiligungstransparenz bei Treuhandverhältnissen, WM 2012, 2217; *Noack*, Identifikation der Aktionäre – neue Rolle der Intermediäre, NZG 2017, 561; *Nodonshani*, Die Transparenz von Beteiligungsverhältnissen, WM 2008, 1671; *Nießen*, Die Harmonisierung der kapitalmarktrechtlichen Transparenzregeln durch das TUG, NZG 2007, 41; *Nottmeier/Schäfer*, Zu den Mitteilungspflichten von Konzernunternehmen gemäß § 24 Wertpapierhandelsgesetz, WM 1996, 513; *Parmentier*, Die Revision der EU-Transparenzrichtlinie für börsennotierte Unternehmen, AG 2014, 15; *Paudtke/Glauer*, Nachforschungspflichten der Emittenten hinsichtlich der Richtigkeit der Meldungen nach §§ 21 ff. WpHG, NZG 2016, 125; *Paul*, Anmerkung zur Entscheidung des Oberlandesgerichts Köln vom 06.06.2012, 18 U 240/11, GWR 2012, 346; *Petsch*, Kapitalmarktrechtliche Informationspflichten versus Geheimhaltungsinteressen des Emittenten, 2012; *Piroth*, Die Klarstellung zur Mitteilungspflicht des Legitimationsaktionärs im Rahmen des geplanten Kleinanlagerschutzgesetzes, AG 2015, 10; *Ponath/Raddatz*, Gefahrenquellen für Nachlassbeteiligte im WpHG und WpÜG, ZEV 2014, 361; *Pötzsch*, Das Dritte Finanzmarktförderungsgesetz, WM 1998, 949; *Richter*, Unterliegt der im Aktienregister eingetragene Legitimationsaktionär den Mitteilungspflichten aus den §§ 21 ff. WpHG?, WM 2013, 2296; *Rodewald/Unger*, Zusätzliche Transparenz für die europäischen Kapitalmärkte – Die Umsetzung der EU-Transparenzrichtlinie in Deutschland, BB 2006, 1917; *Rück/Heusel*, Zu den Grenzen der Beteiligungstransparenz bei Aktienerwerbsmöglichkeiten, NZG 2016, 897; *Schilha*, Umsetzung der EU-Transparenzrichtlinie 2013: Neuregelungen zur Beteiligungspublizität und periodischen Finanzberichterstattung, DB 2015, 1821; *Schlitt/Schäfer*, Auswirkungen der Umsetzung der Transparenzrichtlinie und der Finanzmarktrichtlinie auf Aktien- und Equity-Linked-Emissionen, AG 2007, 227; *Schnabel/Korff*, Mitteilungs- und Veröffentlichungspflichten gemäß §§ 21 ff. WpHG und ihre Änderung durch das Transparenzrichtlinie-Umsetzungsgesetz, ZBB 2007, 179; *Sven H. Schneider*, Interne Informationsbeschaffung, in Habersack/Mülbert/Schlitt (Hrsg.), Handbuch der Kapitalmarktinformation, 2. Aufl. 2013, S. 49; *Sven H. Schneider/Uwe H. Schneider*, Der Rechtsverlust gem. § 28 WpHG und seine Folgen, ZIP 2006, 493; *Uwe H. Schneider*, Abstimmungsverhalten durch institutionelle Anleger: Gute Corporate Governance oder rechtspolitische Herausforderung?, ZGR 2012, 518; *Uwe H. Schneider*, Die neue Konzeption der Regeln zur Offenlegung der Stimmrechte bei börsennotierten Aktiengesellschaften, in FS Köndgen, 2016, S. 549; *Uwe H. Schneider*, Anwendungsprobleme bei den kapitalmarktrechtlichen Vorschriften zur Offenlegung von wesentlichen Beteiligungen an börsennotierten Aktiengesellschaften (§§ 21 ff. WpHG), AG 1997, 81; *Uwe H. Schneider*, Kapitalmarktrechtliche Meldepflichten bei Bestehen eines auf die Übertragung von Aktien gerichteten Anspruchs, in FS Marsch-Barner, 2018, S. 409; *Uwe H. Schneider/Anzinger*, Institutionelle Stimmrechtsberatung und Stimmrechtsvertretung, NZG 2007, 88; *Uwe H. Schneider/Anzinger*, Umgehung und missbräuchliche Gestaltungen im Kapitalmarktrecht, ZIP 2009, 1; *Uwe H. Schneider/Burgard*, Transparenz als Instrument der Steuerung des Einflusses der Kreditinstitute auf Aktiengesellschaften, DB 1996, 1765; *Scholz/Weiß*, Grundlegende Missverständnisse um den kapitalmarktrechtlichen Vorsatzbegriff, BKR 2013, 324; *Schroeder*, Die Kontrolle des Aktionärskreises in der Reit-Aktiengesellschaft, AG 2007, 531; *Schuster*, Die internationale Anwendung des Börsenrechts, 1996; *Segna*, Irrungen und Wirrungen mit den §§ 21 ff. WpHG und § 244 AktG, AG 2008, 311; *Segna*, Die sog. gespaltene Rechtsanwendung im Kapitalmarktrecht, ZGR 2015, 84; *Seibt*, 20 Thesen zur Binnenverantwortung im Unternehmen im Lichte des reformierten Kapitalmarktsanktionsrechts, NZG 2015, 1097; *Seibt/Wollenschläger*, Revision des Europäischen Transparenzregimes: Regelungsinhalte der TRL 2013 und Umsetzungsbedarf, ZIP 2014, 545; *Sethe*, Kapitalmarktrechtliche Konsequenzen einer Kapitalherabsetzung, ZIP 2010, 1825; *Söhner*, Die Umsetzung der Transparenzrichtlinie III, ZIP 2015, 2451; *Starke*, Beteiligungstransparenz im Gesellschafts- und Kapitalmarktrecht – Rechtsprobleme der §§ 21 ff. WpHG und des § 20 AktG, 2002; *Stephan*, Die WpHG-Änderungen vom November 2015, Der Konzern 2016, 53; *Streit*, Veröffentlichungspflichten gem. §§ 21, 25 WpHG bei der insolventen AG, Inanspruchnahme des Insolvenzverwalters und Kostenhaftung der Masse?, NZI 2005, 486; *Sudmeyer*, Mitteilungs- und Veröffentlichungspflichten nach §§ 21, 22 WpHG, BB 2002, 685; *Tautges*, Stimmrechtsmitteilungen (§§ 21 ff. WpHG) im Aktienemissionsgeschäft nach dem Gesetz zur Umsetzung der Transparenzrichtlinie-Änderungsrichtlinie, WM 2017, 512; *Teichmann/Epe*, Die neuen Meldepflichten für künftig erwerbbare Stimmrechte (§§ 25, 25a WpHG), WM 2012, 1213; *Theusinger/Schilha*, Die Leitung der Hauptversammlung – eine Aufgabe frei von Haftungsrisiken? BB 2015, 131; *Thiele/Fedtke*, Mitteilungs- und Veröffentlichungspflichten des WpHG in der Insolvenz, AG 2013, 288; *Veil*, Beteiligungstransparenz im Kapitalmarktrecht, ZHR 177 (2013), 427; *Veil/Ruckes/Limbach/Doumet*, Today's or yesterday's news, ZGR 2015, 709; *Viciano-Gofferje*, Neue Transparenzanforderungen für Private Equity Fonds nach dem Kapitalanlagegesetzbuch, BB 2013, 2506; *Weber*, Die Entwicklung des Kapitalmarktrechts im zweiten Halbjahr 2013, NJW 2014, 272; *Weidemann*, „Hidden Ownership" und §§ 21 ff. WpHG – status quo?, NZG 2016, 605; *Wettich*, Aktuelle Entwicklungen und Trends in der Hauptversammlungssaison 2015 und Ausblick auf 2016, AG 2015, 648; *Widder*, Kapitalmarktrechtliche Beteiligungstransparenz und Gesamtrechtsnachfolge, BB 2005, 1979; *Widder*, Mitteilungspflichten gemäß §§ 21 ff. WpHG und Anteilserwerb nach UmwG, NZG 2010, 455; *Widder*, Rechtsnachfolge in Mitteilungspflichten nach §§ 21 ff. WpHG, § 20 AktG?, NZG 2004, 275; *Wid-*

der/Kocher, Die Behandlung eigener Aktien im Rahmen der Mitteilungspflichten nach §§ 21 ff. WpHG, AG 2007, 13; *Widder/Kocher*, Stimmrechtsmitteilungspflicht des weisungsgebundenen Legitimationsaktionärs nach §§ 21 ff. WpHG?, ZIP 2012, 2092; *Witt*, Die Änderungen der Mitteilungs- und Veröffentlichungspflichten nach §§ 21 ff. WpHG und §§ 20 f. AktG durch das Dritte Finanzmarktförderungsgesetz und das KonTraG, WM 1998, 1153; *Witt*, Übernahmen von Aktiengesellschaften und Transparenz der Beteiligungsverhältnisse, 1998; *Witt*, Vorschlag für eine Zusammenfügung der §§ 21 ff. WpHG und des § 20 AktG zu einem einzigen Regelungskomplex, AG 1998, 171.

I. Entstehungsgeschichte 1	IX. Regelungssystematik und Aufbau des Gesetzes 36
II. Transparenzrichtlinie II und das Transparenzrichtlinie-Umsetzungsgesetz 4	X. Auslegung 39
III. Risikobegrenzungsgesetz und Anlegerschutz- und Funktionsverbesserungsgesetz 7	1. Größtmögliche Transparenz des Marktgeschehens als Maßstab der Auslegung 39
IV. Transparenzrichtlinie III und ihre Umsetzung 9	2. Einheitliche Auslegung............... 47
V. Zweites Finanzmarktnovellierungsgesetz ... 12	3. ESMA-Leitlinien, BaFin-Leitlinien 49
VI. Partielle Vollharmonisierung 13	XI. Analogie, Umgehung der Meldepflichten, missbräuchliche Gestaltungen 50
VII. Regelungsinhalt und Rechtsnatur 15	XII. Exterritoriale Anwendung 56
VIII. Regelungszweck 21	XIII. Verhältnis zur Ad-hoc-Publizität 62
1. Funktionsfähigkeit des Kapitalmarkts und Anlegerschutz 21	XIV. Verhältnis zu §§ 20, 21 AktG 66
2. Ordnungspolitische und gesellschaftsrechtliche Zielsetzung 28	XV. Verhältnis zu den übernahmerechtlichen Meldepflichten 67
3. Stimmrechte im System kontenverbuchter Aktienrechte 35	XVI. Verhältnis zu Art. 3a RL 2017/828 69
	XVII. Verweisungen auf die §§ 33 ff. WpHG 70

I. Entstehungsgeschichte. Die §§ 33–47 WpHG (bisher §§ 21–30 WpHG) setzten die auf Art. 54 EG-Vertrag (jetzt Art. 61 AEUV) beruhende Richtlinie des Rates vom 12.12.1988 über die bei Erwerb und Veräußerung einer bedeutenden Beteiligung an einer börsennotierten Gesellschaft zu veröffentlichenden Informationen (88/627/EWG)[1] in das deutsche Recht um. Dieser sog. **Transparenzrichtlinie I** lagen Vorschläge der Kommission[2] sowie Stellungnahmen des Europäischen Parlaments[3] und des Wirtschafts- und Sozialausschusses[4] zugrunde.   1

In der rechtspolitischen Diskussion waren gesetzliche Offenlegungspflichten teilweise als „Anschlag auf die freiheitliche Wirtschaftsordnung"[5] angesehen worden. Im Ergebnis wurden aktienrechtliche Offenlegungspflichten, nämlich die §§ 20 ff. AktG, als „unbefriedigender Kompromiss zwischen Reaktionären und Romantikern"[6] bezeichnet. Erst langsam hat sich die Erkenntnis durchgesetzt, dass die Offenlegung wesentlicher Beteiligungen durch eine Aktiengesellschaft zu einer die Rechte der Aktionäre berücksichtigenden **„Aktienkultur"**[7] und dass **kapitalmarktrechtliche Offenlegungspflichten** zu einer auf Fairness und Gleichbehandlung aufbauenden **„Finanzmarktkultur"**[8] gehören. Bezeichnend für die geänderte Sichtweise war die Aufforderung durch führende Vertreter aus der Kreditwirtschaft an den Gesetzgeber, „möglichst zeitnah einen Rechtsstandard herbeizuführen, der eine größtmögliche Transparenz des Marktgeschehens sowie die Durchführung ordnungsgemäßer und fairer Übernahmeverfahren gewährleistet"[9]. Nach der Umsetzung der Richtlinie wurden die in den §§ 21 ff. WpHG a.F. (jetzt §§ 33 ff. WpHG) enthaltenen Offenlegungsvorschriften durch die Praxis als „ein frisches, ein neues, ein schwieriges Feld"[10] bezeichnet. Indessen sollte auch nicht verdrängt werden, dass noch bis in die Endphase der rechtspolitischen Diskussion gefordert wurde, es bei dem 10 %-Schwelle, die die Transparenzrichtlinie I nennt, zu belassen[11].   2

Bei der Umsetzung der **Transparenzrichtlinie I** wurde von der Möglichkeit des Art. 3 der Richtlinie, strengere Vorschriften zu erlassen, nur vereinzelt, allerdings auch hinsichtlich der wichtigen **Frage der Schwellenwerte**,   3

---

1 ABl. EG Nr. L 348 v. 17.12.1988, S. 62.
2 ABl. EG Nr. C 351 v. 31.12.1985, S. 35 und ABl. EG Nr. C 255 v. 25.9.1987, S. 6.
3 ABl. EG Nr. C 125 v. 11.5.1987, S. 141.
4 ABl. EG Nr. C 263 v. 20.10.1986, S. 1.
5 So *Vallenthin* in Marburger Aussprache zur Aktienrechtsreform, 1959, S. 36, 42; *Schäfer*, BB 1966, 230.
6 Zit. nach *Geßler*, AG 1965, 348.
7 S. auch Grundsatz IV. Offenlegung und Transparenz der OECD-Grundsätze der Corporate Governance 2015: „Der Corporate Governance-Rahmen sollte gewährleisten, dass alle wesentlichen Angelegenheiten, die das Unternehmen betreffen, namentlich Vermögens-, Ertrags- und Finanzlage, Eigentumsverhältnisse und Strukturen der Unternehmensführung, zeitnah und präzise offen gelegt werden."
8 *Otto*, AG 1994, 170.
9 *Kopper*, zum damaligen Zeitpunkt Sprecher des Vorstands der Deutsche Bank AG in Frankfurter Allgemeine Zeitung v. 10.4.1990.
10 *Breuer* in Das deutsche Börsensystem im Aufbruch: Standortbestimmung und Ausblick, 1994, S. 12; s. auch *Opitz* in Schäfer/Hamann, Vor §§ 21–30 WpHG Rz. 13: „Qualitätssprung im Kapitalmarkt".
11 So etwa Zentraler Kreditausschuss, zit. nach ZIP Aktuell 17/93, A 110; s. ferner *Falkenhagen*, WM 1995, 1005: „Überregulierung"; und für restriktive Auslegung: *Steuer/Baur*, WM 1996, 1477.

Gebrauch gemacht. Auch hier zeigte sich der bereits erwähnte Stimmungswandel, ausgelöst u.a. durch die Fälle Feldmühle Nobel, Continental und Krupp/Hoesch[1], *einerseits*, sowie durch die Diskussion über die satzungsmäßigen Stimmrechtsbeschränkungen[2] *andererseits*. Zuvor wurde der Grundsatz der **"Anonymität der Aktie"** hochgehalten[3]. Das mag als Forderung begründet gewesen sein. Aus dem Aktiengesetz lässt sich aber, wie insbesondere § 129 AktG zeigt, ein solcher Grundsatz nicht ableiten. Man erkannte nun die Bedeutung erweiterter Offenlegungspflichten für einen ausgewogenen Anlegerschutz im Allgemeinen[4] und für eine verbesserte faktische **Konzerneingangskontrolle**, vor allem als Schutz vor sog. "feindlichen" Übernahmen und im Verlauf eines Übernahmeverfahrens[5], im Besonderen. Übersehen wird dabei freilich, dass auch erweiterte Offenlegungspflichten "räuberische Übernahmen"[6] nicht verhindern können[7]. Ausschlaggebend für die anfängliche Festsetzung der 5 %-Marke war die Handhabung in anderen Industriestaaten[8].

4   **II. Transparenzrichtlinie II und das Transparenzrichtlinie-Umsetzungsgesetz.** Die "Richtlinie 2004/109/EG vom 15.12.2004 zur Harmonisierung der Transparenzanforderungen in Bezug auf Informationen über Emittenten, deren Wertpapiere zum Handel auf einem geregelten Markt zugelassen sind, und zur Änderung der Richtlinie 2001/34/EG"[9] (**Transparenzrichtlinie II**) regelte in Art. 9 ff. die "Informationen über bedeutende Beteiligungen" neu. U.a. wurden die Meldeschwellen neu geordnet, die Eingangsmeldeschwelle wurde auf 5 % herabgesetzt, die Zurechnungstatbestände wurden neu formuliert, das Meldeverfahren wurde reformiert, und die Meldung beim Erwerb eigener Aktien wurde ausdrücklich geregelt. Für Market Maker und Verwahrstellen sollte – so der damalige Wortlaut – künftig keine Meldepflicht bestehen.

5   Die Richtlinie 2007/14/EG (**Durchführungsrichtlinie**)[10] konkretisiert die genannte Transparenzrichtlinie II. Das im Folgenden darzustellende Transparenzrichtlinie-Umsetzungsgesetz (s. Rz. 6) hat zwar die zum damaligen Zeitpunkt im Entwurf vorliegende Durchführungsrichtlinie weitgehend berücksichtigt. Die weitergehenden Änderungen erfolgten durch das InvestmentänderungsG (BGBl. I 2007, 3089). Schließlich wurden durch die Transparenzrichtlinie-DurchführungsVO (BGBl. I 2008, 408) die verbleibenden Teile der Durchführungsrichtlinie ins nationale Recht umgesetzt.

6   Die Transparenzrichtlinie II wurde durch das **Transparenzrichtlinie-Umsetzungsgesetz** vom 5.1.2007 (BGBl. I 2007, 10) ins deutsche Recht übertragen[11]. Die Änderungen sollen "die für die Markteffizienz und den Anlegerschutz erforderliche Transparenz am Kapitalmarkt herstellen, ohne aber die Unternehmen mit bürokratischen Pflichten zu belasten". Das Gesetz trat am 20.1.2007 in Kraft. Geändert wurden nicht nur die Überschrift des 5. Abschnitts (jetzt 6. Abschnitt) und der Anwendungsbereich der §§ 21 ff. WpHG a.F. (jetzt §§ 33 ff. WpHG). Eingefügt wurden vor allem auch **neue Meldeschwellen** und **neue Meldefristen**, um das Anschleichen zu erschweren. Geändert wurden die Zurechnungsvorschriften und Vorschriften über die Nichtberücksichtigung von Stimmrechten. Hinzu kamen in § 25 WpHG a.F. (jetzt § 38 WpHG) Mitteilungspflichten beim Halten von sonstigen Finanzinstrumenten. Ferner wurden die Veröffentlichungspflichten des Emittenten ergänzt und Bestandsmitteilungspflichten wurden neu begründet (§ 26 WpHG a.F., jetzt § 40 WpHG). Schon am 13.12.2004 war die **Wertpapierhandelsanzeige- und Insiderverzeichnis-Verordnung**[12] erlassen worden, die im Zusammenhang mit dem Transparenzrichtlinie-Umsetzungsgesetz, dem Risikobegrenzungsgesetz und dem Anlegerschutz- und Funktionsverbesserungsgesetz (s. Rz. 7 f.) geändert wurde. Die Verordnung trägt heute den Titel „Verordnung zur Konkretisierung von Anzeige-, Mitteilungs- und Veröffentlichungspflichten nach dem Wertpapierhandelsgesetz (WpAV)"[13] und enthält in den §§ 12 ff. WpAV erläuternde Vorschriften zur Veröffentlichung und Mitteilung bei Veränderungen des Stimmrechtsanteils.

---

1 S. dazu *Burgard*, AG 1992, 41 ff.
2 Anstelle anderer: *Baums*, AG 1990, 221; *Uwe H. Schneider*, AG 1990, 56; *Zöllner/Noack*, AG 1991, 117; s. aber Art. 1 Nr. 20 und Art. 11 Nr. 1 Gesetz zur Kontrolle und Transparenz im Unternehmensbereich (KonTraG) vom 27.4.1998 (BGBl. I 1998, 768).
3 *Siebel* in FS Heinsius, 1991, S. 771, 784 f.
4 *Kropff* in Lutter (Hrsg.), 25 Jahre Aktiengesetz, 1991, S. 19, 37.
5 S. § 23 WpÜG sowie dazu *Bartelt*, § 23 WpÜG – Veröffentlichungspflichten des Bieters nach Abgabe des Angebots, Diss. Augsburg 2003; *Burgard*, WM 2000, 611; *Witt*, NZG 2000, 809; *Witt*, AG 2001, 233.
6 Zum Problem der räuberischen Übernahmen durch raider anstelle vieler: *Uwe H. Schneider/Burgard*, DB 2001, 963.
7 *Kopper*, Frankfurter Allgemeine Zeitung v. 10.4.1990: „Wichtig ist aber, dass ein Paketkäufer künftig frühzeitig und für alle Marktteilnehmer erkennbar veranlasst wird, seine Absichten offen zu legen." Die Offenlegung der Absichten ist nach deutschem Recht – anders als etwa in den USA und Frankreich – allerdings gerade nicht gefordert.
8 Vgl. Begr. RegE zu § 21 Abs. 1 WpHG, BT-Drucks. 12/6679, 52.
9 ABl. EU Nr. L 390 v. 31.12.2004, S. 38.
10 ABl. EU Nr. L 69 v. 9.3.2007, S. 27.
11 Überblick: *Hutter/Kaulamo*, NJW 2007, 471, 550; *Bosse*, DB 2007, 39; *Nießen*, NZG 2007, 41; *Piener/Lebherz*, AG 2007, 19; *Beiersdorf/Rahe*, BB 2007, 99; *Heldt/Ziemann*, NZG 2006, 652; *Rodewald/Unger*, BB 2006, 1917; *Göres*, Der Konzern 2007, 15.
12 Verordnung zur Konkretisierung von Anzeige-, Mitteilungs- und Veröffentlichungspflichten sowie der Pflicht zur Führung von Insiderverzeichnissen nach dem Wertpapierhandelsgesetz – WpAIV (BGBl. I 2004, 3376).
13 Zuletzt geändert durch Art. 1 Verordnung vom 2.11.2017 (BGBl. I 2017, 3727).

III. Risikobegrenzungsgesetz und Anlegerschutz- und Funktionsverbesserungsgesetz. Weitere Änderungen der §§ 21 ff. WpHG (jetzt §§ 33 ff. WpHG) erfolgten durch das **Risikobegrenzungsgesetz** vom 12.8.2008. Ziel war „die Rahmenbedingungen so zu gestalten, dass gesamtwirtschaftlich unerwünschte Aktivitäten von Finanzinvestoren erschwert oder möglicherweise sogar verhindert werden, ohne zugleich Finanz- und Unternehmenstransaktionen, die effizienzfördernd wirken, zu beeinträchtigen." Zu diesem Zweck wurde u.a. das abgestimmte Verhalten von Investoren („acting in concert") neu definiert, die Meldungen wurden aussagekräftiger, insbesondere wurde vorgesehen, dass die Stimmrechte aus Aktien und aus vergleichbaren Position in anderen Finanzinstrumenten zusammengerechnet gemeldet werden. Eingeführt wurde ein kapitalmarktrechtlicher Strategie- und Mittelherkunftsbericht. Und die Rechtsfolgen bei Verletzung von gesetzlichen Mitteilungspflichten (§ 28 WpHG a.F., jetzt § 44 WpHG) wurden verschärft.

Durch das **Anlegerschutz- und Funktionsverbesserungsgesetz** vom 5.4.2011 wurden § 25 WpHG und § 25a WpHG (jetzt §§ 38, 39 WpHG) eingefügt. Die Regelungen wollten die Mitteilungspflichten auf alle Finanzinstrumente und sonstigen Instrumente erweitern, die nicht bereits nach § 25 WpHG (jetzt § 38 WpHG) erfasst waren. Verhindert werden sollte, dass weiterhin in intransparenter Weise größere Stimmrechtspositionen aufgebaut werden können.

IV. Transparenzrichtlinie III und ihre Umsetzung. In der Transparenzrichtlinie II (RL 2004/109/EG, ABl. EU Nr. L 390 v. 31.12.2004, S. 38) war der Europäischen Kommission aufgegeben, fünf Jahre nach deren Inkrafttreten die bestehenden Transparenzregelungen zu überprüfen. In Beachtung dieses Mandats erkannte die Kommission drei Problemkreise, nämlich die Zersplitterung der Meldepflichten im Recht der Mitgliedsstaaten, die Möglichkeiten der Umgehung der Meldepflichten, insbesondere bei innovativen Finanzprodukten und eine unzulängliche Sanktionierung bei Verletzung der Meldepflichten. Im Ergebnis führte dies zur Transparenz-Richtlinie-Änderungsrichtlinie (RL 2013/50/EU) vom 22.10.2013 (**Transparenzrichtlinie III**)[1]. Diese Richtlinie wurde, was die Offenlegungsregeln betrifft, durch das **Transparenzrichtlinie-Änderungsrichtlinie-Umsetzungsgesetz** vom 20.11.2015 (BGBl. I 2015, 2029) umgesetzt. Durch das Umsetzungsgesetz wurden die Offenlegungsregeln völlig neu strukturiert[2]. Ergänzt wird das europäische Recht durch eine Delegierte Verordnung vom 17.12.2014 (VO 2015/761, ABl. EU Nr. L 120 v. 13.5.2015, S. 2) über bestimmte technische Regulierungsstandards für bedeutende Beteiligungen sowie die ESMA, Indicative List of financial instruments, that are subject to notification requirements vom 22.10.2015, ESMA Q & A Transparency Directive (2004/109/EC) vom 22.10.2015 (ESMA/2015/1595). Ein verpflichtendes Meldeformular wurde eingeführt. Dabei werden die Meldetatbestände in einem einzigen Meldeformular zusammengefasst. Und eingeführt wurden Konzernmeldungen.

Geregelt wird das Melderegime ferner durch die Verordnung zur Konkretisierung von Anzeige-, Mitteilungs- und Veröffentlichungspflichten nach dem Wertpapierhandelsgesetz (WpAV). Ergänzt werden die Regelungen durch Hinweise der BaFin zur Verwaltungspraxis bei der Anwendung insbesondere des Transparenz-Änderungsrichtlinie-Umsetzungsgesetz (Stand 2016).

Am 3.2.2017 hat **ESMA** (ESMA 31-67-535) einen **Practical Guide** zu den nationalen Regeln über die Mitteilungen bedeutender Stimmrechte auf Grundlage der Transparenzrichtlinie III veröffentlicht. Der Guide gibt einen Überblick über die praktische Umsetzung der Transparenzrichtlinie III.

V. Zweites Finanzmarktnovellierungsgesetz. Durch das Zweite Finanzmarktnovellierungsgesetz (BGBl. I 2017, 1693) (2. FiMaNoG) wurde nicht nur eine Reihe von europäischen Rechtsakten umgesetzt, die die Integrität und die Transparenz in den Finanzmärkten verbessern sollten. Die umfangreichen Änderungen im Wertpapierhandelsgesetz wurden auch zum Anlass genommen, dieses zum Zwecke der besseren Übersichtlichkeit **neu zu nummerieren**. Ausgangspunkt war dabei der Gesetzgebungsstand des Ersten Finanzmarktnovellierungsgesetzes (1. FiMaNoG). Dies hatte zahlreiche redaktionelle Änderungen zur Folge. Das Gesetz trat am 1. bzw. 3.1.2018 in Kraft, teilweise aber auch erst zum 1.7.2018.

VI. Partielle Vollharmonisierung. Die Harmonisierung des Offenlegungsrechts in der EU war zunächst eine Mindestharmonisierung. Sie wurde aufgrund von Art. 3 Abs. 1a Unterabs. 4 RL 2013/50/EG „abgesehen von der Festlegung niedrigerer Mitteilungsschwellen gem. Art. 9 Abs. 1 für Aktionäre bzw. natürliche oder juristische Personen i.S.d. Art. 10 oder 13 zur Vollharmonisierung. Es dürfen im nationalen Recht keine strengeren Anforderungen als in dieser Richtlinie vorgesehen werden"[3]. Art. 3a Unterabs. 4 RL 2013/50/EU (Transparenzrichtlinie-Änderungsrichtlinie) erlaubt nur ausnahmsweise erhöhte Eingangsschwellen, zusätzliche Meldeschwellen und für einige wenige weitere Sachverhalte weitergehende nationale Vorschriften[4]. Richtigerweise

---

1 ABl. EU Nr. L 294 v. 6.11.2013, S. 13.
2 Überblick bei *Burgard/Heimann*, WM 2015, 1445; *Brellochs*, AG 2016, 157; *Stephan*, Der Konzern 2016, 53; *Dietrich*, WM 2016, 1577; *Roth*, GWR 2015, 485; *Rück/Heusel*, NZG 2016, 897; *Weidemann*, NZG 2016, 605.
3 S. auch Erwägungsgrund 12 Satz 2 RL 2013/50/EU; *Schilha*, DB 2015, 1821, 1822; für eine Vollharmonisierung schon zuvor *Fleischer/Schmolke*, NZG 2010, 1241; *Veil*, ZHR 177 (2013) 427, 434; *Kraack*, AG 2017, 677. Überblick bei *Muhr*, Das Prinzip der Vollharmonisierung im Kapitalmarktrecht am Beispiel des Reformvorhabens zur Änderung der Transparenzrichtlinie, 2014.
4 *Stephan*, Der Konzern 2016, 53; *Tautges*, WM 2017, 512; *Hitzer/Hauser*, NZG 2016, 1365; *Kraack*, AG 2017, 677.

sollte man daher von einer **partiellen Vollharmonisierung** sprechen. Damit stellt sich die Frage, was aus den bisher **weitergehenden gesetzlichen Regelungen des deutschen Offenlegungsrechts** wird. Exemplarisch steht hierfür die Zurechnung beim Acting in concert (s. § 34 WpHG Rz. 126 ff.). Weil das deutsche Umsetzungsgesetz das Problem nicht aufgegriffen hat, wird teilweise die Ansicht vertreten, die Umsetzung sei insoweit richtlinienwidrig[1]. Zudem entstanden Widersprüche zwischen dem kapitalmarktrechtlichen Offenlegungsrecht und den übernahmerechtlichen Zurechnungs- und Kontrolltatbeständen[2].

14 Die partielle Vollharmonisierung ist ein **gesetzgeberisches Unglück**. Sie verhindert eine schnelle Reaktion auf bekanntgewordene Vermeidungsstrategien. Sie verhindert eine Berücksichtigung mitgliedstaatlicher Besonderheiten und sie ist ein Einfallstor für brüsseler Lobbyismus.

15 **VII. Regelungsinhalt und Rechtsnatur. a)** Den **Kern der Regelung** der §§ 33–47 WpHG in der Fassung durch das Transparenzrichtlinie- Änderungsrichtlinie-Umsetzungsgesetz bilden die Mitteilungspflichten nach §§ 33, 38 und 39 WpHG sowie die Veröffentlichungspflicht nach § 40 WpHG. Danach ist das Erreichen, Über- oder Unterschreiten von 3, 5, 10, 15, 20, 25, 30, 50 und 75 % der Stimmrechte an einem Emittenten, für den die Bundesrepublik Deutschland der Herkunftsstaat ist, diesem und der Bundesanstalt (BaFin) zu melden. Sodann hat die Gesellschaft die Meldung zur Unterrichtung des Publikums zu veröffentlichen. Im Übrigen regeln die §§ 33–47 WpHG im Einzelnen die Voraussetzungen dieser Mitteilungs- und Veröffentlichungspflichten, deren Modalitäten sowie ihre Durchsetzbarkeit. Auch enthalten sie eine Reihe von Befreiungstatbeständen sowohl von der Mitteilungs- als auch von der Veröffentlichungspflicht.

16 **b)** Die §§ 33 ff. WpHG enthalten **kapitalmarktrechtliche Vorschriften**, die überwiegend zum öffentlichen Wirtschaftsrecht gehören[3]. Dies wird bei der Auslegung zu beachten sein.

17 **c)** Dem öffentlichen Recht sind insbesondere alle Pflichten zuzuordnen, die gegenüber der Bundesanstalt (BaFin) zu erfüllen sind.

18 **d)** Sowohl dem öffentlichen Recht als auch dem Privatrecht gehören alle bußgeldbewerten Pflichten an, die das Rechtsverhältnis zwischen dem Meldepflichtigen und der Gesellschaft regeln. Die öffentlich-rechtliche Natur folgt aus § 4 WpHG, der privatrechtliche Charakter aus der Verweisungs- und Substitutionsnorm des § 20 Abs. 8 AktG; denn die Mitteilungs- und Nachweispflichten gem. §§ 20 ff. AktG sind unbestritten privatrechtlicher Natur. Sie werden für die börsennotierten Gesellschaften durch die §§ 33 ff. WpHG geregelt.

19 **e)** Ausschließlich privatrechtlicher Natur sind dagegen die Nachweispflicht gegenüber der Gesellschaft nach § 42 WpHG sowie die Rechtsfolgen des § 44 WpHG.

20 **f)** Im Blick auf diese Rechtsfolge haben die §§ 33 ff. WpHG auch tiefgreifende **Auswirkungen auf die Mitgliedschaft des Aktionärs, die Willensbildung und Entscheidungsfindung in der Hauptversammlung und die Organpflichten**; denn § 44 WpHG ordnet den Verlust der Rechte aus Aktien an, und zwar für die Zeit, für welche die Mitteilungspflichten nicht erfüllt werden (Einzelheiten bei § 44 WpHG). Diese Rechtsfolgen sind *einerseits* zu begrüßen, weil sie der Durchsetzung der Mitteilungspflichten dienen. Sie gehen *andererseits* – wie schon § 20 Abs. 7 AktG – sehr weit, weil sie die Fehlerhaftigkeit von Beschlüssen der Hauptversammlung begründen können. Im Ergebnis werden damit die Gesellschaft und Dritte mit unerfreulichen Rechtsfolgen bedroht, wenn ein Aktionär seinen Mitteilungspflichten nicht nachkommt, aber gleichwohl seine Stimmrechte ausübt; und dabei ist zusätzlich zu bedenken, dass insbesondere § 34 Abs. 1 und 2 WpHG, in denen die Zurechnungstatbestände geregelt sind, zahlreiche Anwendungsprobleme aufwerfen.

21 **VIII. Regelungszweck. 1. Funktionsfähigkeit des Kapitalmarkts und Anlegerschutz. a)** Der Schutz der gegenwärtigen und künftigen Aktionäre erfolgte in Deutschland anders als etwa in den USA in erster Linie durch das Aktienrecht[4]. Daraus erklärt sich auch für die im Rahmen der **Aktienrechtsreform 1965** erfolgte Aufnahme von Offenlegungspflichten in die §§ 20 ff. AktG anstelle einer Herausbildung eigenständiger kapitalmarktrechtlicher Offenlegungspflichten.

22 Diese traditionelle Sicht auf die Stellung des Aktionärs im Verhältnis zu seinen Mitaktionären bedurfte indessen der Ergänzung durch die Sicht auf den gegenwärtigen und künftigen Aktionär als Anleger und Investor in dem für die Unternehmensfinanzierung und für die Vermögensbildung überaus bedeutsamen Kapitalmarkt. Die Offenlegung wesentlicher Tatsachen, und dazu gehören die **Zusammensetzung des Aktionärskreises**, die Aktionärsstruktur, der Stimmrechtseinfluss, die Zugriffsmöglichkeit auf mit Stimmrechten verbundenen Aktien sowie die Veränderungen maßgeblicher Beteiligungen und deren Abschmelzen, bilden hierbei aus der Sicht des Anlegers ein wichtiges Kriterium für Anlageentscheidungen und damit für die **Funktionsfähigkeit der Wert-**

---

1 So *Hitzer/Hauser*, NZG 2016, 1365; *Kraack*, AG 2017, 677.
2 S. dazu *Kraack*, AG 2017, 677 ff.
3 Zur Einteilung des Kapitalmarktrechts in Kapitalmarkt-Aufsichtsrecht, Kapitalmarkt-Privatrecht und Kapitalmarkt-Strafrecht: *Uwe H. Schneider*, AG 2001, 269, 271; zur sog. gespaltenen Rechtsanwendung: *Segna*, ZGR 2015, 139.
4 *Assmann* in Deutsches und europäisches Bank- und Börsenrecht/Bankrechtstag 1993, 1994, S. 61; *Mülbert*, Aktiengesellschaft, Unternehmensgruppe und Kapitalmarkt, 1995.

papiermärkte; denn der Auf- und Abbau von maßgeblichen Beteiligungen *einerseits* und die Menge der Aktien, die sich nicht in festen Händen befinden („**float**")[1], *andererseits* können wesentlichen Einfluss auf die Kursentwicklung haben[2]. Dies gilt in besonderer Weise für den **Aufbau wesentlicher Beteiligungen mit dem Ziel der Übernahme**, und zwar ohne Rücksicht darauf, ob die Paketbildung mit oder ohne Einverständnis von Vorstand und Aufsichtsrat der Zielgesellschaft erfolgt. Dies gilt aber auch für das Aufschnüren eines Pakets und die Streuung der darin enthaltenen Aktien im Markt[3].

b) Vor diesem Hintergrund ist zwischen dem Zweck der Transparenzrichtlinie I und dem Zweck der §§ 33 ff. WpHG zu unterscheiden. **Zweck der Transparenzrichtlinie I** ist es, wie sich aus den dem Richtlinien-Text vorangestellten Erwägungsgründen ergibt, durch angemessene Unterrichtung über die Beteiligungsverhältnisse an börsennotierten Gesellschaften *zum einen* die Anleger und ihre Anlageinteressen zu schützen und *zum anderen* die Transparenz und damit das Vertrauen in die Wertpapiermärkte zu stärken und dadurch *zum Dritten* die Funktionstüchtigkeit der Wertpapiermärkte zu fördern[4]. Gefördert werden sollte auf diese Weise das „Entstehen eines echten europäischen Kapitalmarktes". 23

Die Begründung des Regierungsentwurfs[5] zur Umsetzung der Transparenzrichtlinie I nimmt als **Zweck der §§ 21 ff. WpHG a.F. (jetzt §§ 33 ff. WpHG)** die Ziele der Transparenzrichtlinie I auf. Die §§ 21 ff. WpHG a.F. (jetzt §§ 33 ff. WpHG) sollen darüber hinaus dem Missbrauch von Insiderinformationen entgegenwirken[6] und die Wettbewerbsfähigkeit des Finanzplatzes Deutschland erhöhen. 24

Das Transparenzrichtlinie-Umsetzungsgesetz will ausdrücklich auch einen Beitrag zum **volkswirtschaftlichen Wachstum** und zur Schaffung von Arbeitsplätzen leisten. Offen bleibt dabei, wo diese Arbeitsplätze geschaffen werden sollen, im Inland oder im Ausland. 25

Das **Risikobegrenzungsgesetz** erweitert die gesetzlichen Ziele[7]. So dient der Strategie- und Mittelherkunftsbericht nach § 27a Abs. 2 WpHG a.F. (jetzt § 43 Abs. 2 WpHG) auch „der Konkretisierung der Informationsrechte der Belegschaften"[8]. Damit wird zum Ziel des Gesetzes auch der **Schutz der Interessen der Arbeitnehmer**[9]. Im Widerspruch dazu steht, dass nur der Emittent nicht aber die Arbeitnehmer die Vorlage des genannten Berichts verlangen können. 26

c) Streitig ist, ob die §§ 33 ff. WpHG auch dem **individuellen Anlegerschutz** dienen. Eine § 15 Abs. 6 WpHG a.F. entsprechende Regelung fehlt in der MAR. Aus dem Gesamtzusammenhang des Normgefüges ist aber abzuleiten, dass auch der einzelne Anleger durch die §§ 33 ff. WpHG geschützt werden soll[10]. Der Mitteilungspflichtige, der seine Offenlegungspflichten schuldhaft verletzt, ist daher auch Schadensersatzansprüchen der anderen Anleger ausgesetzt (str.; s. § 44 WpHG Rz. 101). Dies ist zu § 20 AktG unstrittig. 27

2. Ordnungspolitische und gesellschaftsrechtliche Zielsetzung. In der Begründung zur Transparenzrichtlinie I und in der Begründung des Regierungsentwurfs zur Umsetzung dieser Richtlinie werden die kapitalmarktrechtlichen Zwecke der §§ 21 ff. WpHG a.F. (jetzt §§ 33 ff. WpHG) deutlich hervorgehoben. Zu kurz kommt, dass die §§ 33 ff. WpHG auch eine bedeutsame ordnungspolitische und eine gesellschaftsrechtliche Funktion haben. 28

a) Der Aktionär hat nicht nur die Aufgabe, zur Finanzierung beizutragen; er hat auch die Letztverantwortung für das Unternehmen („**watchdog of last resort**")[11]. Diese Verantwortung wächst mit dem Umfang der Beteiligung. Berücksichtigt man sodann, dass die börsennotierten Aktiengesellschaften typischerweise eine Schlüsselfunktion für Wirtschaft und Gesellschaft haben, so kann es der Gemeinschaft nicht gleichgültig sein, wer Träger dieser Letztverantwortung ist. Das Ziel der §§ 33 ff. WpHG ist es im Blick hierauf auch, den **Träger dieser Verantwortung aus ordnungspolitischen Gründen offen zu legen**. 29

---

1 *von Rosen*, Die Bank 1995, 9, 12; *Hitzer/Düchting*, ZIP 2011, 1084, 1086.
2 Begr. RegE zu § 21 Abs. 1 WpHG, BT-Drucks. 12/6679, 52; BGH v. 19.7.2011 – II ZR 246/09, AG 2011, 786; *Fiedler*, Mitteilung über Beteiligungen von Mutter- und Tochterunternehmen, 2005, S. 22.
3 Zum Ganzen: *Merkt*, Unternehmenspublizität, 2001, S. 275 ff.; s. ferner *von Bülow* in FS Uwe H. Schneider, 2011, S. 141, 154 und *Seibt*, ZGR 2010, 795; *Seibt*, CFL 2010, 502.
4 BVerwG v. 13.4.2005 – 6 C 4/04, NZI 2005, 510, 512–514.
5 Begr. RegE zu § 21 Abs. 1 WpHG, BT-Drucks. 12/6679, 52.
6 LG Köln v. 5.10.2007 – 82 O 114/06, AG 2008, 336, 339; *Caspari*, ZGR 1994, 530, 542.
7 Überblick: *Diekmann/Merkner*, NZG 2007, 921; *Möllers/Holzner*, NZG 2008, 166; *Timmann/Birkholz*, BB 2007, 2749; *Wilsing/Goslar*, DB 2007, 2467.
8 Begr. RegE Risikobegrenzungsgesetz, BT-Drucks. 16/7438, 9.
9 *Uwe H. Schneider* in FS Nobbe, 2009, S. 369.
10 Ebenso *Bayer* in MünchKomm. AktG, 4. Aufl. 2016, § 22 AktG Anh. § 21 WpHG Rz. 2; *von Bülow* in KölnKomm. WpHG, § 21 WpHG Rz. 4; *Merkt*, Unternehmenspublizität, 2001, S. 285; *Starke*, Beteiligungstransparenz im Gesellschafts- und Kapitalmarktrecht, 2002, S. 261; *Holzborn/Foelsch*, NJW 2003, 937; a.A.; *Veil* in K. Schmidt/Lutter, Anh. § 22 AktG, § 28 WpHG Rz. 28; *Opitz* in Schäfer/Hamann, § 21 WpHG Rz. 41; *Schwark* in Schwark/Zimmer, § 21 WpHG Rz. 16.
11 S. *Uwe H. Schneider*, AG 1990, 322.

30 Erreicht wird auf diese Weise zudem nicht nur eine Offenlegung des Beteiligungsbesitzes der **Kreditinstitute** (s. aber auch § 34 WpHG Rz. 111) und der **Versicherungsunternehmen**, sondern auch die Offenlegung der Konzentration der Stimmrechte durch die zunehmende Beteiligung anderer **institutioneller Anleger** („**Institutionalisierung**") und damit verbunden die Verdrängung der Privataktionäre („**institutional capitalism**").

31 **b)** Hinzu treten gesellschaftsrechtliche und konzernrechtliche Zwecke. Die §§ 33 ff. WpHG sollen, wie schon § 20 AktG, der Gesellschaft, den Aktionären, und zwar nicht als Kapitalanleger, sondern in ihrer Eigenschaft als Gesellschafter, den Gläubigern und der Öffentlichkeit einen besseren **Überblick über die Aktionärsstruktur** und die **Beherrschungsverhältnisse** ermöglichen[1].

32 **c)** Zwar ist weder in den Erwägungsgründen der Transparenzrichtlinie I noch in der Begründung des Regierungsentwurfs zu den §§ 21 ff. WpHG a.F. (jetzt §§ 33 ff. WpHG) der **Zusammenhang zwischen der Beteiligungspublizität, der Gefahr einer „kalten Übernahme"**[2] und dem Recht öffentlicher Übernahmeangebote formuliert. Die Verhinderung des unlauteren „Anschleichens an eine Zielgesellschaft" war zunächst kein ausdrücklich erklärtes Ziel[3] des Gesetzes. Es gehört aber zu den legitimen und durch die §§ 33 ff. WpHG intendierten Zielen, den Aktionären Gewissheit über solche Mitaktionäre zu verschaffen, die eine maßgebliche Beteiligung aufbauen, halten oder abbauen[4].

33 Hergestellt wurde durch das Gesetz zur Regelung von öffentlichen Angeboten zum Erwerb von Wertpapieren und von Unternehmensübernahmen vom 22.12.2001 (BGBl. I 2001, 3822) der **enge Zusammenhang zwischen dem Übernahmerecht und dem Recht der Offenlegung von Beteiligungen** gesetzlich aufgenommen worden. Daher wurde mit der Begründung, dass Veränderungen wesentlicher Stimmrechtsbeteiligungen wichtige Hinweise auf bevorstehende Unternehmensübernahmen geben[5], der Anwendungsbereich der §§ 21 ff. WpHG a.F. (jetzt §§ 33 ff. WpHG) erweitert, um die kapitalmarktrechtliche Transparenz zu erhöhen. Zugleich wurden die Zurechnungstatbestände in § 22 WpHG a.F. (jetzt § 34 WpHG) und § 30 WpÜG angepasst, um „Irritationen am Kapitalmarkt" zu vermeiden, „die bei unterschiedlichen Zurechnungsmethoden auftreten würden"[6]. Inzwischen sind die Zurechnungstatbestände aber wieder auseinandergedriftet.

34 Der in § 27a Abs. 2 WpHG a.F. (jetzt § 43 Abs. 2 WpHG) durch das Risikobegrenzungsgesetz eingeführte **kapitalmarktrechtliche Strategie- und Mittelherkunftsbericht** ergänzt diese Sicht. Er verpflichtet den Meldepflichtigen bei Erreichen oder Überschreiten der Berichtsschwelle von 10 % u.a. offen zu legen, ob er weitere Aktien zukaufen will und beabsichtigt, die Kontrolle über das Unternehmen zu erlangen. Im Ergebnis führt dies zu einer **Vorverlagerung der Offenlegung**, noch bevor die nächste Meldeschwelle erreicht ist.

35 **3. Stimmrechte im System kontenverbuchter Aktienrechte.** Die §§ 33 ff. WpHG knüpfen die Meldepflicht an die Stimmrechte aus den dem Meldepflichtigen gehörenden Aktien. Stimmrechte stehen dem Aktionär als Gesellschafter der AG zu. Im System kontenverbuchter und registermäßig erfasster Aktienrechte und im System der Kettenverwahrung („Kettenverbuchung") ist vielfach nicht klar, wer „Aktionär"[7] und damit auch wer meldepflichtig ist. Sind meldepflichtig auch die Verwahrer, die selbst Aktionär sind[8]? Für den Kapitalmarkt ist letztlich nicht entscheidend, wer im Aktienregister verzeichnet ist, bei welchem Aktien verwahrt sind und ob lediglich schuldrechtliche Übertragungsansprüche bestehen. Vielmehr ist **für die Investoren entscheidend**, wer der wahre Berechtigte („ultimate investor") ist, der die Ausübung der Stimmrechte bestimmen kann. Zur **Kettentransparenz** nach Art. 3a RL 2017/828 (Aktionärsrechterichtlinie) s. § 33 WpHG Rz. 49.

36 **IX. Regelungssystematik und Aufbau des Gesetzes.** Das kapitalmarktrechtliche Offenlegungsrecht stützte sich vor Inkrafttreten des Transparenzrichtlinie-Änderungsrichtlinie-Umsetzungsgesetz auf **drei Säulen**. Dabei kam zum Ausdruck, dass zur „optimalen Kapitalmarkttransparenz"[9] nicht nur die Offenlegung der bestehenden Stimmrechtsverhältnisse gehört, sondern dass schon im Vorfeld **Zugriffsrechte und Zugriffsmöglichkeiten** auf mit Stimmrechten verbundene Aktien offenzulegen sind[10].

---

1 Begr. RegE zu § 21 Abs. 1 WpHG, BT-Drucks. 12/6679, 52; BGH v. 22.4.1991 – II ZR 231/90, BGHZ 114, 203, 215 (für § 20 AktG) = AG 1991, 270; zur Stellung des Aktionärs als Kapitalanleger einerseits und als Verbandsmitglied andererseits: *Mülbert*, Aktiengesellschaft, Unternehmensgruppe und Kapitalmarkt, 1995, vor allem S. 154 ff.; s. auch *Mülbert* in FS Röhricht, 2005, S. 421.
2 Dazu *Krause* in FS Uwe H. Schneider, 2011, S. 669.
3 *Happ*, JZ 1994, 240, 245.
4 *Uwe H. Schneider*, WM 2006, 1321, 1325; *Seibt*, CFL 2010, 502; a.A. *von Bülow* in KölnKomm. WpHG, § 22 WpHG Rz. 3.
5 S. Begr. RegE zu Art. 2 (Änderung des WpHG) des Gesetzes zur Regelung von öffentlichen Angeboten zum Erwerb von Wertpapieren und von Unternehmensübernahmen, BT-Drucks. 14/7034, 70.
6 Begr. RegE zu § 22 WpHG, BT-Drucks. 14/7034, 70.
7 S. dazu auch die Konsultation der EU-Kommission zu den Aktionärsrechten im EU-Kapitalbinnenmarkt, abrufbar unter europa.eu.int/comm/internal_market/company/shareholders/index_de.htm; *Noack*, ZIP 2005, 325 m.w.N.; *Noack*, Anlegerrechte bei mittelbar gehaltenen Wertpapieren, Schriftenreihe des ILF.
8 S. dazu Art. 9 Abs. 4 RL 2004/109/EG (Transparenzrichtlinie II).
9 *Anzinger* in VGR, Gesellschaftsrecht in der Diskussion 2010, 2011, S. 187.
10 Kritisch: *Eichner*, ZRP 2010, 5, 7; *Zetzsche*, EBOR 11 (2010), 231, 237; wie hier aber etwa *Teichmann/Epe*, WM 2010, 1477; *Seibt*, ZGR 2010, 795, 830; *Seibt*, CFL 2010, 502 sowie eingehend: *Uwe H. Schneider*, AG 2011, 645, 646.

Durch die neue durch das Transparenzrichtlinie-Änderungsrichtlinie-Umsetzungsgesetz eingeführte Drei-Säulen-Konzeption werden die Offenlegungsregelungen anders als davor strukturiert[1]. Nach der neuen Konzeption handelt es sich allerdings nicht mehr um drei selbständige Meldetatbestände, sondern um eine einheitliche aber gegliederte Meldepflicht. Angeknüpft wird in § 33 WpHG sowie in § 34 WpHG, also der **ersten Säule**, an das direkte Halten von Stimmrechten aus Aktien bzw. bei entsprechender Zurechnung von Stimmrechten. Die neue **zweite Säule** betrifft die Mitteilungspflichten beim unmittelbaren oder mittelbaren Halten von Instrumenten, die ein unbedingtes Recht oder die Möglichkeit zum Erwerb von Aktien geben, § 38 WpHG. Auch die **dritte Säule** enthält zwar keinen eigenen Meldetatbestand. Es wird aber ein neuer Zusammenlegungstatbestand aufgrund der Zusammenrechnung der Meldepflichten aufgrund der ersten und zweiten Säule geschaffen. Verbunden ist dies mit einer gesetzlichen Erweiterung der Meldepflichten bei Ansprüchen auf Übertragung von Aktien, zur Neuordnung der Stimmrechtsmitteilungen im Konzern, zur Erweiterung der Rechtsfolgen bei Verletzung der Meldepflichten und zur Ausdehnung des Sanktionsrahmens. Die Auflösung der bisher selbständigen Meldetatbestände und ihre Zusammenfassung zu einem einheitlichen Meldetatbestand haben zur Folge, dass bei einer Schwellenberührung in einer Säule auch die Bestände aus den anderen Säulen offen zu legen sind. Das zwingend zu verwendende Meldeformular verpflichtet zur Meldung der Bestände aller Säulen[2]. Das soll zu mehr Transparenz führen, weil sich sämtliche Bestände eines Meldepflichtigen aus einer Meldung ergeben.

Unterschiede zwischen den einzelnen Regelungsbereichen ergaben sich bei der Eingangsschwelle, bei den Zurechnungstatbeständen, bei den Meldefristen, bei den Bereichsausnahmen und bei den Rechtsfolgen, wenn Mitteilungspflichten verletzt wurden. Ein Rechtsverlust erfolgte nur, wenn die Mitteilungspflichten nach § 33 Abs. 1 und Abs. 3 WpHG verletzt wurden.

X. Auslegung. 1. Größtmögliche Transparenz des Marktgeschehens als Maßstab der Auslegung. Die Auslegung der §§ 33 ff. WpHG hat im Blick auf die vorgenannten Regelungszwecke zu erfolgen.

- Dabei hat man sich *erstens* zu vergegenwärtigen, dass man bei der Auslegung der einzelnen Normen auf die vielfältigen Gestaltungen in der Praxis Rücksicht zu nehmen hat (**„Grundsatz der realitätsbezogenen Auslegung"**). Eine restriktive Auslegung, die auf die Besonderheiten von kleinen Aktiengesellschaften oder Familienaktiengesellschaften Rücksicht nimmt, kann bei anderen Gesellschaften gerade dazu führen, dass sie die Möglichkeit zum Schnüren von Paketen, verborgen vor den Augen der Öffentlichkeit, eröffnet.

- *Zweitens:* Bei der Vielzahl der Fälle wird sich der Meldepflichtige nicht gegen die ihm auferlegten Pflichten sträuben. Im Blickfeld zu behalten ist aber auch der Aktionär, der eine **maßgebliche Beteiligung** aufbauen will und hält, der dies aber geheim halten möchte. Er wird alles unternehmen, um Lücken im Gesetz aufzutun.

- In diesem zuletzt genannten Wettlauf zwischen der normativen Erfassung der Offenlegungstatbestände *einerseits* und den Konflikt- und Vermeidungsstrategien *andererseits*[3] ist im Zweifel für eine Offenlegung zu entscheiden. Geboten ist eine **weite Auslegung** der §§ 33 ff. WpHG[4] mit dem Ziel einer größtmöglichen Transparenz des Marktgeschehens (**„Grundsatz der größtmöglichen Transparenz"**)[5].

- *Drittens:* Verlangt ist eine Offenlegung bei Erreichen, Überschreiten oder Unterschreiten einer Meldeschwelle. Ziel ist dabei nicht eine statische Betrachtung der Beteiligungsverhältnisse, sondern geboten ist die Berücksichtigung möglicher Veränderungen. Verlangt ist daher eine dynamische Betrachtung (**„Grundsatz der dynamischen Auslegung"**); denn die Offenlegung soll es dem Anleger ermöglichen, frühzeitig eine Paketbildung oder das Aufschnüren eines Pakets zu erfahren, um hiernach seine Anlageentscheidungen auszurichten[6].

- *Viertens:* Die Offenlegung soll klar und wahr über die Beteiligungsverhältnisse informieren und nicht ihrerseits irreführen (**„Grundsatz der Klarheit und Wahrheit"**). Das Letztere kann ausnahmsweise der Fall sein.

---

[1] Anstelle anderer BaFin, FAQ vom 28.11.2016; *Burgard/Heimann*, WM 2015, 1445; *Uwe H. Schneider* in FS Köndgen, 2016, S. 549.
[2] ESMA Q&A Nr. 20; *Brellochs*, AG 2016, 157, 159.
[3] So rät etwa *Falkenhagen*, WM 1995, 1008, „bestehende Verträge sorgfältig zu überprüfen und gegebenenfalls zu überarbeiten". S. auch *Uwe H. Schneider/Anzinger*, ZIP 2009, 1.
[4] Wie hier: OLG München v. 9.9.2009 – 7 U 1997/09, ZIP 2009, 2095, 2097 = AG 2009, 793; LG Köln v. 5.10.2007 – 82 O 114/06, AG 2008, 336, 338; krit. *Zimmermann* in Fuchs, Vor § 21 WpHG Rz. 23; *Fleischer/Bedkowski*, DStR 2010, 933, 935; *Veil*, ZHR 175 (2011), 83, 97; s. auch für § 20 AktG: LG Hannover v. 29.5.1992 – 23 O 64/91, 23 O 77/91, AG 1993, 187.
[5] Wie hier OLG Köln v. 6.6.2012 – 18 U 240/11, AG 2012, 599 = NZG 2012, 946, 949; *Hirte* in KölnKomm. WpHG, § 21 WpHG Rz. 7; s. auch OLG München v. 9.9.2009 – 7 U 1997/09, NZG 2009, 1386, 1388 = AG 2009, 793; a.A. *Schürnbrand* in Emmerich/Habersack, Aktien- und GmbH-Konzernrecht, vor § 21 WpHG Rz. 11; *Michel* in Just/Voß/Ritz/Becker, § 22 WpHG Rz. 50; *Veil/Dolff*, AG 2010, 385, 390 für restriktive Auslegung; *Veil*, ZHR 175 (2011), 83, 97; *Segna*, ZGR 2015, 84, 95.
[6] A.A. *Zimmermann* in Fuchs, Vor § 21 WpHG Rz. 23 und § 21 WpHG Rz. 36.

Deshalb bedarf es gegebenenfalls einer **zusätzlichen Information:** In einem Konzern hält die Muttergesellschaft 12 % der Stimmrechte und die Tochtergesellschaft 10 %. Erwirbt die Muttergesellschaft 1 % der Stimmrechte von der Tochtergesellschaft und 1 % der Stimmrechte von einem Dritten, so ist sie selbst nicht meldepflichtig; denn sie hat keine Meldeschwelle überquert. Nur die Tochtergesellschaft hat mitzuteilen, dass sie Stimmrechte veräußert und eine Meldeschwelle unterschritten hat. Damit könnte der falsche Eindruck hervorgerufen werden, der Konzern habe seine Beteiligung abgebaut, obwohl er in Wirklichkeit seine Beteiligung erhöht hat. In einem solchen Fall ist der Aktionär, d.h. hier die Muttergesellschaft, gegenüber der Öffentlichkeit zu einer ergänzenden Information verpflichtet. Die Verletzung dieser Pflicht ist allerdings nicht mit Bußgeld sanktioniert[1]; u.U. greift jedoch Art. 15 VO Nr. 596/2014 (MAR) ein.

45 – *Fünftens:* Die §§ 33 ff. WpHG beruhen auf der Umsetzung von europäischem Richtlinienrecht. Dies verlangt eine **richtlinienkonforme Auslegung**[2] unter Berücksichtigung der Globalisierung der Wertpapiermärkte. Verlangt ist damit nicht nur eine Berücksichtigung von Sinn und Zweck der Richtlinie, sondern auch deren unterschiedlichen sprachlichen Fassungen die eigene besondere Terminologie des Gemeinschaftsrechts und die Entwicklung insbesondere die Rechtsprechung in den anderen EU-Mitgliedstaaten; denn es ist „jede Vorschrift des Gemeinschaftsrechts in ihrem Zusammenhang zu sehen und im Lichte des gesamten Gemeinschaftsrechts, seiner Ziele und seines Entwicklungsstands"[3] auszulegen. Zu berücksichtigen ist dabei zugleich, dass die Rechtsangleichung innerhalb der Europäischen Gemeinschaft regional beschränkt ist, die Wertpapiermärkte aber globalisiert sind.

46 – *Sechstens:* § 34 WpHG entspricht zwar weitgehend § 30 WpÜG. **Daraus folgt aber nicht, dass beide Vorschriften einheitlich auszulegen sind.** Für die Auslegung von § 34 WpHG entscheidend ist vielmehr der Normzweck unter Beachtung der jeweiligen Rechtsfolgen. Das kann dazu führen, dass § 34 WpHG einerseits und § 30 WpÜG andererseits unterschiedlich auszulegen sein können[4].

47 **2. Einheitliche Auslegung.** Bei der **Auslegung**, insbesondere der Tatbestandsvoraussetzungen für die Mitteilungspflicht, ist zu beachten, dass diese trotz ihres teils öffentlich-rechtlichen, teils privatrechtlichen Charakters nach dem Gesetz einheitlich zu erfüllen sind und dass daher die Bestimmungen auch einheitlich auszulegen sind. Die Anforderungen an die Bestimmtheit einer Norm dürfen freilich nicht überspannt werden, da der Gesetzgeber notwendig interpretations- und ausfüllungsbedürftige Merkmale verwenden muss, „um der Vielgestaltigkeit des Lebens Herr zu werden"[5]. Zulässig ist daher eine erweiternde teleologische Auslegung, die dem Sinn und Zweck der Norm in Anbetracht der tatsächlichen, insbesondere der wirtschaftlichen Verhältnisse gerecht wird[6].

48 Die unterschiedlichen Rechtsfolgen einer Verletzung der Meldepflichten, nämlich die Aussetzung der Stimmrechte und die Verhängung eines Bußgeldes verlangen zwar keine gespaltene Auslegung, wohl aber eine Begrenzung der Möglichkeit einer analogen Anwendung. Das Analogieverbot gilt jedenfalls für die Sanktionen des Ordnungswidrigkeitenrechts. Zweifelhaft ist dies jedoch für aufsichtsrechtliche Maßnahmen[7] und nicht zu begründen ist dies für zivilrechtliche Sanktionen.

49 **3. ESMA-Leitlinien, BaFin-Leitlinien.** Die ESMA veröffentlicht Technische Durchführungsstandards, Leitlinien und Empfehlungen (Art. 15 f. VO Nr. 1095/2010)[8]. Diese Leitlinien und Empfehlungen dienen der Auslegung der europäischen Rechtsnormen zum Offenlegungsrecht. Ziel ist die Herstellung einer einheitlichen Offenlegungspraxis in den beteiligten Mitgliedstaaten. Die Empfehlungen der ESMA sind allerdings nicht bindende Antworten auf der ESMA gestellte Fragen. Deshalb können die Marktteilnehmer von den ESMA-Empfehlungen abweichen. Ergänzt werden die ESMA-Leitlinien durch Leitlinien der BaFin. Sie hat einen mehrfach überarbeiteten **„Leitfaden"** erstellt, der sich an in- und ausländische Emittenten richtet, deren Wertpapiere zum Handel an einer inländischen Börse zugelassen sind. Dieser Leitfaden[9] enthielt bisher auch einen Abschnitt

---

1 *Cahn*, AG 1997, 503.
2 Anstelle aller: *Lutter*, JZ 1992, 593, 604; *Everling*, ZGR 1992, 376; *Kindler* in FS Hopt, 2010, S. 2081, 2083; *Langenbucher* in Langenbucher, Europäisches Privat- und Wirtschaftsrecht, 4. Aufl. 2017, S. 28 ff.
3 EuGH v. 6.10.1982 – Rs. C-283/81, NJW 1983, 1257.
4 *Koppensteiner* in KölnKomm. AktG, 3. Aufl. 2004, Anh. § 22 AktG, §§ 21 ff. WpHG Rz. 19; *Bayer* in MünchKomm. AktG, 4. Aufl. 2016, § 22 AktG Rz. 21 WpHG Rz. 36; *von Bülow* in KölnKomm. WpÜG, § 30 WpÜG Rz. 8; *Cahn*, AG 1997, 502; *Cahn*, ZHR 162 (1998), 1, 8; *Drinkuth*, ZIP 2008, 676, 678; *Fleischer*, ZGR 2008, 185, 198; *von Bülow* in FS Uwe H. Schneider, 2011, S. 141, 154; a.A. Begr. RegE, BT-Drucks. 14/7034, 53; BGH v. 19.7.2011 – II ZR 246/09, BGHZ 190, 291, 297 = AG 2011, 786; *Michel* in Just/Voß/Ritz/Becker, § 22 WpHG Rz. 10; *Hopt*, ZHR 166 (2002), 383, 410; *Schuster*, AG 2004, 628; s. auch § 34 WpHG Rz. 13, differenzierend: *Segna*, ZGR 2015, 84.
5 BVerfG v. 22.6.1960 – 2 BvR 125/60, BVerfGE 11, 234, 237; BGHSt 18, 362.
6 Vgl. *Karsten Schmidt* in FS Rebmann, 1989, S. 419, 430 ff.
7 *Schürnbrand* in Emmerich/Habersack, Aktien- und GmbH-Konzernrecht, Vor § 21 WpHG Rz. 12; *Segna*, ZGR 2015, 85, 95; *Nietsch*, WM 2012, 2217, 2221.
8 *Dickschen*, Empfehlungen und Leitlinien als Handlungsformen der Europäischen Finanzaufsichtsbehörden, 2017; *Veil*, ZBB 2018, 151; *Anzinger*, RdF 2018, Heft 3.
9 Die vorliegende 4. Aufl. 2013 ist aufgrund nachfolgender Gesetzesänderungen überholt.

über bedeutende Stimmrechtsanteile. Er enthält „praktische Hilfestellungen" für die Auslegung der zum Zeitpunkt der Erstellung gültigen Vorschriften des WpHG. Er erläutert die Verwaltungspraxis[1], ohne eine juristische Kommentierung darzustellen. Eine Bindung der Verwaltungspraxis entsteht hierdurch nicht. Insbesondere sind die Zivilgerichte nicht an die Auslegung der einschlägigen Vorschriften durch die BaFin gebunden[2]. Wer sich an die Auslegung, die sich im Emittentenleitfaden findet, hält, verletzt aber nicht schuldhaft seine kapitalmarktrechtlichen Pflichten. Bis zu einer Neuauflage ersetzen fortlaufend aktualisierte FAQ, also häufig gestellte Fragen, die Kapitel des Emittentenleitfadens zu den Stimmrechtsmitteilungen[3].

XI. Analogie, Umgehung der Meldepflichten, missbräuchliche Gestaltungen. In der Praxis wurde auf vielfältige Weise, z.B. durch Cash Equity Swaps, durch Wertpapierleihe, durch den Erwerb von Wandelschuldverschreibungen, usw. versucht, sich den Meldepflichten zu entziehen[4]. Das Problem hat sich nicht erledigt[5]. 50

Unproblematisch sind die Fälle, in denen ein meldepflichtiger Sachverhalt weder nach dem Wortlaut noch nach dem Zweck der Vorschrift verwirklicht wird. Zu denken ist im Blick auf § 34 Abs. 2 WpHG exemplarisch daran, dass zwischen mehreren Personen, denen Stimmrechte zustehen oder denen sie zugerechnet werden, weder eine Vereinbarung noch ein Abstimmen in sonstiger Weise vorliegt, sondern lediglich ein gleichförmiges Verhalten. 51

Problematisch sind vor allem solche Gestaltungen, die der „Umgehung" der Meldepflichten dienen. Das Problem der Umgehung und die Abgrenzung zur Rechtsfolgenvermeidung (Beispiel: Der Berufstätige fährt mit dem Fahrrad, statt mit dem Kfz und vermeidet damit die Kfz-Steuer) ist nicht auf das Kapitalmarktrecht beschränkt, sondern wird in vielen Rechtsgebieten diskutiert, im allgemeinen Zivilrecht[6], im Steuerrecht[7], im Kartellrecht[8], im Aktienrecht, aber auch im Familienrecht und im Erbrecht[9]. Im Steuerrecht wurde im Jahr 2008 der einschlägige § 42 AO geändert. Hiernach kann durch einen **Missbrauch von Gestaltungsmöglichkeiten** des Rechts das Steuergesetz nicht umgangen werden ... „Ein Missbrauch liegt vor, wenn eine unangemessene rechtliche Gestaltung gewählt wird, die beim Steuerpflichtigen oder einem Dritten im Vergleich zu einer angemessenen Gestaltung zu einem gesetzlich nicht vorgesehenen Steuervorteil führt. Dies gilt nicht, wenn der Steuerpflichtige für die gewählte Gestaltung außersteuerliche Gründe nachweist, die nach dem Gesamtbild der Verhältnisse beachtlich sind." Dazu gibt es reichhaltig höchstrichterliche Rechtsprechung[10]. Der Europäische Gerichtshof geht davon aus, dass die Mitgliedstaaten berechtigt sind, der Gefahr von Steuerumgehungen vorzubeugen, wenn die einschlägigen Vorschriften gegen „rein künstliche, jeder wirtschaftlichen Realität bare Konstruktionen gerichtet sind, die darauf ausgerichtet sind, der Anwendung der Rechtsvorschriften des betreffenden Mitgliedstaats zu entgehen"[11]. 52

In Frage steht damit, unter welchen Voraussetzungen eine missbräuchliche rechtliche Gestaltung anzunehmen und wie sie einzufangen ist. Teilweise wird die Ansicht vertreten, das Problem der Umgehung lasse sich durch **Auslegung** der einschlägigen Vorschriften bewältigen. Das würde bedeuten, dass man die Auslegung einer Vorschrift „großzügig" handhabt. Nach anderer Ansicht sind Umgehungssachverhalte nur im Wege der **Analogie** zu bewältigen[12]. Das wiederum verlangt freilich, dass die analoge Anwendung einer Vorschrift zulässig ist[13]. Die Versuche, Umgehungssachverhalte einer besonderen Kategorie, nämlich der missbräuchlichen Gestaltung zuzuordnen und die missbräuchliche Gestaltung als besonderen Tatbestand zu verorten, haben bisher mehr zu Rechtsunsicherheit als zu wirksamer Missbrauchsbekämpfung geführt 53

Bei den §§ 33ff. WpHG handelt es sich um **aufsichtsrechtliche Vorschriften**, deren Verletzung u.a. mit Bußgeld belegt wird. Das verbietet eine Analogie, soweit ein Bußgeld verhängt werden soll. Mit der Verletzung der aufsichtsrechtlichen Vorschriften sind aber auch andere, z.B. gesellschaftsrechtliche Rechtsfolgen nach § 44 54

---

1 BGH v. 25.2.2008 – II ZB 9/07, AG 2008, 380 = ZIP 2008, 639, 641: „norminterpretierende Verwaltungsvorschrift"; *Fleischer*, ZGR 2007, 401, 404.
2 *von Bülow* in KölnKomm. WpÜG, § 30 WpÜG Rz. 255.
3 S. BaFin, FAQ zu den Transparenzpflichten des WpHG zu den Abschnitten 5 und 5a, Stand: 28.11.2016 sowie die Ergänzungen hierzu.
4 S. dazu *Uwe H. Schneider/Brouwer*, AG 2008, 557.
5 *Schmitz/Uwe H. Schneider*, NZG 2016, 561.
6 *Teichmann*, JZ 2003, 761.
7 S. etwa *Sieker*, Umgehungsgeschäfte, 2011; *Drüen*, StuW 2008, 3; *Hey*, StuW 2008, 167; *Crezelius*, StuW 1995, 313.
8 *Dannecker/Biermann* in Immenga/Mestmäcker, Wettbewerbsrecht, 5. Aufl. 2014, Vorbem. vor § 81 GWB Rz. 44f.; *Delahaye*, WuW 1987, 875.
9 *Draschka*, DNotZ 1993, 100; *Vorwold*, ErbStB 2006, 22; *Langenfeld*, BWNotZ 1992, 152.
10 Anstelle anderer: *Ratschow* in Klein, 13. Aufl. 2016, § 42 AO m.w.N.
11 EuGH v. 12.9.2006 – Rs. C-196/04 – Cadbury Schweppes, EuGHE 2006, I-7995, Rz. 51 = AG 2006, 852; s. auch *Hey*, StuW 2008, 167, 197ff.; *Fischer* in FS Reiß, 2008, S. 621, 623.
12 So etwa *Sieker*, Umgehungsgeschäfte, 2001, S. 59.
13 *Crezelius*, FR 2008, 889, 895; *Tipke/Lang*, Steuerrecht, 22. Aufl. 2015, § 5 Rz. 56ff.: „Es ist evident, dass es auch im Steuerrecht analogiefähige Prinzipien gibt."; *Tipke*, Steuerrechtsordnung, Band 1, 2. Aufl. 2000, S. 197ff.

WpHG verknüpft. Und insoweit ist eine Analogie und damit eine gespaltene Normanwendung zulässig[1]. Im Blick auf den Zweck der melderechtlichen Vorschriften ist in der Regel eine **weite Auslegung** geboten. Wenn man dem nicht folgt, sondern gegebenenfalls eine Lücke im Gesetz sieht, so kommt für die aufsichtsrechtliche Vorschrift eine **analoge Anwendung** in Betracht, soweit die gesellschaftsrechtlichen Folgen greifen[2]. Auch im Verwaltungsrecht im Allgemeinen und im Wirtschaftsaufsichtsrecht im Besonderen können Regelungslücken durch Analogie geschlossen werden[3]. Nur für die Belastung mit Bußgeld ist eine Analogie unzulässig[4]. Geht man hiervon aus, so käme in erster Linie jedenfalls § 44 WpHG bei Umgehungssachverhalten zur Anwendung.

55 Das Problem der Umgehung und missbräuchlicher Gestaltung ist in erster Linie **rechtspolitisch zu bewältigen**, und zwar durch eine **prinzipienorientierte Gesetzgebung**, die sich auf eine Generalklausel stützt, die durch einen nicht abschließenden Katalog von typischen Einzelbeispielen konkretisiert wird. Will man diesen Weg nicht gehen, so sollte das Bundesministerium der Finanzen ermächtigt werden, durch Verordnung die gesetzlichen meldepflichtigen Tatbestände zu konkretisieren, um damit Umgehungsgestaltungen zügig einzufangen[5].

56 **XII. Exterritoriale Anwendung.** Bei den §§ 33 ff. WpHG handelt es sich um Vorschriften des Kapitalmarktaufsichtsrechts[6]. Ihre wirtschaftsverwaltungsrechtliche Rechtsnatur führt bei grenzüberschreitenden Sachverhalten zu Fragestellungen, die nur teilweise gesetzlich geregelt sind[7]. § 33 WpHG enthält zwar eine Regelung über den Kreis der Emittenten, an den die Mitteilungspflichten anknüpfen. Im 6. Abschnitt des WpHG fehlt aber eine Regelung für den räumlichen Geltungsbereich der Melde- und Veröffentlichungspflichten, wenn Meldepflichtige oder die Emittentin (s. Rz. 57) ihren Sitz im Ausland haben (vgl. dagegen die entsprechende Regelungsintention bei § 119 Abs. 2 WpHG)[8]. Es gibt auch keine Kollisionsnorm[9]. Zudem fehlt es an einer allgemein-international-verwaltungsrechtlichen Rechtsnorm oder entsprechenden Rechtsgrundsätzen, denen sich kollisionsrechtliche Vorgaben in positiv rechtlicher Form entnehmen ließen. Dies bedingt nicht nur das Fehlen eines *allseitigen*, also Verweisungen auf andere Rechtsordnungen enthaltenden Kapitalmarktkollisionsrechts. Ungeregelt ist auch die *einseitige* Erstreckung des nationalen Rechts auf Auslandssachverhalte[10].

57 An der grundsätzlichen Zulässigkeit einer Erstreckung der in den §§ 33 ff. WpHG vorgesehenen Pflichten auf Auslandssachverhalte, also insbesondere die Erstreckung der Pflichten auf Aktionäre oder Personen, denen Stimmrechte zugerechnet werden, mit Sitz im Ausland, ist – entgegen gelegentlicher Missverständnisse[11] – indessen nicht zu zweifeln[12]. Ihr stehen weder völker- noch gemeinschafts- oder verfassungsrechtliche Gebote entgegen.

58 In methodischer Hinsicht muss sich der Blick zur Bestimmung des räumlichen Anwendungsbereichs zunächst auf ausdrücklich normierte oder aber vom Gesetz vorausgesetzte **Grenznormen** richten. In deren Ermangelung ist im Wege der Auslegung zu prüfen, ob die kapitalmarktrechtliche Vorschrift ihrem **Regelungszweck** nach grundsätzlich auch Auslandssachverhalte erfassen soll. Das ist regelmäßig dann indiziert, wenn durch eine Beschränkung auf das Inland eine Vereitelung des Normzwecks droht. Weitere Voraussetzung ist, dass die Beanspruchung der extraterritorialen Regelungsgewalt des eingriffswilligen Staates auf einen **sinnvollen Anknüpfungspunkt** im Sinne eines **reasonable link** verweisen kann[13]. Insoweit wird für das Kapitalmarktrecht insbesondere auf das Auswirkungsprinzip[14] und die Anknüpfung an den Marktort[15] abgestellt[16]. Das Kriterium

---

1 Grundlegend *Cahn*, ZHR 162 (1998), 1, 7; *Cahn*, ZHR 168 (2004), 483; *Wackerbarth*, ZIP 2005, 1217, 1221; *Engert*, JZ 2007, 314, 315; *Hammen*, Der Konzern 2009, 1820; *Segna*, ZGR 2015, 84, 100; a.A. BGH v. 19.7.2011 – II ZR 246/09, BGHZ 190, 291 = AG 2011, 786; a.A. *Zimmermann* in Fuchs, Vor § 21 WpHG Rz. 25; *Baums/Sauter*, ZHR 173 (2009), 454, 470; *Widder/Kocher*, ZIP 2010, 457, 459; *Fleischer/Bedkowski*, DStR 2010, 933; *Möllers/Wenninger*, NJW 2011, 1697, 1701; *Brellochs*, ZIP 2011, 2225, 2227.
2 Ebenso *Schürnbrand* in Emmerich/Habersack, Aktien- und GmbH-Konzernrecht, § 22 WpHG Rz. 1; *Schmitz/Uwe H. Schneider*, NZG 2016, 561; a.A. *Segna*, ZGR 2015, 84, 108; *von Bülow* in KölnKomm. WpHG, § 22 WpHG Rz. 40 f.
3 BVerfG v. 3.4.1990 – 1 BvR 1186/89, BVerfGE 82, 6, 11; BVerwG v. 22.9.2004 – 6 C 29/03, BVerwGE 122, 29, 47; *Hammen*, Der Konzern 2009, 18, 21.
4 *Rogall* in KK OWiG, 4. Aufl. 2014, § 3 OWiG Rz. 60.
5 S. eingehend: *Uwe H. Schneider/Anzinger*, ZIP 2009, 1.
6 A.A. *von Bülow* in KölnKomm. WpHG, § 21 WpHG Rz. 51: eindeutig gesellschaftsrechtliche Komponente. Zur Unterscheidung zwischen Kapitalmarktaufsichts-, Kapitalmarktstraf- und Kapitalmarktprivatrecht und den sich daraus ergebenden Folgen für grenzüberschreitende Sachverhalte s. *Uwe H. Schneider*, AG 2001, 269, 270 ff.
7 Allgemein *Kronke* in FS Buxbaum, 2000, S. 363.
8 Begr. RegE, BT-Drucks. 12/6679, 57.
9 *Junker*, RIW 2010, 257, 260.
10 Dazu *Kronke* in FS Buxbaum, 2000, S. 363 ff.; *Uwe H. Schneider*, AG 2001, 269 ff.
11 Vgl. Begr. RegE zu § 38 Abs. 2 WpHG, BT-Drucks. 12/6679, 57.
12 Allgemein zur einseitigen extraterritorialen Anwendung des Wirtschaftsrechts *Fikentscher*, Wirtschaftsrecht, Bd. 1, § 4 Abs. 4; *Kaffanke*, Nationales Wirtschaftsrecht und internationale Wirtschaftsordnung, 1990, S. 39 ff.; *Vollmöller*, Die Globalisierung des öffentlichen Wirtschaftsrechts, 2002, S. 21 ff.; *Gasteyer* in Liber amicorum Dolf Weber, 2016, S. 89.
13 Dazu z.B. *Meessen*, Extraterritorial Jurisdiction in Theory and Practice, 1996, S. 200 ff.; *Schuster*, Die internationale Anwendung des Börsenrechts, 1996, S. 38 ff.
14 *Uwe H. Schneider*, AG 2001, 269, 276.
15 *Kiel*, Internationales Kapitalanlegerschutzrecht, 1994, S. 208; *Zimmer*, Internationales Gesellschaftsrecht, 1996, S. 50 ff.
16 Zum Ganzen auch *Kindler* in MünchKomm. BGB, 7. Aufl. 2017, IntGesR Rz. 22 ff.

des reasonable links darf nicht überschätzt werden. Es stellt keine Kollisionsregel auf, sondern dient nur dazu, solche Staaten, die ein legitimes Regelungsinteresse haben – und das können regelmäßig mehrere sein –, von denen zu trennen, bei denen es hieran fehlt. In einem dritten Schritt schließlich stellt sich die Frage, ob die an sich zulässige extraterritoriale Rechtsanwendung im Einzelfall aus Gründen der staatlichen Selbstbeschränkung und Rücksichtnahme zu unterbleiben hat[1].

Aus diesen Grundsätzen folgt, dass die pflichtenauslösenden Tatbestände der §§ 33 ff. WpHG auch im Ausland verwirklicht werden können[2]. Vorrangiges Ziel des Transparenzgebots ist die Verbesserung der Funktionsfähigkeit der Kapitalmärkte durch einen stärkeren Schutz der gegenwärtigen und zukünftigen Anleger und deren Vertrauen in Fairness und Chancengleichheit. Denn die Zusammensetzung des Aktionärskreises und die Veränderungen bedeutender Beteiligungen an den Emittenten sind wichtige Aspekte für die Anlagedispositionen der Investoren. Und das gilt gleichermaßen für Anleger des In- und Auslands und unabhängig von der Frage, **wo und unter welcher von den Parteien gewählten Rechtsordnung** die tatbestandsmäßige Veränderung der Beteiligungsstruktur begründet wird. Die Regelungsziele der §§ 33 ff. WpHG lassen es daher nicht zu, zwischen in- und ausländischen Änderungen des Aktionärskreises zu differenzieren. Dass das Gesetz für die Staaten der EU und des EWR selbst von einer extraterritorialen Wirkung der Meldepflicht ausgeht, folgt aus § 18 WpHG. Indessen ist dem keine Beschränkung auf diese Staaten zu entnehmen. Die extraterritoriale Anwendbarkeit besteht daher grundsätzlich auch gegenüber Drittstaaten.

Die Notwendigkeit des Schutzes der Funktionsfähigkeit des inländischen und der europäischen Kapitalmärkte bildet zugleich einen sinnvollen Anknüpfungspunkt und legitimiert die Erfassung von Auslandssachverhalten. Vieles spricht für eine Anwendung des **Auswirkungsprinzips** (vgl. dazu auch § 130 Abs. 2 GWB)[3]. Dabei bedarf es aber nicht des Nachweises einer konkreten Marktbeeinflussung. Denn ein solcher liefe dem Charakter des Transparenzgebots als einem überindividuellen Ordnungsprinzip zuwider. Eine Auswirkung „im Inland" ist darüber hinaus bei tatbestandsmäßiger Veränderung der Beteiligungsstruktur auch immer gegeben, wenn sie einen Emittenten betrifft, für den die Bundesrepublik Deutschland der Herkunftsstaat ist (§ 2 Abs. 13 WpHG). Dabei kommt es zwar nicht darauf an, dass der Emittent seinen Sitz in Deutschland hat, wohl aber, dass er den inländischen Kapitalmarkt in Anspruch nimmt.

Von einer Reduzierung des räumlichen Anwendungsbereichs der Melde- und Veröffentlichungspflichten trotz gegebenen Anknüpfungspunkts im Sinne einer **staatlichen Selbstbeschränkung**[4] wird in der Regel nicht auszugehen sein. Denn die dabei entstehenden Schutzlücken lassen es nicht zu, die Herstellung der angestrebten Transparenz alleine ausländischen Rechtsordnungen zu überlassen. Dies gilt zumindest, solange eine Veröffentlichung im Inland nicht sichergestellt ist. Hat die Emittentin ihren **Sitz in einem Drittstaat**, sind aber ihre Aktien an einem organisierten Markt einer inländischen Börse zugelassen, so begeht der pflichtvergessene Meldepflichtige zwar eine Ordnungswidrigkeit. § 44 WpHG, nämlich der Rechtsverlust, ist aber nicht anwendbar[5]. Die aktienrechtliche Folge der Verletzung der kapitalmarktrechtlichen Meldepflicht richtet sich vielmehr nach dem Statut der Gesellschaft.

XIII. Verhältnis zur Ad-hoc-Publizität. Ist der Stimmrechtsinhaber oder derjenige, dem Stimmrechte zugerechnet werden, selbst ein Inlandsemittent, so stellt sich die Frage nach dem Verhältnis zwischen Art. 17 VO Nr. 596/2014 (MAR) und §§ 33 ff. WpHG. Dabei sind zwei Fragen zu unterscheiden, nämlich erstens, ob die §§ 33 ff. WpHG lex specialis gegenüber Art. 17 VO Nr. 596/2014 (MAR) sind, und zweitens, ob eine Ad-hoc-Mitteilung nach Art. 17 VO Nr. 596/2014 (MAR) die Pflichten nach §§ 33 ff. WpHG entfallen lässt.

Beide Fragen sind zu verneinen[6]; denn die **Vorschriften unterscheiden sich** nicht nur in ihren Tatbestandsvoraussetzungen und Rechtsfolgen, sondern vor allem **in ihrem normativen Zweck**. Zwar können die Tatbestandsvoraussetzungen beider Normen zugleich erfüllt sein. Insbesondere kann das Erreichen, Über- oder Unterschreiten einer Meldeschwelle geeignet sein, den Preis sowohl der von dem Emittenten[7] als auch der von dem meldepflichtigen Aktionär ggf. emittierten Wertpapiere[8] erheblich zu beeinflussen. Sind aber die Tatbestandsvoraussetzungen der Art. 17, 19 VO Nr. 596/2014 (MAR), §§ 33 ff. WpHG gleichermaßen erfüllt, so

---

1 *Schnyder* in FS Buxbaum, 2000, S. 515, 525 ff.
2 So auch *Opitz* in Schäfer/Hamann, § 21 WpHG Rz. 10.
3 *Wurmnest/Lund*, NZKart 2015, 73.
4 Vgl. hierzu auch *Schnyder* in FS Buxbaum, 2000, S. 516, 525 ff.; *Kronke/Haubold* in Kronke/Melis/Kuhn, Handbuch internationales Wirtschaftsrecht, 2. Aufl. 2017, Teil L Rz. 424.
5 *Zickler/v. Falkenhausen*, BB 2009, 1994.
6 Für das frühere Recht: *Veil* in K. Schmidt/Lutter, Anh. § 22 AktG, Vor §§ 21 ff. WpHG Rz. 11; *Burgard*, ZHR 162 (1998), 51, 74, Fn. 130a; *Starke*, Beteiligungstransparenz im Gesellschafts- und Kapitalmarktrecht, 2002, S. 101; *Fiedler*, Mitteilungen über Beteiligungen von Mutter- und Tochterunternehmen, 2005, S. 59; *Janert*, BB 2004, 169, 171; *Hitzer/Düchting*, ZIP 2011, 1084, 1089.
7 Unstr., statt aller *Schander/Lucas*, DB 1997, 2109, 2110 f.
8 A.A. *Schander/Lucas*, DB 1997, 2109, 2110, deren Ansicht indes schon deswegen nicht zu überzeugen vermag, weil die empirischen Befunde, auf die sich stützen, widersprüchlich sind und nach § 13 Abs. 1 Satz 1 WpHG die „Eignung" zu einer erheblichen Kursbeeinflussung ausreicht.

wäre es wenig überzeugend, wenn die kursrelevante Information durch den Inlandsemittenten, der zugleich Stimmrechtsinhaber ist, nicht, wie in Art. 17 Abs. 1 VO Nr. 596/2014 (MAR) gefordert, „so bald wie möglich" veröffentlicht werden müsste, sondern die langen Melde- und Veröffentlichungsfristen des § 33 Abs. 1 Satz 1 WpHG mit der Folge in Anspruch genommen werden könnten, dass der Markt u.U. erst nach vier Handelstagen informiert und in dieser Zeit eine angemessene Preisbildung verhindert sowie Insidergeschäfte ermöglicht würden.

64 Das bedeutet freilich nicht, dass in den Fällen des Erreichens, des Überschreitens oder des Unterschreitens einer Meldeschwelle stets zugleich eine Ad-hoc-Mitteilung veranlasst wäre. Vielmehr kommt es auf den Einzelfall an, ob zugleich die Voraussetzungen des Art. 17 VO Nr. 596/2014 (MAR) gegeben sind. Ist dies der Fall, so ist ferner zu beachten, dass die Erfüllung der nach Art. 17 VO Nr. 596/2014 (MAR) bestehenden Meldepflichten weder den Aktionär noch die Gesellschaft von den ihnen nach §§ 33 ff. WpHG auferlegten Verpflichtungen befreit. Das ergibt sich bereits daraus, dass der Inhalt der nach §§ 33 ff. WpHG erforderlichen Mitteilungen sehr viel umfassender ist, vgl. §§ 34 Abs. 2, 40 WpHG i.V.m. §§ 12 ff. WpAV.

65 Art. 17 VO Nr. 596/2014 (MAR) und §§ 33 ff. WpHG sind also in jeder Hinsicht nebeneinander anwendbar. Im Blick hierauf ist schließlich darauf hinzuweisen, dass auch das Erreichen, Überschreiten oder Unterschreiten anderer als der in § 33 Abs. 1 Satz 1 WpHG genannten Prozentschwellen i.S.d. Art. 7 Abs. 1 lit. a VO Nr. 596/2014 (MAR) kursrelevant und daher ad-hoc-mitteilungspflichtig sein können. Die von § 33 Abs. 1 Satz 1 WpHG offen gelassenen Lücken (s. § 34 WpHG Rz. 5) werden hierdurch in besonders bedeutsamen Fällen geschlossen.

66 **XIV. Verhältnis zu §§ 20, 21 AktG.** Der Anwendungsbereich der aktienrechtlichen Mitteilungspflichten nah §§ 20, 21 AktG und der Anwendungsbereich der marktrechtlichen Mitteilungspflichten sind seit dem Dritten Finanzmarktförderungsgesetz vom 24.3.1998 (BGBl. I 1998, 567 ff.) getrennt. Die §§ 20, 21 AktG finden nur bei den nicht börsennotierten Gesellschaften Anwendung. Nach § 20 Abs. 8 AktG gilt § 20 Abs. 1–7 AktG dagegen nicht für Aktien eines Emittenten i.S.d. § 33 Abs. 4 WpHG.

67 **XV. Verhältnis zu den übernahmerechtlichen Meldepflichten.** Das Ergebnis ist nicht befriedigend; denn die kapitalmarktrechtlichen Offenlegungspflichten bleiben teilweise hinter den aktienrechtlichen Meldepflichten zurück[1]. Die Offenlegungspflichten nach den §§ 33 ff. WpHG stehen neben den übernahmerechtlichen Veröffentlichungspflichten, also insbesondere § 35 Abs. 1 Satz 1 WpHG. Das ist unstreitig[2]. Der Zweck, der Inhalt der Meldepflichten und die Art und Weise der Veröffentlichung sind ganz und gar unterschiedlich. Auch eine formularmäßige Zusammenfassung scheidet aus.

68 Die §§ 33 ff. WpHG werden durch § 23 WpÜG nicht verdrängt, sondern nur ergänzt[3]. Beide Normen unterscheiden sich im Regelungszweck in den Tatbestandsvoraussetzungen und in den Rechtsfolgen. § 23 WpÜG wendet sich an die Angebotsempfänger. § 33 WpHG dient auch den Interessen der Gesellschaft, der künftigen Anleger, der Gläubiger und der Öffentlichkeit. Nach § 33 WpHG ist daher auch die Gesellschaft zu informieren. Wird die Mitteilungspflicht nach § 33 WpHG verletzt, droht Rechtsverlust nach § 44 WpHG. Eine entsprechende Sanktion fehlt bei Verletzung der Veröffentlichungspflicht nach § 23 WpÜG. § 59 WpÜG nennt § 23 WpÜG nicht als Möglichkeit für einen Rechtsverlust.

69 **XVI. Verhältnis zu Art. 3a RL 2017/828.** Die **Aktionärsrechterichtlinie** (EU RL 2017/828) bestimmt in Art. 3a, dass die Mitgliedstaaten sicherstellen, dass die Gesellschaften das Recht haben, ihre Aktionäre zu identifizieren[4]. Damit werden die kapitalmarktrechtlichen Offenlegungspflichten nach §§ 33 ff. WpHG nicht verdrängt; denn durch Art. 3a RL 2017/828 wird nicht sichergestellt, dass den gegenwärtigen und künftigen Aktionären und dem Markt die Beteiligung bekannt wird. Zudem muss die Offenlegung nur auf Antrag der Gesellschaft erfolgen. Es fehlen Zurechnungsvorschriften und die Wahrnehmung der Offenlegungspflichten wird nicht durch die Kapitalmarktaufsicht überwacht.

70 **XVII. Verweisungen auf die §§ 33 ff. WpHG.** Auf die Transparenzrichtlinie I und auf die §§ 33 ff. WpHG wird teilweise in vollem Umfang, teilweise beschränkt auf einzelne Vorschriften in anderen Gesetzen, in Verhaltensrichtlinien usw. verwiesen. Exemplarisch zu nennen sind § 1 Abs. 9 Satz 2 KWG, § 128 Abs. 2 Satz 7 AktG, § 7 Abs. 1 Gesetz über Unternehmensbeteiligungsgesellschaften, und § 11 Gesetz zur Schaffung deutscher Immobilien-Aktiengesellschaften mit börsennotierten Anteilen (REITG)[5].

---

1 *Uwe H. Schneider*, AG 1997, 81, 82; *Hüffer/Koch*, § 20 AktG Rz. 19: bestehende Transparenzlücken sind marginal.
2 *Krause/Pötzsch* in Assmann/Pötzsch/Uwe H. Schneider, § 35 WpÜG Rz. 184.
3 Ebenso *Assmann* in Assmann/Pötzsch/Uwe H. Schneider, § 23 WpÜG Rz. 51; *von Bülow* in KölnKomm. WpHG, § 21 WpHG Rz. 58; *Möllers* in KölnKomm. WpÜG, § 23 WpÜG Rz. 34; *Thun* in Angerer/Geibel/Süßmann, § 23 WpÜG Rz. 6; *Witt*, NZG 2000, 809, 810.
4 Näher dazu *Noack*, NZG 2017, 561.
5 S. dazu: *Klühs/Schmidtbleicher*, ZIP 2006, 1809.

§ 33 Mitteilungspflichten des Meldepflichtigen; Verordnungsermächtigung

(1) Wer durch Erwerb, Veräußerung oder auf sonstige Weise 3 Prozent, 5 Prozent, 10 Prozent, 15 Prozent, 20 Prozent, 25 Prozent, 30 Prozent, 50 Prozent oder 75 Prozent der Stimmrechte aus ihm gehörenden Aktien an einem Emittenten, für den die Bundesrepublik Deutschland der Herkunftsstaat ist, erreicht, überschreitet oder unterschreitet (Meldepflichtiger), hat dies unverzüglich dem Emittenten und gleichzeitig der Bundesanstalt, spätestens innerhalb von vier Handelstagen unter Beachtung von § 34 Absatz 1 und 2 mitzuteilen. Bei Hinterlegungsscheinen, die Aktien vertreten, trifft die Mitteilungspflicht ausschließlich den Inhaber der Hinterlegungsscheine. Die Frist des Satzes 1 beginnt mit dem Zeitpunkt, zu dem der Meldepflichtige Kenntnis davon hat oder nach den Umständen haben musste, dass sein Stimmrechtsanteil die genannten Schwellen erreicht, überschreitet oder unterschreitet. Hinsichtlich des Fristbeginns wird unwiderleglich vermutet, dass der Meldepflichtige spätestens zwei Handelstage nach dem Erreichen, Überschreiten oder Unterschreiten der genannten Schwellen Kenntnis hat. Kommt es infolge von Ereignissen, die die Gesamtzahl der Stimmrechte verändern, zu einer Schwellenberührung, so beginnt die Frist abweichend von Satz 3, sobald der Meldepflichtige von der Schwellenberührung Kenntnis erlangt, spätestens jedoch mit der Veröffentlichung des Emittenten nach § 41 Absatz 1.

(2) Wem im Zeitpunkt der erstmaligen Zulassung der Aktien zum Handel an einem organisierten Markt 3 Prozent oder mehr der Stimmrechte an einem Emittenten zustehen, für den die Bundesrepublik Deutschland der Herkunftsstaat ist, hat diesem Emittenten sowie der Bundesanstalt eine Mitteilung entsprechend Absatz 1 Satz 1 zu machen. Absatz 1 Satz 2 gilt entsprechend.

(3) Als Gehören im Sinne dieses Abschnitts gilt bereits das Bestehen eines auf die Übertragung von Aktien gerichteten unbedingten und ohne zeitliche Verzögerung zu erfüllenden Anspruchs oder einer entsprechenden Verpflichtung.

(4) Inlandsemittenten und Emittenten, für die die Bundesrepublik Deutschland der Herkunftsstaat ist, sind im Sinne dieses Abschnitts nur solche, deren Aktien zum Handel an einem organisierten Markt zugelassen sind.

(5) Das Bundesministerium der Finanzen kann durch Rechtsverordnung, die nicht der Zustimmung des Bundesrates bedarf, nähere Bestimmungen erlassen über den Inhalt, die Art, die Sprache, den Umfang und die Form der Mitteilung nach Absatz 1 Satz 1 und Absatz 2. Das Bundesministerium der Finanzen kann die Ermächtigung durch Rechtsverordnung auf die Bundesanstalt übertragen, soweit die Art und die Form der Mitteilung nach Absatz 1 oder Absatz 2, insbesondere die Nutzung eines elektronischen Verfahrens, betroffen sind.

In der Fassung des 2. FiMaNoG vom 23.6.2017 (BGBl. I 2017, 1693).

Schrifttum: S. Vor §§ 33 ff. WpHG.

I. Regelungsgegenstand und Regelungszweck	1
1. EU-Recht	1
2. Ergänzende Verordnungen	2
3. Ziel der Vorschrift	3
II. Das Verhältnis zwischen § 33 und § 38 WpHG („Grundsatz der drei Säulen")	5
III. Voraussetzungen	6
1. Normadressat	6
a) Privataktionäre und juristische Personen	6
b) Bruchteilsgemeinschaft	8
c) OHG und KG	9
d) Gesellschaft bürgerlichen Rechts	10
e) Familie	12
f) Gütergemeinschaft/Erbengemeinschaft	13
g) Vormund, Testamentsvollstrecker	15
h) Insolvenzverwalter	16
i) Ausländische Aktionäre, Sitz im Ausland	18
2. Dauer der Beteiligung	21
3. Schwellenwerte	24
a) Stimmrechte	25
b) „aus ihm gehörenden Anteilen"	28
c) Berechnung der Stimmrechtsquote	30
aa) Stammaktien	33
bb) Kapitalerhöhung/Kapitalherabsetzung	34
cc) Mehrstimmrechtsaktien	37
dd) Stimmrechtslose Vorzugsaktien	40
ee) Namensaktien	44
ff) Eigene Aktien	51
gg) Verlust der Stimmrechte (§ 44 WpHG)	57
hh) Satzungsmäßige Stimmrechtsbeschränkungen (Höchststimmrechte)	58
ii) Stimmverbote	59
jj) Verschmelzung	60
d) Satzungsmäßige Schwellenwerte	61
4. Erreichen, Über- oder Unterschreiten	63
a) Mitteilungspflicht/Veröffentlichungspflicht	63
b) Mehrfaches Über- oder Unterschreiten	66
5. Anspruch auf Übertragung von Aktien (§ 33 Abs. 3 WpHG)	70
a) Eigenständiger Meldetatbestand	70
b) Unbedingt	74
c) Ohne zeitliche Verzögerung zu erfüllen	75
d) Meldeschwelle	78
6. Umschichtung	80
7. Änderung des Namens oder der Firma des Mitteilungspflichtigen	81

8. Emittent (§ 33 Abs. 4 WpHG) 83	bb) Aktive Schwellenberührung 117
a) Gesellschaften mit Sitz in Deutschland ... 84	cc) Passive Schwellenberührung 120
b) Gesellschaften mit Sitz in einem Drittstaat 91	dd) Kenntnis 122
c) Mehrfache Börsennotierung 94	ee) Kenntnis haben musste (Kapitalmarktrechtliches Informationssystem) 125
d) Meldepflichten bei REIT 95	ff) Unwiderlegliche Vermutung 128
9. Kein Abzug bei Zurechnung 96	e) Frist der Mitteilung 129
a) Das Problem 96	f) „Alternative" und vorsorgliche Mitteilung . 131
b) Grundsatz der doppelten Meldepflicht ... 97	g) Nachholung aller Zwischenmeldungen? ... 135
10. Hinterlegungsscheine, die Aktien vertreten (§ 33 Abs. 1 Satz 2 WpHG) 102	h) Kenntnis des Emittenten 136
IV. Erwerb vor Zulassung (§ 33 Abs. 2 WpHG) . 107	2. Organisations- und Informationseinholungspflichten 137
V. Rechtsfolgen 108	3. Geschäftsverteilung und Delegation 138
1. Mitteilungspflichten 109	4. Anspruch der Gesellschaft auf Offenlegung? ... 139
a) Adressat der Mitteilung 109	5. Sanktionen 140
b) Inhalt der Mitteilung und Meldeformular . 111	VI. Insolvenz 141
c) Form und Sprache der Mitteilung, Unterschrift 115	VII. Jährliches Dokument 142
d) Meldefrist 116	VIII. Ermächtigung für Rechtsverordnung (§ 33 Abs. 5 WpHG) 143
aa) Beginn der Meldefrist 116	

1 I. Regelungsgegenstand und Regelungszweck. 1. EU-Recht. § 33 WpHG entspricht aufgrund der Neunummerierung durch das 2. FiMaNoG (BGBl. I 2017, 1693) § 21 WpHG a.F. Umgesetzt wird damit die EU-Transparenzrichtlinie I vom 12.12.1988[1], die EU-Transparenzrichtlinie II vom 15.12.2004[2] und die Transparenzrichtlinie III, nämlich die Transparenzrichtlinie-Änderungsrichtlinie vom 22.10.2013 (2013/50) sowie die Durchführungsrichtlinie vom 8.3.2007[3]. Die Vorschrift bestimmt die Voraussetzungen der Mitteilungspflicht, den Zeitpunkt und den Adressaten der Meldung. Sie beinhaltet somit den Grundtatbestand der Mitteilungspflichten. Zugleich ist sie Definitionsnorm für die grundlegenden Begriffe „Meldepflichtiger", „Inlandsemittent" und „Emittent" i.S.d. Abschnitts.

2 2. Ergänzende Verordnungen. § 33 WpHG wird durch die Verordnung zur Konkretisierung von Anzeige-, Mitteilungs- und Veröffentlichungspflichten nach dem Wertpapierhandelsgesetz (WpAV) vom 2.11.2017[4] konkretisiert. In den §§ 12 ff. WpAV werden der Inhalt und das Format sowie die Art und die Sprache der Mitteilung, die Art und Sprache der Veröffentlichung sowie die Mitteilung der Veröffentlichung näher geregelt. In der folgenden Kommentierung wird an der jeweiligen Stelle Bezug genommen.

3 3. Ziel der Vorschrift. Der Regelungszweck der Vorschriften des 6. Abschnitts des WpHG ist Vor §§ 33 ff. WpHG Rz. 21 ff. dargestellt. Ziel des § 33 WpHG ist es, die betroffene Gesellschaft und die Bundesanstalt (BaFin) über die Veränderung von maßgeblichen Beteiligungsverhältnissen in Kenntnis zu setzen. Nach § 40 WpHG hat sodann die Gesellschaft die Meldung zu veröffentlichen, um auf diesem Wege das weitere wichtige Anliegen des Gesetzes, nämlich die Unterrichtung der Mitaktionäre und des Marktes (s. Vor §§ 33 ff. WpHG Rz. 21), zu erreichen.

4 Diese Zweistufigkeit des Verfahrens ist durch die Tranzparenzrichtlinie I vorgegeben und entspricht auch § 20 AktG. Es hat zur Folge, dass sich der Zeitraum zwischen dem Erreichen der Meldeschwelle und der Veröffentlichung der Information notwendig vergrößert. Nach § 33 Abs. 1 Satz 1 WpHG beträgt dieser Zeitraum („window") mehrere Kalendertage, die zu weiteren verdeckten Aktien(ver)käufen genutzt werden können. Zu denken ist daher rechtspolitisch erstens an eine unverzügliche Veröffentlichung durch den Meldepflichtigen, und zweitens an die Einführung eines ausdrücklichen **Erwerbs- bzw. Veräußerungsverbots** für die Zeit ab Erreichen der Meldeschwellen bis zur Erfüllung der Mitteilungspflichten und der Veröffentlichung der Meldung und an ein Veräußerungsgebot für im „window" erworbene Aktien bei Verletzung der Meldepflicht.

5 II. Das Verhältnis zwischen § 33 und § 38 WpHG („Grundsatz der drei Säulen"). S. Vor §§ 33 ff. WpHG Rz. 36 und 37.

6 III. Voraussetzungen. 1. Normadressat. a) Privataktionäre und juristische Personen. Normadressat des § 33 Abs. 1 Satz 1 WpHG ist jedermann, also jede natürliche Person – auch Minderjährige – ohne Rücksicht darauf, ob sie ihren Wohnsitz im Inland oder Ausland hat[5], und ohne Rücksicht auf die Staatsangehörigkeit sowie jede juristische Person des privaten und des öffentlichen Rechts (so ausdrücklich Art. 1 RL 88/627/EWG [Transparenzrichtlinie I]), unabhängig von ihrer Rechtsform[6] und dem Sitz der Gesellschaft. Die Unterneh-

---

1 ABl. EG Nr. L 348 v. 17.12.1988, S. 62.
2 ABl. EU Nr. L 390 v. 31.12.2004, S. 38.
3 ABl. EU Nr. L 69 v. 9.3.2007, S. 27.
4 BGBl. I 2017, 3727.
5 *Zimmermann* in Fuchs, § 21 WpHG Rz. 4.
6 Vgl. BGH v. 22.4.1991 – II ZR 231/90, AG 1991, 270 = WM 1991, 1166.

menseigenschaft ist nicht Voraussetzung. Anders als nach herrschender Auslegung des § 20 AktG können meldepflichtig auch sog. Privataktionäre[1] sein. Mitteilungspflichtig können demnach bspw. inländische und ausländische Unternehmen, Kreditinstitute, Depotbanken[2], Kapitalanlagegesellschaften und andere institutionelle Anleger, die Kirchen, Gewerkschaften ebenso Staaten[3] wie etwa die Bundesrepublik Deutschland und andere Gebietskörperschaften[4], Anstalten des öffentlichen Rechts, z.B. Landesbanken, Staatsfonds, usw. sein.

Erworben oder veräußert werden nicht Stimmrechte, sondern Mitgliedschaftsrechte (Aktien). Voraussetzung ist daher nach § 33 Abs. 1 WpHG, dass der Meldepflichtige Aktien erwirbt oder veräußert, mit denen Stimmrechte verknüpft sind, dass er auf sonstige Weise Stimmrechte erlangt oder dass ihm Stimmrechte zugerechnet werden (§ 34 WpHG). 7

Sind mehrere natürliche oder juristische Personen wegen desselben Sachverhalts meldepflichtig, so kann die Mitteilung durch eine gemeinsame Meldung erfolgen[5].

b) **Bruchteilsgemeinschaft.** Werden Aktien in Sammelverwahrung genommen, so entsteht Miteigentum nach Bruchteilen an den zum Sammelbestand des Verwahrers gehörenden Aktien (§ 6 DepotG). Die Stimmrechte des Miteigentümers richten sich nach dem Bruchteil des Miteigentums[6]. Will der Bruchteilseigentümer das Stimmrecht ausüben, so bedarf es nicht der Auslieferung der Aktien. Meldepflichtig ist der Bruchteilseigentümer daher auch nur in Höhe seines Bruchteilseigentums[7]. 8

c) **OHG und KG.** Erwirbt oder veräußert eine OHG oder KG, werden die Aktien der Gesellschaft übertragen und gelangen sie in das Gesamthandsvermögen der OHG oder KG, ist die Gesellschaft Aktionär und steht ihr das Stimmrecht zu, so ist die Gesellschaft meldepflichtig. Zugleich können die Gesellschafter auf Grund einer Zurechnung nach § 34 WpHG zur Meldung verpflichtet sein. 9

d) **Gesellschaft bürgerlichen Rechts.** Dies gilt auch für die Gesellschaft bürgerlichen Rechts[8]. Die Außengesellschaft bürgerlichen Rechts ist selbst als Rechtsträger anzusehen[9]. Sie kann demgemäß selbst Aktionärin sein[10]. Die Gesellschaft treffen damit auch die mit der Mitgliedschaft verbundenen öffentlich-rechtlichen und privatrechtlichen Pflichten[11]. Zu erfüllen sind die Pflichten durch die vertretungsberechtigten Gesellschafter. Zum Inhalt der Meldung s. bei Rz. 111. Dem einzelnen Gesellschafter werden u.U. aber die Stimmrechte aus den Aktien, die der Gesellschaft gehören, zugerechnet, so dass er aus diesem Grund selbst mitteilungspflichtig sein kann (s. § 34 WpHG Rz. 33). 10

Die Gesellschaft bürgerlichen Rechts darf zwar keine Firma führen (§ 17 HGB i.V.m. § 2 Satz 1 HGB). Sie kann sich aber einen Namen zulegen, soweit dieser nicht den Eindruck einer „Firma" hervorruft (z.B. Familie Schulz, Gesellschaft bürgerlichen Rechts). Unter Verwendung dieses Namens kann gemeldet werden. Zugleich sind die einzelnen Gesellschafter aufzulisten[12] (s. auch Rz. 111 ff.). 11

e) **Familie.** Gehören die Aktien mehreren Familienangehörigen, so ist nicht die „Familie" meldepflichtig. Sie ist nicht rechts- und pflichtenfähig[13]. Meldepflichtig ist das einzelne Familienmitglied, dem aber unter bestimmten Voraussetzungen die Stimmrechte der anderen Familienangehörigen zugerechnet werden (s. § 34 WpHG Rz. 190). Bei **Gemeinschaftskonten** („joint investors account"), die jeden Kontoinhaber der darin verbuchten Aktien zur Ausübung der Stimmrechte berechtigen, ist jeder Kontoinhaber für alle Stimmrechte, die im Gemeinschaftskonto verbucht sind, meldepflichtig[14]. 12

f) **Gütergemeinschaft/Erbengemeinschaft.** Gehören die Aktien zum Gesamthandsvermögen einer Gütergemeinschaft oder einer Erbengemeinschaft, so ist zwar nicht die Gütergemeinschaft oder die Erbengemein- 13

---

1 Kritisch zum Vorentwurf der Transparenzrichtlinie I: *Maul*, BB 1985, 897, 898. Für eine Erweiterung der Mitteilungspflicht auf Nicht-Unternehmen aber schon der Bericht über die Verhandlungen der *Unternehmensrechtskommission des Bundesjustizministeriums*, Köln 1979, Rz. 2038.
2 S. aber auch Art. 9 Abs. 4 RL 2004/109/EG (Transparenzrichtlinie II).
3 Art. 2 Abs. 1 RL 2004/109/EG i.d.F. der RL 2013/13/EU.
4 Ebenso *Nottmeier/Schäfer*, AG 1997, 90; *Schwark* in Schwark/Zimmer, § 21 WpHG Rz. 2.
5 S. auch Art. 8 Abs. 3 2007/14/EG (Durchführungsrichtlinie vom 8.3.2007, ABl. EU Nr. L 69 v. 9.3.2007, S. 31).
6 OLG Stuttgart v. 10.11.2004 – 20 U 16/03, AG 2005, 127; *von Bülow* in KölnKomm. WpHG, § 21 WpHG Rz. 135.
7 Ebenso *Zimmermann* in Fuchs, § 21 WpHG Rz. 34.
8 *Bayer* in MünchKomm. AktG, 4. Aufl. 2016, § 22 AktG Anh. § 21 WpHG Rz. 4; vgl. auch BGH v. 22.4.1991 – II ZR 231/90, AG 1991, 270 = WM 1991, 1166.
9 BGH v. 29.1.2001 – II ZR 331/00, BGHZ 146, 341 = AG 2001, 307; BGH v. 16.7.2001 – II ZB 23/00, BGHZ 148, 291; *Karsten Schmidt*, Gesellschaftsrecht, 4. Aufl. 2002, S. 1712, 1720; s. auch § 1059a BGB; § 191 Abs. 2, § 202 UmwG.
10 BGH v. 4.11.1991 – II ZB 10/91, WM 1992, 12 = WuB II D. § 15 GenG 1.92 mit Anm. *Hadding*.
11 *Michel* in Just/Voß/Ritz/Becker, § 21 WpHG Rz. 23.
12 A.A. *Bayer* in MünchKomm. AktG, 4. Aufl. 2016, § 22 AktG Anh. § 21 WpHG Rz. 4.
13 *Bayer* in MünchKomm. AktG, 4. Aufl. 2016, § 22 AktG Anh. § 21 WpHG Rz. 8; *Schürnbrand* in Emmerich/Habersack, Aktien- und GmbH-Konzernrecht, § 21 WpHG Rz. 2; *Uwe H. Schneider*, AG 1997, 85.
14 ESMA, Q & A vom 22.10.2015, Frage 12.

schaft meldepflichtig[1]; denn diese sind nicht rechts- und pflichtenfähig[2]. Mitteilungspflichtig sind vielmehr die jeweiligen Ehegatten bzw. die Erben[3]. Die Mitteilung muss lauten, dass die Gütergemeinschaft bzw. die Erbengemeinschaft X, bestehend aus den Ehegatten A und B bzw. aus den Miterben C, D und E, ihren Stimmrechtsanteil melden. Die Meldepflicht des Erben entsteht im Augenblick des Todes des Erblassers und nicht erst, wenn der Erbe vom Tod des Erblassers erfährt oder die Erbteilung erfolgt ist.

14 Der Anteil ist jedem einzelnen Gesamthänder in vollem Umfang[4] zuzurechnen, mit der Folge, dass in Verbindung mit weiteren Aktien im Alleineigentum des Gesamthänders sowie diesem zugerechneten Stimmrechten die Meldeschwelle erreicht, über- oder unterschritten sein kann. Daher bedarf es in solchen Fällen eines zusätzlichen Hinweises, weil sonst die Öffentlichkeit irregeführt würde.

15 **g) Vormund, Testamentsvollstrecker.** Ist ein Vormund, Nachlasspfleger, Nachlassverwalter oder ein Testamentsvollstrecker[5] bestellt, so haben diese für die Erfüllung der Meldepflichten zu sorgen[6].

16 **h) Insolvenzverwalter.** Bisher war streitig, ob in der Insolvenz des Meldepflichtigen die Meldepflichten durch den Gemeinschuldner[7] oder durch den Insolvenzverwalter[8] zu erfüllen waren.

17 Nun folgt aus § 17 WpHG, dass der Insolvenzverwalter den Meldepflichtigen bei der Erfüllung der kapitalmarktrechtlichen Pflichten zwar zu unterstützen, also insbesondere ihm die notwendigen finanziellen Mittel zur Verfügung zu stellen hat. Die Pflichten zur Offenlegung sind aber weiterhin **durch den Meldepflichtigen** und sein geschäftsführendes Organ und nicht durch den Insolvenzverwalter zu erfüllen[9]; denn die Pflichten haben keinen Massebezug. Sie ergeben sich vielmehr aus der Teilnahme des Emittenten am Kapitalmarkt. Aufgabe des Insolvenzverwalters ist es nur, den Meldepflichtigen mit den erforderlichen Informationen zu versorgen, damit er beurteilen kann, ob eine Meldepflicht entstanden ist und er sie erfüllen kann[10].

Zur Insolvenz des Emittenten s. bei § 40 WpHG Rz. 6.

18 **i) Ausländische Aktionäre, Sitz im Ausland.** Die Meldepflicht des § 33 WpHG ist an den Emittenten, für den die Bundesrepublik Deutschland der Herkunftsstaat ist, geknüpft. Dagegen ist die Meldepflicht unabhängig von der Nationalität oder dem Wohnsitz des Aktionärs bzw. dem Sitz des Aktionärs[11]. Meldepflichtig sind daher nach §§ 33 ff. WpHG auch ausländische Aktionäre mit Wohnsitz im Ausland[12], Gesellschaften mit Sitz im Ausland und ausländische Staaten als Aktionäre oder mittelbar Beteiligte. Die Tatsache, dass diese Vorschriften ihrer Rechtsnatur nach (auch) dem Wirtschaftsverwaltungsrecht angehören (vgl. Vor §§ 33 ff. WpHG Rz. 16), steht dem nicht entgegen (vgl. Vor §§ 33 WpHG Rz. 47 ff.). Im Einzelfall kann zweifelhaft sein, wer Aktionär ist und wem die Stimmrechte zustehen. So ist für ausländische Trusts zu bestimmen, ob er rechtsfähig ist oder ob es sich nur um rechtlich nicht verselbständigtes Sondervermögen handelt. Meldepflichtig sind gegebenenfalls nur die Trustees[13]. Ist der Trust rechtsfähig, so ist er selbst meldepflichtig.

19 Nichts anderes gilt, wenn die Zurechnungstatbestände des § 34 WpHG im Ausland erfüllt werden, namentlich für die Begründung eines Treuhandverhältnisses zugunsten des wirtschaftlichen Anteilseigners (vgl. § 34 Abs. 1 Nr. 2 WpHG)[14] oder ein Zusammenwirken von Anlegern (acting in concert, vgl. § 34 Abs. 2 Satz 1 Alt. 2 WpHG). Zweck dieser Regeln ist die Aufdeckung von potentiellem rechtlichen oder faktischen Einfluss[15]. Sie dienen sämtlich dazu, die Vereitelung der Meldepflicht durch Umgehung zu verhindern. Dies kann sowohl im

---

1 A.A. *Schwark* in Schwark/Zimmer, § 21 WpHG Rz. 4.
2 A.A. *Grunewald*, AcP 197 (1997), 305: Erbengemeinschaft ist rechtsfähig; *Wolf* in FS Canaris, Bd. 1, 2007, S. 1313.
3 *Bayer* in MünchKomm. AktG, 4. Aufl. 2016, § 22 AktG Anh. § 21 WpHG Rz. 5; *Nottmeier/Schäfer*, AG 1997, 90; im Ganzen: *Ponath/Raddatz*, ZEV 2014, 361.
4 Ebenso *Zimmermann* in Fuchs, § 21 WpHG Rz. 34; *Becker* in Bürgers/Körber, Anh. § 22 AktG/§ 21 WpHG Rz. 2; *Schürnbrand* in Emmerich/Habersack, Aktien- und GmbH-Konzernrecht, § 21 WpHG Rz. 2; *Michel* in Just/Voß/Ritz/Becker, § 21 WpHG Rz. 26; a.A. quotale Zurechnung: *Opitz* in Schäfer/Hamann, § 21 WpHG Rz. 11; für § 30 WpÜG *von Bülow* in KölnKomm. WpÜG, § 29 WpÜG Rz. 98.
5 A.A. *Zimmermann* in Fuchs, § 21 WpHG Rz. 15.
6 Ebenso *von Bülow* in KölnKomm. WpHG, § 21 WpHG Rz. 136.
7 So BVerwG v. 13.4.2005 – 6 C 4.04, ZIP 2005, 1145 mit Anm. *Ott*; Streit, NZI 2005, 486.
8 So VG Frankfurt/M. v. 29.1.2005 – 9 E 4228/03, ZIP 2004, 469.
9 von *Buttlar*, BB 2010, 1355; *Michel* in Just/Voß/Ritz/Becker, § 21 WpHG Rz. 28; *Zimmermann* in Fuchs, § 21 WpHG Rz. 15; a.A. zum alten Recht: *Hirte* in FS Uwe H. Schneider, 2011, S. 533.
10 Begr. RegE, BT-Drucks. 16/2498, 32; *Schlette/Bouchon* in Fuchs, § 11 WpHG Rz. 10.
11 So auch *Falkenhagen*, WM 1995, 1005; Starke, Beteiligungstransparenz im Gesellschafts- und Kapitalmarktrecht, 2002, S. 180.
12 *Nottmeier/Schäfer*, AG 1997, 87, 90; Starke, Beteiligungstransparenz im Gesellschafts- und Kapitalmarktrecht, 2002, S. 180; *Zimmermann* in Fuchs, § 21 WpHG Rz. 13; zu einer Erstreckung der Meldepflichten durch das US-amerikanische Recht (Section 12 SEA 1934) *Schuster*, Die internationale Anwendung des Börsenrechts, 1996, S. 457 ff.
13 BaFin, Emittentenleitfaden 2013, Rz. VIII.2.5.1.4; *Habauer*, DStR 2002, 425.
14 Vgl. dazu Begr. RegE, BT-Drucks. 12/6679, 53. Dazu auch *Starke*, Beteiligungstransparenz im Gesellschafts- und Kapitalmarktrecht, 2002, S. 180, 213 ff.
15 *Burgard*, BB 1995, 2069, 2071 f.; *Starke*, Beteiligungstransparenz im Gesellschafts- und Kapitalmarktrecht, 2002, S. 200.

In- wie auch im Ausland gleichermaßen geschehen. Daher sind auch die in § 34 WpHG genannten Fälle in gleicher Weise zu erfassen wie eine unmittelbare Beteiligung.

Zu beachten und von der Frage der extraterritorialen Anwendbarkeit der §§ 33 ff. WpHG zu unterscheiden ist, dass sich die Verwirklichung der einzelnen privatrechtlichen Tatbestandsmerkmale des § 34 WpHG nicht nach deutschem Recht, sondern auch nach einer ausländischen – nämlich der durch das Vertrags- oder Gesellschaftsstatut berufenen – Rechtsordnung richten kann. Exemplarisch ist die Rechtsfähigkeit eines Trust[1].

2. Dauer der Beteiligung. § 33 Abs. 1 WpHG verlangt nicht, dass die Aktien dem Meldepflichtigen für eine Mindestdauer gehören. Auch kurzfristige Über- oder Unterschreitungen begründen eine Meldepflicht[2]. Eine Bestimmung, etwa entsprechend § 71 Abs. 1 Nr. 7 AktG, dass nur maßgebend ist, der Bestand „am Ende jeden Tages", fehlt.

Die Verwaltungspraxis geht allerdings davon aus, dass bei untertägigen Transaktionen eine Aggregierung der veräußerten oder erworbenen Stimmrechte am Ende des Tages zulässig sei[3]. Nicht zulässig soll dagegen eine Saldierung von Long-und-Short-Positionen sein.

Dem ist nur eingeschränkt zuzustimmen. Durch Auslegung im Wege teleologischer Reduktion ergibt sich, dass bei mehrfachem Über- oder Unterschreiten einer Meldeschwelle während eines Tages **keine fortlaufenden Meldepflichten** entstehen; denn fortlaufende Meldungen bei wechselnden Tagesumsätzen verwirren den Markt. Eine Aggregierung soll auch für eine Aufrechnung von veräußerten und erworbenen Stimmrechten, soweit die Erwerbsrechte an diesem Tag nicht ausgeübt worden sind, gelten. Zu melden ist aber nicht nur wie die Verwaltungspraxis meint, der **Tagesendstand**, sondern auch **der Höchst- und der Tiefststand** im Laufe eines Tages, wenn Meldeschwellen über- oder unterschritten wurden. Hat der Meldepflichtige am Morgen null Stimmrechte, um 12 Uhr 7 % Stimmrechte und am Abend null Stimmrechte, so entfällt nicht die Pflicht zur Meldung, sondern es ist sowohl das Überschreiten als auch das Unterschreiten der Meldeschwelle zu melden. Der Meldepflichtige ist nicht deshalb entbunden, weil er am Abend wieder unter der Meldeschwelle liegt. Bei Verträgen zwischen mehreren Vertragspartnern, die kurzfristig in einer Kette Aktien erwerben und weiter veräußern oder die Aktien kurzfristig im Wege der Wertpapierleihe herein nehmen, kann daher jeder der Beteiligten meldepflichtig sein.

3. Schwellenwerte. § 33 Abs. 1 Satz 1 WpHG bestimmt als Schwellenwerte 3, 5, 10, 15, 20, 25, 30, 50 und 75 % der Stimmrechte.

Unbefriedigend ist die Transparenzlücke insbesondere zwischen 30 % und 50 % sowie zwischen 50 und 75 %[4]. In Großbritannien führt schon jeder Prozentpunkt ab 3 % zur neuerlichen Meldepflicht, Art. 5.1.2 FCA Handbook DTR. Das ist nachdrücklich auch für das deutsche und europäische Recht zu fordern. Wünschenswert wäre zumindest die Einführung weiterer Meldeschwellen mindestens im Abstand von 5 %[5].

a) Stimmrechte. Die Schwellenwerte des § 33 WpHG beziehen sich nur auf den Stimmrechtsanteil. Um die Errechnung zu ermöglichen, hat ein Inlandsemittent die **Gesamtzahl der Stimmrechte** am Ende eines jeden Kalendermonats, in dem es zu einer Zu- oder Abnahme etwa auf Grund einer Kapitalmaßnahme gekommen ist, zu veröffentlichen (dazu bei § 41 WpHG). Im Gegensatz hierzu stellt § 20 AktG auf den Kapitalanteil und nur in Abs. 4 zusätzlich auf den Stimmrechtsanteil ab.

In der Regel entsprechen zwar die Stimmrechtsanteile den Kapitalanteilen. Meldepflichtig können jedoch auch Stimmrechte an Gesellschaften ausländischen Rechts sein, bei denen das nationale Aktienrecht den Grundsatz „eine Aktie, eine Stimme" nicht kennt.

Es ist zu bedauern, dass von dem ursprünglichen Wahlrecht des Art. 4 Abs. 1 Satz 4 RL 88/627/EWG (Transparenzrichtlinie I), wonach die Mitgliedstaaten vorsehen können, dass auch der Kapitalanteil bei Überschreiten des Schwellenwerts mitteilungspflichtig ist, kein Gebrauch gemacht wurde[6]. Schon aus Sicht einer konzernrechtlichen Regelung ist dies zu kurz gegriffen. Denn auch bloße Kapitalmacht gewährt Einfluss.

b) „aus ihm gehörenden Anteilen". Im Gegensatz zu § 16 Abs. 3 AktG fehlt in § 33 WpHG ein Hinweis darauf, ob nur mitteilungspflichtig ist, wem Stimmrechte „aus ihm gehörenden Anteilen" zustehen, oder ob auch meldepflichtig ist, wer aufgrund sonstiger Befugnis zur Ausübung von Stimmrechten im eigenen Namen (Legitimationsübertragung; § 129 Abs. 3 AktG) oder in fremdem Namen (Stellvertretung; zum Vollmachtstimmrecht s. § 34 WpHG Rz. 111) berechtigt ist.

Der Wortlaut von § 33 WpHG ist irreführend. Erworben und veräußert werden nicht Stimmrechte, sondern die in Aktien verbrieften Mitgliedschaftsrechte. Das Stimmrecht kann nicht von der Mitgliedschaft abgetrennt

---

1 Dazu *Mutter*, AG 2006, 637.
2 BaFin, Emittentenleitfaden 2013, Rz. VIII.2.3.5; *Michel* in Just/Voß/Ritz/Becker, § 21 WpHG Rz. 54.
3 BaFin, Emittentenleitfaden 2013, Rz. VIII.2.3.5.
4 Ebenso *Veil*, ZHR 177 (2013), 427, 438.
5 Ebenso *Burgard/Heimann*, WM 2015, 1445, 1446; *Fleischer/Schmolke*, NZG 2009, 401, 409; *Veil*, ZHR 177 (2013), 427, 439; rechtsvergleichend: *Baums*, ZIP 2010, 2374; *Merkt*, NZG 2011, 561; *Hitzer/Düchting*, ZIP 2011, 2084, 2090.
6 Zustimmend: *Möllers*, ZGR 1997, 343.

werden (Abspaltungsverbot, § 8 Abs. 3 AktG). Auch die Legitimationsübertragung führt nicht zur Übertragung des Stimmrechts, sondern nur dazu, dass der Dritte ermächtigt wird, fremde Stimmrechte im eigenen Namen auszuüben. Hieraus folgt, dass meldepflichtig nach § 33 WpHG nur sein kann, wem unmittelbar Stimmrechte „aus ihm gehörenden Anteilen zustehen" oder aber dem nach § 34 WpHG Stimmrechte zugerechnet werden. Weder der Stellvertreter noch der Legitimationsaktionär ist daher nach § 33 WpHG meldepflichtig[1]. – Wer nur **mittelbar beteiligt** ist, ist nicht meldepflichtig, es sei denn, die Voraussetzungen des § 34 Abs. 1 Satz 1 WpHG liegen vor.

30 **c) Berechnung der Stimmrechtsquote.** Zur Berechnung der Stimmrechtsquote ist zunächst die Zahl der für die Mitteilungspflicht maßgeblichen Stimmrechte des Meldepflichtigen (Teilmenge = Zähler) zu ermitteln. Hierbei sind dem Meldepflichtigen bestimmte Stimmrechte zuzurechnen oder abzuziehen (s. bei §§ 45 f. WpHG). Sodann ist diese Teilmenge zu der Zahl aller von der Gesellschaft nach § 12 AktG begebenen Stimmrechte (Gesamtzahl = Nenner) ins Verhältnis zu setzen, vgl. § 16 Abs. 3 Satz 1 AktG. Das Ergebnis zeigt, ob eine Meldeschwelle (kritische Menge) erreicht, überschritten oder unterschritten ist.

31 Um dem Meldepflichtigen die Erfüllung seiner Pflichten zu erleichtern, sieht § 41 WpHG vor, dass Inlandsemittenten die Gesamtzahl der Stimmrechte am Ende eines jeden Kalendermonats, in dem es zu einer Zu- oder Abnahme von Stimmrechten gekommen ist, veröffentlichen müssen. Nach § 12 Abs. 3 WpAV darf der Meldepflichtige die letzte Veröffentlichung seiner Berechnung zugrunde legen, es sei denn, dass er die Unrichtigkeit der Gesamtzahl der Stimmrechte kannte oder kennen musste. Einzelheiten bei § 41 WpHG.

32 Problematisch ist, welche Stimmrechte zur Gesamtzahl zu zählen sind und welche Stimmrechte zur Teilmenge gehören. Dabei kommt es nicht auf die Stimmrechte an, wie es etwa in § 16 Abs. 3 AktG heißt, die der Betreffende aus den ihm gehörenden Anteilen „ausüben kann" (**„konkrete Betrachtungsweise"**). Abzustellen ist vielmehr darauf, ob ein Paket aus Stimmen gebildet ist oder werden kann. Ausreichend ist daher, dass dem Aktionär das Stimmrecht zusteht, mag er auch selbst im Einzelfall etwa aufgrund von § 35 Abs. 1 WpHG oder § 44 WpHG nicht in der Lage sein, die Stimmrechte auszuüben (**„abstrakte Betrachtungsweise"**)[2]; denn zur Gesamtzahl zählen auch die Stimmrechte, deren Ausübung ausgesetzt ist[3]. Damit wird Art. 9 Abs. 1 und Abs. 2 Satz 1 RL 2004/109/EG (Transparenzrichtlinie II) umgesetzt.

33 **aa) Stammaktien.** In die Berechnung der Gesamtzahl der Stimmrechte sind nicht nur die Stimmen aus den Stammaktien einzubeziehen, sondern in bestimmtem Umfang auch die Stimmrechte aus anderen Aktiengattungen. Für die Stammaktien macht es keinen Unterschied, ob es sich um Inhaber- oder Namensaktien handelt.

34 **bb) Kapitalerhöhung/Kapitalherabsetzung.** Erfolgt eine Kapitalerhöhung, so wird diese mit der Eintragung der Durchführung in das Handelsregister wirksam (§ 189 AktG). Damit entstehen auch die Stimmrechte[4]. Es ändert sich die Gesamtmenge, und es ändert sich bei einem Aktionär die Teilmenge der Stimmrechte[5]. Ein Aktionär kann demgemäß allein deshalb meldepflichtig werden, weil er im Rahmen einer Kapitalerhöhung sein Bezugsrecht nicht ausübt. Auf Grund der durch die Kapitalerhöhung bedingten Vermehrung der Gesamtmenge der Stimmrechte kann eine Meldeschwelle unterschritten werden[6].

35 Erfolgt die Kapitalerhöhung, was in der Praxis üblich ist, unter Einschaltung eines Emissionsunternehmens, so zeichnet dieses Unternehmen zunächst die Aktien und verpflichtet sich, sie den Aktionären anzubieten (§ 186 Abs. 5 AktG)[7]. Für das Emissionsunternehmen ist § 36 Abs. 3 Nr. 1 WpHG anzuwenden[8]. Hiernach werden die Stimmrechte aus zum Zwecke der Abrechnung und Abwicklung übernommenen neuen Aktien bis zum Ablauf des dritten Handelstages nach der Erstzeichnung nicht berücksichtigt.

36 Für die neuen Anlegen (= Zweitzeichner) ist es, wie die Erfahrung zeigt, schwierig zu ermitteln, ob zum Zeitpunkt der Entstehung der neuen Aktien ein unbedingter und sofort zu erfüllender Anspruch zur Aktienlieferung besteht und insoweit § 33 Abs. 3 WpHG greift. Das hindert allerdings nicht die Entstehung der Verpflichtung zur Meldung. In Frage steht nur, ob die Meldepflicht schuldhaft verletzt ist. Demgegenüber ist es Verwaltungspraxis, dass der Anleger für das Datum der Schwellenberührung auf den Zeitpunkt der Einbuchung der Aktien ins Depot, also den dinglichen Erwerb der Aktien abstellt[9]. Das bedeutet, dass im Zeitraum zwischen der Eintragung der Durchführung der Kapitalerhöhung und der Depoteinbuchung auch keine Mitteilungspflicht nach § 38 WpHG besteht.

---

1 OLG Stuttgart v. 10.11.2004 – 20 U 16/03, AG 2005, 127; *Zimmermann* in Fuchs, § 21 WpHG Rz. 18.
2 Ebenso BaFin, Emittentenleitfaden 2013, Rz. VIII.2.3.2; *Burgard*, BB 1995, 2069, 2071; *Schwark* in Schwark/Zimmer, § 21 WpHG Rz. 8.
3 Begr. RegE zu § 17 WpAIV, BT-Drucks. 16/2498.
4 *Scholz* in MünchHdb. AG, 4. Aufl. 2015, § 57 Rz. 192.
5 Zur Kapitalerhöhung im Rahmen einer Wertpapierleihe: BaFin, Jahresbericht 2004, S. 206.
6 Ebenso *Nottmeier/Schäfer*, AG 1997, 89; *Nodoushani*, WM 2008, 1671, 1675.
7 *Hüffer/Koch*, § 186 AktG Rz. 44.
8 Zum Ganzen auch: *Tautges*, WM 2017, 512.
9 BaFin, FAQ vom 28.11.2016, Frage 33b.

cc) **Mehrstimmrechtsaktien.** Die Neubegründung von Mehrstimmrechten ist nach § 12 Abs. 2 AktG für Aktiengesellschaften deutschen Rechts unzulässig. Überkommene Mehrstimmrechte sind aber nicht erloschen unter der Voraussetzung, dass vor Ablauf des 1.6.2003 die Hauptversammlung mit einer Mehrheit, die mindestens drei Viertel des bei der Beschlussfassung vertretenen Grundkapitals ihre Fortgeltung beschlossen hat (§ 5 Abs. 1 EGAktG).

37

Meldepflichtig nach § 33 WpHG können auch Aktionäre einer Aktiengesellschaft sein, die nach ausländischem Recht gegründet ist und bei der Mehrstimmrechte zulässig sind. In diesen Fällen sind alle Stimmrechte, also auch die Mehrstimmrechte sowohl bei der Berechnung der Gesamtmenge also auch bei der Berechnung des Stimmrechtsanteils zu berücksichtigen[1].

38

Ist das Mehrstimmrecht auf einzelne Beschlussgegenstände beschränkt, so bedarf es einer doppelten Berechnung, mit der Folge, dass zwei unterschiedliche Teilmengen entstehen sowie zwei Mitteilungen erforderlich werden können[2].

39

dd) **Stimmrechtslose Vorzugsaktien.** Zweifelhaft ist die Lage bei den stimmrechtslosen Vorzugsaktien. Stimmrechtslose Vorzugsaktien gewähren nämlich ausnahmsweise ein Stimmrecht, und zwar zum einen bei Beschlüssen nach § 141 AktG, insbesondere über die Aufhebung oder Beschränkung des Vorzugs. Zum anderen steht den Vorzugsaktionären nach § 140 Abs. 2 AktG das Stimmrecht zu, wenn der Vorzug zwei Jahre rückständig und nicht vollständig nachgezahlt ist. Im Blick hierauf ist auch für die Berechnung der Gesamtmenge und der Teilmenge der Stimmrechte nach § 33 WpHG zu unterscheiden.

40

- Bei der Gesamtmenge sind Stimmrechte auch dann anzusetzen, wenn ihre Ausübung ausgesetzt ist (so ausdrücklich früher § 17 Abs. 1 Satz 5 WpAIV).

41

- Im Regelfall sind stimmrechtslose Vorzugsaktien bei der Teilmenge der Stimmrechte nicht zu berücksichtigen[3].

42

- Tritt jedoch der Fall des § 140 Abs. 2 AktG ein, so sind stimmrechtslose Vorzugsaktien auch bei der Berechnung der Teilmenge zu berücksichtigen[4]. Es ist nahe liegend, dass dies zu gewichtigen Veränderungen führen kann. Der Eintritt des Falles nach § 140 Abs. 2 AktG macht daher eine Neuberechnung der Stimmrechtsanteile und gegebenenfalls entsprechende Mitteilungen erforderlich[5].

43

ee) **Namensaktien.** Namensaktien sind unabhängig von einer Verbriefung in das Aktienregister einzutragen. Das Aktienregister ist aber nur für die Gesellschaft, nicht jedoch für Dritte einsehbar. Zudem ist nach geltendem Recht bei Eintragung einer Depotbank oder bei bestehender Treuhand der wahre Aktionär also insbesondere der Treugeber aus dem Aktienregister nicht erkennbar[6]. Eintragungen im eigenen Namen für Aktien, die einem anderen gehören, sind – leider – zulässig.

44

Für die Meldepflicht ist entscheidend, dass der Registeraktionär nicht zugleich der wahre Aktionär ist. Das führt im Blick auf die Eintragung im Aktienregister zu **drei Fallgruppen:**

- Eingetragen kann sein der wahre Aktionär.
- Eingetragen sein kann der Registeraktionär, wenn er nicht zugleich der wahre Aktionär ist.
- Eingetragen sein kann ein Kreditinstitut als Platzhalter nach § 67 Abs. 4 Satz 5 AktG.

Daher ist auch für die Meldepflicht zu unterscheiden:

45

1. Fallgruppe: Ist der Registeraktionär zugleich der wahre Aktionär (= Vollrechtsaktionär), so ist er auch zur Meldung verpflichtet. Das ist auch der Fall, wenn die Depotbank Vollrechtstreuhänder ist und die Aktie treuhänderisch für den Investor hält[7]. Der Treugeber ist nach § 34 Abs. 1 Satz 1 Nr. 2 WpHG meldepflichtig.

46

2. Fallgruppe: Ist der Registeraktionär nicht zugleich der wahre Aktionär, so ist der wahre Aktionär meldepflichtig und zwar nach § 33 WpHG[8]. Ihm „gehören" die Stimmrechte. Nur im Verhältnis zur Gesellschaft spricht eine

47

---

1 Ebenso *Hirte* in KölnKomm. WpHG, § 21 WpHG Rz. 87.
2 A.A. *Michel* in Just/Voß/Ritz/Becker, § 21 WpHG Rz. 48; *Schürnbrand* in Emmerich/Habersack, Aktien- und GmbH-Konzernrecht, § 21 WpHG Rz. 10.
3 *Schwark* in Schwark/Zimmer, § 21 WpHG Rz. 8.
4 Begr. RegE Transparenzrichtlinie-Umsetzungsgesetz § 17 WpAIV, BT-Drucks. 16/2498, 52; „anlassbezogen relevant"; *Opitz* in Schäfer/Hamann, § 21 WpHG Rz. 16; *Bayer* in MünchKomm. AktG, 4. Aufl. 2016, § 22 AktG Anh. § 21 WpHG Rz. 25; *Falkenhagen*, WM 1995, 1008; *Claussen*, AG 1996, 288; *Nottmeier/Schäfer*, AG 1997, 89; *Wilsing*, BB 1995, 2277.
5 Wie hier: *Burgard*, BB 1995, 2069, 2070; a.A. *Dieckmann*, DZWiR 1994, 13, 18; *Happ*, JZ 1994, 244: „stets unberücksichtigt".
6 S. dazu *Uwe H. Schneider* in FS Hopt, 2010, S. 1327; *Söhner*, ZIP 2016, 151, 153.
7 Zur Stellung ausländischer Aktionäre bei der Wahrnehmung ihrer Rechte in der Hauptversammlung einer deutschen Aktiengesellschaft *Preissler*, WM 2001, 113, 117.
8 So auch Bundesaufsichtsamt für den Wertpapierhandel, Jahresbericht 1999, S. 33; a.A. *Diekmann*, BB 1999, 1987: nur Registeraktionär.

unwiderlegliche Vermutung dafür, dass der Registeraktionär zur Ausübung der Rechte berechtigt ist. Im Innenverhältnis zwischen dem wahren Aktionär und dem Registeraktionär ist der wahre Aktionär aber rechtlich, zumindest tatsächlich in der Lage zu bestimmen, wie das Stimmrecht ausgeübt wird. Nur auf diese Weise ist gewährleistet, dass für Transparenz der Aktionärsstruktur gesorgt ist und Meldepflichten erfüllt werden[1].

48 Bis zum Jahr 2015 war streitig, ob zusätzlich auch der Registeraktionär, der zwar nicht Vollrechtsaktionär, aber aufgrund von § 67 Abs. 2 AktG allein zur Ausübung der Stimmrechte befugt ist, meldepflichtig war. Das OLG Köln hatte in seiner Entscheidung vom 6.6.2012[2] die Ansicht vertreten, dass ein solcher Registeraktionär auch zur Meldung verpflichtet sei. Dafür sollten der Wortlaut und der Sinn und Zweck der Vorschrift sprechen[3]. Die Rechtslage hat sich geändert. Durch das KleinanlegerschutzG (BGBl. I 2015, 1114) wurden in § 21 Abs. 1 Satz 1 WpHG a.F. die Worte hinzugefügt „aus ihm gehörenden Aktien". Der Registeraktionär leitet aber seine Stimmrechte nicht aus ihm gehörenden Aktien her, sondern er gilt nur aufgrund von § 67 Abs. 2 AktG im Verhältnis zur Gesellschaft als Aktionär. Die Folge ist, dass nach neuem Recht der Registeraktionär nicht meldepflichtig ist; denn zur Begründung der Meldepflicht führen nur Stimmrechte aus Aktien, die dem Meldepflichtigen gehören[4]. Gerissen ist damit eine schmerzhafte Transparenzlücke.

49 Das wird sich nach Umsetzung der Aktionärsrechterichtlinie (RL 2017/828) ändern. Art. 3a Abs. 1 RL 2017/828 verpflichtet die Mitgliedstaaten, künftig sicherzustellen, dass Gesellschaften das Recht haben, ihre Aktionäre zu identifizieren. Nach Art. 3a Abs. 2 RL 2017/828 stellen die Mitgliedstaaten ferner sicher, dass die Intermediäre, also insbesondere die Depotbanken, der Gesellschaft auf deren Antrag hin unverzüglich die Information über die Identität von Aktionären übermitteln. Art. 3a Abs. 3 RL 2017/828 enthält eine **Kettentransparenz- und Informationseinholungspflicht** (s. § 34 WpHG Rz. 26). Gibt es nämlich eine Kette von Intermediären, haben die Mitgliedstaaten sicherzustellen, dass der Antrag der Gesellschaft zwischen den Intermediären unverzüglich übermittelt wird und dass die Information über die Identität von Aktionären direkt der Gesellschaft von dem Internediär unverzüglich übermittelt wird, der über die angeforderten Informationen verfügt[5].

50 3. Fallgruppe: Ist eine Depotbank nach § 67 Abs. 4 Satz 5 AktG auf Verlangen der Gesellschaft als Registeraktionär ins Aktienregister eingetragen, so ist sie nur Platzhalter. Sie ist zur Ausübung des Stimmrechts nicht befugt. § 67 Abs. 2 AktG findet auf den Platzhalter keine Anwendung[6]. Eine auf dieser Grundlage eingetragenen Depotbank ist daher auch nur zur Ausübung des Stimmrechts berechtigt, wenn sie besonders bevollmächtigt wurde. Daraus folgt, dass eine nur als Platzhalter eingetragene Depotbank nicht meldepflichtig ist. Allerdings wird auch sie künftig nach Umsetzung der Aktionärsrechte-Richtlinie den wahren Aktionär identifizieren müssen[7].

51 **ff) Eigene Aktien.** Einer Aktiengesellschaft ist der Erwerb eigener Aktien nur unter den in § 71 Abs. 1 AktG genannten Voraussetzungen erlaubt.

52 In jedem Fall stehen der Gesellschaft aus eigenen Aktien keine Rechte zu, § 71b AktG. Das gilt auch bei einem Erwerb auf der Grundlage von § 71 Abs. 1 Nr. 8 AktG, einer Vorschrift, die erst durch das Gesetz zur Kontrolle und Transparenz im Unternehmensbereich vom 27.4.1998 (BGBl. I 1998, 786) ins Aktiengesetz genommen wurde.

53 Daraus ergeben sich drei Folgen. Erstens: Der Emittent, der eigene Aktien erwirbt, ist nicht nach § 33 Abs. 1 WpHG meldepflichtig[8]; sie werden ihm nicht zugerechnet; denn es reicht nicht aus, dass der Meldepflichtige Aktien hält, die bei abstrakter Betrachtung Stimmrechte gewähren. Die Stimmrechte müssen vielmehr auch ausübbar sein. § 40 Abs. 1 Satz 2 WpHG verlangt jedoch eine entsprechende Veröffentlichung (Einzelheiten bei § 40 WpHG Rz. 18).

54 Zweitens: Eigene Aktien sind bei der Berechnung der Zahl der eigenen Stimmrechte des Meldepflichtigen (Zähler) nicht zu berücksichtigen[9]. Dagegen sind die Stimmen aus eigenen Aktien der Gesamtzahl der Stimmen hinzuzuzählen[10]; denn zur Gesamtmenge der Stimmrechte gehören auch solche Stimmrechte, selbst „wenn die Aus-

---

1 S. dazu auch Begr. RegE, BT-Drucks. 11/4051, S. 11 ff.; DAV-Handelsrechtsausschuss, NZG 2000, 443.
2 OLG Köln v. 6.6.2012 – 18 U 240/11, NZG 2012, 946 = AG 2012, 599 mit Darstellung des Streitstands.
3 Ebenso 6. Aufl., § 21 WpHG Rz. 49 ff.; *Bayer/Scholz*, NZG 2013, 721; a.A. *Hirte* in KölnKomm. WpHG, § 21 WpHG Rz. 74; *Hüffer/Koch*, § 67 AktG Rz. 15a; *Widder/Kocher*, ZIP 2012, 2093; *Richter*, WM 2013, 2337; *Cahn*, AG 2013, 459; *Nartowska*, NZG 2013, 124.
4 *Piroth*, AG 2015, 10.
5 Näher dazu *Noack*, NZG 2017, 561.
6 A.A. *Grigoleit/Raglitz* in Grigoleit, § 67 AktG Rz. 43; *Lutter/Drygala* in KölnKomm. AktG, 3. Aufl., § 67 AktG Rz. 112.
7 Zur grenzüberschreitenden Auskunft *Noack*, NZG 2017, 561, 563. S. auch ESMA, Report on shareholder identification and communication systems, 2017.
8 BaFin, Emittentenleitfaden 2013, Rz. VIII.2.3.1; a.A. *Opitz* in Schäfer/Hamann, § 21 WpHG Rz. 18; *Hirte* in KölnKomm. WpHG, § 21 WpHG Rz. 75.
9 *Schürnbrand* in Emmerich/Habersack, Aktien- und GmbH-Konzernrecht, § 21 WpHG Rz. 11; *Busch*, AG 2009, 425, 426.
10 *Schürnbrand* in Emmerich/Habersack, Aktien- und GmbH-Konzernrecht, § 21 WpHG Rz. 11; Begr. zu Art. 5 des Gesetzes zur Kontrolle und Transparenz im Unternehmensbereich (BT-Drucks. 872/97); *Opitz* in Schäfer/Hamann, § 21 WpHG Rz. 18; *Widder/Kocher*, AG 2007, 14; *Schnabel/Korff*, ZBB 2007, 180; a.A. *Schwark* in Schwark/Zimmer, § 21 WpHG Rz. 9.

übung der Stimmrechte ausgesetzt ist". Verhindert wird auf diese Weise, dass ein Aktionär regelmäßig bei der Gesellschaft nachfragen muss, ob sie eigene Aktien hat; denn davon könnte es sonst abhängen, ob er meldepflichtig ist oder nicht. Bei einer mit dem Erwerb eigener Aktien verbundenen Kapitalherabsetzung haben die Inhaber von Stimmrechtsanteilen aber die Pflicht zu prüfen, ob eine Meldeschwelle berührt wurde (s. Rz. 34 ff.).

Erreicht, überschreitet oder unterschreitet ein Inlandsemittent in Bezug auf eigene Aktien entweder selbst oder über eine in eigenem Namen aber für Rechnung dieses Emittenten handelnde Person die Schwellen von 5 % oder 10 %, so gilt § 40 Abs. 1 Satz 1 WpHG mit den weiteren in § 41 Abs. 1 Satz 2 WpHG genannten Besonderheiten. § 40 Abs. 1 Satz 2 WpHG erstreckt die Meldepflicht auch auf eigene Aktien, die von Tochterunternehmen gehalten werden. Das Tochterunternehmen ist jedoch insoweit nicht meldepflichtig (s. bei § 40 WpHG). 55

Drittens: Nach § 13 WpAV sind für die Berechnung des Stimmenrechtsanteils nach § 38 Abs. 3 WpHG Instrumente i.S.d. § 38 Abs. 1 Satz 1 WpHG, die sich auf eigene Aktien eines Emittenten, für den die Bundesrepublik Deutschland das Herkunftsland ist, beziehen und es diesem Emittenten aufgrund ihrer Ausgestaltung ermöglichen, solche Aktien zu erwerben, nicht einzubeziehen. 56

gg) Verlust der Stimmrechte (§ 44 WpHG). Sind die Stimmrechte aus Aktien einem vorübergehenden Stimmverlust unterworfen, etwa aufgrund von § 44 WpHG oder bei eigenen Aktien aufgrund von § 71 AktG, so sind die Stimmrechte gleichwohl vorhanden. Sie können nur nicht ausgeübt werden. Bei konkreter Betrachtungsweise besteht keine Meldepflicht; denn derzeit können die Stimmrechte nicht ausgeübt werden. Davon geht wohl § 40 Abs. 1 Satz 2 WpHG aus; denn eine besondere Veröffentlichungspflicht wäre nicht anzuordnen, wenn eigene Aktien ohnehin bei den gehaltenen Stimmrechtsaktien zu berücksichtigen wären. Die abstrakte Betrachtungsweise, der der Vorzug zu geben ist, stellt demgegenüber darauf ab, dass Stimmrechte auch dann gehalten und meldepflichtig sind, wenn sie derzeit nicht ausübbar sind. Das bedeutet: Die Stimmrechte, für die derzeit ein Stimmverlust besteht, sind gleichwohl der Gesamtzahl der Stimmrechte hinzuzufügen. Sie sind auch bei der Zahl der gehaltenen meldepflichtigen Stimmrechte zu berücksichtigen[1]. 57

hh) Satzungsmäßige Stimmrechtsbeschränkungen (Höchststimmrechte). Satzungsmäßige Stimmrechtsbeschränkungen (Höchststimmrechte)[2] sind nach § 134 Abs. 1 Satz 2 AktG, eingefügt durch das Gesetz zur Kontrolle und Transparenz im Unternehmensbereich vom 27.4.1998 (BGBl. I 1998, 786 ff.), für börsennotierte Gesellschaften nicht (mehr) zulässig. Die Begründung[3] für die Unzulässigkeit überzeugt ganz und gar nicht. Die Gestaltungsfreiheit der Aktionäre wird mit dem abwegigen Hinweis eingeschränkt, dies beeinträchtige den Kapitalmarkt, „weil Übernahmen behindert und damit Übernahmephantasie fehlt"! Ein heimliches Aufkaufen größerer Anteile wird entgegen der Begründung des Regierungsentwurfs wegen der Lückenhaftigkeit der §§ 33 ff. WpHG nicht verhindert. 58

ii) Stimmverbote. Auch Stimmverbote, die sich auf einzelne Beschlussgegenstände beschränken (§ 136 AktG), bleiben bei der Berechnung der Gesamtmenge und des einzelnen Stimmrechtsanteils unberücksichtigt; denn sie lassen im Übrigen das Stimmrecht unberührt. 59

jj) Verschmelzung. Wird der Meldepflichtige mit einem anderen Unternehmen durch Neugründung verschmolzen, so erlischt für das verschmolzene Unternehmen die Meldepflicht. Anders dürfte das durch eine Verschmelzung durch Aufnahme sein. Meldepflichtig ist die aufnehmende Gesellschaft, wenn sie selbst die Meldevoraussetzungen erfüllt[4]. 60

d) Satzungsmäßige Schwellenwerte. Manche ausländischen Rechtsordnungen kennen neben den gesetzlichen auch satzungsmäßige Schwellenwerte[5]. 61

Bei den §§ 33 ff. WpHG handelt es sich um aufsichtsrechtliche Regelungen. Sie können durch die Satzung nicht ergänzt werden. Eine andere Frage ist es, ob aktienrechtlich für börsennotierte Gesellschaften zusätzliche Meldepflichten und Schwellenwerte eingeführt werden könnten. Die Frage ist nicht diskutiert. Entsprechende Satzungsregelungen dürften unzulässig sein. 62

4. Erreichen, Über- oder Unterschreiten. a) Mitteilungspflicht/Veröffentlichungspflicht. Das Erreichen, Überschreiten oder Unterschreiten der Schwellenwerte (s. Rz. 24) begründet erstens eine Meldepflicht desjenigen, der den Stimmrechtsanteil erwirbt oder veräußert (§ 33 WpHG) und zwar **gegenüber dem Emittenten und gegenüber der BaFin.** Der betroffene Emittent ist sodann zweitens verpflichtet, die entsprechende Mittei- 63

---

[1] So wohl ESMA, Q&A, 22.10.2015, Frage 10. S. dazu auch für § 30 WpÜG: *von Bülow* in KölnKomm. WpÜG, § 29 WpÜG Rz. 112 und § 30 WpÜG Rz. 43.
[2] S. näher *Baums*, AG 1990, 221; *Uwe H. Schneider*, AG 1990, 56; *Zöllner/Noack*, AG 1991, 177.
[3] Abgedr. auch in ZIP 1997, 2064.
[4] S. auch BaFin, Emittentenleitfaden 2013, Rz. VIII.2.3.4.2.1.2.
[5] S. etwa für Frankreich Art. L 233 – 7 Abs. III Code de Commerce: (Stand Mai 2017) „Les statuts de la société peuvent prévoir une obligation supplémentaire d'information portant sur la détention de fractions du capital ou des droits de vote inférieures à celle du vingtième mentionnée au I.L'obligation porte sur la détention de chacune de ces fractions, qui ne peuvent être inférieures à 0,5 % du capital ou des droits de vote."

lung zu veröffentlichen (§ 40 Abs. 1 WpHG). Mitteilungspflichtig ist das Erreichen oder Überschreiten der Schwellenwerte. Die Voraussetzungen sind gegeben, wenn der Meldepflichtige entweder Aktien in entsprechendem Umfang erworben hat (s. Rz. 70 ff.) oder wenn dem Meldepflichtigen Stimmrechte in entsprechendem Umfang zugerechnet werden. Wenn das Erreichen des Schwellenwertes gemeldet werden und dieser in der Folgezeit überschritten worden ist, ohne, dass der nächsthöhere Schwellenwert erreicht oder überschritten wird, ist nicht meldepflichtig.

64 Mitteilungspflichtig ist ferner das **Unterschreiten** der Schwellenwerte. Diese Voraussetzung ist gegeben, wenn der Meldepflichtige Aktien auf einen Dritten übertragen hat; denn damit verliert er auch seine Stimmrechte. Die Voraussetzungen können auch dadurch gegeben sein, dass dem Meldepflichtigen Stimmrechte nicht mehr in entsprechendem Umfang zugerechnet werden (§ 34 WpHG, s. dort).

65 Wenn das Erreichen der Schwellenwerte mit ihrem Über- oder Unterschreiten zusammenfallen, bedarf es nicht zweier Mitteilungen, sondern nur der Mitteilung des Über- oder Unterschreitens der Schwellenwerte[1]. In diesem Falle ist mithin der Tatbestand des Erreichens der Schwellenwerte ausnahmsweise subsidiär.

66 **b) Mehrfaches Über- oder Unterschreiten.** Werden innerhalb eines Tages mehrfach Schwellen über- oder unterschritten, ist zu unterscheiden[2].

67 1. Fallgruppe: Werden innerhalb eines Tages dieselben Schwellen mehrfach über- und unterschritten, ändert sich aber am Ende des Tages die Schwelle nicht, bedarf es keiner Meldung[3]. Das gilt freilich nur, wenn die Stimmrechte im Laufe des Tages nicht ausgeübt werden[4].

68 2. Fallgruppe: Werden innerhalb eines Tages dieselben Schwellen mehrfach über- und unterschritten, liegt am Ende des Tages aber im Vergleich zum Anfang des Tages eine Schwellen über- oder Unterschreitung vor, so bedarf es einer Meldung[5], und zwar des **Tagesendstands**. Zu melden ist außerdem der **Tageshöchststand** bzw. **Tagestiefststand** bei Schwellenüber- oder -unterschreitung (s. Rz. 23).

69 3. Fallgruppe: Bei einer Schwellenüberschreitung am ersten Tag und einer Schwellenunterschreitung am Folgetag, sind zwei Meldungen verlangt.

70 **5. Anspruch auf Übertragung von Aktien (§ 33 Abs. 3 WpHG). a) Eigenständiger Meldetatbestand.** Zunächst wurde in § 21 WpHG a.F. nur von „Stimmrechten an einem Emittenten" gesprochen. Später wurde in § 21 Abs. 1 Satz 1 WpHG a.F. angefügt, es müsse sich um Stimmrechte handeln „aus ihm gehörenden Aktien". Voraussetzung für den heutigen § 33 Abs. 1 Satz 1 WpHG ist folglich, dass der Meldepflichtige selbst Aktionär ist und ihm aus diesem Grund die Stimmrechte zustehen. Streitig war, ob eine Meldepflicht schon dann ausgelöst wurde, wenn der Meldepflichtige einen schuldrechtlichen Anspruch auf Lieferung von Aktien, also etwa einen Kaufvertrag abgeschlossen hatte, dieser aber noch nicht erfüllt war („große Lösung"). Die entsprechende Frage stellte sich für den Erwerb von Wandelschuldverschreibungen, für Optionen, für den Anfall eines Vermächtnisses, aber auch für die Veräußerung, usw. Die Gegenansicht ging davon aus, dass die Meldepflicht erst entstand, wenn der Meldepflichtige Aktionär geworden war („kleine Lösung")[6].

71 Für einen „Erwerb" im Sinne der Erlangung der Mitgliedschaftsrechte sollte sprechen, dass das WpHG und das WpÜG den Begriff des „Erwerbs" grundsätzlich im engeren Sinne, d.h. im Sinne der Erlangung des Eigentums an der Aktie, verwendeten[7]. Eine solche einheitliche Begriffsbildung gibt es aber jedenfalls im WpHG nicht. So ist beim Insiderhandelsverbot nach Art. 8 Abs. 1 VO Nr. 596/2014 (MAR) nicht nur das Verbot des Erwerbs der dinglichen Rechtsstellung, sondern auch der Erwerb eines Anspruchs auf Übertragung der Aktie erfasst[8]. Allein aus dem Begriff „Erwerb" ließ sich daher nicht entnehmen, ob bereits der Abschluss des Kaufvertrags oder der Erwerb von Wandelschuldverschreibungen meldepflichtig war.

72 Durch das Transparenzrichtlinie-Änderungsrichtlinie-Umsetzungsgesetz wurde § 21 Abs. 1b WpHG a.F. (jetzt § 33 Abs. 3 WpHG) eingefügt. Hierdurch wird ein weiterer, nach h.M. neuer Meldetatbestand begründet[9]. In der Regel gehören die Aktien dem Meldepflichtigen, wenn er Eigentümer der Aktien ist. Nun wird der Begriff „Gehören" über seinen Wortsinn hinaus ausgeweitet. Maßgebend für den Zeitpunkt des Beginns der Meldefrist

---

1 So wohl auch *Zimmermann* in Fuchs, § 21 WpHG Rz. 37.
2 S. auch BaFin, Emittentenleitfaden 2013, Rz. VIII.2.3.5.
3 Ebenso Art. 10 Abs. 3c Verordnung der Eidgenössischen Finanzmarktaufsicht über die Finanzmarktinfrastrukturen und das Marktverhalten im Effekten- und Derivatehandel vom 3.12.2015.
4 BaFin, Emittentenleitfaden 2013, Rz. VIII.7.3.5.
5 BaFin, Emittentenleitfaden 2013, S. 108; *Schilha* in Bürgers/Körber, Anh. § 22 AktG/§ 21 WpHG Rz. 12.
6 Anstelle anderer: *Schwark* in Schwark/Zimmer, § 21 WpHG Rz. 12; *Hirte* in KölnKomm. WpHG, § 21 WpHG Rz. 106; *Bayer* in MünchKomm. AktG, 4. Aufl. 2016, Anh. § 22 AktG § 21 WpHG Rz. 27; *Steuer/Baur*, WM 1996, 1477; *Becker* in Bürgers/Körber, Anh. § 22 AktG/§ 21 WpHG Rz. 4; zum Stand der Diskussion s. auch 4. Aufl. dieses Kommentars, § 21 WpHG Rz. 41 ff.
7 Begr. RegE, BT-Drucks. 14/7034, 53 f.; s. auch BaFin, Emittentenleitfaden 2013, Rz. VIII.2.3.3.
8 A.A. *Schäfer* in Schäfer/Hamann, § 14 WpHG Rz. 12; *Casper*, WM 1999, 363, 364.
9 Zum Ganzen *Uwe H. Schneider* in FS Marsch-Barner, 2018, S. 409.

ist nicht mehr allein die Depotbuchung, also der Zeitpunkt der Übertragung des Eigentums und damit das dingliche Rechtsgeschäft. Aktien „gehören" vielmehr i.S.v. § 33 Abs. 3 WpHG auch dann einem Meldepflichtigen, wenn ein Anspruch auf Übertragung besteht und dieser Anspruch unbedingt und ohne zeitliche Verzögerung zu erfüllen ist. Die **Erklärung, es bestehe eine Erwerbs- oder Veräußerungsabsicht**, löst noch keine Meldepflicht aus. Es kommt dabei nicht darauf an, auf welche Weise der Anspruch begründet wird, ob durch ein gesetzliches oder ein rechtsgeschäftliches Schuldverhältnis, ob durch einen börslichen oder außerbörslichen Kaufvertrag, durch eine Schenkung oder einen Vergleich oder aufgrund einer Erbauseinandersetzung. Entscheidend ist die Begründung des Anspruchs etwa im Verpflichtungsgeschäft, nicht der Zeitpunkt der Erfüllung. Der Verkäufer muss zum Zeitpunkt der Begründung des Anspruchs, in der Regel zum Zeitpunkt des Abschlusses des Kaufvertrags nicht oder jedenfalls noch nicht Eigentümer der Aktien sein. Auch beim **Beschaffungskauf** muss der Käufer melden, vorausgesetzt dass ohne zeitliche Verzögerung zu erfüllen ist. Eingefangen sind alle Erwerbs- und Veräußerungsgeschäfte[1], also nicht nur schuldrechtliche Geschäfte. – Hat ein Verkäufer Aktien mehrfach verkauft, „gehören" die Aktien jedem Erwerber, also jedem, der einen Anspruch auf Übertragung erworben hat. Die Meldepflicht begründet zudem eine „entsprechende" Verpflichtung, die zwar keinen Anspruch des Berechtigten voraussetzt, die aber gleichwohl die Gegenseite zur Übertragung verpflichtet. Verlangt ist nämlich nur, dass die Verpflichtung auf die Übertragung von Aktien gerichtet ist. Im Falle eines Übernahmeangebots sind neben den übernahmerechtlichen Veröffentlichungspflichten insb. nach § 35 Abs. 1 Satz 1 WpÜG, auch die Meldepflichten nach den §§ 33 ff. WpHG zu erfüllen[2].

In aller Regel geht nicht nur das Pflichtangebot sondern auch das freiwillige Übernahmeangebot vom Bieter aus. Wird das Angebot von den freien Aktionären angenommen und eine Meldeschwelle überschritten, so ist vom Bieter nach § 33 Abs. 3 WpHG i.V.m. § 33 Abs. 1 WpHG zu melden, wenn die freien Aktionäre ohne zeitliche Verzögerung zu erfüllen haben. Das ist nicht der Fall, wenn das Angebot des Bieters bedingt oder befristet ist. Zu melden ist dann gegebenenfalls nach § 38 WpHG. 73

b) Unbedingt. Der Anspruch auf Übertragung der Aktien muss unbedingt sein, darf also nicht von einem **ungewissen künftigen Ereignis**, z.B. die noch ausstehende Genehmigung durch das Kartellamt abhängen[3]. Ein Vorkaufsrecht begründet keine Mitteilungspflicht, weil der Anspruch bedingt ist. Keine Bedingung liegt vor, wenn der Eintritt des Ereignisses allein vom Willen des Erwerbers abhängt[4]. Im Gegensatz dazu lautet Art. 13 der Verordnung der Eidgenössischen Finanzmarktaufsicht über die Finanzmarktinfrastrukturen und das Marktverhalten im Effekten-und Derivatehandel vom 3.12.2015: „Die Meldepflicht entsteht mit der Begründung des Anspruchs auf Erwerb oder Veräußerung von Beteiligungspapieren (Verpflichtungsgeschäft), unabhängig davon, ob dieser Anspruch einer Bedingung unterliegt". Das Schweizer Recht knüpft daher die Meldepflicht auch dann schon an die Entstehung des schuldrechtlichen Anspruchs, wenn dieser bedingt ist. Bei Vereinbarung eines Eigentumsvorbehalts, also bei Vereinbarung, dass der Eigentumsübergang erst mit vollständiger Zahlung des Kaufpreises wirksam wird, ist die Übereignung bedingt. Der Anspruch auf Übereignung ist unbedingt. Davon ist zu unterscheiden, ob dieser Anspruch ohne zeitliche Verzögerung zu erfüllen ist. 74

c) Ohne zeitliche Verzögerung zu erfüllen. Der Anspruch auf Übereignung muss fällig, also ohne zeitliche Verzögerung nach der Entstehung des Anspruchs zu erfüllen sein. Erfüllbarkeit ohne Fälligkeit genügt nicht. Ziel der Vorschrift ist die **Abgrenzung zu den Termingeschäften**, die nach § 38 WpHG meldepflichtig sind. Entscheidend ist die Vereinbarung im Verpflichtungsgeschäft. Der Anspruch auf Grund eines Vermächtnisses ist mit dem Erbfall fällig. Auszugehen ist dabei vom regelmäßigen Ablauf der Übertragung, d.h. von der beim deutschen Börsengeschäft üblichen Lieferfrist, also t+2[5]. Zweifelhaft ist die Lage, wenn bei ausländischen Börsen längere Ausführungsfristen gelten[6]. Ob die Erfüllung auch tatsächlich erfolgt oder erfolgen wird, aber sich etwa aus technischen Gründen verzögert, ist nicht entscheidend[7]. 75

Der bedingte Anspruch führt dann zur Meldepflicht nach § 33 Abs. 3 WpHG, wenn nicht nur feststeht, dass eine vorgesehene Bedingung eingetreten ist[8], sondern der Anspruch nach Eintritt der Bedingung auch ohne zeitliche Verzögerung zu erfüllen ist. Ist in einem Kaufvertrag vorgesehen, dass die Aktien zu übertragen sind, wenn das Kartellamt die Verschmelzung genehmigt hat, ist mit Abschluss des Kaufvertrags nach § 38 WpHG zu melden. Mit Erteilung der Genehmigung ist nach § 33 Abs. 3 WpHG zu melden[9], weil nunmehr der schuldrechtliche Anspruch unbedingt und ohne zeitliche Verzögerung zu erfüllen ist. Die sodann erfolgte Übereignung ist aber nicht noch zusätzlich meldepflichtig. 76

---

1 *Stephan*, Der Konzern 2016, 55.
2 *Krause/Pötzsch* in Assmann/Pötzsch/Uwe H. Schneider, § 35 WpÜG Rz. 184.
3 BaFin, FAQ vom 28.11.2016, Frage 28 und FAQ Mai 2018, Frage 22.
4 Zweifelnd *Stephan*, Der Konzern 2016, 53, 55.
5 BT-Drucks. 18/5010, 44; *Burgard/Heimann*, WM 2015, 146; *Weidemann*, NZG 2016, 605, 606; *Schilha*, DB 2015, 1824.
6 S. *Söhner*, ZIP 2015, 2451, 2454.
7 BaFin, FAQ vom 28.11.2016, Frage 21.
8 Begr. RegE, BT-Drucks. 18/5010, 64.
9 Begr. RegE, BT-Drucks. 18/5010, 44; *Söhner*, ZIP 2015, 2451, 2454; a.A. *Stephan*, Der Konzern 2016, 53, 55.

77 Wurde unzutreffend gemeldet, verzögert sich eine Lieferung, obgleich ohne zeitliche Verzögerung zu erfüllen ist, so bedarf es einer Korrekturmeldung. Der Sachverhalt ist richtig zu stellen und eine Mitteilung nach § 38 WpHG abzusetzen[1].

78 **d) Meldeschwelle.** Die Meldeschwelle beginnt bei 3 % und nicht, wie beim Halten von Instrumenten nach § 38 WpHG, bei mindestens 5 %. – Im Ergebnis führt die Neuregelung zu einer **zeitlichen Vorverlegung der Meldepflicht**. Bisher war für den Beginn der Meldepflicht das Erreichen, Überschreiten oder Unterschreiten des Erwerbs bzw. der Veräußerung der dinglichen Rechte an der Aktie, damit der Erwerb der Stimmrechte maßgebend. Die Meldefrist beginnt nunmehr schon mit der Begründung des Anspruchs auf Erfüllung oder der Veräußerung und nicht erst mit der Depotbuchung. Die Mindestschwelle ist 3 %.

79 Die Meldepflicht aufgrund befristeter oder bedingter Ansprüche richtet sich nicht nach § 33 Abs. 3 WpHG, sondern nach § 38 WpHG[2]. Die Meldeschwelle ist 5 %.

80 **6. Umschichtung.** Schichtet der Meldepflichtige um, etwa in der Weise, dass er seine Aktien auf eine Tochtergesellschaft überträgt, so könnte er zunächst aufgrund der Stimmrechte aus direkt gehaltenen Aktien und sodann aufgrund zugerechneter Stimmrechte meldepflichtig sein. Einfache konzerninterne Umschichtungen, wie etwa der Wechsel vom unmittelbaren Halten zur Zurechnung eines Stimmrechtsanteils oder die Änderung der Zurechnungstatbestände begründen jedoch keine Meldepflicht. Das gilt auch beim Formwechsel des Mitteilungspflichtigen. Sie sind meldeneutral[3]. – Anders ist dies bei Umschichtungen, die im Zusammenhang mit einem Zuerwerb erfolgen, wenn hierdurch eine Meldeschwelle berührt wird. Ist dies nicht der Fall, so könnte gleichwohl für eine Meldepflicht sprechen, dass nach dem nach § 12 WpAV obligatorischen Formular auch die zuzurechnenden Stimmrechte in den Mitteilungen nach § 33 Abs. 1 und 2 WpHG anzugeben sind, und zwar für jede der Nummern in § 34 Abs. 1 WpHG und für § 34 Abs. 2 Satz 1 WpHG getrennt. Durch die Umschichtung ändert sich der Sachverhalt, der zu einer gegliederten Information führt. Auf entsprechende Angaben können sich Marktteilnehmer aber ebenso wenig verlassen wie auf Angaben über die Höhe des Stimmrechtsanteils; denn auch dieser kann sich nach der Meldung verändert haben, ohne dass es einer Richtigstellung bedarf. Entscheidend dafür, dass Umschichtungen keine neuerliche Meldepflicht auslösen, ist indessen, dass durch die Umschichtung keine Meldeschwelle berührt wird. Zur Neubewertung der qualifizierten Umschichtung s. bei § 37 WpHG.

81 **7. Änderung des Namens oder der Firma des Mitteilungspflichtigen.** Die Änderung des Namens des Aktionärs, etwa durch Eheschließung, oder die Änderung der Firma des Meldepflichtigen stellen keine Veränderung des Stimmrechtsanteils dar und zwar auch nicht „auf sonstige Weise"[4]; denn die Identität des Aktionärs bleibt gewahrt. Es liegt auch kein Berühren „in sonstiger Weise" vor. Letzteres meint die Begründung oder den Wegfall von Zurechnungen. Auch eine analoge Anwendung von § 33 WpHG – die Zulässigkeit unterstellt – ist nicht zu begründen, mag auch eine Richtigstellung der Veröffentlichung wünschenswert sein.

82 Auch der Formwechsel sollte nicht zu neuen Meldepflichten führen[5]. Die umwandlungsrechtliche Identität des Meldepflichtigen bleibt erhalten.

83 **8. Emittent (§ 33 Abs. 4 WpHG).** Eine Mitteilungspflicht nach § 33 WpHG bestand früher nur bei Erreichen, Über- oder Unterschreiten der Schwellenwerte an einer „börsennotierten Gesellschaft". Von der Meldepflicht ausgenommen waren Gesellschaften, die zwar im Inland börsennotiert waren und die damit den inländischen Kapitalmarkt in Anspruch nahmen, die aber im Inland nicht ihren Sitz hatten. Durch das Transparenzrichtlinie-Umsetzungsgesetz wurde der Anwendungsbereich auf die Emittenten, für die die Bundesrepublik Deutschland der Herkunftsstaat ist, erweitert. Der Begriff „Emittent, für den die Bundesrepublik Deutschland der Herkunftsstaat ist" wird in § 2 Abs. 13 WpHG näher definiert. Die Definition wurde durch Art. 2 RL 2013/50/EU geändert. Die Definition wird sodann in § 33 Abs. 4 WpHG für den Anwendungsbereich der §§ 33 ff. WpHG eingeschränkt. Im Sinne des Abschnitts 6 des WpHG sind dies nur solche Emittenten, deren Aktien zum Handel an einem organisierten Markt zugelassen sind. § 2 Abs. 13 WpHG erfasst demgegenüber alle Arten von emittierten Wertpapieren.

84 **a) Gesellschaften mit Sitz in Deutschland.** Emittenten, für die die Bundesrepublik Deutschland der Herkunftsstaat ist, sind erstens Emittenten von Aktien, wenn diese ihren Sitz in Deutschland haben und ihre Aktien an einem organisierten Markt in Deutschland, in einem anderen Mitgliedstaat der Europäischen Union

---

1 Ebenso BaFin, FAQ vom 28.11.2016, Frage 21; *Schilha* in Bürgers/Körber, Anh. § 22 AktG/§ 21 WpHG Rz. 15.
2 *Burgard/Heimann*, WM 2015, 1447.
3 Str. wie hier OLG Hamburg v. 14.6.2012 – 11 AktG 1/12, AG 2012, 639; BaFin, Emittentenleitfaden 2013, VIII.2.5; *Zimmermann* in Fuchs, § 21 WpHG Rz. 41; *Cahn*, AG 1997, 502, 503; *Schnabel/Korff*, ZBB 2007, 181; a.A. *Koppensteiner* in KölnKomm. AktG, 3. Aufl. 2004, Anh. § 22 AktG, §§ 21 ff. WpHG Rz. 22; unklar: *Opitz* in Schäfer/Hamann, § 22 WpHG Rz. 99.
4 OLG Düsseldorf v. 10.9.2008 – 6 W 30/08, NZG 2009, 260, 261 = AG 2009, 40; LG Krefeld v. 20.8.2008 – 11 O 14/08, NZG 2009, 264 = AG 2008, 754; *Segna*, AG 2008, 311, 312; *Bedkowski/Widder*, BB 2008, 245; *Kirschner*, DB 2008, 623; *Schilha* in Bürgers/Körber, Anh. § 22 AktG/§ 21 WpHG Rz. 11; *Opitz* in Schäfer/Hamann, § 21 WpHG Rz. 23; *Klein/Theusinger*, NZG 2009, 250; a.A. LG Köln v. 5.10.2007 – 82 O 114/06, AG 2008, 338; *Heppe*, WM 2002, 60, 70.
5 Wie hier *Opitz* in Schäfer/Hamann, § 21 WpHG Rz. 22; a.A. *Schwark* in Schwark/Zimmer, § 22 WpHG Rz. 35.

oder einem EWR-Vertragsstaat zugelassen sind (§ 2 Abs. 13 Nr. 1 lit. a WpHG). Zum organisierten Markt gehört der Handel am regulierten Markt, §§ 12 ff. BörsG, nicht aber der Freiverkehr[1].

Der Emittent kann die Rechtsform der deutschen AG, einer ausländischen AG oder einer SE, also einer Europäischen Gesellschaft, haben. Auf die Frage, ob die Sitz- oder Gründungstheorie anwendbar ist, kommt es nicht an. Entscheidend ist der Sitz der Gesellschaft. In der Bundesrepublik Deutschland können auch Aktiengesellschaften ausländischen Rechts durch Gründung oder Sitzverlegung ihren Sitz haben. 85

Definiert wird der organisierte Markt in § 2 Abs. 11 WpHG. Das ist ein Markt, der von staatlich anerkannten Stellen geregelt und überwacht wird, regelmäßig stattfindet und für das Publikum unmittelbar oder mittelbar zugänglich ist (s. dazu bei § 2 WpHG). Zum organisierten Markt gehört der Handel am regulierten Markt, §§ 12 ff. BörsG, nicht aber der Freiverkehr[2]. 86

Vertragsstaaten des Europäischen Wirtschaftsraums (EWR-Staaten) im Sinne dieser Vorschrift sind die Vertragsstaaten des Abkommens über den Europäischen Wirtschaftsraum. 87

Die Börsenzulassung kann alternativ oder kumulativ sein. Mitteilungspflichtig ist daher auch ein entsprechender Stimmrechtsanteil an einer Gesellschaft mit Sitz in Deutschland, wenn ihre Aktien an einem organisierten Markt in Deutschland oder einem anderen Mitgliedstaat der EU oder wenn ihre Aktien sowohl an einem organisierten Markt in der Bundesrepublik Deutschland und in einem anderen Mitgliedstaat der Europäischen Union zugelassen sind. 88

Nicht anwendbar sind die Normen dieses Abschnitts, wenn die Gesellschaft ihren Sitz im Inland hat und ihre Aktien an einem organisierten Markt in einem Drittstaat zum Handel zugelassen sind. Das zeigt, dass die Vorschriften nicht von einem globalisierten Kapitalmarkt ausgehen und Drittmärkte nicht im Schutzbereich der Norm liegen. 89

Ob sich die Zulassung nur auf eine bestimmte Aktiengattung beschränkt, ist unerheblich. Mitteilungspflichten bestehen daher auch, wenn nur die Vorzugsaktien einer Gesellschaft zum Handel an einem organisierten Markt i.S.v. § 33 Abs. 2 WpHG zugelassen sind[3]. Die Mitteilungspflichten erstrecken sich auf die Aktien, auch wenn nur die Vorzugsaktien an einem organisierten Markt zugelassen sind. Im Ergebnis bedeutet dies freilich, dass die Überquerung der Meldeschwellen mit Stimmrechten aus Stammaktien, obwohl diese nicht zum Handel an einem organisierten Markt zugelassen sind, zur Meldepflicht führen können. 90

b) Gesellschaften mit Sitz in einem Drittstaat. Emittenten, für die die Bundesrepublik Deutschland der Herkunftsstaat ist, sind zweitens Emittenten, die ihren Sitz in einem Drittstaat haben und deren Aktien an einem organisierten Markt in Deutschland, einem anderen Mitgliedstaat der Europäischen Union oder einem EWR-Vertragsstaat zugelassen sind. Einzelfälle regelt Art. 2 RL 2004/109/EG i.d.F. von Art. 1 RL 2013/50/EU. 91

Auch in diesem Zusammenhang kann es sich um eine Aktiengesellschaft deutschen, ausländischen oder europäischen Rechts handeln. 92

§ 33 Abs. 2 WpHG begründet diese Verpflichtung und bestimmt den Zeitpunkt der erstmaligen Zulassung der Aktien (§ 32 BörsG) für das Entstehen der Meldepflicht. Maßgebend ist die Entscheidung der Zulassungsstelle, also der Zulassungsbeschluss und nicht die Notierung[4]. Meldepflichtig ist, wem zu diesem Zeitpunkt 3 % oder mehr der Stimmrechte an der Gesellschaft zustehen oder zugerechnet werden. 93

c) Mehrfache Börsennotierung. Ist eine Gesellschaft, deren Herkunftsstaat die Bundesrepublik Deutschland ist, an mehreren deutschen Börsen notiert, so besteht nur einmal die Mitteilungspflicht. Sind die Aktien einer Gesellschaft zugleich an einem organisierten Markt im Inland und an einem organisierten Markt in einem anderen Mitgliedstaat der Europäischen Union oder in einem EWR-Vertragsstaat zum Handel zugelassen, so besteht die Meldepflicht in Deutschland, wenn die Gesellschaft hier ihren Sitz hat. Ob zugleich im anderen Mitgliedstaat zu melden ist, richtet sich nach dem Recht des anderen Mitgliedstaats. 94

d) Meldepflichten bei REIT. Auch REIT-Gesellschaften fallen in den Anwendungsbereich der §§ 33 ff. WpHG[5]. Allerdings sind weitere Schwellenwerte bei 80 % und 85 % vorgesehen (§ 11 Abs. 5 REITG). Dies ist vor dem Hintergrund zu sehen, dass kein Aktionär 10 % oder mehr an REIT-Aktien halten und eine Mindeststreubesitzquote von 15 % nicht unterschritten werden darf. Das Unterschreiten dieser Quote hat nur steuerliche Folgen. Aktionäre sollen rechtzeitig vor dem Verlust der Steuerbefreiung informiert werden, damit sie in Anwendung von § 18 Abs. 3 REITG die Gesellschaft verlassen können. Die Streubesitzquote ist jährlich zum 31. Dezember der BaFin mitzuteilen. 95

---

1 OLG Köln v. 24.7.2009 – 82 O 10/08, AG 2009, 835, 836.
2 OLG Köln v. 24.7.2009 – 82 O 10/08, AG 2009, 835, 836.
3 Ebenso *Nottmeier/Schäfer*, AG 1997, 91; *Zimmermann* in Fuchs, § 21 WpHG Rz. 25. *Schürnbrand* in Emmerich/Habersack, Aktien- und GmbH-Konzernrecht, § 21 WpHG Rz. 5; *Michel* in Just/Voß/Ritz/Becker, § 21 WpHG Rz. 32; *Petersen* in Spindler/Stilz, § 22 AktG Anh. Rz. 11.
4 BaFin, Hinweise zu den Mitteilungs- und Veröffentlichungspflichten gem. §§ 21 ff. WpHG i.d.F. vom 6.2.2007, S. 1.
5 *Voigt* in Seibt/Conradi (Hrsg.), Handbuch REIT-Aktiengesellschaft, 2008, S. 154; Jahresbericht der BaFin 2007, S. 188.

96 **9. Kein Abzug bei Zurechnung. a) Das Problem.** Werden die Stimmrechte nach § 34 WpHG einem Dritten zugerechnet, so stellt sich die Frage, ob in diesem Fall die Stimmrechte bei dem Aktionär hinweggerechnet werden, also unberücksichtigt bleiben. Exemplarisch formuliert: Ist eine Tochtergesellschaft meldepflichtig, obgleich ihre Stimmrechte insgesamt nach § 34 Abs. 1 Satz 1 Nr. 1 WpHG dem Mutterunternehmen zugerechnet werden?

97 **b) Grundsatz der doppelten Meldepflicht.** aa) In der Lehre ist die Frage streitig[1]. Teilweise wird die Ansicht vertreten, doppelte Mitteilungen würden nur verwirren. So frage man sich etwa, wem es nütze, wenn bekannt sei, wer als Treuhänder auftrete[2].

98 bb) Der Wortlaut von § 34 Abs. 1 WpHG spricht dafür, dass nicht hinweggerechnet wird. Das Gesetz handelt nur davon, dass Stimmrechte aus Aktien, die Dritten gehören, Stimmrechten aus Aktien, die dem Meldepflichtigen gehören, „gleichstehen".

99 In der Begr. des RegE heißt es allerdings nur zu § 34 Abs. 1 Nr. 3 WpHG ausdrücklich: „Die Stimmrechte werden wechselseitig zugerechnet."

100 Diese Rechtsfolge ist nicht ganz unproblematisch, weil die gemeldeten Stimmrechte, also die Summe aller Teilmengen, weit größer sein kann als die Gesamtmenge der Stimmrechte. Jedoch geht von der Möglichkeit mehrfacher Meldungen hinsichtlich derselben Stimmrechtsanteile offenkundig § 37 WpHG für den Fall der Zurechnung im Konzern aus. Meldepflichtig kann ein kontrolliertes Unternehmen auch dann sein, wenn die Stimmrechte dem Mutterunternehmen insgesamt zugerechnet werden. Nicht anders ist die Interessenlage bei § 34 Abs. 1 Satz 1 Nr. 5 WpHG; denn es ist ganz offen, ob der Meldepflichtige erwirbt oder nicht. Es wäre daher wenig überzeugend, wenn bei § 34 Abs. 1 Satz 1 Nr. 5 WpHG die Meldepflicht bei dem bisherigen Aktionär entfiele.

101 Dies spricht dafür, dass § 34 WpHG von dem Grundsatz der doppelten Meldepflicht ausgeht. Das führt freilich dazu, dass mehrere Personen hinsichtlich derselben Stimmrechtsanteile meldepflichtig sein können, nämlich die eine Person, weil sie Aktionär ist, und die andere, weil ihr Stimmrechte zugerechnet werden[3]. Dem Meldepflichtigen brauchen keine Aktien selbst zu gehören. In der Meldung ist dies getrennt aufzuführen, Splitteranteile oder, allgemein formuliert, Anteile unter 3 % sind anzugeben[4].

102 **10. Hinterlegungsscheine, die Aktien vertreten (§ 33 Abs. 1 Satz 2 WpHG).** § 21 Abs. 1 Satz 2 WpHG a.F. (jetzt § 33 Abs. 1 Satz 2 WpHG) wurde durch das 2. FiMaNoG[5] geändert. Das Wort „Zertifikate" wurde durch das Wort „Hinterlegungsscheine" ersetzt. Ein Hinterlegungsschein (auch Hinterlegungszertifikat; englisch **depository receipt**) ist die Verbriefung einer Hinterlegung des Rechts an einer Aktie.

103 Hinterlegungsscheine, die Aktien vertreten, sind vor allem in der Form der American Depositary Receipts von praktischer Bedeutung[6]. Eröffnet wird damit deutschen Gesellschaften der Zugang zum amerikanischen Kapitalmarkt. Nicht der amerikanische Investor, sondern eine Depositary Bank wird Aktionär. Der Depositary Bank stehen daher alle Rechte aus der Aktie zu. Das gilt auch für das Stimmrecht. Der Investor wird nur ADR-Holder. Er wird Inhaber eines Zertifikats, das Aktien vertritt. Die genannten Zertifikate sind Schuldverschreibungen[7], die die Rechte aus dem Deposit Agreement verbriefen. Das ermöglicht dem ADR-Holder als Bevollmächtigter die Mitverwaltungsrechte, die der Depositary Bank als Aktionär zustehen, wahrzunehmen[8].

104 Vor der Änderung des § 33 Abs. 1 WpHG durch das Transparenzrichtlinie-Umsetzungsgesetz war streitig, ob meldepflichtig die Depotbank oder der Inhaber des Zertifikats war. Die Verwaltungspraxis vertrat entgegen dem klaren Wortlaut der Vorschrift die Ansicht, dass nur der Inhaber der Zertifikate nach § 21 WpHG a.F. meldepflichtig sei[9]. Verwiesen wurde auf Art. 85 Abs. 2 RL 2001/34/EG des Europäischen Parlaments und des Rates vom 28.5.2001 über die Zulassung von Wertpapieren zur amtlichen Börsennotierung und über die hinsichtlich dieser Wertpapiere zu veröffentlichenden Informationen[10].

---

1 Im Blick auf § 20 AktG dagegen: *Vonnemann*, AG 1991, 352; dafür die h.M. statt vieler: *Emmerich* in Emmerich/Habersack, Aktien- und GmbH-Konzernrecht, § 20 AktG Rz. 21.
2 *Siebel* in FS Heinsius, 1991, S. 802 („absurd").
3 Ebenso *Bayer* in MünchKomm. AktG, 4. Aufl. 2016, Anh. § 22 AktG § 22 WpHG Rz. 4; *Opitz* in Schäfer/Hamann, § 21 WpHG Rz. 36; *Zimmermann* in Fuchs, § 21 WpHG Rz. 6; *Hildner*, Kapitalmarktrechtliche Beteiligungstransparenz verbundener Unternehmen, 2002, S. 100; *Burgard*, BB 1995, 2069, 2072; *Uwe H. Schneider* in FS Brandner, 1996, S. 565, 575; sowie für § 92 österr. BörseG: *Kalss*, ÖBA 1993, 615, 618.
4 A.A. *Jäger*, WM 1996, 1358; wie hier aber: *Nottmeier/Schäfer*, AG 1997, 91; s. Rz. 18.
5 2. FiMaNoG vom 24.6.2017, BGBl. I 2017, 1693.
6 S. dazu *Röhler*, American Depositary Shares, 1997; *Weber*, Sponsored American Depositary Shares: Umfang und Grenzen der Gleichstellung mit Aktien, 2011; *von Dryander* in von Rosen/Seifert, Zugang zum US-Kapitalmarkt für deutsche Aktiengesellschaften, 1998, S. 81; Preissler, WM 2001, 113; *Wieneke*, AG 2001, 507.
7 *Birnbaum/Philipp* in Bankrechtstag 2007, 2008, S. 77 (Schriftenreihe der Bankrechtlichen Vereinigung, Bd. 28).
8 *Wieneke*, AG 2001, 506, 508, 511.
9 BaFin, Jahresbericht 2004, S. 200.
10 ABl. EG Nr. L 184 v. 6.7.2001, S. 1.

Nun ist die Frage in § 33 Abs. 1 Satz 2 WpHG ausdrücklich im Sinne der bisherigen Verwaltungspraxis entschieden[1]. Meldepflichtig ist nur der Inhaber der Hinterlegungsscheine, nicht aber die Depotbank. Der Inhaber der Hinterlegungsscheine wird im Wege der Fiktion als Träger der Stimmrechte angesehen. Hat der Inhaber der Hinterlegungsscheine zusätzlich Aktien, so werden die Stimmen zusammengezählt. Werden die Hinterlegungsscheine einem Treuhänder übertragen, zur Sicherheit übereignet oder stimmen die Inhaber der Hinterlegungsscheine ihr Verhalten ab, so findet § 34 WpHG Anwendung. Das gilt auch für ein acting in concert der Inhaber von Hinterlegungsscheinen. Die Depotbank ist nicht meldepflichtig, wenn sie die Hinterlegungsscheine ausgegeben hat. Liegen die Hinterlegungsscheine aber noch bei ihr im Depot oder beim Vertriebsvermittler, so ist sie meldepflichtig.

105

Nicht meldepflichtig ist der Umtausch von ADRs in Aktien; denn es findet kein Wechsel in der wirtschaftlichen Berechtigung statt.

106

IV. Erwerb vor Zulassung (§ 33 Abs. 2 WpHG). § 21 Abs. 2 WpHG a.F. (jetzt § 33 Abs. 2 WpHG) wurde durch das 3. Finanzmarktförderungsgesetz eingefügt und in der Folge durch Gesetz vom 20.12.2001[2] geändert. Die Vorschrift dient lediglich der Klarstellung; denn § 21 Abs. 1 Satz 1 WpHG a.F. (jetzt § 33 Abs. 1 Satz 1 WpHG) knüpft die Meldepflicht an Stimmrechte an, die an einer Gesellschaft bestehen, die bei Überschreitung der Meldeschwelle bereits börsennotiert war. § 33 Abs. 2 WpHG stellt klar, „dass eine Meldepflicht auch dann entsteht, wenn einer der Gesellschafter zu dem Zeitpunkt, zu dem Aktien der Gesellschaft erstmals zum amtlichen Handel zugelassen werden, bereits über 5 % oder mehr der Stimmrechte an der Gesellschaft verfügt"[3]. Inzwischen wurde die Meldeschwelle auf 3 % gesenkt. Die Frist zur Abgabe einer Meldung beginnt nicht mit der Kenntniserlangung vom Erreichen, Überschreiten oder Unterschreiten der Schwellen, sondern zum Zeitpunkt der erstmaligen Zulassung der Aktien zum Handel an einem organisierten Markt.

107

V. Rechtsfolgen. Aus § 33 WpHG ergeben sich zweierlei Rechtsfolgen. Zum einen begründet § 33 WpHG Mitteilungspflichten. Kenntnis des Emittenten und der Bundesanstalt (BaFin) entbinden nicht[4]. Zum anderen ergeben sich zur Sicherstellung der Mitteilungspflichten besondere Organisationspflichten. Dabei unterscheiden die §§ 33 ff. WpHG nicht, wie etwa das amerikanische Kapitalmarktrecht, zwischen „Regelmitteilungen" und „vereinfachten Mitteilungen", wenn der Meldepflichtige nicht das Ziel verfolgt, die Kontrolle über die Gesellschaft zu erwerben oder zu ändern[5].

108

1. Mitteilungspflichten. a) Adressat der Mitteilung. Adressat der Mitteilung ist erstens der Emittent, an dem die Stimmrechte bestehen, und zweitens die Bundesanstalt für Finanzdienstleistungsaufsicht, Bereich Wertpapieraufsicht/Asset Management, Marie-Curie-Straße 24–28, 60439 Frankfurt/M. oder Postfach 50 01 54, 60391 Frankfurt/M. oder per Fax 0228–4108–3119 (Stand 1.4.2018). An beide ist eine gesonderte Mitteilung mit dem nachstehenden Inhalt und in der nachstehenden Form und Frist zu richten. Bei der Meldung an die Bundesanstalt (BaFin) kann der Emittent als Vertreter oder als Bote mitwirken[6].

109

Die Mitteilung an den Emittenten kann auch kurze Zeit vor oder in der Hauptversammlung erfolgen[7] bzw. nachgeholt werden. Der Aufsichtsratsvorsitzende kann – muss aber nicht – die Hauptversammlung unterbrechen, um auch die Mitteilung an die BaFin zu ermöglichen (s. § 44 WpHG Rz. 9). Hat der Aufsichtsratsvorsitzende Zweifel, ob die Voraussetzungen einer Meldepflicht bestehen, hat er den Sachverhalt aufzuklären; und der betreffende Aktionär hat den Aufsichtsratsvorsitzenden bei der Klärung zu unterstützen.

110

b) Inhalt der Mitteilung und Meldeformular. Nach §§ 33, 38, 39 WpHG i.V.m. § 12 WpAV, also für alle drei Meldetatbestände ist die Verwendung eines europaweit einheitlichen Meldeformulars (Standardformular) verpflichtend. Dieses Standardformular ist der WpAV im Anhang beigefügt und auf der Homepage der BaFin abrufbar. Das Ziel ist, europaweit die Lesbarkeit und Verständlichkeit einer Stimmrechtsmitteilung zu fördern.

111

Aus dem Standardformular ergibt sich der zwingende Inhalt für die Zwecke der Berechnung des Stimmrechtsanteils. Dabei ist die letzte Veröffentlichung nach § 12 Abs. 3 WpAV zugrunde zu legen.

112

Das Meldeformular ist vollständig auszufüllen. In seiner Anhörung vom November 2015 sowie in den FAQ vom 28.11.2016 hat die BaFin umfangreiche Hinweise zur Ausfüllung des Formulars gegeben. Daran sollte sich der Meldepflichtige halten. Zu berücksichtigen sind ferner die Erläuterungen der ESMA[8]. Wenn den Meldepflichtigen eine Meldepflicht nach §§ 33, 38, 39 WpHG trifft, sind alle Angaben zu allen Beständen zu machen, auch wenn die Meldeschwelle nur bei einem Meldebestand berührt ist. Die drei Meldetatbestände werden

113

---

1 Ebenso *Bayer* in MünchKomm. AktG, 4. Aufl. 2016, Anh. § 22 AktG § 21 WpHG Rz. 12.
2 BGBl. I 2001, 3822.
3 Begr. RegE 3. Finanzmarktförderungsgesetz, BT-Drucks. 13/8933; s. auch *Burgard* in FS Uwe H. Schneider, 2011, S. 177, 181.
4 S. auch BGH v. 22.4.1991 – II ZR 231/90, BGHZ 114, 203 = AG 1991, 270; BGH v. 5.4.2016 – II ZR 268/14, AG 2016, 786, 787 jeweils für § 20 AktG; zustimmend *von Bülow* in KölnKomm. WpHG, § 21 WpHG Rz. 138.
5 Sec. 13d Securities Exchange Act 1934, Schedule 13; *Coffee*, Cardozo Law Rev. 15 (1994), 837, 876.
6 Ebenso *Bayer* in MünchKomm. AktG, 4. Aufl. 2016, Anh. § 22 AktG § 21 WpHG Rz. 12.
7 *Happ* in FS Karsten Schmidt, 2009, S. 545; *Uwe H. Schneider/Sven H. Schneider*, ZIP 2006, 493, 496.
8 ESMA 2015/1597, abrufbar unter www.esma.europa, eu/databases-library/esma.library?page6.

somit nicht mehr als selbständigen Meldetatbestände verstanden, sondern als Ausprägung einer einheitlichen Offenlegungspflicht. Jede Schwellenberührung verlangt eine eigenständige Mitteilung. Die Zusammenfassung von zwei zeitnah erfolgten Schwellenberührungen in einer Mitteilung ist nicht zulässig[1]. Ein Freitext, selbst entworfene oder durch Verbände erarbeitete Formulare sind nicht zulässig, insbesondere sollen nach Ansicht der BaFin auch Ergänzungen und Erläuterungen des Standardformulars nicht erlaubt sein[2]. „Sonstige Informationen" können in Feld 3 des Annexes gegeben werden.

114 Der Emittent hat die Mitteilung mit dem ihm zugegangenen Inhalt und dem gewählten Format zu übernehmen und zu veröffentlichen, §§ 15 ff. WpAV. Auf diese Weise soll den Bedürfnissen der internationalen Investoren Rechnung getragen werden, die nicht gezwungen sein sollen, sich mit unterschiedlichen Meldeformularen zu beschäftigen.

115 c) **Form und Sprache der Mitteilung, Unterschrift.** Die Mitteilung hat schriftlich in deutscher oder englischer Sprache zu erfolgen. Sie kann gegenüber der Gesellschaft und gegenüber der BaFin schriftlich oder mittels Telefax übermittelt werden. Eine Meldung per E-Mail genügt bisher nicht. Zwar sieht § 14 WpAV eine solche Möglichkeit vor. Bisher stellt die BaFin aber ein elektronisches Verfahren nicht zur Verfügung[3]. Die Mitteilung muss unterschrieben sein. Eine elektronische Signatur soll nicht ausreichen[4].

116 d) **Meldefrist. aa) Beginn der Meldefrist.** Nach § 33 Abs. 1 Satz 1 WpHG hat der Meldepflichtige unverzüglich dem Emittenten und gleichzeitig der Bundesanstalt spätestens innerhalb von vier Handelstagen unter Beachtung von § 34 Abs. 1 und 2 WpHG zu melden. § 33 Abs. 1 Satz 1 und § 33 Abs. 1 Satz 5 WpHG unterscheiden für den Beginn der Meldefrist zwischen aktiver und passiver Schwellenberührung. Eine Meldung vor dem Erwerb der Beteiligung ist zur Erfüllung der Mitteilungspflicht nicht geeignet[5].

117 bb) **Aktive Schwellenberührung.** Beruht die Erreichung, das Über- oder Unterschreiten der Meldeschwelle auf Handelsaktivitäten, also etwa dem Erwerb von Stimmrechten oder die Erlangung der Kontrolle über den Stimmrechtsinhaber[6] (aktive Schwellenberührung), so beginnt die Meldefrist mit dem Zeitpunkt, zu dem der Meldepflichtige Kenntnis von der Schwellenberührung hat oder nach den Umständen haben musste, § 33 Abs. 1 Satz 3 WpHG. Für die Berechnung der Frist soll der Tag, in den der Zeitpunkt der Kenntnis bzw. des Kennenmüssens fällt, nicht mitgerechnet werden[7].

118 Zwei Handelstage nach der Schwellenberührung wird die Kenntnis **unwiderleglich** vermutet (§ 33 Abs. 1 Satz 4 WpHG). Die Vermutung der Kenntnis war bislang widerleglich (6. Aufl., § 21 WpHG Rz. 133). Für den Meldepflichtigen bedeutet die unwiderlegliche Vermutung, dass er unternehmensintern und konzernweit ein Informations- und Berichtssystem einzuführen hat, damit er innerhalb von zwei Handelstagen die notwendige Meldung vornehmen kann. Eine Fristverlängerung durch die Verwaltung ist nicht möglich[8]. Und vor allem die Mitteilungsfrist verlängert sich nicht auf sechs Handelstage, nämlich auf vier Handelstage aufgrund von § 33 Abs. 1 Satz 1 WpHG und zwei Handelstage aufgrund von § 33 Abs. 1 Satz 4 WpHG[9]. Die Verwaltungspraxis geht vielmehr mit Recht davon aus, dass die Meldung innerhalb von vier Tagen zumutbar ist und erfüllt werden muss.

119 Die unwiderlegliche Vermutung der Kenntnis begründet nicht sogleich die unwiderlegliche Vermutung der Leichtfertigkeit i.S.v. § 120 Abs. 2 Nr. 2f WpHG[10]. Ein unzulängliches Wissensmanagement kann aber die Leichtfertigkeit begründen und ein Bußgeld rechtfertigen.

120 cc) **Passive Schwellenberührung.** Beruht die Erreichung, Überschreitung oder Unterschreitung der Meldeschwelle auf „Ereignissen, die die Gesamtzahl der Stimmrechte verändern", § 33 Abs. 1 Satz 5 WpHG z.B. auf Grund einer Kapitalerhöhung, so beginnt die Meldefrist in Abweichung von der Meldefrist bei aktiver Schwellenberührung, wenn der Meldepflichtige von dem Grund der Schwellenberührung positive Kenntnis erlangt (passive Schwellenberührung), § 33 Abs. 1 Satz 5 WpHG.

121 Kennenmüssen genügt nicht[11]. Die Meldefrist beginnt jedoch spätestens mit der Veröffentlichung durch den Emittenten, § 33 Abs. 1 Satz 5 WpHG. Damit lastet auf dem Meldepflichtigen eine große Verantwortung; denn nach der Neufassung von § 41 Abs. 1 Satz 1 WpHG ist die Veröffentlichung nunmehr unverzüglich spätestens

---

1 S. auch ESMA, Standard Form for notification of major holdings (22/10/2015); BaFin, FAQ vom 28.11.2016, Frage 12.
2 BaFin, FAQ vom 28.11.2016, Frage 8.
3 S. dazu aber jetzt den Referentenentwurf einer VO zur Mitteilung der Stimmrechte aus Aktien und anderen Finanzinstrumenten nach dem WpHG, Stand: 23.4.2018.
4 BaFin, FAQ vom 28.11.2016, Frage 10.
5 BGH v. 5.4.2016 – II ZR 268/14, AG 2016, 786.
6 *Stephan*, Der Konzern 2016, 53, 54.
7 BaFin, Emittentenleitfaden 2013, Rz. VIII.2.3.9.4.
8 *Nottmeier/Schäfer*, AG 1997, 92.
9 BaFin, FAQ vom 28.11.2016, Frage 23.
10 Zutr. *Brellochs*, AG 2016, 157, 159.
11 *Schilha* in Bürgers/Körber, Anh. § 22 AktG/§ 21 WpHG Rz. 17; *Burgard/Heimann*, WM 2015, 1445, 1446.

innerhalb von zwei Handelstagen nach Veröffentlichung durch den Emittenten vorzunehmen. Im Ergebnis bedeutet dies für den Meldepflichtigen, dass er täglich die Emittenten-Veröffentlichungen zu überwachen hat, um Meldepflichtverletzungen zu verhindern. Weitere Nachforschungen hat der Meldepflichtige nicht anzustellen[1]. Eine Besonderheit ergibt sich nur bei der Ausgabe von Bezugsaktien, denn hier kann der Emittent die Veröffentlichung nach § 41 Abs. 2 WpHG vornehmen, spätestens jedoch am Ende des Kalendermonates, in dem es zu einer Zu- oder Abnahme von Stimmrechten gekommen ist.

dd) Kenntnis. Die Meldefrist beginnt mit der Kenntnis des Meldepflichtigen oder dem Zeitpunkt, zu dem der Meldepflichtige Kenntnis haben musste. Kenntnis ist mit der Ausführung der Geschäfte erworben[2]. 122

Bei Gesellschaften liegt Kenntnis vor, wenn zumindest ein Mitglied des geschäftsführenden Organs Kenntnis hat. Nicht entscheidend ist, ob das Organmitglied für die Wahrnehmung der kapitalmarktrechtlichen Meldepflichten zuständig ist. Kenntnis liegt ferner vor, wenn die Kenntnis privat erlangt wurde; und zwar auch dann, wenn das Organmitglied gegenüber einem Dritten zur Verschwiegenheit verpflichtet ist; denn man kann sich nicht durch Rechtsgeschäft der Offenlegung entziehen. Kenntnis eines Mitglieds des Aufsichtsrats ist nur dann Kenntnis der Gesellschaft, wenn das Aufsichtsratsmitglied seine Kenntnis in seiner Eigenschaft als Organmitglied erhalten hat[3]. 123

Ob Kenntnis eines nachgeordneten Mitarbeiters zugerechnet wird, ist zweifelhaft. Davon ist jedenfalls dann auszugehen, wen der Mitarbeiter mit dem Beteiligungserwerb oder dem Beteiligungscontrolling beauftragt ist. 124

ee) Kenntnis haben musste (Kapitalmarktrechtliches Informationssystem). Die Meldefrist beginnt bei aktiver Schwellenberührung auch dann und zwar schon vor der Zwei-Tages-Frist, die zur unwiderleglichen Vermutung führt, wenn der Meldepflichtige Kenntnis haben musste. Damit wird Art. 12 RL 2004/109/EG bzw. Art. 9 RL 2007/14/EG vom 8.3.2007 umgesetzt. Dort heißt es allerdings nur, es werde davon ausgegangen, dass der Meldepflichtige spätestens zwei Handelstage nach der Ausführung „Kenntnis erlangt haben dürfte". Dagegen deutet die deutsche Formulierung auf die Legaldefinition in § 122 BGB hin, nämlich dass die Unkenntnis fahrlässig herbeigeführt wurde[4]. Sie ist fahrlässig herbeigeführt, wenn der im Markt erwartete Industriestandard nicht eingehalten ist. 125

Der erforderliche Standard impliziert, dass der Meldepflichtige das kapitalmarktrechtlich gebotene Informationssystem so einzurichten hat, dass dem geschäftsführenden Organ, dem die Wahrnehmung der Meldepflicht obliegt, tagggleich informiert wird, dass die Voraussetzungen der Meldepflicht gegeben sind. Diese kapitalmarktrechtliche Organisationspflicht verpflichtet sicherzustellen, dass alle Vorgänge in Unternehmen, die zu einer Schwellenberührung, Schwellenüberschreitung oder Schwellenunterschreitung führen, unverzüglich bekannt werden, damit die Meldepflichten erfüllt werden könne. Im Konzern ist ein konzernweites Informationssystem einzurichten. Besondere Bedeutung hat dies bei der passiven Schwellenberührung[5]. Zugleich ist sicherzustellen, dass der zuständigen Stelle alle Vorgänge bei Dritten, die zu einer Zurechnung nach § 34 WpHG zu einer Meldepflicht führen, bekannt werden. Insbesondere ist sicherzustellen, dass der zuständigen Stelle beim Meldepflichtigen alle Vorgänge bei Tochter- und Enkelunternehmen, die zu einer Zurechnung führen, mitgeteilt werden. 126

Diese Verpflichtung zur Einrichtung eines konzernweiten Informationssystems folgt aus der kapitalmarktrechtlichen Offenlegungspflicht und nicht aus dem allgemeinen Konzernrecht. Das abhängige Unternehmen kann nicht mit dem Hinweis darauf, die Information sei eine Insiderinformation, die Weitergabe an das herrschende Unternehmen verweigern. 127

ff) Unwiderlegliche Vermutung. Unabhängig davon, ob beim Meldepflichtigen Kenntnis bestand oder er die Voraussetzung für eine Meldung kennen musste, wird hinsichtlich des Fristbeginns unwiderleglich vermutet, dass der Meldepflichtige spätestens zwei Handelstage nach dem Erreichen, überschreiten oder Unterschreiten der in § 33 WpHG genannten Schwellen Kenntnis hatte. Die unwiderlegliche Vermutung bezieht sich nur auf den Fristbeginn und nicht etwas auf die Verletzung der Offenlegungspflicht. Bedeutung hat diese unwiderlegliche Vermutung vor allem dann, wenn der Meldepflichtige eine angemessene Wissensorganisation eingerichtet hatte, gleichwohl die Information aber entweder unternehmensintern oder von Personen, die hierfür verantwortlich sind, nicht weitergegeben wurde und an der zuständigen Stelle ankam. Und Bedeutung hat die Vermutung dann, wenn die Information nicht verwendet oder nicht weitergegeben werden durfte. 128

e) Frist der Mitteilung. Die Mitteilungsfrist ist gewahrt, wenn die Mitteilung innerhalb der Frist zugegangen (§ 130 BGB) ist[6]. Eine § 121 Abs. 1 Satz 2 BGB entsprechende Regelung fehlt. Verzögerungen auf dem Laufweg 129

---

1 *Stephan*, Der Konzern 2016, 54.
2 *Michel* in Just/Voß/Ritz/Becker, § 21 WpHG Rz. 58.
3 *S. Koziol* in FS Frotz, Wien 1993, S. 351, 359.
4 Zu den Auswirkungen im Bußgeldverfahren: *Söhner*, ZIP 2015, 2451, 2453.
5 *Michel* in Just/Voß/Ritz/Becker, § 21 WpHG Rz. 59.
6 *von Bülow* in KölnKomm. WpHG, § 21 WpHG Rz. 142.

der Mitteilung hat der Meldepflichtige zu vertreten. Das ist auch sachgerecht, da andernfalls das „window" (s. bei Rz. 4) noch weiter vergrößert würde. Nur auf diese Weise kann sichergestellt werden, dass der Meldepflichtige selbst ein Interesse an dem alsbaldigen Zugang hat und für den Zugang sorgt[1].

130 Die Mitteilung hat gleichzeitig an den Emittenten und an die BaFin zu erfolgen. Ausreichend ist hierfür ein gleichzeitiges Absenden oder zumindest ein Absenden in geringfügigem zeitlichem Abstand[2].

131 **f) „Alternative" und vorsorgliche Mitteilung.** Ob eine Mitteilungspflicht entstanden ist, kann für den Mitteilungspflichtigen aus tatsächlichen oder rechtlichen Gründen zweifelhaft sein. Insbesondere hat man sich vor Augen zu führen, dass die Auslegung von § 34 WpHG bislang nicht abschließend geklärt ist. Angesichts der Folgen einer unterlassenen oder unrichtigen Mitteilung (Bußgeld, Rechtsverlust) muss der Mitteilungspflichtige aber eine Möglichkeit haben, seinen Pflichten gerichtsfest nachzukommen.

132 Zwar kann sich der Meldepflichtige in Zweifelsfragen an die Bundesanstalt (BaFin) wenden. Deren Auskünfte sind aber nicht verbindlich[3]. Vor allem: Sie schützen den Meldepflichtigen, vorbehaltlich § 44 Satz 2 WpHG, nicht vor einem Rechtsverlust, da die Zivilgerichte an die Auffassung der Bundesanstalt nicht gebunden sind[4].

133 Vor diesem Hintergrund könnte man an eine alternative Mitteilung denken. Eine alternative Mitteilung ist aber mit dem Gesetz nicht zu vereinbaren. Sie ist „nicht richtig" i.S.v. § 120 Abs. 2 WpHG. Sie wäre für den Anleger und die Gesellschaft ganz und gar unbefriedigend, wenn sie lediglich lauten würde, die Meldeschwelle sei überschritten oder sie sei nicht überschritten. Vielmehr bedarf es einer eindeutigen Mitteilung, wobei in Zweifelsfällen eine vorsorgliche Mitteilung erfolgen[5] und eine zusätzliche tatsächliche Information beigefügt werden kann[6]. Sinn und Zweck der §§ 33 ff. WpHG ist Transparenz; und sie wird erreicht, wenn der Mitteilungspflichtige in Zweifelsfällen mit wenigen Worten angibt, welcher tatsächliche Sachverhalt der Mitteilung zugrunde liegt. Die Praxis der BaFin, die vorsorgliche Mitteilungen nicht gestattet[7], ist nicht zu begründen. Auch freiwillige Mitteilungen sollen nicht erfolgen, sind jedoch ausnahmsweise zulässig[8].

134 Damit ist den Interessen aller Beteiligten gedient. Der Mitteilungspflichtige hat seine Pflicht zur Mitteilung erfüllt, und er entgeht dem Vorwurf, sein Rechtsirrtum sei vermeidbar gewesen. Er vermeidet damit den Rechtsverlust nach § 44 WpHG. Die Gesellschaft und die interessierte Öffentlichkeit erfährt von den Umständen, die für Anlageentscheidungen von Bedeutung sind. Entsprechende alternative oder besser ergänzende Mitteilungen sind demnach als zulässig anzusehen. Beispiel: Ein Meldepflichtiger hält selbst unmittelbar 2 %. Zugleich ist er mit 25 % an einer sog. Vorschaltgesellschaft beteiligt, der ihrerseits über 25 % der Stimmrechte an der börsennotierten Gesellschaft zustehen. Weil die Zurechnung der von solchen durch Vorschaltgesellschaften gehaltenen Anteile umstritten ist, könnte daher der meldepflichtige Gesellschafter eben diesen Sachverhalt, wie zuvor geschildert, offen legen.

135 **g) Nachholung aller Zwischenmeldungen?** Hat der Meldepflichtige mehrere Mitteilungen unterlassen oder sind einzelne Zwischenmitteilungen fehlerhaft, ist streitig, ob sämtliche Zwischenmeldungen nachgeholt werden müssen[9] oder ob es ausreicht, dass nur die letzte Mitteilung getätigt wird. Die Rechtsfolge könnte gegebenenfalls sein, dass eine unterlassene oder eine fehlerhafte Zwischenmeldung dauerhaft zum Rechtsverlust führt, so lange die Zwischenmeldung nicht nachgeholt ist. Für den Zwang zur Nachholung aller Zwischenmeldungen soll sprechen, dass der Kapitalmarkt wegen der Sanktion des § 44 WpHG ein Interesse daran habe, dass alle unterlassenen Meldungen nachgeholt und fehlerhafte Meldungen richtiggestellt werden. Nur so könne nachvollzogen werden, in welchem Umfang Mitverwaltungs- und Vermögensrechte verloren gegangen sein könnten. Abgesehen davon, dass sich die Veränderungen in der Vergangenheit vielfach nicht nachvollziehen lassen, kann eine Vielzahl von Zwischenmeldungen zu Verwirrungen im Kapitalmarkt führen. Vor allem aber ist es nicht Aufgabe der §§ 33 ff. WpHG, die Durchsetzung der Rechtsfolgen verletzter Mitteilungspflichten zu ermöglichen oder zu erleichtern. Entscheidend ist, dass durch die letzte Mitteilung die erforderliche Trans-

---

1 Zu den Voraussetzungen des Zugangs und seines Beweises s. BGH v. 7.12.1994 – VIII ZR 153/93, BB 1995, 221 mit Anm. *Burgard* sowie umfassend *Burgard*, AcP 195 (1995), 75 ff.
2 Begr. RegE, TUG zu § 21 WpHG, BT-Drucks. 16/2498, 36.
3 *Kocher/Widder*, ZIP 2010, 1326, 1330; *Gegler*, ZBB 2018, 126, 127.
4 S. dazu *Sven H. Schneider*, NZG 2009, 121, 124; *Busch*, AG 2009, 425, 430; a.A. *von Bülow/Petersen*, NZG 2009, 481, 483 f.
5 BGH v. 22.4.1991 – II ZR 231/90, BGHZ 114, 203, 217 = AG 1991, 270 (für § 20 AktG); *Hirte* in KölnKomm. WpHG, § 21 WpHG Rz. 154; *Busch*, AG 2009, 425, 431; a.A. *Zimmermann* in Fuchs, § 21 WpHG Rz. 65, ohne aber zu sagen, wie der Meldepflichtige sich verhalten soll; *von Bülow/Petersen*, NZG 2009, 481, 483; eingehend, aber ebenfalls a.A.: *Mülbert* in FS Karsten Schmidt, 2009, S. 1225.
6 Zustimmend: *Starke*, Beteiligungstransparenz im Gesellschafts- und Kapitalmarktrecht, 2002, S. 249; *Uwe H. Schneider* in FS Schütze, 1999, S. 757, 764; *Kremer/Oesterhaus* in KölnKomm. WpÜG, § 59 WpÜG Rz. 29.
7 BaFin, Emittentenleitfaden 2013, Rz. VIII.2.3.9.2.
8 S. BaFin, Emittentenleitfaden 2013, Rz. VIII.2.3.9.2.
9 Dafür wohl die Verwaltungspraxis sowie *Riegger* in FS H.P. Westermann, 2008, S. 1339; a.A. *Sven H. Schneider/Uwe H. Schneider*, ZIP 2006, 469; *Schnabel/Korff*, ZBB 2007, 179, 184; *Bayer* in MünchKomm. AktG, 4. Aufl. 2016, Anh. § 22 AktG § 21 WpHG Rz. 48; *von Bülow/Stephanblome*, ZIP 2008, 1797, 1804; *Süßmann/Meder*, WM 2009, 976, 979.

parenz wieder hergestellt ist. Die Nachholung und Richtigstellung von Zwischenmeldungen ist somit nicht erforderlich, aber gleichwohl zulässig. Sie ist auch gute Corporate Governance, wenn nur auf diese Weise vermieden wird, dass der Kapitalmarkt verwirrt wird.

h) **Kenntnis des Emittenten.** Die Mitteilungspflicht des Meldepflichtigen entfällt nicht deshalb, weil der Emittent oder die Öffentlichkeit Kenntnis von der Beteiligung oder den Stimmrechten hat[1] oder die Mitteilungen von einem Dritten und nicht von dem Meldepflichtigen erfolgte. Erst wenn die Gesellschaft die Mitteilung von dem Meldepflichtigen, und zwar nach dem Erreichen des Meldetatbestands zugegangen ist, sind die entsprechenden Informationen nach § 40 WpHG zu veröffentlichen. Die Meldpflicht entfällt auch nicht deshalb, weil der Meldepflichtige auch schon vor Erreichen des Meldetatbestands gemeldet hat.

2. Organisations- und Informationseinholungspflichten. Um den Mitteilungspflichten nachkommen zu können, obliegen dem Aktionär Organisations- und Informationseinholungspflichten (Informationsverschaffungspflichten)[2]. Solche Organisationspflichten bestehen in unterschiedlicher Breite und Dichte, um die Wahrnehmung öffentlich-rechtlicher Pflichten sicherzustellen. Im Einzelnen s. § 34 WpHG Rz. 26.

3. Geschäftsverteilung und Delegation. Ist Aktionär eine Gesellschaft, so obliegt die Wahrnehmung der Meldepflichten dem geschäftsführenden Organ. Allerdings ist dies keine Aufgabe, die zwingend allen Geschäftsleitern persönlich übertragen ist. Vielmehr kann ein Mitglied der Geschäftsleitung im Wege der Geschäftsverteilung mit der Wahrnehmung der Meldepflichten betraut werden. Die Wahrnehmung der Meldepflichten kann ferner Mitarbeitern im Wege der Delegation oder auf Dritte outgesourct werden[3].

4. Anspruch der Gesellschaft auf Offenlegung? Folgt man der Ansicht, dass die §§ 33 ff. WpHG nicht dem individuellen Anlegerschutz dienen, folgt man der Ansicht, dass die §§ 33 ff. WpHG auch nicht dem Schutz der individuellen Gesellschaft dienen, so wäre ein Anspruch der Gesellschaft auf Offenlegung abzulehnen. Dies entspricht aber nicht der an dieser Stelle vertretenen Ansicht. Die §§ 33 ff. WpHG wollen vielmehr den gegenwärtigen und künftigen Aktionären sowie der Gesellschaft ermöglichen, sich einen Überblick über die Aktionärsstruktur und die Beherrschungsverhältnisse zu verschaffen[4]. Geht man hiervon aus, so ist es nahe liegend, dass auch die Gesellschaft einen Anspruch gegenüber einem Aktionär oder einem früheren Aktionär hat, offen zu legen, ob er eine Meldeschwelle erreicht oder überquert hat[5]. Ein Schadensersatzanspruch der Gesellschaft besteht allerdings nicht[6]. Es ist ohnehin schwer vorstellbar, dass bei der Gesellschaft durch mangelnde Offenlegung ein Schaden eintritt.

5. Sanktionen. Unterlässt der Mitteilungspflichtige die Mitteilungspflicht gegenüber dem Emittenten vorsätzlich oder leichtfertig, so liegt darin eine Ordnungswidrigkeit, § 120 Abs. 2 Nr. 2 lit. g WpHG. Zugleich begeht er eine Ordnungswidrigkeit, wenn er vorsätzlich oder leichtfertig versäumt, die Bundesanstalt zu informieren. Es besteht Tatmehrheit, § 20 OWiG[7].

VI. Insolvenz. Die Mitteilungspflichten entfallen nicht, wenn über das Vermögen des Emittenten das Insolvenzverfahren eröffnet wurde. Es entstehen aber auch nicht eigenständige Mitteilungspflichten[8]. Zu den Veröffentlichungspflichten des Emittenten im Insolvenzverfahren s. § 40 WpHG Rz. 6.

VII. Jährliches Dokument. Nach § 10 WpPG a.F. hatte ein Emittent, dessen Wertpapiere zum Handel an einem organisierten Markt zugelassen sind, mindestens einmal jährlich ein Dokument zu veröffentlichen, das alle Informationen enthält oder auf sie verweist, die der Emittent in den vorausgegangenen zwölf Monaten aufgrund von § 26 WpHG a.F. veröffentlicht oder dem Publikum zur Verfügung gestellt hat. § 10 WpPG ist durch Gesetz v. 26.6.2012 (BGBl. I 2012, 1375) aufgehoben.

VIII. Ermächtigung für Rechtsverordnung (§ 33 Abs. 5 WpHG). § 33 Abs. 5 WpHG enthält eine Ermächtigungsgrundlage für eine Rechtsverordnung.

---

1 BGH v. 5.4.2016 – II ZR 268/14, ZIP 2016, 1919 = AG 2016, 786: für § 20 AktG.
2 *Burgard*, BB 1995, 2069, 2070; *Fiedler*, Mitteilungen über Beteiligungen von Mutter- und Tochterunternehmen, 2005, S. 106; zurückhaltend aber *Windbichler* in Großkomm. AktG, 4. Aufl. 1999, § 20 AktG Rz. 51; zweifelnd: *Buck-Heeb*, CCZ 2009, 18, 23; a.A. *Opitz* in Schäfer/Hamann, § 21 WpHG Rz. 27; *von Bülow/Petersen*, NZG 2009, 481, 483; *Krause/Pötzsch* in Assmann/Pötzsch/Uwe H. Schneider, § 35 WpÜG Rz. 173.
3 *Uwe H. Schneider/Brouwer* in FS Priester, 2007, S. 713, 717.
4 Begr. RegE zu § 21 Abs. 1 WpHG, BT-Drucks. 12/6679, 52.
5 Zweifelnd *Bayer* in MünchKomm. AktG, 4. Aufl. 2016, Anh. § 22 AktG § 21 WpHG Rz. 47; a.A. *Opitz* in Schäfer/Hamann, § 21 WpHG Rz. 41; *Schwark* in Schwark/Zimmer, § 21 WpHG Rz. 22.
6 Ebenso *Buck-Heeb*, Kapitalmarktrecht, 9. Aufl. 2017, S. 226; *Michel* in Just/Voß/Ritz/Becker, § 21 WpHG Rz. 13; a.A. *Zimmermann* in Fuchs, Vor §§ 21–30 WpHG Rz. 3 und § 21 WpHG Rz. 22; *Schwark* in Schwark/Zimmer, § 21 WpHG Rz. 22.
7 Zur Höhe der Bußgelder s. BaFin, WpHG-Bußgeldleitlinie II vom 22.2.2017, S. 18; *Nartowska/Walla*, AG 2014, 891.
8 *Nottmeier/Schäfer*, AG 1997, 89.

§ 34 Zurechnung von Stimmrechten

(1) Für die Mitteilungspflichten nach § 33 Absatz 1 und 2 stehen den Stimmrechten des Meldepflichtigen Stimmrechte aus Aktien des Emittenten, für den die Bundesrepublik Deutschland der Herkunftsstaat ist, gleich,
1. die einem Tochterunternehmen des Meldepflichtigen gehören,
2. die einem Dritten gehören und von ihm für Rechnung des Meldepflichtigen gehalten werden,
3. die der Meldepflichtige einem Dritten als Sicherheit übertragen hat, es sei denn, der Dritte ist zur Ausübung der Stimmrechte aus diesen Aktien befugt und bekundet die Absicht, die Stimmrechte unabhängig von den Weisungen des Meldepflichtigen auszuüben.
4. an denen zugunsten des Meldepflichtigen ein Nießbrauch bestellt ist,
5. die der Meldepflichtige durch eine Willenserklärung erwerben kann,
6. die dem Meldepflichtigen anvertraut sind oder aus denen er die Stimmrechte als Bevollmächtigter ausüben kann, sofern er die Stimmrechte aus diesen Aktien nach eigenem Ermessen ausüben kann, wenn keine besonderen Weisungen des Aktionärs vorliegen,
7. aus denen der Meldepflichtige die Stimmrechte ausüben kann auf Grund einer Vereinbarung, die eine zeitweilige Übertragung der Stimmrechte ohne die damit verbundenen Aktien gegen Gegenleistung vorsieht,
8. die bei dem Meldepflichtigen als Sicherheit verwahrt werden, sofern der Meldepflichtige die Stimmrechte hält und die Absicht bekundet, diese Stimmrechte auszuüben.

Für die Zurechnung nach Satz 1 Nummer 2 bis 8 stehen dem Meldepflichtigen Tochterunternehmen des Meldepflichtigen gleich. Stimmrechte des Tochterunternehmens werden dem Meldepflichtigen in voller Höhe zugerechnet.

(2) Dem Meldepflichtigen werden auch Stimmrechte eines Dritten aus Aktien des Emittenten, für den die Bundesrepublik Deutschland der Herkunftsstaat ist, in voller Höhe zugerechnet, mit dem der Meldepflichtige oder sein Tochterunternehmen sein Verhalten in Bezug auf diesen Emittenten auf Grund einer Vereinbarung oder in sonstiger Weise abstimmt; ausgenommen sind Vereinbarungen in Einzelfällen. Ein abgestimmtes Verhalten setzt voraus, dass der Meldepflichtige oder sein Tochterunternehmen und der Dritte sich über die Ausübung von Stimmrechten verständigen oder mit dem Ziel einer dauerhaften und erheblichen Änderung der unternehmerischen Ausrichtung des Emittenten in sonstiger Weise zusammenwirken. Für die Berechnung des Stimmrechtsanteils des Dritten gilt Absatz 1 entsprechend.

(3) Wird eine Vollmacht im Falle des Absatzes 1 Satz 1 Nummer 6 nur zur Ausübung der Stimmrechte für eine Hauptversammlung erteilt, ist es für die Erfüllung der Mitteilungspflicht nach § 33 Absatz 1 und 2 in Verbindung mit Absatz 1 Satz 1 Nummer 6 ausreichend, wenn die Mitteilung lediglich bei Erteilung der Vollmacht abgegeben wird. Die Mitteilung muss die Angabe enthalten, wann die Hauptversammlung stattfindet und wie hoch nach Erlöschen der Vollmacht oder des Ausübungsermessens der Stimmrechtsanteil sein wird. der dem Bevollmächtigten zugerechnet wird.

In der Fassung des 2. FiMaNoG vom 23.6.2017 (BGBl. I 2017, 1693).

Schrifttum: Zu § 34 WpHG: *von Bülow/Bücker*, Abgestimmtes Verhalten im Kapitalmarkt- und Gesellschaftsrecht, ZGR 2004, 669; *von Bülow/Petersen*, Stimmrechtszurechnung zum Treuhänder?, NZG 2009, 1373; *von Bülow/Stephanblome*, Acting in Concert und neue Offenlegungspflichten nach dem Risikobegrenzungsgesetz, ZIP 2008, 1797; *Casper*, Acting in Concert – Grundlagen eines neuen kapitalmarktrechtlichen Zurechnungstatbestandes, ZIP 2003, 1469; *Diekmann/Merkner*, Erhöhte Transparenzanforderungen im Aktien- und Kapitalmarktrecht – ein Überblick über den Regierungsentwurf zum Risikobegrenzungsgesetz, NZG 2007, 921; *Fiedler*, Mitteilungen über Beteiligungen von Mutter- und Tochtergesellschaften, 2005; *Fleischer/Bedkowski*, Stimmrechtszurechnung zum Treuhänder gemäß § 22 Abs. 1 Satz 1 Nr. 2 WpHG: Ein zivilgerichtlicher Fehlgriff und seine kapitalmarktrechtlichen Folgen, DStR 2010, 933; *Fleischer/Schmolke*, Kapitalmarktrechtliche Beteiligungstransparenz nach §§ 21 ff. WpHG und „Hidden Ownership", ZIP 2008, 1501; *Franck*, Die Stimmrechtszurechnung nach § 22 WpHG und § 30 WpÜG, BKR 2002, 709; *Gaede*, Koordiniertes Aktionärsverhalten im Gesellschafts- und Kapitalmarktrecht, 2008; *Gätsch/Schäfer*, Abgestimmtes Verhalten nach § 22 II WpHG und § 30 WpÜG in der Fassung des Risikobegrenzungsgesetzes, NZG 2008, 846; *Habersack*, Beteiligungstransparenz Adieu? – Lehren aus dem Fall Continental/Schaeffler, AG 2008, 817; *Hüffer*, Konsortialverträge im Rahmen der Mitteilungspflichten nach § 20 AktG, in FS Karsten Schmidt, 2009, S. 747; *Kindler*, EU-ausländische Beteiligungskonsortien im Visier der BaFin – keine multiple Meldepflicht nach § 21 WpHG für Gesellschafter eines ausländischen Anteilserwerbers!, in FS Hopt, 2010, S. 2081; *Koppensteiner*, Zurechnung von Beteiligungen im Wirtschaftsrecht, wirtschaftsrechtliche Blätter (Österreich) 2005, 293; *Korff*, Das Risikobegrenzungsgesetz und seine Auswirkungen auf das WpHG, AG 2008, 692; *Lange*, Aktuelle Rechtsfragen der kapitalmarktrechtlichen Zurechnung, ZBB 2004, 22; *Lebherz*, Publizitätspflichten bei der Übernahme börsennotierter Unternehmen, WM 2010, 154; *Liebscher*, Die Zurechnungstatbestände des WpHG und WpÜG, ZIP 2002, 1005; *Merkner/Sustmann*, Die Neuauflage des Emittentenleitfadens der BaFin – Rechtssicherheit bei der Abgabe von

Stimmrechtsmitteilungen?, NZG 2009, 813; *Meyer/Bundschuh*, Sicherungsübereignung börsennotierter Aktien, Pflichtangebot und Meldepflichten, WM 2003, 960; *Mutter*, Die Stimmrechtszurechnung nach § 22 WpHG bei Einschaltung eines Trusts, AG 2006, 637; *Nelle*, Stimmrechtszurechnung und Pflichtangebot nach Umsetzung der Übernahmerichtlinie, ZIP 2006, 2057; *Pentz*, Acting in Concert – Ausgewählte Einzelprobleme zur Zurechnung und zu den Rechtsfolgen, ZIP 2003, 1478; *Rulf*, Die Zurechnungstatbestände des WpHG und WpÜG, 2010; *Schmid/Mühlhäuser*, Wirtschaftliches Eigentum und Gewinnrealisierung bei der Wertpapierleihe, BB 2001, 2609; *Uwe H. Schneider/Anzinger*, Institutionelle Stimmrechtsberatung und Stimmrechtsvertretung, NZG 2007, 88; *Uwe H. Schneider/Brouwer*, Kapitalmarktrechtliche Meldepflichten bei Finanzinstrumenten, AG 2008, 557; *Schockenhoff/Schuhmann*, Acting in Concert – geklärte und ungeklärte Rechtsfragen, ZGR 2005, 568; *Seibt*, Stimmrechtszurechnung nach § 30 WpHG zum Alleingesellschafter – Geschäftsführer einer GmbH?, ZIP 2005, 729; *Sieger/Hasselbach*, Wertpapierdarlehen – Zurechnungsfragen im Aktien-, Wertpapierhandels- und Übernahmerecht, WM 2004, 1370; *Sudmeyer*, Mitteilungs- und Veröffentlichungspflichten nach §§ 21, 22 WpHG, BB 2002, 685; *Theurer*, Zur Aufsichtspflichtverletzung im Konzern, ZWH 2018, 59; *Veil*, Stimmrechtszurechnungen aufgrund von Abstimmungsvereinbarungen gem. § 22 Abs. 2 WpHG und § 30 Abs. 2 WpÜG, in FS Karsten Schmidt, 2009, S. 654; *Widder/Kocher*, Stimmrechtszurechnung vom Treugeber zum Treuhänder gem. § 22 Abs. 1 Satz 1 Nr. 2 WpHG analog?, ZIP 2010, 457; s. ferner das Schrifttum Vor §§ 33 ff. WpHG. – Schrifttum zum „acting in concert" s. Rz. 126.

I. Regelungsgegenstand und Regelungszweck . . 1
II. Verhältnis zu § 30 WpÜG 10
III. Auslegung 13
IV. Der Grundsatz der mehrfachen Zurechnung . . 18
V. Der Grundsatz der Kettenzurechnung 21
  1. Regelungsproblem 21
  2. Gesetzlich geregelte Kettenzurechnung
    (§ 34 Abs. 1 Satz 2 und Abs. 2 Satz 2 WpHG) . . 22
  3. Gesetzlich nicht geregelte Kettenzurechnung . 24
VI. Information und Auskunft 26
  1. Informationseinholungspflicht des Meldepflichtigen 26
  2. Auskunftsrecht des Meldepflichtigen 28
  3. Informationspflicht des Aktionärs gegenüber Meldepflichtigen 32
VII. Einem Tochterunternehmen gehören
    (§ 34 Abs. 1 Satz 1 Nr. 1 WpHG) 33
  1. Tochterunternehmen (§ 34 Abs. 1 WpHG) . . . 33
  2. Vollumfängliche Zurechnung 34
  3. Mehrfache Abhängigkeit, gemeinsame Beherrschung (Gemeinschaftsunternehmen) . 38
VIII. Für Rechnung des Meldepflichtigen gehalten
    (§ 34 Abs. 1 Satz 1 Nr. 2 WpHG) 41
  1. Meldepflicht des Halters 41
  2. Auslegung nach Sinn und Zweck 43
  3. Einem Dritten gehören 44
  4. „Für Rechnung" gehalten 46
    a) Wirtschaftliche Chancen und Risiken . . . 46
    b) Treuhand 47
  5. Aufteilung des wirtschaftlichen Risikos 51
  6. Verwaltungstreuhand 55
  7. Holding und Vermögensverwaltungsgesellschaften 64
    a) Holdingstrukturen 65
    b) Vorschaltgesellschaften 67
    c) Investmentgesellschaften 71
    d) Wertpapierleihe/Aktiendarlehen 72
      aa) Ausgangslage 72
      bb) Meldepflichten bei der Standard-Wertpapierleihe 76
      cc) Kettenleihe 80
      dd) Ausnahmen 81
      ee) Repo-Agreement und Sell-Buyback-Arrangement 82
    e) Kommissionsgeschäft 85
IX. Einem Dritten als Sicherheit übertragen
    (§ 34 Abs. 1 Satz 1 Nr. 3 WpHG) 86
X. Zugunsten des Meldepflichtigen einen Nießbrauch bestellt (§ 34 Abs. 1 Satz 1 Nr. 4 WpHG) 90
XI. Durch eine Willenserklärung erwerben kann
    (§ 34 Abs. 1 Satz 1 Nr. 5 WpHG) 92
  1. Regelungszweck 92
  2. Auf Übereignung gerichtetes Angebot 93
XII. Dem Meldepflichtigen anvertraut oder „aus denen er die Stimmrechte als Bevollmächtigter ausüben kann" (§ 34 Abs. 1 Satz 1 Nr. 6 WpHG) 96
  1. Anwendungsbereich 96
  2. Nach eigenem Ermessen 104
  3. Für eine Hauptversammlung (§ 34 Abs. 3 WpHG) 105
  4. Vollmachtstreuhand 106
  5. Vollmachtstimmrecht der Kreditinstitute . . . 111
  6. Mitteilung der Erteilung der Vollmacht (§ 34 Abs. 4 WpHG) 121
XIII. Vereinbarung, die eine zeitweilige Übertragung der Stimmrechte vorsieht (§ 34 Abs. 1 Satz 1 Nr. 7 WpHG) 124
XIV. Die bei dem Meldepflichtigen als Sicherheit verwahrt werden (§ 34 Abs. 1 Satz 1 Nr. 8 WpHG) 125
XV. Sein Verhalten mit dem Meldepflichtigen abgestimmt (§ 34 Abs. 2 WpHG) 126
  1. Regelungsgegenstand und Regelungszweck . 127
  2. Entstehungsgeschichte 130
  3. Das ESMA – Public Statement 2013 134
  4. Beteiligte der Vereinbarung oder Abstimmung . 135
    a) Mehrere Beteiligte 135
    b) Gemeinsamer Vertreter 137
  5. Vereinbarung und Abstimmung in sonstiger Weise 140
  6. Der Inhalt der Vereinbarung oder Abstimmung 145
    a) Verhalten in Bezug auf diesen Emittenten . 145
    b) Verständigung über die Ausübung von Stimmrechten (1. Fallgruppe) 147
    c) Einfluss auf die Zielsetzung des Unternehmens (2. Fallgruppe) 151
      aa) Die Ausgangslage 151
      bb) „in sonstiger Weise" 155
      cc) Änderung der unternehmerischen Ausrichtung 156
    d) Abgestimmter Parallelerwerb 160
    e) Vereinbarungen in Einzelfällen 166
  7. Gegenseitige Zurechnung in voller Höhe . . . 174
  8. Beweislast und Beweisführung 176
  9. Einzelfälle 180
    a) Gemeinsame Beratung und Aktionärsforum 180

b) Wahl von Aufsichtsratsmitgliedern 183
c) Poolvereinbarungen 185
d) Pool-in-Pool-Vereinbarungen 188
e) „Frühstücks-Pool" 189
f) Nahe Verwandte und Familien-Pools 190
g) Gesellschaft und ihre geschäftsführenden Organmitglieder 195
h) Berater, Rechtsanwälte 196
i) Konzerninterne Vereinbarung 198
XVI. **Abschließender Katalog von Zurechnungstatbeständen?** 199

1 **I. Regelungsgegenstand und Regelungszweck.** § 34 WpHG entspricht § 22 WpHG a.F. Die neue Nummerierung erfolgte durch das 2. FiMaNoG (BGBl. 2017, 1693). Nach § 34 WpHG werden dem Meldepflichtigen unter bestimmten Umständen Stimmrechte aus Aktien des Emittenten, für den die Bundesrepublik Deutschland der Herkunftsstaat ist (s. § 33 Abs. 2 WpHG) und die einem Dritten gehören, zugerechnet. **Entsprechende Zurechnungsvorschriften** finden sich etwa in § 20 Abs. 1 (i.V.m. § 16 Abs. 4), Abs. 2 AktG und § 134 Abs. 1 Satz 3 und 4 AktG, § 30 WpÜG sowie in § 290 Abs. 3 Satz 1 und 2 HGB.

2 Bei den einzelnen Zurechnungstatbeständen des § 34 WpHG unterscheiden sich die Regelungszwecke:

3 **Sinn und Zweck der Vorschrift** ist es, *erstens* dem Meldepflichtigen all diejenigen Stimmrechte zuzurechnen, auf deren Ausübung er von Rechts wegen oder faktisch Einfluss hat oder haben kann[1]. Das Gesetz geht dabei von einer abstrakten Betrachtung aus. Voraussetzung für die Zurechnung ist daher nicht, dass der Dritte einen rechtlich abgesicherten Anspruch darauf hat, dass seine Weisungen befolgt werden; und die Zurechnung entfällt auch nicht deshalb, weil derjenige, dem zugerechnet wird, tatsächlich keinen Einfluss nimmt und/oder erklärt, er werde in der Zukunft keinen Einfluss nehmen[2]. So kann sich der Dritte nicht dadurch der Zurechnung entziehen, dass er einen Entherrschungsvertrag abschließt[3]. § 34 WpHG will damit sicherstellen, dass in der Markt-Öffentlichkeit ein zutreffendes Bild über die rechtlichen und tatsächlichen Stimm-, Einfluss- und Machtverhältnisse bei der Gesellschaft („hidden ownership") entsteht. Daraus folgt zugleich, dass der Meldepflichtige nicht selbst Stimmrechte halten muss. Die Meldepflicht kann auch entstehen, wenn ihm lediglich Stimmrechte zugerechnet werden[4].

4 **Sinn und Zweck der Vorschrift** ist es *zweitens*, die Markt-Öffentlichkeit frühzeitig über den Aufbau oder Abbau wesentlicher Beteiligungen zu informieren (s. dazu auch Vor §§ 33 ff. WpHG Rz. 21)[5]. So hat derjenige, der durch Willenserklärung erwerben kann (§ 34 Abs. 1 Satz 1 Nr. 5 WpHG), in der Regel noch keinen rechtlichen oder tatsächlichen Einfluss auf die Stimmrechte. Der Meldepflichtige hat jedoch eine gesicherte Rechtsposition, die ihm den Aufbau eines Pakets ermöglicht. Durch § 34 WpHG soll zugleich Umgehungsstrategien entgegengewirkt werden. Hieran hat sich die Auslegung zu orientieren[6].

5 § 34 WpHG bildet damit zusammen mit § 38 WpHG das regelungstechnische Herzstück der Offenlegungsvorschriften im **Wettlauf gegen Konflikt- und Vermeidungsstrategien**; denn wer Publizität scheut, wird nach Lücken in den Zurechnungstatbeständen suchen. Eine vertiefte Analyse zeigt hierbei, dass die Hasen röchelnd auf der Strecke bleiben, weil die publizitätsscheuen Igel bei der Suche nach Vermeidungsstrategien leicht fündig werden; denn die gesetzliche Regelung ist *„mehr Loch als Käse"*[7].

6 Wenig überzeugend ist daher das Verbot von satzungsmäßigen Höchststimmrechten bei Emittenten, die nach deutschem Aktienrecht organisiert sind, mit der – unzutreffenden – Begründung, ein heimliches Aufkaufen größerer Anteile werde durch die Mitteilungspflichten nach dem WpHG erschwert[8].

7 § 34 WpHG ist das Ergebnis der Umsetzung mehrerer Richtlinien. Umgesetzt wurde zunächst **Art. 7 und 8 RL 88/627/EWG (Transparenzrichtlinie I)** in deutsches Recht. § 34 WpHG übernahm hierbei teilweise wörtlich den Richtlinientext. Im Gegensatz zum ausländischen Recht wurde auf weiter gehende Zurechnungstatbestände verzichtet. So fehlt etwa eine Zurechnung von Stimmrechten aus Aktien, die anderen Familienmitgliedern gehören.

---

[1] OLG Düsseldorf v. 13.6.2013 – I – 6 U 148/12, juris; *Bayer* in MünchKomm. AktG, 4. Aufl. 2016, § 22 AktG Anh. § 22 WpHG Rz. 1; *Hildner*, Kapitalmarktrechtliche Beteiligungstransparenz verbundener Unternehmen, 2002, S. 63; *Casper*, ZIP 2003, 1469; *Seibt*, ZIP 2004, 1830.
[2] Ebenso für § 30 WpÜG: *von Bülow* in KölnKomm. WpÜG, § 30 WpÜG Rz. 30, 34; sowie *von Bülow* in KölnKomm. WpHG, § 22 WpHG Rz. 27.
[3] Vgl. *Hildner*, Kapitalmarktrechtliche Beteiligungstransparenz verbundener Unternehmen, 2002, S. 82; *Petersen* in Spindler/Stilz, § 22 AktG Anh. Rz. 9; a.A. *Schürnbrand* in Emmerich/Habersack, Aktien- und GmbH-Konzernrecht, § 22 WpHG Rz. 6.
[4] *Schürnbrand* in Emmerich/Habersack, Aktien- und GmbH-Konzernrecht, § 22 WpHG Rz. 5.
[5] A.A. *von Bülow* in KölnKomm. WpHG, § 22 WpHG Rz. 3.
[6] A.A. *Opitz* in Schäfer/Hamann, § 22 WpHG Rz. 57; *Steuer/Baur*, WM 1996, 1477, 1478; wie hier für § 30 WpÜG: *Uwe H. Schneider* in Assmann/Pötzsch/Uwe H. Schneider, § 30 WpÜG Rz. 4, 8.
[7] Zustimmend LG München v. 6.5.2004 – 4 HKO 929/04, AG 2005, 53; s. auch *Uwe H. Schneider/Anzinger*, ZIP 2009, 1.
[8] Begr. zu § 134 AktG; RegE eines Gesetzes zur Kontrolle und Transparenz im Unternehmensbereich (KonTraG), ZIP 1997, 2059.

Abgesehen wurde von der Umsetzung des **Art. 7 Unterabs. 1 Anstr. 4 RL 88/627/EWG (Transparenzrichtlinie I)**, da nach deutschem Recht eine isolierte Übertragung des Stimmrechts nicht zulässig ist[1]. Kein Gebrauch gemacht wurde bei der Umsetzung von der Wahlmöglichkeit des Art. 7 Unterabs. 2 RL 88/627/EWG. 8

Durch das **Transparenzrichtlinie-Umsetzungsgesetz** wurde § 34 WpHG an die **Transparenzrichtlinie II** vom 15.12.2004[2], geändert durch die Änderungsrichtlinie vom 11.3.2008[3], angepasst. Das gilt insbesondere für § 34 Abs. 1 Satz 1 Nr. 6 WpHG. Ausdrücklich geregelt wurde auch der Fall, dass der Meldepflichtige zur nicht weisungsgebundenen Stimmrechtsausübung bevollmächtigt wird (s. Rz. 111 ff.). 9

Mehrfach geändert wurde die Definition des abgestimmten Verhaltens, nämlich nicht nur durch das Risikobegrenzungsgesetz, sondern auch durch die Umsetzung der **Transparenzrichtlinie III** (s. Vor §§ 33 ff. WpHG Rz. 9).

II. Verhältnis zu § 30 WpÜG. Die Zurechnungsvorschriften in § 16 Abs. 4 AktG, § 20 Abs. 2 AktG und § 34 WpHG sind ganz und gar unterschiedlich. Dagegen war der Wortlaut von § 34 WpHG (vormals § 22 WpHG a.F.) und § 30 WpÜG mit den nötigen Abänderungen ursprünglich identisch. Damit sollte die enge inhaltliche Verknüpfung des WpHG zu den Vorschriften des WpÜG hergestellt werden[4]. Durch wortgleiche Zurechnungsvorschriften wollte der Gesetzgeber Irritationen am Kapitalmarkt vermeiden. Nun entstehen auf Grund unterschiedlicher Regelungen Irritationen in der Rechtsanwendung. 10

Inzwischen sind nämlich der Wortlaut und die Tatbestandsvoraussetzungen in § 34 WpHG und § 30 WpÜG vor allem durch das Transparenzrichtlinie-Umsetzungsgesetz (TUG) und das Gesetz zur Umsetzung der Transparenzrichtlinie-Änderungsrichtlinie auseinandergelaufen. 11

In der Begr. RegE zu § 30 WpÜG hieß es dazu, veranlasst seien die Modifikationen des früheren § 22 WpHG und des hieran anknüpfenden § 30 WpÜG durch die mit der Anwendung des § 22 WpHG a.F. gewonnenen Erfahrungen. Die Anpassungen dienten *zum einen* der Klarstellung bestimmter Sachverhalte, deren Einordnung in der Praxis zu Zweifelsfragen Anlass gegeben hat. *Zum anderen* sollten bestehende Lücken bei der Zurechnung geschlossen werden. 12

III. Auslegung. Die Auslegung von § 34 WpHG und § 30 WpÜG sollte nach dem Willen des Gesetzgebers identisch sein[5]. Ob dies auch noch nach dem Auseinanderlaufen der Gesetzestexte so sein sollte, bleibt offen. Dem **„Grundsatz des Gleichlaufs"**[6] folgte auch zumindest lange Zeit die Verwaltungspraxis. Zwingend und überzeugend ist dies nicht[6]; denn die Zurechnungsvorschriften stehen **in einem ganz unterschiedlichen Regelungszusammenhang**. Die §§ 33 ff. WpHG dienen der Offenlegung wesentlicher Beteiligungen und damit der Transparenz im Kapitalmarkt. § 30 WpÜG ist dagegen mit den Vorschriften, und zwar insbesondere mit den Folgen bei einem Kontrollerwerb zu lesen. Den freien Aktionären soll die Möglichkeit eröffnet werden, noch vor der möglichen Konzernierung der Zielgesellschaft ihre Aktien zu veräußern. Transparenz ist nicht Ziel dieser Vorschrift[7]. 13

Die Auslegung von § 34 WpHG hat zudem **richtlinienkonform** zu erfolgen, und zwar insbesondere im Blick 14
- auf Art. 7 und 8 RL 88/627/EWG **(Transparenzrichtlinie I)** vom 12.12.1988[8],
- auf die **Transparenzrichtlinie II** vom 15.12.2004[9],
- auf die **Durchführungsrichtlinie** vom 8.3.2007[10], sowie
- auf die **Transparenzrichtlinie-Änderungsrichtlinie** vom 22.10.2013[11].

Entsprechende europarechtliche Vorgaben fehlen für § 30 WpÜG. Die EU-Übernahmerichtlinie[12] enthält keine umfassende Zurechnungsnorm, sondern nur in Art. 2 lit. d RL 2004/25/EG eine Definition der „gemeinsam 15

---

1 Begr. RegE zu § 22 Abs. 1 WpHG, BT-Drucks. 12/6679, 54; s. auch zur Lage in Österreich: *Kalss*, ÖBA 1993, 615, 623.
2 ABl. EU Nr. L 390 v. 31.12.2004, S. 38.
3 ABl. EU Nr. L 76 v. 19.3.2008, S. 50.
4 Begr. RegE, BT-Drucks. 14/7034, 53, 70; BGH v. 29.7.2014 – II ZR 353/12, BGHZ 202, 180 Rz. 40 = AG 2014, 662.
5 Begr. RegE, BT-Drucks. 14/7034, 53, 70; ebenso: *Möller*, AG 2002, 170, 174; *Liebscher*, ZIP 2002, 1009. S. auch European Securities Markets Expert Group, Preliminary Views on the definition of „acting in concert" vom 17.11.2008.
6 Ebenso OLG Stuttgart v. 10.11.2004 – 20 U 16/03, AG 2005, 125, 129; *Koppensteiner* in KölnKomm. AktG, 3. Aufl. 2004, Anh. § 22, §§ 21 ff. WpHG Rz. 19; *Bayer* in MünchKomm. AktG, 4. Aufl. 2016, § 22 AktG Anh. § 22 WpHG Rz. 2; *Seibt*, ZIP 2005, 732 f.; *Uwe H. Schneider* in Assmann/Pötzsch/Uwe H. Schneider, § 30 WpÜG Rz. 91; *Franck*, BKR 2002, 709; *von Bülow* in KölnKomm. WpÜG, § 30 WpÜG Rz. 19; *Borges*, ZIP 2007, 357, 361; *Gätsch/Schäfer*, NZG 2008, 846, 848; *von Bülow* in FS Uwe H. Schneider, 2011, S. 141, 154; a.A. BGH v. 29.7.2014 – II ZR 353/12, BGHZ 202, 186 Rz. 40; *Schürnbrand* in Emmerich/Habersack, Aktien- und GmbH-Konzernrecht, § 22 WpHG Rz. 3; *Hopt*, ZHR 166 (2002), 383, 410; *Möller*, AG 2002, 170, 174; *Schockenhoff/Schumann*, ZGR 2005, 568, 608.
7 *von Bülow* in KölnKomm. WpÜG, § 30 WpÜG Rz. 20; *Seibt*, ZIP 2005, 729, 733; a.A. *Wackerbarth*, ZIP 2005, 1217, 1218.
8 ABl. EG Nr. L 348 v. 17.12.1988; Einzelheiten Vor §§ 33 ff. WpHG Rz. 39.
9 ABl. EU Nr. L 390 v. 31.12.2004, S. 38.
10 ABl. EU Nr. L 68 v. 9.3.2007, S. 27.
11 ABl. EU Nr. L 294 v. 6.11.2013, S. 13.
12 EU-Richtlinie betr. Übernahmeangebote vom 21.4.2004, ABl. EU Nr. L 142 v. 30.4.2004, S. 12.

handelnden Personen" (s. Rz. 126 ff.). Die „überschießende Rechtsangleichung"[1] durch die Wortgleichheit der Vorschriften verlangt keine identische Auslegung[2]. Vielmehr kann der unterschiedliche Sinn und Zweck der Vorschriften, nämlich die Herstellung von größtmöglicher Transparenz einerseits und insbesondere die Einführung eines Pflichtangebots bei Kontrolle der Zielgesellschaft andererseits, eine **unterschiedliche Auslegung von § 34 WpHG und § 30 WpÜG verlangen**[3].

16 Verweisungen in § 7 Abs. 1 Gesetz über Unternehmensbeteiligungsgesellschaften und in § 1 Abs. 9 Satz 2 KWG auf § 34 WpHG haben für die Auslegung der Vorschrift keine Bedeutung. Insbesondere bedarf es keiner wechselseitigen Abstimmung.

17 Die Transparenzrichtlinie-Änderungsrichtlinie geht vom **Grundsatz der partiellen Vollharmonisierung** aus (s. Vor §§ 33 ff. WpHG Rz. 3). Das hat auch Auswirkungen auf die Auslegung der Zurechnungsvorschriften, wobei die Einzelheiten streitig sind.

18 **IV. Der Grundsatz der mehrfachen Zurechnung.** Werden Stimmrechte einem Meldepflichtigen zugerechnet, so sind die Stimmrechte bei dem Aktionär, dessen Stimmrechte zugerechnet werden, nicht hinwegzurechnen. Eine „**Absorption**" (Abzug) findet nicht statt. Bei den Mitteilungspflichten nach § 33 WpHG gilt vielmehr der **Grundsatz der doppelten Meldepflicht**[4]. Der **Grundsatz der mehrfachen Zurechnung** gilt entsprechend für § 30 WpÜG[5]. Daher können etwa hinsichtlich derselben Stimmrechtsanteile mehrere Personen verpflichtet sein, eine Meldung abzugeben. Exemplarisch ist dies beim Abstimmen des Verhaltens durch eine Vielzahl von Personen (§ 34 Abs. 2 WpHG). Alle Beteiligten können zur Offenlegung verpflichtet sein.

19 Sind in der Person des Meldepflichtigen mehrere Zurechnungstatbestände verwirklicht, so ist **nur einfach zuzurechnen**; denn der Betreffende kann, so wird vermutet, nur einmal auf die Ausübung des Stimmrechts Einfluss nehmen[6]. Hat ein Tochterunternehmen 5 % der Aktien einer börsennotierten Gesellschaft erworben und die Aktien zugleich treuhänderisch an das Mutterunternehmen übertragen, so werden die Stimmrechte dem Mutterunternehmen nach § 34 Abs. 1 Satz 1 Nr. 1 und 3 WpHG zugerechnet. Zu melden sind durch das Mutterunternehmen aber nur 5 %.

20 Nach § 34 Abs. 1 Satz 1 Nr. 3 WpHG gilt bei der Sicherungsübereignung ausnahmsweise der **Grundsatz der eingeschränkten kumulativen Zurechnung**. Die Besonderheit dieser Vorschrift besteht darin, dass unter bestimmten Voraussetzungen der Aktionär, dem das Stimmrecht zusteht, nicht meldepflichtig ist.

21 **V. Der Grundsatz der Kettenzurechnung. 1. Regelungsproblem.** Da § 34 WpHG einen Katalog von Zurechnungstatbeständen enthält, stellt sich die Frage, ob jeder Zurechnungstatbestand für sich abschließend zur Anwendung gelangt (**Einzelrechnung**) oder ob dem Meldepflichtigen auch die dem Dritten seinerseits zuzurechnenden Stimmrechte zuzurechnen sind (**Kettenzurechnung**)[7]. Beispiel[8]: Nach § 34 Abs. 1 Satz 1 Nr. 1 WpHG sind den Stimmrechten des Meldepflichtigen auch die Stimmrechte aus Aktien zuzurechnen, die einem Tochterunternehmen des Meldepflichtigen gehören. Nach § 34 Abs. 1 Satz 1 Nr. 4 WpHG gilt das Entsprechende für Stimmrechte aus Aktien, an den zugunsten des Meldepflichtigen ein Nießbrauch bestellt ist. Sind dem Meldepflichtigen auch Stimmrechte aus Aktien zuzurechnen, an denen zwar nicht zugunsten des Meldepflichtigen, wohl aber zugunsten eines Tochterunternehmens des Meldepflichtigen ein Nießbrauch bestellt ist.

22 **2. Gesetzlich geregelte Kettenzurechnung (§ 34 Abs. 1 Satz 2 und Abs. 2 Satz 2 WpHG).** Die Kettenzurechnung ist in zwei Fällen ausdrücklich gesetzlich geregelt. Zum einen erfolgt eine Kettenzurechnung nach § 34 Abs. 1 Satz 2 WpHG, wenn einem „Tochterunternehmen" seinerseits Stimmrechte nach § 34 Abs. 1 Satz 1 Nr. 2–6 WpHG zugerechnet werden. Unabhängig von der Höhe der Beteiligung ist die Zurechnung in voller

---

1 Zur überschießenden Umsetzung von Richtlinien: *Habersack/Mayer*, JZ 1999, 913; *Hommelhoff* in FS 50 Jahre BGH, 2000, Band 2, S. 889, 913.
2 *Franck*, BKR 2002, 709; *Holzborn* in Zschocke/Schuster (Hrsg.), Bad Homburger Handbuch zum Übernahmerecht, 2003, Rz. C 26.
3 Ebenso *Hirte* in KölnKomm. WpHG, § 22 WpHG Rz. 13; *Mülbert*, Bankrechtstag 2006, S. 141, 150; *Fleischer*, ZGR 2008, 185, 196; eingehend: *Uwe H. Schneider*, WM 2006, 1321, 1322.
4 S. auch § 33 WpHG Rz. 97 sowie OLG München v. 9.9.2009 – 7 U 1997/09, ZIP 2009, 2095, 2096 = AG 2009, 793; *Bayer* in MünchKomm. AktG, 4. Aufl. 2016, § 22 AktG Anh. § 22 WpHG Rz. 4; *Opitz* in Schäfer/Hamann, § 21 WpHG Rz. 36; *Hildner*, Kapitalmarktrechtliche Beteiligungstransparenz verbundener Unternehmen, 2002, S. 100; *Fiedler*, Mitteilungen über Beteiligungen von Mutter- und Tochterunternehmen, 2005, S. 89; *von Bülow/Petersen*, NZG 2009, 1373, 1375 sprechen von „Grundsatz der doppelten Stimmrechtserfassung"; *Fleischer/Bedkowski*, DStR 2010, 933.
5 *Uwe H. Schneider* in Assmann/Pötzsch/Uwe H. Schneider, § 30 WpÜG Rz. 9, 10 ff.; *von Bülow* in KölnKomm. WpÜG, § 30 WpÜG Rz. 29.
6 OLG Düsseldorf v. 13.6.2013 – I – 6 U 148/12, juris Rz. 90; *Schürnbrand* in Emmerich/Habersack, Aktien- und GmbH-Konzernrecht, § 22 WpHG Rz. 6; ebenso für § 30 WpÜG: *von Bülow* in KölnKomm. WpÜG, § 30 WpÜG Rz. 33; *Löhdefink*, Acting in Concert und Kontrolle im Übernahmerecht, 2007, S. 225.
7 *Burgard*, BB 1995, 2069, 2077 spricht von „kumulierender Zurechnung".
8 A.A. *Hitzer/Hauser*, NZG 2016, 1365.

Höhe vorzunehmen (§ 34 Abs. 1 Satz 3 WpHG)[1]. Dahinter steht der Gedanke, dass das Mutterunternehmen nicht nur die Stimmrechte aus Aktien, die dem Tochterunternehmen gehören, beeinflussen kann, sondern auch die Stimmrechte, die dem Tochterunternehmen seinerseits zugerechnet werden. Dem wird entgegengehalten, die Transparenzrichtlinie III ordne die Kettenzurechnung nicht für alle Stimmrechte an, die dem Tochterunternehmen zugerechnet werden. Die Grenze bilde die europarechtlich vorgesehene Vollharmonisierung. Kettenzurechnung seien die Stimmrechte, die das Tochterunternehmen treuhänderisch für keinen Dritten halte, der keine Tochterunternehmen verwahrt sind oder die das Tochterunternehmen aufgrund einer Vollmacht nach eigenem Ermessen ausüben kann[2]. Dagegen spricht, dass die Transparenzrichtlinie III nur eine partielle Vollharmonisierung will und hier keine überschießende Umsetzung vorliegt.

Das Entsprechende gilt nach § 34 Abs. 2 Satz 2 WpHG bei einer Zurechnung auf Grund abgestimmten Verhaltens. Dem Meldepflichtigen werden hiernach nicht nur die Stimmrechte des Dritten zugerechnet, mit dem er sein Verhalten abstimmt, sondern auch die Stimmrechte, die dem Dritten nach § 34 Abs. 1 Satz 1 Nr. 2–6 WpHG zugerechnet werden. Das folgt aus der Verweisung auf § 34 Abs. 1 Satz 2 WpHG. Zugerechnet werden ferner die Stimmrechte der Tochterunternehmen des Dritten. Das kann im Ergebnis zu einer **mehrgliedrigen Kettenzurechnung** führen: Dem Meldepflichtigen werden nach § 34 Abs. 2 Satz 2 WpHG nicht nur die Stimmrechte des Dritten und die Stimmrechte der Tochterunternehmen des Dritten, sondern auch die Stimmrechte zugerechnet, die dem Tochterunternehmen des Dritten zugerechnet werden.

3. Gesetzlich nicht geregelte Kettenzurechnung. Im Übrigen sprechen Sinn und Zweck für eine weiter gehende Kettenzurechnung, soweit der Meldepflichtige **Einfluss auf die Ausübung der Stimmrechte** hat. Dies ist für jede Fallgruppe getrennt zu prüfen[3]. Für § 34 WpHG folgt dies mittelbar aus einer richtlinienkonformen Auslegung des Art. 7 Abs. 1 Anstr. 7 RL 88/627/EWG (Transparenzrichtlinie I)[4]. Danach kommt es nämlich nicht nur auf eine Erwerbsmöglichkeit seitens des Meldepflichtigen oder eines von ihm kontrollierten Unternehmens, sondern auch auf eine Erwerbsmöglichkeit seitens „der anderen unter den vorstehenden Gedankenstrichen bezeichneten Personen" an.

Im Blick hierauf ist eine Kettenzurechnung geboten bei Stimmrechten, die einem Treuhänder in seiner Funktion als Treuhänder zugerechnet werden (**Kettentreuhand**)[5]. Dagegen verbietet sich eine Kettenzurechnung im Blick auf die in § 34 Abs. 1 Satz 1 Nr. 3, 4, 5 und 6 WpHG genannten Dritten; denn der Meldepflichtige hat insoweit keinen Einfluss auf die Stimmrechte, die diesen Dritten zugerechnet werden.

VI. Information und Auskunft. 1. Informationseinholungspflicht des Meldepflichtigen. Angesichts der schwerwiegenden Folgen bei unterlassener Offenlegung lassen sich die in § 34 WpHG enthaltenen Zurechnungstatbestände nur rechtfertigen, wenn *erstens* dem Meldepflichtigen eine Informationseinholungspflicht (**Informationsverschaffungspflicht**) obliegt, wenn diese *zweitens* von einem abgestimmten System von Informationspflichten des Dritten und Auskunftsrechten des Meldepflichtigen begleitet werden und wenn *drittens* dem Meldepflichtigen über Bestand und Höhe ein entsprechender **Auskunftsanspruch** zusteht[6].

Der Meldepflichtige hat dafür zur sorgen, dass ihm die Sachverhalte bekannt werden, die zu einer Zurechnung von Stimmrechten führen. Daraus ergeben sich für den Meldepflichtigen besondere Organisationspflichten. Zwar muss das geschäftsführende Organ die entsprechenden Informationen nicht persönlich beschaffen, vielmehr kann es die mit den Meldepflichten verbundenen Aufgaben auf Mitarbeiter delegieren. Das geschäftsführende Organ hat aber eine konzernweite Meldestelle beim herrschenden Unternehmen und entsprechende Meldestellen bei den Tochter- und Enkelgesellschaften einzurichten, damit alle konzernrelevanten Daten zusammengefasst werden[7]. Dieser Meldestelle ist zugleich die Aufgabe zuzuweisen, die entsprechenden Daten von Dritten einzusammeln, wenn deren Stimmrechte dem Meldepflichtigen zugerechnet werden.

Dabei besteht das Problem, welchen Umfang diese Informationsverschaffungspflicht hat, ob regelmäßig abzufragen ist oder ob nur nach Ablauf gewisser Zeiträume eine Nachfrage geboten ist. Abzustellen ist auf den Einzelfall. Ist **in einem Einzelfall** eine Änderung zu erwarten, die aufgrund der Zurechnung zu einer Überquerung einer Meldeschwelle führen wird, so ist durch den Meldepflichtigen nachzufragen. Muss der Meldepflich-

---

1 *Opitz* in Schäfer/Hamann, § 22 WpHG Rz. 24; *Burgard*, BB 1995, 2069, 2077; *Witt*, AG 2001, 233, 240; *Hildner*, Kapitalmarktrechtliche Beteiligungstransparenz verbundener Unternehmen, 2002, S. 100 ff.; *von Bülow* in KölnKomm. WpHG, § 22 WpHG Rz. 59.
2 So *Hitzer/Hauser*, NZG 2016, 1365.
3 *Koppensteiner* in KölnKomm. AktG, 3. Aufl. 2004, Anh. § 22, §§ 21 ff. WpHG Rz. 21; s. auch LG Köln v. 6.7.2005 – 82 O 150/04, AG 2005, 696, 699.
4 Im Ergebnis wie hier aber nur im Wege der Rechtsfortbildung: *Schürnbrand* in Emmerich/Habersack, Aktien- und GmbH-Konzernrecht, § 22 WpHG Rz. 7.
5 A.A. *von Bülow* in KölnKomm. WpHG, § 22 WpHG Rz. 63, 67.
6 *Uwe H. Schneider* in FS Brandner, 1996, S. 565, 573; a.A. *von Bülow* in KölnKomm. WpHG, § 22 WpHG Rz. 38, weil nicht ausdrücklich vorgesehen; s. aber auch *von Bülow* in KölnKomm. WpÜG, § 30 WpÜG Rz. 46; *Mader*, Der Informationsfluss im Unternehmensverbund, 2016, S. 290 ff., 312 ff.: Es fehle an einer planwidrigen Regelungslücke.
7 Zu den konzerndimensionalen Auskunfts- und Überwachungspflichten des herrschenden Unternehmens: LG Stuttgart v. 19.12.2017 – 31 O 33/16 KfH, AG 2018, 2040; *Mayer/Richter*, AG 2018, 220; *Theurer*, ZWH 2018, 59.

tige davon ausgehen, dass sich bei dem Dritten, dessen Stimmrechte ihm zugerechnet werden, **in regelmäßigen Abständen** Änderungen im Bestand ergeben, so muss er für ein entsprechendes Informationssystem sorgen. So können insbesondere kontrollierte Unternehmen durch das Mutterunternehmen zu verpflichten sein, taggleich Bericht zu erstatten.

28 2. **Auskunftsrecht des Meldepflichtigen. a)** Damit der Mitteilungspflichtige seiner Meldepflicht nachkommen kann, bedarf es bei einzelnen Zurechnungstatbeständen eines entsprechenden Anspruchs auf Auskunft gegenüber dem Aktionär. Dieser folgt teilweise schon aus den besonderen gesetzlichen oder vertraglichen Beziehungen zwischen dem Aktionär und dem Mitteilungspflichtigen. Im Verhältnis zu den kontrollierten Unternehmen folgt dies aus einer entsprechenden Anwendung von § 294 Abs. 3 HGB[1].

29 Der **Aktionär** seinerseits ist zur Auskunft verpflichtet, ohne Rücksicht darauf, ob er seinen Sitz im Inland oder im Ausland hat. Damit werden nicht exterritoriale Pflichten begründet. Sie knüpfen vielmehr an die Mitgliedschaft im Inland an.

30 Problematisch ist die Lage bei einer Kettenzurechnung, wenn das zur Auskunft verpflichtete Unternehmen seinen **Sitz im Ausland** hat. Entgegenstehendes ausländisches Organisationsrecht oder Abwehrgesetze können hier dazu führen, dass das Auskunftsrecht nicht greift (s. dazu § 33 WpHG Rz. 49).

31 **b)** Zur Geltendmachung des Auskunftsanspruchs ist durch den Meldepflichtigen vorzutragen, dass konkrete Anhaltspunkte dafür vorliegen, dass er in Verbindung mit der Zurechnung nach § 34 WpHG eine Meldeschwelle erreicht, überschreitet oder unterschreitet.

32 3. **Informationspflicht des Aktionärs gegenüber Meldepflichtigen.** Offen gelassen ist im Gesetz, ob der Aktionär einen Dritten, etwa das herrschende Unternehmen, dem die von ihm gehaltenen Aktien zugerechnet werden, über den Aktienbestand und Veränderungen hiervon unaufgefordert informieren muss. Unterlässt dies das kontrollierte Unternehmen, so ruhen die Stimmrechte des herrschenden Unternehmens aus eigenen Aktien, solange es nicht gemeldet hat (§ 44 WpHG). Schwerer Schaden kann entstehen, wenn das herrschende Unternehmen gleichwohl die Stimmrechte ausübt. Vor diesem Hintergrund wird man im Interesse eines ausgewogenen Auskunfts- und Informationssystems zur Sicherung der Offenlegungspflichten davon ausgehen können, dass der Aktionär zur **Information Dritter verpflichtet** ist, wenn er Anhaltspunkte dafür hat, dass die Zurechnung bei einem Dritten zu einer Meldepflicht führt. Dies gilt auch dann, wenn der Aktionär selbst sein Stimmrecht nicht ausüben will.

33 VII. **Einem Tochterunternehmen gehören (§ 34 Abs. 1 Satz 1 Nr. 1 WpHG). 1. Tochterunternehmen (§ 34 Abs. 1 WpHG).** Dem Meldepflichtigen zuzurechnen sind Stimmrechte aus Aktien, die einem Tochterunternehmen des Meldepflichtigen gehören oder dem Tochterunternehmen seinerseits zugerechnet werden[2]. Dahinter steht die Überlegung, dass der Meldepflichtige aufgrund des beherrschenden Einflusses bestimmen kann, wie die Stimmrechte aus den Aktien, die einem Tochterunternehmen „gehören", ausgeübt werden. Die Aktien **gehören** dem Tochterunternehmen, wenn diesem entweder das zivilrechtliche Eigentum an den Aktien oder wenn ihm ein auf die Übertragung von Aktien gerichteter unbedingt und ohne zeitliche Verzögerung zu erfüllender Anspruch zusteht, § 33 Abs. 3 WpHG.

34 2. **Vollumfängliche Zurechnung.** Dem Mutterunternehmen werden die Stimmrechte des Tochterunternehmens in vollem Umfang zugerechnet, auch wenn an dem Tochterunternehmen noch andere Gesellschaften beteiligt sind. Daneben ist auch das Tochterunternehmen meldepflichtig, soweit es selbst Stimmrechte hält oder ihm Stimmrechte zugerechnet werden. Eine gruppenweite Meldung durch das Mutterunternehmen befreit jedoch das Tochterunternehmen von der Meldepflicht (s. § 37 WpHG Rz. 1, 12). Der Begriff „Tochterunternehmen" wird in § 35 WpHG definiert, Einzelheiten bei § 35 WpHG. Zur Informationsbeschaffung s. § 33 WpHG Rz. 137.

35 Bei verschachtelten Beteiligungs- und Konzernstrukturen kommt es zu erheblichen Anwendungsproblemen. Hat der Meldepflichtige **mehrere Tochterunternehmen**, besteht ein mehrstufiges Mutter- und Tochterverhältnis, so werden dem Meldepflichtigen die Stimmrechte **aller Tochterunternehmen** zugerechnet. Die Aktien müssen dem „Tochterunternehmen" gehören. Es muss folglich Inhaber der Mitgliedschaft sein.

36 Dem Meldepflichtigen werden die Stimmrechte der Tochterunternehmen nicht quotal abhängig von der Höhe der Beteiligungsquote, sondern in voller Höhe zugerechnet (§ 34 Abs. 1 Satz 3 WpHG); denn der Meldepflichtige kann auf sämtliche Stimmrechte der Tochterunternehmen Einfluss nehmen. Sein Einfluss begrenzt sich nicht auf seine Beteiligungsquote[3].

---

1 Ablehnend: *Windbichler* in Großkomm. AktG, 5. Aufl. 2017, § 20 AktG Rz. 51.
2 Zum Zurechnungsprinzip im Konzern: *Wiedemann*, Die Unternehmensgruppe im Privatrecht, 1988, S. 23; kritisch zum wortgleichen § 30 Abs. 1 Satz 1 Nr. 1 WpÜG: *Arnold*, AG 2006, 567.
3 BT-Drucks. 14/7034, 53; für § 30 WpÜG: *Uwe H. Schneider* in Assmann/Pötzsch/Uwe H. Schneider, § 30 WpÜG Rz. 19; *Diekmann* in Baums/Thoma/Verse, § 30 WpÜG Rz. 25; *Witt*, AG 2001, 233, 237; *Holzborn* in Zschocke/Schuster (Hrsg.), Bad Homburger Handbuch zum Übernahmerecht, 2003, Rz. C 26.

Im **mehrstufigen Konzern** kann auch ein nachgeordnetes Unternehmen seinerseits Mutterunternehmen sein, dem die Stimmrechte der Enkel- und Urenkelgesellschaften zugerechnet werden. Hier entstehen **Zurechnungspyramiden** durch Kettenzurechnung.

3. Mehrfache Abhängigkeit, gemeinsame Beherrschung (Gemeinschaftsunternehmen). Wirken mehrere Unternehmen derart zusammen, dass sie gemeinsam einen beherrschenden Einfluss auf ein anderes Unternehmen ausüben können, so gilt nach § 36 Abs. 2 Satz 2 GWB jedes von ihnen als herrschendes Unternehmen[1]. In § 34 Abs. 1 Satz 1 Nr. 1 WpHG fehlt eine ausdrückliche Bestimmung für den Fall mehrfacher Abhängigkeit[2] und gemeinsamer Beherrschung. Es fehlt damit auch eine ausdrückliche Bestimmung für Gemeinschaftsunternehmen. Es gilt jedoch das Entsprechende wie nach § 36 Abs. 2 Satz 2 GWB: Ein Tochterunternehmen kann von mehreren Mutterunternehmen abhängig sein und von diesen gemeinsam beherrscht werden. Sowohl bei bestehender Abhängigkeit[3] als auch bei einer Konzernlage (Gemeinschaftsunternehmen) können mehrere Unternehmen Mutterunternehmen desselben Tochterunternehmens sein[4]. In der Praxis folgt daraus ein faktischer Einigungszwang auch darüber, wie Stimmrechte ausgeübt werden[5]. § 34 Abs. 1 Satz 1 Nr. 1 WpHG verlangt nicht, dass das Mutterunternehmen eine Mehrheitsbeteiligung an dem Tochterunternehmen hält.

Geht man hiervon aus und sieht in den in der Praxis üblichen **Vermögensverwaltungsgesellschaften** eine Sonderform von einem Gemeinschaftsunternehmen, so sind deren Stimmrechte den Gesellschaftern des Gemeinschaftsunternehmens zuzurechnen.

Problematisch ist es, ob die Zurechnung in vollem Umfang oder quotal vorzunehmen ist. Nach § 34 Abs. 1 Satz 3 WpHG sind Stimmrechte eines Tochterunternehmens dem Mutterunternehmen **in voller Höhe** zuzurechnen. Offen bleibt, ob dies auch gilt, wenn ein Tochterunternehmen mehrere Mutterunternehmen hat, oder ob es einer teleologischen Reduktion bedarf. Für eine **volle Zurechnung** spricht, dass jedes Mutterunternehmen herrschend ist und Einfluss ausüben kann oder an der Leitung beteiligt ist[6]. Dem steht nicht entgegen, dass die Zurechnung nach § 34 Abs. 1 Satz 1 Nr. 2 WpHG nur quotal erfolgt.

VIII. Für Rechnung des Meldepflichtigen gehalten (§ 34 Abs. 1 Satz 1 Nr. 2 WpHG). 1. Meldepflicht des Halters. Werden Aktien für Rechnung eines Dritten gehalten, so steht das Stimmrecht dem zu, der die Aktien hält:
– Meldepflichtig ist der Eigentümer, weil ihm die Aktien gehören[7].
– Und meldepflichtig ist derjenige, für dessen Rechnung die Aktien gehalten werden.

Eine Regelung entsprechend § 34 Abs. 1 Satz 1 Nr. 3 WpHG, nämlich die Anwendung des Grundsatzes der alternativen Zurechnung, fehlt bei § 34 Abs. 1 Satz 1 Nr. 2 WpHG. Und damit gilt der allgemeine **Grundsatz der doppelten Zurechnung**[8].

2. Auslegung nach Sinn und Zweck. Das Tatbestandsmerkmal „für Rechnung des Meldepflichtigen gehalten", findet sich in unterschiedlicher Ausformulierung an vielen Stellen im Gesetz, nicht nur in § 34 Abs. 1 Satz 1 Nr. 2 WpHG und § 30 Abs. 1 Satz 1 Nr. 2 WpÜG, sondern auch in §§ 290 Abs. 3, 313 Abs. 2 und 383 HGB und in §§ 56 Abs. 3, 71a Abs. 2, 71d, 134 Abs. 1 Satz 3, 291 Abs. 1 AktG[9]. Es geht jeweils um das Auseinanderfallen von rechtlicher und wirtschaftlicher Zuordnung. § 34 Abs. 1 Satz 1 Nr. 2 WpHG entspricht dem in § 22 Abs. 1 Satz 1 Nr. 1 WpHG a.F. enthaltenen Zurechnungstatbestand. Verlangt ist jeweils eine Auslegung nach Sinn und Zweck der Norm.

3. Einem Dritten gehören. Die Aktien „gehören" einem Dritten, wenn dieser Inhaber der Mitgliedschaft, also Aktionär, ist („Außenverhältnis"). Dabei ist unbeachtlich, ob zwischen dem Meldepflichtigen und dem Dritten ein gesetzliches oder ein rechtsgeschäftliches Rechtsverhältnis besteht[10].

Es macht auch keinen Unterschied, wie der Dritte die Aktien erlangt hat, ob der Treugeber die Aktien an den Treuhänder übereignet oder ob etwa ein Kreditinstitut treuhänderisch im Kundenauftrag die Aktien im Markt erworben hat[11].

---

1 OLG Düsseldorf v. 13.6.2013 – I - 6 U 148/12, juris Rz. 102.
2 S. dazu LG Bielefeld v. 12.11.1999 – 13 O 37/99, AG 2000, 329 = DB 2000, 266.
3 BGH v. 4.3.1974 – II ZR 89/72 – Seitz-Gruppe, BGHZ 62, 193, 199; OLG München v. 17.2.2005 – 23 W 2406/04, AG 2005, 407 = WM 2005, 1414 mit Anm. *Sven H. Schneider*, WuB I G G. § 22 WpHG 1.05.
4 *Hüffer/Koch*, § 18 AktG Rz. 16; *Bayer* in MünchKomm. AktG, 4. Aufl. 2016, § 18 AktG Rz. 43; *Emmerich/Habersack*, Aktien- und GmbH-Konzernrecht, § 17 AktG Rz. 28 ff. und § 18 AktG Rz. 18 m.w.N. A.A. für § 30 WpÜG; *Diekmann* in Baums/Thoma/Verse, § 30 WpÜG Rz. 22.
5 A.A. BaFin, Emittentenleitfaden 2013, Rz. VIII.2.5.1.5.
6 OLG München v. 17.2.2005 – 23 W 2406/04, AG 2005, 407.
7 Zum Problem des empty voting und des decoupling: *Hu/Black*, Pensylvania Law Review 156 (2008), 625, 640; *Weidemann*, NZG 2015, 605.
8 OLG München v. 9.9.2009 – 7 U 1997/09, ZIP 2009, 2095, 2096 = AG 2009, 793; krit. BGH v. 19.7.2011 – II ZR 246/09, AG 2011, 786 = ZIP 2011, 1862, 1864.
9 Einen guten Überblick gibt *Vedder*, Zum Begriff „für Rechnung" im AktG und im WpHG, 1999.
10 *Uwe H. Schneider* in Assmann/Pötzsch/Uwe H. Schneider, § 30 WpÜG Rz. 23.
11 Zu dieser zivilrechtlichen Vorfrage: BGH v. 25.11.1964 – V ZR 144/62, WM 1965, 173.

46 **4. „Für Rechnung" gehalten. a) Wirtschaftliche Chancen und Risiken.** Für Rechnung des Meldepflichtigen ist gehalten, wenn der Meldepflichtige im Verhältnis zum Dritten („Innenverhältnis") die **wirtschaftlichen Chancen und die wirtschaftlichen Risiken**[1] trägt. Es geht um die Fälle der Aufspaltung zwischen dem wirtschaftlichen Substrat einerseits und dem Stimmrecht andererseits (**empty voting**)[2]. Zu den Risiken der Aktie gehören das Bestandsrisiko sowie das Risiko, Abfindungs- oder Ausgleichzahlungen zu erhalten, das Marktrisiko (Kursrisiko), das Dividendenrisiko und das Bezugsrisiko. Trägt der Meldepflichtige die wirtschaftlichen Risiken, so obliegen dem Dritten in der Regel eine Interessenwahrungspflicht, die Pflicht zur Rechnungslegung und die Pflicht, den Gewinn an den Meldepflichtigen abzuführen. Und dem Meldepflichtigen steht das Weisungsrecht zu, wie die Aktien zu verwalten sind, insbesondere wie das Stimmrecht auszuüben ist, ob Bezugsrechte wahrgenommen werden usw.[3]

47 **b) Treuhand.** Der Hauptanwendungsfall von § 34 Abs. 1 Satz 1 Nr. 2 WpHG ist die **Treuhand**. Auf die Rechtsnatur der rechtlichen Beziehungen zwischen dem Meldepflichtigen und dem Dritten kommt es nicht an. In Betracht kommen unterschiedliche Formen der Vermögensverwaltung, u.a. auf Grund Auftrag, Geschäftsbesorgung oder Kommission.

48 Fallen die formale Mitgliedschaft und die Zuordnung der wirtschaftlichen Chancen und der wirtschaftlichen Risiken auseinander – und das ist der **Leitgedanke der Zurechnung** –, so wirkt sich dies auch auf die Ausübung des Stimmrechts aus. Der Meldepflichtige hat auf Grund des von ihm zu tragenden wirtschaftlichen Risikos typischerweise auch die **rechtliche, zumindest aber die tatsächliche Möglichkeit**, den formalen Rechtsinhaber anzuweisen, wie er die Stimmrechte auszuüben hat (**abstrakte Betrachtungsweise**)[4]. Für die Zurechnung ist insoweit nicht erforderlich, dass der Meldepflichtige auch vertraglich berechtigt ist, die Stimmrechte auszuüben, oder auch tatsächlich Weisungen erteilt und der Aktionär damit zum bloßen Strohmann wird.

49 Erfasst wird vielmehr alle Ausgestaltungsmöglichkeiten ganz unabhängig von dem Bestehen oder der Ausübung eines Weisungsrechts. Allerdings ist der bloße **tatsächliche Einfluss** nicht ausreichend, wenn er nicht darauf beruht, dass der Meldepflichtige das wirtschaftliche Risiko trägt[5].

50 Keine Zurechnung soll bei der **eigennützigen Sicherungstreuhand** erfolgen[6]; denn in diesem Fall könne der Treugeber keinen Einfluss auf die Ausübung der Stimmrechte nehmen. Ob eine solche Einschränkung für das Übernahmerecht gilt, kann hier dahinstehen. Mit dem Sinn der Offenlegungspflichten ist eine solche einschränkende Auslegung nicht vereinbar.

51 **5. Aufteilung des wirtschaftlichen Risikos.** Eine Zurechnung erfolgt auch, wenn der Meldepflichtige **nur einen Teil der wirtschaftlichen Chancen und Risiken** trägt. Der Übergang ist fließend[7]. Entscheidend ist, dass das von dem Meldepflichtigen übernommene Risiko **so wesentlich ist**, dass der Meldepflichtige rechtlich aufgrund einer Vereinbarung oder tatsächlich die Möglichkeit zu wesentlichem Einfluss auf die Ausübung der Stimmrechte hat[8]. Die Zurechnung erfolgt somit auch, wenn der Treuhänder kein vertragliches Recht zur Ausübung des Stimmrechts hat[9]. Sie erfolgt selbst dann, wenn ein Weisungsrecht des Treugebers vertraglich ausgeschlossen ist. Ein solches wesentliches Risiko trägt etwa, wer für bestimmte Aktien, die zum Kreditinstitut gehören, eine **Kursgarantie** oder eine **Dividendengarantie** übernimmt[10]; denn damit verbleiben die Gewinnchance, die Bezugschance und die Veräußerungschance beim Dritten. Demgemäß ist zuzurechnen.

---

1 Ebenso OLG München v. 9.9.2009 – 7 U 1997/09, ZIP 2009, 2095 = AG 2009, 793; *Habersack*, AG 2008, 817; *Fleischer/Schmolke*, ZIP 2008, 1501, 1502; *Fleischer/Bedkowski*, DStR 2010, 933; *von Bülow* in KölnKomm. WpHG, § 22 WpHG Rz. 65; *Opitz* in Schäfer/Hamann, § 22 WpHG Rz. 30; *Schürnbrand* in Emmerich/Habersack, Aktien- und GmbH-Konzernrecht, § 22 WpHG Rz. 9; für § 30 Abs. 1 Nr. 2 WpÜG: *Diekmann* in Baums/Thoma/Verse, § 30 WpÜG Rz. 31; *Nottmeier/Schäfer*, AG 1997, 93; zu § 20 AktG: LG Hannover v. 29.5.1992 – 23 O 64/91, 23 O 77/91, AG 1993, 187 = WM 1992, 1239. S. auch Art. 10 Abs. 1 der Verordnung der Eidgenössischen Finanzmarktaufsicht über die Finanzmarktinfrastrukturen und das Marktverhalten im Effekten- und Derivatehandel vom 3.12.2015.
2 *Seibt*, ZGR 2010, 795, 797; *Weidemann*, NZG 2016, 605.
3 *Starke*, Beteiligungstransparenz im Gesellschafts- und Kapitalmarktrecht, 2002, S. 200.
4 BaFin, Emittentenleitfaden 2013, Rz. VIII.2.5.2; *Opitz* in Schäfer/Hamann, § 22 WpHG Rz. 31; *Veil* in FS Karsten Schmidt, 2009, S. 1645, 1649; ebenso für § 20 AktG: BGH v. 22.4.1991 – II ZR 231/90, AG 1991, 270 = WM 1991, 1166; *Koppensteiner* in FS Roweder, 1994, S. 215.
5 Ebenso *Heinrich* in Heidel, § 22 WpHG Rz. 7; *Cascante/Topf*, AG 2009, 53, 67; a.A. *von Bülow* in KölnKomm. WpHG, § 22 WpHG Rz. 80; *Becker* in Just/Voß/Ritz/Becker, § 22 WpHG Rz. 50.
6 Für § 30 WpÜG: *von Bülow* in KölnKomm. WpÜG, § 30 WpÜG Rz. 101; zur Sicherungsübereignung s. Rz. 92.
7 BaFin, Emittentenleitfaden 2013, Rz. VIII.2.5.; *Becker* in Just/Voß/Ritz/Becker, § 22 WpHG Rz. 49.
8 Ebenso *Burgard*, BB 1995, 2069, 2072; *Becker* in Just/Voß/Ritz/Becker, § 22 WpHG Rz. 49.
9 VG Frankfurt/M. v. 18.5.2006 – 1 E 3049/05, BKR 2007, 40; *Opitz* in Schäfer/Hamann, § 22 WpHG Rz. 30; a.A. *Petersen/Wille*, NZG 2009, 856, 858; für § 30 WpÜG: *von Bülow* in KölnKomm. WpÜG, § 30 WpÜG Rz. 98; s. auch *Habersack*, AG 2008, 817, 818.
10 Offen gelassen für § 20 AktG: LG Hannover v. 29.3.1992 – 23 O 64 und 77/91, WM 1992, 1243. *Marsch-Barner*, WuB II A. § 20 AktG 1/92, vertritt die Ansicht, schon die Verpflichtung zur Freihaltung von allen Verlusten und Kosten genüge für eine Zurechnung. Zum Ganzen s. *Koppensteiner* in FS Roweder, 1994, S. 217 f.

Das aber bedeutet, dass beim **Cash-Settled Equity Swap** die Stimmrechte, die dem Stillhalter zustehen, dem zugerechnet werden, der die konkrete Möglichkeit künftigen Erwerbs hat[1]. Die Höhe bestimmt sich nach dem Umfang der bestehenden Erwerbsmöglichkeit. Das Problem hat sich mit Einführung des § 25a WpHG a.F. (jetzt § 38 WpHG) keineswegs erledigt; denn die Eingangsschwelle liegt für die Mitteilungspflichten nach den §§ 33ff. WpHG bei 3 % und für die Mitteilungspflichten nach § 38 WpHG bei 5 %. 52

Die entsprechenden Überlegungen gelten für die personelle Aufteilung des wirtschaftlichen Risikos. Zuzurechnen ist auch, wenn der Dritte die Aktien **zugleich auf eigene Rechnung** oder auf **Rechnung weiterer Personen** hält, immer vorausgesetzt, dass der Meldepflichtige wenigstens ein „wesentliches Risiko" trägt und deshalb auch wesentlichen Einfluss auf die Ausübung der Stimmrechte hat. 53

Im Blick hierauf sind dem Meldepflichtigen keine Stimmrechte aus Anteilen zuzurechnen, wenn der Dritte oder ein Tochterunternehmen die Aktien treuhänderisch nur für sonstige Personen hält. 54

6. Verwaltungstreuhand. a) Treuhandverhältnisse an Aktien werden in der Regel rechtsgeschäftlich begründet, und zwar entweder durch Übertragung des Vollrechts an den Aktien (Treugut) auf den Treuhänder (**fremdnützige Verwaltungstreuhand**)[2] oder durch Einräumung einer Vollmacht (**Vollmachtstreuhand**)[3]. Verbunden ist damit die Pflicht zur Wahrnehmung fremder Vermögensinteressen. Diese Pflicht zur Interessenwahrung wird durch das schuldrechtliche Innenverhältnis begründet. Exemplarisch für die Treuhand ist die Vermögensverwaltung, die sowohl nach dem Verwaltungstreuhand-Modell als auch nach dem Vollmachtstreuhand-Modell organisiert sein kann[4]. 55

b) Von § 34 Abs. 1 Satz 1 Nr. 2 WpHG erfasst wird nur die Verwaltungstreuhand und damit auch die **Vermögensverwaltung**, für die das Treuhand-Modell gewählt wurde. Dem **Treugeber**, der die Aktien treuhänderisch auf den Treuhänder übertragen hat, sind die Stimmrechte in vollem Umfang zuzurechnen, wenn er allein das gesamte oder das wesentliche wirtschaftliche Risiko trägt, denn er kann typischerweise den Treuhänder anweisen, wie die Stimmrechte auszuüben sind[5]. Die Einflussmöglichkeit genügt[6]. Hat folglich ein Kunde mehrere Kreditinstitute eingeschaltet, die für seine Rechnung Aktien erwerben sollen, so werden ihm als Treugeber die Stimmen aller Aktien, die die einzelnen Kreditinstitute bereits erworben haben, zugerechnet. Meldepflichtig ist aber auch der Treuhänder; denn er ist Aktionär. Er hält die Aktien[7]. 56

Ist der Treugeber zugleich Beteiligter eines acting in concert, so muss sich der Treuhänder auch die Stimmrechte der Beteiligten aus dem acting in concert zurechnen lassen[8]. Bezweifelt wird zwar, dass der Treuhänder eine faktische Einwirkungsmöglichkeit auf die Ausübung der Stimmrechte durch die Acting-Beteiligten habe. Darauf kommt es bei der Kettenzurechnung aber gar nicht an. Entscheidend ist, dass der Stimmrechtseinfluss aller Beteiligten koordiniert wird. 57

c) Besondere Bedeutung gewinnt die Treuhand bei der Anschaffung und **Verwahrung von Aktien im Ausland**. Der Wertpapierkunde erwirbt vielfach kein Eigentum an den im Ausland angeschafften und verwahrten Papieren. Der kommissionsrechtliche Lieferanspruch wird durch § 22 DepotG ausgesetzt. Stattdessen erhält der Erwerber den Anspruch auf Herausgabe der Aktien aus einem Treuhandverhältnis[9]. Die Stimmrechte werden freilich dem Erwerber nach § 34 Abs. 1 Satz 1 Nr. 2 WpHG zugerechnet. 58

Zu den Meldepflichten bei **Depositary Receipts** s. § 33 WpHG Rz. 102.

Hat eine Gesellschaft treuhänderisch Aktien auf einen „Pensionsfonds", organisiert etwa in Form eines Vereins, übertragen („**Contractual Trust Arrangement**")[10], so ist der Verein meldepflichtig, weil er Aktionär ist. Der Gesellschaft, die ihre Pensionsverpflichtungen ausgelagert hat, sind die Stimmrechte zuzurechnen. Sie ist als Treugeberin meldepflichtig. 59

---

1 *Habersack*, AG 2008, 817; *Schanz*, DB 2008, 1899; *Weber/Meckbach*, BB 2008, 2022; a.A. *Fleischer/Schmolke*, ZIP 2008, 1501.
2 *Coing*, AcP 167 (1967), 99 ff.; *Schramm* in MünchKomm. BGB, 5. Aufl. 2006, Vor § 164 BGB Rz. 31 ff.; *Schwintowski*, Bankrecht, 4. Aufl. 2014, S. 207 ff.; *Mutter*, AG 2006, 644; *Pittroff*, Die Zurechnung von Stimmrechten gemäß § 30 WpÜG, 2004, S. 160.
3 *Veil* in K. Schmidt/Lutter, Anh. § 22 AktG, § 22 WpHG Rz. 16; *Leverenz*, ZBB 1995, 159, 161.
4 *Kienle* in Schimansky/Bunte/Lwowski, Bankrechts-Handbuch, 5. Aufl. 2017, § 111 Rz. 9 f.
5 BGH v. 19.7.2011 – II ZR 246/09, BGHZ 190, 291 Rz. 27 ff. = AG 2011, 786; *Veil/Dolff*, AG 2010, 385; *Widder/Kocher*, ZIP 2010, 457; *Schürnbrand* in Emmerich/Habersack, Aktien- und GmbH-Konzernrecht, § 22 WpHG Rz. 10; *Nietsch*, WM 2012, 2217.
6 *Becker* in Just/Voß/Ritz/Becker, § 22 WpHG Rz. 49.
7 Ebenso OLG München v. 9.9.2009 – 7 U 1997/09, ZIP 2009, 2095 = AG 2009, 793; BaFin, Emittentenleitfaden 2013, Rz. VIII.2.5.2.1.; a.A. *Widder/Kocher*, ZIP 2010, 457.
8 OLG München v. 9.9.2009 – 7 U 1997/09, ZIP 2009, 2095 = AG 2009, 793; a.A. BGH v. 19.7.2011 – II ZR 246/09, AG 2011, 786 = ZIP 2011, 1862; *Brellochs*, ZIP 2011, 2225; *Widder/Kocher*, ZIP 2010, 457; *von Bülow/Petersen*, NZG 2009, 1373; *Fleischer/Bedkowski*, DStR 2010, 933; wie hier *Mayrhofer/Pirner*, DB 2009, 2312.
9 BGH v. 1.2.1988 – II ZR 152/87, AG 1988, 140 = WM 1988, 403; *Gößmann/Klanten* in Schimansky/Bunte/Lwowski, Bankrechts-Handbuch, 5. Aufl. 2017, § 72 Rz. 136 ff.
10 Zur Ausgestaltung: *Küppers/Louven*, BB 2004, 337.

60 **d) Bestehen im Blick auf dasselbe Aktienpaket Treuhandverhältnisse zu mehreren Vertragspartnern (mehrgliedriges Treuhandverhältnis)**, verwaltet der Dritte ein Paket für mehrere Unternehmen auf deren Rechnung, hat der Dritte die Interessen dieser Unternehmen wahrzunehmen und entsprechend Rechnung zu legen, so ist zu unterscheiden: Eine Zurechnung erfolgt in diesem Fall nur – und zwar quotal –, soweit sowohl das wirtschaftliche Risiko, das der Betreffende anteilmäßig trägt, als auch sein Einfluss auf die Ausübung der Stimmrechte **wesentlich** sind[1].

61 Nicht erforderlich ist es, dass das Treuhandverhältnis wirksam zustande gekommen ist[2].

62 **e)** Hat der Dritte seinerseits als Treugeber ein weiteres Treuhandverhältnis begründet (**Kettentreuhand**), so werden dem letzten Treugeber in der Kette die Stimmen aus Aktien nur zugerechnet, wenn ihm durch eine Kette von Treuhandverträgen letztlich die rechtliche oder faktische Stimmrechtsherrschaft zufällt[3]. Davon ist auszugehen, wenn ihm das wirtschaftliche Risiko aufgebürdet ist. Den zwischengeschalteten Treuhand-Vermittlern wird mangels Einfluss auf das Stimmrecht nicht zugerechnet[4], es sei denn, dass ein zwischengeschalteter Treugeber über die Ausübung der Stimmrechte entscheidet[5].

63 Insolvenzverwaltung, Vormundschaft usw. führen nicht zu einer Verwaltungstreuhand[6]; denn sie erwerben nicht das Eigentum an den zur Insolvenzmasse gehörenden Gegenständen.

64 **7. Holding und Vermögensverwaltungsgesellschaften.** Wird eine Beteiligung durch eine Gesellschaft gehalten, so können damit ganz unterschiedliche Zwecke verfolgt werden. Die Gesellschaft und ihre Satzung, der Gesellschaftszweck, der Gegenstand des Unternehmens, der Umfang der Mitverwaltungsrechte der Gesellschafter, ihr Einfluss auf die Ausübung der Stimmrechte, die mit den Aktien verbunden sind, die die Gesellschaft hält, usw. können in verschiedener Weise ausgestaltet sein. Angesichts dieser Unterschiede lässt sich auch nicht einheitlich beantworten, ob eine Zurechnung gegenüber dem Gesellschafter nach § 34 Abs. 1 Satz 1 Nr. 2 WpHG erfolgt. Auf der einen Seite stehen Holdingstrukturen etwa im Industriekonzern. Auf der anderen Seite stehen die in der Praxis aus ganz unterschiedlichen Gründen, z.B. zur Ausnutzung des steuerlichen Schachtelprivilegs, zur Vermeidung kartellrechtlicher Folgen, zur Verhinderung von räuberischen Übernahmen, zur Risikostreuung oder zur Verschleierung der Beteiligungsverhältnisse usw., gebildeten Vermögensverwaltungsgesellschaften (**Vorschaltgesellschaften**). In all diesen Fällen kommt auch eine Zurechnung nach § 34 Abs. 1 Satz 1 Nr. 1 WpHG in Betracht.

65 **a) Holdingstrukturen.** Hält ein Unternehmen neben einer anderweiten unternehmerischen Tätigkeit Beteiligungen, so tragen zwar die Gesellschafter nicht nur das Risiko der ausgeübten unternehmerischen Tätigkeit. Ihnen kommen auch die Chancen und Risiken der Beteiligung mittelbar zu. Damit sind die Beteiligungen aber nicht „für Rechnung des Meldepflichtigen" gehalten; denn die Beteiligungsverwaltung erfolgt im Interesse der Gesellschaft und nur mittelbar im Interesse der Gesellschafter[7].

66 Bei der typischen Industrieholding oder bei den Kreditinstituten mit Beteiligungsbesitz werden Stimmrechte aus Aktien, die der Holding gehören, dem Gesellschafter der Holding daher nur zugerechnet, wenn es sich um ein Mutter/Tochterverhältnis i.S.v. § 34 Abs. 1 Satz 1 Nr. 1 WpHG handelt.

67 **b) Vorschaltgesellschaften.** Bei den Vermögensverwaltungsgesellschaften ist nach den unterschiedlichen Gestaltungen zu unterscheiden: Wenn die Vermögensverwaltungsgesellschaft die Beteiligungen aufgrund eines Treuhandvertrags mit einem oder mehreren Gesellschaftern auf deren Rechnung hält (**Vermögensverwaltungsgesellschaft als Treuhänder**) und demgemäß nach Weisung die Stimmrechte ausübt oder ausüben müsste, so sind die Stimmrechte unter den Treugebern unter den oben genannten (Rz. 47) Voraussetzungen nach § 34 Abs. 1 Satz 1 Nr. 2 WpHG zuzurechnen[8].

68 Zweifelhaft ist die Lage indessen bei den Gesellschaften, bei denen ein besonderer **Treuhandvertrag der Gesellschaft mit den Gesellschaftern fehlt.**

– Verfolgt die Gesellschaft noch **andere Zwecke**, hält sie nicht nur die Beteiligung, sondern ist sie auch anderweit unternehmerisch tätig, so erfolgt keine Zurechnung; denn das Halten der Beteiligung erfolgt nicht für Rechnung des Meldepflichtigen.

---

1 Ebenso für § 30 WpÜG: *von Bülow* in KölnKomm. WpÜG, § 30 WpÜG Rz. 105; *Pittroff*, Die Zurechnung von Stimmrechten gemäß § 30 WpÜG, 2004, S. 162.
2 *Koppensteiner* in FS Rowedder, 1994, S. 224; a.A. LG Berlin v. 17.1.1990 – 98 AktE 10/89, AG 1991, 34 = WM 1990, 978, 987.
3 A.A. *Opitz* in Schäfer/Hamann, § 22 WpHG Rz. 31; wie hier für § 30 WpÜG: *von Bülow* in KölnKomm. WpÜG, § 30 WpÜG Rz. 99; *von Bülow* in KölnKomm. WpHG, § 22 WpHG Rz. 72.
4 Ebenso *Opitz* in Schäfer/Hamann, § 22 WpHG Rz. 31.
5 Ebenso *von Bülow* in KölnKomm. WpÜG, § 30 WpÜG Rz. 105.
6 *Opitz* in Schäfer/Hamann, § 22 WpHG Rz. 34; für § 30 WpÜG: *von Bülow* in KölnKomm. WpÜG, § 30 WpÜG Rz. 107.
7 Ebenso für § 30 Abs. 1 Nr. 2 WpÜG: *Diekmann* in Baums/Thoma/Verse, § 30 WpÜG Rz. 43.
8 *Bayer* in MünchKomm. AktG, 4. Aufl. 2016, § 22 AktG Anh. § 22 WpHG Rz. 22; zu § 20 AktG: BGH v. 22.4.1991 – II ZR 231/90, AG 1991, 270 = WM 1991, 1166, 1168 getrenntes Halten durch individuell zugewiesene Bestände.

– Anders ist die Lage bei solchen Gesellschaften, deren **ausschließlicher Gesellschaftszweck** darin besteht, eine oder mehrere Beteiligungen im Interesse der Gesellschafter zu verwalten. Indiz hierfür ist, dass die Gesellschaft keine anderweitige unternehmerische Tätigkeit entfaltet[1].

Im zuletzt genannten Fall ist nicht entscheidend, ob der treuhänderische Zweck ausdrücklich in die Satzung aufgenommen ist. Die Chancen und Risiken der Beteiligung werden den Gesellschaftern über die Mitgliedschaft an der Vermögensverwaltungsgesellschaft vermittelt. Die Gesellschafter bestimmen aufgrund einer solchen Gestaltung die Ausübung der Stimmrechte. Es kann demgemäß auch keinen Unterschied machen, ob das Halten „für fremde Rechnung" auf schuldrechtlicher oder gesellschaftsrechtlicher Grundlage geschieht[2]. 69

Im Ergebnis bedeutet dies, dass *erstens* Vermögensverwaltungsgesellschaften meldepflichtig sein können. Es bedeutet *zweitens*, dass auch die Stimmrechte der Aktien, die Vermögensverwaltungsgesellschaften gehören, den Gesellschaftern quotal[3] zugerechnet werden, wenn der alleinige **rechtliche oder faktische Zweck** der Vermögensverwaltungsgesellschaft die Verwaltung einer oder mehrerer Beteiligungen für ihre Gesellschafter ist[4]. Zu denken ist hierbei vor allem an die vielfach gebildeten inländischen und ausländischen **Vorschaltgesellschaften**, und zwar ohne Rücksicht auf die Zahl der Gesellschafter. Voraussetzung ist aber, dass der einzelne Gesellschafter **wesentlichen Einfluss auf das Stimmrechtsverhalten** hat[5]. Typischerweise gilt dies nicht nur bei einer Mehrheitsbeteiligung – insoweit ist auch § 34 Abs. 1 Satz 1 Nr. 2 WpHG anwendbar –, sondern auch bei einer 50:50-Beteiligung und auch bei einer Minderheitsbeteiligung, wenn Entscheidungen durch Veto blockiert werden können oder wenn das Konsensprinzip vorgesehen oder faktisch praktiziert wird. Anzunehmen ist dies ferner, wenn die Art und Weise der Ausübung des Stimmrechts in vollem Umfang durch die Gesellschafter bestimmt wird, wenn sich die Gesellschafter in der Gesellschafterversammlung nicht einigen können, wie die Gesellschaft das Stimmrecht ausüben soll. 70

c) Investmentgesellschaften. S. § 35 WpHG. 71

d) Wertpapierleihe/Aktiendarlehen. aa) Ausgangslage. Bei der „Wertpapierleihe" im weiteren Sinne handelt es sich nicht um eine Leihe i.S.v. §§ 598 ff. BGB, sondern um ein Wertpapierdarlehen gem. § 607 BGB, um ein Repo-Geschäft oder um ein Sell-Buyback-Arrangement. 72

Beim **Wertpapierdarlehen** verpflichtet sich der Darlehensgeber dem Darlehensnehmer das Eigentum an den Aktien zu verschaffen[6]. Der Darlehensnehmer verpflichtet sich, die Aktien abzunehmen, das vereinbarte Entgelt zu zahlen und zum Ende der Laufzeit des Darlehens Aktien gleicher Art, Menge und Güte zurückzuliefern[7]. Wertpapierdarlehen dienen typischerweise dazu, dem Darlehensnehmer für einen gewissen Zeitraum Wertpapiere zur Verfügung zu stellen. Einer anderen Begriffsbildung folgt das Pensionsgeschäft i.S.v. § 340b Abs. 1 HGB. Es dient dazu, dem Pensionsgeber Liquidität zu verschaffen. Die Aktien werden als Sicherheit für den Anspruch des Pensionsnehmers auf Rückübertragung der Aktien gestellt[8]. 73

Bei den **Repurchase Agreements**, die in der Sprache des Marktes auch als Repo-Geschäfte bezeichnet werden (s. Rz. 82), schließen die Parteien einen Kaufvertrag unter gleichzeitiger Vereinbarung, dass die selben oder gleichartige Aktien zum selben oder einem anderen Preis zu einem späteren Zeitpunkt von dem Erstverkäufer zurückgekauft werden[9]. Solche Geschäfte haben unterschiedliche Zwecke. Sie dienen auch der Absicherung von Krediten, wobei der Käufer die Wertpapiere als Kreditsicherheit erhält. Bei dieser Vertragsgestaltung werden die Wertpapiere zum Marktpreis zum Zeitpunkt des Vertragsabschlusses verkauft, und zwar zzgl. von „Zinsen" im weiteren Sinne. Damit kommt zum Ausdruck, dass sich die Transaktion zum Zeitpunkt des Rückkaufs aus der Sicht der Vertragsparteien als eine Kreditgewährung darstellt. Dabei kommt ein Spekulationselement hinzu, wenn die Kursentwicklung berücksichtigt wird. 74

---

1 Ebenso für § 30 Abs. 1 Nr. 2 WpÜG: *Uwe H. Schneider* in Assmann/Pötzsch/Uwe H. Schneider, § 30 WpÜG Rz. 42 f.
2 OLG Schleswig v. 8.12.2005 – 5 U 57/04, ZIP 2006, 421, 423 = AG 2006, 120; für § 30 WpÜG: *Steinmeyer* in Steinmeyer/Häger, § 30 WpÜG Rz. 23; a.A. *von Bülow* in KölnKomm. WpÜG, § 30 WpÜG Rz. 110.
3 *Bayer* in MünchKomm. AktG, 4. Aufl. 2016, § 22 AktG Anh. § 22 WpHG Rz. 22; *Veil* in K. Schmidt/Lutter, Anh. § 22 AktG, § 22 WpHG Rz. 17; *Lenz/Linke*, AG 2002, 369.
4 A.A. für § 22 WpHG a.F.: *Falkenhagen*, WM 1995, 1007; zweifelnd für § 30 WpÜG: *von Bülow* in KölnKomm. WpÜG, § 30 WpÜG Rz. 109; wie hier: *Burgard*, BB 1995, 2069, 2073; *Starke*, Beteiligungstransparenz im Gesellschafts- und Kapitalmarktrecht, 2002, S. 202.
5 *Schürnbrand* in Emmerich/Habersack, Aktien- und GmbH-Konzernrecht, § 22 WpHG Rz. 10.
6 S. dazu den Rahmenvertrag für Wertpapierdarlehen, abgedr. in *Clouth/Vollmuth* in Hopt, Vertrags- und Formularbuch zum Handels-, Gesellschafts- und Bankrecht, 4. Aufl. 2013, Muster IV.T.1.
7 *Teuber* in Schimansky/Bunte/Lwowski, Bankrechts-Handbuch, § 105 Rz. 1 ff.; *Dörge*, Rechtliche Aspekte der Wertpapierleihe, 1993, S. 37 ff.; *Gesell*, Wertpapierleihe und Repurchase Agreement im deutschen Recht, 1995, S. 17 ff.; *Cahn/Ostler*, AG 2008, 221, 222; *Zimmermann*, Das Aktiendarlehen, 2014.
8 Einzelheiten bei *Cahn/Ostler*, AG 2008, 221; *Gericke*, BKR 2009, 438.
9 Technical Committee of the International Organization of Securities Commissions (IOSCO), Committee on Payment and Settlement Systems (CPSS), S. 7, Securities Lending Transactions: Market Development and Implications, Juli 1999, S. 6 ff.

75 Bei den **Sell-Buyback-Arrangements** schließen die Vertragsparteien zwei getrennte Kaufverträge. Beide Verträge werden zum selben Zeitpunkt abgeschlossen, freilich mit der Besonderheit, dass aufgrund des ersten Kaufvertrags die Aktien sofort auf den Käufer übertragen werden. Dagegen ist die Lieferung der Aktien aufgrund des zweiten Kaufvertrags, also durch den Käufer des ersten Kaufvertrags, gestundet. Auch solche Rechtsgeschäfte stellen wirtschaftlich die Gewährung eines Kredites dar. Dabei dienen die Aktien als Kreditsicherheit – im wirtschaftlichen Sinne. Die Gegenleistung für die Überlassung des gezahlten Kaufpreises als Kredit erfolgt durch einen erhöhten Kaufpreis, in dem die Zinsen eingerechnet sind, vereinbart im zweiten Kaufvertrag.

76 **bb) Meldepflichten bei der Standard-Wertpapierleihe.** Im Gegensatz zum deutschen Recht enthält das **Schweizer Melderecht** eine besondere gesetzliche Regelung für die Wertpapierleihe. In Art. 17 Abs. 2 der Verordnung der Eidgenössischen Finanzmarktaufsicht über die Finanzmarktinfrastrukturen und das Marktverhalten im Effekten- und Derivatehandel vom 3.12.2015 heißt es:

„Meldepflichtig ist nur die Vertragspartei, welche im Rahmen solcher Geschäfte (nämlich der Effektenleihe und den vergleichbaren Geschäften) die Effekten vorübergehend übernimmt:

a) bei Leihgeschäften der Borger oder die Borgerin
b) bei Geschäften mit Rückkaufsverpflichtung der Erwerber oder die Erwerberin

Bei Ablauf der Geschäfte entsteht für die zurückgebende Vertragspartei... bei Erreichen oder Unterschreiten eines Grenzwertes erneut eine Meldepflicht."

77 Der Darlehensgeber ist daher nach Schweizer Recht nicht meldepflichtig und zwar weder zum Zeitpunkt der Begründung noch zum Zeitpunkt der Beendigung der Wertpapierleihe.

78 Im deutschen Recht fehlt eine ausdrückliche gesetzliche Regelung. Beim **Standardfall** des Aktiendarlehens werden die Aktien auf den Darlehensnehmer übertragen. Er wird Eigentümer und berechtigt, die Stimmrechte auszuüben[1]. Hieran knüpft die Verwaltungspraxis[2]. Sie vertritt für den **Standardfall** der Wertpapierleihe die Ansicht, dass **im Zeitpunkt der Vereinbarung der Wertpapierleihe** sowohl auf Seiten des Darlehensgebers (Verleiher) als auch auf Seiten des Darlehensnehmers (Entleiher) eine Meldepflicht nach § 33 Abs. 3 WpHG entsteht, vorausgesetzt, dass im jeweiligen Fall eine Schwellenberührung erfolgt. Zudem erfolgt gegebenenfalls eine Schwellenberührung nach § 38 WpHG für den Darlehensgeber mit Entstehung des Rückübertragungsanspruchs. § 33 Abs. 1 WpHG i.V.m. § 33 Abs. 3 WpHG ist nicht anwendbar, weil der Anspruch noch nicht „ohne zeitliche Verzögerung" zu erfüllen ist. Dieser zunächst noch nicht fällige Rückübertragungsanspruch entsteht erst, wenn die Aktien auf den Darlehensnehmer übertragen sind. Der Zeitpunkt der Vereinbarung der Wertpapierleihe und der Zeitpunkt, in dem der Rückübertragungsanspruch entsteht, fallen somit auseinander. Die BaFin lässt gleichwohl in einem solchen Fall die Abgabe einer zusammengefassten Stimmrechtsmitteilung durch den Darlehensgeber zu. Dem ist zuzustimmen, weil der Markt den Vorgang als solchen erkennt.

79 Zum **Zeitpunkt der Beendigung der Wertpapierleihe** entstehen wiederum auf Seiten des Darlehensgeber und des Darlehensnehmer Meldepflichten nach § 33 WpHG, wenn die weiteren Voraussetzungen, nämlich eine Schwellenberührung vorliegen.

80 **cc) Kettenleihe.** Der Darlehensnehmer ist auch dann mitteilungspflichtig, wenn er die Aktien nur kurzfristig hält und dann an den nächsten Darlehensnehmer weiter reicht (Kettenleihe) oder veräußert. Zu melden ist bei einer **Folgeleihe**, dass er als Aktionär zunächst eine Meldeschwelle überschritten hat und dass ein Rückforderungsanspruch für den Darlehensgeber gegenüber dem Entleiher besteht. Für den Verleiher entfällt zum Zeitpunkt der Verleihung/Veräußerung die Zurechnung; denn der Entleiher ist mit Abschluss des Darlehensvertrags nach § 33 Abs. 3 WpHG meldepflichtig. Daher hat der **Verleiher in der Kette** die Schwellenunterschreitung mit Abschluss des Darlehensvertrags zu melden, der jeweilige **Entleiher** ist **in der Kette** wegen Schwellenüberschreitung meldepflichtig[3].

81 **dd) Ausnahmen.** Das Schweizer Recht kennt eine besondere Ausnahme von der Meldepflicht bei der Wertpapierleihe, sofern die Leihgeschäfte und die Geschäfte mit Rückkaufsverpflichtungen „standardisiert über Handelsplattformen zum Zwecke der Liquiditätsbewirtschaftung abgewickelt werden"[4]. Eine entsprechende Freistellung fehlt im deutschen Recht.

82 **ee) Repo-Agreement und Sell-Buyback-Arrangement.** Beim Repurchase-Agreement (Repo-Geschäft), das auch als echtes Wertpapierpensionsgeschäft bezeichnet wird[5], verpflichtet sich der Verkäufer als Pensionsgeber,

---

1 OLG München v. 23.11.2006 – 23 U 2306/06, AG 2007, 173 = ZIP 2006, 2370, 2373; *Kort*, WM 2006, 2149; *Merkner/Sustmann*, NZG 2010, 1170.
2 BaFin, FAQ vom 28.11.2016, Frage 47a.
3 *Bayer* in MünchKomm. AktG, 4. Aufl. 2016, § 22 AktG Anh. § 22 WpHG Rz. 25.
4 Art. 17 Abs. 4 Verordnung der Eidgenössischen Finanzmarktaufsicht über die Finanzmarktinfrastrukturen und das Marktverhalten im Effekten- und Derivatehandel vom 3.12.2015.
5 Zum Global Master Repurchase Agreement (GMRA) 2011 s. icmagroup.org; *Oulds* in Kümpel/Wittig, Bank- und Kapitalmarktrecht, S. 1818.

zu einem bestimmten Zeitpunkt die Aktien zurückzukaufen, und zwar zu einem zuvor näher bestimmten Preis. Der Käufer als Pensionsnehmer wird Aktionär, was Meldepflichten begründen kann. Streitig ist, unter welchen Voraussetzungen dem Pensionsgeber die Stimmrechte nach § 34 Abs. 1 Satz 1 Nr. 2 WpHG zugerechnet werden. Der Pensionsgeber trägt typischerweise das Kursrisiko. Er kann daher auch aufgrund dieser Interessenlage über die Ausübung der Stimmrechte entscheiden, auch wenn dies nicht ausdrücklich vereinbart ist[1]. Das rechtfertigt, auch wenn er von seinem Einfluss keinen Gebrauch macht, eine Zurechnung zum Pensionsgeber[2]. Lehnt man dies ab, kann eine Meldepflicht nach § 33 Abs. 3 WpHG entstehen.

Beim **unechten Wertpapierpensionsgeschäft** hat der Käufer zwar das Recht, die Aktien zu dem vereinbarten Preis zurückzugeben, der Verkäufer hat aber nicht das Recht, die Aktien zurückzuverlangen[3]. Auch in diesem Fall trägt der Pensionsgeber das Kursrisiko, weshalb ihm die Stimmrechte nach § 34 Abs. 1 Satz 1 Nr. 2 WpHG zugerechnet werden[4]. 83

Der Pensionsgeber hat einen schuldrechtlichen Anspruch auf Rückübertragung. Er ist daher nach § 33 Abs. 3 WpHG bzw. § 38 WpHG meldepflichtig[5]. 84

e) **Kommissionsgeschäft.** Erwirbt der Kommissionär auf Rechnung des Kommittenden, so wird er Aktionär. Er muss sich die Stimmrechte zurechnen lassen, und er kann meldepflichtig werden. Allerdings werden bei Kreditinstituten die Aktien zum Handelsbestand gehören, so dass die Stimmrechte nach § 36 Abs. 1 Nr. 3 WpHG nicht berücksichtigt werden. Mit dem Erwerb durch den Kommissionär kann auch der Kommittend nach § 34 Abs. 1 Satz 1 Nr. 2 WpHG meldepflichtig sein[6]. 85

IX. **Einem Dritten als Sicherheit übertragen (§ 34 Abs. 1 Satz 1 Nr. 3 WpHG).** Hat ein Aktionär seine Aktien **verpfändet**, so behält er seine mitgliedschaftliche Stellung und damit auch sein Stimmrecht[7]. Er ist daher nach § 33 WpHG meldepflichtig[8]. Eine Zurechnung an den Pfandgläubiger erfolgt nicht. Er ist daher auch nicht meldepflichtig. § 34 Abs. 1 Satz 1 Nr. 3 WpHG ist nicht anwendbar[9]. Anders soll dies sein, wenn der Inhaber der Aktie dem Pfandgläubiger überlassen hat, das Stimmrecht unabhängig von den Weisungen des Verpfänders in dessen Namen auszuüben[10]. 86

Bei der **Sicherungsübereignung** und bei anderen, der Sicherungsübereignung vergleichbaren Sicherungsrechten, wie etwa der Sicherungsverwahrung, ist die Rechtslage zweifelhaft[11]; denn das Verhältnis zwischen § 34 Abs. 1 Satz 1 Nr. 3 WpHG und § 34 Abs. 1 Satz 1 Nr. 8 WpHG ist nicht geklärt. § 22 Abs. 1 Satz 1 Nr. 8 WpHG a.F. (jetzt § 34 Abs. 1 Satz 1 Nr. 8 WpHG) ist aufgrund der Umsetzung Art. 10 lit. c RL 2013/50/EU (Transparenzrichtlinie III) eingefügt worden[12]. 87

Den Grundtatbestand für die Sicherungsübereignung bildet § 34 Abs. 1 Satz 1 Nr. 3 WpHG. In den Anwendungsbereich dieser Norm fallen die Sachverhalte, bei denen die Aktien dem Sicherungsnehmer übertragen werden. § 34 Abs. 1 Satz 1 Nr. 3 WpHG ist eine besondere Zurechnungsregel gegenüber dem Sicherungsgeber. Demgegenüber ist § 34 Abs. 1 Satz 1 Nr. 8 WpHG lex specialis. In den Anwendungsbereich dieser Norm fallen die Sachverhalte, bei denen der Sicherungsgeber den Besitz an den Aktien behält. Exemplarisch ist die Sicherungsverwahrung[13]. Für den Grundtatbestand galt bisher der **Grundsatz der alternativen Zurechnung**. Entweder erfolgte eine Stimmrechtszurechnung auf den Sicherungsgeber oder es bestand eine Mitteilungspflicht des Sicherungsnehmers, weil er Eigentümer der Aktien war. Dieser Grundsatz wird nunmehr aufgegeben[14]. An die Stelle tritt der **Grundsatz der eingeschränkten kumulativen Zurechnung**. Sowohl den Sicherungsgeber als auch den Sicherungsnehmer können hinsichtlich desselben Aktienbestandes Mitteilungspflichten treffen. Zwingend ist dies aber nicht. 88

---

1 S. auch *Kümpel/Peters*, AG 1994, 525, 529.
2 A.A. für § 30 WpÜG: *von Bülow* in KölnKomm. WpÜG, § 30 WpÜG Rz. 114; wie hier: *Biegl/Waschbusch/Käufer*, ZBB 2008, 63, 65.
3 *Biegl/Waschbusch/Käufer*, ZBB 2008, 63, 64.
4 A.A. für § 30 WpÜG: *Steinmeyer* in Steinmeyer/Häger, § 30 WpÜG Rz. 35; *Süßmann* in Angerer/Geibel/Süßmann, 3. Aufl. 2017, § 30 WpÜG Rz. 12; *von Bülow* in KölnKomm. WpÜG, § 30 WpÜG Rz. 115.
5 A.A. für den Fall des Erwerbs eigener Aktien durch den Emittenten: *Cahn*, AG 2008, 230.
6 Ebenso für § 30 WpÜG: *Diekmann* in Baums/Thoma/Verse, § 30 WpÜG Rz. 45; *von Bülow* in KölnKomm. WpÜG, § 30 WpÜG Rz. 112.
7 H.A. anstelle anderer: *Hüffer/Koch*, § 16 AktG Rz. 7; *Kraft/Hönn* in Hadding/Uwe H. Schneider (Hrsg.), Gesellschaftsanteile als Kreditsicherheit, 1979, S. 163, 179.
8 Ebenso *Bayer* in MünchKomm. AktG, 4. Aufl. 2016, § 22 AktG Anh. § 22 WpHG Rz. 28.
9 A.A. für § 30 WpÜG: *Oechsler* in Ehricke/Ekkenga/Oechsler, § 30 WpÜG Rz. 14; wie hier: *Süßmann* in Angerer/Geibel/Süßmann, 3. Aufl. 2017, § 30 WpÜG Rz. 18.
10 S. *von Bülow* in KölnKomm. WpÜG, § 30 WpÜG Rz. 154.
11 Ebenso *Fedke*, Der Konzern 2015, 53, 56.
12 Begr. RegE, BT-Drucks. 16/5010, 45.
13 *Söhner*, ZIP 2015, 2451, 2455.
14 Begr. RegE, BT-Drucks. 18/5010, 45.

89 Zu unterscheiden sind aus diesen Gründen bei der Sicherungsübereignung drei Fälle:
- Der **Sicherungsnehmer**, dem die Aktien übereignet werden, ist nach § 33 Abs. 1 Satz 3 WpHG meldepflichtig, auch wenn er kein Interesse daran hat, die Stimmrechte auszuüben. Er ist Aktionär und ihm stehen die Stimmrechte zu[1]. Er ist auch dann meldepflichtig, wenn der Sicherungsgeber seinerseits meldepflichtig sein sollte.
- Dem **Sicherungsgeber** werden nach § 34 Abs. 1 Satz 1 Nr. 3 WpHG die Stimmrechte zugerechnet, obgleich er selbst keine Stimmrechte hält. Die Zurechnung erfolgt aber nicht in jedem Fall, sondern nur, wenn der Sicherungsnehmer bekundet, die Stimmrechte nach eigenem Ermessen unabhängig von den Weisungen des Sicherungsgebers auszuüben[2].
- Die Stimmrechte werden dem **Sicherungsgeber** nicht nach § 34 Abs. 1 Satz 1 Nr. 3 WpHG zugerechnet, wenn der Sicherungsnehmer kein Interesse zeigt, die Stimmrechte auszuüben, oder wenn er die Absicht bekundet, die Stimmrechte **nicht** nach eigenen Vorstellungen auszuüben. Das bedeutet nicht, dass in diesem Fall der Sicherungsgeber nicht gleichwohl meldepflichtig ist, allerdings nicht nach § 33 Abs. 1 Satz 1 Nr. 3 WpHG. Zu erwägen ist aber eine Meldepflicht nach § 38 WpHG[3].

90 **X. Zugunsten des Meldepflichtigen einen Nießbrauch bestellt (§ 34 Abs. 1 Satz 1 Nr. 4 WpHG).** Im Aktienrecht ist streitig, wem bei Bestellung eines **Nießbrauchs an Aktien** das Stimmrecht zusteht[4]. Für das WpHG ist durch § 34 Abs. 1 Satz 1 Nr. 4 WpHG entschieden, dass das Stimmrecht dem Meldepflichtigen, zu dessen Gunsten ein Nießbrauch bestellt ist, zugerechnet wird.

91 Das macht auch guten Sinn; denn hierdurch wird die zivilrechtliche Vorfrage, wem das Stimmrecht bei Bestellung eines Nießbrauchs bei Aktien generell oder im Einzelfall zusteht, für die Stellung als Meldepflichtiger bedeutungslos[5].

92 **XI. Durch eine Willenserklärung erwerben kann (§ 34 Abs. 1 Satz 1 Nr. 5 WpHG). 1. Regelungszweck.** § 34 Abs. 1 Satz 1 Nr. 5 WpHG unterscheidet sich in seinem vorrangigen Regelungszweck von § 34 Abs. 1 Satz 1 Nr. 1–4 und Nr. 6 WpHG sowie von § 34 Abs. 2 WpHG. Derjenige, der durch Willenserklärung erwerben kann, hat in der Regel keinen Einfluss auf die Ausübung des Stimmrechts, bis ihm die Aktien übertragen sind. Mit der Begründung, es bestehe bereits die Möglichkeit, das Stimmrecht und den Einfluss wahrzunehmen, lässt sich daher § 34 Abs. 1 Satz 1 Nr. 5 WpHG nicht rechtfertigen. Der Meldepflichtige hat jedoch bereits eine gesicherte Rechtsposition. Damit kommt der Normzweck zum Tragen, dass die sich anbahnende Änderung der Beteiligungsstruktur und des Einflusses frühzeitig offen gelegt werden soll (s. Vor §§ 33ff. WpHG Rz. 15, 21, 29).

93 **2. Auf Übereignung gerichtetes Angebot.** Nach § 34 Abs. 1 Satz 1 Nr. 5 WpHG sind Stimmrechte aus Aktien, die der Meldepflichtige durch eine Willenserklärung erwerben kann, zuzurechnen.

94 Das Recht auf Übereignung kann befristet sein, und zwar entweder durch ein festes Datum oder den Tod einer Person. Und die Übereignung kann aufschiebend bedingt sein. Entscheidend ist nicht, dass die Vollendung des Erwerbstatbestands nur noch von einer Willenserklärung oder vom Willen des Erwerbers, z.B. die Zahlung des Kaufpreises, sondern dass sie nicht mehr **vom Willen des Veräußerers** abhängt[6]. Teilweise wird die Ansicht vertreten, die Verwirklichung des dinglichen Erwerbstatbestands dürfe nur noch **vom Willen des Erwerbers** abhängig sein. Daher seien nur Potestativbedingungen geeignet, zur Zurechnung zu führen[7]. Dann wäre zweifelhaft, ob § 34 Abs. 1 Satz 1 Nr. 5 WpHG erfüllt ist, wenn der Erwerb von einem ungewissen künftigen Ereignis abhängig ist. Im Ergebnis würde dies, wenn man das verneint, zu einer schwerwiegenden Transparenzlücke führen[8]. Das will § 34 Abs. 1 Satz 1 Nr. 5 WpHG nicht. Folglich ist auch meldepflichtig, wenn die Übereignung aufschiebend bedingt erfolgt ist und der Eintritt der Bedingung durch den Veräußerer nicht verhindert werden kann.

95 Ist die Übereignung **auflösend bedingt** erfolgt, so ist der Erwerber Aktionär geworden. Es kann nach § 33 WpHG meldepflichtig sein. Tritt die Bedingung ein, verliert der Erwerber seine Rechtsstellung. Er kann wieder wegen Unterschreitung einer Meldeschwelle meldepflichtig werden.

---

1 BaFin, FAQ v. 28.11.2016, Frage 28; *Schürnbrand* in Emmerich/Habersack, Aktien- und GmbH-Konzernrecht, § 22 WpHG Rz. 14.
2 BaFin, FAQ v. 28.11.2016, Frage 28; *Schürnbrand* in Emmerich/Habersack, Aktien- und GmbH-Konzernrecht, § 22 WpHG Rz. 14; *Söhner*, ZIP 2015, 2451, 2454; *Brellochs*, AG 2016, 157, 163.
3 *Stephan*, Der Konzern 2016, 53, 56.
4 Zum Streitstand: OLG Koblenz v. 16.1.1992 – 6 U 963/91, ZIP 1992, 844; *Heider* in MünchKomm. AktG, 3. Aufl. 2008, § 12 Rz. 7; *Ziemons* in K. Schmidt/Lutter, § 12 AktG Rz. 6 einerseits und *Hüffer/Koch*, § 16 AktG Rz. 7; *Bayer* in MünchKomm. AktG, 4. Aufl. 2016, § 16 AktG Rz. 28 andererseits.
5 Ebenso BaFin, Emittentenleitfaden 2013, Rz. VIII.2.5.4.
6 A.A. *Opitz* in Schäfer/Hamann, § 22 WpHG Rz. 49; *Steuer/Baur*, WM 1996, 1477, 1480; für § 30 WpÜG: *Walz* in Haarmann/Schüppen, 3. Aufl. 2008, § 30 WpÜG Rz. 55; *von Bülow* in KölnKomm. WpÜG, § 30 WpÜG Rz. 168; wie hier: *Burgard*, BB 1995, 2069, 2076.
7 So für § 30 WpÜG: *von Bülow* in KölnKomm. WpÜG, § 30 WpÜG Rz. 168.
8 So aber *Becker/Michel* in Just/Voß/Ritz/Becker, § 22 WpHG Rz. 75.

XII. Dem Meldepflichtigen anvertraut oder „aus denen er die Stimmrechte als Bevollmächtigter ausüben kann" (§ 34 Abs. 1 Satz 1 Nr. 6 WpHG). 1. Anwendungsbereich.

§ 34 Abs. 1 Satz 1 Nr. 6 WpHG ersetzt und erweitert die vormalige Zurechnungsvorschrift in § 34 Abs. 1 Nr. 7 WpHG a.F. Durch § 34 Abs. 1 Nr. 7 WpHG a.F. wurde Art. 7 Anstr. 8 RL 88/627/EWG (Transparenzrichtlinie I) ins deutsche Recht umgesetzt. Weggefallen ist die vormalige Formulierung, die Aktien müssten „zur Verwahrung" anvertraut sein. Damit ist geklärt, dass das Bestehen eines Verwahrungsverhältnisses nicht Tatbestandsvoraussetzung ist[1]. Durch das Transparenzrichtlinie-Umsetzungsgesetz wurde eine zusätzliche Fallgruppe aufgenommen. Den Stimmrechten des Meldepflichtigen stehen Stimmrechte aus Aktien des Emittenten gleich, „aus denen er die Stimmrechte als Bevollmächtigter ausüben kann, sofern er die Stimmrechte aus diesen Aktien nach eigenem Ermessen ausüben kann ...".

Demnach unterscheidet das Gesetz zwei Fallgruppen.

Fallgruppe 1: Die Aktien sind dem Meldepflichtigen „anvertraut". „Anvertraut sein" verlangt nicht, dass dem Meldepflichtigen eine Verfügungsbefugnis über die Aktien zusteht. Entscheidend ist vielmehr, dass derjenige, dem zugerechnet wird, *erstens* nicht in abhängiger Stellung, sondern als selbständiger Vertreter handelt und *zweitens* die Vermögensinteressen des Aktionärs wahrzunehmen hat, dass er aber in den sich dadurch gezogenen Grenzen die Stimmrechte **nach eigenem Ermessen** ausüben kann.

In Betracht kommen daher nicht nur vertragliche Rechtsverhältnisse, durch die anvertraut ist, sondern auch gesetzliche Pflichten zur Vermögensverwaltung, etwa aufgrund des elterlichen Sorgerechts[2], einer Pflegschaft, einer Betreuung, einer Testamentsvollstreckung[3]. Die Stimmrechte **minderjähriger Kinder** sind daher beiden Elternteilen zuzurechnen[4]. Wem eine **postmortale Vollmacht** erteilt ist, dem ist in der Regel zugleich anvertraut. Das Entsprechende gilt bei einer **Vorsorgevollmacht**.

Hat der Bevollmächtigte seinerseits **Untervollmacht** erteilt, steht dies einem „anvertraut sein" nicht entgegen. Die Stimmrechte werden weiterhin dem Bevollmächtigten und ggf. auch dem Unterbevollmächtigten[5] zugerechnet.

Fallgruppe 2: Durch das Transparenzrichtlinie-Umsetzungsgesetz wurde die Formulierung „oder aus denen er die Stimmrechte als Bevollmächtigter ausüben kann" eingefügt. Damit wurde Art. 10 lit. h RL 2004/109/EG (EU-Transparenzrichtlinie II) umgesetzt. Aufgegriffen wird der Fall, dass der Meldepflichtige zur Stimmrechtsausübung bevollmächtigt ist, ohne weisungsgebunden zu sein. Damit ist nicht notwendig ein „Anvertrautsein" verbunden.

Der Meldepflichtige ist auch dann nicht weisungsgebunden, wenn er regelmäßig Einzelweisungen erhält, aber die grundsätzliche Weisungsfreiheit fortbesteht. Anders wäre die Lage, wenn der Meldepflichtige nicht zur Ausübung des Stimmrechts berechtigt wäre, wenn keine Weisung erfolgte[6].

Nicht ganz zweifelsfrei ist, ob auch **Vorstandsmitglieder, Geschäftsführer, Komplementäre, geschäftsführende Kommanditisten, Prokuristen und sonstige Bevollmächtigte** zur Fallgruppe 2 zu zählen sind, wenn sie die Stimmrechte aus den Aktien, die ihrer Gesellschaft gehören, wahrzunehmen haben (s. auch Rz. 195). Die Folge einer Zurechnung wäre, dass bei einer meldepflichtigen Gesellschaft zumindest zugleich die geschäftsführenden Organmitglieder meldepflichtig wären. Das wäre keine marktrelevante Information. Bislang wurde daher die Ansicht vertreten, geschäftsführende Organmitglieder seien nicht meldepflichtig[7]. Begründet wurde dies damit, die Aktien seien den geschäftsführenden Organen nicht anvertraut[8]. Organmitglieder fallen auch nach Änderung des Gesetzes auch nicht in die Fallgruppe 2; denn sie handeln als Wirkungseinheit („Organ") für den Aktionär, dem die Stimmrechte zustehen. Eine andere Frage ist es, ob § 34 Abs. 2 WpHG zur Anwendung kommt. Auch sonstigen Bevollmächtigten wird nicht zugerechnet, wenn sie in einem Arbeitsverhältnis zum Aktionär stehen. Bevollmächtigte i.S.v. § 34 Abs. 1 Satz 1 Nr. 6 WpHG müssen **rechtlich selbständig** sein, damit ihnen zugerechnet wird.

2. Nach eigenem Ermessen. Dem Meldepflichtigen werden die Stimmrechte nur zugerechnet, wenn er die Stimmrechte aus den Aktien nach eigenem Ermessen ausüben kann. Ob der Dritte im Wege der offenen Stellvertretung oder im Wege der Stellvertretung für den, den es angeht, handelt, ist nicht entscheidend. Maß-

---

1 *von Bülow* in KölnKomm. WpHG, § 22 WpHG Rz. 133.
2 VG Frankfurt/M. v. 1.10.2009 – 1 K 390/09 F (3), Beck RS 2010, 52576.
3 Für § 22 WpHG a.F.: *Burgard*, BB 1995, 2069, 2076; *Opitz* in Schäfer/Hamann, § 22 WpHG Rz. 78; *Lange*, Der Konzern 2003, 678; *Mutter*, AG 2006, 644 (Testamentsvollstrecker). a.A. *von Bülow* in KölnKomm. WpHG, § 22 WpHG Rz. 135 (für Nachlass- und Insolvenzverwalter); für § 30 WpÜG: *von Bülow* in KölnKomm. WpÜG, § 30 WpÜG Rz. 189.
4 VG Frankfurt/M. v. 1.10.2009 – 1 K 390/09 F (3), Beck RS 2010, 52576; a.A. *von Bülow* in KölnKomm. WpÜG, § 30 WpÜG Rz. 189; *Diekmann* in Baums/Thoma/Verse, § 30 WpÜG Rz. 61.
5 BaFin, Emittentenleitfaden 2013, Rz. VIII.2.5.6.
6 Ebenso: BaFin, Emittentenleitfaden 2013, Rz. VIII.2.5.6.
7 *von Bülow* in KölnKomm. WpHG, § 22 WpHG Rz. 135 sowie *von Bülow* in KölnKomm. WpÜG, § 30 WpÜG Rz. 189; a.A. *Lange*, Der Konzern 2003, 677.
8 Ebenso für § 30 WpÜG: *von Bülow* in KölnKomm. WpÜG, § 30 WpÜG Rz. 189.

gebend ist nicht das Außenverhältnis. Abgestellt ist vielmehr auf das **Innenverhältnis**, nämlich das Verhältnis zwischen dem Meldepflichtigen und dem Aktionär. Dem Meldepflichtigen muss hinsichtlich der Ausübung des Stimmrechts **ein eigener Entscheidungsspielraum** eingeräumt sein. Es darf also keine Weisung vorliegen[1]. Die Zurechnung wird aber nicht deshalb ausgeschlossen, weil der Aktionär Weisungen erteilen könnte[2]. Ein eigener Ermessensspielraum fehlt, wenn der Betreffende verpflichtet ist, den Vorschlägen der Verwaltung der Gesellschaft zuzustimmen. Dagegen macht es keinen Unterschied, ob der Meldepflichtige berechtigt ist, eigennützig die Stimmrechte auszuüben oder verpflichtet ist, im Interesse des Aktionärs zu handeln. Auch ist nicht maßgebend, ob der Meldepflichtige die Stimmrechte tatsächlich ausübt[3].

105 **3. Für eine Hauptversammlung (§ 34 Abs. 3 WpHG).** Ausreichend für eine Zurechnung ist, dass die Vollmacht für eine Hauptversammlung erteilt wird. Das folgt aus § 34 Abs. 3 WpHG; denn wird die Vollmacht nur zur Ausübung des Stimmrechts für eine Hauptversammlung erteilt, ist es für die Erfüllung der Mitteilungspflicht ausreichend, wenn die Mitteilung lediglich bei Erfüllung der Vollmacht abgegeben wird. Nach Erlöschen der Vollmacht ist keine neuerliche Mitteilung erforderlich.

106 **4. Vollmachtstreuhand. a)** Treuhandverhältnisse an Aktien können auch in der Weise begründet werden, dass die Aktien nicht auf den Treuhänder übertragen werden (s. Rz. 55), sondern dass der **Treugeber Aktionär bleibt**[4]. Der Treuhänder ist aber im Rahmen der **Vermögensverwaltung** verpflichtet, das Vermögen im Interesse des Treugebers zu verwalten. Dazu gehören die Vornahme der Anlageentscheidungen und die Wahrnehmung der Rechte aus den Aktien als Vertreter des Aktionärs (**„Vertreter-Modell"**).

107 Weil der **Treugeber** weiterhin Aktionär bleibt, kann er nach § 33 WpHG meldepflichtig sein. Der **Treuhänder** fällt in den Anwendungsbereich des § 34 Abs. 1 Satz 1 Nr. 6 WpHG nur, wenn er auch die Stimmrechte aus diesen Aktien nach eigenem Ermessen ausüben kann. Der Treugeber mag zwar Weisungen geben können. Entscheidend ist jedoch nicht, ob ein solches Recht besteht, sondern ob der Treugeber auch tatsächlich von der Weisungsbefugnis Gebrauch macht. Auch hängt die Mitteilungspflicht nicht davon ab, ob der Treuhänder die Stimmrechte auch tatsächlich ausübt. Meldepflichtig sind vielmehr auch solche „Vollmacht-Vermögensverwalter", die das Stimmrecht nicht ausüben.

108 **b)** Aus den vorstehenden Überlegungen ergibt sich, dass in den Anwendungsbereich von § 34 Abs. 1 Satz 1 Nr. 6 WpHG auch die ausländischen, vor allem US-amerikanischen **Investment-Management-Gesellschaften** fallen, die Aktien verwalten, die u.a. von rechtlich selbständigen Fondsgesellschaften gehalten werden[5]. Gesellschafter dieser Fondsgesellschaften sind institutionelle Anleger, u.a. Versicherungsunternehmen, Investmentgesellschaften, Pensionsfonds usw. Den Investment-Management-Gesellschaften obliegt aufgrund besonderen Verwaltungsvertrags vielfach neben der Verantwortung für entsprechende Anlageentscheidungen auch die Wahrnehmung der Rechte aus den Beteiligungen. Durch eine umfassende oder teilweise Identität der Organmitglieder wird die Umsetzung gewährleistet. Damit stellt sich nur die Frage, ob *erstens* die Stimmrechte der Fondsgesellschaften der Investment-Management-Gesellschaft zugerechnet werden, ob *zweitens* die Stimmrechte im Verhältnis der Fondsgesellschaften zueinander zugerechnet werden und ob *drittens* die Stimmrechte der Fondsgesellschaften den Gesellschaftern zuzurechnen sind.

109 Eine Zurechnung zu der Investment-Management-Gesellschaft nach § 34 Abs. 1 Satz 1 Nr. 1 WpHG scheidet aus, weil es an einer Beteiligung fehlt. Die Fondsgesellschaften sind durch die Investment-Management-Gesellschaft nicht kontrolliert. Die Aktien sind aber der Investment-Management-Gesellschaft i.S.d. § 34 Abs. 1 Satz 1 Nr. 6 WpHG anvertraut. Zuzurechnen ist daher nach § 34 Abs. 1 Satz 1 Nr. 6 WpHG, wenn die Investment-Management-Gesellschaft nach eigenem Ermessen die Stimmrechte ausüben kann. Hiervon ist nicht nur auszugehen, wenn dies der Verwaltungsvertrag vorsieht, sondern auch bei einer umfassenden oder teilweisen Organidentität, vorausgesetzt, dass die Gesellschafter regelmäßig keine Weisungen geben.

110 Eine Zurechnung im Verhältnis der Fondsgesellschaften zueinander findet nicht statt. Eine Zurechnung zu den Gesellschaftern der Fondsgesellschaften erfolgt nur, wenn diese entweder ein Tochterunternehmen des Meldepflichtigen ist (§ 34 Abs. 1 Satz 1 Nr. 1 WpHG) oder wenn die Voraussetzungen des § 34 Abs. 1 Satz 1 Nr. 2 WpHG gegeben sind.

111 **5. Vollmachtstimmrecht der Kreditinstitute.** § 34 Abs. 1 Satz 1 Nr. 6 WpHG hätte größte praktische Bedeutung, wenn hierdurch auch das Vollmachtstimmrecht der Kreditinstitute[6] erfasst würde.

---

[1] Begr. RegE, BT-Drucks. 16/2498, 34 f.
[2] *von Bülow* in KölnKomm. WpHG, § 22 WpHG Rz. 138; *Opitz* in Schäfer/Hamann, § 22 WpHG Rz. 78.
[3] *von Bülow* in KölnKomm. WpHG, § 22 WpHG Rz. 137.
[4] BGH v. 13.4.1994 – II ZR 16/93, WM 1994, 896, 900; *Walz* in Schimansky/Bunte/Lwowski, Bankrechts-Handbuch, § 111 Rz. 8 f.
[5] Ebenso BaFin, Emittentenleitfaden 2013, Rz. VIII.2.5.6.
[6] S. dazu etwa *Körber*, Die Stimmrechtsvertretung durch Kreditinstitute, 1989; *Michael Schmidt*, Die Stimmrechtsvertretung durch Kreditinstitute, 1994; *Kohler* in FS Döser, 1999, S. 225 jeweils m.w.N. zu dem umfänglichen Schrifttum; *Götze*, NZG 2010, 93.

a) Zweifelsfrei nicht nach § 34 Abs. 1 Satz 1 Nr. 6 WpHG zuzurechnen ist, wenn der **Aktionär dem Kreditinstitut ausdrücklich Weisung** erteilt, vgl. § 128 Abs. 3, § 135 Abs. 1 Satz 2 AktG. 112

b) Von diesem Fall abgesehen, ist die Frage streitig[1]. Schon in der **Diskussion über die Transparenzrichtlinie I** auf EG-Ebene bestand keine Einigkeit darüber, ob das Vollmachtsstimmrecht erfasst werden sollte. Berichtet wird, dass die Mehrheit der Delegationen der Mitgliedstaaten dies nachhaltig befürwortete und nur bereit war, Art. 7, wie folgt, zu ergänzen: „Kann die betreffende Person Stimmrechte nach Unterabs. 1 letzter Gedankenstrich in einer Gesellschaft ausüben und erreichen oder überschreiten diese zusammen mit den anderen Stimmrechten, die diese Person in der Gesellschaft hält, eine der Schwellen nach Art. 4 Abs. 1, so können die Mitgliedstaaten abweichend von Art. 4 Abs. 1 vorschreiben, dass sie nur verpflichtet ist, die Gesellschaft mit einer Frist von einundzwanzig Kalendertagen vor deren Hauptversammlung zu unterrichten." 113

Damit sollten die praktischen Schwierigkeiten beseitigt werden, die sich einerseits daraus ergeben, dass sich der Bestand der aufbewahrten Aktien ständig ändert. Andererseits sollte berücksichtigt werden, dass erst zeitnah zur nächsten Hauptversammlung feststeht, ob Weisungen erteilt werden. Im Übrigen wurde die Ansicht vertreten, dass das Vollmachtsstimmrecht „considerably increased the depository's influence over the company when the former was itself the owner of shares in that company". 114

Diese vorbereitenden Überlegungen im Rahmen der Diskussion zur Transparenzrichtlinie I haben indessen **keinen Niederschlag in den Erwägungsgründen** oder in einer sonstigen der Allgemeinheit zugänglichen Begründung gefunden, so dass sie zur Auslegung der Transparenzrichtlinie I und zur Auslegung des § 34 Abs. 1 Satz 1 Nr. 6 WpHG nicht herangezogen werden könnten. Ein Problem der **„Kollision der Motive"** auf EG-Ebene und auf nationaler Ebene stellt sich demgemäß nicht[2]. Die Überlegungen auf EG-Ebene beruhen zudem auf einem Missverständnis von der Ausgestaltung des Vollmachtsstimmrechts in der deutschen Praxis. 115

Die **Begr. RegE** und der **Sinn und Zweck** von § 22 Abs. 1 Satz 1 Nr. 6 WpHG a.F. (jetzt § 34 Abs. 1 Satz 1 Nr. 6 WpHG) auch in der Fassung durch das Transparenzrichtlinie-Umsetzungsgesetz und § 30 Abs. 1 Satz 1 Nr. 6 WpÜG sprechen im Blick hierauf gegen die Ausdehnung dieser Vorschrift auch auf das Vollmachtstimmrecht, wie es durch § 135 AktG ausgestaltet ist[3]. Art. 7 RL 88/627/EWG (Transparenzrichtlinie I) und damit eine richtlinienkonforme Auslegung stehen dem nicht entgegen. 116

Die Begr. RegE zu § 22 Abs. 1 Nr. 7 WpHG a.F. sah das Vollmachtsstimmrecht nicht erfasst. Die Kreditinstitute dürften nach § 135 Abs. 5 AktG das Stimmrecht nicht „nach eigenem Ermessen" ausüben, sondern seien in Abwesenheit von Weisungen grundsätzlich an ihre eigenen Vorschläge gebunden. Und bei diesen Vorschlägen dürfen eigene Interessen des Kreditinstituts nicht berücksichtigt werden. Unter ausschließlicher Wahrung der Interessen des Vollmachtgebers haben die Kreditinstitute vielmehr die Pflicht, **Vorschläge zu unterbreiten**. Diese sind sodann dem Aktionär mitzuteilen (§ 128 Abs. 2 AktG). Hat der Aktionär hierauf keine anderen Weisungen erteilt, so wird unterstellt, dass sich der Aktionär diese Vorschläge zu Eigen macht. Abweichen darf das Kreditinstitut hiervon nur, wenn es annehmen darf, dass der Aktionär bei Kenntnis der Sachlage die abweichende Ausübung des Stimmrechts billigen würde (§ 135 Abs. 5 AktG). Das Ermessen des Kreditinstituts erstreckt sich damit nur auf **die Ausformulierung der Vorschläge**, nicht aber auf die Ausübung der Stimmrechte[4]. Es liegt damit ein Fall der „Vollmacht mit gebundener Marschroute"[5] vor. Die Möglichkeit eines Abweichens von der vorgegebenen „Marschroute" (§ 135 Abs. 5 AktG) hält sich dabei im üblichen Rahmen eines bindenden Auftrags, von dem der Beauftragte nach den Grundregeln des Auftragsrechts (§ 665 BGB) abweichen darf. Auch für den zuletzt genannten Fall erfolgt aber keine Zurechnung[6]. 117

c) Gleichwohl sollte nicht verkannt werden, dass das Vollmachtsstimmrecht eine Quelle des Einflusses der Kreditinstitute ist. Unter dem Gesichtspunkt der Kontrolle und Transparenz des Einflusses von Kreditinstituten 118

---

1 Gegen Zurechnung nach § 30 Abs. 1 Satz 1 Nr. 6 WpÜG: *von Bülow* in KölnKomm. WpÜG, § 30 WpÜG Rz. 200; *Diekmann* in Baums/Thoma/Verse, § 30 WpÜG Rz. 66; *Pittroff*, Die Zurechnung von Stimmrechten gemäß § 30 WpÜG, 2004, S. 246 ff.; *Franck*, BKR 2002, 715; für Zurechnung nach § 22 Abs. 1 Nr. 7 WpHG a.F.: *Burgard*, BB 1995, 2069, 2076; *Burgard*, Die Offenlegung von Beteiligungen, Abhängigkeits- und Konzernlagen bei der Aktiengesellschaft, 1990, S. 188; *Junge* in FS Semler, 1993, S. 473, 481; sowie für § 92 Nr. 8 österr. BörseG: *Kalss*, ÖBA 1993, 615, 624; dagegen aber: *Veil* in K. Schmidt/Lutter, Anh. § 22 AktG, § 22 WpHG Rz. 26; *Bayer* in MünchKomm. AktG, 4. Aufl. 2016, § 22 AktG Anh. § 22 WpHG Rz. 37; *von Bülow* in KölnKomm. WpHG, § 22 WpHG Rz. 139; *Opitz* in Schäfer/Hamann, § 22 WpHG Rz. 69 ff.; *Schwark* in Schwark/Zimmer, § 22 WpHG Rz. 15; *Diekmann*, DZWiR 1994, 13, 18; *Hopt*, ZHR 159 (1995), 135, 139; *Falkenhagen*, WM 1995, 1007; zweifelnd: *Happ*, JZ 1994, 240, 244; für eine Zurechnung de lege ferenda: *Uwe H. Schneider/Burgard*, DB 1996, 1766; *Bayer* in MünchKomm. AktG, 4. Aufl. 2016, § 22 AktG Anh. § 22 WpHG Rz. 40.
2 *Uwe H. Schneider*, EuZW 1995, 653.
3 Ebenso BaFin, Emittentenleitfaden 2013, Rz. VIII.2.5.6.1.
4 So auch Begr. RegE, BT-Drucks. 16/2498, 35 sowie *Veil* in K. Schmidt/Lutter, Anh. § 22 AktG, § 22 WpHG Rz. 26.
5 BGH v. 24.2.1954 – II ZR 63/53, BGHZ 12, 327, 334; *Schramm* in MünchKomm. BGB, 5. Aufl. 2006, Vor § 164 BGB Rz. 63.
6 So: BaFin, Emittentenleitfaden 2013, Rz. VIII.2.5.6.1.

auf Aktiengesellschaften ist es daher rechtspolitisch fragwürdig, dass § 34 Abs. 1 Satz 1 Nr. 6 WpHG das Vollmachtstimmrecht nicht erfasst[1].

119 d) Was für das Vollmachtstimmrecht der Kreditinstitute gilt, lässt sich auf das Vollmachtstimmrecht der **sonstigen institutionellen Stimmrechtsvertreter**, etwa der Aktionärsvereinigungen oder sonstiger geschäftsmäßig handelnder Personen (§ 135 Abs. 9 AktG) sinngemäß übertragen[2]. Hat der institutionelle Stimmrechtsvertreter den Aktionären keine Vorschläge unterbreitet, an die er mangels besonderer Weisung gebunden ist, kann der Stimmrechtsvertreter „nach eigenem Ermessen" abstimmen, so sind ihm die Stimmrechte zuzurechnen und er ist meldepflichtig[3] (s. auch Rz. 141).

120 e) Sind die Aktien einem **ausländischen Kreditinstitut** mit Sitz im Ausland zur Verwahrung anvertraut, so bedarf es der genauen Analyse im Einzelfall, in welcher Weise das ausländische Recht die Stimmrechtsvollmacht ausgestaltet hat, insbesondere ob das Institut „nach eigenem Ermessen" die Stimmrechte ausüben kann.

121 **6. Mitteilung bei Erteilung der Vollmacht (§ 34 Abs. 3 WpHG).** Durch das Transparenzrichtlinie-Umsetzungsgesetz wurde § 22 Abs. 4 WpHG a.F. (jetzt § 34 Abs. 3 WpHG) eingefügt. Damit wurde Art. 8 Abs. 2 Unterabs. 2 RL 2007/14/EG (Durchführungsrichtlinie vom 8.3.2007[4]) umgesetzt.

122 Das Ziel der Vorschrift ist es, die Mitteilungspflichten zu begrenzen und damit **„Erleichterung für den Bevollmächtigten"**[5] zu schaffen. Beschränkt sich die Vollmacht zur Ausübung von Stimmrechten auf eine Hauptversammlung, müsste der Bevollmächtigte zweimal melden. Gemeldet werden müsste zum einen bei Erteilung der Vollmacht, vorausgesetzt, dass hierdurch Meldeschwellen berührt werden. Zum anderen müsste gemeldet werden, wenn die Vollmacht nach der Hauptversammlung erlischt oder das Ausübungsermessen genommen wird und als Folge hiervon wiederum Schwellen berührt werden.

123 Für diesen Fall sieht die Vorschrift vor, dass **keine zweite Meldung** zu erfolgen hat. Es genügt die Erstmeldung. In dieser muss aber klargestellt sein, „wie die entsprechende Situation in Bezug auf die Stimmrechte aussehen wird, wenn der Bevollmächtigte die ihm übertragenen Stimmrechte nicht mehr ausüben kann", Art. 8 Abs. 2 RL 2007/14/EG (Durchführungsrichtlinie vom 8.3.2007[6]). Eine zweite Meldung ist jedoch erforderlich, wenn sich der Stimmrechtsanteil nach der Erstmitteilung verändert und damit nach Beendigung der Hauptversammlung oder nach Wegfall des Ausübungsermessens nicht mehr der selbe Stimmrechtsanteil wie bei Abgabe der Erstmitteilung vorliegt[7]. Für diesen Fall ist die Veränderung in der Zweitmitteilung zu erläutern. § 34 Abs. 3 WpHG kommt nicht zur Anwendung.

124 **XIII. Vereinbarung, die eine zeitweilige Übertragung der Stimmrechte vorsieht (§ 34 Abs. 1 Satz 1 Nr. 7 WpHG).** § 22 Abs. 1 Satz 1 Nr. 7 WpHG a.F. (jetzt § 34 Abs. 1 Satz 1 Nr. 7 WpHG) ist durch das Gesetz zur Umsetzung der Transparenzrichtlinie-Änderungsrichtlinie aufgenommen worden. Die Vorschrift hat nur sehr begrenzte Bedeutung; denn nach deutschem Aktienrecht ist eine Abspaltung des Stimmrechts nicht zulässig. Bedeutung hat die Vorschrift daher nur für Auslandsgesellschaften, für die nach dem anwendbaren Recht kein Abspaltungsverbot besteht[8].

125 **XIV. Die bei dem Meldepflichtigen als Sicherheit verwahrt werden (§ 34 Abs. 1 Satz 1 Nr. 8 WpHG).** § 22 Abs. 1 Satz 1 Nr. 8 WpHG a.F. (jetzt § 34 Abs. 1 Satz 1 Nr. 8 WpHG) ist neu. Umgesetzt wurde damit Art. 10 lit. c RL 2013/50/EU (Transparenzrichtlinie III). Damit sei, wie es in der Begr. RegE zum Umsetzungsgesetz[9] heißt, keine Abkehr von der bisherigen Systematik der Zurechnungstatbestände beabsichtigt. Zu lesen ist § 34 Abs. 1 Satz 1 Nr. 8 WpHG zusammen mit § 34 Abs. 1 Satz 1 Nr. 3 WpHG. § 34 Abs. 1 Satz 1 Nr. 3 WpHG bildet daher den Grundtatbestand. § 34 Abs. 1 Satz 1 Nr. 8 WpHG ist dazu lex spezialis. In den Anwendungsbereich von § 34 Abs. 1 Satz 1 Nr. 8 WpHG fallen die Sachverhalte, bei denen der Sicherungsgeber den Besitz an den Aktien behält.

126 **XV. Sein Verhalten mit dem Meldepflichtigen abgestimmt (§ 34 Abs. 2 WpHG)**
Schrifttum: *Anders/Filgut*, Abgestimmte Stimmrechtsausübung – ist die Einzelfallausnahme systemwidrig?, ZIP 2010, 1115; *Borges*, Acting in Concert – vom Schreckgespenst zur praxistauglichen Zurechnungsnorm, ZIP 2007, 357; *Brandt*, Neuerungen in Bezug auf institutionelle Investoren, Vermögensverwalter und Stimmrechtsberater, Audit Committee Quarterly III/2017, 40; *von Bülow*, Angebotspflicht auf Grund Acting in Concert bei Aufsichtsratswahl?, in FS Uwe H. Schneider, 2011, S. 141; *von Bülow/Bücker*, Abgestimmtes Verhalten im Kapitalmarkt- und Gesellschaftsrecht, ZGR 2004,

---

1 S. *Uwe H. Schneider/Burgard*, BB 1996, 1761, 1765 f., mit Vorschlägen für eine Novellierung der Vorschrift.
2 *Michel* in Just/Voß/Ritz/Becker, § 22 WpHG Rz. 90.
3 *Uwe H. Schneider/Anzinger*, NZG 2007, 93; zur unterschiedlichen Praxis der Stimmrechtsvertreter *Andresen*, Der Aufsichtsrat 2008, 74.
4 ABl. EU Nr. L 68 v. 9.3.2007, S. 27.
5 Begr. RegE, BT-Drucks. 16/2498, 35.
6 ABl. EU Nr. L 68 v. 9.3.2007, S. 31.
7 Begr. RegE, BT-Drucks. 16/2498, 35.
8 BaFin, FAQ vom 28.11.2016, Frage 27.
9 Begr. RegE, BT-Drucks. 18/5010.

669; *von Bülow/Stephanblome,* Acting in Concert und neue Offenlegungspflichten nach dem Risikobegrenzungsgesetz, ZIP 2008, 1797; *Casper,* Acting in Concert – Grundlagen eines neuen kapitalmarktrechtlichen Zurechnungstatbestandes, ZIP 2003, 1469; *Dörrwächter,* Stimmrechts- und Vergütungsberatung – Interessenkonflikte und Unabhängigkeit, AG 2017, 409; *Dörrwächter/Kramarsch/Siepmann,* Stimmrechtsberater auf dem Corporate – Governance-Prüfstand, ZfgK 2017, 865; *Diekmann,* Acting in Concert: Absprachen zur Besetzung des Aufsichtsrats, DStR 2007, 445; *Düchting,* Acting in Concert, 2010; *Drinkuth,* Gegen den Gleichlauf des Acting in Concert nach § 22 WpHG und § 30 WpÜG, ZIP 2008, 676; *Fleischer,* Finanzinvestoren im ordnungspolitischen Gesamtgefüge von Aktien-, Bankenaufsichts- und Kapitalmarktrecht, ZGR 2008, 185; *Gaede,* Koordiniertes Aktionärsverhalten im Gesellschafts- und Kapitalmarktrecht, 2008; *Gätsch/Schäfer,* Abgestimmtes Verhalten nach § 22 II WpHG und § 30 WpÜG in der Fassung des Risikobegrenzungsgesetzes, NZG 2008, 846; *Gesell,* Abstimmung bei der Besetzung des Aufsichtsrats – zulässige Einflussnahme oder Acting in Concert?, in FS Maier-Reimer, 2010, S. 123; *Goette,* Aktuelle Rechtsprechung des II. Zivilsenats zum Aktienrecht, DStR 2006, 2132; *Goette* in VGR, Gesellschaftsrecht in der Diskussion 2006, 2007, S. 1; *Habersack,* Beteiligungstransparenz Adieu? – Lehren aus dem Fall Continental/Schaeffler, AG 2008, 817; *Halasz/Kloster,* Acting in Concert im Lichte der aktuellen höchstrichterlichen Rechtsprechung, Der Konzern 2007, 344; *Hamann,* In concert or not in concert?, ZIP 2007, 1088; *Hammen,* Analogieverbot beim Acting in Concert?, Der Konzern 2009, 18; *Hoppe/Michel,* Acting in concert in der Fassung des Risikobegrenzungsgesetzes, BaFinJournal 04/10, S. 3; *Kocher/Heydel,* Kein abgestimmtes Verhalten und kein Stimmrechtsausschluss durch Stimmrechtsempfehlungen institutioneller Stimmrechtsberater, AG 2011, 543; *Korff,* Das Risikobegrenzungsgesetz und seine Auswirkungen auf das WpHG, AG 2008, 692; *Kraack,* Beteiligungspublizität bei Erwerbs- und Übernahmeangeboten, AG 2017, 677; *Krause,* Die „kalte" Übernahme, in FS Uwe H. Schneider, 2011, S. 669; *Löhdefink,* Acting in Concert und Kontrolle im Übernahmerecht, 2007; *Psaroudakis,* Acting in Concert in börsennotierten Gesellschaften, 2009; *Saenger/Kessler,* Abgestimmtes Verhalten i.S.d. § 30 Abs. 2 WpÜG bei der Aufsichtsratswahl, ZIP 2006, 837; *K. Schmidt,* Acting in Concert, JbFfSt 2007/2008, 310; *Schmidtbleicher,* Das „neue" Acting in Concert – ein Fall für den EuGH?, AG 2008, 73; *Uwe H. Schneider,* Acting in Concert – ein kapitalmarktrechtlicher Zurechnungstatbestand, WM 2006, 1321; *Uwe H. Schneider,* Acting in Concert: Vereinbarung oder Abstimmung über Ausübung von Stimmrechten?, ZGR 2007, 440; *Uwe H. Schneider,* Abgestimmtes Verhalten durch institutionelle Anleger: Gute Corpoarate Governance oder rechtspolitische Herausforderung?, ZGR 2012, 518; *Schockenhoff/Culmann,* Shareholder Activism in Deutschland, ZIP 2015, 297; *Schockenhoff/Wagner,* Zum Begriff „Acting in Concert", NZG 2008, 361; *Spindler,* Acting in Concert – Begrenzung von Risiken durch Finanzinvestoren, WM 2007, 2357; *Vaupel,* Ansprüche von Aktiengesellschaften gegen Stimmrechtsempfehlungen institutioneller Stimmrechtsberater, AG 2011, 63; *Veil,* Stimmrechtszurechnungen aufgrund von Abstimmungsvereinbarungen gemäß § 22 Abs. 2 WpHG und § 30 Abs. 2 WpÜG, in FS Karsten Schmidt, 2009, S. 645.

Schrifttum zu § 30 WpÜG: *Berger/Filgut,* „Acting in Concert" nach § 30 Abs. 2 WpÜG, AG 2004, 592; *Löhdefink,* Acting in Concert und Kontrolle im Übernahmerecht, 2007; *Mülbert,* Übernahmerecht im Gefolge der EU-Übernahmerichtlinie in Bankrechtstag 2006, 2007, S. 141; *Weiler/Meyer,* „Abgestimmtes Verhalten" gemäß § 30 WpÜG: Neue Ansätze der Bundesanstalt für Finanzdienstleistungsaufsicht, NZG 2003, 909; *Weiss,* Der wertpapierhandelsrechtliche und übernahmerechtliche Zurechnungstatbestand des Acting in Concert, 2007; *Winner/Schulz,* Aktuelle Entwicklungen im Übernahmerecht – M&A und die Krise, Österreichisches Bankarchiv 2010, 82.

1. Regelungsgegenstand und Regelungszweck. § 34 Abs. 2 WpHG entspricht § 30 Abs. 2 WpÜG. Beide Vorschriften sind durch das Risikobegrenzungsgesetz geändert worden. Im Gegensatz zu § 30 Abs. 2 WpÜG ist § 34 Abs. 2 WpHG aber entgegen der Verwaltungspraxis, die für eine einheitliche Auslegung plädiert[1], im Interesse einer normativ bezweckten Transparenz weit auszulegen (s. Vor §§ 33 ff. WpHG Rz. 39). Die Vorschrift will durch die Einbeziehung des **„acting in concert"** Zurechnungslücken schließen. Sie will das im US-amerikanischen und britischen Offenlegungs- und Übernahmerecht entwickelte „voting group-concept" das „acting in concert" einfangen[2]. Allerdings werden im Ausland teilweise unter dem Begriff „acting in concert" alle Zurechnungsvorschriften zusammengefasst. International gibt es keinen einheitlich verstandenen Begriff des „acting in concert"[3]. So zählen etwa nach dem britischen Takeover Code 2016 Konzernsachverhalte (parent, subsidiaries and fellow subsidiaries) zum „acting in concert". Diese sind jedoch im deutschen Recht für die Meldepflichten bereits in § 34 Abs. 1 Satz 1 Nr. 1 WpHG angesprochen. 127

Im **UK-Takeover Code** i.d.F. vom 12.9.2016 wird „acting in concert" wie folgt definiert: 128

„Persons acting in concert comprise persons who, pursuant to an agreement or understanding (whether formal or informal), co-operate to obtain or consolidate control (as defined below) of a company or to frustrate the successful outcome of an offer for a company. A person and each of its affiliated persons will be deemed to be acting in concert all with each other (see Note 2 below). Without prejudice to the general application of this definition, the following persons will be presumed to be persons acting in concert with other persons in the same category unless the contrary is established:

(1) a company, its parent, subsidiaries and fellow subsidiaries, and their associated companies, and companies of which such companies are associated companies, all with each other (for this purpose ownership or control of 20 % or more of the equity share capital of a company is regarded as the test of associated company status);

---

1 *Hoppe/Michel,* BaFinJournal 2010, Heft 04, S. 3.
2 Näher hierzu Sec. 13d-5(b)(1) Securities Exchange Act; *Nobel* in Druey/Böckli/Nobel, Rechtsfragen um die Aktionärbindungsverträge, Zürich 1998, S. 75; *Choi/Pritchard,* Securities Regulation, New York 2005, S. 734; *Coffee,* Cardozo Law Rev. 15 (1994), 837, 878; *Coffee,* Michigan Law Rev. 95 (1997), 1970, 1977; *Gaede,* Koordiniertes Aktionärsverhalten im Gesellschafts- und Kapitalmarktrecht, 2008, S. 115.
3 S. auch OLG Frankfurt v. 25.6.2004 – WpÜG 5/03, WpÜG 6/03, WpÜG 8/03, ZIP 2004, 1312 = AG 2004, 617; *von Bülow/Bücker,* ZGR 2004, 670; *Casper,* ZIP 2003, 1470; *Gesell* in FS Maier-Reimer, 2010, S. 123, 126.

(2) a company with its directors (together with their close relatives and the related trusts of any of them;

(3) a company with any of its pension schemes and the pension schemes of any company described in (1);

(4) a fund manager (including an exempt fund manager) with any investment company, unit trust or other person whose investments such fund manager manages on a discretionary basis, in respect of the relevant investment accounts;

(5) a person, the person's close relatives, and the related trusts of any of them, all with each other;

(6) the close relatives of a founder of a company to which the Code applies, their close relatives, and the related trust of any of them all with each other;

(7) a connected adviser with its client and, if its client is acting in concert with an offeror or the offeree company, with that offeror or offeree company respectively, in each case in respect of the interests in shares of that adviser and persons controlling, controlled by or under the same control as that adviser (except in the capacity of an exempt fund manager or an exempt principal trader);

(8) directors of a company which is subject to an offer or where the directors have reason to believe a bona fide offer for their company may be imminent. (See also Note 5); and

(9) shareholders in a private company who sell their shares in that company in consideration for the issue of new shares in a company to which the Code applies, or who, following the re-registration of that company as a public company in connection with an initial public offering or otherwise, become shareholders in a company to which the Code applies."

129 Diese Definition bezieht sich auf Übernahmeangebote und nicht auf die Meldepflicht bei wesentlichen Beteiligungen. Sie ist insoweit durch die Praxis geprägt. Die Definition ist wiederholt, zuletzt im Jahr 2016, angepasst worden.

130 **2. Entstehungsgeschichte.** Die Zurechnung von Stimmrechten aufgrund eines „acting in concert" war in der Vergangenheit sowohl im Inland als auch im Ausland heftig umstritten. Die Diskussion beruhte teilweise auf einem Missverständnis; denn es geht nicht um die Zulässigkeit oder Unzulässigkeit von Abreden unter den Aktionären, sondern nur um die Zurechnung von Stimmrechten und die damit verbundenen melderechtlichen und übernahmerechtlichen Rechtsfolgen.

131 § 22 Abs. 2 WpHG a.F. (jetzt § 34 Abs. 2 WpHG) geht auf Art. 10 lit. a RL 2004/109/EG (EU-Transparenzrichtlinie II) zurück. Art. 10 lit. a RL 2004/109/EG enthält eine besondere, etwas unglücklich formulierte Zurechnungsvorschrift. Hiernach sind auch Stimmrechte zu berücksichtigen, „die von einem Dritten gehalten werden, mit dem diese natürliche oder juristische Person eine Vereinbarung getroffen hat, die beide verpflichtet, langfristig eine gemeinsame Politik bezüglich der Geschäftsführung des betreffenden Emittenten zu verfolgen, indem sie die von ihnen gehaltenen Stimmrechte einvernehmlich ausüben".

132 Im deutschen Recht war schon i.d.F. des § 22 Abs. 2 WpHG durch das **Gesetz zur Regelung von öffentlichen Angeboten zum Erwerb von Wertpapieren und von Unternehmensübernahmen** vom 20.12.2001, das zuvor in § 22 Abs. 1 Satz 1 Nr. 3 WpHG, dem Vorgänger von § 22 Abs. 2 WpHG, aufgenommene Merkmal der Verfolgung langfristig gemeinschaftlicher Ziele bezüglich der Geschäftsführung der börsennotierten Gesellschaft weggefallen.

133 Erhebliche Unsicherheit löste sodann die Entscheidung des **II. Senats des BGH** vom 18.9.2006[1] aus (s. Rz. 152). Der Senat vertrat zu § 30 Abs. 1 Satz 1 WpÜG die Ansicht, die Vorschrift erfasse nur solche Vereinbarungen, die sich auf die Ausübung von Stimmrechten aus Aktien der Zielgesellschaft beziehen, also nur auf die Stimmrechtsausübung in der Hauptversammlung. Da zumindest vor Inkrafttreten des Transparenzrichtlinie-Umsetzungsgesetzes zugleich die Ansicht vertreten wurde, § 30 WpÜG und § 22 WpHG a.F. (jetzt § 34 WpHG) seien in derselben Weise auszulegen, hätte dies zu einer erheblichen Einschränkung des melderechtlichen acting in concert geführt.

Dies nahm der Gesetzgeber nach intensiver Diskussion zum Anlass, durch das **Risikobegrenzungsgesetz** den Tatbestand neu zu fassen[2].

134 **3. Das ESMA – Public Statement 2013.** Die Europäische Wertpapieraufsichtsbehörde (ESMA) hat am 12.11. 2013 eine Stellungnahme mit dem Titel Public Statement – information on shareholder cooperation and acting in concert under the takeover bids directive veröffentlicht[3]. Behandelt wird die Frage, unter welchen Voraussetzungen das Zusammenwirken von Aktionären als „Acting in Concert" zu werten ist. Die darin enthaltenen Wertungen haben nicht nur Bedeutung für das Übernahmerecht, sondern auch für das **Offenlegungsrecht**. Das Public Statement enthält hierzu eine „**White List**" von Verhaltensweisen, die als acting in concert bzw. nicht als acting in concert betrachtet werden. Die Stellungnahme ist freilich nicht bindend.

---

1 BGH v. 18.9.2006 – II ZR 137/05, BGHZ 169, 98 = AG 2006, 883 mit abl. Anm. *Uwe H. Schneider*, ZGR 2007, 440; zustimmend: *Halasz/Kloster*, Der Konzern 2007, 344, 347; *Borges*, ZIP 2007, 357, 361; s. auch Goette in VGR, Gesellschaftsrecht in der Diskussion 2006, 2007, S. 1, 20.

2 Zu den Erfahrungen mit dieser Vorschrift: *Hoppe/Michel*, BaFinJournal 2010, Heft 04, S. 3.

3 https://www.esma.europa.eu/sites/default/files/library/2015/11/2013-1642_esma_public_statement_-_.

4. Beteiligte der Vereinbarung oder Abstimmung. a) Mehrere Beteiligte. § 34 Abs. 2 WpHG verlangt eine 135
Vereinbarung oder eine Abstimmung in sonstiger Weise, also einen kommunikativen Vorgang[1] zwischen dem
Meldepflichtigen und einem oder mehreren Dritten und zwar **in ihrer Eigenschaft als Aktionäre**. Das Abstimmen der Geschäftspolitik zwischen Mitgliedern des Vorstands und des Aufsichtsrats **in ihrer Eigenschaft als Organmitglieder**, wenn diese zugleich Aktionäre sind, reicht somit nicht. **Auf Seiten des Meldepflichtigen** kann die Vereinbarung oder Abstimmung auch durch ein Tochterunternehmen erfolgen, nicht aber durch sonstige Dritte, deren Stimmrechte dem Meldepflichtigen zugerechnet werden[2]. **Auf Seiten des Dritten** kann eine Person handeln, die entweder selbst Stimmrechte hält oder der Stimmrechte zugerechnet werden. So kann der Dritte ein Treugeber sein, dem seinerseits Stimmrechte nach § 34 Abs. 1 Satz 1 Nr. 2 WpHG zugerechnet werden. Auch können in die Vereinbarung oder Abstimmung weitere Personen einbezogen sein, denen keine Stimmrechte zustehen[3]. Keiner der an der Vereinbarung oder Abstimmung Beteiligten muss ein „Unternehmen" sein. Gleichfalls nicht erforderlich ist ein Wohnsitz oder eine Niederlassung der Beteiligten im Inland.

Es gibt weder eine **Mindestzahl** noch eine **Höchstzahl** von Personen, die sich abstimmen. Zwei Personen genügen. Ein organisiertes Abstimmen ist aber auch zwischen einer Vielzahl von Aktionären möglich. 136

b) Gemeinsamer Vertreter. Nicht erforderlich ist, dass die Beteiligten in Person handeln und sich in jedem 137
Einzelfall abstimmen. § 34 Abs. 2 WpHG ist erst recht verwirklicht, wenn die Personen, denen die Stimmrechte zustehen oder zugerechnet werden, einen gemeinsamen Vertreter bestellen, sich diesem unterordnen und dieser die Vereinbarung trifft oder die Abstimmung vornimmt[4].

Handelt jemand in Bezug auf die Gesellschaft zugleich im eigenen Namen sowie im Auftrag und im Namen eines Dritten, so ist dies ein exemplarischer Fall der „Abstimmung". Voraussetzung ist, dass der Betreffende einen gewissen Ermessensspielraum hat oder gar „eigenverantwortlich" handelt. Hierher zählt das Handeln der geschäftsführenden Organmitglieder im Namen der Gesellschaft und im eigenen Namen (s. Rz. 195), die Testamentsvollstreckung, die Vormundschaft, die Wahrnehmung von Stimmrechten durch Kreditinstitute und Aktionärsvereinigungen usw. 138

Zum Problem des Beraters als Beteiligter s. Rz. 196. 139

5. Vereinbarung und Abstimmung in sonstiger Weise. Der Begriff „**Vereinbarung**" umfasst alle Verträge 140
der Zivilrechtsdogmatik, also Stimmbindungsverträge, Interessenwahrungsverträge, Gesellschaftsverträge usw.[5].
Eine Vereinbarung liegt daher auch vor, wenn die Beteiligten die Koordinierung der Ausübung ihrer Stimmrechte in einem Verein oder in einer Gesellschaft, gleich welcher Rechtsform, zusammenfassen. Ist eine solche Vereinbarung getroffen, führt dies zur Zurechnung.

Probleme bereitet die Auslegung des Tatbestandsmerkmals „Abstimmung in sonstiger Weise" vor dem Hintergrund von Art. 10 lit. a RL 2013/50/EU (Transparenzrichtlinie III). Streitig ist zu § 22 Abs. 1 Nr. 3 WpHG a.F., ob auch ein **abgestimmtes Verhalten ohne Rechtsbindung** zur Zurechnung führte[6]. Die Frage ist heute geklärt. Eine rechtliche Verpflichtung der Beteiligten ist nicht erforderlich. Eine wechselseitige Information und Beratung genügt zwar nicht, um eine Zurechnung zu begründen[7]. Ausreichend ist aber ein **gentlemen's agreement**, also ein **bewusst praktiziertes Zusammenwirken ohne Rechtsbindung**[8]. Weder brauchen klagbare Ansprüche noch müssen sonstige Rechte und Pflichten durch die Beteiligten begründet sein. Es genügt eine ausreichend sichere Grundlage für koordiniertes Vorgehen[9]. Verlangt ist eine **ausreichende Intensität und eine ausreichende Finalität**[10]. „Es kann rechtsverbindlich auch auf einem konkludenten Verhalten beruhen"[11]. Ein abgestimmtes Verhalten liegt im Anwendungsbereich des § 34 Abs. 2 WpHG, wenn die Partner un- 141

---

1 BaFin, Emittentenleitfaden 2013, Rz. VIII.2.5.8.
2 OLG Düsseldorf v. 13.6.2013 – I - 6 U 148/12, juris Rz. 130.
3 A.A. wohl *Casper*, ZIP 2003, 1469, 1475.
4 OLG Stuttgart v. 10.11.2004 – 20 U 16/03, AG 2005, 125.
5 *Diekmann* in Baums/Thoma/Verse, § 30 WpÜG Rz. 79.
6 BGH v. 18.9.2006 – II ZR 137/05, AG 2006, 883 = WM 2006, 2080, 2082 zu § 30 WpÜG; *Uwe H. Schneider*, WM 2006, 1321, 1323.
7 OLG Frankfurt v. 25.8.2003 – WpÜG 5/03, WpÜG 8/03, AG 2004, 36 = ZIP 2003, 1977, 1980; *Casper*, ZIP 2003, 1469, 1475; *Liebscher*, ZIP 2002, 1005, 1008; *Opitz* in Schäfer/Hamann, § 22 WpHG Rz. 83; *Schwark* in Schwark/Zimmer, § 22 WpHG Rz. 20; *von Bülow* in Veil, Übernahmerecht in der Praxis, 2009, S. 137, 143; s. auch Rz. 197.
8 OLG Frankfurt v. 25.6.2004 – WpÜG 5/03, WpÜG 6/03, WpÜG 8/03, ZIP 2004, 1309, 1312 = AG 2004, 617; *Hopt*, ZHR 166 (2002), 383, 411; *Schilha* in Bürgers/Körber, Anh. § 22 AktG/§ 22 WpHG Rz. 16; für § 30 WpÜG: *Diekmann* in Baums/Thoma/Verse, § 30 WpÜG Rz. 68.
9 Ebenso *Vaupel*, AG 2011, 63, 76. Zur vergleichbaren Lage bei § 17 AktG, BGH v. 4.3.1974 – II ZR 89/72, BGHZ 62, 193, 199; *Geßler*, ZGR 1974, 476; *Lutter*, NJW 1973, 113; *Hüffer/Koch*, § 17 AktG Rz. 16; s. auch zum US-amerikanischen „voting-group-concept": *Coffee*, Cardozo Law Rev. 15 (1994), 837, 879; *Coffee*, Michigan Law Review 95 (1997), 1970, 1977.
10 Die Formulierung durch das Schweizerische BG v. 25.8.2004 – 2A. 343/2003, BGE 130 II 530 lautet: minimale innere Finalität und äußere Organisiertheit.
11 Schweizerisches BG v. 25.8.2004 – 2A. 343/2003, BGE 130 II 530.

ter Berufung auf den kaufmännischen Anstand, die gemeinsamen Interessen als institutionelle Anleger, der Familie, die Interessen der Anbieter oder Nachfrager im Markt usw. Übereinstimmung erzielen, ihr Verhalten in Bezug auf die Gesellschaft abzustimmen[1]. Ausreichend sind damit abgestimmte Abreden in einem förmlichen Familienrat, im informellen Familienkreis oder in einer Arbeitsgemeinschaft kommunaler Aktionäre. Und ausreichend sind Abstimmungen institutioneller Anleger, unabhängig davon, ob diese sich ihrerseits organisiert haben, etwa in einem **Council of Institutional Investors** („Calpers-AG") oder einem **Verband**, z.B. der Association of British Insurers oder der National Association of Pension Funds[2]. Ziel der Abstimmung muss es sein, dass die Beteiligten koordiniert ihre Interessen wahrnehmen. Die Stimmrechte sind im Verhältnis der institutionellen Anleger wechselseitig zuzurechnen.

142 Weil in der Transparenzrichtlinie III (2013) der Grundsatz der partiellen Vollharmonisierung festgeschrieben ist, wird die Ansicht vertreten, eine Abstimmung „in sonstiger Weise" sei nicht mehr ausreichend; denn Art. 10a RL 2013/50/EU (Transparenzrichtlinie III) verlange eine „Vereinbarung, die beide verpflichtet." Damit sei für eine weitergehende Regelung im deutschen Recht kein Raum mehr. Jedenfalls genügten „lockere Absprachen" nicht mehr für ein Acting in Concert[3]. Dem ist nicht zu folgen; denn die Vollharmonisierung erstreckt sich nicht auf die Definition der „förmlichen Vereinbarung". Das folgt aus der Entstehungsgeschichte der Norm, dem gemeinsamen Verständnis der Mitgliedstaaten und dem Ziel der Richtlinie, die Transparenz zu steigern (Erwägungsgrund 17 RL 2013/50/EU) und nicht etwa die Transparenz zu begrenzen[4].

143 Bei einem **unbewussten gleichförmigen Abstimmungsverhalten** in der Hauptversammlung fehlt es an einem Zusammenwirken[5]. Das Entsprechende gilt, wenn sich die Beteiligten nur beraten[6], ohne auf ein bewusst praktiziertes Zusammenwirken abzuzielen[7]. Die Grenzen sind an dieser Stelle fließend. Entscheidend ist das gemeinsame Vorgehen. Gleichförmiges Abstimmungsverhalten begründet auch nicht die Vermutung eines abgestimmten Verhaltens (s. Rz. 176 ff.).

144 Zu melden sind auch **Änderungen** einer entsprechenden Vereinbarung oder der Abstimmung des Verhaltens, die sich auf die Änderung des Personenkreises oder den wesentlichen Inhalt der Absprache beziehen[8].

145 **6. Der Inhalt der Vereinbarung oder Abstimmung. a) Verhalten in Bezug auf diesen Emittenten.** Nicht jedes vereinbarte oder abgestimmte Verhalten ist ein acting in concert. Hinzu kommen müssen qualifizierende Merkmale. Der Meldepflichtige und der Dritte müssen ihr Verhalten **„in Bezug auf diesen Emittenten"** abstimmen, an der sie Stimmrechte halten oder deren Stimmrechte ihnen zugerechnet werden. Weiter konkretisiert ist dies im Gesetz nicht. Aus dem normativen Zusammenhang ergibt sich aber, dass es Ziel der Beteiligten sein muss, entweder Einfluss auf die Willensbildung und Entscheidungsfindung des Emittenten (s. Rz. 151 ff.) oder Einfluss auf den Markt zum Erwerb oder zur Veräußerung der Aktien des Emittenten zu nehmen (s. Rz. 160 ff.). Geklärt ist heute, dass der Einfluss auf die Willensbildung und Entscheidungsfindung des Emittenten nicht auf die Ausübung von Stimmrechten gerichtet sein muss (s. Rz. 155). Vereinbarung meint eine rechtlich verbindliche Verabredung. Es genügt aber eine Verhaltensabstimmung „in sonstiger Weise". Ausreichend ist daher ein gentlemen's agreement.

146 Kein Bezug zur Gesellschaft besteht, wenn die Beteiligten sich über ihr **Verhalten als Dritte**, etwa als Vertragspartner der Gesellschaft z.B. als Darlehensgeber, als Lieferant oder Arbeitnehmer abstimmen.

147 **b) Verständigung über die Ausübung von Stimmrechten (1. Fallgruppe).** § 34 Abs. 2 Satz 1 WpHG bildet zwei Fallgruppen zur Konkretisierung des Inhalts der Vereinbarung oder Abstimmung des Verhaltens i.S.v. § 34 Abs. 2 Satz 1 WpHG, nämlich die Verständigung über die Ausübung von Stimmrechten (**1. Fallgruppe**) und die Verständigung über die Einflussnahme in sonstiger Weise mit dem Ziel einer dauerhaften und erheblichen Änderung der unternehmerischen Ausrichtung des Emittenten („Druckpool") (**2. Fallgruppe**).

---

1 Zustimmend: *Krause* in FS Uwe H. Schneider, 2011, S. 669, 689.
2 S. dazu Financial Times vom 25.5.2005, S. 13: „In the UK, the Association of British Insurers and the National Association of Pension Funds regularly act as forums to put accross such collective points of view".
3 *Stephan*, Der Konzern 2016, 53, 54; *Hitzer/Hauser*, NZG 2016, 1365; *Verse*, Der Konzern 2015, 1, 8; *Burgard/Heimann*, WM 2015, 1445, 1448; *Kraack*, AG 2017, 677, 680.
4 *Parmentier*, AG 2014, 15, 18; *Seibt/Wollenschläger*, ZIP 2014, 545, 549; *Veil* in Veil, European Capital Markets Law, 2. Aufl. 2017, § 20 Rz. 52; *Fidler*, ZFR 2017, 222, 227.
5 *Zimmermann* in Fuchs, § 22 WpHG Rz. 92; zuletzt *Kocher/Heydel*, AG 2011, 543. Ebenso für § 30 WpÜG: OLG Frankfurt v. 25.8.2003 – WpÜG 5/03, WpÜG 8/03, AG 2004, 36 = ZIP 2003, 1977.
6 OECD Principles of Corporate Governance 2004, Regel II. G.: „Shareholders, including institutional shareholders, should be allowed to consult with each other on issues concerning their basic shareholder rights ..."; ebenso Principle 5 UK Stewardship Code.
7 *Angerer* in Geibel/Süßmann, § 2 WpÜG Rz. 39; *Schüppen/Walz* in Haarmann/Schüppen, § 30 WpÜG Rz. 67; *Liebscher*, ZIP 2002, 1007.
8 S. auch Art. 12 Abs. 3 der Verordnung der Eidgenössischen Finanzmarktaufsicht über die Finanzmarktinfrastrukturen und das Marktverhalten in Effekten – und Derivatehandel vom 3.12.2015: „Zu melden sind demgegenüber Änderungen in der Zusammensetzung des Personenkreises und der Art der Absprache oder der Gruppe".

Die **erste Fallgruppe** sieht vor, dass sich die Vereinbarung oder Abstimmung auf die Ausübung von Stimmrechten beziehen muss. Die Vereinbarung kann den Inhalt, wie abgestimmt werden soll, offenlassen. So reicht aus, dass auf die gegenseitigen Interessen Rücksicht genommen werden soll[1]. Die **Absicht** genügt. Die Meldepflicht entsteht schon mit Abschluss der Vereinbarung oder zum Zeitpunkt der Abstimmung. Es kommt nicht darauf an, dass die Stimmrechte auch tatsächlich koordiniert ausgeübt werden[2]. Eine gegenseitige Information ist nicht ausreichend. Verlangt ist vielmehr, dass das Stimmverhalten koordiniert wird. Zu denken ist daher an Vereinbarungen oder Abstimmungen über das Stimmverhalten in Bezug auf alle oder einzelne Tagesordnungspunkte. Ausreichend ist die Abstimmung des Stimmverhaltens über alle künftigen Kapitalerhöhungen oder die Entlastung eines Organmitglieds. Der Abstimmungsgegenstand muss keine Dauerhaftigkeit oder Nachhaltigkeit aufweisen[3].

148

Die Verständigung über die Ausübung von Stimmrechten ist **kein Sonderfall** im Verhältnis zur zweiten Fallgruppe[4]; denn im Gegensatz zur zweiten Fallgruppe kommt es weder darauf an, welche Absichten die Beteiligten damit verfolgen, noch ob sie einen spürbaren und/oder nachhaltigen Einfluss auf die Unternehmensleitung gewinnen oder ob die Beteiligten einzelne Maßnahmen, die die Zielsetzung des Unternehmens betreffen, durchsetzen wollen oder breitflächig und/oder nachhaltigen Einfluss auf die Unternehmenspolitik nehmen können[5].

149

Die **zweite Fallgruppe** bezieht sich nicht auf die Vereinbarung, die Stimmrechte einvernehmlich auszuüben. Vielmehr geht es um sonstige Einflussnahmen auf den Vorstand. Es geht um den „Druckpool". Hieran hat sich nichts geändert.

150

c) Einfluss auf die Zielsetzung des Unternehmens (2. Fallgruppe). aa) Die Ausgangslage. Spätestens mit Inkrafttreten des Risikobegrenzungsgesetzes ist jetzt klargestellt, dass sich die Vereinbarung oder Abstimmung nicht auf die **Ausübung von Stimmrechten** in der Hauptversammlung beziehen muss, sondern auch die **faktische Einflussnahme** auf Aufsichtsrat und Vorstand, z.B. durch Druck, Drohungen und Versprechungen, zum Gegenstand haben kann. Dabei muss Ziel eine dauerhafte und erhebliche Änderung der unternehmerischen Ausrichtung sein. Es soll nicht einmal erforderlich sein, dass der zur Meldung Verpflichtete selbst Aktien hält oder ihm Stimmrechte zugerechnet werden[6].

151

Unsicherheit war durch die Entscheidung des **II. Senats des BGH** vom 18.9.2006[7] entstanden. Der Senat vertrat die Ansicht, § 30 Abs. 2 Satz 1 WpÜG erfasse nur solche Vereinbarungen, die sich auf die Ausübung von Stimmrechten aus Aktien der Zielgesellschaft, also auf die Stimmrechtsausübung in der Hauptversammlung beziehen[8]. Würde die Vereinbarung oder Abstimmung sich nur auf die Vorgänge im Aufsichtsrat beziehen, reiche dies nicht aus[9]. Da teilweise die Ansicht vertreten wird, die melderechtlichen und die übernahmerechtlichen Zurechnungsvorschriften seien identisch auszulegen[10], hätte dies auch für § 34 Abs. 2 WpHG bedeutet, dass sich die Vereinbarung oder Abstimmung auf die Ausübung von Stimmrechten in der Hauptversammlung beziehen müsste.

152

Mit dem Risikobegrenzungsgesetz ist indessen klargestellt: „Auch die Abstimmung im Vorfeld der Hauptversammlung kann somit künftig ein relevantes Zusammenwirken darstellen ..."[11].

153

Die Vereinbarung oder Abstimmung kann auch dazu dienen, an der Hauptversammlung vorbei **faktischen Einfluss** auf die Unternehmensleitung der Zielgesellschaft zu gewinnen[12]. Auch hier genügt nicht die Absicht, den Vorstand zu einer einzelnen Maßnahme anzuhalten, z.B. ein spin-off vorzunehmen oder eine Maßnahme nicht vorzunehmen, z.B. ein Übernahmeangebot gegenüber den Aktionären einer Zielgesellschaft nicht abzugeben oder nicht weiter zu verfolgen. Die Abstimmung muss vielmehr, wie auch bei der vereinbarten oder abgestimmten Ausübung von Stimmrechten, auf eine dauerhafte und nicht lediglich auf eine Interessenkoordination im Einzelfall gerichtet sein[13].

154

---

1 „Interessenschutzklausel"; *Krause*, AG 2014, 833, 839; *Löhdefink/Jaspers*, ZIP 2014, 2261, 2263; ebenso für § 30 WpÜG: BGH v. 29.7.2014 – II ZR 353/12, AG 2014, 662 = ZIP 2013, 1325 = WM 2014, 1627.
2 Ebenso BaFin, Emittentenleitfaden 2013, Rz. VIII.2.5.8.
3 LG Hamburg v. 16.10.2006 – 412 O 102/04, AG 2007, 177 = ZIP 2007, 427.
4 A.A. *Verse*, Der Konzern 2015, 1 sowie für § 30 WpÜG: *Anders/Filgut*, ZIP 2010, 1115, 1117.
5 *Zimmermann* in Fuchs, § 22 WpHG Rz. 85; *Wilsing/Goslar*, DB 2007, 2467, 2468.
6 BaFin, Emittentenleitfaden 2013, Rz. VIII.2.5.8; *Becker* in Just/Voß/Ritz/Becker, § 22 WpHG Rz. 94.
7 BGH v. 18.9.2006 – II ZR 137/05, BGHZ 169, 98 = AG 2006, 883 mit abl. Anm. *Uwe H. Schneider*, ZGR 2007, 440; s. dazu auch *Goette* in VGR, Gesellschaftsrecht in der Diskussion 2006, 2007, S. 1, 20; *Noack*, LMK 2006, 204721; *Borges*, ZIP 2007, 357, 362.
8 Zustimmend: *Fleischer*, ZGR 2008, 185, 199; *Diekmann*, DStR 2007, 445; *Mülbert* in Bankrechtstag 2006, S. 141, 157; *Thaeter/Guski*, AG 2007, 301, 303; *Borges*, ZIP 2007, 357, 363; *Halasz/Kloster*, Der Konzern 2007, 344, 346; *Spindler*, WM 2007, 2358.
9 BGH v. 18.9.2006 – II ZR 137/05, BGHZ 169, 98 ff. = AG 2006, 883, Rz. 17.
10 So noch Begr. RegE Risikobegrenzungsgesetz, BT-Drucks. 16/7438, 8; dagegen: *Drinkuth*, ZIP 2008, 676.
11 Begr. RegE Risikobegrenzungsgesetz, BT-Drucks. 16/7438, 11.
12 A.A. zum alten Recht für § 30 WpÜG: OLG Frankfurt v. 25.6.2004 – WpÜG 5/03, WpÜG 6/03, WpÜG 8/03, AG 2004, 617 = ZIP 2004, 1309, 1312; wohl auch BaFin vom 19.10.2005 (Deutsche Börse) (www.bafin.de/presse).
13 Zum früheren Recht: *Liebscher*, ZIP 2002, 1008.

155 **bb) „in sonstiger Weise".** Die 2. **Fallgruppe** ist die Reaktion auf die „restriktive Haltung des BGH"[1], der eine Abstimmung über die Ausübung von Stimmrechten verlangte. Das ist für diese Fallgruppe nicht erforderlich. Ausreichend ist nach der Änderung des § 22 Abs. 2 WpHG a.F. (jetzt § 34 Abs. 2 WpHG) eine Vereinbarung oder Abstimmung, wonach **faktisch außerhalb der Hauptversammlung** auf den Vorstand Einfluss genommen werden soll, etwa durch Drohung, auf seine Abberufung hinzuwirken, die Vorstandsmitglieder mit Schadensersatzansprüchen zu überziehen, den Vorstand in der Öffentlichkeit zu diffamieren oder in der Hauptversammlung einen Misstrauensantrag zu stellen[2]. Der Einfluss muss auf der **gesellschaftsrechtlichen Beteiligung** beruhen. Ein expliziter oder mittelbarer Hinweis auf den Stimmrechtseinfluss ist nicht erforderlich[3]. Die Abhängigkeiten sind den Beteiligten bewusst. Auf der anderen Seite genügt eine tatsächliche Abhängigkeit etwa von einem Kreditinstitut als Kreditgeber oder einem Hersteller als Lieferant nicht[4].

156 **cc) Änderung der unternehmerischen Ausrichtung.** Die 2. Fallgruppe verlangt darüber hinaus, dass sich die Beteiligten mit dem Ziel verständigen, **eine dauerhafte und erhebliche Änderung der unternehmerischen Ausrichtung des Emittenten zu erreichen.**

157 Ziel muss es sein, eine Änderung durch den gegenwärtigen oder den künftigen Vorstand und Aufsichtsrat herbeizuführen. Die Regierungsbegründung nennt als Beispiele die Zerschlagung des Unternehmens oder die Gesellschaft lähmende Sonderdividende[5]. Als Beispiel werden ferner genannt die grundlegende Änderung des Geschäftsmodells und die Trennung von wesentlichen Geschäftsbereichen[6]. Zu eng ist die Ansicht, verlangt sei eine Abweichung vom bisher verfolgten Gesellschaftszweck oder vom satzungsmäßigen Unternehmensgegenstand[7]; denn das würde eine Satzungsänderung verlangen. Geprägt wird die unternehmerische Ausrichtung vielmehr von der **Unternehmenspolitik**, also durch die langfristige Ausrichtung von Einkauf, Verkauf, Produktion, Vertrieb, Finanzierung etc.[8]. Keine Änderung der unternehmerischen Ausrichtung wird beabsichtigt, wenn nur der gegenwärtige Zustand aufrechterhalten werden soll. Nicht ausreichend ist daher die Unterstützung des derzeitigen Vorstands, der die bisherige Unternehmenspolitik beibehalten will[9].

158 Das Drängen, einzelne oder alle Aufsichtsratsmitglieder oder Vorstandsmitglieder zu ersetzen, reicht daher nicht aus. Personen können jedoch für eine Änderung der Geschäftspolitik stehen oder sind persönlich abhängig von einem Aktionär, der seinerseits auf eine Änderung der Unternehmenspolitik drängt. Kommt dies hinzu, liegt eine beabsichtigte Änderung der unternehmerischen Ausrichtung vor[10].

159 Maßgebend ist die gemeinsame **Absicht** der Beteiligten und nicht, ob ihnen ihr Vorhaben auch gelingt[11]. Die Verabredung genügt nicht nur aber besonders dann, wenn sie selbst Organmitglied sind. Der beabsichtigte Einfluss muss aber beides sein, nämlich **dauerhaft und erheblich.** Nicht genügt ein dauerhafter Einfluss, der nicht erheblich ist und ein erheblicher Einfluss, der nicht dauerhaft ist[12]. Der beabsichtigte Einfluss ist erheblich, wenn eine **Gesamtschau der Änderungen** ergibt, dass nicht eine einzelne Maßnahme verwirklicht werden soll, z.B. kein Export von Waffen in ein bestimmtes Kriegsgebiet.

160 **d) Abgestimmter Parallelerwerb.** Die Vereinbarung oder die Abstimmung der Beteiligten muss sich nicht unmittelbar auf die Ausübung von Stimmrechten oder den Einfluss auf die Geschäftspolitik beziehen; denn die §§ 33 ff. WpHG zielen nicht auf eine Offenlegung der Kontrolle der Herrschaftsstrukturen sondern auf die Veränderung von Stimmrechtsanteilen, und zwar gerade auch auf deren Aufbau als auch deren Abbau. Die Vereinbarung oder die Abstimmung können daher auch entgegen der Verwaltungspraxis das koordinierte Erwerben (**abgestimmter Parallelerwerb**)[13], das koordinierte Festhalten der jeweiligen Beteiligung oder das abgestimmte

---

1 Begr. RegE, BT-Drucks. 16/7438, 6 f., 11; *Düchting*, Acting in Concert, 2009, S. 110.
2 *Becker* in Just/Voß/Ritz/Becker § 22 WpHG Rz. 99.
3 So aber *Krause* in FS Uwe H. Schneider, 2011, S. 669, 692.
4 Ebenso *Krause* in FS Uwe H. Schneider, 2011, S. 694.
5 Begr. RegE, BT-Drucks. 16/7438, 11.
6 Bericht des Finanzausschusses, BT-Drucks. 16/9821, 12.
7 Sowohl *von Bülow/Stephanblome*, ZIP 2008, 1797, 1798.
8 So wohl auch die Verwaltungspraxis: *Hoppe/Michel*, BaFinJournal 2010, Heft 04, S. 3.
9 Zweifelnd: *Krause* in FS Uwe H. Schneider, 2011, S. 669; wie hier: Bericht des Finanzausschusses: BT-Drucks. 16/9821, 15; *Hoppe/Michel*, BaFinJournal 2010, Heft 04, S. 3, 5; *Becker* in Just/Voß/Ritz/Becker, § 22 WpHG Rz. 102.
10 Begr. RegE, BT-Drucks. 16/7438, 11; zur kalten Übernahme: *Krause* in FS Uwe H. Schneider, 2011, S. 669.
11 *Spindler*, WM 2007, 2357, 2360; *Wilsing/Goslar*, DB 2007, 2467, 2468; *von Bülow/Stephanblome*, ZIP 2008, 1797, 1798; *Korff*, AG 2008, 692, 694; *Krause* in FS Uwe H. Schneider, 2011, S. 669, 695.
12 A.A. *Vaupel*, AG 2011, 63, 75.
13 Wie hier: Begr. RegE Risikobegrenzungsgesetz, BT-Drucks. 15/7438, 11; *Gaede*, Koordiniertes Aktionärsverhalten im Gesellschafts- und Kapitalmarktrecht, 2008, S. 256; *Uwe H. Schneider*, WM 2006, 1321, 1325; *Berger/Filgut*, AG 2004, 592, 603; *Korff*, AG 2008, 692, 694; *Renz/Rippel*, BKR 2008, 309, 311; *Mülbert*, NZG 2004, 633, 637; a.A. Bericht des Finanzausschusses, BT-Drucks. 16/9821, 15; *Zimmermann* in Fuchs, § 22 WpHG Rz. 96; *Berger*, ZIP 2007, 357, 364; *von Bülow* in KölnKomm. WpHG, § 22 WpHG Rz. 162; *Opitz* in Schäfer/Hamann, § 22 WpHG Rz. 90; *Gätsch/Schäfer*, NZG 2008, 846, 848; *von Bülow/Stephanblome*, ZIP 2008, 1797, 1799; a.A. *Petersen* in Spindler/Stilz, § 22 AktG Anh. Rz. 56; *Veil* in K. Schmidt/Lutter, § 22 AktG Anh. Rz. 41; für § 30 WpÜG: *Diekmann* in Baums/Thoma/Verse, § 30 WpÜG Rz. 82; *Noack/Zetzsche* in Schwark/Zimmer, § 30 WpÜG Rz. 33; *Schockenhoff/Schumann*, ZGR 2005, 568,

Veräußern der Aktien durch die Beteiligten zum Inhalt haben[1]. Das folgt aus dem Sinn und Zweck der Vorschrift, nämlich ein heimliches Anschleichen zu verhindern. Streitig ist, ob die Beteiligten zusätzlich vereinbaren oder sich abstimmen müssen, auf die Ausübung der Stimmrechte oder die Zielsetzung des Unternehmens Einfluss zu nehmen[2]. Hierfür genügt die mittelbare Absicht.

Im Blick auf das **gemeinschaftliche Erwerben** sind drei Fälle zu unterscheiden: 161

Zum einen liegt ein gemeinschaftliches Verabreden vor, wenn die Beteiligten im **Außenverhältnis** gemeinschaftlich auftreten, ihr Interesse am Erwerb öffentlich bekunden und jeweils auf eigene Rechnung erwerben. 162

Zum anderen liegt ein gemeinschaftliches Verabreden zum Zwecke des Erwerbs vor, wenn die Beteiligten im Innenverhältnis verabreden, durch **abgestimmten Parallelerwerb** gemeinschaftlich ein Paket aufzubauen, unabhängig davon, ob dies dazu dient, bestimmte unternehmerische Entscheidungen durchzusetzen oder gar die Kontrolle künftig gemeinsam auszuüben[3]. Dasselbe gilt für den **abgestimmten Parallelverkauf**[4]. 163

Und *zum Dritten* liegt ein gemeinschaftliches Verabreden zum Zwecke des Erwerbs vor, wenn einer der Beteiligten einen anderen, etwa ein Kreditinstitut beauftragt, in seinem Interesse Aktien zu erwerben. Wenn daher ein Investor zahlreiche Kreditinstitute beauftragt, für ihn Aktien aufzukaufen, so muss er sich die von den Instituten bereits erworbenen Stimmrechte zurechnen lassen[5]. Ausreichend ist, dass der Investor signalisiert, er sei an einem Aktienpaket in hohem Maße interessiert. 164

In allen drei Fällen soll die Offenlegung die Marktöffentlichkeit frühzeitig darüber informieren, dass ein Aktionär das Ziel verfolgt, ein Paket zu schnüren. Daher sind die Stimmrechte der Beteiligten in einem frühen Zeitpunkt zusammenzurechnen, und zwar auch dann, wenn zunächst noch keine Stimmrechtskoordinierung erfolgt. Das gilt auch für die dritte Fallgruppe, wenn der Beauftragte über Aktien verfügt, die zunächst dem Auftraggeber nicht zugedacht sind; denn für die Offenlegung ist nicht entscheidend, wer in einem zweiten Schritt Inhaber des Pakets werden soll. 165

e) Vereinbarungen in Einzelfällen. Die in § 34 Abs. 2 Satz 1 Halbsatz 2 WpHG vorgesehene Ausnahme erfasst dem Wortlaut nach nur „Vereinbarungen". Mit dem Sinn und Zweck der Vorschrift ist dies nicht zu vereinbaren. Die Lücke ist durch entsprechende Anwendung zu schließen (zur Zulässigkeit einer Analogie im Rahmen der §§ 33 ff. WpHG s. Vor §§ 33 ff. WpHG Rz. 50). § 34 Abs. 2 Satz 1 Halbsatz 2 WpHG gilt daher auch für sonstige Abstimmungen[6]. 166

Streitig ist, unter welchen Voraussetzungen sich die Vereinbarung oder Abstimmung auf einen Einzelfall bezieht. Teilweise wird die Ansicht vertreten, dass Abstimmungen zu einem einzelnen Tagesordnungspunkt oder eine einzelne unternehmerische Entscheidung ausnahmslos nicht zur Zurechnung führen (**formale Betrachtung**)[7]. Offen bleibt nach dieser Ansicht, ob § 34 Abs. 2 Satz 1 Halbsatz 2 WpHG eine **Auslegungsregel** oder eine **unwiderlegliche Vermutung** enthält. Jedenfalls gelte das auch dann, wenn sich die Beteiligten jeweils vor einer Hauptversammlung, also von Fall zu Fall über einen Tagesordnungspunkt absprechen z.B. auf einen Kandidaten verständigen[8]. Eine solche starre formale Lösung brächte Rechtssicherheit. Nach anderer Ansicht, nämlich bei **materieller Betrachtung**, handelt es sich um eine **widerlegliche Vermutung**. Bei einer Vereinbarung im Einzelfall sei zwar zu vermuten, dass kein acting in concert vorliege. Es könne aber eine Verhaltensabstim- 167

578; *Seibt*, ZIP 2004, 1828, 1833; *Mülbert* in Bankrechtstag 2006, 2007, S. 109, 159; *Hamann*, ZIP 2007, 1088, 1090; *Schockenhoff/Wagner*, NZG 2008, 361, 364; s. auch *Oechsler*, ZIP 2011, 449.

1 S. auch Art 12 Abs. 1 der Verordnung der Eidgenössischen Finanzmarktaufsicht über die Finanzmarktinfrastrukturen und das Marktverhalten im Effekten- und Derivatehandel: vom 3.12.2015: „In gemeinsamer Absprache oder als organisierte Gruppe handelt, wer seine Verhaltensweise im Hinblick auf den Erwerb oder die Veräußerung von Beteiligungspapieren oder die Ausübung von Stimmrechten mit Dritten durch Vertrag oder andere organisierte Vorkehren oder von Gesetzes wegen abstimmt".
2 Dagegen: *Berger/Filgut*, AG 2004, 592, 593; *Borges*, ZIP 2007, 357, 364; dafür: OLG Frankfurt v. 25.6.2004 – WpÜG 5, 6 und WpÜG 8/03, ZIP 2004, 1309, 1313; *von Bülow* in KölnKomm. WpÜG, § 30 WpÜG Rz. 219; *Nelle*, ZIP 2006, 2057, 2061; wohl auch: *Spindler*, WM 2007, 2357, 2360; s. auch die Pressemitteilung der BaFin zur Beiersdorf AG: „Ein acting in concert liegt beim gemeinsamen Erwerb von Aktien nur dann vor, wenn ein über den Erwerb hinausgehendes, gemeinsames Interesse verfolgt wird."; s. dazu *Uwe H. Schneider*, WM 2006, 1321, 1324.
3 So ausdrücklich Begr. RegE Risikobegrenzungsgesetz zu § 22 Abs. 2 WpHG, BT-Drucks. 16/7438, 11; s. auch schon *Hopt/Mülbert/Kumpan*, AG 2005, 109; a.A. *von Bülow/Bücker*, Börsen-Zeitung vom 14.9.2005, S. 2.
4 A.A. wohl *Liebscher*, ZIP 2002, 1008 zum alten Recht.
5 A.A. für § 30 WpÜG: *Mülbert*, Bankrechtstag 2006, 2007, S. 141, 159.
6 *von Bülow* in KölnKomm. WpHG, § 22 WpHG Rz. 169; *Zimmermann* in Fuchs, § 22 WpHG Rz. 98; *Casper*, ZIP 2003, 1469, 1476; *Pentz*, ZIP 2003, 1478; *Schockenhoff/Schumann*, ZGR 2005, 568, 587; *Krause* in FS Uwe H. Schneider, 2011, S. 669, 696.
7 So wohl h.M.: *Petersen* in Spindler/Stilz, § 22 AktG Anh. Rz. 57; *Lange*, ZBB 2004, 22, 27; *Schockenhoff/Schumann*, ZGR 2005, 568, 588; *Kocher*, DB 2016, 2887, 2891; *Sänger/Kessler*, ZIP 2006, 837, 840; für § 30 WpÜG: OLG Frankfurt v. 25.6.2004 – WpÜG 5/03, ZIP 2004, 1309, 1314; *von Bülow* in FS Uwe H. Schneider, 2011, S. 141, 145, 149.
8 *von Bülow* in FS Uwe H. Schneider, 2011, S. 141, 149; wohl auch allgemein *Schockenhoff/Wagner*, NZG 2008, 361, 364: spontane Verhaltensabstimmung.

mung auch schon im Einzelfall zur Zurechnung führen, wenn dies zu einer entsprechenden Änderung der unternehmerischen Ausrichtung führen soll[1]. Das Risikobegrenzungsgesetz hat keine klare Lösung gebracht[2].

168 Die zuletzt genannte materielle Betrachtung wird dem Sinn der Vorschrift gerecht. § 34 Abs. 2 Satz 1 Halbsatz 2 WpHG enthält eine **widerlegliche Vermutung**, und zwar für beide Fallgruppen. Eine Vereinbarung über einen Einzelfall schließt somit ein acting in concert nicht aus[3]. Es wird lediglich nicht vermutet, dass ein acting in concert vorliegt.

169 Die Verständigung über die Ausübung von Stimmrechten verlangt daher in der Regel eine Verständigung über mindestens zwei Hauptversammlungsperioden. Dies kann auch durch wiederholte Verabredungen geschehen. Liegt eine solche Verständigung über die Ausübung von Stimmrechten vor, so führt dies widerleglich zur Zurechnung, also auch dann, wenn keine Absicht besteht, spürbaren Einfluss auf die Geschäftspolitik zu nehmen. Eine solche Verständigung ist offenzulegen. Bezieht sich die Verständigung auf einen Tagesordnungspunkt anlässlich einer Hauptversammlung, liegt kein acting in concert vor[4].

170 Eine Verständigung über die Ausübung von Stimmrechten kann aber ausnahmsweise auch schon dann, wenn sie sich nur auf einen Tagesordnungspunkt im Rahmen einer Hauptversammlung bezieht, für ein acting in concert genügen, wenn hierbei die Beteiligten die Absicht verfolgen, im Rahmen eines Gesamtplans dauerhaft und erheblich Einfluss auf die Zielsetzung des Unternehmens zu nehmen. Die Vermutung ist widerlegt, wenn eine solche Absicht besteht.

171 Für die **2. Fallgruppe** ist § 34 Abs. 2 Satz 1 Halbsatz 2 WpHG von geringerer Bedeutung. Die 2. Fallgruppe zeichnet sich nicht nur dadurch aus, dass der Einfluss zwar durch die Beteiligung vermittelt wird, aber „auf andere Weise" genommen werden soll. Ziel des Einflusses muss es vielmehr sein, eine dauerhafte und erhebliche Änderung der unternehmerischen Ausrichtung des Emittenten herbeizuführen[5]. Entscheidend ist **die dauerhafte und erhebliche Änderung der längerfristig angelegten Strategie**[6]. Exemplarisch ist der Verkauf einer wesentlichen Beteiligung. Auch kann dies eine Kapitalerhöhung sein, wenn damit ein neuer Produktionsstandort finanziert werden soll. Daran fehlt es etwa, wenn nur eine einmalige Maßnahme, z.B. die Bestellung eines bestimmten Abschlussprüfers, veranlasst werden soll. Daran fehlt es auch, wenn eine Maßnahme veranlasst werden soll, die zwar längerfristige Bedeutung hat, wie etwa die Einstellung eines Mitarbeiters, dies aber nicht zur Änderung der Geschäftspolitik führt. Wenn folglich nur auf die Entscheidung über einzelne Maßnahme Einfluss genommen werden soll und dies auf die unternehmerische Ausrichtung des Emittenten ohne Auswirkung ist, liegt kein acting in concert vor[7].

172 Zum **gemeinschaftlichen Festhalten** zählen die „**Versteinerungs-Vereinbarungen**" („stand still-Vereinbarungen"), durch die die Beteiligten versuchen, sicher zu stellen, dass sich die Höhe ihrer Beteiligung an der Gesellschaft nicht verändert[8]. Das Ziel wird nur erreicht, wenn die Beteiligten auch ihr Abstimmungsverhalten bei Kapitalerhöhungen und Kapitalherabsetzungen koordinieren.

173 Das **abgestimmte Veräußern** soll verhindern, dass unvermittelt größere Posten von Aktien auf den Markt gelangen und in Folge hiervon die Kurse einbrechen.

174 **7. Gegenseitige Zurechnung in voller Höhe.** § 34 Abs. 2 WpHG ergänzt nur die Zurechnungsvorschriften. Die Stimmrechte des Partners eines acting in concert werden **wechselseitig in voller Höhe** zugerechnet[9]. Das bedeutet freilich, dass auch Absprachepartner mit sehr kleinen Beteiligungen meldepflichtig sein können. Diese **wechselseitige Zurechnung**, und zwar in voller Höhe, kann dazu führen, dass eine Vielzahl von Personen zur Mitteilung verpflichtet sind[10]. Die Zurechnung entfällt nicht deshalb, weil die zugerechneten Stimmrechte von einem Stimmverlust betroffen sind.

---

1 *Schilha* in Bürgers/Körber, Anh. § 22 AktG/§ 22 WpHG Rz. 19; *Casper/Bracht*, NZG 2005, 839; *Borges*, ZIP 2007, 357, 363; *Wackerbarth*, ZIP 2007, 2340, 2344; a.A. *von Bülow/Stephanblome*, ZIP 2008, 1797, 1800; *Krause* in FS Uwe H. Schneider, 2011, S. 669, 699.
2 *Korff*, AG 2008, 692; *Hoppe/Michel*, BaFinJournal 2010, Heft 04, S. 3, 4.
3 *Anders/Filgut*, ZIP 2010, 1115, 1117.
4 LG Düsseldorf v. 16.5.2007 – 36 O 99/06, ZIP 2007, 1859, 1861 = AG 2007, 797.
5 S. auch BaFin, Emittentenleitfaden 2013, Rz. VII.1.5.8.2.
6 *Hoppe/Michel*, BaFinJournal 2010, Heft 04, S. 3, 4; *Becker* in Just/Voß/Ritz/Becker, § 22 WpHG Rz. 105.
7 Bericht Finanzausschuss, BT-Drucks. 16/9821, 11; *Anders/Filgut*, ZIP 2010, 1115, 1117.
8 *Mülbert*, Bankrechtstag 2006, 2007, S. 141, 152; *Uwe H. Schneider*, WM 2006, 1321, 1325; ebenso für § 30 WpÜG: *Holzborn* in Zschocke/Schuster, Bad Homburger Handbuch zum Übernahmerecht, 2003, Rz. C 26; a.A. für § 30 WpÜG: LG Hamburg v. 16.10.2006 – 412 O 102/04, ZIP 2007, 427 = AG 2007, 177; *Schockenhoff/Schumann*, ZGR 2005, 568, 579; *von Bülow* in KölnKomm, § 30 WpÜG Rz. 219; *Diekmann* in Baums/Thoma/Verse, § 30 WpÜG Rz. 82; *Gaede*, Koordiniertes Aktionärsverhalten im Gesellschafts- und Kapitalmarktrecht, 2008, S. 258.
9 OLG Düsseldorf v. 13.6.2013 – I - 6 U 148/12, juris Rz. 132; *Zimmermann* in Fuchs, § 22 WpHG Rz. 101; *Schwark* in Schwark/Zimmer, § 22 WpHG Rz. 18; *Buck-Heeb*, Kapitalmarktrecht, S. 164; *Casper*, ZIP 2003, 1469, 1476; *Braun*, NZG 2008, 928, 930; a.A. *Lange*, ZBB 2004, 26 f.
10 BaFin, Emittentenleitfaden 2013, Rz. VIII.2.5.8. Für § 30 WpÜG: *Liebscher*, ZIP 2002, 1005, 1007; *Braun*, NZG 2008, 928, 930; *Maul*, NZG 2005, 156.

Eine einschränkende Auslegung mit der Folge, dass nur zugerechnet wird, wenn der jeweilige Absprachepartner des acting in concert selbst Aktien hält oder die Möglichkeit hat, auf die Ausübung der Stimmrechte Einfluss zu nehmen, ist nicht begründet[1]. Sie ist auch europarechtlich nicht zu vertreten[2]. Der Partner eines acting in concert muss selbst keine Stimmrechte halten[3]. Er kann vielmehr meldepflichtig sein, wenn ihm Stimmrechte zugerechnet werden.

8. Beweislast und Beweisführung. Sollen die Beteiligten mit einem Bußgeld belegt werden, weil sie ihren Meldepflichten nicht nachgekommen sind, so muss ihnen ein abgestimmtes Verhalten nachgewiesen werden[4]. Beweiserleichterungen, Vermutungsregeln etc. sind nicht anwendbar.

Sollen die Beteiligten an der Abstimmung in der Hauptversammlung nicht zugelassen, soll ihnen die Dividende nicht ausbezahlt werden oder wird die Dividende zurückgefordert, so muss ihnen auch in diesem Fall das abgestimmte Verhalten nachgewiesen werden[5]. Eine Beweislastumkehr ist in den §§ 33 ff. WpHG nicht vorgesehen.

Der **Nachweis eines abgestimmten Verhaltens** wird der Gesellschaft oder den Mitaktionären aber schwer fallen, weil sich die Beteiligten ohne Zeugen hinter verschlossenen Türen u.U. im Ausland treffen und keiner bereit ist, die Vereinbarung oder Abstimmung zu offenbaren. Eine Dokumentation und Zeugen fehlen. In der Regel gibt es keine Briefe, aus denen hervor geht, dass das Verhalten „Wort für Wort"[6] abgestimmt ist. Von ausdrücklichen gesetzlichen Vermutungen hat der Gesetzgeber abgesehen[7]. Daher hilft nur eine Gesamtwürdigung des Einzelfalles (**Indizienbeweis**)[8], z.B. gemeinsame Treffen, gemeinsames Büro, Austausch und anschließendes Löschen von E-Mails, die Zahl der ausgewechselten Aufsichtsratsmitglieder[9]. In besonderen (typischen) Fällen kann auch auf die Regeln des **Anscheinsbeweises** zurückgegriffen werden[10]. Wer jede Form von Beweiserleichterungen ablehnt, beraubt die Vorschrift seiner Funktion[11]. Gleiche Fallgestaltungen sind aus dem Kartellrecht und dem Steuerrecht bekannt. Im Blick hierauf ist zu unterscheiden:

Unbewusstes gleichförmiges Abstimmungsverhalten rechtfertigt nicht die Vermutung eines abgestimmten Verhaltens[12]. Dagegen gibt es eine Reihe von Sachverhalten, die typischerweise auf ein abgestimmtes Verhalten hindeuten und die daher eine widerlegliche Vermutung begründen[13]. Dazu gehört ein **bewusstes gleichgerichtetes Abstimmungsverhalten** in mehreren Tagesordnungspunkten, die nur im Hinblick einer bestimmten Gesamtstrategie Sinn machen. Auch bei institutionalisierten Treffen, z.B. in einer Vereinigung von Kommunen, die einzeln an einer Gesellschaft beteiligt sind, spricht eine Lebenserfahrung für ein abgestimmtes Verhalten. Auch wird bei Ehegatten, minderjährigen Kindern und Lebenspartnern, mit dem der Meldepflichtige im selben Haushalt wohnt, weder unwiderleglich noch widerleglich vermutet, dass ein abgestimmtes Verhalten vorliegt[14]. Ein abgestimmtes Verhalten ist auch bei diesen zuletzt genannten Personen aber widerlegich zu vermuten[15].

9. Einzelfälle. a) Gemeinsame Beratung und Aktionärsforum. Die Beratung unter den Aktionären wird als Teil guter Corporate Governance angesehen. In Rule II D der OECD-Principles of Corporate Governance 2015 heißt es ausdrücklich: „Shareholders, including institutional shareholders, should be allowed to consult with each other on issues concerning their basic shareholder rights as defined in the Principles, subject to exceptions to prevent abuse." In einer solchen wechselseitigen Information und gemeinsamen Beratung liegt kein acting in concert; denn es fehlt schon an einer Vereinbarung oder Abstimmung über ein gemeinsames Stimmverhalten[16]. Unbe-

---

1 So aber für § 30 WpÜG: *von Bülow* in KölnKomm. WpÜG, § 30 WpÜG Rz. 246.
2 Ebenso für § 30 WpÜG: *Mülbert*, NZG 2004, 633, 637; *Seibt/Heiser*, ZIP 2005, 214; a.A. *Veil* in FS Karsten Schmidt, 2009, S. 1645, 1659.
3 Wie hier: *Becker* in Bürgers/Körber, Anh. § 22 AktG/§ 22 WpHG Rz. 9; a.A. *von Bülow* in KölnKomm. WpHG, § 22 WpHG Rz. 175 f.
4 Für § 30 WpÜG: OLG Frankfurt v. 25.6.2004 – WpÜG 5/03a, WpÜG 6/03, WpÜG 8/03a, NZG 2004, 865.
5 BaFin vom 19.10.2005 zu § 30 WpÜG (Deutsche Börse) (www.bafin.de/presse); *Schockenhoff/Schumann*, ZGR 2005, 597.
6 So freilich der Sachverhalt zu OLG München v. 27.4.2005 – 7 U 2792/04, AG 2005, 482 = ZIP 2005, 856, 858.
7 S. dazu *Fleischer*, ZGR 2008, 184, 202; *Gaede*, Koordiniertes Aktionärsverhalten im Gesellschafts- und Kapitalmarktrecht, 2008, S. 287 ff.
8 LG Köln v. 5.10.2007 – 82 O 114/06, AG 2008, 336, 338; s. auch OLG München v. 17.2.2005 – 23 W 2406/04, AG 2005, 407 = WM 2005, 1414; *Gaede*, Koordiniertes Aktionärsverhalten im Gesellschafts- und Kapitalmarktrecht, 2008, S. 296.
9 *Spindler*, WM 2007, 2357, 2362.
10 A.A. *Liebscher*, ZIP 2002, 1005, 1009; *Hamann*, ZIP 2007, 1088, 1095 (für § 30 WpÜG); zweifelnd: *Schockenhoff/Schumann*, ZGR 2005, 600.
11 So aber in der Tendenz: *Schockenhoff/Schumann*, ZGR 2005, 568, 596 ff.; auch *Seibt*, ZIP 2004, 1829, 1834.
12 Begr. RegE Risikobegrenzungsgesetz zu § 22 Abs. 2 WpHG, BT-Drucks. 16/7438, 11; sowie schon OLG Frankfurt v. 25.6.2004 – WpÜG 5/03, WpÜG 6/03, WpÜG 8/03, ZIP 2004, 1309 = AG 2004, 617; OLG Stuttgart v. 10.11.2004 – 20 U 16/03, AG 2005, 129; OLG München v. 27.4.2005 – 7 U 2792/04, AG 2005, 482 = BB 2005, 1411 mit Anm. *Louven*; *von Bülow/Stephanblome*, ZIP 2008, 1797, 1800; *Zimmermann* in Fuchs, § 22 WpHG Rz. 92.
13 A.A. *Seibt*, ZIP 2004, 1834.
14 OLG Frankfurt v. 22.5.2007 – 5 U 33/06, AG 2008, 87.
15 A.A. OLG Stuttgart v. 10.11.2004 – 20 U 16/03, AG 2005, 129: offen gelassen für minderjährige Kinder; *Liebscher*, ZIP 2002, 1008; *Casper*, ZIP 2003, 1475; *Schockenhoff/Schumann*, ZGR 2005, 591; s. auch *Pentz*, ZIP 2003, 1481.
16 *Schilha* in Bürgers/Körber, Anh. § 22 AktG/§ 22 WpHG Rz. 16.

denklich ist daher auch die Teilnahme an einem Aktionärsforum (§ 127a AktG). „Es bleibt dem einzelnen Aktionär unbenommen, das öffentlich bekannte Stimmverhalten anderer Aktionäre in die Überlegungen über sein Stimmverhalten mit einzubeziehen, ohne damit das Risiko der Rechtsfolgen eines acting in concert einzugehen"[1].

181 Anders ist die Lage, wenn sich die Aktionäre nicht auf eine gemeinsame Beratung beschränken, sondern auch ein gemeinsames Stimmverhalten verabreden oder faktisch herbeiführen. So erfüllt die Voraussetzungen eines acting in concert auch eine Koordinierung des Stimmverhaltens durch **wechselseitige Information** über das beabsichtigte Stimmverhalten oder durch eine **gemeinsame „Beratung"** durch einen institutionellen Stimmrechtsberater bzw. Stimmrechtsvertreter, dem die Beteiligten blind oder in der Absicht folgen, auf diese Weise Einfluss auf das Management zu gewinnen[2]. Es entsteht auf diese Weise nämlich ein „Schattenregime". Exemplarisch für eine solche gemeinsame „Beratung" sind breitflächige Abstimmungsrichtlinien für institutionelle Anleger, z.B. über Kapitalmaßnahmen, die Entlastung von Mitgliedern des Vorstands und des Aufsichtsrats, zu Corporate Governance Fragen, zur Vergütungspolitik etc.[3]. Ein solches Verhalten ist nicht unzulässig, **muss aber offengelegt werden**; denn hier wird versucht, durch abgestimmtes Verhalten erheblich und dauerhaft auf das Management Einfluss zu gewinnen.

182 Die „weiße Liste", die im ESMA – Public Statement – information on shareholder cooperation and acting in concert under the Takeover Bids Directive (ESMA/2014/677) aufgenommen ist, enthält eine Aufzählung von Sachverhalten, die nicht als acting in concert zu bewerten sind. Diese Aufzählung lässt sich auch im Offenlegungsrecht fruchtbar machen, wenngleich unter Nr. 1.8 ausdrücklich aufgeführt wird, dass die „weiße Liste" sich nur auf das Übernahmerecht bezieht. Unter 4.1 heißt es:

„When shareholders cooperate to engage in any of the activities listed below, that cooperation will not, in and of itself, lead to a conclusion that the shareholders are acting in concert:

(a) entering into discussions with each other about possible matters to be raised with the company's board;

(b) making representations to the company's board about company policies, practices or particular actions that the company might consider taking;

(c) other than in relation to the appointment of board members, exercising shareholders' statutory rights to:
   (i) add items to the agenda of a general meeting;
   (ii) table draft resolutions for items included or to be included on the agenda of a general meeting; or
   (iii) call a general meeting other than the annual general meeting (footnote 7: *Minority shareholders' rights provided by Article 6 of the Shareholders' Rights Directive (Directive 2007/36/EC)*;

(d) other than in relation to a resolution for the appointment of board members and insofar as such a resolution is provided for under national company law, agreeing to vote the same way on a particular resolution put to a general meeting, in order, for example:
(A) to approve or reject:
   (i)   a proposal relating to directors' remuneration;
   (ii)   an acquisition or disposal of assets;
   (iii) a reduction of capital and/or share buy-back;
   (iv)   a capital increase;
   (v)   a dividend distribution;
   (vi)   the appointment, removal or remuneration of auditors;
   (vii) the appointment of a special investigator;
   (viii) the company's accounts; or
   (ix)   the company's policy in relation to the environment or any other matter relating to social responsibility or compliance with recognised standards or codes of conduct; or
(B) to reject a related party transaction."

183 **b) Wahl von Aufsichtsratsmitgliedern.** Vereinbaren zwei oder mehr Personen die Wahl eines oder mehrerer Aufsichtsratsmitglieder für eine Bestellperiode, so reicht dies für eine Zurechnung nicht aus; denn es handelt

---

1 Begr. RegE Risikobegrenzungsgesetz zu § 22 Abs. 2 WpHG, BT-Drucks. 16/7438, 11; *Gesell* in FS Maier-Reimer, 2010, S. 123, 135; s. auch EU-Action Plan on European Company law and corporate governance, COM (2012) 740/2.

2 Ebenso *Vaupel*, AG 2011, 63, 75; *Uwe H. Schneider*, ZGR 2012, 518; a.A. *Kocher/Heydel*, AG 2011, 543. Zum Schattenregime der Stimmrechtsberater: *Uwe H. Schneider*, ZGR 2012, 518; *Zetzsche/Preiner*, AG 2014, 685; *Leuering*, NZG 2014, 646; *Dörrwächter*, AG 2017, 409; *Dörrwächter/Kramarsch/Siepmann*, Zeitschrift für das gesamte Kreditwesen 2017, 865; *Brandt*, Audit Committee Quarterly, III/2017, 40; zur Lage in der Schweiz: *Reutter* in Reutter/Heerlen, Kapitalmarktrecht – Recht der Transaktionen XI, Europa Institut Universität Zürich 2016, S. 229.

3 *Uwe H. Schneider/Anzinger*, NZG 2007, 88.

sich um eine Vereinbarung in einem Einzelfall, § 22 Abs. 2 Satz 1 Halbsatz 2 WpHG[1]. Es besteht auch keine widerlegliche Vermutung für eine solche Abstimmung (anders § 1 Ziff. 6 Österr. ÜbernahmeG)[2]. Wenn sich daher Aktionäre im Rahmen eines Aktionärsforums abstimmen, verlangt dies in der Folge keine Zurechnung. Exemplarisch ist auch die Zusage eines Aufsichtsratsmandats an einen Minderheitsaktionär im Rahmen eines Beteiligungserwerbs. Der Einfluss des Aufsichtsratsmitglieds bleibt begrenzt; und das rechtfertigt, von einer Zurechnung abzusehen.

Ein abgestimmtes Verhalten mit dem Ziel, sich über das Stimmverhalten zu verständigen (**1. Fallgruppe**), liegt erst vor, wenn sich die Vereinbarung über mindestens zwei Hauptversammlungsperioden erstreckt (**Abstimmung im Fortsetzungszusammenhang**). Dies gilt auch dann, wenn keine Änderung der unternehmerischen Ausrichtung des Emittenten beabsichtigt ist. Abgestimmtes Verhalten liegt auch vor (**2. Fallgruppe**), wenn mit der Wahl in Bezug auf die börsennotierte Gesellschaft weitergehende Ziele verfolgt werden (**Gesamtplan**)[3]. Dafür genügt auch schon die Abstimmung für einen Wahlgang. Entscheidend ist die Qualität und Quantität der Aufsichtsratsmandate und die Zusammensetzung des Aufsichtsrats[4]. Die weitergehenden Ziele können in der Neuausrichtung der Geschäftspolitik, der Zahlung einer Sonderdividende, aber auch in der Zerschlagung des Unternehmens bzw. des Konzerns liegen. Ausreichend kann hierfür bereits der Austausch eines einzelnen Aufsichtsratsmitglieds sein. Sollen mehrere Aufsichtsratsmitglieder ausgetauscht werden, so spricht dies für eine Änderung der langfristigen Strategie[5]. Allerdings gilt dies nicht, wenn lediglich der Frauenanteil im Aufsichtsrat erhöht werden soll. Entscheidend ist, dass eine bestimmte unternehmerische Ausrichtung verfolgt wird – und dafür stehen Personen. An einer Abstimmung mit Fortsetzungszusammenhang fehlt es, wenn die Beteiligten sich vor jeder Neubestellung auf denselben Kandidaten einigen[6].

Ein **abgestimmtes Verhalten von Aufsichtsratsmitgliedern** führt nicht zur Stimmrechtszurechnung[7].

184

c) **Poolvereinbarungen.** Typisch für ein abgestimmtes Verhalten in Bezug auf die Gesellschaft sind Stimmbindungs-/Poolverein-barungen[8]. Dabei schließen sich zwei oder mehrere Aktionäre mit dem Ziel zusammen, die Stimmrechte koordiniert auszuüben um eine Änderung der unternehmerischen Ausrichtung des Emittenten herbeizuführen. Das gilt für den **Druckpool**, dessen Ziel es ist, die Änderung der unternehmerischen Ausrichtung herbeizuführen, nicht aber für den **Abwehrpool**, nämlich eine Änderung zu verhindern[9]. Verknüpft sind diese Vereinbarungen mit Verabredungen über die Wahl der Aufsichtsratsmitglieder, Vorkaufsrechte usw. Derartige Poolvereinbarungen fallen ohne weiteres unter § 34 Abs. 2 WpHG, und zwar nicht nur, wenn das Einstimmigkeitsprinzip gilt, sondern auch, wenn in der Poolvereinbarung das Mehrheitsprinzip vorgesehen ist. Die Stimmrechte der Beteiligten werden wechselseitig zugerechnet. Hält ein Poolmitglied die Mehrheit der Stimmen, so sollen die Stimmrechte der Minderheits-Poolmitglieder nur dem Mehrheits-Poolmitglied zugerechnet werden[10]. Eine solche einschränkende Auslegung ist mit dem Normzweck nicht zu vereinbaren. Eine Stimmrechtszurechnung erfolgt auch beim einflusslosen Poolmitglied[11].

185

Hält ein Poolmitglied ein Aktienpaket, wird aber nur ein Teil der Aktien der Poolvereinbarung unterworfen, so werden nur die in die Poolvereinbarung einbezogenen Stimmrechte zugerechnet[12].

Eine Zurechnung erfolgt ferner unabhängig davon, ob abweichendes Stimmverhalten trotz gemeinsamer Poolentscheidung rechtlich sanktioniert wird, ob sich die Poolmitglieder die Möglichkeit abweichenden Stimmverhaltens offen gehalten haben („**Poolvertrag mit Öffnungsklausel**")[13] und ob es einen Stimmführer gibt oder

186

---

1 *Spindler*, WM 2007, 2357, 2360: spontanes gemeinsames Stimmverhalten.
2 Differenzierend: ESMA – Public Statement – Information on shareholder cooperation and acting in concert under the Takeover Bids Directive, ESMA/2014/677.
3 Wie hier BaFin, Jahresbericht 2003, S. 209; *Diekmann* in Baums/Thoma/Verse, § 30 WpÜG Rz. 80. *Noack/Zetzsche* in Schwark/Zimmer, § 30 WpÜG Rz. 36; zu eng *von Bülow* in KölnKomm. WpÜG, § 30 WpÜG Rz. 253 ff.; *Steinmeyer* in Steinmeyer/Häger, § 30 WpÜG Rz. 60; *Korff*, AG 2008, 692, 695.
4 BaFin, Jahresbericht 2005, S. 178.
5 BT-Drucks. 16/7438, 11; *Spindler*, WM 2007, 2357, 2360; *Hammen*, Der Konzern 2009, 18, 19, s. auch § 1 Ziff. 6 Österr. ÜbernahmeG.
6 Ebenso *Krause*, NJW 2004, 3681, 3685.
7 *von Bülow* in Veil, Übernahmerecht in der Praxis, 2009, S. 158; a.A. noch Begr. RegE Risikobegrenzungsgesetz, BT-Drucks. 16/7438, 11.
8 OLG Frankfurt v. 25.6.2004 – WpÜG 5/03, WpÜG 6/03, WpÜG 8/03, ZIP 2004, 1309 = AG 2004, 617; *Lenz/Linke*, AG 2002, 368; *von Bülow* in Veil, Übernahmerecht in der Praxis, 2009, S. 161; s. auch Bericht Finanzausschuss RisikobegrenzungsG, BT-Drucks. 16/9821, 16.
9 *von Bülow* in Veil, Übernahmerecht in der Praxis, 2009, S. 161.
10 *Noack* in Schwark/Zimmer, § 30 WpÜG Rz. 12; *von Bülow* in KölnKomm. WpÜG, § 30 WpÜG Rz. 256; *Pentz*, ZIP 2003, 1478; *Casper*, ZIP 2003, 1474; *von Bülow/Bücker*, ZGR 2004, 707; *Lange*, ZBB 2004, 26; a.A. wie hier BaFin, Emittentenleitfaden 2013, Rz. VIII.2.5.8; *Lenz/Linke*, AG 2002, 368.
11 BaFin, Emittentenleitfaden 2013, Rz. VIII.2.5.8.
12 OLG Düsseldorf v. 13.6.2013 – I - 6 U 148/12, juris Rz. 132; BaFin, Emittentenleitfaden 2013, Rz. VIII.2.5.8; a.A. für § 30 WpÜG: *von Bülow* in KölnKomm. WpÜG, § 30 WpÜG Rz. 255.
13 *Nottmeier/Schäfer*, AG 1997, 95; *von Bülow* in KölnKomm. WpÜG, § 30 WpÜG Rz. 257; a.A. *Jäger*, WM 1996, 1357.

nicht. Selbst der ausdrückliche Ausschluss der gemeinsamen Verfolgung von Zielen bezüglich der Geschäftsführung in der Poolvereinbarung kann durch das tatsächliche Verhalten widerlegt sein[1]. Ist der **Poolpartner eine Tochtergesellschaft**, so werden die Stimmrechte aller Poolpartner auch dem herrschenden Unternehmen zugerechnet. Das folgt aus § 34 Abs. 2 WpHG. Die Stimmrechte der Tochter werden der Mutter nach § 34 Abs. 1 Satz 1 Nr. 1 WpHG zugerechnet.

187 Wird eine **Poolvereinbarung aufgelöst**, so entfällt die Zurechnung. Das kann eine Meldepflicht auslösen, wenn bei einem Poolmitglied eine Meldeschwelle unterschritten wird. Dasselbe gilt beim Austritt eines Poolmitglieds. Ob Anwendungen einer Poolvereinbarung zu Meldepflichten führen, hängt vom Inhalt der Änderung ab.

188 d) **Pool-in-Pool-Vereinbarungen.** Eine wechselseitige Zurechnung erfolgt auch bei „Pool-in-Pool-Vereinbarungen", nämlich wenn ein Gemeinschaftspool aus mehreren Einzelpools besteht. Die Stimmrechte der Aktionäre eines Einzelpools werden den Aktionären der anderen Einzelpools zugerechnet. Schon gar nicht ist erforderlich, dass der Beteiligte den Pool kontrolliert. Eine Zurechnung erfolgt ferner unabhängig davon, ob abweichendes Stimmverhalten trotz gemeinsamer Poolentscheidung rechtlich sanktioniert wird oder ob sich die Poolmitglieder die Möglichkeit abweichenden Stimmverhaltens offen gehalten haben („Poolvertrag mit Öffnungsklausel")[2]. Selbst der ausdrückliche Ausschluss der gemeinsamen Verfolgung von Zielen bezüglich der Geschäftsführung in der Poolvereinbarung kann durch das tatsächliche Verhalten widerlegt sein[3].

189 e) „**Frühstücks-Pool**". Unter § 34 Abs. 2 WpHG fallen ferner alle „Frühstücks-Pools". Das sind solche Verabredungen, bei denen die Partner unter Berufung auf den kaufmännischen Anstand, die gemeinsamen Interessen als institutionelle Anleger, als Familie, als Zulieferer oder Abnehmer usw. eine Übereinstimmung erzielen, entweder gemeinschaftlich die Kontrolle zu erwerben oder ihre Beteiligungen gemeinschaftlich zu halten oder ihre Stimmrechte und den tatsächlichen Einfluss im Zusammenwirken einzusetzen. Wechselseitig zuzurechnen sein können daher auch die Stimmrechte der Mitglieder von **Aktionärsvereinigungen** oder die Teilnehmer eines **Council of Institutional Investors**, mag es auch bei der Abstimmung über ihr Stimmrechtsverhalten usw. an einer rechtsgeschäftlichen Grundlage fehlen. Weder brauchen klagbare Ansprüche noch müssen sonstige Rechte und Pflichten durch die „Vereinbarung" begründet sein. Voraussetzung für eine Zurechnung ist eine gewisse Dauer des Zusammenwirkens[4]. Einmalige Treffen mit dem Ziel, in einer Einzelfrage zusammenzuwirken, reichen nicht.

190 f) **Nahe Verwandte und Familien-Pools.** Zwischen Mitgliedern derselben Familie, Lebenspartnern usw. wird nicht zwingend zugerechnet. Das gilt auch für Ehegatten und minderjährige Kinder[5]. Die Stimmrechte minderjähriger Kinder werden aber nach § 34 Abs. 1 Satz 1 Nr. 6 WpHG beiden Elternteilen zugerechnet[6]. Verlangt ist vielmehr ein formales Verabreden, etwa in einem Familienbeirat, oder ein informelles Abstimmen. Ausreichend sind daher informelle Familientreffen, in denen eine entsprechende Abstimmung erfolgt.

191 Haben die Mitglieder einer Familie die Stimmrechte aus Aktien an derselben Gesellschaft gepoolt, so kann dies eine Zurechnung begründen. Dabei ist aber jeder Fall gesondert zu betrachten; denn die Praxis kennt vielfältige Gestaltungen für solche Familien-Pools, angefangen bei der Poolung der Stimmrechte mit oder ohne gemeinsame Vertretung oder der Poolung der Aktien durch Vollrechtsübertragung, über einstufige und mehrstufige Familien-Pools, bis hin zu ganz unterschiedlichen Formen von Vereinbarungen über die Entscheidungsfindung zum Abstimmungsverhalten und zur Sanktionierung bei abweichendem Stimmverhalten[7].

192 Haben die Familienmitglieder ihre Aktien in eine **GmbH** oder in eine **Gesellschaft bürgerlichen Rechts** eingebracht und auf diese Weise ihre Stimmrechte gepoolt, so kann dies die Zurechnung begründen.

193 Dem einzelnen Familienmitglied, das an der GmbH oder Gesellschaft bürgerlichen Rechts beteiligt ist, wird nach § 34 Abs. 2 Satz 1 Nr. 1 WpHG der von der **Vorschaltgesellschaft** (Vermögensverwaltungsgesellschaft) gehaltene Anteil zugerechnet, wenn der ausschließliche Gesellschaftszweck der vorgenannten Gesellschaft darin besteht, die Beteiligung im Interesse der Gesellschafter zu verwalten, und das einzelne Familienmitglied als Gesellschafter wesentlichen Einfluss auf die Stimmrechtsausübung der Gesellschaft hat. Stimmrechte aus Aktien, die die anderen Familienmitglieder halten, werden ihnen nicht zugerechnet, es sei denn, es besteht auch über die Stimmrechte dieser Aktien eine gesonderte Stimmrechtsvereinbarung.

194 Die Folge der Zurechnung bei abgestimmten Verhalten kann dazu führen, dass ein Familienmitglied nicht nur zur Offenlegung der Beteiligung sondern auch nach § 33 WpÜG zu einem Pflichtangebot verpflichtet ist, obwohl es selbst keine oder nur wenige Aktien hält.

---

1 *Jäger*, WM 1996, 1357.
2 *Nottmeier/Schäfer*, AG 1997, 95; a.A. *Jäger*, WM 1996, 1357; eingehend: *Pentz*, ZIP 2003, 1478, 1481.
3 *Jäger*, WM 1996, 1357.
4 Ebenso *Vaupel*, AG 2011, 63, 76.
5 LG Köln v. 5.10.2007 – 82 O 114/06, AG 2008, 336, 338; *Pentz*, ZIP 2003, 1485; *Schockenkoff/Schumann*, ZGR 2005, 591.
6 VG Frankfurt/M. v. 1.10.2009 – 1 K 390/09, Beck RS 2010, 525 (76).
7 S. zur Verwaltungspraxis *Nottmeier/Schäfer*, AG 1997, 95; *Jäger*, WM 1996, 1357.

g) Gesellschaft und ihre geschäftsführenden Organmitglieder. Ein abgestimmtes Verhalten besteht zwischen 195
einer Gesellschaft und ihren geschäftsführenden Organmitgliedern (s. UK-Takeover Code 2016, hier Rz. 128),
denn die geschäftsführenden Organmitglieder entscheiden zugleich über das Verhalten der Gesellschaft, insbesondere die Ausübung der Stimmrechte in Bezug auf die Gesellschaft[1]. Nicht entscheidend ist es, ob der Geschäftsführer Alleingesellschafter oder Alleingeschäftsführer ist; es genügt, dass er auf Grund seiner Stimmrechte rechtlich oder faktisch Einfluss auf die Geschäftsführung der Gesellschaft hat. Kein abgestimmtes Verhalten liegt bei der GmbH nur dann vor, wenn der Geschäftsführer im konkreten Fall auf Weisung der Gesellschafter handelt. Gegen eine Zurechnung spricht nicht, dass die geschäftsführenden Organmitglieder bei der Wahrnehmung der Stimmrechte der Gesellschaft die Interessen der Gesellschaft wahrzunehmen haben und nur bei der Wahrnehmung der eigenen Stimmrechte ihre eigenen Interessen verfolgen dürfen. Keine Zurechnung erfolgt demgegenüber bei Aufsichtsratsmitgliedern; denn diese haben keinen oder nur begrenzten Einfluss auf die Wahrnehmung der Stimmrechte der Gesellschaft.

h) Berater, Rechtsanwälte. Keine Abstimmung erfolgt zwischen dem Berater (Vermögensberater, Anwalt, 196
Steuerberater etc.) und dem Beratenen, wenn der Beratene eigenverantwortlich entscheidet, wie er sich im Verhältnis zur Gesellschaft verhält. Daher fehlt es in der Regel an einem abgestimmten Verhalten i.S.v. § 34 Abs. 2
WpHG, wenn der Anwalt sich darauf beschränkt, den Beteiligten bei seinem Verhalten in Bezug auf die Gesellschaft anwaltlich zu beraten[2]. Etwas anderes gilt, wenn der Anwalt für seinen Klienten handelt.

Mit derselben Begründung erfolgt keine Zurechnung beim Anlageberater, wenn er sich auf die Beratung be- 197
schränkt und nicht etwa die Vermögensverwaltung übernommen hat.

i) Konzerninterne Vereinbarung. Verständigen sich eine Muttergesellschaft und ihre beherrschten Konzern- 198
unternehmen, so werden nach § 34 Abs. 1 Satz 1 Nr. 1 WpHG die Stimmrechte der Tochtergesellschaften der
Muttergesellschaft zugerechnet, aber umgekehrt die Stimmrechte der Muttergesellschaft und der Schwestergesellschaft nicht den Tochtergesellschaften. § 34 Abs. 1 Satz 1 Nr. 1 WpHG verdrängt indessen nicht § 34 Abs. 2
WpHG. Wenn daher zwischen Konzernunternehmen eine entsprechende Verständigung erfolgt, führt dies zu
einer wechselseitigen Zurechnung[3].

XVI. Abschließender Katalog von Zurechnungstatbeständen? Ob § 34 Abs. 1 WpHG einen abschließenden 199
Katalog von Zurechnungstatbeständen enthält, ist streitig. Die Verwaltungspraxis sieht die Aufzählung als abschließend an. Richtig ist: Eine Analogie ist ausgeschlossen, soweit die Verletzung der aufsichtsrechtlichen Meldepflichten mit Bußgeld belegt ist; denn im Recht der Ordnungswidrigkeiten wäre eine Analogie verfassungswidrig[4]. Soweit aber die Verletzung der aufsichtsrechtlichen Meldepflichten gesellschaftsrechtliche oder deliktsrechtliche Folgen (s. bei § 44 WpHG) hat, ist eine Analogie und damit eine gespaltene Normanwendung zulässig[5].

§ 35 Tochterunternehmenseigenschaft; Verordnungsermächtigung

(1) Vorbehaltlich der Absätze 2 bis 4 sind Tochterunternehmen im Sinne dieses Abschnitts Unternehmen,
1. die als Tochterunternehmen im Sinne des § 290 des Handelsgesetzbuchs gelten oder
2. auf die ein beherrschender Einfluss ausgeübt werden kann,

ohne dass es auf die Rechtsform oder den Sitz ankommt.

(2) Nicht als Tochterunternehmen im Sinne dieses Abschnitts gilt ein Wertpapierdienstleistungsunternehmen hinsichtlich der Beteiligungen, die von ihm im Rahmen einer Wertpapierdienstleistung nach
§ 2 Absatz 3 Satz 1 Nummer 7 verwaltet werden, wenn

1. das Wertpapierdienstleistungsunternehmen die Stimmrechte, die mit den betreffenden Aktien verbunden sind, unabhängig vom Mutterunternehmen ausübt,
2. das Wertpapierdienstleistungsunternehmen
    a) die Stimmrechte nur auf Grund von in schriftlicher Form oder über elektronische Hilfsmittel erteilten Weisungen ausüben darf oder

---

1 OLG Frankfurt v. 22.5.2007 – 5 U 33/06, AG 2008, 87; ebenso Definitionsregeln: acting in concert, Abs. 2 Nr. 2 Takeover Code 2016 sowie *Lange*, Der Konzern 2003, 675, 680; a.A. *von Bülow/Bücker*, ZGR 2004, 717; *Seibt*, ZIP 2005, 729; *Schilha* in Bürgers/Körber, Anh. § 22 AktG/§ 22 WpHG Rz. 16.
2 *Diekmann* in Baums/Thoma/Verse, § 30 WpÜG Rz. 81.
3 Zurückhaltend: *von Bülow* in KölnKomm. WpÜG, § 30 WpÜG Rz. 266 f.
4 BGH v. 18.9.2006 – II ZR 137/05, BGHZ 169, 98, 106 = AG 2006, 883; *Widder/Kocher*, ZIP 2010, 457, 459; für § 30 WpÜG: *von Bülow* in KölnKomm. WpÜG, § 30 WpÜG Rz. 35, 226.
5 Wie hier: *Cahn*, ZHR 162 (1998), 1, 7; *Cahn*, ZHR 168 (2004), 483; *Wackerbarth*, ZIP 2005, 1217, 1221; *Hammen*, Der Konzern 2009, 1820; a.A. *Zimmermann* in Fuchs, Vor § 21 WpHG Rz. 25; *Fleischer/Bedkowski*, DStR 2010, 933; s. auch Vor §§ 33 ff. WpHG Rz. 50.

b) durch geeignete Vorkehrungen sicherstellt, dass die Finanzportfolioverwaltung unabhängig von anderen Dienstleistungen und unter Bedingungen erfolgt, die gleichwertig sind denen der Richtlinie 2009/65/EG des Europäischen Parlaments und des Rates vom 13. Juli 2009 zur Koordinierung der Rechts- und Verwaltungsvorschriften betreffend bestimmte Organismen für gemeinsame Anlagen in Wertpapieren (OGAW) (ABl. L 302 vom 17.11.2009, S. 32) in der jeweils geltenden Fassung,
3. das Mutterunternehmen der Bundesanstalt den Namen des Wertpapierdienstleistungsunternehmens und die für dessen Überwachung zuständige Behörde oder das Fehlen einer solchen Behörde mitteilt und
4. das Mutterunternehmen gegenüber der Bundesanstalt erklärt, dass die Voraussetzungen der Nummer 1 erfüllt sind.

(3) Nicht als Tochterunternehmen im Sinne dieses Abschnitts gelten Kapitalverwaltungsgesellschaften im Sinne des § 17 Absatz 1 des Kapitalanlagegesetzbuchs und EU-Verwaltungsgesellschaften im Sinne des § 1 Absatz 17 des Kapitalanlagegesetzbuchs hinsichtlich der Beteiligungen, die zu den von ihnen verwalteten Investmentvermögen gehören, wenn
1. die Verwaltungsgesellschaft die Stimmrechte, die mit den betreffenden Aktien verbunden sind, unabhängig vom Mutterunternehmen ausübt,
2. die Verwaltungsgesellschaft die zu dem Investmentvermögen gehörenden Beteiligungen im Sinne der §§ 33 und 34 nach Maßgabe der Richtlinie 2009/65/EG verwaltet,
3. das Mutterunternehmen der Bundesanstalt den Namen der Verwaltungsgesellschaft und die für deren Überwachung zuständige Behörde oder das Fehlen einer solchen Behörde mitteilt und
4. das Mutterunternehmen gegenüber der Bundesanstalt erklärt, dass die Voraussetzungen der Nummer 1 erfüllt sind.

(4) Ein Unternehmen mit Sitz in einem Drittstaat, das nach § 32 Absatz 1 Satz 1 in Verbindung mit § 1 Absatz 1a Satz 2 Nummer 3 des Kreditwesengesetzes einer Zulassung für die Finanzportfolioverwaltung oder einer Erlaubnis nach § 20 oder § 113 des Kapitalanlagegesetzbuchs bedürfte, wenn es seinen Sitz oder seine Hauptverwaltung im Inland hätte, gilt nicht als Tochterunternehmen im Sinne dieses Abschnitts, wenn
1. das Unternehmen bezüglich seiner Unabhängigkeit Anforderungen genügt, die denen nach Absatz 2 oder Absatz 3, auch in Verbindung mit einer Rechtsverordnung nach Absatz 6, jeweils gleichwertig sind,
2. das Mutterunternehmen der Bundesanstalt den Namen dieses Unternehmens und die für dessen Überwachung zuständige Behörde oder das Fehlen einer solchen Behörde mitteilt und
3. das Mutterunternehmen gegenüber der Bundesanstalt erklärt, dass die Voraussetzungen der Nummer 1 erfüllt sind.

(5) Abweichend von den Absätzen 2 bis 4 gelten Wertpapierdienstleistungsunternehmen und Verwaltungsgesellschaften jedoch dann als Tochterunternehmen im Sinne dieses Abschnitts, wenn
1. das Mutterunternehmen oder ein anderes Tochterunternehmen des Mutterunternehmens seinerseits Anteile an der von dem Unternehmen verwalteten Beteiligung hält und
2. das Unternehmen die Stimmrechte, die mit diesen Beteiligungen verbunden sind, nicht nach freiem Ermessen, sondern nur auf Grund unmittelbarer oder mittelbarer Weisungen ausüben kann, die ihm vom Mutterunternehmen oder von einem anderen Tochterunternehmen des Mutterunternehmens erteilt werden.

(6) Das Bundesministerium der Finanzen wird ermächtigt, durch Rechtsverordnung, die nicht der Zustimmung des Bundesrates bedarf, nähere Bestimmungen zu erlassen über die Umstände, unter denen in den Fällen der Absätze 2 bis 5 eine Unabhängigkeit vom Mutterunternehmen gegeben ist.

In der Fassung des 2. FiMaNoG vom 23.6.2017 (BGBl. I 2017, 1693).

Schrifttum: *Brellochs*, Die Neuregelung der kapitalmarktrechtlichen Beteiligungspublizität – Anmerkungen aus Sicht der M&A- und Kapitalmarktpraxis, AG 2016, 157; *Dietrich*, Änderungen bei der wertpapierhandelsrechtlichen Beteiligungstransparenz im Zusammenhang mit Investmentvermögen, ZIP 2016, 1612; *Dreibus/Schäfer*, Mitteilungspflichten über Stimmrechte gem. §§ 21, 22 WpHG bei inländischen Investmentfonds, NZG 2009, 1292; *Kindler*, EU-ausländische Beteiligungskonsortien im Visier der BaFin – keine multiple Meldepflicht nach § 21 WpHG für Gesellschafter eines ausländischen Anteilserwerbers!, in FS Hopt, 2010, S. 2081; *Röh*, Reform der Beteiligungspublizität und kein Ende, CCZ 2008, 137; *Söhner*, Die Umsetzung der Transparenzrichtlinie III, ZIP 2015, 2451.

I. Allgemeines	1
II. **Tochterunternehmen (§ 35 Abs. 1 WpHG)**	4
1. Tochterunternehmen i.S.v. § 35 Abs. 1 Nr. 1 WpHG	5
2. Tochterunternehmen i.S.v. § 35 Abs. 1 Nr. 2 WpHG	7
III. **Ausnahmen für Wertpapierdienstleistungsunternehmen (§ 35 Abs. 2 WpHG)**	12
IV. **Ausnahmen für Kapitalverwaltungsgesellschaften (§ 35 Abs. 3 WpHG)**	13
1. Normzweck und Entstehungsgeschichte	13
2. Anwendungsbereich	19
3. Tatbestandsvoraussetzungen	21
a) Unabhängigkeit	27
b) Verwaltung nach Maßgabe der Richtlinie 2009/65/EG	32
c) Mitteilungspflicht	34
d) Erklärungspflicht	35
4. Meldepflichten der KVG und der Anleger in Publikums- und Spezialinvestmentvermögen; Bereichsausnahme	40
a) Publikums-Sondervermögen	43
b) Publikums-Investmentgesellschaften	46
c) Spezial-AIF	50
V. **Drittstaatenfirmen (§ 35 Abs. 4 WpHG)** ...	57
VI. **Rückausnahme (§ 35 Abs. 5 WpHG)**	61
VII. **Verwahrstellen, Prime Broker**	63
VIII. **Verordnungsermächtigung (§ 35 Abs. 6 WpHG)**	66

I. Allgemeines. § 35 WpHG (in der Fassung des 2. FiMaNoG) entspricht dem bisherigen § 22a WpHG, der durch das Gesetz zur Umsetzung der Transparenzrichtlinie-Änderungsrichtlinie vom 20.11.2015 in das WpHG eingeführt wurde (BGBl. I 2015, 2029). Hierdurch sollen verschiedene Regelungen, die bis dahin im WpHG und KAGB verteilt waren, in eine Vorschrift zusammengeführt werden[1]. In § 35 Abs. 1 WpHG, der die vormalige Regelung des § 22 Abs. 3 WpHG a.F.[2] übernimmt, wird der für den 6. Abschnitt des WpHG maßgebliche Begriff des **Tochterunternehmens** definiert. § 35 Abs. 2 bis 5 WpHG enthalten **Ausnahmetatbestände**, und zwar für Wertpapierdienstleistungsunternehmen in Abs. 2, Kapitalverwaltungsgesellschaften i.S.v. § 17 Abs. 1 KAGB sowie EU-Verwaltungsgesellschaften i.S.v. § 1 Abs. 17 KAGB in Abs. 3 und für vergleichbare Unternehmen mit Sitz in einem Drittstaat in Abs. 4. Hierbei entspricht § 35 Abs. 2 WpHG der vormaligen Regelung des § 22 Abs. 3a WpHG a.F. Die Regelung des § 94 Abs. 2 Satz 1 und Abs. 3 Satz 1 KAGB[3] wird in § 35 Abs. 3 WpHG überführt. Die Drittstaatenregelungen des § 29a Abs. 3 WpHG a.F. und des § 94 Abs. 4 KAGB a.F.[4] sowie die Rückausnahmevorschriften gem. § 22 Abs. 3a Satz 1 WpHG a.F. werden in § 35 Abs. 4 und 5 WpHG zusammengefasst[5]. Gemäß der Gesetzesbegründung sollen hierdurch die Regelungen für nationale Kapitalverwaltungsgesellschaften „sprachlich allgemeiner gefasst werden, um alle im Kapitalanlagegesetzbuch geregelten Rechtsformen in einer Norm zu erfassen"[6]. 1

§ 35 Abs. 2–4 WpHG werden auf der Grundlage der vormals in § 32 Abs. 5 InvG angesiedelten Verordnungsermächtigung (vgl. nunmehr Abs. 6) konkretisiert durch **§§ 2, 3 und 8 der Transparenzrichtlinie-Durchführungsverordnung**, vgl. § 1 Nr. 1, 5 und 6 TranspRLDV[7]. 2

Durch das zweite Finanzmarktnovellierungsgesetz hat die bislang in § 22a WpHG a.F. angesiedelte Vorschrift inhaltlich keine Änderungen erfahren. 3

II. Tochterunternehmen (§ 35 Abs. 1 WpHG). Tochterunternehmen i.S.d. Abschnitts 6 des WpHG sind nach § 35 Abs. 1 WpHG Tochterunternehmen i.S.d. § 290 HGB oder Unternehmen, auf die ein beherrschender Einfluss ausgeübt werden kann. Der Begriff Tochterunternehmen ist nach § 35 Abs. 1 WpHG somit weiter als der Begriff Tochterunternehmen i.S.v. § 290 HGB. In beiden Fallgruppen ist nicht erforderlich, dass eine einheitliche Leitung auch tatsächlich ausgeübt wird, also, dass ein Konzern i.S.d. § 18 AktG besteht. 4

1. Tochterunternehmen i.S.v. § 35 Abs. 1 Nr. 1 WpHG. Die erste Fallgruppe, nämlich Tochterunternehmen i.S.d. § 290 HGB, verlangt eine **Kapitalgesellschaft mit Sitz im Inland als Mutterunternehmen**. Auf die Rechtsform und den Sitz des Tochterunternehmens kommt es nicht an. Voraussetzung ist weiter, dass der Meldepflichtige einen unmittelbar oder mittelbar beherrschenden Einfluss ausüben kann[8]. 5

„Tochterunternehmen" sind hiernach erstens Unternehmen, die in einem Konzern unter der einheitlichen Leitung eines Mutterunternehmens stehen und deren Mutterunternehmen eine Beteiligung nach § 271 Abs. 1 HGB gehört.

---
1 Begr. RegE, BT-Drucks. 18/5010, 45–46 sowie 55.
2 In der Fassung vor Verabschiedung des Gesetzes zur Umsetzung der Transparenzrichtlinie-Änderungsrichtlinie vom 20.11.2015.
3 Diese Regelung entsprach § 32 Abs. 2 Satz 1 und Abs. 3 InvG a.F. Zur Gesetzgebungshistorie vgl. die 6. Aufl., Anhang zu § 22 WpHG Rz. 281 ff.
4 Diese Regelung entsprach § 32 Abs. 4 InvG a.F.
5 Begr. RegE, BT-Drucks. 18/5010, 45–46 sowie 55.
6 Begr. RegE, BT-Drucks. 18/5010, 45.
7 Verordnung zur Umsetzung der Richtlinie 2007/14/EG der Kommission vom 8.3.2007 mit Durchführungsbestimmungen zu bestimmten Vorschriften der Richtlinie 2004/109/EG zur Harmonisierung der Transparenzanforderungen in Bezug auf Informationen über Emittenten, deren Wertpapiere zum Handel an einem geregelten Markt zugelassen sind, BGBl. I 2008, 408.
8 *Bayer* in MünchKomm. AktG, § 22 AktG Anh. § 22 WpHG Rz. 11; *Veil* in K. Schmidt/Lutter, Anh. § 22 AktG, § 22 WpHG Rz. 7; a.A. wohl *von Bülow* in KölnKomm. WpHG, § 22 WpHG Rz. 289 ff.

6 „Tochterunternehmen" sind zweitens Unternehmen, bei denen ein anderes Unternehmen die Stimmrechtsmehrheit hält oder personellen Einfluss hat oder bei denen es infolge eines Beherrschungsvertrages oder einer Satzungsbestimmung beherrschenden Einfluss ausüben kann (§ 290 Abs. 1 HGB; § 17 AktG). „Tochterunternehmen" sind drittens Unternehmen, bei denen eine entsprechende indirekte Kontrollrechtsstellung besteht (§ 290 Abs. 3 HGB). Und „Tochterunternehmen" sind viertens Unternehmen, auf die der Meldepflichtige einen beherrschenden Einfluss ausüben kann.

7 **2. Tochterunternehmen i.S.v. § 35 Abs. 1 Nr. 2 WpHG.** Für die zweite Fallgruppe kommt es weder auf die Rechtsform und den Sitz des Mutterunternehmens noch auf die Rechtsform und den Sitz des Tochterunternehmens an. Mutter- und Tochterunternehmen kann daher auch eine OHG oder eine KG sein. Nicht verlangt ist ein eigener Geschäftsbetrieb oder die Absicht der Gewinnerzielung[1]. Als Mutterunternehmen kommt auch eine BGB-Gesellschaft in Betracht, die nur Aktien hält oder die als Zwischenholding Einfluss vermittelt. Hat ein Meldepflichtiger Aktien in eine BGB-Gesellschaft eingebracht, an der auch seine Ehefrau eine Minderheitsbeteiligung hält, so muss er sich die Stimmrechte aus den Aktien zurechnen lassen, auch wenn die Gesellschaft keine weiteren Geschäfte betreibt. Auch kann Tochterunternehmen eine Stiftung sein[2]. Die Stiftung hat zwar keine Mitglieder mit Stimmrechten, über die Einfluss ausgeübt werden könnte. Sie kann aber faktisch beherrscht werden, wenn einer Person ein Bestellungs- oder Abberufungsrecht zusteht. Natürliche Personen können dagegen kein Tochterunternehmen sein[3]; denn sie können nicht gesellschaftlich beherrscht sein.

8 Tochterunternehmen können auch ausländische Gesellschaften sein. Entscheidend ist, dass die Stimmrechte, die das ausländische Tochterunternehmen hält, nach den Vorgaben des Mutterunternehmens ausgeübt werden oder ausgeübt werden könnten. Auch das Mutterunternehmen kann ein ausländisches Unternehmen sein. Ist ein Trust, wie ihn etwa das angloamerikanische Recht kennt, rechtsfähig, so kann er Tochterunternehmen sein. Der Trust ist seinerseits zur Meldung verpflichtet, wenn bei ihm die melderechtlichen Voraussetzungen vorliegen. Die Stimmrechte aus Aktien, die dem Trust gehören, werden aber auch dem Trustee zugerechnet, wenn er die Meinungsbildung des Trust durch Weisungsrechte oder faktisch durch Bestellungs- und Abberufungsbefugnisse beherrscht[4].

9 Der herrschende Einfluss besteht, wenn der Meldepflichtige die Geschäftspolitik des Tochterunternehmens, insbesondere aber die Bestellung, Abberufung, Anstellung und Vergütung der geschäftsführenden Organmitglieder wesentlich bestimmen kann. Der Einfluss kann rechtlich oder tatsächlich abgesichert sein. Er ist rechtlich abgesichert, wenn der Meldepflichtige durch Wahrnehmung seiner Stimmrechte Weisungen, insbesondere zur Wahrnehmung der Stimmrechte erteilen kann. Er ist tatsächlich abgesichert, wenn der Meldepflichtige aufgrund seines Einflusses auf die Bestellung, Abberufung oder Anstellung faktisch seine Vorstellungen zur Geschäftspolitik und zur Wahrnehmung der Stimmrechte durchsetzen kann[5]. Die Möglichkeit der Einflussnahme etwa aufgrund der Identität der Organmitglieder genügt. Nicht verlangt ist, dass auch tatsächlich Einfluss genommen wird. Die Zurechnung erfolgt, um dem Markt die Machtverhältnisse beim Emittenten, insbesondere bei Wahrnehmung der Stimmrechte zu vermitteln.

10 Schuldrechtliche oder sonstige faktische Abhängigkeiten, etwa als Folge von Kredit- oder Lieferverträgen reichen nicht aus. Dies gilt auch dann, wenn sie neben einer Beteiligung zur tatsächlichen Abhängigkeit führen[6]. Daher muss sich der Meldepflichtige die Stimmrechte aus Aktien seines Zulieferers oder seiner kreditgewährenden Bank nicht zurechnen lassen.

11 Zuzurechnen sind nach § 35 Abs. 1 Nr. 1 WpHG die Stimmrechte aus Aktien, die dem Tochterunternehmen gehören. Streitig ist, ob der beherrschende Einfluss durch einen Stimmbindungs- oder Entherrschungsvertrag neutralisiert werden kann. Teilweise wird darauf abgestellt, der Normzweck ziele allein auf den tatsächlichen Einfluss, daher fehle es an einer Beherrschung, wenn die getroffenen Vereinbarungen hinreichend deutlich und umfassend seien[7]. Indes bestehen schwere Zweifel, ob entsprechende Verträge auch praktiziert werden oder ob sie nicht nur der Rechtsfolgenvermeidung dienen[8]. Der Ausschluss der Stimmrechtsausübung durch Vertrag hindert nicht die tatsächliche Ausübung des Stimmrechts, mag dies auch vertraglich unzulässig sein.

12 **III. Ausnahmen für Wertpapierdienstleistungsunternehmen (§ 35 Abs. 2 WpHG).** In § 35 Abs. 2 bis 4 WpHG sind Ausnahmetatbestände zu § 35 Abs. 1 WpHG aufgenommen. Die dort aufgeführten Unternehmen gelten nicht als Tochterunternehmen i.S.d. Abschnitts 6, wenn die jeweiligen Voraussetzungen vorliegen. § 35 Abs. 2 WpHG enthält eine Ausnahme für Wertpapierdienstleistungsunternehmen. Im Kern stimmen die Vo-

---

1 *Bayer* in MünchKomm. AktG, § 22 AktG Anh § 22 WpHG Rz. 13.
2 BaFin, Emittentenleitfaden 2013, Rz. VIII.2.5.1.3.
3 OLG Stuttgart v. 10.11.2004 – 20 U 16/03, AG 2005, 125.
4 Ähnlich BaFin, Emittentenleitfaden 2013, Rz. VIII.2.5.1.4; a.A. wohl *Kindler* in FS Hopt, 2010, S. 2081.
5 LG Köln v. 5.10.2007 – 82 O 114/06, AG 2008, 336, 338; *Opitz* in Schäfer/Hamann, § 22 WpHG Rz. 18.
6 So zur Auslegung des § 17 AktG: BGH v. 26.3.1984 – II ZR 171/83, BGHZ 90, 381, 395 = AG 1984, 181; *Hüffer/Koch*, § 17 AktG Rz. 8.
7 *Schürnbrand* in Emmerich/Habersack, § 22a WpHG Rz. 6 (nun: § 35 WpHG).
8 Wie hier *Petersen* in Spindler/Stilz, Anhang § 22 Rz. 41.

raussetzungen dieser Ausnahme mit denen des § 35 Abs. 3 WpHG überein. Es wird insoweit auf die Kommentierung sogleich verwiesen (s. Rz. 13 ff.).

IV. Ausnahmen für Kapitalverwaltungsgesellschaften (§ 35 Abs. 3 WpHG). 1. Normzweck und Entstehungsgeschichte. § 35 Abs. 3 WpHG entspricht im Grundsatz § 94 Abs. 2 Satz 1, Abs. 3 Satz 1 KAGB a.F. bzw. § 32 Abs. 2 Satz 1, Abs. 3 Satz 1 InvG a.F.[1] Gemäß der Gesetzesbegründung sollen die Regelungen für nationale Kapitalverwaltungsgesellschaften „sprachlich allgemeiner gefasst werden, um alle im Kapitalanlagegesetzbuch geregelten Rechtsformen in einer Norm zu erfassen" (s. bereits Rz. 1)[2]. Gemäß den Verlautbarungen der BaFin sollen hierbei allerdings grundsätzlich keine inhaltlichen Änderungen verbunden sein[3] (vgl. zu den Auswirkungen des geänderten Wortlautes sowie der Streichung des § 94 Abs. 2 Satz 3 KAGB allerdings Rz. 40 ff.).

13

§ 35 Abs. 3 WpHG dient der Umsetzung des Art. 12 Abs. 4 Satz 1 RL 2004/109/EG (EU-Transparenzrichtlinie II[4]). Die Vorschrift dient zugleich der Umsetzung des Art. 10 Abs. 2 Satz 1 lit. a und b RL 2007/14/EG[5]. Die mit § 35 Abs. 3 WpHG im Zusammenhang stehende Regelung für Drittstaatenfirmen in § 35 Abs. 4 WpHG dient der Umsetzung des Art. 23 Abs. 6 RL 2004/109/EG (s. Rz. 57).

14

§ 35 Abs. 3 WpHG regelt die Voraussetzungen, unter denen (EU-) Kapitalverwaltungsgesellschaften für die Zwecke der Stimmrechtsmitteilungen gem. §§ 33 ff. WpHG hinsichtlich der zum Investmentvermögen gehörenden Beteiligungen nicht als Tochtergesellschaften „gelten".

15

Hintergrund der Sonderregeln ist das dem Investmentrecht zugrunde liegende Konzept der Trennung von (dinglichem oder zumindest wirtschaftlichem) Eigentum an den zu einem Fonds gehörenden Vermögensgegenständen einerseits und der Zuständigkeit für die Verwaltung des Fonds und Verfügung über die zu ihm gehörenden Vermögensgegenstände andererseits. Zumindest bei bestimmten Fonds obliegt sowohl die Investitionsentscheidung als auch die Stimmrechtsausübung nicht den Anlegern als wirtschaftlichen Eigentümern, sondern der für den Fonds zuständigen Verwaltungsgesellschaft, bei deutschen Fondskonstruktionen also regelmäßig der Kapitalverwaltungsgesellschaft. In diesen Fällen haben die Fondsanleger in der Regel keinen Einfluss auf die Stimmrechtsausübung. Darüber hinaus handelt die Verwaltungsgesellschaft aufgrund besonderer investmentrechtlicher Vorgaben zum Schutz der Anleger in der Regel auch unabhängig von etwaigen Mutterunternehmen der Verwaltungsgesellschaft. Durch § 35 Abs. 3–5 WpHG soll diesen besonderen investmentrechtlichen Umständen Rechnung getragen werden.

16

Die Vorschrift geht davon aus, dass viele Kapitalverwaltungsgesellschaften **Tochterunternehmen** von Kreditinstituten, Versicherungsunternehmen usw. sind. Bei Anwendung der allgemeinen Regeln, nämlich von § 34 Abs. 1 Satz 1 Nr. 1 WpHG bzw. § 34 Abs. 1 Satz 2 WpHG werden Stimmrechte, die einem Tochterunternehmen des Meldepflichtigen gehören bzw. von diesem Tochterunternehmen verwaltet werden, dem Meldepflichtigen zugerechnet. Demnach wären Stimmrechte aus Aktien, die von einer Kapitalverwaltungsgesellschaft in einem Investmentvermögen verwaltet werden, dem Mutterunternehmen zuzurechnen. Das Gleiche gilt für Instrumente nach § 38 WpHG.

17

§ 35 Abs. 3 WpHG bezweckt (ebenso wie Abs. 2) unter bestimmten Voraussetzungen die melderechtliche Neutralisierung von Stimmrechten für Zwecke der Mitteilungspflichten gem. §§ 33 ff. WpHG auf der Ebene des Mutterunternehmens der Kapitalverwaltungsgesellschaft. Das Ziel der Vorschrift ist es, den „tatsächlichen Machtverhältnissen" im Verhältnis der Kapitalverwaltungsgesellschaft zu ihrem Mutterunternehmen Rechnung zu tragen.

18

2. Anwendungsbereich. § 35 Abs. 3 WpHG gilt für **Kapitalverwaltungsgesellschaften** i.S.d. § 17 Abs. 1 KAGB sowie **EU-Verwaltungsgesellschaften** i.S.d. § 1 Abs. 17 KAGB hinsichtlich der Beteiligungen, die zu den von ihnen verwalteten **Investmentvermögen** gehören (im Folgenden auch einheitlich als „Verwaltungsgesellschaft" bezeichnet)[6]. Investmentvermögen ist gem. § 1 Abs. 1 Satz 1 KAGB jeder Organismus für gemeinsame Anlagen, der von einer Anzahl von Anlegern Kapital einsammelt, um es gemäß einer festgelegten Anlagestrategie zum Nutzen dieser Anleger zu investieren, und der kein operativ tätiges Unternehmen außerhalb des Finanzsektors

19

---

1 Daher vor der Anpassung dieser Vorschriften durch das Gesetz zur Umsetzung der Transparenzrichtlinie-Änderungsrichtlinie vom 20.11.2015.
2 Begr. RegE, BT-Drucks. 18/5010, S. 45.
3 Vgl. BaFin, FAQ zu den Transparenzpflichten des WpHG in den Abschnitten 6 (§§ 33 ff.) und 7 (§§ 48 ff.) vom 28.11.2016 (zuletzt geändert am 9.5.2018), Antwort zur Frage 30 (im Zusammenhang mit den Unabhängigkeitserklärungen).
4 Richtlinie 2004/109/EG vom 15.12.2004 zur Harmonisierung der Transparenzanforderungen in Bezug auf Informationen über Emittenten, deren Wertpapiere zum Handel auf einem geregelten Markt zugelassen sind, und zur Änderung der Richtlinie 2001/34/EG (ABl. EU Nr. L 390 v. 31.12.2007, S. 38).
5 Richtlinie 2007/14/EG vom 8.3.2007 mit Durchführungsbestimmungen zu bestimmten Vorschriften der EU-Transparenzrichtlinie II (ABl. EU Nr. L 69 v. 9.3.2007, S. 27).
6 Nach der Legaldefinition in § 1 Abs. 17 KAGB sind EU-Verwaltungsgesellschaften Unternehmen mit Sitz in einem anderen EU- oder EWR-Staat, die den Anforderungen an eine Verwaltungsgesellschaft im Sinne der OGAW-Richtlinie entsprechen. Investmentvermögen ist gem. § 1 Abs. 1 Satz 1 KAGB jeder Organismus für gemeinsame Anlagen, der von einer Anzahl von Anlegern Kapital einsammelt, um es gemäß einer festgelegten Anlagestrategie zum Nutzen dieser Anleger zu investieren, und der kein operativ tätiges Unternehmen außerhalb des Finanzsektors ist.

ist. Die Vorschrift gilt somit sowohl für **Sondervermögen** i.S.v. § 1 Abs. 10 KAGB, daher regulierte, rechtlich nicht verselbstständigte Investmentvermögen in Vertragsform, als auch für **Investmentvermögen in Gesellschaftsform** (Investmentaktiengesellschaften sowie Investmentkommanditgesellschaften).

20 Man wird § 35 Abs. 3 WpHG in Anlehnung an die Auslegung zu deutschen Kapitalverwaltungsgesellschaften (Rz. 19) dahingehend verstehen müssen, dass der Verweis auch im Hinblick auf **nicht-richtlinienkonforme Fonds** gilt, solange diese nach Maßgabe der OGAW-Richtlinie verwaltet werden (s. noch Rz. 32 f.)[1]. Eine potentielle Erweiterung des Anwendungsbereichs des § 35 Abs. 3 WpHG erfährt diese Regelung gegenüber der Vorgängervorschrift (§ 32 InvG a.F.) allerdings vor dem Hintergrund des nunmehr geltenden materiellen Fondsbegriffes des KAGB (s. zum Anwendungsbereich noch Rz. 42 ff.)[2].

21 **3. Tatbestandsvoraussetzungen.** § 35 Abs. 3 WpHG modifiziert die in § 34 Abs. 1 Satz 1 Nr. 1 WpHG und § 34 Abs. 1 Satz 2 WpHG geregelten Zurechnungsvorschriften, lässt aber die originäre Meldepflicht nach § 33 Abs. 1 WpHG sowie die übrigen Zurechnungen nach § 34 Abs. 1 WpHG unberührt. Für Zwecke des § 38 WpHG führt die Anwendbarkeit von § 35 Abs. 3 WpHG dazu, dass von der Kapitalverwaltungsgesellschaft in einem Investmentvermögen gehaltene Finanzinstrumente oder sonstige Instrumente nicht auch mittelbar von der Obergesellschaft der Kapitalverwaltungsgesellschaft gehalten werden.

22 § 35 Abs. 3 WpHG handelt von der **unmittelbaren oder mittelbaren Beteiligung** an der Kapitalverwaltungsgesellschaft, die dazu führt, dass das beteiligte Unternehmen Mutterunternehmen und die Kapitalverwaltungsgesellschaft direktes bzw. indirektes Tochterunternehmen ist. Die Begriffe Mutterunternehmen und Tochterunternehmen sind nach § 35 Abs. 1 WpHG (und nicht nach § 1 Abs. 19 Nr. 35 KAGB) auszulegen.

23 Die Kapitalverwaltungsgesellschaft bzw. EU-Verwaltungsgesellschaft „gilt" (**gesetzliche Fiktion**) nach § 35 Abs. 3 WpHG unter bestimmten Voraussetzungen nicht als Tochterunternehmen i.S.d. § 35 Abs. 1 WpHG. Auf Grundlage dieser Fiktion werden die von der Kapitalverwaltungsgesellschaft oder EU-Verwaltungsgesellschaft in einem Investmentvermögen verwalteten Stimmrechte der Obergesellschaft nicht nach § 34 Abs. 1 Satz 1 Nr. 1 WpHG bzw. §§ 34 Abs. 1 Satz 1 Nr. 6, 34 Abs. 1 Satz 2 WpHG zugerechnet. Die Obergesellschaft hält auch nicht mittelbar von der Kapitalverwaltungsgesellschaft gehaltene Instrumente i.S.v. § 38 WpHG.

24 Hintergrund der Regelung ist die gesetzlich angelegte Unabhängigkeit der Verwaltungsgesellschaft von ihrer Obergesellschaft hinsichtlich der verwalteten Investmentvermögen (vgl. § 26 KAGB). Dies rechtfertigt es, die Verwaltungsgesellschaft insoweit unter bestimmten weiteren Voraussetzungen (dazu sogleich Rz. 27 ff.) nicht als Tochterunternehmen zu behandeln[3].

25 § 35 Abs. 3 WpHG gilt sowohl für Investmentvermögen, deren Vermögensgegenstände im Eigentum der Kapitalverwaltungsgesellschaft stehen (sog. Treuhandlösung, § 92 Abs. 1 Satz 1 Fall 1 KAGB), als auch für Sondervermögen, deren Vermögensgegenstände – wie in der Praxis üblich – im Miteigentum der Anleger stehen (sog. Miteigentumslösung, § 92 Abs. 1 Satz 1 Fall 2 KAGB) (zu den bei der Treuhandlösung bzw. Miteigentumslösung jeweils bestehenden Stimmrechtsmeldepflichten der KVG bzw. der Anleger s. Rz. 45 bzw. Rz. 43)[4].

26 Die Fiktion gilt nach dem insoweit eindeutigen Gesetzeswortlaut nur für Stimmrechte bzw. Instrumente **in einem Investmentvermögen**, also nicht für außerhalb von Investmentvermögen gehaltenes Vermögen der Verwaltungsgesellschaft im Eigenbestand[5].

27 **a) Unabhängigkeit.** Voraussetzung für die Vermeidung einer Zurechnung beim Mutterunternehmen ist *erstens* gem. § 35 Abs. 3 Nr. 1 WpHG, dass die Verwaltungsgesellschaft ihre **Stimmrechte unabhängig von dem Mutterunternehmen ausübt**.

28 Dies ist nach der Konkretisierung in § 2 Abs. 1 i.V.m. Abs. 3 TranspRLDV der Fall, wenn (i) das Mutterunternehmen oder ein anderes Tochterunternehmen des Mutterunternehmens nicht durch unmittelbare oder mittelbare Weisungen oder in anderer Weise auf die Ausübung der Stimmrechte aus den Aktien, die von der Verwaltungsgesellschaft verwaltet werden, einwirken darf und (ii) die Verwaltungsgesellschaft die Stimmrechte aus den zu dem von ihr verwalteten Investmentvermögen gehörenden Aktien frei und unabhängig vom Mutterunternehmen und den anderen Tochterunternehmen des Mutterunternehmens ausübt.

29 Eine unmittelbare Weisung ist jede auf einen bestimmten Fall bezogene Weisung zur Stimmrechtsausübung durch die Verwaltungsgesellschaft (§ 2 Abs. 2 Satz 1 TranspRLDV). Eine mittelbare Weisung ist jede allgemeine oder besondere Weisung, durch die der Entscheidungsspielraum der Verwaltungsgesellschaft in Bezug auf die Stimm-

---

[1] Vgl. hierzu zum früheren Recht die 6. Aufl., Anhang zu § 22 WpHG Rz. 254 ff. (zu § 32 InvG a.F.). A.A. möglicherweise *Söhner*, ZIP 2015, 2451, 2455.
[2] Vgl. zum materiellen Fondsbegriff etwa *Weitnauer/Boxberger/Anders*, KAGB, 2. Aufl. 2017, Einl. I Nr. 3.
[3] *Beckmann* in Beckmann/Scholtz, Investment, Stand: 4/2010, 410 § 32 InvG Rz. 34; *Taschke* in Bauer/Tappen, Investmentgesetze, 3. Aufl. 2015, § 94 Rz. 34 (jeweils zu den Vorgängervorschriften § 32 InvG a.F. bzw. § 94 KAGB a.F.).
[4] Missverständlich noch der frühere Wortlaut in § 32 Abs. 2 Satz 1 Nr. 1 InvG a.F. („ihre Stimmrechte").
[5] *Beckmann* in Beckmann/Scholtz, Investment, Stand: 4/2010, 410 § 32 InvG Rz. 29 (zu § 32 InvG a.F.); *Anders* in Weitnauer/Boxberger/Anders, KAGB, 2. Aufl. 2017, § 94 KAGB Rz. 5 (zu § 94 KAGB a.F.).

rechtsausübung eingeschränkt wird, um bestimmten Geschäftsinteressen des Mutterunternehmens oder eines anderen Tochterunternehmens des Mutterunternehmens Rechnung zu tragen (§ 2 Abs. 2 Satz 2 TranspRLDV).

Das Mutterunternehmen hat der BaFin auf Verlangen nachzuweisen, dass die Stimmrechte nach seinen eigenen Organisationsstrukturen sowie denjenigen der Verwaltungsgesellschaft von ihm unabhängig ausgeübt werden und dass die Personen, die über die Stimmrechtsausübung entscheiden, unabhängig handeln (§ 3 Abs. 3 Satz 1 i.V.m. Abs. 4 TranspRLDV). Dies setzt u.a. voraus, dass das Mutterunternehmen und die Verwaltungsgesellschaft zumindest schriftliche Strategien und Verfahren festgelegt haben, die dazu bestimmt sind, den Informationsaustausch zwischen dem Mutterunternehmen und der Verwaltungsgesellschaft in Bezug auf die Stimmrechtsausübung zu verhindern (§ 3 Abs. 3 Satz 2 i.V.m. Abs. 4 TranspRLDV).

Bei deutschen Kapitalverwaltungsgesellschaften sind die Anforderungen von § 2 Abs. 1 i.V.m. Abs. 3 TranspRLDV regelmäßig erfüllt, weil diese ohnehin gem. § 26 Abs. 1 KAGB verpflichtet sind, im **ausschließlichen Interesse der Anleger** zu handeln. Sie dürfen daher Weisungen der Obergesellschaft nicht befolgen.

Die Unabhängigkeit wird nicht automatisch durch die faktische oder – soweit aufsichtsrechtlich zulässig – vertragliche **Konzernierung** ausgeschlossen. Ist die Kapitalverwaltungsgesellschaft eine deutsche Aktiengesellschaft, so bestehen ohnehin im faktischen Konzern keine Weisungsrechte. Aber auch ein Beherrschungsvertrag ist für sich genommen noch nicht schädlich. Verlangt ist nur, dass das Mutterunternehmen tatsächlich keinen Einfluss auf die Ausübung der Stimmrechte nimmt. Die Möglichkeit der Einflussnahme genügt nicht. Eine Zurechnung erfolgt aber nur dann nicht, wenn die Obergesellschaft auch nicht faktisch Einfluss nimmt. Ein solcher faktischer Einfluss besteht aber nicht schon dann (und wird auch nicht vermutet), wenn ein Vorstandsmitglied des Mutterunternehmens zugleich Vorstandsmitglied der Kapitalverwaltungsgesellschaft ist, und zwar selbst dann nicht, wenn keine weiteren Vorstandsmitglieder bestellt sind, für die keine Organidentität besteht. Erst recht kann ein faktischer Einfluss nicht schon deshalb vermutet werden, weil ein Vorstandsmitglied des Mutterunternehmens Aufsichtsratsmitglied der Kapitalverwaltungsgesellschaft ist. Zur Änderung der BaFin-Praxis im Zusammenhang mit der abzugebenden **Unabhängigkeitserklärung** s. noch Rz. 36.

b) Verwaltung nach Maßgabe der Richtlinie 2009/65/EG. Voraussetzung für die Vermeidung einer Zurechnung beim Mutterunternehmen ist *zweitens* nach § 35 Abs. 3 Nr. 2 WpHG, dass die Verwaltungsgesellschaft die zu dem Investmentvermögen gehörenden Beteiligungen i.S.d. §§ 33 und 34 WpHG nach Maßgabe der Richtlinie 2009/65/EG, also der **OGAW-Richtlinie**[1], verwaltet.

Nach bisheriger BaFin-Praxis zur Vorgängervorschrift (§ 32 InvG a.F. bzw. § 94 KAGB a.F.) bedeutet der Verweis auf die OGAW-Richtlinie nicht, dass diese Regelung nur bei richtlinienkonformen Investmentvermögen nach §§ 192 ff. KAGB anwendbar ist[2]. An dieser Ansicht scheint die BaFin weiterhin festzuhalten[3]. Auch bei sonstigen nach dem KAGB verwalteten Publikums- und Spezialinvestmentvermögen (einschließlich Hedgefonds) findet bei Einhaltung der weiteren Voraussetzungen keine Zurechnung statt[4]. Eine Verwaltung nach Maßgabe der OGAW-Richtlinie erfolgt nämlich schon bei Einhaltung von Art. 25 Abs. 2 RL 2009/65/EG (OGAW-Richtlinie), also wenn die Verwaltungsgesellschaft bei Wahrnehmung ihrer Aufgaben ehrlich, redlich, professionell unabhängig und ausschließlich im Interesse des OGAW und seiner Anleger handelt[5]. Dies ist bei deutschen Kapitalverwaltungsgesellschaften regelmäßig der Fall, weil der deutsche Gesetzgeber insoweit die OGAW-Richtlinie ursprünglich in § 9 Abs. 2 Nr. 1 InvG (jetzt § 26 KAGB) umgesetzt hat und Kapitalverwaltungsgesellschaften stets zum Handeln im ausschließlichen Interesse der Anleger verpflichtet sind (s. auch Rz. 30)[6]. Wichtig kann dies aber bei ausländischen Fonds werden (zu ausländischen Fonds Rz. 60 bzw. Rz. 64).

c) Mitteilungspflicht. Voraussetzung ist *drittens* gem. § 35 Abs. 3 Nr. 3 WpHG, dass das Mutterunternehmen **der BaFin den Namen der Verwaltungsgesellschaft und die für deren Überwachung zuständige Behörde oder das Fehlen einer solchen mitteilt.** Die Angaben sind fortlaufend zu aktualisieren (§ 3 Abs. 1 TranspRLDV). Die BaFin soll auf diese Weise über die Konzernbeziehungen, insbesondere aber über das Mutterunternehmen und den Namen der Verwaltungsgesellschaft, informiert werden, damit es die Einhaltung der Meldepflichten überwachen kann. Bei deutschen Kapitalverwaltungsgesellschaften sind diese Informationen der BaFin freilich ohnehin bekannt (vgl. insbesondere § 19 KAGB zur Stellung des Mutterunternehmens).

---

1 Die OGAW-Richtlinie 2009/65/EG wurde am 23.7.2014 durch die Richtlinie 2014/91/EU („OGAW V") geändert.
2 BaFin, Emittentenleitfaden 2013, S. 127 (zu § 94 KAGB a.F.).
3 Vgl. BaFin, FAQ zu den Transparenzpflichten des WpHG in den Abschnitten 6 (§§ 33 ff.) und 7 (§§ 48 ff.) vom 28.11.2016 (zuletzt geändert am 9.5.2018), wonach mit der Überführung der Regeln in § 22a WpHG (daher nun: § 35 WpHG) keine inhaltlichen Änderungen verbunden sind (Antwort zu Frage 30; im Zusammenhang mit den geforderten Unabhängigkeitserklärungen).
4 BaFin, Emittentenleitfaden 2013, S. 127 (noch zu § 94 KAGB a.F.); ebenso *Baur/Tappen*, Investmentgesetze, 3. Aufl. 2015, § 94 KAGB Rz. 48; a.A. für Hedgefonds *Beckmann* in Beckmann/Scholtz, Investment, Stand: 4/2010, 410 § 32 InvG Rz. 40 (zur Vorgängerregelung § 32 InvG a.F.).
5 Wie hier BaFin, Emittentenleitfaden 2013, S. 127 (zu § 94 KAGB a.F.); a.A. *Beckmann* in Beckmann/Scholtz, Investment, Stand: 4/2010, 410 § 32 InvG Rz. 40: Anlagekriterien entscheidend (zu § 32 InvG a.F.).
6 Wie hier und schon in der 4. Aufl. auch *Dreibus/Schäfer*, NZG 2009, 1290, 1292.

35 **d) Erklärungspflicht.** Voraussetzung ist gem. § 35 Abs. 3 Nr. 4 WpHG schließlich *viertens*, dass das Mutterunternehmen gegenüber **der BaFin eine Erklärung darüber abgibt, dass die Voraussetzungen von § 35 Abs. 3 Nr. 1 WpHG erfüllt sind**. Es genügt also nicht, dass die Verwaltungsgesellschaft ihre Stimmrechte unabhängig vom Mutterunternehmen ausübt. Für die Formulierung dieser Erklärung hat sich bei der BaFin ein Standard herausgebildet[1].

36 Die gem. § 32 Abs. 2 Satz 1 Nr. 4 InvG a.F. bzw. § 94 Abs. 2 Satz 1 Nr. 4 KAGB a.F. abgegebenen Unabhängigkeitserklärungen bleiben weiterhin gültig[2]. Allerdings hat sich gegenüber der bisherigen (daher zu § 32 Abs. 2 InvG a.F. bzw. § 94 Abs. 2 KAGB a.F.) ergangenen Verwaltungspraxis der BaFin eine Änderung hinsichtlich mehrstufiger Konzernverbindungen ergeben. Nach der bisherigen Verwaltungspraxis musste die Verwaltungsgesellschaft die Stimmrechte frei von Weisungen sämtlicher Mutterunternehmen ausüben, um Unabhängigkeit bei der Stimmrechtsausübung annehmen zu können. Nach der neuen Verwaltungspraxis wird die Unabhängigkeit von Verwaltungsgesellschaften demgegenüber nicht in Frage gestellt, wenn sie der Weisungsbefugnis von Mutterunternehmen unterliegen, sofern diese von ihrem Mutterunternehmen unabhängig agieren[3]. Seitens der Verwaltungsgesellschaft erfolgt dann keine Stimmrechtszurechnung nach § 34 Abs. 1 Satz 1 Nr. 1 WpHG mehr auf oberste Mutterunternehmen[4].

37 Werden Stimmrechtsaktien im Gesellschaftsvermögen einer Limited Partnership (L.P.) gehalten, so erfolgt grundsätzlich eine Zurechnung der Stimmrechte auf den General Partner (G.P.) nach § 34 Abs. 1 Satz 1 Nr. 1 WpHG[5]. Für die Zwecke der Unabhängigkeitserklärung werden nach Ansicht der BaFin aber G.P. und L.P. als eine einheitliche Investmenteinheit angesehen, für die L.P. (und den G.P.) kann somit die Unabhängigkeit erklärt werden seitens des/der Mutterunternehmen des G.P. bzw. seitens des zu der Anteilsmehrheit innehabenden Limited Partners an der L.P., wenn die weiteren Unabhängigkeitsvoraussetzungen erfüllt sind[6].

38 Nicht erforderlich soll sein, dass sich die Erklärung auch auf Instrumente i.S.v. § 38 Abs. 1 Satz 1 WpHG erstreckt (§ 3 Abs. 2 i.V.m. 4 TranspRLDV).

39 Durch die Abgabe der Erklärung kann es zu einem Unterschreiten von Meldeschwellen und zu einer Mitteilungspflicht bei dem Mutterunternehmen kommen, wenn vorher eine Zurechnung erfolgte[7].

40 **4. Meldepflichten der KVG und der Anleger in Publikums- und Spezialinvestmentvermögen; Bereichsausnahme.** Das KAGB unterschied in § 94 Abs. 2 Satz 3 KAGB a.F.[8] früher zwischen Publikums- und Spezialinvestmentvermögen. Bei Vorliegen der tatbestandlichen Voraussetzungen gem. § 94 Abs. 2 Satz 3 KAGB a.F. galten die Stimmrechte aus Anteilen in Publikumsinvestmentvermögen abweichend von den allgemeinen Regelungen der §§ 33 ff. WpHG als Stimmrechte der Verwaltungsgesellschaft[9]. Anleger von Spezialinvestmentvermögen konnten dagegen gem. §§ 33 ff. WpHG meldepflichtig werden, wenn diese mit ihrem quotalen Anteil an dem vom Investmentvermögen gehaltenen Stimmrechten eine Schwelle gem. § 33 Abs. 1 Satz 1 WpHG berührten (dies gilt im Grundsatz weiterhin fort, s. Rz. 52).

41 § 94 Abs. 2 Satz 3 KAGB a.F. wurde im Zuge der Umsetzung des Transparenzrichtlinie-Umsetzungsgesetzes vor dem Hintergrund der Aufnahme der **Bereichsausnahme** für offene Investmentvermögen nicht in § 35 WpHG übernommen[10]. Gemäß dieser in § 1 Abs. 3 WpHG geregelten Bereichsausnahme bleiben die §§ 33 ff. WpHG bei Anteilen und Aktien an **offenen Investmentvermögen** i.S.d. § 1 Abs. 4 KAGB unberücksichtigt. Es handelt sich hierbei um OGAW sowie AIF, dessen Anteile vor Beginn der Liquidations- oder Auslaufphase zurückgegeben werden können[11].

---

1 Zu der erforderlichen Erklärung vgl. auch BaFin, Emittentenleitfaden 2013, S. 127 (zu § 94 KAGB a.F.).
2 Vgl. BaFin, FAQ zu den Transparenzpflichten des WpHG in den Abschnitten 6 (§§ 33 ff.) und 7 (§§ 48 ff.) vom 28.11.2016 (zuletzt geändert am 9.5.2018), Antwort zu Frage 30.
3 Vgl. BaFin, FAQ zu den Transparenzpflichten des WpHG in den Abschnitten 6 (§§ 33 ff.) und 7 (§§ 48 ff.) vom 28.11.2016 (zuletzt geändert am 9.5.2018), Antwort zu Frage 30a. Vgl. dazu auch die Folien 56 f. der Gesamtpräsentation Stimmrechte auf dem Transparenzworkshop der BaFin vom 9.3.2016, abrufbar unter: https://www.bafin.de/SharedDocs/Downloads/DE/Rede_Vortrag/dl_160309_transparenzworkshop_vortrag_1.pdf?__blob=publicationFile&v=1.
4 Weiterführend aus dem Schrifttum *Dietrich*, ZIP 2016, 1612, 1615; *Brellochs*, AG 2016, 157, 164 (mit dem Hinweis, dass hierdurch die Möglichkeit geschaffen wird, einen kapitalmarktrechtlichen „Konzern im Konzern" zu schaffen).
5 BaFin, FAQ zu den Transparenzpflichten des WpHG in den Abschnitten 6 (§§ 33 ff.) und 7 (§§ 48 ff.) vom 28.11.2016 (zuletzt geändert am 9.5.2018), Antwort zu Frage 30b; s. auch § 34 WpHG Rz. 35.
6 So ausdrücklich BaFin, FAQ zu den Transparenzpflichten des WpHG in den Abschnitten 6 (§§ 35 ff.) und 7 (§§ 48 ff.) vom 28.11.2016 (zuletzt geändert am 9.5.2018), Antwort zu Frage 30b.
7 BaFin, Emittentenleitfaden 2013, S. 127 (zu § 94 KAGB a.F.).
8 Dies entsprach § 32 Abs. 2 Satz 3 InvG a.F.
9 Zur früheren Rechtslage vgl. die 6. Aufl., Anhang zu § 22 WpHG Rz. 281 ff. (zu § 32 Abs. 2 Satz 3 und 4 InvG).
10 Vgl. Begr. RegE, BT-Drucks. 18/5010, 55. Die durch das Gesetz zur Umsetzung der Transparenzrichtlinie-Änderungsrichtlinie in § 1 Abs. 4 WpHG eingeführte Bereichsausnahme wurde durch das 1. FiMaNoG in § 1 Abs. 3 WpHG überführt und um einen Satz 2 ergänzt. Vgl. § 1 WpHG Rz. 12 ff.
11 § 1 Abs. 4 KAGB i.V.m. Art. 1 Abs. 2 der Delegierten Verordnung (EU) Nr. 694/2014 der Kommission vom 17.12.2013 zur Ergänzung der Richtlinie 2011/61/EU des Europäischen Parlaments und des Rates im Hinblick auf technische Regulierungsstandards zur Bestimmung der Arten von Verwaltern alternativer Investmentfonds Text von Bedeutung für den EWR.

Nach dem Wortlaut des § 1 Abs. 3 WpHG findet die Bereichsausnahme keine Anwendung auf **geschlossene** Investmentvermögen[1]. Ferner wurde durch das 1. FiMaNoG klargestellt, dass die Bereichsausnahme nicht für Anleger in **Spezial-AIF** nach § 1 Abs. 6 KAGB gilt (im Folgenden auch als „Spezialfonds" bezeichnet)[2]. Es handelt sich hierbei um solche Fonds, deren Anteile nur von professionellen Anlegern i.S.d. § 1 Abs. 19 Nr. 32 KAGB bzw. semiprofessionellen Anlegern i.S.d. § 1 Abs. 19 Nr. 33 KAGB erworben werden dürfen. Es bleibt soweit bei den allgemeinen Grundsätzen der §§ 33 ff. WpHG. Gleiches gilt für Anteils- bzw. Aktieninhaber von Spezial-AIF.

42

Im Einzelnen gilt nach neuer Rechtslage Folgendes:

a) Publikums-Sondervermögen. Aufgrund der Bereichsausnahme gem. § 1 Abs. 3 WpHG bleiben Mitteilungspflichten gem. § 33 ff. WpHG zugunsten der **Anleger** in offenen Publikums-Sondervermögen (OGAW und Publikums-AIF) unberücksichtigt[3]. Dies ist unabhängig davon, ob die im Sondervermögen verwalteten Vermögensgegenstände im Miteigentum der Anleger stehen (**Miteigentumslösung**, § 92 Abs. 2 Satz 1 Fall 1 KAGB) oder im treuhändischen Eigentum der Kapitalverwaltungsgesellschaft (**Treuhandlösung**, § 92 Abs. 1 Satz 1 Fall 1 KAGB).

43

Die Mitteilungspflichten der **Verwaltungsgesellschaft** bleiben von der Bereichsausnahme gem. § 1 Abs. 3 WpHG unberührt[4]. Nach früherem Recht war im Falle der **Miteigentumslösung** die Verwaltungsgesellschaft gegebenenfalls nach § 33 Abs. 1 WpHG meldepflichtig, da die Stimmrechte primär der Kapitalverwaltungsgesellschaft zugerechnet wurden[5]. Nach neuer Rechtslage unterliegt die Verwaltungsgesellschaft einer Meldepflicht nach § 34 Abs. 1 Nr. 6 WpHG, da die Eigentumsfiktion nicht in § 35 WpHG übernommen wurde[6]. Die praktischen Auswirkungen (Mitteilung nach § 34 Abs. 1 Nr. 6 WpHG vs. Mitteilung nach § 33 Abs. 1 WpHG) sind jedoch gering, da die Sanktion des Stimmrechtsverlustes gem. § 44 WpHG nach neuer Rechtslage auch bei einer Zurechnung gem. § 34 Abs. 1 Satz 1 Nr. 6 WpHG in Betracht kommt.

Bildet die Kapitalanlagegesellschaft **mehrere Publikums-Sondervermögen** (§ 92 Abs. 3 KAGB) oder besteht ein Publikums-Sondervermögen im Rahmen einer Umbrellakonstruktion aus mehreren **Teilfonds** (§ 96 Abs. 2 KAGB), so sind die Stimmrechte zusammenzurechnen und gelten insgesamt als Stimmrechte der Kapitalanlagegesellschaft. Der Handlungsspielraum der Kapitalanlagegesellschaften bei Anlageentscheidungen ist deshalb faktisch begrenzt, will sie Meldepflichten, vor allem aber ein Pflichtangebot vermeiden[7].

44

Stehen die Aktien eines Publikums-Sondervermögens im **Eigentum der Kapitalanlagegesellschaft** (Treuhandlösung), so stehen auch die Stimmrechte unmittelbar der Kapitalanlagegesellschaft zu. Diese muss gegebenenfalls nach § 33 Abs. 1 WpHG melden[8]. Dies ergibt sich schon aus § 33 WpHG. Zur Zusammenrechnung von Stimmrechten aus Aktien in verschiedenen Publikums-Sondervermögen bzw. in mehreren Teilfonds s. Rz. 44.

45

b) Publikums-Investmentgesellschaften. Investmentgesellschaften haben als Aktiengesellschaften (§ 108 KAGB) bzw. Kommanditgesellschaften (§ 124 KAGB) eigene Rechtspersönlichkeit. Die für die Anleger verwalteten Vermögensgegenstände stehen stets im Eigentum der Investmentaktiengesellschaft bzw. Investmentkommanditgesellschaft. Es gibt anders als bei Sondervermögen nur die „Treuhandlösung", nicht aber auch die „Miteigentumslösung". Die Investmentgesellschaft ist als Aktionärin somit selbst mitteilungspflichtig nach § 33 Abs. 1 Satz 1 WpHG.

46

Abweichend von rechtlich unselbständigen Fonds in Gestalt von Sondervermögen werden die Anleger einer Investmentgesellschaft Aktionäre bzw. Kommanditisten. Unterschieden werden hinsichtlich Investmentaktiengesellschaften Anlageaktien der Anleger und Unternehmensaktien, die grundsätzlich von den Gründern der Investmentaktiengesellschaft übernommen werden (§ 109 Abs. 2 KAGB).

47

Hält im Falle eines rechtlich selbständigen Investmentvermögens, welches gleichzeitig eine Verwaltungsgesellschaft ist, ein Anleger gleichzeitig auch die Mehrheit der Gesellschaftsanteile an dem rechtlich selbständigen Investmentvermögen, berührt dies nach der Verwaltungspraxis der BaFin die Zurechnung der von dem Investmentvermögen gehaltenen Beteiligungen auf den Anleger auf Grund Beherrschung der Fondsgesellschaft

48

---

1 Vgl. auch Begr. RegE, BT-Drucks. 18/5010, 42.
2 Die Einschränkung der Bereichsausnahme hinsichtlich Spezial-AIF wurde durch das 1. FiMaNoG in § 1 Abs. 3 Satz 2 KAGB eingefügt. Die Bereichsausnahme wurde durch das Gesetz zur Umsetzung der Transparenzrichtlinie-Änderungsrichtlinie vom 20.11.2015 (BGBl. I 2015, 2029) eingeführt und war zunächst in § 1 Abs. 4 KAGB geregelt. Vgl. hierzu auch *Dietrich*, ZIP 2016, 1612, 1615 f.
3 Vgl. zu diesem Themenkomplex *Dietrich*, ZIP 2016, 1612, 1617.
4 Vgl. Begr. RegE, BT-Drucks. 18/5010, 42, wonach die Meldepflichten des Abschnitts 5 (jetzt Abschnitt 6) für Investmentvermögen selbst unberührt bleiben.
5 Vgl. § 94 Abs. 2 Satz 3 Halbsatz 1 KAGB a.F. bzw. § 32 Abs. 2 Satz 3 Halbsatz 1 InvG a.F. S. hierzu die 6. Aufl., Anhang zu § 22 WpHG Rz. 286 ff.
6 Praktische Konsequenzen sind jedoch gering, seitdem der Rechtsverlust gem. § 44 WpHG auch bei einer Zurechnung von Stimmrechten gem. § 34 Abs. 1 Satz 1 Nr. 6, Satz 2 WpHG Anwendung findet.
7 Wie hier *Beckmann* in Beckmann/Scholtz, Investment, Stand: 4/2010, 410 § 32 InvG Rz. 30 (zu § 32 InvG a.F.).
8 *Dietrich*, ZIP 2016, 1612, 1617.

grundsätzlich ungeachtet der Bereichsausnahme gem. § 1 Abs. 3 WpHG nicht, weil er nur in seiner Eigenschaft als Anleger von einer Mitteilungspflicht gem. § 1 Abs. 3 Satz 1 WpHG ausgenommen wird[1]. Für den Wegfall seiner Mitteilungspflicht als Mehrheitsgesellschafter einer Verwaltungsgesellschaft müssen somit die Unabhängigkeitsvoraussetzungen nach § 35 Abs. 3 WpHG vorliegen (s. Rz. 27 ff.). Anderenfalls werden die im Gesellschaftsvermögen gehaltenen Stimmrechte dem Mehrheitsgesellschafter gem. § 34 Abs. 1 Satz 1 Nr. 1 WpHG zugerechnet[2].

49 Besonderheiten bestehen bei Investmentaktiengesellschaften, bei denen zwischen Anlegern mit Anlageaktien und Unternehmensaktien (§ 109 Abs. 1 Satz 1 KAGB) differenziert wird. Die **Unternehmensaktien** gewähren Stimmrechte in der Hauptversammlung der Investmentaktiengesellschaft. In Betracht kommt deshalb eine Zurechnung von Stimmrechten aus den von der Investmentaktiengesellschaft gehaltenen Aktien beim herrschenden Unternehmensaktionär nach § 34 Abs. 1 Satz 1 Nr. 1 WpHG, sofern die Anleger nicht gem. § 1 Abs. 3 WpHG befreit sind.

50 **c) Spezial-AIF.** Für Spezial-AIF (im Folgenden auch „Spezial-Fonds") i.S.d. § 1 Abs. 6 KAGB ist die Bereichsausnahme gem. § 1 Abs. 3 Satz 2 WpHG nach Neufassung durch das 1. FiMaNoG nicht einschlägig (s. auch Rz. 41). Spezial-AIF sind AIF[3], deren Anteile ausschließlich von professionellen bzw. semiprofessionellen Anlegern gehalten werden dürfen (s. bereits Rz. 42). Alle übrigen Investmentvermögen sind Publikumsinvestmentvermögen.

51 Für Spezial-AIF gelten die **allgemeinen Regelungen:**

52 **Sondervermögen:** Bei der **Miteigentumslösung** stehen den Anlegern die Stimmrechte zu und die Anleger sind somit gegebenenfalls nach § 33 Abs. 1 WpHG meldepflichtig[4], obwohl ihnen nach allgemeinen investmentrechtlichen Grundsätzen die Verfügungsbefugnis über die in dem Spezial-Sondervermögen gehaltenen Vermögensgegenstände entzogen ist (vgl. §§ 92 Abs. 1, 95 Abs. 2 Satz 3 KAGB)[5]. Bedeutung hat dies vor allem, wenn ein Anleger über weitere Stimmrechte verfügt oder ihm aus anderen Rechtsgründen Stimmrechte zugerechnet werden[6]. Obwohl dies aus dem Gesetzeswortlaut nicht hervorgeht, sind bei mehreren Anlegern die Stimmrechte nur anteilig entsprechend ihrer Beteiligung an dem Spezial-Sondervermögen (und nicht vollständig) zuzurechnen[7]. Bei der Miteigentumslösung steht das Fondsvermögen den Anlegern als Bruchteilseigentümer zu[8], wie dies etwa auch bei der Girosammelverwahrung von Aktien der Fall ist (dazu § 33 WpHG Rz. 8). Bei einem Spezialfonds mit mehreren Anlegern kann die quotale Zurechnung dazu führen, dass sich die Anzahl der einem Anleger zugerechneten Stimmen ohne Investitionsmaßnahme des Fonds verändert, nämlich wenn an einen anderen Anleger neue Anteile ausgegeben bzw. von diesem zurückgenommen werden. Kauft z.B. ein neuer Spezialfondsanleger neu ausgegebene Anteile eines Spezialfonds und legt den in bar gezahlten Kaufpreis für die neuen Anteile in den Fonds ein, so steigt der Nettoinventarwert des Fonds. Im gleichen Verhältnis sinkt auch die den Anlegern zugerechnete Anzahl der von dem Fonds gehaltenen Stimmrechte (§ 33 Abs. 1 Satz 1 Fall 3 WpHG: „in sonstiger Weise"). Ein weiteres in der Praxis oftmals kaum zu lösendes Problem besteht darin, dass den Anlegern eines Spezial-Sondervermögens oft ebenso wenig wie den Anlegern eines Publikums-Sondervermögens bekannt ist, welche Stimmrechte in dem Spezial-Sondervermögen verwaltet werden. Dies gilt insbesondere bei Spezial-Sondervermögen mit mehreren Anlegern.

53 Bei der Kapitalverwaltungsgesellschaft erfolgt eine Zurechnung nach § 34 Abs. 1 Satz 1 Nr. 6 WpHG[9]. Diese Meldepflicht besteht auch bei Einschaltung eines unabhängigen Stimmrechtsvertreters nach § 94 Satz 5 KAGB[10]. Im Gegensatz zur früheren Rechtslage kommt ein Rechtsverlust nach § 44 WpHG auch bei einem Verstoß von Meldepflichten bei Zurechnung von Stimmrechten nach § 34 Abs. 1 Satz 1 Nr. 6 WpHG in Betracht.

54 Stehen die Aktien im **Eigentum der Kapitalanlagegesellschaft** (Treuhandlösung), erfolgt gegebenenfalls eine Zurechnung beim Anleger nach § 34 Abs. 1 Satz 1 Nr. 2 WpHG. Nach richtiger Ansicht setzt dies jedoch vo-

---

1 BaFin, FAQ zu den Transparenzpflichten des WpHG in den Abschnitten 6 (§§ 33 ff.) und 7 (§§ 48a ff.) vom 28.11.2016 (zuletzt geändert am 9.5.2018), Antwort zu Frage 31.
2 Vgl. hierzu auch *Dietrich*, ZIP 2016, 1612, 1618.
3 AIF (Alternative Investmentfonds) sind gem. § 1 Abs. 3 KAGB alle Investmentvermögen, die keine OGAW sind.
4 BaFin, Emittentenleitfaden 2013, S. 124 (zu § 94 KAGB a.F.); a.A. *Schwark* in Schwark/Zimmer, § 22 WpHG Rz. 61: Zurechnung beim Anleger gem. § 22 Abs. 1 Satz 1 Nr. 2 WpHG (jetzt § 33 Abs. 1 Satz 1 Nr. 2 WpHG).
5 *Dreibus/Schäfer*, NZG 2009, 1291; *Beckmann* in Beckmann/Scholtz, Investment, Stand: 4/2010, 410 § 32 InvG Rz. 27 (jeweils zu § 32 InvG a.F.); *Jakouvou* in Langenbucher/Bliesener/Spindler, Bankrechts-Kommentar, 2. Aufl. 2016, 39. Kapitel Rz. 135 ff.
6 A.A. *Pittroff*, Die Zurechnung von Stimmrechten gem. § 30 WpÜG, 2004, S. 170.
7 BaFin, Emittentenleitfaden 2013, S. 124; zweifelnd hinsichtlich der Erfüllung der Tatbestandsvoraussetzungen des Zurechnungstatbestands *Dreibus/Schäfer*, NZG 2009, 1290; a.A. *Schmitz* in Berger/Steck/Lübbehüsen, Investmentgesetz, Investmentsteuergesetz, § 32 InvG Rz. 25 (jeweils zu § 94 KAGB a.F. bzw. § 32 InvG a.F.).
8 OLG Stuttgart v. 10.11.2004 – 20 U 16/03, NZG 2005, 432, 434 = AG 2005, 125.
9 BaFin, Emittentenleitfaden 2013, S. 124 (zu § 94 KAGB a.F.); OLG Stuttgart v. 10.11.2004 – 20 U 16/03, NZG 2005, 432, 434 = AG 2005, 125.
10 *Dreibus/Schäfer*, NZG 2009, 1290 (zu § 32 InvG a.F.); in diesem Sinne auch BaFin, Emittentenleitfaden 2013, S. 118 (zu § 94 KAGB a.F.).

raus, dass dieser Einfluss auf die Stimmrechte hat[1]. Die BaFin geht offenbar (jedenfalls nach der früheren zu § 32 InvG a.F. bzw. § 94 KAGB a.F. ergangenen Verwaltungspraxis) davon aus, dass die Stimmrechte stets für Rechnung der Anleger gehalten werden und deshalb zuzurechnen sind[2]. Richtigerweise ist dies jedoch eine Frage des Einzelfalles. In vielen Fällen wird eine Einflussmöglichkeit des Anlegers bestehen, etwa über den Anlageausschuss[3], zwingend ist dies aber nicht. Wie bei der Miteigentumslösung soll auch hier eine quotale Zurechnung erfolgen[4]. Die Kapitalanlagegesellschaft muss nach § 33 Abs. 1 WpHG melden[5].

Investmentgesellschaften: Spezial-Investmentgesellschaften sind (wie Kapitalanlagegesellschaften im Fall der Treuhandlösung) gegebenenfalls nach § 33 Abs. 1 WpHG meldepflichtig. Bei Anlageaktionären kommt eine Zurechnung nach § 34 Abs. 1 Satz 1 Nr. 2 WpHG in Betracht, wenn der Anlageaktionär Einfluss auf die Stimmrechte hat (was in der Regel, aber nicht automatisch der Fall ist, vgl. Rz. 54)[6].

Im Hinblick auf Unternehmensaktionäre ist eine Zurechnung nach § 34 Abs. 1 Satz 1 Nr. 1 WpHG und § 34 Abs. 1 Satz 1 Nr. 2 WpHG zu prüfen.

Flankierend zur Einschränkung der Bereichsausnahme nach § 1 Abs. 3 Satz 2 WpHG wurde eine neue **Bestandsmitteilungspflicht** in § 41 Abs. 4g WpHG eingeführt (nunmehr: § 127 Abs. 11 WpHG). Danach haben Anleger in Spezial-Investmentvermögen ihre zum Stichtag 2.7.2016 gehaltenen Stimmrechtsanteile nach Maßgabe der §§ 21, 25 und 25a WpHG a.F. (jetzt §§ 33 und 38 WpHG) mitzuteilen, sofern die Schwellenwertberührung (Überschreiten/Erreichen) ausschließlich auf die Änderung des § 1 Abs. 3 WpHG zurückzuführen ist[7].

V. Drittstaatenfirmen (§ 35 Abs. 4 WpHG). § 35 Abs. 4 WpHG betrifft Wertpapierdienstleistungsunternehmen bzw. Verwaltungsgesellschaften und Fonds aus **Drittstaaten außerhalb der EU.** Hiernach gilt ein Unternehmen mit Sitz in einem Drittstaat, das nach § 32 Abs. 1 Satz 1 i.V.m. § 1 Abs. 1a Satz 2 Nr. 3 KWG einer Zulassung für die Finanzportfolioverwaltung oder einer Erlaubnis nach § 20 oder § 113 KAGB bedürfte, wenn es seinen Sitz oder seine Hauptverwaltung im Inland hätte, nicht als Tochterunternehmen i.S.d. §§ 33 ff. WpHG, wenn die in § 35 Abs. 4 Nr. 1–3 WpHG beschriebenen Voraussetzungen erfüllt sind.

Die **Voraussetzungen für die Nichtzurechnung der Stimmrechte bei der Muttergesellschaft** sind mit den für Wertpapierdienstleistungsunternehmen bzw. Kapitalverwaltungsgesellschaften geltenden Regelungen im Grundsatz vergleichbar. Eine Konkretisierung erfolgt durch § 8 TranspRLDV. Danach gelten die Regeln eines Drittstaates als gleichwertig i.S.d. § 35 Abs. 4 WpHG mit den Anforderungen des § 35 Abs. 2 und 3 WpHG, wenn seine Rechtsvorschriften vorschreiben, dass ein Unternehmen i.S.d. § 35 Abs. 2 oder 3 WpHG *erstens* die Stimmrechte aus von ihm verwalteten Vermögenswerten in jedem Fall frei und unabhängig vom Mutterunternehmen oder einem anderen von diesem kontrollierten Unternehmen ausübt und *zweitens* die Interessen des Mutterunternehmens oder eines anderen von diesem kontrollierten Unternehmens bei Interessenkonflikten nicht beachten muss (§ 8 Abs. 1 TranspRLDV).

§ 35 Abs. 4 WpHG gilt für Unternehmen mit Sitz in einem Drittstaat, die nach § 32 Abs. 1 Satz 1 i.V.m. § 1 Abs. 1a Satz 2 Nr. 3 KWG einer Zulassung für den Betrieb des Finanzportfolioverwaltungsgeschäfts bzw. einer Erlaubnis nach § 20 bzw. § 113 des KAGB bedurft hätten, wenn diese ihren Sitz oder Hauptverwaltung im Inland gehabt hätten. Nicht erforderlich ist nach dem Wortlaut, dass eine Vergleichbarkeit zu einem der Fondstypen des Investmentgesetzes oder gar zu einem OGAW-Fonds besteht.

Zusätzliche Schwierigkeiten können sich aus der im angelsächsischen Raum üblichen Form des „beneficial ownership" an den Aktien bzw. Anteilen des ausländischen Fonds ergeben.

VI. Rückausnahme (§ 35 Abs. 5 WpHG). Durch § 35 Abs. 5 WpHG erfolgt eine Rückausnahme, also eine Zurechnung der Stimmrechte bzw. (Finanz-) Instrumente bei der Muttergesellschaft trotz Vorliegens der Voraussetzungen nach § 35 Abs. 2–4 WpHG. Diese Vorschrift entspricht der Regelung in § 32 Abs. 2 Satz 2 InvG a.F. bzw. § 94 Abs. 2 Satz 2 KAGB a.F.[8] Eine Zurechnung nach den allgemeinen Regeln der §§ 33 ff. WpHG erfolgt, wenn erstens das Mutterunternehmen oder ein anderes seiner Tochterunternehmen seinerseits Anteile an dem Investmentvermögen hält und zweitens das Wertpapierdienstleistungsunternehmen bzw. die Verwaltungsgesellschaft die Stimmrechte, die mit dieser Beteiligung verbunden sind, nicht nach freiem Ermessen, sondern nur aufgrund unmittelbarer oder mittelbarer Weisungen ausüben kann, die ihr von dem Mutterunternehmen oder dessen anderem Tochterunternehmen erteilt werden. Ausreichend ist in diesem Fall abweichend von § 35 Abs. 2–4 WpHG, dass die Möglichkeit besteht, Weisungen zu erteilen. Die Weisung kann, muss aber nicht

---

1 A.A. *Schwark* in Schwark/Zimmer, § 22 WpHG Rz. 60.
2 S. hierzu die 6. Aufl., Anhang zu § 22 WpHG Rz. 291 und 306. Im Ergebnis auch *Dreibus/Schäfer*, NZG 2009, 1291 (zu § 32 InvG a.F.)
3 In diesem Sinne – aber zu pauschal – *Dreibus/Schäfer*, NZG 2009, 1291 (zu § 32 InvG a.F.).
4 BaFin, Emittentenleitfaden 2013, S. 124 (zu § 94 KAGB a.F.).
5 BaFin, Emittentenleitfaden 2013, S. 124 (zu § 94 KAGB a.F.).
6 Insoweit wie hier BaFin, Emittentenleitfaden 2013, S. 125 (zu § 94 KAGB a.F.).
7 Ausführlich zu diesem Themenkomplex *Dietrich*, ZIP 2016, 1612, 1615 f.
8 § 35 Abs. 5 WpHG dehnt die Rücknahme allerdings auch auf die erfassten Wertpapierdienstleistungsunternehmen aus.

rechtlich bindend sein. Sie ist „mittelbar", wenn sie faktisch oder über zwischengeschaltete Gesellschaften erfolgt.

62 Bei Anwendbarkeit der Rückausnahme wird die Verwaltungsgesellschaft (nur) hinsichtlich des bzw. der betreffenden Fonds als Tochterunternehmen behandelt, nicht aber (auch) hinsichtlich etwaiger anderer Fonds, die von der Obergesellschaft nicht beherrscht werden[1].

63 **VII. Verwahrstellen, Prime Broker.** Keine Sonderregelungen enthält § 35 WpHG für Verwahrstellen (früher „Depotbanken") und Primebroker. Verwahrstellen deutscher Sondervermögen und Investmentaktiengesellschaften haben reine Verwahrfunktion (§§ 68 ff. KAGB). Bei ihnen erfolgt deshalb keine Zurechnung von Stimmrechten. Dies gilt auch für von AIF-Kapitalverwaltungsgesellschaften in Anspruch genommene Prime Broker (§ 31 KAGB).

64 Im Ausland mag dies anders sein, wenn die Verwahrstelle oder der Prime Broker Treuhandeigentümerin der Vermögensgegenstände des Fonds wird. In diesen Fällen kann eine Meldepflicht nach § 33 Abs. 1 WpHG bestehen.

65 Im Übrigen sind bei ausländischen Verwahrstellen und Prime Brokern stets die Umstände des Einzelfalls zu berücksichtigen.

66 **VIII. Verordnungsermächtigung (§ 35 Abs. 6 WpHG).** Das Bundesministerium der Finanzen kann durch Rechtsverordnung regeln, unter welchen Umständen die in § 35 Abs. 3–5 WpHG geforderte **Unabhängigkeit eines Wertpapierdienstleistungsunternehmens** vom Meldepflichtigen gegeben ist. Dies ist durch die Transparenzrichtlinie-Durchführungsverordnung – TranspRLDV vom 13.3.2008[2] geschehen. Die Verordnung dient zugleich der Umsetzung der EU-Richtlinie 2007/14/EG vom 8.3.2007.

§ 36 Nichtberücksichtigung von Stimmrechten

(1) Stimmrechte aus Aktien eines Emittenten, für den die Bundesrepublik Deutschland der Herkunftsstaat ist, bleiben bei der Berechnung des Stimmrechtsanteils unberücksichtigt, wenn ihr Inhaber
1. ein Kreditinstitut oder ein Wertpapierdienstleistungsunternehmen mit Sitz in einem Mitgliedstaat der Europäischen Union oder in einem anderen Vertragsstaat des Abkommens über den Europäischen Wirtschaftsraum ist,
2. die betreffenden Aktien im Handelsbuch hält und dieser Anteil nicht mehr als 5 Prozent der Stimmrechte beträgt und
3. sicherstellt, dass die Stimmrechte aus den betreffenden Aktien nicht ausgeübt und nicht anderweitig genutzt werden, um auf die Geschäftsführung des Emittenten Einfluss zu nehmen.

(2) Unberücksichtigt bei der Berechnung des Stimmrechtsanteils bleiben Stimmrechte aus Aktien, die gemäß der Verordnung (EG) Nr. 2273/2003 zu Stabilisierungszwecken erworben wurden, wenn der Aktieninhaber sicherstellt, dass die Stimmrechte aus den betreffenden Aktien nicht ausgeübt und nicht anderweitig genutzt werden, um auf die Geschäftsführung des Emittenten Einfluss zu nehmen.

(3) Stimmrechte aus Aktien eines Emittenten, für den die Bundesrepublik Deutschland der Herkunftsstaat ist, bleiben bei der Berechnung des Stimmrechtsanteils unberücksichtigt, sofern
1. die betreffenden Aktien ausschließlich für den Zweck der Abrechnung und Abwicklung von Geschäften für höchstens drei Handelstage gehalten werden, selbst wenn die Aktien auch außerhalb eines organisierten Marktes gehandelt werden, oder
2. eine mit der Verwahrung von Aktien betraute Stelle die Stimmrechte aus den verwahrten Aktien nur aufgrund von Weisungen, die schriftlich oder über elektronische Hilfsmittel erteilt wurden, ausüben darf.

(4) Stimmrechte aus Aktien, die die Mitglieder des Europäischen Systems der Zentralbanken bei der Wahrnehmung ihrer Aufgaben als Währungsbehörden zur Verfügung gestellt bekommen oder die sie bereitstellen, bleiben bei der Berechnung des Stimmrechtsanteils am Emittenten, für den die Bundesrepublik Deutschland der Herkunftsstaat ist, unberücksichtigt, soweit es sich bei den Transaktionen um kurzfristige Geschäfte handelt und die Stimmrechte aus den betreffenden Aktien nicht ausgeübt wer-

---

[1] BaFin, Emittentenleitfaden 2013, S. 127 f. (zu § 94 KAGB a.F.). Diese Auslegung dürfte weiterhin fortgelten. Vgl. zu den Ausführungen der BaFin zur grundsätzlichen Fortgeltung der bisherigen Verwaltungspraxis auch unter § 22a Abs. 2 und 3 WpHG (nun: § 35 Abs. 2 und 3 WpHG) in den FAQ zu den Transparenzpflichten des WpHG in den Abschnitten 6 (§§ 33 ff.) und 7 (§§ 48 ff.) vom 28.11.2016 (zuletzt geändert am 9.5.2018).
[2] BGBl. I 2008, 408, zuletzt geändert durch das 2. FiMaNoG, vgl. BGBl. I 2017, 1693.

den. Satz 1 gilt insbesondere für Stimmrechte aus Aktien, die einem oder von einem Mitglied im Sinne des Satzes 1 zur Sicherheit übertragen werden, und für Stimmrechte aus Aktien, die dem Mitglied als Pfand oder im Rahmen eines Pensionsgeschäfts oder einer ähnlichen Vereinbarung gegen Liquidität für geldpolitische Zwecke oder innerhalb eines Zahlungssystems zur Verfügung gestellt oder von diesem bereitgestellt werden.

(5) Für die Meldeschwellen von 3 Prozent und 5 Prozent bleiben Stimmrechte aus solchen Aktien eines Emittenten, für den die Bundesrepublik Deutschland der Herkunftsstaat ist, unberücksichtigt, die von einer Person erworben oder veräußert werden, die an einem Markt dauerhaft anbietet, Finanzinstrumente im Wege des Eigenhandels zu selbst gestellten Preisen zu kaufen oder zu verkaufen, wenn

1. diese Person dabei in ihrer Eigenschaft als Market Maker handelt,
2. sie eine Zulassung nach der Richtlinie 2004/39/EG hat,
3. sie nicht in die Geschäftsführung des Emittenten eingreift und keinen Einfluss auf ihn dahingehend ausübt, die betreffenden Aktien zu kaufen oder den Preis der Aktien zu stützen und
4. sie der Bundesanstalt unverzüglich, spätestens innerhalb von vier Handelstagen mitteilt, dass sie hinsichtlich der betreffenden Aktien als Market Maker tätig ist; für den Beginn der Frist gilt § 33 Absatz 1 Satz 3 und 4 entsprechend.

Die Person kann die Mitteilung auch schon zu dem Zeitpunkt abgeben, an dem sie beabsichtigt, hinsichtlich der betreffenden Aktien als Market Maker tätig zu werden.

(6) Stimmrechte aus Aktien, die nach den Absätzen 1 bis 5 bei der Berechnung des Stimmrechtsanteils unberücksichtigt bleiben, können mit Ausnahme von Absatz 3 Nummer 2 nicht ausgeübt werden.

(7) Das Bundesministerium der Finanzen kann durch Rechtsverordnung, die nicht der Zustimmung des Bundesrates bedarf,

1. eine geringere Höchstdauer für das Halten der Aktien nach Absatz 3 Nummer 1 festlegen,
2. nähere Bestimmungen erlassen über die Nichtberücksichtigung der Stimmrechte eine Market Maker nach Absatz 5 und
3. nähere Bestimmungen erlassen über elektronische Hilfsmittel, mit denen Weisungen nach Absatz 3 Nummer 2 erteilt werden können.

(8) Die Berechnung der Stimmrechte, die nach den Absätzen 1 und 5 nicht zu berücksichtigen sind, bestimmt sich nach den in Artikel 9 Absatz 6b und Artikel 13 Absatz 4 der Richtlinie 2004/109/EG des Europäischen Parlaments und des Rates vom 15. Dezember 2004 zu Harmonisierung der Transparenzforderungen in Bezug auf Informationen über Emittenten, deren Wertpapiere zum Handel auf einem geregelten Markt zugelassen sind, und zur Änderung der Richtlinie 2001/34/EG (ABl. L 390 vom 31.12. 2004, S. 38) benannten technischen Regulierungsstandards.

In der Fassung des 2. FiMaNoG vom 23.6.2017 (BGBl. I 2017, 1693).

Schrifttum: *Hildner,* Kapitalmarktrechtliche Beteiligungstransparenz verbundener Unternehmen, 2002; *Hirte,* Der „Handelsbestand" – Bindeglied zwischen Kapitalmarkt- und Konzernrecht, in FS Wiedemann, 2002, S. 955; *Holzborn/Blank,* Die Nichtzurechnung nach §§ 20, 36 WpÜG und die Befreiung vom Pflichtangebot nach § 37 WpÜG, §§ 8 ff. WpÜG-AngVO, NZG 2002, 948; *Holzborn/Friedhoff,* Die gebundenen Ausnahmen der Zurechnung nach dem WpÜG – Die Tücken des Handelsbestandes nach § 20 WpÜG, WM 2002, 948; *Starke,* Beteiligungstransparenz im Gesellschafts- und Kapitalmarktrecht, 2002; *Tautges,* Stimmrechtsmitteilungen (§§ 21 ff. WpHG) im Aktienemissionsgeschäft nach dem Gesetz zur Umsetzung der Transparenzrichtlinie-Änderungsrichtlinie, WM 2017, 512; *Vogel,* Der Handelsbestand im Übernahmerecht – Offene Fragen des § 20 WpÜG, NZG 2005, 537.

I. Inhalt der Regelung 1	4. Im Handelsbestand „halten" 24
1. Regelungsgegenstand und Regelungszweck von § 36 Abs. 1 WpHG 1	5. Fehlende Einflussnahme 26
2. Der Normzweck 3	6. Änderung der Absicht (Umwidmung) 31
	7. Keine Irreführung des Publikums 35
II. Der Befreiungstatbestand nach § 36 Abs. 1 WpHG 5	8. Rechtsfolgen 36
1. Stimmrechte aus Aktien 5	**III. Nichtberücksichtigung von Stimmrechten nach § 36 Abs. 2 WpHG** 37
2. Wertpapierdienstleistungsunternehmen 6	**IV. Nichtberücksichtigung von Stimmrechten nach § 36 Abs. 3 Nr. 1 WpHG** 39
3. Aktien im Handelsbuch 8	1. Regelungsgegenstand und Regelungszweck von § 36 Abs. 3 WpHG 39
a) Begriff und Abgrenzung 9	
b) Zweckbestimmung und Sicherstellung 14	
c) Obergrenze 18	2. Nichtberücksichtigung nach § 36 Abs. 3 Nr. 1 WpHG 42
d) Konsolidierung im Konzern 19	
e) Keine Sondervorschrift für Wertpapierleihe und Sicherungsübereignung 22	3. Nichtberücksichtigung nach § 36 Abs. 3 Nr. 2 WpHG 49

V. Mitglieder des Europäischen Systems der
   Zentralbanken (§ 36 Abs. 4 WpHG) 53
  1. Regelungsgegenstand und Regelungszweck von
    § 36 Abs. 4 WpHG 53
  2. Wahrnehmung ihrer Aufgaben als Währungs-
    behörden 56
  3. Kurzfristige Geschäfte 57
  4. Keine Wahrnehmung der Stimmrechte 58
VI. Nichtberücksichtigung bei Market Maker
   (§ 36 Abs. 5 WpHG) 59
  1. Regelungsgegenstand und Regelungszweck von
    § 36 Abs. 5 WpHG 59
  2. Market Maker 60
  3. Market Maker – Bestand 61
    a) Handeln in Eigenschaft als Market Maker . . 62
    b) Zulassung nach KWG 63
    c) Kein Einfluss auf Geschäftsführung 64

    d) Mitteilung an BaFin 65
  4. Befreite Meldeschwelle 67
  5. Verhältnis von § 36 Abs. 1 WpHG zu § 36
    Abs. 5 WpHG 68
VII. Ausübungsverbot (§ 36 Abs. 6 WpHG) 70
  1. Regelungsgegenstand und Regelungszweck
    von § 36 Abs. 6 WpHG 70
  2. Inhalt des Ausübungsverbots 71
  3. Voraussetzung für das Ausübungsverbot 75
  4. Umfang des Rechtsverlusts 78
  5. Dauer des Ausübungsverbots 82
  6. Ausübung des Stimmrechts trotz Ausübungs-
    verbots 83
VIII. Verordnungsermächtigung 84
IX. Berechnung der Stimmrechte (§ 36 Abs. 8
   WpHG) 85

1 **I. Inhalt der Regelung. 1. Regelungsgegenstand und Regelungszweck von § 36 Abs. 1 WpHG.** § 36 WpHG entspricht § 23 WpHG a.F. Die neue Nummerierung erfolgte durch das 2. FiMaNoG. Die Vorschrift ist durch das Transparenzrichtlinie-Umsetzungsgesetz nicht nur redaktionell angepasst, sondern im Vergleich zur vormaligen Regelung auch in mehrfacher Weise **konzeptionell geändert** worden. Der Regelungszweck blieb aber identisch. Zum einen waren früher Stimmrechte aus Aktien, die zu den Handelsaktivitäten von Kreditinstituten und Wertpapierfirmen gehörten, **der Höhe nach unbegrenzt** von der Meldepflicht freigestellt. Nach der Änderung ist die Freistellung **auf 5 % der Stimmrechte begrenzt**. Zum anderen wurde es den Unternehmen, die Wertpapierdienstleistungen erbringen, **nur auf Antrag** bei der BaFin ermöglicht, die Stimmrechte der Aktien des Handelsbestandes bei der Berechnung ihres Stimmrechtsanteils unberücksichtigt zu lassen. Dies konnte, musste aber nicht, eine Befreiung von der Meldepflicht zur Folge haben. Als immanente Schranke des § 23 Abs. 1 WpHG a.F. (jetzt § 36 Abs. 1 WpHG) war entsprechend der Begründung des Finanzausschusses[1] analog § 25 Abs. 4 letzter Halbsatz WpHG a.F. (jetzt § 38 Abs. 4 letzter Halbsatz WpHG) die Irreführung des Publikums anzusehen. Danach durfte eine Erlaubnis dann nicht erteilt werden, wenn die Nichtberücksichtigung von Stimmrechten bei der Berechnung des Stimmrechtsanteils des Antragstellers „zu einem Irrtum des Publikums über die für die Beurteilung der betreffenden Wertpapiere wesentlichen Tatsachen und Umstände führen kann". Nach geltendem Recht erfolgt die Freistellung bei Vorliegen der Voraussetzungen im Wege der **Selbstbefreiung**. Ein Antrag und eine Erlaubnis durch die BaFin sind nicht mehr erforderlich. Damit wurde von der Option in Art. 9 Abs. 6 RL 2004/109/EG (EU-Transparenzrichtlinie II) Gebrauch gemacht.

2 Ergänzt wurde § 23 WpHG a.F. (jetzt § 36 WpHG) durch das Gesetz zur Umsetzung der Transparenzrichtlinie-Änderungsrichtlinie 2015 um einen Abs. 1a. Abs. 1a (jetzt Abs. 2) enthält eine Ausnahme für Stimmrechte aus Aktien, die zu Stabilisierungszwecken gehalten werden (s. Rz. 37).

3 **2. Der Normzweck.** Normativ anerkannt ist mit § 36 Abs. 1 WpHG, dass Wertpapierdienstleistungsunternehmen neben den Aktien im Anlagenbuch auch Aktien im Handelsbuch haben können[2]. Von dessen Offenlegung wird abgesehen: „Der Grund hierfür ist der regelmäßig folgende ständige Wechsel im Bestand und der Umstand, dass keine Daueranlage mit diesen Aktien verfolgt wird"[3]. Die Vorschrift soll somit das Erbringen von Wertpapierdienstleistungen erleichtern, indem sie verhindert, dass Bewegungen im Handelsbestand laufend Mitteilungspflichten auslösen. Verhindert werden soll eine fehlsame Vorstellung der anderen Anleger, es handle sich um eine mittel- oder langfristige Anlage. Allerdings erfahren die anderen Anleger auch nichts darüber, dass ein Handelsbestand vorhanden und in eine einflussgewährende Anlage umgewidmet werden kann[4]. Aus der Sicht des Meldepflichtigen soll der Verzicht auf das Erfordernis eines Antrags für eine Freistellung bei der BaFin der „Entbürokratisierung des Kapitalmarktrechts" dienen[5]. Dieser Normzweck ist, wie die Praxis zeigt, gründlich verfehlt.

4 Die Vorschrift entspricht teilweise § 20 WpÜG. Allerdings besteht eine unschöne „Begriffsverwirrung", weil sich die Tatbestandsvoraussetzungen ganz erheblich unterscheiden[6].

5 **II. Der Befreiungstatbestand nach § 36 Abs. 1 WpHG. 1. Stimmrechte aus Aktien.** Die Freistellung erfolgt nicht nur für Stimmrechte aus Aktien, die ein Wertpapierdienstleistungsunternehmen hält, sondern auch für

---

1 Begr. Finanzausschuss (7. Ausschuss) zu § 23 Abs. 2 bis 4 WpHG, BT-Drucks. 12/7918, 103.
2 *Hirte* in KölnKomm. WpHG, § 23 WpHG Rz. 17.
3 Begr. RegE zu § 23 Abs. 1 WpHG, BT-Drucks. 12/6679, 54. Begr. RegE zum Transparenzrichtlinie-Umsetzungsgesetz, BT-Drucks. 16/2498, 35.
4 Kritisch auch *Hirte* in FS Wiedemann, 2002, S. 957.
5 Begr. RegE zum Transparenzrichtlinie-Umsetzungsgesetz, BT-Drucks. 16/2498, 28.
6 S. im Einzelnen bei *Hirte* in FS Wiedemann, 2002, S. 958; ferner: *Holzborn/Friedhoff*, WM 2002, 948; *Seiler* in Assmann/Pötzsch/Uwe H. Schneider, § 20 WpÜG Rz. 14; *Hirte* in KölnKomm. WpÜG, § 20 WpÜG Rz. 60; *Vogel*, NZG 2005, 538.

Finanzinstrumente, die ihrem Inhaber das Recht verleihen, einseitig im Rahmen einer rechtlich bindenden Vereinbarung mit Stimmrechten verbundene und bereits ausgegebene Aktien eines Emittenten zu erwerben.

2. Wertpapierdienstleistungsunternehmen. Die Nichtberücksichtigung von Stimmrechten erfolgt nur bei Kreditinstituten oder **Unternehmen, die Wertpapierdienstleistungen erbringen** (Wertpapierdienstleistungsunternehmen). Die frühere Möglichkeit, für andere Unternehmen, z.B. Versicherungsunternehmen, unter bestimmten Voraussetzungen durch Erlaubnis der Bundesanstalt für die Meldeschwelle von 5 % freigestellt zu werden, ist nach der Änderung durch das Transparenzrichtlinie-Umsetzungsgesetz weggefallen.

Unberücksichtigt bleiben nur Stimmrechte von Wertpapierdienstleistungsunternehmen, wenn sie ihren **Sitz** in einem Mitgliedstaat der Europäischen Union oder in einem anderen Vertragsstaat des Abkommens über den Europäischen Wirtschaftsraum haben. Sitz der Gesellschaft ist, wenn tatsächlicher Sitz, also Sitz der Geschäftsleitung, und Satzungssitz auseinanderfallen, der Ort, den die Satzung bestimmt (§ 5 Abs. 1 AktG).

3. Aktien im Handelsbuch. § 36 Abs. 1 WpHG i.V.m. Art. 2 und 3 VO 2015/761 handelt von Aktien, die der Antragsteller im Handelsbuch hält oder zu halten beabsichtigt. Voraussetzung ist daher ein **Eigenbestand**. Das sind **Aktien und sämtliche Instrumente** (aggregiert), über die der Antragsteller frei verfügen kann. Nicht in Betracht kommen Aktien, die für Dritte gehalten werden[1]. Abzugrenzen sind sodann die Aktien im Handelsbuch **von den Aktien im Anlagebuch und in sonstigen Beständen**, etwa in einer Liquiditätsreserve (Vorsorgewertpapierbestand[2]). Eine entsprechende Unterscheidung findet sich in § 340e Abs. 1 Satz 2 HGB, in § 71 Abs. 1 Nr. 7 AktG, in § 12 Abs. 2 Satz 3 KWG und in Art. 2 Nr. 6a RL 93/6/EWG (Kapitaladäquanzrichtlinie[3]). Im Blick hierauf stellt sich die Frage, ob es einen für die gesamte Rechtsordnung einheitlichen Begriff des „Handelsbestands" bzw. Aktien im „Handelsbuch" gibt, insbesondere ob der Begriff „Handelsbuch" in § 36 Abs. 1 WpHG in derselben Weise wie in § 340e Abs. 3 HGB (Handelsbestand) und in § 71 Abs. 1 Nr. 7 AktG (Handelsbestand) auszulegen ist.

a) Begriff und Abgrenzung. aa) Die Abgrenzung zwischen dem „Anlagebuch" einerseits und den Aktien im „Handelsbuch" andererseits ist entsprechend dem Sinn und Zweck und dem systematischen Zusammenhang der Vorschrift vorzunehmen. Dabei kann zwar auf die Definition in Art. 4 Abs. 1 Nr. 86 VO Nr. 575/2013 (Capital Requirement Regulation (CRR)), **§ 340e HGB, § 71 Abs. 1 Nr. 7 AktG und § 12 Abs. 2 Satz 3 KWG**[4] zurückgegriffen werden. In der Regel werden sich die Begriffe auch decken. Dies ist aber nicht zwingend. So dient etwa § 340e HGB der Beurteilung der wirtschaftlichen Lage des Kreditinstituts. § 36 WpHG will demgegenüber die Tätigkeit der Wertpapierdienstleistungsunternehmen erleichtern und fehlsame Vorstellungen der anderen Anleger und der Gesellschaft verhindern.

bb) Die Abgrenzung erfolgt nach objektiven und subjektiven Kriterien, die gemeinsam erfüllt sein müssen.

Dem **Anlagebestand** werden nur solche Aktien zugeordnet, die dazu bestimmt sind, auf Dauer dem Geschäftsbetrieb zu dienen („**dauerhaftes Halten**"), also insbesondere der aktiven Beteiligungspolitik, der Verwirklichung besonderer strategischer Ziele und der langfristigen Vermögensbildung. Allerdings sind nach Art. 6 VO 2015/761 auch Geschäfte im Zusammenhang mit Kundenaufträgen dem Handelsbestand zuzurechnen[5].

Durch die Anerkennung von „Aktien im Handelsbuch" soll demgegenüber der Umstand Berücksichtigung finden, dass Wertpapierdienstleistungsunternehmen auch Aktien **kurzfristig** erwerben, um sie sodann wieder im Markt zu veräußern (Durchgangserwerb)[6]. Gemeint sind **Positionen mit Handelsabsicht**. Aktien sind im **Handelsbuch**, wenn sie entweder mit Handelsabsicht oder zur Absicherung anderer mit Handelsabsicht gehaltener Positionen gehalten werden, Art. 4 Abs. 1 Nr. 86 VO Nr. 575/2013 (CRR). Maßgeblich ist ein Zeitraum von längstens einem Jahr[7]. Der Befreiungstatbestand soll demgemäß die Geschäftstätigkeit der Wertpapierdienstleistungsunternehmen i.S.v. § 2 Abs. 10 WpHG erleichtern. Unter die Aktien im Handelsbuch fallen daher zum einen solche Aktien, die zur Erbringung von Wertpapierdienstleistungen zu dienen bestimmt sind, und zwar ohne Rücksicht darauf, ob mit der Wertpapierdienstleistung lediglich ein Entgelt erzielt werden soll. Nicht zum Handelsbestand gehören daher Aktien, die durch Sicherungsübereignung erworben wurden. Unter den Han-

---

1 *Becker* in Just/Voß/Ritz/Becker, § 23 WpHG Rz. 8; *Opitz* in Schäfer/Hamann, § 23 WpHG Rz. 6; *Schwark* in Schwark/Zimmer, § 23 WpHG Rz. 6; a.A. für § 20 WpÜG: *Seiler* in Assmann/Pötzsch/Uwe H. Schneider, § 20 WpÜG Rz. 16; *Diekmann* in Baums/Thoma/Verse, § 20 WpÜG Rz. 32; *Hirte* in KölnKomm. WpHG, § 23 WpHG Rz. 21.
2 S. hierzu *Krumnow/Sprißler/Bellavite-Hövermann/Kemmer/Steinbrücker*, § 340e HGB Rz. 31 ff.
3 Richtlinie 93/6/EWG des Rates vom 15.4.1993 über die angemessene Eigenkapitalausstattung von Wertpapierfirmen und Kreditinstituten, ABl. EG Nr. L 141 v. 11.6.1993, S. 1.
4 S. dazu *Butzke*, WM 1995, 1389; *Rixen*, Die Bank 1990, 638, 640.
5 BaFin, FAQ Mai 2018, Frage 32.
6 Zustimmend: *Zimmermann* in Fuchs, § 23 WpHG Rz. 10; *Schnorbus*, AG 2004, 121; a.A. *Hirte* in KölnKomm. WpHG, § 23 WpHG Rz. 22; a.A. für § 20 WpÜG: *Hirte* in KölnKomm. WpÜG, § 20 WpÜG Rz. 68; einschränkend: *Seiler* in Assmann/Pötzsch/Uwe H. Schneider, § 20 WpÜG Rz. 20, s. aber auch Rz. 25.
7 So für § 20 WpÜG: *Noack/Holzborn* in Schwark/Zimmer, § 20 WpÜG Rz. 9; *Diekmann* in Baums/Thoma/Verse, § 20 WpÜG Rz. 27; *Seiler* in Assmann/Pötzsch/Uwe H. Schneider, § 20 WpÜG Rz. 26; a.A. *Oechsler* in Ehricke/Ekkenga/Oechsler, § 20 WpÜG Rz. 26: 3 Monate.

delsbestand fallen zum anderen solche Aktien, die das Wertpapierdienstleistungsunternehmen im Eigenhandel erwirbt, wobei allein oder zugleich bestehende oder erwartete Unterschiede zwischen dem Erwerbspreis und dem Veräußerungspreis „kurzfristig" genutzt werden. Nicht erforderlich ist insoweit, dass die Aktien zur Erbringung von Wertpapierdienstleistungen zu dienen bestimmt sind[1]. Auszulegen ist der Begriff „Wertpapierdienstleistungen" im weiteren Sinn[2]. So zählen zu den Wertpapierdienstleistungen auch Rechtsgeschäfte im Rahmen des Eigenhandels sowie solche, die nicht nur der Erfüllung von Kaufverträgen, sondern auch der Erfüllung von Darlehensverträgen[3] dienen. Zu den Aktien im Handelsbuch können ferner auch Aktien zählen, die ein Kreditinstitut im Wege der Wertpapierleihe kurzfristig hereinnimmt und weiter verleiht[4].

13 In der Regel wird der Umfang des **„typischen Handelsbestands"** schon im eigenen Interesse des Instituts gering sein. Teil hiervon ist aber auch der **„untypische Handelsbestand"**, der etwa durch eine einmalige Hereinnahme eines Pakets zum Zwecke der Streuung über die Börse einen größeren Umfang annehmen kann. **Nicht zum Handelsbestand gehören dagegen die Aktien**, die ein Institut mit dem Ziel erwirbt, auf eigene oder fremde Rechnung ein Paket aufzubauen, und zwar selbst und vor allem dann, wenn eine Weiterveräußerung beabsichtigt ist (s. Rz. 35).

14 b) Zweckbestimmung und Sicherstellung. Der Handelsbestand lässt sich indessen **objektiv nicht eindeutig vom Anlagebestand abgrenzen**[5]. Das Halten der Wertpapiere auf Dauer oder auch nur das Halten der Wertpapiere mit Dauerbesitzabsicht sind für die Qualifizierung als Anlagebestand weder erforderlich noch genügend.

15 Für die Abgrenzung entscheidend und hinzukommen müssen vielmehr **zwei Entscheidungen des Meldepflichtigen**, nämlich
- eine Entscheidung darüber, ob und welche Aktien dem Handelsbestand zuzuordnen sind (**„Zweckbestimmung"**), und
- eine Entscheidung darüber, dass nicht beabsichtigt ist, „auf die Geschäftsführung der Gesellschaft Einfluss zu nehmen" (**„Zölibatsabsicht"**), und wie sichergestellt wird, dass die Stimmrechte nicht ausgeübt oder anderweitig genutzt werden (s. Rz. 26 ff.).

Im Blick hierauf ist durch organisatorische Maßnahmen und eine nachvollziehbare Dokumentation eine Trennung zwischen Handels- und Anlagebestand vorzunehmen.

16 Die Entscheidung, welche Aktien dem Handelsbestand zuzuordnen sind, fällt in die **Zuständigkeit der Geschäftsführung** des Meldepflichtigen[6]. Dabei hat die Geschäftsführung einen unternehmerischen Ermessensspielraum[7]. Die Ermessensentscheidung muss aber den Geboten der Willkürfreiheit und Nachprüfbarkeit standhalten. Insofern kommt es insbesondere auf den Zuschnitt der Geschäftstätigkeit des konkreten Unternehmens an. So bedarf es zumindest einer besonderen Rechtfertigung (z.B. Platzierung einer Emission), wenn der Handelsbestand eines Papiers im Verhältnis zu dem darin getätigten oder erfahrungsgemäß zu erwartenden Umsatz außergewöhnlich hoch ist.

17 Der Beschluss der Geschäftsführung ist aktenkundig zu machen[8]. Ein **Testat des Wirtschaftsprüfers**, dass die Zuordnung in rechtlich zulässiger Weise erfolgt ist, ist nicht erforderlich[9].

18 c) Obergrenze. Eine bestimmte Obergrenze für den Handelsbestand nannte § 23 Abs. 1 WpHG a.F. nicht. Geändert wurde dies durch § 23 Abs. 1 WpHG a.F. (jetzt § 36 Abs. 1 Nr. 2 WpHG). Anders als nach § 20 WpÜG gilt der Handelsbestand bis einschließlich 5 % als befreit. Auslegungsprobleme ergeben sich, wenn der Handelsbestand mehr als 5 % der Stimmrechte beträgt. Für diesen Fall entfällt in vollem Umfang die Befreiung. Der Bestand ist in vollem Umfang zu melden[10]. Der Meldepflichtige kann jedoch den Teil der Aktien mit den Stimmrechten über 5 % dem Anlagebestand zuordnen und auf diese Weise der Meldepflicht entgehen.

---

1 *Opitz* in Schäfer/Hamann, § 23 WpHG Rz. 7; *Hildner*, Kapitalmarktrechtliche Beteiligungstransparenz verbundener Unternehmen, 2002, S. 118; *Starke*, Beteiligungstransparenz im Gesellschafts- und Kapitalmarktrecht, 2002, S. 234; für § 20 WpÜG: *Hirte* in KölnKomm. WpÜG, § 20 WpÜG Rz. 67.
2 S. auch bei § 2 WpHG Rz. 92 ff.; enger demgegenüber etwa § 91 Abs. 2 österr. BörseG: Sofern der Erwerb oder die Veräußerung „im Rahmen der Ausübung des Effektengeschäftes erfolgt", bedarf es keiner Offenlegung.
3 So Begr. RegE zu § 71 Abs. 2 Nr. 7 AktG, BT-Drucks. 12/6679, 83 f.; s. ferner Art. 1 Nr. 1 i.V.m. Abschnitt A EG-Richtlinie über Wertpapierdienstleistungen.
4 Zustimmend: *Vogel*, NZG 2005, 538.
5 *Krumnow/Sprißler/Bellavite-Hövermann/Kemmer/Steinbrücker*, § 340e HGB Rz. 36; *Prahl/Neumann*, WPg 1991, 729, 732.
6 Begr. RegE Bankbilanzrichtlinie-Gesetz, BT-Drucks. 11/6275, zu § 340e HGB: „Die Zweckbestimmung von Wertpapierbeständen, dauernd dem Geschäftsbetrieb zu dienen, setzt eine aktenkundig zu machende Entscheidung der zuständigen Stelle voraus".
7 Ebenso für § 20 WpÜG: *Hirte* in KölnKomm. WpÜG, § 20 WpÜG Rz. 71.
8 S. auch *Krumnow/Sprißler/Bellavite-Hövermann/Kemmer/Steinbrücker*, § 340e HGB Rz. 34; für § 20 WpÜG: *Seiler* in Assmann/Pötzsch/Uwe H. Schneider, § 20 WpÜG Rz. 21.
9 BaFin, Emittentenleitfaden 2013, Rz. VIII.2.6.2.
10 BaFin, Emittentenleitfaden 2013, Rz. VIII.2.6.2.

d) Konsolidierung im Konzern. Sind mehrere Wertpapierdienstleistungsunternehmen unter einheitlicher Leitung zu einem Konzern zusammengefasst, so sind bei der Berechnung der freien Bestände sämtliche Stimmrechte und sämtliche Instrumente, die bei den einzelnen Konzernunternehmen gehalten werden, zusammenzurechnen, Art. 3 DelVO 2015/761 v. 17.12.2014[1].

Zu unterscheiden sind demnach **mehrere Fälle:**

- Jedes Konzernunternehmen i.S.v. § 36 Abs. 1 Nr. 1 WpHG kann einen eigenen Handelsbestand bilden.
- Hat ein herrschendes Unternehmen mehrere Tochtergesellschaften, die alle Wertpapierdienstleistungsunternehmen sind und hat jede Tochtergesellschaft einen Handelsbestand i.H.v. 5 %, so werden die einzelnen Handelsbestände nicht zugerechnet.

Beim Handelsbestand ist zusätzlich Art. 6 DelVO 2015/761 in den Blick zu nehmen. Hiernach sind Geschäfte im Zusammenhang mit Kundenaufträgen dem Handelsbestand zuzuordnen. Dies entspricht schon heute der Verwaltungspraxis[2].

e) Keine Sondervorschrift für Wertpapierleihe und Sicherungsübereignung. Nach Art. 17 der Verordnung der Eidgenössischen Finanzmarktaufsicht über die Finanzmarktinfrastrukturen und das Marktverhalten im Effekten- und Derivatehandel vom 3.12.2015 sind Leihgeschäfte und Geschäfte mit Rückkaufverpflichtungen nicht zu melden „sofern sie standardisiert über Handelsplattformen zum Zwecke der Liquiditätserwirtschaftung, abgewickelt werden".

Eine vergleichbare Regelung fehlt im deutschen Recht. Das ist, was die Wertpapierleihe anbelangt, für die Kreditinstitute nicht unproblematisch, weil die entsprechenden Aktien in der Regel nicht zum Handelsbestand gehören.

4. Im Handelsbestand „halten". Im Handelsbestand „halten" bzw. „zu halten beabsichtigt" bedeutet, dass für diese Aktien eigene, von dem Dauerbestand **getrennte Konten**[3] geführt bzw. eingerichtet werden und ein entsprechender Beschluss der Geschäftsführung über deren Verwendung vorliegt.

Auf den für den Handel bestimmten Konten muss sodann **Umsatz** in einer Höhe erfolgen, die die Zuordnung der betreffenden Anzahl von Aktien zum Handelsbestand rechtfertigt. Dies unterliegt der Kontrolle durch den **Abschlussprüfer**[4]. Sollte ein entsprechender Umsatz ausbleiben, so ist die Zuordnung der überschüssigen Anzahl von Aktien zum Handelsbestand entweder zu begründen oder zu revidieren. Festzuhalten ist entweder, dass weiterhin bezweckt ist, den Bestand zur Erbringung von Wertpapierdienstleistungen zu verwenden oder zur kurzfristigen Spekulation einzusetzen. Die Begründung ist gegebenenfalls ebenso wie die Umsatzzahlen in den Vermerk des Abschlussprüfers aufzunehmen.

5. Fehlende Einflussnahme. Nach § 23 Abs. 1 WpHG a.F. musste der Inhaber von Aktien darlegen, dass mit dem Erwerb der Aktien nicht beabsichtigt war, auf die Geschäftsführung der Gesellschaft Einfluss zu nehmen. Die Neufassung von § 23 Abs. 1 Nr. 3 WpHG (**jetzt § 36 Abs. 1 Nr. 3 WpHG**) erfolgte durch das Transparenzrichtlinie-Änderungsrichtlinie-Umsetzungsgesetz.

Die Stimmrechte bleiben heute nur dann unberücksichtigt, wenn ihr Inhaber *erstens* **sicherstellt**, dass diese Stimmrechte aus den betreffenden Aktien **nicht ausgeübt** und *zweitens* **nicht anderweitig genutzt werden**, um auf die Geschäftsführung des Emittenten Einfluss zu nehmen („Sicherstellung des Zölibats").

Die bloße Absicht genügt nicht mehr. Vielmehr hat der Inhaber sowohl zum Zeitpunkt des Erwerbs der Aktien als auch in der Folgezeit für eine entsprechende Sicherstellung zu sorgen. Nicht ausreichend ist daher nicht, dass nur im Zeitpunkt des Erwerbs entsprechende Maßnahmen ergriffen werden, sondern diese Maßnahmen müssen auch in der Folgezeit fortbestehen.

Gegenstand der Sicherstellung muss zum einen sein, dass die Stimmrechte aus den betreffenden Aktien nicht ausgeübt werden. Nach § 36 Abs. 6 WpHG können sie ohnehin nicht ausgeübt werden (s. Rz. 70 f.).

Gegenstand der Sicherstellung muss zum anderen sein, dass die Stimmrechte nicht anderweitig genutzt werden, um auf die Geschäftsführung des Emittenten Einfluss zu nehmen. Daher darf der Inhaber auch nicht mittelbar Einfluss nehmen, etwa indem er die Aktien verleiht und ein Dritter das Stimmrecht wahrnimmt. Die Befreiung entfällt auch dann, wenn die Stimmrechte entgegen § 36 Abs. 5 WpHG ausgeübt werden und etwa durch Bestellung von Repräsentanten des Inhabers zum Aufsichtsratsmitglied Einfluss auf die Geschäftsführung genommen wird. Nur so lange der Inhaber sich jeglicher tatsächlicher oder rechtlicher Einflussnahme auf die Willensbildung und Entscheidungsfindung enthält[5], bleiben Stimmrechte unberücksichtigt.

---

1 ABl. EU Nr. L 120 v. 13.5.2015, S. 2; BaFin, FAQ vom 28.11.2016, Frage 32 (Horizontale Aggregation).
2 BaFin, FAQ vom 28.11.2016, Frage 32.
3 *Hirte* in KölnKomm. WpHG, § 23 WpHG Rz. 24; *Becker* in Just/Voß/Ritz/Becker, § 23 WpHG Rz. 14.
4 A.A. BaFin, Emittentenleitfaden 2013, Rz. VIII.2.6.2.
5 Zustimmend: *Zimmermann* in Fuchs, § 23 WpHG Rz. 12.

31 **6. Änderung der Absicht (Umwidmung).** Das Wertpapierdienstleistungsunternehmen muss entweder zum Zeitpunkt des Erwerbs oder nachträglich entscheiden, ob die Aktien dem Anlagebestand oder dem Handelsbestand zugeordnet werden sollen. Maßgebend für die erstmalige Zuordnung ist die Zweckbestimmung **im Zeitpunkt des Erwerbs**. Eine faktische Umwidmung durch Zeitablauf erfolgt nicht. Auch gibt es keinen Zwang zur Veräußerung nach Ablauf der Jahresfrist. Das würde gegebenenfalls zu einem Zwang zur Verlustrealisierung führen[1].

32 Die erstmalige Zuordnung schließt indessen eine spätere Änderung der Zuordnung nicht aus[2]. Ändert der Antragsteller nachträglich seine Absicht, so fehlt im Gesetz eine Regelung, wie zu verfahren ist. Die vereinzelt[3] vorgenommene Bagatellisierung des Rechtsproblems verkennt Recht und Wirklichkeit[4]. Zu denken wäre etwa de lege ferenda daran, dass der Antragsteller nur die Möglichkeit hat, Aktien aus dem Handelsbestand wiederum über die Börse zu streuen, um sie in der Folge erneut einzusammeln.

33 Die Umwidmung stellt kein Handeln im Außenverhältnis dar, sondern ist eine Maßnahme der Geschäftsführung. Im Blick hierauf bedarf es nach geltendem Recht einer **neuerlichen Entscheidung der Geschäftsführung** über die Änderung der Zweckbestimmung und der Zölibatsabsicht[5]. Diese Entscheidung ist sodann zu **dokumentieren**[6].

- Auf diese Weise können Aktien **aus dem Anlagebuch** in den Handelsbestand überführt werden. („Was ich nicht behalten kann, trag ich einem Käufer an.") Gegebenenfalls bedarf es einer Meldung wegen Unterschreitens einer Meldeschwelle.
- Aber auch Aktien **aus dem Handelsbuch** können dem Anlagebestand zugeordnet werden, etwa weil das Kreditinstitut Aktien erworben hat, die es nur mit Verlusten weiterveräußern kann. („Was ich nicht veräußern kann, sehe ich als Investment an.") Allerdings endet die Befreiung nach h.A.[7] nicht automatisch mit der Änderung der Absicht. Vielmehr sind die Aktien aus dem Handelsbuch auszubuchen und in das Anlagebuch einzubuchen. Gegebenenfalls bedarf es einer Meldung wegen Erreichens oder Überschreitens einer Meldeschwelle.

34 Der zuletzt genannte Vorgang ist indessen hoch problematisch, weil damit dem Kreditinstitut die Möglichkeit der Umqualifizierung eröffnet ist und es die Möglichkeit der zeitweisen Vermeidung der Offenlegungspflichten hat[8]. So können Aktien, die mit dem Ziel erworben wurden, sie dem Handelsbestand zuzuschlagen, nachträglich dem Anlagebestand zugeordnet werden, mit dem strategische Ziele verfolgt werden. Für solche Fälle bleibt nur die Möglichkeit zu prüfen, ob der ursprüngliche Handelsbestand, für den Befreiung beantragt war, der Höhe nach willkürlich festgelegt und ob nicht schon beim Erwerb strategische Anlageziele verfolgt wurden. Das ist zu vermuten, wenn eine Veräußerung ohne Verlust oder sonstige erhebliche Nachteile zwischenzeitlich möglich gewesen wäre. Im Übrigen gilt nur das Willkürverbot[9]. Zwecksetzungsänderungen bei der Zuordnung der Aktien durch das Kreditinstitut dürfen nicht willkürlich sein.

35 **7. Keine Irreführung des Publikums.** Insbesondere im **Pakethandel auf eigene Rechnung**[10] steht zu befürchten, dass die Nichtberücksichtigung von Stimmrechten bei der Berechnung des Stimmrechtsanteils eine Irreführung des Publikums bewirken könnte. Deswegen ist über den Wortlaut des § 36 Abs. 1 WpHG hinaus als immanente Schranke des § 36 WpHG anzusehen, dass die Erlaubnis „nicht zu einem Irrtum des Publikums"

---

1 Zutr. für § 20 WpÜG: *Noack/Holzborn* in Schwark/Zimmer, § 20 WpÜG Rz. 10; *Seiler* in Assmann/Pötzsch/Uwe H. Schneider, § 20 WpÜG Rz. 27.
2 Ebenso für § 340e HGB: *Grewe* in Hofbauer/Kupsch (Hrsg.), Bonner Handbuch Rechnungslegung, § 340e HGB Rz. 20 m.w.N.; a.A. wohl für § 20 WpÜG: *Seiler* in Assmann/Pötzsch/Uwe H. Schneider, § 20 WpÜG Rz. 27: keine Umwidmung in den Dauerbestand; *Hirte* in KölnKomm. WpHG, § 23 WpHG Rz. 34: Vermutung gegen Handelsbestand.
3 S. etwa *Opitz* in Schäfer/Hamann, § 23 WpHG Rz. 8.
4 So wird entgegen *Opitz* in Schäfer/Hamann, § 23 WpHG Rz. 8, die fehlende aufsichtsrechtliche „Zuverlässigkeit", die im Inland zu entsprechenden Maßnahmen führen könnte, §§ 32, 35, 36 KWG, durch ausländische Aufsichtsbehörden bei Auslandsbanken wohl kaum in Frage gestellt werden.
5 A.A. *Hirte* in KölnKomm. WpÜG, § 20 WpÜG Rz. 82: Erklärung der vertretungsberechtigten Organe des Antragstellers.
6 Ebenso für § 20 WpÜG: *Hirte* in KölnKomm. WpÜG, § 20 WpÜG Rz. 82.
7 Anders jedoch *Mager*, Der maßgebliche Zeitpunkt für die Beurteilung der Rechtswidrigkeit von Verwaltungsakten, 1994, S. 142: Verlust der inneren Wirksamkeit.
8 *Hirte* in KölnKomm. WpHG, § 23 WpHG Rz. 34; a.A. *Weisgerber/Jütten*, Das Zweite Finanzmarktförderungsgesetz, 1995, S. 15: „Eine Umgehung der Meldepflicht durch eine unzulässige Umqualifizierung von Anlagebestand in Handelsbestand ist nicht möglich."
9 Ähnlich für das Bilanzrecht: *Krumnow/Sprißler/Bellavite-Hövermann/Kemmer/Steinbrücker*, § 340e HGB Rz. 37; sowie *Krumnow*, Börsen-Zeitung vom 16.2.1991, S. 5: „Willkürliche Umwidmungen beispielsweise kurz nach dem Bilanzstichtag oder etwa ein permanentes Umbuchen derselben Bestände durch Hereinnahme in den bzw. Herausnahme aus dem Handelsbestand sind somit handelsrechtlich verboten. Eine Umwidmung bedarf demnach einer begründeten Änderung der subjektiven Zwecksetzung."
10 Der Paketerwerb für Rechnung Dritter ist insofern unproblematisch. Denn er fällt unter § 34 Abs. 1 Satz 1 Nr. 2 WpHG und wird daher dem Auftraggeber zugerechnet.

führen darf[1]. Andernfalls könnte der Antragsteller hinter dem Deckmantel des § 36 WpHG ein Paket, verteilt auf mehrere Tochtergesellschaften, offenlegungsfrei schnüren. Dies aber ist auch dann eine **„für die Beurteilung der betreffenden Wertpapiere wesentliche Tatsache"**, wenn der Antragsteller zwar selbst keinen Einfluss auf die Gesellschaft ausüben, dies aber alsbald einem Dritten ermöglichen will. Zudem nimmt durch den Aufbau eines Pakets auch der sog. float ab.

8. Rechtsfolgen. Bei Vorliegen der Voraussetzungen bleiben die Stimmrechte aus Aktien beim Meldepflichtigen unberücksichtigt. Sie werden im Konzern auch dem Mutterunternehmen nicht zugerechnet. Hält der Meldepflichtige mehr als 5 % der Aktien im Handelsbestand, so werden die Stimmrechte des gesamten Handelsbestands in die meldepflichtigen Stimmrechte einbezogen (**Grundsatz der vollumfänglichen Zurechnung**)[2]. Das bedeutet, dass nicht etwa 5 % der Aktien unberücksichtigt bleiben und nur der darüberliegende Anteil einbezogen wird. Hält der Meldepflichtige mehr als 5 % der Aktien im Handelsbestand, so sind die Stimmen zugleich in vollem Umfang dem Mutterunternehmen zuzurechnen. 36

III. Nichtberücksichtigung von Stimmrechten nach § 36 Abs. 2 WpHG. Durch das Gesetz zur Umsetzung der Transparenzrichtlinie-Änderungsrichtlinie 2015 wurde § 23 WpHG a.F. (jetzt § 36 WpHG) um den Abs. 2 ergänzt. Umgesetzt wird damit Art. 9 Abs. 6a RL 2013/50/EU (Transparenzrichtlinie III). Hierbei bleiben bei der Berechnung des Stimmrechtsanteils Stimmrechte, die zur Stabilisierungszwecken erworben werden, unberücksichtigt[3]. Verwiesen wird dabei auf die Verordnung (EG) Nr. 2273/2003 zur Durchführung der Richtlinie 2003/6/EG – Ausnahmeregelungen für Rückkaufprogramme und Kursstabilisierungsmaßnahmen vom 22.12.2003[4]. Daraus folgt, dass die Kursstabilisierungsmaßnahmen zeitlich befristet sein müssen und dass die Emittenten Bieter oder Unternehmen, die die Stabilisierungsmaßnahmen durchführen, vor Beginn der Frist, die in Art. 9 Abs. 1 VO Nr. 2273/2003 genannten Umstände bekannt machen. Bei Aktien beginnt nach Art. 8 Abs. 2 VO Nr. 2273/2003 der Zeitraum – wenn es sich um eine öffentlich angekündigte Erstplatzierung handelt – an dem Tag, an dem auf dem geregelten Markt der Handel mit den relevanten Wertpapieren aufgenommen wird und er endet spätestens nach 30 Kalendertagen, Art. 8 Abs. 2 VO Nr. 2273/2003. Voraussetzung für die Nichtberücksichtigung ist, dass die Stimmrechte aus den betreffenden Aktien nicht ausgeübt und nicht anderweitig genutzt werden, um auf die Geschäftsführung des Emittenten Einfluss auszuüben. Zudem bestimmt Abs. 7, dass sich die Berechnungen der Stimmrechte, soweit sie nach Abs. 1 und 4 maßgeblich sind, sich nach den von der ESMA erstellten technischen Standards bestimmen. Nach Beendigung der 30-Tage-Frist oder der Ausnutzung der Stimmrechte entfällt die Nichtberücksichtigung der Stimmrechte. Gegebenenfalls ist unverzüglich zu melden. Art. 7 VO Nr. 2273/2003 bestimmt die Berechnung der Stimmrechte, die nicht zu berücksichtigen sind. 37

Die Ausnahme für Stabilisierungsmaßnahmen gilt nicht für **Rückübertragungsansprüche** von Altaktionären, die den Emissionsunternehmen hierzu mehr Zuteilungsaktien zur Verfügung stellen (s. auch Art. 2 Nr. 7 VO Nr. 2273/2003)[5]. 38

IV. Nichtberücksichtigung von Stimmrechten nach § 36 Abs. 3 Nr. 1 WpHG. 1. Regelungsgegenstand und Regelungszweck von § 36 Abs. 3 WpHG. § 23 Abs. 2 WpHG der früheren Fassung ist weggefallen. Die Vorschrift enthielt vor ihrer Änderung durch das Transparenzrichtlinie-Umsetzungsgesetz einen in der Transparenzrichtlinie I nicht vorgesehenen Erlaubnistatbestand. Dem lag der Gedanke zugrunde, dass auch andere Unternehmen als Wertpapierdienstleistungsunternehmen (z.B. Versicherungsunternehmen) über Bestände verfügen, die nicht als Anlagebestand zu kennzeichnen sind. Es handelte sich um die Höhe nach schwankende, der kurzfristigen Spekulation dienende Bestände. Schon früher war aber zweifelhaft, ob die Ausnahmeregelung, die mit der EU-Richtlinie über die bei Erwerb und Veräußerung einer bedeutenden Beteiligung an einer börsennotierten Gesellschaft vom 12.12.1988[6] vereinbar war. 39

Die Fassung des § 23 Abs. 3 WpHG a.F. (jetzt § 36 Abs. 3 WpHG) diente der Umsetzung von Art. 9 Abs. 4 RL 2004/109/EG (EU-Transparenzrichtlinie II). Auch hierbei handelt es sich um eine Ausnahme von der Mitteilungspflicht nach § 33 WpHG. Die **Ausnahmeregelung** bezieht sich auf Aktien, die ausschließlich zum Zwecke der Abrechnung und Abwicklung oder zur Verwahrung für einen kurzen Zeitraum gehalten werden. Begründet wird dies damit, dass die Institute, die diese Aufgaben wahrnehmen, typischerweise **keinen Einfluss auf die Emittenten ausüben**[7]. 40

§ 23 Abs. 3 WpHG a.F. (jetzt § 36 Abs. 3 WpHG) diente zugleich der Umsetzung von Art. 5 Durchführungsrichtlinie 2007/14/EG vom 8.3.2007 zu bestimmten Vorschriften der Richtlinie 2004/109/EG zur Harmonisie- 41

---

1 Für eine klarstellende Ergänzung: *Uwe H. Schneider/Burgard*, DB 1996, 1764; zustimmend: *Starke*, Beteiligungstransparenz im Gesellschafts- und Kapitalmarktrecht, 2002, S. 235.
2 Ebenso BaFin, Emittentenleitfaden 2013, Rz. VIII.2.6.2.
3 Einzelheiten bei *Tautges*, WM 2017, 512, 514.
4 ABl. EU Nr. L 336 v. 23.12.2003, S. 33–38.
5 BaFin, FAQ Mai 2018, Frage 33a.
6 ABl. EG Nr. L 348 v. 17.12.1988, S. 62.
7 Begr. RegE zum Transparenzrichtlinie-Umsetzungsgesetz, BT-Drucks. 16/2498, 35; BaFin, Emittentenleitfaden 2013, Rz. VIII.2.6.3.

rung der Transparenzanforderungen in Bezug auf Informationen über Emittenten, deren Wertpapiere zum Handeln an einem geregelten Markt zugelassen sind[1].

42 **2. Nichtberücksichtigung nach § 36 Abs. 3 Nr. 1 WpHG.** § 36 Abs. 3 WpHG enthält zwei weiter gehende Ausnahmen von der Berücksichtigung von Stimmrechten und damit gegebenenfalls von der Meldepflicht.

43 Die Freistellung nach § 36 Abs. 3 Nr. 1 WpHG gilt nicht nur für Wertpapierdienstleistungsunternehmen, also insbesondere Kreditinstitute und Finanzdienstleistungsinstitute i.S.v. § 2 Abs. 10 WpHG. Die Freistellung gilt auch für alle anderen Unternehmen.

44 Stimmrechte aus Aktien bleiben nach § 36 Abs. 3 Nr. 1 WpHG unberücksichtigt, sofern die betreffenden Aktien ausschließlich **für den Zweck der Abrechnung und Abwicklung von Geschäften** für **höchstens drei Handelstage** gehalten werden, selbst wenn die Aktien auch außerhalb eines organisierten Marktes gehandelt werden.

45 **Die Vorschrift ist eng auszulegen**[2]. Die Nichtberücksichtigung gilt nur für das **Clearing und Settlement**. Die Aktien müssen daher *ausschließlich* zum Zweck der Abrechnung und Abwicklung erworben sein. Daher soll in Deutschland ausschließlich Clearstream erfasst sein[3].

46 Die Vorschrift kommt bei normaler Abrechnung von Kundengeschäften nicht zur Anwendung[4].

47 Berücksichtigungspflichtig sind auch Stimmrechte aus Aktien, die von Unternehmen für den eigenen Anlagebestand getätigt werden, selbst wenn das Institut nur die Absicht hat, die Aktien für weniger als drei Tage zu halten.

48 Bei der Zeichnung neuer Aktien durch das Emissionsunternehmen oder Emissionskonsortium werden nach geänderter Verwaltungspraxis[5] keine Mitteilungspflichten ausgelöst. Begründet wird diese Änderung mit dem neuen Ausnahmetatbestand für das Halten von Aktien im Zusammenhang mit Stabilisierungsmaßnahmen, § 36 Abs. 2 WpHG; denn wenn derartige Geschäfte keine Meldepflicht begründen, so wäre es widersprüchlich, von einer Mitteilungspflicht für die Zeichnung solcher Aktien auszugehen.

49 **3. Nichtberücksichtigung nach § 36 Abs. 3 Nr. 2 WpHG.** Stimmrechte aus Aktien bleiben nach § 36 Abs. 3 Nr. 2 WpHG unberücksichtigt, sofern eine mit der Verwahrung von Aktien betraute Stelle die Stimmrechte nur aufgrund von Weisungen, die schriftlich oder über elektronische Hilfsmittel erteilt wurden, ausüben darf. Gemeint sind damit **Depotbanken** i.S.v. § 1 Abs. 1 Nr. 5 KWG und **andere Verwahrstellen** („Custodians"), die nicht der deutschen Aufsicht unterstehen. Anwendbar ist die Vorschrift unabhängig davon, ob die Depotbank oder die Verwahrstelle ihren Sitz im Inland oder Ausland hat.

50 In der deutschen **Verwahrpraxis** wird das verwahrende Institut in der Regel nicht Eigentümer der Aktien. Die Depotbank verwahrt nur Aktien, die dem Auftraggeber gehören. Der Depotbank stehen daher auch keine Stimmrechte zu, weil sie nicht Aktionär ist. Die Folge ist, dass die Vorschrift insoweit keine Bedeutung hat[6]. Anders ist die Lage für Verwahrstellen von Fondsgesellschaften im Ausland, insbesondere in den USA, wo der Verwahrer Eigentum an den Aktien erwirbt, folglich Aktionär ist und ihm damit auch die Stimmrechte zustehen.

51 Im Gegensatz zu § 36 Abs. 3 Nr. 1 WpHG gibt es **keine zeitliche Befristung** für die Verwahrung.

52 Die Stimmrechte bleiben aber nur unberücksichtigt, wenn der Verwahrer nur aufgrund von Weisungen die Stimmrechte ausüben darf. Dies bestimmt sich nach dem **Innenverhältnis**, also dem Verhältnis zwischen dem Verwahrer und dem Treugeber. Zuzurechnen sind die Stimmrechte aber den wirtschaftlich Berechtigten, § 33 Abs. 1 Nr. 6 WpHG.

53 **V. Mitglieder des Europäischen Systems der Zentralbanken (§ 36 Abs. 4 WpHG). 1. Regelungsgegenstand und Regelungszweck von § 36 Abs. 4 WpHG.** § 36 Abs. 4 WpHG bestimmt, dass Stimmrechte aus in der Vorschrift näher bezeichneten Aktien des Emittenten, die **den Mitgliedern des Europäischen Systems der Zentralbanken** bei der Wahrnehmung ihrer Aufgaben als Währungsbehörden zur Verfügung gestellt werden oder die sie bereitstellen, bei der Berechnung des Stimmrechtsanteils unberücksichtigt bleiben. Damit wird Art. 11 RL 2013/50/EU (EU-Transparenzrichtlinie III) umgesetzt[7].

54 § 36 Abs. 4 WpHG enthält eine Sondervorschrift für die Mitglieder des Europäischen Systems der Zentralbanken bei der Wahrnehmung ihrer Aufgaben als Währungsbehörden[8].

---

1 ABl. EU Nr. L 69 v. 9.3.2007, S. 27.
2 Ebenso: BaFin, Emittentenleitfaden 2013, Rz. VIII.2.6.3.
3 *Göres*, Der Konzern 2007, 15, 19.
4 BaFin, Häufig gestellte Fragen zu den §§ 21 ff. WpHG, Stand: Februar 2008.
5 BaFin, FAQ vom 28.11.2016, Frage 33.
6 BaFin, *Emittentenleitfaden 2013*, Rz. VIII.2.6.4; *Heinsch* in Heidel, § 23 WpHG Rz. 7.
7 S. dazu auch die Stellungnahme der Europäischen Zentralbank vom 30.9.2003, ABl. EU Nr. C 242 v. 9.10.2003, S. 6.
8 Zum Sinn und Zweck: Stellungnahme der Europäischen Zentralbank vom 30.9.2003, ABl. EU Nr. C 242 v. 9.10.2003, S. 6.

Mitglieder des Europäischen Systems der Zentralbanken sind nach Art. 1, 1.2. des Protokolls über die Satzung des Europäischen Systems der Zentralbanken und der Europäischen Zentralbank[1] i.V.m. Art. 129 AEUV die Europäische Zentralbank und die Zentralbanken der Mitgliedstaaten („nationale Zentralbanken").

2. Wahrnehmung ihrer Aufgaben als Währungsbehörden. Voraussetzung für die Nichtberücksichtigung von Stimmrechten ist, dass die Mitglieder des Europäischen Systems der Zentralbanken die Aktien bei der Wahrnehmung ihrer Aufgaben als Währungsbehörden zur Verfügung gestellt erhalten oder sie bereitstellen. Die währungspolitischen Aufgaben und Operationen des Europäischen Systems der Zentralbanken ergeben sich aus Art. 17 ff. des Protokolls über die Satzung des Europäischen Systems der Zentralbanken und der Europäischen Zentralbank. Bedeutung haben in diesem Zusammenhang die Offenmarkt- und Kreditgeschäfte. Dazu heißt es in Art. 18, dass zur Erreichung der Ziele des ESZB und zur Erfüllung seiner Aufgaben, die Europäische Zentralbank und die nationalen Zentralbanken Kreditgeschäfte mit Kreditinstituten und anderen Marktteilnehmern abschließen, wobei für die Darlehen ausreichende Sicherheiten zu stellen sind. Dafür kommen auch Aktien in Betracht. Werden aber Aktien als Sicherheiten hereingenommen, so können daraus die Stimmrechte der EZB zustehen. In der gegenwärtigen Praxis der EZB werden allerdings Aktien wegen der hohen Volatilität der Kurse nicht als Sicherheit hereingenommen. Zudem werden von der Europäischen Zentralbank im Zahlungsverkehr zur Besicherung von Tageskrediten Aktien hereingenommen.

3. Kurzfristige Geschäfte. Der Begriff „kurzfristig" bezieht sich auf die Tageskredite und die Drei-Monats-Kredite. Werden Aktien über eine längere Zeit als drei Monate zur Sicherheit hereingenommen, so ist dies nicht mehr kurzfristig i.S.v. § 36 Abs. 4 WpHG. Die Folge ist, dass Meldepflichten entstehen können.

4. Keine Wahrnehmung der Stimmrechte. Die Nichtberücksichtigung gilt nur, soweit die Stimmrechte aus den betreffenden Aktien nicht wahrgenommen werden. Vertreter können daher zur Hauptversammlung entsandt werden. Auch dürfen Gespräche mit dem Vorstand und dem Aufsichtsrat geführt werden. Verlangt ist ferner, dass die Stimmrechte aus den betreffenden Aktien tatsächlich nicht ausgeübt werden.

VI. Nichtberücksichtigung bei Market Maker (§ 36 Abs. 5 WpHG). 1. Regelungsgegenstand und Regelungszweck von § 36 Abs. 5 WpHG. § 36 Abs. 5 WpHG enthält eine Ausnahmevorschrift, die sich auf die Meldepflicht für Market Maker bezieht. Market Maker sind in § 36 Abs. 5 Satz 1 WpHG definiert. Auf seine Bezeichnung im Markt kommt es nicht an[2]. Ein Market Maker darf Stimmrechte aus Aktien für die niedrigste Meldeschwelle von 3 % und 5 % unberücksichtigt lassen, wenn er die den Stimmrechten zugrunde liegenden Aktien **in seiner Eigenschaft als Market Maker** erwirbt oder veräußert. Für alle weiteren Meldeschwellen besteht die Meldepflicht ohne Ausnahme. Damit wird Art. 9 Abs. 5 RL 2013/50/EU (EU-Transparenzrichtlinie III) umgesetzt.

2. Market Maker. § 36 Abs. 5 WpHG regelt einen Sonderfall der Nichtberücksichtigung von Stimmrechten für Market Maker. Die Vorschrift enthält eine **gesetzliche Definition:** Market Maker ist eine Person, die Aktien erwirbt oder veräußert und die „an einem Markt dauerhaft anbietet, Finanzinstrumente im Wege des Eigenhandels zu selbst gestellten Preisen zu kaufen oder zu verkaufen." Solche Marktmacher sichern vor allem die Handelbarkeit wenig liquider Wertpapiere. Sie veröffentlichen verbindliche Geld- und Briefkurse[3]. Der Market Maker ist sodann verpflichtet, auf Verlangen eines zugelassenen Marktteilnehmers zu diesen Kursen zu kaufen oder zu verkaufen. Da er beim Eigenhandel selbst kauft und verkauft und selbst Aktionär wird, können Meldepflichten sowohl nach § 33 WpHG als auch nach § 38 WpHG entstehen.

3. Market Maker – Bestand. Die Selbstbefreiung für den Market Maker tritt nur ein, wenn es sich um einen Market Maker – Bestand handelt. Dafür müssen **vier Voraussetzungen** vorliegen.

a) Handeln in Eigenschaft als Market Maker. Die Person muss in ihrer Eigenschaft als Market Maker handeln. Das bedeutet, dass sie unternehmerisch tätig wird, und zwar in ihrer typischen Berufstätigkeit. Keine Selbstbefreiung tritt ein, wenn der Market Maker entweder für Dritte Gelegenheitsgeschäfte tätigt oder im eigenen privaten Interesse kauft oder verkauft.

b) Zulassung nach KWG. Der Market Maker muss eine Zulassung nach § 32 Abs. 1 Satz 1 i.V.m. § 1 Abs. 1a Satz 2 Nr. 4 KWG haben. Das bedeutet, dass der Market Maker eine aufsichtsrechtliche Erlaubnis nach deutschem Recht hat, und zwar für die Anschaffung und die Veräußerung von Finanzinstrumenten für eigene Rechnung als Dienstleistung für andere (Eigenhandel). Für Market Maker, die im Ausland tätig werden und denen eine inländische Erlaubnis fehlt, ist die Vorschrift nicht anwendbar.

c) Kein Einfluss auf Geschäftsführung. Die Selbstbefreiung erfolgt nur, wenn der Market Maker nicht in die Geschäftsführung *des Emittenten* eingreift und keinen Einfluss auf ihn dahingehend ausübt, die betreffenden Aktien zu kaufen oder den Preis der Aktien zu stützen. Aktionäre haben nach deutschem Recht keine Zuständigkeit, in der Hauptversammlung durch Ausübung ihrer Stimmrechte über Maßnahmen der Geschäftsführung zu entscheiden. Daher kann nur gemeint sein, dass der Market Maker entweder mittelbar durch Aus-

---

[1] ABl. EU Nr. C 115 v. 9.5.2008, S. 230, abrufbar unter: www.ecb.int.
[2] BaFin, Emittentenleitfaden 2013, Rz. VIII.2.6.5.
[3] *Becker* in Just/Voß/Ritz/Becker, § 23 WpHG Rz. 25.

übung der Stimmrechte, z.B. durch Bestellung von ihm abhängiger Mitglieder des Aufsichtsrats, oder tatsächlich Einfluss auf die Geschäftsführung ausübt. Der Market Maker muss darüber hinaus sich der Möglichkeit enthalten, Vorstand und Aufsichtsrat des Emittenten unter Druck zu setzen, die betreffenden Aktien zu kaufen oder Kurspflege zu betreiben.

65 d) **Mitteilung an BaFin.** Die Selbstbefreiung tritt nur ein, wenn der Market Maker der Bundesanstalt (BaFin) unverzüglich, also ohne schuldhaftes Zögern, spätestens innerhalb von vier Handelstagen mitteilt, dass er hinsichtlich der betreffenden Aktien als Market Maker tätig ist. § 36 Abs. 5 Nr. 4 WpHG verweist für den Beginn der Frist auf eine entsprechende Anwendung von § 33 Abs. 1 Satz 3 und 4 WpHG. Das bedeutet, dass die Frist mit dem Zeitpunkt, zu dem der Meldepflichtige Kenntnis von dem maßgeblichen Sachverhalt hat oder nach den Umständen haben musste, beginnt. Zudem wird vermutet, dass der Meldepflichtige zwei Handelstage nach dem Umstand, dass er hinsichtlich der betreffenden Aktien als Market Maker tätig ist, Kenntnis hat. Nach § 4 Abs. 1 TanspRLDVO hat der Market Maker der BaFin anzuzeigen, wenn er Aktien oder sonstige Finanzinstrumente nicht mehr dauerhaft anbietet.

66 Darüber hinaus sieht das Gesetz vor, dass der Market Maker die vorgenannte Mitteilung schon zu dem Zeitpunkt abgeben kann, an dem er beabsichtigt, hinsichtlich der betreffenden Aktien nicht für einen Dritten oder im eigenen persönlichen Interesse, sondern als Market Maker tätig zu werden.

67 **4. Befreite Meldeschwelle.** Die beschriebene Selbstbefreiung für Market Maker gilt nur für 3 % und 5 %. Das bedeutet, dass der Bestand des Market Maker bis einschließlich 9,999 % als befreit gilt, genauer 10 % minus 1 Stimmrecht[1].

68 **5. Verhältnis von § 36 Abs. 1 WpHG zu § 36 Abs. 5 WpHG.** Die Regelungen in § 36 Abs. 1 und 5 WpHG sind im Verhältnis zueinander nicht stimmig. Nach § 36 Abs. 1 WpHG bleiben Stimmrechte aus **Aktien im Handelsbestand** bis 5 % unberücksichtigt. Das Wertpapierdienstleistungsunternehmen, das 8,5 % der Stimmrechte hält, muss daher 3,5 % der Stimmrechte melden, selbst wenn 8,5 % der Aktien im Handelsbestand gehalten werden. Der Market Maker ist dagegen mit dem Market Maker – Bestand bis 9,999 % befreit und folglich nicht meldepflichtig. Sinn machen diese unterschiedlichen Schwellen nicht. Sie beruhen auf Art. 6 und Art. 5 RL 2004/109/EG (EU-Transparenzrichtlinie II).

69 Angesichts derselben Zielrichtung der Selbstbefreiungstatbestände ist davon auszugehen, dass ein Market Maker nicht neben dem Market Maker – Bestand auch einen Handelsbestand bilden kann. Es können nicht gleichzeitig die Höchstgrenzen beider Tatbestände in Anspruch genommen werden[2].

70 **VII. Ausübungsverbot (§ 36 Abs. 6 WpHG). 1. Regelungsgegenstand und Regelungszweck von § 36 Abs. 6 WpHG.** § 36 Abs. 6 WpHG ersetzt den früheren § 23 Abs. 4 WpHG. Die Vorschrift enthält ein **Stimmverbot** für die nichtberücksichtigten Stimmrechte.

71 **2. Inhalt des Ausübungsverbots.** Bei einer Befreiung nach § 36 Abs. 1–4 WpHG können Stimmrechte nicht ausgeübt werden. Die Bedeutung dieser Vorschrift ist zweifelhaft. Nach § 23 Abs. 1 und 2 WpHG a.F. musste ein Antrag bei der BaFin auf Befreiung gestellt werden. Diese ließ sodann zu, dass Stimmrechte aus Aktien bei der Berechnung des Stimmrechtsanteils unberücksichtigt blieben. Damit konnte eindeutig bestimmt werden, um welche Stimmrechte es sich handelte und auf welche Stimmrechte sich ein Ausübungsverbot erstreckte.

72 Nach der Neufassung von § 23 Abs. 1–4 WpHG a.F. (jetzt § 36 Abs. 1–4 WpHG) durch das Transparenzrichtlinie-Umsetzungsgesetz bedarf es keiner Erlaubnis mehr. Damit ist aber zweifelhaft, ob die Nichtausübung der Stimmrechte lediglich eine normative Bedingung für die Selbstbefreiung darstellt oder ob wie bisher ein **Ausübungsverbot** besteht, und zwar in der Form eines **Rechtsverlustes**. Würde es sich um eine normative Bedingung für die Selbstbefreiung handeln, so wäre die Folge, dass das Stimmrecht zwar fortbesteht, dass aber mit der Ausübung der Stimmrechte die Voraussetzungen für die Selbstbefreiung entfallen.

73 Gegen diese Auslegung sprechen der Wortlaut und der Sinn und Zweck der Vorschrift. § 36 Abs. 6 WpHG sagt, dass die Stimmrechte nicht ausgeübt werden „können". Das spricht für einen **Rechtsverlust**, vergleichbar mit dem Rechtsverlust nach § 44 WpHG. Dagegen wurde zu § 24 Abs. 4 WpHG a.F. vorgetragen, eine solche Verschärfung des Art. 9 RL 2004/109/EG (EU-Transparenzrichtlinie II) sei nicht gerechtfertigt. Sie mindere die Hauptversammlungspräsenz und stärke die Stimmrechtsmacht von Großaktionären[3]. Gegen eine solche Auslegung und für einen Rechtsverlust spricht, dass damit Vermeidungsstrategien verhindert werden. Andernfalls könnte sich der Meldepflichtige bis zum Zeitpunkt der Hauptversammlung auf die Selbstbefreiung berufen und in der Hauptversammlung von seinem Stimmrecht unter Verzicht auf die Selbstbefreiung Gebrauch machen.

74 Wenn daher von der Möglichkeit der Selbstbefreiung Gebrauch gemacht wird, verliert der Meldepflichtige seine Stimmrechte bis zum Zeitpunkt des Wegfalls der Voraussetzung für die Selbstbefreiung (s. Rz. 54 ff.).

---

1 BaFin, Häufig gestellte Fragen zu den §§ 21 ff. WpHG, Stand: Februar 2008.
2 A.A. BaFin, Emittentenleitfaden 2013, Rz. VIII.2.6.1; *Becker* in Just/Voß/Ritz/Becker, § 23 WpHG Rz. 4.
3 *Bayer* in MünchKomm. AktG, 4. Aufl. 2016, § 22 AktG Anh. § 23 WpHG Rz. 6; im Ergebnis wie hier: *Schwark* in Schwark/Zimmer, § 23 WpHG Rz. 23; s. auch *Uwe H. Schneider/Burgard* in FS Beusch, 1993, S. 783 ff.

3. Voraussetzung für das Ausübungsverbot. Voraussetzung für den Rechtsverlust nach § 36 Abs. 6 WpHG ist, dass: 75
- eine Selbstbefreiung vorliegt,
- der Meldepflichtige Stimmrechte bei der Berechnung seines Stimmrechtsanteils nicht berücksichtigt hat und in Folge dessen
- eine Mitteilungspflicht wegen Erreichens oder Überschreitens einer Meldeschwelle gem. § 33 Abs. 1 Satz 1 WpHG (i.V.m. § 34 WpHG) nicht entstanden ist.

a) Fehlt es an den Voraussetzungen einer Selbstbefreiung nach § 36 Abs. 1–4 WpHG und hat der Meldepflichtige nicht alle Stimmrechte bei der Berechnung seines Stimmrechtsanteils berücksichtigt und deswegen eine Mitteilung unterlassen, so greift § 44 WpHG ein. 76

b) Liegt ein Fall der Selbstbefreiung nach § 36 Abs. 1–4 WpHG vor und hat der Antragsteller – wozu er berechtigt ist – die bei der Berechnung seines Stimmrechtsanteils von der Berücksichtigung freigestellten Stimmrechte gleichwohl teilweise berücksichtigt und seinen auf dieser Grundlage errechneten Stimmrechtsanteil nach § 33 WpHG gemeldet, so greifen weder § 36 Abs. 6 WpHG nach § 44 WpHG ein[1]. 77

4. Umfang des Rechtsverlusts. a) Hat der Meldepflichtige einen Handelsbestand oder liegt ein sonstiger Befreiungstatbestand vor und hat aufgrund dessen der Meldepflichtige von der Selbstbefreiung Gebrauch gemacht, hat dies aber nicht zu einer Befreiung von der Meldepflicht geführt, **so dürfen die Stimmrechte in vollem Umfang ausgeübt werden**; denn § 36 Abs. 6 WpHG greift nicht ein. 78

b) Führt die Nichtberücksichtigung von Stimmrechten zugleich zu einer Befreiung von einer Mitteilungspflicht, so greift § 36 Abs. 6 WpHG ein. Dann stellt sich allerdings die Frage, ob der Rechtsverlust nur für die Stimmrechte gilt, die zu einem Erreichen und Überschreiten einer Meldeschwelle führen („kleine Lösung") oder ob sich das Stimmverbot auf alle Stimmrechte erstreckt, die von der Selbstbefreiung erfasst sind („große Lösung"): Der Meldepflichtige hat 9 % Stimmrechte und davon 5 % im Handelsbestand. Gemeldet sind 4 % Stimmrechte, so erstreckt sich das Stimmverbot auf 4 % („kleine Lösung") oder 5 % der Stimmrechte („große Lösung"). 79

Für die **große Lösung** könnte sprechen, dass der Umfang der Selbstbefreiung und der Umfang des Ausübungsverbots korrespondieren sollten[2]. Der Wortlaut mag dies decken, doch spricht der Wortlaut der Vorschrift eher für die kleine Lösung; denn dort heißt es, dass Stimmrechte nicht ausgeübt werden können, die „unberücksichtigt bleiben". Unberücksichtigt bleiben aber nur die Stimmrechte, die über der Schwelle liegen. Für die **kleine Lösung** sprechen auch der Sinn und Zweck der Vorschrift. § 36 Abs. 6 WpHG dient lediglich dem Umgehungsschutz. Die Vorschrift soll verhindern, dass der Antragsteller mehr Stimmrechte ausüben kann, als nach den von ihm vorliegenden Mitteilungen äußerstenfalls möglich ist. Für die kleine Lösung spricht endlich, dass die Folgen für die Hauptsammlungspräsenz weniger einschneidend sind. Damit sprechen die stärkeren Argumente für die kleine Lösung[3]. 80

Eine Sondersituation entsteht im **Konzern**. Jedes Konzernunternehmen kann seinen eigenen Handels- oder Spekulationsbestand bilden. **Eine Konsolidierung erfolgt** im Fall des § 36 Abs. 1 WpHG **nicht**. Ist das Tochterunternehmen mit seinem Handelsbestand befreit, so schlägt diese Befreiung für die Mitteilungspflicht auf das Mutterunternehmen durch. 81

5. Dauer des Ausübungsverbots. Das Ausübungsverbot hat Bestand, **solange** und soweit sie **zu einer Befreiung von der Mitteilungspflicht führt**. Liegen die Voraussetzungen der Selbstbefreiung nicht mehr vor, lebt die Mitteilungspflicht im vollen Umfang wieder auf. Kommt ihr der Verpflichtete nicht nach, so greift § 44 WpHG ein. 82

6. Ausübung des Stimmrechts trotz Ausübungsverbots. S. hierzu § 44 WpHG. 83

VIII. Verordnungsermächtigung. § 36 Abs. 7 WpHG enthält eine Verordnungsermächtigung. Geregelt werden kann in der Verordnung eine geringere Höchstdauer für das Halten der Aktien nach § 36 Abs. 3 Nr. 1 WpHG. Erlassen ist aufgrund dieser Ermächtigung die Transparenzrichtlinie-Durchführungsverordnung. Näher geregelt ist in dieser Verordnung die Nichtberücksichtigung der Stimmrechte eines Market Makers. Hier- 84

---

1 Ebenso für § 23 Abs. 4 WpHG a.F.: *Opitz* in Schäfer/Hamann, § 23 WpHG Rz. 22; *Hildner*, Kapitalmarktrechtliche Beteiligungstransparenz verbundener Unternehmen, 2002, S. 131.
2 So *Bayer* in MünchKomm. AktG, 4. Aufl. 2016, § 22 AktG Anh. § 23 WpHG Rz. 6.
3 Wie hier *Starke*, Beteiligungstransparenz im Gesellschafts- und Kapitalmarktrecht, 2002, S. 236; *Cahn*, AG 1997, 508; *Hildner*, Kapitalmarktrechtliche Beteiligungstransparenz verbundener Unternehmen, 2002, S. 124; wie hier auch für § 20 WpÜG: *Diekmann* in Baums/Thoma/Verse, § 20 WpÜG Rz. 55; *Noack/Holzborn* in Schwark/Zimmer, § 20 WpÜG Rz. 14; *Seiler* in Assmann/Pötzsch/Uwe H. Schneider, § 20 WpÜG Rz. 50; *Vogel*, NZG 2005, 540; *Becker* in Just/Voß/Ritz/Becker, § 23 WpHG Rz. 30; für große Lösung aber *Hirte* in FS Wiedemann, 2002, S. 955, 963; *Schwark* in Schwark/Zimmer, § 23 WpHG Rz. 24; *Opitz* in Schäfer/Hamann, § 23 WpHG Rz. 58; für § 20 WpÜG: *Oechsler* in Ehricke/Ekkenga/Oechsler, § 20 WpÜG Rz. 12; *Hirte* in KölnKomm. WpHG, § 23 WpHG Rz. 73.

nach hat der Market Maker der Bafin auf Verlangen nachzuweisen, welche Aktien oder sonstigen Instrumente er in seiner Eigenschaft als Market Maker hält. Dies ist durch § 4 TanspRLDVO erfolgt.

85 **IX. Berechnung der Stimmrechte (§ 36 Abs. 8 WpHG).** § 36 Abs. 8 WpHG regelt, wie die Stimmrechte zu berechnen sind, die nach den Abs. 1 und 4 nicht zu berücksichtigen sind. Verwiesen wird auf Art. 9 Abs. 6b und Art. 13 Abs. 4 RL 2004/109/EG und die insoweit benannten Regulierungsstandards.

§ 37 Mitteilung durch Mutterunternehmen; Verordnungermächtigung

(1) Ein Meldepflichtiger ist von den Meldepflichten nach § 33 Absatz 1 und 2, § 38 Absatz 1 und § 39 Absatz 1 befreit, wenn die Mitteilung von seinem Mutterunternehmen erfolgt oder, falls das Mutterunternehmen selbst ein Tochterunternehmen ist, durch dessen Mutterunternehmen erfolgt.

(2) Das Bundesministerium der Finanzen kann durch Rechtsverordnung, die nicht der Zustimmung des Bundesrates bedarf, nähere Bestimmungen erlassen über den Inhalt, die Art, die Sprache, den Umfang und die Form der Mitteilung nach Absatz 1.

In der Fassung des 2. FiMaNoG vom 23.6.2017 (BGBl. I 2017, 1693).

Schrifttum: *Brouwer*, Stimmrechtsverlust de lege ferenda bei unterlassener Meldung potentieller Stimmrechte (§§ 25, 25a WpHG), AG 2012, 78; *Burgard/Heimann*, Beteiligungspublizität nach dem Regierungsentwurf eines Gesetzes zur Umsetzung der Transparenzrichtlinie-Änderungsrichtlinie, WM 2015, 1445; *Fiedler*, Mitteilungen über Beteiligungen von Mutter- und Tochterunternehmen, 2005; *Hildner*, Kapitalmarktrechtliche Beteiligungstransparenz verbundener Unternehmen, 2002; *Klöhn/Parhofer*, Konzerninterner Rechtsverlust, Verschuldensprinzip und andere Fragen der Beteiligungspublizität, NZG 2017, 321; *Nartowska/Walla*, Das Sanktionsregime für Verstöße gegen die Beteiligungstransparenz nach der Transparenzrichtlinie 2013, AG 2014, 891; *Nottmeier/Schäfer*, Zu den Mitteilungspflichten von Konzernunternehmen gemäß § 24 Wertpapierhandelsgesetz, WM 1996, 513; *Uwe H. Schneider*, Die kapitalmarktrechtlichen Offenlegungspflichten von Konzernunternehmen nach §§ 21ff. WpHG, in FS Brandner, 1996, S. 565; *Stephan*, Die WpHG-Änderungen vom November 2015, Der Konzern 2016, 53; s. ferner das Schrifttum Vor §§ 33ff. WpHG.

I. Regelungsgegenstand und Regelungszweck .. 1	3. Die Erfüllung der Meldepflicht 10
II. Voraussetzungen 2	III. Konzerninterne Umschichtungen 11
1. Verpflichtende oder freiwillige Konzernmitteilungen 2	IV. Rechtsfolgen 12
	V. Ausfüllen des Formulars 14
2. Mutterunternehmen/Tochterunternehmen ... 7	

1 **I. Regelungsgegenstand und Regelungszweck.** § 37 WpHG entspricht § 24 WpHG a.F. § 37 WpHG enthält ein **Konzernprivileg.** Die Vorschrift beruhte ursprünglich auf Art. 6 RL 88/627/EWG (Transparenzrichtlinie I). Sinn und Zweck der Vorschrift war es, Mehrfachmeldungen zu vermeiden. Dies bedeutete nicht, dass im Konzern nur das Mutterunternehmen mitzuteilen hatte, ob es eine Meldeschwelle überquert hat, mit der Folge, dass eine Mitteilungspflicht der Tochtergesellschaft entfiel. Für jedes Konzernunternehmen war vielmehr selbständig zu prüfen, ob ein Offenlegungstatbestand verwirklicht war und eine Mitteilungspflicht begründet wurde[1]. § 24 WpHG a.F. erleichterte das Verfahren. Durch § 24 WpHG i.d.F. durch das Gesetz zur Umsetzung der Transparenzrichtlinie-Änderungsrichtlinie vom 20.11.2015 wurde Art. 12 Abs. 3 RL 2013/50/EU (Transparenzrichtlinie III) umgesetzt. Daraus ist durch das 2. FiMaNoG § 37 WpHG geworden.

Damit werden *erstens* der Anwendungsbereich der Vorschrift auf Mutter-Tochter-Verhältnisse ausgedehnt und das Meldeverfahren neu geordnet. Deshalb wurde auch die Überschrift der Vorschrift geändert. *Zweitens* befreit eine **gruppenweite Meldung** durch das Mutterunternehmen Tochter- und Enkelunternehmen von der Meldepflicht, § 37 Abs. 1 WpHG i.V.m. § 12 Abs. 2 WpAV („**Konzernprivileg**")[2]. **Vermieden werden Doppelmeldungen**[3]. Voraussetzung für eine Befreiung ist, dass das Mutterunternehmen eine gruppenweite Meldung vornimmt.

Durch § 37 Abs. 2 WpHG wird *drittens* ermöglicht, die Einzelheiten einer Mitteilung näher zu regeln. Dabei können jüngere Entwicklungen auf europäischer Ebene berücksichtigt werden.

2 **II. Voraussetzungen. 1. Verpflichtende oder freiwillige Konzernmitteilungen.** Voraussetzung für die in § 37 Abs. 1 WpHG vorgesehene Befreiung von Meldepflichten der Tochter- und Enkelgesellschaften ist, dass ein Mutterunternehmen eine Meldung abgibt, **soweit sich deren Inhalt aus den beim Mutterunternehmen vorliegenden Voraussetzungen ergibt**[4]. Die Meldung bestimmt sich nicht nach den Voraussetzungen bei den

---
1 S. zum alten Recht *Uwe H. Schneider* in FS Brandner, 1996, S. 567.
2 BaFin, FAQ vom 26.11.2016, Frage 34.
3 Begr. RegE, BT-Drucks. 12/6679, 54.
4 *Brellochs*, AG 2016, 157, 164.

Tochterunternehmen. Es handelt sich daher bei der Mitteilung durch das Mutterunternehmen nicht um die Meldung des oder der Tochterunternehmen, die in indirekter Stellvertretung durch das Mutterunternehmen erfolgt, sondern um eine **eigene verpflichtende Konzernmitteilung**.

Voraussetzung ist nicht mehr das Vorliegen eines Konzerns. Ausreichend ist vielmehr ein entsprechendes **Beteiligungsverhältnis**. Weil aber Konzernlagen den typischen Fall treffen, wird im Folgenden von „**Konzernmeldungen**" gesprochen. 3

Zu unterscheiden ist zwischen verpflichtenden und freiwilligen Konzernmitteilungen. **Verpflichtende Konzernmitteilungen** liegen vor, wenn das Mutterunternehmen zur Konzernmitteilung rechtlich verpflichtet ist, weil beim Mutterunternehmen die entsprechenden Tatbestandsvoraussetzungen erfüllt sind. 4

Nicht Voraussetzung für eine Konzernmitteilung ist aber, dass das Mutterunternehmen zur Abgabe einer Meldung verpflichtet ist[1]. Die Rechtsfolgen einer Konzernmitteilung treten vielmehr auch bei einer **freiwilligen Konzernmitteilung** ein. Das sind Mitteilungen, die nur durch Veränderungen auf Ebene der Tochterunternehmen ausgelöst werden. Eine solche freiwillige Konzernmitteilung ist etwa bei Meldungen über **konzerninterne Beteiligungsveränderungen** möglich[2]. Konzerninterne Umschichtungen begründen beim Mutterunternehmen nämlich keine Meldepflicht (s. Rz. 11). Die BaFin befürwortet aber in diesen Fällen ausdrücklich die Abgabe einer Konzernmeldung, „weil hierdurch eine Meldekontinuität des Meldepflichtigen gewahrt wird"[3]. 5

Das Mutterunternehmen gibt in der Konzernmeldung nur eine **Meldung über die eigenen unmittelbar oder mittelbar gehaltenen Bestände** ab. Dabei werden allerdings die Informationen, die die Tochterunternehmen abgeben müssten, nicht vollständig abgebildet. Das nimmt der Gesetzgeber jedoch hin, weil nach seiner Vorstellung nicht die Bestände der Tochterunternehmen maßgeblich sind, sondern **die zusammengefassten Bestände im Konzern**[4]. 6

2. Mutterunternehmen/Tochterunternehmen. Gesetzlich definiert sind nur die **Tochterunternehmen**, nämlich in § 35 Abs. 1 WpHG. Auf die Kommentierung hierzu wird hingewiesen. 7

Nicht ausdrücklich gesetzlich definiert sind **Mutterunternehmen**. Doch folgt aus § 35 Abs. 1 WpHG, dass Mutterunternehmen jedes Unternehmen ist, das ein Tochterunternehmen hat. Die Ausübung einer gewerblichen Tätigkeit ist hierbei nicht erforderlich. Mutterunternehmen können auch natürliche Personen sein. Sie brauchen nicht die Rechtsform einer Gesellschaft zu haben[5]. Auch auf den Sitz des Mutterunternehmens kommt es nicht an, § 35 Abs. 1 WpHG. 8

Eine Beteiligungslage zwischen dem Mutterunternehmen und dem Tochterunternehmen reicht aus. Eine einheitliche Leitung oder ein beherrschender Einfluss muss nicht ausgeübt werden. 9

3. Die Erfüllung der Meldepflicht. Das Mutterunternehmen erfüllt eine eigene Pflicht auf der Grundlage eigener und zugerechneter Stimmrechte. Es erfüllt keine Pflichten der Tochterunternehmen. Einer Vollmacht durch das bzw. die Tochterunternehmen bedarf es daher nicht. Zu verwenden ist das in der Anlage zur WpAV angehängte Formular. 10

Die Erfüllung der Meldepflicht durch das Mutterunternehmen genügt aber zur Erfüllung der Meldepflichten durch das bzw. die Tochterunternehmen, sollten auch bei diesen die Voraussetzungen für eine Meldepflicht vorliegen, § 12 Abs. 2 WpAV. Solange allerdings das Mutterunternehmen die ihm auferlegte Meldepflicht nicht oder nicht ordnungsgemäß erfüllt hat, sind das oder die Tochterunternehmen meldepflichtig[6].

III. Konzerninterne Umschichtungen. Bei konzerninternen Umschichtungen ist zu unterscheiden zwischen einfachen konzerninternen Umschichtungen und qualifizierten Umschichtungen. 11

Keine Meldepflicht entsteht, wenn Aktien von der Muttergesellschaft auf eine Tochtergesellschaft oder zwischen Tochtergesellschaften verlagert werden. Die **einfache konzerninterne Umschichtung** ist meldeneutral[7]. Zu freiwilligen Konzernumschichtungen/Konzernmitteilungen s. Rz. 5.

Davon zu unterscheiden ist die **qualifizierte Umschichtung**. Insoweit war in der 6. Aufl. die Ansicht vertreten worden, dass beim Zusammentreffen einer Meldepflicht nach § 21 WpHG a.F. und einer Meldepflicht nach § 25 oder § 25a WpHG a.F. bei konzerninterner Umschichtung zu melden war; denn es handelte sich um unterschiedliche Meldetatbestände. Dies gilt nicht mehr; denn nun bilden die Meldepflichten nach § 33 WpHG und die Meldepflichten nach § 38 WpHG einen einheitlichen Meldetatbestand.

---

1 Begr. RegE, BT-Drucks. 18/5010, 58; *Schürnbrand* in Emmerich/Habersack, Aktien- und GmbH-Konzernrecht, § 25 WpHG Rz. 3; *Hirte* in KölnKomm. WpHG, § 25 WpHG Rz. 16.
2 BaFin, FAQ vom 28.11.2016, Frage 36.
3 BaFin, FAQ vom 26.11.2016, Frage 36.
4 S. BaFin, FAQ vom 26.11.2016, Frage 35.
5 Ebenso *Stephan*, Der Konzern, 2016, 53, 57.
6 Ebenso *Schürnbrand* in Emmerich/Habersack, Aktien- und GmbH-Konzernrecht, § 24 WpHG Rz. 4.
7 S. auch bei § 33 WpHG; OLG Hamburg v. 14.6.2012 – 11 AktG 1/12, AG 2012, 639, 643.

12 **IV. Rechtsfolgen.** § 37 WpHG hat nur Bedeutung, wenn das Tochterunternehmen selbst zur Meldung zwar verpflichtet ist, das Mutterunternehmen aber die gruppenweite Meldung („Konzernmeldung") abgibt. Das Tochterunternehmen ist nur in einem solchen Fall von der Meldung befreit. Das gilt auch bei mehrstufigen Beteiligungslagen. Meldet das Spitzenunternehmen, so sind alle Tochter- und Enkelunternehmen von der Verpflichtung zur eigenen Meldung befreit.

13 Die Befreiung tritt aber nur ein, wenn das Mutterunternehmen vollständig, inhaltlich richtig und fristgerecht meldet und zwar unter Verwendung des Formulars gemäß der Anlage zu § 12 WpAV. Ist die Meldung nicht vollständig, inhaltlich nicht richtig, nicht fristgerecht, oder nicht unter Verwendung des Formulars erfolgt, bleibt es bei der Meldepflicht der Tochter- und Enkelunternehmen[1]. Und vor allem erleidet das Tochterunternehmen den Rechtsverlust nach § 44 WpHG, und zwar nicht, weil das Mutterunternehmen seine Meldepflicht verletzt hat[2], sondern wenn und weil es die beim Tochterunternehmen verbliebene Meldepflicht nicht erfüllt. Letzteres ist nicht unproblematisch, weil zweifelhaft ist, ob das Mutterunternehmen entsprechend den gesetzlichen Vorgaben erfüllt hat und es als Folge davon von seiner Meldepflicht befreit ist. Im Blick hierauf ist davon auszugehen, dass das Tochterunternehmen einen Anspruch darauf hat, entsprechende Informationen vom Mutterunternehmen zu erhalten und zu ermitteln, ob dieses seine Pflichten erfüllt hat. Im Zweifel muss das Tochterunternehmen, will es keine Rechtsnachteile erleiden, eine eigene Meldung abgeben[3]. Diese richtet sich dann nach den Voraussetzungen einer Meldung, soweit die Tatbestandsvoraussetzungen bei den Tochterunternehmen vorliegen. Ein vollständiges Bild vermittelt eine solche Meldung natürlich nicht.

14 **V. Ausfüllen des Formulars.** Die Verwendung des im Anhang zu § 12 WpAV anhängenden Formulars ist verpflichtend. Wird eine formlose Mitteilung verwendet, wird das Formular im wesentlichen Teilen verändert, ist diese nicht ordnungsgemäß und wie eine Nichtmitteilung zu betrachten. Die Beifügung eines Beteiligungscharts ist nicht Pflicht, aber zu empfehlen.

15 Das Ausfüllen des gesetzlich vorgeschriebenen Formulars ist höchst kompliziert. Die Folge wird eine Quelle fehlerhafter Meldungen sein. Hinweise zum Ausfüllen des Formulars finden sich in den Antworten zu den Fragen, 37–38a der BaFin, FAQ vom 28.11.2016.

16 Bedauerlich ist, dass das Formular nur **unzulänglich** die Wirklichkeit abbildet. So wird nicht deutlich, ob die Meldeschwelle auf einem Überschreiten oder Unterschreiten beruht.

§ 38 Mitteilungspflichten beim Halten von Instrumenten; Verordnungsermächtigung

(1) Die Mitteilungspflicht nach § 33 Absatz 1 und 2 gilt bei Erreichen, Überschreiten oder Unterschreiten der in § 33 Absatz 1 Satz 1 genannten Schwellen mit Ausnahme der Schwelle von 3 Prozent entsprechend für unmittelbare oder mittelbare Inhaber von Instrumenten, die
1. dem Inhaber entweder
   a) bei Fälligkeit ein unbedingtes Recht auf Erwerb mit Stimmrechten verbundener und bereits ausgegebener Aktien eines Emittenten, für den die Bundesrepublik Deutschland der Herkunftsstaat ist, oder
   b) ein Ermessen in Bezug auf sein Recht auf Erwerb dieser Aktien
   verleihen, oder
2. sich auf Aktien im Sinne der Nummer 1 beziehen und eine vergleichbare wirtschaftliche Wirkung haben wie die in Nummer 1 genannten Instrumente, unabhängig davon, ob sie einen Anspruch auf physische Lieferung einräumen oder nicht.

Die §§ 36 und 37 gelten entsprechend.

(2) Instrumente im Sinne des Absatzes 1 können insbesondere sein:
1. übertragbare Wertpapiere,
2. Optionen,
3. Terminkontrakte,
4. Swaps,
5. Zinsausgleichsvereinbarungen und
6. Differenzgeschäfte.

---

1 Ebenso zum alten Recht *Hirte* in KölnKomm. WpHG, § 24 WpHG Rz. 14.
2 So aber *Stephan*, Der Konzern 2016, 53, 57.
3 Ebenso *Stephan*, Der Konzern 2016, 52, 57.

(3) Die Anzahl der für die Mitteilungspflicht nach Absatz 1 maßgeblichen Stimmrechte ist anhand der vollen nominalen Anzahl der dem Instrument zugrunde liegenden Aktien zu berechnen. Sieht das Instrument ausschließlich einen Barausgleich vor, ist die Anzahl der Stimmrechte abweichend von Satz 1 auf einer Delta-angepassten Basis zu berechnen, wobei die nominale Anzahl der zugrunde liegenden Aktien mit dem Delta des Instruments zu multiplizieren ist. Die Einzelheiten der Berechnung bestimmen sich nach den in Artikel 13 Absatz 1a der Richtlinie 2004/109/EG des Europäischen Parlaments und des Rates vom 15. Dezember 2004 zur Harmonisierung der Transparenzanforderungen in Bezug auf Informationen über Emittenten, deren Wertpapiere zum Handel auf einem geregelten Markt zugelassen sind, und zur Änderung der Richtlinie 2001/34/EG (ABl. L 390 vom 31.12.2004, S. 38) benannten technischen Regulierungsstandards. Bei Instrumenten, die sich auf einen Aktienkorb oder einen Index beziehen, bestimmt sich die Berechnung ebenfalls nach den technischen Regulierungsstandards gemäß Satz 2.

(4) Beziehen sich verschiedene der in Absatz 1 genannten Instrumente auf Aktien desselben Emittenten, sind die Stimmrechte aus diesen Aktien zusammenzurechnen. Erwerbspositionen dürfen nicht mit Veräußerungspositionen verrechnet werden.

(5) Das Bundesministerium der Finanzen kann durch Rechtsverordnung, die nicht der Zustimmung des Bundesrates bedarf, nähere Bestimmungen erlassen über den Inhalt, die Art, die Sprache, den Umfang und die Form der Mitteilung nach Absatz 1. Das Bundesministerium der Finanzen kann die Ermächtigung durch Rechtsverordnung auf die Bundesanstalt übertragen, soweit die Art und die Form der Mitteilung nach Absatz 1, insbesondere die Nutzung eines elektronischen Verfahrens, betroffen sind.

In der Fassung des 2. FiMaNoG vom 23.6.2017 (BGBl. I 2017, 1693).

Schrifttum: *Anzinger*, Anschleichen an börsennotierte Unternehmen als kapitalmarktrechtliches Problem, in VGR, Gesellschaftsrecht in der Diskussion 2010, 2011, S. 187; *Anzinger*, Die normative Reichweite des Transparenzgebots für Beteiligungen an börsennotierten Kapitalgesellschaften, WM 2011, 391; *Bachmann*, Rechtsfragen der Wertpapierleihe, ZHR 173 (2009), 596; *Bachofer*, „Irrevocable Undertackings" – unwiderrufliche Andienungsverpflichtungen im Rahmen öffentlicher Übernahmen, 2016; *Baums*, „Low Balling" und „Creeping in" und deutsches Übernahmerecht, ZIP 2010, 2374; *Baums/Sauter*, Anschleichen an Übernahmeziele mit Hilfe von Aktienderivaten, ZHR 173 (2009), 454; *Bosse*, Wesentliche Neuregelungen ab 2007 aufgrund des Transparenzrichtlinie-Umsetzungsgesetzes für börsennotierte Unternehmen – Änderungen der Veröffentlichungs-, Melde- und Rechnungslegungspflichten, DB 2007, 39; *Brandt*, Meldepflichten für aktienbasierte Instrumente: Anmerkungen zum Diskussionsentwurf des Bundesfinanzministeriums (AnlegerStärkungsG), BKR 2010, 270; *Brandt*, Transparenz und RisikobegrenzungsG – und darüber hinaus?, BKR 2008, 441; *Brandt*, Der Anwendungsbereich von 25a WpHG in Bezug auf Pfandrechte, Corporate Finance 2012, 110; *von Bülow/Stephanblome*, Acting in Concert und neue Offenlegungspflichten nach dem Risikobegrenzungsgesetz, ZIP 2008, 1797; *Christ*, Barausgleichderivate und das Anschleichen an Zielgesellschaften, 2011; *von der Crone/Bilek/Hirschle*, Neuerungen im Offenlegungsrecht, SZW/RSDA 2008, 1; *Dietrich*, Stimmrechtsmitteilungspflichten bei Gesellschaftervereinbarungen mit Erwerbsrechten bzw. -pflichten in Bezug auf mit Stimmrechten verbundene Aktien eines börsennotierten Emittenten, WM 2016, 1577; *Epe*, Die neue kapitalmarktrechtliche Beteiligungskompetenz, 2018; *Fleischer/Schmolke*, Das Anschleichen an eine börsennotierte Aktiengesellschaft, NZG 2009, 401; *Fleischer/Schmolke*, Zum beabsichtigten Ausbau der kapitalmarktrechtlichen Beteiligungstransparenz bei modernen Finanzinstrumenten (§§ 25, 25a Disk-E-WpHG), NZG 2010, 846; *Merkner/Sustmann*, Vorbei mit dem unbemerkten Anschleichen an börsennotierte Unternehmen?, NZG 2010, 681; *Parmentier*, Die Revision der EU-Transparenzrichtlinie für börsennotierte Unternehmen, AG 2014, 15; *Peter/Blaas/Roos*, Ausgewählte Aspekte des Übernahmerechts: Sneaking Tactics, Level Playing Field und Auktionspflicht, Schweizer Zeitschrift für Wirtschafts- und Finanzmarktrecht 2010, 173; *Renn*, Die börsenrechtliche Meldepflicht von Finanzderivaten, Schweizer Zeitschrift für Wirtschafts- und Finanzmarktrecht 2010, 186; *Renn/Weber/Gotschev*, Beteiligungstransparenz und dynamisches Hedging, AG 2012, 440; *Rück/Heusel*, Zu den Grenzen der Beteiligungstransparenz bei Aktienerwerbsmöglichkeiten in Gesellschaftervereinbarungen, NZG 2016, 897; *Schiessl*, Beteiligungsaufbau mittels Cash-settled Total Return Equity Swaps – neue Modelle und Einführung von Meldepflichten, Der Konzern 2009, 291; *Uwe H. Schneider/Anzinger*, Umgehung und missbräuchliche Gestaltungen im Kapitalmarktrecht oder: Brauchen wir eine § 42 AO entsprechende Vorschrift im Kapitalmarktrecht?, ZIP 2009, 1; *Uwe H. Schneider/Brouwer*, Kapitalmarktrechtliche Meldepflichten bei Finanzinstrumenten, AG 2008, 557; *Uwe H. Schneider/Brouwer*, Kapitalmarktrechtliche Transparenz bei der Aktienleihe, in FS Karsten Schmidt, 2009, S. 1411; *Söhner*, Die Umsetzung der Transparenzrichtlinie III, ZIP 2015, 2451; *Stephan*, Die WpHG-Änderungen vom November 2015, Der Konzern 2016, 53; *Tautges*, Stimmrechtsmitteilungen (§§ 21 ff. WpHG) im Aktienemissionsgeschäft nach dem Gesetz zur Umsetzung der Transparenzrichtlinie-Änderungsrichtlinie, WM 2017, 512; *Weber/Meckbach*, Finanzielle Differenzgeschäfte – ein legaler Weg zum „Anschleichen" an die Zielgesellschaft bei Übernahmen?, BB 2008, 2022; *Weidemann*, „Hidden Ownership" und §§ 21 ff. WpHG – status quo, NZG 2016, 605.

I. Die Entstehung der Norm 1	3. Recht auf Erwerb 20
1. Der Hintergrund 1	4. Das unmittelbare oder mittelbare Halten von Instrumenten 24
2. Der Normzweck 10	5. Erwerben/Veräußern 30
II. Instrumente mit Erwerbsrechten (§ 38 Abs. 1 Satz 1 Nr. 1 WpHG) ... 14	a) Meldepflicht 30
1. Die Tatbestandsvoraussetzungen 14	b) Wandelschuldverschreibungen, Optionsanleihen 31
2. Instrumente 15	

III. Instrumente mit vergleichbarer wirtschaftlicher Wirkung (§ 38 Abs. 1 Satz 1 Nr. 2 WpHG) 33
IV. Einzelfälle: Instrumente, die eine Meldepflicht begründen 36
  1. Übertragbare Wertpapiere 38
  2. Instrumente mit schuldrechtlichen Erwerbsrechten (Optionen) 39
  3. Instrumente ohne Erwerbsrechte 43
  4. Einzelfälle, die keine Mitteilungspflicht begründen 44
V. Meldeschwellen 55
  1. Die Ausgangslage 55
  2. Berechnung der meldepflichtigen Stimmrechte (§ 38 Abs. 3 WpHG) 56
    a) Die gesetzliche Regel 57
    b) Der Delta-Faktor 58
VI. Aktienkorb, Index (§ 38 Abs. 4 WpHG) 63
VII. Nichtberücksichtigung von Stimmrechten .. 65
VIII. Eingangsmeldeschwelle und Zusammenrechnung 66
  1. Die Eingangsschwelle von 5 % (§ 38 Abs. 1 Satz 1 WpHG) 66
  2. Zusammenrechnung mit anderen Beteiligungen 67
    a) Aggregation unterschiedlicher Instrumente (§ 38 Abs. 4 WpHG) 67
    b) Aggregation mit Beteiligungen nach den §§ 33, 34 WpHG und Finanzinstrumente nach § 38 WpHG 68
    c) Doppelmeldungen 73
    d) Anpassung der inhaltlichen Anforderungen an die Mitteilungen nach WpAV 76
    e) Das Verhältnis von § 38 WpHG zu § 34 Abs. 1 Satz 1 Nr. 5 WpHG 77
IX. Verfall des Erwerbsrechts oder der Erwerbsmöglichkeit 79
X Rechtsfolgen 80
  1. Mitteilungspflichten 80
    a) Entstehen der Mitteilungspflicht 80
    b) Frist der Mitteilung 82
    c) Adressat der Mitteilung 84
    d) Inhalt der Mitteilung 85
  2. Rechtsfolgen bei unterlassener Mitteilung ... 87

1 I. Die Entstehung der Norm. 1. Der Hintergrund. § 38 WpHG tritt aufgrund des 2. FiMaNoG an die Stelle von § 25 WpHG a.F. § 25 WpHG wurde eingeführt durch das Transparenzrichtlinie-Änderungsrichtlinie-Umsetzungsgesetz. Die Vorschrift trat an die Stelle von § 25 und 25a WpHG a.F.[1]

2 § 25 und § 25a WpHG a.F. wurden durch das Anlegerschutz- und Funktionsverbesserungsgesetz[2] eingeführt. Damit sollten **Transparenzlücken** im Gesetz geschlossen und **Umgehungspraktiken** bekämpft werden („Rules are for fooles"). Sie hatten dazu geführt, dass in aller Heimlichkeit durch „versteckte Beteiligungen" („sneaking tactics"), also mit Unterstützung von besonderen Optionen, Gegengeschäften, equity swaps, Wertpapierleihgeschäften u.a.m., Aktienpakete zusammengetragen wurden[3]. Dies führte nicht nur zu wesentlichen Änderungen der Stimmrechtsverhältnisse, ohne dass dies offengelegt wurde, sondern die auf diese Weise aufgebauten „Stimmrechtspositionen" („Hidden Ownership")[4] ermöglichten Übernahmen, ohne dass es durch die Veröffentlichung der Übernahmeabsicht zu einem Kursanstieg kam, also ohne dass auch die freien Aktionäre am Wertzuwachs beteiligt waren. Im Gegenteil: Sie ermöglichten letztlich das Hinausdrängen von Minderheitsaktionären („pressure to tender"[5]). Exemplarisch sind die Fälle Schaeffler/Continental, Porsche/Volkswagen, SKion/SGL Carbon[6] und in der Folgezeit der Fall ACS/Hochtief. In der Schweiz waren dies die Fälle Saurer, Implenia, Sulzer, Abrasives Holding AG, um nur einige zu nennen[7].

3 Im Kapitalmarkt hatte dies zu einem **schweren Vertrauensverlust** bei den Anlegern und zur **Sorge bei den Unternehmen** geführt. U.a. haben daher eine Reihe von Finanzvorständen von DAX-Unternehmen in einem **Brandbrief** gefordert: „die Anschleicher zu stoppen"[8]. Das Ziel dieser Forderung war allerdings nicht, den **Stimmrechtseinfluss** der Inhaber von Instrumenten, die den Erwerb von Aktien ermöglichen, offenzulegen oder allen Anlegern einen „preisrelevanten Informationsvorteil"[9] im Hinblick auf das im Markt verfügbare Aktienvolumen zukommen zu lassen. Anlass für diese Forderung war vielmehr, den Markt rechtzeitig auf die Möglichkeit einer **Übernahme und Konzernierung** der Zielgesellschaft und die damit verbundene Gefahr eines back-end merger aufmerksam zu machen.

4 Vorgeschlagen wurde, die einschlägigen Mitteilungspflichten auszuweiten; denn diese Vorgänge würden dem Regelungsziel der §§ 21 ff. WpHG a.F. (jetzt §§ 33 ff. WpHG) widersprechen. Dem wurde teilweise entgegengehalten, zu viel Transparenz könne die Funktionsfähigkeit der Kapitalmärkte schädigen (!), Übernahmen würden erschwert[10].

---

1 S. dazu jüngst *Epe*, Die neue kapitalmarktrechtliche Beteiligungstransparenz, 2018.
2 BGBl. 2011, 538.
3 Exemplarisch zum Einstieg der chinesischen Geely Group bei der Daimler AG im Februar 2018 s. die Antwort der Bundesregierung, BT-Drucks. 19/1126, 35 sowie *Uwe H. Schneider*, Börsen-Zeitung v. 27.4.2018, S. 10.
4 *Weidemann*, NZG 2016, 605.
5 *Bebchuk*, Delaware Journal of Corporate Law 12 (1987), 911 ff.
6 S. die Darstellungen bei *Christ*, Barausgleichsderivate und das Anschleichen an Zielgesellschaften, 2011, S. 27 ff. und bei *Anzinger* in VGR, Gesellschaftsrecht in der Diskussion 2010, 2011, S. 187, 192.
7 S. dazu anstelle anderer *Peter/Blaas/Roos*, SZW/RSDA 2010, 173; *Krause*, AG 2011, 469, 471.
8 Handelsblatt vom 28.8.2008.
9 *Fleischer/Schmolke*, NZG 2010, 846, 852.
10 *Zetzsche*, EBOR 11 (2010), 231; *Schiessl*, Der Konzern 2009, 291, 297; *Fleischer/Schmolke*, ZIP 2008, 1501, 1509; *Noack/Zetzsche* in FS Schwark, 2009, S. 569, 584.

Die beiden zuletzt genannten Argumente überzeugen nicht. Die Offenlegung von Umgehungsstrategien durch vorgebliche Investoren hat mit Übermaß an Transparenz nichts zu tun. Zu verbessern galt es vielmehr, die **allgemeine Transparenz**, nämlich die Offenlegung der Beteiligungsverhältnisse, der gegenwärtigen und künftigen Stimmrechte und des faktischen Stimmrechtseinflusses. Zu verbessern galt es auch die **besondere Transparenz im Übernahmemarkt**. Durch die erweiterte Transparenz sollten die freien Aktionäre rechtzeitig auf das Risiko einer Übernahme und damit auf den möglichen Verlust ihrer Beteiligung hingewiesen werden[1]. Für eine restriktive Auslegung besteht daher kein Anlass[2].

§ 25 und § 25a WpHG a.F. wurden durch das Transparenzrichtlinie-Änderungsrichtlinie-Umsetzungsgesetz neu gestaltet. Die Vorschriften führten zu einem **„neuen System der Meldebestände"**[3]. In § 25 WpHG in der Fassung durch das Transparenzrichtlinie-Änderungsrichtlinie-Umsetzungsgesetz wurden in der Folge die Regelungsinhalte von § 25 und 25a WpHG a.F. zusammengefasst. Dabei sollen sich trotz der Neuformulierung „im Allgemeinen" keine inhaltlichen Veränderungen ergeben[4]. Das Ergebnis ist ein Beispiel für die fortwährende Verunsicherung der Unternehmenspraxis durch ständige Änderungen des Melderechts. Zum Teil bestehen nur feingesponnene Unterschiede zu den bisherigen Regelungen. Die völlig unbestimmten Tatbestandsmerkmale führen zu fehlender Transparenz des Regelungsumfangs. Damit verbunden ist die Frage, ob und in welchem Umfang auf die bisherige Verwaltungspraxis zurückgegriffen werden darf.

Die Neufassung von § 25 WpHG in der Fassung durch das Transparenzrichtlinie-Änderungsrichtlinie-Umsetzungsgesetz (dem heutigen § 38 WpHG) geht auf Art. 13 und 13a RL 2013/50/EU (Transparenzrichtlinie III) zurück. Neben der Pflicht zur Offenlegung der Stimmrechte aus Aktien, die dem Meldepflichtigen „gehören" (**1. Säule**) tritt die Pflicht zur Meldung von Instrumenten, also der hypothetischen Stimmrechtsanteile (**2. Säule**)[5]. § 39 WpHG begründet die neue **3. Säule** des Melderechts. Dabei werden zwar keine eigenständigen Meldetatbestände geschaffen, wohl aber wird die Meldepflicht ausgeweitet. Allerdings entsteht keine besondere Meldepflicht bei der Meldeschwelle von 3 %.

Das alte Melderegime sah separate Mitteilungen für jede Meldesäule vor. Nach dem neuen Melderecht genügt eine **zusammenfassende Mitteilung**. Sie ist in dieser Weise auch erforderlich.

Aufgegeben wird der Begriff „Finanzinstrumente". Gesprochen wird nur noch von „Instrumenten". Das vormalige Tatbestandsmerkmal des „Ermöglichens" wird durch die Formulierung „vergleichbare wirtschaftliche Wirkung" ersetzt. Dabei stellt sich die Frage, ob sich auch inhaltlich Unterschiede ergeben. Und die exemplarische Aufzählung von Instrumenten in Art. 13 Nr. 1b RL 2013/50/EU (Transparenzrichtlinie III) sowie in der ESMA, Indicative List of Financial Instruments (ESMA/2015/1598) wurde in § 25 Abs. 2 WpHG a.F. (jetzt § 38 Abs. 2 WpHG) umgesetzt.

2. Der Normzweck. Mitteilungspflichtig ist nach §§ 33 ff. WpHG, wer Stimmrechte hält und dabei bestimmte Meldeschwellen erreicht, über- oder unterschreitet. Mitteilungspflichtig ist nach § 38 WpHG, wer zwar keine Stimmrechte hält, aber ein **Zugriffsrecht** auf mit Stimmrechten verbundene Aktien hat. § 38 WpHG wird damit zum **Ergänzungstatbestand**; ergänzt werden die Meldetatbestände nach §§ 33 f. WpHG. Zugleich ist § 38 WpHG ein **Auffangtatbestand**; denn § 38 WpHG greift ein, wenn die Voraussetzungen nach § 33 Abs. 3 WpHG nicht vorliegen, sei es weil der Anspruch vor Fälligkeit bedingt oder noch ohne zeitliche Verzögerung zu erfüllen ist.

Sinn und Zweck des § 38 WpHG ist es sicherzustellen, „dass der Emittent und die Anleger darüber informiert werden, dass der Inhaber von Finanzinstrumenten die Möglichkeit hat, mit diesen Finanzinstrumenten Aktien zu erwerben und die aus diesen Aktien resultierenden Stimmrechte auszuüben"[6]. Vor den Änderungen durch das Transparenzrichtlinie-Umsetzungsgesetz vom 5.1.2007 und durch das Risikobegrenzungsgesetz vom 12.8.2008 war es möglich, dass der listige Investor sich unbemerkt vom Markt in aller Heimlichkeit anschleichen konnte, indem er sich durch Finanzinstrumente eindeckte, die Übertragung der Aktien aber hinauszögerte. Das Entsprechende gilt für den Inhaber von Instrumenten, die eine vergleichbare wirtschaftliche Wirkung haben. Zu lesen ist § 38 WpHG i.V.m. § 39 WpHG. Die neue Vorschrift enthält zudem einen Zusammenrechnungstatbestand.

Beginnend mit einer gegenüber § 33 WpHG höheren Eingangsschwelle von **5 %** hat der unmittelbare oder mittelbare Halter von Instrumenten das hypothetische Erreichen, Überschreiten oder Unterschreiten der nach § 33 WpHG relevanten Meldeschwellen von 5, 10, 15, 20, 25, 30, 50 oder 75 % zu melden. Zu **hypothetischen Stimmrechtsveränderungen** kommt es, wenn dem Halter des Instruments entweder Rechte zum Erwerb der zugrunde liegenden Aktien zustehen oder das Instrument ein Ermessen in Bezug auf sein Recht auf Erwerb von Aktien verleiht.

---

1 Wie hier etwa auch anstelle anderer: *Wackerbarth*, ZIP 2010, 1527; *Hitzer/Düchting*, ZIP 2011, 1084; *Seibt*, CFL 2010, 502; auch schon *Uwe H. Schneider/Anzinger*, ZIP 2009, 1.
2 *König*, Corporate Finance Law 2012, Heft 4, S. VI.
3 Begr. RegE zu §§ 24–25a WpHG, BT-Drucks. 18/5010, 69.
4 Begr. RegE, BT-Drucks. 18/5010, 46.
5 *Dietrich*, WM 2016, 1577, 1578.
6 Begr. RegE, BT-Drucks. 16/2498, 37.

13 Auch unter Berücksichtigung der Änderungen durch das Transparenzrichtlinie-Änderungsrichtlinie-Umsetzungsgesetz ist die Vorschrift **voller Widersprüche**, die sich zum Teil aus den europarechtlichen Vorgaben erklären. Nicht zu erklären und wenig überzeugend sind insbesondere die unterschiedlichen Meldeschwellen in § 33 WpHG und in § 38 WpHG.

14 **II. Instrumente mit Erwerbsrechten (§ 38 Abs. 1 Satz 1 Nr. 1 WpHG). 1. Die Tatbestandsvoraussetzungen.** Das Gesetz unterscheidet zwischen Instrumenten mit Erwerbsrechten (§ 38 Abs. 1 Satz 1 Nr. 1 WpHG) und Instrumenten mit vergleichbarer wirtschaftlicher Wirkung (§ 38 Abs. 1 Satz 1 Nr. 2 WpHG).
Voraussetzung für eine Pflicht zur Mitteilung nach § 38 Abs. 1 Satz 1 Nr. 1 WpHG ist
– das unmittelbare oder mittelbare Halten von Instrumenten, die ihrem Inhaber bei Fälligkeit das unbedingte Recht auf Erwerb geben, oder
– ein Ermessen in Bezug auf sein Recht auf Erwerb
– von mit Stimmrechten verbundenen und bereits ausgegebenen Aktien
– eines Emittenten, für den die Bundesrepublik Deutschland der Herkunftsstaat ist.

Alle bisher von § 25 Abs. 1 WpHG a.F. erfassten Finanzinstrumente und sonstige Instrumente fallen jetzt unter § 38 Abs. 1 Satz 1 Nr. 1 WpHG.

15 **2. Instrumente. a)** Art. 13 Abs. 1 RL 2013/50/EU (Transparenzrichtlinie III) erweitert die Meldepflicht für natürliche und juristische Personen, die direkt oder indirekt Finanzinstrumente halten. Umgesetzt ist dies in § 38 WpHG.
§ 38 WpHG spricht aber nicht mehr wie § 25 WpHG a.F. von Finanzinstrumenten und von sonstigen Instrumenten, sondern nur noch von Instrumenten[1]. Diese Begriffsbildung wird jedoch nicht streng durchgehalten, wie etwa Art. 5 DelVO 2015/761 zeigt. Aus der Aufgabe des Begriffs Finanzinstrument sollen sich keine Änderungen gegenüber der bisherigen Rechtslage ergeben. Entscheidend sei nicht die Begrifflichkeit, sondern das Vorliegen der konkreten Tatbestandsvoraussetzungen[2]. Aufgegriffen werden daher auch solche Instrumente, die keine Finanzinstrumente i.S.v. § 2 Abs. 4 WpHG sind[3].

16 **b)** Der Begriff Instrument ist weiter als die Definition „Finanzinstrument" in § 2 Abs. 4 WpHG[4]. Verlangt ist eine eigenständige richtlinienkonforme Auslegung[5]. Instrument ist vielmehr jedes Recht, insbesondere jeder bei Fälligkeit unbedingte schuldrechtliche, familienrechtliche, erbrechtliche usw. Anspruch, der dem Berechtigten, vor allem also einem Gläubiger das Recht verleiht, mit Stimmrechten verbundene Aktien zu erwerben.

17 So stellt etwa der Lieferanspruch aus einem Kaufvertrag ein „Instrument" dar. Zu denken ist an den Fall, dass die Lieferung nicht ohne zeitliche Verzögerung nach Vertragsabschluss zu erfolgen hat; denn wenn die Lieferung ohne zeitliche Verzögerung zu erfolgen hat, greift § 33 Abs. 3 i.V.m. Abs. 1 WpHG ein.

18 Nicht erforderlich ist, dass das Recht in einem Wertpapier verbrieft ist. Und nicht entscheidend ist, wie der Meldepflichtige die Instrumente erworben hat, ob börslich oder außerbörslich, ob im Inland oder Ausland, ob durch Kauf, Erbschaft o.Ä. Und die Instrumente können sich aus schuldrechtlichen Verträgen ergeben, aus familien- oder erbrechtlichen Vereinbarungen oder aus gesellschaftsrechtlichen Vereinbarungen[6].

19 **c)** Der Veräußerer gegen den sich das Erwerbsrecht richtet oder bei dem die Möglichkeit mit vergleichbar wirtschaftlicher Wirkung besteht, muss zum Zeitpunkt der Begründung des Rechts **noch nicht über die mit Stimmrechten verbundenen Aktien verfügen**. Es ist nicht einmal erforderlich, dass zum Zeitpunkt der Begründung des Rechts schon feststeht, ob der Veräußerer oder mögliche Veräußerer tatsächlich zum Zeitpunkt der Fälligkeit zur Lieferung in der Lage sein wird.

20 **3. Recht auf Erwerb.** Die Instrumente müssen dem Meldepflichtigen das Recht verleihen, Aktien zu **erwerben**, also das Recht auf Übertragung der Aktien. Dieses Recht kann sich auf die Übertragung der Aktien beschränken. Die Aktien können aber auch **Bestandteil einer Vermögensmasse** sein, z.B. beim Unternehmenskauf. Ausreichend ist auch der Erwerb einer **Gesellschaftsbeteiligung**, z.B. an einer BGB-Gesellschaft, einer GmbH o.Ä. Voraussetzung ist, dass die Stimmrechte nach Erfüllung des Erwerbsrechts unmittelbar oder mittelbar gehalten werden (s. Rz. 34).

21 § 38 WpHG erfasst **nicht die Fälle des Veräußerns**. Nicht meldepflichtig ist daher die schuldrechtliche Vereinbarung des Aktionärs, der als Verkäufer seine Aktien veräußert, der aber noch nicht über seine Aktien verfügt hat; denn er kann sein Stimmrecht noch ausüben.

---

1 S. Begr. RegE, BT-Drucks. 18/5010, 46.
2 Begr. RegE Transparenzrichtlinie-Änderungsrichtlinie-Umsetzungsgesetz, BT-Drucks. 18/5010, 46.
3 *Dietrich*, WM 2016, 1577, 1582.
4 BaFin, FAQ Mai 2018, Frage 39.
5 *Brellochs*, AG 2016, 157, 165.
6 *Dietrich*, WM 2016, 1577; a.A. zum alten Recht *Krause*, AG 2011, 469, 478.

Voraussetzung für eine Meldepflicht ist es, dass der Inhaber des Erwerbsrechts bei Fälligkeit insbesondere des schuldrechtlichen Anspruchs, unabhängig von äußeren Umständen verlangen kann, dass die Aktien übertragen werden. Ausreichend ist, dass es im Ermessen des Instruments steht, ob er das Recht zum Erwerb ausübt; denn dies steht dem Erwerbsrecht gleich[1]. Nicht erfasst sind **aufschiebend bedingte schuldrechtliche Ansprüche**[2], also Rechte, deren Entstehen von einem ungewissen künftigen Ereignis abhängen, wie etwa von der Entwicklung eines Kurses (zu den kursabhängigen Erwerbsrechten s. bei Rz. 36 ff.) oder von dem Umstand, dass es dem Erwerber gelingt, einen der Höhe nach bestimmten Anteil der Aktien zu erwerben oder der kartellrechtlichen Genehmigung des Beteiligungserwerbs[3]. In Betracht kommt aber eine Meldepflicht nach § 38 Abs. 1 Satz 1 Alt. 2 WpHG. 22

Meldepflichtig sind aber nach § 38 Abs. 1 Satz 1 Nr. 1 lit. a WpHG Erwerbsrechte, deren Entstehen von einem Ereignis abhängig gemacht ist, das seinerseits vom Willen des Erwerbers abhängt („**Potestativbedingung**"); denn der Erwerber kann in diesem Fall jederzeit die Bedingung herbeiführen und damit auch das Entstehen des Erwerbsrechts. 23

4. Das unmittelbare oder mittelbare Halten von Instrumenten. § 38 Abs. 1 Satz 1 WpHG kennt keine etwa § 34 WpHG entsprechenden **Zurechnungsvorschriften**. Vielmehr unterscheidet die Norm zwischen dem unmittelbaren oder mittelbaren Inhaber von Instrumenten. Der **Grundsatz der doppelten Zurechnung** (vgl. dazu etwa § 34 WpHG Rz. 18) greift nicht. Mitteilungspflichtig kann sowohl der unmittelbare als auch der mittelbare Inhaber sein. 24

Unmittelbarer Inhaber ist, wer Eigentümer bzw. sonstiger Berechtigter des Instruments ist. Inhaber von Instrumenten können sowohl natürliche als auch juristische Personen sein. 25

Mittelbarer Inhaber ist, wer Instrumente über Tochterunternehmen oder Treuhänder hält[4]. Die Aufzählung der Fallgruppen in der Gesetzbegründung ist **nicht abschließend**[5]. Zur weiteren Konkretisierung kann hierfür auf die Zurechnungstatbestände des § 34 Abs. 1 Satz 1 Nr. 1 und Nr. 2 WpHG zurückgegriffen werden. Danach werden dem Meldepflichtigen zum einen Stimmrechte aus Aktien einer Gesellschaft zugerechnet, die einem Tochterunternehmen gehören oder dem Tochterunternehmen seinerseits zugerechnet werden[6]. Zum anderen werden dem Meldepflichtigen Stimmrechte aus Aktien zugerechnet, die einem Dritten gehören und von ihm für Rechnung des Meldepflichtigen gehalten werden[7]. 26

Im ersten Fall steht die **Möglichkeit der Einflussnahme** auf das Tochterunternehmen als Inhaber sonstiger Finanzinstrumente im Vordergrund. Die Einflussnahme muss sich dabei nicht auf die Art und Weise der Ausübung des Finanzinstruments als solches beziehen. Nicht erforderlich ist daher, mitbestimmen zu können, ob etwa Optionsrechte ausgeübt werden, ob Aktien erworben oder lediglich ein Differenzbetrag geltend gemacht werden soll usw. Nach **Sinn und Zweck** der Meldepflichten ist es vielmehr ausreichend, dass das Mutterunternehmen in der Lage ist, später, nach Hinzuerwerb der zugrunde liegenden Aktien, Einfluss auf die Stimmrechtsausübung zu nehmen. Die Einflussnahme durch den mittelbaren Halter kann dabei über Beherrschungsverträge oder über entsprechende Mehrheitsbeteiligungen erfolgen. Faktische Abhängigkeiten (z.B. über Kredit- oder Lieferverträge) reichen indessen auch im Rahmen von § 38 WpHG nicht aus. 27

Im zweiten Fall der Verwaltungstreuhand erfolgt die Umverteilung der Meldepflicht auf den mittelbaren Halter mit Blick auf die **wirtschaftliche Chancen- und Risikoverteilung**. Der Meldepflichtige hat aufgrund des von ihm zu tragenden wirtschaftlichen Risikos typischerweise die rechtliche, zumindest aber die tatsächliche Möglichkeit, den Inhaber anzuweisen, wie er mit dem Finanzinstrument zu verfahren bzw. wie er nach entsprechendem Erwerb der zugrunde liegenden Aktien die Stimmrechte auszuüben hat. Das rechtfertigt es, den Halter zur Mitteilung zu verpflichten. Die Rechtsnatur der Treuhand (Auftrag, Geschäftsbesorgung, Kommission usw.) ist hierfür ohne Bedeutung. Ebenso spielt die Art der Treuhand (fremdnützige Verwaltungstreuhand durch Übertragung der Inhaberschaft auf einen Dritten oder Vollmachtstreuhand) für die Meldepflicht des mittelbaren Halters keine Rolle. Ein mittelbares Halten liegt endlich vor, wenn jemand zur Ausübung von Instrumenten bevollmächtigt wird, er die Instrumente nach eigenem Ermessen ausüben kann und er keine besonderen Weisungen des umittelbaren Inhabers ausgesetzt ist. Für das mittelbare Halten von Instrumenten ist nicht erforderlich, dass nach der Ausübung auch eine Verhaltensabstimmung oder Bevollmächtigung in Bezug auf die Stimmrechtsausübung aus den erworbenen Aktien erfolgt. 28

---

1 *Burgard/Heimann* in FS Dauses, S. 47, 61.
2 Vgl. *Nießen*, NZG 2007, 41, 43; *Hutter/Kaulamo*, NJW 2007, 471, 475; *Bosse*, DB 2007, 39, 41 Fn. 34; *Becker* in Bürgers/Körber, Anh. § 22 AktG/§ 25 WpHG Rz. 3; *Bayer* in MünchKomm. AktG, 4. Aufl. 2016, § 22 AktG Anh. § 25 WpHG Rz. 3.
3 *Schiessl*, Der Konzern 2009, 291, 296; *Anzinger* in VGR Gesellschaftsrecht in der Diskussion 2010, 2011, S. 187, 201.
4 Begr. RegE, BT-Drucks. 16/2498, 37; *Schürnbrand* in Emmerich/Habersack, Aktien- und GmbH-Konzernrecht, § 25 WpHG Rz. 16; *Schilha* in Bürgers/Körber, Anh. § 22 AktG/§ 25 WpHG Rz. 4.
5 S. auch BaFin, FAQ vom 26.11.2016, Frage 43.
6 § 34 Abs. 1 Satz 1 Nr. 1 WpHG.
7 § 34 Abs. 1 Satz 1 Nr. 2 WpHG.

29 Wenn sich zwei oder mehr Halter von Instrumenten auf Grund einer Vereinbarung oder in sonstiger Weise abstimmen und sich dabei entweder über die **künftige Ausübung von Stimmrechten**, nämlich nach der Übertragung der Aktien, oder mit dem Ziel abstimmen, eine **dauerhafte und erhebliche Änderung der unternehmerischen Ausrichtung** des Emittenten herbeizuführen, liegt ein „acting in concert" vor. Ein solches „acting in concert" führt für die Mitteilungspflichten nach § 34 WpHG zur wechselseitigen Zurechnung. Das Entsprechende gilt für die Mitteilungspflichten nach § 38 WpHG; denn jeder Beteiligte des acting in concert hält mittelbar für alle anderen Beteiligten[1]. Mittelbar hält auch, wer die Instrumente auf Grund einer **Vollmacht** nach eigenem Ermessen ausüben kann[2].

30 **5. Erwerben/Veräußern. a) Meldepflicht.** Die Meldepflicht besteht nur in Bezug auf solche Instrumente, die auf den Erwerb zum Zeitpunkt der Fälligkeit **bereits ausgegebener und** an einem organisierten Markt **zugelassener Aktien** eines Emittenten abzielen, für den die Bundesrepublik Deutschland Herkunftsstaat ist. Für die Bestimmung des Herkunftsstaats gilt § 2 Abs. 13 WpHG. Maßgebend ist der Zeitpunkt der Fälligkeit des Erwerbsrechts, nicht der Begründung des Erwerbsrechts[3]

31 **b) Wandelschuldverschreibungen, Optionsanleihen.** Wandelschuldverschreibungen geben dem Berechtigten nach Wahl einen Anspruch auf Zahlung oder ein Umtausch- oder Bezugsrecht auf Aktien, § 221 Abs. 1 Satz 1 AktG[4]. Da zum Zeitpunkt der Fälligkeit des Anspruchs die Aktien entstanden sind, besteht **mit dem Erwerb des Instruments** und nicht erst mit Beginn des Ausübungszeitraums[5] eine Meldepflicht[6]. Das entspricht auch dem Sinn und Zweck der Meldepflicht.

32 Die h.M. lehnt eine Mitteilungspflicht ab[7]. Das Umtauschrecht begründe zum einen noch nicht das Erwerbsrecht; denn der Zeichnungsvertrag müsse erst noch abgeschlossen werden, wenn der Inhaber der Wandelschuldverschreibung das Gestaltungsrecht ausübt. Bei wirtschaftlicher Betrachtung kann dies jedoch keinen Unterschied machen. Zum anderen sei die Wandelschuldverschreibung in der Regel mit einer bedingten Kapitalerhöhung verknüpft. Wenn von dem Wandlungsrecht Gebrauch gemacht werde, so seien Aktien zu zeichnen, die zum Zeitpunkt des Erwerbs noch gar nicht bestehen. Daher könnte man die Ansicht vertreten, es würde den Kapitalmarkt verwirren, wenn bei der Berechnung der Meldeschwelle das künftige Grundkapital zum Zeitpunkt des Erwerbs der Wandelschuldverschreibungen zugrunde gelegt würde. Dem ist entgegenzuhalten, dass der Emittent auch mit Aktien bedienen kann, die bereits ausgegeben wurden, z.B. mit eigenen Aktien aus dem Bestand[8] oder Aktien, die auf dem Markt erworben werden. Maßgebend ist, dass nicht schon beim Erwerb des Instruments, sondern erst bei der Fälligkeit des Rechts auf Erwerb die Aktien ausgegeben sind. Anders formuliert: Sie brauchen nicht schon beim Erwerb des Instruments ausgegeben zu sein (str.).

33 **III. Instrumente mit vergleichbarer wirtschaftlicher Wirkung (§ 38 Abs. 1 Satz 1 Nr. 2 WpHG).** § 25a WpHG a.F. (jetzt § 38 Abs. 1 Satz 1 Nr. 2 WpHG) setzt Art. 13 Abs. 1 Unterabs. 1b RL 2013/50/EU (Transparenzrichtlinie III) um. Es handelt sich um einen Auffangtatbestand. Voraussetzung für eine Pflicht zur Meldung ist hiernach

- das unmittelbare oder mittelbare Halten von Instrumenten, die eine vergleichbare wirtschaftliche Wirkung haben wie die in Nr. 1 genannten Instrumente unabhängig davon, ob diese physisch abgewickelt werden oder einen Barausgleich vorsehen,
- die sich auf mit Stimmrechten verbundenen und bereits ausgegebene Aktien eines Emittenten beziehen,
- für den die Bundesrepublik Deutschland der Herkunftsstaat ist.

34 Auch bei dieser Alternative muss der Meldepflichtige zwar Instrumente halten. Nicht Voraussetzung ist aber, dass der Meldepflichtige das unbedingte Recht oder ein Ermessen in Bezug auf dieses Recht erhält. Die Instrumente müssen stattdessen „ein dem Halten von Aktien vergleichbare wirtschaftliche Wirkung haben" (Erwägungsgrund 9 RL 2013/50/EU). Geboten ist ein weiter Anwendungsbereich[9]. Das entspricht der vormaligen Regelung in § 25a WpHG a.F.[10]

---

1 S. auch BaFin, FAQ vom 26.11.2016, Frage 43a; *Schilha* in Bürgers/Körber, Anh. § 22 AktG/§ 25 WpHG Rz. 4.
2 BaFin, FAQ Mai 2018, Frage 43b.
3 A.A. *Schilha* in Bürgers/Körber, Anh. § 22 AktG/§ 25 WpHG Rz. 5; *Petersen* in Spindler/Stilz, § 22 AktG Anh. Rz. 71.
4 *Hüffer/Koch*, § 221 AktG Rz. 4; *Seiler* in Spindler/Stilz, § 221 AktG Rz. 2; *Schlitt/Seiler/Singhof*, AG 2003, 254.
5 *Schlitt/Schäfer*, AG 2007, 227, 234.
6 Ebenso Art. 14 Abs. 1a Nr. 2 Verordnung der Eidgenössischen Finanzmarktauftritt über die Finanzmarktinfrastrukturen und das Marktverhalten im Effekten- und Derivatehandel vom 3.12.2015.
7 ESMA, Indicative List of Instruments 2015/1598; BaFin, Emittentenleitfaden 2013, Rz. VIII.2.8.1; *Hutter/Kaulamo*, NJW 2007, 471, 475; *Bayer* in MünchKomm. AktG, 4. Aufl. 2016, § 22 AktG Anh. § 25 WpHG Rz. 3; *Becker* in Bürgers/Körber, Anh. § 22 AktG/§ 22 WpHG Rz. 3; *Zimmermann* in Fuchs, § 25 WpHG Rz. 8; *Seibt*, CFL 2010, 502, 504; *Schürnbrand* in Emmerich/Habersack, Aktien- und GmbH-Konzernrecht, § 25 WpHG Rz. 6; *Michel* in Just/Voß/Ritz/Becker, § 25 WpHG Rz. 23.
8 *Hüffer/Koch*, § 221 AktG Rz. 59.
9 *Dietrich*, WM 2016, 1577, 1579.
10 BaFin, FAQ vom 26.11.2016, Frage 39; a.A. *Dietrich*, WM 2016, 1577, 1582.

Das Tatbestandsmerkmal „vergleichbarer wirtschaftlicher Wirkung" entspricht dem bisherigen Tatbestandsmerkmal „Möglichkeit zum Erwerb bereits ausgegebener und mit Stimmrechten verbundener Aktien"[1]. Der Gesetzgeber will mit dieser offenen Formulierung künftige Entwicklungen im Kapitalmarkt berücksichtigen und einfangen. Die Unbestimmtheit des Gesetzes ist rechtsstaatlich angesichts der strafrechtlichen Sanktionen nicht ganz unproblematisch[2]. Doch handelt es sich nicht um ein unbeachtliches Rechtsprinzip sondern um die normale Notwendigkeit, Instrumente mit entsprechender Logik einzufangen. Den Beteiligten ist dies in der Regel auch bewusst. Es handelt sich um einen unbestimmten Rechtsbegriff, der durch Bildung von Fallgruppen konkretisiert werden muss. Exemplarisch ist der **deutliche Hinweis** des Investors gegenüber einer Bank, er habe ein sehr konkretes Interesse am Erwerb eines Aktienpakets von einem Emittenten. Das wird möglicherweise noch dadurch untermauert, dass der Investor bereits anderweit Aktien erworben hat. Eine **schlichte Anfrage** genügt somit nicht. Wenn aber ein solch deutlicher Hinweis vorliegt, werden zwar noch keine schuldrechtlichen Ansprüche gegen die Bank auf Übernahme eines Pakets begründet. Die BaFin[3] hat aber mit Recht und guten Gründen angenommen, dass hieran anknüpfende Erwerbe einer Bank „nicht auf eigene Rechnung und damit auf eigenes Risiko der Bank erfolgen, sondern dass es bereits zum Zeitpunkt der Vorerwerbe zwischen Bank und Investor – ausdrücklich oder stillschweigend – eine Vereinbarung oder einseitige Erklärung des Investors gibt, die dazu führt, dass die Bank von einer späteren Abnahme der Aktien durch den Investor ausgehen kann". Das begründet eine Meldepflicht nach § 38 Abs. 1 Satz 1 Nr. 2 WpHG.

35

IV. Einzelfälle: Instrumente, die eine Meldepflicht begründen. § 38 Abs. 2 WpHG zählt beispielhaft Instrumente i.S.v. § 38 Abs. 1 WpHG auf, ohne jedoch zwischen Instrumenten nach § 38 Abs. 1 Satz 1 Nr. 1 WpHG einerseits und § 38 Abs. 1 Satz 1 Nr. 2 WpHG andererseits zu unterscheiden. Die Aufzählung ist nicht abschließend[4]. Umgesetzt wird damit Art. 13 Abs. 1b RL 2013/50/EU (Transparenzrichtlinie III). Eine indikative Liste der Finanzinstrumente findet sich in ESMA, Indicative list of financial instruments that are subject to notification requirements according to Art. 13 (1b) of the revised Transparency Directive vom 22.10.2015 (ESMA/2015/1598). Dabei wird ausdrücklich unter Nr. 4 aufgeführt, dass sich die gelisteten Finanzinstrumente überschneiden können. Wenn ein Instrument mehreren Fallgruppen zugeordnet werden kann, muss eine fallbezogene Zuordnung vorgenommen und nur ein Mal gemeldet werden.

36

Bei der vorzunehmenden Mitteilung ist jedoch zwischen der Art der Finanzinstrumente zu unterscheiden[5].

37

1. Übertragbare Wertpapiere. Das Recht bzw. die Möglichkeit zum Erwerb kann in einem Wertpapier verbrieft sein. Erforderlich ist dies nicht.

38

2. Instrumente mit schuldrechtlichen Erwerbsrechten (Optionen). § 38 WpHG nennt als Instrumente insbesondere Optionen, Terminkontrakte, Swaps, Zinsausgleichsvereinbarungen, Differenzgeschäfte und vor allem Optionen.

39

Zu den meldepflichtigen Instrumenten zählt § 38 Abs. 2 WpHG die schuldrechtlichen Optionen. Hiernach erwirbt der Meldepflichtige gegen Zahlung der Optionsprämie die Option und damit das Recht von dem Vertragspartner, nämlich dem Stillhalter zu verlangen, mit ihm einen Vertrag zur Lieferung (PUT-Option) oder zur Abnahme (CALL-Option) von Aktien eines bestimmten Basiswertes abzuschließen. In Betracht kommen für den Anwendungsbereich von § 38 WpHG nur **Kaufoptionen**. Verkaufsoptionen räumen dem Stillhalter keine Erwerbsoption ein. Aufgegriffen werden aber jede Kombination von Kauf- und Verkaufsoption (ESMA, Indicative List of Financial Instruments ESMA/2015/1598 Nr. 2). Das genannte Recht kann nur zu einem bestimmten Zeitpunkt oder in einem Zeitraum zu einem bestimmten Verfallsdatum ausgeübt werden[6]. Das Gestaltungsrecht des Optionsinhabers ist zwar unbedingt[7]. Eine Meldepflicht nach § 33 Abs. 3 WpHG entsteht mit dem Erwerb der Option aber noch nicht, weil der Inhaber der Option noch keinen Anspruch auf Übertragung von Aktien hat, sondern nur das Recht zum Erwerb oder zur Veräußerung. Der Inhaber der Option kann nur den Abschluss eines entsprechenden Vertrags verlangen.

40

Die im Vergleich zu § 33 WpHG **unterschiedlichen Meldeschwellen** nach § 38 WpHG lassen sich allenfalls damit begründen, dass zum Zeitpunkt des Erwerbs der Option noch völlig offen ist, ob zum Verfallszeitpunkt die Option gezogen, also der Abschluss des Vertrags verlangt wird. Ist die Option bedingt, entsteht das Gestaltungsrecht erst mit Eintritt der Bedingung z.B., dass der Kurs eine bestimmte Höhe erreicht hat. Vor Eintritt der Bedingung entsteht noch keine Meldepflicht nach § 38 WpHG. Eine Saldierung von Kauf- und Verkaufsoptionen ist bei der Berechnung der Stimmrechtsanteile unzulässig (§ 38 Abs. 4 Satz 2 WpHG).

41

---

1 BaFin, FAQ vom 26.11.2016, Frage 39 und 40.
2 VG Frankfurt/M. v. 4.11.2015 – 7 K 4703/15.F, AG 2016, 336 = EWIR 2016, 301 mit Anm. *Schilha/Lang*; *Söhner*, ZIP 2015, 2451, 2456.
3 BaFin, FAQ Mai 2018, Frage 42b.
4 BaFin, FAQ Mai 2018, Frage 4.
5 Art. 13 Abs. 1 RL 2013/50/EU sowie Meldeformular Anlage zu § 12 WpAV.
6 *Weidemann*, NZG 2016, 605, 608.
7 *Schürnbrand* in Emmerich/Habersack, Aktien- und GmbH-Konzernrecht, § 25 WpHG Rz. 7.

42 In der von ESMA erstellten Indikativen Liste von Finanzinstrumenten mit Erwerbsrechten (ESMA/2015/1598) werden ferner aufgelistet
- Irrevocable convertibles and exchanging bonds
- Instrumente, die sich auf einen Index beziehen
- Warrents (verbriefte Optionsscheine)
- repurchase agreements (Rückkaufvereinbarungen)
- Rights to recall lent shares (das Recht, verliehene Aktien zurückzufordern)
- sonstige bedingte Verträge, die keine Optionen oder Futures darstellen und
- hybrid Instrumente

Voraussetzung ist, dass in allen Fällen ein Recht des Inhabers zum Erwerb von Aktien begründet wird.

43 **3. Instrumente ohne Erwerbsrechte.** Instrumente, die kein Erwerbsrecht gewähren, aber eine vergleichbare wirtschaftliche Wirkung haben, bestehen vor allem dann, wenn sich aus dem Charakter eines Instruments ergibt, dass der Meldepflichtige mit hoher Wahrscheinlichkeit mit dem Erwerb von Stimmrechten rechnen kann[1]. Das gilt für bedingte CALL-Optionen, wenn die Gegenseite bar zu leisten oder zur Lieferung entsprechender Aktien berechtigt ist. Entscheidend ist, dass eine hohe Wahrscheinlichkeit besteht, dass der Inhaber einer Option die Aktien erhält.

44 **4. Einzelfälle, die keine Mitteilungspflicht begründen.** Das Gesetz enthält keine Regelung darüber, ob bestimmte Instrumente keine Mitteilungspflicht begründen. Ein solcher Safe Harbour, also eine Negativliste, besteht nicht. Eine abschließende Aufzählung der Fallgruppen von Instrumenten, die keine Meldepflicht begründen, ist nicht möglich. Möglich ist aber eine exemplarische Aufzählung. So begründen nach Ansicht der Verwaltungspraxis[2] keine Meldepflicht:
- gewerbliche Aktienpfandrechte;
- Vereinbarungen, die ausschließlich einem Dritten eine Erwerbsmöglichkeit verschaffen. Das gilt jedoch nicht, wenn mit hoher Wahrscheinlichkeit zu erwarten ist, dass der Dritte dem Meldepflichtigen die Möglichkeit verschafft, die Aktien zu erwerben. Zu denken ist nicht nur an nahe Familienangehörige, sondern an Kreditinstitute, die zwar auch nicht verpflichtet, so aber typischerweise Aktien vermitteln;
- soweit gem. § 305 AktG aufgrund einer Beherrschungs- oder Gewinnabführungsvertrags mit einer börsennotierten AG eine Verpflichtung zum Erwerb von mit Stimmrechten verbundenen Aktien gegen eine angemessene Abfindung auf Verlangen der außenstehenden Aktionäre besteht;
- soweit im Rahmen von Verschmelzungen oder Umwandlungsmaßnahmen nach dem UmwG mit Stimmrechten verbundenen Aktien an einem börsennotierten Unternehmen erworben werden können.

45 Unklar und streitig war früher, wie mit Termingeschäften in Gestalt von sog. **Cash Settled Equity Swaps** umzugehen ist, die dem Stillhalter ein Wahlrecht einräumen, zum Fälligkeits-/Verfallszeitpunkt seine Leistungspflicht entweder durch die Lieferung von Aktien (Realerfüllung) oder durch die Zahlung eines Barausgleichs zu erfüllen[3]. Das Entsprechende galt für die in Großbritannien üblichen und von der Financial Services Authority („FSA") in den Blick genommenen **Contracts for Difference** („CfDs")[4]. Auf den ersten Blick sprach das Fehlen einer einseitigen Erwerbsposition des Inhabers gegen die Einbeziehung solcher Instrumente in den Anwendungsbereich des § 25 WpHG a.F. Dieses Ergebnis überzeugte jedoch in den Fällen nicht, in denen die Vertragsparteien von Beginn an stillschweigend davon ausgehen, dass der Stillhalter sein Wahlrecht zugunsten der Realerfüllung ausüben wird, das Wahlrecht also nur pro forma vereinbart ist.

46 Vom Anwendungsbereich des § 25 WpHG a.F. ausdrücklich ausgeschlossen waren nach der Gesetzesbegründung zum Transparenzrichtlinie-Umsetzungsgesetz Finanzinstrumente, „die den Erwerb der Aktien davon abhängig machen, dass der Preis der zugrunde liegenden Aktien zu einem bestimmten Zeitpunkt ein bestimmtes Niveau erreicht"[5]. Gleiches muss umgekehrt auch in Fällen gelten, in denen das Optionsrecht verfällt, wenn der Kurs der zugrunde liegenden Aktie innerhalb eines zuvor festgelegten Zeitfensters ein bestimmtes Preisniveau unterschreitet.

---

1 S. auch Nr. 1 in ESMA, Indicative List of Financial Instruments, that are subject to notification requirements (ESMA/2015/1598).
2 BaFin, FAQ vom 26.11.2016, Frage 42.
3 Gegen eine Meldepflicht: *v. Bülow/Stephanblome*, ZIP 2008, 1797; *Meyer/Kiesewetter*, WM 2009, 340; für Meldepflicht, BaFin, Emittentenleitfaden 2013, Rz. VIII.2.9.1.; einschränkend: *Michel* in Just/Voß/Ritz/Becker, § 25 WpHG Rz. 19.
4 Die FSA definiert CfDs wie folgt: „A CfD is a contract between two parties where the buyer will receive from (or pay to) the seller, the difference between the value of a company's share at expiry and its value at the time of the contract. The buyer could also have the option to buy the shares at the later date although the CfD does not confer a right to buy them."
5 Begr. RegE, BT-Drucks. 16/2498, 37; Erwägungsgrund 13 Durchführungsrichtlinie 2007/14/EG vom 8.3.2007, ABl. EU Nr. L 69 v. 9.3.2007, S. 27, 28; vgl. auch *Schlitt/Schäfer*, AG 2007, 227, 233; *Hutter/Kaulamo*, NJW 2007, 471, 475; *Nießen*, NZG 2007, 41, 43; *Schnabel/Korff*, ZBB 2007, 179, 182.

Begründen lässt sich dies damit, dass der künftige Kurs ein ungewisses künftiges Ereignis, also eine **aufschiebende Bedingung**, darstellt. Meldepflichten entstehen aber nur für Stimmrechte aus unbedingten Erwerbsrechten, mag deren Entstehen auch befristet sein. Daraus wird deutlich, dass zu unterscheiden ist: Eine Bedingung liegt nur vor, wenn das künftige Ereignis „ungewiss" und nicht lediglich offen ist, zu welchem Zeitpunkt das Ereignis eintritt. Letzteres ist eine **Befristung**. „Wenn es in diesem Sommer regnet", ist in Deutschland keine Bedingung, sondern nur eine Befristung; denn jeden Sommer regnet es – jedenfalls in Deutschland. „Wenn der Kurs zum Fälligkeitstermin um 5 Prozent gestiegen ist", ist deshalb nicht ohne weiteres eine Bedingung; denn wenn ein Übernahmeangebot auf ein bestimmtes, kapital- und ertragsstarkes Unternehmen abgegeben wird, steigt der Kurs der Zielgesellschaft in aller Regel um mehr als 5 %[1].   47

Das Entsprechende gilt, wenn der Eintritt des künftigen Ereignisses allein vom Willen des Erwerbers abhängt („Potestativbedingung"); denn der Erwerber kann in diesem Fall jeder Zeit die „Bedingung" und damit auch das Entstehen des Erwerbsrechts herbeiführen. Das begründet die Meldepflichten.   48

Nach § 38 Abs. 1 Satz 1 Nr. 2 WpHG ist die früher streitige Frage geklärt; denn in ihrer Wirkung sind cash settled equity swaps den Instrumenten mit Erwerbsrechten wirtschaftlich vergleichbar.   49

Das Entsprechende gilt für sonstige gentlemen agreements oder Instrumenten, bei denen der Markt aufgrund der in der Praxis üblichen Usancen von einer Lieferung von Aktien ausgeht[2].   50

Unter § 38 Abs. 1 Satz 1 Nr. 2 WpHG fallen ferner **Call-Optionen** und **Futures/Forwards**, die eine Lieferung von Aktien vorsehen, **diese aber noch unter einer weiteren aufschiebenden Bedingung stehen**, deren Eintritt der Halter der Call-Option nicht einseitig herbeiführen kann[3]. Vom Stillhalter zu berücksichtigen sind ferner **Put-Optionen** mit Barausgleich. Der Stillhalter kann die Gegenpartei dazu bringen, dass diese eine Position in der betreffenden Aktie aufbaut, auf die der Stillhalter in der Folgezeit zugreifen kann[4].   51

Die bei Unternehmensübernahmen üblichen **hard irrevocables** beinhalten eine unwiderrufliche Zusage zur Annahme eines Angebots, **soft irrevocables** sind bedingte Zusagen abhängig davon, ob weitere Übernahmeangebote abgegeben werden. Das führt zu Meldepflichten nach § 38 Abs. 1 Satz 1 Nr. 2 WpHG. **Vorkaufsrechte** begründen keine Meldepflicht nach § 38 Abs. 1 Satz 1 Nr. 1 WpHG; denn das Erwerbsrecht kann von dem Berechtigten erst ausgeübt werden, wenn der Vorkaufsfall eintritt. Der Vorkaufsberechtigte kann den Vorkaufsfall nicht herbeiführen. Das Recht ist bedingt. Daher war früher eine Meldepflicht nach § 25a WpHG a.F. begründet[5]. Heute folgt die Meldepflicht aus § 38 Abs. 1 Satz 1 Nr. 2 WpHG.   52

Streitig ist, ob **Gesellschaftervereinbarungen (Konsortialverträge)** mit Vorerwerbsrechten als mitteilungspflichtiges Finanzinstrument zu bewerten sind[6]. Das VG Frankfurt[7] lehnt dies ab; denn solche Vereinbarungen dienten nicht dem intransparenten Aufbau größerer Stimmrechtspositionen. Nach dem vormaligen § 25 WpHG (jetzt § 38 Abs. 1 Satz 1 Nr. 2 WpHG) folgte dies aus dem Sinn und Zweck der Vorschrift[8]. Eine einschränkende Auslegung wegen fehlendem Transparenzinteresse ist indessen nicht gerechtfertigt. Mitteilungspflichten können sich jedoch schon aus §§ 33 Abs. 1, 34 Abs. 2 WpHG ergeben, wenn ein acting in concert vorliegt.   53

Tag-along-Klauseln gewähren Mitveräußerungsrechte für einen Gesellschafter, wenn ein anderer Gesellschafter seine Aktien veräußern will. **Drag-along-Klauseln** begründen Veräußerungspflichten. Für den Berechtigten bzw. den Verpflichteten entstehen keine Meldepflichten. „Aus Sicht des veräußerungswilligen Gesellschafters könnte dies jedoch anders im Beurteilen sein, da er aus seiner Sicht durch den Verkauf seiner Aktien den Erwerb von mit Stimmrechten verbundenen Aktien durch einen Dritten ermöglicht"[9]. § 38 Abs. 1 Satz 1 Alt. 2 WpHG begründet Meldepflichten auch, wenn Dritte eine Erwerbsmöglichkeit erhalten.   54

V. Meldeschwellen. 1. Die Ausgangslage. Bei § 38 WpHG gelten dieselben Meldeschwellen wie nach § 33 Abs. 1 Satz 1 WpHG, mit Ausnahme der Schwelle von 3 %. Der Meldepflichtige verfügt zwar nicht über Stimmrechte. Die Meldepflicht knüpft vielmehr an die Möglichkeit des Erwerbs von Aktien und damit der Erlangung von Stimmrechten an.   55

2. Berechnung der meldepflichtigen Stimmrechte (§ 38 Abs. 3 WpHG). Durch § 25a WpHG a.F. (jetzt § 38 Abs. 3 WpHG) wurde Art. 13 Abs. 1a Satz 1–4 RL 2013/50/EU (Transparenzrichtlinie III) umgesetzt.   56

---

1 Im Ergebnis zweifelnd: *Schlitt/Schäfer*, AG 2007, 227, 233 („wirtschaftliche Hürde").
2 S. schon *Uwe H. Schneider/Brouwer*, AG 2008, 557, 563.
3 BaFin, Emittentenleitfaden 2013, Rz. VIII.2.9.1.
4 S. auch ESMA, Indicative List of Instruments 2015/1598.
5 BaFin, Emittentenleitfaden 2013, Rz. VIII.2.9.1.
6 S. dazu BaFin, Emittentenleitfaden 2013, Rz. VIII.2.9.1 (S. 140, 142) sowie jetzt nach Änderung der Verwaltungspraxis FAQ Mai 2018, Frage 42a; VG Frankfurt/M. v. 4.11.2015 – 7 K 4703/15.F, AG 2016, 336 = WM 2016, 267; *Hitzer/Hauser*, AG 2015, 891; *Rück/Heusel*, NZG 2016, 897.
7 VG Frankfurt/M. v. 4.11.2015 – 7 K 4703/15.F, AG 2016, 336 mit Anm. *Schilha/Lang*, EWIR 2016, 301.
8 A.A. *Dietrich*, WM 2016, 1577; *Rück/Heusel*, NZG 2016, 897, 899.
9 BaFin, Emittentenleitfaden 2013, Rz. VIII.2.9.1.

57 **a) Die gesetzliche Regel.** Nach § 38 Abs. 3 WpHG ist die Anzahl der für die Mitteilungspflicht maßgeblichen Stimmrechte anhand der vollen nominalen Anzahl der dem Instrument zugrunde liegenden Aktien zu berechnen. Das bedeutet, dass an die Stelle der gehaltenen Stimmrechte, die nach § 33 Abs. 1 WpHG zu melden sind, die Stimmrechte, die Gegenstand des Erwerbsrechts sind, treten[1].

58 **b) Der Delta-Faktor.** § 38 Abs. 3 Satz 2 WpHG enthält für Instrumente, **die ausschließlich einen Barausgleich vorsehen**, eine von der Grundform abweichende Regel. Früher waren nach deutschem Recht, nämlich nach §§ 25, 25a WpHG a.F. alle derivativen Finanzinstrumente **zum Nominal der Basiswerte** meldepflichtig[2].

59 Das hat sich geändert. Ziel der Änderung, die höchst umstritten war[3], soll sein, dass die Mitteilung möglichst wirklichkeitsnah ist. Erkauft wird dies mit einer höchst komplizierten Regelung.

60 § 38 Abs. 4 WpHG verweist nun auf den technischen Regulierungsstandard zur Umsetzung von Art. 13 Abs. 1a und 1b RL 2013/50/EU (Transparenzrichtlinie III). Anzuwenden ist Art. 5 DelVO 2015/761. Hiernach soll die nominale Anzahl der zugrunde liegenden Aktien mit dem Delta des Instruments multipliziert werden[4]. Das Delta soll angeben, in welchem Umfang sich der theoretische Wert eines Instruments im Falle einer Kursschwankung des zugrunde liegenden Instruments ändern würde.

61 Nach § 38 Abs. 3 Satz 2 WpHG ist der **Deltafaktor variabel** und vom Meldepflichtigen anhand des zugrunde liegenden Instruments zu bestimmen. Nach Art. 5 Abs. 6 DelVO 2015/761 soll die Anzahl der Stimmrechte täglich unter Berücksichtigung des letzten Schlusskurses der zugrunde liegenden Aktien berechnet werden[5]. Der Inhaber des Instruments ist gehalten für ein bestimmtes Instrument stets dasselbe Model anzuwenden[6]. Der Berechnungsmodus ist in Art. 5 DelVO 2015/761 beschrieben.

62 Der variable Multiplikator „Delta" bezeichnet dabei den Differenzwert zwischen dem Kurs der Aktie und dem Optionswert; denn die Erfahrung zeigt, dass der Optionswert nicht notwendig dem Kurswert der Aktie folgt, sondern auch von anderen Faktoren abhängt. Deshalb muss der Stimmhalter die Zahl der zur Glattstellung seiner Position benötigten Aktien ständig neu ermitteln, wenn erforderlich, Zu- oder Abverkäufe vornehmen – und gegebenenfalls melden. Beispiel: Der Investor kauft 20 Call Optionen. Wenn der Kurswert der Aktien um 100 % steigt, die Optionen aber nur um 75 %, so ist das Delta für die Optionen 0,75.

63 **VI. Aktienkorb, Index (§ 38 Abs. 4 WpHG).** Hält der Meldepflichtige Instrumente, die sich auf einen Aktienkorb oder einen Index beziehen, so sind die Stimmrechte der gehaltenen Aktien nach Maßgabe von Art. 4 DelVO 2015/761 zu berücksichtigen. Art. 4 DelVO 2015/761 bestimmt, dass die Stimmrechte auf der Grundlage des Gewichts der Aktie in dem Aktienkorb oder Index berechnet werden, wenn eine der folgenden Bedingungen zutrifft:

– Erstens: Die Stimmrechte an einen bestimmten Emittenten, die über ein Finanzinstrument gehalten werden, die sich auf den Korb oder Index beziehen, entsprechen mindestens 1 % der mit Aktien dieses Emittenten verbundenen Stimmrechte; oder
– Zweitens: Die Aktien in dem Korb oder Index entsprechen mindestens 20 % des Wertes der Wertpapiere in dem Korb oder Index.

64 Bezieht sie ein Instrument auf eine Reihe von Aktienkörben oder Indizes, so sollen nach Art. 4 Abs. 2 DelVO 2015/761 die Stimmrechte, die über die einzelnen Aktienkörbe oder Indizes gehalten werden, von denen jeder für sich unter der festgelegten Schwelle liegt, nicht kumuliert werden (s. auch Erwägungsgrund Nr. 5 DelVO 2015/761).

65 **VII. Nichtberücksichtigung von Stimmrechten.** Nach § 38 Abs. 1 Satz 2 WpHG sind die Regeln zur Nichtberücksichtigung von Stimmrechten nach §§ 36 und 37 WpHG entsprechend bei Stimmrechten aus Instrumenten heranzuziehen[7]. So bleiben bei einem Kreditinstitut bei der Berechnung des Stimmrechtsanteils nach § 36 Abs. 1 WpHG Stimmrechte aus Aktien eines Emittenten unberücksichtigt, wenn die betreffenden Aktien im Handelsbuch gehalten werden und der Anteil nicht mehr als 5 % der Stimmrechte beträgt. Das Entsprechende gilt für „Instrumente", die im Handelsbuch gehalten werden.

66 **VIII. Eingangsmeldeschwelle und Zusammenrechnung. 1. Die Eingangsschwelle von 5 % (§ 38 Abs. 1 Satz 1 WpHG).** Eine Mitteilungspflicht bei Finanzinstrumenten und sonstigen Instrumenten besteht erst ab **5 %** der mit den Instrumenten erzielbaren Stimmrechte. Die Abweichung gegenüber der 3 %igen Meldeschwelle des § 33 WpHG soll „die Belastung der Beteiligten auf das für die Transparenz notwendige Maß reduzieren"[8].

---

1 *Schürnbrand* in Emmerich/Habersack, Aktien- und GmbH-Konzernrecht, § 25 WpHG Rz. 20.
2 *Fleischer/Schmolke*, NZG 2010, 846; *Krause*, AG 2011, 469, 480; *Renn/Weber/Gotschev*, AG 2012, 440.
3 *Parmentier*, AG 2014, 15, 21.
4 Erwägungsgrund Nr. 10 RL 2013/50/EU; Begr. RegE, BT-Drucks. 18/5010, 47.
5 BaFin, FAQ vom 26.11.2016, Frage 44.
6 Art. 5 Abs. 4 DelVO 2015/761.
7 BaFin, FAQ vom 26.11.2016, Frage 45.
8 Begr. RegE, BT-Drucks. 16/2498, 37; kritisch gegenüber dieser Differenzierung zu Recht *Weber*, NJW 2007, 3688, 3692.

Überzeugend ist das nicht[1]. Im Übrigen gelten die in § 33 Abs. 1 Satz 1 WpHG aufgeführten Meldeschwellen von 10, 15, 20, 25, 30, 50 und 75 %.

2. Zusammenrechnung mit anderen Beteiligungen. a) Aggregation unterschiedlicher Instrumente (§ 38 Abs. 4 WpHG). Verschiedene Finanzinstrumente, die sich auf **Aktien des gleichen Emittenten** beziehen, sind nach § 38 Abs. 4 WpHG zusammenzurechnen („Aggregation"). Nach § 38 WpHG meldepflichtig ist daher, wer (potentielle) Stimmrechte aus Aktien derselben Gesellschaft etwa aus Optionen i.H.v. 1,5 % sowie aus Festgeschäften i.H.v. 0,5 % und Umtauschanleihen i.H.v. 3 % hält und somit insgesamt die Eingangsschwelle von 5 % erreicht.

b) Aggregation mit Beteiligungen nach den §§ 33, 34 WpHG und Finanzinstrumente nach § 38 WpHG. Die Mitteilungspflicht von Stimmrechten aus Finanzinstrumenten nach § 38 WpHG stand bis zur Änderung des § 25 WpHG (jetzt § 38 Abs. 1 Satz 3 WpHG) durch das Risikobegrenzungsgesetz[2] selbständig neben derjenigen aus gehaltenen oder zugerechneten Beteiligungen. Soweit nicht etwas anderes bestimmt war, fand eine **Aggregation**, also eine **Zusammenrechnung der unterschiedlichen Bestände** nach § 25 Abs. 1 Satz 3 WpHG a.F. **nicht** statt.

Der Halter von Stimmrechten aus Aktien i.H.v. 2,99 % konnte daher weitere potentielle Stimmrechte aus Finanzinstrumenten bis zu einer Höhe von 4,99 % hinzu erwerben, ohne seine Bestände offenlegen zu müssen. Denn er war weder nach § 21 WpHG a.F. (jetzt § 33 WpHG) meldepflichtig, da die maßgebliche 3 %-Schwelle nicht erreicht wurde, noch bedurfte es einer Mitteilung nach § 25 Abs. 1 WpHG a.F. (jetzt § 38 WpHG), da die für sonstige Finanzinstrumente entscheidende 5 %-Schwelle nicht erreicht war.

§ 38 Abs. 4 WpHG verlangt dagegen jetzt eine **Zusammenrechnung der Stimmrechte aus Finanzinstrumenten und sonstigen Instrumenten**, die der Meldepflichtige hält oder die dem Meldepflichtigen zugerechnet werden. Erreicht wird damit eine Steigerung der „Aussagekraft der Meldungen über Änderungen wesentlicher Stimmrechtsanteile".

Durch diese Regelung über die Zusammenrechnung wird die **Eingangsschwelle von 5 %** des § 38 WpHG **relativiert**. Die Zusammenrechnung erfolgt freilich nur für die Zwecke des § 38 WpHG. Nach § 38 WpHG zu melden ist daher bspw. bereits dann, wenn der Halter über 2 % der Stimmrechte aus Aktien verfügt und weitere (potentielle) Stimmrechte i.H.v. 4 % aus Termingeschäften hinzu erwirbt. Die für § 38 WpHG maßgebliche 5 %-Schwelle führt allerdings weiterhin dazu, dass der Halter von Stimmrechten aus Aktien i.H.v. 2,99 % und (potentiellen) Stimmrechten aus Optionen i.H.v. 2 % nicht meldepflichtig ist. Er ist es weder nach § 33 WpHG, weil nach § 33 WpHG nur solche Stimmrechte zu melden sind, die aus Aktien stammen, noch ist er es nach § 38 WpHG, weil die Eingangsschwelle i.H.v. 5 % nicht erreicht ist. Ist aber durch gehaltene Stimmrechte die 3 %-Meldeschwelle erreicht, so ist dies zu melden, auch wenn zugleich die meldepflichtige 5 %-Meldeschwelle auf Grund der Zusammenrechnung mit Finanzinstrumenten erreicht ist[3].

Eine Ausnahme besteht weiterhin bei **dinglich ausgestalteten Optionen**, die nach §§ 33, 34 Abs. 1 Satz 1 Nr. 5 WpHG bereits beim Erreichen von 3 % der (potentiellen) Stimmrechte zu melden sind. Für diese Fälle ist vorgesehen, dass solche Finanzinstrumente bei der Zusammenrechnung mit Beteiligungen nach den §§ 33, 34 WpHG im Rahmen von § 38 WpHG nur einmal zu berücksichtigen sind. Der Erwerber von Stimmrechten aus Aktien derselben Gesellschaft i.H.v. 1 % und (potentiellen) Stimmrechten aus dinglichen Optionen i.H.v. 2 % sowie aus schuldrechtlichen Optionen i.H.v. 3 % hat daher lediglich eine 3 %-Meldung nach den §§ 33, 34 Abs. 1 Nr. 5 WpHG abzugeben. Eine Meldepflicht nach § 38 WpHG besteht hingegen nicht, weil die (potentiellen) Stimmrechte aus den dinglichen Optionen bereits bei der Meldung nach § 33 WpHG erfasst wurden, die Zusammenrechnung nach § 38 Abs. 1 Satz 3 WpHG daher nur einen Stimmrechtsanteil von 4 % (3 % + 1 %) ergibt.

c) Doppelmeldungen. § 25 Abs. 1 Satz 4 WpHG a.F. sollte **Doppelmeldungen** vorbeugen, indem er die Mitteilungspflicht nach § 38 WpHG auf die Fälle beschränkt, durch die infolge der Zusammenrechnung erneut gesetzliche Meldeschwellen erreicht, überschritten oder unterschritten werden[4]. Dabei handelt es sich um eine generelle, nicht nur auf dingliche Optionen beschränkte Regelung. **§ 25 Abs. 2 Satz 2 WpHG** i.d.F. des Transparenzrichtlinie-Umsetzungsgesetzes, der zusätzliche Meldungen früher nur bei bereits erfolgten Meldungen aufgrund von § 22 Abs. 1 Satz 1 Nr. 5 WpHG a.F. entbehrlich machte, **entfällt** entsprechend **ersatzlos**.

Wurden danach bspw. bereits nach §§ 21 ff. WpHG a.F. Stimmrechte aus Aktien i.H.v. 5 % gemeldet und erwarb der Halter weitere (potentielle) Stimmrechte aus Termingeschäften i.H.v. 3 %, war nach § 25 WpHG a.F. nicht zu melden, da keine weitere in § 21 WpHG a.F. genannte Schwelle erreicht wurde. Erwirbt derselbe zusätzliche Stimmrechte aus Optionen i.H.v. 2 %, ergibt die Zusammenrechnung nach § 38 Abs. 1 Satz 3

---
1 S. dazu Uwe H. Schneider/Brouwer, AG 2008, 557 f.
2 BGBl. I 2008, 1666.
3 BaFin, Emittentenleitfaden 2013, Rz. VIII.2.8.1.
4 Begr. RegE Risikobegrenzungsgesetz, BT-Drucks. 16/7438, 12.

WpHG (5 % + 3 % + 2 %) insgesamt 10 %, so dass wegen des Erreichens der 10 %-Schwelle des § 33 WpHG eine „zusätzliche" Mitteilung nach § 38 WpHG zu erfolgen hat. Entsprechend ist nach der Meldung des Erreichens der 50 %-Schwelle nach § 33 WpHG, eine zusätzliche Meldung nach § 38 WpHG erst beim Erreichen der 75 %-Schwelle erforderlich. Dem Halter von bereits 50 % der Stimmrechte war es damit möglich, eine weitere Beteiligungsposition i.H.v. 24,99 % aufzubauen, ohne dabei einer zusätzlichen Mitteilungspflicht zu unterliegen[1].

75 Das hat sich geändert. Durch das Anlegerschutz- und Funktionsverbesserungsgesetz wurde § 25 Abs. 1 Satz 4 WpHG a.F. **gestrichen**. Das bedeutet: Für die Meldepflicht sind die Meldeschwellen getrennt zu ermitteln[2]:
- Nach § 38 Abs. 1 Satz 1 WpHG ist zu melden, wenn durch das Zusammenrechnen der Finanzinstrumente und der sonstigen Instrumente die Schwellen, die in § 38 WpHG genannt sind, berührt werden.
- Nach § 38 Abs. 1 i.V.m. Satz 3 WpHG ist zu melden, wenn durch die Zusammenrechnung Meldeschwellen berührt werden.

Die Berührung einer Schwelle löst aber nur einmal eine Meldepflicht aus.

76 **d) Anpassung der inhaltlichen Anforderungen an die Mitteilungen nach WpAV.** Wegen der durch das Risikobegrenzungsgesetz eingeführten Zusammenrechnung von bestehenden und potentiellen Stimmrechten, wurden redaktionelle Folgeänderungen der Wertpapierhandelsanzeigeverordnung (WpAV) erforderlich, um den gemeldeten Stimmrechtsanteil transparent zu machen.

77 **e) Das Verhältnis von § 38 WpHG zu § 34 Abs. 1 Satz 1 Nr. 5 WpHG.** Unter Rückgriff auf die Entwurfsbegründung ist für **dinglich ausgestaltete Optionen** das Verhältnis von § 38 WpHG zu § 34 Abs. 1 Satz 1 Nr. 5 WpHG im Grundsatz geklärt, mögen im Detail auch viele Fragen offen sein: Dinglich ausgestaltete Optionen können danach sowohl Meldepflichten nach den §§ 33, 34 WpHG als auch nach § 38 WpHG auslösen. Eine Meldung nach § 38 WpHG darf jedoch unterbleiben, wenn und soweit sie bereits mit einer Meldung nach § 33 WpHG abgedeckt ist. Das gilt für Finanzinstrumente als auch für sonstige Instrumente. Schon § 25 WpHG a.F. wurde insoweit durch das Anlegerschutz- und Funktionsverbesserungsgesetz ergänzt.

78 Im Übrigen gilt es, zwischen schuldrechtlich ausgestalteten Finanzinstrumenten und anderen schuldrechtlichen Erwerbsrechten zu unterscheiden: Für schuldrechtlich ausgestaltete Finanzinstrumente ist **§ 38 WpHG** gegenüber § 34 Abs. 1 Satz 1 Nr. 5 WpHG **lex specialis**. Anderenfalls würden die höhere Eingangsmeldeschwelle von 5 % anstatt 3 % sowie die besonderen Regelungen über die Zusammenrechnung mit anderen Beteiligungen unterlaufen. Für **andere schuldrechtliche Erwerbsrechte**, die nicht unter § 38 WpHG fallen, wie etwa Erwerbsrechte aus Kaufverträgen oder einem Wertpapierdarlehen, gilt weiterhin die Vorschrift des § 34 Abs. 1 Satz 1 Nr. 5 WpHG. Das Ergebnis, dass nämlich für schuldrechtliche Finanzinstrumente eine Eingangsmeldeschwelle von 5 %, alle übrigen schuldrechtlichen Erwerbsrechte hingegen bereits ab dem Erreichen von 3 % zu melden sind, erscheint auf den ersten Blick freilich inkonsistent. Es ist aber die Folge der vom Gesetzgeber gewählten uneinheitlichen Behandlung von erwerbsberechtigenden Finanzinstrumenten einerseits und sonstigen Erwerbsrechten andererseits.

79 **IX. Verfall des Erwerbsrechts oder der Erwerbsmöglichkeit.** Entfällt das Erwerbsrecht oder die Erwerbsmöglichkeit, so bedarf es einer besonderen **Verfallsmitteilung**. Das folgt aus dem Wortlaut des § 38 Abs. 1 WpHG; denn Mitteilungspflichten entstehen auch beim **Unterschreiten** der in § 33 Abs. 1 Satz 1 WpHG genannten Schwellen mit Ausnahme der Schwelle von 3 %.

80 **X. Rechtsfolgen. 1. Mitteilungspflichten. a) Entstehen der Mitteilungspflicht.** Die Pflicht zur Mitteilung entsteht mit Beginn des Haltens des Instruments. Das Recht zum Erwerb von Aktien wird bereits **mit Erwerb des jeweiligen Instruments** erworben. Auf den späteren **Ausübungszeitpunkt** des Erwerbsrechts kommt es dagegen nicht an. Das folgt mittelbar aus den verpflichtenden Angaben in dem der WpAV angefügten Formular und § 38 Abs. 3 Satz 1 WpHG. Danach hat bei Instrumenten mit einem bestimmten Ausübungszeitraum die Mitteilung einen Hinweis auf den Zeitpunkt zu enthalten, an dem die Aktien erworben werden sollen oder können. Eine solche Information bedürfte es indessen nicht, wenn die Meldepflicht erst zum (erstmaligen) Ausübungszeitpunkt greifen würde[3]. Eine Mitteilungspflicht durch **Verlust des Erwerbsrechts** (Unterschreiten relevanter Meldeschwellen) kann insbesondere durch die Weiterveräußerung von Optionen oder der Nichtausübung des Optionsrechts entstehen.

81 Mitteilungspflichten entstehen auch bei kurzfristigen Über- oder Unterschreitungen von Meldeschwellen. Die **BaFin** lässt allerdings eine **tageweise Saldierung** in Bezug auf Schwellenüber- oder -unterschreitungen zu. Unzulässig ist es dagegen, Long- mit Short-Positionen gegenseitig aufzurechnen[4].

---

1 Dazu kritisch: Wilsing/Goslar, DB 2007, 2467, 2470.
2 Krause, AG 2011, 469, 475.
3 So zu Recht Schlitt/Schäfer, AG 2007, 227, 234.
4 S. jeweils BaFin, Häufig gestellte Fragen zu den §§ 21 ff. WpHG, Stand: Februar 2008, www.bafin.de; BaFin, Emittentenleitfaden 2013, Rz. VIII.2.8.3.5.

b) Frist der Mitteilung. Die Mitteilung hat nach § 38 WpHG **unverzüglich** nach dem hypothetischen Erreichen, Über- oder Unterschreiten der relevanten Meldeschwellen, spätestens jedoch innerhalb von vier Handelstagen zu erfolgen, § 33 Abs. 1 Satz 1 WpHG analog[1]. 82

Entsprechend § 33 Abs. 1 Satz 3 WpHG **beginnt die Frist** mit dem Zeitpunkt, zu dem der Meldepflichtige Kenntnis davon hat oder nach den Umständen haben musste, dass sein hypothetischer Stimmrechtsanteil die genannten Schwellen erreicht, überschreitet oder unterschreitet. Dabei wird entsprechend § 33 Abs. 1 Satz 3 WpHG **vermutet**, dass der Meldepflichtige zwei Handelstage nach dem hypothetischen Erreichen, Überschreiten oder Unterschreiten der genannten Schwellen Kenntnis hat. 83

c) Adressat der Mitteilung. Adressat der Mitteilung ist *erstens* der Emittent der zugrunde liegenden Aktien, deren Erwerb das Finanzinstrument ermöglicht, und *zweitens* die Bundesanstalt für Finanzdienstleistungsaufsicht. 84

d) Inhalt der Mitteilung. Für eine Mitteilung nach § 33 Abs. 1, 1a und § 38 Abs. 1 WpHG ist das Formular der Anlage zur WpAV zu verwenden. Im Formular, das dem Anhang zur WpAV beigefügt ist, ist vorgesehen, dass der Anteil der Stimmrechte, der Anteil der Instrumente, die Summe der Anteile sowie die Gesamtzahl der Stimmrechte getrennt anzugeben sind. 85

Die Mitteilung ist schriftlich oder mittels Telefax in deutscher oder englischer Sprache an den Emittenten und die Bundesanstalt für Finanzdienstleistungsaufsicht zu übersenden (§ 14 WpAV). 86

2. Rechtsfolgen bei unterlassener Mitteilung. Ein Verstoß gegen die Mitteilungspflicht nach § 38 WpHG zieht nach § 120 Abs. 2 Nr. 2 lit. d WpHG lediglich eine Geldbuße nach sich. Die Höhe des angedrohten Bußgelds (s. § 44 WpHG Rz. 99) ist im Vergleich zu möglichen Gewinnen des Mitteilungspflichtigen, zum Schaden im Kapitalmarkt und im Vergleich zu den Kartellbußen lächerlich wenig. Eine Gewinnabschöpfung erfolgt in der Regel nicht. Begründet wurden die niedrigen Geldbußen mit den zusätzlichen Rechtsfolgen des § 44 WpHG. Diese praktisch bedeutsamen Rechtsfolgen, nämlich der Verlust von Rechten aus Aktien, treten im vorliegenden Fall aber nicht ein, denn wer als Halter von Finanzinstrumenten seine Pflichten verletzt, erleidet keinen Rechtsverlust. Der Aktionär verliert seine Rechte nur, wenn er mit dem Halter der Finanzinstrumente im Wege des acting in concert zusammenwirkt. 87

§ 39 Mitteilungspflichten bei Zusammenrechnung; Verordnungsermächtigung

(1) Die Mitteilungspflicht nach § 33 Absatz 1 und 2 gilt entsprechend für Inhaber von Stimmrechten im Sinne des § 33 und Instrumenten im Sinne des § 38, wenn die Summe der nach § 33 Absatz 1 Satz 1 oder Absatz 2 und § 38 Absatz 1 Satz 1 zu berücksichtigenden Stimmrechte an demselben Emittenten die in § 33 Absatz 1 Satz 1 genannten Schwellen mit Ausnahme der Schwelle von 3 Prozent erreicht, überschreitet oder unterschreitet.

(2) Das Bundesministerium der Finanzen kann durch Rechtsverordnung, die nicht der Zustimmung des Bundesrates bedarf, nähere Bestimmungen erlassen über den Inhalt, die Art, die Sprache, den Umfang und die Form der Mitteilung nach Absatz 1. Das Bundesministerium der Finanzen kann die Ermächtigung durch Rechtsverordnung auf die Bundesanstalt übertragen, soweit die Art und die Form der Mitteilung nach Absatz 1, insbesondere die Nutzung eines elektronischen Verfahrens, betroffen sind.

In der Fassung des 2. FiMaNoG vom 23.6.2017 (BGBl. I 2017, 1693).

Schrifttum: *Burgard/Heimann*, Beteiligungspublizität nach dem Regierungsentwurf eines Gesetzes zur Umsetzung der Transparenzrichtlinie-Änderungsrichtlinie, WM 2015, 1445; *Parmentier*, Die Revision der EU-Transparenzrichtlinie für börsennotierte Unternehmen, AG 2014, 15; *Stephan*, Die WpHG-Änderungen vom November 2015, Der Konzern 2016, 53.

I. Sinn und Zweck der Vorschrift 1	IV. Meldeschwelle 6
II. Anzurechnende Stimmrechte 4	V. Abgabe der Meldung 10
III. Nicht anzurechnende Stimmrechte 5	VI. Sanktionen 11

I. Sinn und Zweck der Vorschrift. § 39 WpHG entspricht § 25a WpHG i.d.F. durch das Transparenzrichtlinie-Änderungsrichtlinie-Umsetzungsgesetz. Die Vorschrift ist mehrfach geändert worden. § 25a WpHG i.d.F. 1

---

1 Vgl. I. 6. BaFin, Merkblatt – Hinweise zu den Mitteilungs- und Veröffentlichungspflichten gem. §§ 21 ff. WpHG, www.bafin.de.

durch das Transparenzrichtlinie-Änderungsrichtlinie-Umsetzungsgesetz unterscheidet sich grundlegend von § 25a WpHG i.d.F. durch das Anlegerschutz- und Funktionsverbesserungsgesetz (BGBl. I 2011, 538). Die Vorschrift i.d.F. durch das Anlegerschutz- und Funktionsverbesserungsgesetz ist in § 38 WpHG aufgenommen.
Durch § 39 WpHG in seiner heutigen Fassung wird Art. 13a RL 2013/50/EU (Transparenzrichtlinie III) umgesetzt. Die Vorschrift hat einen völlig neuen Regelungsinhalt. § 39 WpHG soll die Rechtssicherheit verbessern, die Transparenz steigern und den Verwaltungsaufwand für grenzüberschreitend tätige Anleger verringern. Nach Erwägungsgrund 12 RL 2013/50/EU ist es den Mitgliedstaaten nicht erlaubt, Vorschriften zu erlassen, die strenger sind als jene der RL 2004/109/EG.

2   Die Vorschrift ist Teil der Neuordnung des Offenlegungsrechts. Es handelt sich um die **dritte Säule** des reformierten Melderechts. Die Vorschrift regelt eine zusätzliche Offenlegung. Zu diesem Zweck schreibt sie nicht nur die Offenlegung der Summe, der offenzulegenden Stimmrechte vor, sondern sie hat auch selbständigen Informationscharakter. Denkbar sind nämlich auch Meldungen, die nur einer Meldpflicht nach § 39 WpHG nicht aber nach § 33 WpHG oder § 38 WpHG auslösen. Das macht ein Beispiel deutlich: Hält der Mitteilungspflichtige 2,6 % der Stimmrechte aus Finanzinstrumente und 2,6 Stimmrechte aus Aktien, so ist er nur nach § 39 WpHG wegen Überschreitens der 5 %-Schwelle hinsichtlich der Summe der Aktien offenlegungspflichtig. Hält dagegen der Mitteilungspflichtige 5 % der Stimmrechte aus Aktien und 10 % der Stimmrechte aus Finanzinstrumenten, so ist er nach § 33 WpHG und nach § 38 WpHG und nach § 39 WpHG offenlegungspflichtig[1].

3   Sinn und Zweck der Vorschrift ist es, dem Markt einen Gesamtüberblick zu verschaffen, und zwar der Stimmrechtsanteile aus Aktien nach § 33 WpHG sowie § 34 WpHG und der Stimmrechtsanteile aus Instrumenten, § 38 WpHG.

4   **II. Anzurechnende Stimmrechte.** § 39 WpHG begründet eine zusätzliche Meldpflicht, wenn die Summe aller Stimmrechte an denselben Emittenten, die in § 33 Abs. 1 Satz 1 WpHG genannten Meldeschwellen mit Ausnahme der Meldeschwelle von 3 % erreicht, überschreitet oder unterschreitet. – Bei der Zusammenrechnung sind alle meldepflichtigen Stimmrechte zu berücksichtigen. Dazu gehören auch alle indirekt gehaltenen Stimmrechte, die nach § 33 Abs. 3 WpHG den Meldepflichtigen „gehören". Und dazu gehören auch alle indirekt gehaltenen Stimmrechte, die nach § 34 WpHG zugerechnet werden. Ferner gehören dazu alle Stimmrechte aus Instrumenten, die indirekt gehalten werden. Dabei macht es keinen Unterschied, ob solche Stimmrechte kurzfristig oder auf Dauer gehalten werden.

5   **III. Nicht anzurechnende Stimmrechte.** Nicht anzurechnen sind die Stimmrechte, die nach § 36 WpHG nicht zu berücksichtigen sind. Dazu gehören insbesondere die Stimmrechte, die nach § 36 Abs. 1 WpHG zum **Handelsbestand** gehören. Allerdings gilt dies nur für den Handelsbestand, der nicht mehr als 5 % der Stimmrechte beträgt, § 36 Abs. 1 Nr. 2 WpHG. Der darüber hinaus gehende Anteil ist in die Gesamtsumme aufzunehmen. Ferner sind die Stimmrechte nicht anzurechnen, die nach § 36 Abs. 2 WpHG zu Stabilisierungszwecken erworben werden. Werden Stimmrechte mehrfach in Zurechnungsnormen, also vor allem in § 34 WpHG erfasst, so werden sie nur einfach aufgerufen und in die Summe aufgenommen. Eine mehrfache Berücksichtigung würde zur Täuschung des Marktes führen.

6   **IV. Meldeschwelle.** Die Mitteilungspflicht nach § 33 Abs. 1 und 2 WpHG gilt entsprechend für Inhaber von Stimmrechten i.S.d. § 33 WpHG und Instrumenten i.S.d. § 38 WpHG. Voraussetzung ist, dass die Summe der nach § 33 Abs. 1 Satz 1 oder Abs. 2 und § 38 Abs. 1 Satz 1 WpHG zu berücksichtigen Stimmrechte an denselben Emittenten die in § 38 Abs. 1 Satz 1 WpHG genannten Schwellen erreicht, überschreitet oder unterschreitet. Eine Ausnahme bildet die **Schwelle von 3 %**. Die zuletzt genannte Ausnahme ist unverständlich. Sie ist weder durch das Erfordernis nach Transparenz und schon gar nicht im Blick auf die Verringerung des Verwaltungsaufwands gerechtfertigt.

7   Die Meldpflicht nach § 39 WpHG besteht unabhängig davon, ob zugleich die Meldschwellen aufgrund von § 33 Abs. 1 und/oder Abs. 3 WpHG und die Meldeschwelle nach § 38 WpHG berührt, über- oder unterschritten wurde. Das bedeutet, dass eine Zusammenrechnung nach § 39 WpHG auch dann stattfindet, wenn keine Instrumente nach § 38 WpHG gehalten werden[2].

8   Beim Vorliegen der jeweiligen Tatbestandsvoraussetzungen sind u.U. Mehrfachmeldungen geboten, nämlich nach § 33 WpHG und gegebenenfalls nach § 38 WpHG. Keine Meldpflicht nach § 39 WpHG besteht bei bloßer Umschichtung von Säule zwei nach Säule eins[3].

9   In der Mitteilung ist die Anzahl der Stimmrechte aus direkt oder indirekt gehaltenen Aktien sowie die zugerechneten Stimmrechte und die Stimmrechte aus direkt oder indirekt gehaltenen Finanzinstrumenten aufzuschlüsseln.

---

1 Begr. RegE Gesetz zur Umsetzung der Transparenzrichtlinie-Änderungsrichtlinie, BT-Drucks. 18/5010, 68; *Burgard/Heimann*, WM 2015, 1445, 1451.
2 BaFin, FAQ vom 26.11.2016, Frage 46.
3 *Schürnbrand* in Emmerich/Habersack, Aktien- und GmbH-Konzernrecht, § 25a WpHG Rz. 4.

V. Abgabe der Meldung. Die Meldung nach § 39 WpHG erfolgt zwingend zusammen mit den Meldungen nach §§ 33 und 38 WpHG auf einem Formular. Auf dem Formular für die Stimmrechtsmitteilung ist unter Ziffer 6 die Zahl der Gesamtstimmrechtsanteile anzugeben, § 12 Abs. 1 WpAV. Erforderlich ist nur eine Meldung, die jedoch alle Angaben zu enthalten hat. Für die Zwecke der Berechnung des Stimmrechtsanteils ist die letzte Veröffentlichung nach § 41 WpHG zugrunde zu legen. Die Mitteilung hat in deutscher oder englischer Sprache zu erfolgen, § 14 WpAV. Inhalt und Format der Veröffentlichung sind in § 15 WpAV geregelt. 10

VI. Sanktionen. Unterlässt der Mitteilungspflichtige die Mitteilung gegenüber dem Emittenten und/oder gegenüber der Bundesanstalt nach § 39 WpHG vorsätzlich oder leichtfertig[1], so liegt darin eine bzw. zwei Ordnungswidrigkeiten, § 120 Abs. 2 Nr. 2 lit. e WpHG. Die BaFin ist nach § 36 Abs. 1 Nr. 1 OWiG i.V.m. § 6 Abs. 2 WpHG für die Verfolgung und Ahndung von entsprechenden Verstößen zuständig. Zur Festsetzung der Geldbußen s. die WpHG-Bußgeldleitlinien II der BaFin vom Februar 2017, S. 18. 11

§ 40 Veröffentlichungspflichten des Emittenten und Übermittlung an das Unternehmensregister

(1) Ein Inlandsemittent hat Informationen nach § 33 Absatz 1 Satz 1, Absatz 2 und § 38 Absatz 1 Satz 1 sowie § 39 Absatz 1 Satz 1 oder nach entsprechenden Vorschriften anderer Mitgliedstaaten der Europäischen Union oder anderer Vertragsstaaten des Abkommens über den Europäischen Wirtschaftsraum unverzüglich, spätestens drei Handelstage nach Zugang der Mitteilung zu veröffentlichen; er übermittelt sie außerdem unverzüglich, jedoch nicht vor ihrer Veröffentlichung dem Unternehmensregister im Sinne des § 8b des Handelsgesetzbuchs zur Speicherung. Erreicht, überschreitet oder unterschreitet ein Inlandsemittent in Bezug auf eigene Aktien entweder selbst, über ein Tochterunternehmen oder über eine in eigenem Namen, aber für Rechnung dieses Emittenten handelnde Person die Schwellen von 5 Prozent oder 10 Prozent durch Erwerb, Veräußerung oder auf sonstige Weise, gilt Satz 1 entsprechend mit der Maßgabe, dass abweichend von Satz 1 eine Erklärung zu veröffentlichen ist, deren Inhalt sich nach § 33 Absatz 1 Satz 1, auch in Verbindung mit einer Rechtsverordnung nach § 33 Absatz 5 bestimmt, und die Veröffentlichung spätestens vier Handelstage nach Erreichen, Überschreiten oder Unterschreiten der genannten Schwellen zu erfolgen hat; wenn für den Emittenten die Bundesrepublik Deutschland der Herkunftsstaat ist, ist außerdem die Schwelle von 3 Prozent maßgeblich.

(2) Der Inlandsemittent hat gleichzeitig mit der Veröffentlichung nach Absatz 1 Satz 1 und 2 diese der Bundesanstalt mitzuteilen.

(3) Das Bundesministerium der Finanzen kann durch Rechtsverordnung, die nicht der Zustimmung des Bundesrates bedarf, nähere Bestimmungen erlassen über

1. den Inhalt, die Art, die Sprache, den Umfang und die Form sowie die elektronische Verarbeitung der Angaben der Veröffentlichung nach Absatz 1 Satz 1 einschließlich enthaltener personenbezogener Daten und

2. den Inhalt, die Art, die Sprache, den Umfang, die Form sowie die elektronische Verarbeitung der Angaben der Mitteilung nach Absatz 2 einschließlich enthaltener personenbezogener Daten.

In der Fassung des 2. FiMaNoG vom 23.6.2017 (BGBl. I 2017, 1693).

Schrifttum: *Bosse*, Wesentliche Neuregelungen ab 2007 aufgrund des Transparenzrichtlinie-Umsetzungsgesetzes für börsennotierte Unternehmen, BB 2007, 39; *Grub/Streit*, Börsenzulassung und Insolvenz, BB 2004, 1397; *Hutter/Kaulamo*, Das Transparenzrichtlinie-Umsetzungsgesetz: Änderungen der anlassabhängigen Publizität, NJW 2007, 471; *Janert*, Veröffentlichungspflicht börsennotierter Gesellschaften bei unterlassener Mitteilung nach § 21 WpHG?, BB 2004, 169; *Paudtke/Glauer*, Nachforschungspflichten der Emittenten hinsichtlich der Richtigkeit der Meldungen nach §§ 21 ff. WpHG, NZG 2016, 125; *Pirner/Lebherz*, Wie nach dem Transparenzrichtlinie-Umsetzungsgesetz publiziert werden muss, AG 2007, 19; *Schnabel/Korff*, Mitteilungs- und Veröffentlichungspflichten gemäß §§ 21 ff. WpHG und ihre Änderungen durch das Transparenz-Umsetzungsgesetz – Ausgewählte Praxisfragen, ZIP 2007, 179.

I. Entstehungsgeschichte 1	c) Mitteilung gem. § 33 Abs. 1 Satz 1, Abs. 2 und § 38 Abs. 1 Satz 1 sowie § 39 Abs. 1 Satz 1 WpHG 7
II. Regelungsgegenstand und Regelungszweck . . 2	d) Nach entsprechenden Vorschriften eines anderen Mitglieds- oder Vertragsstaats 8
III. Veröffentlichungspflicht nach § 40 Abs. 1 Satz 1 WpHG 5	
1. Voraussetzungen 5	2. Inhalt, Art und Sprache 9
a) Normadressat 5	3. Frist 10
b) Insolvenz 6	

---

[1] Zum Begriff Leichtfertigkeit: *v. Buttlar/Hammermeier*, ZBB 2017, 1.

4. Kosten	12
5. Pflicht zur Informationsbeschaffung	13
6. Art der Veröffentlichung	16
7. Korrektur-Veröffentlichungen	17
IV. Veröffentlichungspflicht auf Grund eigener Aktien (§ 40 Abs. 1 Satz 2 WpHG)	18
1. Voraussetzungen	19
a) Normadressat	19
b) Eigene Aktien	20
c) Erwerb, Veräußerung, sonstige Weise	23
2. Inhalt, Art und Sprache	25
a) Inhalt	25
b) Art und Sprache	26
3. Frist	27
V. Übermittlungspflicht an das Unternehmensregister nach § 40 Abs. 1 Satz 1 Halbsatz 2 WpHG	28
VI. Mitteilung an die Bundesanstalt (BaFin) (§ 40 Abs. 2 WpHG)	29
VII. Veröffentlichung und Mitteilung (§ 40 Abs. 3 WpHG)	32
1. Veröffentlichung	33
a) Inhalt	33
b) Art	38
aa) Wahl der Medien	39
bb) Anforderungen an die Übersendung an die Medien	44
c) Sprache	51
2. Mitteilung	58
VIII. Auskunftsanspruch gegenüber der Gesellschaft	59
IX. Durchsetzung	60
1. § 17 FinDAG	61
2. § 120 Abs. 2 Nr. 2 lit. f WpHG	62
3. §§ 823 Abs. 2, 1004 BGB	63
X. Rechtslage nach sonstigen Offenlegungsvorschriften	64
XI. Datenbank der BaFin	66
XII. Mehrfachnotierungen außerhalb der EU und des EWR	67

1 **I. Entstehungsgeschichte.** § 40 WpHG entspricht § 26 WpHG a.F. Bis zur Umsetzung der Transparenzrichtlinie II (2004/109/EG) durch das Transparenzrichtlinie-Umsetzungsgesetz regelte § 26 WpHG a.F. die Veröffentlichungspflichten von Gesellschaften mit Sitz im Ausland. Die alte Fassung setzte in Abs. 1 Art. 1 Abs. 4 und in Abs. 3 Art. 10 Abs. 2 RL 88/627/EWG (Transparenzrichtlinie I) um. § 26 WpHG a.F. schloss damit die Publizitätslücke, die dadurch entstanden war, dass die damaligen Fassungen der §§ 21, 25 WpHG nur börsennotierte Gesellschaften mit Sitz im Inland erfassten und Gesellschaften mit Sitz im Ausland, deren Aktien aber im Inland zum Handel an einem organisierten Markt zugelassen waren, aussparten. Da nach den Vorgaben der Transparenzrichtlinie II (2004/109/EG) die Zulassung der Aktien zum Handel an einem deutschen organisierten Markt nicht mehr ohne weiteres als Anknüpfungspunkt für deutsche Veröffentlichungspflichten herangezogen werden kann, war § 26 WpHG in seiner bisherigen Fassung aufzuheben. **§ 26 WpHG** in der Fassung durch das Transparenzrichtlinie II-Umsetzungsgesetz setzt in Verbindung mit der WpAV das Publikations- und Mitteilungsregime der Art. 19 bis 21 RL 2004/109/EG (Transparenzrichtlinie II) und der dazu ergangenen Durchführungsrichtlinie (2007/14/EG) um. § 40 WpHG übernimmt damit weitgehend den Regelungsgehalt des früheren § 25 WpHG. Durch das Transparenzrichtlinie-Änderungsrichtlinie-Änderungsgesetz 2015 wurde die Meldepflicht bezüglich eigener Aktien, die von Tochterunternehmen gehalten werden, erweitert. Geregelt ist das nur in § 40 Abs. 1 Satz 2 WpHG: Aktien, die ein Tochterunternehmen an den Meldepflichtigen hält, sind als eigene Aktien anzusehen. Für diese Offenlegungspflicht sollen „Transparenzgründe" sprechen[1].

2 **II. Regelungsgegenstand und Regelungszweck.** Regelungsgegenstand sind die **Veröffentlichungspflichten von Inlandsemittenten** (§ 2 Abs. 7 WpHG), die eine Mitteilung (Information) auf Grund von § 33 Abs. 1 Satz 1 und Abs. 3 WpHG und § 39 WpHG oder nach entsprechenden Vorschriften anderer Mitgliedstaaten der EU oder anderer Vertragsstaaten des Abkommens über den EWR erhalten haben (§ 40 Abs. 1 Satz 1 WpHG) oder in Bezug auf eigene Aktien selbst Schwellen erreichen, überschreiten oder unterschreiten (§ 40 Abs. 1 Satz 2 WpHG). Zweck der Vorschrift ist es, das eigentliche Anliegen der Transparenzrichtlinie II (2004/109/EG) sowie der §§ 33 ff. WpHG, nämlich die Unterrichtung des breiten Anlegerpublikums über die Veränderung bedeutender Beteiligungen an börsennotierten Gesellschaften, umzusetzen. Neben diesen Veröffentlichungspflichten regelt § 40 WpHG die Mitteilungspflichten an die Bundesanstalt (BaFin) und die Übermittlung an das Unternehmensregister.

3 Nahegelegen hätte, dass der Meldepflichtige die Meldung dem Informationssystem unmittelbar zuleitet. Das Gesetz geht demgegenüber von einem **zweistufigen Verfahren** aus. Zunächst muss **in einem ersten Schritt** ein Meldepflichtiger gegenüber dem Emittenten und der BaFin Stimmrechtsmitteilungen abgeben. Sodann muss **in einem zweiten Schritt** der Emittent diese Stimmrechtsmitteilungen durch Zuleitung der Informationen an Medien zur europaweiten Verbreitung veröffentlichen und sie unverzüglich dem **Speichersystem** übermitteln[2]. Die Veröffentlichung nach § 40 Abs. 1 Satz 1 WpHG ist somit der erste Zeitpunkt, zu dem die Information aus den Stimmrechtsmitteilungen der Öffentlichkeit zugänglich gemacht wird. Der schnellste Weg, um über Stimmrechtsmitteilungen informiert zu werden, ist daher über die jeweiligen Newsprovider oder die Webside des Unternehmensregisters[3].

---
1 Begr. RegE, BT-Drucks. 18/5010, 47.
2 S. dazu Rundschreiben der BaFin 11/2009 zu den Übermittlungspflichten an das Unternehmensregister.
3 www.unternehmensregister.de.

Der Inlandsemittent hat gleichzeitig mit der Veröffentlichung nach § 40 Abs. 1 Satz 1 und 2 WpHG diese der **Bundesanstalt mitzuteilen**, § 40 Abs. 2 WpHG. Dies dient der Kontrolle der Meldepflicht und der Überwachung der Veröffentlichungspflicht durch den Emittenten (BT-Drucks. 12/6679, 55). Die BaFin nimmt die Mitteilung in die **Stimmrechtsdatenbank** auf. Die Aktualisierung der Stimmrechtsdatenbank verzögert sich allerdings häufig aus den unterschiedlichsten Gründen. Typisch sind auch kontroverse Diskussionen über eine Veröffentlichungspflicht zwischen dem Emittenten, dem Meldepflichtigen und dem Amt. Die Stimmrechtsdatenbank der BaFin sichert daher **keine zeitnahe Information** des Marktes. Vor allem ist die Datenbank nicht zwingend aktuell, sie gibt keine zutreffenden Informationen über den jeweiligen Stand der wesentlichen Beteiligungen. 4

III. Veröffentlichungspflicht nach § 40 Abs. 1 Satz 1 WpHG. 1. Voraussetzungen. a) Normadressat. Adressaten der Veröffentlichungspflicht sind Inlandsemittenten i.S.d. § 2 Abs. 14 WpHG, deren Aktien zum Handel an einem organisierten Markt zugelassen sind (§ 33 Abs. 2 WpHG). Er kann damit einen Service Provider beauftragen (§ 3a Abs. 4 WpAV). Die Verantwortung verbleibt aber beim Veröffentlichungspflichtigen. Von der Veröffentlichungspflicht nach § 40 Abs. 1 Satz 1 WpHG ausgenommen sind die Mitteilungen nach § 33 Abs. 1 und 2 WpHG sowie § 38 WpHG gegenüber Emittenten (§ 2 Abs. 13 WpHG), für die die Bundesrepublik der Herkunftsstaat ist und deren Aktien nicht im Inland, sondern nur in einem anderen EU-Mitgliedstaat oder Vertragsstaat des EWR zum Handel an einem organisierten Markt zugelassen sind. Die Empfänger der Mitteilung und die Adressaten der Veröffentlichungspflicht sind damit nicht immer deckungsgleich. Auf die in Art. 12 Abs. 7 RL 2004/109/EG (Transparenzrichtlinie II) vorgesehene Möglichkeit, dass die in der Mitteilung enthaltenen Informationen nicht vom Emittent, sondern von der zuständigen Behörde veröffentlicht werden, hat der deutsche Gesetzgeber verzichtet. 5

b) Insolvenz. Ist die Gesellschaft **insolvent**, bleiben die kapitalmarktrechtlichen Pflichten für den Emittenten bestehen. Für die Erfüllung dieser Pflichten, nämlich die Entgegennahme und die Veröffentlichung von Stimmrechtsmitteilungen, bleibt der **organschaftliche Vertreter** verantwortlich[1]; denn es besteht kein Massebezug. Nach § 11 WpHG a.F. (jetzt § 24 WpHG), eingeführt durch das Transparenzrichtlinie-Umsetzungsgesetz (BGBl. I 2007, 10) hat der Insolvenzverwalter die Pflicht, den Schuldner und dessen geschäftsführende Organmitglieder bei der Erfüllung der Veröffentlichungspflichten zu unterstützen, insbesondere indem er die hierfür erforderlichen Mittel bereitstellt bzw. indem er der Verwendung der Mittel zustimmt oder aus dem von ihm verwalteten Vermögen zur Verfügung stellt. Damit wird erreicht, dass die Transparenz an den Finanzmärkten auch im Insolvenzfall erfüllt wird. 6

c) Mitteilung gem. § 33 Abs. 1 Satz 1, Abs. 2 und § 38 Abs. 1 Satz 1 sowie § 39 Abs. 1 Satz 1 WpHG. Der Inlandsemittent muss eine Information nach § 33 Abs. 1 Satz 1 Abs. 2 und § 38 Abs. 1 Satz 1 sowie § 39 Abs. 1 Satz 1 WpHG erhalten haben. Ebenso wie in § 20 Abs. 6 AktG[2] ist der Inlandsemittent daher im Rahmen von § 40 WpHG nur berechtigt, nicht aber verpflichtet[3], die Veränderung von Beteiligungsverhältnissen zu veröffentlichen, wenn er hiervon anderweitige Kenntnis erlangt hat[4]. Eine unzutreffende Veröffentlichung ohne vorherige Mitteilung durch den Mitteilungspflichtigen kann für die Gesellschaft eine Ordnungswidrigkeit (§ 120 Abs. 2 Nr. 2 lit. d WpHG) darstellen. Eine Verpflichtung zur Veröffentlichung dieser Information kann sich indes aus seiner Treubindung gegenüber den Aktionären ergeben. Zur Informationsbeschaffungspflicht s. § 33 WpHG Rz. 137. Im Übrigen ist die Gesellschaft auch dann verpflichtet den Rechtsverlust nach § 44 WpHG zu beachten, wenn sie die Information veröffentlicht, obwohl der Meldepflichtige seine Mitteilung unterlassen hat. § 44 WpHG knüpft ausschließlich an die Erfüllung der Mitteilungspflichten durch den Meldepflichtigen an[5]. Schließlich sollte der Inlandsemittent die Bundesanstalt (BaFin) auf (mögliche) nicht gemeldete Veränderungen der Beteiligungsverhältnisse hinweisen. 7

d) Nach entsprechenden Vorschriften eines anderen Mitglieds- oder Vertragsstaats. Inlandsemittenten, deren Herkunftsstaat nicht die Bundesrepublik Deutschland sondern ein anderer EU-Mitgliedstaat oder Vertragsstaat des EWR ist, deren Aktien aber *nur* im Inland zum Handel an einem organisierten Markt zugelassen sind (§ 2 Abs. 11 WpHG), erhalten keine Mitteilungen nach § 33 WpHG oder § 38 WpHG, sondern nach den Vorschriften ihres Herkunftsstaates. Die Veröffentlichungspflicht nach § 40 Satz 1 WpHG erfasst auch diese Inlandsemittenten, die Mitteilungen nach den Vorschriften des entsprechenden Herkunftsstaates erhalten. 8

2. Inhalt, Art und Sprache. S. Rz. 25 ff. 9

---

1 BVerwG v. 13.4.2005 – 6 C 4.04, BVerwGE 123, 203 ff. = AG 2005, 579; *Streit*, NZI 2005, 486; *von Buttlar*, BB 2010, 1355, 1357; *Thiele/Fedtke*, AG 2013, 288, 294; a.A. *Hirte* in KölnKomm. WpHG, §§ 25 WpHG Rz. 24 und § 21 WpHG Rz. 146.
2 Statt vieler: *Koppensteiner* in KölnKomm. AktG, 3. Aufl. 2004, § 20 AktG Rz. 45.
3 *Paudtke/Glauer*, NZG 2016, 125: nicht verpflichtet.
4 BGH v. 5.4.2016 – II ZR 268/14, AG 2016, 786 = ZIP 2016, 1919 für § 20 AktG; enger: *Schwark* in Schwark/Zimmer, § 25 WpHG Rz. 5: kein Recht zur Veröffentlichung ohne Pflicht zur Benachrichtigung der BaFin; wie hier aber *Koppensteiner* in KölnKomm. AktG, 3. Aufl. 2004, Anh. § 22 AktG, §§ 21 ff. WpHG Rz. 38; *Hirte* in KölnKomm. WpHG, § 25 WpHG Rz. 26; *Janert*, BB 2004, 170; *Schnabel/Korff*, ZIP 2007, 179, 184.
5 So richtig zu § 20 AktG: *Janert*, BB 2004, 172; a.A. *Koppensteiner* in KölnKomm. AktG, 3. Aufl. 2004, § 20 AktG Rz. 45.

10 **3. Frist.** Die Veröffentlichung hat unverzüglich, d.h. gem. § 121 Abs. 1 Satz 1 BGB „**ohne schuldhaftes Zögern**", spätestens jedoch **am dritten Handelstag** nach dem Tag (vgl. §§ 187 Abs. 1, 188 Abs. 1 BGB) des Zugangs (vgl. § 130 Abs. 1 Satz 1 BGB)[1] der Mitteilung zu erfolgen. Die Verkürzung der Veröffentlichungsfrist auf drei Handelstage basiert auf Art. 12 Abs. 6 RL 2004/109/EG (Transparenzrichtlinie II). Zur Berechnung der Frist hält die Bundesanstalt (BaFin) auf ihrer Homepage einen Kalender mit den Handelstagen gem. § 47 WpHG vor. Ausweislich des Wortlauts von § 47 Abs. 1 WpHG gilt die Definition des Begriffs „**Handelstage**" in § 47 Abs. 1 WpHG für den Abschnitt 6 und damit auch für § 40 WpHG.

11 Die Frist zur Veröffentlichung wurde in Folge der Umsetzung von Art. 12 Abs. 6 RL 2004/109/EG (Transparenzrichtlinie II) von neun Kalendertagen auf drei Handelstage verkürzt. Damit wird das aus der Sicht des Publikums unerfreuliche „window", also einem Zeitraum, in dem verdeckte Aktienkäufe erfolgen können (s. aber Vor §§ 33 ff. WpHG Rz. 62: Überqueren der Meldeschwelle als ad-hoc-publizitätspflichtige Information und als Insiderinformation) merklich verkürzt. Erst nach Ablauf der Drei-Tage-Frist muss der Veröffentlichungspflichtige besonders begründen, warum die Veröffentlichung nicht erfolgt ist, will er sich nicht den Sanktionen des § 41 WpHG. aussetzen. Das Abwarten eines Nachweises nach § 41 WpHG rechtfertigt eine verzögerte Veröffentlichung nicht, da § 40 WpHG die Veröffentlichung der Mitteilung ohne Rücksicht auf deren Richtigkeit oder deren Nachweis vorschreibt[2].

12 **4. Kosten.** Die durch die Veröffentlichung entstehenden Kosten sind von der Gesellschaft zu tragen. Ein Anspruch auf Erstattung gegenüber dem Meldepflichtigen besteht – leider – nicht.

13 **5. Pflicht zur Informationsbeschaffung.** Nicht ausdrücklich geregelt ist, ob die Gesellschaft verpflichtet ist, für die Ergänzung von unvollständigen Mitteilungen zu sorgen, mehrdeutige Mitteilungen klarzustellen und bei Ausbleiben einer Mitteilung („Nicht-Mitteilungen") der Frage nachzugehen, ob ein Meldepflichtiger zur Mitteilung nach § 33 Abs. 1 und 3 und § 38 Abs. 1 WpHG verpflichtet ist. Zum Anspruch der Gesellschaft auf Offenlegung s. bei § 33 WpHG.

14 Bei unvollständigen Mitteilungen ergibt sich aus § 40 Abs. 1 WpHG und § 41 WpHG eine **kapitalmarktrechtliche Informationsbeschaffungspflicht** als Nebenpflicht der Veröffentlichungspflicht[3]. Die börsennotierte Gesellschaft hat Mitteilungen nach § 33 Abs. 1 und 3 und § 38 Abs. 1 WpHG unverzüglich, spätestens drei Handelstage nach Zugang der Mitteilung zu veröffentlichen. Die zusätzliche Frist erklärt sich nur daraus, dass unvollständige Mitteilungen zu vervollständigen sind. Zu diesem Zweck muss die Gesellschaft den mitteilungspflichtigen Aktionär anhalten, die ergänzenden Informationen nachzumelden.

15 Auch wenn man eine kapitalmarktrechtliche Informationsbeschaffungspflicht leugnet, folgt doch aus der **gesellschaftsrechtlichen Leistungspflicht** die Pflicht zur Informationsbeschaffung. Aufgabe des Vorstands und des Aufsichtsrats ist im Vorfeld der Hauptversammlung alles zu unternehmen, um eine **ordnungsgemäße Durchführung der Hauptversammlung** zu gewährleisten[4]. Dazu gehört, Aktionäre, deren Stimmrechte ruhen, von der Beschlussfassung fernzuhalten. Daher hat der Vorstand im Vorfeld der Hauptversammlung zu ermitteln, ob ein Aktionär mit einer wesentlichen Beteiligung sein Stimmrecht verloren hat (s. § 44 WpHG Rz. 93). Zum anderen hat die Gesellschaft einen Aktionär darauf hinzuweisen, dass er bei fehlerhafter Mitteilung seine Rechte verlieren kann, z.B. wenn er nicht auch der Bundesanstalt (BaFin) mitteilt, dass er eine Meldeschwelle erreicht, überschritten oder unterschritten hat.

16 **6. Art der Veröffentlichung.** S. Rz. 32.

17 **7. Korrektur-Veröffentlichungen.** Ist eine Mitteilung fehlerhaft veröffentlicht, so ist diese durch eine Korrektur-Veröffentlichung zu korrigieren, und zwar unabhängig davon, wer die Fehlerhaftigkeit verursacht hat. Voraussetzung für eine Korrektur-Veröffentlichung ist freilich, dass die Fehlerhaftigkeit **für den Markt von Bedeutung** ist, andernfalls ist die Korrektur-Veröffentlichung unzulässig. Sie darf insbesondere nicht zu Werbezwecken eingesetzt werden. Die Fehlerhaftigkeit ist etwa „bedeutend", wenn der absolute und/oder prozentuale Anteil an Stimmrechten, der Name des Meldepflichtigen, das Datum der Über- oder Unterschreitung oder des Berührens der Schwelle falsch waren. Unbedeutend ist die fehlerhafte Angabe des Zurechnungstatbestandes[5]. In der Überschrift der Veröffentlichung ist klarzustellen, dass es sich um eine Korrektur-Veröffentlichung handelt, und im Text ist zu erläutern, welche Mitteilung korrigiert wird[6]. Die richtige Mitteilung ist im Volltext wiederzugeben.

18 **IV. Veröffentlichungspflicht auf Grund eigener Aktien (§ 40 Abs. 1 Satz 2 WpHG).** § 26 Abs. 1 Satz 2 WpHG a.F. (jetzt § 40 Abs. 1 Satz 2 WpHG) geht zurück auf das Gesetz zur Kontrolle und Transparenz im Un-

---

1 *Bayer* in MünchKomm. AktG, 4. Aufl. 2016, § 22 AktG Anh. § 26 WpHG Rz. 7; *Heidel* in Heidel, § 21 WpHG Rz. 10. Zur Auslegung des § 130 BGB: BGH v. 7.12.1994 – VIII ZR 153/93, BB 1995, 221 mit Anm. *Burgard*; sowie umfassend: *Burgard*, AcP 195 (1995), 75 ff.
2 Ebenso: *Opitz* in Schäfer/Hamann, § 25 WpHG Rz. 6.
3 A.A. *Janert*, BB 2004, 170; *Paudtke/Glauer*, NZG 2016, 125.
4 Ebenso *Paudtke/Glauer*, NZG 2016, 125, 131.
5 A.A. BaFin, Emittentenleitfaden 2013, Rz. VIII.3.2.1.5.
6 A.A. BaFin, Emittentenleitfaden 2013, Rz. VIII.3.2.1.5.

ternehmensbereich (KonTraG) vom 27.4.1998 (BGBl. I 1998, 786). In seiner jetzigen Form berücksichtigt § 40 Abs. 1 Satz 2 WpHG die Vorgaben von Art. 14 RL 2004/109/EG (Transparenzrichtlinie II). § 40 Abs. 1 Satz 2 WpHG erstreckt die Veröffentlichungspflicht auf den durch die weiteren Mitteilungspflichten nicht erfassten Fall der Berührung von Schwellenwerten bei eigenen Aktien.

1. Voraussetzungen. a) Normadressat. Adressaten der Veröffentlichungspflicht nach **§ 40 Abs. 1 Satz 2 Halbsatz 1 WpHG** sind **Inlandsemittenten** (zum Begriff vgl. § 2 Abs. 14 WpHG), deren Aktien zum Handel an einem organisierten Markt zugelassen sind. **§ 40 Abs. 1 Satz 2 Halbsatz 2 WpHG** richtet sich an **alle Emittenten** von Aktien, die zum Handel an einem organisierten Markt zugelassen sind und für die Deutschland der Herkunftsstaat ist (zum Begriff vgl. § 2 Abs. 13 WpHG). Durch § 40 Abs. 1 Satz 2 Halbsatz 2 WpHG wird ein Gleichlauf mit der in § 33 WpHG vorgesehenen 3 %-Schwelle auch in Bezug auf eigene Aktien erreicht. Eine Erstreckung auf alle Inlandsemittenten wäre auf Grund der Vorgaben in Art. 3 Abs. 2 RL 2004/109/EG (Transparenzrichtlinie II) unzulässig gewesen. Im Weiteren s. Rz. 2 ff. 19

b) Eigene Aktien. Der Erwerb eigener Aktien war deutschen Aktiengesellschaften bis zur Neuschaffung von § 71 Abs. 1 Nr. 8 AktG durch das Gesetz zur Kontrolle und Transparenz im Unternehmensbereich nur ausnahmsweise unter den in § 71 Abs. 1 Nr. 1–7 AktG genannten Voraussetzungen rechtlich zulässig. Nach § 71 Abs. 1 Nr. 8 AktG darf die Gesellschaft maximal 10 % der eigenen Aktien nach Ermächtigung durch die Hauptversammlung erwerben. 20

Nach § 40 Abs. 1 Satz 2 WpHG, eingefügt durch das Transparenzrichtlinie-Änderungsrichtlinie-Umsetzungsgesetz 2015, wird die **Meldepflicht des Mutterunternehmens** auf eigene Aktien, die von Tochterunternehmen gehalten werden, erweitert. Damit wird eine Gesetzeslücke geschlossen[1]. Solche eigenen Aktien gewähren zwar kein Stimmrecht. Für die Offenlegung durch das Mutterunternehmen sprechen aber Transparenzgründe[2]. Das Tochterunternehmen ist dagegen nicht meldepflichtig; denn „aus Gründen der Transparenz darf ... keine Mitteilung des Tochterunternehmens nach § 33 WpHG veröffentlicht werden"[3]. Nicht zu berücksichtigen sind Instrumente, die sich auf eigene Aktien beziehen, auch wenn Sie dem Emittenten den Erwerb dieser Aktien ermöglichen, § 13 WpAV. Daraus wird geschlossen, dass Emittenten für Derivate auf Aktien des Emittenten nicht meldepflichtig sind[4]. 21

Unabhängig von der Veröffentlichungspflicht nach § 40 Abs. 1 Satz 2 WpHG hat die Gesellschaft im Falle der Ermächtigung nach § 71 Abs. 1 Nr. 8 AktG unverzüglich die BaFin von der Ermächtigung zu unterrichten (§ 71 Abs. 3 Satz 3 AktG). 22

c) Erwerb, Veräußerung, sonstige Weise. Die Meldepflicht wird ausgelöst, wenn der Meldepflichtige die Meldeschwellen durch Erwerb, Veräußerung oder auf sonstige Weise berührt. Die Vorgängerregelung in § 25 Abs. 1 Satz 3 WpHG a.F. bezog sich nur auf Erwerb und Veräußerung. Dies führte dazu, dass nur beim Erwerb oder Veräußerung eigener Aktien die Schwellenberührung zu melden war, nicht jedoch das Unter- oder Überschreiten der Schwellen in Folge des Einzugs dieser Aktien oder der Erhöhung, Herabsetzung oder Umstrukturierung des Grundkapitals. Durch die Hinzunahme des Merkmals „auf sonstige Weise" werden nunmehr auch solche Schwellenberührungen erfasst und fehlerhafte Informationen vermieden. Zudem wird damit die Richtigkeit der im Unternehmensregister gespeicherten Daten sichergestellt[5]. 23

Hält ein Inlandsemittent bzw. im Hinblick auf die 3 %-Schwelle ein Emittent, für den die Bundesrepublik Deutschland der Herkunftsstaat ist, im Zeitpunkt der erstmaligen Zulassung der Aktien zum Handel an einem organisierten Markt eigene Aktien mindestens in Höhe der in § 40 Abs. 1 Satz 2 WpHG genannten Schwellen, so ist dies in entsprechender Anwendung von § 33 WpHG zu veröffentlichen[6]. 24

2. Inhalt, Art und Sprache. a) Inhalt. Der Wortlaut des § 40 Abs. 1 Satz 1 WpHG passt freilich nicht für die Veröffentlichungspflicht, wenn die Gesellschaft selbst offenlegungspflichtig ist. Deshalb bedurfte es einer eigenständigen Regelung. § 40 Abs. 1 Satz 2 WpHG verlangt, dass durch den Inlandsemittenten eine entsprechende Erklärung veröffentlicht wird. Der Inhalt der Erklärung bestimmt sich nach § 33 Abs. 1 Satz 1 WpHG i.V.m. § 11 WpAV. 25

b) Art und Sprache. S. Rz. 32. 26

3. Frist. Die Veröffentlichung hat unverzüglich, d.h. gem. § 121 Abs. 1 Satz 1 BGB **„ohne schuldhaftes Zögern"**, spätestens jedoch am vierten Handelstag nach dem Tag (vgl. §§ 187 Abs. 1, 188 Abs. 1 BGB) des Erreichens, Überschreitens oder Unterschreitens der genannten Schwellen zu erfolgen. Zum Begriff Handelstage s. Rz. 47. 27

---

1 BaFin, FAQ Mai 2018, Frage 52. Das verpflichtende Meldeformular eignet sich nicht für die Meldung des Haltens eigener Aktien. Auf der Homepage der BaFin befindet sich ein besonderes Formular (BaFin, FAQ Mai 2018, Frage 53).
2 Reg. Begr., BT-Drucks. 18/5010, 47.
3 Begr. RegE zu § 26 WpHG, Drucks. 18/5010 v. 26.5.2015, S. 69.
4 *Stephan*, Der Konzern 2016, 53, 59.
5 BT-Drucks. 16/2498, 38.
6 *Opitz* in Schäfer/Hamann, § 25 WpHG Rz. 10.

28 **V. Übermittlungspflicht an das Unternehmensregister nach § 40 Abs. 1 Satz 1 Halbsatz 2 WpHG.** Die grundsätzliche Verpflichtung zur Übermittlung der Informationen an das Unternehmensregister folgt bereits aus § 8b Abs. 2 Nr. 9 i.V.m. Abs. 3 Satz 1 Nr. 2 HGB. Neben der Klarstellung der Pflicht[1], ordnet § 40 Abs. 1 WpHG darüber hinaus an, dass die Information **unverzüglich**, nicht jedoch vor ihrer „Veröffentlichung" dem **Unternehmensregister** zu übermitteln ist. § 40 Abs. 1 Satz 1 Halbsatz 2 WpHG stellt hierbei nicht auf die erfolgte Veröffentlichung ab, sondern auf die Veröffentlichungshandlung, mit der der Emittent seinen Pflichten nach § 40 Abs. 1 Satz 1 Halbsatz 1 WpHG genügt. Der Emittent muss sich daher vor der Übermittlung nicht zunächst versichern, dass die Veröffentlichung bereits erfolgt ist, die bei Printmedien mehrere Tage dauern kann[2]. Eine derartige Auslegung ist, auch wenn damit in Ausnahmefällen ein Abrufen im Unternehmensregister vor der (tatsächlichen) Veröffentlichung möglich sein kann, auch im Hinblick auf § 40 Abs. 2 WpHG und die Einheitlichkeit der Auslegung geboten. Eine Mitteilung an die Bundesanstalt (BaFin) gleichzeitig mit der tatsächlichen Veröffentlichung wäre mangels Einflussmöglichkeit auf die tatsächliche Veröffentlichung nicht möglich. Der **Inhalt** der zu übermittelnden Daten entspricht der Veröffentlichung. Zur Übermittlung an das Unternehmensregister, das im Auftrag des Bundesjustizministerium von der Bundesanzeiger Verlagsgesellschaft betrieben wird, stehen verschiedene elektronische Möglichkeiten zur Verfügung[3].
Mit der Eintragung ins Unternehmensregister entfällt nach § 20 Abs. 2 GwG die Pflicht zur Mitteilung an das **Transparenzregister**.

29 **VI. Mitteilung an die Bundesanstalt (BaFin) (§ 40 Abs. 2 WpHG).** Jeder Inlandsemittent (§ 2 Abs. 14 WpHG i.V.m. § 33 Abs. 4 WpHG) hat nach § 40 Abs. 2 WpHG gleichzeitig mit der Veröffentlichung nach § 40 Abs. 1 Satz 1 und 2 WpHG diese der Bundesanstalt (BaFin) mitzuteilen. Wie bisher wird die Bundesanstalt regelmäßig zweimal informiert, zunächst durch den Mitteilungspflichtigen und sodann durch den Veröffentlichungspflichtigen (diese Mitteilung an die BaFin kann auch per E-Mail erfolgen)[4]. Emittenten, für die die Bundesrepublik Deutschland der Herkunftsstaat ist, die aber nicht zugleich Inlandsemittenten sind, sind von der Pflicht auf Grund der sinngemäßen Anwendung von Art. 21 Abs. 3 i.V.m. Art. 19 Abs. 1 RL 2004/109/EG (Transparenzrichtlinie II) befreit[5].

30 Ein unmittelbares Versenden der Information hintereinander an die Medien und an die Bundesanstalt soll nach der Regierungsbegründung[6] „die Anforderungen an eine **gleichzeitige Mitteilung**" erfüllen. Nähere Bestimmungen (§ 40 Abs. 3 Nr. 2 WpHG) zur Nachweispflicht enthält § **3c WpAV**. Danach muss der Bundesanstalt die Veröffentlichung unter Angabe des Textes der Veröffentlichung, der Medien, an die die Information gesandt wurde, sowie des genauen Zeitpunkts (Datum und Uhrzeit)[7] der Versendung an die Medien mitgeteilt werden.

31 Das Merkmal der Veröffentlichung meint nicht die tatsächliche Veröffentlichung in den Medien, sondern die Pflicht des Inlandsemittenten zur Übermittlung der Information an die Medien. Mit dem Empfang der Information bei den Medien hat der Emittent bzw. sein eingeschalteter Dienstleister seine Veröffentlichungspflicht[8] erfüllt.

32 **VII. Veröffentlichung und Mitteilung (§ 40 Abs. 3 WpHG).** § 40 Abs. 3 WpHG trifft i.V.m. § 16 WpAV nähere Bestimmungen zum Inhalt, der Art, der Sprache, dem Umfang und der Form der Veröffentlichung und der Mitteilung an die Bundesanstalt.

33 **1. Veröffentlichung. a) Inhalt. aa)** Der Inhalt der Veröffentlichung ergibt sich aus Art. 17 Abs. 1 und 2 VO Nr. 596/2014 i.V.m. § 4 WpAV. Inhalt der Veröffentlichung ist die Mitteilung nach § 33 Abs. 1 Satz 1, Abs. 2 und § 38 Abs. 1 Satz 1 sowie § 39 Abs. 1 Satz 1 WpHG oder nach entsprechenden Vorschriften anderer Mitgliedstaaten der EU oder anderer Vertragsstaaten des EWR, und zwar genau in der Weise – abgesehen von der Anschrift des Mitteilungspflichtigen –, wie sie dem Veröffentlichungspflichtigen zugegangen ist[9]. In Bezug auf eigene Aktien (§ 40 Abs. 1 Satz 2 WpHG) hat die Veröffentlichung § 33 Abs. 1 Satz 1 WpHG entsprechende Informationen zu enthalten.

34 Nach § 15 WpAV muss die Veröffentlichung den Angaben der Mitteilungen an den Emittenten entsprechen. Dem vorgegebenen Format des Formulars ist zu folgen[10].

---

1 Vgl. Begr. RegE, BR-Drucks. 579/06, 83.
2 A.A. *Pirner/Lebherz*, AG 2007, 19, 25, die den relevanten Veröffentlichungszeitpunkt in der Veröffentlichung über elektronische Medien sehen.
3 Internet-Formulare oder Upload-Verfahren, s. www.publikations-serviceplattform.de und Unternehmensregisterverordnung (URV).
4 BaFin, Emittentenleitfaden 2013, Rz. VIII.3.2.3.
5 Vgl. Begr. RegE, BR-Drucks. 579/06, 85.
6 Vgl. Begr. RegE, BR-Drucks. 579/06, 85.
7 BaFin, Muster einer Veröffentlichung gem. § 26 Abs. 1 WpHG, Stand: 1.3.2009.
8 Vgl. Begr. RegE, BR-Drucks. 579/06, 85.
9 Ebenso: BaFin, Emittentenleitfaden 2013, Rz. VIII.3.2.1.3; *Veil* in K. Schmidt/Lutter, Anh. § 22 AktG, § 26 WpHG Rz. 6; *Sudmeyer*, BB 2002, 690.
10 BaFin, FAQ vom 28.11.2016, Frage 51.

bb) Die Mitteilung genügt den gesetzlichen Anforderungen nur, wenn der Emittent nicht korrigierend eingreifen muss[1]. Ist die **Mitteilung unvollständig**, so muss die Gesellschaft den Meldepflichtigen zur Ergänzung auffordern (s. Rz. 13). Kommt der Meldepflichtige der Aufforderung nicht bis zum Ablauf der Frist von drei Handelstagen nach, so ist die unvollständige Mitteilung zu veröffentlichen. Es gilt der **Grundsatz des Vorrangs der Veröffentlichung**; denn für den Anleger ist eine unvollständige Veröffentlichung besser als keine Veröffentlichung. Aus diesem Grund kann der Veröffentlichungspflichtige – trotz Aufforderung zur Ergänzung an den Meldepflichtigen – auch unverzüglich die unvollständige Mitteilung veröffentlichen[2]. Die Folge ist freilich, dass in diesen Fällen später eine zweite vollständige Veröffentlichung notwendig wird.

Die Mitteilung ist „unvollständig", wenn sie zumindest den für die Veröffentlichung hinreichenden kapitalmarktrechtlichen **Informationskern** enthält, nämlich dass ein Meldepflichtiger eine Meldeschwelle erreicht, überschritten oder unterschritten hat (zu den „wesentlichen Angaben" nach § 44 WpHG, die den Rechtsverlust verhindern, s. § 44 WpHG Rz. 17). Eine Mitteilung ist demgemäß unvollständig, wenn die zusätzlichen Angaben des § 33 WpHG fehlen, etwa die konkrete Prozentzahl, der Tag des Erreichens, Überschreitens oder Unterschreitens, der Sitz und der Staat des Meldepflichtigen, die Angaben nach § 15 WpAV oder alle vorgenannten Angaben. Fehlt auch der Informationskern, so dass nicht einmal ersichtlich ist, wer welche Meldeschwelle erreicht, über- oder unterschritten hat oder die konkrete Anzahl an Stimmrechten[3], so liegt eine **Nicht-Mitteilung** vor, die die Gesellschaft unberücksichtigt lassen kann. Ergeben sich jedoch aus der Information Hinweise, dass eine Mitteilungspflicht möglicherweise besteht, so sollte die Gesellschaft die BaFin benachrichtigen (s. Rz. 4).

cc) Irreführend und daher unzulässig sind Veröffentlichungen von Mitteilungen, die in Anwendung **ausländischen Rechts** erfolgen, aber als „Veröffentlichung einer Mitteilung nach § 33 WpHG" gekennzeichnet sind.

b) Art. Die Art der Veröffentlichung erfolgt nach Maßgabe des § 3a WpAV, der den neuen Veröffentlichungsmodus des Art. 21 Abs. 1 RL 2004/109/EG (Transparenzrichtlinie II) i.V.m. Art. 12 Durchführungsrichtlinie 2007/14/EG umsetzt.

aa) Wahl der Medien. Die Veröffentlichung ist auf eine **aktive Verbreitung** der Mitteilung in der gesamten Europäischen Union und in den übrigen Vertragsstaaten des EWR durch den Emittenten (§ 3a Abs. 1 WpAV) gerichtet. Die reine Verfügbarkeit der Information, etwa auf einer Plattform des Emittenten, genügt dazu nicht[4]. Nach Erwägungsgrund 25 RL 2004/109/EG (Transparenzrichtlinie II) soll der Emittent bei seiner Auswahl der Medien den freien Wettbewerb nutzen können. Die Mitteilung ist nach § 3a Abs. 1 WpAV Medien zur Veröffentlichung zuzuleiten, einschließlich solcher, bei denen davon ausgegangen werden kann, dass sie die Informationen in der gesamten EU und im EWR verbreiten. Welche Medien national oder innerhalb Europas weit verbreitet sind, ist individuell zu bestimmen[5]. Die EU-Kommission hat bislang von der Ermächtigung in Art. 21 Abs. 4 Unterabs. 3 RL 2004/109/EG (Transparenzrichtlinie II) zur Festlegung einer Liste der relevanten Medien keinen Gebrauch gemacht. Der Emittent hat bei seiner Auswahl ferner zu beachten, dass durch das Verbreiten ein **breiter öffentlicher Zugang** gewährleistet wird, der allen Anlegern unabhängig von ihrem Wohnsitz in Europa einen gleichen Zugang zu den Informationen erlaubt[6].

Die grundsätzlichen Anforderungen nach § 3a Abs. 1 WpAV werden in § 3a Abs. 2 Nr. 1 WpAV dahingehend präzisiert, dass bei der Veröffentlichung der Informationen durch Medien zu gewährleisten ist, dass die Information von Medien empfangen werden kann, zu denen auch solche gehören müssen, die die Information so rasch und so zeitgleich wie möglich in allen EU-Mitgliedstaaten und in den übrigen Vertragsstaaten des EWR aktiv verbreiten können. Nach dem Konzept der Transparenzrichtlinie II (RL 2004/109/EG) hat der Emittent hierbei ein **Bündel unterschiedlicher Medienarten** zu nutzen[7]. Die Auswahl der Medienarten und die Zahl der unterschiedlichen Medienarten bestimmt sich nach den Besonderheiten des Einzelfalls. Die dabei zu berücksichtigenden Umstände sind insbesondere Zahl und Ort der Börsenzulassung des Emittenten und seine Aktionärsstruktur[8].

Nach der Gesetzesbegründung zählen zu den von den Emittenten zu berücksichtigenden Medienarten mindestens
- ein elektronisch betriebenes Informationsverbreitungssystem, das bei Kreditinstituten, nach § 53 Abs. 1 Satz 1 KWG tätigen Unternehmen, anderen Unternehmen, die ihren Sitz im Inland haben und an einer inländischen Börse zur Teilnahme am Handel zugelassen sind, und Versicherungsunternehmen weit verbreitet ist,

---

1 BGH v. 5.4.2016 – II ZR 268/14, AG 2016, 786 = ZIP 2016, 1919.
2 Ebenso *Paudtke/Glauer*, NZG 2016, 125.
3 A.A. *Paudtke/Glauer*, NZG 2016, 125.
4 ESMA, Q & A vom 22.10.2015, Frage 16; *Pirner/Lebherz*, AG 2007, 19, 21.
5 *Pirner/Lebherz*, AG 2007, 19, 23.
6 Erwägungsgründe 15 f. Durchführungsrichtlinie 2007/14/EG; *Pirner/Lebherz*, AG 2007, 19, 21.
7 Begr. RegE, BR-Drucks. 579/06, 112.
8 Begr. RegE, BR-Drucks. 579/06, 112.

- ein News Provider,
- Nachrichtenagenturen,
- die jeweils wichtigsten Printmedien auf nationaler und europäischer Ebene sowie
- Internetseiten für den Finanzmarkt.

42 Zur Einhaltung des **Minimumstandards** sieht es die BaFin für erforderlich an, dass das Medienbündel alle fünf in der Gesetzesbegründung genannten Medienarten und pro Medienart ein Medium enthält[1]. Die einzelnen Medien müssen die Informationen zumindest auch in dem Land verbreiten können, in dem die Aktien des Emittenten börsenzugelassen sind. Mindestens ein Medium muss eine aktive europaweite Verbreitung ermöglichen können[2]. Nach Ansicht der BaFin sind abhängig vom Einzelfall mehrere Medien pro Medienart, bzw. zusätzliche Medien im Ausland zu berücksichtigen.

43 Im Falle der Börsenzulassung seiner Aktien in einem weiteren EU-Mitgliedstaat bzw. EWR-Vertragsstaat hat der Emittent die Information auch an solche Nachrichtenagenturen, News Provider, Printmedien und Internetseiten für den Finanzmarkt zu übermitteln, die die Information in dem Land der weiteren Börsenzulassung verbreiten können[3].

44 **bb) Anforderungen an die Übersendung an die Medien.** Die Anforderungen an die Übersendung der Informationen ergeben sich aus § 14 WpAV. In technischer Hinsicht hat der Emittent nach § 3a WpAV zu gewährleisten, dass der Text der Information an die Medien in einer Weise gesandt wird, dass
- der Absender der Information sicher identifiziert werden kann (dies erfordert die Angabe des Namens und der Anschrift des Emittenten),
- die Daten gegen unbefugte Zugriffe oder Veränderungen hinreichend geschützt sind,
- die Vertraulichkeit und Sicherheit der Übersendung sichergestellt ist und
- Übertragungsfehler oder -unterbrechungen unverzüglich behoben werden können.

45 Die BaFin sieht eine Übermittlung an die Medien per **Telefax** als grundsätzlich geeignet an, die vorgenannten Kriterien zu erfüllen. Eine Versendung per **E-Mail** (unverschlüsselt bzw. über eine ungesicherte Verbindung) genügt nach Ansicht der BaFin nicht[4].

46 Bei der Übersendung der Information an die Medien muss der Emittent nach § 3a Abs. 2 Satz 1 Nr. 3 WpAV gewährleisten, dass
- sein Name und seine Anschrift,
- ein als Betreff erkennbares Schlagwort, das dem wesentlichen Inhalt der Veröffentlichung zusammenfasst,
- der Tag und die Uhrzeit der Übersendung und
- das Ziel, die Information als eine vorgeschriebene Information europaweit zu verbreiten,

erkennbar ist. Die vorgenannten Daten müssen nicht Teil der Information sein, sondern die Information so begleiten, dass die sie empfangenden Medien die Nachricht sofort richtig einordnen und bearbeiten können[5].

47 Für technische Systemfehler im Verantwortungsbereich der Medien, an die die Information versandt wurde, ist der Veröffentlichungspflichtige nach § 3a Abs. 2 Satz 2 WpAV nicht verantwortlich (Art. 12 Abs. 4 Unterabs. 2 Durchführungsrichtlinie 2007/14/EG). Der Emittent bzw. sein in seinem Auftrag handelnder Dienstleister sind für die fehlende Veröffentlichung nicht verantwortlich, wenn sie die Information versandt und auch sonst alles Erforderliche für den ordnungsgemäßen Empfang der Information bei den Medien getan haben, die Information aber allein aus Gründen, die im Verantwortungsbereich der Medien liegen, nicht von einer hinreichenden Anzahl an Medien empfangen wird[6].

48 Der Emittent kann sich gem. § 3a Abs. 4 WpAV für die Veranlassung der Veröffentlichung eines Dritten, z.B. eines **Service Providers**, bedienen, der seinerseits die Anforderungen nach § 3a Abs. 1–3 WpAV erfüllen muss. Auch in diesem Fall bleibt der Emittent für die Erfüllung der Veröffentlichungspflicht verantwortlich (§ 3a Abs. 4 WpAV).

49 Ferner muss der Emittent gem. § 3a Abs. 3 WpAV nachfolgende Informationen sechs Jahre lang speichern, und auf **Anforderung der BaFin** mitteilen:
1. die Person, die die Information an die Medien gesandt hat,
2. die verwandten Sicherheitsmaßnahmen für die Übersendung an die Medien,

---

1 BaFin, Emittentenleitfaden 2013, Rz. VIII.3.2.1.3.1; wohl a.A. *Pirner/Lebherz*, AG 2007, 19, 23.
2 BaFin, Emittentenleitfaden 2013, Rz. VIII.3.2.1.3.1; *Hutter/Kaulamo*, NJW 2007, 550, 555; *Pirner/Lebherz*, AG 2007, 19, 24.
3 BaFin, Emittentenleitfaden 2013, Rz. VIII.3.2.1.3.1.
4 *BaFin, Emittentenleitfaden 2013, Rz. VIII.3.2.1.3.2.*
5 Begr. RegE, BR-Drucks. 579/06, 113.
6 Begr. RegE, BR-Drucks. 579/06, 113.

3. den Tag und die Uhrzeit der Übersendung an die Medien,
4. das Mittel der Übersendung an die Medien und
5. gegebenenfalls alle Daten zu einer Verzögerung der Veröffentlichung.

Für die Berechnung des Fristbeginns findet § 187 Abs. 1 BGB, für das Fristende § 188 Abs. 2 BGB Anwendung. Die bis zum Inkrafttreten des Transparenzrichtlinien-Umsetzungsgesetzes bestehende Belegpflicht gem. § 25 Abs. 3 WpHG a.F., nach der der Veröffentlichungspflichtige der Bundesanstalt (BaFin) unverzüglich, nachdem die Meldung erschienen war, einen Beleg über die Veröffentlichung zu übersenden hatte, ist entfallen.

c) **Sprache.** Die Sprache der Veröffentlichung ergibt sich gem. § 16 WpAV nach Maßgabe der §§ 3a und 3b WpAV. § 3b WpAV setzt das Sprachregime von Art. 20 RL 2004/109/EG (Transparenzrichtlinie II) um und stellt eine Übereinstimmung mit dem Sprachenregime der Prospektrichtlinie (RL 2003/71/EG) her[1]. § 3b WpAV differenziert die Sprache der Veröffentlichung nach dem Sitze des Emittenten und dem Ort seiner Zulassung(en). Unter Beachtung des besonderen Anwendungsbereichs von § 40 WpHG (Inlandsemittenten; bei eigenen Aktien und 3 %-Schwelle: Emittenten für die die Bundesrepublik Deutschland der Herkunftsstaat ist) ergibt sich Folgendes:

In **englischer Sprache** haben die Veröffentlichung vorzunehmen:
- Emittenten mit Sitz im Ausland (§ 3b Abs. 1 WpAV) oder
- Emittenten, die bei der Bundesanstalt einen Prospekt in englischer Sprache für die Wertpapiere, auf die sich die Information bezieht, hinterlegt haben (§ 3b Abs. 1 WpAV).

In **deutscher Sprache** haben die Veröffentlichung vorzunehmen:
- Emittenten, für die Deutschland nach § 2 Abs. 6 WpHG der Herkunftsstaat ist und deren Wertpapiere lediglich zum Handel an einem organisierten Markt in Deutschland zugelassen sind (§ 3b Abs. 1 Satz 1 WpAV).

In **deutscher oder englischer Sprache** haben die Veröffentlichung vorzunehmen:
- Inlandsemittenten i.S.v. § 2 Abs. 14 Nr. 2 WpHG (§ 3b Abs. 3 Satz 1 WpAV).

In **deutscher oder englischer Sprache** und in einer von den zuständigen Behörden der betreffenden Mitgliedstaaten der EU oder der betreffenden Vertragsstaaten des EWR **akzeptierten Sprache oder in englischer Sprache:**
- Inlandsemittenten i.S.v. § 2 Abs. 14 WpHG i.V.m. § 33 Abs. 4 WpHG (§ 3b Abs. 3 Satz 1 WpAV).
- Emittenten, für den die Bundesrepublik nach § 2 Abs. 17 WpHG der Herkunftsstaat ist, deren Wertpapiere zum Handel an einem organisierten Markt in Deutschland *und* in einem oder mehreren anderen Mitgliedstaaten der EU oder in einem oder mehreren anderen Vertragsstaaten des EWR zugelassen sind (§ 3b Abs. 1 Satz 2 WpAV).

In einer von den zuständigen Behörden der betreffenden Mitgliedstaaten der EU oder der betreffenden Vertragsstaaten des EWR **akzeptierten Sprache oder englischer Sprache** und zusätzlich **fakultativ in deutscher Sprache:**
- Emittenten, die ihren Sitz im Inland haben und deren Wertpapiere *nicht* im Inland, sondern in mehr als einem anderen Mitgliedstaat der EU oder Vertragsstaat des EWR zum Handel an einem organisierten Markt zugelassen sind (§ 3b Abs. 3 Satz 2 WpAV).

Abweichend von den vorgenannten Fallgruppen kann der Emittent die Mitteilung in englischer Sprache veröffentlichen, wenn er die Mitteilung in englischer Sprache erhalten hat (§ 16 Halbsatz 2 WpAV).

2. **Mitteilung.** S. Rz. 29 ff.

VIII. Auskunftsanspruch gegenüber der Gesellschaft. Aktionären steht außerhalb der Hauptversammlung kein Anspruch gegen die Gesellschaft auf Auskunft über die ihr mitgeteilten Beteiligungen zu, einschließlich der Gesellschaft bereits mitgeteilter aber noch nicht veröffentlichter Mitteilungen und in Bezug auf eigene Aktien. Entsprechendes gilt erst Recht für sonstige Dritte. Denn hierfür fehlt es an jeder Anspruchsgrundlage. Interessenten können sich entsprechende Informationen aus der von der Bundesanstalt (BaFin) erstellten und regelmäßig, aber erst einige Tage nach dem Eingang der Veröffentlichungsmitteilung aktualisierten „Datenbank bedeutender Stimmrechtsanteile"[2] an inländischen Gesellschaften, die zum Handel an einem organisierten Markt zugelassen sind, abrufen. Aktuelle Stimmrechtsmitteilungen können darüber hinaus in ihrem vollen Wortlaut über das Unternehmensregister[3] abgerufen werden.

IX. Durchsetzung. Abgesehen von der Mitteilungspflicht nach § 40 Abs. 2 WpHG gegenüber der Bundesanstalt (BaFin) ist die Durchsetzung der Veröffentlichungspflichten auf dreierlei Weise gesichert:

---

1 Begr. RegE, BR-Drucks. 579/06, 114.
2 www.bafin.de.
3 www.unternehmensregister.de.

1. § 17 FinDAG. Zum einen kann die Bundesanstalt (BaFin) gem. § 17 FinDAG die Veröffentlichung nach § 40 Abs. 1 WpHG auf Kosten des Veröffentlichungspflichtigen vornehmen, wenn dieser sie nicht bzw. nicht rechtzeitig nicht richtig, d.h. inhaltlich unzutreffend, nicht vollständig oder nicht in der vorgeschriebenen Weise (Art, Sprache) vornimmt. Hierbei handelt es sich um eine **Ersatzvornahme** i.S.d. Verwaltungsvollstreckungsrechts (vgl. auch Art. 10 Abs. 1 Satz 2, 12 Abs. 2 RL 88/627/EWG (Transparenzrichtlinie I)).

2. § 120 Abs. 2 Nr. 2 lit. f WpHG. Zum anderen ist die vorsätzliche oder leichtfertige Nichterfüllung oder nicht rechtzeitige, nicht richtige, nicht vollständig und nicht in der vorgeschriebenen Weise vorgenommene Erfüllung der Veröffentlichungspflicht nach § 120 Abs. 2 Nr. 2 lit. f WpHG oder deren Nachholung eine Ordnungswidrigkeit droht.

3. §§ 823 Abs. 2, 1004 BGB. Schließlich stellt § 40 WpHG ein Schutzgesetz i.S.d. § 823 BGB dar[1]. Auf der Grundlage von § 40 WpHG i.V.m. § 1004 BGB kann daher auch auf die Erfüllung der Veröffentlichungspflicht geklagt werden[2].

X. Rechtslage nach sonstigen Offenlegungsvorschriften. Bei einer Mitteilung nach **§ 20 Abs. 1, 4 und 5 AktG** hat die Gesellschaft gem. § 20 Abs. 6 AktG das Bestehen bzw. den Wegfall der Beteiligung unter Angabe des mitteilungspflichtigen Unternehmens in den Gesellschaftsblättern, d.h. zumindest im Bundesanzeiger unverzüglich zu veröffentlichen (§ 20 Abs. 6 Satz 1 Halbsatz 1 AktG, § 25 AktG). Eine Befreiung von dieser Pflicht ist nicht vorgesehen. Allerdings kann sie auch nur über §§ 823 Abs. 2, 1004 BGB durchgesetzt werden.

Börsennotierte Gesellschaften i.S.v. § 33 Abs. 2 WpHG (nicht i.S.v. § 3 Abs. 2 AktG) sind gem. § 20 Abs. 8 AktG, angefügt durch das Dritte Finanzmarktförderungsgesetz, von der Geltung dieser Pflichten **ausgenommen**. Die kumulativen Mitteilungspflichten wurden damit beseitigt[3]. Für sie bestehen nur die Mitteilungspflichten nach §§ 33ff. WpHG.

XI. Datenbank der BaFin. Gesetzlich war *vor* Inkrafttreten des Transparenzrichtlinie-Umsetzungsgesetzes nicht geregelt, wie sichergestellt werden konnte, dass dem Anleger die einmal veröffentlichte Information dauerhaft zur Verfügung steht. Unter seiner Internet-Adresse[4] hat die Bundesanstalt zwar eine **„Datenbank bedeutender Stimmrechtsanteile"** an inländischen Gesellschaften, die zum Handel an einem organisierten Markt zugelassen sind, ins Internet gestellt. Diese basiert auf den Pflichtveröffentlichungen gem. § 40 WpHG. Sie wird in regelmäßigen Abständen aktualisiert. Der Informationswert dieser – sehr verdienstvollen und begrüßenswerten – Datenbank ist freilich in vielerlei Hinsicht beschränkt: *Erstens* enthält sie keine Aufschlüsselung entsprechend § 34 Abs. 1 WpHG und gemäß dem Formular im Anhang zur WpAV. *Zweitens* sind Meldepflichtige, deren Stimmrechtsanteil unter 5 % bzw. 3 % gefallen sind, nicht mehr aufgeführt. *Drittens* waren die angegebenen Zahlen zu dem genannten Veröffentlichungszeitpunkt zwar korrekt, können sich jedoch seither innerhalb der Meldeschwellen des § 33 Abs. 1 Satz 1 WpHG bzw. § 40 Abs. 1 Satz 2 WpHG bewegt haben. Hierbei handelt es sich freilich um einen strukturellen Nachteil, der in der Vorschrift angelegt ist. *Viertens* hat die Bundesanstalt (BaFin) die Informationen zwar gewiss sorgfältig zusammengestellt. Sie weist jedoch ausdrücklich darauf hin, dass sie keine Gewähr für die Vollständigkeit und Richtigkeit der Angaben übernehmen kann. Anders als das Handelsregister genießt die Datenbank der Bundesanstalt (BaFin) also **keinen öffentlichen Glauben** und hat schon gar nicht wie das Grundbuch die Vermutung der Richtigkeit für sich[5].

Seit Inkrafttreten des Transparenzrichtlinie-Umsetzungsgesetzes und der darin vorgesehenen Verpflichtung nach § 26 Abs. 1 Satz 1 Halbsatz 2 WpHG a.F. (jetzt § 40 Abs. 1 Satz 1 Halbsatz 2 WpHG), Informationen mit der Veröffentlichung auch an das **Unternehmensregister** zur Speicherung zu übermitteln, stehen sämtliche offenlegungspflichtigen Informationen in ihrem vollen Wortlaut zukünftig jedermann unter www.unternehmensregister.de dauerhaft zum Abruf zur Verfügung. Und *fünftens* verzögert sich die Veröffentlichung häufig aus unterschiedlichen Gründen. Die Datenbank der BaFin ist daher nicht zwingend aktuell.

XII. Mehrfachnotierungen außerhalb der EU und des EWR. Ist eine Gesellschaft, deren Herkunftsstaat die Bundesrepublik Deutschland ist, sowohl an einer deutschen Börse als auch an einer Börse außerhalb der Europäischen Union bzw. des Europäischen Wirtschaftsraums, z.B. an der NYSE, notiert, so unterliegt der Aktionär sowohl den deutschen als auch den ausländischen kapitalmarktrechtlichen Bedingungen über die Offenlegung. Das Entsprechende gilt für die Veröffentlichungspflicht der Gesellschaft. Zu bedenken ist dabei, dass sich die kapitalmarktrechtlichen Offenlegungspflichten in ihren Tatbestandsvoraussetzungen, dem Inhalt der Mitteilung und den Rechtsfolgen, etwa den Meldeschwellen, sowie den Rechtsfolgen unterlassener Mitteilungen un-

---

[1] A.A. *Opitz* in Schäfer/Hamann, § 25 WpHG Rz. 16; *Schürnbrand* in Emmerich/Habersack, Aktien- und GmbH-Konzernrecht, § 26 WpHG Rz. 7; wie hier *Hirte* in KölnKomm. WpHG, § 25 WpHG Rz. 82; *Merkt*, Unternehmenspublizität, 2001, S. 344.
[2] A.A. *Opitz* in Schäfer/Hamann, § 25 WpHG Rz. 16; wie hier aber die h.M. zu § 20 Abs. 6 AktG; statt vieler *Burgard*, Die Offenlegung von Beteiligungen, Abhängigkeits- und Konzernlagen bei der Aktiengesellschaft, 1990, S. 55 m.w.N.
[3] Zu den damit verbundenen Transparenzlücken s. Vor §§ 33ff. WpHG Rz. 44ff.; *Uwe H. Schneider*, AG 1997, 81, 82.
[4] www.bafin.de.
[5] Zur Fortentwicklung des Handelsregisters zum Konzernregister: *Uwe H. Schneider*, WM 1986, 181; *Hopt* in FS Volhard, 1996, S. 79.

terscheiden. So muss etwa der „beneficial owner" von 5 % einer Klasse von Wertpapieren nach sec. 13 (d)(1) Securities Exchange Act i.V.m. Schedule 13D und Rule 240.13d-1 CFR innerhalb von 10 Tagen der Securities and Exchange Commission (SEC), der Gesellschaft und der Börse über den Erwerb Mitteilung machen.

§ 41 Veröffentlichung der Gesamtzahl der Stimmrechte und Übermittlung an das Unternehmensregister

(1) Ist es bei einem Inlandsemittenten zu einer Zu- oder Abnahme von Stimmrechten gekommen, so ist er verpflichtet, die Gesamtzahl der Stimmrechte und das Datum der Wirksamkeit der Zu- oder Abnahme in der in § 40 Absatz 1 Satz 1, auch in Verbindung mit einer Rechtsverordnung nach Absatz 3 Nummer 1, vorgesehenen Weise unverzüglich, spätestens innerhalb von zwei Handelstagen zu veröffentlichen. Er hat die Veröffentlichung gleichzeitig der Bundesanstalt entsprechend § 40 Absatz 2, auch in Verbindung mit einer Rechtsverordnung nach Absatz 3 Nummer 2, mitzuteilen. Er übermittelt die Informationen außerdem unverzüglich, jedoch nicht vor ihrer Veröffentlichung, dem Unternehmensregister nach § 8b des Handelsgesetzbuchs zur Speicherung.

(2) Bei der Ausgabe von Bezugsaktien ist die Gesamtzahl der Stimmrechte abweichend von Absatz 1 Satz 1 nur im Zusammenhang mit einer ohnehin erforderlichen Veröffentlichung nach Absatz 1, spätestens jedoch am Ende des Kalendermonats, in dem es zu einer Zu- oder Abnahme von Stimmrechten gekommen ist, zu veröffentlichen. Der Veröffentlichung des Datums der Wirksamkeit der Zu- oder Abnahme bedarf es nicht.

In der Fassung des 2. FiMaNoG vom 23.6.2017 (BGBl. I 2017, 1693).

Schrifttum: *Götze*, Das jährliche Dokument nach § 10 WpPG – eine Bestandsaufnahme, NZG 2007, 570; *Merkner/Sustmann*, Die Neuauflage des Emittentenleitfadens der BaFin – Rechtssicherheit bei der Abgabe von Stimmrechtsmitteilungen?, NZG 2009, 813; *Sven H. Schneider*, Die Bedeutung der Gesamtzahl der Stimmrechte börsennotierter Unternehmen für die Stimmrechtsmeldepflichten der Aktionäre, NZG 2009, 121.

I. Der Normzweck 1	VI. Mitteilung an die BaFin 12
II. Inlandsemittent 4	VII. Unverzügliche Veröffentlichung 14
III. Gesamtzahl der Stimmrechte (§ 41 Abs. 1 WpHG) 5	VIII. Übermittlung an das Unternehmensregister (§ 41 Abs. 1 Satz 3 WpHG) 15
IV. Zu- oder Abnahme von Stimmrechten 9	IX. Bezugsaktien 16
V. Veröffentlichungspflicht 10	X. Sanktionen 17

I. Der Normzweck. § 41 WpHG entspricht § 26a WpHG a.F. § 41 WpHG handelt von den Veröffentlichungspflichten des Emittenten. Bedeutung hat dies vor allem, weil der Meldepflichtige nach § 12 Abs. 3 WpAV für die Zwecke der Berechnung des Stimmrechtsanteils die jeweilig letzte Veröffentlichung nach § 41 WpHG zugrunde zu legen hat. 1

Der Meldepflichtige ist zur Berechnung seines Stimmrechtsanteils darauf angewiesen, die Gesamtzahl der Stimmrechte zu kennen. Diese Gesamtzahl ist aber nicht ohne weiteres im Markt zugänglich. Im Blick hierauf ist jeder Inlandsemittent, § 2 Abs. 14 WpHG, nach § 41 WpHG zur unverzüglichen Veröffentlichung dieser Zahl verpflichtet, wenn eine Zu- oder Abnahme von Stimmrechten erfolgt. 2

Zu lesen ist die Vorschrift i.V.m. § 33 Abs. 1 Satz 5 WpHG. Die Meldefrist beginnt mit dem Zeitpunkt, zu dem der Meldepflichtige Kenntnis davon hat oder nach den Umständen haben musste, dass sein Stimmrechtsanteil die Meldeaschwellen berührt. Bei einer passiven Schwellenberührung kommt es für den Fristbeginn auf die Veröffentlichungen nach § 41 WpHG an (§ 33 Abs. 1 Satz 5 WpHG). Nach § 41 Abs. 1 WpHG ist der Emittent verpflichtet, auch das Datum der Änderung der Gesamtzahl der Stimmrechte anzugeben. 3

II. Inlandsemittent. Die Veröffentlichungspflicht trifft nur den Inlandsemittenten. Nach § 2 Abs. 14 WpHG i.V.m. § 33 Abs. 2 WpHG ist Inlandsemittent der Emittent, für den die Bundesrepublik Deutschland der Herkunftsstaat ist[1]. Definiert sind die Emittenten in § 2 Abs. 13 WpHG i.V.m. § 33 Abs. 2 WpHG. Aufgegriffen wird der Gedanke, dass mitteilungspflichtig sein soll, **wer den inländischen oder europäischen Kapitalmarkt in Anspruch nimmt**. Zur weiteren Definition des Inlandsemittenten s. bei § 33 Abs. 4 WpHG. 4

III. Gesamtzahl der Stimmrechte (§ 41 Abs. 1 WpHG). Zu veröffentlichen ist die „Gesamtzahl der Stimmrechte" und das Datum der Wirksamkeit der Zu- oder Abnahme (s. § 33 WpHG Rz. 116 ff.). Ausgangspunkt ist 5

---

[1] S. auch BaFin, Rundschreiben 11/2009 (WA) zu den Übermittlungspflichten an das Unternehmensregister Stand: 11.5. 2009.

daher § 12 AktG. Hiernach gewährt jede Aktie das Stimmrecht. Zur Gesamtzahl sind auch die Stimmrechte hinzuzurechnen, deren Ausübung ausgesetzt ist, die ruhen oder für die ein Stimmverbot besteht[1]. Bei der Bestimmung der Gesamtzahl sind daher die Stimmrechte aus eigenen Aktien nicht abzuziehen.

6 Bisher musste die Veröffentlichung durch den Emittenten am Ende eines jeden Kalendermonats, in dem es zu einer Zu- oder Abnahme gekommen ist, erfolgen. Nunmehr ist „unverzüglich" spätestens innerhalb von zwei Handelstagen einschließlich der konkreten Datumsangabe, wann es zur Änderung gekommen ist, zu veröffentlichen[2].

7 Hat der Emittent eine Gesamtzahl veröffentlicht, so ist streitig, ob der Meldepflichtige eine weitergehende Nachforschungspflicht hat, also etwa beim Emittenten nachfragen muss, ob die Veröffentlichung zutreffend ist. Das würde dem Sinn und Zweck von § 41 WpHG widersprechen. Nur bei positiver Kenntnis, dass die Gesamtzahl unzutreffend ist, hat der Meldepflichtige eine weitergehende Nachforschungspflicht[3]. Im Zweifel ist von der tatsächlichen Gesamtzahl auszugehen.

8 Ist dem Meldepflichtigen bereits vor der Veröffentlichung durch den Emittenten die veränderte Gesamtzahl bekannt, so muss er diese zugrunde legen; denn der Markt soll nicht aus formalen Gründen falsch informiert werden. § 41 WpHG schützt den Meldepflichtigen nur vor zusätzlichen Nachforschungen. Allerdings hat er durch eine ergänzende Anmerkung klarzustellen, weshalb von der veröffentlichten Gesamtzahl abgewichen wird[4].

9 **IV. Zu- oder Abnahme von Stimmrechten.** Die Veröffentlichungs- und Mitteilungspflicht nach § 41 WpHG ergibt sich nur, wenn es zu einer Zu- oder Abnahme von Stimmrechten gekommen ist. Zu denken ist an eine Kapitalerhöhung, die zu einer Vermehrung von Stimmrechten führt, oder eine Kapitalherabsetzung, die zu einer Verminderung von Stimmrechten führt. Der Grund für die Veränderung der Gesamtzahl der Stimmrechte muss aber nicht angegeben werden.

10 **V. Veröffentlichungspflicht.** Liegen die Voraussetzungen des § 41 WpHG vor, so hat der Inlandsemittent die Gesamtzahl der Stimmrechte „in der in § 40 Abs. 1 Satz 1 WpHG vorgesehenen Weise zu veröffentlichen". Dies entspricht den Veröffentlichungsverpflichtungen nach Art. 21 Abs. 1 RL 2004/109/EG (EU-Transparenzrichtlinie II). Erreicht werden soll eine europaweite Verbreitung der entsprechenden Informationen.

11 Die Art und Weise einschließlich der Sprache der Veröffentlichung bestimmt sich nach § 40 Abs. 1 Satz 1 Halbsatz 1 WpHG i.V.m. §§ 15f. WpAV. Dabei ist der Emittent lediglich verpflichtet, die Gesamtzahl der Stimmrechte den betreffenden Medien zukommen zu lassen. Der Inlandsemittent hat dabei für eine Übermittlung an die Medien zu sorgen, und zwar in einer Weise, die der Sorgfalt eines gewissenhaften Emittenten entspricht. Mitteilungen nach § 33 Abs. 1 Satz 1 und Abs. 2, § 38 Abs. 1 Satz 1 und § 39 Abs. 1 Satz 1 WpHG sind nach § 14 WpAV **schriftlich oder mittels Telefax** an den Emittenten und die BaFin zu übersenden. Erfolgen kann dies in deutscher oder englischer Sprache. Unproblematisch ist die Übermittlung in englischer Sprache nicht, weil sich Übersetzungsfehler einschleichen können. Die Art und Sprache der Veröffentlichung nach § 40 Abs. 1 Satz 1 WpHG erfolgt nach Maßgabe der §§ 3a und 3b WpAV. So ist es in § 16 WpAV vorgesehen. Der Emittent kann allerdings die Mitteilung in englischer Sprache veröffentlichen, wenn er die Mitteilung in englischer Sprache erhalten hat. Keine Pflichtverletzung des Meldepflichtigen liegt vor, wenn die Veröffentlichung nicht fristgemäß erfolgt. Der Inlandsemittent trägt nicht das Risiko des „**Veröffentlichungserfolges**".

12 **VI. Mitteilung an die BaFin.** Gleichzeitig mit der Veröffentlichung ist die geänderte Gesamtzahl der Stimmrechte der BaFin entsprechend § 40 Abs. 2 WpHG mitzuteilen. Die Mitteilungspflicht beruht auf der Umsetzung von Art. 19 Abs. 1 RL 2004/109/EG (EU-Transparenzrichtlinie II).

13 Die Einzelheiten der Veröffentlichung und der Mitteilung an die BaFin können in einer **Rechtsverordnung** nach § 40 Abs. 3 Nr. 2 WpHG näher geregelt werden. Teilweise wurden Vorgaben bereits in § 33 WpHG i.V.m. §§ 3a und 3b WpAV geregelt.

14 **VII. Unverzügliche Veröffentlichung.** Nach der früheren Fassung des § 26a WpHG hatte der Emittent eine Änderung der Gesamtstimmrechtszahl zum Ende des Kalendermonats zu veröffentlichen. Nach dem neuen § 41 Abs. 1 WpHG (i.d.F. durch das Gesetz zur Umsetzung der Transparenzrichtlinie-Änderungsrichtlinie 2015, BGBl. I 2015, 2029) ist der Emittent verpflichtet, die Änderung der Gesamtstimmrechtszahl unverzüglich, spätestens innerhalb von zwei Handelstagen einschließlich der konkreten Datumsangabe, wann es zu der Veränderung gekommen ist, zu veröffentlichen. Der meldepflichtige Emittent darf mit seiner Meldung der geänderten Gesamtzahl nicht mit einer Eintragung ins Handelsregister oder eine Benachrichtigung durch das Handelsregister warten[5]. Das gilt allerdings nicht, wenn die Eintragung konstitutiv ist, also Voraussetzung für die

---

1 Begr. RegE zu § 17 WpAIV, BT-Drucks. 16/2498; BaFin, Emittentenleitfaden 2013, Rz. VIII.2.3.2.
2 BaFin, FAQ vom 28.11.2016, Frage 25.
3 So BaFin, Emittentenleitfaden 2013, Rz. VIII. 2.3.2; *Becker* in Just/Voß/Ritz/Becker, § 26a WpHG Rz. 18.
4 Krit. *Stephan*, Der Konzern 2016, 53, 54.
5 Begr. RegE, BT-Drucks. 18/5010, 48.

Änderung der Gesamtzahl[1]. Auf diese Weise, nämlich die unverzügliche Veröffentlichung wird dem Meldepflichtigen die Verwendung der neuesten Gesamtzahl der Stimmrechte ermöglicht.

VIII. Übermittlung an das Unternehmensregister (§ 41 Abs. 1 Satz 3 WpHG). Der Emittent hat die Information, nämlich die Gesamtzahl der Stimmrechte, ferner an das Unternehmensregister zur Speicherung zu übermitteln. § 41 Abs. 1 Satz 3 WpHG wiederholt damit zur sachnahen Klarstellung die bereits in § 8b Abs. 2 Nr. 9 HGB vorgesehene Verpflichtung. Die Übermittlung hat unverzüglich, also im engen zeitlichen Zusammenhang ohne schuldhaftes Zögern am Ende des Kalendermonats zusammen mit der Veröffentlichung und der Mitteilung an die **BaFin** zu erfolgen. Allerdings darf die Übermittlung nicht vor ihrer Veröffentlichung dem Unternehmensregister übermittelt werden

IX. Bezugsaktien. Bei der Ausgabe von Bezugsaktien besteht nach § 41 Abs. 2 WpHG eine Ausnahme von der unverzüglichen Veröffentlichungspflicht. Der Emittent hat in diesem Fall die Veröffentlichung der Änderung der Zahl der Gesamtstimmrechte nur im Zusammenhang mit einer ohnehin erforderlichen Veröffentlichung, spätestens aber **zum Ende des Kalendermonats** vorzunehmen. Zudem ist darauf verzichtet, dass der Emittent das Datum der Änderung angibt. Dazu heißt es in der Begründung zum Regierungsentwurf[2], bei der Ausgabe von Bezugsaktien könne es im Lauf eines Kalendermonats zu einer Vielzahl von Änderungen einer Gesamtzahl von Aktien kommen. Die Änderungen der Gesamtzahl bewegten sich in diesen Fällen jedoch regelmäßig in Größenordnungen, die eine zeitnahe laufende Veröffentlichung innerhalb eines Kalendermonats nicht erforderlich mache. Daher genüge die Veröffentlichung am Ende eines Monats. Anders ist dies aber, wenn im selben Monat eine Veröffentlichung nach Abs. 1 erfolgt. In diesem Fall sind die ausgegebenen Bezugsaktien bereits vor Ende des Monats zu berücksichtigen. Werden Bezugsaktien nach diesem Veröffentlichungszeitpunkt ausgegeben, so ist die entsprechende Meldung am Ende des Monats zu veröffentlichen.

X. Sanktionen. Verletzt der Emittent schuldhaft seine Pflichten, die sich aus § 41 WpHG ergeben, so begeht er eine Ordnungswidrigkeit, § 120 Abs. 2 Nr. 2 lit. g WpHG. § 41 WpHG ist aber kein Schutzgesetz i.S.v. § 823 Abs. 2 BGB[3].

§ 42 Nachweis mitgeteilter Beteiligungen

Wer eine Mitteilung nach § 33 Absatz 1 oder 2, § 38 Absatz 1 oder § 39 Absatz 1 abgegeben hat, muss auf Verlangen der Bundesanstalt oder des Emittenten, für den die Bundesrepublik Deutschland der Herkunftsstaat ist, das Bestehen der mitgeteilten Beteiligung nachweisen.

In der Fassung des 2. FiMaNoG vom 23.6.2017 (BGBl. I 2017, 1693).

Schrifttum: *Hirte*, Nachweis mitgeteilter Beteiligungen im Wertpapierhandelsrecht, in FS Lutter, 2000, S. 1347; s. ferner das Schrifttum Vor §§ 33 ff. WpHG.

I. Regelungsgegenstand und Regelungszweck . .	1
II. Voraussetzungen	3
1. Mitteilung nach § 33 Abs. 1 oder 2, § 38 Abs. 1 oder § 39 Abs. 1 WpHG	4
2. Verlangen der Bundesanstalt oder der Gesellschaft	12
III. Rechtsfolge: Nachweispflicht	15
1. Inhalt	15
2. Form	16
3. Frist	20
IV. Durchsetzbarkeit	21
V. Rechtsbehelfe	23

I. Regelungsgegenstand und Regelungszweck. § 42 WpHG entspricht § 27 WpHG a.F. § 42 WpHG hat **kein Vorbild in der Transparenzrichtlinie I, aber in § 22 AktG.** Systematisch gehört § 42 WpHG – ebenso wie § 44 WpHG – zum Regelungskomplex der §§ 33–38 WpHG, nicht zu § 40 WpHG. § 42 WpHG ergänzt die Mitteilungspflicht nach § 33 Abs. 1 WpHG, indem sie den Empfängern der Mitteilung das Recht einräumt, von dem Meldepflichtigen einen Nachweis für das Bestehen der Beteiligung zu verlangen[4]. Sie dient der Gesellschaft, die Rechtssicherheit bedarf, nicht zuletzt wegen der Rechtsfolgen nach § 44 WpHG. Und sie soll ausschließen, dass durch eine fehlerhafte Mitteilung ein Irrtum der Gesellschaft bzw. des Publikums über die „wahren Machtverhältnisse" erregt und aufrechterhalten werden kann.

---

1 *Schürnbrand* in Emmerich/Habersack, Aktien- und GmbH-Konzernrecht, § 26a WpHG Rz. 3; *Stephan*, Der Konzern 2016, 53, 54.
2 Begr. RegE, BT-Drucks. 18/5010, 48.
3 Ebenso *Schürnbrand* in Emmerich/Habersack, Aktien- und GmbH-Konzernrecht, § 26a WpHG Rz. 5; a.A. *Hirte* in Köln-Komm. WpHG, § 26a WpHG Rz. 27.
4 Begr. RegE zu § 27 WpHG, BT-Drucks. 12/6679, 56.

2 § 42 WpHG begründet über die Nachweispflicht hinaus keine eigenständigen Offenlegungspflichten oder Rechte der Gesellschaft.

3 **II. Voraussetzungen.** Die Nachweispflicht ist an zwei Voraussetzungen geknüpft:

4 **1. Mitteilung nach § 33 Abs. 1 oder 2, § 38 Abs. 1 oder § 39 Abs. 1 WpHG.** Zum Nachweis verpflichtet ist, wer eine Mitteilung nach § 33 Abs. 1 oder 2, § 38 Abs. 1 oder § 39 Abs. 1 WpHG abgegeben hat. Im Falle des § 37 WpHG ist aber nicht nur dasjenige Konzernunternehmen nachweispflichtig, das die Mitteilung erfüllt hat[1]; denn das Mutterunternehmen erfüllt auch eine dem Tochterunternehmen auferlegte Meldepflicht. Nachweispflichtig sind daher **alle Konzernunternehmen**, die die Voraussetzungen des § 33 WpHG erfüllen. Weiterhin folgt aus dieser Voraussetzung, dass § 42 WpHG jedenfalls dann nicht eingreift, wenn die Gesellschaft oder die Bundesanstalt (BaFin) zu keiner Zeit eine Mitteilung erhalten, sondern nur anderweitig von der Veränderung der Beteiligungsverhältnisse erfahren haben.

5 Fraglich ist indes, ob die Gesellschaft von dem Meldepflichtigen einen Nachweis nach § 42 WpHG über den **Fortbestand** einer von ihm gemeldeten **Beteiligungslage** verlangen kann.

6 Diese Frage wird in gleicher Weise zu § 22 AktG gestellt. Die Befürworter verweisen auf den Wortlaut der Vorschrift, wonach ein Nachweis „jederzeit" verlangt werden kann, sowie auf die Begründung des Regierungsentwurfs[2], wo es heißt: „Das Unternehmen ... muss sich auch stets überzeugen können, dass eine Mitteilung nach § 20 Abs. 5, § 21 Abs. 3 nicht unterlassen worden ist"[3]. Die Gegenansicht führt ebenfalls den Wortlaut des § 22 AktG an, der gerade nicht an den nach §§ 20 Abs. 5, 21 Abs. 3 AktG mitteilungspflichtigen Wegfall der Beteiligung anknüpft[4]. Über den Wegfall einer Beteiligung könne daher kein Nachweis verlangt werden. Dem ist nicht zu folgen.

7 Eine **Begründung** durch die Gesellschaft ist nicht erforderlich. Hat der Vorstand Zweifel an einer Mitteilung, so ist er im Verhältnis zu seiner Gesellschaft verpflichtet, durch ein entsprechendes Verlangen Klarheit herzustellen[5]. Die Bundesanstalt kann dagegen von ihrem Nachweisverlangen nur im Rahmen ihres Ermessens Gebrauch machen[6].

8 Im Unterschied zu §§ 20, 22 AktG[7] ist nach §§ 33 Abs. 1, 42 WpHG auch die genaue Höhe des Stimmrechtsanteils mitzuteilen und nachzuweisen. Wollte man § 42 WpHG daher wie § 22 AktG dahin verstehen, dass die Gesellschaft sich auch und wiederholt den Fortbestand der Beteiligung nachweisen lassen könnte, so würde dies die Möglichkeit einer **Dauerüberwachung** der Beteiligungsverhältnisse durch die Gesellschaft eröffnen. Hätte die Gesellschaft bspw. Anhaltspunkte dafür, dass ein Aktionär, der ihr das Bestehen einer 25,1 %igen Beteiligung gemeldet hat, im großen Umfang Stimmrechte hinzuerwirbt, so könnte sie nach § 42 WpHG mit der Folge vorgehen, dass der Aktionär ihr die genaue Höhe seines nunmehr gehaltenen Stimmrechtsanteils auch dann nachweisen müsste, wenn er die 30 %-Schwelle noch nicht erreicht hat. Dies aber widerspräche § 33 Abs. 1 und 2 WpHG[8].

9 § 42 WpHG handelt nicht von der unterlassenen Mitteilung. Die Vorschrift gibt keinen Anspruch auf Offenlegung und Nachweis. Sie rechtfertigt daher auch kein **erneutes Verlangen**, selbst wenn konkrete Anhaltspunkte bestehen, dass auf Grund eines Zuerwerbs, einer Veräußerung oder eines neuen Zurechnungstatbestands eine – erneute – Meldepflicht eingetreten ist[9].

10 Die in § 42 WpHG begründete Nachweispflicht bezieht sich daher nur auf den Bestand der **„mitgeteilten"** Beteiligung, und zwar zum Zeitpunkt der Mitteilung, aber weder auf deren Fortbestehen noch auf deren Begründung.

11 Die Gesellschaft ist daher nicht berechtigt, in regelmäßigen Zeitabständen vom Aktionär zu verlangen, er möge nachweisen, ob die Voraussetzungen für die früher abgegebene Mitteilung noch vorliegen oder sich geändert haben.

12 **2. Verlangen der Bundesanstalt oder der Gesellschaft.** Berechtigt, einen Nachweis über das Bestehen der mitgeteilten Beteiligung zu verlangen, ist die Bundesanstalt für Finanzdienstleistungsaufsicht (BaFin) und die von der Mitteilung nach § 33 Abs. 1 oder Abs. 2 WpHG betroffene Gesellschaft.

---

1 Für eine solche formale Betrachtungsweise aber: *Hirte* in FS Lutter, 2000, S. 1347, 1349; *Opitz* in Schäfer/Hamann, § 27 WpHG Rz. 2 f.; *Schwark* in Schwark/Zimmer, § 28 WpHG Rz. 2; *Becker* in Just/Voß/Ritz/Becker, § 27 WpHG Rz. 7.
2 *Windbichler* in Großkomm. AktG, 4. Aufl. 1999, § 22 AktG Rz. 6; *Hüffer/Koch*, § 22 AktG Rz. 2.
3 *Kropff*, Aktiengesetz, 1965, S. 43.
4 *Koppensteiner* in KölnKomm. AktG, 3. Aufl. 2004, § 22 AktG Rz. 3; *Schwark* in Schwark/Zimmer, § 27 WpHG Rz. 3; *Bayer* in MünchKomm. AktG, 4. Aufl. 2016, § 22 AktG Rz. 3.
5 OLG Stuttgart v. 15.10.2008 – 20 U 19/07, AG 2009, 124, 128; zu allgemein: *Hirte* in FS Lutter, 2000, S. 1351.
6 *Opitz* in Schäfer/Hamann, § 27 WpHG Rz. 4.
7 Statt aller: *Hüffer/Koch*, § 22 AktG Rz. 1.
8 Wie hier: *Arends*, Die Offenlegung von Aktienbesitz nach deutschem Recht, 2000, S. 89; a.A. *Opitz* in Schäfer/Hamann, § 27 WpHG Rz. 7; *Hirte* in FS Lutter, 2000, S. 1347, 1350.
9 A.A. *Hirte* in FS Lutter, 2000, S. 1347, 1352.

Im Übrigen ist das Verlangen an keine weiteren Voraussetzungen geknüpft. Es muss daher weder in einer besonderen **Form** noch innerhalb einer bestimmten **Frist** gestellt werden[1]. 13

Eine **Begründung** durch die Gesellschaft ist nicht erforderlich. Hat der Vorstand Zweifel an einer Mitteilung, so ist er im Verhältnis zu seiner Gesellschaft verpflichtet, durch ein entsprechendes Verlangen Klarheit herzustellen[2]. Die Bundesanstalt (BaFin) kann dagegen von ihrem Nachweisverlangen nur im Rahmen ihres Ermessens Gebrauch machen[3]. 14

III. Rechtsfolge: Nachweispflicht. 1. Inhalt. Inhaltlich muss der Nachweis den nach § 33 Abs. 1 und 2 WpHG i.V.m. § 34 WpHG und §§ 12 f. WpAV erforderlichen Angaben entsprechen. Der Begriff „Beteiligung", der in § 42 WpHG verwendet wird, ist allerdings missverständlich. Gemeint sind nicht die Kapitalanteile. Nachzuweisen ist vielmehr *zum einen* **die genaue Höhe** der zum Zeitpunkt der Mitteilung[4] von den Meldepflichtigen und von Dritten i.S.d. § 34 Abs. 1 WpHG gehaltenen Stimmrechtsanteile. Nachzuweisen sind *zum anderen* – ebenso wie nach § 22 AktG[5] – **das Vorliegen der Zurechnungstatbestände** des § 34 Abs. 1 WpHG, also etwa das Handeln eines Dritten für Rechnung des Meldepflichtigen (§ 34 Abs. 1 Satz 1 Nr. 2 WpHG), der Besitz der Mehrheit der Stimmrechte bei einem anderen Unternehmen (§ 34 Abs. 1 Satz 1 Nr. 1, Abs. 3 WpHG), das Bestehen einer Vereinbarung i.S.d. § 34 Abs. 2 Satz 1 WpHG etc. Nicht nachgewiesen werden muss, von wem die Stimmrechte erworben oder an wen die Aktien veräußert wurden. 15

2. Form. Die Form des Nachweises ist gesetzlich nicht geregelt. Er kann daher nach **Ermessen des Aktionärs** in jeder geeigneten Weise geführt werden. Geeignet i.S.d. § 34 WpHG ist ein Nachweis, wenn er eine unabhängige Nachprüfung der Mitteilung enthält oder ermöglicht[6]. In Betracht kommen in erster Linie Urkundenbeweise, die eine Nachprüfung durch die Bundesanstalt (BaFin) bzw. die Gesellschaft ermöglichen. Bloße (auch eidesstattliche) Erklärungen des Nachweispflichtigen oder eines zu seinem Konzern gehörenden Unternehmen reichen daher als Nachweis nicht aus. 16

So können hinsichtlich der **Höhe der Beteiligung** etwa vorgelegt werden: Depotauszüge sowie sonstige Bank- und (gegebenenfalls notarielle) Hinterlegungsbescheinigungen, Abtretungsurkunden und natürlich, wenn auch unpraktikabel, die Stücke selbst. Der Nachweis der bloßen Höhe der Beteiligung dürfte daher keine besonderen Probleme aufwerfen. Zu beachten ist allerdings, wenn es sich bei dem Meldepflichtigen um ein Kreditinstitut handelt, dass die Vorlage von Bescheinigungen, die es selbst ausgestellt hat, nicht ausreicht[7]. 17

Hinsichtlich der **Zurechnungstatbestände des § 34 Abs. 1, Abs. 2 Satz 1 WpHG** kommen neben den soeben genannten Mitteln als Nachweis vor allem Satzungen und sonstige Verträge der dort genannten Art in Betracht. Hierbei besteht indes die Schwierigkeit, dass die in § 34 Abs. 1, Abs. 2 WpHG genannten Personen nicht offenbart werden müssen, wenn der zugerechnete Stimmrechtsanteil weniger als 3 % beträgt. Ohne deren Nennung aber ist ein Nachweis dieser Tatbestände nur schwer möglich. Unproblematisch ist dies allerdings, wenn diese Personen selbst ebenfalls mitteilungspflichtig sind, also sog. doppelte Mitteilungspflichten bestehen. Denn in diesen Fällen gibt der Nachweispflichtige keine Informationen preis, die nicht schon zuvor bekannt waren oder sein mussten. In allen übrigen Fällen könnte man daran denken, die Vorlage von Urkunden ausreichen zu lassen, bei denen die zur Identifizierung der betroffenen Personen notwendigen Angaben geschwärzt sind. Ein solcher „Nachweis" allein hält jedoch dem Gebot der Nachprüfbarkeit nicht stand. Im Grunde bleibt dem Nachweispflichtigen, will oder darf er die Identität der in § 34 Abs. 1, Abs. 2 WpHG genannten Personen nicht preisgeben, daher nur die Möglichkeit, neben den maßgeblichen Verträgen das Testat eines Wirtschaftsprüfers oder Notars beizubringen, das das Vorliegen der Voraussetzungen des § 34 Abs. 1, Abs. 2 Satz 1 WpHG in dem gemeldeten Umfang bescheinigt[8]. 18

Verlangt die Gesellschaft einen **Nachweis**, sollte es überdies möglich sein, dass der Verpflichtete den Nachweis (nur) gegenüber der Bundesanstalt (BaFin), deren Beschäftigte gem. § 11 FinDAG einer besonderen Verschwiegenheitspflicht unterliegen, führt, und das Amt sodann diesen Nachweis prüft und die Gesellschaft über das Ergebnis unterrichtet. In jedem Fall ist jedoch der Konflikt zwischen der Vertraulichkeit und den zu deren Nachweis nach § 42 WpHG erforderlichen Angaben dahin zu lösen, dass § 42 WpHG als lex specialis der Vorrang gebührt. Die Notwendigkeit der Offenlegung von Tatsachen, die der Nachweispflichtige nach §§ 33 Abs. 1, 34 Abs. 1 und 2 WpHG, §§ 12 f. WpAV nicht mitzuteilen verpflichtet ist, befreit daher nicht von der Pflicht, einen vollständigen und zureichenden Nachweis gem. § 42 WpHG zu führen. 19

---

1 Ebenso *Becker* in Just/Voß/Ritz/Becker, § 27 WpHG Rz. 8.
2 *Becker* in Just/Voß/Ritz/Becker, § 27 WpHG Rz. 9; zu allgemein: *Hirte* in FS Lutter, 2000, S. 1351.
3 *Opitz* in Schäfer/Hamann, § 27 WpHG Rz. 4.
4 Ebenso zum maßgeblichen Zeitpunkt: *Hirte* in FS Lutter, 2000, S. 1355; *Fiedler*, Mitteilungen über Beteiligungen von Mutter- und Tochterunternehmen, 2005, S. 138.
5 Vgl. *Koppensteiner* in KölnKomm. AktG, 3. Aufl. 2004, § 22 AktG, § 22 WpHG Rz. 1 f.
6 Begr. RegE zu § 27 WpHG, BT-Drucks. 12/6679, 56.
7 Zustimmend: *Hirte* in FS Lutter, 2000, S. 1356.
8 Für Beachtung des Interesses an Anonymität: *Schwark* in Schwark/Zimmer, § 27 WpHG Rz. 5.

20 **3. Frist.** Eine Frist zur Erfüllung der Nachweispflicht ist nicht vorgesehen, kann aber von der Bundesanstalt (BaFin) bzw. der Gesellschaft gesetzt werden.

21 **IV. Durchsetzbarkeit.** Von der **Gesellschaft** kann der Nachweis eingeklagt und nach § 888 ZPO durchgesetzt werden[1].

22 Die Bundesanstalt (BaFin) kann den Nachweis nach vorheriger Androhung (§ 13 VwVG) durch Festsetzung eines Zwangsgeldes nach §§ 6 Abs. 1, 9, 11, 14 VwVG durchsetzen.

23 **V. Rechtsbehelfe.** Verlangt die Bundesanstalt (BaFin) gem. § 42 WpHG einen Nachweis, so stellt dies einen Verwaltungsakt (§ 35 VwVfG) dar, gegen den ohne vorheriges Widerspruchsverfahren (§ 68 Abs. 1 Satz 2 Nr. 1 VwGO) gem. § 42 VwGO eine Anfechtungsklage bei dem VG Frankfurt/M. (§§ 45, 52 Nr. 2 Satz 1 und 2 VwGO) erhoben werden kann. Bei Androhung eines Zwangsgeldes gilt § 18 VwVG. Verlangt die **Gesellschaft** einen Nachweis, so bedarf es hiergegen keiner Rechtsbehelfe. Vielmehr muss die Gesellschaft das Nachweisverlangen vor dem ordentlichen Gericht durchsetzen (s. Rz. 21).

§ 43 Mitteilungspflichten für Inhaber wesentlicher Beteiligungen

(1) Ein Meldepflichtiger im Sinne der §§ 33 und 34, der die Schwelle von 10 Prozent der Stimmrechte aus Aktien oder eine höhere Schwelle erreicht oder überschreitet, muss dem Emittenten, für den die Bundesrepublik Deutschland Herkunftsstaat ist, die mit dem Erwerb der Stimmrechte verfolgten Ziele und die Herkunft der für den Erwerb verwendeten Mittel innerhalb von 20 Handelstagen nach Erreichen oder Überschreiten dieser Schwellen mitteilen. Eine Änderung der Ziele im Sinne des Satzes 1 ist innerhalb von 20 Handelstagen mitzuteilen. Hinsichtlich der mit dem Erwerb der Stimmrechte verfolgten Ziele hat der Meldepflichtige anzugeben, ob

1. die Investition der Umsetzung strategischer Ziele oder der Erzielung von Handelsgewinnen dient,
2. er innerhalb der nächsten zwölf Monate weitere Stimmrechte durch Erwerb oder auf sonstige Weise zu erlangen beabsichtigt,
3. er eine Einflussnahme auf die Besetzung von Verwaltungs-, Leitungs- und Aufsichtsorganen des Emittenten anstrebt und
4. er eine wesentliche Änderung der Kapitalstruktur der Gesellschaft, insbesondere im Hinblick auf das Verhältnis von Eigen- und Fremdfinanzierung und die Dividendenpolitik anstrebt.

Hinsichtlich der Herkunft der verwendeten Mittel hat der Meldepflichtige anzugeben, ob es sich um Eigen- oder Fremdmittel handelt, die der Meldepflichtige zur Finanzierung des Erwerbs der Stimmrechte aufgenommen hat. Eine Mitteilungspflicht nach Satz 1 besteht nicht, wenn der Schwellenwert auf Grund eines Angebots im Sinne des § 2 Absatz 1 des Wertpapiererwerbs- und Übernahmegesetzes erreicht oder überschritten wurde. Die Mitteilungspflicht besteht ferner nicht für Kapitalverwaltungsgesellschaften sowie ausländische Verwaltungsgesellschaften und Investmentgesellschaften im Sinne der Richtlinie 2009/65/EG, die einem Artikel 56 Absatz 1 Satz 1 der Richtlinie 2009/65/EG entsprechenden Verbot unterliegen, sofern eine Anlagegrenze von 10 Prozent oder weniger festgelegt worden ist; eine Mitteilungspflicht besteht auch dann nicht, wenn eine Artikel 57 Absatz 1 Satz 1 und Absatz 2 der Richtlinie 2009/65/EG entsprechende zulässige Ausnahme bei der Überschreitung von Anlagegrenzen vorliegt.

(2) Der Emittent hat die erhaltene Information oder die Tatsache, dass die Mitteilungspflicht nach Absatz 1 nicht erfüllt wurde, entsprechend § 40 Absatz 1 Satz 1 in Verbindung mit der Rechtsverordnung nach § 40 Absatz 3 Nummer 1 zu veröffentlichen; er übermittelt diese Informationen außerdem unverzüglich, jedoch nicht vor ihrer Veröffentlichung dem Unternehmensregister nach § 8b des Handelsgesetzbuchs zur Speicherung.

(3) Die Satzung eines Emittenten mit Sitz im Inland kann vorsehen, dass Absatz 1 keine Anwendung findet. Absatz 1 findet auch keine Anwendung auf Emittenten mit Sitz im Ausland, deren Satzung oder sonstige Bestimmungen eine Nichtanwendung vorsehen.

(4) Das Bundesministerium der Finanzen kann durch Rechtsverordnung, die nicht der Zustimmung des Bundesrates bedarf, nähere Bestimmungen über den Inhalt, die Art, die Sprache, den Umfang und die Form der Mitteilungen nach Absatz 1 erlassen.

In der Fassung des 2. FiMaNoG vom 23.6.2017 (BGBl. I 2017, 1693).

---

1 Ebenso: *Hirte* in FS Lutter, 2000, S. 1358.

Schrifttum: *Brandt,* Transparenz und RisikobegrenzungsG – und darüber hinaus?, BKR 2008, 441; *von Bülow/Stephanblome,* Acting in Concert und neue Offenlegungspflichten nach dem Risikobegrenzungsgesetz, ZIP 2008, 1797; *Diekmann/ Merkner,* Erhöhte Transparenzanforderungen im Aktien- und Kapitalmarktrecht, NZG 2007, 921; *Fleischer,* Mitteilungspflichten für Inhaber wesentlicher Beteiligungen (§ 27a WpHG), AG 2008, 873; *Greven/Fahrenholz,* Die Handhabung der neuen Mitteilungspflichten nach § 27a WpHG, BB 2009, 1487; *Lebherz,* Publizitätspflichten bei der Übernahme börsennotierter Unternehmen, WM 2010, 154; *Leyendecker-Langner/Huthmacher,* Die Aufstockungsabsicht nach § 27a Abs. 1 Satz 3 Nr. 2 WpHG im Kontext von öffentlichen Übernahmen, AG 2015, 560; *Möllers/Holzner,* Die Offenlegungspflichten des Risikobegrenzungsgesetzes, NZG 2008, 166; *Querfurth,* § 27a WpHG und die Folgen eines Verstoßes, WM 2008, 1957; *Uwe H. Schneider,* Der kapitalmarktrechtliche Strategie- und Mittelherkunftsbericht – oder: Wem dient das Kapitalmarktrecht?, in FS Nobbe, 2009, S. 369; *Ulmrich,* Investorentransparenz, 2013; *Veil,* Beteiligungstransparenz im Kapitalmarktrecht, ZHR 177 (2013), 427.

I. Regelungsgegenstand und Regelungszweck . 1	4. Einflussnahme auf die Besetzung von Verwaltungs-, Leitungs- und Aufsichtsorganen 18
II. Rechtsvergleichung 3	5. Wesentliche Änderung der Kapitalstruktur . . 19
III. Normadressat 4	VI. Der Inhalt des Mittelherkunftsberichts 20
1. Meldepflichtiger i.S.d. §§ 33 und 34 WpHG . . 4	VII. Rechtsfolgen 22
2. Keine Mitteilungspflicht für Kapitalverwaltungsgesellschaften etc. 8	1. Empfänger der Vorlageberichts 22
3. Schwellenwerte (Berichtsschwelle) 9	2. Inhalt, Art, Sprache, Umfang und Form 23
IV. Verlangen des Emittenten? 10	3. Frist 26
V. Der Inhalt des Strategieberichts 12	4. Veröffentlichungspflicht des Emittenten (§ 43 Abs. 2 WpHG) 27
1. Strategische Ziele oder Erzielung von Handelsgewinnen 12	5. Symbolfolgen bei Rechtsverletzung 29
2. Erwerb weiterer Stimmrechte 15	VIII. Regelung in der Satzung (§ 43 Abs. 3 WpHG) 31
3. Erlangung der Kontrolle 16	IX. Rechtsverordnung (§ 43 Abs. 4 WpHG) 33
	X. Sanktionen 34

I. Regelungsgegenstand und Regelungszweck. § 43 WpHG entspricht § 27a WpHG a.F. Meldepflichtige nach § 33 WpHG und § 34 WpHG werden durch § 43 WpHG mit einer **aufsichtsrechtlichen Pflicht** belastet, bei einem Erreichen oder Überschreiten von 10 % der Stimmrechte einen **Strategie- und Mittelherkunftsbericht** zu erstatten (zu vergleichbaren Regelungen im ausländischen Recht s. Rz. 3). Mit diesen und anderen Publizitätspflichten sollen unerwünschte Aktivitäten von Finanzinvestoren erschwert oder verhindert werden, ohne zugleich Finanz- und Unternehmenstransaktionen, die effizienzfördernd wirken, zu beeinträchtigen. Durch mehr Transparenz soll „eine ausreichende Informationsbasis für alle Akteure hergestellt" werden[1]. Mit der Regelung sollen die bisherigen Aktionäre und die neuen Investoren über die Absichten im Blick auf Strategie und Einfluss sowie den künftigen Zuerwerb und den zu erwartenden Kursanstieg informiert werden, damit sie davon abhängig ihr eigenes Investitionsverhalten einrichten können. Die Vorschrift dient aber nicht nur der **guten Ordnung im Kapitalmarkt** und dem **Anlegerschutz,** sondern zugleich „der Konkretisierung der Informationsrechte der Belegschaften". Die Würdigung der **Interessen der Arbeitnehmer** entspricht der erweiterten Zielsetzung von § 11 Abs. 2 WpÜG; denn auch die Angaben in der Angebotsunterlage sollen die Arbeitnehmer der Zielgesellschaft über die Pläne und Absichten des Bieters unterrichten[2]. **1**

Im Ergebnis führt dies zu einer **Vorverlagerung der Meldepflichten,** also zu einer Information des Marktes noch bevor die nächste Meldeschwelle erreicht ist. **2**

II. Rechtsvergleichung. Entsprechende gesetzliche Pflichten und Standards finden sich in Sec. 13d US-Securities and Exchange Act[3], im französischen Recht in Art. L 233–7 Abs. 7 Code de Commerce sowie in Rule 24 des UK-City Takeover Code, Stand vom 12.9.2016. Art. L 233–7 Abs. 7 Code de Commerce, lautet: „Lorsque les actions de la société sont admises aux négociations sur un marché réglementé, la personne tenue à l'information prévue au I est tenue de déclarer, à l'occasion des franchissements de seuil du dixième ou du cinquième du capital ou des droits de vote, les objectifs qu'elle a l'intention de poursuivre au cours des douze mois à venir. Cette déclaration précise si l'acquéreur agit seul ou de concert, s'il envisage d'arrêter ses achats ou de les poursuivre d'acquérir ou non le contrôle de la société, de demander sa nomination ou celle d'une ou plusieurs personnes comme administrateur, membre du directoire ou du conseil de surveillance. Elle est adressée à la société dont les actions ont été acquises et à l'Autorité des marchés financiers dans un délai de dix jours de bourse …". **3**

III. Normadressat. 1. Meldepflichtiger i.S.d. §§ 33 und 34 WpHG. Zur Vorlage des Strategie- und Mittelherkunftsberichts ist nur ein Meldepflichtiger i.S.d. §§ 33 und 34 WpHG verpflichtet. Halter von Finanzinstrumenten, die nach § 38 WpHG meldepflichtig sind, brauchten früher keinen entsprechenden Bericht vorzulegen. **4**

---

[1] Begr. RegE Risikobegrenzungsgesetz, BR-Drucks. 763/07, 6.
[2] *Bosch/Meyer* in Assmann/Pötzsch/Uwe H. Schneider, § 11 WpÜG Rz. 12; *Uwe H. Schneider* in FS Nobbe, 2009, S. 369.
[3] Der Text ist abgedruckt bei *Uwe H. Schneider* in FS Nobbe, 2009, S. 369; ausführlich: *Ulmrich,* Investorentransparenz, 2013, S. 11 ff.

Auch wurden die entsprechenden Stimmrechte nicht zugerechnet[1]. Das dürfte sich geändert haben, weil nach der neuen Konzeption, eingeführt durch das Transparenzrichtlinie-Änderungsrichtlinie-Umsetzungsgesetz, nur noch ein einheitlicher Meldetatbestand besteht (Vor §§ 33 ff. WpHG Rz. 36 f.). Betroffen sind nur Meldepflichtige eines Emittenten, für den die Bundesrepublik Deutschland der Herkunftsstaat ist. Definiert sind diese Emittenten in § 2 Abs. 13 WpHG i.V.m. § 33 Abs. 4 WpHG.

5 Meldepflichtig und damit auch berichtspflichtig können Privataktionäre und juristische Personen, inländische und ausländische Aktionäre und juristische Personen des öffentlichen Rechts sein.

6 Nicht Voraussetzung ist, dass der Normadressat **Aktionär** ist; denn meldepflichtig und demgemäß berichtspflichtig sind auch Personen, denen Stimmrechte aus Aktien nach § 34 WpHG **zugerechnet** werden. So ist berichtspflichtig auch das herrschende Unternehmen, das keine Aktien hält, dem aber die Stimmrechte der Konzernunternehmen zugerechnet werden[2]. Die §§ 34 f. WpHG sind anwendbar.

7 Gibt es mehrere Meldepflichtige, so können sie auch jeder für sich berichtspflichtig sein. Der Grundsatz der doppelten Zurechnung begründet zugleich den **Grundsatz der doppelten Berichtspflicht**.

8 **2. Keine Mitteilungspflicht für Kapitalverwaltungsgesellschaften etc.** Nach § 43 Abs. 1 Satz 5 und 6 WpHG sind die dort näher aufgeführten Gesellschaften von der Mitteilungspflicht nach § 43 Abs. 1 Satz 1 bis 4 WpHG befreit. Dazu gehören Unternehmen, wenn der Schwellenwert aufgrund eines Angebots i.S.d. § 2 Abs. 1 WpÜG erreicht oder überschritten wurde. Und dazu gehören insbesondere auch Kapitalverwaltungsgesellschaften i.S.v. § 17 KAGB.

9 **3. Schwellenwerte (Berichtsschwelle).** Die Berichtspflicht entsteht nur, wenn der Betreffende 10 % der Stimmrechte aus Aktien oder eine höhere Schwelle erreicht oder überschreitet. Beim Unterschreiten muss der Meldepflichtige nicht berichten. Die Berichtspflicht entsteht auch, wenn dem Mitteilungspflichtigen **mindestens 10 % der Stimmrechte zugerechnet werden**. Die erste Schwelle entspricht der US-amerikanischen und dem französischen Recht. Überzeugend ist das nicht; denn auch bei Erreichen einer niedrigen Meldeschwelle, nämlich 3 % oder 5 %, sind Anleger an der weiteren Entwicklung interessiert, wollen insbesondere wissen, ob weitere Zukäufe geplant sind. Gerade die Absicht des Zukaufs durch Aktionäre, die zunächst noch über eine kleinere Beteiligung verfügen, ist für die anderen Investoren von Bedeutung und kann Kurssteigerungen auslösen.

10 **IV. Verlangen des Emittenten?** Im RegE zum Risikobegrenzungsgesetz war zunächst vorgesehen, dass die Vorlagepflicht nur eintreten sollte, wenn der Emittent dies verlangt. Obwohl der Bericht auch den Interessen der Arbeitnehmer dient, sollten die Arbeitnehmer aber nicht berechtigt sein, den Bericht anzufordern. Das war nicht stimmig. Nur über eine Änderung der Absichten musste der Meldepflichtige unaufgefordert berichten. Eine Form und eine Frist für das Verlangen waren nicht vorgesehen. Das Verlangen musste nicht notwendig nach Eingang der Stimmrechtsmitteilung gestellt werden.

11 Auf Vorschlag des Finanzausschusses hat der Gesetzgeber beschlossen, auf ein besonderes Verlangen des Emittenten zu verzichten. **Unabhängig von einem Verlangen des Emittenten** hat der Meldepflichtige nunmehr den Bericht vorzulegen.

12 **V. Der Inhalt des Strategieberichts. 1. Strategische Ziele oder Erzielung von Handelsgewinnen.** § 43 Abs. 2 WpHG unterscheidet zwischen der Strategie des Meldepflichtigen und der Herkunft der Mittel. Der Inhalt des **Strategieberichts** wird in einer Liste mit fünf Unterpunkten festgeschrieben. Die einzelnen Angaben – im Wesentlichen geht es um die Absichten des Meldepflichtigen – hängen inhaltlich eng miteinander zusammen. Letztlich geht es darum, offen zu legen, ob der Meldepflichtige nur eine **Finanzanlage** sucht oder eine **strategische Beteiligung** aufbauen will. Die Aufzählung der anzugebenden Informationen, insbesondere der verfolgten Absichten, ist abschließend[3].

13 Hinsichtlich der mit dem Erwerb der Stimmrechte verfolgten Ziele hat der Meldepflichtige anzugeben, ob die Investition der Umsetzung strategischer Ziele oder der Erzielung von Handelsgewinnen dient. Gemeint sind strategische Ziele bei dem Emittenten und nichtstrategische Ziele des Meldepflichtigen. Die Investition dient **strategischen Zielen**, wenn der Meldepflichtige in einem überschaubaren Zeitraum beabsichtigt, auf die Geschäftspolitik des Emittenten Einfluss zu nehmen. Für die Möglichkeit der Umsetzung strategischer Ziele reicht es aus, wenn der Meldepflichtige nur die Absicht hat, entweder in einzelnen Beziehungen Einfluss zu nehmen oder wenn er sich mit einer Abhängigkeit i.S.v. § 17 AktG begnügt.

14 Die Investition dient der **Erzielung von Handelsgewinnen**, wenn sich der Meldepflichtige auf die Ausübung der aktienrechtlichen Mitverwaltungsrechte beschränkt und sein Interesse nur in der Dividende und in der Kurssteigerung liegt.

---

1 *Becker* in *Just/Voß/Ritz/Becker*, § 27a WpHG Rz. 9; a.A. *Fleischer*, AG 2008, 873, 876.
2 Zur Berichtspflicht bei Konzernunternehmen: *von Bülow/Stephanblome*, ZIP 2008, 1797, 1802.
3 Begr. RegE Risikobegrenzungsgesetz, BT-Drucks. 16/7438, 12; *Diekmann/Merkner*, NZG 2007, 921, 924; *Timmann/Birkholz*, BB 2007, 2752.

2. Erwerb weiterer Stimmrechte. Anzugeben hat der Meldepflichtige, ob er beabsichtigt, innerhalb der nächsten zwölf Monate weitere Stimmrechte durch Erwerb oder auf sonstige Weise zu erlangen[1]. Aus dieser gewiss **wichtigsten Information** kann der Anleger entnehmen, ob sich durch die zusätzliche Nachfrage die Kurse erhöhen, ob mit einer Übernahme zu rechnen ist und ob er sich in überschaubarer Zeit als außenstehender Aktionär eines abhängigen Unternehmens wiederfindet. Im Ergebnis führt diese Verpflichtung beim Erreichen einer Berichtsschwelle zu einer **Vorverlagerung der Meldepflicht** vor Erreichen der nächsten Meldeschwelle[2].

3. Erlangung der Kontrolle. Der RegE zum Risikobegrenzungsgesetz sah vor, dass im Strategiebericht auch anzugeben war, ob der Meldepflichtige die Erlangung der Kontrolle i.S.d. § 29 Abs. 2 WpÜG über den Emittenten anstrebt. Das würde nämlich bedeuten, dass die Zielgesellschaft zur Tochtergesellschaft des Bieters würde. Und der Markt weiß, dass Aktien bei Übernahmeabsichten zunächst höher und in der Folge geringer bewertet werden als die Aktien eines konzernfreien Unternehmens. Und das hat gute Gründe, denn der Minderheitenschutz beherrschter Unternehmen ist unzulänglich.

Die Pflicht zu berichten, ob die Absicht besteht, die Kontrolle zu erlangen, ist aber auf Empfehlung des Finanzausschusses **nicht ins Gesetz übernommen worden**. Begründet wurde das nicht. Für den gegenwärtigen und den künftigen Investor ist das zukünftige Verhalten des Mitteilungspflichtigen, und zwar nicht nur, ob er weiter zukaufen will (§ 43 Abs. 1 Satz 3 Nr. 2 WpHG), sondern auch, ob er die Kontrolle zu erlangen beabsichtigt, **die wohl wichtigste Information**; denn von der künftigen Kontrolle hängt das weitere Schicksal des Emittenten ab. Entsprechende Berichtspflichten sehen daher auch das US-amerikanische und das französische Recht vor. Der Vorschlag des Finanzausschusses und die entsprechende Streichung sind daher nicht nachzuvollziehen. § 43 Abs. 1 Satz 3 Nr. 2 WpHG beschränkt sich auf die Offenlegung der Aufstockungsabsicht[3].

4. Einflussnahme auf die Besetzung von Verwaltungs-, Leitungs- und Aufsichtsorganen. Der Strategiebericht hat anzugeben, ob der Meldepflichtige anstrebt, auf die Besetzung von Verwaltungs-, Leitungs- und Aufsichtsorganen Einfluss zu nehmen. Börsennotierte Aktiengesellschaften unterscheiden nicht zwischen Verwaltungs- und Leitungsorganen. Gemeint ist die Besetzung des Vorstands. Dafür ist die Hauptversammlung nicht zuständig. Sie wählt lediglich die Anteilseignervertreter zum Aufsichtsrat. Der Begriff **Einflussnahme** ist jedoch weit auszulegen. Ausreichend ist die Absicht, faktisch zu bestimmen, wer Mitglied des Vorstands wird. Offen bleibt zudem, ob es für eine Einflussnahme ausreicht, dass der Meldepflichtige bei der Bestellung der Mitglieder des Aufsichtsrats sein Stimmrecht ausübt. Eine solche Information würde wenig Sinn machen; denn dass ein Paketaktionär seine Stimmrechte wahrnimmt, ist nahe liegend. Der Begriff Einflussnahme ist daher weit auszulegen.

5. Wesentliche Änderung der Kapitalstruktur. Und schließlich ist im Strategiebericht anzugeben, ob der Meldepflichtige eine wesentliche Änderung der Kapitalstruktur der Gesellschaft, insbesondere im Hinblick auf das Verhältnis von Eigen- und Fremdfinanzierung und die Dividendenpolitik anstrebt. Diese Information ist im Lichte des Verhaltens bestimmter Finanzinvestoren zu sehen, die vor allem an der Ausschüttung des Eigenkapitals, an der Auszahlung einer Superdividende und an der deutlichen Erhöhung der Fremdfinanzierung sowie der Nutzung des Leverage Effekts interessiert sind[4]. In der öffentlichen Diskussion wird dies unterschiedlich bewertet. Gesehen wird einerseits die Erhöhung der Eigenkapitalrendite als Folge verstärkter Fremdfinanzierung. Hingewiesen wird andererseits aber auch als Folge einer erhöhten Fremdkapitalquote auf die Beschränkung der Möglichkeiten der Unternehmensleitung und die erhöhte Insolvenzanfälligkeit bei mangelnder Eigenkapitalausstattung. Gerade die Pflicht auch hierüber zu informieren ist ein Beitrag, um „unerwünschte Aktivitäten von Finanzinvestoren zu erschweren oder möglicherweise sogar zu verhindern".

VI. Der Inhalt des Mittelherkunftsberichts. In einem zweiten Teil des Berichts hat der Meldepflichtige über die Herkunft der verwendeten Mittel, nämlich **insbesondere der Mittel zum Erwerb der Aktien**, offen zu legen und anzugeben, ob es sich um Eigen- oder Fremdmittel handelt, die der Meldepflichtige zur Finanzierung des Erwerbs der Stimmrechte aufgenommen hat. Bei gemischter Finanzierung sind die jeweiligen Anteile anzugeben[5]. Keine Angaben sind zur Laufzeit oder zu den Konditionen der Fremdfinanzierung zu machen[6].

Die Unterscheidung zwischen Eigen- und Fremdmittel ist etwas schlicht. Die Praxis hat vielfältige Formen der Finanzierung entwickelt. So werden in der Praxis nicht selten Aquisitionsvehikel eingesetzt, die ihrerseits Tochtergesellschaften in einem Konzern sind. Und dieser Konzern kann Fremdmittel zu Eigenkapital umqualifizieren[7]. Man wird daher davon ausgehen dürfen, dass der Meldepflichtige auch über diese Form der Konzernfinanzierung informiert.

---

1 Krit. *Wilsing/Goslar*, DB 2007, 2470.
2 Ebenso *Timmann/Birkholz*, BB 2007, 2752.
3 S. dazu auch *Langendecker-Langner/Hutmacher*, AG 2015, 560.
4 *Schmidt/Spindler*, Private Equity und Hedgefonds: Die Regulierung von Finanzinvestoren in Deutschland, 2007; Uwe H. *Schneider*, AG 2006, 577; Uwe H. *Schneider*, NZG 2007, 888.
5 Begr. RegE Risikobegrenzungsgesetz, BT-Drucks. 16/7438, 12.
6 *Brandt*, BKR 2008, 441, 449.
7 S. dazu die Beiträge in *Lutter/Scheffler/U. H. Schneider*, Handbuch der Konzernfinanzierung, 1998.

22 **VII. Rechtsfolgen. 1. Empfänger des Vorlageberichts.** Der Berichtspflichtige hat den Strategie- und Mittelherkunftsbericht dem **Emittenten**, für den die Bundesrepublik Deutschland Herkunftsstaat ist, zuzuleiten. Eine Berichtspflicht gegenüber der **BaFin**, also eine Zuleitung des Berichts an die Aufsichtsbehörde besteht anders als im französischen Recht nicht.

23 **2. Inhalt, Art, Sprache, Umfang und Form.** Der Inhalt, die Art, die Sprache, der Umfang und die Form des Strategie- und Mittelherkunftsberichts sind **gesetzlich nicht geregelt**. Diese können jedoch durch eine Rechtsverordnung näher bestimmt werden (§ 43 Abs. 4 WpHG). Eine solche Verordnung fehlt bisher.

24 So lange es an näheren Regelungen fehlt, sind der Inhalt, die Art, die Sprache, der Umfang und die Form des Strategie- und Mittelherkunftsberichts im Blick auf den Normzweck näher zu konkretisieren. Der Inhalt des Berichts ergibt sich aus dem Berichtszweck. Er soll die Beteiligten in die Lage versetzen, die angemessenen Entscheidungen zu treffen; denn der Bericht ist kein Selbstzweck. Der Bericht muss in deutscher Sprache vorgelegt werden, jedenfalls wenn der Emittent eine Aktiengesellschaft deutschen Rechts ist.

25 Offen gelassen ist auch die Form der Übermittlung. Hier hat der Berichtspflichtige breites Ermessen. Es muss nur sichergestellt sein, dass der Bericht den Emittenten erreicht.

26 **3. Frist.** Der Strategie- und Mittelherkunftsbericht ist **innerhalb von 20 Handelstagen** nach Erreichen oder Überschreiten der Meldeschwellen vorzulegen. Die Frist ist völlig unangemessen[1]. Im Kapitalmarkt ist Eile angesagt. Märkte entwickeln sich schnell. Deshalb ist es auch nicht damit getan, die Frist etwa auf 10 Tage, wie dies in Sec. 13 d Securities and Exchange Act vorgesehen ist, zu verkürzen[2]. Der mit dem Bericht verknüpfte Aufwand ist gering und gewiss wird sich ein Meldepflichtiger schon frühzeitig Gedanken darüber gemacht haben, wie er die Stimmrechte einsetzt. Richtig wäre es vielmehr, mit dem Zeitpunkt des Überschreitens der Meldeschwelle ein Erwerbsverbot für den Meldepflichtigen vorzusehen[3]. Andernfalls ist zu befürchten, dass der Meldepflichtige die Zwischenzeit nutzt, um weitere Aktien hinzuzuerwerben. Ändern sich die Ziele des Meldepflichtigen, so ist auch dies innerhalb von 20 Handelstagen mitzuteilen[4].

27 **4. Veröffentlichungspflicht des Emittenten (§ 43 Abs. 2 WpHG).** Der Emittent hat
– entweder den Strategie- und Mittelherkunftsbericht
– oder die Tatsache, dass die Mitteilungspflicht nicht erfüllt wurde,

entsprechend § 40 Abs. 1 Satz 1 WpHG i.V.m. der Rechtsverordnung nach § 40 Abs. 3 Nr. 1 WpHG spätestens drei Handelstage nach Zugang des Berichts zu veröffentlichen.

28 Zu veröffentlichen ist auch die Tatsache, dass die Mitteilungspflicht nicht erfüllt wurde. Eine solche Information ist zwar wenig erfreulich, die anderen Anleger wissen aber gegebenenfalls, was sie von dem Meldepflichtigen zu erwarten haben und was nicht. § 43 Abs. 2 Halbsatz 2 WpHG ist neu. Hiernach hat der Emittent die zu veröffentlichenden Informationen nun zusätzlich unverzüglich, jedoch nicht vor ihrer Veröffentlichung auch dem **Unternehmensregister** nach § 8b HGB zur Speicherung zu übermitteln. Erreicht werden soll damit, dass die Veröffentlichung dem Kapitalmarkt dauerhaft zur Verfügung steht[5].

29 **5. Symbolfolgen bei Rechtsverletzung.** Verletzt der Berichtspflichtige seine Mitteilungspflicht, legt er keinen oder einen unzulänglichen Bericht vor, so ist dies zwar zu veröffentlichen. Weitere Rechtsfolgen sieht das Gesetz aber nicht vor. Aus dem Verweis auf § 40 Abs. 1 Satz 1 WpHG in § 43 Abs. 2 WpHG folgt nicht, dass die Verletzung der Mitteilungspflichten aus § 43 WpHG eine Ordnungswidrigkeit darstellt. Richtig ist vielmehr, dass der Gesetzgeber von einem Bußgeldtatbestand, einem Erwerbsverbot oder einem Rechtsverlust entsprechend § 44 WpHG[6] abgesehen hat. In der Begr. RegE Risikobegrenzungsgesetz[7] wird dies damit begründet, dass bei einem Rechtsverlust die Gefahr einer Anfechtung von Beschlüssen der Hauptversammlung bestehe, dies missbräuchlich ausgenutzt werde und daher eine weitergehende Lähmung der Beschlussfassung des Emittenten zu befürchten sei. Sodann heißt es weiter, dass die „im Interesse des Emittenten" eingeführte Berichtspflicht seinen eigenen Interessen zuwider laufen könnten.

30 In Betracht kommt allerdings bei Verletzung der Mitteilungspflichten der Vorwurf einer Marktmanipulation[8]. In der Praxis wird deren Verfolgung aber an Beweisproblemen scheitern. Erwogen werden ferner eine Verlet-

---

1 Ebenso *Veil*, ZHR 177 (2013), 427, 440.
2 Für eine solche Regelung: Stellungnahme der DSW zum Entwurf eines Risikobegrenzungsgesetzes vom 7.11.2007.
3 Ebenso *Veil* in K. Schmidt/Lutter, Anh. § 22 AktG, § 27a WpHG Rz. 19; *Schürnbrand* in Emmerich/Habersack, Aktien- und GmbH-Konzernrecht, § 28 WpHG Rz. 14.
4 BaFin, Emittentenleitfaden 2013, Rz. VIII.2.10.
5 Begr. RegE, BT-Drucks. 18/5010, 48.
6 Ebenso *Veil* in K. Schmidt/Lutter, Anh. § 22 AktG, § 27a WpHG Rz. 23.
7 Begr. RegE Risikobegrenzungsgesetz, BT-Drucks. 16/7438, 13; *Schürnbrand* in Emmerich/Habersack, Aktien- und GmbH-Konzernrecht, § 27a WpHG Rz. 14; krit. *Veil*, ZGR 2015, 709, 738.
8 So *Querfurth*, WM 2008, 1957, 1959; *von Bülow/Stephanblome*, ZIP 2008, 1797, 1804; *Fleischer*, AG 2008, 873.

zung des Verbots von Insidergeschäften und eine Marktmanipulation nach Art. 15 VO Nr. 596/2014[1] sowie Schadensersatzansprüche nach § 826 BGB und § 823 Abs. 2 BGB[2]. Eine Verletzung des Verbots von Insidergeschäften scheidet freilich aus, soweit selbst geschaffenes eigenes Insiderwissen verwendet wurde[3]. Das aber bedeutet, dass zumindest tatsächlich Rechtsfolgen bei Verletzung der Berichtspflicht fehlen und deshalb die Berichtspflicht nicht ernst genommen wird[4]. § 43 WpHG ist daher als Beitrag zur **Symbolgesetzgebung** zu sehen[5]. Allerdings heißt es in der Begr. RegE zum Risikobegrenzungsgesetz[6] weiter, es sei vorgesehen, „die Entscheidung gegen eine weitere Sanktionierung der neuen Pflichten aus § 42 Satz 2 WpHG (dies entspricht § 43 WpHG) im Lichte der Erfahrungen in der Praxis nach Ablauf von zwei Jahren einer Überprüfung zu unterziehen und erforderlichenfalls zu revidieren".

VIII. Regelung in der Satzung (§ 43 Abs. 3 WpHG). Hat der Emittent seinen Sitz im Inland, so kann in der Satzung vorgesehen sein, dass ein Strategie- und Mittelherkunftsbericht nicht vorgelegt werden muss. Eine Beschränkung der Angaben ist durch die Satzung nicht zulässig[7]. In der Praxis haben vor allem Gesellschaften ihre Satzung angepasst, die einen Großaktionär und nur unbedeutenden Streubesitz haben[8]. Die Vorschrift ist überraschend[9]; denn zum einen handelt es sich um eine aufsichtsrechtliche Pflicht, die durch gesellschaftsrechtliche Regelung abbedungen werden kann. Angesichts fehlender Rechtsfolgen bei einer Pflichtverletzung ist dies unbedenklich. Bedenklich ist, dass damit auch die Information der Arbeitnehmer verkürzt wird. Zum anderen kann Emittent auch eine ausländische Aktiengesellschaft sein. Dann sind gegebenenfalls auch deren Satzungsschranken zu bedenken. 31

Nach § 43 Abs. 3 Satz 2 WpHG kann die Pflicht zur Vorlage eines Strategie- und Mittelherkunftsberichts auch durch Emittenten mit Sitz im Ausland, also eine ausländische Aktiengesellschaft abbedungen werden. Auch in diesem Fall sind die satzungsrechtlichen Schranken der ausländischen Gesellschaft zu berücksichtigen. 32

IX. Rechtsverordnung (§ 43 Abs. 4 WpHG). Das Bundesministerium der Finanzen kann durch Rechtsverordnung nähere Bestimmungen über den Inhalt, die Art, die Sprache, den Umfang und die Form des Strategie- und Mittelherkunftsberichts erlassen. Eine solche Verordnung fehlt bisher. 33

X. Sanktionen. Die Verletzung der Veröffentlichungspflicht nach § 43 Abs. 2 WpHG ist nicht bußgeldbewehrt. § 120 WpHG ist nicht anwendbar[10]. In § 120 Abs. 2 WpHG wird § 43 WpHG nicht aufgeführt. 34

§ 44 Rechtsverlust

(1) Rechte aus Aktien, die einem Meldepflichtigen gehören oder aus denen ihm Stimmrechte gemäß § 34 zugerechnet werden, bestehen nicht für die Zeit, für welche die Mitteilungspflichten nach § 33 Absatz 1 oder 2 nicht erfüllt werden. Dies gilt nicht für Ansprüche nach § 58 Abs. 4 des Aktiengesetzes und § 271 des Aktiengesetzes, wenn die Mitteilung nicht vorsätzlich unterlassen wurde und nachgeholt worden ist. Sofern die Höhe des Stimmrechtsanteils betroffen ist, verlängert sich die Frist nach Satz 1 bei vorsätzlicher oder grob fahrlässiger Verletzung der Mitteilungspflichten um sechs Monate. Satz 3 gilt nicht, wenn die Abweichung bei der Höhe der in der vorangegangenen unrichtigen Mitteilung angegebenen Stimmrechte weniger als 10 Prozent des tatsächlichen Stimmrechtsanteils beträgt und keine Mitteilung über das Erreichen, Überschreiten oder Unterschreiten einer der in § 33 genannten Schwellen unterlassen wird.

(2) Kommt der Meldepflichtige seinen Mitteilungspflichten nach § 38 Absatz 1 oder § 39 Absatz 1 nicht nach, so ist Absatz 1 auf Aktien desselben Emittenten anzuwenden, die dem Meldepflichtigen gehören.

In der Fassung des 2. FiMaNoG vom 23.6.2017 (BGBl. I 2017, 1693).

Schrifttum: *von Bülow/Petersen*, Der verlängerte Rechtsverlust aufgrund der Verletzung kapitalmarktrechtlicher Mitteilungspflichten, NZG 2009, 481; *Burgard/Heinemann*, Beteiligungspublizität nach der Transparenzrichtlinie 2013, in FS

---

1 *Querfurth*, WM 2008, 1957, 1959.
2 So *Bayer* in MünchKomm. AktG, 4. Aufl. 2016, § 22 AktG Anh. § 27a WpHG Rz. 21; dagegen *Buck-Heeb*, Kapitalmarktrecht, 9. Aufl. 2017, S. 223.
3 Ebenso *Fleischer*, AG 2008, 873.
4 Krit. auch *DAV-Handelsrechtsausschuss*, NZG 2008, 60, 62.
5 Zustimmend: *Hitzer/Düchting*, ZIP 2011, 1084, 1089.
6 Begr. RegE Risikobegrenzungsgesetz, BT-Drucks. 16/7438, 13.
7 BaFin, Emittentenleitfaden 2013, Rz. VIII.2.10.
8 *Bayer/Hoffmann*, AG 2013, R199f.
9 Kritisch auch *Veil* in K. Schmidt/Lutter, Anh. § 22 AktG, § 27 WpHG Rz. 21.
10 A.A. *Heinrich* in KölnKomm. WpHG, § 22 AktG Anh. § 27a WpHG Rz. 48; *Pluskat*, NZG 2009, 206, 209; wie hier *Schürnbrand* in Emmerich/Habersack, Aktien- und GmbH-Konzernrecht, § 27a WpHG Rz. 15; *Veil* in K. Schmidt/Lutter, Anh. § 22 AktG, § 27a WpHG Rz. 23; *Bayer* in MünchKomm. AktG, 4. Aufl. 2016, § 22 AktG Anh. § 27a WpHG Rz. 16.

Dauses, 2014, S. 47; *Cahn*, Rechtsverlust der Tochter bei Mitteilungspflichtverletzung durch die Mutter, Der Konzern 2017, 217; *Dinter/David*, Das Recht hat man zu kennen – Zum Vorsatz bei bußgeldbewehrten Verstößen im Kapitalmarktrecht, ZIP 2017, 893; *Dönges*, Die §§ 21 ff. WpHG als Schutzgesetze im Sinne des § 823 Abs. 2 BGB, 2012; *Dolff*, Der Rechtsverlust gem. § 28 WpHG aus der Perspektive des Emittenten, 2011; *Fleischer*, Rechtsverlust nach § 28 WpHG und entschuldbarer Rechtsirrtum des Meldepflichtigen, BB 2009, 1335; *Fleischer*, Vertrauen von Geschäftsleitern und Aufsichtsratsmitgliedern auf Informationen Dritter, ZIP 2009, 1397; *Fleischer* Vorstandshaftung und Vertrauen auf anwaltlichen Rat, NZG 2010, 1121; *Flume*, Aktienrechtliches Anfechtungswesen und kapitalmarktrechtliche Beteiligungspublizität, Der Konzern 2009, 385; *Gegler*, Zur Reformbedürftigkeit des § 44 WpHG – ex-lege-Rechtsverlust oder Anordnungsbefugnis der BaFin?, ZBB 2018, 126; *Habersack*, Schranken des Verlusts von Rechten aus zugerechneten Aktien nach § 20 Abs. 7 AktG, § 44 Abs. 1 WpHG, § 59 WpÜG, AG 2018, 133; *Hagen*, Der Rechtsverlust im Aktien- und Kapitalmarktrecht, 2012; *Heinrich/Kiesewetter*, Praxisrelevante Aspekte des Stimmrechtsverlusts nach § 28 WpHG i.d.F. des Risikobegrenzungsgesetzes, Der Konzern 2009, 137; *Heusel*, Die Rechtsfolgen einer Verletzung der Beteiligungstransparenz gem. §§ 21 ff. WpHG, 2011; *Klöhn/Parhofer*, Konzerninterner Rechtsverlust, Verschuldensprinzip und andere Fragen der Beteiligungspublizität, NZG 2017, 321; *Merkner*, Das Damoklesschwert des Rechtsverlusts – Vorschlag für eine Neufassung von § 28 WpHG, AG 2012, 199; *Mülbert*, Das Recht des Rechtsverlusts – insbesondere am Beispiel des § 28 WpHG i.d.F., in FS Karsten Schmidt, 2009, S. 1219; *Nartowska*, Rechtsverlust nach § 28 WpHG, 2013; *Paudtke*, Zum zeitweiligen Verlust der Rechte eines Aktionärs gem. § 20 VII AktG, NZG 2009, 939; *Paudtke/Glauer*, nachforschungspflichten der Emittenten hinsichtlich der Richtigkeit der Meldungen nach §§ 21 ff. WpHG, NZG 2016, 125; *Reiser/von der Crone*, Stimmrechtssuspendierung nach Art. 20 Abs. 4bis BEHG, SZW/RSDA 2009, 509; *Rieckers*, Nachlese zur Hauptversammlungssaison 2016 und Ausblick auf 2017, DB 2016, 2526; *Riegger*, Zweifelsfragen zum Dividendenverlust nach § 28 WpHG, in FS H.P. Westermann, 2008, S. 1331; *Riegger/Wasmann*, Rechtsfolgen bei Verletzung der Meldepflichten nach §§ 21, 25 WpHG unter besonderer Berücksichtigung des Risikobegrenzungsgesetzes, in FS Hüffer, 2010, S. 823; *Uwe H. Schneider*, Der kapitalmarktrechtliche Rechtsverlust, in FS Kümpel, 2003, S. 477; *Uwe H. Schneider/Brouwer*, Die Verantwortlichkeit der Gesellschaft und ihrer Geschäftsleiter bei Delegation öffentlich-rechtlicher Pflichten, in FS Priester, 2007, S. 713; *Sven H. Schneider/Uwe H. Schneider*, Der Rechtsverlust gemäß § 28 WpHG bei Verletzung der kapitalmarktrechtlichen Meldepflichten – zugleich eine Untersuchung zu § 20 Abs. 7 AktG und § 59 WpÜG, ZIP 2006, 493; *Scholz*, Verlust von Aktionärsrechten gem. § 28 WpHG, AG 2009, 313; *Scholz/Weiß*, Grundlegende Mißverständnisse um den Kapitalmarktrechtlichen Vorsatzbegriff, BKR 2013, 324; *Schulenburg*, Ausnahme und Ende des sechsmonatigen Rechtsverlusts nach § 28 S. 3 WpHG – Zu den Grenzen der erlaubten Falschmeldung nach § 28 S. 4 WpHG, NZG 2009, 1246; *Schwenk*, Kein Dividendenanspruch bei Verletzung aktienrechtlicher Mitteilungspflichten, JurisPR-BKR 3/20174 Anm. 2; *Süßmann/Meder*, Schärfere Sanktionen bei Verletzung der Mitteilungspflichten, WM 2009, 976; *Tautges*, Kapitalmarktrechtliche Mitteilungen trotz nicht bestehender Mitteilungspflicht und deren Veröffentlichung – Lehren aus dem Fall „MAN-Invesco", BB 2010, 1291; *Teigelack/Dolff*, Kapitalmarktrechtliche Sanktionen nach dem Regierungsentwurf eines Ersten Finanzmarktnovellierungsgesetzes, BB 2016, 387; *Theusinger/Schilka*, Die Leitung der Hauptversammlung – eine Aufgabe frei von Haftungsrisiken?, BB 2015, 131; *Veil*, Wieviel „Enforcement" ist notwendig, ZHR 175 (2011), 83; *Verse*, Generelle Bestandsmitteilungspflichten und Rechtsverlust kraft richtlinienkonformer Auslegung, BKR 2010, 328; *Vocke*, Zum Rechtsverlust nach § 28 WpHG bei Verstößen gegen Stimmrechtsmitteilungspflichten, BB 2009, 1600; *Zickler/v. Falkenhausen*, Gilt der Rechtsverlust des § 28 WpHG auch für ausländische Gesellschaften?, BB 2009, 1994; s. ferner das Schrifttum Vor §§ 33 ff. WpHG.

I. Regelungsgegenstand und Regelungszweck	1
II. Die Tatbestandsvoraussetzungen	12
1. Nichterfüllung der Meldepflichten	12
2. Keine Mitteilung an den Emittenten und die Bundesanstalt	14
3. Unvollständige oder falsche Mitteilung	17
4. Keine fristgerechte Mitteilung an Emittent und Bundesanstalt	21
5. Verschulden	22
6. Verantwortlichkeit bei Geschäftsverteilung und Delegation	25
7. Zeitpunkt der Mitteilung	28
III. Rechtsfolgen	29
1. Rechte aus Aktien, die dem Meldepflichtigen gehören (§ 44 WpHG i.V.m. § 33 Abs. 1 und 2 WpHG)	29
2. Rechte aus Aktien, deren Stimmrechte dem Meldepflichtigen zugerechnet werden	30
a) Konzernweiter Rechtsverlust	30
b) Zurechnung nach § 34 Abs. 1 Satz 1 Nr. 2 WpHG	36
c) Zurechnung nach § 34 Abs. 1 Satz 1 Nr. 3–8 WpHG	37
d) Zurechnung bei abgestimmtem Verhalten	38
3. Rechte aus Aktien bei Verletzung der Meldepflichten nach § 38 Abs. 1 WpHG (§ 44 Abs. 2 WpHG)	39
4. Rechte aus Aktien bei Verletzung der Meldepflichten nach § 39 Abs. 1 WpHG	40
5. Erfasste Mitverwaltungsrechte	41
a) Stimmrechte des meldepflichtigen Aktionärs	43
b) Beginn und Dauer des Rechtsverlusts (§ 44 Satz 1 WpHG)	45
c) Verlängerung der Dauer des Rechtsverlusts (§ 44 Abs. 1 Satz 3 WpHG)	46
aa) Die Ausgangslage	46
bb) Tatbestandsvoraussetzungen	49
cc) Verlust aller Rechte	51
dd) Dauer der Verlängerung	52
ee) Vorsätzliche oder grob fahrlässige Verletzung der Mitteilungspflichten	53
d) Ausnahme von der Verlängerung der Frist (§ 44 Abs. 1 Satz 4 WpHG)	56
e) Ende des Rechtsverlustes	57
f) Ausübung des Stimmrechts trotz Rechtsverlusts	61
g) Sonstige Mitverwaltungsrechte	65
h) Berechnung der Mehrheiten	66
6. Erfasste Vermögensrechte	67
a) Anspruch auf Dividende	68
b) Bezugsrechte	71
c) Anspruch auf Liquidationserlös	72
d) Sonstige Vermögensrechte	74
7. Nicht erfasste Rechte	75
a) Mitgliedschaft	75
b) Kapitalerhöhung aus Gesellschaftsmitteln	76
IV. Kein Rechtsverlust trotz nicht erfüllter Meldepflicht (§ 44 Abs. 1 Satz 2 WpHG)	77
1. Der Regelungszweck	77

2. Unterlassen der Mitteilung 81
3. Keine vorsätzliche Pflichtverletzung 82
   a) Kapitalmarktrechtlicher Vorsatzbegriff 82
   b) Kenntnis des pflichtenbegründenden Sachverhalts 85
   c) Kapitalmarktrechtlicher Verbotsirrtum ... 86
4. Nachholung der Mitteilung 88
5. Beweislast 89
6. Keine Bindungswirkung einer Entscheidung der BaFin 90
V. Kein Verlust für Rechtsnachfolger 91
VI. Kein Erwerbsverbot bei Erreichen einer Meldeschwelle 92
VII. Organpflichten bei börsennotierten Gesellschaften 93
   1. Verhinderung der Teilnahme an Hauptversammlungen 93
   2. Verhinderung der Mitwirkung an der Beschlussfassung 94
   3. Keine Auszahlung der Dividende 95
VIII. Erreichen, Überschreiten oder Unterschreiten einer Meldeschwelle als Insiderinformation 96
IX. Sonstige Rechtsfolgen der Nichterfüllung der Mitteilungspflicht 98
   1. Keine Eintragung im Handelsregister 98
   2. Bußgeld 99
   3. § 823 Abs. 2 BGB 101
   4. Treupflichtverletzung 104
   5. Kein flip-in 106
X. Aufgaben und Befugnisse der Bundesanstalt 107

I. Regelungsgegenstand und Regelungszweck. a) § 44 WpHG entspricht § 28 WpHG a.F. Die Vorschrift dient der Durchsetzung der Mitteilungspflichten. Ihre Grundlage hat sie in Art. 15 RL 88/627/EWG (Transparenzrichtlinie I). Sie entspricht § 59 WpÜG. Eine vergleichbare Rechtsfolge enthält auch § 20 Abs. 7 AktG[1]. Der umfassende Rechtsverlust war eine Besonderheit des deutschen Rechts[2]. Die Möglichkeit ist nun ausdrücklich auch in Art. 28b Abs. 2 Satz 1 RL 2013/50/EU (Transparenzrichtlinie III) vorgesehen. 1

b) Die kapitalmarktrechtlichen Meldepflichten werden durch die Praxis nur ernst genommen und befolgt, wenn bei deren Verletzung **angemessene Rechtsfolgen** drohen[3]. Vorgesehen sind bei Verletzung der Meldepflichten ein Rechtsverlust nach § 44 WpHG[4] jedenfalls in bestimmten Fällen, ein gewiss nicht abschreckendes Bußgeld nach § 120 Abs. 2 Nr. 2 lit. g WpHG, der Verfall des Vermögensvorteils nach § 29a OWiG[5] sowie die Verpflichtung zur Leistung von Schadensersatz (str.). Im Vergleich zur Verletzung kartellrechtlicher Verbote sind die Geldbußen bei Verletzung der kapitalmarktrechtlichen Meldepflichten bescheiden. Zu erwägen ist auch, ob der Geschäftsleiter eines Kreditinstituts noch „zuverlässig" („fit und proper") i.S.v. § 32 KWG ist, wenn er sich bewusst über die gesetzlichen Meldepflichten hinwegsetzt oder an deren Verletzung mitwirkt. Und nicht zuletzt drohen Reputationsschäden – aber winkt auch heimliche Bewunderung –, weil man listig kapitalmarktrechtliche Rechtsfolgen vermieden hat. Studien zur Offenlegung wesentlicher Beteiligungen durch Hedgefonds sollen schwere Missstände offenbart haben, weil die Rechtsfolgen bei Verletzung der Meldepflichten nicht angemessen sind[6]. 2

Gleichwohl ist die derzeitige Ausgestaltung **rechtspolitisch** umstritten; denn sie führe zur Rechtsunsicherheit. Vorgeschlagen wird daher ein Rechtsverlust nur bei behördlicher[7] oder gerichtlicher Anordnung[8], verbunden mit einem Ausschluss der Anfechtbarkeit der Beschlüsse der Hauptversammlung, wenn ein Stimmrechtsverlust geltend gemacht wird[9]. Und vorgeschlagen wird die Beschränkung auf den Verlust der Stimmrechte[10]. Die Vorschläge überzeugen nicht.

Diskutiert werden sollte **eine allgemeine Beschränkung des Rechtsverlusts** auf die Fälle vorsätzlicher oder grobfahrlässiger Meldepflichtverletzung, zugleich in diesem Fall aber auch eine deutliche zeitliche Verlängerung des Rechtsverlusts.

c) Ihrer **Rechtsnatur** nach ist § 44 WpHG ungewöhnlich; denn die Verletzung kapitalmarktrechtlicher, also **öffentlich-rechtlicher Pflichten** führt zu weit reichenden **gesellschaftsrechtlichen Folgen**[11]. Das ist nicht unproblematisch. Sie belasten auch die Gesellschaft und die anderen Aktionäre, weil der Verlust des Stimmrechts zu fehlerhaften Hauptversammlungsbeschlüssen mit allen Konsequenzen führen kann. Sie kann eine fehlerhafte Gewinnausschüttung verursachen und die Zuteilung von Bezugsrechten rechtswidrig machen. Dies alles ist vor 3

---

1 S. dazu vor allem BGH v. 24.7.2000 – II ZR 168/99, AG 2001, 47.
2 *Nartowska/Walla*, AG 2014, 891, 894.
3 S. auch *Veil*, ZHR 175 (2011), 83; *Maume*, ZHR 180 (2016), 358.
4 Für dessen Beibehaltung: *Veil*, ZHR 175 (2011), 100.
5 S. dazu *Binninger*, Gewinnabschöpfung als kapitalmarktrechtliche Sanktion, 2010.
6 *Weber/Zimmermann*, Hedge Fund Activism and Information Disclosure: The case of Germany 2010, abrufbar unter: http://ssrn.com/abstract = 1550137.
7 So *Dolff*, Der Rechtsverlust gem. § 28 WpHG aus der Perspektive eines Emittenten, 2011, S. 167 sowie zahlreiche Stellungnahmen von Industrieverbänden: s. bei *Gegler*, ZBB 2018, 126, 127 Fn. 14; a.A. *Gegler*, ZBB 2018, 126.
8 *Brouwer*, AG 2012, 78, 83.
9 *Brouwer*, AG 2012, 78, 84; *Merkner*, AG 2012, 191, 208.
10 *Handelsrechtsausschuss des DAV*, NZG 2015, 1069; *Veil*, ZHR 175 (2011), 83, 101.
11 Zur Rechtsnatur des Rechtsverlustes: *Hagen*, Der Rechtsverlust im Aktien- und Kapitalmarktrecht, 2012, S. 42 ff.

dem Hintergrund zu sehen, dass die Auslegung der Zurechnungsvorschriften, die Abgrenzung zwischen Handelsbestand und Anlagebestand, die Bestimmung des Handelsbestandes im Konzern u.a.m. in vielen Fällen zweifelhaft ist. Die enge Verknüpfung kapitalmarktrechtlicher Pflichtverletzung mit gesellschaftsrechtlichen Rechtsfolgen ist gleichwohl **sachlich gerechtfertigt**, weil die Offenlegungsvorschriften nicht nur der guten Ordnung im Kapitalmarkt, sondern auch der Gesellschaft und den anderen gegenwärtigen und künftigen Aktionären dienen.

4 d) Bis zur **Neufassung** von § 28 WpHG a.F. (jetzt § 44 WpHG) durch das Dritte Finanzmarktförderungsgesetz war lediglich ein Ruhen der Stimmrechte vorgesehen. Nicht nur die Mitgliedschaft selbst, sondern auch die weiter gehenden Rechte aus der Mitgliedschaft, nämlich die Vermögensrechte, blieben aber bestehen. Begründet wurde dies mit systematischen Überlegungen. Da die §§ 33 ff. WpHG allein auf die Aufdeckung des durch das Stimmrecht vermittelten Einflusspotentials abzielten, liege es auch nahe, dass nur dessen Grundlage bei ausbleibender Mitteilung durch § 44 WpHG entzogen werde. Das überzeugte ganz und gar nicht. Schon in der Begründung des RegE zu § 28 WpHG a.F.[1] hieß es: „Die Mittel des Verwaltungszwangs sind angesichts der Bedeutung der ordnungsgemäßen Erfüllung der Meldeverpflichtungen für einen transparenten Kapitalmarkt nicht ausreichend." Wenn aber „für den Meldepflichtigen" nicht selten erhebliche wirtschaftliche Interessen von der Entscheidung über eine Mitteilung berührt werden", so war es erforderlich, dass der Gesetzgeber die Verletzung der Offenlegungspflichten mit **„angemessenen Sanktionen"**[2] verknüpfte.

5 e) Durch die Neufassung des § 28 WpHG a.F. (jetzt § 44 WpHG) durch das Dritte Finanzmarktförderungsgesetz wurde *erstens* der Kreis der von der Sanktion der Norm betroffenen Aktien um solche Aktien erweitert, die einem Dritten gehören und von diesem für Rechnung des zwar meldepflichtigen, aber pflichtvergessenen Aktionärs gehalten werden. *Zweitens* ordnet die Vorschrift für die Zeit, für welche die Mitteilungspflichten nicht erfüllt werden, einen **umfassenden endgültigen Rechtsverlust** an. § 28 WpHG a.F. wurde damit an § 20 Abs. 7 AktG angeglichen. Die Mitgliedschaft aber bleibt trotz Verletzung der Mitteilungspflicht bestehen[3].

6 Im Gesetzgebungsverfahren wurde die zunächst vorgesehene Rechtsfolge entsprechend § 20 Abs. 7 AktG a.F. allerdings zurückgenommen. Im **Referentenentwurf** war ein umfassender Rechtsverlust vorgesehen, der nicht von einem über § 21 WpHG a.F. (jetzt § 33 WpHG) i.V.m. § 121 Abs. 1 Satz 1 BGB („unverzüglich") hinausgehenden Verschuldensvorwurf abhängen sollte. Hiergegen wurde vorgebracht, der Verlust der Vermögensrechte sei unverhältnismäßig, wenn es am Vorsatz fehle. In der Praxis habe es sich gezeigt, dass einem Aktionär auf Grund persönlicher Umstände (z.B. Krankheit) oder wegen der komplexen und komplizierten Zurechnungsvorschriften entgangen sein könnte, dass er meldepflichtig sei. Der mögliche Verlust der Vermögensrechte schrecke ausländische Investoren ab. Im weiteren Gesetzgebungsverfahren wurde daher § 28 WpHG a.F. (jetzt § 44 WpHG) um Satz 2 ergänzt. Damit ergaben sich aber, wie schon zuvor, Zweifel, ob das bestehende Sanktionssystem angesichts möglicher Gewinne ausreiche, um die Offenlegungspflichten durchzusetzen. **„Schlupflochakrobaten"** werden sich nämlich darauf berufen, es habe ihnen am Vorsatz gefehlt (s. Rz. 22, 82).

7 f) Zuletzt geändert wurde § 28 WpHG a.F. (jetzt § 44 WpHG) durch das Umsetzungsgesetz der Transparenzrichtlinie-Änderungsrichtlinie 2015. Art. 28b Abs. 2 RL 2013/50/EU ermöglicht den Mitgliedstaaten, die Ausübung der Stimmrechte auszusetzen. Die Mitgliedstaaten können nach Art. 28b Abs. 3 RL 2013/50/EU auch zusätzliche Sanktionen und Maßnahmen, also etwa den Wegfall der Dividendenrechte vorsehen.

Auf dieser Grundlage wurde der Umfang des Rechtsverlusts in § 28 WpHG a.F. (jetzt § 44 WpHG) ausgedehnt[4]. Ferner sah schon § 28 Abs. 2 WpHG a.F. vor, dass der Rechtsverlust auch bei Verletzung der Meldepflicht nach §§ 38, 39 WpHG eintritt. Hinzu kommen erhöhte Bußgelder, § 123 Abs. 1 WpHG.

Ferner kann die BaFin Verstöße gegen Verbote oder Gebote, die in den §§ 33 ff. WpHG aufgestellt sind, auf ihrer Internetseite öffentlich bekannt machen („naming and shaming"), § 123 Abs. 1 WpHG. Veröffentlicht werden „die Maßnahmen" und damit die pflichtvergessenen Meldepflichtigen, nicht aber die beratenden Anwälte und Banken.

8 g) Teilweise wird die Ansicht vertreten, § 44 WpHG gehöre zu den „Sanktionsnormen mit den gravierendsten Rechtsfolgen"[5]. Dem ist nur bedingt zuzustimmen. Zwar hat der in § 28 WpHG a.F. und jetzt in § 44 WpHG geregelte Rechtsverlust die Durchsetzung der kapitalmarktrechtlichen Mitteilungspflichten verbessert; denn die Aktionäre können mittelbar die Durchsetzung der Meldepflichten gerichtlich erzwingen, sei es im Wege einer Anfechtungsklage gegen fehlerhafte Hauptversammlungsbeschlüsse, sei es im Wege einer Sonderprüfung nach §§ 142 ff. AktG in Verbindung mit einem Schadensersatzanspruch gegen die Verwaltung bei fehlerhafter Aus-

---

1 BT-Drucks. 12/6679, 56.
2 Vgl. Art. 15 RL 88/627/EWG (Transparenzrichtlinie I); s. auch *Hüffer* in FS Boujong, 1996, S. 283.
3 BGBl. I 1998, 529.
4 *Riechers*, DB 2016, 2526.
5 So *Opitz* in Schäfer/Hamann, § 28 WpHG Rz. 1; *Riegger* in FS H.P. Westermann, 2008, S. 1331, 1332; *Scholz*, AG 2009, 313, 315; *Veil*, ZHR 175 (2011), 83, 91; *Kremer/Oesterhaus* in KölnKomm. WpHG, § 28 WpHG Rz. 5 ff.; *Veil* in K. Schmidt/Lutter, Anh. § 22 AktG, § 28 WpHG Rz. 2.

schüttung, sei es im Wege eines Anspruchs auf vollständige, d.h. zutreffend berechnete Dividende ohne Berücksichtigung des pflichtvergessenen Aktionärs. Nach h.M.[1] steht den anderen Aktionären allerdings kein unmittelbarer Anspruch gegen den pflichtvergessenen Mitaktionär auf Rückzahlung der zu Unrecht bezogenen Dividende an die Gesellschaft oder auf unmittelbare Zahlung an die Mitaktionäre zu.

Der sich anschleichende Aktionär, dem daran gelegen ist, ein Paket aufzubauen, wird indessen auf die Ausübung seiner **Mitverwaltungsrechte zeitweise verzichten**. Zumindest wird er zwischen zwei Hauptversammlungen durch den Verlust des Stimmrechts nicht belastet. Im Übrigen hat sich in der Praxis gezeigt, dass der Aufsichtsratsvorsitzende als Leiter der Hauptversammlung im Zweifel, ob die Meldepflicht verletzt wurde, z.B. ob ein acting in concert vorlag, den pflichtvergessenen Meldepflichtigen von der Ausübung des Stimmrechts **nicht ausschließt**. Er fürchtet, dass sich anschließend herausstellt, dass keine Meldepflicht bestand und der Aktionär deshalb nicht vom Stimmrecht ausgeschlossen werden durfte (s. Rz. 22 ff.).

Das Entsprechende gilt für den Dividendenanspruch. Wenn die Meldepflicht erst **nach Entstehen des Dividendenanspruchs** begründet wird, ist der Meldepflichtige nicht von dem Rechtsverlust bis zum Zeitpunkt des nächsten Anspruchs auf Dividende belastet. Schließlich sollte nicht übersehen werden, dass der **Rechtsverlust vielfach nicht greift. Damit relativiert sich die Sanktionsfolge**[2].

h) Durch das **Risikobegrenzungsgesetz**[3] wurde das sanktionslose Anschleichen zwischen zwei Hauptversammlungen aufgegriffen[4]. Der Rechtsverlust tritt nicht mehr nur bis zum Zeitpunkt, indem die Mitteilungspflicht erfüllt wird, ein, sondern verlängert sich bei vorsätzlicher oder grob fahrlässiger Unterlassung um weitere sechs Monate. Diese **halbherzige Lösung** ist weiterhin unbefriedigend, weil etwa ein Stimmverlust nicht greift, wenn die Pflichtverletzung sechs Monate vor der nächsten Hauptversammlung liegt.

i) Hat die BaFin eine Meldepflicht verneint, so hat dies für die Zivilgerichte **keine Bindungswirkung**[5]. Der Meldepflichtige kann gleichwohl vom Rechtsverlust betroffen sein. Wohl aber kann es am Verschulden fehlen (s. Rz. 22).

II. Die Tatbestandsvoraussetzungen. 1. Nichterfüllung der Meldepflichten. Der Rechtsverlust nach § 44 Abs. 1 WpHG tritt ein, *erstens*, für die Zeit, in der die Mitteilungspflichten nach § 33 Abs. 1 und 2 WpHG nicht erfüllt werden, *zweitens* wenn der Meldepflichtige seinen Mitteilungspflichten nach § 38 Abs. 1 WpHG oder *drittens* wenn der Meldepflichtige nach § 39 Abs. 1 WpHG seine Meldepflichten nicht erfüllt. Erfasst werden damit alle Formen der Meldepflichten einschließlich der Meldepflichten, die sich daraus ergeben, dass der Meldepflichtige nur einen Anspruch auf Übertragung hat, § 33 Abs. 3 WpHG, oder dass die Stimmrechte zugerechnet werden.

Die Mitteilungspflicht ist auch dann verletzt, wenn der Emittent zwar Kenntnis von den meldepflichtigen Umständen hatte oder durch einen Dritten entsprechend informiert wurde, eine ordnungsgemäße Mitteilung aber nicht erfolgt war[6]. Besteht keine Meldepflicht, geht aber der Betreffende von einer Meldepflicht aus, so tritt kein Rechtsverlust ein, wenn die angebliche Pflicht nicht erfüllt wurde[7]. Das folgt aus dem Wortlaut und dem Sinn und Zweck des § 44 WpHG.

2. Keine Mitteilung an den Emittenten und die Bundesanstalt. Den Mitteilungspflichten ist der Meldepflichtige nicht nachgekommen, wenn er entweder dem Emittenten oder der Bundesanstalt für Finanzdienstleistungsaufsicht den meldepflichtigen Sachverhalt nicht mitgeteilt hat. Lediglich die Mitteilung an die Gesellschaft oder an die Bundesanstalt (BaFin) reicht folglich nicht aus[8]. Daran ändert sich auch nichts, wenn der Emittent oder die BaFin auf anderem Weg informiert werden[9]. Dem könnte man entgegenhalten, der Schutz der Anleger werde durch die Mitteilung an die Gesellschaft gewährleistet; denn die Gesellschaft ihrerseits sei zur Veröffentlichung nach § 40 WpHG verpflichtet. Dabei würde aber übersehen, dass eine einschränkende Auslegung eine wirkungsvolle Kapitalmarktaufsicht verhindern würde. Vor allem aber: Für einen Rechtsverlust spricht **der eindeutige Wortlaut** des § 44 WpHG; denn in der Vorschrift wird der Rechtsverlust daran angeknüpft, dass die „Mitteilungspflichten" nicht erfüllt werden. Damit sind die Mitteilungspflichten gemeint, die gegenüber der Gesellschaft einerseits und der Bundesanstalt (BaFin) andererseits bestehen. Das ergibt sich aus einem Rück-

---

1 Zum Meinungsstand: *Henze* in Großkomm. AktG, 4. Aufl. 2000, § 62 AktG Rz. 54; *Bayer* in MünchKomm. AktG, 4. Aufl. 2016, § 62 AktG Rz. 8 ff.
2 S. dazu auch *Uwe H. Schneider* in FS Kümpel, 2003, S. 477.
3 BGBl. I 2008, 1666.
4 RegE Risikobegrenzungsgesetz, BT-Drucks. 16/7438, 13.
5 BGH v. 25.2.2008 – II ZB 9/07, ZIP 2008, 639, 641 = AG 2008, 380; *von Bülow/Petersen*, NZG 2009, 1373, 1377; *Krämer/Heinrich*, ZIP 2009, 1737, 1738; für § 30 WpÜG: *von Bülow* in KölnKomm. WpÜG, § 30 WpÜG Rz. 255.
6 BGH v. 5.4.2016 – II ZR 268/14, AG 2016, 786 = ZIP 2016, 1919.
7 A.A. *Bayer* in MünchKomm. AktG, 4. Aufl. 2016, § 22 AktG Anh § 28 WpHG Rz. 8; *Tautges*, BB 2010, 1291, 1294; wie hier *Veil* in K. Schmidt/Lutter, Anh. § 22 AktG, § 28 WpHG Rz. 4.
8 Ebenso: OLG Schleswig v. 8.12.2005 – 5 U 57/04, ZIP 2006, 421, 423 = AG 2006, 120.
9 *Zimmermann* in Fuchs, § 28 WpHG Rz. 10.

blick auf den vormaligen Gesetzestext; denn schon in der alten Fassung war von „Mitteilungspflichten" die Rede. Dabei konnten nur die Mitteilungspflichten gegenüber der Gesellschaft und gegenüber der Bundesanstalt (BaFin) gemeint sein.

15 Die Mitteilungspflicht und demgemäß auch die Sanktion des § 44 WpHG entfällt auch nicht deshalb, weil die Gesellschaft oder die Bundesanstalt (BaFin) bereits Kenntnis von dem Erreichen oder Überqueren der Meldeschwelle haben[1]; denn der Wortlaut der Vorschrift ist insoweit eindeutig und stellt – zu Recht – allein auf die Mitteilung ab[2].

16 Der Meldepflichtige hat seine Mitteilungspflicht demgemäß erst erfüllt, wenn er „mitgeteilt hat". Maßgebend ist der **Zugang**, nicht die Veröffentlichung der Mitteilung. Daher tritt der Rechtsverlust nicht ein, wenn zwar mitgeteilt, aber – noch – nicht veröffentlicht ist[3].

17 **3. Unvollständige oder falsche Mitteilung. a)** Die Mitteilungspflichten sind nicht erfüllt, wenn die Mitteilung „nicht, nicht richtig, nicht vollständig" (§ 120 Abs. 2 WpHG) ist, also nur unvollständige oder gar falsche Angaben enthält[4]. Wer nicht rechtzeitig erfüllt, hat nicht erfüllt. Auch eine mehrdeutige Mitteilung ist eine „falsche" Mitteilung. Falsch ist eine Mitteilung auch, wenn mehr Stimmrechte genannt als tatsächlich gehalten werden[5]. Wurde zunächst eine falsche Mitteilung abgegeben, wurde sie aber innerhalb der Meldefrist des § 33 Abs. 1 Satz 1 WpHG, also innerhalb von vier Handelstagen richtig gestellt, so werden hierdurch die Rechtsfolgen des § 44 WpHG vermieden[6].

18 **b)** Allerdings führt nicht jede unvollständige oder falsche Mitteilung zum Rechtsverlust. Streitig ist, ob schon leichte also unwesentliche Fehler z.B. Schreibfehler oder, was zutreffend ist, nur schwerwiegende Mängel zum Rechtsverlust führen[7]. Welche Angaben notwendig, aber auch ausreichend sind[8], folgt aus dem Sinn und Zweck der Mitteilung, also ihrer Bedeutung für die Gesellschaft einerseits und die Anleger andererseits (zum „Informationskern", der die Veröffentlichungspflicht nach § 40 WpHG auslöst, s. § 40 WpHG Rz. 7). Nicht alle im Anlagen-Formular nach § 12 WpAV genannten Angaben sind wesentlich.

19 Die Gesellschaft soll erkennen können, welche wesentlichen Beteiligungen gehalten werden, wer ihr Aktionär ist und ob Rechte aus der Mitgliedschaft bestehen oder wegen Verletzung der Mitteilungspflichten nicht bestehen. Die Gesellschaft ist davor zu schützen, dass Dividenden an Aktionäre ausgezahlt werden, die ihren Anspruch auf Gewinnbeteiligung verloren haben.

20 Der **Anleger** soll die Kursentwicklung und das Risiko einer Übernahme beurteilen können. Zu den **wesentlichen Angaben** gehört daher, dass eine Meldeschwelle erreicht oder überschritten wurde. Auch das Unterschreiten einer Meldeschwelle ist eine wesentliche Angabe[9]. Notwendiger Bestandteil der Mitteilung ist darüber hinaus die Höhe des genauen Stimmrechtsanteils[10], der Tag des Erreichens oder Unterschreitens der Meldeschwelle[11]. Aus dem Tag des Erreichens der Meldeschwelle ergibt sich bei verspäteter Mitteilung für die Gesellschaft, ob zwischenzeitlich ein Rechtsverlust eingetreten war. Die Meldeschwelle ist von maßgeblicher Bedeutung für den Anleger[12]. Formale Mängel, wie etwa eine fehlerhafte Anschrift oder offensichtliche Schreibversehen[13], eine

---

1 So aber: *Koppensteiner* in KölnKomm. AktG, 3. Aufl. 2004, § 20 AktG Rz. 34; wie hier: OLG Schleswig v. 8.12.2005 – 5 U 57/04, ZIP 2006, 421, 423 = AG 2006, 120; *Bayer* in MünchKomm. AktG, 4. Aufl. 2016, § 22 AktG Anh § 28 WpHG Rz. 9; *Schwark* in Schwark/Zimmer, § 28 WpHG Rz. 4.
2 Ebenso für § 20 AktG: BGH v. 22.4.1991 – II ZR 231/90, AG 1991, 270 = WM 1991, 1166.
3 LG Karlsruhe v. 6.11.1997 – O 43/97 KfH I, AG 1998, 99, 100; *Schwark* in Schwark/Zimmer, § 28 WpHG Rz. 4.
4 *Bayer* in MünchKomm. AktG, 4. Aufl. 2016, § 22 AktG Anh § 28 WpHG Rz. 3; *Opitz* in Schäfer/Hamann, § 28 WpHG Rz. 5; *Hildner*, Kapitalmarktrechtliche Beteiligungstransparenz verbundener Unternehmen, 2002, S. 56; sowie für § 20 AktG: BGH v. 22.4.1991 – II ZR 231/90, BGHZ 114, 203 = AG 1991, 270.
5 *Heinrich/Kiesewetter*, Der Konzern 2009, 137, 142.
6 A.A. *Bayer* in MünchKomm. AktG, 4. Aufl. 2016, § 22 AktG Anh § 28 WpHG Rz. 43.
7 H.M.: OLG Düsseldorf v. 13.1.2006 – I-16 U 137/04, AG 2006, 202, 205; *Veil* in K. Schmidt/Lutter, Anh. § 22 AktG, § 28 WpHG Rz. 5; *Petersen* in Spindler/Stilz, § 22 AktG Anh. Rz. 167; *Kremer/Oesterhaus* in KölnKomm. WpHG, § 28 WpHG Rz. 28; *Heinrich/Kiesewetter*, Der Konzern 2009, 137, 138; *Bayer* in MünchKomm. AktG, 4. Aufl. 2016, § 22 AktG Anh § 28 WpHG Rz. 7; a.A. *Schwark* in Schwark/Zimmer, § 28 WpHG Rz. 5; *Zimmermann* in Fuchs, § 28 WpHG Rz. 12; *Mülbert* in FS Karsten Schmidt, 2009, S. 1219, 1228.
8 OLG Düsseldorf v. 13.1.2006 – I-16 U 137/04, AG 2006, 202, 205; OLG Düsseldorf v. 29.12.2009 – I-6 U 69/08, AG 2010, 711, 712; *Nottmeier/Schäfer*, AG 1997, 96: strenger Maßstab; *von Bülow/Petersen*, NZG 2009, 481, 482: restriktive Auslegung, differenzierend: *Scholz* AG 2009, 313; *Paudtke/Glauer*, NZG 2016, 125.
9 Ebenso: *Becker* in Bürgers/Körber, Anh. § 22 AktG/§ 28 WpHG Rz. 2; *Neye*, DB 1996, 1853, 1857; a.A. *Witt*, WM 1998, 1153, 1160; *Scholz*, AG 2009, 313, 318.
10 *Wittich* in von Rosen/Seifert (Hrsg.), Die Übernahme börsennotierter Unternehmen, 1999, S. 391; a.A. *Paudtke/Glauer*, NZG 2016, 125.
11 Ebenso *Kremer/Oesterhaus* in KölnKomm. WpHG, § 28 WpHG Rz. 29; *Bayer* in MünchKomm. AktG, 4. Aufl. 2016, § 22 AktG Anh § 28 WpHG Rz. 7; a.A. *Scholz*, AG 2009, 313, 318.
12 Ebenso *Bayer* in MünchKomm. AktG, 4. Aufl. 2016, § 22 AktG Anh § 28 WpHG Rz. 7.
13 Ebenso: *Opitz* in Schäfer/Hamann, § 28 WpHG Rz. 9.

Ungenauigkeit bei der Dezimalstelle oder die fehlerhafte Zuordnung des Zurechnungstatbestandes[1] führen dagegen nicht zum Rechtsverlust (Bagatellevorbehalt)[2].

4. Keine fristgerechte Mitteilung an Emittent und Bundesanstalt. Die Mitteilungspflichten sind nicht erfüllt, wenn nicht unverzüglich dem Emittenten *und* gleichzeitig der Bundesanstalt, spätestens jedoch innerhalb von vier Handelstagen, mitgeteilt ist. Die Mitteilungspflichten sind daher auch dann verletzt, wenn zwar der Emittent fristgerecht informiert wurde, nicht jedoch die BaFin. Dagegen tritt kein Rechtsverlust ein, wenn die Veränderung der Stimmrechtsanteile nicht zeitnah durch den Emittenten veröffentlicht wird[3] oder in der Datenbank der BaFin veröffentlicht wird, § 40 WpHG, sich also nur die Veröffentlichung aus welchen Gründen auch immer verzögert. 21

5. Verschulden. Ob der Rechtsverlust eine **schuldhafte Pflichtverletzung** voraussetzt, ist streitig[4]. Teilweise wird die Ansicht vertreten, nur für den Verlust der nicht hauptversammlungsgebundenen Rechte sei eine schuldhafte Pflichtverletzung verlangt. Dagegen sei der Verlust der hauptversammlungsbezogenen Mitverwaltungsrechte nicht verschuldensabhängig, „weil Verschulden in der Hauptversammlung geprüft werden kann"[5]. Nach h.A. tritt nach § 44 WpHG der umfassende kapitalmarktrechtliche Rechtsverlust nur ein, wenn der Meldepflichtige **schuldhaft**, also vorsätzlich oder fahrlässig seine Mitteilungspflichten nicht erfüllt hat[6]. Ein Unterschied zwischen hauptversammlungsbezogenen und nicht hauptversammlungsbezogenen Rechten wird nicht gemacht. Nach § 33 Abs. 1 WpHG hat der Meldepflichtige unter den genannten Voraussetzungen „unverzüglich", spätestens innerhalb von vier Kalendertagen das Erreichen, Überschreiten oder Unterschreiten einer Meldeschwelle mitzuteilen. „Unverzüglich" heißt aber „ohne schuldhaftes Zögern". 22

Der Meldepflichtige handelt nicht schuldhaft, wenn er den meldepflichtigen Sachverhalt nicht kannte (**Sachverhaltskenntnis**) und auch nicht kennen musste (**Tatbestandsirrtum**). Fahrlässig handelt der Meldepflichtige auch, wenn er seine Informationsverschaffungspflicht verletzt und hierbei die erforderliche Sorgfalt nicht beachtet[7]. Dazu gehören bei meldepflichtigen Unternehmen Organisationspflichten zur Sicherstellung der Erfüllung der kapitalmarktrechtlichen Pflichten. Musste der Meldepflichtige mit dem Erwerb von Aktien, etwa im Wege einer Erbschaft, rechnen, oder musste er davon ausgehen, dass ihm Stimmrechte zuzurechnen sind, so hat er entsprechende Vorkehrungen zu treffen, damit ihm der Sachverhalt bekannt wird. 23

Sind dem Meldepflichtigen die Vorschriften über die kapitalmarktrechtlichen Mitteilungspflichten nicht bekannt oder irrt er sich über die Auslegung, etwa der Zurechnungsnormen, so liegt ein **Rechtsirrtum** vor. Ein solcher Rechtsirrtum ist nur ausnahmsweise anzuerkennen[8] (s. dazu Rz. 85). Dabei genügt es nicht, dass der Meldepflichtige einer **mündlichen Auskunft der BaFin** folgt[9]. Der Meldepflichtige handelt auch dann fahrlässig, wenn er bei komplexem Sachverhalt und/oder schwierigen Auslegungsfragen versäumt, weitergehenden sachverständigen, anwaltlichen Rat einzuholen[10]. 24

6. Verantwortlichkeit bei Geschäftsverteilung und Delegation. Die Wahrnehmung der Meldepflichten ist keine aufsichtsrechtliche Pflicht, die der Meldepflichtige oder die Geschäftsleiter einer meldepflichtigen Gesell- 25

---

1 Ebenso *Veil* in K. Schmidt/Lutter, Anh. § 22 AktG, § 28 WpHG Rz. 5; a.A. *Kremer/Oesterhaus* in KölnKomm. WpHG, § 28 WpHG Rz. 33.
2 OLG Düsseldorf v. 13.1.2006 – I-16 U 137/04, AG 2006, 202, 205; *Schürnbrand* in Emmerich/Habersack, Aktien- und GmbH-Konzernrecht, 8. Aufl., § 28 WpHG Rz. 9.
3 OLG Düsseldorf v. 29.12.2009 – I-6 U 69/08, AG 2010, 711; *Petersen* in Spindler/Stilz, § 22 AktG Anh. Rz. 105.
4 Dagegen: *Hägele*, NZG 2000, 726; *Starke*, Beteiligungstransparenz in Gesellschafts- und Kapitalmarktrecht, 2002, S. 248; für § 20 AktG: *Quack* in FS Semler, 1993, S. 581, 585.
5 Für § 20 AktG: OLG Schleswig v. 31.5.2007 – 5 U 177/06, ZIP 2007, 2214, 2216 = AG 2008, 129; *Hüffer/Koch*, § 20 AktG Rz. 11; *Krieger* in MünchHdb. AG, § 68 Rz. 163, Rz. 132.
6 OLG München v. 9.9.2009 – 7 U 1997/09, ZIP 2009, 2095 = AG 2009, 793; LG Köln v. 5.10.2007 – 82 O 114/06, AG 2008, 336, 337; *Bayer* in MünchKomm. AktG, 4. Aufl. 2016, § 22 AktG Anh. § 28 WpHG Rz. 6; *Opitz* in Schäfer/Hamann, § 28 WpHG Rz. 6; *Widder*, NZG 2004, 276; *Scholz*, AG 2009, 313, 319; *Heinrich/Kiesewetter*, Der Konzern 2009, 137, 139; *Klöhn/Parhofer*, NZG 2017, 321; es sei denn Minderheitsgesellschafter sind beteiligt; wie hier für § 20 AktG: *Burgard*, Die Offenlegung von Beteiligungen, Abhängigkeits- und Konzernanlagen bei der AG, 1990, S. 56; *Windbichler* in Großkomm. AktG, 5. Aufl. 2007, § 20 AktG Rz. 49; *Emmerich* in Emmerich/Habersack, Aktien- und GmbH-Konzernrecht, 8. Aufl. 2016, § 20 AktG Rz. 46; a.A. *Heinsius* in FS Fischer, 1979, S. 215, 220; *Hägele*, NZG 2000, 726, 727; *Starke*, Beteiligungstransparenz im Gesellschafts- und Kapitalmarktrecht, 2002, S. 248.
7 *Weber-Rey* in Habersack/Mülbert/Schlitt, Kapitalmarktinformation, S. 416, 436; zurückhaltend: *Windbichler* in Großkomm. AktG, 5. Aufl. 2017, § 20 AktG Rz. 51.
8 LG Köln v. 5.10.2007 – 82 O 114/06, AG 2008, 336, 337.
9 LG Köln v. 5.10.2007 – 82 O 114/06, AG 2008, 336, 338; a.A. *Veil* in K. Schmidt/Lutter, Anh. § 22 AktG, § 28 WpHG Rz. 7; *Bedkowski/Widder*, BB 2008, 245; *Kirschner*, DB 2008, 623, 624; *Segna*, AG 2008, 311, 315; *von Bülow/Petersen*, NZG 2009, 481, 483; *Scholz*, AG 2009, 313, 321; *Heinrich/Kiesewetter*, Der Konzern 2009, 137, 140; *Riegger/Wasmann* in FS Hüffer, 2010, S. 823, 825.
10 Ebenso OLG München v. 9.9.2009 – 7 U 1997/09, ZIP 2009, 2095 = AG 2009, 793; *von Bülow/Petersen*, NZG 2009, 481, 483; a.A. *Fleischer*, DB 2009, 1337; *Bedkowski*, BB 2009, 1482, 1483; *Fleischer/Bedkowski*, DStR 2010, 933, 937; *Scholz*, AG 2009, 321; *Widder/Kocher*, ZIP 2010, 457, 459; *Schürnbrand* in Emmerich/Habersack, Aktien- und GmbH-Konzernrecht, § 28 WpHG Rz. 11.

schaft persönlich wahrnehmen muss. Sie kann vielmehr auf eines von mehreren geschäftsführenden Organmitgliedern übertragen oder auf nachgeordnete Mitarbeiter oder Dritte delegiert werden. Ist einem von mehreren geschäftsführenden Organmitgliedern die Wahrnehmung der Meldepflichten übertragen, muss sich der Meldepflichtige eine schuldhafte Pflichtverletzung des zuständigen Geschäftsleiters nach § 31 BGB zurechnen lassen.

26 Bei einer **Delegation** der Wahrnehmung der Meldepflichten auf nachgeordnete Mitarbeiter ist die Folge nicht, dass sich der Meldepflichtige das Unterlassen einer Mitteilung, deren fehlerhafte Ausführung oder eine fehlerhafte Beratung nach §§ 31, 278 BGB zurechnen lassen muss[1]. Die Delegation der Wahrnehmung der Meldepflichten befreit den Meldepflichtigen und die Geschäftsleiter allerdings auch nicht von ihrer Verantwortung. Sie tragen aber anstelle der Erfüllungsverantwortung eine **Organisationsverantwortung**. Eine Delegation der Meldepflichten im Unternehmen oder deren Übertragung auf Dritte verlangen eine ordnungsgemäße Auswahl, Einweisung und Überwachung sowie die Absicherung von Informations-, Auskunfts- und Weisungsrechten. Das folgt aus dem Rechtsgedanken des § 25a KWG[2].

27 Für Fehlverhalten von Delegataren hat der Meldepflichtige nach § 31 BGB nur einzustehen, wenn dem Delegatar **breitflächige organisatorische Entscheidungsbefugnisse** eingeräumt sind, wie sie typischerweise einem Organmitglied eingeräumt sind. Für Personen, die **lediglich ausführende Tätigkeiten** wahrnehmen, haftet der Meldepflichtige nur entsprechend dem Rechtsgedanken des § 831 Abs. 1 Satz 2 BGB[3]. Für Fehlverhalten von Delegataren, denen ein weitgefasster organisatorischer Entscheidungsspielraum fehlt, besteht daher die Möglichkeit der Exculpation.

28 **7. Zeitpunkt der Mitteilung.** § 44 WpHG sanktioniert nur die Nichterfüllung der Mitteilungspflichten, nicht aber die nicht „unverzügliche" Erfüllung der Mitteilungspflicht. Die Rechte aus Aktien bestehen daher, wenn der Meldepflichtige zwar nicht „unverzüglich", wie § 33 Abs. 1 WpHG vorschreibt, mitteilt, sondern die Mitteilung erst unmittelbar vor der Hauptversammlung[4] oder auch erst in der Hauptversammlung macht und zugleich sicherstellt, dass der Bundesanstalt (BaFin) vor oder während der Hauptversammlung, aber vor der Beschlussfassung die Mitteilung zugeht.

29 **III. Rechtsfolgen. 1. Rechte aus Aktien, die dem Meldepflichtigen gehören (§ 44 WpHG i.V.m. § 33 Abs. 1 und 2 WpHG).** Der Rechtsverlust erstreckt sich nach § 44 Abs. 1 Satz 1 WpHG auf die Rechte aus Aktien, die dem Meldepflichtigen gehören, vorausgesetzt, dass die Meldepflichten nach § 33 Abs. 1 und 2 WpHG nicht erfüllt werden. Die Aktien gehören dem Meldepflichtigen, wenn er Eigentümer der Aktien geworden ist.

Die Aktien „gehören" dem Meldepflichtigen aber auch bei Bestehen eines auf die Übertragung von Aktien gerichteten **unbedingten und ohne zeitliche Verzögerung zu erfüllenden Anspruch** oder einer entsprechenden Verpflichtung (§ 33 Abs. 3 WpHG). Gegen eine Ausdehnung des Rechtsverlusts auf Dritte könnte sprechen, dass sie keine Meldepflicht verletzt haben. Die Aktien befinden sich jedoch schon im Interessenbereich des meldepflichtigen Erwerbers. In diesem Fall ist daher für den Rechtsverlust danach zu unterscheiden, ob die zu übereignenden Aktien **bereits konkretisiert sind**. Ist bereits konkretisiert, auf welche Aktien sich der Anspruch bezieht, handelt es sich z.B. um einen Stückkauf oder sind bestimmte Aktien Gegenstand eines Vermächtnisses, so erstreckt sich der Rechtsverlust auf die betreffenden Aktien. Handelt es sich um einen Gattungskauf, ist noch nicht konkretisiert oder liegt gar ein Beschaffungskauf vor, so tritt kein Rechtsverlust ein.

Der Rechtsverlust ist umfassend. Er erstreckt sich nicht nur auf die Aktien, die die Meldepflicht begründet haben. Vielmehr unterliegen etwa auch Rechte aus Aktien, die bereits im Eigentum des Meldepflichtigen liegen oder durch den Meldepflichtigen nach Entstehung der Meldepflicht erworben wurden, dem Rechtsverlust[5].

30 **2. Rechte aus Aktien, deren Stimmrechte dem Meldepflichtigen zugerechnet werden. a) Konzernweiter Rechtsverlust.** Der Rechtsverlust erfasst die Rechte aus Aktien, die einem von dem Meldepflichtigen unmittelbar oder mittelbar kontrollierten Unternehmen i.S.d. § 34 Abs. 1 Satz 1 Nr. 1 WpHG gehören und dem Mutterunternehmen zugerechnet werden. § 44 WpHG begründet insoweit einen **konzernweiten Rechtsverlust**, und zwar nicht nur für den zweistufigen, sondern auch für den mehrstufigen Unterordnungskonzern:

31 – Gehören die Aktien dem **Tochterunternehmen**, so werden die Stimmrechte dem Mutterunternehmen zugerechnet. Meldet das pflichtvergessene Mutterunternehmen nicht, tritt Rechtsverlust bei den Aktien ein,

---

1 S. aber *Mülbert* in FS Karsten Schmidt, 2009, S. 1219, 1237; a.A. *Fleischer*, DB 2009, 1335, 1341; *Riegger/Wasmann* in FS Hüffer, 2010, S. 823, 836.
2 *Uwe H. Schneider/Brouwer* in FS Priester, 2007, S. 713, 720; *Kleinert* in FS Baums, 2017, S. 669, 678; s. auch LG München v. 10.12.2013 – 5 HKO 1387/10, DB 2014, 766, 770 = AG 2014, 332.
3 *Opitz* in Schäfer/Hamann, § 28 WpHG Rz. 7; *Heinrich/Kiesewetter*, Der Konzern 2009, 137, 140; *Uwe H. Schneider/Brouwer* in FS Priester, 2007, S. 713, 726; *Riegger/Wasmann* in FS Hüffer, 2010, S. 823, 836.
4 LG Karlsruhe v. 6.11.1997 – O 43/97 KfH I, AG 1998, 99, 100; *Hüffer/Koch*, § 20 AktG Rz. 22; für § 59 WpÜG: *Kremer/Oesterhaus* in KölnKomm. WpÜG, § 59 WpÜG Rz. 55, 75.
5 *Schürnbrand* in Emmerich/Habersack, Aktien- und GmbH-Konzernrecht, § 28 WpHG Rz. 13; zum Ganzen *Uwe H. Schneider* in FS Marsch-Barner, 2018, S. 409.

die dem Tochterunternehmen gehören[1]. Das gilt auch dann, wenn für das Tochterunternehmen selbst keine Meldepflicht entsteht[2] oder es seine Meldepflichten erfüllt hat. Teilweise wird gar die Ansicht vertreten, die Sanktion des Rechtsverlusts widerspreche nicht nur den Vorgaben der Transparenzrichtlinie III. Sie verletze auch das Grundrecht der Tochtergesellschaft aus Art. 14 GG.

– Gehören die Aktien einem **Enkelunternehmen** und ist sowohl das Tochterunternehmen und das Mutterunternehmen mitteilungspflichtig, so tritt Rechtsverlust ein, wenn auch nur ein Meldepflichtiger nicht meldet.

– Gehören Aktien dem **Mutterunternehmen und dem Tochterunternehmen**, so kann das Tochterunternehmen zwar meldepflichtig sein. Doch werden ihm die Stimmrechte aus Aktien des Mutterunternehmens nicht zugerechnet. Verletzt das Tochterunternehmen seine Meldepflicht, so verliert daher das Mutterunternehmen seine Rechte aus Aktien nicht, weil dem Tochterunternehmen die Stimmrechte aus den Aktien des Mutterunternehmens nicht zugerechnet werden.

Der Rechtsverlust bei dem Tochterunternehmen, wenn das Mutterunternehmen seine Meldepflicht verletzt, ist nicht unproblematisch[3]. Das Tochterunternehmen hat seinerseits keine Pflichten verletzt, es hat vielfach keine Kenntnis von den Beteiligungen des Mutterunternehmens. Es ist zudem fraglich, ob das Tochterunternehmen einen Anspruch auf Auskunft hat[4] und ob es einen Anspruch hat, dass das Mutterunternehmen seinen Meldepflichten nachkommt. Jedenfalls ist davon auszugehen, dass das Tochterunternehmen einen Schadensersatzanspruch hat, wenn das Mutterunternehmen seine Meldepflichten verletzt[5].

Zu bedenken ist ferner, dass die Zurechnung nach § 34 Abs. 1 Satz 1 Nr. 1 WpHG nicht nur bei Konzernlagen, sondern auch bei indirekten Kontrollrechtsstellungen und bei Abhängigkeit erfolgt. Der Rechtsverlust bei den Tochterunternehmen beschränkt sich daher nicht auf Konzernlagen, sondern auch auf indirekte Kontroll- und Abhängigkeitslagen. Das entspricht § 20 Abs. 7 Satz 1 AktG.

b) Zurechnung nach § 34 Abs. 1 Satz 1 Nr. 2 WpHG. Nach § 34 Abs. 1 Satz 1 Nr. 2 WpHG werden den Stimmrechten des Meldepflichtigen Stimmrechte aus Aktien der börsennotierten Gesellschaft zugerechnet, die einem Dritten gehören und von ihm für Rechnung des Meldepflichtigen gehalten werden. Typisch ist hierfür die **Treuhand**. Meldepflichtig ist der Treuhänder. Verletzt er seine Meldepflicht, so tritt Rechtsverlust ein. Meldepflichtig ist aber auch der Treugeber, obwohl ihm nicht die Aktien gehören. Gleichwohl tritt Rechtsverlust ein, wenn er seine Meldepflicht verletzt. Insoweit ist der Kreis der von der Sanktion des § 28 WpHG a.F. (jetzt § 44 WpHG) betroffenen Aktien durch das Dritte Finanzmarktförderungsgesetz erweitert worden; denn typischerweise geht mit der Zuordnung des wirtschaftlichen Risikos auch die rechtliche, zumindest aber die tatsächliche Möglichkeit einher, dem formalen Rechtsinhaber im Blick auf die Ausübung des Stimmrechts Weisungen zu erteilen[6]. Betroffen von dem Rechtsverlust ist damit der wirtschaftliche Anteilsinhaber, mag er auch rechtlich nicht Aktionär sein.

c) Zurechnung nach § 34 Abs. 1 Satz 1 Nr. 3–8 WpHG. Nach § 28 Satz 1 WpHG a.F. erfolgte ein Rechtsverlust nur bei einer Zurechnung nach § 22 Abs. 1 Satz 1 Nr. 1 und 2 WpHG a.F. Das hat sich geändert. Nun folgt aus § 44 Abs. 1 Satz 1 WpHG, dass sich der Rechtsverlust auch auf solche Rechte erstreckt, die dem Meldepflichtigen nach § 34 Abs. 1 Satz 1 Nr. 3–8 WpHG – das entspricht § 22 Abs. 1 Satz 1 Nr. 3 WpHG a.F. – zugerechnet werden[7]. Der Rechtsverlust ist folglich nicht mehr auf einzelne Fallgruppen der Zurechnung begrenzt. Werden bei der Sicherungsübereignung die Aktien dem Sicherungsnehmer übertragen, so ist der Sicherungsnehmer nach § 33 Abs. 1 Satz 1 WpHG meldepflichtig.

Meldepflichtig ist aber auch der Sicherungsgeber nach § 34 Abs. 1 Satz 1 Nr. 3 WpHG, obgleich er selbst keine Stimmrechte hält. Ihm werden die Stimmrechte aber zugerechnet. Verletzt der Sicherungsgeber seine Meldepflicht, so verliert der Sicherungsnehmer sein Stimmrecht nach § 44 Abs. 1 Satz 1 WpHG, selbst wenn er selbst seine Meldepflichten erfüllt hat.

d) Zurechnung bei abgestimmtem Verhalten. Haben mehrere Meldepflichtige ihr Verhalten im Verhältnis zueinander abgestimmt, werden ihnen nach § 34 Abs. 2 WpHG im Verhältnis zueinander die Stimmrechte zugerechnet. Beim Verlust der Rechte aus den Aktien ist zu unterscheiden[8]:

---

1 OLG Stuttgart v. 10.11.2004 – 20 U 16/03, AG 2005, 128; LG Köln v. 5.10.2007 – 82 O 114/06, AG 2008, 336, 337; *Fiedler*, Mitteilungen über Beteiligungen von Mutter- und Tochterunternehmen, 2005, S. 129; *Sven H. Schneider/Uwe H. Schneider*, ZIP 2006, 497; *Riegger* in FS H.P. Westermann, 2008, S. 1332; *Heinrich/Kiesewetter*, Der Konzern 2009, 137, 140.
2 BGH v. 5.4.2016 – II ZR 268/14, AG 2016, 786 = ZIP 2016, 1919 Rz. 41 für § 20 AktG; krit. *Handelsrechtsausschuss des DAV*, NZG 2015, 1069 Rz. 20; *Veil*, WM 2012, 57, 61; *Söhner*, ZIP 2015, 2451, 2457; *Cahn*, Der Konzern 2017, 217; wie hier: *Klöhn/Parhofer*, NZG 2017, 321.
3 Ebenso *Stephan*, NZG 2010, 1062; *Söhner*, ZIP 2015, 2451, 2457.
4 Bejahend: *Opitz* in Schäfer/Hamann, § 28 WpHG Rz. 33.
5 *Kremer/Oesterhaus* in KölnKomm. WpHG, § 28 WpHG Rz. 43, 45; *Burgard/Heimann*, WM 2015, 1445, 1451. Zweifelnd: *Cahn*, Der Konzern 2017, 217, 222.
6 Begr. RegE zu § 28 WpHG, 3. FFG, BT-Drucks. 13/8933, 95 ff.; *Sven H. Schneider/Uwe H. Schneider*, ZIP 2006, 497.
7 BaFin, FAQ vom 26.11.2016, Frage 48.
8 S. auch *Sven H. Schneider/Uwe H. Schneider*, ZIP 2006, 493; *Timmann/Birkholz*, BB 2007, 2749, 2752; krit. *Weber-Rey* in Habersack/Mülbert/Schlitt, Kapitalmarktinformation, S. 416, 444; *Habersack*, AG 2018, 133.

- Meldet ein Beteiligter eines acting in concert, weil er unter Hinzurechnung der Stimmrechte der anderen Beteiligten meldepflichtig ist, so verliert er auch dann seine Rechte aus Aktien, die ihm gehören, weil die anderen Beteiligten nicht melden[1]; Das folgt aus § 44 Abs. 1 Satz 1 WpHG. Der Meldepflichtige hat daher auf seine Poolmitglieder einzuwirken, damit diese ihre Meldepflicht erfüllen, und er seine Rechte behält.
- Meldet ein Beteiligter eines acting in concert nicht, obgleich er unter Hinzurechnung der Stimmrechte der anderen Beteiligten meldepflichtig wäre, so verliert er die Rechte aus den Aktien, die ihm gehören[2]. Das Stimmrecht verlieren aber auch alle anderen Beteiligten, selbst wenn sie gemeldet haben.

39 **3. Rechte aus Aktien bei Verletzung der Meldepflichten nach § 38 Abs. 1 WpHG (§ 44 Abs. 2 WpHG).** Verletzt der Inhaber von Instrumenten seine Meldepflicht nach § 38 WpHG, so erstreckt sich nach § 44 Abs. 2 WpHG der Rechtsverlust auch auf die entsprechenden Aktien, die dem Meldepflichtigen gehören[3]. Das sind nicht nur die Aktien, deren Eigentümer der Meldepflichtige ist, sondern auch die Aktien, die noch nicht im Eigentum des Meldepflichtigen stehen, für die aber ein unbedingter ohne zeitliche Verzögerung zu erfüllenden Anspruch besteht und einem Stimmverbot unterliegen der pflichtvergessenen Meldepflichtige mit den Aktien, die dem Inhaber eines Instruments nämlich am Stillhalten ein Erwerbsrecht verschaffen oder sich auf Aktien beziehen und die eine vergleichbare wirtschaftliche Wirkung haben. Letzteres gilt aber nur, wenn sich das Erwerbsrecht bzw. die Möglichkeit mit vergleichbarer wirtschaftlicher Wirkung nicht nur der Gattung nach auf die Aktien bezieht, sondern nach Ausübung der Option die Aktien bei der Abwicklung des Geschäfts bereits konkretisiert sind. Wenn daher Optionen an eine Vielzahl von Personen ausgegeben werden, aber noch kein Verfall eingetreten und Aktien zur Erfüllung angeboten wurden, besteht auch noch kein Stimmverbot. Der Rechtsverlust kann sich somit auch auf Dritte erstrecken, denen die Aktien gehören, die selbst aber nicht meldepflichtig sind.

40 **4. Rechte aus Aktien bei Verletzung der Meldepflichten nach § 39 Abs. 1 WpHG.** § 39 Abs. 1 WpHG enthält die 3. Säule des reformierten Melderechts. Hiernach ist die Summe der offenzulegenden Stimmrechte unabhängig von den Mitteilungspflichten nach §§ 33, 34 und 38 WpHG dem Markt offenzulegen. Verletzt der Mitteilungspflichtige diese Meldepflichten, so erstreckt sich der Rechtsverlust auf alle Rechte und zwar auch dann, wenn der Meldepflichtige seine Mitteilungspflichten nach §§ 33, 34 und § 38 WpHG erfüllt hat und lediglich die Meldepflicht nach § 39 Abs. 1 WpHG verletzt hat.

41 **5. Erfasste Mitverwaltungsrechte.** Die Rechtsfolge des § 28 WpHG a.F. (jetzt § 44 WpHG) war bis zu dessen Änderung durch das Dritte Finanzmarktförderungsgesetz lediglich das Ruhen der Stimmrechte. Seit dieser Änderung führt eine Verletzung der Offenlegungspflicht zu einem umfassenden Verlust der Rechte aus Aktien.

42 Der Verlust erfasst sowohl die Mitverwaltungsrechte als auch die Vermögensrechte (s. aber Rz. 67)[4]. Die Mitgliedschaft bleibt indes bestehen.

43 **a) Stimmrechte des meldepflichtigen Aktionärs.** Hinsichtlich des Umfangs der erfassten Stimmrechte ergeben sich zwei Fragen, nämlich die persönliche und die sachliche Reichweite des Rechtsverlusts.

44 Erfasst werden alle dem Meldepflichtigen zustehenden Stimmrechte und nicht etwa nur die die Schwellenwerte übersteigenden Stimmrechte[5]. Das gilt auch im Falle einer unterlassenen Mitteilung wegen Unterschreitens einer Meldeschwelle.

45 **b) Beginn und Dauer des Rechtsverlusts (§ 44 Satz 1 WpHG).** Der Rechtsverlust beginnt mit dem Zeitpunkt, wenn die Frist zur unverzüglichen Meldung abgelaufen ist. Die Rechte leben nicht rückwirkend dadurch wieder auf, dass der mitteilungspflichtige Tatbestand wieder entfallen ist, etwa wenn eine Meldeschwelle nur kurzfristig über- oder unterschritten wird[6].

46 **c) Verlängerung der Dauer des Rechtsverlusts (§ 44 Abs. 1 Satz 3 WpHG). aa) Die Ausgangslage.** Der Rechtsverlust nur bis zum Zeitpunkt der Erfüllung der Meldepflichten hat sich, was die Stimmrechte und den Anspruch auf Dividende anbelangt, als **unzulänglich** erwiesen. Da in der Regel nur einmal jährlich eine Hauptversammlung stattfindet, war der Meldepflichtige vom **Stimmverlust** bisher nicht betroffen, wenn er seine Meldepflichten nach Ende einer Hauptversammlung verletzt[7]; denn in den kommenden 12 Monaten findet ohnehin keine Hauptversammlung statt, auf der der nachlässige Meldepflichtige seine Stimmrechte ausüben könnte.

---

1 A.A.OLG München v. 9.9.2009 – 7 U 1997/09, ZIP 2009, 2095, 2096 = AG 2009, 793; *Riegger/Wasmann* in FS Hüffer, 2010, S. 823, 833; krit. *Söhner*, ZIP 2015, 2451, 2457.
2 OLG München v. 9.9.2009 – 7 U 1997/09, ZIP 2009, 2095, 2096 = AG 2009, 793; *Heinrich/Kiesewetter*, Der Konzern 2009, 137, 141.
3 Begr. RegE, BT-Drucks. 18/5010, 48; BaFin, FAQ vom 28.11.2016, Frage 48.
4 *Sudmeyer*, BB 2002, 685, 691; *Sven H. Schneider/Uwe H. Schneider*, ZIP 2006, 494.
5 *Schürnbrand* in Emmerich/Habersack, Aktien- und GmbH-Konzernrecht, § 28 WpHG Rz. 15.
6 *Burgard*, Die Offenlegung von Beteiligungen, Abhängigkeits- und Konzernlagen bei der Aktiengesellschaft, 1990, S. 52 f.
7 Begr. RegE Risikobegrenzungsgesetz § 28 WpHG, BT-Drucks. 16/7438, 13; *Diekmann/Merkner*, NJW 2007, 921, 925; *Sven H. Schneider/Uwe H. Schneider*, ZIP 2006, 493, 494, 499.

Für den **Dividendenverlust** gilt das Entsprechende. Der Anspruch auf Dividende entsteht erst mit dem Beschluss über die Gewinnverwendung in der Hauptversammlung. Also genügte es zur Sicherung des Dividendenanspruchs rechtzeitig vor dem Gewinnverwendungsbeschluss zu melden.

47

Der RegE Risikobegrenzungsgesetz[1] sah vor, Satz 1 wie folgt zu ergänzen: „... und, sofern die Höhe des Stimmrechtsanteils betroffen ist, für die sechs Monate danach." Der Zeitraum, in dem ein unbemerktes Anschleichen möglich sei, sollte „erheblich" eingeschränkt werden[2]. Allerdings sollte zugleich ein Satz 2 hinzugefügt werden, nämlich dass die sechsmonatige Frist nicht gilt, wenn die Mitteilung nicht vorsätzlich oder grob fahrlässig unterlassen wurde. Auf Vorschlag des Finanzausschusses[3] wurde die Verlängerung um die 6-Monats-Frist aufgrund der Regel in § 28 Abs. 1 Satz 4 WpHG a.F. (jetzt § 44 Abs. 1 Satz 4 WpHG) weiter aufgeweicht. § 44 Abs. 1 Satz 4 WpHG enthält ganz gewiss aber keine Bagatellklausel[4].

48

bb) Tatbestandsvoraussetzungen. Die Dauer des Rechtsverlusts wird nur verlängert, „sofern die Höhe des Stimmrechtsanteils betroffen ist". Die Formulierung ist mehrdeutig. Nach dem „**Konzept der Vollinformation**" wäre § 44 Abs. 1 Satz 3 WpHG wie folgt zu lesen: „Soweit vom Rechtsverlust „gerade" die Stimmrechte betroffen sind...". Bei dieser Auslegung würde jede unterlassene oder fehlerhafte Information zum Verlust, freilich nur zum Stimmverlust führen. Gegen diese Auslegung sprechen der Wortlaut, dafür aber die Begründung zum Regierungsentwurf; denn danach soll der befristete Rechtsverlust nur die Mitverwaltungsrechte erfassen.

49

Nach dem „**Konzept der unterlassenen Basisinformation**" ist § 44 Abs. 1 Satz 3 WpHG wie folgt zu lesen: „Sofern sich die Verletzung der Mitteilungspflicht auf die Höhe des Stimmrechtsanteils bezieht...". Hiernach müsste nur die Basisinformation gemeldet und zutreffend sein. Und zur Basisinformation gehört nur die Höhe des nunmehr gehaltenen Stimmrechtsanteils in Bezug auf die Gesamtmenge der Stimmrechte des Emittenten, die Schwelle, die berührt wurde, und zwar ob sie überschritten, unterschritten oder erreicht wurde und das Datum des Überschreitens, Unterschreitens oder Erreichens der Schwelle. Keine Verlängerung der Dauer des Rechtsverlusts würde eine unterlassene oder fehlerhafte Information darstellen, die nicht zur Basisinformation gehört, wie etwa die unterlassene Angabe der Zurechnungstatbestände. Für diese Auslegung sprechen der Wortlaut und die Vermeidung von schwerwiegenden Folgen, wenn zumindest die Basisinformation mitgeteilt wurde.

50

cc) Verlust aller Rechte. Aus der Gesetzesbegründung könnte man entnehmen, der zeitlich verlängerte Verlust der Rechte erstrecke sich nur auf die Mitverwaltungsrechte, nicht aber auf die Vermögensrechte[5]. Andernfalls gebe es Handhabungsschwierigkeiten[6]. Weder der Wortlaut der Vorschrift noch deren Sinn und Zweck rechtfertigen indes eine solche einschränkende Auslegung. Richtig ist: Rechte, die vor der nachgeholten Mitteilung verloren waren, sind weiterhin für sechs Monate verloren. Und dazu gehören auch die Vermögensrechte.

51

dd) Dauer der Verlängerung. Der Rechtsverlust verlängert sich um sechs Monate, beginnend mit dem Zeitpunkt der Erfüllung der Meldepflichten. An dem bisherigen unbefriedigenden Rechtszustand ändert sich nichts, wenn nicht innerhalb der 6-Monats-Frist eine Hauptversammlung stattfindet. Vom Autor dieser Kommentierung wurde daher im Finanzausschuss vorgeschlagen, die Dauer des Rechtsverlusts **auf ein Jahr zu verlängern**. Nur in diesem Fall hätte der Rechtsverlust auch einen Abschreckungscharakter.

52

ee) Vorsätzliche oder grob fahrlässige Verletzung der Mitteilungspflichten. Die Dauer des Rechtsverlusts verlängert sich um sechs Monate nur, wenn der Meldepflichtige vorsätzlich oder grob fahrlässig seine Mitteilungspflichten verletzt hat. Grob fahrlässig handelt, wer die erforderliche Sorgfalt in besonders schwerem Maße verletzt[7]. Einfache Fahrlässigkeit genügt nicht.

53

Maßgebend für das Vorliegen von Vorsatz oder grober Fahrlässigkeit ist nicht nur der **Zeitpunkt** des erstmaligen Entstehens und der Verletzung der Meldepflicht. Es genügt, wenn der Meldepflichtige in der Folgezeit vorsätzlich oder grob fahrlässig seine Pflichten verletzt hat[8].

54

Es gilt der **kapitalmarktrechtliche Vorsatzbegriff** (s. Rz. 83). Verlangt ist hiernach, dass dem Offenlegungspflichtigen die Tatsachen bekannt sind, die zum objektiven Tatbestand gehören, die die Mitteilungspflicht begründen. Voraussetzung ist weiter, dass der Meldepflichtige bewusst die Meldepflicht nicht erfüllt oder sich mit der Verletzung abfindet. Es gilt ferner der **kapitalmarktrechtliche Fahrlässigkeitsbegriff**. Der Meldepflichtige

55

---

1 BT-Drucks. 16/7438.
2 Begr. RegE Risikobegrenzungsgesetz, BT-Drucks. 16/7438, 13.
3 BT-Drucks. 16/9778.
4 A.A. *von Bülow/Petersen*, NZG 2009, 481, 485.
5 Begr. RegE Risikobegrenzungsgesetz in § 28 WpHG, BT-Drucks. 16/7438, 13: „Der Rechtsverlust erfasst auch die Mitverwaltungsrechte, insbesondere das Stimmrecht, nicht aber die Vermögensrechte des Aktionärs ..."; *von Bülow/Stephanblome*, ZIP 2008, 1797, 1805; *von Bülow/Petersen*, NZG 2009, 481, 484; *Süßmann/Meder*, WM 2009, 976; *Vocke*, BB 2009, 1600, 1603.
6 *Süßmann/Meder*, WM 2009, 976, 977.
7 *Korff*, AG 2008, 692, 697.
8 S. entspr. zu § 28 Abs. 2 WpHG: *Sven H. Schneider/Uwe H. Schneider*, ZIP 2006, 500.

handelt grob fahrlässig, wenn er den Sachverhalt kennt und sich damit abfindet, dass er durch die Unterlassung oder die falsche Meldung seine kapitalmarktrechtlichen Pflichten verletzt, anders formuliert, dass er die im Kapitalmarkt erwartete Sorgfalt in besonders schwerem Maße verletzt. Der Begriff der groben Fahrlässigkeit verlangt nicht nur den objektiven Sorgfaltspflichtverstoß des Meldepflichtigen sondern ebenfalls subjektiv ein schweres Verschulden. Grob fahrlässig handelt der Meldepflichtige dann, wenn er entweder den Sachverhalt kannte oder zumindest kennen konnte und wenn er sich trotzdem der weiteren Aufklärung verschlossen hat. Zudem hat der Meldepflichtige dafür zu sorgen, dass die zurechnungsrelevanten Sachverhalte im Unternehmen oder auch konzernweit gesammelt und bewertet werden. Ihn trifft dahingehend eine Pflicht zur Einrichtung einer kapitalmarktrechtlichen Compliance-Organisation[1].

56 **d) Ausnahme von der Verlängerung der Frist (§ 44 Abs. 1 Satz 4 WpHG).** Durch § 44 Satz 4 WpHG wird die Dauer der Frist für den Rechtsverlust um ein weiteres Merkmal **aufgeweicht**. Die Verlängerung der Dauer des Rechtsverlusts um sechs Monate erfolgt nämlich nicht, wenn *erstens* die Abweichung zwischen dem gemeldeten und dem tatsächlich gehaltenen Stimmrechtsanteil weniger als 10 % beträgt. Verlangt ist *zweitens*, dass durch die Verletzung der Mitteilungspflicht eine Mitteilung über das Erreichen, Überschreiten oder Unterschreiten einer der in § 33 WpHG genannten Schwellen unterlassen wird. Diese Einschränkung soll, was wenig überzeugend ist, auch bei vorsätzlicher Verletzung der Mitteilungspflichten gelten. Wenn daher der Meldepflichtige 7 % der Stimmrechte hält und vorsätzlich nur 3 % meldet, verlängert sich die Frist für den Rechtsverlust; denn die Abweichung beträgt zwar weniger als 10 % der Stimmrechte. Durch die Verletzung der Meldepflicht wurde aber eine Mitteilungspflicht über das Überschreiten von 5 % verletzt.

57 **e) Ende des Rechtsverlustes.** Der Rechtsverlust endet, wenn die Meldepflichten erfüllt werden ex nunc, es sei denn, die Voraussetzungen von § 44 Satz 3 WpHG liegen vor. So endet der Rechtsverlust auch dann, wenn erst kurze Zeit vor der Hauptversammlung gemeldet wird. Bei vorsätzlicher oder grob fahrlässiger Verletzung der Meldepflicht endet der Rechtsverlust **sechs Monate nach der erforderlichen und erfolgten Mitteilung**[2]. Hat der Meldepflichtige nur mit einfacher Fahrlässigkeit gehandelt, so endet der Rechtsverlust, gleichwohl nicht, wenn er nicht unverzüglich nach Erlangung der Kenntnis meldet.

58 Entfällt der meldepflichtige Tatbestand aus tatsächlichen Gründen, so führt dies nicht automatisch zum Ende der Meldepflicht[3]. So bleibt es auch dann bei der Meldepflicht, wenn der Meldepflichtige ein Aktienpaket erwirbt und dies dann wieder veräußert, also wenn der dann **erreichte Bestand dem Altbestand** entspricht[4].

59 Hat der Meldepflichtige **mehrere Meldungen** unterlassen, so ist streitig, ob es ausreicht, dass die letzte Meldung nachgeholt wurde[5]. Für die Pflicht zur Nachholung aller Mitteilungen spreche, dass der Kapitalmarkt wegen der Sanktion des § 44 WpHG ein Interesse daran habe, dass alle unterlassenen Mitteilungen nachgeholt werden. Nur so könne nachvollzogen werden, in welchem Umfang Dividendenrechte verloren gegangen sein könnten. Dagegen spricht indessen, dass der Kapitalmarkt zwar über die wesentlichen Beteiligungen, nicht aber über die Rechtsfolgen verletzter Mitteilungspflichten informiert werden soll. Und durch die **letzte Meldung** ist die erforderliche Transparenz wieder hergestellt. Die Nachholung aller Zwischenmeldungen ist nur Ausdruck guter kapitalmarktrechtlicher Corporate Governance. Vor allem aber bedeutet das, dass mit der **Nachholung der letzten Mitteilung** der Rechtsverlust endet bzw. die Frist hierfür zu laufen beginnt. Die Frist endet also nicht erst dann, wenn alle Zwischenmitteilungen nachgeholt wurden.

60 Das bedeutet jedoch nicht, dass der Rechtsverlust entfällt, wenn der Meldepflichtige seine Meldepflichten vorsätzlich oder grob fahrlässig verletzt hat, und er in der Folgezeit einen zusätzlichen Meldetatbestand erfüllt und nunmehr zutreffend meldet[6]. Eine nachträglich richtige Mitteilung heilt nicht die vorangegangene vorsätzliche oder grob fahrlässige Pflichtverletzung. Nur auf die Nachholung aller Altmitteilungen wird verzichtet.

61 **f) Ausübung des Stimmrechts trotz Rechtsverlusts.** Zu den Aufgaben des **Aufsichtsratsvorsitzenden** als Leiter der Hauptversammlung gehört es, nachzuprüfen, ob die auf der Hauptversammlung anwesenden Aktionäre stimmberechtigt sind. Unterlässt er dies, so macht er sich schadensersatzpflichtig. Angesichts der zum Teil höchst komplizierten Regelungen wird diese Aufgabe zunehmend schwieriger. Auf Nachfrage sind die betreffenden Aktionäre im Zweifel **zur Auskunft verpflichtet**[7]. Der Aktionär hat zu erklären, ob er eine Meldeschwelle über- oder unterschritten hat. Gegebenenfalls hat er **nachzuweisen**, dass er seine Mitteilungspflichten erfüllt

---

1 Ebenso *Süßmann/Meder*, WM 2009, 976, 978; *Heinrich/Kiesewetter*, Der Konzern 2009, 137, 144.
2 S. dazu *Sven H. Schneider/Uwe H. Schneider*, ZIP 2006, 493, 496.
3 *Becker* in Bürgers/Körber, Anh. § 22 AktG/§ 28 WpHG Rz. 7.
4 *Zimmermann* in Fuchs, § 28 WpHG Rz. 20.
5 Für die Nachholung aller Mitteilungen wohl die Verwaltungspraxis sowie *Riegger* in FS H.P. Westermann, 2008, S. 1393; *Opitz* in Schäfer/Hamann, § 28 WpHG Rz. 41; a.A. *Sven H. Schneider/Uwe H. Schneider*, ZIP 2006, 493, 496; *Schnabel/Korff*, ZBB 2007, 179, 184; s. auch bei § 33 WpHG Rz. 142; *Becker* in Bürgers/Körber, Anh. § 22 AktG/§ 28 WpHG Rz. 7.
6 A.A. *Süßmann/Meder*, WM 2009, 976, 979; *Heinrich/Kiesewetter*, Der Konzern 2009, 137, 144; *von Bülow/Petersen*, NZG 2009, 481, 485; *Schulenburg*, NZG 2009, 1246, 1252; wie hier *Vocke*, BB 2009, 1600, 1605; *Chachulski*, BKR 2010, 281, 282.
7 Wie hier OLG Düsseldorf v. 10.9.2008 – 6 W 30/08, NZG 2009, 260, 262 = AG 2009, 90; LG Heidelberg v. 30.12.2015 – 12 O 7/15 KfH, AG 2016, 257.

hat[1]. Erklärt ein Aktionär, ein **Mitaktionär** habe seine Meldepflichten verletzt und er sei deshalb vom Stimmrecht ausgeschlossen, so ist der Aktionär darlegungs- und beweispflichtig[2]. Ohne konkrete Anhaltspunkte, die berechtigte Zweifel an der Richtigkeit von Stimmrechtsmitteilungen begründen, ist eine Aktiengesellschaft nicht zu weitergehenden Nachforschungen und Nachfragen verpflichtet[3]. Der Leiter der Hauptversammlung hat den betreffenden Aktionär zu fragen, ob er seine Rechtspflicht nach bestem Wissen und Gewissen erfüllt hat.

Wird durch den pflichtvergessenen Aktionär das Stimmrecht trotz des Rechtsverlusts ausgeübt, ist der betreffende Hauptversammlungsbeschluss zwar **nicht** gem. § 241 Nr. 3 Fall 3 AktG **nichtig**[4]; denn der Beschluss verstößt nicht „durch seinen Inhalt" gegen Vorschriften, die im öffentlichen Interesse gegeben sind[5]. Der Beschluss ist **aber** gem. § 243 Abs. 1 AktG **anfechtbar**[6], so dass sich hieraus ein **„neues Anfechtungspotential"** ergeben könnte[7]. Allerdings ist eine Anfechtung nur dann begründet, wenn die fehlerhafte Berücksichtigung von Stimmen Einfluss auf das Beschlussergebnis hatte, also „kausal" war[8]. Das „Anfechtungspotential" wird daher überbewertet. Überdies dürften sich in der Praxis auch „mit Rücksicht auf die strengen formalrechtlichen Voraussetzungen der Anfechtung, insbesondere die kurze Anfechtungsfrist und die Schwierigkeit, rechtzeitig Kenntnis von dem Anfechtungstatbestand zu erlangen", nur selten Konsequenzen aus einer verbotenen Stimmausübung ergeben[9]. Anders kann dies jedoch sein, wenn es zusätzlich einer Eintragung in das Handelsregister bedarf und der Registerrichter die Eintragung ablehnt[10].

62

Auch weitere Sanktionen hat der Meldepflichtige zu befürchten, wenn er die Aktien einem anderen in kollusivem Zusammenwirken zur Stimmabgabe überlässt. Es droht ihm eine Geldbuße bis zu 25.000 Euro (§ 405 Abs. 3 Nr. 5, Abs. 4 AktG). Entsteht der Gesellschaft oder anderen Aktionären durch die verbotene Stimmausübung ein Schaden, so kann ein Ersatzanspruch gegen den Meldepflichtigen aus § 823 Abs. 2 BGB[11] oder wegen Verletzung der gesellschaftsrechtlichen Treupflicht[12] bestehen, s. auch Rz. 104.

63

Trägt der Anfechtungskläger vor, der Anfechtungsgrund folge aus der Verletzung von Mitteilungspflichten und dem damit verknüpften Stimmverlust, so trägt er hierfür die Darlegungs- und Beweislast[13]. Eine Beweislastumkehr erfolgt nicht. Die Gesellschaft ist nicht verpflichtet, die Höhe der Beteiligung ihre Aktionäre nachzurecherchieren[14] und darzutun und nachzuweisen.

64

g) Sonstige Mitverwaltungsrechte. Von dem Rechtsverlust erfasst sind auch alle sonstigen Mitwirkungs- und Mitverwaltungsrechte des Meldepflichtigen, also etwa das Recht zur Teilnahme an der Hauptversammlung[15] einschließlich des Antragsrechts, das Auskunftsrecht, die Befugnis zur Einberufung der Hauptversammlung[16], die Befugnis zur Geltendmachung von Ersatzansprüchen nach § 147 AktG, die Befugnis zur Anfechtung von Hauptversammlungsbeschlüssen nach § 245 AktG[17] usw. Der mit seinem Stimmrecht ausgeschlossene Aktionär ist aber zur Anfechtung des Hauptversammlungsbeschlusses befugt, wenn der Beschluss „stimmlos" gefasst wurde[18]. Auch hier ergeben sich neue Anfechtungspotentiale.

65

---

1 A.A. OLG Düsseldorf v. 10.9.2008 – 6 W 30/08, NZG 2009, 260, 262 = AG 2009, 40.
2 Vgl. OLG Stuttgart v. 15.10.2008 – 20 U 19/07, AG 2009, 124, 127; OLG Stuttgart v. 21.12.2012 – 20 AktG 1/12, AG 2013, 604.
3 OLG Stuttgart v. 15.10.2008 – 20 U 19/07, AG 2009, 124 = ZIP 2008, 2315.
4 So aber *Geßler*, BB 1980, 217, 219; offen gelassen von OLG Oldenburg v. 17.3.1994 – 1 U 151/93, AG 1994, 415 f.
5 Zutreffend: *Burgard*, Die Offenlegung von Beteiligungen, Abhängigkeits- und Konzernlagen bei der Aktiengesellschaft, 1990, S. 59.
6 Für § 28 WpHG a.F.: LG Köln v. 5.10.2007 – 82 O 114/06, AG 2008, 336, 337; *Schockenhoff/Schuster*, ZGR 2005, 597; für § 20 AktG: LG Hannover v. 29.5.1992 – 23 O 64/91, 23 O 77/91, AG 1993, 187, 188; KG v. 27.11.1998 – 14 U 2892/97, AG 1999, 126; KG v. 20.4.1999 – 14 U 1209/98, NZG 2000, 42 = AG 2000, 227; OLG Dresden v. 11.1.2005 – 2 U 1728/04, AG 2005, 247; *Semler* in MünchHdb. AG, § 41 Rz. 28; *Hüffer* in FS Boujong, 1996, S. 295.
7 *Happ*, JZ 1994, 240, 244.
8 BGH v. 29.4.2014 – II ZR 262/13, AG 2014, 624; allgemeine Meinung, statt anderer: *Hüffer/Koch*, § 243 AktG Rz. 19 m.w.N.
9 So für § 20 AktG: *Koppensteiner* in KölnKomm. AktG, 3. Aufl. 2004, § 20 AktG Rz. 53.
10 Vgl. *Hüffer/Koch*, § 243 AktG Rz. 51 ff. m.w.N.
11 *Koppensteiner* in KölnKomm. AktG, 3. Aufl. 2004, § 20 AktG Rz. 60.
12 Vgl. *Hüffer* in FS Steindorff, 1990, S. 59, 76.
13 OLG Düsseldorf v. 11.8.2006 – I-15 W 110/05, AG 2007 363; OLG Stuttgart v. 15.10.2008 – 20 U 19/07, AG 2009, 124; *Sven H. Schneider/Uwe H. Schneider*, ZIP 2006, 493, 498; *Schockenhoff/Schuster*, ZGR 2005, 596, 597; *von Bülow/Petersen*, NZG 2009, 481, 485.
14 OLG Stuttgart v. 15.10.2008 – 20 U 19/07, AG 2009, 124; *von Bülow/Petersen*, NZG 2009, 485.
15 *Petersen* in Spindler/Stilz, § 22 AktG Anh. Rz. 43; *Bayer* in MünchKomm. AktG, 4. Aufl. 2016, § 22 AktG Anh. § 28 WpHG Rz. 20; s. aber auch BGH v. 20.4.2009 – II ZR 148/07, BB 2009, 1778 = AG 2009, 534 zur Hauptversammlung ohne Ladung des vom Rechtsverlust betroffenen Aktionärs; *Paudtke/Glauer*, NZG 2016, 125.
16 S. dazu *König/Römer*, NZG 2004, 944.
17 OLG Stuttgart v. 10.11.2004 – 20 U 16/03, AG 2005, 126; OLG Dresden v. 11.1.2005 – 2 U 1728/04, AG 2005, 247; OLG Schleswig v. 8.12.2005 – 5 U 57/04, ZIP 2006, 421, 423 = AG 2006, 120; OLG Frankfurt v. 22.5.2007 – 5 U 33/06, AG 2008, 87; OLG München v. 9.9.2009 – 7 U 1997/09, ZIP 2009, 2095, 2096 = AG 2009, 793.
18 S. dazu OLG Dresden v. 11.1.2005 – 2 U 1728/04, AG 2005, 248.

66 **h) Berechnung der Mehrheiten.** Besteht ein Rechtsverlust, hat dies zur weiteren Folge, dass die betroffenen Anteile bei Abstimmungen auch nicht in die Berechnung der Stimmen- oder Kapitalmehrheit oder des bei der Abstimmung vertretenen Grundkapitals einbezogen werden, da sie andernfalls noch ein eigenes Gewicht entfalten würden, was dem Gesetzeszweck widerstrebte[1]. Nicht berücksichtigt werden die Stimmen zu dem bei der Bestimmung eines Quorums[2].

67 **6. Erfasste Vermögensrechte.** Der Rechtsverlust erfasst ferner die Vermögensrechte des meldepflichtigen Aktionärs und solcher Aktionäre, deren Stimmrechte dem Meldepflichtigen nach § 34 Abs. 1 Nr. 1 oder 2 WpHG zugerechnet werden (s. auch Rz. 30 ff.). Der Rechtsverlust ist **endgültig**. Durch Nachholung der Mitteilung leben die Rechte nicht etwa „rückwirkend" wieder auf. Allerdings ist dabei zu unterscheiden; denn betroffen sind nur die Rechte aus der Aktie, nicht aber die Mitgliedschaft als solche[3].

68 **a) Anspruch auf Dividende.** Für den Verlust des Dividendenanspruchs ist der maßgebliche Zeitpunkt, der Zeitpunkt des Gewinnverwendungsbeschlusses (§ 174 AktG)[4]. Die Hauptversammlung beschließt über den Gesamtbetrag der Dividende[5]. Ist zu diesem Zeitpunkt offen gelegt, so wird auch dann nicht quotal verkürzt, wenn in dem Zeitraum vor dem Gewinnverwendungsbeschluss die Offenlegungspflicht verletzt wurde[6]. Das ist zwar unbefriedigend, weil dies den Meldepflichtigen veranlassen könnte, mit der Meldung zuzuwarten. Es folgt dies aber aus dem Umstand, dass der Anspruch im Zeitpunkt des Gewinnverwendungsbeschlusses entsteht, und er entsteht dann in voller Höhe.

69 Der Verlust des Anspruchs auf Dividende in der Person des pflichtwidrig handelnden Aktionärs hat entgegen der höchstrichterlichen Rechtsprechung zur Folge, dass sich **der Anspruch der übrigen Aktionäre auf Dividende entsprechend erhöht**[7]. Dies folgt aus § 58 Abs. 4 AktG. Danach haben die Aktionäre Anspruch auf den Bilanzgewinn. Die Aufschlüsselung der Ausschüttung an die Aktionäre gem. § 174 Abs. 2 AktG i.V.m. § 170 Abs. 2 Satz 2 Nr. 1 AktG in Euro pro Stück hat nur rechnerische Bedeutung. Gegen einen außerordentlichen Ertrag bei der Gesellschaft spricht überdies, dass dieser auch dem pflichtvergessenen Aktionär zugute käme, wenn dieser in der Folgezeit offen legt. Und den berechtigten Aktionären entginge ihr Anspruch, wenn im Folgejahr ein Verlust eintritt.

70 Hat der Aktionär, der seine Pflichten verletzt hat, die Dividende erhalten, **so hat er diese an die Gesellschaft zurückzuzahlen**. Voraussetzung ist, dass der pflichtvergessene Mitteilungspflichtige wusste oder infolge von Fahrlässigkeit nicht wusste, dass er zum Bezug der Dividende nicht berechtigt war. Dies folgt aus § 62 Abs. 1 AktG; denn hiernach hat der Aktionär nicht nur eine verbotene Einlagenrückgewähr zurückzuerstatten, sondern auch alle sonstigen Leistungen, die er entgegen den Bestimmungen des Aktienrechts empfangen hat[8]. Der Vorstand ist verpflichtet, den Anspruch geltend machen. Ein möglicher Anspruch aus § 812 BGB wird durch den spezielleren aktienrechtlichen Rückgewähranspruch verdrängt.

71 **b) Bezugsrechte.** Verloren sind auch die Bezugsrechte aus einer Kapitalerhöhung gegen Einlagen[9]. Streitig ist, ob der maßgebliche Zeitpunkt der Beschluss über die Kapitalerhöhung[10], die Eintragung im Handelsregister nach § 184 AktG[11], der Ablauf der Bezugsfrist nach § 186 Abs. 1 Satz 2 AktG[12] oder die Eintragung der Durchführung der Kapitalerhöhung ist. Geht man davon aus, dass der Bezugsanspruch im Zeitpunkt des Kapitalerhöhungsbeschlusses entsteht, so folgt daraus, dass auch für den Rechtsverlust auf diesen Zeitpunkt abzustellen

---

1 *Bayer* in MünchKomm. AktG, 4. Aufl. 2016, § 22 AktG Anh. § 28 WpHG Rz. 21.
2 *Bayer* in MünchKomm. AktG, 4. Aufl. 2016, § 22 AktG Anh. § 28 WpHG Rz. 21.
3 Begr. RegE zu § 28 WpHG, 3. FGG, BT-Drucks. 13/8933, 95 ff.
4 *Opitz* in Schäfer/Hamann, § 28 WpHG Rz. 14; *Zimmermann* in Fuchs, § 28 WpHG Rz. 41 für § 20 AktG: *Hüffer/Koch*, § 20 AktG Rz. 15.
5 BGH v. 28.6.1982 – II ZR 69/81, BGHZ 84, 303, 311.
6 *Sven H. Schneider/Uwe H. Schneider*, ZIP 2006, 496; *Zimmermann* in Fuchs, § 28 WpHG Rz. 41; *Riegger* in FS H.P. Westermann, 2008, S. 1336. S. zum Folgenden ferner *Burgard*, Die Offenlegung von Beteiligungen, Abhängigkeits- und Konzernlagen bei der Aktiengesellschaft, 1990, S. 58 ff.; für § 59 WpÜG: *Kremer/Oesterhaus* in KölnKomm. WpÜG, § 59 WpÜG Rz. 59.
7 So auch *Koppensteiner* in KölnKomm. AktG, 3. Aufl. 2004, § 20 AktG Rz. 49; *Veil* in K. Schmidt/Lutter, § 20 AktG Rz. 42; a.A. BGH v. 29.4.2014 – II ZR 262/13, AG 2014, 624 = ZIP 2014, 1677, Rz. 11; LG München v. 27.11.2008 – 5 HK O 3928/08, AG 2009, 171; *Petersen* in Spindler/Stilz, § 22 AktG Anh. Rz. 114; *Windbichler* in Großkomm. AktG, 5. Aufl. 2017, § 20 AktG Rz. 75; *Hüffer* in FS Boujong, 1996, S. 291: nur außerordentlicher Ertrag bei der Gesellschaft.
8 BGH v. 5.4.2016 – II ZR 268/14, AG 2016, 786 = ZIP 2016, 1919, Rz. 11; *Koppensteiner* in FS Rowedder, 1993, S. 213, 225; *Heinsius* in FS R. Fischer, 1979, S. 225; *Hüffer* in FS Boujong, 1996, S. 292; *Zimmermann* in Fuchs, § 28 WpHG Rz. 46.
9 S. auch in § 20 AktG: BGH v. 22.4.1991 – II ZR 231/90, WM 1991, 1166, 1169 = AG 1991, 270.
10 So *Krieger* in MünchHdb. AG, § 68 Rz. 63, 140a; *Hüffer* in FS Boujong, 1996, S. 292; *Riegger/Wasmann* in FS Hüffer, 2010, S. 823, 831.
11 So *Koppensteiner* in KölnKomm. AktG, 2. Aufl. 1986, § 20 AktG Rz. 45; anders aber *Koppensteiner* in KölnKomm. AktG, 3. Aufl. 2004, § 20 AktG Rz. 69: Frist für die Nachholung der Mitteilung – und damit endgültiger Rechtsverlust – endet mit Beginn der Versammlung, die über die Kapitalerhöhung entscheidet.
12 So etwa *Heinsius* in FS R. Fischer, 1979, S. 233.

ist[1]. Dafür sprechen auch der Zweck der Mitteilungspflichten sowie die Rechtssicherheit, da somit ein einheitlicher Zeitpunkt für den Verlust aller Rechte besteht[2]. Die Folge ist, dass sich **die Bezugsrechte der übrigen Aktionäre quotal erhöhen**[3]. Nach anderer Ansicht soll dagegen der Bezugsanspruch mit der Folge verfallen, dass die Aktien anderweitig abgegeben werden können[4]. Hat der Aktionär, in dessen Person der Rechtsverlust eintritt, zu Unrecht Aktien bezogen, so kann der säumige Aktionär nicht etwa die Aktien behalten und er habe lediglich den zu Unrecht ausgeschütteten Vermögensvorteil zurück zu gewähren[5]. Das wäre eine groteske Rechtsfolge, bedenkt man, dass der Aktionär seine Beteiligung ja gerade erhöhen will. Vielmehr ist davon auszugehen, dass ein Anspruch der Gesellschaft auf Rückgewähr der Aktien besteht[6].

c) **Anspruch auf Liquidationserlös.** Zu § 20 Abs. 7 AktG a.F. war streitig, ob sich der Rechtsverlust auch auf den Liquidationserlös erstreckt[7]. Dagegen wurde eingewandt, das Liquidationsguthaben sei die vermögensmäßige Fortsetzung der Mitgliedschaft[8].

Der Rechtsverlust nach § 44 WpHG erstreckt sich auch auf den Liquidationserlös. Dies folgt aus § 44 Satz 2 WpHG. Nach § 44 Satz 2 WpHG ist nämlich der Anspruch auf den Liquidationserlös unter den dort genannten Voraussetzungen nicht ausgeschlossen. Das Gesetz geht demnach davon aus, dass sich in der Regel der Rechtsverlust auch auf den Anspruch auf den Liquidationserlös erstreckt[9].

d) **Sonstige Vermögensrechte.** Erfasst aber der Rechtsverlust auch den Liquidationserlös, so ist es nahe liegend, dass auch die **Ausgleichs-, Umtausch- und Abfindungsansprüche** bei der Umwandlung, Verschmelzung und nach den Vorschriften des Konzernrechts erlöschen[10]. Das Entsprechende gilt für den Rückzahlungsanspruch bei der Kapitalherabsetzung (§ 225 Abs. 2 AktG)[11]. Auch verliert der pflichtvergessene Meldepflichtige sein **Andienungs- und Erwerbsrecht** bei Erwerb oder Veräußerung eigener Anteile[12].

7. Nicht erfasste Rechte. a) Mitgliedschaft. Nicht zu den Rechten aus der Aktie gehört die Mitgliedschaft selbst. Eine Verletzung der Mitteilungspflichten wirkt sich auf die Beteiligungsverhältnisse nicht aus. Ist die Mitteilung nachgeholt, so leben alte Rechte aus der Beteiligung ex nunc wieder auf.

b) **Kapitalerhöhung aus Gesellschaftsmitteln.** Die Begründung zu § 28 RegE Gesetz zur weiteren Fortentwicklung des Finanzplatzes Deutschland (Drittes Finanzmarktförderungsgesetz) geht davon aus, dass das Bezugsrecht bei einer Kapitalerhöhung aus Gesellschaftsmitteln nicht zu den Rechten gehöre, auf die sich der Rechtsverlust erstrecke. Sie folgt damit einer herrschenden Ansicht, wonach ein die Erfüllung der aktienrechtlichen Mitteilungspflicht verletzendes Unternehmen an einer Kapitalerhöhung aus Gesellschaftsmitteln teilnehme[13]. Dem muss man entgegenhalten, dass es widersprüchlich ist, dass zwar der Anspruch auf Liquidationserlös untergehen soll, nicht aber der Anspruch auf Teilhabe an einer Kapitalerhöhung aus Gesellschaftsmitteln[14].

IV. Kein Rechtsverlust trotz nicht erfüllter Meldepflicht (§ 44 Abs. 1 Satz 2 WpHG). 1. Der Regelungszweck. § 44 Abs. 1 Satz 2 WpHG beschränkt den Rechtsverlust trotz nicht erfüllter Meldepflicht. Dies gilt aber nur hinsichtlich einzelner Rechte des Aktionärs, nämlich für die Ansprüche nach § 58 Abs. 4 AktG, also das **Dividendenbezugsrecht** und die Ansprüche nach § 271 AktG, also der **Anspruch auf Teilhabe am Abwicklungserlös**. Voraussetzung für das Fortbestehen dieser Rechte ist, dass der Aktionär die Mitteilung nicht vorsätzlich unterlassen hat und dass die Mitteilung nachgeholt worden ist. Im Übrigen bleibt es bei dem Rechtsverlust, also insbesondere beim Verlust des Stimmrechts und des Bezugsrechts bei Kapitalerhöhung gegen Einlagen.

---

1 Ebenso *Bayer* in MünchKomm. AktG, 4. Aufl. 2016, § 22 AktG Anh. § 28 WpHG Rz. 30; *Kremer/Oesterhaus* in KölnKomm. WpHG, § 28 WpHG Rz. 60; *Riegger/Wasmann* in FS Hüffer, 2010, S. 823, 831.
2 *Burgard*, Die Offenlegung von Beteiligungen, Abhängigkeits- und Konzernlagen bei der Aktiengesellschaft, 1990, S. 60.
3 *Koppensteiner* in KölnKomm. AktG, 3. Aufl. 2004, § 20 AktG Rz. 70.
4 *Krieger* in MünchHdb. AG, § 68 Rz. 163, 140b; *Hüffer* in FS Boujong, 1996, S. 293; allgemein *Wiedemann* in Großkomm. AktG, 4. Aufl. 1995, § 186 AktG Rz. 97.
5 *Kremer/Osterhaus* in KölnKomm. WpHG, § 28 WpHG Rz. 62; *Bayer* in MünchKomm. AktG, 4. Aufl. 2016, § 22 AktG Anh. § 28 WpHG Rz. 34; *Zimmermann* in Fuchs, § 28 WpHG Rz. 48.
6 Ebenso *Heinsius* in FS R. Fischer, 1979, S. 233 für § 20 AktG.
7 So etwa: *Burgard*, Die Offenlegung von Beteiligungen, Abhängigkeits- und Konzernlagen bei der Aktiengesellschaft, 1990, S. 13, 59; auch *Heinsius* in FS R. Fischer, 1979, S. 215, 234; *Bayer* in MünchKomm. AktG, 4. Aufl. 2016, § 20 AktG Rz. 68; a.A. *Hüffer* in FS Boujong, 1996, S. 227, 286; *Witt*, WM 1998, 1153, 1157.
8 *Schäfer*, BB 1966, 1004, 1007; *Hüffer* in FS Boujong, 1996, S. 285; s. auch *Hüffer/Koch*, § 271 AktG Rz. 2f.
9 S. auch Begr. RegE zu § 28 WpHG, 3. FFG, BT-Drucks. 13/8933, 95; *Schwark* in Schwark/Zimmer, § 28 WpHG Rz. 9; *Zimmermann* in Fuchs, § 28 WpHG Rz. 47; a.A. *Opitz* in Schäfer/Hamann, § 28 WpHG Rz. 19.
10 A.A. *Riegger/Wasmann* in FS Hüffer, 2010, S. 823, 832.
11 A.A. *Zimmermann* in Fuchs, § 28 WpHG Rz. 30; *Kremer/Oesterhaus* in KölnKomm. WpHG, § 28 WpHG Rz. 72; *Vocke*, BB 2009, 1600, 1604.
12 S. dazu *Habersack*, ZIP 2004, 1121.
13 So wohl die h.M. *Kremer/Oesterhaus* in KölnKomm. WpHG, § 28 WpHG Rz. 69 ff.; *Schwark* in Schwark/Zimmer, § 28 WpHG Rz. 16; *Zimmermann* in Fuchs, § 28 WpHG Rz. 30.
14 Ebenso *Bayer* in MünchKomm. AktG, 4. Aufl. 2016, § 22 AktG Anh. § 28 WpHG Rz. 37.

78 § 28 Abs. 1 Satz 2 WpHG a.F. (jetzt § 44 Abs. 1 Satz 2 WpHG) war im Referentenentwurf nicht vorgesehen. Dagegen wurde im Gesetzgebungsverfahren vorgebracht, der Verlust der Vermögensrechte sei rechtsstaatlich bedenklich, weil unverhältnismäßig. Dabei wurden exemplarisch zwei Fallgruppen genannt. **Aus tatsächlichen Gründen** könne dem Meldepflichtigen entgangen sein, dass er eine Meldeschwelle erreicht, überschritten oder unterschritten hat. Hingewiesen wurde auf den „alten und kranken Aktionär", der nicht mehr in der Lage sei, seine kapitalmarktrechtlichen Pflichten zu erfüllen. Bei Konzernlagen sei es schwierig, ein konzernweites Meldesystem so einzurichten, dass eine zutreffende Bewertung ermöglicht werde. **Aus rechtlichen Gründen** könne der Meldepflichtige sich bei der Ermittlung des meldepflichtigen Tatbestands etwa angesichts der komplexen und komplizierten Zurechnungsvorschriften irren. Vor allem ausländische Anleger würden angesichts des drohenden Vermögensverlustes von einer Anlage abgeschreckt.

79 Die Bedenken sind berechtigt, wenngleich sie dramatisiert werden. Ein umfassender verschuldensunabhängiger Rechtsverlust war schon zuvor weder in § 21, § 28 WpHG a.F. noch in § 20 Abs. 1, 7 AktG a.F. vorgesehen; denn die dort kodifizierten Meldepflichten sind und waren „unverzüglich", also ohne schuldhaftes Zögern (§ 121 Abs. 1 BGB) zu erfüllen. Der Erfüllung einer Mitteilung entgegenstehende Umstände, wie etwa eine schwere Krankheit, konnten daher auch bisher schon berücksichtigt werden. Zudem beginnt die Frist, innerhalb der die Mitteilungspflicht nach § 33 Abs. 1 WpHG zu erfüllen ist, erst ab Kennenmüssen, so dass auch tatsächliche oder rechtliche Hindernisse bei der Kenntniserlangung Berücksichtigung finden können. Im Übrigen hat sich von den Rechtsfolgen einer Verletzung der Meldepflichten nach § 20 Abs. 7 AktG a.F. kein ausländischer Investor abschrecken lassen, zumal auch in ausländischen Rechtsordnungen ein umfassender Rechtsverlust keine Ausnahme ist.

80 Bedenken gegen die Beschränkung des Rechtsverlustes bestehen aus anderen Gründen. Die **Verwässerung des Sanktionensystems** bei Verletzung der Meldepflichten führt zu einer unerträglichen Transparenzlücke. Aktionäre, die in aller Heimlichkeit ein Paket aufbauen wollen, werden sich durch die bescheidenen Bußgelder angesichts möglicher Gewinne nicht abschrecken lassen. Zu befürchten steht damit, dass sich diese „Schlupflochakrobaten" darauf berufen werden, sie hätten ohne Vorsatz gehandelt. Daher hätte es bei einem Rechtsverlust nicht nur bei Vorsatz, sondern wie vom Bundesrat im Gesetzgebungsverfahren gefordert, zumindest auch bei **grober Fahrlässigkeit** oder bei Leichtfertigkeit verbleiben sollen.

81 **2. Unterlassen der Mitteilung.** S. bei Rz. 12.

82 **3. Keine vorsätzliche Pflichtverletzung. a) Kapitalmarktrechtlicher Vorsatzbegriff.** Voraussetzung für das Wiederaufleben des Dividendenbezugsrechts und des Rechts auf Teilhabe am Liquidationserlös ist es, dass die Pflichtverletzung nicht vorsätzlich erfolgte, und zwar auch nicht mit bedingtem Vorsatz. Abzustellen ist auf den Vorsatz der Meldepflichtigen, bei Gesellschaften auf den Vorsatz der geschäftsführenden Organmitglieder.

83 Entscheidend wird damit die Auslegung des Begriffs „Vorsatz". „Vorsatz" wird im Strafrecht, im Recht der Ordnungswidrigkeiten und im Zivilrecht in unterschiedlicher Weise ausgelegt. Im Strafrecht und im Recht der Ordnungswidrigkeiten ist die Kenntnis der Verwerfbarkeit nicht Bestandteil des Vorsatzes (**Schuldtheorie**). Vorsätzlich handelt daher, wer die wesentlichen Umstände des sanktionierten Sachverhalts kennt. Nicht Voraussetzung ist die Kenntnis des Normbefehls[1]. Das gilt auch für Unterlassungsdelikte[2]. Im Zivilrecht ist dagegen nach h.M. das Bewusstsein der Rechts- bzw. Pflichtwidrigkeit Bestandteil des Vorsatzes[3]. Im vorliegenden Fall geht es nicht um eine zivilrechtliche Vorschrift, sondern um eine kapitalmarktrechtliche Vorschrift. Demgemäß ist auch für § 44 WpHG der Begriff „Vorsatz" weder strafrechtlich[4] noch zivilrechtlich, sondern kapitalmarktrechtlich zu bestimmen[5].

84 Eine vorsätzliche Pflichtverletzung liegt hiernach vor, wenn dem Offenlegungspflichtigen die Merkmale, insbesondere Tatsachen bekannt sind, die zum objektiven Tatbestand gehören, die die Mitteilungspflicht begründen, und er die Meldepflicht bewusst nicht erfüllt (**Kenntnis der Tatumstände und der Pflichtenlage**) oder wenn er sich mit der Verletzung abfindet (**Kenntnis der Tatumstände und sich Abfinden mit der Pflichtver-

---

1 Str. *Jescheck/Weigend*, Lehrbuch des Strafrechts AT, 5. Aufl. 1996, S. 459; *Sternberg-Lieben/Schuster* in Schönke/Schröder, 29. Aufl. 2014, § 15 StGB Rz. 6 ff.; *Joecks* in MünchKomm. StGB, 3. Aufl. 2017, § 16 StGB Rz. 115 ff.; *Dinter/David*, ZIP 2017, 893, 896: zum Streitstand: *Joecks* in MünchKomm. StGB, 3. Aufl. 2017, § 16 StGB Rz. 76.
2 BGHSt 19, 295; *Dinter/David*, ZIP 2017, 893, 897.
3 BGH v. 12.5.1992 – VI ZR 257/91, BGHZ 118, 208; *Grüneberg* in Palandt, 77. Aufl., § 276 BGB Rz. 11; für zivilrechtlichen Vorsatzbegriff bei § 20 Abs. 7 AktG: BGH v. 5.4.2016 – II ZR 268/14, AG 2016, 786, 789.
4 So aber *Schwark* in Schwark/Zimmer, § 28 WpHG Rz. 19.
5 Ebenso *Weber-Rey* in Habersack/Mülbert/Schlitt, Kapitalmarktinformation, § 23 Rz. 130; *Krieger* in MünchHdb. AG, § 68 Rz. 163 sowie eingehend *Sven H. Schneider/Uwe H. Schneider*, ZIP 2006, 493, 499; für § 59 WpÜG: *Tschauner* in Angerer/Geibel/Süßmann, § 59 WpÜG Rz. 67; a.A. für zivilrechtlichen Vorsatzbegriff: *Zimmermann* in Fuchs, § 28 WpHG Rz. 42; *Kremer/Osterhaus* in KölnKomm. WpHG, § 28 WpHG Rz. 80; *Bayer* in MünchKomm. AktG, 4. Aufl. 2016, § 22 AktG Anh. § 28 WpHG Rz. 11a; *Mülbert* in FS Karsten Schmidt, 2009, S. 1219, 1223; *Heinrich/Kiesewetter*, Der Konzern 2009, 137, 140; *Fleischer*, DB 2009, 1335, 1340; *Riegger/Wasmann* in FS Hüffer, 2010, S. 823, 840; *Scholz/Weiß*, BKR 2013, 324.

letzung). Entscheidend ist freilich nicht, ob dem Meldepflichtigen die Pflichtwidrigkeit bewusst war (**Bewusstsein der Pflichtwidrigkeit**) und ein individueller Schuldvorwurf gemacht werden kann, sondern ob ein relevanter Irrtum auch bei entsprechender Anstrengung **objektiv unvermeidbar bzw. vermeidbar** war.

b) **Kenntnis des pflichtenbegründenden Sachverhalts.** Von der **Kenntnis** ist auszugehen, wenn dem Offenlegungspflichtigen bekannt ist, dass ihm die Aktien gehören und, wenn er die Umstände kennt, die zur Zurechnung führen (**Sachverhaltskenntnis**) oder die eine passive Schwellenberührung begründen. Die Kenntnis seiner Berater muss sich der Meldepflichtige nicht zurechnen lassen[1]. Ein „**Irrtum über den relevanten Sachverhalt**" schließt den Vorsatz in der Regel aus. Zu denken ist an den Familien-Pool, bei dem ein Familienmitglied nicht offen legt, weil ihm nicht bekannt ist, dass ein anderes Familienmitglied, dessen Stimmrechte ihm zugerechnet werden (s. § 34 WpHG Rz. 190), Aktien hinzuerworben hat. Beruht die Meldepflicht auf **passiver Schwellenberührung**, so fehlt es am Vorsatz, wenn der Meldepflichtige nicht die Umstände, die zur Meldepflicht führen z.B. die Kapitalerhöhung kennt. Zu berücksichtigen ist allerdings, dass Aktionäre eine Informationsverschaffungspflicht haben und insbesondere Unternehmen zu angemessener Organisation (Compliance) verpflichtet sind[2]. Der Vorsatz entfällt daher nicht, wenn der Meldepflichtige auf Grund fehlerhafter Compliance-Organisation die Stimmrechte falsch berechnet. Und ein Aktionär, der mehreren Banken den Auftrag gibt, Aktien zu erwerben, kann sich nicht damit beruhigen, ihm sei nicht bekannt, zu welchem Zeitpunkt die Summe aller erworbenen Aktien die Meldepflicht auslöst. Hat der Meldepflichtige erst zeitversetzt Kenntnis von dem meldepflichtigen Sachverhalt erlangt, handelt er erst ab diesem Zeitpunkt vorsätzlich.

c) **Kapitalmarktrechtlicher Verbotsirrtum.** Ist dem Meldepflichtigen die Rechtsnorm nicht bekannt, die die Meldepflicht begründet, oder irrt er sich über die Auslegung der einschlägigen Vorschriften, so liegt ein Rechtsirrtum vor. Ob ein solcher Verbotsirrtum den Vorsatz ausschließt, ist **kapitalmarktrechtlich zu bestimmen**. Die Anwendung des zivilrechtlichen Vorsatzbegriffs würde dazu führen, dass bei Rechtsirrtum, und zwar auch bei fahrlässiger Unkenntnis der kapitalmarktrechtlichen Offenlegungspflichten, kein Vorsatz vorliegt[3]. Angesichts einer „strafähnlichen Sanktion"[4] verbietet sich aber die Übertragung zivilrechtlicher Kategorien auf eine aufsichtsrechtliche Norm, bei der nur die Rechtsfolge gesellschaftsrechtlich ist. Der Vorsatz entfällt hiernach nur, wenn der Meldepflichtige die pflichtbegründende Norm nicht kennt und die mangelnde Kenntnis **objektiv unvermeidbar war**. Bei einem **unvermeidbaren Verbotsirrtum** entfällt – im Gegensatz zu § 17 StGB – bereits der Vorsatz. Das dürfte die Ausnahme sein[5]. Zu denken ist immerhin an die „typisierte alte Dame" einer börsennotierten Familienaktiengesellschaft, bei der allein deshalb eine Meldepflicht entsteht, weil sie nach einer Kapitalerhöhung ihr Bezugsrecht nicht ausübt und ihr Anteil daher unter eine Meldeschwelle sinkt. Dagegen kann sich auch der viel genannte „typisierte ausländische Aktionär" in der Regel nicht auf einen solchen **vermeidbaren Verbotsirrtum** berufen; denn die kapitalmarktrechtlichen Meldepflichten gehören heute zum internationalen Standard des Kapitalmarktrechts. Bei einem vermeidbaren Verbotsirrtum entfällt der Vorsatz nicht. Die Privilegierung des § 44 Abs. 1 Satz 2 WpHG kommt dem Meldepflichtigen nicht zugute[6].

Bei einem **Irrtum über die Anwendung und die Auslegung** der Offenlegungsvorschriften entfällt der Vorsatz nur, wenn der Meldepflichtige alles Erforderliche unternommen hat, um den Zweifel zu beseitigen. Nur in diesem Fall ist der Irrtum unvermeidbar. Selbst, wenn der Meldepflichtige einer mündlichen Auskunft durch die Bundesanstalt (BaFin) folgt, ist der Irrtum nicht in jedem Fall unvermeidbar; denn diese Auskunft ist weder kapitalmarktrechtlich noch gesellschaftsrechtlich verbindlich[7]. Im Zweifel hat der Meldepflichtige Rechtsrat einzuholen und höchst vorsorglich „alternativ" mitzuteilen. Der Vorsatz entfällt aber, wenn der Meldepflichtige den Anwalt sorgfältig ausgewählt hat[8], ihn über sämtliche für die Beurteilung erforderlichen Umstände informiert hat und wenn der Anwalt persönlich integer, insbesondere in keinen Interessenkonflikt verwickelt und fachlich qualifiziert ist[9]. Selbst wenn diese Voraussetzungen vorliegen, darf der Meldepflichtige auf den anwaltlichen Rat nicht blind vertrauen. Verlangt ist vielmehr eine **Plausibilitätsprüfung** durch den Meldepflichtigen. Das heißt: Wenn die Rechtswidrigkeit seines Verhaltens „bei auch nur mäßiger Anspannung von Verstand und Gewissen leicht erkennbar ist", darf er dem Rat nicht folgen[10]. Fehlerhafte Auskünfte von im Kapitalmarktrecht

---

1 *Mülbert* in FS Karsten Schmidt, 2009, S. 1219, 1232.
2 A.A. *Kremer/Osterhaus* in KölnKomm. WpHG, § 28 WpHG Rz. 4.
3 So *Buck-Heeb*, Kapitalmarktrecht, S. 210; *Mülbert* in FS Karsten Schmidt, 2009, S. 1219, 1233; *Fleischer*, DB 2009, 1335, 1340; *Heinrich/Kiesewetter*, Der Konzern 2009, 137, 140.
4 So *Fleischer*, DB 2009, 1335.
5 Krit. *Stephan*, NZG 2010, 1062.
6 *Uwe H. Schneider/Sven H. Schneider*, ZIP 2006, 493, 496.
7 A.A. *Buck-Heeb*, Kapitalmarktrecht, S. 210; *Zimmermann* in Fuchs, § 28 WpHG Rz. 18; *v. Bülow/Petersen*, NZG 2009, 481, 483; *Schürnbrand* in Emmerich/Habersack, Aktien- und GmbH-Konzernrecht, § 28 WpHG Rz. 11; wie hier OLG München v. 9.9.2009 – 7 U 1997/09, AG 2009, 793.
8 BGH v. 27.6.2017 – VI ZR 424/16, AG 2017, 662; *S.H. Schneider*, NZG 2009, 121, 125; *Buck-Heeb*, Kapitalmarktrecht, S. 210.
9 BGH v. 27.6.2017 – VI ZR 424/16, AG 2017, 662 zur entsprechenden Frage bei § 93 AktG: BGH v. 20.9.2011 – II ZR 234/09, AG 2011, 876 = NZG 2011, 1271; *Fleischer*, ZIP 2009, 1397; *Fleischer*, DB 2009, 1335, 1341; *Fleischer*, NZG 2010, 121.
10 BGH v. 27.6.2017 – VI ZR 424/16, AG 2017, 662, 663.

unerfahrenen Anwälten[1] lassen ebenso wenig den Vorsatz entfallen wie Gefälligkeitsgutachten oder sog. „anwaltlich empfohlene Vermeidungsstrategien", die auf einer fehlerhaften Auslegung der Zurechnungstatbestände beruhen. Im zuletzt genannten Fall hält der Meldepflichtige es immerhin für möglich, dass er einer Meldepflicht unterliegt, findet sich aber um eines bestimmten Zieles willen mit der Nichterfüllung ab. Und auf Auskünfte durch Investmentbanken darf sich der Meldepflichtige unter solchen Umständen ebenfalls nicht verlassen, zumal, wenn diese in der Vergangenheit wiederholt fehlerhaft beraten haben; denn: **„In dubio pro publicatione".**

88 **4. Nachholung der Mitteilung.** Der Rechtsverlust entfällt endlich nur dann, wenn die Mitteilung nachgeholt worden ist. Die Vorschrift sagt dabei nichts darüber aus, zu welchem **Zeitpunkt** die Nachholung geboten war. Doch ergibt sich aus den Umständen, dass das Nachholen **unverzüglich nach Kenntnis oder dem Für-möglich-Halten** der Meldepflicht erfolgen muss[2].

89 **5. Beweislast.** Aus der Stellung und der Formulierung des § 44 Satz 2 WpHG ergibt sich, dass dem meldepflichtigen Aktionär die Beweislast obliegt, er habe nicht vorsätzlich gehandelt[3]. Dafür kann etwa vorgetragen werden, ihm sei nicht bekannt gewesen, dass ihm Aktien gehören oder zugerechnet werden, mit der Folge, dass die Meldeschwelle erreicht, überschritten oder unterschritten wurde. Er muss ferner vortragen, dass er für eine angemessene Organisation gesorgt hat, ggf. konzernweit, damit er seiner kapitalmarktrechtlichen Meldepflicht nachkommen kann[4].

90 **6. Keine Bindungswirkung einer Entscheidung der BaFin.** Auskünfte der BaFin über das Bestehen oder Nichtbestehen einer Meldepflicht oder über die Auslegung einer Norm sind weder kapitalmarktrechtlich noch gesellschaftsrechtlich bindend. Vertritt die BaFin die Ansicht, es bestehe keine Meldepflicht, so hat dies insbesondere **keine Bindungswirkung für die ordentlichen Gerichte**, die festzustellen haben, ob ein Rechtsverlust eingetreten ist. Zu prüfen ist jedoch, ob eine vorsätzliche Pflichtverletzung vorliegt.

91 **V. Kein Verlust für Rechtsnachfolger.** Mit dem Rechtsverlust ist nur der pflichtvergessene meldepflichtige Aktionär belastet (s. auch Rz. 41 ff.). Veräußert der Mitteilungspflichtige die Aktien, so kann der Erwerber die Rechte aus den Aktien geltend machen[5], freilich nur ex nunc und nicht rückwirkend. Nach dem Sinn und Zweck des § 44 WpHG besteht der Rechtsverlust aber fort, wenn der pflichtvergessene Aktionär die Aktien zurückerwirbt. **Der Hin- und Hererwerb heilt nicht**[6].

92 **VI. Kein Erwerbsverbot bei Erreichen einer Meldeschwelle.** Das Wertpapierhandelsgesetz kennt anders als manche ausländischen Rechte kein ausdrückliches Erwerbs- oder Veräußerungsverbot beim Erreichen, bei Überschreiten oder beim Unterschreiten einer Meldeschwelle bis zum Zeitpunkt der Veröffentlichung oder bei Verletzung der Offenlegungspflicht[7].

93 **VII. Organpflichten bei börsennotierten Gesellschaften. 1. Verhinderung der Teilnahme an Hauptversammlungen.** Vorstand und Aufsichtsrat sind verpflichtet, dafür zu sorgen, dass an der Beschlussfassung der Hauptversammlung nur „Aktionäre" teilnehmen. Aktionäre müssen sich zu diesem Zweck legitimieren[8]. Ruht bei einem der Aktionäre das Teilnahmerecht, so ist er von der Hauptversammlung fernzuhalten. Er ist nicht in das Teilnehmerverzeichnis aufzunehmen[9]

94 **2. Verhinderung der Mitwirkung an der Beschlussfassung.** Vorstand und Aufsichtsrat haben vor allem aber dafür zu sorgen, dass an der Beschlussfassung der Hauptversammlung **keine Aktionäre mitwirken, deren Mitverwaltungsrechte nach § 44 WpHG ruhen**. Bei Namensaktien begründet die Eintragung im Aktienregister zwar eine unwiderlegbare Vermutung der Aktionärseigenschaft. Die Vermutung erstreckt sich aber nur darauf, dass der Eingetragene Aktionär ist, nicht aber darauf, dass die Rechte aus den Aktien bestehen und kein kapitalmarktrechtlicher Rechtsverlust eingetreten ist. Um den Verlust der Stimmrechte festzustellen, haben Vorstand und Aufsichtsrat bei Bestehen berechtigter Zweifel entsprechende Ermittlungen anzustellen[10]. Der Gesellschaft

---

1 *Riegger/Wasmann* in FS Hüffer, 2010, S. 823, 825; vgl. *Joussen*, AG 1998, 329, 332; a.A. *Scholz*, AG 2009, 313, 320; *Fleischer*, DB 2009, 1335, 1341 (Formalqualifikation genügt).
2 BGH v. 5.4.2016 – II ZR 268/14, AG 2016, 786, 789 für § 20 Abs. 7 AktG.
3 *Schockenhoff/Schumann*, ZGR 2005, 598; *Bayer* in MünchKomm. AktG, 4. Aufl. 2016, § 22 AktG Anh. § 28 WpHG Rz. 14; *Petersen* in Spindler/Stilz, § 22 Anh. Rz. 114; *Schürnbrand* in Emmerich/Habersack, Aktien- und GmbH-Konzernrecht, § 28 WpHG Rz. 10.
4 Krit. hinsichtlich einer Nachforschungspflicht im Konzern zu § 59 WpÜG: *Kremer/Oesterhaus* in KölnKomm. WpÜG, § 59 WpÜG Rz. 79; krit. auch *Windbichler* in Großkomm. AktG, 5. Aufl. 2017, § 20 AktG Rz. 51.
5 BGH v. 16.3.2003 – II ZR 302/06, ZIP 2009, 908, 913 = AG 2009, 441; OLG Stuttgart v. 10.11.2004 – 20 U 16/03, AG 2005, 127; *Widder*, NZG 2004, 275; für § 20 Abs. 5 AktG: LG Hamburg v. 8.6.1995 – 405 O 203/94, AG 1996, 233 = WM 1996, 168; *Kremer/Oesterhaus* in KölnKomm. WpHG, § 28 WpHG Rz. 84; *Becker* in Just/Voß/Ritz/Becker, § 28 WpHG Rz. 18; *Heinrich* in Heidel, § 28 WpHG Rz. 15.
6 Ebenso *Bayer* in MünchKomm. AktG, 4. Aufl. 2016, § 22 AktG Anh. § 28 WpHG Rz. 62.
7 Ebenso für § 59 WpÜG: *Kremer/Oesterhaus* in KölnKomm. WpÜG, § 59 WpÜG Rz. 84.
8 *Hüffer/Koch*, § 123 AktG Rz. 3; *Reichert* in Semler/Volhard/Reichert, HV-Handbuch, 3. Aufl. 2011, § 6 Rz. 75.
9 *Paudtke/Glauer*, NZG 2016, 125.
10 OLG Stuttgart v. 15.10.2008 – 20 U 19/07, AG 2009, 124 = ZIP 2008, 2315.

gegenüber ist der Aktionär zu umfassender Auskunft verpflichtet, damit festgestellt werden kann, ob das Stimmrecht ruht (s. § 34 WpHG Rz. 61).

3. Keine Auszahlung der Dividende. Der Vorstand darf darüber hinaus **keine Dividende an Aktionäre auszahlen, deren Dividendenrecht nicht besteht.** Hat die Gesellschaft Namensaktien, so gilt im Verhältnis zur Gesellschaft als Aktionär nur, wer als solcher im Aktienregister eingetragen ist (§ 67 Abs. 2 AktG). Diese unwiderlegliche Vermutung besteht jedoch nur hinsichtlich der Aktionärseigenschaft. Sie entbindet den Vorstand aber nicht davon nachzuprüfen, ob das Dividendenbezugsrecht des Aktionärs auch im konkreten Fall besteht[1]. 95

VIII. Erreichen, Überschreiten oder Unterschreiten einer Meldeschwelle als Insiderinformation. Art. 8 VO Nr. 596/2014 (MAR) verbietet dem Insider die Verwendung von Insiderinformationen. Ob auch der von dem Anleger gefasste Entschluss zum Erwerb oder zur Veräußerung von Insiderpapieren eine Insiderinformation darstellt, mag man mit Recht bezweifeln; denn es liegt eine selbstgeschaffene Information vor. Zumindest liegt keine verbotene Verwendung vor[2]. 96

Hiervon ist jedoch das Erreichen, Über- oder Unterschreiten einer Meldeschwelle zu unterscheiden. Das Erreichen, Über- oder Unterschreiten einer Meldeschwelle ist in der Regel eine **Insiderinformation**[3]. Das gilt insbesondere bei Überschreiten der Meldeschwelle von 10 und 25 %. Der Meldepflichtige unterliegt damit dem Verbot nach Art. 14 VO Nr. 596/2014 (MAR)[4]. Ihm ist es demzufolge bei Erreichen, Über- oder Unterschreiten einer Meldeschwelle verboten, unter Verwendung dieser Insiderinformation Aktien der betreffenden Gesellschaft für eigene oder fremde Rechnung oder für einen anderen zu erwerben oder zu veräußern. 97

IX. Sonstige Rechtsfolgen der Nichterfüllung der Mitteilungspflicht. 1. Keine Eintragung im Handelsregister. Hat an einem Beschluss der Hauptversammlung ein Aktionär mitgewirkt, dessen Stimmrechte nicht bestehen, so ist der Beschluss u.U. anfechtbar[5]. Besondere Bedeutung gewinnt dies, wenn ein Beschluss der Hauptversammlung, wie etwa eine Satzungsänderung (§ 181 Abs. 3 AktG) oder der Beschluss eines Unternehmensvertrags (§ 294 Abs. 2 AktG) zu seinem Wirksamwerden der Eintragung in das Handelsregister bedarf[6]. 98

2. Bußgeld. Wird die Pflicht zur Stimmrechtsmitteilung vorsätzlich oder leichtfertig verletzt, sieht § 120 Abs. 2 Nr. 2 lit. d WpHG i.d.F. durch das 2. FiMaNoG[7], vormals § 39 Abs. 4 WpHG für ein Bußgeld mehrere alternative Höchstbeträge vor. Angedroht sind für **natürliche Personen** ein Höchstbetrag i.H.v. 2 Mio. Euro oder das Zweifache des aus dem Verstoß gezogenen wirtschaftlichen Vorteils. Bei **juristischen Personen** ist der im Einzelfall höchste Bußgeldrahmen 10 Mio. Euro oder 5 % des Gesamtbetrages, den die juristische Person oder Personenvereinigung in der Behördenentscheidung vorausgegangenen Geschäftsjahres erzielt hat oder das Zweifache des aus dem Verstoß gezogenen wirtschaftlichen Vorteils[8]. Der Bußgeldrahmen für natürliche Personen beträgt nach §§ 39 Abs. 4 Satz 1, 39 Abs. 2 Nr. 2 lit. f und g WpHG 2 Mio. Euro[9]. 99

Wird keine Geldbuße festgesetzt, so ist nach § 29a OWiG auch die Anordnung des **Verfalls des Vermögensvorteils** zulässig[10]. Der Vermögensvorteil sind die pflichtwidrig erworbenen Aktien. 100

3. § 823 Abs. 2 BGB. Die §§ 33 ff. WpHG dienen der Funktionsfähigkeit der Wertpapiermärkte[11]. Darin erschöpft sich der Schutzbereich der §§ 33 ff. WpHG jedoch nicht. Vielmehr dienen nach herrschender Meinung die §§ 33 ff. WpHG ebenso wie die §§ 20 ff. AktG **auch dem Schutz der Gesellschaft und dem individuellen Anlegerschutz**[12]. Für § 20 AktG ist es allgemein anerkannt, dass diese Vorschrift ein Schutzgesetz i.S.d. § 823 101

---

1 *Windbichler* in Großkomm. AktG, 4. Aufl. 1999, § 20 AktG Rz. 92; *Kremer/Oesterhaus* in KölnKomm. WpÜG, § 59 WpÜG Rz. 87.
2 *Assmann*, AG 1994, 237, 246; *Hopt* in FS Beusch, 1993, S. 393, 405; *Becker*, Das neue Wertpapierhandelsgesetz, 1995, S. 51; *Cahn*, ZHR 162 (1998), 1, 18.
3 *Caspari*, ZGR 1994, 530, 542; *Witt*, Übernahmen von Aktiengesellschaften und Transparenz der Beteiligungsverhältnisse, 1998, S. 273; zweifelnd *Zimmermann* in Fuchs, § 28 WpHG Rz. 51.
4 A.A. *Opitz* in Schäfer/Hamann, § 28 WpHG Rz. 59.
5 Für § 20 AktG: LG Hannover v. 29.5.1992 – 23 O 64, 77/91, AG 1993, 188, 198; *Semler* in MünchHdb. AG, § 41 Rz. 28; s. aber auch für die GmbH: OLG München v. 7.4.1995 – 23 U 6733/94, AG 1995, 383 = DB 1995, 1022.
6 Die Einzelheiten zur Frage, ob ein Registerrichter eintragen darf, wenn ein Beschluss anfechtbar ist, sind streitig. S. dazu anstelle anderer: *Hüffer/Koch*, § 181 AktG Rz. 14; *Holzborn* in Spindler/Stilz, § 181 AktG Rz. 25-27.
7 BGBl. I 2017, 1693.
8 Einzelheiten in BaFin, WpHG – Bußgeldleitlinien II, Februar 2017.
9 Zur Bedeutung der Bußgeldpraxis: *Rodde/Kornett*, BaFin-Journal Nov. 2017, 29: Die höchste in der Praxis verhängte Gesamtgeldbuße wegen Verletzung der Meldepflichten nach §§ 21 f. WpHG a.F. betrug 1,2 Mio. Euro.
10 S. aber auch BGH v. 11.5.2006 – 3 StR 41/06, HRRS 2006 Nr. 516: keine Verfallsansprüche, wenn deliktische Ansprüche bestehen.
11 Vgl. Begr. RegE zu § 15 WpHG, BT-Drucks. 12/6679, 48 und zu § 21 Abs. 1 WpHG, BT-Drucks. 12/6679, 52.
12 A.A. *Windbichler* in Großkomm. AktG, 5. Aufl. 2017, § 20 Akt Rz. 89; *Schürnbrand* in Aktien- und GmbH Konzernrecht, Vor § 21 WpHG Rz. 16; *Veil* in K. Schmidt/Lutter, Anh. § 22 AktG, § 28 WpHG Rz. 28; *Opitz* in Schäfer/Hamann, § 21 WpHG Rz. 42; *Schwark* in Schwark/Zimmer, § 28 WpHG Rz. 14; *Zimmermann* in Fuchs, § 21 WpHG Rz. 22, § 28 WpHG Rz. 54; *Petersen* in Spindler/Stilz, § 22 AktG Anh. Rz. 16; *Riegger/Wasmann* in FS Hüffer, 2010, S. 823, 842; wie hier aber: *Bayer* in MünchKomm. AktG, 4. Aufl. 2016, § 22 AktG Anh. § 21 WpHG Rz. 2; *Hein-*

Abs. 2 BGB darstellt[1]. Die Parallelität beider Vorschriften war auch dem Gesetzgeber bewusst und wurde durch das Dritte Finanzmarktförderungsgesetz erneut bestätigt. Hätte er Schadensersatzansprüche wegen Verletzung der §§ 21 ff. WpHG a.F. (jetzt §§ 33 ff. WpHG) ausschließen wollen, hätte er daher eine entsprechende Regelung in die §§ 21 ff. WpHG a.F. aufnehmen müssen. Dies ist aber nicht geschehen. „*Aus dem Gesamtzusammenhang des Normgefüges*" ergibt sich vielmehr, „*dass die Schaffung eines ... Schadensersatzanspruches tatsächlich vom Gesetz erstrebt wird*"[2]. In Anbetracht der Bedeutung der §§ 21 ff. WpHG a.F. (jetzt §§ 33 ff. WpHG) kann nämlich nicht angenommen werden, dass der Gesetzgeber den von diesen Vorschriften in erster Linie geschützten Anleger (s. Vor §§ 33 ff. WpHG Rz. 27) ohnmächtig der „Entscheidung" des Meldepflichtigen preisgeben wollte. Auch ist im Blick auf § 33 Abs. 1 WpHG „*das geschützte Interesse, die Art seiner Verletzung und der Kreis der geschützten Personen hinreichend klargestellt und bestimmt*"[3]; denn es ist in einem konkreten Fall leicht festzustellen, von wann an die unterlassene Mitteilung zu einem – allgemeinen – Schaden der Anleger geführt hat[4]. Schließlich ist die Mitteilungspflicht inhaltlich ausreichend bestimmt. §§ 33, 38 und 39 WpHG sind daher als Schutzgesetz i.S.d. § 823 Abs. 2 BGB anzusehen.

102 Kommt somit der Meldepflichtige § 33 Abs. 1 WpHG schuldhaft nicht, nicht richtig oder nicht rechtzeitig nach und entstehen der Gesellschaft, ihren gegenwärtigen oder zukünftigen Aktionären dadurch Schäden, so können sie diese von dem Meldepflichtigen ersetzt verlangen. Dabei ist das **Kausalitätserfordernis** schon dann erfüllt, wenn die Befolgung der Mitteilungspflicht eine größere Sicherheit gegen den Eintritt des Schadens geboten hätte[5]. Dies dürfte stets der Fall sein[6]. Als **Schaden** kommen ferner entgangene Gewinne in Betracht (§ 252 BGB). Erforderlich ist allerdings ein substantiierter Vortrag, insbesondere wenn hypothetische Aktien(ver)käufe behauptet werden[7]. Hieran wird vielfach ein Anspruch scheitern.

103 Hinsichtlich der **Schadenshöhe** besteht die Schwierigkeit, dass das hypothetische und das tatsächliche Verhalten des Anspruchstellers nicht mit der tatsächlichen, sondern der hypothetischen Kursentwicklung bei Erfüllung der Mitteilungspflicht gegenüberzustellen sind. Die hypothetische Kursentwicklung kann aber nur aus der tatsächlichen Kursentwicklung bei ähnlichen Vorgängen in der Vergangenheit geschlossen werden, wobei jeweils auch die generelle Marktlage zu berücksichtigen ist. Dies macht eine gerichtliche Schadenschätzung (§ 287 ZPO) erforderlich. Nicht zuletzt deswegen ist die Geltendmachung eines solchen Schadensersatzanspruches, solange nicht auf eine umfangreiche Kasuistik zurückgegriffen werden kann, mit einem nicht unerheblichen Prozessrisiko behaftet[8]. Eine Haftung aufgrund einer Haftung nach § 826 BGB scheitert in der Regel daran, dass die Verletzung von Meldepflichten nicht moralisch unwertig ist und gegen das Anstandsgefühl alle billig und gerecht denkenden verstößt[9].

104 **4. Treupflichtverletzung.** Offenlegungspflichten können auch aus der gesellschaftsrechtlichen Treupflicht gegenüber der Gesellschaft und den Mitaktionären abgeleitet werden[10]. Umgekehrt kann auch die Verletzung von gesetzlich normierten Offenlegungsvorschriften eine Treupflichtverletzung darstellen, nämlich dann, wenn hierdurch zu Lasten der Gesellschaft oder von Mitaktionären Sondervorteile erstrebt werden, vgl. § 243 Abs. 2 AktG[11]. Rechtsfolge kann auch hier ein Schadensersatzanspruch sein.

105 Der Schaden der Gesellschaft und der Mitaktionäre besteht beim heimlichen Aufbauen in der Störung der gesellschaftlichen Struktur. Der Schadensersatzanspruch dürfte daher auch in erster Linie auf die Wiederherstellung des ursprünglichen Zustandes (§ 249 BGB) gehen; und dies begründet die Pflicht des Anschleichers zur Veräußerung des den Schwellenwert übersteigenden Anteils.

106 **5. Kein flip-in.** In zahlreichen Einzelstaaten der USA ist in anti-takeover-Gesetzen vorgesehen oder kann in der Satzung vorgesehen werden, dass die anderen Aktionäre von dem pflichtvergessenen Aktionär die Aktien

---

rich in Heidel, § 21 WpHG Rz. 2; *Merkt*, Unternehmenspublizität, 2001, S. 285; *Starke*, Beteiligungstransparenz im Gesellschafts- und Kapitalmarktrecht, 2002, S. 261; *Buck-Heeb*, Kapitalmarktrecht, S. 212 f.; *Kremer/Oesterhaus* in KölnKomm. WpHG, § 28 WpHG Rz. 86; *Paudtke/Glauer*, NZG 2016, 125; s. auch BGH v. 19.2.2008 – XI ZR 170/07, AG 2008, 548 = WM 2008, 825: § 32 Abs. 2 Nr. 1 WpHG ist kein Schutzgesetz i.S.v. § 823 Abs. 2 BGB.

1 *Koppensteiner* in KölnKomm. AktG, 3. Aufl. 2004, § 20 AktG Rz. 90; *Bayer* in MünchKomm. AktG, 4. Aufl. 2016, § 20 AktG Rz. 85; *Veil* in K. Schmidt/Lutter, § 21 AktG Rz. 45, 47; *Emmerich/Habersack*, Konzernrecht, 9. Aufl. 2008, § 6 Rz. 36 ff.; *Heinsius* in FS R. Fischer, 1979, S. 215, 235; *Burgard*, Die Offenlegung von Beteiligungen, Abhängigkeits- und Konzernlagen bei der Aktiengesellschaft, 1990, S. 54; a.A. *Windbichler* in Großkomm. AktG, 4. Aufl. 1999, § 20 AktG Rz. 88.
2 Vgl. BGH v. 13.4.1994 – II ZR 16/93, WM 1994, 896, 898.
3 BGH v. 27.11.1963 – V ZR 201/61, BGHZ 40, 306, 307.
4 Vgl. BGH v. 13.4.1994 – II ZR 16/93, WM 1994, 896, 898.
5 BGH v. 5.5.1964 – VI ZR 72/63, LM zu § 823 (Ef) BGB, Nr. 11b.
6 Vgl. Begr. RegE zu § 25 Abs. 4 (letzter Halbsatz) WpHG, BT-Drucks. 12/6679, 55.
7 Vgl. BGH v. 29.10.1982 – II ZR 80/82, AG 1983, 156 = NJW 1983, 758; OLG Köln v. 25.7.1989 – 9 U 249/88, WM 1989, 1529.
8 Zustimmend: *Holzborn/Foelsch*, NJW 2003, 939.
9 Zur Sittenwidrigkeit: BGH v. 28.6.2016 – VI ZR 536/15, DB 2016, 2405.
10 So insbesondere: *Burgard*, AG 1992, 41, 47 ff. m.w.N.
11 Vgl. *Lutter*, ZHR 153 (1989), 446, 457.

zum ermäßigten Preis erwerben können oder dass weiter gehende Bezugsrechte eingeräumt werden[1]. Solche Regelungen etwa derart, dass die Mitaktionäre weiter gehende begünstigte Bezugsrechte erhalten oder Erwerbsrechte gegenüber dem pflichtvergessenen meldepflichtigen Aktionär, sind nach deutschem Recht nicht vorgesehen. Es fehlt auch eine Vorschrift, die ausdrücklich vorsieht, dass der pflichtvergessene Meldepflichtige gehalten ist, die Aktien wieder dem Markt zuzuführen. Es wäre wenig überzeugend, dass er die „Beute" seiner Pflichtverletzung behalten kann (s. aber auch § 29a OWiG).

X. Aufgaben und Befugnisse der Bundesanstalt. Nach § 6 Abs. 2 WpHG überwacht die BaFin die Einhaltung der Gebote und Verbote des WpHG. Sie hat zu diesem Zweck eine Reihe von Befugnissen. Sie kann insbesondere nach § 6 Abs. 3 WpHG von **jedermann** Auskunft sowie die Vorlage von Unterlagen oder von sonstigen Daten und die Überlassung von Kopien verlangen sowie Personen laden und vernehmen. In Betracht kommt dies bei unterlassenen oder fehlerhaften Meldungen nach den §§ 33 ff. WpHG. 107

§ 45 Richtlinien der Bundesanstalt

Die Bundesanstalt kann Richtlinien aufstellen, nach denen sie für den Regelfall beurteilt, ob die Voraussetzungen für einen mitteilungspflichtigen Vorgang oder eine Befreiung von den Mitteilungspflichten nach § 33 Absatz 1 gegeben sind. Die Richtlinien sind im Bundesanzeiger zu veröffentlichen.

In der Fassung des 2. FiMaNoG vom 23.6.2017 (BGBl. I 2017, 1693).

I. Vorbemerkungen . . . . 1 | II. Aufstellung von Richtlinien 2

I. Vorbemerkungen. § 45 WpHG entspricht § 29 WpHG a.F. § 29 WpHG a.F. wurde durch das Anlegerschutzverbesserungsgesetz geändert. Weggefallen sind die früheren Abs. 1 und 3. § 29 Abs. 1 WpHG a.F. enthielt Befugnisse der Bundesanstalt im Verhältnis zu der börsennotierten Gesellschaft, deren Aktionäre usw. Diese Befugnis ist jetzt in der Generalbefugnisform des § 6 Abs. 3 WpHG enthalten. § 29 Abs. 3 WpHG a.F. sah vor, dass die Bundesanstalt die Veröffentlichungen nach § 25 Abs. 1 und Abs. 2 WpHG a.F. auf Kosten der börsennotierten Gesellschaft vornehmen konnte. Diese Regelung ist jetzt in § 6 Abs. 14 WpHG enthalten. § 29 Abs. 3 WpHG a.F. konnte daher gleichfalls entfallen. 1

II. Aufstellung von Richtlinien. Nach § 45 WpHG kann die **Bundesanstalt (BaFin)** Richtlinien aufstellen, nach denen sie für den Regelfall beurteilt, ob die Voraussetzungen für einen mitteilungspflichtigen Vorgang oder eine Befreiung von den Mitteilungspflichten nach § 33 Abs. 1 WpHG gegeben sind. Diese Richtlinien sind unter www.bafin.de (teilweise) abrufbar. Welche Rechtsnatur und damit welche Bindungswirkungen diese „Richtlinien" entfalten, ist zweifelhaft („vom Nebel umhüllt"[2]): 2

– Teilweise werden **„normersetzende Richtlinien"** für möglich gehalten. Dagegen bestehen indessen schwere Bedenken. 3

– Sollten demgegenüber diese „Richtlinien" nur zu einer **behördeninternen Bindung** führen, so wäre eine Veröffentlichung im Bundesanzeiger nicht erforderlich. 4

– Die Veröffentlichung spricht vielmehr dafür, dass Richtlinien eine **verbindliche Auskunft** gegenüber der Allgemeinheit enthalten. Die Richtlinien sind **normkonkretisierend** und **norminterpretierend**. 5

Es handelt sich nach traditioneller Vorstellung nicht um eigenständige Rechtssätze. Sichergestellt werden soll ein einheitlicher Gesetzesvollzug[3]. Der Meldepflichtige soll über eine gegenwärtige und künftige Verwaltungspraxis unterrichtet werden. Konkretisiert werden unbestimmte Rechtsbegriffe. Die Behörde kann bestimmen, wie sie den ihr zukommenden Beurteilungs- und Ermessensspielraum bei der Überwachung ausgestaltet, und die Bundesanstalt (BaFin) kann ausführen, an welches Verfahren sie sich halten wird. 6

Mit der Aufstellung von Richtlinien hat sich die BaFin bisher zurückgehalten. Die BaFin hat aber auf ihrer Homepage eine Vielzahl unterschiedlicher Informationen veröffentlicht, die über die Verwaltungspraxis informieren. Dazu gehören etwa Auslegungsentscheidungen. Exemplarisch ist das Hinweisschreiben zu den Mitteilungs- und Veröffentlichungspflichten gem. §§ 21 ff. WpHG vom Februar 2008. 7

---

1 Zur flip-in provision: *Bryan*, Corporate Anti-Takeover Defenses: The Poison Pill Device, 2002, S. 8: „A provision in an poison pill defense that, in the event of selfdealing by a principal shareholder, a merger in which the issuer of the poison pill survives, or the sale of a substantial portion of the issuer's assets or earning power, entitles the poison pill holder of the poison pills to purchase the issuer's equity securities at a substantial discount."
2 *Rupp*, JZ 1991, 1034.
3 S. dazu *Ehlers* in Ehlers/Pünder, AllgVerwR, 15. Aufl. 2016, § 1 Rz. 68–75 und § 6 Rz. 28.

§ 46 Befreiungen; Verordnungsermächtigung

(1) Die Bundesanstalt kann Inlandsemittenten mit Sitz in einem Drittstaat von den Pflichten nach § 40 Absatz 1 und § 41 freistellen, soweit diese Emittenten gleichwertigen Regeln eines Drittstaates unterliegen oder sich solchen Regeln unterwerfen. Die Bundesanstalt unterrichtet die Europäische Wertpapier- und Marktaufsichtsbehörde über die erteilte Freistellung. Satz 1 gilt nicht für Pflichten dieser Emittenten nach § 40 Absatz 1 und § 41 auf Grund von Mitteilungen nach § 39.

(2) Emittenten, denen die Bundesanstalt eine Befreiung nach Absatz 1 erteilt hat, müssen Informationen über Umstände, die denen des § 33 Absatz 1 Satz 1 und Absatz 2, § 38 Absatz 1 Satz 1, § 40 Absatz 1 Satz 1 und 2 sowie § 41 entsprechen und die nach den gleichwertigen Regeln eines Drittstaates der Öffentlichkeit zur Verfügung zu stellen sind, in der in § 40 Absatz 1 Satz 1, auch in Verbindung mit einer Rechtsverordnung nach Absatz 3, geregelten Weise veröffentlichen und gleichzeitig der Bundesanstalt mitteilen. Die Informationen sind außerdem unverzüglich, jedoch nicht vor ihrer Veröffentlichung dem Unternehmensregister im Sinne des § 8b des Handelsgesetzbuchs zur Speicherung zu übermitteln.

(3) Das Bundesministerium der Finanzen wird ermächtigt, durch Rechtsverordnung, die nicht der Zustimmung des Bundesrates bedarf, nähere Bestimmungen über die Gleichwertigkeit von Regeln eines Drittstaates und die Freistellung von Emittenten nach Absatz 1 zu erlassen.

In der Fassung des 2. FiMaNoG vom 23.6.2017 (BGBl. I 2017, 1693).

I. Entstehungsgeschichte	1	III. Voraussetzungen	6
II. Regelungsgegenstand und Regelungszweck	2	IV. Rechtsfolgen	11

1 **I. Entstehungsgeschichte.** § 46 WpHG entspricht § 29a WpHG a.F. § 46 WpHG setzt Art. 23 Abs. 1 RL 2004/109/EG (Transparenzrichtlinie II[1]) um. Die Vorschrift wurde durch das Transparenzrichtlinie-Umsetzungsgesetz[2] in das WpHG eingefügt und durch das Gesetz zur Umsetzung der Transparenzrichtlinie-Änderungsrichtlinie 2015 geändert. Umgesetzt wird damit Art. 23 RL 2013/50/EU (Transparenz-Richtlinie III).

2 **II. Regelungsgegenstand und Regelungszweck.** § 46 WpHG eröffnet der Bundesanstalt die Möglichkeit, für **Emittenten aus Drittstaaten** Befreiungen von den in § 40 Abs. 1 und § 41 WpHG normierten Mitteilungs-, Veröffentlichungs- und Übermittlungspflichten der Stimmrechtsanteile zu gewähren. Zugleich werden aber für den Fall der Befreiung alternative Veröffentlichungspflichten zur Gewährleistung der Transparenz der Beteiligungsverhältnisse normiert.

3 § 46 Abs. 1 WpHG eröffnet der Bundesanstalt die Möglichkeit, **Inlandsemittenten mit Sitz in einem Drittstaat** von den in §§ 40 Abs. 1 und 41 WpHG geregelten Pflichten zu befreien, soweit diese Emittenten gleichwertigen Regeln eines Drittstaates unterliegen oder sich solchen Regeln unterwerfen[3]. Geregelt werden zugleich die Voraussetzungen für die Befreiung. Sinn und Zweck dieser Regelung ist es, für ausländische Emittenten eine **Doppelbelastung** bei den oben genannten Pflichten durch zwei gleichwertige Regelungswerke zu vermeiden[4]. Von der Befreiungsmöglichkeit besteht nach § 46 Abs. 1 Satz 1 WpHG jedoch eine **gesetzliche Ausnahme** für Inlandsemittenten mit Sitz in einem Drittstaat, wenn ihnen eine Mitteilung nach § 39 WpHG zugeht; denn nicht alle Drittstaaten haben Offenlegungsregeln, die mit § 39 WpHG vergleichbar sind.

4 § 46 Abs. 2 WpHG setzt Art. 23 Abs. 1 Unterabschnitt 2 RL 2004/109/EG (Transparenzrichtlinie II) um. Die Vorschrift verlangt von Emittenten, die durch die Befreiung des § 46 Abs. 1 WpHG von der Erfüllung der aus §§ 40 Abs. 1 und 41 WpHG sich ergebenden Pflichten entbunden sind, die **Unterrichtung der Öffentlichkeit** und der **Bundesanstalt** von den gemäß den Vorschriften des Drittstaates erforderlichen Informationen und deren Eintragung in das Handelsregister. Sinn und Zweck ist die Herstellung von Transparenz der Beteiligungsverhältnisse auch in der Öffentlichkeit der EU und des übrigen Europäischen Wirtschaftsraums. So wird hier eine Schlechterstellung im Informationsumfang gegenüber dem entsprechenden Drittstaat vermieden.

Durch die Auferlegung der Mitteilungs-, Veröffentlichungs- und Übermittlungspflichten des § 46 Abs. 2 WpHG wird jedoch der mit § 46 Abs. 1 WpHG bezweckte Effekt der Vermeidung einer Doppelbelastung vermindert.

---

1 RL 2004/109/EG vom 15.12.2004 zur Harmonisierung der Transparenzanforderungen in Bezug auf Informationen über Emittenten, deren Wertpapiere zum Handel auf einem geregelten Markt zugelassen sind, und zur Änderung der Richtlinie 2001/34/EG, ABl. EU Nr. L 390 v. 31.12.2004, S. 38.
2 Gesetz zur Umsetzung der Richtlinie 2004/109/EG des Europäischen Parlaments und des Rates vom 15.12.2004 zur Harmonisierung der Transparenzanforderungen in Bezug auf Informationen über Emittenten, deren Wertpapiere zum Handel auf einem geregelten Markt zugelassen sind, und zur Änderung der Richtlinie 2001/34/EG (Transparenzrichtlinie-Umsetzungsgesetz) vom 5.1.2007 (BGBl. I 2007, 10).
3 Begr. RegE, BT-Drucks. 16/2498, 39.
4 Begr. RegE, BT-Drucks. 16/2498, 39.

§ 46 Abs. 3 WpHG stellt eine Ermächtigung für das Bundesministerium der Finanzen dar, zur Umsetzung der Durchführungsrichtlinie 2007/14/EG – die ihrerseits die RL 2004/109/EG konkretisiert – eine Rechtsverordnung zu erlassen[1]. Das Bundesministerium hat daraufhin die Transparenzrichtlinie-Durchführungsverordnung erlassen[2]. Darin werden Mindestanforderungen für die Veröffentlichungspflichten der Beteiligungsverhältnisse und der Halbjahresberichte sowie Mindestanforderungen zur Gleichwertigkeit von Drittstaatenvorschriften aufgestellt[3].

III. Voraussetzungen. Der Inlandsemittent muss gleichwertigen Regeln eines Drittstaates unterliegen, in dem er seinen Sitz hat. Der Begriff des Inlandsemittenten ist in § 2 Abs. 14 WpHG definiert. Allerdings folgt aus § 46 WpHG, dass ein Emittent im Inland der Offenlegungspflicht unterliegen kann, gleichwohl aber der Veröffentlichungspflicht im Aufnahmemitgliedstaat[4]. Der Begriff des Drittstaates ist in § 2 Abs. 12 WpHG definiert. Auf diese Legaldefinitionen wird verwiesen. Zur Konkretisierung, ob die Voraussetzungen des **unbestimmten Rechtsbegriffs der „Gleichwertigkeit"** vorliegen, sind die §§ 5 ff. Transparenzrichtlinie-Durchführungsverordnung vom 13.3.2008 (BGBl. I 2008, 408) heranzuziehen.

§ 46 Abs. 1 Satz 1 Alt. 2 WpHG: Der Inlandsemittent muss sich den gleichwertigen Regeln eines Drittstaates unterworfen haben. Bei diesem muss es sich – in Abgrenzung zur ersten Alternative – um einen anderen als den handeln, in dem er seinen Sitz hat. **Unterwerfung** kann in diesem Zusammenhang nicht verstanden werden als eine gegebenenfalls förmliche Abgabe einer Willenserklärung, die die Bindung an das jeweilige Recht zur Folge hat. Vielmehr muss mit dem Text der authentischen Fassung der Transparenzrichtlinie[5] („complies") davon ausgegangen werden, dass es ausreicht, wenn der Inlandsemittent sich nach den Regeln des Drittstaates „richtet" und diesen „nachkommt"[6].

Nach § 46 Abs. 1 Satz 2 WpHG unterrichtet die BaFin die Europäische Wertpapier- und Marktaufsichtsbehörde über die erteilte Freistellung. § 46 Abs. 1 Satz 2 WpHG ist exemplarisch für die Vielzahl von **Mitteilungs- und Unterrichtungspflichten** der BaFin gegenüber den ESMA. Die Vorschrift ist durch das Gesetz zur Umsetzung der Richtlinie 2010/78/EU vom 24.11.2010 im Hinblick auf die Errichtung des Europäischen Finanzaufsichtssystems vom 4.12.2011 eingefügt worden.

§ 46 Abs. 1 Satz 2 WpHG enthält eine Ausnahmevorschrift. Die Möglichkeit zur Freistellung greift nicht, wenn es sich um eine Mitteilung nach § 39 WpHG handelt. Für diesen Fall bleibt es bei den Pflichten nach § 40 Abs. 1 WpHG und § 41 WpHG.

§ 46 Abs. 2 WpHG setzt die Erteilung einer Befreiung durch die Bundesanstalt nach § 46 Abs. 1 WpHG voraus. Zudem muss der Inlandsemittent in dem Drittstaat aufgrund der gleichwertigen Gesetzeslage dort zu entsprechenden Veröffentlichungen verpflichtet sein.

IV. Rechtsfolgen. § 46 Abs. 1 Satz 1 WpHG räumt der Bundesanstalt auf der Rechtsfolgenseite ein **Auswahlermessen** („kann") zur Erteilung der Befreiung ein[7]. Die Möglichkeit einer Ermessensreduktion „auf Null" bei Vorliegen der Tatbestandsvoraussetzungen ist ausgeschlossen. Die Bundesanstalt muss auch bei Vorliegen der Tatbestandsvoraussetzungen die Möglichkeit haben, von der Erteilung einer Befreiung in Ausübung fehlerfreien Ermessens absehen zu können. Denn die Vergleichbarkeit der Regeln eines Drittstaates liegt nach den §§ 5 ff. Transparenzrichtlinie-Durchführungsverordnung bereits dann vor, wenn die in der Verordnung aufgestellten bloßen Mindestanforderungen erfüllt sind. Somit muss der Bundesanstalt die Entscheidung überlassen werden, bei entsprechenden Anhaltspunkten trotz Vorliegens der Befreiungsvoraussetzungen weiter auf die Erfüllung der nationalen Mitteilungs- und Veröffentlichungspflichten zu bestehen.

Nach **§ 46 Abs. 2 WpHG** muss das befreite Unternehmen die nach den Informationen über Umstände, denen des § 33 Abs. 1 Satz 1 und Abs. 2, § 38 Abs. 1 Satz 1, § 40 Abs. 1 Satz 1 und 2 sowie § 41 WpHG entsprechen, die nach den gleichwertigen Regeln eines Drittstaates zur Verfügung zu stellen sind, veröffentlichen und gleichzeitig der BaFin zur Verfügung stellen[8]. § 5 Verordnung der Umsetzung der Richtlinie 2007/14 vom 13.3. 2008 (BGBl. I 2008, 408) bestimmt die Voraussetzungen der Gleichwertigkeit. Weiter besteht nach dem Verweis Satz 2 auf das HGB die Pflicht zur Übermittlung dieser Informationen an das Handelsregister gem. § 8b Abs. 2 Nr. 9 i.V.m. Abs. 3 Satz 1 Nr. 2 HGB.

---

1 Begr. RegE, BT-Drucks. 16/2498, 39.
2 Verordnung zur Umsetzung der Richtlinie 2007/14/EG der Kommission vom 8.3.2007 mit Durchführungsbestimmungen zu bestimmten Vorschriften der Richtlinie 2004/109/EG zur Harmonisierung der Transparenzanforderungen in Bezug auf Informationen über Emittenten, deren Wertpapiere zum Handel an einem geregelten Markt zugelassen sind (Transparenzrichtlinie-Durchführungsverordnung) vom 13.3.2008 (BGBl. I 2008, 408).
3 Begr. zur Transparenzrichtlinie-Durchführungsverordnung vom 13.3.2008, abrufbar unter: www.bundesfinanzministerium.de.
4 *Michel* in Just/Voß/Ritz/Becker, § 26 WpHG Rz. 12.
5 RL 2004/109/EG vom 15.12.2004, ABl. EU Nr. L 390 v. 31.12.2004, S. 38.
6 Einzelheiten bei *Michel* in Just/Voß/Ritz/Becker, § 29a WpHG Rz. 13 ff., 22.
7 Ebenso *Michel* in Just/Voß/Ritz/Becker, § 29a WpHG Rz. 24.
8 Begr. RegE, BT-Drucks. 16/2498, 39.

§ 47 Handelstage

(1) Für die Berechnung der Mitteilungs- und Veröffentlichungsfristen nach diesem Abschnitt gelten als Handelstage alle Kalendertage, die nicht Sonnabende, Sonntage oder zumindest in einem Land landeseinheitliche gesetzlich anerkannte Feiertage sind.

(2) Die Bundesanstalt stellt im Internet unter ihrer Adresse einen Kalender der Handelstage zur Verfügung.

In der Fassung des 2. FiMaNoG vom 23.6.2017 (BGBl. I 2017, 1693).

1 Die Regelung zur **Berechnung der Fristen** in den Regelungen der §§ 33 ff. WpHG wurde als § 30 WpHG a.F. durch das Transparenzrichtlinie-Umsetzungsgesetz (TUG) vom 5.1.2007 in das WpHG eingefügt. Seit ihrer Normierung erfuhr sie keine inhaltliche Änderung. Im Rahmen der Änderungen durch das 2. FiMaNoG und der dort vorgenommenen Neunummerierung des WpHG erhielt die Regelung die Bezeichnung als § 47 WpHG. Zweck der Regelung ist, die Fristberechnung für die Mitteilungs- und Veröffentlichungspflichten zu vereinheitlichen und den Zugang zu den maßgeblichen Informationen zu erleichtern.

2 Die Regelung nimmt nach der Gesetzesbegründung[1] den Regelungsgehalt des Art. 7 des Entwurfs der Durchführungsrichtlinie 2006/X/EG der EU-Kommission (Arbeitsdokument ESC/34/2005 Rev. 4)[2] auf. Die Regelung dient der **Fristberechnung** bei den Stimmrechtsmitteilungen und -veröffentlichungen nach Abschnitt 6 des WpHG (§§ 33 ff. WpHG). Für diese Fristberechnung findet der Kalender der Handelstage des Herkunftsstaates des Emittenten Anwendung. Da sich die Regelung der §§ 33 ff. WpHG auf die Emittenten bezieht, für die Deutschland Herkunftsstaat ist, ist nach diesen europäischen Vorgaben der deutsche Kalender für die hier maßgeblichen Mitteilungs- und Veröffentlichungsfristen anzuwenden. Entsprechend definierte der nationale Gesetzgeber die Handelstage. Damit müssen auch ausländische Mitteilungspflichtige und Drittstaatenemittenten diese Regelungen der Fristenberechnung bei der Erfüllung ihrer Mitteilungs- oder Veröffentlichungspflichten nach §§ 33 ff. WpHG berücksichtigen.

3 § 47 Abs. 1 WpHG enthält die **Legaldefinition** des Terminus „Handelstag" für den Regelungsbereich der Mitteilungs- und Veröffentlichungspflichten der bedeutenden Stimmrechtsanteile nach § 33 WpHG. Da in Deutschland die Feiertage der Landesgesetzgebung unterliegen, gibt es Unterschiede in den tatsächlichen Börsenhandelstagen. Für das WpHG sollen aber einheitliche Regelungen für die gesamte Bundesrepublik gelten. Entsprechend definiert der Gesetzgeber alle Tage als Handelstage, die nicht Sonnabend, Sonntag oder ein landeseinheitlicher gesetzlicher Feiertag sind. Mit letzterer Regelung sollen die Feiertage ausgeschlossen sein, die nur in bestimmten Gemeinden oder Kreisen gesetzliche Feiertage sind. Damit zählt z.B. das ausschließlich in Augsburg am 8. August als Feiertag begangene Friedensfest als Handelstag, da es sich hierbei nicht um einen in ganz Bayern anerkannten gesetzlichen Feiertag handelt.

4 § 47 Abs. 2 WpHG sieht die **Veröffentlichung** des Kalenders mit den legal definierten Handelstagen auf den Internetseiten der Bundesanstalt vor. Die Veröffentlichung des Kalenders hat informatorische Bedeutung[3]. Der veröffentlichte Kalender soll die fristgemäße Erfüllung der Mitteilungs- und Veröffentlichungspflichten des Abschnitts erleichtern. Insoweit schafft die Regelung einen einheitlichen und einfachen Rahmen, der auch für ausländische Mitteilungspflichtige und Drittstaatenemittenten leicht aufzufinden und nachvollziehbar ist. Ungeachtet des informatorischen Charakters des veröffentlichten Kalenders stellt sich die Frage nach den Folgen für mögliche Fehler in diesem Kalender. Unabhängig davon, dass einem Mitteilungs- oder Veröffentlichungspflichtigen, der seine Fristberechnung anhand des veröffentlichten Kalenders im Übrigen korrekt vornimmt, kein Schuldvorwurf gemacht werden kann[4], hat § 47 WpHG keinen drittschützenden Charakter[5]. So ist der Zweck der Regelung ausgerichtet auf die Vereinheitlichung der Fristberechnung für die Mitteilungs- und Veröffentlichungspflichten und die Erleichterung des Zugangs zu den maßgeblichen Informationen. Sie ist aber nicht dazu bestimmt, auch dem Interesse der Mitteilungs- und Veröffentlichungspflichtigen zu dienen und diesen die Rechtsmacht zur Durchsetzung dieser Interessen zu verleihen.

5 Der Kalender ist sowohl in deutscher als auch englischer Sprache auf der **Internetseite der Bundesanstalt** unter www.bafin.de zu finden. Er ist unter der Kategorie Unternehmen/börsennotierte Unternehmen/bedeutende Stimmrechtsanteile und dessen englischer Übersetzung eingestellt. Der Kalender zeigt die Handelstage auf und unterteilt die Nicht-Handelstage in Sonnabende, Sonntage, bundeseinheitliche Feiertage und Feiertage, die nur in einigen Bundesländern landeseinheitlich gesetzliche Feiertage sind.

---

1 Begr. RegE TUG, BT-Drucks. 16/2498, 39.
2 Der Entwurf wurde verabschiedet als Art. 7 RL 2007/14/EG der Kommission vom 8.3.2007.
3 Begr. RegE TUG, BT-Drucks. 16/2498, 39.
4 So auch *Hirte* in KölnKomm. WpHG, § 5 WpHG Rz. 10.
5 Nicht gänzlich ausschließend *Hirte* in KölnKomm. WpHG, § 5 WpHG Rz. 10.

Abschnitt 7
Notwendige Informationen für die Wahrnehmung von Rechten aus Wertpapieren

Vorbemerkungen zu §§ 48–52 WpHG

Schrifttum: *Bachmann*, Der Grundsatz der Gleichbehandlung im Kapitalmarktrecht, ZHR 170 (2006), 144; *Bachmann*, Kapitalmarktpublizität und informationelle Gleichbehandlung in FS Schwark, 2009, S. 331; *Bosse*, Wesentliche Neuregelungen ab 2007 aufgrund des Transparenzrichtlinie-Umsetzungsgesetzes für börsennotierte Unternehmen – Änderung der Veröffentlichungs-, Melde- und Rechnungslegungspflichten, DB 2007, 39; *Fleischer*, Investor Relations und informationelle Gleichbehandlung im Aktien-, Konzern- und Kapitalmarktrecht, ZGR 2009, 505; *Fleischer/Bedkowski*, Aktien- und kapitalmarktrechtliche Probleme des Pilot Fishing bei Börsengängen und Kapitalerhöhungen, BGH v. 20.8.2015 – III ZR 57/14, DB 2015, 2196; *Göres*, Kapitalmarktrechtliche Pflichten nach dem Transparenzrichtlinie-Umsetzungsgesetz (TUG), Der Konzern 2007, 15; *Groß*, Rechtsprobleme des Delisting, ZHR 165 (2001), 141; *Handelsrechtsausschuss des Deutschen Anwaltvereins*, Stellungnahme zum Regierungsentwurf eines Gesetzes zur Umsetzung der Transparenzrichtlinie (Transparenzrichtlinie-Umsetzungsgesetz – TUG), NZG 2006, 655; *Heidelbach*, Die neuen Zulassungsfolgepflichten im WpHG, insbesondere die neuen Pflichten des § 30e WpHG, in FS Schwark, 2009, S. 407; *Holzborn/Hilpert*, Wechsel in den Freiverkehr als Rückzug aus dem regulierten Markt ohne Delisting, WM 2010, 1347; *Hutter/Kaulamo*, Das Transparenzrichtlinie-Umsetzungsgesetz: Änderungen der anlassabhängigen Publizität, NJW 2007, 471; *Hutter/Kaulamo*, Transparenzrichtlinie-Umsetzungsgesetz: Änderungen der Regelpublizität und das neue Veröffentlichungsregime für Kapitalmarktinformationen, NJW 2007, 550; *Kiem*, Wertpapierinhaberorientierte Publizität, in Habersack/Mülbert/Schlitt, Handbuch der Kapitalmarktinformation, 2. Aufl. 2013, § 12; *Leuering*, Keine Anfechtung wegen Mängeln der Entsprechenserklärung, DStR 2010, 2255; *Liebscher/Scharff*, Das Gesetz über elektronische Handelsregister und Genossenschaftsregister sowie das Unternehmensregister, NJW 2006, 3745; *Mülbert/Steup*, Haftung für fehlerhafte Kapitalmarktinformation, in Habersack/Mülbert/Schlitt, Unternehmensfinanzierung am Kapitalmarkt, 4. Aufl. 2019, § 41; *Mutter*, Die Anwendung von § 30c WpHG durch Vorstand und Aufsichtsrat, AG 2007, R34; *Nießen*, Die Harmonisierung der kapitalmarktrechtlichen Transparenzregeln durch das TUG, NZG 2007, 41; *Noack*, Neue Publizitätspflichten und Publizitätsmedien für Unternehmen – eine Bestandsaufnahme nach EHUG und TUG, WM 2007, 377; *Noack*, Die Aktionärsrechte-Richtlinie, in FS Westermann, 2008, S. 1203; *Maier-Parmentier*, Die Revision der EU-Transparenzrichtlinie für börsennotierte Unternehmen, AG 2014, 15; *Reimer/Seulen/Paschos*, Haftung für fehlerhafte Sekundärmarktpublizität, in Habersack/Mülbert/Schlitt, Handbuch der Kapitalmarktinformation, 2. Aufl. 2013, § 30; *Pirner/Lebherz*, Wie nach dem Transparenzrichtlinie-Umsetzungsgesetz publiziert werden muss, AG 2007, 19; *Rieckers*, Ermächtigung des Vorstands zu Erwerb und Einziehung eigener Aktien, ZIP 2009, 700; *Rodewald/Unger*, Zusätzliche Transparenz für die europäischen Kapitalmärkte – die Umsetzung der EU-Transparenzrichtlinie in Deutschland, BB 2006, 1917; *Schäfer*, Grundzüge des neuen Börsenrechts, ZIP 1987, 953; *Seibt/Wollenschläger*, Revision des Europäischen Transparenzregimes: Regelungsinhalte der TRL 2013 und Umsetzungsbedarf, ZIP 2014, 545; *Süßmann*, Die richtlinienkonforme Auslegung der Mitteilungspflichten nach § 30b I WpHG, NZG 2015, 467; *Tielmann/Schulenburg*, Aktuelle Gestaltungsempfehlungen zur Vorbereitung der Hauptversammlung nach EHUG, BB 2007, 840; *Zietsch/Holzborn*, Zulassungsfolgepflichten börsennotierter Unternehmen – Eine Übersicht der Pflichten von Unternehmen nach deren Zulassung an einer deutschen Börse („Zulassungsfolgepflichten"), WM 2002, 2356 und 2393.

I. Entstehungsgeschichte 1	4. Änderung der Vorschriften durch das 2. FiMaNoG 7
1. Umsetzung der Transparenzrichtlinie 2004/109/EG 1	II. Regelungsgegenstand und Regelungssystematik 8
2. Gesetzesänderungen bis 2013 3	III. Regelungszweck 14
3. Umsetzung der Transparenzrichtlinie-Änderungsrichtlinie 2013/50/EU 4	IV. Rechtsnatur 15

I. Entstehungsgeschichte. 1. Umsetzung der Transparenzrichtlinie 2004/109/EG. Ursprünglich wurden die §§ 48–52 WpHG als §§ 30a–30g WpHG a.F. durch das **Transparenzrichtlinie-Umsetzungsgesetz** (TUG)[1] in das WpHG eingefügt. Zuvor waren zum Teil entsprechende Vorschriften in § 39 BörsG a.F. und den im Gegenzug aufgehobenen §§ 63, 64, 66, 67 BörsZulV enthalten. Diese knüpften allerdings noch an die Zulassung von Wertpapieren des Emittenten zur amtlichen Notierung an einer inländischen Wertpapierbörse an. Die §§ 30a ff. WpHG a.F. bzw. nunmehr die §§ 48 ff. WpHG gelten dagegen überwiegend auch für den Fall, dass Wertpapiere eines Emittenten nur an einem ausländischen organisierten Markt i.S.d. § 2 Abs. 11 WpHG zugelassen sind. Deswegen und weil nach den Umsetzungsvorgaben der Transparenzrichtlinie (Rz. 2) die BaFin die Einhaltung dieser Vorschriften zu überwachen hatte (Rz. 2), entschied sich der Gesetzgeber zur Schaffung der §§ 30a–30f WpHG a.F. unter gleichzeitiger Aufhebung der §§ 63, 64, 66, 67 BörsZulV[2].

---

1 Gesetz zur Umsetzung der Richtlinie 2004/109/EG des Europäischen Parlaments und des Rates vom 15.12.2004 zur Harmonisierung der Transparenzanforderungen in Bezug auf Informationen über Emittenten, deren Wertpapiere zum Handel auf einem geregelten Markt zugelassen sind, und zur Änderung der Richtlinie 2001/34/EG (Transparenzrichtlinie-Umsetzungsgesetz – TUG) vom 5.1.2007 (BGBl. I 2007, 10).
2 Begr. RegE, BT-Drucks. 16/2498, 39 f.

Vor § 48 | Informationen für die Wahrnehmung von Rechten aus Wertpapieren

2   Die Vorschriften des alten Abschnitts 5a dienten ganz überwiegend der **Umsetzung** der Richtlinie 2004/109/EG des europäischen Parlaments und des Rates vom 15.12.2004 zur Harmonisierung der Transparenzanforderungen in Bezug auf Informationen über Emittenten, deren Wertpapiere zum Handel auf einem geregelten Markt zugelassen sind, und zur Änderung der Richtlinie 2001/34/EG[1] (**Transparenzrichtlinie**). Mit den §§ 30a, 30b WpHG a.F. (§§ 48, 49 WpHG n.F.) werden Art. 17, 18 RL 2004/109/EG, mit § 30e WpHG a.F. (§ 50 WpHG n.F.) wird der Art. 16 RL 2004/109/EG und mit § 30f WpHG a.F. (§ 51 WpHG n.F.) wird der Art. 23 Abs. 1 RL 2004/109/EG in das nationale Recht umgesetzt. Dagegen hatte die Einführung des § 30g WpHG a.F. (§ 52 WpHG n.F.) keinen gemeinschaftsrechtlichen Hintergrund. Für die Durchsetzung der richtlinienbasierten Vorschriften muss nach Art. 24 Abs. 1 RL 2004/109/EG diejenige Behörde zuständig sein, die die zentrale Behörde i.S.d. Art. 21 Abs. 1 RL 2003/71/EG (Prospektrichtlinie) ist. Die in § 6 Abs. 1, 2 WpHG festgelegte Befugnis der BaFin zur Beaufsichtigung und Durchsetzung (auch) derjenigen Verhaltenspflichten, die den Emittenten nach den §§ 30a–30g WpHG a.F. (§§ 48–52 WpHG n.F.) obliegen, ist damit gemeinschaftsrechtlich zwingend vorgegeben.

3   **2. Gesetzesänderungen bis 2013.** Wichtige Gesetzesänderungen in der Folgezeit waren[2]:
- Die Neufassung von § 30a Abs. 2 WpHG a.F. (§ 48 Abs. 2 WpHG n.F.) durch das Gesetz zur Umsetzung der Richtlinie 2010/73/EU, da aufgrund europarechtlicher Vorgaben in Art. 18 Abs. 3 der Transparenzrichtlinie 2004/109/EG der Emittent von Schuldtiteln nun unter bestimmten Voraussetzungen jeden Mitgliedstaat der Europäischen Union als Ort der Gläubigerversammlung wählen können muss[3].
- § 30b Abs. 2 Satz 2 WpHG a.F. wurde durch das Gesetz zur Neuregelung der Rechtsverhältnisse bei Schuldverschreibungen aus Gesamtemission und zur verbesserten Durchsetzbarkeit von Ansprüchen von Anlegern aus Falschberatung vom 31.7.2009 angefügt. Damit wurde eine doppelte Veröffentlichungspflicht vermieden[4].
- Die Neufassung des § 30b Abs. 1, 2 WpHG a.F. (§ 49 Abs. 1, 2 WpHG n.F.), welche mit Einstellung des gedruckten Bundesanzeigers durch das Gesetz zur Änderung von Vorschriften über Verkündung und Bekanntmachung sowie der Zivilprozessordnung, des Gesetzes betreffend die Einführung der Zivilprozessordnung und der Abgabenordnung vom 22.12.2011, notwendig wurde[5].
- Durch das Gesetz zur Umsetzung der Richtlinie 2010/78/EU vom 24.11.2010 wurde § 30f Abs. 1 Satz 2 WpHG a.F. angefügt. Damit wurde gewährleistet, dass die BaFin die ESMA über Freistellungen unterrichtet[6].

4   **3. Umsetzung der Transparenzrichtlinie-Änderungsrichtlinie 2013/50/EU.** Die Transparenzrichtlinie (RL 2004/109/EG) wurde durch die Richtlinie 2013/50/EU, die bis zum 27.11.2015 in mitgliedstaatliches Recht umzusetzen war, umfassend geändert[7]. Dies machte einige Änderungen der §§ 30a ff. WpHG erforderlich. So wurden durch das **Gesetz zur Umsetzung der Transparenzrichtlinie-Änderungsrichtlinie** § 30c und § 30e Abs. 1 Satz 1 Nr. 1 lit. c, Nr. 2 WpHG a.F. gestrichen[8], da die zugrunde liegenden Art. 16 Abs. 3 und Art. 19 Abs. 1 Unterabs. 2 RL 2004/109/EG gestrichen wurden[9]. Die Pflicht zur Offenlegung von Aufnahme von Anleihen (§ 30e Abs. 1 Satz 1 Nr. 2 WpHG a.F.) hat ausweislich des 22. Erwägungsgrundes der Transparenzrichtlinie-Änderungsrichtlinie in der Praxis zu vielen Umsetzungsschwierigkeiten geführt und wurde zur Vermeidung unnötigen Verwaltungsaufwands für die Emittenten aufgehoben. Ebenso wurde § 30d WpHG a.F. gestrichen[10], da diese Vorschrift infolge der Umsetzung der Transparenzrichtlinie in allen Mitgliedstaaten keinen Anwendungsbereich mehr hatte[11].

5   Der § 30c WpHG a.F. lautete bis zu seiner Streichung wie folgt[12]:
Änderungen der Rechtsgrundlage des Emittenten
Der Emittent zugelassener Wertpapiere, für den die Bundesrepublik Deutschland der Herkunftsstaat ist, muss beabsichtigte Änderungen seiner Satzung oder seiner sonstigen Rechtsgrundlagen, die die Rechte der Wertpapierinhaber berühren, der Bundesanstalt und den Zulassungsstellen der inländischen oder ausländischen organisierten Märkte, an denen seine Wertpapiere zum Handel zugelassen sind, unverzüglich nach der Entscheidung, den Änderungsentwurf dem Beschlussorgan, das über die Änderung beschließen soll, vorlegen, spätestens aber zum Zeitpunkt der Einberufung des Beschlussorgans mitteilen.

---

1   ABl. EU Nr. L 390 v. 31.12.2004, S. 38. Teilweise als Transparenzrichtlinie II bezeichnet.
2   Ein ausführlicher Überblick bei: *Zimmermann* in Fuchs, Vor §§ 30a–30g WpHG Rz. 5a.
3   *Zimmermann* in Fuchs, Vor §§ 30a–30g WpHG Rz. 5a.
4   *Zimmermann* in Fuchs, Vor §§ 30a–30g WpHG Rz. 5a.
5   *Zimmermann* in Fuchs, Vor §§ 30a–30g WpHG Rz. 5a.
6   *Zimmermann* in Fuchs, Vor §§ 30a–30g WpHG Rz. 5a.
7   Dazu *Parmentier*, AG 2014, 15; *Seibt/Wollenschläger*, ZIP 2014, 545; *Zimmermann* in Fuchs, Vor §§ 30a–30g WpHG Rz. 5b.
8   BGBl. I 2015, 2029, 2034.
9   Begr. RegE, BT-Drucks. 18/5010, 49; zum Entwurf *Zimmermann* in Fuchs, Vor §§ 30a–30g WpHG Rz. 5c.
10 BGBl. I 2015, 2029, 2034.
11 Reg.-Begr. BT-Drucks. 18/5010, 49; zum Entwurf *Zimmermann* in Fuchs, Vor §§ 30a–30g WpHG Rz. 5c.
12 Näher *Mülbert* in 6. Aufl., § 30c WpHG.

§ 30d WpHG a.F. lautete bis zu seiner Streichung wie folgt[1]:
Vorschriften für Emittenten aus der Europäischen Union und dem Europäischen Wirtschaftsraum
Die Vorschriften der §§ 30a bis 30c finden auch Anwendung auf Emittenten, für die nicht die Bundesrepublik Deutschland, sondern ein anderer Mitgliedstaat der Europäischen Union oder Vertragsstaat des Abkommens über den Europäischen Wirtschaftsraum der Herkunftsstaat ist, wenn ihre Wertpapiere zum Handel an einem inländischen organisierten Markt zugelassen sind und ihr Herkunftsstaat für sie keine den §§ 30a bis 30c entsprechenden Vorschriften vorsieht.

4. Änderung der Vorschriften durch das 2. FiMaNoG. Die §§ 48–52 WpHG n.F. ersetzen nun die ehemaligen §§ 30a–30g WpHG a.F. und stellen den neuen Abschnitt 7 des WpHG dar. Die Änderung der Nummerierung erfolgte durch das Zweite Finanzmarktnovellierungsgesetz vom 23.6.2017[2]. Neben einigen redaktionellen Anpassungen haben sich in der Sache keine Änderungen an den §§ 30a ff. WpHG a.F., nunmehr §§ 48 ff. WpHG ergeben. In sämtlichen Vorschriften wurde lediglich der Begriff des Zertifikats in Hinterlegungsschein geändert.

II. Regelungsgegenstand und Regelungssystematik. Die **§§ 48–51 WpHG** statuieren für Emittenten zugelassener Wertpapiere zahlreiche **Pflichten** ganz unterschiedlichen Gehalts, die sich in **drei Gruppen** ordnen lassen: die Pflicht zur materiellen Gleichbehandlung von Wertpapierinhabern, Pflichten zu Vorkehrungen und Maßnahmen, die Aktionären und Gläubigern die Ausübung ihrer Gesellschafterrechte bzw. ihrer Gläubigerrechte erleichtern sollen, und Pflichten betreffend die Übermittlung und Veröffentlichung von Informationen, die für die Ausübung der Aktionärs- oder Gläubigerrechte von Bedeutung sind.

Um den **persönlichen Anwendungsbereich** abzustecken, verwenden die §§ 48–51 WpHG drei kumulative Kriterien: Emittent; Wertpapier; Zulassung. Dabei kombinieren die einzelnen Bestimmungen und sogar deren einzelnen Absätze diese drei Merkmale in jeweils ganz unterschiedlichen Ausprägungen:

- Emittenten: Emittenten mit inländischer Herkunft i.S.d. § 2 Abs. 13 WpHG; Inlandsemittenten i.S.d. § 2 Abs. 14 WpHG; Emittenten aus einem anderen EU/EWR-Herkunftsstaat
- Wertpapiere: Wertpapiere i.S.d. § 2 Abs. 1 WpHG; Aktien i.S.d. § 2 Abs. 1 Nr. 1 WpHG; Schuldtitel (§ 2 Abs. 1 Nr. 3 WpHG) i.S.d. § 48 Abs. 1 Nr. 6 WpHG
- Zulassung: Zulassung der Wertpapiere an einem organisierten Markt in einem EU/EWR-Mitgliedstaat i.S.d. § 2 Abs. 11 WpHG; Zulassung an einem inländischen organisierten Markt

Bei allen Unterschieden im Detail ist den §§ 48–51 WpHG gemeinsam, dass Emittentenpflichten in Bezug auf zugelassene Wertpapiere beziehungsweise gegenüber den Inhabern zugelassener Wertpapiere statuiert werden. In diesem Sinne lassen sich die §§ 48 ff. WpHG als **Zulassungsfolgepflichten** charakterisieren. Im Unterschied zu den § 39 BörsG a.F. beruhenden §§ 63, 64, 66, 67 BörsZulV ist allerdings keine Zulassung zum regulierten (ex-amtlichen) Markt an einer inländischen Wertpapierbörse i.S.d. § 32 BörsG erforderlich. Es genügt vielmehr durchweg die Zulassung an einem organisierten Markt in einem auch ausländischen EU-/EWR-Mitgliedstaat.

Die von den §§ 49–51 WpHG etablierten Übermittlungs- und Veröffentlichungspflichten sehen entsprechend den Umsetzungsvorgaben der Transparenzrichtlinie je nach Art der zu publizierenden Information **Mitteilungs-** oder/und **Veröffentlichungsmodalitäten unterschiedlicher Intensität** vor:

Hauptversammlungs- und **Finanzmitteilungen** nach § 49 WpHG erfordern eine Veröffentlichung im Bundesanzeiger. Sie betreffen im Wesentlichen die Einberufung der Hauptversammlung bzw. Gläubigerversammlung, die Dividendenausschüttung, die Ausgabe neuer Aktien sowie die Ausübung von Umtausch-, Bezugs-, Einziehungs- und Zeichnungsrechten. Nach Art. 17, 18 RL 2004/109/EG hat der Emittent die Aktionäre bzw. Inhaber von Schuldtiteln über diese Vorgänge und Maßnahmen zu informieren.

§§ 50, 51 Abs. 2 WpHG schließlich unterwerfen bestimmte Informationen, insbesondere solche betreffend die **Änderung** der **Rechte** der Wertpapierinhaber, dem **dreiaktigen Publikationsregime**, das mit dem Gesetz über elektronische Handelsregister und Genossenschaftsregister sowie das Unternehmensregister (EHUG)[3] und der Änderung der Verordnung zur Konkretisierung von Anzeige-, Mitteilungs- und Veröffentlichungspflichten nach dem Wertpapierhandelsgesetz (WpAIV)[4] durch das TUG (Rz. 1) geschaffen wurde[5]: Der Emittent muss danach die Informationen sowohl über geeignete Medien EU/EWR-weit verbreiten, als auch der BaFin als Aufsichtsbehörde die Information zuleiten und schließlich auch noch dafür Sorge tragen, dass die Information in das Unternehmensregister gelangt (§ 8b HGB). Gemeinschaftsrechtlich ist diese Regelung deswegen zwingend

---

1 Näher zum Regelungsgehalt *Mülbert* in 6. Aufl., § 30d WpHG.
2 BGBl. I 2017, 1693.
3 Gesetz vom 10.11.2006, BGBl. I 2006, 2553.
4 Verordnung zur Konkretisierung von Anzeige-, Mitteilungs- und Veröffentlichungspflichten nach dem Wertpapierhandelsgesetz (WpAV).
5 Dazu etwa *Kiem* in Habersack/Mülbert/Schlitt, Kapitalmarktinformation, § 12 Rz. 2.

vorgegeben, weil die §§ 50, 51 Abs. 2 WpHG die Vorgaben der Art. 16, 23 Abs. 1 RL 2004/109/EG betreffend bestimmte Veröffentlichungspflichten umsetzen und hierfür das Drei-Säulen-Modell der Art. 19, 21 RL 2004/109/EG gilt.

14 **III. Regelungszweck.** Der Zweck der **Transparenzrichtlinie** geht in den Worten der Regierungsbegründung zum TUG dahin, sicherzustellen, dass wichtige Unternehmensinformationen europaweit bekannt gegeben und in Datenbanken verfügbar gehalten werden. Die rechtzeitige Veröffentlichung zutreffender und vollständiger Informationen von Emittenten soll Anlegern eine hinreichende Grundlage für ihre Investitionsentscheidungen geben, das Vertrauen der Anleger in das Funktionieren des Kapitalmarktes stärken und ihre Investitionsbereitschaft am Kapitalmarkt fördern[1]. Für die Vorgaben der **Art. 16 bis 18 RL 2004/109/EG** zur laufenden Unterrichtung der Wertpapierinhaber detailliert Erwägungsgrund 22 RL 2004/109/EG die Regelungsziele wie folgt: Die Unterrichtung der Inhaber von Aktien und/oder Schuldtiteln auf Haupt- oder Gläubigerversammlungen sollte erleichtert werden. Insbesondere im Ausland ansässige Inhaber von Aktien und/oder Schuldtiteln sollten aktiver einbezogen werden und zu diesem Zweck die Möglichkeit erhalten, Stimmrechtsbevollmächtigte zu entsenden. Aus den gleichen Gründen sollte auf einer Haupt- oder Gläubigerversammlung der Inhaber von Aktien und/oder Schuldtiteln über den Einsatz moderner Informations- und Kommunikationstechnologien entschieden werden. In diesem Fall sollten Emittenten Vorkehrungen treffen, um die Inhaber ihrer Aktien und/oder Schuldtitel – soweit es möglich ist, diese zu identifizieren – entsprechend zu informieren.

15 **IV. Rechtsnatur.** Die §§ 48–51 WpHG begründen – und dies gilt richtigerweise für alle vom WpHG statuierten Verhaltenspflichten – **ausschließlich** als **öffentlich-rechtlich** einzuordnende aufsichtsrechtliche Pflichten[2]. Eine Zuordnung auch nur einzelner Verhaltensgebote (auch) zum zwingenden Privatrecht ist nicht möglich. Eine rein privatrechtliche Qualifizierung muss von vornherein ausscheiden (Rz. 16) und die These, dass Vorschriften des WpHG ein privatrechtlich/öffentlich-rechtlicher Doppelcharakter zukomme, geht für die §§ 48 ff. WpHG – und das gilt auch für sonstige Bestimmungen des WpHG – ebenfalls fehl (Rz. 17).

16 Eine **rein privatrechtliche** Qualifizierung einzelner Pflichten, etwa derjenigen zur Gleichbehandlung aus § 48 Abs. 1 Nr. 1 WpHG, verträgt sich schon **nicht** recht damit, dass diese Verpflichtung sowohl für Aktienemittenten als auch für Emittenten von Schuldtiteln und zudem bei beiden Gruppen unabhängig vom jeweils anwendbaren Recht besteht. Was Emittenten von Schuldtiteln anbelangt, greift schon § 48 Abs. 1 Nr. 1 WpHG unabhängig davon ein, welches Recht auf die Schuldtitel kraft Parteivereinbarung oder kraft Gesetzes Anwendung findet. Mit einer Einordnung als Eingriffsnorm i.S.d. Art. 9 Rom I-VO wäre zwar der international-privatrechtlich zwingende Charakter des Gleichbehandlungsgebots rechtstechnisch zu verwirklichen. Es bliebe aber der Einwand, dass das Gleichbehandlungsgebot für Aktienemittenten eine mitgliedschaftsrechtliche und für Emittenten von Schuldtiteln eine rein schuldrechtliche Verpflichtung begründen müsste. Durchschlagend gegen eine rein privatrechtliche Qualifizierung spricht sodann, dass die Einhaltung der Pflichten aus §§ 48–51 WpHG kraft zwingender gemeinschaftsrechtlicher Vorgaben (Rz. 2) von der BaFin auf der Basis einer auf § 6 Abs. 1 WpHG gestützten Anordnung mit den Mitteln des Verwaltungszwangs durchgesetzt werden können und sogar müssen. Die Durchsetzung zivilrechtlicher Verhaltenspflichten durch Verwaltungs- bzw. spezifischer, Ordnungsbehörden mit den Mitteln des Verwaltungszwangs ist eine dem öffentlichen Recht fremde Vorstellung.

17 Erkennt man den §§ 48–52 WpHG eine öffentlich-rechtliche und privatrechtliche **Doppelnatur** zu, greifen zwar die gegen eine rein privatrechtliche Qualifizierung sprechenden Bedenken (Rz. 16) nicht durch, wohl aber anderweitige **Einwände**. Als praktische Konsequenz käme es zu einer problematischen Verdoppelung des Rechtswegs je nachdem, ob die BaFin oder ein Aktionär bzw. Gläubiger gegen den Emittenten vorgeht, um diesen zur Erfüllung der in §§ 48 ff. WpHG statuierten Pflichten anzuhalten. Die das deutsche Rechts(schutz)system prägende Alternativität von privatrechtlichen und öffentlich-rechtlichen Streitigkeiten würde damit in der Sache ausgehebelt, mit ganz und gar systemwidrigen oder gar -sprengenden Konsequenzen. Insbesondere könnten gegebenenfalls ein primärer zivilrechtlicher Leistungsanspruch auf Erfüllung und ein Schadensersatzanspruch aus § 823 Abs. 2 BGB wegen Verletzung eines öffentlich-rechtlichen Schutzgesetzes parallel nebeneinanderstehen. Der erste Anspruch würde auf der zivilrechtlichen Einordnung der §§ 48 ff. WpHG beruhen, der zweite darauf, dass die §§ 48 ff. WpHG in ihrer öffentlich-rechtlichen Ausprägung als ein Schutzgesetz i.S.d. § 823 Abs. 2 BGB angesehen werden können – und wohl sogar müssten, wenn ihre zivilrechtliche Ausprägung den Aktionären bzw. Gläubigern sogar einen primären Erfüllungsanspruch gewähren soll. Nach alledem liegt in der These von der Doppelnatur ein ungeeigneter Ad-hoc-Begründungsansatz, um tatsächliche oder auch nur vermeintliche Defizite bei der Durchsetzung der im WpHG statuierten aufsichtsrechtlichen Pflichten zu korrigieren.

---

1 Begr. RegE, BT-Drucks. 16/2498, 26.
2 *Stoll* in KölnKomm. WpHG, § 30a WpHG Rz. 59, § 30e WpHG Rz. 42.

§ 48 Pflichten der Emittenten gegenüber Wertpapierinhabern

(1) Emittenten, für die die Bundesrepublik Deutschland der Herkunftsstaat ist, müssen sicherstellen, dass
1. alle Inhaber der zugelassenen Wertpapiere unter gleichen Voraussetzungen gleich behandelt werden;
2. alle Einrichtungen und Informationen, die die Inhaber der zugelassenen Wertpapiere zur Ausübung ihrer Rechte benötigen, im Inland öffentlich zur Verfügung stehen;
3. Daten zu Inhabern zugelassener Wertpapiere vor einer Kenntnisnahme durch Unbefugte geschützt sind;
4. für die gesamte Dauer der Zulassung der Wertpapiere mindestens ein Finanzinstitut als Zahlstelle im Inland bestimmt ist, bei der alle erforderlichen Maßnahmen hinsichtlich der Wertpapiere, im Falle der Vorlegung der Wertpapiere bei dieser Stelle kostenfrei, bewirkt werden können;
5. im Falle zugelassener Aktien jeder stimmberechtigten Person zusammen mit der Einladung zur Hauptversammlung oder nach deren Anberaumung auf Verlangen in Textform ein Formular für die Erteilung einer Vollmacht für die Hauptversammlung übermittelt wird;
6. im Falle zugelassener Schuldtitel im Sinne des § 2 Absatz 1 Nummer 3 mit Ausnahme von Wertpapieren, die zugleich unter § 2 Absatz 1 Nummer 2 fallen oder ein zumindest bedingtes Recht auf den Erwerb von Wertpapieren nach § 2 Absatz 1 Nummer 1 oder Nummer 2 begründen, jeder stimmberechtigten Person zusammen mit der Einladung zur Gläubigerversammlung oder nach deren Anberaumung auf Verlangen rechtzeitig in Textform ein Formular für die Erteilung einer Vollmacht für die Gläubigerversammlung übermittelt wird.

(2) Ein Emittent von zugelassenen Schuldtiteln im Sinne des Absatzes 1 Nummer 6, für den die Bundesrepublik Deutschland der Herkunftsstaat ist, kann die Gläubigerversammlung in jedem Mitgliedstaat der Europäischen Union oder in jedem anderen Vertragsstaat des Abkommens über den Europäischen Wirtschaftsraum abhalten. Das setzt voraus, dass in dem Staat alle für die Ausübung der Rechte erforderlichen Einrichtungen und Informationen für die Schuldtitelinhaber verfügbar sind und zur Gläubigerversammlung ausschließlich Inhaber von folgenden Schuldtiteln eingeladen werden:
1. Schuldtiteln mit einer Mindeststückelung von 100 000 Euro oder dem am Ausgabetag entsprechenden Gegenwert in einer anderen Währung oder
2. noch ausstehenden Schuldtiteln mit einer Mindeststückelung von 50 000 Euro oder dem am Ausgabetag entsprechenden Gegenwert in einer anderen Währung, wenn die Schuldtitel bereits vor dem 31. Dezember 2010 zum Handel an einem organisierten Markt im Inland oder in einem anderen Mitgliedstaat der Europäischen Union oder einem anderen Vertragsstaat des Abkommens über den Europäischen Wirtschaftsraum zugelassen worden sind.

(3) Für die Bestimmungen nach Absatz 1 Nr. 1 bis 5 sowie nach § 49 Absatz 3 Nummer 1 stehen die Inhaber Aktien vertretender Hinterlegungsscheine den Inhabern der vertretenen Aktien gleich.

In der Fassung des 2. FiMaNoG vom 23.6.2017 (BGBl. I 2017, 1693).

Schrifttum: S. Vor §§ 48 ff. WpHG.

I. Regelungsgegenstand und Regelungszweck . . 1	4. Datenschutz 20
II. Die Verhaltenspflichten des § 48 Abs. 1 WpHG 2	5. Inländische Zahlstelle 22
1. Persönlicher Anwendungsbereich 2	6. Vollmachtsformulare 30
2. Gleichbehandlung 5	III. Abhalten von Gläubigerversammlungen
a) Inhalt 6	(§ 48 Abs. 2 WpHG) 35
b) Gleichbehandlung von Aktionären 9	IV. Anwendung auf Aktien vertretende Hinter-
c) Gleichstellung der Inhaber von Aktien vertretenden Hinterlegungsscheinen 10	legungsscheine (§ 48 Abs. 3 WpHG) 36
d) Gleichbehandlung von Schuldtitelinhabern . 11	V. Rechtsfolgen eines Verstoßes 37
e) Gleichbehandlung von Inhabern von Investmentanteilen 13	1. Ordnungswidrigkeitenrecht 37
	2. (Sonstiges) Aufsichtsrecht 38
3. Ermöglichung der Rechtsausübung 14	3. Zivilrecht 39

I. Regelungsgegenstand und Regelungszweck. § 48 Abs. 1 WpHG (§ 30a WpHG i.d.F. bis zum 2.1.2018) begründet für Emittenten von Wertpapieren mit der Bundesrepublik Deutschland als Herkunftsstaat (Rz. 2) eine breite Palette **unterschiedlicher** Verhaltenspflichten, wobei § 48 Abs. 3 WpHG die Inhaber von Aktien vertretenden Hinterlegungsscheinen mit Aktionären gleichstellt; § 48 Abs. 2 WpHG eröffnet im Falle der Emission bestimmter Schuldtitel die Möglichkeit, eine Gläubigerversammlung auch in einem anderen EU/EWR-Mitgliedstaat abzuhalten. § 48 WpHG dient der Umsetzung der Art. 17 und 18 sowie des Art. 2 Abs. 1 lit. b Ziff. iii RL 2004/109/EG (Transparenzrichtlinie). Zum Zweck dieser Vorschriften näher Vor §§ 48 ff. WpHG Rz. 14. 1

§ 48 | Informationen für die Wahrnehmung von Rechten aus Wertpapieren

2   **II. Die Verhaltenspflichten des § 48 Abs. 1 WpHG. 1. Persönlicher Anwendungsbereich.** § 48 Abs. 1 WpHG richtet sich an **Emittenten** von Wertpapieren mit der Bundesrepublik Deutschland als Herkunftsstaat. Adressaten sind damit alle Emittenten i.S.d. § 2 Abs. 13 WpHG. Für diesen Emittentenstatus genügt es, dass die begebenen Wertpapiere an einem organisierten Markt (§ 2 Abs. 11 WpHG) in einem EU/EWR-Mitgliedstaat zugelassen sind; eine Zulassung zum regulierten Markt an einer inländischen Börse i.S.d. § 32 BörsG ist entbehrlich. Die Regelung findet auch in der Insolvenz des Emittenten Anwendung, wobei dann der Insolvenzverwalter die Pflichten des § 48 WpHG erfüllen muss[1].

3   Die Pflichten bestehen nur gegenüber den Inhabern zugelassener Wertpapiere (§ 2 Abs. 1 WpHG) und gegenüber den Inhabern zugelassener Schuldtitel (§ 2 Abs. 1 Satz 1 Nr. 3 WpHG). Dabei kann es sich allerdings nur um Wertpapiere handeln, die an einem **organisierten Markt i.S.d. § 2 Abs. 11 WpHG zugelassen** sind, wie schon aus der Anknüpfung an den Emittentenbegriff des § 2 Abs. 13 WpHG (Rz. 2) folgt, der seinerseits in allen Tatbestandsalternativen die Zulassung der Wertpapiere an einem organisierten Markt voraussetzt[2]. Sind Wertpapiere ausschließlich an einem nichtorganisierten Markt zugelassen, etwa im Falle der Einbeziehung in den Freiverkehr, findet § 48 Abs. 1 WpHG keine Anwendung[3].

4   Ist lediglich ein Teil der Wertpapiere zum Handel an einem organisierten Markt zugelassen (**Teilzulassung,** § 7 Abs. 1 Satz 2 BörsZulV), bestehen die Pflichten aus § 48 Abs. 1 WpHG nach dem Gesetzeswortlaut lediglich gegenüber deren Inhabern, nicht auch gegenüber den Inhabern der nicht zugelassenen Wertpapiere[4]. Die Vereinbarkeit dieser Einschränkung mit den Vorgaben der Art. 17, 18 RL 2004/109/EG ist freilich nicht ganz zweifelsfrei, weil die Richtlinie regelungstechnisch anders ansetzt und Pflichten für die Emittenten zugelassener Wertpapiere statuiert, also im Unterschied zu § 48 Abs. 1 WpHG nicht Pflichten von Emittenten gegenüber den Inhabern zugelassener Wertpapiere[5].

5   **2. Gleichbehandlung.** § 48 Abs. 1 Nr. 1 WpHG dient der Umsetzung von Art. 17 Abs. 1 und Art. 18 Abs. 1 RL 2004/109/EG (Transparenzrichtlinie). Emittenten i.S.d. § 2 Abs. 13 WpHG sind danach zur Gleichbehandlung aller Inhaber der zugelassenen Wertpapiere verpflichtet. Das Gleichbehandlungsgebot richtet sich hingegen nicht an Aktionäre, Inhaber von Aktien vertretenden Hinterlegungsscheinen oder Inhaber von Schuldtiteln und Investmentanteilen in ihrem Verhältnis zueinander. Unzulässig wäre es daher auch, den Adressatenkreis des Gleichbehandlungsgebots auf die Konzernmuttergesellschaft oder den Mehrheitsaktionär auszuweiten[6], und sei es kraft analoger Anwendung des § 48 Abs. 1 WpHG.

6   **a) Inhalt.** Emittenten (Rz. 2) haben Inhaber zugelassener Wertpapiere unter gleichen Voraussetzungen **gleich zu behandeln.** Geschuldet ist **materielle** Gleichbehandlung, nicht lediglich informationelle Gleichbehandlung bei der Informationsversorgung bzw. Unterrichtung. Auf ein beschränktes Gleichbehandlungsgebot deuten zwar die amtliche Überschrift des Abschnitts 7 „Notwendige Informationen für die Wahrnehmung von Rechten aus Wertpapieren" und die hiermit korrespondierende Aussage der Regierungsbegründung, dass im Abschnitt 7 (Abschnitt 5a a.F.) die von der Transparenzrichtlinie vorgesehenen Informationspflichten der Emittenten zusammengefasst würden[7]. Andererseits führt die Regierungsbegründung zu § 48 Abs. 1 Nr. 1 WpHG (§ 30a Abs. 1 Nr. 1 WpHG a.F.) im Besonderen aus, dass diese Regelung dem Halbs. 1 von § 39 Abs. 1 Nr. 1 BörsG a.F. entspreche und nur insofern eine inhaltliche Änderung erfahre, als nunmehr auch Aktieninhaber und Inhaber von Aktien vertretenden Hinterlegungsscheinen („Zertifikaten") gleich zu behandeln seien[8]. § 39 Abs. 1 Nr. 1 BörsG a.F. wurde jedoch als eine allgemeine Verhaltenspflicht zur materiellen Gleichbehandlung verstanden[9], auch wenn dieses Gleichbehandlungsgebot sich für inländische Aktienemittenten weithin mit § 53a AktG deckte und insoweit kaum einen eigenständigen Anwendungsbereich aufwies. Vor diesem Hintergrund muss § 48 Abs. 1 Nr. 1 WpHG (weiterhin) als umfassende kapitalmarktrechtliche Pflicht zur Gleichbehandlung der Inhaber von Wertpapieren verstanden werden[10]. Damit hat der Gesetzgeber des TUG auch insoweit die von ihm selbst postulierte Linie einer lediglich zwei Durchbrechungen aufweisenden „Eins zu Eins"-

---

1 *Stoll* in KölnKomm.WpHG, § 30a WpHG Rz. 11a.
2 Begr. RegE, BT-Drucks. 16/2498, 40; *Zimmermann* in Fuchs, § 30a WpHG Rz. 4; *Stoll* in KölnKomm. WpHG, § 30a WpHG Rz. 13.
3 *Zimmermann* in Fuchs, § 30a WpHG Rz. 4; *Stoll* in KölnKomm.WpHG, § 30a WpHG Rz. 13; *Willamowski* in Heidel, § 30a WpHG Rz. 3.
4 *Stoll* in KölnKomm.WpHG, § 30a WpHG Rz. 13.
5 A.A. *Zimmermann* in Fuchs, § 30a WpHG Rz. 5; *Stoll* in KölnKomm.WpHG, § 30a WpHG Rz. 18.
6 *Heidelbach* in Schwark/Zimmer, § 30a WpHG Rz. 7.
7 Begr. RegE, BT-Drucks. 16/2498, 39; *Stoll* in KölnKomm. WpHG, § 30a WpHG Rz. 18.
8 Begr. RegE, BT-Drucks. 16/2498, 40.
9 *Gebhardt* in Schäfer/Hamann, § 39 BörsG Rz. 5 ff.; *Groß,* Kapitalmarktrecht, 3. Aufl. 2006, § 39 BörsG Rz. 3; *Heidelbach* in Schwark, Kapitalmarktrechts-Kommentar, 3. Aufl. 2004, § 39 BörsG Rz. 2; *Stoll* in KölnKomm. WpHG, § 30a WpHG Rz. 19.
10 Ebenso *Kiem* in Habersack/Mülbert/Schlitt, Kapitalmarktinformation, § 12 Rz. 6 f.; *Stoll* in KölnKomm. WpHG, § 30a WpHG Rz. 19; *Zimmermann* in Fuchs, § 30a WpHG Rz. 6; a.a. ohne Problemvertiefung *Heidelbach* in Schwark/Zimmer, § 30a WpHG Rz. 6 f. (s. aber auch Rz. 10 ff.); *Fleischer*, ZGR 2009, 505, 528.

Umsetzung verlassen und sich stattdessen daran orientiert, bestehendes Recht soweit als möglich unangetastet zu lassen[1].

Gleichbehandlung im materiellen Sinne erlaubt eine **unterschiedliche** Behandlung von Wertpapierinhabern, sofern sich diese in einer unterschiedlichen Lage befinden. Andernfalls bedürfen Ungleichbehandlungen zu ihrer **Rechtfertigung** eines sachlichen Grundes oder der **Zustimmung** der betroffenen Wertpapierinhaber zu ihrer Ungleichbehandlung durch den Emittenten[2]. Insoweit ist freilich eine eindeutige, für den konkreten Einzelfall individuell erteilte Zustimmung erforderlich. Nicht ausreichend ist eine pauschale Zustimmung in der Satzung oder in den Emissionsbedingungen[3]. 7

Dieses Gebot der materiellen Gleichbehandlung geht über Art. 17 Abs. 1 und 18 Abs. 1 RL 2004/109/EG (Transparenzrichtlinie) hinaus. Diese geben lediglich vor, dass das nationale Recht eine gleiche Informationsversorgung vorzusehen hat[4]. Gleichwohl ist diese Verschärfung mit der Transparenzrichtlinie **vereinbar**. Denn nach deren Art. 3 Abs. 1 kann der Herkunftsmitgliedstaat einem Emittenten strengere Pflichten als die in der Richtlinie vorgesehenen auferlegen[5]. 8

b) Gleichbehandlung von Aktionären. § 48 Abs. 1 Nr. 1 WpHG verpflichtet Aktienemittenten zur **umfassenden** Gleichbehandlung ihrer Aktionäre. Insoweit ist die Vorschrift für Gesellschaften mit inländischem Satzungssitz inhaltsgleich mit dem aktienrechtlichen Gleichbehandlungsgrundsatz des **§ 53a AktG**[6]. Für inländische Aktienemittenten i.S.d. § 2 Abs. 13 Nr. 1a WpHG interessiert das Gleichbehandlungsgebot des § 48 Abs. 1 Nr. 1 WpHG daher zum einen mit Blick auf aktienrechtliche Einschränkungen des aktienrechtlichen Gleichbehandlung von Aktionären, also insbesondere **§ 131 Abs. 4 Satz 1 AktG**. Diese Vorschrift gewährt den Aktionären lediglich einen hauptversammlungsgebundenen Nachinformationsanspruch, wenn einem anderen Aktionär in dieser Eigenschaft eine Information außerhalb der Hauptversammlung gegeben wurde. Da eine sachliche Rechtfertigung für diese Einschränkung nur noch schwer erkennbar ist, dürfte der Emittent jedenfalls nach § 48 Abs. 1 Nr. 1 WpHG zu einer aktiven zeitnahen Information der übrigen Aktionäre verpflichtet sein[7]. Zum anderen kann das Gleichbehandlungsgebot des § 48 Abs. 1 Nr. 1 WpHG für Aktionäre von Interesse sein, weil die BaFin dessen Beachtung gestützt auf § 6 Abs. 2 Satz 1 WpHG mit den Mitteln des Verwaltungszwangs durchsetzen kann (Vor §§ 48 ff. WpHG Rz. 16)[8], sowie wegen seiner Bußgeldbewehrung (Rz. 37). Für Aktienemittenten aus Drittstaaten mit der Bundesrepublik Deutschland als Herkunftsstaat (§ 2 Abs. 13 Nr. 1 lit. b WpHG) können sich demgegenüber auch einmal strengere Verhaltensmaßstäbe gegenüber dem nach dem Gesellschaftsstatut des Emittenten maßgeblichen ausländischen Aktienrecht ergeben. Insoweit kann der kapitalmarktrechtliche Gleichbehandlungsgrundsatz daher größere eigenständige Bedeutung gegenüber § 53a AktG erlangen[9]. 9

c) Gleichstellung der Inhaber von Aktien vertretenden Hinterlegungsscheinen. Der Emittent ist über die Gleichbehandlung von **Aktionären** hinaus gem. § 48 Abs. 3 WpHG auch zur Gleichbehandlung von Aktionären und **Inhabern aktienvertretender Hinterlegungsscheine** verpflichtet[10]. Diese Erweiterung gegenüber der Vorgängervorschrift des § 39 BörsG a.F. stellt die Gesetzesbegründung zum TUG ausdrücklich klar[11]. Gleich zu behandeln sind deshalb Aktionäre im Verhältnis zueinander, Aktionäre im Verhältnis zu Inhabern von Aktien vertretenden Hinterlegungsscheinen sowie Inhaber von Aktien vertretenden Hinterlegungsscheinen untereinander. Insbesondere ist damit eine unterschiedliche Behandlung von Aktionären und Inhabern von Aktien vertretenden Hinterlegungsscheinen auch dann ausgeschlossen, wenn § 53a AktG eine Ungleichbehandlung aufgrund der Unterschiede in der jeweiligen gesellschaftsrechtlichen Stellung erlauben würde. Dabei ist § 48 Abs. 3 WpHG allerdings nicht etwa strenger als § 53a AktG, sondern führt lediglich zu einem Gleichlauf der Pflichten gegenüber den Inhabern von Aktien und gegenüber den Inhabern von Aktien vertretenden Hinterlegungsscheinen[12]. 10

---

1 S. für beide Postulate Begr. RegE, BT-Drucks. 16/2498, 26.
2 Dem zustimmend *Zimmermann* in Fuchs, § 30a WpHG Rz. 7; *Stoll* in KölnKomm. WpHG, § 30a WpHG Rz. 20; *Willamowski* in Heidel, § 30a WpHG Rz. 4.
3 *Heidelbach* in Schwark/Zimmer, § 30a WpHG Rz. 8.
4 Ebenso jetzt *Stoll* in KölnKomm. WpHG, § 30a WpHG Rz. 18; *Zimmermann* in Fuchs, § 30a WpHG Rz. 5.
5 So (mit anderer Begründung) auch *Stoll* in KölnKomm. WpHG, § 30a WpHG Rz. 19; *Zimmermann* in Fuchs, § 30a WpHG Rz. 6.
6 Ebenso *Kiem* in Habersack/Mülbert/Schlitt, Kapitalmarktinformation, § 12 Rz. 8; *Heidelbach* in Schwark/Zimmer, § 30a WpHG Rz. 9; *Bachmann* in FS Schwark, 2009, S. 331, 339; *Zimmermann* in Fuchs, § 30a WpHG Rz. 8.
7 *Stoll* in KölnKomm. WpHG, § 30a WpHG Rz. 24; *Zimmermann* in Fuchs, § 30a WpHG Rz. 26; s. auch *Verse*, Der Gleichbehandlungsgrundsatz im Recht der Kapitalgesellschaften, 2006, S. 514 f.; *Bachmann* in FS Schwark, 2009, S. 331, 346: (gesellschaftsrechtlicher?) Anspruch auf sofortige Nachinformation; ferner *Fleischer*, ZGR 2009, 505, 521, 528 (mit überflüssigem Umweg über das Effektivitätsgebot des Art. 28 RL 2004/109/EG).
8 *Stoll* in KölnKomm. WpHG, § 30a WpHG Rz. 23.
9 *Zimmermann* in Fuchs, § 30a WpHG Rz. 8; *Willamowski* in Heidel, § 30a WpHG Rz. 4.
10 *Stoll* in KölnKomm. WpHG, § 30a WpHG Rz. 25.
11 Begr. RegE, BT-Drucks. 16/2498, 40.
12 *Stoll* in KölnKomm. WpHG, § 30a WpHG Rz. 22.

§ 48 | Informationen für die Wahrnehmung von Rechten aus Wertpapieren

11 **d) Gleichbehandlung von Schuldtitelinhabern. Schuldtitelinhaber** sind wie schon nach § 39 BörsG a.F. vom Gleichbehandlungsgebot des § 48 Abs. 1 Nr. 1 WpHG ebenfalls erfasst. Vorrangig wird das Verhältnis zwischen dem Emittenten und den Inhabern der Schuldtitel allerdings von den **Anleihebedingungen** geregelt, die auch eine unterschiedliche Behandlung von Schuldtitelinhabern, etwa für unterschiedliche Tranchen einer Schuldverschreibung, vorsehen können. Das **Gleichbehandlungsgebot** des § 48 Abs. 1 Nr. 1 WpHG gilt nur für in den Anleihebedingungen nicht abschließend geregelte Fragen[1]. Für Schuldverschreibungen i.S.d. § 1 Abs. 1 SchVG hat der Emittent daneben das Gleichbehandlungsgebot des § 4 Satz 2 SchVG zu beachten, wonach er bei Änderungen der Anleihebedingungen alle Gläubiger gleich zu behandeln hat.

12 Zum Tragen kommt das Gleichbehandlungsgebot vor allem (beim Fehlen einer Regelung in den Anleihebedingungen) für die **Rücknahme** von Schuldtiteln, für die **Kündigung** und für die Ausübung von **Umwandlungsoptionen** durch den Emittenten. Die im früheren § 39 Abs. 1 Nr. 1 Halbsatz 2 BörsG vorgesehene Ausnahme für vorzeitige Rücknahmeangebote im berechtigten Interesse bestimmter Inhabergruppen wurde vom Gesetzgeber bei Schaffung des § 30a WpHG a.F. mit der Begründung nicht übernommen, dass die Transparenzrichtlinie keine entsprechende Ausnahme mehr vorsehe (s. Art. 17 Abs. 1, 18 Abs. 1, 32 Nr. 5 RL 2004/109/EG)[2], so dass das Gleichbehandlungsgebot nunmehr auch bei diesen Angeboten zu beachten ist. Gesetzeskonform sind vor diesem Hintergrund alle Verfahren, die jeweils allen Wertpapierinhabern **gleiche Chancen** einräumen[3]. Rücknahmeangebote, die sich rechtlich oder faktisch nur an bestimmte Gläubiger oder Gläubigergruppen richten, sind unzulässig[4]. Unbedenklich sind demgegenüber[5], auch unter Berücksichtigung des Art. 18 Abs. 1 RL 2004/109/EG, eine Auslosung der einzulösenden Stücke[5], ferner ein (Teil-)Rückkauf über die Börse[6] oder über ein multilaterales Handelssystem (§ 2 Abs. 8 Nr. 9 WpHG)[7]. Ebenso genügt der (Teil-)Rückkauf im Rahmen eines öffentlichen Angebots i.S.d. WpÜG dem Gleichbehandlungsgebot[8]. Dies gilt umso mehr, als ein solches Verfahren zudem das übernahmerechtliche Gleichbehandlungsgebot aus § 3 Abs. 1 WpÜG zu wahren hat.

13 **e) Gleichbehandlung von Inhabern von Investmentanteilen.** Das Gleichbehandlungsgebot gilt auch gegenüber den Inhabern von Investmentanteilen, da nach § 2 Abs. 4 Nr. 2 WpHG auch Anteile an Investmentvermögen Finanzinstrumente i.S.d. WpHG sind.

14 **3. Ermöglichung der Rechtsausübung.** § 48 Abs. 1 Nr. 2 WpHG dient der Umsetzung von Art. 17 Abs. 2 Satz 1 und Art. 18 Abs. 2 Satz 1 RL 2004/109/EG (Transparenzrichtlinie). Nach der **generalklauselartigen** Vorschrift obliegt es dem Emittenten sicherzustellen, dass alle Einrichtungen und Informationen im Inland öffentlich zur Verfügung stehen, die die Inhaber der zugelassenen Wertpapiere zur Ausübung ihrer Rechte benötigen. Für die Verfügbarmachung einer inländischen Zahlstelle als einer solchen Einrichtung wird dies in § 48 Abs. 1 Nr. 4 WpHG näher präzisiert. Hingegen statuieren § 48 Abs. 1 Nr. 5 und 6 WpHG jeweils eine weitergehende Pflicht des Emittenten. Verlangt ist die Übermittlung eines Vollmachtsformulars an die Wertpapierinhaber und nicht lediglich dessen öffentliche Verfügbarmachung[9]. § 48 Abs. 1 Nr. 2 WpHG fungiert daher als Auffangtatbestand, während die Umsetzung der Art. 17 Abs. 2 und 18 Abs. 2 RL 2004/109/EG (Transparenzrichtlinie) maßgeblich durch andere, speziellere Normen erfolgt (§§ 48 Abs. 1 Nr. 4, 5, 6; 49 Abs. 1, 2 WpHG)[10].

15 Für eine inhaltliche Konkretisierung der Pflichten aus § 48 Abs. 1 Nr. 2 WpHG über die §§ 48 Abs. 1 Nr. 4, 5, 6; 49 Abs. 1, 2 WpHG hinaus sind zunächst die Vorgaben der Transparenzrichtlinie, insbesondere diejenigen der Art. 17 Abs. 2 lit. a, 18 Abs. 2 lit. a RL 2004/109/EG, maßgebend. Die Regierungsbegründung zum TUG führt demgegenüber kaum weiter. Sie formuliert lapidar: „Dazu gehört insbesondere die Bereitstellung aller erforderlichen Informationen"[11]. Welche **Informationen** jeweils **erforderlich** sind, hängt maßgeblich davon ab, ob die Ausübung der Rechte aus Aktien oder aus Schuldtiteln in Rede steht. Im Übrigen erscheint es für die Rechtsausübung nicht stets hinreichend, wenn den Rechteinhabern lediglich die Informationen des Abschnitts 7 des WpHG zur Verfügung gestellt werden[12]. Dem ist bei der Konkretisierung des § 48 Abs. 1 Nr. 2 WpHG

---

1 *Kiem* in Habersack/Mülbert/Schlitt, Kapitalmarktinformation, § 12 Rz. 9; *Stoll* in KölnKomm. WpHG, § 30a WpHG Rz. 26.
2 Begr. RegE, BT-Drucks. 16/2498, 40; kritisch dazu *Zimmermann* in Fuchs, § 30a WpHG Rz. 9.
3 *Kiem* in Habersack/Mülbert/Schlitt, Kapitalmarktinformation, § 12 Rz. 10; ebenso zu § 39 BörsG a.F. *Gebhardt* in Schäfer/Hamann, § 39 BörsG Rz. 15; zu § 39 BörsG a.F. *Groß*, Kapitalmarktrecht, 3. Aufl. 2006, § 39 BörsG Rz. 5; *Heidelbach* in Schwark, Kapitalmarktrechts-Kommentar, 3. Aufl. 2004, § 39 BörsG Rz. 6.
4 *Stoll* in KölnKomm. WpHG, § 30a WpHG Rz. 28.
5 *Heidelbach* in Schwark/Zimmer, § 30a WpHG Rz. 14; *Stoll* in KölnKomm. WpHG, § 30a WpHG Rz. 29; *Zimmermann* in Fuchs, § 30a WpHG Rz. 10.
6 *Heidelbach* in Schwark/Zimmer, § 30a WpHG Rz. 16; *Zimmermann* in Fuchs, § 30a WpHG Rz. 10.
7 *Heidelbach* in Schwark/Zimmer, § 30a WpHG Rz. 16; *Stoll* in KölnKomm. WpHG, § 30a WpHG Rz. 29.
8 *Heidelbach* in Schwark/Zimmer, § 30a WpHG Rz. 16; *Stoll* in KölnKomm. WpHG, § 30a WpHG Rz. 29.
9 Schon deswegen – und auch wegen § 30a Abs. 1 Nr. 1, 3, § 30b WpHG a.F. – unzutreffend *Kiem* in Habersack/Mülbert/Schlitt, Kapitalmarktinformation, § 12 Rz. 13, wonach die einzelnen Regelungen im Abschnitt 5a (nunmehr Abschnitt 7) sämtlich der Ermöglichung der Rechtsausübung durch die Wertpapierinhaber dienen.
10 BaFin, Emittentenleitfaden, IX.2.2.2., S. 163.
11 Begr. RegE, BT-Drucks. 16/2498, 40.
12 *Stoll* in KölnKomm. WpHG, § 30a WpHG Rz. 34.

angemessen Rechnung zu tragen[1]. Eine etwaige Erweiterung gegenüber den Vorgaben der Transparenzrichtlinie wäre unionsrechtlich unbedenklich. Nach Art. 3 Abs. 1 RL 2004/109/EG kann der Herkunftsmitgliedstaat einem Emittenten strengere Pflichten als die in der Richtlinie vorgesehenen auferlegen.

Bei **Schuldtiteln** erscheint über die §§ 48 Abs. 1 Nr. 6, 49 Abs. 2 WpHG hinaus die Verfügbarmachung der gesamten Anleihebedingungen erforderlich[2], ferner der Hinweis auf die nach § 48 Abs. 1 Nr. 4 WpHG vorzuhaltende inländische Zahlstelle sowie die Informationen über die bei der Zahlstelle geltend zu machenden Rechte.

Bei **Aktien** ist über die §§ 48 Abs. 1 Nr. 5, 49 Abs. 1 WpHG hinaus jedenfalls die Verfügbarmachung der Satzung erforderlich, ferner der Hinweis auf die nach § 48 Abs. 1 Nr. 4 WpHG vorzuhaltende inländische Zahlstelle[3]. Schließlich erscheint auch die öffentliche Zugänglichmachung aller Informationen geboten, die der Emittent nach dem vom Gesellschaftsstatut berufenen Aktienrecht im Vorfeld der Hauptversammlung zu veröffentlichen oder jedenfalls in den Geschäftsräumen der Gesellschaft auszulegen hat. Maßgeblich hierfür sind wegen § 2 Abs. 13 Nr. 1 lit. a WpHG in den allermeisten Fällen die Pflichten zur Vorfeldinformation des deutschen Aktienrechts, nur für die Drittstaatenemittenten i.S.d. § 2 Abs. 13 Nr. 1 lit. b WpHG ist deren ausländisches Aktienrecht berufen.

Dem über die Vorgaben der Transparenzrichtlinie wohl hinausgehenden[4] Erfordernis, die Informationen **im Inland öffentlich zur Verfügung zu stellen**, ist mit deren abrufbereiter Präsentation auf der **Website** des Emittenten genügt[5]. Ausreichend ist aber auch die Verlinkung – unter Angabe des genauen Internetpfads – auf eine andere Internetadresse, unter denen die Information abrufbereit zur Verfügung steht, je nachdem etwa der Bundesanzeiger oder das Unternehmensregister.

Die Verfügbarmachung von **Einrichtungen im Inland** betrifft im Wesentlichen das in § 48 Abs. 1 Nr. 4 WpHG näher ausgeformte Erfordernis einer inländischen **Zahlstelle**. Neben der Zahlstelle – zu deren Aufgaben unabhängig von einer etwaigen gesonderten Benennung durch den Emittenten funktional auch die Funktion der Umtauschstelle gehört (Rz. 26)[6] – rechnet zu den Einrichtungen i.S.d. § 48 Abs. 1 Nr. 2 WpHG insbesondere die Funktion der **Bewertungsstelle**, die bei strukturierten Wertpapieren gegebenenfalls bestimmte Parameter oder das Erreichen bestimmter Schwellenwerte feststellt[7]. Die Funktion der Hinterlegungsstelle bei inländischen Aktiengesellschaften, deren Aktien zum Handel an einem organisierten Markt zugelassen sind (= börsennotierte AG i.S.d. § 3 Abs. 2 AktG), ist wegen § 123 Abs. 3 AktG satzungsfest entfallen[8]. **Nicht** hierunter fallen dagegen im Falle von Aktienemittenten die Hauptversammlung und bei Emittenten von Schuldtiteln eine Gläubigerversammlung. § 48 Abs. 1 Nr. 2 WpHG statuiert also keine öffentlich-rechtliche Pflicht des Emittenten zur Abhaltung von Hauptversammlungen oder Gläubigerversammlungen[9]. Das folgt schon daraus, dass der deutsche Gesetzgeber den Aktienemittenten aus Drittstaaten gar nicht vorschreiben könnte, dass diese ihre Hauptversammlung im Inland abzuhalten haben[10].

4. Datenschutz. § 48 Abs. 1 Nr. 3 WpHG dient ebenfalls der Umsetzung von Art. 17 Abs. 2 Satz 1 und Art. 18 Abs. 2 Satz 1 RL 2004/109/EG (Transparenzrichtlinie). Danach ist der Schutz der inhaberbezogenen Daten vom Emittenten zu gewährleisten und also den datenschutzrechtlichen Belangen der Wertpapierinhaber Rechnung zu tragen[11], wobei von diesem Schutzgebot vor allem die nicht bereits durch die Regelungen des Bundesdatenschutzgesetzes geschützten nicht-natürlichen Wertpapierinhaber profitieren[12]. Insgesamt kann es sich bei den in den Schutzbereich der Norm fallenden Daten nur um solche handeln, die im Zusammenhang mit der Rechtsausübung durch die Wertpapierinhaber stehen[13]. Die Bestimmung ist vor allem für die Emittenten von Namensaktien von Bedeutung, die gem. § 67 AktG ein Aktionärsregister zu führen haben. Die Norm unterscheidet dabei nicht zwischen interner und externer Sicherung, weshalb das Aktionärs- bzw. Gläubigerverzeichnis sowohl vor der **unbefugten Einsichtnahme** durch Mitarbeiter als auch durch andere Aktionäre bzw. Gläubiger zu schützen ist[14].

---

1 A.A. *Heidelbach* in Schwark/Zimmer, § 30a WpHG Rz. 25: § 30a Abs. 1 Nr. 2 WpHG betrifft nur die Informationen des Abschnitts 5a (nunmehr Abschnitt 7) des WpHG.
2 *Stoll* in KölnKomm. WpHG, § 30a WpHG Rz. 34.
3 *Stoll* in KölnKomm. WpHG, § 30a WpHG Rz. 34.
4 So *Zimmermann* in Fuchs, § 30a WpHG Rz. 13; *Heidelbach* in Schwark/Zimmer, § 30a WpHG Rz. 20; *Willamowski* in Heidel, § 30a WpHG Rz. 5; in der Tat gebietet Art. 17 Abs. 2 RL 2004/109/EG jedenfalls nicht ausdrücklich, dass die Informationen über die Aktionäre hinaus der Öffentlichkeit zur Verfügung gestellt werden.
5 Ebenso *Heidelbach* in Schwark/Zimmer, § 30a WpHG Rz. 25.
6 Verkannt von *Heidelbach* in Schwark/Zimmer, § 30a WpHG Rz. 23.
7 *Heidelbach* in Schwark/Zimmer, § 30a WpHG Rz. 22; *Stoll* in KölnKomm. WpHG, § 30a WpHG Rz. 32.
8 So auch *Zimmermann* in Fuchs, § 30a WpHG Rz. 19. Anders ist dies nur, soweit bei einer börsennotierten Gesellschaft satzungsmäßige Hinterlegungserfordernisse aufgrund der Übergangsvorschrift des § 16 Satz 2 EGAktG noch fortgelten.
9 *Stoll* in KölnKomm. WpHG, § 30a WpHG Rz. 32.
10 *Stoll* in KölnKomm. WpHG, § 30a WpHG Rz. 32.
11 Begr. RegE, BT-Drucks. 16/2498, 40.
12 Zutreffend *Heidelbach* in Schwark/Zimmer, § 30a WpHG Rz. 27; *Stoll* in KölnKomm. WpHG, § 30a WpHG Rz. 36.
13 *Willamowski* in Heidel, § 30a WpHG Rz. 6; *Stoll* in KölnKomm. WpHG, § 30a WpHG Rz. 37; *Zimmermann* in Fuchs, § 30a WpHG Rz. 18.
14 Dem zustimmend *Stoll* in KölnKomm. WpHG, § 30a WpHG Rz. 37; *Willamowski* in Heidel, § 30a WpHG Rz. 6.

21 Für **Aktionäre** folgt eine Befugnis zur Einsicht in personenbezogene Daten zum einen aus § 129 Abs. 4 Satz 1 AktG[1]. Danach kann jeder Aktionär das **Teilnehmerverzeichnis** der Hauptversammlung vor der Abstimmung und auf Verlangen bis zu zwei Jahre nach der Hauptversammlung einsehen. Demgegenüber vermittelt der Auskunftsanspruch **nach § 67 Abs. 6 Satz 1 AktG** dem einzelnen Aktionär einen Anspruch nur bezüglich der zu seiner Person im Aktienregister gespeicherten Daten. Für einen **Mitarbeiter** des Emittenten kann sich eine Befugnis etwa daraus ergeben, dass die Aktionärsbetreuung (Investor-Relations-Maßnahmen) gerade die Aufgabe des Einsicht nehmenden Mitarbeiters ist[2].

22 **5. Inländische Zahlstelle.** In § 48 Abs. 1 Nr. 4 WpHG liegt eine Anpassung des § 39 Abs. 1 Nr. 2 BörsG a.F. an die Umsetzungsvorgaben der Art. 17 Abs. 2 lit. c und Art. 18 Abs. 2 lit. c RL 2004/109/EG (Transparenzrichtlinie). Die Bestimmung verpflichtet den Emittenten, für die Dauer der Zulassung der Wertpapiere im Inland ein Finanzinstitut als Zahlstelle zu benennen und darüber hinaus sicherstellen, dass bei dieser Zahlstelle alle erforderlichen Maßnahmen hinsichtlich der Wertpapiere bewirkt werden können. Der Sache nach handelt es sich um eine Konkretisierung des § 48 Abs. 1 Nr. 2 WpHG in Bezug auf „Einrichtungen" (Rz. 19).

23 Der Begriff des **Finanzinstituts** ist weder im WpHG noch in verwandten Gesetzen legal definiert und findet etwa in der Regierungsbegründung des UMAG zu § 123 AktG ebenfalls ohne inhaltliche Konturierung[3] Verwendung. Finanzinstitute sind aber alle Institute i.S.d. § 1 Abs. 1b KWG[4] sowie die gem. § 53 KWG gleichgestellten unselbständigen Zweigniederlassungen ausländischer Institute[5]. Kein geeignetes Finanzinstitut sind dagegen EU-ausländische Unternehmen i.S.d. § 53b KWG. Bei diesen fehlt es am Merkmal „im Inland", so dass auch die Dienstleistungsfreiheit des AEUV kein gegenteiliges Ergebnis gebietet.

24 Der Emittent hat nach dem klaren Gesetzeswortlaut lediglich eine **Zahlstelle** im Inland zu benennen[6], nicht eine Zahlstelle an jedem inländischen Börsenplatz. Benennt er freiwillig weitere Zahlstellen, muss es sich weder um solche im Inland handeln noch müssen diese bei Vorlegung der Wertpapiere für den Anleger kostenfrei tätig werden[7]. Zulässig ist zudem eine Verteilung der funktionalen Zahlstellenaufgaben (Rz. 26) auf mehrere Stellen, etwa eine Zahlstelle und eine separate Umtauschstelle.

25 Da die Pflicht aus § 48 Abs. 1 Nr. 4 WpHG lediglich den Emittenten und nicht das als Zahlstelle benannte Finanzinstitut trifft[8], muss der Emittent grundsätzlich durch entsprechende Vorkehrungen sicherstellen, dass die Wertpapierinhaber bei der Zahlstelle die erforderlichen Handlungen vornehmen können. Gefordert ist in aller Regel eine **Zahlstellenvereinbarung**[9], also eine als Vertrag zugunsten der Wertpapierinhaber ausgestaltete schuldrechtliche Vereinbarung mit einem Finanzinstitut. Eine **Ausnahme** vom Erfordernis einer Zahlstellenvereinbarung ist für einen Emittenten zu machen, der zugleich ein Institut i.S.d. § 1 Abs. 1b KWG ist oder dessen inländische Zweigstelle nach § 53 KWG gleichgestellt ist, sofern sich ein solcher Emittent selbst als Zahlstelle benennt.

26 § 48 Abs. 1 Nr. 4 WpHG gebietet inhaltlich die Möglichkeit der Ausübung **aller Rechte** bei der Zahlstelle. Zu deren Aufgaben gehören im Falle von **Aktien** die Abwicklung der Dividendenzahlungen, einschließlich der Ausgabe von Dividendenbögen und der Bögenerneuerung beim Vorhandensein effektiver Stücke, und der Aktienumtausch bei einer Neustückelung oder einem Aktiensplit[10]. Funktional eine Zahlstellenaufgabe i.S.d. § 48 Abs. 1 Nr. 4 WpHG bilden ferner die Auszahlung der Barabfindung nach erfolgtem Squeeze-out und konzern- oder umwandlungsrechtlichen Strukturmaßnahmen (§§ 305, 320a AktG, § 29 UmwG) sowie der Aktienumtausch bei diesen Strukturmaßnahmen[11].

27 Bei **Schuldtiteln** (§ 2 Abs. 1 Nr. 3 WpHG) gehören zu den Aufgaben der Zahlstelle insbesondere die Vornahme der Zinszahlung und die Tilgung abgelaufener, gekündigter oder ausgeloster Schuldtitel[12]. Darf der Emittent die Tilgung in Wertpapieren (z.B. Aktienanleihe) vornehmen oder der Gläubiger dies verlangen, gehört deren

---

1 *Stoll* in KölnKomm. WpHG, § 30a WpHG Rz. 37; *Zimmermann* in Fuchs, § 30a WpHG Rz. 18.
2 Zum Ganzen wie hier *Kiem* in Habersack/Mülbert/Schlitt, Kapitalmarktinformation, § 12 Rz. 14; *Heidelbach* in Schwark/Zimmer, § 30a WpHG Rz. 27; *Stoll* in KölnKomm. WpHG, § 30a WpHG Rz. 37; *Zimmermann* in Fuchs, § 30a WpHG Rz. 18.
3 Begr. RegE eines Gesetzes zur Unternehmensintegrität und Modernisierung des Anfechtungsrechts (UMAG), BT-Drucks. 15/5092, 13.
4 Enger BaFin, Emittentenleitfaden 2013, IX.2.2.4., S. 163: der Begriff Finanzinstitut sei missverständlich und könne nur i.S.v. Kreditinstitut gem. § 1 Abs. 1 Satz 1 KWG gemeint sein.
5 So nun auch *Willamowski* in Heidel, § 30a WpHG Rz. 7; *Stoll* in KölnKomm. WpHG, § 30a WpHG Rz. 37.
6 *Stoll* in KölnKomm. WpHG, § 30a WpHG Rz. 40.
7 *Heidelbach* in Schwark/Zimmer, § 30a WpHG Rz. 37.
8 *Heidelbach* in Schwark/Zimmer, § 30a WpHG Rz. 36.
9 *Heidelbach* in Schwark/Zimmer, § 30a WpHG Rz. 31; *Willamowski* in Heidel, § 30a WpHG Rz. 7; zur alten Rechtslage: *Groß*, Kapitalmarktrecht, 3. Aufl. 2006, § 39 BörsG Rz. 7; *Heidelbach* in Schwark, Kapitalmarktrechts-Kommentar, 2. Aufl. 2004, § 39 BörsG Rz. 8.
10 *Stoll* in KölnKomm. WpHG, § 30a WpHG Rz. 41.
11 A.A. *Heidelbach* in Schwark/Zimmer, § 30a WpHG Rz. 31, 33; *Stoll* in KölnKomm. WpHG, § 30a WpHG Rz. 41.
12 *Stoll* in KölnKomm. WpHG, § 30a WpHG Rz. 41.

Lieferung ebenfalls zu den Zahlstellenaufgaben. Bei Optionen hat die Zahlstelle je nach Optionsgestaltung entweder die Wertpapiere zu liefern oder einen Barausgleich zu leisten[1]; bei Wandelschuldverschreibungen schließlich darf, je nach Einräumung des Wandlungsrechts, der Emittent oder/und der Gläubiger die Lieferung von Wertpapieren verlangen.

Bei **Vorlegung** der Stücke muss die **Ausübung** der Rechte **kostenfrei** erfolgen können. Das gilt für alle funktionalen Zahlstellenaufgaben[2] (Rz. 26) und unabhängig von einer etwaigen Aufgabenaufteilung auf mehrere Finanzinstitute (Rz. 24), etwa eine Zahlstelle und eine Umtauschstelle. Die Vorlegung bezieht sich an sich auf Urkunden in Papierform. In Zeiten des stückelosen Giroverkehrs kommt dies praktisch nicht mehr vor, so dass die tatsächliche Bedeutung der Norm bei einem streng am Wortlaut orientierten Verständnis sehr begrenzt wäre[3]. Vor diesem Hintergrund muss es auch genügen, wenn die Wertpapiere in einem bei der Zahlstelle geführten Wertpapierdepotkonto verbucht sind[4]. Der Emittent hat die Kostenfreiheit des Zahlstellendienstes für den Anleger im Rahmen der gegebenenfalls mit einem Finanzinstitut getroffenen Zahlstellenvereinbarung sicherzustellen[5]. Insbesondere die Depotführung ist aber weder Vermögens- noch Verwaltungsrecht des Aktionärs und gehört damit nicht zur Rechtsausübung gem. § 48 Abs. 1 Nr. 4 WpHG, weshalb **kein** Anspruch auf **kostenlose Depotführung** bei der Zahlstelle besteht[6]. 28

§ 48 Abs. 1 Nr. 4 WpHG ist in zwei Richtungen **strenger als** die Umsetzungsvorgabe der **Transparenzrichtlinie** aus Art. 17 Abs. 2 lit. c für Aktien und aus Art. 18 Abs. 2 lit. c für Schuldtitel. In qualitativer Hinsicht fordert § 48 Abs. 1 Nr. 4 WpHG die Möglichkeit der Ausübung aller Rechte, wogegen die Bestimmungen der Transparenzrichtlinie lediglich die Benennung einer Zahlstelle zur Ausübung der „finanziellen Rechte" gebieten. In räumlicher Hinsicht gebietet § 48 Abs. 1 Nr. 4 WpHG über die Anforderungen der Transparenzrichtlinie hinaus die Benennung einer „inländischen" Zahlstelle. Gemeinschaftsrechtlich ist dies unbedenklich. Nach Art. 3 Abs. 1 RL 2004/109/EG (Transparenzrichtlinie) kann der Herkunftsmitgliedstaat einem Emittenten strengere Pflichten als die in der Richtlinie vorgesehenen auferlegen. 29

6. Vollmachtsformulare. § 48 Abs. 1 Nr. 5 WpHG setzt Art. 17 Abs. 2 lit. b RL 2004/109/EG (Transparenzrichtlinie) um. Danach hat der Emittent den stimmberechtigten **Aktionären** – und ebenso den Inhabern von Aktien vertretenden Hinterlegungsscheinen (§ 48 Abs. 3 WpHG) – ein Formular für die Erteilung einer Vollmacht für die Hauptversammlung zu übermitteln. Die gesetzliche Formulierung unterscheidet hierbei zwischen der unaufgeforderten Übermittlung „zusammen mit der Einladung zur Hauptversammlung" (Alt. 1) und der Übermittlung in Textform „auf Verlangen" des Aktionärs (Alt. 2). 30

Ganz parallel sieht § 48 Abs. 1 Nr. 6 WpHG in Umsetzung des Art. 18 Abs. 2 lit. b RL 2004/109/EG (Transparenzrichtlinie) vor, dass im Falle der Abhaltung einer Gläubigerversammlung für **bestimmte** an einem organisierten Markt zugelassene **Schuldtitel** den hierbei stimmberechtigten Personen, also den Inhabern dieser Schuldtitel (s. § 6 SchVG), ein Vollmachtsformular unaufgefordert und auf Verlangen in Textform zu übermitteln ist. Das Gesetz beschränkt diese Verpflichtung dabei auf Schuldtitel i.S.d. § 2 Abs. 1 Nr. 3 WpHG, soweit diese nicht zugleich unter § 2 Abs. 3 Nr. 2 WpHG (Derivate) fallen oder zumindest ein bedingtes Recht auf den Erwerb von Wertpapieren nach § 2 Abs. 1 Nr. 1 (Aktien) oder Nr. 2 WpHG (Aktien vertretende Hinterlegungsscheine) begründen[7]. 31

Im Falle der **unaufgeforderten** Übermittlung (Alt. 1 des § 48 Abs. 1 Nr. 5, 6 WpHG) ist nach dem Gesetzeswortlaut „jeder" Aktionär bzw. stimmberechtigte Schuldtitelinhaber der Empfänger. Diese Formulierung ist aber für **Aktienemittenten** nicht dahin zu verstehen, dass ein solches Vollmachtsformular auch solchen Aktionären übermittelt werden müsste, denen eine Einladung zur Hauptversammlung, sei es unmittelbar vom Emittenten gem. § 125 Abs. 2 AktG oder auch nur mittelbar über Kreditrechtsinstitute oder Aktionärsvereinigungen (§ 125 Abs. 1 AktG), nicht zuzusenden ist. Eine solche Lesart kommt schon deswegen nicht in Betracht, weil dies dem Emittenten im System der Inhaberaktie etwas Unmögliches abverlangen würde, und ist auch von Art. 17 Abs. 2 lit. b RL 2004/109/EG (Transparenzrichtlinie) nicht geboten[8]. Zudem wäre dann § 48 Abs. 1 Nr. 5 Alt. 2 WpHG entbehrlich, wonach jedem Aktionär auf Verlangen ein Formular zu übersenden ist (Rz. 30). Richtigerweise besagt § 48 Abs. 1 Nr. 5 WpHG daher nur, dass der Emittent ein Vollmachtsformular von sich aus (mit) zu übersenden hat, soweit er eine Einladung zur Hauptversammlung an Aktionäre in Erfüllung einer gesetzlichen Verpflichtung oder auf freiwilliger Basis übersendet[9]. Damit **ergänzt** die Alt. 1 des § 48 32

---
1 *Stoll* in KölnKomm. WpHG, § 30a WpHG Rz. 41.
2 A.A. *Heidelbach* in Schwark/Zimmer, § 30a WpHG Rz. 35.
3 *Stoll* in KölnKomm. WpHG, § 30a WpHG Rz. 42.
4 *Stoll* in KölnKomm. WpHG, § 30a WpHG Rz. 42.
5 *Kiem* in Habersack/Mülbert/Schlitt, Kapitalmarktinformation, § 12 Rz. 17; *Zimmermann* in Fuchs, § 30a WpHG Rz. 20; *Heidelbach* in Schwark/Zimmer, § 30a WpHG Rz. 36.
6 *Stoll* in KölnKomm. WpHG, § 30a WpHG Rz. 42.
7 *Willamowski* in Heidel, § 30a WpHG Rz. 8; *Zimmermann* in Fuchs, § 30a WpHG Rz. 23.
8 *Zimmermann* in Fuchs, § 30a WpHG Rz. 21; *Stoll* in KölnKomm. WpHG, § 30a WpHG Rz. 44.
9 *Stoll* in KölnKomm. WpHG, § 30a WpHG Rz. 44; *Zimmermann* in Fuchs, § 30a WpHG Rz. 21.

Abs. 1 Nr. 5 WpHG die Pflicht des Aktienemittenten zur Übermittlung der Einladung zur Hauptversammlung[1] aus **§ 125 Abs. 1, 2 AktG** um die Verpflichtung, ein Vollmachtsformular beizufügen[2]. Ebenso liegt es im Ergebnis nach § 48 Abs. 1 Nr. 6 WpHG, wenn ein Emittent hierunter fallender Schuldtitel in Erfüllung einer gesetzlichen oder schuldrechtlichen Verpflichtung eine Einladung zur Gläubigerversammlung übermittelt.

33 Zur **Form** des zusammen mit der Einladung zu übermittelnden Vollmachtsformulars enthält die Alt. 1 des § 48 Abs. 1 Nr. 5, 6 WpHG keine ausdrückliche Regelung. Allein die Bezeichnung „Formular" steht nach dem Wortsinn einer elektronischen Übermittlung nicht entgegen. Jedoch stellt § 49 Abs. 3 WpHG eine Datenfernübertragung von Informationen des Emittenten unter qualifizierte Voraussetzungen. Auch die elektronische Übermittlung des Vollmachtsformulars muss deshalb den dort genannten Anforderungen entsprechen. Ohnehin ist das Formular „zusammen mit der Einladung" zur Hauptversammlung oder Gläubigerversammlung zu übermitteln, so dass der Emittent auch deswegen die Voraussetzungen des § 49 Abs. 3 WpHG zu wahren hat.

34 Das **Verlangen** auf Übermittlung eines Vollmachtsformulars können Aktionäre und Schuldtitelinhaber nach der Einberaumung – in der aktiengesetzlichen Terminologie also der Einberufung – der Hauptversammlung oder Gläubigerversammlung an den Emittenten richten (Alt. 2 des § 48 Abs. 1 Nr. 5, 6 WpHG). Nach dem Gesetzeswortlaut richtet sich das Verlangen auf die Übermittlung eines Formulars in **Textform** (§ 126b BGB). Gleichwohl wird man annehmen müssen, dass der Emittent das Formular nicht nach Belieben als schriftliches oder als elektronisches Dokument übersenden darf[3]. Die Übermittlung eines elektronischen Dokuments ist vielmehr nur dann zulässig, wenn der Wertpapierinhaber dies ausdrücklich verlangt oder die Voraussetzungen des § 49 Abs. 3 WpHG für eine Datenfernübertragung von Informationen des Emittenten gegeben sind[4]. Eine „**rechtzeitige**" Übermittlung ist in § 48 Abs. 1 Nr. 6 WpHG in Bezug auf Gläubigerversammlungen vorgeschrieben und gebietet, dass das ausgefüllte Vollmachtsformular unter Berücksichtigung einer angemessen knappen Bearbeitung für den Gläubiger und der üblichen Postlaufzeiten so rechtzeitig beim Schuldtitelemittenten wieder eintreffen kann, dass die Vollmacht in der Gläubigerversammlung noch Berücksichtigung finden kann[5]. Für den Fall der Nr. 5, also für die Hauptversammlung, kann nichts anderes gelten[6]. Insoweit ist von einem Redaktionsversehen auszugehen[7], und zwar umso mehr, als nach der Regierungsbegründung zum TUG die in Nr. 6 getroffene Regelung „im Übrigen dem Regelungsgehalt der die Aktienemittenten betreffenden Nr. 5" entspricht[8].

35 **III. Abhalten von Gläubigerversammlungen (§ 48 Abs. 2 WpHG).** § 48 Abs. 2 WpHG gestattet in Umsetzung des Art. 18 Abs. 3 RL 2004/109/EG (Transparenzrichtlinie) den Emittenten von Schuldtiteln i.S.d. § 48 Abs. 1 Nr. 6 WpHG (Rz. 31), die unter Aufsicht der BaFin stehen, eine Gläubigerversammlung in **jedem EU- bzw. EWR-Staat** abzuhalten. Voraussetzung ist, dass die Gläubigerversammlung nur Schuldtitel betrifft, die mit einer **Mindeststückelung** von **100.000 Euro** oder dem am Ausgabetag entsprechenden Gegenwert in einer anderen Währung ausgegeben wurden (§ 48 Abs. 2 Satz 2 Nr. 1 WpHG) und dass den Schuldtitelinhabern in dem Staat, in welchem die Versammlung stattfindet, alle für die Ausübung der Rechte erforderlichen Einrichtungen und Informationen i.S.d. § 48 Abs. 1 Nr. 2, 4 WpHG zur Verfügung stehen[9]. Bei ausstehenden Schuldtiteln, die bereits vor Ende 2010 zum Handeln an einem organisierten Markt im Inland oder in einem anderen EU-Mitgliedstaat oder einem anderen EWR-Vertragsstaat zugelassen wurden, ist auch schon eine Mindeststückelung von 50.000 Euro oder dem am Ausgabetag entsprechenden Gegenwert in einer anderen Währung ausreichend (§ 48 Abs. 2 Satz 2 Nr. 2 WpHG).

36 **IV. Anwendung auf Aktien vertretende Hinterlegungsscheine (§ 48 Abs. 3 WpHG).** § 48 Abs. 3 WpHG dient der Umsetzung des in Art. 2 Abs. 2 lit. e Ziff. iii RL 2004/109/EG (Transparenzrichtlinie) enthaltenen Grundsatzes. Die Vorschrift stellt die Inhaber von Aktien vertretenden Hinterlegungsscheinen den Inhabern der vertretenen Aktien sowohl im Rahmen der § 48 Abs. 1 Nr. 1 bis 5 WpHG als auch des § 49 Abs. 3 Nr. 1 WpHG gleich[10], was eine Pflicht zur Gleichbehandlung von Aktien- mit Hinterlegungsscheininhabern bedeutet[11]. Aktien vertre-

---

1 Diese muss ihrerseits nunmehr u.a. angeben, wie die Aktionäre ihr Stimmrecht durch einen Bevollmächtigten ausüben können und auf die Formulare, die für die Erteilung einer Stimmrechtsvollmacht zu verwenden sind, hinweisen; s. § 121 Abs. 3 Satz 3 Nr. 2 lit. a AktG; so wohl auch *Stoll* in KölnKomm. WpHG, § 30a WpHG Rz. 44.
2 Nur bei einer Übermittlung der Vollmachtsformulare an alle (!) Aktionäre entfällt die Verpflichtung eines börsennotierten Aktienemittenten aus § 124a Satz 1 Nr. 5 AktG, die bei der Stimmrechtsbevollmächtigung zu verwendenden Formulare auf der Internetseite der Gesellschaft zugänglich zu machen.
3 A.A. Begr. RegE, BT-Drucks. 16/2498, 40; *Zimmermann* in Fuchs, § 30a WpHG Rz. 22; BaFin, Emittentenleitfaden 2013, IX.2.2.5, S. 164; *Willamowski* in Heidel, § 30a WpHG Rz. 8; offen gelassen bei: *Heidelbach* in Schwark/Zimmer, § 30a WpHG Rz. 41.
4 *Stoll* in KölnKomm. WpHG, § 30a WpHG Rz. 47.
5 S. auch *Heidelbach* in Schwark/Zimmer, § 30a WpHG Rz. 45.
6 A.A. *Heidelbach* in Schwark/Zimmer, § 30a WpHG Rz. 45.
7 *Stoll* in KölnKomm. WpHG, § 30a WpHG Rz. 46.
8 Begr. RegE, BT-Drucks. 16/2498, 40.
9 S. dazu auch *Zimmermann* in Fuchs, § 30a WpHG Rz. 24; *Heidelbach* in Schwark/Zimmer, § 30a WpHG Rz. 46; *Stoll* in KölnKomm. WpHG, § 30a WpHG Rz. 50; *Willamowski* in Heidel, § 30a WpHG Rz. 9.
10 Ebenso *Willamowski* in Heidel, § 30a WpHG Rz. 10.
11 *Willamowski* in Heidel, § 30a WpHG Rz. 10; *Zimmermann* in Fuchs, § 30a WpHG Rz. 25.

tende Hinterlegungsscheine (§ 2 Abs. 1 Nr. 2 letzter Halbsatz WpHG) sind Urkunden, welche die Inhaberschaft an Aktienurkunden verbriefen. Sie können sowohl über einen Bruchteil als auch eine Vielzahl der bei einer Depotbank hinterlegten Aktienurkunden ausgestellt sein und werden etwa genutzt, um eine Aktie auch im Ausland handelbar zu machen, ohne diese dort separat zulassen zu müssen (so etwa bei *American Depository Receipts* (ADR)).

V. Rechtsfolgen eines Verstoßes. 1. Ordnungswidrigkeitenrecht. Gemäß § 120 Abs. 2 Nr. 11–13 WpHG handelt ordnungswidrig, wer jeweils vorsätzlich oder leichtfertig entgegen § 48 Abs. 1 Nr. 2 WpHG Einrichtungen und Informationen im Inland nicht öffentlich zur Verfügung stellt, entgegen § 48 Abs. 1 Nr. 3 WpHG nicht sicherstellt, dass Daten vor der Kenntnisnahme durch Unbefugte geschützt sind, oder entgegen § 48 Abs. 1 Nr. 4 WpHG nicht sicherstellt, dass eine dort genannte Stelle bestimmt ist. Dies gilt jeweils auch bei einem entsprechenden Verstoß gegen die § 48 Abs. 1 Nr. 2–4 WpHG, wenn diese i.V.m. § 48 Abs. 3 WpHG auf die Inhaber aktienvertretender Hinterlegungsscheine. Die Ordnungswidrigkeit kann gem. § 120 Abs. 24 Halbsatz 3 WpHG mit einer Geldbuße bis zu 100.000 Euro geahndet werden.   37

2. (Sonstiges) Aufsichtsrecht. Bei Verstößen gegen § 48 WpHG kann die BaFin Maßnahmen im Rahmen der Missstandsaufsicht gem. § 6 Abs. 1 Satz 3 WpHG erlassen oder Anordnungen treffen, die zur Durchsetzung des § 48 WpHG geeignet sind (§ 6 Abs. 2 Satz 2 WpHG)[1]. Eine Handelsuntersagung nach § 6 Abs. 2 Satz 4 WpHG kommt dagegen wohl nur in Ausnahmefällen in Betracht[2].   38

3. Zivilrecht. Die Qualität als Schutzgesetz i.S.v. **§ 823 Abs. 2 BGB** steht allenfalls für § 48 **Abs. 1** WpHG in Rede. Die gebotene gesonderte Beurteilung der einzelnen Regelungen führt dazu, die Schutzgesetzeigenschaft im Ergebnis durchweg zu **verneinen**[3]. Für § 48 Abs. 1 **Nr. 1** WpHG[4] folgt dies schon daraus, dass sich das Gleichbehandlungsgebot in Bezug auf die Aktionäre einer inländischen Gesellschaft mit § 53a AktG deckt (Rz. 9). Letztere Vorschrift wird seit jeher lediglich als allgemeiner Rechtsgrundsatz, nicht aber als Schutzgesetz gesehen[5], und es fehlt jeder Anhaltspunkt dafür, dass der Gesetzgeber diese zentrale aktienrechtliche Wertung auf dem Umweg über § 48 Abs. 1 Nr. 1 WpHG verändern wollte[6]. Für § 49 Abs. 1 **Nr. 2 bis 4** WpHG ist ebenfalls nicht zu erkennen, dass die Regelungen einen Schutz von Individualinteressen vor einer näher bestimmten Art ihrer Verletzung bezwecken. Ebenso ist schließlich die Pflicht aus § 49 Abs. 1 **Nr. 5, 6** WpHG zur Übermittlung von Vollmachtsformularen zu beurteilen. Bezweckt ist eine Unterstützung der Wertpapierinhaber bei der Wahrnehmung ihrer Rechte und nicht etwa ihr Schutz gegen Behinderungen durch den Emittenten bei der Ausübung ihrer Rechte.   39

Ebenso wenig kommt ein Schadensersatz des einzelnen Wertpapierinhabers aus § 280 Abs. 1 BGB i.V.m. § 31 BGB analog in Betracht[7]. Über den fehlenden individualschützenden Charakter der Normen kann man sich auch auf diesem Wege nicht hinwegsetzen. Gleiches muss auch für einen Anspruch des Wertpapierinhabers auf Beseitigung der Ungleichbehandlung gelten[8].   40

§ 49 Veröffentlichung von Mitteilungen und Übermittlung im Wege der Datenfernübertragung

(1) Der Emittent von zugelassenen Aktien, für den die Bundesrepublik Deutschland der Herkunftsstaat ist, muss
1. **die Einberufung der Hauptversammlung einschließlich der Tagesordnung, die Gesamtzahl der Aktien und Stimmrechte im Zeitpunkt der Einberufung der Hauptversammlung und die Rechte der Aktionäre bezüglich der Teilnahme an der Hauptversammlung sowie**
2. **Mitteilungen über die Ausschüttung und Auszahlung von Dividenden, die Ankündigung der Ausgabe neuer Aktien und die Vereinbarung oder Ausübung von Umtausch-, Bezugs-, Einziehungs- und Zeichnungsrechten sowie die Beschlussfassung über diese Rechte**

---

1 *Stoll* in KölnKomm. WpHG, § 30a WpHG Rz. 54.
2 *Stoll* in KölnKomm. WpHG, § 30a WpHG Rz. 54.
3 *Stoll* in KölnKomm. WpHG, § 30a WpHG Rz. 57; nur für § 30a Abs. 1 Nr. 4 WpHG a.F. a.A. *Heidelbach* in Schwark/Zimmer, § 30a WpHG Rz. 39; grundsätzlich a.A. *Zimmermann* in Fuchs, § 30a WpHG Rz. 28 ff.; *Willamowski* in Heidel, § 30a WpHG Rz. 11.
4 Ablehnend zur Schutzgesetzqualität des Gleichbehandlungsgebots auch *Kiem* in Habersack/Mülbert/Schlitt, Kapitalmarktinformation, § 12 Rz. 12; *Heidelbach* in Schwark/Zimmer, Vor §§ 30a–e WpHG Rz. 6, § 30a WpHG Rz. 19; ebenso zu § 39 BörsG a.F. etwa *Heidelbach* in Schwark, Kapitalmarktrechts-Kommentar, 3. Aufl. 2004, § 39 BörsG Rz. 7; *Groß*, Kapitalmarktrecht, 3. Aufl. 2006, § 39 BörsG Rz. 6; *Zietsch/Holzborn*, WM 2002, 2356, 2363; a.A. *Zimmermann* in Fuchs, § 30a WpHG Rz. 26 ff.
5 S. nur *Hüffer/Koch*, § 53a AktG Rz. 12; *Henze/Notz* in Großkomm. AktG, 4. Aufl. 2004, § 53a AktG Rz. 25 m.w.N.
6 So auch *Willamowski* in Heidel, § 30a WpHG Rz. 8.
7 *Stoll* in KölnKomm. WpHG, § 30a WpHG Rz. 61; a.A. *Willamowski* in Heidel, § 30a WpHG Rz. 11; *Zimmermann* in Fuchs, § 30a WpHG Rz. 28.
8 Dafür *Willamowski* in Heidel, § 30a WpHG Rz. 11.

unverzüglich im Bundesanzeiger veröffentlichen. Soweit eine entsprechende Veröffentlichung im Bundesanzeiger auch durch sonstige Vorschriften vorgeschrieben wird, ist eine einmalige Veröffentlichung ausreichend.

(2) Der Emittent zugelassener Schuldtitel im Sinne von § 48 Absatz 1 Nummer 6, für den die Bundesrepublik Deutschland der Herkunftsstaat ist, muss

1. den Ort, den Zeitpunkt und die Tagesordnung der Gläubigerversammlung und Mitteilungen über das Recht der Schuldtitelinhaber zur Teilnahme daran sowie
2. Mitteilungen über die Ausübung von Umtausch-, Zeichnungs- und Kündigungsrechten sowie über die Zinszahlungen, die Rückzahlungen, die Auslosungen und die bisher gekündigten oder ausgelosten, noch nicht eingelösten Stücke

unverzüglich im Bundesanzeiger veröffentlichen. Absatz 1 Satz 2 gilt entsprechend.

(3) Unbeschadet der Veröffentlichungspflichten nach den Absätzen 1 und 2 dürfen Emittenten, für die die Bundesrepublik Deutschland der Herkunftsstaat ist, Informationen an die Inhaber zugelassener Wertpapiere im Wege der Datenfernübertragung übermitteln, wenn die dadurch entstehenden Kosten nicht unter Verletzung des Gleichbehandlungsgrundsatzes nach § 48 Absatz 1 Nummer 1 den Wertpapierinhabern auferlegt werden und

1. im Falle zugelassener Aktien
   a) die Hauptversammlung zugestimmt hat,
   b) die Wahl der Art der Datenfernübertragung nicht vom Sitz oder Wohnsitz der Aktionäre oder der Personen, denen Stimmrechte in den Fällen des § 34 zugerechnet werden, abhängt,
   c) Vorkehrungen zur sicheren Identifizierung und Adressierung der Aktionäre oder derjenigen, die Stimmrechte ausüben oder Weisungen zu deren Ausübung erteilen dürfen, getroffen worden sind und
   d) die Aktionäre oder in Fällen des § 34 Absatz 1 Satz 1 Nummer 1, 3, 4 und Absatz 2 die zur Ausübung von Stimmrechten Berechtigten in die Übermittlung im Wege der Datenfernübertragung ausdrücklich eingewilligt haben oder einer Bitte in Textform um Zustimmung nicht innerhalb eines angemessenen Zeitraums widersprochen und die dadurch als erteilt geltende Zustimmung nicht zu einem späteren Zeitpunkt widerrufen haben,
2. im Falle zugelassener Schuldtitel im Sinne von § 48 Absatz 1 Nummer 6
   a) eine Gläubigerversammlung zugestimmt hat,
   b) die Wahl der Art der Datenfernübertragung nicht vom Sitz oder Wohnsitz der Schuldtitelinhaber oder deren Bevollmächtigten abhängt,
   c) Vorkehrungen zur sicheren Identifizierung und Adressierung der Schuldtitelinhaber getroffen worden sind,
   d) die Schuldtitelinhaber in die Übermittlung im Wege der Datenfernübertragung ausdrücklich eingewilligt haben oder einer Bitte in Textform um Zustimmung nicht innerhalb eines angemessenen Zeitraums widersprochen und die dadurch als erteilt geltende Zustimmung nicht zu einem späteren Zeitpunkt widerrufen haben.

Ist eine Datenfernübertragung unter diesen Voraussetzungen nicht möglich, erfolgt die Übermittlung ohne Rücksicht auf anderweitige Satzungsregelungen des Emittenten auf schriftlichem Wege.

In der Fassung des 2. FiMaNoG vom 23.6.2017 (BGBl. I 2017, 1693).

Schrifttum: S. Vor §§ 48 ff. WpHG.

I. Regelungsgegenstand und Regelungszweck .. 1	IV. Art und Weise der Veröffentlichung (§ 49 Abs. 1, 2 WpHG) 29
II. Aktienbezogene Veröffentlichungspflichten (§ 49 Abs. 1 WpHG) 4	V. Datenfernübertragung (§ 49 Abs. 3 WpHG) 30
1. Anwendungsbereich 4	1. Regelungszweck und Regelungsgegenstand ... 30
2. Einberufung der Hauptversammlung 5	2. Datenfernübertragung 34
3. Weitere veröffentlichungspflichtige Ereignisse . 11	3. Gleichbehandlung bei der Kostenbelastung ... 35
4. Unverzüglichkeit der Veröffentlichung 16	4. Weitere Voraussetzungen im Falle zugelassener Aktien 36
III. Schuldtitelbezogene Veröffentlichungspflichten (§ 49 Abs. 2 WpHG) 22	a) Zustimmung der Hauptversammlung 36
1. Anwendungsbereich 22	b) Keine Diskriminierung aufgrund Wohnort oder Sitz des Aktionärs 38
2. *Einberufung der Gläubigerversammlung* 23	c) Sicherstellung der Identifizierung 39
3. Weitere veröffentlichungspflichtige Ereignisse . 24	
4. Unverzüglichkeit der Mitteilung 27	

d) Einwilligung der Aktionäre	40	VI. Rechtsfolgen eines Verstoßes	44
aa) Ausdrückliche Einwilligung	41	1. Ordnungswidrigkeitenrecht	44
bb) Fingierte Einwilligung	42	2. (Sonstiges) Aufsichtsrecht	45
5. Weitere Voraussetzungen im Falle zugelassener Schuldtitel	43	3. Zivilrecht	46

I. Regelungsgegenstand und Regelungszweck. § 49 Abs. 1 WpHG (entspricht dem § 30b WpHG i.d.F. bis 2.1. 2018) setzt Art. 17 Abs. 2 RL 2004/109/EG (Transparenzrichtlinie) um. Hierfür ersetzt er die früher in § 63 Abs. 1 BörsZulV a.F. geregelten Mitteilungs- und Veröffentlichungspflichten im Zusammenhang mit der Einberufung der Hauptversammlung (Satz 1 Nr. 1) und passt die Mitteilungs- und Veröffentlichungspflichten bezüglich bestimmter weiterer Ereignisse (Satz 1 Nr. 2) den Vorgaben des Art. 17 Abs. 2 lit. d RL 2004/109/EG an. 1

§ 49 Abs. 2 WpHG trägt den Vorgaben des Art. 18 Abs. 2 lit. a RL 2004/109/EG (Transparenzrichtlinie) Rechnung. Die Vorschrift ersetzt dabei § 63 Abs. 2 BörsZulV a.F., welcher früher die Mitteilungs- und Veröffentlichungspflichten im Zusammenhang mit Gläubigerversammlungen und der Ausübung wertpapierbezogener Rechte regelte. 2

§ 49 Abs. 3 WpHG setzt die Vorgabe der Art. 17 Abs. 3 und 18 Abs. 4 RL 2004/109/EG (Transparenzrichtlinie) um, wonach der Herkunftsmitgliedstaat den Emittenten die Nutzung elektronischer Hilfsmittel zu gestatten hat. Er regelt nicht nur Mitteilungen im Zusammenhang mit den Abs. 1 und 2, sondern die **Datenfernübertragung** von „Informationen" **generell**. § 49 Abs. 3 WpHG ist daher bei der Erfüllung aller wertpapierinhaberorientierten Mitteilungspflichten bedeutsam, sofern eine elektronische Übermittlung gewählt werden soll. 3

II. Aktienbezogene Veröffentlichungspflichten (§ 49 Abs. 1 WpHG). 1. Anwendungsbereich. Veröffentlichungspflichtig gem. § 49 Abs. 1 WpHG sind Aktienemittenten, für die die Bundesrepublik **Deutschland** der **Herkunftsstaat** ist. Adressaten sind unter den weiteren Voraussetzungen des § 2 Abs. 13 Nr. 1 Alt. 2 WpHG damit inländische, d.h. einen inländischen Satzungssitz aufweisende Emittenten von Stammaktien und/oder stimmrechtslosen Vorzugsaktien, deren Aktien an mindestens einem organisierten Markt (§ 2 Abs. 11 WpHG) in einem EU/EWR-Mitgliedstaat zugelassen sind. Nicht notwendig ist also eine Zulassung an einem regulierten Markt in Inland. Es sind nur solche mitteilungspflichtigen Ereignisse, von der Regelung erfasst, die nach dem Zeitpunkt der Zulassung eintreten[1]. Für vor dem Zeitpunkt der Zulassung eintretende Ereignisse, die fortwirken, bildet die gesetzliche Prospektpublizität eine abschließende Regelung[2]. 4

2. Einberufung der Hauptversammlung. Aktienemittenten haben die Einberufung der Hauptversammlung einschließlich der Tagesordnung zu veröffentlichen und in diese Veröffentlichung zusätzlich bestimmte Angaben zu den Stimmverhältnissen (Rz. 6) sowie zu den Rechten der Aktionäre bezüglich der Hauptversammlungsteilnahme (Rz. 8) aufzunehmen. Diese Informationspflichten entsprechen weithin den aktienrechtlichen Veröffentlichungsvorgaben, weswegen § 49 Abs. 1 Satz 2 WpHG ausdrücklich die einmalige Veröffentlichung der Informationen genügen lässt (näher Rz. 9). 5

Die Angaben zu den **Stimmverhältnissen** müssen die Gesamtzahl der Aktien und die Gesamtzahl der Stimmrechte – jeweils bezogen auf den Zeitpunkt der Einberufung der Hauptversammlung – umfassen. Bei der Zahl der **Aktien** sind Vorzugsaktien ohne Stimmrecht nicht in Abzug zu bringen[3]. Was die Gesamtzahl der **Stimmrechte** anbelangt, sind stimmrechtslose Vorzugsaktien nur im Falle eines Auflebens des Stimmrechts (§ 140 Abs. 2 AktG) zu berücksichtigen[4]. Umgekehrt sind nach dem klaren Gesetzeswortlaut („Gesamtzahl") die Stimmrechte aus vom Aktienemittenten gehaltenen eigenen Aktien trotz ruhendem Stimmrecht (§ 71b AktG) nicht abzuziehen[5], und ebenso liegt es bei Stimmrechten aus Aktien, die einem Rechtsverlust nach § 44 WpHG, § 58 WpÜG unterliegen[6]. Unbenommen ist es dem Emittenten allerdings, diese Positionen jeweils gesondert auszuweisen[7], soweit er Kenntnis davon hat, ob und in welchem Umfang Aktien von einem Stimmrechtsverlust betroffen sind. Beim Vorhandensein unterschiedlicher Aktiengattungen ist ein getrennter Ausweis von Aktien und Stimmrecht je Gattung nach dem Wortlaut des Gesetzes nicht erforderlich[8]. Sieht die Tagesordnung allerdings Sonderbeschlüsse für einzelne (z.B. § 141 AktG) oder mehrere Aktiengattungen vor, ist ein gesonderter Ausweis für die betreffende(n) Aktiengattung(en) notwendig[9]. 6

---

1 *Stoll* in KölnKomm. WpHG, § 30b WpHG Rz. 16.
2 *Stoll* in KölnKomm. WpHG, § 30b WpHG Rz. 16.
3 BaFin, Emittentenleitfaden 2013, IX.3.2.1.1., S. 165; *Zimmermann* in Fuchs, § 30b WpHG Rz. 12.
4 Ebenso *Zimmermann* in Fuchs, § 30b WpHG Rz. 13.
5 BaFin, Emittentenleitfaden 2013, IX.3.2.1.1., S. 165; *Heidelbach* in Schwark/Zimmer, § 30b WpHG Rz. 8; *Stoll* in KölnKomm. WpHG, § 30b WpHG Rz. 30; a.A. *Zimmermann* in Fuchs, § 30b WpHG Rz. 13.
6 BaFin, Emittentenleitfaden 2013, IX.3.2.1.1., S. 165; *Heidelbach* in Schwark/Zimmer, § 30b WpHG Rz. 8; *Stoll* in KölnKomm. WpHG, § 30b WpHG Rz. 31; *Michel* in Just/Voß/Ritz/Becker, § 30b WpHG Rz. 13; a.A. *Zimmermann* in Fuchs, § 30b WpHG Rz. 13.
7 *Heidelbach* in Schwark/Zimmer, § 30b WpHG Rz. 8.
8 *Stoll* in KölnKomm. WpHG, § 30b WpHG Rz. 29.
9 Insoweit auch *Heidelbach* in Schwark/Zimmer, § 30b WpHG Rz. 8.

7 Nach § 49 Abs. 1 Satz 1 Nr. 1 WpHG sind die „im Zeitpunkt der Einberufung der Hauptversammlung" gegebenen Größen anzugeben. Demgegenüber kennt die aktienrechtliche Regelung nur den Tag der (Bekanntmachung der) Einberufung[1]. Verfügt die Gesellschaft lediglich über ein Gesellschaftsblatt, erfolgt die (Bekanntmachung der) Einberufung durch Einrücken in den Bundesanzeiger[2]. **Zeitpunkt** der Einberufung i.S.d. § 49 Abs. 1 Satz 1 Nr. 1 WpHG ist daher das **Einstellen** dieser Information auf der **Website** des **Bundesanzeigers**[3]. Derselbe Zeitpunkt ist aber auch dann maßgeblich, wenn die Gesellschaft über mehrere Gesellschaftsblätter (§ 25 Satz 2 AktG) verfügt und also die (Bekanntmachung der) Einberufung erst mit Erscheinen des letzten Blattes[4] erfolgt ist. Dieser Stichtag ist in der Veröffentlichung dann auch ausdrücklich zu nennen. Nicht mehr vom richtlinienkonformen Gesetzeswortlaut abgedeckt ist dagegen der Vorschlag, die Angaben zu Aktien und Stimmrechten statt auf den Tag der (voraussichtlichen) Veröffentlichung auf einen davor liegenden Stichtag zu beziehen und diese Vorverlagerung in der Veröffentlichung hinreichend deutlich zu machen[5].

8 Die Verpflichtung zur Angabe der **Rechte** der Aktionäre bezüglich der **Teilnahme** an der Hauptversammlung ist trotz Formulierungsunterschieden inhaltlich **deckungsgleich** mit der von **§ 121 Abs. 3 Satz 3 Nr. 1 AktG** vorgeschriebenen Angabe der „Voraussetzungen für die Teilnahme an der Versammlung und die Ausübung des Stimmrechts ..."[6]. Beiden Bestimmungen geht es in der Sache übereinstimmend darum, dass die Aktionäre wissen, von welchen Voraussetzungen ihre Teilnahme an der Hauptversammlung und die Ausübung des Stimmrechts abhängt.

9 Die gem. § 49 Abs. 1 Satz 1 Nr. 1 WpHG zu veröffentlichenden Informationen sind inhaltlich zum Teil identisch mit denjenigen Angaben, die die Gesellschaft nach §§ 121 Abs. 3 Satz 3, 124 Abs. 1 Satz 1 AktG bei der Einberufung der Hauptversammlung zu veröffentlichen hat; lediglich mit der Veröffentlichung auch der Gesamtzahl der Aktien und der Gesamtzahl der Stimmrechte geht § 49 Abs. 1 Satz 1 Nr. 1 WpHG über die aktienrechtlichen Publikationspflichten hinaus[7]. Dieser partiellen Überlappung trägt § 49 Abs. 1 Satz 2 WpHG dergestalt Rechnung, dass eine **einmalige Veröffentlichung** ausreichend ist, wenn darin auch alle Angaben gem. § 49 Abs. 1 WpHG enthalten sind[8]. Die nach aktiengesetzlichen Maßgaben erfolgende Bekanntmachung der Einberufung der Hauptversammlung im Bundesanzeiger (§§ 121 Abs. 4 Satz 1, Abs. 4a[9], 25 Satz 1 AktG) befreit also dann von der kapitalmarktrechtlichen Veröffentlichungspflicht, wenn auch die weitergehenden Angaben des § 49 Abs. 1 Satz 1 Nr. 1 WpHG mit enthalten sind[10].

10 Die Befreiungsregelung des § 49 Abs. 1 Satz 2 WpHG erfordert, was die „Gesamtzahl der Aktien" und die „Gesamtzahl der Stimmrechte" angeht, jeweils eine auf den **künftigen** Zeitpunkt der Einberufung der Hauptversammlung (Rz. 6) bezogene Angabe. Verfügt die Gesellschaft über ein bedingtes Kapital zum Zwecke der Bedienung von *stock options* muss daher eine Ausgabe von Aktien aus bedingtem Kapital bis zum Einberufungszeitpunkt unterbleiben[11]. Andernfalls besteht die Veröffentlichungspflicht des Emittenten aus § 49 Abs. 1 Satz 1 WpHG vollumfänglich fort.

11 **3. Weitere veröffentlichungspflichtige Ereignisse.** Aktienemittenten haben ferner Mitteilungen über die Ausschüttung und Auszahlung von Dividenden, die Ankündigung der Ausgabe neuer Aktien (Rz. 15) sowie über die Vereinbarung oder Ausübung von Umtausch-, Bezugs-, Einziehungs- und Zeichnungsrechten (Rz. 12) sowie die Beschlussfassung über diese Rechte (Rz. 13) zu veröffentlichen[12]. Diese Informationspflichten entsprechen ebenfalls weithin den aktienrechtlichen Veröffentlichungsvorgaben, weswegen § 49 Abs. 1 Satz 2 WpHG auch insoweit die einmalige Veröffentlichung der Informationen genügen lässt[13].

---

1 S. §§ 121 Abs. 3, Abs. 4 Satz 1, 123 Abs. 1, 124 Abs. 1 AktG.
2 §§ 121 Abs. 4 Satz 1, 25 Satz 1 AktG.
3 BaFin, Emittentenleitfaden 2013, IX.3.2.1.2., S. 166.
4 S. *Hüffer/Koch*, § 121 AktG Rz. 11a.
5 BaFin, Emittentenleitfaden 2013, IX.3.2.1.1., S. 165; a.A. *Kiem* in Habersack/Mülbert/Schlitt, Kapitalmarktinformation, § 12 Rz. 27; *Heidelbach* in Schwark/Zimmer, § 30b WpHG Rz. 8; differenzierend *Zimmermann* in Fuchs, § 30b WpHG Rz. 14; auf den Beschlusszeitpunkt zur Einberufung der Hauptversammlung abstellend *Willamowski* in Heidel, § 30b WpHG Rz. 3.
6 Allg. Auff.; *Noack*, WM 2007, 377, 378; *Kiem* in Habersack/Mülbert/Schlitt, Kapitalmarktinformation, § 12 Rz. 28; *Heidelbach* in Schwark/Zimmer, § 30b WpHG Rz. 8; *Stoll* in KölnKomm. WpHG, § 30b WpHG Rz. 33; *Zimmermann* in Fuchs, § 30b WpHG Rz. 15; *Bosse*, DB 2007, 39, 43.
7 *Willamowski* in Heidel, § 30b WpHG Rz. 3; *Süßmann*, NZG 2015, 467, 469.
8 Kritisch zur Regelungssystematik *Handelsrechtsausschuss des Deutschen Anwaltvereins*, NZG 2006, 655, 657; *Noack*, WM 2007, 377, 378.
9 Der nach § 121 Abs. 4a AktG bei börsennotierten Gesellschaften zudem erforderlichen Zuleitung an ein Medium, das die Bekanntmachung in der ganzen Europäischen Union gewährleistet, ist nach h.M. bereits mit der Veröffentlichung im Bundesanzeiger genügt (*Hüffer/Koch*, § 121 AktG Rz. 11a); *Reger* in Bürgers/Körber, § 121 AktG Rz. 19a.
10 *Heidelbach* in Schwark/Zimmer, § 30b WpHG Rz. 8; *Willamowski* in Heidel, § 30b WpHG Rz. 3.
11 A.A. *Heidelbach* in Schwark/Zimmer, § 30b WpHG Rz. 8; *Süßmann*, NZG 2015, 467, 469.
12 Dazu BaFin, Emittentenleitfaden 2013, IX.3.3., S. 166 ff.
13 *Stoll* in KölnKomm. WpHG, § 30b WpHG Rz. 54 f.

12 Die Mitteilungspflicht betreffend **Umtausch-, Bezugs-** und **Zeichnungsrechte** besteht bei allen Vorgängen, bei denen Aktionären neue Aktienurkunden erhalten oder neue Mitgliedschaftsrechte erwerben können. Hierzu gehört auch das Erwerbsrecht der Aktionäre bei der Veräußerung eigener Aktien gem. § 71 Abs. 1 Nr. 8 AktG[1]. Im Übrigen ist die Erwähnung von Zeichnungsrechten gegenüber dem Mitteilungserfordernis betreffend Bezugsrechte ohne eigenständige Bedeutung[2]. Denn die Unterscheidung von Bezugs- und Zeichnungsrechten ist dem Aktienrecht in der Sache fremd. Das Bezugsrecht des Aktionärs als seine mitgliedschaftliche Berechtigung, neu geschaffene Mitgliedschaftsrechte zu erwerben oder – im Falle der Veräußerung eigener Aktien – bestehende Mitgliedschaftsrechte anteilig erwerben zu können, umfasst vielmehr auch sein Zeichnungsrecht, soweit die Zeichnung für den Erwerb der Mitgliedschaftsrechte erforderlich ist.

13 Die geforderte Veröffentlichung von „**Ausübung**" und „**Vereinbarung**" der Rechte und der „**Beschlussfassung**" über diese Rechte[3] geht formal über die Vorgaben des Art. 17 Abs. 2 lit. d RL 2004/109/EG (Transparenzrichtlinie) hinaus, der lediglich eine Information über „etwaige Vereinbarungen" im Bezug auf die genannten Rechte verlangt. Ursächlich hierfür ist, dass § 63 Abs. 1 BörsZulV a.F. entsprechend der Umsetzungsvorgabe des Art. 65 Abs. 2 lit. c RL 2001/34/EG (alte Koordinierungsrichtlinie)[4] von „Ausübung" sprach. Der Gesetzgeber des TUG ging wohl davon aus, dass die Forderung des Art. 17 Abs. 2 lit. d RL 2004/109/EG nach Veröffentlichung von „etwaigen Vereinbarungen" eine Neuerung gegenüber der alten Koordinierungsrichtlinie bildet und entschied sich für die kumulative Nennung der beiden Merkmale. Künftig sei „nicht nur die Ausübung, sondern bereits die Vereinbarung bestimmter Rechte veröffentlichungspflichtig"[5]. Dabei ging er freilich daran vorbei, dass schon früher der – ohnehin nur in der deutschen Fassung der Richtlinie vorkommende – Begriff „Ausübung" in der deutschen Fassung des Art. 65 Abs. 2 RL 2001/34/EG nach Sinn und Zweck als „etwaige Vereinbarungen" zu verstehen war. Durch die von Art. 65 Abs. 2 RL 2001/34/EG vorgesehene Offenlegung sollte die Gesellschaft nämlich „Informationen erteilen, damit die Aktionäre ihre Rechte ausüben können". Bezweckt war also nicht die retrospektive Information über die erfolgte Ausübung von Bezugs- oder anderen Rechten, sondern die nach vorne gerichtete Information der Aktionäre darüber, wie sie in der Zukunft etwaige Bezugs- und andere Rechte würden ausüben können. Im Einklang damit stellte die Begründung zu § 63 Abs. 1 BörsZulV a.F. ebenfalls klar, dass die „vorgeschriebene Information über die Ausübung ... die Information über diese Rechte selbst und nicht eine laufende Information über den Umfang, in dem von diesen Rechten Gebrauch gemacht worden ist", meint[6]. Vor diesem Hintergrund kann und muss es auch für § 49 Abs. 1 Satz 1 Nr. 2 WpHG dabei bewenden, dass der Emittent allein **Informationen** über die genannten **Rechte und** die **Modalitäten ihrer Ausübung**, nicht aber auch über deren erfolgte Ausübung, zu veröffentlichen hat[7]. Hierzu gehört auch der Hinweis, dass ein Hauptversammlungsbeschluss, etwa anlässlich der Schaffung eines genehmigten Kapitals oder bei der Ermächtigung zum Erwerb eigener Aktien, das **Bezugsrecht ausgeschlossen** hat[8] oder dass im Falle eines genehmigten Kapitals der Vorstand zum Ausschluss des Bezugsrechts ermächtigt wurde[9]. Bei der erforderlichen Veröffentlichung bietet sich an, dabei auf die Bekanntmachung des Wortlautes des Beschlusses im Rahmen der Veröffentlichung der Einladung zur Hauptversammlung Bezug zu nehmen.

14 Die Mitteilungspflicht bezüglich der **Einziehung** von Aktien erfasst auch den Rückerwerb eigener Aktien gem. § 71 Abs. 1 Nr. 8 AktG[10]. Gegenläufig ist eine Mitteilung nur im Falle der Zwangseinziehung (§ 237 Abs. 1 Satz 1 Alt. 1 AktG) geboten, nicht auch bei der Einziehung von Aktien, die die Gesellschaft bereits erworben hat (§ 237 Abs. 1 Satz 1 Alt. 2 AktG)[11].

15 Für die Pflicht zur Mitteilung der **Ausgabe neuer Aktien**[12] wird, dem aktienrechtlichen Sprachgebrauch folgend, richtigerweise darauf abgestellt, dass die Aktien bei der regulären Kapitalerhöhung und dem genehmigten

---

1 BaFin, Emittentenleitfaden 2013, IX.3.4.1., S. 170; wohl auch *Zimmermann* in Fuchs, § 30b WpHG Rz. 16.
2 I.E. ähnlich *Heidelbach* in Schwark/Zimmer, § 30b WpHG Rz. 8: Begriffe sind austauschbar; *Stoll* in KölnKomm. WpHG, § 30b WpHG Rz. 42.
3 Die Ergänzung durch das Gesetz zur Umsetzung der Transparenzrichtlinie-Änderungsrichtlinie dient der Präzisierung und Klarstellung des Wortlauts, s. Begr. RegE, BT-Drucks. 18/5010, 49.
4 Richtlinie 2001/34/EG des Europäischen Parlaments und des Rates über die Zulassung von Wertpapieren zur amtlichen Börsennotierung und über die hinsichtlich dieser Wertpapiere zu veröffentlichenden Informationen, ABl. EG Nr. L 184 v. 6.7.2001, S. 1.
5 Begr. RegE, BT-Drucks. 16/2498, 40.
6 Begr. Verordnung über die Zulassung von Wertpapieren zur amtlichen Notierung an einer Wertpapierbörse (Börsenzulassungs-Verordnung – BörsZulV), BR-Drucks. 72/87, 91.
7 Ebenso *Heidelbach* in Schwark/Zimmer, § 30b WpHG Rz. 10, 12; *Stoll* in KölnKomm. WpHG, § 30b WpHG Rz. 52; *Zimmermann* in Fuchs, § 30b WpHG Rz. 16; BaFin, Emittentenleitfaden 2013, IX.3.3.3.2., S. 169.
8 Ebenso BaFin, Emittentenleitfaden 2013, IX.3.3.3.1., S. 169; *Zimmermann* in Fuchs, § 30b WpHG Rz. 16; a.A. *Heidelbach* in Schwark/Zimmer, § 30b WpHG Rz. 12; *Rieckers*, ZIP 2009, 700, 701; *Stoll* in KölnKomm. WpHG, § 30b WpHG Rz. 46; *Süßmann*, NZG 2015, 467, 472 f.
9 BaFin, Emittentenleitfaden 2013, IX.3.4.3., S. 170 f.
10 BaFin, Emittentenleitfaden 2013, IX.3.4.1., S. 170.
11 Undifferenzierter BaFin, Emittentenleitfaden 2013, IX.3.4.2, S. 170; *Willamowski* in Heidel, § 30b WpHG Rz. 4; a.A. *Stoll* in KölnKomm. WpHG, § 30b WpHG Rz. 43.
12 Kritisch zur Sinnhaftigkeit der Regelung *Süßmann*, NZG 2015, 467, 469 f.

Kapital mit der Eintragung der Durchführung der Kapitalerhöhung ins Handelsregister ausgegeben sind (§§ 189, 191 AktG, auch i.V.m. § 203 Abs. 1 AktG)[1]. Beim bedingten Kapital ist demgegenüber die Eintragung des Kapitalerhöhungsbeschlusses oder, soweit die Begebungsverträge mit den künftigen Aktionären erst danach geschlossen werden, der jeweilige spätere Zeitpunkt maßgeblich[2].

16   **4. Unverzüglichkeit der Veröffentlichung.** Die gebotene Veröffentlichung hat unverzüglich zu erfolgen. Bei den Informationspflichten betreffend die Einberufung der Hauptversammlung (**§ 49 Abs. 1 Satz 1 Nr. 1 WpHG**) ist diesem Erfordernis mit der Beachtung der diesbezüglichen aktienrechtlichen Vorschriften genügt[3].

17   Bei den Pflichten des **§ 49 Abs. 1 Satz 1 Nr. 1 WpHG** zur Veröffentlichung weiterer Ereignisse entzieht sich der **Fristbeginn** für die gebotene unverzügliche Veröffentlichung einer einheitlichen Festlegung[4].

18   Für den Tatbestand der Ausübung von Umtausch- oder Bezugsrechten ist bei der **regulären Kapitalerhöhung** (§ 182 AktG) die Fassung des Hauptversammlungsbeschlusses maßgeblich, nicht erst dessen Eintragung im Handelsregister[5]. § 188 Abs. 4 AktG gestattet nämlich, die Anmeldung des Kapitalerhöhungsbeschlusses (§ 182 AktG) mit der Anmeldung der Durchführung der Erhöhung des Grundkapitals zu verbinden, so dass bei der Anknüpfung an den Zeitpunkt der Eintragung ins Handelsregister die bezweckte Information der Aktionäre vielfach ins Leere ginge und die Pflicht zur Information der Aktionäre über ihre Möglichkeiten der Rechtsausübung auf eine bloße Dokumentationspflicht verkürzt würde. Das stünde im Widerspruch zur Intention des Gesetzgebers, den Aktionären erforderliche Basisinformationen zur Ausübung ihrer Rechte verfügbar zu machen und vor allem im Widerspruch zu den Vorgaben des Art. 17 Abs. 2 RL 2004/109/EG (Transparenzrichtlinie), wonach allen Aktionären die zur Ausübung ihrer Rechte benötigten Informationen zur Verfügung gestellt werden müssen (Satz 1) und insbesondere auch „über etwaige Vereinbarungen in Bezug auf die Zuteilung, Zeichnung, Einziehung bzw. den Umtausch" zu informieren ist. Aus denselben Gründen beginnt im Falle des genehmigten Kapitals die Frist schon, wenn der **Vorstand** mit Zustimmung des Aufsichtsrats eine (teilweise) Ausnutzung des **genehmigten Kapitals** beschließt[6]. Beim **bedingten Kapital** schließlich ist für den Fristbeginn ebenfalls die Fassung des Hauptversammlungsbeschlusses maßgeblich, nicht dessen Eintragung[7]. Denn trotz des Verbots einer Aktienausgabe vor Eintragung (§ 197 AktG) kann die Gesellschaft den künftigen Erwerbern bereits vor diesem Zeitpunkt ein durch die Eintragung aufschiebend bedingtes Bezugsrecht rechtsgeschäftlich einräumen.

19   Im Falle der **Einziehung** beginnt die Frist ebenfalls mit Ablauf des Tages, an dem die Hauptversammlung den Einziehungsbeschluss fasst oder, im Falle einer von der Satzung angeordneten Zwangseinziehung (§ 237 Abs. 5 AktG), der Vorstand den Einziehungsbeschluss fasst. Im Falle des Rückerwerbs eigener Aktien ist ebenfalls die Beschlussfassung durch die Hauptversammlung maßgeblich.

20   Fristbeginn im Falle der **Ausgabe neuer Aktien** ist der Zeitpunkt, in dem die Mitgliedschaftsrechte in der Person des Erwerbers wirksam entstehen[8].

21   **Unverzüglichkeit** (§ 121 BGB) erfordert grundsätzlich, dass die Information noch am Tage des Ereignisses oder spätestens am folgenden Arbeitstag im Bundesanzeiger veröffentlicht wird[9].

22   **III. Schuldtitelbezogene Veröffentlichungspflichten (§ 49 Abs. 2 WpHG). 1. Anwendungsbereich. Adressaten** der Veröffentlichungspflichten sind Emittenten von zugelassenen Schuldtiteln i.S.d. § 48 Abs. 1 Nr. 6 WpHG (s. § 48 WpHG Rz. 31) mit der Bundesrepublik Deutschland als Herkunftsstaat (§ 2 Abs. 13 WpHG). Es sind nur solche mitteilungspflichtigen Ereignisse von der Regelung erfasst, die nach dem Zeitpunkt der Zulassung eintreten. Für vor dem Zeitpunkt der Zulassung eintretende Ereignisse, die fortwirken, bildet die gesetzliche Prospektpublizität eine abschließende Regelung.

23   **2. Einberufung der Gläubigerversammlung.** Der Emittent muss Ort, Zeitpunkt und Tagesordnung der **Gläubigerversammlung** sowie Mitteilungen über das Recht der Schuldtitelinhaber zur Teilnahme an der Gläubigerversammlung veröffentlichen. § 49 Abs. 2 Satz 1 Nr. 1 WpHG geht insofern weiter als die Veröffentlichungs-

---

1   BaFin, Emittentenleitfaden 2013, IX.3.3.2.2., S. 167; a.A. *Heidelbach* in Schwark/Zimmer, § 30b WpHG Rz. 10: das gegebenenfalls spätere „in den Rechtsverkehr bringen" der Aktien ist maßgeblich; unklar *Zimmermann* in Fuchs, § 30b WpHG Rz. 16.
2   A.A. BaFin, Emittentenleitfaden 2013, IX.3.3.2.2., S. 167: Eintragung des Beschlusses über das bedingte Kapital; *Heidelbach* in Schwark/Zimmer, § 30b WpHG Rz. 15: Eintragung stets maßgeblich; unklar *Zimmermann* in Fuchs, § 30b WpHG Rz. 16.
3   *Heidelbach* in Schwark/Zimmer, § 30b WpHG Rz. 14; *Stoll* in KölnKomm. WpHG, § 30b WpHG Rz. 56.
4   *Stoll* in KölnKomm. WpHG, § 30b WpHG Rz. 56.
5   A.A. *Heidelbach* in Schwark/Zimmer, § 30b WpHG Rz. 15; *Stoll* in KölnKomm. WpHG, § 30b WpHG Rz. 36; BaFin, Emittentenleitfaden 2013, IX.3.3.2.5., S. 168.
6   A.A. *Stoll* in KölnKomm. WpHG, § 30b WpHG Rz. 38.
7   *Heidelbach* in Schwark/Zimmer, § 30b WpHG Rz. 15; *Stoll* in KölnKomm. WpHG, § 30b WpHG Rz. 39.
8   A.A. *Heidelbach* in Schwark/Zimmer, § 30b WpHG Rz. 14: das gegebenenfalls spätere „in den Rechtsverkehr bringen" der Aktien ist maßgeblich. Noch anders zum bedingten Kapital: Eintragung des Kapitalerhöhungsbeschlusses (Rz. 15).
9   A.A. *Süßmann*, NZG 2015, 467, 474 mit der Begründung: „…es schaut sowieso niemand in den Bundesanzeiger!".

pflichten gem. §§ 9, 12 SchVG, die nur für nach deutschem Recht begebene Schuldverschreibungen gelten und zudem lediglich Zeit und Ort der Gläubigerversammlung sowie die Bedingungen für die Teilnahme und für die Ausübung des Stimmrechts nennen müssen.

3. Weitere veröffentlichungspflichtige Ereignisse. Veröffentlichungspflichtig sind weiterhin Mitteilungen über die Ausübung von **Umtausch-, Zeichnungs- und Kündigungsrechten** sowie über **Zinszahlungen, Rückzahlungen, Auslosungen** und über die bisher gekündigten oder ausgelosten, **noch nicht eingelösten Stücke**. § 49 Abs. 2 Satz 1 Nr. 2 WpHG entspricht damit genau § 63 Abs. 2 Satz 1 BörsZulV a.F.

24

Der Begriff der **Ausübung** ist wie bei Aktien dahin zu verstehen, dass der Emittent **Informationen** über die **Umtausch-, Zeichnungs- und Kündigungsrechte** und die **Modalitäten ihrer Ausübung** zu veröffentlichen hat. Nicht erforderlich ist eine fortlaufende Berichterstattung über diese Tatbestände. Auch Art. 18 Abs. 2 lit. d RL 2004/109/EG (Transparenzrichtlinie) will – wie zuvor in aller Klarheit schon die Art. 78 Abs. 2 und 83 Abs. 2 der aufgehobenen RL 2001/34/EG (Koordinierungsrichtlinie)[1] – sicherstellen, dass Schuldtitelinhaber ihre Rechte in der Zukunft ausüben können, nicht ein Informationssystem bezüglich abgeschlossener Vorgänge etablieren.

25

Was die Mitteilungspflicht betreffend **Zinszahlungen** im Besonderen betrifft, ist nach den Umsetzungsvorgaben des Art. 18 Abs. 2 Satz 3 lit. a RL 2004/109/EG (Transparenzrichtlinie) kein Raum mehr für die auf die Regierungsbegründung zu § 63 Abs. 2 BörsZulV a.F.[2] zurückgehende Einschränkung, dass für die Mitteilung über die Zinszahlung im Normalfall bei festem Zinssatz und datumsmäßiger Festlegung der Zahlungstermine die einmalige Angabe in dem veröffentlichten Prospekt genüge[3]. Bei Schuldtiteln mit variablem Zinssatz ist die Veröffentlichung lediglich der Zahlungsankündigung nur dann ausreichend, wenn der zugrunde zu legende Zinssatz noch nicht bekannt ist[4]. Keine Veröffentlichungspflicht besteht, wenn sich lediglich der Zinsberechnung zugrunde liegende Faktoren verändern, etwa bei derivativen Strukturen eine Wertveränderung beim Basiswert mit Auswirkung auf die Höhe der künftigen Zinszahlung[5]. Tilgungs- oder **Rückzahlungsleistungen** sind auch als reguläre Leistungen veröffentlichungspflichtig[6].

26

4. Unverzüglichkeit der Mitteilung. Im Hinblick auf die geforderte Unverzüglichkeit (§ 121 BGB) der Veröffentlichung ist für den **Fristbeginn** auf den Zeitpunkt des jeweiligen **konkreten** Ereignisses abzustellen, und zwar auch bei wiederkehrenden Vorgängen wie etwa Zinszahlungen. Hiervon ging schon die Regierungsbegründung zu § 63 Abs. 2 BörsZulV a.F. aus, wenn sie für die Mitteilung über die Zinszahlung im Normalfall bei festem Zinssatz und datumsmäßiger Festlegung der Zahlungstermine als nunmehr überholte Ausnahme anerkannte, dass die einmalige Angabe in dem veröffentlichten Prospekt genüge[7]. Für die Information über Kündigungsrechte im Besonderen folgt hieraus, dass der Emittent in Bezug auf Kündigungsrechte jeweils gesondert zu informieren hat, wenn einer der in den Anleihebedingungen vorgesehenen Kündigungsgründe eintritt.

27

Dem Erfordernis einer **unverzüglichen** (§ 121 BGB) Mitteilung betreffend die Gläubigerversammlung ist jedenfalls dann Genüge getan, wenn hierbei die Anforderungen der §§ 9, 12 SchVG gewahrt werden[8]. Bei den Mitteilungen betreffend weitere Ereignisse ist grundsätzlich erforderlich, dass die Information noch am Tage des (kalendermäßig feststehenden) Ereignisses oder spätestens am folgenden Arbeitstag im Bundesanzeiger veröffentlicht wird. Sind wie im Falle von Kündigungsrechten gegebenenfalls sogar schwierige(re) Rechtsfragen zu beantworten, bestehen weniger strenge Anforderungen[9].

28

IV. Art und Weise der Veröffentlichung (§ 49 Abs. 1, 2 WpHG). Mitteilungen gem. § 49 Abs. 1, 2 WpHG sind im **Bundesanzeiger** zu veröffentlichen. Insoweit sieht das Gesetz für die Emittenten von Aktien einerseits und anderer Schuldtitel andererseits ein einheitliches Veröffentlichungsregime vor. Da für die Emittenten in der Regel Deutschland der Herkunftsstaat ist (Rz. 4 und 22), ist eine Veröffentlichung in deutscher Sprache erforderlich und ausreichend[10]; ausnahmsweise kann auch eine Veröffentlichung auf Englisch zulässig sein[11].

29

---

1 Deswegen war auch schon § 63 Abs. 2 BörsZulV a.F. keine fortlaufende Informationspflicht zu entnehmen. Zutreffend *Heidelbach* in Schwark, Kapitalmarktrechts-Kommentar, 3. Aufl. 2004, § 63 BörsZulV Rz. 3; a.A. wohl *Gebhardt* in Schäfer/Hamann, § 63 BörsZulV Rz. 15.
2 Begr. Verordnung über die Zulassung von Wertpapieren zur amtlichen Notierung an einer Wertpapierbörse (Börsenzulassungs-Verordnung – BörsZulV), BR-Drucks. 72/87, 91.
3 *Stoll* in KölnKomm. WpHG, § 30b WpHG Rz. 60; a.A. *Heidelbach* in Schwark/Zimmer, § 30b WpHG Rz. 22; *Zimmermann* in Fuchs, § 30b WpHG Rz. 19.
4 *Heidelbach* in Schwark/Zimmer, § 30b WpHG Rz. 22.
5 *Heidelbach* in Schwark/Zimmer, § 30b WpHG Rz. 22.
6 A.A. *Heidelbach* in Schwark/Zimmer, § 30b WpHG Rz. 22.
7 Begr. Verordnung über die Zulassung von Wertpapieren zur amtlichen Notierung an einer Wertpapierbörse (Börsenzulassungs-Verordnung – BörsZulV), BR-Drucks. 72/87, 91.
8 *Heidelbach* in Schwark/Zimmer, § 30b WpHG Rz. 23.
9 Ebenso *Heidelbach* in Schwark/Zimmer, § 30b WpHG Rz. 23.
10 BaFin, Emittentenleitfaden 2013, IX.3.1.1., S. 164; *Stoll* in KölnKomm. WpHG, § 30b WpHG Rz. 57.
11 BaFin, Emittentenleitfaden 2013, IX.3.1.1., S. 165.

30 **V. Datenfernübertragung (§ 49 Abs. 3 WpHG). 1. Regelungszweck und Regelungsgegenstand.** § 49 Abs. 3 WpHG beruht auf den Vorgaben der Art. 17 Abs. 3 und 18 Abs. 4 RL 2004/109/EG (Transparenzrichtlinie). Ausweislich ihres Erwägungsgrunds 22 sollte auf einer Haupt- oder Gläubigerversammlung über den Einsatz moderner Informations- und Kommunikationstechnologien entschieden werden, um die Unterrichtung der Wertpapierinhaber zu erleichtern und insbesondere auch die im Ausland ansässigen Wertpapierinhaber aktiver einzubeziehen.

31 Gemessen am Regelungszweck bedeuten die inhaltlichen Vorgaben der Art. 17 Abs. 3 und Art. 18 Abs. 4 RL 2004/109/EG (Transparenzrichtlinie) in ihrer Umsetzung durch § 49 Abs. 3 WpHG einen **Rückschritt**[1] gegenüber dem früheren Rechtszustand. Schon früher kommunizierten vor allem Dax-Gesellschaften aus Kostengründen mit Aktionären auf elektronischem Wege (vor allem per E-Mail)[2]. Die hierbei geübte Praxis, die Zustimmung zur elektronischen Übermittlung von Einladungen zur Hauptversammlung, Eintrittskartenbestellungen oder Vollmachtsformularen sich qua Individualeinwilligung vom jeweiligen Aktionär erteilen zu lassen, ist mit § 49 Abs. 3 WpHG nicht länger vereinbar. Erschwerend kommt nun hinzu, dass die Art. 17 Abs. 3 und Art. 18 Abs. 4 RL 2004/109/EG jeweils einen vorgängigen Beschluss der Haupt- bzw. Gläubigerversammlung als Voraussetzung für den Einsatz elektronischer Kommunikationsmittel verlangen, obwohl eine Gläubigerversammlung regelmäßig eine singuläre, sich nicht regelmäßig oder gar kurzfristig wiederholende Veranstaltung ist. Um den vom Richtlinengeber verfolgten Regelungszweck effektiv zu fördern, müsste die Möglichkeit der elektronischen Kommunikation bereits in der Satzung[3] bzw. in den Anleihebedingungen vorgesehen werden können. Dem steht nunmehr aber § 49 Abs. 3 Satz 2 WpHG entgegen, der vorschreibt, dass, wenn eine Datenfernübertragung unter den Voraussetzungen des § 49 Abs. 3 WpHG nicht möglich ist, die Übermittlung ohne Rücksicht auf anderweitige Satzungsregelungen des Emittenten auf schriftlichem Wege erfolgen muss. Ausweislich der Regierungsbegründung ist in Abweichung von § 126 BGB keine eigenhändige Unterschrift erforderlich, so dass auch etwa ein maschinell erstellter Serienbrief genügt[4].

32 § 49 Abs. 3 WpHG knüpft die **Zulässigkeit** der Übermittlung von Informationen im Wege der Datenfernübertragung an die Inhaber zugelassener Aktien und zugelassener Schuldtitel i.S.d. § 48 Abs. 1 Nr. 6 WpHG (§ 48 WpHG Rz. 31) an eine Reihe von Voraussetzungen. Dabei unterscheidet der Gesetzestext für einige Voraussetzungen zwar formal zwischen der Übermittlung im Falle zugelassener Aktien (§ 49 Abs. 3 Satz 1 Nr. 1 WpHG) und der Übermittlung im Falle zugelassener Schuldtitel i.S.v. § 48 Abs. 1 Nr. 6 WpHG (§ 49 Abs. 3 Satz 1 Nr. 2 WpHG), stellt im Ergebnis aber **identische Anforderungen**.

33 Die Vorschrift betrifft **alle** Informationen, die ein Emittent mit der Bundesrepublik Deutschland als Herkunftsstaat an seine Aktionäre bzw. Schuldtitelinhaber übermitteln möchte, nicht etwa nur auf Informationen nach § 49 Abs. 1 und 2 WpHG[5]. Andererseits kann eine nach § 49 Abs. 1, 2 WpHG notwendige Veröffentlichung im **Bundesanzeiger nicht** durch eine Übermittlung im Wege der Datenfernübertragung **ersetzt** werden[6]. Die Vorschrift des § 49 Abs. 3 WpHG hat keinerlei Auswirkungen auf die Regelungen des § 118 AktG zur Übertragung der Hauptversammlung in Bild und Ton[7].

34 **2. Datenfernübertragung.** Der Begriff der Datenfernübertragung hat im WpHG keine Definition erfahren. Die Regierungsbegründung nimmt hierfür – und dies wegen des Gebots der richtlinienkonformen Auslegung ganz zu Recht – inhaltlich Bezug auf den von Art. 17 Abs. 3 und Art. 18 Abs. 4 RL 2004/109/EG (Transparenzrichtlinie) verwendeten Begriff des **elektronischen Hilfsmittels**[8]. Nach dessen Legaldefinition in Art. 2 Abs. 1 lit. l RL 2004/109/EG sind dies elektronische Geräte für die Verarbeitung (einschließlich der digitalen Komprimierung), Speicherung und Übertragung von Daten über Kabel, Funk, optische Technologien oder andere elektromagnetische Verfahren. Praktisch bedeutsamster Fall dürfte die Übermittlung per E-Mail sein.

35 **3. Gleichbehandlung bei der Kostenbelastung.** § 49 Abs. 3 WpHG stellt die Zulässigkeit der Datenfernübertragung unter den generellen Vorbehalt, dass bei der Umlegung der dadurch entstehenden **Kosten** der **Gleichbehandlungsgrundsatz** nach § 48 Abs. 1 Nr. 1 WpHG gewahrt wird. Darin liegt eine deklaratorische Wiederholung dessen, was sich auch schon unmittelbar aus § 48 Abs. 1 Nr. 1 WpHG ergibt. Welche Verteilungsmaßstäbe vom Gleichbehandlungsgrundsatz geboten oder damit jedenfalls zu vereinbaren sind, ist weniger eindeutig: vom einzelnen Wertpapierinhaber tatsächlich verursachte Kosten, Aufteilung nach Köpfen, Aufteilung nach der Zahl der Mitgliedschaftsrechte bzw. des prozentualen Anteils an der Schuldtitelemission? Mit Blick

---

1 *Stoll* in KölnKomm. WpHG, § 30b WpHG Rz. 62.
2 Zur Förderung der Teilnahme am elektronischen Informationsversand veranstalten einzelne Emittenten sogar Gewinnspiele unter allen teilnehmenden Aktionären.
3 Vgl. auch *Mülbert*, Stellungnahme zum WpHG-E, http://www.bundestag.de/ausschuesse/a07/anhoerungen/033/stellungnahmen/14-prof__muelbert.pdf, S. 11 f.
4 Begr. RegE Gesetz zur Umsetzung der Transparenzrichtlinie-Änderungsrichtlinie BT-Drucks. 18/5010, 49.
5 Ebenso BaFin, Emittentenleitfaden 2013, IX.3.9.1., S. 172; a.A. *Heidelbach* in Schwark/Zimmer, § 30b WpHG Rz. 25; *Zimmermann* in Fuchs, § 30b WpHG Rz. 22.
6 Begr. RegE, BT-Drucks. 16/2498, 41; *Willamowski* in Heidel, § 30b WpHG Rz. 6.
7 *Willamowski* in Heidel, § 30b WpHG Rz. 7.
8 S. Begr. RegE, BT-Drucks. 16/2498, 41.

auf die Gegebenheiten beim herkömmlichen Versand per Post erscheint eine Verteilung nach Köpfen ebenso hinnehmbar wie die Kostentragung durch den Emittenten selbst.

4. Weitere Voraussetzungen im Falle zugelassener Aktien. a) Zustimmung der Hauptversammlung. Die elektronische Informationsübermittlung bedarf eines entsprechenden **Hauptversammlungsbeschlusses** mit **einfacher Mehrheit**[1]. Diese generelle Zustimmung hat bis zu einer künftigen Aufhebung dieses Beschlusses Bestand[2]. Eine jährliche Erneuerung ist nicht notwendig. 36

Bis zum **31.12.2007** war nach der **Übergangsvorschrift** des § 30b Abs. 3 WpHG a.F. ein Hauptversammlungsbeschluss entbehrlich, soweit Informationen vor dem 31.12.2007 übermittelt wurden. Nach Ablauf der Übergangsfrist ist eine elektronische Übermittlung von Informationen ohne entsprechenden Hauptversammlungsbeschluss selbst bei denjenigen Aktionären unzulässig, die vor Erlass der Regelung individuell in die elektronische Informationsübermittlung eingewilligt hatten. Auch diesen Aktionären sind Informationen zwingend wieder in Papierform zu übermitteln. 37

b) Keine Diskriminierung aufgrund Wohnort oder Sitz des Aktionärs. Der Emittent darf die **Wahl der Art der Datenfernübertragung** nicht vom (Wohn-)Sitz des Aktionärs oder der Personen, denen nach § 34 WpHG Stimmrechte zugerechnet werden, abhängig machen. Die Voraussetzung geht auf die Formulierung von Art. 17 Abs. 3 lit. a bzw. Art. 18 Abs. 4 lit. a RL 2004/109/EG (Transparenzrichtlinie) zurück und hat wohl lediglich deklaratorischen Charakter, denn eine Diskriminierung anhand des (Wohn-)Sitzes ist gerade im Falle elektronischer Kommunikation kaum vorstellbar[3]. 38

c) Sicherstellung der Identifizierung. Das Erfordernis von „Vorkehrungen zur sicheren Identifizierung und Adressierung" der Aktionäre und ihnen insoweit gleichgestellter Personen – Stimmberechtigte und Stimmrechtsweisungsberechtigte gem. § 34 Abs. 1 Satz 1 Nr. 1, 3, 4 und Abs. 2 WpHG – bildet einen Hemmschuh für die größere Verbreitung der elektronischen Übermittlung. Die sichere Adressierung ist dem Emittenten nämlich nur dann möglich, wenn er seine Aktionäre namentlich kennt und dies wird regelmäßig nur im Falle von Namensaktionären[4] sowie bei solchen Inhaberaktionären der Fall sein, die unmittelbar einen nach § 33 Abs. 1, 1a WpHG mitteilungspflichtigen Stimmrechtsanteil halten. Die bei **Namensaktien** bislang übliche Praxis, über einen Online-Dialog die Einwilligung zur elektronischen Informationsverbreitung einzuholen und dabei die Daten des Aktionärsregisters mit den Angaben des Aktionärs abzugleichen, dürfte nicht nur dem Erfordernis der Einwilligung der Aktionäre[5] (dazu Rz. 40 ff.), sondern auch dem Erfordernis einer sicheren Identifizierung genügen[6]. Für die Emittenten von **Inhaberpapieren** ist eine sichere Identifizierung der Aktionäre dagegen vorbehaltlich des § 33 WpHG praktisch kaum denkbar und eine elektronische Ansprache ihrer Aktionäre unter der neuen Regelung nicht möglich[7]. 39

d) Einwilligung der Aktionäre. § 49 Abs. 3 WpHG verlangt schließlich als Voraussetzung der elektronischen Kommunikation eine Einwilligung der Aktionäre. 40

aa) Ausdrückliche Einwilligung. Die Einwilligung kann ausdrücklich erklärt werden[8]. Eine bereits vor Inkrafttreten des § 30b Abs. 3 WpHG a.F. (nunmehr § 49 Abs. 3 WpHG) erteilte Einwilligung eines Aktionärs bleibt wirksam. 41

bb) Fingierte Einwilligung. Die Einwilligung wird fingiert, wenn der Aktionär einer entsprechenden Bitte des Emittenten um Zustimmung zur elektronischen Übermittlung **nicht widersprochen** hat. Die Bitte des Emittenten muss in Textform gem. § 126b BGB übermittelt werden, kann dem Empfänger also insbesondere per E-Mail[9] zugehen[10]. Dies setzt freilich Kenntnis der E-Mail-Adresse des Aktionärs auf Seiten des Emittenten voraus. Außerdem muss der Aktionär im Rechtsverkehr mit seiner E-Mail-Adresse auftreten, da andernfalls der E-Mail-Zugang nicht als für den Rechtsverkehr eröffnet gilt[11]. Widerspricht der Aktionär auf die Aufforderung nicht „innerhalb eines angemessenen Zeitraums", greift die Fiktion ein. Welcher Zeitraum angemessen ist, hängt von den Umständen des Einzelfalles ab, insbesondere vom gewählten Übermittlungsmedium[12]. Die so fingierte Einwilligung kann jederzeit widerrufen werden, womit die Fiktion endet[13]. Der Widerruf kann ebenfalls in Textform erfolgen[14]. 42

---

1 *Heidelbach* in Schwark/Zimmer, § 30b WpHG Rz. 28; *Stoll* in KölnKomm. WpHG, § 30b WpHG Rz. 68.
2 *Stoll* in KölnKomm. WpHG, § 30b WpHG Rz. 68.
3 Zustimmend *Stoll* in KölnKomm. WpHG, § 30b WpHG Rz. 69.
4 *Stoll* in KölnKomm. WpHG, § 30b WpHG Rz. 70.
5 Begr. RegE, BT-Drucks. 16/2498, 41; *Stoll* in KölnKomm. WpHG, § 30b WpHG Rz. 70.
6 So auch *Heidelbach* in Schwark/Zimmer, § 30b WpHG Rz. 33; *Stoll* in KölnKomm. WpHG, § 30b WpHG Rz. 70.
7 *Stoll* in KölnKomm. WpHG, § 30b WpHG Rz. 70.
8 *Zimmermann* in Fuchs, § 30b WpHG Rz. 23; a.A. *Stoll* in KölnKomm. WpHG, § 30b WpHG Rz. 71.
9 *Ellenberger* in Palandt, § 126b BGB Rz. 3.
10 Begr. RegE Gesetz zur Umsetzung der Transparenzrichtlinie-Änderungsrichtlinie BT-Drucks. 18/5010, 49.
11 *Ellenberger* in Palandt, § 130 BGB Rz. 7a.
12 Für einen Zeitraum von 2–4 Wochen *Heidelbach* in Schwark/Zimmer, § 30b WpHG Rz. 35.
13 *Heidelbach* in Schwark/Zimmer, § 30b WpHG Rz. 35.
14 Begr. RegE Gesetz zur Umsetzung der Transparenzrichtlinie-Änderungsrichtlinie BT-Drucks. 18/5010, 49.

43 **5. Weitere Voraussetzungen im Falle zugelassener Schuldtitel.** § 49 Abs. 3 Satz 1 Nr. 2 WpHG sieht für die Emittenten von Schuldtiteln mit den Erfordernissen der Zustimmung der Gläubigerversammlung (lit. a), der Wohnsitzunabhängigkeit der Wahl der Datenfernübertragung (lit. b), der Sicherstellung der Identifizierung und Adressierung der Schuldtitelinhaber (lit. c) und der (ggf. fingierten) Einwilligung der Schuldtitelinhaber (lit. d) die gleichen Voraussetzungen vor wie sie für die elektronische Übermittlung von Informationen an Aktionäre (§ 49 Abs. 3 Satz 1 Nr. 1 WpHG) gelten. Insoweit kann auf die sinngemäß geltenden Ausführungen unter Rz. 36 ff. verwiesen werden.

44 **VI. Rechtsfolgen eines Verstoßes. 1. Ordnungswidrigkeitenrecht.** Gemäß § 120 Abs. 2 Nr. 4 lit. c WpHG handelt ordnungswidrig, wer vorsätzlich oder leichtfertig entgegen § 49 Abs. 1 oder Abs. 2 WpHG eine Veröffentlichung nicht, nicht richtig, nicht vollständig, nicht in der vorgeschriebenen Weise oder nicht rechtzeitig vornimmt oder nicht oder nicht rechtzeitig nachholt. Die Ordnungswidrigkeit kann gem. § 120 Abs. 24 Halbs. 1 WpHG mit einer Geldbuße bis zu 500.000 Euro geahndet werden.

45 **2. (Sonstiges) Aufsichtsrecht.** Hinsichtlich der sonstigen aufsichtsrechtlichen Konsequenzen gelten die Ausführungen zu § 48 WpHG entsprechend (vgl. § 48 WpHG Rz. 38).

46 **3. Zivilrecht.** Die Veröffentlichungspflichten aus § 49 WpHG sind **nicht** als Schutzgesetz i.S.d. **§ 823 Abs. 2 BGB** einzuordnen[1]. Für die Pflichten aus § 49 Abs. 1 Satz 1 WpHG folgt dies schon aus der Befreiungsregelung des Satzes 2. Hiermit manifestiert sich die legislative Bewertung, dass bei diesen Informationen primär das Aktienrecht zur Regelung berufen ist, und das gilt auch für die Sanktionierung etwaiger Informationspflichtverletzungen[2]. Folgerichtig ist dann auch für die Pflichten aus Abs. 2 gegen eine Schutzgesetzqualität zu entscheiden.

§ 50 Veröffentlichung zusätzlicher Angaben und Übermittlung an das Unternehmensregister; Verordnungsermächtigung

(1) Ein Inlandsemittent muss
1. jede Änderung der mit den zugelassenen Wertpapieren verbundenen Rechte sowie
   a) im Falle zugelassener Aktien der Rechte, die mit derivativen vom Emittenten selbst begebenen Wertpapieren verbunden sind, sofern sie ein Umtausch- oder Erwerbsrecht auf die zugelassenen Aktien des Emittenten verschaffen,
   b) im Falle anderer Wertpapiere als Aktien Änderungen der Ausstattung dieser Wertpapiere, insbesondere von Zinssätzen, oder der damit verbundenen Bedingungen, soweit die mit den Wertpapieren verbundenen Rechte hiervon indirekt betroffen sind, und
2. Informationen, die er in einem Drittstaat veröffentlicht und die für die Öffentlichkeit in der Europäischen Union und dem Europäischen Wirtschaftsraum Bedeutung haben können,

unverzüglich veröffentlichen und gleichzeitig der Bundesanstalt diese Veröffentlichung mitteilen. Er übermittelt diese Informationen außerdem unverzüglich, jedoch nicht vor ihrer Veröffentlichung dem Unternehmensregister im Sinne des § 8b des Handelsgesetzbuchs zur Speicherung.

(2) Das Bundesministerium der Finanzen wird ermächtigt, durch Rechtsverordnung, die nicht der Zustimmung des Bundesrates bedarf, nähere Bestimmungen zu erlassen über den Mindestinhalt, die Art, die Sprache, den Umfang und die Form der Veröffentlichung und der Mitteilung nach Absatz 1 Satz 1.

In der Fassung des 2. FiMaNoG vom 23.6.2017 (BGBl. I 2017, 1693).

Schrifttum: S. Vor §§ 48 ff. WpHG.

I. Regelungsgegenstand und Regelungszweck ... 1	IV. Publikationsregime 17
II. Persönlicher Anwendungsbereich 2	V. Verordnungsermächtigung (§ 50 Abs. 2 WpHG) 19
III. Zusätzliche Angaben (§ 50 Abs. 1 WpHG) ... 6	VI. Rechtsfolgen eines Verstoßes 20
1. Rechteänderungen 7	1. Ordnungswidrigkeitenrecht 20
a) Änderung der mit den Wertpapieren verbundenen Rechte 8	2. (Sonstiges) Aufsichtsrecht 22
b) Weitere Angaben bei Aktien 9	3. Zivilrecht 23
c) Weitere Angaben bei anderen Wertpapieren 11	
2. Drittstaateninformationen 12	

---
1 Wie hier *Paschos* in Habersack/Mülbert/Schlitt, Kapitalmarktinformation, § 30 Rz. 336 ff.; *Heidelbach* in Schwark/Zimmer, § 30b WpHG Rz. 3; *Stoll* in KölnKomm. WpHG, § 30b WpHG Rz. 80; a.A. *Zimmermann* in Fuchs, § 30b WpHG Rz. 25; *Willamowski* in Heidel, § 30b WpHG Rz. 8.
2 A.A. *Stoll* in KölnKomm. WpHG, § 30b WpHG Rz. 80.

Veröffentlichung zusätzlicher Angaben | § 50

I. Regelungsgegenstand und Regelungszweck. § 50 Abs. 1 Satz 1 Nr. 1, 2 WpHG (entspricht dem § 30e WpHG i.d.F. bis 2.1.2018) setzt Art. 16 RL 2004/109/EG (Transparenzrichtlinie) um. Hierfür wurde die Regelung des § 66 BörsZulV a.F. zur Veröffentlichungspflichtigkeit von bestimmten weiteren Umständen – Änderungen bei den Rechten der zugelassenen Wertpapiere, Aufnahme und Garantie von Anleihen – sowie von bestimmten (Drittstaaten-)Informationen erweitert und ersetzt. Die Bestimmung zur Publikationspflicht im Bezug auf Drittstaateninformationen (§ 50 Abs. 1 Satz 1 Nr. 2 WpHG) tritt an die Stelle des § 67 BörsZulV a.F. Bei den Publikationsmodalitäten folgt § 50 WpHG dem von Art. 19 und Art. 21 RL 2004/109/EG vorgegebenen dreiaktigen Publikationsregime.

II. Persönlicher Anwendungsbereich. Nach dem Wortlaut des § 50 Abs. 1 WpHG sind **Inlandsemittenten** i.S.d. § 2 Abs. 14 WpHG mitteilungs- und veröffentlichungspflichtig.

Die Adressierung von Inlandsemittenten verfehlt die Umsetzungsvorgaben des Art. 16 RL 2004/109/EG (Transparenzrichtlinie) wie im Parallelfall der §§ 114 ff. WpHG[1] in zwei Richtungen **richtlinienwidrig**. Unterschritten wird der Umsetzungsauftrag bei Inlandsemittenten mit der Bundesrepublik Deutschland als Herkunftsstaat, indem § 2 Abs. 14 Nr. 1 WpHG diejenigen Emittenten **ausklammert**, derer Wertpapiere **nur** an einem oder mehreren organisierten Märkten in **anderen EU-/EWR-Mitgliedstaaten** und nicht im Inland zugelassen sind. Überschritten wird der Regelungsauftrag mit der **Einbeziehung** auch von Emittenten mit einem **anderen EU-/EWR-Herkunftsstaat**, deren Wertpapiere allein an einem organisierten Markt im Inland zugelassen sind.

Die Richtlinienwidrigkeit[2] der Anknüpfung an den Begriff „Inlandsemittent" (§ 2 Abs. 14 WpHG) statt an denjenigen des Emittenten mit der Bundesrepublik Deutschland als Herkunftsstaat (§ 2 Abs. 13 WpHG) **begründet** sich im Kern wie folgt[3]: Nach der Konzeption der Transparenzrichtlinie liegt die Befugnis für die Umsetzung ihrer Regelungsvorgaben im Grundsatz allein beim jeweiligen Herkunfts(mitglied)staat, nur im Falle des Art. 21 Abs. 3 RL 2004/109/EG ist der Aufnahmemitgliedstaat zur Regelung berufen. Dies bekräftigt für Art. 16 (bis Art. 18) RL 2004/109/EG im Besonderen auch Art. 23 Abs. 1 RL 2004/109/EG, wonach im Falle von Drittstaatenemittenten allein dem Herkunfts(mitglied)staat die Einführung eines Befreiungsregimes obliegt. Unbehelflich ist demgegenüber eine etwaige Berufung auf Art. 21 Abs. 3 RL 2004/109/EG. Diese Ausnahmebestimmung gestattet es einem Aufnahmemitgliedstaat lediglich, unter bestimmten engen Voraussetzungen die „Art und Weise" einer vom Herkunftsstaat begründeten Mitteilungs- und Veröffentlichungspflicht auszugestalten. Unberührt bleibt aber die Grundkonzeption der Transparenzrichtlinie, dass nur der jeweilige Herkunfts(mitglied)staat berufen ist, die vom nationalen Recht vorzusehenden Mitteilungs- und Veröffentlichungspflichten vorzuschreiben.

Als **Ergebnis** einer gebotenen **richtlinienkonformen Auslegung** des § 50 Abs. 1 WpHG sind **Emittenten** zugelassener (§ 2 Abs. 11 WpHG) Wertpapiere mit der **Bundesrepublik Deutschland als Herkunftsstaat** i.S.d. § 2 Abs. 13 WpHG publikationspflichtig[4].

III. Zusätzliche Angaben (§ 50 Abs. 1 WpHG). Nach § 50 Abs. 1 Satz 1 WpHG sind zwei Kategorien von zusätzlichen Angaben bekannt zu machen: Informationen, die für das vom Emittenten begebene Wertpapier relevant sind (Nr. 1) und in einem Drittstaat veröffentlichte Informationen (Nr. 2).

1. Rechteänderungen. § 50 Abs. 1 Satz 1 Nr. 1 WpHG sieht im einleitenden Satzteil für alle zugelassenen Wertpapiere übereinstimmend vor, dass jede Änderung der mit dem Wertpapier verbundenen Rechte publikationspflichtig ist, und gebietet zudem je nach Wertpapierkategorie unterschiedliche weitere Angaben (§ 50 Abs. 1 Satz 1 Nr. 1 lit. a, b WpHG).

a) Änderung der mit den Wertpapieren verbundenen Rechte. Der Emittent hat nach dem einleitenden Satzteil des § 50 Abs. 1 Satz 1 Nr. 1 WpHG jede Änderung der mit den zugelassenen Wertpapieren verbundenen Rechte zu veröffentlichen. Die Vorschrift bildet mit ihrem denkbar weit formulierten Veröffentlichungsgebot einen **Auffangtatbestand**[5] zur Gewährleistung von **Anlegerschutz durch** umfassende **Transparenz**. Dementsprechend tritt die Veröffentlichungspflicht nach § 50 Abs. 1 Satz 1 WpHG zurück, sofern sich bereits aus anderen, spezielleren Vorschriften eine Veröffentlichungspflicht ergibt[6]. Andererseits sei die Bestimmung wie schon § 66 BörsZulV a.F. weit auszulegen, um von den sonstigen kapitalmarktrechtlichen Publikationspflichten nicht erfasste Informationen einbeziehen zu können[7]. Jedoch sind gleichwohl lediglich beurteilungsrelevante

---

1 Dazu *Mülbert/Steup*, NZG 2007, 761, 765 f.; zustimmend *Stoll* in KölnKomm. WpHG, § 30e WpHG Rz. 11.
2 Zustimmend *Stoll* in KölnKomm. WpHG, § 30e WpHG Rz. 10; wohl a.A. *Zimmermann* in Fuchs, § 30e Rz. 3 WpHG.
3 Näher *Mülbert/Steup*, NZG 2007, 761, 765 f. (für die Umsetzungsvorgaben zur Regelpublizität; Art. 4 bis 8).
4 Zustimmend *Stoll* in KölnKomm. WpHG, § 30e WpHG Rz. 10; a.A. *Heidelbach* in Schwark/Zimmer, § 30e WpHG Rz. 2; *Zimmermann* in Fuchs, § 30e WpHG Rz. 3; *Willamowski* in Heidel, § 30e WpHG Rz. 1.
5 *Heidelbach* in Schwark/Zimmer, § 30e WpHG Rz. 3; *Stoll* in KölnKomm. WpHG, § 30e WpHG Rz. 12; *Zimmermann* in Fuchs, § 30e WpHG Rz. 5.
6 BaFin, Emittentenleitfaden 2013, IX.6.2.2, S. 175; *Stoll* in KölnKomm. WpHG, § 30e WpHG Rz. 12.
7 *Kiem* in Habersack/Mülbert/Schlitt, Kapitalmarktinformation, § 12 Rz. 33.

Rechteänderungen bekannt zu machen[1]. Im Falle von Aktien umfasst dies auch die Zusammenlegung von Aktien bei einer Kapitalherabsetzung[2] sowie einen Aktiensplit[3].

9 b) **Weitere Angaben bei Aktien.** Hat ein Aktienemittent selbst zugleich **derivative Wertpapiere** begeben, die ein Umtausch- oder Bezugsrecht auf seine zugelassenen Aktien begründen, hat er in seiner Eigenschaft als Emittent der Aktien auch Änderungen der mit diesen Wertpapieren verbundenen Rechte zu publizieren (§ 50 Abs. 1 Satz 1 Nr. 1 lit. a WpHG)[4]. Voraussetzung hierfür ist über den Gesetzeswortlaut hinaus, dass das derivative Wertpapier ebenfalls an einem organisierten Markt (§ 2 Abs. 11 WpHG) zugelassen ist[5].

10 Derivative Wertpapiere i.S.d. § 50 Abs. 1 Satz 1 Nr. 1 lit. a WpHG sind vor allem **Wandelschuldverschreibungen** (convertible bonds), bei denen nach Wahl des Gläubigers die Rückzahlung in Aktien des Emittenten erfolgt, und **Optionsanleihen** (warrant bonds), die dem Gläubiger neben dem Rückzahlungs- und Zinsanspruch in einem Optionsschein auch ein Bezugsrecht auf Aktien des Emittenten verbriefen. Dagegen fallen etwa Aktienanleihen (reverse convertible bonds) nicht unter § 50 Abs. 1 Satz 1 Nr. 1 lit. a WpHG, da sie dem Gläubiger kein Recht auf Aktien des Emittenten verschaffen, sondern lediglich dem Emittenten die Möglichkeit der Andienung eigener Aktien bieten[6].

11 c) **Weitere Angaben bei anderen Wertpapieren.** Der Emittent eines anderen Wertpapiers als Aktien, das an einem organisierten Markt zugelassen ist (Rz. 3), hat jede Änderung der Ausstattung dieser Wertpapiere, insbesondere von Anleihekonditionen[7] oder Zinssätzen, zu veröffentlichen, soweit die mit den Wertpapieren betroffenen Rechte hiervon indirekt betroffen sind (§ 50 Abs. 1 Satz 1 Nr. 1 lit. b WpHG)[8]. Das betrifft etwa den Fall, dass die Änderung des Zinssatzes einer Anleihe deren vorzeitige Fälligkeit begründet. Ausreichend ist aber auch schon, dass der Emittent oder die Wertpapierinhaber als Folge dieser Änderung ein Kündigungsrecht haben[9] oder dass der Anleiheschuldner sich ändert[10]. Nach Art. 16 Abs. 2 RL 2004/109/EG (Transparenzrichtlinie) ist es nämlich als genügend anzusehen, dass die Änderung der Ausstattung oder Konditionen die Rechte aus den Wertpapieren „berühren könnten". Erforderlich ist in richtlinienkonformer[11] Restriktion des weiten Normtexts aber stets, dass die Änderung des Zinssatzes auf einer Änderung der Anleihebedingungen beruht. Keine Veröffentlichungspflicht besteht daher, wenn der Zinssatz durch seine anfänglich festgelegte Bindung an einen Referenzzinssatz Schwankungen während seiner Laufzeit ausgesetzt ist[12].

12 **2. Drittstaateninformationen.** In einem Drittstaat veröffentlichte Informationen muss ein Inlandsemittent nach § 50 Abs. 1 Satz 1 Nr. 2 WpHG auch im Inland bekannt machen, wenn die veröffentlichten Informationen für die europäische Öffentlichkeit Bedeutung haben können und diesbezüglich keine sonstigen Veröffentlichungspflichten bestehen. § 50 Abs. 1 Satz 1 Nr. 2 WpHG ersetzt § 67 Abs. 2 BörsZulV a.F. Die Vorschrift soll ein etwaiges **Informationsgefälle zum Nachteil der europäischen Öffentlichkeit vermeiden**[13] und ist daher weit auszulegen. Auch ihre offene Formulierung („Bedeutung haben können") weist darauf hin, dass im Zweifel zu veröffentlichen ist[14], sofern die Information gerade für die zugelassenen Wertpapiere von Bedeutung ist[15]. Unerheblich für die Frage der Publikationspflichtigkeit ist schon nach dem Gesetzeswortlaut schließlich, ob die in einem Drittstaat veröffentlichten Informationen dort dauerhaft frei zugänglich sind – etwa im Falle der bei der SEC eingereichten Unterlagen mittels EDGAR – und ob sie der Emittent auch auf seiner Homepage einstellt[16] bzw. ob die Informationen über das Internet auf anderem Wege in der EU-/EWR-Öffentlichkeit allgemein zugänglich sind.

13 Sind die für die europäische Öffentlichkeit bedeutsamen Informationen ein **Teil** eines umfangreicheren Dokuments, etwa eines Finanz- oder Geschäftsberichts, und hat der Emittent einen Teil der darin enthaltenen Infor-

---

1 *Kiem* in Habersack/Mülbert/Schlitt, Kapitalmarktinformation, § 12 Rz. 33; *Heidelbach* in Schwark/Zimmer, § 30e WpHG Rz. 3; a.A. *Stoll* in KölnKomm. WpHG, § 30e WpHG Rz. 15; *Zimmermann* in Fuchs, § 30e WpHG Rz. 5.
2 S. *Gebhardt* in Schäfer/Hamann, § 66 BörsZulV Rz. 5.
3 A.A. BaFin, Emittentenleitfaden 2013, IX.6.2.2, S. 175.
4 BaFin, Emittentenleitfaden 2013, IX.6.2.3, S. 176.
5 Ebenso BaFin, Emittentenleitfaden 2013, IX.6.2.4, S. 176; a.A. *Stoll* in KölnKomm. WpHG, § 30e WpHG Rz. 16; *Zimmermann* in Fuchs, § 30e WpHG Rz. 6; *Heidelbach* in Schwark/Zimmer, § 30e WpHG Rz. 5.
6 *Stoll* in KölnKomm. WpHG, § 30e WpHG Rz. 16.
7 *Stoll* in KölnKomm. WpHG, § 30e WpHG Rz. 17.
8 Begr. RegE, BT-Drucks. 16/2498, 42.
9 Ebenso *Heidelbach* in Schwark/Zimmer, § 30e WpHG Rz. 3.
10 *Stoll* in KölnKomm. WpHG, § 30e WpHG Rz. 17.
11 S. Art. 16 Abs. 2 RL 2004/109/EG (Transparenzrichtlinie), wonach Auslöser der Veröffentlichungspflicht aus § 30 Abs. 1 Nr. 1 WpHG „... any changes in the rights of holders of securities other than shares, including changes in the terms and conditions of these securities ..." sind.
12 *Heidelbach* in Schwark/Zimmer, § 30e WpHG Rz. 7.
13 Begr. RegE, BT-Drucks. 16/2498, 42.
14 *Kiem* in Habersack/Mülbert/Schlitt, Kapitalmarktinformation, § 12 Rz. 37.
15 *Heidelbach* in Schwark/Zimmer, § 30e WpHG Rz. 25.
16 Zutreffend *Kiem* in Habersack/Mülbert/Schlitt, Kapitalmarktinformation, § 12 Rz. 36.

mationen im EU-/EWR-Inland bereits veröffentlicht, kann er sich nach § 50 Abs. 1 Satz 1 Nr. 2 WpHG auf die Veröffentlichung der noch unveröffentlichten Informationen beschränken, muss also nicht das Originaldokument in seiner Gesamtheit veröffentlichen[1]. Davon zu unterscheiden ist die andere Frage, dass die nach § 50 Abs. 1 Satz 1 Nr. 2 WpHG (nach)veröffentlichungspflichtigen Informationen grundsätzlich im **Volltext** zu publizieren sind[2]. Lediglich bei sehr umfangreichen und damit auch für den Anleger unübersichtlichen Veröffentlichungen, etwa die gemäß US-amerikanischen Recht bei der SEC eingereichten Form 20-F Dokumente[3], genügt als **Ausnahme** die Veröffentlichung eines Hinweises[4].

Die Voraussetzungen des § 50 Abs. 1 Satz 1 Nr. 2 WpHG sind nach vorstehenden Maßgaben stets erfüllt, wenn der Emittent die Veröffentlichung in einem Drittstaat in **Erfüllung** einer gesetzlichen Verpflichtung vornahm[5]. Das Gleiche gilt, wenn er bei einer Zulassung seiner Wertpapiere zu einem organisierten Markt (§ 2 Abs. 11 WpHG) in diesem Drittstaat die Information aufgrund der Listing Rules zu veröffentlichen hatte. Im Falle einer **freiwilligen** Veröffentlichung wird die Information für den Regelfall für die europäische Öffentlichkeit Bedeutung haben können[6].

Die (Nach-)Veröffentlichung ist **unverzüglich** (§ 121 BGB), also ohne schuldhaftes Zögern, vorzunehmen. Die Frist beginnt mit dem Zeitpunkt der Veröffentlichung der Information im EU-/EWR-Ausland[7]. Bei der Fristbemessung ist dem Emittenten keine Verlängerung deswegen zuzubilligen, weil er zunächst die Frage einer etwa erfolgten Vor- oder Parallelveröffentlichung innerhalb der EU/des EWR abklären muss.

Zur Verhinderung eines ungerechtfertigt hohen Aufwandes hat der Gesetzgeber für veröffentlichungspflichtige Informationen nach § 50 Abs. 1 Satz 1 Nr. 2 WpHG eine Ausnahme vom allgemeinen Sprachenregime des § 3b WpAV geschaffen. Gemäß § 26 WpAV **kann** die Veröffentlichung auch **ausschließlich in englischer Sprache erfolgen**. Dies ist vor allem für Emittenten mit einem Listing an einer US-Börse in Bezug auf SEC-Meldungen und deren teils umfangreiche Anlagen von Bedeutung, die dank der Ausnahme nicht übersetzt werden müssen[8].

IV. Publikationsregime. Nach § 50 Abs. 1 WpHG gilt für die vom Emittenten bekannt zu machenden zusätzlichen Angaben im Einklang mit den Vorgaben der Transparenzrichtlinie das **dreiaktige Publikationsregime** (Vor §§ 48 ff. WpHG Rz. 8 ff.). Gefordert ist die Veröffentlichung der Information in Form der EU/EWR-weiten Verbreitung durch ein geeignetes Medienbündel nach näherer Maßgabe der auch auf der Grundlage des § 50 Abs. 2 WpHG erlassenen WpAV (Rz. 19), die Mitteilung der Information an die BaFin als der Aufsichtsbehörde und ihre Übermittlung an das Unternehmensregister.

§ 50 Abs. 1 Satz 2 WpHG hat nur Klarstellungsfunktion, da die Übersendung an das Unternehmensregister sich bereits aus § 8b Abs. 2 Nr. 9 HGB i.V.m. § 3 Satz 1 Nr. 2 HGB ergibt[9].

V. Verordnungsermächtigung (§ 50 Abs. 2 WpHG). Regelungen zur Art und Weise der Veröffentlichungen nach § 50 WpHG, ihren Mindestinhalt, ihre Sprache und andere Details enthalten die **§§ 3a, 3b, 3c und 26 WpAV**[10]. Nach dem in § 1 WpAV definierten Anwendungsbereich ist diese Verordnung auch auf die Veröffentlichung und Mitteilung zusätzlicher Angaben nach § 50 WpHG anzuwenden. Insoweit ist die WpAV Rechtsverordnung i.S.d. § 50 Abs. 2 WpHG, durch die nähere Bestimmungen zu Mindestinhalt, Art, Sprache, Umfang und Form der Veröffentlichung geregelt werden können.

VI. Rechtsfolgen eines Verstoßes. 1. Ordnungswidrigkeitenrecht. Ordnungswidrig handelt gem. § 120 Abs. 2 Nr. 2 lit. i WpHG, wer vorsätzlich oder leichtfertig entgegen § 50 Abs. 1 Satz 1 WpHG, auch in Verbindung mit einer Rechtsverordnung nach § 50 Abs. 2 WpHG, eine **Mitteilung** an die **BaFin** nicht, nicht richtig, nicht vollständig, nicht in der vorgeschriebenen Weise oder nicht rechtzeitig macht. Nach § 120 Abs. 24 Halbsatz 4 WpHG kann die Ordnungswidrigkeit mit einer Geldbuße bis zu 50.000 Euro geahndet werden.

Nach § 120 Abs. 2 Nr. 4 lit. d WpHG handelt ordnungswidrig, wer vorsätzlich oder leichtfertig entgegen § 50 Abs. 1 Satz 1 WpHG in Verbindung mit einer Rechtsverordnung nach § 50 Abs. 2 WpHG eine **Veröffentlichung** nicht, nicht richtig, nicht vollständig, nicht in der vorgeschriebenen Weise oder nicht rechtzeitig vor-

---

1 Ebenso *Stoll* in KölnKomm. WpHG, § 30e WpHG Rz. 27; *Zimmermann* in Fuchs, § 30e WpHG Rz. 9.
2 BaFin, Emittentenleitfaden 2013, IX.6.5.2, S. 179; *Stoll* in KölnKomm. WpHG, § 30e WpHG Rz. 30.
3 *Stoll* in KölnKomm. WpHG, § 30e WpHG Rz. 29.
4 BaFin, Emittentenleitfaden 2013, IX.6.5.2, S. 179; *Stoll* in KölnKomm. WpHG, § 30e WpHG Rz. 30.
5 Enger *Heidelbach* in Schwark/Zimmer, § 30e WpHG Rz. 25: Voraussetzungen dürften regelmäßig gegeben sein; enger auch *Stoll* in KölnKomm. WpHG, § 30e WpHG Rz. 28.
6 Ebenso *Kiem* in Habersack/Mülbert/Schlitt, Kapitalmarktinformation, § 12 Rz. 37; *Stoll* in KölnKomm. WpHG, § 30e WpHG Rz. 28.
7 *Stoll* in KölnKomm. WpHG, § 30e WpHG Rz. 38.
8 Näher *Hutter/Kaulamo*, NJW 2007, 471, 477; *Stoll* in KölnKomm. WpHG, § 30e WpHG Rz. 31.
9 *Stoll* in KölnKomm. WpHG, § 30e WpHG Rz. 32; *Willamowski* in Heidel, § 30e WpHG Rz. 5.
10 Verordnung zur Konkretisierung von Anzeige-, Mitteilungs- und Veröffentlichungspflichten nach dem Wertpapierhandelsgesetz (WpAV).

nimmt oder nicht oder nicht rechtzeitig nachholt oder entgegen § 50 Abs. 1 Satz 2 WpHG eine Information oder eine Bekanntmachung nicht oder nicht rechtzeitig dem Unternehmensregister übermittelt. Eine solche Ordnungswidrigkeit kann gem. § 120 Abs. 24 Halbsatz 4 WpHG mit einer Geldbuße bis zu 50.000 Euro geahndet werden.

22 **2. (Sonstiges) Aufsichtsrecht.** Zu den aufsichtsrechtlichen Sanktionen vgl. § 48 WpHG Rz. 38.

23 **3. Zivilrecht.** Der Emittent haftet nicht gem. § 823 Abs. 2 BGB für unterlassene, nicht ordnungsgemäße oder inhaltlich unrichtige Veröffentlichungen. § 50 WpHG ist mangels drittschützender Wirkung **kein Schutzgesetz**[1]. Die vereinzelte Gegenauffassung[2] verweist zwar darauf, dass die Lage bei § 50 WpHG derjenigen bei Finanzberichten entspräche[3]. Jedoch besteht für einen fehlerhaften Jahresabschluss/Konzernabschluss/(Konzern-)Lagebericht nach zutreffender Ansicht gerade keine Haftung nach § 823 Abs. 2 BGB[4].

§ 51 Befreiung

(1) Die Bundesanstalt kann Inlandsemittenten mit Sitz in einem Drittstaat von den Pflichten nach den §§ 48, 49 und 50 Absatz 1 Satz 1 Nummer 1 und 2 freistellen, soweit diese Emittenten gleichwertigen Regeln eines Drittstaates unterliegen oder sich solchen Regeln unterwerfen. Die Bundesanstalt unterrichtet die Europäische Wertpapier- und Marktaufsichtsbehörde über die erteilte Freistellung.

(2) Emittenten, denen die Bundesanstalt eine Befreiung nach Absatz 1 erteilt hat, müssen Informationen über Umstände im Sinne des § 50 Absatz 1 Satz 1 Nummer 1 und 2, die nach den gleichwertigen Regeln eines Drittstaates der Öffentlichkeit zur Verfügung zu stellen sind, nach Maßgabe des § 50 Absatz 1 in Verbindung mit einer Rechtsverordnung nach § 50 Absatz 2 veröffentlichen und die Veröffentlichung gleichzeitig der Bundesanstalt mitteilen; sie müssen die Informationen außerdem unverzüglich, jedoch nicht vor der Veröffentlichung dem Unternehmensregister im Sinne des § 8b des Handelsgesetzbuchs zur Speicherung übermitteln.

(3) Das Bundesministerium der Finanzen wird ermächtigt, durch Rechtsverordnung, die nicht der Zustimmung des Bundesrates bedarf, nähere Bestimmungen über die Gleichwertigkeit von Regeln eines Drittstaates und die Freistellung von Emittenten nach Absatz 1 zu erlassen.

In der Fassung des 2. FiMaNoG vom 23.6.2017 (BGBl. I 2017, 1693).

Schrifttum: S. Vor §§ 48 ff. WpHG.

I. Regelungsgegenstand und Regelungszweck . . 1	V. Verordnungsermächtigung (§ 51 Abs. 3 WpHG) 12
II. Befreiungsvoraussetzungen (§ 51 Abs. 1 WpHG) 2	VI. Rechtsfolgen eines Verstoßes 13
III. Mitteilungspflicht der BaFin (§ 51 Abs. 1 Satz 2 WpHG) 8	1. Ordnungswidrigkeitenrecht 13
	2. (Sonstiges) Aufsichtsrecht 14
IV. Verbleibende Publikationspflichten (§ 51 Abs. 2 WpHG) 9	3. Zivilrecht 15

1 **I. Regelungsgegenstand und Regelungszweck.** § 51 WpHG (entspricht § 30f WpHG i.d.F. bis zum 2.1.2018) setzt die Vorgaben des Art. 23 Abs. 1 RL 2004/109/EG (Transparenzrichtlinie) um. Damit Emittenten mit Zulassungen in mehreren Staaten sich **Doppelbelastungen** ersparen können, wird die Möglichkeit einer Befreiung von allen wertpapierinhaberorientierten Pflichten des Abschnittes 7 eröffnet. Beim Vorliegen der Voraussetzungen des § 51 WpHG tritt eine Befreiung von den Mitteilungs- und Veröffentlichungspflichten aber nicht von Gesetzes wegen ein. Vielmehr kann der Emittenten bei der BaFin die Erteilung einer **Befreiung** beantragen (Freistellungsverfahren). Durch § 51 Abs. 1 Satz 2 WpHG wird die BaFin verpflichtet, die Europäische Wertpapier- und Marktaufsichtsbehörde (ESMA) über vorgenommene Freistellungen nach § 51 Abs. 1 Satz 1 WpHG zu unterrichten (s. Rz. 8).

2 **II. Befreiungsvoraussetzungen (§ 51 Abs. 1 WpHG).** § 51 Abs. 1 WpHG sieht eine Befreiungsmöglichkeit für **Inlandsemittenten** i.S.d. § 2 Abs. 14 WpHG mit Sitz in einem **Drittstaat** vor. Als Inlandsemittenten gelten nach § 2 Abs. 14 WpHG zum einen die meisten Emittenten, für die Deutschland der Herkunftsstaat ist (näher

---

1 *Heidelbach* in Schwark/Zimmer, § 30e WpHG Rz. 32; *Stoll* in KölnKomm. WpHG, § 30e WpHG Rz. 42.
2 *Paschos* in Habersack/Mülbert/Schlitt, Kapitalmarktinformation, § 30 Rz. 338 ff., die im Ergebnis aber davon ausgehen, dass es in der Praxis keinen nachweisbaren Kursdifferenzschaden geben wird (Rz. 337).
3 *Paschos* in Habersack/Mülbert/Schlitt, Kapitalmarktinformation, § 30 Rz. 339.
4 Ausführlich *Mülbert/Steup* in Habersack/Mülbert/Schlitt, Unternehmensfinanzierung am Kapitalmarkt, Rz. 41.274.

Nr. 1), und zum anderen Emittenten, für die nicht Deutschland, sondern ein anderer EU/EWR-Staat der Herkunftsstaat ist, und deren Wertpapiere ausschließlich im Inland zum Handel an einem organisierten Markt zugelassen sind (Nr. 2).

Für Drittstaaten-Inlandsemittenten mit einem **anderen EU/EWR-Herkunftsstaat** (§ 2 Abs. 14 Nr. 2 WpHG) ist die Befreiungsmöglichkeit des § 51 Abs. 1 WpHG **funktionslos**. Denn die §§ 48, 49 WpHG richten sich direkt überhaupt nur an Emittenten mit der Bundesrepublik Deutschland als Herkunftsstaat (§ 2 Abs. 13 WpHG) und kraft der gebotenen richtlinienkonformen Auslegung gilt dies auch für § 50 Abs. 1 Nr. 1, 2 WpHG (s. § 50 WpHG Rz. 5).

Für Drittstaaten-Inlandsemittenten mit der **Bundesrepublik Deutschland** als Herkunftsstaat (§ 2 Abs. 14 Nr. 1 WpHG) ist tatbestandliche Befreiungsvoraussetzung, dass ein solcher Emittent den §§ 48, 49, 50 WpHG gleichwertigen Regeln eines Drittstaats unterliegt oder sich solchen Regeln unterwirft. Drittstaatenregeln in diesem Sinne sind auch die Zulassungsbedingungen (**listing rules**) eines organisierten Marktes (§ 2 Abs. 11 WpHG) eines Drittstaates[1]. Ein „Unterwerfen" erfordert dabei keine rechtlich bindende freiwillige Verpflichtungserklärung des Emittenten. Vielmehr genügt die rein faktische Befolgung gleichwertiger Drittstaatenvorschriften[2], wie aus Art. 23 Abs. 1 Unterabs. 1 RL 2004/109/EG (Transparenzrichtlinie) folgt. Im Merkmal „soweit" kommt zum Ausdruck, dass auch eine **teilweise** Befreiung für einzelne wertpapierinhaberorientierte Pflichten möglich ist[3].

Die Beschränkung des § 51 Abs. 1 WpHG auf Drittstaaten-Inlandsemittenten mit der Bundesrepublik Deutschland als Herkunftsstaat (§ 2 Abs. 14 Nr. 1 WpHG) hat die Vorgabe des Art. 23 Abs. 1 RL 2004/109/EG (Transparenzrichtlinie) verkürzt und damit richtlinienwidrig umgesetzt[4]. Nach dieser Vorgabe ist der Herkunftsmitgliedstaat – und nur dieser – für die Befreiung „seiner" Emittenten zuständig; dem Aufnahmemitgliedstaat kommen insoweit keinerlei Regelungsbefugnisse zu. § 51 Abs. 2 WpHG klammert mit der Anknüpfung an den Begriff „Inlandsemittent" jedoch die Gruppe von Emittenten mit Sitz in einem Drittstaat aus, deren Herkunftsmitgliedstaat die Bundesrepublik Deutschland ist, obgleich deren Wertpapiere nur an einem oder mehreren organisierten Märkten in anderen EU-/EWR-Mitgliedstaaten zugelassen sind (s. § 2 Abs. 14 Nr. 1 WpHG Halbsatz 2 WpHG). Konkret handelt es sich um Drittstaatenemittenten i.S.d. § 2 Abs. 13 Nr. 1 lit. b Alt. 2 WpHG, also um Emittenten, die die Bundesrepublik Deutschland als Herkunftsstaat gewählt haben (§ 4 WpHG). Um auch diesen Drittstaatenemittenten die durch Art. 23 Abs. 1 RL 2004/109/EG (Transparenzrichtlinie) gebotene Befreiungsmöglichkeit zu eröffnen, ist der Begriff des Inlandsemittenten in § 51 Abs. 1 WpHG kraft **richtlinienkonformer Auslegung** dahingehend zu erweitern, dass hierunter alle **Drittstaatenemittenten** mit der Bundesrepublik Deutschland als Herkunftsstaat fallen.

Eine Befreiung durch die BaFin setzt voraus, dass der Emittent den gleichwertigen Regeln eines Drittstaates unterliegt oder sich ihnen unterworfen hat. Entscheidend ist mithin das Kriterium der Gleichwertigkeit. In Umsetzung der Transparenzrichtlinie durch § 9 TranspRLDV ist Gleichwertigkeit hinsichtlich der Pflichten aus § 48 Abs. 1 Nr. 1 WpHG und § 49 Abs. 1 Satz 1 Nr. 1 WpHG jedenfalls dann gegeben, wenn die Drittstaatenregelung bezüglich der Versammlung vorschreibt, dass Ort, genauer Zeitpunkt und Tagesordnung bekannt zu machen sind[5]. Bezüglich der weiteren Pflichten der §§ 48 ff. WpHG ergeben sich aus der TranspRLDV keine weiteren Konkretisierungen. Insgesamt erfordert das Gleichwertigkeitskriterium keine formale Identität der drittstaatlichen Pflichten mit denjenigen der §§ 48, 49 und 50 Abs. 1 Satz 1 Nr. 1 und 2 WpHG[6], wohl aber eine funktionale Äquivalenz.

Das **Befreiungsverfahren** ist in § 51 Abs. 1 WpHG nicht näher geregelt, weshalb es sich als Verwaltungsverfahren nach den Vorschriften des VwVfG richtet[7]. Die BaFin kann nicht nur auf Antrag sondern auch von Amts wegen tätig werden, wobei ein solches Tätigwerden jedoch von geringer praktischer Bedeutung ist[8]. Bezüglich einer Entscheidung über die Befreiung steht der BaFin Ermessen zu[9].

III. Mitteilungspflicht der BaFin (§ 51 Abs. 1 Satz 2 WpHG). Mit dem Gesetz zur Umsetzung der Richtlinie 2010/78/EU vom 24.11.2010 im Hinblick auf die Errichtung des Europäischen Finanzaufsichtssystems[10] wurde § 51 Abs. 1 Satz 2 WpHG (§ 30f Abs. 1 Satz 2 WpHG a.F.) angefügt, der eine Mitteilungspflicht der BaFin gegenüber der ESMA statuiert. Durch die Regelung wird sichergestellt, dass die BaFin die ESMA über erteilte

---

1 *Stoll* in KölnKomm. WpHG, § 30f WpHG Rz. 9.
2 Ähnlich *Stoll* in KölnKomm. WpHG, § 30f WpHG Rz. 9.
3 *Stoll* in KölnKomm. WpHG, § 30f WpHG Rz. 16.
4 Zur parallelen Problematik bei der Umsetzung der Regelpublizitätsvorgaben (Art. 4 bis 8) in den §§ 37v ff. WpHG a.F. mittels des Begriffs „Inlandsemittent" s. *Mülbert/Steup*, NZG 2007, 761, 765.
5 BaFin, Emittentenleitfaden 2013, IX.7., S. 179.
6 *Heidelbach* in Schwark/Zimmer, § 30f WpHG Rz. 1.
7 *Stoll* in KölnKomm. WpHG, § 30f WpHG Rz. 13.
8 *Stoll* in KölnKomm. WpHG, § 30f WpHG Rz. 13.
9 *Stoll* in KölnKomm. WpHG, § 30f WpHG Rz. 14.
10 BGBl. I 2011, 2427.

Freistellungen (Befreiungen) nach § 51 Abs. 1 Satz 1 WpHG unterrichtet[1]. Insoweit setzt die Vorschrift Art. 7 Nr. 12 lit. a Unterabs. 2 RL 2010/78/EU (Omnibusrichtlinie I) um, der seinerseits Art. 23 Abs. 1 Unterabs. 2 RL 2004/109/EG geändert hat. Die RL 2010/78/EU dient insoweit der Integration des neuen Europäischen Finanzaufsichtssystems und gewährleistet eine Einbindung der nationalen Aufsichtsbehörden, insbesondere auch durch verstärkte Mitteilungs- und Unterrichtungspflichten eben dieser gegenüber den Europäischen Aufsichtsbehörden[2].

9 **IV. Verbleibende Publikationspflichten (§ 51 Abs. 2 WpHG).** Nach § 51 Abs. 2 WpHG, der der Umsetzung von Art. 23 Abs. 1 Unterabs. 1 RL 2004/109/EG (Transparenzrichtlinie) dient, muss auch der Emittent, welcher eine Befreiung nach § 51 Abs. 1 WpHG erhalten hat, Informationen über Umstände i.S.d. § 50 Abs. 1 Satz 1 Nr. 1 und 2 WpHG, die nach den gleichwertigen Regelungen eines Drittstaates der Öffentlichkeit zur Verfügung zu stellen sind, im Einklang mit den Vorgaben der Transparenzrichtlinie nach dem **dreiaktigen Publikationsregime** (Vor §§ 48 ff. WpHG Rz. 8 ff.) bekannt machen. Gefordert ist die Veröffentlichung der Information in Form der EU-/EWR-weiten Verbreitung durch ein geeignetes Medienbündel nach näherer Maßgabe der auch auf der Grundlage des § 50 Abs. 2 WpHG erlassenen WpAV (§ 50 WpHG Rz. 17), ihre Mitteilung an die BaFin als der Aufsichtsbehörde und ihre Übermittlung an das Unternehmensregister. Im Ergebnis bleibt es dem Drittstaatenemittenten bei einer Befreiung von § 50 Abs. 1 Satz 1 Nr. 1 und 2 WpHG lediglich erspart, in Deutschland Informationen veröffentlichen zu müssen, die über die im Drittstaat publizierten hinausgehen.

10 Der Inlandsemittent ist auch nach § 8b Abs. 3 Satz 1 Nr. 2 HGB verpflichtet, die nach § 51 Abs. 2 WpHG veröffentlichungspflichtigen Informationen an das **Unternehmensregister** zu **übermitteln**.

11 Die **Doppelung** der Übermittlungspflicht – aus § 51 Abs. 2 WpHG und § 8b Abs. 3 Satz 1 Nr. 2 HGB – ist überflüssig[3] und sogar **problematisch**. Denn die beiden inhaltlich identischen Übermittlungspflichten werden jeweils von einem gesonderten Ordnungswidrigkeitstatbestand flankiert (§ 104a Abs. 1 HGB bzw. § 120 Abs. 2 Nr. 2 lit. j WpHG, s. Rz. 13), womit eine Doppelbestrafung droht[4].

12 **V. Verordnungsermächtigung (§ 51 Abs. 3 WpHG).** Die Regelung näherer Bestimmungen über die Gleichwertigkeit von Regeln eines Drittstaates und die Freistellung von Emittenten, also insbesondere den Ablauf des Freistellungsverfahrens sowie beispielsweise Art, Umfang und Sprache des Befreiungsantrages kann durch Rechtsverordnung des Bundesministeriums der Finanzen erfolgen (§ 51 Abs. 3 WpHG). Diese Verordnungsermächtigung soll die Grundlage dafür schaffen, die Regelungen einer Durchführungsmaßnahme der Europäischen Kommission nach Art. 23 Abs. 4 RL 2004/109/EG (Transparenzrichtlinie) umsetzen zu können[5]. Mit Erlass der Transparenzrichtlinie-Durchführungsverordnung (TranspRLDV) wurde von dieser Ermächtigung Gebrauch gemacht[6], um die Durchführungsrichtlinie 2007/14/EG umzusetzen.

13 **VI. Rechtsfolgen eines Verstoßes. 1. Ordnungswidrigkeitenrecht.** Wer vorsätzlich oder leichtfertig entgegen § 51 Abs. 2 WpHG eine Information oder eine Bekanntmachung nicht oder nicht rechtzeitig übermittelt den Unternehmensregister übermittelt, handelt ordnungswidrig gem. § 120 Abs. 2 Nr. 2 lit. j WpHG. Eine solche Ordnungswidrigkeit kann gem. § 120 Abs. 24 WpHG mit einer Geldbuße bis zu 500.000 Euro geahndet werden.

14 **2. (Sonstiges) Aufsichtsrecht.** Hinsichtlich der sonstigen aufsichtsrechtlichen Konsequenzen gelten die Ausführungen zu § 48 WpHG entsprechend (vgl. § 48 WpHG Rz. 38).

15 **3. Zivilrecht.** Bei Verstößen gegen die Veröffentlichungspflicht nach § 51 Abs. 2 WpHG macht sich der Emittent nicht schadensersatzpflichtig, da § 51 Abs. 2 WpHG **kein Schutzgesetz** i.S.d. § 823 Abs. 2 BGB darstellt[7].

§ 52 Ausschluss der Anfechtung

Die Anfechtung eines Hauptversammlungsbeschlusses kann nicht auf eine Verletzung der Vorschriften dieses Abschnitts gestützt werden.

In der Fassung des 2. FiMaNoG vom 23.6.2017 (BGBl. I 2017, 1693).

Schrifttum: S. Vor §§ 48 ff. WpHG.

---

1 RegE, BT-Drucks. 17/6255 v. 22.6.2011, 38.
2 Richtlinie 2010/78/EU, ABl. EU Nr. L 331 v. 15.12.2010, S. 120 ff.; Beschlussempfehlung und Bericht des FA, BT-Drucks. 17/7508, 1.
3 Die Begr. RegE, BT-Drucks. 16/2498, 42 geht – angesichts des Wortlauts des § 30f Abs. 2 WpHG a.F. einigermaßen überraschend – davon aus, dass die Übermittlungspflicht nur aus § 8b Abs. 3 Satz 1 Nr. 2 HGB folge; a.A. *Stoll* in KölnKomm. WpHG, § 30f WpHG Rz. 23.
4 A.A. *Stoll* in KölnKomm. WpHG, § 30f WpHG Rz. 24.
5 Begr. RegE, BT-Drucks. 16/2498, 42.
6 Transparenzrichtlinie-Durchführungsverordnung vom 13.3.2008, BGBl. I 2008, 408.
7 *Stoll* in KölnKomm. WpHG, § 30f WpHG Rz. 26.

§ 52 WpHG (entspricht § 30g WpHG i.d.F. bis zum 2.1.2018) stellt klar, dass die Anfechtung von Hauptversammlungsbeschlüssen *nicht* auf eine Verletzung von Vorschriften dieses Abschnitts gestützt werden können. Diese Regelung setzt keine Vorgaben der Transparenzrichtlinie um. Vielmehr trägt sie den aus Besonderheiten des deutschen Aktienrechts resultierenden Befürchtungen Rechnung, die neuen wertpapierinhaberorientierten Pflichten der §§ 48–51 WpHG könnten zu Rechtsunsicherheit und erhöhtem Aufwand der Emittenten führen[1].

Die Vorschrift trifft eine materiell gesellschaftsrechtliche Regelung. In rechtssystematischer Hinsicht ist die Vorschrift damit im WpHG falsch verortet[2]. Unabhängig davon findet die Regelung jedenfalls nur Anwendung auf Aktiengesellschaften mit Satzungssitz in der Bundesrepublik Deutschland[3]. Im Übrigen ist der Vorschrift nicht verallgemeinernd die Wertung zu entnehmen, dass ein Verstoß gegen kapitalmarktschützende Veröffentlichungspflichten nie zur Anfechtbarkeit von Hauptversammlungsbeschlüssen führen soll[4].

---

1 Vgl. Stellungnahme des *Handelsrechtsausschusses des Anwaltvereins* zum Regierungsentwurf eines Gesetzes zur Umsetzung der Transparenzrichtlinie (Transparenzrichtlinie-Umsetzungsgesetz – TUG), NZG 2006, 655, 656.
2 In diesem Sinne auch *Heidelbach* in Schwark/Zimmer, § 30g WpHG Rz. 1; *Zimmermann* in Fuchs, § 30g WpHG Rz. 2.
3 *Heidelbach* in Schwark/Zimmer, § 30g WpHG Rz. 1; *Zimmermann* in Fuchs, § 30g WpHG Rz. 2; *Willamowski* in Heidel, § 30g WpHG Rz. 1.
4 *Mülbert* in Großkomm. AktG, 5. Aufl. 2017, § 120 AktG Rz. 145; *Stoll* in KölnKomm. WpHG, § 30g WpHG Rz. 2; a.A. *Leuering*, DStR 2010, 2553: analoge Anwendung auf die fehlerhafte Entsprechenserklärung; nach *Zimmermann* ist der Zweck der Norm, Rechtssicherheit hinsichtlich aktienrechtlicher Folgen eines Verstoßes gegen die §§ 48ff. WpHG zu schaffen, und dies spreche dafür, über den Wortlaut des § 52 WpHG hinaus den Anwendungsbereich auf die Nichtigkeit gem. § 241 AktG auszudehnen, *Zimmermann* in Fuchs, § 30g WpHG Rz. 1.

Abschnitt 8
Leerverkäufe und Geschäfte in Derivaten

§ 53 Überwachung von Leerverkäufen; Verordnungsermächtigung

(1) Die Bundesanstalt ist zuständige Behörde im Sinne der Verordnung (EU) Nr. 236/2012. § 15 Absatz 5a des Börsengesetzes bleibt unberührt. Soweit in der Verordnung (EU) Nr. 236/2012 nichts Abweichendes geregelt ist, gelten die Vorschriften der Abschnitte 1 und 2 dieses Gesetzes, mit Ausnahme des § 18 Absatz 7 Satz 5 bis 8, des § 21 Absatz 1 Satz 3 und des § 22, entsprechend.

(2) Die Bundesanstalt übt die ihr nach Absatz 1 Satz 1 in Verbindung mit der Verordnung (EU) Nr. 236/2012 übertragenen Befugnisse aus, soweit dies für die Wahrnehmung ihrer Aufgaben und die Überwachung der Einhaltung der in der Verordnung (EU) Nr. 236/2012 geregelten Pflichten erforderlich ist. Für die Zwecke des Artikels 9 Absatz 4 Satz 2 der Verordnung (EU) Nr. 236/2012 beaufsichtigt die Bundesanstalt die entsprechenden Internetseiten des Bundesanzeigers.

(3) Widerspruch und Anfechtungsklage gegen Maßnahmen der Bundesanstalt nach Absatz 2, auch in Verbindung mit der Verordnung (EU) Nr. 236/2012, haben keine aufschiebende Wirkung.

(4) Das Bundesministerium der Finanzen kann durch Rechtsverordnung, die nicht der Zustimmung des Bundesrates bedarf, nähere Bestimmungen über

1. Art, Umfang und Form von Mitteilungen und Veröffentlichungen von Netto-Leerverkaufspositionen nach den Artikeln 5 bis 8 der Verordnung (EU) Nr. 236/2012,
2. die Beaufsichtigung der Internetseiten des Bundesanzeigers für die Zwecke des Artikels 9 Absatz 4 Satz 2 der Verordnung (EU) Nr. 236/2012 sowie
3. Art, Umfang und Form der Mitteilungen, Übermittlungen und Benachrichtigungen gemäß Artikel 17 Absatz 5, 6 und 8 bis 10 der Verordnung (EU) Nr. 236/2012

erlassen. Das Bundesministerium der Finanzen kann die Ermächtigung des Satzes 1 durch Rechtsverordnung ohne Zustimmung des Bundesrates auf die Bundesanstalt übertragen.

In der Fassung des 2. FiMaNoG vom 23.6.2017 (BGBl. I 2017, 1693).

Schrifttum: S. Vor Art. 1 ff. VO Nr. 236/2012.

1 Mit Geltungsbeginn der Leerverkaufs-VO (VO Nr. 236/2012) am 1.11.2012 (Vor Art. 1 ff. VO Nr. 236/2012 Rz. 12) hat das **EU-Leerverkaufs-Ausführungsgesetz** (BGBl. I 2012, 2286) die § 4a Abs. 1 Satz 2 Nr. 1 lit. a, §§ 30i, 30j WpHG a.F. aufgehoben und die vormaligen Regelungen des § 30h WpHG durch die zur Ausführung der EU-Leerverkaufs-VO erforderlichen aufsichtsrechtlichen Zuständigkeits- und Verfahrensvorschriften sowie die Ermächtigung zum Erlass einer Rechtsverordnung ersetzt. Nach der Neuordnung des WpHG durch das Zweite Finanzmarktnovellierungsgesetz (**2. FiMaNoG**) findet sich die Vorschrift nunmehr in **§ 53 WpHG**.

2 Nach § 53 Abs. 1 Satz 1 WpHG ist die **BaFin** die **zuständige Behörde** i.S.d. Art. 32 VO Nr. 236/2012[1]. § 53 Abs. 1 Satz 2 WpHG schränkt ihre Zuständigkeit zugunsten derjenigen der Geschäftsführungen der Börsen ein, denen § 15 Abs. 5a BörsG eine Sonderzuständigkeit im Rahmen des Art. 23 VO Nr. 236/2012 einräumt[2]. Gemäß § 53 Abs. 1 Satz 3 WpHG gelten zudem, soweit in der Leerverkaufs-VO nichts Abweichendes geregelt ist, **die Vorschriften der Abschnitte 1 und 2 des WpHG**, mit Ausnahme der §§ 18 Abs. 7 Satz 5–8, 21 Abs. 1 Satz 3 und § 22 WpHG, entsprechend. In den in Bezug genommenen Vorschriften der Abschnitte 1 und 2, insbesondere in der Generalnorm des § 6 WpHG, werden der BaFin bestimmte Kompetenzen übertragen (näher § 6 WpHG Rz. 60). Mit dem Verweis und der damit verbundenen Kompetenzbegründung setzt der deutsche Gesetzgeber die Vorgaben zu den Behördenbefugnissen des Art. 33 Abs. 2 VO Nr. 236/2012 um[3]. Die von dem Verweis ausgenommenen Bestimmungen sind nicht anwendbar, da die Art. 34 bis 40 VO Nr. 236/2012 insofern abschließende unmittelbar anwendbare Regelungen enthalten[4].

3 Nach § 53 Abs. 2 Satz 1 WpHG übt die BaFin ihre Befugnisse nach dem WpHG und der Leerverkaufs-VO aus, soweit dies für die Wahrnehmung ihrer Aufgaben und für die Überwachung der Einhaltung der in der Leerverkaufs-VO geregelten Pflichten erforderlich ist[5]. Damit wird nichts anderes als der **Grundsatz der Verhältnis-**

---

1 *Weick-Ludewig* in Fuchs, § 30h WpHG Rz. 20.
2 *Weick-Ludewig* in Fuchs, § 30h WpHG Rz. 23.
3 Begr. Fraktionsentwurf EU-Leerverkaufs-Ausführungsgesetz, BT-Drucks. 17/1952, 8.
4 *Weick-Ludewig* in Fuchs, § 30h WpHG Rz. 20, 22; Begr. Fraktionsentwurf EU-Leerverkaufs-Ausführungsgesetz, BT-Drucks. 17/1952, 8.
5 *Weick-Ludewig* in Fuchs, § 30h WpHG Rz. 24.

mäßigkeit beim Verwaltungshandeln – deklaratorisch – zum Ausdruck gebracht[1]. Gemäß § 53 Abs. 2 Satz 2 WpHG beaufsichtigt die BaFin für die Zwecke des Art. 9 Abs. 4 Satz 2 VO Nr. 236/2012 die entsprechenden Internetseiten des Bundesanzeigers (dazu Art. 5–10 VO Nr. 236/2012 Rz. 41 ff.).

Widerspruch und **Anfechtungsklage** gegen Maßnahmen der BaFin nach § 53 Abs. 2 WpHG, auch in Verbindung mit der Leerverkaufs-VO, haben nach **§ 53 Abs. 3 WpHG keine aufschiebende Wirkung**. Dies soll eine wirksame Gefahrenabwehr sicherstellen[2]. 4

Das Bundesministerium der Finanzen (BMF) kann gem. **§ 53 Abs. 4** Unterabs. 1 WpHG durch **Rechtsverordnung**, die nicht der Zustimmung des Bundesrates bedarf, nähere Bestimmungen über (1) Art, Umfang und Form von Mitteilungen und Veröffentlichungen von Netto-Leerverkaufspositionen nach den Art. 5–8 VO Nr. 236/2012, (2) über die Beaufsichtigung der Internetseiten des Bundesanzeigers für die Zwecke des Art. 9 Abs. 4 Satz 2 VO Nr. 236/2012 sowie (3) über Art, Umfang und Form der Mitteilungen, Übermittlungen und Benachrichtigungen gem. Art. 17 Abs. 5, 6 und 8–10 VO Nr. 236/2012 erlassen. Diese Ermächtigung kann es gem. § 53 Abs. 4 Unterabs. 2 WpHG durch Rechtsverordnung ohne Zustimmung des Bundesrates auf die BaFin übertragen. Die BaFin hat – nach Übertragung der Ermächtigung durch das BMF – in Ausfüllung der Ermächtigung die **Netto-Leerverkaufspositionsverordnung**[3] und die **Leerverkaufs-Anzeigeverordnung**[4] erlassen. 5

---

1 *Weick-Ludewig* in Fuchs, § 30h WpHG Rz. 24; Begr. Fraktionsentwurf EU-Leerverkaufs-Ausführungsgesetz, BT-Drucks. 17/1952, 8.
2 *Weick-Ludewig* in Fuchs, § 30h WpHG Rz. 26.
3 Vom 17.12.2012 (BGBl. I 2012, 2699), zuletzt geändert durch Gesetz vom 23.6.2017 (BGBl. I 2017, 1693).
4 Vom 16.4.2014 (BGBl. I 2014, 386).

Abschnitt 9
Positionslimits und Positionsmanagementkontrollen bei Warenderivaten und Positionsmeldungen

§ 54 Positionslimits und Positionsmanagementkontrollen

(1) Die Bundesanstalt legt vorbehaltlich des § 55 für jedes Warenderivat, das an einem inländischen Handelsplatz gehandelt wird, einen quantitativen Schwellenwert für die maximale Größe einer Position in diesem Derivat, die eine Person halten darf (Positionslimit), fest.

(2) Das Positionslimit ist so festzulegen, dass es

1. Marktmissbrauch im Sinne des Artikels 1 der Verordnung (EU) Nr. 596/2014 verhindert und
2. zu geordneten Preisbildungs- und Abwicklungsbedingungen beiträgt.

Insbesondere trägt das Positionslimit zu Preisbildungs- und Abwicklungsbedingungen im Sinne des Satzes 1 Nummer 2 bei, wenn es

1. marktverzerrende Positionen verhindert und
2. eine Konvergenz zwischen dem Preis des Derivats im Monat der Lieferung und dem Preis für die zugrunde liegende Ware an den entsprechenden Spotmärkten sicherstellt, ohne dass die Preisbildung am Markt für die zugrunde liegende Ware davon berührt wird.

(3) Die Bundesanstalt kann in Ausnahmefällen Positionslimits festlegen, die strenger sind als die nach den Absätzen 1 und 2 berechneten, wenn dies unter Berücksichtigung der Liquidität in dem betreffenden Derivat und im Interesse einer geordneten Funktionsweise des betreffenden Marktes geboten und verhältnismäßig ist. Eine Festlegung nach Satz 1 ist auf der Internetseite der Bundesanstalt zu veröffentlichen und auf höchstens sechs Monate ab dem Zeitpunkt der Veröffentlichung befristet. Liegen die Gründe nach Satz 1 auch nach Ablauf dieser Frist weiter vor, kann die Festlegung jeweils für einen Zeitraum von höchstens sechs Monaten verlängert werden. Absatz 4 gilt entsprechend.

(4) Vor Festlegung eines Positionslimits nach Absatz 1 teilt die Bundesanstalt der Europäischen Wertpapier- und Marktaufsichtsbehörde das beabsichtigte Positionslimit mit. Verlangt diese binnen zwei Monaten nach Erhalt der Mitteilung nach Satz 1 eine Änderung an dem Positionslimit und kommt die Bundesanstalt diesem Verlangen nicht nach, teilt sie ihre Entscheidung einschließlich ihrer Gründe der Europäischen Wertpapier- und Marktaufsichtsbehörde mit und veröffentlicht ihre begründete Entscheidung auf ihrer Internetseite. Die Bundesanstalt übermittelt die Einzelheiten der von ihr festgelegten Positionslimits an die Europäische Wertpapier- und Marktaufsichtsbehörde.

(5) Ändert sich die lieferbare Menge eines Derivats oder die Anzahl oder das Volumen offener Kontraktpositionen in einem Derivat in erheblichem Umfang oder treten sonstige erhebliche Änderungen auf dem Markt auf, legt die Bundesanstalt die Positionslimits nach Maßgabe der Absätze 1 bis 4 neu fest. Die Betreiber von Handelsplätzen unterrichten die Bundesanstalt über nach Satz 1 erhebliche Änderungen an ihrem Handelsplatz.

(6) Der Betreiber eines multilateralen oder organisierten Handelssystems, an dem Warenderivate gehandelt werden, muss Verfahren zur Überwachung der Einhaltung der nach den Absätzen 1 bis 5 und § 55 festgelegten Positionslimits (Positionsmanagementkontrollen) einrichten. Diese müssen transparent und diskriminierungsfrei ausgestaltet werden, festlegen, wie sie anzuwenden sind und der Art und Zusammensetzung der Marktteilnehmer sowie deren Nutzung der zum Handel zugelassenen Kontrakte Rechnung tragen. Im Rahmen von Kontrollen nach den Sätzen 1 und 2 hat der Betreiber eines Handelsplatzes insbesondere sicherzustellen, dass er das Recht hat,

1. die offenen Kontraktpositionen jeder Person zu überwachen,
2. von jeder Person Zugang zu Informationen, einschließlich aller einschlägigen Unterlagen, über Größe und Zweck einer von ihr eingegangenen Position oder offenen Forderung, über wirtschaftliche oder tatsächliche Eigentümer, etwaige Absprachen sowie über alle zugehörigen Vermögenswerte oder Verbindlichkeiten am Basismarkt zu erhalten,
3. von jeder Person die zeitweilige oder dauerhafte Auflösung oder Reduzierung einer von ihr eingegangenen Position zu verlangen und, falls der Betreffende dem nicht nachkommt, einseitig geeignete Maßnahmen zu ergreifen, um die Auflösung oder Reduzierung sicherzustellen, und
4. von jeder Person zu verlangen, zeitweilig Liquidität zu einem vereinbarten Preis und in vereinbartem Umfang eigens zu dem Zweck in den Markt zurückfließen zu lassen, die Auswirkungen einer großen oder marktbeherrschenden Position abzumildern.

Der Betreiber unterrichtet die Bundesanstalt über Einzelheiten der Positionsmanagementkontrollen nach den Sätzen 1 bis 3. Die Bundesanstalt übermittelt diese Informationen an die Europäische Wertpapier- und Marktaufsichtsbehörde.

In der Fassung des 2. FiMaNoG vom 23.6.2017 (BGBl. I 2017, 1693).

Schrifttum: *Barth*, Regulierung des Derivatehandels nach MiFID II und MiFIR, Beiträge zum Transnationalen Wirtschaftsrecht 134, 2015; *Chadwick*, Regulating Excessive Speculation: Commodity Derivatives and the Global Food Crisis, International and Comparative Law Quarterly 6 (2017), 625; *Henn*, Die Umsetzung der Positionslimits aus der EU-Richtlinie über Märkte für Finanzinstrumente (MiFID II) – aktueller Stand, Analyse im Auftrag von foodwatch e.V., 2017; *Küblböck/Staritz*, Re-regulation of commodity derivatives markets – Critical assessment of current reform proposals in the EU and the US, Austrian Research Foundation for International Development (ÖFSE), Working Paper No. 45/2013.

I. Gegenstand und Zweck der Regelung 1	V. Koordinierungsverfahren mit der ESMA (§ 54 Abs. 4 WpHG) 40
II. Systematischer Zusammenhang 4	VI. Rechtsnatur der Festlegung und verfahrensrechtliche Folgen 44
III. Anwendungsbereich 8	1. Handlungsform 44
1. Sachlicher Anwendungsbereich: Warenderivate 8	2. Verfahren und Form 47
2. Persönlicher Anwendungsbereich 12	3. Bestimmtheitsanforderungen 49
3. Räumlicher Anwendungsbereich 14	VII. Durchsetzung und Rechtsschutz 50
IV. Festlegung von Positionslimits (§ 54 Abs. 1, 2, 3 und 5 WpHG) 15	1. Verwaltungsrechtliche Durchsetzung 50
1. Grundlagen (§ 54 Abs. 1 WpHG) 15	2. Gerichtlicher Rechtsschutz 51
2. Festlegungskriterien (§ 54 Abs. 2 WpHG) . . . 18	VIII. Positionsmanagementkontrollen (§ 54 Abs. 6 WpHG) 56
a) Leitprinzipien 18	1. Einrichtung von Positionsmanagementkontrollen 56
b) Richtwerte und Korridore 19	
c) Faktoren für die individuelle Festlegung . . 22	2. Ausgestaltung der Positionsmanagementkontrollen 58
d) Positionslimits für Nahrungsmittelderivate 31	
3. Strengere Positionslimits (§ 54 Abs. 3 WpHG) 33	3. Kontrollrechte im Einzelnen 60
4. Neufestlegung bei Änderung der Verhältnisse (§ 54 Abs. 5 WpHG) 38	

I. Gegenstand und Zweck der Regelung. § 54 WpHG ist die Befugnisnorm für die Festlegung von Positionslimits für Warenderivate durch die BaFin, regelt zudem das hierbei einzuhaltende Koordinierungsverfahren mit der ESMA und stellt schließlich Anforderungen, die Betreiber von Handelsplätzen zu beachten haben. § 54 **Abs. 1 WpHG** ist für die Bestimmung des **Anwendungsbereichs** maßgeblich (Rz. 8 ff.) und bildet zugleich die **Ermächtigungsgrundlage** für die Festlegung von Positionslimits (Rz. 15 ff.). § 54 **Abs. 2 WpHG** normiert Kriterien, die für den **Inhalt der Festlegung**, d.h. für die maximale Größe einer Position in einem Warenderivat, maßgeblich sind (Rz. 18 ff.). § 54 **Abs. 3 WpHG** ermächtigt die BaFin, in **Ausnahmefällen** für einen befristeten Zeitraum ein **strengeres Positionslimit** festzulegen (Rz. 33 ff.). § 54 **Abs. 4 WpHG** regelt ein **Koordinierungsverfahren** der Bundesanstalt mit der **ESMA**, das vor der verbindlichen Festlegung eines Positionslimits durchzuführen ist (Rz. 40 ff.). § 54 **Abs. 5 WpHG** sieht vor, dass im Fall von **erheblichen Änderungen** auf den Märkten die Positionslimits unter Beachtung aller Verfahrensanforderungen neu festzulegen sind (Rz. 38 ff.). § 54 **Abs. 6 WpHG** stellt Anforderungen an die Betreiber von Handelsplätzen. Diese müssen zur Überwachung der Einhaltung von Positionslimits **Positionsmanagementkontrollen** etablieren und hierfür über weitreichende Rechte gegenüber den Handelsteilnehmern verfügen (Rz. 56 ff.).

§ 54 WpHG dient der Umsetzung von wesentlichen Teilen von Art. 57 RL 2014/65/EU (MiFID II)[1], mit dem seinerseits auf internationale Anstöße reagiert wurde[2]. Die beim G20-Gipfel von Pittsburgh im Jahr 2009 getroffene Vereinbarung, die Regulierung der **Rohstoffmärkte** mit dem Ziel einer **Verhinderung der exzessiven Preisvolatilität** zu verbessern[3], wurde auf dem G20-Gipfel von Cannes im Jahr 2011 mit der Billigung der zuvor erarbeiteten IOSCO-Grundsätze[4] bekräftigt[5]. Diese Grundsätze fordern für Marktregulatoren eine Befugnis zur ex ante-Festsetzung von Positionslimits für Warenderivate sowie Befugnisse für das Management von Positionen[6]. Dem liegt die Beobachtung zugrunde, dass auf den Warenderivatemärkten zahlreiche Finanzmarktakteure tätig sind, die Positionen aufbauen, ohne zugleich in den zugrunde liegenden Warenmärkten engagiert

---

1 Richtlinie 2014/65/EU des Europäischen Parlaments und des Rates vom 15.5.2014 über Märkte für Finanzinstrumente sowie zur Änderung der Richtlinien 2002/92/EG und 2011/61/EU, ABl. EU Nr. L 173 v. 12.6.2014, S. 349.
2 Erwägungsgrund 125 RL 2014/65/EU.
3 Abschlusserklärung der Staats- und Regierungschefs auf dem Gipfeltreffen in Pittsburgh v. 24./25.9.2009, Nr. 12.
4 IOSCO, Principles for the Regulation and Supervision of Commodity Derivatives Markets – Final Report, September 2011, FR07/11.
5 Abschlusserklärung der Staats- und Regierungschefs auf dem Gipfeltreffen in Cannes v. 4.11.2011, Nr. 32.
6 IOSCO, Principles for the Regulation and Supervision of Commodity Derivatives Markets – Final Report, September 2011, FR07/11, Chapter 5, S. 39 ff.

zu sein, sog. *financialization* der Warenderivatemärkte[1]. Insbesondere die den Derivatemärkten zugeschriebene **Preisbildungsfunktion** könnte beeinträchtigt werden, wenn Marktteilnehmer allein zu spekulativen Zwecken große Positionen in einem Warenderivat halten. Umstritten ist vor allem, inwieweit der spekulative Handel mit Derivaten auf landwirtschaftliche Grunderzeugnisse zum **Preisanstieg für Nahrungsmittel** in lebensmittelimportierenden Entwicklungsländern beiträgt oder beigetragen hat (Rz. 31 f.)[2].

3   Art. 57 RL 2014/65/EU und ihm folgend § 54 WpHG orientieren sich an Vorbildern aus anderen Staaten, insbesondere an den Befugnissen der US-amerikanischen Commodity Futures Trading Commission (CFTC), die seit 80 Jahren Erfahrungen mit der Festlegung von Positionslimits für Warenderivatkontrakte gesammelt hat[3]. § 54 WpHG ist eine **auf den europäischen Finanzmarktaufsichtsverbund zugeschnittene Lösung**. Insbesondere die Beteiligung der ESMA an der Festlegung der Positionslimits ist als Beitrag zur Harmonisierung und Kohärenz gedacht[4].

4   II. Systematischer Zusammenhang. § 54 WpHG ist **Element eines erstmals unionsweit etablierten Systems der Regulierung der Märkte für Warenderivate**. Die Befugnis zur Festlegung von **Positionslimits** wurde den zuständigen mitgliedstaatlichen Aufsichtsbehörden vorbehalten (§ 54 Abs. 1 WpHG; Art. 57 Abs. 4, Art. 69 Abs. 2 lit. p RL 2014/65/EU). § 54 WpHG wird ergänzt durch die Zuständigkeitsbestimmung für Fälle, in denen Warenderivate nicht nur an inländischen Handelsplätzen, sondern auch in anderen Mitgliedstaaten gehandelt werden (§ 55 WpHG; Art. 57 Abs. 6 RL 2014/65/EU), überdies durch Vorgaben für die Anwendung der Positionslimits (§ 56 WpHG; Art. 57 Abs. 1 und 4 RL 2014/65/EU). Die Ausübung von **Positionsmanagementbefugnissen** ist auf mitgliedstaatlicher Ebene sowohl den Aufsichtsbehörden (§ 6 Abs. 3 Satz 2 Nr. 3, § 9 WpHG; Art. 69 Abs. 2 lit. j, o und p RL 2014/65/EU) als auch den Betreibern von Handelsplätzen (§ 54 Abs. 6 WpHG; § 26f Abs. 1 BörsG; Art. 57 Abs. 8 RL 2014/65/EU) anvertraut, überdies auf europäischer Ebene unter den Voraussetzungen des Art. 45 VO Nr. 600/2014 (MiFIR)[5] subsidiär der ESMA. Sie werden durch **Meldepflichten** der Handelsteilnehmer und der Betreiber von Handelsplätzen arrondiert (§ 57 WpHG; Art. 58 RL 2014/65/EU).

5   Die behördlichen Befugnisse zur Festlegung von Positionslimits und die den Behörden zugewiesenen und den Handelsplatzbetreibern abverlangten Positionsmanagementkontrollen sind Bestandteil der **europäischen Anstrengungen zur Regulierung des Derivatehandels**. Sie **ergänzen** die Vorgaben der VO Nr. 648/2012 (EMIR)[6] i.V.m. § 30 WpHG zur **Clearingpflicht für OTC-Derivate** und die Regelungen in Art. 28 ff. VO Nr. 600/2014 zur **Handelspflicht für Derivate**, zudem die jeweiligen Transparenzregime[7].

6   Die behördliche Befugnis und Pflicht zur Festlegung von Positionslimits für Warenderivate lässt **weitere behördliche Befugnisse**, die auf Finanzinstrumente i.S.v. § 2 Abs. 4 WpHG und damit auch auf Warenderivate (§ 2 Abs. 4 Nr. 4 i.V.m. Abs. 3 Nr. 2 WpHG) anwendbar sind, **unberührt**. Dies gilt etwa für auf den Primärmarkt bezogene Produktinterventionen auf der Grundlage von Art. 42 VO Nr. 600/2014, die ausdrücklich auch Derivate erfassen können (Art. 42 Abs. 2 lit. a Ziff. ii VO Nr. 600/2014). Ebenso wenig werden handelsbezogene Leerverkaufsbeschränkungen der Bundesanstalt nach Art. 18 ff. VO Nr. 236/2012[8] i.V.m. § 53 WpHG durch die Befugnis zur Festsetzung von Positionslimits berührt. Schließlich werden auch die behördlichen Befugnisse zur Aussetzung oder Untersagung des Handels mit Finanzinstrumenten unter den Voraussetzungen des § 6 Abs. 2 Satz 4 WpHG, d.h. vor allem auch zur Durchsetzung der Verhinderung von Marktmissbrauch i.S.v. Art. 1 VO Nr. 596/2014 (MAR)[9], nicht durch § 54 WpHG gesperrt.

---

1   IOSCO, Principles for the Regulation and Supervision of Commodity Derivatives Markets – Final Report, September 2011, FR07/11, Chapter 1, S. 8 f.; s. auch Mitteilung der Kommission, Grundstoffmärkte und Rohstoffe: Herausforderungen und Lösungsansätze, KOM (2011) 25 endg. v. 2.2.2011; *Chadwick*, 6 Int. & Comp. Law Quarterly (2017), 625, 631 ff.
2   Zumindest eine Korrelation wird konstatiert in Mitteilung der Kommission, KOM (2011) 25 endg. v. 2.2.2011, S. 5 f.; s. auch *Chadwick*, 6 Int. & Comp. Law Quarterly (2017), 625, 629 ff.; Kleine Anfrage der Fraktion DIE LINKE zur Position der Bundesregierung zur Spekulation mit Nahrungsmitteln, BT-Drucks. 17/8423; Antrag der Fraktion Bündnis 90/Die Grünen, Nahrungsmittelspekulation stoppen – Kommissionsvorschlag zurückweisen, BT-Drucks. 18/11173.
3   Auf der Grundlage von 17 CFR § 150 zum Commodity Exchange Act, 7 U.S.C. 6a (a) in der Fassung des Dodd-Frank Act; zur Geschichte des Positionslimit-Regimes instruktiv CFTC, Proposed Rules on Position Limits, 81 FR 96704 v. 30.12.2016; zur Rechtslage in anderen Staaten zusammenfassend IOSCO, Survey on the Principles for the Regulation and Supervision of Commodity Derivatives Markets, Oktober 2012, FR08/12; Update to Survey on the Principles for the Regulation and Supervision of Commodity Derivatives Markets, September 2014, FR06/2014.
4   Erwägungsgrund 127 RL 2014/65/EU.
5   Verordnung (EU) Nr. 600/2014 des Europäischen Parlaments und des Rates vom 15.5.2014 über Märkte für Finanzinstrumente und zur Änderung der Verordnung (EU) Nr. 648/2012, ABl. EU Nr. L 173 v. 12.6.2014, S. 84.
6   Verordnung (EU) Nr. 648/2012 des Europäischen Parlaments und des Rates vom 4.7.2012 über OTC-Derivate, zentrale Gegenparteien und Transaktionsregister, ABl. EU Nr. L 201 v. 27.7.2012, S. 1.
7   Überblick bei *Barth*, Regulierung des Derivatehandels nach MiFID II und MiFIR, 2015, S. 11 ff.
8   Verordnung (EU) Nr. 236/2012 des Europäischen Parlaments und des Rates vom 14.3.2012 über Leerverkäufe und bestimmte Aspekte von Credit Default Swaps, ABl. EU Nr. L 86 v. 24.3.2012, S. 1.
9   Verordnung (EU) Nr. 596/2014 des Europäischen Parlaments und des Rates vom 16.4.2014 über Marktmissbrauch (Marktmissbrauchsverordnung) und zur Aufhebung der Richtlinie 2003/6/EG des Europäischen Parlaments und des Rates und der Richtlinien 2003/124/EG, 2003/125/EG und 2004/72/EG der Kommission, ABl. EU Nr. L 173 v. 12.6.2014, S. 1; zur Anwendung des Marktmissbrauchsregimes auf Warenderivate s. Erwägungsgründe 10, 20 und Art. 2 Abs. 2 lit. b, Art. 7 Abs. 1 lit. b VO Nr. 596/2014.

Die Rechte zur Ausübung von **Positionsmanagementkontrollen**, über die **Betreiber von Handelsplätzen** gegenüber den Handelsteilnehmern verfügen müssen (§ 54 Abs. 6 WpHG; § 26f BörsG), ergänzen diejenigen Kontrollmechanismen und Vorkehrungen, die Börsen und Betreiber von MTF und OTF nach anderen Vorschriften vorhalten müssen. **Unberührt** bleiben insbesondere die Pflichten, geeignete Vorkehrungen für eine ordnungsgemäße Preisfeststellung auch bei erheblicher Preisvolatilität zu treffen (§ 72 Abs. 1 Satz 1 Nr. 5 WpHG; § 24 Abs. 2b BörsG) und u.a. in Fällen des Verdachts eines Marktmissbrauchs für eine Aussetzung des Handels oder für einen Handelsausschluss eines Finanzinstruments zu sorgen (§ 73 Abs. 1 WpHG; § 25 Abs. 1 BörsG)[1].

III. Anwendungsbereich. 1. Sachlicher Anwendungsbereich: Warenderivate. § 54 Abs. 1 WpHG verschränkt Fragen des Anwendungsbereichs der Vorschrift mit der Befugnis der Bundesanstalt zur Festlegung von Positionslimits. Gegenständlich erfasst die Befugnis Warenderivate, die an einem inländischen Handelsplatz gehandelt werden. Als **Waren** gelten nach § 2 Abs. 5 WpHG **Güter fungibler Art, die geliefert werden können**, wie Metalle sowie ihre Erze und Legierungen, landwirtschaftliche Produkte und Energien wie Strom[2]. Die Begriffsbestimmung des **Warenderivats** in § 2 Abs. 36 WpHG beschränkt sich auf einen Verweis auf Art. 2 Abs. 1 Nr. 30 VO Nr. 600/2014, der seinerseits Art. 4 Abs. 1 Nr. 44 lit. c i.V.m. Anhang I Abschnitt C Nr. 5, 6, 7 und 10 RL 2014/65/EU in Bezug nimmt. Aus dem Verweis auf Art. 4 Abs. 1 Nr. 44 lit. c RL 2014/65/EU folgt zunächst, dass **auch als Wertpapiere verbriefte Derivate** erfasst werden[3]. In der Sache handelt es sich um Derivate auf Waren, die bar abgerechnet werden können oder müssen (Anhang I Abschnitt C Nr. 5 RL 2014/65/EU; s. auch § 2 Abs. 3 Nr. 2 lit. a WpHG) und solche, die physisch erfüllt werden können, sofern sie an einem geregelten Markt, über ein MTF oder ein OTF gehandelt werden (Anhang I Abschnitt C Nr. 6 RL 2014/65/EU; s. auch § 2 Abs. 3 Nr. 2 lit. b WpHG). Des Weiteren werden Warenderivate erfasst, die nicht unter Anhang I Abschnitt C Nr. 6 RL 2014/65/EU fallen und nicht kommerziellen Zwecken dienen, wenn sie die Merkmale anderer derivativer Finanzinstrumente aufweisen (Anhang I Abschnitt C Nr. 7 RL 2014/65/EU; s. auch § 2 Abs. 3 Nr. 2 lit. c WpHG). Zu den Warenderivaten zählen schließlich bestimmte sog. exotische Derivate, die bar abgerechnet werden können oder müssen (Anhang I Abschnitt C Nr. 10 RL 2014/65/EU).

Die Kategorie der durch physische Lieferung erfüllbaren Warenderivatkontrakte i.S.v. **Anhang I Abschnitt C Nr. 6 RL 2014/65/EU** erfasst neben landwirtschaftlichen Produkten und Metallen auch Energiederivate auf Kohle, Öl, Strom oder Erdgas[4]. Ausgenommen sind hingegen über OTF gehandelte Derivate auf Strom und Erdgas i.S.v. Art. 2 Nr. 4 lit. b VO Nr. 1227/2011 (REMIT)[5], sofern eine Pflicht zur physischen Lieferung besteht. Eine Verpflichtung zur physischen Lieferung wird nicht nur durch die vertragliche Gestattung eines *cash settlement* ausgeschlossen, sondern – vorbehaltlich eines operativen Nettings – auch durch die Vereinbarung des Ausgleichs von Pflichten durch Pflichten aus anderen Verträgen[6]. Warenderivate i.S.v. **Anhang I Abschnitt C Nr. 10 RL 2014/65/EU** sind auch einige der dort genannten Derivatkonstruktionen, soweit sie auf Waren basieren. Die Zuordnung zu den Warenderivatkontrakten ist indes weder für die in Nr. 10 aufgelisteten Kontrakte noch für diejenigen sog. anderen Derivatkontrakte geklärt, die von der Kommission diesen Kontrakten gleichgestellt wurden[7]. Derivatkontrakte auf Klimavariablen gelten ungeachtet des Fehlens einer körperlichen Basis als Warenderivate[8]. Nach Ansicht der ESMA zählen Derivate auf Frachtsätze für den Transport von Waren zu den Warenderivaten[9],

---

1 Zum notwendigen Ergänzungscharakter der unterschiedlichen Maßnahmen s. auch IOSCO, Principles for the Regulation and Supervision of Commodity Derivatives Markets – Final Report, September 2011, FR07/11, Chapter 5, S. 39 f.
2 Die Definition folgt Art. 2 Nr. 6 DelVO 2017/565 der Kommission vom 25.4.2016 zur Ergänzung der Richtlinie 2014/65/EU des Europäischen Parlaments und des Rates in Bezug auf die organisatorischen Anforderungen an Wertpapierfirmen und die Bedingungen für die Ausübung ihrer Tätigkeit sowie in Bezug auf die Definition bestimmter Begriffe für die Zwecke der genannten Richtlinie, ABl. EU Nr. L 87 v. 31.3.2017, S. 1, ber. durch ABl. EU Nr. L 246 v. 26.9.2017, S. 12; s. auch schon Art. 2 Nr. 1 DurchfVO (EG) Nr. 1287/2006 der Kommission vom 10.8.2006 zur Durchführung der Richtlinie 2004/39/EG des Europäischen Parlaments und des Rates betreffend die Aufzeichnungspflichten für Wertpapierfirmen, die Meldung von Geschäften, die Markttransparenz, die Zulassung von Finanzinstrumenten zum Handel und bestimmte Begriffe im Sinne dieser Richtlinie, ABl. EU Nr. L 241 v. 2.9.2006, S. 1.
3 Hierzu gehören allerdings nicht als Schuldinstrumente konzipierte exchange traded commodities (ETC), die unter Art. 4 Abs. 1 Nr. 44 lit. b RL 2014/65/EU fallen, s. auch ESMA, Questions and Answers on MiFID II and MiFIR commodity derivative topics, Stand 27.3.2018, Part 2 Question 7 (ESMA70-872942901-36).
4 S. die Sonderregelung für C 6-Energiederivatkontrakte i.S.v. Art. 4 Abs. 1 Nr. 16 RL 2014/65/EU betreffend Kohle und Öl in Art. 95 RL 2014/65/EU.
5 Verordnung (EU) Nr. 1227/2011 des Europäischen Parlaments und des Rates vom 25.10.2011 über die Integrität und Transparenz des Energiegroßhandelsmarkts, ABl. EU Nr. L 326 v. 8.12.2011, S. 1.
6 Art. 5 DelVO 2017/565, dort auch zu Ausnahmen für Fälle der *force majeure* oder der *bona fide inability*; s. auch Erwägungsgrund 10 RL 2014/65/EU; ESMA, Final Report – ESMA's Technical Advice to the Commission on MiFID II and MiFIR v. 19.12.2014, ESMA/2014/1569, S. 399 ff.
7 Art. 8 DelVO 2017/565.
8 ESMA, Questions and Answers on MiFID II and MiFIR commodity derivative topics, Stand 27.3.2018, Part 2 Question 10.
9 ESMA, Questions and Answers on MiFID II and MiFIR commodity derivative topics, Stand 27.3.2018, Part 2 Question 10 (ESMA70-872942901-28); anders aber wohl die Sichtweise der Kommission zu MiFID I, Erwägungsgrund 25 DurchfVO MiFID I Nr. 1287/2006.

nicht hingegen Derivate, die Lagerkapazitäten für Waren zum Gegenstand haben[1]. Derivate auf Indizes sollen dann zu den Warenderivaten rechnen, wenn der Anteil von Waren in dem betreffenden Index bei mehr als 50 % liegt[2].

10 Beschränkungen des sachlichen Anwendungsbereichs folgen aus dem zusätzlichen Erfordernis, dass die Warenderivate an einem **inländischen Handelsplatz gehandelt** werden müssen, was organisierte Märkte, MTFs und OTFs umfasst (§ 2 Abs. 22 WpHG). Bar abzurechnende oder bar abrechenbare Warenderivate i.S.v. Anhang I Abschnitt C Nr. 5 und 10 RL 2014/65/EU unterfallen deshalb nur unter dieser weiteren Voraussetzung der Befugnis der BaFin zur Festlegung eines Positionslimits, während bei physisch zu erfüllenden Warenderivaten i.S.v. Anhang I Abschnitt C Nr. 6 RL 2014/65/EU der Handel an einem (inländischen) Handelsplatz Voraussetzung der Eigenschaft als Warenderivat ist. Die von der Auffangkategorie in Anhang I Abschnitt C Nr. 7 RL 2014/65/EU umfassten Warenderivate sind hingegen grundsätzlich dadurch gekennzeichnet, dass sie nicht innerhalb der Union, sondern auf einem Handelsplatz eines Drittlandes gehandelt werden, der einem geregelten Markt oder einem MTF entspricht, in Form eines *negotiated trade* auf einen geregelten Markt, ein MTF, ein OTF oder einen gleichwertigen Handelsplatz eines Drittlandes gebracht werden oder einem derartigen Kontrakt vergleichbar sind[3].

11 Vom Handel an einem inländischen Handelsplatz als Voraussetzung für die Festlegung eines Positionslimits durch die Bundesanstalt sind die **Modalitäten der Berechnung zu unterscheiden**, ob ein Positionsinhaber das jeweilige Positionslimit überschritten hat. Sofern es sich um dasselbe Warenderivat handelt, sind an anderen Handelsplätzen gehaltene Positionen einzubeziehen (§ 55 WpHG Rz. 6; § 56 WpHG Rz. 7). Auf Drittlandhandelsplätzen gehandelten Warenderivate werden nur insoweit in das Regime der Positionslimits einbezogen, als es sich um wirtschaftlich gleichwertige OTC-Derivate i.S.v. § 56 Abs. 2 WpHG handelt (§ 56 WpHG Rz. 9). OTC-Derivate sind aber nicht selbst Gegenstand der Festlegung eines Limits.

12 **2. Persönlicher Anwendungsbereich.** Gemäß § 54 Abs. 1 WpHG legt die BaFin die maximale Größe einer Position in einem Warenderivat fest, die „eine Person" halten darf. § 54 Abs. 6 WpHG verlangt, dass der Betreiber eines Handelsplatzes sicherstellen muss, dass er die dort genannten Rechte gegenüber „jeder Person" hat. Mit beiden Anknüpfungen ist **jede natürliche oder juristische Person** gemeint, **die potentiell oder tatsächlich eine Position in einem Warenderivat halten kann oder hält** ungeachtet der Frage, ob es sich um ein Wertpapierdienstleistungsunternehmen oder eine nichtfinanzielle Stelle wie insbesondere Rohstoffproduzenten, -händler oder -verwender handelt. Zwar nimmt § 3 Abs. 1 Nr. 8 WpHG in Umsetzung von Art. 2 Abs. 1 lit. j i.V.m. Abs. 4 RL 2014/65/EU i.V.m. DelVO 2017/592[4] solche Personen vom Begriff des Wertpapierdienstleistungsunternehmens aus, die den Handel mit Warenderivaten nur als Nebentätigkeit zu einer Haupttätigkeit erbringen, die nicht im Erbringen von Wertpapierdienstleistungen besteht; hiermit ist aber nicht eine Ausnahme sonstiger Personen vom Anwendungsbereich des WpHG verbunden, sofern sich die fraglichen Vorschriften auf weitere potentielle Marktteilnehmer erstrecken. Dass sowohl die behördlich gesetzten Positionslimits als auch die Ausübung der Positionsmanagementkontrollen grundsätzlich jede Person umfassen, folgt unionsrechtlich aus **Art. 1 Abs. 6 RL 2014/65/EU**, der die Geltung von Art. 57 und 58 RL 2014/65/EU auch auf Personen bezieht, die nach Art. 2 RL 2014/65/EU vom Anwendungsbereich der Richtlinie ausgenommen sind. Auch die **Regelungssystematik** spricht für dieses Ergebnis. Denn § 56 Abs. 3 WpHG sieht in Umsetzung von Art. 57 Abs. 1 Unterabs. 2 RL 2014/65/EU vor, dass sog. nichtfinanzielle Stellen nur auf Antrag von der Anwendung der Positionslimits befreit werden (§ 56 WpHG Rz. 13 ff.). Aus Art. 58 RL 2014/65/EU folgt schließlich, dass auch solche Personen erfasst werden, *für die* ein zugelassener Handelsteilnehmer Positionen an einem inländischen Handelsplatz hält (§ 56 WpHG Rz. 5; § 57 WpHG Rz. 8).

13 Ebenso wie der Status der Person ist ihre **Herkunft unmaßgeblich**. Entscheidend sowohl für die Geltung des Positionslimits als auch für die Ausübung der Positionsmanagementkontrollen durch die Betreiber von Handelsplätzen ist, dass die natürliche oder juristische Person potentiell oder tatsächlich Positionen in einem Warenderivat hält, das an einem inländischen Handelsplatz gehandelt wird. Soweit der Handelsplatz *remote members* als Handelsteilnehmer oder Mitglieder zulässt[5], Order-Routing ermöglicht oder ausländische Marktteil-

---

1 ESMA, Questions and Answers on MiFID II and MiFIR commodity derivative topics, Stand 27.3.2018, Part 2 Question 10 unter Verweis auf Art. 8 DelVO 2017/592.
2 ESMA, Questions and Answers on MiFID II and MiFIR commodity derivative topics, Stand 27.3.2018, Part 2 Question 10.
3 Art. 7 Abs. 1 lit. a DelVO 2017/565; das Vergleichbarkeitskriterium in Art. 7 Abs. 1 lit. a Ziff. iii DelVO 2017/565 wurde objektiviert und ist nunmehr nicht mehr von einer entsprechenden Bestimmung der Vertragspartner abhängig, dazu ESMA, Final Report – ESMA's Technical Advice to the Commission on MiFID II and MiFIR v. 19.12.2014, ESMA/2014/1569, S. 415 f. Ziff. 35 f.
4 Delegierte Verordnung (EU) 2017/592 der Kommission vom 1.12.2016 zur Ergänzung der Richtlinie 2014/65/EU des Europäischen Parlaments und des Rates durch technische Regulierungsstandards zur Festlegung der Kriterien, nach denen eine Tätigkeit als Nebentätigkeit zur Haupttätigkeit gilt, ABl. EU Nr. L 87 v. 31.3.2017, S. 492; s. auch ESMA, Questions and Answers on MiFID II and MiFIR commodity derivative topics, Stand 27.3.2018, Part 3.
5 Zu den börsenrechtlichen Voraussetzungen *Beck* in Schwark/Zimmer, § 3 BörsG Rz. 76 ff., § 19 BörsG Rz. 43 f.

nehmer über einen direkten elektronischen Zugang zum inländischen Handelsplatz verfügen (§ 77 WpHG; §§ 2 Abs. 8, 19a BörsG), gelten Festlegungen ebenso wie Positionsmanagementkontrollen der Handelsplatzbetreiber auch für von diesen Personen gehaltene Positionen in Warenderivaten. Schließlich werden auch ausländische natürliche oder juristische Personen erfasst, für die ein zugelassener Handelsteilnehmer Positionen an einem inländischen Handelsplatz hält.

3. Räumlicher Anwendungsbereich. In territorialer Hinsicht erstreckt sich die Befugnis der BaFin zur Festlegung von **Positionslimits** grundsätzlich nur auf solche Warenderivate, die an einem inländischen Handelsplatz gehandelt werden. In der Konsequenz beschränkt sich die Geltung der Positionslimits auf den **Handel des Derivats im Inland**. Nur unter den Voraussetzungen des § 55 WpHG ist die BaFin befugt, Positionslimits für ein bestimmtes Warenderivat auch mit Wirkung für andere Handelsplätze in der Union oder den EWR-Staaten festzulegen (§ 55 WpHG Rz. 9). Zu einer weiteren **mittelbaren Erweiterung** der Geltung der Positionslimits kann der **Modus der Berechnung** führen. So ist es u.U. geboten, auf einem nicht funktionsäquivalenten Handelsplatz eines Drittstaates gehandelte Warenderivate als wirtschaftlich gleichwertige OTC-Kontrakte zu behandeln, die gem. § 56 Abs. 2 WpHG in die Berechnung einzustellen sind, ob ein Handelsteilnehmer das festgelegte Positionslimit erreicht oder überschritten hat (§ 56 WpHG Rz. 9)[1]. Die Rechte zu **Positionsmanagementkontrollen**, die sich der Betreiber eines inländischen Handelsplatzes gem. § 54 Abs. 6 WpHG gegenüber jeder Person vorzubehalten hat, betreffen ausnahmslos den Handel an diesem Handelsplatz.

IV. Festlegung von Positionslimits (§ 54 Abs. 1, 2, 3 und 5 WpHG). 1. Grundlagen (§ 54 Abs. 1 WpHG). Gemäß § 54 Abs. 1 WpHG legt die BaFin für jedes Warenderivat, das an einem inländischen Handelsplatz gehandelt wird, ein **Positionslimit** fest. Dieses wird definiert als ein **quantitativer Schwellenwert** für die maximale Größe einer Position in einem Derivat, die eine Person halten darf. Die maximale Größe wird jeweils durch einen **prozentualen Anteil an einer Gesamtheit** gebildet, der in handelbare Einheiten (*lots*) umgerechnet wird. Die Art der Gesamtheit ist abhängig vom Zeitpunkt der Fälligkeit des Kontrakts (Rz. 16) und von der Art des Warenderivats (Rz. 17). Einzelheiten sind in **Art. 9 ff. DelVO 2017/591** geregelt (auszugsweiser Abdruck bei § 56 WpHG)[2]. Deren Vorgaben betreffen – anders als in § 56 Abs. 1 WpHG zugrunde gelegt (§ 56 WpHG Rz. 3) – nicht die Anwendung bereits gesetzter Positionslimits, sondern die für die ex ante-Festlegung durch die nationalen Behörden maßgeblichen Parameter.

Grundlegend ist zwischen Positionslimits für den Spot-Monat und solchen für andere Monate zu unterscheiden. Bei Warenderivaten im **Spot-Monat**, verstanden als Kontrakte, deren Laufzeit nach den Regeln des Handelsplatzes als Nächstes endet (Art. 2 Abs. 2 DelVO 2017/591)[3], besteht die Gefahr, dass Inhaber mit einer hohen Position eine marktbeherrschende Stellung erlangen und andere Marktteilnehmer verdrängen können (*squeeze*)[4]. Das Limit für diesen Zeitraum wird deshalb auf einen Anteil an der **lieferbaren Menge der Ware**, umgerechnet in Handelseinheiten, bezogen (Art. 9 DelVO 2017/591). Die lieferbare Menge wird aus den durchschnittlichen Mengen in der Vergangenheit gebildet, muss aber auch faktische Gegebenheiten wie Lagerkapazitäten oder Transportengpässe berücksichtigen (Art. 10 DelVO 2017/591)[5]. Bei Warenderivaten sind die Gefahren, die von hohen Positionen ausgehen, mit größerem zeitlichen Abstand zur Vertragserfüllung geringer[6]. Wegen der ungleichmäßigen Verteilung der Positionen im zeitlichen Ablauf wird bei Warenderivaten **in anderen Monaten** der zulässige Anteil, umgerechnet in Handelseinheiten, regelmäßig nicht auf den Durchschnitt, sondern auf die **Gesamtheit der offenen Kontraktpositionen** (*open interest*) in diesem Warenderivat bezogen (Art. 11 DelVO 2017/591).

Für bestimmte Arten von Warenderivaten sind **Abweichungen** von diesem Grundkonzept vorgesehen[7]. Soweit nämlich nach Anhang I Abschnitt C Nr. 10 RL 2014/65/EU auch solche Kontrakte als Warenderivate gelten, denen wie im Fall von Klimavariablen als Basiswert keine physisch lieferbaren Waren zugrunde liegen (Rz. 9), kann die zulässige Position im Spot-Monat nicht durch eine Bezugnahme auf eine lieferbare Menge bestimmt werden. In dieser Variante ist deshalb die Gesamtheit der offenen Kontraktpositionen maßgeblich (Art. 13

---

1 ESMA, Opinion: Determining third-country trading venues for the purpose of position limits under MiFID II v. 15.12.2017 (ESMA70-154-466).
2 Delegierte Verordnung (EU) 2017/591 der Kommission vom 1.12.2016 zur Ergänzung der Richtlinie 2014/65/EU des Europäischen Parlaments und des Rates durch technische Regulierungsstandards für die Anwendung von Positionslimits für Warenderivate, ABl. EU Nr. L 87 v. 31.3.2017, S. 479.
3 Gemeint ist der Zeitraum, der der Lieferung zum Fälligkeitstermin unmittelbar vorausgeht und der nicht notwendig einem Kalendermonat entsprechen muss, Erwägungsgrund 11 DelVO 2017/591.
4 Erwägungsgrund 11 DelVO 2017/591.
5 Beispiel: Wenn eine Ware überwiegend über Rheinhäfen ausgeliefert wird, ist der periodisch niedrige Pegelstand des Rheins zu berücksichtigen, der eine Auslieferung vereiteln kann, instruktiv ESMA, Opinion on position limits on Rapeseed contracts v. 10.8.2017, ESMA70-155-993 Rz. 8, 17 und 36.
6 Zweifelnd *Henn*, Die Umsetzung der Positionslimits aus der EU-Richtlinie über Märkte für Finanzinstrumente (MiFID II) – aktueller Stand, 2017, S. 9 unter Verweis auf die Bedeutung der Preiserwartungskurve für den Spot-Monat.
7 Zum Folgenden ausführlich Erwägungsgrund 13 DelVO 2017/591.

Abs. 1 DelVO 2017/591)[1]. Bei als Wertpapieren verbrieften Warenderivaten kann nicht an die Differenzierung von Spot-Monat und anderen Monaten angeknüpft werden. Für die zulässige Positionsgröße ist der Anteil an der Gesamtheit der begebenen Wertpapiere entscheidend (Art. 13 Abs. 2 DelVO 2017/591). Schließlich gelten Besonderheiten für Energiederivate. Da Strom und Gas regelmäßig nicht zu einem fixen Zeitpunkt, sondern kontinuierlich geliefert werden, muss sich das Positionslimit bei Überschneidung der Lieferzeiträume auf alle hiervon betroffenen Derivate beziehen (Art. 13 Abs. 3 DelVO 2017/591)[2].

18   **2. Festlegungskriterien (§ 54 Abs. 2 WpHG). a) Leitprinzipien.** § 54 Abs. 2 WpHG formuliert in Umsetzung von Art. 57 Abs. 1 RL 2014/65/EU **Leitprinzipien** für die Festlegung von Positionslimits. Gemäß § 54 Abs. 2 Satz 1 Nr. 1 WpHG ist das Positionslimit so festzulegen, dass es **Marktmissbrauch** i.S.v. Art. 1 VO Nr. 596/2014 **verhindert**. Hierdurch wird die Abwehr von Marktmissbrauch zum **eigenständigen Ziel** der Festlegung von Positionslimits. Nach § 54 Abs. 2 Satz 1 Nr. 2 WpHG soll das Limit außerdem zu **geordneten Preisbildungs- und Abwicklungsbedingungen beitragen**, was nach § 54 Abs. 2 Satz 2 WpHG insbesondere dann der Fall ist, wenn das Positionslimit marktverzerrende Positionen verhindert (Nr. 1) und eine Konvergenz zwischen dem Preis des Derivats im Monat der Lieferung und dem Preis für die zugrunde liegende Ware an den entsprechenden Spotmärkten sicherstellt, ohne dass die Preisbildung am Markt für die zugrunde liegende Ware davon berührt wird (Nr. 2). § 54 Abs. 2 Satz 1 Nr. 2 WpHG knüpft damit an die **ökonomischen Funktionen** an, die den Warenderivatemärkten zugeschrieben werden[3]. Die kumulativ geltenden Leitprinzipien nach § 54 Abs. 2 Satz 1 Nr. 1 und 2 WpHG stehen dabei i.d.R. im Verhältnis der Wechselbezüglichkeit: Weil mit zunehmender Nähe des Handels mit dem Kontrakt zum Erfüllungszeitpunkt im Spot-Monat die Manipulationsanfälligkeit bei einem Auseinanderfallen von der Größe der Position und dem Angebot lieferbarer Waren steigt[4], kann auch die Preisbildungsfunktion beeinträchtigt werden. Die neben der Preisbildungsfunktion und der Wahrung des Nexus zwischen Derivate- und Spotmärkten bedeutsame **Absicherungsfunktion** für Rohstoffproduzenten, -händler und -verwerter (*bona fide hedging*) ist hingegen i.d.R. nicht auf der Ebene der Festlegung der Positionslimits zu berücksichtigen, sondern betrifft die Anwendung der Limits auf diese Marktteilnehmer nach § 56 Abs. 3 WpHG (Rz. 34; § 56 WpHG Rz. 11 ff.). Die für das Limit zu berücksichtigenden Umstände werden in **Art. 9 ff., 16 ff. DelVO 2017/591** konkretisiert.

19   **b) Richtwerte und Korridore.** Der Berechnung des jeweiligen Positionslimits anhand spezifischer Faktoren liegt als Ausgangspunkt ein in handelbaren Einheiten zu benennender **Richtwert** zugrunde, auf den sodann jeweils Zuschläge oder Abschläge vorzunehmen sind. Dieser Richtwert liegt bei Positionslimits für den Spot-Monat bei 25 % der lieferbaren Menge, bei Limits für die anderen Monate bei 25 % der offenen Kontraktpositionen (Art. 9 Abs. 1 und 11 Abs. 1 DelVO 2017/591). In **Abweichung** hiervon gilt für Derivatkontrakte, die sich auf für den menschlichen Verzehr bestimmte **Nahrungsmittel** beziehen, ein **geringerer Richtwert** von 20 % der lieferbaren Menge für den Spot-Monat, sofern sich die offenen Kontraktpositionen regelmäßig auf mehr als 50.000 handelbare Einheiten belaufen (Art. 9 Abs. 4 DelVO 2017/591). Die erst auf Intervention der Kommission eingefügte Modifizierung soll dem Umstand Rechnung tragen, dass Preisvolatilitäten von Derivaten auf landwirtschaftliche Grunderzeugnisse über die Lebensmittelpreise unmittelbare Folgen für Konsumenten haben können (Rz. 31 f.)[5]. Für die Zuordnung eines Agrarprodukts zu den Nahrungsmitteln ist nicht entscheidend, dass der entsprechende Rohstoff ausschließlich zu diesem Zweck verwendet wird[6].

20   Auf der Basis des Richtwerts ist für jedes Warenderivat ein konkretes Positionslimit festzulegen, das sich innerhalb normativ gesetzter **Korridore** bewegen muss. Dieser Korridor liegt regelmäßig zwischen **5 % und 35 %** im Spot-Monat und in den anderen Monaten (Art. 14 lit. a DelVO 2017/591), kann also den Richtwert um höchs-

---

1 Dies gilt auch für Derivate auf Frachtraten und für solche, denen ein Warenindex zugrunde liegt, ESMA, Questions and Answers on MiFID II and MiFIR commodity derivative topics, Stand 27.3.2018, Part 2 Question 10.
2 Zur Bestimmung der Handelseinheiten in MWh s. ESMA, Questions and Answers on MiFID II and MiFIR commodity derivative topics, Stand 27.3.2018, Part 2 Question 2.
3 Knapp ESMA, Final Report – ESMA's Technical Advice to the Commission on MiFID II and MiFIR v. 19.12.2014, ESMA/2014/1569, S. 431 Nr. 10; IOSCO, Principles for the Regulation and Supervision of Commodity Derivatives Markets – Final Report, September 2011, FR07/11, Chapter 1, S. 11; krit. zur Preisbildungsfunktion *Chadwick*, Int. and Comp. Law Quarterly 6 (2017), 625, 649 ff.; s. auch *Küblböck/Staritz*, ÖFSE Working Paper 45/2013, S. 14 f.
4 IOSCO, Principles for the Regulation and Supervision of Commodity Derivatives Markets – Final Report, September 2011, FR07/11, S. 26, 30, 42.
5 Die Kommission fügte Art. 9 Abs. 4 DelVO 2017/591 ein, obwohl die ESMA auf das Zurückweisungsschreiben der Kommission vom 14.3.2016 (FISMA C3/TL/alf(2016)2368644) nur das Mindestlimit nach Art. 14 lit. b DelVO 2017/591 herabsetzen wollte, da keine empirischen Belege für eine grdsl. hohe Preisvolatilität von Derivaten auf Lebensmittel verfügbar seien, s. ESMA, Opinion, Draft Regulatory Technical Standard on methodology for calculation and the application of position limits v. 2.5.2016 (ESMA/2016/668), Rz. 16 ff.
6 ESMA, Opinion on position limits on Rapeseed contracts v. 10.8.2017, ESMA70-155-993, Rz. 5, 15, 35: Zuordnung von Rapssaat zu Art. 9 Abs. 4 DelVO 2017/591, obwohl nur 10 % der Jahresernte in Form von essbarem Rapsöl dem menschlichen Verzehr zugeführt und die überwiegende Menge zu Biodiesel verarbeitet wird; ESMA, Opinion on position limits on Corn contracts v. 10.8.2017, ESMA70-155-988, Rz. 5, 33: Die Nutzung von 5 % der Maisernte zum menschlichen Verzehr reicht nicht aus für die Einordnung als Nahrungsmittel.

tens 20 % unterschreiten und um maximal 10 % übersteigen. Für zum menschlichen Verzehr bestimmte **Nahrungsmittel** kann abweichend ein Positionslimit zwischen **2,5 % und 35 %** festgelegt werden (Art. 14 lit. b DelVO 2017/591)[1]. Das jeweilige Limit liegt hingegen zwischen **5 % und 50 %**, wenn die durchschnittliche **Zahl der Marktteilnehmer weniger als 10** beträgt oder weniger als drei Market-Maker für das Warenderivat tätig sind (Art. 19 Abs. 2 DelVO 2017/591)[2].

Besonderheiten gelten schließlich für **neue und illiquide Warenderivate**. Für **besonders illiquide Kontrakte**, 21 für die über einen Zeitraum von drei aufeinanderfolgenden Monaten offene Kontraktpositionen für höchstens 10.000 handelbare Einheiten bestehen, gilt ein **fixes Positionslimit** von 2.500 handelbaren Einheiten, im Fall von verbrieften Derivaten, für die nicht mehr als 10 Mio. Wertpapiere begeben wurden, besteht ein Limit von 2,5 Mio. Wertpapieren (Art. 15 Abs. 1 lit. a und c DelVO 2017/591). In beiden Varianten kann damit das Positionslimit ggf. auch 50 % überschreiten[3]. Die normative Fixierung des Limits soll einerseits dem Umstand Rechnung tragen, dass (neue) Warenderivate auch auf unreifen oder auf besondere Zielgruppen zugeschnittenen Märkten einen Beitrag zur Risikosteuerung leisten[4] und andererseits den nationalen Behörden verfahrensrechtliche Erleichterungen im Umgang mit europaweit Tausenden von Kontrakten mit geringer Handelsaktivität verschaffen[5]. Der Regelung dürfte **in der Praxis eine erhebliche Bedeutung** zukommen, da die ESMA in Zusammenarbeit mit den nationalen Aufsichtsbehörden bis zum Start des Positionslimitregimes am 3.1.2018 überhaupt nur 110 Warenderivate identifiziert hatte, die wegen ihres Handelsumfangs der individuellen Festsetzung eines Positionslimits bedürfen[6]. Die normative Fixierung entbindet allerdings die nationale Behörde nicht von einer konkretisierenden Festlegungsentscheidung im Hinblick darauf, welche Warenderivate von der de minimis-Regelung erfasst werden (Rz. 30, 49). Bei **relativ illiquiden Warenderivaten** mit offenen Kontraktpositionen bis zu 20.000 handelbaren Einheiten bzw. im Fall von verbrieften Derivaten mit bis zu 20 Mio. begebenen Wertpapieren ist das Positionslimit in einem Korridor zwischen **5 % und 40 %** festzulegen (Art. 15 Abs. 1 lit. b und d DelVO 2017/591)[7]. Insoweit bleibt es also beim Gebot einer individuellen Festlegung.

c) Faktoren für die individuelle Festlegung. Ob – vorbehaltlich des Vorliegens eines illiquiden Derivats i.S.v. 22 Art. 15 Abs. 1 lit. a und c DelVO 2017/591 – bei der individuellen Festlegung eines Positionslimits innerhalb des Korridors Zu- oder Abschläge von dem Richtwert vorgenommen werden, bestimmt sich **abschließend** nach den in **Art. 16 bis 21 DelVO 2017/591** genannten Kriterien. Als Berechnungsmethodik stehen die dort genannten Faktoren nicht isoliert neben den Leitprinzipien, sondern dienen deren Operationalisierung. Dies kommt auch in Art. 14 DelVO 2017/591 zum Ausdruck, demzufolge die Auswirkungen der in Art. 16 ff. DelVO 2017/591 genannten Faktoren auf die Integrität des Marktes für die Nutzung der Korridore maßgeblich ist: Die Behörden sollen einerseits die Positionslimits so niedrig ansetzen, dass Marktmissbrauch und Marktverzerrungen verhindert werden. Andererseits soll neben geordneten Preisbildungs- und Abwicklungsbedingungen auch die Entwicklung neuer Derivate gefördert und dafür gesorgt werden, dass diese ihre Funktionen für die zugrunde liegenden Warenmärkte erfüllen können[8].

Gemäß **Art. 16 DelVO 2017/591** senken die Behörden das Limit bei Warenderivaten mit **kurzer Laufzeit** im 23 Spot-Monat ab. Futures mit einem zweimonatigen Spot-Monat bzw. sechs jährlichen Fälligkeitsterminen gelten hierbei nicht als kurzfristig[9]. Sofern das Warenderivat mit einer **großen Zahl unterschiedlicher Fälligkeitstermine** gehandelt wird, führt dies zur Anhebung des Limits in den anderen Monaten. Hierbei gelten zehn gelis-

---

1 Eingefügt auf das Zurückweisungsschreiben der Kommission vom 14.3.2016 (FISMA C3/TL/alf(2016)2368644) durch ESMA, Opinion, Draft Regulatory Technical Standard on methodology for calculation and the application of position limits v. 2.5.2016 (ESMA/2016/668), Rz. 25; nach Erwägungsgrund 15 DelVO 2017/591 soll das Mindestlimit zum Einsatz kommen können, wenn der Behörde Hinweise auf preisbeeinflussende Spekulationstätigkeiten vorliegen.
2 Eingefügt auf das Zurückweisungsschreiben der Kommission vom 14.3.2016 (FISMA C3/TL/alf(2016)2368644) durch ESMA, Opinion, Draft Regulatory Technical Standard on methodology for calculation and the application of position limits v. 2.5.2016 (ESMA/2016/668), Rz. 33 ff. Die nationalen Behörden dürfen davon ausgehen, dass bei einer sehr hohen Zahl von Marktteilnehmern kein Bedarf an Market-Makern besteht, ESMA, Opinion on position limits for Zinc contracts v. 24.10.2017, ESMA70-155-1834, Rz. 10, 31.
3 Werden von einem Wertpapier ohnehin nur 2,5 Mio. Stück begeben, besteht ein Positionslimit nicht, ESMA, Questions and Answers on MiFID II and MiFIR commodity derivative topics, Stand 27.3.2018, Part 4 Question 9.
4 Erwägungsgrund 17 DelVO 2017/591.
5 ESMA, Opinion, Draft Regulatory Technical Standard on methodology for calculation and the application of position limits v. 2.5.2016 (ESMA/2016/668), Rz. 30; sehr krit. *Henn*, Die Umsetzung der Positionslimits aus der EU-Richtlinie über Märkte für Finanzinstrumente (MiFID II) – aktueller Stand, 2017, S. 910 mit Hinweis auf Missbrauchsmöglichkeiten z.B. durch die Festlegung sehr großer Handelsgrößen.
6 ESMA, List of liquid commodity derivatives contracts, Stand 30.4.2018.
7 Die ESMA hatte auf das Zurückweisungsschreiben der Kommission vom 14.3.2016 (FISMA C3/TL/alf(2016)2368644) den Korridor sogar bis zu einem Limit von 50 % öffnen wollen, s. ESMA, Opinion, Draft Regulatory Technical Standard on methodology for calculation and the application of position limits v. 2.5.2016 (ESMA/2016/668), Rz. 32.
8 Erwägungsgrund 1 DelVO 2017/591.
9 ESMA, Opinion on position limits on Robusta Coffee contracts v. 24.10.2017, ESMA70-155-2274 Rz. 38; ESMA, Opinion on position limits on Rapeseed contracts v. 10.8.2017, ESMA70-155-993, Rz. 18; ESMA, Opinion on position limits on Corn contracts v. 10.8.2017, ESMA70-155-988, Rz. 20.

tete Fälligkeitstermine noch nicht notwendig als beachtlicher Umstand[1], wohl aber die häufig mehr als 100 Termine, die für zahlreiche Futures von Metallen zur Verfügung stehen[2].

24   Nach **Art. 17 DelVO 2017/591** wird das Limit unterhalb des Richtwerts abgesenkt, wenn die **lieferbare Menge** der Ware im Verhältnis zu der für eine geordnete Abwicklung erforderlichen Menge **gering** ist oder beschränkt werden kann. Hierbei kann berücksichtigt werden, ob z.B. aus Transportengpässen Lieferrestriktionen resultieren können[3], des Weiteren, ob die Ware auch zur physischen Erfüllung von an anderen Handelsplätzen gehandelten Kontrakten eingesetzt werden kann[4]. Diese Erwägungen kommen naturgemäß nicht zum Tragen, wenn für den Kontrakt nur ein *cash settlement* vorgesehen ist[5].

25   Mit **Art. 18 DelVO 2017/591** wird auf das Problem reagiert, dass die Gesamtheit der offenen Kontraktpositionen als Parameter für das Positionslimit in anderen Monaten irreführend sein kann, wenn die offenen Positionen bei Weitem größer sind als die lieferbare Menge[6]. Maßgeblich ist also das **Verhältnis offener Kontraktpositionen zur lieferbaren Menge**. Überschreitet die Gesamtheit der offenen Kontraktpositionen die lieferbare Menge in bedeutendem Umfang, hat die Behörde das Positionslimit abzusenken (Art. 18 Abs. 2 DelVO 2017/591)[7], im umgekehrten Fall aber anzuheben (Art. 18 Abs. 3 DelVO 2017/591)[8]. Diese Ratio gilt aber nicht für den Spot-Monat. Im Gegenteil deuten hier im Vergleich zur Liefermenge geringe offene Kontraktpositionen in der Vergangenheit darauf hin, dass es mit einem hohen Positionslimit ermöglicht würde, sehr hohe Marktanteile zu halten. Deshalb ist in dieser Konstellation das Positionslimit gegenüber dem Richtwert abzusenken[9], im Fall von die lieferbare Menge überschreitenden offenen Positionen hingegen anzuheben[10].

26   Nach **Art. 19 Abs. 1 DelVO 2017/591** führt eine **hohe Anzahl von Marktteilnehmern** zu einer Absenkung des Positionslimits. Denn eine hohe Zahl ist Indiz für eine robuste Handelsaktivität, weshalb eine Begrenzung der Positionen die Möglichkeiten zu einer Marktverzerrung eindämmt, ohne den Handel zu beeinträchtigen. Die Bewertung der Zahl der Marktteilnehmer ist abhängig von der Bedeutung des Warenderivats. So rechtfertigt die Zahl von 146 Marktteilnehmern am Handel mit dem ICE Robusta Coffee Contract keine Herabsetzung des Limits unter Berücksichtigung des Umstands, dass dieser Future als globaler Benchmark-Vertrag gilt[11]. Wohl aber führten die 808 Teilnehmer am Handel mit dem LME Copper Contract zu einer Herabsetzung des Positionslimits[12]. Eine geringe Zahl von Handelsteilnehmern oder Market-Maker kann umgekehrt Positionslimit bis zu 50 % rechtfertigen[13].

---

1   ESMA, Opinion on position limits on Corn contracts v. 10.8.2017, ESMA70-155-988, Rz. 26.
2   ESMA, Opinion on position limits on Aluminium contracts v. 24.10.2017, ESMA70-155-1818 Rz. 33, 50; ESMA, Opinion on position limits on Copper contracts v. 24.10.2017, ESMA70-155-1822, Rz. 30, 49.
3   ESMA, Opinion on position limits on Rapeseed contracts v. 10.8.2017, ESMA70-155-993, Rz. 17, 36.
4   ESMA, Opinion on position limits on Copper contracts v. 24.10.2017, ESMA70-155-1822, Rz. 7, 23, 43; ESMA, Opinion on position limits on Zinc contracts v. 24.10.2017, ESMA170-155-1834 Rz. 21, 42; BaFin, Festsetzung eines Positionslimits für Phelix Power Future DE/AT (Peak) Kontrakte v. 3.1.2018, Gz. WA 12-Wp 7410-2017/0003; BaFin, Festsetzung eines Positionslimits für PXE Hungarian Financial Future (Base) Kontrakte v. 24.4.2018, Gz. WA 12-Wp 7410-2018/0006.
5   ESMA, Opinion on position limits on ICE Argus Euro-bob Oxy FOB Rotterdam Barges contracts v. 3.4.2018, ESMA70-155-3538, Rz. 38; ESMA, Opinion on position limits on ICE Singapore Jet Kerosene contracts v. 3.4.2018, ESMA70-155-3453, Rz. 40.
6   Zurückweisungsschreiben der Kommission vom 14.3.2016 (FISMA C3/TL/alf(2016)2368644).
7   ESMA, Opinion on position limits on Zinc contracts v. 24.10.2017, ESMA70-155-1834, Rz. 29: offene Kontraktpositionen bildeten in anderen Monaten 1477 % (!) der lieferbaren Menge, was eine Herabsetzung von 7,5 % gegenüber dem Richtwert begründet; ESMA, Opinion on position limits on ICE Brent Crude contracts v. 7.12.2017, ESMA70-155-1535 Rz. 30, 47: 500 %; BaFin, Festsetzung eines Positionslimits für Phelix Power Future DE/AT (Base) Kontrakte und Optionen DE/AT (Base) Kontrakte v. 3.1.2018, Gz. WA 12-Wp 7410-2017/0002: offene Positionen bilden 20faches der lieferbaren Menge.
8   ESMA, Opinion on position limits on Milling Wheat contracts v. 10.8.2017, ESMA70-155-983, Rz. 29, 45; ESMA, Opinion on position limits on Corn contracts v. 10.8.2017, ESMA70-155-988, Rz. 24, 38; ESMA, Opinion on position limits on UK Feed Wheat contracts v. 3.4.2018, ESMA70-155-4764, Rz. 45; BaFin, Festsetzung eines Positionslimits für French Power Future (Peak) Kontrakte v. 3.1.2018, Gz. WA 12-Wp 7410-2017/0005.
9   BaFin, Festsetzung eines Positionslimits für French Power Future (Peak) Kontrakte v. 3.1.2018, Gz. WA 12-Wp 7410-2017/0005; BaFin, Festsetzung eines Positionslimits für Phelix Power DE Future (Peak) Kontrakte v. 7.2.2018, Gz. WA 12-Wp 7410-2018/0003; BaFin, Festsetzung eines Positionslimits für Dutch Financial Power Future (Base) Kontrakte v. 24.4.2018, Gz. WA 12-Wp 7410-2018/0005; ESMA, Opinion on position limits on Corn contracts v. 10.8.2017, ESMA70-155-988 Rz. 18, 34; ESMA, Opinion on position limits on Rapeseed contracts v. 10.8.2017, ESMA70-155-993, Rz. 17, 36.
10 BaFin, Festsetzung eines Positionslimits für Phelix Power Future DE/AT (Base) Kontrakte und Optionen DE/AT (Base) Kontrakte v. 3.1.2018, Gz. WA 12-Wp 7410-2017/0002; BaFin, Festsetzung eines Positionslimits für PXE Hungarian Financial Future (Base) Kontrakte v. 24.4.2018, Gz. WA 12-Wp 7410-2018/0006.
11 ESMA, Opinion on position limits on Robusta Coffee contracts v. 24.10.2017, ESMA70-155-2274 Rz. 39.
12 ESMA, Opinion on position limits on Copper contracts v. 24.10.2017, ESMA70-155-1822, Rz. 23, 30, 44; ähnlich ESMA, Opinion on position limits on Aluminium contracts v. 24.10.2017, ESMA70-155-1818 Rz. 23, 45; ESMA, Opinion on position limits on Zinc contracts v. 24.10.2017, ESMA70-155-1834 Rz. 21, 43; ESMA, Opinion on position limits on ICE Brent Crude contracts v. 7.12.2017, ESMA70-155-1535 Rz. 21, 31, 41.
13 ESMA, Questions and Answers on MiFID II and MiFIR commodity derivative topics, Stand 27.3.2018, Part 2 Question 16 zum Verhältnis zu Art. 15 DelVO 2017/591.

Gemäß **Art. 20 DelVO 2017/591** sind zudem die **Strukturen der zugrunde liegenden Warenmärkte** zu berücksichtigen, die sich sowohl auf den Handel als auch auf die ordnungsmäße Erfüllung einer physischen Lieferverpflichtung auswirken können. Hierzu gehören nach Art. 20 Abs. 2 DelVO 2017/591 z.B. die Transportmethode, die Art der Lieferung oder die Lagerkapazitäten[1]. Auch **makroökonomische Gegebenheiten** wie die Existenz marktbeherrschender Unternehmen auf dem Warenmarkt, die zu Marktmissbrauch führen könnte[2], oder eine wirksame Kartell- oder Preisaufsicht, die Marktverzerrungen entgegenwirken kann[3], werden berücksichtigt. Des Weiteren sind die **Eigenschaften einer Ware** von Bedeutung. Hierzu zählt bei landwirtschaftlichen Grunderzeugnissen ihre Verderblichkeit oder Saisonabhängigkeit, die zu Lieferengpässen führen kann. Bei Energiederivaten auf Strom ist zu berücksichtigen, dass die fehlende Speicherbarkeit für einen kontinuierlichen Warenfluss sorgt und Marktverzerrungen entgegenwirkt[4]. 27

Als letztes Korrektiv räumt **Art. 21 DelVO 2017/591** den Behörden die Möglichkeit ein, im Fall einer **übermäßigen Volatilität** des Preises des Derivats oder der zugrunde liegenden Ware das Positionslimit anzupassen, allerdings nur unter der weiteren Voraussetzung, dass die Anpassung die übermäßige Volatilität effektiv mindern würde. Gerade die zweite Voraussetzung ist von den nationalen Behörden bislang regelmäßig verneint worden[5]. Dahinter steht der Gedanke, dass Preisvolatilität auch auf fundamentalen Ursachen wie etwa Missernten beruhen kann und in diesem Fall mit einem Positionslimit nicht wirksam zu bekämpfen ist (Rz. 31 f.). 28

Schließlich kann von der Möglichkeit Gebrauch gemacht werden, innerhalb des Spot-Monats das Positionslimit mit Herannahen des Lieferzeitpunkts **sukzessive abzusenken** (Art. 9 Abs. 3 DelVO 2017/591) oder für die anderen Monate ein flexibles System vorzusehen, das ein Übertragung von Positionen auf Kontrakte mit späterer Fälligkeit ermöglicht (Art. 19 Abs. 2 Satz 2 DelVO 2017/591)[6]. 29

In Übereinstimmung mit Art. 57 Abs. 1 und 4 RL 2014/65/EU gewährt § 54 Abs. 1 WpHG der BaFin **kein Entschließungsermessen** hinsichtlich der Festlegung eines Positionslimits. Die Bundesanstalt hat auch dann eine Entscheidung zu treffen, wenn nach ihrer Auffassung das Positionslimit im Spot-Monat und in den anderen Monaten mit dem Richtwert identisch sein soll. Dies folgt schon daraus, dass die Behörde bei der Ermittlung des Richtwerts zunächst die lieferbare Menge errechnen muss und der Richtwert der Umrechnung in handelbare Einheiten bedarf. Nach dem eindeutigen Wortlaut ist auch für illiquide Derivate i.S.v. Art. 15 Abs. 1 lit. a und c DelVO 2017/591 ein fixes Positionslimit von 25 % behördlich festzulegen (Rz. 49)[7]. Für die Ausgestaltung der individuellen Festlegung steht der BaFin aber ein gewisser Entscheidungsspielraum zu (Rz. 54 f.). 30

d) **Positionslimits für Nahrungsmittelderivate.** Die Vorschriften zu Positionslimits auf Warenderivate gehörten sowohl auf unionaler als auch auf nationaler Ebene zu den rechtspolitisch umstrittenen Regelungen. Insbesondere Nichtregierungsorganisationen forderten strikte Positionslimits für Derivate auf **landwirtschaftliche Grunderzeugnisse**, da sie im Halten hoher Positionen insbesondere durch Wertpapierfirmen **ethisch fragwürdiges spekulatives Handeln** zu Lasten vor allem der armen Länder sahen[8]. Nach wie vor besteht allerdings kein wirtschaftswissenschaftlicher Konsens über die Ursachen von Preisvolatilitäten und insbesondere über die 31

---

1 ESMA, Opinion on position limits on Rapeseed contracts v. 10.8.2017, ESMA70-155-993, Rz. 8, 17, 36 zum gelegentlich niedrigen Pegelstand des Rheins als Transporthindernis für Rapssaaten; ESMA, Opinion on position limits on Milling Wheat contracts v. 10.8.2017, ESMA70-155-983, Rz. 22, 40 betr. begrenzte Silokapazitäten für Getreide.
2 BaFin, Festsetzung eines Positionslimits für French Power Future (Peak) Kontrakte v. 3.1.2018, Gz. WA 12-Wp 7410-2017/0005 unter Hinweis auf Art. 20 Abs. 2 lit. d und e DelVO 2017/591; BaFin, Festsetzung eines Positionslimits für PXE Chech Financial Future (Base) Kontrakte v. 7.2.2018, Gz. WA12-Wp 7410-2018/0002.
3 BaFin, Festsetzung eines Positionslimits für Phelix Power Future DE/AT (Base) Kontrakte und Optionen DE/AT (Base) Kontrakte v. 3.1.2018, Gz. WA 12-Wp 7410-2017/0002.
4 BaFin, Festsetzung eines Positionslimits für Phelix Power Future DE/AT (Base) Kontrakte und Optionen DE/AT (Base) Kontrakte v. 3.1.2018, Gz. WA 12-Wp 7410-2017/0002 unter Hinweis auf Art. 20 Abs. 2 lit. e DelVO 2017/591 – näherliegend wäre lit. f.
5 ESMA, Opinion on position limits on ICE Brent Crude contracts v. 7.12.2017, ESMA70-155-1535 Rz. 24; ESMA, Opinion on position limits on Robusta Coffee contracts v. 24.10.2017, ESMA70-155-2274 Rz. 25; ESMA, Opinion on position limits on London Cocoa contracts v. 24.10.2017, ESMA70-155-2270 Rz. 24; ESMA, Opinion on position limits on Lead contracts v. 24.10.2017, ESMA70-155-1826, Rz. 25; ESMA, Opinion on position limits on Tin contracts v. 24.10.2017, ESMA70-155-1832 Rz. 34.
6 ESMA, Opinion on position limits on Rapeseed contracts v. 10.8.2017, ESMA70-155-993, Rz. 21, 39: Anhebung des Positionslimits von 25 % auf 32 % in den letzten Tagen vor Beginn des Spot-Monats zur Ermöglichung eines Rollierens; s. auch ESMA, Opinion on position limits on Milling Wheat contracts v. 10.6.2017, ESMA70-155-983, Rz. 29 ff., 45.
7 So auch grundsätzlich geschehen durch BaFin, Festsetzung eines Positionslimits für nicht liquide Warenderivatekontrakte v. 3.1.2018, Gz. WA 12-Wp 7410-2017/0009.
8 Dazu Oxfam/Weed, Stellungnahme zu MFID II und MiFIR mit Blick auf den Rohstoffbereich, insbesondere Nahrungsmittel, März 2012; Anhörung des Finanzausschusses zum 2. FiMaNoG, Ausschussprotokoll der 102. Sitzung v. 8.3.2017, S. 16 f. und Anhang 1, Stellungnahme Brot für die Welt; Antrag der Fraktion Bündnis 90/Die Grünen, Nahrungsmittelspekulation stoppen – Kommissionsvorschlag zurückweisen, BT-Drucks. 18/11173 betr. DelVO 2017/591; Zurückweisung in Bericht und Beschlussempfehlung des Finanzausschusses, BT-Drucks. 18/11775, 380, 382; zuvor schon Kleine Anfrage Fraktion Die Linke, Position der Bundesregierung zur Spekulation mit Lebensmitteln, Frage Nr. 18 ff., BT-Drucks. 17/8423.

Auswirkungen des Haltens großer Positionen durch Wertpapierfirmen[1]. Die Kommission hat sich indes teilweise der Kritik geöffnet, indem sie für Positionslimits für Derivate auf Nahrungsmittel sowohl den Richtwert als auch das Mindestpositionslimit gegenüber dem ursprünglichen Vorschlag der ESMA herabgesetzt hat (Rz. 19 f.)[2]. Auch muss wegen des fehlenden Entschließungsermessens der zuständigen Behörde nicht eine Diskussion darüber geführt werden, ob Positionslimits überhaupt ein geeignetes Steuerungsinstrument sind[3].

32 Derivate auf landwirtschaftliche Grunderzeugnisse werden ganz überwiegend an ausländischen Handelsplätzen gehandelt[4]. Die **Volumina** der wenigen **an deutschen Handelsplätzen** gehandelten Derivatkontrakte auf landwirtschaftliche Erzeugnisse[5] sind so **gering**, dass auch das für sie nach Art. 15 Abs. 1 lit. a und c DelVO 2017/591 geltende recht hohe fixe Positionslimit von 25 % (Rz. 21) kaum geeignet sein kann, auf die Lebensmittelpreise Einfluss zu nehmen[6]. Das nach Art. 9 Abs. 3 und Art. 19 Abs. 2 Satz 2 DelVO 2017/591 mögliche phasenspezifische Fine-tuning (Rz. 29) hat die für die **ausländischen Handelsplätze** zuständigen Behörden dazu veranlasst, die Positionslimits für Derivate auf landwirtschaftliche Grunderzeugnisse im Spot-Monat für den unmittelbaren Zeitraum vor der physischen Erfüllung eher am unteren Rand des Korridors festzusetzen[7]. Soweit die Behörden darauf verzichtet haben, bestanden in der entscheidenden letzten Handelsphase alternative, vom Handelsplatzbetreiber gesetzte strikte Beschränkungen (Rz. 57, 62)[8]. Dies deutet darauf hin, dass die zuständigen Behörden den Besonderheiten des Handels mit Derivaten auf landwirtschaftliche Grunderzeugnisse angemessen Rechnung tragen.

33 **3. Strengere Positionslimits (§ 54 Abs. 3 WpHG).** Nach § 54 Abs. 3 Satz 1 WpHG, der Art. 57 Abs. 13 RL 2014/65/EU umsetzt, kann die Bundesanstalt in **Ausnahmefällen strengere Positionslimits** festlegen. Der Gebrauch des Komparativs wirft die Frage nach dem Bezugsmaßstab auf. Aus Art. 57 Abs. 13 i.V.m. Abs. 1 RL 2014/65/EU folgt, dass die Bundesanstalt bei der Festlegung nach § 54 Abs. 3 WpHG nicht an die Berechnungsmethodologie nach Art. 14 ff. DelVO 2017/591 gebunden ist. Deshalb darf das striktere Positionslimit nicht nur stärker den Richtwert unterschreiten, als dies bei einer Berechnung unter Zugrundelegung von Art. 16 ff. DelVO 2017/591 gerechtfertigt wäre. Vielmehr kann **auch ein Positionslimit unterhalb des durch Art. 14 DelVO 2017/591 vorgesehenen Korridors** festgelegt werden.

34 Die Festlegung eines strengeren Positionslimits setzt voraus, dass eine entsprechende Maßnahme unter Berücksichtigung der Liquidität in dem betreffenden Derivat und im Interesse einer geordneten Funktionsweise des betreffenden Marktes geboten und verhältnismäßig ist. Damit werden **Sachkriterien** eingeführt, die **über die Leitprinzipien nach § 54 Abs. 2 WpHG hinausgehen**. Durch strikte Positionslimits kann den Warenderivatemärkten **Liquidität entzogen** werden, sofern der jeweilige Markt nicht durch eine Vielzahl von Marktteilnehmern geprägt ist. Dies kann sich auf die zu wahrende **geordnete Funktionsweise** des jeweiligen Marktes auswirken. Hiermit werden – anders als in § 54 Abs. 2 WpHG – alle Funktionen, die den Warenderivatemärkten zukommen, zum Entscheidungsparameter. Eine ausreichende Liquidität ist nicht nur für ein faires und effizientes **Preisbildungsverfahren** der Warenderivatemärkte bedeutsam, sondern schafft zugleich auch kommerziellen Marktteilnehmern bessere Hedging-Möglichkeiten zu geringeren Kosten[9]. Die Möglichkeit des sog. **bona fide hedging** durch den Abschluss von Derivatkontrakten von nichtfinanziellen Gegenparteien, die als eigen-

---

1 Dazu ausführlich die höchst instruktive Auseinandersetzung mit der wirtschaftswissenschaftlichen Literatur im vorsorglichen *necessity finding* der CFTC, Proposed Rules: Position Limits for Derivatives, 81 FR 96704, 96722 ff. v. 30.12.2016.
2 Der Antrag der Fraktion Bündnis 90/Die Grünen, BT-Drucks. 18/11173 betr. DelVO 2017/591 hält diese Konzession für unzureichend.
3 So aber in den Vereinigten Staaten seit *ISDA v. CFTC*, 887 F. Supp 2d, 259 (D.D.C. 2012): mit dem Urteil wurden der CFTC hohe Beweislasten hinsichtlich der Kausalität auferlegt; sehr skeptisch gegenüber dem zumeist verwendeten *Granger Causality*-Test *Williams*, Univ. of Denver Law & Policy (2015), 119; s. auch *Chadwick*, Int. and Comp. Law Quarterly 6 (2017), 625, 633 ff.
4 Vor allem an der Euronext in Paris und der ICE Europe in London.
5 An der EEX in Leipzig werden Futures auf „Veredelungskartoffeln zur Frittenherstellung" und auf Milchprodukte gehandelt, allerdings nur in der Variante des *cash settlement*. Hierfür sieht sich die EEX als führender Terminmarkt in Europa, https://www.eex.com/de/produkte/agrarprodukte; an der Eurex Deutschland in Frankfurt werden in überschaubarem Umfang Indexfonds auf Lebensmittelderivate gehandelt.
6 Hinweis der BaFin-Exekutivdirektorin *Roegele*, Anhörung des Finanzausschusses zum 2. FiMaNoG, Ausschussprotokoll der 102. Sitzung v. 8.3.2017, S. 31 f.
7 Dies betrifft bislang vor allem von der französischen AMF festgelegte Positionslimits, s. ESMA, Opinion on position limits on Rapeseed contracts v. 10.8.2017, ESMA70-155-993, Rz. 17, 36: Positionslimit für Rapssaat von 20 % für die ersten 78 Tage eines (dreimonatigen) Spot-Monats, 5,7 % für die letzten 12 Tage; ESMA, Opinion on position limits on Milling Wheat contracts v. 10.6.2017, ESMA70-155-983, Rz. 20, 38 ff.: Positionslimit für Weizen von 15,7 % für die ersten 78 Tage, 5,2 % für die letzten 12 Tage des Spot-Monats.
8 ESMA, Opinion on position limits on Robusta Coffee contracts v. 24.10.2017, ESMA70-155-2274 Rz. 41; ESMA, Opinion on position limits on London Cocoa contracts v. 24.10.2017, ESMA70-155-2270 Rz. 40: Die FCA konnte das Positionslimit auch deshalb beim Richtwert von 20 % der lieferbaren Menge belassen, weil die ICE für die letzten Handelstage ein sog. *delivery limit* von ca. 8 % der lieferbaren Menge festgelegt hat.
9 IOSCO, Principles for the Regulation and Supervision of Commodity Derivatives Markets – Final Report, September 2011, FR07/11, Chapter 4, S. 31.

ständige Funktion der Warenderivatemärkte gilt, könnte bei einem Liquiditätsentzug beeinträchtigt werden. Die verfahrensrechtlichen Voraussetzungen sprechen schließlich dafür, dass auch die **Gefährdung unionsweiter Kohärenz** des Regimes der Positionslimits ein zu berücksichtigender Belang ist.

Mit der Anforderung, dass das strengere Limit geboten und verhältnismäßig sein muss, wird der Bundesanstalt eine **Abwägung** abverlangt. Während die Gebotenheit die Erforderlichkeit eines strikteren Limits zur Erreichung der Ziele i.S.v. § 54 Abs. 2 WpHG meint, sind als Frage der Verhältnismäßigkeit die rechtlich bedeutsamen **Vorteile** eines strengeren Positionslimits mit dessen **Nachteilen** abzuwägen. Die Vorteile können nur in der **besseren Erreichung der Ziele nach § 54 Abs. 2 WpHG** bestehen. Die Bundesanstalt muss folglich entscheiden, ob die wirksamere Verhinderung von Marktmissbrauch oder der höhere Beitrag zu geordneten Preisbildungs- und Abwicklungsbedingungen ein strikteres Positionslimit rechtfertigen. Dies dürfte zu verneinen sein, wenn als Folge des strikteren Limits ein erheblicher Liquiditätsverlust zu befürchten ist, da in diesem Fall auch das Preisbildungsverfahren leidet.

Der Ausnahmecharakter eines strengeren Positionslimits kommt darin zum Ausdruck, dass die Maßnahme nach § 54 Abs. 3 Satz 2 WpHG auf höchstens sechs Monate zu **befristen** ist und nur bei weiterem Vorliegen der materiellen Voraussetzungen eine Verlängerung der Maßnahme für jeweils höchstens denselben Zeitraum zulässig ist. Da die Befristung nicht automatisch von Gesetzes wegen gilt, hat die BaFin die Frist nach § 36 Abs. 2 Nr. 1 VwVfG als **Nebenbestimmung** der Allgemeinverfügung (Rz. 44 ff.) beizufügen. Sofern das striktere Positionslimit ein zuvor bestehendes Limit ablösen soll, handelt es sich um eine **Änderung der ursprünglichen Regelung** in Gestalt eines **Widerrufs**.

Die Bundesanstalt hat die Festlegung eines strengeren Positionslimits auf ihrer **Internetseite** zu **veröffentlichen**. Diese Veröffentlichung ist nicht gleichbedeutend mit der Bekanntmachung zum Zwecke der öffentlichen Bekanntgabe als Wirksamkeitsvoraussetzung einer Allgemeinverfügung (Rz. 48). § 54 Abs. 3 Satz 4 WpHG ordnet die entsprechende Geltung von § 54 Abs. 4 WpHG an. Deshalb muss die Bundesanstalt vor der Festlegung eines strengeren Positionslimits ein **Koordinierungsverfahren mit der ESMA** durchführen (Rz. 40 ff.).

4. Neufestlegung bei Änderung der Verhältnisse (§ 54 Abs. 5 WpHG). Nach § 54 Abs. 5 Satz 1 WpHG, der Art. 57 Abs. 4 Unterabs. 2 RL 2014/65/EU umsetzt, legt die Bundesanstalt die Positionslimits neu fest, wenn sich die lieferbare Menge eines Warenderivats oder das Volumen offener Kontraktpositionen in erheblichem Umfang geändert haben oder wenn sonstige erhebliche Änderungen auf dem Markt auftreten. **Erhebliche Änderungen der lieferbaren Menge** oder des Volumens **offener Kontraktpositionen** sind deshalb Auslöser einer Neufestlegung, weil sie die relevanten Parameter für die Festlegung des Positionslimits im Spotmonat (lieferbare Menge) bzw. in den anderen Monaten (offene Kontraktpositionen) bilden (vgl. Rz. 16). Zudem ist nach Art. 18 DelVO 2017/591 auch das relative Verhältnis von offenen Kontraktpositionen zur lieferbaren Menge für die individuelle Berechnung des Positionslimits maßgeblich (Rz. 25). **Sonstige erhebliche Änderungen** auf dem Markt können durch eine Änderung derjenigen Faktoren herbeigeführt werden, die für die konkrete Festlegung des Positionslimits zu berücksichtigen sind. Dies betrifft insbesondere die Zahl der Marktteilnehmer nach Art. 19 DelVO 2017/591 und die besonderen Strukturen des jeweils zugrunde liegenden Warenmarktes nach Art. 20 DelVO 2017/591 (Rz. 26 f.).

Im Fall einer erheblichen Änderung ist die BaFin zur Neufestlegung eines Positionslimits verpflichtet. Ihr steht **kein Entschließungsermessen** zu. Bei der Neufestlegung handelt es sich um eine **Änderung der ursprünglichen Regelung** in Gestalt eines **Widerrufs**[1]. Die Bundesanstalt hat hierbei alle maßgeblichen **Verfahrensvorgaben** zu beachten, insbesondere also die Betroffenen anzuhören (Rz. 47) und vor der Neufestlegung ein Koordinierungsverfahren mit der ESMA durchzuführen (Rz. 40 f.). Da § 54 Abs. 5 Satz 1 WpHG auf alle vorherigen Absätze verweist, steht es der Bundesanstalt auch frei, bei veränderten Verhältnissen unter den Voraussetzungen des § 54 Abs. 3 WpHG ein strengeres Positionslimit festzulegen, als es sich unter Zugrundelegung der Berechnungsmethodologie ergäbe (Rz. 33 ff.). Nach § 54 Abs. 5 Satz 2 WpHG sind die **Betreiber eines Handelsplatzes** i.S.v. § 2 Abs. 22 WpHG verpflichtet, die Bundesanstalt über entsprechende Änderungen an ihrem Handelsplatz zu informieren. Diese **Unterrichtungspflicht** ergänzt die nach § 57 Abs. 2 und 3 WpHG bestehenden Informationspflichten der Handelsplatzbetreiber (§ 57 WpHG Rz. 6 ff.).

V. Koordinierungsverfahren mit der ESMA (§ 54 Abs. 4 WpHG). § 54 Abs. 4 WpHG normiert in teilweiser Umsetzung von Art. 57 Abs. 5 RL 2014/65/EU ein Abstimmungsverfahren der Bundesanstalt mit der ESMA, das zu einer harmonisierten Festlegung von Positionslimits beitragen soll[2]. Nach § 54 Abs. 4 Satz 1 WpHG hat die Bundesanstalt der ESMA das beabsichtigte Positionslimit **mitzuteilen**. Die Mitteilungspflicht greift folglich vor dem förmlichen Erlass des Limits[3]. § 54 Abs. 4 Satz 2 WpHG regelt sodann die Folgen, wenn die ESMA

---

1 So auch die Sichtweise der BaFin in den Verfahren Gz. WA 12-Wp 7410-2017/0002 bis 0009 und Gz. WA 12-Wp 7410-2018/0001 bis 0003.
2 Erwägungsgrund 127 RL 2014/65/EU.
3 S. aber ESMA, Public Statement, Joint work plan of ESMA and NCAs for opinions on MiFID II pre-trade transparency waivers and position limits v. 28.9.2017, ESMA70-154-356: für eine Übergangszeit setzen die mitgliedstaatlichen Behörden ab dem 3.1.2018 die Positionslimits in Geltung, ohne eine Stellungnahme der ESMA abzuwarten.

binnen zwei Monaten nach der Mitteilung Änderungen an dem beabsichtigten Positionslimit verlangt. Danach kann die Bundesanstalt dem Verlangen nachkommen, ist hingegen **nicht zur Befolgung verpflichtet**. Vielmehr teilt sie im Fall des Beibehaltens des beabsichtigten Positionslimits ihre Entscheidung einschließlich ihrer Gründe der ESMA mit und **veröffentlicht ihre begründete Entscheidung auf ihrer Webseite**. Diese Entscheidung ist nicht identisch mit der Bekanntmachung zum Zwecke der öffentlichen Bekanntgabe der Allgemeinverfügung nach § 17 Abs. 2 FinDAG (Rz. 48).

41 Die Regelung ist im Ergebnis **unionsrechtskonform**. Der § 54 Abs. 4 WpHG zugrunde liegende Art. 57 Abs. 5 RL 2014/65/EU, der an den für den Erlass von Produktinterventionsmaßnahmen geltenden Art. 43 VO Nr. 600/2014 angelehnt ist, gewährt der ESMA zur Wahrnehmung ihrer Koordinierungsaufgabe die Befugnis zur **Abgabe einer Stellungnahme**. Es handelt sich um eine spezielle Ausprägung der in Art. 29 Abs. 1 lit. a VO Nr. 1095/2010 (ESMA-VO)[1] normierten Befugnis, zur Schaffung einer gemeinsamen Aufsichtskultur und einer Kohärenz der Aufsichtspraktiken Stellungnahmen an die zuständigen Behörden abzugeben[2]. Vorrangiger **Gegenstand** der Stellungnahme der ESMA ist nach Art. 57 Abs. 5 Satz 2 RL 2014/65/EU die Beurteilung, ob die beabsichtigte mitgliedstaatliche Maßnahme mit den Zielen nach § 54 Abs. 2 WpHG und mit der Berechnungsmethodologie der DelVO 2017/591 vereinbar ist. Damit erfasst die Stellungnahme die zentralen materiellen Voraussetzungen der Festlegung eines Positionslimits. Die ESMA gibt die Stellungnahme gem. Art. 57 Abs. 5 Unterabs. 1 Satz 3 RL 2014/65/EU auf ihrer Webseite bekannt.

42 Stellungnahmen der ESMA sind ebenso wie entsprechende Handlungen von Unionsorganen (Art. 288 Abs. 5 AEUV) **nicht rechtsverbindlich**[3]. Ob sie vergleichbar mit den ebenfalls rechtlich unverbindlichen Empfehlungen ein weiches Instrument der Verhaltenssteuerung[4] oder bloß reaktive Äußerung einer sachverständigen Meinung sind[5], hängt von ihrem Regelungskontext ab: Durch die **Begründungs- und Veröffentlichungspflicht** nach § 54 Abs. 4 Satz 2 WpHG im Fall einer Abweichen von der ESMA-Stellungnahme mag ein gewisser Befolgungsdruck für die Bundesanstalt entstehen. Allerdings wird durch Art. 57 Abs. 5 Unterabs. 1 RL 2014/65/EU bzw. § 54 Abs. 4 WpHG **kein förmliches** *comply or explain*-**Verfahren** errichtet, wie es insbesondere für den Erlass von Leitlinien und Empfehlungen der ESMA etabliert wurde (Art. 16 Abs. 3 VO Nr. 1095/2010)[6]. Im Gegensatz zu diesem Verfahren, das die Agenturen zur Veröffentlichung der mitgliedstaatlichen Abweichung und ggf. zum „Anschwärzen" der betroffenen Behörden bei Parlament, Rat und Kommission befugt, beschränkt sich § 54 Abs. 4 WpHG in Umsetzung von Art. 57 Abs. 5 Unterabs. 1 RL 2014/65/EU auf die Anordnung einer Eigenveröffentlichung. Nach dem Regelungskontext entsteht deshalb **keine faktische Bindungswirkung** der mitgliedstaatlichen Behörden. Diese folgt auch nicht daraus, dass gem. Art. 57 Abs. 5 Unterabs. 2 RL 2014/65/EU die ESMA auf ihre Handlungsmöglichkeiten nach Art. 17 VO Nr. 1095/2010 verwiesen wird. Die Befugnis nach Art. 17 Abs. 2 und 3 VO Nr. 1095/2010, ein möglicherweise unionsrechtswidriges Verhalten einer mitgliedstaatlichen Behörde zu untersuchen und eine entsprechende Empfehlung abzugeben, besteht unabhängig von Art. 57 Abs. 5 RL 2014/65/EU.

43 Gemäß § 54 Abs. 4 Satz 3 WpHG **übermittelt** die BaFin sodann die **Einzelheiten des von ihr festgelegten Limits an die ESMA**. Mit dieser Regelung wird Art. 57 Abs. 10 Unterabs. 2 RL 2014/65/EU umgesetzt, der eine Information **nach Erlass der Maßnahme** fordert. Die Regelung ergänzt die nach § 18 Abs. 8 Satz 4 bis 7 WpHG bestehende Informationspflicht der Bundesanstalt zur (Vorab-)Mitteilung von auf § 9 WpHG gestützten Positionsbeschränkungsmaßnahmen. Die Informationen dienen der ESMA zum Aufbau einer Datenbank, die sie nach Art. 44 Abs. 2 VO Nr. 600/2014 vorzuhalten hat (Art. 44 VO Nr. 600/2014 Rz. 5).

44 **VI. Rechtsnatur der Festlegung und verfahrensrechtliche Folgen. 1. Handlungsform.** Gemäß Art. 57 Abs. 11 RL 2014/65/EU wird das Positionslimit von der zuständigen Behörde in Ausübung der nach Art. 69 Abs. 2 lit. p RL 2014/65/EU einzuräumenden Befugnisse festgelegt. Für die Rechtsform der Festlegungen der BaFin bestehen **keine unionalen Vorgaben**. Nach dem Verständnis der Bundesanstalt handelt es sich bei ihnen um **Allgemeinverfügungen**[7]. Da mit den Festlegungen weder die öffentlich-rechtliche Eigenschaft einer Sache noch ihre Benutzung durch die Allgemeinheit geregelt wird, ist diese Einordnung nur zutreffend, sofern sie ad-

---

1 Verordnung (EU) Nr. 1095/2010 des Europäischen Parlaments und des Rates v. 24.11.2010 zur Errichtung einer Europäischen Aufsichtsbehörde (Europäische Wertpapier- und Marktaufsichtsbehörde), zur Änderung des Beschlusses Nr. 716/2009/EG und zur Aufhebung des Beschlusses 2009/77/EG, ABl. EU Nr. L 331 v. 15.12.2010, S. 84.
2 Ausführlicher *Michel*, Institutionelles Gleichgewicht und EU-Agenturen, 2015, S. 193, 264.
3 EuGH v. 13.12.1989 – Rs. C-322/88, Slg. 1989, 4407 Rz. 16 – Grimaldi.
4 So *Michel*, Institutionelles Gleichgewicht und EU-Agenturen, 2015, S. 264 für Stellungnahmen der Agenturen gem. Art. 29 Abs. 1 lit. a ESA-Verordnungen.
5 So *v. Bogdandy/Bast/Arndt*, ZaöRV 62 (2002), 77, 119; *Schroeder* in Streinz, EUV/AEUV, 2. Aufl. 2012, Art. 288 AEUV Rz. 147; *Ruffert* in Calliess/Ruffert, EUV/AEUV, 5. Aufl. 2016, Art. 288 AEUV Rz. 96.
6 Dazu ausführlich *Michel*, Institutionelles Gleichgewicht und EU-Agenturen, 2015, S. 238 ff.; *Lehmann/Manger-Nestler*, ZBB 2011, 2, 12 f.; *Gurlit*, ZHR 177 (2013), 862, 875 f.
7 So die Bezeichnung der am 3.1.2018, am 7.2.2018 und am 24.4.2018 bekannt gemachter Positionslimits der BaFin, Gz. WA 12-Wp 7410-2017/0002 bis Gz. WA 12-Wp 7410-2017/0009, Gz. WA 12-Wp 7410-2018/0001 bis WA 12-Wp 7410-2018/0003, Gz. WA 12-Wp 7410-2018/0004 bis Gz. WA 12-Wp 7410-2018/0006.

ressatenbezogene Allgemeinverfügungen i.S.v. § 35 Satz 2 Var. 1 VwVfG sind. Hierfür müsste der **Adressatenkreis** der Festlegungen zumindest **bestimmbar** ist. Umstritten ist, ob der Kreis der Adressaten zum Zeitpunkt des Erlasses der Regelung geschlossen sein muss. Die Anforderungen an das Wirksamwerden einer Allgemeinverfügung nach § 41 Abs. 3 und 4 VwVfG i.V.m. § 17 Abs. 2 FinDAG durch eine elektronische öffentliche Bekanntgabe könnten dafür sprechen, von den Positionslimits nur solche Personen als erfasst anzusehen, die zum Zeitpunkt der Bekanntgabe bereits als Marktteilnehmer tätig waren[1]. Sollte nämlich der öffentlichen Bekanntgabe eine darüber hinausgehende normgleiche zukunftsgerichtete Wirkung für zu diesem Zeitpunkt noch nicht existente Marktteilnehmer beigemessen werden[2], so würden diese nach den Regeln über die formelle Bestandskraft von Verwaltungsakten jedenfalls des Anfechtungsrechtsschutzes beraubt[3].

Auch wenn aber der öffentlichen Bekanntgabe eine generelle Wirkung auch mit Blick auf noch nicht existente Akteure zugesprochen wird, ist jedenfalls die Grenze zur Rechtsnorm überschritten, wenn sich der den „Einzelfall" i.S.v. § 35 Satz 1 VwVfG auslösende Anlass – die Verhinderung von Marktmissbrauch und die Gewährleistung geordneter Preisbildungs- und Abwicklungsbedingungen (Rz. 18) – als **abstrakte Gefahr** darstellt[4]. Insbesondere der Umstand, dass § 54 Abs. 1 WpHG zum Erlass zeitlich unbegrenzt geltender, jenseits von Rechtsbehelfsfristen nach §§ 70, 74 VwGO wirkender Positionslimits befugt und verpflichtet[5], ist Indiz für die eine Rechtsnorm kennzeichnende generell-abstrakte Wirkung, die weit über die Abwehr einer konkreten Gefahr hinausreicht, wie sie dem berühmten „Endiviensalat-Fall" des BVerwG zugrunde lag[6]. Schon für die auf die Generalklausel des § 4 Abs. 1 Satz 3 WpHG a.F. gestützten Allgemeinverfügungen der BaFin zu auf zehn Monate befristeten Leerverkaufsverboten[7] wurde deshalb die Zulässigkeit der genutzten Rechtsform bezweifelt[8].

Anders als im Fall der Produktinterventionen der BaFin, für die § 15 Abs. 2 WpHG immerhin entnommen werden kann, dass der legislative Wille auf die Qualifikation der Maßnahmen als Verwaltungsakt gerichtet war (§ 15 WpHG Rz. 22), fehlen für die Einordnung der behördlichen Festlegung von Positionslimits klare gesetzgeberische Äußerungen. Es fällt deshalb auch schwer, die Festlegungen als legislativ gewollte **Allgemeinverfügungen sui generis** zu qualifizieren[9]. **Rechtspolitisch** ist eine entsprechende **Klarstellung** zu fordern. Da der Definition des § 35 VwVfG kein Verfassungsrang zukommt und Art. 80 Abs. 1 GG keine Sperrwirkung entfaltet[10], läge hierin kein verfassungswidriger Formenmissbrauch. Der **Rechtsschutzgarantie des Art. 47 GRCh** lässt sich im Hinblick auf zum Zeitpunkt der Bekanntgabe noch nicht existente Marktteilnehmer durch § 54 Abs. 5 WpHG Rechnung tragen, der die BaFin bei Änderungen der Marktlage zu einer Neufestlegung der Positionslimits verpflichtet. Diesem Personenkreis muss ein Wiederaufgreifensanspruch i.w.S. zustehen (Rz. 53).

2. Verfahren und Form. Da die Festlegung eines Positionslimits zumindest in die Rechte derjenigen eingreift, die zum Zeitpunkt des Erlasses höhere als die festgelegten offenen Positionen innehaben, hat die Bundesanstalt die Betroffenen vor Erlass der Verfügung nach § 28 VwVfG **anzuhören**. Diesem Gebot ist die BaFin vor Erlass der erstmaligen Festsetzung von Positionslimits mit elektronischen Konsultationen nachgekommen[11]. Des Wei-

---

1 Für eine Beschränkung der Allgemeinverfügung auf existente Adressaten BSG v. 14.6.1995 – 3 RK 20/94, NZS 1995, 502, 510; NdsOVG v. 21.5.1992 – 13 L 148/10, juris; *Laubinger* in FS Rudolf, 2001, S. 305, 315, 318; s. auch *Gurlit*, WM 2015, 1217, 1225 zum vergleichbaren Problem der behördlichen „Festlegung" von antizyklischen Kapitalpuffern gem. § 10d Abs. 3 KWG.
2 *U. Stelkens* in Stelkens/Bonk/Sachs, 9. Aufl. 2018, § 35 VwVfG Rz. 280, 289, § 41 Rz. 139; möglicherweise auch BVerfG v. 17.12.2002 – 1 BvL 28/95, NJW 2003, 1232, 1235.
3 Ein nicht übertragbarer Sonderfall ist die Verkehrszeichen-Rechtsprechung zu § 35 Satz 2 Var. 3 VwVfG, s. BVerwG v. 23.9.2010 – 3 C 37/09, BVerwGE 138, 21 Rz. 15 ff.: Verkehrszeichen werden zwar mit ihrer Aufstellung bekanntgegeben und als Verwaltungsakt wirksam, die Rechtsbehelfsfristen laufen jedoch individuell ab dem Zeitpunkt, zu dem ein Verkehrsteilnehmer erstmals mit der Regelung konfrontiert wird.
4 *U. Stelkens* in Stelkens/Bonk/Sachs, 9. Aufl. 2018, § 35 VwVfG Rz. 289 mit Beispielen.
5 Eine die Rechtsbehelfsfristen überschreitende Geltungsdauer macht die Annahme eines Verwaltungsakts besonders begründungsbedürftig, *Schwarz* in Fehling/Kastner/Störmer, Verwaltungsrecht, 4. Aufl. 2016, § 35 Rz. 121; *U. Stelkens* in Stelkens/Bonk/Sachs, 9. Aufl. 2018, § 35 VwVfG Rz. 285.
6 BVerwG v. 24.2.1961 – IV C 111/60, BVerwGE 12, 87, 89 f.: Verbot des Verkaufs von Endiviensalat wegen einer lokalen Typhus-Epidemie; für Rechtssatzcharakter des Verkaufsverbots wegen der Vielzahl hypothetischer Verkaufsfälle *Laubinger* in FS Rudolf, 2001, S. 305, 318 f.; *Schoch*, Jura 2012, 26, 27.
7 Allgemeinverfügung der BaFin zur Einführung einer Transparenzpflicht für Netto-Leerverkaufspositionen vom 4.3.2010, verlängert durch Allgemeinverfügung vom 31.1.2011 bis zum 25.3.2011; Allgemeinverfügung zum Verbot ungedeckter Leerverkäufe vom 18.5.2010, widerrufen durch Allgemeinverfügung vom 26.7.2010; jeweils abrufbar auf www.bafin.de.
8 *Walla*, DÖV 2010, 853, 855 ff.
9 So *U. Stelkens* in Stelkens/Bonk/Sachs, 9. Aufl. 2018, § 35 VwVfG Rz. 13, 297, 298a für den Fall, dass der Gesetzgeber eine Rechtsnorm ausdrücklich als Verwaltungsakt eingeordnet hat.
10 *U. Stelkens* in Stelkens/Bonk/Sachs, 9. Aufl. 2018, § 35 VwVfG Rz. 13; wohl auch BVerfG v. 17.12.2002 – 1 BvL 28/95, NJW 2003, 1232, 1235.
11 BaFin, Anhörung zur Festsetzung v. 19.3.2017, Gz. WA 12-Wp 7410-2017/0002 bis Gz. WA 12-Wp 7410-2017/0009; Anhörung zur Festsetzung v. 22.1.2018, Gz. WA 12-Wp 7410-2018/0001 bis Gz. WA 12-Wp 7410-2018/0003.

teren ist nach § 54 Abs. 4 WpHG ein Koordinierungsverfahren mit der ESMA durchzuführen (Rz. 40 ff.). Unter den Voraussetzungen des § 55 Abs. 2 WpHG hat die Bundesanstalt schließlich auch den zuständigen Behörden der anderen Mitgliedstaaten Gelegenheit zur Äußerung zu geben (§ 55 WpHG Rz. 7).

48 Gemäß § 41 Abs. 3 und 4 VwVfG i.V.m. § 17 Abs. 2 FinDAG gibt die Bundesanstalt Allgemeinverfügungen durch elektronische Bekanntmachung auf ihrer Internetseite öffentlich bekannt. Die **öffentliche Bekanntgabe** ist Wirksamkeitsvoraussetzung der Allgemeinverfügung. Die elektronische Bekanntgabe einer Allgemeinverfügung kann unter den Voraussetzungen des § 17 Abs. 2 Satz 3 bis 5 FinDAG in Abweichung von § 41 Abs. 4 Satz 4 VwVfG mit dem Tag der Bekanntmachung zusammenfallen, um z.B. Umgehungen durch die Adressaten zu verhindern[1]. Die vom individuellen Zugang unabhängige Wirkung der Bekanntgabe ist nicht auf den territorialen Zuständigkeitsbereich der BaFin beschränkt. Sie wirkt grundsätzlich **weltweit**[2]. Dies ist vor allem deshalb bedeutsam, weil sich der persönliche Anwendungsbereich des § 54 WpHG auch auf Personen erstreckt, die etwa als *remote members* oder mittels direkten elektronischen Zugangs von Ausland aus an deutschen Handelsplätzen tätig sind (vgl. Rz. 12). Zudem ist die Wirksamkeit der Verfügung auch insoweit gewährleistet, als die BaFin in ihrer Funktion als zentrale zuständige Behörde nach § 55 Abs. 2 WpHG ein einheitliches Positionslimit mit Geltung auch für Handelsplätze in anderen Mitgliedstaaten oder EWR-Staaten festlegt (§ 55 WpHG Rz. 9).

49 **3. Bestimmtheitsanforderungen.** Ein Verwaltungsakt muss nach § 37 Abs. 1 VwVfG **inhaltlich hinreichend bestimmt** sein, um seine Individualisierungs- und Klarstellungsfunktion erfüllen zu können. Auch wenn bei einer Allgemeinverfügung der von ihr erfasste Personenkreis nur gattungsmäßig bestimmt ist, muss doch für diesen Kreis feststehen, welches Verhalten gefordert oder verboten sein soll. Der Regelungsinhalt ist **nicht hinreichend bestimmt**, wenn sich der verfügende Teil des Verwaltungsakts auf eine **Wiederholung des Gesetzestexts** beschränkt oder unbestimmte Rechtsbegriffe verwendet und es damit der Bewertung des Adressaten überlässt, ob er von dem Verwaltungsakt erfasst ist[3]. Deshalb wird die Verfügung der BaFin, mit der „a) für Warenderivate, die unter die Definition nach Art. 4 Abs. 1 Nr. 44 Buchstabe c der Richtlinie 2014/65/EU fallen, (...) das Positionslimit gem. Art. 15 Abs. 1 Buchstabe c Delegierte Verordnung (EU) 2017/591 auf 2,5 Mio. Stück Wertpapiere" und „b) für Warenderivate, die nicht unter Buchstabe a fallen, (...) das Positionslimit gem. Art. 15 Abs. 1 Buchstabe a Delegierte Verordnung (EU) 2017/591 auf 2.500 handelbare Einheiten festgelegt" wird[4], den Anforderungen des Bestimmtheitsgrundsatzes nicht gerecht. Vielmehr wäre es Aufgabe der Behörde, die illiquiden Warenderivate zu benennen, die unter Art. 15 Abs. 1 lit. a und c DelVO 2017/591 fallen und damit von dem normativ fixierten Positionslimit erfasst sind. Ohne eine entsprechende Konkretisierung ist es den potentiellen Adressaten schon im Hinblick auf die Unwägbarkeiten des Begriffs des Warenderivats (Rz. 8 f.), aber auch wegen ihrer fehlenden Kenntnis des Handelsvolumens nicht möglich zu klären, ob ein von ihnen gehaltenes Derivat unter das Positionslimit fällt. Die behördliche Ermittlung der möglicherweise hohen Zahl illiquider Warenderivate mag zwar mit erheblichem Aufwand verbunden sein. Die Aufsichtsbehörden anderer Mitgliedstaaten haben aber Listen der illiquiden Kontrakte mit der Festlegung des normativ vorgesehenen Limits bekannt gemacht[5].

50 **VII. Durchsetzung und Rechtsschutz. 1. Verwaltungsrechtliche Durchsetzung.** Rechtsbehelfe gegen die Festlegung von Positionslimits haben nach § 80 Abs. 1 VwGO aufschiebende Wirkung. Die Bundesanstalt kann nach § 80 Abs. 2 Satz 1 Nr. 4 VwGO die **sofortige Vollziehung anordnen**[6]. Sie kann Verfügungen gem. § 17 Abs. 1 FinDAG nach Maßgabe des VwVG **vollstrecken**. Zudem ist die Überschreitung eines behördlich festgelegten Positionslimits durch einen Marktteilnehmer in Umsetzung von Art. 57 Abs. 14 lit. a RL 2014/65/EU **bußgeldbewehrt** (§ 120 Abs. 8 Nr. 4 WpHG). Die Ausübung von Positionsmanagementbefugnissen durch die BaFin nach § 9 WpHG und Positionsmanagementmaßnahmen der Handelsplatzbetreiber nach § 54 Abs. 6 WpHG sind eigenständiger Natur und dienen nicht (allein) der Durchsetzung der Positionslimits (Rz. 57, 62). Soweit das Positionslimit Marktteilnehmer aus dem Ausland erfasst (Rz. 12 f.), kann innerstaatlich die Beachtung des Positionslimits durchgesetzt werden. Allerdings ist eine **Durchsetzung im Ausland** wegen des völkerrechtlichen **Territorialitätsprinzips** nicht möglich.

---

1 In ihren elektronischen Bekanntmachungen der erstmaligen Festlegungen von Positionslimits hat die BaFin jeweils den auf die Bekanntmachung folgenden Tag als Bekanntgabezeitpunkt bestimmt.
2 *U. Stelkens* in Stelkens/Bonk/Sachs, 9. Aufl. 2018, § 41 VwVfG Rz. 138 m.w.N.
3 BVerwG v. 16.10.2013 – 8 C 21.12, BVerwGE 148, 146 Rz. 14 f.; BVerwG v. 2.12.1993 – 3 C 42/91, BVerwGE 94, 341, 350 f.; s. auch *U. Stelkens* in Stelkens/Bonk/Sachs, 9. Aufl. 2018, § 37 VwVfG Rz. 27.
4 BaFin, Festsetzung eines Positionslimits für nicht liquide Warenderivatekontrakte v. 3.1.2018, Gz. WA 12-Wp 7410-2017/0009.
5 S. etwa das Spreadsheet der Financial Conduct Authority auf https://www.fca.org.uk/markets/mifid-ii/commodity-derivatives/position-limits; Autorité Marchés Financiers, Position limits for commodity derivatives traded on Powernext v. 27.11.2017, Instruction DOC-2017-11 und Position limits for commodity derivatives traded on Euronext, Instruction DOC-2017-12; Finanstilsynet, List of commodity derivatives and position limits, als Anlage zur Regulation on position limits for commodity derivatives v. 19.12.2017, auf https://www.finanstilsynet.no.
6 So auch geschehen in allen Fällen der erstmaligen Festsetzung von Positionslimits durch Verfügung v. 3.1.2018, Gz. WA 12-Wp 7410-2017/0002 bis Gz. WA 12-Wp 7410-2017/0009, durch Verfügung v. 7.2.2018, Gz. WA 12-Wp 7410-2018/0001 bis Gz. WA 12-Wp 7410-2018/0003 und durch Verfügung v. 24.4.2018, Gz. WA 12-Wp 7410-2018/0004 bis Gz. WA 12-Wp 7410-2018/0006.

2. Gerichtlicher Rechtsschutz. Gegen die Festlegung eines Positionslimits nach § 54 Abs. 1, 3 und 5 WpHG kann nach erfolgloser Durchführung eines Vorverfahrens **Anfechtungsklage** erhoben, im Fall der behördlichen Anordnung der sofortigen Vollziehung zudem ein **Antrag nach § 80 Abs. 5 Satz 1 Alt. 2 VwGO** gestellt werden. Fraglich ist, ob gegen eine Verfügung nach § 54 Abs. 1 WpHG zusätzlich eine Verpflichtungsklage zu erheben ist, da die Bundesanstalt mangels Entschließungsermessens (Rz. 30) stets ein Positionslimit festzulegen hat. Dies ist indessen zu verneinen. Nicht nur fehlt es bei einem amtswegig zu erlassenden Verwaltungsakt an der für die Zulässigkeit der Verpflichtungsklage vorausgesetzten Antragsablehnung oder behördlichen Untätigkeit[1]; vor allem ist das klägerische Begehren primär auf die Beseitigung des bestehenden Positionslimits und nicht auf den Erlass einer neuen Regelung gerichtet[2]. Dies gilt erst recht bei einem Angriff gegen die neue Festlegung aufgrund geänderter Verhältnisse (§ 54 Abs. 5 WpHG). Mit dem (erfolgreichen) Angriff auf die Neufestlegungen, die im Wege eines Widerrufs die ursprüngliche Regelung ersetzen sollen (Rz. 38 f.), bleibt die alte Regelung erhalten. 51

Klagebefugt sind nach § 42 Abs. 2 VwGO unzweifelhaft diejenigen Marktteilnehmer, deren Positionen das behördlich festgelegte Positionslimit bereits zum Zeitpunkt des Erlasses der Allgemeinverfügung überschreiten. Ob dies auch für diejenigen gilt, die durch die Festlegung am Aufbau höherer Positionen gehindert werden, erscheint in Anbetracht der potentiellen Unbegrenztheit dieses Personenkreises zweifelhaft. Eine Klagebefugnis zur Erhebung der Anfechtungsklage kann jedenfalls nur besitzen, wer in Bezug auf das betreffende Warenderivat bereits zum Zeitpunkt des Verfügungserlasses offene Kontraktpositionen innehat. 52

Möglich ist allerdings auch ein klägerisches Begehren auf eine veränderte Festlegung von Positionslimits, das nach erfolgloser Durchführung eines Vorverfahrens mit der **Verpflichtungsklage** in Gestalt einer Bescheidungsklage geltend zu machen ist. **§ 54 Abs. 5 WpHG**, der die Bundesanstalt zu einer Neufestsetzung bei erheblich geänderten Verhältnissen verpflichtet, gewährt für Marktteilnehmer, die Positionen in einem Derivat halten, einen **subjektiv-rechtlichen Anspruch auf Neufestlegung** bei Vorliegen der dort genannten Voraussetzungen. Dieser ist insbesondere von Bedeutung für diejenigen Personen, die zum Zeitpunkt des Erlasses einer Festlegung noch nicht als Marktteilnehmer tätig waren. Ihnen gibt § 54 Abs. 5 WpHG einen **Wiederaufgreifensanspruch i.w.S.** (Rz. 46). Im Lichte von Art. 47 GRCh können sie in erweiternder Auslegung von § 54 Abs. 5 WpHG nicht nur eine erhebliche nachträgliche Änderung der maßgeblichen Verhältnisse geltend machen, sondern auch vortragen, dass schon zum Zeitpunkt des Erlasses das Positionslimit nicht mit den rechtlichen Vorgaben übereinstimmte und deshalb neu festzulegen ist. 53

Ungeklärt ist die Frage des **gerichtlichen Kontrollumfangs**. Für die individuelle Festlegung innerhalb der durch Art. 14 DelVO 2017/591 benannten Korridors besteht ein **gewisser Entscheidungsspielraum**, der von der Bundesanstalt als Ermessen bezeichnet und semantisch mit Versatzstücken des Verhältnismäßigkeitsprinzips ausgefüllt wird[3]. Anders als etwa die britische Financial Conduct Authority unternimmt allerdings die BaFin nicht den Versuch, den in Art. 16 bis 21 DelVO 2017/591 benannten und von ihr herangezogenen Faktoren im konkreten Fall nachprüfbare prozentuale Zu- oder Abschläge zu entnehmen, sondern gelangt im Wege einer Gesamtabwägung zur Festlegung der Positionslimits im Spot-Monat und in den anderen Monaten[4]. Ein derartiges **einheitliches Abwägungsermessen ist abzulehnen**. Vielmehr haben die detaillierter ausformulierten Faktoren die Funktion, der Aufsichtsarbitrage vorzubeugen und eine Einheitlichkeit des europäischen Positionslimitregimes zu fördern. Der Entscheidungsspielraum ist der Bundesanstalt allein gewährt worden, um den Unterschieden der jeweiligen Warenderivatemärkte und Warenmärkte Rechnung tragen zu können[5]. Für die jeweilige Festlegung im Hinblick auf ein konkretes Derivat bedarf es hingegen nachprüfbarer, rechtfertigungsfähiger Begründungen. Hierfür ist der BaFin **keine gerichtlich nur beschränkt überprüfbare Letztentscheidungsermächtigung** eingeräumt. 54

Eine von gerichtlicher Kontrolle freigestellter Spielraum folgt auch nicht aus den besonderen Bedingungen des Zustandekommens der Positionslimits in Kooperation mit der ESMA nach § 54 Abs. 4 WpHG. Zwar wird in dem **kooperativen europäischen Entscheidungsverbund** der telekommunikationsrechtlichen Marktregulierung ein Beurteilungsspielraum der nationalen Behörde für erforderlich gehalten, um die „wechselseitige Durchlässigkeit nationaler Entscheidungen für transnationale Interessen" zu sichern. In einem Umkehrschluss wird aus dem Gebot, Empfehlungen und Leitlinien der Kommission zu berücksichtigen und deren Beschlüsse zu beachten, eine notwendige Rechtsschutzbeschränkung im nationalen Raum gefolgert[6], die mit dem Begriff des Beurteilungsspielraums der nationalen Behörde eher missverständlich umschrieben wird. Im Verfahren 55

---

1 *Bettermann*, DVBl. 1973, 375; s. auch *W.R. Schenke/R.P. Schenke* in Kopp/Schenke, 23. Aufl. 2017, § 42 VwGO Rz. 6.
2 Für die Abgrenzung nach dem klägerischen Begehren auch *Pietzcker* in Schoch/Schneider/Bier, EL 10/2008, § 42 Abs. 1 VwGO Rz. 114.
3 So geschehen in allen Fällen der erstmaligen Festsetzung von Positionslimits durch Verfügung vom 3.1.2018, Gz. WA 12-Wp 7410-2017/0002 bis Gz. WA 12-Wp 7410-2017/0009.
4 Exemplarisch BaFin, Festsetzung eines Positionslimits für Phelix Power Future DE/AT (Peak) Kontrakte v. 3.1.2018, Gz. WA 12-Wp 7410-2017/003: eine potentielle Anhebung des Richtwerts nach Art. 20 Abs. 2 lit. e DelVO 2017/591 und eine Verschärfung nach Art. 17 DelVO 2017/591 heben sich gegenseitig auf.
5 Erwägungsgrund 1 DelVO 2017/591.
6 BVerwG v. 2.4.2008 – 6 C 15/07, BVerwGE 131, 41 Rz. 18; BVerwG v. 29.10.2008 – 6 C 38/07, NVwZ 2009, 653 Rz. 17.

nach Art. 57 Abs. 5 RL 2014/65/EU, der nur teilweise in § 54 Abs. 4 WpHG umgesetzt wurde, werden allerdings die mitgliedstaatlichen Entscheidungen in weitaus geringerem Maße durch die ESMA vorstrukturiert. Insbesondere besteht keine Pflicht zur Berücksichtigung der Stellungnahmen der ESMA, sondern bei einer mitgliedstaatlichen Abweichung allein eine Veröffentlichungspflicht der Bundesanstalt (Rz. 42). Aus der konsultativen Beteiligung der ESMA folgt deshalb **keine Notwendigkeit eines Beurteilungsspielraums der BaFin**.

56 **VIII. Positionsmanagementkontrollen (§ 54 Abs. 6 WpHG). 1. Einrichtung von Positionsmanagementkontrollen.** § 54 Abs. 6 WpHG verpflichtet in Umsetzung von Art. 57 Abs. 8 RL 2014/65/EU Betreiber von MTFs und OTFs, an denen Warenderivate gehandelt werden, ein System von Positionsmanagementkontrollen einzurichten. Identische Pflichten gelten nach § 26f BörsG für Börsen. Es handelt sich um eine den Betreibern vom Gesetzgeber auferlegte **öffentlich-rechtliche Pflicht** zu entsprechenden organisatorischen Vorkehrungen, die bußgeldbewehrt ist (§ 120 Abs. 8 Nr. 6 WpHG). Sie ergänzt die Positionsmanagementbefugnisse, die der Bundesanstalt nach § 6 Abs. 3 Satz 2 Nr. 3, § 9 WpHG und subsidiär der ESMA nach Art. 45 VO Nr. 600/2014 zukommen. Die Handelsplatzbetreiber sind hierbei **weder Verwaltungshelfer noch Beliehene**.

57 Die Einrichtungspflicht nach § 54 Abs. 6 Satz 1 WpHG gilt nur für **Handelsplätze**, an denen Warenderivate gehandelt werden (Rz. 8 f.). Die von den Betreibern geforderten Positionsmanagementkontrollen definiert die Vorschrift als Verfahren zur Überwachung der Einhaltung der nach § 54 Abs. 1 bis 5 und § 55 WpHG festgelegten Positionslimits. Der Gesetzgeber hat damit die Positionsmanagementkontrollen **akzessorisch zur behördlichen Festlegung der Positionslimits** ausgestaltet. Wegen der behördlichen Verpflichtung zur Festlegung von Positionslimits für jedes gehandelte Warenderivat folgen zwar Positionsmanagementkontrollen in zeitlicher Hinsicht notwendig auf die Festlegung von Positionslimits. Die im Wortlaut des Art. 57 Abs. 8 RL 2014/65/EU nicht vorgesehene Beschränkung des Anwendungsbereichs der Positionsmanagementkontrollen bedarf gleichwohl **unionsrechtskonformer Auslegung**. Sie hindert die Handelsplatzbetreiber nicht daran, nach § 54 Abs. 6 Satz 3 WpHG weitere Kontrollmaßnahmen zu treffen, die einen selbständigen Beitrag zu einer geordneten Preisbildung und Abwicklung i.S.v. § 54 Abs. 2 WpHG leisten, solange hierbei die behördlich festgelegten Positionslimits beachtet werden (Rz. 62)[1].

58 **2. Ausgestaltung der Positionsmanagementkontrollen.** § 54 Abs. 6 Satz 2 WpHG verpflichtet zu einer **transparenten und diskriminierungsfreien Ausgestaltung** der Positionsmanagementkontrollen, zudem zu **Festlegungen** hinsichtlich der Anwendung. Diese Gebote sind, da sie auf allgemeine Regeln abzielen, durch die **privatrechtlichen Regelwerke** der Betreiber von MTF und OTF umzusetzen. In den Allgemeinen Geschäftsbedingungen muss – in Ergänzung zu den Anforderungen nach § 72 WpHG – klar geregelt werden, welche Eingriffsrechte sich der Betreiber gegenüber den Marktteilnehmern zur Kontrolle und zum Management von Positionen in Warenderivaten vorbehält.

59 Mit der weiteren Anforderung, dass die Positionsmanagementkontrollen der Art und Zusammensetzung der Marktteilnehmer und deren Nutzung der Kontrakte Rechnung tragen müssen, werden hingegen sachliche Gebote normiert, die für den „Einzelvollzug" der Kontrollen maßgeblich sind. Bei der **Art und Zusammensetzung** der Teilnehmer steht in Frage, ob und in welchem Umfang Finanzmarktakteure wie Wertpapierunternehmen oder Kreditinstitute einerseits und nichtfinanzielle Stellen wie Rohstoffproduzenten, -händler und -verwerter andererseits an den Märkten tätig sind. Hinsichtlich der **Art der Nutzung** der Derivate lässt sich zwischen spekulativen Zwecken und Absicherungszwecken unterscheiden. Hiermit wird eine Differenzierung aufgegriffen, die auch § 56 Abs. 3 WpHG im Hinblick auf die Anwendung der Positionslimits zugrunde liegt (§ 56 WpHG Rz. 11 ff.). Sie bringt zum Ausdruck, dass in einem unterschiedlichen Vorgehen gegen spekulativ handelnde Akteure und *bona fide hedger* nicht notwendig ein Verstoß gegen das Diskriminierungsverbot liegt.

60 **3. Kontrollrechte im Einzelnen.** § 54 Abs. 6 Satz 3 WpHG enthält einen **nicht abschließenden Katalog** von Rechten, die sich der Handelsplatzbetreiber in seinem Regelwerk vorbehalten muss. Das Recht nach § 54 Abs. 6 Satz 3 Nr. 1 WpHG, die offenen Kontraktpositionen jeder Person zu **überwachen**, ist erforderlich, um rechtzeitig Veränderungen auf dem Markt wie insbesondere den Aufbau großer Positionen festzustellen. Zu diesem Zweck ist die elektronische Überwachung allerdings nicht ausreichend, weil dem Handelsplatzbetreiber nicht die vertraglichen Bindungen und Motive der Inhaber von offenen Positionen bekannt sind. Er muss deshalb nach § 54 Abs. 6 Satz 3 Nr. 2 WpHG über ein **Informationszugangsrecht** verfügen, das zusätzlich zu der Pflicht von Marktteilnehmern zur Erstattung von Positionsmeldungen nach § 57 Abs. 1 WpHG besteht.

61 Die auf Verlangen vorzulegenden Informationen betreffen zunächst Größe und Zweck einer von einer Person eingegangenen Position oder Forderung. Soweit die Kontrolle der Einhaltung der behördlich gesetzten Positionslimits dient, muss das Informationsrecht den Zugang zu den Daten umfassen, die für dessen Anwendung

---

1 Zum Nebeneinander von Positionslimits und Positionsmanagementbefugnissen s. auch ESMA, Questions and Answers on MiFID II and MiFIR commodity derivative topics, Stand 27.3.2018, Part 5 Question 1; ESMA, Opinion on position limits on Robusta Coffee contracts v. 24.10.2017, ESMA70-155-2274, Rz. 41; ESMA, Opinion on position limits on London Cocoa contracts v. 24.10.2017, ESMA70-155-2270, Rz. 40; ESMA, Opinion on position limits on ICE Brent Crude contracts v. 7.12.2017, ESMA70-155-1535, Rz. 18, 42 ff., ESMA, Opinion on position limits on UK Feed Wheat contracts v. 3.4.2018, ESMA70-155-4764, Rz. 35 ff.

maßgeblich sind[1]. Da für die **Größe einer Position** nach § 56 Abs. 1 WpHG i.V.m. Art. 3 DelVO 2017/591 die Nettoposition maßgeblich ist (§ 56 WpHG Rz. 4), muss die Person auf ein Informationsverlangen die Positionen danach aufschlüsseln, ob sie *long* oder *short* gehalten werden. Wegen der gemäß § 56 Abs. 2 WpHG i.V.m. Art. 6 DelVO 2017/591 erforderlichen Einbeziehung wirtschaftlich gleichwertiger OTC-Derivatekontrakte (§ 56 WpHG Rz. 8 ff.) müssen auf Verlangen auch hierzu Angaben gemacht werden. Informationsbegehren zu dem **Zweck** der in einem Derivat gehaltenen Position betreffen die Frage, ob Positionen zum Zweck der nach § 56 Abs. 3 WpHG i.V.m. Art. 7 und 8 DelVO 2017/591 privilegierten Absicherung von Positionen in den zugrunde liegenden Märkten (§ 56 WpHG Rz. 11 ff.) oder zum Zweck des finanziellen Engagements, d.h. in erster Linie zu spekulativen Zwecken gehalten werden. Das von § 54 Abs. 6 Satz 3 Nr. 2 WpHG geforderte Informationszugangsrecht des Handelsplatzbetreibers über **wirtschaftliche oder tatsächliche Eigentümer** soll dem Umstand Rechnung tragen, dass Positionen für andere Personen gehalten werden können, die ebenfalls zur Einhaltung des Positionslimits verpflichtet sind (§ 56 WpHG Rz. 5; § 57 WpHG Rz. 8). Zudem werden für die Berechnung der Einhaltung des Limits in Konzernen gem. § 56 Abs. 1 WpHG i.V.m. Art. 4 DelVO 2017/591 die Nettopositionen von Tochterunternehmen bei der Muttergesellschaft aggregiert (§ 56 WpHG Rz. 6). Auch das Informationszugangsrecht zu Absprachen und Vermögenswerten oder Verbindlichkeiten am Basismarkt dient der Aufklärung der Motivlage und Bindungen der jeweiligen Marktteilnehmer.

Gemäß § 54 Abs. 6 Satz 3 Nr. 3 WpHG muss der Handelsplatzbetreiber das Recht haben, von jeder Person die zeitweilige oder dauerhafte **Auflösung oder Reduzierung einer Position** zu verlangen. Anders als der ESMA (Art. 45 VO Nr. 600/2014 Rz. 20 f.) werden aber den Handelsplatzbetreibern keine konkretisierenden Kriterien an die Hand gegeben, wann eine derartige Maßnahme getroffen werden kann. Ein Verlangen nach einer Reduzierung von Positionen kommt vor allem in Betracht, wenn die betreffende Person das für das Warenderivat geltende **Positionslimit überschritten** hat. Darüber hinaus kann eine gänzliche Auflösung ggf. gefordert werden, wenn für die Person bereits durch andere Marktteilnehmer Positionen in Höhe des Positionslimits gehalten werden. In beiden Fällen muss sich der Handelsplatzbetreiber das Recht vorbehalten, nötigenfalls einseitige Maßnahmen zu ergreifen. Da die Positionsmanagementkontrollen im Lichte der unionsrechtlichen Vorgaben nicht strikt akzessorisch zu den behördlich festgelegten Positionslimits auszugestalten sind (Rz. 57), darf sich der Handelsplatzbetreiber ggf. **weitere Rechte zur Beschränkung von Positionen** vorbehalten, die einer geordneten Abwicklung dienlich sind. So kann etwa geregelt werden, dass zusätzlich zu dem für den gesamten Spot-Monat geltenden Positionslimit in den letzten Tagen vor der Vertragsfälligkeit ein Limit für die Anzahl von handelbaren Einheiten gilt, für die physische Erfüllung verlangt werden kann[2]. 62

Nach § 54 Abs. 6 Satz 3 Nr. 4 WpHG muss sich der Handelsplatzbetreiber schließlich das Recht einräumen lassen, von jeder Person den **zeitweiligen Rückfluss von Liquidität** zu einem vereinbarten Preis und im vereinbarten Umfang zu fordern. Es handelt sich hierbei um Maßnahmen, mit denen Liquidität bereitgestellt wird, ohne den Marktteilnehmer zu verpflichten, seine Position endgültig aufzulösen oder zu reduzieren. Die Liquiditätsspende soll allein die mit dem Halten großer Positionen verbundenen negativen Auswirkungen abmildern. 63

Gemäß § 54 Abs. 6 Satz 4 WpHG, der Art. 57 Abs. 10 Unterabs. 1 RL 2014/65/EU umsetzt, hat der Handelsplatzbetreiber die BaFin über Einzelheiten der Kontrollen zu unterrichten. Die **Unterrichtungspflicht** bezieht sich sowohl auf die von ihm getroffenen allgemeinen Regelungen als auch auf die in ihrem Vollzug getroffenen Maßnahmen. Die Pflicht ist bußgeldbewehrt (§ 120 Abs. 8 Nr. 7 WpHG). Die BaFin ihrerseits hat in Umsetzung von Art. 57 Abs. 10 Unterabs. 2 RL 2014/65/EU diese Informationen **an die ESMA zu übermitteln**. Die Daten werden von der ESMA in die nach Art. 44 VO Nr. 600/2014 geführte elektronische Datenbank eingespeist. 64

§ 55 Positionslimits bei europaweit gehandelten Derivaten

(1) Wird dasselbe Warenderivat auch an einem Handelsplatz in einem anderen Mitgliedstaat oder einem anderen Vertragsstaat des Abkommens über den Europäischen Wirtschaftsraum in erheblichem Volumen gehandelt, legt die Bundesanstalt ein Positionslimit nach § 54 Absatz 1 nur dann fest, wenn sie für dieses Derivat zentrale zuständige Behörde ist. Die Bundesanstalt ist für ein Derivat zentrale zu-

---

[1] Zum gebotenen Umfang der Informationsrechte s. auch IOSCO, Principles for the Regulation and Supervision of Commodity Derivatives Markets – Final Report, September 2011, FR07/11, Chapter 4, S. 32 ff.
[2] ESMA, Opinion on position limits on Robusta Coffee contracts v. 24.10.2017, ESMA70-155-2274, Rz. 41; ESMA, Opinion on position limits on London Cocoa contracts v. 24.10.2017, ESMA70-155-2270, Rz. 40; ESMA, Opinion on position limits on ICE Brent Crude contracts v. 7.12.2017, ESMA70-155-1535, Rz. 18, 42 ff.: Die ICE Europe hatte in Ausübung ihrer Positionsmanagementbefugnisse zusätzlich ein sog. *delivery limit* gesetzt, um sicherzustellen, dass alle Verträge erfüllt werden können; s. auch § 60 Abs. 2 Börsenordnung der EEX i.d.F. v. 7.12.2017: Befugnis zu marktbezogenen Positionslimits durch die Börsengeschäftsführung, um eine ordnungsgemäße Preisbildung sicherzustellen.

ständige Behörde, wenn das größte Volumen dieses Derivats an einem inländischen Handelsplatz gehandelt wird. Nähere Bestimmungen dazu, wann es sich um dasselbe Warenderivat im Sinne des Satzes 1 handelt und wie Volumina im Sinne der Sätze 1 und 2 berechnet werden, ergeben sich aus Artikel 5 der Delegierten Verordnung (EU) 2017/591 der Kommission vom 1. Dezember 2016 zur Ergänzung der Richtlinie 2014/65/EU des Europäischen Parlaments und des Rates durch technische Regulierungsstandards für die Anwendung von Positionslimits für Warenderivate (ABl. L 87 vom 31.3. 2017, S. 479), in der jeweils geltenden Fassung.

(2) Ist die Bundesanstalt im Falle des Absatzes 1 Satz 1 zentrale zuständige Behörde für das betreffende Derivat, teilt sie ein beabsichtigtes Positionslimit für dieses Derivat vor seiner Festlegung auch den zuständigen Behörden der anderen Handelsplätze, an denen große Volumina dieses Derivats gehandelt werden, mit. Verlangt eine dieser Behörden binnen zwei Monaten nach Erhalt der Mitteilung nach Satz 1 eine Änderung an dem Positionslimit und kommt die Bundesanstalt diesem Verlangen nicht nach, teilt sie ihre Entscheidung einschließlich ihrer Gründe der Europäischen Wertpapier- und Marktaufsichtsbehörde mit.

(3) Ist die Bundesanstalt im Falle des Absatzes 1 Satz 1 nicht zentrale zuständige Behörde für das betreffende Derivat, ist das von der zentralen zuständigen Behörde für dieses Derivat festgelegte Positionslimit auch im Inland maßgeblich. Die Bundesanstalt teilt in diesem Fall der zentralen zuständigen Behörde für dieses Derivat binnen zwei Monaten nach Erhalt der Mitteilung über ein von dieser Behörde beabsichtigtes Positionslimit mit, ob sie mit dem beabsichtigten Positionslimit einverstanden ist. Kommt die zentrale zuständige Behörde einem Verlangen der Bundesanstalt zur Änderung des Positionslimits nicht nach, teilt die Bundesanstalt ihr Verlangen einschließlich ihrer Gründe der Europäischen Wertpapier- und Marktaufsichtsbehörde mit.

In der Fassung des 2. FiMaNoG vom 23.6.2017 (BGBl. I 2017, 1693).

**Delegierte Verordnung (EU) 2017/591 der Kommission vom 1. Dezember 2016
zur Ergänzung der Richtlinie 2014/65/EU des Europäischen Parlaments und des Rates durch technische
Regulierungsstandards für die Anwendung von Positionslimits für Warenderivate**

(Auszug)

Art. 5 „Dasselbe Warenderivat" und „erhebliches Volumen"

(Artikel 57 Absatz 6 der Richtlinie 2014/65/EU)

(1) Ein an einem Handelsplatz gehandeltes Warenderivat gilt als dasselbe Warenderivat wie ein an einem anderen Handelsplatz gehandeltes Warenderivat, wenn folgende Voraussetzungen erfüllt sind:
a) Die fraglichen Bestimmungen und die allgemeinen Vertragsbedingungen der beiden Warenderivate sind identisch, mit Ausnahme der Vorkehrungen zur Verringerung der Nachhandelsrisiken.
b) Die beiden Warenderivate bilden einen einzigen Pool fungibler offener Positionen oder, bei Warenderivaten im Sinne von Artikel 4 Absatz 1 Nummer 44 Buchstabe c der Richtlinie 2014/65/EU, einen einzigen Pool begebener Wertpapiere, mit denen Positionen in einem an einem Handelsplatz gehandelten Warenderivat gegen an einem anderen Handelsplatz gehandelte Positionen in diesem Warenderivat glattgestellt werden können.

(2) Ein Warenderivat gilt als in erheblichem Volumen an einem Handelsplatz gehandelt, wenn der Handel mit dem Warenderivat an dem betreffenden Handelsplatz über drei aufeinanderfolgende Monate hinweg eine der folgenden Voraussetzungen erfüllt:
a) Die Zahl der offenen Kontraktpositionen im Spot-Monat und in anderen Monaten beträgt im Durchschnitt mehr als 10 000 handelbare Einheiten pro Tag oder
b) im Falle von Warenderivaten im Sinne von Artikel 4 Absatz 1 Nummer 44 Buchstabe c der Richtlinie 2014/65/EU ergibt die Multiplikation der gehandelten Stückzahlen mit dem Preis im Tagesdurchschnitt einen Wert von mehr als 1 Mio. EUR.

(3) Als Handelsplatz, an dem das größte Volumen desselben Warenderivats gehandelt wird, gilt derjenige Handelsplatz, der über ein Jahr hinweg
a) im Tagesdurchschnitt den größten Umfang an offenen Positionen aufweist oder
b) im Falle von Warenderivaten im Sinne von Artikel 4 Absatz 1 Nummer 44 Buchstabe c der Richtlinie 2014/65/EU im Tagesdurchschnitt die größte Menge an gehandelten Wertpapieren aufweist.

In der Fassung vom 1.12.2016 (ABl. EU Nr. L 87 v. 31.3.2017, S. 479).

Schrifttum: S. bei § 54 WpHG.

I. Gegenstand und Zweck der Regelung 1	III. Verfahren bei Zuständigkeit der Bundesanstalt (§ 55 Abs. 2 WpHG) 7
II. Bestimmung der zentralen zuständigen Behörde (§ 55 Abs. 1 WpHG) 2	IV. Verfahren bei Unzuständigkeit der Bundesanstalt (§ 55 Abs. 3 WpHG) 10

I. Gegenstand und Zweck der Regelung. § 55 WpHG trifft in Umsetzung von Art. 57 Abs. 6 RL 2014/65/EU (MiFID II)[1] eine ergänzende Regelung zu § 54 WpHG hinsichtlich der Festlegung von Positionslimits für diejenigen Warenderivatkontrakte, die an Handelsplätzen in mehreren Mitgliedstaaten oder EWR-Staaten gehandelt werden. Die Bindung aller mitgliedstaatlichen Behörden an die Berechnungsmethodologie der Art. 9 ff. DelVO 2017/591[2] kann nicht gewährleisten, dass für identische Warenderivate auch jeweils gleichlautende Positionslimits festgelegt werden. Im Dienste einer weitreichenden Harmonisierung[3] sieht § 55 Abs. 1 WpHG deshalb eine **grundsätzliche Zuständigkeitskonzentration** bei der Behörde desjenigen Mitgliedstaats vor, an deren Handelsplätzen die größten Volumina desselben Warenderivats gehandelt werden (Rz. 2 ff.). **§ 55 Abs. 2 WpHG** trifft Regelungen für das dabei einzuhaltende **Verfahren**, namentlich die Beteiligung der Behörden anderer Mitgliedstaaten, wenn die BaFin zentrale zuständige Behörde ist (Rz. 7 ff.). **§ 55 Abs. 3 WpHG** regelt den umgekehrten Fall der Unzuständigkeit der Bundesanstalt und macht Vorgaben für die innerstaatliche **Geltung** der von einer anderen Behörde festgelegten Positionslimits (Rz. 10 ff.).

II. Bestimmung der zentralen zuständigen Behörde (§ 55 Abs. 1 WpHG). Die Bestimmung einer zentralen zuständigen Behörde ist gem. § 55 Abs. 1 Satz 1 WpHG nur erforderlich, wenn dasselbe Warenderivat an einem Handelsplatz in einem anderen Mitgliedstaat oder EWR-Staat in erheblichem Umfang gehandelt wird. Der Begriff **desselben Warenderivats** wird in Art. 5 Abs. 1 DelVO 2017/591 näher konkretisiert. Der Konkretisierung liegen dabei zwei in Ausgleich zu bringende Erwägungen zugrunde: Zum einen soll durch die Konzeption geringfügig unterschiedlicher Derivatkontrakte nicht das System der Positionslimits unterlaufen werden können. Zum anderen soll aber dem Positionsinhaber bei tatsächlich unähnlichen Derivaten nicht die Möglichkeit gegeben werden, *long* und *short* gehaltene Positionen in den unterschiedlichen Derivaten zu saldieren (§ 56 WpHG Rz. 7)[4].

Nach Art. 5 Abs. 1 lit. a DelVO 2017/591 handelt es sich um dasselbe Warenderivat, wenn die **vertraglichen Bestimmungen** und die allgemeinen Vertragsbedingungen der jeweiligen Warenderivate **identisch** sind. Die Vorkehrungen zur Verringerung der Nachhandelsrisiken müssen hingegen nicht gleichlautend sein. Dem legt die Erwägung zugrunde, dass diese Vorkehrungen eher vom Handelsplatz als vom Derivat abhängig sind. Gemäß Art. 5 Abs. 1 lit. b DelVO 2017/591 ist zusätzlich erforderlich, dass die jeweiligen Warenderivate **einen einzigen Pool fungibler offener Positionen** bzw. im Fall von verbrieften Warenderivaten einen einzigen Pool begebener Wertpapiere bilden, mit denen Positionen in einem Warenderivat gegen Positionen in einem anderen Warenderivat glattgestellt werden können. Fungibilität soll nach Auffassung der ESMA zum einen gegeben sein, wenn die Derivate von demselben CCP oder von interoperablen CCP gecleart werden. Des Weiteren wird ein einziger Pool fungibler offener Positionen angenommen, wenn eine vertraglich geforderte physische Lieferung auch durch die Erfüllung aus einem anderen Warenderivatkontrakt bewirkt werden kann[5].

Weitere Voraussetzung für die Notwendigkeit der Bestimmung einer zentralen zuständigen Behörde ist, dass dasselbe Warenderivat **in erheblichem Volumen an einem Handelsplatz in einem anderen Mitgliedstaat oder in einem EWR-Staat gehandelt** wird. Diese Anforderung wird durch Art. 5 Abs. 2 DelVO 2017/591 präzisiert. Danach muss an einem Handelsplatz über drei Monate hinweg die Zahl der offenen Kontraktpositionen im Spot-Monat und in den anderen Monaten im Durchschnitt mehr als 10.000 handelbare Einheiten betragen. Im Fall von als Wertpapieren verbrieften Derivaten wird ein erhebliches Volumen angenommen, wenn die Multiplikation der gehandelten Stückzahlen mit dem durchschnittlichen Tagespreis einen Wert von mehr als 1 Mio. Euro ergibt.

Wird das jeweilige Mindestvolumen an einem oder mehreren Handelsplätzen in einem anderen Mitgliedstaat oder in einem EWR-Staat erreicht, ist die Bundesanstalt nach § 55 Abs. 1 Satz 2 WpHG die **zentrale zuständige Behörde**, wenn das **größte Volumen des Derivats an einem inländischen Handelsplatz** gehandelt wird. Die Bestimmung des größten Volumens konkretisiert Art. 5 Abs. 3 DelVO 2017/591 dahingehend, dass der (inländische) Handelsplatz über ein Jahr hinweg im Tagesdurchschnitt den größten Umfang an offenen Positionen bzw. im Fall von verbrieften Derivaten im Tagesdurchschnitt die größte Menge an gehandelten Wertpapieren aufweist. Die Stellung als zentrale zuständige Behörde ist folgenreich. Sie hat zur Konsequenz, dass die Bundesanstalt grundsätzlich mit Wirkung für inländische und ausländische Handelsplätze ein einheitliches Positionslimit festlegt, wie dies Art. 57 Abs. 6 Unterabs. 1 Satz 1 RL 2014/65/EU deutlich zum Ausdruck bringt (Rz. 9).

---

1 Richtlinie 2014/65/EU des Europäischen Parlaments und des Rates vom 15.5.2014 über Märkte für Finanzinstrumente sowie zur Änderung der Richtlinien 2002/92/EG und 2011/61/EU, ABl. EU Nr. L 173 v. 12.6.2014, S. 349; die Vorschrift war im Vorschlag der Kommission, KOM (2011) 656 endg. v. 20.10.2011, noch nicht enthalten.
2 Delegierte Verordnung (EU) 2017/591 der Kommission vom 1.12.2016 zur Ergänzung der Richtlinie 2014/65/EU des Europäischen Parlaments und des Rates durch technische Regulierungsstandards für die Anwendung von Positionslimits für Warenderivate, ABl. EU Nr. L 87 v. 31.3.2017, S. 479.
3 Erwägungsgrund 127 RL 2014/65/EU.
4 Erwägungsgrund 131 RL 2014/65/EU einerseits, Erwägungsgrund 5 DelVO 2017/591 andererseits.
5 ESMA, Questions and Answers on MiFID II and MiFIR commodity derivative topics, Stand 27.3.2018, Part 2 Question 12 (ESMA70-872942901-36).

6 Wird an **keinem anderen Handelsplatz das Mindestvolumen erreicht, entfällt die Bestimmung einer zentralen zuständigen Behörde** mit der Konsequenz, dass die jeweiligen mitgliedstaatlichen Behörden für den in ihrer Zuständigkeit liegenden Handelsplatz ein Positionslimit festlegen. Dies könnte zur Folge haben, dass die Positionsinhaber ihre Handelsaktivitäten auf mehrere Handelsplätze verteilen, um ggf. von den recht hohen fixen Positionslimits zu profitieren, die nach Art. 15 DelVO 2017/591 für illiquide Warenderivate gelten (§ 54 WpHG Rz. 21). Indes ist gleichwohl **keine Regulierungsarbitrage** durch Wanderungsbewegungen zu befürchten. Sofern es sich nämlich um dasselbe Warenderivat i.S.v. Art. 5 Abs. 1 DelVO 2017/591 handelt, werden bei der Berechnung der von einer Person gehaltenen Positionen die an einem anderen Handelsplatz in demselben Warenderivat gehaltenen Positionen gem. Art. 3 Abs. 1 DelVO 2017/591 einbezogen (§ 56 WpHG Rz. 7).

7 **III. Verfahren bei Zuständigkeit der Bundesanstalt (§ 55 Abs. 2 WpHG).** § 55 Abs. 2 WpHG regelt das **grenzüberschreitende Konsultationsverfahren**, das die Bundesanstalt zu beachten hat, wenn sie als zentrale zuständige Behörde fungiert. Hierzu hat sie nach § 55 Abs. 2 Satz 1 WpHG zunächst das von ihr beabsichtigte Positionslimit den zuständigen Behörden der anderen Mitgliedstaaten, an deren Handelsplätzen ebenfalls große Volumen desselben Warenderivats gehandelt werden, mitzuteilen. Zeitlich muss eine **Mitteilung vor der förmlichen Festlegung**, d.h. vor Erlass der Allgemeinverfügung (§ 54 WpHG Rz. 44 ff.) ergehen. **Adressat** der Mitteilung sind nur die **betroffenen Behörden**, an denen große Volumina gehandelt werden. Hierbei ist davon auszugehen, dass die eine Mitteilungspflicht auslösende Schwelle des **großen Volumens** i.S.v. § 55 Abs. 2 Satz 1 WpHG **identisch** ist mit der Definition des **erheblichen Volumens** i.S.v. § 55 Abs. 1 WpHG i.V.m. Art. 5 Abs. 2 DelVO 2017/591. Denn nur der Handel mit erheblichen Volumen an anderen Handelsplätzen führt überhaupt zur Notwendigkeit der Bestimmung einer zentralen zuständigen Behörde (Rz. 6).

8 Gemäß § 55 Abs. 2 Satz 2 WpHG hat **die Bundesanstalt die ESMA unter Darlegung ihrer Gründe zu informieren**, falls eine der zuständigen Behörden binnen zwei Monaten nach Erhalt der Mitteilung eine Änderung des Positionslimits verlangt und die BaFin dem Änderungsverlangen nicht nachkommen will. Ähnlich wie § 54 Abs. 4 WpHG (§ 54 WpHG Rz. 40 ff.) knüpft die Regelung damit an die **Folgen einer gescheiterten Einigung** an. Mit der Mitteilung des beabsichtigten Positionslimits erlangen die betroffenen Behörden der anderen Mitgliedstaaten eine Vetoposition gegenüber der Bundesanstalt. Verlangen sie Änderungen am Positionslimit, denen die BaFin nicht nachkommen will, kommt der **ESMA** nach entsprechender Mitteilung durch die Behörden gem. Art. 57 Abs. 6 Unterabs. 1 Satz 4 RL 2014/65/EU eine **Schlichtungsbefugnis** i.S.v. Art. 19 VO Nr. 1095/2010 (ESMA-VO)[1] zu. Danach kann sie auch von Amts wegen bei Meinungsverschiedenheiten zwischen den Behörden zunächst vermitteln (Art. 19 Abs. 2 VO Nr. 1095/2010), im Fall eines Scheiterns allerdings auch einen Beschluss erlassen, durch den die Bundesanstalt verpflichtet wird, eine bestimmte Maßnahme zu erlassen (Art. 19 Abs. 3 VO Nr. 1095/2010)[2]. Die ESMA besitzt hingegen **keine Befugnis zur Selbstvornahme**, d.h. zur definitiven Festlegung des streitigen Positionslimits. Denn ein derartiges Durchgriffsrecht setzt nach Art. 19 Abs. 4 VO Nr. 1095/2010 nicht nur eine Handlungsverweigerung der „angewiesenen" mitgliedstaatlichen Behörde voraus, sondern auch die unmittelbare Anwendbarkeit der durchzusetzenden unionalen Anforderung für die Finanzmarktteilnehmer.

9 Nicht in § 55 Abs. 2 WpHG geregelt sind die **Folgen einer Einigung** mit den Behörden anderer Mitgliedstaaten bzw. die **Folgen einer Festlegung des Positionslimits durch die BaFin aufgrund eines Beschlusses der ESMA**. In allen Konstellationen gilt das Limit gem. Art. 57 Abs. 6 Unterabs. 1 Satz 1 RL 2014/65/EU **einheitlich für den gesamten Handel mit diesem Kontrakt innerhalb der EU bzw. des EWR**. Nach dem Wortlaut werden folglich auch ausländische Handelsplätze erfasst, an denen das Derivat nicht in erheblichem Umfang i.S.v. § 55 Abs. 1 i.V.m. Art. 5 Abs. 2 DelVO 2017/591 gehandelt wird und damit auch in Fällen, in denen die für diese Handelsplätze zuständige Behörden nicht vorab konsultiert wurden. Da die in elektronischer Form vorgenommene **Bekanntgabe** des als Allgemeinverfügung erlassenen Positionslimits in ihren Wirkungen nicht auf den territorialen Zuständigkeitsbereich der BaFin beschränkt ist, sondern grundsätzlich **weltweit** wirkt (§ 54 WpHG Rz. 48), wird die Verfügung mit der Bekanntgabe auch gegenüber Positionsinhabern an ausländischen Handelsplätzen wirksam. Allerdings hindert das **Territorialitätsprinzip** die BaFin an der Durchsetzung des Positionslimits an ausländischen Handelsplätzen. Art. 57 Abs. 6 Unterabs. 2 RL 2014/65/EU sieht deshalb vor, dass die für die betroffenen Handelsplätze zuständigen Behörden **Kooperationsvereinbarungen** zu treffen haben, um die Überwachung und Durchsetzung des einheitlichen Positionslimits zu ermöglichen.

10 **IV. Verfahren bei Unzuständigkeit der Bundesanstalt (§ 55 Abs. 3 WpHG).** § 55 Abs. 3 WpHG regelt spiegelbildlich zu **§ 55 Abs. 2 WpHG** den Fall, dass eine andere Behörde als die Bundesanstalt die zentrale zuständige Behörde ist. Gemäß § 55 Abs. 3 Satz 1 WpHG ist das von der ausländischen Behörde festgelegte **Positionslimit** für das Warenderivat auch **im Inland maßgeblich**. Dies gilt grundsätzlich sowohl in der Variante, dass an inländischen Handelsplätzen dasselbe Warenderivat in erheblichem Umfang i.S.v. Art. 5 Abs. 2 DelVO 2017/

---

1 Verordnung (EU) Nr. 1095/2010 des Europäischen Parlaments und des Rates vom 24.11.2010 zur Errichtung einer Europäischen Aufsichtsbehörde (Europäische Wertpapier- und Marktaufsichtsbehörde), zur Änderung des Beschlusses Nr. 716/2009/EG und zur Aufhebung des Beschlusses 2009/77/EG, ABl. EU Nr. L 331 v. 15.12.2010, S. 84.
2 Ausführlicher zur Schlichtungskompetenz Michel, Institutionelles Gleichgewicht und EU-Agenturen, 2015, S. 248 ff.

591 gehandelt wird als auch für den Fall, dass das Derivat nur in einem Umfang gehandelt wird, der noch nicht die Konsultationsschwelle des Art. 57 Abs. 6 Unterabs. 1 Satz 2 RL 2014/65/EU auslöst. Im letzteren Fall gilt das Positionslimit im Inland unmittelbar (Rz. 9). Ein Überschreiten des von einer ausländischen Behörde verbindlich festgelegten Positionslimits ist in Umsetzung von Art. 57 Abs. 14 lit. b RL 2014/65/EU nach § 120 Abs. 8 Nr. 5 WpHG bußgeldbewehrt.

§ 55 Abs. 3 Satz 2 WpHG nimmt wiederum Bezug auf das **grenzüberschreitende Konsultationsverfahren** nach Art. 57 Abs. 6 Unterabs. 1 RL 2014/65/EU. Danach teilt die Bundesanstalt binnen zwei Monaten nach Erhalt einer entsprechenden Mitteilung der zentralen zuständigen Behörde mit, ob sie mit dem beabsichtigten Positionslimit einverstanden ist. Dieses Procedere findet allerdings nur Anwendung, wenn das betreffende Warenderivat überhaupt in erheblichem Umfang i.S.v. Art. 5 Abs. 2 DelVO 2017/591 an einem inländischen Handelsplatz gehandelt wird. Ein Veränderungsverlangen der BaFin, dem die zentrale zuständige Behörde nicht nachkommt, führt zu einem Schlichtungsverfahren der ESMA nach Art. 19 VO Nr. 1095/2010, nachdem die Bundesanstalt dieses Ergebnis – ebenso wie die zentrale zuständige Behörde – der ESMA mitgeteilt hat (Rz. 9).

11

§ 56 Anwendung von Positionslimits

(1) Bei der Anwendung der nach den §§ 54 und 55 festgelegten Positionslimits werden alle Positionen berücksichtigt, die von einer natürlichen oder juristischen Person oder einer Personenvereinigung selbst oder aggregiert auf Gruppenebene gehalten werden. Nähere Bestimmungen zur Berechnung der Position ergeben sich aus den Artikeln 3, 4 und 9 bis 20 der Delegierten Verordnung (EU) 2017/591.

(2) Die nach den §§ 54 und 55 festgelegten Positionslimits gelten auch für OTC-Kontrakte, die wirtschaftlich gleichwertig mit Warenderivaten im Sinne des Absatzes 1 sind. Nähere Bestimmungen zur wirtschaftlichen Gleichwertigkeit ergeben sich aus Artikel 6 der Delegierten Verordnung (EU) 2017/591.

(3) Die nach den §§ 54 und 55 festgelegten Positionslimits gelten nicht für Positionen, für die die Bundesanstalt oder die zuständige Behörde eines anderen Mitgliedstaats auf Antrag festgestellt hat, dass sie von einer oder für eine nichtfinanzielle Stelle gehalten werden und die die Risiken, die mit dem Geschäftstätigkeit verbunden sind, objektiv messbar verringern. Nähere Bestimmungen zu risikoverringernden Positionen und dem Verfahren nach Satz 1 ergeben sich aus den Artikeln 7 und 8 der Delegierten Verordnung (EU) 2017/591.

In der Fassung des 2. FiMaNoG vom 23.6.2017 (BGBl. I 2017, 1693).

Delegierte Verordnung (EU) 2017/591 der Kommission vom 1. Dezember 2016 zur Ergänzung der Richtlinie 2014/65/EU des Europäischen Parlaments und des Rates durch technische Regulierungsstandards für die Anwendung von Positionslimits für Warenderivate

(Auszug)

Art. 3 Aggregierung und Saldierung der Positionen in einem Warenderivat

(Artikel 57 Absatz 1 der Richtlinie 2014/65/EU)

(1) Die Nettoposition, die eine Person in einem Warenderivat hält, wird aus folgenden von ihr gehaltenen Positionen aggregiert: den Positionen in dem betreffenden an einem Handelsplatz gehandelten Warenderivat, den Positionen in Warenderivaten, die gemäß Artikel 5 Absatz 1 jeweils als dasselbe Warenderivat wie das erstgenannte gelten, und den Positionen in wirtschaftlich gleichwertigen OTC-Kontrakten im Sinne von Artikel 6.

(2) Wenn eine Person in einem der in Absatz 1 aufgeführten Warenderivate sowohl Kauf- als auch Verkaufspositionen hält, dann wird ihre Nettoposition für dieses Warenderivat durch deren Saldierung ermittelt.

(3) Von einer nichtfinanziellen Stelle gehaltene Positionen in Warenderivaten, die gemäß Artikel 7 objektiv messbar Risiken verringern und gemäß Artikel 8 von der zuständigen Behörde als solche anerkannt sind, werden nicht in die Aggregierung zur Bestimmung der Nettoposition dieser nichtfinanziellen Stelle einbezogen.

4) Die in einem Warenderivat von einer Person gehaltenen Nettopositionen müssen für Kontrakte im Spot-Monat und Kontrakte in anderen Monaten getrennt ermittelt werden.

Art. 3 und alle nachfolgenden Art. in der Fassung vom 1.12.2016 (ABl. EU Nr. L 87 v. 31.3.2017, S. 479).

Art. 4 Methode für die Berechnung der Positionen von Unternehmen innerhalb einer Gruppe

(Artikel 57 Absatz 1 der Richtlinie 2014/65/EU)

(1) Ein Mutterunternehmen bestimmt seine Nettoposition, indem es folgende Positionen gemäß Artikel 3 aggregiert:
a) seine eigene Nettoposition;
b) die Nettopositionen aller seiner Tochterunternehmen.

§ 56 | Positionslimits und Positionsmanagementkontrollen

(2) Abweichend von Absatz 1 werden die von einem Organismus für gemeinsame Anlagen gehaltenen Positionen in Warenderivaten von dessen Mutterunternehmen oder, sofern er eine Verwaltungsgesellschaft benannt hat, von deren Mutterunternehmen nicht aggregiert, wenn dieses Mutterunternehmen keinerlei Einfluss auf die Anlageentscheidungen in Bezug auf das Eröffnen, Halten oder Schließen dieser Positionen hat.

Art. 6 Mit an Handelsplätzen gehandelten Warenderivaten wirtschaftlich gleichwertige OTC-Kontrakte

(Artikel 57 Absatz 1 der Richtlinie 2014/65/EU)

Ein OTC-Derivat gilt als wirtschaftlich gleichwertig mit einem an einem Handelsplatz gehandelten Derivat, wenn es identischen vertraglichen Bestimmungen und Vertragsbedingungen unterliegt, mit Ausnahme unterschiedlicher Spezifikationen für die Größe der handelbaren Einheiten, um weniger als einen Kalendertag abweichender Fälligkeitstermine und unterschiedlicher Vorkehrungen zur Verringerung der Nachhandelsrisiken.

Art. 7 Positionen, mit denen direkt mit der Geschäftstätigkeit verbundene Risiken verringert werden

(Artikel 57 Absatz 1 der Richtlinie 2014/65/EU)

(1) Eine von einer nichtfinanziellen Stelle gehaltene Position in an Handelsplätzen gehandelten Warenderivaten oder in wirtschaftlich gleichwertigen OTC-Kontrakten im Sinne von Artikel 6 gilt dann als Position, die, sei es allein oder in Verbindung mit anderen Derivaten im Sinne von Absatz 2 („Position in einem Portfolio von Warenderivaten"), direkt mit der wirtschaftlichen Tätigkeit der betreffenden nichtfinanziellen Stelle verbundene Risiken verringert, wenn sie eines der folgenden Kriterien erfüllt:

a) Sie verringert die Risiken infolge einer möglichen Änderung des Werts der Vermögenswerte, Dienstleistungen, Ausgangsstoffe, Erzeugnisse, Waren oder Verbindlichkeiten, welche die nichtfinanzielle Stelle oder deren Gruppe besitzt, produziert, herstellt, verarbeitet, bereitstellt, erwirbt, vermarktet, vermietet, verkauft oder eingeht oder die sie im Laufe ihrer normalen Geschäftstätigkeit vernünftigerweise zu besitzen, zu produzieren, herzustellen, zu verarbeiten, bereitzustellen, zu erwerben, zu vermarkten, zu vermieten, zu verkaufen oder einzugehen erwartet.

b) Sie kann als Absicherungsgeschäft im Sinne der Internationalen Rechnungslegungsstandards (IFRS) angesehen werden, die gemäß Artikel 3 der Verordnung (EG) Nr. 1606/2002 des Europäischen Parlaments und des Rates übernommen wurden.

(2) Für die Zwecke von Absatz 1 gilt eine Position allein oder in Verbindung mit anderen Derivaten dann als risikomindernd, wenn die nichtfinanzielle Stelle oder die in ihrem Namen handelnde Person als Inhaber der Position

a) in seinen internen Grundsätzen Folgendes beschreibt:
  i) die Arten der Warenderivatkontrakte in den Portfolios, die der Verringerung der direkt mit ihrer wirtschaftlichen Tätigkeit verbundenen Risiken dienen, und die Kriterien für ihre Zulässigkeit;
  ii) den Zusammenhang zwischen dem Portfolio und den damit verringerten Risiken;
  iii) die Maßnahmen, mit denen gewährleistet wird, dass die Positionen mit Bezug auf diese Kontrakte keinem anderen Zweck dienen als der Absicherung von direkt mit der wirtschaftlichen Tätigkeit der nichtfinanziellen Stelle verbundenen Risiken, und dass jegliche Position, die einem anderen Zweck dient, eindeutig identifizierbar ist.

b) die Portfolios im Hinblick auf Warenderivatkategorie, zugrunde liegende Ware, Zeithorizont und andere relevante Faktoren hinreichend disaggregiert beschreiben kann.

Art. 8 Antrag auf Ausnahme für Positionslimits

(Artikel 57 Absatz 1 der Richtlinie 2014/65/EU)

(1) Eine nichtfinanzielle Stelle kann als Inhaber einer Position in einem Warenderivat, die die entsprechenden Voraussetzungen erfüllt, bei der zuständigen Behörde, die das Positionslimit für dieses Warenderivat festlegt, die Ausnahme gemäß den Bestimmungen der Richtlinie 2014/65/EU Artikel 57 Absatz 1 Unterabsatz 2 beantragen.

(2) Als Nachweis dafür, dass die Position direkt mit der wirtschaftlichen Tätigkeit der nichtfinanziellen Stelle verbundene Risiken verringert, reicht die in Absatz 1 erwähnte Person bei der zuständigen Behörde folgende Angaben ein:

a) eine Beschreibung von Art und Wert der wirtschaftlichen Tätigkeit der nichtfinanziellen Stelle in Bezug auf die für das Warenderivat, für das die Ausnahme beantragt wird, relevante Ware;

b) eine Beschreibung von Art und Wert der Tätigkeiten der nichtfinanziellen Stelle in Bezug auf die an Handelsplätzen gehandelten Warenderivate und wirtschaftlich gleichwertigen OTC-Kontrakte, in denen sie Positionen hält und mit denen sie handelt;

c) eine Beschreibung von Art und Umfang der warenbezogenen offenen Forderungen und Risiken, denen die nichtfinanzielle Stelle infolge ihrer wirtschaftlichen Tätigkeit ausgesetzt ist oder die sie erwartet und die durch die Verwendung von Warenderivaten verringert werden oder verringert würden;

d) eine Erläuterung, auf welche Weise die nichtfinanzielle Stelle die mit ihrer wirtschaftlichen Tätigkeit verbundenen offenen Forderungen und Risiken durch die Verwendung von Warenderivaten direkt verringert.

(3) Die zuständige Behörde entscheidet innerhalb von 21 Kalendertagen nach Eingang über den Antrag und benachrichtigt die nichtfinanzielle Stelle über die Genehmigung oder Ablehnung der Ausnahme.

(4) Die nichtfinanzielle Stelle meldet der zuständigen Behörde bedeutende Änderungen von Art oder Wert ihrer wirtschaftlichen Tätigkeit oder ihres Handels mit Warenderivaten, die für die unter Absatz 2 Buchstabe b aufgeführten Angaben relevant sind, und reicht einen neuen Antrag auf die Ausnahme ein, wenn sie diese weiterhin in Anspruch nehmen möchte.

Art. 9 Methodologie zur Festlegung des Richtwerts für Limits im Spot-Monat

(Artikel 57 Absatz 4 der Richtlinie 2014/65/EU)

(1) Zur Festlegung eines Richtwerts für das Positionslimit eines Warenderivats im Spot-Monat berechnen die zuständigen Behörden 25 % der für dieses Warenderivat lieferbaren Menge.

(2) Der Richtwert wird in handelbaren Einheiten angegeben; eine handelbare Einheit ist die von dem Handelsplatz, an dem das Warenderivat gehandelt wird, verwendete Handelseinheit, die einer standardisierten Menge der zugrunde liegenden Ware entspricht.

(3) Wenn eine zuständige Behörde für verschiedene Zeitpunkte innerhalb des Spot-Monats unterschiedliche Positionslimits festlegt, dann senkt sie diese mit dem Näherrücken des Auslaufens des Warenderivatkontrakts sukzessive und berücksichtigt die Regelungen zum Positionsmanagement des Handelsplatzes.

(4) Abweichend von Absatz 1 bestimmen die zuständigen Behörden den Richtwert für das Positionslimit im Spot-Monat für Derivatekontrakte, deren zugrunde liegende Waren als für den menschlichen Verzehr bestimmte Nahrungsmittel anerkannt sind und deren offene Kontraktpositionen sich in einem Zeitraum von drei aufeinanderfolgenden Monaten im Spot-Monat und in anderen Monaten auf mehr als 50 000 handelbare Einheiten belaufen, durch Berechnung von 20 % der für dieses Warenderivat lieferbaren Menge.

Art. 10 Lieferbare Menge

(Artikel 57 Absatz 3 der Richtlinie 2014/65/EU)

(1) Zur Berechnung der lieferbaren Menge eines Warenderivats stellen die zuständigen Behörden fest, mit welcher Menge der zugrunde liegenden Ware die mit dem Warenderivat verbundenen Lieferpflichten erfüllt werden können.

(2) Zur Feststellung der in Absatz 1 genannten, für ein Warenderivat lieferbaren Menge ziehen die zuständigen Behörden die monatliche Durchschnittsmenge heran, in der die zugrunde liegende Ware in den zwölf Monaten, die dem Datum der Festlegung unmittelbar vorangingen, lieferbar war.

(3) Die Menge der zugrunde liegenden Ware, die die in Absatz 1 genannten Voraussetzungen erfüllt, wird von den zuständigen Behörden anhand folgender Kriterien ermittelt:

a) der Lagermöglichkeiten für die zugrunde liegende Ware;
b) der Faktoren, die die Lieferung der zugrunde liegenden Ware beeinflussen könnten.

Art. 11 Methodologie zur Festlegung des Richtwerts für Limits in anderen Monaten

(Artikel 57 Absatz 4 der Richtlinie 2014/65/EU)

(1) Zur Festlegung eines Richtwerts für das Positionslimit eines Warenderivats in anderen Monaten berechnen die zuständigen Behörden 25 % der für dieses Warenderivat offenen Kontraktpositionen.

(2) Der Richtwert wird in handelbaren Einheiten angegeben; eine handelbare Einheit ist die von dem Handelsplatz, an dem das Warenderivat gehandelt wird, verwendete Handelseinheit, die einer standardisierten Menge der zugrunde liegenden Ware entspricht.

Art. 12 Offene Kontraktpositionen

(Artikel 57 Absatz 3 der Richtlinie 2014/65/EU)

Zur Berechnung der offenen Kontraktpositionen in einem Warenderivat aggregieren die zuständigen Behörden die Anzahl der handelbaren Einheiten dieses Warenderivats, die zu einem gegebenen Zeitpunkt an einem Handelsplatz offen sind.

Art. 13 Methodologie zur Bestimmung des Richtwerts im Hinblick auf bestimmte Kontrakte

(Artikel 57 Absatz 4 der Richtlinie 2014/65/EU)

(1) Abweichend von Artikel 9 bestimmen die zuständigen Behörden den Richtwert für die Positionslimits im Spot-Monat für in bar abgerechnete Kontrakte der in Abschnitt C Absatz 10 von Anhang I der Richtlinie 2014/65/EU beschriebenen Arten, denen keine mit lieferbaren Mengen zugrunde liegen, durch die Berechnung von 25 % der offenen Positionen in diesen Warenderivatkontrakten.

(2) Abweichend von den Artikeln 9 und 11 bestimmen die zuständigen Behörden den Richtwert für die Positionslimits der unter Artikel 4 Absatz 1 Nummer 44 Buchstabe c der Richtlinie 2014/65/EU definierten Warenderivate durch die Berechnung von 25 % der begebenen Wertpapiere. Der Richtwert wird als Anzahl der Wertpapiere angegeben.

(3) Abweichend von den Artikeln 9 und 11 gilt der gemäß der Artikel 9 und 11 berechnete Richtwert bei Warenderivaten, deren Kontrakte eine kontinuierliche Lieferung der zugrunde liegenden Ware über einen festgelegten Zeitraum vorsehen, auch für andere Warenderivate mit der gleichen zugrunde liegenden Ware, sofern sich ihre Lieferzeiträume überschneiden. Der Richtwert wird in Einheiten der zugrunde liegenden Ware angegeben.

Art. 14 Bewertung der Faktoren

(Artikel 57 Absatz 3 der Richtlinie 2014/65/EU)

Zur Festlegung der Positionslimits für ein Warenderivat im Spot-Monat und in anderen Monaten ziehen die zuständigen Behörden den gemäß den Artikeln 9, 11 und 13 ermittelten Richtwert heran und ändern ihn in Abhängigkeit von den Auswirkungen, die die in den Artikeln 16 bis 20 genannten Faktoren auf die Integrität des Markts für dieses Derivat und die ihm zugrunde liegende Ware haben könnten, in ein Limit

a) zwischen 5 % und 35 %; oder
b) zwischen 2,5 % und 35 % für Derivatkontrakte, deren zugrunde liegende Waren als für den menschlichen Verzehr bestimmte Nahrungsmittel anerkannt sind und deren offene Kontraktpositionen sich in einem Zeitraum von drei aufeinanderfolgenden Monaten im Spot-Monat und in anderen Monaten auf mehr als 50 000 handelbare Einheiten belaufen.

Art. 15 Neue und illiquide Kontrakte

(Artikel 57 Absatz 3 Buchstabe g der Richtlinie 2014/65/EU)

(1) Abweichend von Artikel 14 gilt Folgendes:
a) Für an einem Handelsplatz gehandelte Warenderivate, für die über einen Zeitraum von drei aufeinanderfolgenden Monaten im Spot-Monat und in anderen Monaten offene Kontraktpositionen für insgesamt nicht mehr als 10 000 handelbare Einheiten bestehen, legen die zuständigen Behörden das Positionslimit auf 2 500 handelbare Einheiten fest;
b) für an einem Handelsplatz gehandelte Warenderivate, für die über einen Zeitraum von drei aufeinanderfolgenden Monaten im Spot-Monat und in anderen Monaten offene Kontraktpositionen für insgesamt mehr als 10 000, aber nicht mehr als 20 000 handelbare Einheiten bestehen, legen die zuständigen Behörden für den Spot-Monat und andere Monate ein Positionslimit zwischen 5 % und 40 % fest;
c) für unter Artikel 4 Absatz 1 Nummer 44 Buchstabe c der Richtlinie 2014/65/EU definierte Warenderivate, für die über einen Zeitraum von drei aufeinanderfolgenden Monaten insgesamt nicht mehr als 10 Mio. Wertpapiere begeben wurden, legen die zuständigen Behörden ein Positionslimit von 2,5 Mio. Wertpapieren fest;
d) für unter Artikel 4 Absatz 1 Nummer 44 Buchstabe c der Richtlinie 2014/65/EU definierte Warenderivate, für die über einen Zeitraum von drei aufeinanderfolgenden Monaten insgesamt mehr als 10 Mio., aber nicht mehr als 20 Mio. Wertpapiere begeben wurden, legen die zuständigen Behörden für den Spot-Monat und andere Monate ein Positionslimit zwischen 5 % und 40 % fest.

(2) Der Handelsplatz benachrichtigt die zuständige Behörde, sobald die offenen Positionen in einem der genannten Warenderivate über einen Zeitraum von drei aufeinanderfolgenden Monaten die im vorstehenden Absatz genannte Anzahl von handelbaren Einheiten oder begebenen Wertpapieren erreichen. Sobald die zuständigen Behörden eine solche Benachrichtigung erhalten, überprüfen sie das Positionslimit.

Art. 16 Laufzeit der Warenderivatkontrakte

(Artikel 57 Absatz 3 Buchstabe a der Richtlinie 2014/65/EU)

(1) Für Warenderivate mit kurzer Laufzeit senken die zuständigen Behörden das Positionslimit im Spot-Monat ab.

(2) Für Warenderivate mit einer großen Anzahl unterschiedlicher Fälligkeitstermine heben die zuständigen Behörden das Positionslimit in anderen Monaten an.

Art. 17 Lieferbare Menge der zugrunde liegenden Ware

(Artikel 57 Absatz 3 Buchstabe b der Richtlinie 2014/65/EU)

Wenn die lieferbare Menge der zugrunde liegenden Ware beschränkt oder gesteuert werden kann oder im Verhältnis zu der für eine geordnete Abwicklung erforderlichen Menge gering ist, senken die zuständigen Behörden das Positionslimit ab. Die zuständigen Behörden prüfen, in welchem Maße die betreffende lieferbare Menge auch als lieferbare Menge für andere Warenderivate verwendet wird.

Art. 18 Gesamtheit der offenen Positionen

(Artikel 57 Absatz 3 Buchstabe c der Richtlinie 2014/65/EU)

(1) Wenn die Gesamtheit der offenen Positionen groß ist, senken die zuständigen Behörden das Positionslimit ab.

(2) Wenn die Gesamtheit der offenen Positionen bedeutend größer ist als die lieferbare Menge, senken die zuständigen Behörden das Positionslimit ab.

(3) Wenn die Gesamtheit der offenen Positionen bedeutend niedriger ist als die lieferbare Menge, heben die zuständigen Behörden das Positionslimit an.

Art. 19 Anzahl der Marktteilnehmer

(Artikel 57 Absatz 3 Buchstabe e der Richtlinie 2014/65/EU)

(1) Wenn die Anzahl der Marktteilnehmer, die eine Position in dem Warenderivat halten, über einen Zeitraum von einem Jahr im Tagesdurchschnitt hoch ist, senkt die zuständige Behörde das Positionslimit ab.

(2) Abweichend von den Bestimmungen in Artikel 14 legen die zuständigen Behörden ein Positionslimit zwischen 5 % und 50 % im Spot-Monat und in den anderen Monaten fest, wenn
a) die durchschnittliche Anzahl der Marktteilnehmer, die im Zeitraum vor der Festlegung des Positionslimits eine Position in dem Warenderivat halten, weniger als 10 beträgt oder
b) die Anzahl der Wertpapierfirmen, die zum Zeitpunkt der Festlegung oder Überprüfung des Positionslimits als Market-Maker im Sinne von Artikel 4 Absatz 1 Nummer 7 der Richtlinie 2014/65/EU für das Warenderivat tätig sind, weniger als 3 beträgt.

Für die Zwecke von Unterabsatz 1 können die zuständigen Behörden unterschiedliche Positionslimits für verschiedene Zeitpunkte innerhalb des Spot-Monats, innerhalb der anderen Monate oder innerhalb aller Monate festlegen.

Art. 20 Merkmale des zugrunde liegenden Warenmarkts
(Artikel 57 Absatz 3 Buchstabe f der Richtlinie 2014/65/EU)
(1) Die zuständigen Behörden berücksichtigen, wie sich die Merkmale des zugrunde liegenden Warenmarkts auf die Funktionsweise des Warenderivats und den Handel damit und auf die Größe der von den Marktteilnehmern gehaltenen Positionen auswirkt, auch im Hinblick darauf, wie einfach und wie schnell die zugrunde liegende Ware für die Marktteilnehmer zugänglich ist.
(2) Bei der in Absatz 1 erwähnten Beurteilung des zugrunde liegenden Warenmarkts werden folgende Kriterien berücksichtigt:
a) das Vorliegen von Angebotsbeschränkungen für die Ware, einschließlich der Verderblichkeit der lieferbaren Ware;
b) die Transportmethode und die Lieferung der physischen Ware, einschließlich der Fragen,
   i) ob die Ware nur an spezifische Anlieferungsstellen geliefert werden kann;
   ii) inwieweit die Kapazität der spezifischen Anlieferungsstellen beschränkt ist;
c) die Struktur, Organisation und Funktionsweise des Markts, einschließlich der Saisonabhängigkeit der Märkte für Rohstoffe und landwirtschaftliche Grunderzeugnisse, deren physische Angebotsmenge im Laufe des Kalenderjahres schwankt;
d) die Zusammensetzung und Rolle der Marktteilnehmer des zugrunde liegenden Warenmarkts, einschließlich der Anzahl der Anbieter spezieller Dienstleistungen wie Risikomanagement, Lieferung, Lagerung und Abrechnung, die das Funktionieren dieses Markts ermöglichen;
e) makroökonomische oder andere damit zusammenhängende Faktoren, die das Funktionieren des zugrunde liegenden Warenmarkts einschließlich Lieferung, Lagerung und Abrechnung der Ware beeinflussen;
f) die Merkmale, physikalischen Eigenschaften und Lebenszyklen der zugrunde liegenden Ware.

Schrifttum: S. bei § 54 WpHG.

I. Gegenstand und Zweck der Regelung 1	IV. Ausnahme für bona fide hedging (§ 56 Abs. 3 WpHG) 11
II. Berechnung der von einer Person gehaltenen Positionen (§ 56 Abs. 1 WpHG) 3	1. Voraussetzungen der Ausnahme 13
III. Geltung der Positionslimits für OTC-Kontrakte (§ 56 Abs. 2 WpHG) 8	2. Antragsverfahren 18

I. Gegenstand und Zweck der Regelung. § 56 WpHG regelt im Unterschied zu §§ 54, 55 WpHG nicht das Verfahren zur behördlichen Festlegung der Positionslimits für Warenderivate, sondern die **Anwendung von festgelegten Positionslimits auf die Positionsinhaber**. § 56 Abs. 1 WpHG macht i.V.m. Art. 3 und 4 DelVO 2017/591 Vorgaben, wie sich die individuell von einer Person gehaltene Position in einem Warenderivat errechnet (**Aggregierung**). Hierbei ist zu entscheiden, wem Positionen zugerechnet werden, die vom unmittelbaren Positionsinhaber für eine andere Person gehalten werden. Zudem werden die Voraussetzungen eines Nettings von *long* und *short* gehaltenen Positionen in demselben Warenderivat normiert (Rz. 3 ff.). **§ 56 Abs. 2 WpHG** legt i.V.m. Art. 6 DelVO 2017/591 fest, dass die für die an Handelsplätzen gehandelten Warenderivate festgelegten Positionslimits auch für **wirtschaftlich gleichwertige OTC-Kontrakte** gelten und in der Folge derartige Positionen ebenfalls in die Berechnung der gehaltenen Positionen einzustellen sind (Rz. 8 ff.). **§ 56 Abs. 3 WpHG** nimmt i.V.m. Art. 7 und 8 DelVO 2017/591 Positionen, die von einer nichtfinanziellen Partei zu Absicherungszwecken gehalten werden, auf deren Antrag von der Geltung der Positionslimits aus. Hierdurch wird eine **Privilegierung für das bona fide hedging** geschaffen (Rz. 11 ff.).

§ 56 WpHG dient der **Umsetzung** von Teilen von **Art. 57 Abs. 1 und Abs. 4 RL 2014/65/EU (MiFID II)**[1]. Die unionsrechtlichen Vorgaben sollen einerseits den Marktteilnehmern **Klarheit** verschaffen, ob und wie die von ihnen gehaltenen Positionen im Hinblick auf ein geltendes Positionslimit zu berechnen sind[2]. Vor allem aber dienen die Berechnungs- und Anwendungsvorgaben der **Verhinderung von Regulierungsarbitrage**. So soll durch die Aggregierung von Positionen und die Einbeziehung von OTC-Kontrakten in die gehaltenen Positionen eine Marktkonzentration bei einem Positionsinhaber verhindert werden, die durch die Verteilung von Positionen auf verschiedene Handelsteilnehmer[3] oder durch die Verwendung faktisch identischer Warenderivatkontrakte oder von OTC-Kontrakten[4] droht. Zugleich müssen aber die Bestimmungen ausschließen, dass Positionen in einem Warenderivat mit Positionen in einem anderen Kontrakt saldiert werden, die nicht gegenläufig sind[5]. Auch die Freistellung des *bona fide hedging* darf nur die tatsächlich risikomindernden Geschäfte erfassen und nicht das Handeln zu spekulativen Zwecken privilegieren[6].

---
1 Richtlinie 2014/65/EU des Europäischen Parlaments und des Rates vom 15.5.2014 über Märkte für Finanzinstrumente sowie zur Änderung der Richtlinien 2002/92/EG und 2011/61/EU, ABl. EU Nr. L 173 v. 12.6.2014, S. 349.
2 Erwägungsgrund 128 RL 2014/65/EU.
3 IOSCO, Principles for the Regulation and Supervision of Commodity Derivatives Markets, September 2011, FRO7/11, Chapter 4 und 5, S. 37, 43.
4 Erwägungsgrund 131 RL 2014/65/EU; Erwägungsgrund 6 DelVO 2017/591.
5 Erwägungsgrund 5 f. DelVO 2017/591.
6 Erwägungsgrund 8 DelVO 2017/591.

3　**II. Berechnung der von einer Person gehaltenen Positionen (§ 56 Abs. 1 WpHG).** Gemäß § 56 Abs. 1 Satz 1 WpHG werden bei der Anwendung der behördlich festgelegten Positionslimits alle Positionen berücksichtigt, die von einer Person selbst oder aggregiert auf Gruppenebene gehalten werden. Zu Einzelheiten der Berechnung verweist § 56 Abs. 1 Satz 2 WpHG auf Art. 3, 4 und 9 bis 20 DelVO 2017/591. Berechnungsvorgaben sind neben **Art. 3 und 4 DelVO 2017/591** auch dem in § 56 Abs. 1 Satz 2 WpHG nicht genannten **Art. 5 DelVO 2017/591** zu entnehmen, der aber jedenfalls von Art. 3 Abs. 1 DelVO 2017/591 in Bezug genommen wird (Abdruck bei § 55 WpHG). Der **Verweis auf Art. 9 bis 20 DelVO 2017/591** ist jedoch im Rahmen des Regelungsgegenstands des § 56 WpHG **fehlplatziert**. Denn diese Bestimmungen sind allein maßgeblich für die behördliche Festlegung eines Positionslimits, nicht hingegen für die individuelle Anwendung eines bereits festgelegten Limits, die Gegenstand von § 56 WpHG ist (§ 54 WpHG Rz. 15)[1].

4　Ob ein Positionsinhaber das für ein Warenderivat geltende Positionslimit erreicht oder überschritten hat, bestimmt sich nach Art. 57 Abs. 1 RL 2014/65/EU i.V.m. Art. 3 Abs. 1 DelVO 2017/591 nach der von ihm gehaltenen **Nettoposition**. Diese errechnet sich durch Aggregierung der Position in dem maßgeblichen Warenderivat, der Position in demselben Warenderivat i.S.v. Art. 5 Abs. 1 DelVO 2017/591 (Rz. 7) und der Positionen in wirtschaftlich gleichwertigen OTC-Kontrakten (Rz. 8 ff.). Werden in den jeweiligen Kontrakten sowohl Kauf- als auch Verkaufspositionen enthalten, so werden diese gem. Art. 3 Abs. 2 DelVO 2017/591 saldiert (**Netting**)[2], wobei die Saldierung für Positionen im Spot-Monat und in anderen Monaten nach Art. 3 Abs. 4 DelVO 2017/591 getrennt erfolgen muss. Dies erklärt sich vor dem Hintergrund, dass für Kontrakte im Spot-Monat und in den anderen Monaten regelmäßig unterschiedliche Positionslimits gelten (§ 54 WpHG Rz. 16). Für die Anwendung des Positionslimits ist es unerheblich, ob der Inhaber eine Position nach der vorgenommenen Saldierung *long* oder *short* hält[3]. Ausgenommen von der Saldierung sind gem. Art. 3 Abs. 3 DelVO 2017/591 Positionen, die nach § 56 Abs. 3 WpHG von der BaFin bereits als Positionen zu Absicherungszwecken von der Anwendung der Positionslimits freigestellt wurden. Hierdurch soll eine doppelte Privilegierung von Hedge-Positionen verhindert werden[4].

5　Positionsinhaber können natürliche und juristische Personen sowie Personenvereinigungen sein. Für die Berechnung der Einhaltung des jeweils geltenden Positionslimits ist entscheidend, wie Positionen **einer Person** als Positionsinhaber **zugerechnet** werden. Hierbei sind zunächst die bei einem Clearing-Mitglied gesammelten Positionen zu disaggregieren[5]. Des Weiteren ist zu berücksichtigen, dass der Teilnehmer an einem Handelsplatz Positionen in einem Warenderivat nicht notwendig im eigenen Namen auf eigene Rechnung hält, sondern für einen Kunden tätig wird, weshalb § 57 WpHG ein entsprechend ausdifferenziertes Meldewesen bis zum Endkunden vorsieht. Dabei ist der Endkunde i.S.v. § 57 Abs. 1 WpHG der erste nichtfinanzielle Kunde in der Meldekette (§ 57 WpHG Rz. 6). Aus den Vorgaben für die Positionsmeldungen nach § 57 WpHG lässt sich schließen, dass die Positionen allein derjenigen Person zuzurechnen sind, die tatsächlich **wirtschaftlicher Eigentümer** (*beneficial ownership*) der Position ist[6].

6　Besondere Vorgaben gelten für **juristische Personen als Positionsinhaber**. Nach § 56 Abs. 1 Satz 1 WpHG und Art. 4 Abs. 1 DelVO 2017/591 werden im Verhältnis zwischen **Mutter- und Tochterunternehmen** der Mutter nicht nur die von ihr selbst gehaltenen Positionen zugerechnet, sondern im Wege der Aggregierung auch die Nettopositionen aller Tochterunternehmen. Allerdings soll eine Zurechnung der Positionen zum Mutterunternehmen nur gerechtfertigt sein, wenn das Mutterunternehmen über die Verwendung der Positionen entscheiden kann[7]. Da jeweils die Töchter und die Mutter ihre Positionen saldieren, werden u.U. auf der Mutterebene geringere Positionen gehalten als auf der Ebene der einzelnen Töchter. Eine Aggregierung auf der Ebene des Mutterunternehmens wird nach Art. 4 Abs. 2 DelVO 2017/591 im Fall eines Organismus für gemeinsame Anlagen (**OGAW**) nicht vorgenommen, wenn das Mutterunternehmen keinen Einfluss auf die Anlageentscheidungen betreffend das Halten, Eröffnen oder Schließen von Positionen in Warenderivaten hat. Hierfür sind die rechtlichen Beziehungen zwischen Mutterunternehmen und OGAW bzw. dessen Verwaltungs-

---

1　Entsprechend sah sich die BaFin bei der Begründung der Festlegung aller am 3.1.2018 und am 6.2.2018 bekannt gemachten Positionslimits veranlasst, auf § 56 Abs. 1 Satz 2 WpHG Bezug zu nehmen, Gz. WA 12-Wp 7410-2017/0002 bis Gz. WA 12-Wp 7410-2017/0009, Gz. WA 12-Wp 7410-2018/0001 bis Gz. WA 12-Wp 7410/2018/0003.
2　Bei einem Optionskontrakt soll die Position auf der Grundlage des Delta-Äquivalents berechnet werden, Erwägungsgrund 3 DelVO 2017/591; s. auch ESMA, Questions and Answers on MiFID II and MiFIR commodity derivative topics, Stand 27.3.2018, Part 2 Question 9 (ESMA70-872942901-36).
3　ESMA, Questions and Answers on MiFID II and MiFIR commodity derivative topics, Stand 27.3.2018, Part 2 Question 6.
4　ESMA, Questions and Answers on MiFID II and MiFIR commodity derivative topics, Stand 27.3.2018, Part 2 Question 11; krit. dazu Stellungnahme des Deutschen Aktieninstituts bei der Anhörung des Finanzausschusses zum 2. FiMaNoG, Ausschussprotokoll der 102. Sitzung v. 8.3.2017, Anlage 6, S. 103.
5　ESMA, Questions and Answers on MiFID II and MiFIR commodity derivative topics, Stand 27.3.2018, Part 2 Question 8.
6　Erwägungsgrund 4 DelVO 2017/591; ESMA, Questions and Answers on MiFID II and MiFIR commodity derivative topics, Stand 27.3.2018, Part 4 Question 1; IOSCO, Principles for the Regulation and Supervision of Commodity Derivatives Markets, September 2011, FRO7/11, Chapter 4, S. 32, 34, 43; s. auch die Hinweise der BaFin auf https://www.bafin.de/DE/Aufsicht/BoersenMaerkte/Positionslimits.
7　Erwägungsgrund 4 DelVO 2017/591.

gesellschaft maßgeblich. Im Zweifelsfall ist die Muttergesellschaft darlegungspflichtig für das Fehlen einer Einflussnahmemöglichkeit[1].

In die Berechnung der individuell gehaltenen Position sind gem. Art. 3 Abs. 1 DelVO 2017/591 **gegenständlich** solche Positionen einzubeziehen, die der Positionsinhaber in einem anderen Warenderivatkontrakt hält, der i.S.v. Art. 5 Abs. 1 DelVO 2017/591 als **dasselbe Warenderivat** gilt. Zwar ist Art. 5 DelVO 2017/591 zur Konkretisierung der Vorgaben von Art. 57 Abs. 6 RL 2014/65/EU geschaffen worden, der die Bestimmung der zentral zuständigen Behörde von an Handelsplätzen in mehreren Mitgliedstaaten gehandelten Warenderivaten regelt. Hieraus ist aber nicht zu schließen, dass die Kriterien zur Annahme desselben Warenderivats nur bei einem grenzüberschreitenden Handel zu berücksichtigen sind. Die doppelte Zielrichtung des Art. 5 DelVO 2017/591 – Verhinderung der Umgehung der Positionslimits durch Konzeption geringfügig unterschiedlicher Kontrakte einerseits, Ausschluss eines Nettings bei tatsächlich unterschiedlichen Warenderivatkontrakten andererseits (§ 55 WpHG Rz. 2 f.) – beansprucht auch Geltung, wenn **dasselbe Warenderivat** i.S.v. Art. 5 DelVO 2017/591 **nur an innerstaatlichen Handelsplätzen** gehandelt wird. Dies folgt auch aus Art. 3 Abs. 1 DelVO 2017/591, der nur Art. 5 Abs. 1 DelVO 2017/591, nicht aber die für die Bestimmung der zentral zuständigen Behörde maßgeblichen Folgeabsätze in Bezug nimmt. 7

III. Geltung der Positionslimits für OTC-Kontrakte (§ 56 Abs. 2 WpHG). Gemäß § 56 Abs. 2 Satz 1 WpHG gelten die festgelegten Positionslimits auch für **OTC-Kontrakte**, die mit an Handelsplätzen gehandelten Warenderivaten wirtschaftlich gleichwertig sind. Die Positionen in diesen Kontrakten sind nach Art. 3 Abs. 1 DelVO 2017/591 in die **Aggregierung der Positionen** zu der maßgeblichen Nettoposition einzubeziehen. Mit der Berücksichtigung gleichwertiger OTC-Kontrakte wird vergleichbar der Einbeziehung anderer Derivatkontrakte als dasselbe Warenderivat i.S.v. Art. 5 Abs. 1 DelVO 2017/591 (Rz. 7) eine **zweifache Zielrichtung** verfolgt: Zum einen soll die Umgehung von Positionslimits durch das Ausweichen von Handelsteilnehmern auf over the counter-Geschäfte verhindert werden[2], zum anderen muss – als Folgeproblem – durch eine enge und präzise Definition der wirtschaftlichen Gleichwertigkeit verhindert werden, dass durch die Saldierung von Positionen in OTC-Kontrakten mit an Handelsplätzen gehaltenen Positionen marktbeherrschende Positionen aufgebaut werden können[3]. 8

In die Aggregierung der Positionen gehen solche OTC-Derivate ein, die **am selben Ort** gehandelt werden[4]. Warenderivate, die an einer Handelsplattform eines Drittstaates gehandelt werden, gelten nicht als OTC-Kontrakte, wenn dieser Handelsplatz einem regulierten Handelsplatz i.S.d. MiFID II entspricht, der angemessen beaufsichtigt wird[5]. 9

Eine **wirtschaftliche Gleichwertigkeit** ist nach § 56 Abs. 2 Satz 2 WpHG i.V.m. **Art. 6 DelVO 2017/591** anzunehmen, wenn das OTC-Derivat identischen vertraglichen Bestimmungen und Vertragsbedingungen wie das an Handelsplätzen gehandelte Warenderivat unterliegt. In Auseinandersetzung mit dem Entwurf der ESMA maß die Kommission dem Gesichtspunkt der Verhinderung der Umgehung von Positionslimits jedoch größeres Gewicht zu[6]. Danach sind nicht nur abweichende vertragliche Vorkehrungen für Nachhandelsrisiken für die Annahme einer wirtschaftlichen Gleichwertigkeit unschädlich; vielmehr stellen auch abweichende Spezifikationen für die Größe handelbarer Einheiten[7] und um weniger als einen Kalendertag abweichende Fälligkeitstermine die wirtschaftliche Gleichwertigkeit eines OTC-Derivats mit einem an einem Handelsplatz gehandelten Warenderivat nicht in Frage. 10

IV. Ausnahme für bona fide hedging (§ 56 Abs. 3 WpHG). In Umsetzung von Art. 57 Abs. 1 Unterabs. 2 RL 2014/65/EU gelten nach § 56 Abs. 3 Satz 1 WpHG die behördlich festgelegten Positionslimits nicht für solche Positionen, die von einer oder für eine nichtfinanzielle Partei gehalten werden und für die von der BaFin oder von einer zentral zuständigen Behörde i.S.v. § 55 Abs. 3 WpHG, Art. 57 Abs. 6 RL 2014/65/EU auf Antrag festgestellt worden ist, dass sie die Risiken, die mit der Geschäftstätigkeit der nichtfinanziellen Stelle verbunden sind, objektiv messbar verringern. Der Begriff der nichtfinanziellen Partei und der von der Befreiungsmöglichkeit erfassten Positionen werden ebenso wie das Antragsverfahren nach § 56 Abs. 3 Satz 2 WpHG i.V.m. Art. 7 und 8 DelVO 2017/591 konkretisiert. Durch die Freistellung von den Positionslimits soll das sog. **bona fide hedging** privilegiert werden. Die Ermöglichung der Absicherung ihrer physischen Warenpositionen für Roh- 11

---

1 ESMA, Questions and Answers on MiFID II and MiFIR commodity derivative topics, Stand 27.3.2018, Part 4 Question 6.
2 Zurückweisungsschreiben der Kommission vom 14.3.2016 (FISMA C3/TL/alf(2016)2368644) betr. den ursprünglichen ESMA-Entwurf von Art. 6 DelVO 2017/591.
3 Erwägungsgrund 6 DelVO 2017/591; s. auch Art. 57 Abs. 12 lit. e RL 2014/65/EU.
4 Erwägungsgrund 6 DelVO 2017/591.
5 ESMA, Opinion, Determining third-country trading venues for the purpose of position limits under MiFID II v. 15.12. 2017 (ESMA70-154-466) Nr. 14: bis zum Abschluss einer Überprüfung der Gleichwertigkeit von Drittlandshandelsplätzen ist davon auszugehen, dass die an Drittlandshandelsplätzen gehandelten Warenderivate keine OTC-Kontrakte sind.
6 Zurückweisungsschreiben der Kommission vom 14.3.2016 (FISMA C3/TL/alf(2016)2368644) betr. den ursprünglichen ESMA-Entwurf von Art. 6 DelVO 2017/591.
7 Zu Berechnung der Position bei abweichenden Handelsgrößen s. ESMA, Questions and Answers on MiFID II and MiFIR commodity derivative topics, Stand 27.3.2018, Part 2 Question 3.

§ 56 | Positionslimits und Positionsmanagementkontrollen

stoffproduzenten, -händler und -verwerter, die zu kommerziellen und nicht spekulativen Zwecken handeln, gilt als **anerkannte Funktion der Warenderivatemärkte**[1].

12 Eine **Hedgeausnahme** ist **nur** dann erforderlich oder **sinnvoll**, wenn sich der Antragsteller mit seinen gehaltenen Positionen in einem bestimmten Warenderivat bereits in der Nähe des für das Warenderivat festgelegten Positionslimits bewegt[2]. Werden regelmäßig geringere Positionen gehalten, so ist aus der Sicht des Unternehmens eine Befreiung eher schädlich. Denn die Genehmigung einer Ausnahme hat nach Art. 3 Abs. 3 DelVO 2017/591 zur Konsequenz, dass der Positionsinhaber insoweit an einer Saldierung seiner Positionen gehindert ist (Rz. 4).

13 **1. Voraussetzungen der Ausnahme.** Eine Ausnahme von der Geltung der Positionslimits kann nur für Positionen beansprucht werden, die von oder für eine **nichtfinanzielle Partei** gehalten werden. Nach der Definition in **Art. 2 Abs. 1 DelVO 2017/591** ist eine nichtfinanzielle Stelle eine natürliche oder juristische Person, bei der es sich nicht um eine zugelassene Wertpapierfirma, ein zugelassenes Kreditinstitut, ein zugelassenes Versicherungs- oder Rückversicherungsunternehmen, ein zugelassenes OGAW und dessen Verwaltungsgesellschaft, eine Einrichtung der betrieblichen Altersvorsorge, einen Alternativen Investmentfonds (AIF), eine zugelassene zentrale Gegenpartei (CCP) oder einen zugelassenen Zentralverwahrer handelt. Diese Begriffsfassung entspricht weitgehend derjenigen, die für die Regulierung des Derivatehandels nach der VO Nr. 648/2012 (EMIR)[3] maßgeblich ist.

14 Wegen der allein formalen Begriffsfassung können **Wertpapierdienstleistungsunternehmen** für von ihnen gehaltene Positionen auch dann nicht in den Genuss einer Freistellung kommen, wenn sie zu (legitimen) Absicherungszwecken handeln. Jedoch nimmt **§ 3 Abs. 1 Nr. 8 WpHG** in Umsetzung von Art. 2 Abs. 1 lit. j RL 2014/65/EU unter den dort genannten Voraussetzungen solche Unternehmen vom Begriff des Wertpapierdienstleistungsunternehmens aus, die bezüglich Warenderivaten ihre Wertpapierdienstleistungen nur als Nebentätigkeit betreiben und deren Haupttätigkeit weder in der Erbringung von Wertpapierdienstleistungen noch in der Erbringung von Bankgeschäften besteht. Falls die in der DelVO 2017/592[4] konkretisierten Vorgaben erfüllt sind und das Unternehmen auch nicht eine andere Tätigkeit aus dem Negativkatalog des Art. 2 Abs. 1 DelVO 2017/591 ausübt, kann es als nichtfinanzielle Partei qualifiziert werden.

15 Gegenständlich besteht nach **Art. 7 Abs. 1 DelVO 2017/591** eine Befreiungsmöglichkeit für Positionen, die in einem an einem Handelsplatz gehandelten Warenderivat oder in einem wirtschaftlich gleichwertigen OTC-Derivat gehalten werden, soweit die Positionen direkt mit der wirtschaftlichen Tätigkeit der nichtfinanziellen Partei verbundene Risiken verringern. Es muss also ein **unmittelbarer Sachzusammenhang** der gehaltenen Positionen mit der kommerziellen Tätigkeit bestehen. Eine **objektiv messbare Risikoverringerung** i.S.v. § 56 Abs. 3 WpHG ist nach **Art. 7 Abs. 1 lit. a DelVO 2017/591** anzunehmen, wenn die Position Risiken im Hinblick auf eine Änderung des Werts der Güter, Dienstleistungen oder Verbindlichkeiten verringert, die das Unternehmen oder seine Gruppe gegenwärtig besitzt, herstellt, verarbeitet, bereitstellt, erwirbt, vermarktet, vermietet, verkauft oder eingeht oder die das Unternehmen künftig zu besitzen, herzustellen etc. vernünftigerweise erwartet. **Alternativ** ist nach **Art. 7 Abs. 1 lit. b DelVO 2017/591** von einer Risikoverringerung auszugehen, wenn das Halten der Position als Absicherungsgeschäft i.S.d. Internationalen Rechnungsstandards (IFRS) gilt[5], die durch Art. 3 VO Nr. 1606/2002 rezipiert wurden[6]. Nicht erforderlich ist hingegen, dass die nichtfinanzielle Partei die IFRS-Standards auf Unternehmensebene anwendet[7]. Art. 7 Abs. 1 lit. a und b DelVO 2017/591 entsprechen weitgehend den Voraussetzungen, die nach den konkretisierenden Vorgaben zu **Art. 10 Abs. 3 VO Nr. 648/2012** für die Bestimmung der Clearingschwelle für nichtfinanzielle Gegenparteien gelten[8].

---

1 IOSCO, Principles for the Regulation and Supervision of Commodity Derivatives Markets, September 2011, FR07/11, Chapter 1, S. 11; zur Rechtslage in den Vereinigten Staaten s. 17 CFR § 1.3 (z), § 151.5; zur Entwicklung CFTC, 78 FR 75680, 75702 ff.; krit. zur Privilegierung des bona fide hedgings *Chadwick*, Int. and Comp. Law Quarterly 6 (2017), 625, 649 ff.; s. auch *Küblböck/Staritz*, ÖFSE Working Paper 45/2013, S. 14 f.
2 ESMA, Questions and Answers on MiFID II and MiFIR commodity derivative topics, Stand 27.3.2018, Part 2 Question 14.
3 Art. 2 Abs. 9 der Verordnung (EU) Nr. 648/2012 des Europäischen Parlaments und des Rates vom 4.7.2012 über OTC-Derivate, zentrale Gegenparteien und Transaktionsregister, ABl. EU Nr. L 201 v. 27.7.2012, S. 1.
4 Delegierte Verordnung (EU) 2017/592 der Kommission vom 1.12.2016 zur Ergänzung der Richtlinie 2014/65/EU des Europäischen Parlaments und des Rates durch technische Regulierungsstandards zur Festlegung der Kriterien, nach denen eine Tätigkeit als Nebentätigkeit zur Haupttätigkeit gilt, ABl. EU 2017, Nr. L 87 v. 31.3.2017, S. 492; s. auch ESMA, Questions and Answers on MiFID II and MiFIR commodity derivative topics, Stand 15.12.2017, Teil 3.
5 Maßgeblich ist IFRS 9 – Financial Instruments, veröffentlicht vom IASB am 24.7.2014, https://www.ifrs.org/issued-standards/list-of-standards/ifrs-9-financial-instruments.
6 Verordnung (EG) Nr. 1606/2002 des Europäischen Parlaments und des Rates vom 19.7.2002 betreffend die Anwendung internationaler Rechnungslegungsstandards, ABl. EG Nr. L 243 v. 11.9.2002, S. 1.
7 Erwägungsgrund 7 DelVO 2017/591.
8 Art. 10 lit. a und c der *Delegierte Verordnung (EU) Nr. 149/2013* der Kommission vom 19.12.2012 zur Ergänzung der Verordnung (EU) Nr. 648/2012 im Hinblick auf technische Regulierungsstandards für indirekte Clearingvereinbarungen, die Clearingpflicht, das öffentliche Register, der Zugang zu einem Handelsplatz, nichtfinanzielle Gegenparteien und Risikominderungstechniken für nicht durch ein CCP geclearte Derivatkontrakte, ABl. EU Nr. L 52 v. 23.2.2013,

Gemäß **Art. 7 Abs. 2 DelVO 2017/591** können auch Positionen, die **in Verbindung mit anderen Derivaten** 16
gehalten werden, als risikomindernd angesehen werden. Hierdurch soll es Produzenten und Händlern von Rohstoffen ermöglicht werden, ohne Bindung an für einzelne Warenderivate geltende Positionslimits Gesamtrisiken, die aus unterschiedlichen geografischen Märkten, Produkten oder Zeithorizonten resultieren, im Wege eines **Makro- oder Portfolio-Hedgings** durch eine gesamthafte Risikostrategie zu steuern. Zudem sollen sie in die Lage versetzt werden, bei einem z.B. mangels Liquidität fehlenden passgenauen Absicherungsgeschäfts durch Rückgriff auf ein nicht gänzlich gleichwertiges Warenderivat ihr Absicherungsziel zu erreichen (**Proxy-Hedging**)[1]. Beide Privilegierungen sind im Hinblick auf Art. 57 Abs. 1 Satz 2 und Abs. 12 Unterabs. 1 lit. a RL 2014/65/EU skeptisch zu beurteilen, die nur eine Privilegierung solcher Positionen gestatten, die „direkt" zur Risikominderung beitragen[2]. In der Sache muss verhindert werden, dass auch Positionen privilegiert werden, mit denen kein Absicherungszweck verfolgt wird – dies vor dem Hintergrund, dass globale Rohstoffhändler neben Absicherungsgeschäften vielfach auch Eigenhandel mit Warenderivaten treiben[3].

Nach **Art. 7 Abs. 2 lit. a DelVO 2017/591** gilt eine Position allein oder in Verbindung mit anderen Derivaten 17
als risikomindernd, wenn die nichtfinanzielle Partei bzw. die für diese Stelle handelnde Person in ihren internen Grundsätzen (*policies*) ihre **Risikominderungsstrategie** beschreibt und damit **schriftlich niederlegt**[4]. Erforderlich ist eine Dokumentation der Arten der Warenderivatkontrakte in den Portfolios, die der Risikominderung dienen unter Einschluss der Regeln für ihren Einsatz, des Zusammenhangs zwischen dem Portfolio und den dadurch verringerten Risiken und der Vorkehrungen, die den alleinigen Gebrauch der Positionen zu Absicherungszwecken sicherstellen sollen und zugleich andere, spekulativen Zwecken dienende Positionen identifizieren. Zudem muss nach **Art. 7 Abs. 2 lit. b DelVO 2017/591** die nichtfinanzielle Partei bzw. die für sie handelnde Person die Portfolios betreffend die Warenderivatkategorie, den Basiswert, den Zeithorizont und andere Faktoren **hinreichend disaggregiert** beschreiben können. Gefordert ist damit eine **Aufschlüsselung** des Portfolios, da die Befreiungsmöglichkeit für Positionen nicht an der Zugehörigkeit zu einem insgesamt risikomindernden Portfolio anknüpft, sondern an die objektive Risikominderung durch die fragliche Position selbst[5].

2. Antragsverfahren. Eine Befreiung von der Geltung der Positionslimits kann nach § 56 Abs. 3 WpHG i.V.m. 18
Art. 8 DelVO 2017/591 nur auf Antrag erteilt werden. **Antragsteller** ist die nichtfinanzielle Partei. Dies gilt nach dem Wortlaut von Art. 8 Abs. 1 DelVO 2017/591 auch in den Fällen, in denen eine andere Person für die nichtfinanzielle Partei die von der Geltung des Positionslimits freizustellenden Positionen hält. Die **Bundesanstalt** ist nur insoweit **entscheidungsbefugte Behörde**, als dieser Antrag auf die Befreiung von Positionslimits gerichtet ist, die von ihr selbst festgelegt wurden. Hinsichtlich der von der Behörde eines anderen Mitgliedstaates als zentraler zuständiger Behörde mit Wirkung für deutsche Handelsplätze festgelegten Positionslimits (§ 55 WpHG Rz. 10) ist bei dieser Behörde eine Befreiung zu beantragen. Gem. § 56 Abs. 3 Satz 1 WpHG führt die Befreiung durch eine andere Behörde dazu, dass das Positionslimit für die nichtfinanzielle Partei auch in Deutschland nicht gilt.

Nach **Art. 8 Abs. 2 DelVO 2017/591** sind dem Antrag **Nachweise beizufügen**, dass die Position direkt mit der 19
wirtschaftlichen Tätigkeit der nichtfinanziellen Partei verbundene Risiken verringert. Die erforderlichen Angaben umfassen eine Beschreibung der Art und des Werts der wirtschaftlichen Tätigkeit des Unternehmens im Hinblick auf die Ware, die dem Warenderivat zugrunde liegt; eine Beschreibung von Art und Wert der insgesamt von dem Unternehmen in Bezug auf Warenderivate und wirtschaftlich gleichwertige OTC-Kontrakte entfalteten Aktivitäten; eine Beschreibung von Art und Umfang der warenbezogenen offenen Forderungen und Risiken, denen das Unternehmen aufgrund seiner kommerziellen Tätigkeit ausgesetzt oder künftig ausgesetzt sein könnte, und die durch den Einsatz von Warenderivaten verringert werden oder verringert werden könnten; und schließlich eine Erläuterung, wie das Unternehmen die mit seiner Tätigkeit verbundenen offenen Forderungen und Risiken tatsächlich durch die Verwendung von Warenderivaten direkt verringert. Die Bundesanstalt hält auf ihrer Webseite ein **Formular** für den Antrag vor. In diesem ist neben den nach Art. 8 Abs. 2 DelVO erforderlichen Angaben vorgesehen, dass der Antragsteller das Vorliegen der **materiellen Voraussetzungen** nach Art. 7 DelVO 2017/591 **bestätigt**.

S. 11; s. auch ESMA, Q&A, Implementation of the Regulation (EU) No 648/2012 on OTC derivatives, central counterparties and trade repositories, Stand 5.2.2018, Part 1 Question 10 (ESMA70-1861941480-52).

1 Erwägungsgrund 8 DelVO 2017/591; dies geht über den geltenden IFRS-Standard hinaus, s. ESMA, Q&A, Implementation of the Regulation (EU) No 648/2012 on OTC derivatives, central counterparties and trade repositories, Stand 5.2. 2018, Part 1 Question 10.
2 *Henn*, Die Umsetzung der Positionslimits aus der EU-Richtlinie über Märkte für Finanzinstrumente (MiFID II) – aktueller Stand, 2017, S. 8.
3 *Chadwick*, Int. & Comp. Law Quarterly 6 (2017), 625, 645 mit dem Hinweis auf die global tätigen Agrarunternehmen Cargill, Bunge und ADM.
4 Ein weiteres Indiz ist, dass die internen Strategien extern geprüft werden, ESMA, Q&A, Implementation of the Regulation (EU) No 648/2012 on OTC derivatives, central counterparties and trade repositories, Stand 5.2.2018, Part 1 Question 10.
5 Erwägungsgrund 8 DelVO 2017/591.

20 Nach Art. 8 Abs. 3 DelVO 2017/591 hat die Bundesanstalt binnen 21 Kalendertagen nach Zugang des Antrags über die Befreiung zu entscheiden. Die Genehmigung oder Versagung einer beantragten Ausnahme ergeht in der Form eines **Verwaltungsakts**. Bei Vorliegen der Voraussetzungen des Art. 7 DelVO 2017/591 hat der Antragsteller einen **Anspruch auf Genehmigung**. Gegen die Versagung kann er sich mit Widerspruch und Verpflichtungsklage wehren.

21 Die nichtfinanzielle Partei ist nach **Art. 8 Abs. 4 DelVO 2017/591** verpflichtet, **bedeutende Änderungen** von Art oder Wert ihrer Tätigkeit oder ihres Handels mit Warenderivaten der Bundesanstalt **mitzuteilen**. Nach der Vorschrift ist zudem vorgesehen, dass das Unternehmen bei bedeutenden Änderungen einen neuen Antrag auf Gewährung der Ausnahme einreicht, wenn sie diese weiterhin in Anspruch nehmen möchte. Eine derartige Notwendigkeit wäre allerdings nach deutschem Recht nur dann anzuerkennen, wenn die Genehmigung mit Eintritt einer bedeutenden Änderung auflösend bedingt i.S.v. § 36 Abs. 2 Nr. 2 VwVfG ihre Wirksamkeit verlöre. Hiervon ist schon wegen der damit verbundenen rechtlichen Unsicherheit nicht auszugehen. Vielmehr kann die BaFin ggf. bei Mitteilung einer bedeutenden Änderung durch das Unternehmen die **Ausnahmegenehmigung** nach § 49 Abs. 2 Satz 1 Nr. 3 VwVfG **widerrufen**. Ein Widerruf kann ggf. auch ergehen, wenn das Unternehmen seiner Pflicht zur Mitteilung von bedeutenden Änderungen nicht nachkommt. Es empfiehlt sich, die Mitteilungspflicht durch eine **Auflage** i.S.v. § 36 Abs. 2 Nr. 4 VwVfG zu sichern.

§ 57 Positionsmeldungen; Verordnungsermächtigung

(1) Mitglieder und Teilnehmer von Handelsplätzen sind verpflichtet, dem jeweiligen Betreiber des Handelsplatzes einmal täglich die Einzelheiten ihrer eigenen Positionen in Warenderivaten, die an diesem Handelsplatz gehandelt werden, wie auch die Positionen ihrer Kunden und der Kunden dieser Kunden bis zum Endkunden zu melden. Kunden und deren Kunden bis zum Endkunden haben den zur Meldung verpflichteten Teilnehmern an Handelsplätzen die für die Meldung notwendigen Informationen zur Verfügung zu stellen.

(2) Der Betreiber eines Handelsplatzes, an dem Warenderivate, Emissionszertifikate oder Derivate davon gehandelt werden, muss wöchentlich eine Aufstellung der aggregierten Positionen in den verschiedenen an dem Handelsplatz gehandelten Warenderivaten oder Emissionszertifikaten oder Derivaten davon, die von Personenkategorien nach Satz 4 in diesen Finanzinstrumenten gehalten werden, veröffentlichen und der Bundesanstalt sowie der Europäischen Wertpapier- und Marktaufsichtsbehörde übermitteln. Die Aufstellung muss enthalten:

1. die Zahl der Kauf- und Verkaufspositionen, aufgeteilt nach den in den Sätzen 4 und 5 genannten Kategorien,
2. diesbezügliche Änderungen seit dem letzten Bericht,
3. den prozentualen Anteil der gesamten offenen Kontraktpositionen in jeder Kategorie sowie
4. die Anzahl der Positionsinhaber in jeder Kategorie.

Bei den Angaben nach Satz 2 sind jeweils Positionen getrennt darzustellen, die objektiv messbar die unmittelbar mit einer Geschäftstätigkeit in Zusammenhang stehenden Risiken verringern, und andere Positionen. Für die Zwecke des Satzes 1 hat der Betreiber des Handelsplatzes die Inhaber einer Position entsprechend ihrer Haupttätigkeit, für die sie zugelassen sind, einer der folgenden Kategorien zuzuordnen:

1. Wertpapierdienstleistungsunternehmen und Kreditinstitute,
2. Investmentvermögen im Sinne des § 1 Absatz 1 des Kapitalanlagegesetzbuchs,
3. sonstige Finanzinstitute, einschließlich Versicherungsunternehmen oder Rückversicherungsunternehmen im Sinne der Richtlinie 2009/138/EG und Einrichtungen der betrieblichen Altersvorsorge im Sinne der Richtlinie 2003/41/EG,
4. sonstige kommerzielle Unternehmen.

Im Falle eines Emissionszertifikats oder eines Derivats davon ist ergänzend zu Satz 4 eine weitere Kategorie für Betreiber mit der Verpflichtung zur Einhaltung der Anforderungen der Richtlinie 2003/87/EG bei Emissionszertifikaten oder Derivaten davon zu bilden. Die Pflicht nach Satz 1 gilt nur für Warenderivate, Emissionszertifikate und Derivate davon, bei denen die in Artikel 83 der Delegierten Verordnung (EU) 2017/565 festgelegten Mindestschwellen überschritten werden.

(3) Betreiber eines Handelsplatzes, an dem Warenderivate, Emissionszertifikate oder Derivate davon gehandelt werden, müssen der Bundesanstalt darüber hinaus einmal täglich eine vollständige Aufstellung der Positionen aller Mitglieder oder Teilnehmer an diesem Handelsplatz sowie deren Kunden in Warenderivaten, Emissionszertifikaten oder Derivaten davon übermitteln.

(4) Wertpapierdienstleistungsunternehmen, die außerhalb eines Handelsplatzes mit Warenderivaten, Emissionszertifikaten oder Derivaten davon handeln, die auch an einem Handelsplatz gehandelt werden, sind verpflichtet, der in Satz 2 genannten Behörde mindestens einmal täglich eine vollständige Aufstellung ihrer Positionen in diesen Finanzinstrumenten und in wirtschaftlich gleichwertigen OTC-Kontrakten sowie der entsprechenden Positionen ihrer Kunden und der Kunden dieser Kunden bis zum Endkunden gemäß Artikel 26 der Verordnung (EU) Nr. 600/2014 oder Artikel 8 der Verordnung (EU) Nr. 1227/2011 zu übermitteln. Die Aufstellung nach Satz 1 ist zu übermitteln

1. bei Warenderivaten, Emissionszertifikaten oder Derivaten davon, die in erheblichem Umfang nur an inländischen Handelsplätzen gehandelt werden, an die Bundesanstalt,
2. bei Warenderivaten, Emissionszertifikaten oder Derivaten davon, die in erheblichem Umfang nur vollständig oder teilweise an einem Handelsplatz in einem anderen Mitgliedstaat oder einem Vertragsstaat des Abkommens über den Europäischen Wirtschaftsraum gehandelt werden, an die zuständige Behörde der entsprechenden Handelsplätze und
3. bei Warenderivaten, Emissionszertifikaten oder Derivaten davon, die in erheblichem Volumen an Handelsplätzen in mehr als einem Mitgliedstaat oder Vertragsstaat des Abkommens über den Europäischen Wirtschaftsraum gehandelt werden, der entsprechenden zentralen zuständigen Behörde im Sinne des § 55.

Kunden und deren Kunden bis zum Endkunden haben den zur Übermittlung verpflichteten Wertpapierdienstleistungsunternehmen die für die Übermittlung notwendigen Informationen zur Verfügung zu stellen.

(5) Die Bundesanstalt kann in kritischen Marktsituationen verlangen, dass die Mitteilungen nach den Absätzen 1, 3 und 4 mehrfach innerhalb eines Tages erfolgen müssen.

(6) Das Bundesministerium der Finanzen kann durch Rechtsverordnung, die nicht der Zustimmung des Bundesrates bedarf,

1. nähere Bestimmungen über Inhalt, Art, Umfang, Form und Häufigkeit der Mitteilungen nach den Absätzen 1 und 3 bis 5 und über die zulässigen Datenträger und Übertragungswege erlassen sowie
2. vorschreiben, dass in den in den Absätzen, 1, 3 und 4 genannten Fällen über die dort genannten Angaben hinaus zusätzliche Angaben zu übermitteln sind, wenn die zusätzlichen Angaben auf Grund der besonderen Eigenschaften des Finanzinstruments, das Gegenstand der Mitteilung ist, oder der besonderen Bedingungen an dem Handelsplatz, an dem das Geschäft ausgeführt wurde, zur Überwachung der Positionslimits nach § 54 durch die Bundesanstalt erforderlich sind.

Das Bundesministerium der Finanzen kann die Ermächtigung durch Rechtsverordnung auf die Bundesanstalt übertragen.

In der Fassung des 2. FiMaNoG vom 23.6.2017 (BGBl. I 2017, 1693).

Schrifttum: S. bei § 54 WpHG.

I. Gegenstand und Zweck der Regelung 1	1. Wöchentliche Veröffentlichungen und Meldungen (§ 57 Abs. 2 WpHG) 11
II. Systematischer Zusammenhang 3	2. Tägliche Meldungen (§ 57 Abs. 3 WpHG) 16
III. Meldepflichten von Handelsteilnehmern (§ 57 Abs. 1 WpHG) 6	V. Meldepflichten von Wertpapierdienstleistungsunternehmen (§ 57 Abs. 4 WpHG) 18
IV. Melde- und Veröffentlichungspflichten der Betreiber von Handelsplätzen (§ 57 Abs. 2 und 3 WpHG) 11	VI. Untertägige Meldungen (§ 57 Abs. 5 WpHG) 24
	VII. Verordnungsermächtigung (§ 57 Abs. 6 WpHG) 25

I. Gegenstand und Zweck der Regelung. Die Meldepflichten nach § 57 WpHG ergänzen die Vorgaben zur Festlegung und Anwendung von Positionslimits für Warenderivate. **§ 57 Abs. 1 WpHG** verpflichtet die **Mitglieder und Teilnehmer von Handelsplätzen** zur täglichen Übermittlung ihrer Positionen in Warenderivaten und den Positionen ihrer Kunden bis zum Endkunden an den Betreiber des jeweiligen Handelsplatzes (Rz. 6 ff.). **§ 57 Abs. 2 und 3 WpHG** nehmen die **Handelsplatzbetreiber** selbst in die Pflicht. Sie müssen bei Überschreiten gewisser Meldeschwellen wöchentlich eine Aufstellung der aggregierten Positionen in Warenderivaten und Emissionszertifikaten veröffentlichen und sowohl der BaFin als auch der ESMA übermitteln, die insbesondere Aufschluss über die Art des Positionsinhabers und den Zweck der von ihnen gehaltenen Positionen gibt (Rz. 11 ff.), und zudem der Bundesanstalt eine tägliche Aufschlüsselung der Positionen aller Handelsplatzteilnehmer übermitteln (Rz. 16 f.). **§ 57 Abs. 4 WpHG** richtet sich an Wertpapierdienstleistungsunternehmen, die außerhalb eines Handelsplatzes mit Warenderivaten, Emissionszertifikaten und Derivaten davon handeln, die auch an einem Handelsplatz gehandelt werden. Sie sind verpflichtet, einmal täglich der jeweils

1

zuständigen Behörde sowohl ihre Positionen als auch diejenigen ihrer Kunden in wirtschaftlich gleichwertigen OTC-Kontrakten mitzuteilen (Rz. 18 ff.). **§ 57 Abs. 5 WpHG** gibt der BaFin die Befugnis, in kritischen Marktsituationen gegebenenfalls auch untertägige Meldungen zu verlangen (Rz. 24). **§ 57 Abs. 6 WpHG** ermächtigt das Bundesfinanzministerium und im Fall der Subdelegation die Bundesanstalt, im Verordnungsweg die Mitteilungspflichten nach den Abs. 1 und 3 bis 5 zu konkretisieren und vorzuschreiben, dass zusätzliche Angaben zu übermitteln sind, wenn dies zur Überwachung der Positionslimits erforderlich ist (Rz. 25).

2 § 57 WpHG dient der **Umsetzung** von **Art. 58 RL 2014/65/EU** (MiFID II)[1]. Die täglichen Meldepflichten der Handelsplatzteilnehmer und der Wertpapierdienstleistungsunternehmen nach § 57 Abs. 1 und 4 WpHG sollen die **Kontrolle und Anwendung** der nach §§ 54, 55 WpHG festgelegten **Positionslimits** ermöglichen[2]. Die Meldungen der Handelsteilnehmer nach § 57 Abs. 1 WpHG verschaffen überdies den Betreibern der Handelsplätze die Informationen, um ihrer Veröffentlichungs- und Meldepflicht gegenüber der BaFin und der ESMA nach § 57 Abs. 2 und 3 WpHG nachzukommen. Die wöchentliche Veröffentlichung der Berichte durch die Handelsplatzbetreiber soll für **Markttransparenz** sorgen. Der BaFin und der ESMA soll die Möglichkeit gegeben werden, durch regelmäßige Beobachtung des Aufbaus von Positionen an den Warenderivatemärkten einen Beitrag zur **Wahrung der Marktintegrität** zu leisten und die **Entstehung möglicher systemischer Risiken** zu identifizieren[3]. Soweit die Meldepflichten **Emissionszertifikate oder Derivate davon** betreffen, steht die Pflicht nicht im Dienste der Kontrolle von Positionslimits, da diese Finanzinstrumente nicht den Begriff des Warenderivats i.S.v. § 2 Abs. 36 WpHG i.V.m. Art. 2 Abs. 1 Nr. 30 VO Nr. 600/2014 (MiFIR)[4] erfüllen und Positionen in ihnen deshalb nicht Gegenstand der Festlegung von Positionslimits sind[5]. Ihre Einbeziehung verdankt sich der Beobachtung, dass an den Spot-Märkten für Emissionszertifikate zunehmend betrügerische Praktiken Einzug gehalten haben, die das Vertrauen in das unionsweite Emissionshandelssystem untergraben können. Die Melde- und Veröffentlichungspflichten stehen damit im Dienste der Marktintegrität[6].

3 **II. Systematischer Zusammenhang.** Sowohl Meldungen zu Emissionszertifikaten und Derivaten davon als auch solche zu Warenderivaten ergänzen die Meldepflichten nach **Art. 26 VO Nr. 600/2014 i.V.m. § 22 WpHG**. Dieses Reporting gilt für Finanzinstrumente unter den Voraussetzungen des Art. 26 Abs. 2 VO Nr. 600/2014 und damit auch für Warenderivate. Art. 26 VO Nr. 600/2014 enthält aber keine auf gehaltene (Netto-)Positionen zugeschnittene Meldeverpflichtung[7], sondern gebietet die Meldung von **Transaktionen** (Art. 26 VO Nr. 600/2014 Rz. 13 ff.). Hierzu gehört bei Geschäften mit Warenderivaten nach Art. 26 Abs. 3 Satz 3 VO Nr. 600/2014[8] auch die Angabe, ob mit einer Transaktion eine objektiv messbare Risikominderung gem. Art. 57 RL 2014/65/EU einhergeht. Die Meldepflichten nach Art. 26 VO Nr. 600/2014 gelten außerdem nur für Wertpapierdienstleistungsunternehmen gegenüber der Bundesanstalt. Sie haben damit einen anderen persönlichen Anwendungsbereich als die Meldepflichten nach § 57 Abs. 1 bis 3 WpHG, die entweder einen anderen Empfänger (§ 57 Abs. 1 WpHG) oder einen anderen Verpflichtungsadressaten haben (§ 57 Abs. 2 und 3 WpHG). Allein § 57 Abs. 4 WpHG steht in dieser Hinsicht in Idealkonkurrenz zu Art. 26 VO Nr. 600/2014, auf dessen Übermittlungsverfahren in Umsetzung von Art. 58 Abs. 2 RL 2014/65/EU ausdrücklich verwiesen wird (Rz. 23). Da Gegenstand der Meldung in einem Fall Transaktionen, im anderen jedoch Positionen sind, wird im Ergebnis der Grundsatz der Vermeidung von Doppelmeldungen gewahrt[9].

4 Die Meldepflichten von Gegenparteien und CCP über die Einzelheiten aller von ihnen geschlossenen **Derivatekontrakte** nach **Art. 9 VO Nr. 648/2012 (EMIR)**[10] erfassen nach Art. 2 Nr. 5 VO Nr. 648/2012 auch Waren-

---

1 Richtlinie 2014/65/EU des Europäischen Parlaments und des Rates vom 15.5.2014 über Märkte für Finanzinstrumente sowie zur Änderung der Richtlinien 2002/92/EG und 2011/61/EU, ABl. EU Nr. L 173 v. 12.6.2014, S. 349.
2 S. Wortlaut von Art. 58 Abs. 3 RL 2014/65/EU hinsichtlich des Zwecks von § 57 Abs. 1 WpHG.
3 IOSCO, Principles for the Regulation and Supervision of Commodity Derivatives Markets, September 2011, FRO7/11, Chapter 4, S. 29.
4 Verordnung (EU) Nr. 600/2014 des Europäischen Parlaments und des Rates vom 15.5.2014 über Märkte für Finanzinstrumente und zur Änderung der Verordnung (EU) Nr. 648/2012, ABl. EU Nr. L 173 v. 12.6.2014, S. 84.
5 Der von Art. 2 Abs. 1 Nr. 30 VO Nr. 600/2014 in Bezug genommene Art. 4 Abs. 1 Nr. 44 lit. c i.V.m. Anhang I Abschnitt C Nr. 5, 6, 7 und 10 RL 2014/65/EU erfasst Emissionszertifikate nicht, die in Nr. 11 als Finanzinstrument genannt werden.
6 Erwägungsgrund 11 RL 2014/65/EU.
7 Erwägungsgrund 11 Delegierte Verordnung (EU) 2017/590 der Kommission vom 28.7.2016 zur Ergänzung der Verordnung (EU) Nr. 600/2014 des Europäischen Parlaments und des Rates durch technische Regulierungsstandards für die Meldung von Geschäften an die zuständigen Behörden, ABl. EU L 87 v. 31.3.2017, S. 449 fordert zwar Meldungen zu Positionsänderungen, das Meldeformular weist hierfür aber keine gesonderten Einträge aus.
8 Die Vorschrift geht zurück auf einen Vorschlag des Europäischen Parlaments bei der 1. Lesung am 26.10.2014, P7_TA (2012) 0407.
9 Erwägungsgrund 35 VO Nr. 600/2014.
10 Verordnung (EU) Nr. 648/2012 des Europäischen Parlaments und des Rates vom 4.7.2012 über OTC-Derivate, zentrale Gegenparteien und Transaktionsregister v. 4.7.2012, ABl. EU Nr. L 201 v. 27.7.2012, S. 1; zu geplanten Erleichterungen der Meldungen als Ergebnis der EMIR-Evaluierung s. den Vorschlag der Kommission v. 4.5.2017, KOM (2017) 208 endg.

derivate, betreffen aber ebenfalls allein **Transaktionen** und nicht gehaltene Positionen in Warenderivaten. Sowohl für börsengehandelte als auch für OTC gehandelte Derivate sind genehmigte oder anerkannte **Transaktionsregister** Empfänger der Meldungen. Überschneidungen mit den Meldepflichten nach § 57 WpHG entstehen insoweit nicht.

Schließlich ergänzt § 57 WpHG das Meldewesen für Energiegroßhandelsprodukte nach **Art. 8 VO Nr. 1227/2001 (REMIT)**[1]. Als **Energiegroßhandelsprodukte** gelten nach Art. 2 Nr. 4 lit. b VO Nr. 1227/2011 auch Derivate, die Strom und Gas betreffen, und damit folglich Warenderivate unter den Voraussetzungen von Anhang I Abschnitt C Nr. 6 RL 2014/65/EU (§ 54 WpHG Rz. 8 f.). Die in Art. 8 VO Nr. 1227/2011 geregelten Meldepflichten der Marktteilnehmer sind ebenfalls **transaktionsbezogen** und umfassen nicht von Marktteilnehmern gehaltenen Positionen. Empfänger der Mitteilungen ist die Agentur für die Zusammenarbeit der Energieregulierungsbehörden (**ACER**), wobei als Meldekanäle bevorzugt die schon nach Art. 26 VO Nr. 600/2014 und Art. 9 VO Nr. 648/2012 vorliegenden Informationen genutzt werden[2] (Rz. 23).

III. Meldepflichten von Handelsteilnehmern (§ 57 Abs. 1 WpHG). Nach § 57 Abs. 1 Satz 1 WpHG, der Art. 58 Abs. 3 VO Nr. 600/2014 umsetzt, sind die Handelsteilnehmer verpflichtet, dem jeweiligen Betreiber des Handelsplatzes einmal täglich die Einzelheiten ihrer eigenen Positionen und derjenigen ihrer Kunden in Warenderivaten, die an dem Handelsplatz gehandelt werden, zu melden. Erfasst werden **alle Handelsteilnehmer ungeachtet der Art des Zugangs zum Handelsplatz**, d.h. unter Einschluss von *remote members* und mittelbaren Handelsteilnehmern, die im Wege des Order-Routing oder über einen direkten elektronischen Zugang (§ 77 WpHG; §§ 2 Abs. 8, 19a BörsG) am Handel teilnehmen, der an einem **Handelsplatz i.S.v. § 2 Abs. 22 WpHG**, also an einer Börse, einem MTF oder einem OTF stattfindet.

Gegenstand der Meldungen sind die Einzelheiten der gehaltenen **Positionen in Warenderivaten**, die an diesem Handelsplatz gehandelt werden. Hierzu gehören sämtliche Warenderivate, die Gegenstand von Positionslimits sind, also auch als Wertpapiere verbriefte Warenderivate Art. 4 Abs. 1 Nr. 44 lit. c RL 2014/65/EU (§ 54 WpHG Rz. 8). Eine Meldepflicht entfällt allerdings, wenn ein Wertpapier ohnehin nur in einer Stückzahl von 2,5 Mio. Wertpapieren begeben wurde, da in dieser Konstellation nach Art. 15 Abs. 1 lit. c DelVO 2017/591[3] ein zu beachtendes Positionslimit nicht besteht (§ 54 WpHG Rz. 21)[4]. Positionen in ökonomisch gleichwertigen OTC-Kontrakten, die von den Handelsteilnehmern gehalten werden, unterliegen allein dem Melderegime nach § 57 Abs. 4 WpHG[5] (Rz. 18 ff.).

Die Meldepflicht bezieht sich nicht nur auf die **eigenen Positionen** des Handelsteilnehmers, sondern auch auf die **Positionen seiner Kunden** und der Kunden seiner Kunden bis zum Endkunden. Diese sind getrennt darzustellen und individualisierend zu benennen, da die Berechnung der Einhaltung der Positionslimits unter Einschluss eines Nettings nur diejenigen Positionen umfasst, die einer Person zugerechnet werden können, Positionen also nicht doppelt gezählt werden (§ 56 WpHG Rz. 5 f.)[6]. Eine individuelle Aufschlüsselung ist ungeachtet datenschutzrechtlicher Regelungen auch vorzunehmen, wenn es sich bei dem Positionsinhaber um eine natürliche Person handelt[7]. Der am Ende der Meldekette stehende **Endkunde** ist der erste nichtfinanzielle Kunde. Es ist freilich nicht ausgeschlossen, dass dieser wiederum die Position für eine weitere Partei hält. § 57 Abs. 1 Satz 2 WpHG verpflichtet deshalb den Kunden des Handelsteilnehmers bis zum Endkunden, dem Handelsteilnehmer die für die Meldung erforderlichen Informationen zu überlassen[8]. Dies kann durchaus auch im Eigeninteresse des Endkunden liegen, dem ansonsten die Positionen eines Dritten zugerechnet würden[9].

Hinsichtlich der zu meldenden **Einzelheiten der Positionen** fehlt es an weiteren konkretisierenden Vorgaben. Da die Meldepflichten der Handelsteilnehmer auch die Funktion haben, die Handelsplatzbetreiber bei der Erfüllung ihrer Meldepflichten nach § 57 Abs. 2 und 3 WpHG zu unterstützen (Rz. 2), lassen sich die erforderli-

---

1 Verordnung (EU) Nr. 1227/2011 des Europäischen Parlaments und des Rates vom 25.10.2011 über die Integrität und Transparenz des Energiegroßhandelsmarkts, ABl. EU Nr. L 326 v. 8.12.2011, S. 1.
2 S. Art. 6 DurchfVO Nr. 1348/2014 der Kommission v. 17.12.2014 über die Datenmeldung gemäß Art. 8 Absätze 2 und 6 der Verordnung (EU) Nr. 1227/2011 des Europäischen Parlaments und des Rates vom 25.10.2011 über die Integrität und Transparenz des Energiegroßhandelsmarkts, ABl. EU Nr. L 363 v. 18.12.2014, S. 121.
3 Delegierte Verordnung (EU) 2017/591 der Kommission vom 1.12.2016 zur Ergänzung der Richtlinie 2014/65/EU des Europäischen Parlaments und des Rates durch technische Regulierungsstandards für die Anwendung von Positionslimits für Warenderivate, ABl. EU Nr. L 87 v. 31.3.2017, S. 479.
4 ESMA, Questions and Answers on MiFID II and MiFIR commodity derivatives topics, Stand 27.3.2018, Part 4 Question 9 (ESMA70-872942901-36).
5 ESMA, Questions and Answers on MiFID II and MiFIR commodity derivatives topics, Stand 27.3.2018, Part 4 Question 4.
6 ESMA, Questions and Answers on MiFID II and MiFIR commodity derivatives topics, Stand 27.3.2018, Part 4 Question 1.
7 So ESMA, Questions and Answers on MiFID II and MiFIR commodity derivatives topics, Stand 27.3.2018, Part 4 Question 10 jedenfalls betr. die Meldepflichten nach § 57 Abs. 4 WpHG.
8 § 71 Abs. 1 Börsenordnung Eurex Deutschland nimmt hingegen den Handelsteilnehmer in die Pflicht, beim Kunden bis zum Endkunden die Daten zu erfragen.
9 ESMA, Questions and Answers on MiFID II and MiFIR commodity derivatives topics, Stand 27.3.2018, Part 4 Question 2 und 18 sieht eine Verantwortung des Endkunden für die Richtigkeit der angegebenen Positionen.

chen Einzelheiten auch nach deren Pflichten bestimmen (Rz. 11 ff.). So dürfte den Handelsplatzbetreibern zwar aus ihren elektronischen Systemen die Zahl der Verkaufs- und Kaufpositionen bekannt sein, nicht hingegen der nach § 57 Abs. 2 Satz 3 WpHG bedeutsame **Zweck**, zu dem eine Position eingegangen wurde.

10 Die Handelsteilnehmer müssen einmal **täglich** die Einzelheiten zu ihren Positionen übermitteln, wobei die Daten am auf den Meldezeitraum folgenden Tage vorliegen müssen (T+1). Allerdings kann die Bundesanstalt nach **§ 57 Abs. 5 WpHG** in kritischen Marktsituationen zusätzlich **untertägige Meldungen** verlangen (Rz. 24). Für das **Verfahren der Übermittlung** an den Betreiber des Handelsplatzes bestehen vorbehaltlich einer auf § 57 Abs. 6 Satz 1 Nr. 1 WpHG gestützten Rechtsverordnung keine Vorgaben. Betreiber von MTF und OTF und Börsen können die Übermittlung durch Handelsteilnehmer im Hinblick auf ihre eigenen Meldepflichten nach § 57 Abs. 2 und 3 WpHG durch AGB bzw. durch die Börsenordnung regeln[1]. Die EEX Leipzig bietet ihren Teilnehmern die Nutzung ihres sog. Regulatory Reporting Service an, der aus den elektronischen Clearingdaten den Entwurf der täglichen Meldung erstellt, den die Teilnehmer nur noch um wenige individuelle Angaben, maßgeblich zum Zweck des Haltens der Position zu ergänzen haben[2]. Die Eurex Deutschland schreibt die Verwendung des Regulatory Reporting Hub (RRH) der Deutsche Börse AG vor[3], der zugleich als genehmigtes Veröffentlichungssystem (APA) und als genehmigter Meldemechanismus (ARM) i.S.v. § 2 Abs. 37 und 39 WpHG, § 32 Abs. 1f KWG fungiert.

11 **IV. Melde- und Veröffentlichungspflichten der Betreiber von Handelsplätzen (§ 57 Abs. 2 und 3 WpHG).**
1. Wöchentliche Veröffentlichungen und Meldungen (§ 57 Abs. 2 WpHG). Nach § 57 Abs. 2 WpHG, der Art. 58 Abs. 1 Unterabs. 1 lit. a RL 2014/65/EU umsetzt, müssen die **Betreiber von MTF und OTF und Börsen**, an denen Warenderivate, Emissionszertifikate und Derivate davon gehandelt werden, wöchentliche Berichte **veröffentlichen** und der Bundesanstalt und der ESMA **übermitteln**. Gegenstand der Veröffentlichung und der Übermittlung ist eine Aufstellung der aggregierten Positionen in den an dem jeweiligen Handelsplatz gehandelten Warenderivaten, Emissionszertifikaten und Derivaten davon. Nach Auffassung der ESMA sind Positionen in als **Wertpapier verbrieften Warenderivaten** i.S.v. Art. 4 Abs. 1 Nr. 44 lit. c RL 2014/65/EU, die von Handelsteilnehmern nach § 57 Abs. 1 WpHG grundsätzlich zu melden sind (Rz. 7), in die Veröffentlichungs- und Meldepflicht der Handelsplatzbetreiber **nicht einbezogen**, da die Veröffentlichung dieser häufig illiquiden Papiere nicht zur Markttransparenz beitrage[4]. Umgekehrt werden aber mit den **Emissionszertifikaten und ihren Derivaten** Finanzinstrumente (§ 2 Abs. 4 Nr. 5; § 2 Abs. 4 Nr. 4 i.V.m. § 2 Abs. 3 Nr. 1 lit. f WpHG) **einbezogen**, die nicht der Mitteilungspflicht der Handelsteilnehmer nach § 57 Abs. 1 WpHG unterfallen.

12 Die Aufstellung der Handelsplatzbetreiber umfasst die **aggregierten Positionen** in Warenderivaten, Emissionszertifikaten und ihren Derivaten, die von den in **§ 58 Abs. 2 Satz 4 WpHG** genannten **Personenkategorien** gehalten werden. Die Positionsmeldungen müssen demgemäß unterscheiden zwischen Wertpapierdienstleistungsinstituten und Kreditinstituten, Investmentvermögen i.S.v. § 1 Abs. 1 KAGB, sonstigen Finanzinstituten einschließlich (Rück-)Versicherungsunternehmen i.S.d. RL 2009/138/EG, Einrichtungen der betrieblichen Altersversorgung i.S.d. RL 2013/41/EG und sonstigen kommerziellen Unternehmen. Für die Zuordnung ist die Haupttätigkeit maßgeblich. Zu beachten ist insbesondere § 3 Abs. 1 Nr. 8 WpHG, der unter den dort genannten Voraussetzungen solche Unternehmen vom Begriff des Wertpapierdienstleistungsunternehmens ausnimmt, die bezüglich Warenderivaten ihre Wertpapierdienstleistungen nur als Nebentätigkeit betreiben und deren Haupttätigkeit weder in der Erbringung von Wertpapierdienstleistungen noch in der Erbringung von Bankgeschäften besteht (§ 56 WpHG Rz. 14). Soweit Meldungen zu Positionen in einem Emissionszertifikat oder einem Derivat davon zu veröffentlichen und zu melden sind, treten nach § 58 Abs. 2 Satz 5 WpHG als weitere auszuweisende Personengruppe die Betreiber von Anlagen und Flugzeugen hinzu, die nach den Vorgaben der RL 2003/87/EG bzw. § 1 Abs. 1 i.V.m. Anhang 1 Teil 2 TEHG[5] in das System der Zuteilung und des Handels mit Treibhausgasemissionszertifikaten eingebunden sind. Die Handelsteilnehmer werden in der vom Handelsplatz erarbeiteten wöchentlichen Aufstellung **nur nach Gruppenzugehörigkeit** aufgeschlüsselt, **nicht** hingegen **individuell** benannt.

13 Nach Personenkategorien geordnet sind gem. § 57 Abs. 2 Satz 2 WpHG in Umsetzung von Art. 58 Abs. 4 Unterabs. 2 RL 2014/65/EU bezogen auf jedes Warenderivat oder Emissionszertifikat **gegenständlich** die Zahl der Kauf- und Verkaufspositionen, Änderungen seit dem letzten Wochenbericht, der prozentuale Anteil der gesamten offenen Positionen je Personengruppe und die Anzahl der Positionsinhaber in jeder Kategorie zu be-

---

1 Nach § 71 Abs. 2 Börsenordnung Eurex Deutschland und § 66 Abs. 1 Börsenordnung EEX bestimmt jeweils die Börsengeschäftsführung Art und Weise der Datenübermittlung; nach ESMA, Questions and Answers on MiFID II and MiFIR commodity derivatives topics, Stand 27.3.2018, Part 4 Question 17 soll auch ein Outsourcing der Meldepflicht zulässig sein.
2 Näheres unter https://www.eex.com/en/regulatory-reporting-services/mifid2-mifir; alternativ können die Handelsteilnehmer die Daten unmittelbar an den RRH der Deutsche Börse AG melden.
3 Näheres unter https://www.mds.deutsche-boerse.com/mds-de/regulatory-services/regulatory-reporting-hub.
4 ESMA, Questions and Answers on MiFID II and MiFIR commodity derivatives topics, Stand 27.3.2018, Part 4 Question 5; ähnlich schon zuvor Stellungnahme der Deutsche Börse AG, Anhörung des Finanzausschusses zum 2. FiMaNoG, Ausschussprotokoll der 102. Sitzung v. 8.3.2017, Anlage 5.
5 Gesetz über den Handel mit Berechtigungen zur Emission von Treibhausgasen vom 21.7.2011, BGBl. I 2011, 1475, zuletzt geändert durch Art. 11 Abs. 12 Gesetz vom 18.7.2017, BGBl. I 2017, 2745.

nennen. Hierbei verlangt § 57 Abs. 2 Satz 3 WpHG in Umsetzung von Art. 58 Abs. 4 Unterabs. 3 RL 2014/65/EU zusätzlich eine Ausweisung derjenigen Positionen, die objektiv messbar mit einer Geschäftstätigkeit in Zusammenhang stehende Risiken verhindern, also zu Absicherungszwecken gehaltene **Hedgepositionen**. Da Hedgepositionen nach dem Wortlaut der Regelung nicht schon einer Personenkategorie ausschließlich zugewiesen sind, können zu Absicherungszwecken gehaltene Positionen nicht nur den sonstigen kommerziellen Unternehmen i.S.v. § 58 Abs. 2 Satz 4 Nr. 4 WpHG ungeachtet der Genehmigung eines entsprechenden Freistellungsantrags nach § 56 Abs. 3 WpHG zugeordnet werden[1], sondern grundsätzlich auch den weiteren dort genannten Personengruppen[2]. Für das **Format der Darstellung des wöchentlichen Berichts** wurde von der Kommission auf der Grundlage von Art. 58 Abs. 5 RL 2014/65/EU die **DurchführungsVO 2017/1093** erlassen, deren Art. 1 i.V.m. Anhang I den Handelsplatzbetreibern die Form der tabellarischen Darstellung vorschreibt.

Der **Anwendungsbereich** der wöchentlichen Veröffentlichungs- und Meldepflicht der Handelsplatzbetreiber wird durch § 57 Abs. 2 Satz 6 WpHG i.V.m. Art. 83 DelVO 2017/565[3] bestimmt. Mit dem Gebot zur Festlegung von **Mindestschwellen** hinsichtlich des Gesamtumfangs der offenen Positionen und der Gesamtzahl der Positionsinhaber in Art. 58 Abs. 1 Unterabs. 2 RL 2014/65/EU, das auf der Grundlage von Art. 58 Abs. 6 RL 2014/65/EU durch die Kommission konkretisiert wurde, soll wegen der vorgesehenen Veröffentlichung des Berichts durch die Handelsplatzbetreiber und nachfolgend durch die ESMA (Art. 58 Abs. 1 Unterabs. 1 lit. a RL 2014/65/EU) **eine Balance zwischen Markttransparenz, der Vermeidung von Marktmissbrauch und dem Schutz identitätsbezogener Angaben** hergestellt werden[4]. Eine Veröffentlichungspflicht besteht deshalb nur, wenn auf einem Handelsplatz in einem bestimmten Kontrakt mindestens 20 Inhaber offener Positionen engagiert sind[5] und der absolute Betrag des *long* oder *short* gehaltenen Bruttovolumens der gesamten offenen Kontraktpositionen gerechnet in Handelseinheiten das Vierfache der lieferbaren Menge des Warenderivats übersteigt (Art. 83 Abs. 1 lit. a und b DelVO 2017/565)[6]. Die Gesamtzahl der Positionsinhaber wird über alle Personenkategorien hinweg ermittelt. Sind in einer Personenkategorie weniger als fünf Positionsinhaber vertreten, wird die Anzahl der Positionsinhaber in dieser Kategorie nicht veröffentlicht (Art. 83 Abs. 2 DelVO 2017/565). 14

Werden **die Mindestschwellen** von vornherein **nicht erreicht**, so entsteht **keine Veröffentlichungspflicht** des Handelsplatzbetreibers. Soweit die Zahl der Positionsinhaber und/oder der Betrag des Bruttovolumens der offenen Kontraktpositionen zu einem späteren Zeitpunkt unter die Mindestschwellen sinkt, endet nach einer dreimonatigen Übergangsphase die Veröffentlichungspflicht (Art. 83 Abs. 5 DelVO 2017/565). Obwohl Art. 58 Abs. 1 Unterabs. 2 i.V.m. Abs. 6 RL 2014/65/EU zur Konkretisierung sowohl der Veröffentlichungspflicht als auch der Meldepflicht ermächtigt, trifft Art. 83 DelVO 2017/565 ausdrücklich nur eine Regelung zur Veröffentlichungspflicht. Dies könnte bedeuten, dass eine Meldepflicht der Handelsplatzbetreiber an die Bundesanstalt und an die ESMA ungeachtet des Unterschreitens der Mindestschwelle fortbesteht. Sind Veröffentlichungen bei Unterschreiten der Mindestschwelle gerade wegen ihres fehlenden Beitrags zur Herstellung von Markttransparenz entbehrlich, so fragt sich, ob die Meldung aggregierter Positionen für aufsichtsrechtliche Zwecke erforderlich ist. In diesem Fall sollte auch die **Übermittlungspflicht** an die BaFin und die ESMA **entfallen**. Anderenfalls gebiete es das Ziel der Wahrung des Datenschutzes jedenfalls, dass weder die BaFin noch die ESMA den wöchentlichen Bericht unbefugt Dritten zugänglich machen. 15

2. Tägliche Meldungen (§ 57 Abs. 3 WpHG). § 57 Abs. 3 WpHG verpflichtet die Betreiber von Handelsplätzen, der Bundesanstalt darüber hinaus einmal täglich eine vollständige Aufstellung der Positionen aller Mitglieder oder Teilnehmer an dem jeweiligen Handelsplatz sowie der Positionen von deren Kunden zu übermitteln. 16

---

1 So auch ausdrücklich ESMA, Questions and Answers on MiFID II and MiFIR commodity derivatives topics, Stand 27.3.2018, Part 4 Question 11.
2 So auch nach Art. 1 i.V.m. Anhang I Tabelle 1 DurchfVO (EU) 2017/1093 der Kommission vom 20.6.2017 zur Festlegung technischer Durchführungsstandards im Hinblick auf das Format der Positionsberichte von Wertpapierfirmen und Marktbetreibern, ABl. EU Nr. L 158 v. 21.6.2017, S. 16; s. auch den wöchentlichen Bericht der EEX Leipzig v. 16.5.2018, der den Wertpapierdienstleistungsunternehmen (wenige) long gehaltene Hedgepositionen in einem Future zuweist, https://www.eex.com/en/regulatory-reporting-services/mifid2-mifir/mifid2mifir-outline/weekly-position-reports.
3 Delegierte Verordnung (EU) 2017/565 der Kommission vom 25.4.2016 zur Ergänzung der Richtlinie 2014/65/EU des Europäischen Parlaments und des Rates in Bezug auf die organisatorischen Anforderungen an Wertpapierfirmen und die Bedingungen für die Ausübung ihrer Tätigkeit sowie in Bezug auf die Definition bestimmter Begriffe für die Zwecke der genannten Richtlinie, ABl. EU Nr. L 87 v. 31.3.2017, S. 1, ber. durch ABl. EU Nr. L 246 v. 26.9.2017, S. 12.
4 Erwägungsgrund 122 DelVO 2017/565; s. auch ESMA, Final Report – ESMA's Technical Advice to the Commission on MiFID II and MiFIR v. 19.12.2014, S. 424 (ESMA/2014/1569).
5 ESMA, Final Report – ESMA's Technical Advice to the Commission on MiFID II and MiFIR v. 19.12.2014, S. 424 f. hatte unter Bezugnahme auf die Praxis der US-amerikanischen Commodity Futures Trading Commission (CFTC) eine Mindestzahl von 30 Positionsinhabern vorgeschlagen.
6 ESMA, Questions and Answers on MiFID II and MiFIR commodity derivatives topics, Stand 27.3.2018, Part 4 Question 5, sieht in der Voraussetzung ein Indiz, dass als Wertpapiere verbriefte Warenderivate nicht in die Veröffentlichungspflicht einbezogen sind; die Voraussetzung kann überdies bei Warenderivaten ohne eine physisch lieferbaren Basiswert wie Klimavariablen und bei Emissionszertifikaten und deren Derivaten keine Anwendung finden, s. auch Art. 83 Abs. 1 Unterabs. 2 DelVO 2017/565.

Auch diese Pflicht bezieht sich auf Positionen in Warenderivaten, Emissionszertifikaten und Derivaten davon. Im Unterschied zum wöchentlichen Report des Handelsplatzbetreibers nach § 57 Abs. 2 WpHG fordert die **vollständige Aufstellung** der Positionen aller Mitglieder eine **disaggregierte, auf individuelle Positionsinhaber** bezogene Darstellung der Positionen, wie sie auch für die Meldungen der Handelsteilnehmer nach § 57 Abs. 1 WpHG gefordert ist. In Abweichung von deren Pflichten reicht die **Meldekette** nach § 57 Abs. 3 WpHG aber nur bis zu den **Kunden der Handelsplatzteilnehmer** und erfasst nicht mehr deren Kunden bis zum Endkunden. Diese in getreulicher Umsetzung von Art. 58 Abs. 1 Unterabs. 1 lit. b RL 2014/65/EU herbeigeführte Beschränkung lässt die Frage virulent werden, weshalb zunächst von den Handelsteilnehmern zu aufsichtsrechtlichen Zwecken Daten erhoben werden, wenn diese im Folgenden nicht mehr der primär für die Kontrolle der Einhaltung der Positionslimits zuständigen Bundesanstalt übermittelt werden[1]. Eine **Verlängerung der Meldekette bis zum Endkunden** über den eindeutigen Wortlaut des § 57 Abs. 3 WpHG hinaus **scheidet** allerdings wegen der grundrechtlichen Implikationen des Dateneingriffs (Art. 8 und 16 GRCh) **aus**.

17 Die täglichen Meldungen der Handelsplatzbetreiber nach § 57 Abs. 3 WpHG sind an die **Bundesanstalt zu übermitteln**. Sie müssen spätestens am Abend des Folgetags vorliegen (T+1)[2]. Unter den Voraussetzungen von § **57 Abs. 5 WpHG** kann die BaFin **untertägige Meldungen** verlangen (Rz. 24). Für die Art der Übermittlung können konkretisierende Vorgaben in einer auf § 57 Abs. 6 Satz 1 Nr. 1 WpHG gestützten Rechtsverordnung getroffen werden (Rz. 25).

18 **V. Meldepflichten von Wertpapierdienstleistungsunternehmen (§ 57 Abs. 4 WpHG).** Wertpapierdienstleistungsunternehmen, die außerhalb eines Handelsplatzes mit auch an Handelsplätzen gehandelten Warenderivaten, Emissionszertifikaten und Derivaten davon handeln, müssen nach § 57 Abs. 4 WpHG der zuständigen Behörde mindestens einmal täglich eine vollständige Aufstellung ihrer Positionen in diesen Finanzinstrumenten und in wirtschaftlich gleichwertigen OTC-Kontrakten übermitteln, zudem die Positionen ihrer Kunden und der Kunden dieser Kunden bis zum Endkunden. Die Meldepflicht, die Art. 58 Abs. 2 RL 2014/65/EU umsetzt, richtet sich an **in Deutschland ansässige Wertpapierdienstleistungsunternehmen**. Sofern das Unternehmen nicht in seiner Haupttätigkeit Wertpapierdienstleistungen erbringt und die Dienstleistungen betreffend Warenderivaten nur Nebentätigkeit sind, ist es nach § **3 Abs. 1 Nr. 8 WpHG** kein Wertpapierdienstleistungsunternehmen und deshalb auch nicht meldepflichtig. Zudem sind Wertpapierdienstleistungsunternehmen nach § 57 Abs. 4 WpHG nur berichtspflichtig, soweit sie **außerhalb eines Handelsplatzes** mit Warenderivaten, Emissionszertifikaten und Derivaten davon handeln[3].

19 **Gegenstand der Meldung** sind nach dem Wortlaut von § 57 Abs. 4 WpHG bei Warenderivaten, Emissionszertifikaten und Derivaten davon, die auch an einem Handelsplatz gehalten werden, die Positionen in diesen Finanzinstrumenten und in wirtschaftlich gleichwertigen OTC-Kontrakten. Es fragt sich deshalb, ob neben den Positionen in OTC-Kontrakten auch die Positionen mitzuteilen sind, die dasselbe Unternehmen in dem entsprechenden Finanzinstrument an einem MTF, OTF oder einer Börse hält. Hierauf könnte der Wortlaut von Art. 58 Abs. 2 RL 2014/65/EU hindeuten, der neben den in einem OTC-Kontrakt gehaltenen Positionen auch Positionen als meldepflichtig benennt, die an einem Handelsplatz gehandelt werden. Jedoch unterfallen die von Wertpapierdienstleistungsunternehmen an einem Handelsplatz gehaltenen Positionen, soweit sie Warenderivate betreffen, schon der Meldepflicht nach § 57 Abs. 3 WpHG. Nach Auffassung der ESMA sind deshalb **nur Positionen** zu melden, die das Wertpapierdienstleistungsunternehmen selbst oder für einen Kunden **in einem wirtschaftlich gleichwertigen OTC-Kontrakt** hält[4]. Für die Bestimmung der wirtschaftlichen Gleichwertigkeit eines OTC-Kontrakts ist Art. 6 DelVO 2017/591 maßgeblich (§ 56 WpHG Rz. 8 ff.).

20 Die Wertpapierdienstleistungsunternehmen sind zur Mitteilung einer **vollständigen Aufstellung ihrer Positionen** verpflichtet. Sie müssen für jedes Warenderivat, Emissionszertifikat und Derivat davon gesondert ihre *long* und *short* gehaltenen Positionen angeben. Art. 2 Abs. 2 DurchfVO 2017/1093 verlangt eine Aufschlüsselung nach Positionen für sämtliche Fälligkeiten aller Kontrakte. Das Gebot des Art. 58 Abs. 4 Unterabs. 3 RL 2014/65/EU, demzufolge die Aufschlüsselung auch Angaben zum **Zweck des Haltens der Position** enthalten muss, wurde vom deutschen Gesetzgeber nicht umgesetzt. Jedoch sieht das nach Art. 2 Abs. 1 i.V.m. Anhang II DurchfVO 2017/1093 zu verwendende Meldeformular auch diesbezügliche Angaben vor. Die Meldepflicht erfasst ebenso wie die Pflicht der Handelsplatzteilnehmer nach § 57 Abs. 1 WpHG nicht nur die **eigenen Positionen** der Unternehmen, sondern auch diejenigen der **Kunden bis zum Endkunden**, die zu individualisieren sind[5]. Die Kunden

---

1 Stellungnahme der Deutsche Börse AG, Anhörung des Finanzausschusses zum 2. FiMaNoG, Ausschussprotokoll der 102. Sitzung v. 8.3.2017, Anlage 5.
2 ESMA, Questions and Answers on MiFID II and MiFIR commodity derivatives topics, Stand 27.3.2018, Part 4 Question 8.
3 ESMA, Questions and Answers on MiFID II and MiFIR commodity derivatives topics, Stand 15.12.2017, Part 4 Question 3.
4 ESMA, Questions and Answers on MiFID II and MiFIR commodity derivatives topics, Stand 15.12.2017, Part 4 Question 4.
5 ESMA, Questions and Answers on MiFID II and MiFIR commodity derivatives topics, Stand 15.12.2017, Part 4 Question 10.

und deren Kunden bis zum Endkunden haben dem meldepflichtigen Unternehmen nach § 57 Abs. 4 Satz 3 WpHG die erforderlichen Informationen zur Verfügung zu stellen (Rz. 8).

Die Wertpapierdienstleistungsunternehmen müssen ihre Meldungen **mindestens einmal täglich** übermitteln, wobei die Meldungen bis zum Abend des Folgetages vorliegen müssen (T+1)[1]. Die Bundesanstalt kann nach § 57 Abs. 5 WpHG untertägige Meldungen verlangen (Rz. 24). Die Wertpapierdienstleistungsunternehmen können die Meldung auch im Wege des **Outsourcing** einem Dritten anvertrauen, bleiben aber für die Erfüllung der Pflicht verantwortlich[2].

Der **Empfänger der Meldung** bestimmt sich nach **§ 57 Abs. 4 Satz 2 WpHG**. Danach ist maßgeblich, an welchen Handelsplätzen das Warenderivat, Emissionszertifikat oder Derivat davon vorrangig gehandelt wird. Ist der OTC-Kontrakt mit mehreren an Handelsplattformen gehandelten Derivaten ökonomisch gleichwertig, ist das Wertpapierdienstleistungsunternehmen – bei Vermeidung von Doppelmeldungen – frei in der Wahl der empfangenden Aufsichtsbehörde[3]. Die Aufstellung ist nach **§ 57 Abs. 4 Satz 2 Nr. 1 WpHG** an die Bundesanstalt zu übermitteln, wenn das Finanzinstrument in erheblichem Umfang nur an inländischen Handelsplätzen gehandelt wird. Dies entspricht dem Regelungssystem des § 55 WpHG, der die Notwendigkeit der Bestimmung einer zentralen zuständigen Behörde davon abhängig macht, dass ein Kontrakt überhaupt in erheblichem Umfang i.S.v. Art. 5 Abs. 2 DelVO 2017/591 an Handelsplätzen in anderen Mitgliedstaaten gehandelt wird (§ 55 WpHG Rz. 4, 6). Dementsprechend sieht **§ 57 Abs. 4 Satz 2 Nr. 3 WpHG** die Übermittlung an die zentrale zuständige Behörde vor, wenn das Derivat oder Emissionszertifikat in erheblichem Umfang an Handelsplätzen in mehr als einem Mitgliedstaat oder EWR-Staat gehandelt wird. Zentral zuständig ist die Behörde, an deren Handelsplätzen das größte Volumen i.S.v. Art. 5 Abs. 3 DelVO 2017/591 gehandelt wird (§ 55 WpHG Rz. 5). Damit klärt sich auch der Inhalt des sprachlich missverständlichen **§ 57 Abs. 4 Satz 2 Nr. 2 WpHG**. Die Variante, dass ein Finanzinstrument in erheblichem Umfang nur vollständig oder teilweise an einem Handelsplatz in einem anderen Staat gehandelt wird und sodann die Übermittlung an die für diese Handelsplätze zuständige Behörde zu erfolgen habe, meint den Fall, dass überhaupt nur an den Handelsplätzen eines Staates das Warenderivat oder Emissionszertifikat in erheblichem Umfang gehandelt wird, weshalb eine zentrale zuständige Behörde nicht bestimmt wurde.

Die **Handhabung** der Regelung könnte **Probleme** aufwerfen, da den Wertpapierdienstleistungsunternehmen die für den richtigen Empfänger der Meldung maßgeblichen Handelsvolumina an Handelsplätzen in anderen Mitgliedstaaten oder EWR-Staaten nicht bekannt sein müssen. Zudem wird eine zentrale zuständige Behörde nach § 55 WpHG nur für den Handel mit Warenderivaten bestimmt, nicht hingegen für den Handel mit Emissionszertifikaten und Derivaten davon. Mit dem in § 57 Abs. 4 WpHG enthaltenen Verweis auf eine Übermittlung gem. Art. **26 VO Nr. 600/2014** und **Art. 8 VO Nr. 1227/2011** sind aber **verfahrensrechtliche Erleichterungen** für die meldepflichtigen Wertpapierdienstleistungsunternehmen verbunden. Zwar haben diese Vorschriften nicht nur einen anderen Regelungsgegenstand, sondern sehen auch andere Empfänger der Meldungen vor (Rz. 3 ff.). Allerdings gelten die Meldepflichten gegenüber Behörden nach Art. 26 VO Nr. 600/2014 und nach Art. 8 VO Nr. 1227/2011 als erfüllt, wenn die erforderlichen Daten an ein Transaktionsregister übermittelt wurden[4]. Zudem können sich die Unternehmen nach diesen Vorschriften für die Erfüllung der Meldepflicht eines genehmigten Meldemechanismus (ARM) bedienen[5]. Diese Vereinfachungen stehen auch den meldepflichtigen Unternehmen nach § 57 Abs. 4 WpHG zur Verfügung.

VI. Untertägige Meldungen (§ 57 Abs. 5 WpHG).

Nach § 57 Abs. 5 WpHG kann die BaFin in kritischen Marktsituationen verlangen, dass die Mitteilungen nach § 57 Abs. 1, 3 und 4 WpHG mehrfach innerhalb eines Tages erfolgen müssen. Zwar fordert Art. 58 Abs. 1 lit. b, Abs. 2 und 3 RL 2014/65/EU für die jeweiligen Meldepflichten, dass eine Übermittlung „mindestens einmal täglich" zu erfolgen habe; allerdings werden behördliche Befugnisse zur Durchsetzung einer untertägigen Meldepflicht nicht verlangt. § 57 Abs. 5 WpHG ist deshalb **richtlinienüberschießend**. Die zentrale tatbestandliche Voraussetzung einer **kritischen Marktsituation** wird nicht konkretisiert[6]. Jedoch können erforderliche Klärungen durch eine Rechtsverordnung nach § 57 Abs. 6 Satz 1 Nr. 1 WpHG vorgenommen werden. Das Verlangen nach untertägigen Meldungen hat Regelungswirkung und ist deshalb ein **Verwaltungsakt**.

---

1 ESMA, Questions and Answers on MiFID II and MiFIR commodity derivatives topics, Stand 15.12.2017, Part 4 Question 8.
2 ESMA, Questions and Answers on MiFID II and MiFIR commodity derivatives topics, Stand 27.3.2018, Part 4 Question 14.
3 ESMA, Questions and Answers on MiFID II and MiFIR commodity derivatives topics, Stand 27.3.2018, Part 4 Question 21.
4 Art. 81 Abs. 3 VO Nr. 648/2012 i.d.F. der Änderung durch Art. 53 Nr. 3 VO Nr. 600/2014; s. auch Erwägungsgrund 35 VO Nr. 600/2014; Art. 8 Abs. 3 und 4 VO Nr. 1227/2011; s. auch Art. 6 Abs. 5 DurchfVO Nr. 1348/2014.
5 Art. 26 Abs. 7 VO Nr. 600/2014; Art. 8 Abs. 1 Satz 3 i.V.m. Abs. 4 lit. c VO Nr. 1227/2011.
6 Krit. auch Stellungnahme Deutsche Kreditwirtschaft, Anhörung des Finanzausschusses zum 2. FiMaNoG, Ausschussprotokoll der 102. Sitzung v. 8.3.2017, Anlage 7.

§ 57 | Positionslimits und Positionsmanagementkontrollen

25 **VII. Verordnungsermächtigung (§ 57 Abs. 6 WpHG).** § 57 Abs. 6 Satz 1 WpHG ermächtigt das Bundesministerium der Finanzen zum Verordnungserlass, der nach § 57 Abs. 6 Satz 2 WpHG durch Verordnung an die BaFin subdelegiert werden kann. Hiervon wurde Gebrauch gemacht[1]. Gemäß **§ 57 Abs. 6 Satz 1 Nr. 1 WpHG** können nähere Bestimmungen über Inhalt, Art, Umfang, Form und Häufigkeit der Meldungen nach § 57 Abs. 1 und 3 bis 5 WpHG und über die zulässigen Datenträger und Übertragungswege getroffen werden. Dies erfasst sämtliche täglichen Meldepflichten. § 57 Abs. 2 WpHG ist von der Befugnis zur näheren Ausgestaltung ausgenommen. Hierfür dürfte maßgeblich sein, dass die wöchentliche Mitteilungspflicht der Handelsplatzbetreiber bereits eng durch die unmittelbar anwendbare DurchfVO 2017/1093 vorgezeichnet wird. Gemäß **§ 57 Abs. 6 Satz 1 Nr. 2 WpHG** kann zudem in den Fällen von § 57 Abs. 1, 3 und 4 WpHG die Übermittlung weiterer Angaben vorgeschrieben werden. Die Ermächtigung zum Erlass von Regelungen, die die **Richtlinienvorgaben überschreiten**, steht unter der Voraussetzung, dass die zusätzlichen Angaben wegen der besonderen Eigenschaft des Finanzinstruments oder der besonderen Bedingungen an dem maßgeblichen Handelsplatz zur Überwachung der Positionslimits erforderlich sind. Da sämtliche in Bezug genommenen Meldepflichten (auch) im Dienste der Kontrolle der festgelegten Positionslimits stehen (Rz. 2), sind sie mit dem Regelungsprogramm der Norm vereinbar. Die Zweckbindung schließt dann aber aus, Daten zu erheben, die keinen Beitrag zur Beaufsichtigung der Positionslimits leisten, wie dies insbesondere bei Angaben zu Emissionszertifikaten und Derivaten davon der Fall ist.

---

1 § 1 Nr. 1 BaFinBefugV vom 13.12.2002, BGBl. I 2003, 3, zuletzt geändert durch Art. 1 Verordnung vom 25.1.2018, BGBl. I 2018, 184.

Abschnitt 10
Organisationspflichten von Datenbereitstellungsdiensten

Vorbemerkungen zu §§ 58–62 WpHG

Schrifttum: *Gebauer/Teichmann* (Hrsg.), Europäisches Privat- und Unternehmensrecht, Bd. 6. Europäisches Privat- und Unternehmensrecht, 2016; *Grabitz/Hilf/Nettesheim* (Hrsg.), Das Recht der Europäischen Union: EUV/AEUV, 56. Aufl., Loseblatt, Stand Januar 2016; *Hoops*, Die Regulierung von Marktdaten nach der MiFID II, WM 2018, 205; *Knoll*, Datenbereitstellungsdienste nach MiFID II, ZFR 2016, 62; *Lutter/Bayer/J. Schmidt*, Europäisches Unternehmens- und Kapitalmarktrecht, 6. Aufl. 2017; *Meixner*, Das Zweite Finanzmarktnovellierungsgesetz, ZAP 2017, 911 (Bank- und Kreditwesen, Fach 8, S. 579); *Patz*, Staatliche Aufsicht über Finanzinstrumente, 2016; *Teuber/Schröer* (Hrsg.), MiFID II/MiFIR, 2015; *Poelzig*, Kapitalmarktrecht, 2018.

I. Regelungsgefüge und -konzept im Überblick .. 1	III. Regelungen im KWG 10
II. Terminologie 9	

I. Regelungsgefüge und -konzept im Überblick. Mit dem 2. FiMaNoG[1] sind erstmalig umfassende Vorschriften über **Datenbereitstellungsdienstleistungen und deren Anbieter** in das WpHG aufgenommen worden. Das WpHG nimmt im Überblick über den Gegenstand des Gesetzes in § 1 sogleich in Abs. 1 Nr. 2 auf die neue Regelungsmaterie Bezug. Der Abschnitt 10 des WpHG setzt unter der Überschrift „Organisationspflichten von Datenbereitstellungsdiensten" mit den §§ 58 bis 62 WpHG wesentliche Teile des Abschnitts V. „Datenbereitstellungsdienstleistungen" der MiFID II (Art. 59–66 RL 2014/65/EU) in deutsches Recht um. Die Schaffung des neuen Rechtsrahmens trägt der enormen Bedeutung zuverlässiger Informationen über Marktdaten sowohl für Marktteilnehmer als auch für Aufsichtsbehörden Rechnung[2]. Mit den **aufsichtsrechtlichen Strukturvorgaben** für die Dienste wird gleichsam die **Art und Weise ihrer Tätigkeit** umrissen. Darüber hinaus enthält der Abschnitt 10 einen beachtlichen Ausschnitt der Paragraphen, die sich mit der laufenden Beaufsichtigung der Datenbereitstellungsdienste beschäftigen. 1

Die MiFID II-Vorgaben zur **behördlichen Erlaubniserteilung** und über **die an die Leitungsorgane zu stellenden Anforderungen** (Art. 59–63 RL 2014/65/EU) hat der Gesetzgeber nicht im WpHG verankert, sondern im **KWG** (§§ 32 Abs. 1f, 25c Abs. 6; 25d Abs. 13), ohne die Datenbereitstellungsdienste in die Kategorien Kredit- bzw. Finanzdienstleistungsinstitute einzuordnen[3]. Auch das Vorhalten eines nationalen Registers für Datenbereitstellungsdienste durch die BaFin wird im KWG geregelt (vgl. § 32 Abs. 5a KWG). Auf EU-Ebene ist die Europäische Wertpapier- und Marktaufsichtsbehörde ESMA (engl. *European Securities and Markets Authority*) verpflichtet, ein Register für Datenbereitstellungsdienste zu führen; s. Art. 59 Abs. 3 Unterabs. 2 RL 2014/65/EU. 2

Das Regulierungskonzept für Datenbereitstellungsdienste ergibt sich nicht vollständig aus der MiFID II bzw. den Vorschriften des WpHG und KWG. Für das Verständnis mit heranzuziehen ist die unmittelbar in Deutschland geltende EU-Verordnung **MiFIR (VO Nr. 600/2014)**. Diese schreibt an verschiedenen Stellen vor, dass Wertpapierdienstleistungsunternehmen bei der Erfüllung wertpapierhandelsrechtlicher Veröffentlichungs- und Meldepflichten Datenbereitstellungsdienste einschalten können oder gar müssen (vgl. Art. 20 Abs. 1, 21 Abs. 1 und 26 Abs. 7 VO Nr. 600/2014). Aufgrund des regelungstechnischen **Ineinandergreifens von WpHG und MiFIR** sind beide Normenwerke zusammen zu lesen und auszulegen. Die Dienste sind Einrichtungen, die bei der Erfüllung gesetzlicher Transparenzpflichten von Wertpapierfirmen aktiv werden, und können daher im weitesten Sinne als Informationsintermediäre eingestuft werden[4]. Die Sachnähe zu den Transparenzpflichten von Wertpapierdienstleistungsunternehmen war auch der gesetzgeberische Grund, die Organisationspflichten für Datenbereitstellungsdienste im WpHG und nicht im KWG anzusiedeln[5]. Insgesamt dienen alle Vorschriften dem Zweck, **die Funktionsfähigkeit des dezentralisierten Sekundärmarkts** für den Handel in Finanzinstrumenten **sicherzustellen**[6]. 3

Bei der Rechtsanwendung ebenfalls zu berücksichtigen ist insbesondere die **Delegierte Verordnung (EU) 2017/571** der Kommission vom 2.6.2016 zur Ergänzung der Richtlinie 2014/65/EU des Europäischen Parlaments und des Rates durch technische Regulierungsstandards für die Zulassung, die organisatorischen Anforderungen und die Veröffentlichung von Geschäften für Datenbereitstellungsdienste. Die darin enthaltenen Vorschriften gehen im Detaillierungsgrad über das in WpHG und KWG Geregelte hinaus. Wie bei den Vorschriften der MiFIR handelt es sich auch bei der DelVO 2017/571 um unmittelbar geltendes Gemeinschafts- 4

---

1 2. FiMaNoG vom 23.6.2017 (BGBl. I 2017, 1693).
2 *Lutter/Bayer/J. Schmidt*, Rz. 32.76 m.w.N.
3 Vgl. § 1 Abs. 3a KWG und BT-Drucks. 18/10936, 283.
4 So auch *Zetzsche/Eckner* in Gebauer/Teichmann, § 7 A Rz. 211 und *Poelzig*, § 29 Rz. 868.
5 BT-Drucks. 18/10936, 232.
6 So *Hoops*, WM 2018, 205, 212.

recht, das **Anwendungsvorrang** gegenüber den vom deutschen Gesetzgeber erlassenen Vorschriften besitzt[1]. Gleichwohl hat der deutsche Gesetzgeber an verschiedenen Stellen im WpHG-Text nochmals ausdrücklich auf die Regelungen der DelVO 2017/571 verwiesen.

5 Das WpHG unterscheidet in Anlehnung an die MiFID II zwischen **drei unterschiedlichen Arten** von Datenbereitstellungsdiensten. § 2 Abs. 40 WpHG benennt **genehmigte Veröffentlichungssysteme, Bereitsteller konsolidierter Datenticker** und **genehmigte Meldemechanismen**. Bei einem genehmigten Veröffentlichungssystem handelt es sich gem. § 2 Abs. 37 WpHG um ein Unternehmen, das im Namen von Wertpapierdienstleistungsunternehmen Handelsveröffentlichungen i.S.d. Art. 20 und 21 VO Nr. 600/2014 vornimmt[2]. Bereitsteller konsolidierter Datenticker sind nach § 2 Abs. 38 WpHG Unternehmen, die zur Einholung von Handelsveröffentlichungen nach Art. 6, 7, 10, 12, 13, 20 und 21 VO Nr. 600/2014 auf Handelsplätzen und bei genehmigten Veröffentlichungssystemen berechtigt sind und diese Handelsveröffentlichungen in einem kontinuierlichen elektronischen Echtzeitdatenstrom konsolidieren, über den Preis- und Handelsvolumendaten für jedes einzelne Finanzinstrument abrufbar sind. Ein genehmigter Meldemechanismus ist gem. § 2 Abs. 39 WpHG ein Unternehmen, das dazu berechtigt ist, im Namen eines Wertpapierdienstleistungsunternehmens Einzelheiten zu Geschäften an die zuständigen nationalen Behörden oder die ESMA zu melden.

6 Die Regulierung dieser verschiedenen Dienste en bloc im Zuge der MiFID II/MiFIR-Gesetzgebung soll zur **Förderung der Qualität der Handelstransparenz und eines stärker integrierten europäischen Marktes** beitragen[3]. Während genehmigte Meldemechanismen bei der Information der Behörden zum Zwecke der Marktüberwachung zum Einsatz kommen, dienen genehmigte Datenbereitstellungsdienste und Bereitsteller konsolidierter Datenticker der Informationsbereitstellung für die am Handel interessierten Marktteilnehmer. Die Transparenzregelungen beruhen auf der Erkenntnis, dass die Harmonisierung der Finanzmärkte zwar ein größeres Angebot an Handelsplätzen hervorgebracht hat, jedoch die erforderlichen Informationen fehlten, um aus der Vielzahl der neuen Angebote überhaupt das beste finden zu können[4]. Deshalb sind insbesondere die Veröffentlichung von außerbörslichen Transaktionen in vereinheitlichter Form und die konsolidierte Bereitstellung von verfügbaren Handelsinformationen gesetzgeberisch ausgebaut worden. Marktteilnehmer sollen einen zuverlässigen und kostengünstigen Zugang zu bedeutsamen Marktdaten erhalten[5]. Die Abgabe behördlicher Meldungen, auch unter Einschaltung Dritter, war bereits im alten Recht bei börslich handelbaren Instrumenten in § 9 WpHG a.F. angelegt. Der behördliche Meldeprozess wird auch als *Transaction Reporting*[6] bezeichnet, die Informationsbereitstellung an den Markt als *Trade Reporting*[7]. Letzteres soll die Marktteilnehmer unterstützen, den besten Ort für die Orderausführung zu finden. Es ist damit eine flankierende Maßnahme zu Best Execution und soll Informationsasymmetrien am Markt entgegenwirken[8]. In der Literatur wird zudem hervorgehoben, das die größere Markttransparenz der MiFID II/MiFIR-Regulierung auch unter Aufsichtsgesichtspunkten hilft, Risikokonzentrationen bei Marktteilnehmern besser zu erkennen[9].

7 Entsprechend der Dreiteilung ist für jede Art eines Datenbereitstellungsdienstes im 10. Abschnitt des WpHG ein eigener Paragraph mit variierenden Organisationspflichten vorgesehen. **§ 58 WpHG** behandelt das genehmigte Veröffentlichungssystem, **§ 59 WpHG** den Bereitsteller konsolidierter Datenticker und **§ 60 WpHG** den genehmigten Meldemechanismus. Regelungstechnische Gemeinsamkeiten für alle drei Dienste bestehen insbesondere bei den Maßnahmen zur Behandlung von Interessenkonflikten und zur Gewährleistung der IT-Sicherheit sowie bei der Einrichtung eines Hinweisgeberverfahrens. Bietet ein Unternehmen zwei oder alle drei Arten der Datenbereitstellung an, so hat es die Pflichten aus jeder der dann auf den jeweiligen Dienst anwendbaren Vorschrift zu beachten.

8 **§§ 61 und 62 WpHG** sind Vorschriften, deren Inhalt sich mit Teilbereichen der präventiven Beaufsichtigung von Datenbereitstellungsdiensten beschäftigt. Sie enthalten daher auch Regelungen, bei denen die BaFin oder Wirtschaftsprüfer Normadressaten sind.

9 **II. Terminologie.** In den in deutscher Sprache abgefassten Ausfertigungen der MiFIR und DelVO 2017/571 werden für die einzelnen Dienste Abkürzungen benutzt, die sich von den entsprechenden englischen Begriffen ableiten. Das genehmigte Veröffentlichungssystem heißt abgekürzt nicht GVS, sondern wird ausgehend von *Approved Publication Arrangement* als **APA** bezeichnet. Der Bereitsteller konsolidierter Datenticker, in MiFID

---

1 Statt vieler: *Nettesheim* in Grabitz/Hilf/Nettesheim, Art. 288 AEUV Rz. 47 ff.
2 Aus Art. 17 Abs. 3 lit. a Ziff. ii VO Nr. 600/2014 i.V.m. Art. 13 Abs. 2 DelVO 2017/567 ergibt sich, dass APA auch bei der Veröffentlichung von Kursofferten systematischer Internalisierer gem. Art. 14 Abs. 1 und 15 Abs. 1 VO Nr. 600/2014 zum Einsatz kommen können.
3 Erwägungsgründe Nr. 116 und 117 RL 2014/65/EU. S. auch BT-Drucks. 18/10936, 288.
4 *Happel/Süss* in Teuber/Schröer, S. 254.
5 *Meixner*, ZAP 2017, 911, 915; s. auch BaFin-Jahresbericht 2017, S. 123.
6 Vgl. die Überschrift des Titels IV der englischen Fassung der MiFIR.
7 *Knoll*, ZFR 2016, 62.
8 *Knoll*, ZFR 2016, 62.
9 *Patz*, S. 85, 89.

und MiFIR auch Bereitsteller konsolidierter Datenträger oder Anbieter konsolidierter Datenticker genannt, wird ausgehend von *Consolidated Tape Provider* kurz als **CTP** betitelt. Der genehmigte Meldemechanismus wird in der englischen Sprache mit *Approved Reporting Mechanism* bezeichnet und mit **ARM** abgekürzt. In der MiFIR findet sich für den Begriff des Datenbereitstellungsdienstes – engl.: *Data Reporting Service Provider* – auch die Übersetzung Datenübermittlungsdienstleister[1].

III. Regelungen im KWG. Das Erbringen einer Datenbereitstellungsdienstleistung stellt **keine Wertpapierdienstleistung und auch keine Wertpapiernebendienstleistung** i.S.d. § 2 Abs. 8 und 9 WpHG dar. Ebenso ist es **keine Bank- oder Finanzdienstleistung** i.S.v. § 1 Abs. 1 und 1a KWG, sondern auch KWG-rechtlich als **eigenständige Begriffskategorie** ausgestaltet worden[2]. § 1 Abs. 3a KWG verweist bei der Definition eines Datenbereitstellungsdienstes auf die Legaldefinitionen in § 2 Abs. 37-39 WpHG. Das Tätigwerden als Datenbereitstellungsdienst bedarf nach § 32 Abs. 1f Satz 1 KWG grundsätzlich einer **Erlaubnis der BaFin**. Dies gilt unabhängig davon, ob der Antragsteller ein Institut im Sinne des KWG ist oder nicht. Nur wenn eine Erlaubnis zum Betrieb eines MTF bzw. OTF oder zum Betrieb einer Börse vorliegt, so umfasst diese auch die Datenbereitstellungsdienserlaubnis; vgl. § 32 Abs. 1f Satz 5 KWG. Unternehmen, die bereits als Betreiber von Handelsplätzen zur Veröffentlichung getätigter Geschäfte verpflichtet sind, sollen den Status eines Datenbereitstellungsdienstes leichter erlangen können. Allerdings ist in § 32 Abs. 1f Satz 4 KWG vorgesehen, dass das Vorliegen der Zulassungsvoraussetzungen behördlich festzustellen ist. Im Ergebnis steht dies einem Erlaubnisverfahren nicht viel nach. Die Befugnisnorm, eine beantragte Erlaubnis zu verweigern, ist in § 33 Abs. 1a KWG enthalten. § 53b Abs. 1a KWG regelt schließlich, dass ein Unternehmen mit Sitz in einem anderen Mitgliedstaat der EU oder einem EWR-Vertragsstaat ohne Erlaubnis durch die BaFin über eine Zweigniederlassung oder im Wege des grenzüberschreitenden Dienstleistungsverkehrs im Deutschland als Datenbereitstellungsdienst tätig werden darf. Voraussetzung ist, dass das Unternehmen im Herkunftsland als Datenbereitstellungsdienst zugelassen worden ist und die Geschäfte in Deutschland durch diese Zulassung abgedeckt sind.

§ 25c Abs. 6 KWG verlangt, dass die **Geschäftsleiter** eines Datenbereitstellungsdienstes **zuverlässig** und für dessen Leitung **fachlich geeignet** sein und der Wahrnehmung ihrer Aufgaben **ausreichend Zeit** widmen müssen[3]. Ist beim Unternehmen ein **Aufsichtsorgan** eingerichtet, so müssen die Mitglieder ebenfalls **zuverlässig** sein, die **erforderliche Sachkunde** zur Wahrnehmung der Kontrollfunktion sowie zur Beurteilung und Überwachung der Geschäfts besitzen und der Wahrnehmung ihrer Aufgaben **ausreichend Zeit** widmen; § 25d Abs. 13 KWG verweist hier auf die entsprechende Geltung von § 25d Abs. 1 KWG. Ein Aufsichtsgremium muss gem. § 25d Abs. 13 i.V.m. Abs. 2 KWG analog in seiner Gesamtheit die Kenntnisse, Fähigkeiten und Erfahrungen haben, die zur Wahrnehmung der Kontrollfunktion sowie zur Beurteilung und Überwachung der Geschäftsleitung notwendig sind. Die BaFin kann gegenüber Geschäftsleitern und Mitgliedern eines Aufsichtsorgans mit **aufsichtsrechtlichen Maßnahmen**, bis hin zum Tätigkeitsverbot vorgehen, wenn sich später herausstellen sollte, dass die Vorrausetzungen an die Zuverlässigkeit, Eignung und zeitliche Verfügbarkeit nicht mehr gegeben sind; vgl. § 36 Abs. 1 und 4 KWG. Bei Börsenträgern, die als Datenbereitstellungsdienst agieren, stellt sich das Problem, dass die BaFin mit der Abberufung des Geschäftsführers des Datenbereitstellungsdienstes den Geschäftsführer des Börsenträgers abberuft. Letzteres liegt nicht in ihrer Kompetenz, sondern in der der Börsenaufsichtsbehörde. Die Behörden sind in diesem Fall der Zuständigkeitskumulation aufgefordert, die Belange der jeweils anderen Behörde angemessen zu berücksichtigen. § 24 Abs. 3d KWG verlangt von den Datenbereitstellungsdiensten, dass diese sowohl die **Absicht als auch den Vollzug der Bestellung eines Geschäftsleiters** unter Angabe der Tatsachen, die für die Beurteilung der Zuverlässigkeit, der fachlichen Eignung und der ausreichenden zeitlichen Verfügbarkeit für die Wahrnehmung der jeweiligen Aufgaben wesentlich sind, der BaFin **anzeigen** müssen. Anzeigepflichtig ist auch die **Bestellung von Mitgliedern oder stellvertretenden Mitgliedern des Aufsichtsorgans** unter Angabe der Tatsachen, die zur Beurteilung ihrer Zuverlässigkeit, Sachkunde und der ausreichenden zeitlichen Verfügbarkeit für die Wahrnehmung ihrer Aufgaben notwendig sind. Auch das Ausscheiden aus der Geschäftsleitung bzw. dem Kontrollgremium ist der Behörde anzuzeigen.

Der **Inhalt des Erlaubnisantrags** als Datenbereitstellungsdienst muss Angaben zur Zuverlässigkeit, Eignung und zeitlichen Verfügbarkeit der Mitglieder der Unternehmensorgane enthalten; § 32 Abs. 1f Satz 2 Nr. 1–4 und 6 KWG. Darüber hat der Antrag gem. § 32 Abs. 1f Satz 2 Nr. 5 KWG einen tragfähigen Geschäftsplan zu enthalten, aus der die Art der geplanten Geschäfte, der organisatorische Aufbau und die vorgesehenen internen Kontrollverfahren hervorgehen. Aus der Art der geplanten Geschäfte ergibt sich, ob es sich um einen APA-, CTP- oder ARM-Dienst handelt. Einem Unternehmen ist es dabei gestattet, sich für zwei oder alle drei Arten der Dienste eine Erlaubnis einzuholen. Über das Nähere zu Inhalt und Form des Erlaubnisantrags verweist § 32 Abs. 1f Satz 2 KWG auf die technischen Regulierungs- und Durchführungsstandards gem. Art. 61 Abs. 4 und 5 RL 2014/65/EU. Dabei handelt es sich insbesondere um die Art. 2 bis 4 DelVO 2017/571 und die bislang nach

---

1 Erwägungsgrund Nr. 3 VO Nr. 600/2014.
2 BT-Drucks. 18/10936, 283.
3 Vgl. auch ESMA70-154-271 DE „Leitlininen zu den Leitungsorganen von Marktbetreibern und Datenbereitstellungsdiensten" v. 19.12.2017, mit Interpretationsvorschlägen. Die BaFin hat mit Internetbekanntmachung vom 6.2.2018 verlautbart, diese Leitlinien in der Aufsichtspraxis anzuwenden.

wie vor nur im Entwurf vorliegenden Standards „ITS 3: Draft implementing technical standards under Article 61(5) of Directive 2014/65/EU."

13   § 64x KWG enthält in Abs. 7 eine **Übergangsvorschrift zur Erlaubniserteilung**. Für ein Unternehmen, das am 3.1.2018 als Datenbereitstellungsdienst tätig ist, ohne über eine Erlaubnis der Bundesanstalt zu verfügen, gilt die Erlaubnis als zu diesem Zeitpunkt vorläufig erteilt, wenn es bis zum 2.7.2018 einen vollständigen Erlaubnisantrag nach § 32 Abs. 1f KWG stellt.

§ 58 Organisationspflichten für genehmigte Veröffentlichungssysteme

(1) Ein genehmigtes Veröffentlichungssystem muss angemessene Grundsätze aufstellen und Vorkehrungen treffen, um mindestens die nachfolgenden Informationen über Geschäfte in Finanzinstrumenten zu angemessenen kaufmännischen Bedingungen und, soweit technisch möglich, auf Echtzeitbasis veröffentlichen zu können:
1. Kennung des Finanzinstruments;
2. Kurs, zu dem das Geschäft abgeschlossen wurde;
3. Volumen des Geschäfts;
4. Zeitpunkt des Geschäfts;
5. Zeitpunkt, zu dem das Geschäft gemeldet wurde;
6. Kurszusatz des Geschäfts;
7. Code für den Handelsplatz, an dem das Geschäft ausgeführt wurde, oder, wenn das Geschäft über einen systematischen Internalisierer ausgeführt wurde, den Code „SI" oder andernfalls den Code „OTC";
8. sofern anwendbar, einen Hinweis, dass das Geschäft besonderen Bedingungen unterlag.

Die Informationen nach Satz 1 sind spätestens 15 Minuten nach der Veröffentlichung kostenlos zur Verfügung zu stellen.

(2) Ein genehmigtes Veröffentlichungssystem muss die Informationen effizient und konsistent in einer Weise verbreiten, die einen raschen diskriminierungsfreien Zugang zu den betreffenden Informationen sicherstellt. Die Informationen sind in einem Format zu veröffentlichen, das die Konsolidierung der Daten mit vergleichbaren Daten aus anderen Quellen erleichtert.

(3) Ein genehmigtes Veröffentlichungssystem muss organisatorische Vorkehrungen treffen, um Interessenkonflikte mit seinen Kunden zu vermeiden. Insbesondere muss es, wenn es zugleich auch Börsenbetreiber oder Wertpapierdienstleistungsunternehmen ist, alle erhobenen Informationen in nichtdiskriminierender Weise behandeln und auf Dauer geeignete Vorkehrungen treffen, um diese unterschiedlichen Unternehmensfunktionen voneinander zu trennen.

(4) Ein genehmigtes Veröffentlichungssystem muss Mechanismen einrichten, die die Sicherheit der Informationsübermittlungswege gewährleisten, das Risiko der unbefugten Datenveränderung und des unberechtigten Zugriffs minimieren und ein Bekanntwerden noch nicht veröffentlichter Informationen verhindern. Es muss über ausreichende Mittel und Notfallsysteme verfügen, um seine Dienste jederzeit anbieten und aufrechterhalten zu können.

(5) Ein genehmigtes Veröffentlichungssystem muss über wirksame Mechanismen verfügen, um die zu veröffentlichenden Informationen auf Vollständigkeit prüfen zu können, Lücken und offensichtliche Fehler zu erkennen und es zu ermöglichen, bei fehlerhaften Auskünften eine Neuübermittlung anfordern zu können.

(6) Ein genehmigtes Veröffentlichungssystem muss über ein Hinweisgeberverfahren in entsprechender Anwendung von § 25a Absatz 1 Satz 6 Nummer 3 des Kreditwesengesetzes verfügen.

(7) Näheres zu den Organisationspflichten nach den Absätzen 1 bis 6 regelt die Delegierte Verordnung (EU) 2017/571 der Kommission vom 2. Juni 2016 zur Ergänzung der Richtlinie 2014/65/EU des Europäischen Parlaments und des Rates durch technische Regulierungsstandards für die Zulassung, die organisatorischen Anforderungen und die Veröffentlichung von Geschäften für Datenbereitstellungsdienste (ABl. L 87 vom 31.3.2017, S. 126), in der jeweils geltenden Fassung.

In der Fassung des 2. FiMaNoG vom 23.6.2017 (BGBl. I 2017, 1693).

Schrifttum: *Grabitz/Hilf/Nettesheim* (Hrsg.), Das Recht der Europäischen Union: EUV/AEUV, 56. Aufl., Loseblatt, Stand Januar 2016; *Hoops*, Die Regulierung von Marktdaten nach der MiFID II, WM 2018, 205; *Knoll*, Datenbereitstellungsdienste nach MiFID II, ZFR 2016, 62; *Renz/Rohde-Liebenau*, Die Hinweisgeber-Regelung des § 25a KWG, BB

2014, 692; *Schelling*, Die systematische Internalisierung in Nichteigenkapitalinstrumenten nach MiFID II und MiFIR, BKR 2015, 221.

I. Gegenstand der Norm	1	IV. Vermeiden von Interessenkonflikten (§ 58 Abs. 3 WpHG)	24
II. Regelungsinhalt von § 58 Abs. 1 WpHG	4	V. Gewährleistung der Informationssicherheit (§ 58 Abs. 4 WpHG)	26
1. Die Veröffentlichung der Handelsdaten	5	VI. Prüfung auf Vollständigkeit und Richtigkeit (§ 58 Abs. 5 WpHG)	37
2. Echtzeitbasis	7	VII. Einrichtung eines Hinweisgeberverfahrens (§ 58 Abs. 6 WpHG)	42
3. Angemessene Grundsätze aufstellen und Vorkehrungen treffen	8	VIII. Verweis auf DelVO 2017/571 (§ 58 Abs. 7 WpHG)	44
4. Inhalt der Veröffentlichung	12		
III. Art und Weise der Informationsbereitstellung (§ 58 Abs. 2 WpHG)	18		

I. Gegenstand der Norm. In § 58 WpHG sind **wesentliche organisatorischen Pflichten** definiert, die ein Unternehmen zu beachten hat, wenn es eine Tätigkeit als Datenbereitstellungsdienst in Form **eines genehmigten Veröffentlichungssystems** (*Approved Publication Arrangement* – APA) ausübt. Gemäß § 2 Abs. 37 WpHG ist ein APA ein Unternehmen, welches im Namen von Wertpapierdienstleistungsunternehmen Handelsveröffentlichungen i.S.d. Art. 20 und 21 VO Nr. 600/2014 (MiFIR) vornimmt. Die Handelsveröffentlichungen betreffen Informationen über Geschäfte in Finanzinstrumenten, an denen das Wertpapierdienstleistungsunternehmen als Handelsteilnehmer im eigenen Namen oder im Namen von Kunden beteiligt war. Erfasst sind Geschäfte, die außerhalb von Handelsplätzen (EU-/EWR-Börse, MTF, OTF), also OTC – einschließlich im Wege der systematischen Internalisierung – stattgefunden haben. Auch Geschäfte an Nicht-EU-/EWR-Handelsplätzen können umfasst sein, falls dort keine Nachhandelstransparenzpflichten bestehen, die der MiFID II/MiFIR-Regelung ähnlich sind[1]. Bei den veröffentlichungspflichtigen Informationen handelt es sich im Grundsatz um das Volumen, den Preis und die Zeit der Transaktion.

Mit § 58 Abs. 1 bis 5 WpHG werden die Vorgaben aus Art. 64 Abs. 1 bis 4 RL 2014/65/EU (MiFID II) umgesetzt[2]. Hinsichtlich des Hinweisgebersystems in § 58 Abs. 6 WpHG bildet Art. 73 Abs. 2 RL 2014/65/EU die europarechtliche Grundlage[3]. Die Tätigkeit als APA setzt eine **behördliche Erlaubnis** voraus. Diese ist **nicht Gegenstand der Regelungen des WpHG**, sondern des KWG (s. Vor §§ 58 ff. WpHG Rz. 10). Nach § 32 Abs. 1f Satz 1 KWG benötigt derjenige eine schriftliche Erlaubnis der BaFin, der im Inland gewerbsmäßig oder in einem Umfang, der einen in kaufmännischer Weise eingerichteten Geschäftsbetrieb erfordert, als Datenbereitstellungsdienst tätig werden will. Nach § 32 Abs. 1f Satz 4 und 5 KWG ist kein Zulassungsverfahren, sondern nur ein Feststellungsverfahren erforderlich, wenn ein Institut im Sinne des KWG oder ein Träger einer inländischen Börse bereits einen Handelsplatz betreibt und darüber hinaus als Datenbereitstellungsdienst tätig werden möchte. Als APA tritt in Deutschland seit Inkrafttreten der MiFID II/MiFIR-Gesetzgebung die Deutsche Börse AG in Erscheinung[4]. Darüber hinaus hat Mitte April 2018 die vwd TransactionSolutions AG die BaFin-Zulassung als APA erhalten[5]. APA aus anderen Staaten der EU oder des EWR können im grenzüberschreitenden Dienstleistungsverkehr ihre Dienstleistung in Deutschland anbieten, ohne von der BaFin genehmigt zu sein; § 53b Abs. 1a KWG. Vom Gesetz nicht ausgeschlossen ist der Fall, dass ein Wertpapierdienstleistungsunternehmen in Bezug auf seine Handelsdaten selbst als APA fungiert und nicht auf einen Dritten ausweicht. Es muss dann allerdings auch für andere Handelshäuser als APA zur Verfügung stehen. Grundsätzlich liegt dem Gesetz jedoch die Vorstellung zugrunde, dass ein APA eine externe dritte Person ist[6]. Insofern kann von einem gesetzlich vorgesehenen Fall der Auslagerung gesprochen werden. Inwieweit § 25b KWG für das originär meldepflichtige Institut bei einem unfreiwilligen Outsourcing anwendbar ist, ist nicht geregelt. Zumindest sollte seine gesetzliche Verantwortung an dem Punkt enden, an dem die gesetzliche Verantwortung des APA beginnt[7].

§ 58 WpHG regelt die Organisationspflichten für APA nicht abschließend. Unmittelbar geltende Rechtsakte der EU enthalten ebenfalls strukturelle Vorgaben zu in § 58 Abs. 1 bis 6 WpHG behandelten Aspekten. Zu erwähnen sind insbesondere Vorschriften aus der **DelVO 2017/565 und DelVO 2017/571**. Mit dem Verweis in § 58 Abs. 7 WpHG, dass Näheres zu den Organisationspflichten eines APA in der DelVO 2017/571 geregelt ist, macht sich der deutsche Gesetzgeber den Regelungsgehalt dieser Verordnung gleichsam zu seiner eigenen Auf-

---

1 Vgl. ESMA-Opinion ESMA70-154-467 vom 15.12.2017.
2 BT-Drucks. 18/10936, 232.
3 BT-Drucks. 18/10936, 232; Erwähnung finden auch die weitgehend inhaltsgleichen Art. 32 Abs. 3 VO Nr. 596/2014 (MAR) und Art. 28 Abs. 4 VO Nr. 1286/2014 (PRIIP-VO).
4 ZfgK 2017, 1243; *Hoops*, WM 2018, 205, 208.
5 S. ESMA-Liste der APA, Stand: 8.5.2018; abrufbar unter www.esma.europa.eu.
6 Vgl. auch *Schelling*, BKR 2015, 221, 226.
7 *Hoops*, WM 2018, 205, 208 lehnt eine Auslagerungssituation insgesamt ab.

fassung. Für die Geltungskraft der Verordnung ist dies nicht erforderlich. Im Falle einer Kollision von bundesgesetzlichen Regelungen genießt das EU-Recht Anwendungsvorrang[1]. Rein deklaratorisch ist der Verweis indes nicht. Die BaFin kann die Vorschriften, auf die verwiesen wird, in ihre Überwachung nach § 61 WpHG mit einbeziehen. Die Regelungen können damit auch in die Bewertung einfließen, ob Bußgeldtatbestände des § 120 WpHG verwirklicht sind.

4 **II. Regelungsinhalt von § 58 Abs. 1 WpHG.** § 58 Abs. 1 WpHG spricht an, **welche Leistung ein APA erbringen können muss**. Es muss in der Lage sein, die Informationen über Geschäfte in Finanzinstrumenten, die es von einem veröffentlichungspflichtigen Wertpapierdienstleistungsunternehmen erhält, über seine Infrastruktur zu veröffentlichen. Eine Beschränkung auf gewisse Arten von Finanzinstrumenten sieht die Vorschrift nicht vor. Die Fähigkeit, Geschäfte zu veröffentlichen, muss sich auf alle Finanzinstrumente beziehen und betrifft damit Kassa- und Termingeschäfte gleichermaßen. Die eigentliche (öffentlich-rechtliche) Verpflichtung des APA zur Veröffentlichung ist eher § 58 Abs. 2 WpHG zu entnehmen (s. Rz. 18). Die Veröffentlichung muss zu angemessenen kaufmännischen Bedingungen und, soweit dies technisch möglich ist, auf Echtzeitbasis erfolgen. Für die Leistung, die das APA anbietet, hat es angemessene Grundsätze aufzustellen und angemessene Vorkehrungen zu treffen. Die Grundsätze enthalten die Funktionsbeschreibung des APA-Service. Beim Treffen der Vorkehrungen geht es um die Einrichtung prozessualer Abläufe, mit denen die Vorgaben der gesetzlichen Vorschriften und der aufgestellten Grundsätze abgebildet werden.

5 **1. Die Veröffentlichung der Handelsdaten.** Aus Art. 20 Abs. 1 Satz 2 und Art. 21 Abs. 1 Satz 2 VO Nr. 600/2014 ergibt sich, dass das veröffentlichungspflichtige Wertpapierdienstleistungsunternehmen Informationen über seine Handelsgeschäfte mittels APA zu publizieren hat. Das Wertpapierdienstleistungsunternehmen trägt die Verantwortung, dass die Daten über das jeweilige Geschäft an das mit der Veröffentlichung beauftragte APA übermittelt werden. Für die tatsächliche technische Vornahme der Veröffentlichung ist das APA zuständig. Der **Prozess der Veröffentlichung** durch das APA **verläuft schrittweise**. Die Handelsdaten werden nicht sofort für die Öffentlichkeit verfügbar gemacht, sondern zunächst nur für diejenigen, die zur Zahlung eines Entgelts gegenüber dem APA bereit sind[2]. Die Veröffentlichung steht unter dem Vorbehalt, dass sie zu angemessenen kaufmännischen Bedingungen erfolgt. Diese Formulierung bedeutet, dass das APA nicht jedermann einen kostenlosen Zugang zu den Informationen ermöglichen muss. Insofern bedeutet „veröffentlichen" **im ersten Schritt eine Verfügbarkeit** der Information **für eine eingeschränkte Öffentlichkeit**. Die Preispolitik darf dabei keine diskriminierenden Elemente enthalten; arg. § 58 Abs. 2 Satz 1 WpHG. Wie sich aus § 58 Abs. 1 Satz 2 WpHG ergibt, sind die Informationen spätestens **nach 15 Minuten** nach der Bekanntgabe gegenüber den Bezahlern **kostenlos der Allgemeinheit zur Verfügung zu stellen**. Die entgeltlichen Nutzer besitzen insofern einen Informationsvorsprung. Regelungen zum technischen Format der Veröffentlichung ergeben sich aus § 58 Abs. 2 Satz 2 WpHG (s. Rz. 21). Nicht ausgeschlossen ist, dass ein APA von vornherein die Daten sofort kostenlos für jedermann zugänglich macht[3].

6 Zur Verpflichtung, Marktdaten **zu angemessenen kaufmännischen Bedingungen** bereitzustellen, finden sich in Art. 84 ff. DelVO 2017/565 weitergehende Ausführungen. Maßgeblich für die Preiskalkulation des grundsätzlich nutzerabhängig auszugestaltenden Entgelts sind die bei der Erarbeitung und Verbreitung der Marktdaten anfallenden Kosten, die auch eine angemessene Gewinnspanne enthalten darf (Art. 85 Abs. 1 DelVO 2017/565). Das APA hat allen Kunden, die laut den veröffentlichten objektiven Kriterien in dieselbe Kategorie fallen, Marktdaten zum selben Preis und unter denselben Bestimmungen und Bedingungen zur Verfügung zu stellen (Art. 86 Abs. 1 DelVO 2017/565). Unterschiede bei den für einzelne Kundenkategorien ausgewiesenen Entgelten müssen zu dem Wert verhältnismäßig sein, die die Marktdaten für diese Kunden darstellen, wobei nach Art. 86 Abs. 2 DelVO 2017/565 Folgendes zu berücksichtigen ist:

- Umfang und Größenordnung der Marktdaten, einschließlich der Anzahl der betreffenden Finanzinstrumente sowie des Handelsvolumens;
- Zweck, für den der Kunde die Marktdaten verwendet, wobei auch zu berücksichtigen ist, ob sie für eigene Handelstätigkeiten des Kunden, zum Weiterverkauf oder zur Datenaggregation genutzt werden.

Art. 87 Abs. 2 DelVO 2017/565 lässt es zu, Marktdaten nicht nutzerabhängig bereitzustellen, wenn die Berechnung eines nutzerabhängigen Entgelts hinsichtlich der Kosten für die Bereitstellung der Marktdaten in Anbetracht des Umfangs und der Größenordnung der Marktdaten unverhältnismäßig wäre. Das APA hat gem. Art. 87 Abs. 3 DelVO 2017/565 diese Entscheidung zu begründen. Zur Sicherstellung der Preisklarheit und -wahrheit ist es dem APA verwehrt, Koppelungsangebote mit anderen Dienstleistungen zu unterbreiten, Art. 88 Abs. 1 DelVO 2017/565 i.V.m. § 58 Abs. 7 WpHG. Der Bezieher von Marktdaten soll eindeutig zuordnen können, welchen Preis er für die APA-Dienstleistung bezahlt.

---

[1] Statt vieler: *Nettesheim* in Grabitz/Hilf/Nettesheim, Art. 288 AEUV Rz. 47 ff.; *Lutter/Bayer/J. Schmidt*, Rz. 3.2.
[2] *Knoll*, ZFR 2016, 62, 64.
[3] Arg. Art. 84 Abs. 2 DelVO 2017/565.

2. Echtzeitbasis. Das WpHG (§ 58 Abs. 1) verlangt im Rahmen des technisch Möglichen, dass das APA die Informationen auf Echtzeitbasis veröffentlichen muss. Hiermit ist gemeint, dass das System im Grundsatz ständig einsatzbereit zu sein hat und zwischen der Anlieferung der Daten und der Auslieferung keine nennenswerten Verzögerungen auftreten dürfen. Auch die originäre Veröffentlichungspflicht für die Wertpapierdienstleistungsunternehmen knüpft grundsätzlich am Begriff der Echtzeit an. Gemäß Art. 20 Abs. 2 Satz 1 i.V.m. Art. 6 Abs. 1 Satz 2 VO Nr. 600/2014 bzw. Art. 21 Abs. 3 i.V.m. Art. 10 Abs. 1 Satz 2 VO Nr. 600/2014 sind die Institute verpflichtet, die Einzelheiten über die Geschäfte so nah in Echtzeit wie technisch möglich zu veröffentlichen. Auf dieser Ebene sind Ausnahmen in Art. 20 Abs. 2 Satz 2 und Art. 21 Abs. 4 VO Nr. 600/2014 geregelt. Ferner enthält Art. 18 Abs. 2 DelVO 2017/567 eine Sonderregelung über den Veröffentlichungszeitpunkt von Abreden über Derivatepositionen, die im Rahmen von Portfoliokompressionen getroffen werden[1], die der WpHG-Regelung vorgehen.

7

3. Angemessene Grundsätze aufstellen und Vorkehrungen treffen. Sowohl die **Grundsätze**, die in der englischen Fassung der MiFID II als Policy bezeichnet werden, als auch die zu treffenden **Vorkehrungen** müssen **angemessen ausgestaltet** sein. Hinsichtlich der Grundsätze bedeutet dies, dass die darin enthaltenen Ausführungen zur Funktionsweise der Datenbereitstellung via APA für einen Leser, der auf dem Gebiet des Trade Reporting kundig ist, nachvollziehbar und verständlich sein müssen. Aus der Kombination der Wörter „angemessen" und „Grundsätze" ergibt sich, dass die Beschreibung keine Erläuterungen der Abläufe bis in die letzte technische Verästelung enthalten muss. Zu kurz dürfen die Grundsätze indes nicht ausfallen, da das vorsätzliche oder leichtfertige Nichtverfügen über Grundsätze eine **Ordnungswidrigkeit** gem. § 120 Abs. 8 Nr. 10 WpHG darstellt.

8

Vorkehrungen sind angemessen, wenn sie bei normaler und ungestörter Ablauffolge die pflichtgemäße Datenbereitstellung ermöglichen. Die dabei zum Einsatz kommende Hard- und Software sollte – losgelöst von den gesetzlichen Anforderungen – dem Stand der Technik entsprechen. Ob der Einsatz bestmöglicher Technik verlangt werden kann, ist eine Frage, ob dies im Rahmen angemessener kaufmännischer Bedingungen möglich ist. Ein APA ist nicht verpflichtet, defizitär zu arbeiten. Seine Leistungen stehen in einer Korrelation zu seinen positiven Ertragsmöglichkeiten. Bereits im Zulassungsverfahren hat ein potentielles APA gem. § 32 Abs. 1f Nr. 5 KWG einen tragfähigen Geschäftsplan vorzulegen. Das Nichtvorhandensein der in § 58 Abs. 1 Satz 1 WpHG angesprochenen Vorkehrungen ist nach § 120 Abs. 8 Nr. 10 WpHG mit **Geldbuße** bedroht.

9

Die **Grundsätze** sind in Textform abzufassen. Das WpHG verhält sich nicht dazu, ob die Grundsätze ein Internum darstellen oder ob sie den Nutzern zur Verfügung stehen müssen. Als organisationsrechtliche Vorgabe handelt es sich **zunächst um ein Internum**, das sich als Derivat aus Geschäftsstrategie und dem im Zulassungsverfahren geforderten Geschäftsplan verstehen lässt. Um ein aus der Unternehmensstrategie abgeleitetes Handbuch, das sämtliche Arbeitsschritte umschreibt, dürfte es sich dabei nicht handeln. Da ein APA ein zwischengeschaltetes Unternehmen ist, müssen die Grundsätze Beschreibungen enthalten, wie es von den nach Art. 20, 21 VO Nr. 600/2014 informationsverpflichteten Wertpapierdienstleistungsunternehmen und den an den Informationen interessierten Kreisen jeweils genutzt werden kann. Die Grundsätze haben daher die **Abläufe der Informationslieferung** einerseits und die **Informationsbezugsmöglichkeit** andererseits **zu beschreiben**. Zu benennen ist dabei auch die **zum Einsatz kommende Technik**. Aus dem Dokument sollte sich erschließen, wer wann und wie Zugang zum technischen System bekommt. Die Grundsätze sollten dabei berücksichtigen, dass der Zugang grundsätzlich keine diskriminierenden Elemente enthalten darf. Für die Seite der Informationsbezieher wird dies insbesondere in Art. 86 Abs. 1 DelVO 2017/565 angesprochen. Die Grundsätze sollten die zivilrechtlichen Pflichten reflektieren und auch den Inhalt des Meldesatzes (s. Rz. 12) sowie das technische Format (s. Rz. 21) beschreiben. Auch die **Korrekturmöglichkeit** der durch das APA verursachten **Veröffentlichungsfehler** sollte in den Grundsätzen angesprochen werden. Art. 10 Abs. 1 DelVO 2017/571 (i.V.m. § 58 Abs. 7 WpHG) sieht eine Pflicht zur Korrektur selbstverursachter Fehler vor.

10

Die **Grundsätze** können auch **veröffentlicht werden**, damit sich die potentiellen Nutzer einen Überblick über das Leistungsangebot en bloc verschaffen können. Für die Beschreibung des Systemzugriffs und die Datenverwendung verlangt Art. 14 Abs. 5 lit. c DelVO 2017/571 (i.V.m. § 58 Abs. 7 WpHG) ohnehin, dass die **Anweisungen hierzu auf der Startseite ihrer Internetpräsenz** zur Verfügung stehen müssen. Letztendlich sind für das Verhältnis des APA zu seinen Nutzern die konkreten vertraglichen Absprachen maßgeblich. Die standardisierten **Vertragsbedingungen nebst Preistableau** sind nach der europarechtlichen Vorschrift Art. 89 Abs. 1 und 2 DelVO 2017/565 **offenzulegen** und leicht zugänglich zu machen. Der Inhalt der Grundsätze sollte mit den Vertragsklauseln im Einklang stehen. Zur **zivilrechtlichen Einordnung der Verhältnisse zwischen den beteiligten Personen** gibt das WpHG keine weiteren Hinweise. Die Verträge werden je nach Nutzergruppe – Informationslieferant oder Informationsbezieher – regelmäßig Bestandteil eines Geschäftsbesorgungs- bzw. Benutzungsvertrages mit dem APA und Allgemeine Geschäftsbedingungen (AGB) i.S.d. § 305 BGB sein, soweit deutsches Recht nicht abbedungen ist. Hilfreich ist ggf. ein klarstellender Hinweis, dass das APA gegenüber den Informationsbeziehern nicht lediglich als Vertreter und Erfüllungsgehilfe des Wertpapierdienstleistungs-

11

---

[1] Vgl. *Köhler/Büscher* in Schwintowski, Bankrecht, Kap. 22 Rz. 429.

unternehmens, sondern als gesetzlich vorgesehene Einrichtung in eigener Verantwortung agiert. Beim Vertrag zwischen dem meldepflichtigen Wertpapierdienstleistungsunternehmen und dem APA wird man von einem Schriftformerfordernis ausgehen müssen (§ 25b Abs. 3 Satz 3 KWG analog). Bei den Beziehern der Daten ohne zeitliche Verzögerung wird regelmäßig eine entgeltliche Vertragsbeziehung vorliegen. Dies ergibt sich daraus, dass das APA im Rahmen angemessener kaufmännischer Bedingungen tätig wird[1] (s. Rz. 6). Nicht ausgeschlossen ist, dass auch zwischen dem Institut und dem APA ein Entgelt vereinbart wird. Der **Bezug von Marktdaten darf** schließlich **nicht an den Bezug weiterer Dienstleistungen des APA gekoppelt werden**, Art. 88 Abs. 1 DelVO 2017/565. Die wertpapierhandelsrechtlichen Vorgaben über die Leistung und Gegenleistung sind nicht als abschließend zu begreifen. Weitere Vorgaben, z.B. aus verbraucherschützenden Vorschriften, kommen in Betracht. Bezieher der Daten können aus rechtlicher Sicht Verbraucher i.S.d. § 13 BGB sein.

12 **4. Inhalt der Veröffentlichung.** § 58 Abs. 1 Satz 1 WpHG zählt die acht Angaben auf, die die Veröffentlichung enthalten muss. Es handelt sich dabei um **Mindestangaben**. Weitere Angaben sind möglich. Im Einzelnen handelt es sich um:
- die Kennung des Finanzinstruments
- den Kurs, zu dem das Geschäft abgeschlossen wurde,
- das Volumen des Geschäfts
- den Zeitpunkt des Geschäfts
- den Zeitpunkt, zu dem das Geschäft gemeldet wurde,
- den Kurszusatz des Geschäfts
- den Code für den Handelsplatz, an dem das Geschäft ausgeführt wurde, oder, wenn das Geschäft über einen systematischen Internalisierer ausgeführt wurde, den Code „SI" oder andernfalls den Code „OTC".
- ggf. den Hinweis, dass das Geschäft besonderen Bedingungen unterlag.

13 Art. 18 Abs. 1 DelVO 2017/571 (i.V.m. § 58 Abs. 7 WpHG) enthält Detaillierungen zu den einzelnen Angaben, indem er für Eigenkapitalinstrumente auf die Tabellen 2 und 3 von Anhang I DelVO 2017/587 und für Nichteigenkapitalinstrumente auf die Tabellen 1 und 2 von Anhang II DelVO 2017/583 verweist. Für die Kennung des Finanzinstruments ist die internationale Wertpapier-Identifikationsnummer (ISIN) gemäß ISO 6166 zu verwenden. Diese ist für Wertpapiere als auch für börsengehandelte Derivate üblich. Sie ist seit 2018 auch für außerbörslich gehandelte Derivate verfügbar.

14 Hinsichtlich der **Angaben zum Zeitpunkt, zu dem das Geschäft gemeldet wurde**, handelt es sich um eine vom System des APA zu kreierende Information. Das APA hat sich gem. Art. 18 Abs. 5 DelVO 2017/571 (i.V.m. § 58 Abs. 7 WpHG) an der **koordinierten Weltzeit (UTC)** auszurichten. Die Zeitangabe hat dabei sekundengenau zu erfolgen, Art. 18 Abs. 2 DelVO 2017/571. Wurde das zu meldende Geschäft über ein elektronisches System abgewickelt, so ist nach Art. 18 Abs. 3 DelVO 2017/571 die Zeit der Veröffentlichung des Geschäfts sogar bis auf die Millisekunde genau in der Handelsmeldung anzugeben.

15 Die siebtgenannte Pflichtangabe fordert die **Angabe des Codes für den Handelsplatz**. Dies verwundert, will man Art. 20 Abs. 1 und Art. 21 Abs. 1 VO Nr. 600/2014 nicht die Verpflichtung entnehmen, dass auch an einem Handelsplatz gehandelte Geschäfte gemäß dieser Vorschriften meldepflichtig sind. Der Wortlaut der Art. 20 Abs. 1 und 21 Abs. 1 VO Nr. 600/2014 schließt diese Interpretation jedenfalls nicht eindeutig aus. Damit würden aber am Handelsplatz ausgeführte Geschäfte über die Handelsplatzpublizität und über die APA-Publizität doppelt gemeldet, zumindest dann, wenn der Handelsplatzbetreiber nicht zugleich auch als APA für die Handelsteilnehmer agiert. Will man § 58 Abs. 1 Nr. 7 WpHG nicht als gesetzgeberisches Versehen betrachten, dann kann es zur Angabe eines Handelsplatzcodes nur dann kommen, wenn der Handelsplatz Anwendungsmöglichkeiten für bilaterale geschlossene Geschäfte (off book-Geschäfte) vorsieht oder das Geschäft an einem Nicht-EU- bzw. Nicht-EWR-Handelsplatz[2] stattgefunden hat.

16 Als **weitere Angabe** kommt insbesondere die Information in Betracht, ob eine Meldung über weitere APA erfolgt. Im Unterschied zu Nichteigenkapitalinstrumenten ist es bei Eigenkapitalinstrumenten zulässig, mehrere APA einzuschalten (s. Art. 21 VO Nr. 600/2014 Rz. 18). Bestätigt ein meldepflichtiges Wertpapierdienstleistungsunternehmen gegenüber einem APA nicht, dass es im Hinblick auf ein bestimmtes Finanzinstrument nur dieses APA nutzt, so muss eine Identifizierung zwischen einem Originalbericht und einer Kopie mitgeliefert werden; vgl. Art. 17 DelVO 2017/571 (i.V.m. § 58 Abs. 7 WpHG).

17 Hinzuweisen ist auf Art. 31 Abs. 2 VO Nr. 600/2014 i.V.m. Art. 18 Abs. 1 DelVO 2017/567, die Sonderregelungen über den Veröffentlichungsinhalt von Abreden über Derivatepositionen enthalten, die im Rahmen von Portfoliokomprimierungen getroffen werden[3]. Diese gehen der WpHG-Regelung vor.

---

1 Vgl. auch *Knoll*, ZFR 2016, 62, 64.
2 S. hierzu ESMA-Opinion ESMA70-154-467 vom 15.12.2017.
3 Vgl. *Köhler/Büscher* in Schwintowski, Bankrecht, Kap. 22 Rz. 429.

III. Art und Weise der Informationsbereitstellung (§ 58 Abs. 2 WpHG).

§ 58 Abs. 2 Satz 1 WpHG enthält in der Formulierung, dass das APA die Informationen effizient und konsistent in einer Weise verbreiten muss, die einen raschen diskriminierungsfreien Zugang zu den betreffenden Informationen sicherstellt, zunächst die (öffentlich-rechtliche) **Verpflichtung zur Veröffentlichung der Informationsinhalte**. Dies ergibt sich insbesondere aus dem Zusammenspiel mit dem Ordnungswidrigkeitentatbestand in § 120 Abs. 8 Nr. 11 WpHG. Dort heißt es, dass derjenige ordnungswidrig handelt, der vorsätzlich oder leichtfertig entgegen § 58 Abs. 2 Satz 1 WpHG eine Information nicht, nicht richtig, nicht vollständig, nicht in der vorgeschriebenen Weise oder nicht rechtzeitig zur Verfügung stellt. 18

Des Weiteren bringt § 58 Abs. 2 Satz 1 WpHG zusammen mit Satz 2 Prinzipien zum Ausdruck, wie die Informationsbereitstellung zu erfolgen hat: **effizient, konsistent, raschen diskriminierungsfreien Zugang sicherstellend** und **in einem Format, das die Konsolidierung mit vergleichbaren Daten aus anderen Quellen erleichtert**[1]. Was letztendlich genau mit diesen Beiwörtern gemeint ist, ergibt sich allenfalls ansatzweise aus dem WpHG. Im Wege der Auslegung ließe sich bspw. anführen, dass diskriminierungsfreier Zugang auch bedeutet, dass das Preistableau keine unzulässige Differenzierung hinsichtlich der Nutzer vorsehen darf. Für eine Konkretisierung der Prinzipien ist aber letztlich die DelVO 2017/571 (i.V.m. § 58 Abs. 7 WpHG) heranzuziehen, deren Artikel zahlreiche weiterführende Aussagen zur Art und Weise der Informationsbereitstellung enthalten. Allgemein kommt mit den WpHG-Formulierungen zum Ausdruck, dass den Informationsnutzern der Datenzugang und die Nutzungsmöglichkeit der Daten jeweils leicht gemacht werden soll. Der Hinweis auf die Konsolidierungsfähigkeit weist insbesondere auf die Bereitsteller konsolidierter Datenticker (CTP) hin, die die Daten verschiedener APA und zahlreicher Marktplätze zwingend in ihr Leistungsangebot integrieren müssen. 19

Aus dem Regelungsgefüge mit § 120 Abs. 8 Nr. 11 WpHG ergibt sich zunächst, dass **Informationen**, die das meldepflichtige Unternehmen richtig und vollständig in das IT-System des APA einliefert, bei der Auslieferung durch das APA **weder falsch noch lückenhaft wiedergeben werden dürfen**. Dieser Aspekt wird in Art. 10 Abs. 1 ff. DelVO 2017/571 (i.V.m. § 58 Abs. 7 WpHG) wesentlich deutlicher zum Ausdruck gebracht. Dort heißt es, dass das APA 20
- die Handelsauskünfte, welche es erhält, genau veröffentlicht, ohne dabei selbst irgendwelche Fehler einzubauen oder Informationen auszulassen,
- durch Überwachung der Leistung der IT-Systeme gewährleistet, dass eingegangene Handelsauskünfte erfolgreich veröffentlicht werden

und
- die eingegangenen und die zu veröffentlichenden Handelsauskünfte in regelmäßigen Abständen abgleicht, wobei es die korrekte Veröffentlichung von Informationen sicherstellt.

Auch Art. 8 Abs. 7 DelVO 2017/571 betont das Richtigkeitspostulat im Zusammenhang mit den vorzuhaltenden Systemkapazitäten, wonach diese ausreichend sein müssen, um die Aufgaben ohne Ausfälle oder Fehler durchführen zu können.

Gemäß Art. 14 Abs. 1 DelVO 2017/571 (i.V.m. § 58 Abs. 7 WpHG) müssen die vom APA zu veröffentlichenden Informationen **maschinenlesbar** sein. Dies ist nach Art. 14 Abs. 3 DelVO 2017/571 der Fall, wenn 21
- sie ein elektronisches Format haben, damit diese direkt und automatisch von einem Computer gelesen werden können, wobei das Format durch freie, nicht firmeneigene und offene Standards spezifiziert wird,
- sie auf einer leistungsfähigen IT-Struktur gespeichert werden, so dass ein automatischer Zugriff möglich ist,
- sie widerstandsfähig genug sind, um Kontinuität und Ordnungsmäßigkeit bei der Erbringung der Dienstleistungen sowie einen angemessenen Zugriff im Hinblick auf die Geschwindigkeit zu gewährleisten, und
- auf sie mithilfe einer kostenlosen und öffentlich verfügbaren Computer-Software zugegriffen werden kann und sie dadurch gelesen, genutzt und kopiert werden können.

Nach Art. 14 Abs. 5 DelVO 2017/571 (i.V.m. § 58 Abs. 7 WpHG) müssen APA **der Öffentlichkeit Anweisungen zur Verfügung stellen**, in denen sie erklären, wie und wo auf die Daten einfach zugegriffen und diese verwendet werden können, einschließlich der Identifizierung des elektronischen Formats. Die Anweisungen dürfen grundsätzlich nur mit einen Vorlauf von spätestens drei Monaten geändert werden, es sei denn, es besteht ein dringendes und ordnungsgemäß begründetes Bedürfnis für eine kürzere Frist. Die Anweisungen müssen über einen Link auf der Startseite der Internetpräsenz des APA zur Verfügung stehen. Sie sind regelmäßiger Bestandteil der Grundätze zur angemessenen Informationsveröffentlichung nach § 58 Abs. 1 Satz 1 WpHG (s. Rz. 10 f.). 22

Im Hinblick auf das **Diskriminierungsverbot** regelt Art. 19 DelVO 2017/571 (i.V.m. § 58 Abs. 7 WpHG), dass ein APA gewährleisten muss, dass die Informationen über sämtliche Vertriebskanäle zur selben Zeit verschickt 23

---
1 § 120 Abs. 8 Nr. 12 WpHG enthält einen eigenständigen Ordnungswidrigkeitentatbestand für den Fall, dass das APA entgegen § 58 Abs. 2 Satz 2 WpHG nicht in der Lage ist, die Informationen in der vorgeschriebenen Weise zu verbreiten.

werden. Dies gilt gleichermaßen jeweils für den Versand an die Bezahlkunden und die zeitversetzt nachfolgende kostenlose Veröffentlichung. Art. 87 DelVO 2017/565 führt unter der Überschrift „Verpflichtung, Marktdaten diskriminierungsfrei bereitzustellen" aus, dass APA allen Kunden, die laut den veröffentlichten objektiven Kriterien in dieselbe Kategorie fallen, Marktdaten zum selben Preis und unter denselben Bestimmungen und Bedingungen zur Verfügung stellen.

24 **IV. Vermeiden von Interessenkonflikten (§ 58 Abs. 3 WpHG).** Ein APA muss als gesetzlich vorgesehener Informationsintermediär bei seiner **Leistungserbringung frei von sachfremden Einflussnahmen** agieren können. Allein durch die Existenz von Eigentümern, Kreditgebern und Angestellten und aus der bloßen Möglichkeit heraus, andere Leistungen zu erbringen, bestehen zahlreiche Gefahren, dass Eigeninteressen vorangestellt werden und die Informationserbringung gegenüber Kunden beeinträchtigt wird[1]. § 58 Abs. 3 Satz 1 WpHG verlangt deshalb von einem APA allgemein, die es organisatorische Vorkehrungen trifft, um Interessenkonflikte mit seinen Kunden zu vermeiden. § 58 Abs. 3 Satz 2 WpHG fügt an, dass es insbesondere, wenn es zugleich auch Börsenbetreiber oder Wertpapierdienstleistungsunternehmen ist, alle erhobenen Informationen in nichtdiskriminierender Weise behandeln und auf Dauer geeignete Vorkehrungen treffen muss, um diese unterschiedlichen Unternehmensfunktionen voneinander zu trennen. Der Kundenbegriff ist im Gesetz nicht weiter definiert. Nach Sinn und Zweck müssen die Vorkehrungen sowohl die Interessen der informationspflichtigen Institute als auch Informationsbezieher schützen. Nach § 120 Abs. 8 Nr. 13 und 14 WpHG sind Zuwiderhandlungen gegen § 58 Abs. 3 Satz 1 und 2 WpHG **Ordnungswidrigkeiten.**

25 Art. 5 Abs. 1 DelVO 2017/571 (i.V.m. § 58 Abs. 7 WpHG) benennt die **administrative Vorkehrungen**, die in ihrer Wirkung ausdrücklich sowohl die meldepflichtigen Institute als auch die Informationsbezieher schützen sollen. Die Vorkehrungen umfassen Strategien und Verfahren zur Erkennung, Regelung und Offenlegung von bestehenden und potentiellen Interessenkonflikten und beinhalten:
- ein Verzeichnis von bestehenden und potentiellen Interessenkonflikten, einschließlich deren Beschreibung, Erkennung, Vermeidung, Regelung und Offenlegung;
- die Trennung von Aufgaben und Unternehmensfunktionen innerhalb des Datenbereitstellungsdienstes, einschließlich:
  - Maßnahmen zur Vermeidung oder Kontrolle des Informationsaustauschs, wenn Interessenkonflikte auftreten können;
  - der getrennten Überwachung der jeweiligen Personen, deren Hauptaufgaben Interessen betreffen, die möglicherweise den Interessen eines Kunden zuwiderlaufen;
- eine Beschreibung der Gebührenpolitik zur Bestimmung der vom Datenbereitstellungsdienst und von Unternehmen, zu denen der Datenbereitstellungsdienst enge Verbindungen hat, in Rechnung gestellten Gebühren;
- eine Beschreibung der Vergütungspolitik für die Mitglieder des Leitungsorgans und der Geschäftsleitung;
- die Regeln für die Annahme von Geld, Geschenken oder Vorteilen durch Mitarbeiter des Datenbereitstellungsdienstes und sein Leitungsorgan.

Das Verzeichnis der Interessenkonflikte hat gem. Art. 5 Abs. 2 DelVO 2017/571 (i.V.m. § 58 Abs. 7 WpHG) Interessenkonflikte anzugeben, die sich aus Situationen ergeben, in denen der Datenbereitstellungsdienst:
- zum Schaden eines Kunden einen finanziellen Gewinn erzielt oder einen finanziellen Verlust vermeidet;
- ein Interesse am Ergebnis einer für einen Kunden erbrachten Dienstleistung hat, das sich vom Interesse des Kunden am Ergebnis der Dienstleistung unterscheidet;
- gegebenenfalls ein Interesse daran hat, den eigenen Interessen oder den Interessen eines anderen Kunden oder einer Gruppe von Kunden Vorrang gegenüber den Interessen eines Kunden einzuräumen, für den die Dienstleistung erbracht wird;
- für die für einen Kunden erbrachte Dienstleistung von einer anderen Person als einem Kunden neben der Provision oder den Gebühren für eine solche Dienstleistung einen Anreiz in Form von Geld, Waren oder Dienstleistungen erhält oder möglicherweise erhält.

26 **V. Gewährleistung der Informationssicherheit (§ 58 Abs. 4 WpHG).** § 58 Abs. 4 WpHG fasst durch das APA zu treffende Maßnahmen der Informationssicherheit zusammen. Dabei handelt es sich im Wesentlichen um die **Etablierung eines ausreichend hohen Schutzniveaus** für die zum Einsatz kommende IT-Infrastruktur. In § 58 Abs. 4 Satz 1 WpHG wird die Datenintegrität (Daten sind vollständig und bleiben unverändert) und die Vertraulichkeit (vertrauliche Informationen müssen vor unbefugter Preisgabe geschützt werden) angesprochen. Die Komplementärnorm für Wertpapierdienstleistungsunternehmen findet sich in § 80 Abs. 1 Nr. 4 WpHG. In § 58 Abs. 4 Satz 2 WpHG geht es um die Verfügbarkeit der Daten: d.h. den am Prozess Beteiligten stehen die Daten, Dienste und Applikationen zum jeweils geforderten Zeitpunkt zur Verfügung.

---

1 Vgl. z.B. Erwägungsgründe Nr. 2 und 3 DelVO 2017/571.

Als erstes wird die Gewährleistung der **Sicherheit der Informationsübermittlungswege** verlangt. Dies beinhaltet physischen und elektronischen Schutz. Die Gewährleistung bezieht sich dabei auf die eigene Sphäre, einschließlich ausgelagerter Tätigkeiten. Die eigene Sphäre beginnt am Übergabeschnittpunkt beim Empfang der Daten und endet bei der Übergabe der Daten an die Informationsbezieher. Darüber hinaus kann das APA nur darauf hinwirken, dass die meldepflichtigen Unternehmen und die Informationsbezieher ebenfalls eine dem Stand der Technik entsprechende Sicherung der Übertragungswege nutzen. 27

Als zweites wird in § 58 Abs. 4 Satz 1 WpHG die Verpflichtung statuiert, das **Risiko der unbefugten Datenveränderung und des unberechtigten Zugriffs zu minimieren**. Im Kern geht es darum, dass ein APA als Bestandteil der Kapitalmarktpublizität störungsfrei funktionieren und nicht missbraucht werden kann, indem unrichtige Daten zu manipulativen Zwecken in die Welt gesetzt werden. Diese Risiken werden verringert, wenn nur zuvor autorisierte Personen des APA sowie die Informationslieferanten und Nutzer Systemzugriff erhalten und technische Vorsorge, insb. durch Firewalls, gegen Hackerangriffe getroffen wird. Minimieren bedeutet, dass nicht der Ausschluss des Risikos verlangt wird. Dieser ist bei einer sich ständig weiterentwickelnden IT auch nicht möglich. Allerdings ist die technische Vorsorge an ein sich änderndes Risiko anzupassen. Strukturell beinhaltet § 58 Abs. 4 WpHG die Pflicht, ein IT-Sicherheits-Risikomanagement vorzuhalten. Die Vorschrift schließt die Geltung anderer Vorschriften zur Informationssicherheit, insbesondere das BSI-Gesetzes, nicht aus. 28

Als dritten Punkt spricht § 58 Abs. 4 Satz 1 WpHG an, dass ein **Bekanntwerden noch nicht veröffentlichter Informationen zu verhindern** ist. Mit dieser Vorschrift wird der Aspekt adressiert, dass sich niemand einen ungerechtfertigten Informationsvorsprung über Transaktionen verschaffen und ggf. ausnutzen kann. 29

Nach § 58 Abs. 4 Satz 2 WpHG muss ein APA über **ausreichende Mittel und Notfallsysteme** verfügen, um seine Dienste jederzeit anbieten und aufrechterhalten zu können. Mit dem Vorhandensein ausreichender Mittel wird eine gewisse Leistungskraft in finanzieller, sachlicher und personeller Hinsicht angesprochen, um im störungsfreien Normalbetrieb seine Dienste dauerhaft anbieten zu können. Mit Notfallsystemen sind die Vorkehrungen gemeint, die bei einer Störung des Normalbetriebs zum Einsatz kommen. Hierbei geht es vor allem um das Vorhandensein redundanter Systeme. 30

Wer vorsätzlich oder leichtfertig entgegen § 58 Abs. 4 Satz 1 WpHG die dort genannten Mechanismen nicht einrichtet und entgegen § 58 Abs. 4 Satz 2 WpHG nicht über dort genannte Mittel und Notfallsysteme verfügt, handelt gem. § 120 Abs. 8 Nr. 15 und 16 WpHG **ordnungswidrig**. 31

§ 58 Abs. 7 WpHG verweist darauf, dass die DelVO 2017/571 hinsichtlich § 58 Abs. 4 WpHG Näheres regelt. Zunächst ist jedoch festzuhalten, dass die EU-Verordnung Redundanzen enthält. Die Formulierungen des **Art. 9 Abs. 1 DelVO 2017/571**, wonach ein Datenbereitstellungsdienst Verfahren und Systeme für die physische und elektronische Sicherheit einführen muss, die darauf abzielen, dass (a) seine IT-Systeme vor Missbrauch oder einem unbefugten Zugriff geschützt sind, (b) die Risiken eines Angriffs auf die Informationssysteme minimiert werden, (c) eine unbefugte Offenlegung von vertraulichen Informationen verhindert wird, und dass (d) die Sicherheit und die Integrität der Daten gewährleistet ist, besagen in sachlicher Hinsicht nichts anderes als § 58 Abs. 4 Satz 1 WpHG selbst. Art. 9 Abs. 1 DelVO 2017/571 spricht die Existenz von IT-Sicherheits-Risikomanagement-Funktionalitäten an, um die in Art. 9 Abs. 1 DelVO 2017/571 aufgeführten Risiken zu identifizieren und zu handhaben. Lagert das APA Teile seiner Dienstleistungen an Dritte aus, so sind diese in das Risikomanagement-System einzubeziehen, Art. 6 Abs. 4 DelVO 2017/571. 32

Hinzuweisen ist auf die Meldepflicht nach Art. 9 Abs. 4 DelVO 2017/571: Über **Angriffe gegen die Maßnahmen zur physischen und elektronischen Sicherheit** muss das APA unverzüglich die **zuständigen Behörden** seines Herkunftsmitgliedstaats **unterrichten** und diesen einen Vorfallbericht zukommen lassen, in dem die Art des Zwischenfalls, die ergriffenen Maßnahmen zur Beseitigung des Zwischenfalls und die Initiativen dargestellt werden, um ähnliche Zwischenfälle zu vermeiden. Zudem hat es seine Nutzer zu unterrichten, die von einem solchen Sicherheitsproblem betroffen sind. Da die Verordnung bei der behördlichen Meldepflicht in der Mehrzahl von „zuständigen Behörden spricht", kommt über die BaFin hinaus auch das Bundesamt für Sicherheit in der Informationstechnik als Adressat einer Meldung in Betracht, da mit § 2 Abs. 10 BSIG i.V.m. § 7 Abs. 1 Nr. 4 BSI-KritisV und § 2 Abs. 1 BSIG auch Einfallstore bestehen, die APA in den Anwendungsbereich des BSIG einzubeziehen. 33

Ein weiterer von der DelVO 2017/571 angesprochener Aspekt, der bei den Maßnahmen zur Gewährleistung der Sicherheit der Informationssysteme zu berücksichtigen ist, betrifft das **Testen der eingesetzten Systeme**. In den mindestens jährlich stattfindenden Stresstests der Hard- und Software müssen Bedrohungsszenarien simuliert werden; vgl. Art. 8 Abs. 6 DelVO 2017/571. 34

Um einen störungsfreien Normalbetrieb zu gewährleisten, spricht die DelVO 2017/571 in Art. 8 Abs. 7 das **Vorhandensein ausreichender Kapazität** an. Diese muss so gewählt sein, damit das APA seine Aufgaben ohne Ausfälle oder Fehler ausführen kann. Das APA muss zudem in der Lage sein, einen Anstieg bei der Menge der zu verarbeitenden Informationen und bei der Anzahl an Informationsbeziehern ohne unverhältnismäßige Verzögerungen bewältigen zu können. Die Fähigkeit zur Skalierbarkeit der Kapazität bei einem Kundenanstieg 35 wird auch in Art. 86 Abs. 3 DelVO 2017/565 unter dem Aspekt der diskriminierungsfreien Bereitstellung von Marktdaten adressiert.

36 **Einzelheiten zu den Notfallsystemen** finden sich in Art. 7 DelVO 2017/571. Das APA hat danach über wirksame Notfallvorkehrungen zu verfügen, einschließlich:

a) der Verfahren, die für die Dienstleistungen des Datenbereitstellungsdienstes kritisch sind, einschließlich Eskalationsverfahren, entsprechender ausgelagerter Tätigkeiten oder Abhängigkeit von externen Dienstleistern;
b) spezifischer Notfallvorkehrungen, die eine angemessene Palette möglicher kurz- und mittelfristiger Szenarien umfassen, einschließlich Systemausfälle, Naturkatastrophen, Kommunikationsstörungen, Verlust von wichtigen Mitarbeitern und der Unfähigkeit, die gewöhnlichen Räumlichkeiten zu nutzen;
c) doppelter Hardware-Komponenten, die eine automatische Umschaltung auf eine Notfallinfrastruktur ermöglichen, einschließlich Netzwerkkonnektivität und Kommunikationskanälen;
d) einer Sicherheitskopie von geschäftskritischen Daten und aktuellen Informationen der erforderlichen Kontakte, um die Kommunikation beim Datenbereitstellungsdienst und mit Kunden zu gewährleisten;
e) der Verfahren für die Verlagerung von Datenbereitstellungsleistungen zu einem Reservestandort und die Erbringung von Datenbereitstellungsdienstleistungen von diesem Standort aus;
f) der angestrebten maximalen Wiederherstellungszeit bei kritischen Aufgaben, die so kurz wie möglich und in keinem Fall länger als sechs Stunden dauern sollte;
g) Schulung der Angestellten im Umgang mit Maßnahmen zur Geschäftsfortführung im Krisenfall und den Rollen der einzelnen Personen, einschließlich Personal für spezifische Sicherheitsvorkehrungen, um unmittelbar auf eine Störung bei den Dienstleistungen reagieren zu können.

37 **VI. Prüfung auf Vollständigkeit und Richtigkeit (§ 58 Abs. 5 WpHG).** § 58 Abs. 5 WpHG regelt, dass das APA nicht nur die Informationen des meldepflichtigen Instituts entgegennimmt und unbesehen über seine Infrastruktur verbreitet, sondern auch die Verpflichtung hat, **die Qualität der zu veröffentlichenden Daten zu prüfen**[1]. Die Prüfroutinen sind darauf auszurichten, dass die nach § 58 Abs. 1 WpHG erforderlichen Angaben alle vorliegen bzw. keine Lücken aufweisen (Vollständigkeitsprüfung). Darüber hinaus muss das System auch verifizieren können, ob die Daten inhaltliche Fehler aufweisen (Inhaltsprüfung). Hierbei geht es allerdings nur um solche Fehler, die offensichtlich, also klar und deutlich erkennbar sind. Dies ist beispielsweise der Fall, wenn Datenfelder wie Volumen und Preis vertauscht sind, nichtexistente Kennungen vorliegen oder auch Datumsangaben unrichtig sind.

38 Hat das System unvollständige bzw. offensichtlich fehlerhafte Datensätze identifiziert, so hat das APA die Übermittlung einer **neuen fehlerfreien**, also vollständigen bzw. inhaltlich richtigen **Meldung** beim meldepflichtigen Institut **anzufordern**.

39 Nach § 120 Abs. 8 Nr. 17 WpHG begeht derjenige eine **Ordnungswidrigkeit**, der vorsätzlich oder leichtfertig entgegen § 58 Abs. 5 WpHG nicht über dort genannte Systeme verfügt.

40 Art. 10 Abs. 5 DelVO 2017/571 (i.V.m. § 58 Abs. 7 WpHG) führt näher aus, welche **Maßnahmen** erforderlich sind, um unvollständige oder wahrscheinlich **falsche Informationen zu identifizieren**. Allgemein wird angeführt dass automatische Preis- und Volumenwarnungen vorhanden sein müssen. Diese müssen Folgendes berücksichtigen:
– die Branche und das Segment, in dem ein Finanzinstrument gehandelt wird,
– den Liquiditätsgrad, einschließlich der Handelsvolumina in der Vergangenheit,
– angemessene Preis- und Volumenschwellenwerte, und
– sofern erforderlich, sonstige Parameter entsprechend den Eigenschaften des Finanzinstruments.

41 Lässt § 58 Abs. 5 WpHG offen, ob **unvollständige oder als fehlerhaft erkannte Datensätze** veröffentlicht werden dürfen, so legt Art. 10 Abs. 5 DelVO 2017/571 (i.V.m. § 58 Abs. 7 WpHG) fest, dass **die entsprechende Veröffentlichung nicht stattfinden darf**. Vielmehr ist das meldepflichtige Institut zu informieren und zur Eingabe einer korrigierten Handelsmeldung aufzufordern. Kommt es trotz der vorgesehenen Prüfroutinen dazu, dass unvollständige vorgelegte oder fehlerhafte Datensätze veröffentlicht und in der Folge korrigiert werden müssen, hat das APA die Verhängung von Vertragsstrafen in Erwägung zu ziehen. Art. 10 Abs. 8 DelVO 2017/571 (i.V.m. § 58 Abs. 7 WpHG) sieht vor, dass die Richtlinien zur Löschung und Änderung von veröffentlichten Handelsmeldungen Strafen vorsieht.

42 **VII. Einrichtung eines Hinweisgeberverfahrens (§ 58 Abs. 6 WpHG).** § 58 Abs. 6 WpHG verlangt von einem APA, dass es über ein Hinweisgeberverfahren verfügt, welches den Vorgaben des § 25a Abs. 1 Satz 6 Nr. 3 KWG analog gerecht wird. Im KWG heißt es, dass eine ordnungsgemäße Geschäftsorganisation auch einen Prozess umfassen muss, der es den **Mitarbeitern unter Wahrung der Vertraulichkeit ihrer Identität ermöglicht, Verstöße** gegen die CRR, die MAR, MiFIR, die PRIIPS-VO, das KWG, das WpHG oder gegen die auf

---

[1] *Knoll*, ZFR 2016, 62, 64.

Grund des KWG oder WpHG erlassenen Rechtsverordnungen sowie etwaige strafbare Handlungen innerhalb des Unternehmens **an geeignete Stellen zu berichten**. In analoger Anwendung muss das Hinweisgebersystem für die Meldung von Verstößen gegen die MAR, die MiFIR, das KWG, das WpHG und strafbarer Handlungen innerhalb des Unternehmens offenstehen. CRR und PRIIPS-VO enthalten keine Vorschriften über Datenbereitstellungsdienste und können daher außer Betracht bleiben.

Europarechtliche Grundlage für § 25a Abs. 1 Satz 6 Nr. 3 KWG bildet Art. 71 Abs. 3 RL 2013/36/EU (CRD IV). Die konkrete Ausgestaltung des Hinweisgebersystems bleibt dem APA überlassen[1]. Neben der Betrauung geeigneter interner Stellen (z.B. Compliance oder interne Revision) ist es auch zulässig, externe Stellen (Rechtsanwalt, Ombudsman) mit dem Empfang und der weiteren Behandlung der Mitteilungen zu beauftragen[2]. Der Ablauf des Verfahrens sollte dabei in einer an die Mitarbeiter adressierten Richtlinie beschrieben sein[3]. 43

VIII. Verweis auf DelVO 2017/571 (§ 58 Abs. 7 WpHG). § 58 WpHG regelt die Organisationspflichten für APA nicht abschließend. § 58 Abs. 7 WpHG weist in dynamischer Form darauf hin, dass die DelVO 2017/571 Näheres zu den Abs. 1 bis 6 regelt. Auf Abs. 6 trifft dies nicht zu; die Verordnung enthält keine weiterführenden Aussagen zum einzurichtenden Hinweisgebersystem. Der Inhalt der DelVO 2017/571 gilt auch ohne den Verweis. Warum der deutsche Gesetzgeber zu dieser Verweisungstechnik gegriffen hat, bleibt in der Gesetzesbegründung offen. Er macht von dieser Technik nicht überall Gebrauch, wo delegierte Verordnungen zu Regelungsbereichen des WpHG weiterführende Aussagen enthalten. Vereinzelt finden sich Hinweise, dass gesetzgeberisch mit der Verweisungstechnik lediglich ein deklaratorisches Vorgehen vorliegen soll[4]. 44

§ 59 Organisationspflichten für Bereitsteller konsolidierter Datenticker

(1) Ein Bereitsteller konsolidierter Datenticker ist dazu verpflichtet, die bereitgestellten Daten von allen Handelsplätzen und genehmigten Veröffentlichungssystemen zu konsolidieren. Er muss angemessene Grundsätze aufstellen und Vorkehrungen treffen, um mindestens die folgenden Informationen über Geschäfte in Finanzinstrumenten zu erheben, zu einem kontinuierlichen elektronischen Datenstrom zu konsolidieren und diesen der Öffentlichkeit zu angemessenen kaufmännischen Bedingungen und, soweit technisch möglich, auf Echtzeitbasis zur Verfügung zu stellen:

1. Kennung des Finanzinstruments;
2. Kurs, zu dem das Geschäft abgeschlossen wurde;
3. Volumen des Geschäfts;
4. Zeitpunkt des Geschäfts;
5. Zeitpunkt, zu dem das Geschäft gemeldet wurde;
6. Kurszusatz des Geschäfts;
7. den Code für den Handelsplatz, an dem das Geschäft ausgeführt wurde, oder, wenn das Geschäft über einen systematischen Internalisierer ausgeführt wurde, den Code „SI" oder andernfalls den Code „OTC";
8. sofern anwendbar, einen Hinweis, dass die Anlageentscheidung und Ausführung des Geschäfts durch das Wertpapierdienstleistungsunternehmen auf einem Computeralgorithmus beruhte;
9. sofern anwendbar, einen Hinweis, dass das Geschäft besonderen Bedingungen unterlag;
10. falls für die Pflicht zur Veröffentlichung der Informationen gemäß Artikel 3 Absatz 1 der Verordnung (EU) Nr. 600/2014 eine Ausnahme gemäß Artikel 4 Absatz 1 Buchstabe a oder b der Verordnung (EU) Nr. 600/2014 gewährt wurde, eine Kennzeichnung dieser Ausnahme.

Die Informationen nach Satz 2 sind binnen 15 Minuten nach der Veröffentlichung kostenlos zur Verfügung zu stellen.

(2) Ein Bereitsteller konsolidierter Datenticker muss die Informationen nach Absatz 1 effizient und konsistent in einer Weise verbreiten, die einen raschen diskriminierungsfreien Zugang zu den betreffenden Informationen sicherstellt. Die Informationen sind in einem Format zu veröffentlichen, das für die Marktteilnehmer leicht zugänglich und nutzbar ist.

(3) Ein Bereitsteller konsolidierter Datenticker muss organisatorische Vorkehrungen treffen, um Interessenkonflikte mit seinen Kunden zu vermeiden. Insbesondere muss er, wenn er zugleich auch ein Börsenbetreiber oder ein genehmigtes Veröffentlichungssystem ist, alle erhobenen Informationen in nicht-

---

1 *Braun* in Boos/Fischer/Schulte-Mattler, KWG, CRR-VO, § 25a KWG Rz. 690.
2 *Braun* in Boos/Fischer/Schulte-Mattler, KWG, CRR-VO, § 25a KWG Rz. 690.
3 *Renz/Rohde-Liebenau*, BB 2014, 692, 693 f.
4 Vgl. Gesetzesbegründung zu § 63 Abs. 13, BT-Drucks. 18/10936, 233.

diskriminierender Weise behandeln und auf Dauer geeignete Vorkehrungen treffen, um die unterschiedlichen Unternehmensfunktionen voneinander zu trennen.

(4) Ein Bereitsteller konsolidierter Datenticker muss Mechanismen einrichten, die die Sicherheit der Informationsübermittlungswege gewährleisten und das Risiko der unbefugten Datenveränderung und des unberechtigten Zugriffs minimieren. Es muss über ausreichende Mittel und über Notfallsysteme verfügen, um seine Dienste jederzeit anbieten und aufrechterhalten zu können.

(5) Ein Bereitsteller muss über ein Hinweisgeberverfahren in entsprechender Anwendung des § 25a Absatz 1 Satz 6 Nummer 3 des Kreditwesengesetzes verfügen.

(6) Das Nähere zu den Organisationspflichten nach den Absätzen 1 bis 5 regelt die Delegierte Verordnung (EU) 2017/571.

In der Fassung des 2. FiMaNoG vom 23.6.2017 (BGBl. I 2017, 1693).

Schrifttum: *Grabitz/Hilf/Nettesheim* (Hrsg.), Das Recht der Europäischen Union: EUV/AEUV, 56. Aufl., Loseblatt, Stand Januar 2016; *Green/Beller/Rosen/Silvermann/Bravermann/Sperber/Grabar*, US-Regulation of the International Securities and Derivatives Markets, 11. Aufl. 2015; *Knoll*, Datenbereitstellungsdienste nach MiFID II, ZFR 2016, 62; *Renz/Rohde-Liebenau*, Die Hinweisgeber-Regelung des § 25a KWG, BB 2014, 692; *Teuber/Schröer* (Hrsg.), MiFID II/MiFIR, 2015.

I. Gegenstand der Norm 1	III. Art und Weise der Informationsbereitstellung (§ 59 Abs. 2 WpHG) 19
II. Regelungsinhalt von § 59 Abs. 1 WpHG . . . 5	IV. Vermeiden von Interessenkonflikten (§ 59 Abs. 3 WpHG) 24
1. Die Erfassung der Handelsdaten 6	
2. Konsolidierung der Handelsdaten 7	V. Gewährleistung der Informationssicherheit (§ 59 Abs. 4 WpHG) 26
3. Veröffentlichung der konsolidierten Daten . . . 8	
4. Echtzeitbasis 10	VI. Einrichtung eines Hinweisgeberverfahrens (§ 59 Abs. 5 WpHG) 36
5. Angemessene Grundätze aufstellen und Vorkehrungen treffen 11	
6. Inhalt der Veröffentlichung 17	VII. Verweis auf DelVO 2017/571 (§ 59 Abs. 6 WpHG) 38

1 **I. Gegenstand der Norm.** In § 59 WpHG sind **wesentliche organisatorischen Pflichten** definiert, die ein Unternehmen zu beachten hat, wenn es eine Tätigkeit als Datenbereitstellungsdienst in Form eines **Bereitstellers konsolidierter Datenticker** (*Consolidated Tape Provider – CTP*) ausübt. Gemäß § 2 Abs. 38 WpHG ist ein CTP ein Unternehmen, das zur Einholung von Handelsveröffentlichungen nach den Art. 6, 7, 10, 12, 13, 20 und 21 VO Nr. 600/2014 (MiFIR) auf geregelten Märkten, multilateralen und organisierten Handelssystemen und bei APA berechtigt ist und diese Handelsveröffentlichungen in einem kontinuierlichen elektronischen Echtzeitdatenstrom konsolidiert, über den Preis- und Handelsvolumendaten für jedes einzelne Finanzinstrument abrufbar sind. Schärfer noch als die Legaldefinition, besagt § 59 Abs. 1 Satz 1 WpHG, dass der CTP nicht nur berechtigt ist, die Handelsdaten einzuholen, sondern dazu verpflichtet ist. Die Bildung eines oder mehrerer Consolidated Tapes ist vor dem Hintergrund zu betrachten, dass die europäische Kapitalmarktregulierung den Wettbewerb zwischen vielen Handelssystemen fördert, und damit ein- und dasselbe Finanzinstrument an verschiedenen Orten gehandelt werden kann. Auf der anderen Seite sollen dann aber die vorhanden Preisinformation der einzelnen Plätze im Sinne eines integrierten europäischen Kapitalmarkts wieder an einer Stelle abrufbar sein[1].

2 Mit § 59 Abs. 1 bis 4 WpHG werden die Vorgaben aus Art. 65 Abs. 1 bis 5 RL 2014/65/EU (MiFID II) umgesetzt[2]. Hinsichtlich des Hinweisgebersystems in § 59 Abs. 5 WpHG bildet Art. 73 Abs. 2 RL 2014/65/EU die europarechtliche Grundlage[3]. Die Tätigkeit als CTP setzt eine behördliche **Erlaubnis** voraus. Diese ist **nicht Gegenstand der Regelungen des WpHG**, sondern des KWG (s. Vor §§ 58 ff. Rz. 10). Nach § 32 Abs. 1f Satz 1 KWG benötigt derjenige eine schriftliche Erlaubnis der BaFin, der im Inland gewerbsmäßig oder in einem Umfang, der einen in kaufmännischer Weise eingerichteten Geschäftsbetrieb erfordert, als Datenbereitstellungsdienst tätig werden will. Nach § 32 Abs. 1f Satz 4 und 5 KWG ist kein Zulassungsverfahren, sondern nur ein Feststellungsverfahren erforderlich, wenn ein Institut im Sinne des KWG oder ein Träger einer inländischen Börse bereits einen Handelsplatz betreibt und darüber hinaus als Datenbereitstellungsdienst tätig werden möchte. CTP aus anderen Staaten der EU oder des EWR können im grenzüberschreitenden Dienstleistungsverkehr ihre Dienstleistung in Deutschland anbieten, ohne von der BaFin genehmigt zu sein, § 53b Abs. 1a KWG.

3 In den Verhandlungen zur MiFID II war zunächst erwogen worden, einen einzigen europäischen Anbieter für CTP-Dienste zu etablieren[4]. Durchgesetzt hat sich jedoch der Ansatz, dass sich mehrere CTP am Markt bewäh-

---

1 Erwägungsgrund Nr. 117 RL 2014/65/EU; s. auch *Green* u.a., S. 8-165 und *Happel/Süss* in Teuber/Schröer, S. 254 f.
2 BT-Drucks. 18/10936, 232.
3 BT-Drucks. 18/10936, 232; Erwähnung finden auch die weitgehend inhaltsgleichen Art. 32 Abs. 3 VO Nr. 596/2014 (MAR) und Art. 28 Abs. 4 VO Nr. 1286/2014 (PRIIP-VO).
4 BaFin-Journal Juni 2017, S. 21; s. auch *Green* u.a., S. 8-166.

ren können. Sollten sich keine funktionsfähigen konsolidierten Datenticker herausbilden, so hat sich die EU vorbehalten, einen CTP im Wege eines öffentlichen Auftragsverfahrens einzurichten[1]. Grundlage hierfür bildet ein Evaluierungsverfahren nach Art. 90 Abs. 2 RL 2014/65/EU. Hinzuweisen ist darauf, dass die MiFID II in Art. 93 Abs. 1 Unterabs. 2 vorsieht, dass die MiFID-Vorgaben über **CTP-Dienste im Hinblick auf Schuldverschreibungen, strukturierte Finanzprodukte, Emissionszertifikate und Derivate erst ab dem 3.9.2019 angewandt werden müssen**[2]. Die Errichtung eines konsolidierten Datentickers für Nichteigenkapitalfinanzinstrumente wird als schwieriger als die Errichtung eines konsolidierten Datentickers für Eigenkapitalfinanzinstrumente angesehen[3]. Potentielle Anbieter sollten nach Ansicht des europäischen Gesetzgebers deshalb zunächst als CTP für Eigenkapitalfinanzinstrumente Erfahrungen sammeln können[4]. Das 2. FiMaNoG sieht eine zeitversetzte Einführung der CTP-Regelungen nicht ausdrücklich vor. Dies hätte eigentlich zur Folge, dass ein dem WpHG unterliegender CTP sofort das komplette gesetzliche Pflichtenprogramm beachten müsste. Das isolierte Angebot nur von Handelsdaten über Eigenkapital- und eigenkapitalähnliche Instrumente ist im WpHG nicht vorgesehen. Vom einem CTP wären daher eigentlich auch die verfügbaren Daten von Nichteigenkapitalinstrumenten von den APA und Handelsplätzen zu konsolidieren. Hier bleibt abzuwarten, wie sich die Praxis entwickelt. Die EU-Gesetzgebung hat im Januar 2018 mit der DelVO 2018/63 Art. 15a DelVO 2017/571 eingeführt, der die Reichweite der Pflichten eines CTP in Bezug auf die Veröffentlichung von Nichteigenkapitalinstrumenten präzisiert. Ein CTP soll danach berechtigt sein, auch nur eine einzelne Anlageklasse der Nichteigenkapitalinstrumente in seinen elektronischen Datenfluss aufzunehmen. Die CTP müssen dabei sicherstellen, dass sie die erforderlichen Informationen zu Geschäften veröffentlichen, die mindestens 80 % des Gesamtvolumens und der Gesamtzahl der Geschäfte abdecken, die in den vorangehenden sechs Monaten von genehmigten Veröffentlichungssystemen (APA) und Handelsplätzen für jede einzelne relevante Anlageklasse veröffentlicht wurden. Mit dieser Neuregelung sollen die Anreize untermauert werden, dass konsolidierte Datenticker entstehen[5].

§ 59 WpHG regelt die Organisationspflichten für CTP nicht abschließend. Unmittelbar geltende Rechtsakte der EU enthalten ebenfalls strukturelle Vorgaben zu in den Abs. 1 bis 5 behandelten Aspekten. Zu erwähnen sind insbesondere Vorschriften aus der **DelVO 2017/565 und DelVO 2017/571**. Mit dem Verweis in § 59 Abs. 6 WpHG, dass Näheres zu den Organisationspflichten eines CTP in der DelVO 2017/571 geregelt ist, macht sich der deutsche Gesetzgeber den Regelungsgehalt dieser VO gleichsam zu seiner eigenen Auffassung. Für die Geltungskraft ist dies nicht erforderlich. Im Falle einer Kollision von bundesgesetzlichen Regelungen genießt das EU-Recht Anwendungsvorrang[6]. Rein deklaratorisch ist der Verweis indes nicht. Die BaFin kann die Vorschriften, auf die verwiesen wird, in ihre Überwachung nach § 61 WpHG mit einbeziehen. Die Regelungen können damit auch in die Bewertung einfließen, ob Bußgeldtatbestände des § 120 WpHG verwirklicht sind.

II. Regelungsinhalt von § 59 Abs. 1 WpHG. § 59 Abs. 1 WpHG spricht an, zu welcher Leistung ein CTP befähigt sein muss. Ein CTP wird verpflichtet, die bereitgestellten Marktdaten von den Handelsplätzen und APA zu erfassen, die erfassten Daten zu einem kontinuierlichen elektronischen Datenstrom zu konsolidieren und diesen der Öffentlichkeit Verfügung zu stellen. Diese Veröffentlichungspflicht wird in § 59 Abs. 2 WpHG weiter spezifiziert. Die Veröffentlichung muss zu angemessenen kaufmännischen Bedingungen und, soweit technisch möglich, auf Echtzeitbasis erfolgen. Für die Leistung, die der CTP anbietet, hat er angemessene Grundsätze aufzustellen und angemessene Vorkehrungen zu treffen. Die Grundsätze enthalten die Funktionsbeschreibung des CTP. Beim Treffen der Vorkehrungen geht es um die Einrichtung prozessualer Abläufe, mit denen die Vorgaben der gesetzlichen Vorschriften und der aufgestellten Grundsätze abgebildet werden.

1. Die Erfassung der Handelsdaten. Der CTP ist verpflichtet, die Nachhandelstransparenzdaten der Handelsplätze in der EU und APA in der EU zu erfassen[7]. Dies ergibt sich aus der Legaldefinition des CTP, in der auf Handelsveröffentlichungen gemäß den MiFIR-Vorschriften abgestellt wird. Diese Veröffentlichungspflichten betreffen alle relevanten Handelsplätze und APA in der EU. Die Kenntnis über die existenten Marktplätze und die am Markt agierenden APA erhält ein CTP aus den von der ESMA veröffentlichen Listen über diese Unternehmen (Art. 18 Abs. 10 Satz 4, Art. 56 Satz 2 und Art. 59 Abs. 3 Unterabs. 2 RL 2014/65/EU). Bei den APA meldet sich der CTP als Kunde an und bekommt die Meldungen der veröffentlichungspflichtigen Unternehmen im gesetzlich vorgeschriebenen maschinenlesbaren Format bereitgestellt. Hinsichtlich der von den Handelsplätzen zu erfassenden Daten richtet sich der Datenbezug nach Art. 13 Abs. 1 VO Nr. 600/2014 i.V.m. Art. 8 DelVO 2017/567.

2. Konsolidierung der Handelsdaten. Die erhobenen Daten sind zu konsolidieren. Darunter ist eine aus Sicht potentieller Nutzer sinnvoll aufbereitete Verdichtung der vorliegenden Datenmenge zu verstehen. Bei der Kon-

---

1 Erwägungsgrund Nr. 117 RL 2014/65/EU; vgl. hierzu auch *Knoll*, ZFR 2016, 62, 65.
2 Vgl. auch Erwägungsgrund Nr. 118 RL 2014/65/EU.
3 Erwägungsgrund Nr. 118 RL 2014/65/EU; *Happel/Süss* in Teuber/Schröer, S. 255.
4 Erwägungsgrund Nr. 118 RL 2014/65/EU.
5 Vgl. Erwägungsgrund Nr. 2 DelVO 2018/63.
6 Statt vieler: *Nettesheim* in Grabitz/Hilf/Nettesheim, Art. 288 AEUV Rz. 47 ff.; *Lutter/Bayer/J. Schmidt*, Rz. 3.2.
7 Erwägungsgrund Nr. 118 RL 2014/65/EU; BaFin-Journal Juni 2017, S. 21.

solidierung sind auch Duplikatsmeldungen von APA herauszufiltern, sofern bei Eigenkapitalfinanzinstrumenten ein meldepflichtiges Institut mehrere APA in Anspruch nimmt[1].

8   **3. Veröffentlichung der konsolidierten Daten.** Der **Prozess der Veröffentlichung** durch den CTP **vollzieht sich schrittweise.** Die Daten werden nicht sofort für die Öffentlichkeit verfügbar gemacht, sondern zunächst nur für diejenigen, die zur Zahlung eines Entgelts gegenüber dem CTP bereit sind[2]. Die Veröffentlichung steht unter dem Vorbehalt, dass sie zu angemessenen kaufmännischen Bedingungen erfolgt. Diese Formulierung bedeutet, dass der CTP nicht jedermann einen kostenlosen Zugang zu den Informationen ermöglichen muss. Insofern bedeutet „veröffentlichen" **im ersten Schritt eine Verfügbarkeit** der Information **für eine eingeschränkte Öffentlichkeit.** Die Preispolitik darf dabei keine diskriminierenden Elemente enthalten; arg. § 59 Abs. 2 Satz 1 WpHG. Wie sich aus § 59 Abs. 1 Satz 3 WpHG ergibt, sind die Informationen spätestens **nach 15 Minuten** nach der Bekanntgabe gegenüber den Bezahlern **kostenlos der Allgemeinheit zur Verfügung zu stellen.** Ist der CTP entgegen § 59 Abs. 1 Satz 3 WpHG nicht in der Lage, Informationen in der vorgeschriebenen Weise zur Verfügung zu stellen, so handelt er gem. § 120 Abs. 8 Nr. 20 WpHG **ordnungswidrig.** Die entgeltlichen Nutzer besitzen aufgrund der verzögerten Publizität einen Informationsvorsprung. Regelungen zum technischen Format der Veröffentlichung ergeben sich aus § 59 Abs. 2 Satz 2 WpHG (s. Rz. 21). Nicht ausgeschlossen ist, dass ein CTP von vornherein die Daten sofort kostenlos für jedermann zugänglich macht[3].

9   Zur Verpflichtung, Marktdaten **zu angemessenen kaufmännischen Bedingungen** bereitzustellen, finden sich in Art. 84 ff. DelVO 2017/565 weitergehende Ausführungen. Maßgeblich für die Preiskalkulation des grundsätzlich nutzerabhängig auszugestaltenden Entgelts sind die bei der Erarbeitung und Verbreitung der Marktdaten anfallenden Kosten, die auch eine angemessene Gewinnspanne enthalten darf (Art. 85 Abs. 1 DelVO 2017/565). Der CTP hat allen Kunden, die laut den veröffentlichten objektiven Kriterien in dieselbe Kategorie fallen, Marktdaten zum selben Preis und unter denselben Bestimmungen und Bedingungen zur Verfügung zu stellen (Art. 86 Abs. 1 DelVO 2017/565). Unterschiede bei den den einzelnen Kundenkategorien berechneten Preisen müssen zu dem Wert verhältnismäßig sein, den die Marktdaten für diese Kunden darstellen, wobei nach Art. 86 Abs. 2 DelVO 2017/565 Folgendes zu berücksichtigen ist:

– Umfang und Größenordnung der Marktdaten, einschließlich der Anzahl der betreffenden Finanzinstrumente sowie des Handelsvolumens;

– Zweck, für den der Kunde die Marktdaten verwendet, wobei auch zu berücksichtigen ist, ob sie für eigene Handelstätigkeiten des Kunden, zum Weiterverkauf oder zur Datenaggregation genutzt werden.

Art. 87 Abs. 2 DelVO 2017/565 lässt es zu, Marktdaten nicht nutzerabhängig bereitzustellen, wenn die Berechnung eines nutzerabhängigen Entgelts hinsichtlich der Kosten für die Bereitstellung der Marktdaten in Anbetracht des Umfangs und der Größenordnung der Marktdaten unverhältnismäßig wäre. Der CTP hat gem. Art. 87 Abs. 3 DelVO 2017/565 diese Entscheidung zu begründen. Zu Sicherstellung der Preisklarheit und -wahrheit ist es dem CTP verwehrt, Koppelungsangebote mit anderen Dienstleistungen zu unterbreiten, Art. 88 Abs. 1 DelVO 2017/565. Der Bezieher von Marktdaten soll eindeutig zuordnen können, welchen Preis er für die CTP-Dienstleistung bezahlt.

10 **4. Echtzeitbasis.** § 59 Abs. 1 Satz 2 WpHG verlangt im Rahmen des technisch Möglichen, dass der CTP die Informationen auf Echtzeitbasis veröffentlichen muss. Hiermit ist gemeint, dass das System im Grundsatz ständig einsatzbereit zu sein hat und zwischen der Anlieferung der Daten und der Auslieferung keine nennenswerten Verzögerungen auftreten dürfen. Auch die originäre Veröffentlichungspflicht für APA und Handelsplätze knüpft grundsätzlich am Begriff der Echtzeit an. Gemäß 58 Abs. 1 WpHG ist ein APA verpflichtet, das Informationen über Geschäfte, soweit technisch möglich, auf Echtzeitbasis zu veröffentlichen. Art. 6 Abs. 1 und 10 Abs. 1 VO Nr. 600/2014 verpflichten die Marktbetreiber und Wertpapierfirmen, die einen Handelsplatz betreiben, grundsätzlich dazu, die Einzelheiten zu sämtlichen Geschäften so nah in Echtzeit wie technisch möglich zu veröffentlichen.

11 **5. Angemessene Grundsätze aufstellen und Vorkehrungen treffen.** Sowohl die **Grundsätze**, die in der englischen Fassung der MiFID II als Policy bezeichnet werden, als auch die zu treffenden **Vorkehrungen**, müssen **angemessen ausge**staltet sein. Hinsichtlich der Grundsätze bedeutet dies, dass die darin enthaltenen Ausführungen zur Funktionsweise der Bereitstellung des konsolidierten Datenstroms via CTP für einen Leser, der auf dem Gebiet des Trade Reporting kundig ist, nachvollziehbar und verständlich sein müssen. Aus der Kombination der Wörter „angemessen" und „Grundsätze" ergibt sich, dass die Beschreibung keine Erläuterungen der Abläufe bis in die letzte technische Verästelung enthalten muss. Zu kurz dürfen die Grundsätze indes nicht ausfallen, da das vorsätzliche oder leichtfertige Nichtverfügen über Grundsätze eine **Ordnungswidrigkeit** gem. § 120 Abs. 8 Nr. 18 und 19 WpHG darstellt.

12 **Vorkehrungen** sind angemessen, wenn sie bei normaler und ungestörter Ablauffolge die pflichtgemäße Bereitstellung des Datenstroms ermöglichen. Die dabei zum Einsatz kommende Hard- und Software sollte – losgelöst

---

1 *Knoll*, ZFR 2016, 62, 65.
2 *Knoll*, ZFR 2016, 62, 65.
3 Arg. Art. 84 Abs. 2 DelVO 2017/565.

von den gesetzlichen Anforderungen – dem Stand der Technik entsprechen. Ob der Einsatz bestmöglicher Technik verlangt werden kann, ist eine Frage, ob dies im Rahmen angemessener kaufmännischer Bedingungen möglich ist. Ein CTP ist nicht verpflichtet, defizitär zu arbeiten. Seine Leistungen stehen in einer Korrelation zu seinen positiven Ertragsmöglichkeiten. Bereits im Zulassungsverfahren hat ein potentielles CTP gem. § 32 Abs. 1f Nr. 5 KWG einen tragfähigen Geschäftsplan vorzulegen. Das Nichtvorhandensein der in § 59 Abs. 1 Satz 2 WpHG angesprochenen Vorkehrungen ist nach § 120 Abs. 8 Nr. 18 und 19 WpHG mit **Geldbuße** bedroht.

Die **Grundsätze** sind in Textform abzufassen. Das WpHG verhält sich nicht dazu, ob die Grundsätze ein Internum darstellen oder ob sie den Nutzern zur Verfügung stehen müssen. Als organisationsrechtliche Vorgabe handelt es sich **zunächst um ein Internum**, dass sich als Derivat aus Geschäftsstrategie und dem im Zulassungsverfahren geforderten Geschäftsplan verstehen lässt. Um ein aus der Unternehmensstrategie abgeleitetes Handbuch, das sämtliche Arbeitsschritte umschreibt, dürfte es sich dabei nicht handeln. Die Grundsätze sollten die Herangehensweise beim Bezug der Geschäftsdaten von den Handelsplätzen beschreiben und Ausführungen darüber enthalten, wie der CTP von den an den Informationen interessierten Kreisen jeweils genutzt werden kann. Darüber sind Aussagen über den Konsolidierungsprozess zu treffen. Zu benennen ist dabei auch die bei den einzelnen Prozessschritten zum Einsatz kommende Technik. Aus dem Dokument sollte sich erschließen, wer wann und wie Zugang zum technischen System bekommt. Die Grundsätze sollten dabei berücksichtigen, dass der Zugang für die Informationsbezieher nicht diskriminierend sein darf, Art. 86 Abs. 1 DelVO 2017/565. Die Grundsätze sollten die zivilrechtlichen Pflichten der involvierten Parteien zutreffend reflektieren und den Inhalt des Meldesatzes (s. Rz. 17) sowie das technische Format (s. Rz. 21) beschreiben. Auch die Korrekturmöglichkeit der durch den CTP verursachten Veröffentlichungsfehler sollte in den Grundsätzen angesprochen werden. Art. 10 Abs. 1 DelVO 2017/571 (i.V.m. § 59 Abs. 6 WpHG) sieht eine Pflicht zur Korrektur selbstverursachter Fehler vor.

13

Die **Grundsätze** können auch **veröffentlicht werden**, damit sich die potentiellen Nutzer einen Überblick über das Leistungsangebot en bloc verschaffen können. Für die Beschreibung des Systemzugriffs und die Datenverwendung verlangt Art. 14 Abs. 5 c DelVO 2017/571 (i.V.m. § 59 Abs. 6 WpHG) ohnehin, dass die **Anweisungen hierzu auf der Startseite ihrer Internetpräsenz** zur Verfügung stehen müssen. Letztendlich sind für das Verhältnis des CTP zu seinen Nutzern die konkreten vertraglichen Absprachen maßgeblich. Die standardisierten **Vertragsbedingungen nebst Preistableau** sind nach der europarechtlichen Vorschrift Art. 89 Abs. 1 und 2 DelVO 2017/565 **offenzulegen** und leicht zugänglich zu machen. Der Inhalt der Grundsätze sollte mit den Vertragsklauseln im Einklang stehen. Zur **zivilrechtlichen Einordnung der Verhältnisse zwischen den beteiligten Personen** gibt das WpHG keine weiteren Hinweise. Hier ist zu unterscheiden zwischen dem Informationsbezug bei APA und Marktplätzen auf der einen Seite und der Informationsbereitstellung auf der anderen Seite.

14

Der **Informationsbezug bei den APA und Marktplätzen** durch ein CTP erfolgt nach den gesetzgeberischen Vorstellungen **durch entgeltlichen Erwerb der Daten**. Die APA sind, wie sich aus § 58 Abs. 1 WpHG ergibt, zur Datenbereitstellung auf kaufmännisch angemessener Basis verpflichtet. Für Betreiber von Marktplätzen ergibt sich die Pflicht zur Bereitstellung/Offenlegung der Daten zu angemessenen kaufmännischen Bedingungen aus Art. 13 Abs. 1 VO Nr. 600/2014.

15

Mit den Informationsbeziehern wird ein **Benutzungsvertrag** mit Allgemeinen Geschäftsbedingungen (AGB) i.S.d. § 305 BGB geschlossen, soweit deutsches Recht nicht abbedungen ist. Bei den Beziehern der Daten ohne zeitliche Verzögerung wird regelmäßig eine rechtliche Vertragsbeziehung vorliegen. Dies ergibt sich daraus, dass der CTP im Rahmen angemessener kaufmännischer Bedingungen tätig wird[1] (s. Rz. 9). Der Bezug von Markdaten darf nicht an den Bezug weiterer Dienstleistungen des CTP gekoppelt werden, Art. 88 Abs. 1 DelVO 2017/565. Die wertpapierhandelsrechtlichen Vorgaben über die Leistung und Gegenleistung sind nicht als abschließend zu begreifen. Weitere Vorgaben, z.B. aus verbraucherschützenden Vorschriften, kommen in Betracht. Bezieher der Daten können aus rechtlicher Sicht Verbraucher i.S.d. § 13 BGB sein.

16

6. Inhalt der Veröffentlichung. § 59 Abs. 1 Satz 2 WpHG zählt die Angaben auf, die – soweit anwendbar – in der Veröffentlichung enthalten sein müssen. Es handelt sich dabei um **Mindestangaben**. Weitere Angaben sind möglich. Im Einzelnen handelt es sich um:

17

- Kennung des Finanzinstruments;
- Kurs, zu dem das Geschäft abgeschlossen wurde;
- Volumen des Geschäfts;
- Zeitpunkt des Geschäfts;
- Zeitpunkt, zu dem das Geschäft gemeldet wurde;
- Kurszusatz des Geschäfts;
- den Code für den Handelsplatz, an dem das Geschäft ausgeführt wurde, oder, wenn das Geschäft über einen systematischen Internalisierer ausgeführt wurde, den Code „SI" oder andernfalls den Code „OTC";

---

1 Vgl. auch *Knoll*, ZFR 2016, 62, 65.

- sofern anwendbar, einen Hinweis, dass die Anlageentscheidung und Ausführung des Geschäfts durch das Wertpapierdienstleistungsunternehmen auf einem Computeralgorithmus beruhte;
- sofern anwendbar, einen Hinweis, dass das Geschäft besonderen Bedingungen unterlag;
- falls für die Pflicht zur Veröffentlichung der Informationen gem. Art. 3 Abs. 1 VO Nr. 600/2014 eine Ausnahme gem. Art. 4 Abs. 1a oder 1b VO Nr. 600/2014 gewährt wurde, eine Kennzeichnung dieser Ausnahme.

18 Art. 20 Abs. 1 DelVO 2017/571 (i.V.m. § 59 Abs. 6 WpHG) enthält Detaillierungen zu den einzelnen Angaben, indem er für Eigenkapitalfinanzinstrumente auf die Tabellen 2 und 3 von Anhang I DelVO 2017/587 und für Nichteigenkapitalinstrumente auf die Tabellen 1 und 2 DelVO 2017/583 verweist. Für die Kennung des Finanzinstruments ist die internationale Wertpapier-Identifikationsnummer (ISIN) gemäß ISO 6166 zu verwenden. Diese ist für Wertpapiere als auch für börsengehandelte Derivate üblich. Sie ist seit 2018 auch für außerbörslich gehandelte Derivate verfügbar.

19 **III. Art und Weise der Informationsbereitstellung (§ 59 Abs. 2 WpHG).** § 59 Abs. 2 Satz 1 und 2 WpHG bringt die **grundlegenden Prinzipien** zum Ausdruck, **wie die Informationsbereitstellung zu erfolgen hat:** effizient, konsistent, raschen diskriminierungsfreien Zugang sicherstellend und in einem Format, das für die Marktteilnehmer leicht zugänglich und nutzbar ist.

Was letztendlich genau mit diesen Beiwörtern gemeint ist, ergibt sich allenfalls ansatzweise aus dem WpHG. Im Wege der Auslegung ließe sich bspw. anführen, dass diskriminierungsfreier Zugang auch bedeutet, dass das Preistableau keine unzulässige Differenzierung hinsichtlich der Nutzer vorsehen darf. Für eine **Konkretisierung der Prinzipien** ist aber letztlich die **DelVO 2017/571** (i.V.m. § 59 Abs. 6 WpHG) heranzuziehen, deren Artikel zahlreiche weiterführende Aussagen zur Art und Weise der Informationsbereitstellung enthalten. Allgemein kommt mit den WpHG-Formulierungen zum Ausdruck, dass den Informationsnutzern der Datenzugang und die Nutzungsmöglichkeit der Daten jeweils leicht gemacht werden soll.

20 Art. 10 Abs. 1 ff. DelVO 2017/571 (i.V.m. § 59 Abs. 6 WpHG) bringt den **Qualitätsmaßstab der Informationsveröffentlichung** deutlich zum Ausdruck. Dort heißt es, dass der CTP
- die Handelsauskünfte, welche er erhält, genau veröffentlicht, ohne dabei selbst irgendwelche Fehler einzubauen oder Informationen auszulassen,
- durch Überwachung der Leistung der IT-Systeme gewährleistet, dass eingegangene Handelsauskünfte erfolgreich veröffentlicht werden

und
- die eingegangenen und die zu veröffentlichenden Handelsauskünfte in regelmäßigen Abständen abgleicht, wobei er die korrekte Veröffentlichung von Informationen sicherstellt.

Auch Art. 8 Abs. 7 DelVO 2017/571 betont das Richtigkeitspostulat im Zusammenhang mit den vorzuhaltenden Systemkapazitäten, wonach diese ausreichend sein müssen, um die Aufgaben ohne Ausfälle oder Fehler durchführen zu können.

21 Gemäß Art. 14 Abs. 1 DelVO 2017/571 (i.V.m. § 59 Abs. 6 WpHG) müssen die vom CTP zu veröffentlichenden Informationen **maschinenlesbar** sein. Dies ist nach Art. 14 Abs. 3 DelVO 2017/571 der Fall, wenn
- sie ein elektronisches Format haben, damit diese direkt und automatisch von einem Computer gelesen werden können, wobei das Format durch freie, nicht firmeneigene und offene Standards spezifiziert wird,
- sie auf einer leistungsfähigen IT-Struktur gespeichert werden, so dass ein automatischer Zugriff möglich ist,
- sie widerstandsfähig genug sind, um Kontinuität und Ordnungsmäßigkeit bei der Erbringung der Dienstleistungen sowie einen angemessenen Zugriff im Hinblick auf die Geschwindigkeit zu gewährleisten, und
- auf sie mithilfe einer kostenlosen und öffentlich verfügbaren Computer-Software zugegriffen werden kann und sie dadurch gelesen, genutzt und kopiert werden können.

22 Nach Art. 14 Abs. 5 DelVO 2017/571 (i.V.m. § 59 Abs. 6 WpHG) müssen CTP **der Öffentlichkeit Anweisungen zur Verfügung stellen**, in denen sie erklären, wie und wo auf die Daten einfach zugegriffen und diese verwendet werden können, einschließlich der Identifizierung des elektronischen Formats. Die Anweisungen dürfen grundsätzlich nur mit einen Vorlauf von spätestens drei Monaten geändert werden, es sei denn, es besteht ein dringendes und ordnungsgemäß begründetes Bedürfnis für eine kürzere Frist. Die Anweisungen müssen über einen Link auf der Startseite der Internetpräsenz des CTP zur Verfügung stehen. Sie sind regelmäßiger Bestandteil der Grundsätze zur angemessenen Informationsveröffentlichung nach § 59 Abs. 1 Satz 2 WpHG (s. Rz. 13 f.).

23 Im Hinblick auf das **Diskriminierungsverbot** regelt Art. 19 DelVO 2017/571 (i.V.m. § 59 Abs. 6 WpHG), dass ein CTP gewährleisten muss, dass die Informationen über sämtliche Vertriebskanäle zur selben Zeit verschickt werden. Dies gilt gleichermaßen jeweils für den Versand an die Bezahlkunden und die zeitversetzt nachfolgende kostenlose Veröffentlichung. Art. 87 DelVO 2017/565 führt unter der Überschrift „Verpflichtung, Marktdaten diskriminierungsfrei bereitzustellen" aus, dass CTP allen Kunden, die laut den veröffentlichten objektiven Kriterien in dieselbe Kategorie fallen, Marktdaten zum selben Preis und unter denselben Bestimmungen und Bedingungen zur Verfügung stellen.

IV. Vermeiden von Interessenkonflikten (§ 59 Abs. 3 WpHG). Ein CTP muss als gesetzlich vorgesehener Informationsintermediär bei seiner **Leistungserbringung frei von sachfremden Einflussnahmen** agieren können. Allein durch die Existenz von Eigentümern, Kreditgebern und Angestellten und aus der bloßen Möglichkeit heraus, andere Leistungen zu erbringen, bestehen zahlreiche Gefahren, dass Eigeninteressen vorangestellt werden und die Informationserbringung gegenüber Kunden beeinträchtigt wird[1]. § 59 Abs. 3 Satz 1 WpHG verlangt deshalb von einem CTP allgemein, dass er organisatorische Vorkehrungen trifft, um Interessenkonflikte mit seinen Kunden zu vermeiden. § 59 Abs. 3 Satz 2 WpHG fügt an, dass er insbesondere, wenn er zugleich auch Börsenbetreiber oder APA ist, alle erhobenen Informationen in nichtdiskriminierender Weise behandeln und auf Dauer geeignete Vorkehrungen treffen muss, um diese unterschiedlichen Unternehmensfunktionen voneinander zu trennen. Der Kundenbegriff ist im Gesetz nicht weiter definiert. Dies sind bei einem CTP die Informationsbezieher. Handelsplätze und APA nehmen keine Dienstleistungen des CTP in Anspruch. Nach § 120 Abs. 8 Nr. 14 und 22 WpHG sind die Zuwiderhandlungen gegen § 59 Abs. 3 Satz 1 und 2 WpHG **Ordnungswidrigkeiten.**

Art. 5 Abs. 1 DelVO 2017/571 (i.V.m. § 59 Abs. 6 WpHG) benennt die **administrativen Vorkehrungen** zur Vermeidung von Interessenkonflikten mit Kunden. Die Vorkehrungen umfassen Strategien und Verfahren zur Erkennung, Regelung und Offenlegung von bestehenden und potentiellen Interessenkonflikten und beinhalten:
- ein Verzeichnis von bestehenden und potentiellen Interessenkonflikten, einschließlich deren Beschreibung, Erkennung, Vermeidung, Regelung und Offenlegung;
- die Trennung von Aufgaben und Unternehmensfunktionen innerhalb des Datenbereitstellungsdienstes, einschließlich:
  - Maßnahmen zur Vermeidung oder Kontrolle des Informationsaustauschs, wenn Interessenkonflikte auftreten können;
  - der getrennten Überwachung der jeweiligen Personen, deren Hauptaufgaben Interessen betreffen, die möglicherweise den Interessen eines Kunden zuwiderlaufen;
- eine Beschreibung der Gebührenpolitik zur Bestimmung der vom Datenbereitstellungsdienst und von Unternehmen, zu denen der Datenbereitstellungsdienst enge Verbindungen hat, in Rechnung gestellten Gebühren;
- eine Beschreibung der Vergütungspolitik für die Mitglieder des Leitungsorgans und der Geschäftsleitung;
- die Regeln für die Annahme von Geld, Geschenken oder Vorteilen durch Mitarbeiter des Datenbereitstellungsdienstes und sein Leitungsorgan.

Das Verzeichnis der Interessenkonflikte hat gem. Art. 5 Abs. 2 DelVO 2017/571 (i.V.m. § 59 Abs. 6 WpHG) Interessenkonflikte anzugeben, die sich aus Situationen ergeben, in denen der Datenbereitstellungsdienst:
- zum Schaden eines Kunden einen finanziellen Gewinn erzielt oder einen finanziellen Verlust vermeidet;
- ein Interesse am Ergebnis einer für einen Kunden erbrachten Dienstleistung hat, das sich vom Interesse des Kunden am Ergebnis der Dienstleistung unterscheidet;
- gegebenenfalls ein Interesse daran hat, den eigenen Interessen oder den Interessen eines anderen Kunden oder einer Gruppe von Kunden Vorrang gegenüber den Interessen eines Kunden einzuräumen, für den die Dienstleistung erbracht wird;
- für die für einen Kunden erbrachte Dienstleistung von einer anderen Person als einem Kunden neben der Provision oder den Gebühren für eine solche Dienstleistung einen Anreiz in Form von Geld, Waren oder Dienstleistungen erhält oder möglicherweise erhält.

V. Gewährleistung der Informationssicherheit (§ 59 Abs. 4 WpHG). § 59 Abs. 4 WpHG fasst durch den CTP zu treffende Maßnahmen der Informationssicherheit zusammen. Dabei handelt es sich im Wesentlichen um die **Etablierung eines ausreichend hohen Schutzniveaus** für die zum Einsatz kommenden IT-Infrastruktur. In § 59 Abs. 4 Satz 1 WpHG wird die Datenintegrität (Daten sind vollständig und bleiben unverändert) und die Vertraulichkeit (vertrauliche Informationen müssen vor unberechtigtem Zugriff geschützt werden) angesprochen. Die Komplementärnorm für Wertpapierdienstleistungsunternehmen findet sich in § 80 Abs. 1 Nr. 4 WpHG. In § 59 Abs. 4 Satz 2 WpHG geht es um die Verfügbarkeit der Daten: D.h. den am Prozess Beteiligten stehen die Daten, Dienste und Applikationen zum jeweils geforderten Zeitpunkt zur Verfügung.

Als erstes wird die Gewährleistung der **Sicherheit der Informationsübermittlungswege** verlangt. Dies beinhaltet physischen und elektronischen Schutz. Die Gewährleistung bezieht sich dabei auf die eigene Sphäre, einschließlich ausgelagerter Tätigkeiten. Die eigene Sphäre beginnt am Übergabeschnittpunkt bei der Einholung der zu konsolidierenden Daten und endet bei der Übergabe der Daten an die Informationsbezieher. Darüber hinaus kann der CTP nur darauf hinwirken, dass die Datenlieferanten und die Informationsbezieher ebenfalls eine dem Stand der Technik entsprechende Sicherung der Übertragungswege nutzen.

---

1 Vgl. z.B. Erwägungsgründe Nr. 2 und 3 DelVO 2017/571.

28 Als zweites wird in § 59 Abs. 4 Satz 1 WpHG die Verpflichtung statuiert, das **Risiko der unbefugten Datenveränderung und des unberechtigten Zugriffs zu minimieren**. Im Kern geht es darum, dass ein CTP als Bestandteil der Kapitalmarktpublizität störungsfrei funktioniert und nicht missbraucht werden kann, indem unrichtige Daten zu manipulativen Zwecken in die Welt gesetzt werden. Diese Risiken werden verringert, wenn nur zuvor autorisierte Personen des CPT und – soweit erforderlich – der Informationslieferanten und Nutzer Systemzugriff erhalten sowie technische Vorsorge, insb. durch Firewalls, gegen Hackerangriffe getroffen wird. Minimieren bedeutet, dass nicht der Ausschluss des Risikos verlangt wird. Dieser ist bei einer sich ständig weiterwickelnden IT auch nicht möglich. Allerdings ist die technische Vorsorge an ein sich änderndes Risiko anzupassen. Strukturell beinhaltet § 59 Abs. 4 WpHG die Pflicht, ein IT-Sicherheits-Risikomanagement vorzuhalten. Die Vorschrift schließt die Geltung anderer Vorschriften zur Informationssicherheit, insbesondere das BSI-Gesetzes, nicht aus.

29 Nach § 59 Abs. 4 Satz 2 WpHG muss ein CTP über **ausreichende Mittel und Notfallsysteme** verfügen, um seine Dienste jederzeit anbieten und aufrechterhalten zu können. Mit dem Vorhandensein ausreichender Mittel wird eine gewisse Leistungskraft in finanzieller, sachlicher und personeller Hinsicht angesprochen, um im störungsfreien Normalbetrieb seine Dienste dauerhaft anbieten zu können. Mit Notfallsystemen sind die Vorkehrungen gemeint, die bei einer Störung des Normalbetriebs zum Einsatz kommen. Hierbei geht es vor allem um das Vorhandensein redundanter Systeme.

30 Wer vorsätzlich oder leichtfertig entgegen § 59 Abs. 4 Satz 1 WpHG die dort genannten Mechanismen nicht einrichtet und entgegen § 59 Abs. 4 Satz 2 WpHG nicht über dort genannte Mittel und Notfallsysteme, handelt gem. § 120 Abs. 8 Nr. 24 und 24 WpHG **ordnungswidrig**.

31 § 59 Abs. 6 WpHG verweist darauf, dass die DelVO 2017/571 hinsichtlich § 59 Abs. 4 WpHG Näheres regelt. Zunächst ist jedoch festzuhalten, dass die EU-Verordnung Redundanzen enthält. Die Formulierungen des **Art. 9 Abs. 1 DelVO 2017/571**, wonach ein Datenbereitstellungsdienst Verfahren und Systeme für die physische und elektronische Sicherheit einführen muss, die darauf abzielen, dass (a) seine IT-Systeme vor Missbrauch oder einem unbefugten Zugriff geschützt sind, (b) die Risiken eines Angriffs auf die Informationssysteme minimiert werden, (c) eine unbefugte Offenlegung von vertraulichen Informationen verhindert wird, und dass (d) die Sicherheit und die Integrität der Daten gewährleistet ist, besagt in sachlicher Hinsicht nichts anderes als § 59 Abs. 4 Satz 1 WpHG selbst. Art 9 Abs. 1 DelVO 1017/571 spricht die Existenz von IT-Sicherheits-Risikomanagement-Funktionalitäten an, um die in Art. 9 Abs. 1 DelVO 1017/571 aufgeführten Risiken zu identifizieren und zu handhaben. Lagert der CTP Teile seiner Dienstleistungen an Dritte aus, so sind diese in das Risikomanagement-System einzubeziehen, Art. 6 Abs. 4 DelVO 2017/571.

32 Hinzuweisen ist auf die Meldepflicht nach Art. 9 Abs. 4 DelVO 1017/571: **Über Angriffe gegen die Maßnahmen zur physischen und elektronischen Sicherheit** muss der CTP unverzüglich die **zuständigen Behörden** seines Herkunftsmitgliedstaats **unterrichten** und diesen einen Vorfallbericht zukommen lassen, in dem die Art des Zwischenfalls, die ergriffenen Maßnahmen zur Beseitigung des Zwischenfalls und die Initiativen dargestellt werden, um ähnliche Zwischenfälle zu vermeiden. Zudem hat er seine Nutzer zu unterrichten, die von einem solchen Sicherheitsproblem betroffen sind. Da die Verordnung bei der behördlichen Meldepflicht in der Mehrzahl von „zuständigen Behörden spricht", kommt über die BaFin hinaus auch das Bundesamt für Sicherheit in der Informationstechnik als Adressat einer Meldung in Betracht, da mit § 2 Abs. 10 BSIG i.V.m. § 7 Abs. 1 Nr. 4 BSI-KritisV und § 2 Abs. 1 BSIG auch Einfallstore bestehen, die CTP in den Anwendungsbereich des BSIG einzubeziehen.

33 Ein weiterer von der DelVO 2017/571 angesprochener Aspekt, der bei den Maßnahmen zur Gewährleistung der Sicherheit der Informationssysteme zu berücksichtigen ist, betrifft das **Testen der eingesetzten Systeme**. In den mindestens jährlich stattfindenden Stresstests der Hard- und Software müssen Bedrohungsszenarien simuliert werden; vgl. Art. 8 Abs. 6 DelVO 2017/571.

34 Um einen störungsfreien Normalbetrieb zu gewährleisten, spricht Art. 8 Abs. 7 DelVO 2017/571 das **Vorhandensein ausreichender Kapazität** an. Diese muss so gewählt sein, damit der CTP seine Aufgaben ohne Ausfälle oder Fehler ausführen kann. Der CTP muss zudem in der Lage sein, einen Anstieg bei der Menge der zu verarbeitenden Informationen und bei der Anzahl an Informationsbeziehern ohne unverhältnismäßige Verzögerungen bewältigen zu können. Die Fähigkeit zur Skalierbarkeit der Kapazität bei einem Kundenanstieg wird auch in Art. 86 Abs. 3 DelVO 2017/565 unter dem Aspekt der diskriminierungsfreien Bereitstellung von Marktdaten adressiert.

35 **Einzelheiten zu den Notfallsystemen** finden sich in Art. 7 DelVO 2017/571. Der CTP hat danach über wirksame Notfallvorkehrungen zu verfügen, einschließlich:

a) *der Verfahren*, die für die Dienstleistungen des Datenbereitstellungsdienstes kritisch sind, einschließlich Eskalationsverfahren, entsprechender ausgelagerter Tätigkeiten oder Abhängigkeit von externen Dienstleistern;

b) *spezifischer Notfallvorkehrungen*, die eine angemessene Palette möglicher kurz- und mittelfristiger Szenarien umfassen, einschließlich Systemausfälle, Naturkatastrophen, Kommunikationsstörungen, Verlust von wichtigen Mitarbeitern und der Unfähigkeit, die gewöhnlichen Räumlichkeiten zu nutzen;

c) doppelter Hardware-Komponenten, die eine automatische Umschaltung auf eine Notfallinfrastruktur ermöglichen, einschließlich Netzwerkkonnektivität und Kommunikationskanälen;
d) einer Sicherheitskopie von geschäftskritischen Daten und aktuellen Informationen der erforderlichen Kontakte, um die Kommunikation beim Datenbereitstellungsdienst und mit Kunden zu gewährleisten;
e) der Verfahren für die Verlagerung von Datenbereitstellungsleistungen zu einem Reservestandort und die Erbringung von Datenbereitstellungsdienstleistungen von diesem Standort aus;
f) der angestrebten maximalen Wiederherstellungszeit bei kritischen Aufgaben, die so kurz wie möglich und in keinem Fall länger als sechs Stunden dauern sollte;
g) Schulung der Angestellten im Umgang mit Maßnahmen zur Geschäftsfortführung im Krisenfall und den Rollen der einzelnen Personen, einschließlich Personal für spezifische Sicherheitsvorkehrungen, um unmittelbar auf eine Störung bei den Dienstleistungen reagieren zu können.

VI. Einrichtung eines Hinweisgeberverfahrens (§ 59 Abs. 5 WpHG). § 59 Abs. 5 WpHG verlangt von einem CTP, dass es über ein Hinweisgeberverfahren verfügt, welches den Vorgaben des § 25a Abs. 1 Satz 6 Nr. 3 KWG analog gerecht wird. Im KWG heißt es, dass eine ordnungsgemäße Geschäftsorganisation auch einen Prozess umfassen muss, der es den Mitarbeitern unter Wahrung der Vertraulichkeit ihrer Identität ermöglicht, Verstöße gegen die CRR, die MAR, die MiFIR, die PRIIPS-VO, das KWG, das WpHG oder gegen die auf Grund des KWG oder WpHG erlassenen Rechtsverordnungen sowie etwaige strafbare Handlungen innerhalb des Unternehmens an geeignete Stellen zu berichten. In analoger Anwendung muss das Hinweisgebersystem für die Meldung von Verstößen gegen die MAR, die MiFIR, das KWG, das WpHG und strafbarer Handlungen innerhalb des Unternehmens offenstehen. CRR und PRIIPS-VO enthalten keine Vorschriften über Datenbereitstellungsdienste und können daher außer Betracht bleiben.   36

Europarechtliche Grundlage für § 25a Abs. 1 Satz 6 Nr. 3 KWG bildet Art. 71 Abs. 3 RL 2013/36/EU (CRD IV). Die konkrete Ausgestaltung des Hinweisgebersystems bleibt dem CTP überlassen[1]. Neben der Betrauung geeigneter interner Stellen (z.B. Compliance oder interne Revision) ist es auch zulässig, externe Stellen (Rechtsanwalt, Ombudsman) mit dem Empfang und der weiteren Behandlung der Mitteilungen zu beauftragen[2]. Der Ablauf des Verfahrens sollte dabei in einer an die Mitarbeiter adressierten Richtlinie beschrieben sein[3].   37

VII. Verweis auf DelVO 2017/571 (§ 59 Abs. 6 WpHG). § 59 WpHG regelt die Organisationspflichten für CTP nicht abschließend. § 59 Abs. 6 WpHG weist darauf hin, dass die DelVO 2017/571 Näheres zu den Abs. 1 bis 5 regelt. Auf § 59 Abs. 5 WpHG trifft dies nicht zu; die Verordnung enthält keine weiterführenden Aussagen zum einzurichtenden Hinweisgebersystem. Der Inhalt der DelVO 2017/571 gilt auch ohne den Verweis. Warum der deutsche Gesetzgeber zu dieser Verweisungstechnik gegriffen hat, bleibt in der Gesetzesbegründung offen. Er macht von dieser Technik nicht überall Gebrauch, wo delegierte Verordnungen zu Regelungsbereichen des WpHG weiterführende Aussagen enthalten. Vereinzelt finden sich Hinweise, dass gesetzgeberisch ein deklaratorisches Vorgehen vorliegt[4]. Anders als bei § 58 Abs. 7 WpHG bleibt bei der Vorschrift unklar, ob der Verweis statisch oder dynamisch zu verstehen ist.   38

§ 60 Organisationspflichten für genehmigte Meldemechanismen

(1) Ein genehmigter Meldemechanismus muss angemessene Grundsätze aufstellen und Vorkehrungen treffen, um die nach Artikel 26 der Verordnung (EU) Nr. 600/2014 zu meldenden Informationen für die meldepflichtigen Wertpapierdienstleistungsunternehmen so schnell wie möglich, spätestens jedoch bei Geschäftsschluss des auf den Vertragsabschluss des Geschäfts über das Finanzinstrument folgenden Arbeitstages, zu melden. Näheres zur Meldung dieser Informationen regelt Artikel 26 der Verordnung (EU) Nr. 600/2014.

(2) Ein genehmigter Meldemechanismus muss organisatorische Vorkehrungen treffen, um Interessenkonflikte mit seinen Kunden zu vermeiden. Insbesondere muss er, wenn er zugleich auch Börsenbetreiber oder ein Wertpapierdienstleistungsunternehmen ist, alle erhobenen Informationen in nichtdiskriminierender Weise behandeln und auf Dauer geeignete Vorkehrungen treffen, um die unterschiedlichen Unternehmensfunktionen voneinander zu trennen.

(3) Ein genehmigter Meldemechanismus muss wirksame Mechanismen einrichten, die die Sicherheit der Informationsübermittlungswege gewährleisten, um das Risiko der unbefugten Datenveränderung und des unberechtigten Zugriffs zu minimieren und ein Bekanntwerden noch nicht veröffentlichter In-

---
1 *Braun* in Boos/Fischer/Schulte-Mattler, KWG, CRR-VO, § 25a KWG Rz. 690.
2 *Braun* in Boos/Fischer/Schulte-Mattler, KWG, CRR-VO, § 25a KWG Rz. 690.
3 *Renz/Rohde-Liebenau*, BB 2014, 692, 693 f.
4 Vgl. Gesetzesbegründung zu § 63 Abs. 13 WpHG, BT-Drucks. 18/10936, 233.

formationen zu verhindern. Er muss über ausreichende Mittel und Notfallsysteme verfügen, um seine Dienste jederzeit anbieten und aufrechterhalten zu können.

(4) Ein genehmigter Meldemechanismus muss Vorkehrungen treffen, um

1. die Meldungen von Geschäften auf Vollständigkeit prüfen zu können, durch das Wertpapierdienstleistungsunternehmen verschuldete Lücken und offensichtliche Fehler zu erkennen und diesem in diesen Fällen genaue Angaben hierzu zu übermitteln und eine Neuübermittlung anzufordern und
2. selbst verschuldete Fehler oder Lücken zu erkennen, diese zu berichtigen und der Bundesanstalt korrigierte und vollständige Meldungen der Geschäfte zu übermitteln.

(5) Ein genehmigter Meldemechanismus muss über ein Hinweisgeberverfahren in entsprechender Anwendung des § 25a Absatz 1 Satz 6 Nummer 3 des Kreditwesengesetzes verfügen.

(6) Das Nähere zu den Organisationspflichten nach den Absätzen 1 bis 5 regelt die Delegierte Verordnung (EU) 2017/571.

In der Fassung des 2. FiMaNoG vom 23.6.2017 (BGBl. I 2017, 1693).

Schrifttum: *Grabitz/Hilf/Nettesheim* (Hrsg.), Das Recht der Europäischen Union: EUV/AEUV, 56. Aufl., Loseblatt, Stand Januar 2016; *Harter/Voß*, Transaktionsmeldungen nach Art. 26 MiFIR – Was gilt für emittierende Wertpapierfirmen ab 2018?, BB 2017, 1667; *Hoops*, Die Regulierung von Marktdaten nach der MiFID II, WM 2018, 205; *Knoll*, Datenbereitstellungsdienste nach MiFID II, ZFR 2016, 62; *Renz/Rohde-Liebenau*, Die Hinweisgeber-Regelung des § 25a KWG, BB 2014, 692; *Temporale* (Hrsg.), Europäische Finanzmarktregulierung, 2015.

I. Gegenstand der Norm und Regelungsgefüge . . 1	IV. Gewährleistung der Informationssicherheit
II. Regelungsinhalt von § 60 Abs. 1 WpHG 9	(§ 60 Abs. 3 WpHG) 21
1. Gegenstand und Inhalt der Meldungen gem. Art. 26 VO Nr. 600/2014 10	V. Prüfung auf Vollständigkeit und Richtigkeit (§ 60 Abs. 4 WpHG) 32
2. Meldefrist 13	VI. Einrichtung eines Hinweisgeberverfahrens
3. Angemessene Grundätze aufstellen und Vorkehrungen treffen 14	(§ 60 Abs. 5 WpHG) 35
III. Vermeiden von Interessenkonflikten (§ 60 Abs. 2 WpHG) 19	VII. Verweis auf DelVO 2017/571 (§ 60 Abs. 6 WpHG) 37

1 **I. Gegenstand der Norm und Regelungsgefüge.** In § 60 WpHG sind **wesentliche organisatorischen Pflichten** definiert, die ein Unternehmen zu beachten hat, wenn es eine Tätigkeit als Datenbereitstellungsdienst in Form **eines genehmigten Meldemechanismus** (*Approved Reporting Mechanism* – ARM) ausübt. Ein genehmigter Meldemechanismus ist gem. § 2 Abs. 39 WpHG ein Unternehmen, das dazu berechtigt ist, im Namen eines Wertpapierdienstleistungsunternehmens Einzelheiten zu Geschäften an die zuständigen nationalen Behörden oder European Securities and Market Authority ESMA zu melden.

2 § 60 WpHG macht in Abs. 1 und 2 deutlich, dass es sich bei den Geschäftsmeldungen an die Behörde um diejenigen nach **Art. 26 VO Nr. 600/2014 (MiFIR)** handelt. Dort ist geregelt, wer etwas wann und was zu melden hat. Der originären Meldepflicht aus Art. 26 VO Nr. 600/2014 unterliegt das Wertpapierdienstleistungsunternehmen, wenn es Geschäfte in Finanzinstrumenten tätigt, die entweder selbst oder aufgrund ihres Basiswertes einen Bezug zum öffentlichen Kapitalmarkt aufweisen. Art. 26 Abs. 1 VO Nr. 600/2014 lautet: „Wertpapierfirmen, die Geschäfte mit Finanzinstrumenten tätigen, melden der zuständigen Behörde die vollständigen und zutreffenden Einzelheiten dieser Geschäfte so schnell wie möglich und spätestens am Ende des folgenden Arbeitstags." Art. 26 Abs. 2 Satz 2 VO Nr. 600/2014 stellt dabei klar, dass Geschäfte betroffen sind, unabhängig davon, ob sie an einem Handelsplatz abgeschlossen werden oder nicht. Mit den Meldungen werden die Aufsichtsbehörden befähigt, ihren jeweiligen Überwachungsfunktionen gerecht zu werden[1]. In Deutschland ist die für den Empfang der Meldungen zuständige Stelle die BaFin (§ 22 WpHG). Obwohl die in Art. 26 VO Nr. 600/2014 geregelte Meldepflicht unmittelbar in Deutschland geltendes EU-Recht ist, hat der deutsche Gesetzgeber in § 60 Abs. 1 Satz 2 WpHG auf die Vorschrift verwiesen und sie damit de facto zum Bestandteil des bundesstaatlich gesetzten Rechts gemacht.

3 Das das Geschäft tätigende Wertpapierdienstleistungsunternehmen kann seine **Meldepflicht** nach Art. 26 Abs. 1 VO Nr. 600/2014 entweder **in Eigenregie** selbst erfüllen oder sich dabei **von dritter Seite unterstützen lassen**. Als **Unterstützer** sieht Art. 26 Abs. 7 Unterabs. 1 VO Nr. 600/2014 insbesondere ARM oder den Handelsplatz vor, über dessen System das Geschäft abgewickelt wurde. Das Wertpapierdienstleistungsunternehmen kann darüber hinaus einen Dritten beauftragen, seine Meldungen dem ARM vorzulegen, so dass eine Meldekette aus „meldepflichtiger Firma", „vorlegender Firma" und ARM entsteht; vgl. Art. 9 Abs. 2 DelVO 2017/571 (i.V.m. § 60 Abs. 6 WpHG). Für Wertpapierfirmen, die Orders im Kundengeschäft nicht selbst ausführen

---

[1] Vgl. in etwa Erwägungsgrund Nr. 32 VO Nr. 600/2014.

(z.B. Finanzportfolioverwalter), sondern Aufträge an eine andere Firma (z.B. depotführende Bank) zur Ausführung geben, können mit dem ausführenden Institut vereinbaren, dass dieses in seiner Meldung deutlich macht, dass dem Geschäft ein übermittelter Auftrag zugrunde gelegen hat, Art. 26 Abs. 4 VO Nr. 600/2014 i.V.m. Art. 43 Abs. 1 DelVO 2017/590. Es ist dann nur eine Meldung abzugeben. Wird keine Vereinbarung getroffen, so sind zwei Meldungen fällig[1]. Eine weitere, speziell auf den Handel mit unverbrieften Derivaten zugeschnittene Form der Meldedurchführung durch einen Dritten sieht Art. 26 Abs. 7 Unterabs. 6 und 7 VO Nr. 600/2014 vor. Transaktionsregister gemäß EMIR können behördlich als ARM anerkannt werden[2]. Nach Art. 81 Abs. 3 Unterabs. 2 VO Nr. 648/2012 haben die Transaktionsregister die Pflicht, Daten gemäß den Anforderungen nach Art. 26 VO Nr. 600/2014 an die zuständigen Behörden zu übermitteln. Meldet ein als ARM anerkanntes Transaktionsregister die nach den EMIR-Vorschriften an sie gemeldeten Geschäfte entsprechend den Vorgaben von Art. 26 VO Nr. 600/2014 an die zuständige Behörde weiter, so gelten die Pflichten der meldepflichtigen Firmen nach Art. 26 Abs. 1 VO Nr. 600/2014 als erfüllt.

Mit § 60 Abs. 1 bis 4 WpHG werden die Vorgaben aus Art. 66 Abs. 1 bis 4 RL 2014/65/EU (MiFID II) umgesetzt[3]. Hinsichtlich des Hinweisgebersystems in § 60 Abs. 5 WpHG bildet Art. 73 Abs. 2 RL 2014/65/EU die europarechtliche Grundlage[4]. Die Tätigkeit als ARM setzt eine **behördliche Erlaubnis** voraus. Diese ist **nicht Gegenstand der Regelungen des WpHG**, sondern des KWG (s. Vor §§ 58 ff. WpHG Rz. 10). Nach § 32 Abs. 1f Satz 1 KWG benötigt derjenige eine schriftliche Erlaubnis der BaFin, der im Inland gewerbsmäßig oder in einem Umfang, der einen in kaufmännischer Weise eingerichteten Geschäftsbetrieb erfordert, als Datenbereitstellungsdienst tätig werden will. Nach § 32 Abs. 1f Satz 4 und 5 KWG ist kein Zulassungsverfahren, sondern nur ein Feststellungsverfahren erforderlich, wenn ein Institut im Sinne des KWG oder ein Träger einer inländischen Börse bereits einen Handelsplatz betreibt und darüber hinaus als Datenbereitstellungsdienst tätig werden möchte. Als ARM aus Deutschland tritt seit Inkrafttreten der MiFID II/MiFIR-Gesetzgebung die Deutsche Börse AG in Erscheinung[5]. Darüber hinaus hat Mitte April 2018 die vwd TransactionSolutions AG die BaFin-Zulassung als ARM erhalten[6].   4

Bei richtigem Verständnis ist aus Sicht der MiFIR ein **Handelsplatzbetreiber nur dann ein ARM-Dienstleister**, wenn er die Aufgabe übernimmt, **Geschäfte zu melden, die nicht bei ihm ausgeführt worden sind**[7]. Hierfür sprechen aus nationaler Warte insbesondere § 22 Abs. 2 WpHG und die Ordnungswidrigkeitentatbestände § 120 Abs. 8 Nr. 3 und Abs. 9 Nr. 20 WpHG. Mit § 22 Abs. 2 WpHG wird Art. 26 Abs. 7 Unterabs. 5 RL 2014/65/EU umgesetzt, der die Mitgliedstaaten auffordert, IT-Sicherheitsmaßnahmen für das Art. 26 VO Nr. 600/2014-Meldesystem eines Handelsplatzes vorzusehen. § 120 Abs. 8 Nr. 3 WpHG enthält die dazugehörige Bußgeldnorm. Nach § 120 Abs. 9 Nr. 20 WpHG handelt ordnungswidrig, wer als ARM oder als Betreiber eines Handelsplatzes entgegen Art. 26 Abs. 1 Unterabs. 1 VO Nr. 600/2014 eine Art. 26 VO Nr. 600/2014-Meldung nicht, nicht richtig oder nicht vollständig übermittelt.   5

ARM aus anderen Staaten der EU oder des EWR können im grenzüberschreitenden Dienstleistungsverkehr ihre jeweilige Dienstleistung in Deutschland anbieten, ohne von der BaFin genehmigt zu sein, § 53b Abs. 1a KWG.   6

Das Konzept der Meldung von Geschäften an die Aufsichtsbehörde, auch unter Einschaltung eines Dienstleisters, ist nicht unbekannt. Bereits die MiFID 2004 (RL 2004/39/EG) ließ für die Meldung von Geschäften zu, dass diese durch die Wertpapierfirma oder durch einen Dritten erfolgen konnte (Art. 25 Abs. 5 RL 2004/39/EG)[8]. Im WpHG spiegele sich dies in § 9 WpHG a.F. wider. § 9 Abs. 4 WpHG a.F. setzte einen geeigneten Dritten als Dienstleister voraus. Neben der Fähigkeit zur Mitteilungserbringung selbst war nach § 14 der früheren Wertpapierhandel-Meldeverordnung insbesondere die Gewährleistung der Datensicherheit das für die Eignung des Dritten relevante Beurteilungskriterium. Neu am Regelungskonzept der MiFID II/MiFIR ist, dass bei der Beauftragung eines Dritten die originär meldepflichtigen Wertpapierdienstleistungsunternehmen nicht mehr für Mängel bei der Vollständigkeit, Richtigkeit und rechtzeitigen Übermittlung der Meldungen verantwortlich sind, wenn diese dem ARM oder dem Handelsplatz zuzuschreiben sind. In diesen Fällen sollen der ARM bzw. der Handelsplatz für diese Mängel verantwortlich sein, Art. 26 Abs. 7 Unterabs. 2 VO Nr. 600/2014.   7

§ 60 WpHG regelt die Organisationspflichten für ARM nicht abschließend. Unmittelbar geltende Rechtsakte der EU enthalten ebenfalls strukturelle Vorgaben zu in Abs. 1 bis 5 behandelten Aspekten. Zu erwähnen ist ins-   8

---

1 Erwägungsgrund Nr. 5 DelVO 2017/590.
2 Vgl. hierzu auch *Knippschild* in Temporale, S. 121 f.
3 BT-Drucks. 18/10936, 232.
4 BT-Drucks. 18/10936, 232; Erwähnung finden auch die weitgehend inhaltsgleichen Art. 32 Abs. 3 VO Nr. 596/2014 (MAR) und Art. 28 Abs. 4 VO Nr. 1286/2014 (PRIIP-VO).
5 S. ZfgK 2017, 1243; *Hoops*, WM 2018, 205, 208.
6 S. Meldung der vwd Vereinigte Wirtschaftsdienste GmbH v. 20.4.2018 auf www.vwd.com.
7 In diesem Sinne auch ESMA Guidelines v. 10.10.2016 ESMA/2016/1452 Guidelines Transaction reporting, order record keeping and clock synchronisation under MiFID II, S. 32.
8 *Knoll*, ZFR 2016, 62, 63.

besondere die **DelVO 2017/571**. Mit dem Verweis in § 60 Abs. 6 WpHG, dass Näheres zu den Organisationspflichten eines ARM in der DelVO 2017/571 geregelt ist, macht sich der deutsche Gesetzgeber den Regelungsgehalt dieser VO gleichsam zu seiner eigenen Auffassung. Für die Geltungskraft ist dies nicht erforderlich. Im Falle einer Kollision von bundesgesetzlichen Regelungen, genießt das EU-Recht Anwendungsvorrang[1]. Rein deklaratorisch ist der Verweis indes nicht. Die BaFin kann die erwiesenen Vorschriften in ihre Überwachung nach § 61 WpHG mit einbeziehen. Die Regelungen können damit auch in die Bewertung einfließen, ob Bußgeldtatbestände des § 120 WpHG verwirklicht sind.

9 **II. Regelungsinhalt von § 60 Abs. 1 WpHG.** § 60 Abs. 1 Satz 1 WpHG spricht an, **zu welchen Leistungen ein ARM befähigt sein muss.** Er muss in der Lage sein, Art. 26 VO Nr. 600/2014-Informationen zu Geschäften in Finanzinstrumenten, die es von einem originär meldepflichtigen Wertpapierdienstleistungsunternehmen erhält, der BaFin fristgerecht vorzulegen. Aus dem gesamten Regelungskontext ergibt sich, dass die Behördenmeldung über die vom ARM bereitgestellte Infrastruktur erfolgt. Über sein Leistungsangebot hat der ARM angemessene Grundsätze aufzustellen und angemessene Vorkehrungen zu treffen. Die Grundsätze enthalten die Funktionsbeschreibung des ARM-Service. Beim Treffen der Vorkehrungen geht es um die Einrichtung prozessualer Abläufe, mit denen die Vorgaben der gesetzlichen Vorschriften und der aufgestellten Grundsätze abgebildet werden.

10 **1. Gegenstand und Inhalt der Meldungen gem. Art. 26 VO Nr. 600/2014. Gegenstand** der Meldung sind gem. Art. 26 Abs. 2 VO Nr. 600/2014 Geschäfte, unabhängig davon, ob sie an einem Handelsplatz abgeschlossen werden oder nicht, über
- Finanzinstrumente, die zum Handel zugelassen sind oder die an einem Handelsplatz gehandelt werden oder für die ein Antrag auf Zulassung zum Handel gestellt wurde[2],
- Finanzinstrumente, deren Basiswert ein an einem Handelsplatz gehandeltes Finanzinstrument ist, und
- Finanzinstrumente, deren Basiswert ein aus an einem Handelsplatz gehandelten Finanzinstrumenten zusammengesetzter Index oder Korb von Finanzinstrumenten ist.

11 Art. 26 Abs. 3 VO Nr. 600/2014 zählt den **Inhalt** der Meldung auf. Dabei handelt es sich um einen Mindestinhalt: Bei Geschäften, die an einem Handelsplatz abgeschlossen wurden, sind anzugeben:
- Bezeichnung und die Zahl der erworbenen oder veräußerten Finanzinstrumente,
- Volumen, Datum und Zeitpunkt des Abschlusses,
- Kurs und Angaben zur Identifizierung der Kunden, in deren Namen die Wertpapierfirma das Geschäft abgeschlossen hat,
- Angaben zu den Personen und Computeralgorithmen in der Wertpapierfirma, die für die Anlageentscheidung und Ausführung des Geschäfts verantwortlich sind,
- Angaben zu der für das Geschäft in Anspruch genommenen betreffenden Ausnahme,
- Möglichkeiten zur Ermittlung der betreffenden Wertpapierfirmen sowie Angaben zur Ermittlung von Leerverkäufen i.S.v. Art. 2 Abs. 1b VO Nr. 236/2012 (EU-Leerverkaufsverordnung) in Bezug auf in den Anwendungsbereich der Art. 12, 13 und 17 VO Nr. 236/2012 fallende Aktien und öffentliche Schuldtitel.

Bei nicht an einem Handelsplatz abgeschlossenen Geschäften müssen die Meldungen eine **Bezeichnung der Geschäftstypen** enthalten. Bei Warenderivaten ist in den Meldungen angegeben, ob mit diesen Geschäften eine objektiv messbare Risikominderung gem. Art. 57 RL 2014/65/EU verbunden ist. Liegt für das Geschäft kein Kundenauftrag vor, so ist es dennoch zu melden. Meldepflichtig sind auch Geschäfte, die ein meldepflichtiges Unternehmen im eigenen Namen und für eigene Rechnung vornimmt[3].

12 Die DelVO 2017/590 präzisiert auf der Grundlage von Art. 26 Abs. 9 VO Nr. 600/2014, welche Sachverhalte unter den Begriff des Geschäfts fallen (Art. 2 DelVO 2017/590) und was das Tätigen eines Geschäfts bedeutet (Art. 3 DelVO 2017/590; Ausführen eines Geschäfts). Erst aus dieser Verordnung ergibt sich letztlich der genaue Aufbau des an die Behörde zu liefernden Meldesatzes (Anhang 1 Tabelle 2 DelVO 2017/590). Insgesamt sind danach mehr als 60 Meldefelder vorgesehen. Näher zum Gegenstand und zum Inhalt der Geschäftsmeldung s. Art. 26 VO Nr. 600/2014 Rz. 13 ff.

13 **2. Meldefrist.** Die Definition des § 60 Abs. 1 Satz 1 WpHG für den Zeitraum, der für eine Geschäftsmeldung an die BaFin zur Verfügung steht, enthält mit „**so schnell wie möglich**" und „**spätestens jedoch bei Geschäftsschluss des auf den Vertragsabschluss des Geschäfts über das Finanzinstrument folgenden Arbeitstages**" eine im Vergleich zum früheren, auch für Drittmeldungen relevanten, § 9 WpHG geänderten Wortlaut. In § 9 Abs. 1 Satz 1 WpHG a.F. war die Meldefrist präzise mit „spätestens an dem auf den Tag des Geschäftsabschlusses folgenden Werktag" beschrieben, wenngleich die MiFID 2004 in Art. 25 Abs. 3 Satz 1 bereits die Formulie-

---

1 Statt vieler: *Nettesheim* in Grabitz/Hilf/Nettesheim, Art. 288 AEUV Rz. 47 ff.; *Lutter/Bayer/J. Schmidt*, Rz. 3.2.
2 Vgl. *Harter/Voß*, BB 2017, 1667.
3 Art. 3 Abs. 1d und Anhang I Tabelle 2 Feld 29 DelVO 2017/590, sowie ESMA Guidelines v. 10.10.2016 ESMA/2016/1452 Guidelines Transaction reporting, order record keeping and clock synchronisation under MiFID II, S. 15.

rung enthielt, dass „so schnell wie möglich und spätestens am Ende des folgenden Werktages" zu melden ist. Nach der nunmehrigen Formulierung ist das Augenmerk in jedem Fall stärker auf „so schnell wie möglich" zu legen. Der zweite Teil der Formulierung kann dann als eine Art Toleranzschwelle für eigentlich nicht mehr so schnell wie möglich erfolgte Meldungen verstanden werden. Nicht deutlich ist zudem, ob das Ende der Frist „Geschäftsschluss des folgenden Arbeitstags" etwas anderes bedeutet, als das „Ende folgenden Werk- bzw. Arbeitstags". Der Werktag endet um Mitternacht. Geschäftsschluss im Wertpapierhandel ist in deutschen Instituten weit vor Mitternacht; Gleiches gilt für die BaFin. Auf EU-Ebene war offensichtlich keine grundlegende Änderung des Fristenregimes intendiert. Im englischen hieß es (Art. 25 Abs. 3 Satz 1 i.V.m. Art. 25 Abs. 5 RL 2004/39/EG) und heißt es nach wie vor (Art. 66 Abs. 1 Satz 1 RL 2014/65/EU), dass die Meldung des Dritten bzw. des ARM „... as quickly as possible, and no later than the close of the follwing working day ..." bzw. „close of the working day following the day upon which the transaction took place ..." zu erfolgen hat. Im Ergebnis sollte deshalb die BaFin ihre Systeme bis zum Ende des Folgetages nach der Geschäftstätigung für die Meldung des ARM offenhalten. Sonn- und Feiertage sind bei der Bestimmung des folgenden Tages herauszurechnen. Die BaFin geht zudem davon aus, dass auch der Samstag kein Arbeitstag im Sinne EU-kapitalmarktrechtlicher Meldevorschriften ist[1]. Für die Meldung des Wertpapierdienstleistungsunternehmens ohne Einschaltung eines ARM gilt nach Art. 26 Abs. 1 VO Nr. 600/2014 ohnehin die Fristenformulierung „... so schnell wie möglich und spätestens am Ende des folgenden Arbeitstags." Richtigerweise sollten für die unmittelbare wie für die mittelbare Meldung die gleiche Frist gelten, zumal der deutsche Gesetzgeber über § 60 Abs. 1 Satz 2 WpHG auf Art. 26 VO Nr. 600/2014 nochmals Bezug nimmt. In Art. 26 Abs. 7 VO Nr. 600/2014 findet sich auch für die ARM-Meldung ein Verweis auf die Meldefrist bei unmittelbarer Meldung. Die Frage der Fristbestimmung ist deshalb wichtig, weil bei verspäteter Meldung durch den ARM ggf. die **Ordnungswidrigkeitentatbestände** § 120 Abs. 8 Nr. 25 und 9 Nr. 20 WpHG tatbestandlich einschlägig werden.

3. Angemessene Grundsätze aufstellen und Vorkehrungen treffen. Sowohl die **Grundsätze**, die in der englischen Fassung der MiFID II als Policy bezeichnet werden, als auch die zu treffenden **Vorkehrungen** müssen **angemessen ausgestaltet** sein. Hinsichtlich der Grundsätze bedeutet dies, dass die darin enthaltenen Ausführungen zur Funktionsweise der Datenbereitstellung via ARM für einen Leser, der auf dem Gebiet des Transaction Reporting kundig ist, nachvollziehbar und verständlich sein müssen. Aus der Kombination der Wörter angemessen und Grundsätze ergibt sich, dass die Beschreibung keine Erläuterungen der Abläufe bis in die letzte technische Verästelung enthalten muss. Zu kurz dürfen die Grundsätze indes nicht ausfallen, da das vorsätzliche oder leichtfertige Nichtverfügen über Grundsätze eine Ordnungswidrigkeit gem. § 120 Abs. 8 Nr. 25 WpHG darstellt. 14

Vorkehrungen sind angemessen, wenn sie bei normaler und ungestörter Ablauffolge die pflichtgemäße Datenbereitstellung ermöglichen. Die dabei zum Einsatz kommende Hard- und Software sollte dem Stand der Technik entsprechen. Hinsichtlich des Datenschutzes ergibt sich dies insbesondere daraus, dass der Meldesatz personenbezogene Daten enthält, die adäquaten Schutz benötigen. Die Anschlussmodalitäten des ARM richten sich zunächst nach Art. 17 DelVO 2017/571. Dort ist in Abs. 1 geregelt, dass der ARM befähigt sein muss, die behördliche vorgegebenen technischen Spezifikationen einhalten zu können. Vorgaben der BaFin zur Meldung von Geschäften auf elektronischem Wege finden sich in einem Informationsblatt der Behörde über „Fachverfahren Transaktionsmeldungen (Art. 26 MiFIR)" sowie in „Ergänzende Informationen zum MVP Portal SOAP Webservice für das Fachverfahren „Transaktionsmeldungen (Art. 26 MiFIR)""[2]. Ein ARM muss danach an das Portal der Melde- und Veröffentlichungsplattform (MVP Portal) der BaFin abgeschlossen sein. Die technische Anbindung an die MVP ist Teil des Zulassungsverfahrens als ARM. Technische Vorgaben im geschriebenen Recht enthält die DelVO 2017/571, allerdings nur für die Wertpapierdienstleistungsunternehmen selbst[3]. Vermittelt über Art. 26 Abs. 9 VO Nr. 600/2014 i.V.m. § 60 Abs. 1 Satz 2 WpHG kann dieses Format jedoch auch als das für den ARM relevante angesehen werden. Nach Art. 1 Satz 2 DelVO 2017/590 sind sämtliche Einzelheiten, die in Geschäftsmeldungen enthalten sein müssen, gemäß den in Anhang I Tabelle 2 DelVO 2017/590 angegebenen Standards und Formaten, in elektronischer und maschinenlesbarer Form sowie in einer einheitlichen XML-Vorlage nach der Methodik von ISO 20022 zu übermitteln[4]. Das Nichtvorhandensein der in § 60 Abs. 1 Satz 1 WpHG angesprochenen Vorkehrungen ist nach § 120 Abs. 8 Nr. 10 WpHG mit **Geldbuße** bedroht. 15

Die **Grundsätze** sind in Textform abzufassen. Das WpHG verhält sich nicht dazu, ob die Grundsätze ein Internum darstellen oder ob sie den Nutzern zur Verfügung stehen müssen. Als organisationsrechtliche Vorgabe handelt es sich **zunächst um ein Internum**, das sich als Derivat aus Geschäftsstrategie und dem im Zulassungsverfahren geforderten Geschäftsplan verstehen lässt. Um ein aus der Unternehmensstrategie abgeleitetes Handbuch, das sämtliche Arbeitsschritte umschreibt, dürfte es sich dabei nicht handeln. Da ein ARM ein zwi- 16

---

1 BaFin FAQ zu Eigengeschäften von Führungskräften nach Art. 19 der Marktmissbrauchsverordnung (EU) Nr. 596/2014, Abs. IV 4.
2 Vgl. die Internetseite der BaFin: Die BaFin, Service, MVP-Portal, Transaktionsmeldungen nach Artikel 26 MiFIR.
3 Vgl. hierzu Erwägungsgrund Nr. 16 DelVO 2017/590.
4 Abrufbar www.iso20022.org.

schengeschaltetes Unternehmen ist, müssen die Grundsätze Beschreibungen enthalten, wie es von den nach Art. 26 Abs. 1 VO Nr. 600/2014 informationsverpflichteten Wertpapierdienstleistungsunternehmen jeweils genutzt werden kann. Die Grundsätze haben daher die **Abläufe der Informationsbereitstellung**, die **systemische Aufbereitung der Daten zu Geschäftsmeldungen** und die **Informationsübertragung an die BaFin zu beschreiben**. Zu benennen ist dabei auch die zum Einsatz kommende Technik. Art. 17 DelVO 2017 fordert vom ARM Richtlinien, die seine technische Befähigung beschreiben. Aus den Grundsätzen sollte sich erschließen, wer wann und wie Zugang zum technischen System bekommt. Ferner sollten sie die zivilrechtlichen Pflichten reflektieren und auch zum Inhalt des Meldesatzes (s. Rz. 11 f.) sowie zum technischen Format (s. Rz. 15) Stellung beziehen. Auch die Kontrollsysteme zur Identifikation von Fehlern und die **Korrekturmöglichkeiten etwaiger Meldefehler** sollte sich in den Grundsätzen (Art. 11 DelVO 2017/571 [i.V.m. § 60 Abs. 6 WpHG]) widerspiegeln.

17 Die **Grundsätze** können auch **veröffentlicht werden**, damit sich die meldepflichtigen Wertpapierdienstleistungsunternehmen einen Überblick über das Leistungsangebot des ARM verschaffen können. Letztendlich sind für das Verhältnis des ARM zu seinen Nutzern die konkreten vertraglichen Absprachen maßgeblich, wobei der Inhalt der Grundsätze mit den Vertragsklauseln im Einklang stehen sollte. Zur rechtlichen Einordnung des Verhältnisses zu einem Wertpapierdienstleistungsunternehmen und zur BaFin gibt das WpHG allenfalls ansatzweise Hinweise. **Verträge mit den Instituten** werden regelmäßig entgeltlich sein und **Geschäftsbesorgungscharakter** aufweisen. Aus Sicht des Wertpapierdienstleistungsunternehmens wird es sich auch um eine **Auslagerung** i.S.d. § 25b Abs. 1 KWG handeln[1]. Die Regelung in Art. 26 Abs. 7 Unterabs. 3 VO Nr. 600/2014, wonach die Wertpapierfirmen nicht für Mängel bei der Vollständigkeit, Richtigkeit und rechtzeitiger Übermittlung der Meldungen verantwortlich sind, wenn die Mängel dem ARM zuzuschreiben sind, modifiziert dabei jedoch die Verantwortung des auslagernden Auslagerungsunternehmens resp. seiner Geschäftsleiter bei der Überwachung des ARM im Tagesgeschäft. Diese reduziert sich.

18 Das **Verhältnis zwischen ARM und BaFin ist öffentlich-rechtlicher Natur**. Die Anschlussmodalitäten richten sich nach Art. 1 DelVO 2017/590 i.V.m. Art. 26 Abs. 9 VO Nr. 600/2014 und § 60 Abs. 1 Satz 2 WpHG. Die Vorgaben zum technischen Übermittlungsformat in der Wertpapierhandel-Meldeverordnung (§ 12 WpHMV) sind nicht mehr maßgeblich. Die Verordnung ist gem. Art. 25 Abs. 1 FiMaNoG mit Ablauf des 2.1.2018 außer Kraft getreten.

19 **III. Vermeiden von Interessenkonflikten (§ 60 Abs. 2 WpHG).** Ein ARM muss als gesetzlich vorgesehener Dienstleister zur Erbringung von Meldungen an die Aufsichtsbehörde bei seiner **Leistungserbringung frei von sachfremden Einflussnahmen** agieren können. Allein durch die Existenz von Eigentümern, Kreditgebern und Angestellten und aus der bloßen Möglichkeit heraus, andere Leistungen zu erbringen, bestehen zahlreiche Gefahren, dass Eigeninteressen vorangestellt werden und die Dienstleistung gegenüber Kunden beeinträchtigt wird[2]. § 60 Abs. 2 Satz 1 WpHG verlangt deshalb von einem ARM allgemein, dass er organisatorische Vorkehrungen trifft, um Interessenkonflikte mit seinen Kunden zu vermeiden. § 60 Abs. 2 Satz 2 WpHG fügt an, dass er insbesondere, wenn er zugleich auch Börsenbetreiber oder Wertpapierdienstleistungsunternehmen ist, alle erhobenen Informationen in nichtdiskriminierender Weise behandeln und auf Dauer geeignete Vorkehrungen treffen muss, um diese unterschiedlichen Unternehmensfunktionen voneinander zu trennen. Der Kundenbegriff ist im Gesetz nicht weiter definiert. Dies sind bei einem ARM die meldepflichtigen Wertpapierdienstleistungsunternehmen. Nach § 120 Abs. 8 Nr. 14 und 26 WpHG sind Zuwiderhandlungen gegen § 60 Abs. 2 Satz 1 und 2 WpHG **Ordnungswidrigkeiten**.

20 Art. 5 Abs. 1 DelVO 2017/571 (i.V.m. § 60 Abs. 6 WpHG) benennt die **administrativen Vorkehrungen** zur Vermeidung von Interessenkonflikten mit Kunden. Die Vorkehrungen umfassen Strategien und Verfahren zur Erkennung, Regelung und Offenlegung von bestehenden und potentiellen Interessenkonflikten und beinhalten:
- ein Verzeichnis von bestehenden und potentiellen Interessenkonflikten, einschließlich deren Beschreibung, Erkennung, Vermeidung, Regelung und Offenlegung;
- die Trennung von Aufgaben und Unternehmensfunktionen innerhalb des Datenbereitstellungsdienstes, einschließlich:
  - Maßnahmen zur Vermeidung oder Kontrolle des Informationsaustauschs, wenn Interessenkonflikte auftreten können;
  - der getrennten Überwachung der jeweiligen Personen, deren Hauptaufgaben Interessen betreffen, die möglicherweise den Interessen eines Kunden zuwiderlaufen;
- eine Beschreibung der Gebührenpolitik zur Bestimmung der vom Datenbereitstellungsdienst und von Unternehmen, zu denen der Datenbereitstellungsdienst enge Verbindungen hat, in Rechnung gestellten Gebühren;
- eine Beschreibung der Vergütungspolitik für die Mitglieder des Leitungsorgans und der Geschäftsleitung;

---

1 A.A. *Hoops*, WM 2018, 205, 208.
2 Vgl. z.B. Erwägungsgründe Nr. 2 und 3 DelVO 2017/571.

- die Regeln für die Annahme von Geld, Geschenken oder Vorteilen durch Mitarbeiter des Datenbereitstellungsdienstes und sein Leitungsorgan.

Das Verzeichnis der Interessenkonflikte hat gem. Art. 5 Abs. 2 DelVO 2017/571 (i.V.m. § 60 Abs. 6 WpHG) Interessenkonflikte anzugeben, die sich aus Situationen ergeben, in denen der Datenbereitstellungsdienst:
- zum Schaden eines Kunden einen finanziellen Gewinn erzielt oder einen finanziellen Verlust vermeidet;
- ein Interesse am Ergebnis einer für einen Kunden erbrachten Dienstleistung hat, das sich vom Interesse des Kunden am Ergebnis der Dienstleistung unterscheidet;
- gegebenenfalls ein Interesse daran hat, den eigenen Interessen oder den Interessen eines anderen Kunden oder einer Gruppe von Kunden Vorrang gegenüber den Interessen eines Kunden einzuräumen, für den die Dienstleistung erbracht wird;
- für die für einen Kunden erbrachte Dienstleistung von einer anderen Person als einem Kunden neben der Provision oder den Gebühren für eine solche Dienstleistung einen Anreiz in Form von Geld, Waren oder Dienstleistungen erhält oder möglicherweise erhält.

IV. Gewährleistung der Informationssicherheit (§ 60 Abs. 3 WpHG). § 60 Abs. 3 WpHG fasst durch den ARM zu treffende Maßnahmen der Informationssicherheit zusammen. Dabei handelt es sich im Wesentlichen um die **Etablierung eines ausreichend hohen Schutzniveaus** für die zum Einsatz kommende IT-Infrastruktur. In § 60 Abs. 3 Satz 1 WpHG wird die Datenintegrität (Daten sind vollständig und bleiben unverändert) und die Vertraulichkeit (vertrauliche Informationen müssen vor unbefugter Preisgabe geschützt werden) angesprochen. Die Komplementärnorm für Wertpapierdienstleistungsunternehmen findet sich in § 80 Abs. 1 Satz 1 Nr. 4 WpHG. In § 60 Abs. 3 Satz 2 WpHG geht es um die Verfügbarkeit der Daten: d.h., den am Prozess Beteiligten stehen die Daten, Dienste und Applikationen zum jeweils geforderten Zeitpunkt zur Verfügung.

Als erstes wird die Gewährleistung der **Sicherheit der Informationsübermittlungswege** verlangt. Dies beinhaltet physischen und elektronischen Schutz. Die Gewährleistung bezieht sich dabei auf die eigene Sphäre, einschließlich ausgelagerter Tätigkeiten. Die eigene Sphäre beginnt am Übergabeschnittpunkt beim Empfang der Daten und endet bei der Übergabe der Daten an die BaFin. Darüber hinaus kann der ARM allenfalls nur darauf hinwirken, dass die meldepflichtigen Unternehmen ebenfalls eine dem Stand der Technik entsprechende Sicherung der Übertragungswege nutzen.

Als zweites wird in § 60 Abs. 3 Satz 1 WpHG die Verpflichtung statuiert, das **Risiko der unbefugten Datenveränderung und des unberechtigten Zugriffs zu minimieren**. Im Kern geht es darum, dass ein ARM als Bestandteil der Kapitalmarktinfrastruktur störungsfrei funktioniert und nicht missbraucht werden kann. Diese Risiken werden verringert, wenn nur zuvor autorisierte Personen des ARM und der Informationslieferanten Systemzugriff erhalten sowie technische Vorsorge, insb. durch Firewalls, gegen Hackerangriffe getroffen wird. Minimieren bedeutet, dass nicht der Ausschluss des Risikos verlangt wird. Dieser ist bei einer sich ständig weiterentwickelnden IT auch nicht möglich. Allerdings ist die technische Vorsorge an ein sich änderndes Risiko anzupassen. Strukturell beinhaltet § 60 Abs. 3 WpHG die Pflicht, ein IT-Sicherheits-Risikomanagement vorzuhalten. Die Vorschrift schließt die Geltung anderer Vorschriften zur Informationssicherheit, insbesondere das BSI-Gesetzes, und zum Datenschutz nicht aus.

Als dritten Punkt spricht § 60 Abs. 3 Satz 1 WpHG an, dass ein **Bekanntwerden noch nicht veröffentlichter Informationen zu verhindern** ist. Mit dieser Vorschrift wird der Aspekt adressiert, dass sich niemand einen ungerechtfertigten Informationsvorsprung über Transaktionen verschaffen und ggf. ausnutzen kann.

Nach § 60 Abs. 3 Satz 2 WpHG muss ein ARM über **ausreichende Mittel und Notfallsysteme** verfügen, um seine Dienste jederzeit anbieten und aufrechterhalten zu können. Mit dem Vorhandensein ausreichender Mittel wird eine gewisse Leistungskraft in finanzieller, sachlicher und personeller Hinsicht angesprochen, um im störungsfreien Normalbetrieb seine Dienste dauerhaft anbieten zu können. Mit Notfallsystemen sind die Vorkehrungen gemeint, die bei einer Störung des Normalbetriebs zum Einsatz kommen. Hierbei geht es vor allem um das Vorhandensein redundanter Systeme.

Wer vorsätzlich oder leichtfertig entgegen § 60 Abs. 3 Satz 1 WpHG die dort genannten Mechanismen nicht einrichtet und entgegen § 60 Abs. 3 Satz 2 WpHG nicht über dort genannte Mittel und Notfallsysteme verfügt, handelt gem. § 120 Abs. 8 Nr. 15 und 16 WpHG **ordnungswidrig**.

§ 60 Abs. 6 WpHG verweist darauf, dass die DelVO 2017/571 hinsichtlich § 60 Abs. 3 WpHG Näheres regelt. Zunächst ist jedoch festzuhalten, dass die EU-Verordnung Redundanzen enthält. Die Formulierungen des **Art. 9 Abs. 1 DelVO 2017/571**, wonach ein Datenbereitstellungsdienst Verfahren und Systeme für die physische und elektronische Sicherheit einführen muss, die darauf abzielen, dass (a) seine IT-Systeme vor Missbrauch oder einem unbefugten Zugriff geschützt sind, (b) die Risiken eines Angriffs auf die Informationssysteme minimiert werden, (c) eine unbefugte Offenlegung von vertraulichen Informationen verhindert wird, und dass (d) die Sicherheit und die Integrität der Daten gewährleistet ist, besagt in sachlicher Hinsicht nichts anderes als § 60 Abs. 3 Satz 1 WpHG selbst. Art. 9 Abs. 1 DelVO 2017/571 spricht die Existenz von IT-Sicherheits-Risikomanagement-Funktionalitäten an, um die in Art. 9 Abs. 1 DelVO 2017/571 aufgeführten Risiken zu identifizieren und zu handhaben. Lagert der ARM Teile seiner Dienstleistungen an Dritte aus, so sind diese in das Risikomanagement-System einzubeziehen, Art. 6 Abs. 4 DelVO 2017/571.

28 Hinzuweisen ist auf die Meldepflicht nach Art. 9 Abs. 4 DelVO 2017/571: **Über Angriffe gegen die Maßnahmen zur physischen und elektronischen Sicherheit** muss der ARM unverzüglich die **zuständigen Behörden** seines Herkunftsmitgliedstaats **unterrichten** und diesen einen Vorfallbericht zukommen lassen, in dem die Art des Zwischenfalls, die ergriffenen Maßnahmen zur Beseitigung des Zwischenfalls und die Initiativen dargestellt werden, um ähnliche Zwischenfälle zu vermeiden. Zudem hat es seine Nutzer zu unterrichten, die von einem solchen Sicherheitsproblem betroffen sind. Da die Verordnung bei der behördlichen Meldepflicht in der Mehrzahl von „zuständigen Behörden spricht", kommt über die BaFin hinaus auch das Bundesamt für Sicherheit in der Informationstechnik als Adressat einer Meldung in Betracht, da mit § 2 Abs. 10 BSIG i.V.m. § 7 Abs. 1 Nr. 4 BSI-KritisV und § 2 Abs. 1 BSIG auch Einfallstore bestehen, die ARM in den Anwendungsbereich des BSIG einzubeziehen.

29 Ein weiterer von der DelVO 2017/571 angesprochener Aspekt, der bei den Maßnahmen zur Gewährleistung der Sicherheit der Informationssysteme zu berücksichtigen ist, betrifft das **Testen der eingesetzten Systeme**. In den mindestens jährlich stattfindenden Stresstests der Hard- und Software müssen Bedrohungsszenarien simuliert werden; vgl. Art. 8 Abs. 6 DelVO 2017/571.

30 Um einen störungsfreien Normalbetrieb zu gewährleisten, spricht Art. 8 Abs. 7 DelVO 2017/571 das **Vorhandensein ausreichender Kapazität** an. Diese muss so gewählt sein, damit der ARM seine Aufgaben ohne Ausfälle oder Fehler ausführen kann. Der ARM muss zudem in der Lage sein, einen Anstieg bei der Menge der zu verarbeitenden Informationen und bei der Anzahl an Informationsbeziehern ohne unverhältnismäßige Verzögerungen bewältigen zu können. Die Fähigkeit zur Skalierbarkeit der Kapazität bei einem Kundenanstieg wird auch in Art. 86 Abs. 3 DelVO 2017/565 unter dem Aspekt der diskriminierungsfreien Bereitstellung von Marktdaten adressiert.

31 Einzelheiten zu den Notfallsystemen finden sich in Art. 7 DelVO 2017/571. Der ARM hat danach über wirksame Notfallvorkehrungen zu verfügen, einschließlich:

a) der Verfahren, die für die Dienstleistungen des Datenbereitstellungsdienstes kritisch sind, einschließlich Eskalationsverfahren, entsprechender ausgelagerter Tätigkeiten oder Abhängigkeit von externen Dienstleistern;

b) spezifischer Notfallvorkehrungen, die eine angemessene Palette möglicher kurz- und mittelfristiger Szenarien umfassen, einschließlich Systemausfälle, Naturkatastrophen, Kommunikationsstörungen, Verlust von wichtigen Mitarbeitern und der Unfähigkeit, die gewöhnlichen Räumlichkeiten zu nutzen;

c) doppelter Hardware-Komponenten, die eine automatische Umschaltung auf eine Notfallinfrastruktur ermöglichen, einschließlich Netzwerkkonnektivität und Kommunikationskanälen;

d) einer Sicherheitskopie von geschäftskritischen Daten und aktuellen Informationen der erforderlichen Kontakte, um die Kommunikation beim Datenbereitstellungsdienst und mit Kunden zu gewährleisten;

e) der Verfahren für die Verlagerung von Datenbereitstellungsleistungen zu einem Reservestandort und die Erbringung von Datenbereitstellungsdienstleistungen von diesem Standort aus;

f) der angestrebten maximalen Wiederherstellungszeit bei kritischen Aufgaben, die so kurz wie möglich und in keinem Fall länger als bis zum Ende des darauffolgenden Geschäftstags dauern sollte;

g) Schulung der Angestellten im Umgang mit Maßnahmen zur Geschäftsfortführung im Krisenfall und den Rollen der einzelnen Personen, einschließlich Personal für spezifische Sicherheitsvorkehrungen, um unmittelbar auf eine Störung bei den Dienstleistungen reagieren zu können.

32 **V. Prüfung auf Vollständigkeit und Richtigkeit (§ 60 Abs. 4 WpHG).** § 60 Abs. 4 WpHG regelt, dass der ARM die Verpflichtung hat, die **Qualität der an die BaFin zu übermittelnden Geschäftsmeldung zu prüfen**[1]. Dabei geht es nach § 60 Abs. 4 Nr. 1 WpHG zunächst um die Angaben, die aus der Sphäre des Wertpapierdienstleistungsunternehmens stammen. Die Prüfroutinen sind darauf auszurichten, dass die für den Meldesatz erforderlichen Angaben alle vorliegen bzw. keine Lücken aufweisen (Vollständigkeitsprüfung). Darüber hinaus muss das System auch verifizieren können, ob die zugelieferten Daten ggf. inhaltliche Fehler aufweisen (Inhaltsprüfung). Hierbei geht es allerdings nur um solche Fehler, die offensichtlich, also klar und deutlich erkennbar sind. Dies ist beispielsweise der Fall, wenn nichtexistente Kennungen vorliegen oder auch Datumsangaben unrichtig sind. Hat das System unvollständige bzw. offensichtlich fehlerhafte Datenzulieferungen identifiziert, so hat der ARM die Übermittlung fehlerfreier Daten, die eine richtige Meldung ermöglichen, beim originär meldepflichtigen Wertpapierdienstleistungsunternehmen anzuordnen. In der zweiten Alternative geht es um Vorkehrungen, die es dem ARM ermöglichen, selbst produzierte Fehler zu erkennen. Nach Erkennen sind diese Fehler zu berichtigen und der BaFin eine korrigierte Meldung zu übermitteln.

---

1 *Knoll*, ZFR 2016, 62, 64.

Nach § 120 Abs. 8 Nr. 26 WpHG begeht derjenige einen **Ordnungswidrigkeit**, der vorsätzlich oder leichtfertig entgegen § 60 Abs. 4 WpHG keine Vorkehrungen trifft. 33

Art. 11 Abs. 1 bis 4 DelVO 2017/571 (i.V.m. § 60 Abs. 6 WpHG) führt näher aus, welche **Maßnahmen** erforderlich sind, um **unvollständige oder wahrscheinlich falsche Informationen zu identifizieren**. Dabei geht es um die Verifizierung, ob Inhalt und Format der Meldungen eingehalten werden, das System permanent Daten empfangen und senden kann sowie abgesandte Meldungen mit denen bei der BaFin empfangenen übereinstimmen. Art. 11 Abs. 8 DelVO 2017/571 (i.V.m. § 60 Abs. 6 WpHG) fordert den ARM auf, Kunden ohne Verzögerung genau über einen Fehler oder eine Lücke in Kenntnis zu setzen und dem Kunden eine aktualisierte Geschäftsmeldung zukommen zu lassen. Darüber hinaus muss der ARM die Behörde informieren. Werden Fehler erst nach mehr als fünf Jahren vom ARM bemerkt, so brauchen keine Korrekturen mehr vorgenommen zu werden, Art. 11 Abs. 9 DelVO 2017/571 (i.V.m. § 60 Abs. 6 WpHG). 34

VI. Einrichtung eines Hinweisgeberverfahrens (§ 60 Abs. 5 WpHG). § 60 Abs. 5 WpHG verlangt von einem ARM, dass dieses über ein Hinweisgeberverfahren verfügt, welches den Vorgaben des § 25a Abs. 1 Satz 6 Nr. 3 KWG analog gerecht wird. Im KWG heißt es, dass eine ordnungsgemäße Geschäftsorganisation auch einen Prozess umfassen muss, der es den Mitarbeitern unter Wahrung der Vertraulichkeit ihrer Identität ermöglicht, Verstöße gegen die CRR, die MAR, die MiFIR, die PRIIPS-VO, das KWG, das WpHG oder gegen die auf Grund des KWG oder WpHG erlassenen Rechtsverordnungen sowie etwaige strafbare Handlungen innerhalb des Unternehmens an geeignete Stellen zu berichten. In analoger Anwendung muss das Hinweisgebersystem für die Meldung von Verstößen gegen die MAR, die MiFIR, das KWG, das WpHG und strafbarer Handlungen innerhalb des Unternehmens offenstehen. CRR und PRIIPS-VO enthalten keine Vorschriften über Datenbereitstellungsdienste und können daher außer Betracht bleiben. 35

Europarechtliche Grundlage für § 25a Abs. 1 Satz 6 Nr. 3 KWG bildet Art. 71 Abs. 3 RL 2013/36/EU (CRD IV). Die konkrete Ausgestaltung des Hinweisgebersystems bleibt dem ARM überlassen[1]. Neben der Betrauung geeigneter interner Stellen (z.B. Compliance oder interne Revision) ist es auch zulässig, externe Stellen (Rechtsanwalt, Ombudsman) mit dem Empfang und der weiteren Behandlung der Mitteilungen zu beauftragen[2]. Der Ablauf des Verfahrens sollte dabei in einer an die Mitarbeiter adressierten Richtlinie beschrieben sein[3]. 36

VII. Verweis auf DelVO 2017/571 (§ 60 Abs. 6 WpHG). § 60 WpHG regelt die Organisationspflichten für ARM nicht abschließend. § 60 Abs. 6 WpHG weist darauf hin, dass die DelVO 2017/571 Näheres zu den Abs. 1 bis 5 regelt. Auf § 60 Abs. 5 WpHG trifft dies nicht zu; die Verordnung enthält keine weiterführenden Aussagen zum einzurichtenden Hinweisgebersystem. Der Inhalt der DelVO 2017/571 gilt auch ohne den Verweis. Warum der deutsche Gesetzgeber zu dieser Verweisungstechnik gegriffen hat, bleibt in der Gesetzesbegründung offen. Er macht von dieser Technik nicht überall dort Gebrauch, wo delegierte Verordnungen zu Regelungsbereichen des WpHG weiterführende Aussagen enthalten. Vereinzelt finden sich Hinweise, dass gesetzgeberisch ein deklaratorisches Vorgehen vorliegt[4]. Anders als bei § 58 Abs. 7 WpHG bleibt bei der Vorschrift unklar, ob der Verweis statisch oder dynamisch zu verstehen ist. 37

§ 61 Überwachung der Organisationspflichten

Die Bundesanstalt kann zur Überwachung der in diesem Abschnitt geregelten Pflichten bei den Datenbereitstellungsdiensten auch ohne besonderen Anlass Prüfungen vornehmen. § 88 Absatz 3 gilt entsprechend. Hinsichtlich des Umfangs der Prüfungen gilt § 88 Absatz 2 entsprechend. Widerspruch und Anfechtungsklage gegen Maßnahmen nach Satz 1 haben keine aufschiebende Wirkung.

In der Fassung des 2. FiMaNoG vom 23.6.2017 (BGBl. I 2017, 1693).

I. Regelungsgegenstand und -zweck 1
II. Befugnisse der BaFin 5
III. Rechtsschutz 9

I. Regelungsgegenstand und -zweck. § 61 WpHG räumt der BaFin unter der Überschrift „Überwachung der Organisationspflichten" ein anlassunabhängiges **Prüfungsrecht** bei Datenbereitstellungsdiensten ein. Mit dem Recht kann sie die Einhaltung der jeweiligen Pflichten für genehmigte Veröffentlichungssysteme aus § 58 WpHG, für Bereitsteller konsolidierter Datenticker aus § 59 WpHG und für genehmigte Meldemechanismen aus § 60 WpHG überwachen. Bei Rückgriff auf § 6 Abs. 1 ff. WpHG gestützte Kontrollhandlungen liegen regelmäßig bereits Anhaltspunkte für Missstände bzw. die Nichteinhaltung von Vorschriften vor. 1

---

1 *Braun* in Boos/Fischer/Schulte-Mattler, KWG, CRR-VO, § 25a KWG Rz. 690.
2 *Braun* in Boos/Fischer/Schulte-Mattler, KWG, CRR-VO, § 25a KWG Rz. 690.
3 *Renz/Rohde-Liebenau*, BB 2014, 692, 693 f.
4 Vgl. Gesetzesbegründung zu § 63 Abs. 13 WpHG, BT-Drucks. 18/10936, 233.

§ 61 | Organisationspflichten von Datenbereitstellungsdiensten

2 **Auf konkrete Anhaltspunkte muss die Behörde** bei einem Vorgehen nach § 61 WpHG **nicht warten**, sondern kann vorsorglich aktiv werden, ohne dass das Unternehmen intensiv vorbereitet ist, wie dies z.B. bei der jährlichen Prüfung nach § 62 WpHG möglich ist. Willkürlich darf eine solche Prüfung nicht erfolgen. Ergibt das Ergebnis einer Prüfung nach § 61 WpHG **Unzulänglichkeiten**, so kann die BaFin Abhilfe nach den allgemeinen Vorschriften verlangen (§ 6 Abs. 2 Satz 2 bzw. § 6 Abs. 1 Satz 3 WpHG). Anerkannt ist auch, dass die BaFin aus einer nicht Anlass bezogenen Prüfung gewonnene Erkenntnisse in einem späteren Bußgeldverfahren verwenden darf[1].

3 § 61 WpHG ist **§ 88 WpHG** (§ 35 WpHG a.F.) **nachgebildet**, der eine Prüfung ohne Anlass bei Wertpapierdienstleistungsunternehmen dahingehend erlaubt, ob diese die Verhaltens- und Organisationspflichten im 11. Abschnitt des WpHG eingehalten haben. Der Gesetzesbegründung zufolge soll § 61 WpHG eine wirksame Überwachung von Datenbereitstellungsdiensten sicherstellen[2]. Hinzuweisen ist darauf, dass bei Einsatz eines genehmigten Meldemechanismus ARM zur Erfüllung der Meldepflicht nach Art. 26 VO Nr. 600/2014 nicht nur das originär meldepflichtige Wertpapierdienstleistungsunternehmen von der BaFin nach § 88 Abs. 1 Nr. 1 WpHG ohne besonderen Anlass geprüft werden kann, sondern auch das ARM als Auslagerungsunternehmen bzw. sonstige zur Durchführung eingeschaltete Dritte.

4 § 61 WpHG stellt eine Ausprägung der Aufträge an die Mitgliedstaaten aus Art. 59 Abs. 4 und 61 Abs. 1 RL 2014/65/EU dar. Danach haben die Staaten für die Datenbereitstellungsdienste und die von ihnen erbrachten Leistungen eine Beaufsichtigung vorzusehen. Die zuständige Behörde ist dabei mit den notwendigen Befugnissen auszustatten.

5 **II. Befugnisse der BaFin.** Die **BaFin ist die zuständige Prüfungsbehörde** gegenüber jedem Datenbereitstellungsdienst, auch wenn dieser als Börsenträgergesellschaft aufgrund einer Börsenbetriebserlaubnis keiner gesonderten Erlaubnis der BaFin nach § 32 Abs. 1f KWG bedarf. Insofern unterliegt ein Börsenträger bei der Kontrolle der Einhaltung der §§ 58ff. WpHG nicht der Aufsicht durch die zuständige Börsenaufsichtsbehörde des Landes, indem die Börse belegen ist, sondern einer partiellen Aufsicht der BaFin.

6 § 61 WpHG enthält selbst keine näheren Ausführungen darüber, wie eine Prüfung ohne besonderen Anlass verläuft. Anhaltspunkte ergeben sich allerdings aus § 61 Satz 3 WpHG, der hinsichtlich des **Umfangs der Prüfungen** auf die **entsprechende Geltung von § 88 Abs. 2 WpHG** verweist. Dort heißt es in etwa, dass die BaFin zur Überwachung der Einhaltung der Pflichten Auskünfte und die Vorlage von Unterlagen auch von Unternehmen mit Sitz in einem Drittstaat verlangen kann, die Dienstleistungen gegenüber Kunden erbringen, die ihren gewöhnlichen Aufenthalt oder ihre Geschäftsleitung im Inland haben, sofern nicht die Dienstleistung ausschließlich in einem Drittstaat erbracht wird. Damit ist zumindest klar, dass **Auskünfte** und **die Vorlage von Unterlagen** zum erlaubten prüferischen Vorgehen dazugehören. Durch den Verweis wird ebenfalls geregelt, dass Datenbereitstellungsdienste mit Sitz in einem Drittstaat (nach § 2 Abs. 12 WpHG: kein EU- bzw. EWR-Staat) in die Überwachung der Organisationsvorschriften einbezogen werden. Allerdings erscheint diese Regelung weitgehend ins Leere zu laufen. Das Regelungskonzept der Datenbereitstellungsdienste ist in einer Gesamtschau so ausgestaltet, dass für Unternehmen, die ihren Sitz nicht in einem EU-Herkunftsstaat haben, keine Genehmigung als Datenbereitstellungsdienst vorgesehen ist. Auch Börsenbetreiber, die Datenbereitstellungsdienste erbringen, dürften kaum jemals einen Sitz in einem Drittstaat haben. Die Beleihung mit hoheitlichen Befugnissen eines solchen Rechtssubjekts sollte aus prinzipiellen staatsrechtlichen Erwägungen nicht in Betracht kommen.

7 In der Literatur zu § 88 WpHG (§ 35 WpHG a.F.) wird hinsichtlich des Prüfungsumfangs auf die analoge Anwendung des § 89 WpHG (§ 36 WpHG a.F.) verwiesen[3]. Damit kommen auch **Vor-Ort-Prüfungen in den Räumlichkeiten des Dienstes in Betracht**, bei denen die nach §§ 58ff. WpHG eingerichteten Verfahren und Prozesse sowie Akten in Augenschein genommen und die Systeme auf Funktionsfähigkeit getestet werden[4]. Hierfür kann sich die BaFin nach § 4 Abs. 3 FinDAG auch anderer Personen und Einrichtungen bedienen[5]. In Betracht kommen hier **Sachverständige**, wie z.B. Wirtschaftsprüfer oder auch Rechtsanwälte die von der BaFin auf privatrechtlicher Basis beauftragt werden[6]. Die Prüfung bleibt dann dennoch öffentlich-rechtliche Verwaltungstätigkeit[7]. Werden andere Behörden beauftragt, erfolgt dies im Wege der Amtshilfe[8]. Hinsichtlich der Prü-

---

1 *Haussner* in KölnKomm. WpHG, § 35 WpHG Rz. 83ff. zu § 35 WpHG a.F.
2 BT-Drucks. 18/10936, 233.
3 So in etwa *Fett* in Schwark/Zimmer, § 35 WpHG Rz. 4.
4 Vgl. etwa *Fett* in Schwark/Zimmer, § 36 WpHG Rz. 4, im Ergebnis ebenso *Schlette/Bouchon* in Fuchs, § 35 WpHG Rz. 7 und *Haussner* in KölnKomm. WpHG, § 35 WpHG Rz. 29, jeweils zu § 35 WpHG a.F.
5 So *Schäfer* in Ellenberger/Schäfer/Clouth/Lang, Praktikerhandbuch Wertpapier- und Derivategeschäft, Rz. 2707 und *Haussner* in KölnKomm. WpHG, § 35 WpHG Rz. 29, jeweils zu § 35 WpHG a.F.
6 Vgl. *Schäfer* in Ellenberger/Schäfer/Clouth/Lang, Praktikerhandbuch Wertpapier- und Derivategeschäft, Rz. 2708; *Haussner* in KölnKomm. WpHG, § 35 WpHG Rz. 31, 42f. jeweils zu § 35 WpHG a.F.
7 *Haussner* in KölnKomm. WpHG, § 35 WpHG Rz. 32 zu § 35 WpHG a.F.
8 *Haussner* in KölnKomm. WpHG, § 35 WpHG Rz. 29 zu § 35 WpHG a.F.

fungstiefe darf die BaFin auch die **Einhaltung der Organisationsvorschriften der DelVO 2017/571 prüfen**. Durch die Verweisungen in § 58 Abs. 7, § 59 Abs. 6 und § 60 Abs. 6 WpHG auf die EU-Verordnung sind diese gleichsam in Abschnitt 10 des WpHG geregelte Pflichten geworden.

Die Prüfung und ihr Umfang sind dem Datenbereitstellungsdienst gem. §§ 37 und 41 VwVfG bekanntzugeben[1]. Die **Kosten der Prüfung** können im Unterschied zu einer Prüfung nach § 88 WpHG dem Unternehmen nicht aufgebürdet werden. Das Aufsichtsrecht enthält hierzu keine § 15 Abs. 1 Nr. 2 FinDAG entsprechende Regelung.

8

III. Rechtsschutz. Gegen die Prüfungsmaßnahmen nach § 61 Satz 1 WpHG sind Widerspruch und Anfechtungsklage möglich, die allerdings gem. § 61 Satz 3 WpHG keine aufschiebende Wirkung haben. Daher können die Maßnahmen sofort vollzogen und ggf. mit Verwaltungszwang durchgesetzt werden (§§ 6 und 9 ff. VwVG).

9

§ 62 Prüfung der Organisationspflichten; Verordnungsermächtigung

(1) Unbeschadet des § 61 ist die Einhaltung der in diesem Abschnitt geregelten Pflichten sowie der sich aus der Delegierten Verordnung (EU) 2017/565, der Delegierten Verordnung (EU) 2017/571 und der gemäß Artikel 61 Absatz 5 der Richtlinie 2014/65/EU erlassenen Durchführungsverordnung, in der jeweils geltenden Fassung, ergebenden Pflichten einmal jährlich durch einen geeigneten Prüfer zu prüfen. § 89 Absatz 1 Satz 4 und 6, Absatz 2 Satz 1 und 2, Absatz 3 und 4 gilt entsprechend.

(2) Das Bundesministerium der Finanzen kann durch Rechtsverordnung, die nicht der Zustimmung des Bundesrates bedarf, nähere Bestimmungen über Art, Umfang und Zeitpunkt der Prüfung nach Absatz 1 sowie den Inhalt der Prüfungsberichte erlassen. Das Bundesministerium der Finanzen kann die Ermächtigung durch Rechtsverordnung auf die Bundesanstalt übertragen.

In der Fassung des 2. FiMaNoG vom 23.6.2017 (BGBl. I 2017, 1693).

I. Regelungsgegenstand und -zweck 1	3. Einbeziehung der BaFin vor Erteilung des Prüfauftrags (§ 89 Abs. 3 und Abs. 4 WpHG analog) 9
II. Partieller Verweis auf § 89 WpHG 6	4. Erteilung des Prüfungsauftrags 11
1. Geeignete Prüfer (§ 89 Abs. 1 Satz 6 WpHG analog) 7	5. Ablauf der Prüfung und Erstellung des Prüfberichts (§ 89 Abs. 2 Satz 1 und 2 WpHG analog) 12
2. Zeitpunkt der Prüferbestellung (§ 89 Abs. 1 Satz 4 WpHG analog) 8	

I. Regelungsgegenstand und -zweck. § 62 WpHG regelt unter der Überschrift „Prüfung von Organisationspflichten; Verordnungsermächtigung", dass die Pflichten der **§§ 58 bis 60 WpHG einmal jährlich bei einem Datenbereitstellungsdienst auf Einhaltung zu prüfen** sind. Die Prüfung ist durch einen geeigneten Prüfer durchzuführen. Neben den genannten WpHG-Normen sind die Artikel der DelVO 2017/571 und die für Datenbereitstellungsdienste einschlägigen Vorschriften der DelVO 2017/565 in den Prüfprozess einzubeziehen.

1

Bei § 62 WpHG handelt es sich strukturell um eine **an § 89 WpHG** (§ 36 WpHG a.F.) **angelehnte Vorschrift**[2]. Nach § 89 WpHG ist ein Wertpapierdienstleistungsunternehmen im Grundsatz dazu verpflichtet, bei sich selbst eine Prüfung zu veranlassen, ob es die Verhaltens- und Organisationsvorschriften für das Geschäft mit Finanzinstrumenten eingehalten hat. § 62 Abs. 1 Satz 2 WpHG verweist sodann partiell auf Regelungsbereiche des § 89 WpHG. Bei den Verweisungen handelt es sich im Wesentlichen um die formellen Aspekte des Prüfverfahrens wie

2

– den Zeitpunkt der Prüferbestellung (§ 89 Abs. 1 Satz 4 WpHG analog, Rz. 8),
– Vorgaben über die Eignung als Prüfer (§ 89 Abs. 1 Satz 6 WpHG analog, Rz. 7),
– Erstellung des Prüfberichts (§ 89 Abs. 2 Satz 1 und 2 WpHG analog, Rz. 12),
– Einbeziehung der BaFin vor Erteilung des Prüfauftrages (§ 89 Abs. 3 und 4 WpHG analog, Rz. 9).

Je nach Regelungsgegenstand der verwiesenen Vorschriften kann nicht nur der Datenbereitstellungsdienst, sondern auch die BaFin oder der Prüfer Adressat der Norm sein.

§ 64 Abs. 2 WpHG sieht eine **Verordnungsermächtigung zum Erlass näherer Bestimmungen** über Art, Umfang und Zeitpunkt der Prüfung nach § 62 Abs. 1 WpHG sowie den Inhalt der Prüfungsberichte vor. Die Verordnungskompetenz steht dem Bundesministerium der Finanzen zu, mit der Möglichkeit diese auf die BaFin zu übertragen. Dies ist mit § 1 Nr. 1 der BaFinBefugV erfolgt. Es ist nicht auszuschließen, dass die BaFin eine Verordnung ähnlich der Wertpapierdienstleistungs-Prüfungsverordnung für Prüfungen gem. § 89 WpHG erlässt.

3

---
[1] Vgl. z.B. *Schlette/Bouchon* in Fuchs, § 35 WpHG Rz. 8.
[2] BT-Drucks. 18/10936, 233.

§ 62 | Organisationspflichten von Datenbereitstellungsdiensten

4 § 62 WpHG stellt eine Ausprägung der Aufträge aus Art. 59 Abs. 4 und 61 Abs. 1 RL 2014/65/EU dar. Danach haben die Mitgliedstaaten für die Datenbereitstellungsdienste und die von ihnen erbrachten Leistungen eine Beaufsichtigung vorzusehen. Die zuständige Behörde ist dabei mit den notwendigen Befugnissen auszustatten. Dass es sich bei § 62 WpHG um ein **Instrument der Beaufsichtigung** handelt, ergibt sich daraus, dass die BaFin den Prüfungsinhalt durch Schwerpunktsetzung beeinflussen kann, der Prüfbericht der BaFin auf Verlangen vorzulegen ist, und die BaFin die Bestellung eines anderen Prüfers verlangen kann, wenn es zur Erreichung des Prüfungszwecks geboten erscheint. Die Regelprüfung durch einen geeigneten Prüfer entlastet die BaFin in ihren Überwachungsaufgaben gem. § 61 WpHG und liefert ihr Informationen, auf Grund derer sie ggf. mit Maßnahmen nach § 61 WpHG bzw. § 6 WpHG vorgehen kann[1]. Darüber hinaus hat § 62 WpHG präventiven Compliance-Charakter, weil die prüfungspflichtigen Unternehmen zur Beachtung der gesetzlichen Verpflichtungen angehalten werden[2].

5 Während vorsätzliche oder fahrlässige Verstöße gegen die Prüferbestellung gem. § 89 Abs. 1 Satz 4 WpHG und die Anzeige des vorgesehenen Prüfers gem. § 89 Abs. 3 Satz 1 WpHG Ordnungswidrigkeiten nach § 120 Abs. 12 Nr. 3 und 4 WpHG darstellen, haben Verstöße gegen § 62 Abs. 1 Satz 2 WpHG i.V.m. § 89 WpHG analog **keine Aufnahme in den Bußgeldkatalog** gefunden.

6 **II. Partieller Verweis auf § 89 WpHG.** Über die Aussage hinaus, dass die jährliche Prüfung der genannten Normen durch einen geeigneten Prüfer vorzunehmen ist, ergibt sich aus § 62 Abs. 1 WpHG unmittelbar kein weiterer Regelungsgehalt. Die Einzelheiten von Einleitung und Verlauf ergeben sich aus der Verweisung auf Teile des § 89 WpHG.

7 **1. Geeignete Prüfer (§ 89 Abs. 1 Satz 6 WpHG analog).** Wer als geeigneter Prüfer in Frage kommt, ist § 62 Abs. 1 Satz 2 WpHG i.V.m. § 89 Abs. 1 Satz 6 WpHG analog zu entnehmen. Dort **werden Wirtschaftsprüfer, vereidigte Buchprüfer sowie Wirtschaftsprüfungs- und Buchprüfungsgesellschaften**, die hinsichtlich des Prüfungsgegenstandes über ausreichende Kenntnisse verfügen müssen, benannt. Bei den genannten Prüfern bzw. Prüfungsgesellschaften handelt es sich um solche, die nach den Vorschriften der Wirtschaftsprüferordnung (§§ 1, 128 WPO) anerkannt sind. Da der Prüfungsgegenstand die Bewertung ist, ob die gesetzlichen Vorschriften über Datenbereitstellungsdienste vom Unternehmen richtig angewandt werden, sollte im Hinblick auf die ausreichenden Kenntnisse beim Prüfer grundlegendes Wissen aus dem Bereich der Regulierung und der Abläufe des Transaction und Trade Reporting vorliegen. Bei der **Beurteilung der Eignung** müssen auch etwaige Interessenkonflikte berücksichtigt werden. Ist der Prüfer z.B. als Berater in Compliance-Angelegenheiten für den Datenbereitstellungsdienst tätig, so kann dies ein Grund sein, seine Unvoreingenommenheit und damit seine Eignung in Frage zu stellen.

8 **2. Zeitpunkt der Prüferbestellung (§ 89 Abs. 1 Satz 4 WpHG analog).** Gemäß § 62 Abs. 1 Satz 2 WpHG i.V.m. § 89 Abs. 1 Satz 4 WpHG hat der Datenbereitstellungsdienst den Prüfer jeweils **spätestens zum Ablauf des Geschäftsjahres** zu bestellen, auf das sich die Prüfung erstreckt. Ist das Geschäftsjahr das Kalenderjahr, so ist die Bestellung am 31.12. noch fristgerecht. Die Prüfungspflicht und damit die Pflicht zur Prüferbestellung endet, wenn das Unternehmen nicht mehr die Eigenschaft als Datenbereitstellungsdienst besitzt[3].

9 **3. Einbeziehung der BaFin vor Erteilung des Prüfauftrags (§ 89 Abs. 3 und Abs. 4 WpHG analog).** Bevor der Datenbereitstellungsdienst den Prüfer mit der § 62 WpHG-Prüfung beauftragt, hat der Dienst den **Prüfer namentlich der BaFin anzuzeigen**, § 89 Abs. 3 Satz 1 WpHG analog. Eine spezielle Form der Anzeige sieht das Gesetz nicht vor, sollte aber aus Beweiszwecken in nachweisbarer Art und Weise erfolgen. Die BaFin hat sodann gem. § 89 Abs. 3 Satz 2 WpHG analog das **Recht, die Bestellung eines anderen Prüfers zu verlangen**. Das Verlangen ist an die Voraussetzung geknüpft, dass dies zur Erreichung des Prüfungszwecks geboten ist. Es müssen daher bei der BaFin Erkenntnisse vorliegen, dass der Prüfer im Hinblick auf die Prüfungsdurchführung und die Erstellung eines fachlich und sachlich objektiven Prüfberichts entweder ungeeignet bzw. unzuverlässig ist. Anhaltspunkt können dabei z.B. mangelhafte Prüfungsberichte aus der Vergangenheit sein[4]. Das Verlangen der BaFin zur Bestellung eines anderen Prüfers hat innerhalb eines Monats nach Zugang der Anzeige zu erfolgen. Einen konkreten Prüfer kann die BaFin nicht benennen. Widerspruch und Anfechtungsklage gegen das Verlangen der BaFin haben keine aufschiebende Wirkung § 89 Abs. 3 Satz 2 Halbsatz 2 WpHG analog. Die Anzeige an die BaFin sollte vom Vorlauf her so bemessen sein, dass die Bestellung eines anderen Prüfers noch fristgerecht möglich ist, wenn die BaFin den zunächst angezeigten Prüfer nicht akzeptiert.

10 Die BaFin hat das Recht, gegenüber dem Datenbereitstellungsdienst **Bestimmungen über den Inhalt der Prüfung zu treffen**, die vom Prüfer zu berücksichtigen sind[5], § 89 Abs. 4 Satz 1 WpHG analog. Hierbei handelt es

---
1 So zur Parallelvorschrift § 89 WpHG *Fett* in Schwark/Zimmer, § 36 WpHG Rz. 1.
2 Vgl. *Fett* in Schwark/Zimmer, § 36 WpHG Rz. 1.
3 Im Abschluss an *Rangol* in von Böhlen/Kan, S. 337 zu § 36 WpHG a.F.
4 So *Schäfer* in Ellenberger/Schäfer/Clouth/Lang, Praktikerhandbuch Wertpapier- und Derivategeschäft, Rz. 2677; *Schäfer* in Heidel, § 36 WpHG Rz. 14, jeweils zu § 36 WpHG a.F.
5 So *Schäfer* in Ellenberger/Schäfer/Clouth/Lang, Praktikerhandbuch Wertpapier- und Derivategeschäft, Rz. 2683 zu § 36 WpHG a.F.

sich um einen Verwaltungsakt[1]. Sie kann nach § 89 Abs. 4 Satz 2 WpHG analog insbesondere **Schwerpunkte für die Prüfungen festlegen.** Eines besonderen Anlasses bedarf es hierfür nicht[2]. Regelmäßig werden diese Bestimmungen dem Dienst mitgeteilt, bevor der Prüfungsauftrag erteilt wird. Die Bestimmungen können nicht dahingehend lauten, dass hinter dem gesetzlichen Mindestmaß zurückgeblieben wird. Es kann lediglich angewiesen werden, in Teilbereichen vertiefte Nachschau zu halten.

4. Erteilung des Prüfungsauftrags. Der Prüferbestellung (§ 89 Abs. 1 Satz 4 WpHG analog) durch den Datenbereitstellungsdienst wird **von der Geschäftsleitung** als das für die Gesellschaft handlungsbefugte Organ vorgenommen. Sie ist nicht Bestandteil der Bestellung des Jahresabschlussprüfers. Jahresabschlussprüfer und § 62 WpHG-Prüfer können zudem ohne weiteres verschiedene Personen sein. Gleiches gilt für einen Prüfer nach § 89 WpHG, der zu bestellen ist, wenn der Datenbereitstellungsdienst zugleich die Zulassung als Wertpapierdienstleistungsunternehmen besitzt. Mit dem bestellten Prüfer ist ein entgeltlicher **Vertrag über die Erbringung der Prüfungsleistung** gegenüber dem Unternehmen abzuschließen. Hierbei handelt es sich um die eigentliche Erteilung des Prüfungsauftrages. Die Erstellung des Prüfberichts ist in § 89 Abs. 2 Satz 1 WpHG analog gesetzlich vorgeschrieben und daher notwendiger Bestandteil der geschuldeten Prüfungsleistung. Auch etwaige Vorgaben der BaFin zum Prüfungsinhalt sollten zum Vertragsbestandteil gemacht werden. Mitwirkungspflichten des Auftraggebers können ebenfalls im Vertrag geregelt werden Dies gilt insbesondere für den Fall, wenn Prüfungshandlungen bei Auslagerungsunternehmen notwendig sind.

5. Ablauf der Prüfung und Erstellung des Prüfberichts (§ 89 Abs. 2 Satz 1 und 2 WpHG analog). Der **Beginn der Prüfung** ist der BaFin gem. § 89 Abs. 4 Satz 5 WpHG analog seitens des Datenbereitstellungsdiensts rechtzeitig mitzuteilen. Dies dient dazu, dass die BaFin die Möglichkeit hat, an der Prüfung begleitend teilzunehmen (§ 89 Abs. 4 Satz 4 WpHG analog) und sich dabei die Abläufe und technischen Systeme erläutern zu lassen[3].

Die **Prüfungshandlungen des Prüfers** sind eigenverantwortlich nach pflichtgemäßem Ermessen durchzuführen. Eine **begleitende Teilnahme von BaFin-Mitarbeitern** ändert die Verantwortlichkeit des bestellten Prüfers nicht[4]. Methodisch müssen die Handlungen die Feststellung zulassen, ob der Ist-Zustand dem Soll-Zustand der Organisationspflichten entspricht oder von diesem abweicht. Das Prüfungsvorgehen und die Prüfungsergebnisse sind im **Prüfungsbericht** schriftlich festzuhalten. Der Prüfbericht ist entsprechend den berufsständischen Grundsätzen ordnungsgemäßer Berichterstattung anzufertigen[5]. Der finale Bericht ist dem auftraggebenden Institut vorzulegen. Der BaFin ist der Bericht nur zuzuleiten, wenn diese ihn anfordert, § 89 Abs. 2 Satz 1 WpHG analog. Nach dem Verweis auf § 89 Abs. 2 Satz 2 WpHG analog sollen die wesentlichen Prüfungsergebnisse in einem Fragebogen zusammengefasst werden, der dem Prüfungsbericht beizufügen ist. Ein allgemeinverbindlicher Fragebogen existiert mangels einer erlassenen „Datendienstleister-Prüfverordnung" bislang nicht. In Anlehnung zur Anlage zur WpDPV handelt es sich hierbei um eine Liste, die jede auf Einhaltung zu prüfende Vorschrift aufführt und eine Zuordnung von Mängelschweregraden zulässt.

Entdeckt der Prüfer einen **schwerwiegenden Verstoß** gegen die Organisationspflichten, so hat er gem. § 89 Abs. 4 Satz 3 WpHG analog die Pflicht, **die BaFin unverzüglich**, also ohne schuldhaftes Zögern (vgl. § 121 Abs. 1 Satz 1 BGB), zu unterrichten.

---

1 *Schäfer* in Heidel, § 36 WpHG Rz. 14 zu § 36 WpHG a.F.
2 *Koller* in 6. Aufl., § 36 WpHG Rz. 2.
3 So *Schäfer* in Ellenberger/Schäfer/Clouth/Lang, Praktikerhandbuch Wertpapier- und Derivategeschäft, Rz. 2687 zu § 36 WpHG a.F.
4 So *Schäfer* in Ellenberger/Schäfer/Clouth/Lang, Praktikerhandbuch Wertpapier- und Derivategeschäft, Rz. 2691 zu § 36 WpHG a.F.
5 Allgemein zur Beachtung berufsständischer Standards *Rangol* in von Böhlen/Kan, S. 338 zu § 36 WpHG a.F.

Abschnitt 11
Verhaltenspflichten, Organisationspflichten, Transparenzpflichten

§ 63 Allgemeine Verhaltensregeln; Verordnungsermächtigung

(1) Ein Wertpapierdienstleistungsunternehmen ist verpflichtet, Wertpapierdienstleistungen und Wertpapiernebendienstleistungen ehrlich, redlich und professionell im bestmöglichen Interesse seiner Kunden zu erbringen.

(2) Ein Wertpapierdienstleistungsunternehmen hat einem Kunden, bevor es Geschäfte für ihn durchführt, die allgemeine Art und Herkunft von Interessenkonflikten und die zur Begrenzung der Risiken der Beeinträchtigung der Kundeninteressen unternommenen Schritte eindeutig darzulegen, soweit die organisatorischen Vorkehrungen nach § 80 Absatz 1 Satz 2 Nummer 2 nicht ausreichen, um nach vernünftigem Ermessen zu gewährleisten, dass das Risiko der Beeinträchtigung von Kundeninteressen vermieden wird. Die Darlegung nach Satz 1 muss

1. mittels eines dauerhaften Datenträgers erfolgen und
2. unter Berücksichtigung der Einstufung des Kunden im Sinne des § 67 so detailliert sein, dass der Kunde in die Lage versetzt wird, seine Entscheidung über die Wertpapierdienstleistung oder Wertpapiernebendienstleistung, in deren Zusammenhang der Interessenkonflikt auftritt, in Kenntnis der Sachlage zu treffen.

(3) Ein Wertpapierdienstleistungsunternehmen muss sicherstellen, dass es die Leistung seiner Mitarbeiter nicht in einer Weise vergütet oder bewertet, die mit seiner Pflicht, im bestmöglichen Interesse der Kunden zu handeln, kollidiert. Insbesondere darf es bei seinen Mitarbeitern weder durch Vergütungsvereinbarungen noch durch Verkaufsziele oder in sonstiger Weise Anreize dafür setzen, einem Privatkunden ein bestimmtes Finanzinstrument zu empfehlen, obwohl das Wertpapierdienstleistungsunternehmen dem Privatkunden ein anderes Finanzinstrument anbieten könnte, das den Bedürfnissen des Privatkunden besser entspricht.

(4) Ein Wertpapierdienstleistungsunternehmen, das Finanzinstrumente zum Verkauf an Kunden konzipiert, muss sicherstellen, dass diese Finanzinstrumente so ausgestaltet sind, dass

1. sie den Bedürfnissen eines bestimmten Zielmarktes im Sinne des § 80 Absatz 9 entsprechen und
2. die Strategie für den Vertrieb der Finanzinstrumente mit diesem Zielmarkt vereinbar ist.

Das Wertpapierdienstleistungsunternehmen muss zumutbare Schritte unternehmen, um zu gewährleisten, dass das Finanzinstrument an den bestimmten Zielmarkt vertrieben wird.

(5) Ein Wertpapierdienstleistungsunternehmen muss die von ihm angebotenen oder empfohlenen Finanzinstrumente verstehen. Es muss deren Vereinbarkeit mit den Bedürfnissen der Kunden, denen gegenüber es Wertpapierdienstleistungen erbringt, beurteilen, auch unter Berücksichtigung des in § 80 Absatz 9 genannten Zielmarktes, und sicherstellen, dass es Finanzinstrumente nur anbietet oder empfiehlt, wenn dies im Interesse der Kunden liegt.

(6) Alle Informationen, die Wertpapierdienstleistungsunternehmen Kunden zugänglich machen, einschließlich Marketingmitteilungen, müssen redlich und eindeutig sein und dürfen nicht irreführend sein. Marketingmitteilungen müssen eindeutig als solche erkennbar sein. § 302 des Kapitalanlagegesetzbuchs und § 15 des Wertpapierprospektgesetzes bleiben unberührt.

(7) Wertpapierdienstleistungsunternehmen sind verpflichtet, ihren Kunden rechtzeitig und in verständlicher Form angemessene Informationen über das Wertpapierdienstleistungsunternehmen und seine Dienstleistungen, über die Finanzinstrumente und die vorgeschlagenen Anlagestrategien, über Ausführungsplätze und alle Kosten und Nebenkosten zur Verfügung zu stellen, die erforderlich sind, damit die Kunden nach vernünftigem Ermessen die Art und die Risiken der ihnen angebotenen oder von ihnen nachgefragten Arten von Finanzinstrumenten oder Wertpapierdienstleistungen verstehen und auf dieser Grundlage ihre Anlageentscheidung treffen können. Die Informationen können auch in standardisierter Form zur Verfügung gestellt werden. Die Informationen nach Satz 1 müssen folgende Angaben enthalten:

1. hinsichtlich der Arten von Finanzinstrumenten und der vorgeschlagenen Anlagestrategie unter Berücksichtigung des Zielmarktes im Sinne des Absatzes 3 oder 4:
   a) geeignete Leitlinien zur Anlage in solche Arten von Finanzinstrumenten oder zu den einzelnen Anlagestrategien,
   b) geeignete Warnhinweise zu den Risiken, die mit dieser Art von Finanzinstrumenten oder den einzelnen Anlagestrategien verbunden sind, und

c) ob die Art des Finanzinstruments für Privatkunden oder professionelle Kunden bestimmt ist;
2. hinsichtlich aller Kosten und Nebenkosten:
   a) Informationen in Bezug auf Kosten und Nebenkosten sowohl der Wertpapierdienstleistungen als auch der Wertpapiernebendienstleistungen, einschließlich eventueller Beratungskosten,
   b) Kosten der Finanzinstrumente, die dem Kunden empfohlen oder an ihn vermarktet werden sowie
   c) Zahlungsmöglichkeiten des Kunden einschließlich etwaiger Zahlungen durch Dritte.

Informationen zu Kosten und Nebenkosten, einschließlich solcher Kosten und Nebenkosten im Zusammenhang mit der Wertpapierdienstleistung und dem Finanzinstrument, die nicht durch ein zugrundeliegendes Marktrisiko verursacht werden, muss das Wertpapierdienstleistungsunternehmen in zusammengefasster Weise darstellen, damit der Kunde sowohl die Gesamtkosten als auch die kumulative Wirkung der Kosten auf die Rendite der Anlage verstehen kann. Auf Verlangen des Kunden muss das Wertpapierdienstleistungsunternehmen eine Aufstellung, die nach den einzelnen Posten aufgegliedert ist, zur Verfügung stellen. Solche Informationen sollen dem Kunden unter den in Artikel 50 Absatz 9 der Delegierten Verordnung (EU) 2017/565 genannten Voraussetzungen regelmäßig, mindestens jedoch jährlich während der Laufzeit der Anlage zur Verfügung gestellt werden. Die §§ 293 bis 297, 303 bis 307 des Kapitalanlagegesetzbuchs bleiben unberührt. Bei zertifizierten Altersvorsorge- und Basisrentenverträgen im Sinne des Altersvorsorgeverträge-Zertifizierungsgesetzes gilt die Informationspflicht nach diesem Absatz durch Bereitstellung des individuellen Produktinformationsblattes nach § 7 des Altersvorsorgeverträge-Zertifizierungsgesetzes als erfüllt. Dem Kunden sind auf Nachfrage die nach diesem Absatz erforderlichen Informationen über Kosten und Nebenkosten zur Verfügung zu stellen. Der Kunde ist bei Bereitstellung des individuellen Produktinformationsblattes nach § 7 des Altersvorsorgeverträge-Zertifizierungsgesetzes ausdrücklich auf dieses Recht hinzuweisen. Wird einem Kunden ein standardisiertes Informationsblatt nach § 64 Absatz 2 Satz 3 zur Verfügung gestellt, sind dem Kunden die Informationen hinsichtlich aller Kosten und Nebenkosten nach den Sätzen 4 und 5 unverlangt unter Verwendung einer formalisierten Kostenaufstellung zur Verfügung zu stellen.

(8) Die Absätze 6 und 7 gelten nicht für Wertpapierdienstleistungen, die als Teil eines Finanzprodukts angeboten werden, das in Bezug auf die Informationspflichten bereits anderen Bestimmungen des Europäischen Gemeinschaftsrechts, die Kreditinstitute und Verbraucherkredite betreffen, unterliegt.

(9) Bietet ein Wertpapierdienstleistungsunternehmen Wertpapierdienstleistungen verbunden mit anderen Dienstleistungen oder anderen Produkten als Gesamtpaket oder in der Form an, dass die Erbringung der Wertpapierdienstleistungen, der anderen Dienstleistungen oder der Geschäfte über die anderen Produkte Bedingung für die Durchführung der jeweils anderen Bestandteile oder des Abschlusses der anderen Vereinbarungen ist, muss es den Kunden darüber informieren, ob die einzelnen Bestandteile auch getrennt voneinander bezogen werden können und dem Kunden für jeden Bestandteil getrennt Kosten und Gebühren nachweisen. Besteht die Wahrscheinlichkeit, dass die mit dem Gesamtpaket oder der Gesamtvereinbarung verknüpften Risiken von den mit den einzelnen Bestandteilen verknüpften Risiken abweichen, hat es Privatkunden in angemessener Weise über die einzelnen Bestandteile, die mit ihnen verknüpften Risiken und die Art und Weise, wie ihre Wechselwirkung das Risiko beeinflusst, zu informieren.

(10) Vor der Erbringung anderer Wertpapierdienstleistungen als der Anlageberatung oder Finanzportfolioverwaltung hat ein Wertpapierdienstleistungsunternehmen von den Kunden Informationen einzuholen über Kenntnisse und Erfahrungen der Kunden in Bezug auf Geschäfte mit bestimmten Arten von Finanzinstrumenten oder Wertpapierdienstleistungen, soweit diese Informationen erforderlich sind, um die Angemessenheit der Finanzinstrumente oder Wertpapierdienstleistungen für die Kunden beurteilen zu können. Sind verbundene Dienstleistungen oder Produkte im Sinne des Absatzes 9 Gegenstand des Kundenauftrages, muss das Wertpapierdienstleistungsunternehmen beurteilen, ob das gesamte verbundene Geschäft für den Kunden angemessen ist. Gelangt ein Wertpapierdienstleistungsunternehmen auf Grund der nach Satz 1 erhaltenen Informationen zu der Auffassung, dass das vom Kunden gewünschte Finanzinstrument oder die Wertpapierdienstleistung für den Kunden nicht angemessen ist, hat es den Kunden darauf hinzuweisen. Erlangt das Wertpapierdienstleistungsunternehmen nicht die erforderlichen Informationen, hat es den Kunden darüber zu informieren, dass eine Beurteilung der Angemessenheit im Sinne des Satzes 1 nicht möglich ist. Näheres zur Angemessenheit und zu den Pflichten, die im Zusammenhang mit der Beurteilung der Angemessenheit geltenden Pflichten regeln die Artikel 55 und 56 der Delegierten Verordnung (EU) 2017/565. Der Hinweis nach Satz 3 und die Information nach Satz 4 können in standardisierter Form erfolgen.

(11) Die Pflichten nach Absatz 10 gelten nicht, soweit das Wertpapierdienstleistungsunternehmen
1. auf Veranlassung des Kunden Finanzkommissionsgeschäft, Eigenhandel, Abschlussvermittlung oder Anlagevermittlung erbringt in Bezug auf

a) Aktien, die zum Handel an einem organisierten Markt, an einem diesem gleichwertigen Markt eines Drittlandes oder an einem multilateralen Handelssystem zugelassen sind, mit Ausnahme von Aktien an AIF im Sinne von § 1 Absatz 3 des Kapitalanlagegesetzbuchs, und von Aktien, in die ein Derivat eingebettet ist,

b) Schuldverschreibungen und andere verbriefte Schuldtitel, die zum Handel an einem organisierten Markt, einem diesem gleichwertigen Markt eines Drittlandes oder einem multilateralen Handelssystem zugelassen sind, mit Ausnahme solcher, in die ein Derivat eingebettet ist, und solcher, die eine Struktur aufweisen, die es dem Kunden erschwert, die mit ihnen einhergehenden Risiken zu verstehen,

c) Geldmarktinstrumente, mit Ausnahme solcher, in die ein Derivat eingebettet ist, und solcher, die eine Struktur aufweisen, die es dem Kunden erschwert, die mit ihnen einhergehenden Risiken zu verstehen,

d) Anteile oder Aktien an OGAW im Sinne von § 1 Absatz 2 des Kapitalanlagegesetzbuchs, mit Ausnahme der in Artikel 36 Absatz 1 Unterabsatz 2 der Verordnung (EU) Nr. 583/2010 genannten strukturierten OGAW,

e) strukturierte Einlagen, mit Ausnahme solcher, die eine Struktur aufweisen, die es dem Kunden erschwert, das Ertragsrisiko oder die Kosten des Verkaufs des Produkts vor Fälligkeit zu verstehen oder

f) andere nicht komplexe Finanzinstrumente für Zwecke dieses Absatzes, die die in Artikel 57 der Delegierten Verordnung (EU) 2017/565 genannten Kriterien erfüllen,

2. diese Wertpapierdienstleistung nicht gemeinsam mit der Gewährung eines Darlehens als Wertpapiernebendienstleistung im Sinne des § 2 Absatz 7 Nummer 2 erbringt, außer sie besteht in der Ausnutzung einer Kreditobergrenze eines bereits bestehenden Darlehens oder eines bereits bestehenden Darlehens, das in der Weise gewährt wurde, dass der Darlehensgeber in einem Vertragsverhältnis über ein laufendes Konto dem Darlehensnehmer das Recht einräumt, sein Konto in bestimmter Höhe zu überziehen (Überziehungsmöglichkeit) oder darin, dass der Darlehensgeber im Rahmen eines Vertrages über ein laufendes Konto, ohne eingeräumte Überziehungsmöglichkeit die Überziehung des Kontos durch den Darlehensnehmer duldet und hierfür vereinbarungsgemäß ein Entgelt verlangt, und

3. den Kunden ausdrücklich darüber informiert, dass keine Angemessenheitsprüfung im Sinne des Absatzes 10 vorgenommen wird, wobei diese Information in standardisierter Form erfolgen kann.

(12) Wertpapierdienstleistungsunternehmen müssen ihren Kunden in geeigneter Weise auf einem dauerhaften Datenträger über die erbrachten Wertpapierdienstleistungen berichten; insbesondere müssen sie nach Ausführung eines Geschäfts mitteilen, wo sie den Auftrag ausgeführt haben. Die Pflicht nach Satz 1 beinhaltet einerseits nach den in den Artikeln 59 bis 63 der Delegierten Verordnung (EU) 2017/565 näher bestimmten Fällen regelmäßige Berichte an den Kunden, wobei die Art und Komplexität der jeweiligen Finanzinstrumente sowie die Art der erbrachten Wertpapierdienstleistungen zu berücksichtigen ist, und andererseits, sofern relevant, Informationen zu den angefallenen Kosten. Bei zertifizierten Altersvorsorge-und Basisrentenverträgen im Sinne des Altersvorsorgeverträge-Zertifizierungsgesetzes gilt die Informationspflicht gemäß Satz 1 bei Beachtung der jährlichen Informationspflicht nach § 7a des Altersvorsorgeverträge-Zertifizierungsgesetzes als erfüllt. Dem Kunden sind auf Nachfrage die nach diesem Absatz erforderlichen Informationen über Kosten und Nebenkosten zur Verfügung zu stellen. Der Kunde ist bei Bereitstellung der jährlichen Information nach § 7a des Altersvorsorgeverträge-Zertifizierungsgesetzes ausdrücklich auf dieses Recht hinzuweisen.

(13) Nähere Bestimmungen zu den Absätzen 1 bis 3, 6, 7, 10 und 12 ergeben sich aus der Delegierten Verordnung (EU) 2017/565, insbesondere zu

1. der Verpflichtung nach Absatz 1 aus den Artikeln 58, 64, 65 und 67 bis 69,
2. Art, Umfang und Form der Offenlegung nach Absatz 2 aus den Artikeln 34 und 41 bis 43,
3. der Vergütung oder Bewertung nach Absatz 3 aus Artikel 27,
4. den Voraussetzungen, unter denen Informationen im Sinne von Absatz 6 Satz 1 als redlich, eindeutig und nicht irreführend angesehen werden aus den Artikeln 36 und 44,
5. Art, Inhalt, Gestaltung und Zeitpunkt der nach Absatz 7 notwendigen Informationen für die Kunden aus den Artikeln 38, 39, 41, 45 bis 53, 61 und 65,
6. Art, Umfang und Kriterien der nach Absatz 10 von den Kunden einzuholenden Informationen aus den Artikeln 54 bis 56,
7. Art, Inhalt und Zeitpunkt der Berichtspflichten nach Absatz 12 aus den Artikeln 59 bis 63.

(14) Das Bundesministerium der Finanzen kann im Einvernehmen mit dem Bundesministerium der Justiz und für Verbraucherschutz durch Rechtsverordnung, die nicht der Zustimmung des Bundesrates

bedarf, nähere Bestimmungen zu Inhalt und Aufbau der formalisierten Kostenaufstellung nach Absatz 7 Satz 11 erlassen. Das Bundesministerium der Finanzen kann die Ermächtigung durch Rechtsverordnung auf die Bundesanstalt übertragen.

In der Fassung des 2. FiMaNoG vom 23.6.2017 (BGBl. I 2017, 1693), geändert durch Gesetz zur Ausübung von Optionen der EU-Prospektverordnung und zur Anpassung weiterer Finanzmarktgesetze vom 10.7.2018 (BGBl. I 2018, 1102).

Delegierte Verordnung (EU) 2017/565 der Kommission vom 25. April 2016
zur Ergänzung der Richtlinie 2014/65/EU des Europäischen Parlaments und des Rates in Bezug auf die organisatorischen Anforderungen an Wertpapierfirmen und die Bedingungen für die Ausübung ihrer Tätigkeit sowie in Bezug auf die Definition bestimmter Begriffe für die Zwecke der genannten Richtlinie
Kapitel I: Geltungsbereich und Begriffsbestimmungen

Art. 1 Gegenstand und Anwendungsbereich

(nicht abgedruckt)

Art. 2 Begriffsbestimmungen

Für die Zwecke dieser Verordnung bezeichnet der Ausdruck

1. „relevante Person" im Zusammenhang mit einer Wertpapierfirma eine der folgenden Personen:
   a) einen Direktor, einen Gesellschafter oder eine vergleichbare Person, ein Mitglied der Geschäftsleitung oder einen vertraglich gebundenen Vermittler der Wertpapierfirma;
   b) einen Direktor, einen Gesellschafter oder eine vergleichbare Person oder ein Mitglied der Geschäftsleitung eines vertraglich gebundenen Vermittlers der Wertpapierfirma;
   c) einen Angestellten der Wertpapierfirma oder eines vertraglich gebundenen Vermittlers sowie jede andere natürliche Person, deren Dienste der Wertpapierfirma oder einem vertraglich gebundenen Vermittler der Wertpapierfirma zur Verfügung gestellt und von dieser/diesem kontrolliert werden und die an den von der Wertpapierfirma erbrachten Wertpapierdienstleistungen und Anlagetätigkeiten beteiligt ist;
   d) eine natürliche Person, die im Rahmen einer Auslagerungsvereinbarung unmittelbar an der Erbringung von Dienstleistungen für die Wertpapierfirma oder deren vertraglich gebundenen Vermittler beteiligt ist, welche der Wertpapierfirma die Erbringung von Wertpapierdienstleistungen und Anlagetätigkeiten ermöglichen.
2. „Finanzanalyst" eine relevante Person, die den wesentlichen Teil einer Finanzanalyse erstellt;
3. „Auslagerung" eine Vereinbarung gleich welcher Form zwischen einer Wertpapierfirma und einem Dienstleister, in deren Rahmen der Dienstleister ein Verfahren abwickelt, eine Dienstleistung erbringt oder eine Tätigkeit ausführt, das/die die Wertpapierfirma ansonsten selbst übernähme;
3a. „Person, zu der eine relevante Person eine familiäre Bindung hat" eine der folgenden Personen:
   a) den Ehepartner der relevanten Person oder jeden anderen Partner dieser Person, der nach nationalem Recht einem Ehepartner gleichgestellt ist;
   b) ein abhängiges Kind oder Stiefkind der relevanten Person;
   c) jeden anderen Verwandten der relevanten Person, der zum Zeitpunkt der Tätigkeit des betreffenden persönlichen Geschäfts dem Haushalt diese Person seit mindestens einem Jahr angehört;
4. „Wertpapierfinanzierungsgeschäft" ein Wertpapierfinanzierungsgeschäft im Sinne von Artikel 3 Ziffer 11 der Verordnung (EU) 2015/2365 des europäischen Parlaments und des Rates;
5. „Vergütung" jede Form von Zahlungen oder von finanziellen oder nichtfinanziellen Leistungen, welche die Firmen bei der Erbringung von Wertpapier- oder Nebendienstleistungen für Kunden direkt oder indirekt an relevante Personen leisten;
6. „Ware" Güter fungibler Art, die geliefert werden können, einschließlich Metalle sowie ihre Erze und Legierungen, landwirtschaftliche Produkte und Energie, wie Strom.

In der Fassung vom 25.4.2016 (ABl. EU Nr. L 87 v. 31.3.2017, S. 1).

Art. 3 Bedingungen für die Bereitstellung von Informationen

(1) Schreibt diese Verordnung die Bereitstellung von Informationen auf einem dauerhaften Datenträger im Sinne von Artikel 4 Absatz 1 Ziffer 62 der Richtlinie 2014/65/EU vor, so dürfen Wertpapierfirmen einen anderen dauerhaften Datenträger als Papier nur dann verwenden, wenn
a) die Bereitstellung der betreffenden Informationen über dieses Medium den Rahmenbedingungen, unter denen das Geschäft zwischen der Wertpapierfirma und dem Kunden ausgeführt wird oder werden soll, angemessen ist, und
b) die Person, der die Informationen zur Verfügung zu stellen sind, die Wahl hat, diese auf Papier oder dem betreffenden anderen dauerhaften Datenträger zu erhalten, und sich ausdrücklich für Letzteres entscheidet.

(2) Stellt eine Wertpapierfirma einem Kunden gemäß den Artikeln 46, 47, 48, 49, 50 oder dem Artikel 66 Absatz 3 Informationen, die nicht an ihn persönlich gerichtet sind, über eine Website zur Verfügung, so sorgt die Wertpapierfirma dafür, dass folgende Bedingungen erfüllt sind:
a) die Bereitstellung der betreffenden Informationen über dieses Medium ist den Rahmenbedingungen, unter denen das Geschäft zwischen der Wertpapierfirma und dem Kunden ausgeführt wird oder werden soll, angemessen;

b) der Kunde muss der Bereitstellung dieser Informationen in dieser Form ausdrücklich zustimmen;
c) die Adresse der Website und die Stelle, an der die Informationen auf dieser Website zu finden sind, müssen den Kunden auf elektronischem Wege mitgeteilt werden;
d) die Informationen müssen sich auf dem neuesten Stand befinden;
e) die Informationen müssen über diese Website laufend abgefragt werden können und zwar so lange, wie sie für den Kunden nach vernünftigem Ermessen einsehbar sein müssen.

(3) Für die Zwecke dieses Artikels wird die Bereitstellung von Informationen auf elektronischem Wege für die Rahmenbedingungen, unter denen das Geschäft zwischen der Wertpapierfirma und dem Kunden ausgeführt wird oder werden soll, als angemessen betrachtet, wenn der Kunde nachweislich über einen regelmäßigen Zugang zum Internet verfügt. Dies gilt als nachgewiesen, wenn der Kunde für die Ausführung dieses Geschäfts eine E-Mail-Adresse angegeben hat.

In der Fassung vom 25.4.2016 (ABl. EU Nr. L 87 v. 31.3.2017, S. 1).

Art. 4–8

(nicht abgedruckt)

Art. 9 Anlageberatung

(abgedruckt bei § 64 WpHG)

Art. 10–17

(nicht abgedruckt)

Art. 18–19 Algorithmischer Handel; Hochfrequente algorithmische Handelstechnik

(abgedruckt bei § 80 WpHG)

Kapitel II: Organisatorische Anforderungen

Art. 21–43

(abgedruckt bei §§ 80, 85 WpHG)

Kapitel III: Bedingungen für die Ausübung der Tätigkeit von Wertpapierfirmen
Abschnitt 1: Informationen von Kunden und potenziellen Kunden

Art. 44 Anforderungen an faire, klare und nicht irreführende Informationen

(1) Wertpapierfirmen sorgen dafür, dass alle Informationen, einschließlich Marketingmitteilungen, die sie an Kleinanleger oder professionelle Kunden oder an potenzielle Kleinanleger oder professionelle Kunden richten oder in einer Weise verbreiten, dass diese Personen wahrscheinlich von ihnen Kenntnis erlangen, die in den Absätzen 2 bis 8 festgelegten Bedingungen erfüllen.

(2) Die Wertpapierfirma sorgt dafür, dass die in Absatz 1 genannten Informationen folgende Voraussetzungen gerecht werden:
a) Die Informationen umfassen den Namen der Wertpapierfirma;
b) die Informationen sind zutreffend und weisen stets redlich und deutlich auf etwaige Risiken hin, wenn sie Bezugnahmen auf mögliche Vorteile einer Wertpapierdienstleistung oder eines Finanzinstruments enthalten;
c) die Informationen werden bei Hinweisen auf maßgebliche Risiken in einer Schriftgröße aufgeführt, die mindestens der auch für alle anderen angegebenen Informationen verwendeten, vorherrschenden Schriftgröße entspricht, während durch ihre grafische Gestaltung sichergestellt wird, dass diese Angaben leicht erkennbar sind;
d) die Informationen werden ausreichend und in einer Art und Weise dargestellt, dass sie für einen durchschnittlichen Angehörigen der Gruppe, an die sie gerichtet sind bzw. zu der sie wahrscheinlich gelangen, verständlich sein dürften;
e) durch die Informationen werden wichtige Punkte, Aussagen oder Warnungen nicht verschleiert, abgeschwächt oder unverständlich gemacht;
f) die Informationen werden im gesamten Informations- und Werbematerial, das den Kunden zur Verfügung gestellt wird, durchgängig in derselben Sprache geliefert, es sei denn, der Kunde hat sich bereit erklärt, Informationen in mehreren Sprachen zu akzeptieren;
g) die Informationen sind aktuell und für die Art des genutzten Kommunikationsmittels relevant.

(3) Werden im Rahmen der Informationen Wertpapierdienstleistungen, Nebendienstleistungen, Finanzinstrumente oder Personen, die Wertpapierdienstleistungen oder Nebendienstleistungen erbringen, verglichen, stellen die Wertpapierfirmen sicher, dass folgende Bedingungen erfüllt werden:
a) Der Vergleich ist aussagekräftig und wird in einer redlichen und ausgewogenen Weise dargestellt;
b) die für den Vergleich herangezogenen Informationsquellen werden angegeben;
c) die für den Vergleich herangezogenen wesentlichen Fakten und Hypothesen werden angegeben.

(4) Enthalten die Informationen einen Hinweis auf die frühere Wertentwicklung eines Finanzinstruments, eines Finanzindexes oder einer Wertpapierdienstleistung, stellen die Wertpapierfirmen sicher, dass folgende Bedingungen erfüllt werden:
a) Dieser Hinweis steht bei der Mitteilung nicht im Vordergrund;

b) die Informationen enthalten geeignete Angaben zur Wertentwicklung, die sich auf die vorausgehenden fünf Jahre beziehen, in denen das Finanzinstrument angeboten, der Finanzindex festgestellt oder die Wertpapierdienstleistung erbracht wurde; im Falle eines Zeitraums von weniger als fünf Jahren beziehen sich diese Angaben auf den gesamten Zeitraum, und bei einem längeren Zeitraum kann die Firma beschließen, über die fünf Jahre hinauszugehen, wobei diesen Angaben zur Wertentwicklung in jedem Falle vollständige Zwölfmonatszeiträume zugrunde liegen;
c) der Referenzzeitraum und die Informationsquelle sind eindeutig angegeben;
d) die Informationen enthalten eine deutliche Warnung dahingehend, dass sich die Zahlenangaben auf die Vergangenheit beziehen und dass die frühere Wertentwicklung kein verlässlicher Indikator für künftige Ergebnisse ist;
e) stützt sich die Angabe auf eine andere Währung als die des Mitgliedstaats, in dem der Kleinanleger bzw. potenzielle Kleinanleger ansässig ist, so wird diese Währung eindeutig angegeben und eine Warnung dahin gehend abgegeben, dass die Rendite infolge von Währungsschwankungen steigen oder fallen kann;
f) beruht die Angabe auf der Bruttowertentwicklung, so wird angegeben, wie sich Provisionen, Gebühren und andere Entgelte auswirken.

(5) Enthalten die Informationen die Simulation einer früheren Wertentwicklung oder verweisen sie auf eine solche Simulation, stellen die Wertpapierfirmen sicher, dass sich die Informationen auf ein Finanzinstrument oder einen Finanzindex beziehen und die folgenden Bedingungen erfüllt sind:
a) Die simulierte frühere Wertentwicklung beruht auf der tatsächlichen früheren Wertentwicklung mindestens eines Finanzinstruments oder Finanzindexes, die mit dem betreffenden Finanzinstrument vollkommen oder wesentlich übereinstimmen oder diesem zugrunde liegen;
b) in Bezug auf die unter Buchstabe a genannte tatsächliche frühere Wertentwicklung sind die in Absatz 4 Buchstaben a bis c, e und f genannten Bedingungen erfüllt;
c) die Informationen enthalten eine deutliche Warnung dahingehend, dass sich die Zahlenangaben auf eine simulierte frühere Wertentwicklung beziehen und das die frühere Wertentwicklung kein verlässlicher Indikator für künftige Ergebnisse ist.

(6) Enthalten die Informationen Angaben zur künftigen Wertentwicklung, stellen die Wertpapierfirmen sicher, dass die folgenden Bedingungen erfüllt sind:
a) Die Angaben beruhen nicht auf einer simulierten früheren Wertentwicklung oder nehmen Bezug auf eine solche Simulation Bezug;
b) die Informationen beruhen auf angemessenen, durch objektive Daten gestützten Annahmen;
c) beruhen die Informationen auf der Bruttowertentwicklung, so ist angegeben, wie sich Provisionen, Gebühren und andere Entgelte auswirken;
d) die Informationen beruhen auf (sowohl positiven als auch negativen) Szenarien mit unterschiedlichen Marktbedingungen und spiegeln die Art und die Risiken der in die Analyse einbezogenen Arten von Instrumenten wider;
e) die Informationen enthalten eine deutliche Warnung dahin gehend, dass derartige Prognosen kein verlässlicher Indikator für die künftige Wertentwicklung sind.

(7) Beziehen sich die Informationen auf eine bestimmte steuerliche Behandlung, ist deutlich anzugeben, dass diese von den persönlichen Verhältnissen des jeweiligen Kunden abhängt und künftig Änderungen unterworfen sein kann.

(8) In den Informationen darf der Name einer zuständigen Behörde nicht in einer Weise genannt werden, die andeuten oder nahe legen würde, dass die Produkte oder Dienstleistungen der Wertpapierfirma von der betreffenden Behörde gebilligt oder genehmigt werden.

In der Fassung vom 25.4.2016 (ABl. EU Nr. L 87 v. 31.3.2017, S. 1), geändert durch Berichtigung vom 26.9.2017 (ABl. EU Nr. L 246 v. 26.9.2017, S. 12).

Art. 45 *Informationen über die Kundeneinstufung*

(abgedruckt bei § 67 WpHG)

Art. 46 *Allgemeine Anforderungen an Kundeninformationen*

(1) Die Wertpapierfirmen übermitteln einem Kunden bzw. einem potenziellen Kunden rechtzeitig, d.h., bevor er durch irgendeinen Vertrag über die Erbringung von Wertpapierdienstleistungen oder Nebendienstleistungen gebunden ist oder bevor die betreffenden Dienstleistungen erbracht werden, – je nachdem, welcher Zeitpunkt früher liegt – folgende Informationen:
a) die Bedingungen des betreffenden Vertrags;
b) die gemäß Artikel 47 über den betreffenden Vertrag oder die betreffende Wertpapierdienstleistung oder Nebenleistung zu übermittelnden Informationen.

(2) Die Wertpapierfirmen übermitteln die gemäß den Artikeln 47 bis 50 erforderlichen Informationen rechtzeitig vor der Erbringung von Wertpapierdienstleistung oder Nebendienstleistung an Kunden bzw. potenzielle Kunden.

(3) Die in den Absätzen 1 und 2 genannten Informationen werden auf einem dauerhaften Datenträger oder auf einer Website (die nicht als dauerhafter Datenträger betrachtet wird) zur Verfügung gestellt, sofern die in Artikel 3 Absatz 2 genannten Voraussetzungen erfüllt sind.

(4) Die Wertpapierfirmen teilen einem Kunden alle wesentlichen Änderungen in Bezug auf die gemäß den Artikeln 47 bis 50 übermittelten Informationen, die für eine Dienstleistung, die die Wertpapierfirma für den betreffenden Kunden erbringt, relevant sind, rechtzeitig mit. Diese Mitteilung ist auf einem dauerhaften Datenträger zu übermitteln, wenn die Informationen, auf die sie sich bezieht, ebenfalls auf einem dauerhaften Datenträger übermittelt wurden.

(5) Die Wertpapierfirmen stellen sicher, dass die in einer Marketingmitteilung enthaltenen Informationen mit den anderen Informationen in Einklang stehen, die sie den Kunden im Rahmen der Erbringung von Wertpapierdienstleistungen und Nebendienstleistungen übermittelt.

(6) Marketingmitteilungen, die ein Angebot oder eine Einladung der nachfolgend genannten Art enthalten und die Art und Weise der Antwort vorgegeben oder ein Antwortformular enthalten, enthalten auch die in den Artikeln 47 bis 50 genannten Informationen, soweit diese für das betreffende Angebot oder die betreffende Einladung relevant sind:
a) Angebot, mit jeder Person, die die Mitteilung beantwortet, einen Vertrag über ein Finanzinstrument, eine Wertpapierdienstleistung oder eine Nebendienstleistung abzuschließen;
b) Einladung an jede Person, die die Mitteilung beantwortet, ein Angebot zum Abschluss eines Vertrags über ein Finanzinstrument, eine Wertpapierdienstleistung oder eine Nebendienstleistung abzugeben.

Unterabsatz 1 gilt jedoch nicht, wenn der potenzielle Kunde zur Beantwortung eines Angebots oder einer Einladung in der Marketingmitteilung ein oder mehrere andere Dokumente heranziehen muss, die – einzeln oder zusammen – die betreffenden Informationen enthalten.

In der Fassung vom 25.4.2016 (ABl. EU Nr. L 87 v. 31.3.2017, S. 1).

Art. 47 Informationen über die Wertpapierfirma und ihre Dienstleistungen für Kunden und potenzielle Kunden

(1) Die Wertpapierfirmen übermittelt Kunden bzw. potenziellen Kunden – soweit relevant – folgende allgemeine Informationen:
a) Name und Anschrift der Wertpapierfirma sowie Angaben, die den Kunden eine effektive Kommunikation mit der Wertpapierfirma ermöglichen;
b) Sprachen, in denen der Kunde mit der Wertpapierfirma kommunizieren und Dokumente sowie andere Informationen von ihr erhalten kann;
c) Kommunikationsmittel, die zwischen der Wertpapierfirma und dem Kunden zu verwenden sind, und – soweit relevant – Kommunikationsmittel zur Übermittlung und zum Empfang von Aufträgen;
d) Hinweis darauf, dass die Wertpapierfirma zugelassen ist, einschließlich Angabe von Namen und Adresse der zuständigen Behörde, die die Zulassung erteilt hat;
e) gegebenenfalls Hinweis darauf, dass die Wertpapierfirma über einen vertraglich gebundenen Vermittler handelt, einschließlich Angabe des Mitgliedstaats, in dem dieser Vermittler registriert ist;
f) Art, Häufigkeit und Zeitpunkt der Berichte über die erbrachten Dienstleistungen, die die Wertpapierfirma den Kunden gemäß Artikel 25 Absatz 6 der Richtlinie 2014/65/EU zu übermitteln hat;
g) sofern die Wertpapierfirma Finanzinstrumente oder Gelder ihrer Kunden hält, eine kurze Beschreibung der Maßnahmen, die die Wertpapierfirma zu deren Schutz trifft, einschließlich kurzer Angaben zu etwaigen Anlegerentschädigungs- oder Einlagensicherungssystemen, denen die Wertpapierfirma aufgrund ihrer Tätigkeit in einem Mitgliedstaat angeschlossen sein muss;
h) Beschreibung – gegebenenfalls als Zusammenfassung – der Grundsätze der Wertpapierfirma für den Umgang mit Interessenkonflikten gemäß Artikel 34;
i) auf Antrag des Kunden weitere Einzelheiten zu diesen Interessenkonflikten auf einem dauerhaften Datenträger oder – sofern die in Artikel 3 Absatz 2 ausgeführten Voraussetzungen erfüllt sind – auf einer Website (wenn diese kein dauerhafter Datenträger ist).

Die unter den Buchstaben a bis i genannten Informationen werden rechtzeitig vor der Erbringung von Wertpapierdienstleistungen oder Nebendienstleistungen für Kunden oder potenzielle Kunden bereitgestellt.

(2) Die Wertpapierfirmen legen im Falle der Portfolioverwaltung auf der Grundlage der Anlageziele des Kunden und der Art der im Kundenportfolio enthaltenen Finanzinstrumente eine angemessene Bewertungs- und Vergleichsmethode, etwa eine aussagekräftige Vergleichsgröße, fest, damit der Kunde, für den die Dienstleistung erbracht wird, die Leistung der Wertpapierfirma bewerten kann.

(3) Die Wertpapierfirmen übermitteln einem Kunden bzw. potenziellen Kunden, dem sie die Erbringung von Portfolioverwaltungsdienstleistungen vorschlagen, außer den nach Absatz 1 erforderlichen Informationen gegebenenfalls noch folgende Informationen:
a) Art und Weise sowie Häufigkeit der Bewertung der Finanzinstrumente im Kundenportfolio;
b) Einzelheiten zur etwaigen Zulässigkeit einer Delegation der Vermögensverwaltung mit Ermessensspielraum in Bezug auf alle oder einen Teil der Finanzinstrumente oder Gelder im Kundenportfolio;
c) Vergleichsgröße, anhand deren die Wertentwicklung des Kundenportfolios verglichen werden kann;
d) Art der Finanzinstrumente, die in das Kundenportfolio aufgenommen werden können, und Art der Geschäfte, die mit diesen Instrumenten ausgeführt werden können, einschließlich Angabe etwaiger Einschränkungen;
e) Managementziele, bei der Ausübung des Ermessens durch den Verwalter zu beachtendes Risikoniveau und etwaige spezifische Einschränkungen dieses Ermessens.

Die unter den Buchstaben a bis i genannten Informationen werden rechtzeitig vor der Erbringung von Wertpapierdienstleistungen oder Nebendienstleistungen für Kunden oder potenzielle Kunden bereitgestellt.

In der Fassung vom 25.4.2016 (ABl. EU Nr. L 87 v. 31.3.2017, S. 1), geändert durch Berichtigung vom 26.9.2017 (ABl. EU Nr. L 246 v. 26.9.2017, S. 12).

Art. 48 Informationen über Finanzinstrumente

(1) Die Wertpapierfirmen übermitteln Kunden bzw. potenziellen Kunden rechtzeitig vor der Erbringung von Wertpapierdienstleistungen oder Nebendienstleistungen gegenüber Kunden bzw. potenziellen Kunden eine allgemeine Beschreibung der Art und der Risiken der Finanzinstrumente, die insbesondere der Einstufung des Kunden als Kleinanleger, professioneller Kunde oder geeignete Gegenpartei Rechnung trägt. Anhand dieser Beschreibung werden die Wesensmerkmale der betreffenden Art von Instrument, die Funktionsweise und Wertentwicklung des Finanzinstruments unter verschiedenen Marktbedingungen – was positive und negative Gegebenheiten einschließt – sowie die damit verbundenen spezifischen Risiken ausreichend detailliert erläutert, damit der Kunde seine Anlageentscheidung auf fundierter Grundlage treffen kann.

(2) Die Beschreibung der in Absatz 1 genannten Risiken erstreckt sich – soweit für die betreffende Art von Instrument sowie den Status und den Kenntnisstand des Kunden relevant – auf folgende Punkte:

a) die mit Finanzinstrumenten der betreffenden Art einhergehenden Risiken, einschließlich einer Erläuterung der Hebelwirkung und ihrer Effekte und des Risikos des Verlusts der gesamten Kapitalanlage unter Berücksichtigung der Risiken im Zusammenhang mit einer Insolvenz des Emittenten und damit verbundener Ereignisse (z.B. „Bail-In");

b) die Volatilität des Preises der betreffenden Instrumente und etwaige Beschränkungen des für derlei Instrumente verfügbaren Marktes;

c) Informationen über Hindernisse oder Beschränkungen für die Desinvestition, beispielsweise im Falle illiquider Finanzinstrumente oder von Finanzinstrumenten mit einer festen Anlagedauer, was auch eine Veranschaulichung der möglichen Ausstiegsverfahren und -folgen mit einschließt, mögliche Einschränkungen sowie der ungefähre Zeitrahmen für den Verkauf des Finanzinstruments, bevor die anfänglichen Transaktionskosten dieser Art von Finanzinstrumenten wieder erlangt werden;

d) den Umstand, dass jeder Anleger aufgrund von Geschäften mit den betreffenden Instrumenten möglicherweise finanzielle und sonstige Verpflichtungen einschließlich Eventualverbindlichkeiten übernehmen muss, die zu den Kosten für den Erwerb der Instrumente hinzukommen;

e) etwaige Einschusspflichten oder ähnliche Verpflichtungen, die für Instrumente der betreffenden Art gelten.

(3) Übermittelt eine Wertpapierfirma einem Kleinanleger bzw. potenziellen Kleinanleger Informationen über ein Finanzinstrument, das zu diesem Zeitpunkt öffentlich angeboten wird und zu dem in Zusammenhang mit diesem Angebot ein Prospekt gemäß der Richtlinie 2003/71/EG veröffentlicht worden ist, teilt diese Wertpapierfirma dem Kunden bzw. dem potenziellen Kunden rechtzeitig vor der Erbringung von Wertpapierdienstleistungen oder Nebendienstleistungen gegenüber dem Kunden bzw. potenziellen Kunden mit, wo dieser Prospekt erhältlich ist.

(4) Setzt sich ein Finanzinstrument aus mindestens zwei unterschiedlichen Finanzinstrumenten oder-Dienstleistungen zusammen, übermittelt die Wertpapierfirma eine angemessene Beschreibung der Rechtsnatur des Finanzinstruments, der Bestandteile des betreffenden Instruments und der Art und Weise, in der sich die Anlagerisiken durch die gegenseitige Beeinflussung dieser Bestandteile erhöhen.

(5) Bei Finanzinstrumenten, die eine Garantie oder einem Kapitalschutz mit umfassen, lässt die Wertpapierfirma einem Kunden oder potenziellen Kunden Informationen über den Umfang und die Art dieser Garantie bzw. dieses Kapitalschutzes zukommen. Wird die Garantie von einem Dritten übernommen, umfassen die Informationen über die Garantie ausreichende Details über den Garantiegeber und die Garantie, damit der Kunde bzw. potenzielle Kunde die Garantie angemessen bewerten kann.

In der Fassung vom 25.4.2016 (ABl. EU Nr. L 87 v. 31.3.2017, S. 1), geändert durch Berichtigung vom 26.9.2017 (ABl. EU Nr. L 246 v. 26.9.2017, S. 12).

Art. 49 Informationen zum Schutz von Kundenfinanzinstrumenten und Kundengelder

(abgedruckt bei § 84 WpHG)

Art. 50 Informationen über Kosten und Nebenkosten

(1) Die Wertpapierfirmen erfüllen für die Zwecke der Bereitstellung von Informationen über sämtliche Kosten und verbundenen Gebühren im Sinne von Artikel 24 Absatz 4 der Richtlinie 2014/65/EU an die Kunden die Anforderungen der Absätze 2 bis 10.

Unbeschadet der Verpflichtungen gemäß Artikel 24 Absatz 4 der Richtlinie 2014/65/EU können Wertpapierfirmen, die Wertpapierdienstleistungen für professionelle Kunden erbringen, sich mit diesen Kunden auf eine beschränkte Anwendung der Anforderungen dieses Artikels einigen. Den Wertpapierfirmen ist es nicht gestattet, sich auf solche Beschränkungen zu einigen, wenn Anlageberatungs- oder Portfolioverwaltungsdienstleistungen erbracht werden oder – ungeachtet der erbrachten Wertpapierdienstleistungen – in die betreffenden Finanzinstrumente ein Derivat eingebettet ist.

Unbeschadet der Verpflichtungen gemäß Artikel 24 Absatz 4 der Richtlinie 2014/65/EU können Wertpapierfirmen, die Dienstleistungen für geeignete Gegenparteien erbringen, sich auf eine beschränkte Anwendung der Anforderungen dieses Artikels einigen, es sei denn, in die betreffenden Finanzinstrumente ist – unabhängig von der erbrachten Wertpapierdienstleistung – ein Derivat eingebettet und die geeignete Gegenpartei beabsichtigt, ihren Kunden diese Finanzinstrumente anzubieten.

(2) Die Wertpapierfirmen nehmen in die Ex-ante- und Ex-post-Offenlegung von Informationen über Kosten und Gebühren an die Kunden folgende Angaben auf:

a) alle Kosten und Nebenkosten, die seitens der Wertpapierfirma oder anderen Parteien – sofern der Kunden an diese anderen Parteien verwiesen wurde – für die Erbringung der Wertpapierdienstleistung(en) und/oder Nebenleistungen gegenüber dem Kunden berechnet werden; und

b) alle Kosten und Nebenkosten im Zusammenhang mit der Konzeption und Verwaltung der Finanzinstrumente.

Die unter den Buchstaben a und b genannten Kosten sind in Anhang II dieser Verordnung aufgeführt. Für die Zwecke von Buchstabe a werden Zahlungen Dritter, die Wertpapierfirmen im Zusammenhang mit einer Wertpapierdienstleistung für einen Kunden erhalten, getrennt aufgeführt und die aggregierten Kosten und Gebühren addiert und als Geldbetrag und als Prozentsatz angegeben.

(3) Falls ein Teil der Kosten und Nebenkosten in einer Fremdwährung zu zahlen ist oder einen Betrag in einer Fremdwährung darstellt, geben die Wertpapierfirmen die betreffende Währung und den anzuwendenden Wechselkurs sowie die damit verbundenen Kosten an. Zudem informieren die Wertpapierfirmen über Bestimmungen über die Zahlung oder sonstige Gegenleistungen.

(4) Im Zusammenhang mit der Offenlegung von Produktkosten und -nebenkosten, die nicht mit unter die OGAW-KIID fallen, berechnen die Wertpapierfirmen diese Kosten und legen sie beispielsweise durch Kontaktaufnahme mit OGAW-Verwaltungsgesellschaften offen, um die betreffenden Informationen einzuholen.

(5) Die Verpflichtung zur rechtzeitigen Vornahme einer Ex-ante-Offenlegung von Informationen über die aggregierten Kosten und Nebenkosten in Bezug auf das Finanzinstrument und die erbrachte Wertpapier- bzw. Nebenleistung kommt Wertpapierfirmen in folgenden Fällen zu:

a) wenn die Wertpapierfirma Kunden Finanzinstrumente empfiehlt oder ihnen anbietet; oder
b) wenn die Wertpapierdienstleistungen erbringende Wertpapierfirma gemäß den einschlägigen EU-Vorschriften dazu verpflichtet ist, Kunden in Bezug auf die betreffenden Finanzinstrumente OGAW-KIID oder PRIIPs-KID zukommen zu lassen.

(6) Wertpapierfirmen, die dem Kunden kein Finanzinstrument empfehlen oder anbieten bzw. gemäß den einschlägigen EU-Vorschriften nicht verpflichtet sind, dem Kunden ein KID/KIID zukommen zu lassen, informieren ihre Kunden über alle Kosten und Nebenkosten in Bezug auf die erbrachte Wertpapier- und/oder Nebendienstleistung.

(7) Erbringt mehr als eine Wertpapierfirma Wertpapier-oder Nebendienstleistungen gegenüber dem Kunden, übermittelt jede Wertpapierfirma Informationen über die Kosten der von ihr erbrachten Wertpapier- bzw. Nebendienstleistungen. Eine Wertpapierfirma, die ihren Kunden Dienstleistungen empfiehlt oder anbietet, die von einer anderen Firma erbracht werden, aggregiert die Kosten und Nebenkosten ihrer Dienstleistungen zusammen mit den Kosten und Nebenkosten der von der anderen Firma erbrachten Dienstleistungen. Eine Wertpapierfirma berücksichtigt auch die Kosten und Nebenkosten im Zusammenhang mit der Erbringung anderer Wertpapier- oder Nebendienstleistungen durch andere Firmen, wenn sie den Kunden an diese anderen Firmen verwiesen hat.

(8) Werden Kosten und Nebenkosten auf Ex-ante-Basis berechnet, ziehen die Wertpapierfirmen die tatsächlich entstandenen Kosten als einen Näherungswert für die erwarteten Kosten und Nebenkosten heran. Sind die tatsächlichen Kosten nicht bekannt, nimmt die Wertpapierfirma nachvollziehbare Schätzungen dieser Kosten vor. Die Wertpapierfirmen prüfen Ex-ante-Annahmen auf Grundlage der Ex-post-Erfahrungen und passen diese Annahmen bei Bedarf an.

(9) Die Wertpapierfirmen stellen jährliche Ex-post-Informationen über alle Kosten und Nebenkosten sowohl in Bezug auf das/die Finanzinstrument(e) als auch die Wertpapier- und Nebendienstleistung(en) zur Verfügung, sofern sie das/die Finanzinstrument(e) empfohlen oder angeboten haben bzw. sofern sie dem Kunden in Bezug auf das/die Finanzinstrument(e) das KID/KIID zur Verfügung gestellt und mit dem Kunden im Laufe des Jahres eine laufende Geschäftsbeziehung unterhalten oder unterhalten haben. Diese Informationen beruhen auf angefallenen Kosten und werden individualisiert zur Verfügung gestellt.

Wertpapierfirmen können den Kunden diese aggregierten Informationen über Kosten und Gebühren von Wertpapierdienstleistungen und Finanzinstrumenten im Rahmen einer bereits bestehenden regelmäßigen Berichterstattung übermitteln.

(10) Die Wertpapierfirmen lassen ihren Kunden bei der Erbringung von Wertpapierdienstleistungen eine Veranschaulichung der kumulativen Wirkung auf die Renditekosten zukommen. Eine solche Veranschaulichung wird sowohl auf Ex-ante- als auch Ex-post-Basis übermittelt. Die Wertpapierfirmen stellen sicher, dass die Veranschaulichung folgenden Voraussetzungen gerecht wird:

a) die Veranschaulichung zeigt die Wirkung der Gesamtkosten und -nebenkosten auf die Rendite der Anlage;
b) die Veranschaulichung zeigt voraussichtliche Kostenspitzen und -schwankungen; und
c) die Veranschaulichung geht mit einer eigenen Beschreibung einher.

In der Fassung vom 25.4.2016 (ABl. EU Nr. L 87 v. 31.3.2017, S. 1), geändert durch Berichtigung vom 26.9.2017 (ABl. EU Nr. L 246 v. 26.9.2017, S. 12).

Art. 51 Gemäß der Richtlinie 2009/65/EU und der Verordnung (EU) Nummer 1286/2014 übermittelte Informationen

Wertpapierfirmen, die Anteile an Organismen für gemeinsame Anlagen oder PRIIPs vertreiben, informieren ihre Kunden zudem über alle weiteren Kosten und Nebenkosten in Bezug auf das Produkt, die ggf. nicht mit unter das OGAW-KID oder PRIIPs-KID fallen, ebenso wie über die Kosten und Nebenkosten im Zusammenhang mit ihrer Erbringung von Wertpapierdienstleistungen in Bezug auf dieses Finanzinstrument.

In der Fassung vom 25.4.2016 (ABl. EU Nr. L 87 v. 31.3.2017, S. 1), geändert durch Berichtigung vom 26.9.2017 (ABl. EU Nr. L 246 v. 26.9.2017, S. 12).

Abschnitt 2: Anlageberatung

Art. 52–55

(abgedruckt bei § 64 WpHG)

Art. 56 Beurteilung der Angemessenheit und damit verbundene Aufbewahrungspflichten

(1) Wertpapierfirmen prüfen, ob ein Kunde über die erforderlichen Erfahrungen und Kenntnisse verfügt, um die Risiken im Zusammenhang mit dem angebotenen oder nachgefragten Produkt bzw. der angebotenen oder nachgefragten Wertpapierdienstleistung zu verstehen und beurteilen zu können, ob eine Wertpapierdienstleistung im Sinne von Artikel 25 Absatz 3 der Richtlinie 2014/65/EU für ihn geeignet ist.

Eine Wertpapierfirma ist berechtigt, davon auszugehen, dass ein professioneller Kunde über die erforderlichen Kenntnisse und Erfahrungen verfügt, um die Risiken im Zusammenhang mit den betreffenden Wertpapierdienstleistungen oder Geschäften bzw. der Art von Geschäften oder Produkten, für die er als professioneller Kunde eingestuft ist, zu erfassen.

(2) Die Wertpapierfirmen führen Aufzeichnungen über die durchgeführten Angemessenheitsbeurteilungen, die Folgendes umfassen:

a) das Ergebnis der Angemessenheitsbeurteilung;
b) gegebenenfalls Hinweise für den Kunden, sofern die Wertpapierdienstleistung oder der Produktkauf als möglicherweise unangemessen für den Kunden beurteilt wurde, ob der Kunde den Wunsch geäußert hat, trotz des Hinweises mit der Transaktion fortzufahren, sowie gegebenenfalls ob die Wertpapierfirma dem Wunsch den Kunden auf Fortführung der Transaktion nachgekommen ist;
c) ggf. Hinweise für den Kunden, sofern der Kunde keine ausreichenden Angaben für die Durchführung der Angemessenheitsbeurteilung durch die Wertpapierfirma gemacht hat, ob der Kunde den Wunsch geäußert hat, trotz dieses Hinweises mit der Transaktion fortzufahren, sowie gegebenenfalls, ob die Wertpapierfirma dem Wunsch den Kunden auf Fortführung der Transaktion nachgekommen ist.

In der Fassung vom 25.4.2016 (ABl. EU Nr. L 87 v. 31.3.2017, S. 1), geändert durch Berichtigung vom 26.9.2017 (ABl. EU Nr. L 246 v. 26.9.2017, S. 12).

Art. 57 Dienstleistungen mit nicht komplexen Instrumenten

Ein Finanzinstrument, das in Artikel 25 Absatz 4 Buchstabe a der Richtlinie 2014/65/EU nicht explizit genannt ist, gilt im Sinne von Artikel 25 Absatz 4 Buchstabe a Punkt vi als nichtkomplex, wenn es folgende Kriterien erfüllt:

a) es fällt nicht unter Artikel 4 Absatz 1 Nummer 44 Buchstabe c oder Anhang I Abschnitt C Nummer 4 bis 11 der Richtlinie 2014/65/EU;
b) es bestehen häufig Möglichkeiten zur Veräußerung, zum Rückkauf oder zur sonstigen Realisierung des betreffenden Instruments zu Preisen, die für die Marktbeteiligten öffentlich verfügbar sind und bei denen es sich entweder um Marktpreise oder um Preise handelt, die durch emittentenunabhängige Bewertungssysteme ermittelt oder bestätigt wurden;
c) es beinhaltet keine bestehende oder potenzielle Verpflichtung für den Kunden, die über die Anschaffungskosten des Instruments hinausgeht;
d) es umfasst keine Klausel, keine Bedingung oder keinen Auslöser, durch die bzw. den die Art oder das Risiko der Investition oder des Auszahlungsprofils entscheidend verändert werden könnte, wie beispielsweise Investitionen, die ein Recht zur Umwandlung des Finanzinstruments in eine andere Investition umfasst;
e) es enthält keine expliziten oder impliziten Ausstiegsgebühren, die dazu führen, dass die Investition auch dann illiquide wird, wenn technisch häufig Möglichkeiten zur Veräußerung, zum Rückkauf oder zur sonstigen Realisierung des betreffenden Instruments bestehen;
f) es sind in angemessenem Umfang Informationen über die Merkmale des betreffenden Finanzinstruments öffentlich verfügbar, die so gut verständlich sein müssten, dass der durchschnittliche Kleinanleger in die Lage versetzt wird, hinsichtlich eines Geschäfts mit dem betreffenden Instrument eine informierte Entscheidung zu treffen.

In der Fassung vom 25.4.2016 (ABl. EU Nr. L 87 v. 31.3.2017, S. 1).

Art. 58 Vereinbarungen mit Kleinanlegern und professionellen Kunden

Wertpapierfirmen, die nach Beginn der Anwendung dieser Verordnung einem Kunden gegenüber eine Wertpapierdienstleistung bzw. die in Anhang I Abschnitt B Absatz 1 der Richtlinie 2014/65/EU genannte Nebenleistungen erbringen, schließen mit diesem Kunden auf Papier oder einem anderen dauerhaften Datenträger eine schriftliche Rahmenvereinbarung ab, in der die wesentlichen Rechte und Pflichten der Wertpapierfirma und des Kunden niedergelegt sind. Wertpapierfirmen, die Anlageberatung bieten, kommen dieser Verpflichtung nur nach, wenn bezüglich der empfohlenen Finanzinstrumente oder Dienstleistungen regelmäßige Geeignetheitsbeurteilungen vorgenommen werden.

In der schriftlichen Vereinbarung werden die wesentlichen Rechte und Pflichte der Parteien niedergelegt, sie enthält zudem Folgendes:

a) eine Beschreibung der Dienstleistungen sowie gegebenenfalls der Art und des Umfangs der vorzunehmenden Anlageberatung;
b) bei Portfolioverwaltungsdienstleistungen, die Arten von Finanzinstrumenten, die erworben und verkauft werden dürfen, sowie die Arten von Geschäften, die im Auftrag des Kunden ggf. durchgeführt werden dürfen, ebenso wie alle verbotenen Finanzinstrumente bzw. Geschäfte; und
c) eine Beschreibung der Hauptmerkmale aller in Anhang I Abschnitt B Absatz 1 der Richtlinie 2014/65/EU genannten und zu erbringenden Dienstleistungen, was gegebenenfalls auch die Rolle der Wertpapierfirma im Hinblick auf betriebliche Maßnahmen im Zusammenhang mit Kundeninstrumenten und die Bedingungen mit einschließt, unter denen Wertpapierfinanzierungsgeschäfte mit Kundenwertpapieren für den Kunden mit einer Rendite einhergehen.

In der Fassung vom 25.4.2016 (ABl. EU Nr. L 87 v. 31.3.2017, S. 1), geändert durch Berichtigung vom 26.9.2017 (ABl. EU Nr. L 246 v. 26.9.2017, S. 12).

§ 63 | Verhaltenspflichten, Organisationspflichten, Transparenzpflichten

Abschnitt 4: Berichtspflichten gegenüber den Kunden

Art. 59 Berichtspflichten bei der Ausführung von Aufträgen, die sich nicht auf die Portfolioverwaltung beziehen

(1) Wertpapierfirmen, die im Auftrag eines Kunden einen Auftrag ausgeführt haben, der sich nicht auf die Portfolioverwaltung bezieht, sind hinsichtlich dieses Auftrages zu Folgendem verpflichtet:

a) Sie übermitteln dem Kunden unverzüglich auf einem dauerhaften Datenträger die wesentlichen Informationen über die Ausführung des betreffenden Auftrags;

b) sie übermitteln dem Kunden schnellstmöglich, spätestens aber am ersten Geschäftstag nach der Ausführung des Auftrags oder – sofern sie die Bestätigung der Ausführung von einem Dritten erhalten – spätestens am ersten Geschäftstag nach Eingang der Bestätigung des Dritten, auf einem dauerhaften Datenträger eine Mitteilung zur Bestätigung der Auftragsausführung.

Buchstabe b gilt nicht, wenn die Bestätigung die gleichen Informationen enthalten würde wie eine Bestätigung, die dem Kunden unverzüglich von einer anderen Person zuzusenden ist.

Die Buchstaben a und b gelten nicht, wenn sich Aufträge, die im Namen von Kunden ausgeführt werden, auf Anleihen zur Finanzierung von Hypothekardarlehensverträgen mit diesen Kunden beziehen; in einem solchen Fall ist das Geschäft spätestens einen Monat nach Auftragsausführung zusammen mit den Gesamtbedingungen des Hypothekendarlehens zu melden.

(2) Über die Anforderungen gemäß Absatz 1 hinaus übermitteln die Wertpapierfirmen, dem Kunden auf Wunsch Informationen über den Stand seines Auftrags.

(3) Bei regelmäßig ausgeführten Kundenaufträgen im Zusammenhang mit Anteilen an einem Organismus für gemeinsame Anlagen verfahren die Wertpapierfirmen entweder gemäß Absatz 1 Buchstabe b oder übermitteln dem Kunden mindestens alle sechs Monate die in Absatz 4 aufgeführten Informationen über die betreffenden Geschäfte.

(4) Die in Absatz 1 Buchstabe b genannte Mitteilung enthält – soweit relevant und gegebenenfalls unter Beachtung der gemäß Artikel 26 der Verordnung (EU) Nummer 600/2014 verabschiedeten technischen Regulierungsstandards über Berichtspflichten – folgende Angaben:

a) Name der Firma, die die Mitteilung macht;
b) Name oder sonstige Bezeichnung des Kunden;
c) Handelstag;
d) Handelszeitpunkt;
e) Art des Auftrags;
f) Ausführungsplatz;
g) Angaben zum Instrument;
h) Kauf-/Verkauf-Indikator;
i) Wesen des Auftrags, falls es sich nicht um einen Kauf-/Verkaufsauftrag handelt;
j) Menge;
k) Stückpreis;
l) Gesamtentgelt;
m) Summe der in Rechnung gestellten Provisionen und Auslagen sowie auf Wunsch des Kunden eine Aufschlüsselung nach Einzelposten, was – soweit relevant – auch die Höhe aller vorgeschriebenen Auf- bzw. Abschläge mit einschließt, sofern das Geschäft von einer im eigenen Auftrag handelnden Wertpapierfirma durchgeführt wurde und diese Wertpapierfirma gegenüber dem Kunden eine Verpflichtung zur bestmöglichen Durchführung dieses Geschäfts hat;
n) erzielter Wechselkurs, sofern das Geschäfts eine Währungsumrechnung umfasst;
o) Aufgaben des Kunden im Zusammenhang mit der Abwicklung des Geschäfts unter Angabe der Zahlungs- oder Einlieferungsfrist sowie der jeweiligen Konten, sofern diese Angaben und Aufgaben dem Kunden nicht bereits früher mitgeteilt worden sind;
p) sofern die Gegenpartei des Kunden die Wertpapierfirma selbst, eine Person der Gruppe, der die Wertpapierfirma angehört, oder ein anderer Kunde der Wertpapierfirma war, ein Verweis darauf, dass dies der Fall war, es sei denn, der Auftrag wurde über ein Handelssystem ausgeführt, das den anonymen Handel erleichtert.

Für die Zwecke von Buchstabe k gilt, dass die Wertpapierfirma dem Kunden bei tranchenweiser Ausführung des Auftrags den Preis für die einzelnen Tranchen oder den Durchschnittspreis übermitteln kann. Gibt der Wertpapierfirma den Durchschnittspreis an, übermittelt sie dem Kunden auf Wunsch den Preis für die einzelnen Tranchen.

(5) Die Wertpapierfirma kann dem Kunden die in Absatz 4 genannten Informationen unter Verwendung von Standardcodes mitteilen, wenn sie eine Erläuterung der verwendeten Codes beigefügt.

In der Fassung vom 25.4.2016 (ABl. EU Nr. L 87 v. 31.3.2017, S. 1), geändert durch Berichtigung vom 26.9.2017 (ABl. EU Nr. L 246 v. 26.9.2017, S. 12).

Art. 60 Berichtspflichten bei der Portfolioverwaltung

(abgedruckt bei § 64 WpHG)

Art. 61 Berichtspflichten im Hinblick auf geeignete Gegenparteien

Die Anforderungen an Berichte für Kleinanleger und professionelle Kunden gemäß den Artikeln 49 und 59 sind nicht anwendbar, wenn Wertpapierfirmen Vereinbarungen mit geeigneten Gegenparteien geschlossen haben, in denen Inhalt und Zeitpunkt der Berichterstattung festgelegt sind.

In der Fassung vom 25.4.2016 (ABl. EU Nr. L 87 v. 31.3.2017, S. 1).

Art. 62 Zusätzliche Berichtspflichten bei der Portfolioverwaltung und bei Geschäften mit Eventualverbindlichkeiten

(1) (abgedruckt bei § 64 WpHG)

(2) Wertpapierfirmen, die ein Kleinanlegerkonto führen, das Positionen in gehebelten Finanzinstrumenten oder Geschäfte mit Eventualverbindlichkeiten umfasst, informieren den Kunden, wenn der Ausgangswert des betreffenden Finanzinstruments um 10 % fällt, sowie anschließend bei jedem Wertverlust in 10 %- Schritten. Die Berichterstattung laut diesem Absatz sollte für jedes Finanzinstrument einzeln erfolgen, sofern mit dem Kunden nichts anderes vereinbart wird, und findet spätestens am Ende des Geschäftstags statt, an dem der Schwellenwert überschritten wird oder – falls der Schwellenwert an einem geschäftsfreien Tag überschritten wird – zum Abschluss des folgenden Geschäftstags.

In der Fassung vom 25.4.2016 (ABl. EU Nr. L 87 v. 31.3.2017, S. 1), geändert durch Berichtigung vom 26.9.2017 (ABl. EU Nr. L 246 v. 26.9.2017, S. 12).

Art. 63 Aufstellungen über Kundenfinanzinstrumente und Kundengelder

(abgedruckt bei § 84 WpHG)

Abschnitt 5: Bestmögliche Ausführung

Art. 64–66

(abgedruckt bei § 82 WpHG)

Abschnitt 6: Bearbeitung von Kundenaufträgen

Art. 67–70

(abgedruckt bei § 69 WpHG)

Abschnitt 7: Geeignete Gegenparteien

Art. 71

(abgedruckt bei § 67 WpHG)

Abschnitt 8: Aufzeichnungen

Art. 72–76

(abgedruckt bei § 83 WpHG)

Schrifttum: *Baum* u.a., Perspektiven des Wirtschaftsrechts, 2008; *Benicke*, Wertpapiervermögensverwaltung, 2006; *Biere*, Textverstehen und Textverständlichkeit, 1991; *Bracht*, Die Pflicht von Wertpapierdienstleistungsunternehmen zur bestmöglichen Ausführung von Kundenaufträgen (Best Execution), 2009 (zit. *Bracht*, Best Execution; *Brenncke*, Regelung der Werbung im Bank-und Kapitalmarktrecht, 2013 (zit. *Brenncke*, Werbung); *Brinkmann/Hausswald/Marbeiter/Petersen/ Richter/Schäfer*, Compliance – Konsequenzen aus der MiFID, 2008; *Bruns/Meyer-Bullerdiek*, Professionelles Portfoliomanagement, 5. Aufl. 2013; *Bultmann/Hoepner/Lischke*, Anlegerschutzrecht, 2009; *Busch/Ferrarini*, Regulation of the EU Financial Markets, 2017; Consumer Decision Making in Retail Investment Services: A Behavioural Economics Perspective; Final Report November 2010; *Eberius*, Regulierung der Anlageberatung und behavioral finance, 2013; *Engel* u.a. (Hrsg.), Recht und Verhalten, 2007; *Evers/Jung*, Anforderungen an Finanzvermittler – mehr Qualität, bessere Entscheidungen, Studie im Auftrag des Bundesministeriums für Ernährung, Landwirtschaft und Verbraucherschutz; *Fazley*, Regulierung der Finanzanalysten und Behavioral Finance, 2008; *Fleischer/Zimmer*, Beitrag der Verhaltensökonomie (Behavioral Economics) zum Handels-und Wirtschaftsrecht, 2011; *Forschner*, Wechselwirkungen von Aufsichtsrecht und Zivilrecht; *Gewiese*, Individueller Anlegerschutz bei Finanzdienstleistungen, 2009; *Gläßner*, Die Beschränkung des Vertriebs von Finanzprodukten, 2017; *Göhmann*, Die Verhaltenspflichten von Banken gegenüber ihren Kunden bei der Durchführung von Effektengeschäften, in Habersack/Mülbert/Nobbe/Wittig (Hrsg.), Bankrechtstag 2012, 2013 (zit. Bankrechtstag 2012); *Grundmann* in Staub, Großkommentar HGB, 5. Aufl., Band 11/2, 2018 (zit. Grundmann in Staub, Bankvertragsrecht, Investmentbanking II); *Habschick/Gaedeke/Lausberg/Eibisch/Evers*, Evaluation von Produktinformationsblättern für Geldanlageprodukte, Studie im Auftrag des Bundesministeriums für Ernährung, Landwirtschaft und Verbraucherschutz, 2012; *Hacker*, Verhaltensökonomik und Normativität, 2017; *Hadding/Hopt/Schimansky* (Hrsg.), Vermögensverwaltung, Übernahmerecht im Gefolge der EU-Übernahmerichtlinie, 2006; *Heese*, Beratungspflichten, 2015; *Hobisch/Plöderl*, MiFID II, 2017; *Hoffmann*, Anreizorientierte Aufsicht über Wertpapierdienstleister, 2009; *Imberg*, Die „Best Execution" im deutschen Wertpapierhandel gemäß § 33a WpHG, 2013; *Jordan*, Behavioral Finance und Werbung für Investmentfonds, 2004; *Jost* (Hrsg.), Compliance in Banken, 2010; *Kasten*, Die Neuregelung der Explorations- und Informationspflichten von Wertpapierdienstleistern im Wertpapierhandelsgesetz, 2009; *Klein*, Die Beratungsprotokollpflicht im System des europarechtlich determinierten Anlegerschutzes, 2015; *Klöhn*, Kapitalmarkt, Spekulation und Behavioral Finance, 2006 (zit. *Klöhn*, Kapitalmarkt); *Kluge*, Kick-backs, 2013; *Kohlert*, Anlageberatung und Qualität – ein Widerspruch?, 2009; *Krimphove/Kruse*, MaComp, 2013; *Kumpan*, Der Interessenkonflikt im Deutschen Privatrecht, 2014; *Lampe*, Informationspflicht des Wertpapierdienstleistungsunternehmens nach § 31 Abs. 3 WpHG, 2011; *Lange*, Informationspflichten, 2003; *Mock/*

§ 63 | Verhaltenspflichten, Organisationspflichten, Transparenzpflichten

Stüber, Das neue Wertpapierhandelsrecht, 2018; *Moloney*, How to protect investors, 2010; *Poelzig*, Kapitalmarktrecht, 2018; *Renz/Hense*, Wertpapier-Compliance in der Praxis, 2010; *Schimansky/Bunte/Lwowski*, Bankrechts-Handbuch, 5. Aufl. 2017; *Schmitt*, Die Haftung wegen fehlerhafter oder pflichtwidrig unterlassener Kapitalmarktinformationen, 2010; *Schommer*, Das Geeignetheitskonzept nach § 31 Abs. 4 WpHG in der Anlageberatung, 2013; *Schumacher*, Provisionen mit dem Finanzinstrumentenvertrieb durch Kreditinstitute, 2011; *Stahl*, Information Overload am Kapitalmarkt, 2013; *Teigelack*, Finanzanalysen und Behavioral Finance, 2009; *Tilmes/Jakob/Nickel*, Praxis der modernen Anlageberatung, 2013; *Veldhoff*, Die Haftung von Kreditinstituten für die fehlerhafte Aufklärung und Beratung von Privatkunden beim Erwerb von Zertifikaten, 2012; *von Böhlen/Kan* (Hrsg.), MiFID-Kompendium, 2008; *Weber*, Genial einfach investieren, 2007; *Wecker/van Laak*, Compliance in der Unternehmerpraxis, 2009; *Weinhold*, Die Vergütung der Anlageberatung zu Kapitalanlagen, 2017; *Zobl/Giovanoli/Weber/Sethe* (Hrsg.), Anlegerschutz im Finanzmarktrecht kontrovers diskutiert, 2013.

I. Allgemeines	1
1. Verhältnis des § 63 WpHG zur RL 2014/65/EU und zur Delegierten Verordnung (EU) 2017/565	1
2. Zweck der Vorschriften	2
3. Rechtsnatur	8
a) Aufsichtsrecht	8
b) Ansprüche von Anlegern	9
4. Geltungsbereich	14
II. Verpflichtung zu ehrlichem, redlichem und professionellem Verhalten im bestmöglichen Kundeninteresse (§ 63 Abs. 1 WpHG)	15
1. Allgemeines	15
2. Ehrlich, redlich, professionell	16
3. Interessen des Kunden	19
a) Allgemeines	19
b) Einzelheiten	21
III. Interessenkonflikte (§ 63 Abs. 2 WpHG)	35
1. Begriff des Interessenkonflikts	35
2. Bemühungen um die Vermeidung von Interessenkonflikten	36
3. Aufklärung über fortbestehende Interessenkonflikte (§ 63 Abs. 2 WpHG)	37
IV. Vergütung, Bewertung der Mitarbeiter, vorgegebene Verkaufsziele (§ 63 Abs. 3 WpHG) .	46
V. Konzeption und Vertrieb von Finanzinstrumenten (§ 63 Abs. 4 WpHG)	47
VI. Verstehen der Eigenschaften und Wirkungen der Finanzinstrumente, Vertrieb (§ 63 Abs. 5 WpHG)	50
1. Allgemeines	50
2. Relevante Eigenschaften und Wirkungen	52
3. Vereinbarkeit mit Bedürfnissen und Interessen der Kunden (§ 63 Abs. 5 Satz 2 WpHG)	54
VII. Regeln für alle durch Wertpapierdienstleistungsunternehmen erteilten Informationen (§ 63 Abs. 6 WpHG)	55
1. Allgemeines	55
2. Zugänglich-Machen der Information	57
3. Informationen, Marketingmitteilungen	58
4. Gebot der Redlichkeit, Eindeutigkeit und des Unterlassens von Irreführungen (§ 63 Abs. 6 Satz 1 WpHG)	61
a) Eindeutigkeit	61
b) Verbot der Irreführung	62
c) Redlichkeit	63
aa) Allgemeines	63
bb) Verständlichkeit	64
5. Darstellung von Risiken	70
a) Schriftgröße, grafische Gestaltung (Art. 44 Abs. 2 lit. c DelVO 2017/565)	70
b) Behandlung von Risiken im Vergleich zu den Vorteilen (Art. 44 Abs. 2 lit. b DelVO 2017/565)	71
6. Informationen zu wichtigen Punkten, Aussagen, Warnungen (Art. 44 Abs. 2 lit. e DelVO 2017/565)	74
7. Vergleich von Wertpapierdienstleistungen etc. (Art. 44 Abs. 3 DelVO 2017/565)	77
8. Aussagen zur Wertentwicklung	78
a) Aussagen zur früheren Wertentwicklung (Art. 44 Abs. 4 DelVO 2017/565)	78
b) Simulation früherer Wertentwicklung (Art. 44 Abs. 5 DelVO 2017/565)	82
c) Angaben zur künftigen Wertentwicklung (Art. 44 Abs. 6 DelVO 2017/565)	85
9. Gebot ausreichender Informationen (Art. 44 Abs. 2 lit. d DelVO 2017/565)	86
10. Steuerliche Behandlung (Art. 44 Abs. 7 DelVO 2017/565)	87
11. Name der Behörde (Art. 44 Abs. 8 DelVO 2017/565)	88
12. Ausnahmen (§ 63 Abs. 6 Satz 3, Abs. 8 WpHG)	89
VIII. Pflichtinformationen vor bzw. bei der Erbringung von Wertpapier(neben)dienstleistungen (Art. 46 ff. DelVO 2017/565; § 63 Abs. 7 WpHG)	90
1. Allgemeines	90
a) Anwendungsbereich	90
b) Gebot differenzierter Information	91
c) Redlichkeit, Verständlichkeit der Information	93
d) Informationstiefe, Vollständigkeit, Aktualität	95
e) Rechtzeitigkeit	97
f) Form der Information	98
2. Informationen über Finanzinstrumente (§ 63 Abs. 7 Satz 3 Nr. 1, 2 WpHG; Art. 48 DelVO 2017/565)	99
a) Leitlinien und Warnhinweise	99
b) Allgemeine Beschreibung der Art und Risiken der Finanzinstrumente (Art. 48 Abs. 1–3 DelVO 2017/565)	100
c) Verfügbarkeit eines Prospekts (Art. 48 Abs. 3 DelVO 2017/565)	103
d) Verbundene Finanzinstrumente oder -dienstleistungen (Art. 48 Abs. 4 DelVO 2017/565)	104
e) Angaben zu Garantien, zum Kapitalschutz (Art. 48 Abs. 5 DelVO 2017/565)	105
f) Angabe der Zielgruppe	106
g) Informationen zu Anlagestrategien (§ 63 Abs. 7 Satz 3 Nr. 1 lit. a, b WpHG)	107
h) Selbstemittierte Finanzinstrumente, die bei der Berechnung des Eigenkapitals berücksichtigt werden (Art. 41 Abs. 4 DelVO 2017/565)	108
3. Kosten, Nebenkosten, Rendite, Zahlungsmöglichkeiten (Art. 50 DelVO 2017/565; § 63 Abs. 7 Satz 3 Nr. 2 WpHG)	109
a) Kosten, Nebenkosten	109
aa) Kosten, Nebenkosten in Bezug auf Wertpapier(neben)dienstleistungen einschließlich der Beratungskosten (Art. 50 DelVO 2017/565; § 63 Abs. 7 Satz 3 Nr. 2 lit. a WpHG)	109

bb) Kosten der Finanzinstrumente (Art. 50 DelVO 2017/565; § 63 Abs. 7 Satz 3 Nr. 2 lit. b WpHG) 110
cc) OGAW-KIID, PRIIPs-KID (Art. 50 Abs. 5 lit. b DelVO 2017/565) 112
dd) Verfügbarkeit der Informationen zu den Kosten; Rechtzeitigkeit der Information 113
b) Zahlungsmöglichkeiten, Leistungen durch Dritte (§ 63 Abs. 7 Satz 3 Nr. 2 lit. c WpHG, Art. 50 Abs. 3 DelVO 2017/565) .. 114
c) Gesamtkosten (Art. 50 DelVO 2017/565; § 63 Abs. 7 Satz 4 WpHG) 115
d) Veranschaulichung der Wirkung der Gesamt(neben)kosten auf die Rendite (Art 50 Abs. 10 DelVO 2017/565; § 63 Abs. 7 Satz 4 WpHG) 116
e) Ausnahme: §§ 293-297, 303-307 KAGB (§ 63 Abs. 7 Satz 7 WpHG) 117
f) Ausnahme: Zertifizierte Altersvorsorge- und Basisrentenverträge (§ 63 Abs. 7 Satz 8 f. WpHG) 118
g) Ausnahme: Standardisiertes Informationsblatt (§ 63 Abs. 7 Satz 11 WpHG) 119
h) Ausnahmen zugunsten professioneller Kunden und geeigneter Gegenparteien (§ 68 Abs. 1 Satz 1 WpHG; Art. 50 Abs. 1 DelVO 2017/565) 120
4. Weitergehende Informationspflichten 121
5. Das Wertpapierdienstleistungsunternehmen und seine Dienstleistungen (§ 63 Abs. 7 Satz 1 Alt. 1 WpHG, Art. 47 DelVO 2017/565) 122
a) Art der Kunden 122
b) Angaben zum Wertpapierdienstleistungsunternehmen und zu den Wertpapierdienstleistungen mit Ausnahme der Vermögensverwaltung (Finanzportfolioverwaltung) 123
aa) Angaben zum Wertpapierdienstleistungsunternehmen 123
bb) Angaben zu den Dienstleistungen des Wertpapierdienstleistungsunternehmens (§ 63 Abs. 7 Satz 1 WpHG) 124
c) Angaben zum Wertpapierdienstleistungsunternehmen und zu den Wertpapierdienstleistungen bei der Vermögensverwaltung (Finanzportfolioverwaltung) .. 126
6. Marketingmitteilungen mit vorformulierter Antwort oder mit einer invitatio ad offerendum (Art. 46 Abs. 6 DelVO 2017/565) 127
IX. Vorrang anderer Bestimmungen des europäischen Gemeinschaftsrechts, die Kreditinstitute und Verbraucherkredite betreffen (§ 63 Abs. 8 WpHG) 128
X. Information zu Koppelungs- bzw. Bündelungsprodukten sowie zu Verbundprodukten als Gesamtpaket (Art. 48 Abs. 4 DelVO 2017/565; § 63 Abs. 9 WpHG) 129
XI. Form und Schranken der Auftragserteilung 130
XII. Warnung bei Geschäften ohne Anlageberatung und ohne Ermessensspielraum für das Wertpapierdienstleistungsunternehmen (§ 63 Abs. 10 WpHG) 131
1. Allgemeines 131
2. Pflicht zur Erkundigung nach Kenntnissen und Erfahrungen (§ 63 Abs. 10 Satz 1 WpHG; Art. 55 DelVO 2017/565) 132

3. Angemessenheit der Finanzinstrumente oder Dienstleistungen (Art. 56 Abs. 1 DelVO 2017/565) 133
4. Hinweis auf die Unangemessenheit 135
   a) Das Wertpapierdienstleistungsunternehmen ist über die Kenntnisse und Erfahrungen des Kunden im erforderlichen Umfang informiert 135
   b) Das Wertpapierdienstleistungsunternehmen ist über die Kenntnisse und Erfahrungen des Kunden unzureichend informiert 138
5. Pflicht zur Aufzeichnung 139
XIII. Wertpapierdienstleistungen auf Veranlassung des Kunden hinsichtlich nicht-komplexer Finanzinstrumente (§ 63 Abs. 11 WpHG, Art. 57 DelVO 2017/565) 140
1. Allgemeines 140
2. Voraussetzungen der Erbringung einer Wertpapierdienstleistung i.S.d. § 63 Abs. 11 WpHG 142
   a) Nicht-komplexe Finanzinstrumente 143
   b) Auf Veranlassung des Kunden (§ 63 Abs. 11 Nr. 1 Halbsatz 1 WpHG) 150
   c) Aufklärung über das Fehlen einer Angemessenheitsprüfung 151
3. Rechtsfolgen 152
XIV. Pflicht, über erteilte und erbrachte Wertpapierdienstleistungen zu berichten (§ 63 Abs. 12 WpHG; Art. 50, 59, 61 ff. DelVO 2017/565) 153
1. Wertpapier(neben)dienstleistungen mit Ausnahme der Vermögensverwaltung 153
   a) Bericht auf Wunsch (Art. 59 Abs. 2 DelVO 2017/565) 153
   b) Unaufgeforderte Bestätigung der Ausführung des Geschäfts und Informationen hierzu (§ 63 Abs. 16 WpHG; Art. 59 Abs. 1 DelVO 2017/565) 154
   c) Bericht über die Kosten (Art. 50, 59 DelVO 2017/565) 156
   d) Bericht beim Erwerb von gehebelten Finanzinstrumenten, Eventualverbindlichkeiten (Art. 62 Abs. 2 DelVO 2017/565) .. 160
   e) Bericht bei zertifizierten Altersvorsorge- und Basisrentenverträgen (§ 63 Abs. 12 Satz 3 ff. WpHG) 161
   f) Bericht mit geeignete Gegenparteien (Art. 61 DelVO 2017/565) 162
2. Vermögensverwaltung (Finanzportfolioverwaltung) 163
XV. Rahmenvereinbarungen anlässlich der erstmaligen Erbringung einer Wertpapierdienstleistung (Art. 58 DelVO 2017/565) .. 164
XVI. Hinweise auf die DelVO 2017/565 (§ 63 Abs. 13 WpHG) 167
1. Allgemeines 167
2. § 63 Abs. 13 Nr. 1 WpHG 168
3. § 63 Abs. 13 Nr. 2 WpHG 169
4. § 63 Abs. 13 Nr. 3 WpHG 170
5. § 63 Abs. 13 Nr. 4 WpHG 171
6. § 63 Abs. 13 Nr. 5 WpHG 172
7. § 63 Abs. 13 Nr. 6 WpHG 173
8. § 63 Abs. 13 Nr. 7 WpHG 174
XVII. Sanktionen 175
XVIII. Textabdruck Anhang II zur DelVO 2017/565 176
XIX. Textabdruck WpDVerOV 177

§ 63 | Verhaltenspflichten, Organisationspflichten, Transparenzpflichten

1 **I. Allgemeines. 1. Verhältnis des § 63 WpHG zur RL 2014/65/EU und zur Delegierten Verordnung (EU) 2017/565.** Die §§ 63 bis 71 WpHG unterwerfen wie schon die §§ 31 bis 31f WpHG a.F.[1] die Wertpapierdienstleistungsunternehmen besonderen Verhaltensregeln bei der Erbringung von Wertpapierdienstleistungen. § 63 WpHG führt zusammen mit § 64 WpHG den § 31 WpHG a.F. fort[2]. Beide Vorschriften setzen die Art. 23 bis 30 RL 2014/65/EU um, die durch die DelVO 2017/565, die dem WpHG vorgeht, konkretisiert wird. Die §§ 63 bis 71 WpHG werden ihrerseits durch die WpDVerOV ergänzt. Daraus ergibt sich folgende Normenhierarchie: Delegierte Verordnung 2017/565; §§ 63 ff. WpHG im Licht der RL 2014/65/EU; WpDVerOV[3].

2 **2. Zweck der Vorschriften.** Die §§ 63 ff. WpHG wollen das Vertrauen[4] der Anleger in das ordnungsgemäße **Funktionieren der Wertpapiermärkte schützen**[5] und damit die **Stabilität des Finanzsystems**[6] **gewährleisten**. Dies soll auf hohem Niveau erfolgen[7]. Ziel der §§ 63 ff. WpHG ist es mithin zum einen, für die institutionelle Funktionsfähigkeit[8] der Kapitalmärkte diejenigen Rahmenbedingungen herzustellen, die dafür sorgen, dass Kapital gebildet wird und dass das Einkommen nicht sofort in den Konsum fließt oder anderen Zwecken zugeführt wird. Zum anderen geht es um die operationale Funktionsfähigkeit der Kapitalmärkte, d.h. um die Minimierung derjenigen Kosten, die das Funktionieren der Kapitalmärkte unnötig hemmen und auf diese Weise die Wettbewerbsfähigkeit des Gutes „Kapital" beeinträchtigen[9]. Die §§ 63 ff. WpHG sollen aber auch die allokative Funktionsfähigkeit der Kapitalmärkte verbessern, indem sie die Bedingungen dafür schaffen, dass das Geld dorthin fließt, wo es am dringendsten gebraucht wird, wo es aus der Sicht der Anleger die höchste Rendite verspricht. Hierzu bedarf es für die Anleger eines Optimums an Information und Markttransparenz. Damit sind gleichermaßen die individuellen Anleger[10] gemeint wie die Anleger in ihrer Gesamtheit[11]. Der **Anlegerschutz** ist demnach nicht lediglich Reflex des Kapitalmarktschutzes[12]. Jedenfalls verfolgt insbesondere § 63 WpHG den Schutz individueller Anlegerinteressen als Nebenzweck[13]. Dafür spricht auch § 120 WpHG, der eine Reihe von Verstößen gegen die Gebote der §§ 63 f., 69 WpHG als Ordnungswidrigkeit behandelt. Zwar gilt insoweit das Opportunitätsprinzip. Dass der Kapitalmarkt als Institution gefährdet sein muss, wird jedoch nicht vorausgesetzt.

3 Nicht klar ersichtlich ist, ob die §§ 63 ff. WpHG nur den Schutz **rational agierender Anleger** im Auge haben, die umsichtig, kritisch und verständig handeln sowie bereit sind, alle verfügbaren Informationen aufzunehmen. Heute ist allgemein anerkannt, dass irrationales Handeln auf den Kapitalmärkten weit verbreitet ist und eine große Rolle spielt[14]. So ist empirisch weitgehend gesichert, dass viele[15] Anleger zu stark ihren Fähigkeiten vertrauen[16], einer Kontrollillusion unterliegen, zu Wunschdenken neigen und langfristige Risiken verdrängen[17]. Ausgeprägt sei der sog. Dispositionseffekt, also die Neigung, Aktien, mit denen Verluste erwirtschaftet wurden,

---

1 Zur Entstehungsgeschichte s. Einl. des Kommentars.
2 Begr. RegE 2. FiMaNoG, BT-Drucks. 18/10936, 234.
3 Diese setzt zum Teil auch die DelRL 2017/593 um.
4 Erwägungsgrund Nr. 5 RL 2014/65/EU.
5 Erwägungsgrund Nr. 13 RL 2014/65/EU.
6 Erwägungsgrund Nr. 37 RL 2014/65/EU.
7 Erwägungsgrund Nr. 2 RL 2014/65/EU.
8 Vgl. zum WpHG a.F. *Fuchs* in Fuchs, vor § 31 WpHG Rz. 73.
9 Erwägungsgrund Nr. 13 RL 2014/65/EU; vgl. zum WpHG a.F. krit. *Fuchs* in Fuchs, vor § 31 WpHG Rz. 73.
10 Vgl. zum WpHG a.F. *Möllers* in KölnKomm. WpHG, § 31 WpHG Rz. 4; *Schmies* in Engel u.a. (Hrsg.), Recht und Verhalten, S. 165, 175.
11 A.A. zum WpHG a.F. *Lange*, Informationspflichten, 2003, S. 273.
12 *Grundmann* in Staub, Bankvertragsrecht, Investmentbanking II, Teil 8 Rz. 125 ff. Vgl. zum WpHG a.F. *Fuchs* in Fuchs, vor § 31 WpHG Rz. 72, 75.
13 Vgl. zum WpHG a.F. *Fuchs* in Fuchs, vor § 31 WpHG Rz. 72, 74; *Döhmel* in Vortmann, Prospekthaftung und Anlageberatung, § 4 Rz. 17.
14 *Hacker*, Verhaltensökonomik und Normativität, 1. Teil § 4; Consumer Decision Making in Retail Investment Services, Report, S. 1 ff.; Deutsche Bundesbank, Monatsbericht Januar 2011 „Anlegerverhalten in Theorie und Praxis"; *Gläßner*, Die Beschränkung des Vertriebs von Finanzprodukten, S. 29 ff.; *Goldberg/v. Nitzsch*, Behavioral Finance, 1999, S. 144 ff.; *Barberis/Thaler* in Constandinides/*Harris*/Stulz (Hrsg.), Handbook of the Economics of Finance, 2003, S. 1065 ff.; *Kiehling*, Börsenpsychologie und Behavioral Finance, 2001, S. 141 ff.; *Montier*, Insights into Minds and Markets, 2002, S. 1 ff.; *Hirshleifer*, The Journal of Finance, Bd. 56 (2001), 1533 ff.; *Rapp*, Behavioral Finance – neue Sicht der Kapitalmärkte, Finanz & Wirtschaft v. 20.9.1995; *Klöhn*, Kapitalmarkt, S. 80 ff.; *Fleischer* in Fleischer/Zimmer, Beitrag der Verhaltensökonomie (Behavioral Economics) zum Handels-und Wirtschaftsrecht, 2011, S. 9, 20 ff.; *Teigelack*, Finanzanalysen und Behavioral Finance, S. 89 ff.; *Kohlert*, Anlageberatung und Qualität – ein Widerspruch?, 2009, S. 75 ff.; *Oehler*, ZBB 2012, 119, 120 f.; *Brenncke* in Zobl/Giovanoli/Weber/Sethe (Hrsg.), Anlegerschutz im Finanzmarktrecht kontrovers diskutiert, S. 251, 259 ff.; *Eberius*, Regulierung der Anlageberatung und behavioral finance, 2013, S. 80 ff. jeweils m.w.N.; IOSCO, Sound Practices for Investment Risk Education v. September 2015 (FR21/2015 [www.iosco.org/library/pupdocs/pdf/IOSCOPD505.pdf]). Dies erkennt jetzt auch die ESMA (ESMA35-34-748 v. 13.7.2017, Consultation Paper, Guidelines on certain aspects of the MiFID II suitability requirements, 2 Background Rz. 10 ff.) an. S. auch Rz. 4.
15 Wie hoch der Prozentsatz der Anleger ist, die irrational handeln, ist empirisch nicht gesichert. Insoweit zutr. *Beck* in FS Uwe H. Schneider, S. 89, 97.
16 Vgl. nur *Weber*, Genial einfach investieren, S. 18, 39 f., 57 ff.; *Fleischer*, ZBB 2008, 137, 139.
17 S. Nachw. bei *Koller* in FS U. Huber, S. 821, 829; ferner *Fleischer*, ZBB 2008, 137, 139; *Kasten*, Explorations- und Informationspflichten, S. 68 f.

zu lange zu halten und Aktien, deren Kurs gestiegen ist, zu früh abzustoßen[1]. Typisch sei auch ein ausgeprägter Herdentrieb[2]. Ferner könnten Anleger dadurch beeinflusst werden, dass ihnen bestimmte Informationen zur Vergangenheit gegeben werden, die sie blind in die Zukunft fortschreiben[3] oder dass Informationen in einen bestimmten Rahmen gestellt werden (sog. framing)[4]. Zu schnell stützten sich häufig Anleger auf wenige Umstände; zufällige Entwicklungen würden überinterpretiert; leicht wahrnehmbare Informationen würden stärker beachtet als schwer zugängliche, die wichtiger seien[5]. Die Anleger seien wenig geneigt, nach Indizien zu suchen, die ihre Auffassung widerlegten. Im Gegenteil ignorierten sie verbreitet neue Informationen oder spielten sie stark herunter, wenn sie ihrer ursprünglichen Einschätzung widersprächen[6]. Vielfach seien die Anleger aufgrund der von ihnen eingesetzten Entscheidungsheuristiken leicht beeinflussbar[7]. Hinzu käme die verbreitete Verführung durch reißerische Beiträge in den einschlägigen Medien[8].

Diese verhaltenswissenschaftlichen Erkenntnisse der „Behavioral Finance"-Forschung[9] liegen auf derselben Ebene wie die verhaltenswissenschaftlichen Erkenntnisse zum **Verbraucherschutz**[10]. Das Verhalten des Verbrauchers wird danach durch eine Reiz-Reaktionsbeziehung gesteuert, die zwar mit kognitiven Vorgängen verbunden sei, die jedoch oft nicht bewusst würden und nicht mit einer kognitiven Kontrolle des Verhaltens gleichgesetzt werden dürften. Jede Informationsaufnahme setze kognitive, physische oder emotionale Reize voraus. Die kognitive Ebene werde aktiviert, wenn gedankliche Konflikte, Widersprüche und Überraschungen auftauchten, die den Handelnden vor unerwartete Aufgaben stelle und damit seine Informationsverarbeitung stimuliere[11]. Auch physisch lasse sich die Informationsaufnahme anregen, z.B. durch die Größe des Schriftbildes. Vor allem aber lenkten emotionale Vorgänge die Aufmerksamkeit und Informationsaufnahme der Menschen[12]. Die Intensität der Informationssuche sei stark persönlichkeitsbedingt[13]. Auch versuchten viele Personen kognitiven Konflikten dadurch auszuweichen, dass sie Informationen von vornherein vermeiden, diese nicht wahrnehmen oder aus ihrem Bewusstsein verdrängen[14]. Es würden eher leicht verfügbare und persönlich gewonnene Informationen zur Urteilsbildung herangezogen als schwerer verfügbare oder externe. Informationsfülle führe häufig zum sog. information overload[15]. Von großer Bedeutung für die Informationssuche sei das Anspruchsniveau, das den kognitiven Aufwand bei der Auswahlentscheidung mindere[16]. Es liege daher für die Wertpapierdienstleistungsunternehmen nahe, verhaltenssteuernde Techniken einzusetzen, denen aus verhaltenswissenschaftlicher Sicht kaum durch Aufklärung und Information entgegengewirkt werden könne. Vor diesem Hintergrund erhebt sich die Frage, inwieweit die §§ 63 ff. WpHG den Irrationalismen der Anleger und ihrem realen Informationsverhalten ausreichend Rechnung tragen.

Fuchs[17] zufolge sollen die Verhaltensregeln der §§ 31 ff. WpHG a.F. vornehmlich marktorientiert die Informationsasymmetrien und anderen Marktunvollkommenheiten kompensieren. Sie sollen aber auch in gewisser Parallele zum Verbraucherschutz den bei realistischer Betrachtung typischerweise zu erwartenden Irrationalismen der Anleger entgegenwirken. Es gelte jedoch, eine Bevormundung der Anleger zu vermeiden, die es ihnen verbiete, ihre persönlichen Wünsche zu verfolgen, und zu verhindern, dass die Wertpapierdienstleistungsunternehmen für den Erfolg der Anlagetätigkeit einzustehen hätten. Insgesamt kommt *Fuchs* zu dem Ergebnis, dass es an einem in sich konsistenten Anlegerbild fehle. An dieser Feststellung ist auch im Rahmen der §§ 63 ff. WpHG festzuhalten. Richtig ist, dass dort, wo ein Wertpapierdienstleistungsunternehmen den Anleger mittels Informationen in die Lage versetzt hat, eine adäquate Risikoeinschätzung vorzunehmen und eine eigenverantwortliche Entscheidung zu treffen, auch unvernünftige Entscheidungen hinzunehmen sind. Die entscheidende Frage lautet jedoch, unter welchen Umständen der konkrete Anleger durch die Information befähigt worden

---

1 *Weber*, Genial einfach investieren, S. 20, 94 ff.; *Kasten*, Explorations- und Informationspflichten, S. 64.
2 *Weber*, Genial einfach investieren, S. 20, 100 ff.; *Klöhn*, Kapitalmarkt, S. 112, 115; *Bruns/Meyer-Bullerdiek*, Professionelles Portfoliomanagement, 4. Aufl., S. 85 f.
3 Anchoring and Adjustment; *Weber*, Genial einfach investieren, S. 63, 131; *Klöhn*, Kapitalmarkt, S. 108.
4 *Weber*, Genial einfach investieren, S. 157.
5 *Klöhn*, Kapitalmarkt, S. 108 ff.; *Bruns/Meyer-Bullerdiek*, Professionelles Portfoliomanagement, 4. Aufl., S. 88; *Homburger/Krohmer*, Marketingmanagement, 4. Aufl., S. 95. S. ferner Nachw. bei *Koller* in FS U. Huber, S. 821, 829.
6 *Weber*, Genial einfach investieren, S. 41; *Klöhn*, Kapitalmarkt, S. 103 ff.
7 S. Nachw. bei *Koller* in FS U. Huber, S. 821, 829; ferner *Schiereck* in Tilmes/Jakob/Nickel, Praxis der modernen Anlageberatung, S. 239, 243.
8 *Weber*, Genial einfach investieren, S. 51, 64, 93; *Fleischer*, ZBB 2008, 137, 139.
9 Rz. 3.
10 Zum Verhältnis zwischen Anlegerschutz und Verbraucherschutz *Buck-Heeb*, JZ 2017, 279, 284; *Veil* in Bumke/Röthel, Autonomie im Recht, S. 198 ff.
11 *Kroeber-Riel/Weinberg*, Konsumentenverhalten, 2003, S. 71 ff.
12 *Kroeber-Riel/Weinberg*, Konsumentenverhalten, 2003, S. 241.
13 *Kroeber-Riel/Weinberg*, Konsumentenverhalten, 2003, S. 249.
14 *Kroeber-Riel/Weinberg*, Konsumentenverhalten, 2003, S. 182.
15 Dazu Rz. 63, 66.
16 *Kroeber-Riel/Weinberg*, Konsumentenverhalten, 2003, S. 382 ff.
17 Vgl. zum WpHG a.F. *Fuchs* in Fuchs, vor § 31 WpHG Rz. 90. Zur Relevanz verhaltenswissenschaftlicher Erkenntnisse im Rahmen der MiFIR, vgl. *Klingenbrunn*, WM 2015, 320 f.

ist, die Chancen und Risiken angemessen zu bewerten. Der bloße Hinweis auf die eigenverantwortliche Entscheidung führt zu einem Zirkelschluss, weil er die Frage nach der realen oder normativ unterstellten Informationsverarbeitungsfähigkeit des jeweiligen Anlegers nicht beantwortet, es sei denn, dass man mit dem topos der Eigenverantwortlichkeit individuelle Schwächen für irrelevant erklärt.

6   Klammert man den Erwerb bzw. die Veräußerung komplexer Finanzinstrumente aus, so bleiben demnach vor allem **Privatkunden weitgehend schutzlos**, wenn sie **im Bereich des § 63 Abs. 11 WpHG** lediglich darauf hingewiesen worden sind, dass keinerlei Warnung erfolgt und sie gleichwohl Aufträge erteilen[1]. Irrelevant ist nämlich, ob diese Kunden diese Variante der Ordererteilung aus Überheblichkeit[2] oder nur deshalb wählen, weil sie unfähig sind, die Dringlichkeit der Warnung einzuschätzen.

7   § 63 Abs. 7 WpHG begründet die Pflicht der Wertpapierdienstleistungsunternehmen zu einer Art Schulung der Kunden. Die Wertpapierdienstleistungsunternehmen haben den Kunden in verständlicher Form **Informationen zur Verfügung zu stellen**, „die erforderlich sind", damit die Kunden nach vernünftigem Ermessen die Art und die Risiken der Finanzinstrumente verstehen können. Fragwürdig daran ist freilich, dass diese Informationen auf die umsichtigen, kritischen, verständigen und informationsbereiten Anleger zugeschnitten sind (Rz. 3). Der Schutz mittels Information geht bei der wohl überwiegenden Zahl der nicht so verständigen und informationsbereiten Anleger weitgehend ins Leere. Diese Schwächen des Anlegerschutzes durch Information wird nur bei einer Anlageberatung durch die Verpflichtung gemildert, den Anlegern ein Informationsblatt und eine Geeignetheitserklärung auszuhändigen (§ 64 Abs. 2, 4 WpHG).

8   **3. Rechtsnatur. a) Aufsichtsrecht.** Die den §§ 63 ff. WpHG zugrunde liegende RL 2014/65/EU ist wie ihre Vorläuferin, die MiFID I[3] als Norm konzipiert, die das **Verhältnis zwischen den Aufsichtsbehörden und den Wertpapierdienstleistungsunternehmen** regelt[4]. So handelt es sich bei den Befugnissen der zuständigen Behörden ausschließlich um Überwachungsbefugnisse (Art. 69 RL 2014/65/EU), z.B. bei der Befugnis, bestimmte Praktiken oder den Handel mit einem Finanzinstrumente zu unterbinden, das Einfrieren und die Beschlagnahme von Vermögen, Berufsverbote, die Befugnis, Maßnahmen anzuordnen, die gewährleisten, dass die Wertpapierdienstleistungsunternehmen und die geregelten Märkte den rechtlichen Anforderungen genügen, ferner um verwaltungsrechtliche Sanktionen (Art. 70 RL 2014/65/EU), um die Sanktion des sog. „naming and shaming" (Art. 71 RL 2014/65/EU) sowie um die Befugnis, den Vorgang zur strafrechtlichen Verfolgung an ein Gericht zu verweisen. Diese Position nahm auch der EuGH[5] zur MiFID I ein, der nur, sofern ein Mitgliedstaat zivilrechtliche Sanktionen vorsieht, fordert, dass diese den Grundsätzen der Äquivalenz und Effektivität gehorchen. Eine gewisse Nähe zum Zivilrecht weist ausschließlich Art. 75 RL 2014/65/EU auf, der die Mitgliedstaaten verpflichtet, für Beschwerde- und Schlichtungsverfahren zur außergerichtlichen Beilegung von Streitigkeiten mit Verbrauchern zu sorgen. Als aufsichtsrechtliche Normen sind die §§ 63-70 WpHG **zwingend** zu beachten[6].

9   **b) Ansprüche von Anlegern.** Verschiedentlich und auch zu dem durch das FRUG novellierten WpHG a.F. wurde die Ansicht vertreten, dass die Wohlverhaltensregeln des WpHG sowohl als Aufsichtsrecht als auch als Zivilrecht zu qualifizieren seien (**Doppelnatur des WpHG**)[7]. Richtiger erscheint es, anzunehmen, dass das Aufsichtsrecht der §§ 63 ff. WpHG[8] lediglich auf das Zivilrecht ausstrahlt[9]. Daraus folgt, dass einerseits das Auf-

---

1 Das Gesetz ignoriert, dass – wie zahlreiche empirische Untersuchungen ergeben haben – Privatanleger, die in Aktien investiert haben, gerade bei Discount-Brokern schlechter als der Marktdurchschnitt pro Jahr abgeschlossen haben; dies umso mehr, je mehr Aufträge sie erteilt haben (*Weber*, Genial einfach investieren, S. 47 ff. m.N.).
2 Selbstüberschätzung (Rz. 3).
3 Dazu 6. Aufl. des Kommentars, Vor § 31 WpHG Rz. 1.
4 Vgl. zum WpHG a.F. BGH v. 17.9.2013 – XI ZR 332/12, AG 2013, 803 = WM 2013, 1983 Rz. 26; *Fuchs* in Fuchs, vor § 31 WpHG Rz. 77; *Binder* in Staub, Bankvertragsrecht, Investmentbanking II, Teil 7 Rz. 39 für die organisationsrechtlichen Vorschriften des WpHG; abw. *Tison* in FS Hopt, Bd. 2, S. 2621 ff.; *Einsele*, ZHR 180 (2016), 233, 248 ff.; *Grundmann* in Staub, Bankvertragsrecht, Investmentbanking II, Teil 8 Rz. 126; *Grundmann*, ZBB 2018, 1, 3; *Weinhold*, Die Vergütung der Anlageberatung zu Kapitalanlagen, S. 398 ff. Nach Ansicht von *Busch* (in Busch/Ferrarini, Regulation of the EU Financial Markets, Rz. 20.01 ff.) ist es unklar, wie sich die RL 2014/65/EU auf das Privatrecht auswirkt. Die aufsichtsrechtlichen Normen sind Teil der Regulierung von Märkten durch Verhaltenssteuerung (vgl. *Gläßner*, Die Beschränkung des Vertriebs von Finanzprodukten, S. 93 ff.).
5 EuGH v. 30.5.2013 – Rs. C-604/11, ZIP 2013, 1417, 1419 mit Anm. *Herresthal*.
6 Vgl. zum WpHG a.F. *Kumpan*, ZBB 2006, 319, 321 zur Diskussion auf dem Bankrechtstag 2006 der bankrechtlichen Vereinigung e.V.; *Möllers* in KölnKomm. WpHG, § 31 WpHG Rz. 27 ff.
7 Vgl. zum WpHG a.F. *Benicke*, Wertpapiervermögensverwaltung, S. 467 ff.; *Möllers* in KölnKomm. WpHG, § 31 WpHG Rz. 15, 24; *Schommer*, Das Geeignetheitskonzept nach § 31 Abs. 4 WpHG in der Anlageberatung, S. 249; *Kumpan/Hellgardt*, DB 2006, 1714, 1715 zu § 31 WpHG; *Veil*, WM 2007, 1821, 1825; *Weichert/Wenninger*, WM 2007, 627, 635. Zutr. a.A. BGH v. 3.6.2014 – XI ZR 147/12, WM 2014, 1382 Rz. 35; *Fuchs* in Fuchs, vor § 31 WpHG Rz. 78 ff.; *Forschner*, Wechselwirkungen von Aufsichtsrecht und Zivilrecht, S. 70 ff.; *Weinhold*, Die Vergütung der Anlageberatung zu Kapitalanlagen, S. 396 f.; *Voß* in Just/Voß/Ritz/Becker, § 31 WpHG Rz. 38 vertritt die Lehre von dem aufsichtsrechtlichen Mindeststandard.
8 *Buck-Heeb/Poelzig*, BKR 2017, 485, 494 f.
9 Den Begriff der Ausstrahlung sollte man in Parallele zur Rechtsvergleichung als Transfer eines Rechtsgedankens verstehen. Auf diese Weise lassen sich Rechtsgedanken im Rahmen der (ergänzenden) Vertragsauslegung fruchtbar machen. So i.E. auch *Binder* in Staub, Bankvertragsrecht, Investmentbanking II, Teil 7 Rz. 41 ff. Umfassend zum WpHG a.F.

sichtsrecht den Schutz der Anleger beeinflusst, den diese zivilrechtlich mindestens genießen sollten[1], dass andererseits die Kunden im Rahmen der §§ 138, 305 ff. BGB aber (nur)[2] auf die dem Zivilrecht entspringenden Ansprüche ganz oder teilweise verzichten können. Der BGH[3] hat zu den §§ 31 ff. WpHG a.F. entschieden, dass diese Vorschriften für den Inhalt und die Reichweite der (vor)vertraglicher Aufklärungs- und Beratungspflichten von Bedeutung sein können, dass sie aber keine eigenständige schadensersatzrechtliche Bedeutung besäßen, weil ihr Schutzzweck nicht über den aus den vertraglichen Aufklärungs- und Beratungspflichten oder den aus den §§ 241 Abs. 2, 311 Abs. 2 BGB resultierenden Schutz hinausgehe.

Zum Teil wurde zum WpHG a.F. behauptet, dass dem **allgemeinen Zivilrecht keine Ansprüche der Kunden** entnommen werden dürften, die die Wertpapierdienstleistungsunternehmen stärker belasteten als die den §§ 31 ff. WpHG a.F. entspringenden Pflichten[4]. Richtiger erscheint es, auch zum WpHG n.F. darauf abzustellen, dass, abgesehen von Zweifeln an der Kompetenz der EU, Zivilrecht zu regeln, weder die RL 2014/65/EU noch die DelVO 2017/565 das Ziel einer Vereinheitlichung des Zivilrechts und damit einer Gleichschaltung von Zivil- und Aufsichtsrecht deutlich machen[5]. 10

Jedenfalls berühren die RL 2014/65/EU und die Delegierten Verordnungen nicht die **Vertragsfreiheit**[6]. Es muss den Absprachen zwischen den Wertpapierdienstleistungsunternehmen und ihren Kunden überlassen bleiben, sich auf ein höheres oder niedrigeres[7] Schutzniveau zu einigen. Wann derartige Absprachen zu bejahen sind, ist dem nationalen Zivilrecht zu entnehmen. Dies hindert nicht, bei der Auslegung der maßgeblichen Willenserklärungen das Gebot von Treu und Glauben zu berücksichtigen und darauf abzustellen, wie der Empfänger die Erklärungen verstehen durfte[8]. Hierbei ist zu beachten, dass insoweit § 63 Abs. 1 WpHG (Gebot der Redlichkeit) in die gleiche Richtung wirkt. In diese Richtung geht auch der BGH[9], wenn er den aufsichtsrechtlichen Vorschriften des Kapitalmarktrechts ein Transparenzgebot entnimmt, das die Erwartungshaltung der Kunden nicht unbeeinflusst lasse und dem die Zivilrechtsordnung Rechnung tragen müsse. 11

Sicher ist, dass die §§ 63 ff. WpHG auch den Anlegerschutz bezwecken (Rz. 2). Soweit man darunter nicht nur Anlegerschutz im institutionellen Sinn[10], sondern auch den Schutz der individuellen Anleger versteht, wurde 12

Forschner, Wechselwirkungen von Aufsichtsrecht und Zivilrecht, S. 113 ff., 157. Wie hier mit Unterschieden im Detail zum WpHG a.F. *Ellenberger* in FS Nobbe, 2009, S. 523, 534 ff.; *Sethe* in Schäfer/Sethe/Lang, Handbuch der Vermögensverwaltung, § 5 Rz. 294, 300; *Fuchs* in Fuchs, vor § 31 WpHG Rz. 81 ff.; *Schwark* in Schwark/Zimmer, vor §§ 31 ff. WpHG Rz. 16; *J. Koch* in Schwark/Zimmer, § 31a WpHG Rz. 61; *Grigoleit*, ZHR 177 (2013), 264, 271 ff.; *Weller*, ZBB 2011, 191, 193; *Bracht*, ZBB 2013, 252, 257; *Brenncke*, ZBB 2014, 366, 382; *Freitag*, ZBB 2014, 357, 365; in der Tendenz auch BGH v. 17.9.2013 – XI ZR 332/12, AG 2013, 803 = WM 2013, 1983 Rz. 20; BGH v. 3.6.2014 – XI ZR 147/12, WM 2014, 1382 Rz. 36. Weitergehend *Rothenhöfer* in Baum u.a., Perspektiven des Wirtschaftsrechts, S. 55, 76 ff. Abw. *Nikolaus/d'Oleire*, WM 2007, 2129, 2130, 2134 (Vertrag ausgestalten); *Weinhold*, Die Vergütung der Anlageberatung zu Kapitalanlagen, S. 392 ff.; *Hacker*, Verhaltensökonomie und Normativität, S. 852 ff. (effet utile, soweit Vollharmonisierung greift). Der BGH v. 3.6.2014 – XI ZR 147/12 Rz. 36 f. argumentiert auf der Basis der §§ 133, 157 BGB. Vgl. auch *Koch*, ZBB 2014, 211.

1 Der EuGH v. 30.5.2013 – Rs. C-604/11, ZIP 2013, 1417, gesteht zur MiFID I den Mitgliedstaaten zwar die Freiheit zu, zu bestimmen, welche zivilrechtlichen Folgen ein Verstoß gegen das Aufsichtsrecht haben soll, fordert aber, dass die Grundsätze der Äquivalenz und der Effektivität beachtet werden müssen (vgl. dazu BGH v. 17.9.2013 – XI ZR 332/12, AG 2013, 803 = WM 2013, 1983 Rz. 29, 32).
2 Vgl. zum WpHG a.F. *Fuchs* in Fuchs, vor § 31 WpHG Rz. 85.
3 Vgl. zum WpHG a.F. BGH v. 19.12.2006 – XI ZR 56/05, ZBB 2007, 193, 195; BGH v. 17.9.2013 – XI ZR 332/12, AG 2013, 803 = WM 2013, 1983 Rz. 15 ff.; BGH v. 19.3.2013 – XI ZR 431/11, ZBB 2013, 265, 268 = AG 2013, 463; in der Tendenz auch v. 3.6.2014 – XI ZR 147/12, WM 2014, 1382 Rz. 36. Krit. *Möllers* in KölnKomm. WpHG § 31 WpHG Rz. 11 f.
4 *Mülbert*, WM 2007, 1149, 1157, 1169; *Mülbert*, ZHR 172 (2008), 170, 183 f.; ebenso *Nikolaus/d'Oleire*, WM 2007, 2129, 2134; *Otto*, WM 2010, 2013, 2018; *Herresthal*, ZBB 2009, 348, 351 ff.; *Sethe* in FS Nobbe, 2009, S. 769, 786 f.; *Zingel/Rieck*, BKR 2009, 353, 354 f.; *Lampe*, Informationspflicht, S. 361 ff. jeweils m. Nachw. *Tison* in FS Hopt, Bd. 2, S. 2621, 2623 ff.; a.A. *Fuchs* in Fuchs, vor § 31 WpHG Rz. 57 ff., § 31 WpHG Rz. 18; § 31d WpHG Rz. 6; *J. Koch* in Schwark/Zimmer, § 31a WpHG Rz. 60 jew. m.w.N.
5 So im Ergebnis auch zu den organisationsrechtlichen Vorschriften des WpHG *Binder* in Staub, Bankvertragsrecht, Investmentbanking II, Teil 7 Rz. 41 f., anders *Grundmann* in Staub, Bankvertragsrecht, Investmentbanking II, Teil 8 Rz. 223 f. zu den Wohlverhaltenspflichten. Vgl. zum WpHG a.F. *Assmann* in FS Uwe H. Schneider, 2011, S. 37, 51 ff.; *Assmann*, ZIP 2009, 2125, 2126; *Schwark* in Schwark/Zimmer, vor §§ 31 ff. WpHG Rz. 14; *J. Koch* in Schwark/Zimmer, § 31a WpHG Rz. 60 jew. m.N.; *Ellenberger* in FS Nobbe, 2009, S. 523, 535 ff.; *Grigoleit*, Bankrechtstag 2012, S. 37; *Bracht*, ZBB 2013, 252, 258; *Kluge*, Kick-backs, S. 204 ff.; abw. *Hacker*, Verhaltensökonomie und Normativität, S. 852 ff. unter Berufung auf den effet utile.
6 *Einsele*, JZ 2008, 477, 481; zurückhaltend auch *Kumpan* in Baum u.a., Perspektiven des Wirtschaftsrechts, S. 33, 51 f.; *Lampe*, Informationspflicht, S. 358 f. Abw. *Tison* in FS Hopt, Bd. 2, S. 2621, 2634.
7 *Forschner*, Wechselwirkungen von Aufsichtsrecht und Zivilrecht, S. 144 f. Insoweit ist bei AGB der § 307 BGB zu beachten.
8 Ebenso *Veil*, ZBB 2008, 34, 41; *Weichert/Wenninger*, WM 2007, 627, 636; *Forschner*, Wechselwirkungen von Aufsichtsrecht und Zivilrecht, S. 131, 143 f.; a.A. *Hacker*, Verhaltensökonomie und Normativität, S. 855 f.
9 BGH v. 3.6.2014 – XI ZR 147/12, WM 2014, 1382 Rz. 36 f.
10 So *Forschner*, Wechselwirkungen von Aufsichtsrecht und Zivilrecht, S. 89, 148.

daraus zum WpHG a.F. abgeleitet, dass der § 31 Abs. 1 Nr. 1 und 2, Abs. 3, 4 sowie die §§ 31c[1], 31d WpHG a.F.[2] als **Schutzgesetze** zu qualifizieren seien[3]. Der BGH[4] vertrat demgegenüber zum WpHG a.F. die Ansicht, dass die §§ 31 ff. WpHG nicht als Schutzgesetze i.S.d. § 823 Abs. 2 BGB anzusehen seien[5]. Ein Bedürfnis, unmittelbar von den Organen des Wertpapierdienstleistungsunternehmens oder seinen Angestellten Schadensersatz verlangen zu können, sei nicht anzuerkennen, weil für einen effektiven Schutz der Anleger sowohl die Aufsichtsbehörden, die Bußgeldtatbestände des WpHG und die vertraglichen Schadensersatzpflichten des Wertpapierdienstleistungsunternehmens sorgen würden[6]. Die geschilderten Positionen lassen sich nahtlos auf die §§ 63 ff. WpHG übertragen; denn die §§ 63 ff. WpHG verfolgen zumindest[7] in gleicher Weise wie die §§ 31 ff. WpHG a.F. das Ziel des Anlegerschutzes.

13 Ein Verstoß gegen die §§ 63–71 WpHG führt nicht zur **Unwirksamkeit des Vertrages**[8].

14 **4. Geltungsbereich.** § 63 WpHG ist auf *alle* Wertpapierdienstleistungen und Wertpapiernebendienstleistungen (§ 2 Abs. 8 f. WpHG) betreffenden Geschäfte von Wertpapierdienstleistungsunternehmen (§ 2 Abs. 10, § 3 WpHG) mit Privatkunden und professionellen Kunden (§ 67 WpHG) sowie mit Ausnahme[9] der Abs. 1, 3 bis 7, 9, 10 auf Geschäfte mit geeigneten Gegenparteien (§ 68 WpHG) anzuwenden. Zu Wertpapier(neben)dienstleistungen, die vom Ausland aus angeboten werden, s. Erl. zu § 1 Abs. 2 WpHG. Die Geschäfte der Wertpapierdienstleistungsunternehmen, die an organisierten Märkten (§ 2 Abs. 11 WpHG) oder in multilateralen Handelssystemen (§ 2 Abs. 21 WpHG) zwischen ihnen oder sonstigen Mitgliedern bzw. Teilnehmern dieser Märkte oder Systeme geschlossen werden und die nicht der Ausführung eines Kundenauftrages dienen, werden gem. § 95 WpHG nicht voll erfasst.

15 **II. Verpflichtung zu ehrlichem, redlichem und professionellem Verhalten im bestmöglichen Kundeninteresse (§ 63 Abs. 1 WpHG). 1. Allgemeines.** In Art. 24 Abs. 1 RL 2014/65/EU heißt es ebenso wie in Art. 19 Abs. 1 RL 2004/39/EG (MiFID I)[10]: „ehrlich, redlich und professionell im bestmöglichen Interesse der Kunden". Diese Begriffe verwendet der Gesetzgeber auch in § 63 Abs. 1 WpHG, an dem, sofern keine Sonderregeln existieren, **generalklauselartig** sämtliche Aktivitäten der Wertpapierdienstleistungsunternehmen auszurichten sind. Die Vorschrift ist in Grenzfällen vorrangig zu beachten[11]. Bei der richtlinienkonformen Interpretation dieser Vorschrift hat man zu berücksichtigen, dass die in Art. 24 Abs. 1 RL 2014/65/EU statuierte Pflicht, „ehrlich, redlich und professionell im bestmöglichen Interesse" der Kunden zu handeln, in Art. 24 Abs. 2 bis 11 RL 2014/65/EU in Form von Mindestanforderungen mit dem Ziel, Anleger besser zu schützen[12], konkretisiert, aber auch eingeschränkt wird.

16 **2. Ehrlich, redlich, professionell. Ehrlich** (honestly, honnète) bedeutet, dass das Wertpapierdienstleistungsunternehmen seine Kunden (§§ 67 f. WpHG) nicht bewusst irreführen darf (Rz. 62 f.).

17 **Redlich** (fairly, équitable) handeln Wertpapierdienstleistungsunternehmen, wenn sie angemessene Mittel einsetzen, um ihre Zwecke zu verfolgen, d.h. wenn sie ihre Kunden loyal behandeln. Sie dürfen deshalb die Kundeninteressen nicht mittels wirtschaftlichem oder finanziellem Druck beeinträchtigen[13]. Es obliegt ihnen, ihre

---

1 So zu § 31c Abs. 1 WpHG a.F. *Fuchs* in Fuchs, § 31c WpHG Rz. 3; abw. *J. Koch* in Schwark/Zimmer, § 31c WpHG Rz. 4 (Organisationsregel); *Klein*, Beratungsprotokollpflicht, S. 27.
2 *Fuchs* in Fuchs, § 31d WpHG Rz. 60.
3 *Binder* in Staub, Bankvertragsrecht, Investmentbanking II, Teil 7 Rz. 40 (den organisationsrechtlichen Vorschriften des WpHG fehlt die Schutzrechtsqualität). Vgl. zum WpHG a.F. *Klein*, WM 2016, 862, 866; *Kumpan/Hellgardt*, DB 2006, 1714, 1716 ff. (nicht § 31 Abs. 1 Nr. 2 WpHG a.F.); *Veil*, ZBB 2008, 34, 42; *Freitag*, ZBB 2014, 357, 365; *Einsele*, ZHR 180 (2016), 233, 266 f.; *Fuchs* in Fuchs, vor § 31 WpHG Rz. 101 ff. m. Nachw. Aus der Perspektive der MiFID I vgl. *Tison* in FS Hopt, Bd. 2, S. 2621, 2623 ff.
4 BGH v. 17.9.2013 – XI ZR 332/12, AG 2013, 803 = WM 2013, 1983 Rz. 23; BGH v. 19.3.2013 – XI ZR 431/11, ZBB 2013, 265, 268 = AG 2013, 463; BGH v. 22.6.2010 – VI ZR 212/09, ZIP 2010, 1433 Rz. 28 f.; BGH v. 19.12.2006 – XI ZR 56/05, ZBB 2007, 193 Rz. 19; ebenso *Assmann* in FS Uwe H. Schneider, S. 37, 51; *Schäfer*, WM 2007, 1872, 1875 ff.; *Nikolaus/d'Oleire*, WM 2007, 2129, 2130; *Weichert/Wenninger*, WM 2007, 627, 635.
5 Ebenso *Forschner*, Wechselwirkungen von Aufsichtsrecht und Zivilrecht, S. 146 ff.
6 Ebenso *Grigoleit*, ZHR 177 (2013), 264, 279; *Schäfer*, WM 2007, 1872, 1875 ff.; *Nikolaus/d'Oleire*, WM 2007, 2129, 2130; *Weichert/Wenninger*, WM 2007, 627, 635; einschr. auch *Göres* in MiFID-Kompendium, S. 330.
7 Die RL 2014/65/EU soll sogar den Anlegerschutz erhöhen. Dies zwingt vom Standpunkt des BGH aus allerdings nicht zu dem Schluss, dass die Schutzgesetzeigenschaft der §§ 63-71 WpHG anerkannt werden müsste; denn die Verstärkung des Anlegerschutzes lässt die Argumente des BGH gegen eine Anwendbarkeit des § 823 Abs. 2 BGB unberührt.
8 Vgl. zum WpHG a.F. *Fuchs* in Fuchs, vor § 31 WpHG Rz. 97.
9 Erwägungsgrund Nr. 86 RL 2014/65/EU.
10 „Honestly, fairly and professionally in accordance with the best interests of its clients; honnête, éqitable et professionelle."
11 Abwägend kritisch *Enriques/Gargantini* in Busch/Ferrarini, Regulation of the EU Financial Markets, Rz. 4.23 ff.; 4.82 ff.; weitergehend *Silverentand/Sprecher/Simons* in Busch/Ferrarini, Regulation of the EU Financial Markets, Rz. 8.01 („this general duty forms the basis for all conduct …").
12 Erwägungsgrund Nr. 3, 4, 70 RL 2014/65/EU; Nr. 31 DelVO 2017/565.
13 § 12 Abs. 4 Satz 2 WpDVerOV; ESMA 2016/574/EN v. 11.7.2016, Guidelines on cross-selling practices, Ziff. 28 Example 4.

Kunden bei der Verfolgung ihrer Interessen zu unterstützen[1] und deren Selbstständigkeit und Risikobereitschaft zu respektieren. Allerdings brauchen sie dabei ihre eigenen Interessen nicht gänzlich zurücktreten zu lassen (Rz. 20). Daraus ergibt sich für Wertpapierdienstleistungsunternehmen nur begrenzt das Gebot zur Fremdnützigkeit und Loyalität und nur eingeschränkt das Verbot, die Schwächen[2] der Kunden auszunutzen, sowie nur eingeschränkt das Gebot, die Kunden fremdnützig zu unterstützen.

Professionelles (professionally, professionelle) Handeln erfordert, dass ausreichende[3] Sachkompetenz vorhanden ist (Rz. 50) und die verkehrserforderliche Sorgfalt gewahrt wird[4]. Dabei gilt, wie allgemein, dass es weder auf die übliche Praxis noch auf die Fähigkeiten der real-durchschnittlichen Mitarbeiter des Wertpapierdienstleistungsunternehmens, sondern auf die eines ordentlichen Angehörigen der Branche ankommt[5]. Schon wegen der Gleichheit der Wettbewerbschancen haben auch kleinere Unternehmen diesen Anforderungen zu genügen[6]. Allerdings ist zu berücksichtigen, welche Dienste angeboten werden[7]. Ansonsten kann die Offenlegung etwaiger Defizite der Professionalität ausschließlich auf der zivilrechtlichen Ebene entlasten. Zugleich verweist insbesondere in der englischen Sprachfassung der RL 2014/65/EU der Begriff „professionally" auf eine gehobene Standesethik, die Machenschaften gleich welcher Art verbietet. In der Sache überschneidet sich der Begriff weitgehend mit dem Gebot der bestmöglichen Wahrung der Kundeninteressen.

3. Interessen des Kunden. a) Allgemeines. § 63 Abs. 1 WpHG spricht von den Interessen des Kunden. Der Wortlaut der Vorschrift lässt nicht erkennen, ob es nur um legitime Interessen der Kunden geht und ob es genügt, dass die Tätigkeit des Wertpapierdienstleistungsunternehmens den Interessen der Kunden nicht widerspricht. Aufschluss liefert Art. 24 Abs. 1 RL 2014/65/EU, in dessen Licht der § 63 Abs. 1 WpHG auszulegen ist. Danach ist *bestmöglich im Interesse der Kunden* (in accordance with the best interests; au mieux des intérêts)[8] zu handeln, mögen diese Interessen auch objektiv unvernünftig sein[9]. Die Wertpapierdienstleistungsunternehmen dürfen demnach nicht aus eigenem Antrieb tätig werden[10] und ihre Kunden nicht bevormunden[11]. Mithin sind nicht die objektiven oder die anerkennenswerten, sondern die konkreten individuellen[12] Interessen des Kunden, z.B. hinsichtlich der Risiken des Finanzinstruments, der Art des Geschäfts, der Merkmale des Auftrags oder der Häufigkeit der Geschäfte, maßgeblich. Bei einem Widerstreit der Interessen kommt es auf den bestmöglichen Interessenausgleich an[13]. Ein Kunde darf deshalb nicht blind nach Maßgabe irgendwelcher Routinen oder nach einer Einordnung in Gruppen[14] behandelt werden, die aus Kostenersparnisgründen eingeführt worden ist[15]. Anders ist die Rechtslage, wenn der Kunde zu erkennen gegeben hat, dass er damit einverstanden ist[16]. Der

---

1 Unredlich ist z.B. die wahrheitswidrige Anpreisung der Bündelung als besonders preisgünstig sowie die Anpreisung eines Bündels, obwohl das Wertpapierdienstleistungsunternehmen weiß, dass der Kunde an einem der Bestandteile kein Interesse hat. Unredlich sind auch Abreden, in denen Kunden unverhältnismäßige Strafzahlungen bei späterer Teilung eines Pakets auferlegt werden oder denen zufolge Widerrufsrechte nur für Teile eines Pakets entstehen (ESMA 2016/574/EN v. 11.7.2016, Guidelines on cross-selling practices, Ziff. 26 ff.). *Grundmann*, ZBB 2018, 1, 10 zufolge fordert das Gebot der Redlichkeit als Handlungsmaxime eine strikte Bindung an das Kundeninteresse unter Hintanstellung eigener Interessen des Wertpapierdienstleisters, aber auch unter gebührender Einordnung konfligierender Interessen anderer Kunden. Damit deckt es sich letztlich mit dem Gebot der bestmöglichen Interessenwahrung.
2 Zu den Schwächen der Kunden zählen nicht deren besondere Vorlieben oder ihre hohe Risikobereitschaft, selbst wenn diese nach objektiven Maßstäben als unvernünftig angesehen werden müssten.
3 Allg. M. zu § 31 Abs. 1 WpHG a.F.
4 *Grundmann* in Staub, Bankvertragsrecht, Investmentbanking II, Teil 8 Rz. 140. Allg. M. zu § 31 Abs. 1 WpHG a.F.
5 Vgl. zum WpHG a.F. *Fuchs* in Fuchs, § 31 WpHG Rz. 20, 28 f.
6 Vgl. zum WpHG a.F. *Rothenhöfer* in Schwark/Zimmer, § 31 WpHG Rz. 18.
7 Wenn etwa eine kleine Volksbankenfiliale offen legt, dass sie hinsichtlich bestimmter Derivate nicht informiert ist und der Kunde gleichwohl die Ausführung seiner Order wünscht, so macht die Volksbank deutlich, dass sie eine Beratung ablehnt und nach Maßgabe des § 63 Abs. 10 WpHG tätig wird.
8 Erwägungsgrund Nr. 71 Satz 1 RL 2014/65/EU.
9 Vgl. zum WpHG a.F. *Rothenhöfer* in Schwark/Zimmer, § 31 WpHG Rz. 35; *Möllers* in KölnKomm. WpHG, § 31 WpHG Rz. 121.
10 Unzulässig ist es daher, Wertpapierdepot eines verstorbenen Kunden ohne Auftrag der Erben umzuschichten (*Voß* in Just/Voß/Ritz/Becker, § 31 WpHG Rz. 72, 91). Ausnahme: § 665 BGB.
11 Allg. M. zu § 31 Abs. 1 WpHG a.F.
12 Vgl. zum WpHG a.F. *Möllers* in KölnKomm. WpHG, § 31 WpHG Rz. 118, 121; *Fuchs* in Fuchs, § 31 WpHG Rz. 35, 37; *Voß* in Just/Voß/Ritz/Becker, § 31 WpHG Rz. 88.
13 Vgl. zum WpHG a.F. *Voß* in Just/Voß/Ritz/Becker, § 31 WpHG Rz. 94 ff.
14 Vgl. dazu *Kohlert*, Anlageberatung und Qualität – ein Widerspruch?, S. 62 ff.; *Voß* in Just/Voß/Ritz/Becker, § 31 WpHG Rz. 84.
15 Zutr. zum WpHG a.F. bejahend *Möllers* in KölnKomm. WpHG, § 31 WpHG Rz. 119, wenn (!) die Kundeninteressen auf dieselben wenigen Grundsätze, namentlich Sicherheit, Rendite und Liquidität, zurückzuführen sind. Abw. *Grundmann* in Staub, Bankvertragsrecht, Investmentbanking II, Teil 8 Rz. 140; *Jäger/Sartowski* in Renz/Hense, Wertpapier-Compliance, S. 279 (die Standardisierung des Produktangebots im Massengeschäft wird u.a. damit gerechtfertigt, dass die Kunden nur über eine Bankverbindung verfügen und/oder für sie die Qualität der unterschiedlichen Anbieter wenig transparent ist, sowie, dass sie weniger erfahren sind); *Beck* in FS Uwe H. Schneider, S. 89, 98, 102, 105.
16 Vgl. zum WpHG a.F. *Voß* in Just/Voß/Ritz/Becker, § 31 WpHG Rz. 81.

Kunde kann nämlich durch Weisungen oder in anderer Form deutlich machen, wie seine aktuellen Interessen strukturiert sind (arg. e § 82 Abs. 4 WpHG). Im Rahmen formalisierter Kommunikation, wie sie das Internet-Banking kennt, ist den Kunden die Möglichkeit zu eröffnen, typische Weisungen zu erteilen, z.B. unter den wichtigsten Ausführungsplätzen auszuwählen oder Limits vorzugeben[1]. Sind die individuellen Interessen eines Kunden nicht oder nicht hinreichend erkennbar, so hat das Wertpapierdienstleistungsunternehmen grds. zu unterstellen, dass sich der Kunde wie ein rational handelnder Anleger ohne besondere Risikoneigung verhalten möchte[2]. Zu Besonderheiten bei der Anlageberatung s. § 64 WpHG.

20 Der Wortlaut des § 63 Abs. 1 WpHG legt es nahe, die Formulierung „im bestmöglichen Interesse ihrer Kunden", die aus dem Art. 24 Abs. 1 RL 2014/65/EU übernommen worden ist, im Sinn uneingeschränkter **Fremdnützigkeit** zu interpretieren[3]. Danach hätten sich die Wertpapierdienstleistungsunternehmen bei allen ihren Aktivitäten als fremdnützige Interessenwahrer zu verstehen[4]. Sie dürften nicht[5] wie Unternehmen handeln, die wie Verkäufer in einem natürlichen Interessenkonflikt zu ihren Geschäftspartnern stehen und daher davon ausgehen können, dass ihre Geschäftspartner selbst für ihre Interessen sorgen. Sie müssten darauf zu verzichten, Irrationalismen ihrer Kunden (Rz. 3) zu bestärken oder diese zur Selbstschädigung zu verleiten[6]. Sowohl § 70 WpHG als auch Art. 11 f. DelRL 2017/593 machen aber deutlich, dass die Geschäftsinteressen der Wertpapierdienstleistungsunternehmen als eigennützig handelnde Unternehmen nicht durchweg vernachlässigt werden müssen, sondern teilweise erheblich ins Gewicht fallen. Die Anreize zur Missachtung einer optimalen Verwirklichung der Interessen der Kunden werden nämlich in § 70 WpHG nur begrenzt zurückgeschnitten, um den Verdienstinteressen der Wertpapierdienstleistungsunternehmen angemessen Rechnung zu tragen[7]. Ähnliches gilt im Zusammenhang mit der Interessenwahrung bei der Anlageberatung. Insoweit brauchen die Wertpapierdienstleistungsunternehmen nämlich lediglich dafür zu sorgen, dass sie ihren Kunden „geeignete" Finanzinstrumente empfehlen (§ 64 WpHG Rz. 43). Wenn alle für eine Empfehlung in Betracht kommenden Finanzinstrumente gleichermaßen geeignet sind, darf das Wertpapierdienstleistungsunternehmen deshalb dasjenige empfehlen, das ihm die größten Vorteile bringt[8]. Auch ist es den Wertpapierdienstleistungsunternehmen zumindest bei der nicht-unabhängigen Anlageberatung erlaubt, die Palette der Finanzinstrumente, zu der sie beraten, in Richtung auf ihre Gewinninteressen zu optimieren[9]. Dies gilt erst recht dort, wo Wertpapierdienstleistungsunternehmen mit ihren Kunden Handel auf eigene Rechnung betreiben[10]. Daraus kann man folgern, dass die Interessen der Wertpapierdienstleistungsunternehmen trotz des generalklauselartigen Gebots des § 63 Abs. 1 WpHG, im bestmöglichen Interesse ihrer Kunden zu handeln, nicht überall und gänzlich zurücktreten müssen. Vielmehr ist von Fall zu Fall zu prüfen, ob Sondervorschriften des WpHG den Wertpapierdienstleistungsunternehmen in mehr oder minder großem Umfang eine eigennützige Geschäftspolitik erlauben, wie sie für Austauschverträge typisch ist.

21 **b) Einzelheiten. Auftraggeber, Dokumentation**. Das Wertpapierdienstleistungsunternehmen hat sich zu vergewissern, wer sein Auftraggeber ist. Dort, wo Bevollmächtigte tätig werden, ist es grundsätzlich zulässig, dass diese die Kunden später benennen. Das gilt wegen der Gefahr von Interessenkonflikten nicht für Bevollmächtigte, die als Wertpapierdienstleistungsunternehmen Aufträge erteilen. Die Aufträge sind zu dokumentieren und zu bestätigen (Art. 74 f. DelVO 2017/565; § 83 Abs. 1 WpHG).

22 **Ausführung von Aufträgen**. Zuordnung der Ausführung, s. § 69 WpHG Rz. 7 f.; Ausführungsanzeige, s. Rz. 154; Schnelligkeit der Ausführung (s. insb. § 69 WpHG Rz. 3); zur Wahl des Ausführungsplatzes, Einschaltung anderer Unternehmen zur Ausführung s. § 82 WpHG.

---

1 S. auch § 82 WpHG Rz. 30 ff.
2 Vgl. zum WpHG a.F. *Möllers* in KölnKomm. WpHG, § 31 WpHG Rz. 122. Abw. *Fuchs* in Fuchs, § 31 WpHG Rz. 39 (typische, objektivierte Interessenlage eines verständigen Durchschnittskunden).
3 In diese Richtung weisen auch die Erwägungsgründe Nr. 3 ff. RL 2014/65/EU, die von einem hohen Schutzniveau für die Anleger, von dem Ziel, die Anleger besser zu schützen, und davon sprechen, den Vertrauensverlust zu korrigieren. Vgl. auch *Grundmann* in Staub, Bankvertragsrecht, Investmentbanking II, Teil 8 Rz. 38, 134, 136 ff. Vgl. zum WpHG a.F. *Faust* in Bankrechts-Handbuch, S 109 Rz. 23; einschr. Rz. 25 (im Zweifelsfall).
4 Vgl. ESMA 2016/1436 v. 5.10.2016, Consultation Paper, Draft guidelines on MiFID II product governance requirements, unter 2 Abs. 2.
5 So zum WpHG a.F. *Jungmann*, WM 2007, 1537, 1544 (Tagungsbericht zum Referat von *Birnbaum*); *Möllers* in KölnKomm. WpHG, § 31 WpHG Rz. 17; *Veldhoff*, Die Haftung von Kreditinstituten für die fehlerhafte Aufklärung und Beratung von Privatkunden beim Erwerb von Zertifikaten, S. 144 f.
6 So ESMA 2016/1165 v. 11.10.2016, Questions and Answers relating to the provision of CFDs and other speculative products to retail investors under MiFID, Section 6 Answer 1, Ziff. 1 ff.; *Grundmann*, ZBB 2018, 1, 10. Vgl. zum WpHG a.F. *Voß* in Just/Voß/Ritz/Becker, § 31 WpHG Rz. 90.
7 § 70 WpHG Rz. 28 ff. Vgl. ferner *Uffmann*, JZ 2015, 282, 283; *Heese*, Beratungspflichten, 2015, S. 168, 391 ff., 409.
8 Dieser Ermessensspielraum wird in Art. 54 Abs. 9 letzte Alt. DelVO 2017/565 nur begrenzt eingeschränkt.
9 Z.B. keine Beratung zu ETF-Fonds. Insoweit werden die Kunden bei der nicht-unabhängigen Anlageberatung nur nur durch eine Aufklärungspflicht *geschützt* (Art. 52 DelVO 2017/565 [dazu § 64 WpHG Rz. 11 f.]). Vgl. auch *Enriques/Gargantini* in Busch/Ferrarini, Regulation of the EU Financial Markets, Rz. 4.25.
10 Vgl. § 82 WpHG Rz. 4; *Enriques/Gargantini* in Busch/Ferrarini, Regulation of the EU Financial Markets, Rz. 4.46, 4.71 ff., 4.92.

Allgemeine Verhaltensregeln | § 63

Beratung. S. § 64 WpHG. 23

Bonifikationen oder sonstige Vergütungen durch Dritten. S. § 70 WpHG. 24

Kredit- oder Darlehensgewährung als Wertpapiernebendienstleistung (§ 2 Abs. 9 Nr. 2 WpHG). Kredite 25
können in Form von Gelddarlehen, aber auch in Form eines Zahlungsaufschubs oder einer sonstigen Finanzierungshilfe (§ 506 BGB) gewährt werden. Sachdarlehen werden nicht erfasst[1]. Der Kredit muss für die Durchführung einer Wertpapierdienstleistung gegeben werden. Das Wertpapierdienstleistungsunternehmen ist nicht verpflichtet, die Kreditvergabe davon abhängig zu machen, dass der Kredit im Licht der persönlichen Verhältnisse des Kunden angemessen ist[2]. Es hat die Kunden nur nach Maßgabe des § 63 Abs. 7 Satz 1, Satz 3 Nr. 2 lit. a, Abs. 9 WpHG zu informieren.

Markt-, Kursmanipulation. S. Art. 12 VO Nr. 596/2014. 26

Plausibilitätskontrolle. Die Wertpapierdienstleistungsunternehmen brauchen im Licht des § 63 Abs. 10 f. 27
WpHG in den Fällen eines Auftrags ohne Beratung (§ 63 Abs. 10 f. WpHG) nicht zu warnen, wenn die Order evident weit über bei dem Wertpapierdienstleistungsunternehmen gehaltenen finanziellen Mittel des Kunden hinausgehen und sich deshalb ein Irrtum des Kunden aufdrängt[3]. Sie dürfen ihn hierzu allerdings nicht verleiten.

Provisionen und andere Vergütungen an Mitarbeiter oder Dritte. Wertpapierdienstleistungsunternehmen 28
dürfen ihre Angestellten nicht auf eine Weise vergüten, die Anreize schafft, sich über die Interessen der Kunden hinweg zu setzen, um den höchstmöglichen Umsatz zu erzielen (Rz. 40, 46 ff.; §.80 WpHG Rz. 59)[4]. Zu an Dritte gezahlten Provisionen und dgl. s. § 70 WpHG.

Entgelte der Kunden. Aus § 63 Abs. 1 WpHG mit seinem Gebot, die Kunden redlich zu behandeln kann nur 29
abgeleitet werden, dass die Vergütung vereinbart sein muss und dass verborgene Belastungen unzulässig sind[5]. Unredlich ist z.B. bei Koppelungs- oder Bündelungsprodukten[6] ein Preis, der höher ist als die Einzelpreise der Bestandteile[7].

Emissionen, Platzierungen. S. § 80 WpHG Rz. 155 ff. 30

Vermögensverwaltung (Finanzportfolioverwaltung, § 2 Abs. 8 Nr. 7 WpHG). Mit der Vermögensverwaltung 31
ist die die Verwaltung von Portfolios, die ein oder mehrere Finanzinstrumente enthalten, auf Einzelkundenbasis mit einem Ermessensspielraum im Rahmen eines Mandats des Kunden gemeint[8]. Die Pflicht zur Interessenwahrung (Rz. 19 f.) gilt in verstärktem Maß zugunsten derjenigen Kunden, für die Wertpapierdienstleistungsunternehmen nicht nur im Rahmen eines Einzelauftrags, sondern auf längere Zeit nach ihrem Ermessen zu handeln berechtigt sind, da in der Regel eine Abschwächung der Verhaltenspflichten durch eine Beratung im Einzelfall nicht in Betracht kommt. Die Vermögensverwalter haben das Depot zu überwachen und, wenn es nicht mehr den optimalen Interessen der Kunden entspricht, tätig zu werden. Sie haben grundsätzlich persönlich zu verwalten (vgl. § 664 BGB). Sie dürfen aber das Vermögen, soweit dies interessengerecht ist, auch in Investmentfonds investieren. Die Anlageentscheidungen sind mit verkehrserforderlicher Sorgfalt zu treffen.

Dabei steht den Vermögensverwaltern ein angemessener Ermessensspielraum[9] im Rahmen der vereinbarten[10], 32
im Verhältnis zu Kleinanlegern und professionellen Kunden auch im Rahmen der *vor* Inkrafttreten der DelVO 2017/565 anderweitig definierten Anlagerichtlinien[11] zur Verfügung[12], solange die konkreten Anlageentscheidungen mit den bekannten oder sonst erkennbaren Interessen der Kunden vereinbar sind (§ 64 WpHG Rz. 82). Die Kundeninteressen (Anlageziele, Risikobereitschaft, Anlagezwecke) sind nach Maßgabe des § 64 Abs. 3 WpHG zu erfragen. Im Rahmen der vereinbarten oder sonst definierten Anlagestrategie ist das mit der Anlage verbundene Risiko unter Beachtung der damit verbundenen Kosten optimal zu streuen[13]. Ein Verbot der Spekulation besteht nicht, wenn diese mit den vereinbarten Anlagezielen vereinbar ist. Die Vermögensverwalter dürfen dort, wo die Methoden der optimalen Anlageentscheidung streitig sind, eine der anerkannten Methoden

---

1 Vgl. zum WpHG a.F. BT-Drucks. 13/7142, 102.
2 Vgl. zum WpHG a.F. CESR/05-350 v. Mai 2005, S. 9; ferner *Möllers* in KölnKomm. WpHG, § 31 WpHG Rz. 126 (Darlehensgewährung muss fremdnützig erfolgen).
3 Vgl. zum WpHG a.F. *Göhmann*, Die Verhaltenspflichten von Banken gegenüber ihren Kunden bei der Durchführung von Effektengeschäften, S. 120 ff. zu § 31 WpHG a.F.
4 Ebenso detailliert Art. 7 RL 2014/17/EU, ABl. EU Nr. L 60 v. 28.2.2014, S. 34 über Wohnimmobilienkreditverträge. S. auch *Heese*, Beratungspflichten, 2015, S. 318 f.
5 Zweifelnd *Enriques/Gargantini* in Busch/Ferrarini, Regulation of the EU Financial Markets, Rz. 4.46 ff. Vgl. zum WpHG a.F. *Voß* in Just/Voß/Ritz/Becker, § 31 WpHG Rz. 92.
6 Näher zu Bündelungs- und Koppelungsprodukten s. Rz. 129.
7 ESMA 2016/574/EN v. 11.7.2016, Guidelines on cross-selling practices, Ziff. 28; MaComp Ziff. BT 14.8.
8 Portfolioverwaltung (Art. 4 Abs. 1 Nr. 8 RL 2014/65/EU).
9 Vgl. zum WpHG a.F. *Fuchs* in Fuchs, § 31 WpHG Rz. 291.
10 Art. 58 Unterabs. 2 lit. b DelVO 2017/565. S. dazu auch Rz. 164.
11 Beachte Art. 47 Abs. 3 lit. d DelVO 2017/565.
12 Vgl. CESR/04-562 v. Oktober 2004, S. 39.
13 Vgl. zum WpHG a.F. *Schäfer* in Schäfer/Sethe/Lang, Handbuch der Vermögensverwaltung, § 4 Rz. 29 ff.

wählen, in Absprache mit den voll informierten Kunden auch Außenseitermethoden. Sie dürfen sich nach § 63 Abs. 1 WpHG jedoch nicht Handlungsfreiheit bis zur Grenze[1] der Willkür ausbedingen. Allerdings können die Vermögensverwalter im Verwaltungsvertrag faktisch teilweise aus den Wohlverhaltenspflichten entlassen werden. Dazu müssen die Kunden ihre Interessen in einer Weise definieren und Anlageziele so vereinbaren, dass die Gefahr von Konflikten entfällt oder sie müssen deutlich machen, dass ihnen am Schutz nicht gelegen ist. Zum Beispiel können sich Kunden damit einverstanden erklären, dass ihr Depot zusammen mit dem anderer Kunden nach bestimmten Maximen verwaltet wird. Maßstab für die Interessenkonformität der Anlageentscheidung sind dann nur diese Maximen, nicht aber die Interessen der einzelnen Kunden; es sei denn, dass im Einzelfall eine Entscheidung dem Interessen eines bestimmten Kunden zuwiderläuft. Dieser Kunde ist darüber aufzuklären. Die Depotbanken, die die Entscheidungen externer Vermögensverwalter ausführen, sind grundsätzlich nicht verpflichtet, diese hinsichtlich ihrer Anlageentscheidungen zu kontrollieren.

33 Zu Interessenkonflikten s. Rz. 35 ff.

34 Die Vermögensverwalter haben ihre Kunden nach Maßgabe der Art. 60 ff. DelVO 2017/565 regelmäßig zu informieren (§ 64 WpHG Rz. 88 ff.). Die Kunden sind über Verluste, die den Schwellenwert von 10 % des Gesamtwerts des Portfolios überschreiten, sowie bei jedem weiteren Wertverlust in 10 %-Schritten innerhalb der in der Art. 62 Abs. 1 DelVO 2017/565 genannten Fristen zu unterrichten (näher § 64 WpHG Rz. 91). Dies gilt auch für nicht realisierte Verluste durch Kursrückgänge.

35 **III. Interessenkonflikte (§ 63 Abs. 2 WpHG). 1. Begriff des Interessenkonflikts.** Zum Begriff des Interessenkonflikts s. § 80 WpHG Rz. 14. § 63 Abs. 2 WpHG ist bei allen Arten von Interessenkonflikten zu beachten.

36 **2. Bemühungen um die Vermeidung von Interessenkonflikten.** Die Wertpapierdienstleistungsunternehmen haben sich in erster Linie[2] zu bemühen, Interessenkonflikte *auszuschalten*, d.h. dafür zu sorgen, dass die Wertpapier(neben)dienstleistungen ohne Manipulationsrisiko[3] erbracht werden. Dies ergibt sich aus § 80 Abs. 2 WpHG, wonach Wertpapierdienstleistungsunternehmen lediglich angemessene[4] Maßnahmen zu treffen haben, um Interessenkonflikte zu erkennen, zu vermeiden oder zu regeln. Vorrang genießen somit die organisatorischen Vorkehrungen i.S.d. § 80 Abs. 2 WpHG. Außerdem ist zu beachten, dass die Wertpapierdienstleistungsunternehmen nicht uneingeschränkt fremdnützig tätig werden müssen (Rz. 20), so dass in den Fällen, in denen sie Eigeninteressen verfolgen dürfen, keine aus der Sicht des WpHG nicht zu tolerierende Interessenkonflikte zu besorgen sind. Dort, wo trotz angemessener Anstrengungen Manipulationsrisiken nicht völlig ausgeschaltet werden können, sind diese, soweit wie dies mit angemessen Mitteln möglich ist, zu minimieren. Daraus folgt nicht, dass ein Wertpapierdienstleistungsunternehmen, das die Kunden aufgeklärt hat, in angemessenem Umfang kollidierende Eigeninteressen verfolgen darf; denn es hat grds. auch in Fällen, in denen sich die Gefahr eines Interessenkonflikts nicht mit angemessenem Aufwand vermeiden lässt, im Einzelfall seine erkannten Eigeninteressen zurückzustellen[5].

37 **3. Aufklärung über fortbestehende Interessenkonflikte (§ 63 Abs. 2 WpHG).** Viele Interessenkonflikte lassen sich durch angemessene **Organisationsmaßnahmen** (§ 80 WpHG Rz. 17) **nicht** derart **eliminieren**[6], dass nach vernünftigem Ermessen[7] keine **Gefahr** eines pflichtwidrigen Handelns gegen die erkennbaren Kundeninteressen (Rz. 16) mehr besteht. Dies gilt z.B. für Vertraulichkeitsbereiche (§ 80 WpHG Rz. 35), weil private Kontakte, Kontakte in der Kantine, bei Betriebsversammlungen etc. nicht ausgeschlossen werden können, aber auch in eingeschränktem Umfang ein Informationsfluss über die Grenzen der Vertraulichkeitsbereiche möglich sein muss[8]. Dies gilt ferner für Anweisungen an die Mitarbeiter, weil nicht sichergestellt werden kann, dass diese befolgt werden. Die Überwachung der Anweisungen muss nämlich trotz angemessener Intensität (§ 80 WpHG Rz. 25 f.) notwendig lückenhaft bleiben.

38 **Immer**[9] dann und **nur**[10] *dann*, wenn nach vernünftigem Ermessen (Rz. 37) die aus Interessenkonflikten resultierende Gefahr einer Vernachlässigung erheblicher, geschützter[11] Kundeninteressen **nicht völlig ausgeschlos-**

---

1 Vgl. zum WpHG a.F. *Rothenhöfer* in Schwark/Zimmer, § 31 WpHG Rz. 46.
2 Erwägungsgrund Nr. 48 DelVO 2017/565.
3 Vgl. zum WpHG a.F. *Fuchs* in Fuchs, § 31 WpHG Rz. 57: Unerheblich ist, dass im Einzelfall das Handeln im ausschließlichen Interesse des Kunden nachgewiesen werden kann.
4 Der Erwägungsgrund Nr. 56 RL 2014/65/EU formuliert, dass Maßnahmen zu ergreifen sind, um Interessenkonflikte „so weit wie möglich" mindern.
5 Vgl. zum WpHG a.F. *Möllers* in KölnKomm. WpHG, § 31 WpHG Rz. 151; unklar *Voß* in Just/Voß/Ritz/Becker, § 31 WpHG Rz. 108.
6 Die Pflicht, Interessenkonflikte zu eliminieren, hat Vorrang. Erwägungsgrund Nr. 48 DelVO 2017/565.
7 Der vorrangig zu beachtende Art. 34 Abs. 4 Unterabs. 1 DelVO 2017/565 spricht von „hinreichender Sicherheit" (sufficient to ensure). Ebenso Erwägungsgrund Nr. 48 Satz 2 DelVO 2017/565.
8 § 80 WpHG Rz. 42 f.; vgl. ferner zum WpHG a.F. *Benicke*, Wertpapiervermögensverwaltung, S. 625 f.; a.A. *Assmann*, ÖBA 2007, 40, 47.
9 Davon ist auch dann keine Ausnahme zu machen, wenn der Interessenkonflikt den Geschäften aller Wertpapierdienstleistungsunternehmen immanent ist.
10 Art. 34 Abs. 4 Unterabs. 1 DelVO 2017/565; Erwägungsgrund Nr. 48 Satz 2 ff. DelVO 2017/565.
11 § 80 WpHG Rz. 14 ff.

sen werden kann[1], haben Wertpapierdienstleistungsunternehmen ihre Kunden detailliert in eindeutiger Weise aufzuklären[2]. Eindeutig heißt hierbei, dass aus der Sicht eines durchschnittlichen Kunden seiner Eingruppierung (§ 67 WpHG) keine Missverständnisse entstehen können (§ 63 Abs. 6 Satz 1 WpHG [Rz. 61, 63]). Die Aufklärung lässt die **Pflicht unberührt**, im Einzelfall im **bestmöglichen Interesse** des jeweiligen Kunden, d.h. nicht interessenwidrig zu handeln[3].

Aufzuklären ist über die allgemeine **Art und/oder Quelle des Interessenkonflikts**. In Art. 23 Abs. 2 RL 2014/65/EU heißt es: „allgemeine Art und/oder Quellen von Interessenkonflikten"; „general nature and/or sources of conflicts of interests"[4]. Die Formulierung „allgemeine" ist mithin nur auf die „Art" des Interessenkonflikts bezogen.   39

Die Wertpapierdienstleistungsunternehmen müssen somit darlegen, warum es zu einem Interessenkonflikt kommt oder kommen kann (**Herkunft**). Dazu müssen ohne die Erwähnung der Verhütungsmaßnahmen Fallgruppen gebildet werden. Es sind nämlich die Interessenkonflikte deutlich (clearly)[5], genau[6] und hinreichend detailliert[7] zu beschreiben. Dies soll den Kunden je nach Status die Möglichkeit eröffnen, zu erkennen[8], welche Eigeninteressen bei welchen Geschäftstypen[9] das einzelne Wertpapierdienstleistungsunternehmen verfolgen kann, welche anderen Kunden es unter Umständen zu bevorzugen geneigt sein könnte[10]. Dazu gehört auch die Offenlegung der nicht erkennbaren und nicht zu eliminierender Anreize der Vergütungsstruktur[11] des jeweiligen Wertpapierdienstleistungsunternehmens oder des Finanzinstruments sowie allgemein die Offenlegung des Eigeninteresses beim Handel auf eigene Rechnung[12]. Gleichermaßen offenbarungspflichtig ist die Art und Weise, in der das Wertpapierdienstleistungsunternehmen mit selbstständigen Beratungsunternehmen verbunden ist, auf die es verweist[13]. Nicht hingewiesen werden muss auf evidente Vorteile[14] sowie auf die Vorteile[15], die das Wertpapierdienstleistungsunternehmen aus einer Missachtung seiner Pflichten zur Sorgfalt ziehen könnte[16].   40

Zum anderen ist die allgemeine **Art des Interessenkonflikts** darzulegen. Dabei kann es letztlich nur darum gehen, ob es sich um einen Konflikt mit Interessen des Wertpapierdienstleistungsunternehmens oder mit den Interessen anderer Kunden handelt[17]. Wenn die Quellen des Interessenkonflikts ordnungsgemäß offen gelegt werden, wird notwendigerweise auch die „allgemeine Art" des Interessenkonflikts offenbart. Pflichtgemäße Aufklärung über die **Quelle des Konflikts** bedeutet jedoch nicht, dass auch die konkrete Quelle im Einzelfall oder die Intensität des Interessenkonflikts[18] dargetan werden muss. Es müssen jedoch die **Maßnahmen**, die zur Eindämmung der den Kunden aus Interessenkonflikten drohenden Gefahren ergriffen worden sind (§ 80 WpHG Rz. 14 ff.), eindeutig (Rz. 61) und hinreichend konkret (Rz. 43) dargelegt werden[19].   41

Die Kunden sind ferner darüber zu **unterrichten**, dass die **Vorkehrungen** zur Ausschaltung von Interessenkonflikten **nicht hinreichend sicher oder umfassend** wirken, sowie detailliert (Rz. 41, 43) auch darüber, mit wel-   42

---

1 Dies bejaht die BaFin bei erfolgsabhängigen Staffelprovisionen (MaComp Ziff. BT 9).
2 § 63 Abs. 2 Satz 1, Satz 2 Nr. 2 WpHG; Erwägungsgrund Nr. 56 RL 2014/65/EU. S. auch Rz. 40, 43. Zutr. kritisch zur Wirksamkeit einer derartigen Aufklärung *Heese*, Beratungspflichten, 2015, S. 88, 188 ff.; *Uffmann*, JZ 2015, 282, 285.
3 Vgl. zum WpHG a.F. *Meyer/Paetzel/Will* in KölnKomm. WpHG, § 33 WpHG Rz. 165; *Kumpan*, Der Interessenkonflikt im Deutschen Privatrecht, S. 246; a.A. *Rothenhöfer* in Schwark/Zimmer, § 31 WpHG Rz. 51, 63, 77.
4 Ebenso Art. 34 Abs. 4 Unterabs. 2 Satz 3 DelVO 2017/565.
5 Art. 34 Abs. 4 Unterabs. 2 Satz 1 DelVO 2017/565.
6 Art. 34 Abs. 4 Unterabs. 2 Satz 2 DelVO 2017/565: specific.
7 Art. 34 Abs. 4 Unterabs. 2 Satz 3 DelVO 2017/565 (sufficient detail).
8 Art. 34 Abs. 4 Unterabs. 2 Satz 3 DelVO 2017/565 (sufficient detail). Dies betonen zum WpHG a.F. auch *Fuchs* in Fuchs, § 31 WpHG Rz. 71; *Kumpan*, Der Interessenkonflikt im Deutschen Privatrecht, S. 274.
9 Vgl. zum WpHG a.F. *Rothenhöfer* in Schwark/Zimmer, § 31 WpHG Rz. 69.
10 Zu denken ist hier auch an die Preisbildung bei Emissionen; vgl. zum WpHG a.F. *Kumpan/Leyens*, ECFR 2008, 72, 96 f.
11 Rz. 46; § 80 WpHG Rz. 8, 59. Vgl. zum WpHG a.F. *Benicke* in Vermögensverwaltung. Übernahmerecht im Gefolge der EU-Übernahmerichtlinie, Bankrechtstag 2006, S. 3, 26 ff. S. auch *Heese*, Beratungspflichten, 2015, S. 318 f.
12 Selbstverständlich braucht ein Wertpapierdienstleistungsunternehmen nicht darzulegen, dass es überhaupt ein Gewinninteresse besitzt. Beim Handel auf eigene Rechnung muss es jedoch darlegen, dass es wie ein Verkäufer am Absatz der Finanzinstrumente etc. interessiert ist. Vgl. zum WpHG a.F. auch *Voß* in Just/Voß/Ritz/Becker, § 31 WpHG Rz. 148 zum Konflikt Eigenhandel/Kommissionsauftrag.
13 Gesellschaftsrechtliche Verbindung oder die Entgegennahme von Zuwendungen seitens des Beratungsunternehmens (vgl. BGH v. 19.3.2013 – XI ZR 431/11, AG 2013, 463 = ZBB 2013, 265).
14 Vgl. BGH v. 20.1.2015 – XI ZR 316/13, AG 2015, 314 = BKR 2015, 208, 211 zum Interesse an der üblichen Gewinnmarge (dazu *Roberts*, BKR 2015, 330).
15 Vgl. zum WpHG a.F. *Benicke*, Wertpapiervermögensverwaltung, S. 599.
16 Diese sind allgemein bekannt und bedürfen keiner Aufklärung.
17 Abw. zum WpHG a.F. *Voß* in Just/Voß/Ritz/Becker, § 31 WpHG Rz. 138.
18 Abw. zum WpHG a.F. *Kumpan*, Der Interessenkonflikt im Deutschen Privatrecht, S. 275 (das Ausmaß der Gefahr kann nicht ganz ausgeblendet werden).
19 § 63 Abs. 2 Satz 1 WpHG; Art. 34 Abs. 4 Unterabs. 2 Satz 2 f. DelVO 2017/565 i.V.m. Art. 23 Abs. 2 RL 2014/65/EU.

43 Die Aufklärung muss **verständlich** (Rz. 64, 93)[2], **vollständig** und ausreichend **konkret**[3] erfolgen; denn durch sie sollen die Kunden in die Lage versetzt werden, zu entscheiden, ob sie die Gefahren nicht ausgeräumter Interessenkonflikten in Kauf nehmen wollen oder nicht[4]. Auch Art. 34 Abs. 4 Unterabs. 2 Satz 1, 3 DelVO 2017/565 schreibt deutliche[5] Angaben dazu vor, dass die Vorkehrungen der Wertpapierfirma nicht ausreichen, um mit hinreichender Sicherheit zu verhindern, dass Interessen des Kunden geschädigt werden, und dazu, welchen Risiken die Kunden trotz der getroffenen Maßnahmen ausgesetzt bleiben. Die Aufklärung hat sich mithin am Status der Kunden (§ 67 WpHG) und den angesprochenen Kundengruppen[6] zu orientieren[7]. Sicher ist, dass eine hoch abstrakte Information über die Art und Quellen möglicher Interessenkonflikte den Kunden in aller Regel nicht dazu verhilft, auf informierter Grundlage Entscheidungen zu treffen. Es genügt auch nicht, die Kunden bloß über die Vorkehrungen, die zur Neutralisierung der Interessenkonflikte getroffen worden sind, zu informieren. Da die Kunden in die Lage versetzt werden sollen, ihre Entscheidungen in Kenntnis der ihnen drohenden Gefahren zu treffen, müssen sie auch positiv und hinreichend detailliert über die begrenzte Wirksamkeit der Abwehrmaßnahmen unterrichtet werden[8]. Ohne Informationen über die Intensität des Interessenkonflikts ist nämlich die Höhe des Risikos einer Übervorteilung in keiner Weise abschätzbar[9]. Den Durchschnittskunden der angesprochenen Gruppe[10] sind deshalb die verbleibenden Gefährdungen infolge konkret benannter[11] Formen von Interessenkonflikten, wenn auch nicht für den jeweiligen Einzelfall[12], so plastisch[13] vor Augen zu führen, dass zu erwarten ist, dass sie bei ihren Investitionen eine bewusste Entscheidung darüber treffen, ob sie das Risiko einer Benachteiligung hinzunehmen bereit sind[14]. Unerheblich ist, dass mit dieser Art der Aufklärung eine Art Selbstbezichtigung verbunden ist[15]. Keine Rolle spielt es auch, ob die Aufklärung in der Praxis eine Verhaltensänderung bei den Kunden bewirkt[16], was eher nicht zu erwarten ist. Auf Antrag sind ihnen weitere Einzelheiten zu eröffnen[17].

44 Die Information hat auf einem **dauerhaften Datenträger** (§ 2 Abs. 43 WpHG; Art. 3 Abs. 1 DelVO 2017/565) zu erfolgen (§ 63 Abs. 2 Nr. 1 WpHG). Dies kann bei Aufnahme der Geschäftsbeziehungen geschehen und bedarf keiner Ergänzung oder Korrektur, solange sich die Verhältnisse nicht ändern[18].

---

1 Art. 34 Abs. 4 Unterabs. 2 Satz 1, 3 DelVO 2017/565. Art. 34 Abs. 4 Unterabs. 2 Satz 3 DelVO 2017/565 formuliert allerdings missverständlich „… Risiken, die dem Kunden infolge … der zur Minderung dieser Risiken getroffenen Maßnahmen entstehen …".
2 Insbesondere ist die Gefahr des „infomation overload" zu beachten (vgl. *Grundmann/Hacker* in Busch/Ferrarini, Regulation of the EU Financial Markets, Rz. 7.79 ff.).
3 Dabei sind die Schranken des Insiderhandelsverbotes zu beachten. Gleiches gilt für das Bankgeheimnis, das verbietet, dass die Interessen anderer Kunden konkret offen gelegt werden (vgl. zum WpHG a.F. *Voß* in Just/Voß/Ritz/Becker, § 31 WpHG Rz. 140 f.).
4 Art. 23 Abs. 3 lit. b RL 2014/65/EU; Art. 34 Abs. 4 Unterabs. 2 Satz 3 DelVO 2017/565, § 63 Abs. 2 Satz 2 Nr. 2 WpHG.
5 Der erforderliche Grad an Deutlichkeit wird nicht erreicht, wenn die Aufklärung einen Teil der allgemeinen Aufklärung gem. § 63 Abs. 7 WpHG bildet. *Hacker*, Verhaltensökonomie und Normativität, S. 787 empfiehlt drucktechnische Hervorhebung.
6 Insbesondere des Zielmarktes (§ 80 WpHG Rz. 135).
7 Art. 34 Abs. 4 Unterabs. 2 Satz 2 DelVO 2017/565; *Grundmann* in Staub, Bankvertragsrecht, Investmentbanking II, Teil 8 Rz. 155.
8 Art. 34 Abs. 4 Unterabs. 2 Satz 3 DelVO 2017/565. Vgl. zum WpHG a.F. *Voß* in Just/Voß/Ritz/Becker, § 31 WpHG Rz. 136.
9 Vgl. zum WpHG a.F. *Fuchs* in Fuchs, § 31 WpHG Rz. 49, 71. Vgl. auch *Benicke*, Wertpapiervermögensverwaltung, S. 624.
10 Unklar *Grundmann*, ZBB 2018, 1, 14, der einerseits nur fordert, dass ein Großteil der Anlegergruppe die Information versteht, andererseits aber verlangt, dass die Warnung auf den jeweiligen Anlegertyp zugeschnitten sein muss.
11 Art. 34 Abs. 2 Unterabs. 2 Satz 2, 3 DelVO 2017/565: genaue Beschreibung; ausreichend detailliert. Vgl. auch Art. 41 Abs. 3 DelVO 2017/565: Einzelheiten über die spezifischen, mit solchen Praktiken verbundenen Risiken (Die Vorschrift rechtfertigt keinen Umkehrschluss bei Risiken, die nicht anlässlich der Beratung, des Vertriebs oder der Eigenplatzierung neu emittierter Finanzinstrumente entstehen.).
12 Es ist deshalb weder geboten noch zulässig, über konkurrierende Wünsche anderer Kunden aufzuklären; vgl. zum WpHG a.F. *Fuchs* in Fuchs, § 31 WpHG Rz. 73 f. Gleiches gilt für konkrete Positionen im Eigenhandel.
13 Vgl. zum WpHG a.F. *Kumpan*, Der Interessenkonflikt im Deutschen Privatrecht, S. 277. Vgl. auch Consumer Decision Making in Retail Investment Services, Report, S. 20; ferner *Hacker*, Verhaltensökonomie und Normativität, S. 787 (Eher überzogen: „Beachten Sie, dass der Berater nicht notwendig ihre eigene Investmentrendite im Kopf hat, wenn er seine Empfehlung abgibt.").
14 Vgl. *Hacker*, Verhaltensökonomie und Normativität, S. 787; zum WpHG a.F. *Fuchs* in Fuchs, § 31 WpHG Rz. 71.
15 Vgl. zum WpHG a.F. *Marbeiter* in *Brinkmann*, Compliance, S. 68 ff.; andererseits aber *Benicke* in Vermögensverwaltung. Übernahmerecht im Gefolge der EU-Übernahmerichtlinie, Bankrechtstag 2006, S. 3, 28.
16 Vgl. aber zum WpHG a.F. *Benicke* in Vermögensverwaltung. Übernahmerecht im Gefolge der EU-Übernahmerichtlinie, Bankrechtstag 2006, S. 3, 30.
17 Art. 47 Abs. 1 Satz 1 lit. i DelVO 2017/565.
18 Abw. *Grundmann/Hacker* in Busch/Ferrarini, Regulation of the EU Financial Markets, Rz. 7.54.

Nicht *nach Maßgabe* des § 63 Abs. 2 WpHG **aufzuklären** ist über Interessenkonflikte, die das WpHG toleriert oder die besondere Aufklärungspflichten auslösen, wie z.b. das eigene Interesse der Wertpapierdienstleistungsunternehmen an ihrer Vergütung durch den Kunden, die Auswahl der Finanzinstrumente, die bei der Anlageberatung in Betracht gezogen werden (§ 64 WpHG Rz. 11 f.) oder die den Wertpapierdienstleistungsunternehmen durch § 70 WpHG gebotenen Möglichkeiten, Eigeninteressen zu verfolgen (§ 70 WpHG Rz. 28 f.). S. dazu auch Rz. 20.

IV. Vergütung, Bewertung der Mitarbeiter, vorgegebene Verkaufsziele (§ 63 Abs. 3 WpHG). § 63 Abs. 3 WpHG setzt die Art. 23 Abs. 1, Art. 24 Abs. 10 RL 2014/65/EU um. Letztere werden durch den Art. 27 DelVO 2017/565 konkretisiert. In vergleichbare Richtung gehen der Art. 34 Abs. 3 Unterabs. 2 lit. c DelVO 2017/565 sowie § 80 Abs. 1 Nr. 2 Halbsatz 2 WpHG[1]. Die Wertpapierdienstleistungsunternehmen dürfen danach im Einklang mit § 63 Abs. 1 WpHG ihre Mitarbeiter[2] nicht in einer Weise **entlohnen**[3] oder **bewerten**, dass Anreize entstehen, die Interessen der Kunden[4] zu vernachlässigen[5]. Unklar ist, in welcher Intensität die Interessen der Kunden gefährdet werden dürfen[6]. Im Unterschied zu § 63 Abs. 1 WpHG verlangt Art. 27 Abs. 1, Abs. 4 Unterabs. 1 DelVO 2017/565 nur, dass die Kunden fair behandelt werden. In Art. 27 Abs. 1 Unterabs. 2, Abs. 4 Unterabs. 2 DelVO 2017/565 ist jedoch auch davon die Rede, dass die Interessen der Wertpapierdienstleistungsunternehmen nicht zum Nachteil der Kunden begünstigt werden dürfen. Im Konfliktsfall ist mithin innen den Interessen der Privatkunden[7] aber auch anderer Kunden[8] der Vorrang einzuräumen. Das wird in Art. 27 Abs. 4 Unterabs. 1 DelVO 2017/565 nicht dadurch relativiert, dass bei der Aufstellung der Vergütungsgrundsätze, wenn auch nicht ausschließlich oder überwiegend, **quantitative wirtschaftliche Kriterien**[9] berücksichtigt werden dürfen. Man muss dies nämlich dahin zu interpretieren, dass zwar die Verwendung quantitativer wirtschaftlicher Kriterien, z.B. der Umsatz[10], nicht gänzlich untersagt sein soll[11], dass aber durch eine Verbindung mit anderen Kriterien sichergestellt sein muss, dass dadurch keine Interessenkonflikte zu Lasten der Kunden provoziert werden[12]. Unerheblich ist, ob die Vergütungs- und Bewertungspraktiken kurz-, mittel- oder nur langfristig zu einer Vernachlässigung der Kundeninteressen führen können[13], sofern sie mit erheblicher Wahrscheinlichkeit[14] handlungsleitend werden können. Es kommt demnach nicht auf die abstrakte Gefahr, sondern auf die **konkrete Gefahr** einer Vernachlässigung der Interessenwahrungspflicht an. Eine konkrete Gefahr ist immer zu bejahen, wenn überwiegend quantitative wirtschaftliche Kriterien berücksichtigt werden[15], d.h. wenn die qualitativen Kriterien nicht überwiegen[16]. Zu letzteren sollen die faire Behandlung der Kunden[17], die Qualität der für die Kunden erbrachten Dienstleistungen, die Kundenzufriedenheit sowie die Compliance mit den gesetzlichen Regeln zählen[18]. Allerdings lassen sich auf diese Weise Interessenkonflikte, die durch Vergütungsregelungen nicht befeuert werden dürfen[19], nur eingeschränkt ausräumen, weil die Ursachen für die langfristige

---

1 *Grundmann* in Staub, Bankvertragsrecht, Investmentbanking II, Teil 8 Rz. 159.
2 Zu den Mitarbeitern zählen alle Personen, die die erbrachten Dienstleistung und das unternehmerische Verhalten der Firma unmittelbar oder mittelbar beeinflussen können, wie z.B. vertraglich gebundene Vermittler, Kundendienstmitarbeiter, Vertriebsmitarbeiter, Personen, die das Vertriebspersonal überwachen, Personen, die Beschwerden bearbeiten, sowie Personen in den Bereichen Produktdesign und -entwicklung (Erwägungsgrund Nr. 41 DelVO 2017/565).
3 Vergütungen sind alle Formen finanzieller und nicht finanzieller Leistungen, die Wertpapierdienstleistungsunternehmen z.B. in Form von Bargeld, Aktien, Aktienbezugsrechten, Annullierung von Darlehen, Beiträgen zur Altersversorgung, Gewinnbeteiligungen, Lohnerhöhungen oder Beförderungen, von Krankenversicherung, von Ermäßigungen oder Freibeträgen, großzügigen Dienstreisekostenabrechnungen oder Seminaren an exotischen Bestimmungen (Art. 2 Nr. 5 DelVO 2017/565; Erwägungsgrund Nr. 40 DelVO 2017/565). Auch Vergütungen durch Dritte werden erfasst (Erwägungsgrund Nr. 40 DelVO 2017/565; MaComp Ziff. BT 8.1 Nr. 3).
4 In § 63 Abs. 2 Satz 2 WpHG wird nur auf Privatkunden abgestellt. Da die Vorschrift aber eine Ausprägung des allgemeinen Grundsatzes der Vermeidung von Interessenkonflikten darstellt, kommt sie im Ergebnis gleichermaßen zugunsten von professionellen Kunden zum Tragen (*Grundmann* in Staub, Bankvertragsrecht, Investmentbanking II, Teil 8 Rz. 159).
5 Vgl. auch Erwägungsgrund Nr. 77 RL 2014/65/EU; detailliert mit Beispielen für gute und schlechte Praxis MaComp Ziff. BT 8.3.1 Nr. 1; Ziff. 8.3.3; Ziff. 14.6; ferner § 81 Abs. 1 Nr. 3 lit. b WpHG.
6 Vgl. *Heese*, Beratungspflichten, 2015, S. 318 f.
7 § 63 Abs. 3 Satz 2 WpHG.
8 Im Licht des § 63 Abs. 1 WpHG kein Umkehrschluss aus § 63 Abs. 3 WpHG. *Grundmann*, ZBB 2018, 1, 13.
9 Immer zulässig sein sollte die Berücksichtigung der Rendite der Kunden über einen längeren Zeitraum hinweg. Vgl. MaComp, Ziff. BT 8.2.2 Nr. 2.
10 Ferner z.B. Kostendeckungsbeitrag. Einschr. in Hinblick auf vertraglich gebundene Vermittler, Erwägungsgrund Nr. 41 DelVO 2017/565.
11 So grundsätzlich auch ESMA 2016/1165 v. 11.10.2016, Questions and Answers relating to the provision of CFDs and other speculative products to retail investors under MiFID, Ziff. 16; MaComp Ziff. BT 8.3.1; 8.3.2.
12 Das gilt auch bei der Ausrichtung an langfristigen quantitativen Zielen. Zurückhaltender MaComp Ziff. BT 8.3.3 Nr. 1.
13 Art. 27 Abs. 1 DelVO 2017/565.
14 Hieran fehlt es, wenn die Wahrscheinlichkeit lediglich theoretischer Natur ist (Art. 27 Abs. 2 DelVO 2017/565).
15 Art. 27 Abs. 4 Unterabs. 1 DelVO 2017/565.
16 Krit. *Uffmann*, JZ 2015, 282, 287.
17 MaComp Ziff. BT 8.3.2 Nr. 3; 8.3.3.
18 Vgl. MaComp Ziff. BT 8.3.2 Nr. 3; 8.3.3.
19 Vgl. § 81 Abs. 1 Nr. 3 lit. c WpHG.

Kundenzufriedenheit kaum messbar auf das Verhalten bestimmter Mitarbeiter zurückgeführt werden kann. Auch die kurz nach einer Wertpapierdienstleistung gemessene Kundenzufriedenheit ist wenig aussagekräftig, weil sich die Mängel der Wertpapier(neben)dienstleistung häufig erst nach einer gewissen Zeit herausstellen[1]. Gewisse Aussagekraft hat die Quote der berechtigten Beschwerden. Unbedenklich ist es, die Vergütung[2] an dem Erfolg der Unternehmensgruppe oder des Unternehmens zu orientieren, bei dem der Mitarbeiter beschäftigt ist[3], oder an der vorbildhaften Einhaltung des Code of Conduct. Unzulässig ist dagegen immer die Vergütung von Mitarbeitern mit der Vergütung anderer Mitarbeiter zu verknüpfen, falls bei deren Tätigkeit Interessenkonflikte entstehen können (näher dazu § 80 WpHG Rz. 60) oder die Vergütung nach Art des empfohlenen Finanzinstruments etc. zu differenzieren[4]. Gleiches gilt für sonstige Anreize[5].

47 **V. Konzeption und Vertrieb von Finanzinstrumenten (§ 63 Abs. 4 WpHG).** § 63 Abs. 4 WpHG setzt Art. 9 Abs. 1 DelRL 2017/593 um. Er konkretisiert zugleich den § 63 Abs. 1 WpHG mit seiner ihm auch beim Erschaffen, Entwickeln, Begeben und dem Gestalten von Finanzinstrumenten[6] entspringenden Verpflichtung, im bestmöglichen Interesse der Kunden zu handeln[7]. Die Vorschrift wird durch § 80 Abs. 9ff. WpHG ergänzt.

48 Das Wertpapierdienstleistungsunternehmen, das Finanzinstrumente zu konzipieren (§ 80 WpHG Rz. 130) beabsichtigt, muss einen bestimmten **Zielmarkt** ins Auge zu fassen[8]. Zielmarkt ist derjenigen Teil des Marktes, den das Wertpapierdienstleistungsunternehmen für ein bestimmtes Finanzinstrument[9] erschließen will. Konkret setzt sich der Zielmarkt aus den Gruppen potentieller Kunden zusammen[10], auf deren Bedürfnisse[11], Anlagehorizont, Risikotoleranz[12] sowie deren Fähigkeit, Verluste tragen zu können, die sich u.U. aus der Anlage ergeben, die Finanzinstrumente zuzuschneiden sind (näher § 80 WpHG Rz. 135). Die Ausrichtung auf den Zielmarkt hat auf der Grundlage theoretischer Kenntnisse über und der bisherigen Erfahrungen des Wertpapierdienstleistungsunternehmens mit dem Finanzinstrument oder mit vergleichbaren Finanzinstrumenten sowie der Kenntnisse über und bisherigen Erfahrungen mit den Finanzmärkten und den Bedürfnissen, Merkmalen und Zielen der angepeilten Endkunden zu erfolgen (näher § 80 WpHG Rz. 136). In diesem Zusammenhang ist nach Maßgabe des § 11 Abs. 9 WpDVerOV eine Analyse verschiedener Szenarien vorzunehmen. Hierbei sind alle mit dem Finanzinstrument verbundenen Risiken zu bewerten und ist zu klären, ob das Risiko-/Ertragsprofil den Erwartungen der Endkunden des Zielmarkts entspricht (näher § 80 WpHG Rz. 137).

49 Es ist sicherzustellen, dass die Finanzinstrumente nicht den Bedürfnissen der Endkunden des Zielmarkts zuwiderlaufen (näher § 80 WpHG Rz. 138)[13]. Ein besonderes Augenmerk ist darauf zu richten, ob das zu konzipierende Finanzinstrument für die avisierten Endkunden überwiegend vorteilhafte Merkmale enthält[14]. Um zu gewährleisten, dass die Finanzinstrumente auf dem der Konzeption zugrunde liegenden Zielmärkten vertrieben werden, hat sich das Wertpapierdienstleistungsunternehmen von den Vertriebsunternehmen die entsprechenden Informationen zu besorgen, im Licht dieser Informationen zu bestimmen[15], ob und in welchem Umfang der Zielmarkt verfehlt wird und gegebenenfalls die Vertragsbeziehung zu bestimmten Vertriebsunternehmen zu beenden oder die weitere Begebung des Finanzinstruments einzuschränken oder ganz einzustellen (näher § 80 WpHG Rz. 142).

50 **VI. Verstehen der Eigenschaften und Wirkungen der Finanzinstrumente, Vertrieb (§ 63 Abs. 5 WpHG). 1. Allgemeines.** § 63 Abs. 5 WpHG setzt die Art. 24 Abs. 2 Unterabs. 2, Art. 25 Abs. 1 RL 2014/65/EU um. Soweit Wertpapierdienstleistungsunternehmen ihre Kunden[16] beraten, ist es selbstverständlich, dass sie sowie ihre Mitarbeiter und die gebundenen Vermittler die Finanzinstrumente „verstehen" („understand", „comprend"), zu denen

---

1 Die MaComp Ziff. BT 8.3.3 Nr. 1 hebt als positiv hervor, dass bei der Auszahlung längerfristiger Entwicklungen für die Kunden Rechnung getragen wird.
2 Art. 2 Nr. 5 DelVO 2017/565.
3 Vgl. zum WpHG a.F. *Rothenhöfer* in Kümpel/Wittig, Bank- und Kapitalmarktrecht, Rz. 3.388; *Fett* in Schwark/Zimmer, § 33 WpHG Rz. 45.
4 *Heese*, Beratungspflichten, 2015, S. 319; *Grundmann* in Staub, Bankvertragsrecht, Investmentbanking II, Teil 8 Rz. 159.
5 Vgl. Art. 2 Nr. 5 DelVO 2017/565; Erwägungsgrund Nr. 40 DelVO 2017/565 (Beiträge zur Altersvorsorgung, Vergütung durch Dritte, beispielsweise durch Gewinnbeteiligung, Lohnerhöhung, Beförderung, Krankenversicherung, großzügige Dienstreisekostenabrechnung oder Seminare an exotischen Bestimmungen).
6 Vgl. § 11 Abs. 1 Satz 1 WpDVerOV (abgedruckt bei § 80 WpHG Rz. 172).
7 Vgl. § 11 Abs. 10 WpDVerOV (abgedruckt bei § 80 WpHG Rz. 172).
8 Erwägungsgrund Nr. 71 RL 2014/65/EU.
9 Vgl. § 11 Abs. 7 WpDVerOV (abgedruckt bei § 80 WpHG Rz. 172).
10 § 11 Abs. 7 WpDVerOV (abgedruckt bei § 80 WpHG Rz. 172).
11 § 80 WpHG Rz. 135.
12 Vgl. § 11 Abs. 9 WpDVerOV (abgedruckt bei § 80 WpHG Rz. 172).
13 Erwägungsgrund Nr. 71 RL 2014/65/EU.
14 Vgl. § 11 Abs. 10 Nr. 2 WpDVerOV (abgedruckt bei § 80 WpHG Rz. 172).
15 Erwägungsgrund Nr. 71 RL 2014/65/EU.
16 Art. 25 Abs. 1 RL 2014/65/EU hat allerdings nur die Fälle im Auge, in denen natürliche Personen beraten oder informieren. Da Computer von natürlichen Personen programmiert werden müssen, gilt gleiches dort, wo die Beratungsaufgaben von Computern erledigt werden (näher § 64 WpHG Rz. 8).

sie ihren Kunden raten, weil sie andernfalls – zumindest faktisch[1] – ins Blaue hinein agieren würden[2]. Gleiches gilt dort, wo sie ihren Kunden in redlicher und professioneller Weise[3] angemessene Informationen zur Verfügung zu stellen haben[4] oder wo sie sie freiwillig informieren[5]. Das Gebot, die Finanzinstrumente zu verstehen[6], entspringt dem allgemeinen Gebot der Interessenwahrung. Es kommt auf die **jeweiligen Aufgaben der Mitarbeiter** etc. an, wie weit diese die **Eigenschaften**[7] und **Wirkungen**[8] der Finanzinstrumente begreifen müssen. Auch von einem Mitarbeiter, der unmittelbar Kunden berät, wird man nicht immer erwarten können, dass er in vollem Umfang die einem Finanzinstrument zugrunde liegenden Statistiken, Prognosen und finanzmathematischen Operationen durchschaut, wohl aber von Personen, die das Finanzinstrument konzipieren (§ 80 WpHG Rz. 130). Die Organe, Mitarbeiter des Wertpapierdienstleistungsunternehmens etc. müssen daher die Finanzinstrumente im Detail nur[9] soweit verstehen, dass sie in der Lage sind, ihrer Funktion entsprechende redliche und professionelle Entscheidungen zu treffen und ausreichende[10] Informationen zu erteilen. Keine Rolle spielt es, ob es sich um ein großes oder kleines Wertpapierdienstleistungsunternehmen handelt, welche Aufwendungen es treffen muss, um die Eigenschaften und Wirkungen des Finanzinstruments zu verstehen[11], und ob Defizite dem Kunden mitgeteilt werden[12].

In § 63 Abs. 5 Satz 1 WpHG ist von „angebotenen oder empfohlenen" Finanzinstrumenten die Rede. Diese Formulierung ist in Parallele zu § 63 Abs. 7 Satz 3 Nr. 2 lit. b WpHG im Sinn von **„vermarkten"** (Rz. 110) zu interpretieren. § 63 Abs. 5 WpHG greift deshalb auch dort ein, wo keine die persönlichen Verhältnisse der Kunden berücksichtigende Empfehlungen (§ 64 WpHG Rz. 3) ausgesprochen werden. Im Rahmen der Anlageberatung (Rz. 2) haben die Wertpapierdienstleistungsunternehmen nämlich erst recht die Pflicht, zu wissen, welche Eigenschaften (Rz. 50) die für ihre Kunden ausgewählten Wertpapierdienstleistungen und Finanzinstrumente, z.B. Kosten, Risiken, aufweisen und wie sie sich auswirken[13]. Zu entsprechenden **organisatorischen Vorkehrungen** s. § 80 WpHG Rz. 5.

2. Relevante Eigenschaften und Wirkungen. Um Finanzinstrumente zu verstehen, müssen Wertpapierdienstleistungsunternehmen mit zumutbarem Einsatz an persönlichen und sachlichen Mitteln[14] die wesentlichen[15], aktuellen[16] Eigenschaften (Rz. 50) und Wirkungen (Rz. 50) der einzelnen Finanzinstrumente i.S.d. § 63 Abs. 7

---

1 Vgl. *Grundmann* in Staub, Bankvertragsrecht, Investmentbanking II, Teil 8 Rz. 163, der zutreffend darauf hinweist, dass das Gebot, die Finanzinstrumente zu verstehen, dazu führen wird, dass sich die Zahl der am Markt angebotenen Finanzinstrumente reduziert.
2 § 87 Abs. 1 Satz 1 WpHG, § 1 Abs. 2 WpHGMaAnzV; ESMA35-34-748 v. 13.7.2017 Consultation Paper, Guidelines on certain aspects of the MiFID II suitability requirements, 3.3 Annex III Rz. 100f.: MaComp Ziff. BT 7.3 (Den Anforderungen des § 63 Abs. 5 WpHG wird genügt, wenn die des § 87 WpHG erfüllt sind).
3 § 63 Abs. 1 WpHG.
4 § 63 Abs. 7 Unterabs. 1 Satz 1 WpHG.
5 Vgl. § 87 Abs. 2 WpHG, § 1a WpHGMaAnzV; ESMA71-1154262120-153 v. 3.1.2017 unter V.II; ESMA35-34-748 v. 13.7.2017, Consultation Paper, Guidelines on certain aspects of the MiFID II suitability requirements, 3.3 Annex III Rz. 101.
6 So z.B. auf der Ebene der Vertriebsbeauftragten und der Compliance-Mitarbeiter (§ 87 Abs. 4f. WpHG); ESMA35-34-748 v. 13.7.2017, Consultation Paper, Guidelines on certain aspects of the MiFID II suitability requirements, 3.3 Annex III Rz. 102.
7 Z.B. Abhängigkeit von Basiswert, Kündbarkeit, Zinssatz, Handelbarkeit, Liquidität, Risiken (§ 63 WpHG Rz. 99ff.); ferner Mindest- und Höchstanlagedauer, der Zeitraum, der verstreichen muss, bevor der Anleger Erträge erwarten kann. Vgl. zum WpHG a.F. CESR/05-024c v. Januar 2005, S. 45; weitergehend FESCO/00-124b v. Februar 2001, S. 16; einschr. *Brenncke*, Werbung, S. 740 (Art des Finanzinstruments). Vgl. § 1 Abs. 2 Nr. 3 lit. b, e WpHGMaAnzV; ESMA71-1154262120-153 v. 3.1.2017 unter V.II Ziff. 17 lit. a-c, unter V.III Ziff. 18 lit. a, b.
8 Auswirkungen der Eigenschaften der Finanzinstrumente auf das Vermögen sowie die Rechte und Pflichten, die sich aus deren Innehabung ergeben. Dabei kann es natürlich nur um Wirkungen gehen, mit denen vernünftigerweise in überschaubarer Zukunft zu rechnen ist, mithin nicht um alle theoretisch denkbaren Wirkungen. Vgl. § 1 Abs. 2 Nr. 3 lit. a, c, f, g WpHGMaAnzV; ESMA71-1154262120-153 v. 3.1.2017 unter V.II Ziff. 17 lit. d–j, unter V.III Ziff. 18 lit. e–l.
9 Ebenso § 1 Abs. 4 WpHGMaAnzV. Vgl. auch zum WpHG a.F. *Voß* in Just/Voß/Ritz/Becker, § 31 WpHG Rz. 50.
10 Insoweit ist zu bedenken, in welchem Ausmaß die Adressaten der Information in der Lage sind, diese zu verarbeiten, und bereit sind, diese ohne Überforderung entgegenzunehmen.
11 Zum WpHG a.F. *Voß* in Just/Voß/Ritz/Becker, § 31 WpHG Rz. 48.
12 Zum WpHG a.F. *Voß* in Just/Voß/Ritz/Becker, § 31 WpHG Rz. 49.
13 S. Rz. 100; ferner Art. 54 Abs. 9 DelVO 2017/565. Hierzu haben die Wertpapierdienstleistungsunternehmensie geeignete Strategien und Verfahren zu entwickeln und zu dokumentieren. Zur Aufbewahrung der Aufzeichnungen s. Art. 72 DelVO 2017/565.
14 Der Erwägungsgrund Nr. 79 RL 2014/65/EU spricht davon, dass für ein angemessenes Kenntnis- und Kompetenzniveau zu sorgen ist. Sind auf dieser Basis Informationslücken erkennbar, muss dies offenbart werden (vgl. zum WpHG a.F. *Voß* in Just/Voß/Ritz/Becker, § 31 WpHG Rz. 53, der dafür plädiert, das Geschäft abzulehnen).
15 Vgl. ESMA71-1154262120-153 EN (rev) v. 3.1.2017, Ziff. 17f. (key characteristics, risk and features including tax and costs; Bewertung von Finanzinstrumenten). ESMA35-34-748 v. 13.7.2017 Consultation Paper, Guidelines on certain aspects of the MiFID II suitability requirements, 3.3 Annex III Rz. 70 f (Sensibilität, Komplexitätsgrad).
16 ESMA35-34-748 v. 13.7.2017 Consultation Paper, Guidelines on certain aspects of the MiFID II suitability requirements, 3.3 Annex III Rz. 72f.

Satz 1 WpHG, Art. 48 Abs. 1 DelVO 2017/565 unter verschiedenen Marktbedingungen[1] ermitteln[2]. Dabei geht es um diejenigen Eigenschaften und Wirkungen der Finanzinstrumente, die typischerweise oder im Einzelfall erkennbar für die Bedürfnisse und Interessen der Kunden (Rz. 19, 54; § 80 WpHG Rz. 135) von Bedeutung sind, insbesondere um Eigenschaften und Wirkungen komplexer[3] Finanzinstrumente und die Struktur und das Ausmaß des Verlustrisikos. Auf das Ranking und Börsenzulassungsprospekte dürfen sie sich nicht blind verlassen[4].

53 Ihre Mitarbeiter und gebundenen Vermittler haben Wertpapierdienstleistungsunternehmen entsprechend ihren Aufgaben (Rz. 50) mit ausreichenden, aktuellen Informationen, insbesondere zum Zielmarkt, den Risiken und Kosten der Wertpapierdienstleistungen, zu den Merkmalen der Finanzprodukte sowie zu den in Betracht zu ziehenden Marktbedingungen, zu versorgen und diese leicht verfügbar zu halten. Sie müssen sie fortlaufend und zeitnah angemessen schulen und **fortzubilden** (§ 80 WpHG Rz. 5), so dass diese in der Lage sind, die von dem Wertpapierdienstleistungsunternehmen erbrachten Dienstleistungen in allen wesentlichen Zügen zu verstehen[5]. Dies bedingt ein ausreichendes Qualifikationsniveau der Mitarbeiter und gebundenen Vermittler (vgl. § 87 WpHG). Zum Erfordernis des Verstehens bei der **Konzeption von Finanzinstrumenten** s. § 11 Abs. 5 WpDVerOV[6].

54 **3. Vereinbarkeit mit Bedürfnissen und Interessen der Kunden (§ 63 Abs. 5 Satz 2 WpHG).** Die Vorschrift soll das Marketing der Wertpapierdienstleistungsunternehmen regulieren. Der Begriff des Bedürfnisses ist ebenso wie der des Interesses **subjektiv** zu interpretieren. Es kommt mithin nicht auf irgendwelche objektiven Bedürfnisse an. Von diesem Standpunkt aus lassen sich die Begriffe Bedürfnis und Interesse[7] nicht scharf trennen[8]. Unklar ist, ob es dabei auf das Bedürfnis und die Interessen des jeweiligen Kunden ankommt, zu dem ein Wertpapierdienstleistungsunternehmen Kontakt aufnimmt, oder auf die Bedürfnisse und Interessen von **Kundengruppen**. Soweit § 63 Abs. 5 Satz 2 WpHG auf den Zielmarkt (§ 80 WpHG Rz. 135) abhebt, können nur Kundengruppen gemeint sein. Auch die „Bedürfnisse" und „Interessen" werden in § 63 Abs. 5 Satz 2 WpHG auf *die* Kunden („the clients"; „des clients"[Plural])[9] bezogen. Die Interessen und Bedürfnisse einzelner Kunden sind den Wertpapierdienstleistungsunternehmen in aller Regel nur im Rahmen der Anlageberatung (§ 64 WpHG) bekannt, nicht jedoch z.B. in Fällen, in denen Wertpapier(neben)dienstleistungen beratungslos oder in Form der „execution only" (§ 63 Abs. 10, 11 WpHG) erbracht werden. In diesen Fällen schreibt § 63 Abs. 10 WpHG sogar bei Geschäften mit komplexen Finanzinstrumenten nur vor, dass die Wertpapierdienstleistungsunternehmen über die Erfahrungen und Kenntnisse des jeweiligen Kunden informiert werden müssen. Aus diesen Informationen lässt sich nicht zwingend auf die Bedürfnisse und Interessen der jeweiligen Kunden schließen. § 63 Abs. 5 Satz 2 WpHG ist deshalb dahin zu interpretieren, dass in erster Linie auf die Bedürfnisse und Interessen der Kundengruppen des Zielmarktes (§ 80 WpHG Rz. 135), auf dem das Finanzinstrument vermarktet werden soll, abzustellen ist[10]. Dies zwingt zu einer Typisierung und erlaubt, auch künftige Bedürfnisse, die es erst zu wecken gilt, für maßgeblich zu erklären. Darüber hinaus müssen Wertpapierdienstleistungsunternehmen, soweit sie **im Einzelfall** über die Bedürfnisse und Interessen der angesprochenen Kunden unterrichtet sind oder das Finanzinstrument außerhalb des Zielmarkts vertreiben wollen, sicherstellen, dass sie Finanzinstrumente nur solchen Kunden aktiv anbieten, für die diese nach ihren Eigenschaften (Rz. 50, 52) und Wirkungen (Rz. 50, 52) im Licht der Kundenbedürfnisse und -interessen angemessen[11] sind. Zu **Vertriebsvorgaben** s. § 80 WpHG Rz. 61.

---

1 Nicht nur der aktuell herrschenden. Vgl. auch zum WpHG a.F. *Voß* in Just/Voß/Ritz/Becker, § 31 WpHG Rz. 35, 37.
2 Dabei sollten sich die Wertpapierdienstleistungsunternehmen nicht ausschließlich auf Dritte, z.B. die Konzepteure, als Datenlieferanten verlassen (ESMA35-34-748 v. 13.7.2017 Consultation Paper, Guidelines on certain aspects of the MiFID II suitability requirements, 3.3 Annex III Rz. 72).
3 ESMA35-34-748 v. 13.7.2017 Consultation Paper, Guidelines on certain aspects of the MiFID II suitability requirements, 3.3 Annex III Rz. 71 (je komplexer ein Finanzinstrument ist, umso intensiver müssen dessen Eigenschaften und Wirkungen erforscht werden, um diese an die Kunden weitergeben zu können).
4 Zum WpHG a.F. *Voß* in Just/Voß/Ritz/Becker, § 31 WpHG Rz. 52.
5 ESMA71-1154262120-153 EN (rev) v. 3.1.2017, Ziff. 17 ff.
6 § 80 WpHG Rz. 131.
7 Es geht hier nicht um die kognitive Anteilnahme der Kunden, sondern darum, welche Vorteile sich die Kunden versprechen.
8 Als Bedürfnisse kommen der ESMA zufolge bei der Konzeption von Finanzinstrumenten z.B. in Betracht: umweltfreundlich zu handeln, human zu handeln, aber auch dem eigenen Alter bzw. der Altersvorsorge, dem Wohnort, bestimmten Sportarten, der Steuerbelastung zu Rechnung zu tragen (ESMA/2016/1436 v. 5.10.2016, Draft guidelines on MiFID II product governance requirements, Annex 3 Ziff. 16 lit. ff.). All dies kann man auch unter den Begriff des Interesses fassen; denn aus der Perspektive des jeweiligen Kunden betrachtet erzeugen „Bedürfnisse" ein Gefühl eines Mangels und damit das „Interesse", diesen zu beheben. Somit sind Bedürfnisse und Interessen nur zwei Seiten derselben Münze.
9 Art. 24 Abs. 2 Unterabs. 2 RL 2014/65/EU.
10 *In diese Richtung weisen auch die Erwägungsgründe* Nr. 71, 79 RL 2014/65/EU (Kundengattung; Kompetenzniveau in Bezug auf die angebotenen Produkte); ebenso ESMA35-34-748 v. 13.7.2017 Consultation Paper, Guidelines on certain aspects of the MiFID II suitability requirements, 3.3 Annex III Rz. 74.
11 Art. 25 Abs. 3 Unterabs. 1 Satz 1 RL 2014/65/EU.

VII. Regeln für alle durch Wertpapierdienstleistungsunternehmen erteilten Informationen (§ 63 Abs. 6 WpHG). 1. Allgemeines. § 63 Abs. 6 WpHG statuiert keine Pflicht zur Aufklärung oder zu Empfehlungen. Die Vorschrift umreißt lediglich die Standards, die Wertpapierdienstleistungsunternehmen einzuhalten haben, wenn sie den (potentiellen) Kunden (Rz. 56) freiwillig oder pflichtgemäß (§ 63 Abs. 7 WpHG) Informationen zu Finanzinstrumenten oder Wertpapier(neben)dienstleistungen, einschließlich Marketingmitteilungen und allgemeine Empfehlungen, zukommen lassen. Die Informationen müssen einen Bezug zu Wertpapier(neben)dienstleistungen aufweisen und deshalb für die Kunden des Wertpapierdienstleistungsunternehmens von Interesse sein. Die Form der Information und das Kommunikationsmittel sind ebenso unerheblich, wie der Umstand, ob mit ihr ein werbender Zweck verfolgt wird[1]. **Ausnahmen:** § 63 Abs. 6 Satz 3, Abs. 8 WpHG (Rz. 89, 128).

Die von den Wertpapierdienstleistungsunternehmen bei ihrer Kommunikation zu beachtenden Regeln unterscheiden nicht danach, ob sie – wahrscheinlich – Privatkunden oder professionelle **Kunden** (§ 67 Abs. 2 f. WpHG) betreffen[2]. Bei der Kommunikation mit geeigneten Gegenparteien (§ 67 Abs. 4 WpHG) ist abweichend von § 63 Abs. 6 WpHG der § 68 Abs. 1 Satz 3 WpHG zu beachten. Will sich ein Wertpapierdienstleistungsunternehmen mittels des Internets ausschließlich an geeignete Gegenparteien wenden, ist sicherzustellen, dass die Informationen nicht ohne weiteres anderen Kundengruppen zugänglich werden[3].

2. Zugänglich-Machen der Information. Voraussetzung ist, dass Wertpapierdienstleistungsunternehmen die Informationen an ihre (potentiellen)[4] Kunden (Rz. 56) richten oder dass sie sie in einer Weise verbreiten, dass die Kunden wahrscheinlich von ihnen Kenntnis erlangen[5]. Die Form ist unerheblich. Hierfür spielt es grds. ebenfalls keine Rolle, ob die Informationen ursprünglich von einem Wertpapierdienstleistungsunternehmen stammen[6]. Ein Wertpapierdienstleistungsunternehmen richtet auch solche Informationen an seine Kunden, die es erkennbar[7] an sie weitergibt oder die Kunden bei ihnen auf eigene Initiative ohne weiteres Mitwirken des Unternehmens abrufen können (Internet, Faxabruf)[8]. Darauf, ob die Kunden die Informationen zur Kenntnis nehmen, kommt es nicht an[9].

3. Informationen, Marketingmitteilungen. Der Begriff „**Information**" ist der Oberbegriff. Unerheblich ist, ob die Information im Rahmen einer Anlageberatung (§ 64 WpHG) erteilt wird. Auch die **Marketingmitteilung**[10] ist eine Information i.S.d. § 63 Abs. 6 WpHG. Unter Marketingmitteilungen im weiteren Sinn sind Äußerungen gegenüber dem Publikum[11] zu verstehen, die erkennbar unmittelbar oder mittelbar das Ziel verfolgen, die Nachfrage nach Wertpapier(neben)dienstleistungen zu fördern[12]. Die Absatzförderung muss nicht das Hauptziel sein. Ob Bestandskunden angesprochen oder neue Kunden gewonnen werden sollen, spielt keine Rolle[13]. Dabei werden Marketingmitteilungen nicht nur insoweit erfasst, als sie Angaben enthalten, die sich auf Tatsachen beziehen und daher inhaltlich nachprüfbar sind. Vielmehr zählen hierzu auch Werturteile, die erkennbar auf Tatsachen beruhen, deren Richtigkeit sich objektiv nachprüfen lässt, und darüber hinaus die Mitteilungen reiner Werturteile, die der Absatzförderung dienen. Es geht in § 63 Abs. 6 Satz 1 WpHG nämlich nicht nur um ein Irreführungsverbot, sondern auch um die Einhaltung des Gebots der Redlichkeit, das gleichermaßen für Tatsachenmitteilungen und Werturteile gilt. Dem Erwägungsgrund Nr. 65 DelVO 2017/565 zufolge ist § 63 Abs. 6 WpHG nicht in Fällen einschlägig, in denen die Information lediglich den Namen der Firma, das Logo oder ein anderes mit der Firma zusammenhängendes Bild, Kontaktadresse oder Angaben zur Art der von der Firma erbrachten Wertpapierdienstleistungen enthält *(sog. Imagewerbung)*[14].

Gemäß Art. 36 Abs. 2 DelVO 2017/565[15] sowie gem. § 63 Abs. 6 WpHG müssen **Informationen**, die explizite oder implizite **Empfehlungen oder Vorschläge zu Anlagestrategien** in Bezug auf ein oder mehrere Finanzinstrumente oder Emittenten oder eine Beurteilung des aktuellen oder künftigen Wertes oder Kurses solcher Instrumente enthalten, die für Verbreitungskanäle oder die Öffentlichkeit vorgesehen sind[16], eindeutig

---

1 MaComp Ziff. BT 3.1.1 Nr. 1.
2 Art. 44 Abs. 1 DelVO 2017/565; MaComp Ziff. BT 3.2 Nr. 2.
3 Empfehlenswert ist die Passwörter oder gut sichtbare, zu bestätigende Hinweise, dass die Information nicht für Privatkunden gedacht ist. Vgl. MaComp Ziff. BT 3.2 Nr. 4.
4 Vgl. zum WpHG a.F. *Brenncke*, Werbung, S. 636 ff.
5 Art. 44 Abs. 1 DelVO 2017/565; MaComp Ziff. BT 3.2 Nr. 2.
6 Beispiele: Vertriebsmaterialien eines Fonds, eines Emittenten. Vgl. zum WpHG a.F. *Brenncke*, Werbung, S. 659; *Voß* in Just/Voß/Ritz/Becker, § 31 WpHG Rz. 182.
7 Ausnahme: Das Wertpapierdienstleistungsunternehmen ist zur Weitergabe verpflichtet; MaComp Ziff. BT 3.2 Nr. 6.
8 MaComp Ziff. BT 3.2 Nr. 2. Vgl. zum WpHG a.F. *Fuchs* in Fuchs, § 31 WpHG Rz. 99; *Brenncke*, Werbung, S. 659.
9 Vgl. zum WpHG a.F. *Brenncke*, Werbung, S. 659.
10 Im Rahmen des WpHG a.F. wurde der Begriff der Werbemitteilung verwandt (dazu *Voß* in Just/Voß/Ritz/Becker, § 31 WpHG Rz. 170 ff.).
11 Abw. zum WpHG a.F. *Voß* in Just/Voß/Ritz/Becker, § 31 WpHG Rz. 171.
12 *Grundmann* in Staub, Bankvertragsrecht, Investmentbanking II, Teil 8 Rz. 168; MaComp Ziff. BT 3.3.1 Nr. 1.
13 Vgl. zum WpHG a.F. *Voß* in Just/Voß/Ritz/Becker, § 31 WpHG Rz. 186.
14 MaComp Ziff. BT 3.1.1 Nr. 1.
15 Konkretisierung des Art. 24 Abs. 3 Satz 2 RL 2014/65/EU.
16 Art. 3 Abs. 1 Unterabs. 35 VO Nr. 596/2014.

(Rz. 61)[1] als **Marketingmitteilung** (im engeren Sinn) **kenntlich gemacht** werden, *falls* sie weder als Finanzanalysen oder Ähnliches beschrieben noch als objektiv oder unabhängig dargestellt werden. Sie sind nicht als „allgemeine Empfehlungen" i.S.d. Anhanges I Abschnitt B Nr. 5 RL 2014/65/EU[2] zu behandeln[3]. § 63 Abs. 6 Satz 2 WpHG mit seinem Gebot, Informationen als Marketingmitteilungen kenntlich zu machen, ist ausschließlich auf diese Variante von Informationen anzuwenden. Marketingmitteilungen dürfen demnach z.B. nicht als redaktionelle Beiträge, als Unterrichtsmaterialien[4] oder als unabhängige Zeitschriften[5] getarnt werden. Ihre Kennzeichnung als Produktinformation genügt nicht ohne weiteres[6]. Auch Beiträge in Kundenzeitschriften eines Werbedienstleistungsunternehmens oder (persönlich adressierten) Schreiben an Kunden, die den Erwerb von Finanzinstrumenten anraten, sind nicht immer ohne weiteres eindeutig als Marketingmitteilung erkennbar[7]. Nach Art, Form oder Inhalt der Information eindeutig als solche erkennbare Marketingmitteilungen brauchen dagegen nicht besonders als solche ausgewiesen zu werden[8]. Außerdem müssen die als Marketingmitteilungen zu kennzeichnenden Informationen (s. oben) gem. Art. 36 Abs. 2 Unterabs. 2 DelVO 2017/565 mit einem klaren und deutlichen **Hinweis** darauf versehen werden, dass sie nicht im Einklang mit den Rechtsvorschriften zur Förderung der Unabhängigkeit von Finanzanalysen (§ 85 WpHG Rz. 11 f., 15 ff.) erstellt worden sind und auch keinem Verbot des Handels im Anschluss an die Verbreitung von Finanzanalysen (§ 85 WpHG Rz. 13 f.) unterliegen. Dies gilt in gleicher Weise für mündliche Empfehlungen. Die Wertpapierdienstleistungsunternehmen brauchen nicht darauf aufmerksam zu machen, dass sie sich mit den empfohlenen Finanzinstrumenten bereits eingedeckt oder diese veräußert haben. Gleiches gilt für die Mitarbeiter der Wertpapierdienstleistungsunternehmen.

60 Zu den **organisatorischen Anforderungen** an die Erstellung von Marketingmitteilungen, die Empfehlungen und Vorschläge zu Anlagestrategien enthalten, s. § 85 WpHG Rz. 12 ff.

61 **4. Gebot der Redlichkeit, Eindeutigkeit und des Unterlassens von Irreführungen (§ 63 Abs. 6 Satz 1 WpHG). a) Eindeutigkeit.** Dem Gebot, eindeutig zu informieren, wird nur entsprochen, wenn klar informiert wird, wenn – mit anderen Worten – eine abweichende Deutung der Information eher fern liegt[9]. In diesem Zusammenhang ist auf den zu erwartenden Verständnishorizont eines durchschnittlichen[10] Angehörigen der angesprochenen Kundengruppe[11] bzw. derjenigen Kundengruppe abzustellen, an die die Information wahrscheinlich gelangen wird. An Klarheit mangelt es auch, wenn wesentliche Informationen zum Verständnis fehlen oder wenn widersprüchlich informiert wird.

62 **b) Verbot der Irreführung.** Eine Tatsachen betreffende Information ist als irreführend zu erachten, wenn sie nach ihrem **Gesamteindruck** so, wie sie ein verständiger Durchschnittskunde[12] der angesprochenen Zielgruppe bzw. der Gruppe[13], an die die Information wahrscheinlich gelangen wird, versteht, nicht der objektiven Wahrheit entspricht, soweit die Tatsachen bei der gebotenen Sachkenntnis und Sorgfalt erkennbar sind[14]. Dieser Eindruck kann zukunftsbezogen sein[15]. Maßgeblich ist die **Eignung zur Irreführung** (Täuschung)[16]. Die Sicht oder die Absicht des Wertpapierdienstleistungsunternehmens ist unerheblich[17]. In die Kategorie der Irreführung fällt auch das sog. framing, durch das die Aufmerksamkeit der Betrachter von wichtigen Informationen zu

---

1 *Rothenhoefer* in Meyer/Veil/Rönnau, Handbuch zum Marktmissbrauchsrecht, § 23 Rz. 11 plädiert dafür, hohe Anforderungen zu stellen. Die Kennzeichnung als Werbung müsse offenkundig sein.
2 Darauf nimmt der Erwägungsgrund Nr. 17 DelVO 2017/565 Bezug.
3 So wohl auch *Enriques*/*Gargantini* in Busch/Ferrarini, Regulation of the EU Financial Markets, Rz. 4.38.
4 ESMA 2016/1165 v. 11.10.2016, Questions and Answers relating to the provision of CFDs and other speculative products to retail investors under MiFID, Section 3 Answer 1, Ziff. 2.
5 Vgl. zum WpHG a.F. *Zeidler*, WM 2008, 238, 240.
6 Vgl. zum WpHG a.F. *Brenncke*, Werbung, S. 687.
7 MaComp Ziff. BT 3.1.1 Nr. 2. Zum WpHG a.F. krit. *Walz* in Krimphove/Kruse, MaComp, BT 3 Rz. 8.
8 MaComp Ziff. BT 3.1.1 Nr. 1. Vgl. zum WpHG a.F. *Voß* in Just/Voß/Ritz/Becker, § 31 WpHG Rz. 266 ff.
9 Abw. *Grundmann* in Staub, Bankvertragsrecht, Investmentbanking II, Teil 8 Rz. 166 (möglichst transparente Gliederung, Vollständigkeit und verständliche Sprache). Ähnlich wie hier zum WpHG a.F. *Fuchs* in Fuchs, § 31 WpHG Rz. 97 f.; weitergehend *Möllers* in KölnKomm. WpHG, § 31 WpHG Rz. 201 (nicht der Interpretation zugänglich). Bei der Beurteilung der Eindeutigkeit einer Information ist natürlich der Kontext mit zu berücksichtigen.
10 Art. 44 Abs. 2 lit. d DelVO 2017/565.
11 Art. 44 Abs. 2 lit. d DelVO 2017/565; Erwägungsgrund Nr. 63 DelVO 2017/565. Hierbei ist nicht nur zwischen Privatkunden und professionellen Kunden zu unterscheiden, sondern z.B. auch innerhalb der Gruppe der Privatkunden, ob es sich um sog. „Heavy Trader" handelt oder um unerfahrene Kleinanleger.
12 Art. 44 Abs. 2 lit. d DelVO 2017/565; *Grundmann* in Staub, Bankvertragsrecht, Investmentbanking II, Teil 8 Rz. 166.
13 Art. 44 Abs. 2 lit. d DelVO 2017/565.
14 Ebenso zum WpHG a.F. *Fuchs* in Fuchs, § 31 WpHG Rz. 101 ff.; *Voß* in Just/Voß/Ritz/Becker, § 31 WpHG Rz. 191. Weitergehend Art. 44 Abs. 2 lit. b DelVO 2017/565 „... sind zutreffend". Wird die Wahrheit später objektiv erkennbar und bleibt das Wertpapierdienstleistungsunternehmen untätig, so wird die Information irreführend.
15 Eindruck, dass sich in naher Zukunft keine Veränderungen ergeben. Vgl. MaComp Ziff. BT 14.8 Nr. 2 (Information, die durch eine geplante Veränderung alsbald überholt ist).
16 Erwägungsgrund Nr. 68 DelVO 2017/565; zum WpHG a.F. *Brenncke*, Werbung, S. 682.
17 Erwägungsgrund Nr. 68 DelVO 2017/565.

weniger wichtigen Informationen gelenkt wird[1]. Auch ein Blickfang kann fehlerhafte Vorstellungen hervorrufen[2]. Die Verwendung von Formulierungen, die branchenweit nicht einheitlich verstanden werden, kann irreführend wirken[3]. Es darf ferner nicht der Eindruck erweckt werden, eine Information erfolge zu einer Tatsache oder gebe einen gesicherten Erfahrungssatz wieder, wenn sie ein reines Werturteil darstellt[4]. Irreführend ist beispielsweise das Versprechen sicherer Renditen, die über den Renditen von Bundesanleihen liegen[5], die Verwendung von Gütesiegeln, die von nicht-neutralen Dritten verliehen worden sind, die Werbung mit Selbstverständlichkeiten, wenn in den angesprochenen Kundenkreisen der unrichtige Eindruck erweckt wird, dass hierin ein besonderer Vorzug liege, oder wenn der Eindruck einer Garantie erweckt wird, ohne dass ein durchsetzbarer Anspruch gegen einen Dritten begründet wird. Ebenso irreführend ist eine Kapitalgarantie, falls nicht klargestellt wird, dass sich diese nur auf die Nominalbeträge bezieht[6]. Auch hier gilt, dass bei einer Herausstellung einzelner Preisbestandteile diejenigen Elemente, aus denen sich eine stärkere Belastung ergibt, genauso deutlich angegeben werden müssen. Irreführend wird darüber hinaus gehandelt, wenn sich ein Wertpapierdienstleistungsunternehmen an einen Kundenkreis wendet, der die notwendigen Voraussetzungen zum Erhalt der besonders günstigen Konditionen so gut wie nie erfüllt. Wird die Irreführung vor Vertragsschluss aufgedeckt, so kann das Verhalten gleichwohl unredlich sein, falls es mit einem Anlockeffekt verbunden war. Eine ungeprüfte **Weitergabe**[7] **von Informationen** ist nur zulässig, wenn sie aus vertrauenswürdiger Quelle stammen und plausibel sind[8]. Informationen, insbesondere solche, die über online-Datenbanken verbreitet werden, sind in angemessener Weise **aktuell**[9], unter Umständen in Echtzeit, vorzuhalten[10]; denn auch die Darbietung überholter Informationen kann irreführend wirken. Online- Datenbanken müssen immer aktuell gehalten werden[11]. Bei online bereitgestelltem Prospektmaterial gelten niedrigere, bei gedruckten, für die Auslage in Filialen bestimmte Vertriebsmaterialien nochmals niedrigere Anforderungen an die Aktualität der Daten. Sind erhebliche Veränderungen eingetreten, so ist sofort dafür zu sorgen, dass die **überholten Informationen**, die Entscheidungen über Wertpapierleistungen beeinflussen können[12], nicht weiter verbreitet werden[13]. Das Wertpapierdienstleistungsunternehmen darf von vornherein die Geltung seiner in einer Marketingmitteilung gegebenen Informationen zeitlich begrenzen. Unbedenklich sind auch ohne einen derartigen Hinweis ältere Informationen, die für Kunden leicht erkennbar als möglicherweise nicht mehr ganz aktuell bereitgehalten werden. Um Irreführungen zu vermeiden, haben die Wertpapierdienstleistungsunternehmen außerdem dafür zu sorgen, dass sämtliche Informationen, die im Zusammenhang mit der Erbringung von Wertpapier(neben)dienstleistungen erteilt werden, nicht den in Marketingmitteilungen enthaltenen Informationen widersprechen[14].

c) **Redlichkeit. aa) Allgemeines.** Redlich[15] heißt, unter Berücksichtigung des § 63 Abs. 1 WpHG die Interessen des jeweiligen Kunden, zumindest des Durchschnittskunden (Rz. 61) angemessen im Auge zu behalten[16]. Das Gebot der Wahrheit ist bereits im Verbot der Irreführung enthalten. Unredlich ist z.B. ein Ratschlag[17] zu

---

1 Vgl. zum WpHG a.F. *Stahl*, Information Overload am Kapitalmarkt, S. 228 ff.; *Brenncke* in Zobl/Giovanoli/Weber/Sethe (Hrsg.), Anlegerschutz im Finanzmarktrecht kontrovers diskutiert, S. 251, 265; ferner *Gläßner*, Die Beschränkung des Vertriebs von Finanzprodukten, S. 43 f.
2 BGH v. 21.9.2017 – I ZR 53/16, WM 2018, 106.
3 Vgl. zum WpHG a.F. BaFin, Rundschreiben 4/2013 – Auslegung gesetzlicher Anforderungen an die Erstellung von Informationsblättern gem. § 31 Abs. 3a WpHG/§ 5a WpDVerOV, Ziff. 3.1.6 Zur Verwendung der Begriffe „risikoscheu", „risikobereit" im Zusammenhang mit dem Anlagezweck.
4 Vgl. *Weber*, Genial einfach investieren, S. 207 ff., der darauf hinweist, dass die Aussage, Aktien würden höhere Renditen als Rentenpapiere erzielen, statistisch ungesichert sei.
5 Vgl. *Weber*, Genial einfach investieren, S. 213.
6 *Weber*, Kodex zur Anlageberatung, S. 16. Zur Information bei Garantien s. Rz. 105.
7 Keine Weitergabe, wenn der Ersteller der Information dem Lager des Weitergebenden zuzurechnen ist (MaComp Ziff. BT 3.2 Nr. 3).
8 MaComp Ziff. BT 3.2 Nr. 2, 3 (im Zweifel vertrauenswürdig sind EWR-Wertpapierdienstleistungsunternehmen). Vgl. zum WpHG a.F. *Fuchs* in Fuchs, § 31 WpHG Rz. 104. Mangelnde Vertrauenswürdigkeit wird dagegen nicht dadurch kompensiert, dass die Kosten der Beschaffung eigener Informationen unverhältnismäßig sind (a.A. *Fuchs* in Fuchs, § 31 WpHG Rz. 104). Vielmehr ist entweder über die Fragwürdigkeit der Information aufzuklären oder auf sie zu verzichten.
9 Art. 44 Abs. 2 lit. g DelVO 2017/565; MaComp Ziff. BT 3.3.2.
10 Art. 44 Abs. 2 lit. g DelVO 2017/565 (für die Art des genutzten Kommunikationsmittels relevant).
11 MaComp Ziff. BT 3.3.2 Nr. 1 (nicht zwangsläufig in Echtzeit).
12 Vgl. MaComp Ziff. BT 3.3.2 Nr. 2 z.B. der Vertriebsmaterialien für ein Zertifikat, das nicht mehr gezeichnet werden kann.
13 MaComp Ziff. BT 3.3.2 Nr. 1.
14 Art. 46 Abs. 5 DelVO 2017/565; MaComp Ziff. BT 3.5.
15 Es handelt sich hierbei um einen eigenständigen Begriff; vgl. zum WpHG a.F. *Köhler*, WM 2009, 385, 386.
16 Abw. *Grundmann* in Staub, Bankvertragsrecht, Investmentbanking II, Teil 8 Rz. 166. Er orientiert sich daran, wie der Begriff fairness im englischen Recht verstanden wird. Danach sind alle Vorteile aufzudecken, die das Wertpapierdienstleistungsunternehmen aus der Befolgung der Information erlangen kann und die gewichtiger sind als bei einer alternativen Information. Abw. zum WpHG a.F. *Möllers* in KölnKomm. WpHG, § 31 WpHG Rz. 196 (wahrheitsgemäß); abw. auch *Fuchs* in Fuchs, § 31 WpHG Rz. 97; *Walz* in Krimphove/Kruse, MaComp, BT 3 Rz. 28.
17 „Cheap talk"; vgl. *Giudici* in Busch/Ferrarini, Regulation of the EU Financial Markets, Rz. 6.07 ff.

einer bestimmten Art von Finanzinstrumenten[1], wenn das Wertpapierdienstleistungsunternehmen diese als für den Kunden geeignet darstellt, obwohl sie den erkennbaren Verhältnissen des Kunden nicht entspricht[2]. Werden Marketingmitteilungen (Rz. 59) zugeleitet, gilt gleiches, falls diese nicht auf die erkennbaren Verhältnisse der Kundengruppe Rücksicht nehmen, auf die das Finanzinstrument zugeschnitten ist und dies für das Wertpapierdienstleistungsunternehmen erkennbar ist[3]. Unredlich sind deshalb im Zweifel auch Marketingmitteilungen, die an Kunden außerhalb des Zielmarkts (§ 80 WpHG Rz. 135) gerichtet werden. Nur in diesem Rahmen muss ein Wertpapierdienstleistungsunternehmen außerhalb der Anlageberatung (§ 64 Abs. 2 WpHG) dafür sorgen, dass die Kunden von ihm keine unzweckmäßigen Informationen erhalten. Auf Risiken[4] muss redlich hingewiesen werden[5]. Unredlich ist es ferner, Werbematerial zu verwenden, dessen Erstellungsdatum nicht ohne weiteres erkennbar und das möglicherweise überholt ist; sowie Kunden anzulocken, die später mit schlechteren Bedingungen konfrontiert werden[6]. Dagegen existiert kein umfassendes Gebot zur Ausgewogenheit.

64 **bb) Verständlichkeit.** Das Gebot der Verständlichkeit wird ausdrücklich in § 63 Abs. 7 Satz 1 WpHG statuiert. In Art. 44 Abs. 2 lit. d DelVO 2017/565 wird es als Element der fairen, klaren Information angesprochen. Es stellt jedoch ein übergreifendes Gebot dar, das sich auch aus den Geboten der Redlichkeit und Eindeutigkeit[7] ergibt. Die Verständlichkeit einer Information ist vom Horizont eines durchschnittlich informierten, in vernünftigem Umfang **aufmerksamen**[8] und **verständigen Kunden** (Rz. 3) der **angesprochenen (Ziel)Gruppe**[9] aus zu beurteilen. Wendet sich das Wertpapierdienstleistungsunternehmen z.B. an bestimmte Kreise von Privatkunden, ist auf die Durchschnittskunden dieses Kundenkreises sowie auf den Kreis derjenigen Durchschnittskunden abzuheben, an die die Information wahrscheinlich gelangen wird[10]. Je weniger Wissen und Erfahrungen von den relevanten Kunden erwartet werden können, umso einfacher und allgemeinverständlicher muss die Information dargestellt werden[11]. Das Wertpapierdienstleistungsunternehmen braucht sich außerhalb der Anlageberatung (§ 64 WpHG) nicht darauf einzustellen, dass es im Einzelfall mit einem unerfahrenen Anleger zu tun hat[12]. Das Gebot der Redlichkeit (Rz. 63) begründet allerdings bei Rückfragen eines Anlegers die Pflicht, seinem individuellen Verständnishorizont Rechnung zu tragen.

65 Die Figur des Durchschnittskunden ist **normativ zu verstehen**, wobei das Kommunikationsmittel, der Inhalt der Kommunikation und der Gesamteindruck[13] eine wesentliche Rolle spielen[14]. Die Wertpapierdienstleistungsunternehmen dürfen von einem durchschnittlichen Kenntnisstand und einer durchschnittlichen Fähigkeit der Anleger der maßgeblichen (Rz. 64) Gruppe zur Aufnahme von Informationen ausgehen. Dabei ist zu berücksichtigen, dass der Grad der zu erwartenden Aufmerksamkeit situationsabhängig ist, so dass eine flüchtige Betrachtung unter Umständen durchaus verständig sein kann[15]. Deshalb sollten insbesondere bei Privatkunden zentrale Aspekte der Wertpapier(neben)dienstleistung besonders hervorgehoben werden[16]. Allerdings ist bei Wertpapier(neben)dienstleistungen eher überlegtes Handeln zu erwarten. Andererseits steigen die Anforderungen an die Verständlichkeit mit den mit der Dienstleistung verbundenen Belastungen und Risiken[17]. Mit dem

---

1 Es handelt sich hierbei nicht um eine Anlageberatung, weil sich die Beratung nicht auf ein bestimmtes Finanzinstrument, sondern nur auf eine bestimmte Art von Finanzinstrumenten bezieht.
2 Abw. vgl. zum WpHG a.F. *Voß* in Just/Voß/Ritz/Becker, § 31 WpHG Rz. 193.
3 In einem solchen Fall bewegt sich ein Wertpapierdienstleistungsunternehmen auch außerhalb des Zielmarktes.
4 Zu den in Betracht kommenden Risiken vgl. MaComp Ziff. BT 3.3.3 Nr. 5. Allerdings vertritt die BaFin die Ansicht, dass ein Zwang zum Hinweis auf Risiken nur existiert, wenn auch auf Vorteile hingewiesen wird (MaComp Ziff. BT 3.3.3 Nr. 2).
5 Art. 44 Abs. 2 lit. b DelVO 2017/565.
6 Dabei ist auch der sog. Priming-Effekt zu berücksichtigen, der darin besteht, dass Anleger dazu tendieren, die zuerst erteilten Informationen überzugewichten (vgl. *Gläßner*, Die Beschränkung des Vertriebs von Finanzprodukten, S. 38 ff., 167). Vgl. auch Art. 46 Abs. 5 DelVO 2017/565; zum WpHG a.F. *Schwark* in Schwark/Zimmer, vor §§ 31 ff. WpHG Rz. 132; *Brenncke*, Werbung, S. 837.
7 Vgl. zum WpHG a.F. *Brenncke*, ZBB 2014, 366, 368.
8 Vgl. zum WpHG a.F. *Fuchs* in Fuchs, § 31 WpHG Rz. 128: auf flüchtige Leser braucht keine Rücksicht genommen zu werden. Ebenso *Rothenhöfer* in Schwark/Zimmer, § 31 WpHG Rz. 97.
9 Art. 44 Abs. 2 lit. d DelVO 2017/565. Erwägungsgrund Nr. 65 DelVO 2017/565; MaComp Ziff. BT 3.3.1 Nr. 2. Vgl. zum WpHG a.F. *Brenncke*, ZBB 2014, 366, 368.
10 Art. 44 lit. d DelVO 2017/565.
11 Erwägungsgrund Nr. 65 DelVO 2017/565; MaComp Ziff. BT 3.3.1 Nr. 3. Vgl. zum WpHG a.F. *Brenncke*, Werbung, S. 746 ff., der Verständlichkeit im Sinn von „leicht fasslich" interpretiert.
12 Vgl. aber zum WpHG a.F. *Veil*, WM 2007, 1821, 1824.
13 Vgl. zum WpHG a.F. *Brenncke*, Werbung, S. 748 ff., der aber auch betont, dass jede einzelne Aussage verständlich sein muss, wenn sie vom Durchschnittskunden isoliert wahrgenommen und verwendet wird. Dies gilt insbesondere für blickfangmäßig herausgestellte Informationen.
14 Zur Möglichkeit, kognitive Defizite der Kunden auszunutzen, vgl. allgemein Rz. 3.
15 Abw. zum WpHG a.F. *Fuchs* in Fuchs, § 31 WpHG Rz. 128.
16 Enger zum WpHG a.F. *Faust* in Bankrechts-Handbuch, § 109 Rz. 41a (nicht unklar ausgedrückt und wesentliche Informationen nicht unerwähnt; Informationen nicht verschleiert oder abgeschwächt).
17 Vgl. MaComp Ziff. BT 3.3.1 Nr. 2; zum WpHG a.F. *Brenncke*, Werbung, S. 750, 753 f.: Dies kann durchaus den Einsatz von Werbemitteln verbieten, die die erforderliche Informationsdichte nicht erlauben.

Gebot der Verständlichkeit sind auch längere Texte vereinbar, deren Verständnis etwas mehr Mühe bereitet[1], sowie Texte in Fremdsprachen, sofern diese Sprache im Text einheitlich verwandt wird[2].

Jedenfalls ist der Gefahr des Informationsüberdrusses, zumal bei einer **Informationsüberflutung** (information overload), angemessen **entgegenzuwirken**[3], um die Kunden nicht zu verleiten, Informationen nur selektiv zur Kenntnis zu nehmen[4]. In diese Richtung wirken eine durchsichtige, logische[5] und Suggestionen vermeidende[6] Gliederung des Textes mit Überschriften, und ansprechendes Layout[7], die Verwendung von Bildern und Grafiken[8], die Vermeidung von Fachsprachen[9], von Passivkonstruktionen, von Langschweifigkeit, von Drucktechniken, die Leseschwierigkeiten[10] bereiten, die Ergänzung von Prozentangaben durch feste Beträge[11], sowie der Einsatz von Tests, wie sie bei Werbetexten durchgeführt werden[12]. Der Text der Information ist, auf das Wesentliche zu konzentrieren[13] und ggf. durch (Zwischen)Zusammenfassungen oder bei elektronischer Kommunikation durch interaktiven Text überschaubar zu gestalten[14]. Unter Umständen haben die Wertpapierdienstleistungsunternehmen sich der Sprachregeln der sog. „Leichten Sprache" bzw. „Einfachen Sprache" zu bedienen[15]. Auch Beispiele, anhand derer schwierigere Zusammenhänge leichter begreiflich gemacht werden können, sind unter Umständen geboten[16]. Hierbei ist darauf zu achten, dass keine sog. Verwässerungseffekte auftreten[17]. Zu berücksichtigen ist ferner, dass Risikoinformationen unter Angabe der Bezugsmenge und nicht nur in Worten, sondern auch in Zahlen gemacht werden[18]. Zur Sicherung der Verständlichkeit können hierauf spezialisierte Unternehmen eingeschaltet werden, die den inzwischen vorhandenen wissenschaftlichen Erkenntnissen[19] zur Textverständlichkeit Rechnung tragen[20]. Mit der Textverständlichkeit unvereinbar ist, dass zusammengehörige Informationen über verschiedene Webseiten oder Dokumente gestreut werden[21]. Bei elektronischer Kommunikation kann dagegen die Verständlichkeit dadurch erhöht werden, dass besonders wichtige Informationen durch die Verwendung von pop-up-Fenstern hervorgehoben werden[22].

Von verständigen Durchschnittskunden (Rz. 65) kann man typischerweise erwarten, dass sie mit **Tabellen, Diagrammen** etc. umgehen können[23], nicht aber, dass sie einen Text mehrfach lesen[24]. Wenn die Information

---

1 Vgl. zum WpHG a.F. CESR/05-350 v. 16.5.2005, S. 45; *Brenncke*, Werbung, S. 751, 754.
2 Art. 44 Abs. 2 lit. f DelVO 2017/565; Erwägungsgrund Nr. 66 DelVO 2017/565 (Ausnahme: der Kunde hat sich bereit erklärt, Informationen in mehreren Sprachen zu akzeptieren).
3 Vgl. zum WpHG a.F. *Fuchs* in Fuchs, § 31 WpHG Rz. 130; *Rothenhöfer* in Schwark/Zimmer, § 31 WpHG Rz. 106.
4 Vgl. *Koller* in FS U. Huber, 2007, S. 821, 824 m.w.N.; *Eberius*, Regulierung der Anlageberatung und Behavioral Finance, 2013, S. 139 f.
5 Vgl. Erwägungsgrund Nr. 4 VO Nr. 583/2010 vom 1.7.2010, ABl. EU Nr. L 176 v. 10.7.2010, S. 1.
6 *Stahl*, Information Overload am Kapitalmarkt, S. 219 ff.
7 *Stahl*, Information Overload am Kapitalmarkt, S. 224 ff.; vgl. ESMA35-34-748 v. 13.7.2017 Consultation Paper, Guidelines on certain aspects of the MiFID II suitability requirements, 3.3 Annex III Rz. 25.
8 *Hacker*, Verhaltensökonomie und Normativität, S. 766; *Stahl*, Information Overload am Kapitalmarkt, S. 232 ff.
9 Vgl. ESMA35-34-748 v. 13.7.2017 Consultation Paper, Guidelines on certain aspects of the MiFID II suitability requirements, 3.3 Annex III Rz. 25.
10 Die Verwendung von blauem Papier mag beispielsweise dem Firmenlogo entsprechen und Vertrauen signalisieren, doch fördert es nicht die Rezeption komplizierter Texte. Dies gilt erst recht für die verbreitete Praxis, Fußnoten in kleinen bis kleinsten Typen, mit geringem Abstand, vor einem wenig kontrastreichen Hintergrund zu gestalten. Vgl. ferner *Stahl*, Information Overload am Kapitalmarkt, S. 240 ff.
11 Vgl. ESMA35-34-748 v. 13.7.2017 Consultation Paper, Guidelines on certain aspects of the MiFID II suitability requirements, 2. Background Rz. 35.
12 Vgl. zum WpHG a.F. CESR v. 20.12.2010-Ref.: CESR/10-1320, S. 5.
13 *Stahl*, Information Overload am Kapitalmarkt, S. 223; *Brenncke*, Werbung, S. 752 ff.
14 *Eberius*, Regulierung der Anlageberatung und behavioral finance, 2013, S. 137, 139; ESMA35-34-748 v. 13.7.2017 Consultation Paper, Guidelines on certain aspects of the MiFID II suitability requirements, 3.3 Annex III Rz. 22.
15 S. dazu Wikipedia, Stichwort „Leichte Sprache". Vgl. MaComp Ziff. BT 3.3.1 Nr. 3.
16 Vgl. zum WpHG a.F. ESMA/2012/387, Leitlinien zu einigen Aspekten der MiFID- Anforderungen an die Eignung, Rz. 16; *Brenncke*, Werbung, S. 751.
17 *Stahl*, Information Overload am Kapitalmarkt, S. 222 f.
18 *Spieker gen. Döhmann/Kurzenhäuser* in Engel u.a. (Hrsg.), Recht und Verhalten, S. 133, 147, weisen darauf hin, dass verbale Darstellungen von Risiken besonders anfällig für Fehlinterpretationen seien.
19 Vgl. *Biere*, Textverstehen und Textverständlichkeit, S. 18 ff.; *Stahl*, Information Overload am Kapitalmarkt, S. 240 ff.
20 Gebot sog. einfacher Sprache (vgl. ESMA 2016/574/EN v. 11.7.2016, Guidelines on cross-selling practices, Ziff. 15, 19).
21 ESMA 2016/1165 v. 11.10.2016, Questions and Answers relating to the provision of CFDs and other speculative products to retail investors under MiFID, Section 3 Answer 1 Ziff. 2.
22 ESMA35-34-748 v. 13.7.2017 Consultation Paper, Guidelines on certain aspects of the MiFID II suitability requirements, 3.3 Annex III Rz. 25.
23 Vgl. zum WpHG a.F. CESR/05-350 v. 16.5.2005, S. 45; *Rothenhöfer* in Schwark/Zimmer, § 31 WpHG Rz. 112. *Weber*, Genial einfach investieren, S. 159 weist allerdings darauf hin, dass Anleger, denen ein Risiko verbal oder mit Hilfe eines Balkendiagramms vermittelt wird, das Risiko zu unterschätzen, und zwar umso mehr, je riskanter die Anlage ist. Kritisch offensichtlich auch Erwägungsgrund Nr. 9 VO Nr. 583/2010 vom 1.7.2010, ABl. EU Nr. L 176 v. 10.7.2010, S. 2. Andererseits fordert *Brenncke*, Werbung, S. 751, ein angemessenes Verhältnis zwischen Text und grafischer Information.
24 Vgl. zum WpHG a.F. CESR v. 20.12.2010 – Ref.: CESR/10-1320, S. 6.

so **kompliziert** ist, dass sie ein Durchschnittskunde des jeweiligen Verkehrskreises (Rz. 64) trotz zumutbarer Anstrengungen nicht mehr verstehen kann, hat die Information und damit ggf. das Angebot der Wertpapierdienstleistung zu unterbleiben[1]. Das Gebot der Verständlichkeit erstreckt sich nicht nur auf das Textverständnis, sondern verpflichtet die Wertpapierdienstleistungsunternehmen insgesamt, die **Kommunikation so zu gestalten**, dass Durchschnittskunden den wesentlichen Sinn der Information verstehen können[2].

68 Informationen, die in **früheren Stadien eines Geschäftskontaktes** oder von einem anderen Wertpapierdienstleistungsunternehmen redlich, eindeutig und verständlich erteilt worden sind, sind im Einzelfall bei der Frage, ob die spätere Information verständlich ist, zu berücksichtigen. Andererseits muss das Wertpapierdienstleistungsunternehmen prüfen, ob Informationen, die es früher erteilt hat, bei den neuen Informationen zu Missverständnissen führen können[3]. Widersprüche sind zu vermeiden[4].

69 Dass bei dieser Interpretation des § 63 Abs. 6 WpHG und des Art. 44 DelVO 2017/565 viele Privatkunden, deren kognitiven Fähigkeiten dem Durchschnittsstandards genügen und die deshalb in besonderer Weise schutzbedürftig sind, **schutzlos bleiben**, nimmt das Gesetz in Kauf[5].

70 5. Darstellung von Risiken. a) **Schriftgröße, grafische Gestaltung (Art. 44 Abs. 2 lit. c DelVO 2017/565).** Auf Risiken ist redlich hinzuweisen[6]. Sie sind in einer Schriftgröße aufzuführen, die der vorherrschenden Schriftgröße entspricht. Dabei ist durch grafische Gestaltung sicherzustellen, dass die Risiken leicht erkennbar sind. Auf diese Weise wird dem Verbot Rechnung getragen, wichtige Punkte und Aussagen zu verschleiern oder abzuschwächen[7]. Dieses Verbot muss man als Konkretisierung des Gebots zur Verständlichkeit betrachten, ohne dass im Umkehrschluss daraus gefolgert werden darf, dass dort, wo es nicht um Risiken geht, größere Konzessionen an das Gebot der Verständlichkeit (Rz. 64) gemacht werden dürfen. Vorherrschend (predominant) ist nicht diejenige Schriftgröße, in der die meisten Schriftzeichen erscheinen, sondern die Schriftgröße, in der die Hauptaussagen abgefasst sind. Somit dominiert diese Schriftgröße selbst dann, wenn sich der überwiegende Teil des Textes in den Fußnoten wiederfindet. Das Layout muss so gestaltet sein, dass die Risiken aus dem Gesamttext hervorstechen (prominent; en évidence), z.B. durch Überschriften, drucktechnische Gestaltung oder Farbgestaltung.

71 b) **Behandlung von Risiken im Vergleich zu den Vorteilen (Art. 44 Abs. 2 lit. b DelVO 2017/565).** Die Information braucht die Vorteile eines Finanzinstruments oder einer Gruppe von Finanzinstrumenten[8] etc. nicht hervorgehoben zu haben. Es genügt, dass deren sichere oder mögliche Vorteile erwähnt oder herausgestellt worden sind. In einem solchen Fall[9] ist auf die mit den Finanzinstrumenten etc. verbundenen Risiken so klar hinzuweisen, dass es bei durchschnittlichen, verständigen Kunden der maßgeblichen Verkehrskreises (Rz. 64) nicht zu Missverständnissen kommen kann[10]. Dies entspricht dem Gebot der Eindeutigkeit gem. § 63 Abs. 6 Satz 1 WpHG (Rz. 61). Das Risiko selbst ist zu benennen, nicht nur die das Risiko verursachenden Umstände. Dazu zählt auch das Prognoserisiko[11]. In diesem Zusammenhang muss ferner herausgestellt werden, dass Provisionen, Gebühren und sonstige Entgelte erhebliche Auswirkungen auf die langfristige Wertentwicklung der Finanzinstrumente haben können (Rz. 116)[12].

72 Der Hinweis auf die Risiken muss **redlich** erfolgen[13]. Man darf daher von Wertpapierdienstleistungsunternehmen erwarten, dass sie Risiken nicht nur nicht herunterspielen (Rz. 74), verharmlosen (Rz. 74) oder verschleiern (Rz. 74), sondern dass sie diese gleichwertig[14] und gleichzeitig[15] mit den Vorteilen darstellen. Deshalb geht

---

1 Ebenso *Brenncke*, Werbung, S. 754 f.
2 Vgl. zum WpHG a.F. CESR v. 20.12.2010-Ref.: CESR/10-1320, S. 6; wohl auch *Fuchs* in Fuchs, § 31 WpHG Rz. 139. Abw. *Rothenhöfer* in Schwark/Zimmer, § 31 WpHG Rz. 105 (leicht erfassbar).
3 Vgl. zum WpHG a.F. *Voß* in Just/Voß/Ritz/Becker, § 31 WpHG Rz. 261.
4 Vgl. Art. 46 Abs. 5 DelVO 2017/565. Diese Regel kann verallgemeinert werden.
5 Vgl. zum WpHG a.F. *Rothenhöfer* in Schwark/Zimmer, § 31 WpHG Rz. 112. Zu den die Einschränkung des Anlegerschutzes rechtfertigenden Gründen s. *Koller* in FS U. Huber, 2007, S. 821, 826 ff. Vgl. hierzu auch *Fazley*, Regulierung der Finanzanalysten und Behavioral Finance, S. 144 ff.
6 Art. 44 Abs. 2 lit. b DelVO 2017/565.
7 Art. 44 Abs. 2 lit. e DelVO 2017/565.
8 MaComp Ziff. BT 3.3.3 Nr. 3.
9 Vgl. MaComp Ziff. BT 3.3.3.
10 Erwägungsgrund Nr. 67 DelVO 2017/565. Abw. zum WpHG a.F. *Brenncke*, Werbung, S. 728; *Voß* in Just/Voß/Ritz/Becker, § 31 WpHG Rz. 219 (nur gleichwertig).
11 Vgl. zum WpHG a.F. *Brenncke*, Werbung, S. 713.
12 Abw. zum WpHG a.F. *Voß* in Just/Voß/Ritz/Becker, § 31 WpHG Rz. 234.
13 § 63 Abs. 1 WpHG; Art. 44 Abs. 2 lit. b DelVO 2017/565.
14 Erwägungsgrund Nr. 67 DelVO 2017/565; MaComp Ziff. BT 3.3.3 Nr. 2. Zum WpHG a.F. *Brenncke*, Werbung, S. 716 f. fordert zutr. die Berücksichtigung der Erkenntnisse der Konsumenten- und Behavioral Finance Forschung, derzufolge verbreitet versucht wird, das durch Informationen zu Risiken ausgelöste Gefühl des Unbehagens zu vermeiden oder herunterzuspielen, weshalb dafür Sorge zu tragen sei, dass dem bei der Aufbereitung der Informationen entgegengewirkt wird. Vgl. auch ESMA 2016/1165 v. 11.10.2016, Questions and Answers relating to the provision of CFDs and other speculative products to retail investors under MiFID, Section 3 Answer 1, Ziff. 2.
15 Bei gedruckten Informationen im selben Dokument (MaComp Ziff. BT 3.3.3 Nr. 4). Verweisungen auf andere Dokumente, selbst wenn sie beigelegt worden sind, oder auf Internetseiten oder der Hinweis auf eine Beratung reichen nicht

es nicht an, einerseits von Ertragschance und andererseits statt von einem 50-prozentigen Verlustrisiko von einem „50 % Sicherheitspuffer" zu sprechen, aus dem das Verlustrisiko abgeleitet werden muss[1]. An einer gleichwertigen Information über das Risiko fehlt es auch bei Finanzinstrumenten, die in ihrer Laufzeit begrenzt oder begrenzbar sind, wenn „Risiken: höhere Kursschwankungen durch Aktien-, Zins- und Währungsschwankungen" formuliert wird, weil damit insinuiert wird, dass die Sicherheit einer Erholung besteht[2]. Es muss deutlich werden, dass Rendite und Risiko in einem festen Zusammenhang stehen. Dass auf Risiken in gleicher Schriftgröße[3] wie auf die Vorteile hingewiesen werden muss und dass die Hinweise nicht in einem schwer lesbarem Text[4], in Fußnoten[5] oder Disclaimern versteckt werden dürfen[6], ergibt sich bereits aus Art. 44 Abs. 2 lit. c DelVO 2017/565. Auch Gefühle der Anleger dürfen nicht einseitig angesprochen werden[7]. Auf Angaben zu Risiken kann verzichtet werden, wenn diese praktisch zu vernachlässigen sind.

Aus Art. 44 Abs. 2 lit. b DelVO 2017/565 darf nicht geschlossen werden, dass auf Risiken nur hingewiesen werden muss, wenn ein **Vorteil des Produkts erwähnt** wird[8]. Vielmehr ergibt sich das Gebot, die Risiken zu erwähnen, bereits aus Art. 44 Abs. 2 lit. d DelVO 2017/565 (Gebot der „ausreichenden" Information)[9]. 73

6. Informationen zu wichtigen Punkten, Aussagen, Warnungen (Art. 44 Abs. 2 lit. e DelVO 2017/565). Soweit die Vorschrift die **Abschwächung** „wichtiger"[10] Punkte (items, élements), Aussagen (statements, déclarations) und Warnungen (warnings, avertissements) verbietet, gibt sie nur das wieder, was das allgemeine Redlichkeitsgebot und Irreführungsverbot des § 63 Abs. 1 WpHG anordnet[11]. Im Verhältnis zu Art. 44 Abs. 2 lit. b DelVO 2017/565 konkretisiert mithin Art. 44 Abs. 2 lit. e DelVO 2017/565 das Gebot der Redlichkeit. Ob etwas abgeschwächt[12] bzw. verschleiert wird[13], ist vom Empfängerhorizont eines durchschnittlichen Privat- oder professionellen Kunden des maßgeblichen (Rz. 64) Verkehrskreises aus zu beurteilen. Ein Risiko wird z.B. heruntergespielt, wenn auf ein Verlustrisiko mit den Worten „theoretisch unbegrenzt" hingewiesen wird, und damit insinuiert wird, dass gravierende Verluste höchst unwahrscheinlich seien, obwohl sie eine konkrete Gefahr darstellen[14]. Abgeschwächt dargebotene Warnungen sind ohne Rücksicht darauf rechtswidrig, ob eine Pflicht zur Warnung bestand oder ob die Abschwächung die konkrete Gefahr einer Irreführung ausgelöst hat. 74

Soweit Art. 44 Abs. 2 lit. e DelVO 2017/565 untersagt, **wichtige Aussagen unverständlich** darzustellen, ist dieses Verbot im Licht des Art. 44 Abs. 2 lit. d DelVO 2017/565, der uneingeschränkt für alle Arten von Aussagen Verständlichkeit vorschreibt (Rz. 64), redundant. Dem Art. 44 Abs. 2 lit. e DelVO 2017/565 wird man eher gerecht, wenn man ihm entnimmt, dass **wichtige Aussagen** im Vergleich zu weniger wichtigen Aussagen besonders **betont** werden müssen[15]. Gleiches gilt für Warnungen, die eher wahrgenommen werden, wenn sie in direkter Rede erfolgen[16]. 75

---

aus. Ebenso zum WpHG a.F. *Brenncke*, Werbung, S. 732. Weitergehend zum WpHG a.F. *Voß* in Just/Voß/Ritz/Becker, § 31 WpHG Rz. 224 ff.

1 Vgl. zum WpHG a.F. *Köhler*, WM 2009, 385, 389; ferner *Göres* in *Jost*, Compliance in Banken, S. 224 (die Risiken werden mit der Formulierung „dies könnte eintreten..." dargestellt, während die Gewinnchancen klar hervorgehoben werden).
2 A.A. zum WpHG a.F. *Walz* in *Krimphove/Kruse*, MaComp, BT 3 Rz. 74.
3 Vgl. zum WpHG a.F. *Brenncke*, Werbung, S. 725; wohl auch *Köhler*, WM 2009, 385, 389.
4 Vgl. zum WpHG a.F. *Brenncke*, Werbung, S. 726.
5 Vgl. zum WpHG a.F. *Köhler*, WM 2009, 385, 388.
6 Vgl. zum WpHG a.F. *Zeidler*, WM 2008, 238, 241.
7 A.A. zum WpHG a.F. *Brenncke*, Werbung, S. 730 f., der argumentiert, dass das WpHG nur auf der kognitiven Ebene Schutzmaßnahmen treffe und gesicherte Erkenntnisse darüber fehlten, welchen Einfluss eine gefühlsbetonte Werbung besitze. Wenn dem so ist, liegt es nahe, vorzusehen, dass sich die Werbung nicht auf der emotionalen Ebene bewegt.
8 Art. 44 Abs. 2 lit. b DelVO 2017/565 stellt darauf ab, ob Bezugnahmen zu Vorteilen „enthalten" [referencing] sind). Vgl. auch zum WpHG a.F. *Walz* in Krimphove/Kruse, MaComp, BT 3 Rz. 63: Nur das mit dem erwähnten Vorteil in seiner Bedeutung korrespondierende Risiko.
9 Ebenso zum WpHG a.F. *Brenncke*, Werbung, S. 728.
10 Vgl. zum WpHG a.F. *Brenncke*, Werbung, S. 758 ff. Ihm zufolge ist alles wichtig, was den Kunden in der Lage versetzt, die genaue Art und die Risiken der Wertpapierdienstleistungen und des speziellen Typs von Finanzinstrumenten zu verstehen.
11 Abw. zum WpHG a.F. *Brenncke*, Werbung, S. 702, 761.
12 Vgl. zum WpHG a.F. *Brenncke*, Werbung, S. 763 (so verharmlost, dass die eigentliche Bedeutung nicht leicht erfassbar ist).
13 Vgl. zum WpHG a.F. *Brenncke*, Werbung, S. 762 (dem Text wird die leichte Erfassbarkeit genommen). Beispiel: Die Chancen werden unter „Vorteile des Produkts" ausdrücklich aufgeführt, während auf die Produktrisiken im Abschnitt „Für wen eignet sich das Produkt?" geschlossen werden muss (MaComp Ziff. BT 3.3.1 Nr. 4). Zum Verschleiern vgl. ferner *Köhler*, WM 2009, 385, 389.
14 Unklar BGH v. 22.3.2011 – XI ZR 33/10, ZIP 2011, 756, 758 = AG 2011, 412: wenn das „theoretisch unbegrenzte Verlustrisiko" „bei entsprechender Entwicklung" realistisch ist. Eine bestimmte Entwicklung kann nämlich höchst unwahrscheinlich sein. Vgl. ferner zum Verharmlosen OLG Naumburg v. 1.2.2012 – 5 U 187/11, BKR 2013, 115, 116, 119; OLG München v. 27.3.2012 – 5 U 4137/11, BKR 2013, 262 (bei einem Swap-Geschäft „Risiko ist kalkulierbar").
15 A.A. zum WpHG a.F. *Brenncke*, Werbung, S. 763.
16 *Klöhn* in Fleischer/Zimmer, Beitrag der Verhaltensökonomie (Behavioral Economics) zum Handels-und Wirtschaftsrecht, 2011, S. 83, 90 ff.

76 Aus Art. 44 Abs. 2 lit. e DelVO 2017/565 darf nicht im Umkehrschluss abgeleitet werden, dass nur **wichtige Aussagen** nicht zum Nachteil des Kunden abgeschwächt oder verschleiert werden dürfen[1]. Die Vorschrift überlagert das Redlichkeitsgebot und Irreführungsverbot des § 63 Abs. 1, Abs. 6 Satz 1 WpHG nicht vollständig, so dass hinsichtlich der **unwichtigen Aussagen** auf diese zurückzugreifen ist. Das hat zur Folge, dass auch bei unwichtigen Aussagen von Fall zu Fall geprüft werden muss, ob die abschwächende bzw. verschleiernde Information für die Anlageentscheidung erfahrungsgemäß von Bedeutung ist.

77 **7. Vergleich von Wertpapierdienstleistungen etc. (Art. 44 Abs. 3 DelVO 2017/565).** Ein Vergleich ist grundsätzlich zulässig. Die Wertpapierdienstleistungsunternehmen haben dabei allerdings eine Reihe von zusätzlichen Voraussetzungen zu erfüllen. Zunächst gilt auch hier, dass Art. 44 Abs. 3 DelVO 2017/565 nicht abschließend regelt, unter welchen Bedingungen ein Vergleich erlaubt ist. Vielmehr sind – wie immer – die allgemeinen Redlichkeitsgebote und Irreführungsverbote zu beachten[2]. Werden Dienstleistungen etc. von Mitbewerbern verglichen, so ist außerdem § 6 UWG zu berücksichtigen[3], soweit § 63 Abs. 6 WpHG nicht wirksam etwaigen Wettbewerbsverzerrungen einen Riegel vorschiebt. Viele der im Rahmen des § 6 UWG relevanten Gesichtspunkte spielen auch bei der Anwendung des Art. 44 Abs. 3 DelVO 2017/565 eine Rolle. So ist ein Vergleich nur aussagekräftig[4], wenn er auf Dienstleistungen etc. bezogen ist, die den gleichen Bedarf abdecken sollen (vgl. § 6 Abs. 2 Nr. 1 UWG), die also in den angesprochenen Kundenkreisen als austauschbar angesehen werden, und (nur) dann, wenn die wesentlichen Eigenschaften der Dienstleistung etc. objektiv angemessen miteinander verglichen werden[5]. Der Vergleich darf nicht offensichtlich ausschließlich dazu dienen, andere Finanzinstrumente etc. herabzuwürdigen[6]. Der Vergleich ist ferner nur dann redlich, wenn die für den Vergleich herangezogenen Informationsquellen sowie die wesentlichen Fakten und Hypothesen angegeben werden[7]. In diesem Zusammenhang kann eine Parallele zur Offenlegungspflicht bei Finanzanalysen gezogen werden (Art. 20 VO Nr. 596/2014).

78 **8. Aussagen zur Wertentwicklung. a) Aussagen zur früheren Wertentwicklung (Art. 44 Abs. 4 DelVO 2017/565).** Die Vorschrift trägt dem Umstand Rechnung, dass Privatkunden, aber auch manche professionelle Kunden[8] irrational geneigt sind, die Entwicklung in der Vergangenheit in die Zukunft hinein fortzuschreiben, obwohl die Zukunft notwendig offen ist, Trends abbrechen oder sich sogar umkehren können[9]. Hinzu kommt, dass durch eine geschickte Auswahl von Zeiträumen bei den Anlegern der Eindruck erweckt werden kann, der ausgewählte Zeitraum sei für die Entwicklung des Finanzinstruments signifikant. Die Aussagen[10] zur tatsächlichen früheren Wertentwicklung müssen geeignet[11] sein; sie dürfen selbst bei technischen Analysen oder in Kurscharts weder vom Text[12] noch der Optik her besonders in den Vordergrund gerückt werden[13]. Sie dürfen deshalb nur dann andere Angaben unterstützen[14], nicht aber als zentrale Aussage oder als Blickfang wirken. Grafische Elemente wirken tendenziell als Blickfänger[15]. Die Aussagen zur Wertentwicklung müssen im Einklang mit dem allgemeinen Grundsatz des Art. 44 Abs. 2 lit. d DelVO 2017/565 verständlich sein; die Zeiträume und Informationsquellen müssen eindeutig (Rz. 61) und nachprüfbar angegeben werden[16].

---

1 Abw. zum WpHG a.F. *Brenncke*, Werbung, S. 757 f.
2 § 63 Abs. 6 WpHG, Art. 24 Abs. 3 RL 2014/65/EU. Zusätzlich zum allgemeinen Verbot der Irreführung und zum allgemeinen Gebot verständlicher Informationen *Brenncke*, Werbung, S. 792.
3 Weitergehend zum WpHG a.F. *Zeidler*, WM 2008, 238, 241: immer, weil die Werbung sonst nicht redlich ist. Eingeschr. wie hier i.E. *Brenncke*, Werbung, S. 787 f.
4 Art. 44 Abs. 3 lit. a DelVO 2017/565.
5 Eingehend zum WpHG a.F. *Brenncke*, Werbung, S. 775 ff.
6 Gebot der Ausgewogenheit (Art. 44 Abs. 3 lit. a DelVO 2017/565).
7 Art. 44 Abs. 3 lit. b, c DelVO 2017/565.
8 Diese werden ebenfalls geschützt (Art. 44 Abs. 1 DelVO 2017/565).
9 Vgl. zum WpHG a.F. *Jordan*, Behavioral Finance und Werbung für Investmentfonds, 2004, S. 192 ff.; *Weber*, Genial einfach investieren, S. 43; *Moloney*, How to protect investors, S. 305; *Brenncke*, Werbung, S. 792, 818, 1207 ff.
10 Darunter fallen nicht Informationen zu Kursverläufen, die der Kunde auf einer Datenbank des Wertpapierdienstleistungsunternehmens abrufen kann.
11 Art. 44 Abs. 4 lit. b DelVO 2017/565. In der Regel geeignet sind absolute oder relative Prozentangaben, wie z.B. „zwischen Datum und Datum 50 Prozent Wertsteigerung" oder „50 Prozent mehr Wertsteigerung als ...". Grundsätzlich als geeignet sollen auch absolute oder relative Wertangaben anzusehen sein, wie z.B. „Kurs am Datum 40 Euro/Kurs am Datum 50 Euro" oder „1 000 Euro plus zwischen Datum und Datum" oder „zwischen Datum und Datum 50 Euro mehr Wertzuwachs als ...". Vgl. MaComp Ziff. BT 3.3.4.1.1.
12 Reihenfolge der Erwähnung, Umfang der Darstellung etc.
13 Art. 44 Abs. 4 lit. a DelVO 2017/565; MaComp Ziff. BT 3.3.4.1.
14 Vgl. zum WpHG a.F. *Zeidler*, WM 2008, 238, 242. Einschr. *Brenncke*, Werbung, S. 796 (Verbot, die historische Wertentwicklungsangabe zur auffälligsten Angabe zu machen).
15 Vgl. zum WpHG a.F. *Brenncke*, Werbung, S. 795.
16 Art. 44 Abs. 4 lit. c DelVO 2017/565; MaComp Ziff. BT 3.3.4.

Die **Wertangabe**n können in Textform oder grafisch erfolgen[1]. Die Jahres-[2] und die Monatsfristen i.S.d. Art. 44 Abs. 4 lit. b DelVO 2017/565 sind strikt[3] einzuhalten. Sollen Wertangaben über fünf Jahre gemacht werden, so haben diese jeweils 12 Monate abzudecken[4]. Liegen Angaben zur realen Wertentwicklung nicht für den vollen Zeitraum von fünf Jahren vor, müssen diese den gesamten verfügbaren Zeitraum und zwar jeweils 12 Monate abdecken[5]. Ist ein längerer Zeitraum verfügbar, so kann dieser dargestellt werden[6]. Eine Information über die Wertentwicklung hat zu unterbleiben, wenn der Zeitraum von 12 Monaten unterschritten wird[7]. Hiervon ist eine begrenzte Ausnahme bei nicht-werblichen, von Kunden nachgefragten wertungsfreien Informationen, wie z.B. Informationen in automatisierten Internet-Kursdatenbanken, und außerdem bei der notwendigen Produktinformation im Rahmen einer Anlageberatung i.S.d. § 64 WpHG zuzulassen[8]. Der Kursverlauf darf selbst innerhalb eines 12-Monats- Zeitraums nicht übermäßig geglättet werden, weil dies die Volatilität des Finanzinstruments in einem falschen Licht erscheinen lassen kann. Unzulässig sind kumulierte, den gesamten Betrachtungszeitraum betreffende Wertentwicklungsangaben oder annualisierte Durchschnittswerte für mehrjährige Zeiträume, es sei denn, dass die tatsächliche Wertentwicklung über den gesamten Betrachtungszeitraum gleichbleibend war[9]. Die Referenzzeiträume und die Informationsquellen sind eindeutig (Rz. 61) anzugeben[10]. „Vorausgehenden ... Jahre" bedeutet, dass ein angemessener Zeitraum für die Erstellung der Marketingmitteilung und deren Einsatz berücksichtigt werden darf[11]. Bei Wertveränderungen nach Ende des dargestellten Zeitraums, die zu Irreführungen bei den Anlegern führen können (Rz. 62), dürfen die Marketingmitteilungen nicht (weiter) verwandt werden[12]. Daran ändert auch nichts der Hinweis auf das Erstellungsdatum oder darauf, dass sich seit der Erstellung der Marketingmitteilung möglicherweise wesentliche Änderungen ergeben haben[13].

Irreführungen von Anlegern, die den Unterschied zwischen Brutto- und Nettowertentwicklung nicht erkennen, ist dadurch entgegenzuwirken, dass nicht nur offen gelegt wird, dass alle die Kunden treffenden **Transaktionskosten**[14] die Wertentwicklung beeinflussen, sondern grds. auch, „wie", d.h. in welcher Größenordnung[15], die Transaktionskosten für die Wertentwicklung von Bedeutung sind[16]. Zulässig ist es, zur Ermittlung der bereinigten Wertentwicklung einen Wertentwicklungsrechner einzusetzen, in den die maßgeblichen individuellen Daten der Kunden eingegeben werden. Bei Online-Angeboten eines Wertpapierdienstleistungsunternehmens können die Kunden auf die Möglichkeit verwiesen werden, mittels eines Online-Wertentwicklungsrechners die Berechnung selbst vorzunehmen. Erfolgen die Angaben zur Wertentwicklung in der Währung eines Staates, in dem die als Adressaten der Information in Betracht kommenden Privatkunden nicht ansässig sind, ist diese Währung eindeutig (Rz. 61) zu bezeichnen und darüber hinaus davor zu warnen, dass die Rendite infolge von Währungsschwankungen steigen oder fallen kann[17].

Außerdem muss deutlich (Rz. 43), ohne Verschleierung oder Abschwächung (Rz. 74) davor **gewarnt werden**, dass sich die Zahlenangaben auf die **Vergangenheit** beziehen und dass die frühere Wertentwicklung **kein verlässliches Indiz** für die zukünftige Entwicklung liefert[18]. Der Hinweis darauf, dass die Fortsetzung der früheren

---

1 Vgl. zum WpHG a.F. *Brenncke*, Werbung, S. 813.
2 Im Sinn von 12-Monatszeiträumen (MaComp Ziff. BT 3.3.4.1.2).
3 Abw. zum WpHG a.F. *Baur* in Renz/Hense, Wertpapier-Compliance, S. 355 (neben die gesetzlichen Vorgaben dürfen ergänzend weitere Performanceangaben treten); ebenso *Köhler*, WM 2009, 385, 390; *Brenncke*, Werbung, S. 803 ff.
4 Art. 44 Abs. 4 lit. b DelVO 2017/565 (die Formulierung „dans tous les cas" steht neben einem Strichpunkt). Die englische Fassung verwendet die Formulierung „in every case" im Sinn von „in jeder Fallgruppe".
5 MaComp Ziff. BT 3.3.4.1.3; *Baur* in Renz/Hense, Wertpapier-Compliance, S. 355; abw. *Köhler*, WM 2009, 385, 390; *Walz* in Krimphove/Kruse, MaComp, BT 3 Rz. 82.
6 MaComp Ziff. BT 3.3.4 (deutlich). Vgl. zum WpHG a.F. *Brenncke*, Werbung, S. 803 f.
7 MaComp Ziff. BT 3.3.4.1.4. Zulässig bleiben Angaben zum aktuellen Wert. Vgl. zum WpHG a.F. EU-Kommission, Your Questions on MiFID, Questions and Answers, Stand 31.10.2008, Question Nr. 190; *Köhler*, WM 2009, 385, 390.
8 Vgl. MaComp Ziff. BT 3.3.4.1.5; *Zeidler*, WM 2008, 238, 242 f.; *Baur* in Renz/Hense, Wertpapier-Compliance, S. 355 f.; Weitergehend *Köhler*, WM 2009, 385, 390 (Kunde bittet ausdrücklich um Information); ebenso *Brenncke*, Werbung, S. 801.
9 MaComp Ziff. BT 3.3.4.1.1. *Brenncke*, Werbung, S. 800 ff. fordert zum WpHG a.F., dass Angaben für jeden vollständigen Zwölfmonatszeitraum gemacht werden.
10 Art. 44 Abs. 4 lit. c DelVO 2017/565.
11 MaComp Ziff. BT 3.3.4.1.2 Nr. 2 f. Vgl. zum WpHG a.F. *Brenncke*, Werbung, S. 806 ff.
12 MaComp Ziff. BT 3.3.4.1.2 Nr. 3. Dies gilt auch, wenn sich die Änderung erst kurz nach Redaktionsschluss ergibt. Ähnlich zum WpHG a.F. *Walz* in Krimphove/Kruse, MaComp, BT 3 Rz. 85 (stark abweicht). Abw. *Köhler*, WM 2009, 385, 391 (wesentliche negative Änderung).
13 Vgl. zum WpHG a.F. *Brenncke*, Werbung, S. 810 ff.
14 Hierunter fallen alle eurem Kunden aufgrund des Ankaufs, des Haltens oder Verkaufs eines Finanzinstruments oder der Inanspruchnahme einer Wertpapierdienstleistung zwingend entstehenden finanziellen Aufwendungen, z.B. Agio, Ordergebühren, Maklercourtagen, die Depot- und andere Verwahrungsgebühren.
15 Zu Einzelheiten einer praktikablen Umsetzung des Gebots s. MaComp Ziff. BT 3.3.4.1.7 Nr. 2. Vgl. zum WpHG a.F. *Brenncke*, Werbung, S. 820. Großzügiger *Köhler*, WM 2009, 385, 390 (mathematische Formel oder Angebot, von Fall zu Fall die konkreten Auswirkungen zu berechnen); krit. *Walz* in Krimphove/Kruse, MaComp, BT 3 Rz. 93 ff.
16 Art. 44 Abs. 4 lit. f DelVO 2017/565; MaComp Ziff. BT 3.3.4.1.7.
17 Art. 44 Abs. 4 lit. e DelVO 2017/565; MaComp Ziff. BT 3.3.4.
18 Art. 44 Abs. 4 lit. d DelVO 2017/565; MaComp Ziff. BT 3.3.4.

Wertentwicklung nicht „garantiert" sei, genügt nicht[1]. Die Warnung muss aus den Informationen zur früheren Wertentwicklung hervorstechen[2] und erhöhte Aufmerksamkeit erregen[3]. Sie muss mithin unübersehbar bzw. bei mündlichen Informationen unüberhörbar sein. Fußnoten genügen nicht[4].

82 b) **Simulation früherer Wertentwicklung (Art. 44 Abs. 5 DelVO 2017/565).** Angaben zur früheren Wertentwicklung auf der Basis von Simulationen basieren nur begrenzt auf nachprüfbaren Tatsachen und enthalten im Schwerpunkt Werturteile, da sie mit Hypothesen arbeiten. Sie sind mit anderen Worten fiktiver Natur. Art. 44 Abs. 5 DelVO 2017/565 hat sie nicht gänzlich untersagt, sondern grundsätzlich **gestattet**[5]. Zulässig sind Simulationen ausschließlich in Hinblick auf Finanzinstrumente und Finanzindices[6], deren konkrete Ausgestaltung nicht von späteren Ermessensentscheidungen abhängt. Sie sind nur dann als redlich zu erachten, wenn ihre Ergebnisse aus der Sicht von Finanzsachverständigen als plausibel erscheinen.

83 Die Simulationen dürfen nicht reine **Phantasieprodukte** darstellen, sondern müssen durchweg auf den für das jeweilige Finanzinstrument maßgeblichen Tatsachen[7] gründen[8], die offen zu legen sind[9]. In Betracht kommen nur Finanzinstrumente oder Finanzindices, die mit dem Finanzinstrument bzw. Finanzindex, dessen Wertentwicklung simuliert wird, ganz oder im wesentlichen übereinstimmen oder dem Finanzindex zugrunde liegen[10]. Wenn die Bruttowertentwicklung simuliert wird, sind auch hier die Transaktionskosten in Form von Provisionen, Gebühren oder anderen Entgelten zu berücksichtigen[11]. Die der Simulation zugrunde liegenden Angaben müssen mindestens den Zeitraum von einem Jahr abdecken[12]. Die **Zeiträume** des Art. 44 Abs. 4 lit. b DelVO 2017/565 (Rz. 79)[13] sind zu beachten. Unzulässig ist es, einzelne Bestandteile eines Korbes, die keine entsprechende reale Kurshistorie besitzen, durch vergleichbare Finanzinstrumente, Basiswerte oder Finanzindizes zu ersetzen[14]. Es dürfen auch nicht **Angaben realer und simulierter Wertentwicklungen kombiniert** werden[15], es sei denn, dass klar und deutlich hervorgehoben wird, welche Angaben realer und welche simulierter Natur sind[16].

84 Das allgemeine Irreführungsverbot (§ 63 Abs. 1, Abs. 6 WpHG) gebietet zusätzlich, in Form einer deutlichen[17] **Warnung** (Rz. 74) mitzuteilen[18], dass die Wertentwicklung lediglich simuliert wird. Dabei ist deutlich darauf aufmerksam zu machen, dass die frühere Wertentwicklung kein verlässlicher Indikator für künftige Ergebnisse ist[19].

85 c) **Angaben zur künftigen Wertentwicklung (Art. 44 Abs. 6 DelVO 2017/565).** Jede Prognose ist mit einem beträchtlichen Unsicherheitsfaktor belastet, da die Entwicklung in der Zukunft offen ist. Prognosen über eine bestimmte künftige Entwicklung sind daher reine Werturteile und Behauptungen[20]. Art. 44 Abs. 6 DelVO 2017/565 begrenzt gleichwohl Prognosen nicht auf die Angaben über Schwankungsbreiten und Wahrscheinlichkeiten[21], sondern untersagt nur einige für die Kunden extrem gefährliche Praktiken. So verbietet Art. 44 Abs. 6 lit. a DelVO 2017/565 Prognosen auf hypothetische Vergangenheitsdaten zu gründen, weil diese das Prognoserisiko wesentlich erhöhen. Die Prognosen müssen ähnlich den Simulationen (Rz. 82) angemessen durch objektive Daten gestützt[22], realistisch[23] und damit überprüfbar sein. Auch hier gilt es, falschen Erwartungen über die Bruttowertentwicklung dadurch entgegenzuwirken, dass die Einflüsse der Transaktionskosten angegeben werden[24]. Dabei darf das Wertpapierdienstleistungsunternehmen die aktuellen Provisionen etc. zu-

---

1 Vgl. zum WpHG a.F. *Zeidler*, WM 2008, 238, 242; *Rothenhöfer* in Schwark/Zimmer, § 31 WpHG Rz. 129.
2 Insoweit zum WpHG a.F. krit. *Walz* in Krimphove/Kruse, MaComp, BT 3 Rz. 79.
3 Vgl. zum WpHG a.F. *Brenncke*, Werbung, S. 816.
4 A.A. zum WpHG a.F. *Walz* in Krimphove/Kruse, MaComp, BT 3 Rz. 79.
5 Krit. *Moloney*, How to protect investors, S. 306.
6 Art. 44 Abs. 5 Halbsatz 1 DelVO 2017/565.
7 Ist ein Aktienkorb der Basiswert, so sind alle Aktien dieses Korbes maßgeblich; vgl. zum WpHG a.F. *Zeidler*, WM 2008, 238, 243; *Brenncke*, Werbung, S. 826.
8 Art. 44 Abs. 5 lit. a, b DelVO 2017/565; MaComp Ziff. BT 3.3.4.1.8 Nr. 1.
9 Art. 44 Abs. 5 lit. b i.V.m. Art. 44 Abs. 4 lit. c DelVO 2017/565.
10 MaComp, Ziff. BT 3.3.4.1.8 Nr. 2.
11 Art. 44 Abs. 5 lit. b i.V.m. Art. 44 Abs. 4 lit. f DelVO 2017/565.
12 Vgl. zum WpHG a.F. *Brenncke*, Werbung, S. 828.
13 Art. 44 Abs. 5 lit. b DelVO 2017/565.
14 Zum WpHG a.F. krit. *Walz* in Krimphove/Kruse, MaComp, BT 3 Rz. 105.
15 Art. 44 Abs. 5 lit. a DelVO 2017/565; MaComp Ziff. BT 3.3.4.1.8 Nr. 5.
16 Es werden z.B. viereinhalb Jahre auf die tatsächliche Wertentwicklung, ein halbes Jahr auf eine simulierte Wertentwicklung gestützt. Vgl. zum WpHG a.F. MaComp Ziff. BT 3.3.4.1.8 Nr. 7.
17 S. Rz. 43.
18 Art. 44 Abs. 5 lit. c DelVO 2017/565.
19 Art. 44 Abs. 5 lit. c DelVO 2017/565; s. auch Rz. 81.
20 *Weber*, Genial einfach investieren, S. 207 ff.; vgl. zum WpHG a.F. *Wagner*, NZG 2010, 857; *Brenncke*, Werbung, S. 831.
21 *Weber*, Genial einfach investieren, S. 43 f., hält nur ein Denken in Schwankungsbreiten für sinnvoll.
22 Art. 44 Abs. 6 lit. b DelVO 2017/565; MaComp Ziff. BT 3.3.4.2.
23 Vgl. zum WpHG a.F. CESR/01-013b v. Oktober 2001, S. 24; *Brenncke*, Werbung, S. 833.
24 Art. 44 Abs. 6 lit. c DelVO 2017/565; MaComp Ziff. BT 3.3.4.2.

grundelegen und braucht keine Steigerung der Kosten für die Zukunft zu unterstellen. Die Angaben müssen auf sowohl positiven als auch negativen Szenarien[1] mit unterschiedlichen Marktbedingungen beruhen[2]. Sie müssen die Art und die Risiken der in die Prognose einbezogenen Arten von Instrumenten widerspiegeln[3]. Außerdem ist deutlich vor der Annahme zu warnen (Rz. 84), dass die Prognosen einen verlässlichen Anhaltspunkt für die künftige Wertentwicklung liefern[4].

9. Gebot ausreichender Informationen (Art. 44 Abs. 2 lit. d DelVO 2017/565). Art. 44 Abs. 2 lit. d DelVO 2017/565 sagt nicht ausdrücklich, zu welchem Zweck die Information „ausreichend" (sufficient) sein muss, um als fair und nicht irreführend zu gelten. Denkbar wäre es zu fordern, dass die Informationen für eine ausreichend fundierte Anlageentscheidung derselben Art[5] genügen müssen. Man kann aber aus dem Erfordernis „ausreichend" auch ableiten, dass kein falscher Gesamteindruck erzeugt werden darf[6]. Für letzteres streitet, dass das Gebot auf Marketingmitteilungen (Rz. 58) erstreckt wird, die nicht immer die vollständigen Informationen für eine Anlageentscheidung enthalten können, wenn sie nicht ihre Funktion verlieren sollen, Kontakte anzubahnen. Gleichwohl ist auch bei Informationen, die sich auf die reine Imagewerbung beschränken (Rz. 58), zu fordern, dass sie, ohne ins Detail zu gehen, für den angepeilten Kundenkreis[7] die wichtigsten, aktuellen Eigenschaften des Finanzinstruments[8] oder der Wertpapier(neben)dienstleistung samt den wesentlichsten Risiken und die auf die relevanten Kunden zukommenden wesentlichsten finanziellen Belastungen[9] darstellen[10]. Die auf die Emotionen zielenden Elemente von Marketingmitteilung dürfen deren sachlich-kognitiven Gehalt nicht in den Hintergrund drängen[11]. Zum anderen darf nicht außer Acht gelassen werden, dass Art. 44 Abs. 2 DelVO 2017/565 nicht nur Pflichtinformationen i.S.d. § 63 Abs. 7 WpHG im Auge hat, sondern auch freiwillige Informationen. Bei Pflichtinformationen i.S.d. § 63 Abs. 7 WpHG sagt die Vorschrift als lex specialis, welchen Umfang diese haben müssen[12].

86

10. Steuerliche Behandlung (Art. 44 Abs. 7 DelVO 2017/565). Bei Angaben zur steuerlichen Be- oder Entlastung muss deutlich (Rz. 43) darauf hingewiesen werden, dass diese von den persönlichen Verhältnissen des Kunden abhängen und sich die steuerliche Be- bzw. Entlastung ändern kann.

87

11. Name der Behörde (Art. 44 Abs. 8 DelVO 2017/565). Der Name der Behörde darf nicht als Gütesiegel missbraucht werden[13]. Entscheidend ist die Sicht eines verständigen Kunden des maßgeblichen Verkehrskreises (Rz. 64). Der Einsatz des Namens der Behörde als Gütesiegel darf sich nicht aufdrängen[14].

88

12. Ausnahmen (§ 63 Abs. 6 Satz 3, Abs. 8 WpHG). Die **§ 302 KAGB und § 15 WpPG gehen vor** (§ 63 Abs. 6 Satz 3 WpHG)[15]. Auf diese Weise soll verhindert werden, dass die Wertpapierdienstleistungsunternehmen kollidierenden Regeln unterworfen werden. Dort, wo es nicht zu Kollisionen kommt, sind die allgemeinen Regeln zu beachten, soweit dies bei der Weitergabe von Informationen geboten ist. Beachte ferner § 63 Abs. 8 WpHG (Rz. 128).

89

VIII. Pflichtinformationen vor bzw. bei der Erbringung von Wertpapier(neben)dienstleistungen (Art. 46 ff. DelVO 2017/565; § 63 Abs. 7 WpHG). 1. Allgemeines. a) Anwendungsbereich. § 63 Abs. 7 WpHG sagt, **welche Mindestinformationen** ein Wertpapierdienstleistungsunternehmen **vor dem Abschluss eines Vertrages**[16]

90

---

1 Vgl. § 11 Abs. 9 WpDVerOV.
2 MaComp Ziff. BT 3.3.4.2.
3 Art. 44 Abs. 6 lit. d DelVO 2017/565.
4 Art. 44 Abs. 6 lit. e DelVO 2017/565.
5 Erwägungsgrund Nr. 69 DelVO 2017/565.
6 Vgl. zum WpHG a.F. *Rothenhöfer* in Schwark/Zimmer, § 31 WpHG Rz. 113; *Brenncke*, Werbung, S. 742.
7 A.A. zum WpHG a.F. *Walz* in Krimphove/Kruse, MaComp, BT 3 Rz. 38.
8 Zum Begriff der Eigenschaften von Finanzinstrumenten s. Rz. 99 ff. Zu denken ist hier z.B. an die Mindest- und Höchstanlagedauer, sowie den Zeitraum, der verstreichen muss, bevor der Anleger Erträge erwarten kann, oder bei Bündelungs- bzw. Koppelungsprodukten die Benennung der verbundenen Elemente des Finanzprodukts (Rz. 109, 113, 129). Vgl. zum WpHG a.F. CESR/05-024c v. Januar 2005, S. 45; weitergehend FESCO/00-124b v. Februar 2001, S. 16; einschr. *Brenncke*, Werbung, S. 740 (Art des Finanzinstruments).
9 Zu denken ist hier an den Mindestbetrag, der investiert werden muss, an Zahlungen, die in der Zukunft noch anfallen können. Vgl. zum WpHG a.F. CESR/05-024c v. Januar 2005, S. 45.
10 Je komplizierter ein Produkt oder eine Dienstleistung unter Berücksichtigung ihrer Risiken ist, umso mehr Erklärungen müssen in der Regel gegeben werden; schon bei der Angabe zur Verzinsung muss klargestellt werden, dass Bedingungen bestehen (bis zu ... % Rendite).
11 Ähnlich zum WpHG a.F. *Brenncke*, Werbung, S. 861.
12 Verständnis der Art und Risiken der angebotenen oder nachgefragten Finanzinstrumente bzw. Wertpapierdienstleistungen für die Anlageentscheidung.
13 MaComp Ziff. BT 3.6; z.B. Hinweis auf die BaFin derart, dass der Eindruck hervorgerufen wird, die BaFin habe das Finanzinstrument als solches ausdrücklich gebilligt oder genehmigt.
14 Abw. zum WpHG a.F. *Brenncke*, Werbung, S. 845 (verstanden werden kann).
15 Abw. zum WpHG a.F. *Brenncke*, Werbung, S. 976 ff.
16 Art. 46 Abs. 1 DelVO 2017/565.

über die Erbringung einer Wertpapierdienstleistung oder Wertpapiernebendienstleistung[1], jedenfalls vor deren Erbringung seinen Privatkunden und professionellen Kunden[2] über sich selbst und seine Dienstleistungen, zu den Finanzinstrumenten und den vorgeschlagenen Anlagestrategien, zu den Ausführungsplätzen (§ 82 WpHG) und zu allen Kosten und Nebenkosten zu erteilen hat. Dies zwingt nicht zur Annahme, dass einmal erteilte Informationen im Rahmen der Kundenverbindung unverändert bleiben dürfen oder sogar müssten, da die Wertpapierdienstleistungsunternehmen die Kunden auf alle wesentlichen Änderungen (Rz. 96) in Hinblick auf die erteilten Informationen aufmerksam machen müssen[3]. Die Informationen haben natürlich auch den Vorgaben des § 63 Abs. 7 WpHG zu entsprechen. § 63 Abs. 7 WpHG kommt dort **nicht zum Tragen**, wo in Bezug auf die Informationspflichten andere Bestimmungen des Europäischen Gemeinschaftsrechts eingreifen, die Kreditinstitute und Verbraucherkredite betreffen (Rz. 128). Zur **Aufzeichnung** der erteilten Informationen s. § 83 Abs. 1 WpHG.

91 **b) Gebot differenzierter Information.** Art. 24 Abs. 5 Satz 2 RL 2014/65/EU erlaubt den Mitgliedstaaten in Hinblick auf die Art und Risiken der Wertpapier(neben)dienstleistungen und des speziellen Typs von Finanzinstrumenten, die Informationen in **standardisierter Form** zur Verfügung zu stellen. Von dieser Möglichkeit macht § 63 Abs. 7 Satz 2 WpHG Gebrauch. Es bleibt aber bei dem allgemeinen Grundsatz, dass Informationen für einen durchschnittlichen **Angehörigen der Gruppe**, an die sie gerichtet sind oder zu der sie wahrscheinlich gelangen, **verständlich** (Rz. 64, 93) sein müssen[4]. Art. 48 Abs. 2 Halbsatz 1 DelVO 2017/565 betont sogar, dass bei der Erteilung von Informationen zu Finanzinstrumenten nicht nur der Status[5], sondern auch der Kenntnisstand des einzelnen Kunden zu berücksichtigen sei. Die Einschränkung dieser Pflicht in Art. 48 Abs. 2 DelVO 2017/565 mit den Worten „soweit relevant" kann sich darauf beziehen, dass den Kunden keine überflüssigen Informationen zuteil werden sollen, aber auch darauf, dass gezielt individuelle Informationslücken zu schließen sind. Eine nach dem Kenntnisstand differenzierte Informationserteilung lässt sich realisieren, indem man unter Berücksichtigung der typischen Informationslücken Untergruppen von Kunden bildet und die standardisierten Informationen auf sie zuschneidet[6]. Die Aufklärung kann auf diese Weise zielgruppengerechter erfolgen. Das setzt allerdings voraus, dass die Wertpapierdienstleistungsunternehmen den Kenntnisstand der einzelnen Kunden in Erfahrung gebracht haben. In diesem Zusammenhang ist zu beachten, dass die Wertpapierdienstleistungsunternehmen gemäß dem § 63 Abs. 10 und dem § 64 Abs. 3 WpHG ohnehin die Kenntnisse ihrer Kunden ermitteln müssen. Jedenfalls in diesen Fallgruppen steht einer nach dem Kenntnisstand der Kunden differenzierten Aufklärung nichts im Wege. Außerdem können Wertpapierdienstleistungsunternehmen auf ihre Annahmen zurückgreifen, die sie bei der Bildung von Zielmärkten (§ 80 WpHG Rz. 135) gemacht haben. Lediglich bei Dienstleistungen gem. § 63 Abs. 11 WpHG bleibt für die Wertpapierdienstleistungsunternehmen vielfach der Kenntnisstand der Kunden im Dunkeln[7]. Die Vorgaben des Art. 48 Abs. 2 DelVO 2017/565 lassen sich mithin zumutbar in weiten Bereichen umsetzen.

92 Den Aufwand, der mit der Bildung zahlreicher Untergruppen (Rz. 91) verbunden ist, könnten Wertpapierdienstleistungsunternehmen dadurch verringern, dass sie alle Privatkunden mit maximalen Informationen versorgen, indem sie unterstellen, dass alle Kunden über sämtliche Risiken der verfügbaren Finanzinstrumente etc. unzureichend informiert sind. Dies ruft allerdings die Gefahr eines **„information overload"** hervor[8]. Am stärksten würde sie diejenigen Anleger treffen, die über die geringsten Kenntnisse verfügen und die deshalb besonders intensiv aufgeklärt werden müssen[9]. Gerade bei dieser Anlegerschicht ist in erhöhtem Maße zu befürchten, dass ihre Fähigkeiten zur Informationsaufnahme und -verarbeitung unterdurchschnittlich entwickelt sind. Die Gefahr eines „information overload" kann allerdings dadurch gemindert werden, dass die Information gut gegliedert wird, so dass diejenigen Punkte leicht übersprungen werden können, die den jeweiligen

---

1 Die Vorschrift erwähnt zwar ausdrücklich nur Finanzinstrumente und Wertpapierdienstleistungen, doch muss man sie auch dort heranziehen, wo Wertpapiernebendienstleistungen nachgefragt werden. Dies ergibt sich aus Art. 46 Abs. 1, Art. 48 Abs. 1, Art. 50 Abs. 2 DelVO 2017/565.
2 Auf geeignete Gegenparteien ist § 63 Abs. 7 WpHG nicht anzuwenden (§ 68 WpHG).
3 Art. 46 Abs. 4 DelVO 2017/565 schreibt dies nur hinsichtlich der gemäß den Art. 47 bis 50 DelVO 2017/565 zu übermittelnden Forderungen vor.
4 Art. 44 Abs. 2 lit. d DelVO 2017/565.
5 Erwägungsgrund Nr. 64 DelVO 2017/565. Darunter ist die Eingruppierung des Kunden (§ 67 WpHG) zu verstehen.
6 Abl. zum WpHG a.F. *Möllers* in KölnKomm. WpHG, § 31 WpHG Rz. 237. Vgl. aber IOSCO, Sound Practices for Investment Risk Education v. September 2015 (FR21/2015 [www.iosco.org/library/pupdocs/pdf/IOSCOPD505.pdf]), unter 5. (S. 48).
7 Im Fall des § 63 Abs. 11 WpHG kommt man nicht umhin, eine Einheitsinformation zuzulassen. Sie sollte bei Privatkunden davon ausgehen, dass diese über keinerlei Kenntnisse verfügen, um keine Schutzlücken entstehen zu lassen. Die Gefahr eines „information overload" muss hingenommen werden.
8 Vgl. *Hacker*, Verhaltensökonomie und Normativität, S. 429 ff., 753 f.; ferner zum WpHG a.F. *Kohlert*, Anlageberatung und Qualität – ein Widerspruch?, S. 224; *Stahl*, Information Overload am Kapitalmarkt, S. 80 ff.; *Eberius*, Regulierung der Anlageberatung und behavioral finance, 2013, S. 102 ff. S. ferner Rz. 63, 66.
9 Zu den Defiziten an finanzieller Allgemeinbildung s. *Evers/Jung*, Studie, S. 17, 125; *Leuering/Zetzsche*, NJW 2009, 2856, 2861.

Kunden bereits bekannt oder für sie offensichtlich irrelevant sind[1]. Gegen den Zweck des § 63 Abs. 7 WpHG verstößt[2] es, sämtlichen Kunden Handbücher zu übergeben, die allen Eventualitäten Rechnung tragen, weil derartige Handbücher die Durchschnittsanleger, die nur an einem Ausschnitt interessiert sind, veranlassen, sie zu „vergraben", statt sie durchzuarbeiten und von Fall zu Fall erneut zu studieren[3]. Gleiches gilt für CD-ROMs, die handbuchartig angelegt sind und für viele Jahre gelten sollen. *Hacker*[4] vertritt deshalb einleuchtend die Ansicht, dass die Kunden gestuft durch verschiedene Dokumente unterschiedlicher Komplexität[5] an den gesamten Stoff der Informationen herangeführt werden sollten. Dort, wo die Wertpapierdienstleistungsunternehmen sich über die Erfahrungen und Kenntnisse ihrer Kunden unterrichtet haben, ist ihnen zur Minderung der Gefahr eines „information overload" zuzumuten, in groben Zügen ihr Informationsmaterial am Kenntnisstand der Kunden auszurichten. Im Übrigen ist der „information overload" in § 63 Abs. 7 WpHG sowie in den Art. 46 ff. DelVO 2017/565 angelegt[6]. Dies macht deutlich, dass das Gesetz gravierende Schutzdefizite[7] in Kauf nimmt[8], der Anlegerschutz mithin gerade für die am schlechtesten informierten Kreise, die sich nicht beraten lassen wollen oder die Sinnhaftigkeit der Beratung nicht erkennen können, weitgehend auf dem Papier steht. Daran ändert § 64 Abs. 2 Satz 1 WpHG wenig, zumal die Aushändigung des kompakten Informationsblatts nur im Rahmen der Anlageberatung geschuldet ist.

c) Redlichkeit, Verständlichkeit der Information. Die Informationen müssen **redlich** (Rz. 17, 63) erteilt werden; sie dürfen nicht **irreführen** (Rz. 62). In Marketingmitteilungen (Rz. 58) enthaltene Informationen müssen mit den anderen Informationen im **Einklang** stehen, die im Rahmen der Erbringung einer Wertpapiernebendienstleistung übermittelt werden oder worden sind[9]. Beim Gebot der **Verständlichkeit**[10] von Informationen geht es nicht um das Ausmaß von Informationsdefiziten und damit den Umfang der erforderlichen Informationen, sondern um die Fähigkeit der Kunden, die Informationen des Wertpapierdienstleistungsunternehmens zu verarbeiten. Auch hier gilt, dass die Kunden die Informationen (Rz. 58, 91) verstehen können müssen (s. allgemein zum Gebot der Verständlichkeit § 63 WpHG Rz. 64). Die Fähigkeit, Informationen zu verstehen, hängt wesentlich sowohl vom Hintergrundwissen der Informationsadressaten als auch von ihren kognitiven und emotionalen Fähigkeiten ab, Informationen zu erfassen, zumal wenn sie in Textform erteilt worden sind. Weder § 63 Abs. 7 WpHG noch Art. 48 DelVO 2017/565 ordnen an, auf die Verständnisschwächen individueller Kunden Rücksicht zu nehmen. Gegenteiliges lässt sich nicht aus der Formulierung in § 63 Abs. 7 Satz 1 WpHG ableiten, dass die Kunden die Arten und Risiken von Finanzinstrumenten etc. verstehen und auf dieser Grundlage ihre Anlageentscheidungen treffen können müssen[11]. Mit der Zulassung standardisierter Informationen[12] hat der Gesetzgeber nämlich einer individualisierenden Betrachtungsweise eine Absage erteilt[13]. Daher sind die Verständnismöglichkeiten eines Durchschnittsanlegers seiner Gruppe maßgeblich[14]. Von diesem Standpunkt aus kommt es nicht nur auf die typischen Verständnismöglichkeiten von Privatkunden und professionellen Kunden an. Vielmehr haben die Wertpapierdienstleistungsunternehmen, wie allgemein bei Informationen (Rz. 64), die Verständnismöglichkeiten derjenigen Durchschnittsanleger des Marktes[15] (Rz. 65) im Auge zu behalten, an die sie sich wenden. Wenn Wertpapierdienstleistungsunternehmen z.B. Finanzinstrumente an typischerweise mit größeren Verständnisproblemen kämpfende Anleger vertreiben, sind die Durchschnittsanleger

93

---

1 Vgl. *Hacker*, Verhaltensökonomie und Normativität, S. 760.
2 Vgl. *Hacker*, Verhaltensökonomie und Normativität, S. 430 ff. zur Fähigkeit zur Kenntnisnahme; ferner *Kohlert*, Anlageberatung und Qualität – ein Widerspruch?, S. 234 f., der die Möglichkeit bezweifelt, wichtige von unwichtigen Informationen zu trennen.
3 A.A. zur die Broschüre „Basisinformationen über Vermögensanlage in Wertpapieren", *Möllers* in KölnKomm. WpHG, § 31 WpHG Rz. 252.
4 *Hacker*, Verhaltensökonomie und Normativität, S. 763 f.
5 Auf der ersten Stufe ein prägnantes, einleitendes Blatt zu den Chancen und Risiken; auf der zweiten Stufe ein Dokument von vielleicht 10–15 Seiten zu den Grundzügen der Vermögensanlage; auf der dritten Stufe die ausführliche Broschüre. Die Dokumente müssen jeweils in sich verständlich sein und auf die Dokumente zweiter und dritter Stufe verweisen.
6 Vgl. zum WpHG a.F. *Kasten*, Explorations- und Informationspflichten, S. 405 ff.; a.A. *Rothenhöfer* in Schwark/Zimmer, § 31 WpHG Rz. 172; *Kohlert*, Anlageberatung und Qualität – ein Widerspruch?, S. 224. Zum Information- Overload am Kapitalmarkt vgl. *Möllers/Kernchen*, ZGR 2011, 1, 9 ff.; *Stahl*, Information Overload am Kapitalmarkt, S. 80 ff.
7 Vgl. zum WpHG a.F. *Brenncke*, Werbung, S. 1234 ff.
8 *Mülbert*, WM 2007, 1149, 1163 spricht zum WpHG a.F. zutreffend von einer Abschwächung des Anlegerschutzes durch Information. Vgl. auch *Evers/Jung*, Anforderungen an Finanzvermittler – mehr Qualität, bessere Entscheidungen, Studie im Auftrag des Bundesministeriums für Ernährung, Landwirtschaft und Verbraucherschutz, 2008, S. 10.
9 Art. 46 Abs. 5 DelVO 2017/565.
10 S. dazu auch Rz. 64.
11 Vgl. zum WpHG a.F. *Fuchs* in Fuchs, § 31 WpHG Rz. 126, 131; anders aber *Veil*, WM 2007, 1821, 1824.
12 § 63 Abs. 7 Satz 2 WpHG.
13 *Mülbert*, WM 2007, 1149, 1155 spricht zum WpHG a.F. von einem Spannungsfeld zwischen Anlegerschutz und Standardisierung.
14 Die Formulierung „nach vernünftigem Ermessen" rechtfertigt es nicht, das Verständnispotenzial eines vernünftigen Durchschnittskunden zu überfordern (vgl. aber CESR/05-025 v. Januar 2005, S. 31).
15 Zu denken ist hier insbesondere an den Zielmarkt (§ 80 WpHG Rz. 135).

dieser Zielgruppe maßgeblich[1]. Werden Anleger außerhalb des Zielmarktes[2] angesprochen, so genügt es nicht, dass die Informationen nur für die Personen des Zielmarkts verständlich sind. Darüber hinaus sind die Wertpapierdienstleistungsunternehmen immer gehalten, ihre Informationen individuell zu erläutern, wenn ersichtlich ist, dass ein Kunde eine bestimmte Information nicht versteht[3] oder ein Kunde Rückfragen stellt[4]. Ansonsten nimmt das Gesetz offenbar Schutzdefizite hin[5].

94 Dem § 63 Abs. 7 Satz 1 WpHG zufolge ist auf das Verständnis eines rational agierenden Anlegers abzuheben[6]. **Irrationalismen der Kunden** (Rz. 3 f.) brauchen die Wertpapierdienstleistungsunternehmen außer in den in § 63 Abs. 6 Satz 1 WpHG genannten Fällen nicht entgegenzuwirken; sie dürfen sie aber auch nicht befördern[7].

95 d) **Informationstiefe, Vollständigkeit, Aktualität.** Die Informationen müssen, soweit erforderlich[8], **so detailliert** aufbereitet sein, dass ein durchschnittlicher Kunde der angesprochene Zielgruppe (Rz. 93) entsprechend seinem Status und seinen Kenntnissen in der Lage ist, deren Tragweite zu verstehen (Rz. 93) und sie für seine konkreten, sinnvollen und interessengerechten Anlageentscheidungen fruchtbar zu machen[9]. Je komplexer eine Wertpapierdienstleistung ist, umso detaillierter ist zu informieren[10], wobei die Gefahren eines information overload (Rz. 66) im Auge zu behalten sind.

96 Die Informationen müssen, soweit erforderlich, **vollständig** sein. Teilinformationen sind nur dort zulässig, wo das Wertpapierdienstleistungsunternehmen dem Kunden bereits zuvor Informationen zugeleitet hatte[11], die noch aktuell sind, oder wenn der Kunde ersichtlich aus anderen Quellen Kenntnisse erworben hat und aller Wahrscheinlichkeit nach noch besitzt[12]. So weit die Informationen per Internet zur Verfügung gestellt werden, müssen sie laufend abgefragt werden können. Ferner müssen sich die erstmals erteilten Informationen stets auf dem **neuesten Stand** befinden; sie müssen bei wesentlichen Änderungen **aktualisiert** werden. Wesentliche Änderungen der gemäß den Art. 47–50 DelVO 2017/565 geschuldeten Informationen sind auf einem dauerhaften Datenträger[13] mitzuteilen, wenn die zuvor erteilten Informationen in dieser Form erteilt worden sind[14].

97 e) **Rechtzeitigkeit.** § 63 Abs. 7 Satz 1 WpHG schreibt im Einklang mit Art. 24 Abs. 4 Satz 1 RL 2014/65/EU vor, dass „rechtzeitig" zu informieren ist. Dazu, was man unter „rechtzeitig" zu verstehen hat, liefern die Art. 46–50 DelVO 2017/565 ein widersprüchliches Bild. Art. 46 Abs. 1 DelVO 2017/565 zufolge bedeutet „rechtzeitig", dass die Information *vor* der Erbringung der Wertpapier(neben)dienstleistungen erfolgen muss; sollte aber zuvor ein Vertrag geschlossen werden, *vor dem Vertragsschluss*. Andererseits ist in Art. 46 Abs. 2 DelVO 2017/565 nur von rechtzeitig *vor der Erbringung* der Wertpapier(neben)dienstleistung die Rede. Auch Art. 47 Abs. 1 Satz 2, Abs. 3 Satz 2 DelVO 2017/565 sowie Art. 48 Abs. 1 Satz 1 DelVO 2017/565 stellen auf die Erbringung der Wertpapier(neben)dienstleistung ab. Da jedoch gem. § 63 Abs. 7 Satz 1 WpHG im Einklang mit Art. 24 Abs. 5 RL 2014/65/EU die Informationen dazu verhelfen sollen, dem Kunden eine Anlageentscheidung auf fundierter Grundlage zu erleichtern und Art. 48 Abs. 1 Satz 2 DelVO 2017/565 dieselbe Aussage hinsichtlich der Informationen über Finanzinstrumente trifft, ist es geboten, den Begriff der Rechtzeitigkeit dahin zu interpretieren, dass zumindest **angemessene Zeit vor** der Erbringung der Wertpapierdienstleistung (z.B. Beratung) zu unterrichten ist, und, sofern ein bindender Vertrag geschlossen oder ein den Kunden bindendes Angebot abgegeben wird, **angemessene Zeit vor** dem Vertragsschluss bzw. dem bindenden Angebot[15]. Für diese Interpretation spricht auch der Erwägungsgrund Nr. 83 RL 2014/65/EU, demzufolge dem Kunden vor seiner Anlageentscheidung genügen Zeit verschafft werden soll, um die Informationen zu lesen und zu verstehen[16]. Je komplexer das Produkt ist, je

---

1 *Brenncke*, ZBB 2014, 366, 369 zufolge kann ein Wertpapierdienstleistungsunternehmen im Rahmen des WpHG a.F. immer unterstellen, dass der Kunde über eine gewisse Mindestbildung und ein Mindestmaß an Finanzwissen verfügt und nicht nur geringe Informationsmengen aufnehmen und verarbeiten kann, so dass er in der Lage ist, in Hinblick auf nicht-komplexe Finanzinstrumente eigenständig Entscheidungen zu treffen.
2 § 80 WpHG Rz. 135.
3 Vgl. zum WpHG a.F. *Fuchs* in Fuchs, § 31 WpHG Rz. 132 f.
4 Vgl. zum WpHG a.F. *Fuchs* in Fuchs, § 31 WpHG Rz. 133.
5 Vgl. zum WpHG a.F. *Brenncke*, Werbung, S. 1234 ff.; IOSCO, Sound Practices for Investment Risk Education v. September 2015 (FR21/2015 [www.iosco.org/library/pupdocs/pdf/IOSCOPD505.pdf]).
6 *Weichert/Wenninger*, WM 2007, 627, 633; krit. *Brenncke*, Werbung, S. 874 ff.
7 Verstoß gegen das Gebot der Redlichkeit (§ 63 Abs. 1 WpHG).
8 Ausprägung des Gebots der Angemessenheit.
9 Vgl. zum WpHG a.F. *Voß* in Just/Voß/Ritz/Becker, § 31 WpHG Rz. 337.
10 ESMA 2016/1165 v. 11.10.2016, Questions and Answers relating to the provision of CFDs and other speculative products to retail investors under MiFID, Section 3 Answer 1, Ziff. 14.
11 Dies kann im Zusammenhang mit früheren Geschäften geschehen sein. S. dazu auch Rz. 97.
12 Art. 48 Abs. 2 DelVO 2017/565 „Kenntnis des Kunden".
13 § 2 Abs. 43 WpHG, Art. 3 DelVO 2017/565.
14 Art. 46 Abs. 4 DelVO 2017/565.
15 Ähnlich *Roth/Blessing*, WM 2016, 1157, 1159; *Balzer*, ZBB 2016, 226, 230. Vgl. zum WpHG a.F. *Voß* in Just/Voß/Ritz/Becker, § 31 WpHG Rz. 314 f.
16 Allerdings hält es der Erwägungsgrund Nr. 84 RL 2014/65/EU offensichtlich für möglich, die Angaben rechtzeitig durch Aufnahme in den Vertrag zu übermitteln.

weniger vertraut es dem Kunden ist, umso mehr Zeit ist ihm zu gewähren, um die Informationen zur Kenntnis zu nehmen und zu verarbeiten[1]. Die Informationen müssen den Kunden nicht gleichzeitig zugehen[2]. Eine einmal gegebene Information muss für die gleiche Art von Finanzinstrumenten nicht wiederholt werden[3].

f) Form der Information. Die Informationen zu dem abgeschlossenen Vertrag oder zu den zu erbringenden Wertpapierdienstleistungen sowie die den Vertrag oder die Wertpapier(neben)dienstleistung betreffenden Informationen i.S.d. Art. 47–50 DelVO 2017/565 müssen auf einem **dauerhaften Datenträger**[4] oder auf einer qualifizierten Website[5] übermittelt werden[6]. Jedenfalls genügt es, dass die Information bei Orders im Weg der Fernkommunikation mittels E-Mail oder Fax erteilt wird[7]. Die Pflichten zur vorherigen formgerechten Information der Kunden bleiben davon unberührt[8]. Auch die Informationen zu wesentlichen Änderungen sind in dieser Form den Kunden zugänglich zu machen[9]. 98

2. Informationen über Finanzinstrumente (§ 63 Abs. 7 Satz 3 Nr. 1, 2 WpHG; Art. 48 DelVO 2017/565). 99
a) Leitlinien und Warnhinweise. § 63 Abs. 7 Satz 3 Nr. 1 lit. a WpHG fordert unter Berücksichtigung des Zielmarktes[10] die Aufstellung „geeignete(r) Leitlinien zur Anlage in ... Arten von Finanzinstrumenten". Auch in Art. 24 Abs. 4 lit. b RL 2014/65/EU ist von geeigneten Leitlinien und Warnhinweisen[11] mit dem Zusatz die Rede, dass anzugeben ist, ob die Finanzinstrumente für Kleinanleger (Privatanleger [§ 67 Abs. 3 WpHG]) oder professionelle Kunden bestimmt sind, und dass der Zielmarkt zu benennen ist. In der Sache geht es bei den Leitlinien um die für die Anleger bestimmter Gruppen wesentlichen Entscheidungskriterien. Art. 48 DelVO 2017/565 konkretisiert deshalb die Begriffe Leitlinien und Warnhinweise dahin, dass die Art und Risiken der Finanzinstrumente allgemein zu beschreiben sind und dabei die Wesensmerkmale der betreffenden Art von Finanzinstrumenten, ihre Funktionsweise und Wertentwicklung unter verschiedenen Marktbedingungen, sowie die Risiken ausreichend detailliert zu erläutern sind.

b) Allgemeine Beschreibung der Art und Risiken der Finanzinstrumente (Art. 48 Abs. 1–3 DelVO 2017/565). Die Information hat sich in der Regel nicht auf eine konkret erwogene Anlageentscheidung[12], z.B. auf die Aktie XY, sondern lediglich auf die einschlägige Gattung (Typus) von Finanzinstrumenten zu beziehen[13]. Art. 48 Abs. 1 Satz 1 DelVO 2017/565 fordert grds. nur eine allgemeine Beschreibung derjenigen Finanzinstrumente, zu denen das Wertpapierdienstleistungsunternehmen bereit[14] ist, (Neben)Dienstleistungen zu erbringen[15]. Zugleich ordnet Art. 48 Abs. 1 Satz 2 DelVO 2017/565 an, die Wesensmerkmale, die Funktionsweise, die Wertentwicklung des Finanzinstruments unter verschiedenen Marktbedingungen und die dabei auftretenden Risiken ausreichend detailliert so zu erläutern, dass der Kunde seine Anlageentscheidung auf fundierter Grundlage treffen kann[16]. Das Wertpapierdienstleistungsunternehmen darf mithin nicht bei Erläuterungen in großer Abstraktionshöhe stehen bleiben. Es kann unter Umständen geboten sein, produktspezifische Angaben zu machen[17]. Es ist immer anzugeben, für welche Gruppe von Anlegern die spezifische Art von Finanzinstrument vorteilhaft ist. Die Angaben erstrecken sich auf die Quellen der Rendite und deren Eigenschaften. Es sind verschiedene Szenarien (best – worst case) zu bilden und vor deren Hintergrund die Wertentwicklung der Finanzinstrumente zu demonstrieren[18]. Dabei kann man sich an Art. 8 Abs. 3 lit. d Ziff. iii VO Nr. 1286/2014 orientieren. 100

Demnach ist z.B. – wie verkehrsüblich – zwischen Inlandsaktien und ausländischen Aktien zu **unterscheiden**. Bei Inlandsaktien sollte weiter danach unterschieden werden, ob und auf welchen Marktsegmenten die Aktien gehandelt werden. Auslandsaktien dürfen nicht ohne weiteres in einen Topf geworfen werden. Allgemein gilt, dass dort, wo sich die Risiken von Aktien typischerweise erheblich unterscheiden[19], besondere Arten von Ak- 101

---

1 Erwägungsgrund Nr. 83 RL 2014/65/EU.
2 Erwägungsgrund Nr. 84 RL 2014/65/EU. Es genügt, dass die Information bereits in der Werbemitteilung enthalten ist.
3 Erwägungsgrund Nr. 69 DelVO 2017/565.
4 § 2 Abs. 43 WpHG.
5 Art. 3 Abs. 2 DelVO 2017/565, § 2 Abs. 43 WpHG; unklar *Grundmann* in Staub, Bankvertragsrecht, Investmentbanking II, Teil 8 Rz. 171 (Internetseite).
6 Art. 46 Abs. 3 DelVO 2017/565.
7 *Roth/Blessing*, WM 2016, 1157, 1160.
8 *Roth/Blessing*, WM 2016, 1157, 1159 f.
9 Art. 46 Abs. 4 DelVO 2017/565.
10 § 63 Abs. 4, 5 WpHG; § 80 WpHG Rz. 135.
11 „... guidance and warnings"; „... orientations et des mises en garde".
12 Vgl. zum WpHG a.F. *Fuchs* in Fuchs, § 31 WpHG Rz. 118.
13 *Grundmann* in Staub, Bankvertragsrecht, Investmentbanking II, Teil 8 Rz. 173.
14 Diese Bereitschaft kann sich auch erst nach Erteilung einer Order ergeben.
15 Zu differenzieren ist dabei nach dem Status und dem Kenntnisstand der jeweiligen Kundengruppe (Rz. 91 f.).
16 Eingehend ESMA 2016/1165 v. 11.10.2016, Questions and Answers relating to the provision of CFDs and other speculative products to retail investors under MiFID, Section 3 Answer 1, Ziff. 5 ff.
17 Vgl. zum WpHG a.F. *Fuchs* in Fuchs, § 31 WpHG Rz. 156 zu den unterschiedlichen Emittenten von Anleihen.
18 Art. 48 Abs. 1 Satz 2 DelVO 2017/565.
19 Beispielsweise sog. Penny-Aktien oder an das Risiko von Preisänderungen im Bookbuilding-Verfahren sowie an das Repartierungsrisiko bei neu emittierten Papieren.

tien vorliegen. Auch wesentliche Unterschiede in der Komplexität der Finanzinstrumente oder sonstiger Geschäfte geben Anlass, besondere Kategorien zu bilden.

102 Auf **Risiken** ist detailliert[1] hinzuweisen. Dies hat typisierend auch hinsichtlich der vorgeschlagenen[2] Anlagestrategien und Formen des Vertriebs[3] zu geschehen. Die Aufklärung über die Risiken ist durch Bildung verschiedener Szenarien zu veranschaulichen. Außerdem haben detailliert Angaben zur Volatilität[4] zu erfolgen. Das Verlustrisiko, vor allem das Risiko eines Verlustes der gesamten Investition, ist detailliert zu schildern. Insbesondere ist darauf aufmerksam zu machen, dass an die Gefahr einer Zahlungsunfähigkeit oder der Überschuldung eines Emittenten bestimmter Arten von Finanzinstrumenten und die daraus resultierenden Rechtsfolgen zu denken ist[5]. Immer ist auf die Risiken bei der Wiederveräußerung (z.B. Marktenge, Weiterveräußerung erst nach Ablauf einer bestimmten Frist) aufmerksam zu machen[6]. Bei der Gruppe der Finanzinstrumente mit fester Anlagedauer sind die möglichen Ausstiegsverfahren und Ausstiegsfolgen zu schildern sowie der ungefähr die Zeit anzugeben, die verstreichen muss, um mittels eines Verkaufs des Finanzinstruments die anfänglichen Transaktionskosten wiederzuerlangen[7]. Diese Darstellung muss sich notwendigerweise auf eine eng begrenzte Art von Finanzinstrumenten beziehen oder muss sogar individuelle Finanzinstrumente in den Fokus nehmen[8]. Dort, wo bei bestimmten Arten von Finanzinstrumenten[9] ein Leverage-Effekt zum Tragen kommt, ist nicht nur über dessen Existenz zu unterrichten, sondern typisierend auch über dessen Wirkungsweise[10]. Den Kunden ist offen zu legen, dass bei bestimmten Typen von Finanzinstrumenten **zusätzliche finanzielle oder sonstige Lasten** auf sie zukommen können[11].

103 **c) Verfügbarkeit eines Prospekts (Art. 48 Abs. 3 DelVO 2017/565).** Zusätzlich zu den in Rz. 100 ff. genannten Informationen ist Kunden rechtzeitig vor der Erbringung der Wertpapierdienstleistung mitzuteilen, wo der Prospekt für das öffentlich angebotene Finanzinstrument, der gemäß der RL 2003/71/EG veröffentlicht worden ist, erhältlich ist[12].

104 **d) Verbundene Finanzinstrumente oder -dienstleistungen (Art. 48 Abs. 4 DelVO 2017/565).** S. Erläuterungen Rz. 128.

105 **e) Angaben zu Garantien, zum Kapitalschutz (Art. 48 Abs. 5 DelVO 2017/565).** Es ist individualisierend über Finanzinstrumente jeglicher Art zu informieren, die mit einer Garantie[13] oder einem sonstigen Kapitalschutz verbunden sind, weil insoweit eine typisierende Information kaum vorstellbar ist[14]. Aufzuklären ist über den Umfang und die Art dieser Garantie bzw. des Kapitalschutzes. Die Angaben müssen es dem Kunden erlauben, den wirtschaftlichen Wert der Garantie einzuschätzen[15]. Bei Garantien durch Dritte ist deshalb auch über die Person des Dritten zu unterrichten[16].

106 **f) Angabe der Zielgruppe.** Gemäß § 63 Abs. 7 Satz 3 Nr. 1 lit. c WpHG ist darzulegen, ob die Finanzinstrumente für Privatkunden oder professionelle Kunden bestimmt ist[17]. Diese Information kann nicht immer ledig-

---

1 Art. 48 Abs. 1 Satz 2 DelVO 2017/565. Vgl. ESMA 2016/1165 v. 11.10.2016, Questions and Answers relating to the provision of CFDs and other speculative products to retail investors under MiFID, Section 3 Answer 1, Ziff. 9, 11.
2 Es besteht kein Zwang, Anlagestrategien vorzuschlagen. Wenn aber Anlagestrategien vorgeschlagen werden, so sollten die Vorschläge dem Gebot ausreichender Diversifizierung Rechnung tragen.
3 Bei einem Vertrieb gem. § 63 Abs. 10 WpHG kann nur beschränkt ein Abgleich mit dem Zielmarkt erfolgen (MaComp Ziff. BT 5.3.4 Nr. 2).
4 Art. 48 Abs. 2 lit. b DelVO 2017/565.
5 Art. 48 Abs. 2 lit. a DelVO 2017/565 (In der deutschen Sprachfassung wird unverständlich formuliert „Hindernisse der Beschränkungen". Zu folgen ist der englischsprachigen Sprachfassung „impediments or restrictions").
6 Art. 48 Abs. 2 lit. c DelVO 2017/565.
7 Art. 48 Abs. 2 lit. c DelVO 2017/565.
8 Vgl. ESMA 2016/1165 v. 11.10.2016, Questions and Answers relating to the provision of CFDs and other speculative products to retail investors under MiFID, Section 3 Answer 1, Ziff. 9. *Balzer*, ZBB 2016, 226, 229 betont dagegen, dass es auf die betreffende Art des Finanzinstruments ankomme und baut einen Gegensatz zur konkret getätigten Anlage auf.
9 Z.B. Optionen, Swaps, Futures.
10 Art. 48 Abs. 2 lit. a DelVO 2017/565.
11 Art. 48 Abs. 2 lit. d, e DelVO 2017/565.
12 Übermittelt das Wertpapierdienstleistungsunternehmen seinen Kunden ein Exemplar des Prospekts, stellt dies keine Information i.S.d. § 63 WpHG dar, wenn das Wertpapierdienstleistungsunternehmen nicht für die in dem Prospekt enthaltenen Informationen verantwortlich ist (Erwägungsgrund Nr. 73 DelVO 2017/565).
13 Von Garantie kann nur gesprochen werden, wenn ein klagbarer Anspruch eröffnet wird. Eine Garantie durch denjenigen, der aus dem Finanzinstrument verpflichtet ist, ist nur dort wirtschaftlich von Bedeutung, wo der Garantieanspruch über den aus dem Finanzinstrument hinausgeht.
14 Ebenso zum WpHG a.F. *Rothenhöfer* in Schwark/Zimmer, § 31 WpHG Rz. 222.
15 MaComp Ziff. BT 3.3.1 Nr. 1. Vgl. zum WpHG a.F. CESR/01-013b v. Oktober 2001, S. 24.
16 Art. 48 Abs. 5 Satz 2 DelVO 2017/565; MaComp Ziff. BT 3.3.1 Nr. 1.
17 Krit. *Balzer*, ZBB 2016, 226, 229 mit dem Argument, dass Finanzinstrumente nicht für eine bestimmte Kundenkategorie, sondern zur Erreichung eines bestimmten Anlageziels aufgelegt werden. Dabei berücksichtigt er nicht das Gebot, bei der Konzeption und dem Vertrieb des Finanzinstruments den Zielmarkt zu bestimmen (§ 80 WpHG Rz. 135).

lich auf bestimmte Arten von Finanzinstrumenten, sondern muss unter Umständen auf individualisierte Finanzinstrumente bezogen werden. In diesem Zusammenhang ist auf § 63 Abs. 4 WpHG und auf § 80 Abs. 9 ff. WpHG hinzuweisen, die die Finanzinstrumente konzipierenden Wertpapierdienstleistungsunternehmen verpflichten, diese auf einen bestimmten Zielmarkt zuzuschneiden. Es liegt nahe, dass in Analogie zu § 63 Abs. 7 Satz 3 Nr. 1 lit. c WpHG die Zielmärkte ebenfalls offen zu legen sind.

g) Informationen zu Anlagestrategien (§ 63 Abs. 7 Satz 3 Nr. 1 lit. a, b WpHG). Auf bei Anlagestrategien zu beachtenden Leitlinien (Rz. 99) und die ihnen immanente Risiken braucht nur hingewiesen zu werden, wenn konkrete Strategien vorgeschlagen werden. Es geht hier nicht nur darum, den Kunden die Zusammenhänge zwischen Risiko, Rendite und Liquidität nahe zubringen[1]. 107

h) Selbstemittierte Finanzinstrumente, die bei der Berechnung des Eigenkapitals berücksichtigt werden (Art. 41 Abs. 4 DelVO 2017/565). Emittieren Wertpapierdienstleistungsunternehmen oder Unternehmen ihrer Gruppe Finanzinstrumente, die bei der Berechnung des Eigenkapitals gemäß der VO Nr. 575/2013, der RL 2013/36/EU oder der RL 2014/59/EU eine Rolle spielen, so haben sie ihren Kunden als Anleger Informationen zum Ertrag, Risiko, zur Liquidität und zum Schutzniveaus im Vergleich zu Bankeinlagen zur Verfügung zu stellen[2]. 108

3. Kosten, Nebenkosten, Rendite, Zahlungsmöglichkeiten (Art. 50 DelVO 2017/565; § 63 Abs. 7 Satz 3 Nr. 2 WpHG). a) Kosten, Nebenkosten. aa) Kosten, Nebenkosten in Bezug auf Wertpapier(neben)dienstleistungen einschließlich der Beratungskosten (Art. 50 DelVO 2017/565; § 63 Abs. 7 Satz 3 Nr. 2 lit. a WpHG). Gemäß Art. 50 Abs. 2 Unterabs. 1 lit. a DelVO 2017/565, § 63 Abs. 7 Satz 3 Nr. 2 lit. a WpHG sind grundsätzlich[3] *ex-ante* (Rz. 97) den Kunden aller Kategorien[4] sämtliche **Kosten und Nebenkosten der konkreten**[5] **Wertpapierdienstleistungen**[6] offen zu legen, die das Wertpapierdienstleistungsunternehmen oder ein Dritter, sofern die Kunden an ihn verwiesen werden, den Kunden für die Erbringung der Wertpapier(neben)dienstleistungen berechnet. Diese (Neben)Kosten sind im Detail in der Tabelle 1 des Anhang II DelVO 2017/565 (Rz. 176) aufgeführt. Danach sind alle Kosten, die *einmalig* an das Wertpapierdienstleistungsunternehmen am Anfang oder am Ende der erbrachten Wertpapierdienstleistung gezahlt werden, darzustellen[7]. Gleiches gilt für alle *fortlaufenden* Kosten und Gebühren, die für die dem Kunden erbrachten Dienstleistungen berechnet werden[8] sowie für alle Kosten und Gebühren im Zusammenhang mit Geschäften, die im Zug der Erbringung der Wertpapierdienstleistung eingeleitet (initiated) wurden[9]. Aufzudecken sind ferner alle Kosten im Zusammenhang mit (sonstigen) Nebendienstleistungen. Falls die (Neben)Kosten ganz oder teilweise in einer Fremdwährung zu entrichten sind, haben die Wertpapierdienstleistungsunternehmen die betreffende Währung sowie den Wechselkurs und die damit verbundenen Kosten anzugeben. Die Grundsätze des § 63 Abs. 6 WpHG sind zu beachten[10]; insbesondere ist ein information-overload (Rz. 66) zu vermeiden. Ungeachtet des § 63 Abs. 7 Satz 2 WpHG kann die Informationen nicht immer standardisiert erfolgen, da bei der ex-ante-Offenlegung die im Einzelfall anfallenden Kosten dargelegt werden müssen[11]. Sind diese Kosten nicht exakt greifbar, so müssen sie – ggf. einer vertretbaren[12] Laufzeit des Finanzinstruments entsprechend – angemessen geschätzt werden[13]. Dass mit geschätzten Kosten operiert wird, ist deutlich zu machen[14]. Bei Koppelungs- und Bündelungsgeschäften[15] 109

---

1 Abw. zum WpHG a.F. *Rothenhöfer* in Schwark/Zimmer, § 31 WpHG Rz. 221; wohl auch *Fuchs* in Fuchs, § 31 WpHG Rz. 148.
2 Art. 41 Abs. 4 DelVO 2017/565.
3 Zu Ausnahmen s. Rz. 117 ff.
4 Zu Einschränkungen dieses Grundsatzes s. Rz. 120.
5 Vgl. *Roth/Blessing*, WM 2016, 1157, 1158. Zu berücksichtigen ist die gesamte Dauer der Wertpapierdienstleistung.
6 Die Beratungskosten sind Kosten einer Wertpapierdienstleistung (§ 2 Abs. 8 Nr. 10 WpHG).
7 Z.B. einmalige Depotgebühr, Kündigungsgebühr, Kosten, die den Kunden beim Wechsel des Wertpapierdienstleistungsunternehmens entstehen.
8 Z.B. Verwaltungsgebühren, Beratungshonorare (auch die Kosten einer einmaligen Unabhängigen Honorar-Anlageberatung [Erwägungsgrund Nr. 72 RL 2014/65/EU]), Depotgebühren.
9 Maklerprovisionen, die von Wertpapierdienstleistungsunternehmen für die Ausführung von Aufträgen in Rechnung gestellt werden; an Vermögensverwalter gezahlte Bei- und Austrittsgebühren; Plattformgebühren Aufschläge (im Transaktionspreis enthalten); Stempelsteuer; Transaktionssteuer und Wechselgebühren.
10 ESMA 2016/574/EN v. 11.7.2016, Guidelines on cross-selling practices, Ziff. 17.
11 *Roth/Blessing*, WM 2016, 1157, 1158 f.
12 Immer vertretbar sind übliche Laufzeiten. Diese können auf-oder abgerundet werden. Unzulässig sind Laufzeiten, die praxisfern sind.
13 Art. 50 Abs. 8 Satz 2 DelVO 2017/565; vgl. dazu ESMA 35-43-349 v. 10.11.2017, Questions and Answers on MiFID II and MiFIR investor protection and intermediaries topics, 9 Information on costs and charges, Answer 14, 15; *Roth/Blessing*, WM 2016, 1157, 1158.
14 Erwägungsgrund Nr. 79 Satz 3 DelVO 2017/565.
15 Rz. 129.

sind die (Neben)Kosten[1] verständlich[2] für alle Bestandteile gesondert (Rz. 129) und rechtzeitig vor Erbringung der Dienstleistung bzw. vor Vertragsschluss[3] auszuweisen[4].

110 bb) **Kosten der Finanzinstrumente (Art. 50 DelVO 2017/565; § 63 Abs. 7 Satz 3 Nr. 2 lit. b WpHG).** Nur[5] wenn Finanzinstrumente Kunden als Gruppe[6] oder individuellen Kunden **empfohlen** oder an sie **vermarktet**[7] werden, sind – gegebenfalls zusätzlich zu den Kosten der Wertpapier(neben)dienstleistung (Rz. 109) – deren Kosten (Rz. 111) anzugeben. Art. 50 Abs. 5 lit. a DelVO 2017/565 spricht in diesem Zusammenhang von „ihnen anbietet" („markets"). Daraus ergibt sich, dass auch über solche Kosten der Finanzinstrumente zu informieren ist, die von dem Wertpapierdienstleistungsunternehmen aktiv beworben worden sind, z.B. im Rahmen von Marketingmitteilungen[8], oder Finanzinstrumente, für die Vertriebs- oder Platzierungsvereinbarungen bestehen[9]. Dagegen werden Finanzinstrumente nicht als solche vermarktet, falls dem Wertpapierdienstleistungsunternehmen als Kommissionär lediglich eine an der Börse auszuführende Order erteilt worden ist, ohne dass das Wertpapierdienstleistungsunternehmen diese vorher besonders angeboten hat[10].

111 Unter **Kosten der Finanzinstrumente** sind gemäß der Tabelle 2 des Anhang II DelVO 2017/565 (Rz. 176) alle im Preis der Finanzinstrumente *enthaltenen*[11] oder *zusätzlich* zu dessen Preis *zu entrichtenden* Kosten und Gebühren zu verstehen, die einmalig an die Lieferanten der Finanzinstrumente zu Anfang oder am Ende[12] der Investition zu zahlen sind[13]; Dabei ist unerheblich, ob die Kosten oder Gebühren im Preis des Finanzinstruments enthalten sind oder nicht. Außerdem sind alle fortlaufenden[14] Kosten und Gebühren nach Art und Bemessungsgrundlage offen zu legen, die während der Haltedauer des Finanzinstruments im Zusammenhang mit dessen Verwaltung vom Wert der Finanzinstrumente abgezogen werden[15]. Darüber hinaus müssen alle Kosten und Gebühren aufgedeckt werden, die infolge des Erwerbs und der Veräußerung (Ausstieg) der Finanzinstrumente entstehen (Transaktionskosten)[16]; schließlich der Nebenkosten, wie z.B. der Leistungsprämien, Hedging-Kosten[17]. Zu den Kosten zählen auch individualisiert die Differenz zwischen dem „Einkaufspreis"[18] des Wertpapierdienstleistungsunternehmens und der von dem Kunden geforderten oder an ihn gezahlten Vergütung einschließlich der Zuschläge und Abschläge[19]. sowie die sog. Emittentenmarge[20]. Ein „Netting" der Kosten o.Ä.

---

1 Darunter fallen z.B. Verwaltungsgebühren, Transaktionskosten, Zahlungen für die vorzeitige Auflösung des Vertrages. Dort, wo die Kosten nicht ex ante präzise kalkuliert werden können, sind geschätzte Beträge anzugeben. Bei Swaps sind die Kunden über alle Aspekte der Vereinbarung informieren, die von Kunden zu tragenden Kosten wesentlich beeinflussen oder beeinflussen können, wie die potentiellen Zahlungsverpflichtung, falls sich die Zinssätze ändern (ESMA 2016/574/EN v. 11.7.2016, Guidelines on cross-selling practices, Ziff. 13).
2 ESMA 2016/574/EN v. 11.7.2016, Guidelines on cross-selling practices, Ziff. 15 f: nicht untergeordnet, exakt, in einfacher Sprache.
3 ESMA 2016/574/EN v. 11.7.2016, Guidelines on cross-selling practices, Ziff. 14.
4 Art. 24 Abs. 11 Unterabs. 1 RL 2014/65/EU; MaComp Ziff. BT 14.2 Nr. 2, 3 (in gleicher Deutlichkeit). Vgl. auch *Brömmelmeyer*, r+s 2016, 269, 276.
5 Art. 50 Abs. 6 DelVO 2017/565.
6 Im Licht der englischen, französischen und deutschen Sprachfassung des Art. 50 Abs. 5, 6 DelVO 2017/565 ist unklar, ob es um Kunden im Plural oder um den jeweiligen Kunden des Wertpapierdienstleistungsunternehmens geht.
7 § 63 Abs. 7 Satz 3 Nr. 2 lit. b WpHG; Art. 24 Abs. 4 Unterabs. 1 lit. c RL 2014/65/EU.
8 Erwägungsgrund Nr. 75 DelVO 2017/565 (allgemeine Empfehlungen in Bezug auf Finanzinstrumente oder bestimmte Finanzinstrumente fördern).
9 Erwägungsgrund Nr. 75 DelVO 2017/565; *Roth/Blessing*, WM 2016, 1157, 1161.
10 Offen *Roth/Blessing*, WM 2016, 1157, 1161.
11 Eingehend ESMA 2016/1165 v. 11.10.2016, Questions and Answers relating to the provision of CFDs and other speculative products to retail investors under MiFID, Section 3 Answer 1, Ziff. 8. Der Preis einer Aktie zu dem gängigen Kurs fällt z.B. nicht in die Kategorie der Kosten.
12 Ausstieg aus der Investition.
13 Z.B. vorläufige Verwaltungsgebühren; Vertriebs- Ausstiegsgebühren; Rücknahmeabschläge.
14 Erwägungsgrund Nr. 79 Satz 2 DelVO 2017/565.
15 Z.B. Verwaltungsgebühren (insbesondere laufende Kosten der Fonds und der Zertifikateemittenten), Finanzierungskosten; fortlaufende Beratungskosten, Strukturierungsbeiträge, Tauschgebühren, Kosten und Steuern für Wertpapierleihe, Finanzierungskosten.
16 Erwägungsgrund Nr. 79 Satz 2 DelVO 2017/565; Tabelle 2 des Anhang II DelVO 2017/565 (Rz. 176 [z.B. Maklerprovisionen; vom Fonds gezahlte Bei- und Austrittsgebühren; im Preis enthaltene Aufschläge; Stempelsteuer; Transaktionssteuer und Wechselgebühren; Währungsumrechnung; Verwässerungsausgleich]).
17 Tabelle 2 des Anhang II der DelVO 2017/565 (Rz. 176). Vgl. dazu *Roth/Blessing*, WM 2016, 1157, 1162.
18 Bei Finanzinstrumenten, die das Wertpapierdienstleistungsunternehmen bereits besitzt, ist dessen aktueller, laufender Marktwert maßgeblich (ESMA35-43-349 v. 10.11.2017, Questions and Answers, 9 Information on costs, Answer 16).
19 Erwägungsgrund Nr. 79 Satz 5 DelVO 2017/565. Dies ist insbesondere für die Marge bei Festpreisgeschäften von Bedeutung (Gegenäußerung der Bundesregierung BT-Drucks. 18/11290, 17).
20 Art. 50 Abs. 2 Unterabs. 1 lit. b DelVO 2017/565 (Kosten im Zusammenhang mit der Konzeption der Finanzinstrumente). Die sog. Emittentenmarge soll die operativen und Strukturierungskosten sowie die Absicherungs- und Eigenkapitalkosten des Emittenten einschließen des erwarteten Gewinns abdecken.

ist auszublenden[1]. Über die aus dem Marktrisiko[2] resultierenden Kosten ist nicht zu informieren. Keine Kosten stellen somit die unmittelbar aus Veränderungen der Kurse der Finanzinstrumente bzw. der Basisvermögenswerte resultierenden Verluste dar[3].

cc) OGAW-KIID, PRIIPs-KID (Art. 50 Abs. 5 lit. b DelVO 2017/565). Wenn das Wertpapierdienstleistungsunternehmen dem Kunden gemäß den einschlägigen EU-Vorschriften ein OGAW-KIID[4] oder PRIIPs-KID[5] zukommen lassen musste, hat es den Kunden die Kosten des Finanzinstruments selbst dann mitzuteilen, wenn es das Finanzinstrument weder empfohlen noch angeboten (Rz. 110) hatte[6]. 112

dd) Verfügbarkeit der Informationen zu den Kosten; Rechtzeitigkeit der Information. Die Wertpapierdienstleistungsunternehmen sind gegebenenfalls gezwungen, sich die relevanten Informationen[7] zu **besorgen**[8]. Sind die Kosten – wie häufiger bei der ex-ante- Information – nicht exakt greifbar, so müssen sie **geschätzt** werden[9]. Die Informationen über die Kosten können auf der Basis eines angenommenen Anlagebetrags realitätsnah zur Verfügung gestellt werden[10]. Zu den Kosten, die in Fremdwährungen angegeben werden, s. Rz. 109. Bei **Koppelungs- und Bündelungsgeschäften** sind die Kosten für alle Bestandteile gesondert auszuweisen[11]. Erbringt **mehr als ein Unternehmen** Wertpapier(neben)dienstleistungen, hat jedes Wertpapierdienstleistungsunternehmen eigenständig über die (Neben)Kosten der von ihm erbrachten Dienstleistungen zu informieren[12], es sei denn, dass es Dienstleistungen empfiehlt oder aktiv anbietet, die von einem anderen Unternehmen erbracht werden sollen[13], oder dass es seine Kunden an das andere Wertpapierdienstleistungsunternehmen verweist[14]. Letzterenfalls hat es seine eigenen (Neben)Kosten sowie die des anderen Wertpapierdienstleistungsunternehmens zu addieren[15]. Die Informationen sind **rechtzeitig**, d.h. angemessene Zeit vor Vertragsschluss oder einem bindenden Kundenangebot, zu erteilen[16]. Dies gilt auch bei telefonischen Orders. Über diejenigen Kosten, über die im Rahmen des Basisinformationsblatts[17] oder eines Informationsblatts i.S.d. § 63 Abs. 2 Satz 1 WpHG oder nach Maßgabe des § 64 Abs. 2 Satz 3, 4 WpHG informiert worden ist[18], braucht nicht gesondert unterrichtet zu werden. 113

b) Zahlungsmöglichkeiten, Leistungen durch Dritte (§ 63 Abs. 7 Satz 3 Nr. 2 lit. c WpHG, Art. 50 Abs. 3 DelVO 2017/565). Die Wertpapierdienstleistungsunternehmen haben darüber zu informieren, wann und wie Kunden Zahlungen und sonstige Gegenleistungen zu erbringen haben[19]. Gleiches gilt für Zahlungen und Gegenleistungen der Wertpapierdienstleistungsunternehmen[20]. Zahlungen Dritter (Zuwendungen monetärer Art [§ 70 WpHG Rz. 3 ff.]), die Wertpapierdienstleistungsunternehmen im Zusammenhang mit einer Wertpapierdienstleistung *für* einen Kunden erhalten, sind ebenfalls offen zu legen[21]. Sie sind getrennt aufzuführen[22]. 114

---

1 Erwägungsgrund Nr. 79 Satz 4 DelVO 2017/565. Das hat zur Konsequenz, dass Aufschläge und Strukturierungskosten, die im Transaktionspreis enthalten sind, ausgewiesen werden müssen. Derartige Kosten ergeben sich aus der Differenz zwischen dem Wert des Finanzinstruments für das Wertpapierdienstleistungsunternehmen und dem vom Kunden verlangten Preis (ESMA35-43-349 v. 10.11.2017, Questions and Answers, 9 Information on costs, Answer 17).
2 Ausschließlich Risiko der Bewegungen des Werts des Anlagekapitals, das direkt auf die Bewegungen des Werts des Basisvermögenswerts zurückzuführen ist (Erwägungsgrund Nr. 79 Satz 1 DelVO 2017/565).
3 § 55 Abs. 6 Unterabs. 3 Satz 1 DelVO 2017/565; Erwägungsgrund Nr. 79 Satz 1 DelVO 2017/565.
4 VO Nr. 583/2010.
5 VO Nr. 1286/2014.
6 Art. 50 Abs. 5 lit. b DelVO 2017/565.
7 Stellen z.B. OGAW-Verwaltungsgesellschaften keine Informationen zu den Transaktionskosten bereit, so müssen sich die Wertpapierdienstleistungsunternehmen diese besorgen, um ihrer Pflicht nachzukommen, die Kunden über die Kosten samt allen sonstigen Kosten und Nebenkosten zu informieren.
8 Erwägungsgrund Nr. 81 DelVO 2017/565.
9 Art. 50 Abs. 8 Satz 2 DelVO 2017/565; Erwägungsgrund Nr. 79 Satz 3 DelVO 2017/565; ESMA35-43-349 v. 6.6.2017, Questions and Answers, unter 9 Informations on costs and charges, Answer 14; *Roth/Blessing*, WM 2016, 1157, 1162. Dies ist offen zu legen.
10 Erwägungsgrund Nr. 78 Satz 2, 3 DelVO 2017/565; ESMA35-43-349 v. 6.6.2017, Questions and Answers, unter 9 Informations on costs and charges, Answer 14.
11 Art. 24 Abs. 11 Unterabs. 1 RL 2014/65/EU; MaComp Ziff. BT 14.2 Nr. 3 (in gleicher Deutlichkeit). S. auch Rz. 129.
12 Art. 50 Abs. 7 Satz 1 DelVO 2017/565.
13 Art. 50 Abs. 7 Satz 2 DelVO 2017/565 verwendet in dieser Fallgruppe die Präsens-Form. Den Kunden ist die Möglichkeit zu eröffnen, Entscheidungen in voller Sachkenntnis zu treffen. Koppelungsgeschäfte können diese Fähigkeit beeinträchtigen (Erwägungsgrund Nr. 81 Satz 3 f RL 2014/65/EU).
14 Obwohl Art. 50 Abs. 7 Satz 3 DelVO 2017/565 eine Vergangenheits- Form benutzt („verwiesen hat"), ist anzunehmen, dass auch in dieser Fallgruppe eine ex ante-Information geschuldet wird.
15 Art. 50 Abs. 7 Satz 2 DelVO 2017/565.
16 S. auch Rz. 97.
17 VO Nr. 1286/2014.
18 Erwägungsgrund Nr. 78 RL 2014/65/EU.
19 Erwägungsgrund Nr. 83 DelVO 2017/565. Z.B. Barzahlung.
20 Erwägungsgrund Nr. 83 DelVO 2017/565.
21 Art. 24 Abs. 4 Unterabs. 1 lit. c RL 2014/65/EU.
22 Art. 50 Abs. 2 Unterabs. 2 Satz 2 DelVO 2017/565.

115 c) **Gesamtkosten (Art. 50 DelVO 2017/565; § 63 Abs. 7 Satz 4 WpHG).** § 63 Abs. 7 Satz 4 WpHG ordnet an, dass die Informationen zu den Kosten und Nebenkosten (Rz. 109 ff.]) in zusammengefasster Weise darzustellen sind. Hierzu zählen auch die Zahlungen Dritter (Zuwendungen)[1], die Wertpapierdienstleistungsunternehmen erhalten[2]. Erwartete Kosten sind für einen vertretbaren Zeitraum angemessen zu schätzen (Rz. 109)[3]. Dies bezweckt, den Kunden die Gesamtkosten zu verdeutlichen, so dass sie imstande sind, deren Größenordnung zu erkennen und zu begreifen[4]. Die Zusammenfassung muss sich deshalb daran orientieren, den Kunden die Orientierung zu erleichtern[5]. Gemäß Art. 50 Abs. 2 Unterabs. 2 Satz 2 Halbsatz 2 DelVO 2017/565 sind daher pro Finanzinstrument bzw. Wertpapierdienstleistung die Summe[6] der aggregierten[7] Kosten/Gebühren[8] und der Zuwendungen sowohl als Geldbetrag als auch als Prozentsatz[9] anzugeben. Die Kunden können eine detaillierte Aufstellung der einmaligen, laufenden Kosten sowie der Kosten im Zusammenhang mit Transaktionen und Nebendienstleistungen sowie der Nebenkosten verlangen[10]. Die Informationspflichten gemäß der VO Nr. 1286/2014 bleiben unberührt[11]. Zum standardisierten Informationsblatt s. Rz. 119.

116 d) **Veranschaulichung der Wirkung der Gesamt(neben)kosten auf die Rendite (Art. 50 Abs. 10 DelVO 2017/565; § 63 Abs. 7 Satz 4 WpHG).** Die Wertpapierdienstleistungsunternehmen haben ex-ante, d.h. angemessene Zeit vor Erbringung der Dienstleistung[12], jedenfalls angemessene Zeit vor einer Vertragsbindung (Rz. 97) für einen verständigen Durchschnittsanleger ausreichend verständlich (Rz. 64, 93) die kumulative Wirkung der Gesamtkosten auf die Rendite („return") zu veranschaulichen. Wenn in § 63 Abs. 7 Satz 4 WpHG davon die Rede ist, dass die Informationen zu den (Neben)Kosten in zusammengefasster Weise darzustellen sind, so bezweckt dies, den Kunden die Gesamtkosten und ihre Wirkung auf die Rendite eindrucksvoll zu verdeutlichen. Eine kurze Zusammenfassung auf hoher Abstraktionsebene ist damit unvereinbar. Die Kunden müssen in die Lage versetzt werden, die Größenordnung und die Auswirkungen der (Neben)Kosten auf die Rendite zu erkennen und zu verstehen sowie diese Erkenntnisse mit ihren Erwartungen abzugleichen[13]. Die Zusammenfassung muss sich deshalb daran orientieren, den Kunden die Orientierung zu erleichtern. Es kann in Form einer Grafik oder eines Textes informiert werden[14]. In die Zusammenfassung der Kosten und Gebühren, vor deren Hintergrund die Wirkung auf die Rendite[15] darzustellen ist, sind die – ggf. geschätzten[16] – Transaktionskosten sowie die laufende Kosten sowie Gebühren für Finanzinstrumente aufzunehmen[17]. Zu den Transaktionskosten zählt auch der Spread (Marge)[18]. Von all dem ist beim netting der Kosten keine Ausnahme zu machen[19]. Die Veranschaulichung hat vorhergesehene („anticipated") Kostenspitzen und Kostenschwankungen zu berücksichtigen[20]. Sie ist mit einer Beschreibung zu verbinden[21], in der auch darauf hinzuweisen ist, dass die Schätzungen auf Annahmen beruhen und von den tatsächlich entstehenden Kosten und Gebühren abweichen können[22]. Eine Zusammenfassung aller (Neben)Kosten des gesamten Spektrums der von dem Unternehmen an-

---

1 § 70 WpHG Rz. 3 ff.
2 Diese Zahlungen sind separat aufzuführen (Art. 50 Abs. 2 Unterabs. 2 DelVO 2017/565), gehen aber in den Gesamtbetrag ein (ESMA35-43-349 v. 6.6.2017, Questions and Answers, unter 9 Informations on costs and charges, Answer 13).
3 Art. 50 Abs. 8 DelVO 2017/565.
4 Zum Verstehen-Können vgl. Rz. 64, 93, 144.
5 Vgl. ESMA35-43-349 v. 10.11.2017, Questions and Answers, 9 Information on costs, Answer 20: Deshalb ist dort, wo bei bestimmten Positionen keine Kosten anfallen, der Wert Null anzugeben.
6 „Addiert"; „totalled". Vgl. dazu ESMA 35-43-349 v. 10.7.2017, Questions and Answers on MiFID II and MiFIR investor protection and intermediaries topics, 9 Information on costs and charges, Answer 13.
7 „Aggregated".
8 Hierunter fallen alle (Neben) Kosten, die im Zusammenhang mit der Wertpapier(neben)dienstleistung (Rz. 109) sowie alle (Neben)Kosten, die im Zusammenhang mit der Entwicklung/Strukturierung (sog. Emittentenmarge; Rz. 111) oder Verwaltung des jeweiligen Finanzinstruments anfallen).
9 Art. 50 Abs. 2 Unterabs. 2 Satz 2 DelVO 2017/565 sagt nicht, worauf der Prozentsatz zu beziehen ist, wenn die Kosten über einen längeren Zeitraum zu betrachten sind. Denkbar ist es, den Prozentsatz auf die durchschnittliche jährliche Kostenbelastung über die Haltedauer zu beziehen. Die Pflicht, den Gesamtbetrag der Kosten und Gebühren zu nennen, legt es indessen nahe, den Prozentsatz auf die Anlagesumme zu beziehen.
10 ESMA35-43-349 v. 6.6.2017, Questions and Answers, unter 9 Informations on costs and charges, Answer 13.
11 ESMA35-43-349 v. 6.6.2017, Questions and Answers, unter 9 Informations on costs and charges, Answer 13.
12 Art. 48 Abs. 1 Satz 1 DelVO 2017/565 analog.
13 Zum Verstehen-Können s. Rz. 64, 93, 114.
14 *Roth/Blessing*, WM 2016, 1157, 1160.
15 Die deutsche Fassung des Art. 50 Abs. 10 Satz 1 DelVO 2017/565 verwendet den Begriff „Renditekosten". In der englischen Fassung heißt es „effect of costs on return", d.h. Auswirkungen der Kosten auf die Rendite. Ebenso die französische Fassung „l'effet cumulatif des cóuts sur le rendement".
16 Art. 50 Abs. 8 DelVO 2017/565.
17 Erwägungsgrund Nr. 79 Satz 2 DelVO 2017/565.
18 Erwägungsgrund Nr. 79 Satz 5 DelVO 2017/565.
19 Erwägungsgrund Nr. 79 Satz 4 DelVO 2017/565.
20 Hohe Kosten im 1. Jahr, niedrigere Kosten in den folgenden Jahren und wiederum hohe Kosten beim Auslaufen der Investition (vgl. ESMA, Consultation Paper 2014/549 v. 22.5.2014).
21 Art. 50 Abs. 10 Satz 3 lit. c DelVO 2017/565.
22 Erwägungsgrund Nr. 79 Satz 3 DelVO 2017/565.

gebotenen Finanzinstrumente und Wertpapier(neben)dienstleistungen in einer Information kann dem Ziel einer hinreichenden Veranschaulichung wegen der Gefahr eines information-overload (Rz. 66) zuwiderlaufen. Im übrigen sind die Grundsätze des § 63 Abs. 6 WpHG zu beachten[1].

e) **Ausnahme: §§ 293–297, 303–307 KAGB (§ 63 Abs. 7 Satz 7 WpHG).** § 63 Abs. 7 Satz 7 WpHG knüpft daran an, dass beim Vertrieb und beim Erwerb von Investmentvermögen (AIF[2] und OGAW[3]) besondere Offenlegungspflichten existieren. Die §§ 293–297, 303–307, insbesondere die §§ 297, 307 KAGB sollen unberührt bleiben, so dass insoweit die Informationspflichten nach dem WpHG entfallen[4].

117

f) **Ausnahme: Zertifizierte Altersvorsorge- und Basisrentenverträge (§ 63 Abs. 7 Satz 8 f. WpHG).** Um eine Verdoppelung der Informationen zu vermeiden[5], erlaubt § 63 Abs. 7 Satz 8 WpHG den Wertpapierdienstleistungsunternehmen bei zertifizierten Altersvorsorge- und Basisrentenverträgen der Informationspflicht durch die Bereitstellung eines Produktinformationsblattes i.S.d. § 7 des Altersvorsorgeverträge-Zertifizierungsgesetzes (AltZertG) nachzukommen. Die Kunden sind gleichzeitig mit klaren Worten[6] darauf hinzuweisen, dass sie berechtigt sind, über die Kosten und Nebenkosten der Altersvorsorge- und Basisrentenverträge auch nach Maßgabe des § 63 Abs. 7 WpHG (Rz. 110 ff.) informiert zu werden.

118

g) **Ausnahme: Standardisiertes Informationsblatt (§ 63 Abs. 7 Satz 11 WpHG).** Die Kosten und Nebenkosten i.S.d. § 63 Abs. 7 Satz 4 und 5 WpHG sind mittels einer formalisierten Kostenaufstellung (§ 63 Abs. 14 WpHG) zur Verfügung zu stellen, falls dem Kunden im Rahmen einer Anlageberatung ein standardisiertes Informationsblatt gem. § 64 Abs. 2 Satz 3 WpHG überlassen wird.

119

h) **Ausnahmen zugunsten professioneller Kunden und geeigneter Gegenparteien (§ 68 Abs. 1 Satz 1 WpHG; Art. 50 Abs. 1 DelVO 2017/565).** Professionelle Kunden (§ 67 Abs. 2 WpHG)[7] können auf eine Information über die Kosten und Nebenkosten nach Maßgabe des Art. 50 Abs. 2 bis 10 DelVO 2017/565 (nur)[8] – und auch dies lediglich eingeschränkt[9] – verzichten, wenn sie sich nicht beraten lassen oder ihnen keine Portfolioverwaltungsdienstleistungen erbracht werden. Auch dort, wo Wertpapierdienstleistungsunternehmen professionelle Kunden weder beraten noch als Vermögensverwalter für sie tätig werden, scheidet eine opt-out- Möglichkeit aus, falls in das angebotene Finanzinstrument ein Derivat (§ 2 Abs. 35 WpHG) eingebettet[10] oder es selbst als Derivat zu qualifizieren ist. Im Verhältnis zu **geeigneten Gegenparteien** (§ 67 Abs. 4 WpHG) ist § 63 Abs. 7 WpHG bei Finanzkommissionsgeschäften, der Anlage- und Abschlussvermittlung und dem Eigenhandel unanwendbar[11]. Allerdings eröffnet Art. 50 Abs. 1 Unterabs. 3 DelVO 2017/565 den Wertpapierdienstleistungsunternehmen auch gegenüber geeigneten Gegenparteien die Möglichkeit, eine teilweise[12] Befreiung von der Pflicht, über Kosten und Nebenkosten zu informieren, zu vereinbaren, außer dort, wo eine geeignete Gegenpartei beabsichtigt[13], das Finanzinstrument, in das ein Derivat eingebettet ist oder das als Derivat ausgestaltet ist (s.o.), seinen Kunden anzubieten. Im Umkehrschluss bedeutet dies, dass ohne eine derartige opt-out-Vereinbarung immer nach Maßgabe des Art. 50 DelVO 2017/565 zu informieren ist. Die Informationspflichten gem. Art. 24 Abs. 4 RL 2014/65/EU können selbst gegenüber **professionellen Kunden und geeigneten Gegenparteien** in keiner Weise ausgeschlossen werden.

120

4. Weitergehende Informationspflichten. § 63 Abs. 7 WpHG lässt weitergehende Informationspflichten unberührt, die daraus resultieren, dass Wertpapierdienstleistungsunternehmen von sich aus Informationen zu bestimmten Finanzinstrumenten oder Dienstleistungen an die Kunden herantragen. Zu denken ist hierbei insbesondere an Anpreisungen bestimmter Vorzüge eines Finanzinstruments, die von Hinweisen auf dessen Risiken begleitet werden müssen (Rz. 71).

121

---

1 ESMA 2016/574/EN v. 11.7.2016, Guidelines on cross-selling practices, Ziff. 17.
2 Fonds, die nicht zur Kategorie der OGAW zählen (§ 1 Abs. 3 KAGB).
3 Investmentfonds, die die Richtlinien der EU zur Anlage in Wertpapieren einhalten (§ 1 Abs. 2 KAGB).
4 Art. 24 Abs. 6 RL 2014/65/EU.
5 Beschlussempfehlung und Bericht des Finanzausschusses, BT-Drucks. 18/11775, 648.
6 Ausdrücklich und eindeutig (Rz. 61).
7 Unerheblich ist es, ob die Kunden als geborene oder als gekorene professionelle Kunden anzusehen sind. Anhang II Teil II Unterabs. 2 Satz 2 RL 2014/65/EU steht dem nicht entgegen (*Hacker*, Verhaltensökonomie und Normativität, S. 796).
8 Erwägungsgrund Nr. 74, 93 DelVO 2017/565; *Balzer*, ZBB 2016, 226, 229.
9 Erwägungsgrund Nr. 74 Satz 3 DelVO 2017/565; ESMA35-43-349 v. 10.11.2017, Questions and Answers, 9 Information on costs, Answer 19. Die Einschränkung betrifft nicht die Offenlegung von Zuwendungen.
10 Vgl. § 63 Abs. 11 Nr. 1 lit. a, b WpHG.
11 § 68 Abs. 1 Satz 1 WpHG.
12 Erwägungsgrund Nr. 74 Satz 3 DelVO 2017/565; ESMA35-43-349 v. 10.11.2017, Questions and Answers, 9 Information on costs, Answer 19. Die sich aus Art. 30 Abs. 1 Unterabs. 1 RL 2014/65/EU in Hinblick auf Art. 24 Abs. 4 RL 2014/65/EU ergebende Einschränkung betrifft nicht die Offenlegung von Zuwendungen.
13 Diese Frage ist die Wertpapierdienstleistungsunternehmen mit den geeigneten Gegenparteien zu besprechen und deren Antworten zu dokumentieren (weitergehend ESMA35-43-349 v. 10.11.2017, Questions and Answers, 9 Information on costs, Answer 18: Vereinbarung erforderlich).

122 **5. Das Wertpapierdienstleistungsunternehmen und seine Dienstleistungen** (§ 63 Abs. 7 Satz 1 Alt. 1 WpHG, Art. 47 DelVO 2017/565). **a) Art der Kunden.** § 63 Abs. 7 Satz 1 Alt. 1 WpHG unterscheidet nicht zwischen den verschiedenen Kategorien (§ 67 WpHG) von Kunden. Dies entspricht der berichtigten Fassung des Art. 47 Abs. 1 DelVO 2017/565. Allerdings macht § 68 Abs. 1 Satz 1 WpHG eine Ausnahme bei geeigneten Gegenparteien.

123 **b) Angaben zum Wertpapierdienstleistungsunternehmen und zu den Wertpapierdienstleistungen mit Ausnahme der Vermögensverwaltung (Finanzportfolioverwaltung). aa) Angaben zum Wertpapierdienstleistungsunternehmen.** Art. 47 Abs. 1 DelVO 2017/565 nennt eine Reihe von Pflichtangaben. Den Kunden (Rz. 122) sind danach auf einem dauerhaften Datenträger[1] bzw. einer qualifizierten Website[2] neben der Firma (Name), deren Anschrift auch die Telefon- sowie Faxanschlüsse zu nennen und, soweit vorhanden, E-Mail-Adressen, sofern diese nicht von der Verwendung als Kommunikationsmittel ausgeschlossen sind[3]. Außerdem muss über die für die Kommunikation eingesetzte Sprache, die Zulassung und die Zulassungsbehörde informiert werden[4]. Beim Einsatz vertraglich gebundener Vermittler ist der Mitgliedsstaat anzugeben, in dem diese registriert sind[5]. Gleiches gilt für andere Unternehmen, die in die Erbringung der Wertpapierdienstleistung eingeschaltet werden und mit denen der Kunde Kontakt aufnehmen könnte[6]. Die wesentlichen Maßnahmen zum Schutz der verwahrten Finanzinstrumente und Gelder (§ 84 WpHG) sind kurz darzulegen[7]. In Hinblick auf den Umgang mit Interessenkonflikten genügt eine Zusammenfassung der Grundsätze (§ 80 WpHG Rz. 24), die sich nicht in bloßen Schlagworten und Leerformeln erschöpfen darf[8]. Die Kunden können verlangen, sie mit weiteren Einzelheiten zu versorgen. Auch diese müssen ihnen auf einem dauerhaften Datenträger[9] oder einer qualifizierten Website[10] mitgeteilt werden[11]. Gleiches gilt für Informationen über wesentliche Änderungen[12]. Bei allen genannten Pflichtangaben sind Standardisierungen zulässig[13]. Beachte auch § 70 WpHG zu Informationen über Zuwendungen. Zur Aktualisierung s. Rz. 96.

124 **bb) Angaben zu den Dienstleistungen des Wertpapierdienstleistungsunternehmens** (§ 63 Abs. 7 Satz 1 WpHG). Wertpapierdienstleistungsunternehmen haben über die von ihnen angebotenen **Dienstleistungen** zu unterrichten. Dies umfasst Informationen zu der Art, wie die Kundenaufträge ausgeführt werden[14]. Gemäß Art. 47 Abs. 1 Satz 1 lit. f DelVO 2017/565 ist über die Art und Häufigkeit der Berichte über die erbrachten Dienstleistungen sowie über deren Zeitpunkt aufzuklären. Ferner sind summarisch die Maßnahmen anzugeben, die das Wertpapierdienstleistungsunternehmen zum **Schutz** der Finanzinstrumente und Gelder ihrer Kunden (§ 84 WpHG) getroffen hat[15]. Mitzuteilen ist auch, ob das Wertpapierdienstleistungsunternehmen regelmäßig die **fortdauernde Eignung** der empfohlenen Finanzinstrumente überprüft und wie dies erfolgt[16]. Alle Informationen müssen auf einem dauerhaften Datenträger[17] bzw. einer qualifizierten Website[18] und können in standardisierter Form erteilt werden[19]. Zur Aktualisierung s. Rz. 96.

125 Den Kunden sind auf einem dauerhaften Datenträger[20] die **„Bedingungen"** (terms) **ihres konkreten Vertrages** mit dem Wertpapierdienstleistungsunternehmen zu nennen[21]. Dazu zählen Informationen über den Typus des

---

1 § 2 Abs. 43 WpHG.
2 Art. 46 Abs. 3 i.V.m. Art. 3 DelVO 2017/565.
3 Art. 47 Abs. 1 Satz 1 lit. a, c DelVO 2017/565.
4 Art. 47 Abs. 1 Satz 1 lit. b, d DelVO 2017/565.
5 Art. 47 Abs. 1 Satz 1 lit. e DelVO 2017/565.
6 ESMA 2016/1165 v. 11.10.2016, Questions and Answers relating to the provision of CFDs and other speculative products to retail investors under MiFID, Section 3 Answer 1, Ziff. 4.
7 Art. 47 Abs. 1 Satz 1 lit. g DelVO 2017/565.
8 Art. 47 Abs. 1 Satz 1 lit. h DelVO 2017/565. Beachte aber § 63 Abs. 2 WpHG, wonach die allgemeine Art und Herkunft von Interessenkonflikten, die nach vernünftigem Ermessen nicht ausgeschlossen sind, detailliert mittels eines dauerhaften Datenträgers (Art. 3 DelVO 2017/565) zu offenbaren sind. Diese Information wird allerdings erst nach Vertragsschluss, das heißt „bevor" das Wertpapierdienstleistungsunternehmen ein Geschäft für den Kunden „durchführt", fällig.
9 § 2 Abs. 43 WpHG.
10 Art. 3 DelVO 2017/565.
11 Art. 46 Abs. 3, Art. 47 Abs. 1 Satz 1 lit. i DelVO 2017/565.
12 Art. 46 Abs. 4 DelVO 2017/565.
13 § 63 Abs. 7 Satz 2 WpHG.
14 ESMA 2016/1165 v. 11.10.2016, Questions and Answers relating to the provision of CFDs and other speculative products to retail investors under MiFID, Section 3 Answer 1, Ziff. 4b.
15 Art. 47 Abs. 1 Satz 1 lit. g DelVO 2017/565. Zu den Maßnahmen zählen die Anlegerentschädigungs- und Einlagerungssicherungssysteme.
16 Art. 52 Abs. 5 DelVO 2017/565.
17 § 2 Abs. 43 WpHG.
18 Art. 3 DelVO 2017/565.
19 Art. 46 Abs. 3 DelVO 2017/565; § 63 Abs. 7 Satz 2 WpHG.
20 § 2 Abs. 3 WpHG, auch eine qualifizierte Website i.S.d. Art. 3 DelVO 2017/565.
21 § 63 Abs. 7 Satz 1 WpHG, Art. 46 Abs. 1 lit. a DelVO 2017/565.

Vertrages (z.B. Kommission, Kaufvertrag etc.) sowie die einschlägigen AGB, nicht aber Informationen über die Ausführungsplätze, über die nach Maßgabe des § 82 WpHG zu unterrichten ist[1].

c) Angaben zum Wertpapierdienstleistungsunternehmen und zu den Wertpapierdienstleistungen bei der Vermögensverwaltung (Finanzportfolioverwaltung). Gemäß dem § 63 Abs. 7 Satz 1 WpHG i.V.m. Art. 47 Abs. 2, 3 DelVO 2017/565 hat das Wertpapierdienstleistungsunternehmen auf einem dauerhaften Datenträger[2] oder einer qualifizierten Website[3] allen Arten von Kunden (§ 67 WpHG) das Wesen der von ihm angebotenen **Vermögensverwaltung**[4] einschließlich der damit verbundenen Risiken deutlich zu machen. Es hat angemessene Benchmark-Kriterien anzugeben, die mit den Anlagezielen[5] und der Art der sich im Kundenportfolio befindlichen Finanzinstrumente im Einklang stehen[6]. Insbesondere ist darzulegen, welche Arten von Finanzinstrumenten in das Portfolio aufgenommen werden und welche Arten von Geschäften in welchem Umfang getätigt werden dürfen[7]. Außerdem ist auf die Managementziele, das bei der Ausübung des Ermessens zu beachtende Risikoniveau und die besonderen Schranken des Ermessens einzugehen[8]. Das Wertpapierdienstleistungsunternehmen hat die Art und die Häufigkeit der Bewertung des Kundenportfolios mitzuteilen. Das WpHG macht zur Häufigkeit der Bewertung keine Vorgaben[9]. Sie ergibt sich mittelbar aus den Art. 60, 63 DelVO 2017/565. In Fällen, in denen ein anderes Wertpapierdienstleistungsunternehmen als Substitut[10] eingeschaltet werden darf, sind die Kunden hierüber im Detail zu informieren[11]. Die Informationen können in standardisierter Form erteilt werden (§ 63 Abs. 7 Satz 2 WpHG). Die Regeln zur Auslagerung (§ 80 WpHG Rz. 116) bleiben unberührt. Zur Aktualisierung s. Rz. 96.

6. Marketingmitteilungen mit vorformulierter Antwort oder mit einer invitatio ad offerendum (Art. 46 Abs. 6 DelVO 2017/565). Es genügt, dass die Marketingmitteilung (Rz. 58) mit einem bindenden Angebot des Wertpapierdienstleistungsunternehmens oder mit einer invitatio ad offerendum verbunden ist, einen Wertpapierdienstleistungsvertrag abzuschließen[12]. In einem solchen Fall soll sichergestellt werden, dass der Kunde die vorgeschriebenen Informationen vor dem Zustandekommen des Vertrages erhält. Art. 46 Abs. 6 DelVO 2017/565 konkretisiert den Begriff „rechtzeitig" i.S.d. § 63 Abs. 7 Satz 1 WpHG. Den Kunden sind zusammen mit der Marketingmitteilung sämtliche Informationen i.S.d. § 63 Abs. 7 WpHG zur Verfügung zu stellen, soweit sie für die Wertpapierdienstleistung, für die geworben wird, von Bedeutung sind. Eine Ausnahme gilt dort, wo die angesprochenen Kunden, um das Angebot anzunehmen oder ein Angebot abzugeben, weitere Dokumente heranziehen müssen, die insgesamt die relevanten Informationen i.S.d. § 63 Abs. 7 WpHG enthalten. Bei Kunden, denen bereits eine umfangreiche Dokumentation zur Verfügung gestellt worden ist, ist in besonderer Weise darauf zu achten, dass diese zusammen mit der jeweiligen Marketingmitteilung und der vorformulierten Antwort ausreichend verständlich ist[13].

IX. Vorrang anderer Bestimmungen des europäischen Gemeinschaftsrechts, die Kreditinstitute und Verbraucherkredite betreffen (§ 63 Abs. 8 WpHG). § 63 Abs. 8 WpHG setzt Art. 24 Abs. 6 RL 2014/65/EU[14] um[15]. Zu Immobiliar-Verbraucherdarlehensverträgen s. § 66 WpHG Rz. 1.

X. Information zu Koppelungs- bzw. Bündelungsprodukten sowie zu Verbundprodukten als Gesamtpaket (Art. 48 Abs. 4 DelVO 2017/565; § 63 Abs. 9 WpHG). Koppelungsprodukt i.S.d. Art. 48 Abs. 4 DelVO 2017/565 ist ein Finanzinstrument, das untrennbar[16] aus zwei oder mehreren verschiedenen Finanzinstrumenten zusammensetzt ist oder bei dem zumindest ein Finanzinstrument mit einer Wertpapierdienstleistung untrennbar derart kombiniert wird, dass ein Finanzinstrument entsteht[17]. Ein Gesamtpaket i.S.d. § 63 Abs. 9 Satz 1 WpHG

---

1 § 63 Abs. 7 Satz 1 WpHG nennt die Ausführungsplätze gesondert neben den Dienstleistungen.
2 Art. 46 Abs. 3 DelVO 2017/565; § 2 Abs. 43 WpHG.
3 Art. 46 Abs. 3 i.V.m. Art. 3 DelVO 2017/565.
4 (Finanz)Portfolioverwaltung (§ 64 WpHG Rz. 77).
5 Zu den Anlagezielen s. § 64 WpHG Rz. 80. Dazu zählen das vom Vermögensverwalter zu beachtende Risikoniveau und die Ermessensgrenzen; s. Rz. 78.
6 Art. 47 Abs. 2, Abs. 3 Satz 1 lit. c DelVO 2017/565. Vgl. zum WpHG a.F. *Schäfer* in Hadding/Hopt/Schimansky (Hrsg.), Vermögensverwaltung, Übernahmerecht im Gefolge der EU-Übernahmerichtlinie, Bankrechtstag 2006, S. 31, 47 f.
7 Art. 47 Abs. 3 Satz 1 lit. d DelVO 2017/565; Erwägungsgrund Nr. 94 DelVO 2017/565.
8 Art. 47 Abs. 3 Satz 1 lit. e DelVO 2017/565. Dies hat zur Konsequenz, dass Anlagestrategien und Anlagerichtlinien regelmäßig Bestandteil des Vermögensverwaltungsvertrages werden.
9 Art. 47 Abs. 3 Satz 1 lit. a DelVO 2017/565.
10 Nicht als Erfüllungsgehilfe.
11 Art. 47 Abs. 3 Satz 1 lit. b DelVO 2017/565.
12 Unerheblich ist, ob die Erklärung des Kunden als Offerte oder als Annahme eines Angebots zu qualifizieren ist. Vgl. zum WpHG a.F. *Zeidler*, WM 2008, 238, 244; *Brenncke*, Werbung, S. 841.
13 Vgl. zum WpHG a.F. CESR/05-024c v. Januar 2005, S. 46; *Brenncke*, Werbung, S. 844.
14 Vgl. dazu Erwägungsgrund Nr. 78 RL 2014/65/EU.
15 Begr. RegE 2. FiMaNoG, BT-Drucks. 18/10936, 235.
16 Erwägungsgrund Nr. 81 RL 2014/65/EU; MaComp Ziff. BT 14.1 Nr. 2.
17 „Where a financial instrument is composed ..." (Art. 48 Abs. 4 DelVO (EU) 2017/565).

entsteht darüber hinaus bei einer Bündelung[1] einer Wertpapierdienstleistung mit anderen Dienstleistungen oder Produkten. Sie kann auflösbar sein[2]. Art. 48 Abs. 4 DelVO 2017/565 ordnet an, dass den Kunden rechtzeitig vor Vertragsschluss[3] angemessen die Rechtsform[4] des Finanzinstruments und dessen Bestandteile zu beschreiben sind. Zur Information über Preise und Kosten s. Rz. 109, 113[5]. Außerdem muss die Art und Weise dargelegt werden[6], in der sich die Anlagerisiken durch die Koppelung der Dienstleistungen oder Produkte[7] infolge der wechselseitigen Beeinflussung ihrer Bestandteile erhöhen können[8]. Gleiches gilt bei der Bündelung zu einem Gesamtpaket[9]. Die Kunden müssen darüber aufgeklärt werden, ob sie die Bestandteile des Koppelungs- bzw. Bündelungsprodukts einzelnen erwerben können[10]. Dies muss entsprechend den Grundsätzen des § 63 Abs. 6 Satz 1 WpHG erfolgen[11].

130 **XI. Form und Schranken der Auftragserteilung.** Aufträge können telefonisch oder mittels elektronischer Kommunikation nur erteilt werden, wenn die Kunde nicht gegen deren Aufzeichnung auf einem dauerhaften Datenträger[12] protestieren[13]. Werden Aufträge im Rahmen eines persönlichen Gesprächs[14] unter Anwesenden erteilt, so sind sie unabhängig davon zu beachten, ob das Wertpapierdienstleistungsunternehmen seiner ihm gem. Art. 76 Abs. 9 DelVO 2017/565, § 83 Abs. 6 Satz 1, 2 WpHG obliegenden Dokumentationspflicht nachgekommen ist. Dort, wo der Kunde seinen Auftrag unter Abwesenden auf andere Art und Weise erteilt, ist die Auftragserteilung nur wirksam, wenn sie mittels eines dauerhaften Datenträgers[15] erfolgt (§ 83 Abs. 6 Satz 3 WpHG)[16].

131 **XII. Warnung bei Geschäften ohne Anlageberatung und ohne Ermessensspielraum für das Wertpapierdienstleistungsunternehmen (§ 63 Abs. 10 WpHG). 1. Allgemeines.** § 63 Abs. 10 WpHG setzt den Art. 25 Abs. 3 RL 2014/65/EU um. Die Vorschrift greift ein, wenn ein Wertpapierdienstleistungsunternehmen einem **Privatkunden**[17] weder eine **Empfehlung** i.S.d. § 64 Abs. 4 WpHG erteilt hat[18], noch für ihn hinsichtlich der angebotenen bzw. gewünschten Dienstleistungen als **Vermögensverwalter** tätig werden soll. § 63 Abs. 10 WpHG ist nicht zu beachten, wenn § 63 Abs. 11 WpHG zum Tragen kommt (Rz. 140). Unerheblich ist es, ob das Wertpapierdienstleistungsunternehmen oder der Kunde die Initiative ergriffen hat[19]. An sich greift § 63 Abs. 10 WpHG auch bei **professionellen Kunden** ein; doch ist die Vorschrift insoweit wegen des auf die Anlageberatung bezogenen Art. 54 Abs. 3 DelVO 2017/565, der hier erst recht zum Tragen kommen muss, praktisch bedeutungslos[20].

---

1 MaComp Ziff. BT 14.1 Nr. 3. Keine Bündelung erfolgt, wenn mehrere Dienstleistungen parallel vertrieben werden. Dem Erwägungsgrund Nr. 81 Satz 4 RL 2014/65/EU zufolge wird allerdings gekoppelt, falls beim Erwerb eines Finanzinstruments eine Verpflichtung zur Eröffnung eines Transaktionskontos begründet wird.
2 Erwägungsgrund Nr. 81 Satz 5 RL 2014/65/EU.
3 Angemessene Zeit vor Abgabe der den Kunden bindenden Willenserklärung.
4 Z.B. Inhaberschuldverschreibung, Namensschuldverschreibung.
5 MaComp Ziff. BT 14.2 Nr. 2, 3.
6 § 63 Abs. 9 Satz 2 WpHG. Umsetzung des Art. 24 Abs. 11 RL 2014/65/EU (Begr. RegE 2. FiMaNoG, BT-Drucks. 18/10936, 235).
7 Zu den Produkten zählen auch Kredite.
8 Gemäß § 63 Abs. 9 Satz 2 WpHG kommt es darauf an, dass es nicht unwahrscheinlich ist, dass die Verknüpfung im Vergleich zu den Einzelrisiken zu einer Risikoveränderung führt. Es ist dann darzulegen, wie sich die Risiken verändern, wenn ein Koppelungs- bzw. Bündelungsprodukt anstatt mehrerer selbstständiger Produkte erworben wird. Die Kunden sind mit Schlüsselinformationen zu den Risiken jedes Bestandteils des Koppelungs- bzw. Bündelungsprodukts sowie des Produkts als Ganzem zu versorgen. (ESMA 2016/574/EN v. 11.7.2016, Guidelines on cross-selling practices, Ziff. 18). Auf diese Weise soll die Fähigkeit der Kunden verbessert werden, Entscheidungen in voller Sachkenntnisse zu treffen (Erwägungsgrund Nr. 81 RL 2014/65/EU. S. auch MaComp Ziff. BT 14.3; weitergehend Ziff. 14.7 Sicherung des Widerrufsrechts; Anspruch auf Vertragsänderung).
9 *Grundmann* in Staub, Bankvertragsrecht, Investmentbanking II, Teil 8 Rz. 184. § 63 Abs. 9 Satz 2 WpHG macht insoweit keinen Unterschied.
10 § 63 Abs. 9 Satz 1 WpHG; MaComp Ziff. BT 14.4.
11 ESMA 2016/574/EN v. 11.7.2016, Guidelines on cross-selling practices, Ziff. 19 f, 22 f.
12 § 2 Abs. 43 WpHG; Art. 3 Abs. 1 DelVO 2017/565.
13 § 83 Abs. 5 WpHG.
14 Dem ist beispielsweise bei einer Versammlung mehrerer Personen ein verabredetes Handzeichen gleichzusetzen.
15 § 2 Abs. 43 WpHG; Art. 3 Abs. 1 DelVO 2017/565.
16 Ebenso Art. 16 Abs. 7 Unterabs. 7 RL 2014/65/EU (must be made).
17 § 67 Abs. 3 WpHG.
18 Es geht somit nicht ausschließlich um Fälle, in denen sich der Kunde bei Kontaktaufnahme mit dem Wertpapierdienstleistungsunternehmen bereits zum Kauf entschlossen hatte. Vor der Erteilung der Order kann durchaus ein Gespräch stattgefunden haben. Es darf nur nicht in eine Empfehlung gemündet sein. Keine Empfehlung stellt der bei einer Beratung erteilte Hinweis an einen Kunden dar, dass ein bestimmtes Finanzinstrument für ihn ungeeignet sei (vgl. aber ESMA 2012/850 v. 19.12.2012, MiFID Supervisory Briefing, Rz. 1: Pflicht zu prüfen, ob es im Interesse des Kunden liegt, mit der Transaktionen auf einer execution-only-Basis fortzuführen).
19 Vgl. zum *WpHG* a.F. *Voß* in Just/Voß/Ritz/Becker, § 31 WpHG Rz. 535.
20 Bei geborenen professionellen Kunden (§ 67 Abs. 2 WpHG) können Wertpapierdienstleistungsunternehmen davon ausgehen, dass diese über die erforderlichen Kenntnisse und Erfahrungen verfügen (Art. 56 Abs. 1 Unterabs. 2 DelVO

2. Pflicht zur Erkundigung nach Kenntnissen und Erfahrungen (§ 63 Abs. 10 Satz 1 WpHG; Art. 55 DelVO 2017/565).
Um zu prüfen, ob eine Warnung auszusprechen ist, haben Wertpapierdienstleistungsunternehmen (nur)[1] Informationen über die Erfahrungen und Kenntnisse ihrer Kunden einzuholen. Auf die Kenntnisse und Erfahrungen der rechtsgeschäftlichen Vertreter und Organe der Kunden oder der mittelbaren Stellvertreter kommt es in gleicher Weise wie bei der Anlageberatung an, so dass für die Erkundigungspflicht weitgehend auf die bei dieser zu beachtenden Regeln verwiesen werden kann (§ 64 WpHG Rz. 24 ff.). Insbesondere bei Spekulationsgeschäften ist den Kunden die Bedeutung einer umfassenden, wahrheitsgemäßen Antwort deutlich zu machen[2]. Hier wie bei der Anlageberatung ist maßgeblich, welche Informationen zu den Kenntnissen und Erfahrungen zu bestimmten bzw. mit bestimmten Arten von Finanzinstrumenten oder Wertpapierdienstleistungen angesichts der Geschäfte, die ein Kunde an die Wertpapierdienstleistungsunternehmen heranträgt oder die ihm individuell angeboten werden[3], erforderlich sind[4]. Liegen die Informationen bereits vor, so brauchen sie nicht nochmals angefordert zu werden. Die Informationen müssen dem Wertpapierdienstleistungsunternehmen spätestens vor Erbringung der Dienstleistung, wenn vorher ein bindender Vertrag geschlossen wird, vor Vertragsschluss (Rz. 97) zur Verfügung stehen

132

3. Angemessenheit der Finanzinstrumente oder Dienstleistungen (Art. 56 Abs. 1 DelVO 2017/565).
Über die Angemessenheit ist im Hinblick auf das konkrete **Finanzprodukt oder** die konkrete **Dienstleistungen** zu entscheiden, die dem jeweiligen Kunden konkret angeboten[5] oder von ihm nachgefragt wird[6]. Sie sind Gegenstand der Erkundigungen zu den Kenntnissen und Erfahrungen des jeweiligen Kunden[7]. Es geht zwar grds. nicht[8] darum, ob die konkrete dem Kunden angebotene[9] oder von ihm nachgefragte Dienstleistung optimal seinen Interessen, seinen Anlagezielen, seinen finanziellen Verhältnissen[10] und seiner Risikobereitschaft entspricht. Es muss aber geprüft werden, ob der jeweilige[11] Kunde[12] angesichts seiner greifbaren[13] Erfahrungen und Kenntnisse die **Risiken** des ihm konkret[14] angebotenen[15] oder von ihm nachgefragten Produkts bzw. der Wertpapierdienstleistung durchschauen[16] kann. Vermag das Wertpapierdienstleistungsunternehmen dies aufgrund der von ihm eingeholten Informationen zu bejahen, so kann es in aller Regel auch annehmen[17], dass das infrage

133

2017/565; *Hacker*, Verhaltensökonomie und Normativität, S. 798 ff.; *Grundmann* in Staub, Bankvertragsrecht, Investmentbanking II, Teil 8 Rz. 195). Dies gilt trotz des Anhang II Teil II 1 Unterabs. 2 Satz 2 RL 2014/65/EU, der nur auf Marktkenntnisse und -erfahrungen abstellt, auch für gekorene professionelle Kunden. Bei geeigneten Gegenparteien greift § 68 Abs. 1 Satz 1 WpHG ein.

1 Vgl. zum WpHG a.F. *Balzer*, ZBB 2007, 333, 341; *Fuchs* in Fuchs, § 31 WpHG Rz. 312. Weitergehende Pflichten können vertraglichen Abreden entspringen.
2 ESMA 2016/1165 v. 11.10.2016, Questions and Answers relating to the provision of CFDs and other speculative products to retail investors under MiFID, Section 4 Answer 1, Ziff. 1.
3 Art. 56 Abs. 1 Unterabs. 1 DelVO 2017/565. An die Öffentlichkeit gerichtete Angebote werden von § 63 Abs. 10 WpHG nicht erfasst.
4 Art. 55 Abs. 1 DelVO 2017/565.
5 Art. 56 Abs. 1 Unterabs. 1 DelVO 2017/565. An die Öffentlichkeit gerichtete Angebote werden von § 63 Abs. 10 WpHG, Art. 56 Abs. 1 Unterabs. 1 DelVO 2017/565 nicht erfasst.
6 § 63 Abs. 10 WpHG; Art. 56 Abs. 1 Unterabs. 1 DelVO 2017/565.
7 Art. 56 Abs. 1 Unterabs. 1 DelVO 2017/565. In § 63 Abs. 10 Satz WpHG wird allerdings auf bestimmte Arten von Finanzinstrumenten oder Wertpapierdienstleistungen Bezug genommen. Auch Art. 25 Abs. 3 Unterabs. 1 RL 2014/65/EU stellt auf Angaben in Bezug auf den speziellen Typ des angebotenen oder angeforderten Produkts oder der Dienstleistung ab. Entscheidend ist mithin, ob Art. 56 Abs. 1 Unterabs. 1 DelVO 2017/565, der nicht nach der Art der Finanzinstrumente bzw. Wertpapierdienstleistungen unterscheidet, den ihm von der MiFID II eröffneten Konkretisierungsspielraum überschritten hat. Verneint man dies, so kommt es nicht darauf an, wie man die Arten bzw. Typen von Finanzinstrumenten oder Wertpapierdienstleistungen bestimmt. Dies vergrößert einerseits die Zahl der Warnungen und erhöht andererseits zugunsten der Wertpapierdienstleistungsunternehmen die Rechtssicherheit, weil sie nicht mit dem Vorwurf konfrontiert werden können, dass sie den Kreis der Arten bzw. Typen zu weit gezogen haben.
8 Daran ändert auch der Umstand nichts, dass die Wertpapierdienstleistungsunternehmen im bestmöglichen Interesse ihrer Kunden zu handeln haben. § 63 Abs. 10 WpHG ist lex speziales im Verhältnis zu § 63 Abs. 1 WpHG. Eine Ausnahme sollte man unter Berufung auf § 63 Abs. 1 WpHG dort machen, wo Kunden durch das Angebot des Wertpapierdienstleistungsunternehmens typischerweise besonders gefährdet sind, z.B. die Marktintegrität beeinträchtigt ist (*Enriques/Gargantini* in Busch/Ferrarini, Regulation of the EU Financial Markets, Rz. 4.82).
9 Art. 56 Abs. 1 Unterabs. 1 DelVO 2017/565. An die Öffentlichkeit gerichtete Angebote werden von § 63 Abs. 10 WpHG nicht erfasst.
10 Abw. *Grundmann* in Staub, Bankvertragsrecht, Investmentbanking II, Teil 8 Rz. 191.
11 *Fuchs* in Fuchs, § 31 WpHG Rz. 313.
12 Zur Vertretung eines Kunden durch Dritte s. § 67 WpHG Rz. 22 ff.
13 Diese liegen gegebenenfalls nach den Erkundigungen gem. § 63 Abs. 10 Satz 1 WpHG vor.
14 Unerheblich ist der Gesamtzuschnitt oder die Frequenz der Transaktionen (a.A. *Grundmann* in Staub, Bankvertragsrecht, Investmentbanking II, Teil 8 Rz. 191).
15 Art. 56 Abs. 1 Unterabs. 1 DelVO 2017/565. An die Öffentlichkeit gerichtete Angebote werden von § 63 Abs. 10 WpHG, Art. 56 Abs. 1 Unterabs. 1 DelVO 2017/565 nicht erfasst.
16 Art. 56 Abs. 1 Unterabs. 1 DelVO 2017/565 („verstehen und beurteilen"; „understand").
17 Vgl. zum WpHG a.F. *Fuchs* in Fuchs, § 31 WpHG Rz. 314.

stehende Produkt oder die Wertpapierdienstleistung für den Kunden **angemessen** („geeignet")[1] ist[2]. Die Tatsache, dass der Kunde zur Zielgruppe (§ 80 WpHG Rz. 135) des Finanzinstruments zählt, zwingt nicht zu der Annahme, dass es für ihn auch angemessen ist[3]. Andererseits ist der Kunde immer zu warnen, falls er nicht über die nach der Zielmarktbestimmung erforderlichen Kenntnisse und Erfahrungen verfügt. Dort, wo es um ein sog. *verbundenes Geschäft*[4] geht, ist die Angemessenheit nicht nur hinsichtlich der Art der Finanzinstrumente und der Wertpapierdienstleistungen einzuschätzen, sondern auch in Hinblick auf das gesamte verbundene Geschäft[5].

134 Die Wertpapierdienstleistungsunternehmen dürfen unterstellen, dass ihre Kunden über die Auffassungsgabe **verständiger Durchschnittskunden** verfügen (Rz. 5 f.; 64). Sie dürfen jedoch nicht ohne weiteres unterstellen, dass die Kunden die ihnen gem. § 63 Abs. 7 WpHG erteilten Informationen zur Kenntnis genommen haben. Vielmehr hat die Erkundigungspflicht auch die Funktion, zu ermitteln, mit welchen Arten von Finanzinstrumenten oder Dienstleistungen die Kunden **tatsächlich vertraut** sind. Es genügt auch nicht, dass ein Kunde über hinreichenden Sachverstand verfügt[6]. Nach Art. 56 Abs. 1 Unterabs. 1 DelVO 2017/565 kommt es nämlich sowohl auf die **Kenntnisse** als auch auf die **Erfahrungen**, somit sowohl auf die kognitive als auch auf die emotionale Beurteilungsbasis (Rz. 4) an[7]. Stellt ein Wertpapierdienstleistungsunternehmen fest, dass der Kunde zwar Kenntnisse besitzt, aber zu bestimmten Arten von Finanzinstrumenten etc. noch keine Erfahrungen erworben hat, so ist nicht gesichert, dass er die involvierten Risiken ausreichend verstehen kann[8]. Deshalb darf ein Wertpapierdienstleistungsunternehmen die mangelnde Erfahrung eines Kunden mit Leerverkäufen nicht ohne weiteres deshalb beiseite schieben, weil der Kunde mitteilt, dass er eine Informationsbroschüre, die diesen Punkt behandelt, zur Kenntnis genommen habe. Allerdings können solide theoretische Kenntnisse, die der Kunde offenbart, Erfahrungen aufwiegen. Umgekehrt kann aus vertieften, längeren Erfahrungen auf vertiefte Kenntnisse geschlossen werden. Insgesamt gilt: Je riskanter und komplexer das Geschäft bzw. das Finanzinstrument seiner Art nach ist, umso stärker kommt es auf die Erfahrung an.

135 **4. Hinweis auf die Unangemessenheit. a) Das Wertpapierdienstleistungsunternehmen ist über die Kenntnisse und Erfahrungen des Kunden im erforderlichen Umfang informiert.** § 63 Abs. 10 Satz 3 WpHG zufolge hat das Wertpapierdienstleistungsunternehmen formlos auf die Unangemessenheit des gewünschten[9] Finanzinstruments bzw. der gewünschten Dienstleistung für den jeweiligen[10] Kunden „hinzuweisen". Art. 25 Abs. 3 Unterabs. 2, 3 RL 2014/65/EU verpflichtet die Wertpapierdienstleistungsunternehmen dagegen zur „**Warnung**". Der Hinweis der Wertpapierdienstleistungsunternehmen muss daher ohne jede Abschwächung (Rz. 74) unmissverständlich deutlich machen, dass aus der Sicht des Wertpapierdienstleistungsunternehmens der Kunde in Hinblick auf das gewünschte Finanzinstrument etc. über zu geringe Kenntnisse oder zu geringe Erfahrungen verfügt, um deren Risiko und Eignung ausreichend beurteilen zu können[11]. Im Licht des § 80 Abs. 12 WpHG sollte das Wertpapierdienstleistungsunternehmen auch darauf hinweisen, dass der Kunde nach seinen Kenntnissen und Erfahrungen nicht zu den Kunden des Zielmarkts des Finanzinstruments zählt (Rz. 135). Die Warnung kann **standardisiert** erfolgen[12]. Es reicht deshalb aus, dass der Hinweis einen verständigen Durchschnittskunden (Rz. 64) zu warnen geeignet ist[13]. Je risikoträchtiger das Geschäft ist, desto deutlicher muss die Warnung ausfallen[14].

136 Die **Warnung** muss **rechtzeitig** erfolgen; sie ist ebenso zu dokumentieren[15] wie die Reaktion des Kunden darauf und das etwaige Zustandekommens des als unangemessen beurteilten Geschäfts. Eine Warnung nach dem unwiderruflichen Vertragsschluss oder einer unwiderruflichen Offerte des Kunden kommt, selbst wenn sie vor der Erbringung der Wertpapier(neben)dienstleistung ausgesprochen wird, zu spät[16]. Erteilt ein Kunde einen

---

1 Art. 56 Abs. 1 Unterabs. 1 DelVO 2017/565 im Sinn von „appropriate", nicht von „suitable".
2 Der Art. 56 Abs. 1 Unterabs. 1 DelVO 2017/565 in der deutschen Sprachfassung legt allerdings im Unterschied zur englischen Sprachfassung („when") den Schluss nahe, dass auch die Fähigkeit zur Beurteilung der Eignung (Angemessenheit) geprüft werden müsse.
3 Die Bestimmung der Zielgruppe erfolgt im Vorfeld der Prüfung der Angemessenheit und macht sie nicht überflüssig (Art. 16 Abs. 3 Unterabs. 7 RL 2014/65/EU. Erwägungsgrund Nr. 71 RL 2014/65/EU).
4 S. Rz. 129.
5 § 63 Abs. 9 Satz 2 WpHG; Art. 25 Abs. 3 Unterabs. 1 DelVO 2017/565.
6 Zu eng zum WpHG a.F. *Weichert/Wenninger*, WM 2007, 627, 631.
7 Aus Erfahrung wird man klug. Anders zum WpHG a.F. *Rothenhöfer* in Schwark/Zimmer, § 31 WpHG Rz. 301; *Voß* in Just/Voß/Ritz/Becker, § 31 WpHG Rz. 538.
8 Anders in der Tendenz zum WpHG a.F. *Benicke*, Wertpapiervermögensverwaltung, S. 360 f.
9 Es besteht mithin keine Pflicht, vor bereits getätigten Geschäften zu warnen.
10 Vgl. zum WpHG a.F. *Fuchs* in Fuchs, § 31 WpHG Rz. 313.
11 Vgl. zum WpHG a.F. *Weichert/Wenninger*, WM 2007, 627, 631.
12 § 63 Abs. 10 Satz 6 WpHG.
13 Vgl. zum WpHG a.F. *Rothenhöfer* in Schwark/Zimmer, § 31 WpHG Rz. 310.
14 ESMA 2016/1165 v. 11.10.2016, Questions and Answers relating to the provision of CFDs and other speculative products to retail investors under MiFID, Section 4 Answer 2, Ziff. 14.
15 Art. 56 Abs. 2 lit. c, Art. 72 DelVO 2017/565, § 83 WpHG.
16 Vgl. zum WpHG a.F. *Rothenhöfer* in Schwark/Zimmer, § 31 WpHG Rz. 309; *Voß* in Just/Voß/Ritz/Becker, § 31 WpHG Rz. 537.

Auftrag, so hat das Wertpapierdienstleistungsunternehmen deshalb zu warnen[1], bevor es den Auftrag annimmt. Es hat dem Kunden ausreichend Zeit zu gewähren, seinen Auftrag zurückzuziehen. Denkbar ist aber auch, dass das Wertpapierdienstleistungsunternehmen den Auftrag ablehnt und die Erneuerung des Auftrages anheim stellt oder das Angebot zum Widerruf eines verbindlichen Vertrages unterbreitet. Jedenfalls darf es den Kunden nicht durch Anpreisungen oder in anderer Weise dazu verleiten, ein für ihn ungeeignetes Geschäft zu tätigen[2]. Macht das Wertpapierdienstleistungsunternehmen seinerseits zuerst ein bindendes Angebot, so muss die Warnung bereits das Angebot begleiten.

Um sachgerechte Warnungen aussprechen zu können, **haben sich die Wertpapierdienstleistungsunternehmen in ausreichendem Umfang**[3] **über den aktuellen Risikograd der Finanzinstrumente der in Betracht kommenden Art zu informieren**[4]. Verfügen sie trotz angemessener Anstrengungen über unzureichende Informationen, so haben sie den Auftrag abzulehnen oder den Kunden darauf hinzuweisen, dass sie das Risiko nicht beurteilen können.

b) Das Wertpapierdienstleistungsunternehmen ist über die Kenntnisse und Erfahrungen des Kunden unzureichend informiert. Ein Wertpapierdienstleistungsunternehmen muss zusätzliche Informationen anfordern, wenn es erkennt oder bei pflichtgemäßer Sorgfalt erkennen kann[5], dass es diese Informationen benötigt, um die Angemessenheit des Geschäfts beurteilen zu können. Hat der Kunde trotz pflichtgemäßer Erkundigung (Rz. 133) das Wertpapierdienstleistungsunternehmen erkennbar[6] unzureichend informiert oder liefert der Kunde trotz Aufforderung nicht die erforderlichen Informationen, so braucht das Wertpapierdienstleistungsunternehmen, den Kunden (nur) darauf aufmerksam machen, dass es außerstande sei, zu erkennen, ob der Kunde die Risiken des Geschäftes hinreichend verstehen könne und ob es im Licht seiner Kenntnisse sowie Erfahrungen für ihn geeignet sei. Diese Warnung (Rz. 135) kann standardisiert erfolgen[7]. Die Warnung muss dem Kunden rechtzeitig vor Vertragsschluss zugehen (Rz. 136).

5. Pflicht zur Aufzeichnung. Gemäß Art. 56 Abs. 2 DelVO 2017/565[8] haben die Wertpapierdienstleistungsunternehmen das Ergebnis der Angemessenheitsbeurteilung, Hinweise an die Kunden, dass sie unzureichend informiert haben, sowie die Fälle aufzuzeichnen[9], in denen Kunden die Warnung in den Wind geschlagen haben und ob das Wertpapierdienstleistungsunternehmen daraufhin das Geschäft ausgeführt hat.

XIII. Wertpapierdienstleistungen auf Veranlassung des Kunden hinsichtlich nicht-komplexer Finanzinstrumente (§ 63 Abs. 11 WpHG, Art. 57 DelVO 2017/565). 1. Allgemeines. § 63 Abs. 11 WpHG ist nur einschlägig, wenn das Wertpapierdienstleistungsunternehmen keine Anlageberatung i.S.d. § 64 WpHG betrieben hat. Andererseits geht § 63 Abs. 11 WpHG dem § 63 Abs. 10 WpHG vor. Wertpapierdienstleistungsunternehmen müssen sich daher weder nach den Erfahrungen und Kenntnissen der Kunden erkundigen noch diese warnen, wenn bei nicht-komplexen Finanzinstrumenten die Voraussetzungen des § 63 Abs. 11 WpHG erfüllt sind. Die RL 2014/65/EU hat im Vergleich zu § 31 Abs. 7 WpHG a.F. den praktischen Anwendungsbereich des § 63 Abs. 10 WpHG dadurch erweitert[10], dass sie den Kreis der nicht-komplexen Finanzinstrumente enger gezogen hat. § 63 Abs. 11 WpHG schränkt ebenfalls den Schutz geeigneter Gegenparteien ein. Da § 63 Abs. 10 i.V.m. § 68 WpHG diese nicht schützt, muss diese Einschränkung des Anlegerschutzes erst recht im Bereich des § 63 Abs. 11 WpHG gelten. Ebenso müssen professionelle Kunden behandelt werden (Rz. 131)[11].

Dem Wortlaut des § 63 Abs. 11 WpHG zufolge kommt es nicht darauf an, ob die Dienstleistungen über **Internet, per Telefon oder in einer Bankfiliale** erbracht werden, ob das Wertpapierdienstleistungsunternehmen auf „execution only"-Geschäfte per Internet etc. spezialisiert ist oder nicht[12]. Die „execution only"- Dienste können den Kunden ohne weiteres neben Diensten wie der Anlageberatung angeboten werden; denn sie stellen nur eine besondere Vertriebsform dar[13]. Deshalb kann § 63 Abs. 11 WpHG auch einschlägig sein, falls ein Kunde

---

1 Dies impliziert nach Ansicht der ESMA, dass unmissverständlich auf die Risiken des ungeeigneten Geschäfts hingewiesen wird (ESMA 35-43-349 v. 4.4.2017, Questions and Answers on MiFID II and MiFIR topics, 2 Suitability and appropriateness, Answer 6).
2 Arg. e § 63 Abs. 1 WpHG; ESMA 35-43-349 v. 4.4.2017, Questions and Answers on MiFID II and MiFIR topics, 2 Suitability and appropriateness, Answer 6.
3 Sie haben zu diesem Zweck die allgemein verfügbaren Informationsquellen in zumutbarem Umfang auszuwerten.
4 Nicht notwendig ist es dagegen, dass dem Kunden ad hoc produktspezifische Informationen erteilt werden.
5 Wertung des Art. 55 Abs. 3 DelVO 2017/565.
6 Bei Spekulationsgeschäften belastet die ESMA 2016/1165 v. 11.10.2016, Questions and Answers relating to the provision of CFDs and other speculative products to retail investors under MiFID, Section 4 Answer 1, Ziff. 5, die Wertpapierdienstleistungsunternehmen mit der Pflicht, anhand weiterer Informationen zu klären, ob die Aussagen der befragten Kunden zutreffen.
7 § 63 Abs. 10 Satz 6 WpHG.
8 § 83 WpHG. S. auch Anhang I zur DelVO 2017/565, abgedruckt bei § 83 WpHG Rz. 30.
9 Zur Form und Aufbewahrung der Aufzeichnungen s. Art. 72 DelVO 2017/565.
10 Erwägungsgrund Nr. 80 RL 2014/65/EU.
11 *Grundmann* in Staub, Bankvertragsrecht, Investmentbanking II, Teil 8 Rz. 195.
12 *Grundmann* in Staub, Bankvertragsrecht, Investmentbanking II, Teil 8 Rz. 194.
13 So zutr. zum WpHG a.F. auch *Weichert/Wenninger*, WM 2007, 627, 632.

§ 63 | Verhaltenspflichten, Organisationspflichten, Transparenzpflichten

in einer Bankfiliale persönlich einen Auftrag erteilt und die Voraussetzungen dieser Vorschrift erfüllt sind. Die Wertpapierdienstleistungsunternehmen dürfen auf die **Erleichterungen**, die ihnen § 63 Abs. 11 WpHG gewährt, **verzichten** und immer eine Angemessenheitsprüfung gem. § 63 Abs. 10 WpHG durchführen.

142   **2. Voraussetzungen der Erbringung einer Wertpapierdienstleistung i.S.d. § 63 Abs. 11 WpHG.** Eine Angemessenheitsprüfung i.S.d. § 63 Abs. 10 WpHG ist entbehrlich, wenn die Wertpapierdienstleistung, die als Finanzkommissionsgeschäft (§ 2 Abs. 8 Nr. 1 WpHG), Eigenhandel (§ 2 Abs. 8 Nr. 2 lit. c WpHG), Abschluss- oder Anlagevermittlung (§ 2 Abs. 8 Nr. 3, 4 WpHG) zu qualifizieren ist, sich auf ein nicht-komplexes Finanzinstrument bezieht (Rz. 143 ff.). Dazu zählt auch die Selbstemission (§ 2 Abs. 8 Nr. 10 Satz 2 WpHG). Außerdem wird vorausgesetzt, dass die Wertpapierdienstleistung auf Veranlassung des Kunden erfolgt (Rz. 150), von Ausnahmen (§ 63 Abs. 11 Nr. 2 Halbsatz 2 WpHG) abgesehen, nicht mit der Gewährung eines Darlehens verbunden ist und der Kunde darüber informiert wird, dass keine Angemessenheitsprüfung durchgeführt wird (Rz. 151).

143   **a) Nicht-komplexe Finanzinstrumente. Aktien** (§ 63 Abs. 11 Nr. 1 lit. a WpHG). S. § 2 Abs. 1 Nr. 1 WpHG. Die Aktien müssen zu einem Handel an einem organisierten Markt (§ 2 Abs. 11 WpHG) oder an einem gleichwertigen Markt eines Drittlandes oder in einem multilateralen Handelssystem (§ 2 Abs. 21 WpHG) zugelassen sein. Auf Aktien von AIF- Gesellschaften[1] oder auf Aktien, in die ein Derivat (§ 2 Abs. 35 WpHG) eingebettet ist (Rz. 144), ist § 63 Abs. 11 WpHG nicht anwendbar.

144   **Schuldverschreibungen und andere verbriefte Schuldtitel** (§ 63 Abs. 11 Nr. 1 lit. b WpHG). S. § 2 Abs. 1 Nr. 2 WpHG. Die Schuldtitel müssen derart verbrieft sein, dass sie als übertragbare Wertpapiere oder Wertrechte qualifiziert werden können. Sie müssen außerdem zum Handel an einem geregelten Markt[2] oder einem gleichwertigen Markt eines Drittlandes oder bei einem multilateralen Handelssystem (§ 2 Abs. 21 WpHG) zugelassen sein. Dem § 63 Abs. 10 WpHG unterworfen sind dagegen Schuldverschreibungen und andere verbriefte Schuldtitel, die mit einem Derivat i.S.d. § 2 Abs. 35 WpHG[3] verknüpft[4] sind[5]. Das gilt auch für Schuldverschreibungen bzw. verbriefte Schuldtitel, die eine Struktur aufweisen, die es dem Kunden[6] erschwert, die mit dem Wertpapier verbundenen Risiken zu verstehen. Den Leitlinien der ESMA[7] zufolge werfen Schuldverschreibungen etc. dann erhebliche Verständnisprobleme auf, wenn der Inhalt der verbrieften Forderung kompliziert zu bestimmen oder zu berechnen ist[8], insbesondere wenn der Inhalt der Forderung von Faktoren abhängt, die unüblich oder dem Privatanleger nicht vertraut sind[9], wenn der Schuldner nach Belieben das Recht hat, den In-

---

1   AIF i.S.d. § 1 Abs. 3 KAGB. Art. 25 Abs. 4 lit. a Unterabs. 1 Ziff. i RL 2014/65/EU formuliert „Anteile an Organismen für gemeinsame Anlagen, die keine OGAW sind". Für die Frage der Komplexität spielt Art. 57 DelVO 2017/565 keine Rolle (ESMA35-43-349 v. 6.6.2017, Questions and Answers, unter 10 Appropriatenes/Complex Financial Instruments, Answer 1).
2   Art. 4 Abs. 1 Nr. 1 Nr. 14 RL 2004/39/EG.
3   Art. 4 Abs. 1 Nr. 49 RL 2014/65/EU verweist insoweit auf Art. 2 Abs. 1 Nr. 29 VO Nr. 600/2014. Letzterer verweist auf Art. 4 Abs. 1 Nr. 44 lit. c RL 2014/65/EU (Wertpapiere, die zum Kauf oder Verkauf solcher Wertpapiere berechtigen oder zu einer Barzahlung führen, die anhand von übertragbaren Wertpapieren, Währungen, Zinssätzen oder -erträgen, Waren oder anderen Indizes oder Messgrößen bestimmt wird) und auf Anhang I Abschnitt C Nr. 4 bis 10 RL 2014/65/EU. Weitergehend ESMA, Consultation Paper, v. 24.3.2015 (ESMA/2015/610), S. 8 Ziff. 13.
4   Verknüpfung bestimmter, vereinbarter Faktoren mit der Schuldverschreibungen etc. derart, dass der verbriefte Anspruch ganz oder teilweise nach Maßgabe dieser Faktoren bestimmt wird (ESMA, Final Report, Guidelines on complex debt instruments and structured deposits, v. 26.11.2015 (ESMA/2015/1783), S. 31), z.B. entsprechend dem Preis einer Sicherheit, dem Stand eines Marktindexes oder eines Zinssatz oder Wechselkurses (ESMA, Final Report, Draft technical standards on the Market Abuse Regulation v. 28.9.2015 (ESMA/2015/1455), S. 8); Guidelines on complex debt instruments and structured deposits, v. 4.2.2016 (ESMA/2015/1787), Abschnitt V.I., Ziff. 12; MaComp Ziff. BT 13.1.
5   Z.B. convertible bonds, exchangeable bonds, indexed bonds, „turbo"-certificates, contigent convertible bonds, credit-linked notes, callable oder puttable bonds (ESMA, Final Report, Guidelines on complex debt instruments and structured deposits, v. 26.11.2015 (ESMA/2015/1783), S. 12 ff.; ESMA, Consultation Paper, v. 24.3.2015 (ESMA/2015/610), S. 8 f.). Unerheblich ist, dass das Derivat die Rückzahlung des Kapitals garantiert oder zu einer Erhöhung der Auszahlung führt (ESMA, Final Report, Guidelines on complex debt instruments and structured deposits, v. 26.11.2015 (ESMA/2015/1783), S. 16 Nr. 54). Guidelines on complex debt instruments and structured deposits, v. 4.2.2016 (ESMA/2015/1787), Abschnitt V.I. Ziff. 13.
6   Dabei kommt es auf den durchschnittlichen Privatkunden der Gruppe des relevanten Zielmarkts an.
7   Guidelines on complex debt instruments and structured deposits, v. 4.2.2016 (ESMA/2015/1787), Abschnitt V. Vgl. auch die Beispiele in MaComp Ziff. BT 13.2.
8   Es ist schwer vorherzusehen, welche Zahlungen geleistet werden, da diese häufig wechseln oder die Zahlungen in bestimmten Phasen der Laufzeit des Finanzinstruments schwer einzuschätzen sind, weil diese z.B. von bestimmten Schwellenwerten oder bestimmten Zeitpunkten abhängen, oder wenn die Zahlung von mehr als einer Variablen abhängt (ESMA, Final Report, Guidelines on complex debt instruments and structured deposits, v. 26.11.2015 (ESMA/2015/1783), S. 22, 25, 32 unter Ziff. 13 lit. f; Guidelines on complex debt instruments and structured deposits, v. 4.2.2016 (ESMA/2015/1787), Abschnitt V.II. Ziff. 13).
9   ESMA, Final Report, Guidelines on complex debt instruments and structured deposits, v. 26.11.2015 (ESMA/2015/1783), S. 32 unter Ziff. 13 lit. e; Guidelines on complex debt instruments and structured deposits, v. 4.2.2016 (ESMA/2015/1787), Abschnitt V.I. Ziff. 13.

halt der Forderung zu verändern[1], wenn der Inhalt der Forderung von der Entwicklung einer bestimmten Vermögensmasse[2] oder davon abhängt, ob und in welchem Umfang die Forderungen Dritter beglichen werden[3], wenn die verbriefte Forderung nicht zu einem bestimmten oder leicht bestimmbaren Zeitpunkt fällig ist[4], wenn das schlecht durchschaubare Risiko besteht, dass der verbriefte Betrag nicht voll ausbezahlt wird[5], wenn die Schuldverschreibung durch ein SPV[6] ausgegeben worden ist und unklar ist, wer die Leistung schuldet oder garantiert[7], ferner wenn die Schuldverschreibung mit einem komplizierten Garantiemechanismus[8] oder mit einer Hebelwirkung[9] ausgestattet ist, *nicht aber* eine Schuldverschreibung, die lediglich die Inflationsentwicklung berücksichtigt oder die sich ausdrücklich an einer anderen Währung als der Währung am Sitz des Wertpapierdienstleistungsunternehmens orientiert. Beachte die **Beispiele** in der Guideline der ESMA v. 4.2.2016[10].

Geldmarktinstrumente (§ 63 Abs. 11 Nr. 1 lit. c WpHG). S. § 2 Abs. 2 WpHG. In dieser Fallgruppe ist der Anwendungsbereich des § 63 Abs. 11 WpHG ebenfalls *eingeschränkt*, wenn in das Geldmarktinstrument ein Derivat (§ 2 Abs. 35 WpHG)[11] eingebettet ist oder es eine Struktur aufweist, die es dem Kunden erschwert, die Risiken zu verstehen. Insoweit kann auf die Erläuterungen zu den Schuldverschreibungen (Rz. 144) verwiesen werden. 145

Anteile bzw. Aktien an OGAW i.S.d. § 1 Abs. 2 KAGB (§ 63 Abs. 11 Nr. 1 lit. d WpHG) sind nicht komplex. Im Einklang mit Art. 25 Abs. 4 lit. a Unterabs. 1 Ziff. iv RL 2014/65/EU erklärt § 63 Abs. 11 Nr. 1 lit. d WpHG die in Art. 36 Abs. 1 Unterabs. 2 VO Nr. 583/2010 genannten strukturierten OGAW für per se komplex[12]. 146

Strukturierte Einlagen[13] (§ 63 Abs. 11 Nr. 1 lit. e WpHG). Sie gelten grundsätzlich als nicht-komplex. *Anders* ist die Situation, wenn ihre Struktur es einem durchschnittlichen Privatanleger erschwert, das Ertragsrisiko oder die Liquidationskosten vor Fälligkeit zu verstehen. Der ESMA[14] zufolge ist dies zu bejahen, falls die Höhe der Auszahlungen von mehr als einer Variablen abhängt oder sonst schwer zu bestimmen ist oder wenn das Verhältnis zwischen der Auszahlung und der maßgeblichen Variable schwer zu bestimmen bzw. zu berechnen ist, oder wenn die Variable unüblich oder für den durchschnittlichen Privatkunden fremd ist oder wenn der 147

---

1 ESMA, Final Report, Guidelines on complex debt instruments and structured deposits, v. 26.11.2015 (ESMA/2015/1783), S. 15, 32 unter Ziff. 13 lit. c. Z.B. bail-in-fähige Finanzinstrumente (ESMA, Final Report, Guidelines on complex debt instruments and structured deposits, v. 26.11.2015 (ESMA/2015/1783), S. 20); Guidelines on complex debt instruments and structured deposits, v. 4.2.2016 (ESMA/2015/1787), Abschnitt V.II. Ziff. 13.
2 Nachrangige Forderungen im Verhältnis zu den Forderungen vorrangiger Gläubiger (ESMA, Final Report, Guidelines on complex debt instruments and structured deposits, v. 26.11.2015 (ESMA/2015/1783), S. 21, 32 unter Ziff. 13 lit. a); Guidelines on complex debt instruments and structured deposits, v. 4.2.2016 (ESMA/2015/1787), Abschnitt V.III. Ziff. 13.
3 Die ESMA hat hier auch die Fälle im Auge, in denen zwischen den Gläubigern ein Rangverhältnis besteht (ESMA, Final Report, Guidelines on complex debt instruments and structured deposits, v. 26.11.2015 (ESMA/2015/1783), S. 32 unter Ziff. 13 lit. b); Guidelines on complex debt instruments and structured deposits, v. 4.2.2016 (ESMA/2015/1787), Abschnitt V.II. Ziff. 13.
4 ESMA, Final Report, Guidelines on complex debt instruments and structured deposits, v. 26.11.2015 (ESMA/2015/1783), S. 32 unter Ziff. 13 lit. d; Guidelines on complex debt instruments and structured deposits, v. 4.2.2016 (ESMA/2015/1787), Abschnitt V.II. Ziff. 13.
5 ESMA, Final Report, Guidelines on complex debt instruments and structured deposits, v. 26.11.2015 (ESMA/2015/1783), S. 32 unter Ziff. 13 lit. g; Guidelines on complex debt instruments and structured deposits, v. 4.2.2016 (ESMA/2015/1787), Abschnitt V.II. Ziff. 13.
6 Special purpose vehicle (Zweckgesellschaft). Ausreichende Klarheit besteht, wenn ein bekanntes Unternehmen eine uneingeschränkte Garantie erklärt hat. Guidelines on complex debt instruments and structured deposits, v. 4.2.2016 (ESMA/2015/1787), Abschnitt V.II. Ziff. 13.
7 ESMA, Final Report, Guidelines on complex debt instruments and structured deposits, v. 26.11.2015 (ESMA/2015/1783), S. 32 unter Ziff. 13 lit. h; Guidelines on complex debt instruments and structured deposits, v. 4.2.2016 (ESMA/2015/1787), Abschnitt V.II. Ziff. 13.
8 Der durchschnittliche Privatkunde kann nicht exakt einschätzen, wie der Garantiemechanismus sein Risiko beeinflusst (ESMA, Final Report, Guidelines on complex debt instruments and structured deposits, v. 26.11.2015 (ESMA/2015/1783), S. 22, 33 unter Ziff. 13 lit. i); Guidelines on complex debt instruments and structured deposits, v. 4.2.2016 (ESMA/2015/1787), Abschnitt V.I. Ziff. 13.
9 ESMA, Final Report, Guidelines on complex debt instruments and structured deposits, v. 26.11.2015 (ESMA/2015/1783), S. 33 unter Ziff. 13 lit. j; Guidelines on complex debt instruments and structured deposits, v. 4.2.2016 (ESMA/2015/1787), Abschnitt V.II. Ziff. 13.
10 Guidelines on complex debt instruments and structured deposits, v. 4.2.2016 (ESMA/2015/1787), Abschnitt V.V. Ziff. 16.
11 Art. 4 Abs. 1 Nr. 49 RL 2014/65/EU verweist insoweit auf Art. 2 Abs. 1 Nr. 29 VO Nr. 600/2014.
12 ESMA 35-43-349 v. 10.7.2017, Questions and Answers on MiFID II and MiFIR investor protection and intermediaries topics, 10 Appropriateness/Complex Financial Instruments, Answer 1.
13 § 96 WpHG.
14 ESMA, Final Report, Guidelines on complex debt instruments and structured deposits, v. 26.11.2015 (ESMA/2015/1783), S. 25, 33 unter Nr. 14; Guidelines on complex debt instruments and structured deposits, v. 4.2.2016 (ESMA/2015/1787), Abschnitt V.III. und V.IV Ziff. 14f. S. auch MaComp Ziff. BT 13.3.

Schuldner das einseitige Recht hat, den Vertrag vor Fälligkeit aufzukündigen, ferner, wenn im Fall einer vorzeitigen Kündigung der Einlage durch den Kunden die dann anfallenden Kosten weder in Form eines von vornherein festgelegten Einmalbetrages, eines bestimmten Betrages pro Zeiteinheit der verbleibenden Laufzeit oder einem Prozentsatz der Einlage berechnet werden. Beachte die Beispiele in der Guideline der ESMA[1].

148 **Andere *nicht*-komplexe Finanzinstrumente** (§ 63 Abs. 11 Nr. 1 lit. f WpHG). Zum Begriff der Finanzinstrumente s. § 2 Abs. 4 WpHG[2]. § 63 Abs. 11 Nr. 1 lit. f WpHG hat nicht die in § 63 Abs. 11 Nr. 1 lit. a–c WpHG genannten Finanzinstrumente im Auge. Diese haben eine Sonderregelung erfahren. Das gilt auch, soweit in Schuldverschreibungen etc. Derivate (§ 2 Abs. 35 WpHG) eingebettet oder diese schwer zu verstehen sind (Rz. 144).

149 Die „anderen *nicht*-komplexen Finanzinstrumente" müssen den Anforderungen des Art. 57 lit. b–f DelVO 2017/565 genügen. Danach müssen die Finanzinstrumente ausreichend auf der Basis emittentenunabhängiger öffentlich verfügbarer Marktpreise liquide sein, keine über die Anschaffungskosten hinausgehenden (Eventual) Verbindlichkeiten begründen, dürfen nicht von Faktoren abhängig sein, die die Art oder das Risiko der Investition oder des Auszahlungsprofils wesentlich verändern[3], und dürfen beim vorzeitigen Ausstieg aus der Investition keine Kostenhürden aufbauen, die die Finanzinstrumente faktisch illiquide machen. Außerdem müssen die Finanzinstrumente aus der Sicht eines durchschnittlichen verständigen Privatkunden in ihrer Risikostruktur und in ihren sonstigen Besonderheiten ausreichend bewertet werden können, weil sie in erforderlichem Umfang auf öffentlich vorhandene[4] Informationen zugreifen können. Dabei wird unterstellt, dass sich die Kunden in angemessener Weise um die Informationen bemühen. Auf Privatkunden, die besonders schutzbedürftig sind, weil sie wegen ihrer unterdurchschnittlichen Fähigkeiten zur Informationsverarbeitung und unterdurchschnittlichen Bereitschaft zur Informationssuche nicht erkennen können, dass die Besorgung von Detailinformationen zu den Finanzinstrumenten angeraten ist, brauchen die Wertpapierdienstleistungsunternehmen keine Rücksicht nehmen. Den öffentlich verfügbaren Informationen können die von den Wertpapierdienstleistungsunternehmen gelieferten Informationen nicht gleichgestellt werden. Den Finanzinstrumenten i.S.d. Art. 4 Abs. 1 Nr. 44 lit. c RL 2014/65/EU und i.S.d. Anhang I Abschnitt C Nr. 4 bis 11 RL 2014/65/EU bleibt gem. Art. 57 lit. a DelVO 2017/565 pauschal die Bewertung als „nicht-komplex" versagt.

150 **b) Auf Veranlassung des Kunden (§ 63 Abs. 11 Nr. 1 Halbsatz 1 WpHG).** Der Geschäftsabschluss erfolgt auf Veranlassung des Kunden, wenn das Wertpapierdienstleistungsunternehmen *nicht* in qualifizierter Weise auf das Zustandekommen des Geschäfts hingewirkt hat. Eine Veranlassung durch das Wertpapierdienstleistungsunternehmen ist z.B. zu bejahen, wenn es dem Kunden ein Geschäft i.S.d. § 64 WpHG empfohlen hat und diese Empfehlungen für das Geschäft kausal geworden ist[5]. An einer Veranlassung durch den Kunden fehlt es im Zweifel auch, falls ein Wertpapierdienstleistungsunternehmen persönlich[6] Kontakt zum Kunden aufgenommen und ihm ein bestimmtes Angebot oder bestimmte Anregungen für ein konkretes Finanzinstrument unterbreitet hat[7]. Hat das Wertpapierdienstleistungsunternehmen dagegen dem Kunden ein Finanzinstrument in einer erkennbar an eine Vielzahl (potentieller) Kunden gerichteten Marketingmitteilung (Rz. 58) mehr oder minder dringend nahe gelegt und schaltet der Kunde daraufhin das Wertpapierdienstleistungsunternehmen ein, so handelt er auf eigene Veranlassung[8]. Gleiches soll gelten, wenn eine an den Kunden „persönlich" gerichtete Empfehlung kein bestimmtes Finanzinstrument betrifft[9] oder das Wertpapierdienstleistungsunternehmen seine Wertpapierdienstleistung i.S.d. § 63 Abs. 11 WpHG beworben hat[10].

151 **c) Aufklärung über das Fehlen einer Angemessenheitsprüfung.** Weitere Voraussetzung dafür, dass eine Angemessenheitsprüfung i.S.d. § 63 Abs. 10 WpHG unterbleiben kann, ist, dass der Kunde mit klaren Worten[11] darüber aufgeklärt worden ist, dass das Wertpapierdienstleistungsunternehmen nicht prüft, ob er im Licht seiner Kenntnisse und Erfahrungen in der Lage ist, die mit dem Finanzinstrument bzw. dem Geschäft verbunde-

---

1 Guidelines on complex debt instruments and structured deposits, v. 4.2.2016 (ESMA/2015/1787), Abschnitt. V.V. Ziff. 16. S. auch MaComp Ziff. BT 13.4.
2 Art. 4 Abs. 1 Nr. 15, 44 RL 2014/65/EU.
3 Dies dürfte bei Derivaten und einer Verknüpfung mit Derivaten vielfach der Fall sein.
4 Von Privatkunden kann nicht ohne weiteres erwartet werden, dass sie auf die im Internet verfügbaren Informationen zugreifen. Gleiches gilt für fremdsprachige Texte (vgl. zum WpHG a.F. *Fuchs* in Fuchs, § 31 WpHG Rz. 341a).
5 Vgl. zum WpHG a.F. *Möllers* in KölnKomm. WpHG, § 31 WpHG Rz. 407. Zur Verneinung der Kausalität ab 6 Monaten nach der persönlichen Empfehlung vgl. *Fuchs* in Fuchs, § 31 WpHG Rz. 344.
6 Erwägungsgrund Nr. 85 Satz 1 RL 2014/65/EU. Die Formulierung „persönlich" wird man im Licht des Erwägungsgrundes Nr. 85 Satz 2 RL 2014/65/EU als Gegenpol zu den Begriffen „Publikum" oder einer „größeren Gruppe bzw. Gattung von Kunden" verstehen müssen, so dass nicht notwendig auf die persönlichen Verhältnisse des Kunden Bezug genommen worden sein muss (vgl. zum WpHG a.F. *Benicke*, Wertpapiervermögensverwaltung, S. 514).
7 Vgl. zum WpHG a.F. *Möllers* in KölnKomm, § 31 WpHG Rz. 407.
8 Erwägungsgrund Nr. 85 Satz 2 RL 2014/65/EU; vgl. zum WpHG a.F. *Balzer*, ZBB 2007, 333, 342; *Fuchs* in Fuchs, § 31 WpHG Rz. 344; *Rothenhöfer* in Schwark/Zimmer, § 31 WpHG Rz. 322.
9 Erwägungsgrund Nr. 85 Satz 1 RL 2014/65/EU; vgl. zum WpHG a.F. *Duve/Keller*, BB 2006, 2477, 2479; *Voß* in Just/Voß/Ritz/Becker, § 31 WpHG Rz. 554. Zu eng *Spindler/Kasten*, WM 2006, 1797, 1800.
10 Vgl. zum WpHG a.F. *Voß* in Just/Voß/Ritz/Becker, § 31 WpHG Rz. 553 m. Nachw.
11 Ausdrücklich; Art. 25 Abs. 4 lit. d RL 2014/65/EU fordert Eindeutigkeit.

nen Risiken zu durchschauen. Dieser Hinweis muss grundsätzlich von Fall zu Fall gegeben werden, außer dort, wo der Kunde einen Vertriebskanal benutzt, der ausschließlich für Geschäfte i.S.d. § 63 Abs. 11 WpHG geöffnet ist[1]. Der Hinweis kann in standardisierter Form so erteilt werden, dass er (nur) für Durchschnittskunden (Rz. 65) aus dem Kreis der Kunden verständlich (Rz. 64, 93) ist. Eine Form ist nicht vorgeschrieben. Aufzuklären ist auch darüber, dass nur ein beschränkter Abgleich mit dem Zielmarkt erfolgen kann[2]. Professionelle Kunden brauchen nicht informiert zu werden, soweit sie im Rahmen des § 63 Abs. 10 WpHG (Rz. 131) nicht gewarnt werden müssen.

3. Rechtsfolgen. § 63 Abs. 11 WpHG befreit die Wertpapierdienstleistungsunternehmen von der Pflicht, sich der Erfahrungen und Kenntnisse der Kunden zu vergewissern. Sie brauchen auch nicht wie im Fall des § 63 Abs. 10 WpHG die Kunden, denen ersichtlich ausreichende Erfahrungen und Kenntnisse fehlen, darauf hinzuweisen, dass das Geschäft für sie unangemessen ist, oder gar den Kunden interessengerechte Empfehlungen zu erteilen. Im Übrigen haben sie alle Pflichten gem. § 63 Abs. 1, 4 bis 7 WpHG zu erfüllen. Ist dem Wertpapierdienstleistungsunternehmen bekannt oder ist es evident[3], dass die execution-only-Order aufgrund einer Fehlberatung oder sonstiger unrichtiger Annahmen erteilt wird, so gebietet § 63 Abs. 1 WpHG ausnahmsweise eine Warnung, weil nur dies mit der gebotenen Redlichkeit vereinbar ist[4]. 152

XIV. Pflicht, über erteilte und erbrachte Wertpapierdienstleistungen zu berichten (§ 63 Abs. 12 WpHG; Art. 50, 59, 61 ff. DelVO 2017/565). 1. Wertpapier(neben)dienstleistungen mit Ausnahme der Vermögensverwaltung. a) Bericht auf Wunsch (Art. 59 Abs. 2 DelVO 2017/565). Auf Verlangen haben die Wertpapierdienstleistungsunternehmen ihre Kunden immer über den Stand der Ausführung ihres Auftrages zu informieren. 153

b) Unaufgeforderte Bestätigung der Ausführung des Geschäfts und Informationen hierzu (§ 63 Abs. 16 WpHG; Art. 59 Abs. 1 DelVO 2017/565). Grundsätzlich haben die Wertpapierdienstleistungsunternehmen schnellstmöglich[5] auf einem dauerhaften Datenträger[6] die Auftragsausführung zu bestätigen[7]. Diese Pflicht entfällt bei Aufträgen zur Finanzierung eines Hypothekardarlehensvertrages[8] oder in Fällen, in denen dem Kunden von dritter Seite mit derselben Ausführlichkeit die Ausführung des Auftrags mitgeteilt wird[9]. Diese Ausnahmen kennt § 63 Abs. 12 Satz 1 WpHG zwar nicht; ihm geht jedoch die DelVO 2017/565 vor. Außerdem sind die wesentlichen Informationen über die Ausführung des Auftrags zu übermitteln[10]. 154

Im Einzelnen ist in der Bestätigung, ggf. unter Verwendung von Codes[11], der Ort mitzuteilen, an dem der Auftrag ausgeführt worden ist[12]. Ferner sind die in Art. 59 Abs. 4 Unterabs. 1 lit. a–e, g–p DelVO 2017/565 aufgezählten Angaben zu machen. Anzugeben ist, ob der Auftrag als Limitauftrag, als Auftrag zum Marktpreis oder mit anderer Weisung erteilt worden ist (Art des Auftrags)[13]. Über das Wesen des Auftrags ist zu berichten, indem z.B. darauf hingewiesen wird, dass ein Auftrag zur Zeichnung von Wertpapieren oder zur Ausübung einer Option etc. erteilt worden ist[14]. Soweit der Stückpreis zu benennen ist, kann den Kunden der Durchschnittspreis mitgeteilt werden. Die Kunden dürfen aber verlangen, dass ihnen der Preis für die einzelnen Tranchen übermittelt wird[15]. Zum Bericht über die gehaltenen Kundengelder und Kundenfinanzinstrumente s. § 84 WpHG Rz. 9, 21 f., 36, 48. 155

c) Bericht über die Kosten (Art. 50, 59 DelVO 2017/565). Für jede Wertpapierdienstleistung, durch die Aufträge von Kunden ausgeführt werden, sind separate Gebühren ausweisen, die (nur) den Kosten für die Ausführung des Geschäfts entsprechen[16]. Gemäß Art. 59 Abs. 4 Unterabs. 1 lit. m DelVO 2017/565 hat das Wertpapierdienstleistungsunternehmen ferner auf der Basis des tatsächlichen Anlagebetrages[17] die **Summe der in** 156

---

1 Zum Beispiel nur über Internet, Telefon oder Telefax erreichbare Discount-Broker.
2 MaComp Ziff. BT 5.3.4 Nr. 2.
3 Vgl. zurückhaltend OLG München v. 23.4.2014 – 19 U 4934/13, WM 2015, 2139.
4 Vgl. *Enriques/Gargantini* in Busch/Ferrarini, Regulation of the EU Financial Markets, Rz. 4.92; ferner BGH v. 19.3.2013 – XI ZR 431/11, AG 2013, 463 = WM 2013, 789; BGH v. 26.4.2016 – XI ZR 114/15, BKR 2016, 341 Rz. 25; aus zivilrechtlicher Sicht; einschr. *Bracht*, ZBB 2013, 252, 255 f.
5 Gemäß Art. 59 Abs. 1 Unterabs. 1 lit. b DelVO 2017/565 heißt das, dass die geschuldeten Informationen spätestens am ersten Geschäftstag nach der Ausführung des Auftrags oder – sofern das Wertpapierdienstleistungsunternehmen die Bestätigung der Ausführung von einem Dritten erhält, spätestens am ersten Geschäftstag nach Eingang dieser Bestätigung mitzuteilen sind.
6 § 2 Abs. 43 WpHG; Art. 3 Abs. 1 DelVO 2017/565.
7 § 63 Abs. 12 Satz 1 WpHG, Art. 59 Abs. 1 lit. b DelVO 2017/565.
8 Art. 59 Abs. 1 Unterabs. 3 DelVO 2017/565.
9 Art. 59 Abs. 1 Unterabs. 2 DelVO 2017/565.
10 Art. 59 Abs. 1 Unterabs. 1 lit. a DelVO 2017/565.
11 Art. 59 Abs. 5 DelVO 2017/565.
12 § 63 Abs. 12 Satz 1 WpHG, Art. 59 Abs. 4 Unterabs. 1 lit. f DelVO 2017/565.
13 Erwägungsgrund Nr. 97 DelVO 2017/565.
14 Erwägungsgrund Nr. 98 DelVO 2017/565.
15 Art. 59 Abs. 4 Unterabs. 2 Satz 2 DelVO 2017/565.
16 § 70 Abs. 6 WpHG.
17 Erwägungsgrund Nr. 78 Satz 5 DelVO 2017/565.

§ 63 | Verhaltenspflichten, Organisationspflichten, Transparenzpflichten

Rechnung gestellten Provisionen und Auslagen mitzuteilen. Diese Summe ist auf Wunsch aufzuschlüsseln[1]. Mangels ständiger Geschäftsbeziehungen braucht über die während der Laufzeit der Anlage anfallenden Kosten nicht informiert zu werden[2].

157 Bestehen oder bestanden **laufende Geschäftsbeziehungen**[3] zu einem Kunden *und*[4] haben die Wertpapierdienstleistungsunternehmen diesem Kunden Finanzinstrumente **empfohlen oder „angeboten"**[5] oder hatten sie ihnen ein **KID/KIID** zur Verfügung zu stellen, so haben sie mindestens[6] einmal jährlich[7] über alle konkret[8] angefallenen (Neben)Kosten[9] sowohl in Bezug auf die Finanzinstrumente als auch in Hinblick auf Wertpapier(neben)dienstleistungen zu berichten[10]. Sie sind in Geldbeträgen und in Prozentsätzen anzugeben[11]. Gegebenenfalls haben sich die Wertpapierdienstleistungsunternehmen diese Informationen zu besorgen[12]. Dies kann z.B. im Rahmen des Depotvertrages erfolgen. Wenn das Wertpapierdienstleistungsunternehmen regelmäßig Bericht erstattet, kann es zusätzlich die Informationen über die Kosten und Nebenkosten aggregieren[13]. Zu **Zuwendungen** s. die Erläuterungen zu § 64 Abs. 5 ff. WpHG und § 70 WpHG.

158 Die dargestellten Kosten sind hinsichtlich ihrer kumulativen Wirkung auf die Renditekosten[14] unter Angabe der voraussichtlichen[15] Kostenspitzen und Kostenschwankungen zu **veranschaulichen**[16]. S. dazu Rz. 116.

159 Dort, wo Wertpapierdienstleistungsunternehmen in **regelmäßigen** Abständen Kundenaufträge in Hinblick auf **OGAW** ausführen, haben Sie die Wahl, ob sie die Kunden von Fall zu Fall (Rz. 156)[17] oder in Abständen von mindestens 6 Monaten informieren[18].

160 **d) Bericht beim Erwerb von gehebelten Finanzinstrumenten, Eventualverbindlichkeiten (Art. 62 Abs. 2 DelVO 2017/565).** Privatkunden (§ 67 Abs. 3 WpHG), die auf ihrem Konto[19] Finanzinstrumente halten, die gehebelt (leveraged)[20] worden sind, sowie Privatkunden, die Geschäfte mit Eventualverbindlichkeiten eingegangen sind, sind von den Wertpapierdienstleistungsunternehmen darüber in Kenntnis zu setzen, dass der Wert ihrer konkreten Investition[21] um 10 % gefallen ist. Maßgeblich ist zunächst der Wert (Preis) bei Erwerb (Ausgangswert). Ist der Wert des Finanzinstruments sofort danach gesunken, so hat die Information zu erfolgen, so-

---

1 Sofern das Wertpapierdienstleistungsunternehmen den Auftrag selbst ausgeführt hat und dem Kunden gegenüber zur bestmöglichen Ausführung verpflichtet ist (§ 63 Abs. 1 WpHG), ist auch die Höhe aller vorgeschriebenen Auf- bzw. Abschläge mitzuteilen (Art. 59 Abs. 4 Unterabs. 1 lit. m DelVO 2017/565).
2 *Balzer*, ZBB 2016, 226, 230.
3 Diese muss mich notwendig den Erwerb oder die Veräußerung von Finanzinstrumenten betreffen (*Balzer*, ZBB 2016, 226, 230). Man sollte sie schon beim erstmaligen Erwerb eines Finanzinstruments bejahen, wenn gleichzeitig ein Wertpapierdepot eröffnet worden ist (abw. *Roth/Blessing*, WM 2015, 1157, 1161).
4 *Roth/Blessing*, WM 2015, 1157, 1161.
5 S. dazu Rz. 110.
6 ESMA 2016/1444 v. 16.12.2016, Questions and Answers on MiFID II and MiFIR investor protection topics, unter „Information on costs and charges", Question 4, 5.
7 Bezogen auf den Tag, an dem die Geschäftsbeziehung aufgenommen worden ist (ESMA35-43-349 v. 10.11.2017, Questions and Answers, 9 Information on costs, Answer 21, auch zum Berichtszeitraum in Fällen, in denen die Geschäftsbeziehung vor dem 3.1.2018 begründet worden ist).
8 D.h. individuell (Erwägungsgrund Nr. 82 DelVO 2017/565); *Balzer*, ZBB 2016, 226, 230.
9 Art. 50 Abs. 2 DelVO 2017/565. S. dazu Rz. 109 ff.
10 Art. 50 Abs. 9 Unterabs. 1 DelVO 2017/565.
11 Art. 50 Abs. 2 Unterabs. 2 Satz 2 DelVO 2017/565. Vgl. Rz. 115.
12 ESMA 2016/1444 v. 16.12.2016, Questions and Answers on MiFID II and MiFIR investor protection topics, unter „Information on costs and charges", Question 1 zu Investmentfonds.
13 Art. 50 Abs. 9 Unterabs. 2 DelVO 2017/565; Erwägungsgrund Nr. 80 DelVO 2017/565.
14 „costs on return"; Kosten nach Maßgabe der Rendite.
15 Daneben kann das Wertpapierdienstleistungsunternehmen den historischen Kostenverlauf darstellen (ESMA 2016/1444 v. 16.12.2016, Questions and Answers on MiFID II and MiFIR investor protection topics, unter „Information on costs and charges", = ESMA 35-43-349 v. 10.7.2017, Questions and Answers on MiFID II and MiFIR investor protection and intermediaries topics, 9 Information on costs and Charges, Question 3).
16 Art. 59 Abs. 10 DelVO 2017/565. ESMA 2016/1444 v. 16.12.2016, Questions and Answers on MiFID II and MiFIR investor protection topics, unter „Information on costs and charges", Question 2: Denkbar sind Grafiken, Schemata oder Schilderungen. Die Grafiken und Schemata sind zu erklären.
17 Art. 59 Abs. 1 lit. b i.V.m. Abs. 4 DelVO 2017/565.
18 Art. 59 Abs. 3 DelVO 2017/565.
19 Nur dann wissen die Wertpapierdienstleistungsunternehmen, dass die Kunden die Finanzinstrumente nicht bereits veräußert haben. Deshalb ist die Vorschrift dort nicht anwendbar, wo die Wertpapierdienstleistungsunternehmen über den Verbleib der Finanzinstrumente im Ungewissen sind.
20 Maßgeblich ist, ob das Finanzinstrument so ausgestaltet ist, dass es das mit dem Basiswert verbundene Risiko vergrößert (ESMA35-43-349 v. 10.11.2017, Questions and Answers, 8 Post-sale reporting, Answer 3). Auf eine Nachschusspflicht kommt es nicht an, da die Nachschusspflicht gesondert mit dem Begriff der Eventualverbindlichkeit erfasst wird.
21 Original cost (ESMA35-43-349 v. 10.11.2017, Questions and Answers, 8 Post-sale reporting, Answer 3). Es kann mit dem Kunden vereinbart werden, dass es auf den Wert sämtlicher gehebelter (leveraged) Finanzinstrumente ankommt (dazu ESMA35-43-349 v. 10.11.2017, Questions and Answers, 8 Post-sale reporting, Answer 8, 9).

bald die 10 %-Marke unterhalb des Einstandwerts erreicht ist. Sollte der Wert eines Finanzinstruments zunächst gestiegen sein, ist ebenfalls der Ausgangswert maßgeblich. Bei jeder weiteren[1] Abwärtsbewegung um 10 % ist jeweils erneut zu informieren. Dies hat grundsätzlich spätestens am Ende[2] des Geschäftstags zu geschehen, an dem der Verlust-Schwellenwert von 10 % überschritten wird[3]. Bei Finanzinstrumenten, die vor dem 3.1.2018 angeschafft worden sind, ist Ausgangswert der Wert am 3.1.2018.

e) **Bericht bei zertifizierten Altersvorsorge- und Basisrentenverträgen (§ 63 Abs. 12 Satz 3 ff. WpHG).** Um eine Verdoppelung der Kundeninformationen zu vermeiden, erlaubt § 63 Abs. 12 Satz 3 WpHG den Wertpapierdienstleistungsunternehmen bei zertifizierten Altersvorsorge- und Basisrentenverträgen, ihre jährliche Informationspflicht nach Maßgabe des § 7a des Altersvorsorgeverträge-Zertifizierungsgesetzes (AltZertG) zu erfüllen. Die Kunden sind jedoch mit klaren Worten darauf aufmerksam zu machen, dass sie zusätzlich eine Information entsprechend dem § 63 Abs. 12 WpHG verlangen können.

f) **Bericht an geeignete Gegenparteien (Art. 61 DelVO 2017/565).** Mit geeigneten Gegenparteien (§ 67 Abs. 4 WpHG) können Sondervereinbarungen zu den Berichtspflichten gem. Art. 59 DelVO 2017/565 geschlossen werden. Die Informationspflichten gem. Art. 50 DelVO 2017/565 (Rz. 156 ff.) werden hiervon nicht berührt.

2. **Vermögensverwaltung (Finanzportfolioverwaltung).** Zu den auf die Vermögensverwaltung bezogenen Berichten s. § 64 WpHG Rz. 88 ff.

XV. **Rahmenvereinbarungen anlässlich der erstmaligen Erbringung einer Wertpapierdienstleistung (Art. 58 DelVO 2017/565).** Art. 58 Unterabs. 1 Satz 1 DelVO 2017/565 ist auf alle **Wertpapierdienstleistungen** (§ 2 Abs. 8 WpHG) und darüber hinaus auf Wertpapiernebendienstleistungen in Form der **Verwahrung und Verwaltung von Finanzinstrumenten** für Rechnung von Privatkunden und professionellen Kunden[4] anzuwenden. Dies schließt die Depotverwahrung und die damit verbundenen Dienstleistungen wie Cash-Management oder Sicherheitsverwaltung ein. Die Bereitstellung und die Führung von Wertpapierkonten auf oberster Ebene[5] sind ausgenommen[6]. Außerdem hat die Vorschrift **anlageberatende Tätigkeiten** (§ 64 WpHG Rz. 2) im Auge, wenn in Hinblick auf die empfohlenen Finanzinstrumente oder Dienstleistungen regelmäßig (periodic) Eignungsbeurteilungen (§ 64 WpHG Rz. 13) abgegeben werden[7]. Mit dem Erfordernis der regelmäßigen Wiederkehr der Eignungsbeurteilung werden diejenigen Fälle ausgeklammert werden, in denen auf der Ebene der Anlageberatung zu den Kunden keine ständigen Geschäftsbeziehungen aufgebaut worden sind, weil sich Kunden z.B. nur probeweise beraten ließen[8]. Die Vorschrift bezweckt die Erhöhung der Rechtssicherheit. Außerdem soll sie bei den Kunden den Boden für ein besseres Verständnis der vereinbarten Wertpapierdienstleistungsart bereiten[9].

Die Rahmenvereinbarung ist schriftlich zu treffen[10]. Die Vorschrift gestattet, außer Papier einen anderen dauerhaften Datenträger[11] zu verwenden. Daraus ergibt sich, dass eine Unterschrift des Kunden i.S.d. § 126 BGB nicht immer erforderlich ist, da es z.B. beim Fax als dauerhaftem Datenträger nicht vorstellbar ist, dass es die Unterschriften beider Parteien enthält[12]. Die von beiden Parteien erstellten dauerhaften Datenträger müssen mithin ausgetauscht werden (vgl. § 127 BGB). Das die Rahmenvereinbarung enthaltende Dokument ist den Kunden in einem Exemplar auszuhändigen bzw. als dauerhafter Datenträger anderweit gesichert zugänglich zu machen.

Die Rahmenvereinbarung hat die **wesentlichen Rechte und Pflichten** des Wertpapierdienstleistungsunternehmens und seines Kunden zu dokumentieren, die bei der Erbringung der Wertpapier(neben)dienstleistungen eine Rolle spielen können. Sie muss jedenfalls[13] *immer*[14] die Dienstleistungen konkret beschreiben, im Fall der

---

1 Basis der Berechnung ist zunächst der Ausgangswert. Steigt nach mehrfachen Verlusten von je 10 % wieder der Wert, so wird der höchst dann erreichte Wert zum maßgeblichen Ausgangswert, maximal der anfängliche Einstandswert.
2 Der ESMA35-43-349 v. 10.11.2017, Questions and Answers, 8 Post-sale reporting, Answer 3, zufolge muss der Gesamtwert des Portfolios mindestens einmal pro Tag, nicht aber laufend evaluiert werden, dass so dass auch eine bestimmte Stunde des Tages zur Bestimmung des Gesamtwerts herausgegriffen werden kann, die nicht mit dem Ende des Geschäftstags identisch ist. Im Verlauf des Geschäftstags erfolgende Erhöhungen des Geschäftswerts sind dann ohne Bedeutung.
3 Art. 62 Abs. 2 Satz 2 DelVO 2017/565.
4 Überschrift des Art. 58 DelVO 2017/565. Die Vorschrift ist auf geeignete Gegenparteien nicht anzuwenden (§ 68 Abs. 1 WpHG).
5 Im Sinn des Abschnitts A Nr. 2 des Anhangs VO Nr. 909/2014.
6 Anhang I Abschnitt B Abs. 1 RL 2014/65/EU.
7 Art. 58 Unterabs. 1 Satz 2 DelVO 2017/565.
8 ESMA 2014/1569 v. 19.12.2014, Section 2.19 Ziff. 7.
9 Erwägungsgrund Nr. 90 DelVO 2017/565.
10 Art. 58 Unterabs. 1 Satz 1 DelVO 2017/565.
11 § 2 Abs. 43 WpHG, Art. 3 DelVO 2017/565.
12 Die ESMA 2014/1569 v. 19.12.2014, Section 2.19 Ziff. 6, 8 formuliert allerdings „written (or equivalent)".
13 Art. 58 Abs. 2 Halbsatz 1 DelVO 2017/565 („zudem").
14 Art. 58 Unterabs. 2 DelVO 2017/565.

Anlageberatung deren Art und Umfang, wie z.B. die Häufigkeit einer regelmäßigen Geeignetheitsbeurteilung[1]. Bei der Portfolioverwaltung sind diejenigen Arten von Finanzinstrumenten in die Rahmenvereinbarung aufzunehmen, die ihr zufolge grds. erworben bzw. verkauft werden dürfen[2] sowie alle Finanzinstrumente, deren Kauf bzw. Verkauf unterbleiben muss. Gleiches gilt für sonstige Geschäfte, die im Rahmen der Portfolioverwaltung erbracht werden können. Außerdem ist die Rolle des Wertpapierdienstleistungsunternehmens bei Kapitalmaßnahmen[3], die die Kundenfinanzinstrumente berühren, sowie bei für den Kunden mit einer Rendite verbundenen Wertpapierfinanzierungsgeschäften[4] zu beschreiben. In der Rahmenvereinbarung ist auch darauf hinzuweisen, dass das Wertpapierdienstleistungsunternehmen zugunsten Dritter und zu Lasten der Finanzinstrumente oder Gelder der Kunden vertraglich Sicherungsrechte, Pfandrechte oder Aufrechnungsrechte begründet oder dass diese kraft Gesetzes entstehen[5]. Hinsichtlich der wesentlichen Rechte etc. sind Verweisungen auf Rechtsnormen und auf diejenigen Dokumente zulässig, die dem Kunden bereits ausgehändigt worden sind oder zusammen mit der Rahmenvereinbarung ausgehändigt werden (§ 83 Abs. 2 Satz 2 WpHG). Enthält die Rahmenvereinbarung AGB, so sind bei Geltung deutschen Rechts die §§ 305 ff. BGB zu beachten. Der Rahmenvertrag hat aus aufsichtsrechtlicher Sicht den Wohlverhaltenspflichten der §§ 63 ff. WpHG, insbesondere dem § 63 Abs. 6 WpHG Rechnung zu tragen.

167 **XVI. Hinweise auf die DelVO 2017/565 (§ 63 Abs. 13 WpHG). 1. Allgemeines.** § 63 Abs. 13 WpHG enthält keine Verweisung auf verschiedene Artikel der DelVO 2017/565, sondern lediglich einen Hinweis auf diese, weil die DelVO 2017/565 als höherrangiges Recht nicht erst aufgrund einer Verweisung, sondern unmittelbar anzuwenden ist.

168 **2. § 63 Abs. 13 Nr. 1 WpHG.** S. Rz. 16 ff. Zu Art. 58 DelVO 2017/565 s. Rz. 164. Zu den Art. 64, 65 DelVO 2017/565 s. die Erläuterungen zu § 82 WpHG; zu den Art. 67 bis 69 s. Erläuterungen zu § 69 WpHG.

169 **3. § 63 Abs. 13 Nr. 2 WpHG.** Zu den Art. 34, 41–43 DelVO 2017/565 s. Rz. 37 ff.

170 **4. § 63 Abs. 13 Nr. 3 WpHG.** Zu Art. 27 DelVO 2017/565 s. Rz. 46.

171 **5. § 63 Abs. 13 Nr. 4 WpHG.** Zu den Art. 36 und 44 DelVO (EU) 2017/565 s. Rz. 55 ff.

172 **6. § 63 Abs. 13 Nr. 5 WpHG.** Zu den Art. 38, 39, 41, 45 bis 53, 61 und 65 DelVO 2017/565 s. Rz. 90 ff.

173 **7. § 63 Abs. 13 Nr. 6 WpHG.** Zu den Art. 54 bis 56 DelVO 2017/565 s. Rz. 132 sowie § 64 WpHG Rz. 24 ff.

174 **8. § 63 Abs. 13 Nr. 7 WpHG.** Zu den Art. 59 bis 63 DelVO 2017/565 s. Rz. 153 ff. sowie § 64 WpHG Rz. 86 ff.

175 **XVII. Sanktionen.** S. Erläuterungen zu § 120 Abs. 8 WpHG.

176 **XVIII. Anhang II zur DelVO 2017/565**

Kosten und Gebühren
Festgestellte Kosten, die einen Teil der den Kunden mitzuteilenden Kosten bilden sollen[6]
Tabelle 1 – Alle Kosten und Nebenkosten, die für die Wertpapierdienstleistung(en) und/oder Nebendienstleistungen, die für den Kunden erbracht wurden, in Rechnung gestellt wurden und einen Teil des mitzuteilenden Betrags bilden sollen

	Mitzuteilende Kostenpunkte:	Beispiele:
Einmalige Kosten im Zusammenhang mit der Erbringung einer Wertpapierdienstleistung	Alle Kosten und Gebühren, die der Wertpapierfirma am Anfang und am Ende der erbrachten Wertpapierdienstleistung gezahlt wurden.	Depotgebühr, Kündigungsgebühr und Umstellungskosten[7].
Fortlaufende Kosten im Zusammenhang mit der Erbringung einer Wertpapierdienstleistung	Alle fortlaufenden Kosten und Gebühren, die der Wertpapierfirma hinsichtlich der für den Kunden erbrachten Dienstleistungen gezahlt werden.	Verwaltungsgebühren, Beratungshonorar, Depotgebühren.

---

1 Roth/Blessing, CCZ 2016, 258, 265.
2 „... may be purchased and sold ...".
3 „... corporate actions ...". Die deutsche Sprachfassung „betriebliche Maßnahmen" ergibt keinen Sinn.
4 Art. 2 Nr. 4 DelVO 2017/565: z.B. Wertpapierleihe, repo-Geschäfte, reverse-repo-Geschäfte.
5 § 84 Abs. 6 Satz 4 WpHG.
6 Es sollte beachtet werden, dass bestimmte Kostenpunkte in beiden Tabellen erscheinen, aber nicht doppelt vorhanden sind, da sie sich jeweils auf die Kosten des Produkts und die Kosten der Dienstleistung beziehen. Beispiele dafür sind Verwaltungsgebühren (in Tabelle 1 bezieht sich dies auf Verwaltungsgebühren, die von einer Wertpapierfirma, die ihren Kunden Portfoliomanagement als Dienstleistung anbietet, berechnet wird, während es sich in Tabelle 2 auf Verwaltungsgebühren bezieht, die ein Vermögensverwalter seinen Anlegern berechnet) und Maklerprovisionen (in Tabelle 1 wird sich hierbei auf Provisionen bezogen, die einer Wertpapierfirma entstehen, wenn diese im Auftrag ihrer Kunden handelt, während sich Tabelle 2 auf Provisionen bezieht, die von Wertpapierfonds gezahlt werden, wenn im Auftrag des gehandelt wird).
7 Die Umstellungskosten sind als Kosten (falls zutreffend) zu verstehen, die den Anlegern entstehen, wenn sie von einer Wertpapierfirma zu einer anderen Wertpapierfirma wechseln.

	Mitzuteilende Kostenpunkte:	Beispiele:
Alle Kosten im Zusammenhang mit Geschäften, die im Zuge der Erbringung einer Wertpapierdienstleistung eingeleitet wurden	Alle Kosten und Gebühren im Zusammenhang mit Geschäften, die von der Wertpapierfirma oder anderen Parteien ausgeführt wurden.	Maklerprovisionen[1], an den Vermögensverwalter gezahlte Bei- und Austrittsgebühren, Plattformgebühren, Aufschläge (im Transaktionspreis enthalten), Stempelsteuer, Transaktionssteuer und Wechselgebühren.
Alle Kosten im Zusammenhang mit Nebendienstleistungen Nebenkosten.	Alle Kosten und Gebühren im Zusammenhang mit Nebendienstleistungen, die in den oben genannten Kosten nicht enthalten sind.	Forschungskosten. Verwahrungsgebühren. Leistungsprämien

Tabelle 2 – Alle Kosten und Nebenkosten im Zusammenhang mit dem Finanzinstrument, welches einen Teil des mitzuteilenden Betrages bilden soll

	Mitzuteilende Kostenpunkte:	Beispiele:
Einmalige Kosten	Alle Kosten und Gebühren (im Preis des Finanzinstruments enthalten oder zusätzlich zu dessen Preis), die dem Produktlieferanten zu Anfang oder am Ende der Investition in das Finanzinstrument gezahlt werden.	Vorläufige Verwaltungsgebühren, Strukturierungsbeiträge[2], Vertriebsgebühr.
Fortlaufende Kosten	Alle fortlaufenden Kosten und Gebühren im Zusammenhang mit der Verwaltung des Finanzprodukts, die während der Investition in das Finanzinstrument vom Wert des Finanzinstruments abgezogen werden.	Verwaltungsgebühren, Dienstleistungskosten, Tauschgebühren, Kosten und Steuern für Wertpapierleihe, Finanzierungskosten.
Alle Kosten im Zusammenhang mit den Geschäften	Alle Kosten und Gebühren, die infolge von Erwerb und Veräußerung von Anlagen entstehen.	Maklerprovisionen, vom Fonds gezahlte Bei- und Austrittsgebühren, im Transaktionspreis enthaltene Aufschläge, Stempelsteuer, Transaktionssteuer und Wechselgebühren.
Nebenkosten.		Leistungsprämien

In der Fassung vom 25.4.2016 (ABl. EU Nr. L 87 v. 31.3.2017, S. 1).

XIX. Textabdruck WpDVerOV

Verordnung zur Konkretisierung der Verhaltensregeln und Organisationsanforderungen für Wertpapierdienstleistungsunternehmen (Wertpapierdienstleistungs-Verhaltens- und -Organisationsverordnung – WpDVerOV)[3]

§ 1 Anwendungsbereich

(1) Die Vorschriften dieser Verordnung sind anzuwenden auf
1.–8. (abgedruckt bei § 67 WpHG Rz. 34, § 64 WpHG Rz. 94, § 69 WpHG Rz. 15, § 70 WpHG Rz. 56, § 80 WpHG Rz. 172, § 83 WpHG Rz. 32, § 84 WpHG Rz. 52)

(2) Die Verordnung gilt entsprechend für Zweigniederlassungen im Sinne des § 53b des Kreditwesengesetzes, Kapitalverwaltungsgesellschaften im Sinne des § 17 des Kapitalanlagegesetzbuchs, ausländische AIF-Verwaltungsgesellschaften, deren Referenzmitglied die Bundesrepublik Deutschland nach § 56 des Kapitalanlagegesetzbuchs ist, sowie Zweigniederlassungen und Tätigkeiten im Wege des grenzüberschreitenden Dienstleistungsverkehrs von Verwaltungsgesellschaften nach § 51 Absatz 1 Satz 1, § 54 Absatz 1 und § 66 Absatz 1 des Kapitalanlagegesetzbuchs, soweit die Vorschriften des Wertpapierhandelsgesetzes auf diese Anwendung finden.

§ 2 Kunden

(abgedruckt bei § 67 WpHG Rz. 34)

§ 3 Kundeninformationen über das Wertpapierdienstleistungsunternehmen und die Wertpapierdienstleistung im Rahmen der Unabhängigen Honorar-Anlageberatung

(abgedruckt bei § 64 WpHG Rz. 94)

---

1 Maklerprovisionen sind als Kosten zu verstehen, die von Wertpapierfirmen für die Ausführung von Aufträgen in Rechnung gestellt werden.
2 Strukturierungsbeiträge sind als Gebühren zu verstehen, die von Herstellern strukturierter Wertpapierprodukte für das Strukturieren der Produkte in Rechnung gestellt werden. Diese können ein breiteres Spektrum an Dienstleistungen des Herstellers abdecken.
3 WpDVerOV vom 17.10.2017 (BGBl. I 2017, 3566), zuletzt geändert durch Gesetz vom 10.7.2018 (BGBl. I 2018, 1102).

§ 4 Informationsblätter
(abgedruckt bei § 64 WpHG Rz. 94)

§ 5 Aufschiebung der Bekanntmachungspflicht nach § 69 Absatz 2 des Wertpapierhandelsgesetzes
(abgedruckt bei § 69 WpHG Rz. 15)

§ 6 Zuwendungen
(abgedruckt bei § 64 WpHG Rz. 94, § 70 WpHG Rz. 56)

§ 7 Zuwendungen im Zusammenhang mit Analysen
(abgedruckt bei § 70 WpHG Rz. 56)

§ 8 Anforderungen an Honorar-Anlageberatung
(abgedruckt bei § 80 WpHG Rz. 172)

§ 9 Aufzeichnungspflichten
(abgedruckt bei § 80 WpHG Rz. 172, § 83 WpHG Rz. 32)

§ 10 Getrennte Vermögensverwahrung
(abgedruckt bei § 84 WpHG Rz. 52)

§ 11 Produktüberwachungspflichten für Konzepteure von Finanzinstrumenten
(abgedruckt bei § 80 WpHG Rz. 172)

§ 12 Produktüberwachungspflichten für Vertriebsunternehmen
(abgedruckt bei § 80 WpHG Rz. 172)

§ 64 Besondere Verhaltensregeln bei der Erbringung von Anlageberatung und Finanzportfolioverwaltung; Verordnungsermächtigung

(1) Erbringt ein Wertpapierdienstleistungsunternehmen Anlageberatung, muss es den Kunden zusätzlich zu den Informationen nach § 63 Absatz 7 rechtzeitig vor der Beratung und in verständlicher Form darüber informieren

1. ob die Anlageberatung unabhängig erbracht wird (Unabhängige Honorar-Anlageberatung) oder nicht;
2. ob sich die Anlageberatung auf eine umfangreiche oder eine eher beschränkte Analyse verschiedener Arten von Finanzinstrumenten stützt, insbesondere, ob die Palette an Finanzinstrumenten auf Finanzinstrumente beschränkt ist, die von Anbietern oder Emittenten stammen, die in einer engen Verbindung zum Wertpapierdienstleistungsunternehmen stehen oder zu denen in sonstiger Weise rechtliche oder wirtschaftliche Verbindungen bestehen, die so eng sind, dass das Risiko besteht, dass die Unabhängigkeit der Anlageberatung beeinträchtigt wird, und
3. ob das Wertpapierdienstleistungsunternehmen dem Kunden regelmäßig eine Beurteilung der Geeignetheit der empfohlenen Finanzinstrumente zur Verfügung stellt.

§ 63 Absatz 7 Satz 2 und bei Vorliegen der dort genannten Voraussetzungen die Ausnahme nach § 63 Absatz 8 gelten entsprechend.

(2) Im Falle einer Anlageberatung hat das Wertpapierdienstleistungsunternehmen einem Privatkunden rechtzeitig vor dem Abschluss eines Geschäfts über Finanzinstrumente, für den kein Basisinformationsblatt nach der Verordnung (EU) Nr. 1286/2014 erstellt werden muss,

1. über jedes Finanzinstrument, auf das sich eine Kaufempfehlung bezieht, ein kurzes und leicht verständliches Informationsblatt,
2. in den Fällen des Satzes 3 ein in Nummer 1 genanntes Informationsblatt oder wahlweise ein standardisiertes Informationsblatt oder
3. in den Fällen des Satzes 4 ein dort genanntes Dokument anstelle des in Nummer 1 genannten Informationsblatts

zur Verfügung zu stellen. Die Angaben in den Informationsblättern nach Satz 1 dürfen weder unrichtig noch irreführend sein und müssen mit den Angaben des Prospekts vereinbar sein. Für Aktien, die zum

Zeitpunkt der Anlageberatung an einem organisierten Markt gehandelt werden, kann anstelle des Informationsblattes nach Satz 1 Nummer 1 ein standardisiertes Informationsblatt verwendet werden. An die Stelle des Informationsblattes treten

1. bei Anteilen oder Aktien an OGAW oder an offenen Publikums-AIF die wesentlichen Anlegerinformationen nach den §§ 164 und 166 des Kapitalanlagegesetzbuchs,
2. bei Anteilen oder Aktien an geschlossenen Publikums-AIF die wesentlichen Anlegerinformationen nach den §§ 268 und 270 des Kapitalanlagegesetzbuchs,
3. bei Anteilen oder Aktien an Spezial-AIF die wesentlichen Anlegerinformationen nach § 166 oder § 270 des Kapitalanlagegesetzbuchs, sofern die AIF-Kapitalverwaltungsgesellschaft solche gemäß § 307 Absatz 5 des Kapitalanlagegesetzbuchs erstellt hat,
4. bei EU-AIF und ausländischen AIF die wesentlichen Anlegerinformationen nach § 318 Absatz 5 des Kapitalanlagegesetzbuchs,
5. bei EU-OGAW die wesentlichen Anlegerinformationen, die nach § 298 Absatz 1 Satz 2 des Kapitalanlagegesetzbuchs in deutscher Sprache veröffentlicht worden sind,
6. bei inländischen Investmentvermögen im Sinne des Investmentgesetzes in der bis zum 21. Juli 2013 geltenden Fassung, die für den in § 345 Absatz 6 Satz 1 des Kapitalanlagegesetzbuchs genannten Zeitraum noch weiter vertrieben werden dürfen, die wesentlichen Anlegerinformationen, die nach § 42 Absatz 2 des Investmentgesetzes in der bis zum 21. Juli 2013 geltenden Fassung erstellt worden sind,
7. bei ausländischen Investmentvermögen im Sinne des Investmentgesetzes in der bis zum 21. Juli 2013 geltenden Fassung, die für den in § 345 Absatz 8 Satz 2 oder § 355 Absatz 2 Satz 10 des Kapitalanlagegesetzbuchs genannten Zeitraum noch weiter vertrieben werden dürfen, die wesentlichen Anlegerinformationen, die nach § 137 Absatz 2 des Investmentgesetzes in der bis zum 21. Juli 2013 geltenden Fassung erstellt worden sind,
8. bei Vermögensanlagen im Sinne des § 1 Absatz 2 des Vermögensanlagengesetzes das Vermögensanlagen-Informationsblatt nach § 13 des Vermögensanlagengesetzes, soweit der Anbieter der Vermögensanlagen zur Erstellung eines solchen Vermögensanlagen-Informationsblattes verpflichtet ist,
9. bei zertifizierten Altersvorsorge- und Basisrentenverträgen im Sinne des Altersvorsorgeverträge-Zertifizierungsgesetzes das individuelle Produktinformationsblatt nach § 7 Absatz 1 des Altersvorsorgeverträge-Zertifizierungsgesetzes sowie zusätzlich die wesentlichen Anlegerinformationen nach Nummer 1, 3 oder Nummer 4, sofern es sich um Anteile an den in Nummer 1, 3 oder Nummer 4 genannten Organismen für gemeinsame Anlagen handelt, und
10. bei Wertpapieren im Sinne des § 2 Nummer 1 des Wertpapierprospektgesetzes das Wertpapier-Informationsblatt nach § 3a des Wertpapierprospektgesetzes, soweit der Anbieter der Wertpapiere zur Erstellung eines solchen Wertpapier-Informationsblatts verpflichtet ist.

(3) Das Wertpapierdienstleistungsunternehmen muss von einem Kunden alle Informationen
1. über Kenntnisse und Erfahrungen des Kunden in Bezug auf Geschäfte mit bestimmten Arten von Finanzinstrumenten oder Wertpapierdienstleistungen,
2. über die finanziellen Verhältnisse des Kunden, einschließlich seiner Fähigkeit, Verluste zu tragen, und
3. über seine Anlageziele, einschließlich seiner Risikotoleranz,

einholen, die erforderlich sind, um dem Kunden ein Finanzinstrument oder eine Wertpapierdienstleistung empfehlen zu können, das oder die für ihn geeignet ist und insbesondere seiner Risikotoleranz und seiner Fähigkeit, Verluste zu tragen, entspricht. Ein Wertpapierdienstleistungsunternehmen darf seinen Kunden nur Finanzinstrumente und Wertpapierdienstleistungen empfehlen oder Geschäfte im Rahmen der Finanzportfolioverwaltung tätigen, die nach den eingeholten Informationen für den Kunden geeignet sind. Näheres zur Geeignetheit und den im Zusammenhang mit der Beurteilung der Geeignetheit geltenden Pflichten regeln die Artikel 54 und 55 der Delegierten Verordnung (EU) 2017/565. Erbringt ein Wertpapierdienstleistungsunternehmen eine Anlageberatung, bei der verbundene Produkte oder Dienstleistungen im Sinne des § 63 Absatzes 9 empfohlen werden, gilt Satz 2 für das gesamte verbundene Geschäft entsprechend.

(4) Ein Wertpapierdienstleistungsunternehmen, das Anlageberatung erbringt, muss dem Privatkunden auf einem dauerhaften Datenträger vor Vertragsschluss eine Erklärung über die Geeignetheit der Empfehlung (Geeignetheitserklärung) zur Verfügung stellen. Die Geeignetheitserklärung muss die erbrachte Beratung nennen sowie erläutern, wie sie auf die Präferenzen, Anlageziele und die sonstigen Merkmale des Kunden abgestimmt wurde. Näheres regelt Artikel 54 Absatz 12 der Delegierten Verordnung (EU) 2017/565. Wird die Vereinbarung über den Kauf oder Verkauf eines Finanzinstruments mittels eines

Fernkommunikationsmittels geschlossen, das die vorherige Übermittlung der Geeignetheitserklärung nicht erlaubt, darf das Wertpapierdienstleistungsunternehmen die Geeignetheitserklärung ausnahmsweise unmittelbar nach dem Vertragsschluss zur Verfügung stellen, wenn der Kunde zugestimmt hat, dass ihm die Geeignetheitserklärung unverzüglich nach Vertragsschluss zur Verfügung gestellt wird und das Wertpapierdienstleistungsunternehmen dem Kunden angeboten hat, die Ausführung des Geschäfts zu verschieben, damit der Kunde die Möglichkeit hat, die Geeignetheitserklärung zuvor zu erhalten.

(5) Ein Wertpapierdienstleistungsunternehmen, das Unabhängige Honorar- Anlageberatung erbringt,

1. muss bei der Beratung eine ausreichende Palette von auf dem Markt angebotenen Finanzinstrumenten berücksichtigen, die
    a) hinsichtlich ihrer Art und des Emittenten oder Anbieters hinreichend gestreut sind und
    b) nicht beschränkt sind auf Finanzinstrumente, die das Wertpapierdienstleistungsunternehmen selbst emittiert oder anbietet oder deren Anbieter oder Emittenten in einer engen Verbindung zum Wertpapierdienstleistungsunternehmen stehen oder in sonstiger Weise so enge rechtliche oder wirtschaftliche Verbindung zu diesem unterhalten, dass die Unabhängigkeit der Beratung dadurch gefährdet werden könnte;
2. darf sich die Unabhängige Honorar-Anlageberatung allein durch den Kunden vergüten lassen.

Es dürfen nach Satz 1 Nummer 2 im Zusammenhang mit der Unabhängigen Honorar-Anlageberatung keinerlei nichtmonetäre Zuwendungen von einem Dritten, der nicht Kunde dieser Dienstleistung ist oder von dem Kunden dazu beauftragt worden ist, angenommen werden. Monetäre Zuwendungen dürfen nur dann angenommen werden, wenn das empfohlene Finanzinstrument oder ein in gleicher Weise geeignetes Finanzinstrument ohne Zuwendung nicht erhältlich ist. In diesem Fall sind die monetären Zuwendungen so schnell wie nach vernünftigem Ermessen möglich, nach Erhalt und in vollem Umfang an den Kunden auszukehren. Vorschriften über die Entrichtung von Steuern und Abgaben bleiben davon unberührt. Das Wertpapierdienstleistungsunternehmen muss Kunden über die ausgekehrten monetären Zuwendungen unterrichten. Im Übrigen gelten die allgemeinen Anforderungen für die Anlageberatung.

(6) Bei der Empfehlung von Geschäftsabschlüssen in Finanzinstrumenten, die auf einer Unabhängigen Honorar-Anlageberatung beruhen, deren Anbieter oder Emittent das Wertpapierdienstleistungsunternehmen selbst ist oder zu deren Anbieter oder Emittenten eine enge Verbindung oder sonstige wirtschaftliche Verflechtung besteht, muss das Wertpapierdienstleistungsunternehmen den Kunden rechtzeitig vor der Empfehlung und in verständlicher Form informieren über

1. die Tatsache, dass es selbst Anbieter oder Emittent der Finanzinstrumente ist,
2. das Bestehen einer engen Verbindung oder einer sonstigen wirtschaftlichen Verflechtung zum Anbieter oder Emittenten sowie
3. das Bestehen eines eigenen Gewinninteresses oder des Interesses eines mit ihm verbundenen oder wirtschaftlich verflochtenen Emittenten oder Anbieters an dem Geschäftsabschluss.

Ein Wertpapierdienstleistungsunternehmen darf einen auf seiner Unabhängigen Honorar-Anlageberatung beruhenden Geschäftsabschluss nicht als Geschäft mit dem Kunden zu einem festen oder bestimmbaren Preis für eigene Rechnung (Festpreisgeschäft) ausführen. Ausgenommen sind Festpreisgeschäfte in Finanzinstrumenten, deren Anbieter oder Emittent das Wertpapierdienstleistungsunternehmen selbst ist.

(7) Ein Wertpapierdienstleistungsunternehmen, das Finanzportfolioverwaltung erbringt, darf im Zusammenhang mit der Finanzportfolioverwaltung keine Zuwendungen von Dritten oder für Dritte handelnder Personen annehmen und behalten. Abweichend von Satz 1 dürfen nichtmonetäre Vorteile nur angenommen werden, wenn es sich um geringfügige nichtmonetäre Vorteile handelt,

1. die geeignet sind, die Qualität der für den Kunden erbrachten Wertpapierdienstleistung und Wertpapiernebendienstleistungen zu verbessern, und
2. die hinsichtlich ihres Umfangs, wobei die Gesamthöhe der von einem einzelnen Unternehmen oder einer einzelnen Unternehmensgruppe gewährten Vorteile zu berücksichtigen ist, und ihrer Art vertretbar und verhältnismäßig sind und daher nicht vermuten lassen, dass sie die Pflicht des Wertpapierdienstleistungsunternehmens, im bestmöglichen Interesse ihrer Kunden zu handeln, beeinträchtigen,

wenn diese Zuwendungen dem Kunden unmissverständlich offengelegt werden, bevor die betreffende Wertpapierdienstleistung oder Wertpapiernebendienstleistung für die Kunden erbracht wird. Die Offenlegung kann in Form einer generischen Beschreibung erfolgen. Monetäre Zuwendungen, die im Zusammenhang mit der Finanzportfolioverwaltung angenommen werden, sind so schnell wie nach vernünftigem Ermessen möglich nach Erhalt und in vollem Umfang an den Kunden auszukehren. Vorschriften über die Entrichtung von Steuern und Abgaben bleiben davon unberührt. Das Wertpapierdienstleistungsunternehmen muss den Kunden über die ausgekehrten monetären Zuwendungen unterrichten.

(8) Erbringt ein Wertpapierdienstleistungsunternehmen Finanzportfolioverwaltung oder hat es den Kunden nach Absatz 1 Satz 1 Nummer 3 darüber informiert, dass es die Geeignetheit der empfohlenen Finanzinstrumente regelmäßig beurteilt, so müssen die regelmäßigen Berichte gegenüber Privatkunden nach § 63 Absatz 12 insbesondere eine Erklärung darüber enthalten, wie die Anlage den Präferenzen, den Anlagezielen und den sonstigen Merkmalen des Kunden entspricht.

(9) Nähere Bestimmungen zu den Absätzen 1, 3, 5 und 8 ergeben sich aus der Delegierten Verordnung (EU) 2017/565, insbesondere zu

1. Art, Inhalt, Gestaltung und Zeitpunkt der nach den Absätzen 1 und 5, auch in Verbindung mit § 63 Absatz 7, notwendigen Informationen für die Kunden aus den Artikeln 52 und 53,
2. der Geeignetheit nach Absatz 3, den im Zusammenhang mit der Beurteilung der Geeignetheit geltenden Pflichten sowie zu Art, Umfang und Kriterien der nach Absatz 3 von den Kunden einzuholenden Informationen aus den Artikeln 54 und 55,
3. der Erklärung nach Absatz 4 aus Artikel 54 Absatz 12,
4. der Anlageberatung nach Absatz 5 aus Artikel 53,
5. Art, Inhalt und Zeitpunkt der Berichtspflichten nach Absatz 8, auch in Verbindung mit § 63 Absatz 12, aus den Artikeln 60 und 62.

(10) Das Bundesministerium der Finanzen kann durch Rechtsverordnung, die nicht der Zustimmung des Bundesrates bedarf, nähere Bestimmungen erlassen

1. im Einvernehmen mit dem Bundesministerium der Justiz und für Verbraucherschutz zu Inhalt und Aufbau sowie zu Art und Weise der Zurverfügungstellung der Informationsblätter im Sinne des Absatzes 2 Satz 1 und zu Inhalt und Aufbau sowie Art und Weise der Zurverfügungstellung des standardisierten Informationsblattes im Sinne des Absatzes 2 Satz 3,
2. zu Art, inhaltlicher Gestaltung, Zeitpunkt und Datenträger der nach Absatz 6 notwendigen Informationen für die Kunden,
3. zu Kriterien dazu, wann geringfügige nichtmonetäre Vorteile im Sinne des Absatzes 7 vorliegen.

Das Bundesministerium der Finanzen kann die Ermächtigung durch Rechtsverordnung auf die Bundesanstalt übertragen.

In der Fassung des 2. FiMaNoG vom 23.6.2017 (BGBl. I 2017, 1693), geändert durch Gesetz zur Ausübung von Optionen der EU-Prospektverordnung und zur Anpassung weiterer Finanzmarktgesetze vom 10.7.2018 (BGBl. I 2018, 1102).

Delegierte Verordnung (EU) 2017/565 der Kommission vom 25. April 2016
zur Ergänzung der Richtlinie 2014/65/EU des Europäischen Parlaments und des Rates in Bezug auf die organisatorischen Anforderungen an Wertpapierfirmen und die Bedingungen für die Ausübung ihrer Tätigkeit sowie in Bezug auf die Definition bestimmter Begriffe für die Zwecke der genannten Richtlinie

(Auszug)

Art. 1–8

(abgedruckt bei § 63 WpHG)

Art. 9 Anlageberatung

Für die Zwecke der Definition von „Anlageberatung" in Artikel 4 Absatz 1 Ziffer 4 der Richtlinie 2014/65/EU gilt als persönliche Empfehlung eine Empfehlung, die an eine Person in ihrer Eigenschaft als Anleger oder potenzieller Anleger oder in ihrer Eigenschaft als Beauftragter eines Anlegers oder potenziellen Anlegers gerichtet ist.

Diese Empfehlung muss als für die betreffende Person geeignet dargestellt werden oder auf eine Prüfung der Verhältnisse der betreffenden Person gestützt sein, und sie muss darauf abzielen, dass eine der folgenden Handlungen getätigt wird:

a) Kauf, Verkauf, Zeichnung, Tausch, Rückkauf, Halten oder Übernahme eines bestimmten Finanzinstruments;
b) Ausübung bzw. Nichtausübung eines mit einem bestimmten Finanzinstrument einhergehenden Rechts betreffend Kauf, Verkauf, Zeichnung, Tausch oder Rückkauf eines Finanzinstruments.

Eine Empfehlung wird nicht als persönliche Empfehlung betrachtet, wenn sie ausschließlich gegenüber der die Öffentlichkeit abgegeben wird.

In der Fassung vom 25.4.2016 (ABl. EU Nr. L 87 v. 31.3.2017, S. 1), geändert durch Berichtigung vom 26.9.2017 (ABl. EU Nr. L 246 v. 26.9.2017, S. 12).

Art. 10–51

(abgedruckt bei § 63 WpHG)

Abschnitt 2: Anlageberatung

Art. 52 Informationen zum Thema Anlageberatung

(1) Die Wertpapierfirmen erläutern verständlich und präzise, ob und warum eine Anlageberatung als unabhängig oder nicht unabhängig einzustufen ist, ebenso wie über die Art und Eigenschaften der geltenden Beschränkungen, was bei der Vornahme einer unabhängigen Anlageberatung auch das Verbot einschließt, Anreize zu geben oder anzunehmen.

Wird die Anlageberatung demselben Kunden sowohl unabhängig als auch nicht unabhängig angeboten bzw. erbracht, erläutern die Wertpapierfirmen den Umfang beider Dienstleistungsformen, so dass Anleger die entsprechenden Unterschiede nachvollziehen können, und weisen sie nicht als unabhängigen Anlageberater für die gesamte Tätigkeit aus. In der Kommunikation mit den Kunden heben Wertpapierfirmen ihre unabhängigen Anlageberatungsleistungen nicht übermäßig gegenüber nicht unabhängigen Wertpapierdienstleistungen hervor.

(2) Wertpapierfirmen, die ihre Anlageberatung unabhängig oder nicht unabhängig vornehmen, erläutern dem Kunden das empfehlensware Spektrum an Finanzinstrumenten, was auch das Verhältnis der Firma zu den Emittenten bzw. Anbietern der Instrumente mit einschließt.

(3) Die Wertpapierfirmen stellen eine Beschreibung der in Betracht kommenden Arten von Finanzinstrumenten, des Spektrums an Finanzinstrumenten sowie der nach der jeweiligen Art von Finanzinstrument gemäß dem Leistungsumfang analysierten Anbieter zur Verfügung und erläutern bei der Vornahme einer unabhängigen Beratung, wie die erbrachte Dienstleistung den Bedingungen für die unabhängige Vornahme der Anlageberatung gerecht wird und welche Faktoren beim Auswahlverfahren der Wertpapierfirma zur Empfehlung von Finanzinstrumenten Berücksichtigung finden, wie beispielsweise Risiken, Kosten und die Komplexität der Finanzinstrumente.

(4) Umfasst das Spektrum der Finanzinstrumente, die von der die unabhängige Anlageberatung vornehmenden Wertpapierfirma beurteilt werden, auch die eigenen Finanzinstrumente der Wertpapierfirma oder solche, die von Unternehmen ausgegeben oder angeboten werden, die enge Verbindungen oder eine andere enge Rechts- oder Wirtschaftsbeziehung mit der Wertpapierfirma unterhalten, sowie solche anderer Emittenten oder Anbieter, die keine solchen Verbindungen oder Beziehungen unterhalten, unterscheidet die Wertpapierfirma hinsichtlich der einzelnen Arten von Finanzinstrumenten beim Spektrum der von Unternehmen ausgegebenen bzw. angebotenen Finanzinstrumente zwischen solchen mit und solchen ohne Verbindungen zur Wertpapierfirma.

(5) Wertpapierfirmen, die regelmäßige Geeignetheitsbeurteilungen bezüglich der Empfehlungen gemäß Artikel 54 Absatz 12 abgeben, machen diesbezüglich folgende Angaben:
a) Häufigkeit und Umfang der regelmäßigen Geeignetheitsbeurteilung sowie gegebenenfalls die zu dieser Beurteilung führenden Voraussetzungen;
b) inwiefern die zuvor zusammengetragenen Informationen einer erneuten Beurteilung unterzogen werden; und
c) wie eine aktualisierte Empfehlung dem Kunden mitgeteilt wird.

In der Fassung vom 25.4.2016 (ABl. EU Nr. L 87 v. 31.3.2017, S. 1), geändert durch Berichtigung vom 26.9.2017 (ABl. EU Nr. L 246 v. 26.9.2017, S. 12).

Art. 53 Unabhängige Anlageberatung

(1) Wertpapierfirmen, die unabhängige Anlageberatung bieten, legen ein Auswahlverfahren fest und führen dies durch, um eine ausreichend breite Palette an auf dem Markt verfügbaren Finanzinstrumenten gemäß Artikel 24 Absatz 7 Buchstabe a der Richtlinie 2014/65/EU zu beurteilen und vergleichen. Das Auswahlverfahren umfasst folgende Elemente:
a) ob Anzahl und Vielseitigkeit der betrachteten Finanzinstrumente hinsichtlich des Umfangs der vom unabhängigen Anlageberater angebotenen Anlageberatungsleistungen verhältnismäßig sind;
b) ob Anzahl und Vielseitigkeit der betrachteten Finanzinstrumente für die auf dem Markt verfügbaren Finanzinstrumente hinreichend repräsentativ sind;
c) ob die Anzahl der von der Wertpapierfirma selbst oder von eng mit ihr verbundenen Unternehmen ausgegebenen Finanzinstrumente hinsichtlich der Gesamtanzahl der betrachteten Finanzinstrumente verhältnismäßig ist; und
d) ob bei den Kriterien für die Auswahl der verschiedenen Finanzinstrumente auch alle relevanten Aspekte, wie Risiken, Kosten und Komplexität, sowie die Eigenschaften der Kunden der Wertpapierfirma berücksichtigt werden, wobei sichergestellt wird, dass die Auswahl der gegebenenfalls empfohlenen Finanzinstrumente unvoreingenommen erfolgt.

Ist ein solcher Vergleich aufgrund des Geschäftsmodells oder des spezifischen Umfangs der erbrachten Dienstleistung nicht möglich, darf sich die die Anlageberatung vornehmende Wertpapierfirma nicht als unabhängig präsentieren.

(2) Eine Wertpapierfirma, die eine unabhängige Anlageberatung vornimmt und sich auf bestimmte Kategorien oder ein konkretes Spektrum an Finanzinstrumenten konzentriert, muss folgende Voraussetzungen erfüllen:
a) die Wertpapierfirma präsentiert sich so, dass sich nur Kunden angesprochen fühlen, die bevorzugt auf diese Kategorien oder dieses Spektrum an Finanzinstrumenten setzen;
b) die Wertpapierfirma verlangt von ihren Kunden, anzugeben, dass sie lediglich an einer Investition in die spezifische Kategorie oder das konkrete Spektrum an Finanzinstrumenten interessiert sind; und
c) vor der Erbringung der Dienstleistung stellt die Wertpapierfirma sicher, dass sich ihre Dienstleistung für den jeweiligen Neukunden eignet, da ihr Geschäftsmodell den Bedürfnissen und Zielen des Kunden gerecht wird und das Spektrum an Finanzinstrumenten für den Kunden zweckmäßig ist. Ist dies nicht der Fall, darf die Wertpapierfirma solche *Dienstleistungen nicht* gegenüber dem Kunden erbringen.

(3) Eine Wertpapierfirma, die sowohl unabhängige als auch nicht unabhängige Anlageberatung erbringt, muss folgende Verpflichtungen erfüllen:

a) die Wertpapierfirma hat ihre Kunden rechtzeitig vor der Erbringung ihrer Dienstleistungen auf einem dauerhaften Datenträger darüber informiert, ob die Beratung gemäß Artikel 24 Absatz 4 Buchstabe a der Richtlinie 2014/65/EU und den einschlägigen Durchführungsmaßnahmen unabhängig oder nicht unabhängig vorgenommen wird;
b) die Wertpapierfirma hat sich hinsichtlich der Dienstleistungen, für die sie eine unabhängige Anlageberatung vornimmt als unabhängig präsentiert;
c) in der Wertpapierfirma gelten angemessene Organisationsanforderungen und Kontrollen, um sicherzustellen, dass sowohl die Formen der einzelnen Beratungsleistungen als auch die Berater deutlich voneinander getrennt werden, das den Kunden hinsichtlich der Art der ihnen gegenüber erbrachten Beratung keine Verwechslung unterlaufen können und dass sie eine auf sie zugeschnittene Art von Beratung erhalten. Die Wertpapierfirma darf es keiner natürlichen Person gestatten, sowohl unabhängige als auch nichtunabhängige Beratungsleistungen zu erbringen.

In der Fassung vom 25.4.2016 (ABl. EU Nr. L 87 v. 31.3.2017, S. 1), geändert durch Berichtigung vom 26.9.2017 (ABl. EU Nr. L 246 v. 26.9.2017, S. 12).

Abschnitt 3: Beurteilung der Geeignetheit und Angemessenheit

Art. 54 Geeignetheitsbeurteilung und Geeignetheitserklärung

(1) Die Wertpapierfirmen dürfen hinsichtlich ihrer Zuständigkeiten bei der Beurteilung der Geeignetheit von Wertpapierdienstleistungen oder Finanzinstrumenten gemäß Artikel 25 Absatz 2 der Richtlinie 2014/65/EU weder für Unklarheiten noch Verwirrung sorgen. Bei der Durchführung der Geeignetheitsbeurteilung informiert die Wertpapierfirma Kunden und potenzielle Kunden in klarer und einfacher verständlicher Weise darüber, dass die Geeignetheitsbeurteilung dazu dienen soll.

Werden Anlageberatungs- oder Portfolioverwaltungsdienstleistungen ganz oder teilweise über ein voll- oder halbautomatisches System erbracht, liegt die Verantwortung für die Durchführung der Geeignetheitsbeurteilung bei der die Dienstleistung erbringenden Wertpapierfirma und verringert sich nicht dadurch, dass ein elektronisches System zu Abgabe persönlicher Empfehlungen oder zum Treffen von Handelsentscheidungen eingesetzt wird.

(2) Die Wertpapierfirmen legen den Umfang der von Kundenseite einzuholenden Informationen unter Berücksichtigung aller Merkmale der gegenüber diesem Kunden zu erbringenden Anlageberatungs- bzw. Portfolioverwaltungsdienstleistungen fest. Die Wertpapierfirmen holen bei ihren Kunden bzw. potenziellen Kunden die Informationen ein, die sie benötigen, um die wesentlichen Fakten in Bezug auf den Kunden zu erfassen und unter Berücksichtigung der Art und des Umfangs der betreffenden Dienstleistung nach vernünftigem Ermessen davon ausgehen zu können, dass das Geschäft, das dem Kunden empfohlen oder im Rahmen einer Portfolioverwaltungsdienstleistung getätigt werden soll, die folgenden Anforderungen erfüllt:
a) es entspricht den Anlagezielen des betreffenden Kunden, auch hinsichtlich seiner Risikobereitschaft;
b) es ist so beschaffen, dass etwaige mit dem Geschäft einhergehende Anlagerisiken für den Kunden seinen Anlagezielen entsprechend finanziell tragbar sind;
c) es ist so beschaffen, dass der Kunde mit seinen Kenntnissen und Erfahrungen die mit dem Geschäft oder der Verwaltung seines Portfolios einhergehenden Risiken verstehen kann.

(3) Erbringt eine Wertpapierfirma für einen professionellen Kunden eine Wertpapierdienstleistung, so ist sie berechtigt, davon auszugehen, dass der Kunde in Bezug auf die Produkte, Geschäfte und Dienstleistungen, für die er als professioneller Kunde eingestuft ist, über die erforderlichen Kenntnisse und Erfahrungen im Sinne von Absatz 2 Buchstabe c verfügt. Besteht die Wertpapierdienstleistung in einer Anlageberatung für einen durch Anhang II Abschnitt 1 der Richtlinie 2014/65/EU erfassten professionellen Kunden, ist die Wertpapierfirma für die Zwecke von Absatz 2 Buchstabe b berechtigt, davon auszugehen, dass etwaige mit dem Vorgang einhergehende Anlagerisiken für den Kunden seinen Anlagezielen entsprechend finanziell tragbar sind.

(4) Die Informationen über die finanziellen Verhältnisse des Kunden bzw. potenziellen Kunden umfassen – soweit relevant – Informationen über Herkunft und Höhe seines regelmäßigen Einkommens, seine Vermögenswerte einschließlich der liquiden Vermögenswerte, Anlagen und Immobilienbesitz sowie seine regelmäßigen finanziellen Verpflichtungen.

(5) Die Informationen über die Anlageziele des Kunden bzw. potenziellen Kunden umfassen – soweit relevant – Informationen über den Zeitraum, in dem der Kunde die Anlage zu halten gedenkt, seine Präferenzen hinsichtlich des einzugehenden Risikos, sein Risikoprofil und den Zweck der Anlage.

(6) Handelt es sich bei einem Kunden um eine juristische Person oder eine Gruppe aus mindestens zwei natürlichen Personen oder werden eine oder mehrere natürliche Personen von einer weiteren natürlichen Person vertreten, muss die Wertpapierfirma Grundsätze dahin gehend festlegen und umsetzen, wer der Geeignetheitsbeurteilung unterzogen werden sollte und wie diese Beurteilung in der Praxis durchgeführt wird, was auch mit einschließt, von wem die Informationen über Kenntnisse und Erfahrungen, die finanzielle Lage sowie Anlageziele zusammengetragen werden sollten. Diese Grundsätze werden von der Wertpapierfirma schriftlich festgehalten.

Wird eine natürliche Person von einer anderen natürlichen Person vertreten, oder ist eine juristische Person, die eine Behandlung als professioneller Kunde gemäß Anhang II Abschnitt 2 der Richtlinie 2014/65/EU verlangt hat, bei der Geeignetheitsbeurteilung zu berücksichtigen, bestimmen sich die finanzielle Lage und Anlageziele nach denen der juristischen Person oder – im Verhältnis zu dieser natürlichen Person – denen des dahinter stehenden Kunden und nicht nach denen des Vertreters. Die Kenntnisse und Erfahrungen bestimmen sich nach denen des Vertreters der natürlichen Person bzw. derjenigen Person, die zur Durchführung von Transaktionen im Auftrag des dahinter stehenden Kunden befugt ist.

(7) Die Wertpapierfirmen unternehmen angemessene Schritte, um sicherzustellen, dass die über ihre Kunden oder potenziellen Kunden gesammelten Informationen zuverlässig sind. Hierzu gehört unter anderem folgendes:
a) Sicherstellung, dass die Kunden sich der Bedeutung der Angabe wahrheitsgetreuer und aktueller Informationen bewusst sind;

b) Sicherstellung, dass alle bei Geeignetheitsbeurteilungsverfahren eingesetzten Hilfsmittel, wie z.B. solche zur Profilierung von Risikobewertungen oder zur Bewertung der Kenntnisse und Erfahrungen eines Kunden, zweckmäßig und für den Einsatz am Kunden ausgestaltet sind, wobei alle Beschränkungen eines solchen Hilfsmittels zu identifizieren und ihnen im Rahmen des Geeignetheitsbeurteilungsverfahrens aktiv entgegenzuwirken ist;

c) Sicherstellung, dass im Rahmen des Verfahrens gestellte Fragen für die Kunden verständlich sind, ein genaues Abbild der Ziele und Bedürfnisse des Kunden und die für die Durchführung der Geeignetheitsbeurteilung benötigten Informationen liefern; und

d) Ergreifung entsprechender Maßnahmen, um die Kohärenz der Kundeninformationen sicherzustellen, indem beispielsweise erörtert wird, ob die vom Kunden zur Verfügung gestellten Informationen offensichtliche Ungenauigkeiten aufweisen.

Wertpapierfirmen, die eine laufende Geschäftsbeziehung mit dem Kunden unterhalten, indem sie beispielsweise laufende Beratungs- oder Portfolioverwaltungsdienstleistungen erbringen, müssen geeignete Strategien und Verfahren zur Pflege zweckdienlicher und aktueller Informationen über Kunden anwenden und demonstrieren können, sofern dies für die Erfüllung der Voraussetzungen laut Absatz 2 erforderlich ist.

(8) Erlangt eine Wertpapierfirma bei der Erbringung von Wertpapierdienstleistungen in Form der Anlageberatung oder Portfolioverwaltung die gemäß Artikel 25 Absatz 2 der Richtlinie 2014/65/EU erforderlichen Informationen nicht, empfiehlt sie dem Kunden bzw. potenziellen Kunden keine Wertpapierdienstleistungen oder Finanzinstrumente.

(9) Die Wertpapierfirmen müssen geeignete Strategien und Verfahren anwenden und demonstrieren können, um sicherzustellen, dass sie in der Lage sind, die Art und Merkmale, wie Kosten und Risiken, der von ihnen für ihre Kunden ausgewählten und beurteilten Wertpapierdienstleistungen und Finanzinstrumenten nachzuvollziehen und unter Berücksichtigung von Kosten und Komplexität zu beurteilen, ob äquivalente Wertpapierdienstleistungen bzw. Finanzinstrumente dem Profil ihres Kunden gerecht werden können.

(10) Bei der Erbringung der Wertpapierdienstleistung im Rahmen der Anlageberatung bzw. Portfolioverwaltung darf eine Wertpapierfirma keine Empfehlungen aussprechen oder Handelsentscheidungen treffen, wenn keine der Dienstleistungen bzw. Instrumente für den Kunden geeignet sind.

(11) Bei der Erbringung von Anlageberatungs- bzw. Portfolioverwaltungsdienstleistungen, bei denen Anlagen umgeschichtet werden, indem entweder ein Instrument verkauft und ein anderes gekauft oder ein Recht ausgeübt wird, um ein bestehendes Instrument zu ändern, holen die Wertpapierfirmen die erforderlichen Informationen über die bestehenden Investitionen des Kunden sowie die empfohlenen neue Investitionen ein und führen eine Kosten-Nutzen-Analyse der Umschichtung durch, so dass sie entsprechend demonstrieren können, dass die Vorteile der Umschichtung deren Kosten überwiegen.

(12) Bei der Erbringung einer Anlageberatung lassen die Wertpapierfirmen dem Kleinanleger eine Erklärung mit einem Überblick über die erteilten Beratung und Angaben dahin gehend zukommen, inwiefern die abgegebene Empfehlung für den betreffenden Kleinanleger geeignet ist, was auch Informationen darüber mit einschließt, inwieweit sie auf die Ziele und persönlichen Umstände des Kunden hinsichtlich der erforderlichen Anlagedauer, der Kenntnisse und Erfahrungen des Kunden sowie seiner Risikobereitschaft und Verlusttragfähigkeit abgestimmt wurde.

Die Wertpapierfirmen müssen die Kunden darauf aufmerksam machen und in der Geeignetheitserklärung angeben, ob es die empfohlenen Dienstleistungen bzw. Finanzinstrumente wahrscheinlich erforderlich machen, dass der Kleinanleger deren Ausgestaltung regelmäßig überprüfen lässt.

Erbringt eine Wertpapierfirma eine Dienstleistung, die mit regelmäßigen Geeignetheitsbeurteilungen und Berichten einhergeht, brauchen sich die Anschlussberichte nach der ersten Dienstleistungserbringung lediglich auf Veränderungen hinsichtlich der betreffenden Dienstleistungen bzw. Finanzinstrumente und/oder der Umstände des Kunden beziehen, während sämtliche Einzelheiten des ersten Berichts nicht noch einmal aufzuführen sind.

(13) Wertpapierfirmen, die eine regelmäßige Geeignetheitsbeurteilung vornehmen, überprüfen die Geeignetheit der abgegebenen Empfehlungen mindestens einmal jährlich, um ihr Dienstleistungsangebot zu optimieren. Die Häufigkeit dieser Beurteilungen wird je nach Risikoprofil des Kunden und Art der empfohlenen Finanzinstrumente erhöht.

In der Fassung vom 25.4.2016 (ABl. EU Nr. L 87 v. 31.3.2017, S. 1), geändert durch Berichtigung vom 26.9.2017 (ABl. EU Nr. L 246 v. 26.9.2017, S. 12) und Berichtigung vom 26.3.2018 (ABl. EU Nr. L 82 v. 26.3.2018, S. 18).

Art. 55 Gemeinsame Bestimmungen für die Beurteilung der Geeignetheit bzw. Angemessenheit

(1) Die Wertpapierfirmen sorgen dafür, dass sich die Informationen über die Kenntnisse und Erfahrungen eines Kunden oder potenziellen Kunden in Anlagefragen auf die nachfolgend genannten Punkte erstrecken, soweit dies nach Art des Kunden, Art und Umfang der zu erbringenden Dienstleistung und Art des in Betracht gezogenen Produkts oder Geschäfts unter Berücksichtigung der damit jeweils verbundenen Komplexität und Risiken angemessen ist:

a) Art der Dienstleistungen, Geschäfte und Finanzinstrumente, mit denen der Kunde vertraut ist;

b) Art, Umfang und Häufigkeit der Geschäfte des Kunden mit Finanzinstrumenten und Zeitraum, in dem sie getätigt worden sind;

c) Bildungsstand und Beruf oder relevanter früherer Beruf des Kunden bzw. potenziellen Kunden.

(2) Eine Wertpapierfirma darf einen Kunden oder potenziellen Kunden nicht davon abhalten, die die Zwecke von Artikel 25 Absätze 2 und 3 der Richtlinie 2014/65/EU erforderlichen Informationen zu übermitteln.

(3) Eine Wertpapierfirma ist berechtigt, sich auf die von ihren Kunden oder potenziellen Kunden übermittelten Informationen zu verlassen, es sei denn, ihr ist bekannt oder müsste bekannt sein, dass die Informationen offensichtlich veraltet, unzutreffend oder unvollständig sind.

In der Fassung vom 25.4.2016 (ABl. EU Nr. L 87 v. 31.3.2017, S. 1), geändert durch Berichtigung vom 26.9.2017 (ABl. EU Nr. L 246 v. 26.9.2017, S. 12).

Art. 60 Berichtspflichten bei der Portfolioverwaltung

(1) Wertpapierfirmen, die Portfolioverwaltungsdienstleistungen für Kunden erbringen, übermitteln den betreffenden Kunden auf einem dauerhaften Datenträger periodisch eine Aufstellung der in ihrem Namen erbrachten Portfolioverwaltungsdienstleistungen, sofern derartige Aufstellungen nicht von anderen Personen übermittelt werden.

(2) Die laut Absatz 1 vorgeschriebene periodische Aufstellung muss eine redliche und ausgewogene Überprüfung der ergriffenen Maßnahmen sowie der Wertentwicklung des Portfolios während des Berichtszeitraums beinhalten und – soweit relevant – folgende Angaben umfassen:
a) Name der Wertpapierfirma;
b) Name oder sonstige Bezeichnung des Kontos des Kunden;
c) Zusammensetzung und Bewertung des Portfolios mit Einzelangaben zu jedem gehaltenen Finanzinstrument, seinem Marktwert oder – wenn dieser nicht verfügbar ist – dem beizulegenden Zeitwert, dem Kontostand zum Beginn und zum Ende des Berichtszeitraums sowie der Wertentwicklung des Portfolios während des Berichtszeitraums;
d) Gesamtbetrag der in dem Berichtszeitraum angefallenen Gebühren und Entgelte, mindestens aufgeschlüsselt in Gesamtverwaltungsgebühren und Gesamtkosten im Zusammenhang mit der Leistungserbringung, gegebenenfalls mit dem Hinweis, dass auf Wunsch eine detailliertere Aufschlüsselung erhältlich ist;
e) Vergleich der Wertentwicklung während des Berichtszeitraums und der Vergleichsgröße, falls eine solche zwischen Wertpapierfirma und Kunde vereinbart wurde;
f) Gesamtbetrag der Dividenden-, Zins- und sonstigen Zahlungen, die während des Berichtszeitraums im Zusammenhang mit dem Kundenportfolio eingegangen sind;
g) Informationen über sonstige Maßnahmen des Unternehmens, die Rechte in Bezug auf im Portfolio gehaltene Finanzinstrumente verleihen;
h) für jedes in dem Berichtszeitraum ausgeführte Geschäft – soweit relevant – die in Artikel 59 Absatz 4 Buchstaben c bis l genannten Informationen, es sei denn, der Kunde wünscht die Informationen über die ausgeführten Geschäfte jeweils einzeln, da dann Absatz 4 dieses Artikels anzuwenden ist.

(3) Die in Absatz 1 genannte periodische Aufstellung wird außer in den nachfolgend aufgeführten Fällen alle 3 Monate vorgelegt:
a) wenn die Wertpapierfirma ihren Kunden Zugang zu einem als dauerhafter Datenträger einstufbaren online-System gewährt, über das der Kunde auf aktuelle Aufstellungen seines Portfolios zugreifen kann, der Kunde einfachen Zugang zu den gemäß Artikel 63 Absatz 2 erforderlichen Informationen hat und die Firma nachweisen kann, dass der Kunde mindestens einmal während des betreffenden Quartals eine Bewertung seines Portfolios aufgerufen hat;
b) in den Fällen, in denen Absatz 4 gilt, ist die periodische Aufstellung mindestens einmal alle zwölf Monate vorzulegen;
c) lässt der Vertrag zwischen einer Wertpapierfirma und einem Kunden über eine Portfolioverwaltungsdienstleistung ein gehebeltes Portfolio zu, ist die periodische Aufstellung mindestens einmal monatlich vorzulegen.
Die Ausnahme gemäß Buchstabe b gilt nicht für Geschäfte mit Finanzinstrumenten, die unter Artikel 4 Absatz 1 Nummer 44 Buchstabe c oder Anhang I Abschnitt C Nummer 4 bis 11 der Richtlinie 2014/65/EU fallen.

(4) In den Fällen, in denen der Kunde die Information über ausgeführte Geschäfte jeweils einzeln erhalten möchte, übermitteln die Wertpapierfirmen dem Kunden die wesentlichen Informationen über das betreffende Geschäft unverzüglich nach der Ausführung eines Geschäfts durch den Portfolioverwalter auf einem dauerhaften Datenträger.
Die Wertpapierfirma übermittelt dem Kunden spätestens am ersten Geschäftstag nach Ausführung des Auftrags oder – sofern sie die Bestätigung der Ausführung von einem Dritten erhält – spätestens am ersten Geschäftstag nach Eingang der Bestätigung des Dritten eine Mitteilung zur Bestätigung der Auftragsausführung mit den in Artikel 59 Absatz 4 genannten Angaben.
Unterabsatz 2 gilt nicht, wenn die Bestätigung die gleichen Informationen enthalten würde wie eine Bestätigung, die dem Kunden unverzüglich von einer anderen Person zuzusenden ist.
In der Fassung vom 25.4.2016 (ABl. EU Nr. L 87 v. 31.3.2017, S. 1), geändert durch Berichtigung vom 26.9.2017 (ABl. EU Nr. L 246 v. 26.9.2017, S. 12).

Art. 62 Zusätzliche Berichtspflichten bei der Portfolioverwaltung und bei Geschäften mit Eventualverbindlichkeiten

(1) Wertpapierfirmen, die Portfolioverwaltungsdienstleistungen erbringen, teilen dem Kunden mit, wenn der Gesamtwert des zu Beginn des jeweiligen Berichtszeitraums beurteilenden Portfolios um 10 % fällt, sowie anschließend bei jedem Wertverlust in 10 %-Schritten, und zwar spätestens am Ende des Geschäftstags, an dem der Schwellenwert überschritten wird oder – falls der Schwellenwert an einem geschäftsfreien Tag überschritten wird – am Ende des folgenden Geschäftstags.
2. (abgedruckt bei § 63 WpHG)
In der Fassung vom 25.4.2016 (ABl. EU Nr. L 87 v. 31.3.2017, S. 1), geändert durch Berichtigung vom 26.9.2017 (ABl. EU Nr. L 246 v. 26.9.2017, S. 12).

Art. 63ff.

(abgedruckt bei § 63 WpHG)

Schrifttum: S. § 63 WpHG.

I. Allgemeines 1
II. Anlageberatung (§ 64 Abs. 1–7 WpHG) 2
1. Begriff der Anlageberatung 2
2. Aufklärung über Art und Inhalt der Anlageberatung (§ 64 Abs. 1 WpHG) 9
   a) Wertpapierdienstleistungsunternehmen beraten ausschließlich nicht-unabhängig ... 9
   b) Wertpapierdienstleistungsunternehmen bieten ausschließlich Unabhängige Honorar-Anlageberatung an 15
   c) Wertpapierdienstleistungsunternehmen erbringen sowohl nicht-unabhängige Anlageberatung als auch Unabhängige Honorar-Anlageberatung 20
   d) Zeitpunkt; Verständlichkeit 23
3. Anforderungen an die nicht-unabhängige Anlageberatung (§ 64 Abs. 2–4 WpHG) 24
   a) Einholung von Informationen (Art. 54 Abs. 2, 7 DelVO 2017/565; § 64 Abs. 3 WpHG) ... 24
      aa) Allgemeines 24
      bb) Kenntnisse und Erfahrungen sowie Ausbildung und Beruf (§ 64 Abs. 3 Satz 1 Nr. 1 WpHG; Art. 55 Abs. 1 DelVO 2017/565) 27
      cc) Anlageziele, Anlagezweck, Risikobereitschaft, Risikoprofil (§ 64 Abs. 3 Satz 1 Nr. 3 WpHG; Art. 54 Abs. 2 Satz 2 lit. a, b, Abs. 5 DelVO 2017/565) 29
      dd) Finanzielle Verhältnisse (§ 64 Abs. 3 Satz 1 Nr. 2 WpHG; Art. 54 Abs. 2 Satz 2 lit. b, Abs. 4 DelVO 2017/565) .. 35
      ee) Erforderlichkeit 37
      ff) Art und Weise, in der die Informationen einzuholen sind 38
      gg) Unzulängliche Information des Wertpapierdienstleistungsunternehmens durch den Kunden (Art. 54 Abs. 8 DelVO 2017/565) 39
   b) Erteilung der Empfehlung 40
      aa) Pflicht zur Erteilung von Empfehlungen 40
      bb) Qualität der Anlageberatung 41
      cc) Inhalt der Empfehlung 47
   c) Geeignetheitserklärung bei Privatkunden (Art. 54 Abs. 12 DelVO 2017/565; § 64 Abs. 4 WpHG) 48
   d) Informationsblätter (§ 64 Abs. 2 Satz 1 WpHG, § 4 WpDVerOV) 52
      aa) Anwendungsbereich 52
      bb) Form, Inhalt, Verständlichkeit des Informationsblattes 53
         (1) Form, Inhalt 53
         (2) Verständlichkeit des Informationsblattes 55
      cc) Vergleich mit den Merkmalen anderer Finanzinstrumente 56
      dd) Keine sonstigen Informationen im Informationsblatt (§ 4 Abs. 1 Satz 3 WpDVerOV) 57
      ee) Aktien 58
      ff) Rechtzeitige Zur-Verfügung-Stellung des Informationsblattes 59
   e) Befolgung der Empfehlung 62

4. Besonderheiten bei der Unabhängigen Honorar-Anlageberatung (§ 64 Abs. 5 WpHG) 63
   a) Voraussetzungen und Schranken der Unabhängigen Anlageberatung (Art. 53 Abs. 2 DelVO 2017/565) und der Ausführung der Empfehlung 63
      aa) Spezialisierung 63
      bb) Marktanalyse, Umfang der Beratung ... 64
      cc) Zuwendungen, Festpreisgeschäfte 66
      dd) Organisation 69
   b) Informationen über die Unabhängige Honorar-Anlageberatung 70
      aa) Infomationen vor Beginn der Anlageberatung 70
      bb) Information vor Erteilung der Empfehlung (Art. 53 DelVO 2017/565; § 64 Abs. 6 WpHG) 71
   c) Einholung von Informationen beim Kunden 72
   d) Erteilung der Empfehlung, Geeignetheitserklärung 73
   e) Informationsblatt 74
   f) Ausführung der Empfehlung 75
5. Regelmäßige Berichte über die Geeignetheit der empfohlenen Finanzinstrumente (§ 64 Abs. 8 Satz 2 WpHG) 76
III. Vermögensverwaltung (Finanzportfolioverwaltung [§ 64 Abs. 3, 7 f. WpHG]) 77
1. Allgemeines 77
2. Informationen durch das Wertpapierdienstleistungsunternehmen (Art. 47 Abs. 2, 3 DelVO 2017/565) 78
3. Einholung von Informationen bei den Kunden (§ 64 Abs. 3 WpHG) 79
4. Pflicht zur Verwaltung 81
5. Die Geeignetheit der vom Vermögensverwalter getätigten Geschäfte (§ 64 Abs. 3 Satz 2, 3 WpHG; Art. 54 Abs. 10 DelVO 2017/565) 82
6. Dem Kunden erteilte Empfehlung einer Weisung 83
7. Zuwendungen vom und an den Vermögensverwalter (§ 64 Abs. 7 WpHG) 84
   a) Nichtmonetäre Zuwendungen (§ 64 Abs. 7 Satz 2, 3 WpHG) 84
   b) Monetäre Zuwendungen (§ 64 Abs. 7 Satz 4 WpHG) 85
8. Berichtspflichten bei der Vermögensverwaltung (Finanzportfolioverwaltung [Art. 60, 62 Abs. 1 DelVO 2017/565]) 86
   a) Bericht auf Wunsch des Kunden (Art. 60 Abs. 4 DelVO 2017/565) 86
   b) Bestätigung von Aufträgen (Art. 60 Abs. 4 Unterabs. 2 DelVO 2017/565) 87
   c) Periodische Information (Art. 60 Abs. 1–3 DelVO 2017/565; § 63 Abs. 12 Satz 2 WpHG) 88
IV. Ex-post-Informationen zu Kosten, Nebenkosten und Gebühren (Art. 50 DelVO 2017/565) . 92
V. Sanktionen 93
VI. Textabdruck WpDVerOV 94

1 **I. Allgemeines.** § 64 WpHG enthält ergänzend zu § 63 WpHG Verhaltensregeln, die bei der Anlageberatung und der Vermögensverwaltung zu beachten sind[1]. Die Vorschrift setzt die Art. 24 Abs. 4 lit. a, Abs. 7, Abs. 8, Abs. 12 Unterabs. 5, Art. 25 Abs. 2, Abs. 6 Unterabs. 2, 3, 4 RL 2014/65/EU (MiFID II) um[2]. Zum Verhältnis

---

1 Begr. RegE 2. FiMaNoG, BT-Drucks. 18/10936, 237.
2 Begr. RegE 2. FiMaNoG, BT-Drucks. 18/10936, 237.

der Vorschrift zu der DelVO 2017/565, zum Zweck und der Rechtsnatur der Vorschrift sowie zu Ansprüchen der Anleger s. § 63 WpHG Rz. 1 ff. Zur Anlageberatung und Finanzportfolioverwaltung, die vom Ausland aus angeboten wird, s. Erl. zu § 1 Abs. 2 WpHG.

II. Anlageberatung (§ 64 Abs. 1–7 WpHG). 1. Begriff der Anlageberatung. Der Begriff der Anlageberatung i.S.d. § 64 Abs. 1–7 WpHG wird in § 2 Abs. 8 Nr. 10 WpHG unter Verweisung auf Art. 9 DelVO 2017/565 legaldefiniert. Danach ist unter Anlageberatung eine Empfehlung[1] zu verstehen, die **an eine bestimmte**[2] **Person**, sei es in ihrer Eigenschaft als (potentieller) Anleger, sei es in ihrer Eigenschaft als Beauftragter (§ 67 WpHG Rz. 22 ff.) eines (potentiellen) Anlegers[3], gerichtet ist und die entweder das empfohlene Verhalten als für den Adressaten der Empfehlung **geeignet** (Rz. 64)[4] **darstellt** oder ersichtlich auf eine **Prüfung der Verhältnisse** des (potentiellen) Anlegers bzw. Beauftragten (§ 67 WpHG Rz. 23 f.) gestützt ist[5]. Die Empfehlung muss sich auf den Kauf, Verkauf, Zeichnung, Tausch, Rückkauf, Halten[6], die Übernahme eines bestimmten Finanzinstruments[7] oder auf die (Nicht)Ausübung eines einem bestimmten Finanzinstrument entspringenden Rechts auf Kauf, Verkauf, Zeichnung, Tausch, Rückkauf eines Finanzinstruments beziehen[8]. Der Begriff der Anlageberatung umfasst nicht nur die Empfehlung als solche, sondern auch die Schritte, die zu ihr führen, wie die einleitende allgemeine Beratung des Kunden[9]. Die Empfehlung, in der das Wertpapierdienstleistungsunternehmen mitteilt, wie es selbst handeln würde[10], wenn es an der Stelle des Kunden stünde[11], kann ausdrücklich oder konkludent erfolgen[12]. Der Ratschlag ist nur dann als Teil einer Anlageberatung zu behandeln, wenn er sich auf Geschäfte mit einem **individualisierten** (bestimmten)[13] **Finanzinstrument** bezieht. Wird eine Empfehlung zu bestimmten Märkten für Waren (z.B. Öl, Gold) oder hinsichtlich der Entwicklung von Indizes erteilt und ermöglicht das Wertpapierdienstleistungsunternehmen den Handel mit Finanzinstrumenten, die auf diese Märkte bzw. Indizes bezogen sind, so betreffen die Empfehlungen in der Regel nur mittelbar Finanzinstrumente[14], unter Umständen aber auch nur ein bestimmtes Finanzinstrument (Rz. 4).

Die Empfehlung wird erkennbar gestützt auf eine **Prüfung der persönlichen Verhältnisse**[15] eines bestimmten (potentiellen) Anlegers[16] bzw. Beauftragten[17] als für ihn geeignet dargestellt, wenn aus der Sicht eines vernünftigen Durchschnittskunden der angesprochenen Gruppe[18] der Anschein erweckt wird, dass die Empfehlung auf seine persönlichen Verhältnisse zugeschnitten ist[19]. Hierfür ist nicht Voraussetzung, dass die finanziellen Verhältnisse des Empfehlungsempfängers abgeklärt wurden. Deshalb kann auch dann eine Anlageberatung erfolgen, wenn eine ersichtlich auf eine bestimmte Person zugeschnittene Empfehlung gezielt über Informationsver-

---

1 § 2 WpHG Rz. 168 ff.
2 Erwägungsgrund Nr. 14 DelVO 2017/565.
3 Vgl. auch § 2 WpHG Rz. 170 (Kunden).
4 Vgl. auch § 2 WpHG Rz. 172.
5 Vgl. auch § 2 WpHG Rz. 172 ff.
6 Erwägungsgrund Nr. 87 DelVO 2017/565; Begr. RegE 2. FiMaNoG, BT-Drucks. 18/10936, 236 f.; zum WpHG a.F. *Grischuk*, BaFin-Journal 2017 Heft 8 S. 18, 21).
7 Finanzinstrumente i.S.d. § 2 Abs. 4 WpHG.
8 Art. 9 Abs. 2 DelVO 2017/565.
9 Erwägungsgrund Nr. 16 DelVO 2017/565.
10 Dies impliziert eine Bewertung (vgl. *Dietrich*, WM 2016, 199, 200). Sie fehlt bei einer bloßen Information über die Eigenschaften eines oder mehrerer Finanzinstrumente, deren Kurs, Volatilität und weitere Eigenschaften, die gem. § 63 Abs. 7 WpHG und in den gesetzlich vorgeschriebenen Informationsblättern offen zu legen sind, sowie bei Informationen über die verfügbaren Produkte (*Grischuk*, BaFin-Journal 2017 Heft 8 S. 18, 20). Die Grenzen sind fließend, zumal es auf die Sicht eines Durchschnittskunden ankommt.
11 Ähnlich BaFin „Dem Anleger erteilte Rat zu einer bestimmten Handlung als in seinem Interesse liegend" (zit. nach *Grischuk*, BaFin-Journal 2017 Heft 8 S. 18, 20). Vgl. zum WpHG a.F. *Voß* in Just/Voß/Ritz/Becker, § 31 WpHG Rz. 485.
12 Z.B. als Ratschlag oder als Wunsch, eine bestimmte Weisung zu erhalten (Erwägungsgrund Nr. 89 DelVO 2017/565).
13 In Art. 4 Abs. 1 Nr. 4 RL 2014/65/EU (MiFID II) wird zwar der Begriff der Finanzinstrumente im Plural verwendet. Art. 9 Abs. 2 lit. a DelVO 2017/565 gibt jedoch klar vor, dass es sich um ein bestimmtes Finanzinstrument handeln muss.
14 Vgl. zum WpHG a.F. ESMA 2012/382, MiFID Questions and Answers, Question 8.
15 Z.B. Kenntnisse, Erfahrungen, Anlageziel, Anlagezweck, Indizien für Risikobereitschaft, finanzielle Verhältnisse, Beruf, Alter (soweit es nicht nur gilt, die Geschäftsfähigkeit festzustellen), ehelicher Güterstand. Es genügt, dass ein persönlicher Umstand abgefragt wird. Zu den persönlichen Verhältnissen zählen nicht der Betrag, den der Anleger investieren will, oder Sparraten (*Grischuk*, BaFin-Journal 2017 Heft 8 S. 18). S. auch § 2 WpHG Rz. 172 ff.
16 Hierfür genügt es, dass der Kunde das Wertpapierdienstleistungsunternehmen in allgemeiner Form über seine finanzielle Situation unterrichtet und das Wertpapierdienstleistungsunternehmen daraufhin eine Empfehlung abgibt. Vgl. zum WpHG a.F. auch *Koller* in FS Uwe H. Schneider, S. 651, 654 f. zur personalisierten Werbung.
17 Vgl. § 67 WpHG Rz. 22 ff.
18 Vgl. zum WpHG a.F. *Koller* in FS Uwe H. Schneider, S. 651, 652; *Balzer*, ZBB 2007, 333, 335.
19 Vgl. § 2 WpHG Rz. 172; *Grischuk*, BaFin-Journal 2017 Heft 8 S. 18, 19 f. (implizit; verneint, wenn das Finanzprodukt Bezeichnungen enthält, die auf eine bestimmte Zielgruppe hinweisen). So i.E. auch *Oppenheim/Lange-Hausstein*, WM 2016, 1966, 1968; *Baumanns*, BKR 2016, 366, 370; *Möslein*, ZIP 2017, 793, 795. Vgl. zum WpHG a.F. *Koller* in FS Uwe H. Schneider, S. 651, 655 f.

breitungskanäle (Rz. 6), z.B. per E-Mail, erteilt wird[1]. Ohne Bedeutung ist, ob der Empfänger der Empfehlung dem Wertpapierdienstleistungsunternehmen besonderes Vertrauen schenkt[2]. Zu einer Anlage beraten wird demnach auch dort, wo der Kunde um die Prüfung einer beabsichtigten Order bittet und das Wertpapierdienstleistungsunternehmen dazu eine Empfehlung abgibt; unter Umständen selbst dort, wo ein Kundenberater dem Kunden nur Research- Material aushändigt. Daran ändern **Disclaimer** in aller Regel nichts, in denen darauf hingewiesen wird, dass keine Anlageberatung erbracht werden solle oder dass die Empfehlung nicht den finanziellen Verhältnissen des Empfehlungsempfängers Rechnung trage, sofern nach der Anlagesumme, den Anlagezielen und der Risikoneigung gefragt worden ist und nicht hinreichend deutlich gemacht worden ist, dass die Empfehlung wegen der Lücken bei der Abklärung der Verhältnisse des Anlegers für diesen möglicherweise mangelhaft ist[3]. Keine Empfehlungen werden erteilt, wenn die Kunden nur gem. § 63 Abs. 7 WpHG informiert oder ihnen Marketingmitteilungen[4] zugeleitet werden.

4 Die Empfehlung einer bestimmten **Gattung von Finanzinstrumenten** oder einer **bestimmten Person als Vermögensverwalter**[5] stellt *keine* Anlageberatung dar. Wird einem Kunden geraten, in Bankaktien entweder der Bank X oder der Bank Y anzulegen, so kann dies aber durchaus als Anlageberatung verstanden werden, weil andernfalls die Schutzvorschrift des § 64 Abs. 4 WpHG zu leicht umgangen werden könnte[6]. Ebenso hat man zu entscheiden, wenn der Berater dem Kunden nur einen Emittenten empfiehlt[7] oder zusätzlich eine Reihe anderer konkreter Anlagevorschläge macht und die Auswahl dem Kunden überlässt. Der BaFin zufolge soll die Empfehlung selbst dann bestimmte Finanzinstrumente betreffen, wenn sie sich auf 20 Finanzinstrumente bezieht[8].

5 Das heißt nicht, dass Empfehlungen zu bestimmten Arten von Finanzinstrumenten beliebig im Rahmen des § 138 BGB möglich wären. Vielmehr hat das Wertpapierdienstleistungsunternehmen auch bei derartigen **allgemeinen Empfehlungen**[9] die Gebote der Ehrlichkeit, Redlichkeit, Professionalität im bestmöglichen Kundeninteresse (§ 63 Abs. 1 WpHG), der Vermeidung von Interessenkonflikten (§ 63 Abs. 2 WpHG), der Erteilung von Mindestinformationen (§ 63 Abs. 7 WpHG), der Eindeutigkeit (§ 63 Abs. 6 WpHG) sowie das Verbot der Irreführung (§ 63 Abs. 6 WpHG) zu beachten[10]. Zu Marketingmitteilungen s. auch § 63 WpHG Rz. 58 f. Daraus ergibt sich, dass persönliche Empfehlungen[11] zu einer bestimmten Gattung von Finanzinstrumenten zwar in der Regel keine Erkundigungspflicht i.S.d. § 64 Abs. 3 WpHG auslösen, wohl aber, dass sie nur dann als redlich angesehen werden können, wenn sie nicht ins Blaue hinein erfolgen, sondern dem Wertpapierdienstleistungsunternehmen bereits bekannten Kenntnissen und Erfahrungen (Rz. 27) sowie Anlagezielen (Rz. 29) und finanziellen Verhältnissen (Rz. 35) des Kunden Rechnung tragen und eindeutig offenlegen, dass Informationsdefizite bestehen können. Die Wertpapierdienstleistungsunternehmen haben zu berücksichtigen, dass sich Kunden umso stärker auf ihre Empfehlungen verlassen werden, je enger die Gattung der empfohlenen Finanzinstrumente ist[12]. Entsprechend steigen die Anforderungen an die Redlichkeit der Wertpapierdienstleistungsunternehmen. Auch darf der Wertung des § 63 Abs. 10 WpHG zufolge keine Gattung von Geschäfte empfohlen werden, vor denen das Wertpapierdienstleistungsunternehmen den Kunden angesichts dessen erkennbaren Erfahrungen und Kenntnisse warnen müsste.

6 Immer ist eine Anlageberatung ist auch **zu verneinen**, wenn der Ratschlag erkennbar ausschließlich über Informationskanäle[13] verbreitet wird oder sich an die **Öffentlichkeit** richtet[14]. Keine Ansprache der Öffentlichkeit erfolgt, falls die Zielgruppen für die Adressaten erkennbar nach Kriterien der Geeignetheit bestimmt werden und diese den Eindruck haben dürfen, dass sie individuell angesprochen werden (Rz. 3). Die Formulierung in

---

1 Erwägungsgrund Nr. 14 DelVO 2017/565; *Roth/Blessing*, CCZ 2016, 258, 259.
2 Vgl. zum WpHG a.F. *Koller* in FS Uwe H. Schneider, S. 651, 653 f., 657.
3 *Baumanns*, BKR 2016, 366, 370; *Möslein*, ZIP 2017, 793, 795; letztlich auch *Oppenheim/Lange-Hausstein*, WM 2016, 1966, 1969.
4 § 63 Abs. 6 Satz 2 WpHG.
5 Finanzportfolioverwaltung, d.h. die Verwaltung von Portfolios auf Einzelkundenbasis mit einem Ermessensspielraum im Rahmen eines Mandats des Kunden, sofern diese Portfolios ein oder mehrere Finanzinstrumente enthalten (Art. 4 Abs. 1 Nr. 8 RL 2014/65/EU).
6 Enger wohl § 2 WpHG Rz. 168. Wie hier zum WpHG a.F. Gemeinsames Informationsblatt der BaFin und der Deutschen Bundesbank zum neuen Tatbestand der Anlageberatung vom 12.11.2007 unter Ziff. 2; zu eng *Veil*, ZBB 2008, 34, 36. Vgl. ferner *Koller* in FS Uwe H. Schneider, S. 651, 657 f.
7 Vgl. zum WpHG a.F. *Möllers* in KölnKomm. WpHG, § 31 WpHG Rz. 332.
8 Vgl. zum WpHG a.F. *Grischuk*, BaFin-Journal 2017 Heft 8 S. 18, 22).
9 Vgl. Anh. I Abschnitt B Nr. 5 RL 2014/65/EU.
10 Erwägungsgrund Nr. 15, 17 DelVO 2017/565.
11 Anders ist die Situation bei reinen Marketingmitteilungen (§ 63 WpHG Rz. 58 f.), weil deren Charakter eindeutig kenntlich gemacht werden muss. Abw. *Enriques/Gargantini* in Busch/Ferrarini, Regualtion of the EU Financial Markets, Rz. 4.37.
12 Vgl. zum WpHG a.F. CESR/05-350 v. Mai 2005, S. 8.
13 Vgl. Art. 20 VO Nr. 596/2014.
14 Art. 9 Abs. 3 DelVO 2017/565; Erwägungsgrund Nr. 14 DelVO 2017/565. Vgl. § 2 WpHG Rz. 174.

§ 2 Abs. 8 Nr. 10 WpHG „nicht ausschließlich über Informationsverbreitungskanäle" ist restriktiv zu interpretieren. Demnach muss dieser Art von Verbreitung zu entnehmen sein, dass die Empfehlung für die breite Öffentlichkeit bestimmt ist (vgl. Art. 20 VO Nr. 596/2014)[1]. Dass die Empfehlung über das Internet abgegeben wird, steht mithin einer Anlageberatung nicht zwingend entgegen[2]. Bei Empfehlungen an die Öffentlichkeit brauchen sich die Wertpapierdienstleistungsunternehmen der Erfahrungen etc. der einzelnen Kunden nicht zu vergewissern. Auch hier gilt aber, dass die Wertpapierdienstleistungsunternehmen die Gebote des § 63 Abs. 1, Abs. 5 Satz 2, Abs. 6 und 7 WpHG zu beachten haben. **Empfehlungen, die ganzen Gruppen**[3] erteilt werden, fallen in der Regel nicht in die Kategorie der Anlageberatung i.S.d. § 2 Abs. 8 Nr. 10 WpHG, Art. 9 DelVO 2017/565. Beachte auch Art. 20 VO Nr. 596/2014, § 63 WpHG Rz. 58 ff., 85.

Ob das Wertpapierdienstleistungsunternehmen Anlageberatung i.S.d. § 2 Abs. 8 Nr. 10 WpHG i.V.m. Art. 9 DelVO 2017/565, § 64 WpHG betrieben hat, kann **erst festgestellt werden**, nachdem die Empfehlung direkt oder indirekt[4] ausgesprochen worden ist. Das Wertpapierdienstleistungsunternehmen muss andererseits, bevor es eine Empfehlung i.S.d. Anlageberatung abgibt, bedenken, dass es sich nach festgelegten Grundsätzen und Verfahren eine ausreichende Beurteilungsbasis verschaffen (§ 64 Abs. 2 WpHG), über die Art der Beratung aufklären (§ 64 Abs. 1 WpHG) und in der vor der Empfehlung liegenden Kommunikation[5] auch den Anforderungen des § 63 Abs. 6 WpHG Rechnung tragen muss. 7

Zur Anlageberatung können **voll- oder halbautomatische Systeme**, z.B. sog. **Robo-Advising**, eingesetzt werden. § 64 Abs. 1 WpHG greift ein, wenn der Kunde nach Beantwortung der von dem System gestellten Fragen[6] nach seinen persönlichen Verhältnissen (Rz. 24 ff.) eine Empfehlung zu bestimmten Finanzinstrumenten erhält[7]. Die Verantwortung für die Durchführung der Geeignetheitsbeurteilung liegt in vollem Umfang bei dem das System einsetzenden Wertpapierdienstleistungsunternehmen[8], das so zu behandeln ist, als ob es in einem persönlichen Gespräch eine Anlageberatung durchgeführt hätte[9]. Das System muss mithin so programmiert sein, dass es z.B. nach Maßgabe des § 64 Abs. 1 WpHG darüber aufklärt, ob es auf der Basis der Unabhängigen Honorar-Anlageberatung oder auf der Basis der nicht-unabhängigen Anlageberatung arbeitet, dass es die gem. § 64 Abs. 3 WpHG erforderlichen Informationen einholt[10], dass es diese Informationen im Rahmen einer Geeignetheitsprüfung angemessen verarbeiten kann[11] sowie dass es rechtzeitig eine vollgültige Geeignetheitserklärung abgibt. Die ESMA fordert darüber hinaus eine Dokumentation der Algorithmen[12], aus der Sicht der §§ 63 Abs. 1, 80 Abs. 1 WpHG zutreffend deren Überprüfungsplanung und Methoden zur Überprüfung der Algorithmen, deren Anpassung an Veränderungen der Umweltbedingungen, insbesondere des Marktes[13], Vorkehrungen, um Fehler zu entdecken und zu beheben[14]; das Vorhalten von Fragebögen, aus deren Beantwortung das Wertpapierdienstleistungsunternehmen entnehmen kann, ob sein automatischer Rat für die Kunden geeignet ist, die Absicherung der Systeme gegen Eingriffe von „Hackern"[15] sowie den Schutz der Kundenkonten[16]. Die Beratung in Form des Robo-Advising dispensiert nicht von den allgemeinen Organisationspflichten der §§ 70[17], 8

---

1 *Möslein*, ZIP 2017, 793, 795 zum KWG.
2 Erwägungsgrund Nr. 14 DelVO 2017/565; *Roth/Blessing*, CCZ 2016, 258, 259; zum WpHG a.F. *Grischuk*, BaFin-Journal 2017 Heft 8 S. 18, 22 zum Robo-Advice); *Geier/Hombach/Schütt*, RdF 2017, 108, 109.
3 Z.B. Adressaten von Börsenbriefen etc. s. § 2 WpHG Rz. 175.
4 Ein Durchschnittsanleger des angesprochenen Kreises darf die Kommunikation als Empfehlung verstehen, die auf seine persönlichen Verhältnisse zugeschnitten ist.
5 Erwägungsgrund Nr. 16 Satz 2 DelVO 2017/565 (die allgemeine Beratung von Kunden vor oder im Zuge der Anlageberatung ist Teil der Anlageberatung).
6 Vgl. *Baumanns*, BKR 2016, 366, 367.
7 Vgl. auch *Grischuk*, BaFin-Journal 2017 Heft 8 S. 18 ff.
8 Art. 54 Abs. 1 Unterabs. 2 DelVO 2017/565; Erwägungsgrund Nr. 86 DelVO Nr. 2017/565; krit. *Buck-Heeb*, JZ 2017, 279, 288.
9 Art. 54 Abs. 1 Unterabs. 2 DelVO 2017/565. S. ferner dazu ESMA35-34-748 v. 13.7.2017 Consultation Paper, Guidelines on certain aspects of the MiFID II suitability requirements.
10 Der Algorithmus muss in der Lage sein, zu erkennen, ob die Angaben sich widersprechen oder sonst unzulänglich sind. Außerdem muss Raum für Angaben vorgesehen werden, die über die Beantwortung vorgegebener Alternativen hinausgehen (*Möslein*, ZIP 2017, 793, 799).
11 Vgl. zum WpHG a.F. *Möslein*, ZIP 2017, 793, 796.
12 Vgl. § 80 WpHG Rz. 107 ff. Es ist allerdings fraglich, ob der BaFin hinreichend Ressourcen zur Verfügung hat, um die Algorithmen daraufhin überprüfen zu können, ob diese mit dem WpHG und den Durchführungsverordnungen in Einklang stehen, insbesondere ob sie nicht versteckt das Wertpapierdienstleistungsunternehmen oder bestimmte seiner Kunden bevorzugen (ähnlich *Moloney* in FS Köndgen, 2016, S. 397, 410 zur Produktüberwachung). So wie bislang die bloße Dokumentation der organisatorischen Anordnungen und Weisungen nicht dazu führt, dass das Verhalten des Wertpapierdienstleistungsunternehmens und seine Mitarbeiter mit ihnen im Einklang steht, so wird auch in Zukunft eine wirksame Kontrolle dort ansetzen müssen, wo die Ergebnisse des Verhaltens für Außenstehende erkennbar werden.
13 Vgl. § 80 WpHG Rz. 111.
14 Vgl. § 80 WpHG Rz. 112.
15 Vgl. auch § 80 WpHG Rz. 8.
16 S. Erl. zu § 84 WpHG.
17 Vgl. zum WpHG a.F. *Möslein*, ZIP 2017, 793, 802.

80 ff. WpHG, insbesondere nicht von der Pflicht, Interessenkonflikte so weit wie angemessen möglich auszuschalten oder, falls diese nicht zumutbar eliminiert werden können, sie offen zu legen[1]. Zu den verbraucherschutzrechtlichen Regeln s. *Möslein*, ZIP 2017, 793, 798 f.

9 **2. Aufklärung über Art und Inhalt der Anlageberatung (§ 64 Abs. 1 WpHG). a) Wertpapierdienstleistungsunternehmen beraten ausschließlich nicht-unabhängig.** Wertpapierdienstleistungsunternehmen haben auf einem dauerhaften Datenträger[2] nicht nur verständlich[3] und präzise[4] darzulegen, dass sie nicht in der qualifizierten Variante der Unabhängigen Honorar-Anlageberatung beraten, sondern auch „warum" („why; pourquoi")[5] dies der Fall ist. Das **„warum"** bezieht sich auf die **Einstufung als „nicht-unabhängig"**. Dies lässt sich sinnvollerweise nur in der Weise erläutern, dass die geplante Anlageberatung mit einer Unabhängigen Honorar-Anlageberatung verglichen wird, weil die „nicht-unabhängige" Anlageberatung im WpHG nicht definiert ist, sondern sich begrifflich aus der Negation des § 64 Abs. 5 WpHG ergibt, der die Unabhängige Honorar-Anlageberatung definiert. Das zwingt dazu, den Unterschied zwischen beiden Beratungsformen in den Grundzügen zu erklären[6]. Anders als in Fällen, in denen ein Wertpapierdienstleistungsunternehmen sowohl unabhängig als auch nicht-unabhängig berät (Rz. 20), brauchen Wertpapierdienstleistungsunternehmen, die lediglich nicht-unabhängige Beratungsleistungen erbringen, ihr Angebot nicht so intensiv zu schildern, dass die Kunden die Unterschiede zwischen beiden Beratungsvarianten voll durchschauen können[7]. Es genügt, dass die wesentlichen Unterschiede herausgestellt werden. Deshalb ist insbesondere darauf hinzuweisen, dass die Wertpapierdienstleistungsunternehmen anders als bei der unabhängigen Honorar-Anlageberatung berechtigt sind, von Dritten auf eigene Rechnung monitäre und nichtmonitäre Vorteile entgegenzunehmen[8] und dass auch von Dritten emittierte oder angebotene[9] Finanzinstrumente empfohlen werden können, die das Wertpapierdienstleistungsunternehmen zu einem festen[10] Preis auf eigene Rechnung verkauft.

10 Soweit Art. 52 Abs. 1 Unterabs. 1 DelVO 2017/565 vorschreibt, die Art und Eigenschaften der **„Beschränkungen"** („restrictions") zu **erläutern**, brauchen die Wertpapierdienstleistungsunternehmen nur darzulegen, dass sie ausschließlich nach ausreichender Einholung von Informationen über die Kenntnisse, Erfahrungen (Rz. 27), Anlageziele (Rz. 29) und die Risikotoleranz (Rz. 31) des Kunden beraten dürfen[11] und dass sie gehalten sind, geeignete Finanzinstrumente zu empfehlen (Rz. 41)[12].

11 Zusätzlich haben Wertpapierdienstleistungsunternehmen gem. § 64 Abs. 1 Satz 1 Nr. 2 WpHG[13] die Kunden detailliert[14] darüber aufzuklären, ob sich die Beratung auf eine umfangreiche oder eine eher beschränkte **Analyse von Finanzinstrumenten** stützt[15] und ob lediglich zu Finanzinstrumenten beraten wird, die von **Anbietern**[16] **oder Emittenten stammen**, die mit dem Wertpapierdienstleistungsunternehmen eng verbunden[17] oder in sonstiger Weise eng verflochten[18] sind[19]. Den von diesen Anbietern oder Emittenten stammenden Finanz-

---

1 Vgl. dazu *Möslein*, ZIP 2017, 793, 801.
2 Art. 53 Abs. 3 lit. a DelVO 2017/565; § 2 Abs. 43 WpHG; Art. 3 Abs. 1 DelVO 2017/565; s. Rz. 23.
3 § 64 Abs. 1 Satz 1 Halbsatz 1 WpHG (§ 63 WpHG Rz. 64).
4 Art. 52 Abs. 1 Unterabs. 1 DelVO 2017/565. Im Erwägungsgrund Nr. 70 Satz 1 DelVO 2017/565 ist von einer detaillierten Information die Rede.
5 Art. 52 Abs. 1 Unterabs. 1 DelVO 2017/565.
6 *Roth/Blessing*, CCZ 2016, 258, 261 erblickt in dieser Regelung einen gravierenden Marketing-Nachteil.
7 Umkehrschluss aus Art. 52 Abs. 1 Unterabs. 2 Satz 1 DelVO 2017/565.
8 *Weinhold*, Die Vergütung der Anlageberatung zu Kapitalanlagen, S. 199. So schon § 31 Abs. 4b Satz 2 WpHG a.F.; dazu *Weinhold*, Die Vergütung der Anlageberatung zu Kapitalanlagen, S. 195 f. Ein Informationsbedürfnis ist nicht deshalb zu verneinen, weil ausschließlich nicht-unabhängig beraten wird (a.A. zum WpHG a.F. *Balzer*, Bankrechtstag 2013, S. 163 f.).
9 S. Rz. 11, 68.
10 Bestimmt oder bestimmbar (§ 64 Abs. 6 Satz 2 WpHG).
11 Art. 54 Abs. 8 DelVO 2017/565.
12 Diese Gebote beschränken den Handlungsrahmen der Wertpapierdienstleistungsunternehmen; MaComp Ziff. BT 7.1 Nr. 2 (Informationen über die Geeignetheitsprüfung).
13 Im Einklang mit Art. 24 Abs. 4 Unterabs. 1 lit. a Ziff. ii RL 2014/65/EU.
14 Erwägungsgrund Nr. 70 Satz 2 DelVO 2017/565.
15 Es reicht nicht aus, dass die Wertpapierdienstleistungsunternehmen sich nur der Begriffe „umfangreich" oder „eher beschränkt" bedienen, weil diese ohne Zusatzinformationen weitgehend bedeutungslos sind. Es ist deshalb zu fordern, dass zusätzlich die Zahl der analysierten Finanzinstrumente jeder Gattung genannt wird.
16 In der englischen Sprachfassung des Art. 52 Abs. 2, 3, 4 DelVO 2017/565 „provider, provided". Der Begriff „Anbieter" ist nicht in Parallele zu Art. 50 Abs. 5 lit. a DelVO 2017/565 im Sinn eines Vermarkters (markets) zu verstehen, der auf eigene Rechnung anbietet, sondern bezieht sich auf Finanzinstrumente, die der Anbieter im Rahmen einer Fremdemission fest auf eigene Rechnung übernommen hat (*Grundmann* in Staub, HGB, Band 11/1, 6. Teil Rz. 18).
17 § 2 Abs. 28 WpHG; Art. 4 Abs. 1 Nr. 35 RL 2014/65/EU.
18 § 64 Abs. 1 Satz 1 Nr. 2 WpHG bringt im Einklang mit Art. 24 Abs. 4 Unterabs. 1 lit. a Ziff. ii RL 2014/65/EU die „Unabhängigkeit der Anlageberatung" ins Spiel. Dieses Kriterium soll den Begriff „eng" konkretisieren. Mit der Formulierung „… Risiko …, dass die Unabhängigkeit der Anlageberatung beeinträchtigt …" wird eine Parallele zu § 64 Abs. 5 Satz 1 Nr. 1 b WpHG gezogen (Rz. 65).
19 Diese Selbstbeschränkung steht mit § 70 WpHG im Einklang. Um die Rechtfertigung von Zuwendungen durch Qualitätsverbesserungen zu erlangen, ist das Wertpapierdienstleistungsunternehmen nicht gezwungen, auf der Basis einer

instrumente sind diejenigen gleichzustellen, die das Wertpapierdienstleistungsunternehmen selbst emittiert hat oder anbietet[1].

Art. 52 Abs. 2 DelVO 2017/565 sieht außerdem vor, dass den Kunden die **Palette der bzw. das Sortiment**[2] an Finanzinstrumenten zu erläutern ist, das den Empfehlungen zugrunde gelegt[3] wird. Dies heißt, dass die Wertpapierdienstleistungsunternehmen detailliert die Anzahl[4], die verschiedenen Arten der Finanzinstrumente und Emittenten darstellen müssen, zu denen sie beraten[5]. Somit genügt es nicht, dass sie lediglich darüber informieren, dass sie zu Investmentfonds, Zertifikaten und Rentenpapieren beraten. Ähnlich fordert Art. 52 Abs. 3 DelVO 2017/565, die *in Betracht kommenden* Hauptarten von Finanzinstrumenten, ferner das „Spektrum" (range) der Finanzinstrumente sowie die Anbieter[6] im Licht des Leistungsumfangs der verschiedenen Arten von Finanzinstrumenten[7] zu beschreiben und diese Beschreibung zur Verfügung zu stellen. Hierbei haben die Wertpapierdienstleistungsunternehmen auch ihr Verhältnis zu den Emittenten[8] bzw. Anbietern[9] der Finanzinstrumente offen legen (Art. 52 Abs. 2 DelVO 2017/565)[10].

12

Schließlich müssen die Wertpapierdienstleistungsunternehmen die Kunden darüber unterrichten, ob sie bereit sind, **regelmäßig** die weitere **Geeignetheit** der Finanzinstrumente **zu überprüfen** (§ 64 Abs. 1 Satz 1 Nr. 3, Abs. 8 WpHG)[11]. Ist dies der Fall, so müssen sie außerdem darlegen, wie häufig und intensiv die Prüfung erfolgt und wie die aktualisierten Empfehlungen mitgeteilt werden[12].

13

Alle Informationen, Beschreibungen und Erläuterungen können **standardisiert** (§ 63 WpHG Rz. 91) erfolgen (§ 64 Abs. 1 Satz 2 i.V.m. § 63 Abs. 7 Satz 2 WpHG).

14

b) Wertpapierdienstleistungsunternehmen bieten ausschließlich Unabhängige Honorar-Anlageberatung an. Die Wertpapierdienstleistungsunternehmen haben auf einem dauerhaften Datenträger[13] verständlich[14], detailliert[15] und präzise[16] darüber zu informieren, dass sie unabhängig beraten, d.h. Unabhängige Honorar-Anlageberatungsleistungen erbringen. Sie müssen in dieser Weise und Intensität erläutern, **worin die Besonderheiten dieser Art der Beratung** liegen. Hierzu ist insbesondere auf die Entgeltlichkeit aufmerksam zu machen[17]. Ferner sind die für die Wertpapierdienstleistungsunternehmen geltenden Gebote und Verbote[18] zu umreißen, die bei der Unabhängigen Honorar-Anlageberatung zu beachten sind. Zu diesen zählt nicht nur das Gebot[19],

15

---

breiten Palette geeigneter Finanzinstrumente einschließlich einer angemessenen Zahl von Finanzinstrumenten, die von Anbietern oder Emittenten stammen, die in keiner engen Verbindung zum Wertpapierdienstleistungsunternehmen stehen, zu beraten. Die Qualitätsverbesserung kann nämlich auch darauf gestützt werden, dass den Kunden eine fortlaufende Beratung oder eine andere fortlaufende Dienstleistung mit wahrscheinlichem Wert für den Kunden angeboten wird (§ 6 Abs. 2 Satz 1 lit. b WpDVerOV). Es genügt auch die Bereitstellung eines weit verzweigten Filialberaternetzwerkes (§ 6 Abs. 2 Satz 1 lit. d WpDVerOV).

1 So auch Art. 52 Abs. 2 DelVO 2017/565.
2 „range of financial instruments"; „l'eventail".
3 In der französischen Fassung des Art. 52 Abs. 2 DelVO 2017/565 ist von „pouvant etre recommandés", in der englischen Fassung von „may be recommended" die Rede.
4 Erwägungsgrund Nr. 70 Satz 2 DelVO 2017/565.
5 Art. 52 Abs. 3 DelVO 2017/565.
6 Gemeint sind Personen, die die Finanzinstrumente im Rahmen einer Fremdemission fest auf eigene Rechnung übernommen haben (*Grundmann* in Staub, HGB, Band 11/1, 6. Teil Rz. 18). Gleiches gilt für die Eigenemittenten.
7 „... the range of financial instruments and providers analysed per each type of instrument according to the scope of the service ..." (Art. 52 Abs. 3 DelVO 2017/565).
8 Fall der Platzierung der emittierten Finanzinstrumente bei Kunden ohne vorherige Festübernahme durch den Anbieter.
9 Gemeint sind Personen, die die Finanzinstrumente im Rahmen einer Fremdemission fest auf eigene Rechnung übernommen haben (*Grundmann* in Staub, HGB, Band 11/1, 6. Teil Rz. 18).
10 Eine restriktive Interpretation dieses Gebots kann nicht auf Art. 52 Abs. 4 DelVO 2017/565 gestützt werden, demzufolge nur bei der Unabhängigen Honorar-Anlageberatung zwischen Finanzinstrumenten mit und solchen ohne Verbindung zum Wertpapierdienstleistungsunternehmen zu „unterscheiden" ist. Das Gebot der Unterscheidung ist dahin zu interpretieren, dass Gruppen von Wertpapieren mit und ohne Verbindung zum Wertpapierdienstleistungsunternehmen gebildet werden müssen, während dies bei der nicht-unabhängigen Honorar-Anlageberatung unterbleiben kann.
11 Art. 24 Abs. 4 Unterabs. 1 lit. a Ziff. iii RL 2014/65/EU. Eine Pflicht, Empfehlungen regelmäßig zu überprüfen, folgt daraus nicht (*Balzer*, ZBB 2016, 226, 233). Zu den Berichten, die den Kunden regelmäßig zuzuleiten sind, s. § 64 Abs. 8 WpHG (dazu Rz. 76). Kritisch zum Gebot der regelmäßigen Beurteilung, *Heese*, Beratungspflichten, 2015, S. 409 f.
12 Art. 52 Abs. 5 DelVO 2017/565.
13 Art. 53 Abs. 3 lit. a DelVO 2017/565; § 2 Abs. 43 WpHG; Art. 3 Abs. 1 DelVO 2017/565.
14 § 64 Abs. 1 Satz 1 Halbsatz 1 WpHG; s. Rz. 23.
15 Erwägungsgrund Nr. 70 Satz 1 DelVO 2017/565.
16 Art. 52 Abs. 1 Unterabs. 1 DelVO 2017/565. Im Erwägungsgrund Nr. 70 Satz 1 DelVO 2017/565 ist von einer detaillierten Information die Rede.
17 § 64 Abs. 5 Satz 1 Nr. 2 WpHG. Offenzulegen sind auch die Berechnungsfaktoren für die Ermittlung des Entgelts, z.B. Stundensatz (Erwägungsgrund Nr. 72 RL 2014/65/EU).
18 Art. 52 Abs. 1 Unterabs. 1 DelVO 2017/565; § 64 Abs. 4 WpHG. S. Rz. 63 ff.
19 § 64 Abs. 3 Satz 1 WpHG. Diese Gebot beschränkt ebenfalls den Handlungsrahmen der Wertpapierdienstleistungsunternehmen.

§ 64 | Verhaltenspflichten, Organisationspflichten, Transparenzpflichten

geeignete Finanzinstrumente zu empfehlen (Rz. 41), sondern auch das Verbot, auf eigene Rechnung Zuwendungen anzunehmen oder zu machen[1], sowie das Gebot, auf der Basis einer breiten Palette von am Markt verfügbaren und für diesen hinreichend repräsentativen Finanzinstrumenten[2] zu beraten. Dort, wo in kurzen Abständen unabhängige Beratungsleistungen erbracht werden, kann auf die früheren Erläuterungen verwiesen werden.

16 Falls sich Wertpapierdienstleistungsunternehmen auf eine **bestimmte Kategorie**[3] oder ein **konkretes Spektrum** bzw. Sortiment[4] von Finanzinstrumenten spezialisiert haben, müssen sie dies spätestens vor Beginn der Beratung[5] in einer Weise präsentieren, dass sich nur Kunden auf eine Beratung einlassen, denen an dieser Spezialisierung gelegen ist[6]. Sie haben sich von den Kunden bestätigen zu lassen, dass ihnen die Spezialisierung des Wertpapierdienstleistungsunternehmens bewusst geworden ist[7].

17 Die Unabhängige Honorar-Anlageberatung erbringenden Wertpapierdienstleistungsunternehmen trifft gem. § 64 Abs. 1 Satz 1 Nr. 2 WpHG außerdem dieselben Informationspflichten wie die nicht-unabhängig beratenden Wertpapierdienstleistungsunternehmen (Rz. 11 f.).

18 Wenn das Spektrum bzw. das Sortiment der Finanzinstrumente, das der Beratung zugrunde gelegt wird, auch solche des Wertpapierdienstleistungsunternehmens oder von mit ihm eng verbundenen[8] oder in sonstiger Weise[9] eng verflochtenen Emittenten[10] oder Anbietern[11] umfasst, müssen ferner die eigenen bzw. solche Finanzinstrumente, die von ihm eng verbundenen oder sonst eng verflochtenen Dritten emittiert oder angeboten werden, je nach der Art der Finanzinstrumente zu einer eigenständigen Gruppe zusammengefasst werden, um den Interessenkonflikt deutlich hervortreten zu lassen[12]. Zusätzlich fordert Art. 52 Abs. 3 DelVO 2017/565, bei einer Unabhängigen Honorar-Anlageberatung darüber zu informieren, **wie** die erbrachten Dienstleistungen den Bedingungen für eine Unabhängige Honorar-Anlageberatung gerecht werden und welche Faktoren bei der Bildung des Sortiments berücksichtigt wurden. Unklar ist, ob diese Aufklärung bereits vor der Beratung oder, wie es die Formulierung „bei der Vornahme" nahelegt, erst im Laufe der Beratung erteilt werden muss. Die französische Sprachfassung (le service fourni) und die englische Sprachfassung (service provided) des Art. 52 Abs. 3 DelVO 2017/565 legen die Annahme nahe, dass der Kunde bereits bei Beginn der Beratung darüber zu unterrichten ist, anhand welcher Kriterien, z.B. bezüglich der Risiken, Kosten und Komplexität, die in das Sortiment aufgenommenen Finanzinstrumente ausgewählt worden sind und warum das Auswahlverfahren den Anforderungen des Art. 53 Abs. 1 Satz 1 DelVO 2017/565 (dazu Rz. 65) entspricht. Schließlich haben die Wertpapierdienstleistungsunternehmen die Kunden darüber zu unterrichten, ob sie eine **regelmäßige Beurteilung** der **Geeignetheit** der Finanzinstrumente für den Kunden anbieten (Rz. 13)[13].

19 Alle Informationen, Beschreibungen und Erläuterungen können **standardisiert** erfolgen (§ 64 Abs. 1 Satz 2 i.V.m. § 63 Abs. 7 Satz 2 WpHG).

20 c) **Wertpapierdienstleistungsunternehmen erbringen sowohl nicht-unabhängige Anlageberatung als auch Unabhängige Honorar-Anlageberatung.** Die Wertpapierdienstleistungsunternehmen müssen verständlich (Rz. 23) und präzise auf einem dauerhaften Datenträger[14] die Leistungen der Unabhängigen Honorar-Anlageberatung und der nicht-unabhängigen Beratung in einer Weise erläutern, dass die Kunden die **Unterschiede** zwischen beiden Beratungsformen erkennen[15] können[16]. Es muss der Anschein vermieden werden, dass das Wertpapierdienstleistungsunternehmen im gesamten Bereich seiner Beratungsleistungen „unabhängig" tätig wird[17]. Andererseits darf die Bedeutung der unabhängigen Beratungsleistungen nicht überbetont werden[18]. Die

---

1 § 55 Abs. 12 Satz 1 Nr. 2; Art. 52 Abs. 1 Unterabs. 1 Halbsatz 1 DelVO 2017/565; § 64 Abs. 5 Satz 2 ff. WpHG. S. auch Rz. 66 ff.
2 Art. 53 Abs. 1 DelVO 2017/565; § 64 Abs. 5 Satz 1 Nr. 1 WpHG.
3 Zum Beispiel „grüne" oder „ethisch vertretbare" Anlagen (Erwägungsgrund Nr. 71 DelVO 2017/565).
4 Specified range; éventail specifié (Fächer).
5 Zu dieser zählt die Einholung von Informationen.
6 Art. 53 Abs. 2 DelVO 2017/565.
7 Art. 53 Abs. 2 lit. b DelVO 2017/565.
8 Beachte die Begriffsbestimmungen des § 2 Abs. 28 WpHG, Art. 4 Abs. 1 Nr. 35 RL 2014/65/EU.
9 Art. 52 Abs. 4 DelVO 2017/565. S. auch Rz. 65.
10 Eigenemittenten.
11 In der englischen Sprachfassung des Art. 52 Abs. 2, 3, 4 DelVO 2017/565 „provider, provided". Der Begriff „Anbieter" ist nicht in Parallele zu Art. 50 Abs. 5 lit. a DelVO 2017/565 im Sinn eines Vermarkters (markets) zu verstehen, der auf eigene Rechnung anbietet. Gemeint sind Personen, die die Finanzinstrumente im Rahmen einer Fremdemission fest auf eigene Rechnung übernommen haben (*Grundmann* in Staub, HGB, Band 11/1, 6. Teil Rz. 18).
12 Art. 52 Abs. 2 DelVO 2017/565.
13 § 64 Abs. 1 Satz 1 Nr. 3 WpHG; Art. 24 Abs. 4 Unterabs. 1 lit. a Ziff. iii RL 2014/65/EU.
14 § 2 Abs. 43 WpHG; Art. 3 Abs. 1 DelVO 2017/565; Art. 53 Abs. 3 lit. a DelVO 2017/565.
15 „understand; distinguer".
16 Art. 52 Abs. 1 Unterabs. 2 DelVO 2017/565.
17 Art. 52 Abs. 1 Unterabs. 2 Satz 1 Halbsatz 2 DelVO 2017/565.
18 Art. 52 Abs. 1 Unterabs. 2 Satz 2 DelVO 2017/565.

Wertpapierdienstleistungsunternehmen haben ihren Kunden die Unterschiede in dem **Spektrum** bzw. Sortiment[1] der Finanzinstrumente, die der Empfehlung zugrunde gelegt werden können, aufzuzeigen und ihnen eine Beschreibung der in Betracht kommenden Arten von Finanzinstrumenten zur Verfügung zu stellen.

Entscheiden sich die Kunden für die **nicht-unabhängige** Anlageberatung, so sind ihnen auch die für diese Form der Anlageberatung vorgeschriebenen besonderen Informationen, Beschreibungen und Erläuterungen (Rz. 9) an die Hand zu geben. 21

Entscheiden sich die Kunden für eine **Unabhängige** Honorar-Anlageberatung, muss das Wertpapierdienstleistungsunternehmen ihnen die für diese Form der Anlageberatung vorgeschriebenen Informationen und Erläuterungen (Rz. 15) zukommen lassen. 22

d) Zeitpunkt; Verständlichkeit. Die Informationen sind gem. § 64 Abs. 1 Satz 1 Halbsatz 1 WpHG zusätzlich zu den Informationen nach § 63 Abs. 7 WpHG rechtzeitig vor der Beratung zu erteilen. Nun genügt es für die Aufklärung gem. § 63 Abs. 7 WpHG, dass sie rechtzeitig erfolgt. Dies ist dahin zu interpretieren, dass zumindest angemessene Zeit vor der Erbringung der Wertpapierdienstleistung zu unterrichten ist, und, sofern vorher ein bindender Vertrag geschlossen oder ein den Kunden bindendes Angebot abgegeben wird, aus bzw. von dem sich der Kunde nicht mehr kostenfrei lösen kann, angemessene Zeit vor dem Vertragsschluss bzw. dem Angebot (§ 63 WpHG Rz. 97). Allerdings kommt es im Rahmen des § 64 Abs. 1 Satz 1 Halbsatz 1 WpHG auf diesen Zeitpunkt nicht entscheidend an; denn die Vorschrift spricht nicht von „gleichzeitig" sondern von „zusätzlich". Daraus ergibt sich, dass die Aufklärung über die Beratungsart immer vor Beginn der Beratung zu erfolgen hat[2] und mit der Information gem. § 63 Abs. 7 WpHG kombiniert werden kann. Diese Kumulation von Informationen verschärft allerdings das Problem des „Information overload". Die Kunden sind vor jeder Einzelberatung über deren Art zu informieren[3]. Es genügt deshalb nicht, dass sie in AGB darauf hingewiesen werden, dass das Wertpapierdienstleistungsunternehmen nur in einer bestimmten Art informiert. Allerdings kann nach einer verständlichen (§ 63 WpHG Rz. 64, 93) Erstinformation bei weiteren zeitlich nicht allzu weit auseinanderliegenden Beratungen die erneute Information unter Bezugnahme auf die frühere Beratung erteilt werden, etwa in der Art, dass sich an der Art und Weise der Beratung nichts geändert habe[4]. 23

3. Anforderungen an die nicht-unabhängige Anlageberatung (§ 64 Abs. 2–4 WpHG). a) Einholung von Informationen (Art. 54 Abs. 2, 7 DelVO 2017/565; § 64 Abs. 3 WpHG). aa) Allgemeines. Unerheblich ist, dass das Wertpapierdienstleistungsunternehmen die Beratungsleistung **unentgeltlich** erbringt, die Besorgung der Informationen sehr **aufwendig** ist oder dass die **Zeit drängt**. Die Erkundigungen können vorsorglich oder in Hinblick auf eine konkret erwogene oder nahe gelegte Anlageentscheidung vorgenommen werden. Die Ergebnisse der Erkundigungen sind aufzuzeichnen (§ 83 Abs. 1 WpHG). 24

Da die Wertpapierdienstleistungsunternehmen aktuelle Ratschläge zu erteilen haben, benötigen sie **aktuelle Informationen**[5], die sich aus dem aktuellen Anlageverhalten ergeben können. Wenn sie auf weit in der Vergangenheit erhobene Informationen zurückgreifen wollen, haben sie sich durch Rückfrage zu vergewissern, dass sich nichts Wesentliches verändert hat[6]. Immer muss zurückgefragt werden, falls wesentliche Änderungen erkennbar werden; ansonsten in regelmäßigen Abständen[7]. Jedenfalls sind die Kunden aufzufordern, sie über die Veränderungen ihrer Verhältnissen zu informieren[8]. Dazu und zur Art und Weise der Aktualisierung sind entsprechende Verfahren einzurichten. Dort, wo ein Wertpapierdienstleistungsunternehmen zu einem Kunden in laufender Geschäftsbeziehung steht, muss in geeigneter Weise dafür gesorgt werden, dass die zum Kunden vorliegenden, erforderlichen (Rz. 37) Informationen ständig aktuell gehalten werden[9]. 25

Die Informationen sind **bei den jeweiligen** (potentiellen) **Kunden** des Wertpapierdienstleistungsunternehmens einzuholen. Zur Beratung von juristischen Personen und Gruppen s. § 67 WpHG Rz. 23 f., 28; zur Beratung von **Bevollmächtigten, gesetzlichen Vertretern** etc. s. § 67 WpHG Rz. 22 ff.[10]. Lässt sich ein Kunde von einem Wertpapierdienstleistungsunternehmen beraten, um anschließend die Order einem anderen Unternehmen ohne weitere Beratung zu erteilen, gelten für das zweite Wertpapierdienstleistungsunternehmen die Abs. 10 f. des § 63 WpHG. 26

bb) Kenntnisse und Erfahrungen sowie Ausbildung und Beruf (§ 64 Abs. 3 Satz 1 Nr. 1 WpHG; Art. 55 Abs. 1 DelVO 2017/565). § 64 Abs. 3 Satz 1 Nr. 1 WpHG spricht ebenso wie Art. 25 Abs. 2 RL 2014/65/EU 27

---

1 „range of financial instruments"; „l'eventail".
2 So zu § 31 Abs. 4b WpHG a.F. auch *Herresthal*, WM 2014, 773, 779; *Fuchs* in Fuchs, § 31 WpHG Rz. 203.
3 A.A. *Hacker*, Verhaltensökonomie und Normativität, S. 733 (außer bei Unternehmen, die gleichzeitig Unabhängige Honorar-Anlageberatung und nicht-unabhängige Anlageberatung betreiben).
4 Weitergehend *Weinhold*, Die Vergütung der Anlageberatung zu Kapitalanlagen, S. 194 ff.
5 MaComp Ziff. BT 7.6 Nr. 1.
6 Vgl. zum WpHG a.F. *Puskajler/Weber*, ZIP 2007, 401, 402.
7 Diff. MaComp Ziff. BT 7.6 Nr. 3. Vgl. zum WpHG a.F. *Weber*, Kodex zur Anlageberatung, S. 9; *Möllers* in KölnKomm. WpHG, § 31 WpHG Rz. 357; einschr. *Fuchs* in Fuchs, § 31 WpHG Rz. 219 ff.
8 ESMA 2012/382, MiFID Questions and Answers, Question 1.
9 Art. 54 Abs. 7 Unterabs. 2 DelVO 2017/565.
10 Art. 54 Abs. 6 DelVO 2017/565.

(MiFID II) von **Kenntnissen** und[1] **Erfahrungen** der (potentiellen) Kunden. Dementsprechend sind sowohl zu den individuellen Kenntnissen über Finanzinstrumente und Anlagestrategien (§ 63 Abs. 7 WpHG)[2] als auch zu den persönlichen Erfahrungen[3] der Kunden[4] mit bestimmten Arten von Finanzinstrumenten und Dienstleistungen[5] Auskünfte einzuholen. Die Erkundigungen haben sich, soweit erforderlich, auf die Art der Dienstleistungen, auf die Art der Geschäfte und der Finanzinstrumente[6], mit denen der Kunde vertraut ist, sowie auf die Art, den Umfang und die Häufigkeit der Geschäfte und auf den Zeitraum, in dem sie getätigt worden sind, zu erstrecken[7]. Eine Aufforderung zur Selbsteinschätzung genügt demnach nicht, zumal sich Kunden leicht überschätzen könnten[8]. Die Frage nach den Kenntnissen darf sich nicht darauf beschränken, zu erkunden, ob der Kunde mit einer bestimmten Art von Finanzinstrumenten vertraut ist oder sie versteht[9]. Die Frage nach der **Ausbildung** sowie nach der gegenwärtigen und früheren **beruflichen Tätigkeit**[10] soll Rückschlüsse[11] auf die Kenntnisse des Kunden sowie auf dessen Informationsverarbeitungsfähigkeit eröffnen[12]. Da der Kunde die aus der Empfehlung resultierenden Risiken verstehen können muss[13], sind Kenntnisse und Erfahrungen auch in Hinblick zu diesem Punkt zu erforschen. Dafür müssen die Wertpapierdienstleistungsunternehmen gegebenenfalls ermitteln, ob die Kunden nach ihrer Vorbildung, ihrem Alter, ihren Kenntnissen und Erfahrungen in der Lage sind, die Struktur komplexer Finanzinstrumente und der mit ihnen verbundenen **Risiken zu verstehen**[14]. Diese Erkundigungen sind auf die individuellen Fähigkeiten der jeweiligen Kunden zum Verständnis der Risiken bezogen[15]. Die Wertpapierdienstleistungsunternehmen dürfen sich im Rahmen des § 64 Abs. 3 WpHG deshalb nicht ohne weiteres darauf berufen, den Kunden seien gem. § 63 Abs. 7 WpHG bereits Infor-

---

1 ESMA35-34-748 v. 13.7.2017 Consultation Paper, Guidelines on certain aspects of the MiFID II suitability requirements, 3.3 Annex III Rz. 28; a.A. *Grundmann* in Staub, Bankvertragsrecht, Investmentbanking II, Teil 8 Rz. 1199, der zu Unrecht befürchtet, dass die Kumulation von abzufragenden Kenntnissen und Erfahrungen dem Wertpapierdienstleistungsunternehmen eine Empfehlung auf einem Gebiet verbieten, auf dem dem Kunden Kenntnisse oder Erfahrungen fehlen. Die Information über fehlende Kenntnisse und Erfahrungen zwingt nur dazu, diesen Defiziten in besonderer Weise Rechnung zu tragen. Vgl. zum WpHG a.F. *Möllers* in KölnKomm. WpHG, § 31 WpHG Rz. 344; *Balzer*, ZBB 2007, 333, 338; krit. *Teuber*, BKR 2006, 429, 433; a.A. *Auerbach/Adelt* in Krimphove/Kruse, MaComp, BT 7 Rz. 76.
2 Die ESMA35-34-748 v. 13.7.2017 Consultation Paper, Guidelines on certain aspects of the MiFID II suitability requirements, 3.3 Annex III Rz. 29 hat nur Basiskenntnisse im Auge.
3 Erfahrungen können Lerneffekte ausgelöst haben, doch ist dies nur unter besonderen Voraussetzungen zu erwarten (*Hacker*, Verhaltensökonomik und Normativität, S. 137). Zu bedenken ist z.B., dass positive Erfahrungen mit einem Finanzinstrument bei Privatkunden zur Selbstüberschätzung und zum übersteigertem Optimismus führen können (so *Chiang/Hirshleifer/Quian/Sherman*, The Review of Financial Studies, 2011, 1560, 1586 f.; anders *Linnainmaa*, The Review of Financial Studies 2011, 1630, 1663).
4 Art. 54 Abs. 3 Unterabs. 1 DelVO 2017/565 erlaubt den Wertpapierdienstleistungsunternehmen, bei professionellen Kunden und damit erst recht bei geeigneten Gegenparteien (§ 68 WpHG) davon ausgehen, dass ihre Kunden im Rahmen ihrer Einstufung über die erforderlichen Kenntnisse und Erfahrungen verfügen.
5 Auch hier ist anhand ihrer Komplexität und Risikoträchtigkeit zwischen den verschiedenen Arten der Dienstleistungen zu differenzieren. So darf nicht ausschließlich zwischen dem Eigenhandel und den Finanzkommissionsgeschäften unterschieden werden. Vielmehr muss z.B. bei Finanzkommissionsgeschäften zusätzlich danach differenziert werden, ob diese Leerverkäufe beinhalten.
6 Art. 55 Abs. 1 lit. a DelVO 2017/565. Die Gattungen sind nach Maßgabe der Komplexität und des Risikos der Finanzinstrumente etc. zu bilden. Fragwürdig ist es, Kenntnisse und Erfahrungen mit Wertpapieren mit sehr unterschiedlichem Risikoprofil, wie z.B. Erfahrungen mit einer Anlage in „Aktien, Genussscheine"(n) oder in „Finanzinstrumente aus einem Ursprungsland innerhalb der EU ...", zu erforschen, ohne hierbei nach der Art der Emittenten zu differenzieren. Abw. zum WpHG a.F. *Rothenhöfer* in Schwark/Zimmer, § 31 WpHG Rz. 246; *Teuber*, BKR 2006, 429, 432 f.; *Auerbach/Adelt* in Krimphove/Kruse, MaComp, BT 7 Rz. 72: nur Risiko.
7 Art. 55 Abs. 1 lit. b DelVO 2017/565.
8 ESMA35-34-748 v. 13.7.2017 Consultation Paper, Guidelines on certain aspects of the MiFID II suitability requirements, 3.3 Annex III Rz. 49. Vgl. auch *Basel/Bürgi/Pohl*, ZBB 2015, 220, 226; zurückhaltender zum WpHG a.F. *Auerbach/Adelt* in Krimphove/Kruse, MaComp, BT 7 Rz. 114, 118.
9 ESMA35-34-748 v. 13.7.2017 Consultation Paper, Guidelines on certain aspects of the MiFID II suitability requirements, 3.3 Annex III Rz. 44; vgl. zu dem Problem ferner *Kohlert*, Anlageberatung und Qualität – ein Widerspruch?, S. 215.
10 Art. 55 Abs. 1 lit. c DelVO 2017/565. Kritisch *Basel/Bürgi/Pohl*, ZBB 2015, 220, 228.
11 Zur vielfach begrenzten Aussagekraft dieser Informationen s. zum WpHG a.F. *Rothenhöfer* in Schwark/Zimmer, § 31 WpHG Rz. 248.
12 Unzulässig ist es, auf die Frage nach Ausbildung, Beruf zu verzichten, nur weil der Kunde diesen Fragen verständlicherweise Widerstand entgegensetzt. Immer ist zu bedenken, dass die Auskünfte auf diese Fragen das Bild, das aus anderen Informationen gewonnen worden ist, korrigieren kann.
13 Art. 54 Abs. 2 Satz 2 lit. c DelVO 2017/565.
14 Art. 54 Abs. 2 Satz 2 Halbsatz 1; Art. 55 Abs. 1 Halbsatz 1 DelVO 2017/565; ESMA35-34-748 v. 13.7.2017 Consultation Paper, Guidelines on certain aspects of the MiFID II suitability requirements, 3.3 Annex III Rz. 28 f., 38.
15 Vgl. ESMA35-34-748 v. 13.7.2017 Consultation Paper, Guidelines on certain aspects of the MiFID II suitability requirements, 3.3 Annex III Rz. 29 (Darstellung anhand verschiedener Szenarios). A.A. zum WpHG a.F. *Fuchs* in Fuchs, § 31 WpHG Rz. 216 f.

mationen zu den mit dem Finanzinstrument verbundenen Risiken in einer einem verständigen Durchschnittskunden angemessenen Weise (§ 63 WpHG Rz. 91 ff.) übermittelt worden. Sie dürfen nur im Zweifel annehmen, dass Kunden, die nicht ersichtlich aus dem Kreis der verständigen Durchschnittsanleger herausfallen und keine Verständnislücken offenbart haben, die Pflichtinformationen i.S.d. § 63 Abs. 7 WpHG verstanden haben.

Bei geborenen und gekorenen **professionellen Kunden** (§ 67 Abs. 2 WpHG) dürfen Wertpapierdienstleistungsunternehmen auf Erkundigungen zu den Kenntnissen und Erfahrungen verzichten, soweit sich die Beratung ausschließlich auf solche Finanzinstrumente etc. erstreckt, für die sie als professionelle Kunden eingestuft sind[1]. Erkundigungen zu den finanziellen Verhältnissen dürfen nur bei geborenen professionellen Kunden unterbleiben[2]. Bei geeigneten Gegenparteien entfällt gem. § 68 Abs. 1 Satz 1 WpHG immer die Pflicht zu Erkundigungen. 28

cc) **Anlageziele, Anlagezweck, Risikobereitschaft, Risikoprofil** (§ 64 Abs. 3 Satz 1 Nr. 3 WpHG; Art. 54 Abs. 2 Satz 2 lit. a, b, Abs. 5 DelVO 2017/565). Zu erfragen sind ferner die **Anlageziele** der (potentiellen) Kunden[3]. Im engeren Wortsinn sind darunter zunächst die mit Hilfe der Anlage unmittelbar angestrebten Ergebnisse zu verstehen. Diese können in der Aufbewahrung von Geld unter Wahrung der Liquidität, in der Geldvermehrung (Rentabilität) und mit dem Ziel der Rentabilität konfligierend in der sicheren Auszahlung des investierten Betrages bestehen. Werden diese Ziele mit hinter diesen stehenden Zwecken verknüpft, so kann es um Vermögensmanagement in verschiedenen Formen, um Vermögensbildung für ein bestimmtes Ereignis, Vermögensbildung für ein vage definiertes Ereignis (Alter) oder um Reservebildung gehen[4]. Konkreter werden die Zwecke, wenn die Anlage der Steuervermeidung, der Inflationssicherung oder der Diversifizierung dienen soll. Konkretisiert werden die Ziele auch dort, wo der Kunde angibt, welches Maß an Rentabilität, welches Maß an Sicherheit er erwartet oder welche Folgen der Investition er vermeiden will. Auf der emotionalen Ebene liegen die Zwecke „Anregung", „Erlebnis", „Spiel", die häufig bei spekulativen Anlagen eine Rolle spielen. Dem Art. 54 Abs. 5 DelVO 2017/565 zufolge sind die Kunden nicht nach den Anlagezielen, sondern nach dem **Zweck der Anlage**[5] (purposes of the investment[6]) zu fragen. Es kann jedoch von den Kunden nicht erwartet werden, dass sie ihre Motive und die mit der Anlage verfolgten Zwecke umfassend offenbaren. Es muss deshalb genügen, dass die Fragen nach den Anlagezielen nicht auf der abstraktesten Ebene stehen bleiben, sofern Kunden erkennbar gewillt sind, in groben Zügen darzulegen, was sie sich von der Anlage erhoffen bzw. mit ihr vermeiden wollen oder warum sie ihr Geld zu investieren bereit sind. Die Kunden müssen nicht über die in Betracht kommenden Anlageziele aufgeklärt werden. Es ist aber sicherzustellen, dass die Fragen nach den Anlagezielen für die zu beratenden Kunden verständlich (§ 63 WpHG Rz. 64) und geeignet sind, die Ziele und Bedürfnisse der Kunden klar hervortreten zu lassen. Unzulässig ist es, dem Kunden mehrere mögliche Anlageziele vorzugeben (z.B. Liquidität, Stabilität, Wertentwicklung) und ihn aufzufordern, unter diesen auszuwählen. Nach der geplanten **Anlagedauer** ist immer zu fragen[7]. Je konkreter der Zweck der Anlage offenbart wird, umso eher erübrigt es sich, sich ausdrücklich nach der Anlagedauer zu erkundigen. 29

Bei **widersprüchlichen** oder in anderer Weise **unplausiblen Auskünften** ist nachzufragen[8]. Bei einer vollautomatischen Beratung, bei der eine Nachfrage unmöglich ist, ist der Beratungsprozess zu beenden. Gibt der Kunde inkompatible Anlageziele (z.B. sehr hohe Rendite und hohe Sicherheit[9]) vor, so muss der Berater auf Klärung drängen[10]. Kann er diese nicht erreichen, so hat er die Beratung abzubrechen[11]. Aus dem in der Vergangenheit an den Tag gelegten Anlageverhalten darf nicht ohne weiteres geschlossen werden, dass die Ziele des Kunden gleich geblieben sind (zur Aktualisierung der Informationen s. Rz. 25). 30

---

1 Art. 54 Abs. 3 Unterabs. 1 DelVO 2017/565. Anh. II Teil II Unterabs. 2 Satz 2 RL 2014/65/EU steht dem nicht entgegen (*Hacker*, Verhaltensökonomie und Normativität, S. 796). Abw. MaComp Ziff. BT 7.4 Nr. 9 (grds. bei geborenen professionellen Kunden).
2 Art. 54 Abs. 3 Unterabs. 2 DelVO 2017/565; einschr. MaComp Ziff. BT 7.4 Nr. 9 (grds.).
3 Investment objectives; objectifs d'investissement; Art. 54 Abs. 2 Satz 2 lit. b DelVO 2017/565.
4 In diesem Sinn Art. 54 Abs. 5 DelVO 2017/565 (Altersvorsorge, Familienvorsorge, Anschaffungen, Vermögensaufbau).
5 Art. 54 Abs. 5 DelVO 2017/565.
6 Anders die französische Sprachfassung (l'objet de l'investissement).
7 Art. 54 Abs. 5 DelVO 2017/565.
8 Art. 54 Abs. 7 Unterabs. 1 Satz 1, Satz 2 lit. d DelVO 2017/565; ESMA35-34-748 v. 13.7.2017 Consultation Paper, Guidelines on certain aspects of the MiFID II suitability requirements, 3.3 Annex III Rz. 30; vgl. zum WpHG a.F. *Dietrich*, WM 2016, 199.
9 Es genügt mithin nicht, dass ein Kunde, der erkennbar an Sicherheit interessiert ist und den Wunsch nach einer renditeträchtigen Anlage äußert, lediglich auf die Risiken hingewiesen wird. Vielmehr ist dem Kunden das Spannungsverhältnis zwischen Rendite und Sicherheit klarzumachen.
10 Art. 54 Abs. 7 Unterabs. 1 Satz 1, Satz 2 lit. c DelVO 2017/565.
11 *Kohlert*, Anlageberatung und Qualität – ein Widerspruch?, S. 217 ist mit guten Gründen skeptisch, dass Kunden in der Lage sind, im Rahmen einer zeitlich eng begrenzten Exploration die notwendigen Überlegungen anzustellen. Vielmehr sei anzunehmen, dass Informationen selektiv verarbeitet und Alternativen ignoriert werden.

31 Zu fragen ist ferner in verständlicher Form (§ 63 WpHG Rz. 64)[1] nach der **Risikotoleranz**[2] bzw. der Risikobereitschaft[3] der (potentiellen) Kunden, d.h. nach der – nicht notwendig stabilen[4] – persönlichkeitsabhängigen Einstellung zum Risiko[5]. Deshalb kann von den Kenntnissen eines Kunden nicht auf dessen Risikobereitschaft geschlossen werden[6]. Die Risikobereitschaft gründet auch nicht auf einer privatautonomen Entscheidung[7]. Es geht hier andererseits nicht um die objektive Risikotragungsfähigkeit (dazu Rz. 35). Es ist immer zu berücksichtigen ist, dass die Selbsteinschätzung der Kunden bezüglich ihrer Risikobereitschaft wenig verlässlich ist, zumal die Kunden häufig unterschiedliche Vorstellungen mit dem Begriff des Risikos und den ihnen gestellten Fragen verbinden[8]. Ausschließlich die Alternativen „hohes", „mittleres" oder „niedriges" Risiko ankreuzen zu lassen oder gar die Risikobereitschaft mittels Fragen nach den Zielen „Ertrag", „Wachstum," „Chance" zu erkunden, genügt allenfalls dann, wenn der Kunde erkennbar konkrete und nicht nur vage Vorstellungen darüber besitzt, was darunter zu verstehen ist[9]. Sogar in den Fällen, in denen der Kunde die Fragen richtig versteht, erscheint eine Einteilung in nur drei Kategorien der Risikobereitschaft als zu undifferenziert, weil sie Grenzfällen zu wenig Rechnung trägt[10]. Die Bildung von wenigen typisierenden Kundenprofilen ist nur zulässig, wenn in einer zweiten Phase den ins Gewicht fallenden individuellen Besonderheiten Rechnung getragen wird[11]. Außerdem ist zu bedenken, dass etwa dort, wo ein Kunde „niedriges Risiko" angibt, unklar bleibt, ob dieses Ziel auf das Portfolio als solches oder auf jede Art von Anlage bezogen ist[12]. Wenig hilfreich ist die Frage nach der Risikobereitschaft in anderen Lebensbereichen[13]. Unzulässig ist es bei Privatkunden ferner, aus dem Umstand, dass der Kunde das mit einer bestimmten Empfehlung verbundene Risiko in jeder Hinsicht verstanden hat, auf dessen Risikobereitschaft zu schließen; denn die Wertpapierdienstleistungsunternehmen haben die Risikobereitschaft zu ermitteln, bevor sie eine Empfehlung aussprechen und den Kunden im Anschluss an die Empfehlung im Rahmen der Geeignetheitserklärung (Rz. 48) über das daraus resultierende Risiko aufklären[14]. Auf der Basis ihrer Erkundigungen haben die Wertpapierdienstleistungsunternehmen Risikoprofile[15] ihrer Kunden zu entwickeln und der Beratung zugrunde zu legen.

32 Gemäß Art. 54 Abs. 7 Satz 2 lit. b DelVO 2017/565 haben die Wertpapierdienstleistungsunternehmen, **„Hilfsmittel"**[16] **zur Profilierung von Risikobewertungen** einzusetzen und dafür zu sorgen, dass diese hinreichend tauglich sind. Sie haben laufend zu ermitteln, wo die Grenzen ihrer Aussagekraft liegen[17], und im Rahmen der Geeignetheitsbeurteilung etwaige Defizite auszugleichen. Es empfiehlt sich, sich bei der Ermittlung der Risikobereitschaft auf sachgerechte Fragebogen zu stützen, in denen die Kunden verständlich (§ 63 WpHG Rz. 64)[18] unter Beachtung der Regeln der Meinungsforschung detailliert und realistisch nach ihren Einstellungen zu einer Vielzahl finanznaher **Risikoszenarien** befragt werden[19].

---

1 ESMA35-34-748 v. 13.7.2017 Consultation Paper, Guidelines on certain aspects of the MiFID II suitability requirements, 3.3 Annex 3 Rz. 17 (Es sind Vorkehrungen zu treffen, um festzustellen, ob die Kunden den Zusammenhang zwischen Risiko und Rendite verstanden haben).
2 Art. 54 Abs. 5 DelVO 2017/565; § 64 Abs. 3 Satz 1 Nr. 3 WpHG.
3 Art. 54 Abs. 2 Satz 2 lit. a DelVO 2017/565.
4 *Laumann*, Die Bank 2016 Heft 7, S. 52, 53; *Basel/Bürgi/Pohl*, ZBB 2015, 220, 224.
5 Art. 54 Abs. 5 DelVO 2017/565 spricht insoweit von Präferenzen hinsichtlich des einzugehenden Risikos.
6 BGH v. 22.3.2011 – XI ZR 33/10, ZIP 2011, 756, 758 = AG 2011, 412 zum Beratungsvertrag; *Laumann*, Die Bank 2016 Heft 7, S. 52, 53 (zumal Privatkunden dazu tendieren, Erfahrungen der Vergangenheit in die Zukunft zu projizieren).
7 So aber zum WpHG a.F. *Herresthal*, ZIP 2015, 576, 577.
8 Vgl. ESMA35-34-748 v. 13.7.2017 Consultation Paper, Guidelines on certain aspects of the MiFID II suitability requirements, 3.3 Annex III Rz. 45 ff.; *Müller* in Tilmes/Jakob/Nickel, Praxis der modernen Anlageberatung, S. 259, 267 ff.; *Laumann*, Die Bank 2016 Heft 7, S. 52 f. Vgl. auch MaComp Ziff. BT 7.5 Nr. 3.
9 Vgl. zum WpHG a.F. *Teuber*, BKR 2006, 429, 431 f.; *Evers/Jung*, Studie, S. 93. Auch der BGH v. 22.3.2011 – XI ZR 33/10, ZIP 2011, 756, 758 = AG 2011, 412 betont den engen Zusammenhang zwischen der Einschätzung der Risikobereitschaft und dem Verständnis des Kunden der für ihn tolerierbaren Risiken.
10 Kritisch zum WpHG a.F. auch *Fuchs* in Fuchs, § 31 WpHG Rz. 252, der allerdings unzulässig Risikobereitschaft und Anlagemotiv vermengt.
11 A.A. zum WpHG a.F. *Fuchs* in Fuchs, § 31 WpHG Rz. 216.
12 Die Risikobereitschaft muss nicht in allen Bereichen gleich sein (*Weber*, Genial einfach investieren, S. 151, 160 f.).
13 *Weber*, Kodex zur Anlageberatung, S. 8; *Laumann*, Die Bank 2016 Heft 7, S. 52.
14 Vgl. zum WpHG a.F. *Auerbach/Adelt* in Krimphove/Kruse, MaComp, BT 7 Rz. 125.
15 Art. 54 Abs. 5 DelVO 2017/565.
16 „outils"; „tools".
17 Art. 54 Abs. 7 lit. b DelVO 2017/565; ESMA35-34-748 v. 13.7.2017 Consultation Paper, Guidelines on certain aspects of the MiFID II suitability requirements, 3.3 Annex III Rz. 46.
18 ESMA35-34-748 v. 13.7.2017 Consultation Paper, Guidelines on certain aspects of the MiFID II suitability requirements, 2 Background Rz. 35.
19 Vgl. ESMA35-34-748 v. 13.7.2017 Consultation Paper, Guidelines on certain aspects of the MiFID II suitability requirements, 3.3 Annex III Rz. 29, 45; MaComp Ziff. BT 7.1 Nr. 4; 7.5 Nr. 3, 4 (in der Tendenz zurückhaltend). Vgl. *Grundmann* in Staub, Bankvertragsrecht, Investmentbanking II, Teil 8 Rz. 201; ferner *Basel/Bürgi/Pohl*, ZBB 2015, 220 zur mit der Bestimmung der Risikotoleranz verbundenen Problemen; *Müller* in Everling/Müller, Risikoprofiling von Anlegern, S. 500 ff.; *Müller* in Tilmes/Jakob/Nickel, Praxis der modernen Anlageberatung, S. 259, 279 ff.; *Laumann*, Die Bank 2016

Es ist zu prüfen, ob die **Aussagen ambivalent**, widersprüchlich oder in anderer Weise **unplausibel** sind. Gegebenenfalls ist auf Klärung zu dringen[1]. Falls dies nicht gelingt, darf keine Empfehlung erteilt werden (Rz. 39). **Anlageziele**, insbesondere die angepeilte **Rendite** und die **Risikobereitschaft** müssen grundsätzlich miteinander **vereinbar** sein; notfalls ist nachzufragen[2]. Zur **Erforderlichkeit** der Ermittlung der Risikobereitschaft s. Rz. 37. 33

Die Anlageziele (Rz. 29) und die Risikotoleranz (Rz. 31) sind auch bei **professionellen Kunden** (§ 67 Abs. 2 WpHG) zu ermitteln. Für die Ermittlung der Risikobereitschaft genügt es selbst bei professionellen Kunden nicht ohne weiteres, dass sie die Risiken der Anlage in jeder Hinsicht verstanden haben. 34

dd) Finanzielle Verhältnisse (§ 64 Abs. 3 Satz 1 Nr. 2 WpHG; Art. 54 Abs. 2 Satz 2 lit. b, Abs. 4 DelVO 2017/565). Die Erkundigungen nach den finanziellen Verhältnissen dienen nicht dem Schutz der Wertpapierdienstleistungsunternehmen vor insolventen Kunden[3]. Vielmehr soll in erster Linie das Wissen um die finanziellen Verhältnisse der (potentiellen) Kunden es den Wertpapierdienstleistungsunternehmen erlauben, einzuschätzen, ob die empfohlene Anlageentscheidung für die Kunden finanziell tragbar ist[4], d.h., ob im Falle eines nicht unwahrscheinlichen Verlustes oder der Illiquidität des Finanzinstrumentes eine einschneidende Änderung der Lebensverhältnisse droht[5]. Die Erkundigungen haben sich auf die Höhe des regelmäßigen Einkommens und seiner Quellen[6] sowie auf die vorhandenen Vermögenswerte aller Art[7] zu erstrecken. Es genügt mithin nicht, lediglich nach dem Jahresnettoeinkommen oder nur nach dem freien Finanzvermögen zu fragen. Dies gilt erst recht für den Frage, ob der Kunde glaube, über ausreichende Finanzmittel zu verfügen. Außerdem gebietet Art. 54 Abs. 4 DelVO 2017/565 die Einholung von Informationen zu den derzeit konkret übersehbaren künftigen regelmäßigen[8] finanziellen Verpflichtungen[9]. Zu den finanziellen Verhältnissen zählen – in der Sache fragwürdig – nicht größere sonstige Verbindlichkeiten, der ESMA und Bafin[10] zufolge aber der Familienstand, die Zahl der Kinder, die berufliche Situation und der Bedarf an liquiden Mitteln. Die als Folge der allgemeinen Lebensrisiken drohenden finanziellen Verpflichtungen können außer Acht gelassen werden. 35

Nur bei geborenen **professionellen Kunden** (§ 67 Abs. 2 WpHG) dürfen diesbezügliche Erkundigungen entfallen[11]. Bei geeigneten Gegenparteien (§ 67 Abs. 4 WpHG) ist eine Erkundigung nicht geboten (§ 68 Abs. 1 Satz 1 WpHG). 36

ee) Erforderlichkeit. Die in § 64 Abs. 3 Abs. 1 WpHG genannten Informationen sind selbst bei Privatkunden **nur einzuholen, wenn und soweit** sie Wertpapierdienstleistungsunternehmen bei der eingeleiteten[12] Anlageberatung **benötigen**[13], um angesichts[14] der Art und des Umfangs[15] der in Betracht kommenden Empfehlungen nach vernünftigem Ermessen[16] davon ausgehen zu können, dass diese nicht nur den Anlagezielen, der Risikobereitschaft des beratenen Kunden entsprechen, sondern dass der Kunde auch nach seinen Kenntnissen und 37

Heft 7, S. 52, 54 (Risikoerlebbarkeit); ferner *Weber*, Kodex zur Anlageberatung, S. 9 (es reicht nicht aus, dem Kunden eine Chance-Risiko-Wahrscheinlichkeitsverteilung vorzulegen).
1 Art. 54 Abs. 7 Unterabs. 1 Satz 2 lit. d DelVO 2017/565; ESMA35-34-748 v. 13.7.2017 Consultation Paper, Guidelines on certain aspects of the MiFID II suitability requirements, 3.3 Annex III Rz. 30, 42f., 48: MaComp Ziff. BT 7.5 Nr. 6. Vgl. *Dietrich*, WM 2016, 199, 202f.; zum WpHG a.F. *Fuchs* in Fuchs, § 31 WpHG Rz. 228.
2 Vgl. zum WpHG a.F. *Rothenhöfer* in Schwark/Zimmer, § 31 WpHG Rz. 251.
3 Vgl. zum WpHG a.F. *Balzer*, ZBB 2007, 333, 338f.; a.A. *Fuchs* in Fuchs, § 31 WpHG Rz. 254.
4 Art. 54 Abs. 2 Satz 2 lit. b DelVO 2017/565.
5 Vgl. zum WpHG a.F. *Fuchs* in Fuchs, § 31 WpHG Rz. 255: Absicherung der Grundbedürfnisse; anders Rz. 231, 259: einschneidende Änderung der konkreten Lebensverhältnisse des Kunden.
6 Art. 54 Abs. 4 DelVO 2017/565.
7 Art. 54 Abs. 4 DelVO 2017/565. Dabei ist zu klären, wie liquide die Vermögenswerte sind (ESMA35-34-748 v. 13.7.2017 Consultation Paper, Guidelines on certain aspects of the MiFID II suitability requirements, 3.3 Annex III Rz. 35).
8 Dazu zählen die regelmäßigen Verpflichtungen zur Zahlung von Zinsen und Tilgungen eines Kredits. ESMA35-34-748 v. 13.7.2017 Consultation Paper, Guidelines on certain aspects of the MiFID II suitability requirements, 3.3 Annex III Rz. 35 (auch geplante Verpflichtungen); MaComp Ziff. BT 7.4 Nr. 5).
9 Diese können sich auch auf Unterhaltsleistungen beziehen (Art. 54 Abs. 4 DelVO 2017/565).
10 ESMA35-34-748 v. 13.7.2017 Consultation Paper, Guidelines on certain aspects of the MiFID II suitability requirements, 3.3 Annex III Rz. 26; MaComp Ziff. BT 7.2.
11 Art. 54 Abs. 3 Unterabs. 2 DelVO 2017/565.
12 Es kann sein, dass sich die Anlageberatung von vornherein auf eine bestimmte Gattung von Finanzinstrumenten beschränken soll. Dann sind nur Erkundigungen in Hinblick auf Erfahrungen mit und Kenntnisse zu diesen Finanzinstrumenten einzuholen (Art. 55 Abs. 1 Halbsatz 1 DelVO 2017/565).
13 „necessary"; Art. 54 Abs. 2 Satz 2 Halbsatz 1 DelVO 2017/565. Im Unterschied dazu heißt es allerdings in Art. 55 Abs. 1 Halbsatz 1 DelVO 2017/565 „so weit... angemessen". Die englische Sprachfassung mit dem Begriff „appropriate" lässt eine Interpretation in der Richtung auf den Art. 54 Abs. 2 DelVO 2017/565 zu. Vgl. MaComp Ziff. BT 7.4.
14 ESMA35-34-748 v. 13.7.2017 Consultation Paper, Guidelines on certain aspects of the MiFID II suitability requirements, 3.3 Annex III Rz. 32ff.
15 Z.B. ob die Empfehlung auf den Erwerb einzelner Finanzinstrumente oder auf das gesamte Portfolio bezogen sein soll (ESMA35-34-748 v. 13.7.2017 Consultation Paper, Guidelines on certain aspects of the MiFID II suitability requirements, 3.3 Annex III Rz. 37).
16 Dies hat auch Art. 55 Abs. 1 Halbsatz 1 DelVO 2017/565 im Sinn, wenn er die Formulierung „angemessen" verwendet.

Erfahrungen die mit den empfohlenen Geschäften verbundenen Risiken versteht und die empfohlenen Geschäfte für ihn finanziell tragbar sind[1]. Je komplexer, illiquider oder risikoträchtiger die zu erwägenden Wertpapierdienstleistungen sind, umso detailliertere Informationen sind erforderlich, umso genauer müssen die Fragen auf diese zugeschnitten und beantwortet werden[2]. Somit brauchen keine Erkundigungen eingezogen werden, soweit die benötigten Informationen bereits vorliegen[3] (beispielsweise aufgrund der Selbstdarstellung oder des früheren aussagekräftigen Anlageverhaltens des Kunden[4]). Immer muss geprüft werden, ob diese Informationen in angemessenen Abständen überprüft und aktualisiert wurden[5]. In Art 54 Abs. 2 Satz 1 DelVO 2017/565 heißt es, dass die Wertpapierfirmen den Umfang der einzuholenden Informationen festlegen („determine"; „déterminent"). Damit wird den Wertpapierdienstleistungsunternehmen kein weitreichender Beurteilungsspielraum eröffnet. Vielmehr werden sie verpflichtet, **Regeln zur Einholung der erforderlichen Informationen** zu entwickeln. Diese Regeln sind differenziert zu gestalten; denn sie sind unter „Berücksichtigung aller Merkmale der in Betracht kommenden Dienstleistungen"[6] auszuformen. Somit sind umso mehr Informationen über die Kunden und seitens der Kunden erforderlich, je komplexer oder risikobehafteter oder illiquider ein in Betracht kommendes Finanzinstrument ist[7], je breiter das Portofolio[8] ist, je komplexer und langfristiger die Anlageziele sind. Dabei ist zu berücksichtigen, dass schon bei Beginn der Beratung eine **breit angelegte Exploration** erforderlich sein kann, um den Kreis der in Betracht kommenden Finanzinstrumente nicht vorschnell einzugrenzen. Auch kreditfinanzierte Investitionen erhöhen den Beratungsbedarf. Im Zweifel dürfen die Wertpapierdienstleistungsunternehmen unterstellen, dass Kunden, die nicht ersichtlich aus dem Kreis der verständigen Durchschnittsanleger herausfallen und keine Verständnislücken offenbart haben, die Pflichtinformationen i.S.d. § 63 Abs. 7 WpHG verstanden haben und sie ihnen noch präsent sind[9].

38 **ff) Art und Weise, in der die Informationen einzuholen sind.** Die Wertpapierdienstleistungsunternehmen haben Regeln und Methoden zur Einholung von Informationen zu entwickeln, zu dokumentieren und umzusetzen[10]. Sie haben, ihre Kunden verständlich (§ 63 WpHG Rz. 64) zu bitten, die erforderlichen (Rz. 37) Angaben zu machen, die sie für die Geeignetheitsprüfung benötigen[11], ohne sie dabei auf bestimmte Anlagearten hinzuführen. Die Kunden sind dabei leicht verständlich[12] über das gesetzliche Erfordernis der Exploration[13], den Prozess der Geeignetheitsbeurteilung und die in ihrem eigenen Interesse liegende Bedeutung ausreichender und zutreffender Informationen (Rz. 24 ff.) zur Optimierung der Empfehlungen aufzuklären[14]. Erkennbaren Tendenzen zur Selbstüberhöhung[15] ist entgegenzuwirken[16]. Unstatthaft ist jedes Verhalten, das Kunden moti-

---

1 Art. 54 Abs. 2 Satz 1, 2 DelVO 2017/565; ESMA35-34-748 v. 13.7.2017 Consultation Paper, Guidelines on certain aspects of the MiFID II suitability requirements, 3.3 Annex III Rz. 34.
2 ESMA 2016/1165 v. 11.10.2016, Questions and Answers relating to the provision of CFDs and other speculative products to retail investors under MiFID, Section 4 Answer 1, Ziff. 2, 4, 9 f.; ESMA35-34-748 v. 13.7.2017 Consultation Paper, Guidelines on certain aspects of the MiFID II suitability requirements, 3.3 Annex III Rz. 34 f.; MaComp Ziff. BT 7.4.
3 Vgl. zum WpHG a.F. *Rothenhöfer* in Schwark/Zimmer, § 31 WpHG Rz. 238. Auf eine Interessenabwägung kommt es nicht an.
4 *Grundmann* in Staub, Bankvertragsrecht, Investmentbanking II, Teil 8 Rz. 199. Zutr. zurückhaltend *Dietrich*, WM 2016, 199, 202. Vgl. zum WpHG a.F. *Teuber*, BKR 2006, 429, 433; *Fuchs* in Fuchs, § 31 WpHG Rz. 226; *Duve/Keller*, BB 2006, 2477, 2479. Es kann auch bekanntes oder mitgeteiltes Anlageverhalten bei anderen Wertpapierdienstleistungsunternehmen in die Beurteilung der Erforderlichkeit einbezogen werden, sofern die Mitteilung nicht erkennbar unrichtig ist. Zu beachten ist allerdings, dass nicht jedes Anlageverhalten ohne weiteres von ausreichender Sachkenntnis getragen ist, zumal wenn sich die mit dem Anlageverhalten verbundenen Risiken nicht realisiert haben.
5 Details dazu ESMA35-34-748 v. 13.7.2017 Consultation Paper, Guidelines on certain aspects of the MiFID II suitability requirements, 3.3 Annex III Rz. 50 ff.
6 Art. 54 Abs. 2 Satz 1 DelVO 2017/565.
7 ESMA 2016/1444 v. 16.12.2016, Questions and Answers on MiFID II and MiFIR investor protection topics, unter Suitability and appropriateness, Question 7.
8 MaComp Ziff. BT 7.4 Nr. 6.
9 Abw. ESMA 2016/1444 v. 16.12.2016, Questions and Answers on MiFID II and MiFIR investor protection topics, unter Suitability and appropriateness, Question 7 (Die Wertpapierdienstleistungsunternehmen haben sich immer zu vergewissern, dass der Kunde in der Lage ist, die mit dem Finanzinstrument verbundenen Risiken zu verstehen und finanziell zu tragen.
10 Art. 54 Abs. 2 Satz 1 DelVO 2017/565; s. ferner Rz. 37.
11 Hierbei sind der Sinn und die Struktur der Geeignetheitsprüfung zu erläutern (MaComp Ziff. BT 7.1 Nr. 1–3.
12 Art. 54 Abs. 1 Unterabs. 1 Satz 2 (in klarer und einfacher verständlicher Weise). Zur Verständlichkeit s. § 63 WpHG Rz. 64. Das Erfordernis der leichten Verständlichkeit gebietet, sich einer einfachen Sprache zu bedienen, die die Gefahr von Missverständnissen weitestgehend vermeidet.
13 Unvereinbar damit ist, dass Wertpapierdienstleistungsunternehmen ihre Verantwortung für die Exploration abstreiten (ESMA35-34-748 v. 13.7.2017 Consultation Paper, Guidelines on certain aspects of the MiFID II suitability requirements, 3.3 Annex III Rz. 19).
14 Art. 54 Abs. 1 Unterabs. 1 Satz 2, Abs. 7 Satz 2 lit. a DelVO 2017/565; ESMA35-34-748 v. 13.7.2017 Consultation Paper, Guidelines on certain aspects of the MiFID II suitability requirements, 3.3 Annex III Rz. 15 f., 20.
15 Vgl. *Hacker*, Verhaltensökonomik und Normativität, S. 737.
16 MaComp Ziff. BT 7.5.

viert, die erforderlichen Informationen zurückzuhalten[1]. Es darf ihnen auch nicht die Beantwortung der Fragen anheimgestellt oder eine bestimmte Antwort nahelegt werden[2]. In welcher Form die Informationen eingeholt werden, ob die Fragen standardisiert gestellt werden oder nicht, ist gleichgültig[3], sofern dies verständlich (§ 63 WpHG Rz. 64) geschieht[4]. Für ausreichende Verständlichkeit ist insbesondere bei über das Internet gestellten Fragen zu sorgen, weil bei ihnen eine Rückfrage von Person zu Person unmöglich ist[5]. Fragebogen[6] müssen hinreichend viele Kategorien aufweisen, um realitätsnahe Ergebnisse zu erzielen[7]. Die Kunden brauchen die Fragebogen nicht zu unterschreiben[8]. Im Übrigen können die Informationen – müssen aber nicht – auch aus anderen Quellen gesammelt werden. Zur Befragung durch kundennähere Wertpapierdienstleistungsunternehmen s. § 71 WpHG. Ohne ausreichende gesetzliche Basis fordert die ESMA[9] darüber hinaus, die Kunden beim sog. Robo-Advising (Rz. 8) verständlich (§ 63 WpHG Rz. 64) darüber aufzuklären, dass die Informationen automatisch eingeholt werden, dass sie nicht oder nur teilweise von einer natürlichen Person zur Kenntnis genommen werden, unter welchen Umständen das Kundenprofil aktualisiert wird, sowie auf die Frage einzugehen, ob die mittels elektronischer Kommunikation eingeholten Informationen die einzige Beurteilungsbasis des Wertpapierdienstleistungsunternehmens darstellt. In jedem Fall sind die eingeholten Informationen anhand der dem Wertpapierdienstleistungsunternehmen bereits zur Verfügung stehenden Daten und auf Plausibilität hin zu **überprüfen**[10].

gg) Unzulängliche Information des Wertpapierdienstleistungsunternehmens durch den Kunden (Art. 54 Abs. 8 DelVO 2017/565). Die Kunden sind nicht verpflichtet, Auskünfte zu geben[11]. Wertpapierdienstleistungsunternehmen dürfen keine Druckmittel einsetzen, um Angaben zu erzwingen. Selbst wenn erkennbar[12] nur ein kleiner Teil der von dem Wertpapierdienstleistungsunternehmen einzuholenden (Rz. 24 ff.), erforderlichen (Rz. 37)[13] **Informationen fehlt oder nicht hinreichend plausibel** (Rz. 33) ist, dürfen die Wertpapierdienstleistungsunternehmen keine auf die persönlichen Verhältnisse der Kunden zugeschnittenen Empfehlungen hinsichtlich bestimmter Finanzinstrumente oder Dienstleistungen erteilen[14]. Das gilt auch dann, wenn sich ein Kunde ausdrücklich weigert, zu bestimmten Punkten die erforderliche Angaben zu machen. Gibt ein Kunde falsche, lückenhafte oder unplausible[15] Auskünfte, so blockiert dies die Anlageberatung nur, wenn das Wertpapierdienstleistungsunternehmen dies erkennt oder wenn es dies bei verkehrserforderlicher Sorgfalt hätte erkennen müssen[16]. Das Verbot der Anlageberatung hindert die Kunden nicht, Aufträge nach § 63 Abs. 10 f. WpHG zu erteilen[17].

39

---

1 Art. 54 Abs. 1 Unterabs. 1 Satz 1; Art. 55 Abs. 2 DelVO 2017/565.
2 Art. 55 Abs. 2 DelVO 2017/565; ESMA35-34-748 v. 13.7.2017 Consultation Paper, Guidelines on certain aspects of the MiFID II suitability requirements, 3.3 Annex III Rz. 18, 47.
3 Vgl. zum WpHG a.F. *Fuchs* in Fuchs, § 31 WpHG Rz. 216.
4 Art. 54 Abs. 7 Unterabs. 1 Satz 2 lit. c DelVO 2017/565; ESMA35-34-748 v. 13.7.2017 Consultation Paper, Guidelines on certain aspects of the MiFID II suitability requirements, 3.3 Annex III Rz. 16 (Bei einer Standardisierung müssen allerdings Kontrollvorkehrungen getroffen werden, um festzustellen, ob die Kunden die Aufklärung verstanden haben.).
5 ESMA35-34-748 v. 13.7.2017 Consultation Paper, Guidelines on certain aspects of the MiFID II suitability requirements, 2 Background, Rz. 24.
6 Sie sind grundsätzlich zulässig (ESMA35-34-748 v. 13.7.2017 Consultation Paper, Guidelines on certain aspects of the MiFID II suitability requirements, 3.3 Annex III Rz. 24).
7 ESMA35-34-748 v. 13.7.2017 Consultation Paper, Guidelines on certain aspects of the MiFID II suitability requirements, 3.3 Annex III Rz. 25 (keine Fragen auf zu hoher Abstraktionsebene).
8 Vgl. zum WpHG a.F. *Balzer*, ZBB 2007, 333, 343.
9 ESMA35-34-748 v. 13.7.2017 Consultation Paper, Guidelines on certain aspects of the MiFID II suitability requirements, 3.3 Annex III Rz. 21.
10 Art. 54 Abs. 7 Unterabs. 1 Satz 2 lit. d DelVO 2017/565; ESMA 2016/1444 v. 16.12.2016, Questions and Answers on MiFID II and MiFIR investor protection topics, unter Suitability and appropriateness, Question 7; ESMA35-34-748 v. 13.7.2017 Consultation Paper, Guidelines on certain aspects of the MiFID II suitability requirements, 3.3 Annex III Rz. 43; MaComp Ziff. BT 7.5 Nr. 1.
11 Vgl. zum WpHG a.F. *Fuchs* in Fuchs, § 31 WpHG Rz. 229.
12 Art. 55 Abs. 3 DelVO 2017/565 („… müsste bekannt sein, dass …"; „ought to be aware"; „devrait avoir connaissance"); MaComp Ziff. BT 7.5.
13 ESMA 2016/1444 v. 16.12.2016, Questions and Answers on MiFID II and MiFIR investor protection topics, unter Suitability and appropriateness, Question 7. Das Wertpapierdienstleistungsunternehmen darf, falls ihm nicht alle erforderlichen Informationen vollständig zur Verfügung stehen, nicht auf Empfehlungen ausweichen, die Anleger keinen oder geringen Risiken aussetzen; denn diese Empfehlungen können mit erheblichen Renditenachteilen verbunden sein. Vielmehr ist es Sache der Anlegers, die sich nicht sachgerecht beraten lassen, ihre Anlageentscheidung weitgehend eigenverantwortlich zu treffen.
14 Art. 54 Abs. 2, 8 DelVO 2017/565; ESMA 2016/1444 v. 16.12.2016, Questions and Answers on MiFID ii and MiFIR investor protection topics, unter Suitability and appropriateness, Question 7. Vgl. zum WpHG a.F. *Schäfer*, ZBB 2006, 497: Verstoß gegen Europarecht; a.A. *Rothenhöfer* in Schwark/Zimmer, § 31 WpHG Rz. 239.
15 Dies gilt z.B. auch, wenn trotz gebotener Rückfrage der Widerspruch nicht beseitigt wird; vgl. zum WpHG a.F. *Auerbach/Adelt* in Krimphove/Kruse, MaComp, BT 7 Rz. 117.
16 Art. 55 Abs. 3 DelVO 2017/565 („… müsste bekannt sein, dass …";"ought to be aware"; „devrait avoir connaissance").
17 *Grundmann* in Staub, Bankvertragsrecht, Investmentbanking II, Teil 8 Rz. 208.

40 **b) Erteilung der Empfehlung. aa) Pflicht zur Erteilung von Empfehlungen.** Die Wertpapierdienstleistungsunternehmen sind nicht ohne weiteres zur Anlageberatung verpflichtet[1]. Eine Pflicht hierzu kann nur einem Vertrag mit dem Kunden entspringen. Auch die Pflicht, einem Kunden laufend mit Empfehlungen beizustehen, muss vertraglich begründet werden[2]. Die vertraglich zur Erteilung von Empfehlungen verpflichteten Wertpapierdienstleistungsunternehmen haben dafür zu sorgen, dass sie über ausreichende Informationen (Rz. 24 ff.) verfügen. Weigert sich ein Kunde, ihnen diese zu liefern, so ist die Anlageberatung unzulässig (Rz. 39).

41 **bb) Qualität der Anlageberatung.** Die Anlageberatung mündet[3] in eine **Empfehlung** i.S.d. § 2 Abs. 8 Nr. 10 WpHG, Art. 9 DelVO 2017/565 (Rz. 2)[4]. Sie muss unter weitgehender[5] Ausblendung eigener Interessen[6] des Wertpapierdienstleistungsunternehmens und von Drittinteressen mit den Anlagezielen (Rz. 29), der geplanten Anlagedauer (Rz. 29[7]), der Vermögenssituation (Rz. 35[8]), der Risikobereitschaft (Rz. 31) sowie den Verständnismöglichkeiten (Rz. 27)[9] des jeweiligen Kunden im Einklang stehen muss, d.h. im Licht dieser Faktoren objektiv[10] **geeignet** sein[11]. Hierbei sind die erforderlichen[12] Informationen über den Kunden und über die berücksichtigten Wertpapierdienstleistungen zu verwerten. Es ist auch zu berücksichtigen, inwieweit das empfohlene Finanzinstrument angesichts seiner Kosten (§ 63 WpHG Rz. 110 f.) und Komplexität und ob auch äquivalente[13] Finanzinstrumente objektiv dem Profil des Kunden gerecht werden[14]. Eine Häufung von Geschäften kann das empfohlene Geschäft ungeeignet machen[15]. Die Portfoliostruktur des Kunden darf ebenfalls nicht unbeachtet bleiben, wenn diese für die Risiken[16], die der Kunde mit dem empfohlenen Geschäft eingeht, oder für seine Anlageziele von Bedeutung ist[17]. Dort, wo das Portfolio selbst Gegenstand der Empfehlung ist, ist ein geeigneter Grad an Diversifikation anzustreben[18].

---

1 Vgl. zum WpHG a.F. *Mülbert*, WM 2007, 1149, 1155 f., 1162; *Rothenhöfer* in Schwark/Zimmer, § 31 WpHG Rz. 268.
2 Arg. e. Art. 52 Abs. 5, Art. 54 Abs. 12 Unterabs. 3, Abs. 13 DelVO 2017/565; *Balzer*, ZBB 2016, 226, 232.
3 Die vorbereitenden Gespräche sind integraler Bestandteil der Anlageberatung (Rz. 7). Andererseits gilt: ohne intendierte Empfehlung keine Anlageberatung.
4 S. Rz. 2. Die Empfehlung kann auch dahin gehen, nichts zu tun (Rz. 2).
5 § 63 WpHG Rz. 20.
6 So muss das Interesse des Wertpapierdienstleistungsunternehmen ausgeblendet bleiben, den Privatkunden ein Finanzinstrument zu empfehlen, obwohl es den Kunden ein anderes Finanzinstrument anbieten könnte, das deren Bedürfnissen besser entspricht (arg. e § 63 Abs. 3 Satz 2 WpHG). Gleiches muss für sonstige Kunden gelten. Vgl. auch MaComp Ziff. BT 7.8 Nr. 3 lit. e.
7 MaComp Ziff. BT 7.8 Nr. 3 lit. d.
8 MaComp Ziff. BT 7.8 Nr. 3 lit. c.
9 Diese können im Rahmen des Beratungsgesprächs verbessert worden sein.
10 Es kommt nicht darauf an, ob der Kunde der Ansicht ist, dass das empfohlene Finanzinstrument für ihn geeignet sei oder ob er die Eignung des Finanzinstruments für sich bestätigt (ESMA35-34-748 v. 13.7.2017 Consultation Paper, Guidelines on certain aspects of the MiFID II suitability requirements, 3.3 Annex III Rz. 18). Die Kunden werden dadurch nicht bevormundet, weil sie die Empfehlung nicht befolgen müssen, sondern in den Wind schlagen können. Ein gewisses Spannungsverhältnis besteht zum Gebot, im besten Interesse des Kunden zu agieren. Das WpHG geht bei der Beratung davon aus, dass der Kunde, der Beratung sucht, wissen will, auf welche Weise seinen individuellen Interessen am besten Rechnung getragen werden kann, dass er also anerkennt, selbst nicht uneingeschränkt in der Lage zu sein, die Durchsetzung seiner Interessen zu optimieren.
11 § 55 Abs. 10 Satz 2 f. WpHG, Art. 54 Abs. 10 DelVO 2017/565; MaComp Ziff. BT 7.1.
12 MaComp Ziff. BT 7.8 Nr. 1, 2 (Gebot zum Erlass entsprechender Grundsätze und zur Organisation von Verfahren, die dies sicherstellen. Dies gilt auch für die eingesetzten Portfoliomodelle und Instrumente zur Erstellung von Risikoprofilen etc.). S. auch Rz. 37.
13 Art. 54 Abs. 9 DelVO 2017/565; *Balzer*, ZBB 2016, 226, 233. Gemäß Art. 54 Abs. 9 DelVO 2017/565 ist organisatorisch sicherzustellen, dass geprüft wird, ob andere äquivalent („equivalent") Wertpapierdienstleistungen bzw. Finanzinstrumente dem Profil des Kunden gerecht werden können. Der ESMA (ESMA35-34-748 v. 13.7.2017 Consultation Paper, Guidelines on certain aspects of the MiFID II suitability requirements, 3.3 Annex III Rz. 88 ff.) zufolge sind „äquivalent" diejenigen Finanzinstrumente, die in etwa in selben Maß den Bedürfnissen und Verhältnissen der Kunden entsprechen, z.B. wenn sie auf einen ähnlichen Zielmarkt ausgerichtet oder mit einem ähnlichen Risiko/Rendite-Profil ausgestattet sind. In der Sache geht es darum, dass aus dem Kreis äquivalenter Finanzinstrumente dasjenige zu empfehlen ist, das am besten den Interessen und Verhältnissen des Kunden entspricht (§ 63 Abs. 1 WpHG). Daraus kann jedoch nicht abgeleitet werden, dass diese Prüfung über die von dem Wertpapierdienstleistungsunternehmen vermarktete Palette an Finanzinstrumenten (Rz. 18) hinaus erfolgen muss (*Balzer*, ZBB 2016, 226, 233).
14 Vgl. Art. 54 Abs. 9 DelVO 2017/565 auf der organisatorischen Ebene. Diesen Anforderungen muss natürlich auch bei der einzelnen Beratung Rechnung getragen werden; denn „sicherstellen" heißt durchsetzen und realisieren.
15 Erwägungsgrund Nr. 88 DelVO 2017/565.
16 Dies gilt insbesondere für das Solvenzrisiko (ESMA35-34-748 v. 13.7.2017 Consultation Paper, Guidelines on certain aspects of the MiFID II suitability requirements, 3.3 Annex III Rz. 83).
17 Der Erwägungsgrund Nr. 88 DelVO 2017/565 erwähnt das Portfolio nur im Zusammenhang mit der Portfolioverwaltung. Daraus sollte man keinen Umkehrschluss ableiten. Wie hier ESMA35-34-748 v. 13.7.2017 Consultation Paper, Guidelines on certain aspects of the MiFID II suitability requirements, 3.3 Annex III Rz. 75 (a), 81 ff.; MaComp Ziff. BT 7.8 Nr. 3; *Giudici* in Busch/Ferrarini, Regulation of the EU Financial Markets, Rz. 6.41.
18 ESMA35-34-748 v. 13.7.2017 Consultation Paper, Guidelines on certain aspects of the MiFID II suitability requirements, 3.3 Annex III Rz. 82 (insbesondere Berücksichtigung des Länderrisikos, des Währungsrisikos, des Risikos einer Formulierung gleichartiger Anlagen); MaComp Ziff. BT 7.8 Nr. 3).

Wird empfohlen, Anlagen umzuschichten[1], so ist die Empfehlung jedenfalls dann ungeeignet, falls die Kosten der Umschichtung deren Vorteile[2] überwiegen[3]. Der für die Finanzinstrumente vorgesehene Zielmarkt (§ 80 WpHG Rz. 135) setzt der Empfehlung keine Grenzen[4], zwingt die Wertpapierdienstleistungsunternehmen jedoch dazu, bei Abweichungen von ihm die **Geeignetheit** besonders sorgfältig zu prüfen. Umgekehrt ergibt sich aus der Tatsache, dass der Kunde zur Zielgruppe des Finanzinstruments zählt, nicht automatisch, dass es für ihn angemessen ist[5]. Bei Koppelungs- und Bündelungsprodukten (§ 63 WpHG Rz. 129) ist sicherzustellen, dass das ganze empfohlene Paket für den Kunden geeignet ist[6].

Das **empfohlene Finanzinstrument** muss für den jeweiligen Kunden **unter allen Aspekten geeignet** sein (§ 64 Abs. 3 Satz 2 WpHG). Es darf nicht erklärt werden, dass einzelne Aspekte irrelevant seien, zum Beispiel, dass die finanziellen Verhältnisse des Kunden auszublenden seien. Unerheblich ist allerdings, ob die der Empfehlung zugrunde gelegten, vom Kunden offenbarten Anlageziele als objektiv unvernünftig erscheinen[7], solange sie weder gesetzes- noch sittenwidrig sind. Den abstrakten, in der persönlichen Sphäre des Kunden liegenden Risiken, wie z.B. den Risiken des Arbeitsplatzverlustes, der Scheidung oder der Krankheit, braucht ein Berater nur Rechnung zu tragen, wenn sie erkennbar geworden sind und sie die Anlageziele oder finanziellen Verhältnisse des Kunden beeinflussen. Die Empfehlung kann auch darin bestehen, ein Finanzinstrument **nicht zu erwerben** oder **nicht zu veräußern**[8]. Die Empfehlung ist für den Kunden nicht bindend[9]. 42

§ 64 Abs. 3 Satz 2 WpHG **zwingt nicht** dazu, die Interessen der Kunden **immer bestmöglich** zu wahren (§ 63 WpHG Rz. 20). So sind die Wertpapierdienstleistungsunternehmen nicht daran gehindert, die Palette der Finanzinstrumente, zu der sie beraten, in Richtung auf ihre Gewinninteressen zu optimieren[10]. Wenn mehrere für eine Empfehlung in Betracht kommenden Finanzinstrumente gleich geeignet[11] sind, darf das Wertpapierdienstleistungsunternehmen dasjenige empfehlen, das ihm die größten Vorteile bringt[12]. Andererseits dürfen Finanzinstrumente nicht „bevorzugt beraten" werden[13]. An die Qualität der Anlageberatung dürfen auch nicht deshalb niedrigere Anforderungen gestellt werden, weil der Kunde extrem risikobereit ist[14]. Erst recht unzulässig ist es, aus Gründen der Kostenersparnis suboptimal zu beraten[15]. Bestimmte Empfehlungen, die an sich sachgerecht sind, können deshalb interessenwidrig sein, weil sie zu häufig erfolgen[16]. Evident unzulässig sind Empfehlungen, die primär vom Eigeninteresse getragen werden, wie z.B. Empfehlungen zum Zweck erhöhter Provisionseinnahmen (churning), zur Förderung eigener Platzierungsaktivitäten oder des Handels auf eigene Rechnung. 43

---

1 Art. 54 Abs. 11 DelVO 2017/565: Ein Instrument wird verkauft und ein anderes gekauft oder ein Recht wird ausgeübt, um ein bestehendes Finanzinstrument zu ändern. Es ist dafür zu sorgen, dass dieses Gebot nicht dadurch umgangen wird, dass zwischen der Empfehlung zum Verkauf und der Empfehlung zum Kauf ein kurzer Zeitraum eingeplant wird (ESMA35-34-748 v. 13.7.2017 Consultation Paper, Guidelines on certain aspects of the MiFID II suitability requirements, 3.3 Annex III Rz. 95).
2 Monetäre und nichtmonetäre Vorteile, z.B. erhöhte Liquidität; Änderung der Risikoeinschätzung, bessere Diversifikation (ESMA35-34-748 v. 13.7.2017 Consultation Paper, Guidelines on certain aspects of the MiFID II suitability requirements, 3.3 Annex III Rz. 93).
3 Art. 54 Abs. 11 DelVO 2017/565; ESMA35-34-748 v. 13.7.2017 Consultation Paper, Guidelines on certain aspects of the MiFID II suitability requirements, 3.3 Annex III Rz. 92 ff.). Berücksichtigung des Erfahrungssatzes „hin und her, Taschen leer". Vgl. *Weber*, Genial einfach investieren, 2007, S. 55, 86 ff.; zum WpHG a.F. *Weichert/Wenninger*, WM 2007, 627, 630; *Duve/Keller*, BB 2006, 2477, 2478; *Seyfried*, WM 2006, 1375, 1382.
4 ESMA35-43-620 v. 2.6.2017 Final Report Guidelines on MiFID II product governance, Annex IV Ziff. 53: *Brenncke*, WM 2015, 1173, 1179 f.; *Giudici* in Busch/Ferrarini, Regulation of the EU Financial Markets, Rz. 6.41. Die Bestimmung der Zielgruppe erfolgt im Vorfeld der Geeignetheitsprüfung und macht sie nicht überflüssig (Art. 16 Abs. 3 Unterabs. 7 RL 2014/65/EU. Erwägungsgrund Nr. 71 RL 2014/65/EU).
5 Die Bestimmung der Zielgruppe erfolgt im Vorfeld der Prüfung der Angemessenheit und macht sie nicht überflüssig (Art. 16 Abs. 3 Unterabs. 7 RL 2014/65/EU. Erwägungsgrund Nr. 71 RL 2014/65/EU).
6 § 64 Abs. 3 Satz 4 WpHG; Art. 25 Abs. 2 Unterabs. 2 RL 2014/65/EU.
7 Vgl. zum WpHG a.F. *Beck* in FS Uwe H. Schneider, S. 89, 101.
8 Rz. 2; Erwägungsgrund Nr. 87 DelVO 2017/565.
9 ESMA 2016/1444 v. 16.12.2016, Questions and Answers on MiFID ii and MiFIR investor protection topics, unter Suitability and appropriateness, Case 3. Unberührt bleiben die Pflichten aus § 63 Abs. 10, 11 WpHG.
10 Insoweit werden die Kunden nur durch eine Aufklärungspflicht geschützt (Art. 52 DelVO 2017/565).
11 Da bei der Beurteilung der Eignung vielerlei Aspekte zu berücksichtigen und zu gewichten sind, eröffnen sich hierbei für das Wertpapierdienstleistungsunternehmen erhebliche Ermessensspielräume, die im Eigeninteresse ausgenutzt werden können. *Die Pflicht*, zu begründen, warum ein mit relativ höheren Kosten belastetes oder komplexeres Finanzinstrument empfohlen wird (so ESMA35-34-748 v. 13.7.2017 Consultation Paper, Guidelines on certain aspects of the MiFID II suitability requirements, 3.3 Annex III Rz. 91), engt den Ermessensspielraum nur marginal ein.
12 Dieser Ermessensspielraum wird in Art. 54 Abs. 9 letzte Alt. DelVO (EU) 2017/565 nur begrenzt eingeschränkt. Beachte auch Umkehrschluss aus § 63 Abs. 3 Satz 2 WpHG.
13 Arg. e § 63 Abs. 3 Satz 2 WpHG.
14 Vgl. zum WpHG a.F. *Rothenhöfer* in Schwark/Zimmer, § 31 WpHG Rz. 271.
15 Vgl. aber zum WpHG a.F. *Kindler*, Die Bank 2014 Heft 2 S. 34.
16 Erwägungsgrund Nr. 88 DelVO 2017/565.

44 Die Empfehlung muss gewissenhaft mit **Sachkunde** erteilt werden[1]. Dazu sind alle über den Kunden verfügbaren Informationen vorzuhalten. Die Anlageberater müssen die Finanzinstrumente und sonstigen Dienstleistungen verstehen (§ 63 WpHG Rz. 50; § 80 WpHG Rz. 5, 127; § 87 WpHG Rz. 6 ff.). Sie haben die mit zumutbarem Aufwand greifbaren Informationen[2] nach einer Überprüfung mit den kritischem Sachverstand[3] zu berücksichtigen, zu denen auch Veröffentlichungen in der Wirtschaftspresse gehören[4]. Die Empfehlung darf mithin nicht ins Blaue hinein abgegeben werden, selbst dann nicht, wenn gleichzeitig offen gelegt wird, dass das Wertpapierdienstleistungsunternehmen unzureichend informiert ist. Die zur Erarbeitung von Empfehlungen eingesetzten Instrumente sind laufend auf ihre Tauglichkeit hin zu überprüfen[5]. Insiderinformationen müssen ausgeblendet werden, können aber Anlass sein und sind ggf. zwingend Anlass, von einer Empfehlung Abstand zu nehmen. Informationen, die dem Berater nicht zugänglich sind[6], brauchen bei Empfehlungen nicht berücksichtigt zu werden; ebenso nicht Informationen, deren Nutzung zu einem Interessenkonflikt (§ 80 WpHG Rz. 56) zu Lasten eines anderen Kunden führt[7].

45 Muss jeder Kunde bei **Empfehlungen, die ganzen Kundengruppen** erteilt werden, das Gefühl haben, persönlich mit Rücksicht auf seine individuellen Verhältnisse angesprochen zu werden (Rz. 3), sind derartige Empfehlungen ausschließlich dann zulässig, wenn die Anlageziele und die Risikobereitschaft der Gruppenmitglieder homogen ist[8], ferner alle Kunden nach ihren Kenntnissen und Erfahrungen in der Lage sind, die Risiken ausreichend einzuschätzen und außerdem die finanziellen Verhältnisse aller Kunden die empfohlenen Investitionen nicht als ungeeignet erscheinen lassen[9]. Es genügt nicht, dass die Kunden darüber informiert worden sind, dass im Rahmen der Standardisierung der Empfehlung nicht alle ihre individuellen Verhältnisse bzw. nur bestimmte Verhältnisse berücksichtigt werden können[10]. Rationalisierungsvorteile rechtfertigen keine undifferenzierte, pauschale Anlageberatung. In diese Richtung gehen allerdings von Computerprogrammen generierte Geeignetheitsbeurteilungen oder die Orientierung an vordefinierten Kundenprofilen, gegen die die ESMA[11] keine grundsätzlichen Einwendungen erhebt.

46 Der Ratschlag muss **nicht ex post richtig** gewesen sein. Bei Empfehlungen lässt sich ein gewisser Beurteilungsspielraum nicht vermeiden. Die Empfehlung muss auf angemessener Informationsbasis (Rz. 24 ff.) vertretbar „geeignet" sein[12]. Sie darf mithin nicht ins Blaue hinein abgegeben werden, auch dann nicht, wenn gleichzeitig offen gelegt wird, dass das Wertpapierdienstleistungsunternehmen unzureichend informiert ist.

47 cc) **Inhalt der Empfehlung.** Aus der Sicht des WpHG braucht[13] bei der nicht-unabhängigen Anlageberatung der Empfehlung grds. keine[14] über die Basisinformationen des § 63 Abs. 7 WpHG hinausgehende **Aufklärung** vorangehen, in der dem (potentiellen) Kunden die erforderlichen Kenntnisse verschafft werden[15]. Anders als bei der Unabhängigen Honorar-Anlageberatung (Rz. 71) müssen die Kunden nicht daraufhin hingewiesen werden, dass das empfohlene Finanzinstrument vom Wertpapierdienstleistungsunternehmen selbst oder einem ihm eng verbundenen bzw. mit ihm in sonstiger Weise eng verflochtenen Unternehmen angeboten oder emittiert wird oder dass es mit der Empfehlung ein sonstiges Gewinninteresse verfolgt[16]. Auch die Informationsblätter im Sinne der VO Nr. 1286/2014 sowie die anderen in § 64 Abs. 2 WpHG genannten Informationsblätter brauchen erst nach der Erteilung der Empfehlung übergeben zu werden, sofern dies rechtzeitig vor Abschluss des Geschäfts über das Finanzinstrument erfolgt (Rz. 60). Im Übrigen hat die Empfehlung die Gebote des § 63 Abs. 6 Satz 1 WpHG zu beachten, nämlich **redlich, eindeutig und nicht irreführend** zu sein. Soweit in Bezug

---

1 § 63 Abs. 1, Abs. 5 WpHG.
2 Recherchepflicht; vgl. zum WpHG a.F. *Möllers* in KölnKomm. WpHG, § 31 WpHG Rz. 99 ff.
3 Vgl. zum WpHG a.F. *Möllers* in KölnKomm. WpHG, § 31 WpHG Rz. 109.
4 Vgl. zum WpHG a.F. *Möllers* in KölnKomm. WpHG, § 31 WpHG Rz. 100 f.
5 Z.B. Portfoliomodelle, Software für Portfolioaufteilung, Instrument für die Erstellung von Risikoprofilen.
6 Die Informationen fallen in einem WpHG- konformen Vertraulichkeitsbereich (§ 80 WpHG Rz. 35) an.
7 Wenn eine Ausblendung der Informationen zu schwerwiegenden Fehlentscheidungen führen könnte, hat jede Empfehlung zu unterbleiben.
8 Vgl. zum WpHG a.F. *Voß* in Just/Voß/Ritz/Becker, § 31 WpHG Rz. 84.
9 Vgl. ESMA35-34-748 v. 13.7.2017 Consultation Paper, Guidelines on certain aspects of the MiFID II suitability requirements, 3.3 Annex III Rz. 77, 96.
10 Streitig; s. dazu *Grundmann* in Staub, Bankvertragsrecht, Investmentbanking II, Teil 8 Rz. 140.
11 ESMA35-34-748 v. 13.7.2017 Consultation Paper, Guidelines on certain aspects of the MiFID II suitability requirements, 3.3 Annex III Rz. 85 f., 90, 96.
12 *Grundmann* in Staub, Bankvertragsrecht, Investmentbanking II, Teil 8 Rz. 203 f. Vgl. auch zum WpHG a.F. *Brenncke*, Werbung, S. 712; *Voß* in Just/Voß/Ritz/Becker, § 31 WpHG Rz. 489. Entgegen *Heese*, Beratungspflichten, 2015, S. 168 f., ist im Rahmen der Prüfung der Vertretbarkeit das Vertriebsinteresse des Wertpapierdienstleistungsunternehmens auszublenden.
13 In der Praxis werden allerdings in aller Regel die Kunden vor der Empfehlung näher informiert. Zu der Gefahr der dabei entstehenden Informationsüberlastung vgl. *Kohlert*, Anlageberatung und Qualität – ein Widerspruch?, S. 227 ff.
14 Abw. aus wirtschaftswissenschaftlicher Sicht *Kohlert*, Anlageberatung und Qualität – ein Widerspruch?, S. 224 ff.
15 A.A. *Grundmann* in Staub, Bankvertragsrecht, Investmentbanking II, Teil 8 Rz. 205 ff.
16 Insoweit sollen die allgemeinen Aufklärungspflichten gem. § 63 Abs. 2 WpHG genügen (Gegenäußerungen der Bundesregierung BT-Drucks. 18/11290, 16).

auf die Informationspflichten andere Bestimmungen des **Europäischen Gemeinschaftsrechts** eingreifen, die Kreditinstitute und Verbraucherkredite betreffen, sind diese vorrangig zu berücksichtigen[1].

c) **Geeignetheitserklärung bei Privatkunden (Art. 54 Abs. 12 DelVO 2017/565; § 64 Abs. 4 WpHG).** In den Geeignetheitserklärungen, in denen die konkreten[2] Empfehlungen jeglicher Art[3] begründet[4] werden müssen, ist den (potentiellen) Kunden, die in die Kategorie der Privatkunden[5] fallen, auf einem dauerhaften Datenträger[6] ein Überblick („outline") über die ihnen erbrachte Beratung[7] einschließlich der erteilten Empfehlung[8] zu geben und ihnen zu erläutern, warum diese Empfehlung für sie geeignet (Rz. 41) ist[9]. Dabei muss gem. Art. 54 Abs. 12 Unterabs. 1 DelVO 2017/565 darauf eingegangen werden, *wie*[10] die konkrete Empfehlung mit den Anlagezielen (Rz. 29)[11] sowie mit den von dem jeweiligen Kunden ins Auge gefassten Anlagedauer (Rz. 29) vereinbar ist und warum[12] sie seiner Risikobereitschaft (Rz. 31) sowie seinen finanziellen Verhältnissen (Rz. 35) gerecht wird. Hierfür ist es erforderlich, dass das Wertpapierdienstleistungsunternehmen seine Beurteilungsbasis referiert[13]. Es müssen daher in der Geeignetheitserklärung zum einen die ermittelten Anlageziele, die gewünschte Anlagedauer, die Risikotoleranz, die Kenntnisse, die gegebenenfalls im Rahmen des Beratungsgesprächs erweitert worden sind, die Erfahrungen sowie die finanziellen Verhältnisse des Kunden dargelegt werden. Zum anderen muss das Wertpapierdienstleistungsunternehmen auf die Charakteristika des empfohlenen Finanzinstruments, insbesondere auf die Renditen, auf die Veräußerungsmöglichkeiten sowie auf die mit dem Finanzinstrument verbundenen Kosten und Risiken eingehen. In diesem Zusammenhang ist auch darzulegen, ob der Anleger zur Zielgruppe (§ 80 WpHG Rz. 135) des Finanzinstruments gehört[14]. Außerdem ist in der Geeignetheitserklärung jedem Kunden zu erläutern, warum er die bei einer Befolgung der Empfehlung denkbaren Verluste verkraften und warum er angesichts seiner Kenntnisse und[15] Erfahrungen die Risiken des Geschäftes *verstehen* kann. Die Risiken sind so eingehend zu schildern[16], wie dies nötig ist, damit sie der Kunde angesichts seiner ermittelten Kenntnisse und Fähigkeiten (Rz. 27) überblicken kann[17]. In die Geeignetheitserklärung ist auch aufzunehmen, ob der Kunde die empfohlene Investition regelmäßig überprüfen lassen sollte[18].

---

1 § 64 Abs. 1 Satz 2 i.V.m. § 63 Abs. 8 WpHG.
2 In der Geeignetheitserklärung ist deshalb der Zeitpunkt genau zu bezeichnen, an dem die Empfehlung erteilt worden ist (ESMA 2016/1444 v. 16.12.2016, Questions and Answers on MiFID II and MiFIR investor protection topics, unter Suitability and appropriateness, Question 2).
3 Es spielt keine Rolle, ob die Empfehlung zu einer Transaktionen geführt hat oder führen soll. Die Empfehlung kann auch darin bestehen, eine zur Diskussion stehende Transaktion nicht vorzunehmen (ESMA 2016/1444 v. 16.12.2016, Questions and Answers on MiFID II and MiFIR investor protection topics, unter Suitability and appropriateness, Question 1, 5 f.).
4 Erwägungsgrund Nr. 72 RL 2014/65/EU.
5 § 67 Abs. 3 WpHG.
6 § 2 Abs. 43 WpHG, Art. 3 DelVO 2017/565. Erwägungsgrund Nr. 82 RL 2014/65/EU. Es kann deshalb auch, soweit zulässig, die elektronische Datenübermittlung genutzt werden (ESMA 2016/1444 v. 16.12.2016, Questions and Answers on MiFID II and MiFIR investor protection topics, unter Suitability and appropriateness, Question 3).
7 Art. 54 Abs. 12 DelVO 2017/565. § 64 Abs. 4 Satz 2 WpHG spricht nur davon, dass die erbrachte Beratung zu „nennen" ist. Da ein Überblick über die Empfehlung sinnlos ist und ein bloßer Überblick über die Beurteilungsbasis es nicht ermöglicht, die Empfehlung voll nachzuvollziehen, muss sich der Begriff des Überblicks nur auf den Gang der Beratung beziehen (a.A. *Buck-Heeb/Poelzig*, BKR 2017, 485, 492; *Poelzig*, Kapitalmarktrecht, 2018, Rz. 806).
8 Dies schließt die Empfehlung, ein Finanzinstrument zu halten, ein. S. Erwägungsgrund Nr. 87 DelVO 2017/565.
9 Aus ihr sollen dem Kunden keine zivilprozessualen Nachteile entstehen (Erwägungsgrund Nr. 82 RL 2014/65/EU). *Freitag*, ZBB 2016, 1, 10 stützt auf die Geeignetheitserklärung eine Beweislastumkehr.
10 In der englischen Fassung des Art. 54 Abs. 12 DelVO 2017/565 heißt es „how". Dies trifft eher den Kern der Regelung als die deutsche Formulierung „inwiefern".
11 Der Erwägungsgrund Nr. 82 RL 2014/65/EU spricht insoweit von Präferenzen, Bedürfnissen.
12 In der französischen Fassung des DelVO 2017/565 wird der Begriff „pourquoi" verwandt.
13 *Roth/Blessing*, CCZ 2016, 258, 264 (Überblick über die erbrachte Beratung).
14 Die Bestimmung der Zielgruppe erfolgt im Vorfeld der Geeignetheitserklärung und macht sie nicht überflüssig (Art. 16 Abs. 3 Unterabs. 7 RL 2014/65/EU; Erwägungsgrund Nr. 71 RL 2014/65/EU).
15 Wenn einschlägige Erfahrungen fehlen, stellt dies kein absolutes Hindernis für ein ausreichendes Verständnis der Eigenschaften und Wirkungen des Finanzinstruments dar, falls dem Kunden hinreichend intensiv Kenntnisse verschafft worden sind und das Geschäft sich nicht in einem völlig neuen Erfahrungsbereich bewegt (z.B. Sprung von AAA-Staatsanleihen zu Derivaten ohne Erfahrung mit dem Basiswert).
16 Soweit erforderlich, ist darauf hinzuweisen, dass die Risikoeinschätzung wesentlich auf in der Vergangenheit gemachten Erfahrungen beruht und ihrerseits einem Prognoserisiko ausgesetzt ist.
17 Art. 54 Abs. 2 Unterabs. 1 Satz 2 lit. c DelVO 2017/565. Hierbei ist zu berücksichtigen, dass ein information overload (§ 63 WpHG Rz. 66) häufig Kontrollillusionen befördert (*Eberius*, Regulierung der Anlageberatung und behavioral finance, 2013, S. 104 f.). Die MaComp Ziff. BT 7.8 Nr. 3 lit. b fordert weitergehend, dass sich der jeweilige Kunde der Relation zwischen Risiko und Rendite sowie der Bedeutung der Anlagedauer und der Kosten ausreichend bewusst ist.
18 Art. 54 Abs. 12 Unterabs. 2 DelVO 2017/565 und der Erwägungsgrund Nr. 85 Satz 1 DelVO 2017/565 sprechen davon, dass die regelmäßige Überprüfung „wahrscheinlich" angebracht ist. Bejaht wird dies in Fällen, in denen ein Anlageportfolio wieder mit der empfohlenen ursprünglichen Allokation in Einklang zu bringen ist, weil das Portfolio wahrschein-

Sie ist selbst dann auszuhändigen[1], wenn der Kunde sofort erklärt, dass er die Empfehlung nicht befolgen wolle[2].

49 Die Geeignetheitserklärung muss demnach auf den **konkreten** (potentiellen) **Kunden** und nicht auf grob gegliederte Gruppen von Kunden **zugeschnitten** werden[3]. Es genügt nicht, die Informationen zu wiederholen, die ein Informationsblatt i.S.d. § 64 Abs. 2 WpHG enthält, weil dieses sich an Durchschnittskunden richten (Rz. 55)[4]. Vielmehr ist im Rahmen der Anlageberatung auch auf die erkennbaren **individuellen Schwächen** des beratenen Kunden, Informationen zu verstehen, und auf die Besonderheiten des empfohlenen Finanzinstruments Rücksicht zu nehmen[5]. Dem konkreten Kunden sind mithin im Licht seiner persönlichen Erfahrungen und Kenntnisse die Risiken des empfohlenen Finanzinstruments sowie Nachteile des empfohlenen Anlagestrategie[6] eindeutig darzulegen und verständlich (§ 63 WpHG Rz. 64) zu machen[7]. Dafür reicht es nicht aus, auf ein theoretisch unbegrenztes Verlustrisiko hinzuweisen, wenn die realistische Möglichkeit gravierender Verluste besteht[8]. Sogar hinsichtlich allgemein bekannter Tatsachen darf nicht ohne konkrete Anhaltspunkte unterstellt werden, dass der Kunde sie kennt[9]. Ebenso darf nicht generalisierend angenommen werden, dass dem Kunden die Basisinformationen (§ 63 Abs. 7 WpHG) noch präsent sind, die ihm möglicherweise vor Jahren erteilt worden sind. Zulässig ist eine Bezugnahme auf das zugleich ausgehändigte Informationsblatt (§ 64 WpHG Rz. 53 ff.). Bei typischen oder im Einzelfall ersichtlichen **Verständnisschwierigkeiten** sind grafische Darstellungen und bei einer Übermittlung der Geeignetheitserklärung auf einer geeigneten Website Computerprogramme zu nutzen[10]. Unter Umständen ist das Risiko drastisch zu schildern[11], ohne dass hierfür der Wissens- und Kenntnisstand des Wertpapierdienstleistungsunternehmens umfassend offen gelegt werden muss. Das **Verhältnis von Risiko und Rendite** braucht nicht anhand einer Benchmark[12] erläutert werden, wohl aber muss das Verhältnis zwischen Risiko und Ertrag deutlich werden[13].

50 Falls eine **regelmäßige Geeignetheitsbeurteilung** vereinbart worden ist, hat diese mindestens einmal jährlich, bei besonderer Risikoexposition des Kunden auch häufiger zu erfolgen[14]. Eine in diesem Zusammenhang erstellte Geeignetheitserklärung (Rz. 48) braucht sich nur auf die in der Empfehlung berücksichtigten Veränderungen zu beziehen[15]. Vom Kunden wird erwartet, dass er die vorhergehenden Eignungsbeurteilungen vorhält.

---

lich von der Ziel-Portfoliostruktur abweicht. Beachte auch Art. 52 Abs. 5 DelVO 2017/565. Wahrscheinlich bedeutet hier überwiegende Wahrscheinlichkeit. Aus der Pflicht zu einer derartigen Information resultiert keine Pflicht, auf Nachfrage eine regelmäßige Überprüfung vorzunehmen (*Balzer*, ZBB 2016, 226, 233; *Roth/Blessing*, CCZ 2016, 258, 264).

1 *Balzer*, ZBB 2016, 226, 236.
2 ESMA 35-43-349 v. 4.4.2017, Questions and Answers on MiFID II and MiFIR topics, 2 Suitability and appropriateness, Answer 1, 5.
3 Gegenäußerungen der Bundesregierung BT-Drucks. 18/11290, 16; abw. *Buck-Heeb*, BKR 2017, 89, 97.
4 Angesichts des auf dem Informationsblatt zur Verfügung stehenden Raums (Rz. 53) ist selbst für den Durchschnittsanlegern erkennbar, dass in ihm die Risiken nicht vollständig beschrieben sind.
5 Dies kann bei komplexen Finanzinstrumenten dazu führen, dass bestimmten Kunden trotz aller Beratungsbemühungen die Risiken nicht hinreichend differenziert verständlich gemacht werden können. In solchen Fällen darf keine positive Geeignetheitserklärung abgegeben werden. Dies begründet kein Erwerbsverbot, weil sich die Kunden Bevollmächtigter bedienen können, die über hinreichendes Finanzwissen und hinreichende Informationsverarbeitungsfähigkeiten verfügen.
6 Erwägungsgrund Nr. 82 RL 2014/65/EU (disadvantages; inconvénients).
7 MaComp Ziff. BT 7.1 Nr. 4. Vgl. zum WpHG a.F. *Schommer*, Das Geeignetheitskonzept nach § 31 Abs. 4 WpHG in der Anlageberatung, S. 232 (quantitative Illustration des Anlagerisikos. Es braucht allerdings nicht geprüft zu werden, ob der Kunde die Geeignetheitserklärung verstanden hat (anders unter Umständen zu § 31 WpHG a.F. *Brenncke*, ZBB 2014, 366, 381).
8 Das bedeutet nicht, dass eine unendliche Zahl von Beispielsrechnungen vorgelegt werden muss (so krit. *Hoffmann-Theinert* in FS Leenen, S. 85, 105), sondern nur, dass ein Beispiel für einen extrem hohen Verlust angeführt werden muss. Auch darauf kann bei entsprechenden Kenntnissen des Anlegers verzichtet werden.
9 Vgl. zum topos „allgemein bekannte Tatsache" *Klöhn*, ZIP 2010, 1005 ff., der nicht berücksichtigt, dass im Rahmen der Beratung die Kenntnisse und Erfahrungen des Kunden ermittelt werden können.
10 *Weber*, Kodex zur Anlageberatung, S. 5, 16.
11 Wird z.B. das Bonitätsrisiko hinreichend deutlich dargestellt, so bedarf es nicht zusätzlich eines Hinweises, dass kein Einlagensicherungssystem greift. Ob hierfür der Hinweis auf das „Emittentenrisiko" genügt, ist eine Frage des Einzelfalls.
12 S. dazu *Weber*, Kodex zur Anlageberatung, S. 16. Vgl. ferner VO 2016/1011 v. 8.6.2016.
13 Vgl. zum WpHG a.F. *Laumann*, Die Bank 2016 Heft 7, S. 52, 54 (Risikoerlebbarkeit).
14 Art. 54 Abs. 13 DelVO 2017/565. Die Formulierung „um ihr Dienstleistungsangebot zu optimieren" spricht zwar dafür, dass die Mindestfristen der Überprüfung ausschließlich dem Eigeninteresse des Wertpapierdienstleistungsunternehmen dienen. In diesem Zusammenhang ist zu berücksichtigen, dass mit Kunden, mit denen eine regelmäßige Eignungsbeurteilung vereinbart wird, gem. Art. 58 Abs. 2 lit. a DelVO 2017/565 eine Rahmenvereinbarung zu schließen ist, in der *in Hinblick auf den Umfang der Anlageberatung auch auf die Häufigkeit einer "regelmäßigen Geeignetheitsbeurteilung"* einzugehen ist. Daraus folgt, dass insoweit weitgehend der Privatautonomie Raum gegeben wird.
15 Art. 54 Abs. 12 Unterabs. 3 DelVO 2017/565.

Die Geeignetheitserklärung muss grundsätzlich dem Kunden **übermittelt** werden, **bevor** der Vertrag[1] zustande 51
gekommen ist[2]; bei der Empfehlung, Finanzinstrumente nicht zu (ver)kaufen, unverzüglich[3] nach der Erteilung
der Empfehlung[4]. Dies gilt an sich auch für Empfehlungen mittels **Fernkommunikationsmitteln.** Ist die Empfehlung mittels Fernkommunikationsmitteln erteilt worden und kann vor dem Vertragsschluss dem Kunden
keine Geeignetheitserklärung auf einem dauerhaften Datenträger zugeleitet werden[5], darf die Geeignetheitserklärung dem Kunden noch unmittelbar[6] nach dem Vertragsschluss übermittelt werden. Voraussetzung ist,
dass der Kunde damit einverstanden ist, dass ihm die Geeignetheitserklärung unverzüglich nach dem Vertragsschluss zugesandt wird und das Wertpapierdienstleistungsunternehmen ihm außerdem verständlich (§ 63
WpHG Rz. 64) das Recht eingeräumt hat, die Verschiebung der Ausführung des Geschäfts zu fordern, um vorher die Geeignetheitserklärung studieren zu können[7]. Denkbar ist, dass in einem solchen Fall die Geeignetheitserklärung unverzüglich zusammen mit der Ausführungsbestätigung versandt wird[8]. Das Recht zur „Verschiebung"[9] muss ein Rücktrittsrecht[10] beinhalten, um zu verhindern, dass Kunden letztlich doch gezwungen sind,
die Ausführung des aus ihrer Sicht ungeeigneten Geschäfts hinzunehmen, wenn sie die ihnen zugeleitete Geeignetheitserklärung nicht davon überzeugt, dass die Empfehlung ihren Bedürfnissen etc. entspricht[11]. Das Wertpapierdienstleistungsunternehmen braucht das vereinbarte Geschäft nicht auszuführen, bevor die Frist zum
Rücktritt abgelaufen ist[12]. **Aufzuzeichnen** sind der Umstand, die Zeit und das Datum, an dem die Anlageberatung erbracht worden ist, ferner das empfohlene Finanzinstrument sowie die dem Kunden übermittelte Geeignetheitserklärung[13].

d) Informationsblätter (§ 64 Abs. 2 Satz 1 WpHG, § 4 WpDVerOV). aa) Anwendungsbereich. Im Rahmen 52
der Anlageberatung sind Wertpapierdienstleistungsunternehmen verpflichtet, Privatkunden (§ 67 Abs. 3
WpHG) ein als solches erkennbares „Informationsblatt" zur Verfügung zu stellen, das ausschließlich auf das
empfohlene Finanzinstrument bezogen ist. Die Vorschrift ist nur einschlägig, falls der Erwerb oder die Veräußerung eines Finanzinstruments (§ 2 Abs. 4 WpHG) empfohlen wird[14]. **Ausgenommen** sind die Fälle, in denen nach Maßgabe der VO Nr. 1286/2014 ein Basisinformationsblatt erstellt werden muss oder Anlegerinformationen zu Verfügung zu stellen sind, die in den in § 64 Abs. 2 Satz 4 Nr. 1 bis 10 WpHG genannten Fallgruppen im Kapitalanlagegesetzbuch bzw. Investmentgesetz, Vermögensanlagegesetz, Altersvorsorgeverträge-Zertifizierungsgesetz oder Wertpapierprospektgesetz vorgeschrieben sind.

bb) Form, Inhalt, Verständlichkeit des Informationsblattes. (1) Form, Inhalt. Informationsblätter enthalten gem. § 4 Abs. 1 Satz 1 WpDVerOV Informationen zu nicht-komplexen Finanzinstrumenten (§ 2 Abs. 4 53
WpHG)[15] auf maximal zwei **DIN-A4 Seiten** Informationen und zu komplexen Finanzinstrumenten[16] auf **maximal drei DIN-A4 Seiten**. Dies gilt auch dann, wenn ein Informationsblatt als elektronisches Dokument[17] zur
Verfügung gestellt wird. Dies zwingt zu kurzen prägnanten Formulierungen[18], die nicht zu Lasten der Verständlichkeit (§ 63 WpHG Rz. 64) gehen dürfen. Die Gefahr eines information overload durch relativ unbedeutende Informationen ist zu vermeiden.

---

1 Nicht Beratungsvertrag, sondern Kommissionsvertrag, Festpreisgeschäft, Vertrag über die Anlage-oder Abschlussvermittlung, unabhängig davon, ob der Vertrag aufschiebend oder auflösend bedingt ist oder ein Rücktrittsrecht des Kunden beinhaltet. Vgl. MaComp Ziff. BT 6. Nr. 1.
2 § 64 Abs. 4 Satz 1 WpHG (Vertragsschluss); MaComp Ziff. BT 6.1, 6.2.
3 MaComp, Ziff. BT 6 Nr. 2, 3: maximal 5 Werktage.
4 Gegenäußerungen der Bundesregierung BT-Drucks. 18/11290, 16.
5 Dies ist z.B. nicht der Fall, wenn die Geeignetheitserklärung als dauerhafter Datenträger in das elektronische Postfach des Kunden erfolgen kann (MaComp Ziff. BT 6.1).
6 Der Begriff „unmittelbar" ist, wie sich aus der erforderlichen Zustimmungserklärung des Kunden ergibt, im Sinn von „unverzüglich" verstehen. Vgl. MaComp Ziff. BT 6 Nr. 2: maximal 5 Werktage.
7 § 64 Abs. 4 Satz 4 WpHG.
8 ESMA 2016/1444 v. 16.12.2016, Questions and Answers on MiFID II and MiFIR investor protection topics, unter Suitability and appropriateness, Question 4.
9 In Art. 25 Abs. 6 Unterabs. 3 lit. b RL 2014/65/EU heißt es „... delaying the transaction in order to receive the statement of suitability in advance." Diese auf ein Recht zur Verzögerung hinweisende Formulierung ergibt nur dann einen Sinn, wenn man sie dahin interpretiert, dass der Kunde von seinem bindenden Angebot und damit auch der vollzogenen Transaktion zurücktreten kann, falls ihn die Geeignetheitserklärung nicht überzeugt. Folgt man dem nicht, so würde das Angebot zur Verschiebung lediglich die Funktion einer Warnung erfüllen.
10 Dieses Rücktrittsrecht kann mit einer angemessenen Frist verbunden werden.
11 A.A. MaComp Ziff. BT 6.2; *Buck-Heeb/Poelzig*, BKR 2017, 485, 492; *Poelzig*, Kapitalmarktrecht, 2018, Rz. 807.
12 *Roth/Blessing*, CCZ 2016, 258, 264.
13 Art. 72 Abs. 2 Satz 1 DelVO 2017/565 i.V.m. Anhang I DelVO 2017/565 (§ 83 WpHG Rz. 30).
14 § 64 Abs. 2 Satz 1 letzter Halbsatz WpHG (Das Informationsblatt muss vor dem Abschluss eines Geschäfts über Finanzinstrumente ausgehändigt oder in sonstiger Weise übermittelt werden).
15 Nicht-komplex i.S.d. Art. 57 DelVO 2017/565 (§ 4 Abs. 1 WpDVerOV). S. dazu § 63 WpHG Rz. 143 ff.
16 Art. 57 DelVO 2017/565.
17 § 4 Abs. 2 WpDVerOV (Rz. 94).
18 Eine Darstellung in Stichpunkten steht dem nicht entgegen (zum WpHG a.F. *Voß* in Just/Voß/Ritz/Becker, § 31 WpHG Rz. 398).

54 Die Kunden müssen dem als solchem erkennbaren[1] Informationsblatt alle **wesentlichen Informationen** (§ 4 Abs. 1 Satz 2 WpDVerOV) entnehmen können, die dazu beitragen, das empfohlene Finanzinstrument (§ 2 Abs. 4 WpHG) zu bewerten und mit anderen zu vergleichen. Da der Raum für die Darstellung von Informationen begrenzt ist und die Verständlichkeit unter einem zu kleinen Schriftgrad nicht leiden darf, ist die Wesentlichkeit der Information davon abhängig zu machen, wie viel Platz für die Darstellung anderer als der in den Nr. 1–5 des § 4 Abs. 1 WpDVerOV genannten Informationen verfügbar ist. Die Information muss sich auf die Wertpapierkennnummer des empfohlenen Finanzinstruments beziehen, ferner auf das **Marktsegment**[2] sowie die **Art**[3] des empfohlenen Finanzinstruments, die eine Zuordnung zu den Informationen gem. § 63 Abs. 7 WpHG erlaubt. Unter Berücksichtigung der Produktspezifika ist auch über die **„Funktionsweise"** des Finanzinstruments, insbesondere[4] über die Voraussetzungen, unter denen „Geld fließt", aufzuklären[5]. Außerdem sind die **Risiken**[6] des Finanzinstruments, vornehmlich das Kurs- bzw. Zinsänderungsrisiko, das Bonitätsrisiko[7], das Kündigungsrisiko sowie das Risiko, dass eine Garantie oder ein vergleichbarer Kapitalschutz ausfällt[8], darzustellen. Auch hier kann es angesichts des zur Verfügung stehenden Raums zu Darstellungsproblemen kommen. In einem solchen Fall sollten die relevanten Risiken nach ihrer Bedeutung für den Kunden gewichtet werden, um sicherzustellen, dass die wichtigsten Risiken genannt werden[9]. Zusätzlich müssen zur Veranschaulichung mindestens drei **Szenarien** gebildet werden[10], in denen dargelegt wird, unter welchen Umständen[11] Anleger hohe, mittlere, geringe Nettoerträge erwarten können[12] oder Kapitalverluste hinnehmen müssen[13]. Das Informationsblatt muss vollständige, ausdifferenzierte[14] Angaben zu den **Erwerbskosten** (§ 63 WpHG Rz. 110)[15] einschließlich der laufenden Kosten und Nebenkosten des empfohlenen Finanzinstruments enthalten[16]. Zu informieren ist **darüber hinaus** über das Laufzeitende, die Handelbarkeit und Währung des empfohlenen Finanzinstruments, ferner über die Art der „Zahlung" und darüber, auf welche Anlageziele das Finanzinstrument zugeschnitten ist, sowie welcher Anlagestrategie das Finanzinstrument dient. Auf Zuwendungen braucht das Informationsblatt nicht einzugehen.

55 **(2) Verständlichkeit des Informationsblattes.** Gemäß § 64 Abs. 2 Satz 1 Nr. 1 WpHG sind die Informationen, die es den Kunden der Zielgruppe ermöglichen sollen, eine verständige Anlageentscheidung zu treffen, in **leicht verständlicher Form** zu erteilen. § 64 Abs. 2 Satz 1 Nr. 1 WpHG wiederholt im Wesentlichen das, was § 63 Abs. 6 WpHG für alle von Wertpapierdienstleistungsunternehmen erteilten Informationen anordnet (Rz. 55 ff.). Das gilt auch für das Gebot, aktuelle Informationsblätter zur Verfügung zu stellen[17]. Es darf nicht

---

1 Erforderlich ist, dass das Informationsblatt eindeutig als solches nach dem Wertpapierhandelsgesetz o.Ä. bezeichnet wird (vgl. zum WpHG a.F. *Preuße/Seitz/Lesser*, BKR 2014, 70, 73).
2 Segment, in dem das Finanzinstrument gehandelt wird.
3 § 4 Abs. 1 Satz 2 Nr. 1 WpDVerOV (Rz. 94); z.B. Investmentfonds, Wandelanleihe, Bonus-Zertifikat, nicht aber der Emittent (vgl. zum WpHG a.F. BaFin, Rundschreiben 4/2013 (WA) – Produktinformationsblätter gem. §§ 31 Abs. 3a WpHG, 5a WpDVerOV v. 26.9.2013, Ziff. 3.2.1).
4 Auch Laufzeit, Stückelung, Austausch des Basiswertes oder des Schuldners, Kündigungsmöglichkeiten usw.
5 § 4 Abs. 1 Nr. 2 WpDVerOV (Rz. 94). Vgl. zum WpHG a.F. BaFin, Rundschreiben 4/2013 (WA) – Produktinformationsblätter gem. § 31 Abs. 3a WpHG, § 5a WpDVerOV v. 26.9.2013, Ziff. 3.2.2; *Voß* in Just/Voß/Ritz/Becker, § 31 WpHG Rz. 395.
6 § 4 Abs. 1 Nr. 3 WpDVerOV (Rz. 94).
7 Vgl. *Habscheck/Gaedeke/Lausberg/Eibisch/Evers*, Evaluation von Produktinformationsblättern für Geldanlageprodukte, S. 110.
8 § 63 WpHG Rz. 105. Vgl. zum WpHG a.F. BaFin, Rundschreiben 4/2013 (WA) – Produktinformationsblätter gem. § 31 Abs. 3a WpHG, § 5a WpDVerOV v. 26.9.2013, Ziff. 3.2.3.
9 Vgl. zum WpHG a.F. *Voß* in Just/Voß/Ritz/Becker, § 31 WpHG Rz. 398 f.
10 § 4 Abs. 1 Satz 2 Nr. 4 WpDVerOV (Rz. 94). Vgl. zum WpHG a.F. BaFin, Rundschreiben 4/2013 (WA) – Produktinformationsblätter gem. § 31 Abs. 3a WpHG, § 5a WpDVerOV v. 26.9.2013, Ziff. 3.2.4.
11 Hierbei sind vernünftige, realistische, „konservative" Annahmen zu machen. Droht den Anlegern die Gefahr hoher Verluste, weil Sicherungsmechanismen nur unter bestimmten Umständen wirken, so ist der Ausfall des Sicherungsmechanismus zu unterstellen, selbst wenn die Wahrscheinlichkeit hierfür gering ist.
12 Krit. zum WpHG a.F. *Preuße/Seitz/Lesser*, BKR 2014, 70, 75 (auch Brutto/Netto-Betrachtung zulässig). Vgl. auch *Habscheck/Gaedeke/Lausberg/Eibisch/Evers*, Evaluation von Produktinformationsblättern für Geldanlageprodukte, S. 111.
13 *Habscheck/Gaedeke/Lausberg/Eibisch/Evers*, Evaluation von Produktinformationsblättern für Geldanlageprodukte, S. 111 (auch Aufzählung der Renditequellen).
14 *Habscheck/Gaedeke/Lausberg/Eibisch/Evers*, Evaluation von Produktinformationsblättern für Geldanlageprodukte, S. 111; *Voß* in Just/Voß/Ritz/Becker, § 31 WpHG Rz. 404.
15 Vgl. zum WpHG a.F. *Preuße/Seitz/Lesser*, BKR 2014, 70, 76. Keine Kosten sind Zuwendungen i.S.d. § 70 WpHG (vgl. zum WpHG a.F. *Günther*, MDR 2014, 61, 64).
16 § 4 Abs. 1 Satz 2 Nr. 5 WpDVerOV (Rz. 94). Es genügt, dass die Kosten als für das Wertpapierdienstleistungsunternehmen typische Erwerbshöchstkosten in Prozent des Anlagebetrages samt Angabe einer Mindestgebühr angegeben werden und auf die Börsen-, Depotgebühren und Veräußerungskosten nur abstrakt hingewiesen wird (vgl. zum WpHG a.F. BaFin, Rundschreiben 4/2013 (WA) – Produktinformationsblätter gem. § 31 Abs. 3a WpHG, § 5a WpDVerOV v. 26.9. 2013, Ziff. 3.2.5; *Voß* in Just/Voß/Ritz/Becker, § 31 WpHG Rz. 408 f.).
17 Eingehend zum WpHG a.F. BaFin, Rundschreiben 4/2013 (WA) – Produktinformationsblätter gem. §§ 31 Abs. 3a WpHG, 5a WpDVerOV v. 26.9.2013 unter Ziff. 3.1.5; *Preuße/Seitz/Lesser*, BKR 2014, 70, 74.

unterstellt werden, dass die Kunden die Informationen i.S.d. § 63 Abs. 7 WpHG zur Kenntnis genommen und verstanden haben[1]. § 64 Abs. 2 Satz 1 Nr. 1 WpHG fordert für die Informationsblätter in Parallele zu Art. 6 Abs. 4 lit. a VO Nr. 1286/2014 (PRIIP) „leichte Verständlichkeit". Damit geht die Vorschrift ihrem Wortlaut nach über die in § 63 Abs. 7 WpHG gestellten Anforderungen an die Informationsqualität hinaus, da dieser lediglich Verständlichkeit verlangt (§ 63 WpHG Rz. 93). Hierbei ist zu bedenken, dass die Informationsblätter in der Regel erst während der oder nach dem Abschluss der Anlageberatung (Erteilung der Empfehlung) ausgehändigt werden und der Zeitraum bis zum Geschäftsabschluss kurz sein kann. Die Informationsblätter müssen deshalb in dieser Phase von einem Durchschnittsprivatkunden seiner Gruppe[2] voll verstanden werden können. Sie müssen mithin auf erstes Lesen hin ohne Rückgriff auf anderweitig erteilte Informationen, nicht aber bereits bei flüchtigem Lesen begriffen werden können. Das Informationsblatt muss deshalb knapp gehalten und lesefreundlich sein[3]. Fachtermini und komplexe Satzstrukturen sind zu vermeiden[4]; die Grafiken sind prägnant zu erläutern[5]. Das Layout darf nicht die Verständlichkeit beeinträchtigen, sondern muss die Bereitschaft erhöhen, die Informationen zur Kenntnis zu nehmen[6]. Zum Verbot der Irreführung s. § 63 WpHG Rz. 62. Irreführend wirken auch Angaben werbender Natur[7]. Das Informationsblatt braucht dort, wo für das Finanzinstrument ein **Prospekt** (WpPG) existiert, diesen weder vollständig noch vereinfacht wiederzugeben[8]. Es darf jedoch den dort enthaltenen Angaben nicht widersprechen (§ 64 Abs. 2 Satz 2 WpHG)[9].

cc) Vergleich mit den Merkmalen anderer Finanzinstrumente. Das Informationsblatt soll auch einen Vergleich zwischen verschiedenen Finanzinstrumenten ermöglichen[10]. Einem Kunden, der einen bestimmten Geldbetrag zu investieren wünscht, muss allerdings erst dann ein Informationsblatt zu einem Finanzinstrument zur Verfügung gestellt werden, wenn es ihm im Rahmen einer Anlageberatung bereits empfohlen worden ist[11]. Von ihm wird deshalb erwartet, dass er, bevor er die Empfehlung annimmt, Empfehlungen anderer Wertpapierdienstleistungsunternehmen einholt oder bereits eingeholt hat, um Vergleiche durchzuführen. Um diese zu erleichtern, sind die Informationsblätter so zu gestalten, dass das beschriebene Finanzinstrument mit den Merkmalen anderer Finanzinstrumente bestmöglich zu vergleichen ist[12]. Der WpDVerOV (Rz. 94) lässt sich allerdings nicht entnehmen, welches Muster konkurrierender Informationsblätter prägend sein soll[13]. Die Wertpapierdienstleistungsunternehmen sind deshalb, solange nicht verbindlich nähere Vorgaben zur formalen Gestaltung der Informationsblätter gemacht worden sind, nur verpflichtet, für die von ihnen empfohlenen Wertpapiere Informationsblätter nach dem gleichen Raster zu entwickeln und, sollte sich ein gebräuchliches Raster herauskristallisiert haben, dieses zu verwenden. Sie sind nicht ohne weiteres gehalten, Verbandsmuster[14] zu übernehmen.

dd) Keine sonstigen Informationen im Informationsblatt (§ 4 Abs. 1 Satz 3 WpDVerOV). Alle für die Anlageentscheidung „unwesentlichen" Informationen, aber auch nur der Werbung dienende Angaben sind aus dem Informationsblatt zu verbannen. Zulässig sind, soweit dies nicht der leichten Verständlichkeit des Informationsblattes schadet, Verweisung auf Informationen, die nicht im Informationsblatt enthalten sind, z.B. auf den Prospekt[15].

---

1 A.A. zum WpHG a.F. *Möllers* in KölnKomm. WpHG, § 31 WpHG Rz. 302.
2 Vgl. zum WpHG a.F. BaFin, Rundschreiben 4/2013 (WA) – Produktinformationsblätter gem. § 31 Abs. 3a WpHG/§ 5a WpDVerOV, Ziff. 3.1.2; *Preuße/Seitz/Lesser*, BKR 2014, 70, 73. Vgl. kritisch *Beck* in FS Uwe H. Schneider, S. 89, 102.
3 *Habschick/Gaedeke/Lausberg/Eibisch/Evers*, Evaluation von Produktinformationsblättern für Geldanlageprodukte, S. 108 f.
4 Erwägungsgründe Nr. 13, 14 DelVO Nr. 1286/2014 (PRIIP); *Habschick/Gaedeke/Lausberg/Eibisch/Evers*, Evaluation von Produktinformationsblättern für Geldanlageprodukte, S. 109; zum WpHG a.F. BaFin, Rundschreiben 4/2013 (WA) – Produktinformationsblätter gem. §§ 31 Abs. 3a WpHG, 5a WpDVerOV v. 26.9.2013 unter 3.1.2. Vgl. auch ESIS- Merkblatt (RL 2014/17/EU über Wohnimmobilienkreditverträge) für Verbraucher, das gebietet, dass rechtliche Begriffe allgemein verständlich erklärt werden müssen. Hiermit soll den Erkenntnissen der Verbraucherforschung Rechnung getragen werden (*Rott*, BKR 2015, 8, 10).
5 Vgl. *Preuße/Seitz/Lesser*, BKR 2014, 70, 76; *Habschick/Gaedeke/Lausberg/Eibisch/Evers*, Evaluation von Produktinformationsblättern für Geldanlageprodukte, S. 109.
6 Vgl. Art. 6 Abs. 4 Satz 2 lit. a VO Nr. 1286/2014.
7 S. Rz. 57. Vgl. Art. 6 Abs. 2 VO Nr. 1286/2014 (PRIIP)
8 Vgl. *Preuße/Seitz/Lesser*, BKR 2014, 70, 74.
9 Dem Prospekt wird schon dann widersprochen, wenn die dort enthaltenen Angaben abgeschwächt werden. Krit. zum Erfordernis der Vereinbarkeit zum WpHG a.F. *Otto*, WM 2010, 2013, 2017 f.
10 § 4 Abs. 1 Satz 2 Halbsatz 2 WpDVerOV (Rz. 94).
11 Ein Vergleich der für den Anleger in Betracht kommenden Finanzprodukte wird nur dann erleichtert, wenn der Kunde bei einer Beratung durch Dritte weitere Informationsblätter erhält oder die Empfehlung sich auf Alternativen bezieht, und nur geringfügig erleichtert, wenn der Kunde sich selbst anderweitig informiert, bevor er die Empfehlung befolgt. Da der Kunde in Hinblick auf andere in Betracht kommende Finanzinstrumente nicht über die in einem Informationsblatt komprimierten Informationen verfügt, muss er diese nämlich selbst suchen und strukturieren, um sie mit den Informationen, die das Informationsblatt liefert, zu vergleichen.
12 § 4 Abs. 1 Satz 2 Halbsatz 2 WpDVerOV (Rz. 94).
13 Krit. auch zum WpHG a.F. *Möllers* in KölnKomm. WpHG, § 31 WpHG Rz. 313, 316.
14 Vgl. zum WpHG a.F. PIP-Glossar sowie Broschüre dazu (www.die-deutsche-kreditwirtschaft.de) v. 2.9.2013; Fairness Kodex des Deutschen Derivate Verbandes, vgl. *Preuße/Seitz/Lesser*, BKR 2014, 70, 76 f.
15 Vgl. Art. 6 Abs. 2 VO Nr. 1286/2014.

58 **ee) Aktien.** Bei Aktien, die zum Zeitpunkt der Anlageberatung an einem organisierten Markt gehandelt werden, darf[1] nach § 64 Abs. 2 Satz 3 WpHG[2] anstelle des Informationsblattes nach § 64 Abs. 2 Satz 1 Nr. 1 WpHG ein standardisiertes Informationsblatt verwendet werden (§ 4 Abs. 3 WpDVerOV [Rz. 94]). Wird einem Kunden ein derartiges Informationsblatt zur Verfügung gestellt, sind die Kunden über alle Kosten und Nebenkosten i.S.d. § 63 Abs. 7 Satz 3 und 4 WpHG unverlangt mittels einer formalisierten Kostenaufstellung (§ 63 Abs. 14 WpHG) zu informieren (§ 63 Abs. 7 Satz 11 WpHG).

59 **ff) Rechtzeitige Zur-Verfügung-Stellung des Informationsblattes.** Gemäß § 64 Abs. 2 Satz 1 Halbsatz 1 WpHG muss eine **Anlageberatung** (Rz. 2 ff.) stattgefunden haben[3], von der man streng genommen erst dann sprechen kann, wenn eine Empfehlung zu einem bestimmten Finanzinstrument oder zu einem eng begrenzten Kreis von Finanzinstrumenten (Rz. 2, 4) ergangen ist[4]. Die Empfehlung muss sich auf den Erwerb oder die Veräußerung von Finanzinstrumenten (§ 2 Abs. 4 WpHG) beziehen. Das Informationsblatt kann dem Kunden unmittelbar **ausgehändigt** oder **zugesandt** werden. Gemäß § 4 Abs. 2 WpDVerOV (Rz. 94) darf es auch „**als elektronisches Dokument**" bereitgestellt werden. Dies kann in Form einer E-Mail erfolgen, durch schreibgeschützte Einstellung in das Kundenpostfach[5] oder durch Aushändigung eines Datenträgers (§ 2 Abs. 43 WpHG). Gleichzustellen ist die Zurverfügungstellung auf einem qualifizierten dauerhaften Datenträger[6]. Der bloße Verweis auf eine Internetseite genügt dagegen nicht ohne weiteres. Der Kunde muss nämlich wie bei einem Blatt Papier in die Lage versetzt werden, das Dokument verkörpert in seinen Besitz zu bringen oder[7] es zumindest unschwer auf seinem Rechner zu speichern[8], weil das Dokument nur dann in seine Verfügungsgewalt gelangt.

60 Das Informationsblatt kann aber bereits **vor Erteilung der Empfehlung** zur Verfügung gestellt werden. § 64 Abs. 2 Satz 1 Halbsatz 1 WpHG verpflichtet lediglich zur „**rechtzeitigen**" Zur-Verfügung-Stellung des Informationsblatts vor Abschluss eines Geschäftes. Damit sind die Geschäfte gemeint, die im Laufe der Anlageberatung empfohlen worden sind. Dem Zweck der Vorschrift zufolge heißt dies spätestens „vor Abgabe der den Kunden endgültig bindenden Willenserklärung", bei Einräumung eines Rücktrittsrechts „vor Ablauf der Rücktrittsfrist". Der Zeitraum zwischen der Übermittlung des Informationsblattes und dem Abschluss des Geschäfts muss so geräumig sein, dass der Kunde es in Ruhe studieren kann[9]. Die Zeitspanne hängt von der Komplexität des Finanzinstruments und der Fülle der Informationen ab[10]. Gegebenenfalls ist dem Kunden anzuraten, für den Geschäftsabschluss die Filiale erneut aufzusuchen oder in sonstiger Weise erneut Kontakt zum Wertpapierdienstleistungsunternehmen zu suchen.

61 **Weigert sich der Kunde**, das Informationsblatt entgegenzunehmen, ist keine Parallele zu Art. 54 Abs. 8 DelVO 2017/565 mit seinem Verbot der Anlageberatung geboten. Die Kunden können zwar nicht ex ante vertraglich auf die Aushändigung des Informationsblatts verzichten; sie müssen sich jedoch keines aufdrängen lassen. Das Wertpapierdienstleistungsunternehmen kann die Informationsbarriere hinnehmen. Gleichwohl darf der Geschäftsabschluss erst angemessene Zeit nach dem Angebot, ein Informationsblatt auszuhändigen, erfolgen; denn es ist denkbar, dass der Kunde die angebotenen Informationen doch noch anfordert. Der Kunde, der sich ersichtlich das Informationsblatt vor der Beratung aus dem Internet besorgt hat, kann die Order unmittelbar nach der Empfehlung erteilen.

62 **e) Befolgung der Empfehlung.** Befolgt der Kunde die Empfehlung und gibt eine entsprechende Order, so kommt nicht § 63 Abs. 10 WpHG zum Tragen. Vielmehr darf das Wertpapierdienstleistungsunternehmen die Order bei Privatkunden nach Übermittlung eines Informationsblatts und einer Geeignetheitserklärung (Rz. 48), bei sonstigen Kunden ohne weiteres ausführen. Dies gilt auch dann, wenn ein Kunde die Order erst einige Zeit nach der Beratung erteilt, sofern das Wertpapierdienstleistungsunternehmen vernünftigerweise annehmen muss, dass die Order aufgrund der Beratung erfolgt und sich die Verhältnisse nicht wesentlich geändert haben.

63 **4. Besonderheiten bei der Unabhängigen Honorar-Anlageberatung (§ 64 Abs. 5 WpHG). a) Voraussetzungen und Schranken der Unabhängigen Honorar-Anlageberatung (Art. 53 Abs. 2 DelVO 2017/565) und der Ausführung der Empfehlung. aa) Spezialisierung.** Zur **Selbstdarstellung** s. Rz. 15 ff. Grundsätzlich können sich Wertpapierdienstleistungsunternehmen mit einer Unabhängigen Honorar-Anlageberatung[11] an alle

---

1 Die Verwendung des Informationsblatts ist nicht geboten, wenn ein produktindividuelles Informationsblatt eingesetzt wird. Beide Arten von Informationsblättern können gleichzeitig verwendet werden (Begr. RegE § 4 Abs. 3 WpDVerOV).
2 In der Fassung vom 1.7.2018.
3 „… im Fall einer Anlageberatung".
4 Abw. zum WpHG a.F. BaFin, Rundschreiben 4/2013 (WA) – Auslegung gesetzlicher Anforderungen an die Erstellung von Informationsblättern gem. § 31 Abs. 3a WpHG/§ 5a WpDVerOV, Ziff. 1; dem zufolge kommt es wohl nicht darauf an, ob eine konkrete Anlageberatung begonnen hat.
5 Vgl. zum WpHG a.F. *Preuße/Seitz/Lesser*, BKR 2014, 70, 73.
6 Art. 3 Abs. 1 DelVO 2017/565.
7 Ausdruck- *und* speicherbar: BaFin, Rundschreiben 4/2013 – Auslegung gesetzlicher Anforderungen an die Erstellung von Informationsblättern gem. § 31 Abs. 3a WpHG/§ 5a WpDVerOV, Ziff. 2; *Preuße/Seitz/Lesser*, BKR 2014, 70, 73.
8 *Allerdings* erlauben moderne Browser, Internetseiten als pdf-Dateien abzuspeichern.
9 Erwägungsgrund Nr. 83 RL 2014/65/EU.
10 Erwägungsgrund Nr. 83 RL 2014/65/EU.
11 Kritisch zum Modell der Unanhängigen Honorar-Anlageberatung, *Heese*, Beratungspflichten, 2015, S. 406 ff.

potentiellen Kunden wenden. Spezialisieren sie sich bei ihrer Unabhängigen Honorar-Anlageberatung auf **bestimmte Kategorien** von oder auf ein **konkretes Spektrum an Finanzinstrumenten** (§ 2 Abs. 4 WpHG), dürfen sie **Neukunden** allerdings nur dann beraten[1], wenn ihr Geschäftsmodell den Bedürfnissen und Zielen dieser Kunden gerecht wird und das Spektrum an Finanzinstrumenten für deren Bedürfnisse und Ziele zweckmäßig ist. Um dies einschätzen zu können, haben die Wertpapierdienstleistungsunternehmen wie bei einer nicht-unabhängigen Anlageberatung zunächst in Grundzügen die Anlageziele, die Risikotoleranz sowie die Kenntnisse und Erfahrungen (Rz. 27 ff.) der Neukunden zu eruieren[2]. Die **Spezialisierung** eines Wertpapierdienstleistungsunternehmens trägt den Bedürfnissen und Zielen der Kunden nicht ausreichend Rechnung, falls deren Bedürfnisse und Ziele erkennbar auf der Basis einer breiteren Palette an Finanzinstrumenten, die auf dem Markt verfügbar sind, Rechnung getragen werden sollte, selbst wenn das Spektrum an Finanzinstrumenten, auf das sich das Wertpapierdienstleistungsunternehmen spezialisiert hat, für die Kunden grundsätzlich geeignet[3] ist.

bb) Marktanalyse, Umfang der Beratung. Das Wertpapierdienstleistungsunternehmen muss sich laufend einen ausreichenden Marktüberblick verschaffen und das Angebot bewerten[4]. Dazu ist eine objektive[5] und ausgewogene[6] **Marktanalyse** durchzuführen, die sich auf eine **angemessene Anzahl** der auf dem Markt verfügbaren Finanzinstrumente einschließlich alternativer Angebote erstreckt[7] und ausländische Anbieter[8] einschließt. Die Untersuchung kann auf diejenigen Märkte begrenzt werden, die für den Kundenkreis des Wertpapierdienstleistungsunternehmens oder den konkreten Kunden[9] von Interesse sein können[10].

Die im Rahmen der Beratung zu berücksichtigenden Finanzinstrumente (§ 2 Abs. 4 WpHG) müssen nach **Anzahl** und **Vielseitigkeit** für die auf dem Markt verfügbaren Finanzinstrumente hinreichend **repräsentativ**, hinreichend breit **gestreut**[11] und für hinreichend **vielfältige Anlagezwecke geeignet** sein[12]. Es darf nicht nur[13] zu Finanzinstrumenten beraten werden, die das Wertpapierdienstleistungsunternehmen oder ein mit ihm eng verbundenes[14] oder in anderer Weise eng verflochtenes[15] Unternehmen **selbst emittiert oder anbietet**[16]. Der Art. 53 Abs. 1 Satz 2 lit. c DelVO 2017/565 gibt den Wertpapierdienstleistungsunternehmen aber lediglich vor, dass das **Verhältnis zwischen** einerseits **den von ihnen selbst** oder von mit ihnen **eng verbundenen**[17] Unternehmen ausgegebenen Finanzinstrumenten und andererseits den Finanzinstrumenten **sonstiger Dritter** angemessen[18] sein muss. Für die Konkretisierung dieses Gebot sind keine verlässlichen Anhaltspunkte erkennbar[19]. Denkbar wäre es, zu

---

1 Art. 53 Abs. 2 lit. c DelVO 2017/565 spricht nicht von Empfehlung, sondern schlechthin von Dienstleistung („service").
2 Abw. *Balzer*, ZBB 2016, 226, 231 (Kunden sollen angeben, ob sie lediglich an einer Investition in die angebotene spezifischen Kategorie von Finanzinstrumenten oder an einem bestimmten Spektrum von Finanzinstrumenten interessiert sind).
3 „suitable"; „convient".
4 Art. 53 Abs. 1 DelVO 2017/565; Erwägungsgrund Nr. 73 Satz 2 RL 2014/65/EU.
5 Art. 53 Abs. 1 Satz 2 lit. d DelVO 2017/565. Die Auswahl hat unvoreingenommen zu erfolgen. Zu berücksichtigen sind alle relevanten Aspekte, wie Risiken, Kosten und Komplexität sowie die Eigenschaften der Kunden.
6 Zu Einzelheiten s. Art. 53 Abs. 1 Satz 2 DelVO 2017/565.
7 Erwägungsgrund Nr. 70 Satz 4 DelVO 2017/565.
8 Gemeint sind Personen, die die Finanzinstrumente im Rahmen einer Fremdemission fest auf eigene Rechnung übernommen haben (*Grundmann* in Staub, HGB, Band 11/1, 6. Teil Rz. 18). Gleiches gilt für die Eigenemittenten.
9 Vgl. zum WpHG a.F. *Balzer*, Bankrechtstag 2013, S. 167.
10 Art. 53 Abs. 2 DelVO 2017/565; Erwägungsgrund Nr. 73 RL 2014/65/EU; vgl. auch zum WpHG a.F. *Müchler/Trafkowski*, ZBB 2013, 101, 108; wegen der Unbestimmtheit der Pflicht krit. *Grigoleit*, ZHR 177 (2013), 264, 297.
11 § 64 Abs. 5 Unterabs. 1 Nr. 1 lit. a WpHG. Im Erwägungsgrund Nr. 70 Satz 3 DelVO 2017/565 ist davon die Rede, dass die Auswahl in Bezug auf den Umfang der Beratung, die Kundenpräferenzen und Kundenbedürfnisse verhältnismäßig sein müsse.
12 Art. 53 Abs. 1 Satz 2 lit. a, b DelVO 2017/565; § 64 Abs. 5 Nr. 1 WpHG (ausreichende Palette).
13 Der ESMA35-43-349 v. 10.7.2017, Questions and Answers on MiFID II and MiFIR investor protection and intermediaries topics, 5 Investment advice, Answer 1) zufolge gefährdet ein Wertpapierdienstleistungsunternehmen seine Tätigkeit als unabhängiger Anlageberater, bereits dann, wenn er häufig (frequently) oder routinemäßig (routinely) Finanzinstrumente empfiehlt, die er oder ein eng mit ihm verbundenes (§ 2 Abs. 28 WpHG) Unternehmen emittiert oder anbietet.
14 Vgl. § 2 Abs. 28 WpHG; Art. 4 Abs. 1 Nr. 35 RL 2014/65/EU.
15 Ob eine enge Verflechtung besteht, ist danach zu beurteilen, ob die Unabhängigkeit der Beratung gefährdet werden „könnte" (§ 64 Abs. 5 Satz 1 Nr. 1 lit. b WpHG, Art. 24 Abs. 7 lit. a Ziff. ii RL 2014/65/EU).
16 § 64 Abs. 5 Satz 1 Nr. 1 lit. b WpHG; Art. 53 Abs. 1 Satz 2 lit. c DelVO 2017/565. Gemeint sind Personen, die die Finanzinstrumente im Rahmen einer Fremdemission fest auf eigene Rechnung übernommen haben (*Grundmann* in Staub, HGB, Band 11/1, 6. Teil Rz. 18).
17 Art. 4 Abs. 1 Nr. 35 RL 2014/65/EU.
18 *Roth/Blessing*, CCZ 2016, 258, 259 stellen darauf ab, ob der Anteil der Finanzinstrumente Dritter „ausreichend" ist.
19 Der Erwägungsgrund Nr. 70 DelVO 2017/565 spricht von Verhältnismäßigkeit in Bezug auf den Umfang der erteilten Beratung, sowie in Hinblick auf die Kundenpräferenzen und -bedürfnisse. Aus der Perspektive des Anlegerschutzes ist es bedenklich, auf den Umfang der Beratung abzustellen, weil der Kunde nicht wissen kann, in welchem Umfang er beraten wird. Auf die Kundenpräferenzen kann es nur ankommen, wenn lediglich ein eng begrenzter Kundenkreis mit weitgehend homogenen Wünschen angesprochen wird. *Grundmann*, ZBB 2018, 1, 16 zufolge geht es darum, den Wertpapierdienstleistungsunternehmen zu erlauben, „überhaupt ein wirtschaftliches Geschäftsmodell" zu entwickeln.

fordern, dass jedenfalls in dem Bereich, in dem die meisten Empfehlungen ausgesprochen werden, auch jeweils ein von einem unabhängigen Dritten emittiertes oder angebotenes Finanzinstrument als geeignet in Betracht kommt. Einen gewissen Schutz der Kunden bietet § 64 Abs. 6 Satz 1 WpHG (Rz. 71). Die ESMA verlangt, dass die Wertpapierdienstleistungsunternehmen Vorkehrungen[1] treffen, um regelmäßig zu prüfen, ob und warum unverhältnismäßig oft eigene Finanzinstrumente oder solche eng verbundener oder sonst eng verflochtener Unternehmen empfohlen werden[2]. Zulässig ist es, außergewöhnliche Anlagezwecke unberücksichtigt zu lassen. Das bedeutet nicht, dass Berater außergewöhnliche Anlagebedürfnisse ignorieren dürfen. Sie sind nämlich verpflichtet, auf eine Empfehlung zu verzichten, die nicht in jeder Hinsicht den Geboten der **Geeignetheit** (Rz. 41) entspricht.

66 cc) **Zuwendungen, Festpreisgeschäfte.** Die Wertpapierdienstleistungsunternehmen dürfen sich die Beratung nur von denjenigen Kunden[3] **vergüten** lassen, die sie mit der Beratung beauftragt haben[4]. Da die Kunden vor Beginn der Beratung zu informieren sind, dass eine Unabhängige Honorar-Anlageberatung erbracht wird (Rz. 15), kommt ein Geschäftsbesorgungsvertrag mit dienstvertraglichen Elementen zustande (§§ 675, 611 BGB). Die Höhe der Vergütung kann stillschweigend vereinbart sein (§ 612 BGB, § 354 HGB).

67 Grundsätzlich dürfen keine **Zuwendungen**[5] Dritter angenommen oder z.B. Dritten, die eine unabhängige Anlageberatung betreiben, gewährt[6] werden[7]. Eine Ausnahme gilt ausschließlich[8] für *monetäre* Zuwendungen unter der Voraussetzung, dass das empfohlene oder ein in gleicher Weise geeignetes[9] Finanzinstrument ohne Zuwendungen nicht erhältlich ist[10]. Die Wertpapierdienstleistungsunternehmen sind mithin verpflichtet, in erster Linie sog. Nettoprodukte zu empfehlen[11]. Erlangte Zuwendungen sind einschließlich der sog. Bestandsprovisionen unverzüglich (§ 121 BGB) ohne Verrechnung[12] mit eigenen Forderungen an die Kunden abzuführen[13]. Beachte § 80 WpHG Rz. 128. Die Kunden sind gem. § 70 Abs. 1 Satz 1 Nr. 2 WpHG darüber aufzuklären, dass dem Wertpapierdienstleistungsunternehmen Zuwendungen zufließen und zusätzlich gem. § 64 Abs. 5 2 Satz 4 WpHG darüber, dass sie ausgekehrt worden sind[14]. Den Kunden ist außerdem mitzuteilen, wie bei der Auskehrung der Zuwendungen verfahren wird (§ 70 Abs. 5 WpHG).

68 Die Empfehlung kann immer mittels eines Finanzkommissionsgeschäfts (§ 2 Abs. 8 Nr. 1 WpHG) oder einer Abschluss- bzw. Anlagevermittlung (§ 2 Abs. 8 Nr. 3f. WpHG) **ausgeführt** werden. Dem Wertpapierdienstleistungsunternehmen ist es jedoch grds. verwehrt, seine Empfehlung zu einem festen oder bestimmbaren Preis für eigene Rechnung als **Festpreisgeschäft** auszuführen (§ 64 Abs. 6 Satz 2 WpHG). Ausgenommen sind Festpreisgeschäfte über Finanzinstrumente, deren Anbieter[15] oder Emittent[16] das beratende Wertpapierdienstleistungs-

---

1 D.h. für einen systematischen und folgerichtigen Ablauf sorgen.
2 ESMA 2016/1444 v. 16.12.2016, Questions and Answers on MiFID II and MiFIR investor protection topics, unter „Investment advice on an independent basis", Question 1.
3 Vgl. § 70 Abs. 1 Satz 1 Halbsatz 2 WpHG.
4 § 64 Abs. 1 Satz 1 Nr. 2 WpHG.
5 Zum Begriff der Zuwendungen und den Personen, die Zuwendungen leisten, s. Erläuterungen zu § 70 WpHG. Dritte wenden auch dann etwas zu, wenn sie zwar bewusst im Namen des Kunden Gebühren, Provisionen oder nicht-monetäre Vorteile zahlen und gewähren, die Leistung jedoch nicht auf eine durch Vereinbarung zwischen dem Kunden und dem Wertpapierdienstleistungsunternehmen begründete Forderung erbracht wird (Erwägungsgrund Nr. 75 Satz 1 RL 2014/65/EU).
6 ESMA35-43-349 v. 10.11.2017, Questions and Answers, 12 Inducements, Answer 1.
7 § 64 Abs. 5 Satz 2 ff. WpHG.
8 Arg. e § 64 Abs. 5 Satz 2 f. WpHG. Art. 24 Abs. 7 lit. b Satz 2 RL 2014/65/EU, Erwägungsgrund Nr. 74 Satz 5 RL 2014/65/EU sowie Art. 12 Abs. 3 DelRL 2017/593 halten dagegen ebenso wie bei der Vermögensverwaltung kleinere nichtmonetäre Vorteile für zulässig, die die Servicequalität verbessern können und die von ihrem Umfang und ihrer Art her nicht vermuten lassen, dass sie die Einhaltung der Pflicht, im bestmöglichen Interesse der Kunden zu handeln, beeinträchtigen und die unmissverständlich offen gelegt werden. Auch *Roth/Blessing*, CCZ 2016, 258, 260 plädieren dafür, den Wertpapierdienstleistungsunternehmen zu erlauben, geringfügige nichtmonetäre Vorteile anzunehmen und ihnen allenfalls die Pflicht aufzuerlegen, deren Geldwert in bar zu erstatten. Die Erstattung ist jedoch in aller Regel unpraktikabel, weil sich nichtmonetäre Zuwendungen, wie Schulungsmaterialien, auf eine Vielzahl von Kunden beziehen.
9 Vgl. auch Rz. 41.
10 § 64 Abs. 5 Satz 3 WpHG (anders Art. 24 Abs. 7 lit. b Satz 1 RL 2014/65/EU). Ob in gleicher Weise geeignete Finanzinstrumente provisionsfrei verfügbar sind, ist bereits bei Erstellung des Sortiments an Finanzinstrumenten zu berücksichtigen.
11 Vgl. zum WpHG a.F. Beschlussempfehlung und Bericht des Finanzausschusses, BT-Drucks. 17/13131, 24.
12 In Art. 12 Abs. 1 Unterabs. 1 Satz 3 DelRL 2017/593 heißt es: in vollem Umfang.
13 Gemäß den §§ 667, 675 BGB, § 384 Abs. 2 HGB (§ 64 Abs. 5 Satz 4 WpHG); Art. 12 Abs. 1 DelRL 2017/593; Erwägungsgrund Nr. 74 Satz 2 RL 2014/65/EU.
14 Art. 24 Abs. 9 Unterabs. 2 Satz 2 RL 2014/65/EU; Erwägungsgrund Nr. 25 DelRL 2017/593.
15 In der englischen Sprachfassung des Art. 52 Abs. 2, 3, 4 DelVO 2017/565 „provider, provided". Der Begriff „Anbieter" ist nicht in Parallele zu Art. 50 Abs. 5 lit. a DelVO 2017/565 im Sinn eines Vermarkters (markets) zu verstehen, der auf eigene Rechnung anbietet, sondern bezieht sich auf Unternehmen, die eine Fremdemission fest auf eigene Rechnung übernommen haben (*Grundmann* in Staub, HGB, Band 11/1, 6. Teil Rz. 18).
16 Dies betrifft die Fälle, in denen das Wertpapierdienstleistungsunternehmen im Rahmen einer Eigenemission das Finanzinstrument bei seinen Kunden platziert (Begr. RegE Gesetz zur Förderung und Regulierung einer Honorarberatung über Finanzinstrumente, BT-Drucks. 17/12295, 15).

unternehmen selbst ist (§ 64 Abs. 6 Satz 3 WpHG)[1]. Der Selbsteintritt bei Kommissionsgeschäften (§ 400 HGB) ist dagegen den Wertpapierdienstleistungsunternehmen aus der Sicht des WpHG immer erlaubt, weil sich die Konditionen des Selbsteintritts am Börsenpreis orientieren[2].

dd) Organisation. Im Rahmen der Unabhängigen Honorar-Anlageberatung dürfen nur solche natürlichen[3] Personen tätig werden, die nicht zugleich auf dem Feld der nicht-unabhängigen Anlageberatung aktiv werden[4]. Zu den Anforderungen an die **Organisation** der Wertpapierdienstleistungsunternehmen, die unabhängig beraten, s. ferner § 80 WpHG Rz. 125 ff. 69

b) Informationen über die Unabhängige Honorar-Anlageberatung. aa) Infomationen vor Beginn der Anlageberatung. S. dazu Rz. 15 ff. 70

bb) Information vor Erteilung der Empfehlung (Art. 53 DelVO 2017/565; § 64 Abs. 6 WpHG). Um der beschränkten Aufnahmefähigkeit vieler Kunden Rechnung zu tragen, sind diese für jedes zu empfehlende Finanzinstrument mittels eines dauerhaften Datenträgers[5] *unmittelbar vor* der Empfehlung darüber aufzuklären (§ 3 Abs. 1 WpDVerOV), dass das Wertpapierdienstleistungsunternehmen das Finanzinstrument, dessen Empfehlung beabsichtigt ist, selbst anbietet[6] oder emittiert hat oder eng mit dem Anbieter bzw. Emittenten verbunden oder in sonstiger Weise wirtschaftlich eng verflochten ist (§ 64 Abs. 6 Satz 1 Nr. 1, 2)[7]. Auch auf ein etwaiges Gewinninteresse[8] und somit auch auf den daraus resultierenden Interessenkonflikt ist in dieser Form aufmerksam zu machen (§ 64 Abs. 6 Satz 1 Nr. 3 WpHG). 71

c) Einholung von Informationen beim Kunden. Es gelten gem. § 64 Abs. 3 Satz 1 WpHG die für die nicht-unabhängige Anlageberatung entwickelten Regeln (Rz. 24 ff.). 72

d) Erteilung der Empfehlung, Geeignetheitserklärung. Gemäß § 64 Abs. 5 Satz 7 WpHG gelten die für die nicht-unabhängige Anlageberatung entwickelten Regeln (Rz. 40 ff.). 73

e) Informationsblatt. S. dazu Rz. 52 ff. 74

f) Ausführung der Empfehlung. S. Rz. 68. 75

5. Regelmäßige Berichte über die Geeignetheit der empfohlenen Finanzinstrumente (§ 64 Abs. 8 Satz 2 WpHG). Hat das Wertpapierdienstleistungsunternehmen einen Kunden gem. § 64 Abs. 1 Nr. 3 WpHG darüber unterrichtet, dass es regelmäßig prüfe, ob die empfohlenen Finanzinstrumente (§ 2 Abs. 4 WpHG) geeignet sind (Rz. 13), muss es bei der Prüfung einen Rhythmus von höchstens einem Jahr einhalten[9]. Es hat in den an Privatkunden adressierten Berichten zu erklären, warum die Anlage noch ihren Anlagezielen, ihrer Risikotoleranz und ihren finanziellen Verhältnissen sowie ihren Kenntnissen und Erfahrungen entspricht. Die Wertpapierdienstleistungsunternehmen dürfen nur über relevante Veränderungen unterrichten, die sich in der Zwischenzeit ergeben haben[10]. 76

III. Vermögensverwaltung (Finanzportfolioverwaltung [§ 64 Abs. 3, 7 f. WpHG]). 1. Allgemeines. Vermögensverwaltung (Finanzportfolioverwaltung [§ 2 WpHG Rz. 148 ff.]) ist die Verwaltung von Finanzinstrumenten des Kunden durch[11] einen Vermögensverwalter, dem ein mehr oder minder großer Entscheidungsspielraum[12] 77

---

1 Zutr. krit. *Heese*, Beratungspflichten, 2015, S. 394.
2 Vgl. zum WpHG a.F. *Balzer*, Bankrechtstag 2013, S. 171 f. Krit. zum WpHG a.F. *Müchler/Trafkowski*, ZBB 2013, 101, 110.
3 Die als juristische Personen organisierten Wertpapierdienstleistungsunternehmen sind somit nicht gehindert, nebeneinander die Unabhängige Honorar-Anlageberatung und die nicht-unabhängige Anlageberatung zu betreiben (näher § 80 WpHG Rz. 125).
4 Art. 53 Abs. 3 lit. c Satz 2 DelVO 2017/565.
5 § 3 Abs. 2 WpDVerOV (Rz. 94).
6 In der englischen Sprachfassung des Art. 52 Abs. 2, 3, 4 DelVO 2017/565 „provider, provided". Der Begriff „Anbieter" ist nicht in Parallele zu Art. 50 Abs. 5 lit. a DelVO 2017/565 im Sinn eines Vermarkters (markets) zu verstehen. Gemeint sind Personen, die die Finanzinstrumente im Rahmen einer Fremdemission fest auf eigene Rechnung übernommen haben (*Grundmann* in Staub, HGB, Band 11/1, 6. Teil Rz. 18).
7 Dies entspricht dem § 64 Abs. 5 Satz 1 Nr. 1 lit. b WpHG (Rz. 65) mit dem Unterschied, dass dort auch von einer „rechtlichen" Verbindung die Rede ist. Wo eine rechtliche Verbindung existiert, wird in aller Regel auch eine wirtschaftliche Verflechtung zu konstatieren sein.
8 Das Interesse ist nicht zu quantifizieren. Der mit dem Hinweis verbundene Warneffekt ist deshalb gering (vgl. *Weinhold*, Die Vergütung der Anlageberatung zu Kapitalanlagen, S. 256).
9 Art. 54 Abs. 13 DelVO 2017/565.
10 Art. 54 Abs. 12 Unterabs. 3 DelVO 2017/565.
11 Keine Vermögensverwaltung i.S.d. § 64 Abs. 7 WpHG ist die Vermittlung einer Vermögensverwaltung durch einen Dritten.
12 Dieser Entscheidungsspielraum besteht auch dann, wenn die Entscheidung durch Computersysteme getroffen wird, da diese auf von Menschen produzierten und abänderbaren Algorithmen beruhen (Art. 54 Abs. 1 Unterabs. 2 DelVO 2017/565; ebenso i.E. *Baumanns*, BKR 2016, 366, 369); *Möslein*, ZIP 2017, 793, 796.

§ 64 | Verhaltenspflichten, Organisationspflichten, Transparenzpflichten

eingeräumt worden ist[1]. Für die Vermögensverwaltung gilt primär § 63 Abs. 1 Nr. 1, 2 WpHG. Außerdem sind die Abs. 3, 6, 7 des § 63 WpHG zu beachten.

78 **2. Informationen durch das Wertpapierdienstleistungsunternehmen (Art. 47 Abs. 2, 3 DelVO 2017/565).** Die potentiellen Kunden, denen eine Vermögensverwaltung vorgeschlagen wird, sind rechtzeitig[2] vor Vertragsschluss zusätzlich zu den gem. § 63 Abs. 7 WpHG zu erteilenden Informationen über die **Art der Finanzinstrumente** (§ 2 Abs. 4 WpHG), die in das Kundenportfolio aufgenommen werden können[3], über die **Art der Geschäfte**, die mit diesen Instrumenten ausgeführt werden können, über die Zulässigkeit von Investitionen in nicht auf einem geregelten Markt zugelassene Finanzinstrumente oder in Derivate (§ 2 Abs. 35 WpHG) oder in illiquide oder hochvolatile Finanzinstrumente aufzuklären. Ferner sind sie über die Berechtigung des Vermögensverwalters zu unterrichten, Leerverkäufe, Käufe auf Kredit, Wertpapierfinanzierungsgeschäfte oder sonstige Geschäfte zu tätigen, die Eventualverbindlichkeiten begründen oder die mit der Einlage von Sicherheiten oder Wechselkursrisiken verbunden sind[4]. Art. 47 Abs. 3 Satz 1 lit. a, b DelVO 2017/565 schreibt darüber hinaus vor, Angaben zu machen, in welcher Art und wie häufig die Finanzinstrumente im Portfolio **bewertet** werden. Die Kunden sind außerdem im einzelnen über die Zulässigkeit einer **Delegation** der Vermögensverwaltung zu informieren. Das vom Vermögensverwalter zu beachtende **Risikoniveau**, die **Managementziele** sowie die spezifischen Einschränkungen der Anlagetätigkeit sind ebenfalls darzulegen[5]. Soweit Art. 47 Abs. 3 Satz 1 lit. c DelVO 2017/565 vorschreibt, eine **Vergleichsgröße** zu benennen, anhand derer die Wertentwicklung des Portfolios verglichen werden kann, kollidiert diese Vorschrift mit Art. 60 Abs. 2 lit. e DelVO 2017/565, wonach eine Vergleichsgröße „vereinbart" werden muss. Art. 47 Abs. 3 Satz 1 lit. c DelVO 2017/565 ist deshalb dahin zu interpretieren, dass die Vergleichsgröße nur angegeben zu werden braucht, wenn das Wertpapierdienstleistungsunternehmen zu einer entsprechenden Vereinbarung bereit ist.

79 **3. Einholung von Informationen bei den Kunden (§ 64 Abs. 3 WpHG).** In Parallele zur Anlageberatung (Rz. 2 ff.) haben Wertpapierdienstleistungsunternehmen, die bestimmten (potentiellen) Kunden eine Vermögensverwaltung anbieten, bei ihren Kunden Informationen einzuholen[6]. S. Rz. 24 ff. Werden voll- oder halbautomatische Verfahren eingesetzt (Rz. 8), so ist dafür zu sorgen, dass ausreichend differenziert Fragen gestellt werden[7]. Eine **individualisierte Befragung** der einzelnen Kunden ist selbst dort erforderlich[8], wo einem Kunden nur standardisierte Verwaltungsformen angeboten werden, weil individuell geprüft werden muss, ob diese für den befragten Kunden geeignet sind (Rz. 41).

80 § 64 Abs. 3 Satz 1 Nr. 1 WpHG schreibt vor, sich der Kenntnisse und Erfahrungen der Kunden hinsichtlich der Finanzinstrumente oder Wertpapierdienstleistungen zu **vergewissern**. Dabei ist zu berücksichtigen, dass die eingeholten Informationen nicht bereits bei Abschluss des Vermögensverwaltungsvertrages vorliegen müssen, sondern erst dann, wenn der Vermögensverwalter im Rahmen der Finanzportfolioverwaltung Geschäfte tätigen will. Soweit die **Kenntnisse** und **Erfahrungen** des jeweiligen Kunden zu ermitteln sind, kommt es nur auf diejenigen Finanzinstrumente an, die Gegenstand der Anlagerichtlinien sind[9]. Geschäfte in Finanzinstrumenten, zu denen die Kenntnisse und Erfahrungen des Kunden nicht erforscht worden sind, müssen unterbleiben. In gleicher Weise wie bei der Anlageberatung sind die **finanziellen Verhältnisse** des Kunden (Rz. 35), seine **Anlageziele** (Rz. 29) sowie seine **Risikotoleranz** (Rz. 31) insbesondere in Hinblick auf das Portfolio zu erkunden[10]. Da die einzelnen Anlageentscheidungen vom Vermögensverwalter getroffen werden, brauchen die Kenntnisse und Erfahrungen des Kunden in den Finanzinstrumenten nicht im Detail erforscht zu werden[11]. Der Vermögensverwalter kann sich im gleichen Umfang wie bei der Anlageberatung auf die Richtigkeit und Lückenlosigkeit der Auskünfte der Kunden verlassen (Rz. 39). Er hat sich in regelmäßigen Abständen um die Aktualisierung der Informationen zu bemühen (Rz. 25). Erhält ein Wertpapierdienstleistungsunternehmen keine oder nur unvollständige bzw. unplausible Informationen, so darf es nicht nur keine Wertpapierdienstleistungen oder Fi-

---

1 Portfolioverwaltung i.S.d. Art. 4 Abs. 1 Nr. 8 RL 2014/65/EU, d.h. die Verwaltung von Portfolios auf Einzelkundenbasis mit einem Ermessensspielraum im Rahmen eines Mandats des Kunden, sofern diese Portfolios ein oder mehrere Finanzinstrumente enthalten oder enthalten sollen.
2 Art. 47 Abs. 3 Satz 2 DelVO 2017/565 hat zwar nicht die Angaben i.S.d. Art. 47 Abs. 3 Satz 1 DelVO 2017/565 im Auge. Da in dieser Vorschrift jedoch von „Portfolioverwaltungsdienstleistungen vorschlagen" die Rede ist, müssen die Informationen vor Geschäftsabschluss erteilt werden.
3 So ist es z.B. zulässig, zu vereinbaren, dass ausschließlich ETF angeschafft werden.
4 Art. 47 Abs. 3 Satz 1 lit. d DelVO 2017/565; Erwägungsgrund Nr. 94 DelVO 2017/565.
5 Art. 47 Abs. 3 Satz 1 lit. e DelVO 2017/565.
6 Art. 25 Abs. 2 RL 2014/65/EU; Erwägungsgrund Nr. 94 DelVO 2017/565.
7 Vgl. Art. 9 Unterabs. 3 DelVO 2017/565; Erwägungsgrund Nr. 14 DelVO 2017/565; ESMA35-34-748 v. 13.7.2017 Consultation Paper, Guidelines on certain aspects of the MiFID II suitability requirements, 3.3 Annex III Rz. 21 f., 30.
8 A.A. zum WpHG a.F. *Fuchs* in Fuchs, § 31 WpHG Rz. 288.
9 Abw. *Grundmann* in Staub, Bankvertragsrecht, Investmentbanking II, Teil 8 Rz. 210 (Gesamtpaket, nicht Verständnis für jedes einzelne Geschäft).
10 § 64 Abs. 3 Satz 1 Nr. 2, 3 WpHG.
11 ESMA35-34-748 v. 13.7.2017 Consultation Paper, Guidelines on certain aspects of the MiFID II suitability requirements, 3.3 Annex III Rz. 36 (b); *Grundmann* in Staub, Bankvertragsrecht, Investmentbanking II, Teil 8 Rz. 210.

nanzinstrumente empfehlen[1], sondern auch im Rahmen der Finanzportfolioverwaltung keine Geschäfte tätigen[2].

4. Pflicht zur Verwaltung. Das WpHG begründet keine Pflicht zur Verwaltung, die vertraglicher Natur ist. Andererseits greift § 64 Abs. 3 WpHG unabhängig davon ein, ob das Wertpapierdienstleistungsunternehmen zur Verwaltung verpflichtet ist oder nicht.

5. Die Geeignetheit der vom Vermögensverwalter getätigten Geschäfte (§ 64 Abs. 3 Satz 2, 3 WpHG; Art. 54 Abs. 10 DelVO 2017/565). Allgemein zur Geeignetheit s. Rz. 41. Die erfragten Kenntnisse und Erfahrungen (Rz. 27) spielen zunächst bei dem „**Ob**" der Vermögensverwaltung und dann bei der Vereinbarung der Anlageziele eine Rolle[3]. Die Kenntnisse und Erfahrungen sind auch in Hinblick auf die einzelnen Arten von Finanzinstrumenten zu beachten, die der Vereinbarung mit dem Vermögensverwalter zufolge in das Portfolio aufgenommen werden dürfen. Der Verwalter darf somit nur solche Abreden treffen, deren Risiken der Kunde angesichts der von ihm offenbarten Kenntnisse und Fähigkeiten zu begreifen imstande ist[4]. Äußert er sich, dass er die Risiken nicht zu bewerten vermag, so hat die Vermögensverwaltung zu unterbleiben[5]. § 64 Abs. 3 Satz 2, 3 WpHG betont i.V.m. Art. 54 Abs. 10 DelVO 2017/565 ferner, dass der **Ermessensspielraum**[6] des Vermögensverwalters in zwei Punkten durch das Erfordernis der Geeignetheit begrenzt wird. Die Vorschriften ordnen an, dass Einzelentscheidungen des Verwalters bei der Durchführung der Vermögensverwaltung nur dann optimal den Interessen eines Kunden entsprechen, wenn sie im Licht des Zielmarktes[7] und der Risikobereitschaft dieses Kunden seinen Anlagezielen Rechnung tragen. Zu den Interessen der Kunden zählt ein geeignetes Portfolio; die Anlageziele ergeben sich aus den Angaben des Kunden zu den mit der Gesamtanlage verfolgten Zwecken (Rz. 29), zur Anlagedauer und zu seiner Risikobereitschaft (Rz. 29, 31). An der konkreten Anlageentscheidung ist der Kunde in der Regel nicht beteiligt, so dass insoweit die Kenntnisse und Erfahrungen des Kunden unberücksichtigt bleiben können. Will das Wertpapierdienstleistungsunternehmen die Anlagen des Kunden umschichten (Rz. 41), so darf es dies nur, wenn die Vorteile der Umschichtung deren Kosten überwiegen[8]. Außerdem wird das Ermessen des Vermögensverwalters selbst dann, wenn ihm die Vereinbarung mit dem Kunden größere Spielräume eröffnet, durch den § 64 Abs. 3 Satz 2, 3 WpHG insoweit beschnitten, als er keine Entscheidung treffen darf, die im Licht der erfragten finanziellen Verhältnisse für den Kunden (Rz. 35) untragbar ist[9]. Schließlich wird der Ermessensspielraum des Vermögensverwalters durch die in § 63 Abs. 1 WpHG enthaltenen Ge- und Verbote begrenzt.

6. Dem Kunden erteilte Empfehlung einer Weisung. Empfiehlt[10] der Vermögensverwalter dem Kunden, ihm eine bestimmte Weisung zu einem Einzelgeschäft oder generell[11] in Form einer Richtlinie zur Art der Vermögensverwaltung oder zur Anlagepolitik zu erteilen oder mit ihm eine dahingehende Vereinbarung zu treffen, so ist dies wie eine normale Anlageberatung (Rz. 2 ff.) zu behandeln (§ 64 Abs. 3 Satz 1, 2 WpHG). Das gilt auch für durch voll- oder halbautomatische Systeme erstellten Empfehlungen[12] und Ratschläge (Rz. 8).

7. Zuwendungen vom und an den Vermögensverwalter (§ 64 Abs. 7 WpHG). a) Nichtmonetäre Zuwendungen (§ 64 Abs. 7 Satz 2, 3 WpHG). Zum Begriff der Zuwendungen Dritter s. § 70 Abs. 2 Satz 1 WpHG[13]. Der Begriff der „geringfügigen nichtmonetären Vorteile" wird in Umsetzung des Art. 12 Abs. 3 DelRL 2017/593[14] in § 6 Abs. 1 WpDVerOV (Rz. 94) beispielhaft[15] konkretisiert[16]. Unerheblich ist es, ob das Wertpapierdienstleistungsunternehmen die Zuwendungen auf eigene oder auf fremde Rechnung entgegennimmt (§ 64

---

1 Art. 54 Abs. 8 DelVO 2017/565.
2 Erst-recht-Schluss aus Art. 54 Abs. 8 DelVO 2017/565. Dies ist kein Verbotsgesetz i.S.d. § 134 BGB.
3 Vgl. auch zum WpHG a.F. *Fuchs* in Fuchs, § 31 WpHG Rz. 301 ff.
4 Vgl. zum WpHG a.F. *Fuchs* in Fuchs, § 31 WpHG Rz. 305; *Rothenhöfer* in Schwark/Zimmer, § 31 WpHG Rz. 287.
5 EU-Kommission, Your Questions on MiFID, Questions and Answers, Stand 31.10.2008, Question Nr. 209.2.
6 „... Geschäfte im Rahmen der Finanzportfolioverwaltung tätigen ...".
7 MaComp Ziff. BT 5.3.4 Nr. 5.
8 Art. 54 Abs. 11 DelVO 2017/565.
9 Vgl. zum WpHG a.F. *Rothenhöfer* in Schwark/Zimmer, § 31 WpHG Rz. 287.
10 Der Empfehlung steht der Rat zu einem bestimmten Verhalten oder die Bitte gleich, sich in einer bestimmten Weise verhalten zu dürfen (Erwägungsgrund Nr. 89 DelVO 2017/565).
11 Vgl. zum WpHG a.F. *Fuchs* in Fuchs, § 31 WpHG Rz. 295.
12 Der Systembetreiber übernimmt für den Anleger, nachdem ihm vollautomatisch ein Musterportfolio oder eine Anlagestrategie vorgeschlagen worden ist, die Umsetzung und Verwaltung des Portfoliovorschlags (*Baumanns*, BKR 2016, 366, 368 f.).
13 *Grundmann* in Staub, Bankvertragsrecht, Investmentbanking II, Teil 8 Rz. 219.
14 S. dazu Erwägungsgrund Nr. 29 DelRL 2017/593.
15 Begr. zu § 6 RefE der WpDVerOV vom Mai 2017.
16 Im Erwägungsgrund Nr. 29 DelRL 2017/593 wird es außerdem für möglich gehalten, dass in die Kategorie der geringfügigen nichtmonetären Vorteile kurzfristige Marktkommentare zu jüngsten Wirtschaftsstatistiken oder Unternehmensergebnissen fallen, ferner Marktinformationen im unmittelbaren Orderzusammenhang, Testangebote von Research über einen sehr kurzen Zeitraum, Informationen über bevorstehende Veröffentlichungen oder Ereignisse, die von einem Dritten bereitgestellt werden und nur eine kurze Zusammenfassung dessen eigener Meinung zu solchen Informationen enthalten, die weder begründet wird noch eine substantielle Analyse enthält. Eine substantielle Analyse wird verneint, wenn lediglich ein auf einer bestehenden Empfehlung oder ein auf wesentlichem Analysematerial oder wesentlichen Analysedienstleistungen beruhender Standpunkt wiederholt wird. Detaillierte Analysen und Gesprä-

Abs. 7 Satz 1 WpHG). Letzteres dürfte bei nichtmonetären Vorteilen kaum eine Rolle spielen. Diese dürfen ausschließlich unter den in § 64 Abs. 7 Satz 2 WpHG genannten Bedingungen entgegengenommen werden. Die Zuwendungen sind geeignet[1] die Qualität der Dienstleistungen zu verbessern, wenn sie durch die Erbringung einer zusätzlichen oder höherwertigen Dienstleistung für die Kunden gerechtfertigt sind[2] und in angemessenem Verhältnis zum Umfang des Vorteils stehen[3]. Sie müssen nach Umfang und Art so gestaltet sein, dass sie keinen besonderen[4] Anreiz auslösen, die Interessen der Kunden zu vernachlässigen[5]. Schließlich müssen sie zumindest ihrer Art nach den Kunden vor der Annahme unmissverständlich[6] offen gelegt werden[7]. Sollte sich ex post herausstellen, dass eine nichtmonetäre Zuwendung die Geringfügigkeitsgrenze überschreitet, muss der Gegenwert in Parallele zu den monetären Zuwendungen an den Kunden abgeführt werden.

85 b) **Monetäre Zuwendungen (§ 64 Abs. 7 Satz 4 WpHG).** Monetäre[8] Zuwendungen dürfen in Parallele zur Unabhängigen Honorar-Anlageberatung (Rz. 63 ff.) *nur* angenommen werden, wenn sich dies nicht vermeiden lässt[9]. Für die Zuwendungen, die danach angenommen werden dürfen, gelten dieselben Regeln (Rz. 66 f.) wie bei der Unabhängigen Honorar-Anlageberatung (§ 64 Abs. 7 Satz 4–6 WpHG). Unzulässig sind „all-in-fee"-Vereinbarungen mit der Depotbank[10]. Das Verbot richtet sich auch an Wertpapierdienstleistungsunternehmen, die Zuwendungen für das Betreiben der Vermögensverwaltung gewähren[11].

86 **8. Berichtspflichten bei der Vermögensverwaltung (Finanzportfolioverwaltung [Art. 60, 62 Abs. 1 DelVO 2017/565]). a) Bericht auf Wunsch des Kunden (Art. 60 Abs. 4 DelVO 2017/565).** Die Kunden können mit dem Vermögensverwalter vereinbaren, dass das Wertpapierdienstleistungsunternehmen über jedes Geschäft berichtet, das es im Rahmen der Vermögensverwaltung auf Rechnung des Kunden vornimmt. Die wesentlichen Informationen zu diesem Geschäft[12] sind unverzüglich nach dessen Ausführung auf einem dauerhaften Datenträger[13] zu erteilen[14]. *Ausnahme:* Ein Dritter hat dem Kunden diese Informationen unverzüglich zuzusenden.

87 **b) Bestätigung von Aufträgen (Art. 60 Abs. 4 Unterabs. 2 DelVO 2017/565).** Es ist unklar, ob Art. 60 Abs. 4 Unterabs. 4 DelVO 2017/565 Aufträge betrifft, die das Wertpapierdienstleistungsunternehmen im Rahmen seines Ermessens Dritten erteilt oder ob es um Aufträge geht, die der Kunde von Fall zu Fall dem Wertpapierdienstleistungsunternehmen gegeben hat. Für Ersteres spricht die Parallelität der Vorschrift zu Art. 59 Abs. 1 Unterabs. 1 lit. b DelVO 2017/565, die Verweisungen auf Art. 59 Abs. 4 DelVO 2017/565 und der Umstand, dass in der Vorschrift alternativ der Fall angesprochen ist, dass ein Dritter den Auftrag ausgeführt hat. Allerdings ist die Vorschrift nur dort sinnvoll heranzuziehen, wo Kunden Finanzinstrumente betreffende Einzelaufträge bzw. Weisungen erteilt haben.

88 **c) Periodische Information (Art. 60 Abs. 1–3 DelVO 2017/565; § 63 Abs. 12 Satz 2 WpHG).** Grundsätzlich hat ein periodischer Bericht innerhalb eines Zeitraums von drei Monaten zu erfolgen[15]. Der Zeitraum beginnt

---

che mit Analysten bringen keinen lediglich geringfügigen Vorteil (*Geier/Hombach/Schütt*, RdF 2017, 108, 110); anders wenn der Zugriff auf die Analysen oder die Teilnahme an den Gesprächen jedem Interessenten möglich ist und dies allgemein bekannt ist, ihr Marktwert somit gegen Null geht (abw. *Grundmann* in Staub, Bankvertragsrecht, Investmentbanking II, Teil 8 Rz. 125 219 [Analysen sind generell nicht geringfügige Zuwendungen]). Bewirtungen während geschäftlicher Zusammenkünfte oder Konferenzen, Seminaren oder anderen Bildungsveranstaltungen bringen geringfügige Vorteile (Begr. RefE der WpDVerOV vom Mai 2017 zu § 6).

1 Diese Formulierung steht nicht im Widerspruch zu Art. 12 Abs. 3 Unterabs. 1 lit. e DelRL 2017/593, der von „nach Auffassung eines Mitgliedstaats ... verbessern können" spricht; denn Eignung bedeutet nicht, dass der Erfolg der Qualitätsverbesserung mit Sicherheit eintreten muss. Andererseits sagt Art. 12 Abs. 3 Unterabs. 1 lit. e DelRL 2017/593 nicht, dass die Verbesserung der Qualität der Dienstleistung lediglich möglich oder wahrscheinlich zu sein braucht.
2 Vgl. § 6 Abs. 2 Satz 1 Nr. 1 Halbsatz 1 WpDVerOV (§ 70 WpHG Rz. 31 ff.).
3 § 64 Abs. 7 Satz 2 Nr. 2 WpHG; Art. 12 Abs. 3 Unterabs. 1 lit. e DelRL 2017/593.
4 Der Anreiz ist vernachlässigenswert. Es gilt nicht die Regel, dass die sich Geringfügigkeitsschwelle entsprechend dem Umsatz in Finanzinstrumenten eines Emittenten erhöht.
5 § 64 Abs. 7 Satz 2 Nr. 2 WpHG. Vgl. § 70 WpHG Rz. 43 ff.
6 Dieser Begriff ist im Sinn von eindeutig (§ 63 WpHG Rz. 61) zu interpretieren, da objektiv eindeutige Informationen objektiv unmissverständlich sind.
7 § 64 Abs. 7 Satz 2, 3 WpHG. Vgl. § 70 WpHG Rz. 46 ff.
8 Zum Begriff s. § 70 WpHG Rz. 4.
9 Nur bei dieser Interpretation läuft im Licht des § 64 Abs. 7 Satz 4 WpHG das Annahmeverbot des § 64 Abs. 7 Satz 1 WpHG bei monetären Zuwendungen nicht in Leere. A.A. *Grundmann* in Staub, Bankvertragsrecht, Investmentbanking II, Teil 8 Rz. 219.
10 *Balzer*, ZBB 2016, 226, 234.
11 ESMA35-43-349 v. 10.11.2017, Questions and Answers, 12 Inducements, Answer 1.
12 Vgl. § 63 WpHG Rz. 155.
13 § 2 Abs. 43 WpHG, Art. 3 DelVO 2017/565.
14 Art. 60 Abs. 4 Unterabs. 1 DelVO 2017/565.
15 Art. 60 Abs. 1, Abs. 3 Unterabs. 1 Halbsatz 1 DelVO 2017/565. Gewährt das Wertpapierdienstleistungsunternehmen den Zugang zu seinem Onlinesystem, das die Anforderungen an einen dauerhaften Datenträger erfüllt, so braucht es nur nachzuweisen, dass der Kunde mindestens einmal pro Quartal die Bewertung seines Portfolios abgerufen hat (Art. 60 Abs. 3 Unterabs. 1 lit. a DelVO 2017/565).

mit dem Abschluss des Vermögensverwaltungsvertrages bzw. mit dem Ablauf des vorhergehenden Berichtszeitraums. Die Parteien dürfen vertraglich einen abweichenden Beginn des Berichtszeitraums festlegen, falls dadurch die Zeiträume i.S.d. Art. 60 Abs. 1–3 DelVO 2017/565 nicht verlängert werden. Der Bericht, der mittels eines dauerhaften Datenträgers[1] zu erstatten ist, hat die in Art. 60 Abs. 2 DelVO 2017/565 genannten Angaben zu enthalten. Enthält das Portfolio Finanzinstrumente, die Eventualverbindlichkeiten begründen, so ist auch über alle, auch die potentiellen Verbindlichkeiten, zu berichten, die über den Kaufpreis des Finanzinstruments hinausgehen[2]. Eine Vergleichsgröße i.S.d. Art. 60 Abs. 2 lit. e DelVO 2017/565 („benchmark") ist nur bei einer besonderen Vereinbarung mitzuteilen. Wenn für Privatkunden Vermögen verwaltet wird, haben sich die Informationen gem. § 63 Abs. 8 WpHG – sofern sie nicht bereits früher erteilt worden sind[3] – darauf zu erstrecken, ob das Portfolio und die darin enthaltenen Anlagen für den Kunden noch geeignet (Rz. 82) sind[4].

In Fällen, in denen die Parteien **vereinbart** haben, dass über **jedes Geschäft einzelnen** zu informieren ist (Rz. 86), ist ungeachtet dieser Vereinbarung mindestens alle zwölf Monate eine periodische Aufstellung (Rz. 88) vorzulegen[5]. Dies gilt nicht bei besonders **risikoreichen Finanzinstrumenten** i.S.d. Art. 4 Abs. 1 Nr. 44 lit. c RL 2014/65/EU oder Anhang I Abschnitt C Nr. 4 bis 11 RL 2014/65/EU[6]. Bei Geschäften mit solchen Finanzinstrumenten verbleibt es dabei, dass den Kunden mindestens alle drei Monate eine periodische Aufstellung zuzuleiten ist. 89

Bei gehebelten[7] **Portfolios** wird der Turnus der regulären Berichtspflicht (Rz. 88) gem. Art. 60 Abs. 3 lit. c DelVO 2017/565 auf einen Monat verkürzt. Anderseits entfällt die Pflicht zur periodischen Berichterstattung, falls der Kunde unschwer bei dem Wertpapierdienstleistungsunternehmen **online** auf sein qualifiziertes[8] Vermögensverwaltungs-Konto **zugreifen** kann, das eine Aufstellung der Kundenvermögenswerte i.S.d. Art. 63 Abs. 2 DelVO 2017/565 enthält. Voraussetzung ist allerdings, dass der Kunde einmal pro Quartal eine Bewertung seines Portfolios abgerufen hat[9]. Sind diese Bedingungen erfüllt, entfällt auch die Pflicht, die Privatkunden darüber aufzuklären, *wie* das Portfolio ihren Präferenzen, Anlagenzielen und ihren Risikobereitschaft entspricht. 90

Außer der Reihe muss den Kunden[10] jeder **Gesamtwertverlust** des Portfolios[11] von 10 %[12] und mehr am Ende[13] des Geschäftstags des jeweiligen Berichtszeitraums[14], an dem diese Grenze überschritten worden ist, mitgeteilt werden[15]; dort, wo der Verlust an einem geschäftsfreien Tag entstanden ist, am Ende des folgenden Ge- 91

---

1 § 2 Abs. 43 WpHG; Art. 3 Abs. 1 DelVO 2017/565.
2 Erwägungsgrund Nr. 96 DelVO 2017/565.
3 Vgl. ESMA35-43-349 v. 18.12.2017, Questions and Answers on MiFID II and MiFIR investor protection and intermediaries topics, Abschnitt 2 Suitability, Answer 9.
4 Nicht genügt die Mitteilung, dass die vereinbarten Anlagerichtlinien berücksichtigt worden sind, da sich die Verhältnisse des Kunden – wie dem Wertpapierdienstleistungsunternehmen bekannt ist – geändert haben können. Dies ergibt sich auch aus Art. 25 Abs. 6 Unterabs. 4 RL 2014/65/EU, der die Formulierung „aktualisierte Erklärung" (updated statement) verwendet.
5 Art. 60 Abs. 3 Unterabs. 1 lit. b DelVO 2017/565.
6 Art. 60 Abs. 3 Unterabs. 2 DelVO 2017/565.
7 Leveraged.
8 Art. 3 Abs. 2 DelVO 2017/565.
9 Art. 60 Abs. 3 lit. a DelVO 2017/565.
10 Sowohl Privatkunden als auch professionellen Kunden (ESMA35-43-349 v. 10.11.2017, Questions and Answers, 8 Post-sale reporting, Answer 10).
11 Nicht einzelner Finanzinstrumente, selbst wenn sich in den Portfolio kreditfinanzierte Finanzinstrumente oder eventualverbindlichkeitenbegründende Finanzinstrumente befinden und der Wert dieser Finanzinstrumente um 10 % oder mehr sinkt (Erwägungsgrund Nr. 95 Satz 2 DelVO 2017/565). Dort, wo der Kurs der Finanzinstrumente nicht an einem Sekundärmarkt bestimmt wird oder es keinen täglichen Referenzpreise gibt, ist deren Wert angemessen zu schätzen (ESMA35-43-349 v. 10.11.2017, Questions and Answers, 8 Post-sale reporting, Answer 5).
12 Maßgeblich ist der Wert des Portfolios zu Beginn des jeweiligen Berichtszeitraums (Art. 62 Abs. 1 DelVO 2017/565). Der Wert ist ggf. zu schätzen. Wenn dem Konto im Berichtszeitraum zusätzlich Geld zugeflossen ist, ist dieses auszublenden; falls Finanzinstrumente hinzugekauft worden sind, ist der Anfangswert des Berichtszeitraums um deren Wert zu erhöhen (ESMA35-43-349 v. 6.6.2017, Questions and Answers on MiFID ii and MiFIR investor protection topics, unter „Post-sale reporting", Question 4, 5). Für die weiteren 10 %-Schritte kommt es ebenfalls auf diesen Wert an (Erwägungsgrund Nr. 95 Satz 2 DelVO 2017/565). Vgl. auch ESMA 2016/1444 v. 16.12.2016, Questions and Answers on MiFID II and MiFIR investor protection topics, unter „Post-sale reporting", Question 1, 3 und zur Frage, welche Rolle abgezogene Geldsummen spielen, Question 2. Wenn der Kunde im Berichtszeitraum Geld abzieht, ist dieser Betrag zu dem Wert des Portfolios, der jeden Tag ermittelt wird, zu addieren (ESMA35-43-349 v. 10.11.2017, Questions and Answers, 8 Post-sale reporting, Answer 2).
13 Der ESMA35-43-349 v. 10.11.2017, Questions and Answers, 8 Post-sale reporting, Answer 1, 3, zufolge muss der Gesamtwert des Portfolios mindestens einmal pro Tag, nicht aber laufend evaluiert werden, so dass auch eine bestimmte Stunde des Tages zur Bestimmung des Gesamtwerts herausgegriffen werden kann, die nicht mit dem Ende des Geschäftstags identisch ist. Im Laufe des Geschäftstags erfolgende Erhöhungen des Geschäftswerts sind dann ohne Bedeutung.
14 ESMA35-43-349 v. 10.11.2017, Questions and Answers, 8 Post-sale reporting, Answer 6.
15 Art. 60 Abs. 1 DelVO 2017/565. Dieser Hinweis kann formlos erteilt werden.

schäftstags[1]. Verluste von weiteren 10 % sind auf den Wert zu Beginn des jeweiligen Berichtszeitraums zu beziehen, der für den erstmaligen Verlust maßgeblich ist[2]. Im darauffolgenden Berichtszeitraum kommt es auf dessen Anfangswert an[3]. Falls ein Privatanleger-Portfolio kreditfinanzierte oder mit Eventualverbindlichkeiten verbundene Finanzinstrumente enthält, greift zusätzlich Art. 62 Abs. 2 Satz 1 DelVO 2017/565 ein. Zwar wird in dieser Vorschrift die Vermögensverwaltung nicht ausdrücklich angesprochen. Aber auch bei einer Vermögensverwaltung wird bei Privatanlegern ein Kleinanlegerkonto geführt. Somit muss das Wertpapierdienstleistungsunternehmen selbst dann, wenn der Wert des gesamten Portfolios nicht um 10 % fällt, immer dann außerordentlich informieren, falls der Ausgangswert eines[4] der kreditfinanzierten oder mit Eventualverbindlichkeiten belasteten Finanzinstrumente um 10 % sinkt, sowie bei jedem weiteren 10-prozentigen Wertverlust.

92 **IV. Ex-post-Informationen zu Kosten, Nebenkosten und Gebühren (Art. 50 DelVO 2017/565).** S. hierzu § 63 WpHG Rz. 155 ff.

93 **V. Sanktionen.** S. Erläuterungen zu § 120 Abs. 8 WpHG.

94 **VI. Textabdruck WpDVerOV**

Verordnung zur Konkretisierung der Verhaltensregeln und Organisationsanforderungen für Wertpapierdienstleistungsunternehmen (Wertpapierdienstleistungs-Verhaltens- und -Organisationsverordnung – WpDVerOV)[5]

(Auszug)

§ 1 Anwendungsbereich

(1) Die Vorschriften dieser Verordnung sind anzuwenden auf
1. (abgedruckt bei § 67 WpHG Rz. 34)
2. die allgemeinen Verhaltensregeln,
   a) soweit diese die Gestaltung der Information für die Kunden nach § 64 Absatz 6 des Wertpapierhandelsgesetzes nach Art, Inhalt und Zeitpunkt und die Anforderungen an den Datenträger betreffen,
   b) zu Inhalt und Aufbau der Informationsblätter im Sinne des § 64 Absatz 2 Satz 1 und zur Art und Weise ihrer Zurverfügungstellung,
3.–8. (abgedruckt bei § 69 WpHG Rz. 15, § 70 WpHG Rz. 56, § 80 WpHG Rz. 172, § 83 WpHG Rz. 32, § 84 WpHG Rz. 52)

(2) Die Verordnung gilt entsprechend für Zweigniederlassungen im Sinne des § 53b des Kreditwesengesetzes, Kapitalverwaltungsgesellschaften im Sinne des § 17 des Kapitalanlagegesetzbuches, ausländische AIF-Verwaltungsgesellschaften, deren Referenzmitgliedstaat die Bundesrepublik Deutschland nach § 56 des Kapitalanlagegesetzbuches ist, sowie Zweigniederlassungen und Tätigkeiten im Wege des grenzüberschreitenden Dienstleistungsverkehrs von Verwaltungsgesellschaften nach § 51 Absatz 1 Satz 1, § 54 Absatz 1 und § 66 Absatz 1 des Kapitalanlagegesetzbuchs, soweit die Vorschriften des Wertpapierhandelsgesetzes auf diese Anwendung finden.

§ 3 Kundeninformationen über das Wertpapierdienstleistungsunternehmen und die Wertpapierdienstleistung im Rahmen der Unabhängigen Honorar-Anlageberatung

(1) Die Information nach § 64 Absatz 6 Satz 1 des Wertpapierhandelsgesetzes ist dem Kunden für jedes zu empfehlende Finanzinstrument unmittelbar vor der Empfehlung zur Verfügung zu stellen.

(2) Die Informationen nach § 64 Absatz 6 Satz 1 des Wertpapierhandelsgesetzes sind auf einem dauerhaften Datenträger im Sinne des § 2 Absatz 43 des Wertpapierhandelsgesetzes zur Verfügung zu stellen. Artikel 3 der Delegierten Verordnung (EU) 2017/565 der Kommission vom 25. April 2016 zur Ergänzung der Richtlinie 2014/65/EU des Europäischen Parlaments und des Rates in Bezug auf die organisatorischen Anforderungen an Wertpapierfirmen und die Bedingungen für die Ausübung ihrer Tätigkeit sowie in Bezug auf die Definition bestimmter Begriffe für die Zwecke der genannten Richtlinie (ABl. L 87 vom 31.3.2017, S. 1) gilt entsprechend.

§ 4 Informationsblätter

(1) Das nach § 64 Absatz 2 Satz 1 Nummer 1 des Wertpapierhandelsgesetzes zur Verfügung zu stellende Informationsblatt darf bei nicht komplexen Finanzinstrumenten im Sinne des Artikels 57 der Delegierten Verordnung (EU) 2017/565 nicht mehr als zwei DIN-A4-Seiten, bei allen übrigen Finanzinstrumenten nicht mehr als drei DIN-A4-Seiten umfassen. Es muss die wesentlichen Informationen über das jeweilige Finanzinstrument in übersichtlicher und leicht verständlicher Weise so enthalten, dass der Kunde insbesondere
1. die Art des Finanzinstruments,
2. seine Funktionsweise,

---

1 Art. 62 Abs. 1 DelVO 2017/565.
2 ESMA35-43-349 v. 10.11.2017, Questions and Answers, 8 Post-sale reporting, Answer 7.
3 ESMA35-43-349 v. 6.6.2017, Questions and Answers on MiFID II and MiFIR investor protection topics, unter „Post-sale reporting", Question 7.
4 Art. 62 Abs. 2 Satz 2 DelVO 2017/565: Es kann vereinbart werden, dass die Berichterstattung zu mehreren Finanzinstrumenten zusammengefasst wird.
5 WpDVerOV vom 17.10.2017 (BGBl. I 2017, 3566), zuletzt geändert durch Gesetz vom 10.7.2018 (BGBl. I 2018, 1102).

3. die damit verbundenen Risiken,
4. die Aussichten für die Kapitalrückzahlung und Erträge unter verschiedenen Marktbedingungen und
5. die mit der Anlage verbundenen Kosten

einschätzen und bestmöglich mit den Merkmalen anderer Finanzinstrumente vergleichen kann. Das Informationsblatt darf sich jeweils nur auf ein Finanzinstrument beziehen und keine werbenden oder sonstigen, nicht dem vorgenannten Zweck dienenden Informationen enthalten.

(2) Das Informationsblatt kann auch als elektronisches Dokument zur Verfügung gestellt werden.

(3) Für Aktien, die zum Zeitpunkt der Anlageberatung am organisierten Markt gehandelt werden, kann anstelle des Informationsblattes nach § 64 Absatz 2 Satz 1 Nummer 1 Wertpapierhandelsgesetz ein standardisiertes Informationsblatt nach § 64 Absatz 2 Satz 3 Wertpapierhandelsgesetz zur Verfügung gestellt werden. Das standardisierte Informationsblatt erhält die aus der Anlage[1] zu dieser Verordnung ersichtliche Form.

§ 5 Aufhebung der Bekanntmachungspflicht nach § 69 Absatz 2 des Wertpapierhandelsgesetzes

(abgedruckt bei § 69 WpHG Rz. 15)

§ 6 Zuwendungen

(1) Als geringfügige nichtmonetäre Vorteile im Sinne des § 64 Absatz 7 des Wertpapierhandelsgesetzes kommen, sofern sie die in § 64 Absatz 7 Satz 2 Nummer 1 und 2 des Wertpapierhandelsgesetzes genannten Voraussetzungen erfüllen, insbesondere in Betracht:

1. Informationen oder Dokumentationen zu einem Finanzinstrument oder einer Wertpapierdienstleistung, sofern sie allgemein angelegt oder individuell auf die Situation eines bestimmten Kunden abgestimmt sind;
2. von einem Dritten erstellte schriftliche Materialien, die von einem Emittenten oder potentiellen Emittenten aus dem Unternehmenssektor in Auftrag gegeben und vergütet werden, um eine Neuemission des betreffenden Emittenten zu bewerben, oder bei dem der Dritte vom Emittenten oder potentiellen Emittenten vertraglich dazu verpflichtet ist und dafür vergütet wird, derartiges Material fortlaufend zu erstellen, sofern
    a) die Beziehung zwischen dem Dritten und dem Emittenten in dem betreffenden Material unmissverständlich offengelegt wird und
    b) das Material gleichzeitig allen Wertpapierdienstleistungsunternehmen, die daran interessiert sind, oder dem Publikum zur Verfügung gestellt wird;
3. die Teilnahme an Konferenzen, Seminaren und anderen Bildungsveranstaltungen, die zu den Vorteilen und Merkmalen eines bestimmten Finanzinstruments oder einer bestimmten Wertpapierdienstleistung abgehalten werden;
4. Bewirtungen, deren Wert eine vertretbare Geringfügigkeitsschwelle nicht überschreitet.

(2) und (3) (abgedruckt bei § 70 WpHG Rz. 56)

§ 8 Anforderungen an die Unabhängige Honorar-Anlageberatung

(abgedruckt bei § 80 WpHG Rz. 172)

Anlage (zu § 4 Absatz 3): **Standardisiertes Informationsblatt für Aktien am organisierten Markt nach § 64 Absatz 2 Satz 3 des Wertpapierhandelsgesetzes**

Dieses Informationsblatt informiert Sie in allgemeiner Weise über die wesentlichen Eigenschaften einer Aktie, die an einem organisierten Markt gehandelt wird.

Unter einem organisierten Markt versteht man deutsche oder europäische Handelsplätze (Börsen), die von staatlichen Stellen genehmigt, geregelt und überwacht werden. Die Aktiengesellschaften, deren Aktien dort zum Handel zugelassen werden, müssen detaillierten Veröffentlichungspflichten genügen. Bei vielen Aktiengesellschaften finden Sie Informationen wie Halbjahres- und Jahresfinanzberichte sowie Mitteilungen über kursrelevante Ereignisse auf ihren Internetseiten, zum Beispiel unter „Investor Relations".

Bitte informieren Sie sich über die speziellen Chancen und Risiken einer bestimmten Aktie, zum Beispiel auf den Internetseiten der jeweiligen Aktiengesellschaft, oder fragen Sie Ihre Anlageberaterin oder Ihren Anlageberater.

Was ist eine Aktie? Eine Aktie ist ein Wertpapier, mit dem Sie einen Anteil am Grundkapital einer Aktiengesellschaft erwerben. Mit dem Kauf einer Aktie werden sie Aktionärin bzw. Aktionär dieser Aktiengesellschaft in Höhe des Kapitalanteils Ihrer Aktien. Sie nehmen durch Ihre Aktien an der wirtschaftlichen Entwicklung des Unternehmens über Kurssteigerungen und Dividendenzahlungen teil, tragen aber auch Verluste mit, im Extremfall bis zur Höhe Ihrer Anlage.

Für wen sind Aktien eine mögliche Anlageform? Aktien kommen für Sie als Anlage in Betracht, wenn Sie
- über Grundkenntnisse der Aktienmärkte verfügen,
- sich unmittelbar an einem Unternehmen beteiligen wollen,
- die mit einer Aktie verbundenen Chancen nutzen möchten sowie
- bereit und in der Lage sind, die Risiken einer Aktienanlage zu tragen.

Welche Rechte sind mit einer Aktie verbunden? Wenn sie eine Aktie kaufen, überlassen Sie der Aktiengesellschaft Ihr Geld auf unbestimmte Zeit, es wird Ihnen also nicht etwa zu einem bestimmten Fälligkeitstermin zurückgezahlt. Durch den Verkauf Ihrer Aktien können Sie sich aus Ihrer Beteiligung an einer Aktiengesellschaft lösen.

---

[1] Anlage (zu § 4 Absatz 3) „Standardisiertes Informationsblatt für Aktien am organisierten Markt nach § 64 Absatz 2 Satz 3 des Wertpapierhandelsgesetzes" im Anschluss an § 8 abgedruckt.

Mit einer Aktie sind verschiedene Rechte verbunden. Die Rechte können je nach Aktiengattung unterschiedlich sein: Stammaktien sind der Regelfall; mit Ihnen sind die Rechte verbunden, die im Aktiengesetz und in der Satzung der Aktiengesellschaft festgeschrieben sind (siehe dazu Punkte 1 bis 3), zum Beispiel Stimm- und Bezugsrechte. Daneben gibt es Vorzugsaktien: Diese gewähren bestimmte Vorzüge, zum Beispiel einen erhöhten Dividendenanspruch, allerdings entfällt in der Regel das Stimmrecht.

Sie haben insbesondere folgende Rechte:

1. Stimmrecht und Auskunftsrecht: Sie können an der Hauptversammlung der Aktiengesellschaft teilnehmen und dort abstimmen sowie Auskünfte verlangen.
2. Recht auf Gewinnanteil (Dividende): Erwirtschaftet das Unternehmen einen (Bilanz-)Gewinn, kann die Hauptversammlung des Unternehmens beschließen, diesen an die Aktionärinnen und Aktionäre auszuzahlen. Sie haben dann im Regelfall Anspruch auf einen Anteil an diesem Gewinn gemäß Ihrer Beteiligung am Grundkapital, sofern die Satzung nichts Abweichendes bestimmt. Voraussetzung ist, dass Sie die Aktien an dem für den Bezug der Dividende relevanten Stichtag halten.
3. Bezugsrecht: Wird das Grundkapital einer Aktiengesellschaft erhöht, werden neue Aktien ausgegeben. Wenn Sie bereits Aktien dieser Aktiengesellschaft haben, sind Sie berechtigt, neue Aktien zu kaufen. Damit können Sie Ihren Anteil am Grundkapital konstant halten. Allerdings kann dieses Bezugsrecht durch einen Beschluss der Hauptversammlung ausgeschlossen werden.

Welche Chancen bietet eine Aktie? Durch den Kauf einer Aktie haben Sie die Möglichkeit, Kursgewinne zu erzielen. Liegt der Kurs zum Zeitpunkt des Verkaufs der Aktie höher als zum Zeitpunkt des Kaufs, können sie einen Gewinn erzielen. Außerdem erhalten Sie eine Dividende, wenn die Hauptversammlung beschließt, eine Dividende auszuzahlen.

Welche Risiken gehen Sie ein, wenn sie eine Aktie kaufen?

1. Bonitäts-/Emittentenrisiko: Die Aktiengesellschaft kann insolvent werden, das heißt, sie hat zu hohe Schulden oder ist zahlungsunfähig. Dann können Sie unter Umständen das gesamte Geld verlieren, das Sie eingesetzt haben (Totalverlust).
2. Kursveränderungsrisiko: Der Marktpreis der Aktie (Kurs) hängt von Angebot und Nachfrage ab und kann fallen, wenn sich der Aktienmarkt als Folge der allgemeinen Entwicklung des Marktes negativ entwickelt, zum Beispiel, weil sich die Konjunktur- oder Branchenaussichten verschlechtern. Gründe für den Kursverlust können auch unternehmensspezifisch sein. Beispiele dafür sind verschlechterte Geschäftsaussichten oder verfehlte Ertragsziele.
3. Dividendenrisiko: Die Aktiengesellschaft zahlt keine Dividende aus oder die Dividende ist geringer als erwartet. Das kann zum Beispiel der Fall sein, wenn die Aktiengesellschaft keinen oder einen geringeren Gewinn macht als erwartet oder wenn die Hautversammlung beschließt, keinen Gewinn auszuzahlen.
4. Währungsrisiko: Wenn eine Aktie in einer anderen Währung als in Euro an der Börse notiert ist, beeinflusst dieser Wechselkurs zusätzlich ihren Gewinn oder Verlust.
5. Risiko der Einstellung der Börsennotierung/des Widerrufs der Zulassung: Die Aktiengesellschaft kann die Börsennotierung einstellen oder die Zulassung zum Börsenhandel widerrufen. Dann können Sie die Aktie unter Umständen gar nicht mehr oder nur mit großen Preisabschlägen verkaufen.

Wann können Sie Aktien kaufen oder verkaufen? Aktien, die an einem organisierten Markt gehandelt werden, können in der Regel an jedem Börsentag ge- oder verkauft werden.

Es kann zu Schwierigkeiten beim Verkauf oder zu größeren Preisabschlägen kommen, wenn es keinen ausreichenden börslichen Handel der Aktie gibt.

Welche Kosten fallen an? Sie erhalten neben diesem Informationsblatt eine formalisierte Kostenaufstellung. Diese enthält Informationen zu den anfallenden Kosten und Nebenkosten für den Kauf und Verkauf einer Aktie und gegebenenfalls für ein Wertpapierdepot (Depotentgelt). Durch einen Vergleich von Preisverzeichnissen können Kosten vermieden oder reduziert werden. Die Kosten vermindern eine sich möglicherweise ergebende Rendite.

§ 65 Selbstauskunft bei der Vermittlung des Vertragsschlusses über eine Vermögensanlage im Sinne des § 2a des Vermögensanlagengesetzes

(1) Ein Wertpapierdienstleistungsunternehmen hat vor der Vermittlung des Vertragsschlusses über eine Vermögensanlage im Sinne des § 2a des Vermögensanlagengesetzes von dem Kunden insoweit eine Selbstauskunft über dessen Vermögen oder dessen Einkommen einzuholen, wie dies erforderlich ist, um prüfen zu können, ob der Gesamtbetrag der Vermögensanlagen desselben Emittenten, die von dem Kunden erworben werden, folgende Beträge nicht übersteigt:

1. 10 000 Euro, sofern der jeweilige Anleger nach seiner Selbstauskunft über ein frei verfügbares Vermögen in Form von Bankguthaben und Finanzinstrumenten von mindestens 100 000 Euro verfügt, oder
2. den zweifachen Betrag des durchschnittlichen monatlichen Nettoeinkommens des jeweiligen Anlegers, höchstens jedoch 10 000 Euro.

Satz 1 gilt nicht, wenn der Gesamtbetrag der Vermögensanlagen desselben Emittenten, die von dem Kunden erworben werden, der keine Kapitalgesellschaft ist, 1 000 Euro nicht überschreitet. Ein Wertpapierdienstleistungsunternehmen darf einen Vertragsschluss über eine Vermögensanlage im Sinne des § 2a des Vermögensanlagengesetzes nur vermitteln, wenn es geprüft hat, dass der Gesamtbetrag der

Vermögensanlagen desselben Emittenten, die von dem Kunden erworben werden, der keine Kapitalgesellschaft ist, 1 000 Euro oder die in Satz 1 Nummer 1 und 2 genannten Beträge nicht übersteigt.

(2) Soweit die in Absatz 1 genannten Informationen auf Angaben des Kunden beruhen, hat das Wertpapierdienstleistungsunternehmen die Fehlerhaftigkeit oder Unvollständigkeit der Angaben seines Kunden nicht zu vertreten, es sei denn, die Unvollständigkeit oder Unrichtigkeit der Kundenangaben ist ihm bekannt oder infolge grober Fahrlässigkeit unbekannt.

In der Fassung des 2. FiMaNoG vom 23.6.2017 (BGBl. I 2017, 1693).

I. Allgemeines 1	IV. Verhältnis zu den allgemeinen Wohlverhaltens- und Organisationsregeln 5
II. Anwendungsbereich 2	
III. Zulässigkeit der Vermittlung, Selbstauskunft . . 3	

I. Allgemeines. § 65 Abs. 1 WpHG entspricht dem § 31 Abs. 5a WpHG a.F.[1] § 65 Abs. 2 WpHG beruht auf dem § 31 Abs. 6 WpHG a.F.[2] 1

II. Anwendungsbereich. Die Vorschrift hat die Vermittlung von Vertragsschlüssen[3] über Vermögensanlagen i.S.d. §§ 1 f. des Gesetzes über Vermögensanlagen (VermAnlG) vom 6.12.2011[4] im Auge. § 2a VermAnlG **befreit** bei Vermögensanlagen in der Form von partiarischen Darlehen[5], Nachrangdarlehen[6], sonstigen Anlagen, die einen Anspruch auf Verzinsung und Rückzahlung gewähren[7], oder sonstigen Anlagen, die für die zeitweise Überlassung von Geld einen vermögenswerten Barausgleich gewähren oder in Aussicht stellen[8], unter der Voraussetzung, dass sämtliche Vermögensanlagen desselben Emittenten nicht 2,5 Mio. Euro übersteigen, weitreichend **von den allgemeinen bei einem Angebot von Vermögensanlagen zu beachtenden Pflichten**[9], falls (1) die Vermögensanlage bestimmte Höchstsummen nicht überschreitet[10], (2) die Vermögensanlage des Emittenten nicht öffentlich angeboten wird, (3) eine andere öffentlich angebotene Vermögensanlage des Emittenten bereits vollständig getilgt ist[11] und (4) die Vermögensanlage ausschließlich im Wege der Anlageberatung oder Anlagevermittlung über eine **Internet-Dienstleistungsplattform** vermittelt wird, die verpflichtet ist, zu prüfen, ob der Gesamtbetrag der Vermögensanlagen bestimmte Beträge nicht übersteigt[12]. § 65 WpHG hat die Funktion, den Wertpapierdienstleistungsunternehmen die Privilegierung nach § 2a VermAnlG zu verschaffen, indem er ihnen eine Pflicht zur Prüfung auferlegt[13]. 2

III. Zulässigkeit der Vermittlung, Selbstauskunft. Die vom Wertpapierdienstleistungsunternehmen einzuholende Selbstauskunft dient dazu, festzustellen, ob die Vermittlung relativ risikofrei und ob sie daher nach erfolgter Prüfung[14] angemessen ist, den Schutz, den das VermAnlG normalerweise den Anlegern bietet, zurückzunehmen. Sie entspricht, soweit sie auf das frei verfügbare Vermögen und das monatliche Nettoeinkommen bezogen ist, dem § 2 Abs. 3 VermAnlG. Für die Einholung der Selbstauskunft sind die für die Einholung von Informationen bei der Angemessenheitsprüfung gem. § 63 Abs. 10 WpHG maßgeblichen Regeln zu beachten. Die Kunden brauchen im Rahmen der Prüfung gem. § 65 WpHG nur in dem Umfang Auskunft zu erteilen, in dem dies für die Prüfung der Schwellenwerte erforderlich ist[15]. Ebenso wie in § 2a VermAnlG wird bei einem Kleinbetrag von 1.000 Euro[16] auf eine Selbstauskunft verzichtet, wenn der Emittent keine Kapitalgesellschaft ist. Die Wertpapierdienstleistungsunternehmen haben in Parallele zu dem § 2a Abs. 3 Halbs. 1 VermAnlG zu 3

---

1 Begr. RegE 2. FiMaNoG, BT-Drucks. 18/10936, 237.
2 Begr. RegE 2. FiMaNoG, BT-Drucks. 18/10936, 237.
3 Vermittlung im Weg der Anlageberatung oder Anlagevermittlung i.S.d. § 1 Abs. 1a Satz 2 Nr. 1, 1a KWG (*von Ammon* in Siering/Izzo-Wagner, 2017, § 2a VermAnlG Rz. 47 ff.). Im Rahmen des § 65 WpHG sollte man dazu auch die Abschlussvermittlung des § 2 Abs. 8 Satz 1 Nr. 3 WpHG zählen. Vgl. § 65a WpHG Rz. 2.
4 BGBl. I 2011, 2481 mit Änderungen.
5 § 1 Abs. 2 Nr. 3 VermAnlG.
6 § 1 Abs. 2 Nr. 4 VermAnlG.
7 § 1 Abs. 2 Nr. 7 VermAnlG.
8 § 1 Abs. 2 Nr. 7 VermAnlG.
9 §§ 5a, 6 bis 11a, 12 Abs. 1, § 14 Abs. 1 Satz 1 und Abs. 3 Satz 1, §§ 15a, 17, 18 Abs. 1 Nr. 2 bis 6, § 19 Abs. 1 Nr. 2, §§ 20, 21, 23 Abs. 2 Nr. 1, 2 und 4, § 24 Abs. 1 bis 8, § 25 VermAnlG.
10 Der Verkaufspreis sämtlicher von dem Anbieter angebotenen Vermögensanlagen desselben Emittenten übersteigt nicht 2,5 Mio. Euro (§ 2 Abs. 1 VermAnlG).
11 § 2a Abs. 4 VermAnlG.
12 § 2a Abs. 3 VermAnlG.
13 § 2a Abs. 3 VermAnlG. *von Ammon* in Siering/Izzo-Wagner, 2017, § 2a VermAnlG Rz. 55; Begr. RegE Kleinanlegerschutzgesetz, BT-Drucks. 18/3994, 54.
14 A.A. *von Ammon* in Siering/Izzo-Wagner, 2017, § 2a VermAnlG Rz. 56 mit dem Argument, dass § 2a VermAnlG nur die Existenz einer Prüfungspflicht der Internet-Dienstleistungsplattform voraussetzt, um weitgehende Befreiungen von der Prospektpflicht etc. zu eröffnen. Die Verletzung der Prüfungspflicht führe deshalb nur zu einem Vermittlungshindernis, ohne dass Missachtung eine Ordnungswidrigkeit darstelle.
15 Begr. RegE Kleinanlegerschutzgesetz, BT-Drucks. 18/3994, 54.
16 Gemäß § 2a Abs. 3 Nr. 1 VermAnlG bezogen auf alle Anlagen bei demselben Emittenten.

klären, ob die Vermögensanlage die Höchstbeträge des § 65 Abs. 1 Satz 1 Nr. 1, 2 und Satz 2 WpHG überschreitet[1]. Hierbei können sie sich auf die Selbstauskunft der Kunden stützen, es sei denn, dass ihnen deren Unvollständigkeit oder Unrichtigkeit bekannt war oder infolge grober Fahrlässigkeit unbekannt geblieben ist[2]. Eigenständige Erhebungen brauchen Wertpapierdienstleistungsunternehmen nicht vorzunehmen[3].

4 Voraussetzung einer Vermittlung ist demnach, dass der Kunde entweder nicht mehr als 1.000 Euro in Vermögensanlagen desselben Emittenten, der keine Kapitalgesellschaft ist, investiert oder aber, dass er, sofern die Vermögensanlage nicht mehr als 10.000 Euro beträgt, über ausreichendes Vermögen bzw. ein ausreichendes monatliches Nettoeinkommen verfügt (§ 65 Abs. 1 Satz 1 WpHG).

5 **IV. Verhältnis zu den allgemeinen Wohlverhaltens- und Organisationsregeln.** Unklar ist, ob § 65 WpHG die Schutzmechanismen der §§ 63 ff. WpHG zurücktreten lässt. Da die Vermittlung von Vermögensanlagen i.S.d. § 1 Abs. 2 VermAnlG eine Wertpapierdienstleistung darstellt (§ 2 Abs. 8 Nr. 4 WpHG) und dem § 65 WpHG nur ein Prüfungsgebot und gegebenenfalls ein Vermittlungsverbot zu entnehmen ist, ist dies zu verneinen[4]. Zusätzlich kommt den Kunden der eingeschränkte Schutz zugute, der ihnen im Rahmen des § 2a VermAnlG geboten wird.

§ 65a Selbstauskunft bei der Vermittlung des Vertragsschlusses über Wertpapiere im Sinne des § 3c des Wertpapierprospektgesetzes

(1) Ein Wertpapierdienstleistungsunternehmen hat vor der Vermittlung des Vertragsschlusses über Wertpapiere im Sinne des § 3c des Wertpapierprospektgesetzes von dem nicht qualifizierten Anleger eine Selbstauskunft über dessen Vermögen oder dessen Einkommen in dem Umfang einzuholen, wie dies erforderlich ist, um prüfen zu können, ob der Gesamtbetrag der Wertpapiere, die von dem nicht qualifizierten Anleger erworben werden, folgende Beträge nicht übersteigt:

1. 10 000 Euro, sofern der jeweilige nicht qualifizierte Anleger nach seiner Selbstauskunft über ein frei verfügbares Vermögen in Form von Bankguthaben und Finanzinstrumenten von mindestens 100 000 Euro verfügt, oder
2. den zweifachen Betrag des durchschnittlichen monatlichen Nettoeinkommens des jeweiligen nicht qualifizierten Anlegers, höchstens jedoch 10 000 Euro.

Satz 1 gilt nicht, wenn der Gesamtbetrag der Wertpapiere, die von dem nicht qualifizierten Anleger erworben werden, 1 000 Euro nicht überschreitet. Ein Wertpapierdienstleistungsunternehmen darf einen Vertragsschluss über Wertpapiere im Sinne des § 3c des Wertpapierprospektgesetzes nur vermitteln, wenn es geprüft hat, dass der Gesamtbetrag der Wertpapiere, die von dem nicht qualifizierten Anleger erworben werden, 1 000 Euro oder die in Satz 1 genannten Beträge nicht übersteigt.

(2) Soweit die in Absatz 1 genannten Informationen auf Angaben des nicht qualifizierten Anlegers beruhen, hat das Wertpapierdienstleistungsunternehmen die Fehlerhaftigkeit oder Unvollständigkeit der Angaben seines nicht qualifizierten Anlegers nicht zu vertreten, es sei denn, die Unvollständigkeit oder Unrichtigkeit der Angaben des nicht qualifizierten Anlegers ist ihm bekannt oder infolge grober Fahrlässigkeit unbekannt.

In der Fassung des Gesetzes zur Ausübung von Optionen der EU-Prospektverordnung und zur Anpassung weiterer Finanzmarktgesetze vom 10.7.2018 (BGBl. I 2018, 1102).

1. Allgemeines 1	3. Schwellenwerte, Selbstauskunft, Überprüfung,
2. Vermittlung des Vertragsschlusses, nicht-qualifizierte Anleger, Wertpapiere 2	Vermittlungsverbot 3

1 **1. Allgemeines.** Die Vorschrift ergänzt in Parallele zu § 65 WpHG[5] den § 3c WpPG, durch den die Pflicht eingeführt wird, bei prospektfreien Wertpapierangeboten ab 1 Million Euro bestimmte Anlageschwellenwerte für nicht qualifizierte Anleger einzuhalten. Es soll sichergestellt werden, dass die in § 3c WpPG statuierten Gebote im Beratungsgeschäft der Wertpapierdienstleistungsunternehmen respektiert werden[6].

---

1 § 65 Abs. 1 Satz 3 WpHG.
2 § 65 Abs. 2 WpHG.
3 Begr. RegE Kleinanlegerschutzgesetz, BT-Drucks. 18/3994, 54.
4 Vgl. *von Ammon* in Siering/Izzo-Wagner, 2017, § 2a VermAnlG Rz. 47. A.A. *Grundmann* in Staub, Bankvertragsrecht, Investmentbanking II, Teil 8 Rz. 227.
5 Begr. RegE eines Gesetzes zur Ausübung von Optionen der EU-Prospektverordnung und zur Anpassung weiterer Finanzmarktgesetze, BT-Drucks. 19/2435, 50.
6 Begr. RegE eines Gesetzes zur Ausübung von Optionen der EU-Prospektverordnung und zur Anpassung weiterer Finanzmarktgesetze, BT-Drucks. 19/2435, 50.

2. Vermittlung des Vertragsschlusses, nicht-qualifizierte Anleger, Wertpapiere. Die Vorschrift verwendet ebenfalls wie § 65 Abs. 1 Satz 1 WpHG die Formulierung „**Vermittlung des Vertragsschlusses**". Damit scheint die Vorschrift in gleicher Weise wie § 2a VermAnlG die Anlagevermittlung und Anlageberatung i.S.d. § 1 Abs. 1a Satz 2 Nr. 1, 1a KWG im Auge zu haben. Auch 3c WpPG spricht von den Fällen der Anlageberatung und Anlagevermittlung[1]. Die Begründung zum Entwurf des § 65a WpHG, derzufolge die Vorschrift gerade das Beratungsgeschäft der Wertpapierdienstleistungsunternehmen regulieren will, steht dazu nicht im Widerspruch (Rz. 1). Der Schutzzweck des § 65a WpHG gebietet darüber hinaus, auch die Abschlussvermittlung i.S.d. § 2 Abs. 8 Satz 1 Nr. 3 WpHG als Variante der Vermittlung des Vertragsschlusses i.S.d. § 65a WpHG zu verstehen. Somit erfasst § 65a WpHG alle Fälle der Anlage- und Abschlussvermittlung sowie der Anlageberatung. 2

Die Vorschrift kommt nur dort zum Tragen, wo ein Vertragsschluss mit „**nicht qualifizierten Anlegern**" vermittelt werden soll. Damit sind alle Anleger gemeint, die nicht zum Kreis der qualifizierten Anleger i.S.d. § 2 Nr. 6 WpPG zählen; somit im wesentlichen die Privatkunden i.S.d. § 67 Abs. 3 WpHG.

Weitere Voraussetzung ist, dass **Wertpapiere** i.S.d. § 3c WpPG vermittelt werden sollen.

3. Schwellenwerte, Selbstauskunft, Überprüfung, Vermittlungsverbot. Die maßgeblichen Schwellenwerte des § 65a Abs. 1 WpHG entsprechen denen des § 3c WpPG, diese denen des § 2a Abs. 3 VermAnlG[2] und damit[3] im wesentlichen denen des § 65 WpHG[4]. In Abweichung von § 65 Abs. 1 Satz 2 WpHG ist allerdings zu beachten, dass der Schwellenwert von 1 000 Euro i.S.d. § 65a Abs. 1 Satz 2 WpHG nicht auf Wertpapiere desselben Emittenten bezogen ist. Die Werte verschiedener Vermittlungsakte sind nicht zu addieren. Durch Splitting der Vermittlungsakte darf § 65a WpHG allerdings nicht umgangen werden. Die Überprüfungspflichten und das damit verbundene Vermittlungsverbot sind denen des § 65 Abs. 1 Satz 1, 3 WpHG nachgebildet (§ 65 WpHG Rz. 3). Die Regelung des § 65a Abs. 2 WpHG entspricht wörtlich derjenigen des § 65 Abs. 2 WpHG. 3

§ 66 Ausnahmen für Immobiliar-Verbraucherdarlehensverträge

§ 63 Absatz 10 und 12 sowie § 64 Absatz 3, 4 und 8 gelten nicht für Immobiliar-Verbraucherdarlehensverträge, die an die Vorbedingung geknüpft sind, dass dem Verbraucher eine Wertpapierdienstleistung in Bezug auf gedeckte Schuldverschreibungen, die zur Besicherung der Finanzierung des Kredits begeben worden sind und denen dieselben Konditionen wie dem Immobiliar-Verbraucherdarlehensvertrag zugrunde liegen, erbracht wird, und wenn damit das Darlehen ausgezahlt, refinanziert oder abgelöst werden kann.

In der Fassung des 2. FiMaNoG vom 23.6.2017 (BGBl. I 2017, 1693).

§ 63 WpHG setzt Art. 25 Abs. 7 RL 2014/65/EU (MiFID II) um, der seinerseits auf die Richtlinie 2014/17/EU vom 4.2.2014[5] Bezug nimmt. Mit den gedeckten Schuldverschreibungen werden Pfandbriefe bezeichnet[6]. In Deutschland wird die Vorschrift geringe praktische Bedeutung entfalten, weil diese Art der Finanzierung von Wohnimmobiliendarlehen unüblich ist[7]. 1

§ 67 Kunden; Verordnungsermächtigung

(1) Kunden im Sinne dieses Gesetzes sind alle natürlichen oder juristischen Personen, für die Wertpapierdienstleistungsunternehmen Wertpapierdienstleistungen oder Wertpapiernebendienstleistungen erbringen oder anbahnen.

(2) Professionelle Kunden im Sinne dieses Gesetzes sind Kunden, die über ausreichende Erfahrungen, Kenntnisse und Sachverstand verfügen, um ihre Anlageentscheidungen zu treffen und die damit verbundenen Risiken angemessen beurteilen zu können. Professionelle Kunden im Sinne des Satzes 1 sind

---

1 Begr. RegE eines Gesetzes zur Ausübung von Optionen der EU-Prospektverordnung und zur Anpassung weiterer Finanzmarktgesetze, BT-Drucks. 19/2435, 45.
2 Begr. RegE eines Gesetzes zur Ausübung von Optionen der EU-Prospektverordnung und zur Anpassung weiterer Finanzmarktgesetze, BT-Drucks. 19/2435, 45.
3 § 65 WpHG Rz. 3.
4 § 65a WpHG ist dem § 65 WpHG nachgebildet (Begr. RegE eines Gesetzes zur Ausübung von Optionen der EU-Prospektverordnung und zur Anpassung weiterer Finanzmarktgesetze, BT-Drucks. 19/2435, 50).
5 ABl. EU Nr. L 60 v. 28.2.2014, S. 34. S. dazu insb. Art. 12 RL 2014/17/EU.
6 Begr. RegE 2. FiMaNoG, BT-Drucks. 18/10936, 238.
7 Begr. RegE 2. FiMaNoG, BT-Drucks. 18/10936, 238.

§ 67 | Verhaltenspflichten, Organisationspflichten, Transparenzpflichten

1. Unternehmen, die als
   a) Wertpapierdienstleistungsunternehmen,
   b) sonstige zugelassene oder beaufsichtigte Finanzinstitute,
   c) Versicherungsunternehmen,
   d) Organismen für gemeinsame Anlagen und ihre Verwaltungsgesellschaften,
   e) Pensionsfonds und ihre Verwaltungsgesellschaften,
   f) Börsenhändler und Warenderivatehändler,
   g) sonstige institutionelle Anleger, deren Haupttätigkeit nicht von den Buchstaben a bis f erfasst wird,
   im Inland oder Ausland zulassungs- oder aufsichtspflichtig sind, um auf den Finanzmärkten tätig werden zu können;
2. nicht im Sinne der Nummer 1 zulassungs- oder aufsichtspflichtige Unternehmen, die mindestens zwei der drei nachfolgenden Merkmale überschreiten:
   a) 20.000.000 Euro Bilanzsumme,
   b) 40.000.000 Euro Umsatzerlöse,
   c) 2.000.000 Euro Eigenmittel;
3. nationale und regionale Regierungen sowie Stellen der öffentlichen Schuldenverwaltung auf nationaler oder regionaler Ebene;
4. Zentralbanken, internationale und überstaatliche Einrichtungen wie die Weltbank, der Internationale Währungsfonds, die Europäische Zentralbank, die Europäische Investmentbank und andere vergleichbare internationale Organisationen;
5. andere nicht im Sinne der Nummer 1 zulassungs- oder aufsichtspflichtige institutionelle Anleger, deren Haupttätigkeit in der Investition in Finanzinstrumente besteht, und Einrichtungen, die die Verbriefung von Vermögenswerten und andere Finanzierungsgeschäfte betreiben.

Sie werden in Bezug auf alle Finanzinstrumente, Wertpapierdienstleistungen und Wertpapiernebendienstleistungen als professionelle Kunden angesehen.

(3) Privatkunden im Sinne dieses Gesetzes sind Kunden, die keine professionellen Kunden sind.

(4) Geeignete Gegenparteien sind Unternehmen im Sinne des Absatzes 2 Satz 2 Nummer 1 Buchstabe a bis e sowie Einrichtungen nach Absatz 2 Nummer 3 und 4. Den geeigneten Gegenparteien stehen gleich

1. Unternehmen im Sinne des Absatzes 2 Nummer 2 mit Sitz im In- oder Ausland,
2. Unternehmen mit Sitz in einem anderen Mitgliedstaat der Europäischen Union oder einem anderen Vertragsstaat des Abkommens über den Europäischen Wirtschaftsraum, die nach dem Recht des Herkunftsmitgliedstaates als geeignete Gegenparteien im Sinne des Artikels 30 Absatz 3 Satz 1 der Richtlinie 2014/65/EU anzusehen sind,

wenn diese zugestimmt haben, für alle oder einzelne Geschäfte als geeignete Gegenpartei behandelt zu werden.

(5) Ein professioneller Kunde kann mit dem Wertpapierdienstleistungsunternehmen eine Einstufung als Privatkunde vereinbaren. Die Vereinbarung über die Änderung der Einstufung bedarf der Schriftform. Soll die Änderung nicht alle Wertpapierdienstleistungen, Wertpapiernebendienstleistungen und Finanzinstrumente betreffen, ist dies ausdrücklich festzulegen. Ein Wertpapierdienstleistungsunternehmen muss professionelle Kunden im Sinne des Absatzes 2 Satz 2 Nummer 2 und des Absatzes 6 am Anfang einer Geschäftsbeziehung darauf hinweisen, dass sie als professionelle Kunden eingestuft sind und die Möglichkeit einer Änderung der Einstufung nach Satz 1 besteht. Hat ein Wertpapierdienstleistungsunternehmen Kunden vor dem 1. November 2007 auf der Grundlage eines Bewertungsverfahrens, das auf den Sachverstand, die Erfahrungen und Kenntnisse der Kunden abstellt, im Sinne des Absatzes 2 Satz 1 eingestuft, hat die Einstufung nach dem 1. November 2007 Bestand. Diese Kunden sind über die Voraussetzungen der Einstufung nach den Absätzen 2 und 5 und die Möglichkeit der Änderung der Einstufung nach Absatz 5 Satz 4 zu informieren.

(6) Ein Privatkunde kann auf Antrag oder durch Festlegung des Wertpapierdienstleistungsunternehmens als professioneller Kunde eingestuft werden. Der Änderung der Einstufung hat eine Bewertung durch das Wertpapierdienstleistungsunternehmen vorauszugehen, ob der Kunde aufgrund seiner Erfahrungen, Kenntnisse und seines Sachverstandes in der Lage ist, generell oder für eine bestimmte Art von Geschäften eine Anlageentscheidung zu treffen und die damit verbundenen Risiken angemessen zu beurteilen. Eine Änderung der Einstufung kommt nur in Betracht, wenn der Privatkunde mindestens zwei der drei folgenden Kriterien erfüllt:

1. der Kunde hat an dem Markt, an dem die Finanzinstrumente gehandelt werden, für die er als professioneller Kunde eingestuft werden soll, während des letzten Jahres durchschnittlich zehn Geschäfte von erheblichem Umfang im Quartal getätigt;
2. der Kunde verfügt über Bankguthaben und Finanzinstrumente im Wert von mehr als 500.000 Euro;
3. der Kunde hat mindestens für ein Jahr einen Beruf am Kapitalmarkt ausgeübt, der Kenntnisse über die in Betracht kommenden Geschäfte, Wertpapierdienstleistungen und Wertpapiernebendienstleistung voraussetzt.

Das Wertpapierdienstleistungsunternehmen muss den Privatkunden schriftlich darauf hinweisen, dass mit der Änderung der Einstufung die Schutzvorschriften dieses Gesetzes für Privatkunden nicht mehr gelten. Der Kunde muss schriftlich bestätigen, dass er diesen Hinweis zur Kenntnis genommen hat. Informiert ein professioneller Kunde im Sinne des Satzes 1 oder des Absatzes 2 Satz 2 Nr. 2 das Wertpapierdienstleistungsunternehmen nicht über alle Änderungen, die seine Einstufung als professioneller Kunde beeinflussen können, begründet eine darauf beruhende fehlerhafte Einstufung keinen Pflichtverstoß des Wertpapierdienstleistungsunternehmens.

(7) Das Bundesministerium der Finanzen kann durch Rechtsverordnung, die nicht der Zustimmung des Bundesrates bedarf, nähere Bestimmungen erlassen zu den Vorgaben an eine Einstufung gemäß Absatz 2 Satz 2 Nummer 2 und zu den Kriterien, dem Verfahren und den organisatorischen Vorkehrungen bei einer Änderung oder Beibehaltung der Einstufung nach den Absätzen 5 und 6. Das Bundesministerium der Finanzen kann die Ermächtigung durch Rechtsverordnung auf die Bundesanstalt übertragen.

In der Fassung des 2. FiMaNoG vom 23.6.2017 (BGBl. I 2017, 1693).

Delegierte Verordnung (EU) 2017/565 der Kommission vom 25. April 2016
zur Ergänzung der Richtlinie 2014/65/EU des Europäischen Parlaments und des Rates in Bezug auf die organisatorischen Anforderungen an Wertpapierfirmen und die Bedingungen für die Ausübung ihrer Tätigkeit sowie in Bezug auf die Definition bestimmter Begriffe für die Zwecke der genannten Richtlinie

(Auszug)

Art. 45 Informationen über die Kundeneinstufung

(1) Die Wertpapierfirmen unterrichten Neu- und Altkunden bei einer Neueinstufung gemäß der Richtlinie 2014/65/EU über ihre Einstufung als Kleinanleger, professioneller Kunde oder geeignete Gegenpartei gemäß dieser Richtlinie.

(2) Die Wertpapierfirmen unterrichten ihre Kunden auf einem dauerhaften Datenträger über ein etwaiges Recht, eine andere Einstufung zu verlangen, und jegliche daraus erwachsende Einschränkung des Kundenschutzniveaus, die eine andere Einstufung mit sich bringen würde.

(3) Die Wertpapierfirmen können einen Kunden entweder von sich aus oder auf Antrag des betreffenden Kunden folgendermaßen behandeln:
a) als professionellen Kunden oder Kleinanleger, wenn der Kunde gemäß Art. 30 Absatz 2 der Richtlinie 2014/65/EG als geeignete Gegenpartei eingestuft werden könnte;
b) als Kleinanleger, wenn der Kunde gemäß Anhang II Abschnitt I der Richtlinie 2014/65/EU als professioneller Kunde gilt.

In der Fassung vom 25.4.2016 (ABl. EU Nr. L 87 v. 31.3.2017, S. 1), geändert durch Berichtigung vom 26.9.2017 (ABl. EU Nr. L 246 v. 26.9.2017, S. 12).

Art. 54 Eignungsbeurteilung und Eignungsgerichte

(abgedruckt bei § 64 WpHG)

Art. 71 Geeignete Gegenparteien

(1) Ergänzend zu den in Artikel 30 Absatz 2 der Richtlinie 2014/65/EU explizit genannten Kategorien können die Mitgliedstaaten im Einklang mit Art. 30 Abs. 3 der genannten Richtlinie Unternehmen als geeignete Gegenpartei anerkennen, die unter eine Kundenkategorie fallen, die gemäß Anhang II Teil I Absätze 1, 2 und 3 der genannten Richtlinie als professionelle Kunden betrachtet werden.

(2) Beantragt eine geeignete Gegenpartei gemäß Artikel 30 Absatz 2 Unterabsatz 2 der Richtlinie 2014/65/EG als Kunde behandelt zu werden, dessen Geschäftstätigkeit mit einer Wertpapierfirma den Artikeln 24, 25, 27 und 28 dieser Richtlinie unterliegt, sollte dieser Antrag schriftlich erfolgen und eine Angabe dahin gehend enthalten, ob sich die Behandlung als Kleinanleger oder professioneller Kunde auf eine oder mehrere Wertpapierdienstleistung(en) oder eine oder mehrere Geschäft (e) bezieht oder auf eine oder mehrere Geschäfts-bzw. Produktart(en).

(3) Beantragt eine geeignete Gegenpartei, als Kunde behandelt zu werden, dessen Geschäftstätigkeit mit einer Wertpapierfirma den Artikeln 24, 25, 27 und 28 der Richtlinie 2014/65/EU unterliegt, ohne ausdrücklich eine Behandlung als Kleinanleger zu beantragen, behandelt die Wertpapierfirma die betreffende geeignete Gegenpartei als professionellen Kunden.

(4) Beantragt die betreffende geeignete Gegenpartei ausdrücklich, als Kleinanleger behandelt zu werden, behandelt die Wertpapierfirma die betreffende geeignete Gegenpartei als Kleinanleger, wobei sie die Bestimmungen über Anträge auf Behandlung als nichtprofessioneller Kunde in Anhang II Abschnitt I Unterabsätze 2, 3 und 4 der Richtlinie 2014/65/EG anwendet.

(5) Beantragt ein Kunde als geeignete Gegenpartei gemäß Artikel 30 Absatz 3 der Richtlinie 2014/65/EU behandelt zu werden, findet folgendes Verfahren Anwendung:
(a) Die Wertpapierfirma lässt dem Kunden einen deutlichen schriftlichen Hinweis auf die Folgen eines solchen Antrags für den Kunden, einschließlich des ggf. verlorengehenden Schutzniveaus, zukommen.
(b) Der Kunde bestätigt schriftlich, dass er beantragt, entweder generell oder hinsichtlich einer oder mehrerer Wertpapierdienstleistung(en) bzw. eines Geschäfts oder eine Art von Geschäft bzw. Produkt als geeignete Gegenpartei behandelt zu werden, und dass er sich der Folgen des Schutzniveaus bewusst ist, das er infolge des Antrags ggf. verlieren könnte.

In der Fassung vom 25.4.2016 (ABl. EU Nr. L 87 v. 31.3.2017, S. 1), geändert durch Berichtigung vom 26.9.2017 (ABl. EU Nr. L 246 v. 26.9.2017, S. 12).

Schrifttum: S. § 63 WpHG.

I. Allgemeines 1	1. Vertreter, Bote, ermächtigte Person ist ein anderes Wertpapierdienstleistungsunternehmen ... 22
II. Kunden 4	2. Der Vertreter, Bote, die ermächtigte Person zählt nicht zu den Wertpapierdienstleistungsunternehmen 23
1. Begriff des Kunden (§ 67 Abs. 1 WpHG) 4	
2. Arten von Kunden 6	
a) Professionelle Kunden 6	a) Der rechtsgeschäftliche Vertreter (§ 167 BGB, § 54 HGB) ist eine natürliche Person . 23
aa) Geborene professionelle Kunden (§ 67 Abs. 2 WpHG) 6	b) Vertreter einer natürlichen Person ist kraft Rechtsgeschäfts eine juristische Person 25
bb) Heraufstufung zur geeigneten Gegenpartei 11	c) Gesetzliche Vertretung einer natürlichen Person 26
cc) Herabstufung zum Privatkunden 12	d) Kunde ist eine juristische Person 28
dd) Heraufstufung vom Privatkunden zum professionellen Kunden 13	e) Kunde ist eine Gruppe von zwei oder mehr natürlichen Personen 29
b) Geeignete Gegenpartei (§ 67 Abs. 4 WpHG) 14	f) Bote 30
c) Privatkunden 17	IV. Verdeckte Stellvertretung, Treuhand 32
aa) Geborene Privatkunden 17	1. Verdeckte Stellvertretung 32
bb) Privatkunden kraft Einstufung (Herabstufung zum Privatkunden) 18	2. Testamentsvollstrecker, Insolvenzverwalter ... 33
cc) Heraufstufung vom Privatkunden zum professionellen Kunden 19	V. Textabdruck WpDVerOV 34
III. Vertreter, Boten, ermächtigte Personen 22	

1 I. Allgemeines. § 67 WpHG führt im Wesentlichen den § 31a WpHG a.F. fort. Die Novelle setzt die Vorgaben der RL 2014/65/EU um, die Anpassungen erforderlich gemacht haben[1]. Zum Verhältnis der Vorschrift zu der DelVO 2017/565, zum Zweck und der Rechtsnatur der Vorschrift sowie zu Ansprüchen der Anleger s. § 63 WpHG Rz. 1 ff.

2 § 67 WpHG teilt die Kunden[2] abschließend[3] entsprechend dem Anhang II RL 2014/65/EU i.V.m. Art. 4 Abs. 1 Nr. 9 bis 11 RL 2014/65/EU in verschiedene Kategorien ein. An die Kunden werden je nachdem, ob es sich um Privatkunden[4], um professionelle Kunden oder um geeignete Gegenparteien handelt, verschiedene Anforderungen gestellt. Ihnen wird in unterschiedlicher Intensität der Schutz des WpHG geboten. Die Wertpapierdienstleistungsunternehmen müssen sicherstellen, dass die Kunden bei der Aufnahme der Geschäftsbeziehungen zutreffend als Privatkunden, professionelle Kunden oder geeignete Gegenparteien eingestuft werden (§ 2 Abs. 1 WpDVerOV [Rz. 34]). Auf eine formelle Einstufung kann verzichtet werden, wenn ein Wertpapierdienstleistungsunternehmen Wertpapierdienstleistungen (§ 2 Abs. 9 WpHG) ausschließlich gegenüber einer bestimmten Kundengruppe erbringt und dies ausreichend dokumentiert wird[5].

3 Wird im Gefolge der Umsetzung der MiFID II die Einstufung alter Kunden geändert, sind sie hierüber zu unterrichten[6]. Dies hat auf einem dauerhaften Datenträger[7] zu erfolgen. Gleiches gilt für neue Kunden hinsichtlich ihrer Einstufung.

4 II. Kunden. 1. Begriff des Kunden (§ 67 Abs. 1 WpHG). § 67 WpHG teilt nicht nur Personen, mit denen ein Wertpapierdienstleistungsunternehmen bereits in vertraglichen Beziehungen steht, in verschiedene Klassen ein,

---

1 Begr. RegE 2. FiMaNoG, BT-Drucks. 18/10936, 238.
2 Kunde ist jede natürliche oder juristische Person, für die eine Wertpapierfirma Wertpapierdienstleistungen oder Nebendienstleistungen erbringt (Art. 4 Abs. 1 Nr. 9 RL 2014/65/EU).
3 *Grundmann* in Staub, Bankvertragsrecht, Investmentbanking II, Teil 8 Rz. 232.
4 Art. 4 Abs. 1 Nr. 11 RL 2014/65/EU spricht hier von „Kleinkunden", d.h. von Kunden, die keine professionellen Kunden sind.
5 Begr. zur WpDVerOV a.F. (Stand: 1.10.2007) zu § 2 Abs. 1.
6 Art. 45 Abs. 1 DelVO 2017/565; ESMA35-43-349 v. 10.11.2017, Questions and Answers, 11 Client categorisation, Answer 1.
7 § 2 Abs. 43 WpHG; Art. 3 Abs. 1 DelVO 2017/565.

sondern **auch potentielle Vertragspartner**, denen es die Erbringung von Wertpapier(neben)dienstleistungen anbietet[1]. Wie die Formulierung „anbahnen" in § 67 Abs. 1 WpHG zeigt, genügen „invitationes ad offerendum", einschließlich bloßer Werbemitteilungen i.S.d. § 63 Abs. 6 WpHG. Dies entspricht zwar nicht dem Art. 4 Abs. 1 Nr. 9 RL 2014/65/EU, wohl aber dem Art. 24 Abs. 3 RL 2014/65/EU, in dem von Kunden oder potentiellen Kunden die Rede ist.

§ 67 Abs. 1 WpHG formuliert in Parallele zu Art. 4 Abs. 1 Nr. 9 RL 2014/65/EU „**natürliche oder juristische Person**". Wie die englische Fassung dieser Vorschrift „natural or legal person" erhellt, ist mit „juristischer Person" jede Person mit Rechtsfähigkeit gemeint. In diese Richtung weist auch die französische Formulierung „toute personne physique ou morale". Die feine Unterscheidung zwischen juristischer Person und rechtsfähigen Personengesellschaften wird auf EU-Ebene nicht getroffen. Deshalb können in richtlinienkonformer Auslegung des § 67 WpHG z.B. auch die OHG, KG, BGB-Gesellschaft als solche Kunden eines Wertpapierdienstleistungsunternehmens sein[2].

2. Arten von Kunden. a) Professionelle Kunden. aa) Geborene professionelle Kunden (§ 67 Abs. 2 WpHG). § 67 Abs. 2 Satz 1 WpHG enthält eine Generalklausel, die in § 67 Abs. 2 Satz 2 WpHG beispielhaft konkretisiert wird. Der dem § 67 Abs. 2 WpHG zugrunde liegende Art. 4 Abs. 1 Nr. 10 RL 2014/65/EU i.V.m. Anhang II Satz 1 RL 2014/65/EU ordnet nämlich eindeutig an, dass es nicht genügt, über ausreichende **Erfahrungen, Kenntnisse und Sachverstand** zu verfügen, sondern dass zusätzlich die enumerativ genannte Tatbestandsmerkmale erfüllt sein müssen, um als geborener professioneller Kunde zu gelten. In richtlinienkonformer Auslegung müssen demnach geborene professionelle Kunden den Anforderungen des § 67 Abs. 2 Satz 2 WpHG genügen. Die Möglichkeit, auf die Qualifikation als professioneller Kunde zu „verzichten" (§ 67 Abs. 5 WpHG), rechtfertigt es, die in § 67 Abs. 2 Satz 2 WpHG genannten Personen auch dann als professionelle Kunden einzustufen, wenn sie im Einzelfall nicht über ausreichende Erfahrungen, Kenntnisse und Sachverstand verfügen, um die Risiken in Hinblick auf alle Finanzinstrumente sowie alle Wertpapier(neben)dienstleistungen angemessen beurteilen zu können[3]. Diese Interpretation legt der Wortlaut des § 67 Abs. 2 Satz 2 WpHG nahe und ist mit dem Sinn des Satzes 1 des Anhanges II RL 2014/65/EU vereinbar.

§ 67 Abs. 2 Satz 2 Nr. 1 WpHG verwendet in Abweichung vom Anhang II Abschnitt I Abs. 1 RL 2014/65/EU die Formulierung „**Unternehmen**" statt „Rechtssubjekte". Der Begriff „**Unternehmen**" ist richtlinienkonform zu interpretieren[4]. Es muss deshalb ausreichen, dass die Rechtssubjekte i.S.d. § 67 Abs. 2 Satz 2 Nr. 1 lit. a bis g WpHG zugelassen oder zumindest zulassungs- bzw. aufsichtspflichtig sind. Art. 30 Abs. 2 RL 2014/65/EU deutet darauf hin, dass die Formulierung „sonstige institutionelle Anleger" im Sinn von Finanzinstituten zu interpretieren ist. Gleichgültig ist, ob die Zulassung in der EU oder in einem Drittstaat erfolgt ist oder erfolgen müsste[5]. Trotz fehlender Zulassungs- oder Aufsichtspflicht werden Unternehmen als professionelle Kunden behandelt, wenn sie mindestens zwei der in § 67 Abs. 2 Satz 2 Nr. 2 WpHG genannten Schwellenwerte überschreiten.

Zu den **Regierungen** i.S.d. § 67 Abs. 2 Satz 2 Nr. 3 WpHG zählen nicht die Landkreise und Kommunen[6]. § 67 Abs. 2 Satz 2 Nr. 5 WpHG erfasst im Unterschied zu § 67 Abs. 2 Satz 2 Nr. 1 WpHG weder die zugelassenen noch die zulassungs- oder aufsichtspflichtigen **institutionelle Anleger**, die hauptsächlich Investitionen in Finanzinstrumente oder die wertpapiermäßige Unterlegung von Verbindlichkeiten oder entsprechende Finanzierungsgeschäfte betreiben[7].

Zu den **professionellen Kunden** zählen gem. § 67 Abs. 5 Satz 5 WpHG weiterhin solche **Unternehmen**, die ein Wertpapierdienstleistungsunternehmen **vor dem 1.11.2007 aufgrund eines Bewertungsverfahrens**, das auf Sachverstand, Erfahrungen und Kenntnisse des Kunden abstellt, als solche behandelt hat[8]. Das Wertpapierdienstleistungsunternehmen muss die Kunden über diese Einstufung und die Möglichkeit deren Änderung informieren (§ 67 Abs. 5 Satz 6 WpHG). Dies kann standardisiert erfolgen.

Die Wertpapierdienstleistungsunternehmen haben die Großunternehmen i.S.d. § 67 Abs. 2 Satz 2 Nr. 2 WpHG sowie die heraufgestuften Privatkunden (§ 67 Abs. 6 WpHG) darauf hinweisen, dass sie als professionelle Kunden behandelt werden und sie darüber zu unterrichten, dass sie ihre Herabstufung (Rz. 12) betreiben können[9].

---

1 Vgl. zum WpHG a.F. *Fuchs* in Fuchs, § 31a WpHG Rz. 15 f.
2 So auch § 2 Abs. 3 WpDVerOV (Rz. 34).
3 Vgl. zum WpHG a.F. *Fuchs* in Fuchs, § 31a WpHG Rz. 8, 18 (unwiderlegliche Vermutung); *Möllers* in KölnKomm. WpHG, § 31a WpHG Rz. 34.
4 So auch Begr. RegE 2. FiMaNoG, BT-Drucks. 18/10936, 238 (wird ... von Unternehmen gesprochen, ohne dass damit eine Einschränkung des Anhang II einhergeht).
5 Vgl. zum WpHG a.F. *J. Koch* in Schwark/Zimmer, § 31a WpHG Rz. 8.
6 Erwägungsgrund Nr. 104 RL 2014/65/EU; arg. e Anh. II Abschnitt II 1 Unterabs. 1 RL 2014/65/EU, in dem kommunalen Behörden und Gebietskörperschaften erlaubt wird, sich als professionelle Kunden behandeln zu lassen.
7 Anh. II Abschnitt I Nr. 4 RL 2014/65/EU.
8 § 2 Abs. 4 WpDVerOV (Rz. 34).
9 § 67 Abs. 5 Satz 4 WpHG; weitergehend Art. 45 Abs. 2 DelVO 2017/565.

11 **bb) Heraufstufung zur geeigneten Gegenpartei.** Eine derartige Heraufstufung sieht § 67 Abs. 4 Satz 2 WpHG vor (näher Rz. 15).

12 **cc) Herabstufung zum Privatkunden.** Ein professioneller Kunde kann gem. § 67 Abs. 5 Satz 1, 2 WpHG schriftlich (§§ 126, 126a BGB) mit dem Wertpapierdienstleistungsunternehmen eine Herabstufung für alle oder nur für ausgewählte Finanzinstrumente bzw. Wertpapier(neben)dienstleistungen vereinbaren. Eine Herabstufung ist nach dieser Vorschrift nicht gegen den Willen des Wertpapierdienstleistungsunternehmens möglich[1]. § 67 Abs. 5 Satz 1, 2 WpHG erlaubt andererseits den Wertpapierdienstleistungsunternehmen auch nicht, einseitig professionelle Kunden für alle oder für ausgewählte Finanzinstrumente bzw. Wertpapier(neben)dienstleistungen als Privatkunden zu behandeln. Die Möglichkeit zu einer derartigen einseitigen Herabstufung eröffnet jedoch Art. 45 Abs. 3 lit. b DelVO 2017/565.

13 **dd) Heraufstufung vom Privatkunden zum professionellen Kunden.** S. Rz. 19.

14 **b) Geeignete Gegenpartei (§ 67 Abs. 4 WpHG).** Geeignete Gegenparteien sind besonders qualifizierte professionelle Kunden, bei denen der Schutzstandard weiter zurückgenommen wird (§ 68 WpHG).

Zu den **geborenen** geeigneten Gegenparteien zählen alle Unternehmen i.S.d. § 67 Abs. 2 Satz 2 Nr. 1 lit. a bis e WpHG (Rz. 7)[2] sowie die Institutionen i.S.d. § 67 Abs. 2 Satz 2 Nr. 3[3] und 4 WpHG[4]. Gemäß Art. 45 Abs. 2 DelVO 2017/565 sind die Kunden auf einem dauerhaften Datenträger[5] über ihr Recht zu informieren, eine andere Einstufung zu verlangen.

15 § 67 Abs. 4 Satz 2 Nr. 1 WpHG[6] erlaubt, professionelle Kunden i.S.d. § 67 Abs. 2 Satz 2 Nr. 2 WpHG im Einklang mit Art. 71 Abs. 1 DelVO 2017/565 zu geeigneten Gegenparteien **heraufzustufen**. Unerheblich ist, ob diese im Inland oder einem Drittstaat tätig werden. Eine Heraufstufung ist auch bei anderen Unternehmen möglich, die in einem anderen Mitgliedstaat der EU oder des EWR ansässig sind und die nach den Rechtsvorschriften dieses Staates als geeignete Gegenparteien i.S.d. Art. 30 Abs. 3 Satz 1 RL 2014/65/EU behandelt werden[7]. Außerdem müssen sie, nachdem sie vorher schriftlich über die Absenkung ihres Schutzstandards aufgeklärt worden sind[8], schriftlich beantragt[9] haben, für bestimmte oder für sämtliche Geschäfte als geeignete Gegenparteien eingestuft zu werden. Einer besonderen Form bedarf dieses Einverständnis nicht. Wenn der Kunde einen formlosen Antrag gestellt hat, als geeignete Gegenpartei eingestuft zu werden, so muss er allerdings schriftlich bestätigen, dass er dies im Wissen um die Verringerung seines Schutzes getan hat[10]. Diese Erklärung kann bereits in den Antrag aufgenommen werden.

16 Wertpapierdienstleistungsunternehmen dürfen Kunden, die gem. § 67 Abs. 4 Satz 1 i.V.m. § 67 Abs. 2 Satz 2 Nr. 1, 3 oder 4 WpHG als geeignete Gegenparteien einzustufen sind[11], sogar gegen ihren Willen **herabstufen**

---

1 Anh. II Abschnitt I Abs. 2 Satz 2 RL 2014/65/EU („bei der Wertpapierfirmen bereit sind, ein höheres Schutzniveau zu gewähren"). Gegenteiliges ergibt sich auch nicht aus Art. 45 Abs. 3 DelVO 2017/565.
2 Die Vorschrift bezieht sich auf Art. 71 Abs. 1 DelVO 2017/565 i.V.m. Anhang II Teil I Abs. 1, 2 und 3 RL 2014/65/EU (Begr. RegE 2. FiMaNoG, BT-Drucks. 18/10936, 238). Allerdings nennt Art. 30 Abs. 2 RL 2014/65/EU nur „sonstige zugelassene oder nach dem Unionsrecht oder den Rechtsvorschriften eines Mitgliedstaats einer Aufsicht unterliegende Finanzinstitute (financial institutions)", während § 67 Abs. 2 Satz 2 Nr. 3 lit. g WpHG pauschal auf sonstige institutionelle Anleger abhebt.
3 In Art. 30 Abs. 2 RL 2014/65/EU sind zwar nur nationale Regierungen und deren Einrichtungen, und nicht wie in § 67 Abs. 2 Satz 2 Nr. 3 WpHG auch regionale Regierungen genannt, doch erlaubt Art. 71 DelVO 2017/565 unter Verweisung auf Anhang II Abschnitt I Abs. 3 RL 2014/65/EU diese Erweiterung.
4 Art. 30 Abs. 2 RL 2014/65/EU.
5 § 2 Abs. 43 WpHG; Art. 3 Abs. 1 DelVO 2017/565.
6 Aus Art. 30 Abs. 3 Unterabs. 1 RL 2014/65/EU ergibt sich, dass die Unternehmen im Voraus festgelegte proportionale Anforderungen einschließlich qualitativer Schwellenwerte erfüllen müssen. *Es kann* somit nicht jedes Unternehmen zur geeigneten Gegenpartei heraufgestuft werden. In der Begr. RegE 2. Finanzmarktnovellierungsgesetz, BT-Drucks. 18/10936, 238 heißt es allerdings: „Die Unternehmen, die hierunter geeigneten Gegenparteien gleichstehen, sind in Art. 71 Abs. 1 der Delegierten Verordnung ... näher aufgeführt." Art. 71 Abs. 1 DelVO 2017/565 verweist auf den Anhang II Teil I Abs. 1, 2 und 3 RL 2014/65/EU und geht damit über die Fallgruppe des § 67 Abs. 2 Nr. 2 WpHG hinaus. Da Art. 71 Abs. 1 DelVO 2017/565 eine Option eröffnet, die auch teilweise ausgeübt werden kann, kann man bei dem Wortlaut des § 67 Abs. 2 Nr. 2 WpHG stehen bleiben.
7 Dadurch soll Art. 30 Abs. 3 Unterabs. 2 RL 2014/65/EU umgesetzt werden (Begr. RegE 2. FiMaNoG, BT-Drucks. 18/10936, 238). Art. 30 Abs. 3 Unterabs. 1 Satz 1 RL 2014/65/EU ordnet an, dass bei Geschäften mit potentiellen Gegenparteien, die verschiedenen Rechtsordnungen angehören, das Wertpapierdienstleistungsunternehmen dem Status des anderen Unternehmens nach Maßgabe der Rechtsvorschriften und Maßnahmen des Mitgliedstaats, in dem dieses Unternehmen seinen Sitz hat, Rechnung tragen muss. Dies steht gem. Art. 30 Abs. 3 Unterabs. 2 RL 2014/65/EU unter einem Einwilligungsvorbehalt.
8 Art. 71 Abs. 5 lit. a DelVO 2017/565.
9 Art. 71 Abs. 5 DelVO 2017/565. Aus dem Antrag ergibt sich auch die gem. § 67 Abs. 4 Satz 2 WpHG erforderliche Zustimmung i.S.d. Art. 30 Abs. 3 Unterabs. 2 RL 2014/65/EU.
10 Art. 71 Abs. 5 lit. b DelVO 2017/565.
11 Dies entspricht Art. 30 Abs. 2 RL 2014/65/EU.

und sie als professionelle Kunden oder als Privatkunden behandeln[1]. Stellt eine geeignete Gegenpartei i.S.d. § 67 Abs. 4 Satz 1 WpHG den Antrag[2], herabgestuft zu werden, so muss dieser Antrag schriftlich erfolgen. In ihm ist anzugeben, ob der Kunde als professioneller Kunde oder Privatanleger behandelt werden will und ob dies für alle Geschäfte oder nur einzelne Geschäfte gelten soll[3]. Im Zweifel ist der Antrag auf die Einstufung als professioneller Kunde gerichtet[4]. Das Wertpapierdienstleistungsunternehmen braucht den Kunden nicht über die Konsequenzen seines Verlangens aufzuklären. Dort, wo der Kunde als Privatanleger behandelt werden will, ist Anhang II Abschnitt I Abs. 2, 3 und 4 RL 2014/65/EU zu beachten[5].

c) Privatkunden. aa) Geborene Privatkunden. Geborene Privatkunden sind alle Kunden (Rz. 4f.), die weder zum Kreis der geeigneten Gegenparteien (Rz. 14) noch zum Kreis der professionellen Kunden (Rz. 6) zählen (§ 67 Abs. 3 WpHG). Gemäß Art. 45 Abs. 2 DelVO 2017/565 sind die Kunden auf einem dauerhaften Datenträger[6] über ihr Recht zu informieren, eine Heraufstufung (Rz. 19) zu verlangen. Dabei sind sie auf etwaige daraus resultierende Einschränkungen des Kundenschutzniveaus hinzuweisen.   17

bb) Privatkunden kraft Einstufung (Herabstufung zum Privatkunden). Gemäß § 67 Abs. 5 Satz 1 WpHG können professionelle Kunden mit dem Wertpapierdienstleistungsunternehmen die Einstufung als Privatkunden schriftlich vereinbaren[7]. Denkbar ist hierbei, die Herabstufung kraft Vertrages zum Privatkunden ausdrücklich auf einen Teil der Finanzinstrumente oder Wertpapier(neben)dienstleistungen zu beschränken (§ 67 Abs. 5 Satz 3 WpHG)[8]. Da die Herabstufung zu vereinbaren ist und die professionellen Kunden bereits gem. Art. 45 Abs. 2 DelVO 2017/565 bei ihrer erstmaligen Einstufung auf eine bei einer Abstufung drohende Einschränkung des Kundenschutzniveaus hinzuweisen waren, bedarf es bei professionellen Kunden keiner erneuten Information.   18

cc) Heraufstufung vom Privatkunden zum professionellen Kunden. Privatkunden können[9] auf ihren in Textform[10] gestellten **Antrag** hin durch das Wertpapierdienstleistungsunternehmen für alle oder bestimmte Arten von Wertpapierdienstleistungen, Finanzinstrumenten oder Geschäften als professionelle Kunden eingestuft werden[11]. Voraussetzung hierfür ist, dass der Kunde[12] mindestens zwei der in § 67 Abs. 6 Satz 3 Nr. 1–3 WpHG genannten Voraussetzungen erfüllt. Außerdem muss das Wertpapierdienstleistungsunternehmen von Fall zu Fall prüfen[13], ob der Kunde[14] aufgrund seiner Erfahrungen, Kenntnisse[15] und seines Sachverstandes für alle oder jedenfalls für bestimmte Arten von Geschäften nach vernünftigem Ermessen[16] imstande ist, eine interessengerechte Anlageentscheidung zu treffen und die damit verbundenen Risiken angemessen zu beurteilen. Maßgeblich sind die Kenntnisse und Erfahrungen derjenigen Person, die zur Durchführung von Wertpapiergeschäften befugt ist[17]. Die Prüfung muss zweistufig ausfallen[18]. Darüber hinaus muss das Wertpapierdienstleistungsunternehmen den Privatkunden auf einem dauerhaften Datenträger[19] eindeutig (§ 63 WpHG Rz. 61) und konkret auf die Konsequenzen der Heraufstufung hinweisen[20] und muss der Kunde diesen Hinweis   19

---

1 Art. 45 Abs. 3 DelVO 2017/565.
2 „... requests"; „... demande".
3 Art. 71 Abs. 2 DelVO 2017/565.
4 Art. 71 Abs. 3 DelVO 2017/565.
5 Art. 71 Abs. 4 DelVO 2017/565. Ähnlich § 67 Abs. 5 Satz 1–3 WpHG.
6 § 2 Abs. 43 WpHG; Art. 3 Abs. 1 DelVO 2017/565.
7 Umsetzung des Anhang II Abschnitt I Abs. 4 Unterabs. 4 Satz 1 RL 2014/65/EU.
8 Dem Anhang II Abschnitt I Abs. 4 Unterabs. 4 Satz 2 RL 2014/65/EU zufolge ist in der Übereinkunft immer festzulegen, ob die Herabstufung für eine oder mehrere Dienstleistungen oder Geschäfte oder für eine oder mehrere Arten von Produkten oder Geschäften gilt.
9 Art. 45 Abs. 2 DelVO 2017/565 steht dem nicht entgegen. Zwar ist in der Vorschrift von „Recht" die Rede, aber nur in Verbindung mit „etwaigem" („any right").
10 § 2 Abs. 2 Satz 1 Nr. 1 WpDVerOV (Rz. 34); Anhang II Abschnitt II.2 Abs. 1 Spiegelstrich 1 RL 2014/65/EU spricht von schriftlich (in writing).
11 § 67 Abs. 6 Unterabs. 1 Satz 1 WpHG.
12 Ist der Kunde eine rechtsfähige Person, so ist § 2 Abs. 3 WpDVerOV (Rz. 34) analog heranzuziehen.
13 Die Prüfung muss mit angemessener Intensität erfolgen. Dazu sind die notwendigen organisatorischen Vorkehrungen zu treffen (§ 2 Abs. 1 WpDVerOV (Rz. 34); Anhang II Abschnitt II.2 Abs. 2, 4 RL 2014/65/EU).
14 Bei Personengesellschaften und Kapitalgesellschaften sind die Erfahrungen, Kenntnisse und der Sachverstand der Organe bzw. bei kleinen Unternehmen derjenigen Person maßgeblich, die befugt ist, die Geschäfte im Namen des Unternehmens zu tätigen (Anhang II Abschnitt II.1 Abs. 4 RL 2014/65/EU).
15 Anhang II Abschnitt II.1. Abs. 2 Satz 2 RL 2014/65/EU: Es sollte nicht davon ausgegangen werden, dass die Kunden über Marktkenntnisse und -erfahrungen verfügen, die denen geborener professioneller Kunden vergleichbar sind.
16 Anhang II Abschnitt II.1 Abs. 3 RL 2014/65/EU.
17 Art. 54 Abs. 6 Unterabs. 2 Satz 2 DelVO 2017/565. S. Rz. 23ff.
18 Man kann deshalb nur unter Einschränkungen davon sprechen, dass Privatkunden auf ihren Schutz verzichten können. Vgl. aber zum WpHG a.F. *Spindler/Kasten*, WM 2006, 1797, 1798.
19 § 2 Abs. 43 WpHG, Art. 3 DelVO 2017/565.
20 § 67 Abs. 6 Satz 4 WpHG, § 2 Abs. 2 Satz 1 Nr. 2 WpDVerOV (Rz. 34). Anhang II Abschnitt II.2 Abs. 1 Spiegelstrich 2 RL 2014/65/EU spricht von schriftlich (written).

schriftlich[1] in einem gesonderten Dokument bestätigen[2]. Die Heraufstufung gilt nur im Verhältnis zu demjenigen Wertpapierdienstleistungsunternehmen, mit dem die Heraufstufung vereinbart worden ist[3].

20 Geht die **Initiative** zur Heraufstufung eines Privatkunden zum professionellen Kunden, der die Anforderungen des § 67 Abs. 6 Satz 3 WpHG erfüllt, **von einem Wertpapierdienstleistungsunternehmen** aus, so muss der Kunde zumindest in Textform sein Einverständnis erklären (§ 2 Abs. 2 Satz 2 WpDVerOV [Rz. 34]). Außerdem hat das Wertpapierdienstleistungsunternehmen wie in den Fällen, in denen der Privatkunde die Heraufstufung beantragt hat (Rz. 19), zu prüfen, ob der Kunde über ausreichende Kenntnisse, Erfahrungen und ausreichenden Sachverstand verfügt (§ 67 Abs. 6 Satz 2 WpHG). Auch in dieser Fallvarianten ist der Kunde auf einem dauerhaften Datenträger[4] über die Konsequenzen der Heraufstufung zu informieren (Rz. 19); er hat dies in einem gesonderten Dokument schriftlich zu bestätigen[5].

21 Wie sich aus § 67 Abs. 6 Satz 6 WpHG ergibt, ist die **Heraufstufung** zu **korrigieren**, falls der Kunde das Wertpapierdienstleistungsunternehmen darüber informiert hat[6], dass die Voraussetzungen der Heraufstufung weggefallen sind. Den Wertpapierdienstleistungsunternehmen kann aber nicht vorgeworfen werden, sich nicht um Informationen bemüht zu haben[7]. Der zum professionellen Kunden heraufgestufte Privatkunde kann natürlich jederzeit gem. § 67 Abs. 5 WpHG mit dem Wertpapierdienstleistungsunternehmen eine Herabstufung zum Privatkunden vereinbaren.

22 **III. Vertreter, Boten, ermächtigte Personen. 1. Vertreter, Bote, ermächtigte Person ist ein anderes Wertpapierdienstleistungsunternehmen.** Beachte Erläuterungen zu § 71 WpHG. Außerhalb des Anwendungsbereichs des § 71 WpHG gelten die allgemeinen Regeln zur Vertretung etc. (Rz. 23 ff.).

23 **2. Der Vertreter, Bote, die ermächtigte Person zählt** *nicht* **zu den Wertpapierdienstleistungsunternehmen. a) Der rechtsgeschäftliche Vertreter (§ 167 BGB, § 54 HGB) ist eine natürliche Person.** Gemäß Art. 54 Abs. 6 Unterabs. 1 Satz 1 DelVO 2017/565 müssen **Grundsätze** entwickelt und **Verfahren** implementiert werden, aus denen sich ergibt, auf wen es bei der Eignungsbeurteilung (§ 64 WpHG Rz. 41) ankommt, bei wem die maßgeblichen Informationen über Kenntnisse, Erfahrungen, finanzielle Lage sowie Anlageziele einzuholen sind (§ 64 WpHG Rz. 24 ff.) und wie die Beurteilung in der Praxis umgesetzt wird.

Unklar ist die Tragweite des Art. 54 Abs. 6 Unterabs. 1 DelVO 2017/565, da in den verschiedenen Sprachfassungen dessen Anwendungsbereich unterschiedlich bestimmt wird. Die französische Sprachfassung ist ausschließlich auf juristische Personen bezogen.

Die berichtigte deutsche Sprachfassung hat die Fälle im Auge, in denen Kunde entweder eine juristische Person oder eine Gruppe von zwei oder mehreren natürlichen Personen ist oder eine oder mehrere natürliche Personen von einer weiteren natürlichen Person vertreten wird. Letztere dürfen von keiner juristischen Person vertreten werden. Der englischen Sprachfassung zufolge spielt es keine Rolle, ob der Kunde als natürliche oder als juristische Person zu qualifizieren ist; denn Art. 54 Abs. 6 Unterabs. 1 DelVO 2017/565 soll auch eingreifen, „where one or more natural persons are represented by another natural person". Danach kommt Art. 54 Abs. 6 Unterabs. 1 Satz 1 DelVO 2017/565 selbst dann zum Tragen, wenn sowohl der Kunde als auch dessen Vertreter zum Kreis der natürlichen Personen gehört. Geht man von der englischen und deutschen Sprachfassung aus, gerät man allerdings mit dem Art. 54 Abs. 6 Unterabs. 2 DelVO 2017/565 in Konflikt, da dieser klar vorgibt, auf wessen Informationen zu achten ist und etwaigen Grundsätzen, die das Wertpapierdienstleistungsunternehmen aufzustellen hat, keinen Raum gibt. Am ehesten geben die deutsche und die englische Sprachfassung den Willen des Gesetzgebers wieder. Art. 54 Abs. 6 Unterabs. 1 DelVO 2017/565 ist restringierend dahin zu interpretieren, dass die Wertpapierdienstleistungsunternehmen nicht nach Belieben entscheiden können, auf wen sie bei der Geeignetheitsprüfung abstellen, sondern dass dort, wo *eine natürliche Person durch eine andere natürliche Person* vertreten wird, vorrangig der Art. 54 Abs. 6 Unterabs. 2 DelVO 2017/565 zu beachten ist. Die ESMA steht dagegen auf den Standpunkt, dass die Wertpapierdienstleistungsunternehmen Grundsätze für die Vertretung sowohl in denjenigen Fällen zu entwickeln haben, in denen eine juristische Person oder eine Gruppe von zwei oder mehr natürlichen Personen Kunde ist, als auch in denjenigen Fällen, in denen nur eine natürliche Person Kunde ist, die vertreten werden soll[8]. Allerdings soll der ESMA zufolge

---

1 Anhang II Abschnitt II.2 Abs. 1 Spiegelstrich 3 RL 2014/65/EU spricht hier ebenfalls von schriftlich (in writing), so dass es nahe liegt, auch hier Textform genügen zu lassen.
2 67 Abs. 6 Satz 1 WpHG; § 2 Abs. 2 Satz 1 Nr. 3 WpDVerOV (Rz. 34).
3 Vgl. zum WpHG a.F. Fuchs in Fuchs, § 31a WpHG Rz. 40.
4 § 2 Abs. 43 WpHG; Art. 3 Abs. 1 DelVO 2017/565.
5 § 67 Abs. 6 Satz 5 WpHG; 2 Abs. 2 Satz 2 WpDVerOV (Rz. 34).
6 Der Anhang II Abschnitt II.2 Abs. 4 RL 2014/65/EU lässt die bloße Information durch den Kunden nicht genügen, sondern setzt bei den Wertpapierdienstleistungsunternehmen die Erkenntnis voraus, dass der Kunde nicht mehr die an einen professionellen Kunden zu stellenden Anforderungen erfüllt (weniger eng: „become aware").
7 Anhang II Abschnitt II.2 Abs. 5 RL 2014/65/EU: Die Kunden sind dafür verantwortlich, die Wertpapierfirma über alle Änderungen zu informieren, die ihre Einstufung beeinflussen könnten.
8 ESMA35-34-748 v. 13.7.2017 Consultation Paper, Guidelines on certain aspects of the MiFID II suitability requirements, 3.3 Annex III Rz. 56.

(zwingendes) nationales Vertretungsrecht berücksichtigt werden, das anordnet, wer den Kunden vertreten darf[1].

Die ESMA[2] lässt den Wertpapierdienstleistungsunternehmen weitgehend die Freiheit, in ihren Organisationsregeln zu anzuordnen[3], wer die erforderlichen Informationen erteilt und auf wessen Verhältnisse es ankommt. So kann das Wertpapierdienstleistungsunternehmen nach seinen Grundsätzen und einer auf dieser Basis zustande gekommenen Vereinbarung hinsichtlich der Kenntnisse und Erfahrungen auf die des Vertreters und hinsichtlich der finanziellen Situation und Anlageziele auf die des Kunden abstellen. In den Organisationsregeln kann jedoch auch verankert werden, dass es auf die finanzielle Situation des Vertreters ankommt. Die ESMA empfiehlt, im Zweifel auf diejenige Person abzustellen, die über die geringeren Kenntnisse und Erfahrungen verfügt, die verhältnismäßig risikoaverser ist und die über die geringeren finanziellen Mittel verfügt[4]. Ferner ist es zulässig, dass den Grundsätzen des Wertpapierdienstleistungsunternehmens zufolge Informationen über jedes Mitglied der Gruppe eingeholt werden. In einem solchen Fall sollte[5] das Wertpapierdienstleistungsunternehmen in gleicher Weise darauf abstellen, welches Mitglied der Gruppe am schutzbedürftigsten ist. Für unzulässig wird es gehalten, auf das durchschnittliche Maß an Kenntnissen und Erfahrungen der Mitglieder einer Gruppe abzuheben[6]. Der MaComp Ziff. BT 6.4, zufolge ist die Geeignetheitserklärung gem. § 64 Abs. 4 WpHG dem Bevollmächtigten zu übermitteln.

24

b) Vertreter einer natürlichen Person ist kraft Rechtsgeschäfts eine juristische Person. Nach keiner der Sprachfassungen des Art. 54 Abs. 6 Unterabs. 1 DelVO 2017/565 sind Grundsätze und Verfahren zu entwickeln. Die in Art. 54 Abs. 6 Unterabs. 2 DelVO 2017/565 aufgestellten Regeln (Rz. 23 f.) sind jedoch entsprechend heranzuziehen.

25

c) Gesetzliche Vertretung einer natürlichen Person. Gesetzliche Vertreter[7] des Kunden definieren entsprechend ihrer Vertretungsmacht die **Interessen** des Kunden und damit auch dessen **Anlageziele**. Das muss auch im Rahmen des Art. 54 Abs. 6 Unterabs. 2 DelVO 2017/565 gelten[8]. Eine Ausnahme ist dort zu beachten, wo z.B. Eltern ihr Recht zur Vermögenssorge offensichtlich im Widerspruch zu den Interessen des Kindes ausüben.

26

Die **standardisierten Informationen** i.S.d. § 63 Abs. 7 WpHG müssen den Verständnismöglichkeiten des jeweiligen Kundenkreises genügen. Bei Minderjährigen als Kunden ist auf die Verständnismöglichkeiten der gesetzlichen Vertreter abzustellen. Die **Kenntnisse und Erfahrungen** sowie die berufliche Ausbildung der gesetzlichen Vertreter bzw. die **Ausbildung** dieser Personen sind auch bei einer **Anlageberatung** maßgeblich[9]. Wie bei rechtsgeschäftlichen Vertretern sind bei der Anlageberatung die **finanziellen Verhältnisse** der vertretenen Kunden zu erfragen und zu berücksichtigen[10]. Hierbei können die Wertpapierdienstleistungsunternehmen die von den gesetzlichen Vertretern gemachten Auskünfte zugrunde legen.

27

d) Kunde ist eine juristische Person. Nach der englischen und deutschen Sprachfassung des Art. 54 Abs. 6 Unterabs. 1 DelVO 2017/565 haben in dieser Fallgruppe, unabhängig davon, ob als Vertreter natürliche oder juristische[11] Personen auftreten, Wertpapierdienstleistungsunternehmen Grundsätze und Verfahren zur Geeignetheitsprüfung zu entwickeln (Rz. 23). In diesen ist schriftlich zu bestimmen, auf wen die Eignungsbeurteilung (§ 64 WpHG Rz. 41) zu beziehen ist und von wem die hierfür erforderlichen Informationen eingeholt werden sollen[12]. Danach können Wertpapierdienstleistungsunternehmen vorsehen, dass die Informationen von dem Organ oder einem anderen Vertreter der juristischen Person zu besorgen sind. Dagegen kann es, obwohl der Wortlaut des Art. 54 Abs. 6 Unterabs. 1 DelVO 2017/565 dies zulässt, nicht statthaft sein, auf die finanziellen

28

---

1 ESMA35-34-748 v. 13.7.2017 Consultation Paper, Guidelines on certain aspects of the MiFID II suitability requirements, 3.3 Annex III Rz. 57.
2 ESMA35-34-748 v. 13.7.2017 Consultation Paper, Guidelines on certain aspects of the MiFID II suitability requirements, 3.3 Annex III Rz. 64 ff.
3 MaComp Ziff. BT 7.7 Nr. 2 spricht von Einigung.
4 MaComp Ziff. BT 7.7 Nr. 5.
5 ESMA35-34-748 v. 13.7.2017 Consultation Paper, Guidelines on certain aspects of the MiFID II suitability requirements, 3.3 Annex III Rz. 67 Satz 4 („should adopt …"); MaComp Ziff. BT 7.7 Nr. 5.
6 ESMA35-34-748 v. 13.7.2017 Consultation Paper, Guidelines on certain aspects of the MiFID II suitability requirements, 3.3 Annex III Rz. 67 (unlikely be compliant with the … principle of acting in the clients interests [diese Position der ESMA ist inkonsequent wenn man bedenkt, dass es zulässig ist, auf das Mitglied der Gruppe mit den geringsten Kenntnissen und Erfahrungen abzustellen]).
7 In den Grundsätzen des Wertpapierdienstleistungsunternehmens ist dieser Form der Vertretungsmacht Rechnung zu tragen (ESMA35-34-748 v. 13.7.2017 Consultation Paper, Guidelines on certain aspects of the MiFID II suitability requirements, 3.3 Annex III Rz. 57 f.).
8 Ebenso ESMA35-34-748 v. 13.7.2017 Consultation Paper, Guidelines on certain aspects of the MiFID II suitability requirements, 3.3 Annex III Rz. 58, 60.
9 Art. 54 Abs. 6 Unterabs. 2 Satz 2 DelVO 2017/565.
10 Art. 54 Abs. 6 Unterabs. 2 Satz 1 DelVO 2017/565.
11 Art. 54 Abs. 6 Unterabs. 1 DelVO 2017/565 ist entsprechend heranzuziehen.
12 ESMA35-34-748 v. 13.7.2017 Consultation Paper, Guidelines on certain aspects of the MiFID II suitability requirements, 3.3 Annex III Rz. 61. Vgl. MaComp Ziff. BT 7.7 Nr. 4.

Verhältnisse des Organs der juristischen Person abzustellen, weil bei dieser Interpretation das Ziel des Anlegerschutzes verfehlt werden würde.

29 **e) Kunde ist eine Gruppe von zwei oder mehr natürlichen Personen.** In dieser Fallgruppe ist an eine OHG oder KG zu denken, der keine juristischen Personen als Gesellschafter angehören. Die deutsche und die englische Sprachfassung lassen nicht klar erkennen, ob das Erfordernis der Vertretung durch eine natürliche Person ausschließlich auf Fälle bezogen ist, in denen eine oder mehrere natürliche Person vertreten werden, nicht aber auch auf Fälle, in denen eine Gruppe vertreten wird. Man sollte die Nähe zwischen juristischen Personen und der Gruppe von mehreren natürlichen Personen berücksichtigen, so dass die Gruppe in gleicher Weise wie juristische Personen (Rz. 28) zu behandeln ist[1].

30 **f) Bote.** Art. 54 Abs. 6 DelVO 2017/565 spricht von „vertreten", in der englischen Sprachfassung von „represented". In der französischen Sprachfassung wird der Begriff „représentée" verwendet. Anders als der Vertreter trifft der Bote keine eigenen Entscheidungen. Deshalb hat das Wertpapierdienstleistungsunternehmen gem. § 63 Abs. 7 WpHG den Kunden selbst zu informieren. Eine Anlageberatung des Boten ist nicht denkbar, da dieser die Empfehlung nicht selbst in eine Anlageentscheidung umsetzen kann. Das Wertpapierdienstleistungsunternehmen kann den Boten allenfalls für den Empfang einer Empfehlung einsetzen. Es hat dann allerdings die Anlageziele, finanziellen Verhältnisse, Kenntnisse, Erfahrungen sowie die Ausbildung des Kunden zugrunde zu legen. Gleiches gilt für die Vermögensverwaltung. Erhält ein Vermögensverwalter ein Vertragsangebot durch einen Boten, so hat er sich beim Kunden über dessen Anlageziele, finanziellen Verhältnisse, Kenntnisse und Erfahrungen sowie Ausbildung zu unterrichten. Auskünfte des Boten darf er verwenden, wenn der Bote als ermächtigt anzusehen ist, diese zu liefern.

31 Im Rahmen des **§ 63 Abs. 10 WpHG** (beratungslose Ausführung) hat das Wertpapierdienstleistungsunternehmen **Warnungen** auszusprechen, wenn dem Kunden die notwendigen Erfahrungen und Kenntnisse fehlen. Die Warnung müssen dem Kunden zugehen. Der Bote wird insoweit kaum jemals als Empfangsbote angesehen werden können. Außerdem ist zu berücksichtigen, dass eine gegenüber dem Empfangsboten ausgesprochene Warnung erst in dem Moment zugegangen ist, in dem der Zugang beim Kunden zu erwarten war. Im Fall des **§ 63 Abs. 11 WpHG** (execution only) ist auf die Veranlassung durch den Kunden abzustellen. Der Kunde ist darüber zu informieren, dass keine Warnung erfolgt. Eine Aufklärung des Boten genügt nicht.

32 **IV. Verdeckte Stellvertretung, Treuhand. 1. Verdeckte Stellvertretung.** Der verdeckte Stellvertreter ist seinerseits Kunde[2]. Dabei kommt es grundsätzlich nicht darauf an, ob das Wertpapierdienstleistungsunternehmen die Rolle des verdeckten Stellvertreters kennt oder nicht kennt[3]. Deshalb ist der verdeckte Stellvertreter gem. § 63 Abs. 7 WpHG zu informieren, gem. § 64 Abs. 3 WpHG nach seinen Kenntnissen, Erfahrungen zu fragen und gem. § 63 Abs. 10 WpHG zu warnen. Auch bei Geschäften i.S.d. § 63 Abs. 11 WpHG ist auf den verdeckten Stellvertreter abzustellen. Da verdeckte Stellvertreter typischerweise die Interessen ihrer Auftraggeber wahren wollen, müssen Wertpapierdienstleistungsunternehmen, für den Fall, dass ihnen die verdeckte Stellvertretung bekannt ist, wie bei der offenen Stellvertretung Grundsätze dafür entwickeln, auf wessen Anlageziele und finanziellen Verhältnisse sie abstellen wollen.

33 **2. Testamentsvollstrecker, Insolvenzverwalter.** Im Fall der Testamentsvollstreckung wird der **Testamentsvollstrecker**, soweit seine Befugnisse reichen, zum Kunden, auf dessen Kenntnisse, Erfahrungen sowie Risikobereitschaft es ankommt und der die Anlageziele bestimmt[4]. Hinsichtlich der finanziellen Verhältnisse ist der vom Testamentsvollstrecker verwaltete Nachlass, der wirtschaftlich gesehen der Kunde ist und den der Testamentsvollstrecker repräsentiert, nicht aber das Vermögen des Testamentsvollstreckers oder der Erben maßgeblich. Der Umstand, dass ein Wertpapierdienstleistungsunternehmen zum Testamentsvollstrecker bestimmt worden ist, führt mithin nicht dazu, dass die Erben zu Kunden werden[5]. Gleiches gilt für den **Insolvenzverwalter**.

34 **V. Textabdruck WpDVerOV**

Verordnung zur Konkretisierung der Verhaltensregeln und Organisationsanforderungen für Wertpapierdienstleistungsunternehmen (Wertpapierdienstleistungs-Verhaltens- und -Organisationsverordnung – WpDVerOV)[6]

(Auszug)

§ 1 Anwendungsbereich

(1) Die Vorschriften dieser Verordnung sind anzuwenden auf

1. die Kundeneigenschaft, soweit diese betrifft

---

1 Ebenso ESMA35-34-748 v. 13.7.2017 Consultation Paper, Guidelines on certain aspects of the MiFID II suitability requirements, 3.3 Annex III Rz. 60 f., wenn die Vertretung der Gruppe gesetzlich geregelt ist.
2 Vgl. zum WpHG a.F. *Fuchs* in Fuchs, § 31 WpHG Rz. 235.
3 Vgl. zum WpHG a.F. *Rothenhöfer* in Schwark/Zimmer, §§ 31 ff. WpHG Rz. 29.
4 Vgl. zum WpHG a.F. *Kemter*, BKR 2010, 23, 24.
5 Vgl. zum WpHG a.F. *Kemter*, BKR 2010, 23, 25.
6 WpDVerOV vom 17.10.2017 (BGBl. I 2017, 3566), zuletzt geändert durch Gesetz vom 10.7.2018 (BGBl. I 2018, 1102).

a) die Vorgaben an eine Einstufung als professioneller Kunde im Sinne des § 67 Absatz 2 Satz 2 Nummer 2 des Wertpapierhandelsgesetzes,
b) die Kriterien, das Verfahren und die organisatorischen Vorkehrungen bei einer Einstufung eines professionellen Kunden als Privatkunde nach § 67 Absatz 5 des Wertpapierhandelsgesetzes und eines Privatkunden als professioneller Kunde nach § 67 Absatz 6 des Wertpapierhandelsgesetzes,

2.–8. (abgedruckt bei § 64 WpHG Rz. 94, § 69 WpHG Rz. 15, § 70 WpHG Rz. 56, § 80 WpHG Rz. 172, § 83 WpHG Rz. 32, § 84 WpHG Rz. 52)

(2) Die Verordnung gilt entsprechend für Zweigniederlassungen im Sinne des § 53b des Kreditwesengesetzes, Kapitalverwaltungsgesellschaften im Sinne des § 17 des Kapitalanlagegesetzbuchs, ausländische AIF-Verwaltungsgesellschaften, deren Referenzmitgliedstaat die Bundesrepublik Deutschland nach § 56 des Kapitalanlagegesetzbuchs ist, sowie Zweigniederlassungen und Tätigkeiten im Wege des grenzüberschreitenden Dienstleistungsverkehrs von Verwaltungsgesellschaften nach § 51 Absatz 1 Satz 1, § 54 Absatz 1 und § 66 Absatz 1 des Kapitalanlagegesetzbuchs, soweit die Vorschriften des Wertpapierhandelsgesetzes auf diese Anwendung finden.

§ 2 Kunden

(1) Wertpapierdienstleistungsunternehmen müssen die notwendigen organisatorischen Vorkehrungen treffen, insbesondere Grundsätze aufstellen, Verfahren einrichten und Maßnahmen ergreifen, um Kunden nach § 67 des Wertpapierhandelsgesetzes einzustufen und die Einstufung professioneller Kunden aus begründetem Anlass überprüfen zu können.

(2) Die Einstufung eines Privatkunden als professioneller Kunde nach § 67 Absatz 6 Satz 1 erste Alternative des Wertpapierhandelsgesetzes darf nur erfolgen, wenn der Kunde
1. gegenüber dem Wertpapierdienstleistungsunternehmen zumindest in Textform beantragt hat, generell oder für eine bestimmte Art von Geschäften, Finanzinstrumenten oder Wertpapierdienstleistungen oder für ein bestimmtes Geschäft oder für eine bestimmte Wertpapierdienstleistung als professioneller Kunde eingestuft zu werden,
2. vom Wertpapierdienstleistungsunternehmen auf einem dauerhaften Datenträger im Sinne des § 2 Absatz 43 des Wertpapierhandelsgesetzes eindeutig auf die rechtlichen Folgen der Änderung der Einstufung hingewiesen worden ist,
3. in einem gesonderten Dokument bestätigt hat, die nach Nummer 2 gegebenen Hinweise zur Kenntnis genommen zu haben.

Beabsichtigt das Wertpapierdienstleistungsunternehmen, einen Kunden nach § 67 Absatz 6 Satz 1 zweite Alternative des Wertpapierhandelsgesetzes als professionellen Kunden einzustufen, gilt Satz 1 entsprechend mit der Maßgabe, dass der Kunde sein Einverständnis zumindest in Textform erklären muss.

(3) Bei Personengesellschaften und Kapitalgesellschaften, die die Kriterien des § 67 Absatz 2 Satz 2 Nummer 2 des Wertpapierhandelsgesetzes nicht erfüllen, ist es für die Änderung der Einstufung nach § 67 Absatz 6 Satz 3 des Wertpapierhandelsgesetzes ausreichend, wenn die in § 67 Absatz 6 Satz 3 Nummer 1 oder 3 des Wertpapierhandelsgesetzes genannten Kriterien durch eine von der Gesellschaft benannte Person erfüllt werden, die dazu befugt ist, die von der Änderung der Einstufung umfassten Geschäfte im Namen der Gesellschaft zu tätigen.

(4) Eine vor dem 1. November 2007 entsprechend dem Bewertungsverfahren nach Teil C der Richtlinie gemäß § 35 Absatz 6 des Gesetzes über den Wertpapierhandel zur Konkretisierung der §§ 31 und 32 des Wertpapierhandelsgesetzes für das Kommissionsgeschäft, den Eigenhandel für andere und das Vermittlungsgeschäft der Wertpapierdienstleistungsunternehmen vom 23. August 2001 (BAnz. S. 19217) durchgeführte Kundeneinstufung entspricht den Anforderungen des § 67 Absatz 5 Satz 5 des Wertpapierhandelsgesetzes. Die Information nach § 67 Absatz 5 Satz 6 des Wertpapierhandelsgesetzes kann in standardisierter Form erfolgen.

§ 68 Geschäfte mit geeigneten Gegenparteien; Verordnungsermächtigung

(1) Wertpapierdienstleistungsunternehmen, die das Finanzkommissionsgeschäft, die Anlage- und Abschlussvermittlung und den Eigenhandel sowie damit in direktem Zusammenhang stehende Wertpapiernebendienstleistungen gegenüber geeigneten Gegenparteien erbringen, sind nicht an die Vorgaben von § 63 Absatz 1, 3 bis 7, 9, 10, § 64 Absatz 3, 5 und 7, § 69 Absatz 1, der §§ 70, 82, 83 Absatz 2 und § 87 Absatz 1 und 2 gebunden. Satz 1 ist nicht anwendbar, sofern die geeignete Gegenpartei mit dem Wertpapierdienstleistungsunternehmen für alle oder für einzelne Geschäfte vereinbart hat, als professioneller Kunde oder als Privatkunde behandelt zu werden. Wertpapierdienstleistungsunternehmen müssen in ihrer Beziehung mit geeigneten Gegenparteien auf eine Art und Weise kommunizieren, die redlich, eindeutig und nicht irreführend ist und müssen dabei der Form der geeigneten Gegenpartei und deren Geschäftstätigkeit Rechnung tragen.

(2) Nähere Bestimmungen zu Absatz 1, insbesondere zu der Form und dem Inhalt einer Vereinbarung nach Absatz 1 Satz 2 und zur Art und Weise der Zustimmung nach § 67 Absatz 4 Satz 2 ergeben sich aus Artikel 71 der Delegierten Verordnung (EU) 2017/565.

In der Fassung des 2. FiMaNoG vom 23.6.2017 (BGBl. I 2017, 1693).

Schrifttum: S. § 63 WpHG.

§ 68 | Verhaltenspflichten, Organisationspflichten, Transparenzpflichten

I. Allgemeines 1
II. Geeignete Gegenpartei 2
III. Ausnahmen von den allgemeinen Verhaltensregeln 3
IV. Besondere Anforderungen an das Kommunikationsverhalten 4

1 **I. Allgemeines.** Die Vorschrift setzt Art. 30 Abs. 1 RL 2014/65/EU (MiFID II) um[1]. Sie entspricht in weiten Zügen dem § 31b WpHG a.F. § 68 WpHG trägt dem Umstand Rechnung, dass geeignete Gegenparteien, die nicht vereinbart haben, als professioneller Kunde oder als Privatkunde behandelt zu werden (§ 68 Abs. 1 Satz 2 WpHG), typischerweise bei bestimmten Wertpapierdienstleistungen[2] in besonderem Maße über Erfahrungen und Kenntnisse sowie Sachverstand verfügen. Sie bedürfen daher nicht in vollem Umfang der allgemeinen Informationen (§ 63 Abs. 7 WpHG)[3] und besonderer Warnungen (§ 63 Abs. 10 f. WpHG). Soweit das WpHG nur Verhaltensgebote zugunsten von Privatkunden statuiert (z.B. § 64 Abs. 2, 4, 8 WpHG), ergibt sich im Umkehrschluss, dass diese nicht für geeignete Gegenparteien gelten. Andererseits sind geeignete Gegenparteien in Hinblick auf das ihnen gem. § 68 WpHG verbleibende Schutzniveau (z.B. bei anderen Geschäften als dem Finanzkommissionsgeschäft, der Anlage- und Abschlussvermittlung sowie dem Eigenhandel und damit in direktem Zusammenhang stehenden Wertpapiernebendienstleistungen) nicht besser zu stellen als geborene professionelle Kunden[4].

2 **II. Geeignete Gegenpartei.** Zum Kreis der geeigneten Gegenparteien s. § 67 WpHG Rz. 14 ff. Zu den geeigneten Gegenparteien, die für alle oder einzelne Geschäfte vereinbart haben, als professioneller Kunde oder als Privatkunde behandelt zu werden, s. § 68 Abs. 1 Satz 2 WpHG.

3 **III. Ausnahmen von den allgemeinen Verhaltensregeln.** Im Verhältnis zu geeigneten Gegenparteien, die nicht herabgestuft (§ 67 WpHG Rz. 16) worden sind[5], verzichtet § 68 Abs. 1 Satz 1 WpHG darauf, die Wertpapierdienstleistungsunternehmen zu verpflichten, ehrlich, redlich und professionell im bestmöglichen Interesse ihrer Kunden tätig zu werden (§ 63 Abs. 1 WpHG). Auch bei der Gestaltung der Vergütung (§ 63 Abs. 3 WpHG) gibt § 68 Abs. 1 Satz 1 WpHG den Wertpapierdienstleistungsunternehmen im Verhältnis zu geeigneten Gegenparteien freie Hand. Außerdem befreit § 68 Abs. 1 Satz 1 WpHG die Wertpapierdienstleistungsunternehmen im Verhältnis zu den geeigneten Gegenparteien von der Pflicht, die ihnen angebotenen oder empfohlenen Finanzinstrumente zu verstehen und deren Vereinbarkeit mit den Bedürfnissen seiner Kunden sicherzustellen (§ 63 Abs. 5 WpHG). Darüber hinaus entfällt mit Ausnahme der Aufklärung über die Arten der angebotenen Beratung (§ 64 Abs. 1 WpHG) der Anlegerschutz bei der Bearbeitung von Kundenaufträgen gem. § 69 Abs. 1 WpHG. Diese Einschränkungen des Anlegerschutzes werden dadurch relativiert, dass im Bereich Aufklärung über Interessenkonflikte (§ 63 Abs. 2 WpHG) und im Rahmen des § 80 WpHG an die Wertpapierdienstleistungsunternehmen keine geringeren Verhaltens- und Organisationsanforderungen gestellt werden, wenn sie mit geeigneten Gegenparteien Geschäfte machen. So bleibt z.B. die Pflicht unberührt, durch organisatorische Maßnahmen Interessenkonflikte einzudämmen (§ 80 Abs. 1 Satz 2 Nr. 2 WpHG). Allerdings entfallen sowohl der Schutz der geeigneten Gegenparteien durch Vorgaben für Ausführungsgrundsätze (§ 82 Abs. 2 WpHG) als auch der Schutz durch Aufzeichnungen gemäß den §§ 83 Abs. 2, 87 Abs. 1, 2 WpHG. Da § 63 Abs. 10 WpHG professionelle Kunden[6] und geeignete Gegenparteien nicht schützt, muss dies erst recht für Wertpapierdienstleistungen gem. § 63 Abs. 11 WpHG gelten, obwohl § 68 Abs. 1 Satz 1 WpHG zwar den § 63 Abs. 10 WpHG, nicht aber den § 63 Abs. 11 WpHG für unanwendbar erklärt[7]. Unberührt bleibt bei der unabhängigen Honorar-Anlageberatung der Schutz der geeigneten Gegenparteien durch Informationen gem. § 64 Abs. 6 Satz 1 WpHG und durch das beschränkte Verbot von Festpreisgeschäften (§ 64 Abs. 6 Satz 2, 3 WpHG).

4 **IV. Besondere Anforderungen an das Kommunikationsverhalten.** Wenn in § 68 Abs. 1 Satz 3 WpHG angeordnet wird, dass Wertpapierdienstleistungsunternehmen mit geeigneten Gegenparteien in einer Art und Weise zu kommunizieren haben, die redlich (§ 63 WpHG Rz. 17, 63), eindeutig (§ 63 WpHG Rz. 61) und nicht irreführend (§ 63 WpHG Rz. 62) ist, so entspricht dies den allgemeinen Anforderungen des § 63 Abs. 1, 6 WpHG. Die Wertpapierdienstleistungsunternehmen haben bei ihrer Kommunikation den besonderen Kenntnissen und Fähigkeiten der geeigneten Gegenparteien Rechnung zu tragen. Sanktion: § 120 Abs. 8 Nr. 49 WpHG.

---

1 Begr. RegE 2. FiMaNoG, BT-Drucks. 18/10936, 239.
2 Zum Begriff des Finanzkommissionsgeschäfts, der Anlage- und Abschlussvermittlung sowie zum Begriff des Eigenhandels s. Erläuterungen zu § 2 Abs. 8 WpHG. Auf andere Wertpapierdienstleistungen ist § 68 WpHG nicht anzuwenden.
3 Die Unanwendbarkeit des § 63 Abs. 7 WpHG ist allerdings nur schwer mit Art. 30 Abs. 1 Unterabs. 1 i.V.m. Art. 24 Abs. 4, 5 RL 2014/65/EU zu vereinbaren (*Hacker*, Verhaltensökonomie und Normativität, S. 814).
4 *Hacker*, Verhaltensökonomie und Normativität, S. 811.
5 § 68 Abs. 1 Satz 3 WpHG.
6 § 63 WpHG Rz. 131.
7 § 63 WpHG Rz. 140; § 68 Abs. 1 Satz 1 WpHG.

§ 69 Bearbeitung von Kundenaufträgen; Verordnungsermächtigung

(1) Ein Wertpapierdienstleistungsunternehmen muss geeignete Vorkehrungen treffen, um

1. Kundenaufträge unverzüglich und redlich im Verhältnis zu anderen Kundenaufträgen und den Handelsinteressen des Wertpapierdienstleistungsunternehmens auszuführen oder an Dritte weiterzuleiten und
2. vergleichbare Kundenaufträge der Reihenfolge ihres Eingangs nach auszuführen oder an Dritte zum Zwecke der Ausführung weiterzuleiten.

(2) Können limitierte Kundenaufträge in Bezug auf Aktien, die zum Handel an einem organisierten Markt zugelassen sind oder die an einem Handelsplatz gehandelt werden, aufgrund der Marktbedingungen nicht unverzüglich ausgeführt werden, muss das Wertpapierdienstleistungsunternehmen diese Aufträge unverzüglich so bekannt machen, dass sie anderen Marktteilnehmern leicht zugänglich sind, soweit der Kunde keine andere Weisung erteilt. Die Verpflichtung nach Satz 1 gilt als erfüllt, wenn die Aufträge an einen Handelsplatz weitergeleitet worden sind oder werden, der den Vorgaben des Artikels 70 Absatz 1 der Delegierten Verordnung (EU) 2017/565 entspricht. Die Bundesanstalt kann die Pflicht nach Satz 1 in Bezug auf solche Aufträge, die den marktüblichen Geschäftsumfang erheblich überschreiten, aufheben.

(3) Nähere Bestimmungen zu den Verpflichtungen nach den Absätzen 1 und 2 ergeben sich aus den Artikeln 67 bis 70 der Delegierten Verordnung (EU) 2017/565.

(4) Das Bundesministerium der Finanzen kann durch Rechtsverordnung, die nicht der Zustimmung des Bundesrates bedarf, nähere Bestimmungen zu den Voraussetzungen erlassen, unter denen die Bundesanstalt nach Absatz 2 Satz 3 die Pflicht nach Absatz 2 Satz 1 aufheben kann. Das Bundesministerium der Finanzen kann die Ermächtigung durch Rechtsverordnung auf die Bundesanstalt übertragen.

In der Fassung des 2. FiMaNoG vom 23.6.2017 (BGBl. I 2017, 1693).

Delegierte Verordnung (EU) 2017/565 der Kommission vom 25. April 2016
zur Ergänzung der Richtlinie 2014/65/EU des Europäischen Parlaments und des Rates in Bezug auf die organisatorischen Anforderungen an Wertpapierfirmen und die Bedingungen für die Ausübung ihrer Tätigkeit sowie in Bezug auf die Definition bestimmter Begriffe für die Zwecke der genannten Richtlinie

(Auszug)

Abschnitt 6: Bearbeitung von Kundenaufträgen

Art. 67 Allgemeine Grundsätze

(1) Die Wertpapierfirmen erfüllen bei der Ausführung von Kundenaufträgen die folgenden Bedingungen:
a) sie stellen sicher, dass für Kunden ausgeführte Aufträge umgehend und korrekt registriert und zugewiesen werden;
b) sie führen ansonsten vergleichbare Kundenaufträge der Reihe nach und unverzüglich aus, es sei denn, die Art des Auftrags oder die vorherrschenden Marktbedingungen machen dies unmöglich oder im Interesse des Kunden ist anderweitig zu handeln;
c) sie informieren eine Kleinanleger unverzüglich über alle wesentlichen Schwierigkeiten, die für die korrekte Ausführung des Auftrags relevant sind, sobald sie von einer solchen Schwierigkeit Kenntnis erlangen.

(2) Ist eine Wertpapierfirma für die Überwachung oder Organisation der Abwicklung eines ausgeführten Auftrags verantwortlich, trifft sie alle angemessenen Maßnahmen, um sicherzustellen, dass alle Kundenfinanzinstrumente oder Kundengelder, die zur Abwicklung des ausgeführten Auftrags eingegangen sind, unverzüglich und korrekt auf dem Konto des jeweiligen Kunden verbucht werden.

(3) Eine Wertpapierfirma darf Informationen im Zusammenhang mit laufenden Kundenaufträgen nicht missbrauchen und trifft alle angemessenen Maßnahmen zur Verhinderung des Missbrauchs derartiger Informationen durch ihre relevanten Personen.

In der Fassung vom 25.4.2016 (ABl. EU Nr. L 87 v. 31.3.2017, S. 1).

Art. 68 Zusammenlegung und Zuweisung von Aufträgen

(1) Die Wertpapierfirmen führen einen Kundenauftrag oder ein Geschäft für eigene Rechnung zusammen mit einem anderen Kundenauftrag nur aus, wenn die folgenden Bedingungen gegeben sind:
a) es ist unwahrscheinlich, dass die Zusammenlegung der Aufträge und Geschäfte für den Kunden, dessen Auftrag mit anderen zusammengelegt wird, insgesamt nachteilig ist;
b) jedem Kunden, dessen Auftrag mit anderen zusammengelegt werden soll, wird mitgeteilt, dass eine derartige Zusammenlegung in Bezug auf einen bestimmten Auftrag nachteilig sein kann;
c) es werden Grundsätze der Auftragszuweisung festgelegt und wirksam umgesetzt, die die redliche Zuweisung zusammengelegter Aufträge und Geschäfte auch im Hinblick darauf regeln, wie das Volumen und der Preis von Aufträgen die Zuweisung und Teilausführung von Aufträgen bestimmen.

(2) Legt eine Wertpapierfirma einen Auftrag mit anderen Kundenaufträgen zusammen und führt sie den zusammengelegten Auftrag teilweise aus, weist sie die verbundene Geschäfte gemäß ihren Grundsätzen der Auftragszuweisung zu.

In der Fassung vom 25.4.2016 (ABl. EU Nr. L 87 v. 31.3.2017, S. 1).

Art. 69 Zusammenlegung und Zuweisung von Geschäften für eigene Rechnung

(1) Wertpapierfirmen, die mit Kundenaufträgen zusammengelegte Geschäfte für eigene Rechnung tätigen, dürfen bei der Zuweisung der verbundenen Abschlüsse nicht in einer für einen Kunden nachteiligen Weise verfahren.

(2) Wenn eine Wertpapierfirma einen Kundenauftrag mit einem Geschäft für eigene Rechnung zusammengelegt und den zusammengelegten Auftrag teilweise ausführt, räumt sie bei der Zuweisung der verbundenen Geschäfte dem Kunden gegenüber der Firma Vorrang ein.

Kann die Wertpapierfirma schlüssig darlegen, dass sie den Auftrag ohne die Zusammenlegung nicht zu derart günstigen Bedingungen oder überhaupt nicht hätte ausführen können, kann sie das Geschäft für eigene Rechnung in Einklang mit ihren in Art. 68 Abs. 1 Buchstabe c genannten Grundsätzen der Auftragszuweisung anteilsmäßig zuweisen.

(3) Die Wertpapierfirmen sehen im Rahmen ihrer Grundsätze der Auftragszuweisung gemäß Art. 68 Abs. 1 Buchstabe c Verfahren vor, die verhindern sollen, dass die Neuzuweisung von Geschäften für eigene Rechnung, die zusammen mit Kundenaufträgen ausgeführt werden, für den Kunden nachteilig ist.

In der Fassung vom 25.4.2016 (ABl. EU Nr. L 87 v. 31.3.2017, S. 1).

Art. 70 Unverzügliche, redliche und rasche Ausführung von Kundenaufträgen und Veröffentlichung nicht ausgeführter Kunden-Limitaufträge für auf einem Handelsplatz gehandelte Aktien

(1) Ein Kunden-Limitauftrag in Bezug auf Aktien, die zum Handel auf einem geregelten Markt zugelassen sind oder auf einem Handelsplatz gehandelt werden, der zu den vorherrschenden Marktbedingungen nach Art. 28 Abs. 2 der Richtlinie 2014/65/EU nicht unverzüglich ausgeführt wird, wird als öffentlich verfügbar erachtet, wenn die Wertpapierfirma den Auftrag zur Ausführung auf einem regulierten Markt oder über ein MTF erteilt hat oder der Auftrag von einem Datenbereitstellungsdienstleister mit Sitz in einem Mitgliedstaat veröffentlicht wurde und leicht ausführbar ist, sobald es die Marktbedingungen zulassen.

(2) Regulierten Märkten und MTF wird gemäß den Grundsätzen der Auftragsausführung der Wertpapierfirma Vorrang eingeräumt, um die Ausführung sicherzustellen, sobald es die Marktbedingungen zu lassen.

In der Fassung vom 25.4.2016 (ABl. EU Nr. L 87 v. 31.3.2017, S. 1), geändert durch Berichtigung vom 26.9.2017 (ABl. EU Nr. L 246 v. 26.9.2017, S. 12).

Schrifttum: S. § 63 WpHG.

I. Allgemeines 1	VI. Zusammenlegung von Kundenaufträgen mit Eigengeschäften (Art. 68 DelVO 2017/565) .. 8
II. Unverzügliche, redliche Ausführung (§ 69 Abs. 1 Nr. 1 WpHG) 3	VII. Missbrauch von Informationen anlässlich noch nicht ausgeführter Kundenaufträge (Art. 67 Abs. 3 DelVO 2017/565) 9
III. Ausführung nach der Reihenfolge des Eingangs (§ 69 Abs. 1 Nr. 2 WpHG) 4	VIII. Unterrichtung der Kunden (Art. 67 Abs. 1 lit. c DelVO 2017/565) 11
IV. Registrierung und Verbuchung der ausgeführten Aufträge (Art. 67 Abs. 1 lit. a, Abs. 2 DelVO 2017/565) 6	IX. Veröffentlichung von nicht ausgeführten Kunden-Limit-Aufträgen 13
V. Zusammenlegung von Kundenaufträgen mit anderen Kundenaufträgen (Art. 68 DelVO 2017/565 [Sammelorder]) 7	X. Sanktionen 14
	XI. Textabdruck WpDVerOV 15

1 I. Allgemeines. § 69 WpHG entspricht in Verbindung mit den Art. 67–70 DelVO 2017/565 in der Sache weitgehend dem § 31c WpHG a.F. In Umsetzung des Art. 24 Abs. 1, 2 sowie des Art. 28 Abs. 1, 2 RL 2014/65/EU (MiFID II) und zusammen mit den Art. 67-70 DelVO 2017/565 untermauert[1] er mittels Organisationspflichten[2] die allgemeinen Verhaltensregeln des § 63 WpHG, insbesondere die Pflicht, die Interessen des Kunden bestmöglichst zu wahren. Eine *Ausnahme* gilt für die in den §§ 68, 95 WpHG genannten Unternehmen und Geschäfte.

2 Zum Verhältnis der Vorschrift zur **DelVO** 2017/565, zum **Zweck** und der **Rechtsnatur** der Vorschrift sowie zu Ansprüchen der Anleger[3] s. § 63 WpHG Rz. 1ff. Zu Wertpapier(neben)dienstleistungen, die vom Ausland aus angeboten werden, s. Erl. zu § 1 Abs. 2 WpHG.

3 II. Unverzügliche, redliche Ausführung (§ 69 Abs. 1 Nr. 1 WpHG). § 69 Abs. 1 Nr. 1 WpHG wiederholt auf der Ebene der Organisationsmaßnahmen[4] der Sache nach die Pflicht gem. § 63 Abs. 1 WpHG, redlich zu ver-

---

1 Art. 24 Abs. 1 RL 2014/65/EU.
2 Vgl. zum WpHG a.F. *J. Koch* in Schwark/Zimmer, § 31b WpHG Rz. 3f.; a.A. *Möllers* in KölnKomm. WpHG, § 31c WpHG Rz. 10ff. (Verhaltenspflichten).
3 Die Schutzgesetzeigenschaft des Vorläufers der Vorschrift verneint *Fuchs* in Fuchs, vor § 31 WpHG Rz. 104.
4 Art. 28 Abs. 1 RL 2014/65/EU. Diese sind aufzuzeichnen (Art. 21 Abs. 1 DelVO 2017/565).

fahren und auf der Organisationsebene bei Interessenkonflikten nicht zum Nachteil des Kunden zu handeln[1]. Es gilt der Grundsatz, dass die Orders so schnell wie vernünftigerweise möglich[2] und im Rahmen des gem. § 69 Abs. 2 WpHG Zulässigen oder Gebotenen, zu registrieren[3] und auszuführen sind. Es kann im Interesse des Kunden liegen, eine Kundenorder mit den Aufträgen anderer Kunden oder Dispositionen des Eigengeschäfts[4] zu bündeln (Sammelauftrag), wenn die Kundenorder für sich allein nicht oder zwar sofort, aber nur zu schlechteren Bedingungen ausführbar ist. Näher dazu Rz. 7 f. Bei der Ausführung der Orders sind die Kundenweisungen, insbesondere zum Ausführungsplatz (§ 82 WpHG) und zum Limit zu beachten. § 69 Abs. 1 Nr. 1 WpHG enthält zugleich ein Verbot der willkürlichen Ungleichbehandlung[5] und der Vornahme von Eigengeschäften, die später bestimmten Kunden zugewiesen werden (Ansagegeschäfte)[6].

III. Ausführung nach der Reihenfolge des Eingangs (§ 69 Abs. 1 Nr. 2 WpHG).

§ 69 Abs. 1 Nr. 2 WpHG betrifft nur das Verhältnis konkurrierender[7] Kundenorders. Konkurrieren Kundenorders mit einem auf eigene Rechnung getätigten Geschäft (Eigengeschäft) des Wertpapierdienstleistungsunternehmens, so kommt es darauf an, ob Interessenkonflikte durch die Bildung von Vertraulichkeitsbereichen (§ 80 WpHG Rz. 35 ff.) weitestgehend gebannt sind. Kann dies bejaht werden, werden die Kundenaufträge und Aufträge zum Zweck des Eigengeschäfts auf verschiedenen Kanälen abgewickelt. Eine Reihenfolge ist nicht zu beachten[8]. Sind Mitarbeiter, die das Eigengeschäft betreiben, aber über die Kundenaufträge informiert oder könnten sie mangels ausreichender Schranken zwischen den Kunden- und den Eigengeschäften informiert sein, darf mit dem Nostrohandel erst dann begonnen werden, wenn die konkurrierenden Kundenaufträge ausgeführt worden sind, es sei denn, dass der Nostrohandel im Interesse des Kunden liegt[9]. Unerheblich ist, ob das konkrete Eigengeschäft einem Kunden zum Nachteil gereicht oder nicht. Besonderheiten gelten für die Ausführung von Kundenaufträgen zusammen mit Eigengeschäften im Rahmen von Sammelaufträgen (Rz. 7 f.) oder beim Market-Making (§ 63 WpHG Rz. 10). 4

Das gem. Art. 67 Abs. 1 lit. b DelVO 2017/565 geltende Gebot, grundsätzlich Kundenaufträge in der Reihenfolge ihres Zugangs[10] redlich auszuführen, eröffnet den Kunden nicht nur einen angemessenen Zugriff auf die Abwicklungskapazitäten des Wertpapierdienstleistungsunternehmens, sondern baut zugleich **Interessenkonflikte zwischen den Kunden** ab[11]. Das gilt auch für Aufträge, die beim Wertpapierdienstleistungsunternehmen außerhalb der Handelszeiten eingegangen sind[12]. Die früher eingegangene Order ist natürlich nur dann vorrangig auszuführen, wenn sie vertragskonform erledigt werden kann[13]. So muss (und darf) eine Stopp-Loss-Order nach der Art des Auftrags[14] nicht in der Reihenfolge ihres Zugangs ausgeführt werden, wenn die in der Order genannten Schwellenwerte nicht erreicht sind. Es darf deshalb der später eingegangene, aber im Unterschied zur früher zugegangen Order sofort erfüllbare Auftrag sogar dann vor der zuerst eingegangenen Order ausgeführt werden, wenn sich dadurch die Konditionen zum Nachteil des ersten Kunden verschlechtern. Dies kommt in Art. 67 Abs. 1 lit. b DelVO 2017/565 in der Formulierung „vorherrschende Marktbedingungen" zum Ausdruck. Gehen Kundenaufträge auf verschiedenen Wegen (Post, E-Mail, online-Banking) ein, so braucht nicht geprüft zu werden, in welcher Reihenfolge die Orders zugegangen sind, wenn sie auf verschiedenen Kanälen abgewickelt werden[15]. Ausnahmsweise sind Aufträge nach dem Gleichbehandlungsprinzip zu erledigen (Sammelauftrag [Rz. 7]). Abweichende Kundeninteressen, die gem. Art. 67 Abs. 1 lit. b DelVO 2017/565 zu beachten sind, müssen erkennbar, in dringenden Fällen jedenfalls bei pflichtgemäßer Sorgfalt zu vermuten sein[16]. 5

---

1 Art. 67 Abs. 3, Art. 68 f. DelVO 2017/565; § 80 Abs. 1 Satz 2 Nr. 2 WpHG.
2 Art. 67 Abs. 1 lit. b DelVO 2017/565. Es ist ein strenger Maßstab anzulegen; vgl. zum WpHG a.F. *Möllers* in KölnKomm. WpHG, § 31c WpHG Rz. 17 f.
3 Art. 67 Abs. 1 lit. a DelVO 2017/565.
4 Art. 68 f. DelVO 2017/565.
5 Vgl. zum WpHG a.F. *J. Koch* in Schwark/Zimmer, § 31b WpHG Rz. 7.
6 Vgl. zum WpHG a.F. *J. Koch* in Schwark/Zimmer, § 31c WpHG Rz. 23.
7 Art. 67 Abs. 1 lit. b DelVO 2017/565 („ansonsten vergleichbare"). Die Ausführung der einen Order muss die Konditionen der Ausführung der anderen Order beeinflussen können (vgl. zum WpHG a.F. *J. Koch* in Schwark/Zimmer, § 31c WpHG Rz. 10).
8 Vgl. zum WpHG a.F. *J. Koch* in Schwark/Zimmer, § 31c WpHG Rz. 17; *Möllers* in KölnKomm. WpHG, § 31c WpHG Rz. 25.
9 Vgl. zum WpHG a.F. *Möllers* in KölnKomm. WpHG, § 31c WpHG Rz. 25.
10 Sofern die Orders auf demselben Wege zugehen; ansonsten kommt es darauf an, inwieweit sie der Reihe nach bearbeitet werden können.
11 Vgl. zum WpHG a.F. *Spindler/Kasten*, WM 2007, 1797, 1803; ferner *Göhmann*, Die Verhaltenspflichten von Banken gegenüber ihren Kunden bei der Durchführung von Effektengeschäften, S. 143.
12 Vgl. zum WpHG a.F. *J. Koch* in Schwark/Zimmer, § 31c WpHG Rz. 12. Zur Sammelorder s. Rz. 8.
13 Vgl. zum WpHG a.F. *J. Koch* in Schwark/Zimmer, § 31c WpHG Rz. 13; *Möllers* in KölnKomm. WpHG, § 31c WpHG Rz. 22.
14 Art. 67 Abs. 1 lit. b DelVO 2017/565.
15 Erwägungsgrund Nr. 110 Satz 1 DelVO 2017/565.
16 Vgl. zum WpHG a.F. *Möllers* in KölnKomm. WpHG, § 31c WpHG Rz. 23.

6 **IV. Registrierung und Verbuchung der ausgeführten Aufträge (Art. 67 Abs. 1 lit. a, Abs. 2 DelVO 2017/565).** Gemäß § 80 Abs. 1 Satz 1 WpHG i.V.m. § 25a KWG hat das Wertpapierdienstleistungsunternehmen für eine ordnungsgemäße Buchhaltung zu sorgen (§ 80 WpHG Rz. 7). In diesem Zusammenhang ordnet Art. 67 Abs. 1 lit. a DelVO 2017/565 an, dass die ausgeführten (executed) Aufträge umgehend und korrekt zu registrieren sind[1]. Betroffen sind sowohl die im Rahmen des Auftrags erworbenen Finanzinstrumente als auch bei einer Veräußerung von Finanzinstrumenten der erlöste Kaufpreis, der unmittelbar nach Eingang dem Kunden gutzuschreiben ist. Dies gilt gleichermaßen dort, wo Kundenaufträge zusammengefasst werden und das Ergebnis ihrer Ausführung zugeteilt werden muss[2]. In der Phase *vor* der Ausführung des Auftrags schreibt Art. 67 Abs. 2 DelVO 2017/565 vor, dass alle Kundenfinanzinstrumente und Kundengelder, die zur Abwicklung des ausgeführten Aufträge eingegangen sind, unverzüglich und korrekt auf dem Konto des jeweiligen Kunden zu verbuchen sind (§ 84 WpHG). Hierfür sind die nötigen Vorkehrungen zu treffen. Belastungen des Kundenkontos haben ebenfalls sofort zu erfolgen. S. auch Erläuterungen zu den §§ 83 f. WpHG.

7 **V. Zusammenlegung von Kundenaufträgen mit anderen Kundenaufträgen (Art. 68 DelVO 2017/565 [Sammelorder]).** Kundenaufträge dürfen nur dann zu Sammelaufträgen zusammengefasst werden[3], wenn sie unter Berücksichtigung der Transaktionskosten mit überwiegender[4] Wahrscheinlichkeit[5] für alle[6] Kunden zumindest genauso gut[7] wie die Einzelorders ausgeführt werden können. Die Wertpapierdienstleistungsunternehmen haben für die Auftragszuteilung Regeln zu entwickeln und zu befolgen, die sich unter Berücksichtigung des Einflusses von Volumen und Preis mit der ordnungsgemäßen Zuteilung zusammengelegter Aufträge und Geschäfte und der Teilausführung von Aufträgen befassen[8]. Vor der Erteilung einer Sammelorder ist demnach **festzulegen und zu dokumentieren**, wie die Zuteilung der erworbenen Gelder und Finanzinstrumente zu erfolgen hat[9]. Dabei ist dafür zu sorgen, dass die Vorteile des Geschäfts allen Kunden in redlicher Weise (§ 63 WpHG Rz. 17) zukommen und die Buchungen umgehend und korrekt durchgeführt werden[10]. Das zwingt nicht dazu, immer eine formale Proportionalität zu etablieren. Vielmehr können auch bei der Vollausführung z.B. die Volumina der Aufträge berücksichtigt werden, wenn anzunehmen ist, dass sie für besonders günstige Konditionen kausal geworden sind.

8 **VI. Zusammenlegung von Kundenaufträgen mit Eigengeschäften (Art. 68 DelVO 2017/565).** Werden Kundenaufträge und Aufträge des Eigengeschäfts zusammengefasst, so darf dies die Kunden ebenfalls nicht schlechter stellen, als sie stünden, wenn ihre Aufträge nach Maßgabe des § 69 Abs. 1 Nr. 1 WpHG erledigt worden wären[11]. Dies ist vor allem dort von Bedeutung, wo die Zusammenfassung der Geschäfte die Erledigung der Einzelaufträge der Kunden verzögert[12]. Kann man dies unter Berücksichtigung der Transaktionskosten verneinen, sind die Vorteile des Geschäfts gleichmäßig auf die Kunden und das Wertpapierdienstleistungsunternehmen zu verteilen. Falls der Sammelauftrag nicht voll ausgeführt werden konnte, müssen die Wertpapierdienstleistungsunternehmen vorrangig ihre Kunden[13], gegebenenfalls anteilig, bedienen. Eine Ausnahme ist dort zuzulassen, wo vernünftigerweise anzunehmen ist[14], dass die Aufträge der Kunden erst durch die Koppelung ihrer Orders mit dem Eigengeschäft des Wertpapierdienstleistungsunternehmens ausführbar geworden sind oder wesentlich vorteilhafter ausgeführt werden konnten. Hier dürfen die Wertpapierdienstleistungsunternehmen nach Maßgabe der Abwicklungsgrundsätze (Rz. 7) proportional an den Vorteilen beteiligt werden[15]. Die Wertpapierdienstleistungsunternehmen haben Regeln der Auftragszuteilung zu entwickeln und zu implementieren, die eine spätere Bevorzugung bestimmter Kunden oder eine Änderung der Zuteilung von Aufträgen aus dem Eigengeschäft verhindern[16]. Beachte auch Art. 68 Abs. 1 lit. b DelVO 2017/565.

---

1   Beachte auch § 83 WpHG Rz. 4.
2   Vgl. zum WpHG a.F. ESMA 2012/382, MiFID Questions and Answers, Question 3.
3   Es muss festgehalten werden, welche Aufträge zu Sammelaufträgen zusammengelegt worden sind, damit diese die gesamte Zeit der Auftragsausführung den einzelnen Kunden zugeordnet werden können (zu sog. Ansagegeschäften s. Rz. 3).
4   Nur so macht die Informationspflicht gem. Art. 68 Abs. 1 lit. b DelVO 2017/565 Sinn.
5   „it is unlikely", „peu probable".
6   Art. 68 Abs. 1 lit. a DelVO 2017/565 (disadvantage of any client). Für jeden einzelnen der Kunden, nicht für alle Kunden in ihrer Gesamtheit. Jede einzelne Order ist für sich zu betrachten (vgl. zum WpHG a.F. *J. Koch* in Schwark/Zimmer, § 31c WpHG Rz. 21).
7   Vgl. zum WpHG a.F. *J. Koch* in Schwark/Zimmer, § 31c WpHG Rz. 21.
8   Art. 68 Abs. 1 lit. c, Abs. 2 DelVO 2017/565.
9   Art. 68 Abs. 1 lit. c, Abs. 2, Art. 21 Abs. 1 Satz 3 DelVO 2017/565. Zur Aufzeichnungspflicht s. Art. 72 Abs. 2 Satz 1 i.V.m. Anh. I DelVO 2017/565 (abgedruckt bei § 83 WpHG).
10 Art. 67 Abs. 1 lit. a DelVO 2017/565.
11 Art. 69 Abs. 1 DelVO 2017/565.
12 Art. 69 Abs. 3 DelVO 2017/565. Vgl. zum WpHG a.F. *Kumpan*, Der Interessenkonflikt im deutschen Privatrecht, S. 473 f.
13 Art. 69 Abs. 2 Unterabs. 1 DelVO 2017/565.
14 Art. 69 Abs. 2 Unterabs. 2 DelVO 2017/565 („demonstrate on reasonable grounds", „démontrer raisonnablement").
15 Vgl. zum WpHG a.F. ESMA 2012/382, MiFID Questions and Answers, Question 3.
16 Dies ist aufzuzeichnen (Art. 21 Abs. 1 DelVO 2017/565; Art. 72 Abs. 2 Satz 1 i.V.m. Anhang I DelVO 2017/565; § 83 Abs. 1 WpHG).

VII. Missbrauch von Informationen anlässlich noch nicht ausgeführter Kundenaufträge (Art. 67 Abs. 3 DelVO 2017/565). Art. 67 Abs. 3 DelVO 2017/565 soll ebenfalls Interessenkonflikte (§ 80 WpHG Rz. 14 ff.) entschärfen. Er verbietet den Wertpapierdienstleistungsunternehmen die Ausnutzung der ihnen mit den Kundenaufträgen zufließenden Informationen zum eigenen Vorteil und schreibt angemessene Organisationsmaßnahmen vor, die die Gefährdung der Kunden durch missbräuchliches Verhalten der Personen i.S.d. Art. 2 Abs. 1 DelVO 2017/565[1] ausschließen[2]. Die Vorschrift hat das sog. **Vor-, Mit- und Gegenlaufen** im Auge. Beim Vor- oder Mitlaufen geht es um Eigengeschäfte des Wertpapierdienstleistungsunternehmens sowie anderer Personen i.S.d. Art. 2 Abs. 1 DelVO 2017/565 in Kenntnis der Kundenorder vor der oder parallel zur Ausführung von Kundenaufträgen[3]. Von einer missbräuchlichen Verwendung der Informationen kann man nur sprechen, wenn das Wissen um die Kundenaufträge das Eigengeschäft zumindest beeinflusst hat[4]. Es ist jedoch zu bedenken, dass die Vorschrift Organisationspflichten zur Abwehr nicht unwahrscheinlichen Fehlverhaltens aufgrund von Informationen über Kundenorders begründet, so dass die Wahrscheinlichkeit der Kausalität genügen muss. Beim Gegenlaufen schöpft das Wertpapierdienstleistungsunternehmen oder eine andere Person i.S.d. Art. 2 Abs. 1 DelVO 2017/565 gezielt durch Gegenorders die unterschiedlichen Limits der Kunden ab. Derartiges Verhalten verstößt eklatant gegen die Pflicht zur redlichen Ausführung von Kundenaufträgen und zur bestmöglichen Wahrung der Kundeninteressen (§ 63 Abs. 1 WpHG). Die Informationen über Kundenaufträge dürfen auch nicht zugunsten anderer Kunden ausgenutzt werden. Eine konkrete Schädigung der Kunden braucht nicht zu entstehen[5].

Market-Maker und Einrichtungen, die als geeignete Gegenparteien fungieren dürfen, dürfen im Rahmen ihrer legitimen eigenen Geschäftstätigkeit und bei der pflichtgemäßen Ausführung von Aufträgen Dritter die ihnen zufließenden Informationen nutzen[6].

VIII. Unterrichtung der Kunden (Art. 67 Abs. 1 lit. c DelVO 2017/565). Privatkunden (§ 67 Abs. 3 WpHG) sind unverzüglich (§ 121 BGB) über wesentliche Schwierigkeiten[7] jeglicher Art[8] **zu informieren**, die dem Wertpapierdienstleistungsunternehmen bei der vertragskonformen Ausführung ihrer Aufträge bekannt werden. Zu diesen Problemen zählt z.B., dass eine Order aufgrund außergewöhnlicher Marktkonditionen[9] oder aufgrund von Abwicklungsproblemen beim Wertpapierdienstleistungsunternehmen nicht so schnell, wie zu erwarten war, vertragsgemäß ausgeführt werden kann. Hierbei spielt es keine Rolle, ob der Auftrag mit anderen Aufträgen zusammengelegt worden ist oder nicht (ganz h.M.).

Zusätzlich sind sowohl Privatkunden als auch professionelle Kunden über die **Risiken** zu informieren, die bei einem **Sammelauftrag** (Rz. 7 f.) daraus entstehen, dass die Wahrscheinlichkeit oder die Schnelligkeit der Auftragsausführung sinkt. Art. 68 Abs. 1 lit. b DelVO 2017/565 schreibt insoweit vor, dass jeder betroffene Kunde darüber informiert werden muss, dass im Vergleich mit einem Einzelauftrag eine Zusammenlegung zu Nachteilen führen „kann"[10]. Wie sich aus der Formulierung „zusammengelegt werden soll"[11] ergibt, muss dieser Hinweis von Fall zu Fall[12] immer dann gegeben werden, wenn das Wertpapierdienstleistungsunternehmen einen Sammelauftrag zu bilden beabsichtigt oder dieser der Marktlage nach nahe liegt[13] oder das Wertpapierdienstleistungsunternehmen sich im Einzelfall die Erlaubnis zu einem Sammelauftrag geben lässt. Nur solche Hinweise sind sinnvoll, weil sie allein es dem Kunden erlauben, angemessene Gegenweisungen zu geben. Der Hinweis kann unterbleiben, wenn der Kunde aufgrund des Sammelauftrags mit an Sicherheit grenzender Wahrscheinlichkeit keine Nachteile zu befürchten hat. Unzureichend sind pauschale Hinweise, z.B. im Rahmenvertrag, weil dann nicht nur die Gefahr entstünde, dass diese Hinweise im Vertragstext untergehen. Diese Hinweise würden auch ihre Warnfunktion verfehlen, weil sich in jedem Rahmenvertrag ein solcher Hinweis finden würde und alle Kunden angesichts der Unbestimmtheit der Gefahr („nachteilig sein kann") den Hinweis vernünftigerweise beiseite schieben würden[14]. Kaum jemals würden Kunden den Hinweis zum Anlass nehmen, bereits auf der Ebene des Rahmenvertrages Sammelaufträge generell zu verbieten oder unter Vorbehalt zu stellen.

---

1 § 80 WpHG Rz. 65 ff.
2 Vgl. zum WpHG a.F. *J. Koch* in Schwark/Zimmer, § 31c WpHG Rz. 35.
3 Erwägungsgrund Nr. 110 Satz 2 DelVO 2017/565.
4 Abw. *Fuchs* in Fuchs, § 31c WpHG Rz. 18 f (abstrakte Wahrscheinlichkeit); *Möllers* in KölnKomm. WpHG, § 31c WpHG Rz. 36.
5 Vgl. zum WpHG a.F. *Fuchs* in Fuchs, § 31c WpHG Rz. 20; *Möllers* in KölnKomm. WpHG, § 31c WpHG Rz. 38.
6 Erwägungsgrund Nr. 110 Satz 3 DelVO 2017/565.
7 „material difficulty", „difficulté sérieuse". Dazu zählen nicht Gefahren.
8 Vgl. zum WpHG a.F. *Möllers* in KölnKomm. WpHG, § 31c WpHG Rz. 41.
9 Vgl. zum WpHG a.F. CESR/01-014d vom April 2002, S. 22.
10 „may work to its disadvantage", „peut avoir pour lui un effet préjudiciable".
11 „dont l'ordre serait groupé", „is to be aggregated".
12 Abl. zum WpHG a.F. *J. Koch* in Schwark/Zimmer, § 31c WpHG Rz. 40; *Möllers* in KölnKomm. WpHG, § 31c Rz. 40 (h.M.).
13 A.A. zum WpHG a.F. *Seyfried* in Kümpel/Wittig, Bank- und Kapitalmarktrecht, Rz. 3.194.
14 Vgl. zum WpHG a.F. *J. Koch* in Schwark/Zimmer, § 31c WpHG Rz. 40.

13 IX. **Veröffentlichung von nicht ausgeführten Kunden-Limit- Aufträgen.** Art. 70 DelVO 2017/565 und § 69 Abs. 2 WpHG sollen bei **limitierten Aufträgen** in Aktien die Markttransparenz erhöhen und damit die Wahrscheinlichkeit einer Ausführung der Order steigern. Zu den geregelten Märkten bzw. den Handelsplätzen („traded venue")[1] zählen auch der elektronische Handel und der sog. Skontroführerhandel. Zum Datenbereitstellungsdiensten s. Art. 4 Abs. 1 Nr. 63 RL 2014/65/EU, §§ 58 ff. WpHG. Beachte § 5 WpDVerOV (Rz. 15).

14 X. **Sanktionen.** S. § 120 Abs. 8 Nr. 50, 51 WpHG.

15 XI. **Textabdruck WpDVerOV**

Verordnung zur Konkretisierung der Verhaltensregeln und Organisationsanforderungen für Wertpapierdienstleistungsunternehmen (Wertpapierdienstleistungs-Verhaltens- und -Organisationsverordnung – WpDVerOV)[2]

(Auszug)

§ 1 Anwendungsbereich

(1) Die Vorschriften dieser Verordnung sind anzuwenden auf

1.–2. (abgedruckt bei § 67 WpHG Rz. 34, § 64 WpHG Rz. 94)

3. die Bearbeitung von Kundenaufträgen hinsichtlich der Voraussetzungen, unter denen die Bundesanstalt für Finanzdienstleistungsaufsicht (Bundesanstalt) die Verpflichtung zur Bekanntmachung limitierter Kundenaufträge nach § 69 Absatz 2 Satz 1 des Wertpapierhandelsgesetzes, die den marktüblichen Geschäftsumfang im Sinne des § 69 Absatz 2 Satz 3 des Wertpapierhandelsgesetzes erheblich überschreiten, aufheben kann,

4.–8. (abgedruckt bei § 70 WpHG Rz. 56, § 80 WpHG Rz. 172, § 83 WpHG Rz. 32, § 84 WpHG Rz. 52)

§ 5 Aufhebung der Bekanntmachungspflicht nach § 69 Absatz 2 des Wertpapierhandelsgesetzes

Eine Aufhebung der Bekanntmachungspflicht nach § 69 Absatz 2 Satz 3 des Wertpapierhandelsgesetzes setzt voraus, dass die Mindestvolumina erreicht sind, die in Anhang II Tabelle 1 der Delegierten Verordnung (EU) 2017/587 der Kommission vom 14. Juli 2016 zur Ergänzung der Verordnung (EU) Nr. 600/2014 des Europäischen Parlaments und des Rates über Märkte für Finanzinstrumente durch technische Regulierungsstandards mit Transparenzanforderungen für Handelsplätze und Wertpapierfirmen in Bezug auf Aktien, Aktienzertifikate, börsengehandelte Fonds, Zertifikate und andere vergleichbare Finanzinstrumente und mit Ausführungspflichten in Bezug auf bestimmte Aktiengeschäfte an einem Handelsplatz oder über einen systematischen Internalisierer (ABl. L 87 vom 31.3.2017, S. 387) genannt sind.

§ 70 Zuwendungen und Gebühren; Verordnungsermächtigung

(1) Ein Wertpapierdienstleistungsunternehmen darf im Zusammenhang mit der Erbringung von Wertpapierdienstleistungen oder Wertpapiernebendienstleistungen keine Zuwendungen von Dritten annehmen oder an Dritte gewähren, die nicht Kunden dieser Dienstleistung sind oder nicht im Auftrag des Kunden tätig werden, es sei denn,

1. die Zuwendung ist darauf ausgelegt, die Qualität der für den Kunden erbrachten Dienstleistung zu verbessern und steht der ordnungsgemäßen Erbringung der Dienstleistung im bestmöglichen Interesse des Kunden im Sinne des § 63 Absatz 1 nicht entgegen und

2. Existenz, Art und Umfang der Zuwendung oder, soweit sich der Umfang noch nicht bestimmen lässt, die Art und Weise seiner Berechnung, wird dem Kunden vor der Erbringung der Wertpapierdienstleistung oder Wertpapiernebendienstleistung in umfassender, zutreffender und verständlicher Weise unmissverständlich offen gelegt.

Wertpapierdienstleistungsunternehmen müssen nachweisen können, dass jegliche von ihnen erhaltenen oder gewährten Zuwendungen dazu bestimmt sind, die Qualität der jeweiligen Dienstleistung für den Kunden zu verbessern. Konnte ein Wertpapierdienstleistungsunternehmen den Umfang der Zuwendung noch nicht bestimmen und hat es dem Kunden statt dessen die Art und Weise der Berechnung offen gelegt, so muss es den Kunden nachträglich auch über den genauen Betrag der Zuwendung, die es erhalten oder gewährt hat, unterrichten. Solange das Wertpapierdienstleistungsunternehmen im Zusammenhang mit den für die betreffenden Kunden erbrachten Wertpapierdienstleistungen fortlaufend Zuwendungen erhält, muss es seine Kunden mindestens einmal jährlich individuell über die tatsächliche Höhe der angenommenen oder gewährten Zuwendungen unterrichten.

(2) Zuwendungen im Sinne dieser Vorschrift sind Provisionen, Gebühren oder sonstige Geldleistungen sowie alle nichtmonetären Vorteile. Die Bereitstellung von Analysen durch Dritte an das Wertpapierdienstleistungsunternehmen stellt keine Zuwendung dar, wenn sie die Gegenleistung ist für

---

[1] Multilaterales Handelssystem (MTF), organisiertes Handelssystemen, geregelter Markt (Art. 4 Abs. 1 Nr. 24 RL 2014/65/EU).

[2] WpDVerOV vom 17.10.2017 (BGBl. I 2017, 3566), zuletzt geändert durch Gesetz vom 10.7.2018 (BGBl. I 2018, 1102).

1. eine direkte Zahlung des Wertpapierdienstleistungsunternehmens aus seinen eigenen Mitteln oder
2. Zahlungen von einem durch das Wertpapierdienstleistungsunternehmen kontrollierten separaten Analysekonto, wenn
    a) auf diesem vom Kunden entrichtete spezielle Analysegebühren verbucht werden,
    b) das Wertpapierdienstleistungsunternehmen ein Analysebudget als Bestandteil der Einrichtung eines Analysekontos festlegt und dieses einer regelmäßigen Bewertung unterzieht,
    c) das Wertpapierdienstleistungsunternehmen für das Analysekonto haftbar ist und
    d) das Wertpapierdienstleistungsunternehmen die Analysen regelmäßig anhand belastbarer Qualitätskriterien und dahingehend bewertet, ob sie zu besseren Anlageentscheidungen beitragen können.

Hat ein Wertpapierdienstleistungsunternehmen ein Analysekonto eingerichtet, muss es den jeweiligen Kunden vor der Erbringung einer Wertpapierdienstleistung Informationen über die für Analysen veranschlagten Mittel und die Höhe der geschätzten Gebühren sowie jährlich Informationen über die Gesamtkosten, die auf jeden Kunden für die Analysen Dritter entfallen, übermitteln. Für die Bewertung nach Satz 2 Nummer 2 Buchstabe d müssen Wertpapierdienstleistungsunternehmen über alle erforderlichen Bestandteile schriftliche Grundsätze aufstellen und diese ihren Kunden übermitteln.

(3) Führt ein Wertpapierdienstleistungsunternehmen ein Analysekonto, ist es verpflichtet, auf Verlangen des Kunden oder der Bundesanstalt eine Zusammenstellung vorzulegen, die Folgendes beinhaltet:
1. die von einem Analysekonto im Sinne des Absatzes 2 Satz 2 Nummer 2 vergüteten Anbieter,
2. den an die Anbieter von Analysen in einem bestimmten Zeitraum gezahlten Gesamtbetrag,
3. die von dem Wertpapierdienstleistungsunternehmen erhaltenen Vorteile und Dienstleistungen und
4. eine Gegenüberstellung des von dem Analysekonto gezahlten Gesamtbetrages mit dem von dem Unternehmen für diesen Zeitraum veranschlagten Analysebudget,

wobei jede Rückerstattung oder jeder Übertrag, falls Mittel auf dem Konto verbleiben, auszuweisen ist.

(4) Die Offenlegung nach Absatz 1 Satz 1 Nummer 2 und Satz 4 kann im Falle geringfügiger nichtmonetärer Vorteile in Form einer generischen Beschreibung erfolgen. Andere nichtmonetäre Vorteile, die das Wertpapierdienstleistungsunternehmen im Zusammenhang mit der für ihren Kunden erbrachten Wertpapierdienstleistung oder Wertpapiernebendienstleistung annimmt oder gewährt, sind der Höhe nach anzugeben und separat offenzulegen. Nähere Einzelheiten zu den Anforderungen nach diesem Absatz sowie nach Absatz 1 Satz 1 Nummer 2 und Satz 3 und 4 ergeben sich aus Artikel 50 der Delegierten Verordnung (EU) 2017/565; darüber hinaus haben Wertpapierdienstleistungsunternehmen den Vorgaben des § 63 Absatz 7 Satz 3 Nummer 2 Rechnung zu tragen.

(5) Ist ein Wertpapierdienstleistungsunternehmen dazu verpflichtet, Zuwendungen, die es im Zusammenhang mit der Erbringung von Wertpapierdienstleistungen oder Wertpapiernebendienstleistungen erhält, an den Kunden auszukehren, muss es ihn über die diesbezüglichen Verfahren informieren.

(6) Ein Wertpapierdienstleistungsunternehmen muss für jede Wertpapierdienstleistung, durch die Aufträge von Kunden ausgeführt werden, separate Gebühren ausweisen, die nur den Kosten für die Ausführung des Geschäfts entsprechen. Die Gewährung jedes anderen Vorteils oder die Erbringung jeder anderen Dienstleistung durch dasselbe Wertpapierdienstleistungsunternehmen für ein anderes Wertpapierdienstleistungsunternehmen, das seinen Sitz in der Europäischen Union hat, wird mit einer separat erkennbaren Gebühr ausgewiesen. Die Gewährung eines anderen Vorteils oder die Erbringung einer anderen Dienstleistung nach Satz 2 und die dafür verlangten Gebühren dürfen nicht beeinflusst sein oder abhängig gemacht werden von der Höhe der Zahlungen für Wertpapierdienstleistungen, durch die Aufträge von Kunden ausgeführt werden.

(7) Gebühren und Entgelte, die die Erbringung von Wertpapierdienstleistungen erst ermöglichen oder dafür notwendig sind, und die ihrer Art nach nicht geeignet sind, die Erfüllung der Pflicht nach § 63 Absatz 1 zu gefährden, sind von dem Verbot nach Absatz 1 ausgenommen.

(8) Nähere Bestimmungen betreffend die Annahme von Zuwendungen nach Absatz 1 ergeben sich aus Artikel 40 der Delegierten Verordnung (EU) 2017/565.

(9) Das Bundesministerium der Finanzen kann durch Rechtsverordnung, die nicht der Zustimmung des Bundesrates bedarf, nähere Bestimmungen erlassen zu
1. Kriterien für die Art und Bestimmung einer Verbesserung der Qualität im Sinne des Absatzes 1 Satz 1 Nummer 1,
2. Art und Inhalt des Nachweises nach Absatz 1 Satz 2,
3. Art, Inhalt und Verfahren zur Erhebung einer Analysegebühr sowie der Festlegung, Verwaltung und Verwendung des Analysebudgets nach Absatz 2 Satz 2 Nummer 2 Buchstabe a und b,

4. Art, Inhalt und Verfahren betreffend die Verwaltung und Verwendung des von Wertpapierdienstleistungsunternehmen geführten Analysekontos nach Absatz 2 Nummer 2,
5. Art und Inhalt der schriftlichen Grundsätze nach Absatz 2 Satz 4.

Das Bundesministerium der Finanzen kann die Ermächtigung durch Rechtsverordnung auf die Bundesanstalt übertragen.

In der Fassung des 2. FiMaNoG vom 23.6.2017 (BGBl. I 2017, 1693).

Delegierte Verordnung (EU) 2017/565 der Kommission vom 25. April 2016
zur Ergänzung der Richtlinie 2014/65/EU des Europäischen Parlaments und des Rates in Bezug auf die organisatorischen Anforderungen an Wertpapierfirmen und die Bedingungen für die Ausübung ihrer Tätigkeit sowie in Bezug auf die Definition bestimmter Begriffe für die Zwecke der genannten Richtlinie

(Auszug)

Art. 40 Zusätzliche Anforderungen bezüglich Platzierung

(1) Wertpapierfirmen, die Finanzinstrumente platzieren, müssen wirksame Vorkehrungen treffen und auf Dauer umsetzen, um zu verhindern, dass Platzierungsempfehlungen unsachgemäß von bestehenden oder künftigen Beziehungen beeinflusst werden.

(2) Wertpapierfirmen müssen wirksame interne Vorkehrungen treffen und auf Dauer umsetzen, um Interessenkonflikte zu verhindern oder zu bewältigen, die entstehen, wenn Personen, die für das Erbringen von Dienstleistungen für die Wertpapierkunden der Firma verantwortlich sind, an Entscheidungen bezüglich Mittelzuweisungsempfehlungen für den Emittenten unmittelbar beteiligt sind.

(3) Wertpapierfirmen nehmen von Dritten keine Zahlungen oder sonstige Vorteile an, es sei denn, solche Zahlungen oder Vorteile stehen im Einklang mit den Anforderungen von Art. 24 der Richtlinie 2014/65/EU. Insbesondere folgende Methoden gelten als nicht konform mit diesen Anforderungen und sind daher als inakzeptabel zu betrachten:

a) eine Mittelzuweisung, die gemacht wurden, um einen Anreiz für die Zahlung von unverhältnismäßig hohen Gebühren für nicht im Zusammenhang stehende von der Wertpapierfirma erbrachte Dienstleistungen ("Laddering") zu schaffen, wie beispielsweise vom Wertpapierkunden bezahlte unverhältnismäßig hohe Gebühren oder Provisionen, oder eine unverhältnismäßig hohe Anzahl an Geschäften auf normaler Provisionsebene, die vom Wertpapierkunden als Ausgleich für den Erhalt einer Zuteilung der Emission zur Verfügung gestellt wird;

b) eine Mittelzuweisung, die einem leitenden Angestellten oder einem Vorstandsmitglied eines bestehenden oder potenziellen Emittenten als Gegenleistung für die künftige oder vergangene Vergabe von Finanzwirtschaftsgeschäften zugeteilt wurde ("Spinning");

c) eine Mittelzuweisung, die ausdrücklich oder implizit vom Erhalt künftiger Aufträge oder vom Kauf anderweitiger Dienstleistungen der Wertpapierfirma durch einen Wertpapierkunden, oder jedes Unternehmen, in welchem der Anleger ein Vorstandsmitglied ist, abhängig ist.

(4) Wertpapierfirmen müssen Grundsätze für den Umgang mit Mittelzuweisungen, die das Verfahren zur Entwicklung von Mittelzuweisungsempfehlungen darlegen, festlegen und auf Dauer umsetzen. Die Grundsätze für den Umgang mit Mittelzuweisungen müssen dem Emittenten vor seiner Zustimmung, jegliche Platzierungsdienstleistungen in Anspruch zu nehmen, zur Verfügung gestellt werden. Die Grundsätze müssen wichtige, zu diesem Zeitpunkt verfügbare Informationen über die vorgeschlagene Mittelzuweisungsmethodik für die Emission darlegen.

(5) Wertpapierfirmen müssen den Emittenten an Diskussionen über das Platzierungsverfahren teilhaben lassen, damit die Firma in der Lage ist, die Interessen und Ziele des Kunden nachzuvollziehen und berücksichtigen zu können. Die Wertpapierfirma muss für ihre vorgeschlagene Mittelzuweisung je nach Art des Kunden für das Geschäft gemäß den Grundsätzen für den Umgang mit Mittelzuweisungen die Zustimmung des Emittenten einholen.

In der Fassung vom 25.4.2016 (ABl. EU Nr. L 87 v. 31.3.2017, S. 1).

Schrifttum: S. § 63 WpHG.

I. Allgemeines … 1	4. Ausnahmen … 16
II. Zuwendungen im Zusammenhang mit der Erbringung von Wertpapier(neben)dienstleistungen … 3	a) Die Leistung ermöglicht die Wertpapier(neben)dienstleistung oder ist für diese notwendig (§ 70 Abs. 7 WpHG) … 16
1. Begriff der Zuwendung … 3	b) Die Zuwendung wird von dem oder an den Kunden gewährt (§ 70 Abs. 1 Satz 1 Halbsatz 2 WpHG) … 19
2. Zusammenhang mit Wertpapier(neben)dienstleistungen (§ 70 Abs. 1 Satz 1 WpHG) … 7	
3. Person des Zuwendenden, des Empfängers … 9	c) Analysen (§ 70 Abs. 2 Satz 2 WpHG; § 7 WpDVerOV) … 20
a) Empfang der Zuwendung durch ein Wertpapierdienstleistungsunternehmen … 10	aa) Allgemeines … 20
b) Zuwendungen an Mitarbeiter oder Anlagevermittler eines Wertpapierdienstleistungsunternehmens … 12	bb) Zahlung des Wertpapierdienstleistungsunternehmens aus eigenen Mitteln (§ 70 Abs. 2 Satz 2 Nr. 1 WpHG) … 23
c) Zuwendungen von einem Wertpapierdienstleistungsunternehmen … 13	cc) Zahlungen aus einem Analysekonto (§ 70 Abs. 2 Satz 2 Nr. 2, Satz 3 WpHG) … 24

III. Das Verbot von Zuwendungen und seine
   Durchbrechungen 27
   1. Allgemeines 27
   2. Voraussetzungen der Durchbrechung des
      Verbots 28
      a) Qualitätsverbesserung (§ 70 Abs. 1 Satz 1
         Nr. 1 WpHG) 28
         aa) Wirtschaftlicher Hintergrund und ratio
             legis 28
         bb) Voraussetzungen der Qualitätsverbes-
             serung im Einzelnen 31
      b) Die Zuwendung steht der ordnungsgemä-
         ßen Erbringung der Dienstleistung im
         Interesse des Kunden nicht entgegen (§ 70
         Abs. 1 Satz 1 Nr. 1 Halbsatz 2 WpHG) 43
      c) Offenlegung der Zuwendungen (§ 70 Abs. 1
         Satz 1 Nr. 2, Satz 3 f. WpHG) 46
         aa) Grundsatz 46
         bb) Besonderheiten bei monetären Zuwen-
             dungen 47
         cc) Besonderheiten bei nichtmonetären
             Zuwendungen (§ 70 Abs. 4 WpHG) .. 50
      d) Verzeichnis der gewährten und erhaltenen
         Zuwendungen (§ 6 Abs. 3 WpDVerOV) ... 51
IV. Kontrolle durch die Bundesanstalt, Beweis-
    last (§ 70 Abs. 1 Satz 2, Abs. 3 WpHG) 52
V. Zuwendungen im Zusammenhang mit
    Platzierungen (§ 70 Abs. 8 WpHG, Art. 40
    Abs. 3 DelVO 2017/565) 53
VI. Sanktionen 55
VII. Textabdruck WpDVerOV 56

I. Allgemeines. § 70 WpHG, der den § 31d WpHG a.F. ablöst und den Art. 24 Abs. 9 RL 2014/65/EU (MiFID II) umsetzt[1], wendet sich an **alle Wertpapierdienstleistungsunternehmen** (§ 2 Abs. 10 WpHG) mit Ausnahme der in den § 95 WpHG genannten Unternehmen und betrifft alle Arten von Wertpapier(neben)dienstleistungen (§ 2 Abs. 8 f. WpHG). **Ausgenommen** sind die Unabhängige **Honorar-Anlageberatung** (§ 64 Abs. 5 Satz 2 WpHG), die **Vermögensverwaltung** (Finanzportfolioverwaltung [§ 64 Abs. 7 WpHG]) und das Finanzkommissionsgeschäft, die Anlage- und Abschlussvermittlung sowie der Eigenhandel mit **geeigneten Gegenparteien** (§ 68 WpHG). Für diese Geschäfte existieren Sonderregeln. Zum Verhältnis der Vorschrift zu der **DelVO 2017/565**, zum **Zweck** und der **Rechtsnatur** der Vorschrift sowie zu **Ansprüchen der Anleger** s. § 63 WpHG Rz. 1 ff. Zu Wertpapier(neben)dienstleistungen, die vom Ausland aus angeboten werden, s. Erl. zu § 1 Abs. 2 WpHG.

Das **Verhältnis zwischen den §§ 63 Abs. 2, 80 Abs. 1 Satz 2 Nr. 2 WpHG** einerseits und **§ 70 WpHG** andererseits ist unklar. § 70 Abs. 1 Satz 1 Nr. 1 Halbsatz 2 WpHG macht deutlich, dass § 63 Abs. 1 WpHG zu beachten ist (dazu Rz. 43 ff.). Daraus folgt, dass § 63 Abs. 1 WpHG den Vorrang genießt[2], nicht jedoch § 63 Abs. 2 WpHG[3]. Insoweit gibt § 70 WpHG abschließend vor, in welchem Umfang sich Wertpapierdienstleistungsunternehmen um die Vermeidung von Interessenkonflikten zu bemühen haben, wenn sie von Dritten Zuwendungen annehmen oder sie ihnen gewähren. Es liegt nahe, in diesem Sinne auch das Verhältnis zwischen § 70 und § 80 Abs. 1 Satz 2 Nr. 2 WpHG zu beschreiben. Es ist jedoch zu berücksichtigen, dass § 80 Abs. 1 Satz 2 Nr. 2 WpHG mit eigenständigen Formulierungen gebietet, durch Zuwendungen verursachte Interessenkonflikte zu erkennen, zu vermeiden oder zu regeln. Außerdem hat § 80 WpHG auch Mitarbeiter, verbundene Personen und verbundene Unternehmen im Auge hat, während § 70 WpHG nur Zuwendungen von und an Wertpapierdienstleistungsunternehmen erfasst. Gleichwohl sollte man § 80 Abs. 1 Satz 2 Nr. 2 WpHG nicht dahin interpretieren, dass Wertpapierdienstleistungsunternehmen im Sinn der „angemessenen Maßnahmen" dafür zu sorgen haben, dass der Empfang und die Vergabe von Zuwendungen durch Organisationsmaßnahmen weiter zurückgedrängt werden muss, als dies § 70 WpHG gebietet.

II. Zuwendungen im Zusammenhang mit der Erbringung von Wertpapier(neben)dienstleistungen. 1. Begriff der Zuwendung. § 70 WpHG arbeitet wie § 31d Abs. 2 Satz 1 WpHG a.F. mit einem **weiten Begriff der Zuwendung**, der ohne Rücksicht auf die damit verfolgten Zwecke[4] alle monetären und nichtmonetären Vorteile umfasst[5]. Dies dient der Durchschlagskraft der Norm. Eine restriktive Auslegung des Zuwendungsbegriffs ist im Licht des § 63 Abs. 1 WpHG nicht angebracht. Unerheblich ist, ob die Zuwendung **marktüblich** ist[6], ob der Zuwendende ein Interesse daran besitzt, die Wertpapierdienstleistungen in eine gewisse Richtung zu lenken[7], ob die Zuwendung im konkreten Fall einen Interessenkonflikt provoziert[8] oder wie hoch der Vorteil für das Wertpapierdienstleistungsunternehmen ist. Ohne Bedeutung ist auch, ob der Zuwendende oder der Zu-

---

1 Begr. RegE 2. FiMaNoG, BT-Drucks. 18/10936, 239.
2 A.A. zum WpHG a.F. *Möllers* in KölnKomm. WpHG, § 31 WpHG Rz. 58.
3 Unter dem Aspekt des Interessenkonflikts können deshalb keine Angaben zur Gewinnspanne des Wertpapierdienstleistungsunternehmens und zum „fair value" der Finanzinstrumente gefordert werden (Rz. 5).
4 Vgl. zum WpHG a.F. CESR, Inducements: Good and poor practices, vom 22.10.2009 (Ref.: CESR/09-958), Nr. 57.
5 70 Abs. 2 Satz 1 WpHG.
6 Vgl. zum WpHG a.F. CESR 07-228b vom Mai 2007, Abschnitt 1 unter „General Comments on responses to consultations"; 2. Abschnitt „Empfehlung Nr. 2a"; *Möllers/Wenninger* in KölnKomm. WpHG, § 31d WpHG Rz. 23; *Fuchs* in Fuchs, § 31d WpHG Rz. 17.
7 Vielmehr sind Gebühren, Provisionen oder nichtmonetäre Vorteile immer unzulässig, wenn diese die Wertpapierdienstleistungsunternehmen bei der Erbringung der Dienstleistungen für den Kunden befangen machen (Art. 11 Abs. 2 lit. c Unterabs. 2 DelRL 2017/593). Vgl. zum WpHG a.F. *Assmann*, ZBB 2008, 21, 26.
8 Vgl. zum WpHG a.F. CESR 07-228b vom Mai 2007, 2. Abschnitt Nr. 10.

wendungsempfänger demselben **Konzern** angehört[1] oder ob die Annahme bzw. die Gewährung der Zuwendung für den Kunden **erkennbar** war[2]. Auch die Bereitstellung von Analysen i.S.d. § 70 WpHG[3] fällt grds. unter dem Begriff der Zuwendung[4]. In § 70 Abs. 2 Satz 2 WpHG heißt es zwar, dass die Bereitstellung von Analysen durch Dritte keine Zuwendung darstellt[5], wenn sie eine Gegenleistung für bestimmte Leistungen des Wertpapierdienstleistungsunternehmens darstellt. Das bedeutet aber nicht, dass dort, wo bei der Bereitstellung von Analysen diese Tatbestandsmerkmale nicht erfüllt sind, die Analysen nicht wie sonstige Zuwendungen zu behandeln sind. § 70 Abs. 2 Satz 2 WpHG enthält somit einen zusätzlichen Rechtfertigungsgrund für die Annahme von Zuwendungen in Form von Analysen.

4 Als Zuwendungen sind jedenfalls alle monetären Vorteile zu bezeichen, die in Form von Bar- oder Buchgeld fließen. Die Währung ist unerheblich. Monetäre Vorteile bringen demnach z.B. die Zahlung von Vertriebsprovisionen[6], Vertriebsfolgeprovisionen[7], Bestandsprovisionen, Provisionen für die Vermittlung eines Kundenkontakts und sonstigen Provisionen, ferner die Reduzierung von Gebühren und anderen Kosten, wenn das Wertpapierdienstleistungsunternehmen diese Gebühren bzw. Kosten dem Kunden in vollem Umfang in Rechnung stellt. Ein Rabatt, der unter Berücksichtigung des Transaktionsvolumens von einem Emittenten eines Finanzprodukts dem weitervertreibenden Wertpapierdienstleistungsunternehmen eingeräumt wird, ist (nur) dann eine Zuwendung, wenn das Wertpapierdienstleistungsunternehmen sich nicht auf eigene Rechnung eingedeckt hat, sondern ein Abschlag auf den vollen Emissionspreis erhält, den es dem Kunden in Rechnung stellt.

5 **Keinen monetären Vorteil** i.S.d. § 70 Abs. 2 Satz 1 WpHG bringt die Möglichkeit, als Eigengeschäft von Dritten gekaufte oder auf eigene Rechnung noch zu erwerbende Finanzinstrumente an Abnehmer (weiter) zu veräußern (**Handelsmarge**), weil das Wertpapierdienstleistungsunternehmen diese Möglichkeit dem Dritten voll vergütet hat[8]. Es ist ferner zu berücksichtigen, dass ein veräußerndes Wertpapierdienstleistungsunternehmens nicht notwendig weiß, wie hoch die Marge des erwerbenden Wertpapierdienstleistungsunternehmens ist, weil diese von der Entscheidung des Empfängers abhängt, zu welchen Preisen er die Finanzinstrumente an seine Abnehmer weiterveräußert. Darüber hinaus ist zu bedenken, dass eine von einem Dritten geleistete Zuwendungen nicht zwangsläufig die einzige Einnahmequelle eines Wertpapierdienstleistungsunternehmens bei dem Vertrieb von Finanzprodukten sein muss, während sich der Verdienst bei dem Eigenhandel notwendigerweise auf die Marge beschränkt und dies für die Kunden offensichtlich ist. Deshalb empfängt auch dasjenige Wertpapierdienstleistungsunternehmen keine Zuwendungen, das an einen Kunden ein Finanzinstrument zu einem selbst gestellten Preis[9] verkauft, um sich erst anschließend auf eigene Rechnung einzudecken[10]. Im Übrigen ist zu berücksichtigen, dass die Wertpapierdienstleistungsunternehmen gem. § 63 Abs. 7 Satz 4 WpHG die Differenzen zwischen dem Einkaufspreis und dem den Kunden in Rechnung gestellten Preis einschließlich Zuschlägen und Abschlägen offen zu legen haben[11].

6 Gemäß § 70 Abs. 2 Satz 1 WpHG werden auch **Zuwendungen nichtmonetärer** Art erfasst. Sie können, wie sich aus der Ersetzung[12] des in § 31d Abs. 2 WpHG a.F. verwandten Begriffs „geldwerten" durch „nichtmonetären" er-

---

1 Vgl. zum WpHG a.F. CESR 07-228b vom Mai 2007, Abschnitt 1 unter „General Comments on responses to consultations", 2. Abschnitt Nr. 5 und „Empfehlung Nr. 2b"; *Fuchs* in Fuchs, § 31d WpHG Rz. 19; *Seyfried* in Kümpel/Wittig, Bank- und Kapitalmarktrecht, Rz. 3.216 (h.M.). Diese Interpretation kann nicht damit in Frage gestellt werden, dass auf die Gewinnbeteiligung der Konzernmutter als Zuwendungsempfängerin hingewiesen wird. Zum einen muss die Konzernmutter nicht zu 100 Prozent beteiligt sein; zum anderen ist auch aus der Sicht einer zu 100 Prozent beteiligten Konzernmutter von Steuervorteilen abgesehen eine sichere Zuwendung besser als ein unsicherer Gewinnanteil.
2 A.A. zum WpHG a.F. *Assmann*, ÖBA 2007, 40, 52 f.
3 Der Begriff der Analyse i.S.d. § 70 WpHG ist enger als der in Art. 3 Abs. 1 Unterabs. 34, 35 VO Nr. 596/2014 und in den Art. 36 f. DelVO 2017/565 (abgedruckt bei § 85 WpHG). S. dazu Rz. 20 ff.
4 Vgl. *Geier/Hombach/Schütt*, RdF 2017, 108, 112. S. auch § 82 WpHG Rz. 33.
5 Art. 13 Abs. 1 Halbsatz 1 DelRL 2017/593 („... nicht als Anreiz angesehen wird, wenn sie als Gegenleistung für folgendes angenommen wird"; „provision of research by third parties ... shall not be regarded as an inducement if it is received in return for ...").
6 Vgl. zum WpHG a.F. *J. Koch* in Schwark/Zimmer, § 31d WpHG Rz. 13. Dabei spielt es keine Rolle, ob der Dritte eine Zahlung leistet oder ob das Wertpapierdienstleistungsunternehmen die Provision verrechnet. Unerheblich ist es auch, wann die Vertriebsprovision geleistet wird.
7 Vgl. zum WpHG a.F. *J. Koch* in Schwark/Zimmer, § 31d WpHG Rz. 15. Es handelt sich hierbei nicht um eine reine Bestandsprovision.
8 A.A. *Grundmann*, ZBB 2018, 1, 19. Wie hier zum WpHG a.F. *Habersack*, WM 2010, 1245, 1249; ebenso i.E. *Spindler*, WM 2009, 1821, 1827; *Möllers/Wenninger* in KölnKomm. WpHG, § 31d WpHG Rz. 24; *Zingel/Rieck*, BKR 2009, 313, 355; *J. Koch* in Schwark/Zimmer, § 31d WpHG Rz. 19; a.A. CESR, Inducements: Good and poor practices, v. 22.10.2009 (Ref.: CESR/09-958), Abschnitt V; *Schumacher*, Provisionen mit dem Finanzinstrumentenvertrieb durch Kreditinstitute, S. 110; *Veldhoff*, Die Haftung von Kreditinstituten für die fehlerhafte Aufklärung und Beratung von Privatkunden beim Erwerb von Zertifikaten, S. 305; *Kluge*, Kick-backs, S. 174 ff.; *Grundmann*, WM 2012, 1745, 1750 f.
9 Das ist nicht der Fall, wenn das Wertpapierdienstleistungsunternehmen dem Kunden den vollen Emissionspreis des *Emittenten* berechnet und – wie es weiß – von diesem einen Rabatt erhält.
10 Vgl. zum WpHG a.F. *Forschner*, Wechselwirkungen von Aufsichtsrecht und Zivilrecht, S. 190 ff.
11 § 63 WpHG Rz. 111; Gegenäußerungen der Bundesregierung BT-Drucks. 18/11290, 17.
12 2. FiMaNoG, BGBl. I 2017, 1693, 1734.

gibt, einen Geldwert aufzuweisen, d.h., dass für sie üblicherweise ein Entgelt gezahlt wird[1]; sie müssen aber nicht geldwerter Natur sein[2]. Die Handelsmarge (Rz. 5) ist kein nichtmonetärer Vorteil, weil beim Ankauf eines Finanzinstruments einem Wertpapierdienstleistungsunternehmen nicht die Möglichkeit, das Finanzinstrument mit Gewinn weiterzuverkaufen, zugewendet wird, sondern dies ein Recht ist, das in vollem Umfang beim Erwerb des Finanzinstruments vergütet wird. Soweit es im Rahmen des § 70 WpHG um die Zulässigkeit der Annahme von Zuwendungen geht, kommt es auf die Geringfügigkeit (§ 64 WpHG Rz. 84) der nichtmonetären Zuwendungen nicht an[3]. Kein Vorteil wird erzielt, wenn zu marktgerechten Konditionen die für den Betrieb des Wertpapierdienstleistungsunternehmens erforderlichen Sachmittel und Dienstleistungen erworben und bezahlt werden.

2. Zusammenhang mit Wertpapier(neben)dienstleistungen (§ 70 Abs. 1 Satz 1 WpHG). Die Zuwendungen müssen im Zusammenhang mit der Erbringung von Wertpapier(neben)dienstleistungen erfolgen. Das heißt **nicht**, dass die Zuwendung auf eine **konkrete Wertpapier(neben)diensleistung** bezogen oder gar umsatzabhängig sein muss[4]. Unerheblich ist die Art der Wertpapier(neben)dienstleistungen, so dass § 70 WpHG z.B. auch dann zu beachten ist, wenn das Wertpapierdienstleistungsunternehmen Zuwendungen im Rahmen eines „direct-broker"- Geschäfts anlässlich über die Börse abzuwickelnder Aufträge (§ 63 Abs. 11 WpHG) erhält[5].

Es genügt ein **mittelbarer** (enger)[6] **Zusammenhang**[7], der bereits dann zu bejahen ist, wenn das Wertpapierdienstleistungsunternehmen von einem Produktanbieter eine finanzielle Unterstützung für eine allgemeine Kundenveranstaltung annimmt, selbst wenn auf dieser Veranstaltung keine Wertpapier(neben)dienstleistungen erbracht oder angeboten werden[8]. Gleiches wird von der ESMA auch dort bejaht, wo ein Wertpapierdienstleistungsunternehmen von einem Kapitalverwaltungsunternehmen Zahlungen dafür annimmt, dass es das Marketing des Fonds betreibt[9]. Ob der Zuwendende die Absicht gehabt hat, das Verhalten des Zuwendungsempfängers zu beeinflussen, spielt keine Rolle[10]. Ein ins Gewicht fallender Zusammenhang ist bei normalen Austauschgeschäften, die Waren oder Dienstleistungen betreffen, vielfach zu verneinen[11]. Wenn ein Wertpapierdienstleistungsunternehmen einen Dritten angemessen (nur) dafür bezahlt, dass es ihm den Zugang zu Emittenten oder sonstigen Kunden verschafft, kann § 70 Abs. 7 WpHG einschlägig sein[12]. **Kein** (mittelbarer) **Zusammenhang** liegt vor, wenn ein Wertpapierdienstleistungsunternehmen Zahlungen dafür erhält, dass es die Vermögensverwaltungsfunktionen ausübt oder einen Fonds für eine Kapitalverwaltungsgesellschaft verwaltet, sofern damit nicht zugleich eine Vergünstigung gewährt wird, die eine Umgehung des Zuwendungsverbots bezweckt[13].

3. Person des Zuwendenden, des Empfängers. Die Zuwendung muss **von einem Wertpapierdienstleistungsunternehmen stammen oder ihm** von einem Dritten[14] **gewährt** werden. Gewinnmargen bei sog. Festpreis-

---

1 Die Erbringung von Dienstleistungen, auch die Durchführung von Schulungen, das Überlassen von IT-Hardware, Software, Werbe- und Informationsmaterial. Davon sollte man die Pflichtpublikationen für bestimmte Finanzinstrumente (Prospekte) ausnehmen. Für weitergehende Ausnahmen zum WpHG a.F.: *Fuchs* in Fuchs, § 31d WpHG Rz. 18; *J. Koch* in Schwark/Zimmer, § 31d WpHG Rz. 18.
2 Abw. Begr. RegE 2. FiMaNoG, BT-Drucks. 18/10936, 239 (Die Änderung der Terminologie im Vergleich zu § 31d WpHG a.F. [geldwert] ist mit keiner inhaltlichen Änderung verbunden).
3 Arg. e § 70 Abs. 4 Satz 1 WpHG, wonach geringfügige nichtmonetäre Vorteile nur insoweit Rechnung trägt, als diese, sofern ihre Entgegennahme zulässig ist, nur eingeschränkt offen gelegt werden müssen.
4 Vgl. zum WpHG a.F. *Forschner*, Wechselwirkungen von Aufsichtsrecht und Zivilrecht, S. 180.
5 Vgl. zum WpHG a.F. auch *Sethe* in FS Nobbe, S. 769, 785.
6 ESMA35-43-349 v. 18.12.2017, Questions and Answers on MiFID II and MiFIR investor protection and intermediaries topics, Abschnitt 12 Inducements, Answer 4.
7 So auch zum WpHG a.F. *Möllers/Wenninger* in KölnKomm. WpHG, § 31d WpHG Rz. 27. *Fuchs* in Fuchs, § 31d WpHG Rz. 10 fordert eine gewisse, erkennbare Wirkungsrichtung der Zuwendung, die geeignet ist, das Wertpapierdienstleistungsunternehmen zu Bevorzugungen zu veranlassen (ähnlich *Seyfried* in Kümpel/Wittig, Bank- und Kapitalmarktrecht, Rz. 3.221; *J. Koch* in Schwark/Zimmer, § 31d WpHG Rz. 28). Einen Interessenkonflikt verneinen *Müller/Teuber* in Ellenberger/Schäfer/Clouth/Lang, Praktikerhandbuch, S. 268 in einem Fall, in dem sich ein Vermögensverwalter von einer Kapitalanlagegesellschaft kostenlos Informationsmaterial zur Verfügung stellen lässt. A.A. zutr. *J. Koch* in Schwark/Zimmer, § 31d WpHG Rz. 29.
8 A.A. zum WpHG a.F. *Seyfried* in Kümpel/Wittig, Bank- und Kapitalmarktrecht, Rz. 3.222.
9 ESMA35-43-349 v. 18.12.2017, Questions and Answers on MiFID II and MiFIR investor protection and intermediaries topics, Abschnitt 12 Inducements, Answer 4.
10 Vgl. zum WpHG a.F. CESR 07-228b vom Mai 2007, 2. Abschnitt Nr. 3; *Möllers/Wenninger* in KölnKomm. WpHG, § 31d WpHG Rz. 29.
11 Vgl. auch § 70 Abs. 7 WpHG (dazu Rz. 16 ff.).
12 Vgl. ESMA 35-43-349 v. 4.4.2017, Questions and Answers on MiFID II and MiFIR topics, 7 Inducements (research), Answer 7.
13 ESMA35-43-349 v. 18.12.2017, Questions and Answers on MiFID II and MiFIR investor protection and intermediaries topics, Abschnitt 12 Inducement, Answer 3, 5 (z.B. die Vergütung für die Übernahme der Vermögensverwaltung etc. ist unverhältnismäßig [z.B. das die Zahlung empfangende Wertpapierdienstleistungsunternehmen verfügt über keine besondere Fähigkeiten oder setzt diese nicht ein]).
14 Unerheblich ist es, dass die Zahlung im Zusammenhang mit einer Unabhängigen Honorar-Anlageberatung oder einer Vermögensverwaltung gewährt wird (ESMA35-43-349 v. 10.11.2017, Questions and Answers, 9 Information on costs, Answer 1).

geschäften, bei denen das Wertpapierdienstleistungsunternehmen im Verhältnis zum Kunden als Käufer oder Verkäufer auftritt, werden somit nicht erfasst[1].

10 **a) Empfang der Zuwendung durch ein Wertpapierdienstleistungsunternehmen. Dritter**[2] ist grds. jede Person, die **außerhalb** der Beziehung Wertpapierdienstleistungsunternehmen – Kunde[3] steht. Die Zuwendung fließt auch dann einem Wertpapierdienstleistungsunternehmen zu, wenn es sie ganz oder teilweise an ein drittes Unternehmen abzuführen hat, der Zuwendende den Vorteil aber dem Wertpapierdienstleistungsunternehmen belässt[4]. Im Verhältnis zwischen einem Emittenten und einem Wertpapierdienstleistungsunternehmen, das die Emission durchführt sowie anschließend die Finanzinstrumente an seine Kunden vertreibt, ist auf die Zuwendungen des Emittenten grundsätzlich § 70 WpHG anzuwenden[5]. Nicht als Zuwendungen zu qualifizieren sind allerdings Vergütungen, die das Wertpapierdienstleistungsunternehmen von dem Emittenten für die Planung, Vorbereitung und Durchführung der Emission erhält[6]. Gleiches gilt unter der Voraussetzung des § 70 Abs. 7 WpHG (Rz. 16) für sonstige Austauschgeschäfte, die marktüblich bezahlt werden[7]. Zuwendungen werden auch dann nicht in Empfang genommen, falls das Wertpapierdienstleistungsunternehmen vereinbart, dass sie unmittelbar an den jeweiligen Kunden fließen sollen (Rz. 19)[8].

11 Im **Konzernverbund** agierende Wertpapierdienstleistungsunternehmen stehen jedes für sich. Sie müssen deshalb, wenn sie Zuwendungen entgegennehmen, den § 70 WpHG unabhängig davon beachten, ob das im Konzernverbund stehende zuwendende Unternehmen zum Kreis der Wertpapierdienstleistungsunternehmen zählt[9]. Dies gilt nicht für Gewinnausschüttungen, die in der Regel ohnehin nicht in einem hinreichend engen Zusammenhang mit Wertpapierdienstleistungen stehen[10]. Andererseits sind Zuwendungen der nicht im Konzernverbund stehenden Dritten an ein mit einem Wertpapierdienstleistungsunternehmen **verbundenes sonstiges**[11] **Unternehmen** so zu beurteilen, als ob die Zuwendung diesem Wertpapierdienstleistungsunternehmen gewährt worden wäre[12].

12 **b) Zuwendungen an Mitarbeiter oder Anlagevermittler eines Wertpapierdienstleistungsunternehmens.** Zuwendungen im Zusammenhang mit Wertpapierdienstleistungen an **Mitarbeiter** und **Organe** eines Wertpapierdienstleistungsunternehmens von Dritten, die nicht als Wertpapierdienstleistungsunternehmen tätig sind, fallen nicht unter § 70 WpHG[13]. Dagegen spricht auch nicht § 6 Abs. 2 Satz 1 Nr. 2 WpDVerOV (Rz. 56); denn das in § 70 Abs. 1 WpHG ausgesprochene Verbot richtet sich ausschließlich an Wertpapierdienstleistungsunternehmen, so dass anzunehmen ist, dass § 6 Abs. 2 Satz 1 Nr. 2 WpDVerOV nur diejenigen Fälle im Auge hat, in denen das Wertpapierdienstleistungsunternehmen durch Zuwendungen an seine Mitarbeiter bzw. Organe mittelbar begünstigt werden soll. Das die Mitarbeiter beschäftigende Wertpapierdienstleistungsunternehmen hat aber dafür zu sorgen, dass derartige Zuwendungen nicht entgegengenommen werden[14] und zur

---

1 S. Rz. 5.
2 Ähnlich zu § 31d WpHG a.F. *Heybey*, BKR 2008, 353, 358; *Fuchs* in Fuchs, § 31d WpHG Rz. 19; *J. Koch* in Schwark/Zimmer, § 31d WpHG Rz. 21.
3 Einem Kunden stehen diejenigen Personen gleich, die in seinem Auftrag handeln (Begr. RegE 2. FiMaNoG, BT-Drucks. 18/10936, 239); denn § 70 Abs. 1 Satz 1 Halbsatz 1 WpHG schränkt in der Aufzählung des Begriffs des Dritten dadurch ein, dass dieser weder Kunde der Dienstleistung ist noch im Auftrag des Kunden tätig wird. S. dazu Rz. 10, 19.
4 Beispiel: Agio beim Kauf eines Investmentanteils, das nur teilweise an den Fonds abgeführt werden muss; vgl. zum WpHG a.F. *Fuchs* in Fuchs, § 31d WpHG Rz. 15.
5 Vgl. Art. 40 Abs. 3 Satz 1 DelVO 2017/565.
6 Ist das empfangende Wertpapierdienstleistungsunternehmen nicht am Vertrieb der emittierten Finanzinstrumente beteiligt, so fällt die Vergütung für die Durchführung der Emission erst recht nicht unter § 70 WpHG. Der Emittent ist Kunde, der für eine ihm erbrachte Dienstleistung bezahlt und es besteht kein Anlass anzunehmen, dass mit der Vergütung auch der Weitervertrieb entgolten werden soll (§ 80 WpHG Rz. 158 f., 163); vgl. zum WpHG a.F. CESR, Inducements: Good and poor practices, v. 22.10.2009 [Ref.: CESR/09-958], IV.
7 Der Interessenkonflikt ist bei einem derartigen Drittvergleich zu verneinen. Vgl. auch ESMA 35-43-349 v. 4.4.2017, Questions and Answers on MiFID II and MiFIR topics, 7 Inducements (research), Answer 7; ferner *Geier/Hombach/Schütt*, RdF 2017, 108, 112.
8 Vgl. *Roth/Blessing*, CCZ 2017, 163, 167.
9 ESMA 2016/1444 v. 16.12.2016, Questions and Answers on MiFID II and MiFIR investor protection topics, unter Inducements (research), Question 5. Vgl. zum WpHG a.F. CESR, Inducements: Good and poor practices, v. 22.10.2009 (Ref.: CESR/09-958), Abschnitt III S. 12; *J. Koch* in Schwark/Zimmer, § 31d WpHG Rz. 24; *Fuchs* in Fuchs, § 31d WpHG Rz. 19 jew. m. Nachw.
10 Vgl. zum WpHG a.F. *Möllers/Wenninger* in KölnKomm. WpHG, § 31d WpHG Rz. 30.
11 Die ihrerseits nicht zum Kreis der Wertpapierdienstleistungsunternehmen zählen.
12 Vgl. zum WpHG a.F. *Heybey*, BKR 2008, 353, 361; *Möllers/Wenninger* in KölnKomm. WpHG, § 31d WpHG Rz. 31; abl. *J. Koch* in Schwark/Zimmer, § 31d WpHG Rz. 27.
13 Vgl. zum WpHG a.F. *J. Koch* in Schwark/Zimmer, § 31d WpHG Rz. 25 f.; ähnlich *Möllers/Wenninger* in KölnKomm. WpHG, § 31d WpHG Rz. 32. Abw. *Fuchs* in Fuchs, § 31d WpHG Rz. 20; *Richter* in Krimphove/Kruse, MaComp, AT 8 Rz. 83.
14 Dies gilt auch für Leistungen, die nicht im Zusammenhang mit einzelnen oder einer Summe von Wertpapierdienstleistungen des Wertpapierdienstleistungsunternehmens stehen, wie z.B. Zahlungen für allgemeine Repräsentationsaufgaben; denn es lässt sich kaum bestreiten, dass auch solche Leistungen Interessenkonflikte provozieren. Eine Ausnahme

Prävention entsprechende Sanktionen vorzusehen[1]. Anders ist die Situation, wenn das Wertpapierdienstleistungsunternehmen diese Zuwendungen an seine Organe bzw. Mitarbeiter billigt[2]. Ebenso sind Zuwendungen an die mit Wertpapierdienstleistungsunternehmen verbundenen Anlagevermittler zu behandeln.

c) **Zuwendungen von einem Wertpapierdienstleistungsunternehmen.** Die Zuwendungen, die ein Wertpapierdienstleistungsunternehmen *erbringt*, müssen nicht notwendig an ein anderes Wertpapierdienstleistungsunternehmen fließen. Seinem Wortlaut zufolge greift § 70 Abs. 1 Satz 1 WpHG vielmehr immer schon dann ein, wenn jemand im Zusammenhang mit einer Wertpapierdienstleistung eine Zuwendung erhält, der nicht zu den Kunden des Wertpapierdienstleistungsunternehmens zählt. 13

Dies hätte zur Konsequenz, dass auch **erfolgsabhängige Vergütungen** eines Wertpapierdienstleistungsunternehmens an **seine Mitarbeiter** anlässlich des Absatzes von Finanzinstrumenten etc. unter § 70 WpHG fallen, wenn damit Anstrengungen beim Vertrieb von Finanzinstrumenten etc. belohnt werden sollen[3]. Da die Beschäftigung von Mitarbeitern in aller Regel für die Erbringung von Wertpapierdienstleistungen unabdingbar ist, kommt es darauf an, ob diese Vergütungen ihrer Struktur nach die Kundeninteressen gefährden (§ 70 Abs. 7 WpHG). In dieselbe Richtung wirken die §§ 63 Abs. 3 und § 80 Abs. 1 Satz 2 Nr. 2 WpHG. Gleiches gilt für die mit dem Wertpapierdienstleistungsunternehmen verbundenen Anlagevermittler. Immer ist aber sowohl dem § 80 Abs. 1 Satz 2 Nr. 2 WpHG als auch dem § 70 Abs. 1 WpHG Rechnung zu tragen, wenn ein Wertpapierdienstleistungsunternehmen im Zusammenhang mit der Erbringung von Wertpapierdienstleistungen unmittelbar **Mitarbeitern eines anderen Unternehmens** Zuwendungen zukommen lässt[4]. 14

Im **Konzernverbund** stehende Wertpapierdienstleistungsunternehmen, die im Zusammenhang mit Wertpapierdienstleistungen einem konzernabhängigen Unternehmen oder dessen Mitarbeitern Zuwendungen erbringen, müssen § 70 WpHG unabhängig davon beachten, ob Letztere ebenfalls zum Kreis der Wertpapierdienstleistungsunternehmen zählen[5]. 15

4. Ausnahmen. a) Die Leistung ermöglicht die Wertpapier(neben)dienstleistung oder ist für diese notwendig (§ 70 Abs. 7 WpHG). Die in § 70 Abs. 7 WpHG genannten Gebühren und Entgelte sind in der Sache **keine Zuwendungen.** Zu ihnen zählen z.B. Depotgebühren[6], Abgaben, Steuern, Abwicklungs- und Handelsplatzgebühren[7], Verwaltungsabgaben, ferner die von Wertpapierdienstleistungsunternehmen getätigten Zuwendungen in Hinblick auf die Auszahlung von Dividenden, die Durchführung von Hauptversammlungen[8], mit Ausnahme der Analysen[9], Zahlungen für Dienstleistungen Dritter[10], steuerkonformer Verrechnungspreise für Dienstleistungen ausländischer Konzernunternehmen bei Erbringung der Wertpapierdienstleistungen[11], aber auch der Einkauf von Material oder die Besorgung von Dienstleistungen zu marktüblichen Konditionen. 16

In der Regel kann man sagen, dass die von Wertpapierdienstleistungsunternehmen erbrachten Leistungen in den Anwendungsbereich des § 70 Abs. 7 WpHG fallen, wenn sie getätigt werden, um die Möglichkeit zu eröffnen, eine Order auszuführen[12]. Rabatte, die auf diese Gebühren etc. gewährt und vom Wertpapierdienstleistungsunternehmen einbehalten werden, sind allerdings als gewöhnliche Zuwendungen i.S.d. § 70 WpHG an das Wertpapierdienstleistungsunternehmen zu qualifizieren, selbst wenn sie nicht umsatzabhängig ausgeformt 17

---

ist daher nur für solche Leistungen an Mitarbeiter anzuerkennen, die dem Wertpapierdienstleistungsunternehmen bekannt sind und der Sache nach auf Rechnung des Wertpapierdienstleistungsunternehmens erfolgen.
1 Art. 33 lit. e, Art. 34 Abs. 3 Unterabs. 2 lit. d DelVO 2017/565; §§ 63 Abs. 2, 80 Abs. 1 Satz 2 Nr. 2 Halbsatz 2 WpHG (dazu § 80 WpHG Rz. 18 ff.). Vgl. zum WpHG a.F. *Seyfried* in Kümpel/Wittig, Bank- und Kapitalmarktrecht, Rz. 3.218.
2 Vgl. zum WpHG a.F. *Seyfried* in Kümpel/Wittig, Bank- und Kapitalmarktrecht, Rz. 3.218; *Heybey*, BKR 2008, 353, 358; weiter *Möllers/Wenninger* in KölnKomm. WpHG, § 31d WpHG Rz. 32 (billigt oder Aufwendungen erspart).
3 Enger. vom WpHG a.F. *J. Koch* in Schwark/Zimmer, § 31d WpHG Rz. 22: Nur wenn den Mitarbeitern gezielt für den Vertrieb bestimmter Produkte besondere Vorteile zugewandt werden. Es lässt sich jedoch kaum sagen, dass Interessenkonflikte zu vernachlässigen sind, wenn Zuwendungen an Mitarbeiter an ihren Gesamterfolg beim Vertrieb von Finanzinstrumenten geknüpft sind; denn zur Interessenwahrung kann es auch gehören, von Investitionen in Finanzinstrumente oder von einer Umschichtung der Finanzinstrumente abzuraten. Gänzlich gegen eine Anwendung des § 31d WpHG a.F. *Fuchs* in Fuchs, § 31d WpHG Rz. 20 *Möllers/Wenninger* in KölnKomm. WpHG, § 31d WpHG Rz. 33 f.
4 Beispiel: Depotbank besticht Mitarbeiter eines Vermögensverwaltungsunternehmens. Abw. *Seyfried* in Kümpel/Wittig, Bank- und Kapitalmarktrecht, Rz. 3.218.
5 S. Rz. 11.
6 Vgl. zum WpHG a.F. *Fuchs* in Fuchs, § 31d WpHG Rz. 14.
7 Vgl. zum WpHG a.F. *Fuchs* in Fuchs, § 31d WpHG Rz. 14; CESR, Inducements: Good and poor practices, v. 22.10.2009 (Ref.: CESR/09-958), Abschnitt IV Nr. 51.
8 Vgl. zum WpHG a.F. CESR, Inducements: Good and poor practices, v. 22.10.2009 (Ref.: CESR/09-958), Abschnitt IV.
9 S. dazu Rz. 20 ff.
10 Beispiel: Einholung von Informationen etwa zur Besteuerung; vgl. zum WpHG a.F. CESR, Inducements: Good and poor practices, v. 22.10.2009 (Ref.: CESR/09-958), Abschnitt IV.
11 Vgl. zum WpHG a.F. CESR, Inducements: Good and poor practices, v. 22.10.2009 (Ref.: CESR/09-958), Abschnitt IV, Nr. 56.
12 Vgl. zum WpHG a.F. CESR, Inducements: Good and poor practices, v. 22.10.2009 (Ref.: CESR/09-958), Abschnitt IV.

sind[1]. Entscheidend ist immer, dass die Zuwendung ihrer Art (wesensbedingt, nature) nach, d.h. bei abstrakter Betrachtung[2], ein Wertpapierdienstleistungsunternehmen in Versuchung führen kann, den Interessen der Kunden zuwider zu handeln[3].

18 Nicht hierher gehört z.B. der Fall, dass ein Emittent zum Vertrieb seiner Anlageprodukte einen selbstständigen Anlagevermittler einschaltet und ihm dafür Provisionen gewährt[4]. Dort, wo ein Wertpapierdienstleistungsunternehmen an einen mit ihm verbundenen Anlagevermittler (§ 3 Abs. 2 WpHG) Zahlungen leistet, ist dieser wie ein Arbeitnehmer des Wertpapierdienstleistungsunternehmens zu behandeln, es sei denn, mit der Zahlung erhält der verbundene Anlagevermittler einen Teil der Vergütung, die dem Wertpapierdienstleistungsunternehmen für den Vertrieb der Finanzinstrumente zugesagt worden ist[5].

19 **b) Die Zuwendung wird von dem oder an den Kunden gewährt (§ 70 Abs. 1 Satz 1 Halbsatz 2 WpHG).** Ein Kunde kann auf seine Rechnung[6] unmittelbar oder durch einen Dritten als seinen Stellvertreter monetäre und nichtmonetäre Leistungen an sein[7] Wertpapierdienstleistungsunternehmen erbringen[8]. Konkludente Aufträge und Vollmachten sollte man freilich nur in extremen Ausnahmefällen bejahen[9] und in der Regel ausdrückliche Aufträge bzw. Vollmachten voraussetzen[10]. Ein Wertpapierdienstleistungsunternehmen kann von seinem Kunden bevollmächtigt werden, einen Dritten im Namen des Kunden zu beauftragen, an es eine Leistung zu erbringen[11]. Auch hier kommen im Zweifel nur ausdrückliche Vollmachten in Betracht[12]. Immer ist zu prüfen, ob ein solcher Auftrag mit den §§ 305ff. BGB im Einklang steht[13]. Ebenso kann ein Wertpapierdienstleistungsunternehmen von seinem Kunden oder einer im Auftrag des Kunden handelnden Person ermächtigt oder bevollmächtigt werden, einem anderen Wertpapierdienstleistungsunternehmen etwas zuzuwenden[14]. Erst recht sind monetäre und nichtmonetäre Leistungen gestattet, die der Kunde, der nicht zum Kreis der Dritten zählt (Rz. 10), selbst unmittelbar dem Wertpapierdienstleistungsunternehmen[15] oder einem von diesem ausdrücklich benannten Dritten[16] erbringt oder derartige Leistungen erlaubt, die das Wertpapierdienstleistungsunternehmen unmittelbar dem Kunden bzw. dessen Vertreter[17] zukommen lässt[18]. Deshalb werden die zwischen einem Wertpapierdienstleistungsunternehmen und seinem Kunden vereinbarten Vergütungen nicht erfasst. Eine Zuwendung ist andererseits nicht schon deshalb erlaubt, weil letztlich der Kunde deren Kosten trägt[19].

20 **c) Analysen (§ 70 Abs. 2 Satz 2 WpHG; § 7 WpDVerOV). aa) Allgemeines.** Stellt ein Wertpapierdienstleistungsunternehmen Dritten Analysen[20] zur Verfügung oder werden sie ihm von einem Dritten bereit gestellt, so

---

1 Vgl. zum WpHG a.F. CESR, Inducements: Good and poor practices, v. 22.10.2009 (Ref.: CESR/09-958), Abschnitt IV, Nr. 52.
2 Dies betont zum WpHG a.F. CESR, Inducements: Good and poor practices, v. 22.10.2009 (Ref.: CESR/09-958), Abschnitt IV S. 41.
3 Vgl. zum WpHG a.F. *Fuchs* in Fuchs, § 31d WpHG Rz. 13; *J. Koch* in Schwark/Zimmer, § 31d WpHG Rz. 62. Nicht entscheidend kann es darauf ankommen, ob die Zuwendung kraft Natur der Sache im Kundeninteresse liegt (so *Seyfried* in Kümpel/Wittig, Bank- und Kapitalmarktrecht, Rz. 3.212), wenn sie nicht ausschließlich in dessen Interesse geboten ist.
4 Vgl. zum WpHG a.F. *J. Koch* in Schwark/Zimmer, § 31d WpHG Rz. 42, 64; CESR, Inducements: Good and poor practices, v. 22.10.2009 (Ref.: CESR/09-958), Abschnitt IV Nr. 50.
5 Vgl. zum WpHG a.F. CESR, Inducements: Good and poor practices, v. 22.10.2009 (Ref.: CESR/09-958), Abschnitt IV Nr. 50.
6 Der Dritte erwirbt unmittelbar gegen den Kunden einen Anspruch auf Aufwendungsersatz. Ebenso i.E. *Schumacher*, Provisionen im Finanzinstrumentenvertrieb durch Kreditinstitute, S. 54f.
7 Das heißt: des Kunden. Vgl. zum WpHG a.F. CESR 07-228b vom Mai 2007, 2. Abschnitt Empfehlung Nr. 2 (z.B. Anwalt); 3. Abschnitt, Beispiel Nr. III; *Schumacher*, BKR 2007, 447.
8 Vgl. zum WpHG a.F. *Fuchs* in Fuchs, § 31d WpHG Rz. 21.
9 Vgl. zum WpHG a.F. *Möllers/Wenninger* in KölnKomm. WpHG, § 31d WpHG Rz. 36; *Fuchs* in Fuchs, § 31d WpHG Rz. 22.
10 Erwägungsgrund Nr. 75 2014/65/EU fordert, dass sich der Vertreter bewusst ist, als solcher zu handeln, ferner dass auf eine bereits begründete Forderung des Wertpapierdienstleistungsunternehmens oder des Kunden gezahlt wird.
11 Vgl. zum WpHG a.F. *J. Koch* in Schwark/Zimmer, § 31d WpHG Rz. 33.
12 Ebenso i.E. zum WpHG a.F. *J. Koch* in Schwark/Zimmer, § 31d WpHG Rz. 33.
13 Vgl. zum WpHG a.F. *Brocker*, BKR 2007, 365, 367. Von besonderer Bedeutung ist hierbei § 305c BGB. Im Rahmen des § 307 BGB ist zu berücksichtigen, dass mit einer solchen Vereinbarung dem Wertpapierdienstleistungsunternehmen erlaubt wird, partiell aus seiner Rolle als Geschäftsbesorger herauszutreten.
14 Vgl. zum WpHG a.F. CESR 07-228b vom Mai 2007, 3. Abschnitt, Beispiel Nr. II; *Assmann*, ÖBA 2007, 40, 50.
15 Erwägungsgrund Nr. 75 2014/65/EU (Kunde handelt die Gebühr für eine durch das Wertpapierdienstleistungsunternehmen erbrachte Dienstleistung aus und bezahlt diese Gebühr).
16 Erwägungsgrund Nr. 75 2014/65/EU (Kunde zahlt direkt die Rechnung einer Firma).
17 Vgl. zum WpHG a.F. *Assmann*, ÖBA 2007, 40, 50.
18 Vgl. zum WpHG a.F. CESR 07-228b vom Mai 2007, Abschnitt, Empfehlung Nr. 2; 3. Abschnitt, Beispiel Nr. I; *Assmann*, ÖBA 2007, 40, 50.
19 *Vgl. zum WpHG a.F. CESR 07-228b vom Mai 2007, 2. Abschnitt, Empfehlung Nr. 2; Schumacher, Provisionen im Finanzinstrumentenvertrieb durch Kreditinstitute, S. 54f.; Müchler/Trafkowski, ZBB 2013, 101, 109.*
20 Direkte oder indirekte Empfehlung oder direkter oder indirekter Vorschlag einer Anlagestrategie einschließlich einer substantiierten Beurteilung des aktuellen oder künftigen Wertes oder Kurses eines Finanzinstrumentes oder Vermögens-

sind die Analysen **grundsätzlich** als Zuwendungen i.S.d. § 70 WpHG anzusehen (Rz. 3 ff.). Das gilt auch für Analysematerial, das in die Kategorie der geringfügigen nichtmonetären Zuwendungen fällt.

Die Annahme von Zuwendungen in Form von Analysen ist in Umsetzung des Art. 13 DelRL 2017/593 ausschließlich[1] unter den in § 70 Abs. 2 Satz 2 WpHG genannten Voraussetzungen **privilegiert**. Um die Privilegierung zu rechtfertigen, wird im Erwägungsgrund Nr. 26 DelRL 2017/593 gefordert, dass Wertpapierfirmen, die sowohl Ausführungs- als auch Analysedienstleistungen erbringen[2], diese separat bepreisen und anbieten müssen. Damit soll verhindert werden, dass von Dritten erbrachte Analysedienstleistungen bei den unmittelbaren Empfängern als eine Art kick-back wirken[3]. Auch im Erwägungsgrund Nr. 28 Satz 4 DelRL 2017/593 wird vorausgesetzt, dass die Wertpapierdienstleistungsunternehmen im Interesse ihrer Kunden tätig werden und zur Erbringung ihrer Dienstleistungen von einem oder mehreren Dritten Analysematerial oder Analysendienstleistungen erhalten. Die Gefahr hierbei ist immer, dass die Analysen nicht in vollem Umfang den jeweiligen Kunden zugute kommen, sondern dass sie zum guten Teil den Eigeninteressen der Wertpapierdienstleistungsunternehmens dienen. Werden die Voraussetzungen des § 70 Abs. 2 Sätze 2 ff. WpHG nicht erfüllt, dürfen Analyseleistungen nur in dem Rahmen entgegengenommen werden, in dem die Annahme sonstiger Zuwendungen erlaubt ist[4].

Unter **Analysen** sind die Analysedienstleistung und das Analysematerial Dritter in Bezug auf Finanzinstrumente oder Emittenten sowie meinungsbildende Informationen zu verstehen, die in einem engen[5] Zusammenhang mit einer bestimmten Branche oder einem bestimmten Markt stehen. Sie dürfen nicht öffentlich verfügbar sein[6]. Mit diesem Material bzw. dieser Dienstleistung muss ausdrücklich oder konkludent eine Anlagestrategie[7] zumindest nahe gelegt werden; es muss substantiiert[8] zum gegenwärtigen oder zukünftigen Wert oder Preis der Vermögensgegenstände Stellung genommen werden[9]. Es genügt auch, dass in anderer Weise eine Analyse erfolgt und originelle Einsichten vermittelt sowie Schlussfolgerungen gezogen werden, die zur Begründung eine Anlagestrategie genutzt werden können und die geeignet sind, die für die Kunden getroffenen Entscheidungen des Wertpapierdienstleistungsunternehmens wesentlich zu unterstützen[10]. Werden die an eine Analyse zu stellenden Anforderungen nicht erfüllt, so können die Informationen Dritter nichtmonetäre Zuwendungen darstellen[11], die nicht privilegiert sind.

bb) Zahlung des Wertpapierdienstleistungsunternehmens aus eigenen Mitteln (§ 70 Abs. 2 Satz 2 Nr. 1 WpHG). Weder die Zahlung des Wertpapierdienstleistungsunternehmens, das unmittelbar und gesondert dem Dritten die Bereitstellung der Analyse aus Mitteln vergütet, die es auf eigene Rechnung hält, noch die Entgegennahme der derart bezahlten Analysedienstleistung sind als verbotene Zuwendung zu behandeln. Die Vergütung darf nicht unangemessen niedrig sein[12]. Art. 13 Abs. 1 lit. b DelRL 2017/593 ist in dieser Fallgruppe nicht anwendbar[13]. Im Licht dieser Vorschrift ist anzunehmen, dass der Erwägungsgrund Nr. 26 DelRL 2017/593 mit

---

wertes (Erwägungsgrund Nr. 28 DelRL 2017/593; ESMA 35-43-349 v. 4.4.2017, Questions and Answers on MiFID II and MiFIR topics, 7 Inducements (research), Answer 7 [Darunter fällt nicht die Organisation eines Treffens mit dem Management eines Emittenten durch Dritte; concierge service]). Zu den Analysen können auch makro-ökonomische Analysen zählen (näher dazu ESMA 35-43-349 v. 4.4.2017, Questions and Answers on MiFID II and MiFIR topics, 7 Inducements (research), Answer 8). Zu „fixed income, currencies, commodities [FICC] Research" s. ESMA 35-43-349 v. 4.4.2017, Questions and Answers on MiFID II and MiFIR topics, 7 Inducements (research), Answer 9.

1 ESMA 2016/1444 v. 16.12.2016, Questions and Answers on MiFID ii and MIFIR investor protection topics, unter „Inducements (research)", Question 3.
2 Es wird hierbei offensichtlich davon ausgegangen, dass sich das Wertpapierdienstleistungsunternehmen die Analysedienstleistungen von Dritten gewähren lässt und diese an den Kunden weitergibt.
3 Beispiel: Ein Wertpapierdienstleistungsunternehmen beauftragt in Abwicklung einer Order seines Kunden ein drittes Unternehmen, das ihm Analysedienstleistungen erbringt, mit der Ausführung, obwohl die Ausführung bei diesem Unternehmen teurer ist als bei einem anderen Unternehmen. Wenn das Wertpapierdienstleistungsunternehmen das von dem dritten Unternehmen für die Ausführung geforderte Entgelt voll auf seinen Kunden abwälzt und gleichzeitig ohne Gegenleistung aus seinem Vermögen allein oder wesentlich von den Analyseleistungen des dritten Unternehmens profitiert, erhält es eine verdeckte Rückvergütung.
4 ESMA 2016/1444 v. 16.12.2016, Questions and Answers on MiFID II and MiFIR investor protection topics, unter „Inducements (research)", Question 3, 4.
5 Der Zusammenhang muss so eng sein, dass die Analyse zur Meinungsbildung über Finanzinstrumente, Vermögenswerte oder Emittenten dieser Branche beiträgt.
6 *Roth/Blessing*, CCZ 2017, 163, 165.
7 Vgl. Art. 20 VO Nr. 596/2014.
8 Vgl. Art. 20 VO Nr. 596/2014.
9 Dies kann von bloßen Marktkommentaren oder die von Emittenten zur Unterstützung der Platzierung übermittelten Informationen nicht behauptet werden (*Roth/Blessing*, CCZ 2017, 163, 165).
10 *Roth/Blessing*, CCZ 2017, 163, 165, fordern, dass die Analysen aufgrund ihrer Qualität oder ihres Informationsgehaltes einen echten Wertbeitrag für das Institut liefern.
11 *Roth/Blessing*, CCZ 2017, 163, 165 f.
12 *Geier/Hombach/Schütt*, RdF 2017, 108, 111.
13 „… any of the following"; „de l'un des éléments suivants".

seiner Forderung nach einer gesonderter Bepreisung die Dritten im Auge hat, die einem Wertpapierdienstleistungsunternehmen sowohl die Ausführung von Aufträgen als auch Analysedienstleistungen anbieten.

24   cc) **Zahlungen aus einem Analysekonto (§ 70 Abs. 2 Satz 2 Nr. 2, Satz 3 WpHG).** Zahlungen aus einem Analysekonto[1] sind nicht „als Zuwendungen zu qualifizieren" (Rz. 20 f.), wenn das Analysekonto bestimmte Voraussetzungen erfüllt. Zum einen muss das Wertpapierdienstleistungsunternehmen auf ihm zu Lasten seiner Kunden ein besonderes Entgelt (Analysegebühr)[2] für den Einsatz der regelmäßig belastbar auf ihre Qualität hin geprüften[3] Analysen verbuchen und es damit auffüllen[4]. Die Zahlung aus diesem Konto[5], die ausschließlich für Analysedienstleistungen Dritter vorgenommen werden darf[6], erfolgt auf eigene Rechnung des Wertpapierdienstleistungsunternehmens[7]. Das besondere, den Kunden berechnete Entgelt wird auf der Grundlage eines vom Wertpapierdienstleistungsunternehmen festgesetzten[8] Analysebudgets[9] zwischen diesem und den einzel-

---

1 Der Begriff des Analysekontos ist wie der des Analysebudgets auf die Gesamtheit der betroffenen Kunden bezogen (so wohl auch *Grundmann*, ZBB 2018, 1, 18). Dies ergibt sich aus § 70 Abs. 2 Satz 2 Nr. 2 lit. b WpHG i.V.m. Art. 13 Abs. 1 Unterabs. 1 lit. b Ziff. ii DelRL 2017/593, in dem die Einrichtung *eines* (Singular!) Analysekontos mit der Vereinbarung mit *den* (Plural [„ihren"]) Kunden verknüpft wird. Wenn man den Begriff des Analysebudgets auf die Gesamtheit der Kunden (dazu unten) bezieht, so muss man dies auch beim Begriff des Analysekontos tun, weil ein Überschuss aus einem Analysekonto, das für alle Kunden oder ein Gruppe von Kunden errichtet worden ist, sinnvollerweise nur mit einem überindividuellen Analysebudget „verrechnet" werden kann (§ 7 Abs. 3 WpDVerOV (Rz. 56)). Deutlicher tritt dies in Art. 13 Abs. 8 Satz 2 DelRL 2017/593 zu Tage, in dem darauf abgehoben wird, inwieweit die über *das* Analysekonto erhobenen Analysen *den* (Plural!) Portfolios der Kunden zugutekommen. § 70 Abs. 2 Satz 2 Nr. 2 lit. a WpHG steht zu dieser Deutung nicht im Widerspruch. Dass die vom Kunden entrichtete spezielle Analysegebühr auf einem Analysekonto verbucht wird, bedeutet nicht, dass nur die von einem einzigen Kunden stammenden Zahlungen auf dem Konto zu verbuchen sind. Die ESMA 2016/1444 v. 16.12.2016, Questions and Answers on MiFID II and MiFIR investor protection topics, unter „Inducements (research)", Question 1, ist allerdings der Ansicht, dass ein Analysekonto immer nur für einzelne Kunden geführt werden kann, dass aber das Budget für eine Gruppe von Kunden gebildet werden kann, wenn diese einen ähnlichen Bedarf an Analysenleistungen besitzen (ebenso *Roth/Blessing*, CCZ 2017, 163, 166; *Geier/Hombach/Schütt*, RdF 2017, 108, 111).
2 Analysegebühr bezeichnet das, was die Kunden für die Analysen als Finanzmitteln an das Wertpapierdienstleistungsunternehmen zu entrichten haben oder sich abziehen lassen müssen. Der Begriff bezieht sich nicht zwingend auf die Verpflichtungen des Einzelkunden. Die Bezugnahme in § 70 Abs. 2 Satz 3 WpHG auf die „veranschlagten Mittel" legt es nämlich nahe, den Begriff der Analysegebühr auf das Anlagebudget (Rz. 24) und damit auf den Bedarf einer Gruppe der relevanten Gruppe zu beziehen. Dieser Ansatz steht allerdings in Konflikt mit § 7 Abs. 2 Satz 1, 2 WpDVerOV (Rz. 56); denn der Abschluss eines einheitlichen Vertrages mit allen Kunden ist wenig praktikabel. Außerdem stellt § 7 Abs. 1 Satz 3 WpDVerOV (Rz. 56) auf den *Gesamtbetrag* der Analysegebühren ab, der in Relation zu dem auf alle Kunden bezogenen Analysebudget gesetzt wird. Dies macht nur Sinn, wenn der Begriff der Analysegebühr nicht die Summe dessen bezeichnet, was die einzelnen Kunden zu zahlen haben.
3 § 70 Abs. 2 Satz 2 Nr. 2 lit. d WpHG; ESMA 35-43-349 v. 4.4.2017, Questions and Answers on MiFID II and MiFIR topics, 7 Inducements (research), Answer 10.
4 § 70 Abs. 2 Satz 2 Nr. 2 lit. a WpHG; Art. 13 Abs. 1 lit. b Ziff. i DelRL 2017/593. § 7 Abs. 2 Satz 2 WpDVerOV (Rz. 56) geht davon aus, dass die Analysegebühr aus den Kundenmitteln einbehalten wird.
5 Das Konto kann rein buchhalterisch geführt werden (*Geier/Hombach/Schütt*, RdF 2017, 108, 111).
6 § 7 Abs. 5 WpDVerOV (Rz. 56); Erwägungsgrund Nr. 27 Satz 4 DelRL 2017/593.
7 § 70 Abs. 2 Satz 2 Nr. 2 lit. c WpHG; Art. 13 Abs. 1 lit. b Ziff. iii DelRL 2017/593 (das Wertpapierdienstleistungsunternehmen ist haftbar).
8 *Roth/Blessing*, CCZ 2017, 163, 166.
9 Der Begriff Budget bedeutet im allgemeinen Kostenvoranschlag oder Finanzplan, der den Einsatz von Mitteln steuert (so auch der englische Begriff „budget"). Damit unvereinbar ist die Vorstellung in § 7 Abs. 1 Nr. 1 WpDVerOV (Rz. 56), dass mithilfe eines Budgets der Bedarf ermittelt wird. Vielmehr ergibt sich die Größe eines Budgets daraus, inwieweit man zur Deckung eines Bedarfs Mittel in das Budget einzustellen bereit ist. § 7 Abs. 1 Satz 1 Nr. 1 WpDVerOV (Rz. 56) ist deshalb dahin zu interpretieren, dass der Umfang des Analysebudgets anhand des Bedarfs aller betroffenen Kunden an Analysen Dritter zu bestimmen ist. Auf eine Ausrichtung auf individuelle Kunden deutet zwar § 7 Abs. 2 Satz 1 WpDVerOV (Rz. 56) hin, demzufolge Vereinbarungen über die Analysegebühr zu treffen sind, die auf dem Analysebudget basieren. Vereinbarungen können nur mit einzelnen Kunden geschlossen werden. Von daher liegt es nahe, dass auch ein Analysebudget für jeden einzelnen Kunden bestimmt worden ist. Sinnvoller ist aber, den Bezug auf das Analysebudget lediglich als Begrenzung der Vertragsfreiheit der Wertpapierdienstleistungsunternehmen zu betrachten. Dafür sprechen der § 70 Abs. 3 Nr. 4 WpHG und der § 7 Abs. 1 Satz 3 WpDVerOV (Rz. 56), die dem Gesamtbetrag der (eingenommenen) Analysegebühren bzw. den Gesamtbetrag der Zahlungen aus dem Analysekonto (Singular! [dem Analysebudget; das Analysebudget]) dem Analysebudget gegenüberstellen. In dieselbe Richtung zielt der Erwägungsgrund Nr. 27 Satz 3 DelRL 2017/593. Legt man den Begriff des Analysebudgets so aus, dass er auf die Gesamtheit der Kunden oder zumindest eine größere Gruppe von Kunden bezogen ist, so ist zwar eine „Verrechnung" mit dem Analysebudget, die § 7 Abs. 3 WpDVerOV (Rz. 56) vorsieht, in der Weise möglich, dass das Analysebudget im Folgezeitraum niedriger anzusetzen ist. Dem einzelnen Kunden, dem nur individuell etwas aus dem Überschuss zurückerstattet werden kann, kommt dies freilich nicht zugute, wenn er im Folgezeitraum ausgeschieden ist. Dem kann man dadurch Rechnung tragen, dass eine Verrechnung mit dem Analysebudget unzulässig ist, wenn dadurch einzelne Kunden benachteiligt werden. Es ist mithin nicht zwingend geboten, jedem Kunden ein Analysebudget zuzuordnen. Vgl. auch ESMA 35-43-349 v. 4.4.2017, Questions and Answers on MiFID II and MiFIR topics, 7 Inducements [research], Answer 11.

nen[1] Kunden vereinbart[2]. Hinter dieser schwer durchschaubaren Regelung steht der Gedanke, dass das Wertpapierdienstleistungsunternehmen, das die Analysen bei Dritten quasi auf Rechnung[3] seiner Kunden „einkauft"[4] und sie an seine Kunden weitergibt, redlich den Umfang[5] der im Interesse der Kunden zu erwerbenden Menge an Analysen zu kalkulieren (Analysebudget)[6] und auf dieser Basis mit seinen Kunden die Entgelte für die Analysedienstleistungen zu vereinbaren hat. Dies soll zur Folge haben, dass die Übermittlung der Analysen an das Wertpapierdienstleistungsunternehmen bei diesem zu einer Art durchlaufenden Posten wird und auf diese Weise das Eigeninteresse des Wertpapierdienstleistungsunternehmens neutralisiert wird[7]. Der Gefahr, die daraus resultiert, dass der Dritte **qualitativ schlechte Analysedienstleistungen** erbringt, ohne dass sich dies in seiner Vergütung niederschlägt, das Wertpapierdienstleistungsunternehmen also mittelbar dem Dritten etwas zuwendet, sowie der Gefahr, dass eine an das Auftragsvolumen oder den Auftragswert gebundene Analysegebühr verzerrend wirkt[8], sollen die § 70 Abs. 2 Satz 2 Nr. 2 lit. d, Satz 4 WpHG[9] und § 7 Abs. 1 Nr. 2, Abs. 4 Satz 2 WpDVerOV (Rz. 56) entgegenwirken[10]. § 7 Abs. 1 Satz 3, Abs. 3 WpDVerOV (Rz. 56) macht außerdem deutlich, dass die von den Kunden „vereinnahmte" Analysegebühr in vollem Umfang an den Dritten weitergereicht werden muss[11], soweit sie nicht **„erstattet"** oder verrechnet wird[12].

Dem Schutz der Kunden des Wertpapierdienstleistungsunternehmens dienen auch die *vor* Erbringung jeder[13] Wertpapierdienstleistung zu erteilenden **Informationen** über die Höhe des Budgets (Rz. 24) und die Höhe der zu erwartenden, zu Lasten des Kunden auf dem Analysekonto zu verbuchenden (Rz. 24) Analysegebühr[14] sowie die jährlich zu leistenden Informationen zu dem Gesamtbetrag, mit dem der einzelne Kunde belastet worden ist[15]. Zusätzlich sind die Kunden schriftlich darüber aufzuklären, nach welchen Grundsätzen die Qualität der

25

---

1 ESMA 2016/1444 v. 16.12.2016, Questions and Answers on MiFID II and MiFIR investor protection topics, unter „Inducements (research)", Question 1.
2 § 7 Abs. 2 WpDVerOV (Rz. 56). Hierbei muss vereinbart werden, in welchen zeitlichen Abständen die Analysegebühr anfällt. Die ESMA 2016/1444 v. 16.12.2016, Questions and Answers on MiFID II and MiFIR investor protection topics, unter „Inducements (research)", Question 1, scheint anzunehmen, dass das Wertpapierdienstleistungsunternehmen den Kunden gestützt auf das Analysebudget bestimmte Gebühren auferlegt.
3 § 7 Abs. 4 Satz 4 WpDVerOV (Rz. 56); ESMA 2016/1444 v. 16.12.2016, Questions and Answers on MiFID II and MiFIR investor protection topics, unter „Inducements (research)", Question 2; ESMA 35-43-349 v. 4.4.2017, Questions and Answers on MiFID II and MiFIR topics, 7 Inducements (research), Answer 10 (Es muss schriftlich dargestellt werden, wie die Analysen zu besseren Entscheidungen führen und wie die die damit verbundenen Kosten gerecht auf die verschiedenen Kunden verteilt werden). Ähnlich *Grundmann* in Staub, Bankvertragsrecht, Investmentbanking II, Teil 8 Rz. 247; *Grundmann*, ZBB 2018, 1, 18.
4 Der Einkauf darf deshalb nicht mit den Entscheidungen zum Maklergeschäft und zur Ausführung (§ 82 WpHG) verquickt werden (ESMA 35-43-349 v. 4.4.2017, Questions and Answers on MiFID II and MiFIR topics, 7 Inducements [research], Answer 10).
5 ESMA 35-43-349 v. 4.4.2017, Questions and Answers on MiFID II and MiFIR topics, 7 Inducements (research), Answer 10.
6 § 7 Abs. 2 Satz 3, Abs. 4 Satz 1 WpDVerOV (Rz. 56). Dies kann bezogen auf eine Gruppe von Kunden mit ähnlichem Bedarf erfolgen (ESMA 2016/1444 v. 16.12.2016, Questions and Answers on MiFID II and MiFIR investor protection topics, unter „Inducements (research)", Question 1). Zur Erhöhung des Analysebudgets bedarf es einer unmissverständlichen Ankündigung.
7 Gleichwohl betont die ESMA (ESMA 35-43-349 v. 4.4.2017, Questions and Answers on MiFID II and MiFIR topics, 7 Inducements [research], Answer 10) die Verpflichtung, dafür zu sorgen, dass die Analyse nicht überbezahlt wird und schlägt verschiedene Arten des Vorgehens vor.
8 Unterstellt man, dass die Analysegebühr 1:1 an den Dritten abgeführt wird, schafft sie einen Anreiz zu größeren Aufträgen, der dem Wertpapierdienstleistungsunternehmen zugute kommen kann. Wenn das Auftragsvolumen bzw. der Auftragswert im Verhältnis zu den Dritten keine Rolle spielt, so führt die Orientierung der Analysegebühr an dem Auftragsvolumen etc. zu einem Interessenkonflikt zwischen den verschiedenen Kunden, den § 7 Abs. 1 Nr. 2 WpDVerOV (Rz. 56) ausschalten will. Vgl. auch ESMA 35-43-349 v. 4.4.2017, Questions and Answers on MiFID II and MiFIR topics, 7 Inducements (research), Answer 10.
9 Dem Erwägungsgrund Nr. 28 Satz 1 DelRL 2017/593 zufolge geht es bei der Qualitätskontrolle allerdings darum, dass die Analysekosten im Einklang mit den Kundeninteressen stehen, nicht um die Ausschaltung von Interessenkonflikten.
10 Diese Vorschriften dienen weniger der Vermeidung von Interessenkonflikten (§ 63 Abs. 2 WpHG) als dem Gebot, die Kundeninteressen bestmöglich zu wahren (§ 63 Abs. 1 WpHG). Vgl. ESMA 35-43-349 v. 4.4.2017, Questions and Answers on MiFID II and MiFIR topics, 7 Inducements (research), Answer 10. Vgl. ferner *Roth/Blessing*, CCZ 2017, 163, 166.
11 Andernfalls bestünde die Gefahr, dass dem Wertpapierdienstleistungsunternehmen verdeckt Vorteile zugeschanzt werden. Anders wäre die Situation nur, wenn das Wertpapierdienstleistungsunternehmen an den Kunden auf der Basis von Festpreisgeschäften Finanzinstrumente veräußert und ihm auf eigene Rechnung Analyseleistungen, die es sich anderweit besorgt hat, zukommen lassen würde.
12 *Roth/Blessing*, CCZ 2017, 163, 166.
13 Nur bei dieser Interpretation kann ein Schutz durch Information rechtzeitig wirksam werden.
14 Vgl. ESMA 35-43-349 v. 4.4.2017, Questions and Answers on MiFID II and MiFIR topics, 7 Inducements (research), Answer 11 (Sie kann als bestimmter Höchstbetrag angegeben werden). Dieses Erfordernis erscheint angesichts des Umstandes, dass die dem Kunden zu berechnende Analysegebühr mit diesem vereinbart werden muss (Rz. 24), als überflüssig.
15 § 70 Abs. 2 Satz 3 WpHG, Art. 13 Abs. 1 lit. c DelRL 2017/593.

26 **§ 70 Abs. 6 WpHG** schreibt im Einklang mit Art. 13 Abs. 9 DelRL 2017/593[2] vor, dass für jede *Ausführungsdienstleistung*[3], die ein Wertpapierdienstleistungsunternehmen erbringt, eine **separate Gebühr** zu berechnen ist. Dies dient der Transparenz und Kontrolle. Auf diese Weise soll verhindert werden, dass unzulässige Anreize geschaffen werden, sei es, dass dem beauftragenden Wertpapierdienstleistungsunternehmen verdeckt eine Zuwendung zufließt[4], sei es, dass dem ausführenden Unternehmen ein unverdienter Vorteil verschafft wird. Soweit in § 70 Abs. 6 Satz 1 WpHG gefordert wird, dass die Gebühren nur die Kosten für die Ausführung des Geschäfts reflektieren dürfen, ist damit kein Kostenpreis gemeint, sondern nur, dass die Entgelte (Gebühren) keine Zuwendungen verdecken dürfen[5]. Um dies zu verhindern, kann man sich an den mit der Ausführung verbundenen Kosten orientieren, die einen rohen Richtwert liefern. Dort, wo gleichzeitig mehrere Dienstleistungen erbracht werden, verfolgt das Gebot der seperaten Bepreisung denselben Zweck. Gleichzeitig mindert § 70 Abs. 6 Satz 3 Halbsatz 2 WpHG die Gefahr einer Ungleichbehandlung von Kunden[6]. Bei Geschäften, die in vollem Umfang auf Festpreisbasis getätigt werden, ist § 70 Abs. 6 WpHG unanwendbar, da keine Gefahr verbotener Zuwendungen droht.

27 **III. Das Verbot von Zuwendungen und seine Durchbrechungen. 1. Allgemeines.** Den Wertpapierdienstleistungsunternehmen ist im Zusammenhang mit Wertpapierdienstleistungen die Gewährung oder die Annahme von Zuwendungen verboten. Dieser Grundsatz wird in § 70 Abs. 1 Satz 1, Abs. 7 WpHG durchbrochen (Rz. 28). Diese Ausnahmetatbestände erlauben den Wertpapierdienstleistungsunternehmen, in bestimmtem Umfang Zuwendungen anzunehmen oder zu gewähren[7]. Im Fall des § 70 Abs. 1 Satz 1 Nr. 1 und 2 WpHG handelt es sich um einen in sich geschlossenen Ausnahmetatbestand, so dass *alle* Voraussetzungen[8] dieser Vorschrift erfüllt sein müssen. Greifen die Ausnahmetatbestände nicht ein, so sind Zuwendungen rechtswidrig[9]. **Sonderregeln** gelten für Analysen (Rz. 20 ff.) sowie bei der Unabhängigen Honorar-Anlageberatung (§ 64 WpHG Rz. 67) und der Vermögensverwaltung (Finanzportfolioverwaltung [§ 64 WpHG Rz. 84 f.]).

28 **2. Voraussetzungen der Durchbrechung des Verbots. a) Qualitätsverbesserung (§ 70 Abs. 1 Satz 1 Nr. 1 WpHG). aa) Wirtschaftlicher Hintergrund und ratio legis.** Gemäß § 70 Abs. 1 Satz 1 Nr. 1 Halbsatz 1 WpHG muss die Zuwendung darauf ausgelegt sein, die Qualität der Dienstleistung zu verbessern. Ähnlich formuliert Art. 70 Abs. 1 Satz 2 WpHG. Auf den ersten Blick sind Zuwendungen für Wertpapierdienstleistungsunternehmen das, was für den Verkäufer die Handelsspanne ist. Für einen Verkäufer ist es selbstverständlich, dass er mit seiner Handelsspanne nicht nur seine Kosten deckt, sondern auch versucht, einen Gewinn zu erzielen. Er wird deshalb bestrebt sein, diejenigen Produkte besonders intensiv zu vertreiben, bei denen die Differenz zwischen seinen Kosten und der Handelsspanne besonders groß ist. Verkäufer sind deshalb an kostenträchtigen Investitionen zur Verbesserung ihres Angebots umso eher interessiert, je höher die Gewinne sind, die sie sich von ihnen versprechen. Den Gewinnanreiz könnte man ausschalten, indem man dafür sorgt, dass die zu erwartenden Einnahmen (Zuwendungen) exakt den Kosten der mit dem Angebot verbundenen Investitionen entsprechen, wenn das Unternehmen mit anderen Worten auf Selbstkostenbasis arbeiten müsste.

29 Dieser Ansatz wird indessen von § 70 Abs. 1 WpHG i.V.m. § 6 Abs. 2, 3 WpDVerOV (Rz. 56) nicht verfolgt. Zum einen wird das Problem nicht gelöst, das daraus resultiert, dass mittels einer zulässigen Berechnung von Gemeinkosten bewirkt werden kann, dass die Zuwendungen zum Teil anderen nicht der Qualitätsverbesserung dienenden Investitionen zugutekommen. Zum anderen geht § 6 Abs. 2 Satz 1 Nr. 1 Halbsatz 1 WpDVerOV (Rz. 56) im Einklang mit Art. 11 Abs. 2 lit. a DelRL 2017/593 offen davon aus, dass es für die Qualitätsverbesserung genügt, dass die zusätzlichen oder höherwertigen Dienstleistungen in einem **angemessenen Verhältnis**[10] zu den Zuwendungen stehen. Es muss mithin nicht der gesamte Betrag der von dem Wertpapierdienstleistungsunternehmen eingenommenen Zuwendungen in die Qualitätsverbesserung investiert werden, sondern lediglich ein angemessener Teil des Betrages. Dies ergibt sich auch aus § 6 Abs. 2 Satz 1 Nr. 2 WpDVerOV (Rz. 56), wonach eine an ein Wertpapierdienstleistungsunternehmen erbrachten Zuwendung nur „zugleich"

---

1 § 70 Abs. 2 Satz 4 WpHG, § 7 Abs. 7 WpDVerOV (Rz. 56); Art. 13 Abs. 8 DelRL 2017/593.
2 Begr. RegE 2. FiMaNoG, BT-Drucks. 18/10936, 240. Art. 13 DelRL 2017/593 verwendet in der Überschrift den Begriff „Analyse"; das legt nahe, dass dessen Abs. 9 nur im Zusammenhang mit Analysen zum Tragen kommt.
3 Vgl. § 82 WpHG.
4 ESMA 35-43-349 v. 4.4.2017, Questions and Answers on MiFID II and MiFIR topics, 7 Inducements (research), Answer 10; *Roth/Blessing*, CCZ 2017, 163, 166 (keine Querfinanzierung oder Subventionierung von Ausführungsdienstleistungen oder internen Analysen).
5 Anders wohl ESMA 2016/1444 v. 16.12.2016, Questions and Answers on MiFID II and MiFIR investor protection topics, unter „Inducements (research)", Question 2.
6 S. dazu § 63 WpHG Rz. 35 ff.
7 Umsetzung des Art. 11 Abs. 4 DelRL 2017/593 (Begr. RegE 2. FiMaNoG, BT-Drucks. 18/10936, 239).
8 Vgl. zum WpHG a.F. *Mülbert*, WM 2007, 1149, 1161; *Möllers/Wenninger* in KölnKomm. WpHG, § 31d WpHG Rz. 37.
9 Vgl. zum WpHG a.F. *J. Koch* in Schwark/Zimmer, § 31d WpHG Rz. 36.
10 In der englischen Sprachfassung heißt es „proportional", in der französischen „proportionnel". Diese Fassungen betonen lediglich das Verhältnis, ohne Vorgaben zu machen.

einen[1] konkreten Vorteil für den jeweiligen Kunden darstellen muss, nicht jedoch einen äquivalenten Vorteil. Damit werden Anreize akzeptiert, Eigeninteressen zu verfolgen, die nicht mit den Qualitätsverbesserungsmaßnahmen zusammenhängen. Was danach bleibt, ist das weitgehend hilflos anmutende Unterfangen, in einer Art Preiskontrolle die für die Kunden gefährlichen Anreize zu eigennützigem Verhalten zu schwächen[2]. In welchem Umfang dies zu geschehen hat, lässt sich den wortreichen Beispielen in Art. 11 DelRL 2017/593 und in § 6 Abs. 2 WpDVerOV (Rz. 56) nicht entnehmen, da diese weder das Problem der Gemeinkostenzurechnung lösen[3], noch das Verhältnis zwischen den investierten Zuwendungen und den Kosten der Qualitätsverbesserung quantifizieren[4]. In diesem Zusammenhang ist auch zu berücksichtigen, dass Wertpapierdienstleistungsunternehmen Maßnahmen der Qualitätsverbesserung[5] zusätzlich bepreisen und sich damit sogar zusätzliche Gewinnchancen eröffnen[6] können.

Allerdings ordnet § 70 Abs. 1 Satz 2 WpHG an, dass die Wertpapierdienstleistungsunternehmen in der Lage sein müssen, nachzuweisen, dass „jegliche" Zuwendung dazu bestimmt ist, die Qualität der Dienstleistung zu verbessern. Art. 24 Abs. 9 Satz 1 lit. a RL 2014/65/EU (MiFID II) spricht ebenfalls davon, dass die Provision oder der Vorteil und nicht nur ein angemessener Teil der Provision etc. dazu bestimmt sein muss, die Qualität der Dienstleistung zu verbessern. Dies legt nahe, dass die Zuwendungen vollständig in die Qualitätsverbesserung investiert werden müssen, so dass die Wertpapierdienstleistungsunternehmen aus Zuwendungen keinen unmittelbaren Vorteil ziehen, sondern nur darauf setzen können, dass die erhöhte Qualität ihrer Dienstleistungen ihre Marktposition stärkt. Betrachtet man aber die Unabhängige Honorar-Anlageberatung mit ihren strikten die monetären Zuwendungen betreffenden Abführungsgeboten (§ 64 Abs. 5 Satz 3 WpHG), so zeigt sich, dass das WpHG das Interesse der Wertpapierdienstleistungsunternehmen, durch Beratung Gewinne zu erzielen, anerkennt und die Zuwendungen nur deshalb voll dem jeweiligen Kunden zuweisen kann, weil dieser die Unabhängige *Honorar*-Anlageberatung bezahlt. Es ist daher anzunehmen, dass das WpHG bei der nicht-unabhängigen Beratung das auf Zuwendungen beruhende Gewinninteresse berücksichtigt, indem es Wertpapierdienstleistungsunternehmen weder dazu zwingt, ganz auf Zuwendungen zu verzichten, noch sie zwingt, die Zuwendungen bis zum letzten Cent für Qualitätsverbesserungen zu einzusetzen[7]. Art. 11 Abs. 2a DelRL 2017/593 legt zutreffend offen, dass Art. 24 Abs. 9 Satz 1 lit. a RL 2014/65/EU restringierend zu interpretieren ist. Gleiches gilt für das Verhältnis zwischen § 70 Abs. 1 Satz 2 WpHG und § 6 Abs. 2 Satz 1 Nr. 1 WpDVerOV (Rz. 56).

bb) Voraussetzungen der Qualitätsverbesserung im Einzelnen. Für den Kunden erbrachte Dienstleistungen. Die im Singular stehende Formulierung „*für den Kunden*" wurde nach h.M. zum § 31d WpHG a.F. im Sinn von „für Kundengruppen" interpretiert[8]. Danach bedurfte es keines unmittelbaren Zusammenhangs zwischen der Zuwendung und der Wertpapierdienstleistung für einen bestimmten Kunden. Es genügte, dass nach Art und Größenordnung eine typische Verbindung zwischen der Zuwendung und der „Verbesserung" existierte. In § 6 Abs. 2 Satz 1 Nr. 1 Halbsatz 1 und Nr. 2 WpDVerOV (Rz. 56) ist jetzt allerdings ebenso wie in Art. 11 Abs. 2 Satz 1 lit. a Halbsatz 1 DelRL 2017/593 vom „**jeweiligen Kunden**"[9] die Rede. Ähnlich heißt es in § 6 Abs. 2 Satz 1 Nr. 3 WpDVerOV (Rz. 56) „den betreffenden Kunden"[10]. Aus diesen Formulierungen ergibt sich klar, dass es auf die Qualitätsverbesserung der Dienstleistungen an denjenigen Kunden als *Einzelperson* ankommt, in deren Zusammenhang die Zuwendung anfällt. In diese Richtung weist auch das Erfordernis eines „konkreten Vorteils"[11] für den Kunden.

---

1 Ebenso Art. 11 Abs. 2 lit. b DelRL 2017/593. Der Vorteil muss nur materiell bzw. tangible sein. Die Größenordnung bleibt ungeregelt.
2 Vgl. *Heese*, Beratungspflichten, S. 394 f.
3 Wenn man dies angehen wollte, würde dies auf große Schwierigkeiten stoßen.
4 Man könnte an den sog. Unternehmerlohn als Kostenfaktor denken. Auch die Höhe des Unternehmerlohns kann nur mittels einer Dezision bestimmt werden.
5 § 6 Abs. 2 Satz 1 Nr. 1 lit. b, lit. c WpDVerOV (Rz. 56).
6 § 6 Abs. 2 Satz 1 Nr. 1 lit. b bb, lit. c aa WpDVerOV (Rz. 56).
7 Dahinter dürfte die Erwägung stehen, dass eine Eliminierung des Gewinninteresses der Wertpapierdienstleistungsunternehmen dazu führt, dass das Angebot an Beratung mit der Konsequenz stark reduziert wird, dass die Anleger verstärkt Gefahr laufen, in die falschen Finanzinstrumente zu investieren und dass sie damit noch schlechter gestellt sind, als wenn sie sich der Gefahr des Interessenkonflikts aufgrund der Gewinninteresse des Wertpapierdienstleistungsunternehmens aussetzen (vgl. *Inderst/Ottaviani*, American Economic Review 102, 780 zit. nach *Giudici* in Busch/Ferrarini, Regulation of the EU Financial Markets, Rz. 6.10; 6.24). Aus dieser Sicht verfolgt § 70 WpHG eine second-best-Lösung.
8 Vgl. zum WpHG a.F. *Seyfried* in Kümpel/Wittig, Bank- und Kapitalmarktrecht, Rz. 3.226; abw. *Assmann*, ZBB 2008, 21, 28; einschr. wohl *Kumpan/Hellgardt*, DB 2006, 1714, 1719.
9 Art. 11 Abs. 2 lit. a DelRL 2017/593 („relevant client"). In der französischen Fassung des Art. 11 Abs. 2 lit. a DelRL 2017/593 ist allerdings schlechthin von „au client" die Rede. Abw. *Poelzig*, Kapitalmarktrecht, 2018, S. 395, die den Gesetzeswortlaut beiseite schieben will und es genügen lässt, dass die durch die Zuwendung verbesserte Dienstleistung von dem betreffenden Kunden nachgefragt werden könnte.
10 Diese Formulierung verwendet in der deutschen Sprachfassung auch Art. 11 Abs. 2 lit. b DelRL 2017/593, während in der englischen Sprachfassung durchweg im Singular von „relevant client" die Rede ist.
11 § 6 Abs. 2 Satz 1 Nr. 2 Halbsatz 2 WpDVerOV (Rz. 56); Art. 11 Abs. 2 lit. b DelRL 2017/593 („materiellen Vorteils für den betreffenden Kunden"; „tangible benefit to the relevant client"; „sans que le client n'en retire de bénéfice tangible"). S. Rz. 42.

32 Gemäß § 6 Abs. 2 Satz 1 Nr. 1 Halbsatz 1 WpDVerOV (Rz. 56) muss die zusätzliche oder höherwertige Dienstleistung, die dem *jeweiligen* (Rz. 31) Kunden zugute kommt, in einem **angemessenen**[1] **Verhältnis** zum Umfang der erhaltenen Zuwendung stehen.

33 **Ausgelegt ist, die Qualität zu verbessern**[2]. Dies wird in § 70 Abs. 1 Satz 2 WpHG dahin umschrieben, dass die Zuwendung „**dazu bestimmt**"[3] sein muss, zeitnah die Qualität der Dienstleistung zu verbessern. Unklar ist allerdings, ob es auf den Willen des Zuwendenden oder darauf ankommt, wie der Zuwendungsempfänger den Zweck der Zuwendung verstehen darf, oder ob es maßgeblich ist, wie der Zuwendungsempfänger den Zweck der Zuwendung versteht. Man sollte ebenso wie im Rahmen des WpHG a.F. auf die Zwecksetzung bei der Vereinbarung der Zuwendungen abheben[4]. Allerdings stellt Art. 11 Abs. 2 DelRL 2017/593 anders als § 6 Abs. 2 Satz 1 Halbsatz 1 WpDVerOV (Rz. 56) in keiner Weise darauf ab, ob bei der Gewährung oder Entgegennahme der Zuwendung eine Zwecksetzung erfolgt ist. Vielmehr lässt er es ausreichen, dass die Zuwendung zu einem in Relation zur Zuwendung angemessen (Rz. 32) höheren Qualitätsniveau führt und dass die Zuwendung, die dem Unternehmen oder seinen Gesellschaftern oder Mitarbeitern unmittelbar nutzt, zugleich dem jeweiligen Kunden einen konkreten Vorteil (Rz. 42) bringt[5]. Mit dem Erfordernis der Zwecksetzung bewegt sich der deutsche Gesetzgeber außerhalb des Spielraums, den ihm die DelRL 2017/593 eröffnet.

34 Nach h.M. zum WpHG a.F musste die Zuwendung **objektiv**[6] **geeignet** sein, die Qualität der Dienstleistung **zu verbessern**[7]. Die h.M. forderte zum WpHG a.F. außerdem keine[8] *Erhöhung* einer bestimmten, bereits vorhandenen Dienstleistungsqualität, sondern ließ es genügen, dass die Zuwendung die fixen oder variablen Kosten der Dienstleistung ganz oder zum Teil abdeckt. Als „Verbesserungen" wurden auch der Aufbau und der Unterhalt einer effizienten und qualitativ hochwertigen Infrastruktur für den Erwerb und die Veräußerung von Finanzinstrumenten angesehen[9]. Es wurde deshalb vertreten, dass es keines unmittelbaren Zusammenhanges zwischen der Zuwendung und der Wertpapier(neben)dienstleistung bedürfe[10]. Man konnte sagen, dass der „Qualitätsverbesserung" alles diente, was unmittelbar oder mittelbar für die Erbringung der Wertpapierdienstleitung von Bedeutung war. Diese Linie führt **§ 6 Abs. 2 Satz 1 Nr. 1, Nr. 2 WpDVerOV** (Rz. 56) im Einklang mit Art. 11 Abs. 2 DelRL 2017/593 **nur eingeschränkt** fort; denn die Zuwendung muss nunmehr dem jeweiligen Kunden (Rz. 31) einen konkreten Vorteil (Rz. 33) verschaffen. Dieser Vorteil braucht allerdings bloß angemessen zu sein (Rz. 32).

35 **Fortlaufende Zuwendungen**, z.B. Bestandsprovisionen[11], müssen dem betreffenden Kunden, der das Geschäft geschlossen hat, aus dessen Anlass die Zuwendungen fließen, einen fortlaufenden Vorteil bringen[12].

---

1 Im Einklang mit Art. 11 Abs. 2 Satz 1 lit. a DelRL 2017/593 (deutsche Sprachfassung). Die englische Sprachfassung verwendet den Begriff „proportional", der in der Regel mit „im richtigen Verhältnis" oder „anteilmäßig" übersetzt wird, ohne dass aus der englischen Sprachfassung ersichtlich wird, welches konkrete Verhältnis gemeint ist. Letztlich verwendet somit die englische Fassung ebenfalls eine Leerformel.
2 § 70 Abs. 1 Satz 1 Nr. 1 WpHG.
3 „... designed to enhance"; „... pour objet d'améliorer la qualité".
4 Zum WpHG a.F. CESR/07-228b Abschn. 2 Nr. 15; CESR, Inducements: Good and poor practices, v. 22.10.2009 (Ref.: CESR/09-958), Executive Summary, S. 3, Abschnitt V Nr. 72, 79f. Abw. *J. Koch* in Schwark/Zimmer, § 31d WpHG Rz. 43: Abstrakt-generelle Eignung ex ante. Abw. *Schumacher*, Provisionen im Finanzinstrumentenvertrieb durch Kreditinstitute, S. 69 (ex post).
5 So auch Erwägungsgrund Nr. 22 DelRL 2017/593. Der Vorteil wird nicht quantifiziert. In die gleiche Richtung weist der Erwägungsgrund Nr. 23 DelRL 2017/593, demzufolge die Wertpapierdienstleistungsunternehmen nicht verpflichtet sind, die Qualität der Dienstleistungen unaufhörlich zu verbessern, so dass sie Zuwendungen auch dann entgegennehmen dürfen, wenn sich die Qualität ihrer Dienstleistungen auf dem höchsten Stand befindet. Würde man fordern, dass nur Zuwendungen entgegengenommen werden dürfen, die der Qualitätsverbesserung gewidmet sind, müsste in einer solchen Situation das Wertpapierdienstleistungsunternehmen den Empfang der Zuwendung verweigern oder sie wegen Zweckverfehlung zurückgeben. Die MaComp Ziff. BT 10.4 Nr. 1 lässt die Aufrechterhaltung einer bereits erreichten Qualitätsverbesserung genügen. Dies ist konsequent, wenn man annimmt, dass ohne die Verbesserungsmaßnahmen die Qualität abgesunken wäre.
6 *Assmann*, ÖBA 2007, 40, 52; *Mülbert*, WM 2007, 1149, 1161; *Fuchs* in Fuchs, § 31d WpHG Rz. 25; *Seyfried* in Kümpel/Wittig, Bank- und Kapitalmarktrecht, Rz. 3.225.
7 Vgl. zum WpHG a.F. *Assmann*, ZBB 2008, 21, 27: es genügt die Eignung.
8 Vgl. zum WpHG a.F. CESR 07-228b vom Mai 2007, 3. Abschnitt, Beispiel Nr. IX; *Assmann*, ZBB 2008, 21, 27; *Forschner*, Wechselwirkungen von Aufsichtsrecht und Zivilrecht, S. 178.
9 Vgl. zum WpHG a.F. *Hartmann/Dost*, CCZ 2010, 88, 89. Hierfür sind nach *Rozok* (in Clouth/Lang, MiFID-Praktikerhandbuch, S. 238) besonders „laufende" Vergütungen geeignet, die von den Volatilitäten des Tagesgeschäftes unabhängig seien. Kritisch *Mülbert*, WM 2007, 1149, 1151.
10 Vgl. aber zum WpHG a.F. CESR 07-228b vom Mai 2007, 3. Abschnitt, Beispiel Nr. XII: Wird eine Büroausstattung zugewendet, die innerhalb der Firma für eine Vielzahl von Zwecken eingesetzt werden kann, so spricht dies eher dafür, dass diese Zuwendung nicht der Qualitätsverbesserung dient. *Fuchs* in Fuchs, § 31d WpHG Rz. 26 (relativ abstrakter Bezug).
11 Vergütungen, die die Bank im Zusammenhang mit der Veräußerung von Finanzinstrumenten an den Kunden erhält, solange diese im Depot des Kunden liegen.
12 § 6 Abs. 2 Satz 1 Nr. 3, Satz 3 WpDVerOV (Rz. 56); Art. 11 Abs. 2 lit. c DelRL 2017/593; *Balzer*, ZBB 2016, 226, 234.

Beispiele für Qualitätsverbesserungsmaßnahmen[1]. Die in § 6 Abs. 2 Nr. 1 WpDVerOV (Rz. 56) genannten Fälle sind nicht abschließender Natur[2]. Sie machen[3] die Präventionsziele des Zuwendungsverbots weitgehend zunichte, weil sie in der Regel eine abstrakte Gefahrenabwehr durch die konkrete Prüfung der Benachteiligung[4] ersetzen. Jedenfalls ist erforderlich, dass die (zusätzlichen) Dienstleistungen dem einzelnen Kunden einen konkreten, angemessenen Vorteil bringen (Rz. 31 ff.). Dies ist für diejenigen Kunden zu verneinen, für die diese ohne Bedeutung sind, weil sie auf sie keinerlei Wert legen, d.h. nicht bereit sind, für sie zu bezahlen[5].

Qualitätsverbessernd soll bei der nicht-unabhängigen **Anlageberatung** (§ 64 WpHG Rz. 9) ferner der Zugang zu einer **breiten Palette von Finanzinstrumenten** wirken, die nicht nur solche des Wertpapierdienstleistungsunternehmens und seiner Gruppe umfasst. Die an die Anlageberatung i.S.d. § 6 Abs. 2 Satz 1 Nr. 1 lit. a WpDVerOV (Rz. 56) zu stellenden Anforderungen bleiben hinter den Anforderungen an die Unabhängige Honorar-Anlageberatung (§ 6 Abs. 5 WpHG) zurück, weil nur auf die enge Verbindung[6] zum Wertpapierdienstleistungsunternehmen, nicht aber auf dessen enge rechtliche oder wirtschaftliche Verflechtung abgestellt wird. In dieser Fallgruppe dürfte in aller Regel anzunehmen sein, dass den einzelnen Kunden ein angemessener Vorteil zugute kommt.

Gemäß § 6 Abs. 2 Satz 1 Nr. 1 lit. b aa WpDVerOV (Rz. 56) genügt es für die Qualitätsverbesserung bei der nicht-unabhängigen **Anlageberatung** (§ 64 WpHG Rz. 9), dass dem Kunden ein Angebot[7] gemacht wird, zumindest **einmal pro Jahr zu prüfen**, ob die Finanzinstrumente, die er erworben hat[8], weiterhin geeignet (§ 64 WpHG Rz. 13) sind[9]. Die Qualitätsverbesserung wird nicht dadurch infrage gestellt, dass das Angebot zur jährlichen Prüfung auch im eigenen Interesse der Wertpapierdienstleistungsunternehmen liegt, oder dass für eine andere fortlaufenden Dienstleistung mit wahrscheinlichem Wert[10] von den Kunden eine Vergütung gefordert wird. Voraussetzung ist jedoch immer auch, dass der konkrete Kunde an einem derartigen Angebot interessiert ist (Rz. 31).

Dienstleistung mit wahrscheinlichem Wert für den jeweiligen Kunden (§ 6 Abs. 2 Nr. 1 lit. b bb WpDVerOV (Rz. 56))[11]. Die Formulierung „wahrscheinlichem Wert" steht in Widerspruch zum Erfordernis des § 6 Abs. 2 Nr. 2 WpDVerOV (Rz. 56), demzufolge dem Kunden ein konkreter (Rz. 33), angemessener (Rz. 32 ff.) Vorteil zufließen muss. Wie § 6 Abs. 2 Satz 1 Nr. 1 lit. c WpDVerOV (Rz. 56) zeigt, ist der Vorteil nicht zu verneinen, wenn die Dienstleistung marktgerecht bezahlt werden muss[12]. Jedenfalls sind die Erfordernisse des „wahrscheinlichen Wertes" nicht erfüllt, wenn der Kunde beispielsweise auf eine Beratung über die optimale Strukturierung seines Vermögens keinen Wert legt. Dem Angebot als solchem kann man allenfalls dann einen Wert beimessen, wenn man auf die Gesamtheit der Kunden blickt. Dies widerspricht jedoch der Orientierung des § 70 WpHG am jeweiligen Kunden (Rz. 31).

---

1 § 6 Abs. 2 Satz 1 Nr. 1 WpDVerOV (Rz. 56).
2 Vgl. Art. 11 Abs. 2 lit. a Halbsatz 1 DelRL 2017/593; *Roth/Blessing*, CCZ 2017, 163, 167.
3 In Art. 11 Abs. 2 lit. a Halbsatz 1 DelRL 2017/593 heißt es: „… wird davon ausgegangen, dass" bzw. „shall be considered …". Dies spricht für eine unwiderlegliche Vermutung. § 6 Abs. 2 Satz 1 Halbsatz 1 WpDVerOV (Rz. 56) enthält eine Legaldefinition der Qualitätsverbesserung der Dienstleistungen. Zur Beweislast hinsichtlich der Bestimmung der Zuwendung s. Rz. 52.
4 § 6 Abs. 2 Satz 2, 3 WpDVerOV (Rz. 56). Dies gilt umso mehr, je großzügiger man annimmt, dass die Erfordernisse des § 6 Abs. 2 Satz 1 WpDVerOV (Rz. 56) erfüllt sind.
5 In einer Marktwirtschaft gibt es keinen objektiven Wert, sondern nur die Wertschätzung der Individuen. Sie führt dazu, dass sich auf dem Markt ein Preis bildet, der jedoch nur für diejenigen relevant ist, die als Nachfrager auftreten. Denkbar wäre es, dass § 6 Abs. 2 Nr. 2 WpDVerOV (Rz. 56) den Begriff des Wertes und den des Vorteils objektiv benutzt. Dies würde jedoch in eklatantem Widerspruch dazu stehen, dass auf den jeweiligen Kunden (Rz. 31) abzuheben ist; denn ein objektives Verständnis ist notwendig überindividuell. Will man den Widerspruch vermeiden, so geht es nicht an, Kunden eine Bereicherung aufzudrängen, die sie nicht nachgefragt haben, die ihr Vermögen nicht vermehrt, ja sie nicht einmal erfreut, zumal wenn sie den komplementären Nachteil der Belastung durch Zuwendungen in den Blick nehmen. So ist schlechterdings nicht einzusehen, welche Vorteile ein Kunde in einer Großstadt daraus zieht, dass in weit verzweigtes Filialberaternetzwerk auf dem flachen Land existiert. Gleiches gilt für online-Kunden, die ohne Beratung gängige ETF-Fonds zeichnen wollen.
6 § 2 Abs. 28 WpHG.
7 Es genügt eine invitatio ad offerendum; die Prüfung muss allerdings kostenlos erfolgen, weil andernfalls ein Vertrag über eine Unabhängige Honorar-Anlageberatung abgeschlossen werden würde. Ob sich die Überprüfung im Rahmen der nicht-unabhängigen Beratung bewegt, ist zu Beginn der Überprüfung klarzustellen.
8 Dies muss im Rahmen einer Anlageberatung erfolgt sein.
9 Erwägungsgrund Nr. 22 DelRL 2017/593. Dies eröffnet den Wertpapierdienstleistungsunternehmen die Chance zur Umschichtung der Anlagen und damit die Möglichkeit, neue Zuwendungen zu erhalten.
10 Art. 11 Abs. 2 lit. a Ziff. ii DelRL 2017/593; Erwägungsgrund Nr. 22 DelRL 2017/593.
11 Die MaComp Ziff. BT 10.4 Nr. 2 sieht das Erfordernis als erfüllt, wenn die Beratung über eine optimale Strukturierung des Kundenvermögens nicht nur auf einfachen und pauschalen Annahmen der Assetklassenallokation beruht.
12 Dies mag man damit rechtfertigen, dass – wie bei jedem Austauschvertrag – eine entgeltliche Dienstleistung nur nachgefragt wird, wenn der subjektive Wert der Dienstleistung für den Nachfrager höher ist als das Entgelt. Damit ist nichts zur objektiven Äquivalenz gesagt.

40 § 6 Abs. 2 Satz 1 lit. c WpDVerOV (Rz. 56) zufolge ist beispielsweise bei execution-only-Kunden eine Verbesserung der Dienstleistungsqualität anzunehmen bzw. werden ihnen zusätzliche Dienstleistungen erbracht, wenn sie Orders zu einer **breiten Palette** von Finanzinstrumenten erteilen können, die ähnlich wie bei der Unabhängige Honorar-Anlageberatung von nicht eng verbundenen[1] Anbietern oder Emittenten stammen *und* ihnen **Hilfsmittel** bereitgestellt werden[2] oder ihnen **Berichte** über die Wertentwicklung sowie die Kosten und Gebühren der Finanzinstrumente übermittelt werden[3]. Dies muss zu Preisen erfolgen, die wettbewerbsfähig sind[4]. Diese Feststellung ist nur möglich, wenn ein Vergleichspreis ermittelt wird. Um einen unverfälschten Vergleich zu ziehen, muss der von dem Kunden gezahlte Preis um den Betrag der Zuwendung erhöht werden. Dieser ist in Vergleich zu einem Preis zu setzen, der sich auf einem Markt, der keine Zuwendungen kennt, bilden würde. In Hinblick auf die Berichte ist zu berücksichtigen, dass die Wertpapierdienstleistungsunternehmen gemäß den Art. 50, 59 DelVO 2017/565 und § 63 Abs. 7, 12 WpHG ohnehin über die Kosten und Gebühren der Finanzinstrumente zu informieren haben. Die zusätzlichen Berichte müssen daher über die gesetzlich vorgeschriebenen Berichte hinausgehen und den Kunden einen messbaren Vorteil bringen. In Hinblick auf den periodischen Bericht über die Wertentwicklung kommt es darauf an, ob dieser für den jeweiligen Kunden einen konkreten, subjektiven Vorteil darstellt (Rz. 33). Nicht anders ist die Rechtslage, wenn das Wertpapierdienstleistungsunternehmen periodische Berichte zur Wertentwicklung liefert[5].

41 Die Bereitstellung eines weitverzweigten Filialberaternetzes[6] wurde bereits im Rahmen des WpHG a.F. als qualitätsverbessernd anerkannt. Dieses Beispiel, das Art. 11 DelRL 2017/593 nicht kennt, stößt im Licht des § 6 Abs. 2 Nr. 1 Halbsatz 1 und Nr. 2 WpDVerOV (Rz. 56) auf Bedenken.

42 Konkreter Vorteil für den jeweiligen Kunden (§ 6 Abs. 2 Satz 1 Nr. 2 WpDVerOV [Rz. 56]). Die Zuwendung darf dem Wertpapierdienstleistungsunternehmen, dessen Gesellschaftern oder Beschäftigten unmittelbar nur zugute kommen, wenn sie zugleich dem jeweiligen Kunden (Rz. 31) einen konkreten, angemessenen Vorteil (dazu Rz. 32 ff.) bringt. Gleiches gilt, falls eine Zuwendung ein Wertpapierdienstleistungsunternehmen bzw. seine Gesellschafter oder Beschäftigten mittelbar begünstigt.

43 b) Die Zuwendung steht der ordnungsgemäßen Erbringung der Dienstleistung im Interesse des Kunden nicht entgegen (§ 70 Abs. 1 Satz 1 Nr. 1 Halbsatz 2 WpHG). § 70 Abs. 1 Satz 1 Nr. 1 Halbsatz 2 WpHG führt nahezu wörtlich den **§ 31d Abs. 1 Satz 1 Nr. 1 WpHG a.F.** fort. Wenn die Zuwendung daraufhin ausgelegt ist, die Qualität der Dienstleistung zu verbessern, so ist sie gleichwohl verboten, falls sie der ordnungsgemäßen Erbringung der Dienstleistung im **bestmöglichen Interesse des Kunden entgegensteht**[7]. In der Literatur wurde allerdings zum WpHG a.F. teilweise angenommen, dass der Verweisung des § 31d Abs. 1 Satz 1 Nr. 1 Halbsatz 2 WpHG a.F. auf § 31 Abs. 1 Nr. 1 WpHG a.F. keine eigenständige Bedeutung zukomme[8]. Nach anderen[9] war eine eigenständige Bedeutung dieses Tatbestandsmerkmals nur zu bejahen, wenn sich aufgrund einer Zuwendung eine Situation ergebe, die im Rahmen der organisatorischen Bewältigung von Interessenkonflikten[10] noch nicht berücksichtigt worden sei. Ähnlich war auch *Fuchs*[11] zum WpHG a.F. der Ansicht, dass dort, wo ein Wertpapierdienstleistungsunternehmen seinen Organisationspflichten zur Vermeidung von Interessenkonflikten erfülle, kaum ein zusätzlicher Prüfungs- und Dokumentationsbedarf entstehe. Anders sei die Situation, wenn Unzulänglichkeiten auftreten oder sich Situationen ergeben, die in die Planungen zur Bewältigung von Interessenkonflikten noch nicht eingegangen seien. Darüber hinaus wollte *Fuchs* berücksichtigt wissen, ob Zuwendungen übermäßig zu interessewidrigem Verhalten motivieren könnten[12]. Nach der Streichung des § 31d

---

1 § 2 Abs. 28 WpHG.
2 § 6 Abs. 2 Satz 1 lit. c aa WpDVerOV (Rz. 56). Das Erfordernis des Mehrwerts ist ebenso wie allgemein das des Wertes (Rz. 39) und des konkreten Vorteils (Rz. 42) subjektiv zu bestimmen.
3 § 6 Abs. 2 Satz 1 lit. c bb WpDVerOV (Rz. 56). Diese Berichte müssen über die nach § 63 WpHG geschuldeten hinausgehen. (Begr. RefE WpDVerOV vom Mai 2017 zu § 6).
4 Art. 11 Abs. 2 lit. a Ziff. iii DelRL 2017/593, Erwägungsgrund Nr. 22 DelRL („competitive price", „prix compétitif"). Als wettbewerbsfähig ist ein Preis nur anzusehen, wenn er sich im Bereich des Marktüblichen bewegt oder günstiger ist.
5 Insoweit ist zu bedenken, dass Informationen über die Wertentwicklung mit minimalem Aufwand aus dem Internet bezogen werden können, die, soweit das Wertpapierdienstleistungsunternehmen seine Berichte nicht per Internet zur Verfügung stellt, aktueller als dessen Berichte sind. Jedenfalls bei gewandten Anlegern ist nicht anzunehmen, dass sie auf die periodischen Berichte angewiesen sind, so dass anzunehmen ist, dass sie auf diese keinen Wert legen.
6 Es wird die Beratung in der Fläche abgesichert und auf diese Weise den Kunden eine qualifizierte Beratungsleistung auch in ländlichen Regionen verfügbar gemacht (Begr. RefE WpDVerOV vom Mai 2017 zu § 6).
7 Dort, wo mehrere Finanzinstrumente gleichermaßen den Interessen des Kunden entsprechen, kann ein Wertpapierdienstleistungsunternehmen natürlich dasjenige Finanzinstrument empfehlen, das ihm höhere Zuwendungen bringt.
8 A.A. zum WpHG a.F. CESR, Inducements: Good and poor practices, v. 22.10.2009 (Ref.: CESR/09-958), Abschnitt V, Nr. 77; *Schumacher*, Provisionen im Finanzinstrumentenvertrieb durch Kreditinstitute, S. 96.
9 Vgl. zum WpHG a.F. *Seyfried* in Kümpel/Wittig, Bank- und Kapitalmarktrecht, Rz. 3.234; abw. CESR, Inducements: Good and poor practices, v. 22.10.2009 (Ref.: CESR/09-958), Abschnitt V, Nr. 77.
10 § 31 Abs. 1 Nr. 2 WpHG a.F.
11 Vgl. zum WpHG a.F. *Fuchs* in Fuchs, § 31d WpHG Rz. 32 ff.; abw. CESR, Inducements: Good and poor practices, v. 22.10.2009 (Ref.: CESR/09-958), Abschnitt V, Nr. 77.
12 Ebenso zum WpHG a.F. *J. Koch* in Schwark/Zimmer, § 31d WpHG Rz. 45.

Abs. 4 WpHG a.F. lässt sich jedoch kaum mehr bezweifeln, dass das Gebot, die Kundeninteressen zu wahren, eine wesentliche Rolle spielt[1].

Die **CESR**[2] empfahl im Rahmen des WpHG a.F. bei der Klärung der Frage, ob eine Zuwendung der ordnungsgemäßen Erbringung der Dienstleistung entgegensteht, die **Art** der von dem Wertpapierdienstleistungsunternehmen erbrachten **Dienstleistung**, etwaige besondere **Pflichten** sowie vor diesem Hintergrund die der Zuwendung entspringenden **Vorteile** ihrer Art und ihrer Größe nach[3] zu berücksichtigen. Ferner sei von Bedeutung, ob die Zuwendung **wahrscheinlich** das Wertpapierdienstleistungsunternehmen **motiviere**, sich über Interessen der Kunden hinwegzusetzen. Außerdem sei den besonderen Beziehungen zwischen dem Zuwendenden und dem Zuwendungsempfänger, der Art der Zuwendung und den Umständen, unter denen die Zuwendung geleistet worden sei, Rechnung zu tragen. Danach komme es nicht darauf an, ob die Zuwendung ein unüberwindliches Hindernis für die interessengerechte Erbringung der Dienstleistungen darstelle[4]. Diese Elemente sollten nicht abschließender Natur sein, sondern lediglich als **Indizien** zu behandeln sein. 44

Die **CESR** demonstrierte ihre Position anhand einiger **Beispiele**[5]. Sie zeigten, dass es letztlich auf das **Gewicht des Interessenkonflikts** ankam[6]. Zu berücksichtigen war danach, welche Vorkehrungen das Wertpapierdienstleistungsunternehmen zur Vermeidung von Interessenkonflikten getroffen hatte[7]. Unzureichend sei in aller Regel der Nachweis, dass trotz der Zuwendungen verstärkt darauf geachtet worden sei, dass das empfohlene Finanzinstrument für einzelnen Kunden geeignet ist (§ 64 Abs. 4 WpHG); denn dieser Nachweis müsste für die Gesamtheit der Kunden erbracht werden und wäre auch dann für die Zukunft nicht hinreichend aussagekräftig[8]. Wenn ein Wertpapierdienstleistungsunternehmen z.B. von seinen Kunden, die ein Finanzinstrument erwerben, eine Vergütung forderte und außerdem von dem Veräußerer des Finanzinstruments eine Provision[9], die Teil des Veräußerungspreises ist, so war die Zuwendung der CESR[10] zufolge zwar nicht gänzlich verboten. Die Kombination von unmittelbarer Vergütung und Provision ließ es jedoch der CESR zufolge als möglich erscheinen, dass das Wertpapierdienstleistungsunternehmen die Interessen seiner Kunden vernachlässige. In einem solchen Fall könnte ein Wertpapierdienstleistungsunternehmen nur schwer die Vereinbarkeit der Zuwendung mit seiner Pflicht, im Interesse des Kunden zu handeln, dartun[11]. Erst recht galt dies nach Ansicht der CESR, falls das Wertpapierdienstleistungsunternehmen eine (erhöhte) Provision oder einen Rabatt erhalten hatte, sobald seine „Verkäufe" eine bestimmte Marge überschreiten[12]. Auf dieser Linie lagen auch sog. Bestandsprovisionen[13], deren Gesamtgewicht der Kunde schlecht überblicken kann und die die Wertpapierdienstleistungsunternehmen motivierten, von einer Umschichtung der Anlage abzuraten[14]. Als fragwürdig sah die CESR ferner eine Orientierung der Vergütung der Kundenberater an der Höhe der Zuwendungen für die empfohlenen Finanzinstrumente an[15]. Wenn ein Veräußerer von Finanzinstrumenten die Mitarbeiter eines Wertpapierdienstleistungsunternehmens 45

---

1 Vgl. zum WpHG a.F. CESR, Inducements: Good and poor practices, v. 22.10.2009 (Ref.: CESR/09-958), Abschnitt V Nr. 76 ff.
2 Vgl. zum WpHG a.F. CESR 07-228b vom Mai 2007, 2. Abschnitt Empfehlung Nr. 4.
3 Soweit einerseits dem Kunden und andererseits dem Wertpapierdienstleistungsunternehmen zufließen.
4 Davon kann man ohne weiteres sprechen, wenn für das Wertpapierdienstleistungsunternehmen ein erheblicher Anreiz existiert, sich über die Interessen des Kunden hinwegzusetzen. Ein Zwang, die Interessen eines Kunden zu vernachlässigen, muss mithin dem Wortlaut der Vorschrift zufolge nicht bestehen.
5 Vgl. zum WpHG a.F. CESR 07-228b vom Mai 2007, 3. Abschnitt.
6 Vgl. zum WpHG a.F. *J. Koch* in Schwark/Zimmer, § 31d WpHG Rz. 45.
7 Vgl. zum WpHG a.F. CESR, Inducements: Good and poor practices, v. 22.10.2009 (Ref.: CESR/09-958), Abschnitt V, Nr. 76; *Fuchs* in Fuchs, § 31d WpHG Rz. 32. Die bloße Offenlegung einer Provisionsabrede genügte jedoch, wie § 31 Abs. 1 Satz 1 Nr. 2 WpHG a.F. zeigte, nicht. Denkbar war, den Interessenkonflikt auf der Ebene der Kundenberater dadurch zu eliminieren, dass diese über die Art und Höhe der Zuwendungen im Unklaren gelassen wurden. Den Mitarbeitern durfte dann aber auch nicht gesagt werden, welche Finanzinstrumente besonders zu empfehlen sind. Auch musste ein besonderer Informationskanal für die Erfüllung der Offenlegungspflicht gem. § 70 Abs. 4 WpHG eingerichtet werden. Arbeitsanweisungen, in denen den Mitarbeitern des Wertpapierdienstleistungsunternehmens befohlen wurde, sich an den Kundeninteressen zu orientieren, durften nicht lediglich auf dem Papier stehen.
8 Vgl. auch CESR, Inducements: Good and poor practices, v. 22.10.2009 (Ref.: CESR/09-958), Abschnitt V.
9 Fall einer typischen Vertriebsprovision. Kritisch zum WpHG a.F. auch *J. Koch* in Schwark/Zimmer, § 31d WpHG Rz. 46.
10 Vgl. zum WpHG a.F. CESR 07-228b vom Mai 2007, 3. Abschnitt, Beispiel Nr. V.
11 Ebenso zum WpHG a.F. *Kumpan/Hellgardt*, DB 2006, 1714, 1719; *Duve/Keller*, BB 2006, 2477, 2483; *Seyfried* in Kümpel/Wittig, Bank- und Kapitalmarktrecht, Rz. 3.234.
12 Vgl. zum WpHG a.F. CESR 07-228b vom Mai 2007, 3. Abschnitt, Beispiel Nr. VIII; CESR, Inducements: Good and poor practices, v. 22.10.2009 (Ref.: CESR/09-958), Abschnitt V, „poor practices", Beispiel 5; ebenso *J. Koch* in Schwark/Zimmer, § 31d WpHG Rz. 45; *Schumacher*, Provisionen im Finanzinstrumentenvertrieb durch Kreditinstitute, S. 97.
13 Vgl. zum WpHG a.F. *Mülbert*, WM 2007, 1149, 1161; *Heybey*, BKR 2008, 353, 361; CESR, Inducements: Good and poor practices, v. 22.10.2009 (Ref.: CESR/09-958), Abschnitt V (Beispiel: Das Wertpapierdienstleistungsunternehmen richtet seinen Vertrieb daraufhin aus, diejenigen Finanzinstrumente intensiver anzubieten, für die es Bestandsprovisionen erhält als diejenigen, für die ihm nur einmalige Zuwendungen zufließen; a.A. *Schumacher*, Provisionen im Finanzinstrumentenvertrieb durch Kreditinstitute, S. 97.
14 Allerdings erzeugen einmalige, zumal hohe Provisionen einen Anreiz zum churning.
15 Vgl. zum WpHG a.F. CESR, Inducements: Good and poor practices, v. 22.10.2009 (Ref.: CESR/09-958), Abschnitt V.

schule, so sollte der CESR zufolge darauf abzuheben sein, in welchem Verhältnis die Schulung zu den an die Kunden erbrachten Dienstleistungen stünden. Eine Schulung an exotischen Ferienorten würde mit großer Wahrscheinlichkeit die Bereitschaft des Wertpapierdienstleistungsunternehmens, im Interesse seiner Kunden zu handeln, untergraben und sei deshalb verboten[1]. In der Sache ging es der CESR mithin darum, **gravierende Interessenkonflikte** zu vermeiden[2]. Daran ist **für § 70 Abs. 1 Satz 1 Nr. 1 WpHG festzuhalten.**

46   c) **Offenlegung der Zuwendungen (§ 70 Abs. 1 Satz 1 Nr. 2, Satz 3 f. WpHG). aa) Grundsatz.** Die Annahme oder Gewährung von Zuwendungen ist außerdem nur dann gestattet, wenn das Wertpapierdienstleistungsunternehmen[3] umfassend (Rz. 49), zutreffend (Rz. 49), für einen Durchschnittskunden unmissverständlich (Rz. 48) dartut[4], dass[5] es Zuwendungen erhält, welcher Art[6] diese sind, außerdem wie und in welcher Höhe[7] diese Zuwendungen fließen. Professionelle Kunden und geeignete Gegenparteien[8] können im Rahmen des Art. 50 DelVO 2017/565 (abgedruckt bei § 63 WpHG) opt-out-Vereinbarungen treffen[9].

47   bb) **Besonderheiten bei monetären Zuwendungen.** Die Information hat bei *einmaligen Zuwendungen* monetärer Art vor Erbringung der Wertpapier(neben)dienstleistung so **rechtzeitig** zu erfolgen, dass den Kunden angemessene Zeit[10] zur Verfügung steht, um von den angebahnten Geschäft noch Abstand zu nehmen[11]. Abzustellen ist auf die jeweilige Dienstleistung[12]. Nur wenn sich die Höhe der Geldleistung vor der Erbringung der Dienstleistung nicht exakt beziffern lässt[13], ist lediglich offen zu legen, wie sie berechnet wird (§ 70 Abs. 1 Satz 3 WpHG). Zusätzlich hat das Wertpapierdienstleistungsunternehmen nachträglich den genauen Betrag der Zuwendungen, die es erhalten oder gewährt hat, mitzuteilen[14]. Im Fall *laufender Zuwendungen*[15] muss der Kunde mindestens einmal jährlich über die konkrete Höhe der Zuwendungen unterrichtet werden (§ 70 Abs. 1 Satz 4 WpHG). Beachte auch § 63 WpHG Rz. 114.

48   Das Gebot der **Verständlichkeit** (§ 63 WpHG Rz. 64, 93) wird missachtet, wenn das Wertpapierdienstleistungsunternehmen so über Zuwendungen informiert, dass ein verständiger Kunde seiner Gruppe diese Information in dem Zeitpunkt, in dem er sie erhält, nicht mehr durchschauen kann. Das WpHG n.F. verschärft im Vergleich zum WpHG a.F. die Aufklärungspflichten durch das Gebot der **Unmissverständlichkeit**. Damit erstreckt § 70 Abs. 1 Satz 1 Nr. 2 WpHG das in § 64 Abs. 7 Satz 2 WpHG für Zuwendungen im Rahmen der Vermögensverwaltung statuierte Gebot der Unmissverständlichkeit auf alle Dienstleistungsformen, bei denen Zuwendungen anfallen. Die Wertpapierdienstleistungsunternehmen haben mithin auch geringe Gefahren von Missverständnissen auszuräumen; die Aufklärung demnach mit klaren Worten vorzunehmen. Die Offenlegung fällt in die Kategorie der Warnungen (§ 63 WpHG Rz. 74). Sie darf daher nicht abgeschwächt werden.

49   Das Gebot der **umfassenden und das der zutreffenden Information** gehen Hand in Hand. Sie entsprechen dem Gebot einer nicht-irreführenden Information (§ 63 WpHG Rz. 62). Die Kunden dürfen deshalb nicht mit falschen Informationen oder Halbwahrheiten gefüttert, aber auch nicht mit Informationshäppchen oder Zusammenfassungen[16] abgespeist werden. Bei monetären Zuwendungen ist deshalb, soweit dies im Informationszeitpunkt möglich ist, uneingeschränkt der Betrag der Zuwendungen anzugeben. Zur Verständlichkeit s. Rz. 48.

---

1   Ebenso zum WpHG a.F. *Seyfried* in Kümpel/Wittig, Bank- und Kapitalmarktrecht, Rz. 3.234.
2   *Assmann*, ZBB 2008, 21, 28 spricht zum WpHG a.F. davon, dass es um Fälle gehe, in denen die Zuwendung zwar Qualitätsverbesserung bewirken könne, nach Art und Umfang überwiegend jedoch Anreize zu einer Vernachlässigung des Kundeninteresses liefere.
3   Wenn mehrere Unternehmen an dem Vertrieb eines Finanzinstruments beteiligt sind, muss jedes Wertpapierdienstleistungsunternehmen, das eine Dienstleistung erbringt, jeweils die ihm gewährten bzw. von ihm empfangenen Zuwendungen offen legen (zum WpHG a.F. CESR 07-228b vom Mai 2007, 2. Abschnitt, Empfehlung Nr. 6c).
4   Art. 24 Abs. 9 Unterabs. 2 RL 2014/65/EU.
5   Dieses Gebot ist immer schon dann erfüllt, wenn über die Art und den Umfang der Zuwendungen informiert wird.
6   Zum Beispiel: einmalige Vertriebsprovisionen, laufende Bestandsprovisionen, Schulungen; vgl. zum WpHG a.F. *J. Koch* in Schwark/Zimmer, § 31d WpHG Rz. 49.
7   Die Angabe hat in Geldbeträgen (ggf. auch Umrechnungskurs) und in Prozentzahlen, wenn diese noch nicht feststehen, leicht berechenbar zu erfolgen (vgl. *Balzer*, ZBB 2016, 226, 235).
8   Art. 67 Abs. 4 WpHG bei anderen Geschäften als der Anlage-Abschlussvermittlung, dem Finanzkommissionsgeschäft und dem Eigenhandel (arg. e. c. § 68 Abs. 4 WpHG).
9   § 70 Abs. 4 Satz 3 WpHG.
10 A.A. zum wortgleichen WpHG a.F. *Fuchs* in Fuchs, § 31d WpHG Rz. 37; *J. Koch* in Schwark/Zimmer, § 31d WpHG Rz. 51.
11 *Poelzig*, Kapitalmarktrecht, 2018, S. 396. A.A. zum WpHG a.F. *Möllers/Wenninger* in KölnKomm. WpHG, § 31d WpHG Rz. 58; anders Rz. 60 bei Anlageberatung.
12 So auch zum wortgleichen WpHG a.F. *J. Koch* in Schwark/Zimmer, § 31d WpHG Rz. 52; a.A. *Assmann*, ZBB 2008, 21, 29; *Mülbert*, ZHR 172 (2008), 170, 189.
13 *Roth/Blessing*, CCZ 2017, 163, 169.
14 Umsetzung des Art. 11 Abs. 5 lit. b DelRL 2017/593. § 70 Abs. 1 Satz 3 WpHG nennt keinen bestimmten Zeitpunkt. Es drängt sich auf, auf den Moment abzuheben, in dem der genaue Betrag der Zuwendung für das Wertpapierdienstleistungsunternehmen feststeht (*Balzer*, ZBB 2016, 226, 235).
15 Rz. 35. Auch nichtmonetärer Zuwendungen (*Balzer*, ZBB 2016, 226, 231).
16 *Balzer*, ZBB 2016, 226, 235.

cc) **Besonderheiten bei nichtmonetären Zuwendungen (§ 70 Abs. 4 WpHG).** Nimmt das Wertpapierdienstleistungsunternehmen *geringfügige nichtmonetäre* Zuwendungen[1] entgegen oder gewährt es diese, so genügt es, dass sie ohne Quantifizierung rechtzeitig (Rz. 47) ihrer Art nach offen gelegt werden[2]. Nichtmonetäre Vorteile, die die Geringfügigkeitsschwelle überschreiten, sind mit ihrem Wert in Geld einzeln und neben den monetären Zuwendungen verständlich, zutreffend und die Gefahr eines Missverständnisses vermeidend (Rz. 48)[3] aufzudecken[4]. Das gilt auch für Analysen, wenn die Voraussetzungen des § 70 Abs. 2 Satz 2 WpHG (Rz. 20 ff.) nicht erfüllt sind. Es ist wie bei monetären Zuwendungen zu verfahren, falls der Geldwert der nichtmonetären Zuwendungen vor Erbringung der Dienstleistung nicht angegeben werden kann[5]. Gleiches gilt für laufende nichtmonetäre Zuwendungen[6]. Unerheblich ist, ob die Zuwendungen auf eine mehrere Geschäfte bezogen sind.

50

d) **Verzeichnis der gewährten und erhaltenen Zuwendungen (§ 6 Abs. 3 WpDVerOV).** Gemäß § 6 Abs. 3 Nr. 1 WpDVerOV (Rz. 56) haben Wertpapierdienstleistungsunternehmen ein fortlaufendes internes Verzeichnis aller[7] in Empfang genommenen[8] Zuwendungen zu führen, wenn sie sich darauf berufen wollen, dass die Zuwendungen auf die Verbesserung der Qualität der Dienstleistungen ausgelegt sind. Nichtmonetäre Zuwendungen sind mit Preisangaben zu versehen[9]. Außerdem müssen sie aufzeichnen, *wie* die erhaltenen oder gewährten Zuwendungen[10] die Qualität der Dienstleistung für die betreffenden **Kunden** verbessern sollen[11] und welche Schritte unternommen wurden, um die Erfüllung der Pflicht, im bestmöglichen Interesse der Kunden ehrlich, redlich und professionell zu handeln, nicht zu beeinträchtigen (§ 6 Abs. 3 Nr. 2 lit. b WpDVerOV [Rz. 56])[12]. Aufzuzeichnen sind auch Zuwendungen, die noch nicht erfolgt sind, deren Gewährung oder Entgegennahme aber beabsichtigt ist[13]. Die Kunden werden in der Vorschrift im Plural genannt, so dass die Angaben zur Dienstleistungsqualität auf Kundengruppen[14] bezogen werden können[15]. Pauschale Hinweise etwa auf ein Angebot i.S.d. § 6 Abs. 2 Satz 1 Nr. 1 WpDVerOV (Rz. 56) genügen nicht[16].

51

IV. **Kontrolle durch die Bundesanstalt, Beweislast (§ 70 Abs. 1 Satz 2, Abs. 3 WpHG).** Die Wertpapierdienstleistungsunternehmen haben in Umsetzung des Art. 13 Abs. 2 DelRL 2017/593[17] umfangreiche Zusammenstellungen vorzulegen[18]. Sie müssen nachweisen können, dass alle empfangenen Zuwendungen, sofern sie nicht als Analysen privilegiert sind (Rz. 22), dazu bestimmt sind, die Qualität der jeweiligen Dienstleistung für den Kunden zu verbessern[19]. Dies gilt auch für die Voraussetzungen, unter denen gem. § 6 Abs. 2 Satz 1, 2 WpDVerOV (Rz. 56) angenommen werden kann, dass die Zuwendung darauf ausgelegt ist, die Qualität der Dienstleistungen für den jeweiligen Kunden zu verbessern.

52

V. **Zuwendungen im Zusammenhang mit Platzierungen (§ 70 Abs. 8 WpHG, Art. 40 Abs. 3 DelVO 2017/565).** Art. 40 Abs. 3 Satz 1 DelVO 2017/565 verweist auf Art. 24 RL 2014/65/EU und damit auf die allgemeinen Grundsätze des § 70 Abs. 1 ff. WpHG. Im Erwägungsgrund Nr. 49 DelVO 2017/565 wird betont, dass diese

53

---

1 Die Begriffe werden auch in § 64 Abs. 7 WpHG verwandt. Es kann deshalb auf die Konkretisierung der Begriffe in § 6 Abs. 1 WpDVerOV (Rz. 56) zurückgegriffen werden (§ 64 WpHG Rz. 84). Vgl. auch ESMA 2016/1444 v. 16.12.2016, Questions and Answers on MiFID II and MiFIR investor protection topics, unter Question 6; ferner ESMA 35-43-349 v. 4.4.2017, Questions and Answers on MiFID II and MiFIR topics, 7 Inducements (research), Answer 7 (ein exklusiver „corporate access service" dürfte kaum als geringfügiger Vorteil bezeichnet werden).
2 § 70 Abs. 4 Satz 1 WpHG; Art. 11 Abs. 5 Satz 1 lit. a DelRL 2017/593.
3 *Roth/Blessing*, CCZ 2017, 163.
4 § 70 Abs. 4 Satz 2 WpHG; Art. 11 Abs. 5 Satz 1 lit. a DelRL 2017/593.
5 § 70 Abs. 1 Satz 3 WpHG; Art. 11 Abs. 5 Satz 1 lit. b DelRL 2017/593.
6 § 70 Abs. 1 Satz 3 WpHG; Art. 11 Abs. 5 Satz 1 lit. c DelRL 2017/593.
7 Auch der geringfügigen nichtmonetären Zuwendungen. Eingehend zu den aufzeichnungspflichtigen Zuwendungen und zur Art der Führung des Zuwendungsverzeichnisses s. MaComp Ziff. BT 10.1.
8 BaFin: Ausnahme bei an die Kunden ausgekehrten Zuwendungen.
9 Arg. e § 70 Abs. 4 Satz 2 WpHG.
10 Es kommt nicht darauf an, ob die Zuwendungen monetärer oder nichtmonetärer Natur sind.
11 Verwendungsverzeichnis; eingehend dazu MaComp Ziff. BT 10.2.
12 Maßnahmenverzeichnis; eingehend dazu MaComp Ziff. BT 10.3.
13 Damit wird auf das Tatbestandsmerkmal in § 70 Abs. 1 Satz 1 Nr. 1 WpHG „darauf ausgelegt" (Rz. 30) Bezug genommen. Unklar MaComp Ziff. BT 10.1 Nr. 1, 3 (einerseits „Zuwendungen ... die Wertpapierdienstleistungsunternehmen ... annehmen"; andererseits „vereinnahmt, d.h. angenommen und behalten wurden").
14 Hier ist zumindest zwischen Privat- und professionellen Kunden sowie geeignete Gegenparteien zu unterscheiden (*Roth/Blessing*, CCZ 2017, 163, 170).
15 *Roth/Blessing*, CCZ 2017, 163, 170; MaComp Ziff. BT 10.2 Nr. 3 S. 2, Nr. 5, 6. Die gruppenbezogene Aufzeichnung steht allerdings nicht im Einklang mit der auf den jeweiligen Kunden bezogenen Betrachtung der Qualitätsverbesserung (Rz. 31).
16 *Roth/Blessing*, CCZ 2017, 163, 170.
17 Begr. RegE z. FiMaNoG, BT-Drucks. 18/10936, 239.
18 Näher dazu MaComp Ziff. BT 10.
19 § 70 Abs. 1 Satz 2 WpHG. Die BaFin fordert u.a. eine Dokumentation der Maßnahmen, die getroffen wurden, um der Pflicht nachzukommen, ehrlich, redlich und professionell im bestmöglichen Interesse der Kunden zu handeln.

Grundsätze bei Platzierungen „jederzeit" einzuhalten sind. Geschützt sind demnach die Interessen des Emittenten an bestimmten Mittelzuweisungen. Art. 40 Abs. 3 Satz 2 DelVO 2017/565 regelt weitergehend[1] auch[2] Fälle eines Interessenkonflikts im Verhältnis zwischen den Kunden des Wertpapierdienstleistungsunternehmens. Das sog. Laddering i.S.d. Art. 40 Abs. 3 Satz 2 lit. a DelVO 2017/565 hat die Zuteilung[3] von Finanzinstrumenten an Kunden im Auge, wenn das Wertpapierdienstleistungsunternehmen über den Emissionspreis hinaus belohnt wird und das Wertpapierdienstleistungsunternehmen diesen Vorteil unredlich entgegennimmt. Die Unredlichkeit ist insbesondere dann zu bejahen, wenn die Belohnung verdeckt zugewendet wird. Beim Spinning[4] geht es um die Zuteilung von Finanzinstrumenten an leitende Angestellte und Organe von (potentiellen) Emittenten[5]. Dies kann den Interessen des Emittenten zuwiderlaufen. Jedenfalls werden die konkurrierenden Kunden des Wertpapierdienstleistungsunternehmens unsachlich diskriminiert. Gleiches gilt für die in Art. 40 Abs. 3 Satz 2 lit. c DelVO 2017/565 geregelten Fälle, in denen diejenigen Kunden unsachlich bevorzugt werden, die künftige Aufträge versprechen und damit mehr als den Emissionspreis leisten[6] oder in den Fällen, in denen die Zuteilung von Finanzinstrumenten von einem derartigen Versprechen abhängig gemacht wird. Dort, wo der Kunde, der von der Zuteilung profitiert, als Organ eines Unternehmens tätig ist, genügt es für dessen Bevorzugung, dass von dem Unternehmen erkennbar Aufträge erwartet werden.

54 Im Übrigen statuiert Art. 40 DelVO 2017/565 Organisationspflichten, die im Rahmen des § 80 WpHG kommentiert werden.

55 **VI. Sanktionen.** S. § 120 Abs. 8 WpHG.

56 **VII. Textabdruck WpDVerOV**

Verordnung zur Konkretisierung der Verhaltensregeln und Organisationsanforderungen für Wertpapierdienstleistungsunternehmen (Wertpapierdienstleistungs-Verhaltens- und -Organisationsverordnung – WpDVerOV)[7]
(Auszug)

§ 1 Anwendungsbereich

(1) Die Vorschriften dieser Verordnung sind anzuwenden auf

1.–3. (abgedruckt bei § 67 WpHG Rz. 34, § 64 WpHG Rz. 94, § 69 WpHG Rz. 15)

4. Zuwendungen hinsichtlich

   a) der Frage, ob es sich um geringfügige nichtmonetäre Vorteile im Sinne des § 64 Absatz 7 des Wertpapierhandelsgesetzes handelt,

   b) die Art und Bestimmung einer Qualitätsverbesserung im Sinne des § 70 Absatz 1 Satz 1 Nummer 1 des Wertpapierhandelsgesetzes,

   c) Art, Inhalt und Aufzeichnung eines Nachweises nach § 70 Absatz 1 Satz 2 des Wertpapierhandelsgesetzes,

   d) Art, Inhalt und Verfahren betreffend eine Analysegebühr oder ein Analysebudget nach § 70 Absatz 2 Satz 2 Nummer 2 Buchstabe a und b des Wertpapierhandelsgesetzes,

   e) Art, Inhalt und Verfahren betreffend das vom Wertpapierdienstleistungsunternehmen geführte Analysekonto nach § 70 Absatz 2 Nummer 2 des Wertpapierhandelsgesetzes sowie dessen Verwaltung,

   f) Art, Inhalt und Umfang der schriftlichen Grundsätze nach § 70 Absatz 2 Satz 4 des Wertpapierhandelsgesetzes,

5.–8. (abgedruckt bei § 80 WpHG Rz. 172, § 83 WpHG Rz. 32, § 84 WpHG Rz. 52)

(2) Die Verordnung gilt entsprechend für Zweigniederlassungen im Sinne des § 53b des Kreditwesengesetzes, Kapitalverwaltungsgesellschaften im Sinne des § 17 des Kapitalanlagegesetzbuchs, ausländische AIF-Verwaltungsgesellschaften, deren Referenzmitgliedstaat die Bundesrepublik Deutschland nach § 56 des Kapitalanlagegesetzbuchs ist, sowie Zweigniederlassungen und Tätigkeiten im Wege des grenzüberschreitenden Dienstleistungsverkehrs von Verwaltungsgesellschaften nach § 51 Absatz 1 Satz 1, § 54 Absatz 1 und § 66 Absatz 1 des Kapitalanlagegesetzbuchs, soweit die Vorschriften des Wertpapierhandelsgesetzes auf diese Anwendung finden.

§ 6 Zuwendungen

(1) (abgedruckt bei § 64 WpHG Rz. 94)

---

1 Vgl. Erwägungsgründe Nr. 57, 59 DelVO 2017/565. Ungenau der Erwägungsgrund Nr. 49 Satz 2 DelVO 2017/565, wenn er sich mit der Formulierung „insbesondere" auf die Gebühren bezieht, die Wertpapierfirmen bei ihren Kunden erheben.
2 Art. 40 Abs. 3 DelVO 2017/565 greift auch dann ein, wenn das Wertpapierdienstleistungsunternehmen die emittierten Finanzinstrumente fest übernommen hat oder wenn der Emittent die Art der Platzierung in das Belieben des Wertpapierdienstleistungsunternehmens gestellt hat.
3 In der deutschen Fassung des Art. 40 Abs. 2–5 DelVO 2017/565 wird unspezifisch von „Mittelzuweisung" gesprochen. Die englische Fassung verwendet den Begriff „allocation", der sich im Licht der Überschrift dieses Artikels „Zusätzliche Anforderungen bezüglich Platzierung" klar auf die Zuteilung von Finanzinstrumenten bezieht. Dies zeigt auch der Erwägungsgrund Nr. 59 Satz 2, 3 DelVO 2017/565.
4 Art. 40 Abs. 3 Satz 2 lit. b DelVO 2017/565.
5 *Die Initiative zur Bevorzugung* muss nicht von dem Wertpapierdienstleistungsunternehmen ausgegangen seien.
6 Diese Erscheinungsform der Bevorzugung wird zum Teil ebenfalls als „Spinning" als bezeichnet.
7 WpDVerOV vom 17.10.2017 (BGBl. I 2017, 3566), zuletzt geändert durch Gesetz vom 10.7.2018 (BGBl. I 2018, 1102).

(2) Eine Zuwendung ist darauf ausgelegt, die Qualität der Dienstleistung für den Kunden im Sinne des § 70 Absatz 1 Satz 1 Nummer 1 Wertpapierhandelsgesetzes zu verbessern, wenn
1. sie durch die Erbringung einer zusätzlichen oder höherwertigen Dienstleistung für den jeweiligen Kunden gerechtfertigt ist, die in angemessenem Verhältnis zum Umfang der erhaltenen Zuwendung steht, wie beispielsweise
   a) die Erbringung einer Anlageberatung, bei der es sich nicht um eine Unabhängige Honorar-Anlageberatung handelt, auf Basis einer breiten Palette geeigneter Finanzinstrumente und unter Zugang zu einer solchen, einschließlich einer angemessenen Zahl von Instrumenten, die von Anbietern oder Emittenten stammen, die in keiner engen Verbindung zum Wertpapierdienstleistungsunternehmen stehen,
   b) die Erbringung einer Anlageberatung, bei der es sich nicht um eine Unabhängige Honorar-Anlageberatung handelt, in Kombination mit
      aa) dem Angebot an den Kunden, mindestens einmal jährlich zu beurteilen, ob die Finanzinstrumente, in die der Kunde investiert hat, weiterhin für diesen geeignet sind, oder
      bb) einer anderen fortlaufenden Dienstleistung mit wahrscheinlichem Wert für den Kunden, beispielsweise einer Beratung über die optimale Strukturierung des Vermögens des Kunden,
   c) die zu einem wettbewerbsfähigen Preis erfolgende Gewährung von Zugang zu einer breiten Palette von Finanzinstrumenten, die geeignet sind, den Bedürfnissen des Kunden zu entsprechen, darunter eine angemessene Zahl von Instrumenten, die von Anbietern oder Emittenten stammen, die in keiner engen Verbindung zum Wertpapierdienstleistungsunternehmen stehen, in Kombination mit
      aa) der Bereitstellung von Hilfsmitteln, die einen Mehrwert aufweisen, wie etwa objektiven Informationsinstrumenten, die den betreffenden Kunden bei Anlageentscheidungen helfen oder ihm die Möglichkeit geben, die Palette der Finanzinstrumente, in die er investiert hat, zu beobachten und anzupassen, oder
      bb) der Übermittlung periodischer Berichte über die Wertentwicklung sowie die Kosten und Gebühren der Finanzinstrumente,
   d) das Ermöglichen eines verbesserten Zugangs zu Beratungsdienstleistungen, etwa durch die Bereitstellung eines weitverzweigten Filialberaternetzwerkes, das für den Kunden die Vor-Ort-Verfügbarkeit qualifizierter Anlageberater auch in ländlichen Regionen sicherstellt,
2. sie nicht unmittelbar dem annehmenden oder gewährenden Wertpapierdienstleistungsunternehmen, dessen Gesellschaftern oder Beschäftigten zugutekommt, ohne zugleich einen konkreten Vorteil für den jeweiligen Kunden darzustellen, und
3. sie durch die Gewährung eines fortlaufenden Vorteils für den betreffenden Kunden in Relation zu einer laufenden Zuwendung gerechtfertigt ist.

Eine Zuwendung verbessert die Qualität der Dienstleistung für den Kunden nicht, wenn die Dienstleistung dadurch in voreingenommener Weise oder nicht im besten Kundeninteresse erbracht wird. Wertpapierdienstleistungsunternehmen müssen die Vorgaben nach Satz 1 und 2 fortlaufend erfüllen, solange sie die Zuwendung erhalten oder gewähren.

(3) Zur Erfüllung der Voraussetzungen des § 70 Absatz 1 Satz 2 des Wertpapierhandelsgesetzes müssen Wertpapierdienstleistungsunternehmen
1. ein internes Verzeichnis aller Zuwendungen führen, die sie im Zusammenhang mit der Erbringung von Wertpapierdienstleistungen oder Wertpapiernebendienstleistungen von einem Dritten erhalten, und
2. aufzeichnen,
   a) wie die erhaltenen oder gewährten Zuwendungen, oder Zuwendungen, deren Erhalt oder Gewährung beabsichtigt ist, die Qualität der Dienstleistungen für die betreffenden Kunden verbessern und
   b) welche Schritte unternommen wurden, um die Erfüllung der Pflicht des Wertpapierdienstleistungsunternehmens, ehrlich, redlich und professionell im bestmöglichen Interesse der Kunden zu handeln, nicht zu beeinträchtigen.

§ 7 Zuwendungen im Zusammenhang mit Analysen

(1) Für die Zwecke des § 70 Absatz 2 Satz 2 Nummer 2 Buchstabe a des Wertpapierhandelsgesetzes darf eine spezielle Analysegebühr
1. ausschließlich auf einem Analysebudget basieren, das von dem Wertpapierdienstleistungsunternehmen festgelegt wird, um den Bedarf an Analysen Dritter hinsichtlich der für die Kunden erbrachten Wertpapierdienstleistungen zu ermitteln und
2. nicht an das Volumen oder den Wert der im Kundenauftrag ausgeführten Geschäfte gebunden sein.

Wird die Analysegebühr zusammen mit dem Entgelt für ein Geschäft erhoben, muss jede operative Regelung für die Erhebung der Analysegebühr separat ermittelbar ausweisen; zudem muss die Regelung die Bedingungen nach § 70 Absatz 2 Satz 2 Nummer 2 und Satz 3 des Wertpapierhandelsgesetzes erfüllen. Der Gesamtbetrag der eingenommenen Analysegebühren darf das Analysebudget nicht übersteigen.

(2) Das Wertpapierdienstleistungsunternehmen muss im Vertrag über die Finanzportfolioverwaltung oder in den Allgemeinen Geschäftsbedingungen mit den Kunden eine Vereinbarung über die Analysegebühr treffen, die auf dem Analysebudget basiert. Die Vereinbarung muss eine Regelung zu den zeitlichen Abständen enthalten, in denen die Analysegebühr während des Jahres von den Kundenmitteln einbehalten wird. Eine Erhöhung des Analysebudgets darf erst erfolgen, nachdem die Kunden unmissverständlich über die beabsichtigte Erhöhung unterrichtet wurden.

(3) Das Wertpapierdienstleistungsunternehmen hat ein Verfahren einzurichten, nach dem etwaige Überschüsse, die auf einem Analysekonto am Ende eines vorher festgelegten Zeitraums verbleiben, dem jeweiligen Kunden zurückerstattet oder mit dem Analysebudget und der kalkulierten Gebühr für den Folgezeitraum verrechnet werden.

(4) Das Analysebudget im Sinne des § 70 Absatz 2 Satz 2 Nummer 2 Buchstabe b des Wertpapierhandelsgesetzes darf ausschließlich von dem Wertpapierdienstleistungsunternehmen verwaltet werden. Es ist auf der Grundlage einer angemessenen Bewertung des Bedarfs an Analysen Dritter festzusetzen. Die Zuweisung des Analysebudgets für den Erwerb von Analysen Dritter muss angemessenen Kontrollen und der Aufsicht durch die Geschäftsleitung unterworfen sein, damit das Analysebudget im besten Interesse der Kunden verwaltet und verwendet wird. Die Kontrollen nach Satz 2 müssen einen eindeutigen Prüfpfad umfassen zu

1. den an Analyseanbieter geleisteten Zahlungen und
2. der Art und Weise, wie die gezahlten Beträge in Hinblick auf die unter § 70 Absatz 2 Satz 2 Nummer 2 Buchstabe d des Wertpapierhandelsgesetzes genannten Qualitätskriterien festgelegt wurden.

(5) Wertpapierdienstleistungsunternehmen dürfen das Analysebudget und das Analysekonto nicht zur Finanzierung interner Analysen verwenden.

(6) Das Wertdienstleistungsunternehmen kann für die Zwecke des § 70 Absatz 2 Satz 2 Buchstabe c des Wertpapierhandelsgesetzes die Verwaltung des Analysekontos einem Dritten übertragen, sofern die Vereinbarung darüber den Erwerb von Analysen Dritter und eine Zahlung an Analyseanbieter im Namen und gemäß der Weisung des Wertpapierdienstleistungsunternehmens ohne unangemessene Verzögerungen ermöglicht.

(7) Die schriftlichen Grundsätze nach § 70 Absatz 2 Satz 4 des Wertpapierhandelsgesetzes müssen auch Informationen enthalten zu:

1. dem Umfang der über das Analysekonto erworbenen Analysen, die den Portfolios der Kunden zugutekommen können, wobei, sofern zutreffend, den für die verschiedenen Arten von Portfolios geltenden Anlagestrategien Rechnung zu tragen ist, und
2. dem vom Wertpapierdienstleistungsunternehmen gewählten Verfahren zur gerechten Verteilung der Kosten für die über das Analysekonto erworbenen Analysen auf die verschiedenen Kundenportfolios.

§ 71 Erbringung von Wertpapierdienstleistungen und Wertpapiernebendienstleistungen über ein anderes Wertpapierdienstleistungsunternehmen

Erhält ein Wertpapierdienstleistungsunternehmen über ein anderes Wertpapierdienstleistungsunternehmen einen Auftrag, Wertpapierdienstleistungen oder Wertpapiernebendienstleistungen für einen Kunden zu erbringen, ist das entgegennehmende Unternehmen mit folgenden Maßgaben verantwortlich für die Durchführung der Wertpapierdienstleistung oder Wertpapiernebendienstleistung im Einklang mit den Bestimmungen dieses Abschnitts:

1. das entgegennehmende Wertpapierdienstleistungsunternehmen ist nicht verpflichtet, Kundenangaben und Kundenanweisungen, die ihm von dem anderen Wertpapierdienstleistungsunternehmen übermittelt werden, auf ihre Vollständigkeit und Richtigkeit zu überprüfen,
2. das entgegennehmende Wertpapierdienstleistungsunternehmen darf sich darauf verlassen, dass Empfehlungen in Bezug auf die Wertpapierdienstleistung oder Wertpapiernebendienstleistung dem Kunden von dem anderen Wertpapierdienstleistungsunternehmen im Einklang mit den gesetzlichen Vorschriften gegeben wurden.

In der Fassung des 2. FiMaNoG vom 23.6.2017 (BGBl. I 2017, 1693).

Schrifttum: S. § 63 WpHG.

I. Allgemeines 1	III. Pflichten des entgegennehmenden Wertpapierdienstleistungsunternehmens 3
II. Beauftragendes, entgegennehmendes Wertpapierdienstleistungsunternehmen 2	IV. Pflichten des beauftragenden Unternehmens . . 6
	V. Mehrstufige Vermittlungsverhältnisse 7

1 **I. Allgemeines.** § 71 WpHG setzt den Art. 26 RL 2014/65/EU (MiFID II) um und schreibt den § 31e WpHG a.F. in der Sache unverändert fort. Anders als Art. 26 Abs. 1, 2 RL 2014/65/EU (MiFID II) stellt § 71 WpHG weiterhin nicht darauf ab, ob das entgegennehmende Wertpapierdienstleistungsunternehmen „im Namen des Kunden", also als dessen Bevollmächtigter, tätig wird[1]. Die Vorschrift ist nicht anzuwenden, wenn evident ist, dass eines der Unternehmen seine aufsichtsrechtlichen Pflichten nicht erfüllt[2].

2 **II. Beauftragendes, entgegennehmendes Wertpapierdienstleistungsunternehmen.** § 71 WpHG ist auf die Fälle zugeschnitten, in denen ein Kunde ein Wertpapierdienstleistungsunternehmen, z.B. einen Vermögensver-

---
1 Vgl. zum WpHG a.F.Begr. RegE FRUG, BT-Drucks. 16/4028, 68 zum § 31e WpHG a.F.
2 MaComp Ziff. AT 5 Abs. 2.

walter, einschaltet[1], das seinerseits das entgegennehmende Wertpapierdienstleistungsunternehmen mit der Erledigung des Auftrags betraut. Dabei ist es gleichgültig, ob das zuerst beauftragte Wertpapierdienstleistungsunternehmen die Rolle eines Boten des Kunden übernimmt oder ob es im Namen des Kunden das entgegennehmende Wertpapierdienstleistungsunternehmen zur Durchführung der Wertpapier(neben)dienstleistungen verpflichtet. Wenn das Wertpapierdienstleistungsunternehmen zu dem entgegennehmenden Wertpapierdienstleistungsunternehmen im eigenen Namen auf Rechnung seines Kunden Kontakt aufnimmt (verdeckte Stellvertretung), kommt § 71 WpHG nicht zum Tragen, weil nicht verlässlich erkennbar ist, dass das entgegennehmende Wertpapierdienstleistungsunternehmen eine für einen Dritten bestimmte Wertpapier(neben)dienstleistung erbringen soll[2].

III. Pflichten des entgegennehmenden Wertpapierdienstleistungsunternehmens. Grundsätzlich hat das entgegennehmende Wertpapierdienstleistungsunternehmen die Wertpapier(neben)dienstleistungen nach Maßgabe der §§ 63 ff. WpHG zu erbringen[3]. Da das Wertpapierdienstleistungsunternehmen, das es eingeschaltet hat, nur Bote oder Bevollmächtigter eines Dritten ist, ist dieser Dritte an sich unmittelbar (auch) der Kunde des entgegennehmenden Wertpapierdienstleistungsunternehmens[4]. Es ist mithin nur konsequent, dass das entgegennehmende Wertpapierdienstleistungsunternehmen im Verhältnis zu diesem Dritten redlich zu verfahren (§ 63 Abs. 1 WpHG) und Interessenkonflikte zu vermeiden hat (§ 63 Abs. 2 WpHG).

Ausnahmen: Allerdings braucht das entgegennehmende Wertpapierdienstleistungsunternehmen von dem Dritten, d.h. dem Kunden des erstbeauftragten Wertpapierdienstleistungsunternehmens, weder **Informationen** gem. § 63 Abs. 10, § 64 Abs. 3 WpHG einzuholen[5], noch die **Empfehlungen**, die von dem Wertpapierdienstleistungsunternehmen stammen, das es mit der Durchführung der Wertpapier(neben)dienstleistungen betraut hat, daraufhin zu überprüfen, ob sie geeignet sind. Auch muss das entgegennehmende Wertpapierdienstleistungsunternehmen nicht klären, ob ihm die Angaben und Weisungen des Dritten vollständig und richtig übermittelt worden sind[6]. Ist bekannt oder ist erkennbar, dass die Angaben fehlerhaft sind, oder fehlen sie ganz, so hat es mit dem Kunden des erstbeauftragten Unternehmens zur Klärung Kontakt aufzunehmen[7].

§ 71 WpHG statuiert enumerativ und damit abschließend zwei Ausnahmen von den Pflichten gemäß den §§ 63 ff. WpHG. Das **entgegennehmende** Wertpapierdienstleistungsunternehmen bleibt deshalb dem Wortlaut des § 71 WpHG zufolge zwar auf den ersten Blick gehalten, den Dritten entsprechend dem **§ 63 Abs. 7 f. WpHG** zu informieren. Es ist jedoch zu beachten, dass diese Informationspflichten vor der eigentlichen Durchführung der Wertpapier(neben)dienstleistung zu erfüllen sind und § 71 Halbsatz 1 WpHG nur hinsichtlich der Durchführung der Wertpapier(neben)dienstleistungen auf die Vorschriften dieses Abschnitts verweist. Deshalb ist das entgegennehmende Wertpapierdienstleistungsunternehmen im Zweifel nur solchen Pflichten gemäß den §§ 63 ff. WpHG unterworfen, die bei der Durchführung seiner Wertpapier(neben)dienstleistungen eine Rolle spielen. In diesem Zusammenhang ist vor allem zu berücksichtigen, dass bereits das erste Wertpapierdienstleistungsunternehmen die Informationen i.S.d. § 63 Abs. 7 WpHG zu erbringen hatte. Das entgegennehmende Wertpapierdienstleistungsunternehmen hat daher **nur insoweit die Pflichten gem. den §§ 63 ff. WpHG** zu erfüllen, **als diese für die von ihm zu erledigenden Aufgaben von Bedeutung** sind und die Pflichten **nicht bereits** das **zuerst tätige Wertpapierdienstleistungsunternehmen** getroffen haben[8]. Aus der Entlastung des entgegennehmenden Unternehmens von der Pflicht, Angaben und im Verhältnisse des Kunden einzuholen, ergibt sich ferner, dass es auch **keine Pflicht zur Warnung** gem. § 63 Abs. 10 WpHG trifft[9].

IV. Pflichten des beauftragenden Unternehmens. So weit[10] die Pflichten i.S.d. §§ 63 ff. WpHG vom entgegennehmenden Wertpapierdienstleistungsunternehmen nicht in eigener Verantwortung erfüllt werden können, hat ihnen das erstbeauftragte Wertpapierdienstleistungsunternehmen nachzukommen. Zur bestmöglichen Ausführung von Kundenaufträgen s. § 82 WpHG.

V. Mehrstufige Vermittlungsverhältnisse. Schaltet das erstbeauftragte Wertpapierdienstleistungsunternehmen als offener Stellvertreter oder Bote ein zweites und dieses ein drittes Wertpapierdienstleistungsunternehmen ein, so sind die Regeln des § 71 WpHG entsprechend anzuwenden[11]. Zu Fällen, in denen sich ein Kunde von einem Wertpapierdienstleistungsunternehmen beraten lässt, um dann die Order einem anderen Wertpapierdienstleistungsunternehmen zu erteilen, s. § 64 WpHG Rz. 62.

---

1 Beispiel: Beauftragung mit einer Vermögensverwaltung.
2 Vgl. zum WpHG a.F. *J. Koch* in Schwark/Zimmer, § 31e WpHG Rz. 6; *Lampe*, Informationspflicht, S. 80.
3 Vgl. zum WpHG a.F. *Fuchs* in Fuchs, § 31e WpHG Rz. 1.
4 S. § 67 WpHG Rz. 23 ff.
5 Vgl. zum WpHG a.F. *Fuchs* in Fuchs, § 31e WpHG Rz. 10; vgl. ferner BGH v. 19.3.2013 – XI ZR 431/11, WM 2013, 789, 792 f. = AG 2013, 463.
6 Vgl. zum WpHG a.F. *J. Koch* in Schwark/Zimmer, § 31e WpHG Rz. 7.
7 Vgl. MaComp Ziff. AT 5 Abs. 1; ferner zum WpHG a.F. *J. Koch* in Schwark/Zimmer, § 31e WpHG Rz. 12. So in der Tendenz auch BGH v. 19.3.2013 – XI ZR 431/11, ZBB 2013, 265, 269 = AG 2013, 463.
8 Vgl. MaComp Ziff. AT 5 Abs. 1. A.A. zum WpHG a.F. *J. Koch* in Schwark/Zimmer, § 31e WpHG Rz. 10.
9 Vgl. zum WpHG a.F. *Fuchs* in Fuchs, § 31e WpHG Rz. 7, 11; *J. Koch* in Schwark/Zimmer, § 31e WpHG Rz. 8.
10 Ohne diese Einschränkung zum WpHG a.F. *J. Koch* in Schwark/Zimmer, § 31e WpHG Rz. 13.
11 Vgl. zum WpHG a.F. *Fuchs* in Fuchs, § 31 WpHG Rz. 238.

§ 72 Betrieb eines multilateralen Handelssystems oder eines organisierten Handelssystems

(1) Der Betreiber eines multilateralen oder organisierten Handelssystems ist dazu verpflichtet,

1. nichtdiskriminierende Regelungen für den Zugang zu dem multilateralen oder organisierten Handelssystem festzulegen, die kein Ermessen des Betreibers vorsehen;
2. Regelungen für die Einbeziehung von Finanzinstrumenten in den Handel, für die ordnungsgemäße Durchführung des Handels und der Preisermittlung, für die Verwendung von einbezogenen Referenzpreisen und für die vertragsgemäße Abwicklung der abgeschlossenen Geschäfte festzulegen;
3. über angemessene Verfahren zur Überwachung der Einhaltung der Regelungen nach Nummer 2 und der Verordnung (EU) Nr. 596/2014 zu verfügen;
4. alle Informationen zu veröffentlichen, die unter Berücksichtigung der Art der Nutzer und der gehandelten Finanzinstrumente für die Nutzung des multilateralen oder organisierten Handelssystems erforderlich und zweckdienlich sind;
5. separate Entgelte zu verlangen für die übermäßige Nutzung des multilateralen oder organisierten Handelssystems, insbesondere durch unverhältnismäßig viele Auftragseingaben, -änderungen und -löschungen; die Höhe dieser Entgelte ist so zu bemessen, dass einer übermäßigen Nutzung und den damit verbundenen negativen Auswirkungen auf die Systemstabilität oder die Marktintegrität wirksam begegnet wird;
6. geeignete Vorkehrungen zu treffen, um auch bei erheblichen Preisschwankungen eine ordnungsgemäße Preisermittlung sicherzustellen; geeignete Vorkehrungen sind insbesondere kurzfristige Änderungen des Marktmodells, kurzzeitige Volatilitätsunterbrechungen unter Berücksichtigung statischer oder dynamischer Preiskorridore und Limitsysteme der mit der Preisfeststellung betrauten Handelsteilnehmer, wobei es dem Betreiber in Ausnahmefällen möglich sein muss, jedes Geschäft aufzuheben, zu ändern oder zu berichtigen; die Parameter für solche Volatilitätsunterbrechungen müssen der Liquidität der einzelnen Kategorien und Teilkategorien der betreffenden Finanzinstrumente, der Art des Marktmodells und der Art der Nutzer Rechnung tragen und ermöglichen, dass wesentliche Störungen eines ordnungsgemäßen Handels unterbunden werden; der Betreiber hat der Bundesanstalt diese Parameter mitzuteilen;
7. sicherzustellen, dass ein angemessenes Verhältnis zwischen Auftragseingaben, -änderungen und -löschungen und den tatsächlich ausgeführten Geschäften (Order-Transaktions-Verhältnis) besteht, um Risiken für den ordnungsgemäßen Handel im multilateralen oder organisierten Handelssystem zu vermeiden; das Order-Transaktions-Verhältnis ist dabei jeweils für ein Finanzinstrument und anhand des zahlenmäßigen Volumens der Aufträge und Geschäfte innerhalb eines Tages zu bestimmen; ein Order-Transaktions-Verhältnis ist insbesondere angemessen, wenn es auf Grund der Liquidität des betroffenen Finanzinstruments, der konkreten Marktlage oder der Funktion des Handelsteilnehmers wirtschaftlich nachvollziehbar ist;
8. eine angemessene Größe der kleinstmöglichen Preisänderung bei den gehandelten Aktien, Aktienzertifikaten, Exchange Traded Funds, Zertifikaten und anderen vergleichbaren Finanzinstrumenten sowie allen anderen Finanzinstrumenten, die von dem auf der Grundlage von Artikel 49 Absatz 4 der Richtlinie 2014/65/EU erlassenen delegierten Rechtsakt der Europäischen Kommission erfasst werden, festzulegen, um negative Auswirkungen auf die Marktintegrität und -liquidität zu verringern; dabei ist insbesondere zu berücksichtigen, dass diese den Preisfindungsmechanismus und das Ziel eines angemessenen Order-Transaktions-Verhältnisses nicht beeinträchtigt; wegen der einzelnen Anforderungen an die Festlegung der Mindestpreisänderungsgröße wird auf die Delegierte Verordnung (EU) 2017/588 der Kommission vom 14. Juli 2016 zur Ergänzung der Richtlinie 2014/65/EU des Europäischen Parlaments und des Rates durch technische Regulierungsstandards für das Tick-Größen-System für Aktien, Aktienzertifikate und börsengehandelte Fonds (ABl. L 87 vom 31.3.2017, S. 411), in der jeweils geltenden Fassung, verwiesen;
9. angemessene Risikokontrollen und Schwellen für den Handel über den direkten elektronischen Zugang festzulegen, insbesondere Regelungen festzulegen über
    a) die Kennzeichnung von Aufträgen, die über einen direkten elektronischen Zugang erteilt werden, und
    b) die Möglichkeit einer jederzeitigen Sperrung oder Beendigung eines direkten elektronischen Zugangs bei Verstößen des Inhabers des direkten Zugangs gegen geltende Rechtsvorschriften;
10. Regelungen festzulegen für die Kennzeichnung aller Aufträge, die durch den algorithmischen Handel im Sinne des § 80 Absatz 2 Satz 1 erzeugt werden, durch die Handelsteilnehmer und für die Of-

fenlegung der hierfür jeweils verwendeten Handelsalgorithmen sowie der Personen, die diese Aufträge initiiert haben;

11. eine zuverlässige Verwaltung der technischen Abläufe des Handelssystems sicherzustellen, insbesondere

    a) wirksame Notfallmaßnahmen bei einem Systemausfall oder bei Störungen in seinen Handelssystemen vorzusehen, um die Kontinuität des Geschäftsbetriebs gewährleisten zu können,

    b) sicherzustellen, dass die Handelssysteme belastbar sind und über ausreichende Kapazitäten für Spitzenvolumina an Aufträgen und Mitteilungen verfügen und

    c) sicherzustellen, dass die Systeme in der Lage sind, auch unter extremen Stressbedingungen auf den Märkten einen ordnungsgemäßen Handel zu gewährleisten, und dass sie für diese Zwecke vollständig geprüft sind;

12. Vorkehrungen zu treffen, mit denen sich mögliche nachteilige Auswirkungen von Interessenkonflikten zwischen dem multilateralen oder organisierten Handelssystem und seinem Eigentümer oder Betreiber einerseits und dem einwandfreien Funktionieren des multilateralen oder organisierten Handelssystems andererseits auf dessen Betrieb oder auf seine Handelsteilnehmer klar erkennen und regeln lassen;

13. sicherzustellen, dass das multilaterale oder organisierte Handelssystem über mindestens drei aktive Mitglieder oder Nutzer verfügt, denen es jeweils möglich ist, mit allen übrigen Mitgliedern und Nutzern zum Zwecke der Preisbildung zu interagieren.

§ 5 Absatz 4a, die §§ 22a, 26c und 26d des Börsengesetzes gelten entsprechend.

(2) Die Gebührenstrukturen, einschließlich der Ausführungsgebühren, Nebengebühren und möglichen Rabatte, müssen transparent und diskriminierungsfrei ausgestaltet sein. Die Gebühren dürfen keine Anreize schaffen, Aufträge so zu platzieren, zu ändern oder zu stornieren oder Geschäfte so zu tätigen, dass dies zu marktstörenden Handelsbedingungen oder Marktmissbrauch beiträgt. Insbesondere dürfen Rabatte in Bezug auf einzelne Aktien oder Aktienportfolios nur als Gegenleistung für die Übernahme von Market-Making-Pflichten gewährt werden.

(3) Der Betreiber eines multilateralen oder organisierten Handelssystems hat der Bundesanstalt eine ausführliche Beschreibung der Funktionsweise des Handelssystems vorzulegen. Diese hat auch etwaige Verbindungen des Handelssystems zu Börsen, anderen multilateralen oder organisierten Handelssystemen oder systematischen Internalisierern, deren Träger oder Betreiber im Eigentum des Betreibers des Handelssystems stehen, sowie eine Liste der Mitglieder, Teilnehmer und Nutzer des Handelssystems zu umfassen. Die Bundesanstalt stellt diese Informationen auf Verlangen der Europäischen Wertpapier- und Marktaufsichtsbehörde zur Verfügung. Sie hat der Europäischen Wertpapier- und Marktaufsichtsbehörde jede Erteilung einer Erlaubnis zum Betrieb eines multilateralen oder organisierten Handelssystems mitzuteilen.

(4) Emittenten, deren Finanzinstrumente ohne ihre Zustimmung in den Handel in einem multilateralen oder organisierten Handelssystem einbezogen worden sind, können nicht dazu verpflichtet werden, Informationen in Bezug auf diese Finanzinstrumente für dieses multilaterale oder organisierte Handelssystem zu veröffentlichen.

(5) Der Betreiber eines multilateralen oder organisierten Handelssystems kann von einem Emittenten die Übermittlung von Referenzdaten in Bezug auf dessen Finanzinstrumente verlangen, soweit dies zur Erfüllung der Anforderungen aus Artikel 4 der Verordnung (EU) Nr. 596/2014 erforderlich ist.

(6) Der Betreiber eines multilateralen oder organisierten Handelssystems hat der Bundesanstalt schwerwiegende Verstöße gegen die Handelsregeln, Störungen der Marktintegrität und Anhaltspunkte für einen Verstoß gegen die Vorschriften der Verordnung (EU) Nr. 596/2014 unverzüglich mitzuteilen und diese bei ihren Untersuchungen umfassend zu unterstützen. Die Bundesanstalt hat die Informationen nach Satz 1 der Europäischen Wertpapier- und Marktaufsichtsbehörde und den zuständigen Behörden der anderen Mitgliedstaaten und der Vertragsstaaten des Abkommens über den Europäischen Wirtschaftsraum zu übermitteln. Im Falle von Anhaltspunkten für Verstöße gegen die Vorschriften der Verordnung (EU) Nr. 596/2014 übermittelt die Bundesanstalt Informationen erst dann, wenn sie von einem Verstoß überzeugt ist.

(7) Darüber hinaus hat der Betreiber eines multilateralen oder organisierten Handelssystems der Bundesanstalt unverzüglich mitzuteilen, wenn bei einem an seinem Handelssystem gehandelten Finanzinstrument ein signifikanter Kursverfall im Sinne des Artikels 23 der Verordnung (EU) Nr. 236/2012 eintritt.

(8) Der Betreiber eines multilateralen oder organisierten Handelssystems hat die Bundesanstalt über den Eingang von Anträgen auf Zugang nach den Artikeln 7 und 8 der Verordnung (EU) Nr. 648/2012 unverzüglich schriftlich zu unterrichten. Die Bundesanstalt kann

1. unter den in Artikel 7 Absatz 4 der Verordnung (EU) Nr. 648/2012 genannten Voraussetzungen dem Betreiber eines multilateralen oder organisierten Handelssystems den Zugang zu einer zentralen Gegenpartei im Sinne der genannten Verordnung untersagen sowie
2. unter den in Artikel 8 Absatz 4 der Verordnung (EU) Nr. 648/2012 genannten Voraussetzungen dem Betreiber eines multilateralen oder organisierten Handelssystems untersagen, einer zentralen Gegenpartei im Sinne der genannten Verordnung Zugang zu gewähren.

In der Fassung des 2. FiMaNoG vom 23.6.2017 (BGBl. I 2017, 1693).

Schrifttum: *Auer-Reinsdorff/Conrad* (Hrsg.), Handbuch IT- und Datenschutzrecht, 2016; *Buck-Heeb*, Kapitalmarktrecht, 9. Aufl. 2017; *Boschan*, Wertpapierhandelssysteme, 2007; *Fischer/Klanten* (Hrsg.), Bankrecht, 4. Aufl. 2009; *Gebauer/Teichmann* (Hrsg.), Europäisches Privat- und Unternehmensrecht, Bd. 6. Europäisches Privat- und Unternehmensrecht, 2016; *Gomber/Nassauer*, Neuordnung der Finanzmärkte in Europa durch MiFID II/MiFIR, ZBB 2014, 250; *Grabitz/Hilf/Nettesheim* (Hrsg.), Das Recht der Europäischen Union: EUV/AEUV, Loseblatt, Stand: Januar 2016; *Güllner*, MiFID II: Die neue Handelsplatzarchitektur, WM 2017, 938; *Fink*, Der Freiverkehr, 2013; *Funke*, Reaktion auf die Finanzmarktkrise Teil 2: MiFID und MiFIR machen das Frühwarnsystem perfekt!, CCZ 2012, 54; *Hammen*, Börsen und multilaterale Handelssysteme im Wettbewerb, 2011; *Hoops*, Bedeutung des organisierten Handelssystems in der gegenwärtigen Marktinfrastruktur, RdF 2017, 14; *Kobbach*, Regulierung des algorithmischen Handels durch das neue Hochfrequenzhandelsgesetz: Praktische Auswirkungen und offene Fragen, BKR 2013, 233; *Kumpan*, Die Regulierung außerbörslicher Handelssysteme im deutschen, europäischen und US-amerikanischen Recht, 2006; *Kumpan/Müller-Lankow*, Ein-Market-Maker-Systeme in der neuen Kapitalmarktregulierung – Abgrenzung zwischen multilateralen und bilateralen Systemen, WM 2017, 1777; *Löper*, Die rechtlichen Rahmenbedingungen des Hochfrequenzhandels in Deutschland, 2015; *Müller-Lankow*, Abgrenzung des Eigenhandels durch Market Maker vom Eigengeschäft durch sonstige Liquiditätsgeber, WM 2017, 2335; *Müssig*, Börsenbenutzungsverhältnisse unter Berücksichtigung multilateraler Handelssysteme, 2014; *Poelzig*, Kapitalmarktrecht, 2018; *Schultheiß*, Die Neuerungen im Hochfrequenzhandel, WM 2013, 596, 598; *Schwarz*, Globaler Effektenhandel, 2016; *Schweppe*, Hybride Regulierung des Freiverkehrs, 2013; *Temporale* (Hrsg.), Europäische Finanzmarktregulierung, 2015; *Teuber/Schröer* (Hrsg.), MiFID II/MiFIR, 2015; *von Böhlen/Kan* (Hrsg.), MiFID-Kompendium, 2008; *Zetzsche/Lehmann* (Hrsg.), Grenzüberschreitende Finanzdienstleistungen, 2018.

I. Regelungsgegenstand und systematische Stellung der Vorschrift 1	9. Direkter elektronischer Zugang (§ 72 Abs. 1 Satz 1 Nr. 9 WpHG) 60
II. Pflichten der Betreiber von MTF und OTF im Einzelnen 12	10. Kennzeichnung algorithmisch erzeugter Aufträge (§ 72 Abs. 1 Satz 1 Nr. 10 WpHG) 65
1. Zugang zu Handelsteilnehmern (§ 72 Abs. 1 Satz 1 Nr. 1 WpHG) 13	11. Verwaltung der technischen Abläufe des Systems (§ 72 Abs. 1 Satz 1 Nr. 11 WpHG) ... 68
a) Festlegen von Zugangsregeln 16	12. Vorkehrungen bei Interessenkonflikten (§ 72 Abs. 1 Satz 1 Nr. 12 WpHG) 75
b) Mindestanforderungen an den Zugang zum MTF 19	13. Aktive Handelsteilnehmer und Nutzer (§ 72 Abs. 1 Satz 1 Nr. 13 WpHG) 77
c) Zugangsregelungen für OTF 20	14. Verweis auf §§ 5 Abs. 4a, 22a, 26c und 26d BörsG (§ 72 Abs. 1 Satz 2 WpHG) 81
2. Einbeziehung von Finanzinstrumenten, Handel und Abwicklung (§ 72 Abs. 1 Satz 1 Nr. 2 WpHG) 21	a) Verweis auf § 5 Abs. 4a BörsG 83
a) Einbeziehung von Finanzinstrumenten 22	b) Verweis auf § 22a BörsG 84
b) Regelungen zur Durchführung des Handels und zur Preisermittlung 25	c) Verweis auf § 26c BörsG 88
c) Regelungen zur vertragsgemäßen Abwicklung 29	d) Verweis auf § 26d BörsG 98
3. Angemessene Kontrollverfahren (§ 72 Abs. 1 Satz 1 Nr. 3 WpHG) 31	aa) § 26d Abs. 1 BörsG analog 100
a) Überwachung der Anforderungen des § 72 Abs. 1 Satz 1 Nr. 2 WpHG 34	bb) § 26d Abs. 2 BörsG analog 103
b) Einhaltung der Vorschriften der Marktmissbrauchsverordnung 37	15. Entgelte (§ 72 Abs. 2 WpHG) 107
c) Weitere Kontrollhandlungen 38	16. Beschreibung der Funktionsweise des Systems (§ 72 Abs. 3 WpHG) 115
4. Öffentliche Bekanntgabe von Informationen (§ 72 Abs. 1 Satz 1 Nr. 4 WpHG) 39	a) Ausführliche Beschreibung 116
5. Entgelt für übermäßige Systemnutzung (§ 72 Abs. 1 Satz 1 Nr. 5 WpHG) 42	b) Behördliche Verfahrensvorschriften 122
6. Vorkehrungen bei erheblichen Preisschwankungen (§ 72 Abs. 1 Satz 1 Nr. 6 WpHG) 45	17. Handel von Finanzinstrumenten ohne Zustimmung des Emittenten (§ 72 Abs. 4 WpHG) ... 123
7. Angemessenes Order-Transaktions-Verhältnis (§ 72 Abs. 1 Satz 1 Nr. 7 WpHG) 52	18. Anspruch auf Referenzdaten (§ 72 Abs. 5 WpHG) 124
8. Mindestpreisänderungsgröße (§ 72 Abs. 1 Satz 1 Nr. 8 WpHG) 56	19. Mitteilung von Verstößen (§ 72 Abs. 6 WpHG) ... 125
	a) Melde- und Unterstützungspflicht 126
	b) Behördliches Verfahren 132
	20. Mitteilung eines signifikanten Kursverfalls (§ 72 Abs. 7 WpHG) 133
	21. Verfahren bei Zugang von und zu zentralen Gegenparteien (§ 72 Abs. 8 WpHG) 135

1 **I. Regelungsgegenstand und systematische Stellung der Vorschrift.** § 72 WpHG regelt maßgebliche Pflichten für Wertpapierdienstleistungsunternehmen, wenn diese ein **multilaterales** bzw. ein **organisiertes Handels-**

system betreiben. Dabei handelt es sich vornehmlich um Organisations- und Überwachungspflichten, die einen fairen und ordnungsgemäßen Handel, einschließlich der Sicherheit der der technischen Abläufe der Systeme, gewährleisten sollen. Durch offen formulierte Verweisungen in § 72 Abs. 1 Satz 2 WpHG auf Vorschriften des BörsG werden auch Pflichten für Teilnehmer an den Handelssystemen (s. Rz. 81) angesprochen. Darüber hinaus enthält § 72 WpHG auch Aspekte der behördlichen Aufsicht über den Betrieb der Handelssysteme. Die in der Vorschrift behandelten Systeme werden entsprechend der Terminologie der englischen Fassung der MiFID II auch im deutschen Sprachgebrauch vielfach mit *Multilateral Trading Facilities* (MTF) und *Organised Trading Facility* (OTF) bezeichnet. Die englischen Abkürzungen werden dabei in den deutschen Fassungen der MiFID II und in der MiFIR als offizielle Rechtsbegriffe benutzt[1]. Während Regelungen zu MTF bereits mit Umsetzung der MiFID im Jahr 2007 insbesondere in den vormaligen §§ 31f und 31g in das WpHG aufgenommen worden waren, wurden Vorschriften über OTF zum Ausgleich eines aus Sicht des EU-Gesetzgebers nicht ausreichenden Regulierungsrahmens[2] erst mit der MiFID II erlassen und durch das 2. FiMaNoG[3] in das WpHG überführt. Die bereits vorhandenen Regelungen zu MTF wurden im Zuge dessen moderat geändert und ergänzt. Die gemeinsame Behandlung von MTF und OTF in einer Vorschrift ist möglich, da beide Systeme **strukturelle Gemeinsamkeiten** aufweisen. Besondere separate Anforderungen sind sodann für MTF in § 74 WpHG und für OTF in § 75 WpHG enthalten. § 76 WpHG stellt schließlich für die MTF-Kategorie „KMU-Wachstumsmarkt" nochmals gesonderte Vorschriften auf.

Wesentliche definitorische Merkmale für den Betrieb eines MTF ergeben sich aus § 2 Abs. 8 Satz 1 Nr. 8 WpHG und für den eines OTF aus § 2 Abs. 8 Satz 1 Nr. 9 WpHG (s. hierzu § 2 WpHG Rz. 257 f.). Zur **Abgrenzung beider Systeme** sind jedoch über die Basisdefinitionen hinaus insbesondere § 74 Abs. 2 und § 75 Abs. 6 WpHG heranzuziehen. Während der Betreiber eines MTF danach Regeln zum Handel und zur Preisermittlung aufstellen muss, die ihm keinen Ermessensspielraum einräumen dürfen, kann der Betreiber eines OTF in einem vorgegebenen Rahmen Regeln über die Auftragsausführung mit Ermessen aufstellen und anwenden[4] (s. Rz. 5). Weitere Unterschiede in der Ausgestaltung von MTF und OTF ergeben sich aus § 95 und § 75 Abs. 9 WpHG. Dabei geht es um die Frage der gleichzeitigen Anwendbarkeit der Allgemeinen Verhaltenspflichten nach § 63 Abs. 1, 3 bis 7 und 9 WpHG sowie nach §§ 69, 70 und 82 WpHG, und zwar im Verhältnis der Teilnehmer untereinander als auch im Verhältnis des Systembetreibers zu den Nutzern (s. § 75 WpHG Rz. 3 und 32 f.). Ferner ist es dem Betreiber eines OTF im Gegensatz zu einem MTF-Betreiber erlaubt, in ausgewählten Fallgestaltungen im Wege des Eigenhandels bzw. Eigengeschäfts am Handel im System teilzunehmen (s. § 75 WpHG Rz. 4 und 10).

§ 72 WpHG bildet überwiegend die **Vorgaben von Art. 18 RL 2014/65/EU (MiFID II)** ab, der unter der Überschrift „Handel und Abschluss von Geschäften über MTF und OTF" steht[5]. Art. 19 RL 2014/65/EU über „Besondere Anforderungen für MTF" wird durch § 74 WpHG ins deutsche Recht umgesetzt und Art. 20 RL 2014/65/EU über die „Besonderen Anforderungen an OTF" durch § 75 WpHG. Pflichten zur Vor- und Nachhandelstransparenz, die für MTF-Betreiber bis Ende 2017 in § 31g WpHG geregelt waren, sind mit dem 2. FiMaNoG aufgehoben worden. Vor- und Nachhandelstransparenzpflichten nebst damit verbundener organisatorischer Vorgaben sind nunmehr für MTF und OTF über die unmittelbar geltende EU-Verordnung MiFIR sowie in darauf aufbauenden delegierten Verordnungen geregelt. Auch **Vorgaben des Art. 31 RL 2014/65/EU** sind in § 72 WpHG integriert. Art. 31 RL 2014/65/EU behandelt die Überwachung der Einhaltung der für das MTF bzw. OTF geltenden Regelwerke und der Vorschriften über Marktmissbrauch. Art. 32 RL 2014/65/EU, der Aussetzung des Handels und Ausschluss von Finanzinstrumenten vom Handel an einem MTF oder OTF behandelt, hat hingegen seinen Niederschlag in § 73 WpHG gefunden. Die **Vorgaben von Art. 33 RL 2014/65/EU** zum KMU-Wachstumsmarkt sind schließlich durch § 76 WpHG in nationales Recht transformiert worden. Die vorstehenden Artikel der MiFID II enthalten eine Reihe von Ermächtigungen für den Erlass delegierter Verordnungen – sog. „Level 2"- Maßnahmen –, mit denen die EU-Kommission für in Deutschland unmittelbar geltendes Recht setzen kann, das wie das WpHG Verhaltens- und Organisationspflichten für Betreiber von OTF und MTF vorsieht. Insgesamt sind im Kontext des Betriebs von MTF und OTF ein gutes halbes Dutzend EU-Verordnungen einschlägig. Sofern es zwischen dem WpHG und den Normen der EU-Verordnungen zu Kollisionen kommt, genießt das EU-Recht grundsätzlich Anwendungsvorrang[6].

MTF und OTF werden im WpHG neben den organisierten Märkten unter dem Oberbegriff **Handelsplatz** zusammengefasst (vgl. § 2 Abs. 22 WpHG). Im BörsG tritt an die Stelle des organisierten Markts der Begriff der Börse (§ 2 Abs. 5 BörsG), ohne dass damit etwas anderes gemeint ist. Gemeinsames Merkmal aller drei Handelsplatzkategorien ist, dass es sich um Systeme handelt, auf denen im Grundsatz **multilateraler Handel** stattfindet. Dass es sich dabei um EDV-technisch unterstützte Systeme handeln muss, wird der Regelfall sein, ist al-

---

1 Vgl. z.B. Erwägungsgrund Nr. 9 RL 2014/65/EU sowie Erwägungsgrund Nr. 8 und Art. 2 Abs. 1 Nr. 15 VO Nr. 600/2012.
2 Vgl. Erwägungsgrund Nr. 5 RL 2014/65/EU.
3 BGBl. I 2017, 2446.
4 Vgl. Erwägungsgrund Nr. 9 VO Nr. 600/2012.
5 Vgl. BT-Drucks. 18/10936, 239.
6 Statt vieler: *Nettesheim* in Grabitz/Hilf/Nettesheim, Art. 288 AEUV Rz. 47 ff.

lerdings nicht zwingend erforderlich. Die MiFID II und damit auch das WpHG sind im Ansatz technikneutral[1], wenngleich die meisten Vorschriften dieser Gesetzeswerke das Vorliegen eines automatisierten elektronischen Handelssystems logisch voraussetzen. Der multilaterale Handel kann auch allein durch ein Regelwerk bestimmt werden, ohne dass nennenswerte elektronische Datenverarbeitung zum Einsatz kommt[2]. Es wird derzeit zwischen sprachbasierten, elektronischen und hybriden Systemen unterschieden[3]. Multilateral bedeutet, dass an den Systemen die Interessen einer Vielzahl von Teilnehmern am Kauf bzw. Verkauf von Finanzinstrumenten zusammengeführt werden[4]. Die Pflichten, die sich an Betreiber organisierter Märkte (Börsen) richten, sind nicht im WpHG, sondern im BörsG geregelt. Die systematische Internalisierung gem. § 2 Abs. 8 Satz 1, 3 bis 5 WpHG durch ein Wertpapierdienstleistungsunternehmen statuiert keinen Handelsplatz. Es handelt sich dabei um einen Handel außerhalb von Handelsplätzen, der zwar auch organisiert und systematisch erfolgt, aber funktional in stets bilateraler Art und Weise stattfindet[5].

5 Konkret ist unter dem **Betrieb eines MTF** der Betrieb eines Systems zu verstehen, das die Interessen einer Vielzahl von Personen am Kauf und Verkauf von Finanzinstrumenten innerhalb des Systems und nach nichtdiskretionären Bestimmungen in einer Weise zusammenbringt, die zu einem Vertrag über den Kauf dieser Finanzinstrumente führt, § 2 Abs. 8 Satz 1 Nr. 8 WpHG (s. § 2 WpHG Rz. 258). Der MTF Betrieb ist als Wertpapierdienstleistung definiert. Vom **organisierten Markt** (§ 2 Abs. 11 WpHG) unterscheidet sich ein MTF nur unwesentlich. Die Genehmigung und die Überwachung eines organisierten Markts obliegt nicht der BaFin, sondern nach §§ 3 und 4 BörsG der Börsenaufsichtsbehörde des Bundeslandes, in dem die Börse betrieben wird. In materieller Hinsicht genügt für das Vorliegen eines organisierten Markts bereits, dass das System das Zusammenbringen der Interessen, die zum Vertragsschluss führt, fördert (s. § 2 WpHG Rz. 213). Der Vertragsschluss selbst muss bei einem organisierten Markt nicht im System stattfinden. Der **Betrieb eines OTF** liegt vor, wenn es sich bei dem multilateralen System nicht um einen organisierten Markt oder ein MTF handelt und das System die Interessen einer Vielzahl Dritter am Kauf und Verkauf von Schuldverschreibungen, strukturierten Finanzprodukten, Emissionszertifikaten oder Derivaten innerhalb des Systems in einer Weise zusammenführt, die zu einem Vertrag über den Kauf dieser Finanzinstrumente führt. (s. § 2 WpHG Rz. 259). Wie der Betrieb eines MTF ist auch der Betrieb eines OTF als Wertpapierdienstleistung definiert. Im **Vergleich zu den Definitionen** von organisiertem Markt und MTF fehlt es bei einem OTF am Merkmal, dass die Zusammenführung der Vertragsparteien „nach nichtdiskretionären Bestimmungen" erfolgen muss. Nichtdiskretionäre Bestimmungen bedeutet, dass es keine Ermessensregelungen zugunsten des Betreibers geben darf, die diesem ein Abweichen im Einzelfall erlauben würden[6]. Bereits im Umkehrschluss bedeutet dies, dass in einem OTF-Regelwerk diskretionäre Elemente zulässig sind. Deutlicher wird dies mit der Formulierung des § 74 Abs. 1 Satz 1 Nr. 2 WpHG, wonach die Regelungen zum Handel und der Preisermittlung lediglich dem Betreiber eines MTF keinen Ermessensspielraum einräumen dürfen. Inwieweit der Betreiber eines OTF Ermessen ausüben darf, ergibt sich sodann aus § 75 Abs. 6 WpHG. Schließlich beschränkt sich der Betrieb eines OTF im Vergleich zum MTF und zum organisierten Markt, auf denen auch Eigenkapitalinstrumente (Aktien, Aktien vertretende Zertifikate, börsengehandelte Fonds, Zertifikate) gehandelt werden können, auf den Handel von Schuldverschreibungen, strukturierten Finanzprodukten, Emissionszertifikaten und Derivaten. Nicht zu den multilateralen Systemen gehören die systematischen Internalisierer. Nach der Definition des § 2 Abs. 8 Satz 1 Nr. 2 lit. b WpHG betreibt ein Wertpapierdienstleistungsunternehmen systematische Internalisierung, wenn es außerhalb eines organisierten Marktes oder MTF oder OTF Handel für eigene Rechnung betreibt, indem es ein für Dritte zugängliches nicht multilaterales System anbietet, um mit ihnen Geschäfte durchzuführen (s. § 2 WpHG Rz. 112). Die früher im WpHG (§§ 32a bis § 32d WpHG a.F.) enthaltenen Pflichten für systematische Internalisierer sind nunmehr im Titel III der MiFIR als unmittelbar geltendes EU-Recht verankert. Hinzuweisen ist schließlich darauf, dass zentrale Gegenparteien keine Handelsplätze sind. Der Erwägungsgrund Nr. 15 RL 2014/65/EU stellt klar, dass zentrale Gegenparteien nicht unter die neue OTF-Definition fallen.

6 Auch ein **Börsenträger** im Sinne des BörsG (vgl. § 5 BörsG) darf über den von ihm getragenen organisierten Markt hinaus ein MTF bzw. OTF betreiben, ohne dass der Börsenträger deswegen als Wertpapierdienstleistungsunternehmen einzustufen wäre. Das EU-Recht sieht dies in Art. 5 Abs. 2 RL 2014/65/EU ausdrücklich vor[7]. Nach § 3 Abs. 1 Nr. 13 WpHG gilt der Börsenträger nicht als Wertpapierdienstleistungsunternehmen, solange er neben dem Betrieb eines MTF oder OTF keine anderen Wertpapierdienstleistungen i.S.d. § 2 Abs. 8 Satz 1 WpHG erbringt (s. § 3 WpHG Rz. 69). Ob dies auch für den Fall gilt, wenn ein Börsenträger ein MTF

---

1 Vgl. z.B. ESMA Q & A On MiFID II and MiFIR market structures topics, Nr. 5.2 Antwort 6.
2 So für organisierte Märkte und MTF Erwägungsgrund Nr. 7 VO Nr. 600/2014; *Güllner*, WM 2007, 938, 941.
3 Vgl. Art. 2 Abs. 2 lit. a DurchVO 2016/824.
4 Zur Abgrenzung zum bilateralen Handel vgl. ESMA Q & A On MiFID II and MiFIR Nr. 5.
5 S. Erwägungsgrund Nr. 17 RL 2014/65/EU.
6 S. hierzu bereits *Assmann* in der 6. Aufl., § 2 WpHG Rz. 110 m.w.N.; *Poelzig*, § 8 Rz. 220.
7 Zu kritisch gegenüber der deutschen Rechtslage daher *Binder* in Großkomm. HGB, Bankvertragsrecht Siebter Teil, Rz. 166.

und ein OTF zugleich betreibt, erscheint aufgrund der alternativen Formulierung fraglich. Allerdings geht es darum, die Systeme, die ein Börsenträger unter dem Dach der Börse betreibt, aus der unmittelbaren Geltung des WpHG herauszunehmen und über das BörsG zu regeln, so dass das „oder" auch als ein „und/oder" gelesen werden kann. Die Verpflichtungen für einen Freiverkehr, der gem. § 48 Abs. 3 BörsG als MTF gilt, und für ein OTF an einer Börse sind im Börsengesetz grundsätzlich separat geregelt. Verweisungen aus dem BörsG auf das WpHG sind weitgehend vermieden worden[1]. Wird ein MTF bzw. ein OTF durch einen Börsenträger an einer Börse betrieben, so kommen für ihn im Hinblick auf das entsprechende System grundsätzlich die Regelungen des BörsG zur Anwendung (vgl. § 1 Abs. 1 Satz 2 BörsG). Das BörsG enthält mit § 2 Abs. 6 und 7 BörsG jeweils separate Definitionen für MTF und OTF, die mit denen des WpHG inhaltlich identisch sind.

Die staatliche **Überwachung der Einhaltung** der in § 72 WpHG und auch in §§ 73 bis 76 WpHG geregelten Pflichten für die MTF- und OTF-Betreiber obliegt der BaFin, deren Aufgaben und Befugnisse sich im Wesentlichen nach den §§ 6, 88 und 89 WpHG richten. Waren die Vorschriften für MTF in der Vorgängernorm § 31f WpHG a.F. grundsätzlich nicht bußgeldbewehrt, so sind nunmehr nach § 120 Abs. 8 Nr. 54 ff. WpHG so gut wie alle Verstöße gegen die wesentlichen Pflichten aus den §§ 72 ff. WpHG mit Geldbußen versehen. Dieser Umstand führt dazu, dass die Betreiber im Vergleich zu früher der Beachtung der Tatbestandsmerkmale der einzelnen Pflichten noch größere Aufmerksamkeit widmen müssen. Klarstellend festzuhalten ist, dass die ESMA im Normalfalle keine unmittelbaren Überwachungsbefugnisse gegenüber MTF- oder OTF-Betreibern besitzt[2]. Hinzuweisen ist darauf, dass in den Erwägungsgründen der MiFID II dafür geworben wird, dass angesichts des Einflusses und des Marktanteils, den MTF bzw. OTF ggf. erreichen können, die zuständige Behörde des Handelssystembetreibers mit Behörden des Hoheitsgebiets, in dem der Handelsplatzbetreiber Dienstleistungen erbringt, Kooperationsvereinbarungen abschließen sollen[3].

7

Wer ein § 72 WpHG unterfallendes MTF bzw. OTF betreibt (s. Rz. 5), erbringt eine Finanzdienstleistung, die gem. § 32 Abs. 1 Satz 1 WpHG i.V.m. § 1 Abs. 1a Satz 2 Nr. 1 lit. c bzw. lit. d KWG der **schriftlichen Erlaubnis** durch die BaFin bedarf. Dies gilt auch für den Fall, dass die Person bereits Finanzdienstleistungsinstitut und Wertpapierdienstleistungsunternehmen aus anderen Gründen ist. So weist auf der Ebene des EU-Rechts Art. 23 Abs. 2 VO Nr. 600/2014 darauf hin, dass eine Wertpapierfirma, ein internes System zur Zusammenführung von Aufträgen betreibt, das Kundenaufträge über Eigenkapitalinstrumente auf multilateraler Basis ausführt, sicherstellen muss, dass sie die behördliche Zulassung zum Betrieb eines MTF besitzt und in der Folge auch alle einschlägigen, mit der Zulassung einhergehenden Bestimmungen erfüllt. Börsenträgergesellschaften als Betreiber organisierter Märkte benötigen gem. § 2 Abs. 6 Satz 1 Nr. 16 KWG eine solche Erlaubnis nicht, wenn sie neben dem Betrieb eines MTF oder OTF keine anderen Finanzdienstleistungen i.S.d. § 1 Abs. 1a Satz 2 KWG erbringen[4]. Ob dies auch für den Fall gilt, wenn ein Börsenträger an der Börse ein MTF und ein OTF zugleich betreibt, kann aufgrund der alternativen Formulierung fraglich sein. Allerdings geht es darum, die Systeme, die ein Börsenträger unter dem Dach der Börse betreibt, der Aufsicht der Börsenaufsichtsbehörden zu unterstellen, so dass das „oder" auch als ein „und/oder" gelesen werden kann. Die durch den Betrieb eines MTF bzw. OTF ggf. zugleich tatbestandlich vorliegende Anlagevermittlung[5] nach § 1 Abs. 1a Satz 2 Nr. 1 KWG stellt dabei keine andere Finanzdienstleistung dar. Die Bankaufsicht der BaFin hat in ihrem Merkblatt zur Anlagevermittlung die Zurverfügungstellung eines EDV-Systems für ein MTF aus dem Anwendungsbereich der KWG-Norm ausgenommen[6]. Hinzuweisen ist ferner darauf, dass die Vorschriften der Gewerbeordnung über Großmärkte für MTF und OTF nicht zur Anwendung kommen. Sie werden durch die Spezialvorschriften des KWG und des WpHG verdrängt[7].

8

Gemäß § 72 Abs. 3 Satz 3 und 4 WpHG teilt die BaFin jede Zulassung eines Wertpapierdienstleistungsunternehmens als MTF bzw. OTF der ESMA nach Maßgabe der „Durchführungs-VO (EU) 2016/824 der Kommission zur Festlegung technischer Durchführungsstandards in Bezug auf den Inhalt und das Format der Beschreibung der Funktionsweise multilateraler Handelssysteme und organisierter Handelssysteme sowie die Benachrichtigung der Europäischen Wertpapier- und Marktaufsichtsbehörde gemäß der Richtlinie 2014/65/EU des Europäischen Parlaments und des Rates über Märkte für Finanzinstrumente" mit[8]. Die ESMA veröffentlicht aufgrund einer solchen Mitteilung den jeweiligen Betreiber in einer Gesamtliste aller MTF und OTF in der EU, die auf der Internetseite der Behörde abrufbar ist[9].

9

---

1 Das Gesetzgebungsverfahren hierzu verlief kontrovers. Dies zeigt sich daran, dass im RefE des 2. FiMaNoG sowohl für den Freiverkehr als auch für das OTF weitreichende Rückverweisungen auf das WpHG vorgesehen waren.
2 Zu Ausnahmen vgl. Art. 17 Abs. 6 VO Nr. 1095/2010, ABl. Nr. L 331 v. 15.12.2010, S. 84. Zuletzt geändert durch RL 2014/51/EU, ABl. Nr. L 153 v. 22.5.2014, S. 1.
3 Erwägungsgrund Nr. 140 RL 2014/65/EU.
4 BaFin, Merkblatt multilaterales Handelssystem (Stand: Juli 2013) Nr. 3, www.bafin.de.
5 S. *Boschan*, S. 277 ff.; *Schweppe*, S. 154.
6 Vgl. für MTF auch BaFin, Merkblatt Anlagevermittlung (Stand: Juli 2017), Nr. 1a, www.bafin.de.
7 *Hammen*, Börsen und multilaterale Handelssysteme, S. 43.
8 ABl. EU Nr. L 137 v. 26.5.2016, S. 10.
9 Zum Veröffentlichungsauftrag der ESMA vgl. Art. 18 Abs. 10 Satz 3-7 RL 2014/65/EU.

10 Nach Inkrafttreten des Finanzmarktrichtlinie-Umsetzungsgesetzes 2007 (FRUG) hat die BaFin nur einige wenige Erlaubnisse zum MTF-Betrieb ausgestellt[1]. Die anfangs als MTF betriebene Handelsplattform Tradegate[2] nahm 2009 den Status einer Börse an[3]. Länger als MTF etabliert hatten sich nur die EUREX Bonds GmbH, die Ende 2017 ihren Betrieb aufgegeben hat, und die EUREX Repo GmbH. Seit 2017 besitzt die 360 Treasury Systems AG, wie die beiden vorgenannten Gesellschaften eine Tochtergesellschaft der Deutsche Börse AG, eine MTF-Erlaubnis. Trotz dieser geringen Zahl von MTF hat der Bereich Wertpapieraufsicht der BaFin 2012 mit Rundschreiben 8/2012 (WA) – Besondere Organisatorische Anforderungen für den Betrieb eines multilateralen Handelssystems nach §§ 31f und 31g WpHG (MaComp II)[4] – Erläuterungen zu den organisatorischen Anforderungen von MTF – veröffentlicht. Diese Erläuterungen bauen auf Anfang 2012 von der ESMA erlassenen „Leitlinien über Systeme und Kontrollen für Handelsplattformen, Wertpapierfirmen und zuständige Behörden in einem automatisierten Handelsumfeld" auf[5]. Auch der KWG-Gesetzgeber hat sich verpflichtet gesehen, Übergangsvorschriften im Zusammenhang mit dem 2. FiMaNoG zu erlassen: Sofern ein CCR-Institut bzw. ein Finanzdienstleistungsinstitut bereits nach alter Rechtslage eine Erlaubnis zum Betrieb eines MTF besessen haben sollte, so kann dieses Institut gem. § 64x Abs. 1 KWG ohne zusätzliche Erlaubnis beantragen zu müssen, ein OTF betreiben. Mit Inkrafttreten der auf der MiFID II beruhenden Vorschriften über außerbörsliche Handelssysteme wird es nicht zu einem signifikanten Anstieg von MTF in Deutschland kommen. Hinsichtlich OTF ist bislang nur ein börsliches OTF zu verzeichnen. Hierbei handelt es sich um das EEX OTF für Stromderivate an der Energiebörse in Leipzig. Darüber hinaus hat die vwd TransactionSolutions AG Mitte April 2018 verlautbart, den Betrieb eines OTF zu planen[6].

11 Bei einem OTF handelt es sich nicht um einen Auffangtatbestand, in den alle bislang nicht geregelten Fälle multilateraler Handelssysteme automatisch hineinfallen[7]. Es handelt sich auch nicht um ein subsidiäres System, das nur gewählt werden darf, wenn der Börsen- oder MTF-Handel bzw. die systematische Internalisierung nicht in Betracht kommt[8]. Vielmehr handelt es sich um ein echtes, zur Auswahl stehendes Handelssystem[9]. Es besteht für den Antragsteller, der ein OTF betreiben will, lediglich eine Begründungslast, warum das organisierte Handelssystem keinem regulierten Markt, multilateralen Handelssystem oder systematischen Internalisierer entspricht und nicht in dieser Form betrieben werden kann. Die Begründungpflicht ergibt sich aus § 75 Abs. 7 Satz 1 WpHG. Sie entsteht nur auf ausdrückliches Verlangen der BaFin und muss nicht zwingend im Genehmigungsverfahren geltend gemacht werden, sondern kann von der Behörde auch später eingefordert werden. Der lückenlose Beweis, dass der Handel eines Finanzinstruments nicht oder nur schlechter an einer Börse bzw. auf einem MTF ausgeführt werden kann, lässt sich nicht führen. Das gleiche gilt für den Vergleich mit der systematischen Internalisierung. Dass zwischen den verschiedenen Systemen gewählt werden darf, ergibt sich z.B. aus Erwägungsgrund Nr. 8 VO Nr. 600/2014. Dort wird als Anwendungsfall für ein OTF der Handel mit clearingfähigen und ausreichend liquiden Derivaten genannt. Dieser Handel lässt sich ohne weiteres auch als börslicher Handel oder als MTF darstellen. Die ESMA geht im Übrigen von der Zulässigkeit des gleichzeitigen Handels eines OTF-Finanzinstruments an einer Börse bzw. an einem MTF aus[10]. Dies spricht dafür, dass bei einem Antrag auf Betrieb eines OTF für ein bestimmtes Finanzinstrument nicht entgegen gehalten werden kann, dass dies deshalb nicht geht, weil es bereits einen Handel in einem vermeintlich besseren Handelssystem gibt.

12 **II. Pflichten der Betreiber von MTF und OTF im Einzelnen.** Die **Pflichten**, die § 72 WpHG den **Betreibern** eines MTF bzw. OTF (zum Begriff Rz. 5) auferlegt, sollen zuvorderst die Integrität und Effizienz des Finanzsystems gewährleisten. Sie dienen damit dem **Interesse der Allgemeinheit** an einem wirksamen und ordnungsgemäßen Funktionieren der Finanzmärkte; ob ggf. einzelne Anlegerinteressen über einen reflexartigen Schutz hinaus geschützt werden, ist anhand der konkreten einzelnen Pflicht gesondert zu prüfen. Eine pauschale Eigenschaft als **Schutzgesetz i.S.d. § 823 Abs. 2 BGB** kann § 72 WpHG nicht zugesprochen werden[11]. Für die Erfüllung der jeweiligen Pflichten hat das vertretungsberechtigte Organ des Betreibers zu sorgen. Es muss die Pflichten nicht durch seine Mitglieder persönlich erfüllen, sondern kann hierfür Dritte zur Unterstützung heranziehen. Verstöße gegen § 72 WpHG stellen regelmäßig Verstöße gegen die gesellschaftsrechtlichen Normen

---

1 Vgl. *Gebauer* in Fischer/Klanten, S. 850.
2 Vgl. *Rößner* in von Böhlen/Kan, S. 270.
3 S. *Gebauer* in Fischer/Klanten, S. 856.
4 Stand: 10.12.2012; www.bafin.de.
5 ESMA/2012/122 (DE) vom 24.2.2012; www.esma.eu.
6 S. Meldung der vwd Vereinigte Wirtschaftsdienste GmbH v. 20.4.2018 auf www.vwd.com.
7 Einen Auffangcharakter betonen z.B. *Brusch/Seitz* in Teuber/Schröer, S. 291, 313; *Zetzsche/Eckner* in Gebauer/Teichmann, § 7A Rz. 165 und *Binder* in Großkomm. HGB, Bankvertragsrecht Siebter Teil, Rz. 169, jeweils m.w.N.
8 So wohl *Güllner*, WM 2017, 938, 944, 945, die von Subsidiarität spricht; wie hier wohl auch *Brusch/Seitz* in Teuber/Schröer, S. 313.
9 Im Ergebnis auch *Dreyer/Delgado-Rodriguez* in Temporale, S. 42f. und *Hoops*, RdF 2017, 14, 20. S. dazu auch Erwägungsgrund Nr. 9 RL 2014/65/EU.
10 ESMA Q & A On MiFID II and MiFIR market structures topics, Nr. 5.2. Antwort auf Frage 14.
11 Nach h.M. war § 31f WpHG a.F. kein Schutzgesetz; vgl. *Assmann* in 6. Aufl., § 31f WpHG Rz. 3 und *Müssig*, S. 258.

zur sorgfältigen und gewissenhaften Geschäftsführung dar. Zivilrechtlich ergibt sich das Pflichtenverhältnis zwischen Systembetreiber und den systemnutzenden Handelsteilnehmern aus einem zu schließenden Nutzungsvertrag, der dienst- und werkvertragliche Element enthält. Im Hinblick auf von den Systembetreibern zur Verfügung gestellte Soft- und Hardware kommen auch mietvertragliche Elemente in Betracht[1]. Der Pflichteninhalt des Nutzungsvertrags wird durch die öffentlich-rechtlich zu bewertenden Vorschriften der §§ 72ff. WpHG maßgeblich vor- und mitbestimmt. Ob und inwieweit Dritte, insbesondere mittelbare Handelsteilnehmer, die einen direkten elektronischen Zugang i.S.v. § 77 WpHG nutzen, in den Schutzbereich des Vertrages einbezogen sind, bestimmt sich nach den allgemeinen zivilrechtlichen Regelungen[2].

1. Zugang von Handelsteilnehmern (§ 72 Abs. 1 Satz 1 Nr. 1 WpHG). Nach § 72 Abs. 1 Satz 1 Nr. 1 Halbsatz 1 WpHG ist der Betreiber eines MTF bzw. OTF verpflichtet, **nichtdiskriminierende Regelungen für den Zugang** von Handelsteilnehmern zum System festzulegen, zu veröffentlichen und umzusetzen, die **kein Ermessen** des Betreibers vorsehen. Diese Formulierung dient der Umsetzung von Art. 18 Abs. 3 RL 2014/65/EU, der mit einer etwas anders lautenden Formulierung fordert, dass für den Zugang transparente und nichtdiskriminierende, auf objektiven Kriterien beruhende Regeln festgelegt, veröffentlicht, beibehalten und umgesetzt werden müssen. Für die in der Literatur vereinzelt anzutreffende Auffassung, wonach bei OTF im Gegensatz zu MTF ein diskriminierender Zugang zulässig sei[3], findet sich weder in der MiFID II noch in der deutschen Umsetzungsgesetzgebung eine Stütze. Ein fest umrissener und abschließender Katalog mit den von den Betreibern festzulegenden Zulassungsregelungen lässt sich dem Gesetz nicht unmittelbar entnehmen. Für den Zugang zu einem MTF führt § 74 Abs. 1 WpHG allerdings aus, dass die Regelungen die Anforderungen für eine Teilnahme am Börsenhandel nach § 19 Abs. 2 und 4 Satz 1 und Satz 2 BörsG vorsehen müssen. Dies sind aber nur Mindestanforderungen, die weitergehende strengere Regelungen nicht ausschließen[4]. Dieser Zusatz beruht auf Art. 19 Abs. 2 RL 2014/65/EU, wonach für den Zugang zum MTF die Regeln zur Anwendung kommen müssen, die auch für den geregelten Markt gelten. Für den Zugang zum OTF verlangt die MiFID II und dementsprechend auch das deutsche Recht keine solche Übereinstimmung[5]. Unter **Zugangsregelungen** sind alle diejenigen rechtlichen und technischen Anforderungen zu verstehen, denen ein Kunde, im EU-Recht auch Mitgliedsanwärter[6] genannt, gerecht werden muss, bevor ihm die Abgabe rechtsgeschäftlicher Erklärungen im System zum Zwecke des Geschäftsschlusses (Ordererteilung) ermöglicht wird. Ebenfalls zu den Zugangsregelungen zählen diejenigen Festlegungen, ob bzw. inwieweit für den Teilnehmer tätige Händler oder Kunden des Teilnehmers[7] berechtigt sein sollen, Orders in das System zu routen[8]. Auch Klauseln über den Entzug der Teilnahmeberechtigung aufgrund von nachträglichem Wegfall der Zugangsvoraussetzungen, Regelverstößen oder ordentlicher Kündigung stellen Zugangsregelungen dar. Schließlich sind auch Entgeltordnungen für die Systemnutzung materiell den Zugangsregelungen zuzuordnen. Werden festgelegte Entgelte nicht entrichtet, kann der Zugang als Leistung von vornherein oder für die Zukunft verweigert werden (vgl. § 320 BGB). Für die Anforderungen an Entgeltregelungen enthalten § 72 Abs. 2 WpHG und § 72 Abs. 1 Satz 1 Nr. 5 WpHG nochmals besondere Bestimmungen (vgl. Rz. 42ff. und 107ff.).

Neben den durch Interpretation des WpHG ermittelbaren Bestandteilen eines Zulassungsregelwerks müssen Betreiber auch konkrete inhaltliche Vorgaben beachten, die sich aus unmittelbar geltendem EU-Recht ergeben. Hier ist insbesondere auf Art. 7 Abs. 1 DelVO 2017/584 hinzuweisen. Dort heißt es in Satz 1, dass Handelsplätze festlegen, unter welchen Bedingungen ihre Mitglieder ihre elektronischen Auftragseingabesysteme verwenden dürfen. Satz 2 führt sodann aus, dass diese Bedingungen mit Blick auf das Handelsmodell des Handelsplatzes festgelegt werden und sich mindestens auf folgende Aspekte erstrecken müssen:

a) Vorhandelskontrollen von Preis, Volumen und Wert der Aufträge sowie der Systemverwendung und Nachhandelskontrollen der von den Mitgliedern ausgeführten Handelsaktivitäten;

b) Qualifikationsanforderungen an Mitarbeiter, die bei den Mitgliedern Schlüsselpositionen bekleiden;

c) technische und funktionelle Konformitätstests;

d) Richtlinien für die Verwendung der Kill-Funktion[9];

e) Bestimmungen darüber, ob das Mitglied seinen eigenen Kunden direkten elektronischen Zugang zum System gewähren darf, und ggf. die Bedingungen für diese Kunden.

Nach Art. 7 Abs. 2 DelVO 2017/584 haben die Systembetreiber im Hinblick auf die in Abs. 1 genannten Bedingungen eine Due-Diligence-Prüfung bei den Mitgliedsanwärtern durchzuführen, wobei für die Prüfung das

---

1 Vgl. für MTF *Müssig*, S. 244.
2 Ablehnend bei § 31f WpHG a.F. *Müssig*, S. 259ff.
3 So ohne Begründung *Dreyer/Delgado-Rodriguez* in Temporale, S. 40f.
4 Vgl. *Fuchs* in Fuchs, § 31f WpHG Rz. 4c; *Hammen*, Börsen und multilaterale Handelssysteme, S. 63.
5 Vgl. hierzu *Güllner*, WM 2017, 938, 944.
6 Vgl. Art. 7 und 9 DelVO 2017/584.
7 Vgl. Art. 21 DelVO 2017/584.
8 So bereits Leitlinie 3 Nr. 2 d ESMA/2012/122 (DE).
9 Stornierungsfunktion in Ausnahmesituationen; vgl. Art. 18 Abs. 2 DelVO 2017/584.

Verfahren festzulegen ist. Auch diese Verfahrensregelungen sind Zulassungsregelungen i.S.v. § 72 Abs. 1 WpHG, die nicht diskriminierend sein und dem Betreiber kein Ermessen einräumen dürfen sowie zu veröffentlichen sind. Schließlich nimmt Art. 18 Abs. 3 lit. b Alt. 2 DelVO 2017/584 nochmals Bezug zur Handelsteilnehmerzulassung. Auch danach ist das Vorhandensein von Vorhandels- und Nachhandelskontrollen auf Ebene der Teilnehmer als Voraussetzung für den Marktzugang auszugestalten. Ferner sollten die Handelsplatzbetreiber erwägen, eine Regelung einzuführen, die die Handelsteilnehmer verpflichtet, die Daten bereitzustellen, die ein Handelsplatzbetreiber benötigt, um seine Pflicht nach Art. 25 Abs. 2 VO Nr. 600/2014, Auftragsdaten fünf Jahre für die Aufsichtsbehörde vorzuhalten, erfüllen zu können.

15 Bei den Zugangsregelungen handelt es sich Geschäftsbedingungen[1]. Wenn der Betreiber das deutsche Recht nicht abwählt, handelt es sich um **Allgemeine Geschäftsbedingungen (AGB)**[2] i.S.d. § 305 BGB, die im Verhältnis zum Marktplatzanwärter zunächst auf einer vorvertraglichen Ebene wirken[3]. Die zu veröffentlichenden AGB können bei Abschluss eines schriftlichen Anschlussvertrages mit dem systemnutzenden Kunden in die Vertragsurkunde aufgenommen werden. Sollte eine öffentlich-rechtlich verfasste Institution ein MTF oder OTF betreiben, so wäre es bei Bestehen einer öffentlich-rechtlichen Regulierungsbefugnis denkbar, die Zugangsregelungen auch durch Rechtssetzungsakt (z.B. Satzung) zu schaffen[4]. OTF-Betreiber können kraft Gesetzes am Handel im eigenen System teilnehmen. Ihre Teilnahme unterliegt nach § 75 Abs. 1 bis 3 WpHG jedoch gewissen Beschränkungen. MTF-Betreiber sind nach § 74 Abs. 5 WpHG gänzlich vom Handel ausgeschlossen.

16 **a) Festlegen von Zugangsregeln.** Das Festlegen beinhaltet das schriftliche Ausarbeiten von Regelungen zur Teilnahme am MTF- bzw. OTF-Handel. Zulässig ist es dabei, entsprechend dem definierten Marktmodell verschiedene Teilnehmertypen mit unterschiedlichen Zulassungsvoraussetzungen vorzusehen. So kennt das Gesetz in § 72 Abs. 1 Satz 1 Nr. 13 WpHG beispielsweise den Begriff der aktiven Nutzer, die über die Möglichkeit verfügen müssen, mit allen übrigen Nutzern zum Zwecke der Preisbildung in Verbindung zu treten, oder auch die Market Maker, die algorithmischen Handel i.S.d. § 72 Abs. 1 Satz 2 WpHG i.V.m. § 26c BörsG betreiben[5]. Das Festlegen der Teilnahmeregelungen hat innerhalb der Erstellung des Gesamtkonzepts für das System zu erfolgen, welches für das aufsichtsbehördliche Genehmigungsverfahren nach § 32 Abs. 1 KWG zu erstellen ist[6]. Ein Wertpapierdienstleistungsunternehmen, welches bereits andere Wertpapierdienstleistungen erbringt, wird die ganzheitliche Konzeption innerhalb eines Neu-Produkt-Prozesses gem. AT 8 MaRisk/BA[7] vornehmen. Eine solche Konzeption ist nicht zuletzt deshalb erforderlich, da nach § 72 Abs. 3 Satz 1 WpHG der Betreiber des Systems der BaFin eine ausführliche Beschreibung der Funktionsweise des Handelssystems vorlegen muss. Ausweislich Art. 2 Abs. 1 lit. c DurchfVO 2016/824 hat diese Beschreibung die Regeln und Verfahren für die Sicherstellung eines objektiven und diskriminierungsfreien Zugangs zu den Handelssystemen zu enthalten. Unter Festlegen ist zugleich die förmliche Verabschiedung der Regelungen durch die Geschäftsleitung des Wertpapierdienstleistungsunternehmens bzw. nach einem von der Geschäftsleitung vorab definierten Prozess zu verstehen. Zudem sind die festgelegten Regelungen nach § 72 Abs. 1 Satz 1 Nr. 4 WpHG als für die Nutzung des Systems erforderliche und zweckdienliche Informationen zu veröffentlichen.

17 Für die von Art. 18 Abs. 3 RL 2014/65/EU geforderten **transparenten Regelungen** kann im deutschen Recht auf § 307 Abs. 1 Satz 2 BGB zurückgegriffen werden. Das dort enthaltene Transparenzprinzip verlangt von einem AGB-Verwender, dass dieser seine Bestimmungen klar und verständlich formuliert. Wenig weiterführend sind Überlegungen, was das von der MiFID II, nicht aber vom WpHG angesprochene Merkmal der „Beibehaltung" der Zugangsregelungen bedeutet. Denkbar wäre es, darunter eine gewisse Änderungsfestigkeit zu verstehen. In der englischen Fassung wird allerdings das Verb „maintain" benutzt, das ebenso gut mit Pflege des Regelwerks übersetzt werden kann. Dass der WpHG-Gesetzgeber diesen Punkt nicht weiter aufnimmt, ist jedoch unproblematisch. Das regelmäßige Überprüfen der Zugangsregelungen auf Übereinstimmung mit gesetzlichen Regelungen und auf Sachgerechtigkeit ergibt sich bereits aus allgemeinen Compliance- bzw. Sorgfaltserwägungen. Das einseitige Ändern der Zugangsregelungen gegenüber allen Handelsteilnehmern kann mittels eines in den AGB vorgesehenen Änderungsvorbehalts erfolgen[8]. Von einer Abänderbarkeit der Zugangsregelungen gehen inzident auch Art. 4 und 8 DurchfVO 2016/824 aus.

18 **Nicht diskriminierend** sind Zugangsregelungen, wenn im Hinblick auf den Regelungsgegenstand jeder (potentielle) Handelsteilnehmer gleich behandelt wird. Zur Frage, ab wann Zugangsregeln diskriminierend sind, finden sich im Gesetz und in den Gesetzesmaterialen so gut wie keine Hinweise. Da es sich im Ergebnis um eine Erstreckung des grundrechtlichen Diskriminierungsverbotes auf den Zivilrechtsverkehr handelt, kann auf die

---

1 So auch bereits die MaComp II Nr. 4 zu § 31f Abs. 1 Nr. 1 WpHG a.F.
2 *Hammen*, Börsen und multilaterale Handelssysteme, S. 67; *Müssig*, S. 243.
3 Zur AGB-Eigenschaft im vorvertraglichen Stadium und von Teilnahmebedingungen vgl. *Grüneberg* in Palandt, § 305 BGB Rz. 3.
4 *Hammen*, Börsen und multilaterale Handelssysteme, S. 61.
5 Zu Market Makern und Spezialisten vgl. bereits MaComp II Nr. 5.1.
6 Vgl. hierzu *Hammen*, Börsen und multilaterale Handelssysteme, S. 57.
7 Rundschreiben 10/2012 (BA) – Mindestanforderungen an das Risikomanagement – MaRisk vom 14.2.2012.
8 S. *Grüneberg* in Palandt, § 305 BGB Rz. 47.

allgemeinen Erwägungen zum Gleichbehandlungsgebot zurückgegriffen werden. Differenzierungen bedürfen daher einer Rechtfertigung durch ein rechtmäßiges Ziel[1], wie z.B. den Anlegerschutz, und sie müssen zur Erreichung des Zieles angemessen und erforderlich sein. Würden beispielsweise für später hinzukommende Teilnehmer ohne rechtlichen und sachlichen Grund schlechtere Zugangsbedingungen festgelegt werden, so würde dies eine Diskriminierung darstellen. Nichtdiskriminierend bedeutet aber nicht, dass es keine vernünftigen und sachlich gerechtfertigten materiellen Anforderungen für den Zugang zur Nutzung der Handelsplattform geben darf. Dies ergibt sich aus dem Gesetz selbst, das in § 74 Abs. 1 WpHG für MTF Mindestanforderungen aufstellt (s. § 74 WpHG Rz. 4). Werden jedoch die einmal aufgestellten Zulassungskriterien vom teilnahmewilligen Interessenten erfüllt, so ist das Wertpapierdienstleistungsinstitut verpflichtet, diesem die Nutzung des Systems einzuräumen. Dem Institut steht dann regelmäßig **kein Ermessen** mehr zu. Es darf keine anderweitigen Abwägungsgesichtspunkte mehr heranziehen, sondern ist zur Umsetzung der Regelungen durch Abschluss des Teilnahmevertrages verpflichtet. Diese Regelung kommt damit einem Abschlusszwang sehr nahe[2]. Nicht zweckmäßig sind damit z.B. Klauseln, die die Entscheidung, ob ein Interessent zugelassen wird, auf einen Beirat oder Advisory Board aus Eigentümervertretern des Systembetreibers übertragen. Unberührt hiervon bleibt die Abweisung eines potentiellen Neukunden des Instituts, wenn dieser unter Risiko- und Reputationsgesichtspunkten nicht die allgemeinen Anforderungen erfüllt, die das Institut im Rahmen der vorgeschriebenen Legitimationsprüfung von Neukunden zur Verhinderung von Finanzmarktkriminalität, insbesondere der Geldwäsche aufgestellt hat. Im Rahmen dieser Prüfung steht dem Institut ein kaufmännischer Handlungsspielraum zu[3]. Zulässig sollte es auch sein, im Regelwerk Vorsorge zu treffen, dass die Anzahl der Handelsteilnehmer in einer Abhängigkeit von der Systemkapazität steht. Die Größe des Systems, insbesondere der IT-technische Aufwand, sollte nicht von der Entscheidungshoheit des Systembetreibers entkoppelt werden. Lassen die Teilnahmebedingungen des Handelssystems die mittelbare Teilnahme am Handel durch direkten elektronischen Zugang zu (vgl. § 72 Abs. 1 Satz 1 Nr. 9 WpHG), so kann die Aufnahme eines neuen Teilnehmers die Aufnahme einer Vielzahl von tatsächlichen Systemnutzern bedeuten. Als problematisch kann sich hier Art. 11 Abs. 4 DelVO 2017/584 erweisen. Nach dieser Vorschrift sollen Handelsplätze sicherstellen, dass ihre Systeme eine wachsende Anzahl an Mitteilungen ohne wesentliche Beeinträchtigung des Verhaltens der Soft- und Hardware bewältigen können. Insbesondere soll das Handelssystem so ausgelegt sein, dass seine Kapazitäten bei Bedarf innerhalb einer angemessenen Frist erweitert werden können. Diese Bestimmungen sollten nicht dahingehend umgedeutet werden, dass es dennoch einen Anspruch auf Handelsteilnahme gibt, indem eine Systemerweiterung zugleich miteingefordert wird. Hier gilt es, grundrechtliche Schutzpositionen (Eigentum, Berufsfreiheit) zu beachten, wonach zu Investitionspflichten nur wirtschaftlich vertretbare Anforderungen gestellt werden dürfen. Die Thematik berührt auch das Interessenkonfliktmanagement nach § 72 Abs. 1 Satz 1 Nr. 12 WpHG (s. Rz. 75). Die EU-Kommission hat dieses Problem ansatzweise erkannt[4] und zumindest für die mittelbare Teilnehme am Handelssystem im Erwägungsgrund Nr. 16 DelVO 2017/584 ausgeführt, dass die Bereitstellung eines direkten Marktzugangs durch Handelsteilnehmer einem Genehmigungsvorbehalt durch den Systembetreiber unterworfen werden kann.

b) Mindestanforderungen an den Zugang zum MTF. Für den Zugang zu einem MTF macht § 74 Abs. 1 WpHG konkrete Vorgaben, welche Anforderungen das Regelwerk aufstellen muss. Aus dem Verweis auf **§ 19 Abs. 2 BörsG** ergibt sich, dass zur Teilnahme am Handel nur Personen zugelassen werden dürfen, wenn diese gewerbsmäßig an der Börse handelbare Gegenstände anschaffen und veräußern bzw. Geschäfte in diesen Gegenständen vermitteln. Bereits dadurch ist die Zulassung von Privatanlegern und Verbrauchern zum Handel an den MTF ausgeschlossen[5]. Aus dem Verweis auf **§ 19 Abs. 4 BörsG** folgt, dass einem Unternehmen als Handelsteilnehmer nur Zugang zum MTF gewährt werden darf, wenn es solvent ist und die Repräsentanten die notwendige fachliche Befähigung und persönliche Integrität besitzen[6]. Die Anforderungen des § 74 Abs. 1 WpHG an die Regelungen für den Zugang von Handelsteilnehmern zu einem MTF sind **Mindestanforderungen** und stehen weitergehenden und damit sachlich gerechtfertigten strengeren Zugangsvoraussetzungen nicht entgegen[7]. Die gesetzlichen Mindestanforderungen sind ipso iure als nichtdiskriminierend anzusehen. Weitergehend wären beispielsweise Regelungen, wonach die Teilnehmer mindestens als professionelle Kunden eingestuft sein müssen, und das Vorliegen spezieller technisch-organisatorischer Voraussetzungen für die Handelsabwicklung. Denkbar ist auch die Forderung nach finanziellen Sicherheiten, damit die Handelsteilnehmer ihre Verpflichtungen aus Geschäften, die im Handelssystem abgeschlossen werden, erfüllen können. Auch dürfen Nachweise zur Überprüfung des Vorliegens etwaiger Voraussetzungen verlangt werden[8]. Ferner sollte der

---

1 Vgl. *Kirchhof* in Maunz/Dürig, Art. 3 GG Rz. 264 ff.
2 Anders zur Rechtslage unter § 31f WpHG *Assmann* in 6. Aufl., § 31f WpHG Rz. 8 und ihm folgend *Hammen*, Börsen und multilaterale Handelssysteme, S. 71 und auch *Buck-Heeb*, § 3 Rz. 115.
3 Zu den Abläufen: *Gebauer/Niermann* in Hauschka/Moosmayer/Lösler, Corporate Compliance, S. 1542.
4 Vgl. Erwägungsgrund Nr. 15 DelVO 2017/584.
5 *Schwark* in Schwark/Zimmer, § 19 BörsG Rz. 16; *Kumpan/Müller-Lankow*, WM 2017, 1777, 1783.
6 Ausführlich hierzu *Schwark* in Schwark/Zimmer, § 19 BörsG Rz. 2 f.
7 Vgl. *Fuchs* in Fuchs, § 31f WpHG Rz. 4c; *Hammen*, Börsen und multilaterale Handelssysteme, S. 63.
8 MaComp II Nr. 4.

Zugang davon abhängig gemacht werden dürfen, dass der künftige Teilnehmer dem Betreiber Auskunfts- und Informationsrechte einräumt, damit der Betreiber seinen Verpflichtungen aus § 72 Abs. 1 Satz 1 Nr. 3 WpHG zur Handelskontrolle nachkommen kann[1].

20 **c) Zugangsregelungen für OTF.** Für die Regelung des Zugangs zu einem OTF stellt das WpHG keine ausdrücklichen Mindestanforderungen auf. Daher ist es anders als bei MTF rechtlich möglich, auch nichtgewerbliche Kunden wie Privatanlegern unmittelbaren Zugang zu einem OTF zu gewähren[2]. Ob und inwieweit es dazu in der Praxis kommt, OTF so zu gestalten, dass private wie institutionelle Teilnehmer auf einer Plattform handeln, bleibt abzuwarten. Letztlich wird es auch bei OTF immer sachlich gerechtfertigte Gründe geben, dass nicht jedermann am Handel teilnehmen darf. Fachliche Befähigung, persönliche Integrität und Solvenz der Handelsteilnehmer werden auch hier eine gewichtige Rolle spielen. Ob der Ausschluss von privaten bzw. institutionellen Kunden durch das Regelwerk eine Diskriminierung darstellt, muss am konkreten Gesamtkonzept des jeweiligen OTF bewertet werden. Erwägungsgrund Nr. 14 RL 2014/65/EU führt hierzu aus, dass OTF in der Lage sein sollen, unter Berücksichtigung u.a. der Rolle und der Verpflichtungen, die sie hinsichtlich ihrer Kunden haben, den Zugang zu bestimmen und einzuschränken[3]. Hierfür sollten die Handelsplätze Parameter festlegen können, die für das System gelten, wie etwa minimale Latenzzeiten, vorausgesetzt, dies erfolgt in offener und transparenter Weise und enthält keine Diskriminierung durch den Betreiber der Plattform.

21 **2. Einbeziehung von Finanzinstrumenten, Handel und Abwicklung (§ 72 Abs. 1 Satz 1 Nr. 2 WpHG).** Nach § 72 Abs. 1 Satz 1 Nr. 2 WpHG ist der Betreiber eines MTF bzw. OTF verpflichtet, Regelungen für die Einbeziehung von Finanzinstrumenten in den Handel, für die ordnungsgemäße Durchführung des Handels und der Preisermittlung, für die Verwendung von einbezogenen Referenzpreisen und für die vertragsgemäße Abwicklung der abgeschlossenen Geschäfte festzulegen. Die Vorschrift setzt Art. 18 Abs. 1, 2 Unterabs. 1 und 6 RL 2014/65/EU um. Wie bei den Festlegungen über den Zugang (s. Rz. 15) handelt es sich auch bei diesen Regelungen um AGB[4], die zusammen mit den Teilnahmeregelungen im Rahmen der Erstellung der Gesamtkonzeption für das System zu erarbeiten sind. Diese Regelungen fallen unter die Bekanntmachungspflicht des § 72 Abs. 1 Satz 1 Nr. 4 WpHG, wonach für die Nutzung des Systems erforderliche und zweckdienliche Informationen zu veröffentlichen sind. Ein Nichtaushändigen der Informationen könnte ggf. als eine nach § 72 Abs. 1 Satz 1 Nr. 1 WpHG unzulässige Zugangsdiskriminierung betrachtet werden.

22 **a) Einbeziehung von Finanzinstrumenten.** Hinsichtlich der Einbeziehung von Finanzinstrumenten in den Handel ist nach dem Gesetzeswortlaut lediglich erforderlich, dass überhaupt diesbezügliche Regelungen festgelegt werden; was den Inhalt der Regelungen angeht, steht dem Betreiber des Systems ein weiter Spielraum zu[5]. Die richtlinienkonforme Auslegung der Vorschrift erfordert indes, dass – wie in Art. 18 Abs. 2 Unterabs. 1 RL 2014/65/EU verlangt – diese Regelungen **transparent** sein müssen[6]. Besondere inhaltliche Anforderungen sind damit freilich nicht verbunden; vielmehr sollen dem Handelsteilnehmer nur die Kriterien für die Auswahl der handelbaren Finanzinstrumente offen gelegt werden. Zunächst sind die Anlageklassen der handelbaren Finanzinstrumente festzulegen, damit Klarheit besteht, welche Instrumente überhaupt Gegenstand des Handels an dem MTF bzw. OTF sein können. Werden mehrere Klassifizierungen benannt, erfolgt damit zugleich eine **Segmentierung des Handels**. Es ist nicht notwendig für jede Gattung ein separat zu genehmigendes System zu betreiben[7]. Es ist zulässig, dass Kassa- und Termingeschäfte im selben System abgeschlossen werden. Dies zeigt sich an mehreren Stellen im Gesetz. Zunächst spricht bereits die Definition des OTF den Handel in Wertpapieren und Derivaten an. Sodann verpflichtet § 73 Abs. 1 Satz 2 WpHG einen Betreiber eines MTF bzw. OTF. OTF zu prüfen, ob bei ihm gehandelte Derivate vom Handel ausgenommen werden müssen, wenn bereits der Basiswert durch ihn vom Handel ausgesetzt bzw. ausgeschlossen werden soll. Auch aus Art. 8 VO Nr. 600/2014, der Vorhandelstransparenzvorschrift für Fremdkapitalinstrumente, die den Handel in kombinierten Produkten aus Derivat und Kassamarktinstrument (Auftragspakete) zulässt, kann eine Zulässigkeit von Kassa- und Termingeschäften im selben System geschlussfolgert werden. Erst wenn neben den für das jeweilige Segment mit ggf. unterschiedlichen Handelsregelungen (s. Rz. 25 ff.) noch signifikante IT-technische Besonderheiten hinzutreten, kann sich die Frage stellen, ob es sich um verschiedene Systeme desselben Betreibers handelt. Allerdings wird hier in der Praxis keine weitere Erlaubnis eingeholt, sondern ein zusätzlicher Market Identifer Code (MIC) eingesetzt.

23 Neben der gattungsmäßigen Beschreibung der Gegenstände können weitere abstrakte Voraussetzungen wie z.B. eine bereits bestehende Zulassung des Finanzinstruments an einem regulierten Markt oder die Erfüllung eines

---

1 MaComp II Nr. 6.1.1.
2 In diesem Sinne wohl auch *Kumpan/Müller-Lankow*, WM 2017, 1777, 1783 (Fn. 57).
3 Hierauf weist auch die Gesetzesbegründung des 2. FiMaNoG ausdrücklich hin; BT-Drucks. 18/10936, 239; s. auch *Güllner*; WM 2017, 938, 944.
4 *Kumpan* in Zetzsche/Lehmann, § 9 Rz. 5; *Seiffert* in Kümpel/Wittig, Rz. 4.60; a.A. *Hammen*, Börsen und multilaterale Handelssysteme, S. 64, soweit es sich um Handelsregelungen handelt, die das Verhältnis der Marktteilnehmer untereinander betreffen.
5 *Kumpan*, S. 406 f.; *Fuchs* in Fuchs, § 31f WpHG Rz. 6; *Hammen*, Börsen und multilaterale Handelssysteme, S. 87.
6 Vgl. auch für MTF MaComp II Nr. 5.1.
7 Vgl. Art. 7 DurchfVO 2016/824.

gewissen Ratings des Emittenten definiert werden. Die BaFin verlangt bei Einbeziehungsregelungen für MTF nach Nr. 5.1 der MaComp II ein auf den Schutz des Vertrauens der Anleger in die Integrität des Systems ausgerichtetes Vorgehen. Die Emittenten der einzubeziehenden Instrumente sollten danach bereits für eine gewisse Mindestdauer bestanden haben, Publizitätspflichten erfüllen und einen Streubesitz von 10 % aufweisen[1]. Ob das Kriterium des Bestehens für eine gewisse Dauer auch bei MTF für KMU-Wachstumsmärkte i.S.d. § 76 WpHG gefordert werden kann, erscheint indes fraglich. Kleine und mittlere Unternehmen (KMU) müssen nicht zwangsläufig auf ein längeres Bestehen verweisen können. Zudem fordert die BaFin, dass die Einbeziehung in qualitativer und verfahrensmäßiger Hinsicht so auszugestalten ist, dass Marktmanipulationen verhindert werden[2]. Schließlich stellen auch Klauseln über die Beendigung der Notierung Regelungen zur Einbeziehung dar. Hat die BaFin von MTF-Betreibern schon nach altem Recht in dem MaComp II verlangt, dass dieser sich in seinen Geschäftsbedingungen das Recht vorbehalten muss, bereits einbezogene Finanzinstrumente, bei denen die Voraussetzungen nicht mehr erfüllt sind, vom Handel auszuschließen[3], so ergibt sich unter dem MiFID II-Regime aus § 73 Abs. 1 Satz 1 WpHG eine Befugnis, die Einbeziehung rückgängig zu machen (vgl. § 73 WpHG Rz. 5).

Der Betreiber kann die Einbeziehung bzw. die konkrete Ausgestaltung einer Einbeziehung der Finanzinstrumente mit einer **Mitwirkung des jeweiligen Emittenten** verknüpfen, z.B. durch Antragstellung. So sprechen Art. 1 Abs. 1 Satz 1 lit. b RL 2014/57/EU (MAD) und Art. 2 Abs. 1 Satz 1 lit. b VO Nr. 596/2014 (MAR) ausdrücklich von Finanzinstrumenten, für die ein Antrag auf Zulassung zum Handel in einem MTF gestellt wurde. Für MTF, für die der Betreiber die Registrierung als KMU-Wachstumsmarkt beantragt, muss das Regelwerk gem. § 76 Abs. 1 Nr. 2 WpHG geeignete Kriterien für die ursprüngliche und laufende Zulassung der Finanzinstrumente zum Handel auf dem Markt enthalten. Eine Antragstellung sollte es nach den Vorstellungen des EU-Gesetzgebers insbesondere dann geben, wenn das MTF dazu dient, Unternehmen bei der Beschaffung von Eigenkapital zu unterstützen[4]. Bei einer aktiven Mitwirkung des Emittenten entsteht sodann mit der Einbeziehung eine über die Geschäftsbedingungen vermittelte vertragliche Rechtsbeziehung zwischen Systembetreiber und Emittent[5]. Der Emittent selbst muss in diesem Fall jedoch keine Kundenbeziehung zum Wertpapierdienstleistungsinstitut, die dem Regime der Verhaltenspflichten nach § 63 WpHG unterliegt, vorweisen, da die bloße Einbeziehung keine Erbringung einer Finanzdienstleistung gegenüber dem Emittenten darstellt. Anderes gilt, wenn das Institut zugleich Emissionsdienstleistungen i.S.v. § 2 Abs. 8 Nr. 5 oder 6 WpHG für den Emittenten erbringt. Emittenten, deren Finanzinstrumente ohne ihre Mitwirkung – unsponsored[6] – in den Handel einbezogen werden, können nach § 72 Abs. 4 WpHG (s. näher Rz. 123) vom Betreiber nicht dazu verpflichtet werden, Informationen in Bezug auf diese Finanzinstrumente für dieses Handelssystem zu veröffentlichen.

b) Regelungen zur Durchführung des Handels und zur Preisermittlung. Regelungen zur ordnungsgemäßen Durchführung betreffen das „Wann" und „Wie" des Handels. Beim „Wann" geht es um die Festlegung, zu welchen **Zeiten** die Teilnehmer das System nutzen dürfen[7]. Das „Wie" betrifft den **Ablauf** des Handels. Hier hängen die zu treffenden Regelungen insbesondere davon ab, ob es sich um ein sprachbasiertes, elektronisches oder hybrides System handelt[8]. Von erheblichem Belang für den Regelungsinhalt sind auch die zum Handel vorgesehenen Finanzinstrumente[9]. Für den Handel inflationsindexierter Anleihen müssen im Detail andere Regelungen getroffen werden, als für den Handel von Aktien großer Publikumsgesellschaften. Zum **Handelsablauf** zählt insbesondere, wie die Aufträge oder Quotes im Orderbuch erfasst, aufgezeigt und zu Geschäftsabschlüssen zusammengeführt (Matching) werden[10]. Nehmen Market Maker, Spezialisten oder andere in den Handel eingeschaltete Dritte am Handel teil, so müssen auch deren Aufgaben im Handelsablauf spezifiziert werden[11]. Regelungen zur **ordnungsgemäßen Preisermittlung** sind lediglich spezielle Regelungen der Handelsdurchführung, da das Geschäft im System geschlossen und der festgestellte Preis essentieller Bestandteil des Vertrags zwischen zwei Handelsteilnehmern wird. Sind verschiedene Arten von Finanzinstrumenten in den Handel einbezogen, sind ggf. jeweilige produktspezifische Regeln der Preisermittlung erforderlich[12]. Die MiFID II selbst gibt inhaltlich für die Preisfindungsmethoden wenig her. Aus Art. 18 Abs. 1 RL 2014/65/EU lassen sich nur Ordnungsmäßigkeit und Fairness als Vorgaben für die Regelungen entnehmen. Für MTF ver-

---

1 MaComp II Nr. 5.2.
2 MaComp II Nr. 6.2.1.
3 MaComp II Nr. 6.2.1.
4 Vgl. Erwägungsgrund Nr. 8 VO Nr. 596/2014.
5 S. hierzu *Hammen*, Börsen und multilaterale Handelssysteme, S. 62 und 83 ff., *Fink*, S. 60 („Listingvertrag") und *Müssig*, S. 249.
6 RegE FRUG, BT-Drucks. 16/4028, 68.
7 MaComp II Nr. 5.2.
8 Vgl. hierzu Art. 2 Abs. 2 lit. c DurchfVO 2016/824.
9 MaComp II Nr. 5.2.
10 MaComp II Nr. 5.2.
11 MaComp II Nr. 5.2.; vgl. auch Art. 6 DelVO 2017/578 zur Beschreibung des Market-Making-Systems i.S.v. § 72 Abs. 1 Satz 2 WpHG i.V.m. § 26c Abs. 2 BörsG.
12 MaComp II Nr. 5.2. und Nr. 7.

weist § 74 Abs. 2 WpHG auf § 24 Abs. 2 BörsG, wonach der Preis ordnungsmäßig zustande kommen und der wirklichen Marktlage des Handels entsprechen muss. Als die Grundtypen der Preisermittlung, auch Handelsformen genannt, kommen nach herkömmlich deutscher Betrachtung das Auktionsverfahren und der fortlaufende Handel nach Preis-Zeit-Priorität in Betracht[1]. Nach den EU-Regelungen wird hier zwischen den Kategorien Orderbuch-Handelssystem basierend auf einer fortlaufenden Auktion, quotierungsgetriebenes Handelssystem, Handelssystem basierend auf periodischen Auktionen, Preisanfrage-Handelssystem und sprachbasiertes Handelssystem unterschieden[2]. Die Preisermittlungsmethode kann sich auch im Verlauf von untertägigen Handelsphasen ändern. So kann am Beginn des Handels ein Auktionsverfahren erfolgen und danach ein fortlaufender Handel, der ggf. von Zwischenauktionen unterbrochen wird. Soweit im Preisfeststellungsverfahren auf **bereits festgestellte Preise** von anderen Handelsplätzen zurückgegriffen wird (Referenzpreise bzw. -kurse; s. Art. 4 Abs. 2 VO Nr. 600/2014), so müssen auch hierfür Festlegungen getroffen werden[3]. Hierzu zählt, dass der Referenzmarkt für das jeweilige Instrument vorab festgelegt sein sollte. Erfolgt die Notiz am Referenzmarkt in einer anderen Währung, so sollte die Methode zur Umrechnung des Referenzpreises festgelegt werden. Der anzuwendende Wechselkurs sollte dabei aus einer zuverlässigen Quelle (z.B. Europäische Zentralbank) stammen[4].

26 Auch Details zu den Orders, wie Mindestschlussgröße, Ordertypen (Limit, Gültigkeitsdauer etc.) oder Kennzeichnungen als Eigenauftrag oder als Auftrag für Rechnung von Kunden zählen zu den Regelungen zur Handelsdurchführung[5]. Hinzuweisen ist darauf, dass ein Systembetreiber – wie sich insbesondere für Eigenkapitalinstrumente aus Art. 4 Abs. 1 lit. b VO Nr. 600/2014 i.V.m. Art. 5 DelVO 2017/587 ergibt – sein multilaterales System auch mit einer Funktionalität ausstatten kann, die die Eingabe bilateral ausgehandelter Geschäfte zulässt. Wird von dieser Möglichkeit Gebrauch gemacht, bedarf es auch hierfür entsprechender Regelungen. Ferner tragen auch Klauseln zur Behandlung fehlerhafter Auftragseingaben zur Regelung eines ordnungsgemäßen Handels bei. Dabei sollte ein Verfahren für die nachträgliche Aufhebung von Geschäften festgelegt werden, sofern diese zu nicht marktgerechten Preisen zustande gekommen sind[6]. Schließlich können auch Klauseln zu Handelsaussetzungen den Regelungen zur Durchführung des Handels zuzurechnen sein[7], wenngleich sich eine Befugnis zur Handelsaussetzung seit Inkrafttreten des 2. FiMaNoG aus § 73 WpHG ergibt (s. § 73 WpHG Rz. 5).

27 Der Inhalt der Regelungen zur Handelsdurchführung und Preisermittlung wird durch eine Reihe von weiteren Absätzen des § 72 WpHG, der §§ 74 und 75 WpHG sowie von Artikeln verschiedener EU-Verordnungen vorbestimmt. Zu nennen sind insbesondere nach § 72 Abs. 1 Satz 1 Nr. 6 WpHG zu treffende Regelungen zur Sicherstellung einer ordnungsgemäßen Preisermittlung bei erheblichen Preisschwankungen (s. Rz. 45 ff.), die nach § 72 Abs. 1 Satz 1 Nr. 7 WpHG zu erfolgende Festlegung eines angemessenen Order-Transaktions-Verhältnisses (s. Rz. 52 ff.) sowie die Festlegung kleinstmöglicher Preisänderungsschritte § 72 Abs. 1 Satz 1 Nr. 8 WpHG (s. Rz. 56 ff.). Seitens der EU-Vorschriften sind vor allem Art. 18 ff. DelVO 2017/584 für die inhaltliche Ausgestaltung der Regelungen zur Handelsdurchführung relevant. Bei OTF kann es zudem notwendig sein, bei den Regelungen zur Handelsdurchführung auch Ausführungen zur Befugnis des Betreibers zu machen, sich deckende Kundenaufträge (sog. Matched Principal Trading) zusammenzuführen (s. § 75 WpHG Rz. 7).

28 Bei den aufzustellenden Regelungen zum Handel und zur Preisermittlung darf nach § 74 Abs. 2 Halbsatz 1 WpHG der Betreiber eines MTF sich keinen **Ermessensspielraum** einräumen. Es ist daher eine einheitliche Anwendung der Reglungen auf alle Aufträge, die über das MTF ausgeführt werden, geboten[8]. Anders verhält es sich bei OTF. Hier ist es einem Betreiber nach § 75 Abs. 6 WpHG gestattet, Aufträge in einem OTF nach Ermessen auszuführen. D.h., es dürfen entsprechende Klauseln in das Regelwerk aufgenommen werden[9]. Dabei besteht jedoch nicht völlig freie Hand. Handlungsspielraum darf nur für folgende zwei Konstellationen ausgewiesen werden: Erstens, wenn es darum geht, ob der Betreiber einen Auftrag über das OTF platziert oder von dort wieder zurücknimmt. Und zweitens darf Ermessen auch dann eingeräumt sein, wenn der Betreiber entscheidet, einen bestimmten Kundenauftrag nicht mit anderen zu einem bestimmten Zeitpunkt im System vorhandenen Aufträgen zusammenzuführen, wobei dies nur dann geschehen darf, wenn dies mit etwaigen Anweisungen des Kunden sowie der Verpflichtung zur bestmöglichen Ausführung von Kundenaufträgen i.S.v. § 82 WpHG vereinbar ist (§ 75 Abs. 6 Satz 3 WpHG). (s. näher hierzu § 75 WpHG Rz. 27, 32). Fehlt es im Regelwerk des Systems an Ermessensvorschriften, so handelt es sich nicht um ein OTF, sondern um ein MTF. Das Vorhandensein mindestens einer der beiden Regelungen ist mithin konstitutiv für ein OTF[10]. Nicht in das Re-

---

1 Vgl. zu den verschiedenen Preisermittlungsmethoden z.B. *Boschan*, S. 35 ff.
2 Vgl. Anhang I Tabelle 1 DelVO 2017/587 und Anhang I DelVO 2017/583.
3 *Schäfer* in Heidel, § 31f WpHG Rz. 6 zu § 31f Abs. 1 Nr. 2 WpHG a.F.
4 Näher ESMA Q & A On MiFID II and MiFIR transparency topics, Nr. 5 Anwort auf Frage 10.
5 Vgl. MaComp II Nr. 5.2.
6 MaComp II Nr. 5.2.
7 Für MTF vgl. MaComp II Nr. 6.2; vgl. bereits *Boschan*, S. 262.
8 RegE FRUG, BT-Drucks. 16/4028, 68.
9 Vgl. hierzu Erwägungsgrund Nr. 9 VO Nr. 600/2014; *Gomber/Nassauer*, ZBB 2014, 250, 253.
10 S. RefE 2. FiMaNoG, S. 293; ESMA Q & A On MiFID II and MiFIR market structures topics, Nr. 5.2 Antwort auf Frage 9.

gelwerk eines OTF aufzunehmen sind die Erläuterungen, wie der Betreiber die Handelsinteressen eines Handelsteilnehmers nach Ermessensausübung weiterverfolgt. Dieses Vorgehen erfolgt außerhalb der Einrichtungen des OTF[1].

c) Regelungen zur vertragsgemäßen Abwicklung. Regelungen über die vertragsgemäße Abwicklung haben den **Ablauf zu beschreiben, wie nach der Zusammenführung der Aufträge durch das System weiterverfahren wird**. Dieser Prozess wird vielfach als Clearing und Settlement bezeichnet[2]. Hierunter fallen Regelungen zu den Ausführungs- und Geschäftsbestätigungen über die gehandelte Menge und den Preis sowie die Ausführungszeit, die der Betreiber den Handelsteilnehmern übermittelt und über den Anstoß der Buchungsvorgänge, die zur **handelsgegenständlichen bzw. geldseitigen Erfüllung** der Geschäfte notwendig sind. Die Regelaufstellung hängt insbesondere davon ab, welche Instrumente im System gehandelt werden und welche konkrete Clearing- und Settlementinfrastruktur für diese Instrumente benötigt wird[3]. Regelmäßig wird die Abwicklung durch andere technische Systeme als das Handelssystem bewerkstelligt. Bei gewissen OTC-Derivate besteht beispielsweise die Pflicht, eine zentrale Gegenpartei einzubinden[4]. Bei sprachbasierten Systemen müssen Handelsbestätigungsfunktionalitäten eingerichtet werden. Werden Wertpapiersammelbanken und/oder zentrale Gegenparteien eingeschaltet[5], so sind diese im Regelwerk zu benennen und die Verfahren der Interaktion mit ihnen zu spezifizieren[6]. Art. 18 Abs. 6 RL 2014/65/EU und Art. 2 Abs. 1 lit. j DurchfVO 2016/824 ist zu entnehmen, dass einem Handelsteilnehmer die Zuständigkeiten beim Clearing und Settlement klar sein müssen und welche Verantwortlichkeiten dabei beim Betreiber des Handelssystems und welche bei ihm selbst liegen. Für MTF-Betreiber statuiert § 74 Abs. 3 Nr. 2 WpHG darüber hinaus nochmals die Pflicht, Vorkehrungen zu treffen, um eine reibungslosen und rechtzeitige Erfüllung der innerhalb seiner Systeme ausgeführten Geschäfte zu erleichtern. Der Anschluss an die externe Abwicklungsinfrastruktur wird in den Geschäftsbedingungen als Zugangsvoraussetzung zu regeln sein. Für MTF ist der Nachweis, dass die ordnungsgemäße Abwicklung der im System abgeschlossenen Geschäfte sichergestellt ist, über den Verweis von § 74 Abs. 1 WpHG auf § 19 Abs. 4 Satz 1 BörsG ausdrücklich als Teilnahmebedingung aufgeführt (s. § 74 WpHG Rz. 3). Lässt ein Regelwerk eines Platzes letztendlich die Abwicklungsfrage offen, und überlässt es damit den Teilnehmern, wo und wie sie ihr geschlossenes Geschäft formalisieren, so wird es am Tatbestandsmerkmal „System" fehlen und weder ein MTF noch ein OTF vorliegen[7].

Nicht zur vertragsgemäßen Erfüllung gehören Regelungen, wie bei Leistungsstörungen vorzugehen ist (Zwangsregulierung, Zugriff auf Sicherheiten). Allerdings sind die Systembetreiber nicht gehindert, Klausel hierzu ins Regelwerk aufzunehmen.

3. Angemessene Kontrollverfahren (§ 72 Abs. 1 Satz 1 Nr. 3 WpHG). § 72 Abs. 1 Satz 1 Nr. 3 WpHG verpflichtet die Betreiber von MTF und OTF, über angemessene Kontrollverfahren zur Überwachung der Einhaltung der Regelungen nach § 72 Abs. 1 Satz 1 Nr. 2 WpHG und zur Überwachung der Einhaltung der Vorschriften nach der MAR zu verfügen. Die Vorschrift stellt zum einen auf die Prüfung der Einhaltung der eigenen AGB (Vertrags-Compliance) und zum anderen auf die Einhaltung extern gesetzten Rechts (Gesetzes-Compliance) ab. Sie berücksichtigt die **Vorgaben des Art. 31 Abs. 1 RL 2014/65/EU**, die von den Betreibern verlangen, dauerhaft wirksame Vorkehrungen zu treffen und Verfahren festzulegen, um die Einhaltung der Regeln des Systems durch die Teilnehmer überwachen zu können. Nach der Richtlinienbestimmung sollen die Kontrollverfahren neben der Überwachung der Einhaltung der das MTF bzw. OTF betreffenden Regeln auch dazu dienen, marktstörende Handelsbedingungen, Verhaltensweisen, die auf Marktmissbrauch hinweisen könnten oder Systemstörungen in Bezug auf ein Finanzinstrument zu erkennen. Auffällig ist, dass der deutsche Gesetzgeber Kontrollverfahren zur Erkennung marktstörender Handelsbedingungen und von Systemstörungen in § 72 Abs. 1 Satz 1 Nr. 3 WpHG nicht aufzählt. Gleichwohl sind die Systembetreiber damit nicht von solchen Überwachungshandlungen freigestellt (näher hierzu Rz. 38). Die Kontrollverfahren sind im Handbuchwesen des Betreibers zu beschreiben. Der Betreiber hat nach Art. 2 Abs. 1 lit. g DurchfVO 2016/824 die BaFin über die Vorkehrungen und Verfahren zur Überwachung der Geschäfte zu informieren.

Insbesondere bei der Überwachung der Einhaltung der MAR (VO Nr. 596/2014) können sich Überschneidungen mit Compliance-Pflichten gem. § 25a KWG sowie mit § 80 WpHG und Art. 22 DelVO 2017/565 ergeben, die eine ähnlich gelagerte Compliance-Überwachung im Hinblick auf Kunden und Mitarbeiter des Instituts fordern. Schließlich ist auf Art. 16 Abs. 1 Unterabs. 1 VO Nr. 596/2014 hinzuweisen, der als unmittelbar geltendes EU-Recht nochmals auf Art. 31 Abs. 1 RL 2014/65/EU Bezug nimmt und statuiert, dass eine Wertpapierfirma,

---

1 Vgl. Art. 6 lit. c DurchfVO 2016/824.
2 S. z.B. *Seiffert* in KölnKomm. WpHG, § 31f WpHG Rz. 26.
3 Ausfl. zur Infrastruktur *Schwarz*, S. 94 ff.
4 Vgl. Art. 4 ff. VO Nr. 648/2012.
5 Zur zwingenden Einschaltung eines Zentralverwahreres bei Wertpapieren vgl. Art. 3 Abs. 1 VO Nr. 909/2014 (Zentralverwahrer-VO).
6 MaComp II Nr. 5.3.
7 Vgl. z.B. ESMA Q & A On MiFID II and MiFIR market structures topics, Nr. 5.2. Antwort auf Frage 7.

die einen Marktplatz betreibt, wirksame Regelungen, Systeme und Verfahren zur Vorbeugung und Aufdeckung von Insidergeschäften, Marktmissbrauch versuchten Insidergeschäften und versuchtem Marktmissbrauch zu schaffen und aufrechtzuerhalten hat. Der in der mit der Vorbeugung angesprochene präventive Ansatz kommt allerdings weder in Art. 31 RL 2014/65/EU noch in § 72 Abs. 1 Satz 1 Nr. 3 WpHG deutlich zum Ausdruck. Präventive Kontrollen hinsichtlich Marktmissbrauch sollten deshalb nicht § 72 Abs. 1 Satz 1 Nr. 3 WpHG hineininterpretiert werden[1]. In dieser Vorschrift geht es um die regelmäßige fortlaufende Kontrolle in Echtzeit oder zumindest um eine zeitnah ex-post erfolgende Überwachung und Analyse der im multilateralen Handelssystem getätigten Aufträge und Geschäfte.

33 Über die konkrete **Ausgestaltung angemessener Kontrollverfahren** bei MTF hat sich die BaFin 2012 in Nr. 6 MaComp II umfassend geäußert. Diese Erläuterungen beruhen u.a. auf den ESMA-„Leitlinien über Systeme und Kontrollen bei Handelsplattformen, Wertpapierfirmen und zuständige Behörden in einem automatisierten Handelsumfeld"[2]. Diese Erläuterungen können auch nach dem Erlass des 2. FiMaNoG noch als weitgehend maßgeblich erachtet und sinngemäß auf OTF erstreckt werden, soweit MTF und OTF Gemeinsamkeiten aufweisen. Hinsichtlich der Zuständigkeit für die Kontrollhandlungen fordert die BaFin in Nr. 6.1. MaComp II vom Betreiber die Einrichtung einer **unabhängigen Handelskontrolle**. Diese soll sachlich und personell angemessen ausgestattet sein, damit sie ihre Aufgaben effektiv erfüllen kann. Auf die Sicherstellung einer effektiven Überwachung durch den Einsatz erforderlicher Ressourcen weist auch Art. 31 Abs. 1 Satz 2 a.E. RL 2014/65/EU ausdrücklich hin. Bei der Ausstattung der Kontrolleinheit ist auf ein angemessenes Verhältnis zur Größe des Systems und dessen Geschäftsaufkommen und Transaktionsvolumina Wert zu legen[3]. Den Mitarbeitern muss für ihre Aufgabenerfüllung genügend Zeit zur Verfügung stehen und für die Aufgabenerfüllung müssen diesen auch die entsprechenden Befugnisse und Kompetenzen eingeräumt werden[4]. Unabhängigkeit der Handelskontrolle bedeutet, dass die Stelle frei von Weisungen seitens der Geschäftsleitung und anderer Mitarbeiter bei Wahrnehmung ihre Aufgaben agieren soll[5]. Die Handelskontrolleure sollen zudem von den anderen Mitarbeitern und Einheiten des Systems räumlich getrennt arbeiten[6]. Die von der BaFin geforderten organisatorischen Anforderungen an die Handelskontrolle ähneln denen an eine Compliance-Funktion nach Art. 22 DelVO 2017/565, so dass die organisatorische Ansiedlung der Handelskontrolle bei der Wertpapier-Compliance-Abteilung möglich ist. Hinsichtlich Organisation und Aufgaben lassen sich auch Parallelen zu den in § 7 BörsG vorgeschriebenen Handelsüberwachungsstellen der Börsen ziehen[7]. Die im Konzern der Deutschen Börse AG befindlichen MTF-Betreiber lagern ihre Handelskontrollen regelmäßig an die Abteilung der Börsenträgergesellschaft aus, die das Personal und die sachlichen Mittel für die Handelsüberwachungsstelle der Frankfurter Wertpapierbörse bereithält[8]. Das Regelwerk kann schließlich auch vorsehen, dass im Falle eines begründeten Verdachts, dass ein Handelsteilnehmer gegen seine Verpflichtungen aus den Geschäftsbedingungen verstoßen hat, der Betreiber auf Kosten des Handelsteilnehmers eine neutrale Institution, z.B. einen Wirtschaftsprüfer, mit der Überprüfung beauftragen kann[9]. Angemessenheit der Kontrollverfahren bedeutet aber auch, dass die zu leistende Kontrollarbeit Grenzen besitzt. Insbesondere ist beim Aufwand hinsichtlich der Bewertung von Auffälligkeiten ein verhältnismäßiger Ansatz zu verfolgen[10]. Dieser Hinweis ist insofern wichtig, da nach § 120 Abs. 8 Nr. 56 WpHG das Nichtverfügen über angemessene Kontrollverfahren eine Ordnungswidrigkeit darstellt.

34 **a) Überwachung der Anforderungen des § 72 Abs. 1 Satz 1 Nr. 2 WpHG.** Zur Überwachung der Regelungen für die Einbeziehung von Finanzinstrumenten, für die ordnungsgemäße Durchführung des Handels und der Preisermittlung, die Verwendung von einbezogenen Referenzpreisen und die vertragsgemäße Abwicklung der abgeschlossenen Geschäfte hat die Handelskontrolle das tatsächliche Handelsgeschehen fortlaufend mit dem Regelwerk abzugleichen. Die Methoden hierfür können einfache manuelle Prüfroutinen sein, oder aber auch ein komplexes Monitoring, das auf Software-Algorithmen beruht. Bei der Überwachung der **Regeln zur Einbeziehung von Finanzinstrumenten** wird der Schwerpunkt der Überwachung darauf zu legen sein, ob die aufgestellten Einbeziehungsvoraussetzungen bei dem jeweiligen Finanzinstrument auch zu späteren Zeitpunkten noch vorliegen. Hinzuweisen ist darauf, dass das WpHG mit der Überwachung der Einbeziehungsregeln über die Formulierung des Art. 31 Abs. 1 RL 2014/65/EU hinausgeht. Eine Überwachungspflicht zur Einhaltung der selbstgesetzten Einbeziehungsregelungen ist von der MiFID II nicht explizit vorgesehen. Die Richtlinie legt den Schwerpunkt auf die Überwachung der Vorschriften des Regelwerks, die von den Handelsteilnehmern beim Handel beachtet werden müssen.

---

1 So aber wohl die MaComp II Nr. 6.2.1.
2 MaComp II Nr. 3.1.
3 MaComp II Nr. 6.1.
4 MaComp II Nr. 6.1.
5 MaComp II Nr. 6.1.
6 MaComp II Nr. 6.1.
7 *Gebauer/Niermann* in Hauschka/Moosmayer/Lösler, Corporate Compliance, S. 1531.
8 Vgl. hierzu die Lagebericht der Eurex Bonds GmbH 2016; www.bundesanzeiger.de.
9 So z.B. § 4 Abs. 10 der Geschäftsbedingungen für die Teilnahme und den Handel an der bis Ende 2017 tätigen Eurex Bonds.
10 Ausdrücklich im EU-Recht zur Bewertung von Signalen für Marktmissbrauch Art. 82 Abs. 2 DelVO 2017/565.

Bei der **Kontrolle der Regelungen zur Durchführung des Handels** kann es ebenfalls einfach gelagerte Prüfschritte geben, wie etwa die Nachschau, ob autorisierte Mitarbeiter des Teilnehmers Orders aufgegeben haben. Im Regelfall wird es sich bei den Kontrollen jedoch um komplexere EDV-gestützte Prüfalgorithmen handeln, wobei der Schwerpunkt auf der Frage liegen wird, ob der Preisbildungsprozess regelkonform verlaufen ist[1]. Die BaFin hat mit Nr. 6.1 der MaComp II verdeutlicht, dass die Daten über den Handel systematisch und lückenlos zu erfassen und daraufhin zu untersuchen sind, ob Anhaltspunkte vorliegen, nach denen das Regelwerk des Systems nicht eingehalten worden ist. Die Datenerfassung beruht seit Inkrafttreten der MiFIR vorrangig auf Art. 25 VO Nr. 600/2014. Werden von den eingesetzten Computerprogrammen anhand voreingestellter Parameter (Preisentwicklung, Ordergröße, Orderhäufigkeit, Auftragsstornos etc.) Auffälligkeiten identifiziert, so sind diese durch die Mitarbeiter der Handelskontrolle daraufhin zu bewerten, ob diese durch Regelverstöße hervorgerufen worden sind. Dabei können zusätzliche Prüfungshandlungen notwendig werden. Hierfür dürfen die Regelwerke für die Mitarbeiter der Handelskontrolle Einsichts- und Befragungsrechte gegenüber den Handelsteilnehmern und deren Mitarbeitern vorsehen. Bei der Ausgestaltung der IT-mäßigen Datenerfassungs- und Datenauswertungsprozesse bestehen Spielräume. Sie haben in einem angemessenen Verhältnis zur Größe, zum Geschäftsvolumen und Geschäftsmodell des Systems zu stehen[2]. Hinzuweisen ist darauf, dass auch die Ermessensausübung durch das eigene Haus zu kontrollieren ist, bei MTF also die gleichmäßige Anwendung der Handelsregelungen gem. § 72 Abs. 2 WpHG und bei OTF die Einhaltung des nach § 75 Abs. 6 WpHG zulässigen Ermessensspielraums, da die Kontrollpflicht nach § 72 Abs. 1 Satz 1 Nr. 3 WpHG nicht auf Pflichten der Handelsteilnehmer beschränkt ist. Enthalten die Regelwerke Vorschriften, wie bei der Nichterfüllung von Geschäften vorzugehen ist, so sollte die Handelskontrolle auch für die Einhaltung dieser Bestimmungen zuständig sein.

Bei der Überwachung der **Einhaltung der Regelungen über die Geschäftsabwicklung** hat die Handelskontrolle die das Clearing und Settlement betreffenden Prozesse auf Regelkonformität zu überprüfen. Da hier der Systembetreiber regelmäßig eigene Pflichten, wie z.B. das Erstellen von Geschäftsbestätigungen und die Weiterleitungen an von Instruktionen an die Abwicklungsinstitute der Handelsteilnehmer, zu erfüllen hat, überprüft die Handelskontrolle auch hier nicht nur das Verhalten der Handelsteilnehmer, sondern zugleich das Verhalten des eigenen Hauses.

b) Einhaltung der Vorschriften der Marktmissbrauchsverordnung. Bezüglich der Überwachung der Einhaltung der Vorschriften der MAR hat die Handelskontrolle das tatsächliche Handelsgeschehen kontinuierlich auf Konformität mit der MAR abzugleichen. Konkret geht es dabei um Kontrollhandlungen, die geeignet sind zu erkennen, ob bei der Systemnutzung Verhaltensweisen der Handelsteilnehmer vorliegen, die auf nach der MAR verbotene Tätigkeiten hindeuten könnten. Die Verbote sind in Art. 14 und 15 VO Nr. 596/2014 genannt. Nach Art. 14 VO Nr. 596/2014, der unter der Überschrift „Verbot von Insidergeschäften und unrechtmäßiger Offenlegung von Insiderinformationen" steht, sind folgende Handlungen verboten:

a) das Tätigen von Insidergeschäften und der Versuch hierzu,
b) Dritten zu empfehlen, Insidergeschäfte zu tätigen, oder Dritte anzustiften, Insidergeschäfte zu tätigen, oder
c) die unrechtmäßige Offenlegung von Insiderinformationen.

Nach Art. 15 VO Nr. 596/2014 sind die Marktmanipulation und der Versuch hierzu verboten. In Art. 12 VO Nr. 596/2014 sind die Handlungen benannt, die Marktmanipulationen darstellen. Darüber hinaus sind im Anhang I VO Nr. 596/2014 und in Art. 82 nebst Anhang III Abschnitt B DelVO 2017/565 noch eine Reihe von Indikatoren aufgezählt, die auf manipulatives Handeln hinweisen können (s. ausfl. Rz. 130). Methodisch hat die Handelskontrolle bei der Überwachung der Verbote aus Art. 14 und 15 VO Nr. 596/2014 wie bei der Überwachung des Regelwerks vorzugehen, indem sie zunächst die Handelsdaten erfasst und auswertet. Die Auswertungen werden auch hier unter Zuhilfenahme von parametrisierten Computerprogrammen erfolgen, die ggf. zu Systemmeldungen über ungewöhnliche Kursentwicklungen und Transaktionen führen, die sodann manuell weiter zu verfolgen sind. Die Parametrisierung hat dabei insbesondere die erwähnten Indikatoren der MAR und DelVO 2017/565 zu berücksichtigen. Da manipulative Handlungen auch außerhalb des Handels im Handelssystem sowie vor und nach demselben stattfinden können, muss die Handelskontrolle auch frei zugängliche Informationen aus dem Marktumfeld mit einbeziehen[3]. Wichtige Quellen sind dabei insbesondere Ad-hoc-Mitteilungen der Emittenten der einbezogenen Finanzinstrumente. Für OTF ist schließlich anzumerken, dass die richtige Ermessensausübung keine Marktmanipulation darstellen kann (s. § 75 WpHG Rz. 22).

c) Weitere Kontrollhandlungen. Die in der Art. 31 Abs. 1 Satz 2 RL 2014/65/EU genannten Kontrollverfahren hinsichtlich **marktstörender Handelsbedingungen** und **Systemstörungen in Bezug auf ein Finanzinstrument** finden sich in § 72 Abs. 1 Satz 1 Nr. 3 WpHG nicht wieder. Dennoch sollten die Überwachungshandlungen des Systembetreibers auch solche Auffälligkeiten einbeziehen. Die BaFin hat unter Rückgriff auf die richtlinienkonforme Auslegung marktstörende Handelsbedingungen, die bereits in der MiFID von 2004 in Art. 26 Abs. 1

---

1 MaComp II Nr. 6.1.1.
2 MaComp II Nr. 6.1.1.
3 So bereits *Assmann* in 6. Aufl., § 31f WpHG Rz. 13; so jetzt ausdrücklich Art. 82 Abs. 2 lit. b a.E. DelVO 2017/565.

Satz 2 RL 2004/39/EG genannt worden sind, in der MaComp II als im Überwachungsprozess zu ermittelnde Sachverhalte aufgeführt[1]. Allerdings hat die BaFin keine Ausführungen gemacht, wie sich marktstörende Handelsbedingungen von Regelwerksverstößen oder Verstößen gegen die Marktmissbrauchsvorschriften unterscheiden. Anhaltspunkte für die Antwort auf diese Frage ergeben sich aus § 72 Abs. 6 WpHG. Nach dieser Vorschrift sind nicht nur schwerwiegende Verstöße gegen das Regelwerk des Systems und Anhaltspunkte für einen Verstoß gegen die Vorschriften der MAR unverzüglich der BaFin mitzuteilen, sondern auch (sonstige) **Störungen der Marktintegrität.** Da die Vorgaben in Art. § 31 Abs. 2 RL 2014/65/EU für Meldungen an die Aufsichtsbehörde sich auch auf marktstörende Handelsbedingungen und Systemstörungen bezieht, kann davon ausgegangen werden, dass der deutsche Gesetzgeber unter der Formulierung „Störungen der Marktintegrität" in § 72 Abs. 6 WpHG die marktstörende Handelsbedingungen und Systemstörungen zusammengefasst hat. Die Pflicht zur Überwachung marktstörender Handelsbedingungen und Systemstörungen in Bezug auf ein Finanzinstrument ergibt sich somit nicht unmittelbar aus § 72 Abs. 1 Satz 1 Nr. 3 WpHG, sondern als Ableitung aus der Meldepflicht aus § 72 Abs. 6 WpHG. In der MaComp II hatte die BaFin als Beispiel für eine zu meldende Störung der Marktintegrität angegeben, wenn dem Betreiber die Nichtmeldung von Geschäften an die BaFin (früher nach § 9 WpHG, jetzt nach Art. 26 VO Nr. 600/2014) durch einen Handelsteilnehmer bekannt wird[2]. Daneben wurden auch Funktionsdefizite bei der Preisfeststellung oder Störungen bei Abwicklung der Geschäfte als weitere Beispiele genannt[3]. Nach neuem Recht ist die Ermittlung, was marktstörende Handelsbedingungen und Systemstörungen sind, leichter geworden. In Art. 81 Abs. 1 i.V.m. Anhang III Abschnitt A DelVO 2017/565 werden **marktstörende Handelsbedingungen,** wenn auch im Anhang ohne ersichtlichen Grund als „ordnungswidrige Handelsbedingungen" benannt, wie folgt beschrieben:

– Der Preisfindungsprozess wird über einen längeren Zeitraum störend beeinflusst;
– Die Kapazitäten der Handelssysteme wurden erreicht oder überschritten;
– Wertpapierhändler/Liquiditätsgeber behaupten wiederholt, dass Fehlabschlüsse („Mistrades") vorliegen;
– Zusammenbruch oder Ausfall wichtiger Mechanismen nach Art. 48 RL 2014/65/EU und ihrer Durchführungsmaßnahmen, die darauf ausgelegt sind, den Handelsplatz gegen die Risiken algorithmischen Handels zu schützen.

Systemstörungen werden in Art. 81 Abs. 1 i.V.m. Anhang III Abschnitt A DelVO 2017/565 wie folgt beschrieben:
– Jede größere Störung oder Zusammenbruch des Systems für den Marktzugang, die/der zur Folge hat, dass Teilnehmer die Möglichkeit verlieren Aufträge zu erteilen, anzupassen oder zu stornieren;
– Jede größere Störung oder Zusammenbruch des Systems für den Abgleich von Geschäften, die/der zur Folge hat, dass Teilnehmer die Gewissheit über den Stand von abgeschlossenen Geschäften und aktiven Aufträgen verlieren, wie auch die Nichtverfügbarkeit von für den Handel unverzichtbaren Informationen (z.B. Verbreitung von Indexwerten für den Handel von bestimmten Derivaten auf eben jenem Index);
– Jede größere Störung oder Zusammenbruch des Systems für die Verbreitung von Vor- und Nachhandelstransparenz und anderen relevanten Daten, die von Handelsplätzen in Übereinstimmung mit ihren Verpflichtungen nach RL 2014/65/EU und MiFIR veröffentlicht werden;
– Jede größere Störung oder Zusammenbruch des Systems des Handelsplatzes zur Überwachung und Steuerung von Handelsgeschäften der Marktteilnehmer; und jede größere Störung oder Zusammenbruch des Systems im Bereich der anderen, miteinander verknüpften Dienstleister, insbesondere Zentrale Gegenparteien und Wertpapiersammelbanken, die/der Auswirkungen auf das Handelssystem zur Folge hat.

39 **4. Öffentliche Bekanntgabe von Informationen (§ 72 Abs. 1 Satz 1 Nr. 4 WpHG).** Die Betreiber eines MTF bzw. OTF sind nach § 72 Abs. 1 Satz 1 Nr. 4 WpHG verpflichtet, alle Informationen zu veröffentlichen, die unter Berücksichtigung der Art der Nutzer und der gehandelten Finanzinstrumente für die Nutzung des multilateralen oder organisierten Handelssystems erforderlich und zweckdienlich sind. Mit der Vorschrift wird den Vorgaben über die Informationspflichten gem. Art. 18 Abs. 2 Unterabs. 2 und Abs. 6 RL 2014/65/EU entsprochen. Zweck der Informationspflicht nach Art. 18 Abs. 2 Unterabs. 2 RL 2014/65/EU ist es, den Nutzern des Handelssystems – damit sind auch die indirekten Nutzer gemeint – eine Beurteilungsgrundlage hinsichtlich der Anlagemöglichkeiten zu bieten[4]. Art. 2 Abs. 1 lit. d VO 2016/824 wiederholt diesen Zweck nochmals. Vor diesem Hintergrund geht es darum, vor allem die in den Handel einbezogenen Finanzinstrumente publik zu machen.

40 Aber auch die Regelungen zum Teilnehmerzugang und die Regelungen, wann und wie Werte in den Handel einbezogen werden (vgl. § 72 Abs. 1 Satz 1 Nr. 1 und 2 WpHG), sind erfasst. Nach MaComp II Nr. 9 sollen zudem neben der Benutzung des Systems, die Handelsbedingungen und das Preisermittlungsverfahren, die verschiedenen Arten von Orders, die Ausführung der Geschäfte (Clearing und Settlement) und Details über Handelszeiten und die Handelsüberwachung öffentlich bekannt gemacht werden.

---

1 MaComp II Nr. 6.2.2.
2 MaComp II Nr. 11.2.
3 MaComp II Nr. 11.2.
4 Vgl. auch *Schweppe,* S. 183.

Veröffentlichen bedeutet, dass die unternehmensintern beschlossenen Regelungen der Öffentlichkeit zugänglich gemacht werden. Art. 2 Abs. 1 lit. c DurchfVO 2016/824 geht davon aus, dass Veröffentlichungssysteme zur öffentlichen Zurverfügungstellung genutzt werden. Was darunter zu verstehen ist, wird in der Verordnung nicht weiter ausgeführt. Ein Rückgriff auf die in Art. 4 Abs. 1 Nr. 63 RL 2014/65/EU – im deutschen Recht Art. 2 Abs. 40 WpHG – definierten Datenbereitstellungsdienste, wie z.B. genehmigte Veröffentlichungssysteme, erscheint nicht beabsichtigt zu sein. Das leicht auffindbare und passwortfreie Einstellen der Zugangsregelungen auf der Internetseite der Betreibers sollte als geeignetes Verfahren genügen[1]. Die Zurverfügungstellung der Regelungen nur an Bestandskunden wird der Veröffentlichungspflicht hingegen nicht genügen. Es müssen auch Nichtkunden in das Regelwerk Einsicht nehmen können. Das Nichtaushändigen der Informationen an Interessenten könnte ggf. eine nach § 72 Abs. 1 Satz 1 Nr. 1 WpHG unzulässige Zugangsdiskriminierung darstellen. Neben der Veröffentlichung sind die Systembetreiber auch dazu verpflichtet, die bekannt gemachten Informationen der BaFin zu übermitteln; vgl. Art. 2 Abs. 1 DurchfVO 2016/824. 41

5. Entgelt für übermäßige Systemnutzung (§ 72 Abs. 1 Satz 1 Nr. 5 WpHG). § 72 Abs. 1 Satz 1 Nr. 5 WpHG verpflichtet die Betreiber von MTF und OTF, für die übermäßige Nutzung des Handelssystems separate Entgelte zu verlangen. Die RL 2014/65/EU verlangt in ihren Vorgaben für die Entgeltgestaltung (Art. 18 Abs. 5 i.V.m. Art. 48 Abs. 9 RL 2014/65/EU) nicht ausdrücklich das Vorhandensein eines separaten Entgelts für unverhältnismäßige Systemnutzungen. Es wird lediglich gefordert, dass Entgelte keinen Anreiz schaffen dürfen, dass es zu marktstörenden Handelsbedingungen bzw. Marktmissbräuchen kommt. Damit sind nach der RL 2014/65/EU-Formulierung zumindest theoretisch andere Entgeltstrukturen denkbar, als die Einführung einer eigenständigen *Excessive Usage Fee*[2]. Die RL 2014/65/EU-Vorgabe ist für MTF und OTF in § 72 Abs. 2 Satz 2 WpHG umgesetzt worden. 42

§ 72 Abs. 1 Satz 1 Nr. 5 WpHG ist für MTF bereits 2013 mit dem Hochfrequenzhandelsgesetz[3] als § 31f Abs. 1 Nr. 7 in das WpHG eingeführt worden. Die Regelung stellt die Parallelnorm zu § 17 Abs. 4 BörsG dar, der für Börsen Gebühren oder Entgelte zur Eindämmung übermäßiger Systemnutzung verpflichtend gemacht hat. Nach der Gesetzesbegründung zu § 31f WpHG ist die Aufnahme der Vorschrift in das Gesetz deshalb erfolgt, damit Systembetreiber und Handelsteilnehmer eine einheitliche Behandlung erfahren, um ein Ausweichen des Handels von der Börse auf MTF zu verhindern[4]. § 72 Abs. 1 Satz 1 Nr. 5 WpHG flankiert § 72 Abs. 1 Satz 1 Nr. 7 WpHG, wonach Handelsteilnehmer ein vom Betreiber festgelegtes angemessenes Order-Transaktions-Verhältnis beachten müssen. Beiden Normen sollen nach der Gesetzesbegründung zum Hochfrequenzhandelsgesetz dazu beitragen, die Systemstabilität und die Marktintegrität durch den Hochfrequenzhandel reduzieren[5]. Dies kann als Indiz verstanden werden, dass bei Vorliegen eines unangemessenen Order-Transaktions-Verhältnisses zugleich die Entgeltregelung für übermäßige Systemnutzung greifen muss. Das Order-Transaktionsverhältnis wird auf Tagesbasis bestimmt (§ 72 Abs. 1 Satz 1 Nr. 7 Halbsatz 2 WpHG). Das Sollte an einem MTF aufgrund des Marktmodells (z.B. sprachbasiertes System mit Auktionen) kein Hochfrequenzhandel stattfinden, so kann nach Sinn und Zweck der Vorschrift eine Klausel für ein separates Entgelt entfallen. 43

Für die **übermäßige Systemnutzung** hat der Gesetzgeber unverhältnismäßig viele Auftragseingaben, -änderungen und -löschungen als Regelbeispiele benannt. Damit sind auch weitere anderweitige Systembelastungen denkbar. Für die Bestimmung des Übermaßes wird die technische Auslegung des Systems, die auf die Zahl der Handelsteilnehmer und der gehandelten Instrumente abgestimmt ist, eine Rolle spielen. Bei bereits existierenden MTF lässt sich ein Übermaß ggf. mit statistischen Durchschnittswerten herleiten, z.B. anhand der Relation von Hochfrequenzhändlern zu Nichthochfrequenzhändlern[6]. Insgesamt erscheint das Finden des richtigen Maßes für eine Lenkungswirkung jedoch schwierig zu sein, da die Leistungsfähigkeit des Systems von Gesetzes wegen über ausreichende Kapazitäten für Spitzenvolumina an Aufträgen verfügen muss (vgl. § 72 Abs. 1 Satz 1 Nr. 11 lit. b WpHG). Art. 11 Abs. 1 DelVO 2017/584 verlangt, dass das System in der Lage ist, mindestens doppelt so viele Mitteilungen pro Sekunde zu verarbeiten, wie der Spitzenwert, der in den vorangegangenen fünf Jahren im System zu verzeichnen war. In der Gesetzesbegründung zu § 17 Abs. 4 BörsG, die ohne weiteres auf das WpHG übertragen werden kann, findet sich daher auch die Aussage, dass dem Systembetreiber bei der Ausgestaltung des Entgelts ein Ermessensspielraum zusteht[7], insbesondere auch im Hinblick auf liquiditätsspendende Marktteilnehmer[8]. 44

6. Vorkehrungen bei erheblichen Preisschwankungen (§ 72 Abs. 1 Satz 1 Nr. 6 WpHG). MTF- und OTF-Betreiber müssen nach § 72 Abs. 1 Satz 1 Nr. 6 WpHG geeignete Vorkehrungen treffen, um auch bei erheblichen Preisschwankungen eine ordnungsgemäße Preisermittlung sicherzustellen. Diese Verpflichtung besteht 45

---

1 Vgl. hierzu MaComp II Nr. 9.
2 So z.B. die Bezeichnung in der Börsenordnung der Baden-Württembergischen Wertpapierbörse.
3 BGBl. I 2013, 1162 ff.
4 RegE HFTG, BT-Drucks. 17/11631, 17.
5 RegE HFTG, BT-Drucks. 17/11631, 17.
6 *Fuchs* in Fuchs, § 31f WpHG Rz. 11.
7 RegE HFTG, BT-Drucks. 17/11631, 16.
8 In diesem Sinne *Just* in Just/Voß/Ritz/Becker, § 31f WpHG Rz. 12.

für alle Handelsplatzbetreiber. Denn auch die Börsen haben nach § 24 Abs. 2a BörsG eine gleichgerichtete Pflicht. § 72 Abs. 1 Satz 1 Nr. 6 WpHG trägt Art. 18 Abs. 5 i.V.m. Art. 48 Abs. 5 RL 2014/65/EU Rechnung[1]. Danach muss der Handelsplatz in der Lage sein, den Handel vorübergehend einzustellen oder einzuschränken, wenn es kurzfristig zu einer erheblichen Preisbewegung bei einem Finanzinstrument auf diesem Markt oder einem benachbarten Markt kommt, und in Ausnahmefällen auch dazu, jedes Geschäft zu stornieren, zu ändern oder zu berichtigen. Die RL 2014/65/EU nennt die Möglichkeit, den Handel einstellen bzw. einzuschränken, **Notfallsicherungen bzw. Circuit Breaker**[2]. Im Englischen ist der Begriff Circuit Breaker ein Synonym für *Volatility Interruption*, die Volatilitätsunterbrechung.

46 Die Vorläuferregelung von § 72 Abs. 1 Satz 1 Nr. 6 WpHG – § 31f Abs. 1 Nr. 8 WpHG a.F. –, die 2013 mit dem Hochfrequenzhandelsgesetz 2013 eingeführt worden war, enthielt bereits wesentliche Elemente der jetzigen Vorschrift. Die in nicht abschließender Form aufgezählten Beispiele „kurzfristige Änderung des Marktmodells" und „kurzzeitige Volatilitätsunterbrechungen unter Berücksichtigung statischer oder dynamischer Preiskorridore" sowie „Limitsysteme der mit der Preisfeststellung betrauten Handelsteilnehmer" für Vorkehrungen zur Sicherstellung der ordnungsgemäßen Preisermittlung bei erheblichen Preisschwankungen, waren bereits Gegenstand der ursprünglichen Regelung. Als weitere Maßnahme kam in Betracht, Aufträge automatisch abzuweisen, wenn diese außerhalb einer festgelegten Volumen- und Preisschwellen lagen[3]. Diese Maßnahme ist nunmehr in § 72 Abs. 1 Satz 2 WpHG i.V.m. § 5 Abs. 4a Nr. 2 Alt. 1 BörsG separat verpflichtend geregelt. Mit dem 2. FiMaNoG zur Vorschrift hinzugekommen ist der Zusatz, dass in Ausnahmefällen geschlossene Geschäfte storniert, geändert oder berichtigt werden können. Gemessen an den Vorgaben der RL 2014/65/EU wird man wohl das Vorsehen einer Volatilitätsunterbrechung und das Recht zur Stornierung bzw. Änderung des Geschäftsinhaltes als zwingende Gesetzesvorgaben ansehen müssen und nicht mehr nur als Optionen von mehreren gleichberechtigten Möglichkeiten. Die Vorkehrungen sind im Regelwerk des Systems als Abläufe zur Durchführung eines ordnungsgemäßen Handels i.S.d. § 72 Abs. 1 Satz 1 Nr. 2 WpHG zu beschreiben[4].

47 **Welche Vorkehrungen** insgesamt für eine ordnungsgemäße Preisfindung während plötzlich und unerwartet auftretender Marktturbulenzen **geeignet sind, hängt von** den für das jeweilige Finanzinstrument im System konkret festgelegten **Handels- und Preisfindungsregelungen** ab. Werden die Preise aufgrund ausreichender Liquidität ohne Rückgriff auf Preise anderer Systeme festgestellt, so werden die Reaktionen auf außerordentliche Marktsituationen im Detail anders zu regeln sein, als bei Systemen, die lediglich Preise anderer Systeme importieren. Wichtig ist in jedem Fall, dass im Interesse eines redlichen Markts mit einem Anspruch an Preiskontinuität und Preisqualität der Handel unterbrochen werden kann, bis sich die Handelsteilnehmer auf die neue Marktsituation eingestellt haben[5]. Die Begründung des Hochfrequenzhandelsgesetzes ist mit der Beschreibung, was unter den Tatbestandmerkmalen genau zu verstehen ist, zurückhaltend. Bei der Parallelnorm § 24 Abs. 2a BörsG wird darauf hingewiesen, dass die bereits in Börsenordnungen bestehenden Vorkehrungen wie Volatilitätsunterbrechungen, Wechsel des Marktmodells und Limitsysteme von Market Makern gesetzlich verpflichtend gemacht werden[6]. Der Begriff der Volatilitätsunterbrechung fand sich zum Zeitpunkt des Inkrafttretens des Hochfrequenzhandelsgesetzes nur in den Regelungen der Frankfurter Wertpapierbörse und der Eurex.

48 **Volatilitätsunterbrechungen** und **kurzfristiger Wechsel des Marktmodells** werden bei einem fortlaufenden Handel regelmäßig zusammenfallen. Zunächst wird die Preisfeststellung im fortlaufenden Handel einzustellen und danach der Neustart im Auktionsverfahren zu vollziehen sein[7]. Eine Volatilitätsunterbrechung in einem Auktionsverfahren wird in der zeitlichen Verlängerung der Phase bestehen, in der Orders für die nächstfolgende Auktion eingestellt werden können, wobei die standardmäßigen Regelungen der Preisfeststellung dabei ebenfalls modifiziert werden können[8]. Bei rechter Betrachtung stellt die Volatilitätsunterbrechung eine spezielle Variante einer Handelsaussetzung nach § 73 WpHG dar. Volatilitätsunterbrechungen unter Berücksichtigung statischer oder dynamischer Preiskorridore sind automatisch greifende Handelsaussetzungen in elektronischen Handelssystemen[9]. Sie treten ein, wenn ein zu erwartender Preis von einem zuvor ermittelten Preis in einem vorab festgelegten Verhältnis abweicht. Von einem **dynamischen Preiskorridor** ist vereinfachend dann die Rede, wenn der Bezugspunkt für den Ausgangswert der letzte festgestellte Preis ist; von einem **statischen Preiskorridor**, wenn im fortlaufenden Handel nicht auf den letzten Preis, sondern auf die letzte Auktion in dem betreffend Wert abgestellt wird[10]. Die Parameter für solche Volatilitätsunterbrechungen sind durch den Betreiber im Regelwerk nachvollziehbar festzusetzen. Bei der Parametrisierung sind die Liquidität der Asset-Klasse, das

---

1 Vgl. BT-Drucks. 18/10936, 239 und RefE. 2. FiMaNoG, S. 314.
2 Vgl. Erwägungsgrund Nr. 64 RL 2014/65/EU und Überschrift von Art. 48 RL 2014/65/EU.
3 So bereits vor dem Inkrafttreten der MiFID II in etwa Nr. 3.2.g) Leitlinien ESMA/2012/122 (DE).
4 Vgl. auch Art. 19 Abs. 3 DelVO 2017/584.
5 *Fuchs* in Fuchs, § 31f WpHG Rz. 12.
6 RegE HFTG, BT-Drucks. 17/11631, 16.
7 Vgl. Nr. 9.2.1 T7Release 5.0 – Marktmodell für den Handelsplatz Xetra, Stand: 31.3.2017, www.deutsche-boerse.com.
8 *Vgl.* Nr. 9.2.2 T7 Release 5.0 – Marktmodell für den Handelsplatz Xetra, Stand: 31.3.2017, www.deutsche-boerse.com.
9 Nach Art. 19 DelVO 2017/584 sind Automatismen Pflicht.
10 Vgl. § 97 BörsO FWB; *Löper*, S. 309.

Marktmodell und die Art der Handelsteilnehmer zu berücksichtigen. So dürfen die Preisbänder bei illiquiden Finanzinstrumenten breiter eingestellt sein, als bei liquiden Werten. Auf den Einfluss des Marktmodells wurde in Rz. 47 bereits hingewiesen. So sind bei der Einbeziehung von Referenzpreisen diese in die Parametrisierung einzubeziehen. Schließlich wird auch darauf abzustellen sein, ob liquiditätsspendende Handelsteilnehmer im Marktmodell vorgesehen sind und wie deren Pflichten zur Quotierung in außergewöhnlichen Marktphasen festgelegt sind. Insgesamt hat die Parametrisierung so zu erfolgen, dass die Möglichkeit gegeben ist, wesentliche Störungen eines ordnungsgemäßen Handels zu unterbinden. D.h., die Unterbrechungen dürfen nicht zu spät aktiviert werden. Die festgelegten Parameter müssen durch den Betreiber der **BaFin mitgeteilt** werden. Eine spezielle Form für die Mitteilung nennt das Gesetz nicht. Es sollte die Übersendung des entsprechenden Abschnitts des Regelwerks genügen. Ferner wird auch das zeitweise Aussetzen von speziellen Ordertypen als kurzzeitiger Wechsel des Marktmodells anzusehen sein[1]. Hinzuweisen ist darauf, dass sich zumindest für Handelssysteme mit Market-Making-Systemen i.S.v. § 72 Abs. 1 Satz 2 WpHG i.V.m. § 26c Abs. 2 BörsG die ausdrückliche Verpflichtung für den Systembetreiber ergibt, nach Volatilitätsunterbrechungen die Aufnahme des Handels wieder zu betreiben; vgl. hierzu Art. 6 Abs. 2 Satz 2 DelVO 2017/578.

Wenig aufschlussreich ist die Formulierung, wonach **Limitsysteme** der mit der Preisfeststellung betrauten Handelsteilnehmer bei Preisschwankungen eine geordnete Preisfeststellung sicherstellen können. Die Schwierigkeit ergibt sich daraus, dass der Begriff der preisfeststellenden Handelsteilnehmer mit dem Begriff der Skontroführer im nicht vollautomatisierten Börsenhandel belegt ist. Die Gesetzesbegründung stellt allerdings auf Market Maker betreffende Limitsysteme ab[2]. Dies dürfte ein Indiz dafür sein, dass Limitsysteme für Handelsteilnehmer gemeint sind, die die Preisfeststellung betreuen[3]. Die Limitsysteme hat der Systembetreiber vorzugeben, indem er besondere Pflichten für Liquiditätsspender in kritischen Marktsituationen aufstellt. Dies können Vorschriften für das Quotierungs- oder Taxenverhalten sein, damit es nicht zu weiteren Tendenzverstärkungen kommt[4]. Für Market-Making-Systeme i.S.v. § 72 Abs. 1 Satz 2 WpHG i.V.m. § 26c Abs. 2 BörsG wird nach Art. 1 Abs. 2 lit. g DelVO 2017/578 generell die Beachtung einer vom Systembetreiber festgesetzten maximalen Geld-Brief-Spanne verlangt. Liquiditätsspendende Handelsteilnehmer können darüber hinaus verpflichtet werden, sich an Preisfeststellungen im Auktionsverfahren zu beteiligen, die nach Volatilitätsunterbrechungen stattfinden[5].

Die mit dem 2. FiMaNoG hinzugekommene Formulierung, **dass von Marktteilnehmern geschlossene Geschäfte im Ausnahmefall durch den Systembetreiber storniert, geändert oder berichtigt werden** können, ist im Regelwerk des Handelssystems durch Normierung einer entsprechenden Befugnis umzusetzen. Als problematisch kann sich hier erweisen, dass das Gesetz nicht eindeutig vorgibt, ob bereits ein Geschäftsschluss nach Eintritt einer erheblichen Preisschwankung einen Ausnahmefall begründen kann, der Eingriffe in die Vertragswirksamkeit rechtfertigt, oder ob darüber hinaus noch weitere Umstände hinzutreten müssen. Ebenso ist fraglich, ob Vertragsaufhebung und Vertragsanpassung gleichberechtigte Alternativen darstellen können, oder, ob nicht die Vertragsanpassung ein verhältnismäßigeres und damit vorrangigeres Mittel darstellt. Ferner besteht keine gesetzliche Vorgabe, in welchem Zeitraum der Systembetreiber auf die Geschäfte einwirken darf. Die Systembetreiber werden deshalb bei der Formulierung der Befugnis gehörige Sorgfalt aufzuwenden haben, da die Anwendung bzw. Nichtanwendung ihrer Stornierungs- bzw. Anpassungsklausel mit Schadenersatzrisiken gegenüber der benachteiligten Partei verbunden sein kann. Hinsichtlich des Regelungsgehaltes von Vorschriften zur Stornierung von Geschäften lassen sich zumindest aus Art. 18 Abs. 3 lit. f DelVO 2017/584 einige Vorgaben entnehmen. Zu regeln sind danach Zeitpunkt und Verfahren, Berichts- und Transparenzpflichten sowie Verfahren zur Streitbeilegung. Bei den Eingriffsmöglichkeiten in das Vertragsverhältnis handelt es sich um einseitige Leistungsbestimmungsrechte eines Dritten, bei denen im Falle wenig detaillierter Vorgaben im Regelwerk die §§ 317 ff. BGB zu beachten sind.

Art. 19 DelVO 2017/584 stellt unter Bezugnahme auf Art. 48 Abs. 5 RL 2014/65/EU – wenngleich keine ausdrückliche Verordnungsermächtigung nach Art. 18 Abs. 6 i.V.m. Art. 48 Abs. 12 RL 2014/65/EU ersichtlich ist – organisatorische Pflichten für die Systembetreiber zur Sicherstellung der Maßnahmen zur Bewältigung der Volatilität auf. U.a. müssen die Handelsunterbrechungen automatisch eingreifen. Die ergriffenen Maßnahmen sind einer im Zuge einer jeden Überprüfung der Kapazitäten und der Performanz des Handelssystems zu validieren. Der Betreiber hat IT-Ressourcen und Personal für die Auslegung, Instandhaltung und Überwachung der Mechanismen bereitzustellen. Auch die Pflicht zur Aufzeichnung über die Regeln und Parameter sowie Aufzeichnungen über den operativen Einsatz, die Verwaltung und die Aktualisierung dieser Mechanismen wird in Art. 19 DelVO 2017/584 erwähnt.

7. Angemessenes Order-Transaktions-Verhältnis (§ 72 Abs. 1 Satz 1 Nr. 7 WpHG). Nach § 72 Abs. 1 Satz 1 Nr. 7 Halbsatz 1 WpHG haben Betreiber von MTF und OTF sicherzustellen, dass ein angemessenes Verhältnis

---

1 So *Schultheiß*, WM 2013, 596, 601 i.V.m. 598.
2 RegE HFTG, BT-Drucks. 17/11631, 16; s. auch *Just* in Just/Voß/Ritz/Becker, § 31f WpHG Rz. 13.
3 Im Ergebnis ebenso *Schultheiß*, WM 2013, 596, 601 i.V.m. 598.
4 Nach *Schultheiß*, WM 2013, 596, 598 und *Löper*, S. 310 soll § 77 Abs. 2 BörsO FWB als Vorbild gedient haben.
5 Vgl. Nr. 4 T7 Release 5.0 – Marktmodell für den Handelsplatz Xetra, Stand: 31.3.2017, www.deutsche-boerse.com.

zwischen Auftragseingaben, -änderungen und -löschungen und den tatsächlich ausgeführten Geschäften (**Order-Transaktions-Verhältnis**) von Handelsteilnehmern besteht. Damit sollen Risiken für den ordnungsgemäßen Handel im Handelssystem vermieden werden. Die Regelung wurde für MTF bereits mit dem Hochfrequenzhandelsgesetz 2013 als Parallelvorschrift zu § 26a BörsG in § 31 Abs. 1 Nr. 9 WpHG a.F. in das Gesetz aufgenommen und ist im Zuge der Verabschiedung des 2. FiMaNoG bis auf die Erstreckung auf OTF und vernachlässigbare sprachliche Glättungen weitgehend unverändert geblieben. Die RL 2014/65/EU enthält keine in völliger Hinsicht deckungsgleiche Vorgabe für diese Vorschrift. Art. 18 Abs. 5 i.V.m. Art. 48 Abs. 6 a.E. RL 2014/65/EU verlangt von allen Handelsplatzbetreibern Systeme zur Begrenzung des Verhältnisses nicht ausgeführter Handelsaufträge zu Geschäften, die das Ziel verfolgen, das Auftragsaufkommen zu verlangsamen, wenn das Risiko besteht, dass die Systemkapazität erreicht wird. Die Umsetzung dieser RL 2014/65/EU-Anforderung ist allerdings mit § 72 Abs. 1 Satz 2 WpHG i.V.m. § 26d Abs. 1 Satz 2 BörsG (s. Rz. 100) erfolgt.

53 § 72 Abs. 1 Satz 1 Nr. 7 Halbsatz 2 WpHG schreibt vor, dass das Order-Transaktions-Verhältnis jeweils für ein Finanzinstrument und anhand des zahlenmäßigen Volumens der jeweiligen Aufträge und Geschäfte **innerhalb eines Tages** zu bestimmen ist. § 72 Abs. 1 Satz 1 Nr. 7 Halbsatz 3 WpHG enthält sodann einen Versuch, den unbestimmten Rechtsbegriff der Angemessenheit zu konkretisieren. **Angemessen** soll das Order-Transaktions-Verhältnis insbesondere dann sein, wenn es auf Grund der Liquidität des betroffenen Finanzinstruments, der konkreten Marktlage oder der Funktion des Handelsteilnehmers **wirtschaftlich nachvollziehbar** ist. Neben der wirtschaftlichen Nachvollziehbarkeit wären damit weitere Kriterien denkbar, mit denen Systembetreiber eine Angemessenheit begründen können[1]. Unter der Geltung des § 31 Abs. 1 Nr. 9 WpHG a.F. wurde durch die offene Formulierung der Norm dem Betreiber ein großer Bewertungsspielraum zugebilligt. Als zulässig erachtet wurde die Festlegung einer generalisierenden Höchstgrenzen über alle handelbaren Wertpapiere hinweg[2]. Der deutsche Gesetzgeber hat zumindest die Bedeutung der Systemstabilität in der Begründung des Hochfrequenzhandelsgesetzes angeführt[3]. Darüber hinaus ging es ihm aber auch darum, zu verhindern, dass ein ständiges Einstellen und Löschen von Orders ohne Handelsabsicht erfolgt, das nur dem Zweck dient, das Ordervolumen anderer Handelsteilnehmer auszuloten und den Preis alleine durch die Ordereinstellungen in eine gewünschte Richtung zu bewegen und anschließend auszunutzen[4]. Bei der Bewertung der Angemessenheit sollte schließlich auch die Aktivität des jeweiligen Handelsteilnehmers eine Berücksichtigung finden. Wenig aktive Handelsteilnehmer können bei Nichtausführung ihrer Orders tendenziell schneller in ein höheres Order-Transaktions-Verhältnis geraten und damit einen festen Grenzwert reißen, als aktivere Handelsteilnehmer. Vom Sinn und Zweck der Vorschrift sollte deshalb die Festlegung einer verhältnismäßig niedrig gehaltenen Unerheblichkeitsschwelle (Sockelbetrag/Freigrenze) von Transaktionsanzahlen vereinbar sein, in deren Rahmen zunächst kein Verhältnis bestimmt zu werden braucht[5].

54 Die DelVO 2017/566 legt wie § 72 Abs. 1 Satz 1 Nr. 7 WpHG fest, dass das tatsächliche Order-Transaktionsverhältnis auf Tagesbasis zu bestimmen ist, allerdings mit dem Zusatz „mindestens". § 31f Abs. 1 Nr. 9 WpHG a.F. sah hier noch eine Monatsbasis vor. Darüber hinaus ist neben einem rein zahlenmäßigen Order-Transaktions-Verhältnis auch auf das Verhältnis zwischen dem Volumen der aufgegebenen Orders und dem Volumen der abgeschlossenen Geschäfte abzustellen. Übersteigt nur eines der beiden Verhältnisse die zuvor festgelegten maximalen Verhältniswerte, so gelten die Vorgaben als insgesamt nicht eingehalten. Da die EU-Verordnung durch deutsche Systembetreiber unmittelbar anzuwenden ist, bleibt kaum mehr Raum für die Spielräume, die § 72 Abs. 1 Satz 1 Nr. 7 WpHG zulässt.

55 Die Festlegungen über Verhältnishöchstgrenzen stellen Regelungen zur ordnungsgemäßen Durchführung des Handels i.S.v. § 72 Abs. 1 Satz 1 Nr. 2 WpHG dar. Die Überwachung der Einhaltung der Grenzwerte hat nach § 72 Abs. 1 Satz 1 Nr. 3 WpHG zu erfolgen. Die Festlegung einer unmittelbar an einen Verstoß geknüpften Vertragsstrafe muss der Betreiber nicht vornehmen. Verhaltenssteuernd soll hier das separate höhere Entgelt wirken, das der Betreiber für die übermäßige Nutzung des Handelssystems gem. § 72 Abs. 1 Satz 1 Nr. 5 WpHG festzulegen hat. Gleichwohl kann der Betreiber bei entsprechend schwerwiegenden Verletzungen des Order-Transaktions-Verhältnisses anderweitig vorgesehene Maßnahmen bei Regelwerksverletzungen, wie z.B. Einschränkung der Teilnahmeberechtigung des entsprechenden Handelsteilnehmers, zur Anwendung bringen. Denkbar wäre aber auch, Regelungen vorzusehen, die bei Absehen des Erreichens eines Grenzwerts eine Drosselung der Orderübermittlung zulassen[6].

56 **8. Mindestpreisänderungsgröße (§ 72 Abs. 1 Satz 1 Nr. 8 WpHG).** Betreiber von MTF und OTF haben gem. § 72 Abs. 1 Satz 1 Nr. 8 WpHG die Verpflichtung, eine angemessene Größe der kleinstmöglichen Preisänderung für die in ihrem System handelbaren Finanzinstrumente festzulegen, sog. *Minium Tick Size*, um nega-

---

1 Löper, S. 315.
2 Enger *Schultheiß*, WM 2013, 596, 601 i.V.m. 598 und *Löper*, S. 363 i.V.m. S. 315: „gattungsmäßige Festlegung".
3 RegE HFTG, BT-Drucks. 17/11631, 16.
4 RegE HFTG, BT-Drucks. 17/11631, 16, s. auch *Seiffert* in KölnKomm. WpHG, § 31f WpHG Rz. 33.
5 Im börslichen Bereich waren solche Regelungen üblich.
6 So in etwa Nr. 3.2.f) Leitlinien ESMA/2012/122 (DE).

tive Auswirkungen auf die Marktintegrität und -liquidität zu verringern[1]. Art. 18 Abs. 5 i.V.m. Art. 48 Abs. 6 a.E. und Art. 49 Abs. 1 RL 2014/65/EU verlangt vom deutschen Gesetzgeber eine entsprechende Regelung. Dieser hatte bereits mit dem Hochfrequenzhandelsgesetz in § 31f Abs. 1 Nr. 10 WpHG a.F. eine Vorschrift für MTF eingeführt, die sich an den RL 2014/65/EU-Vorgaben orientiert hatte. Mit der Einfügung des § 72 Abs. 1 Satz 1 Nr. 8 WpHG durch das 2. FiMaNoG ist der Regelungsgehalt der Norm auf OTF ausgedehnt worden und sprachlich eng an die RL 2014/65/EU angelehnt worden. Für Börsen findet sich eine komplementäre Norm in § 26b BörsG. Als Hintergrund für die Regelung gilt ein durch die Gesetzgebungsorgane festgestellte Entwicklung, wonach die Abstände zwischen zwei Preisstufen immer kleiner geworden sind und das ordnungsgemäße Funktionieren der Märkte dadurch beeinträchtigt worden sein soll[2]. An den verschiedenen Handelsplätzen hatten sich Preisangaben mit mehr als zwei Nachkommastellen herausgebildet. Diesem Trend soll entgegengewirkt werden, indem die kleinsten möglichen Abstände zwischen den Preisschritten in angemessener Weise festgelegt werden müssen.

Die Festlegung eines kleinstmöglichen Preisabstandes hat grundsätzlich nur bei Aktien, Aktienzertifikaten – gemeint sind damit Hinterlegungsscheine i.S.v. § 2 Abs. 6 Nr. 34 WpHG –, Exchange Traded Funds (börsengehandelte Investmentvermögen i.S.v. § 2 Abs. 23 WpHG)[3] und Zertifikaten i.S.v. § 2 Abs. 31 WpHG und anderen vergleichbaren Finanzinstrumenten (Eigenkapitalinstrumente i.S.d. MiFIR) zu erfolgen. Bei anderen Finanzinstrumenten gilt dies nur, wenn diese auf Grundlage eines von Art. 49 Abs. 4 RL 2014/65/EU erlassenen delegierten Rechtsakts der Europäischen Kommission erfasst werden. Bislang ist eine solche Erfassung nicht erfolgt und auch nicht vorgesehen[4]. Die Beschreibung der jeweiligen Größe hat im Regelwerk des Handelssystems zu erfolgen. 57

Der Systembetreiber hat bei der Festlegung der Mindestgröße nach § 72 Abs. 1 Satz 1 Nr. 8 Halbsatz 2 WpHG den eher deklaratorischen Hinweis zu beachten, dass diese den Preisfindungsmechanismus nicht beeinträchtigen und kein unangemessenes Order-Transaktions-Verhältnis bewirken dürfen. 58

Für Aktien, Aktienzertifikate (Hinterlegungsscheine), börsengehandelte Fonds gibt die DelVO 2017/588 ein **EU-weit verbindliches Tick-Größen-Regime** für alle Marktplatzbetreiber vor. § 72 Abs. 1 Satz 1 Nr. 8 Halbsatz 3 WpHG verweist ausdrücklich auf die Verordnung in der jeweils geltenden Fassung[5]. Mit dieser dynamischen Verweisungsnorm hat sich der deutsche Gesetzgeber den Regelungsinhalt zu eigen gemacht. In dieser Verordnung werden die Größen für die kleinstmöglichen Preisänderungen und wann und wie diese geändert werden weitgehend abschließend geregelt. Die nationalen Systembetreiber haben dadurch nur noch begrenzte Spielräume, für ihren Marktplatz den kleinsten Schritt selbständig festzulegen. Sie haben die Größenordnungen in ihre Regelwerke zu übernehmen, ohne dass sie noch eigene Prüfungen der Angemessenheit vornehmen müssen. Dies ergibt sich aus dem Anwendungsvorrang des EU-Rechts vor dem deutschen Recht. Die DelVO 2017/588 enthält im Anhang eine Matrix, die sich zum einen aus 19 Preisspannen und zum anderen sechs Bandbreiten für die durchschnittliche tägliche Anzahl von Geschäften zusammensetzt. Den entsprechenden 114 Kombinationen sind jeweils Mindestgrößen zugewiesen. Instrumente mit niedrigem Preis und hohem Handelsvolumen haben dabei Preisabstände mit 0,0001 im Bereich der vierten Nachkommastelle und Instrumente mit einem sehr hohen Preis und niedrigem Handelsvolumen mit 500 einem Preisabstand mit drei Vorkommastellen. 59

9. Direkter elektronischer Zugang (§ 72 Abs. 1 Satz 1 Nr. 9 WpHG). § 72 Abs. 1 Satz 1 Nr. 9 WpHG fordert die Betreiber eines MTF bzw. OTF auf, **angemessene Risikokontrollen und Schwellen für den Handel über einen direkten elektronischen Zugang festzulegen**. Sie müssen sich danach mit den potentiellen Gefahren für die Funktionsfähigkeit ihres Handelssystems, die von indirekten Teilnehmern ausgehen können, und deren Begrenzung beschäftigen. § 72 Abs. 1 Satz 1 Nr. 9 lit. a und b WpHG nennen zwei hierunter fallenden Beispiele. Nach lit. a müssen Regelungen über die Kennzeichnung von Aufträgen enthalten, die mittels direktem elektronischen Zugang eingehen. Und nach lit. b müssen die Handelsbedingungen auch die Möglichkeit vorsehen, dass ein gewährter direkter elektronischer Zugang bei Verstößen des Inhabers des Zugangs gegen geltende Rechtsvorschriften jederzeit gesperrt oder beendet werden kann. Bei § 72 Abs. 1 Satz 1 Nr. 9 WpHG handelt es sich um die Umsetzung von Art. 18 Abs. 5 i.V.m. Art. 48 Abs. 7 Unterabs. 2 und 3 RL 2014/65/EU. 60

§ 72 Abs. 1 Satz 1 Nr. 9 WpHG kann keine Verpflichtung entnommen werden, nach der ein Systembetreiber den Teilnehmern die Einrichtung direkter elektronischer Zugänge für ihre Kunden erlauben muss. Ob und inwieweit ein mittelbarer Zugang zum System möglich sein soll, haben die Betreiber in ihren Regelungen über den Zugang zum System gem. § 72 Abs. 1 Satz 1 Nr. 1 WpHG festzulegen[6]. Deutlicher als im WpHG wird dies *bei der Regelung für Börsen* in § 19 Abs. 3a Satz 1 BörsG[7]. Dort kann im Umkehrschluss geschlussfolgert wer- 61

---
1 S. näher hierzu *Coridaß/Dreyer* in Temporale, S. 70.
2 Vgl. RegE HFTG, BT-Drucks. 17/1163, 16 und Erwägungsgrund Nr. 63 RL 2014/65/EU.
3 Warum der Gesetzgeber hier nicht auf die Legaldefinition zurückgreift, ist nicht ersichtlich.
4 Erwägungsgründe Nr. 2 bis 5 DelVO 2017/588.
5 Eine Überarbeitung der DelVO ist für Herbst 2018 geplant.
6 Für OTF vgl. ESMA Q & A On MiFID II and MiFIR market structures topics, Nr. 5.2. Antwort 20.
7 S. auch Erwägungsgrund Nr. 15 ff. DelVO 2017/584.

den, dass kein direkter Zugang gewährt werden darf, wenn die Börsenordnung keine Regelungen über Kontrollen und Schwellen festlegt. Ist der direkte elektronische Zugang i.S.v. § 2 Abs. 30 WpHG in den Geschäftsbedingungen vorgesehen, so muss das MTF- bzw. OTF-Regelwerk **angemessene Risikokontrollen und Schwellen** für den vermittelten Handel festlegen. Da die Regelwerke von MTF bzw. OTF als Geschäftsbedingungen regelmäßig privatrechtlicher Natur sind, kann ein Systembetreiber den Kunden seines Kunden keine unmittelbar geltenden Pflichten auferlegen. Er kann immer nur Regelungen aufstellen, die den Handelsteilnehmer verpflichten, einschließlich der Pflicht, dass dieser seine Kunden zu einem Tun oder Unterlassen verpflichtet. Als angemessene Maßnahmen zur Risikokontrolle sind eine Reihe verschiedener Regelungsansätze denkbar, die je nach Größe und Komplexität des konkreten Handelssystems herangezogen werden können. Eine restriktive Regelung wäre beispielsweise der Vorbehalt, dass der Handelsteilnehmer für den Anschluss eines jeden neuen mittelbaren Teilnehmers eine individuelle Genehmigung des Systembetreibers benötigt. Ein wirksames Mittel zur Risikokontrolle stellt auch das Verlangen des Systembetreibers dar, dass die Handelsteilnehmer von mittelbaren Teilnehmern verlangen, das Regelwerk des Handelsplatzes einzuhalten. § 77 Abs. 1 und Abs. 2 WpHG enthalten für Wertpapierdienstleistungsunternehmen, die ihren Kunden direkten elektronischen Zugang anbieten, eine Reihe von gesetzlichen Pflichten, die das Ziel haben, Risiken für das Handelssystem und an diesem unmittelbar und mittelbar handelnden Personen zu begrenzen. So hat das Wertpapierdienstleistungsunternehmen die Eignung seiner Kunden zu prüfen, sicherzustellen, dass seine Kunden angemessene voreingestellte Handels- und Kreditschwellen nicht überschreiten können, der Handel der Kunden überwacht wird und Risikokontrollen im Hinblick auf Marktstörungen sowie auf Verstöße gegen die Regelungen über Marktmissbrauch und die Vorschriften des Handelsplatzes einzurichten. Das Wertpapierdienstleistungsunternehmen ist zudem verpflichtet, sicherzustellen, dass die mittelbaren Teilnehmer die Anforderungen des WpHG erfüllen und die Vorschriften des Handelsplatzes einhalten (s. § 77 WpHG Rz. 33 ff.). Da jedoch § 120 Abs. 8 Nr. 62 WpHG eine Ordnungswidrigkeit für den Fall definiert, wenn die in § 72 Abs. 1 Satz 1 Nr. 9 WpHG genannten Standards nicht festlegt werden, sind die Systembetreiber gehalten, Standards über Risikokontrollen und Schwellen für den vermittelten Handel in ihr internes und externes Regelwerk aufzunehmen.

62 Auch **Art. 21 und 22 DelVO 2017/584** enthalten Vorschriften, die auf zu treffende Maßnahmen in Bezug auf Risikokontrollen und Schwellen für den Handel eingehen. Art. 21 Satz 1 DelVO 2017/584 verpflichtet die Systembetreiber Regeln und Bedingungen festzulegen, zu denen ihre Handelsteilnehmer den eigenen Kunden einen solchen Zugang gewähren dürfen. Diese Regeln und Bedingungen sollen sich nach Art. 21 Satz 2 DelVO 2017/584 mindestens auf die spezifischen Anforderungen, die in Art. 22 DelVO 2017/589 niedergelegt sind, erstrecken. Danach haben zugelassene Handelsteilnehmer – in der EU-Verordnung auch DEA-Bereitsteller (DEA steht für *Direct Electronic Access*) genannt – ihre potentiellen DEA-Kunden einer Due-Diligence-Prüfung zu unterziehen, um sicherzustellen, dass diese den Anforderungen der DelVO 2017/589 und den Regeln des Handelsplatzes, zu dem sie den Zugang bereitstellen, entsprechen. Art. 22 DelVO 2017/584 verlangt bei der Gewährung eines direkten elektronischen Zugangs in Form eines geförderten Zugangs die vorherige Genehmigung durch den Systembetreiber. Darüber hinaus muss der mittelbare Teilnehmer den Vor- und Nachhandelskontrollen unterliegen, wie sie der Systembetreiber für die unmittelbaren Teilnehmer festgelegt hat.

63 Die nach § 72 Abs. 1 Satz 1 Nr. 9 lit. a WpHG vorzusehende Regelung, dass ein Teilnehmer die **Orders unterscheidbar kennzeichnen muss**, ob sie von ihm selbst oder von seinen Kunden im Wege des direkten elektronischen Zugangs aufgegeben worden sind, verpflichtet den Systembetreiber implizit, die technischen Voraussetzungen hierfür zu schaffen. Nicht erforderlich ist, dass die Kennzeichnung für jeden mittelbaren Handelsteilnehmer individuell ausfällt. Es genügt ein einheitliches Kennzeichen für Orders aus verschiedenen Direktzugängen. Ebenfalls nicht notwendig ist, dass diese Kennzeichnung für die andere Marktseite erkennbar sein muss. Initiiert der mittelbare Teilnehmer am MTF-Handel algorithmisch Orders, so ergibt sich die Kennzeichnungspflicht für solche Orders für den Handelsteilnehmer aus § 72 Abs. 1 Satz 1 Nr. 10 WpHG (s. Rz. 65 ff.).

64 Die Geschäftsbedingungen des Systembetreibers müssen nach § 72 Abs. 1 Satz 1 Nr. 9 lit. b WpHG zwingend die Möglichkeit vorsehen, dass ein gewährter **direkter elektronischer Zugang bei Verstößen** des Inhabers des direkten elektronischen Zugangs gegen Rechtsvorschriften **jederzeit gesperrt oder beendet** werden kann. Der Inhaber des Zugangs ist der der Kunde des Handelsteilnehmers. Es geht also um den Ausschluss eines einzelnen Kunden und nicht um den Ausschluss des Handelsteilnehmers, der ggf. eine Vielzahl von indirekten Zugangsberechtigten treffen würde. Die Vorschrift lässt offen, um welche Art von Rechtsvorschriften es sich handeln muss, damit eine der beiden Sanktionsvarianten ausgesprochen werden kann. Im Regelungszusammenhang kann es sich jedoch nur um solche Verstöße handeln, bei denen der Inhaber gegen Gesetze verstoßen hat, die er im indirekten Verhältnis zu beachten hat. Hierbei handelt es im Wesentlichen um die Vorschriften des Marktmissbrauchsrechts. Liegt demnach ein Verstoß durch einen mittelbaren Teilnehmer vor, kann sich die Aussetzung oder Beendigung der Zugangsgewährung nur auf diesen beziehen. Abstufungen zur Schwere eines Verstoßes enthält das Gesetz nicht. Die Sanktionen müssen auch bei leichten Verstößen ausgesprochen werden können. *In zeitlicher Hinsicht* müssen Aussetzung und Beendigung jederzeit, also auch sofort möglich sein. Fristen für den Eintritt der Sanktionen können nicht gesetzt werden. Als technisch ausreichende Voraussetzung für den Vollzug genügt es, wenn der Handelsplatzbetreiber den unmittelbaren Handelsteilnehmer auffordert,

den Zugang des betreffenden Kunden zu sperren. Kommt der Handelsteilnehmer dem nicht nach, so kann in letzter Konsequenz dessen Ausschluss vom Handel die Folge sein.

10. Kennzeichnung algorithmisch erzeugter Aufträge (§ 72 Abs. 1 Satz 1 Nr. 10 WpHG). Die Betreiber von MTF und OTF sind nach § 72 Abs. 1 Satz 1 Nr. 10 WpHG verpflichtet, **Regelungen für die Kenntlichmachung** – entsprechend der englischen Formulierung auch *Flagging*[1] genannt – der durch den algorithmischen Handel erzeugten Aufträge durch die Handelsteilnehmer und der hierfür jeweils verwendeten Handelsalgorithmen sowie der Personen, die diese Aufträge initiiert haben, festzulegen. Die Vorschrift setzt Art. 18 Abs. 5 i.V.m. Art. 48 Abs. 10 RL 2014/65/EU nahezu wortgleich um. Das Hochfrequenzhandelsgesetz hatte bereits mit § 31f Abs. 1 Nr. 10 WpHG a.F. für MTF die Kennzeichnungspflicht für die Aufträge und Algorithmen eingeführt. Für den Börsenhandel findet sich die Parallelvorschrift in § 16 Abs. 2 Nr. 3 BörsG. Mit dem 2. FiMaNoG wurde dann lediglich noch die Kennzeichnungspflicht des Initiators in den Gesetzeswortlaut eingefügt. Mit der Pflicht, entsprechende Regelungen im Regelwerk des Handelssystems vorzuhalten, korrespondiert die ungeschriebene Pflicht, dass die technischen Systeme in der Lage sein müssen, diese Kennzeichnungen vorzunehmen und zu speichern. Nach Erwägungsgrund Nr. 67 RL 2014/65/EU soll mit den Kennzeichnungen eine wirksame Beaufsichtigung gewährleistet werden. Die Aufsicht soll in die Lage versetzt werden, rechtzeitig geeignete Maßnahmen gegen fehlerhafte oder betrügerische algorithmische Strategien ergreifen zu können. Eine Kenntlichmachung der algorithmisch erzeugten Aufträge gegenüber anderen Handelsteilnehmern bezweckt die Regelung nicht[2].

In der Kennzeichnungspflicht für die durch algorithmischen Handel erzeugten Aufträge wird auf § 80 Abs. 2 Satz 1 WpHG, der die Legaldefinition für algorithmischen Handel enthält, Bezug genommen. D.h. die Parameter, wie Zeitpunkt der Order, Ordergröße, Preis und Ordertyp müssen für den spezifischen Auftrag durch einen Computeralgorithmus automatisch bestimmt worden sein, ohne dass es sich um ein System handelt, das nur zur Weiterleitung von Aufträgen zu einem oder mehreren Handelsplätzen, zur Bestätigung von Aufträgen oder zur Nachhandelsbearbeitung ausgeführter Aufträge verwendet wird. Für die Kenntlichmachung des verwendeten Handelsalgorithmus ist es nicht erforderlich, dass mit dem elektronischen Auftrag eine Beschreibung des entsprechenden Programmcodes mitgeliefert werden muss. Es genügt eine **Kennzeichnung**, die die **nachträgliche Zuordnung des Auftrags zu einer dokumentierten Programmierung** ermöglicht[3]. Die Pflicht zur Dokumentation des Computeralgorithmus durch den Handelsteilnehmer ist § 80 Abs. 2 Satz 5 WpHG zu entnehmen.

Die Formulierung der Pflicht, die **Personen, die die algorithmischen Aufträge initiiert** haben, mit der Ordererteilung kenntlich zu machen, lässt offen, ob damit die Händler gemeint sind, die zum Zeitpunkt der Ordererteilung beim Handelsteilnehmer die Eingriffsmöglichkeit auf die Orderübertragung zum System haben, oder diejenigen Personen, die den Algorithmus entwickelt und zur Anwendung freigegeben haben. Dies kann indes dahingestellt bleiben, solange der Systembetreiber über das Regelwerk auch bei algorithmischem Handel über die Handelsteilnehmer hinaus den Einsatz einer individuellen Kennnummer eines Händlers (Händleridentifikation) fordern und die Entwickler des Algorithmus über die in Rz. 66 erwähnte Dokumentation der Programmierung ermittelbar sind. Händlerkennungen sind in der deutschen Praxis regelmäßig der Fall, denn ohne eine solche Kennung könnte keine wirksame Überwachung der Geschäftsgebaren durch die Handelskontrolle des Systembetreibers und durch die Kontrolleinheiten des Handelsteilnehmers erfolgen. Sollte der Systembetreiber algorithmischen Handel für mittelbare Handelsteilnehmer erlauben, so muss die Order des Handelsteilnehmers eine Kennzeichnung erhalten, die Rückschluss auf den mittelbaren Handelsteilnehmer und ggf. dort tätigen Händler zulässt. Unabhängig von der Art der Ordererzeugung ergibt sich eine Kennzeichnungspflicht für Orders mittelbarer Handelsteilnehmer, die direkten elektronischen Zugang i.S.d. § 77 WpHG besitzen, auch aus § 72 Abs. 1 Satz 1 Nr. 9 lit. a WpHG.

11. Verwaltung der technischen Abläufe des Systems (§ 72 Abs. 1 Satz 1 Nr. 11 WpHG). § 72 Abs. 1 Satz 1 Nr. 11 WpHG setzt mit der Vorgabe an MTF- und OTF-Betreiber, eine zuverlässige Verwaltung der technischen Abläufe des Systems sicherzustellen und bei Störungen des Systems Notfallvorkehrungen vorzusehen, zunächst Art. 18 Abs. 1 Satz 2 RL 2014/65/EU um. Dort heißt es, dass die Betreiber über Vorkehrungen für eine solide Verwaltung der technischen Abläufe des Systems verfügen müssen, einschließlich wirksamer Notfallvorkehrungen für den Fall einer Systemstörung. Hinsichtlich der Aufzählungen, welche Punkte zu einer soliden bzw. zuverlässigen Verwaltung gehören (Belastbarkeit, Kapazitäten für Spitzenbelastung, Durchführung von Stresstests), greift § 72 Abs. 1 Satz 1 Nr. 11 WpHG mit seinen lit. a bis c auf die in Art. 18 Abs. 5 i.V.m. Art. 48 Abs. 1 RL 2014/65/EU genannten Beispiele zurück. Der Gesetzgeber hat auf der Ebene der RL 2014/65/EU konkreten Regelungsbedarf für die technisch-organisatorische Ausstattung der Handelssysteme gesehen, weil die modernen Handelstechnologien eine Reihe potentieller Risiken mit sich bringt, die es zu beherrschen

---

1 *Just* in Just/Voß/Ritz/Becker, § 31f WpHG Rz. 16.
2 *Löper*, S. 340; s. auch *Fuchs* in Fuchs, § 31f WpHG Rz. 15.
3 Vgl. RegE HFTG, BT-Drucks. 17/1163, 15; *Kobbach*, BKR 2013, 233, 238; *Just* in Just/Voß/Ritz/Becker, § 31f WpHG Rz. 16.

gilt. Hierzu zählt die erhöhte Gefahr der Überlastung der Systeme infolge großer Mengen an Aufträgen oder das Risiko, dass der algorithmische Handel zu doppelten oder irrtümlichen Aufträgen oder sonstigen Fehlleistungen führt, so dass es zu Störungen auf dem Markt kommen kann[1].

69 § 72 Abs. 1 Satz 1 Nr. 11 WpHG schafft für die Systembetreiber indes kein grundlegend neues Pflichtengefüge, sondern überlagert dasjenige, was sich aus bereits existierenden bankaufsichtsrechtlichen Vorschriften ergibt. Da die Systembetreiber Finanzdienstleistungsinstitute sind, gilt für diese § 25a KWG, der Organisationspflichten einschließlich, IT-bezogener Pflichten aufstellt, unmittelbar. Auch § 80 Abs. 1 WpHG verweist für die Systembetreiber in ihrer Eigenschaft als Wertpapierdienstleistungsinstitute auf die Anwendbarkeit von § 25a Abs. 1 KWG. Nach § 25a Abs. 1 Satz 3 Nr. 4 und Nr. 5 KWG sind für ein wirksames Risikomanagement u.a. eine angemessene technisch-organisatorische Ausstattung des Instituts und die Festlegung eines angemessenen **Notfallkonzepts**, insbesondere für IT-Systeme, notwendig. § 25c Abs. 4a KWG präzisiert diese Pflichten nochmals für die Geschäftsleiter. Nach Nr. 4 dieser Norm haben diese im Hinblick auf die angemessene technisch-organisatorische Ausstattung des Instituts dafür Sorge zu tragen, dass die Ausstattung in Umfang und Qualität die betriebsinternen Erfordernisse, die Geschäftsaktivitäten und die Risikosituation berücksichtigt. Hinsichtlich der Notfallkonzepte ist nach § 25c Abs. 4a Nr. 5 KWG durch die Geschäftsleiter dafür zu sorgen, dass regelmäßig Notfalltests zur Überprüfung der Angemessenheit und Wirksamkeit des Notfallkonzeptes durchgeführt werden und über die Ergebnisse berichtet wird. In der MaRisk AT 7.2. wird die technisch-organisatorische Ausstattung und in AT 7.3 das Notfallkonzept nebst Ausgestaltung der Geschäftsfortführungs- sowie Wiederanlaufplänen durch die BaFin näher spezifiziert. Darüber sind seit Ende 2017 auch die bankaufsichtlichen Anforderungen an die IT (BAIT) der BaFin für den IT-Betrieb relevant[2]. Darin erläutert die BaFin vertieft, was sie unter einer angemessenen technisch-organisatorischen Ausstattung der IT-Systeme, unter besonderer Berücksichtigung der Anforderungen an die Informationssicherheit, sowie einem angemessenen Notfallkonzept versteht[3]. Verstöße gegen §§ 25a und 25c KWG stellen regelmäßig Verstöße gegen die gesellschaftsrechtliche Pflicht zu sorgfältiger und gewissenhafter Geschäftsführung dar[4]. Im Rahmen der Jahresabschlussprüfung des Betreibers hat der Abschlussprüfer § 29 Abs. 2 Satz 1 Nr. 2 KWG zur Einhaltung der genannten KWG-Pflichten Stellung zu nehmen. Verstöße gegen die genannten Pflichten aus § 25a KWG können dann bußgeldrelevant werden, wenn die BaFin nach § 25a Abs. 2 Satz 2 KWG Anordnungen im Einzelfall trifft, und diese nicht eigehalten werden; § 56 Abs. 2 Nr. 2 f. KWG. Im WpHG enthält § 120 Abs. 8 Nr. 65 WpHG den für Verstöße gegen § 72 Abs. 1 Satz 1 Nr. 11 WpHG einschlägigen Ordnungswidrigkeitstatbestand. Nach § 54a KWG können Zuwiderhandlungen gegen § 25c Abs. 4a Nr. 4 und 5 KWG strafbar sein, wenn hierdurch eine Bestandsgefährdung des Instituts, des übergeordneten Unternehmens oder eines gruppenangehörigen Instituts herbeigeführt wird.

70 Die Formulierung, eine solide bzw. **verlässliche Verwaltung der technischen Abläufe des Systems** sicherzustellen, beruht auf der Übersetzung der englischen Fassung von Art. 18 Abs. 1 Satz 2 RL 2014/65/EU. Dort heißt es: „They shall have arrangements for the sound management of the technical operations of the facility". Denkbar wäre danach auch eine Übersetzung gewesen, wonach für den technischen Betrieb des Systems Vorkehrungen zu treffen sind, die einer sorgfältigen und gewissenhaften Geschäftsleitung entsprechen. Damit wäre der Gleichlauf zum Sorgfaltsmaßstab des KWG leichter herstellbar. Kern des Regelungsgehaltes ist es, dass die IT-Infrastruktur dasjenige nachhaltig zu leisten vermag, was der Systembetreiber den Handelsteilnehmern durch sein Regelwerk für das System verspricht und was vom Gesetzgeber aufgrund öffentlich-rechtlicher Vorgaben gefordert wird. Hierbei ist auf die Gesamtkonzeptionen des Systems abzustellen, die sich aus der Geschäfts- und IT-Strategie, der Ausgestaltung des Regelwerks und der technischen Anschlussverträge zusammensetzt, mit der die eingesetzte IT-Infrastruktur zu korrespondieren hat. Je größer und komplexer die konkret am Markt angebotene Wertpapierdienstleistung „Betrieb eines MTF" bzw. „Betrieb eines OTF" ausfällt, umso leistungsfähiger müssen die Komponenten der technischen Infrastruktur ausgestaltet sein Diese Sichtweise entspricht § 25c Abs. 4a Nr. 4 KWG, AT 7.2.1 MaRisk und Abschnitt II. 2 BAIT, wonach die Geschäftsleiter für eine angemessene technisch-organisatorische Ausstattung zu sorgen haben, die den Umfang und die Qualität die betriebsinternen Erfordernisse, die Geschäftsaktivitäten und die Risikosituation berücksichtigen. Die Vorkehrungen, die Einfluss auf einen soliden IT-Betrieb haben, sind vielfältig. Hierzu zählt das Bereithalten von sachlichen und personellen Ressourcen, deren Einsatz durch Leitungsstrukturen zu koordinieren ist. Für die Bedienung der Systeme werden nicht nur IT-Techniker zu beschäftigen sein, sondern auch Personen, die wertpapierhandelstechnisches Know-how besitzen. Dieses Wissen ist beispielsweise bei Stornierungen oder Abwicklungsstörungen gefragt. Je nach Einsatzgebiet muss das Personal entsprechend zuverlässig und qualifiziert sein. Zu den sachlichen Ressourcen der IT-Infrastruktur gehört vor allem die Hard- und Software und die Räumlichkeiten, in denen die technischen Anlagen untergebracht sind. Nach AT 7.2.2 MaRisk und Abschnitt II. 4 BAIT zählt schließlich auch Gewährleistung der IT-Sicherheit zu einer angemessenen technisch-organisatorischen Ausstattung, resp. zur verlässlichen soliden Verwaltung der technischen Abläufe.

---

1 Vgl. Erwägungsgrund Nr. 62 RL 2014/65/EU.
2 BaFin-Rundschreiben 10/2017 „Bankaufsichtliche Anforderungen an die IT (BAIT)" v. 3.11.2017.
3 Vgl. Anschreiben der BaFin an die Verbände zu den BAIT v. 6.11.2017, abrufbar unter www.bafin.de.
4 Statt vieler: *Fischer* in Krieger/Uwe H. Schneider, § 23 Rz. 21.

§ 72 Abs. 1 Satz 1 Nr. 11 lit. b WpHG spezifiziert hinsichtlich der Qualität des Systems, dass das **Handelssystem belastbar** sein muss. Ausgehend vom Wortlaut ist es naheliegend, dass es darum geht, dass das System in der Lage ist, den von Handelsteilnehmern eingehenden Orderstrom jederzeit tatsächlich verarbeiten zu können. Dies betrifft hauptsächlich die Aufnahme und Verwaltung der Orders im Orderbuch des jeweiligen Finanzinstruments, die Preisermittlung, das Erstellen der Geschäftsbestätigungen für die Handelsteilnehmer und von Instruktionen für die Abwicklung der geschlossenen Geschäfte sowie die Datenbelieferung an Veröffentlichungsdienste. Auch muss das System in der Lage sein, aufzubewahrende Daten zu speichern. Hierfür müssen die Datenleitungen und Prozessoren vorhanden sein, die im Stande sind, diese Aufgaben mengenmäßig zu bewältigen. 71

Als konkretisierenden Teilaspekt für die Belastbarkeit führt § 72 Abs. 1 Satz 1 Nr. 11 lit. b WpHG aus, dass das Handelssystem über **ausreichende Kapazitäten für Spitzenvolumina** von Aufträgen und Mitteilungen verfügen muss. Die konkrete Größe des Leistungspuffers lässt das WpHG offen. Ein Wert, der aufgrund einer nachvollziehbaren kaufmännischen Prognose anhand historischer Daten festgelegt wird, würde dem Gesetzeswortlaut gerecht werden. Nach Art. 11 Abs. 1 Satz 1 DelVO 2017/584 muss ein elektronisches Handelssystem allerdings so ausgelegt sein, dass es auch dann funktioniert, wenn mindestens doppelt so viele Mitteilungen pro Sekunde verarbeitet werden müssen wie der Spitzenwert, der in den vorangegangenen fünf Jahren im System aufgezeichnet wurde. Aufgrund des Anwendungsvorrangs des EU-Rechts sind niedrigere Werte, die ggf. nach deutschem Recht einen ausreichenden Puffer darstellen würden, unbeachtlich. Zumeist sind es **extreme Stressbedingungen auf den Märkten**, die zu Spitzenvolumina in den Handelssystemen führen. Ursache hierfür können Umweltkatastrophen, kriegerische Auseinandersetzungen oder ökonomische Verwerfungen in größeren Wirtschaftsgebieten sein. Deshalb hebt der Gesetzgeber in § 72 Abs. 1 Satz 1 Nr. 11 lit. c WpHG hervor, dass Handelssysteme auch unter außergewöhnlichen Marktbedingungen funktionieren müssen und fordert hierauf bezogene vollständige Tests. Erforderlich sind damit Simulationen überdurchschnittlich hoher Systemlasten, um zu prüfen, ob die einzelnen Komponenten des Systems auch dann immer noch ordnungsgemäß interagieren. Die Testmethodik hat dabei in Fachkreisen anerkannten Standards für lastbezogene Systemtests zu entsprechen. Vertragliche Einschränkungen der Systemverfügbarkeit bei hohem Datenaufkommen dürften aufgrund des aufsichtsrechtlichen Charakters der Norm nicht zulässig sein. 72

Für den Fall, dass es trotz ausreichender Vorsorge zu Störungen oder gar zu einem Ausfall des Systems kommt, sind – wie sich aus der Insbesondere-Formulierung in § 72 Abs. 1 Satz 1 Nr. 11 lit. a WpHG ergibt – **Notfallmaßnahmen vorzusehen, welche die Kontinuität des Geschäftsbetriebs gewährleisten**. Bankaufsichtsrechtlich liefert AT 7.3 MaRisk Anhaltspunkte, was hierunter zu verstehen ist. Dort heißt es: 73

1. Für Notfälle in zeitkritischen Aktivitäten und Prozessen ist Vorsorge zu treffen (Notfallkonzept). Die im Notfallkonzept festgelegten Maßnahmen müssen dazu geeignet sein, das Ausmaß möglicher Schäden zu reduzieren. Die Wirksamkeit und Angemessenheit des Notfallkonzeptes ist regelmäßig durch Notfalltests zu überprüfen. Die Ergebnisse der Notfalltests sind den jeweiligen Verantwortlichen mitzuteilen. Im Fall der Auslagerung von zeitkritischen Aktivitäten und Prozessen haben das auslagernde Institut und das Auslagerungsunternehmen über aufeinander abgestimmte Notfallkonzepte zu verfügen.
2. Das Notfallkonzept muss Geschäftsfortführungs- sowie Wiederanlaufpläne umfassen. Die Geschäftsfortführungspläne müssen gewährleisten, dass im Notfall zeitnah Ersatzlösungen zur Verfügung stehen. Die Wiederanlaufpläne müssen innerhalb eines angemessenen Zeitraums die Rückkehr zum Normalbetrieb ermöglichen. Die im Notfall zu verwendenden Kommunikationswege sind festzulegen. Das Notfallkonzept muss den beteiligten Mitarbeitern zur Verfügung stehen.

Wichtig ist darauf hinzuweisen, dass in der englischen Fassung von Art. 48 RL 2014/65/EU für „Belastbarkeit" bzw. „belastbar" die Begriffe „resilience" und „resilient" benutzt werden. Das englische Begriffspaar lässt in der Nuance weitergehende Auslegungen als reine Betrachtungen über die unmittelbare technische Belastbarkeit zu. Dabei geht es um die Widerstandsfähigkeit des Gesamtsystems, die auch nicht-technischen Vorkehrungen rund um die eigentliche aus Soft- und Hardware bestehende Technik in die Betrachtungen mit einbezieht. Deutlich wird dieses weite Verständnis in der Art. 18 Abs. 5 i.V.m. Art. 48 Abs. 12 RL 2014/65/EU durch die EU-Kommission erlassenen **DelVO 2017/584**, die u.a. in 16 sehr ausführlich gehaltenen Artikeln festlegt, was die **Systembetreiber zu tun haben, damit ihre Handelssysteme belastbar sind und über ausreichende Kapazität verfügen**. Darunter fallen auch Organisationsvorschriften zur Unternehmensführung (Art. 3 DelVO 2017/584), zur Compliance-Funktion (Art. 4 DelVO 2017/584), zum Vorgehen bei Auslagerungen (Art. 6 DelVO 2017/584), zu regelmäßigen Due Diligence-Prüfungen der Handelsteilnehmer (Art. 7 DelVO 2017/584), zu Selbstevaluierung (Art. 2 DelVO 2017/584) und zur IT-Sicherheit (Art. 23 DelVO 2017/584). Fraglich ist allerdings, ob diese Vorschriften selbst bei einem weiten Verständnis des Begriffes der Belastbarkeit und damit der Verordnungsermächtigung von dieser gedeckt sind. Im Ergebnis führt die extensive Regelung des delegierten Verordnungsgebers dazu, dass er die solide Verwaltung des IT-Betriebs insgesamt geregelt hat. Die Vorschriften betreffen dann nicht nur etwaige Lasttests für extreme Marktbedingungen, sondern regeln das grundsätzliche Testverhalten (Art. 8 DelVO 2017/584). Auch die Vorgaben zum Notfallmanagement (Art. 15–17 DelVO 2017/584), für das nach dem Wortlaut von Art. 48 Abs. 12 lit. a RL 2014/65/EU keine Verordnungsermächti- 74 gung vorgesehen ist, sind im Vergleich zur MaRisk und BAIT weitreichender ausgestaltet. Der Anwendungsvorrang des EU-Rechts gegenüber dem nationalen Recht lässt es nicht zu, die Ausführungen der EU-Verordnung in die Auslegung des § 72 Abs. 1 Satz 1 Nr. 11 WpHG hineinzuinterpretieren. Insbesondere hat der deutsche Gesetzgeber nicht wie an anderen Stellen der RL 2014/65/EU-Umsetzung davon Gebrauch gemacht, im WpHG selbst nochmals die entsprechenden EU-Vorschriften in den Gesetzeswortlaut mit einzubeziehen. Die Systembetreiber müssen vielmehr bewerten, ob sich aus der EU-Verordnung Pflichten ergeben, die sich nicht bereits aus dem KWG und dem WpHG ableiten lassen.

75   **12. Vorkehrungen bei Interessenkonflikten (§ 72 Abs. 1 Satz 1 Nr. 12 WpHG).** § 72 Abs. 1 Satz 1 Nr. 12 WpHG verpflichtet die Betreiber von MTF bzw. OTF dazu, Vorkehrungen zu treffen, mit denen sich mögliche nachteilige Auswirkungen von Interessenkonflikten zwischen dem MTF oder dem OTF, seinem Eigentümer oder Betreiber und dem einwandfreien Funktionieren des MTF bzw. des OTF auf dessen Betrieb oder auf seine Handelsteilnehmer klar erkennen und regeln lassen. Art. 18 Abs. 4 RL 2014/65/EU enthält die entsprechende europarechtliche Vorgabe. Die Regelung stellt das objektivierte öffentliche Interesse am Funktionieren des Handelssystems einerseits und das Interesse der Handelsteilnehmer andererseits jeweils den Eigeninteressen des MTF, seines Betreibers bzw. seiner Eigentümer gegenüber. Da ein MTF bzw. OTF keine juristische Person ist, kann ihm nur schwerlich ein Eigeninteresse zuerkannt sein, welches vom Interesse des Betreibers verschieden ist. Da MTF bzw. OTF dennoch als Interessenträger im Gesetz aufgezählt werden, kann allenfalls das Interesse des Teilbereichs, in dem der Betrieb des Handelssystems in einem größeren Unternehmen angesiedelt ist, gemeint sein, welches isoliert von Gesamtinstitutsinteresse, z.B. dem des Universalbank, betrachtet wird. Der Betreiber muss mögliche nachteilige Auswirkungen, die aus gegenläufigen Interessen entstehen können, erkennen und regeln. Die Vorschrift überschneidet sich, soweit es sich um das Verhältnis von Handelssystembetreiber und Handelsteilnehmer handelt, mit § 80 Abs. 1 Nr. 2 WpHG. Nach dieser Norm muss ein Wertpapierdienstleistungsunternehmen auf Dauer wirksame Vorkehrungen für angemessene Maßnahmen treffen, um Interessenkonflikte bei der Erbringung von Wertpapierdienstleistungen oder Wertpapiernebendienstleistungen zwischen ihm selbst und seinen Kunden zu erkennen und zu vermeiden oder zu regeln. Die nach § 80 Abs. 1 Nr. 2 WpHG wichtigste zu treffende Vorkehrung ist die Einrichtung eines bei der Compliance-Funktion angesiedelten Konfliktmanagements, das sich um die Ermittlung und Behandlung von Interessenkonflikten kümmert[1]. Durch die Einrichtung eines Konfliktmanagements für Interessenkonflikte nach § 72 Abs. 1 Satz 1 Nr. 11 WpHG, das ebenfalls bei der Compliance-Funktion angesiedelt werden kann, wird der Gesetzesanforderung genüge getan. Das Konfliktmanagement hat die Interessenlagen der angesprochenen Interessenträger zu ermitteln und zu prüfen, ob sich nachteilige Auswirkungen auf den Betrieb des Systems oder auf die Handelsteilnehmer ergeben können. In Konflikt stehen etwa z.B. das Gewinninteresse der Eigentümer des Betreibers mit dem Erfordernis, rechtlich notwendige Investitionen in das MTF vorzunehmen[2]. Auch personelle Verflechtungen können Interessenkonflikte in sich bergen. Beispielsweise können Handelsteilnehmer zugleich Eigentümer des Betreibers sein und aus dieser Position heraus versuchen, sich Vorteile gegenüber anderen Handelsteilnehmern zu verschaffen[3]. Auch in gesellschaftsrechtlichen Verbünden, in denen mehrere Handelsplätze von verschiedenen rechtlichen Einheiten betreiben werden, sind konfliktbehaftete Situationen denkbar, z.B., wenn ein Geschäftsführer eines Handelssystembetreibers als Eigentümervertreter im Aufsichtsorgan des Betreibers eines anderen Handelssystem vertreten ist. Sind die Konflikte identifiziert, so gilt es, diese im Sinne einer sachgerechten Lösung zu behandeln. Das Gesetz fordert in § 72 Abs. 1 Satz 1 Nr. 11 WpHG keine Vermeidung von Konflikten. Es genügt, wenn sich der Konflikt zugunsten des ordnungsgemäßen Funktionierens des Systems bzw. zugunsten der Handelsteilnehmer auflösen lässt. Im Verhältnis Systembetreiber und Handelsteilnehmer kann sich allerdings bei schwerwiegenden und dauerhaft unauflöslichen Konflikten eine Vermeidepflicht aus § 80 Abs. 1 Nr. 2 WpHG ergeben, da dort diese Lösungsvariante ausdrücklich vorgesehen ist. Hinzuweisen ist schließlich darauf, dass in den §§ 74 und 75 WpHG gewisse Konfliktsituationen zwischen Systembetreiber und Handelsteilnehmer bereits durch eine gesetzliche Regelung aufgelöst worden sind. So ist z.B. dem Systembetreiber die Ausführung von Kundenaufträgen unter Einsatz eigenen Kapital grundsätzlich verwehrt (§ 74 Abs. 5 WpHG und § 75 Abs. 1 WpHG). Dort wo er erlaubt ist, unterliegt er gem. § 75 Abs. 8 WpHG einem besonderen behördlichen Augenmerk. Auch der Betrieb eines OTF und der systematischen Internalisierung innerhalb einer juristischen Person ist von vornherein untersagt (§ 75 Abs. 4 Satz 1 WpHG).

76   Nach Art. 2 Abs. 3 DurchfVO 2016/824 haben die Betreiber der BaFin Informationen darüber zu geben, wie und in welchen Fällen der Betrieb des MTF bzw. OTF Anlass zu möglichen Interessenkonflikten zwischen dem MTF bzw. OTF, seinem Betreiber oder seinen Eigentümern und dem einwandfreien Funktionieren des MTF bzw. OTF geben wird. Der Betreiber hat dabei die Verfahren und Vorkehrungen zur Erfüllung der in Art. 18 Abs. 4 RL 2014/65/EU aufgeführten Anforderungen anzugeben. Hinzuweisen ist darauf, dass diese im Verordnungswege aufgestellte Pflicht auf einer weitverstandenen Auslegung der Ermächtigung in Art. 18 Abs. 11 RL 2014/65/EU beruht.

---

1 Statt vieler *Gebauer/Niermann* in Hauschka/Moosmayer/Lösler, Corporate Compliance, S. 1538 ff.
2 So z.B. auf bei Börsen *Beck* in Schwark/Zimmer, § 5 BörsG Rz. 24 und *Kumpan* in Baumbach/Hopt, HGB, § 5 BörsG Rz. 4.
3 Beispiel nach *Beck* in Schwark/Zimmer, § 5 BörsG Rz. 24.

13. Aktive Handelsteilnehmer und Nutzer (§ 72 Abs. 1 Satz 1 Nr. 13 WpHG). Die Betreiber eines MTF bzw. 77
OTF sind nach § 72 Abs. 1 Satz 1 Nr. 13 WpHG verpflichtet, **mindestens drei aktive Handelsteilnehmer oder Nutzer** zu haben, die über die Möglichkeit verfügen, mit allen übrigen zum Zwecke der Preisbildung in Verbindung zu treten. Diese Vorschrift gründet sich auf Art. 18 Abs. 7 RL 2014/65/EU. Den Erwägungsgründen der RL 2014/65/EU und der Begründung zum 2. FiMaNoG lassen sich keine direkten Hinweise zum Sinn und Zweck der Vorschrift entnehmen. Naheliegend ist jedoch, dass vermieden werden soll, dass es MTF und OTF gibt, die zwar genehmigt sind, an denen jedoch überhaupt keine Handelsaktivitäten stattfinden oder nur noch bilateraler Handel erfolgt[1]. Als eine Zulassungsvoraussetzung i.S.v. § 32 KWG ist die Vorschrift nicht ausgestaltet. Allerdings besteht die Möglichkeit die KWG-Erlaubnis zum Systembetrieb nach § 35 Abs. 2 Nr. 6 KWG zu entziehen, wenn § 72 Abs. 1 Satz 1 Nr. 13 WpHG nicht nachhaltig entsprochen wird.

Der deutsche Gesetzgeber stellt wie Art. 18 Abs. 7 RL 2014/65/EU auf **Mitglieder oder Nutzer** ab. Die im deutschen Gesetz unübliche Nutzung des Begriffs „Mitglieder" ist jedoch unproblematisch, da ausweislich des Erwägungsgrunds Nr. 16 Satz 1 RL 2014/65/EU Teilnehmer und Mitglied synonym verwendet werden. Diese Sichtweise kann für die Auslegung des WpHG herangezogen werden. Die Erwähnung von Nutzern erlaubt es, über die zugelassenen Handelsteilnehmer hinaus, mittelbare Handelsteilnehmer in die Zählung einzubeziehen oder diese auch allein zu zählen. Wie sich aus Erwägungsgrund Nr. 16 Satz 2 RL 2014/65/EU schließen lässt, handelt es sich bei Nutzern gerade nicht um Teilnehmer mit unmittelbaren Zugang zum System, sondern um solche mit mittelbarer Zugang, insbesondere im Wege des direkten elektronischen Zugangs[2]. 78

§ 72 Abs. 1 Satz 1 Nr. 13 WpHG führt nicht weiter aus, was genau unter aktiv zu verstehen ist. Der Systembetreiber kann Vorsorge treffen, indem er mit ausgewählten Handelsteilnehmern vertraglich Aktivitätsverpflichtungen vereinbart. Hinzuweisen ist darauf, dass in der englischen Fassung der RL 2014/65/EU sogar von „materially active", also von einer in tatsächlicher Hinsicht nachweisbar **herausgehobenen Aktivität** die Rede ist. Ob sich die Aktivität auf das gesamte Universum der zum Handel einbezogenen Finanzinstrumente beziehen muss, ist der Vorschrift nicht zu entnehmen. Auch müssen die Handelsteilnehmer keine im Regelwerk formalisierten Liquiditätsspender in den gelisteten Werten sein. Entscheidend für die Bewertung, was einen aktiven Handelsteilnehmer oder Nutzer ausmacht, wird letztlich eine Gesamtschau erbringen, die auf die im System zur Anwendung kommenden Marktmodelle abstellt. Beispielsweise wird Aktivität in einem sprachbasierten Handelssystem anders zu definieren sein, als in einem vollelektronischen Handelssystem. Unterschiedlich wird auch die Bewertung ausfallen, ob ein Preisanfrage-Verfahren (request for quote) oder ein fortlaufender Handel stattfindet. Jeder Handelsteilnehmer, der mit dem Systembetreiber eine Market-Making-Verpflichtung i.S.v. § 72 Abs. 1 Satz 2 WpHG i.V.m. § 26c BörsG abgeschlossen hat, dürfte indes ein aktiver Handelsteilnehmer sein[3]. Der Betreiber eines OTF selbst darf im Gegensatz zu einem MTF-Betreiber Handelsteilnehmer sein (s. Rz. 15). Ob der OTF-Betreiber aufgrund der Begrenzung des Eigenhandels bzw. des Eigengeschäfts auf die in § 64 Abs. 2 und 3 WpHG vorgesehene Fälle allerdings als aktiver Teilnehmer eingestuft werden kann, erscheint problematisch. 79

Wenig aussagekräftig ist die Formulierung in § 72 Abs. 1 Satz 1 Nr. 13 WpHG, wonach die aktiven Mitglieder über die **Möglichkeit verfügen müssen, mit allen übrigen Handelsteilnehmern zum Zwecke der Preisbildung in Verbindung zu treten.** Bei Geschäftsschlüssen in handelbaren Werten muss es dabei nicht zu einer eigenen Preisbildung kommen. Nach § 74 Abs. 2 WpHG i.V.m. § 24 Abs. 2 Satz 3 BörsG sind Preisimportsysteme möglich, bei denen der Preis für ein Geschäft auf der Grundlage eines an einem anderen Platz ermittelten Preises festgelegt wird[4]. Vermutlich soll mit der Wendung „zu Zwecken der Preisbildung" zum Ausdruck kommen, dass es verschiedene Arten des Handels und damit der Preisbildung gibt, angefangen von Orderbuch-Handelssysteme über quotierungsgetriebene Handelssysteme, Handelssysteme basierend auf periodischen Auktionen bis hin zu Preisanfrage-Verfahren. Ob das Merkmal des in Verbindung-Treten-Könnens zu Zwecken der Preisbildung für ein Verbot von Ein-Markt-Maker-System darstellt, weil bei diesem die Handelsteilnehmer nicht untereinander, sondern nur mit dem Market-Maker agieren können, erscheint fraglich[5]. Für OTF befindet sich in § 75 Abs. 5 WpHG einen Regelung, die für die Zulässigkeit eines einzelnen Market Makers spricht. 80

14. Verweis auf §§ 5 Abs. 4a, 22a, 26c und 26d BörsG (§ 72 Abs. 1 Satz 2 WpHG). Die kurzgefasste Aussage in § 72 Abs. 1 Satz 2 WpHG, dass mit §§ 5 Abs. 4a, 22a, 26c und 26d BörsG vier Vorschriften aus dem BörsG entsprechend gelten, bedeutet, dass die Betreiber eines MTF bzw. OTF die in diesen Normen originär für Börsen bzw. ihre Träger aufgestellten Pflichten ebenfalls beachten müssen. Die §§ 5 Abs. 4a, 26c und 26d BörsG behandeln dabei Vorgaben, der der nationale Gesetzgeber nach Art. 48 RL 2014/65/EU für regulierte Märkte und i.V.m. Art. 18 Abs. 5 RL 2014/65/EU für MTF und OTF umsetzen muss[6]. Durch den Verweis in § 72 Abs. 1 81

---
1 *Kumpan/Müller-Lankow*, WM 2017, 1777, 1783; s. auch *Kumpan* in Baumbach/Hopt, § 48 BörsG Rz. 10.
2 *Kumpan/Müller-Lankow*, WM 2017, 1777, 1783.
3 So für den *Freiverkehr Kumpan* in Baumbach/Hopt, § 48 BörsG Rz. 10
4 MaComp II Nr. 5.2.
5 So aber *Kumpan/Müller-Lankow*, WM 2017, 1777, 1785.
6 BT-Drucks. 18/10936, 239.

Satz 2 WpHG auf § 22a BörsG wird Art. 50 RL 2014/65/EU, der alle Handelsplatzkategorien anspricht, für MTF und OTF im nationalen Recht verankert. Ein besonderer Grund, warum der deutsche Gesetzgeber bei diesen Pflichten vom WpHG auf das BörsG verweist und nicht wie an anderen Stellen auch, für Börsen und nichtbörsliche Handelssysteme parallele Vorschriften in beiden Gesetzen eingefügt hat, ist nicht ersichtlich. Durch die Verweisung werden teilweise auch Verpflichtungen in das WpHG mit einbezogen, die sich nicht an die Systembetreiber wenden, sondern an die Handelsteilnehmer. Dies betrifft die Pflicht aus § 22a BörsG zur Verwendung synchronisierter Uhren im Geschäftsverkehr und die Pflicht aus § 26d Abs. 2 BörsG, Handelsalgorithmen vor ihrem Einsatz zu testen.

82 Mit §§ 22a, 26c und 26d BörsG enthalten drei der vier analog anzuwendenden Vorschriften des BörsG jeweils am Ende die Aussage, dass sich Weiteres aus konkret benannten delegierten Verordnung ergibt. Wann und warum der deutsche Gesetzgeber zu dieser Verweisungstechnik greift, bleibt in der Gesetzesbegründung zum 2. FiMaNoG weitgehend offen. Er macht von dieser Technik nicht überall Gebrauch, wo delegierte Verordnungen zu Regelungsbereichen des WpHG und des BörsG weiterführende Aussagen enthalten. Vereinzelt finden sich Hinweise, dass gesetzgeberisch mit der Verweisungstechnik lediglich ein deklaratorisches Vorgehen vorliegen soll[1].

83 **a) Verweis auf § 5 Abs. 4a BörsG.** Aus dem Verweis des § 72 Abs. 1 Satz 2 WpHG auf die entsprechende Anwendung des § 5 Abs. 4a Satz 1 BörsG folgt, dass die Betreiber von MTF und OTF über Systeme, Verfahren und Vorkehrungen verfügen müssen, um

1. sicherzustellen, dass seine Handelssysteme belastbar sind und über ausreichende Kapazitäten für Spitzenvolumina an Aufträgen und Mitteilungen verfügen, und
2. Aufträge abzulehnen, die die im Voraus festgelegten Grenzen für Volumina und Kurse überschreiten oder eindeutig irrtümlich zustande kamen.

Der Verweis auf die **Systembelastbarkeit und die Kapazitäten** ist unnötig, da er zu einer Regelung führt, die der Gesetzgeber bereits mit § 72 Abs. 1 Satz 1 Nr. 11 lit. b im WpHG getroffen hat (s. Rz. 68 ff.). Eine eigenständige Bedeutung kommt der Norm auch nicht unter Sanktionsgesichtspunkten zu. Der Bußgeldtatbestand in § 120 Abs. 8 Nr. 64 WpHG knüpft an § 72 Abs. 1 Satz 1 Nr. 11 WpHG an und der Bußgeldtatbestand in § 120 Abs. 8 Nr. 67 an § 5 Abs. 4a BörsG i.V.m. § 72 Abs. 1 Satz 2 WpHG. Der zweite Verweis verpflichtet die Betreiber, Vorkehrungen zu treffen, mit denen sie **Aufträge von der weiteren Bearbeitung im Handelssystem ausschließen**, wenn diese entweder gegen im Voraus festgelegte Größen für Kurse und Volumina überschreiten (Alt. 1) oder eindeutig irrtümlich zustande gekommen sind (Alt. 2). Diese Regelung spricht bei beiden Alternativen zwei Ebenen an. Zum einen bedarf es einer transparenten Festlegung im Regelwerk, das die Kriterien für den Ausschluss von Aufträgen im Voraus enthält, und zum anderen einer regelwerkskonformen Umsetzung der Ablehnungsparameter im technischen System. Welche Kriterien die Betreiber des Handelsplatzes bei der Fixierung der Grenzen für Kurse und Volumina anzuwenden haben, damit die Aufträge zurückgewiesen werden dürfen, lässt das Gesetz offen. Nach Sinn und Zweck dient die Vorschrift dazu, dass die Preise eines Finanzinstruments im jeweiligen System ordnungsgemäß zustande kommen. Es sind also Kriterien zu finden, die hinreichende Anhaltspunkte geben, dass eine bestimmte Order nicht zur ordentlichen Preisfindung beiträgt. Hinsichtlich der zweiten Alternative müssen die Anhaltspunkte sogar eindeutig ausfallen, dass der Auftrag irrtümlich zustande gekommen ist. Verhältnismäßig leicht erkennen lassen sich insbesondere Orders, bei denen Eingaben in die Felder der Ordermasken, wie z.B. die Kennnummer des Finanzinstruments und die Ordergröße, vertauscht werden.

84 **b) Verweis auf § 22a BörsG.** Nach § 72 Abs. 1 Satz 2 WpHG i.V.m. § 22a Satz 1 BörsG analog müssen die Betreiber von MTF bzw. OTF und ihre Handelsteilnehmer die von **ihnen im Geschäftsverkehr verwendeten Uhren synchronisieren**. War im Referentenentwurf des Bundesfinanzministeriums zum FiMaNoG vom 30.9.2016 mit der Formulierung „... um das Datum und die Uhrzeit von zu meldenden Ereignissen aufzuzeichnen" noch die Zielrichtung der Regelung genannt, fehlt diese im verabschiedeten Gesetz. Sie wurde ohne Begründung im Regierungsentwurf des 2. FiMaNoG gestrichen. § 22a Satz 1 BörsG beinhaltet sowohl für den Betreiber des Systems als auch für jeden Handelsteilnehmer eine eigenständige Pflicht, für den von ihm verantworteten Teil der zusammenwirkenden Handelsinfrastruktur den gleichen digitalen Zeitstempel zu benutzen, wie ihn auch die andere Partei des Nutzungsverhältnisses für das System verwendet. Vom Grundgedanken her stellt die Norm eine Verpflichtung zur Erzielung eines Konsenses über die maßgebliche Uhr dar, der nicht nur bilateral, sondern wegen der Notwendigkeit des Vorhandenseins mehrerer Handelsteilnehmer multilateral gefunden werden muss. Dass das Herstellen eines solchen Konsenses schwierig sein kann, hat der europäische Gesetzgeber erkannt. Bereits die Verordnungsermächtigung für die EU-Kommission in Art. 50 Abs. 2 RL 2014/65/EU lässt es zu, dass die Uhr des Systembetreibers oder die Uhr des Handelsteilnehmers mit dem Standard eines außenstehenden Dritten synchronisiert werden. Art. 1 DelVO 2017/574 schreibt sodann vor, dass die Uhren mit der **koordinierten Weltzeit (UTC)**, die von den Zeitzentren herausgegeben und verwaltet wird, welche das Bureau International des Poids et Mesures (Internationales Büro für Maß und Gewicht) in seinem jeweils aktuellen Jahresbericht „Annual Report

---

1 Vgl. Gesetzesbegründung zu § 63 Abs. 13, BT-Drucks. 18/10936, 233.

on Time Activities" aufführt, zu synchronisieren sind. Das in Deutschland ansässige Zeitzentrum ist die Physikalisch-Technische Bundesanstalt, Braunschweig[1]. Diese Einrichtung ist nach § 6 Abs. 2 EinhZeitG[2] auch die für die Darstellung und Verbreitung der gesetzlichen Zeit in Deutschland zuständige Behörde[3]. Nach der EU-Verordnung soll es zudem zulässig sein, die Systemuhren mit der von einem Satellitensystem verbreiteten UTC-Zeit zu synchronisieren, sofern jede Abweichung von der UTC-Zeit ausgeglichen und der Zeitstempel um diese bereinigt wird. In Art. 2 und 3 DelVO 2017/574 nebst Anhang wird der Grad der Genauigkeit der von den Betreibern bzw. Handelsteilnehmern genutzten Uhren vorgeschrieben. Im Bereich des Hochfrequenzhandels hat die Granularität des Zeitstempels bei Handelsteilnehmern und Systembetreibern eine Mikrosekunde oder feiner zu sein. Die maximal zulässige Abweichung von der UTC-Zeit darf dabei 100 Mikrosekunden nicht überschreiten. Hat der Betreiber ein System, bei dem die Gateway-to-Gateway-Latenzzeit[4] des Handelssystems über einer Millisekunde liegt, so kann bei ihm die Granularität des Zeitstempels auch mit einer Millisekunde oder feiner ausfallen. Die Abweichung seiner Uhr zur UTC-Zeit darf dann maximal eine Millisekunde betragen. Bei anderen Arten der Handelstätigkeit, z.B. mittels sprachbasierter Systeme, müssen die verwendeten Uhren die Zeit sekundengenau oder feiner ausweisen. Die Abweichung von der UTC-Zeit darf dann maximal eine Sekunde betragen. Darüber hinaus fordert die EU-Verordnung in Art. 4 DelVO 2017/574 das Vorhalten eines Rückverfolgbarkeitssystems, anhand dessen die Konkordanz der Uhr mit der UTC-Zeit nachgewiesen werden kann.

Um der Verpflichtung aus § 72 Abs. 1 Satz 2 WpHG i.V.m. § 22a BörsG analog nachkommen zu können, haben sich die verpflichteten Unternehmen die erforderlichen Empfangseinrichtungen für die gesendeten Zeitsignale zu beschaffen und die Server ihrer Netzwerke mit dem Zeitsignal zu synchronisieren. Die Gesetzesbegründung zu § 22a BörsG führt als Sender den deutschen Normalfrequenz- und Zeitzeichensenders DCF77 (für Genauigkeits-Anforderungen von einer Sekunden bis einer Millisekunde) bzw. die globalen Navigationssatellitensysteme (GNSS) GPS oder Galileo (für höhere Genauigkeits-Anforderungen bis 100 Mikrosekunden) an; die Synchronisierung der Server soll dann gemäß dem Precise Timing Protocol des privat gesetzten Standards Nr. 1588 der IEEE[5] erfolgen können[6].

Hinzuweisen ist darauf, dass gem. § 1 Abs. 2 EinhZeitG im amtlichen und geschäftlichen Verkehr Datum und Uhrzeit nach der gesetzlichen Zeit zu verwenden sind. Nach § 4 Abs. 1 EinhZeitG ist die gesetzliche Zeit in Deutschland die mitteleuropäische Zeit, die sich nach der koordinierten Weltzeit UCI unter Hinzufügung einer Stunde bemisst bzw. nach § 4 Abs. 2 EinhZeitG während der Sommerzeit unter Hinzufügung von zwei Stunden. Ausweislich § 1 Abs. 4 Satz 2 EinhZeitG bleiben Zeitregelungen, die sich aus der Anwendung anderer Vorschriften und internationaler Übereinkommen ergeben, vom Einheiten- und Zeitgesetz unberührt. Die unmittelbare Anwendung der UCI in den Systemen gem. § 72 Abs. 1 Satz 2 WpHG i.V.m. § 22a BörsG sowie DelVO 2017/574 stehen damit nicht im Widerspruch zum EinhZeitG. Offen bleibt dabei freilich die Gesetzgebungskompetenz der EU in Fragen der Zeitbestimmungskompetenz. Die entsprechende Befugnis des Bundes nach Art. 73 Abs. 1 Nr. 4 GG dürfte nicht an die EU übertragen worden sein. Es sollte daher auch die Abbildung der deutschen gesetzlichen Zeit in den Systemen nicht versperrt sein, zumal deutsche Zeit auf der UCI beruht.

Im Gegensatz zu § 22a BörsG nennt Art. 1 DelVO 2017/574 den Zweck der Uhrensynchronisation. Es geht um die genaue und einheitliche Aufzeichnung von Datum und Uhrzeit meldepflichtiger Ereignisse[7]. Die Verordnung führt die meldepflichtigen Ereignisse nicht unmittelbar im Verordnungstext auf. Es wird insbesondere nicht unterschieden, ob es sich dabei um Meldepflichten der Systembetreiber bzw. Handelsteilnehmer an Behörden, die Öffentlichkeit oder Private, wie Geschäftspartner, Abwicklungsinstitute, Datenbereitstellungsdienste oder Endkunden der Handelsteilnehmer handelt. Aus den Erwägungsgründen der delegierten Verordnung ergibt sich jedoch, dass Meldungen mit exakter Uhrzeitangabe aus verschiedenen Gründen bestehen können. Erwägungsgrund Nr. 1 DelVO 2017/574 nennt bespielhaft Meldungen an konsolidierte Datenticker oder auch an Behörden, damit diese Überwachungshandlungen vornehmen können. So ist z.B. gem. Art. 25 VO Nr. 600/2014 exakt zu protokollieren wann eine Order aufgegeben wurde und wie dies sich in einem „Lebenszyklus" entwickelt. Diese Angaben sind dann der BaFin als zuständigen Behörde zur Verfügung zu halten.

c) **Verweis auf § 26c BörsG.** Aus § 26c BörsG, der unter der Überschrift „**Market Making-Systeme**" steht, ergibt sich mit Maßgabe aus § 72 Abs. 1 Satz 2 WpHG, dass anstelle von „Börsenordnung" oder „Gebührenordnung" der Begriff „Regelwerk"[8] und anstelle von „Börse" „MTF bzw. OTF" zu lesen ist, für die Betreiber von MTF bzw. OTF Folgendes:

---

1 Vgl. Jahresbericht 2016 in englischer Sprache, S. 26, abrufbar unter/www.bipm.org.
2 Gesetz über die Einheiten im Messwesen und die Zeitbestimmung, neugefasst durch Gesetz vom 22.2.1985, BGBl. I 1985, 408; zuletzt geändert durch Art. 4 Gesetz vom 18.7.2016, BGBl. I 2016, 1666.
3 BT-Drucks. 18/10936, 269.
4 Zur Definition Art. 2 Abs. 1 Unterabs. 2 DelVO 2017/574.
5 IEEE (Institute of Electrical and Electronics Engineers) ist ein weltweit aktiver Berufsverband von Ingenieuren der Elektrotechnik und Informationstechnik mit Sitz in New York; s. www.ieeee.org.
6 BT-Drucks. 18/10936, 269.
7 S. auch *Kumpan* in Baumbach/Hopt, § 22a BörsG Rz. 1.
8 *Müller-Lankow*, WM 2017, 2335, 2340.

§ 72 | Verhaltenspflichten, Organisationspflichten, Transparenzpflichten

„(1) Die Börsenordnung muss Bestimmungen enthalten über die Zulassung von Wertpapierdienstleistungsunternehmen durch die Geschäftsführung, die an der Börse eine Market-Making-Strategie im Sinne des § 80 Absatz 5 des Wertpapierhandelsgesetzes verfolgen.

(2) Die Börse trifft geeignete Vorkehrungen, um sicherzustellen, dass eine ausreichende Zahl an Wertpapierdienstleistungsunternehmen als Market Maker zugelassen wird, die feste und wettbewerbsfähige Preise stellen, wodurch dem Markt in stetiger und verlässlicher Weise Liquidität zugeführt wird (Market-Making-Systeme). Dies gilt nicht, soweit die in Artikel 5 der Delegierten Verordnung (EU) 2017/578 der Kommission vom 13. Juni 2016 zur Ergänzung der Richtlinie 2014/65/EU des Europäischen Parlaments und des Rates über Märkte für Finanzinstrumente durch technische Regulierungsstandards zur Angabe von Anforderungen an Market-Making-Vereinbarungen und -Systeme (ABl. Nr. L 87 vom 31.3.2017, S. 183), in der jeweils geltenden Fassung, geregelte Ausnahme greift oder soweit eine solche Anforderung nach Art und Umfang des Handels an der jeweiligen Börse aus sonstigen Gründen nicht sachgerecht ist.

(3) Die Börsenordnung muss Verpflichtungen des Wertpapierdienstleistungsunternehmens im Zusammenhang mit der Zuführung von Liquidität enthalten. Sie kann Bestimmungen über sonstige Rechte und Pflichten enthalten, die sich aus der Teilnahme an den in Absatz 2 genannten Systemen ergeben

(4) Die Gebührenordnung muss Bestimmungen über die Verringerung von Gebühren enthalten, die einem Wertpapierdienstleistungsunternehmen dafür gewährt werden, dass es dem Markt in stetiger und verlässlicher Weise Liquidität zuführt. Dies gilt nicht, sofern und soweit der Börsenträger bereits entsprechende Vereinbarungen mit dem Wertpapierdienstleistungsunternehmen getroffen hat.

(5) Wegen der einzelnen Anforderungen an die Ausgestaltung von Market-Making-Systemen wird auf die Delegierte Verordnung (EU) 2017/578 verwiesen."

89 § 72 Abs. 1 Satz 2 WpHG i.V.m. § 26c BörsG analog setzt Art. 48 Abs. 2 und 3 i.V.m. Art. 18 Abs. 5 RL 2014/65/EU[1] ins deutsche Recht um. Für das Verständnis der Regelung spielt der Art. 17 Abs. 3 RL 2014/65/EU beruhende § 80 Abs. 4 WpHG eine gewichtige Rolle. Dort wird in Nr. 2 den Wertpapierdienstleistungsunternehmen, die als Handelsteilnehmer **im Wege des algorithmischen Handels eine Market-Making-Strategie verfolgen**, die spiegelbildliche Verpflichtung auferlegt, in ein privatrechtliches Rechtsverhältnis zum Marktet Making mit dem Handelsplatz (Market-Making-Vereinbarung) einzutreten (s. § 80 WpHG Rz. 115). Das Normengefüge soll für Liquidität am Handelsplatz sorgen[2]. Die Regelwerke nicht-börslicher Handelsplätze sind als AGB einzustufend und stellen im Hinblick auf vorgegebene Market-Making-Klauseln eine Market-Making-Vereinbarung dar. Der deutsche Gesetzgeber hatte zunächst auch im Verhältnis zwischen öffentlich-rechtlichen Börsen und den Handelsteilnehmern, die einen Market-Making-Strategie verfolgen, privatrechtliche Verträge geplant[3]; er hat dann aber mit dem Regierungsentwurf zum 2. FiMaNoG auf eine rein öffentlich-rechtliche Ausgestaltung des Verhältnisses über die Börsenordnung gesetzt. Hintergrund war, dass die Börse aufgrund ihrer Teilrechtsfähigkeit als nicht in der Lage angesehen wurde, privatrechtliche Verträge zu schließen[4].

90 Der Begriff der **Market-Making-Strategie** wird in § 80 Abs. 5 WpHG näher ausgeführt. Danach muss das Vorgehen des Instituts beim Handel auf eigene Rechnung beinhalten, dass es in Bezug auf ein oder mehrere Finanzinstrumente an einem einzelnen Handelsplatz oder an verschiedenen Handelsplätzen feste, zeitgleiche Geld- und Briefkurse vergleichbarer Höhe zu wettbewerbsfähigen Preisen stellt. Aus dem Regelungsgefüge ergibt sich, dass Formen des Market Making, denen kein algorithmischer Handel i.S.d. § 80 Abs. 2 WpHG zugrunde liegt, nicht von den Pflichten des § 26c BörsG erfasst werden[5].

91 Mit der Formulierung „trifft geeignete Vorkehrungen, um sicherzustellen" in § 26c Abs. 2 Satz 1 BörsG (analog) kommt zum Ausdruck, dass der Systembetreiber nicht abwarten darf, bis sich Handelsteilnehmer, die eine Market-Making-Strategie verfolgen, von sich aus bei ihm zum Tätigwerden melden. Er muss vielmehr grundsätzlich selbst aktiv werden. Ihn trifft die **Pflicht, ein Market-Making-System an seinem Handelsplatz einzurichten**, indem er eine ausreichende Zahl an Wertpapierdienstleistungsunternehmen findet, die feste und wettbewerbsfähige Preise stellen, wodurch dem Markt in stetiger und verlässlicher Weise Liquidität zugeführt wird. Aus der Warte des Ordnungswidrigkeitstatbestands in § 120 Abs. 8 Nr. 68 WpHG ist die Pflicht nicht auf „Treffen von Vorkehrungen zur Sicherstellung", sondern strenger auf das „Sicherstellen einer ausreichenden Teilnehmerzahl" ausgerichtet. Hat der MTF-Betreiber die für ihn ausreichende Anzahl gefunden, so ist er nicht verpflichtet, weitere Unternehmen aktiv zu suchen.

---

1 Vgl. BT-Drucks. 18/10936, 270.
2 Vgl. unmittelbar zum Börsenrecht *Binder* in Großkomm. HGB, Bankvertragsrecht Siebter Teil, Rz. 161 und *Kumpan* in Baumbach/Hopt, § 26c BörsG Rz. 1.
3 Vgl. Entwurf des § 26c BörsG im Referentenentwurf zum 2. FiMaNoG vom 30.9.2016.
4 So die Anmerkungen zu Nr. 21 des Referentenentwurfs für ein Finanzmarktnovellierungsgesetz des für Börsenaufsicht in Hessen zuständigen Hessischen Ministeriums für Wirtschaft, Energie, Verkehr und Landesentwicklung vom 8.12.2015 (A. III 8-37 b 04 # 043), S. 9.
5 Vgl. Erwägungsgrund Nr. 59 und 113 RL 2014/65/EU.

Allerdings wird die **Pflicht zur Einrichtung eines Market-Making-Systems durch § 26c Abs. 2 Satz 2 BörsG wieder relativiert**, indem dies nicht gelten soll, soweit eine Ausnahme nach Art. 5 DelVO 2017/578 greift (Alt. 1) oder eine solche Anforderung nach Art und Umfang des Handels an dem Handelsplatz aus sonstigen Gründen nicht sachgerecht ist (Alt. 2). Ob und inwieweit § 26c Abs. 2 Alt. 2 BörsG tatsächlich noch eine eigene Bedeutung zukommt, erscheint vor dem Hintergrund des Detaillierungsgrads der DelVO 2017/578, die nach § 26c Abs. 5 BörsG in Gänze gilt, fraglich zu sein, da in Art. 6 DelVO 2017/578 nicht nur die Mindestanforderungen definiert sind, was inhaltlich zu einem Market-Making-System gehört, sondern in Art. 5 DelVO 2017/578 auch geregelt wird, in welchen Fallgestaltungen ein solches System einzurichten ist und wann nicht (s. Rz. 93). Werden im MTF bzw. OTF verschiedene Gattungen von Finanzinstrumenten gehandelt, so kann die Einrichtung eines Market-Making-Systems ggf. auch nur einzelne Gattungen betreffen. Die Systembetreiber werden ihre Überlegungen zur Einrichtung eines Market-Making-Systems regelmäßig im Zuge der Er- bzw. Überarbeitung der Gesamtkonzeption des Systems anstellen, da das Market Making Bestandteil des Marktmodells des Handelsplatzes ist und bei den Regelungen zur Durchführung des Handels und der Preisermittlung gem. § 72 Abs. 1 Satz 1 Nr. 2 WpHG im Regelwerk des MTF bzw. OTF zu beschreiben ist (s. Rz. 25).

Mit Art. 18 Abs. 5 RL 2014/65/EU i.V.m. Art. 48 Abs. 12 f. RL 2014/65/EU hat der EU-Richtliniengeber eine weitgefasste **Ermächtigung für eine EU-Verordnung zum Market Making** an Handelsplätzen erlassen. Die Verordnung soll (1) sicherstellen, dass Market- Making-Systeme fair und nichtdiskriminierend sind, (2) Mindestanforderungen festlegen, die die Handelsplätze bei der Entwicklung eines Market-Making-Systems vorsehen müssen, und (3) festlegen, unter welchen Bedingungen es je nach der Art und dem Umfang des Handels nicht angemessen ist, die Einrichtung eines solchen Systems vorzuschreiben. Auf der Grundlage dieser Ermächtigung hat die EU-Kommission die in § 26c BörsG angesprochenen DelVO 2017/578 erlassen. Wegen des engen inhaltlichen Zusammenhangs des Market-Making-Systems des Systembetreibers mit den Market-Making-Strategien der Handelsteilnehmer hat der EU-Verordnungsgeber in der Verordnung zugleich diejenigen Aspekte zu den Strategien mitgeregelt, für die er nach Art. 17 Abs. 7 RL 2014/65/EU ermächtigt worden ist. Diese Ermächtigung bezieht sich gem. Art. 17 Abs. 7 lit. b RL 2014/65/EU insbesondere auf die Konkretisierung der Umstände, unter denen eine Wertpapierfirma verpflichtet ist, eine Market-Making-Vereinbarung mit dem Marktplatzbetreiber zu schließen, und auf den Inhalt einer solchen Vereinbarung, einschließlich der Festlegung, zu welchem Teil der Handelszeiten am Handelsplatz Market Making stattzufinden hat. **Art. 1 DelVO 2017/578 präzisiert die Verpflichtung zum Abschluss einer Market-Making-Vereinbarung** dahingehend, dass der Handelsteilnehmer während der Hälfte der Handelstage über einen Zeitraum von einem Monat bei der Umsetzung der Market-Making-Strategie feste, zeitgleiche Geld- und Briefkursofferten vergleichbarer Höhe zu wettbewerbsfähigen Preisen stellen und für eigene Rechnung an einem Handelsplatz zumindest während 50 % der täglichen Handelszeiten des fortlaufenden Handels an dem betreffenden Handelsplatz mit mindestens einem Finanzinstrument handeln muss[1]. U.a. wird in Art. 1 DelVO 2017/578 auch festgelegt, dass Kursofferten dann zu wettbewerbsfähigen Preisen vorliegen, wenn sie zur oder innerhalb der vom Handelsplatz für alle Market Maker festgesetzten maximalen Geld-Brief-Spanne gestellt werden. In Art. 2 DelVO 2017/578 sind Details zu Inhalt und Umfang einer Market-Making-Vereinbarung geregelt. Art. 3 DelVO 2017/578 enthält eine Liste mit außergewöhnlichen Umständen, unter denen Market Maker von ihrer Pflicht befreit sind, dem Handelsplatz Liquidität zuzuführen. Nach Art. 4 DelVO 2017/578 werden die Systembetreiber verpflichtet, gewisse, in Art. 3 DelVO 2017/578 genannte, außergewöhnliche Umstände zu ermitteln und zu veröffentlichen sowie Verfahren für die Wiederaufnahme des normalen Handelsgeschehens festzulegen, sobald die außergewöhnlichen Umstände nicht mehr vorliegen. Aus Art. 5 DelVO 2017/578 ergibt sich, **in welchen Fallgestaltungen die Systembetreiber nicht verpflichtet sind, über ein Market-Making-System zu verfügen**. Regelungstechnisch erfolgt dies dadurch, indem in Abs. 1 explizit aufgezählt wird, in welchen Konstellationen ein Market Making-System vorliegen muss und alle nicht genannten Fallgestaltungen von der Pflicht freigestellt werden. Von der Pflicht betroffen sind **nur Fälle, in denen der Handel über ein Orderbuchhandelssystem basierend auf einer fortlaufenden Auktion stattfindet**, und zwar in (a) Aktien und börsengehandelten Fonds, für die ein liquider Markt i.S.v. Art. 2 Abs. 1 Nr. 17 VO Nr. 600/2014 besteht, wie in DelVO 2017/567 geregelt, (b) Optionen und Terminkontrakte (Futures), die sich direkt auf die unter (a) genannten Finanzinstrumente beziehen, und (c) Aktienindex-Futures und Aktienindex-Optionen, für die ein liquider Markt i.S.v. Art. 9 Abs. 1 lit. c sowie Art. 11 Abs. 1 lit. c VO Nr. 600/2014 und der DelVO 2017/583 besteht. Nach Art. 5 Abs. 2 DelVO 2017/578 handelt es sich in diesem Regelungskontext dann um ein **Orderbuchhandelssystem basierend auf einer fortlaufenden Auktion**, wenn mittels eines Orderbuchs und eines Handelsalgorithmus ohne menschliche Intervention Verkaufsorders mit Kauforders auf der Grundlage des bestmöglichen Preises kontinuierlich zusammengeführt werden. In Art. 6 DelVO 2017/578 werden sodann die Mindestanforderungen des Market-Making geregelt, die von den Handelsplätzen bei der Entwicklung eines Market-Making-Systems vorzusehen sind. Danach haben die Systembetreiber in ihrem Market-Making-System die Vorteile des Market Making – „Anreize" genannt – und die Anforderungen betreffend Präsenz, Ordergröße und Spread zu beschreiben, die erfüllt werden müssen, um in normalen, aber auch in vorab zu definierenden angespannten Marktbedingungen in de-

---

[1] Ausfl. *Müller-Lankow*, WM 2017, 2335, 2341.

ren Genuss zu kommen. Schließlich sind in Art. 7 DelVO 2017/578 Kriterien aufgeführt, anhand derer die Systembetreiber sicherzustellen haben, dass die Market-Making-Systeme gerecht und nichtdiskriminierend sind. U.a. ist es nicht statthaft, die Teilnehmerzahl eines Market-Making-Systems zu begrenzen. Beschränkt werden kann jedoch der Zugang zu den im Rahmen des Systems gewährten Anreizen auf diejenigen Firmen, die vorgegebene Schwellenwerte erreicht haben.

94 Die Vereinbarung zwischen dem Handelsplatzbetreiber und den Handelsteilnehmern, die **im Wege des algorithmischen Handels eine Market-Making-Strategie verfolgen**, bedürfen nach § 80 Abs. 4 Nr. 2 WpHG der Schriftform, so dass die Vorgaben von § 126 BGB zu beachten sind. Zum Inhalt des Regelwerks führt § 26c Abs. 3 BörsG analog lediglich aus, dass die Pflicht zu Liquiditätszuführung und ggf. weitere, sich aus der Teilnahme am Market-Making-System ergebende Verpflichtungen im Regelwerk enthalten sein müssen. Im Preistableau müssen gem. § 72 Abs. 1 Satz 2 WpHG i.V.m. § 26c Abs. 4 BörsG analog Bestimmungen über die **Verringerung von Entgelten** enthalten sein, die einem Wertpapierdienstleistungsunternehmen dafür gewährt werden, dass es dem Markt in stetiger und verlässlicher Weise Liquidität zuführt. Die im Vergleich zu anderen Handelsteilnehmern reduzierten Entgelte bekommen die Handelsteilnehmer, die einen Market-Making-Strategie verfolgen im Gegenzug für ihre liquiditätsspendende Funktion gewährt. In § 72 Abs. 2 WpHG werden die reduzierten Entgelte auch Rabatte genannt.

95 Nach Art. 2 DelVO 2017/578 (i.V.m. § 72 Abs. 1 Satz 2 WpHG und § 26c Abs. 5 BörsG analog) muss eine **Market Making-Vereinbarung** Folgendes enthalten:
a) das bzw. die Finanzinstrument(e), auf das bzw. die sich die Vereinbarung bezieht;
b) die von der Wertpapierfirmen in puncto Präsenz, Größe und Spread zu erfüllenden Mindestverpflichtungen, laut denen zumindest das Stellen fester, zeitgleicher Geld- und Briefkursofferten vergleichbarer Höhe zu wettbewerbsfähigen Preisen für mindestens ein Finanzinstrument auf dem Handelsplatz während mindestens 50 % der täglichen Handelszeiten vorgeschrieben ist, während derer auf dem betreffenden Handelsplatz ein fortlaufender Handel stattfindet, wobei keine Eröffnungs- und Schlussauktionen mit eingeschlossen sind und diese Berechnung für jeden Handelstag erfolgt;
c) gegebenenfalls die Bestimmungen des geltenden Market-Making-Systems;
d) die Verpflichtungen der Wertpapierfirma in Bezug auf die Wiederaufnahme des Handels nach Volatilitätsunterbrechungen;
e) die Überwachungs-, Konformitäts- und Rechnungsprüfungsverpflichtungen der Wertpapierfirma, damit diese ihre Market-Making-Tätigkeit beaufsichtigen kann;
f) die Pflicht zur Kennzeichnung fester Kursofferten, die laut der Market-Making-Vereinbarung dem Handelsplatz unterbreitet werden, damit diese Kursofferten von anderen Auftragsaufkommen unterschieden werden können;
g) die Pflicht zur Führung von Aufzeichnungen über feste Kursofferten und Geschäften in Bezug auf die Market-Making-Tätigkeiten der Wertpapierfirma, die eindeutig von anderen Handelstätigkeiten abgegrenzt werden, sowie die Pflicht, diese Aufzeichnungen dem Handelsplatz und der zuständigen Behörde auf Anfrage zur Verfügung zu stellen.

96 Nach § 120 Abs. 8 Nr. 69 WpHG handelt der Betreiber eines MTF bzw. OTF ordnungswidrig, wenn er vorsätzlich oder leichtfertig einen Vertrag i.S.d. § 26c Abs. 1 BörsG i.V.m. § 72 Abs. 1 Satz 2 WpHG schließt, der nicht sämtliche in § 26c Abs. 3 BörsG genannten Bestandteile enthält. Durch den Verweis des § 26c Abs. 5 BörsG auf die DelVO 2017/578 ist der Inhaltskatalog von Art. 2 DelVO 2017/578 als Teil von § 26c Abs. 3 BörsG anzusehen. Fehlen die entsprechenden Klauseln im Vertragsverhältnis, so ist das Fehlen vom Bußgeldtatbestand umfasst.

97 Art. 2 Abs. 2 DelVO 2017/578 und Art. 7 Abs. 5 DelVO 2017/578 fordern, dass die Systembetreiber kontrollieren müssen, ob die Market Maker die Vereinbarungen tatsächlich einhalten. Das genaue Maß an organisatorischen Vorkehrungen bleibt hier offen. Diese Form der Vertrags-Compliance sollte der unabhängigen Handelskontrolle, die für die Kontrollen nach § 72 Abs. 1 Satz 1 Nr. 3 WpHG einzurichten ist, zufallen (s. Rz. 33). Diese Stelle ist für die Überwachung des Regelwerks zuständig, das auch die Beschreibung des Market Making als Regelungen zum Handelsablauf enthält. Die Einhaltung der Vorgaben zu Präsenz, Odergrößen und Spreads lässt sich dabei mit Kontrollsoftware systemtechnisch unterstützt prüfen.

98 **d) Verweis auf § 26d BörsG.** Durch den Verweis in § 72 Abs. 1 Satz 2 WpHG auf die entsprechenden Geltung des § 26d BörsG, der unter der Überschrift „Algorithmische Handelssysteme und elektronischer Handel" steht, ergeben sich für den Betreiber eines MTF bzw. OTF folgende Pflichten: Nach § 26d Abs. 1 BörsG analog muss der Betreiber sicherstellen dass algorithmische Handelssysteme nicht zu Beeinträchtigungen des ordnungsgemäßen Börsenhandels führen oder zu solchen Beeinträchtigungen beitragen. Hierfür muss er geeignete Vorkehrungen zu treffen, um den von algorithmischen Handelssystemen ausgehenden Gefahren für den ordnungsgemäßen Börsenhandel vorzubeugen. Beispielhaft genannt werden Vorkehrungen zur Begrenzung des Verhältnisses von nicht ausgeführten Handelsaufträgen zu ausgeführten Handelsaufträgen für den Fall, dass die

Systemkapazität der Börse übermäßig in Anspruch genommen wird und die Gefahr besteht, dass die Kapazitätsgrenze erreicht wird.

Die in § 26d Abs. 2 Satz 1 BörsG (analog) genannte Pflicht richtet sich zuvorderst an die **Handelsteilnehmer**. Diese sind verpflichtet, ihre Algorithmen zu testen. Nur implizit werden die Systembetreiber als Verpflichteter angesprochen, indem diese die Testumgebung zur Verfügung zu stellen haben. 26d Abs. 2 Satz 2 BörsG schließt sodann wieder eine direkt formulierte Pflicht für die Systembetreiber an: Die Einhaltung der Pflicht der Handelsteilnehmer nach Satz 1 ist zu überwachen und Anhaltspunkte für Verstöße der Aufsichtsbehörde mitzuteilen. § 72 Abs. 1 Satz 2 WpHG i.V.m. § 26d BörsG analog setzt die zentralen Vorgaben aus Art. 48 Abs. 6[1] i.V.m. § 18 Abs. 5 RL 2014/65/EU um. Hinsichtlich der Verpflichtung der Handelsteilnehmer in § 26d Abs. 2 Satz 1 BörsG hätte es genügt, wenn der deutsche Gesetzgeber die Systembetreiber aufgefordert hätte, die Handelsteilnehmer über das Regelwerk zu verpflichten, die von ihnen verwendeten Algorithmen zu testen. § 26d Abs. 3 BörsG nimmt schließlich auf die DelVO 2017/584 Bezug, die Ausführungen zu den geeigneten Vorkehrungen nach Abs. 1 und der Anforderungen an die Ausgestaltung der Tests nach Abs. 2 enthält.

99

aa) § 26d Abs. 1 BörsG analog. Was ein Systembetreiber nach § 26d Abs. 1 BörsG analog zur Gefahrenabwehr präventiv genau zu unternehmen hat, damit **sichergestellt ist, dass algorithmische Handelssysteme nicht zu Beeinträchtigungen des ordnungsgemäßen MTF-/OTF-Handels führen oder zu solchen Beeinträchtigungen beitragen**, bleibt in der Norm offen. Dies muss vom konkreten Marktmodell des Handelsplatzes und seiner systemtechnischen Umsetzung abgeleitet werden. Die in Art. 48 Abs. 6 RL 2014/65/EU bespielhaft genannten Maßnahmen, wie die Begrenzung des Order-Transaktionsverhältnisses oder die Festlegung einer Mindestpreisänderungsgröße, sind in § 72 Abs. 1 Satz 1 Nr. 7 und Nr. 8 WpHG bereits partiell oder ganz geregelt. Das weitere Beispiel, wonach die Anforderung aufzustellen ist, dass die Handelsteilnehmer angemessene Tests von Algorithmen durchführen, wird in § 26d Abs. 2 BörsG ebenfalls separat behandelt. Die Ableitung, welche Sicherstellungsschritte konkret notwendig sind, erfolgt durch eine Bestandsaufnahme, welche Störungen des ordnungsgemäßen Handels sich aus der Benutzung des den Handelsteilnehmern zur Verfügung gestellten Handelssystems ergeben können. Diese kann z.B. im Rahmen einer regelmäßig durchzuführenden Risikoinventur des Systems erfolgen. Besonderes Augenmerk ist darauf zu richten, dass der Einsatz algorithmischer Handelssysteme die Abläufe der Preisfeststellung nicht negativ beeinflusst. Eine Auflistung von Sachverhalten, die als Beeinträchtigung des ordnungsgemäßen Handels angesehen werden können, finden sich z.B. in Art. 81 Abs. 1 i.V.m. Anhang III Abschnitt A DelVO 2017/565 und werden dort wie folgt beschrieben:

100

- Der Preisfindungsprozess wird über einen längeren Zeitraum störend beeinflusst;
- Die Kapazitäten der Handelssysteme wurden erreicht oder überschritten;
- Wertpapierhändler/Liquiditätsgeber behaupten wiederholt, dass Fehlabschlüsse („Mistrades") vorliegen;
- Zusammenbruch oder Ausfall wichtiger Mechanismen nach Art. 48 RL 2014/65/EU und ihrer Durchführungsmaßnahmen, die darauf ausgelegt sind, den Handelsplatz gegen die Risiken algorithmischen Handels zu schützen.

Im Ergebnis ist es die Summe aus einem präzisen Regelwerk, einer leistungsfähigen Computertechnik und einer ordnungsgemäßen Unternehmensführung, die wirksam sicherstellt, dass algorithmische Handelssysteme zu keinen störenden Handelsbedingungen auf dem Markt beitragen. Der Betreiber kann IT- und regelwerkstechnisch steuern, inwieweit er die algorithmischen Handelssysteme seiner Handelsteilnehmer auf sein Handelssystem einwirken lassen möchte. Nur die IT der Handelsteilnehmer und die Infrastruktur des Systembetreibers im Zusammenspiel lassen algorithmischen Handel i.S.v. § 80 Abs. 2 Satz 1 WpHG zu. Aus Sicht der in § 26d Abs. 3 BörsG genannten DelVO 2017/584 können daher nicht nur die Systeme der Handelsteilnehmer algorithmische Handelssysteme sein, sondern auch die der Systembetreiber. Nach Art. 1 Abs. 3 DelVO 2017/584 sind alle Vorkehrungen oder Systeme, die algorithmischen Handel zulassen oder ermöglichen, als „algorithmische Handelssysteme" anzusehen. Die zum Schutz vor Marktstörungen vorzuhaltenden Systeme, Verfahren und Vorkehrungen haben demnach nicht nur eine nach außen, in Richtung Handelsteilnehmer gerichtete, sondern auch eine nach innen, in die eigene Sphäre gerichtete Dimension.

Die in § 26d Abs. 1 Satz 2 BörsG als einziges Beispiel einer vorbeugenden Maßnahme genannte Begrenzung des Verhältnisses von nicht ausgeführten Handelsaufträgen zu ausgeführten Handelsaufträgen für den Fall, dass die Systemkapazität der Börse übermäßig in Anspruch genommen wird und die Gefahr besteht, dass die Kapazitätsgrenze erreicht wird, hat eher eine lückenfüllende Funktion bei der Transformation von Art. 48 Abs. 6 RL 2014/65/EU. Die Umsetzung des das Order-Transaktions-Verhältnis betreffenden Teils des Artikels ist bereits mit dem Hochfrequenzhandelsgesetz in § 31f Abs. 1 Nr. 9 WpHG a.F., jetzt § 72 Abs. 1 Satz 1 Nr. 7 WpHG bzw. § 26a BörsG erfolgt. Interessant ist in diesem Zusammenhang allenfalls, dass sich im Gesetzgebungsverfahren der Wortlaut der Norm sich gewandelt hat. Im Referentenentwurf des 2. FiMaNoG vom 30.9.2016 war die Fassung des § 26d BörsG noch näher am Wortlaut des Art. 48 Abs. 6 RL 2014/65/EU angelehnt. Die Veränderungen der Formulierung wurde in den Gesetzgebungsdokumenten nicht weiter kommentiert.

101

---

1 BT-Drucks. 18/10936, 270.

102 In jedem Fall haben die Betreiber von MTF und OTF die Vorkehrungen zu treffen, die Art. 18 DelVO 2017/584 zur Vorbeugung gegen marktstörende Handelsbedingungen benennt[1]. Im Einzelnen sind dies die Einrichtung von Obergrenzen für die Anzahl an Aufträgen, die ein Mitglied pro Sekunde sendet, von Mechanismen zur Bewältigung der Volatilität sowie von Vor- und Nachhandelskontrollen auf Ebene des Betreibers und der Teilnehmer. Die Betreiber müssen dabei in der Lage sein, von jedem Nutzer eines geförderten Zugangs Informationen über dessen organisatorische Anforderungen und Handelskontrollen einzuholen, den Zugang eines Handelsteilnehmers oder eines Händlers zum Handelssystem zu sperren und in besonderen Situationen mittels Stornierungsfunktion noch nicht ausgeführte Aufträge (sog. Kill-Funktion) oder bereits ausgeführte Geschäfte zu annullieren. Diese Maßnahmen bedürfen nicht nur der IT-technischen Einrichtung, sondern auch der Beschreibung im Regelwerk des Systems, vornehmlich bei der Beschreibung des Ablaufs des Handels nach § 72 Abs. 1 Satz 1 Nr. 2 WpHG.

103 **bb) § 26d Abs. 2 BörsG analog.** Gemäß § 72 Abs. 1 Satz 2 WpHG i.V.m. § 26d Abs. 2 Satz 1 BörsG analog sind die Handelsteilnehmer eines MTF bzw. OTF verpflichtet, angemessene Tests von Algorithmen durchzuführen. Eine Pflicht zum Testen von Handelsalgorithmen lässt sich auch aus § 80 Abs. 2 Satz 3 Nr. 2 WpHG herleiten, auch wenn dort das Testen nicht ausdrücklich erwähnt wird. Danach haben Wertpapierdienstleistungsinstitute, die algorithmischen Handel betreiben, Systeme zum Einsatz zu bringen, die sicherstellen, dass die Übermittlung von fehlerhaften Aufträgen oder eine Funktionsweise des Systems vermieden wird, durch die Störungen auf dem Markt verursacht werden oder einen Beitrag zu diesen geleistet werden. Dieser Sicherstellungspflicht wird nur dann entsprochen, wenn die verwendeten Computersysteme nebst Algorithmen zuvor getestet worden sind. Die Regelung des § 80 Abs. 2 Satz 3 WpHG wurde bereits im Zuge des Hochfrequenzhandelsgesetzes als § 33 Abs. 1a Satz 2 in das WpHG eingeführt. Ihre europarechtliche Grundlage bildet Art. 17 Abs. 1 RL 2014/65/EU[2], in der ebenfalls der Begriff des Testens nicht explizit erwähnt wird. Bei MTF hatte die Bankaufsicht der BaFin seit Inkrafttreten des Hochfrequenzhandelsgesetzes 2013 unter Berufung auf § 33 Abs. 1a WpHG darauf hingewirkt, dass Softwaretests in Testumgebungen des Systembetreibers durchzuführen sind. Nach Rz. 15 des im Januar 2018 aufgehobenen Rundschreibens 6/2013 (BA) – Anforderungen an Systeme und Kontrollen für den Algorithmushandel von Instituten – musste das Institut überprüfen und begründen, ob ein Handel an einer Handelsplattform überhaupt möglich ist, wenn diese keine Testumgebung bereit stellt. In den Rz. 28 ff. des früheren Rundschreibens hatte die BaFin weitergehende Anforderungen an Testverfahren der Institute für den Einsatz eines elektronischen Handelssystems oder eines einzelnen Handelsalgorithmus aufgestellt, die auf der Leitlinie Nr. 2.2.d) ESMA/2012/122 (DE)[3] beruhten.

104 Art. 9 Abs. 4 und Art. 10 Abs. 2 DelVO 2017/584 schreiben nunmehr verbindlich vor, dass die Systembetreiber den Handelsteilnehmern Zugang zu einer Testumgebung bereitstellen müssen. Nach Art. 9 DelVO 2017/584 sind Konformitätstests notwendig, die u.a. die Fähigkeit des Systems oder des Algorithmus überprüfen, planmäßig mit der Matching-Logik des Handelsplatzes zu interagieren und den ein- und ausgehenden Geschäftsdatenverkehr ordnungsgemäß zu verarbeiten. Art. 10 Abs. 1 DelVO 2017/584 verlangt Tests von Algorithmen zur Vermeidung marktstörender Handelsbedingungen; nach Abs. 2 muss der Systembetreiber hierfür entweder Simulationssysteme bereitstellen, die die Produktionsumgebung einschließlich marktstörender Handelsbedingungen so realistisch wie möglich abbilden und den Handelsteilnehmern Funktionen, Protokolle und Strukturen an die Hand geben, mit denen sie verschiedene Szenarien, die sie für ihre Tätigkeit als relevant erachten, testen können, oder von ihm festgelegte und verwaltete Testsymbole vorgeben. Nach Art. 10 Abs. 2 DelVO 2017/584 haben die Systembetreiber von den Handelsteilnehmern eine Bescheinigung über den Test der von ihnen verwendeten Algorithmen zu verlangen, um zu vermeiden, dass diese zur Entstehung marktstörender Handelsbedingungen beitragen oder diese hervorrufen. Unter Rückgriff auf Art. 17 Abs. 1 RL 2014/65/EU führt der europäische Verordnungsgeber (Kommission) in den Art. 5 ff. DelVO 2017/589 ausführlich aus, welche Anforderungen er an Tests von Algorithmen setzt. Soweit in den EU-Verordnungen keine detaillierten Ausführungen zum Testvorgehen gemacht werden, so sind bei der Durchführung der Tests in Fachkreisen anerkannten Standards für Softwaretests anzuwenden[4].

105 § 26d Abs. 2 BörsG analog spricht an, dass die Testumgebung vom Handelsplatzbetreiber zur Verfügung gestellt werden muss. Insofern trifft das WpHG eine mit Art. 9 Abs. 4 und Art. 10 Abs. 2 DelVO 2017/584 übereinstimmende Aussage. Die Betreiber können damit von den Handelsteilnehmern nicht verlangen, dass diese selbst eine Testumgebung schaffen oder ihre Handelsprogramme andernorts testen lassen[5].

106 Die Verpflichtung aus § 72 Abs. 1 Satz 2 WpHG i.V.m. § 26d Abs. 2 Satz 2 BörsG analog, wonach die Systembetreiber die Einhaltung der Pflichten nach § 26d Abs. 2 Satz 1 BörsG überwachen müssen, kann sich an den Maßstäben der DelVO 2017/584 orientieren. Da nach § 26d Abs. 3 BörsG die Anforderungen an die Tests auf

---

1 *Kumpan* in Baumbach/Hopt, § 26d BörsG Rz. 2.
2 RegE HFTG, BT-Drucks. 17/11631, 18.
3 ESMA/2012/122 (DE) vom 24.2.2012.
4 Ausfl. zu Softwaretests z.B. *Schmidt* in Auer-Reinsdorff/Conrad, § 1 Rz. 144 ff.
5 So für die Börse *Kumpan* in Baumbach/Hopt, § 26d BörsG Rz. 2.

die EU-Verordnung verwiesen wird, kann die Überwachungspflicht aus dem BörsG kaum weitergehend sein. Soweit den Systembetreibern Anhaltspunkte vorliegen, dass Handelsteilnehmer keine bzw. keine ausreichenden Tests der Algorithmen durchführen, so haben sie dies der BaFin mitzuteilen. Für Anhaltspunkte genügen bereits Indizien. Spezielle Form- und Fristvorschriften sieht das Gesetz für die Mitteilung nicht vor. Nach dem Bekanntwerden von Indizien kann eine den normalen Umständen entsprechenden Beurteilungs- und Bearbeitungszeit in Anspruch genommen werden. Aus Beweiszwecken sollte die Mitteilung schriftlich erfolgen.

15. Entgelte (§ 72 Abs. 2 WpHG). § 72 Abs. 2 WpHG legt, auch wenn die Adressaten der Norm nicht ausdrücklich genannt werden, für Betreiber von MTF und OTF den **Rahmen** fest, den diese **bei der Aufstellung von Entgeltregelungen** zu beachten haben. Die europarechtliche Vorgabe für die Art und Weise der Preis- und Konditionengestaltung setzt Art. 18 Abs. 5 i.V.m. Art. 48 Abs. 9 RL 2014/65/EU. Im Gegensatz zu § 72 Abs. 1 Satz 1 Nr. 5 WpHG, der entsprechend des regelmäßig privatrechtlichen Charakters der MTF- bzw. OTF-Nutzung von Entgelten spricht, nutzt § 72 Abs. 2 WpHG den Gebührenbegriff der RL 2014/65/EU. Dies ändert jedoch nichts daran, dass es sich zumeist um privatrechtliche Gegenleistungen aus dem Vertrag über die Teilnahme am bzw. die Nutzung des Systems handelt. 107

Nach § 72 Abs. 2 Satz 1 WpHG müssen die **Entgelte in ihrer Gesamtheit (Gebührenstrukturen)**, aber auch auf **Einzelpositionen bezogen transparent und diskriminierungsfrei sein.** Bezugspunkt für die Betrachtung ist dabei jeweils die Handelsteilnehmerschaft. Aus dem **Antidiskriminierungspostulat** lässt sich ableiten, dass es sich bei Entgelten nicht um individuell verhandelbare Größen handelt. Der Systembetreiber hat die Preise für seine Leistungen für alle Nutzer vorab zu formulieren. Zählt man die Entgeltregelungen zu den Zulassungsvoraussetzungen i.S.d. § 72 Abs. 1 Satz 1 Nr. 1 WpHG (s. Rz. 13), so folgen die Verpflichtungen zur transparenten und nichtdiskriminierenden Ausgestaltung der Entgelte bereits aus dieser Vorschrift. Hinsichtlich der **Transparenz** kann auf § 307 Abs. 1 Satz 2 BGB zurückgegriffen werden. Das dort enthaltene Transparenzprinzip verlangt von einem Verwender vorformulierter Klauseln, dass dieser seine Bestimmungen klar und verständlich fasst. Auch wird man aus der Forderung nach transparenten Gebühren die Zugänglichkeit der gesamten Gebührenstruktur für potentielle und bereits zugelassene Handelsteilnehmer ableiten können. **Diskriminierungsfrei** sind Entgelte dann, wenn Handelsteilnehmer gleiche Preise für gleiche Leistungen entrichten müssen. 108

Der deutsche Gesetzgeber hat auf eine exakte Übernahme der Formulierung des Art. 48 Abs. 9 i.V.m. Art. 18 Abs. 5 RL 2014/65/EU verzichtet, wonach das **Entgelt auch gerecht zu sein hat.** Der Referentenentwurf zum 2. FiMaNoG vom 20.9.2016 sah eine entsprechende Umsetzung noch vor. Die Gesetzesbegründung im Regierungsentwurf äußert sich zu dieser Problematik nicht, wenngleich dort auf die Umsetzung der RL 2014/65/EU-Norm referenziert wird[1]. Es erscheint fraglich, ob der Maßstab gerechter Gebühren und Gebührenstrukturen in der Anforderung von Transparenz und Diskriminierungsfreiheit bereits enthalten ist. Im Wege der europarechtlichen Auslegung der Norm ist der Gedanke der Gerechtigkeit jedoch zu berücksichtigen, mag es ggf. auch schwierig sein, den Maßstab für ein gerechtes Entgelt (engl.: *fair fee/fair fee structure*) zu finden. Für das europarechtliche Verständnis von Fairness zwischen Handelsplatzbetreiber und Marktnutzer kann allerdings auf Art. 3 DelVO 2017/573 abgestellt werden (s. Rz. 114). Unfair können keineswegs Preisgestaltungen sein, bei denen der Betreiber seine Kosten für den Betrieb zzgl. einer angemessenen Marge in Ansatz bringt. Insgesamt sollten Preisgestaltungen dann fair sein, wenn Leistung und Gegenleistung in einem ausgewogen Verhältnis zueinander stehen. 109

Als Einzelgebühren führt das Gesetz beispielhaft **Ausführungs- und Nebengebühren** an. Dem Systembetreiber steht mithin ein Ermessensspielraum zu, seine Gesamtbepreisung auf eine gewisse Anzahl einmaliger oder wiederkehrender Einzelentgelte aufzuteilen, solange dabei keine Intransparenz, Unfairness und Diskriminierung eintritt. Ausführungsgebühren sind Entgelte, die für einzelne Transaktionen erhoben werden. Sie stellen regelmäßig die Haupteinnahmequelle aus dem Systembetrieb dar. Sachlich rechtfertigen lassen sich dabei auch verschiedene Preise für unterschiedliche Arten von Finanzinstrumenten, insbesondere vor dem Hintergrund ggf. verschiedener Marktmodelle. Daneben sind Entgelte für die Systemanbindung und Softwarebereitstellung sowie Mistrade-*Fees* denkbar. Falls am MTF oder OTF Zulassungen für Finanzinstrumente auf Antrag des Emittenten vorgesehen sind, können wie bei Börsen üblich, auch Vergütungen für das Listing bzw. Delisting verlangt werden. Eine Kategorisierung in Ausführungs- und Nebenentgelte in der Preisliste gebietet das Gesetz nicht, solange Transparenz gewährleistet ist. 110

Nach § 72 Abs. 4 Satz 2 WpHG dürfen die Gebühren **keine Anreize schaffen, Aufträge so zu platzieren, zu ändern oder zu stornieren bzw. Geschäfte so zu tätigen, dass dies zu marktstörenden Handelsbedingungen oder Marktmissbrauch beiträgt.** Die Entgelttatbestände sind daher dahingehend zu prüfen, ob sie eine Motivation für ein Orderverhalten von Handelsteilnehmern darstellen können, das zu den beschriebenen Störungen bzw. Missbräuchen führen kann. Sollte die Prüfung positiv ausfallen, so wäre die Entgeltklausel unzulässig. Eine feste Definition des Begriffs der marktstörenden Handelsbedingungen gibt es im WpHG nicht. Bislang hat ihn auf nationaler Ebenen lediglich die BaFin in der MaComp II Nr. 6.2.2 benutzt, ohne ihn weiter zu spezifizieren. Naheliegend ist, dass der Begriff mit dem bislang schon im WpHG benutzten und auch künftig weiter- 111

---

1 BT-Drucks. 18/10936, 239.

verwendeten Begriff der „Störung der Marktintegrität" große Überschneidungen aufweist. Die BaFin hatte in der MaComp II Nr. 11.2 insbesondere Funktionsdefizite bei der Preisfeststellung oder der Abwicklung der Geschäfte als solche Störungen bezeichnet. gestört werden. Parallelen zeigen sich dabei zu der europarechtlichen Definition der ordnungswidrigen Handelsbedingungen in Art. 81 Abs. 1 i.V.m. Anhang III Abschnitt A DelVO 2017/565 auf. Marktmissbrauch im Sinne des WpHG ist Marktmissbrauch nach MAR. Art. 1 VO Nr. 596/2014 fasst unter dem Begriff Insidergeschäfte, die unrechtmäßige Offenlegung von Insiderinformationen und Marktmanipulationen zusammen. Der deutsche Gesetzgeber hat mit der Pflicht für MTF- und OTF Betreiber gem. § 72 Abs. 1 Satz 1 Nr. 5 WpHG zur Einführung eines Entgelts für die extensive Systemnutzung sogar eine konkrete Maßnahme eingefordert, um entsprechende Motivationslagen seitens der Handelsteilnehmer zu unterbinden (s. Rz. 42 ff.).

112 § 72 Abs. 2 Satz 1 WpHG erwähnt **mögliche Rabatte**, die auf Entgelte gewährt werden. Rabatte müssen danach genauso transparent und diskriminierungsfrei sowie richtigerweise auch gerecht sein, wie die Entgeltpositionen, auf die sie gewährt werden. Bei Rabatten handelt es sich um Nachlässe auf den ausgewiesenen Listenpreis. Für die Zubilligung muss es eine sachliche Rechtfertigung geben, da ansonsten Gerechtigkeit und Diskriminierungsfreiheit nicht gewährleistet sind. Erlaubt sein sollten insbesondere Funktionsrabatte, die das System als solches stärken. Wie sich aus § 72 Abs. 1 Satz 2 WpHG i.V.m. § 26c Abs. 4 Satz 1 BörsG analog ergibt, ist es zulässig, Handelsteilnehmern, die im Rahmen einer Market-Making-Strategie zur Liquiditätsspendende bereit sind, Anreize in Form von Rabatten auf das normalerweise zu entrichtende Entgelt zu gewähren. Daneben sollten auch Mengennachlässe auf Transaktionsentgelte in Form von kaufmännisch nachvollziehbar gestuften Preisstaffeln keine unfaire oder diskriminierende Preisgestaltung darstellen. Im Aktienhandel dürfen, wie sich aus § 72 Abs. 2 Satz 2 WpHG Preisnachlässe nur als Gegenleistung für die Übernahme von Market-Making-Pflichten gewährt werden.

113 Wer Gebührenstrukturen vorsätzlich oder leichtfertig nicht im Einklang mit den Anforderungen von § 72 Abs. 2 WpHG gestaltet, begeht gem. § 120 Abs. 8 Nr. 70 WpHG eine Ordnungswidrigkeit. Vor diesem Hintergrund sind atypische Preisgestaltungen, in denen z.B. Liquiditätsspender belastet werden und sonstige Handelsteilnehmer ggf. überhaupt keine Transaktionsentgelte zahlen sollen, einer besonders sorgfältigen Prüfung im Hinblick auf Transparenz, Gerechtigkeit und Diskriminierungsfreiheit zu unterziehen. Verstöße gegen § 72 Abs. 2 WpHG Vorschrift führen nicht zur Unwirksamkeit der zivilrechtlichen Absprache. Vielmehr ist die BaFin als Aufsichtsbehörde gehalten, gegen intransparente, unfaire und diskriminierende Preisregelungen Maßnahmen einzuleiten. Von § 72 Abs. 2 WpHG unberührt bleiben im Übrigen das UWG und das GWB[1].

114 § 72 Abs. 2 WpHG wird von Art. 3 bis 5 DelVO 2017/573 überlagert. Der EU-Verordnungsgeber (Kommission) hat diese Vorschriften auf der Grundlage von Art. 48 Abs. 12 lit. d i.V.m. Art. 18 Abs. 5 RL 2014/65/EU erlassen. Art. 3 DelVO 2017/573 beschreibt das unionsrechtliche Verständnis gerechter und nichtdiskriminierender „Gebühren" näher. Im Grundsatz müssen die Handelsplatzbetreiber gegenüber verschiedenen Nutzern bei gleicher Leistung das gleiche Entgelt erheben. Unterschiedliche Entgelte sind auf enumerativ aufgeführte Fälle begrenzt. Erlaubt sein können dabei auch ausdifferenzierte Mengenrabatte, die auf dem Handelsgesamtvolumen, der Gesamtanzahl an Handelsgeschäften oder den von einem einzigen Mitglied stammenden kumulierten Handelsgebühren anknüpfen. Art. 4 DelVO 2017/573 fordert die Veröffentlichung der umfassenden Preisliste auf der Internetseite[2]. Art. 5 DelVO 2017/573 enthält schließlich ein Verbot für eine Gebührenstruktur, bei der nach Erreichen eines bestimmten Schwellenwerts über einen vorgegebenen Zeitraum hinweg niedrigere Entgelte zu entrichten sind, einschließlich einer etwaigen Reduktionen bereits angefallener Vergütungsansprüche.

115 **16. Beschreibung der Funktionsweise des Systems (§ 72 Abs. 3 WpHG).** § 72 Abs. 3 Sätze 1 und 2 WpHG regeln die Pflicht der Betreiber von MTF und OTF, der BaFin **eine ausführliche Beschreibung der Funktionsweise des Handelssystems vorzulegen**, einschließlich etwaiger Verbindungen zu anderen Handelssystemen sowie einer Aufstellung der Handelsteilnehmer. Darüber hinaus sind in den Sätzen 3 und 4 Aspekte der Wertpapieraufsicht angesprochen. Gemäß § 72 Abs. 3 Satz 3 WpHG stellt die BaFin die Funktionsbeschreibung der ESMA auf deren Verlangen zur Verfügung. Nach § 72 Abs. 3 Satz 4 WpHG hat die BaFin der ESMA jede Erteilung einer Erlaubnis zum Betreib eines MTF bzw. OTF mitzuteilen. Der Paragraph setzt Art. 18 Abs. 10 RL 2014/65/EU in nationales Recht um. Neben der deutschen Vorschrift besteht mit der Durchführungsverordnung 2016/824 zur Festlegung technischer Durchführungsstandards in Bezug auf den Inhalt und das Format der Beschreibung der Funktionsweise multilateraler Handelssysteme und organisierter Handelssysteme sowie die Benachrichtigung der Europäischen Wertpapier- und Marktaufsichtsbehörde gemäß der Richtlinie 2014/65/EU eine auf Art. 18 Abs. 11 RL 2014/65/EU beruhende europarechtliche Regelung, die sich mit der Beschreibung der Funktionsweise der Handelssysteme befasst. Art. 18 Abs. 11 RL 2014/65/EU ermächtigt die EU-Kommission, den Inhalt und das Format der in Art. 18 Abs. 10 RL 2014/65/EU genannten Beschreibung und Meldung zu bestimmen.

---

1 Vgl. zum GWB z.B. *Seiffert* in Kümpel/Wittig, Rz. 4.68.
2 S. hierzu auch Q & A ESMA On MiFID II and MiFIR market structures topics, Nr. 5.1 Antwort auf Frage 6.

a) **Ausführliche Beschreibung.** Die Funktionsweise des Handelssystems hat sich die BaFin nicht selbst aus verschieden Dokumenten, die aufgrund anderer Rechtsvorschriften zu erstellen sind (Erlaubnisantrag zum Betrieb, Prüfbericht des Abschlussprüfers, Regelwerk des Systems etc.), zu erschließen. Sie ist der Behörde vielmehr in **einem separaten Schriftstück**, das durch den Betreiber zu erstellen ist, zu erläutern. Die Erläuterungen müssen dabei einem logischen Aufbau folgend in einem zusammenhängenden Text vorgenommen werden. Die Beschreibung muss **ausführlich** sein, d.h. sie muss detailliert ausfallen. Eine lediglich generische Darstellung der Funktionsweise genügt nicht. Die Beschreibung in Worten schließt nicht aus, den Text mit Bildern, Grafiken oder Skizzen sowie mit Anlagen zu versehen, sofern sie das Verständnis der Funktionsweise erleichtern. Beim Informationsgehalt des Textes ist der aufsichtliche Horizont, das System überwachen zu können, als maßgeblich zu beachten. Inhaltlich ergibt sich die Funktionsweise aus einer Beschreibung des Marktmodells und der zur Umsetzung notwendigen Infrastruktur, einschließlich der zum Einsatz kommenden Soft- und -Hardware für die IT. Kommen in Bezug auf verschiedene handelbare Finanzinstrumente verschiedene Marktmodelle zur Anwendung, so sind diese jeweils gesondert zu beschreiben[1]. Die Beschreibung wird regelmäßig **zum Beginn des Betriebs bei der BaFin vorliegen** müssen[2]. Da es sich bei der Vorlage der Beschreibung um eine dauerhaft wirkende Pflicht handelt, sind spätere Änderungen der Funktionsweise der BaFin durch Einreichung einer aktualisierten Fassung mitzuteilen[3]. Die Nichtvorlage stellt wie die nicht richtige oder nicht vollständige Vorlage der Beschreibung im Falle von Vorsatz oder Leichtfertigkeit eine Ordnungswidrigkeit gem. § 120 Abs. 8 Nr. 71 WpHG dar. Wann eine Beschreibung vollständig ist, lässt sich dem WpHG nicht unmittelbar entnehmen. **Aussagen zum Pflichtinhalt** enthält das deutsche Gesetz nicht. Hier ist vornehmlich auf die EU-DurchfVO 2016/824 abzustellen (s. Rz. 118). Rückschlüsse auf die Grenzen der Detaillierung der Beschreibung lassen sich allenfalls aus § 75 Abs. 7 WpHG ziehen. So muss die BaFin einen OTF-Betreiber speziell zu einer Erklärung auffordern, wenn sie wissen möchte, warum das OTF keinem regulierten Markt, MTF oder systematischen Internalisierer entspricht und nicht in dieser Form betrieben werden kann. Solange der Aufforderung nicht erfolgt, muss sich der Betreiber nicht dazu äußern, wie der Ermessensspielraum bei der Auftragsausführung genutzt wird, insbesondere wann ein Auftrag im OTF zurückgezogen werden kann und wann und wie zwei oder mehr sich deckende Kundenaufträge innerhalb des OTF zusammengeführt werden. Die in § 75 Abs. 7 WpHG genannten Informationen können damit schwerlich zum obligatorischen Inhalt der Beschreibung nach § 72 Abs. 3 Satz 1 WpHG gehören. Umgekehrt heißt dies aber, dass sich aus der ausführlichen Beschreibung ergeben muss, ob es sich bei dem beschriebenen System definitorisch um ein MTF oder OTF handelt.

Ausweislich § 72 Abs. 3 Satz 2 WpHG gehört zum Pflichtinhalt die **Beschreibung von Verbindungen des Handelssystems zu Börsen, anderen MTF oder OTF oder systematischen Internalisierern, deren Träger oder Betreiber im Eigentum des Betreibers des Handelssystems stehen**, sowie eine Liste der Handelsteilnehmer. Unstreitig sind Angaben darüber zu machen, wenn sich die genannten anderen Handelssysteme im Inland befinden. Auch sollten Verbindungen zu Systemen aus anderen Mitgliedstaaten der EU und des EWR Erwähnung finden. Ob darüber hinaus auch Verknüpfungen zu Börsen und anderen Handelssystemen aus dem Nicht-EWR-Ausland von der Vorschrift erfasst sind, kann aufgrund der Verwendung EU-spezifischer Definitionen für die einzelnen Handelssysteme fraglich sein. Da der deutsche Gesetzgeber abweichend von der RL 2014/65/EU jedoch nicht von Verbindungen zu einem geregelten Markt, sondern zu einer Börse spricht, sollten auch Handelsplätze aufgeführt werden, die außerhalb des EU bzw. des EWR liegen. Dem Wortlaut nach sind nur solche Verbindungen anzugeben, bei denen es sich um nachgeordnete Gesellschaften handelt. Nur diese können sich im Eigentum des Betreibers befinden. Verbindungen, die sich über einen übergeordnete Gesellschaft aufbauen oder auf schuldrechtlicher oder gar faktischer Basis beruhen werden von der Vorschrift nicht erfasst.

Gemäß Art. 2 Abs. 2 DurchfVO 2016/824 hat der Betreiber der BaFin eine detaillierte Beschreibung der Funktionsweise seines Handelssystems mit folgenden Angaben zu übermitteln:

a) ob das System sprachbasiert ist bzw. elektronisch oder hybrid ist;
b) im Falle eines elektronischen oder hybriden Handelssystems, die Art von Algorithmus oder Programm, der bzw. das zur Ermittlung der Abstimmung und Ausführung von Handelsinteressen herangezogen wird;
c) im Falle eines sprachbasierten Handelssystems, die Regeln und Protokolle, die zur Ermittlung der Abstimmung und Ausführung von Handelsinteressen herangezogen werden;
d) eine Beschreibung mit einer Erläuterung dahin gehend, inwiefern das Handelssystem den einzelnen Punkten der Definition eines MTF oder eines OTF gerecht wird.

Da die gesamte Verordnung auf die Ermächtigungsgrundlage aus Art. 18 Abs. 5 RL 2014/65/EU gestützt ist, müssen auch die in Art. 2 Abs. 1, 3 bis 5 DurchfVO 2016/824 genannten Informationen, die der BaFin zu übermitteln sind, materiell zum Inhalt der ausführlichen Beschreibung der Funktionsweise des Handelssystems ge-

---

1 Vgl. auch Art. 7 DurchfVO 2016/824.
2 Art. 9 Abs. 5 VO DurchfVO 2016/824 liegt die Vorstellung zugrunde, dass das Dokument Teil des Zulassungsverfahrens ist.
3 Vgl. auch Art. 8 DurchfVO 2016/824.

zählt werden. Anderenfalls hätte der EU-Verordnungsgeber die ihm eingeräumte Kompetenz überschritten. Dass die in Art. 2 Abs. 1, 3 bis 5 DurchfVO 2016/824 aufgezählten Informationen zum Pflichtinhalt der ausführlichen Beschreibung i.S.v. Art. 18 Abs. 10 RL 2014/65/EU gehören, wird dadurch gestützt, dass sich darunter auch die Liste der Handelsteilnehmer und die Angaben zu den Verbindungen des MTF bzw. OTF zu anderen Handelssystemen befinden, die bereits von der RL 2014/65/EU selbst als Pflichtinhalt definiert worden sind. Nach Art. 2 Abs. 1 DurchfVO 2016/824 müssen die Betreiber der BaFin folgende Informationen übermitteln:

a) die Anlagenklassen der über das MTF bzw. OTF gehandelten Finanzinstrumente;
b) die Regeln und Verfahren für die Bereitstellung von Finanzinstrumenten zu Handelszwecken nebst Einzelheiten über die Veröffentlichungssysteme, die zur öffentlichen Zurverfügungstellung dieser Informationen genutzt werden;
c) die Regeln und Verfahren für die Sicherstellung eines objektiven und diskriminierungsfreien Zugangs zu den Handelssystemen nebst Einzelheiten über die Veröffentlichungssysteme, die zur öffentlichen Zurverfügungstellung dieser Informationen genutzt werden;
d) die Maßnahmen und Verfahren, mit denen sichergestellt wird, dass den Nutzern des MTF bzw. OTF ausreichende öffentlich zugängliche Informationen zur Verfügung stehen, damit diese sich ein Urteil über die Anlagemöglichkeiten bilden können, wobei sowohl die Art der Nutzer als auch die Klassen der gehandelten Finanzinstrumente zu berücksichtigen ist;
e) die Systeme, Verfahren und Vorkehrungen für die Sicherstellung der Einhaltung der in den Art. 48 und 49 RL 2014/65/EU aufgeführten Bedingungen;
f) eine detaillierte Beschreibung alle Vorkehrungen für die erleichterte Zuführung von Liquidität zugunsten des System, wie beispielsweise Market-Making-Systemen;
g) die Vorkehrungen und Verfahren zur Überwachung der Geschäfte gem. Art. 31 RL 2014/65/EU;
h) die Regeln und Verfahren für die Aussetzung des Handels und den Ausschluss von Finanzinstrumenten vom Handel gem. Art. 32 RL 2014/65/EU;
i) die Vorkehrungen zur Einhaltung der Vor- und Nachhandelstransparenzpflichten, die für die gehandelten Finanzinstrumente und die Handelsfunktionalität des MTF bzw. OTF gelten, wobei diese Informationen mit Angaben zu allen Absichten dahin gehend einhergehen müssen, Ausnahmen laut den Art. 4 und 9 VO Nr. 600/2014 sowie der verzögerten Veröffentlichung gemäß den Art. 7 und 11 VO Nr. 600/2014 anzuwenden;
j) die Vorkehrungen zur effizienten Abwicklung der unter seinen Systemen durchgeführten Geschäfte sowie zur Sicherstellung, dass sich die Nutzer ihrer jeweiligen diesbezüglichen Zuständigkeiten bewusst sind;
k) eine Liste der Mitglieder bzw. Teilnehmer des von ihm betriebenen MTF bzw. OTF.

Art. 2 Abs. 3 VO 2016/824 fordert Angaben über mögliche Interessenkonflikte und deren Behandlung, Abs. 4 über Auslagerungssachverhalte und Abs. 5 zu allen Verbindungen zu bzw. jedweder Beteiligung an einem geregelten Markt, MTF, OTF oder systematischen Internalisierer, der bzw. das im Eigentum dieses relevanten Betreibers steht.

119 Art. 3 DurchfVO 2016/824 verlangt dann über Art. 2 DurchfVO 2016/824 hinaus nochmals folgende zusätzliche Informationen von MTF-Betreibern:

a) eine Beschreibung der Vorkehrungen und Systeme, die er umsetzt, um angemessen für die Steuerung seiner Risiken gerüstet zu sein, alle für seinen Betrieb wesentlichen Risiken ermitteln und wirksame Maßnahmen zur Begrenzung dieser Risiken treffen zu können;
b) eine Beschreibung der Vorkehrungen, die er umsetzt, um den reibungslosen und rechtzeitigen Abschluss der innerhalb seiner Systeme ausgeführten Geschäfte zu erleichtern;
c) eine Beschreibung der Finanzressourcen, die als ausreichend erachtet werden, um seine ordnungsgemäße Funktionsweise zu erleichtern, wobei der Art und dem Umfang der an dem geregelten Markt geschlossenen Geschäfte sowie dem Spektrum und der Höhe der Risiken, denen der Betreiber ausgesetzt ist, Rechnung getragen wird.

Art. 5 DurchfVO 2016/824 fordert zudem von MTF-Betreibern, die sich als KMU-Wachstumsmarkt registrieren lassen, dass bei ihren Informationen deutlich wird, welche Funktionalitäten bzw. Vorkehrungen des Handelssystems für den KMU-Wachstumsmarkt gelten.

120 Art. 6 DurchfVO 2016/824 benennt schließlich für OTF-Betreiber als zusätzlich zu erbringende Angaben:

a) Informationen darüber, ob eine andere Wertpapierfirma damit beauftragt wird, gem. Art. 20 Abs. 5 RL 2014/65/EU unabhängig in ihrem OTF Market-Making zu betreiben;
b) eine detaillierte Beschreibung, wie und unter welchen Umständen er gem. Art. 20 Abs. 6 RL 2014/65/EU Aufträge im OTF nach Ermessen ausführt;
c) die Regeln, Verfahren und Protokolle, anhand deren der Betreiber die Handelsinteressen eines Mitglieds oder Teilnehmers außerhalb der Einrichtungen des OTF weiterverfolgt;

d) eine Beschreibung des Rückgriffs auf die Zusammenführung sich deckender Kundenaufträge gem. Art. 20 Abs. 7 RL 2014/65/EU;
e) die Regeln und Verfahren zur Sicherstellung der Einhaltung der Art. 24, 25, 27 und 28 RL 2014/65/EU bei Geschäften, die über das OTF abgeschlossen werden, sofern diese Regeln auf das Verhältnis zwischen dem relevanten Betreiber und einem OTF-Nutzer Anwendung finden.

Für das Format und die Strukturierung der Informationsübermittlung an die Behörde sieht Art. 9 DurchfVO 2016/824 eine Reihe von Bestimmungen vor. Nach Art. 9 Abs. 3 DurchfVO 2016/824 ist die elektronische Übermittlung vorgesehen. Damit die Betreiber dieser Verpflichtung nachkommen können, hat die BaFin die Voraussetzungen für eine elektronische Kommunikation i.S.d. § 3a Abs. 1 VwVfG zu schaffen. 121

b) Behördliche Verfahrensvorschriften. Die BaFin stellt der ESMA Beschreibungen der Funktionsweisen von Systemen nicht automatisch zur Verfügung, sondern gem. § 72 Abs. 3 Satz 3 WpHG nur dann, wenn die ESMA diese verlangt. Ohne Aufforderung indes teilt die BaFin der ESMA mit, wenn einem Wertpapierdienstleistungsunternehmen eine Erlaubnis zum Betrieb eines MTF bzw. OTF erteilt worden ist; vgl. § 72 Abs. 4 WpHG. Nach Art. 10 DurchfVO 2016/824 hat die BaFin die Benachrichtigung über eine erteilte Erlaubnis zum Betrieb eines MTF bzw. OTF elektronisch und in einem im Anhang der Verordnung definierten Tabellenformat zu übermitteln. 122

17. Handel von Finanzinstrumenten ohne Zustimmung des Emittenten (§ 72 Abs. 4 WpHG). Emittenten, deren Finanzinstrumente ohne ihre Zustimmung – *unsponsored*[1] – in den Handel in einem MTF bzw. OTF einbezogen worden sind, können nach § 72 Abs. 4 WpHG nicht dazu verpflichtet werden, Informationen in Bezug auf diese Finanzinstrumente für dieses MTF bzw. OTF zu veröffentlichen. Die Vorschrift setzt Art. 18 Abs. 8 RL 2014/65/EU um. Diesem entsprechend gilt die in § 72 Abs. 4 WpHG enthaltene Regelung in Bezug auf die erstmalige, laufende und punktuelle Veröffentlichung[2]. Anderweitige gesetzliche Informationspflichten der Emittenten bleiben unberührt[3]. Für MTF bestand bereits unter Geltung der ursprünglichen MiFID mit § 31f Abs. 2 WpHG eine identische Regelung. Mit dem 2. FiMaNoG wurde diese lediglich auf OTF ausgedehnt. 123

18. Anspruch auf Referenzdaten (§ 72 Abs. 5 WpHG). Die Betreiber eines MTF und eines OTF haben nach Art. 4 Abs. 1 VO Nr. 596/2014 die Pflicht, der BaFin unverzüglich jedes Finanzinstrument, für das ein Antrag auf Zulassung zum Handel an ihrem Handelsplatz gestellt wird, zum Handel zugelassen wird oder erstmalig gehandelt worden ist, zu melden. Gleiches gilt, wenn ein Finanzinstrument nicht mehr gehandelt wird oder seine Zulassung zum Handel erlischt. Diese Meldungen müssen u.a. die Bezeichnungen und Kennungen der betreffenden Finanzinstrumente enthalten. Damit die Betreiber dieser Pflicht vollständig nachkommen können, hat der Gesetzgeber für diese in § 72 Abs. 5 WpHG die Berechtigung eingeführt, die entsprechenden Daten von den Emittenten abzufragen zu können[4]. Für die Betreiber von MTF wurde der Anspruch auf Auskunft mit dem 1. FiMaNoG in § 31f Abs. 1 WpHG a.F. und für die Betreiber von OTF mit dem 2. FiMaNoG eingeführt. Der Anspruch ist zivilrechtlicher Natur. 124

19. Mitteilung von Verstößen (§ 72 Abs. 6 WpHG). § 72 Abs. 6 Satz 1 WpHG verpflichtet die Betreiber eines MTF bzw. OTF, der BaFin schwerwiegende Verstöße gegen die Handelsregeln, Störungen der Marktintegrität und Anhaltspunkte für einen Verstoß gegen die Vorschriften der MAR mitzuteilen und diese bei ihren Untersuchungen zu unterstützen. Nach § 72 Abs. 6 Satz 2 WpHG übermittelt die BaFin Informationen nach Satz 1 der ESMA und den zuständigen Behörden der anderen Mitgliedstaaten der EU und der Vertragsstaaten des EWR. Bei Anhaltspunkten für Verstöße gegen die Vorschriften der MAR übermittelt die BaFin Informationen gem. § 72 Abs. 6 Satz 1 WpHG erst dann, wenn sie von einem Verstoß überzeugt ist. § 72 Abs. 6 WpHG dient der Umsetzung von Art. 31 Abs. 2 und 3 RL 2014/65/EU. Sein Ziel ist es, die Aufsichtstätigkeit der BaFin sicherzustellen[5]. Mit § 31f Abs. 2 WpHG a.F. bestand für Betreiber von MTF bereits unter der Geltung der MiFID von 2004 eine mit § 72 Abs. 6 Satz 1 WpHG gleichgelagerte Pflicht. Das 2. FiMaNoG hat die Vorschrift auch auf OTF ausgedehnt. Auf der Grundlage von Art. 31 Abs. 4 RL 2014/65/EU hat die EU-Kommission mit Art. 81 f. DelVO 2017/565 Vorschriften erlassen, die die Umstände festlegen, durch die eine Informationspflicht nach Art. 31 Abs. 2 RL 2014/65/EU bewirkt wird. Als unmittelbar geltendes EU-Recht haben diese Anwendungsvorrang vor dem WpHG. 125

a) Melde- und Unterstützungspflicht. Bei den mitzuteilenden **Verstößen gegen die Handelsregeln** ist nicht auf die Handelsregelungen abzustellen, die in Umsetzung gesetzlicher Vorschriften eingeführt worden sind, sondern auf sämtliche vom Betreiber festgelegten Regelungen[6]. Dafür spricht nicht nur der Wortlaut der Vorschrift, der keine entsprechende Einschränkung vorsieht, sondern auch der dieser zugrunde liegende Art. 31 Abs. 2 RL 126

---

1 RegE FRUG, BT-Drucks. 16/4028, 68.
2 Vgl. auch MaComp II Nr. 10 zur für MTF identischen Vorgängerregelung § 31f Abs. 2 WpHG a.F.; zur Ad-hoc-Publizität s. auch BaFin FAQ zu Art. 17 MAR – Veröffentlichung von Insiderinformationen, Stand: 20.6.2017, II.1.
3 So RegE FRUG, BT-Drucks. 16/4028, 68 zur Vorgängerregelung.
4 Vgl. Beschlussempfehlung und Bericht des Finanzausschusses, BT-Drucks. 18/8099, 107.
5 *Fuchs* in Fuchs, § 31f WpHG Rz. 16; Erwägungsgrund Nr. 118 DelVO 2017/565.
6 Vgl. MaComp II Nr. 11.1.; eine ähnlich weite Sicht findet sich in Erwägungsgrund Nr. 119 DelVO 2017/565.

2014/65/EU, der ebenfalls keine Begrenzung auf bestimmte Handelsregeln kennt. Eine Eingrenzung der Pflicht zur Mitteilung von Verstößen gegen die Handelsregeln erfolgt damit allein in der Weise, dass sie nur **schwerwiegende Verstöße** gegen die Handelsregeln betrifft. Dabei muss nicht der Verstoß als solcher schwerwiegend sein; zu einem schwerwiegenden Verstoß wird ein Verstoß gegen die Handelsregeln vielmehr erst dann, wenn die in Frage stehende Handelsregel von einigem Gewicht ist[1]. Das wiederum ist anzunehmen, wenn ein Verstoß gegen dieselbe geeignet ist, erhebliche negative Auswirkungen auf das ordnungsgemäße Funktionieren des Handels nach sich zu ziehen[2]. Je nachdem wer Adressat einer Handelsregelung ist, können sowohl Handelsteilnehmer oder der Betreiber selbst Verstöße begehen. Als Beispiel für Regelungen, die der ordnungsgemäßen Durchführung des Handels dienen, hat die BaFin in den MaComp II die Vorschriften zur Preisermittlung aufgeführt. Verstöße gegen diese Regelungen sollen danach stets zu melden sein, auch dann, wenn es im Ergebnis zu einem marktgerechten Preis kommt[3]. Diese und andere Vorschriften des Regelwerks haben die Betreiber nach § 72 Abs. 1 Satz 1 Nr. 3 WpHG in das Monitoring durch ihre Kontrolleinheit einbezogen (s. Rz. 31 ff.).

127 Art. 81 Abs. 1 i.V.m. Anhang III A DelVO 2017/565 hält für die Beurteilung, ob die Pflicht zur unverzüglichen Inkenntnissetzung der Behörden über schwerwiegende Verstöße gegen die Regeln des Handelsplatzes vorliegt, zwei Hinweise bereit:

1. Marktteilnehmer verstoßen gegen die Bestimmungen des Handelsplatzes, die darauf abzielen die Integrität des Markts, das ordnungsgemäße Funktionieren des Markts oder die wesentlichen Interessen anderer Marktteilnehmer zu schützen; und
2. Ein Handelsplatz erachtet, dass ein Verstoß von ausreichender Schwere oder Wirkung ist, um die Erwägung von Disziplinarmaßnahmen zu rechtfertigen.

Art. 81 Abs. 2 DelVO 2017/565 führt aus, dass die Behördeninformation nur im Falle bedeutender Ereignisse erforderlich ist, durch die die Rolle und Aufgabe von Handelsplätzen als Teil der Finanzmarktinfrastruktur beeinträchtigt werden könnten.

128 Schwieriger zu beurteilen ist, welche Sachverhalte als **Störungen der Marktintegrität** der Behörde mitzuteilen sind. Auch hier wird es sich um solche Zustände handeln, die geeignet sind, erhebliche negative Auswirkungen auf das ordnungsgemäße Funktionieren des Handels nach sich zu ziehen[4], und im Ergebnis das Vertrauen des Publikums in den Handel zu erschüttern. Das Gesetz unterscheidet hinsichtlich der Person des Störers nicht, so dass neben den Handelsteilnehmern auch der Betreiber selbst als Störungsverursacher in Betracht kommt. Die BaFin hat in der MaComp II den Begriff der Störung der Marktintegrität nicht näher definiert, jedoch Beispiele aufgeführt. So soll der Betreiber eines Handelssystems melden, wenn ihm die Nichtmeldung von Geschäften an die BaFin (früher nach § 9 WpHG, jetzt nach Art. 26 VO Nr. 600/2014) durch einen Handelsteilnehmer bekannt wird[5]. Daneben wurden auch Funktionsdefizite bei der Preisfeststellung oder Störungen bei Abwicklung der Geschäfte als weitere Beispiele genannt[6]. Vor dem Hintergrund, dass Art. 31 Abs. 2 RL 2014/65/EU den Begriff der Störung der Marktintegrität nicht nutzt, sondern stattdessen marktstörende Handelsbedingungen und Systemstörungen als zu meldende Kategorien aufführt, ist es naheliegend, diese Begriffe als Ausformungen einer gestörten Marktintegrität anzusehen. Dies ist zwanglos möglich, da beide Begriffe Abweichungen vom optimalen Zustand eines fairen und ordnungsgemäßen Handels beschreiben Es ist nicht ersichtlich, dass der deutsche Gesetzgeber bei der Richtlinienumsetzung bewusst hinter den Vorgaben von Art. 31 Abs. 2 RL 2014/65/EU zurückbleiben wollte oder gänzlich andere Dinge regeln wollte.

129 Was europarechtlich unter marktstörenden Handelsbedingungen und Systemstörungen zu verstehen ist, ergibt sich aus Art. 81 Abs. 1 i.V.m. Anhang III Abschnitt A DelVO2017/565. Als marktstörende Handelsbedingungen (*disorderly trading conditions*, im Anhang auch mit „ordnungswidrige Handelsbedingungen" übersetzt) werden folgende Sachverhalte aufgeführt:

- Der Preisfindungsprozess wird über einen längeren Zeitraum störend beeinflusst;
- Die Kapazitäten der Handelssysteme wurden erreicht oder überschritten;
- Wertpapierhändler/Liquiditätsgeber behaupten wiederholt, dass Fehlabschlüsse („Mistrades") vorliegen;
- Zusammenbruch oder Ausfall wichtiger Mechanismen nach Art. 48 RL 2014/65/EU und ihrer Durchführungsmaßnahmen, die darauf ausgelegt sind, den Handelsplatz gegen die Risiken algorithmischen Handels zu schützen.

Systemstörungen werden im Anhang III Abschnitt A DelVO 2017/565 wie folgt beschrieben:
- Jede größere Störung oder Zusammenbruch des Systems für den Marktzugang, die/der zur Folge hat, dass Teilnehmer die Möglichkeit verlieren Aufträge zu erteilen, anzupassen oder zu stornieren;

---

1 Vgl. MaComp II Nr. 11.1.
2 Vgl. MaComp II Nr. 11.1.
3 Vgl. MaComp II Nr. 11.1.
4 So bereits *Assmann* in der 6. Aufl., § 31f WpHG Rz. 22; ähnlich jetzt Art. 81 Abs. 2 DelVO 2017/565.
5 MaComp II Nr. 11.2.
6 MaComp II Nr. 11.2.

- Jede größere Störung oder Zusammenbruch des Systems für den Abgleich von Geschäften, die/der zur Folge hat, dass Teilnehmer die Gewissheit über den Stand von abgeschlossenen Geschäften und aktiven Aufträgen verlieren, wie auch die Nichtverfügbarkeit von für den Handel unverzichtbaren Informationen (z.B. Verbreitung von Indexwerten für den Handel von bestimmten Derivaten auf eben jenem Index);
- Jede größere Störung oder Zusammenbruch des Systems für die Verbreitung von Vor- und Nachhandelstransparenz und anderen relevanten Daten, die von Handelsplätzen in Übereinstimmung mit ihren Verpflichtungen nach RL 2014/65/EU und MiFIR veröffentlicht werden;
- Jede größere Störung oder Zusammenbruch des Systems des Handelsplatzes zur Überwachung und Steuerung von Handelsgeschäften der Marktteilnehmer; und jede größere Störung oder Zusammenbruch des Systems im Bereich der anderen, miteinander verknüpften Dienstleister, insbesondere Zentrale Gegenparteien und Wertpapiersammelbanken, die/der Auswirkungen auf das Handelssystem zur Folge hat.

Gemäß Erwägungsgrund Nr. 119 DelVO 2017/565 soll die Aufzählung der genannten Beispiele nicht abschließend sein. Art. 81 Abs. 2 DelVO 2017/565 führt aus, dass Informationen über marktstörende Handelsbedingungen und Systemstörungen nur im Falle bedeutender Ereignisse erforderlich sind, durch die die Rolle und Aufgabe von Handelsplätzen als Teil der Finanzmarktinfrastruktur beeinträchtigt werden könnte.

Als dritte Kategorie der BaFin zu meldender Sachverhalte zählt § 72 Abs. 6 Satz 1 WpHG **Anhaltspunkte für einen Verstoß gegen die Vorschriften der VO Nr. 596/2014** auf. Verstöße gegen die MAR können zwanglos bereits als Verstöße gegen die Marktintegrität angesehen werden[1]. Bei den Vorschriften der MAR handelt es sich im Wesentlichen um das Verbot von Insidergeschäften und unrechtmäßiger Offenlegung von Insiderinformationen in Art. 14 VO Nr. 596/2014 und das Verbot der Marktmanipulation in Art. 15 VO Nr. 596/2014. Die Einhaltung beider Vorschriften haben die Betreiber im Rahmen ihrer Kontrollpflichten nach § 72 Abs. 1 Satz 1 Nr. 3 WpHG in ihr Monitoring einbezogen (s. Rz. 37). Ergibt sich hieraus ein Signal oder Indiz für das Vorliegen eines Verstoßes, so wird die Meldepflicht ausgelöst[2]. Der Verstoß muss anders als bei den Handelsregeln nicht schwerwiegend sein. Das insoweit gesteigerte Pflichtenprogramm resultiert aus dem erhöhten Gefährdungspotential, das Insidergeschäften und Marktmanipulationen für das Funktionieren des Kapitalmarkts zugeschrieben wird. Die Meldepflicht steht neben der Anzeigepflicht nach Art. 16 Abs. 1 Unterabs. 2 VO Nr. 596/2014[3]. Wie bei dieser Vorschrift sind auch hier Verstöße zu melden, die von Mitarbeitern des Betreibers begangen werden[4]. Bei der Beurteilung, ob eine Pflicht zur unverzüglichen Inkenntnissetzung der Behörden über eine Verhaltensweise, die auf eine nach der MAR verbotene Tätigkeit hindeuten kann, vorliegt, helfen die die in Art. 82 Abs. 1 i.V.m. Anhang III Abschnitt B DelVO 2017/565 aufgeführten Signale. Im Einzelnen handelt es sich dabei um folgende:

Signale für möglichen Insiderhandel oder Marktmanipulation
1. Ungewöhnliche Konzentration von Geschäften und/oder Aufträgen auf den Handel eines bestimmten Finanzinstruments mit einem Mitglied/Teilnehmer oder zwischen bestimmten Mitgliedern/Teilnehmern
2. Ungewöhnliche Wiederholung eines Geschäfts innerhalb einer kleinen Gruppe von Mitgliedern/Teilnehmern über einen bestimmten Zeitraum.

Signale für möglichen Insiderhandel
3. Ungewöhnlicher und erheblicher Handel oder Einreichung von Aufträgen zum Handel eines Finanzinstruments eines Unternehmens durch bestimmte Mitglieder/Teilnehmer vor der Bekanntmachung von wichtigen Firmenveranstaltungen oder von preissensiblen Informationen in Bezug auf das Unternehmen; Handelsaufträge/Geschäfte, die plötzliche und ungewöhnliche Veränderungen für die Menge der Aufträge/Geschäfte und/oder Preise vor öffentlichen Bekanntmachungen bezüglich des betreffenden Finanzinstruments zur Folge haben.
4. Ob von einem Marktmitglied/-teilnehmer Handelsaufträge erteilt oder Geschäfte durchgeführt werden, bevor oder unmittelbar nachdem dieses Mitglied/dieser Teilnehmer oder Personen, von denen öffentlich bekannt ist, dass sie mit diesem Mitglied/diesem Teilnehmer in Verbindung stehen, Analysen oder Wertpapierempfehlungen, die der Öffentlichkeit zugänglich gemacht werden, erstellen oder verbreiten.

Signale für mögliche Marktmanipulation
Die Signale, die unten in den Punkten 18 bis 23 beschrieben werden, sind besonders wichtig in einem automatisierten Handelsumfeld.
5. Erteilte Handelsaufträge oder durchgeführte Geschäfte, die einen wesentlichen Teil der täglichen Menge an Geschäften mit dem jeweiligen Finanzinstrument auf dem betreffenden Handelsplatz ausmachen, insbesondere wenn diese Tätigkeiten zu einer erheblichen Veränderung des Preises der Finanzinstrumente führen.

---

1 Vgl. hierzu etwa *Zetzsche* in Gebauer/Teichmann, § 7C Rz. 1 ff.
2 MaComp II Nr. 11.3.
3 So MaComp II Nr. 11.3 bereits zur Konkurrenz mit § 10 WpHG a.F.
4 S. *Mülbert*, Art. 16 VO Nr. 596/2014 Rz. 50.

6. Von einem Mitglied/Teilnehmer mit einem deutlichen Kauf- oder Verkaufsinteresse für ein Finanzinstrument erteilte Handelsaufträge oder durchgeführte Geschäfte, die zu erheblichen Veränderungen des Preises des Finanzinstruments auf dem Handelsplatz führen.
7. Erteilte Handelsaufträge oder durchgeführte Geschäfte, die innerhalb eines kurzen Zeitraums während des Handelstags gebündelt werden und zu einer Preisänderung führen, die anschließend umgekehrt wird.
8. Erteilte Handelsaufträge, die die Darstellung der besten Angebotspreise für ein zum Handel zugelassenes oder auf einem Handelsplatz gehandeltes Finanzinstrument ändern, oder allgemeiner die Darstellung des den Marktteilnehmern zu Verfügung stehenden Auftragsbuches, und die vor ihrer Durchführung entfernt werden.
9. Geschäfte oder Handelsaufträge eines Markts/Teilnehmers ohne anderen ersichtlichen Grund als den der Erhöhung/Verringerung des Preises oder des Werts eines Finanzinstruments, oder einer erheblichen Auswirkung auf den Bestand oder die Nachfrage eines Finanzinstruments, und zwar nahe des Referenzpunkts während eines Handelstages, z.B. bei Eröffnung oder Ende.
10. Kauf oder Verkauf eines Finanzinstruments zum Referenzzeitpunkt eines Handelstages (z.B. Eröffnung, Ende, Abwicklung) im Bemühen, den Referenzpreis (z.B. Eröffnungskurs, Schlusskurs, Abrechnungskurs) zu verringern oder in bestimmter Höhe zu halten („Marking the close").
11. Geschäfte oder Handelsaufträge, die den Effekt haben, oder mit hoher Wahrscheinlichkeit den Effekt haben, den gewichteten Durchschnittskurs des Tages, oder eines Zeitraums während des Handelstages, zu erhöhen/verringern.
12. Geschäfte oder Handelsaufträge, die den Effekt haben, oder mit hoher Wahrscheinlichkeit den Effekt haben, einen Marktpreis zu bestimmen wenn die Liquidität des Finanzinstruments oder der Umfang des Auftragsbuches nicht dafür ausreicht, einen Preis während des Handelstages festzulegen.
13. Durchführung eines Geschäfts, das die Geld- und Briefkurse verändert, wobei die Spanne ein Faktor zur Bestimmung des Preises eines anderen Geschäfts ist, egal ob dieses auf demselben Handelsplatz vollzogen wird oder nicht.
14. Aufträge, die einen erheblichen Teil des zentralen Auftragsbuches des Handelssystems ausmachen, wenige Minuten vor der Preisbestimmungsphase der Auktion zu erteilen und diese Aufträge dann wenige Sekunden vor Einfrieren des Auftragsbuches zur Berechnung des Auktionspreises zu stornieren, so dass der theoretische Eröffnungskurs möglicherweise höher oder niedriger erscheint als er sonst sein würde.
15. Sich auf ein Geschäft oder eine Reihe von Geschäften einlassen, welche(s) auf einer öffentlichen Anzeigeneinrichtung übertragen wird/werden, um den Eindruck von lebhaften Umsätzen oder Kursbewegungen bei einem Finanzinstrument zu vermitteln („Painting the tape").
16. Geschäfte, die infolge der gleichzeitigen oder fast gleichzeitigen Erteilung eines Kauf- und Verkaufshandelsauftrages mit nahezu gleichem Umfang und ähnlichem Preis von denselben oder von unterschiedlichen, sich dafür absprechenden, Marktmitgliedern/-teilnehmern durchgeführt wurden („Improper matched orders").
17. Geschäfte oder Handelsaufträge, die den Effekt haben, oder mit hoher Wahrscheinlichkeit den Effekt haben, die Schutzeinrichtungen des Markts für den Handel zu umgehen (z.B. in Bezug auf Mengenbegrenzungen; Preisobergrenzen; Parameter für die Geld-Brief-Spanne; usw. ...).
18. Erteilung eines Handelsauftrags oder einer Reihe von Handelsaufträgen, Durchführung von Geschäften oder einer Reihe von Geschäften, die möglicherweise einen Trend starten oder verschärfen und andere Teilnehmer dazu ermutigen, den Trend zu beschleunigen oder zu erweitern, um eine Möglichkeit zu schaffen, eine Position zu einem günstigen Preis auszubuchen/zu öffnen („Momentum ignition").
19. Einreichen mehrerer oder großer Handelsaufträge, oftmals entfernt von einer Seite des Auftragsbuches, um auf der anderen Seite des Auftragsbuches einen Handel durchzuführen. Sobald der Handel stattgefunden hat, werden die manipulativen Aufträge entfernt („Layering and spoofing").
20. Erteilung von kleinen Handelsaufträgen, um die Menge an versteckten Aufträgen zu ermitteln und insbesondere um zu ermitteln, was sich auf einer dunklen Plattform befindet („Ping order").
21. Erteilung einer großen Anzahl an Handelsaufträgen und/oder Stornierungen und/oder Aktualisierungen von Handelsaufträgen, um bei anderen Teilnehmern Unsicherheit hervorzurufen, damit sich deren Prozess verlangsamt und ihre eigene Strategie getarnt wird („Quote stuffing").
22. Buchen von Handelsaufträgen, um die Aufmerksamkeit anderer Marktmitglieder/teilnehmer, die traditionelle Handelstechniken verwenden („langsame Händler"), zu erregen, die im Anschluss dann zu weniger großzügigen Bedingungen revidiert werden, in der Hoffnung entgegen dem eingehenden Strom an Handelsaufträgen von „langsamen Händlern" profitabel zu agieren („Smoking").
23. Durchführung von Handelsaufträgen oder einer Reihe von Handelsaufträgen, um Aufträge anderer Teilnehmer zu enthüllen und im Anschluss einen Handelsauftrag zu erteilen, um aus den erhaltenen Informationen einen Vorteil zu ziehen („Phishing").

24. Der Umfang dessen zeigt, dass, nach bestem Wissen des Betreibers eines Handelsplatzes, erteilte Handelsaufträge oder durchgeführte Geschäfte nachweislich Positionswechsel innerhalb eines kurzen Zeitraums aufweisen, und einen wesentlichen Teil der täglichen Menge an Geschäften beim entsprechenden Finanzinstrument auf dem jeweiligen Handelsplatz ausmachen, und mit erheblichen Veränderungen beim Preis des zum Handel zugelassenen oder auf dem Handelsplatz gehandelten Finanzinstruments in Verbindung gebracht werden können.

Signale für produktübergreifende Marktmanipulation, einschließlich auf verschiedenen Handelsplätzen
Die unten beschriebenen Signale sollten insbesondere vom Betreiber eines Handelsplatzes beachtet werden, wo sowohl Finanzinstrument als auch damit verbundene Finanzinstrumente für den Handel zugelassen oder gehandelt werden oder wo die oben genannten Instrumente auf mehreren Handelsplätzen gehandelt werden, die vom selben Betreiber betrieben werden.

25. Geschäfte oder Handelsaufträge, die den Effekt haben, oder mit hoher Wahrscheinlichkeit den Effekt haben, den Preis eines Finanzinstruments während der Tage vor der Emission, bei vorzeitiger Tilgung oder bei Ablauf eines zugehörigen Derivats oder einer Wandelanleihe zu erhöhen/zu verringern/zu halten;
26. Geschäfte oder Handelsaufträge, die den Effekt haben, oder mit hoher Wahrscheinlichkeit den Effekt haben, den Preis des zugrunde liegenden Finanzinstruments unter oder über dem Emissionskurs, oder einem anderen Element zur Bestimmung der Auszahlung (z.B. Barriere) eines zugehörigen Derivats zum Ablaufdatum, zu halten;
27. Geschäfte, die den Effekt haben, oder mit hoher Wahrscheinlichkeit den Effekt haben, den Preis des zugrunde liegenden Finanzinstruments zu ändern, so dass er den Emissionskurs, oder ein anderes Element zur Bestimmung der Auszahlung (z.B. Barriere) eines zugehörigen Derivats zum Ablaufdatum, übertrifft/nicht erreicht;
28. Geschäfte, die den Effekt haben, oder mit hoher Wahrscheinlichkeit den Effekt haben, den Abrechnungspreis eines Finanzinstruments zu ändern wenn dieser Preis als Referenz/Determinante verwendet wird, und zwar bei der Berechnung der Margenanforderungen;
29. Von einem Mitglied/Teilnehmer mit einem deutlichen Kauf- oder Verkaufsinteresse für ein Finanzinstrument erteilte Handelsaufträge oder durchgeführte Geschäfte, die zu erheblichen Veränderungen des Preises des zugehörigen Derivats oder des für den Handel zugelassenen Basisobjekts auf dem Handelsplatz führen;
30. Durchführung von Handel oder Erteilung von Handelsaufträgen auf einem Handelsplatz oder außerhalb eines Handelsplatzes (einschließlich Bekundungen von Interessen) mit der Absicht, den Preis eines zugehörigen Finanzinstruments auf einem anderen oder demselben Handelsplatz oder außerhalb des Handelsplatzes unrechtmäßig zu beeinflussen („Cross-product manipulation" (Handel mit einem Finanzinstrument, um den Preis eines zugehörigen Finanzinstruments auf einem anderen oder demselben Handelsplatz oder außerhalb des Handelsplatzes unrechtmäßig zu positionieren)).
31. Schaffen oder Verbessern von Arbitragemöglichkeiten zwischen einem Finanzinstrument und einem anderen zugehörigen Finanzinstrument durch Beeinflussung von Referenzpreisen eines der Finanzinstrumente kann mit verschiedenen Finanzinstrumenten durchgeführt werden (wie beispielsweise Rechte/Aktien, Geldmärkte/Derivatmärkte, Optionsscheine/Aktien, …). Im Zusammenhang mit Rechtsfragen könnte dies durch Beeinflussung des (theoretischen) Eröffnungs- oder (theoretischen) Schlusskurses der Rechte erreicht werden.

Nach Art. 82 Abs. 2 DelVO 2017/565 sind die im Anhang III Abschnitt B aufgeführten Signale nicht abschließend. Die Betreiber müssen Abweichungen von Handelsmustern der Finanzinstrumente, die auf seinem Handelsplatz zum Handel zugelassen sind oder dort gehandelt werden, nachgehen und verfügbare bzw. zugängliche Informationen in die Betrachtungen einbeziehen. Auch eventuellen Front-Running-Verhaltensweisen des Eigenhandels der Handelsteilnehmer gegenüber Kundenaufträgen ist nachzugehen; Art. 82 Abs. 3 DelVO 2017/565.

Die Information der BaFin über die Verstöße gegen die Handelsregelung, Störungen der Marktintegrität und über Verstöße gegen die MAR hat unverzüglich, d.h. nach § 121 Abs. 1 Satz 1 BGB ohne schuldhaftes Zögern, zu erfolgen[1]. Erfolgt eine Mitteilung nach § 72 Abs. 6 Satz 1 WpHG nicht oder nicht rechtzeitig, so stellt dies nach § 120 Abs. 8 Nr. 72 WpHG eine Ordnungswidrigkeit dar. Die Geschäftsleitung kann die Erfüllung der Meldepflicht des Betreibers an nachgeordnete Mitarbeiter, z.B. der Handelskontrolleinheit, übertragen. Nach erfolgter Information schließt sich eine Pflicht zur umfassenden Unterstützung der daraufhin von der BaFin eingeleiteten Untersuchungen an. Ein Aufwendungsersatz für die Unterstützung der staatlichen Ermittlungstätigkeit ist nicht vorgesehen. Kritisch bewertet wird zudem die Frage, ob und inwieweit ein Unternehmen zur Selbstanzeige verpflichtet ist, wenn strafrechtsrelevante Verstöße durch Mitarbeiter bzw. Organe begangen worden sind[2].

---

[1] MaComp II Nr. 11.3.
[2] Vgl. hierzu *Spoerr*, § 23 WpHG Rz. 21 und *Mülbert*, Art. 16 VO Nr. 596/2014 Rz. 50.

§ 72 | Verhaltenspflichten, Organisationspflichten, Transparenzpflichten

132 **b) Behördliches Verfahren.** Die BaFin übermittelt die Informationen nach § 72 Abs. 6 Satz 2 WpHG der ESMA und den zuständigen Behörden der anderen Mitgliedstaaten der Europäischen Union und der Vertragsstaaten des Abkommens über den Europäischen Wirtschaftsraum. Diese Vorschrift schließt andere Normen des WpHG nicht aus, insbesondere nicht die Vorschriften zu behördlichen Verschwiegenheit nach § 21 WpHG. Danach bedarf es für die befugte Weitergabe einer Begründung, dass die genannten Stellen die Informationen zur Erfüllung ihrer Aufgaben benötigen. Im Falle von Anhaltspunkten für Verstöße gegen die Vorschriften der MAR darf die BaFin die gemeldeten Anhaltspunkte zudem nicht einfach so weiterleiten, sondern darf erst Informationen weitergeben, wenn sie von einem Verstoß überzeugt ist. Dies erfordert mehr als ein Indiz oder ein Signal. Es muss ein untersuchter Sachverhalt vorliegen, der nach gehöriger Würdigung aus behördlicher Sicht keine vernünftigen Zweifel am missbräuchlichen Geschehensablauf lässt.

133 **20. Mitteilung eines signifikanten Kursverfalls (§ 72 Abs. 7 WpHG).** Der Betreiber eines MTF oder OTF hat gem. § 72 Abs. 7 WpHG der BaFin mitzuteilen, wenn bei einem an seinem Handelssystem gehandelten Finanzinstrument ein signifikanter Kursverfall i.S.d. Art. 23 VO Nr. 236/2012 eingetreten ist. Die Vorschrift wurde als § 31f Abs. 4 WpHG 2012 für MTF eingeführt[1]. Das 2. FiMaNoG hat die Vorschrift auf OTF ausgedehnt[2]. Bei der genannten EU-Verordnung handelt es sich um die Verordnung vom 14.1.2012 über Leerverkäufe und bestimmte Aspekte von Credit Default Swaps. Nach Art. 23 Abs. 1 VO Nr. 236/2012 hat die BaFin die Befugnis Leerverkäufe oder bei anderen Finanzinstrumenten als Aktien und Schuldverschreibungen Transaktionen in einem Finanzinstrument zu untersagen oder zu beschränken, wenn der Kurs des Finanzinstruments am Handelsplatz innerhalb eines einzigen Handelstages im Vergleich zur Schlussnotierung des Vortags signifikant gefallen ist. Um diese Befugnis ausüben zu können, haben die Betreiber die betreffenden Informationen an die Behörde zu liefern. Nach Art. 23 Abs. 5 VO Nr. 263/2016 liegt bei liquiden Aktien ein signifikanter Kursverfall vor, wenn der **Wertverfall 10 % oder mehr beträgt**. Für illiquide Aktien und andere Arten von Finanzinstrumenten ergibt sich die Bestimmung des Wertes für einen signifikanten Kursverfall aus **Art. 23 DelVO Nr. 918/2012**[3]. Dort heißt es:

1) Bei anderen Aktien als liquiden Aktien ist eine im Vergleich zur Schlussnotierung des vorangegangenen Handelstages signifikante Wertminderung innerhalb eines einzigen Handelstages gleichbedeutend mit
   a) einem 10%igen oder stärkeren Rückgang des Kurses der Aktie, wenn diese im wichtigsten nationalen Index vertreten und Basisfinanzinstrument eines Derivatekontrakts ist, der zum Handel an einem Handelsplatz zugelassen ist;
   b) einem 20%igen oder stärkeren Rückgang des Kurses der Aktie, wenn der Aktienkurs 0,50 EUR oder mehr (oder Gegenwert in der lokalen Währung) beträgt;
   c) einem 40%igen oder stärkeren Rückgang des Kurses der Aktie in allen anderen Fällen.
2) Steigt die Rendite für den betreffenden öffentlichen Emittenten innerhalb eines einzigen Handelstages über die gesamte Renditekurve um 7 % oder mehr an, wird dies als eine für einen öffentlichen Schuldtitel signifikante Wertminderung angesehen.
3) Steigt die Rendite einer Unternehmensanleihe innerhalb eines einzigen Handelstages um 10 % oder mehr an, wird dies als eine für eine Unternehmensanleihe signifikante Wertminderung angesehen.
4) Fällt der Kurs eines Geldmarktinstruments innerhalb eines einzigen Handelstages um 1,5 % oder mehr, wird dies als eine für ein Geldmarktinstrument signifikante Wertminderung angesehen.
5) Fällt der Kurs eines börsengehandelten Fonds innerhalb eines einzigen Handelstages um 10 % oder mehr, wird dies als eine für einen börsengehandelten Fonds, auch für einen OGAW signifikante Wertminderung angesehen. Um bei einem hebelfinanzierten börsengehandelten Fonds einen 10%igen Rückgang des Kurses eines entsprechenden nicht hebelfinanzierten Fonds abzubilden, wird Ersterer um die betreffende Leverage-Quote bereinigt. Um bei einem börsengehandelten inversen Fonds einen 10%igen Rückgang des Kurses eines entsprechenden nicht hebelfinanzierten börsengehandelten Direktfonds abzubilden, wird Ersterer um den Faktor -1 bereinigt.
6) Bei einem Derivat, einschließlich eines Differenzkontrakts, das an einem Handelsplatz gehandelt wird und als einzigen Basiswert ein Finanzinstrument hat, für das im vorliegenden Artikel und in Artikel 23 Absatz 5 der Verordnung Nr. 236/2012 eine signifikante Wertminderung definiert ist, wird von einer signifikanten Wertminderung ausgegangen, wenn das Basisfinanzinstrument eine signifikante Wertminderung erfährt.

134 Die Information über den Kursverfall hat unverzüglich, d.h. i.S.v. § 121 Abs. 1 Satz 1 BGB ohne schuldhaftes Zögern zu erfolgen. In organisatorischer Hinsicht sind für die Ermittlung eines signifikanten Kursverfalls Computerprogramme notwendig.

135 **21. Verfahren bei Zugang von und zu zentralen Gegenparteien (§ 72 Abs. 8 WpHG).** Gemäß § 72 Abs. 8 Satz 1 WpHG haben die Betreiber eines MTF oder OTF die **BaFin über den Eingang von Anträgen auf Zu-**

---
1 EU-Leerverkaufs-Ausführungsgesetz vom 6.11.2012, BGBl. I 2012, 2286 ff.
2 RegE 2. FiMaNoG, BT-Drucks. 18/10936, S. 239.
3 DelVO Nr. 918/2012 vom 5.7.2012 zur Ergänzung der VO Nr. 236/2012 vom 9.10.2012, ABl. EU Nr. L 274 v. 9.10.2012, S. 1.

gang nach den Art. 7 und 8 VO Nr. 648/2012 zu unterrichten. Diese Vorschrift wurde für 2013 durch das EMIR-Ausführungsgesetz in § 31f Abs. 5 WpHG a.F. eingefügt[1]. Das 2. FiMaNoG hat den Anwendungsbereich von MTF auf OTF ausgedehnt. Bei der EU-Verordnung handelt es sich um die Verordnung vom 4.7.2012 über OTC-Derivate, zentrale Gegenparteien und Transaktionsregister – kurz EMIR genannt[2]. Art. 7 VO Nr. 648/2012 behandelt den Fall, wenn ein Handelsplatz einen förmlichen Antrag auf Zugang zu einer zentralen Gegenpartei (*Central Counterparty*, CCP) stellt und Art. 8 VO Nr. 648/2012 den umgekehrten Fall, wenn eine zentrale Gegenpartei Zugang zu einem Handelsplatz anstrebt. Redaktionell ist § 72 Abs. 8 Satz 1 WpHG unvollständig[3]. Bei den komplementären Vorschriften über die Meldeprozesse für zentrale Gegenparteien (§ 53i KWG) und für Börsen (§ 21 Abs. 3 BörsG) ergibt sich jeweils umfänglich, dass der Eingang von Anträgen auf Zugangsgewährung sowie das Stellen von Anträgen meldepflichtige Vorgänge sind. Die Unterrichtung der BaFin über eigene Anträge bzw. eingegangene Anträge hat unverzüglich, d.h. i.S.v. § 121 Abs. 1 Satz 1 BGB ohne schuldhaftes Zögern zu erfolgen. Als Form der Unterrichtung ist die Schriftform (vgl. § 3a Abs. 2 VwVfG) vorgesehen. Hintergrund der Vorschrift ist die Clearingpflicht für gewisse OTC-Derivatekontrakte, die ohne weiteres Handelsgegenstand eines MTF bzw. OTF sein können[4].

Nach § 72 Abs. 8 Satz 2 WpHG kann die BaFin den Systembetreibern den Zugang zu einer zentralen Gegenpartei verwehren. bzw. untersagen, einer zentralen Gegenpartei Zugang zu gewähren. Die Voraussetzungen der Versagung ergeben sich aus der EU-Verordnung selbst. Die Vorschrift hat letztlich den Zweck, die BaFin als zuständige Behörde zu definieren[5].

§ 73 Aussetzung des Handels und Ausschluss von Finanzinstrumenten

(1) Der Betreiber eines multilateralen oder organisierten Handelssystems kann den Handel mit einem Finanzinstrument aussetzen oder dieses Instrument vom Handel ausschließen, wenn dies zur Sicherung eines ordnungsgemäßen Handels oder zum Schutz des Publikums geboten erscheint, insbesondere, wenn

1. das Finanzinstrument den Regeln des Handelssystems nicht mehr entspricht,
2. der Verdacht eines Marktmissbrauchs im Sinne des Artikels 1 der Verordnung (EU) Nr. 596/2014 oder einer Nichtveröffentlichung von Insiderinformationen entgegen Artikel 17 der Verordnung (EU) Nr. 596/2014 in Bezug auf das Finanzinstrument besteht oder
3. ein Übernahmeangebot in Bezug auf den Emittenten des Finanzinstruments veröffentlicht wurde.

Im Falle einer Maßnahme nach Satz 1 setzt der Betreiber auch den Handel mit Derivaten, die mit diesem Finanzinstrument verbunden sind oder sich auf dieses beziehen, aus oder stellt den Handel mit diesen Finanzinstrumenten ein, wenn dies zur Verwirklichung der Ziele der Maßnahme nach Satz 1 erforderlich ist. Eine Maßnahme nach Satz 1 oder Satz 2 unterbleibt, wenn sie die Interessen der betroffenen Anleger oder das ordnungsgemäße Funktionieren des Marktes erheblich beeinträchtigen könnte. Der Betreiber veröffentlicht Entscheidungen nach den Sätzen 1 und 2 und teilt sie unverzüglich der Bundesanstalt mit.

(2) Wird ein Finanzinstrument, das in den in Absatz 1 Satz 1 Nummer 2 oder Nummer 3 genannten Fällen Gegenstand einer Maßnahme nach Absatz 1 Satz 1 oder Satz 2 ist, oder ein Derivat, das mit einem solchen Finanzinstrument verbunden ist oder sich auf dieses bezieht, auch an einem anderen inländischen multilateralen oder organisierten Handelssystem oder durch einen systematischen Internalisierer gehandelt, so ordnet die Bundesanstalt ebenfalls Maßnahmen nach Absatz 1 Satz 1 oder Satz 2 an. Absatz 1 Satz 3 gilt entsprechend.

(3) Die Bundesanstalt veröffentlicht Maßnahmen nach den Absätzen 1 und 2 unverzüglich und übermittelt diese der Europäischen Wertpapier- und Marktaufsichtsbehörde sowie den zuständigen Behörden der anderen Mitgliedstaaten der Europäischen Union und der Vertragsstaaten des Abkommens über den Europäischen Wirtschaftsraum. Erhält die Bundesanstalt ihrerseits eine solche Mitteilung von einer zuständigen Behörde eines anderen Mitgliedstaates der Europäischen Union oder eines Vertragsstaats des Abkommens über den Europäischen Wirtschaftsraum, teilt sie dies den Geschäftsführungen der Börsen, an denen die betreffenden Finanzinstrumente gehandelt werden, und der jeweiligen Börsenaufsichtsbehörde mit. Sie ordnet gegenüber den Betreibern inländischer multilateraler und organisierter Handelssysteme sowie gegenüber systematischen Internalisierern, die die betreffenden Finanz-

---

1 BGBl. I 2013, 174.
2 ABl. EU Nr. L 201 v. 27.7.2012, S. 1.
3 *Fuchs* in Fuchs, § 31f WpHG Rz. 18.
4 Vgl. für „derivative contracts traded on MTFs" in der ESMA-Verlautbarung EMSMA/2016/242 vom 4.2.2016, S. 13.
5 *Fuchs* in Fuchs, § 31f WpHG Rz. 18.

instrumente handeln, ebenfalls Maßnahmen nach Absatz 1 Satz 1 oder Satz 2 an. Absatz 1 Satz 3 gilt entsprechend. Die Bundesanstalt informiert die Europäische Wertpapier- und Marktaufsichtsbehörde und die zuständigen Behörden der anderen Mitgliedstaaten der Europäischen Union und der Vertragsstaaten des Abkommens über den Europäischen Wirtschaftsraum über Maßnahmen, die sie nach Satz 3 angeordnet hat, einschließlich einer Erläuterung, falls keine Handelsaussetzung oder Handelseinstellung erfolgt ist. Die Sätze 1 bis 5 gelten entsprechend für die Aufhebung einer Handelsaussetzung.

In der Fassung des 2. FiMaNoG vom 23.6.2017 (BGBl. I 2017, 1693), geändert durch Gesetz zur Ausübung von Optionen der EU-Prospektverordnung und zur Anpassung weiterer Finanzmarktgesetze vom 10.7.2018 (BGBl. I 2018, 1102).

Delegierte Verordnung (EU) 2017/565 der Kommission vom 25. April 2016
zur Ergänzung der Richtlinie 2014/65/EU des Europäischen Parlaments und des Rates in Bezug auf die organisatorischen Anforderungen an Wertpapierfirmen und die Bedingungen für die Ausübung ihrer Tätigkeit sowie in Bezug auf die Definition bestimmter Begriffe für die Zwecke der genannten Richtlinie

(Auszug)

Art. 80 *Umstände, die erheblichen Schaden für die Interessen der Anleger und das ordnungsgemäße Funktionieren des Marktes darstellen*

(Artikel 32 Absatz 1, Artikel 32 Absatz 2 und Artikel 52 Absätze 1 und 2 der Richtlinie 2014/65/EU)

(1) Für die Zwecke von Artikel 32 Absatz 1, Artikel 32 Absatz 2 und Artikel 52 Absätze 1 und 2 der Richtlinie 2014/65/EU wird mindestens unter folgenden Umständen davon ausgegangen, dass Anlegerinteressen oder das ordnungsgemäße Funktionieren des Marktes durch die Aussetzung des Handels oder den Ausschluss eines Finanzinstruments vom Handel erheblich geschädigt werden könnten:

a) wenn dies zu einem Systemrisiko führen würde, durch das die finanzielle Stabilität untergraben wird, falls es beispielsweise erforderlich ist, eine dominante Marktstellung abzuwickeln, oder Ausgleichsverpflichtungen in erheblichen Mengen nicht erfüllt würden;

b) wenn es erforderlich ist, den Handel auf diesem Markt fortzusetzen, um kritische Risikomanagement-Aufgaben nach dem Handel wahrzunehmen, falls es aufgrund des Ausfalls eines Clearingmitglieds laut den Verfahren bei Ausfällen einer zentralen Gegenpartei notwendig wird, die Abwicklung von Finanzinstrumenten vorzunehmen, und eine zentrale Gegenpartei infolge der Unmöglichkeit, Einschussanforderungen zu berechnen, unzumutbaren Risiken ausgesetzt wäre;

c) wenn die finanzielle Tragfähigkeit des Emittenten bedroht wäre, falls er beispielsweise an einem Firmengeschäft oder an einer Kapitalaufnahme beteiligt ist.

(2) Zur Feststellung, ob eine Aussetzung des Handels oder der Ausschluss vom Handel in einem bestimmten Fall Anlegerinteressen oder das ordnungsgemäße Funktionieren des Marktes wahrscheinlich erheblich schädigen werden, prüft die zuständige nationale Behörde, ein Marktbetreiber, der einen geregelten Markt betreibt, eine Wertpapierfirma oder ein Marktbetreiber von MTF oder OTF alle relevanten Faktoren, darunter:

a) die Relevanz des Marktes in puncto Liquidität, wenn die Folgen der Maßnahmen voraussichtlich erheblicher ausfallen, falls diese Märkte in puncto Liquidität relevanter sind als andere Märkte;

b) die Art der geplanten Maßnahme, wenn Maßnahmen mit nachhaltigen oder langfristigen Auswirkungen auf das Vermögen der Anleger, wie einem Finanzinstrument an Handelsplätzen zu handeln, wie beispielsweise Ausschlüsse, vermutlich größere Auswirkungen auf die Anleger haben als andere Maßnahmen;

c) die Folgewirkungen einer Aussetzung oder eines Ausschlusses ausreichend damit verbundener Derivate, Indizes oder Referenzwerte, für die das ausgeschlossene bzw. ausgesetzte Finanzinstrument als Basiswert oder Bestandteil herangezogen wird;

d) die Auswirkungen einer Aussetzung auf die Interessen der Endverbraucher des Marktes, bei denen es sich nicht um finanzielle Gegenparteien handelt, wie beispielsweise Unternehmen, die mit Finanzinstrumenten handeln, um Geschäftsrisiken abzusichern.

(3) Die in Absatz 2 genannten Faktoren sind auch zu berücksichtigen, wenn eine zuständige nationale Behörde, ein Marktbetreiber, der einen geregelten Markt betreibt, eine Wertpapierfirma oder ein Marktbetreiber von MTF oder OTF aufgrund von Umständen, die nicht in Absatz 1 genannt sind, beschließt, von einer Aussetzung oder dem Ausschluss eines Finanzinstruments vom Handel abzusehen.

In der Fassung vom 25.4.2016 ABl. EU Nr. L 87 v. 31.3.2017, S. 1), geändert durch Berichtigung vom 26.9.2017 (ABl. EU Nr. L 246 v. 26.9.2017, S. 12).

Schrifttum: *Hammen,* Vorhandelstransparenz, Unterbrechung des Börsenhandels, Hochfrequenzhandel, 2010; *Jaskulla,* Voraussetzungen und haftungsrechtliche Konsequenzen einer Aussetzung des Börsenhandels vor dem Hintergrund der Ereignisse des 11. September 2001, WM 2002, 1093.

I. Regelungsgegenstand und -gefüge 1	a) Finanzinstrument entspricht nicht mehr den Regeln (§ 73 Abs. 1 Satz 1 Halbsatz 2 Nr. 1 WpHG) 10
II. Die Regelungen im Einzelnen 5	
1. Aussetzung und Ausschluss 5	
2. Generalklausel (§ 73 Abs. 1 Satz 1 Halbsatz 1 WpHG) 7	b) Verdacht eines Marktmissbrauchs oder einer Nichtveröffentlichung von Insiderinformationen (§ 73 Abs. 1 Satz 1 Halbsatz 2 Nr. 2 WpHG) 11
3. Regelbeispiele (§ 73 Abs. 1 Satz 1 Halbsatz 2 WpHG) 9	

c) Übernahmeangebot in Bezug auf den Emittenten des Finanzinstruments (§ 73 Abs. 1 Satz 1 Halbsatz 2 Nr. 3 WpHG) 12
4. Aussetzung und Ausschluss bei mit dem Finanzinstrument verbundenen Derivaten (§ 73 Abs. 1 Satz 2 WpHG) 13
5. Keine erhebliche Beeinträchtigung der Interessen der betroffenen Anleger oder des ordnungsgemäßen Funktionierens des Marktes (§ 73 Abs. 1 Satz 3 WpHG) 16
6. Veröffentlichung der Entscheidung und Behördeninformation (§ 73 Abs. 1 Satz 4 WpHG) ... 18

III. Anschlussaussetzungen und -ausschlüsse sowie Informations- und Veröffentlichungspflichten der BaFin (§ 73 Abs. 2 und 3 WpHG) 19

I. Regelungsgegenstand und -gefüge. In § 73 WpHG wird die **Aussetzung bzw. der Ausschluss von Finanzinstrumenten vom Handel durch inländische MTF- bzw. OTF-Betreiber** sowie sich im Anschluss daran ergebende Verfahrensabläufe behandelt, insbesondere mit Blick auf andere nichtbörsliche Marktplätze. Mit § 73 WpHG werden die Vorgaben des Art. 32 Abs. 1 und 2 RL 2014/65/EU (MiFID II) in deutsches Recht umgesetzt[1]. Ursprünglich war der deutsche Gesetzgeber im Aufbau und in der Struktur der Norm der MiFID II nicht vollends gefolgt. Mit Art. 4 Nr. 2 des Gesetzes zur Ausübung von Optionen der EU-Prospektverordnung und zur Anpassung weiterer Finanzmarktgesetze vom 10.7.2018 hat er die Abweichungen weitgehend korrigiert. Insbesondere sah § 73 Abs. 2 WpHG a.F. für Anschlussmaßnahmen an anderen Plätzen keine behördlichen Anordnungen der BaFin vor, sondern privatrechtliche Maßnahmen der Handelsplatzbetreiber. Zudem waren im Hinblick auf die Erstreckung der Aussetzungsmaßnahmen systematische Internalisierer nicht erfasst[2].

§ 73 Abs. 1 Satz 1 WpHG enthält in Halbsatz 1 zunächst zwei generalkauselartig formulierte Ermächtigungen zur Aussetzung bzw. zum Ausschluss, an die sich in Halbsatz 2 drei Regelbeispiele anschließen. So soll die Herausnahme eines Finanzinstruments aus dem Handel durch den Betreiber des Systems immer dann möglich sein, wenn dies zur Sicherung eines ordnungsgemäßen Handels oder einem Schutz des Publikums geboten erscheint, insbesondere, wenn (1) die Finanzinstrumente den Regeln des Handelssystems nicht mehr entsprechen, (2) der Verdacht eines Marktmissbrauchs oder einer Nichtveröffentlichung von Insiderinformationen in Bezug auf das Finanzinstrument besteht oder (3) ein Übernahmeangebot in Bezug auf den Emittenten des Finanzinstruments veröffentlicht wurde. Bei einer Entscheidung zur Aussetzung bzw. zum Ausschluss eines Finanzinstruments sind die Betreiber nach § 73 Abs. 1 Satz 2 WpHG auch angehalten zu prüfen, ob sie den Handel mit Derivaten aussetzen bzw. einstellen müssen, die mit dem betroffenen Finanzinstrument verbunden sind oder sich auf dieses beziehen. § 73 Abs. 1 Satz 3 WpHG ordnet schließlich als eine Art negatives Tatbestandsmerkmal an, dass eine Maßnahme nach Satz 1 oder Satz 2 unterbleibt, wenn sie die Interessen der betroffenen Anleger oder das ordnungsgemäße Funktionieren des Marktes erheblich beeinträchtigen könnte.

Auf Grundlage von Art. 32 Abs. 4 RL 2014/65/EU hat der EU-Verordnungsgeber mit **Art. 80 DelVO 2017/565** eine Regelung erlassen, wann Anlegerinteressen oder das ordnungsgemäße Funktionieren des Marktes einer Handelsaussetzung oder einem Handelsausschluss entgegenstehen. Damit soll EU-weite Konvergenz sichergestellt werden, dass die Marktteilnehmer in einem Mitgliedstaat, in dem der Handel mit Finanzinstrumenten ausgesetzt wurde oder in dem Finanzinstrumente vom Handel ausgeschlossen wurden, keine Nachteile gegenüber Marktteilnehmern in einem anderen Mitgliedstaat, in dem der Handel weiterläuft, erleiden[3].

Die Suspendierung eines Finanzinstruments vom Handel an einer Börse richtet sich in erster Linie nach § 25 Abs. 1 und 1a BörsG. Diese Vorschriften gelten kraft Verweisung in § 48 Abs. 3 Satz 5 BörsG und § 48b Abs. 1 Satz 4 BörsG auch für MTF (Freiverkehre) und OTF, die unter dem Dach der Börse betrieben werden. Die Entscheidungen bei börslichen MTF und OTF werden von der Börsengeschäftsführung und nicht vom Börsenträger als Betreiber der Systeme getroffen und stellen damit hoheitliche Maßnahmen dar[4]. Die Börsenaufsichtsbehörde und die BaFin werden über eine erfolgte Handelsaussetzung bzw. -einstellung unverzüglich in Kenntnis gesetzt, § 25 Abs. 1b BörsG (i.V.m. § 48 Abs. 3 Satz 5 bzw. § 48b Abs. 1 Satz 4 BörsG). Soweit innerhalb des Zuständigkeitsbereichs der Börsenaufsichtsbehörde weitere Börsen zugelassen sind und dort Finanzinstrumente gehandelt werden, die mit an der ursprünglichen Börse suspendierten Werten identisch sind oder als Derivat auf diesen Werten aufbauen, so ordnet die Börsenaufsichtsbehörde die Herausnahme dieser Werte gem. § 3 Abs. 5a BörsG (i.V.m. § 48 Abs. 3 Satz 5 bzw. § 48b Abs. 1 Satz 4 BörsG) an. Nach § 3 Abs. 5b Satz 1 BörsG informiert die Börsenaufsicht über die von ihr getroffenen Anschlussmaßnahmen die BaFin, andere inländische Börsenaufsichtsbehörden, die Börsen beaufsichtigen, an denen die betroffenen Werte ebenfalls gehandelt werden, sowie die ESMA; zugleich veröffentlicht sie ihre Entscheidung. Erhält die Börsenaufsichtsbehörde Kenntnis von Suspendierungsmaßnahmen an einer inländischen Börse oder an einer Börse in einem anderen EU-

---
1 BT-Drucks. 18/10936, 239.
2 Die BaFin hatte eine freiwillige Befolgung der § 73 Abs. 2 WpHG i.V.m. § 73 Abs. 1 Satz 3 und 4 WpHG a.F. empfohlen, vgl. Veröffentlichung (Artikel) auf der Internet-Seite der BaFin (www.bafin.de) über „Systematische Internalisierung" vom 6.10.2017.
3 Erwägungsgrund Nr. 116 DelVO 2017/565.
4 LG Frankfurt a.M. v. 14.8.2012 – 3-05 O 91/12, NJW-RR 2013, 424, 225; VG Frankfurt a.M. v. 4.2.2013 – 2 L 4022/12, juris.

bzw. EWR-Staat, so hat sie nach § 3 Abs. 5c BörsG entsprechende Folgemaßnahmen an Börsen innerhalb ihres Zuständigkeitsbereiches anzuordnen, soweit die Handelsaussetzung oder -einstellung durch den Verdacht eines Marktmissbrauchs, ein Übernahmeangebot oder die Nichtveröffentlichung von Insiderinformationen über den Emittenten oder einen Verstoß gegen die Art. 7 und 17 VO Nr. 596/2014 (MAR) bedingt ist. Wie die BaFin nach Suspendierungen auf Grund des BörsG vorzugehen hat, ergibt sich nicht aus § 73 WpHG. Sie kann entsprechende Maßnahmen im Rahmen allgemeiner Befugnisse nach § 6 WpHG ergreifen. Das BörsG enthält wiederum keine ausdrückliche Vorschrift, wie mit dem Handel an Börsen zu verfahren ist, wenn ein Finanzinstrument in einem in- oder ausländischen MTF bzw. OTF vom Handel ausgenommen worden ist und dieser Wert an weiteren Börsen gehandelt wird. Jedenfalls besteht kein Automatismus zur Anordnung einer entsprechend gleichen Maßnahme durch die Börsenaufsicht oder der Börse. Kompetenzen für Anschlussmaßnahmen sind allerdings für die Börsengeschäftsführungen mit dem bereits erwähnten § 25 Abs. 1 BörsG (i.V.m. § 48 Abs. 3 Satz 5 BörsG bzw. § 48b Abs. 1 Satz 4 BörsG) gegeben. Für die Börsenaufsichtsbehörden kommen § 3 Abs. 5 Satz 3 Nr. 1 und § 48 Abs. 2 BörsG (i.V.m. § 48b Abs. 1 Satz 4 BörsG) in Betracht.

5 **II. Die Regelungen im Einzelnen. 1. Aussetzung und Ausschluss.** Unter **Aussetzung des Handels** ist die **zeitweilige Nichthandelbarkeit** eines Finanzinstruments zu verstehen. Wie sich aus § 73 Abs. 3 Satz 6 WpHG ergibt, kann der Ausspruch einer Aussetzung wieder aufgehoben werden. Der **Ausschluss eines Finanzinstruments** vom Handel ist hingegen eine **Maßnahme von endgültigem Charakter**. Die Ausübung der jeweiligen Maßnahme ist gem. § 73 Abs. 1 Satz 4 WpHG zu veröffentlichen, so dass die Betroffenen Kenntnis nehmen können. Während einer Aussetzung bzw. nach dem Ausschluss findet keine Preisermittlung im System statt. Die Betreiber des MTF bzw. OTF leiten ihr Recht zur Aussetzung und zum Ausschluss unmittelbar aus dem Gesetz ab. Es müssen nicht zwingend eigenständige Vorschriften über Tatbestände und Verfahrensregelungen zur Suspendierung eines Wertes im Regelwerk des Handelsplatzes getroffen werden. Die Betreiber sind damit von Gesetzes wegen befugt, gegenüber den Handelsteilnehmern den Leistungsumfang des zivilrechtlichen Benutzungsverhältnisses hinsichtlich der handelbaren Gegenstände einseitig zu ändern. Sofern das betroffene Finanzinstrument auf Antrag des Emittenten zum Handel zugelassen worden ist, wird auch der Inhalt dieses Rechtsverhältnisses (Listingvertrag) berührt, wobei der Ausspruch eines Ausschlusses einer Kündigung dieses Verhältnisses gleichkommt. Bei Streitigkeiten ist der Zivilrechtsweg zu beschreiten. Hinzuweisen ist darauf, dass nach Art. 2 Abs. 1 VO 2016/824 die Betreiber der BaFin ihre Regeln und Verfahren für die Aussetzung des Handels und den Ausschluss von Finanzinstrumenten vom Handel gem. Art. 32 RL 2014/65/EU übermitteln müssen. Offenbar besteht damit eine Erwartungshaltung beim EU-Verordnungsgeber, dass Vorschriften über Aussetzung und Ausschluss im Regelwerk vorhanden sind.

6 § 73 Abs. 1 Satz 1 WpHG ist zwar als Recht und nicht als Pflicht zur Aussetzung formuliert. Gleichwohl liegt für den Systembetreiber insgesamt **kein beliebiger Handlungsspielraum** vor. Nach § 120 Abs. 8 Nr. 73 WpHG handelt nämlich ein Betreiber ordnungswidrig, wenn er entgegen § 73 Abs. 1 Satz 2 WpHG[1] den Handel mit einem Finanzinstrument nicht aussetzt oder einstellt. Zu berücksichtigen ist auch, dass bei einem Bestehenlassen der Handelbarkeit eines Instruments, obwohl keine Übereinstimmung mit dem Regelwerk mehr vorliegt und Anlegerinteressen oder das Interesse am ordnungsgemäßen Funktionieren des Marktes nicht entgegenstehen (s. Rz. 16), eine faktische Regelwerksänderung darstellt, die im Ergebnis zu einer Nichtbeachtung der bußgeldbewehrten Nr. 2 und 4 des § 72 Abs. 1 Satz 1 WpHG führen kann. Der Betreiber wird deshalb eine Prognose aufstellen, wie lange die Abweichung eines regelwidrigen oder atypischen Zustands vom regelgerechten bzw. normalen Zustand anhält. Ist die Wiederherstellung der Regelkonformität bzw. der Wiedereintritt normaler Verhältnisse abzusehen, so kommt eine zeitweilige Handelsaussetzung in Betracht. Ist dies nicht abzusehen, so wird der Wert dauerhaft vom Handel im System auszuschließen sein.

7 **2. Generalklausel (§ 73 Abs. 1 Satz 1 Halbsatz 1 WpHG).** Die Herausnahme eines Finanzinstruments aus dem Handel durch den Betreiber des Systems soll immer dann möglich sein, wenn dies zur Sicherung eines ordnungsgemäßen Handels oder zum Schutz des Publikums geboten erscheint. Diese Generalklausel ist so nicht direkt in der MiFID II angelegt. Der Referentenentwurf des 2. FiMaNoG vom 30.9.2016 sah deshalb eine Formulierung in dieser Art auch nicht vor. Die Änderung von Wortlaut und Struktur der Norm erfolgte durch den Regierungsentwurf des 2. FiMaNoG ohne Angabe einer Begründung. Sie berücksichtigt allerdings die Praxis bislang tätiger MTF, da diese sich mit ihren Regelwerken partiell am ähnlichen Wortlaut von § 25 BörsG orientiert hatten, der die Begrifflichkeiten „ordnungsgemäßer Börsenhandel" und „Schutz des Publikums" kennt[2].

8 Der **ordnungsgemäße Handel** setzt insbesondere eine geordnete, ausgeglichene Preisbildung unter Ausschluss verzerrender Sonderfaktoren voraus[3]. In die gleiche Richtung zielt **Schutz des Publikums:** Die investierten und potentiellen Anleger, insbesondere die Privatanleger, sollen vor einem Handel zu nicht gehörig zustande gekom-

---

[1] Warum hier nur auf § 73 Abs. 1 Satz 2 WpHG und nicht auch auf Satz 1 Bezug genommen wird, ist anhand der Gesetzesmaterialien nicht nachvollziehbar. Möglicherweise handelt es sich mit Blick auf Art. 70 Abs. 3 lit. a Ziff. xviii RL 2014/65/EU um ein Redaktionsversehen. S. hierzu auch *Spoerr*, § 120 WpHG Rz. 120.
[2] So z.B. § 18 der Geschäftsbedingungen für die Teilnahme und den Handel der bis Ende 2017 aktiven Eurex Bonds.
[3] *Beck* in Schwark/Zimmer, § 25 BörsG Rz. 5; *Jaskulla*, WM 2002, 1093, 1095.

menen Preisen geschützt werden[1]. Im börslichen Handel werden als Beispiele für Aussetzungen das Nichtmehrbestehen einer hinreichenden Liquidität eines Wertes[2], starke Kursschwankungen ohne sachlichen Grund oder aufgrund von Manipulationen[3], das Vorliegen missverständlicher Informationen oder das Vorliegen nicht veröffentlichter kursbeeinflussender Umstände[4] genannt[5]. Letzteres ist im Regelbeispiel Nr. 2 enthalten; und Aussetzungen wegen starker Kurschwankung erfahren mit § 72 Abs. 1 Satz 1 Nr. 6 WpHG unter dem Stichwort „kurzzeitige Volatilitätsunterbrechungen" bereits eine spezielle Behandlung. Auch bedeutende wirtschaftliche oder politische Großereignisse können als Anwendungsfall für Aussetzungen in Betracht kommen[6]. Die Insolvenz eines Emittenten[7] eines Finanzinstruments bzw. eines Garanten einer emittierten Schuldverschreibung[8], Verstöße gegen die Ad hoc-Publizität[9], schwerwiegende Verstöße gegen Publizitätsvorschriften (Nichtveröffentlichung von Bilanz bzw. Zwischenberichten) oder ein rapider Prozess der Kapitalauszehrung bei einem Emittenten können auch Ausschlussgründe für betreffende Werte sein[10]. Die genannten Beispielsfälle aus den börslichen Handel können vom Grundsatz her auf den MTF- bzw. OTF-Handel übertragen werden. Bei der Prüfung, ob die Maßnahme ergriffen werden kann, hat der Handelsplatzbetreiber einen Entscheidungsspielraum. Dies ergibt sich daraus, dass die Aussetzung bzw. der Ausschluss nicht dringend geboten sein, sondern nur geboten erscheinen muss. Der Gebrauch der Wendung „geboten erscheinen" stellt an die Entscheidungsfindung keine allzu strengen Anforderungen. Eine subjektive Komponente des Betreibers kann in die Betrachtung einfließen.

3. Regelbeispiele (§ 73 Abs. 1 Satz 1 Halbsatz 2 WpHG). Bei den in § 73 Abs. 1 Satz 1 Halbsatz 2 WpHG aufgeführten Nr. 1 bis 3 handelt es sich nicht um enumerative Aufzählungen, sondern um nicht abschließende Spezifizierungen der Generalklausel. 9

a) Finanzinstrument entspricht nicht mehr den Regeln (§ 73 Abs. 1 Satz 1 Halbsatz 2 Nr. 1 WpHG). Bei den im Tatbestandsmerkmal, dass das Finanzinstrument nicht mehr den Regeln des Handelsplatzes entspricht, angesprochenen Vorschriften, handelt es sich im Wesentlichen um die originären Einbeziehungsvoraussetzungen gem. § 72 Abs. 1 Satz 1 Nr. 2 WpHG (s. § 72 WpHG Rz. 21 ff.). Die konkret handelbaren Werte sind nach § 72 Abs. 1 Satz 1 Nr. 4 WpHG gegenüber den Marktakteuren publik zu machen. Sind die Voraussetzungen für eine Einbeziehung eines Finanzinstruments weggefallen, muss der Betreiber den betreffenden Wert grundsätzlich von der Notierung ausschließen. 10

b) Verdacht eines Marktmissbrauchs oder einer Nichtveröffentlichung von Insiderinformationen (§ 73 Abs. 1 Satz 1 Halbsatz 2 Nr. 2 WpHG). § 73 Abs. 1 Satz 1 Halbsatz 2 Nr. 2 WpHG lässt Aussetzung bzw. Ausschluss bei Verdacht eines Marktmissbrauchs (Variante 1) bzw. bei Verdacht einer Nichtveröffentlichung einer Insiderinformation (Variante 2) zu. Die Verdachtsmomente müssen sich im Geschäftsbetrieb des Betreibers eingestellt haben. Bei einem Verdacht eines Marktmissbrauchs muss es sich um einen Missbrauch i.S.d. Definition des Art. 1 VO Nr. 596/2014 handeln. Dies sind Insidergeschäfte, die unrechtmäßige Offenlegung von Insiderinformationen und Marktmanipulationen. Bei der Variante 2 muss der Verdacht vorliegen, dass der Emittent eine Insiderinformation trotz Bestehens der Veröffentlichungspflicht nach Art. 17 VO Nr. 596/2014 nicht veröffentlicht hat. Der Verdachtsgrad ist in beiden Tatbestandsvarianten nicht allzu hoch anzusetzen. Die MiFID II spricht in Art. 32 RL 2014/65/EU vom mutmaßlichen Vorliegen eines Marktmissbrauchs oder einer Nichtveröffentlichung, so dass bereits wenige tatsächliche Anknüpfungspunkte für die Annahme des Vorliegens eines entsprechenden Sachverhalts genügen können. 11

c) Übernahmeangebot in Bezug auf den Emittenten des Finanzinstruments (§ 73 Abs. 1 Satz 1 Halbsatz 2 Nr. 3 WpHG). Die Aussetzung bzw. der Ausschluss eines Finanzinstruments aufgrund § 73 Abs. 1 Satz 1 Halbsatz 2 Nr. 3 WpHG stellt auf ein veröffentlichtes Übernahmeangebot ab. Das WpHG definiert ebenso wenig wie die MiFID II, was unter einem Übernahmeangebot im konkreten Regelungszusammenhang zu verstehen ist. Die Vorschriften setzen den Begriff vielmehr als bekannt voraus. Einigkeit dürfte dahingehend bestehen, dass das Angebot eines Bieters oder einer Bietergemeinschaft an die Anleger bei einer Übernahme immer auf die Erlangung der Kontrolle des Emittenten gerichtet sein muss. Ob dieses freiwillig oder aufgrund einer gesetzlichen Pflicht erfolgt, ist dabei unerheblich. Nicht vom Begriff des Übernahmeangebots erfasst sind Veröffentlichungen, die lediglich die gefasste Absicht zur Abgabe eines Übernahmeangebots bekanntgeben. Mangels Legaldefinition ist auch nicht ersichtlich, ob sich ein Kontrollerwerb nach der einfachen Mehrheit der Stimm- 12

---

1 *Beck* in Schwark/Zimmer, § 25 BörsG Rz. 5.
2 *Beck* in Schwark/Zimmer, § 25 BörsG Rz. 5; *Kumpan* in Baumbach/Hopt, § 25 BörsG Rz. 2.
3 *Kumpan* in Baumbach/Hopt, § 25 BörsG Rz. 2.
4 *Groß*, Kapitalmarktrecht, § 25 BörsG Rz. 5.
5 Instruktiv hierzu insgesamt *Hammen*, S. 112 ff.; s. auch ESMA Protocol on the operation of notifications of MiFID Article 41 suspensions and removals of financial instruments from trading, vom 4.7.2013, S. 8 ff.
6 *Beck* in Schwark/Zimmer, § 25 BörsG Rz. 8; *Binder* in Großkomm. HGB, Bankvertragsrecht Siebter Teil, Rz. 158.
7 *Beck* in Schwark/Zimmer, § 25 BörsG Rz. 24; *Groß*, Kapitalmarktrecht, § 25 BörsG Rz. 8; *Binder* in Großkomm. HGB, Bankvertragsrecht Siebter Teil, Rz. 158; *Kumpan* in Baumbach/Hopt, § 25 BörsG Rz. 3.
8 *Beck* in Schwark/Zimmer, § 25 BörsG Rz. 24.
9 *Kumpan* in Baumbach/Hopt, § 25 BörsG Rz. 2.
10 *Beck* in Schwark/Zimmer, § 25 BörsG Rz. 24; *Binder* in Großkomm. HGB, Bankvertragsrecht Siebter Teil, Rz. 158.

mehrheit anhand der statistischen Mehrheit in der Gesellschafterversammlung der Vorjahre bestimmt. Von einer Veröffentlichung kann dann ausgegangen werden, wenn der Bieter für sein Übernahmeangebot öffentliche Verbreitungskanäle nutzt, mit denen die Stimmrechtsinhaber der Zielgesellschaft adressatengerecht angesprochen werden.

13 **4. Aussetzung und Ausschluss bei mit dem Finanzinstrument verbundenen Derivaten (§ 73 Abs. 1 Satz 2 WpHG).** Ist die Entscheidung zur Aussetzung bzw. zum Ausschluss eines Finanzinstruments vom Handel getroffen worden, so sind die Betreiber gem. § 73 Abs. 1 Satz 2 WpHG angehalten zu prüfen, ob sie **auch an ihrem Marktplatz gehandelte Derivate vom Handel aussetzen oder ausschließen müssen**, wenn Derivate mit dem betroffenen Finanzinstrument verbunden sind oder sich auf dieses beziehen. Derivate i.S.d. WpHG und damit i.S.d. § 73 Abs. 1 Satz 2 WpHG sind gem. § 2 Abs. 35 WpHG derivative Geschäfte i.S.d. § 2 Abs. 3 WpHG sowie Wertpapiere i.S.d. § 2 Abs. 1 Nr. 3 lit. b WpHG. Hinsichtlich der verbrieften Derivate geht der deutsche Gesetzgeber über Art. 32 RL 2014/65/EU hinaus. Der Artikel enthält lediglich die Vorgabe, Derivate aus den Anhang I Abschnitt C Abs. 4 bis 10 RL 2014/65/EU, die sich in § 2 Abs. 3 WpHG widerspiegeln[1], in die nationale Regelung einzubeziehen.

14 Die MTF bzw. OTF Betreiber sind zur Suspendierung von im Zusammenhang stehender Derivate lediglich dann verpflichtet, wenn dies zur Sicherung des gebotenen ordnungsgemäßen Handels oder zum gebotenen Schutz des Publikums erforderlich ist. Erfolgt z.B. die Einstellung des Handels eines Finanzinstruments, weil ein vom Betreiber gefordertes Rating nicht mehr vorliegt, so müssten Optionen, die den betreffenden Wert als Basiswert ausweisen, nicht ohne Weiteres vom Handel ausgeschlossen werden.

15 Aus europarechtlicher Sicht hat die Kommission in der DelVO 2017/569 klargestellt, dass die Betreiber den Handel mit einem im Zusammenhang stehenden Derivat – im Sinne von Anhang I Abschnitt C Abs. 4 bis 10 RL 2014/65/EU – dann aussetzen, wenn dieses Derivat mit lediglich einem Finanzinstrument verbunden ist oder sich auf nur ein Finanzinstrument bezieht. Ist der ursprünglich ausgesetzte Wert nur eine von mehreren Komponenten eines Derivats, weil das Derivat mit einem Korb von Finanzinstrumenten bzw. einem Index im Zusammenhang steht, der lediglich zu einem Teil von den ausgesetzten Finanzinstrumenten gebildet wird, so wird gemäß Erwägungsgrund Nr. 3 DelVO 2017/569 die Auswirkung auf die Fähigkeit der Marktteilnehmer, einen angemessenen Kurs in dem Derivat zu finden, als gering eingeschätzt.

16 **5. Keine erhebliche Beeinträchtigung der Interessen der betroffenen Anleger oder des ordnungsgemäßen Funktionierens des Marktes (§ 73 Abs. 1 Satz 3 WpHG).** Aussetzung oder Ausschluss sind nicht allein vom Vorliegen der Tatbestandsvoraussetzungen des § 73 Abs. 1 Satz 1 und 2 WpHG abhängig. Der Betreiber hat, bevor er eine Entscheidung trifft, nach § 73 Abs. 1 Satz 3 WpHG zudem zu prüfen, ob seine geplante Maßnahme nicht zu Folgen führt, die die **Anlegerinteressen oder das ordnungsgemäße Funktionieren des Marktes erheblich beeinträchtigen**. Im Falle der Bejahung, ist von einer Aussetzung bzw. von einem Ausschluss abzusehen. Es muss die Möglichkeit einer erheblichen Beeinträchtigung bestehen. Unerhebliche Beeinträchtigungen bleiben außer Betracht. Beeinträchtigungen der Anlegerinteressen liegen z.B. in der Verringerung der Veräußerungsmöglichkeiten und in ggf. steigenden Transaktionskosten. Auch kann eine Suspendierung eines Wertes negative Auswirkungen auf laufende gesellschaftsrechtliche Umstrukturierungen oder Kapitalmaßnahmen des Emittenten haben und dadurch Anlegerinteressen beeinträchtigen. Bei der Beeinträchtigung des ordnungsgemäßen Funktionierens des Marktes sind die Belange des Gesamtmarkts und weniger der betreffende Einzelwert zu betrachten.

17 Der EU-Verordnungsgeber hat mit **Art. 80 DelVO 2017/565** eine Regelung getroffen, wann **Anlegerinteressen oder das ordnungsgemäße Funktionieren des Marktes durch Aussetzung bzw. Ausschluss wahrscheinlich geschädigt werden** können. Der Artikel steht unter der Überschrift „Umstände, die erheblichen Schaden für die Interessen der Anleger und das ordnungsgemäße Funktionieren des Marktes darstellen" und ist vor Rz. 1 im vollen Wortlaut abgedruckt.

18 **6. Veröffentlichung der Entscheidung und Behördeninformation (§ 73 Abs. 1 Satz 4 WpHG).** Der Betreiber hat gem. § 73 Abs. 1 Satz 4 WpHG seine Entscheidungen zur Aussetzung bzw. zum Ausschluss zu veröffentlichen. Für die Veröffentlichung sollte das leicht auffindbare und passwortfreie Einstellen der Information auf der Internetseite des Betreibers als geeignetes Verfahren genügen. Die ebenfalls notwendige Unterrichtung der BaFin über die Suspendierung des Werts hat unverzüglich, d.h. i.S.v. § 121 Abs. 1 Satz 1 BGB ohne schuldhaftes Zögern zu erfolgen. Eine Form verlangt das Gesetz hierfür nicht. Aus Beweiszecken sollte die Unterrichtung jedoch in dokumentierter Form erfolgen und zwar in Form einer Abschrift der Veröffentlichung. Nicht vorgeschrieben ist, dass der Betreiber eine Begründung für seine Entscheidung anzugeben hat. Nach Erhalt der Information veröffentlicht die BaFin ihrerseits die Aussetzung bzw. den Ausschluss gem. § 73 Abs. 3 Satz 1 WpHG. Nach § 73 Abs. 3 Satz 6 WpHG ist die **Aufhebung einer Handelsaussetzung ebenso zu veröffentlichen und der BaFin bekannt zu geben**. Nicht klar geregelt ist, ob eine kurzzeitige Volatilitätsunterbrechung i.S.v. § 72 Abs. 1 Satz 1 Nr. 6 WpHG veröffentlicht und der BaFin gemeldet werden muss. Ausgehend von

---

1 BT-Drucks. 18/10936, 220.

Art. 18 Abs. 5 i.V.m. Art. 48 Abs. 5 Unterabs. 2 Satz 2 RL 2014/65/EU ist im nationalen Recht zumindest für den in Bezug auf die Liquidität maßgeblichen Handelsplatzbetreiber eine Behördenmeldung vorzusehen. § 73 Abs. 1 Satz 4 WpHG kann als Umsetzung der MiFID-Regelung angesehen werden.

III. Anschlussaussetzungen und -ausschlüsse sowie Informations- und Veröffentlichungspflichten der BaFin (§ 73 Abs. 2 und 3 WpHG). Hat ein Betreiber eines MTF bzw. OTF Finanzinstrumente nach § 73 Abs. 1 Satz 1 Halbsatz 2 Nr. 2 und 3 WpHG und daraufhin ggf. auch mit diesen verbundene Derivate gem. § 73 Abs. 1 Satz 2 WpHG vom Handel ausgesetzt oder ausgeschlossen, so führt dies im Regelfall zu **Konsequenzen bei den Betreibern anderer inländischer MTF und OTF sowie bei inländischen systematischen Internalisierern**, wenn diese die von der Aussetzung bzw. vom Ausschluss betroffenen Instrumente auch in ihren Systemen handeln lassen. Ursprünglich hatte es der deutsche Gesetzgeber den Betreibern auferlegt, Anschlussmaßnahmen für ihre Sphären auszusprechen. Seit der Neufassung des § 73 Abs. 2 Satz 1 WpHG durch das Gesetz zur Ausübung von Optionen der EU-Prospektverordnung und zur Anpassung weiterer Finanzmarktgesetze vom 10.7. 2018 ordnet die BaFin gegenüber den Betreibern der anderen Ausführungsplätze an, diese Werte ebenfalls aus dem Handel in ihren Systemen herausnehmen. Etwas anderes gilt nur, wenn die BaFin im Rahmen ihrer Prüfung zu dem Ergebnis gelangt, dass ihre Entscheidung die Interessen der betroffenen Anleger oder das ordnungsgemäße Funktionieren des Marktes erheblich beeinträchtigen könnte, § 73 Abs. 2 Satz 2 i.V.m. § 73 Abs. 1 Satz 3 WpHG. Im Regelfall wird die zu treffende Anschlussmaßnahme mit dem Typus der Maßnahme (Aussetzung oder Einstellung) des ursprünglichen Handelsplatzbetreibers identisch sein. Die BaFin entscheidet mittels **Verwaltungsakt**. Will die BaFin, dass ein Widerspruch keine aufschiebende Wirkung hat, so muss sie einen entsprechende Anordnung treffen.

Zugleich muss die BaFin gem. § 73 Abs. 2 Satz 1 Alt. 3 WpHG darüber entscheiden, ob auch etwaige **Derivate vom Handel ausgesetzt oder ausgeschlossen werden, die nur im jeweiligen System der anderen Handelsplätze handelbar sind**, jedoch mit den am ursprünglichen Handelsplatz suspendierten Finanzinstrumenten verbunden sind oder sich auf diese beziehen.

Gemäß § 73 Abs. 3 Satz 1 WpHG **veröffentlicht** die **BaFin** ihr von MTF und OTF-Betreibern mitgeteilte **Handelsaussetzungen und -ausschlüsse** sowie die von ihr **getroffenen Folgemaßnahmen** unverzüglich und **übermittelt** die entsprechenden Informationen der **ESMA** sowie den zuständigen Behörden der anderen Mitgliedstaaten der EU und EWR-Vertragsstaaten.

Erhält die BaFin umgekehrt eine **Mitteilung über die zeitweilige oder dauerhafte Einstellung des Handels eines Finanzinstruments an einem ausländischen MTF bzw. OTF** von einer Behörde eines der genannten Staaten, die auf dem Verdacht eines Marktmissbrauchs oder einer Nichtveröffentlichung von Insiderinformationen (§ 73 Abs. 1 Satz 1 Halbsatz 2 Nr. 2 WpHG) bzw. auf dem Vorliegen eines Übernahmeangebots in Bezug auf den Emittenten des Finanzinstruments (§ 73 Abs. 1 Satz 1 Halbsatz 2 Nr. 3 WpHG) beruht, teilt die BaFin dies gem. § 73 Abs. 3 Satz 2 WpHG den Geschäftsführungen der deutschen Börsen, an denen die Finanzinstrumente bzw. mit diesen in Beziehung stehende Derivate gehandelt werden, sowie den Börsenaufsichtsbehörden der betroffenen Börsen mit. Als Informationsempfänger entscheiden diese über die Aussetzung oder die Einstellung des börslichen Handels, inklusive des Handels im Freiverkehr und dem unter dem Dach der Börse betriebenen OTF. Gegenüber den Betreibern inländischer MTF bzw. OTF sowie gegenüber systematischen Internalisierern, die die betreffenden Finanzinstrumente handeln, hat die BaFin gem. § 73 Abs. 3 Satz 3 WpHG **Suspendierungsmaßnahmen** im Hinblick auf das Finanzinstrument selbst oder auf Derivate, die mit diesem Finanzinstrument verbunden sind oder sich auf dieses beziehen, anzuordnen. Wie sich aus § 73 Abs. 3 Satz 4 i.V.m. § 73 Abs. 1 Satz 3 WpHG ergibt, gilt dies dann nicht, wenn die Behördenentscheidung die Interessen der betroffenen Anleger oder das ordnungsgemäße Funktionieren des Marktes erheblich beeinträchtigen könnte.

Handeln Betreiber eines MTF bzw. OTF einer vollziehbaren Anordnung nach § 73 Abs. 2 Satz 1 oder Abs. 3 Satz 3 zuwider, so kann dies gem. § 120 Abs. 8 Nr. 74a WpHG mit einem **Bußgeld** geahndet werden.

§ 74 Besondere Anforderungen an multilaterale Handelssysteme

(1) Die Regeln für den Zugang zu einem multilateralen Handelssystem müssen mindestens den Anforderungen nach § 19 Absatz 2 und 4 Satz 1 und 2 des Börsengesetzes entsprechen.

(2) Die Regeln für den Handel und die Preisermittlung dürfen dem Betreiber eines multilateralen Handelssystems keinen Ermessensspielraum einräumen; dabei müssen die Preise im multilateralen Handelssystem entsprechend den Regelungen des § 24 Absatz 2 des Börsengesetzes zustande kommen.

(3) Der Betreiber eines multilateralen Handelssystems hat Vorkehrungen zu treffen, um

1. die Risiken, denen das System ausgesetzt ist, angemessen steuern zu können, insbesondere alle für den Betrieb des Handelssystems wesentlichen Risiken ermitteln und wirksam begrenzen zu können, und

2. einen reibungslosen und rechtzeitigen Abschluss der innerhalb seiner Systeme ausgeführten Geschäfte zu erleichtern.

(4) Der Betreiber eines multilateralen Handelssystems muss fortlaufend über ausreichende Finanzmittel verfügen, um ein ordnungsgemäßes Funktionieren des Systems sicherzustellen, wobei der Art und dem Umfang der an dem Handelssystem abgeschlossenen Geschäfte sowie der Art und der Höhe der Risiken, denen es ausgesetzt ist, Rechnung zu tragen ist.

(5) Dem Betreiber eines multilateralen Handelssystems ist es nicht gestattet, an einem multilateralen Handelssystem Kundenaufträge unter Einsatz seines eigenen Kapitals auszuführen oder auf die Zusammenführung sich deckender Kundenaufträge im Sinne von § 2 Absatz 29 zurückzugreifen.

In der Fassung des 2. FiMaNoG vom 23.6.2017 (BGBl. I 2017, 1693).

Schrifttum: *Gomber/Nassauer*, Neuordnung der Finanzmärkte in Europa durch MiFID II/MiFIR, ZBB 2014, 250; *Hammen*, Vorhandelstransparenz, Unterbrechung des Börsenhandels, Hochfrequenzhandel, 2010; *Hammen*, Börsen und multilaterale Handelssysteme im Wettbewerb, 2011; *Kumpan/Müller-Lankow*, Ein-Market-Maker-Systeme in der neuen Kapitalmarktregulierung – Abgrenzung zwischen multilateralen und bilateralen Systemen, WM 2017, 1777; *Schweppe*, Hybride Regulierung des Freiverkehrs, 2013.

I. Regelungsgegenstand und systematische Stellung der Vorschrift 1	3. Vorkehrungen zur Risikosteuerung (§ 74 Abs. 3 Nr. 1 WpHG) 8
II. Die Regelungen im Einzelnen 2	4. Wirksame Vorkehrungen zur Geschäftserfüllung (§ 74 Abs. 3 Nr. 2 WpHG) 9
1. Zugang von Handelsteilnehmern (§ 74 Abs. 1 WpHG) 2	5. Ausreichende Finanzmittel (§ 74 Abs. 4 WpHG) 10
2. Regelungen zum Handel und zur Preisermittlung (§ 74 Abs. 2 WpHG) 6	6. Kein Einsatz eigenen Kapitals und Rückgriff auf Zusammenführung sich deckender Kundenaufträge (§ 74 Abs. 5 WpHG) 12
a) Kein Ermessensspielraum 6	
b) Preisbildung gem. § 24 Abs. 2 BörsG analog 7	

1 I. Regelungsgegenstand und systematische Stellung der Vorschrift. § 74 WpHG ergänzt den in § 72 WpHG aufgestellten Pflichtenkatalog mit weiteren Verhaltens- und Organisationspflichten[1] für Betreiber von MTF. Die Vorschriften gelten nicht für Betreiber von OTF. Es werden damit Bereiche angesprochen, in denen sich MTF und OTF unterscheiden. Die über § 72 WpHG hinausgehenden Anforderungen an OTF, die nicht für MTF gelten, sind in § 75 WpHG geregelt. § 74 WpHG setzt wesentliche Vorgaben von Art. 19 RL 2014/65/EU[2] (MiFID II), der unter der Überschrift „Besondere Anforderungen für MTF" steht, um. Die Abs. 1 und 2 von § 74 WpHG waren bereits Gegenstand der Regelungen der MiFID von 2004 und in § 31f WpHG a.F. verankert. Verstöße gegen die Abs. 1, 2, 3 und 5 von 74 WpHG stellen nach § 120 Abs. 8 Nr. 75ff. WpHG Bußgeldtatbestände dar. § 76 WpHG enthält sodann nochmals weitere Vorschriften für MTF bereit, und zwar für den Fall, dass der Betreiber sein System als Wachstumsmarkt für kleine und mittlere Unternehmen (KMU-Wachstumsmarkt) ausgestalten möchte.

2 II. Die Regelungen im Einzelnen. 1. Zugang von Handelsteilnehmern (§ 74 Abs. 1 WpHG). Mit § 74 Abs. 1 WpHG wird der Verpflichtung aus § 72 Abs. 1 Satz 1 Nr. 1 WpHG nichtdiskriminierende und ermessenfreie Zugangsregelungen festzulegen, eine weitere konkrete Vorgabe zur Regelwerkserstellung hinzugefügt. Die Regeln müssen mindestens den Anforderungen nach § 19 Abs. 2 und Abs. 4 Satz 1 und 2 BörsG entsprechen. Aus dem **Verweis auf § 19 Abs. 2 BörsG** ergibt sich, dass zur Teilnahme am Handel zunächst nur zugelassen werden darf, wer gewerbsmäßig bei börsenmäßig handelbaren Gegenständen

1. die Anschaffung und Veräußerung für eigene Rechnung betreibt oder

2. die Anschaffung und Veräußerung im eigenen Namen für fremde Rechnung betreibt oder

3. die Vermittlung von Verträgen über die Anschaffung und Veräußerung übernimmt

und dessen Gewerbebetrieb nach Art und Umfang einen in kaufmännischer Weise eingerichteten Geschäftsbetrieb erfordert.

Schon aus der Verbindung der Begriffe des gewerbsmäßigen Handelns und des Gewerbebetriebs einerseits und des Begriffs des nach Art und Umfang in kaufmännischer Weise eingerichteten Geschäftsbetriebs – das ist zusammengenommen die Umschreibung für ein Handelsgewerbe, wie sie § 1 Abs. 2 HGB zu entnehmen ist – andererseits ergibt sich, dass sämtliche dieser Begriffe im handelsrechtlichen Sinne zu verstehen sind. Als **gewerblich** ist demzufolge jede nach außen gerichtete (marktorientierte), selbstständige, planmäßige, von der Absicht der Gewinnerzielung getragene Tätigkeit anzusehen (vgl. § 2 WpHG Rz. 203). Bereits dadurch ist die Zulassung von Privatanlegern und Verbrauchern zum Handel an MTF ausgeschlossen[3]. Ob der Gewerbebetrieb des Zulas-

---

[1] RefE 2. FiMaNoG, S. 31; die offizielle Gesetzesbegründung spricht hingegen nur von „besonderen Anforderungen", vgl. BT-Drucks. 18/10936, 239.

[2] BT-Drucks. 18/10936, 239.

[3] *Schwark* in Schwark/Zimmer, § 19 BörsG Rz. 16; *Kumpan*, WM 2017, 1777, 1783.

sungsinteressenten einen in **kaufmännischer Weise eingerichteten Geschäftsbetrieb** erfordert, ist im Hinblick sowohl auf die Art als auch den Umfang der jeweiligen Geschäftstätigkeit nach den bekannten Kriterien (etwa nach der Vielfalt von Geschäftsbeziehungen und Geschäften, der Inanspruchnahme von Kredit, dem Umsatz, der Größe des Anlage- und Umlaufvermögens, der Zahl der in verschiedenen Funktionen Beschäftigten und der Zahl der Geschäftslokale) in typologischer Betrachtung nach dem Gesamtbild zu entscheiden[1].

Aus dem Verweis des § 74 Abs. 1 WpHG auf **§ 19 Abs. 4 Satz 1 BörsG** folgt, dass einem Unternehmen als **Handelsteilnehmer** nur **Zugang zum MTF** gewährt werden darf, wenn die nachfolgenden **Voraussetzungen** gegeben sind: 3

1. Bei Unternehmen, die in der Rechtsform des Einzelkaufmanns betrieben werden, muss der Geschäftsinhaber, bei anderen Unternehmen müssen die Personen, die nach Gesetz, Satzung oder Gesellschaftsvertrag mit der Führung der Geschäfte des Unternehmens betraut und zu seiner Vertretung ermächtigt sind, zuverlässig sein und zumindest eine dieser Personen über die für das börsenmäßige Wertpapier- oder Warengeschäft notwendige berufliche Eignung verfügen.
2. Die ordnungsgemäße Abwicklung der an der Börse abgeschlossenen Geschäfte ist sichergestellt.
3. Das Unternehmen weist ein Eigenkapital von mindestens 50 000 Euro nach, es sei denn, es ist ein Kreditinstitut, ein Finanzdienstleistungsinstitut oder ein nach § 53 Abs. 1 Satz 1 oder § 53b Abs. 1 Satz 1 des Kreditwesengesetzes tätiges Unternehmen, das zum Betreiben des Finanzkommissionsgeschäfts im Sinne des § 1 Abs. 1 Satz 2 Nr. 4 WpHG oder zur Erbringung einer Finanzdienstleistung i.S.d. § 1 Abs. 1a Satz 2 Nr. 1 bis 4 KWG befugt ist; als Eigenkapital sind das eingezahlte Kapital und die Rücklagen nach Abzug der Entnahmen des Inhabers oder der persönlich haftenden Gesellschafter und der diesen gewährten Kredite sowie eines Schuldenüberhanges beim freien Vermögen des Inhabers anzusehen.
4. Bei dem Unternehmen, das nach Nummer 3 zum Nachweis von Eigenkapital verpflichtet ist, sind keine Tatsachen bekannt, welche die Annahme rechtfertigen, dass es unter Berücksichtigung des nachgewiesenen Eigenkapitals nicht die für eine ordnungsmäßige Teilnahme am Börsenhandel erforderliche wirtschaftliche Leistungsfähigkeit hat.

Wesentliche Voraussetzungen für die Zulassung eines Handelsteilnehmers zum MTF stellen damit dessen fachliche Befähigung, persönliche Integrität und Solvenz dar[2].

Aus der Formulierung des § 74 Abs. 1 WpHG ergibt sich, dass die gesetzlichen Regelungen für den Zugang von Handelsteilnehmern zu einem MTF **Mindestanforderungen** sind und weitergehenden und damit strengeren Zugangsvoraussetzungen nicht entgegenstehen[3]. Die Mindestanforderungen sind von Rechts wegen als nichtdiskriminierend anzusehen. Weitergehende Regelungen wären beispielsweise Bestimmungen, wonach die Teilnehmer mindestens als professionelle Kunden eingestuft oder spezifische technisch-organisatorische Voraussetzungen für die Handelsabwicklung erfüllt sein müssen. Denkbar ist auch die Forderung nach finanziellen Sicherheiten, damit die Handelsteilnehmer ihre Verpflichtungen aus Geschäften, die im Handelssystem abgeschlossen werden, erfüllen können. Auch dürfen Nachweise zur Prüfung des Vorliegens etwaiger Voraussetzungen verlangt werden[4]. Ferner sollte der Zugang davon abhängig gemacht werden dürfen, dass der künftige Nutzer dem Betreiber Auskunfts- und Informationsrechte einräumt, damit dieser seinen Verpflichtungen aus § 72 Abs. 1 Satz 1 Nr. 3 WpHG zur Handelskontrolle nachkommen kann[5]. 4

Darüber hinaus verlangt § 74 Abs. 1 WpHG, dass die Zugangsregelungen **§ 19 Abs. 4 Satz 2 BörsG entsprechen müssen**. Nach dieser Bestimmung kann die Börsenordnung vorsehen, dass bei Unternehmen, die an einer inländischen Börse oder an einem organisierten Markt i.S.d. § 2 Abs. 11 WpHG mit Sitz im Ausland zur Teilnahme am Handel zugelassen sind, die Zulassung ohne den Nachweis der Voraussetzungen nach § 19 Satz 1 Nr. 1, 3 und 4 BörsG (Zuverlässigkeit, berufliche Eignung, Eigenkapitalausstattung) erfolgt, sofern die Zulassungsbestimmungen des jeweiligen Marktes mit diesen vergleichbar sind. Aufgrund der entsprechenden Anwendung dieser Regelung auf MTF kann auch der Betreiber eines solchen Systems in seinen Regelungen für den Zugang von Handelsteilnehmern zu dem MTF eine entsprechend vereinfachte Zugangsmöglichkeit für Unternehmen vorsehen, die an einer inländischen Börse oder an einem organisierten Markt eines Mitgliedstaates der EU oder des EWR (s. § 2 WpHG Rz. 212 ff.) zugelassen sind. 5

2. Regelungen zum Handel und zur Preisermittlung (§ 74 Abs. 2 WpHG). a) Kein Ermessensspielraum. § 72 Abs. 1 Satz 1 Nr. 2 WpHG führt als Grundnorm aus, dass Regelungen zur ordnungsgemäßen Durchführung des Handels und der Preisermittlung sowie zur etwaigen Verwendung von Referenzpreisen festzulegen sind. § 74 Abs. 2 WpHG baut darauf auf und legt fest, dass sich der Betreiber eines MTF in seinen Regelungen für den Handel und zur Preisermittlung keinen Ermessensspielraum einräumen darf. Er hat damit Regelungen 6

---
1 Statt vieler *Hopt* in Baumbach/Hopt, § 1 HGB Rz. 23.
2 Ausführlich hierzu *Schwark* in Schwark/Zimmer, § 19 BörsG Rz. 2 f.
3 Vgl. *Fuchs* in Fuchs, § 31f WpHG Rz. 4c; *Hammen*, Börsen und multilaterale Handelssysteme, S. 63.
4 MaComp II Nr. 4.
5 MaComp II Nr. 6.1.1.

zu schaffen, die auf alle Aufträge, die über das MTF ausgeführt werden, stets einheitliche Anwendung finden[1]. Der Betreiber eines OTF kann hingegen in einem vorgegebenen Rahmen Regeln über die Auftragsausführung mit Ermessen aufstellen, vgl. § 75 Abs. 6 WpHG[2].

7 **b) Preisbildung gem. § 24 Abs. 2 BörsG analog.** Bei der Festlegung ermessensfreier Handels-und Preisfestellungsregelungen ist zu beachten, dass **die Preise im MTF entsprechend den Regelungen des § 24 Abs. 2 des BörsG zustande kommen.** Danach müssen die Preise im MTF ordnungsmäßig zustande kommen und der wirklichen Marktlage des Handels entsprechen, soweit die Regelungen zur Vorhandelstransparenz nichts anderes bestimmten, ist es in Anwendung von § 24 Abs. 2 Satz 2 BörsG weiter erforderlich, dass den Handelsteilnehmern insbesondere Angebote zugänglich sind und die Annahme der Angebote möglich ist. Dabei können bei der Ermittlung der Preise im MTF nach § 24 Abs. 2 Satz 3 BörsG auch Preise einer anderen Börse, eines organisierten Marktes mit Sitz im Ausland oder eines MTF i.S.d. § 2 Abs. 3 Satz 1 Nr. 8 WpHG – sog. **Referenzpreise** – berücksichtigt werden[3]. Im Freiverkehr einer Börse festgestellte Preise können ebenfalls Referenzpreise sein[4]. Preise aus OTF können hingegen keine Referenzpreise für ein MTF sein[5]. Bei der Bestimmung der wirklichen Marktlage ist in erster Linie auf die Aufträge und Geschäfte im MTF abzustellen. Die Möglichkeit, Rückgriff auf Referenzpreise zu nehmen, sollte allerdings dann gegeben sein, wenn der Handel am MTF selbst zu gering ist und es daher zu erheblichen Preisabweichungen vom Markt mit der größten Liquidität kommen kann[6].

8 **3. Vorkehrungen zur Risikosteuerung (§ 74 Abs. 3 Nr. 1 WpHG).** Nach § 74 Abs. 3 Nr. 1 WpHG hat der Betreiber eines MTF Vorkehrungen zu treffen, um die Risiken, denen das System ausgesetzt ist, angemessen steuern zu können, insbesondere alle für den Betrieb des Handelssystems wesentlichen Risiken ermitteln und wirksam begrenzen zu können. Die Vorschrift, die materiell weitgehend § 5 Abs. 4 Nr. 2 BörsG entspricht, der Risikomanagementvorschrift für Börsenträgergesellschaften entspricht, schafft für einen MTF-Betreiber kein grundlegend neues Pflichtengefüge, sondern überlagert, was sich für ihn bereits aus bestehenden bankaufsichtsrechtlichen Vorschriften ergibt. Da der MTF-Betreiber Wertpapierdienstleistungs- und Finanzdienstleistungsinstitut ist, gilt für ihn § 25a Abs. 1 KWG (i.V.m. § 80 Abs. 1 WpHG). Nach dieser Vorschrift gehört zu einer ordnungsgemäßen Geschäftsorganisation auch ein angemessenes und wirksames Risikomanagement, das in seinem internen Kontrollsystem Prozesse zur Identifizierung, Beurteilung, Steuerung sowie Überwachung und Kommunikation der Risiken eingerichtet haben muss. In aufbauorganisatorischer Hinsicht sind insbesondere eine Risikocontrolling-Funktion und eine Compliance-Funktion einzurichten. Einzelheiten zur näheren Ausgestaltung des Risikomanagements lassen sich für die MTF-Betreiber aus der MaRisk der BaFin entnehmen[7], wobei die konkrete Ausgestaltung letztlich nach dem im Tatbestandsmerkmal „angemessen" zum Ausdruck kommenden Proportionalitätsprinzip zu erfolgen hat. Teilbereiche des Risikomanagements sind bereits in anderen Vorschriften, insbesondere in § 72 Abs. 1 Satz 1 Nr. 11 WpHG mitgeregelt. Dort ist zur Begrenzung von Risiken aus dem MTF-Betrieb eine zuverlässige Verwaltung der technischen Abläufe des Systems vorgesehen sowie die Einrichtung von Notfallvorkehrungen bei Systemstörungen (s. § 72 WpHG Rz. 68 ff.).

9 **4. Wirksame Vorkehrungen zur Geschäftserfüllung (§ 74 Abs. 3 Nr. 2 WpHG).** Der Betreiber eines MTF ist aufgrund tatsächlicher und rechtlicher Gegebenheiten ggf. nicht in der Lage, den Handelsteilnehmern auch eine Infrastruktur anzubieten, damit diese keine Dritten einbinden müssen, um die „Belieferung" mit den Handelsgegenständen bzw. dem Geld nach Geschäftsabschluss zu bewirken. Regelmäßig ist er weder eine zentrale Gegenpartei noch eine Wertpapiersammelbank. Auch ist ihm die Anwendung der Technik der Zusammenführung sich deckender Kundenaufträge i.S.v. § 2 Abs. 29 WpHG aufgrund des Regelungsgehaltes von § 74 Abs. 5 WpHG (s. Rz. 12 ff.) versagt. § 74 Abs. 3 Nr. 2 WpHG verlangt aber, dass der Systembetreiber zumindest Vorkehrungen trifft, um einen reibungslosen und rechtzeitigen Abschluss der innerhalb seiner Systeme ausgeführten Geschäfte zu erleichtern. Der Begriff des Abschlusses – in der englischen Fassung der MiFID II *finalisation* – ist als Erfüllung zu verstehen[8]. Die Vorkehrungen – nach der englischen Fassung der MiFID II *effective arrangements* – werden regelmäßig in der Einrichtung abgestimmter und leistungsfähiger Verbindungen zu den zur Verfügung stehenden Clearing- und Settlementsytemen sein[9]. Diese Pflicht ergibt sich indirekt auch aus § 62 Abs. 1 Nr. 10 Halbsatz 2 WpHG, der ein belastbares Handelssystem erfordert, das auch in der Lage sein muss, große Mengen an Geschäftsbestätigungen zu erstellen. Hintergrund der Regelung dürfte sein, das jedes Hinwirken auf eine rasche Erfüllung der getätigten Geschäfte zur Reduzierung etwaiger, auf Seiten der Handelsteilneh-

---

1 RegE FRUG, BT-Drucks. 16/4028, 68.
2 Ausdrücklich auch der Erwägungsgrund Nr. 9 VO Nr. 600/2014 (MiFIR).
3 S. auch MaComp II Nr. 7 und *Hammen*, Börsen und multilaterale Handelssysteme, S. 98; *Hammen*, Vorhandelstransparenz, S. 112.
4 So bereits vor dem 2. FiMaNoG *Schweppe*, S. 178.
5 *Kumpan* in Baumbach/Hopt, § 24 BörsG Rz. 12.
6 MaComp II Nr. 7.
7 Rundschreiben 09/2017 (BA) – Mindestanforderungen an das Risikomanagement – MaRisk vom 27.10.19201, insb. AT 4. MaRisk.
8 Vgl. zur ähnlich gelagerten Vorschrift § 5 Abs. 4 Nr. 3 BörsG, *Beck* in Schwark/Zimmer, § 5 BörsG Rz. 27.
9 Vgl. *Beck* in Schwark/Zimmer, § 5 BörsG Rz. 27.

mer bestehender Adressausfall- und Marktpreisänderungsrisiken beiträgt. Der Ablauf, wie nach der Zusammenführung der Aufträge durch das System weiterverfahren wird, ist vom MTF-Betreiber im Regelwerk zu beschreiben, vgl. § 72 Abs. 1 Satz 1 Nr. 2 WpHG.

5. Ausreichende Finanzmittel (§ 74 Abs. 4 WpHG). § 74 Abs. 4 WpHG verlangt vom Betreiber eines MTF, dass er bei der Zulassung und auch danach fortlaufend über ausreichende Finanzmittel verfügt, um ein ordnungsgemäßes Funktionieren des Systems sicherzustellen, wobei der Art und dem Umfang der an dem Handelssystem abgeschlossenen Geschäfte sowie dem Spektrum und der Höhe der Risiken, denen er ausgesetzt ist, Rechnung zu tragen ist. Für OTF existiert keine entsprechende Vorschrift im WpHG. Die Frage, was mit dem ordnungsgemäßen Funktionieren des Systems gemeint ist, lässt sich dahingehend beantworten, dass die betrieblichen Abläufe in der vertraglich wie gesetzlich geschuldeten Form ablaufen können. Dies bezieht sich nicht nur auf den Handel als solchem, sondern auch auf die Listing- und Überwachungsprozesse. Der Betreiber muss in der Lage sein, den entstehenden Aufwand und etwaige Schäden, die sich aus der Realisierung betrieblicher Risiken ergeben können, zu tragen. Auf dieser Grundlage hat er seinen Kapital- und Zahlungsmittelbedarf zu kalkulieren und die Mittelbeschaffung vorzunehmen.

10

Die Herkunft der Mittel lässt § 74 Abs. 4 WpHG offen. Aus dem Zusammenspiel mit den Regelungen des KWG, die aufgrund der Eigenschaft des Betreibers als Finanzdienstleistungsinstitut zugleich zu beachten sind, ist zu entnehmen, dass es sich dabei – abgesehen vom gesellschaftsrechtlich notwendigen Grundkapital – nicht allein um Fremdkapital handeln kann. Im Zuge der Zulassung muss der MTF-Betreiber bereits nach § 32 Abs. 1 Nr. 1 KWG im Erlaubnisantrag zum Betrieb eines MTF einen geeigneten Nachweis der zum Geschäftsbetrieb erforderlichen Mittel erbringen. Die BaFin versagt dem Antragsteller die Erlaubnis nach § 33 Abs. 1 Nr. 1 KWG, wenn die vorhandenen Mittel nicht den erforderlichen Mitteln entsprechen. Die erforderlichen Mittel liegen vor, wenn sich darunter ein ausreichendes Anfangskapital und angemessene Eigenmittel befinden[1]. Die Anforderungen für ein ausreichendes Anfangskapital ergeben sich aus § 33 Abs. 1 Nr. 1 KWG. Es handelt sich dabei um hartes Kernkapital, das im Inland zur Verfügung stehen muss. Bei Betreibern von MTF, die nicht befugt sind, sich bei der Erbringung von Finanzdienstleistungen Eigentum oder Besitz an Geldern oder Wertpapieren von Kunden zu verschaffen, und nicht auf eigene Rechnung mit Finanzinstrumenten handeln, beträgt dieses mindestens 50.000 Euro. Die Bestimmung der Angemessenheit der Eigenmittel leitet sich aus § 10 Abs. 1 KWG ab und erfolgt in einem dynamischen, an Umfang und Risikolage des laufenden Geschäfts bemessenen Prozess[2]. Das Vorhandensein ausreichender liquider Mittel bestimmt sich im Rahmen von § 11 KWG. Ob die Finanzmittel insgesamt ausreichend sind, lässt sich im Zulassungsverfahren anhand des für drei Jahre vorzulegenden Geschäftsplans ermitteln, der Aussagen zu den erwarteten Erträgen, Aufwendungen und Risiken enthält. Im weiteren Verlauf leitet sich der Finanzmittelbedarf aus den Planungsrechnungen des MTF-Betreibers ab. Sofern der Betreiber mehrere Finanzdienstleistungen erbringt, sind die Betrachtungen isoliert auf das MTF bezogen durchzuführen.

11

6. Kein Einsatz eigenen Kapitals und Rückgriff auf Zusammenführung sich deckender Kundenaufträge (§ 74 Abs. 5 WpHG). § 74 Abs. 5 WpHG spricht gegenüber MTF-Betreibern zwei Verbote aus: Erstens dürfen sie **Kundenaufträge nicht unter Einsatz ihres eigenen Kapitals ausführen** (Alt. 1) und zweitens **nicht auf die Zusammenführung sich deckender Kundenaufträge zurückgreifen** (Alt. 2). Für OTF wird der Aspekt der der Zulässig- bzw. Unzulässigkeit des Einsatzes eigenen Kapitals in § 75 Abs. 1 bis 3 WpHG sowohl im Hinblick auf die Regelungstechnik als auch auf den Regelungsgehalt abweichend behandelt. Bei OTF ist vor allem der Rückgriff auf die Zusammenführung sich deckender Kundenaufträge i.S.v. § 2 Abs. 29 WpHG zulässig, wenn dies entsprechend § 75 Abs. 2 Satz 1 WpHG mit Zustimmung der Kunden erfolgt. § 74 Abs. 5 WpHG setzt Art. 19 Abs. 5 RL 2014/65/EU um. Für Börsen enthält § 5 Abs. 7 BörsG eine inhaltsgleiche Regelung zu § 74 Abs. 5 WpHG, die auf Art. 47 Abs. 2 RL 2014/65/EU beruht.

12

Dem Gesetzgebungsverfahren sind kaum Ausführungen über die Motive zum Verbot, als MTF-Betreiber keine eigenen Mittel zur Ausführung von Orders von Handelsteilnehmern einsetzen zu dürfen, zu entnehmen. Es soll offenbar dazu dienen, eine neutrale und faire Preisfindung für das jeweilige Finanzinstrument abzusichern. Die Interessen der Plattformnutzer sollen nicht durch etwaige geschäftliche Eigeninteressen des Systembetreibers, die über den Betrieb des Systems hinausgehen, berührt werden[3]. Interne organisatorische Vorkehrungen im Wertpapierdienstleistungsunternehmen wie die Trennung des MTF-Betriebs und des Eigenhandelsbereichs können dem Verbot nicht abhelfen. Bereits die Definition des Betriebs eines MTF in § 2 Abs. 8 Nr. 8 WpHG spricht von den Interessen Dritter, die im MTF zusammengeführt werden sollen, wobei der Betreiber selbst aber nicht Dritter sein kann. Die Regelung dient auch der Abgrenzung des multilateralen vom bilateralen Handel der systematischen Internalisierung. Bei der systematischen Internalisierung ist der Einsatz von eigenem Kapital konstitutives Element. Als Reflex schützt die Norm ferner auch den Bestand des Handelsplatzbetreibers, da es diesem versagt ist, zumindest am eigenen Marktplatz geschäftliche Risiken einzugehen.

13

---

1 Näher *Fischer* in Boos/Fischer/Schulte-Mattler, KWG, CRR-VO, § 33 KWG Rz. 6.
2 *Fischer* in Boos/Fischer/Schulte-Mattler, KWG, CRR-VO, § 33 KWG Rz. 6.
3 *Binder* in Großkomm. HGB, Bankvertragsrecht Siebter Teil, Rz. 155.

14 Der Begriff des eigenen Kapitals ist für den Normbereich weder in der MiFID II noch im WpHG bzw. BörsG definiert. Es handelt sich nicht um Eigenkapital im Sinne des Bilanzrechts bzw. bankaufsichtsrechtlicher Vorschriften, anderenfalls wäre es zulässig, dass der Betreiber Fremdkapital einsetzen könnte, was dem Sinn und Zweck der Vorschrift nicht entsprechen würde. Vielmehr soll der Handel auf eigene Rechnung verboten sein[1], für den die Herkunft der Mittel zweitrangig ist. Im Umkehrschluss liefert die Vorschrift zugleich auch die Begründung, dass der MTF-Betreiber Orders im Auftrag seiner Kunden ausführen darf, mithin Handelsteilnehmer an seinem eigenen MTF sein kann. In dieser Eigenschaft werden durch den Betreiber die Handelsinteressen Dritter zur Ausführung gebracht.

15 § 74 Abs. 5 Alt. 1 WpHG richtet sich nur an den Betreiber des MTF selbst, nicht aber an mit diesem **gesellschaftsrechtlich verbundene Unternehmen**. Der Handel auf eigene Rechnung von übergeordneten oder nachgeordneten Unternehmen wird dem Wortlaut der Norm nach nicht vom Verbot erfasst. Die Zurechnung des Handelns eines verbundenen Unternehmens im Wege der Auslegung oder der analogen Anwendung sollte bei geschäftspolitischer Unabhängigkeit der beteiligten Unternehmen ausgeschlossen sein. Dem europäischen wie auch dem deutschen Gesetzgeber ist die Konzernthematik nicht verborgen geblieben. Durch die Regelung für OTF in § 75 Abs. 1 WpHG, der auf Art. 20 Abs. 1 RL 2014/65/EU beruht, wird der OTF-Betreiber ausdrücklich aufgefordert, Vorkehrungen zu treffen, den Einsatz von Eigenkapital auch von gruppenangehörigen Unternehmen zu verhindern. Das Fehlen einer konzernbezogenen Regelung für MTF kann daher grundsätzlich als eine Aussage zur Zulässigkeit des Eigenhandels von mit dem MTF-Betreiber verbundenen Gesellschaften gewertet werden.

16 Die zweite Verbotsalternative von § 74 Abs. 5 WpHG stellt auf die Definition des Begriffs „**Zusammenführung sich deckender Kundenaufträge**" in § 2 Abs. 29 WpHG ab. Danach handelt es sich um ein Geschäft, bei dem der Betreiber des MTF als Vermittler zwischen Käufer und Verkäufer in einer Weise zwischengeschaltet ist, dass er während der gesamten Ausführung des Geschäfts zu keiner Zeit einem Marktrisiko ausgesetzt ist, und bei dem beide Vorgänge gleichzeitig ausgeführt werden und das Geschäft zu einem Preis abgeschlossen wird, bei dem der Vermittler abgesehen von einer vorab offengelegten Vergütung weder Gewinn noch Verlust macht (s. § 2 WpHG Rz. 274 ff.). Der inhaltliche Zusammenhang zur ersten Verbotsalternative erklärt sich dadurch, dass die MiFID II in Erwägungsgrund Nr. 24 RL 2014/65/EU die Zusammenführung sich deckender Kundenaufträge dem Handel für eigene Rechnung gleichstellt. Während das Verbot des Einsatzes von eigenen Mitteln es verhindert, dass der MTF-Betreiber wirtschaftlich und rechtlich Gegenpartei eines MTF-Geschäfts wird, verhindert das Verbot des Rückgriffs auf sich deckende Geschäfte, dass der Betreiber des MTF, auch ohne Marktpreisrisiken einzugehen, zwischengeschalteter Vertragspartner der Handelsteilnehmer werden kann. Das Regelwerk für das MTF darf demnach zum Ablauf des Handels i.S.v. § 72 Abs. 1 Satz 1 Nr. 2 WpHG keine Klauseln vorsehen, in denen von vornherein die Zusammenführung sich deckender Kundenaufträge als Bestandteil des Marktmodells vorgesehen wird. Nicht in den Anwendungsbereich der Norm fallen sollten unabhängig voneinander aufgegebene und sich deckende Orders von Depotkunden des Betreibers, diese als mittelbare Handelsteilnehmer im Wege von elektronisch erteilten Kommissionsaufträgen an das MTF routen. Voraussetzung hierfür ist, dass unwesentliche Cross-Trades[2] für die Handelsteilnehmer vorgesehen sind. Auch für die zweite Verbotsalternative von § 74 Abs. 5 WpHG sollte schließlich keine Ausdehnung auf Konzernsachverhalte erwogen werden. Anderenfalls könnten sich Gestaltungen, die die Einschaltung eines gruppenangehörigen zentralen Kontrahenten als problematisch erweisen.

§ 75 Besondere Anforderungen an organisierte Handelssysteme

(1) Der Betreiber eines organisierten Handelssystems hat geeignete Vorkehrungen zu treffen, durch die die Ausführung von Kundenaufträgen in dem organisierten Handelssystem unter Einsatz des eigenen Kapitals des Betreibers oder eines Mitglieds derselben Unternehmensgruppe verhindert wird.

(2) Der Betreiber eines organisierten Handelssystems darf auf die Zusammenführung sich deckender Kundenaufträge im Sinne von § 2 Absatz 29 für Schuldverschreibungen, strukturierte Finanzprodukte, Emissionszertifikate und bestimmte Derivate zurückgreifen, wenn der Kunde dem zugestimmt hat. Er darf auf die Zusammenführung sich deckender Kundenaufträge über Derivate nicht zurückgreifen, wenn diese der Verpflichtung zum Clearing nach Artikel 4 der Verordnung (EU) Nr. 648/2012 unterliegen.

(3) Der Handel für eigene Rechnung ist einem Betreiber eines organisierten Handelssystems nur gestattet, soweit es sich nicht um die Zusammenführung sich deckender Kundenaufträge im Sinne von § 2 Absatz 29 handelt und nur in Bezug auf öffentliche Schuldtitel, für die kein liquider Markt besteht.

(4) Ein organisiertes Handelssystem darf nicht innerhalb derselben rechtlichen Einheit mit einer systematischen Internalisierung betrieben werden. Ein organisiertes Handelssystem darf keine Verbindung

---

[1] *Gomber/Nassauer*, ZBB 2014, 250, 253.
[2] Zur Zulässigkeit von Cross Trades an Börsen vgl. z.B. Nr. 2.6 HandelsBed EUREX (Stand: 2.4.2018) und § 3 BedGesch FWB (Stand: 3.1.2018).

zu einem systematischen Internalisierer oder einem anderen organisierten Handelssystem in einer Weise herstellen, die eine Interaktion von Aufträgen in dem organisierten Handelssystem mit den Aufträgen oder Angeboten des systematischen Internalisierers oder in dem organisierten Handelssystem ermöglicht.

(5) Der Betreiber eines organisierten Handelssystems kann ein anderes Wertpapierdienstleistungsunternehmen beauftragen, unabhängig von dem Betreiber an dem organisierten Handelssystem Market-Making zu betreiben. Ein unabhängiges Betreiben liegt nur dann vor, wenn keine enge Verbindung des Wertpapierdienstleistungsunternehmens zu dem Betreiber des organisierten Handelssystems besteht.

(6) Der Betreiber eines organisierten Handelssystems hat die Entscheidung über die Ausführung eines Auftrags in dem organisierten Handelssystem nach Ermessen zu treffen, wenn er darüber entscheidet,
1. einen Auftrag zu platzieren oder zurückzunehmen oder
2. einen bestimmten Kundenauftrag nicht mit anderen zu einem bestimmten Zeitpunkt im System vorhandenen Aufträgen zusammenzuführen.

Im Falle des Satzes 1 Nummer 2 darf eine Zusammenführung nur dann unterbleiben, wenn dies mit etwaigen Anweisungen des Kunden sowie der Verpflichtung zur bestmöglichen Ausführung von Kundenaufträgen im Sinne von § 82 vereinbar ist. Bei einem System, bei dem gegenläufige Kundenaufträge eingehen, kann der Betreiber entscheiden, ob, wann und in welchem Umfang er zwei oder mehr Aufträge innerhalb des Systems zusammenführt. Im Einklang mit den Absätzen 1, 2, 4 und 5 und unbeschadet des Absatzes 3 kann der Betreiber bei einem System, über das Geschäfte mit Nichteigenkapitalinstrumenten in die Wege geleitet werden, die Verhandlungen zwischen den Kunden erleichtern, um so zwei oder mehr möglicherweise kompatible Handelsinteressen in einem Geschäft zusammenzuführen. Diese Verpflichtung gilt unbeschadet der §§ 72 und 82 dieses Gesetzes.

(7) Die Bundesanstalt kann von dem Betreiber eines organisierten Handelssystems jederzeit, insbesondere bei Antrag auf Zulassung des Betriebs, eine ausführliche Erklärung darüber verlangen, warum das organisierte Handelssystem keinem regulierten Markt, multilateralen Handelssystem oder systematischen Internalisierer entspricht und nicht in dieser Form betrieben werden kann. Die Erklärung hat eine ausführliche Beschreibung zu enthalten, wie der Ermessensspielraum genutzt wird, insbesondere, wann ein Auftrag im organisierten Handelssystem zurückgezogen werden kann und wann und wie zwei oder mehr sich deckende Kundenaufträge innerhalb des organisierten Handelssystems zusammengeführt werden. Außerdem hat der Betreiber eines organisierten Handelssystems der Bundesanstalt Informationen zur Verfügung zu stellen, mit denen der Rückgriff auf die Zusammenführung sich deckender Kundenaufträge erklärt wird.

(8) Die Bundesanstalt überwacht den Handel durch Zusammenführung sich deckender Aufträge durch den Betreiber des organisierten Handelssystems, damit sichergestellt ist, dass dieser die hierfür geltenden Anforderungen einhält und dass der von ihm betriebene Handel durch Zusammenführung sich deckender Aufträge nicht zu Interessenkonflikten zwischen dem Betreiber und seinen Kunden führt.

(9) § 63 Absatz 1, 3 bis 7 und 9, § 64 Absatz 1 sowie die §§ 69, 70 und 82 gelten entsprechend für Geschäfte, die über ein organisiertes Handelssystem abgeschlossen wurden.

In der Fassung des 2. FiMaNoG vom 23.6.2017 (BGBl. I 2017, 1693).

Schrifttum: *Baumbach/Hopt*, Handelsgesetzbuch, 38. Aufl. 2018; *Gebauer/Teichmann* (Hrsg.), Europäisches Privat- und Unternehmensrecht, Bd. 6. Europäisches Privat- und Unternehmensrecht, 2016; *Gomber/Nassauer*, Neuordnung der Finanzmärkte in Europa durch MiFID II/MiFIR, ZBB 2014, 250; *Güllner*, MiFID II: Die neue Handelsplatzarchitektur, WM 2017, 938; *Hoops*, Bedeutung des organisierten Handelssystems in der gegenwärtigen Marktinfrastruktur, RdF 2017, 14; *Kumpan*, Die Regulierung außerbörslicher Handelssysteme in den deutschen, europäischen und US-amerikanischen Recht, 2006; *Kumpan/Müller-Lankow*, Ein-Market-Maker-Systeme in der neuen Kapitalmarktregulierung – Abgrenzung zwischen multilateralen und bilateralen Systemen, WM 2017, 1777; *Temporale* (Hrsg.), Europäische Finanzmarktregulierung, 2015; *Teuber/Schröer* (Hrsg.), MiFID II/MiFIR, 2015.

I. Regelungsgegenstand und systematische Stellung der Vorschrift 1	VI. Market Making durch ein anderes Unternehmen (75 Abs. 5 WpHG) 15
II. Kein Einsatz von eigenem Kapital (§ 75 Abs. 1 WpHG) 4	VII. Auftragsausführung nach Ermessen (§ 75 Abs. 6 WpHG) 18
III. Zusammenführung sich deckender Kundenaufträge (§ 75 Abs. 2 WpHG) 7	VIII. Erklärungsverlangen der BaFin (§ 75 Abs. 7 WpHG) 28
IV. Erlaubter Handel für eigene Rechnung (§ 75 Abs. 3 WpHG) 10	IX. Überwachung der Zusammenführung sich deckender Aufträge (§ 75 Abs. 8 WpHG) 31
V. Verbotene Systemverbindungen (§ 75 Abs. 4 WpHG) 11	X. Geltung der allgemeinen Verhaltensvorschriften (§ 75 Abs. 9 WpHG) 32

§ 75 | Verhaltenspflichten, Organisationspflichten, Transparenzpflochten

1 **I. Regelungsgegenstand und systematische Stellung der Vorschrift.** § 75 WpHG enthält vornehmlich Verhaltens- und Organisationspflichten[1], die Betreiber eines OTF über § 72 WpHG hinaus bei der Errichtung und dem Betrieb ihres Systems beachten müssen. Sie gelten nicht für Betreiber von MTF. Es werden damit Bereiche angesprochen, in denen sich OTF und MTF voneinander abgrenzen. Mit § 75 WpHG wird Art. 20 RL 2014/65/EU (MiFID II) umgesetzt[2], der in diesem Gesetzeswerk die besonderen Anforderungen für OTF vorgibt. In den Vorschriften reflektieren sich Erscheinungsformen von organisierten Handelssystemen, die unter der Geltung der MiFID von 2004 nicht oder nur teilweise vom Regelungsbereich für multilateralen Handel erfasst worden waren, vom EU-Gesetzgeber später aber als regelungsbedürftig angesehen worden sind. Mit der Einführung des Handelsplatztypus OTF sollen nunmehr so gut wie alle Arten der organisierten Vereinbarung und Ausführung von Geschäften von einer EU-weit harmonisierten Regulierung erfasst werden. Zu nennen sind hier vor allem die sog. *Broker Crossing Networks*. In Erwägungsgrund Nr. 8 VO Nr. 600/2014 (MiFIR) wird als Ausprägung eines OTF auch der Handel mit clearingfähigen und ausreichend liquiden Derivaten ausdrücklich erwähnt. Der deutsche Gesetzgeber hat in § 120 Abs. 8 Nr. 78 ff. WpHG die Nichterfüllung der in § 75 WpHG aufgeführten Pflichten mit Geldbußandrohungen unterlegt. Neben den Verhaltens- und Organisationsvorschriften regelt § 75 WpHG in den Abs. 7 und 8 zudem spezifische Aufgaben und Befugnisse der BaFin bei der Beaufsichtigung des Handels an OTF.

2 Der Betreiber eines OTF hat im Hinblick auf die bei ihm gehandelten Werte vor Preisfeststellung die Auftragslage und nach der Preisfeststellung den Kurs und das Volumen zu veröffentlichen. Die Vor- und Nachhandelstransparenzverpflichtung und damit verbundene Organisationspflichten sind nicht in Abschnitt 11 des WpHG geregelt. Die Vorschriften hierzu befinden sich in der MiFIR (Art. 8 ff. VO Nr. 600/2014) und in der DelVO 2017/583.

3 Auffällig ist, dass in § 75 WpHG wie schon in Art. 20 RL 2014/65/EU vermehrt der Begriff des Kunden und nicht der des Handelsteilnehmers bzw. Nutzers verwendet wird[3]. Der Grund dafür ist, dass die Beziehung des Betreibers zu den jeweiligen Handelsteilnehmern bei einem OTF regelmäßig stärker ausgeprägt sein wird, als dies bei einem MTF der Fall ist. Bei der Handelsteilnahme an einem MTF bildet die Systemnutzung aufgrund der Wertpapierdienstleistung „Betrieb eines MTF" den Mittelpunkt der Kundenbeziehung. Handelsgeschäfte eines MTF-Nutzers werden mit anderen Dritten, nicht jedoch mit dem Betreiber abgeschlossen. Die Beziehung zwischen MTF-Betreiber und -Nutzer braucht deshalb nicht über die technische Nutzung des Systems hinauszugehen und kann isoliert von ggf. mehr oder minder zufällig gleichzeitig vorliegenden Depot- und Kontobeziehungen des Systemnutzers beim Betreiber betrachtet werden. Bei einem OTF hingegen werden aufgrund weitergehend erlaubter Geschäftsanbahnungs-, Handels- und Abwicklungstechniken zusätzliche bankaufsichtsrechtlich relevante Vertragsbeziehungen zwischen Nutzer und Betreiber bei der Durchführung von Geschäften im Rahmen der Systemnutzung vorliegen. Insbesondere kann die Unterhaltung bestandsführender Konten des Systemnutzers beim Systembetreiber zwingende Voraussetzung der Systemnutzung sein. Der Betreiber kann rechtlich und wirtschaftlich Partner eines Systemnutzers werden; das OTF rückt damit in die Nähe zum bilateralen Handelsmodell der systematischen Internalisierung, bei dem der Nutzer des Internalisierungssystems nur noch als Kunde bezeichnet wird. Die begriffliche Verwendung des Kundenbegriffs endet darin, dass bei an OTF geschlossenen Geschäften keine Ausnahmen zur Anwendung von Wohlverhaltensregelungen in Betracht kommen[4]. § 95 Satz 1 WpHG, der entsprechende Ausnahmen für Transaktionen über Börsen und MTF kennt, gilt nicht für OTF. Vielmehr ordnet § 75 Abs. 9 WpHG die (analoge) Geltung der meisten Wohlverhaltenspflichten nochmals ausdrücklich an.

4 **II. Kein Einsatz von eigenem Kapital (§ 75 Abs. 1 WpHG).** Der Betreiber eines OTF ist nach § 75 Abs. 1 WpHG verpflichtet, geeignete Vorkehrungen zu treffen, durch die die Ausführung von Kundenaufträgen in dem OTF unter Einsatz des eigenen Kapitals des Betreibers verhindert wird. Auch wenn es sich regelungstechnisch um keinen Verbotstatbestand handelt, so soll es im Grundsatz nicht dazu kommen, dass geschäftliche Eigeninteressen des Systembetreibers, die über den Betrieb des Systems hinausgehen, den Preisfindungsprozess berühren. Da ein OTF eine echte Handelsplattform ist, sollte der Betreiber der Plattform neutral sein[5]. In klar umrissenen Ausnahmefällen nach § 75 Abs. 2 und 3 WpHG darf der Betreiber allerdings an Transaktionen beteiligt sein, bei denen es zu Belastungen in seiner Buchführung kommt. Der Begriff des eigenen Kapitals ist für den Normbereich weder in der MiFID II noch im WpHG definiert. Es handelt sich offensichtlich nicht um Eigenkapital im Sinne des Bilanzrechts bzw. bankaufsichtsrechtlicher Vorschriften, anderenfalls wäre es zulässig, dass der Betreiber Fremdkapital einsetzen könnte, was dem Sinn und Zweck der Vorschrift nicht entsprechen würde[6].

---

1 RefE 2. FiMaNoG v. 30.9.2016, S. 224.
2 Vgl. BT-Drucks. 18/10936, 239.
3 Vgl. zu dieser Frage auch ESMA Leitlinien über die Meldung von Geschäften, Aufzeichnung von Auftragsdaten und Synchronisierung der Uhren nach MiFID II, Nr. 6.2. und ESMA Q & A On MiFID II and MiFIR market structures topics, Nr. 5.2. Antwort 8.
4 Vgl. hierzu *Hoops*, RdF 2017, 14, 18.
5 So ausdrücklich Erwägungsgrund Nr. 9 VO Nr. 600/2014; s. auch *Kumpan* in Baumbach/Hopt, § 48b BörsG Rz. 2.
6 Vgl. auch Erwägungsgrund Nr. 9 VO Nr. 600/2014, wo von „Einsatz seines eigenen Kapitals" die Rede ist.

Vielmehr soll der **Handel auf eigene Rechnung unterbunden werden**[1], für den die Herkunft der Mittel zweitrangig ist. Im Umkehrschluss liefert die Vorschrift zugleich auch die Begründung mit, dass der OTF-Betreiber Orders im Auftrag seiner Kunden ausführen darf, mithin Handelsteilnehmer an seinem eigenen OTF sein kann. In dieser Eigenschaft werden durch den Betreiber die Handelsinteressen Dritter zur Ausführung gebracht.

Als **zu treffende Vorkehrungen** kommen Arbeitsanweisungen in Betracht, die Mitarbeitern des OTF-Betreibers Kompetenzen zum Eigenhandel bzw. Eigengeschäft am OTF des eigenen Hauses nur für die gesetzlich erlaubten Fälle aussprechen. Zudem sind technische Maßnahmen vorzunehmen, die einen Systemzugang der Händler zugunsten oder zu Lasten des eigenen Handelsbuches außerhalb erlaubter Fälle ausschließen. 5

Der Betreiber eines OTF ist nach § 75 Abs. 1 WpHG verpflichtet, auch Vorkehrungen zu treffen, durch die verhindert wird, dass **Mitglieder derselben Unternehmensgruppe** im Wege des Eigenhandels bzw. des Eigengeschäfts mit Handelsteilnehmern des OTF kontrahieren. Gruppenangehörige Unternehmen selbst werden durch die Norm nicht verpflichtet. Im Konzernverbund kann der Betreiber dadurch aktiv werden, indem er die verbundenen Gesellschaften auf die Rechtslage hinweist und um entsprechende Veranlassungen bittet. Vorzugswürdig erscheinen jedoch Vorkehrungen in der eigenen Sphäre des OTF-Betreibers zu sein, die einen Eigenhandel bzw. Eigengeschäfte von Gruppenunternehmen verhindern. Zunächst können entsprechende Klauseln im Regelwerk des OTF aufgenommen und bei der Einrichtung eines Systemzugangs im Rahmen des Zulassungsverfahrens technische Sperren eingerichtet werden. Die Ermittlung, ob ein Unternehmen derselben Gruppe angehört, ist unter Berücksichtigung von § 2 Abs. 27 WpHG vorzunehmen. Danach bestimmt sich, was eine Gruppe im Sinne des WpHG ist, nach der Definition von Art. 2 Nr. 11 RL 2013/34/EU (Bilanzrichtlinie)[2]. Diese besteht aus einem Mutterunternehmen und allen Tochterunternehmen. Um Tochterunternehmen handelt es sich, wenn es sich um vom Mutterunternehmen kontrollierte Unternehmen handelt, einschließlich mittelbar kontrollierter Unternehmen. Nach Erwägungsgrund Nr. 31 RL 2013/34/EU (Bilanzrichtlinie) soll für die Kontrolle die Mehrheit der Stimmrechte ausschlaggebend sein. Sie kann sich aber auch aus Vereinbarungen mit anderen Gesellschaftern oder nur aus der Ausübung der tatsächlichen Kontrolle ergeben. 6

III. Zusammenführung sich deckender Kundenaufträge (§ 75 Abs. 2 WpHG). § 75 Abs. 2 Satz 1 WpHG erlaubt den Betreibern eines OTF, auf die Zusammenführung sich deckender Kundenaufträge für Schuldverschreibungen, strukturierte Finanzprodukte, Emissionszertifikate und bestimmte Derivate zurückzugreifen, wenn der Kunde dem zugestimmt hat. Bei der Zusammenführung sich deckender Kundenaufträge handelt es sich um das in **§ 2 Abs. 29 WpHG legaldefinierte Prinzip** (s. § 2 WpHG Rz. 274ff.). Da bereits die deutsche Fassung der MiFID II den englischen Begriff des *Matched Principal Trading* benutzt, hat ihn der nationale Gesetzgeber bewusst als synonym verwendbare Kurzdefinition für die Zusammenführung sich deckender Kundenaufträge in das WpHG übernommen: Erstens darf der Betreiber als zwischen Käufer und Verkäufer eingeschaltete Stelle zu keiner Zeit einem Marktrisiko ausgesetzt sein. Zweitens muss der Betreiber das Kaufgeschäft als auch das Verkaufsgeschäft gleichzeitig ausführen; und drittens müssen beide Geschäfte zu Preisen abgeschlossen werden, durch die der Betreiber, abgesehen von einer vorab offengelegten Vergütung, weder Gewinn noch Verlust macht. Das Verfahren ähnelt stark dem Prinzip einer zentralen Gegenpartei[3]. Ausweislich Erwägungsgrund Nr. 9 VO Nr. 600/2014 soll das *Matched Principal Trading* zur Erleichterung der Ausführung eines oder mehrerer Kundenaufträge in den betreffenden Finanzinstrumenten beitragen. Eine Pflicht, das beschriebene Prinzip der Zusammenführung sich deckender Kundenaufträge in einem OTF anzuwenden, besteht nicht. Sollte es jedoch zum Einsatz gelangen, so ist es in den Regelungen über den Handelsablauf und zur vertragsgemäßen Abwicklung im Regelwerk des Betreibers gem. § 72 Abs. 1 Nr. 2 WpHG zu beschreiben. Nach Art. 6 lit. d DelVO 2016/824 muss der OTF-Betreiber in seiner der zuständigen Behörde vorzulegenden ausführlichen Funktionsbeschreibung des Systems auch den Rückgriff auf die Zusammenführung sich deckender Kundenaufträge gem. Art. 20 Abs. 7 RL 2014/65/EU erklären. 7

Die Zusammenführung sich deckender Kundenaufträge kann nicht auf alle in der Definition eines OTF als handelbar aufgeführten Finanzinstrumente angewandt werden. Während Schuldverschreibungen, strukturierte Finanzinstrumente und Emissionszertifikate ausnahmslos nach dieser Methode gehandelt werden dürfen, ist der Derivatehandel limitiert. Nach § 75 Abs. 2 Satz 2 WpHG dürfen Derivate nicht auf diese Art zur Ausführung gebracht werden, wenn sie der Verpflichtung zum Clearing nach Art. 5 VO Nr. 648/2012 durch eine zentrale Gegenpartei unterliegen. Bei der VO Nr. 648/2012 handelt es sich um die Verordnung vom 4.7.2012 über OTC-Derivate, zentrale Gegenparteien und Transaktionsregister – kurz EMIR genannt[4]. Welche Derivate einer Clearingpflicht unterliegen, ergibt sich aus einem nach Art. 6 VO Nr. 648/2012 durch die Europäische Wertpapier- und Marktaufsichtsbehörde ESMA vorzuhaltenden öffentlichen Register[5]. Sollten clearingpflichtige 8

---

1 *Güllner*, WM 2017, 938, 944 unter Verweis auf Definition des Handels auf eigene Rechnung in Art. 4 Abs. 1 Nr. 6 RL 2014/65/EU.
2 ABl. EU Nr. L 182 v. 29.6.2013, S. 19.
3 *Kumpan* in Baumbach/Hopt, § 48b BörsG Rz. 2.
4 ABl. EU Nr. L 201 v. 27.7.2012, S. 1.
5 Abrufbar www.esma.europa.eu.

OTC-Derivate auf dem OTF gehandelt werden, so muss die Abwicklung über die autorisierte zentrale Gegenpartei erfolgen. Systembetreiber und CCP müssen dann zusammenwirken; vgl. hierzu § 72 Abs. 8 WpHG.

9 § 75 Abs. 2 Satz 1 WpHG schreibt vor, dass der **Kunde der Anwendung der Zusammenführungstechnik zugestimmt hat**. Die Verwendung der Bezeichnung „Kunde" statt „Handelsteilnehmer" findet seine Berechtigung darin, dass die am Vorgang beteiligten Personen regelmäßig mehr als bloße Teilnehmer am Handelssystem sind, an dem schuldrechtliche Verträge geschlossen werden. Sie müssen – gemessen an den vorherrschenden technischen Gegebenheiten im Finanzdienstleistungssektor – gleichzeitig auch bestandsführende Konten für die Handelsgegenstände und damit korrespondierenden Geldkonten in der Sphäre des Betreibers des OTF unterhalten, damit dieser alle Buchungsprozesse jeweils Zug um Zug[1] in Echtzeit vornehmen kann, um strukturell zu keinem Zeitpunkt einem Marktpreisänderungsrisiko in den durchgehandelten bzw. geclearten Werten ausgesetzt zu sein. Die Zustimmung des Kunden bezieht sich auf den Prozess des *Matched Principle Trading* und nicht auf ein einzelnes Geschäft. Die Zustimmung durch einen Handelsteilnehmer ergibt sich bereits durch die Einbeziehung des Regelwerks in das Systemnutzungsverhältnis. Aus Gründen der Klarheit sollte die Zustimmung zumindest mit einer Klausel im Regelwerk verankert werden. Ein mittelbarer Handelsteilnehmer, der als Kunde des Betreibers diesen zur Auftragsdurchführung beauftragt, muss mangels eines Anschlussvertrages seine Zustimmung separat erteilen. Eine Begründung, warum der Gesetzgeber die Zustimmung zu dieser Form der Handelsdurchführung hervorhebt, ergibt sich aus den Gesetzesmaterialen nicht. Offenbar wird hierin ein Potential für Interessenkonflikte gesehen.

10 **IV. Erlaubter Handel für eigene Rechnung (§ 75 Abs. 3 WpHG).** Der nach § 75 Abs. 1 WpHG grundsätzlich ausgeschlossene Handel für eigene Rechnung ist nur gestattet, soweit es sich nicht bereits um die in § 75 Abs. 2 WpHG freigestellte Zusammenführung sich deckender Kundenaufträge handelt[2], in Bezug auf **öffentliche Schuldtitel, für die kein liquider Markt** besteht. Eine Kundenzustimmung ist hier nicht vorgesehen[3]. Kann es bei § 75 Abs. 2 WpHG noch dahingestellt bleiben, ob das Fungieren als Gegenpartei bei sich deckenden Kundenaufträgen um eine Form der Handelsteilnehmerschaft des Betreibers handelt, so erlaubt § 75 Abs. 3 WpHG die aktive Handelsteilnahme als Eigenhändler in illiquiden öffentlichen Schuldtiteln. **Öffentliche Schuldtitel** sind nach § 2 Abs. 47 WpHG i.V.m. § 2 Abs. 42 WpHG von (1) der EU, (2) den EU-Mitgliedstaaten einschließlich eines Ministeriums, einer Behörde oder einer Zweckgesellschaft eines Mitgliedstaats, (3) im Falle eines bundesstaatlich organisierten Mitgliedstaats einem seiner Gliedstaaten, (4) einer für mehrere Mitgliedstaaten tätigen Zweckgesellschaft, (5) einem von mehreren Mitgliedstaaten gegründeten internationalen Finanzinstitut, das dem Zweck dient, Finanzmittel zu mobilisieren und seinen Mitgliedern Finanzhilfen zu gewähren, die von schwerwiegenden Finanzierungsproblemen betroffen oder bedroht sind, und (6) der Europäischen Investitionsbank begebene Schuldinstrumente. Ein **illiquider Markt** liegt vor, wenn die in § 2 Abs. 23 Satz 1 WpHG genannten Voraussetzungen für einen liquiden Markt nicht vorliegen (s. näher § 2 WpHG Rz. 260). In diesem Paragraphen wird auf nähere Bestimmungen der DelVO 2017/567 verwiesen, die allerdings nur für Eigenkapitalinstrumente gilt. Die ESMA hat zu der Frage, wie sich die Liquidität bei öffentlichen Schuldtiteln letztlich genau bestimmt, auf die Vorschriften über Liquiditätsbestimmung zu Zwecken der Vor- und Nachhandelstransparenz gemäß der DVO 2017/583 verwiesen[4].

11 **V. Verbotene Systemverbindungen (§ 75 Abs. 4 WpHG).** Der Betreiber eines OTF darf gem. § 75 Abs. 4 Satz 1 WpHG **nicht zugleich die systematische Internalisierung** betreiben. Das Verbot wirkt auch umgekehrt; ein Wertpapierdienstleistungsinstitut, das bereits systematischer Internalisierer ist, kann nicht zugleich ein OTF betreiben. Das Gesetz erlaubt den Betrieb beider Systeme dem Wortlaut nach selbst dann nicht, wenn unterschiedliche Anlageklassen gehandelt werden würden[5]. Auch wenn sich in den Gesetzesmaterialien keine weitere Begründung findet, so handelt es sich um die Lösung eines Interessenkonflikts[6]. Die systematische Internalisierung ist als Wertpapierdienstleistung in § 2 Abs. 8 Satz 1 Nr. 2b WpHG definiert als das häufige organisierte und systematische Betreiben von Handel in erheblichem Umfang für eigene Rechnung außerhalb eines organisierten Marktes oder MTF oder OTF, indem ein für Dritte zugängliches nicht multilaterales System angeboten wird, um mit ihnen Geschäfte durchzuführen (s. § 2 WpHG Rz. 112). Auch in § 1 Abs. 1a Satz 2 Nr. 4b KWG findet sich eine inhaltlich übereinstimmende Definition der systematischen Internalisierung als Finanzdienstleistung. Aus der Formulierung des Verbots, dass der Betrieb eines OTF und die systematische Internalisierung innerhalb derselben rechtlichen Einheit untersagt sind, kann geschlossen werden, dass verschiedene juristische Personen innerhalb einer Gruppe jeweils eine der beiden Wertpapierdienstleistungen erbringen dürfen. Daran schließt sich die Frage an, ob die Schwestergesellschaften sich Ressourcen teilen dürfen. Die ESMA hat sich dahingehend geäußert[7], dass jede Einheit sich auf das beste Interesse Ihrer jeweiligen Kunden zu kon-

---

1 *Hoops*, RdF 2017, 14, 19.
2 S. auch Erwägungsgrund Nr. 9 Unterabs. 3 VO Nr. 600/2014.
3 *Hoops*, RdF 2017, 14, 17.
4 Vgl. z.B. ESMA Q & A On MiFID II and MiFIR market structures topics, Nr. 5.2 Antwort auf Frage 10.
5 ESMA Q & A On MiFID II and MiFIR market structures topics, Nr. 5.2 Antwort auf Frage 11.
6 ESMA Q & A On MiFID II and MiFIR market structures topics, Nr. 5.2 Antwort auf Frage 12; *Hoops*, RdF 2017, 14, 17.
7 ESMA Q & A On MiFID II and MiFIR market structures topics, Nr. 5.2 Antwort auf Frage 13.

zentrieren hat. Die Einheiten müssen deshalb unterschiedliche Leitungen und operative Teams besitzen. Zudem ist der Informationsaustausch hinsichtlich des jeweiligen Betriebs zu limitieren.

§ 75 Abs. 4 Satz 2 Alt. 1 WpHG verbietet es dem Betreiber, sein OTF mit einem systematischen Internalisierer dergestalt zu verbinden, dass **eine Interaktion von Aufträgen in dem OTF** mit den Aufträgen oder Angeboten des systematischen Internalisierers ermöglicht wird. M.a.W.: Aufträge bzw. Angebote aus einem der beiden Ausführungsplätze dürfen nicht zu unmittelbaren Geschäftsausführungen im jeweils anderen System herangezogen werden. Ein faktisches gemeinschaftliches Orderbuch (Liquiditätspool) aus einem multilateralen und einem bilateralen Handelssystem wird damit unterbunden. Was genau verbotene Handlungsweisen sind, lässt die Bestimmung offen. Durch die weite Fassung ist es naheliegend, dass automatisierte technische Koppelungen darunter fallen, aber auch manuell unterstütze Handlungen. Die ESMA stellt jedenfalls klar, dass die Überleitungen von Orders aus einem OTF auf den anderen Ausführungsplatz, die im Einklang mit den Ausführungsgrundsätzen und der Ausübung des Ermessens des OTF stehen, zulässig sind[1]. 12

§ 75 Abs. 4 Satz 2 Alt. 2 WpHG verbietet es, **ein OTF mit einem anderen OTF zu verbinden**, wenn dadurch die Interaktion von Aufträgen in unterschiedlichen OTF ermöglicht wird. Auch hier gilt wie bei § 75 Abs. 4 Satz 2 Alt. 1 WpHG, dass ein gemeinschaftliches Orderbuch aus zwei Handelssystemen unterbunden werden soll, gleichgültig, wie dies technisch bewerkstelligt wird. Das Verbot gilt für OTF, die ein Betreiber ggf. unter Beachtung von § 72 Abs. 1 Satz 1 Nr. 12 WpHG allein betreibt, oder auch für OTF verschiedener Betreiber. 13

Eine Begründung für die Bildung von Liquiditätspools zwischen OTF und einem systematischen Internalisierer bzw. mit einem anderen OTF findet sich weder in der MiFID II noch im 2. FiMaNoG. Systematische Gründe verbieten es deshalb nicht, davon auszugehen, dass Aufträge aus einem OTF mit Börsen oder MTF interagieren dürfen. 14

VI. Market Making durch ein anderes Unternehmen (75 Abs. 5 WpHG). § 75 Abs. 5 Satz 1 WpHG regelt, dass der Betreiber eines OTF **ein anderes Wertpapierdienstleistungsunternehmen beauftragen** kann, unabhängig von dem Betreiber, an dem organisierten Handelssystem Market-Making zu betreiben. Der exakte Sinngehalt der Norm ist schwer ermittelbar, da bereits die umzusetzende Norm Art. 20 Abs. 5 MiFID II in Unterabs. 1 einen ungewöhnlichen Normbefehl aufstellt. Er gibt den Mitgliedstaaten nämlich nicht vor, was sie zu regeln haben. Vielmehr untersagt er den Mitgliedstaaten, etwas zu verbieten. Wörtlich heißt es: *„Die Mitgliedstaaten hindern Wertpapierfirmen oder Marktbetreiber, die ein OTF betreiben, nicht daran, eine andere Wertpapierfirma zu beauftragen, unabhängig in einem OTF Market-Making zu betreiben."* § 75 Abs. 5 Satz 1 WpHG kann damit eher in deklaratorischer Hinsicht entnommen werden, dass ein Market-Maker-Handelssystem ein für den Handel im OTF passendes Marktmodell ist. Da der OTF-Betreiber ohnehin nur im Ausnahmefall des Handels öffentlicher Schuldtitel, für die kein liquider Markt besteht, eigene Mittel einzusetzen, ist er beim Handel anderer Finanzinstrumente im Market-Maker-Modell von vornherein auf die Unterstützung eines Dritten angewiesen. Der Regelung kann auch entnommen werden, dass die Einschaltung eines einzelnen Market Makers, der in dem jeweiligen gehandelten Wert An- und Verkaufskurse stellt, genügt. Nichtberücksichtigte Unternehmen können damit nicht geltend machen, dass eine diskriminierende Zugangsregelung und somit ein Verstoß gegen § 72 Abs. 1 Satz 1 Nr. 1 WpHG vorliegt. Ferner sollte der Market Maker aufgrund seiner Tätigkeit auch nicht als systematischer Internalisierer eingestuft werden. Die Reichweite des Market Making an einem OTF ist im Regelwerk in Regelungen über den Handelsablauf zu beschreiben (§ 72 Abs. 1 Satz 2 WpHG). Nach Art. 6 lit. a VO 2016/824 hat der OTF-Betreiber gegenüber der BaFin in seiner ausführlichen Systembeschreibung darüber zu informieren, ob eine andere Wertpapierfirma damit beauftragt wird, gem. Art. 20 Abs. 5 RL 2014/65/EU unabhängig in seinem OTF Market-Making zu betreiben. Soweit unter Berufung auf § 72 Abs. 1 Satz 1 Nr. 13 WpHG ein Market-Maker-System für ein OTF für unzulässig erachtet wird, lässt dies die speziellere Natur der Regelung in § 75 WpHG außer Betracht[2]. 15

Beim **Market Making handelt es sich um das in § 2 Abs. 8 Nr. 2 lit. a WpHG** beschriebene kontinuierliche Anbieten des An- und Verkaufs von Finanzinstrumenten zu selbst gestellten Preisen für eigene Rechnung[3] und nicht um die in § 80 Abs. 5 WpHG definierte Market-Making-Strategie. 16

Das **unabhängige** Betreiben des Market Making bedeutet nicht, dass das Regelwerk des OTF keine die Liquiditätsspende ausgestaltenden Regelungen enthalten darf. Im Rahmen des grundsätzlich Vorgegebenen muss dann aber die Unabhängigkeit des Market Makers gewahrt bleiben. Für ein unabhängiges Betreiben des Market Making darf definitionsgemäß keine enge Verbindung des Wertpapierdienstleistungsunternehmens zum OTF-Betreiber bestehen. Eine Gruppenangehörigkeit wird regelmäßig eine enge Verbindung darstellen. Da Market Making gem. § 2 Abs. 8 Nr. 2 lit. a WpHG auf eigene Rechnung stattfindet, sind gruppenangehörige Unternehmen jedoch bereits aufgrund der Regelung in § 75 Abs. 1 WpHG durch das Verbot des Einsatzes eigener Mittel als Market Maker ausgeschlossen (vgl. Rz. 6). Enge Verbindungen, ohne das Bestehen eines Mutter-Tochterver- 17

---

1 ESMA, vgl. Q & A On MiFID II and MiFIR market structures topics, Nr. 5.2 Antwort auf Frage 16.
2 *Kumpan/Müller-Lankow*, WM 2017, 1777, 1785.
3 Vgl. daneben auch Anhang I DelVO 2017/583.

hältnisses, können aufgrund größerer geschäftlicher Zusammenarbeit oder aufgrund personeller Verflechtungen bestehen[1]. Die Unabhängigkeit würde auch beeinträchtigt werden, wenn dem Betreiber in einer Market Maker-Vereinbarung Weisungsrechte und sonstige Einflussnahmen im Hinblick auf die Ausübung des Market Making eingeräumt würden. Die ESMA weist in ihrem Dokument zu Fragen und Antworten zur Marktstruktur darauf hin, dass es bei der Frage des unabhängigen Agierens des Market Makers letztlich um Schutz der Interessen der am OTF-Handel teilnehmenden Kunden geht[2].

18 **VII. Auftragsausführung nach Ermessen (§ 75 Abs. 6 WpHG).** § 75 Abs. 6 Satz 1 WpHG bildet mit seiner Aussage, dass Aufträge nach Ermessen auszuführen sind, das zentrale Abgrenzungsmerkmal zwischen einem MTF und einem OTF (s. § 72 WpHG Rz. 2). Die Auftragsausführung nach Ermessen ist wesentliches konstitutives Element für den Betrieb eines OTF[3]. Die **Befugnisse zur Ermessensausübung** sind als Bestimmungen über den Handelsablauf i.S.v. § 72 Abs. 1 Satz 1 Nr. 2 WpHG im Regelwerk des Systems abzubilden[4]. Fehlt es darin an Ermessensvorschriften, so handelt es sich nicht um ein OTF, sondern um ein MTF. Ein zufälliges Platzieren, Zurückziehen, Matching oder Nicht-Matching von Aufträgen im OTF kann nach Ansicht der ESMA nicht zur Begründung von Ermessensausübung herangezogen werden. Gleiches soll für die Ausübung der Vorhandelskontrollen durch den Betreiber des OTF gelten, mit denen der faire und ordnungsgemäße Handel gewährleistet wird[5]. § 75 Abs. 6 Satz 2 WpHG engt die Möglichkeiten für ein Ermessen jedoch von vornherein ein. Handlungsspielraum darf nur für die folgenden zwei Konstellationen ausgewiesen werden: Erstens, wenn es darum geht, ob der Betreiber einen Auftrag eines Kunden bzw. Teilnehmers über das OTF platziert oder von dort wieder zurücknimmt (Ermessen auf Ebene der Order). Und zweitens, wenn der Betreiber entscheidet, einen bestimmten Kundenauftrag nicht mit anderen zu einem bestimmten Zeitpunkt im System vorhandenen Aufträgen zusammenzuführen (Ermessen auf der Ebene der Ausführung der Order), wobei dies nur dann geschehen darf, wenn dies mit etwaigen Anweisungen des Kunden sowie der Verpflichtung zur bestmöglichen Ausführung von Kundenaufträgen i.S.v. § 82 WpHG vereinbar ist (§ 75 Abs. 6 Satz 3 WpHG).

19 Die Ausübung des Ermessens bei der Orderbehandlung kann durch eine konkrete Handlung eines Mitarbeiters des Betreibers erfolgen. Aber auch die systemtechnische Umsetzung einer Programmierung von Sachverhalten, in denen auch ein menschliches Verhalten die Orderbehandlung beeinflussen würde, kann durchaus eine Auftragsausführung nach Ermessen im Sinne der Norm darstellen[6]. Nicht erforderlich ist, dass jeder Auftrag vor der Ausführung einer konkreten Ermessensentscheidung zugeführt wird. Offen verhält sich das Gesetz zu der Frage, ob ein OTF dauerhaft auch dann vorliegt, wenn die Ermessensausübung zwar im Regelwerk vorgesehen ist, aber in tatsächlicher Hinsicht nicht ausgeübt wird. In der Literatur ist zum Teil von einer Verpflichtung zur Ermessensausübung die Rede[7]. Die ESMA geht davon aus, dass zwar nicht bei jeder Order Ermessen ausgeübt werden muss. Die Ermessensausübung sollte aber wesentlicher Bestandteil der Aktivitäten sein[8].

20 Die Ausübung des **Ermessens auf der Ebene der Order** lässt es beispielsweise zu, dass der OTF-Betreiber entscheidet, eine Order, die bereits im System platziert ist, wieder herauszunehmen und auf einem anderen Handelsplatz zur Ausführung zu bringen, weil die Ausführung am anderen Platz zu einem besseren Ergebnis führt[9]. Auch die teilweise Ausführung einer Order im OTF und die restliche Ausführung auf einem anderen Handelsplatz kann als Ermessensausübung auf der Orderebene angesehen werden. Ein **Ermessen auf Ebene der Orderausführung** zeigt folgendes Beispiel[10]: Es besteht eine Nachfrage für 500 Stück. Auf der Angebotsseite stehen zwei Aufträge zu je 300 Stück ausführbar gegenüber. Der Betreiber soll hier entscheiden können, ob und in welchem Umfang er die Orders zusammenführt.

21 Nicht in das Regelwerk eines OTF aufzunehmen sind die Ausführungen, wie der Betreiber die Handelsinteressen eines Handelsteilnehmers nach Ermessensausübung weiterverfolgt. Allerdings verlangt Art. 6 lit. c VO 2016/824, dass der OTF-Betreiber in seiner der Behörde vorzulegenden ausführlichen Systembeschreibung anzugeben hat, wie er die Handelsinteressen eines Teilnehmers außerhalb der Einrichtungen des OTF weiterverfolgt.

---

1 *Kumpan* in Baumbach/Hopt, § 48b BörsG Rz. 2, zieht für das Verständnis des Begriffs „enge Verbindung" Art. 4 Abs. 1 Nr. 35 RL 2014/65/EU heran.
2 ESMA Q & A On MiFID II and MiFIR market structures topics, Nr. 5.2 Antwort auf Frage 11.
3 BT-Drucks. 18/10936, 239; ESMA Q & A On MiFID II and MiFIR market structures topics, Nr. 5.2 Antwort auf Frage 9.
4 Vgl. Erwägungsgrund Nr. 9 VO Nr. 600/2014; *Gomber/Nassauer*, ZBB 2014, 250, 253.
5 ESMA Q & A On MiFID II and MiFIR market structures topics, Nr. 5.2 Antwort auf Frage 16.
6 ESMA Q & A On MiFID II and MiFIR market structures topics, Nr. 5.2 Antwort auf Frage 18.
7 *Güllner*, WM 2017, 938, 944.
8 ESMA Q & A On MiFID II and MiFIR market structures topics, Nr. 5.2 Antwort auf Frage 16.
9 Beispiel nach BaFin-Vortragsunterlagen im Rahmen der Veranstaltung: „Marktinfrastruktur und Transparenz MiFID/MiFIR" am 16.2.2017, S. 18, zuletzt abgerufen auf www.bafin.de am 18.5.2018; ähnliches Beispiel ESMA Q & A On MiFID II and MiFIR market structures topics, Nr. 5.2 Antwort auf Frage 16.
10 Beispiel nach BaFin-Vortragsunterlagen im Rahmen der Veranstaltung: „Marktinfrastruktur und Transparenz MiFID/MiFIR" am 16.2.2017, S. 19, zuletzt abgerufen auf www.bafin.de am 18.5.2017; ähnliches Beispiel ESMA Q & A On MiFID II and MiFIR market structures topics, Nr. 5.2 Antwort auf Frage 16.

Offen bleibt in § 75 Abs. 6 Satz 1 und 2 WpHG, wie sich die Ermessensausübung zu den Vorschriften über **marktmissbräuchliches Verhalten** verhält, wenn es sich um ein preisfeststellendes System handelt. Rechtstechnisch ist die Vorschrift jedenfalls nicht als eine „Safe Harbour"-Regelung zu verbotenen Handlungsweisen ausgestaltet. Allerdings kann ein rechtlich vorgesehenes Verhalten, das für eine rechtliche Kategorie sogar begriffsbildend ist, schwerlich ein verbotenes Verhalten darstellen (s. Art. 12 VO Nr. 596/2014 Rz. 59). Ggf. sind die Praktiken eines OTF als zulässige Marktpraxis i.S.d. Art. 13 VO Nr. 596/2014 anzuerkennen. 22

Die über das Regelwerk erfolgende Einräumung des Betreiberermessens, Orders in das System einzustellen und wieder herauszunehmen zu dürfen, oder eingestellte Orders nicht im OTF ausführen zu müssen, muss mit den anderweitigen **Vertragsgrundlagen der Kundenbeziehung bei Geschäften mit Finanzinstrumenten** abgestimmt sein. Die ggf. in die Kundenbeziehungen einbezogenen AGB, wie die Sonderbedingungen für das Wertpapiergeschäft bzw. die Sonderbedingungen für Finanztermingeschäfte, müssen abgewandelt bzw. ergänzt werden. Diese Sonderbedingungen enthalten regelmäßig auch die Grundsätze des Wertpapierdienstleistungsinstituts für die Ausführung von Geschäften in Finanzinstrumenten (vgl. A 1.2. SondBedWpG), die bei der Ausführung von Kundenaufträgen zu beachten sind[1]. 23

§ 75 Abs. 6 Satz 2 WpHG enthält erläuternde Klarstellungen zum vorhergehenden Satz 1 und statuiert keine weitere Ebene, auf der Ermessen ausgeübt werden darf. Handelt es sich bei einem OTF um eine Ausgestaltung, bei der gegenläufige Kundenaufträge eingehen, so kann der Betreiber entscheiden, ob, wann und in welchem Umfang er zwei oder mehr Aufträge innerhalb des Systems zusammenführt. Die Bedeutung der Gesetzesformulierung „System, bei dem gegenläufige Kundenaufträge eingehen" erschließt sich über die englische Fassung der MiFID II. Dort heißt es in Art. 20 Abs. 6 RL 2014/65/EU: „*system that crosses client orders*". Gemeint sind folglich **Crossing-Systeme**[2], bei denen ein vom Referenzmarkt importierter Preis bereits im Voraus feststeht. In solch einem Fall braucht der Systembetreiber keine Ausführungsgarantie in seinem System vorsehen. 24

§ 75 Abs. 6 Satz 3 WpHG spricht Aspekte an, wie sich ein OTF-Betreiber im Vorfeld von Geschäftsabschlüssen verhalten darf. Es wird damit ein in praktischer Hinsicht weiteres Spezifikum des OTF-Handels adressiert. Der Betreiber kann – so die Gesetzesformulierung – die **Verhandlungen zwischen den Kunden erleichtern**, um so zwei oder mehr möglicherweise kompatible Handelsinteressen in einem Geschäft zusammenzuführen. Was genau unter der Erleichterung der Verhandlungen zu verstehen ist, lässt das Gesetz offen. Denkbar sind Vermittlungsversuche, etwaige nah beieinander liegende Kauf- und Verkaufsaufträge gerade bei wenig liquiden Werten in Deckung zu bringen. Möglich ist dies in Preisanfragesystemen bzw. in sprachbasierten Systemen, in denen auch unverbindliche Interessenbekundungen zum Einsatz kommen können[3]. Der Regelungsgehalt der vorhergehenden Absätze des § 64 WpHG wird nicht berührt. Das Verhältnis von etwaigen Maßnahmen und Handlungen, die zur Erleichterung von Verhandlungen beitragen, zu den Vorschriften der VO Nr. 596/2014 (MAR) spricht die Vorschrift nicht an. Als Ausnahmevorschrift zum Verbot der Weitergabe von Insiderinformationen und zum Verbot abgesprochener Geschäfte ist § 75 Abs. 6 Satz 3 WpHG nicht ausgestaltet. Ggf. sind etwaige Vorgehensweisen eines OTF als zulässige Marktpraxis i.S.d. Art. 13 VO Nr. 596/2014 anzuerkennen. 25

Der tatbestandlichen Erwähnung in § 75 Abs. 6 Satz 3 WpHG, dass es sich bei dem OTF um ein System handeln muss, auf dem Nichteigenkapitalinstrumente gehandelt werden, ist überflüssig. Bereits aus der Definition des OTF heraus beschränkt sich der OTF-Handel auf diese Instrumente. Der Begriff der Nichteigenkapitalinstrumente ist im WpHG und auch in der MiFID II wenig gebräuchlich. Er stellt ein Synonym für alle am OTF handelbaren Gegenstände, also für Schuldverschreibungen, strukturierten Finanzprodukte, Emissionszertifikate und Derivate dar (s. Art. 8 VO Nr. 600/2014 Rz. 14 ff.). 26

Nach § 75 Abs. 6 Satz 4 WpHG soll „*diese Verpflichtung*" unbeschadet der §§ 72 und 82 WpHG gelten. Da der unmittelbar vorhergehende § 75 Abs. 6 Satz 3 WpHG keine echte Verpflichtung enthält, ist es naheliegend, dass sich die unbeschadete Geltung der §§ 72 und 82 WpHG auf den gesamten § 75 Abs. 6 WpHG bezieht. Hierfür spricht auch die Regelungstechnik des Art. 20 Abs. 6 RL 2014/65/EU. Dort ist die Aussage als eigener Unterabsatz ausgestaltet. Die entsprechende Geltung des § 82 WpHG für in OTF ausgeführte Geschäfte kommt auch nochmals in § 75 Abs. 9 WpHG zur Sprache. 27

VIII. Erklärungsverlangen der BaFin (§ 75 Abs. 7 WpHG). Nach § 75 Abs. 5 WpHG hat der Betreiber eines OTF der BaFin bereits eine ausführliche Beschreibung der Funktionsweise seines Systems zu liefern. Aus Art. 6 lit. b VO 2016/824 ist schließlich für OTF-Betreiber zu entnehmen, dass die Ausführungen unter anderem eine detaillierte Beschreibung enthalten müssen, wie und unter welchen Umständen sie gem. Art. 20 Abs. 6 RL 2014/65/EU Aufträge im OTF nach Ermessen ausführt. § 75 Abs. 7 Satz 1 WpHG stellt es dann der BaFin frei, vom Betreiber auch noch eine **ausführliche Erklärung zu verlangen, warum das OTF keiner Börse, keinem MTF oder keinem systematischen Internalisierer** entspricht und nicht in dieser Form betrieben werden kann. Die BaFin wird die Überlegung, ob sie von ihrem Recht, eine Erklärung zu verlangen, Gebrauch macht, im Zuge des Er- 28

---

1 Vgl. zu Ausgestaltungsfragen ESMA Q & A On MiFID II and MiFIR market structures topics, Nr. 5.2 Antwort auf Frage 16.
2 Vgl. zum Begriff der Crossing-Systeme ausführlich *Kumpan*, S. 17 f.
3 Arg. Art. 8 Abs. 4 Abs. 1, Art. 9 Abs. 1 lit. b VO Nr. 600/2014 i.V.m. Art. 2 Abs. 33 VO Nr. 600/2014.

laubnisverfahrens anstellen. Bei dem Erklärungsverlangen handelt es sich um einen Verwaltungsakt. Das Gesetz enthält keine unmittelbaren Anhaltspunkte, wie die BaFin mit einer Erklärung umzugehen hat, insbesondere wenn sich herausstellen sollte, dass als Betriebsform neben dem OTF auch andere Alternativen in Betracht kommen. Es wäre jedoch verfehlt, im Betrieb eines OTF eine gegenüber Börsen oder MTF oder systematischer Internalisierung nachrangige Betriebsform zu erblicken[1], die nur gewählt werden darf, wenn es aus Sicht der BaFin keine überzeugenden Argumente für die Nutzung des OTF gibt (s. hierzu bereits § 72 WpHG Rz. 11). Die BaFin sollte deshalb alle vernünftigen Erwägungen zur Wahl des OTF erkennen. Einwände sind möglich, wenn es durch den Betrieb zu Misständen beim Betreiber bzw. beim Handel kommt.

29 Macht die BaFin von ihrem Recht aus Satz 1 Gebrauch, so muss der Auskunftsverpflichtete nach § 75 Abs. 7 Satz 2 WpHG ausführlich beschreiben, wie der Ermessensspielraum genutzt werden soll, insbesondere wann ein Auftrag im organisierten Handelssystem zurückgezogen werden kann und wann und wie zwei oder mehr sich deckende Kundenaufträge innerhalb des organisierten Handelssystems zusammengeführt werden.

30 § 75 Abs. 7 Satz 3 WpHG verpflichtet den OTF-Betreiber den **Rückgriff auf die Zusammenführung sich deckender Kundenaufträge zu erklären**. Hierbei handelte es sich um das in § 75 Abs. 2 WpHG angesprochenen Verfahren. Nicht klar ist, ob diese Pflicht nur entsteht, wenn ein Erklärungsverlangen der BaFin nach § 75 Abs. 7 Satz 1 WpHG vorliegt. Nach der systematischen Stellung der Vorschrift wäre dies wohl der Fall. Allerdings hat die in der Anwendung vorrangige **VO 2016/824** in Art. 6 lit. d die Pflicht zur Erklärung des Rückgriff auf das *Matched Principle Trading* bereits auf die stets nach § 72 Abs. 5 Satz 1 WpHG zu erbringende ausführliche Funktionsbeschreibung vorverlagert.

31 **IX. Überwachung der Zusammenführung sich deckender Aufträge (§ 75 Abs. 8 WpHG).** § 75 Abs. 8 Halbsatz 1 WpHG spricht die Pflicht der BaFin an, den Handel durch **Zusammenführung sich deckender Aufträge** durch den Betreiber des organisierten Handelssystems zu **überwachen**. Diese Pflicht der Behörde ergibt sich auch aus den allgemeinen Vorschriften der §§ 6, 88 und 89 WpHG. Warum der Gesetzgeber diese Überwachungspflicht im unmittelbaren Regelungszusammenhang mit § 75 Abs. 8 WpHG nochmals anspricht, lässt sich den Gesetzgebungsmaterialen der MiFID II und des 2. FiMaNoG nicht konkret entnehmen. Offenbar soll die Zielrichtung der Aufsicht konkretisiert werden, indem in § 75 Abs. 8 Halbsatz 2 WpHG ausgeführt wird, dass diese Überwachung sicherstellen soll, dass der Betreiber sein Regelwerk einhält und die Zusammenführung sich deckender Aufträge nicht zu Interessenkonflikten zwischen Betreiber und Kunden führt. Die BaFin ist damit gefordert, hierauf gerichtete eigene Prüfungshandlungen vorzunehmen. Die Pflicht des Systembetreibers nach § 72 Abs. 1 Satz 1 Nr. 3 WpHG, die Einhaltung des Regelwerks auch im Hinblick auf das *Matched Principal Trading* zu überwachen, wird durch die behördliche Pflicht nicht aufgehoben. § 75 Abs. 8 WpHG entbindet den OTF-Betreiber auch nicht von Kontrollen hinsichtlich der Wirksamkeit konfliktreduzierender Vorkehrungen zwischen Interessen des Betreibers und der Systemnutzer.

32 **X. Geltung der allgemeinen Verhaltensvorschriften (§ 75 Abs. 9 WpHG).** Nach § 95 Satz 1 WpHG treffen die Betreiber von Börsen und von MTF bei Geschäften, die an ihrem System geschlossen werden, keine der ansonsten bei Wertpapierdienst- und -nebendienstleistungen geltenden Verhaltenspflichten, soweit es sich nicht um die Ausführung eines Kundenauftrags handelt. Diese Befreiung, die früher in § 37 WpHG a.F. geregelt war, ist nicht auf OTF-Betreiber erstreckt worden. Der Gesetzgeber hat die entsprechende Geltung dieser kundenschützenden Vorschriften vielmehr nochmals ausdrücklich angeordnet. In Erwägungsgrund Nr. 9 VO Nr. 600/2014 findet sich der Hinweis, dass aufgrund des eingeräumten Ermessens die Wohlverhaltensregeln und die Verpflichtung zur kundengünstigsten Ausführung und Bearbeitung von Aufträgen gelten sollen. Konzeptionell deckt sich dies damit, dass die Teilnehmer des OTF vom Gesetz als Kunden bezeichnet werden (s. Rz. 3)[2].

33 Im Einzelnen zu beachten sind die Vorschriften des WpHG zu Fragen des allgemeinen Wohlverhaltens (§ 63 Abs. 1 WpHG), zur interessenkonfliktfreien Mitarbeitervergütung (§ 63 Abs. 3 WpHG), der Informations- und Beratungspflichten beim Vertrieb (§ 63 Abs. 4 bis 7 und 9, § 64 Abs. 1 WpHG), der Bearbeitung von Kundenaufträgen (§ 69 WpHG), der Zuwendungen und Gebühren (§ 70 WpHG) sowie der bestmöglichen Ausführung von Kundenaufträgen (§ 82 WpHG).

§ 76 KMU-Wachstumsmärkte; Verordnungsermächtigung

(1) Der Betreiber eines multilateralen Handelssystems kann dieses bei der Bundesanstalt als Wachstumsmarkt für kleine und mittlere Unternehmen (KMU-Wachstumsmarkt) registrieren lassen, sofern folgende Anforderungen erfüllt sind:

1. bei mindestens 50 Prozent der Emittenten, deren Finanzinstrumente zum Handel auf dem multilateralen Handelssystem zugelassen sind, handelt es sich um kleine und mittlere Unternehmen;

---

1 So im Ergebnis auch *Dreyer/Delgado-Rodriguez* in Temporale, S. 42 f.; a.A. wohl *Güllner*, WM 2017, 938, 944, 945, die zumindest bei Betrachtung der MiFID-II-Regelungen von Subsidiarität spricht.
2 So auch ausdrücklich ESMA Q & A On MiFID II and MiFIR market structures topics, Nr. 5.2 Antwort auf Frage 9.

2. der Betreiber hat geeignete Kriterien für die Zulassung der Finanzinstrumente zum Handel an dem Markt festgelegt;
3. der Betreiber macht die Zulassung von Finanzinstrumenten zum Handel an dem Markt davon abhängig, dass bei der Zulassung ausreichende Informationen veröffentlicht werden, um dem Publikum eine zutreffende Beurteilung des Emittenten und der Finanzinstrumente zu ermöglichen; bei diesen Informationen handelt es sich entweder um ein Zulassungsdokument oder einen Prospekt, falls auf Basis der Richtlinie 2003/71/EG festgelegte Anforderungen im Hinblick auf ein öffentliches Angebot im Zusammenhang mit der ursprünglichen Zulassung des Finanzinstruments zum Handel auf dem multilateralen Handelssystem Anwendung finden;
4. der Betreiber stellt sicher, dass eine geeignete regelmäßige Finanzberichterstattung durch den Emittenten am Markt stattfindet, dessen Finanzinstrumente zum Handel an dem multilateralen Handelssystem zugelassen sind, insbesondere durch geprüfte Jahresberichte;
5. die in Artikel 3 Absatz 1 Nummer 21 der Verordnung (EU) Nr. 596/2014 definierten Emittenten und die in Artikel 3 Absatz 1 Nummer 25 der Verordnung (EU) Nr. 596/2014 definierten Personen, die bei einem Emittenten Führungsaufgaben wahrnehmen, sowie die in Artikel 3 Absatz 1 Nummer 26 der Verordnung (EU) Nr. 596/2014 definierten Personen, die in enger Beziehung zu diesen stehen, erfüllen die jeweiligen Anforderungen, die für sie gemäß der Verordnung (EU) Nr. 596/2014 gelten;
6. der Betreiber erfasst Informationen, die von einem Emittenten auf Grund einer rechtlichen Verpflichtung veröffentlicht wurden, und stellt diese öffentlich zur Verfügung und
7. der Betreiber richtet wirksame Systeme und Kontrollen ein, die geeignet sind, einen Marktmissbrauch an dem betreffenden Markt gemäß der Verordnung (EU) Nr. 596/2014 zu erkennen und zu verhindern.

Die Möglichkeit des Betreibers, zusätzliche Anforderungen festzulegen, bleibt unberührt.

(2) Die Bundesanstalt hebt die Registrierung eines KMU-Wachstumsmarktes auf, wenn dessen Betreiber dies beantragt oder wenn die Voraussetzungen für eine Registrierung nach Absatz 1 nicht mehr vorliegen. Die Bundesanstalt unterrichtet die Europäische Wertpapier- und Marktaufsichtsbehörde unverzüglich über die Registrierung eines KMU-Wachstumsmarktes und über deren Aufhebung.

(3) Ein Finanzinstrument, das zum Handel an einem KMU-Wachstumsmarkt zugelassen ist, kann nur dann in einem anderen KMU-Wachstumsmarkt gehandelt werden, wenn der Emittent des Finanzinstruments hierüber unterrichtet wurde und dem nicht widersprochen hat. In einem solchen Fall entstehen dem Emittenten im Hinblick auf diesen anderen KMU-Wachstumsmarkt keine Verpflichtungen in Bezug auf die Unternehmensführung und -kontrolle oder erstmalige, laufende oder punktuelle Veröffentlichungspflichten.

(4) Das Bundesministerium der Finanzen kann durch Rechtsverordnung, die nicht der Zustimmung des Bundesrates bedarf, nähere Bestimmungen treffen
1. zur Art der Kriterien nach Absatz 1 Nummer 2,
2. zu Inhalt, Art, Umfang und Form der bei Zulassung zu veröffentlichenden Informationen nach Absatz 1 Nummer 3 und
3. zu Inhalt, Art, Umfang und Form der Berichterstattung nach Absatz 1 Nummer 4.

Das Bundesministerium der Finanzen kann die Ermächtigung durch Rechtsverordnung auf die Bundesanstalt übertragen.

In der Fassung des 2. FiMaNoG vom 23.6.2017 (BGBl. I 2017, 1693).

Schrifttum: *Calliess/Ruffert*, EUV/AEUV, 5. Aufl. 2016; *Gebauer/Teichmann* (Hrsg.), Europäisches Privat- und Unternehmensrecht, Bd. 6. Europäisches Privat- und Unternehmensrecht, 2015; *Kumpan*, Die Europäische Kapitalmarktunion und ihr Fokus auf kleinere und mittlere Unternehmen, ZGR 2016, 2; *Kumpan*, Market-based financing in the Capital Markets Union: The European Commission's Proposals to foster Financial Innovation in the EU, ECFR 2017, 336; *Veil*, Kapitalmarktzugang für Wachstumsunternehmen, 2015; *Veil*, KMU-Wachstumsmärkte nach MiFID II, in FS Baums, 2017, S. 1267; *Weitnauer*, Das neue Börsensegment „Scale" der Deutsche Börse AG: Neue Finanzierungs- und Exit-Möglichkeiten für KMUs?, GWR 2017, 235.

I. Regelungsgegenstand und systematische Stellung der Vorschrift 1	a) 50 % KMU als Emittenten (§ 76 Abs. 1 Satz 1 Nr. 1 WpHG) 9
II. Voraussetzungen der Registrierung als KMU-Wachstumsmarkt 5	b) Geeignete Kriterien für die Zulassung (§ 76 Abs. 1 Satz 1 Nr. 2 WpHG) 11
1. Antragstellung 5	c) Ausreichende Zulassungspublizität (§ 76 Abs. 1 Satz 1 Nr. 3 WpHG) 13
2. Die Anforderungen des § 76 Abs. 1 Satz 1 Nr. 1–7 WpHG 9	d) Geeignete laufende Finanzberichterstattung (§ 76 Abs. 1 Satz 1 Nr. 4 WpHG) 17

e) Beachtung der Anforderungen der VO Nr. 596/2014 durch Emittenten, Führungskräfte und nahestehenden Personen (§ 76 Abs. 1 Satz 1 Nr. 5 WpHG) 19
f) Erfassung und Veröffentlichung von Pflichtveröffentlichungen der Emittenten (§ 76 Abs. 1 Satz 1 Nr. 6 WpHG) 20
g) Einrichtung von Systemen und Kontrollen zur Erkennung von Marktmissbrauch (§ 76 Abs. 1 Satz 1 Nr. 7 WpHG) 21
III. Aufhebung der Registrierung (§ 76 Abs. 2 Satz 1 WpHG) 22
IV. Zweitnotierung an weiterem KMU-Wachstumsmarkt (§ 76 Abs. 3 WpHG) 25
V. Rechtsschutz 28

1 **I. Regelungsgegenstand und systematische Stellung der Vorschrift.** Der EU-Gesetzgeber hält es für erstrebenswert, den Zugang zu Kapital für kleinere und mittlere Unternehmen (KMU) sowie die Weiterentwicklung spezialisierter Märkte, die auf die Bedürfnisse kleinerer und mittlerer Emittenten zugeschnitten sind, zu erleichtern[1]. Mit der Schaffung eines „KMU-Wachstumsmarkts" als **Unterkategorie eines MTF** und der Registrierung solcher MTF, sollen Bekanntheitsgrad und Ansehen erhöht sowie zur Entwicklung gemeinsamer unionsweiter Regulierungsstandards für solche Märkte beigetragen werden[2]. In diversen Dokumenten zur Entstehungsgeschichte der MiFID II-Gesetzgebung wird der marketingtechnische Ansatz auch dadurch deutlich, indem dort vom „Label" KMU-Wachstumsmarkt die Rede ist[3]. In der Literatur werden Begriffe wie „Qualitätssiegel"[4] oder „Premium-MTF"[5] verwandt. Die EU-Kommission erhofft sich, dass die KMU-Wachstumsmärkte neuen Unternehmen ein Sprungbrett für die spätere Notierung an einer größeren Börse bieten[6]. Art. 33 RL 2014/65/EU (MiFID II) enthält deshalb eine Reihe von Bestimmungen, wie ein MTF ausgestaltet sein muss, um von der zuständigen Behörde als KMU-Wachstumsmarkt registriert werden zu können. Der deutsche Gesetzgeber hat die Vorschriften aus Art. 33 RL 2014/65/EU zur Ausgestaltung des Spezialmarktes in § 76 WpHG in durchaus enger Anlehnung an den MiFID II-Wortlaut übernommen[7]. Zur Erlangung des Status KMU-Wachstumsmarkt muss der Betreiber enumerativ aufgezählten Anforderungen gerecht werden. Im Wesentlichen geht es bei diesen um die Statuierung spezifischer, an die Emittenten gerichteter, Vorgaben im Regelwerk des MTF-Betreibers sowie um die Einrichtung besonderer organisatorischer Vorkehrungen und Abläufe beim MTF-Betreiber.

2 Neben § 76 WpHG haben MTF-Betreiber und die BaFin, als die für die Registrierung grundsätzlich zuständige Behörde, auch die Art. 78 und 79 DelVO 2017/565 zu beachten, die auf Grundlage der in Art. 33 Abs. 8 RL 2014/65/EU enthaltenen Verordnungsermächtigung erlassen worden sind. In diesen Artikeln befinden sich weitergehende Bedingungen zur und verfahrenstechnische Regelungen über die Registrierung sowie über die Aufhebung der Registrierung als KMU-Wachstumsmarkt.

3 Soweit ein durch einen Börsenträger betriebener Freiverkehr als KMU-Wachstumsmarkt registriert werden soll, ist gem. § 48a Abs. 1 BörsG die Börsenaufsichtsbehörde zuständig. Mit § 48a BörsG enthält das BörsG für als Freiverkehre betriebene MTF eine mit § 76 WpHG weitgehend deckungsgleiche Vorschrift. Der von der Deutschen Börse AG seit März 2017 unter dem Dach der Frankfurter Wertpapierbörse betriebene Markt für KMU mit dem Namen „Scale" ist nach den Prinzipien der MiFID II-Regulierung konzipiert[8].

4 Die Registrierung eines MTF als KMU-Wachstumsmarkt hat der MTF-Betreiber zu beantragen. **An die Registrierung** sind **mehrere Rechtsfolgen geknüpft**, die sich nicht allein aus § 76 WpHG ergeben. Aus Art. 33 Abs. 6 Satz 2 RL 2014/65/EU folgt, dass die ESMA auf ihrer Internetseite ein aktuell zu haltendes Verzeichnis der KMU-Wachstumsmärkte veröffentlicht. Hierbei handelt es sich um das außenwirksame, eigentliche Register. Kapitalsuchende KMU können sich darüber einen Überblick verschaffen, welche Handelsplätze sich ggf. besonders für die Belange von KMU einsetzen. Aus § 76 Abs. 3 WpHG ergibt sich, dass ein Finanzinstrument eines Emittenten, das zum Handel auf einem KMU-Wachstumsmarkt zugelassen ist, nur dann auch an einem anderen KMU-Wachstumsmarkt gehandelt werden kann, wenn der Emittent unterrichtet wurde und dem Handel nicht widersprochen hat. Aber auch wenn er nicht widersprochen hat, entstehen dem Emittenten im Hinblick auf diesen anderen KMU-Wachstumsmarkt keine Verpflichtungen in Bezug auf die Unternehmensführung und -kontrolle oder erstmalige, laufende oder punktuelle Veröffentlichungspflichten. Aus Art. 17 Abs. 9 VO Nr. 596/2014 ergibt sich, dass Insiderinformationen in Bezug auf Emittenten, deren Finanzinstrumente zum Handel an einem KMU-Wachstumsmarkt zugelassen sind, auf der Website des Handelsplatzes anstatt der Website des Emittenten angezeigt werden können, falls der Handelsplatz sich für die Bereitstellung dieser Möglichkeit für Emittenten

---
1 Erwägungsgrund Nr. 132 RL 2014/65/EU (MiFID II); s. auch Grünbuch der EU-Kommission zur Schaffung einer Kapitalmarktunion vom 18.2.2015, S. 11.
2 Erwägungsgrund Nr. 132 RL 2014/65/EU.
3 S. z.B. Nr. 1.1 Begründung der EU-Kommission zur DelVO 2017/565 vom 25.4.2016 C(2016) 2398 final.
4 *Veil*, Kapitalmarktzugang, S. 128; *Veil* in FS Baums, S. 1267, 1272.
5 *Kumpan*, ECFR 2017, 336, 361.
6 Aktionsplan der EU-Kommission zur Schaffung einer Kapitalmarktunion vom 30.9.2015, S. 14, abrufbar unter www.ec.europa.eu.; Erwägungsgrund Nr. 132 RL 2014/65/EU; s. auch *Kumpan*, ZGR 2016, 2 ff.
7 Zur Umsetzung von Art. 33 RL 2014/65/EU durch § 76 WpHG vgl. BT-Drucks. 18/10936, 240.
8 *Weitnauer*, GWR 2017, 235; *Meyer* in Marsch-Barner/Schäfer, Handbuch börsennotierte AG, § 7 Rz. 7.48.

auf jenem Markt entscheidet. Darüber hinaus können nach Art. 18 Abs. 6 VO Nr. 596/2014 die Emittenten von der Pflicht zur Erstellung einer Insiderliste befreit sein, wenn sie gewisse Voraussetzungen erfüllen[1]. Für die Betreiber eines KMU-Wachstumsmarkts ergeben sich mit der Beantragung der Registrierung vor allem aus Art. 5 VO 2016/824 erweiterte Informationspflichten bezüglich des Systems gegenüber der BaFin.

II. Voraussetzungen der Registrierung als KMU-Wachstumsmarkt. 1. Antragstellung. Nach § 76 Abs. 1 Satz 1 WpHG kann der Betreiber eines MTF auf eigene Initiative hin sein System als Wachstumsmarkt für kleine und mittlere Unternehmen (KMU-Wachstumsmarkt) registrieren lassen. Auch wenn es das WpHG nicht ausdrücklich so benennt, ist hierfür ein Antrag erforderlich. Die BaFin entscheidet über die Registrierung mittels **Verwaltungsakt**, der den Antragsteller begünstigt. Liegen die gesetzlichen Anforderungen an einen KMU-Wachstumsmarkt vor, so erfolgt die Registrierung. Der Wortlaut des Gesetzes räumt der BaFin weder einen ausdrücklichen **Beurteilungsspielraum** auf der Tatbestandsebene noch ein **Ermessen** auf der Rechtsfolgenseite ein. Die Umsetzungsvorgabe in Art. 33 Abs. 2 RL 2014/65/EU geht allerdings sehr deutlich von einem behördlichen Beurteilungsspielraum und wohl auch von einem Ermessen aus. Dort heißt es, dass die „… Behörde … das MTF als KMU-Wachstumsmarkt registrieren *kann*, sofern sie einen Antrag … erhalten hat und davon *überzeugt ist*, dass die Anforderungen … erfüllt sind". Zumindest wird man der BaFin einen gewissen Beurteilungsspielraum zubilligen müssen (s. auch Rz. 8). Die Anforderungen enthalten eine Reihe von unbestimmten Rechtsbegriffen („geeignete Kriterien", „wirksame Systeme und Kontrollen" etc.), bei denen sich tatsächliche Bewertungen erst mit einem gewissen Zeitablauf des MTF-Betriebs treffen lassen. Ähnliches gilt für die Beurteilung, ob die in § 76 Abs. 1 Satz 1 Nr. 5 WpHG angesprochene Sicherstellung der Rechtstreue des Emittenten und seiner Führungskräfte nebst nahen Angehörigen in Bezug auf die MAR erfolgt.

Wie sich aus § 76 Abs. 2 Satz 2 WpHG ergibt, **informiert die BaFin unverzüglich die ESMA über die Registrierungsentscheidung**, so dass die ESMA die **Aufnahme des Betreibers in das Verzeichnis der KMU-Wachstumsmärkte** vornehmen kann. Fehlt es hingegen an einer Voraussetzung, so kann die BaFin dem Antrag nicht stattgeben. § 76 Abs. 1 Satz 2 WpHG stellt klar, dass der Betreiber weitere Anforderungen an die Emittenten stellen kann, die dann grundsätzlich keine Rolle für das Registrierungsverfahren spielen[2]. Mit der Registrierung verbunden ist das Recht des Betreibers, sein MTF als KMU-Wachstumsmarkt im Sinne der gesetzlichen Regelungen zu bezeichnen. Aus Art. 4 Abs. 1 Nr. 12 RL 2014/65/EU ergibt sich ausdrücklich, dass ein KMU-Wachstumsmarkt definitionsgemäß dann vorliegt, wenn es bei ihm um ein in Einklang mit Art. 33 RL 2014/65/EU als KMU- Wachstumsmarkt registriertes MTF handelt. Ein nicht registriertes, aber dennoch die objektiven Voraussetzungen erfüllendes MTF ist damit kein KMU-Wachstumsmarkt im Sinne der MiFID II und auch nicht im Sinne des WpHG. Selbst wenn die Voraussetzungen des § 76 Abs. 1 Satz 1 Nr. 1 bis 7 WpHG vorliegen, besteht keine Pflicht zur Registrierung[3]. In Erwägungsgrund Nr. 134 RL 2014/65/EU wird die Beantragung der Registrierung ausdrücklich nur als Option bezeichnet. Ebenso haben Emittenten, die die Voraussetzungen als KMU erfüllen, nicht die Pflicht, an KMU-Märkten eine Zulassung zu beantragen, sondern können diese ebenso an „normalen" Handelsplätzen vornehmen. Nach § 76 Abs. 2 Satz 1 Alt. 1 WpHG kann der Betreiber jederzeit einen Antrag zur Aufhebung der Registrierung seines MTF als KMU-Wachstumsmarktes stellen, dem die BaFin nachkommen muss.

Der Antrag kann durch den Betreiber im Rahmen der völligen Neuerrichtung eines MTF gestellt werden oder im Nachgang zu einer bereits erhaltenen Erlaubnis zum Betrieb eines MTF. § 76 WpHG ist nicht eindeutig zu entnehmen, ob sich die **Registrierung nur auf das gesamte MTF** beziehen kann **oder auch lediglich auf einen Teilbereich des MTF** in Form eines KMU-Segments. Es sind keine Gründe ersichtlich, warum der Betreiber eines MTF eine Zulassung für ein zweites MTF beantragen muss, nur um den Vorteil zu erhalten, den Handel von gewissen Werten unter dem Begriff „KMU-Wachstumsmarkt" zu betreiben. Der Betreiber kann zudem die Palette der im KMU-Wachstumsmarkt handelbaren Werte beschränken, insbesondere auf Aktien.

Hinzuweisen ist auf die Regelung des **Art. 78 Abs. 2 DelVO 2017/565**, der die Voraussetzungen des Art. 33 Abs. 3 lit. b, c, d und f RL 2014/65/EU, die im deutschen Recht in § 76 Abs. 1 Satz 1 Nr. 2, 3, 4 und 6 WpHG umgesetzt sind, präzisiert. Der Regelungsinhalt von Art. 78 Abs. 2 DelVO 2017/565 ist von der BaFin bei der Entscheidung über eine Registrierung zu berücksichtigen. Art. 78 Abs. 2 DelVO 2017/565 stellt anders als § 76 Abs. 1 WpHG (s. Rz. 5) ausdrücklich auf einen Beurteilungsspielraum der BaFin ab: Die Voraussetzungen müssen zur Überzeugung der Behörde vorliegen. Es ist damit Angelegenheit des Antragstellers, bei vernünftigen Zweifeln der BaFin am Vorliegen der Voraussetzungen, diese zu entkräften.

2. Die Anforderungen des § 76 Abs. 1 Satz 1 Nr. 1–7 WpHG. a) 50 % KMU als Emittenten (§ 76 Abs. 1 Satz 1 Nr. 1 WpHG). Zentrale Anforderung für die Registrierung als KMU-Wachstumsmarkt nach § 76 Abs. 1 Satz 1 Nr. 1 WpHG ist, dass es sich bei **mindestens 50 % der Emittenten**, deren Finanzinstrumente zum Handel auf dem MTF zugelassen sind, um KMU handelt. § 2 Abs. 46 WpHG definiert, welche Unternehmen im

---
1 *Zetzsche* in Gebauer/Teichmann, § 7C Rz. 264.
2 Vgl. Art. 33. Abs. 4 Satz 2 RL 2014/65/EU.
3 *Zetzsche/Eckner* in Gebauer/Teichmann, § 7A Rz. 161; *Veil* in FS Baums, S. 1267, 1272; *Lutter/Bayer/J. Schmidt*, § 32 Rz. 32.40.

Sinne des WpHG in die Kategorie fallen. Satz 1 der Definition führt auf der Grundlage von Art. 4 Abs. 1 Nr. 13 RL 2014/65/EU Unternehmen an, deren durchschnittliche Marktkapitalisierung auf der Grundlage der Notierungen zum Jahresende in den letzten drei Kalenderjahren weniger als 200 Mio. Euro betrug. Die Marktkapitalisierung eines Unternehmens ergibt sich durch Multiplikation des Aktienkurses mit der Anzahl der ausgegebenen Aktien. Diese auf einen Durchschnitt der letzten drei Jahre abstellende Regelung führt zu der Frage, ob bei der **Berechnung der 50 %-Kriteriums** Unternehmen berücksichtigt werden können, deren Aktien noch keine drei Jahre notiert worden sind. Zudem dürften nach der Definition von § 2 Abs. 46 Satz 1 WpHG Emittenten, die den Kapitalmarkt lediglich für die Fremdkapitalaufnahme nutzen, nicht als KMU gezählt werden. Die Antworten hierauf finden sich in Art. 77 DelVO 2017/565, der oben nach dem Gesetzestext mit abgedruckt ist. Ein Emittent, dessen Aktien erst seit weniger als einem Jahr zum Handel zugelassen sind, gilt als ein KMU, wenn der Schlusskurs am ersten Handelstag eine Marktkapitalisierung von weniger als 200 Mio. Euro beträgt. Sind die Aktien seit mehr als einem Jahr, aber weniger als zwei Jahre zum Handel zugelassen, so ist bei der entsprechenden Marktkapitalisierung auf den letzten Schlusskurs im ersten Handelsjahr abzustellen. Wenn die Aktien schließlich seit mehr als zwei Jahren, aber weniger als drei Jahren zum Handel zugelassen sind, ist der Durchschnittswert der letzten Schlusskurse der ersten beiden Handelsjahre maßgeblich. Emittenten, von denen keine Eigenkapitalinstrumente an einem Handelsplatz gehandelt werden, sind KMU, wenn sie gemäß ihrem letzten Jahresabschluss bzw. konsolidierten Abschluss mindestens zwei der folgenden drei Kriterien erfüllen (1) durchschnittliche Beschäftigtenzahl im letzten Geschäftsjahr von weniger als 250, (2) Gesamtbilanzsumme von höchstens 43.000.000 Euro und (3) Jahresnettoumsatz von höchstens 50.000.000 Euro. Ob und inwieweit Art. 4 Abs. 2 RL 2014/65/EU, der offensichtlich als Ermächtigungsnorm herangezogen worden ist[1], materiell eine solch weitgehende Definitionsfreiheit für eine delegierte Verordnung enthält, bleibt hier offen. Der deutsche Gesetzgeber hat sich den Norminhalt jedenfalls zu eigen gemacht, indem er in § 2 Abs. 46 Satz 2 WpHG auf die näheren Bestimmungen des Art. 77 DelVO 2017/565 verweist.

10 Erwägungsgrund Nr. 111 DelVO 2017/565 enthält die Aussage, wonach die zuständigen Behörden – also auch die BaFin – bei der Beurteilung, ob das 50 %-Kriterium erfüllt ist, einen flexiblen Ansatz verfolgen dürfen. Da Märkte ohne Betriebshistorie erwähnt werden, gilt die Flexibilität wohl nicht nur bei der Bewertung, ob die Registrierung nach § 76 Abs. 2 Satz 1 WpHG aufgrund von Nichtmehrerfüllung entzogen werden muss (s. Rz. 24), sondern bereits im Registrierungsverfahren. Nach dieser Prämisse wäre die 50 %-Quote nicht mehr als ein ungefährer Näherungswert. Diese Sicht entspricht der grundsätzlichen Überlegung, dass der BaFin insgesamt ein Beurteilungsspielraum bei der Registrierungsentscheidung zustehen sollte (s. Rz. 5 und 8).

11 **b) Geeignete Kriterien für die Zulassung (§ 76 Abs. 1 Satz 1 Nr. 2 WpHG).** Nach § 76 Abs. 1 Satz 1 Nr. 2 WpHG muss der Betreiber geeignete Kriterien für die Zulassung der Finanzinstrumente zum Handel auf dem als KMU-Wachstumsmarkt vorgesehenen Handelsplatz festgelegt haben. Da die Vorschrift anders als § 72 Abs. 1 Nr. 2 WpHG nicht lediglich von Einbeziehungsregelungen, sondern von Zulassungsfestlegungen spricht, impliziert dies, dass die Handelsaufnahme eines Wertes eine **aktive Mitwirkung des Emittenten durch Antragstellung voraussetzt** (s. § 72 WpHG Rz. 24). Bei den festzulegenden Kriterien für die Zulassung geht es insbesondere um **spezifische Anforderungen an den Emittenten** (Umsatz, Eigenkapital, Mitarbeiteranzahl etc.) einschließlich seiner Corporate Governance, die Handelbarkeit und die Stückelung der Finanzinstrumente, den Mindestbetrag der Emission und die Voraussetzungen für den Zulassungsantrag[2]. Auch Prüfungen durch Dritte, ob der Emittent handelssystemtauglich ist, oder die Veröffentlichung regelmäßiger Research-Berichte kommen als geeignete Zulassungskriterien in Betracht. Art. 78 Abs. 2 lit. a DelVO 2017/565 ergänzt dahingehend, dass die Kriterien objektiv und transparent sein und für die ursprüngliche und laufende Zulassung gelten müssen.

12 Mit einer **Rechtsverordnung** können nähere Bestimmungen zur Art der Zulassungskriterien erlassen werden; § 76 Abs. 4 Satz 1 Nr. 1 WpHG. Bislang hat weder das Bundesministerium der Finanzen noch die BaFin Regelungen hierzu getroffen.

13 **c) Ausreichende Zulassungspublizität (§ 76 Abs. 1 Satz 1 Nr. 3 WpHG).** § 76 Abs. 1 Satz 1 Nr. 3 WpHG fordert, dass der Betreiber des künftigen Wachstumsmarkts aus Gründen des Anlegerschutzes die Zulassung der handelbaren Instrumente an eine ausreichende Information des Publikums koppelt. Wenn keine gesetzliche Pflicht zur Veröffentlichung eines **Prospekts** im Zusammenhang mit einem öffentlichen Angebot besteht, muss der Marktplatzbetreiber ein **gesondertes Zulassungsdokument** vom Emittenten fordern, das eine zutreffende Beurteilung des Emittenten und des Finanzinstruments ermöglicht. Für den Prospekt stellt das Gesetz auf die Rechtslage unter der Prospektrichtlinie 2003/71/EG ab. Ab dem 21.7.2019 richtet sich das Prospektrecht nach der VO 2017/1129.

14 Art. 78 Abs. 2 DelVO 2017/565 ergänzt hinsichtlich des Zulassungsdokuments unter lit. c, dass dieses angemessen sein muss, unter der Verantwortung des Emittenten erstellt wurde und aus dem eindeutig hervorgeht, ob das Zulassungsdokument gebilligt oder geprüft wurde oder nicht und durch wen die Billigung oder Prüfung er-

---

1 Art. 4 Abs. 2 RL 2014/65/EU wird in der Präambel der VO zitiert.
2 S. *Veil*, Kapitalmarktzugang, S. 144.

folgt ist. Art. 78 Abs. 2 lit. d DelVO 2017/565 führt zum Mindestinhalt des Zulassungsdokuments aus, dass dieser **den Anlegern ausreichende Informationen bietet, um sich ein fundiertes Urteil über die Finanzlage und die Zukunftsaussichten des Emittenten und über mit seinen Wertpapieren verbundene Rechte machen zu können**. Art. 78 Abs. 2 lit. e DelVO 2017/565 fordert schließlich eine Regelung durch den Betreiber, wonach der Emittent im Zulassungsdokument anzugeben hat, ob sein Geschäftskapital seiner Ansicht nach für die derzeitigen Anforderungen ausreichend ist oder, falls nicht, wie er beabsichtigt, sich das zusätzlich erforderliche Geschäftskapital zu beschaffen.

Art. 78 Abs. 2 lit. f. DelVO 2017/565 macht für die Registrierung zur Bedingung, dass der Betreiber Vorkehrungen dafür getroffen hat, dass das Zulassungsdokument **Gegenstand einer angemessenen Überprüfung im Hinblick auf seine Vollständigkeit, Kohärenz und Verständlichkeit** ist[1]. Art. 78 Abs. 2 lit. h DelVO 2017/565 verlangt vom Betreiber, dass er über die für den Emittenten bestehende Veröffentlichungspflicht hinaus für eine Verbreitung des Prospekts bzw. des Zulassungsdokuments sorgt, indem er das jeweilige Dokument auf seiner Internetseite einstellt bzw. einen direkten Link zur entsprechenden Website des Emittenten mit den entsprechenden Informationen angibt. Die Dokumente müssen dabei gem. Art. 78 Abs. 2 lit. i DelVO 2017/565 für mindestens fünf Jahre verfügbar bleiben. Die Einbindung des Betreibers in den Prüfungsprozess des Zulassungsdokuments und in die Veröffentlichungsprozesse erhöht das Risiko des Betreibers, bei fehlerhafter Information für etwaige Schäden von Anlegern mit Ersatzansprüchen konfrontiert zu werden. 15

Mit einer **Rechtsverordnung** können nähere Bestimmungen zu Inhalt, Art, Umfang und Form der bei Zulassung zu veröffentlichenden Informationen erlassen werden; § 76 Abs. 4 Satz 1 Nr. 2 WpHG. Bislang hat weder das Bundesministerium der Finanzen noch die BaFin Regelungen hierzu getroffen. 16

d) Geeignete laufende Finanzberichterstattung (§ 76 Abs. 1 Satz 1 Nr. 4 WpHG). Nach Art. 76 Abs. 1 Satz 1 Nr. 4 WpHG hat der Betreiber eine geeignete regelmäßige Finanzberichterstattung seitens des Emittenten einzufordern, wobei mit einer Insbesondere-Formulierung **geprüfte Jahresberichte** vom Gesetz ausdrücklich aufgezählt werden. Offen bleibt, was unter einem Jahresbericht zu verstehen ist und wer genau diesen geprüft haben muss. Hier bietet es sich an, auf die Begrifflichkeit des Jahresfinanzberichts i.S.d. § 114 WpHG abzustellen, der einen durch einen Abschlussprüfer geprüften Jahresabschluss beinhaltet. **Art. 78 Abs. 2 lit. g DelVO 2017/565 verlangt** weitergehend vom Betreiber, dass dieser eine Pflicht zur Veröffentlichung eines **Halbjahresfinanzberichts** vorsieht[2]. Weiter regelt die europarechtliche Vorschrift, dass der Jahresfinanzbericht innerhalb von sechs Monaten nach Ende jeden Geschäftsjahrs und der unterjährige Bericht innerhalb von vier Monaten nach Ablauf der ersten sechs Monate des Geschäftsjahrs zu veröffentlichen ist. Dies sind weniger strenge Fristen, als sie §§ 114, 115 WpHG für Jahresfinanzberichte und Halbjahresfinanzberichte vorsehen[3]. Art. 78 Abs. 2 lit. h DelVO 2017/565 fordert vom Betreiber ein, dass er neben dem Emittenten für die Veröffentlichung der laufenden Berichterstattung sorgt, indem er die Berichte auf seiner Internetseite einstellt bzw. einen direkten Link zur Internetseite des Emittenten mit dem jeweiligen Bericht angibt. Gleiches gilt für vom Emittenten veröffentlichte Ad-hoc-Mitteilungen. Der Betreiber muss gem. Art. 78 Abs. 2 lit. i DelVO 2017/565 für einen Zeitraum von mindestens fünf Jahren sicherstellen, dass die Informationen verfügbar bleiben. 17

Mit einer **Rechtsverordnung** können nähere Bestimmungen zu Inhalt, Art, Umfang und Form der laufenden Finanzberichterstattung erlassen werden; § 76 Abs. 4 Satz 1 Nr. 3 WpHG. Bislang hat weder das Bundesministerium der Finanzen noch die BaFin Regelungen hierzu getroffen. 18

e) Beachtung der Anforderungen der VO Nr. 596/2014 durch Emittenten, Führungskräfte und nahestehende Personen (§ 76 Abs. 1 Satz 1 Nr. 5 WpHG). § 76 Abs. 1 Satz 1 Nr. 5 WpHG verlangt als Voraussetzung für die Registrierung als KMU-Wachstumsmarkt, dass die Emittenten, deren Werte am antragstellenden MTF gehandelt werden, die bei den Emittenten tätigen Führungskräfte und die mit den Führungskräften eng verbundenen Personen die jeweils für sie geltenden Anforderungen der MAR erfüllen. Damit kann schwerlich ein vom Betreiber zu erbringender Nachweis gemeint sein, dass alle in Frage kommenden Personen ihre Pflichten auch tatsächlich erfüllen. Vielmehr geht es darum, die Regelungen für die angesprochenen Personenkreise grundsätzlich in Kraft zu setzen und ggf. im Einzelfall auch auf die Beachtung hinzuwirken. Die in der MAR verorteten **Vorschriften über die Ad hoc-Publizität** (Art. 17 VO Nr. 596/2014) **und über die Veröffentlichung von Geschäften von Führungskräften sowie diesen nahestehenden Personen in Titeln des Emittenten bzw. darauf bezogenen Derivaten** (Art. 19 VO Nr. 595/2014) gelten bei MTF-gehandelten Werten nicht automatisch immer, sondern nur dann, wenn das Listing im MTF unter aktiver Mitwirkung des Emittenten erfolgt ist. Wie sich aus Art. 17 Abs. 1 Unterabs. 3 VO Nr. 596/2014 sowie aus Erwägungsgrund Nr. 49 Satz 3 VO Nr. 596/2014 ergibt, ist der Emittent eines am MTF-gehandelten Wertes nur dann verpflichtet, Insiderinformationen nach Art. 17 VO Nr. 596/2014 offenzulegen (sog. Ad-hoc-Pflicht), wenn er die Zulassung des Finanzinstru- 19

---

1 Lt. Erwägungsgrund Nr. 113 Satz 3 DelVO 2017/565 ist die Einführung einer formellen Genehmigung des Zulassungsdokuments durch den Betreiber nicht zwingend erforderlich.
2 Erwägungsgrund Nr. 114 DelVO 2017/565 will den Betreiber sogar die Regelungsmacht zubilligen, bei Jahres- und Halbjahresfinanzberichten über den anwendbaren Rechnungslegungsstandard zu entscheiden.
3 *Veil* in FS Baums, S. 1267, 1274.

ments zum Handel beantragt oder genehmigt hat[1]. Die Meldepflicht von Führungskräften eines Emittenten bzw. mit ihnen in enger Beziehung stehenden Personen für Eigengeschäfte mit Titel des Emittenten bzw. hierauf bezogenen Derivaten entsteht gem. Art. 19 Abs. 4 lit. b VO Nr. 596/2014 ebenfalls nur dann, wenn der Emittent an der Notierung im MTF aktiv beteiligt war[2]. Insofern ist die Voraussetzung, die die BaFin letztlich nach § 76 Abs. 1 Satz 1 Nr. 5 WpHG zu prüfen hat, ob der MTF-Betreiber, die Einbeziehung der Finanzinstrumente in seinen Handel an eine aktive Mitwirkung des Emittenten gekoppelt hat (s. bereits Rz. 11).

20 **f) Erfassung und Veröffentlichung von Pflichtveröffentlichungen der Emittenten (§ 76 Abs. 1 Satz 1 Nr. 6 WpHG).** § 76 Abs. 1 Satz 1 Nr. 6 WpHG legt dem Betreiber die Pflicht auf, Veröffentlichungen der Emittenten, die diese aufgrund einer rechtlichen Verpflichtung im Zusammenhang mit der MTF-Zulassung ihrer Emissionen erbringen müssen, zu erfassen und die erfassten Dokumente seinerseits nochmals der Öffentlichkeit zur Verfügung zu stellen. Hierbei handelt es sich um die Veröffentlichungen, die Emittenten unter dem Regelungsregime in § 76 Abs. 1 Satz 1 Nr. 3, 4 und 5 WpHG erbringen müssen. Ein Vorgehen des Betreibers in Anlehnung an Art. 78 Abs. 2 lit. h DelVO 2017/565, der für die Zulassungspublizität sowie die periodische und punktuelle Berichterstattung das Einstellen der Informationen auf der Internetseite des Betreibers bzw. eine Verlinkungen zur Internetseite der Emittenten genügen lässt, sollte zugleich die Anforderung des § 76 Abs. 1 Satz 1 Nr. 6 WpHG erfüllen[3].

21 **g) Einrichtung von Systemen und Kontrollen zur Erkennung von Marktmissbrauch (§ 76 Abs. 1 Satz 1 Nr. 7 WpHG).** Bereits nach § 72 Abs. 1 Nr. 1 Alt. 2 WpHG ist der Betreiber eines MTF verpflichtet, über angemessene Verfahren zur Überwachung der Einhaltung der Verordnung (EU) Nr. 596/2014 zu verfügen. Die BaFin verlangt mit Nr. 6.1 MaComp II die Einrichtung einer unabhängigen Handelskontrolleinheit, deren Ausstattung in einem angemessenen Verhältnis zur Größe des Systems und dessen Geschäftsaufkommen und Transaktionsvolumina stehen muss. Diese Einheit überwacht das tatsächliche Handelsgeschehen am MTF kontinuierlich auf Konformität mit der MAR. Darüber hinaus unterliegt der Betreiber entsprechend der bank- und wertpapieraufsichtsrechtlichen Vorgaben (§ 25a KWG, § 80 WpHG und Art. 22 DelVO 2017/565) der Verpflichtung, eine Compliance-Funktion vorzuhalten. Sind die Handelskontrolle und die Compliance-Funktion regelgerecht eingerichtet, so ist im Grundsatz auch § 76 Abs. 1 Satz 1 Nr. 7 WpHG erfüllt, der wirksame Systeme und Kontrollen einfordert, die geeignet sind, einen Marktmissbrauch an dem betreffenden Markt gemäß der Verordnung (EU) Nr. 596/2014 zu erkennen und zu verhindern.

22 **III. Aufhebung der Registrierung (§ 76 Abs. 2 Satz 1 WpHG).** Das WpHG nennt zwei Formen, wie die Registrierung als KMU-Wachstumsmarkt rückgängig gemacht werden kann. Im ersten Fall hebt die BaFin die Registrierung **auf Antrag** des Betreibers auf. Im zweiten Fall entscheidet sie **ohne Antrag von Amts wegen**, nämlich dann, wenn sie feststellt, dass die Voraussetzungen für eine Registrierung nach § 76 Abs. 1 WpHG nicht mehr vorliegen. Die §§ 48 und 49 VwVfG sind in ihrer Anwendung durch § 76 Abs. 2 Satz 1 WpHG nicht gesperrt.

23 Stellt der Betreiber den **Aufhebungsantrag**, so hat die BaFin kein Ermessen, sondern muss die Registrierung rückgängig machen. Die Beachtung von etwaigen Interessen der notierten KMU-Unternehmen ist vom Gesetz nicht vorgesehen. Für die Aufhebung von Amts wegen genügt es, wenn eine der in § 76 Abs. 1 Satz 1 Nr. 1 bis 7 WpHG genannten Voraussetzungen nicht mehr vorliegt.

24 Hinsichtlich der **50 %-Quote** an KMU-Unternehmen gem. § 76 Abs. 1 Satz 1 Nr. 1 WpHG soll nach Ansicht des EU-Gesetzgebers **allerdings eine flexible Handhabung** möglich sein. Ausweislich des Erwägungsgrunds Nr. 135 RL 2014/65/EU soll die vorübergehende Nichteinhaltung dieses Kriteriums nicht dazu führen, dass die Registrierung des betreffenden Handelsplatzes als KMU-Wachstumsmarkt unverzüglich aufzuheben ist, sofern eine hinreichende Aussicht besteht, dass der Handelsplatz das 50 %- Kriterium ab dem folgenden Jahr wieder erfüllt[4]. Art. **79 Abs. 1 DelVO 2017/565**, der als EU-Recht gegenüber § 76 Abs. 2 Satz 1 Alt. 2 WpHG Anwendungsvorrang besitzt, regelt hinsichtlich der Aufhebung, dass die BaFin die Registrierung nur aufheben darf, wenn der Anteil der KMU während drei aufeinander folgenden Kalenderjahren unter 50 % fällt.

25 **IV. Zweitnotierung an weiterem KMU-Wachstumsmarkt (§ 76 Abs. 3 WpHG).** MiFID II/MiFIR sowie BörsG und WpHG sehen nicht die Möglichkeit vor, dass Emittenten, wenn sie mit ihren Emissionen einmal an einem Handelsplatz zugelassen sind, den Handel auf den einen Handelsplatz beschränken können. Theoretisch können alle anderen Handelsplätze den Handel in den entsprechenden Werten eröffnen. § 76 Abs. 3 Satz 1 WpHG sieht eine Modifikation des Prinzips für den Bereich der KMU-Wachstumsmärke vor. Hat ein Unternehmen – nicht erforderlich ist, dass dieses selbst ein KMU ist – seine Eigen- oder Fremdkapitalemissionen an einem KMU-Wachstumsmarkt zum Handel zugeführt, so kann ein anderer KMU-Wachstumsmarkt-Betreiber den Handel in diesen Werten an seinem Wachstumsmarkt nur dann beginnen, wenn er den Emittenten über

---

1 S. BaFin FAQ zu Art. 17 der Marktmissbrauchsverordnung – Veröffentlichung von Insiderinformationen, Stand: 20.6. 2017, Nr. II.1; BT-Drucks. 18/10936, 251.
2 S. BaFin FAQ zu Eigengeschäften von Führungskräften nach Art. 19 der Marktmissbrauchsverordnung, Stand: 13.9.2017, Nr. I.2.
3 Ausweislich Erwägungsgrund Nr. 115 DelVO 2017/565 soll die Internetseite des Betreibers des KMU-Wachstumsmarktes der zentrale Verbindungspunkt für die Anleger sein.
4 Zum flexiblen Ansatz vgl. auch Erwägungsgrund Nr. 111 DelVO 2017/111.

sein Vorhaben unterrichtet und dieser daraufhin nicht widersprochen hat. Ein Widerspruch führt zu einem Verbot der Handelsaufnahme am Handelsplatz des anfragenden KMU-Wachstumsmarkt-Betreibers. Handelsplatzbetreiber, die nicht die Bezeichnung KMU-Wachstumsmarkt führen, sind nicht verpflichtet, KMU-Wachstumsmarkt-Emittenten das Interesse, deren Werte in ihr Handelssystem einbeziehen zu wollen, zu adressieren. Damit scheint das Gesetz zumindest nicht die Preisqualität in weniger liquiden Werten in den Mittelpunkt der Regelung zu stellen, sondern die Exklusivitätsmöglichkeit im Bereich der Wachstumsmärkte.

Eine **Form für die Unterrichtung der Emittenten** ist nicht vorgesehen. Sie kann mündlich, telefonisch, in Textform oder schriftlich erfolgen. Die Information muss entsprechend den allgemeinen Zugangsregelungen des BGB dem Emittenten zugehen. Eine Pflicht zur Reaktion besteht nicht. Erhebt der Emittent keine Einwände, so kann der Handel am anderen Wachstumsmarkt beginnen. Aus Gründen der Planungssicherheit beim weiteren Handelsplatz kann ein **Widerspruch kein dauerhaft bestehendes Recht** darstellen. Eine **Frist zur Ausübung** ist im Gesetz allerdings nicht vorgesehen. Diese sollte im kaufmännischen Verkehr nicht allzu lang bemessen sein. Eine angemessene Bedenkzeit, die die gewöhnlichen Entscheidungsprozesse bei einem Emittenten berücksichtigt, sollte genügen. Nach Ablauf dieser Zeitspanne ist das Widerspruchsrecht verfallen. 26

Das Nichtwidersprechen des Emittenten **führt nicht zu einem vertraglichen Verhältnis** mit dem weiteren Handelsplatz. Aber selbst, wenn der Emittent sich gegenüber dem weiteren Handelsplatz erklärt, dass er keinen Widerspruch erhebt, ist dies nicht als Antrag einer Zulassung oder als Annahme eines Angebots zum Abschluss eines Listingvertrages zu verstehen. Das Gesetz unterstützt diese Sicht, indem es in § 76 Abs. 3 Satz 2 WpHG ausdrücklich festhält, dass bei Unterlassen eines Widerspruchs keine Verpflichtungen hinsichtlich des am anderen Handelsplatz bestehenden Listingregimes entstehen. 27

V. Rechtsschutz. Die **Versagung der Registrierung** stellt einen belastenden Verwaltungsakt dar. Der Betreiber des MTF kann gegen die Entscheidung der BaFin **Widerspruch** einlegen. Bleibt das Widerspruchsverfahren erfolglos, kann **Verpflichtungsklage** vor dem für die BaFin zuständigen VG erhoben werden. Gegen die **Aufhebung einer Registrierung** nach § 76 Abs. 2 Satz 1 WpHG wegen Wegfalls der Registrierungsvoraussetzungen kann der Betreiber nach erfolglosem Vorverfahren mit der **Anfechtungsklage** vorgehen. Einen Sofortvollzug der Aufhebung sieht das Gesetz nicht vor. 28

Hat die BaFin hingegen dem Registrierungsantrag entsprochen und **nimmt die ESMA die Eintragung in das Register nicht** vor, so stellt sich die Frage, ob dem Betreiber im Rahmen des unionsrechtlichen Verwaltungsverfahrens förmliche Rechtsbehelfs-, insbesondere Klagemöglichkeiten offenstehen. Bei der Veröffentlichung der BaFin-Entscheidung durch die ESMA, dass ein MTF-Betreiber als KMU-Wachstumsmarkt registriert ist, erfüllt die ESMA gem. § 8 Abs. 1 lit. j ESMA-VO Nr. 1095/2010 als Behörde eine sonstige Aufgabe, die sich aus einem anderen Gesetzgebungsakt als der ESMA-VO selbst ergibt. Die Rechtsmittel gegen Handlungen der ESMA sind in Art. 60 und 61 ESMA-VO Nr. 1095/2010 vorgesehen. Beruht die Entscheidung, keine Veröffentlichung vorzunehmen, auf einem Beschluss der ESMA, so wäre zunächst das Beschwerdeverfahren vor dem Beschwerdeausschuss nach Art. 58 f. ESMA-VO Nr. 1095/2010 in Betracht zu ziehen. Bei Erfolglosigkeit könnte die Entscheidung des Beschwerdeausschusses gem. Art. 61 Abs. 1 ESMA-VO Nr. 1095/2010 mit der **Nichtigkeitsklage** nach Art. 263 AEUV angegriffen werden. Ist im Nichtveröffentlichen hingegen kein Beschluss zu erblicken, so kommt gem. Art. 61 Abs. 3 ESMA-VO Nr. 1095/2010 i.V.m. Art. 265 AEUV auch eine **Untätigkeitsklage** des MTF-Betreibers in Betracht, die allerdings nach Art. 265 Abs. 3 AEUV wiederum voraussetzt, dass die ESMA über die Veröffentlichung durch einen rechtsverbindlichen Akt entscheidet[1]. Aufgrund der Unwägbarkeiten eines beim Ausbau EU-behördlicher Kompetenzen nicht adäquat abgestimmten Rechtsschutzsystems ist zu überlegen, ob ein weiterer Anspruch gegenüber der BaFin besteht, dass diese von der ESMA den Vollzug der Registrierung einfordert. 29

Nutzt ein MTF die Bezeichnung KMU-Wachstumsmarkt ohne Registrierung, so kann die BaFin im Wege der **Missstandsaufsicht** nach § 6 Abs. 1 WpHG vorgehen. Zu erwägen ist auch, die unrichtige Bezeichnung als KMU-Wachstumsmarkt als eine **unlautere Wettbewerbshandlung** i.S.d. § 3a UWG anzusehen, mit der Folge, dass Mitbewerbern und anderen Klagebefugten zivilrechtliche Unterlassungsansprüche zustehen. 30

§ 77 Direkter elektronischer Zugang

(1) Ein Wertpapierdienstleistungsunternehmen, das einen direkten elektronischen Zugang zu einem Handelsplatz anbietet, muss
1. die Eignung der Kunden, die diesen Dienst nutzen, vor Gewährung des Zugangs beurteilen und regelmäßig überprüfen,
2. die im Zusammenhang mit diesem Dienst bestehenden Rechte und Pflichten des Kunden und des Wertpapierdienstleistungsunternehmens in einem schriftlichen Vertrag festlegen, wobei die Verant-

---

1 *Cremer* in Calliess/Ruffert, EUV/AEUV, 5. Aufl. 2016, Art. 265 AEUV Rz. 6.

wortlichkeit des Wertpapierdienstleistungsunternehmens nach diesem Gesetz nicht auf den Kunden übertragen werden darf,
3. angemessene Handels- und Kreditschwellen für den Handel dieser Kunden festlegen,
4. den Handel dieser Kunden überwachen, um
   a) sicherzustellen, dass die Kunden die nach Nummer 3 festgelegten Schwellen nicht überschreiten,
   b) sicherzustellen, dass der Handel den Anforderungen der Verordnung (EU) Nr. 596/2014, dieses Gesetzes sowie der Vorschriften des Handelsplatzes entspricht,
   c) marktstörende Handelsbedingungen oder auf Marktmissbrauch hindeutende Verhaltensweisen, die an die zuständige Behörde zu melden sind, erkennen zu können und
   d) sicherzustellen, dass durch den Handel keine Risiken für das Wertpapierdienstleistungsunternehmen selbst entstehen.

(2) Ein Wertpapierdienstleistungsunternehmen, das einen direkten elektronischen Zugang zu einem Handelsplatz anbietet, teilt dies der Bundesanstalt und den zuständigen Behörden des Handelsplatzes, an dem es den direkten elektronischen Zugang anbietet, mit. Die Bundesanstalt kann dem Wertpapierdienstleistungsunternehmen vorschreiben, regelmäßig oder jederzeit auf Anforderung eine Beschreibung der in Absatz 1 genannten Systeme und Kontrollen sowie Nachweise für ihre Anwendung vorzulegen. Auf Ersuchen einer zuständigen Behörde des Handelsplatzes, zu dem ein Wertpapierdienstleistungsunternehmen direkten elektronischen Zugang bietet, leitet die Bundesanstalt diese Informationen unverzüglich an diese Behörde weiter.

(3) Das Wertpapierdienstleistungsunternehmen sorgt dafür, dass Aufzeichnungen zu den in diesem Paragrafen genannten Angelegenheiten mindestens für fünf Jahre aufbewahrt werden, und stellt sicher, dass diese ausreichend sind, um der Bundesanstalt zu ermöglichen, die Einhaltung der Anforderungen dieses Gesetzes zu überprüfen.

In der Fassung des 2. FiMaNoG vom 23.6.2017 (BGBl. I 2017, 1693).

Schrifttum: *Beck*, Das neue elektronische Handelssystem Xetra der Frankfurter Wertpapierbörse, WM 1998, 417; *Grabitz/ Hilf/Nettesheim* (Hrsg.), Das Recht der Europäischen Union: EUV/AEUV, Loseblatt, Stand: Januar 2016; *Jaskulla*, Das deutsche Hochfrequenzhandelsgesetz – eine Herausforderung für Handelsteilnehmer, Börsen und Multilaterale Handelssysteme (MTF), BKR 2013, 221; *Müller-Lankow*, Abgrenzung des Eigenhandels durch Market Maker vom Eigengeschäft durch sonstige Liquiditätsgeber, WM 2017, 2335; *Teuber/Schröer* (Hrsg.), MIFID II/MiFIR, 2015.

I. Regelungsgegenstand und -gefüge 1	a) Beachtung der Handels- und Kreditschwellen (§ 77 Abs. 1 Nr. 4 lit. a WpHG) . 32
II. Normadressat 10	b) Beachtung der MAR, des WpHG und der Vorschriften des Handelsplatzes (§ 77 Abs. 1 Nr. 4 lit. b WpHG) 33
III. Direkter elektronischer Zugang zu einem Handelsplatz 14	
1. Definitionsgrundlagen 14	c) Erkennen marktstörender Handelsbedingungen und auf Marktmissbrauch hindeutender Verhaltensweisen (§ 77 Abs. 1 Nr. 4 lit. c WpHG) 37
2. Technische Qualität des direkten elektronischen Zugangs 18	
IV. Die Pflichten des § 77 Abs. 1 WpHG im Einzelnen 20	d) Vermeiden von Risiken für das Wertpapierdienstleistungsunternehmen (§ 77 Abs. 1 Nr. 4 lit. d WpHG) 40
1. Prüfung der Eignung von Kunden (§ 77 Abs. 1 Nr. 1 WpHG) 20	
2. Festlegung der Rechte und Pflichten in einem schriftlichen Vertrag (§ 77 Abs. 1 Nr. 2 WpHG) 26	V. Mitteilungen an Behörden (§ 77 Abs. 2 Satz 1 WpHG) 41
3. Festlegen angemessener Handels- und Kreditschwellen (§ 77 Abs. 1 Nr. 3 WpHG) 29	VI. Beschreibungs- und Nachweisverlangen der BaFin (§ 77 Abs. 2 Satz 2 und 3 WpHG) 47
4. Handelsüberwachung (§ 77 Abs. 1 Nr. 4 WpHG) 30	VII. Aufzeichnungs- und Aufbewahrungspflichten (§ 77 Abs. 3 WpHG) 49

1 **I. Regelungsgegenstand und -gefüge.** § 77 WpHG regelt in Abs. 1 und Abs. 3 maßgebliche **Pflichten im Hinblick auf die Aufbau- und Ablauforganisation von Wertpapierdienstleistungsunternehmen**, die eine Zulassung zur Teilnahme zum Handel an einem Handelsplatz besitzen und es Dritten vermittelt über diese Zulassung erlauben, Aufträge in Bezug auf Finanzinstrumente elektronisch direkt an den Handelsplatz zu übermitteln. In § 77 Abs. 2 Satz 1 WpHG werden die in § 77 Abs. 1 WpHG geforderten aufbau- und ablauforganisatorischen Maßnahmen als Systeme und Kontrollen bezeichnet. Die Gesetzesbegründung nennt die Pflichten auch Überwachungs- und Kontrollpflichten[1]. § 77 WpHG ergänzt den durch § 80 WpHG und § 25a KWG vorgegebenen Rahmen für eine ordnungsgemäße Geschäftsorganisation bei Instituten, die neben Wertpapierdienstleis-

---

1 BT-Drucks. 18/10936, 240.

tungen und Wertpapiernebendienstleistungen direkte elektronische Handelsplatzzugänge anbieten. Das Angebot direkten elektronischen Zugangs zu einem Handelsplatz selbst stellt keine Wertpapierdienstleistung und auch keine Nebendienstleistung dar[1].

Der **Pflichtenkatalog** des § 77 WpHG betrifft dabei nicht primär das Verhältnis zwischen Handelsplatz und Wertpapierdienstleistungsunternehmen als unmittelbarem Handelsteilnehmer, sondern das **Verhältnis zwischen dem Wertpapierdienstleistungsunternehmen zu dessen Kunden** in deren Rolle als mittelbare Handelsteilnehmer. Das Verhältnis zwischen Handelsplatz und unmittelbarem Handelsteilnehmer bestimmt sich bei Börsen insbesondere nach dem BörsG (§ 19 BörsG), der Börsenordnung, ggf. nebst Freiverkehrsregelungen, die von Klauseln in technischen Anschlussverträgen zwischen Börsenträger und Handelsteilnehmer überlagert werden. Bei nichtbörslichen MTF und OTF richtet sich das Handelsplatz-Teilnehmer-Verhältnis nach den Geschäftsbedingungen des Handelsplatzes, mit dem sich vor allem aus § 72 Abs. 1 WpHG vorbestimmten Inhalt, wobei sich auch hier zahlreiche Details des technischen Anschlusses erst aus den Anschlussverträgen ergeben. § 72 Abs. 1 Nr. 9 WpHG verpflichtet MTF- und OTF-Betreiber dazu, angemessene Risikokontrollen und Schwellen für den Handel über den direkten elektronischen Zugang festzulegen. Ein Zusammenhang zwischen beiden genannten Verhältnissen besteht insofern, dass Pflichten aus der Beziehung Handelsplatz zu Handelsteilnehmern auf der Ebene Handelsteilnehmer zu mittelbarem Handelsteilnehmer fortgeschrieben werden müssen.

Die **wesentlichen Inhalte von § 77 Abs. 1 WpHG** betreffen die sorgfältige Auswahl des mittelbaren Handelsteilnehmers, den Abschluss eines schriftlichen Vertrages, mit dem die Verantwortlichkeit des Wertpapierdienstleistungsunternehmens nach dem WpHG nicht auf den Kunden übertragen werden darf, sowie Pflichten mit Bezug auf die Kontrolle des Handelsgebarens der Kunden. § 77 Abs. 3 Halbsatz 1 WpHG statuiert eine fünfjährige Aufbewahrungspflicht für Aufzeichnungen des Wertpapierdienstleistungsunternehmens, die im Zusammenhang mit von § 77 WpHG adressierten Angelegenheiten vorgenommen werden.

§ 77 Abs. 2 Satz 1 WpHG stellt eine Meldepflicht für das Wertpapierdienstleistungsunternehmen hinsichtlich seiner zugangsgewährenden Tätigkeit gegenüber der BaFin und den Behörden, die für die Handelsplätze zuständig sind, an denen der vermittelte Handel stattfindet, auf. § 77 Abs. 2 Satz 2 WpHG autorisiert die BaFin, vom Anbieter des direkten elektronischen Zugangs regelmäßig oder jederzeit eine Beschreibung der zum Einsatz kommenden Systeme und Kontrollen sowie Nachweise für ihre Anwendung einzufordern. § 77 Abs. 2 Satz 3 WpHG verpflichtet die BaFin zur Weiterleitung der vorgelegten Information, wenn dies von Aufsichtsbehörden eines Handelsplatzes verlangt wird.

Die Vorschrift des § 77 WpHG setzt **Art. 17 Abs. 5 RL 2014/65/EU (MiFID II)** in nationales Recht um[2]. Der Wortlaut war zu Beginn des Gesetzgebungsverfahrens enger am Wortlaut der Richtlinie angelehnt[3]. Bemerkbar macht sich dies noch im Bereich der Ordnungswidrigkeitentatbestände (§ 120 Abs. 8 Nr. 88 und 89 WpHG), die nach wie vor Bezüge zu den ursprünglichen Formulierungen aufweisen. So ist dort vom Vorhandensein von Systemen und Kontrollen die Rede, obwohl diese Begriffe (mehr) im Tatbestand des § 77 Abs. 1 WpHG aufgeführt werden, gleichwohl aber auch in § 77 Abs. 2 Satz 2 WpHG weitere Erwähnung finden. Aufgrund der Ermächtigung in Art. 17 Abs. 7 RL 2014/65/EU, wonach im Verordnungswege technische Regulierungsstandards zu den in den Art. 17 Abs. 5 RL 2014/65/EU genannten organisatorischen Anforderungen festgelegt werden können, sind mit Art. 19 ff. DelVO 2017/589 Vorschriften ergangen, die als unmittelbar geltende Vorschriften des EU-Rechts über § 77 WpHG hinaus zu beachten sind. In der EU-Verordnung wird das Wertpapierdienstleistungsunternehmen auch DEA-Bereitsteller und die Kunden DEA-Kunden genannt, wobei DEA sich vom englischen Wortlaut für direkten elektronischen Zugang – *direct electronic access* – ableitet. Anders als zahlreiche neue Vorschriften des WpHG i.d.F. des 2. FiMaNoG, enthält § 77 WpHG keinen Verweis auf das einschlägige Unionsrecht, aus dem sich Näheres – hier zu den Überwachungs- und Kontrollpflichten – ergibt.

Bis zum Gesetzgebungsverfahren zur MiFID II bestanden auf europarechtlicher Ebene keine weitergehenden wertpapierhandelsrechtlichen Vorgaben über die Ausgestaltung der mittelbaren Handelsteilnahme. Als Erscheinungsform war die indirekte elektronische Teilnahme am Börsenhandel indes bereits in der Wertpapierdienstleistungsrichtlinie von 1993 beschrieben[4]. Durch technologische Entwicklungen ausgangs des 20. Jahrhunderts, die den Zugang zu den Handelsplätzen ohne physische Präsenz der Händler (elektronische Handelssysteme und Electronic Brokerage) und die automatisierte Ordergenerierung (algorithmischer Handel) ermöglicht haben, kam es dazu, dass nicht zum Handel zugelassene Dritte ihre Aufträge an einem Handelsplatz in ebenso kurzer Zeit platzieren oder auch wieder zurücknehmen konnten, wie zugelassene Teilnehmer[5]. **Gefahren für**

---

1 S. die abschließenden Kataloge des § 2 Abs. 8 und 9 WpHG.
2 BT-Drucks. 18/10936, 240.
3 Vgl. § 66 i.d.F.d. RefE 2. FiMaNoG.
4 Art. 15 Richtlinie 93/22/EWG des Rates vom 10.5.1993 über Wertpapierdienstleistungen, ABl. Nr. L 141 v. 1.6.1993, S. 27.
5 Vgl. z.B. Bundesverband der Wertpapierfirmen, Stellungnahme zum Referentenentwurf des Hochfrequenzhandelsgesetzes vom 17.8.2012, S. 5; für den börslichen Handel auch Gesetzesbegründung zu § 19 Abs. 3a BörsG, BT-Drucks. 18/10936, 269.

die Ordnungsmäßigkeit der Handelsdurchführung konnten damit nicht mehr nur von unmittelbaren, sondern **auch von mittelbaren Handelsteilnehmern** ausgehen. Dies hat zu der Erkenntnis geführt, dass es auch ein Regelungsbedürfnis für die Abläufe des indirekten Börsenhandels gibt[1]. Die Reichweite der Regelungsmacht oder auch des Regelungswillens von Handelsplatzbetreibern in Bezug auf Vertragspartner seiner Handelsteilnehmer kann begrenzt sein, so dass eine allgemeingültige gesetzliche Regelung, welche den Handelsteilnehmern Pflichten auferlegt, am ordnungsgemäßen Verhalten seiner Kunden an den Handelsplätzen mitzuwirken, ein geeignetes Mittel zur Sicherstellung funktionierender Marktverhältnisse darstellt. Neben dem Schutz der Marktintegrität weist die Begründung zu § 77 WpHG im 2. FiMaNoG zudem auf die risikobegrenzende Funktion für alle am Prozess beteiligten Parteien hin[2].

7 Der deutsche Gesetzgeber sowie die Bank- und Wertpapieraufsichtsbehörden (ESMA, BaFin, Börsenaufsichtsbehörden der Länder) haben bereits vor Ablauf der Umsetzungsfrist für die MiFID II damit begonnen, durch Gesetze und aufsichtsrechtliche Verlautbarungen den Regelungsansätzen der MiFID II über den indirekten Handel Geltung zu verschaffen. Zunächst wurde im Zuge der Verabschiedung des Hochfrequenzhandelsgesetzes im Mai 2013 der Begriff des mittelbaren Handelsteilnehmers in das WpHG (§ 2 Abs. 3 Satz 1 Nr. 2 lit. d WpHG a.F.), das KWG (§ 1 Abs. 1a Nr. 4 lit. d KWG) und das BörsG (§ 3 Abs. 4 Satz 1 BörsG a.F.) eingeführt. Mit den WpHG- und KWG-Regelungen wurde die Umsetzung des damals noch im Entwurf vorliegenden Art. 2 Abs. 1 lit. d RL 2014/65/EU in Teilen zeitlich vorweggenommen[3], und Personen, die gewerbsmäßig algorithmischen Hochfrequenzhandel auf eigene Rechnung (Eigenhandel und Eigengeschäft) über einen unmittelbaren oder mittelbaren Handelsplatzzugang betreiben, einer behördlichen Erlaubnis und Beaufsichtigung unterstellt. Die Gesetzesbegründung zum KWG und WpHG stellte zur Erläuterung des mittelbaren Zugangs auf den Begriff des direkten elektronischen Zugangs ab[4]. Im BörsG (§ 3 Abs. 4 Satz 1 BörsG a.F.) wurden mittelbarere Börsenteilnehmer sogar gesetzlich definiert, als Personen, denen ein Handelsteilnehmer direkten elektronischen Zugang zur Börse gewährt. Die Börsenaufsichtsbehörden und die Handelsüberwachungsstellen erhielten mit der börsengesetzlichen Regelung direkte und nicht anlassbezogene Aufsichtsbefugnisse gegenüber diesem Personenkreis. Kurze Zeit nach Inkrafttreten des Hochfrequenzhandelsgesetzes veröffentlichte die BaFin am 18.12.2013 ein Rundschreiben, das Anforderungen an Systeme und Kontrollen für den Algorithmushandel von Instituten enthielt[5]. Das Rundschreiben adressierte die entsprechenden **ESMA-Leitlinien ESMA/2012/122**[6] auf nationaler Ebene, soweit diese die Institute als MTF-Betreiber bzw. Handelsteilnehmer an Börsen und MTF betrafen. Insbesondere übernahm die BaFin die ESMA-Definition für den vermittelten Handelsplatzzugang in Form des direkten und geförderten Marktzugangs. Zu den Pflichten des Anbieters gehörten in den behördlichen Verlautbarungen u.a. die Analyse des Kunden, die Festlegung der Rechte und Pflichten mit dem Kunden sowie die Überwachung des Handelsgebarens der Kunden. Die ESMA-Leitlinien 2012/122 waren mit dem Gesetzgebungsverfahren der MiFID II abgestimmt. Sie wurden zeitlich nach der Veröffentlichung des Entwurfs der EU-Kommission vom 20.11.2011 zur Überarbeitung der Finanzmarktrichtlinie MiFID veröffentlicht. Im Kommissions-Entwurf war das Thema des mittelbaren Zugangs zu einem Handelsplatz bereits als neu zu regulierendes Feld aufgenommen. Art. 4 Nr. 31 des Entwurfs beschrieb den „direkten elektronischen Zugang" wie folgt: „Im Zusammenhang mit einem Handelsplatz eine Regelung, in deren Rahmen ein Mitglied oder ein Teilnehmer eines Handelsplatzes einer anderen Person die Nutzung seines Handelscodes gestattet, damit diese Person Aufträge in Bezug auf Finanzinstrumente elektronisch direkt an den Handelsplatz übermitteln kann".

8 Seit dem 2. FiMaNoG unterliegt auch der Eigenhandel über einen direkten elektronischen Zugang, der ohne jedweden Kundenbezug ausgeführt wird (**isoliertes betriebenes Eigengeschäft**[7]), selbst dann einer Erlaubnispflicht der BaFin nach § 32 Abs. 1 KWG, wenn der Handel nicht in hochfrequenter Art und Weise stattfindet. § 32 Abs. 1a Satz 2 KWG fordert eine Erlaubnis nicht nur, wenn ein Unternehmen das Eigengeschäft als Teilnehmer eines organisierten Marktes oder eines multilateralen Handelssystems betreibt, sondern auch mit einem direkten elektronischen Zugang zu einem Handelsplatz. Der Eigenhandel, eines Unternehmens, der über einen direkten elektronischen Zugang erfolgt, ist gem. § 2 Abs. 8 Satz 1 Nr. 2 lit. d und Satz 6 WpHG als Wertpapierdienstleistung einzustufen.

9 Die vorsätzliche oder leichtfertige Nichterfüllung von Pflichten des § 77 WpHG kann gem. § 120 Abs. 8 Nr. 89 bis 94 WpHG mit einem **Bußgeld** belegt werden.

---

1 Ausführlich hierzu: Policies in Direct Electronic Access – Consultation Report der IOSCO vom Februar 2009, abrufbar unter www.iosco.com; Begr. zu § 77 WpHG, BT-Drucks. 18/10936, 240; Erwägungsgrund Nr. 62 f. RL 2014/65/EU (MiFID II).
2 BT-Drucks. 18/10936, 240.
3 BT-Drucks. 17/11631, 17 verweist auf den Kommissionsentwurf.
4 BT-Drucks. 17/11631, 17.
5 Rundschreiben 6/2013 (BA) Gz: BA 54-FR 2210-2013/0021.
6 ESMA-Leitlinien Systeme und Kontrollen für Handelsplattformen, Wertpapierfirmen und zuständige Behörden in einem automatisierten Handelsumfeld vom 24.2.2012.
7 BT-Drucks. 18/10936, 262.

II. Normadressat. § 77 WpHG verpflichtet – mit Ausnahme der Abs. 2 Satz 2 und 3 – **Wertpapierdienstleistungsunternehmen in ihrer Eigenschaft als Anbieter direkten elektronischen Zugangs**. Die Geschäftsleiter sind als organschaftliche Vertreter für die Erfüllung der Pflichten des Unternehmens zuständig. Sie können sich bei der Erfüllung der Pflichten nachgeordneter Mitarbeiter bedienen.

Nach der Definition in § 2 Abs. 10 WpHG handelt es sich bei einem Wertpapierdienstleistungsunternehmen um Kredit- oder Finanzdienstleistungsinstitute bzw. um Zweigniederlassungen ausländischer Institute, die Wertpapierdienstleistungen nach § 2 Abs. 8 WpHG allein oder zusammen mit Wertpapiernebendienstleistungen erbringen. Das Angebot direkten elektronischen Zugangs zu einem Handelsplatz selbst ist weder eine Wertpapierdienstleistung noch eine Nebendienstleistung. Im Normalfall wird das Institut bzw. die Zweigniederlassung die Zulassung zur Erbringung des Finanzkommissionsgeschäfts gem. § 2 Abs. 8 Nr. 1 WpHG und der Abschlussvermittlung gem. § 2 Abs. 8 Nr. 1 WpHG besitzen. Beide Formen erlauben die Teilnahme am Handel an einer Börse (§ 19 Abs. 2 Nr. 2 und 3 BörsG) und an einem MTF (§ 74 Abs. 1 WpHG i.V.m. § 19 Abs. 2 BörsG). Ausweislich der Sonderbedingungen für das Wertpapiergeschäft bzw. den Terminhandel erfolgt der Handel an Börsen und anderen Ausführungsplätzen seitens der deutschen Institute im Wege des Kommissionsgeschäfts. Systemseitig ist auch die EDV der bestehenden Handelsplätze regelmäßig nicht auf den Abschluss von Geschäften in offener Stellvertretung ausgelegt[1].

Für etwaige Fälle, in denen ein Teilnehmer einer Börse oder eines MTF Geschäfte betreibt und trotzdem nicht als Wertpapierdienstleistungsunternehmen gilt, weil er von Ausnahmen nach § 3 Abs. 1 Nr. 4, 8 und 15 WpHG Gebrauch macht, soll nach **§ 3 Abs. 3 WpHG** § 77 WpHG dennoch entsprechend gelten[2]. Ferner enthält auch § 28 Abs. 1 Satz 2 KAGB einen Verweis auf die entsprechende Anwendung von § 77 WpHG, sofern in zulässiger Weise eine Kapitalverwaltungsgesellschaft i.S.d. § 17 KAGB als Anbieter zwischengeschaltet ist.

Erfolgt die **Gewährung direkten elektronischen Zugangs in Deutschland auf der Grundlage eines europäischen Passes für Unternehmen aus EU-/EWR-Staaten** (Art. 34 RL 2014/65/EU), so kommt § 77 WpHG für diese Häuser nicht zur Anwendung. Der Anbieter muss bei grenzüberschreitender Dienstleistungserbringung die Umsetzungsregelung von Art. 17 Abs. 5 RL 2014/65/EU seines Herkunftslandes beachten. Dies gilt auch, wenn er die Dienstleistung mittels einer Zweigniederlassung in Deutschland erbringt (vgl. § 90 Abs. 1 WpHG). Für Unternehmen aus Nicht-EU-/EWR-Staaten, die direkten elektronischen Zugang grenzüberschreitend nach Deutschland anbieten, kann die Anwendung von § 77 WpHG aufgrund der speziellen Drittstaatenregelung nach Art. 46 ff. VO Nr. 600/2014 oder aufgrund einer Befreiung der BaFin nach § 2 Abs. 5 KWG i.V.m. § 91 WpHG (s. § 91 WpHG Rz. 1 f.) ausgeschlossen sein.

III. Direkter elektronischer Zugang zu einem Handelsplatz. 1. Definitionsgrundlagen. Die Definition des direkten elektronischen Zugangs ergibt sich aus **§ 2 Abs. 30 WpHG**[3] (s. § 2 WpHG Rz. 278 f.): Satz 1 besagt, dass es sich hierbei um eine Vereinbarung handelt, in deren Rahmen ein Teilnehmer eines Handelsplatzes einer anderen Person die Nutzung seines Handelscodes gestattet, damit diese Person Aufträge in Bezug auf Finanzinstrumente elektronisch direkt an den Handelsplatz übermitteln kann, mit Ausnahme der in Art. 20 DelVO 2017/565 genannten Fälle. § 2 Abs. 30 Satz 2 WpHG zählt als Gestaltungsformen beispielhaft zwei Varianten auf: Umfasst sein sollen Vereinbarungen, die die Nutzung der Infrastruktur oder eines anderweitigen Verbindungssystems des Teilnehmers durch diese Person zur Übermittlung von Aufträgen beinhalten (**direkter Marktzugang**), sowie diejenigen Vereinbarungen, bei denen eine solche Infrastruktur nicht durch diese Person genutzt wird (**geförderter Zugang**). Ob es über diese beiden genannten Beispielsfälle hinaus noch weitere Erscheinungsformen geben kann, erscheint fraglich. Nach Inkrafttreten des Hochfrequenzhandelsgesetzes hat die BaFin Zweifel an der Zulässigkeit des geförderten Zugangs anklingen lassen[4]. Einzelne Handelsplätze, wie z.B. die Baden-Württembergische Wertpapierbörse, haben den geförderten Zugang zu ihren Systemen durch eine Regelung in der Börsenordnung ausgeschlossen[5]. Das BörsG nutzt mit § 2 Abs. 9 BörsG für die Definition des direkten elektronischen Zugangs eine mit § 2 Abs. 30 WpHG identische Wortwahl. Handelsplätze i.S.v. § 77 Abs. 1 WpHG sind gem. § 2 Abs. 22 WpHG organisierte Märkte, MTF oder OTF. Von der Norm angesprochen sind damit lediglich Zugänge zu Handelsplätzen in der EU bzw. im EWR, aber nicht darüber hinaus.

Ein direkter elektronischer Zugang kann auch vorliegen, wenn der **Anbieter des Zugangs selbst ein MTF oder OTF betreibt**. Die rechtlichen Regelungen erlauben es, dass ein Wertpapierdienstleistungsunternehmen als Teilnehmer an einem von ihm betriebenen System agiert. Dies ergibt sich daraus, dass den Betreibern nur der Einsatz von Eigenkapital untersagt ist (s. §§ 74 Abs. 1 und 75 Abs. 1 WpHG), nicht aber die Ausführung von Aufträgen auf Rechnung eines Kunden. Die ESMA hat in einem Frage-und-Antwort-Dokument indes verlaut-

---

1 S. hierzu auch die Beschreibung bestehender Systeme bei *Müller-Lankow*, WM 2017, 2335, 2338.
2 Zu eng insofern die ESMA, die in Q & A On MiFID II and MiFIR market structures topics, Nr. 3 Frage 25 stets von der Notwendigkeit der Eigenschaft des Anbieters als lizenzierte Wertpapierfirma ausgeht.
3 § 2 Abs. 9 BörsG enthält für die Zwecke des BörsG eine identische Definition.
4 Rundschreiben 6/2013 (BA), Nr. 8.3 Rz. 75; s. auch *Coridass/Dreyer* in Temporale, S. 68.
5 § 22 Abs. 2 Nr. 1 BörsO BWWB (Stand: 25.6.2018).

bart, dass sie vor dem Hintergrund, dass Handelsteilnehmer zu überwachen sind, eine interessenkonfliktreduzierende Aufspaltung des Systembetriebs und der Handelsteilnehmerschaft in zwei unterschiedliche juristische Personen für erstrebenswert erachtet[1].

16 § 77 WpHG spricht nicht unmittelbar an, ob seine Vorschriften erneut zu beachten sind, wenn der Kunde des Handelsteilnehmers wiederum seinen Kunden Zugang zum Handelsplatz gewährt, der technisch über den Handelsteilnehmer vermittelt wird. Die Zulässigkeit einer **Kette mittelbarer Handelsteilnehmer** hatte die BaFin bereits nach Inkrafttreten des Hochfrequenzhandelsgesetzes bejaht[2]. Auch die DelVO 2017/589 kennt die mittelbare Teilnehmerschaft auf der Folgestufe und benennt diese als nachgeordneten Zugang (Art. 21 Abs. 4 DelVO 2017/589)[3]. Auf der zweiten Stufe der mittelbaren Teilnehmerschaft könnte die Anwendbarkeit des § 77 WpHG allerdings daran scheitern, wenn das Vorliegen des Tatbestandsmerkmals „direkter elektronischer Zugang" verneint wird. Die Legaldefinition in § 2 Abs. 30 WpHG geht davon aus, dass der Handelsteilnehmer einer dritten Person in einem unmittelbaren Vertragsverhältnis den Zugang zum Handelsplatz unter Nutzung seines Handelscodes gestattet. Erlaubt der Handelsteilnehmer in diesem Vertrag allerdings, dass auch auf der nächsten Kundenstufe sein Handelscode genutzt werden darf, so kann dann die nächste Vereinbarung ebenfalls als eine Vereinbarung zwischen dem Handelsteilnehmer und dem Inhaber des nachgeordneten Zugangs über die Nutzung des Handelscodes angesehen werden.

17 Hinzuweisen ist darauf, dass das **BörsG** neben dem direkten elektronischen Zugang noch eine **zweite Form der mittelbaren Handelsteilnehmerschaft** kennt. Mittelbare Teilnehmer i.S.d. BörsG sind nach § 2 Abs. 8 Satz 2 BörsG Personen, die (Variante 1) einem Handelsteilnehmer Aufträge elektronisch übermitteln, die unter eingeschränkter oder ohne menschliche Beteiligung von dem Handelsteilnehmer an die Börse weitergeleitet werden, oder (Variante 2) diejenigen, die einen direkten elektronischen Zugang nutzen. Diese Unterscheidung spielt für die Belange des WpHG keine unmittelbare Rolle. Die Differenzierung beruht darauf, dass die mit dem Hochfrequenzhandelsgesetzt 2013 eingefügte Regelung in § 3 Abs. 4 BörsG a.F. zur mittelbaren Börsenteilnehmerschaft weitergehend interpretiert wurde und diese Rechtslage für die Zwecke des BörsG aufrechterhalten werden soll[4]. Hintergrund ist, dass vor allem die Börsen Eurex und Frankfurter Wertpapierbörse bereits in den 1990er Jahren mit Einführung ihrer Computerhandelssysteme Regelungen zur indirekten Börsenteilnahme in ihre Börsenregelwerke aufgenommen hatten[5]. Diese Vorschriften waren ursprünglich vor allem von dem Gedanken getragen, den Wegfall des im Handel an Börsen bis heute rechtlich vorgesehenen, aber faktisch überflüssig gewordenen, Börsenhändler zu legitimieren[6]. Mittelbare Börsenteilnehmer sind damit nach der ersten Variante auch Personen, die vom Handelsteilnehmer gegenüber der Börse nicht als zugelassener Börsenhändler benannt worden sind (z.B. Mitarbeiter einer Zweigniederlassung). Und auch das „einfache" und damit nicht als direkter elektronischer Zugang zu qualifizierende Orderrouting eines jeden Bankkunden fällt unter diese weitergehende Definition. Börsen außerhalb des Zuständigkeitsbereichs der hessischen Börsenaufsicht hatten zunächst keine Regelungen über die mittelbare Teilnehmerschaft in ihren Börsenordnungen verankert. Sie haben infolge der ESMA-Leitlinien 2012/122, die von den Börsenaufsichtsbehörden gegenüber den Börsen zu Anwendung empfohlen wurden, später Regelungen in ihre Börsenordnungen aufgenommen.

18 **2. Technische Qualität des direkten elektronischen Zugangs.** Von entscheidender Bedeutung für die Bestimmung, ob ein direkter elektronischer Zugang gegeben ist oder nicht, ist der in der Legaldefinition des § 2 Abs. 30 WpHG erwähnte Art. 20 DelVO 2017/565, den sich der deutsche Gesetzgeber zu eigen gemacht hat. Art. 20 Abs. 1 DelVO 2017/565 bringt zum Ausdruck, dass bei der Auftragserfassung die Möglichkeit bestehen muss, den Auftrag bzw. die Dauer seines Bestehens auf den Bruchteil einer Sekunde genau zu bestimmen. Die **technische Erfassung einer Order** muss also für den mittelbaren Teilnehmer in einem zeitlichen Bereich möglich sein, der **kleiner als eine Sekunde** ist. Lässt die Zeiterfassung der Eingabe bei mittelbaren Teilnehmern nur die Erfassung der genauen vollen Sekunde zu, so fällt diese Form des Zugangs aus der der Definition des direkten elektronischen Zugangs heraus. Das von den Direkt-Banken etablierte Orderrouting für Privat- und Geschäftskunden über Internetschnittstellen im Wege des Online-Brokerage weist derzeit vielfach nur einen Zeitstempel auf Basis voller Sekunden aus, mag der Zugang des Online-Brokers zum Handelsplatz auch eine Orderaufzeichnung innerhalb einer Tausendstelsekunde zulassen. Diese beschriebene Zugangsform eröffnet damit nicht den Anwendungsbereich des § 77 WpHG, gleichgültig, ob die Auftragserzeugung seitens des mittelbaren Handelsteilnehmers algorithmisch oder konventionell manuell erfolgt. Mögen auch geübte Personen in der Lage sein, Orders im Zehntelsekundenbereich aufzugeben, so macht die in die Definition des direkten elektronischen Zugangs einbezogene Klärung des Art. 20 DelVO 2017/565 deutlich, dass die Richtung der Regulierung

---

1 ESMA Q & A On MiFID II and MiFIR market structures topics, Nr. 5.1. Antwort 1.
2 BaFin, Häufig gestellte Fragen (FAQs) zum Hochfrequenzhandelsgesetz, Stand: 28.2.2014, Antwort zu Frage 19; s. auch BaFin-Formular zur „Anzeige nach § 77 Abs. 2 Satz 1 WpHG".
3 Von der ESMA in Q & A On MiFID II and MiFIR market structures topics, Nr. 4 Antwort 24 „Tier 2 DEA Client" genannt.
4 BT-Drucks. 18/10936, 266.
5 Zum Handelssystem Xetra an der FWB vgl. *Beck*, WM 1998, 417, 425.
6 Vgl. hierzu *Beck* in Schwark/Zimmer, § 19 BörsG Rz. 39; s. auch *Jaskulla*, BKR 2013, 221, 226.

auf Personen abzielt, die mittelbar über Order-Routing-Systeme algorithmischen Handel betreiben[1]. Gleichwohl würde ein Online-Brokerage-System für Bankkunden, das technisch das Ordern auf Sekundenbruchteilbasis zuließe, als direkter elektronischer Zugang einzustufen sein[2]. Die ESMA stellt in einem Frage-und-Antwort-Dokument nochmals heraus, dass der Vorteil eines direkten elektronischen Zugangs darin zu erblicken sei, wenn bei der Orderaufgabe eine entsprechend große Kontrolle bei der Bestimmung des Zeitpunkts der Übersendung der Order bestehe; geringfügige Verzögerungen aufgrund des Durchlaufens von Prüfroutinen beim unmittelbaren Handelsteilnehmer oder rein physikalisch bedingte Verzögerungen könnten lt. ESMA vernachlässigt werden[3]. Größere kontroll- oder technikbedingte Verzögerungen müssten nach der Behördensicht bei der Bewertung des Ermessens hinsichtlich des Sekundenbruchteils wieder Berücksichtigung finden.

Wie groß der **Anwendungsbereich des § 77 WpHG** nach Inkrafttreten des 2. FiMaNoG letztendlich sein wird, bleibt abzuwarten. Sollte es auf absehbare Zeit dabei bleiben, dass es eine stark fragmentierte Handelsplatzlandschaft gibt, wird die Zahl der Institute, die sich darauf spezialisieren, einzelnen Adressen mittelbaren Zugang zu einer Vielzahl von Handelsplätzen zu gewähren, steigen. Die durchschnittliche Anzahl der unmittelbaren Handelsteilnehmer pro Handelsplatz wird dabei sinken.

IV. Die Pflichten des § 77 Abs. 1 WpHG im Einzelnen. 1. Prüfung der Eignung von Kunden (§ 77 Abs. 1 Nr. 1 WpHG). § 77 Abs. 1 Nr. 1 WpHG verlangt vom Wertpapierdienstleistungsunternehmen die Überprüfung der Eignung der Kunden. Die jeweilige Eignung ist vor einer Zugangsgewährung zu überprüfen und muss auch später regelmäßig wiederholt werden. Konkrete Prüfungshandlungen sind in § 77 Abs. 1 Nr. 1 WpHG nicht ausgeführt. Ebenso wenig äußert sich die Norm unmittelbar zu der Frage, wie zu verfahren ist, wenn ein Kunde nicht geeignet ist. Ausgehend von Sinn und Zweck der Norm, Gefahren für die ordnungsgemäßen Handel von den Handelsplätzen fernzuhalten, kann die ungeschriebene Rechtsfolge nur sein, dass das Wertpapierdienstleistungsunternehmen **ungeeigneten Personen den Zugang nicht gewähren** darf, bzw. ein gewährter Zugang wieder entzogen werden muss. Art. 17 Abs. 5 Satz 1 RL 2014/65/EU spricht hierfür: Dort heißt es sinngemäß, dass wirksame Systeme und Kontrollen die Eignung des Kunden gewährleisten müssen. Auch das Ordnungswidrigkeitenrecht ist in diese Richtung zu interpretieren. Dieses droht nach § 120 Abs. 8 Nr. 89 WpHG Geldbuße an, wenn das Wertpapierdienstleistungsunternehmen entgegen § 77 Abs. 1 WpHG nicht sicherstellt, dass seine Kunden die dort genannten Anforderungen erfüllen. Sieht man das Vorliegen der Eignung, als mittelbarer Teilnehmer am Handelsplatz handeln zu können, als gesetzliche Anforderung an den Kunden an, so verbietet die Ordnungswidrigkeitsnorm die Gewährung eines direkten elektronischen Zugangs an ungeeignete Kunden. Schließlich spricht auch § 77 Abs. 1 Nr. 4 lit. d WpHG für das Ergebnis, wonach aus dem Handel keine Risiken für das Wertpapierdienstleistungsunternehmen selbst entstehen dürfen. Ungeeignete Kunden stellen jedoch ein operationelles Risiko für das Wertpapierdienstleistungsunternehmen dar.

Die **Eignungsprüfung** muss sich auf die Kunden als juristische oder natürliche Person beziehen und schließt die für den Kunden handelnden natürlichen Personen und die technisch organisatorische Ausstattung mit ein. Wie sich der Handelsplatz von den fachlichen Kenntnissen, der technischen Ausstattung, der Integrität und der Solvenz seiner Handelsteilnehmer zu überzeugen hat, so kommt es über § 77 WpHG vermittelt zu entsprechend ähnlichen Prüfungspflichten auf der Ebene des Handelsteilnehmers von den mittelbaren Teilnehmern. Bei der Erhebung der Tatsachengrundlage kann auch auf Erkenntnisse aus den allgemeinen Know-your-Customer-Prozessen des Wertpapierdienstleistungsunternehmens zurückgegriffen werden. Die BaFin hatte bereits im Rundschreiben 6/2013 (BA) Hinweise zum Vorgehen bei einer Kundenprüfung veröffentlicht. Diese beruhen auf den ESMA-Leitlinien 2012/122. Diese ESMA-Leitlinien sind dann auch in die DelVO 2017/589 eingeflossen[4].

Aus gesetzlicher Sicht sind für die Eignungsprüfung letztendlich die **Art. 22 und 23 DelVO 2017/589 maßgeblich**. Diese unmittelbar geltenden Vorschriften des Unionsrechts gehen § 77 WpHG und seiner Auslegung vor[5]. Die strukturierte Due Diligence-Prüfung nach Art. 22 DelVO 2017/589 hat sich beim Kunden dabei auf die Unternehmensführung und die Eigentumsstruktur, die Handelsstrategien, die operativen Einrichtungen, die Handelskontrollen, die getroffenen Regelungen der Zuständigkeiten für Handelstätigkeiten und Fehlerbehandlung, das Handelsverhalten in der Vergangenheit, das erwartete Handels- und Auftragsvolumen[6], die Fähigkeit, als mittelbarer Handelsteilnehmer finanzielle Verpflichtungen gegenüber dem Wertpapierdienstleistungsunternehmen nachzukommen, sowie das disziplinarische Verhalten in der Vergangenheit[7] zu erstrecken. In Erwägungsgrund Nr. 13 DelVO 2017/589 wird betont, dass das Wertpapierdienstleistungsunternehmen über die Absich-

---
1 So bereits die Begr. Finanzausschuss bei der Einführung des mittelbaren Handelsteilnehmers in das BörsG, BT-Drucks. 17/12536, 21.
2 Vgl. auch Erwägungsgrund Nr. 26 DelVO 2017/565.
3 ESMA Q & A On MiFID II and MiFIR market structures topics, Nr. 3 Antwort 12.
4 Vgl. zum Ausgangspunkt Erwägungsgrund Nr. 63 RL 2014/65/EU (MiFID II).
5 Allgemein zum Vorrang des EU-Rechts *Nettesheim* in Grabitz/Hilf/Nettesheim, Art. 288 AEUV Rz. 47 ff.
6 Erwägungsgrund Nr. 17 DelVO 2017/584 betont diesen Aspekt besonders.
7 Vgl. auch Erwägungsgrund Nr. 13 DelVO 2017/589, wo besonders auf das disziplinäre Verhalten gegenüber Behörden und Handelsplätzen abgestellt wird.

ten, Fähigkeiten, finanziellen Ressourcen und die Vertrauenswürdigkeit seiner Kunden hinreichend im Bilde zu sein hat.

23 Auf der Grundlage der erhobenen Tatsachen schließt sich ein **Bewertungsprozess** an, an dessen Ende die Entscheidung steht, ob ein Kunde für die Gewährung des direkten elektronischen Zugangs in Betracht kommt oder nicht. Der Bewertungsprozess selbst ist nach Art. 23 Abs. 1 DelVO 2017/589 durch das Wertpapierdienstleistungsunternehmen einer jährlichen Überprüfung zu unterziehen. Lässt das Wertpapierdienstleistungsunternehmen zu, dass seine Kunden dem direkten Zugang nochmals nachgeordnete Zugänge nachschalten, so erstreckt sich die Eignungsprüfung nach EU-rechtlicher Vorgabe auch darauf, ob der Kunde bei seinen Kunden eine entsprechende Eignungs-Due-Diligence-Prüfung durchführt. Für die Wiederholung der Eignungsprüfung sieht Art. 23 Abs. 2 DelVO 2017/589 einen jährlichen Turnus vor. In der Neubewertung sind dann Änderungen der Art, des Umfangs oder der Komplexität der Handelstätigkeiten und Handelsstrategien, personelle Veränderungen, der Eigentumsstruktur, der Handels- oder Bankkonten, des aufsichtsrechtlichen Status, der finanziellen Lage sowie hinsichtlich etwaiger Absichten zum Angebot nachgeordneter Zugänge besonders zu berücksichtigen. Sollte schließlich ein Handelsplatzbetreiber über sein Regelwerk Regelungen einfordern, die seine Handelsteilnehmer von den mittelbaren Teilnehmern einfordern sollen, so sind auch solche Regelungen im Rahmen der Eignungsprüfung zu bewerten[1].

24 § 77 Abs. 1 Nr. 1 WpHG ist eine Norm, die **nicht als Verbotsgesetz** i.S.d. § 138 BGB ausgestaltet ist. Ermöglicht ein Wertpapierdienstleistungsunternehmen einem Kunden den mittelbaren Zugang zum Handelsplatz, obwohl der Kunde objektiv betrachtet ungeeignet ist, führt dies nicht zur zivilrechtlichen Unzulässigkeit des zugangsgewährenden Vertrages. Die BaFin kann jedoch im Wege der allgemeinen Aufsichtsbefugnisse durch Anordnungen die Erfüllung solcher Verträge verhindern. Für die Fälle, dass sich nachträglich eine Nichteignung herausstellt, sollte das Wertpapierdienstleistungsunternehmen Kündigungsmöglichkeiten für das zugangsgewährende Vertragsverhältnis vorsehen.

25 Der Fall, dass ein Kunde direkten elektronischen Zugang wünscht und als mittelbarer Teilnehmer auch geeignet ist, das Wertpapierdienstleistungsunternehmen ihm dennoch keinen Zugang gewährt, ist von Art. 77 Abs. 1 Nr. 1 WpHG nicht geregelt. Hier sind die Grundsätze zur Reichweite der allgemeinen Vertragsfreiheit maßgeblich.

26 **2. Festlegung der Rechte und Pflichten in einem schriftlichen Vertrag (§ 77 Abs. 1 Nr. 2 WpHG).** Dass ein Vertrag zwischen dem zugangsgewährenden Wertpapierdienstleistungsunternehmen und dem zugangsnutzenden Kunden zu schließen ist, ergibt sich bereits aus der Legaldefinition des direkten elektronischen Zugangs in § 2 Abs. 30 WpHG: Mittels einer Vereinbarung gestattet das Wertpapierdienstleistungsunternehmen die Nutzung seines Handelscodes, damit der Kunde Aufträge in Bezug auf Finanzinstrumente elektronisch direkt an den Handelsplatz übermitteln kann. § 77 Abs. 1 Nr. 2 WpHG führt darauf aufbauend aus, dass die im Zusammenhang mit der Gewährung eines direkten elektronischen Zugangs bestehenden **Rechte und Pflichten** zwischen dem Wertpapierdienstleistungsunternehmen und seinem Kunden **in einem schriftlichen Vertrag** festzulegen sind. Die Schriftform ist in § 126 BGB legal definiert. Bei Nichteinhaltung der Form ist der Vertrag gem. § 125 BGB nichtig. Der Vertrag ist das wichtigste Mittel, wie das Wertpapierdienstleistungsunternehmen als Bereitsteller des Zugangs das ordnungsgemäße Verhalten seiner Kunden bei der Nutzung des Zugangs zielgerichtet steuern kann. Das probate Vorgehen ist dabei die Fortschreibung der eigenen Pflichten auf das mittelbare Verhältnis im Sinne einer analogen Geltung der Regelungen aus dem Nutzungsverhältnis bzw., wenn mehrere Handelsplätze vom Vertrag betroffen sind, aus der Summe der Nutzungsverhältnisse. Die dahinterliegende Überlegung ist, dass die Regelwerke der Handelsplätze für mittelbare Handelsteilnehmer nicht unmittelbare Anwendung finden, der unmittelbare Handelsteilnehmer aber nach § 77 Abs. 1 Nr. 4 lit. b WpHG inzident zur Sicherstellung verpflichtet ist, dass der Handel seiner Kunden den Regeln des Handelsplatzes entspricht. Insofern sind gewisse Teile der vertraglichen Regelung nicht verhandelbar, sondern von vornherein als AGB ausgestaltet. Das bloße Verweisen auf die Gesetzeslage, dass im Verhältnis der Parteien die gesetzlichen und vom Handelsplatz getroffenen Regelungen gelten, wird der Intention des Gesetzes eher nicht gerecht werden.

27 **Regelungsgegenstände des Vertrages** werden vor allem Anforderungen an die Kundeneignung, die zum Einsatz kommende Technik (Hard- und Software), Testprozesse für diese Interaktion der IT-Systeme[2], einzuhaltende IT-Sicherheitsaspekte, Prüfungsrechte in Bezug auf die Risikokontrollsysteme beim Kunden[3], der Umfang des erlaubten Geschäftsvolumens und Abrechnungsmodalitäten zu den angeschlossenen Geschäften[4] sein. Auch die Suspendierung von der mittelbaren Handelsteilnahme ist im Vertrag zu regeln[5]. Insbesondere die Abrechnungsmodalitäten werden auf anderweitig bestehenden AGB-Vertragswerken zu Kommissionsgeschäft, Konto, Depot und Kredit aufbauen. Etwaige aufsichtsrechtliche Pflichten aus dem Bankaufsichts- und Wertpapierhandelsrecht im Hinblick auf diese Vertragsbestandteile bleiben von § 77 Abs. 1 WpHG unberührt. Auf-

---

1 S. hierzu Erwägungsgrund Nr. 17 DelVO 2017/874.
2 S. Art. 7 DelVO 2017/589.
3 Vgl. Art. 21 Abs. 1 lit. g DelVO 2017/589.
4 S. Policies in Direct Electronic Access – Consultation Report der IOSCO vom Februar 2009, abrufbar unter www.iosco.com.
5 Vgl. Nr. 8.3 Rz. 77 Rundschreiben 6/2013 (BA); Art. 21 Abs. 1 lit. e und f DelVO 2017/589.

grund der Vielzahl verschiedener Regelungsgegenstände handelt es sich bei dem zu schließenden Vertrag damit nicht um einen reinen Geschäftsbesorgungsvertrag, sondern um einen typengemischten Vertrag. Da sich aus § 77 Abs. 1 Nr. 4 lit. d WpHG implizit ergibt, dass durch den Handel grundsätzlich keine Risiken für das Wertpapierdienstleistungsunternehmen selbst entstehen dürfen, ist bei der Gestaltung der vertraglichen Regelungen in der Kommissionskette darauf zu achten, dass bei Ausfall (Insolvenz) des Kunden oder des Kontrahenten des Ausführungsgeschäfts keine wirtschaftlichen Schäden beim Wertpapierdienstleistungsunternehmen verbleiben.

Soweit das Gesetz ausführt, dass die **Verantwortlichkeit** des zugangsgewährenden Wertpapierdienstleistungsunternehmens nach dem WpHG **nicht auf den Kunden übertragen werden darf**, so wird damit zum Ausdruck gebracht, dass öffentlich-rechtliche Pflichten nicht zum Gegenstand zivilrechtlicher Rechtsgeschäfte gemacht werden können. Das Wertpapierdienstleistungsunternehmen kann sich der wertpapierhandelsrechtlichen Verhaltens- und Organisationspflichten, die es kraft ihres Status hat, nicht durch Substitution entledigen. Eine solche Abrede würde ggf. die Nichtigkeitsfolge gem. § 134 BGB nach sich ziehen. Ob mit der Formulierung zugleich ausgeschlossen ist, die Kunden als Dienstleister bei der Erfüllung von Zugangsbereitstellungspflichten einzusetzen, erscheint fraglich. Bei einer Auslagerung gilt ebenfalls der Grundsatz, dass die Verantwortung nicht auf den vertraglich eingesetzten Gehilfen übergeht; vgl. § 25b Abs. 2 KWG, § 80 Abs. 6 WpHG, Art. 31 Abs. 1 DelVO 2017/565. Die BaFin hatte in der Vergangenheit lediglich die Auslagerung der Kontrolle von Handels- und Kreditschwellen als nicht zulässig erachtet[1].

3. Festlegen angemessener Handels- und Kreditschwellen (§ 77 Abs. 1 Nr. 3 WpHG). § 77 Abs. 1 Nr. 3 WpHG fordert das zugangsgewährende Wertpapierdienstleistungsunternehmen auf, angemessene Handels- und Kreditschwellen für die den direkten elektronischen Zugang nutzenden Kunden festzulegen. Dies bedeutet, dass den Kunden in Bezug auf den Umfang ihrer Handelsmöglichkeiten an Handelsplätzen Grenzen zu setzen sind. Ob und inwieweit Finanzinstrumente auf Kredit erworben oder ohne im Bestand zu sein verkauft werden können, muss vor Zugangsgewährung in der vertraglichen Abrede nach § 77 Abs. 1 Nr. 2 WpHG geregelt sein. In dieser ist auch zu klären, inwieweit sich Begrenzungen auf die Anzahl handelbarer Werte, die Größenordnungen einzelner Geschäfte und auf das Handelsvolumen innerhalb von Zeiträumen beziehen. Für die Angemessenheit der Schwellenwerte sind **zwei grundsätzliche Parameter zu berücksichtigen:** Erstens **die wirtschaftliche Leistungskraft und die Geschäftsabsichten des Kunden**[2] und zweitens die konkreten **Verhältnisse an den ansteuerbaren Handelsplätzen**. Die Leistungskraft des Kunden ergibt sich dabei aus der nach § 77 Abs. 1 Nr. 1 WpHG durchzuführenden Eignungsprüfung[3]. Limits sind in Abhängigkeit von der Bonität und den Geschäftsabsichten für die Handelsaktivitäten des Kunden einzurichten. Die Handelsschwellen müssen im Ausgangspunkt mindestens die quantitativen Vorgaben der Regelwerks des Handelsplatzes, zu dem direkter elektronischer Zugang gewährt wird, berücksichtigen. Lässt eine Börse bzw. ein Handelsplatzbetreiber mittelbaren Handel über einen direkten Zugang zu, so muss er im Regelwerk Handelsschwellen für mittelbare Teilnehmer festlegen; § 19 Abs. 3a BörsG, § 72 Abs. 1 Nr. 9 WpHG. Die Leistungskraft und Risikobereitschaft des zugangsgewährenden Wertpapierdienstleistungsunternehmens, im Rahmen des KWG Kredit zu gewähren, spielt bei der Festlegung angemessener Schwellen allenfalls eine untergeordnete Rolle. Wie sich aus § 77 Abs. 1 Nr. 4 WpHG implizit ergibt, dürfen durch den Handel grundsätzlich keine Risiken für das Wertpapierdienstleistungsunternehmen selbst entstehen.

4. Handelsüberwachung (§ 77 Abs. 1 Nr. 4 WpHG). Wird der Zugang für Kunden gewährt, so schließen sich für das Wertpapierdienstleistungsunternehmen **vier weitere permanent zu erfüllende Pflichten** an, die § 77 Abs. 1 Nr. 4 WpHG unter der Kategorie der Überwachung des Handels der Kunden zusammenfasst. Sonderlich stringent gefasst ist die Vorschrift nicht. An die Aufforderung, etwas zu überwachen, schließt sich nämlich kein „indem" an, sondern ein „um zu", was eher auf eine Erläuterung von Sinn und Zweck der Überwachungspflicht schließen lässt, als auf die Beschreibung einer konkreten Überwachungshandlung. Bei drei der vier Überwachungspflichten folgt auf „überwachen" zudem als weiteres Verb „sicherstellen", was auf die implizite Regelung von organisatorischen Pflichten hindeutet, die der Überwachung vorgelagert sind.

Die Kontrollpflichten für das Wertpapierdienstleistungsunternehmen als Bereitsteller des direkten elektronischen Zugangs gemäß WpHG werden von den **Kontrollpflichten der DelVO 2017/589** überlagert. Nach Art. 20 Abs. 1 DelVO 2017/589 hat das Institut den Auftragsfluss jedes einzelnen Kunden den in Art. 13 und 15 bis 17 DelVO 2017/589 angesprochenen Kontrollen zu unterziehen. Dies betrifft die Überwachung im Hinblick auf mögliche Marktmanipulationen (Art. 13 DelVO 2017/589), die Durchführung von Vorhandelskontrollen bei Auftragseingabe (Art. 15 DelVO 2017/589), die Echtzeitüberwachung der ausgeführten algorithmischen Handelstätigkeiten (Art. 16 DelVO 2017/589) und Nachhandelskontrollen (Art. 17 DelVO 2017/589). Das Zusammenspiel der Überwachungs- und Kontrollvorschriften des § 77 WpHG und der DelVO stellt sich nicht sonderlich harmonisch dar, da insbesondere die Begrifflichkeiten in beiden Regelungskreisen erheblich voneinander abweichen. Erschwerend kommt hinzu, dass die Art. 13 und 15 ff. DelVO 2017/589 für den algo-

---

1 Vgl. Nr. 8.3 Rz. 75 Rundschreiben 6/2013 (BA).
2 Vgl. Nr. 8.3 Rz. 73 Rundschreiben 6/2013 (BA).
3 Ähnlich Art. 20 Abs. 3 Satz 2 DelVO 2017/589 für die Obergrenzen der Vorhandelskontrollen.

rithmischen Handel von Wertpapierdienstleistungsunternehmen konzipiert ist, der im eigenen Namen und für eigenen Rechnung stattfindet. Art. 20 Abs. 1 DelVO 2017/589 erklärt diese, den Eigenhandel betreffenden, Vorschriften für das Kundengeschäft für direkt („gemäß") und nicht nur für analog anwendbar.

32 **a) Beachtung der Handels- und Kreditschwellen (§ 77 Abs. 1 Nr. 4 lit. a WpHG).** Die erste Überwachungspflicht des § 77 Abs. 1 Nr. 4 WpHG zielt auf die Sicherstellung ab, dass die Kunden die nach § 71 Abs. 1 Nr. 3 WpHG festgelegten Schwellen nicht überschreiten. Wie im Wortlaut von Art. 17 Abs. 5 RL 2014/65/EU angelegt, kann es sich dabei weitestgehend nur um technische Maßnahmen handeln, indem die **festgelegten Schwellen im elektronischen Handelssystem voreingestellt hinterlegt** sind. Werden die Voreinstellungen erreicht, so darf das System keine weiteren Aktivitäten mehr zulassen, bis die Handels- oder Kreditschwellen wieder Handlungsfreiräume gewähren. Anders als das WpHG spricht dies Art. 21 Abs. 1 lit. d DelVO 2017/589 direkt an.

33 **b) Beachtung der MAR, des WpHG und der Vorschriften des Handelsplatzes (§ 77 Abs. 1 Nr. 4 lit. b WpHG).** Die zweite Überwachungspflicht des § 77 Abs. 1 Nr. 4 WpHG ist auf die Sicherstellung ausgerichtet, dass die Kunden im Einklang mit den Vorschriften der MAR, des WpHG und den Vorschriften des Handelsplatzes handeln. Echtzeit- und Ex-Post-Kontrollhandlungen können nicht jede Handlung eines Kunden dergestalt überprüfen, dass ein Verstoß gegen Handelsregelungen von vornherein unterbunden wird. Es geht daher in erster Linie darum, ungesetzliches oder nicht regelwerkskonformes Handeln zu erkennen und im zweiten Schritt erkannte Verstöße für die Zukunft zu unterbinden.

34 Erforderlich für das Erkennen von Regelabweichungen sind **technische Monitoringsysteme**, die das Handelsverhalten der Kunden automatisiert und gezielt nach Auffälligkeiten untersuchen. Dafür sind die Handelsdaten systematisch zu erfassen und daraufhin zu begutachten, ob Anhaltspunkte vorliegen, nach denen die MAR, das WpHG, soweit dieses vom mittelbaren Handelsteilnehmer zu beachten ist, oder das Regelwerk des Handelsplatzes nicht eingehalten worden ist. Werden von den eingesetzten Computerprogrammen anhand voreingestellter Parameter (Preisentwicklung, Ordergröße, Orderhäufigkeit, Auftragsstornos etc.) Auffälligkeiten identifiziert, so sind diese durch die Mitarbeiter des Wertpapierdienstleistungsunternehmens daraufhin zu bewerten, ob diese durch Regelverstöße hervorgerufen worden sind. Ergeben sich Verdachtsmomente für marktmanipulatives Verhalten, so sind diese gem. Art. 16 Abs. 2 VO Nr. 596/2014 (MAR) der BaFin zu melden.

35 Eine Sicherstellungshandlung, dass der Handel der Kunden den Regelungen der MAR und des Handelsplatzes entspricht, wäre die **Schulung der Mitarbeiter der Kunden** im Hinblick auf die genannten Regelwerke. Die Umdeutung der Schulung in eine zukunftsgerichtete Überwachung würde aber den Wortlaut der Vorschrift wohl überdehnen. Für den Hochfrequenzhandel hatte die BaFin in der Vergangenheit, ohne eine Beschränkung auf Anforderungen der MAR oder die Vorschriften des Handelsplatzes vorzunehmen, individuelle Schulungen der Mitarbeiter des Kunden durch das Wertpapierdienstleistungsunternehmen gefordert[1].

36 **Art. 20 Abs. 1 i.V.m. Art. 13 Abs. 1 DelVO 2017/589** verlangt vom zugangsgewährenden Wertpapierdienstleistungsunternehmen den Auftragsfluss der zugangsnutzenden Kunden auf Anzeichen für mögliche Marktmanipulationen, wie sie in Art. 12 VO Nr. 596/2014 erwähnt sind, zu überwachen. Anders als das WpHG benennt die DelVO 2017/589 ausdrücklich die **Unterhaltung eines automatisierten Überwachungssystems**, das Aufträge und Geschäfte wirksam kontrolliert, Warnmeldungen und Berichte erzeugt und ggf. Visualisierungstools bereitstellt. Hinweise auf verdächtige Handelstätigkeiten, die vom automatisierten Überwachungssystem angezeigt wurden, sind in einer „Untersuchungsphase" weitergehend zu behandeln.

37 **c) Erkennen marktstörender Handelsbedingungen und auf Marktmissbrauch hindeutender Verhaltensweisen (§ 77 Abs. 1 Nr. 4 lit. c WpHG).** Die dritte in § 77 Abs. 1 Nr. 4 WpHG aufgeführte Überwachungspflicht stellt auf die Fähigkeit des Wertpapierdienstleistungsunternehmens ab, vom Kunden verursachte marktstörende Handelsbedingungen oder auf Marktmissbrauch hindeutende Verhaltensweisen, die an die zuständige Behörde zu melden sind, zu erkennen. Nach § 120 Abs. 8 Nr. 90 WpHG stellt es eine Ordnungswidrigkeit dar, wenn entgegen § 77 Abs. 1 Nr. 4 lit. c WpHG Geschäfte vorsätzlich oder leichtfertig nicht überwacht werden, um marktstörende Handelsbedingungen oder auf Marktmissbrauch hindeutende Verhaltensweisen zu erkennen[2].

38 Die erste Alternative von § 77 Abs. 1 Nr. 4 lit. c WpHG nutzt den im WpHG wenig gebräuchlichen und nicht weiter definierten **Begriff der marktstörenden Handelsbedingungen**. Auch die MiFID II konkretisiert den unbestimmten Rechtsbegriff, der in der englischen Fassung *disorderly trading conditions* lautet, nicht. Anhaltspunkte liefert der EU-Gesetzgeber indes in Art. 81 Abs. 1 i.V.m. Anhang III Abschnitt A DelVO 2017/565. Dort werden ordnungswidrige Handelsbedingungen – in der englischen Fassung ebenfalls *disorderly trading conditions* genannt – wie folgt beschrieben:

- Der Preisfindungsprozess wird über einen längeren Zeitraum störend beeinflusst;

---

1 Vgl. Nr. 8.3 Rz. 70 Rundschreiben 6/2013 (BA).
2 § 120 Abs. 8 Nr. 90 WpHG zählt auch die Überwachung der Regelungen des Handelsplatzes zu den Pflichten des § 77 Abs. 1 Nr. 4 lit. c WpHG.

- die Kapazitäten der Handelssysteme wurden erreicht oder überschritten;
- Wertpapierhändler/Liquiditätsgeber behaupten wiederholt, dass Fehlabschlüsse („Mistrades") vorliegen;
- Zusammenbruch oder Ausfall wichtiger Mechanismen nach Art. 48 RL 2014/65/EU und ihrer Durchführungsmaßnahmen, die darauf ausgelegt sind, den Handelsplatz gegen die Risiken algorithmischen Handels zu schützen.

Werden diese beschriebenen Zustände mit einem Überwachungsansatz, der ihr Erkennen ermöglicht, unterlegt, so sollte der Normbefehl von § 77 Abs. 1 Nr. 4 lit. c Alt. 1 WpHG erfüllt sein.

Soweit die zweite Alternative des § 77 Abs. 1 Nr. 4 lit. c WpHG auf die **Erkennung von Verdachtsfällen** von Marktmissbrauch i.S.v. Art. 16 Abs. 2 VO Nr. 596/2014 meldepflichtigen Vorgängen abstellt, überschneidet sich der Pflichtenbereich mit § 77 Abs. 1 Nr. 4 lit. b WpHG, soweit es dort wiederum um die Überwachung der Sicherstellung geht, dass die Kunden im Einklang mit den Vorschriften der MAR handeln. 39

d) Vermeiden von Risiken für das Wertpapierdienstleistungsunternehmen (§ 77 Abs. 1 Nr. 4 lit. d WpHG). Die vierte in § 77 Abs. 1 Nr. 4 WpHG aufgeführte Überwachungspflicht zielt darauf ab, sicherzustellen, dass durch den Kundenhandel keine Risiken für das Wertpapierdienstleistungsunternehmen selbst entstehen. Die Kontrollhandlungen sind deshalb darauf zu richten, dass der mittelbare Handel in erster Linie keine bankbetrieblichen Risiken (Adressenausfall-, Marktpreis-, Liquiditätsrisiko) und keine allgemeinen unternehmerischen Risiken (operationelles, Reputations-, strategisches und betriebswirtschaftliches Risiko) hervorruft. Werden Risiken aus diesen Kategorien im Zuge der Überwachung entdeckt, so sind diese in der Folge soweit wie möglich zu reduzieren. Eine **Risikoakzeptanz** ist **vom Gesetz ausgeschlossen**. Besonderes Augenmerk in der Risikokontrolle ist den dem operationellen Risiko zuzuordnenden Prozess- und Technologierisiken zu widmen. Die Vorschrift weist Schnittpunkte zu § 77 Abs. 1 Nr. 4 lit. a bis c WpHG auf. Die Einrichtung von Handels- und Kreditschwellen dient bereits dem Schutz der Funktionsfähigkeit der vom Wertpapierdienstleistungsunternehmen eingesetzten IT-Infrastruktur vor potentieller Überlastung. Sie dient auch der Beherrschung des Ausfallrisikos der jeweiligen Kunden. Aus § 77 Abs. 1 Nr. 4 lit. d WpHG ergibt sich zusätzlich, dass aufgrund der nicht vorgesehenen Möglichkeit, Risiken bewusst in Kauf zu nehmen, für etwaige Kreditlinien kundenseitige Sicherheiten zur Verfügung stehen müssen. 40

V. Mitteilungen an Behörden (§ 77 Abs. 2 Satz 1 WpHG). Bietet ein Wertpapierdienstleistungsunternehmen einen direkten elektronischen Zugang zu einem Handelsplatz, so teilt es diesen Umstand der **BaFin** und den **zuständigen Behörden des Handelsplatzes** mit. Wird der Zugang zu mehreren Handelsplätzen angeboten, so hat **pro Handelsplatz eine Mitteilung** zu erfolgen. Als **Zeitpunkt des Anbietens** ist spätestens der Zeitpunkt anzusehen, ab dem der erste Kunde des Unternehmens tatsächlich in der Lage ist, Orders an einem konkreten Handelsplatz zu platzieren. Die Absicht, Dritten in Zukunft direkten elektronischen Zugang zu einem Handelsplatz gewähren zu wollen, genügt nicht. 41

Hat ein **Handelsplatz**, zu dem direkter elektronischer Zugang angeboten wird, seinen **Sitz im EU-Ausland**, so ist die zuständige Behörde des entsprechenden Mitgliedstaats zu informieren. Handelt es sich bei dem Handelsplatz um ein **MTF oder OTF, dessen Betreiber seinen Sitz im Inland hat**, und das nicht unter dem Dach einer Börse betrieben wird, so ist die BaFin auch die für den Handelsplatz zuständige Behörde. Eine zweite Mitteilung an die BaFin ist dann entbehrlich. 42

Ist der **Handelsplatz eine Börse** im Sinne des BörsG bzw. ein unter dem Dach einer solchen Börse betriebenes MTF (Freiverkehr gem. § 48 BörsG) bzw. OTF (§ 48b BörsG), so ist die Börsenaufsichtsbehörde i.S.d. § 3 Abs. 1 BörsG als zuständige Behörde des Handelsplatzes zu informieren. Da der Gesetzgeber die zuständigen Behörden eines Handelsplatzes in der Mehrzahl erwähnt, ist auch eine Informationspflicht gegenüber der Börse bzw. ihren operativ tätigen Organen (Börsengeschäftsführung und Handelsüberwachungsstelle) zu erwägen. Der Börsengeschäftsführung und der Handelsüberwachungsstelle wird allgemein Behördeneigenschaft zugesprochen[1]. Unabhängig davon kann sich eine Pflicht zur Information der Börse oder seiner Organe über die Zuschaltung mittelbarer Teilnehmer aus dem Börsenregelwerk ergeben. Sollten ausländische Handelsplätze einer mehrfachen Aufsicht unterliegen, so wären auch dort sämtliche zuständigen Behörden zu informieren. 43

Für die Mitteilung an die Behörden sieht das Gesetz keine spezielle Form vor. Daher ist grundsätzlich von einer Formfreiheit auszugehen. Die Erfassungslast des Vorgangs liegt damit bei der entsprechenden Behörde. Trotz der Formfreiheit hat die BaFin ein **Formular** für die „Anzeige nach § 77 Abs. 2 Satz 1 WpHG (Art. 17 Abs. 5 Unterabs. 3 der Richtlinie 2014/65/EU) über das Anbieten eines direkten elektronischen Zugangs gem. § 2 Abs. 30 WpHG" entwickelt und veröffentlicht sowie die Nutzung einer eigens eingerichteten Emailadresse vorgegeben. Ähnlich verfahren auch die Börsenaufsichtsbehörden der Länder[2]. Verpflichtend ist die Nutzung der behördlichen Prozessvorgaben nicht. 44

---

1 Für die Börsengeschäftsführung s. z.B. § 15 BörsG und *Schwark* in Schwark/Zimmer, § 15 BörsG Rz. 2; für die Handelsüberwachungsstelle s. § 17 WpHG und *Beck* in Schwark/Zimmer, § 6 BörsG Rz. 4ff.
2 Formular der Hessischen Börsenaufsicht „Anzeige über das Anbieten eines direkten elektronischen Zugangs".

45 Die jeweilige Mitteilung muss keine konkreten Angaben über die Zugangsnutzer enthalten, sondern kann auf abstrakter Basis erfolgen. Sie dient dazu, die Behörden in die Lage zu versetzen, ihre aufsichtsrechtlichen Befugnisse wahrnehmen zu können. Bei der BaFin handelt es sich dabei insbesondere um die Befugnisse nach § 77 Abs. 2 Satz 2 WpHG. Gemäß BaFin-Formular „Anzeige nach § 77 Abs. 2 Satz 1 WpHG" soll das Wertpapierdienstleistungsunternehmen seinen LEI-Code benennen und die zuständigen Behörden des Handelsplatzes sowie nach Möglichkeit auch den MIC-Code des Handelsplatzes. Die Angabe, ob ein nachgeordneter Zugang gewährt wird, wird den mitteilungspflichtigen Unternehmen von der BaFin freigestellt.

46 Kann ein Wertpapierdienstleistungsunternehmen im Hinblick auf einen Handelsplatz **keine Nutzer mehr vorweisen** und ist auch nicht absehbar, dass neue Interessenten in naher Zukunft hinzutreten, so sind die Behörden darüber zu informieren, dass keine Zugangsvermittlung mehr stattfindet[1]. Dies folgt implizit daraus, dass das Wertpapierdienstleistungsunternehmen nach § 77 Abs. 2 Satz 1 WpHG verpflichtet ist, eine den Tatsachen entsprechende Erklärung abzugeben. Wird eine Erklärung durch die Änderung der Tatsachenlage unrichtig, so sollte sie zurückzuziehen sein.

47 **VI. Beschreibungs- und Nachweisverlangen der BaFin (§ 77 Abs. 2 Satz 2 und 3 WpHG).** Gemäß § 77 Abs. 2 Satz 2 WpHG hat die BaFin das Recht, vom Wertpapierdienstleistungsunternehmen eine Beschreibung zu verlangen, wie es den in § 77 Abs. 1 WpHG aufgeführten Pflichten nachkommt. Die Vorschrift spricht dabei von der **Beschreibung der genannten Systeme und Kontrollen.** Zudem kann die Behörde fordern, Nachweise für die Anwendung der Systeme und Kontrollen zu fordern. Die Norm ermächtigt die BaFin nicht, die Beschreibung der nach der DelVO 2017/589 einzurichtenden Kontrollen zu fordern, soweit diese nicht in § 77 Abs. 1 WpHG mitumfasst sind. Ein Beschreibungs- und Nachweisverlangen ist ein Verwaltungsakt. Dieser kann vorschreiben, die Angaben in regelmäßigen Abständen oder jederzeit auf Anforderung zu erbringen. Die Beschreibung wird sich im Wesentlichen aus den schriftlich fixierten (Teil-)Geschäfts- und Risikostrategien sowie daraus abgeleiteten Handbüchern für den operativen Betrieb, die IT und die internen Kontrollsysteme ergeben. Als Nachweise werden insbesondere Arbeitsdokumentationen aus der Risikocontrolling- und der Compliance-Funktion dienen. Auch Berichte der internen Revision sowie externer Prüfer (Jahresabschlussprüfer, § 88 WpHG-Prüfungsbericht), soweit diese nicht ohnehin BaFin vorliegen, kommen als geeignete Nachweise in Betracht.

48 Die BaFin besitzt kein Monopol auf die erhaltenen Informationen. Die Behörden der betroffenen Handelsplätze können gem. § 77 Abs. 2 Satz 3 WpHG die BaFin ersuchen, die Informationen an sie weiterzuleiten. Die BaFin muss diese dann unverzüglich, also ohne schuldhaftes Zögern i.S.d. § 121 BGB zur Verfügung stellen.

49 **VII. Aufzeichnungs- und Aufbewahrungspflichten (§ 77 Abs. 3 WpHG).** § 77 Abs. 3 WpHG beschreibt zwei Pflichten des zugangsgewährenden Wertpapierdienstleistungsunternehmens: Erstens eine **Aufbewahrungsflicht für Aufzeichnungen** zu den in § 77 WpHG genannten Angelegenheiten und zweitens die Pflicht, sicherzustellen, dass die Aufzeichnungen **für den behördlichen Aufsichtszweck ausreichend** sind. Eine originäre Aufzeichnungspflicht im Sinne einer einsehbaren Dokumentation wird von der Norm bereits als anderweitig bestehend vorausgesetzt. § 77 Abs. 3 WpHG ist eine nahezu identische Umsetzung von Art. 17 Abs. 5 Unterabs. 6 RL 2014/65/EU. Lediglich die Dauer der Aufbewahrungsfrist von mindestens fünf Jahren ist vom deutschen Gesetzgeber hinzugefügt worden.

50 Aufzeichnungen zu **den in diesem Paragraphen genannten Angelegenheiten** sind im Wesentlichen die internen Organisationsrichtlinien mit der Beschreibung der Prozessabläufe (Verfahren, IT-Systeme etc.), die Unterlagen über die Eignungsprüfung der Kunden sowie die Festlegung der Handels- und Kreditschwellen, die schriftlichen Vertragsunterlagen mit den Kunden und die Beschreibung der Kontrollprozesse. Diese Aufzeichnungen sind bereits deshalb zu führen, weil die BaFin nach § 77 Abs. 2 Satz 2 WpHG jederzeit eine Beschreibung der bei der Pflichterfüllung nach § 77 Abs. 1 WpHG zum Einsatz kommenden Systeme und Kontrollen sowie Nachweise für ihre Anwendung verlangen kann. Die Pflicht zur Abfassung von systematischen und für sachkundige Dritte nachvollziehbaren Geschäfts-, Kontroll- und Überwachungsunterlagen gründet sich auf die umfassende Pflicht zum Vorhalten einer ordnungsgemäßen Geschäftsorganisation gem. § 80 Abs. 1 Satz 1 WpHG und § 25a Abs. 1 KWG i.V.m. MaRisk AT Nr. 5 und 6. Die unter einem direkten Zugang erfolgenden Aufträge, Geschäftsabschlüsse und Stornierungen sind ebenfalls als Angelegenheit des § 77 WpHG anzusehen. Die Dokumentationspflicht für diese Daten fußt auf § 83 Abs. 1 WpHG, § 25a Abs. 1 Satz 6 KWG, Art. 25 Abs. 1 VO Nr. 600/2014, Art. 21 Abs. 1 Unterabs. 1 f. DelVO 2017/565 sowie partiell auch auf § 27 WpHG und Art. 75 und 76 DelVO 2017/565. Die Aufzeichnungspflicht nach § 77 Abs. 3 WpHG wird überlagert von Art. 21 Abs. 5 DelVO 2017/598. Nach dieser Vorschrift hat das Wertpapierdienstleistungsunternehmen vom Kunden eingereichte Aufträge nebst Änderungen und Stornierungen aufzuzeichnen. Ebenso unterliegen die in ihren Überwachungssystemen erzeugten Warnmeldungen sowie Änderungen ihrer Filterungsprozesse der Aufzeichnungspflicht.

---

[1] Vgl. hierzu das BaFin-Formular „Anzeige nach § 77 Abs. 2 Satz 1 WpHG" sowie das Formular der Hessischen Börsenaufsicht „Anzeige über das Anbieten eines direkten elektronischen Zugangs".

Im Grundsatz beginnt der **Lauf der Fünfjahresfrist** ab dem Zeitpunkt, in dem ein Vorgang (Eignungsprüfung; Kontrollhandlung) abgeschlossen ist. Ergeben sich aus anderen Normen längere Aufbewahrungspflichten, so sind diese zu beachten. 51

Soweit § 77 Abs. 3 WpHG eine **Sicherstellungspflicht** an das Unternehmen adressiert, dass die Aufzeichnungen im Hinblick auf die Beaufsichtigung ausreichend sein müssen, so sind damit die Geschäftsleiter angesprochen. Sie müssen, ggf. unter Einschaltung von qualifizierten Hilfspersonen, mit Anweisungen und Kontrollhandlungen auf die Erreichung des Zielbildes behördengerechter Aufzeichnungen hinwirken. 52

§ 78 Handeln als General-Clearing-Mitglied

Ein Wertpapierdienstleistungsunternehmen, das als General-Clearing-Mitglied für andere Personen handelt, muss über wirksame Systeme und Kontrollen verfügen, um sicherzustellen, dass die Clearing-Dienste nur für solche Personen erbracht werden, die dafür geeignet sind und die von dem Wertpapierdienstleistungsunternehmen vorher festgelegte eindeutige Kriterien erfüllen. Es muss diesen Personen geeignete Anforderungen auferlegen, die dafür sorgen, dass die Risiken für das Wertpapierdienstleistungsunternehmen und den Markt verringert werden. Es muss ein schriftlicher Vertrag zwischen dem Wertpapierdienstleistungsunternehmen und der jeweiligen Person bestehen, der die im Zusammenhang mit diesem Dienst bestehenden Rechte und Pflichten regelt.

In der Fassung des 2. FiMaNoG vom 23.6.2017 (BGBl. I 2017, 1693).

Delegierte Verordnung (EU) 2017/589 der Kommission vom 19. Juli 2016
zur Ergänzung der Richtlinie 2014/65/EU des Europäischen Parlaments und des Rates durch technische Regulierungsstandards zur Festlegung der organisatorischen Anforderungen an Wertpapierfirmen, die algorithmischen Handel betreiben
(Auszug)

Art. 24 Systeme und Kontrollen von Wertpapierfirmen, die als allgemeine Clearing-Mitglieder auftreten

(Artikel 17 Absatz 6 der Richtlinie 2014/65/EU)

Die Systeme, über die eine als allgemeines Clearing-Mitglied auftretende Wertpapierfirma („Clearingstelle") ihren Kunden Clearing-Dienste anbietet, werden in angemessener Weise Due-Diligence-Prüfungen unterzogen sowie kontrolliert und überwacht.

In der Fassung vom 19.7.2016 (ABl. EU Nr. L 87 v. 31.3.2017, S. 417).

Art. 25 Due-Diligence-Prüfungen potenzieller Clearing-Kunden

(Artikel 17 Absatz 6 der Richtlinie 2014/65/EU)

(1) Clearingstellen beurteilen potenzielle Clearing-Kunden in einer Erstbewertung vor Aufnahme der Geschäftsbeziehung im Hinblick auf die Art, den Umfang und die Komplexität ihrer Geschäftstätigkeit. Jeder potenzielle Clearing-Kunde wird anhand folgender Kriterien beurteilt:
a) Bonität unter Einbeziehung etwaiger Garantien;
b) interne Risikokontrollsysteme;
c) beabsichtigte Handelsstrategie;
d) Zahlungssysteme und Zahlungsvereinbarungen, die dem potenziellen Clearing-Kunden ermöglichen, von der Clearingstelle in Zusammenhang mit Clearing-Diensten angeforderte Einschusszahlungen in Vermögenswerten oder in bar termingerecht zu übertragen;
e) Systemeinstellungen und Zugang zu Informationen, die den potenziellen Clearing-Kunden bei der Einhaltung der mit der Clearingstelle vereinbarten Handelsobergrenze unterstützen;
f) etwaige Sicherheiten, die der potenzielle Clearing-Kunde der Clearingstelle zur Verfügung stellt;
g) operative Ressourcen wie Schnittstellen zwischen technischen Lösungen und Konnektivität;
h) Beteiligung des potenziellen Clearing-Kunden an Verstößen gegen die Vorschriften, mit denen die Integrität der Finanzmärkte sichergestellt wird, z.B. Beteiligung an Marktmissbrauch, Finanzkriminalität oder Geldwäsche.

(2) Clearingstellen überprüfen jährlich, inwieweit ihre Clearing-Kunden die in Absatz 1 aufgeführten Kriterien noch entsprechen. Diese Kriterien sind Bestandteil der in Artikel 17 Absatz 6 der Richtlinie 2014/65/EU erwähnten rechtlich bindenden schriftlichen Vereinbarung, die auch die Häufigkeit regelt, mit der die Clearingstelle die Einhaltung der Kriterien durch ihre Clearing-Kunden überprüft, sofern diese Überprüfung mehr als einmal jährlich erfolgt. In der rechtlich verbindlichen schriftlichen Vereinbarung wird geregelt, welche Konsequenzen Clearing-Kunden im Falle der Nichteinhaltung dieser Kriterien zu gewärtigen haben.

In der Fassung vom 19.7.2016 (ABl. EU Nr. L 87 v. 31.3.2017, S. 417).

Art. 26 Positionslimits

(Artikel 17 Absatz 6 der Richtlinie 2014/65/EU)

(1) Clearingstellen legen für ihre Clearing-Kunden angemessene Handels- und Positionslimits fest, mit denen ihre eigenen Gegenpartei-, Liquiditäts-, operationellen und sonstigen Risiken gemindert und gesteuert werden, und teilen ihnen diese Limits mit.

(2) Clearingstellen überwachen die Positionen ihrer Clearing-Kunden im Hinblick auf die Einhaltung der in Absatz 1 erwähnten Limits möglichst in Echtzeit und verfügen über angemessene Vorhandels- und Nachhandelsverfahren, mit denen sie das Risiko von Verstößen gegen die Positionslimits durch geeignete „Einschussverfahren" (Margining) und andere geeignete Mittel steuern können.

(3) Clearingstellen dokumentieren die in Absatz 2 erwähnten Verfahren in schriftlicher Form und führen Aufzeichnungen darüber, ob die Clearing-Kunden diese Verfahren einhalten.

In der Fassung vom 19.7.2016 (ABl. EU Nr. L 87 v. 31.3.2017, S. 417), geändert durch Berichtigung vom 28.7.2017 (ABl. EU Nr. L 197 v. 28.7.2017, S. 20).

Art. 27 Offenlegung von Informationen über erbrachte Dienstleistungen

(Artikel 17 Absatz 6 der Richtlinie 2014/65/EU)

(1) Clearingstellen veröffentlichen die Bedingungen, zu denen sie Clearing-Dienste anbieten. Sie bieten diese Dienste zu handelsüblichen Bedingungen an.

(2) Clearingstellen unterrichten ihre potenziellen und bestehenden Clearing-Kunden über die Schutzniveaus und die Kosten, die mit dem jeweiligen Grad der von ihnen angebotenen Kontentrennung verbunden sind. Die Informationen über die einzelnen Stufen der Trennung umfassen eine Beschreibung der wesentlichen rechtlichen Auswirkungen des jeweiligen angebotenen Trennungsgrads, einschließlich Informationen zum Insolvenzrecht der jeweiligen Rechtsordnung.

In der Fassung vom 19.7.2016 (ABl. EU Nr. L 87 v. 31.3.2017, S. 417), geändert durch Berichtigung vom 28.7.2017 (ABl. EU Nr. L 197 v. 28.7.2017, S. 20).

I. Zweck und Anwendungsbereich 1	IV. Dokumentationspflicht (§ 78 Satz 3 WpHG) . . 10
II. Systeme und Kontrollen (§ 78 Satz 1 WpHG) . . 6	V. Offenlegung (Art. 27 DelVO 2017/589) 13
III. Anforderungen an potentielle Kunden (§ 78 Satz 2 WpHG) 7	VI. Sanktionen 16

1 **I. Zweck und Anwendungsbereich.** § 78 WpHG setzt **Art. 17 Abs. 6 RL 2014/65/EU** (MiFID II) in nationales Recht um. Er begründet besondere Organisationspflichten für Wertpapierdienstleistungsunternehmen, die Clearingdienstleistungen für Dritte erbringen. Zweck des Art. 17 Abs. 6 RL 2014/65/EU und des § 78 WpHG ist es, die mit dem **Kundenclearing** verbundenen zusätzlichen **Risiken** für den Finanzmarkt und die am Clearing Beteiligten – das Wertpapierdienstleistungsunternehmen einerseits und die zentrale Gegenpartei (central counterparty, CCP) sowie die Clearingmitglieder der CCP andererseits – **zu reduzieren**[1].

2 Der mit „**Algorithmischer Handel**" überschriebene Art. 17 RL 2014/65/EU suggeriert einen engen Anwendungsbereich. Tatsächlich reicht der Anwendungsbereich jedoch über das Clearing von im Wege des algorithmischen Handels abgeschlossenen oder zustande gekommenen Finanzinstrumenten hinaus. Erfasst werden auch außerbörslich (over the counter, OTC) gehandelte Finanzinstrumente.

3 § 78 WpHG findet auf alle **Wertpapierdienstleistungsunternehmen** Anwendung, die Clearingdienstleistungen erbringen. Neben den Wertpapierdienstleistungsunternehmen, die als **Clearingmitglied** i.S.d. Art. 2 Nr. 14 VO Nr. 648/2012 (EMIR) Teilnehmer des Systems einer CCP sind, und der CCP gegenüber für die durch die Teilnahme begründeten Verbindlichkeiten unmittelbar haften, werden auch solche Wertpapierdienstleistungsunternehmen vom Anwendungsbereich erfasst, die selber nur **Kunde eines Clearingmitgliedes** sind, und Clearingdienstleistungen für Dritte – die indirekten Kunden i.S.d. Art. 1 lit. a DelVO Nr. 149/2013 – erbringen. Der Anwendungsbereich ist somit auch weiter als der des § 30 Abs. 3 WpHG, der nur Clearingmitglieder i.S.d. Art. 2 Nr. 14 VO Nr. 648/2012 erfasst. Beiden Vorschriften gemeinsam ist, dass sie nur auf die im Geltungsbereich des WpHG ansässigen **inländischen** Wertpapierdienstleistungsunternehmen Anwendung finden. Wegen der Einzelheiten zum Kundenclearing wird auf die Ausführungen zu Art. 4 VO Nr. 648/2012 Rz. 94 bis 109 verwiesen.

4 Der Begriff „**General-Clearing-Mitglied**" wird weder in der RL 2014/65/EU noch im WpHG definiert. Auffallend ist, dass der Gesetzgeber sich in § 78 WpHG nicht an den in der deutschen Fassung des Art. 17 Abs. 6 RL 2014/65/EU verwendeten Begriff „allgemeines Clearing-Mitglied" angelehnt, sondern sich an eine eigene Übersetzung des in der englischen Fassung genutzten Begriffs „general clearing member" versucht hat. Dabei ist er jedoch nicht konsequent geblieben. Bereits in den Bußgeldvorschriften (§ 120 Abs. 8 Nr. 95 WpHG) verwendet *er wieder den Begriff „allgemeines Clearing-Mitglied"*.

---

1 RegE 2. FiMaNoG, BT-Drucks. 18/10936, 240.

Von der in Art. 17 Abs. 7 RL 2014/65/EU vorgesehenen Befugnis, die Einzelheiten der in Art. 17 Abs. 6 RL 2014/65/EU festgelegten organisatorischen Anforderungen zu präzisieren, hat die Kommission mit Erlass der Art. 24 bis 27 **DelVO 2017/589** Gebrauch gemacht. Die deutsche Fassung der DelVO 2017/589 verwendet wieder den auch in der RL 2014/65/EU genutzten Begriff allgemeines Clearing-Mitglied, führt jedoch in Art. 24 DelVO 2017/589 zusätzlich den alternativen Begriff **Clearingstelle** (clearing firm) ein.

II. Systeme und Kontrollen (§ 78 Satz 1 WpHG). Nach § 78 Satz 1 WpHG muss ein Wertpapierdienstleistungsunternehmen, das als General-Clearing-Mitglied Clearingdienstleistungen für Kunden erbringt, über wirksame Systeme und Kontrollen verfügen, um sicherzustellen, dass seine Kunden geeignet sind und die von ihm festgelegten Kriterien erfüllen. Nach Art. 24 DelVO 2017/589 müssen diese Systeme und Kontrollen regelmäßigen angemessenen Prüfungen unterzogen werden.

III. Anforderungen an potentielle Kunden (§ 78 Satz 2 WpHG). Das Wertpapierdienstleistungsunternehmen muss seinen Kunden geeignete Anforderungen auferlegen, die dafür Sorge tragen, dass die Risiken für das Wertpapierdienstleistungsunternehmen und den Finanzmarkt verringert werden.

Nach Art. 25 Abs. 1 Satz 1 DelVO 2017/589 muss das Wertpapierdienstleistungsunternehmen jeden potentiellen Kunden in einer **Erstbewertung** im Hinblick auf Art, Umfang und Komplexität der vom Kunden beabsichtigten Handelstätigkeit beurteilen. Bei dieser Beurteilung sind die in Art. 25 Abs. 1 Satz 2 DelVO 2017/589 genannten Kriterien heranzuziehen. Hierzu zählen insbesondere die **Bonität** des Kunden, die auch unter Berücksichtigung von Garantien Dritter, z.B. eines Mutterunternehmens, beurteilt werden kann, die von dem Kunden eingerichteten internen Risikokontrollsysteme sowie die von ihm beabsichtigte **Handelsstrategie** und das sich hieraus ableitende Volumen der zu clearenden Finanzinstrumente. Ebenfalls zu berücksichtigen sind die von dem Kunden genutzten **Zahlungssysteme**, über die er die von der Clearingstelle angeforderten Einschüsse zeitnah leisten muss, sowie die von ihm genutzten **Systemzugänge** und -einstellungen, die es dem Kunden ermöglichen, die mit der Clearingstelle vereinbarten Handelsobergrenzen einzuhalten. Ebenfalls Teil der Beurteilung ist, ob der Kunde in der Vergangenheit an Verstößen gegen Vorschriften beteiligt war, die der Integrität der Finanzmärkte dienen, wie z.B. die Vorschriften zur Bekämpfung von **Marktmissbrauch, Geldwäsche oder Finanzkriminalität**. Die Beurteilung der Kriterien ist nach Art. 25 Abs. 2 Satz 1 DelVO 2017/589 jährlich zu wiederholen.

Nach Art. 26 Abs. 1 DelVO 2017/589 muss das Wertpapierdienstleistungsunternehmen für jeden Kunden angemessene **Handels- und Positionslimits** festlegen, mit denen es seine Gegenparteiausfall-, Liquiditäts- und operationellen Risiken mindert bzw. steuert. Die Limits sind dem Kunden mitzuteilen und nach Art. 26 Abs. 2 DelVO 2017/589 von dem Wertpapierdienstleistungsunternehmen laufend und **möglichst in Echtzeit** zu überwachen. Das Wertpapierdienstleistungsunternehmen muss über angemessene Vorhandels- und Nachhandelsverfahren verfügen, mit denen es das Risiko von Verstößen gegen die Positionslimits in geeigneter Weise, z.B. durch das Anfordern von Einschüssen bzw. das Glattstellen durch den Abschluss von Gegengeschäften, steuern kann. Die Verfahren sind nach Art. 26 Abs. 3 DelVO 2017/589 schriftlich festzuhalten.

IV. Dokumentationspflicht (§ 78 Satz 3 WpHG). Nach § 78 Satz 3 WpHG muss das Wertpapierdienstleistungsunternehmen mit seinen Kunden eine **schriftliche Vereinbarung** abschließen, in denen die mit der Erbringung der Clearingdienstleistungen im Zusammenhang stehenden beiderseitigen Rechte und Pflichten geregelt werden.

Gegenstand der Vereinbarung sind nach Art. 25 Abs. 2 Satz 2 DelVO 2017/589 u.a. die **Mindestanforderungen**, die der Kunde dauerhaft erfüllen muss, die **Handelsobergrenze** und, wenn die Überprüfung der Anforderungen mehr als einmal im Jahr erfolgt, **die Häufigkeit der Überprüfung**. Ebenfalls zu regeln sind nach Art. 25 Abs. 2 Satz 2 DelVO 2017/589 die **Konsequenzen**, die den Kunden erwarten, wenn er die mit ihm vereinbarten Anforderungen nicht einhält.

Für die Dokumentation der Vereinbarungen über das Clearing bedienen sich die Wertpapierdienstleistungsunternehmen i.d.R. der von Handelsorganisationen und Bankenverbänden entwickelten **Mustertexte**. Einen Überblick über die in der Praxis verwendeten Rahmenvereinbarungen – z.B. die von den Spitzenverbänden der deutschen Kreditwirtschaft entwickelte Clearing-Rahmenvereinbarung – findet sich in der Kommentierung zu Art. 4 VO Nr. 648/2012 Rz. 159 und 160. Diese Mustertexte beschränken sich naturgemäß auf die wesentlichen Rechte und Pflichten; um der Dokumentationspflicht des § 78 Satz 3 WpHG zu genügen, müssen sie durch **zusätzliche individuelle Vereinbarungen**, wie z.B. Regelungen über die Handelsobergrenze oder Positionslimite, ergänzt werden.

V. Offenlegung (Art. 27 DelVO 2017/589). Nach Art. 27 Abs. 1 DelVO 2017/589 muss das Wertpapierdienstleistungsunternehmen seine Clearingdienstleistungen zu **handelsüblichen Bedingungen** anbieten; es muss diese Bedingungen veröffentlichen.

Das Wertpapierdienstleistungsunternehmen ist nach Art. 27 Abs. 2 DelVO 2017/589 verpflichtet, seine Kunden über die Art der **Abrechnungskonten**, die es seinen Kunden anbietet – z.B. das Omnibus-Kunden-Konto und das Einzelkunden-Konto – und das mit dem jeweiligen Kontenmodell verbundene **Schutzniveau** sowie über die Kosten zu informieren. Diese Information muss auch eine Beschreibung der wesentlichen rechtlichen Auswirkungen des jeweils angebotenen Trennungsgrads sowie der rechtlichen Rahmenbedingungen einschließlich des anwendbaren Insolvenzrechts beinhalten.

15 Art. 27 DelVO 2017/589 ist **Art. 39 Abs. 7 VO Nr. 648/2012 (EMIR) nachgebildet**, der für die Clearingmitglieder i.S.d. Art. 2 Nr. 14 VO Nr. 648/2012 unmittelbar gilt. Für Kunden, die Clearingdienstleistungen für indirekte Kunden anbieten, ergibt sich eine vergleichbare Verpflichtung aus Art. 5 Abs. 1 DelVO Nr. 149/2013. Auf die Kommentierung des Art. 39 VO Nr. 648/2012 Rz. 36–47 wird verwiesen.

16 **VI. Sanktionen.** Ein Verstoß gegen die Pflicht, Systeme und Kontrollen nach § 78 Satz 1 WpHG einzurichten, stellt nach § 120 Abs. 8 Nr. 95 WpHG eine Ordnungswidrigkeit dar, die nach § 120 Abs. 24 WpHG mit Geldbußen i.H.v. bis zu 50.000 Euro geahndet werden kann. Für die Verletzung der Dokumentationspflicht nach § 78 Satz 3 WpHG sieht § 120 Abs. 8 Nr. 96 i.V.m. Abs. 24 WpHG Geldbußen i.H.v. ebenfalls bis zu 50.000 Euro vor. Nach § 123 Abs. 4 WpHG hat die BaFin jede unanfechtbar gewordene Bußgeldentscheidung unverzüglich auf ihrer Internetseite öffentlich bekannt zu machen, es sei denn, diese Veröffentlichung würde die Finanzmärkte erheblich gefährden oder zu einem unverhältnismäßigen Schaden bei den Beteiligten führen. Die Bekanntmachung darf keine personenbezogenen Daten enthalten und ist nach fünf Jahren zu löschen (§ 120 Abs. 5 WpHG). Wegen der Einzelheiten wird auf die Ausführungen zu Art. 12 VO Nr. 648/2012 und zu § 120 WpHG verwiesen.

§ 79 Mitteilungspflicht von systematischen Internalisierern

Wertpapierdienstleistungsunternehmen, die als systematischer Internalisierer tätig sind, haben dies der Bundesanstalt unverzüglich mitzuteilen. Die Bundesanstalt übermittelt diese Information an die Europäische Wertpapier- und Marktaufsichtsbehörde.

In der Fassung des 2. FiMaNoG vom 23.6.2017 (BGBl. I 2017, 1693).

Schrifttum: *Gebauer/Teichmann* (Hrsg.), Europäisches Privat- und Unternehmensrecht, Bd. 6. Europäisches Privat- und Unternehmensrecht, 2016; *Hoops*, Bedeutung des organisierten Handelssystems in der gegenwärtigen Marktinfrastruktur, RdF 2017, 14; *Hoops*, Das neue Regime für die systematische Internalisierung nach MiFID II: Auswirkungen auf den deutschen Zertifikatehandel, WM 2017, 319; *Meljnik*, Systematische Internalisierung: Eckpunkte des neuen Aufsichtsregimes nach MiFID II/ MiFIR, BaFin Journal April 2017, 35; *Poelzig*, Kapitalmarktrecht, 2018; *Lutter/Bayer/J. Schmidt*, Europäisches Unternehmens- und Kapitalmarktrecht, 6. Aufl. 2017; *Schelling*, Die systematische Internalisierung in Nichteigenkapitalinstrumenten nach MiFID II und MiFIR, BKR 2015, 221; *Temporale* (Hrsg.), Europäische Finanzmarktregulierung, 2015; *Teuber/Schröer* (Hrsg.), MiFID II/MiFIR, 2015.

I. Regelungsgegenstand und -gefüge 1	d) Rückgängigmachen der Unterwerfung 21
II. Die Mitteilungspflicht 11	2. Form der Mitteilung 22
1. Entstehen der Pflicht 11	3. Inhalt der Mitteilung 24
a) Überschreitung von Schwellenwerten 12	III. Informationsübermittlung an die ESMA
b) Unterschreiten von Schwellenwerten 18	(§ 79 Satz 2 WpHG) 26
c) Freiwillige Unterwerfung unter die Regelungen zur systematischen Internalisierung . . . 19	

1 **I. Regelungsgegenstand und -gefüge.** § 79 ist der einzige Paragraph im WpHG, in dem die systematische Internalisierung – oder besser: der systematische Internalisierer als Erbringer der systematischen Internalisierung – im Mittelpunkt der Regelung steht. § 79 Satz 1 WpHG verlangt, dass Wertpapierdienstleistungsunternehmen der BaFin melden, wenn sie als systematische Internalisierer tätig werden. Ansonsten begründet das WpHG noch in § 82 Abs. 10 WpHG die Pflicht, dass Internalisierer mindestens einmal jährlich Informationen über die Ausführungsqualität von Aufträgen veröffentlichen. Schließlich finden systematische Internalisierer Erwähnung in § 73 Abs. 2 und 3 WpHG i.d.F. des Art. 4 Nr. 2 des Gesetzes zur Ausübung von Optionen der EU-Prospektverordnung und zur Anpassung weiterer Finanzmarktgesetze vom 10.7.2018. Die BaFin hat danach bei der Aussetzung oder beim Ausschluss von Finanzinstrumenten vom Handel an MTF und OTF Folgeaussetzungen bzw. -ausschlüsse in den betreffenden Werten auch gegenüber Internalisierern vorzunehmen (s. § 73 WpHG Rz. 1 und 19 ff.).

2 Die sonstigen spezifischen Pflichten eines systematischen Internalisierers sind seit Inkrafttreten der MiFIDII/MiFIR-Gesetzgebung in unmittelbar geltenden EU-Verordnungen, insbesondere im **Titel III der VO Nr. 600/2014 (MiFIR)** zu finden. In Art. 1 Abs. 7 Unterabs. 2 RL 2014/65/EU (MiFID II), heißt es, dass jede Wertpapierfirma, die in organisierter und systematischer Weise häufig Handel für eigene Rechnung treibt, wenn sie Kundenaufträge außerhalb eines geregelten Marktes, eines MTF oder eines OTF ausführt, diesen gemäß Titel III VO Nr. 600/2014 zu betreiben hat. Hierbei handelt es sich vor allem um Vorschriften zur Vor- und Nach-

handelstransparenz (Art. 14 ff. VO Nr. 600/2014). Erst das Ordnungswidrigkeitenrecht des WpHG knüpft dann in § 120 Abs. 9 WpHG nochmals an die systematische Internalisierung an, indem gewisse Verstöße gegen die Art. 14 ff. VO Nr. 600/2014 mit Geldbußen belegt werden können. Die früher einschlägigen Bestimmungen der §§ 32a bis 32d WpHG, die sich lediglich auf Aktien und Aktien vertretende Zertifikate bezogen, wurden durch das 2. FiMaNoG aufgehoben[1]. Diese vormaligen Vorschriften erfuhren in der Praxis keine größere Bedeutung[2]. Seit der Einführung von Regelungen zur systematischen Internalisierung im Zuge der Umsetzung der MiFID von 2004 gab es unter den deutschen Instituten so gut wie keine Internalisierer. Nur die Deutsche Bank AG war kurzzeitig als solcher registriert[3]. Insgesamt wies die nach Art. 34 Abs. 5 VO Nr. 1287/2006 geführte Liste der ESMA Ende 2017 EU-weit 12 systematische Internalisierer aus[4]. Bereits einen reichlichen Monat nach Inkrafttreten der Neuregelung waren bereits 45 Institute als systematische Internalisierer registriert, darunter 14 aus Deutschland[5]. Mitte 2018 betrug die Gesamtzahl bereits über 100 mit 17 deutschen Instituten.

Die Aufnahme von § 79 in das WpHG beruht auf **Art. 15 Abs. 1 Unterabs. 2 VO Nr. 600/2014 und Art. 18 Abs. 4 VO Nr. 600/2014**, wo es im Hinblick auf die Internalisierung des Handels von Eigen- bzw. Nichteigenkapitalinstrumenten jeweils wörtlich heißt: „Die Mitgliedstaaten schreiben vor, dass Firmen, die die Definition eines systematischen Internalisierers erfüllen, ihre zuständige Behörde hierüber unterrichten. Diese Benachrichtigung wird der ESMA übermittelt. Die ESMA erstellt eine Liste aller systematischen Internalisierer in der Union." Den Vorschriften liegt das grundsätzliche Regelungskonzept zugrunde, dass ein Wertpapierdienstleistungsunternehmen erst dann zum systematischen Internalisierer wird, wenn es gewisse festgesetzte Schwellenwerte im Handel außerhalb von Handelsplätzen überschritten oder sich selbst zum systematischen Internalisierer erklärt hat. 3

Für die Antwort auf die Frage, wann ein Wertpapierdienstleistungsunternehmen als systematischer Internalisierer tätig ist, ist **§ 2 Abs. 8 Satz 1 Nr. 2 lit. b WpHG** heranzuziehen. Sinngemäß handelt es bei der systematischen Internalisierung um das häufige organisierte und systematische Betreiben von Handel für eigene Rechnung in erheblichem Umfang, wenn dabei Kundenaufträge außerhalb eines geregelten Marktes oder eines MTF oder OTF ausgeführt werden, ohne dass ein multilaterales Handelssystem betrieben wird. Systematische Internalisierer gehören, wie sich aus **§ 2 Abs. 22 WpHG** ergibt, nicht zu den Handelsplätzen[6]. Dies sind nur geregelte Märkte, MTF und OTF. Der Handel bei einem systematischen Internalisierer ist rechtlich und materiell bilateraler Natur. Für Eigenkapitalinstrumente wird dies unionsrechtlich nochmals mit Art. 23 Abs. 2 VO Nr. 600/2014 verdeutlicht. Dort heißt es, dass eine Wertpapierfirma, die ein internes System zur Zusammenführung von Aufträgen betreibt, das Kundenaufträge auf multilateraler Basis ausführt, sicherstellen muss, dass dieses als MTF betrieben wird. 4

Zur Frage, ob „**häufiger systematischer Handel**" vorliegt, führt § 2 Abs. 8 Satz 3 WpHG aus, dass sich dies nach der Zahl der OTC-Geschäfte mit einem Finanzinstrument bestimmt, die vom Wertpapierdienstleistungsunternehmen für eigene Rechnung durchgeführt werden, wenn es Kundenaufträge ausführt[7]. Was „**organisierter Handel**" bedeutet, wird im WpHG nicht weiter ausgeführt. Es wird sich letztlich um ein Tatbestandsmerkmal handeln, dass in der Definition des „häufigen systematischen Handels" mit aufgeht. Ein solcher Handel ist hinsichtlich der Vertragsabschlüsse und der Geschäftsabwicklung in unorganisierter Form nur schwerlich vorstellbar[8]. Ob „**in erheblichem Umfang**" gehandelt wird, soll sich nach § 2 Abs. 8 Satz 4 Halbsatz 1 WpHG entweder nach dem Anteil des OTC-Handels am Gesamthandelsvolumen des Wertpapierdienstleistungsunternehmens in einem bestimmten Finanzinstrument oder nach dem Verhältnis des OTC-Handels des Wertpapierdienstleistungsunternehmens zum Gesamthandelsvolumen in einem bestimmten Finanzinstrument in der EU bemessen[9]. § 2 Abs. 8 Satz 5 WpHG legt schließlich fest, dass die Voraussetzungen der systematischen Internalisierung erst dann erfüllt sind, wenn sowohl die Obergrenze für den häufigen systematischen Handel als auch die Obergrenze für den Handel in erheblichem Umfang überschritten werden[10] oder wenn ein Unternehmen sich freiwillig den für die systematische Internalisierung geltenden Regelungen unterworfen[11] und eine Erlaubnis zum Betreiben der systematischen Internalisierung bei der Bundesanstalt beantragt hat. 5

Um die objektive und effektive Anwendung der Definition von systematischen Internalisierern in der EU sicherzustellen[12], werden in den **Art. 12 ff. DelVO 2017/565 Spezifikationen** vorgenommen, **wann** bei welchen 6

---

1 Vgl. Art. 3 Nr. 79 2. FiMaNoG nebst Begründung, BT-Drucks. 18/10936, 240.
2 Zu mutmaßlichen Gründen s. *Happel/Süss* in Teuber/Schröer, S. 235.
3 *Seiffert* in KölnKomm. WpHG, § 32 WpHG Rz. 6.
4 www.esma.europa.eu, Stand: 1.12.2017.
5 www.esma.europa.eu, Stand: 8.2.2018.
6 *Zetzsche/Eckner* in Gebauer/Teichmann, § 7 Rz. 170 m.w.N. sprechen von funktionsspezifisch besonders regulierten Wertpapierfirmen.
7 Grundlage bildet Art. 4 Abs. 1 Nr. 20 Unterabs. 2 Satz 1 RL 2014/65/EU (MiFID II).
8 *Schelling*, BKR 2015, 221 f.
9 Grundlage bildet Art. 4 Abs. 1 Nr. 20 Unterabs. 2 Satz 2 RL 2014/65/EU (MiFID II).
10 Grundlage bildet Art. 4 Abs. 1 Nr. 20 Unterabs. 2 Satz 3 RL 2014/65/EU (MiFID II).
11 Grundlage bildet Art. 4 Abs. 1 Nr. 20 Unterabs. 2 Satz 3 a.E. RL 2014/65/EU (MiFID II).
12 Erwägungsgrund Nr. 18 DelVO 2017/565.

Finanzinstrumenten ein **häufiger systematischer Handel** sowie ein **Handel von erheblichem Umfang** gegeben ist. Die Spezifikationen werden dazu beitragen, dass sich die Zahl der systematischen Internalisierer EU-weit erhöht[1]. Die Befugnisnorm für den Erlass dieser Artikel im Wege der delegierten Verordnung stellt Art. 4 Abs. 2 i.V.m. Art. 50 RL 2014/65/EU dar[2]. Art. 12 DelVO 2017/565 trifft Regelungen für systematische Internalisierer von Aktien, Aktienzertifikaten, börsengehandelte Fonds, Zertifikaten und anderen vergleichbaren Finanzinstrumenten, Art. 13 DelVO 2017/565 für systematische Internalisierer von Schuldverschreibungen, Art. 14 DelVO 2017/565 für systematische Internalisierer von strukturierten Finanzprodukten, Art. 15 DelVO 2017/565 für systematische Internalisierer von Derivaten und Art. 16 DelVO 2017/565 für systematische Internalisierer von Emissionszertifikaten. Bei der DelVO 2017/565 handelt es sich um unmittelbar in Deutschland anwendbares Recht. Gleichwohl verweist § 2 Abs. 8 Satz 4 Halbsatz 2 WpHG auf nähere Bestimmungen der Art. 12 bis 17 DelVO 2017/565, die damit zu Bestimmungen des WpHG und Gegenstände der Aufsicht der BaFin nach § 6 WpHG werden[3].

7 Nach § 2 Abs. 8 WpHG liegt systematische Internalisierung nur dann vor, wenn es sich bei den Geschäften aus Sicht des Wertpapierdienstleistungsunternehmens um **Handel für eigene Rechnung handelt, bei dem Kundenaufträge ausgeführt werden**. Die Vertragspartner des Wertpapierdienstleistungsunternehmens müssen seine Kunden sein. Wer Kunde im Verhältnis zum Unternehmen ist, bestimmt sich nach Art. 67 WpHG. Kunden sind danach natürliche oder juristische Personen, für die ein Wertpapierdienstleistungsunternehmen Wertpapierdienstleistungen oder Nebendienstleistungen erbringt oder anbahnt. Die Kundeneigenschaft kann sich auch ausschließlich über den Abschluss von Handelsgeschäften definieren. Dass der Kunde seine bestandsführenden Geld- und Depotkonten bei dem Wertpapierdienstleistungsunternehmen unterhält, ist nicht erforderlich, wenngleich die systematische Internalisierung ihre ursprüngliche Idee draus gespeist hat, dass bestandsführende Geld- und Stückebuchungen im Haus des Wertpapierdienstleistungsunternehmens verbleiben und keine bestandsführenden Konten und Depots außerhalb der Sphäre des Wertpapierdienstleistungsunternehmens angesteuert werden müssen. Handeln also externe Gegenparteien im Interbankenhandel bei einem systematischen Internalisierer, so nährt sich der Internalisierer strukturell bereits einem Handelsplatz an.

8 Eine Legaldefinition für den **Handel für eigene Rechnung** enthält das WpHG nicht. Da es sich bei der Definition der systematischen Internalisierung um die Umsetzung der Vorschrift des systematischen Internalisierers nach Art. 4 Abs. 1 Nr. 20 Unterabs. 1 RL 2014/65/EU handelt[4], ist es zulässig, für die Auslegung des WpHG auf die Definition des Handels für eigene Rechnung in Art. 4 Abs. 1 Nr. 6 RL 2014/65/EU zurückzugreifen. Handel für eigene Rechnung ist danach der Handel unter Einsatz des eigenen Kapitals, der zum Abschluss von Geschäften mit einem oder mehreren Finanzinstrumenten führt. Voraussetzung ist damit, dass die Erwerbs- oder Veräußerungstransaktionen gegen den eigenen Geld- und Stücke- bzw. Rechtebestand der Wertpapierfirma gebucht werden. Da es sich bei der systematischen Internalisierung **nicht zugleich um den Betrieb eines multilateralen Systems** handeln darf, darf es sich bei den Geschäften, die über das eigene Handelsbuch laufen, nicht um das permanente risikofreie Zusammenführen von gegenläufigen Kundenaufträgen handeln. Dies liefe materiell auf multilateralen Handel hinaus, was ausweislich Art. 23 Abs. 2 VO Nr. 600/2014 ein genehmigungspflichtiges MTF bedeuten würde. Soweit Erwägungsgrund Nr. 7 VO Nr. 600/2014 noch den Eindruck erweckt, dass das risikolose Zusammenführen sich deckender Kundenaufträge uneingeschränkt materiell bilateraler Handel sein könne, so wird dies durch Erwägungsgrund Nr. 17 Satz 3 RL 2014/65/EU neutralisiert. Dort wird zum Ausdruck gebracht, dass es einem systematischen Internalisierer nicht gestattet sein sollte, in funktional gleicher Weise wie Handelsplätze Erwerbs- und Veräußerungsinteressen Dritter zusammenzuführen. Kundenaufträge müssen also im Regelfall nach den Vertragsschlüssen – und sei es auch nur für kurze Zeit – zu echten Risikopositionen bei der Wertpapierfirma führen[5]. Sie dürfen im Moment der Geschäftsschlüsse mit der Wertpapierfirma nicht bereits durch die Wertpapierfirma mit anderen deckungsgleichen Kundenaufträgen bzw. sich deckenden Orders von Handelsplätzen glattgestellt sein. Erwägungsgrund Nr. 19 DelVO 2017/565 hat diesen Gedanken nochmals aufgegriffen und verfeinert. Satz 1 wiederholt zunächst Erwägungsgrund Nr. 17 Satz 3 RL 2014/65/EU. In Satz 2 heißt es dann, dass ein systematischer Internalisierer nicht aus einem internen Matching-System bestehen sollte, das Kundenaufträge auf multilateraler Basis ausführt; diese Tätigkeit erfordere die Zulassung als multilaterales Handelssystem (MTF). Nach Erwägungsgrund Nr. 19 Satz 3 DelVO 2017/565 ist ein internes Matching-System ein System, das Kundenaufträge abgleicht und im Ergebnis dazu führt, dass die Wertpapierfirma regelmäßig und nicht gelegentlich die Zusammenführung sich deckender Kundengeschäfte vornimmt.

---

1 *Happel/Süss* in Teuber/Schröer, S. 235.
2 Anders *Schelling*, BKR 2015, 221, 222, *Hoops*, WM 2017, 319, 320 und *Buck-Heeb*, Rz. 133, die auf Art. 50 VO Nr. 600/2014 abstellen.
3 Vgl. zur parallelen Regelung im KWG § 1 Abs. 1a Satz 6 und 7 KWG.
4 BT-Drucks. 18/10936, 222.
5 ESMA Q & A On MiFID II and MiFIR market structures topics, Nr. 5.3. Antwort auf Frage 21; veröffentlicht am 3.4.2017. S. auch *Buck-Heeb*, Rz. 131; *Poelzig*, § 9 Rz. 226.

Die EU-Kommission hatte bereits im Sommer 2017 Sorge geäußert, dass das **Tatbestandsmerkmal des „Handels für eigene Rechnung bei der Ausführung von Kundenaufträgen" Ungenauigkeiten enthalte**[1]. Befürchtet wurde, dass es nicht zu einer klaren Abgrenzung von bilateralen und multilateralen Ausführungsplätzen kommt und die angestrebte Verlagerung von mehr Geschäft auf Handelsplätze unterbleibt. Die Kommission hat deshalb die DelVO 2017/565 mit Art. 16a ergänzt[2] und dort die Definition des systematischen Internalisierers präzisiert. Danach soll es für die Zwecke von Art. 4 Abs. 1 Nr. 20 RL 2014/65/EU **keinen Handel für eigene Rechnung** darstellen, wenn die Wertpapierfirma ihre Prozesse im Ergebnis so ausrichtet, dass sie durch Vernetzung mit anderen systematischen Internalisieren außerhalb der eigenen Unternehmensgruppe „**de facto risikolose Back-to-Back-Geschäfte**" tätigt. Art. 16a DelVO 2017/565 ist als europarechtliche Vorschrift zugleich Bestandteil der nationalen Rechtsordnungen in den Mitgliedstaaten und daher bei der Definition der systematischen Internalisierung nach § 2 Abs. 8 Satz 1 Nr. 2 lit. b WpHG mit zu berücksichtigen (s. § 2 WpHG Rz. 116). 9

Als Vorschrift des 11. Abschnitts des WpHG kann die Einhaltung des § 79 Satz 1 WpHG durch die BaFin im Rahmen einer nicht anlassbezogenen **Prüfung** gem. § 88 WpHG geprüft werden. Auch wird § 79 Satz 1 WpHG in die jährliche Prüfung gem. § 89 WpHG einbezogen. Die einschlägigen Vorschriften der DelVO 2017/565 zur systematischen Internalisierung sind ebenfalls von den Prüfungsvorschriften §§ 88 und 89 WpHG erfasst. § 79 Satz 1 WpHG ist nicht bußgeldbewehrt. 10

II. Die Mitteilungspflicht. 1. Entstehen der Pflicht. Gegenüber der BaFin mitteilungspflichtig ist das Wertpapierdienstleistungsunternehmen, das als systematischer Internalisierer tätig ist. Die Meldung selbst ist für die Erlangung des Status als systematischer Internalisierer kein konstitutives Element[3]. Insbesondere sind Geschäfte, die ein systematischer Internalisierer vor einer erfolgten Mitteilung schließt, wirksam. Das Gesetz kennt zwei Möglichkeiten, wie ein Unternehmen systematischer Internalisierer wird, entweder durch das Erreichen von Schwellenwerten oder durch freiwillige Unterwerfung; § 2 Abs. 8 Satz 5 WpHG. 11

a) Überschreitung von Schwellenwerten. Das **Unternehmen** und nicht die Aufsichtsbehörde ist zur Feststellung verpflichtet, dass seine Handelsaktivitäten mit Finanzinstrumenten die gesetzlichen Grenzwerte für häufigen und systematischen Handel (Häufigkeitsschwelle) sowie in erheblichem Umfang stattfindenden Handel (Wesentlichkeitsschwelle) überschritten haben[4]. Nach der Feststellung, dass die Werte erreicht worden sind, hat die Mitteilung **unverzüglich** stattzufinden. Unverzüglich ist im Sinne der Legaldefinition von § 121 BGB zu verstehen. Demzufolge muss die Mitteilung ohne schuldhaftes Zögern nach Eintritt des Anzeigetatbestandes erfolgen[5]. 12

Für die Feststellung, ob **häufig und systematisch** internalisiert wird, muss gem. Art. 12 ff. DelVO 2017/565 (die Vorschriften sind bei Art. 14 und 18 DelVO Nr. 600/2014 mit abgedruckt) im ersten Schritt ermittelt werden, ob es für das betreffende Finanzinstrument einen liquiden Markt iSd Maßgabe von Art. 2 Abs. 1 Nr. 17 lit. a bzw. b VO Nr. 600/2014 gibt. Die DelVO 2017/567 enthält in Art. 1 ff. nähere Bestimmungen zur Bewertung, ob ein liquider Markt bei Eigenkapitalinstrumenten vorliegt. Die Bewertung wird gem. Art. 5 Abs. 1 DelVO 2017/567 durch die zuständige Behörde des nach Liquiditätsaspekten wichtigsten Markts nach Art. 16 DelVO 2017/590 vorgenommen und veröffentlicht. Für Fremdkapitalinstrumente ergibt sich die Bewertung, ob ein Wert einen liquiden Markt besitzt, aus dem Tabellenwerk der DelVO 2017/583. Besteht ein liquider Markt, so schließt sich die Prüfung zweier weiterer Voraussetzungen an. Es ist festzustellen, ob in den vergangenen sechs Monaten 13
– die Zahl der selbst mit Kunden ausgeführten Geschäfte einen gewissen Prozentsatz an der Gesamtanzahl der EU-weit in dem Finanzinstrument ausgeführten Geschäfte erreicht hat, und
– selbst mit Kunden ausgeführte Geschäfte in dem entsprechenden Finanzinstrument durchschnittlich einmal pro Woche (Werte nach Art. 13–16 DelVO 2017/565) bzw. täglich (bei Werten nach Art. 12 DelVO 2017/565) vorgekommen sind.
Liegt kein liquider Markt vor, so ist nur der letztgenannte Aspekt zu prüfen.

Bei der Ermittlung, ob die **Internalisierung in erheblichem Umfang** erfolgt, muss eine der beiden Voraussetzungen erfüllt sein: 14
– Der Umsatz von selbst mit Kunden ausgeführten Geschäften in dem betreffenden Instrument muss in den vergangenen sechs Monaten einen gewissen Prozentsatz des Gesamtumsatzes, den die Wertpapierfirma mit

---

1 S. Begründung Nr. 1 zum Entwurf der EU-Kommission einer delegierten Verordnung vom 28.8.2017 zur Änderung der Delegierten Verordnung (EU) 2017/565 durch Präzisierung der Begriffsbestimmung des systematischen Internalisierers für die Zwecke der Richtlinie 2014/65/EU, C(2017) 5812 final.
2 Vgl. DelVO 2017/2294; ABl. EU Nr. L 329 v. 13.12.2017, S. 4.
3 A.A. wohl *Buck-Heeb*, Rz. 134.
4 Zur Berechnung durch das Unternehmen selbst s. auch *Schelling*, BKR 2015, 221, 222, und *Meljnik*, BaFin Journal April 2017, 35.
5 BaFin-Formular „Mitteilung nach § 79 Satz 1 WpHG", S. 5.

- diesem Finanzinstrument für eigene Rechnung oder im Namen der Kunden an einem Handelsplatz oder OTC erzielt hat, erreicht haben.
- Der Umsatz in dem betreffenden Instrument muss einen gewissen Prozentsatz des Gesamtumsatzes, der mit diesem Finanzinstruments innerhalb der EU an einem Handelsplatz bzw. OTC erzielt wurde, erreicht haben.

Die konkreten Prozentsätze in der Verordnung sind so gewählt worden, dass Handelsaktivitäten, die Auswirkungen auf die Marktpreisbildung haben, in das Transparenzregime der MiFIR für systematische Internalisierer fallen[1].

15 Überschreitet eine Wertpapierfirma in Bezug auf eine Schuldverschreibung die beiden Schwellenwerte, dann wird auch es für alle anderen Finanzinstrumente derselben Kategorie, welche von dem selben Unternehmen oder einem Unternehmen innerhalb der gleichen Gruppe ausgegeben wurde, systematischer Internalisierer (Art. 13 DelVO 2017/565). Die Kategorisierung richtet sich dabei nach der (Annex III Tabelle 2.2 DelVO 2017/583). Die gleiche Regelung findet sich für strukturierte Finanzprodukte in Art. 14 DelVO 2017/565. Nach Art. 15 DelVO 2017/565 gilt eine Wertpapierfirma, die ein Derivat internalisiert und dabei die Schwellenwerte erreicht, als systematischer Internalisierer in Bezug auf alle Derivate, die einer Kategorie von Derivaten angehören. Zur Ermittlung der einschlägigen Derivateklasse ist ebenfalls auf das Tabellenwerk der DelVO 2017/583 zurückzugreifen. Zugrunde zu legen ist jeweils die kleinste dort für Derivate definierte Kategorie. Für Aktienderivate soll die SSTI/LIS-Tabelle 6.2 aus Anhang III der DelVO 2017/583 zur Anwendung gelangen[2].

16 Nach Art. 17 DelVO 2017/565 werden die Bedingungen gem. Art. 12–16 DelVO 2017/565 vierteljährlich auf der Grundlage der Daten der vorausgegangenen sechs Monate beurteilt. Da die ESMA erstmalig im Sommer 2018 die Datengrundlage für die Gesamtzahl der abgeschlossenen Geschäfte und der Transaktionsvolumen veröffentlicht, werden die Berechnungen der Wertpapierfirmen, ob sie häufig und systematisch und in erheblichem Umfang internalisieren, erst ab September 2018 vorgenommen[3]. Anzeigen gem. § 79 Satz 1 WpHG seitens deutscher Institute an die BaFin, dass sie kraft der Kriterien der DelVO 2017/565 systematischer Internalisierer sind, können damit erst ab diesem Zeitpunkt erfolgen[4].

17 Im Zeitpunkt des Entstehens der (erstmaligen) Meldepflicht besitzt das Unternehmen bereits eine Erlaubnis nach § 1 Abs. 1a Satz 2 Nr. 4 lit. c KWG für den „klassischen" Eigenhandel[5]. Es schließt sich die Frage an, ob der Meldung ein Verfahren zur Erlangung der Erlaubnis nach § 32 Abs. 1 KWG i.V.m. § 1 Abs. 1a Satz 2 Nr. 4 lit. b KWG (Eigenhandel durch systematische Internalisierung) vorzuschalten ist. Gesetzgeberisch ist dies nicht klar geregelt. Allerdings gibt es mit den speziellen Regelungen in § 1 Abs. 1a Satz 8 Alt. 2 a.E. KWG und § 2 Abs. 8 Satz 5 Alt. 2 a.E. WpHG Anhaltspunkte, wonach vor oder neben der Anzeige nicht noch ein Erlaubnisantrag zu stellen ist. Dort wird der Erlaubnisantrag bei der BaFin nur für den Fall erwähnt, in dem eine freiwillige Unterwerfung unter die Regelungen zur systematischen Internalisierung erfolgt.

18 **b) Unterschreiten von Schwellenwerten.** Erreicht ein Wertpapierdienstleistungsunternehmen bei der Datenbeurteilung entweder die Grenze für den häufigen systematischen Handel oder die Grenze für den Handel in erheblichem Umfang nicht mehr, so ist die BaFin darüber zu informieren, dass die Tätigkeit als systematischer Internalisierer wegen des Unterschreitens der maßgeblichen Schwellenwerte für die relevanten Finanzinstrumente aufgegeben wird[6]. Diese Pflicht folgt implizit daraus, dass das Wertpapierdienstleistungsunternehmen nach § 79 Satz 1 WpHG verpflichtet ist, eine den Tatsachen entsprechende Erklärung abzugeben. Wird eine Erklärung durch die Änderung der Tatsachenlage unrichtig, so ist diese unverzüglich (i.S.d. § 121 BGB) nach Eintritt des Anzeigetatbestands[7] zurückzunehmen.

19 **c) Freiwillige Unterwerfung unter die Regelungen zur systematischen Internalisierung.** Nach § 2 Abs. 8 Satz 5 Alt. 2 WpHG kann ein Wertpapierdienstleistungsunternehmen systematischer Internalisierer werden, wenn es sich freiwillig den für die systematische Internalisierung geltenden Regelungen unterwirft. Eine genaue Art und Weise, wie eine Unterwerfung zu erfolgen hat, sieht das Gesetz nicht vor. Die BaFin geht von der Notwendigkeit einer an sie gerichteten Unterwerfungserklärung aus und bezeichnet diese synonym als Opt-in[8]. Die Erklärung soll dabei zusammen mit der Mitteilung nach § 79 Satz 1 WpHG erfolgen[9].

---

1 Vgl. Erwägungsgrund Nr. 18 DelVO 2017/565.
2 ESMA Q & A On MiFID II and MiFIR transparency topics, Nr. 7 Antwort auf Frage 4a).
3 Q & A On MiFID II and MiFIR transparency topics, Nr. 7 Antwort auf Frage 1.
4 Veröffentlichung (Artikel) der Internet-Seite der BaFin (www.bafin.de) über „Systematische Internalisierung" vom 6.10.2017.
5 S. BaFin-Formular „Mitteilung nach § 79 Satz 1 WpHG", S. 2.
6 Veröffentlichung (Artikel) der Internet-Seite der BaFin (www.bafin.de) über „Systematische Internalisierung" vom 6.10.2017.
7 S. BaFin-Formular „Mitteilung nach § 79 Satz 1 WpHG", S. 6.
8 Veröffentlichung (Artikel) der Internet-Seite der BaFin (www.bafin.de) über „Systematische Internalisierung" vom 6.10.2017. S. auch *Meljnik*, BaFin Journal April 2017, 35, 36.
9 Veröffentlichung (Artikel) der Internet-Seite der BaFin (www.bafin.de) über „Systematische Internalisierung" vom 6.10.2017. S. BaFin-Formular „Mitteilung nach § 79 Satz 1 WpHG", S. 1.

Da der Eigenhandel durch systematische Internalisierung nach § 32 Abs. 1 Satz 1 KWG i.V.m. § 1 Abs. 1a Satz 2 Nr. 4 lit. b KWG eine erlaubnispflichtige Finanzdienstleistung darstellt, ist zunächst ein intern dokumentierter Entscheidungsprozess erforderlich, der sich durch die Stellung des nach § 1 Abs. 1a Satz 8 Alt. 2 a.E. KWG und § 2 Abs. 8 Satz 5 Alt. 2 a.E. WpHG vorgesehenen Erlaubnisantrag auch gegenüber der Aufsichtsbehörde manifestiert. Eine Mitteilung nach § 79 Satz 1 WpHG an die BaFin ist dann vorbehaltlich des noch zu erläuternden Meldeinhalts (s. Rz. 24 ff.) eine rein formale Angelegenheit. Denkbar ist allerdings auch, dass die BaFin das Vorliegen einer „klassischen Eigenhandelserlaubnis" als Voraussetzung für eine wirksame Unterwerfung genügen lässt[1]. Ist der Prozess der Unterwerfung abgeschlossen, so hat die Mitteilung unverzüglich – gem. § 121 BGB: ohne schuldhaftes Zögern – zu erfolgen. Die Mitteilung kann ein Datum enthalten, zu dem die systematische Internalisierung beginnen soll[2]. 20

d) Rückgängigmachen der Unterwerfung. Die Unterwerfung nebst ihrer externen Kundgabe kann auch jederzeit wieder ganz oder teilweise rückgängig gemacht werden („Opt-out"); sie bindet das Wettpapierdienstleistungsunternehmen nicht auf Dauer[3]. Die Unterwerfung kann zu einem konkret benannten, in der Zukunft liegenden Datum beendet werden[4]. Die Beendigung der Tätigkeit als systematischer Internalisierer ist der BaFin unverzüglich mitzuteilen. 21

2. Form der Mitteilung. Zur Form der Mitteilung nach § 79 Satz 1 WpHG führt das Gesetz nichts weiter aus. Daher ist grundsätzlich von einer Formfreiheit der Mitteilung auszugehen. Die Erfassungslast des Vorgangs liegt bei der BaFin. Ist im Zuge einer Unterwerfung ein schriftliches Erlaubnisverfahren (vgl. § 32 Abs. 1 KWG i.V.m. § 14 AnzV) anhängig, kann die Mitteilung auch mit der Form dieses Verfahrens verbunden sein. 22

Trotz Formfreiheit hat die BaFin ein Formular für die Meldung nach § 79 Satz 1 WpHG entwickelt und veröffentlicht, das unterschrieben und als eingescanntes Dokument an eine eigens eingerichtete Emailadresse übersandt werden soll[5]. Verpflichtend ist die Nutzung der behördlichen Prozessvorgaben nicht. 23

3. Inhalt der Mitteilung. In inhaltlicher Hinsicht kann dem Gesetz für die Meldung lediglich die Anforderung entnommen werden, dass das Wertpapierdienstleistungsunternehmen angeben muss, als systematischer Internalisierer tätig zu sein. Bereits die umgekehrte Mitteilungspflicht und damit ihr Inhalt, nicht mehr als Internalisierer tätig zu sein, kann nur im Wege der Gesetzesinterpretation als der Norm innewohnende Pflicht ermittelt werden. Da sich das Institut als Meldepflichtiger bei der Abgabe der Meldung zweifelsfrei identifizieren muss und die Vertreter sich ggf. als vertretungsbefugt legitimieren müssen, sind Angaben zum Unternehmen als notwendiger und vom Gesetz gedeckter Inhalt der Meldung anzusehen. Hierzu zählen insbesondere der Name des Wertpapierdienstleistungsunternehmens und die Anschrift. Die BaFin fragt darüber hinaus das BaFin-interne Aktenzeichen des Unternehmens „BAKNR", den Market-Identifier-Code gemäß ISO 10383, den für SWIFT-Meldungen verwendeten BIC-Code und den Legal Entity Identifier-Code ab, sowie das Geschäftszeichen der Erlaubnis zur Erbringung des Eigenhandels. 24

Auch die Angabe der Werte, in denen das Unternehmen als systematischer Internalisierer tätig ist, sein möchte oder nicht mehr ist bzw. nicht mehr sein möchte, kann als eine § 79 Satz 1 WpHG inhärente Pflicht angesehen werden. Ohne diese Angabe kann die BaFin nicht beaufsichtigen, ob das Unternehmen die mit dem Status als systematischer Internalisierer verbundenen Pflichten in Bezug auf einzelne Werte einhält[6]. Gleichwohl verzichtet die BaFin auf eine Aufzählung der betroffenen Finanzinstrumente und fordert nur die Angabe von Anlageklassen[7]. Bei Eigenkapitalinstrumenten soll anzugeben sein, ob sich die Internalisierung auf Aktien, ETFs, Aktienzertifikate, Zertifikate oder andere eigenkapitalähnliche Instrumente handelt. Bei Nichteigenkapitalinstrumenten soll zwischen verbrieften Derivaten, strukturierten Finanzprodukten, Anleihen, ETC, Emissionszertifikaten oder Derivaten unterschieden werden. Die BaFin hat verlautbart, dass eine vollständige Zusammenstellung derjenigen Finanzinstrumente, in denen systematische Internalisierung erbracht wird, nur unternehmensintern vorzuliegen braucht, die sie ggf. im Rahmen ihrer allgemeinen Aufsichtsbefugnisse anfordert[8]. Zur Begründung, warum die BaFin nur die Angaben der Anlageklassen fordert, führt die Behörde auf, dass die ESMA für das zu erstellende Verzeichnis aller in der Union tätigen systematischen Internalisierer alle Anlageklassen aufführen wird, in denen eine Wertpapierfirma die systematische Internalisierung erbringt[9]. Diese Begründung 25

---

1 Im Formular „Mitteilung nach § 79 Satz 1 WpHG", S. 3 ist lediglich vom Vorliegen einer gültigen Erlaubnis zum Eigenhandel die Rede.
2 S. BaFin-Formular „Mitteilung nach § 79 Satz 1 WpHG", S. 3.
3 Veröffentlichung (Artikel) der Internet-Seite der BaFin (www.bafin.de) über „Systematische Internalisierung" vom 6.10. 2017; BaFin-Formular „Mitteilung nach § 79 Satz 1 WpHG", S. 4.
4 BaFin-Formular „Mitteilung nach § 79 Satz 1 WpHG", S. 4.
5 BaFin-Formular „Mitteilung nach § 79 Satz 1 WpHG", S. 1 und 6.
6 Vgl. hierzu u.a. auch Art. 14 VO Nr. 600/2014 (MiFIR) und Erwägungsgrund Nr. 21 Satz 3 VO Nr. 600/2014 (MiFIR).
7 A.A. auf Grundlage der RL 2014/65/EU *Dreyer/Delgadro-Rodriguez* in Temporale, S. 34.
8 Veröffentlichung (Artikel) der Internet-Seite der BaFin (www.bafin.de) über „Systematische Internalisierung" vom 6.10. 2017.
9 Veröffentlichung (Artikel) der Internet-Seite der BaFin (www.bafin.de) über „Systematische Internalisierung" vom 6.10. 2017.

überzeugt wenig, da nach Art. 15 Abs. 1 Unterabs. 2 Satz 3 VO Nr. 600/2014 und Art. 18 Abs. 4 Satz 3 VO Nr. 600/2014 die ESMA lediglich den Auftrag hat, eine Liste aller systematischen Internalisierer in der EU zu erstellen, nicht aber eine Liste, aus der sich ergibt, in welchen Anlageklassen die Internalisierer systematische Internalisierung erbringen.

26 **III. Informationsübermittlung an die ESMA (§ 79 Satz 2 WpHG).** Hat die BaFin eine Mitteilung gem. § 79 Satz 1 WpHG erhalten, so verpflichtet § 79 Satz 2 WpHG die BaFin, die erhaltenen Abgaben an die ESMA zu übermitteln. Inhaltlich wird es sich dabei um eine 1 zu 1-Weiterleitung handeln, auch soweit es sich um die vom Gesetz durch Auslegung gewonnenen Inhalte der Meldung handelt. Satz 2 spricht insofern von „diese Information". Eine Frist für die Weiterleitung nennt das Gesetz nicht. Die Weiterleitung dient dazu, dass die ESMA ihrer Pflicht aus Art. 15 Abs. 1 Unterabs. 2 Satz 3 VO Nr. 600/2014 und Art. 18 Abs. 4 Satz 3 VO Nr. 600/2014 nachkommen kann, eine Liste aller systematischen Internalisierer in der EU zu erstellen. Interessant in dem Zusammenhang ist, dass weder das WpHG noch die EU-Gesetzgebung der BaFin bzw. der ESMA den Auftrag erteilen, national bzw. EU-weit geführte Register zu veröffentlichen.

§ 80 Organisationspflichten; Verordnungsermächtigung

(1) Ein Wertpapierdienstleistungsunternehmen muss die organisatorischen Pflichten nach § 25a Absatz 1 und § 25e des Kreditwesengesetzes einhalten. Darüber hinaus muss es
1. angemessene Vorkehrungen treffen, um die Kontinuität und Regelmäßigkeit der Wertpapierdienstleistungen und Wertpapiernebendienstleistungen zu gewährleisten;
2. auf Dauer wirksame Vorkehrungen für angemessene Maßnahmen treffen, um Interessenkonflikte bei der Erbringung von Wertpapierdienstleistungen und Wertpapiernebendienstleistungen oder einer Kombination davon zwischen einerseits ihm selbst einschließlich seiner Geschäftsleitung, seiner Mitarbeiter, seiner vertraglich gebundenen Vermittler und der mit ihm direkt oder indirekt durch Kontrolle im Sinne des Artikels 4 Absatz 1 Nummer 37 der Verordnung (EU) Nr. 575/2013 verbundenen Personen und Unternehmen und andererseits seinen Kunden oder zwischen seinen Kunden untereinander zu erkennen und zu vermeiden oder zu regeln; dies umfasst auch solche Interessenkonflikte, die durch die Annahme von Zuwendungen Dritter sowie durch die eigene Vergütungsstruktur oder sonstige Anreizstrukturen des Wertpapierdienstleistungsunternehmen verursacht werden;
3. im Rahmen der Vorkehrungen nach Nummer 2 Grundsätze oder Ziele, die den Umsatz, das Volumen oder den Ertrag der im Rahmen der Anlageberatung empfohlenen Geschäfte unmittelbar oder mittelbar betreffen (Vertriebsvorgaben), derart ausgestalten, umsetzen und überwachen, dass Kundeninteressen nicht beeinträchtigt werden;
4. über solide Sicherheitsmechanismen verfügen, die die Sicherheit und Authentifizierung der Informationsübermittlungswege gewährleisten, das Risiko der Datenverfälschung und des unberechtigten Zugriffs minimieren und verhindern, dass Informationen bekannt werden, so dass die Vertraulichkeit der Daten jederzeit gewährleistet ist.

Nähere Bestimmungen zur Organisation der Wertpapierdienstleistungsunternehmen enthalten die Artikel 21 bis 26 der Delegierten Verordnung (EU) 2017/565.

(2) Ein Wertpapierdienstleistungsunternehmen muss zusätzlich die in diesem Absatz genannten Bestimmungen einhalten, wenn es in der Weise Handel mit Finanzinstrumenten betreibt, dass ein Computeralgorithmus die einzelnen Auftragsparameter automatisch bestimmt, ohne dass es sich um ein System handelt, das nur zur Weiterleitung von Aufträgen zu einem oder mehreren Handelsplätzen, zur Bearbeitung von Aufträgen ohne die Bestimmung von Auftragsparametern, zur Bestätigung von Aufträgen oder zur Nachhandelsbearbeitung ausgeführter Aufträge verwendet wird (algorithmischer Handel). Auftragsparameter im Sinne des Satzes 1 sind insbesondere Entscheidungen, ob der Auftrag eingeleitet werden soll, über Zeitpunkt, Preis oder Quantität des Auftrags oder wie der Auftrag nach seiner Einreichung mit eingeschränkter oder überhaupt keiner menschlichen Beteiligung bearbeitet wird. Ein Wertpapierdienstleistungsunternehmen, das algorithmischen Handel betreibt, muss über Systeme und Risikokontrollen verfügen, die sicherstellen, dass
1. seine Handelssysteme belastbar sind, über ausreichende Kapazitäten verfügen und angemessenen Handelsschwellen und Handelsobergrenzen unterliegen;
2. die Übermittlung von fehlerhaften Aufträgen oder eine Funktionsweise des Systems vermieden wird, durch die Störungen auf dem Markt verursacht werden oder ein Beitrag zu diesen geleistet werden könnten;
3. seine Handelssysteme nicht für einen Zweck verwendet werden können, der gegen die europäischen und nationalen Vorschriften gegen Marktmissbrauch oder die Vorschriften des Handelsplatzes verstößt, mit dem es verbunden ist.

Ein Wertpapierdienstleistungsunternehmen, das algorithmischen Handel betreibt, muss ferner über wirksame Notfallvorkehrungen verfügen, um mit unvorhergesehenen Störungen in seinen Handelssystemen umzugehen, und sicherzustellen, dass seine Systeme vollständig geprüft sind und ordnungsgemäß überwacht werden. Das Wertpapierdienstleistungsunternehmen zeigt der Bundesanstalt und den zuständigen Behörden des Handelsplatzes, dessen Mitglied oder Teilnehmer es ist, an, dass es algorithmischen Handel betreibt.

(3) Ein Wertpapierdienstleistungsunternehmen, das algorithmischen Handel im Sinne des Artikels 18 der Delegierten Verordnung (EU) 2017/565 betreibt, hat ausreichende Aufzeichnungen zu den in Absatz 2 genannten Angelegenheiten für mindestens fünf Jahre aufzubewahren. Nutzt das Wertpapierdienstleistungsunternehmen eine hochfrequente algorithmische Handelstechnik, müssen diese Aufzeichnungen insbesondere alle von ihm platzierten Aufträge einschließlich Auftragsstornierungen, ausgeführten Aufträge und Kursnotierungen an Handelsplätzen umfassen und chronologisch geordnet aufbewahrt werden. Auf Verlangen der Bundesanstalt sind diese Aufzeichnungen herauszugeben.

(4) Betreibt ein Wertpapierdienstleistungsunternehmen algorithmischen Handel im Sinne des Absatzes 2 unter Verfolgung einer Market-Making-Strategie, hat es unter Berücksichtigung der Liquidität, des Umfangs und der Art des konkreten Marktes und der konkreten Merkmale des gehandelten Instruments

1. dieses Market-Making während eines festgelegten Teils der Handelszeiten des Handelsplatzes kontinuierlich zu betreiben, abgesehen von außergewöhnlichen Umständen, so dass der Handelsplatz regelmäßig und verlässlich mit Liquidität versorgt wird,
2. einen schriftlichen Vertrag mit dem Handelsplatz zu schließen, in dem zumindest die Verpflichtungen nach Nummer 1 festgelegt werden, sofern es nicht den Vorschriften des § 26c des Börsengesetzes unterliegt, und
3. über wirksame Systeme und Kontrollen zu verfügen, durch die gewährleistet wird, dass es jederzeit diesen Verpflichtungen nachkommt.

(5) Ein Wertpapierdienstleistungsunternehmen, das algorithmischen Handel betreibt, verfolgt eine Market-Making-Strategie im Sinne des Absatzes 4, wenn es Mitglied oder Teilnehmer eines oder mehrerer Handelsplätze ist und seine Strategie beim Handel auf eigene Rechnung beinhaltet, dass es in Bezug auf ein oder mehrere Finanzinstrumente an einem einzelnen Handelsplatz oder an verschiedenen Handelsplätzen feste, zeitgleiche Geld- und Briefkurse vergleichbarer Höhe zu wettbewerbsfähigen Preisen stellt.

(6) Ein Wertpapierdienstleistungsunternehmen muss bei einer Auslagerung von Aktivitäten und Prozessen sowie von Finanzdienstleistungen die Anforderungen nach § 25b des Kreditwesengesetzes einhalten. Die Auslagerung darf nicht die Rechtsverhältnisse des Unternehmens zu seinen Kunden und seine Pflichten, die nach diesem Abschnitt gegenüber den Kunden bestehen, verändern. Die Auslagerung darf die Voraussetzungen, unter denen dem Wertpapierdienstleistungsunternehmen eine Erlaubnis nach § 32 des Kreditwesengesetzes erteilt worden ist, nicht verändern. Nähere Bestimmungen zu den Anforderungen an die Auslagerung ergeben sich aus den Artikeln 30 bis 32 der Delegierten Verordnung (EU) 2017/565.

(7) Ein Wertpapierdienstleistungsunternehmen darf die Anlageberatung nur dann als Unabhängige Honorar-Anlageberatung erbringen, wenn es ausschließlich Unabhängige Honorar-Anlageberatung erbringt oder wenn es die Unabhängige Honorar-Anlageberatung organisatorisch, funktional und personell von der übrigen Anlageberatung trennt. Wertpapierdienstleistungsunternehmen müssen Vertriebsvorgaben im Sinne des Absatzes 1 Nummer 3 für die Unabhängige Honorar-Anlageberatung so ausgestalten, dass in keinem Falle Interessenkonflikte mit Kundeninteressen entstehen können. Ein Wertpapierdienstleistungsunternehmen, das Unabhängige Honorar-Anlageberatung erbringt, muss auf seiner Internetseite angeben, ob die Unabhängige Honorar-Anlageberatung in der Hauptniederlassung und in welchen inländischen Zweigniederlassungen angeboten wird.

(8) Ein Wertpapierdienstleistungsunternehmen, das Finanzportfolioverwaltung oder Unabhängige Honorar-Anlageberatung erbringt, muss durch entsprechende Grundsätze sicherstellen, dass alle monetären Zuwendungen, die im Zusammenhang mit der Finanzportfolioverwaltung oder Unabhängigen Honorar-Anlageberatung von Dritten oder von für Dritte handelnden Personen angenommen werden, dem jeweiligen Kunden zugewiesen und an diesen weitergegeben werden.

(9) Ein Wertpapierdienstleistungsunternehmen, das Finanzinstrumente zum Verkauf konzipiert, hat ein Verfahren für die Freigabe jedes einzelnen Finanzinstruments und jeder wesentlichen Anpassung bestehender Finanzinstrumente zu unterhalten, zu betreiben und zu überprüfen, bevor das Finanzinstrument an Kunden vermarktet oder vertrieben wird (Produktfreigabeverfahren). Das Verfahren muss sicherstellen, dass für jedes Finanzinstrument für Endkunden innerhalb der jeweiligen Kunden-

gattung ein bestimmter Zielmarkt festgelegt wird. Dabei sind alle einschlägigen Risiken für den Zielmarkt zu bewerten. Darüber hinaus ist sicherzustellen, dass die beabsichtigte Vertriebsstrategie dem nach Satz 2 bestimmten Zielmarkt entspricht.

(10) Ein Wertpapierdienstleistungsunternehmen hat von ihm angebotene oder vermarktete Finanzinstrumente regelmäßig zu überprüfen und dabei alle Ereignisse zu berücksichtigen, die wesentlichen Einfluss auf das potentielle Risiko für den bestimmten Zielmarkt haben könnten. Zumindest ist regelmäßig zu beurteilen, ob das Finanzinstrument den Bedürfnissen des nach Absatz 9 Satz 2 bestimmten Zielmarkts weiterhin entspricht und ob die beabsichtigte Vertriebsstrategie zur Erreichung dieses Zielmarkts weiterhin geeignet ist.

(11) Ein Wertpapierdienstleistungsunternehmen, das Finanzinstrumente konzipiert, hat allen Vertriebsunternehmen sämtliche erforderlichen und sachdienlichen Informationen zu dem Finanzinstrument und dem Produktfreigabeverfahren nach Absatz 9 Satz 1, einschließlich des nach Absatz 9 Satz 2 bestimmten Zielmarkts, zur Verfügung zu stellen. Vertreibt ein Wertpapierdienstleistungsunternehmen Finanzinstrumente oder empfiehlt es diese, ohne sie zu konzipieren, muss es über angemessene Vorkehrungen verfügen, um sich die in Satz 1 genannten Informationen vom konzipierenden Wertpapierdienstleistungsunternehmen oder vom Emittenten zu verschaffen und die Merkmale sowie den Zielmarkt des Finanzinstruments zu verstehen.

(12) Ein Wertpapierdienstleistungsunternehmen, das Finanzinstrumente anzubieten oder zu empfehlen beabsichtigt und das von einem anderen Wertpapierdienstleistungsunternehmen konzipierte Finanzinstrumente vertreibt, hat geeignete Verfahren aufrechtzuerhalten und Maßnahmen zu treffen, um sicherzustellen, dass die Anforderungen nach diesem Gesetz eingehalten werden. Dies umfasst auch solche Anforderungen, die für die Offenlegung, für die Bewertung der Eignung und der Angemessenheit, für Anreize und für den ordnungsgemäßen Umgang mit Interessenkonflikten gelten. Das Wertpapierdienstleistungsunternehmen ist zu besonderer Sorgfalt verpflichtet, wenn es als Vertriebsunternehmen ein neues Finanzprodukt anzubieten oder zu empfehlen beabsichtigt oder wenn sich die Dienstleistungen ändern, die es als Vertriebsunternehmen anzubieten oder zu empfehlen beabsichtigt.

(13) Das Wertpapierdienstleistungsunternehmen hat seine Produktfreigabevorkehrungen regelmäßig zu überprüfen, um sicherzustellen, dass diese belastbar und zweckmäßig sind und zur Umsetzung erforderlicher Änderungen geeignete Maßnahmen zu treffen. Es hat sicherzustellen, dass seine gemäß Artikel 22 Absatz 2 der Delegierten Verordnung (EU) 2017/565 eingerichtete Compliance-Funktion die Entwicklung und regelmäßige Überprüfung der Produktfreigabevorkehrungen überwacht und etwaige Risiken, dass Anforderungen an den Produktsüberwachungsprozess nicht erfüllt werden, frühzeitig erkennt.

(14) Das Bundesministerium der Finanzen kann durch Rechtsverordnung, die nicht der Zustimmung des Bundesrates bedarf, nähere Bestimmungen zur Anwendung der Delegierten Verordnung (EU) 2017/565 sowie zur Umsetzung der Delegierten Richtlinie (EU) 2017/593 der Kommission vom 7. April 2016 zur Ergänzung der Richtlinie 2014/65/EU des Europäischen Parlaments und des Rates im Hinblick auf den Schutz der Finanzinstrumente und Gelder von Kunden, Produktüberwachungspflichten und Vorschriften für die Entrichtung beziehungsweise Gewährung oder Entgegennahme von Gebühren, Provisionen oder anderen monetären oder nicht-monetären Vorteilen (ABl. L 87 vom 31.3.2017, S. 500), in der jeweils geltenden Fassung, und den organisatorischen Anforderungen nach Absatz 1 Satz 2 und Absatz 7, den Anforderungen an das Produktfreigabeverfahren und den Produktvertrieb nach Absatz 9 und das Überprüfungsverfahren nach Absatz 10 sowie den nach Absatz 11 zur Verfügung zu stellenden Informationen und damit zusammenhängenden Pflichten der Wertpapierdienstleistungsunternehmen erlassen. Das Bundesministerium der Finanzen kann die Ermächtigung durch Rechtsverordnung auf die Bundesanstalt übertragen.

In der Fassung des 2. FiMaNoG vom 23.6.2017 (BGBl. I 2017, 1693).

Delegierte Verordnung (EU) 2017/565 der Kommission vom 25. April 2016
zur Ergänzung der Richtlinie 2014/65/EU des Europäischen Parlaments und des Rates in Bezug auf die organisatorischen Anforderungen an Wertpapierfirmen und die Bedingungen für die Ausübung ihrer Tätigkeit sowie in Bezug auf die Definition bestimmter Begriffe für die Zwecke der genannten Richtlinie

(Auszug)

Art. 2–3

(abgedruckt bei § 63 WpHG)

Art. 4–8

(nicht abgedruckt)

Art. 9

(abgedruckt bei § 64 WpHG)

Art. 10–17

(nicht abgedruckt)

Art. 18 Algorithmischer Handel

Zur weiteren Spezifizierung der Definition des algorithmischen Handels im Sinne von Artikel 4 Absatz 1 Ziffer 39 der Richtlinie 2014/65/EU gilt ein System als System mit eingeschränkter oder gar keiner menschlichen Beteiligung, wenn bei einem Auftrags- oder Quoteverfahren oder einem Verfahren zur Optimierung der Auftragsausführung ein automatisiertes System in einer Phase der Einleitung, des Erzeugens, des Weiterleiten oder der Ausführung von Aufträgen oder Quotes Entscheidungen nach vorgegebenen Parametern trifft.

In der Fassung vom 25.4.2016 (ABl. EU Nr. L 87 v. 31.3.2017, S. 1).

Art. 19 Hochfrequente algorithmische Handelstechnik

(1) Ein hohes untertägiges Mitteilungsaufkommen gemäß Artikel 4 Absatz 1 Ziffer 40 der Richtlinie 2014/65/EU besteht aus der Übermittlung von durchschnittlich:
a) mindestens 2 Mitteilungen pro Sekunde in Bezug auf jedes einzelne Finanzinstrument, das an einem Handelsplatz gehandelt wird;
b) mindestens 4 Mitteilungen pro Sekunde in Bezug auf alle Finanzinstrumente, die an einem Handelsplatz gehandelt werden.

(2) Für die Zwecke von Absatz 1 werden Mitteilungen bezüglich Finanzinstrumenten, für die ein liquider Markt im Sinne von Artikel 2 Absatz 1 Ziffer 17 der Verordnung (EU) Nummer 600/2014 besteht, in die Berechnungen einbezogen. Für Zwecke des Handels erfolgende Mitteilungen, die die Kriterien von Artikel 17 Absatz 4 der Richtlinie 2014/65/EU erfüllen, werden in die Berechnung einbezogen.

(3) Für die Zwecke von Absatz 1 werden Mitteilungen für die Zwecke des Handels für eigene Rechnung in die Berechnung einbezogen. Über andere Handelstechniken als

Techniken für den Handel für eigene Rechnung erfolgende Mitteilungen werden in die Berechnung einbezogen, wenn die Ausführungstechnik der Wertpapierfirma so strukturiert ist, dass die Ausführung für eigene Rechnung vermieden wird.

(4) Für die Zwecke von Absatz 1 werden bei der Festlegung eines hohen untertätigen Mitteilungsaufkommens in Bezug auf Anbieter eines direkten elektronischen Zugangs Mitteilungen, die von deren Kunden übermittelt werden, aus den Berechnungen ausgeschlossen.

(5) Für die Zwecke von Absatz 1 stellen die Handelsplätze den betreffenden Firmen auf Verlangen monatlich jeweils zwei Wochen nach Ende des Kalendermonats Schätzungen der durchschnittlichen Anzahl von Mitteilungen pro Sekunde zur Verfügung, wobei sämtliche Mitteilungen der vorangegangenen zwölf Monate zu berücksichtigen sind.

In der Fassung vom 25.4.2016 (ABl. EU Nr. L 87 v. 31.3.2017, S. 1), geändert durch Berichtigung vom 26.9.2017 (ABl. EU Nr. L 246 v. 26.9.2017, S. 12).

Art. 20 Direkter elektronischer Zugang

(1) Eine Person ist nicht in der Lage, Aufträge in Bezug auf ein Finanzinstrument gemäß Artikel 4 Absatz 1 Ziffer 41 der Richtlinie 2014/65/EU direkt auf elektronischem Wege an einen Handelsplatz zu übermitteln, wenn diese Person kein Ermessen bezüglich des genauen Bruchteils einer Sekunde der Auftragserfassung sowie der Dauer des Auftrags innerhalb dieses Zeitrahmens ausüben kann.

(2) Eine Person ist nicht zu Übermittlung eines solchen direkten elektronischen Auftrags in der Lage, wenn die Übermittlung durch Vorkehrungen zur Optimierung von Prozessen zur Auftragsausführung erfolgt, die andere Auftragsparameter festlegen als den Handelsplatz oder Handelsplätze handelt, an die der Auftrag übermittelt werden soll, es sei denn, diese Vorkehrungen sind in die Systeme der Kunden und nicht in die Systeme der Mitglieder oder Teilnehmer eines geregelten Marktes, eines MTF oder eines Kunden eines OTF eingebettet.

In der Fassung vom 25.4.2016 (ABl. EU Nr. L 87 v. 31.3.2017, S. 1), geändert durch Berichtigung vom 26.9.2017 (ABl. EU Nr. L 246 v. 26.9.2017, S. 12).

Kapitel II: Organisatorische Anforderungen
Abschnitt 1: Organisation

Art. 21 Allgemeine organisatorische Anforderungen

(1) Wertpapierfirmen müssen die folgenden organisatorischen Anforderungen erfüllen:
a) Entscheidungsfindungsprozesse und eine Organisationsstruktur, bei der Berichtspflichten sowie zugewiesene Funktionen und Aufgaben klar dokumentiert sind, schaffen und auf Dauer umsetzen;
b) sicherstellen, dass alle relevanten Personen die Verfahren, die für eine ordnungsgemäße Erfüllung ihrer Aufgaben einzuhalten sind, kennen;
c) angemessene interne Kontrollmechanismen, die die Einhaltung von Beschlüssen und Verfahren auf allen Ebenen der Wertpapierfirma sicherstellen, schaffen und auf Dauer umsetzen;

§ 80 | Verhaltenspflichten, Organisationspflichten, Transparenzpflichten

d) Mitarbeiter beschäftigen, die über die Fähigkeiten, Kenntnisse und Erfahrungen verfügen, die zur Erfüllung der ihnen zugewiesenen Aufgaben erforderlich sind;
e) auf allen maßgeblichen Ebenen der Wertpapierfirma eine reibungslos funktionierende interne Berichterstattung und Weitergabe von Informationen einführen und auf Dauer sicherstellen;
f) angemessene und systematische Aufzeichnungen über ihre Geschäftstätigkeit und interne Organisation führen;
g) für den Fall, dass relevante Personen mehrere Funktionen bekleiden, dafür sorgen, dass dies diese Personen weder daran hindert noch daran hindern dürfte, die einzelnen Funktionen ordentlich, ehrlich und professionell zu erfüllen.

Bei der Erfüllung der Anforderungen gemäß diesem Absatz haben die Wertpapierfirmen die Art, den Umfang und die Komplexität ihrer Geschäfte sowie die Art und Spektrum der im Zuge dieser Geschäfte erbrachten Wertpapierdienstleistungen und Anlagetätigkeiten zu berücksichtigen.

(2) Die Wertpapierfirmen richten Systeme und Verfahren ein, die die Sicherheit, die Integrität und die Vertraulichkeit der Informationen gewährleisten, wobei sie die Art der besagten Informationen berücksichtigen, und setzen diese auf Dauer um.

(3) Die Wertpapierfirmen sorgen für die Festlegung, Umsetzung und Aufrechterhaltung einer angemessenen Notfallplanung, die bei einer Störung ihrer Systeme und Verfahren gewährleisten soll, dass wesentliche Daten und Funktionen erhalten bleiben und Wertpapierdienstleistungen und Anlagetätigkeiten fortgeführt werden oder – sollte dies nicht möglich sein – diese Daten und Funktionen bald zurückgewonnen und die Wertpapierdienstleistungen und Anlagetätigkeiten bald wieder aufgenommen werden.

(4) Die Wertpapierfirmen sorgen für die Festlegung, Umsetzung und Aufrechterhaltung von Rechnungslegungsgrundsätzen und -verfahren, die es ihnen ermöglichen, der zuständigen Behörde auf Verlangen rechtzeitig Abschlüsse vorzulegen, die ein den tatsächlichen Verhältnissen entsprechendes Bild ihrer Vermögens- und Finanzlage vermitteln und mit allen geltenden Rechnungslegungsstandards und -vorschriften im Einklang stehen.

(5) Die Wertpapierfirmen überwachen und bewerten regelmäßig die Angemessenheit und Wirksamkeit ihrer nach den Absätzen 1 bis 4 geschaffenen Systeme, internen Kontrollmechanismen und Vorkehrungen und ergreifend die zur Behebung etwaiger Mängel erforderlichen Maßnahmen.

In der Fassung vom 25.4.2016 (ABl. EU Nr. L 87 v. 31.3.2017, S. 1).

Art. 22 Einhaltung der Vorschriften („Compliance")

(1) Die Wertpapierfirmen legen angemessene Strategien und Verfahren fest, die darauf ausgelegt sind, jedes Risiko einer etwaigen Missachtung der in der Richtlinie 2014/65/EU festgelegten Pflichten durch die Wertpapierfirma sowie die damit verbundenen Risiken aufzudecken, und setzen diese auf Dauer um, und sie führen angemessene Maßnahmen und Verfahren ein, um dieses Risiko auf ein Mindestmaß zu beschränken und die zuständigen Behörden in die Lage zu versetzen, ihre Befugnisse im Rahmen dieser Richtlinie wirksam auszuüben.

Die Wertpapierfirmen berücksichtigen die Art, den Umfang und die Komplexität ihrer Geschäfte sowie die Art und das Spektrum der im Zuge dieser Geschäfte erbrachten Wertpapierdienstleistungen und Anlagetätigkeiten.

(2) Die Wertpapierfirmen richten eine permanente und wirksame, unabhängig arbeitete Compliance-Funktion ein, erhalten diese aufrecht und betrauen sie mit den folgenden Aufgaben:

a) ständige Überwachung und regelmäßige Bewertung der Angemessenheit und Wirksamkeit der gemäß Absatz 1 Unterabsatz 1 eingeführten Maßnahmen, Strategien und Verfahren sowie der Schritte, die zur Behebung etwaiger Defizite der Wertpapierfirma bei der Einhaltung ihrer Pflichten unternommen wurden;
b) Beratung und Unterstützung der für Wertpapierdienstleistungen und Anlagetätigkeiten zuständigen relevanten Personen im Hinblick auf die Einhaltung der Pflichten der Wertpapierfirma gemäß der Richtlinie 2014/65/EU;
c) mindestens einmal jährlich Berichterstattung an das Leitungsorganen über die Umsetzung und Wirksamkeit des gesamten Kontrollumfelds für Wertpapierdienstleistungen und Anlagetätigkeiten, über die ermittelten Risiken sowie über die Berichterstattung bezüglich der Abwicklung von Beschwerden und über die ergriffenen oder zu ergreifenden Abhilfemaßnahmen;
d) Überwachung der Prozessabläufe für die Abwicklung von Beschwerden und Berücksichtigung von Beschwerden als Quelle relevanter Informationen im Zusammenhang mit den allgemeinen Überwachungsaufgaben.

Zur Erfüllung der Anforderungen unter Buchstabe a und b dieses Absatzes nimmt die Compliance-Funktion eine Beurteilung vor, auf deren Grundlage sie ein risikobasiertes Überwachungsprogramm erstellt, das alle Bereiche der Wertpapierdienstleistungen, Anlagetätigkeiten sowie der relevanten Nebendienstleistungen der Wertpapierfirma, einschließlich der relevanten Informationen, die in Bezug auf die Überwachung der Abwicklung von Beschwerden gesammelt wurden, berücksichtigt. Das Überwachungsprogramm legt Prioritäten fest, die anhand der Compliance-Risikobewertung bestimmt werden, so dass die umfassende Überwachung der Compliance-Risiken sichergestellt wird.

(3) Damit die in Absatz 2 genannte Compliance-Funktion ihre Aufgaben ordnungsgemäß und unabhängig wahrnehmen kann, stellen die Wertpapierfirmen sicher, dass die folgende Bedingungen erfüllt sind:

a) die Compliance-Funktion verfügt über die notwendigen Befugnisse, Ressourcen und Fachkenntnisse und hat Zugang zu allen einschlägigen Informationen;
b) ein Compliance-Beauftragter, der für die Compliance-Funktion sowie für die Compliance-Berichterstattung gemäß der Richtlinie 2014/65/EU und gemäß Artikel 25 Absatz 2 dieser Verordnung verantwortlich ist, wird durch das Leitungsorgan ernannt und ausgetauscht;
c) die Compliance-Funktion informiert ad hoc und direkt das Leitungsorgan, wenn sie ein erhebliches Risiko feststellt, dass die Wertpapierfirma ihre Pflichten gemäß der Richtlinie 2014/65/EU nicht erfüllt;

d) relevante Personen, die in die Compliance-Funktion eingebunden sind, sind nicht an der Erbringung der von ihnen überwachten Dienstleistungen oder Tätigkeiten beteiligt;
e) das Verfahren, nach dem die Vergütung der in die Compliance-Funktion eingebundenen relevanten Personen bestimmt wird, beeinträchtigt weder deren Objektivität noch lässt sie eine solche Beeinträchtigung wahrscheinlich erscheinen.

(4) Kann eine Wertpapierfirma nachweisen, dass sie unter Abs. 3 Buchstabe d oder e genannten Anforderungen aufgrund der Art, des Umfangs oder der Komplexität ihrer Geschäfte sowie der Art und des Spektrums ihrer Wertpapierdienstleistungen und Anlagetätigkeiten unverhältnismäßig sind und dass die Compliance-Funktion weiterhin einwandfrei ihre Aufgabe erfüllt, ist sie nicht zur Erfüllung der Anforderungen gemäß Absatz 3 Buchstabe d oder e verpflichtet. In diesem Fall hat die Wertpapierfirma zu beurteilen, ob die Wirksamkeit der Compliance-Funktion beeinträchtigt ist. Die Bewertung wird regelmäßig überprüft.

In der Fassung vom 25.4.2016 (ABl. EU Nr. L 87 v. 31.3.2017, S. 1), geändert durch Berichtigung vom 26.9.2017 (ABl. EU Nr. L 246 v. 26.9.2017, S. 12).

Art. 23 Risikomanagement

(1) Wertpapierfirmen haben die folgenden Maßnahmen in Bezug auf Risikomanagement zu ergreifen:
a) angemessene Strategien und Verfahren für ihr Risikomanagement festlegen und auf Dauer umsetzen, mit denen die mit den Geschäften, Abläufen und Systemen der Firma verbundenen Risiken erfasst werden und gegebenenfalls eine Risikotoleranzschwelle festlegen;
b) zur Steuerung der mit den Geschäften, Abläufen und Systemen der Firma verbundenen Risiken unter Zugrundelegung der Risikotoleranzschwelle wirksame Vorkehrungen treffen und wirksame Abläufe und Mechanismen festlegen;
c) Folgendes überwachen:
   i) Angemessenheit und Wirksamkeit der von der Wertpapierfirma für das Risikomanagement festgelegten Strategien und Verfahren;
   ii) Grad der Einhaltung der nach Buchstabe b festgelegten Vorkehrungen, Abläufe und Mechanismen durch die Wertpapierfirma und ihre relevanten Personen;
   iii) Angemessenheit und Wirksamkeit der Maßnahmen, mit denen etwaige Unzulänglichkeiten dieser Politiken, Verfahren, Vorkehrungen, Abläufe und Mechanismen, einschließlich ihrer Missachtung durch die relevanten Personen, behoben werden sollen.

(2) Soweit dies angesichts der Art, des Umfangs und der Komplexität ihrer Geschäfte sowie der Art und des Spektrums der im Zuge dieser Geschäfte erbrachten Wertpapierdienstleistungen und Anlagetätigkeiten angemessen und verhältnismäßig ist, richten die Wertpapierfirmen eine unabhängige Risikomanagement-Funktion ein und erhalten diese aufrecht, die die folgenden Aufgaben wahrnimmt:
a) Umsetzung der in Absatz 1 genannten Grundsätze und Verfahren;
b) Berichterstattung an die Geschäftsleitung sowie deren Beratung gemäß Artikel 25 Absatz 2.

Wenn eine Wertpapierfirma keine Risikomanagementfunktion gemäß Unterabsatz 1 einrichtet und auf Dauer führt, muss sie auf Anfrage nachweisen können, dass die gemäß Absatz 1 festgelegten Strategien und Verfahren die dort beschriebenen Anforderungen erfüllen.

In der Fassung vom 25.4.2016 (ABl. EU Nr. L 87 v. 31.3.2017, S. 1).

Art. 24 Innenrevision

Soweit dies angesichts der Art, des Umfangs und der Komplexität ihrer Geschäfte sowie der Art und des Spektrums der im Zuge dieser Geschäfte erbrachten Wertpapierdienstleistungen und Anlagetätigkeiten angemessen und verhältnismäßig ist, haben Wertpapierfirmen eine von den übrigen Funktionen und Tätigkeiten der Wertpapierfirma getrennte und unabhängige Innenrevisionsfunktion einzurichten und aufrechtzuerhalten, welche die folgenden Aufgaben wahrnimmt:
a) Erstellung und dauerhafte Umsetzung eines Revisionsprogramms mit dem Ziel, die Angemessenheit und Wirksamkeit der Systeme, internen Kontrollmechanismen und Vorkehrungen der Wertpapierfirma zu prüfen und zu bewerten;
b) Abgabe von Empfehlungen auf der Grundlage der Ergebnisse der gemäß Buchstabe a ausgeführten Arbeiten sowie Überprüfung der Einhaltung dieser Empfehlungen;
c) Erstellung von Berichten zu Fragen der Innenrevision gemäß Artikel 25 Absatz 2.

In der Fassung vom 25.4.2016 (ABl. EU Nr. L 87 v. 31.3.2017, S. 1).

Art. 25 Zuständigkeiten der Geschäftsleitung

(1) Bei der internen Aufgabenverteilung stellen die Wertpapierfirmen sicher, dass die Geschäftsleitung sowie gegebenenfalls das Aufsichtsorgan die Verantwortung dafür tragen, dass die Wertpapierfirma ihre in der Richtlinie 2014/65/EU festgelegten Pflichten erfüllt. Die Geschäftsleitung sowie gegebenenfalls das Aufsichtsorgan sind insbesondere verpflichtet, die Wirksamkeit der zur Einhaltung der Richtlinie 2014/65/EU festgelegten Grundsätze, Vorkehrungen und Verfahren zu bewerten und regelmäßig zu überprüfen und angemessene Maßnahmen zur Behebung etwaiger Mängel zu ergreifen.

Im Rahmen der Verteilung wesentliche Aufgaben unter den Geschäftsführern muss eindeutig festgelegt werden, wer für die Überwachung und Aufrechterhaltung der organisatorischen Anforderungen der Wertpapierfirma zuständig ist. Aufzeichnungen über die Verteilung wesentliche Aufgaben sind auf dem aktuellen Stand zu halten.

(2) Die Wertpapierfirmen stellen sicher, dass ihre Geschäftsleitung häufig, mindestens einmal jährlich, schriftliche Berichte zu den in den Artikeln 22, 23 und 24 behandelten Themen erhält, in denen insbesondere angegeben wird, ob zur Behebung etwaiger Mängel geeignete Maßnahmen getroffen wurden.

(3) Die Wertpapierfirmen stellen sicher, dass das Aufsichtsorgan, soweit ein solches besteht, regelmäßig schriftliche Berichte zu den in den Artikeln 22, 23 und 24 behandelten Themen erhält.

(4) Für die Zwecke dieses Artikels handelt es sich bei dem „Aufsichtsorgan" um das Organ in einer Wertpapierfirma, das für die Beaufsichtigung der Geschäftsleitung zuständig ist.

In der Fassung vom 25.4.2016 (ABl. EU Nr. L 87 v. 31.3.2017, S. 1).

Art. 26 Bearbeitung von Beschwerden

(1) Die Wertpapierfirmen müssen wirksame und transparente Strategien und Verfahren für das Beschwerdemanagement festlegen und auf Dauer umsetzen, mit denen die Beschwerden von Kunden oder potenziellen Kunden unverzüglich abgewickelt werden. Die Wertpapierfirmen haben Aufzeichnungen über die eingegangenen Beschwerden zu führen und Maßnahmen zu deren Lösung zu ergreifen.

Die Grundsätze für das Beschwerdemanagement müssen eindeutige, genaue und aktuelle Informationen über das Verfahren zur Abwicklung von Beschwerden enthalten. Diese Grundsätze müssen von dem Leitungsorgan der Wertpapierfirma bestätigt werden.

(2) Die Wertpapierfirmen müssen die detaillierten Angaben zu dem Verfahren, das bei der Abwicklung einer Beschwerde einzuhalten ist, veröffentlichen. Diese detaillierten Angaben müssen Informationen über die Grundsätze für das Beschwerdemanagement sowie die Kontaktangaben der Beschwerdemanagementfunktion umfassen. Die Informationen werden den Kunden oder potenziellen Kunden auf Verlangen oder mit der Bestätigung der Beschwerde zur Verfügung gestellt. Die Wertpapierfirmen müssen den Kunden und potenziellen Kunden die kostenlose Einreichung von Beschwerden ermöglichen.

(3) Die Wertpapierfirmen richten eine Beschwerdemanagementfunktion ein, die für die Prüfung von Beschwerden zuständig ist. Diese Funktion kann von der Compliance-Funktion übernommen werden.

(4) Die Wertpapierfirmen haben bei der Abwicklung einer Beschwerde mit den Kunden oder potenziellen Kunden eindeutig und in einfacher verständlicher Sprache zu kommunizieren, und sie müssen unverzüglich auf die Beschwerde reagieren.

(5) Die Wertpapierfirmen teilen den Kunden oder potenziellen Kunden ihren Standpunkt bezüglich der Beschwerde mit, und sie informieren die Kunden oder potenziellen Kunden über deren Möglichkeiten, einschließlich der Möglichkeit, die Beschwerde an eine Stelle zur alternativen Streitbeilegung weiterzuleiten, wie in Artikel 4 Buchstabe h der Richtlinie 2013/11/EU des Europäischen Parlaments und des Rates über die alternative Beilegung verbraucherrechtlicher Streitigkeiten vorgesehen, oder der Möglichkeit des Kunden, eine zivilrechtliche Klage einzureichen.

(6) Die Wertpapierfirmen übermitteln den zuständigen Behörden und, sofern im nationalen Recht vorgesehen, einer Stelle zur alternativen Streitbeilegung Informationen über Beschwerden und deren Abwicklung.

(7) Die Compliance-Funktion der Wertpapierfirmen hat die Daten bezüglich der Beschwerden und deren Abwicklung zu prüfen, um sicherzustellen, dass alle Risiken und Probleme ermittelt und behoben werden.

In der Fassung vom 25.4.2016 (ABl. EU Nr. L 87 v. 31.3.2017, S. 1).

Art. 27 Vergütungsgrundsätze und -praktiken

(1) Die Wertpapierfirmen haben im Rahmen von angemessenen internen Verfahren Vergütungsgrundsätze und -praktiken festzulegen und umzusetzen, die die Interessen aller Kunden der Wertpapierfirmen berücksichtigen und durch die sichergestellt wird, dass die Kunden fair behandelt werden und dass ihre Interessen durch die von der Wertpapierfirma übernommenen Vergütungspraktiken kurz-, mittel- oder langfristig nicht beeinträchtigt werden.

Durch die Vergütungsgrundsätze und -praktiken dürfen keine Interessenkonflikte oder Anreize geschaffen werden, welche die relevanten Personen möglicherweise dazu verleiten könnten, ihre eigenen Interessen oder die Interessen der Wertpapierfirma zum potenziellen Nachteil eines Kunden zu begünstigen.

(2) Die Wertpapierfirmen stellen sicher, dass ihre Vergütungsgrundsätze und -praktiken für alle relevanten Personen gelten, die – unabhängig von der Art der Kunden – direkten oder indirekten Einfluss auf die von der Wertpapierfirma erbrachten Wertpapier- und Nebendienstleistungen oder das unternehmerische Verhalten haben, soweit die Vergütung dieser Personen und ähnliche Anreize zu einem Interessenkonflikt führen könnten, welcher sie veranlasst, gegen die Interessen eines Kunden der Wertpapierfirma zu handeln.

(3) Das Leitungsorgan der Wertpapierfirma hat die Vergütungsgrundsätze nach Beratung mit der Compliance-Funktion zu genehmigen. Die Geschäftsleitung der Wertpapierfirma ist für die tägliche Umsetzung der Vergütungsgrundsätze sowie für die Überwachung der Compliance-Risiken in Bezug auf die Grundsätze verantwortlich.

(4) Die Vergütung und ähnliche Anreize dürfen nicht ausschließlich oder vorwiegend auf quantitativen wirtschaftlichen Kriterien beruhen und müssen angemessene qualitative Kriterien berücksichtigen, welche die Erfüllung der geltenden Verordnungen, die faire Behandlung der Kunden sowie die Qualität der für die Kunden erbrachten Dienstleistungen widerspiegeln. Es ist jederzeit ein Gleichgewicht zwischen festen und variablen Elementen der Vergütung aufrechtzuerhalten, so dass die Interessen der Wertpapierfirma oder ihrer relevanten Personen durch die Vergütungsstruktur nicht gegenüber den Interessen eines Kunden begünstigt werden.

In der Fassung vom 25.4.2016 (ABl. EU Nr. L 87 v. 31.3.2017, S. 1).

Art. 28 Umfang von persönlichen Geschäften

Für die Zwecke der Artikel 29 und 37 bezeichnet „persönliches Geschäft" ein Geschäft mit einem Finanzinstrument, das von einer relevanten Person oder für eine relevante Person getätigt wird und bei dem mindestens eines der folgenden Kriterien erfüllt ist:
a) die relevante Person handelt außerhalb ihres Aufgabenbereichs, für den sie im Rahmen ihrer beruflichen Tätigkeit zuständig ist;
b) das Geschäft erfolgt für Rechnung einer der folgenden Personen:
   i) der relevanten Person,
   ii) einer Person, zu der sie eine familiäre Bindung oder enge Verbindungen hat,
   iii) einer Person, bei der die relevante Person ein direktes oder indirektes wesentliches Interesse am Ausgang des Geschäftes hat, wobei das Interesse nicht in einer Gebühren oder Provision für die Abwicklung des Geschäfts besteht.

In der Fassung vom 25.4.2016 (ABl. EU Nr. L 87 v. 31.3.2017, S. 1).

Art. 29 Persönliche Geschäfte

(1) Die Wertpapierfirmen treffen angemessene Vorkehrungen und halten diese auf Dauer ein, um relevante Personen, deren Tätigkeiten Anlass zu einem Interessenkonflikt geben könnten oder die aufgrund von Tätigkeiten, die sie im Namen der Firma ausüben, Zugang zu Insider-Informationen im Sinne von Artikel 7 Absatz 1 der Verordnung Nr. 596/2014 oder zu anderen vertraulichen Informationen über Kunden oder über Geschäfte, die mit oder für Kunden getätigt werden, haben, an den in den Absätzen 2, 3 und 4 genannten Tätigkeiten zu hindern.

(2) Die Wertpapierfirmen stellen sicher, dass die relevanten Personen keine persönlichen Geschäfte abschließen, die mindestens eines der folgenden Kriterien erfüllen:
a) die Person darf das Geschäft nach der Verordnung (EU) Nr. 596/2014 nicht tätigen;
b) es geht mit dem Missbrauch oder der vorschriftswidrigen Weitergabe dieser vertraulichen Information einher;
c) es kollidiert mit einer Pflicht, die der Wertpapierfirma aus der Richtlinie 2014/65/EU erwächst, oder könnte damit kollidieren.

(3) Die Wertpapierfirmen stellen sicher, dass relevante Personen außerhalb ihres regulären Beschäftigungsverhältnisses oder Dienstleistungsvertrags einer anderen Person kein Geschäft mit Finanzinstrumenten empfehlen, das – wenn es sich um ein persönliches Geschäft der relevanten Person handeln würde – unter Absatz 2 oder unter Artikel 37 Absatz 2 Buchstabe a oder b oder unter Artikel 67 Absatz 3 fiele.

(4) Unbeschadet des Artikels 10 Absatz 1 der Verordnung (EU) Nummer 596/2014 stellen Wertpapierfirmen sicher, dass relevante Personen außerhalb ihres regulären Beschäftigungsverhältnisses oder Dienstleistungsvertrags Informationen oder Meinungen nicht an eine andere Person weitergeben, wenn der relevanten Person klar ist oder nach vernünftigem Ermessen klar sein sollte, dass diese Weitergabe die andere Person dazu veranlassen wird oder wahrscheinlich dazu veranlassen wird,
a) ein Geschäft mit Finanzinstrumenten zu tätigen, das – wenn es sich um ein persönliches Geschäft der relevante Person handeln würde – unter unter Absatz 2 oder 3 oder unter Artikel 37 Absatz 2 Buchstabe a oder b oder unter Artikel 67 Absatz 3 fiele;
b) einer anderen Person zu einem solchen Geschäft zu raten oder eine andere Person zu einem solchen Geschäft zu veranlassen.

(5) Die in Absatz 1 vorgeschriebenen Vorkehrungen gewährleisten, dass:
a) jede unter Absatz 1, 2, 3 oder 4 fallende relevante Person die Beschränkungen bei persönlichen Geschäften und die Maßnahmen, die die Wertpapierfirma im Hinblick auf persönliche Geschäfte und Informationsweitergabe gemäß Absatz 1, 2, 3 oder 4 getroffen hat, kennt;
b) die Wertpapierfirma unverzüglich über jedes persönliche Geschäft einer solchen relevanten Person unterrichtet wird, und zwar entweder durch Meldung des Geschäfts oder durch andere Verfahren, die der Wertpapierfirmen die Feststellung solcher Geschäfte ermöglichen;
c) ein bei der Wertpapierfirma gemeldetes oder von dieser festgestelltes persönliches Geschäft sowie jede Erlaubnis und jedes Verbot im Zusammenhang mit einem solchen Geschäft festgehalten wird.

Bei Auslagerungsvereinbarungen muss die Wertpapierfirma sicherstellen, dass die Firma, an die die Tätigkeit ausgelagert wird, persönliche Geschäfte aller relevanten Personen festhält und der Wertpapierfirma diese Informationen auf Verlangen unverzüglich liefert.

(6) Von den Absätzen 1 bis 5 ausgenommen sind:
a) persönliche Geschäfte, die im Rahmen eines Vertrags über die Portfolioverwaltung mit Entscheidungsspielraum getätigt werden, sofern vor Abschluss des Geschäfts keine diesbezügliche Kommunikation zwischen dem Portfolioverwalter und der relevanten Person oder der Person, für deren Rechnung das Geschäft getätigt wird, stattfindet;
b) persönliche Geschäfte mit Organismen für gemeinsame Anlagen in Wertpapieren (OGAW) oder mit AIF, die nach den Rechtsvorschriften eines Mitgliedstaats, die für deren Anlagen ein gleich hohes Maß an Risikostreuung vorschreiben, der Aufsicht unterliegen, wenn die relevante Person oder jede andere Person, für deren Rechnung die Geschäfte getätigt werden, nicht an der Geschäftsleitung dieses Organismus beteiligt ist.

In der Fassung vom 25.4.2016 (ABl. EU Nr. L 87 v. 31.3.2017, S. 1), geändert durch Berichtigung vom 26.9.2017 (ABl. EU Nr. L 246 v. 26.9.2017, S. 12).

Abschnitt 2: Auslagerung

Art. 30 Umfang ausschlaggebender und wichtiger betrieblicher Aufgaben

(1) Für die Zwecke von Artikel 16 Absatz 5 Unterabsatz 1 der Richtlinie 2014/65/EU wird eine betriebliche Aufgabe als ausschlaggebend oder wichtig betrachtet, wenn deren unzureichende oder unterlassene Wahrnehmung die kontinuierliche Einhaltung der Zulassungsbedingungen und -pflichten oder der anderen Verpflichtungen der Wertpapierfirma gemäß der Richtlinie 2014/65/EU, ihre finanzielle Leistungsfähigkeit oder die Solidität oder Kontinuität ihrer Wertpapierdienstleistungen und Anlagetätigkeiten wesentlich beeinträchtigen würde.

(2) Ohne den Status anderer Aufgaben zu berühren, werden für die Zwecke des Absatzes 1 folgende Aufgaben nicht als ausschlaggebend oder wichtig betrachtet:
a) für die Wertpapierfirma erbrachte Beratungs- und andere Dienstleistungen, die nicht Teil ihres Anlagegeschäfts sind, einschließlich der Beratung in Rechtsfragen, Mitarbeiterschulungen, der Fakturierung und der Bewachung von Gebäuden und Mitarbeitern;
b) der Erwerb standardisierter Dienstleistungen, einschließlich Marktinformationsdiensten und Preisdaten.

In der Fassung vom 25.4.2016 (ABl. EU Nr. L 87 v. 31.3.2017, S. 1), geändert durch Berichtigung vom 26.9.2017 (ABl. EU Nr. L 246 v. 26.9.2017, S. 12).

Art. 31 Auslagerung ausschlaggebender oder wichtiger betrieblicher Aufgaben

(1) Wertpapierfirmen, die ausschlaggebende oder wichtige betriebliche Aufgaben auslagern, bleiben vollständig für die Erfüllung all ihrer Verpflichtungen gemäß der Richtlinie 2014/64/EU verantwortlich und müssen die folgenden Bedingungen erfüllen:
a) die Auslagerung ist nicht mit einer Delegation der Aufgaben der Geschäftsleitung verbunden;
b) das Verhältnis und die Pflichten der Wertpapierfirma gegenüber ihren Kunden gemäß der Richtlinie 2014/65/EU bleiben unverändert;
c) die Voraussetzungen, die eine Wertpapierfirma erfüllen muss, um gemäß Artikel 5 der Richtlinie 2014/65/EG zugelassen zu werden und diese Zulassung auch zu behalten, sind nach wie vor erfüllt;
d) die anderen Voraussetzungen, unter denen der Wertpapierfirma die Zulassung erteilt wurde, sind nicht entfallen und haben sich nicht geändert.

(2) Wertpapierfirmen verfahren bei Abschluss, Durchführung oder Kündigung einer Vereinbarung über die Auslagerung von ausschlaggebenden oder wichtigen Funktionen an einen Dienstleister mit der gebotenen Professionalität und Sorgfalt und treffen alle erforderlichen Maßnahmen, um Folgendes zu gewährleisten:
a) Der Dienstleister verfügt über die Eignung, die Kapazität, ausreichende Ressourcen und geeignete Organisationsstrukturen für die Ausführung der ausgelagerten Aufgaben sowie alle gesetzlich vorgeschriebenen Zulassungen, um die ausgelagerten Aufgaben zuverlässig und professionell wahrzunehmen;
b) der Dienstleister führt die ausgelagerten Dienstleistungen effektiv und in Übereinstimmung mit den geltenden Rechts- und Verwaltungsvorschriften aus, und die Wertpapierfirma hat zu diesem Zweck Methoden und Verfahren zur Bewertung der Leistung des Dienstleisters sowie zur fortlaufenden Überprüfung der von den Dienstleister erbrachten Dienstleistungen festgelegt;
c) der Dienstleister hat die Ausführung der ausgelagerten Aufgaben ordnungsgemäß zu überwachen und die mit der Auslagerung verbundenen Risiken angemessen zu steuern;
d) es werden angemessene Maßnahmen ergriffen, wenn Zweifel daran bestehen, dass der Dienstleister seine Aufgaben möglicherweise nicht effektiv und unter Einhaltung der geltenden Rechts- und Verwaltungsvorschriften ausführt;
e) die Wertpapierfirma hat die ausgelagerten Aufgaben oder Dienstleistungen wirksam zu überwachen und die mit der Auslagerung verbundenen Risiken zu steuern, und zu diesem Zweck verfügt sie weiterhin über die notwendigen Fachkenntnisse und Ressourcen, um die ausgelagerten Aufgaben wirksam zu überwachen und diese Risiken zu steuern;
f) der Dienstleister hat der Wertpapierfirma jede Entwicklung zur Kenntnis gebracht, die seine Fähigkeit, die ausgelagerten Aufgaben wirkungsvoll und unter Einhaltung der geltenden Rechts- und Verwaltungsvorschriften auszuführen, wesentlich beeinträchtigen könnte;
g) die Wertpapierfirma ist in der Lage, die Auslagerungsvereinbarung gegebenenfalls mit sofortiger Wirkung zu kündigen, wenn dies im Interesse ihrer Kunden liegt, ohne dass dies die Kontinuität und Qualität der für ihre Kunden erbrachten Dienstleistungen beeinträchtigt;
h) der Dienstleister arbeitet in Bezug auf die ausgelagerten Funktionen mit den für die Wertpapierfirma zuständigen Behörden zusammen;
i) die Wertpapierfirma, ihre Abschlussprüfer und die jeweils zuständigen Behörden haben tatsächlich Zugang zu mit den ausgelagerten Funktionen zusammenhängenden Daten und zu den Geschäftsräumen des Dienstleisters, sofern dies für die Zwecke einer wirksamen Aufsicht gemäß diesem Artikel erforderlich ist, und die zuständigen Behörden können von diesen Zugangsrechten Gebrauch machen;
j) der Dienstleister hat alle vertraulichen Informationen, die die Wertpapierfirma und ihre Kunden betreffen, zu schützen;
k) die Wertpapierfirma und der Dienstleister haben einen Notfallplan festgelegt und diesen auf Dauer umgesetzt, der bei *einem Systemausfall* die Speicherung der Daten gewährleistet und regelmäßige Tests der Backup-Systeme vorsieht, sollte dies angesichts der ausgelagerten Aufgabe, Dienstleistung oder Tätigkeit erforderlich sein;
l) die Wertpapierfirma hat sichergestellt, dass die Kontinuität und Qualität der ausgelagerten Aufgaben oder Dienstleistungen auch für den Fall der Beendigung der Auslagerung aufrechterhalten werden, indem die Durchführung der aus-

gelagerten Aufgaben oder Dienstleistungen auf einen anderen Dritten übertragen wird oder indem die Wertpapierfirma diese ausgelagerten Aufgaben oder Dienstleistungen selbst ausführt.

(3) Die entsprechenden Rechte und Pflichten der Wertpapierfirma und des Dienstleisters werden in einer schriftlichen Vereinbarung eindeutig zugewiesen. Die Wertpapierfirma behält insbesondere ihre Weisungs- und Kündigungsrechte, ihre Informationsrechte sowie ihre Rechte auf Einsichtnahme in und Zugang zu Büchern und Geschäftsräumen. In der Vereinbarung wird sichergestellt, dass eine Auslagerung durch den Dienstleister nur mit der schriftlichen Zustimmung der Wertpapierfirma erfolgen darf.

(4) Gehören die Wertpapierfirma und der Dienstleister ein und derselben Gruppe an, kann die Wertpapierfirma zur Erfüllung dieses Artikels und des Artikels 32 berücksichtigen, in welchem Umfang sie den Dienstleister kontrolliert oder sein Handeln beeinflussen kann.

(5) Die Wertpapierfirma stellt den zuständigen Behörden auf deren Verlangen alle Informationen zur Verfügung, die diese benötigen, um zu überwachen, ob bei der Ausübung der übertragenen Funktionen die Anforderungen der Richtlinie 2014/65/EU und ihrer Durchführungsmaßnahmen eingehalten werden.

In der Fassung vom 25.4.2016 (ABl. EU Nr. L 87 v. 31.3.2017, S. 1), geändert durch Berichtigung vom 26.9.2017 (ABl. EU Nr. L 246 v. 26.9.2017, S. 12).

Art. 32 Dienstleister mit Sitz in einem Drittland

(1) Wertpapierfirmen, die Funktionen im Zusammenhang mit der Verwaltung von Kundenportfolios an einen Drittlanddienstleister auslagern, stellen zusätzlich zu den Anforderungen des Artikel 31 sicher, dass folgende Bedingungen erfüllt sind:
a) der Dienstleister ist in seinem Herkunftsland für die Erbringung dieser Dienstleistung zugelassen oder registriert, und er wird von einer zuständigen Behörde in diesem Drittland wirksam beaufsichtigt;
b) zwischen der für die Wertpapierfirma zuständigen Behörde und der Aufsichtsbehörde des Dienstleisters besteht eine angemessene Kooperationsvereinbarung.

(2) Durch die in Absatz 1 Buchstabe b genannte Kooperationsvereinbarung wird sichergestellt, dass die für die Wertpapierfirma zuständigen Behörden mindestens in der Lage sind:
a) auf Verlangen, die für die Erfüllung ihrer Aufsichtspflichten gemäß der Richtlinie 2014/65/EU und der Verordnung (EU) Nr. 600/2014 notwendigen Informationen einzuholen;
b) Zugang zu im Drittland vorhandenen Unterlagen zu erhalten, die für die Wahrnehmung ihrer Aufsichtspflicht relevant sind;
c) schnellstmöglich Informationen von der Aufsichtsbehörde in dem Drittland zu erhalten, um offensichtliche Verstöße gegen die Anforderungen der Richtlinie 2014/65/EU und ihrer Durchführungsmaßnahmen sowie der Verordnung (EU) Nr. 600/2014 zu untersuchen;
d) im Fall eines Verstoßes gegen die Anforderungen der Richtlinie 2014/65/EU und ihrer Durchführungsmaßnahmen sowie einschlägiger nationaler Rechtsvorschriften im Einklang mit den für die Aufsichtsbehörde des Drittlandes und die zuständigen Behörden in der EU geltenden nationalen und internationalen Gesetze die Durchsetzung in Zusammenarbeit anzugehen.

(3) Die zuständigen Behörden veröffentlichen auf ihrer Website ein Verzeichnis der Aufsichtsbehörden in Drittländern, mit denen sie eine Kooperationsvereinbarung gemäß Absatz 1 Buchstabe b abgeschlossen haben.

Die zuständigen Behörden aktualisieren Kooperationsvereinbarungen, die vor dem Datum des Inkrafttretens dieser Verordnung geschlossen wurden, innerhalb von sechs Monaten nach Inkrafttreten dieser Verordnung.

In der Fassung vom 25.4.2016 (ABl. EU Nr. L 87 v. 31.3.2017, S. 1).

Abschnitt 3: Interessenkonflikte

Art. 33 Für einen Kunden potenziell nachteilige Interessenkonflikte

Die Wertpapierfirmen müssen zur Feststellung der Arten von Interessenkonflikten, die bei der Erbringung von Wertpapier- und Nebendienstleistungen oder bei einer Kombination daraus auftreten und den Interessen eines Kunden abträglich sein können, zumindest der Frage Rechnung tragen, ob auf die Wertpapierfirma, eine relevante Person oder eine Person, die direkt oder indirekt durch Kontrolle mit der Firma verbunden ist, aufgrund der Tatsache, dass sie Wertpapier- oder Nebendienstleistungen erbringt oder Anlagetätigkeiten ausübt, eine der folgenden Situationen zutrifft:
a) wahrscheinlich wird die Wertpapierfirma oder eine der genannten Personen zu Lasten des Kunden einen finanziellen Vorteil erzielen oder finanziellen Verlust vermeiden;
b) die Wertpapierfirma oder eine der genannten Personen hat am Ergebnis einer für den Kunden erbrachten Dienstleistung oder eines im Namen des Kunden getätigten Geschäfts ein Interesse, das nicht mit dem Interesse des Kunden an diesem Ergebnis übereinstimmt;
c) für die Wertpapierfirma oder eine der genannten Personen gibt es einen finanziellen oder sonstigen Anreiz, die Interessen eines anderen Kunden oder einer anderen Gruppe von Kunden über die Interessen des Kunden zu stellen;
d) die Wertpapierfirma oder eine der genannten Personen geht den gleichen Geschäft nach wie der Kunde;
e) die Wertpapierfirma oder eine der genannten Personen erhält aktuell oder künftig von einer nicht mit dem Kunden identischen Person in Bezug auf eine für den Kunden erbrachten Dienstleistung einen Anreiz in Form von finanziellen oder nichtfinanziellen Vorteilen oder Dienstleistungen.

In der Fassung vom 25.4.2016 (ABl. EU Nr. L 87 v. 31.3.2017, S. 1).

Art. 34 Grundsätze für den Umgang mit Interessenkonflikten

(1) Die Wertpapierfirmen müssen in schriftlicher Form wirksame, der Größe und Organisation der jeweiligen Firma sowie der Art, des Umfangs und der Komplexität ihrer Geschäfte angemessene Grundsätze für den Umgang mit Interessenkonflikten festlegen und auf Dauer umsetzen.

Ist die Wertpapierfirma Teil einer Gruppe, müssen diese Grundsätze darüber hinaus allen Umständen Rechnung tragen, von denen die Wertpapierfirma weiß oder wissen müsste und die aufgrund der Struktur und der Geschäftstätigkeiten anderer Gruppenmitglieder einen Interessenkonflikt nach sich ziehen könnten.

(2) In den gemäß Absatz 1 festgelegten Grundsätzen für den Umgang mit Interessenkonflikten

a) wird im Hinblick auf die Wertpapierdienstleistungen, Anlagetätigkeiten und Nebendienstleistungen, die von oder im Namen der Wertpapierfirma erbracht werden, festgelegt, unter welchen Umständen ein Interessenkonflikt, der den Interessen eines oder mehrerer Kunden erheblich schaden könnte, vorliegt oder entstehen könnte;

b) wird festgelegt, welche Verfahren einzuleiten und welche Maßnahmen zu treffen sind, um diese Konflikte zu verhindern oder zu bewältigen.

(3) Die Verfahren und Maßnahmen, auf die in Absatz 2 Buchstabe b Bezug genommen wird, werden so gestaltet, dass relevante Personen, die mit Tätigkeiten befasst sind, bei denen ein Interessenkonflikt im Sinne von Absatz 2 Buchstabe a besteht, diese Tätigkeiten mit einem Grad an Unabhängigkeit ausführen, der der Größe und dem Betätigungsfeld der Wertpapierfirma und der Gruppe, der diese angehört, sowie der Höhe des Risikos, das die Interessen von Kunden geschädigt werden, angemessen ist.

Für die Zwecke von Absatz 2 Buchstabe b schließen die dort genannten zu befolgenden Verfahren und Maßnahmen – soweit dies für die Wertpapierfirma zur Gewährleistung des geforderten Grades an Unabhängigkeit notwendig ist – Folgendes ein:

a) wirksame Verfahren, die den Austausch von Informationen zwischen relevanten Personen, deren Tätigkeiten einen Interessenkonflikt nach sich ziehen könnten, verhindern oder kontrollieren, wenn dieser Informationsaustausch den Interessen eines oder mehrerer Kunden abträglich sein könnte;

b) die gesonderte Überwachung relevanter Personen, deren Hauptaufgabe darin besteht, Tätigkeiten im Namen von Kunden auszuführen oder Dienstleistungen für Kunden zu erbringen, deren Interessen möglicherweise kollidieren oder die in anderer Weise unterschiedliche Interessen – einschließlich der der Wertpapierfirma – vertreten, die kollidieren könnten;

c) die Beseitigung jeder direkten Verbindung zwischen der Vergütung relevanter Personen, die sich hauptsächlich mit einer Tätigkeit beschäftigen, und der Vergütung oder den Einnahmen anderer relevanter Personen, die sich hauptsächlich mit einer anderen Tätigkeit beschäftigen, wenn bei diesen Tätigkeiten ein Interessenkonflikte entstehen könnte;

d) Maßnahmen, die jeden ungebührlichen Einfluss auf die Art und Weise, in der eine relevante Person Wertpapier- oder Nebendienstleistungen erbringt oder Anlagetätigkeiten ausführt, verhindern oder einschränken;

e) Maßnahmen, die die gleichzeitige oder unmittelbar nachfolgende Einbeziehung einer relevanten Person in verschiedene Wertpapier- oder Nebendienstleistungen bzw. Anlagetätigkeiten verhindern oder kontrollieren, wenn diese Einbeziehung ein ordnungsgemäßes Konfliktmanagement beeinträchtigen könnte.

(4) Die Wertpapierfirmen stellen sicher, dass die Unterrichtung der Kunden gemäß Artikel 23 Absatz 2 der Richtlinie 2014/65/EU nur als Ultima Ratio angewandt wird, wenn die wirksamen organisatorischen und administrativen Vorkehrungen, die sie zur Verhinderung oder Bewältigung ihrer Interessenkonflikte gemäß Artikel 23 der Richtlinie 2014/65/EU getroffen haben, nicht ausreichen, um mit hinreichender Sicherheit zu gewährleisten, dass die Interessen der Kunden nicht geschädigt werden.

Bei dieser Unterrichtung wird deutlich angegeben, dass die wirksamen organisatorischen und administrativen Vorkehrungen, die die Wertpapierfirma zur Verhinderung oder Bewältigung dieses Konflikts getroffen hat, nicht ausreichen, um mit hinreichender Sicherheit zu gewährleisten, dass die Interessen des Kunden nicht geschädigt werden. Die Unterrichtung beinhaltet eine genaue Beschreibung der Interessenkonflikte, die bei der Erbringung von Wertpapier- und/oder Nebendienstleistungen entstehen, unter Berücksichtigung der Art des Kunden, an sich die Unterrichtung richtet. Die Beschreibung erklärt die allgemeine Art und die Ursachen von Interessenkonflikten sowie die Risiken, die dem Kunden infolge der Interessenkonflikte und der zur Minderung dieser Risiken getroffenen Maßnahmen entstehen, ausreichend detailliert, um es den Kunden zu ermöglichen, in Bezug auf die Wertpapier- oder Nebendienstleistung, in deren Zusammenhang die Interessenkonflikte entstehen, eine fundierte Entscheidung zu treffen.

(5) Die Wertpapierfirmen beurteilen und prüfen die Grundsätze für den Umgang mit Interessenkonflikten, die gemäß Artikel 1 bis 4 festgelegt wurden, regelmäßig, mindestens aber einmal jährlich, und ergreifend sämtliche erforderlichen Maßnahmen zur Beseitigung etwaiger Mängel. Übermäßige Abhängigkeit von der Offenlegung von Interessenkonflikten wird in den Grundsätzen der Firma für den Umgang mit Interessenkonflikten als Mangel angesehen.

In der Fassung vom 25.4.2016 (ABl. EU Nr. L 87 v. 31.3.2017, S. 1), geändert durch Berichtigung vom 26.9.2017 (ABl. EU Nr. L 246 v. 26.9.2017, S. 12).

Art. 35 Aufzeichnungen von Dienstleistungen oder Tätigkeiten, die einen nachteiligen Interessenkonflikt auslösen

Die Wertpapierfirmen müssen die von oder im Namen der Wertpapierfirma erbrachten Arten von Wertpapier- oder Nebendienstleistungen bzw. Anlagetätigkeiten, bei denen ein den Interessen eines oder mehrerer Kunden in erheblichem Maße abträglicher Interessenkonflikt aufgetreten ist bzw. bei noch laufenden Dienstleistungen oder Tätigkeiten auftreten könnte, aufzeichnen und regelmäßig aktualisieren.

Die Geschäftsleitung erhält regelmäßig, mindestens aber einmal jährlich, schriftliche Berichte über die in diesem Artikel erläuterten Situationen.

In der Fassung vom 25.4.2016 (ABl. EU Nr. L 87 v. 31.3.2017, S. 1).

Art. 36 Finanzanalysten und Marketingmitteilungen

(abgedruckt bei § 85 WpHG)

Art. 37 Zusätzliche organisatorische Anforderungen bezüglich Finanzanalysen oder Marketingmitteilung

(abgedruckt bei § 85 WpHG)

Art. 38 Zusätzliche allgemeine Anforderungen bezüglich Emissionsübernahme oder Platzierung

(1) Wertpapierfirmen, die Finanzwirtschaftsberatung im Sinne von Anhang I Abschnitt B Nummer 3 oder Emissions- oder Platzierungsdienstleistungen im Zusammenhang mit Finanzinstrumenten bieten, treffen vor der Entscheidung, ein Angebot anzunehmen, Vorkehrungen zur Unterrichtung des Emittenten über:
a) die verschiedenen, bei der Wertpapierfirma verfügbaren Finanzierungsalternativen, mit Angabe der Geschäftskosten, die mit jeder Alternative verbunden sind;
b) den Zeitpunkt und das Verfahren bezüglich der Finanzwirtschaftsberatung über die Preisgestaltung des Angebots;
c) den Zeitpunkt und das Verfahren bezüglich der Finanzwirtschaftsberatung über die Platzierung des Angebots;
d) Einzelheiten über die Zielgruppe der Anleger, denen die Firma die Finanzinstrumente anbieten möchte;
e) die Berufsbezeichnungen und Abteilungen der relevanten Personen, die an der Erbringung der Finanzwirtschaftsberatung über den Preis und die Zuteilung von Finanzinstrumenten beteiligt sind; und
f) die Vorkehrungen der Wertpapierfirma zur Verhinderung oder Bewältigung von Interessenkonflikten, die entstehen können, wenn die Wertpapierfirma die relevanten Finanzinstrumente bei ihren Wertpapierkunden oder in ihrem Eigenhandelsbuch platziert.

(2) Wertpapierfirmen müssen über ein zentralisiertes Verfahren verfügen, um jegliche Emissionsübernahme- und Platzierungstätigkeiten zu identifizieren und derlei Informationen aufzuzeichnen, einschließlich des Datums, an dem die Wertpapierfirma über potenzielle Emissionsübernahme- und Platzierungsaktivitäten informiert wurde. Wertpapierfirmen müssen alle potenziellen Interessenkonflikte identifizieren, die durch andere Aktivitäten der Firma oder der Gruppe entstehen, und entsprechende Bewältigungsverfahren implementieren. In Fällen, in denen eine Wertpapierfirma einen Interessenkonflikt durch die Umsetzung geeigneter Verfahren nicht bewältigen kann, darf sich die Wertpapierfirma an der Tätigkeit nicht beteiligen.

(3) Wertpapierfirmen, die ausführende und analytische Dienstleistungen erbringen und Emissionsübernahme- und Platzierungsaktivitäten durchführen, stellen sicher, dass sie über ausreichende Kontrollen zur Bewältigung von potenziellen Interessenkonflikten zwischen diesen Aktivitäten und zwischen ihrer verschiedenen Kunden, die diese Dienstleistung erhalten, verfügen.

In der Fassung vom 25.4.2016 (ABl. EU Nr. L 87 v. 31.3.2017, S. 1), geändert durch Berichtigung vom 26.9.2017 (ABl. EU Nr. L 246 v. 26.9.2017, S. 12).

Art. 39 Zusätzliche Anforderungen bezüglich Preisgestaltung der Angebote im Hinblick auf Emission von Finanzinstrumenten

(1) Wertpapierfirmen müssen über Systeme, Kontrollen und Verfahren zur Identifizierung und Verhinderung oder Bewältigung von Interessenkonflikten verfügen, die im Zusammenhang mit dem möglichen Ansetzen eines zu niedrigen oder zu hohen Preises einer Emission, oder durch Beteiligung der relevanten Parteien hierbei, entstehen. Insbesondere müssen Wertpapierfirmen als Mindestanforderung interne Vorkehrungen treffen und auf Dauer umsetzen, um folgendes zu gewährleisten:
a) dass die Preisgestaltung des Angebots nicht die Interessen anderer Kunden oder die firmeneigenen Interessen in einer Weise fördert, die mit den Interessen des Emittenten im Widerspruch stehen könnte; und
b) das Verhindern oder die Bewältigung einer Situation, in der Personen, die für das Erbringen von Dienstleistungen für die Wertpapierkunden der Firma verantwortlich sind, an Entscheidungen bezüglich Finanzwirtschaftsberatung über die Preisgestaltung für den Emittenten unmittelbar beteiligt sind.

(2) Wertpapierfirmen müssen Kunden darüber informieren, wie die Empfehlung bezüglich des Angebotspreises und der damit verbundenen Zeitpunkte bestimmt wurde. Insbesondere muss die Wertpapierfirma den Emittenten über jegliche Absicherungs- und Stabilisierungsstrategien, die sie gedenkt in Bezug auf das Angebot durchzuführen, informieren und mit ihnen besprechen, einschließlich inwiefern sich diese Strategien auf die Interessen des Emittenten auswirken könnten. Ferner müssen Wertpapierfirmen während des Angebotprozesses alle angemessenen Maßnahmen ergreifen, um den Emittenten über Entwicklungen bezüglich der Preisgestaltung der Emission auf dem Laufenden zu halten.

In der Fassung vom 25.4.2016 (ABl. EU Nr. L 87 v. 31.3.2017, S. 1), geändert durch Berichtigung vom 26.9.2017 (ABl. EU Nr. L 246 v. 26.9.2017, S. 12).

Art. 40 Zusätzliche Anforderungen bezüglich Platzierung

(1) Wertpapierfirmen, die Finanzinstrumente platzieren, müssen wirksame Vorkehrungen treffen und auf Dauer umsetzen, um zu verhindern, dass Platzierungsempfehlungen unsachgemäß von bestehenden oder künftigen Beziehungen beeinflusst werden.

(2) Wertpapierfirmen müssen wirksame interne Vorkehrungen treffen und auf Dauer umsetzen, um Interessenkonflikte zu verhindern oder zu bewältigen, die entstehen, wenn Personen, die für das Erbringen von Dienstleistungen für die Wertpapierkunden der Firma verantwortlich sind, an Entscheidungen bezüglich Mittelzuweisungsempfehlungen für den Emittenten unmittelbar beteiligt sind.

(3) Wertpapierfirmen nehmen von Dritten keine Zahlungen oder sonstigen Vorteile an, es sei denn solche Zahlungen oder Vorteile stehen im Einklang mit den Anforderungen von Artikel 24 der Richtlinie 2014/65/EU. Insbesondere folgende Methoden gelten als nicht konform mit diesen Anforderungen und sind daher als inakzeptabel zu betrachten:

a) eine Mittelzuweisung, die gemacht wurden, um einen Anreiz für die Zahlung von unverhältnismäßig hohen Gebühren für nicht im Zusammenhang stehende, von der Wertpapierfirma erbrachte Dienstleistungen („Laddering") zu schaffen, wie beispielsweise vom Wertpapierkunden bezahlte unverhältnismäßig hohe Gebühren oder Provisionen, oder eine unverhältnismäßig hohe Anzahl an Geschäften auf normaler Provisionsebene, die vom Wertpapierkunden als Ausgleich für den Erhalt einer Zuteilung der Emission zur Verfügung gestellt wird;

b) eine Mittelzuweisung, die einem leitenden Angestellten oder einem Vorstandsmitglied eines bestehenden oder potenziellen Emittenten als Gegenleistung für die künftige oder vergangene Vergabe von Finanzwirtschaftsgeschäften zugeteilt wurde („Spinning");

c) eine Mittelzuweisung, die ausdrücklich oder implizit vom Erhalt künftiger Aufträge oder vom Kauf anderweitiger Dienstleistungen der Wertpapierfirma durch einen Wertpapierkunden, oder jedes Unternehmen, in welchem der Anleger ein Vorstandsmitglied ist, abhängig ist.

(4) Wertpapierfirmen müssen Grundsätze für den Umgang mit Mittelzuweisungen, die das Verfahren zur Entwicklung von Mittelzuweisungsempfehlungen darlegen, festlegen und auf Dauer umsetzen. Die Grundsätze für den Umgang mit Mittelzuweisungen müssen dem Emittenten vor seiner Zustimmung, jegliche Platzierungsdienstleistungen in Anspruch zu nehmen, zur Verfügung gestellt werden. Die Grundsätze müssen wichtige, zu diesem Zeitpunkt verfügbare Informationen über die vorgeschlagene Mittelzuweisungsmethodik für die Emission darlegen.

(5) Wertpapierfirmen müssen den Emittenten an Diskussionen über das Platzierungverfahren teilhaben lassen, damit die Firma in der Lage ist, die Interessen und Ziele des Kunden nachvollziehen und berücksichtigen zu können. Die Wertpapierfirma muss für ihre vorgeschlagene Mittelzuweisung je nach Art des Kunden für das Geschäft gemäß den Grundsätzen für den Umgang mit Mittelzuweisungen die Zustimmung des Emittenten einholen.

In der Fassung vom 25.4.2016 (ABl. EU Nr. L 87 v. 31.3.2017, S. 1).

Art. 41 Zusätzliche Anforderungen bezüglich Beratung, Vertrieb und Eigenplatzierung

(1) Wertpapierfirmen müssen über Systeme, Kontrollen und Verfahren zur Identifizierung und Bewältigung von Interessenkonflikten verfügen, die bei der Erbringung von Wertpapierdienstleistungen für einen Wertpapierkunden zur Teilhabe bei einer neuen Emission entstehen, wenn die Wertpapierfirma Provisionen, Gebühren oder jegliche finanziellen oder nichtfinanziellen Vorteile in Bezug auf das Einrichten der Emission erhält. Jegliche Provisionen, Gebühren oder nichtfinanzielle Vorteile müssen den Anforderungen in Artikel 24 Absätze 7, 8 und 9 der Richtlinie 2014/65/EU entsprechen und in den Grundsätzen der Wertpapierfirma für den Umgang mit Interessenkonflikten dokumentiert werden und sich in den Vorkehrungen der Firma in Bezug auf Anreize widerspiegeln.

(2) Wertpapierfirmen, die sich mit der Platzierung von Finanzinstrumenten befassen, welche von ihnen selbst oder von Unternehmen derselben Gruppe an ihre eigenen Kunden begeben wurden, einschließlich ihrer bestehenden Einleger im Falle von Kreditinstituten, oder Wertpapierfonds, die von Unternehmen ihres Konzerns verwaltet werden, müssen wirksame Vorkehrungen zur Identifizierung, Verhinderung oder Bewältigung von potenziellen Interessenkonflikten, die im Zusammenhang mit dieser Art von Tätigkeit entstehen, treffen und auf Dauer umsetzen. Solche Vorkehrungen müssen Überlegungen beinhalten, die Tätigkeit zu unterlassen, wenn Interessenkonflikte nicht angemessen bewältigt werden können, um somit schädigende Auswirkungen auf die Kunden zu vermeiden.

(3) Falls eine Offenlegung von Interessenkonflikten erforderlich ist, müssen Wertpapierfirmen den Anforderungen in Artikel 34 Absatz 4 Folge leisten, einschließlich einer Erklärung zur Art und Ursache der mit dieser Art von Tätigkeit verbundenen Interessenkonflikte, und Einzelheiten über die spezifischen, mit solchen Praktiken verbundenen Risiken zur Verfügung stellen, damit Kunden eine fundierte Anlageentscheidung treffen können.

(4) Wertpapierfirmen, die ihren Kunden von ihnen selbst oder von anderen Unternehmen der Gruppe begebene Finanzinstrumente anbieten, die bei der Berechnung der Aufsichtsanforderungen gemäß der Verordnung (EU) Nr. 575/2013 des Europäischen Parlaments und des Rates, der Richtlinie 2013/36 EU des europäischen Parlaments und des Rates oder der Richtlinie 2014/59/EU des Europäischen Parlaments und des Rates berücksichtigt werden, stellen diesen Kunden zusätzliche Informationen zur Erläuterung der Unterschiede zur Verfügung, die das Finanzinstrument im Hinblick auf Ertrag, Risiko, Liquidität und das Schutzniveau gemäß der Richtlinie 2014/49/EU des europäischen Parlaments und des Rates im Vergleich zu Bankeinlagen aufweist.

In der Fassung vom 25.4.2016 (ABl. EU Nr. L 87 v. 31.3.2017, S. 1), geändert durch Berichtigung vom 26.9.2017 (ABl. EU Nr. L 246 v. 26.9.2017, S. 12).

Art. 42 Zusätzliche Anforderungen bezüglich Darlehen oder Kreditvergabe im Zusammenhang mit Emissionsübernahme und Platzierung

(1) Falls ein vorheriges Darlehen oder ein Kredit für den Emittenten durch eine Wertpapierfirma, oder ein Unternehmen innerhalb derselben Gruppe, mit dem Erlös einer Emission zurückgezahlt werden soll, dann muss die Wertpapierfirma über Vorkehrungen zur Identifizierung und Verhinderung oder Bewältigung jeglicher Interessenkonflikte, die infolgedessen auftreten können, verfügen.

(2) Falls sich die getroffenen Vorkehrungen zur Verwaltung von Interessenkonflikten als unzureichend erweisen und nicht gewährleistet werden kann, dass der Emittent vor Schäden geschützt ist, müssen Wertpapierfirmen den Emittenten über die spezifischen Interessenkonflikte, die im Zusammenhang mit ihren Aktivitäten, oder derer von Gruppenunternehmen, in einer Funktion als Kreditanbieter unterrichten, wie auch über ihre Aktivitäten im Zusammenhang mit den Wertpapierangeboten.

(3) Die Grundsätze einer Wertpapierfirma für den Umgang mit Interessenkonflikten müssen den Austausch von Informationen mit Gruppenunternehmen, die als Kreditanbieter fungieren, erfordern, soweit dies nicht gegen Informationsbarrieren, die von der Firma zum Schutz der Interessen eines Kunden eingerichtet wurden, verstoßen würde.

In der Fassung vom 25.4.2016 (ABl. EU Nr. L 87 v. 31.3.2017, S. 1).

Art. 43 Aufzeichnungen bezüglich Emissionsübernahme oder Platzierung

Wertpapierfirmen zeichnen Inhalt und Zeitpunkt der von Kunden erhaltenen Anweisungen auf. Für jede Tätigkeit müssen die getroffenen Entscheidungen bezüglich Mittelzuweisung aufgezeichnet werden, um für einen vollständigen Prüfungsweg zwischen den in Kundenkonten registrierten Bewegungen und den von der Wertpapierfirma erhaltenen Anweisungen zu sorgen. Insbesondere ist die zuletzt erfolgte Mittelzuweisung für jeden Wertpapierkunden deutlich zu begründen und aufzuzeichnen. Der vollständige Prüfungsweg der wesentlichen Schritte im Emissionsübernahme- und Platzierungsverfahren muss den zuständigen Behörden auf Anfrage zur Verfügung gestellt werden.

In der Fassung vom 25.4.2016 (ABl. EU Nr. L 87 v. 31.3.2017, S. 1), geändert durch Berichtigung vom 26.9.2017 (ABl. EU Nr. L 246 v. 26.9.2017, S. 12).

**Delegierte Verordnung (EU) 2017/589 der Kommission vom 19. Juli 2016
zur Ergänzung der Richtlinie 2014/65/EU des Europäischen Parlaments und des Rates durch technische Regulierungsstandards zur Festlegung der organisatorischen Anforderungen an Wertpapierfirmen, die algorithmischen Handel betreiben**

(Auszug)

Kapitel I: Allgemeine organisatorische Anforderungen

Art. 1 Allgemeine organisatorische Anforderungen

Im Rahmen ihrer allgemeinen Unternehmensführung und Entscheidungsfindung wenden Wertpapierfirmen bei der Einführung und Überwachung ihrer Handelssysteme und Handelsalgorithmen klare und formalisierte Vorgaben an, die Art, den Umfang und die Komplexität ihrer Geschäftstätigkeit berücksichtigen und Vorschriften für folgende Bereiche enthalten:
a) klaren Hierarchien und Rechenschaftspflichten, z.B. Bei den Genehmigungsverfahren für die Entwicklung, die Einführung und für anschließende Aktualisierungen der Handelsalgorithmen sowie für die Lösung von Problemen, die bei der Überwachung der Handelsalgorithmen erkannt werden;
b) effektive Verfahren für die Weiterleitung von Informationen innerhalb der Wertpapierfirma, damit Anweisungen effizient und rechtzeitig eingeholt und ausgeführt werden können;
c) Trennung der Aufgaben und Zuständigkeiten der Handelsabteilungen und der unterstützenden Funktionen, beispielsweise der Risikokontroll- und die Compliance-Funktion, um sicherzustellen, dass unberechtigte Handelstätigkeiten nicht verschleiert werden können.

In der Fassung vom 19.7.2016 (ABl. EU Nr. L 87 v. 31.3.2017, S. 417).

Art. 2 Aufgaben der Compliance Funktion

(1) Wertpapierfirmen stellen sicher, dass die für die Einhaltung gesetzlicher Vorschriften (Compliance) zuständigen Mitarbeiter die Funktionsweise ihrer algorithmischen Handelssysteme und Handelsalgorithmen zumindest in Grundzügen verstehen. Die Compliance-Mitarbeiter müssen in ständigem Kontakt mit den Mitarbeitern stehen, die über genaue technische Kenntnisse der algorithmischen Handelssysteme oder Handelsalgorithmen der Firma verfügen.

(2) Wertpapierfirmen müssen ferner sicherstellen, dass die Compliance-Mitarbeiter zu jeder Zeit entweder mit der Person bzw. den Personen, die in der Wertpapierfirma auf die in Artikel 12 genannte Funktion („Kill-Funktion") zugreifen können, in Kontakt stehen, oder direkt auf diese Funktion oder die für die einzelnen Handelssysteme oder Handelsalgorithmen zuständigen Personen zugreifen können.

(3) Wird die Compliance-Funktion ganz oder teilweise an externe Dritte ausgelagert, gewährt die betreffende Wertpapierfirma diesem Dritten den gleichen Zugang zu Informationen, den sie internen Compliance-Mitarbeitern einräumen würde. Wertpapierfirmen stellen sicher, dass bei einer Auslagerung der Compliance Funktion
a) Datenschutz gewährleistet ist;
b) die Compliance-Funktion durch interne oder externe Prüfer oder durch die zuständige Behörde überprüft werden kann.

In der Fassung vom 19.7.2016 (ABl. EU Nr. L 87 v. 31.3.2017, S. 417).

Art. 3 Personalausstattung

(1) Wertpapierfirmen müssen eine ausreichende Zahl von Mitarbeitern beschäftigen, die über die notwendigen Kompetenzen verfügen, um die algorithmischen Handelsysteme und Handelsalgorithmen zu verwalten, und ausreichende technische Kenntnisse in folgenden Bereichen mitbringen:
a) die relevanten Handelssysteme und Handelsalgorithmen;
b) die Überwachung und das Testen dieser Systeme und Algorithmen;
c) die Handelsstrategien, die die jeweilige Wertpapierfirma mit Hilfe ihrer algorithmischen Handelssysteme und Handelsalgorithmen verfolgt;
d) die rechtlichen Verpflichtungen, denen die jeweilige Wertpapierfirma unterliegt.

(2) Die in Absatz 1 genannten notwendigen Kompetenzen werden von der Wertpapierfirma festgelegt. Die in Absatz 1 genannten Mitarbeiter besitzen diese notwendigen Kompetenzen zum Zeitpunkt der Einstellung oder erwerben sie im Anschluss daran durch Schulungen. Wertpapierfirmen müssen sicherstellen, dass die Kompetenzen dieser Mitarbeiter durch ständige Weiterbildung auf dem neuesten Stand bleiben, und diese Kompetenzen in regelmäßigen Abständen evaluieren.

(3) Die in Absatz 2 erwähnten Schulungsmaßnahmen müssen auf die Erfahrungen und Aufgaben der Mitarbeiter zugeschnitten sein und der Art, den Umfang und der Komplexität der Tätigkeiten der Wertpapierfirma Rechnung tragen. Insbesondere die mit der Einreichung von Aufträgen befassten Mitarbeiter müssen in die dafür vorgesehenen Systeme eingewiesen und zum Thema Marktmissbrauch geschult werden.

(4) Wertpapierfirmen stellen sicher, dass die für die Risikomanagement- und die Compliance Funktion des algorithmischen Handels zuständigen Mitarbeiter ausgestattet sind mit

a) hinreichenden Kenntnissen des algorithmischen Handels und der Handelsstrategien;

b) hinreichenden Kompetenzen zur Weiterbearbeitung von Informationen, die durch automatische Warnmeldungen ausgegeben werden;

c) hinreichenden Befugnissen, um die für den algorithmischen Handel zuständigen Mitarbeiter zur Rechenschaft zu ziehen, wenn dieser Handel zu marktstörenden Handelsbedingungen führt oder zum Verdacht auf Marktmissbrauch Anlass gibt.

In der Fassung vom 19.7.2016 (ABl. EU Nr. L 87 v. 31.3.2017, S. 417).

Art. 4 Auslagerung und Beschaffung von DJ-Dienstleistungen

(1) Die Verantwortung für die Einhaltung der aus der vorliegenden Verordnung erwachsenden Verpflichtungen verbleibt in vollem Umfang bei den Wertpapierfirmen, wenn diese für algorithmische Handelstätigkeiten verwendete Software oder Hardware auslagern oder beschaffen.

(2) In einer Wertpapierfirma sind ausreichendes Wissen und die erforderliche Dokumentation vorhanden, um in Bezug auf jegliche im algorithmischen Handel verwendete Hardware oder Software, die sie beschafft oder ausgelagert haben, uneingeschränkt der Einhaltung der Bestimmung unter Absatz 1 zu gewährleisten.

In der Fassung vom 19.7.2016 (ABl. EU Nr. L 87 v. 31.3.2017, S. 417).

Kapitel II: Belastbarkeit der Handelssysteme
Abschnitt 1: Test und Einführung von Systemen und Strategien für Handelsalgorithmen

Art. 5 Allgemeine Methodologie

(1) Vor der Einführung oder umfassenden Aktualisierung eines algorithmischen Handelssystems, eines Handelsalgorithmus oder einer algorithmischen Handelstrategie legen Wertpapierfirmen klar abgegrenzte Methodologien für die Entwicklung und das Testen solcher Systeme, Algorithmen oder Strategien fest.

(2) Jede Einführung oder umfassende Aktualisierung eines algorithmischen Handelssystems, eines Handelsalgorithmus oder einer algorithmischen Handelstrategie muss von einer von der Geschäftsleitung der Wertpapierfirma benannten Person genehmigt werden.

(3) Die in Absatz 1 erwähnten Methodologien betreffen die Ausgestaltung, die Performanz, die Aufzeichnungen und die Genehmigung des algorithmischen Handelssystems, des Handelsalgorithmus oder der algorithmischen Handelstrategie. Darüber hinaus regeln sie die Zuständigkeiten, die Zuweisung ausreichender Ressourcen und die Verfahren zur Einholung von Anweisungen innerhalb der Wertpapierfirma.

(4) Durch die in Absatz 1 erwähnten Methodologien wird gewährleistet, dass das algorithmische Handelssystem, der Handelsalgorithmus oder die algorithmische Handelstrategie

a) keine außerplanmäßigen Verhaltensweisen zeigt;

b) den Verpflichtungen entspricht, die der Wertpapierfirma aufgrund der vorliegenden Verordnung erwachsen;

c) den Regeln und Systemen der Handelsplätze entspricht, zu denen die Wertpapierfirma Zugang hat;

d) nicht zur Entstehung marktstörender Handelsbedingungen beiträgt, auch unter Stressbedingungen auf den Märkten effektiv funktioniert und, sofern unter solchen Bedingungen erforderlich, die Abschaltung des algorithmischen Handelssystems oder des Handelsalgorithmus zulässt.

(5) Wertpapierfirmen passen ihre Testmethodologien an die Handelsplätze und Märkte an, auf denen der Handelsalgorithmus verwendet werden wird. Bei wesentlichen Änderungen des algorithmischen Handelssystems oder des Zugangs zu dem Handelsplatz, auf denen das algorithmische Handelssystem, der Handelsalgorithmus oder die algorithmische Handelstrategie eingesetzt werden soll, nehmen die Wertpapierfirmen zusätzliche Tests vor.

(6) Die Absätze 2 bis 5 gelten nur für Algorithmen, die zur Auftragsausführung führen.

(7) Wertpapierfirmen führen Aufzeichnungen über alle wesentlichen Änderungen an der für den algorithmischen Handel verwendeten Software, aus denen hervorgeht,

a) wann eine Änderung vorgenommen wurde;

b) wer die Änderung vorgenommen hat;

c) wer die Änderung genehmigt hat;

d) worin die Änderung bestand.

In der Fassung vom 19.7.2016 (ABl. EU Nr. L 87 v. 31.3.2017, S. 417), geändert durch Berichtigung vom 28.7.2017 (ABl. EU Nr. L 197 v. 28.7.2017, S. 20).

Art. 6 Konformitätstest

(1) Wertpapierfirmen testen die Konformität ihrer algorithmischen Handelssysteme und Handelsalgorithmen mit
a) dem System des Handelsplatzes in jeder der folgenden Situationen:
   i) beim Zugang zu diesem Handelsplatz als Mitglied;
   ii) bei der erstmaligen Anbindung an diesen Handelsplatz durch einen geförderten Zugang;
   iii) bei wesentlichen Änderungen an den Systemen des Handelsplatzes;
   iv) vor der Einführungs oder einer umfassenden Aktualisierung des algorithmischen Handelssystems, des Handelsalgorithmus oder der algorithmischen Handelsstrategie der jeweiligen Wertpapierfirma;
b) dem System des Bereitstellers des direkten Marktzugang in jeder der folgenden Situationen:
   i) bei der erstmaligen Anbindung an diesen Handelsplatz durch einen direkten Marktzugang;
   ii) bei wesentlichen Änderungen, die sich auf die Bereitstellung des direkten Marktzugangs durch den betreffenden Anbieter auswirken;
   iii) vor der Einführung oder umfassenden Aktualisierung des algorithmischen Handelssystems, des Handelsalgorithmus oder der algorithmischen Handelsstrategien der jeweiligen Wertpapierfirma.

(2) Durch Konformitätstests wird überprüft, ob die grundlegenden Bestandteile des algorithmischen Handelssystems oder des Handelsalgorithmus ordnungsgemäß funktionieren und den Anforderungen entsprechen, die von dem Handelsplatz oder dem Bereitsteller des direkten Marktzugangs vorgegeben werden. Zu diesem Zweck ist durch Tests zu bestätigen, dass das algorithmische Handelssystem oder der Handelsalgorithmus
a) plangemäß mit der Matching-Logik des Handelsplatzes interagiert;
b) die vom Handelsplatz heruntergeladenen Datenströme in angemessener Weise verarbeitet.

In der Fassung vom 19.7.2016 (ABl. EU Nr. L 87 v. 31.3.2017, S. 417).

Art. 7 Testumgebungen

(1) Wertpapierfirmen gewährleisten, dass die Konformitätstests im Hinblick auf die in Artikel 5 Absatz 4 Buchstabe a, b und d festgelegten Kriterien in einer von ihrer Produktionsumgebung getrennten Umgebung erfolgen, die eigens für das Testen und die Entwicklung von algorithmischen Handelssystemen und Handelsalgorithmen vorgesehen ist.

Für die in Unterabsatz 1 beschriebenen Zwecke kennzeichnet der Ausdruck „Produktionsumgebung" die Umgebung, in der die algorithmischen Handelssysteme tatsächlich eingesetzt werden, und umfasst die von den Händlern verwendete Hardware und Software, die Weiterleitung von Aufträgen an Handelsplätze, die Marktdaten, die abhängigen Datenbanken, die Risikokontrollsysteme, die Datenerfassung, die Analysesysteme und die Verarbeitungssysteme für die Nachhandelsphase.

(2) Zur Erfüllung der in Absatz 1 erwähnten Testanforderungen dürfen Wertpapierfirmen ihre eigene Testumgebung oder eine von einem Handelsplatz, einem DEA-Bereitsteller oder einem Drittanbieter bereitgestellte Testumgebung verwenden.

(3) Die Verantwortung für die Tests ihrer algorithmischen Handelssysteme, Handelsalgorithmen oder algorithmischen Handelsstrategien und für das Vornehmen erforderlicher Änderungen an diesen verbleibt in vollem Umfang bei der jeweiligen Wertpapierfirma.

In der Fassung vom 19.7.2016 (ABl. EU Nr. L 87 v. 31.3.2017, S. 417).

Art. 8 Kontrollierte Einführung von Algorithmen

Vor der Einführung eines Handelsalgorithmus legen Wertpapierfirmen Obergrenzen fest für:
a) die Anzahl der gehandelten Finanzinstrumente;
b) dem Preis, den Wert und die Anzahl der Aufträge;
c) die strategischen Positionen und
d) die Anzahl der Handelsplätze, an die die Aufträge geschickt werden.

In der Fassung vom 19.7.2016 (ABl. EU Nr. L 87 v. 31.3.2017, S. 417).

Abschnitt 2: Verwaltung im Anschluss an die Einführung

Art. 9 Jährliche Selbstbeurteilung und Validierung

(1) Wertpapierfirmen führen jährlich einen Selbstbeurteilungs- und Validierungsprozess durch und erstellen auf dieser Grundlage einen Validierungsbericht. Durch diesen Prozess überprüfen, beurteilen und validieren Wertpapierfirmen folgende Bereiche:
a) ihre algorithmischen Handelssysteme, Handelsalgorithmen und algorithmischen Handelsstrategien;
b) ihre Unternehmensführung, die Rechenschaftspflichten und die Genehmigungsverfahren;
c) ihre Notfallvorkehrungen;
d) die Einhaltung aller Bestimmungen des Artikels 17 der Richtlinie 2014/65/EU im Hinblick auf die Art, den Umfang und die Komplexität ihrer Geschäftstätigkeit.

Im Zuge der Selbstbeurteilung wird mindestens die Einhaltung der in Anhang I dieser Verordnung aufgeführten Kriterien einer Analyse unterzogen.

(2) Die in Artikel 23 Absatz 2 der Delegierten Verordnung (EU) 2017/565 der Kommission erwähnte Risikomanagementfunktion der Wertpapierfirma erstellt den Validierungsbericht unter Heranziehung von Mitarbeitern, die über die erfor-

derlichen technischen Kenntnisse verfügen. Die Risikomanagementfunktion informiert die Compliance-Funktion über jegliche Mängel, die im Validierungsbericht aufgeführt werden.

(3) Der Validierungsbericht wird von der internen Auditfunktion geprüft, sofern die Firma über eine solche verfügt und von der Geschäftsleitung der Wertpapierfirma genehmigt.

(4) Im Validierungsbericht aufgeführten Mängel werden von der Wertpapierfirma behoben.

(5) Wenn eine Wertpapierfirma die in Artikel 23 Absatz 2 der Delegierten Verordnung (EU) 2017/565 erwähnte Risikomanagementfunktion nicht eingerichtet hat, gelten die in der vorliegenden Verordnung niedergelegten Anforderungen an die Risikomanagementfunktion für jede sonstige Funktion, welche die Wertpapierfirma gemäß Artikel 23 Absatz 2 der Delegierten Verordnung (EU) 2017/565 geschaffen hat.

In der Fassung vom 19.7.2016 (ABl. EU Nr. L 87 v. 31.3.2017, S. 417).

Art. 10 Stresstests

Im Rahmen der in Artikel 9 erwähnten jährlichen Selbstbeurteilung überprüfen Wertpapierfirmen, ob ihre algorithmischen Handelssysteme und die in den Artikeln 12 bis 18 erwähnten Verfahren und Kontrollen einem erhöhten Auftragseingang oder Marktbelastungen standhalten. Wertpapierfirmen entwickeln solche Tests nach Maßgabe der Art ihrer Handelstätigkeit ihrer Handelssysteme. Wertpapierfirmen stellen sicher, dass die Produktionsumgebung durch die Tests nicht beeinträchtigt wird. Bestandteile dieser Tests sind:

a) Tests mit hohen Mitteilungsvolumina unter Zugrundelegung der doppelten höchsten Anzahl an Mitteilungen, die in den vorangegangenen sechs Monaten bei der Wertpapierfirma eingegangen und von ihr ausgegangen sind;
b) Tests mit hohen Handelsvolumina unter Zugrundelegung des doppelten höchsten Handelsvolumens, das die Wertpapierfirma in den vorangegangenen sechs Monaten erreicht hat.

In der Fassung vom 19.7.2016 (ABl. EU Nr. L 87 v. 31.3.2017, S. 417).

Art. 11 Umgang mit wesentlichen Änderungen

(1) Wertpapierfirmen stellen sicher, dass alle vorgeschlagenen wesentlichen Änderungen an der Produktionsumgebung für den algorithmischen Handel vorab von einem von der Geschäftsleitung der Wertpapierfirma benannten Mitarbeiter geprüft werden. Die Gründlichkeit dieser Überprüfung richtet sich nach dem Umfang der vorgeschlagenen Änderung.

(2) Wertpapierfirmen führen Verfahren ein, mit denen gewährleistet wird, dass jegliche Funktionsänderungen an ihren Systemen den für den Handelsalgorithmus zuständigen Händlern, der Compliance-Funktion und der Risikomanagementfunktion mitgeteilt werden.

In der Fassung vom 19.7.2016 (ABl. EU Nr. L 87 v. 31.3.2017, S. 417).

Abschnitt 3: Mittel zur Sicherstellung der Belastbarkeit

Art. 12 Kill-Funktion

(1) Wertpapierfirmen sind in der Lage, als Notfallmaßnahme jeden beliebigen Auftrag, der bei irgendeinem Handelsplatz eingereicht, aber noch nicht ausgeführt wurde, sofort zu stornieren; ebenso sind sie in der Lage, sämtliche bei einem bestimmten oder bei allen Handelsplätzen eingereichten, aber noch nicht ausgeführten Aufträge umgehend zu stornieren („Kill-Funktion").

(2) Für die Zwecke von Absatz 1 sind bei den nicht ausgeführten Aufträgen auch diejenigen einzubeziehen, die auf einzelne Händler, Handelsabteilungen oder gegebenenfalls Kunden zurückgehen.

(3) Für die Zwecke der Absätze 1 und 2 sind Wertpapierfirmen in der Lage, für jeden bei einem Handelsplatz eingereichten Auftrag feststellen, auf welchen Handelsalgorithmus und welchen Händler, welche Handelsabteilung oder ggf. welchen Kunden er zurückgeht.

In der Fassung vom 19.7.2016 (ABl. EU Nr. L 87 v. 31.3.2017, S. 417), geändert durch Berichtigung vom 28.7.2017 (ABl. EU Nr. L 197 v. 28.7.2017, S. 20).

Art. 13 Automatisiertes Überwachungssystem für die Aufdeckung von Marktmanipulation

(1) Wertpapierfirmen überwachen alle mit ihren Handelssystemen ausgeführten Handelstätigkeiten, einschließlich derjenigen ihrer Kunden, auf Anzeichen für mögliche Marktmanipulationen wie sie in Artikel 12 der Verordnung (EU) Nr. 596/2014 erwähnt sind.

(2) Für die in Absatz 1 bezeichnenden Zwecke errichten und unterhalten Wertpapierfirmen ein automatisiertes Überwachungssystem, das Aufträge und Geschäfte wirksam kontrolliert, Warnmeldungen und Berichte erzeugt und, sofern angebracht, Visualisierungstools bereitstellt.

(3) Das automatisierte Überwachungssystem erfasst das gesamte Spektrum der Handelstätigkeiten einer Wertpapierfirma und alle von ihr eingereichten Aufträge. Die Gestaltung des Überwachungssystems entspricht der Art, dem Umfang und der Komplexität der Handelstätigkeiten der Wertpapierfirma, beispielsweise der Art und dem Volumen der gehandelten Finanzinstrumente, dem Umfang und der Komplexität ihres Auftragsflusses und den Märkten, zu denen sie Zugang hat.

(4) Alle Hinweise auf verdächtige Handelstätigkeiten, die von ihrem automatisierte Überwachungssystem angezeigt wurden, gleich die Wertpapierfirma in der Untersuchungsphase mit anderen von ihr ausgeführten relevanten Handelstätigkeiten ab.

(5) Das automatisierte Überwachungssystem einer Wertpapierfirma lässt sich an Änderungen ihrer aufsichtsrechtlichen Verpflichtungen und Handelstätigkeiten anpassen, einschließlich Änderungen ihrer eigenen Handelsstrategie und der Handelsstrategie ihrer Kunden.

(6) Wertpapierfirmen überprüfen ihr automatisiertes Überwachungssystem mindestens einmal jährlich, um festzustellen, ob das System und die von ihm verwendeten Parameter und Filter den aufsichtsrechtlichen Verpflichtungen der Firma noch gerecht werden und ihren Handelstätigkeiten noch entsprechen; dabei ist auch zu überprüfen, ob die Erzeugung positiver und negativer Fehlalarme weiterhin so gering wie möglich gehalten wird.

(7) Das Überwachungssystem einer Wertpapierfirma ist in der Lage, die Auftrags- und Geschäftsdaten im Nachhinein mit hinreichender Zeitgranularität auszulesen, wiederzugeben und auszuwerten; seine Kapazitäten reichen aus, um bei Bedarf in einer automatisierten Handelsumgebung mit niedrigen Latenzzeiten zu funktionieren. Außerdem erzeugt es Warnmeldungen, die zu Beginn oder, falls manuelle Prozesse beteiligt sind, am Ende des folgenden Handelstags bearbeitet werden. Für die Bearbeitung der vom Überwachungssystem einer Wertpapierfirma erzeugten Warnmeldungen stehen eine angemessene Dokumentation und angemessene Verfahren zur Verfügung.

(8) Die für die Überwachung der Handelstätigkeiten der Wertpapierfirma zu den in den Absätzen 1 bis 7 beschriebenen Zwecken zuständigen Mitarbeiter melden der Compliance-Funktion aller Handelstätigkeiten, die gegen Richtlinien und Verfahren oder gegen aufsichtsrechtliche Verpflichtungen der Firma verstoßen könnten. Die Compliance-Funktion prüft diese Angaben und ergreift geeignete Maßnahmen. Bestandteil dieser Maßnahmen ist die Benachrichtigung des Handelsplatzes oder die Meldung verdächtiger Geschäfte oder Aufträge gemäß Artikel 16 der Verordnung (EU) Nr. 596/2014.

(9) Wertpapierfirmen stellen sicher, dass ihre Aufzeichnungen von Handels- und Konteninformationen präzise, vollständig und einheitlich sind, indem sie, sofern dies anwendbar und angesichts der Art, des Umfangs und der Komplexität ihrer Geschäftstätigkeit angemessen ist, ihre eigenen elektronischen Handelsprotokolle so zeitnah wie praktikabel mit den Aufzeichnungen vergleicht, die ihnen von ihren Handelsplätzen, Maklern, Clearing-Mitgliedern, zentralen Gegenparteien, Datendienstleistern oder anderen relevanten Geschäftspartnern zur Verfügung gestellt werden.

In der Fassung vom 19.7.2016 (ABl. EU Nr. L 87 v. 31.3.2017, S. 417).

Art. 14 *Notfallvorkehrungen*

(1) Wertpapierfirmen verfügen über der Art, des Umfangs und der Komplexität ihrer Geschäftstätigkeit entsprechende Vorkehrungen, mit denen sie im Notfall den Betrieb ihrer algorithmischen Handelssysteme aufrechterhalten können. Diese Vorkehrungen sind auf einem dauerhaften Datenträger zu dokumentieren.

(2) Die Notfallvorkehrungen einer Wertpapierfirma ermöglichen eine wirksame Behebung von Störungen und, sofern angemessen, eine baldige Wiederaufnahme des algorithmischen Handels. Die Notfallvorkehrungen sind an die Handelssysteme der einzelnen Handelsplätze, zu denen die Wertpapierfirma Zugang hat, angepasst und umfassen folgende Bestandteile:

a) Vorgaben der Unternehmensführung für die Entwicklung und Einführung der Notfallvorkehrungen;
b) die Erfassung der möglichen widrigen Szenarien in Bezug auf den Betrieb des algorithmischen Handelssystems, beispielsweise der Ausfall von Systemen, Mitarbeitern, Arbeitsplätzen, externen Dienstleistern oder Rechenzentren oder der Verlust oder die Abänderung geschäftskritischer Daten und Unterlagen;
c) Verfahren für die Verlagerung des Handelssystems an einen Back-up-Standort und das Betreiben des Handelssystems von diesem Standort aus, über den die Wertpapierfirma verfügen muss, wenn dies in Anbetracht der Art, des Umfangs und der Komplexität ihrer algorithmischen Handelstätigkeiten angemessen ist;
d) Schulung der Mitarbeiter über die Notfallvorkehrungen;
e) Leitlinien zur Verwendung der in Artikel 12 erwähnten Funktion;
f) Vorkehrungen zur Abschaltung des betreffenden Handelsalgorithmus oder Handelssystems, sofern angezeigt;
g) alternative Möglichkeiten für die Bearbeitung offener Aufträge und Positionen durch die Wertpapierfirma.

(3) Wertpapierfirmen stellen sicher, dass ihr Handelsalgorithmus oder Handelssystem im Zuge ihrer Notfallvorkehrungen abgeschaltet werden kann, ohne marktstörende Handelsbedingungen zu schaffen.

(4) Wertpapierfirmen unterziehen Notfallvorkehrungen einer jährlichen Überprüfung und passen sie im Licht dieser Überprüfung an.

In der Fassung vom 19.7.2016 (ABl. EU Nr. L 87 v. 31.3.2017, S. 417).

Art. 15 *Vorhandelskontrollen bei Auftragseingabe*

(1) Wertpapierfirmen führen für alle Finanzinstrumente bei der Eingabe eines Auftrags Vorhandelskontrollen im Hinblick auf die folgenden Vorgaben durch:

a) Preisbänder, mit denen Aufträge, die den festgelegten Preisparametern nicht entsprechen, automatisch gesperrt oder storniert werden und die sowohl auf der Ebene des einzelnen Auftrags als auch für einen spezifischen Zeitraum nach verschiedenen Finanzinstrumenten differenzieren;
b) Auftragshöchstwerte, die verhindern, dass Aufträge mit ungewöhnlich hohem Auftragswert in das Auftragsbuch aufgenommen werden;
c) Auftragshöchstvolumina, die verhindern, dass Aufträge mit ungewöhnlich großem Auftragsvolumen in das Auftragsbuch aufgenommen werden;
d) Obergrenzen für Mitteilungen, die verhindern, dass eine übermäßige Anzahl von Mitteilungen über die Einreichung, Änderung oder Stornierung eines Auftrags in die Auftragsbücher geschickt wird.

(2) Wertpapierfirmen beziehen alle an einen Handelsplatz übermittelten Aufträge unverzüglich in die in Absatz. 1 erwähnte Berechnung der Vorhandelsobergrenzen ein.

(3) Wertpapierfirmen verfügen über Drosselungsmechanismen für wiederholte automatische Auftragsausführungen, die steuern, wie oft eine algorithmische Handelstrategie angewendet wird. Nach einer vorab festgelegten Anzahl wiederholter Ausführungen wird das Handelssystem automatisch abgeschaltet, bis es von einem eigens dafür bestimmten Mitarbeiter wieder eingeschaltet wird.

(4) Wertpapierfirmen legen Obergrenzen für Markt- und Kreditrisiken fest; diese basieren auf ihrer Kapitalbasis, ihren Clearingvereinbarungen, ihrer Handelsstrategie, ihrer Risikotoleranz und ihrer Erfahrung sowie auf Variablen wie der Dauer ihrer Erfahrung mit algorithmischem Handel und ihrer Abhängigkeit von Drittanbietern. Wertpapierfirmen passen die Obergrenzen für diese Markt- und Kreditrisiken laufend an die Auswirkungen an, die sich aus veränderten Preis- und Liquiditätsniveaus der Aufträge auf dem relevanten Markt ergeben.

(5) Sobald Wertpapierfirmen feststellen, dass ein Händler nicht zum Handel mit einem bestimmten Finanzinstrument befugt ist, werden die Aufträge dieses Händlers automatisch gesperrt oder storniert. Aufträge, die gegen ihre Risikoschwellenwerte verstoßen, werden von der Wertpapierfirma automatisch gesperrt oder storniert. Sofern angemessen, kommen Risikokontrollen für einzelne Kunden, Finanzinstrumente, Händler, Handelsabteilungen oder der Wertpapierfirma als Ganze zum Einsatz.

(6) Wertpapierfirmen verfügen über Verfahren und Vorkehrungen im Zusammenhang mit Aufträgen, die durch die Vorhandelskontrollen der jeweiligen Wertpapierfirma gesperrt wurden, die die Wertpapierfirma aber dennoch übermitteln möchte. Diese Verfahren und Vorkehrungen kommen unter außergewöhnlichen Umständen vorübergehend für ein spezifisches Handelsgeschäft zum Einsatz. Sie müssen durch die Risikomanagementfunktion überprüft und von einem von der Wertpapierfirma benannten Mitarbeiter genehmigt werden.

In der Fassung vom 19.7.2016 (ABl. EU Nr. L 87 v. 31.3.2017, S. 417).

Art. 16 Echtzeitüberwachung

(1) In den Zeiten, in denen sie Aufträge an Handelsplätze übermitteln, überwachen Wertpapierfirmen in Echtzeit sämtliche unter ihrem Handelscode ausgeführten algorithmischen Handelstätigkeiten, einschließlich derjenigen ihrer Kunden, auf Anzeichen für marktstörende Handelsbedingungen unter Einbeziehung sämtlicher Märkte, Anlageklassen oder Produkte, auf die sich die Tätigkeiten der Wertpapierfirma oder ihren Kunden erstrecken.

(2) Die Echtzeitüberwachung der algorithmischen Handelstätigkeiten übernehmen der für den Handelsalgorithmus oder die algorithmische Handelsstrategie zuständige Händler und die Risikomanagementfunktion oder eine unabhängige Risikokontrollfunktion, die für die Zwecke der vorliegenden Bestimmung eingerichtet wurde. Unabhängig davon, ob ein interner Mitarbeiter der Wertpapierfirma oder ein Dritter mit der Echtzeitüberwachung betraut wird, gilt diese Risikocontrolling-Funktion als unabhängig, wenn sie in keiner hierarchischen Abhängigkeitsbeziehung zum Händler steht und ihn, sofern angemessen und erforderlich, im Rahmen der in Artikel 1 erwähnten Vorgaben der Unternehmensführung zur Rechenschaft ziehen kann.

(3) Mit der Echtzeitüberwachung betraute Mitarbeiter reagieren rechtzeitig auf operative und aufsichtsrechtliche Probleme und ergreifen bei Bedarf Abhilfemaßnahmen.

(4) Wertpapierfirmen stellen sicher, dass die zuständige Behörde, die relevanten Handelsplätze und, sofern anwendbar, die DEA- Bereitsteller, Clearing-Mitglieder und zentralen Gegenparteien zu jeder Zeit Verbindung zu den für die Echtzeitüberwachung zuständigen Mitarbeitern aufnehmen können. Zu diesem Zweck legen Wertpapierfirmen, auch für die Kontaktaufnahme außerhalb der Handelszeiten, Kommunikationswege fest und prüfen diese regelmäßig, damit in einem Notfall die Mitarbeiter mit den erforderlichen Befugnissen rechtzeitig miteinander in Verbindung treten können.

(5) Die Systeme für die Echtzeitüberwachung müssen in Echtzeit Warnmeldungen erzeugen, um die Mitarbeiter bei der Erkennung außerplanmäßiger, mit Hilfe eines Algorithmus vorgenommener Handelstätigkeiten zu unterstützen. Wertpapierfirmen verfügen über Prozesse, mit denen sie möglichst zeitnah auf Warnmeldungen reagieren und sich, sofern erforderlich, geordnet vom Markt zurückziehen können. Diese Systeme erzeugen auch Warnmeldungen in Bezug auf Algorithmen und über den DEA eingehende Aufträge, die die Notfallsicherungen („circuit breaker") eines Handelsplatzes auslösen. Echtzeit-Warnmeldungen werden innerhalb von 5 Sekunden nach dem relevanten Ereignis erzeugt.

In der Fassung vom 19.7.2016 (ABl. EU Nr. L 87 v. 31.3.2017, S. 417), geändert durch Berichtigung vom 28.7.2017 (ABl. EU Nr. L 197 v. 28.7.2017, S. 20).

Art. 17 Nachhandelskontrollen

(1) Wertpapierfirmen wenden ihre Nachhandelskontrollen kontinuierlich an. Wenn dabei eine Unregelmäßigkeit festgestellt wird, ergreifen Wertpapierfirmen angemessene Maßnahmen, darunter unter Umständen die Anpassung oder Abschaltung des betreffenden Handelsalgorithmus oder Handelssystems oder einen geordneten Rückzug aus dem Markt.

(2) Die in Absatz 1 erwähnten Nachhandelskontrollen umfassen auch die kontinuierliche Bewertung und Überwachung des effektiven Markt- und Kreditrisikos der jeweiligen Wertpapierfirma.

(3) Wertpapierfirmen führen vollständige, präzise und einheitliche Aufzeichnungen über ihre Handels- und Kontendaten. Wertpapierfirmen gleichen ihre eigenen elektronischen Handelsprotokolle mit Informationen über ihre offenen Aufträge und Risiken ab, die sie von den Handelsplätzen, an die sie Aufträge übermitteln, von ihren Maklern oder DEA-Bereitstellern, ihren Clearing-Mitgliedern oder zentralen Gegenparteien, ihren Datendienstleistern oder sonstigen einschlägigen Geschäftspartnern erhalten. Der Abgleich findet in Echtzeit statt, sofern die vorstehend ausgeführten Marktteilnehmer besagte Informationen in Echtzeit bereitstellen. Wertpapierfirmen sind in der Lage, ihre eigenen offenen Risiken und diejenigen ihrer Händler und Kunden in Echtzeit zu berechnen.

(4) Bei Derivaten erstrecken sich die in Absatz 1 erwähnten Nachhandelskontrollen auch auf die Obergrenzen für die Kauf- und Verkaufspositionen sowie die strategischen Positionen insgesamt, wobei die Handelsobergrenzen in Einheiten festgelegt werden müssen, die für die Art der jeweiligen Finanzinstrumente geeignet sind.

(5) Die Nachhandelskontrollen werden von den für den Algorithmus zuständigen Händlern und der Risikokontrollfunktion der Wertpapierfirma vorgenommen.

In der Fassung vom 19.7.2016 (ABl. EU Nr. L 87 v. 31.3.2017, S. 417), geändert durch Berichtigung vom 28.7.2017 (ABl. EU Nr. L 197 v. 28.7.2017, S. 20).

Art. 18 Sicherheit und Zugangsbeschränkungen

(1) Wertpapierfirmen verfolgen eine IT-Strategie mit festgelegten Zielen und Maßnahmen, die
a) auf die Geschäfts- und Risikostrategie der jeweiligen Wertpapierfirma ebenso abgestimmt ist wie auf ihre operativen Tätigkeiten und die Risiken, denen sie ausgesetzt ist;
b) durch eine zuverlässige IT-Organisation unterstützt wird, die Wartung, Produktivbetrieb und Entwicklung umfasst;
c) den Ansprüchen eines effektiven IT-Sicherheitsmanagements genügt.

(2) Wertpapierfirmen gewährleisten die physische und elektronische Sicherheit durch die Einführung und Instandhaltung geeigneter Vorkehrungen, mit denen das Risiko von Angriffen auf ihre Informationssysteme gemindert wird; hierzu zählt auch ein wirksames Identitäts- und Zugangsmanagement. Solche Vorkehrungen schützen die Vertraulichkeit, Integrität, Authentizität und Verfügbarkeit der Daten ebenso wie die Zuverlässigkeit und Belastbarkeit der von der Wertpapierfirma verwendeten Informationssysteme.

(3) Im Falle erheblicher Verstöße gegen ihre physischen und elektronischen Sicherheitsvorkehrungen unterrichten Wertpapierfirmen unverzüglich die zuständige Behörde. Sie übermitteln der zuständigen Behörde ein Bericht über den Vorfall, in dem die Art des Vorfalls, die im Anschluss daran ergriffenen Maßnahmen und Initiativen zur Vermeidung ähnlicher Vorfälle in der Zukunft beschrieben werden.

(4) Wertpapierfirmen führen jährliche Penetrationstests und Schwachstellenanalysen durch, um Cyber-Angriffe zu simulieren.

(5) Wertpapierfirmen stellen sicher, dass sie alle Benutzer identifizieren können, die über wichtige Zugangsrechte zu ihren IT-Systemen verfügen. Wertpapierfirmen begrenzen die Anzahl dieser Benutzer und überwachen ihren Zugang zu den IT-Systemen, um zu jeder Zeit die Rückverfolgbarkeit zu gewährleisten.

In der Fassung vom 19.7.2016 (ABl. EU Nr. L 87 v. 31.3.2017, S. 417).

Kapitel III: Direkter elektronischer Zugang

Art. 19–23

(abgedruckt bei § 77 WpHG)

Kapitel IV: Als allgemeine Clearing-Mitglieder auftretende Wertpapierfirmen

Art. 24

(nicht abgedruckt)

Kapitel V: Hochfrequente algorithmische Handelstechnik und Schlussbestimmungen

Art. 28–29

(nicht abgedruckt)

Delegierte Verordnung (EU) 2017/578 der Kommission vom 13. Juni 2016
zur Ergänzung der Richtlinie 2014/65/EU des Europäischen Parlaments und des Rates über Märkte für Finanzinstrumente durch technische Regulierungsstandards zur Angabe von Anforderungen an Market-Making-Vereinbarungen und -Systeme

(Auszug)

Art. 1 Verpflichtung der Wertpapierfirmen zum Abschluss einer Market-Making-Vereinbarung

(1) Die Wertpapierfirmen müssen in Bezug auf das Finanzinstrument bzw. die Finanzinstrumente, mit dem bzw. denen sie eine Market-Making-Strategie verfolgen, mit dem Handelsplatz bzw. den Handelsplätzen, auf dem bzw. denen diese Strategie umgesetzt wird, eine Market-Making-Vereinbarung schließen, wenn sie während der Hälfte der Handelstage über einen Zeitraum von einem Monat bei der Umsetzung der Market-Making-Strategie
a) feste zeitgleiche Geld- und Briefkursofferten vergleichbarer Höhe zu wettbewerbsfähigen Preisen stellen;
b) für eigene Rechnung an einem Handelsplatz zumindest während 50 % der täglichen Handelszeiten des fortlaufenden Handels an dem betreffenden Handelsplatz mit mindestens einem Finanzinstrument handeln, ausgenommen Eröffnungs- und Schlussauktionen.

(2) Für die Zwecke des Absatzes 1:
a) gilt eine Kursofferte dann als eine feste Kursofferte, wenn sie Aufträge und Kursofferten umfasst, die laut den Regeln eines Handelsplatzes mit einem Gegenauftrag oder einer Gegenofferte abgeglichen werden können;
b) gelten Kursofferten dann als zeitgleiche Geld-und Briefkursofferten, wenn sie so gestellt werden, dass sowohl der Geld- als auch der Briefkurs gleichzeitig im Orderbuch aufgeführt sind;

c) gelten zwei Kursofferten als Kursofferten vergleichbarer Größe, wenn ihre Größen um nicht mehr als 50 % voneinander abweichen;
d) gelten Kursofferten als Kursofferten zu wettbewerbsfähigen Preisen, wenn sie zur oder innerhalb der maximalen Geld-Brief-Spanne gestellt werden, die vom Handelsplatz festgesetzt und jeder Wertpapierfirma auferlegt wird, die mit diesem Handelsplatz eine Market-Making-Vereinbarung unterzeichnet hat.

In der Fassung vom 13.6.2016 (ABl. EU Nr. L 87 v. 31.3.2017, S. 183), geändert durch Berichtigung vom 12.8.2017 (ABl. EU Nr. L 209 v. 12.8.2017, S. 60).

Art. 2 Inhalt der Market-Making-Vereinbarungen

(1) Eine in Artikel 17 Absatz 3 Buchstabe b und Artikel 48 Absatz 2 der Richtlinie 2014/65/EU genannte rechtlich bindende schriftliche Vereinbarung umfasst zumindest:
a) das bzw. die Finanzinstrument(e), auf das bzw. die sich die Vereinbarung bezieht;
b) die von den Wertpapierfirmen hinsichtlich Präsenz, Größe und Spread zu erfüllenden Mindestverpflichtungen, nach denen zumindest das Stellen fester, zeitgleicher Geld- und Briefkursofferten vergleichbarer Größe zu wettbewerbsfähigen Preisen für mindestens ein Finanzinstrument auf dem Handelsplatz während mindestens 50 % der täglichen Handelszeiten im Rahmen des fortlaufenden Handels vorgeschrieben ist, ausgenommen Eröffnungs- und Schlussauktionen und berechnet für jeden Handelstag erfolgt;
c) gegebenenfalls die Bestimmungen des geltenden Market-Making-Systems;
d) die Verpflichtungen der Wertpapierfirma in Bezug auf die Wiederaufnahme des Handels nach Volatilitätsunterbrechungen;
e) die Überwachungs-, Konformitäts- und Rechnungsprüfungsverpflichtungen der Wertpapierfirma, die diese in die Lage versetzen, ihre Market-Making-Tätigkeit zu überwachen;
f) die Pflicht zur Kennzeichnung fester Kursofferten, die laut der Market-Making-Vereinbarung dem Handelsplatz unterbreitet werden, damit diese Kursofferten von anderen Auftragsaufkommen unterschieden werden können;
g) die Pflicht zur Führung von Aufzeichnungen über feste Kursofferten und Geschäften in Bezug auf die Market-Making-Tätigkeiten der Wertpapierfirma, die eindeutig von anderen Handelstätigkeiten abgegrenzt werden, sowie die Pflicht, diese Aufzeichnungen dem Handelsplatz und der zuständigen Behörde auf Anfrage zur Verfügung zu stellen.

(2) (nicht abgedruckt)

In der Fassung vom 13.6.2016 (ABl. EU Nr. L 87 v. 31.3.2017, S. 183), geändert durch Berichtigung vom 12.8.2017 (ABl. EU Nr. L 209 v. 12.8.2017, S. 60).

Art. 3 Außergewöhnliche Umstände

Die in Artikel 17 Absatz 3 Buchstabe a der Richtlinie 2014/65/EU geregelte Pflicht der Wertpapierfirmen, regelmäßig und vorhersehbar Liquidität zuzuführen, gilt nicht, wenn einer der folgenden außergewöhnlichen Umstände vorliegt:
a) eine Situation extremer Volatilität, durch die bei den meisten Finanzinstrumenten oder bei Basiswerten von Finanzinstrumenten, die auf dem Handelsplatz in einem Handelssegment gehandelt werden, für das die Pflicht zur Unterzeichnung einer Market-Making-Vereinbarung gilt, Volatilitätsmechanismen ausgelöst werden;
b) Krieg, Arbeitskampfmaßnahmen, innere Unruhen oder Cyber-Sabotage;
c) marktstörende Handelsbedingungen, durch welche die weitere faire, ordnungsgemäße und transparente Durchführung von Handelsgeschäften beeinträchtigt wird, sofern Nachweise für das Vorliegen einer der folgenden Umstände erbracht werden:
 i) die Leistungen des Systems des Handelsplatzes wird durch Verzögerungen und Unterbrechungen erheblich beeinträchtigt;
 ii) mehrere fehlerhafte Aufträge oder Geschäfte;
 iii) ein Handelsplatz ist nicht mehr hinreichend in der Lage, Dienstleistungen zu erbringen;
d) wenn die Fähigkeit der Wertpapierfirma weiterhin solide Risikomanagementverfahren zu verfolgen, durch einen der folgenden Umstände verhindert wird:
 i) technologische Aspekte, wie beispielsweise Probleme mit einem Datenversorgungs- oder einem anderen System, das für die Umsetzung einer Market-Making-Strategie unerlässlich ist;
 ii) Risikomanagementprobleme in Bezug auf aufsichtsrechtliche Eigenmittel, Einschussverfahren und den Zugang zu Clearingsystemen;
 iii) die Unfähigkeit zur Absicherung einer Position aufgrund des Verbots von Leerverkäufen;
e) bei Nichteigenkapitalinstrumenten während des in Artikel 9 Absatz 4 der Verordnung (EU) Nr. 600/2014 des europäischen Parlaments und des Rates genannten Aussetzungsraums.

In der Fassung vom 13.6.2016 (ABl. EU Nr. L 87 v. 31.3.2017, S. 183), geändert durch Berichtigung vom 12.8.2017 (ABl. EU Nr. L 209 v. 12.8.2017, S. 60).

Schrifttum: S. § 63 WpHG.

I. Allgemeines 1
II. Einhaltung der organisatorischen Pflichten gem. Art. 21 ff. DelVO 2017/565, § 25a Abs. 1, § 25e KWG (§ 80 Abs. 1 Satz 1 WpHG) 2
III. Kontinuität und Regelmäßigkeit (§ 80 Abs. 1 Satz 2 Nr. 1 WpHG) 13
IV. Ermittlung und Vermeidung von Interessenkonflikten (Art. 33 ff. DelVO 2017/565; § 80 Abs. 1 Satz 2 Nr. 2 WpHG) 14
  1. Allgemeines 14
  2. Interessenkonflikte zwischen Wertpapierdienstleistungsunternehmen, verbundenen Unternehmen, verbundenen Personen, Mitarbeitern, Vermittlern einerseits und Kunden andererseits 18
    a) Wertpapierdienstleistungsunternehmen, verbundene Unternehmen, verbundene Personen, Geschäftsleitung, Mitarbeiter, Vermittler 18
    b) Vorkehrungen, um Interessenkonflikte zu erkennen 19
    c) Maßnahmen zur Bewältigung von Interessenkonflikten 23
      aa) Allgemeines 23
      bb) Einzelheiten 29
      cc) Kontrolle, Überwachung, Dokumentation 54
  3. Interessenkonflikte zwischen Kunden 56
V. Vergütungsgrundsätze und -praktiken (Art. 34 Abs. 3 Unterabs. 2 lit. c DelVO 2017/565; § 80 Abs. 1 Satz 2 Nr. 2 Halbsatz 2 WpHG) 59
VI. Vertriebsvorgaben (§ 80 Abs. 1 Satz 2 Nr. 3 WpHG) 61
VII. Sicherheit der Informationsübermittlungswege, Datenschutz (§ 80 Abs. 1 Satz 2 Nr. 4 WpHG; Art. 21 DelVO 2017/565) 64
VIII. Persönliche Geschäfte „relevanter Personen" (Art. 28, 29 Abs. 2 ff. DelVO 2017/565) 65
  1. Allgemeines 65
  2. „Relevante Personen" (Art. 2 Nr. 1 DelVO 2017/565) 66
  3. Persönliche Geschäfte und deren Unterbindung (Art. 28 f. DelVO 2017/565) 71
    a) Anwendungsbereich 71
    b) Pflicht zur Unterbindung konfliktträchtiger Aktivitäten (Art. 29 DelVO 2017/565) 73
    c) Präventive Organisationsmaßnahmen zur Unterbindung verbotener Tätigkeiten (Art. 29 Abs. 5 DelVO 2017/565) 78
IX. Compliance (§ 80 Abs. 1 Satz 3 WpHG; Art. 22 DelVO 2017/565) 83
  1. Compliance-Funktion 83
  2. Compliance-Beauftragte 92
  3. Ausnahmen 100
X. Beschwerden (Art. 26 DelVO 2017/565) ... 101
XI. Algorithmischer Handel (§ 80 Abs. 3–5 WpHG; Art. 1 ff. DelVO 2017/589) 103
  1. Allgemeines 103
  2. Begriff des algorithmischen Handels und der Market-Making-Strategie 104
  3. Ausreichende Systeme und Risikokontrollen . 107
    a) Allgemeines 107
    b) Kapazität, Belastbarkeit der Handelssysteme, Handelsschwellen und Handelsobergrenzen (§ 80 Abs. 2 Satz 3 Nr. 1 WpHG) 108

c) Sicherung der Funktionen des Systems, Aussonderung fehlerhafter Aufträge (§ 80 Abs. 2 Satz 3 Nr. 2 WpHG) 109
d) Schutz der Handelssysteme vor Marktmissbrauch; Einhaltung der Vorschriften des Handelsplatzes (§ 80 Abs. 2 Satz 3 Nr. 3 WpHG) 110
e) Notfallvorkehrungen (§ 80 Abs. 2 Satz 4 WpHG) 111
f) Tests (Art. 5 DelVO 2017/589; § 80 Abs. 2 Satz 4 WpHG) 112
  4. Anzeige an die BaFin und an die relevanten Handelsplätze (§ 80 Abs. 2 Satz 5 WpHG) ... 113
  5. Aufzeichnungen, Aufbewahrung (§ 80 Abs. 3 WpHG) 114
  6. Market-Making-Strategie (§ 80 Abs. 4 WpHG) 115
XII. Auslagerung (Art. 30 ff. DelVO 2017/565; § 80 Abs. 6 WpHG) 116
XIII. Unabhängige Honorar-Anlageberatung (Art. 52 ff. DelVO 2017/565; § 80 Abs. 7 WpHG) 125
  1. Organisatorische, funktionale und personelle Trennung 125
  2. Unterrichtung der Öffentlichkeit über das Angebot 126
  3. Verstehen der Wertpapierdienstleistungen und der Finanzinstrumente (Art. 54 Abs. 9 DelVO 2017/565) 127
XIV. Zuwendungen an Unabhängige Honoraranlageberater und Finanzportfolioverwalter (§ 80 Abs. 8 WpHG) 128
XV. Produktfreigabe von Finanzinstrumenten (§ 80 Abs. 9–13 WpHG) 129
  1. Allgemeines 129
  2. Konzepteur (§ 11 Abs. 1 Satz 1 WpDVerOV) . 130
  3. Qualifikation der Mitarbeiter, Zusammenarbeit mit anderen Unternehmen (§ 11 Abs. 5, 6 WpDVerOV) 131
  4. Minimierung von Interessenkonflikten (§ 80 Abs. 12 WpHG; § 11 Abs. 2, 3 WpDVerOV) . 133
  5. Gefahr für das geordnete Funktionieren und die Stabilität der Finanzmärkte (§ 11 Abs. 4 WpDVerOV) 134
  6. Ausrichtung der Konzeption der Finanzinstrumente auf einen Zielmarkt (§ 80 Abs. 9 WpHG; § 11 Abs. 7, 8, 10 WpDVerOV) 135
    a) Bestimmung des Zielmarkts 135
    b) Szenarioanalyse (§ 11 Abs. 9 WpDVerOV) 137
    c) Vereinbarkeit mit den Bedürfnissen, Merkmalen und Zielen der Endkunden des Zielmarktes (§ 80 Abs. 9 WpHG; § 11 Abs. 10 WpDVerOV) 138
    d) Gebührenstruktur (§ 11 Abs. 11 WpDVerOV) 139
  7. Geplante Vertriebsstrategie 140
  8. Pflichten nach Abschluss der Konzeption des Finanzinstruments (§ 11 Abs. 13–16 WpDVerOV) 141
    a) Unterrichtung der Vertriebsunternehmen (§ 80 Abs. 11 Satz 1 WpHG; § 11 Abs. 12 WpDVerOV) 141
    b) Überprüfung der Finanzinstrumente und der Verfahren zur Produktfreigabe (§ 80 Abs. 10, 13 WpHG; § 11 Abs. 13 ff. WpDVerOV) 142
    c) „Wesentliche Ereignisse" (§ 11 Abs. 15 f. WpDVerOV) 143

9. Vertrieb durch die Konzepteure 144
10. Organisationsmaßnahmen, Dokumentation . 145
XVI. **Produktfreigabe durch Vertriebsunternehmen (§ 80 Abs. 9 Satz 2, Abs. 10, 11 Satz 2, Abs. 12 WpHG; § 12 WpDVerOV)** 146
1. Vertriebsunternehmen, Finanzinstrumente, Wertpapierdienstleistungen 146
2. Informationsbasis (§ 80 Abs. 11 WpHG; § 12 Abs. 2 Satz 2, Abs. 4 Satz 2, Abs. 5–7 WpDVerOV) 147
3. Bestimmung des Zielmarkts (§ 12 Abs. 3, 8 WpDVerOV) 148
4. Vertriebsstrategie 149
5. Produktüberwachung (§ 80 Abs. 10 WpHG; § 12 Abs. 9 WpDVerOV) 150
6. Organisationsmaßnahmen, Dokumentation . 151
XVII. **Verweisung auf die DelVO 2017/565 (§ 80 Abs. 14 WpHG)** 152
1. Vergütungsgrundsätze (Art. 27 DelVO 2017/565) 152
2. Interessenkonflikte (Art. 33 f. DelVO 2017/565) 153
3. Finanzanalysen, Marketingmitteilungen (Art. 37 DelVO 2017/565) 154
XVIII. **Emissionen, Platzierungen von Finanzinstrumenten, Finanzwirtschaftsberatung (Art. 38–43 DelVO 2017/565)** 155

1. Adressaten der Organisationspflichten 155
2. Interessenkonflikte (Art. 38 Abs. 2, 3, Art. 39 Abs. 1, Art. 40 Abs. 1, 2, Art. 41 Abs. 2, Art. 42 DelVO 2017/565) 156
 a) Konflikte mit den Eigeninteressen des Emittenten 156
  aa) Allgemeines 156
  bb) Kreditinduzierte Interessenkonflikte (Art. 42 DelVO 2017/565) 160
 b) Interessen anderer Kunden, insbesondere der Nachfrager der zu platzierenden Finanzinstrumente (Art. 40, 41 DelVO 2017/565) 161
3. Information der Emittenten, sonstige Offenlegung (Art. 38 Abs. 1, Art. 39 Abs. 2, Art. 41 Abs. 3, Art. 42 Abs. 2 DelVO 2017/565) 164
4. Beteiligung des Emittenten (Art. 40 Abs. 5 DelVO 2017/565) 167
5. Aufzeichnungen (Art. 38 Abs. 2, Art. 43 DelVO 2017/565) 168
6. Provisionen, Gebühren, Vorteile, Zuwendungen (Art. 40 Abs. 3, Art. 41 Abs. 1 DelVO 2017/565) 169
7. Eigenemission (Art. 41 Abs. 2, 4 DelVO 2017/565) 170
XIX. **Sanktionen** 171
XX. **Textabdruck WpDVerOV** 172

1 **I. Allgemeines.** Die Vorschrift führt in Umsetzung der Art. 16, 17, 23 f. RL 2014/65/EU (MiFID II) und der DelVO 2017/565 den § 33 WpHG a.F. fort und erweitert seinen Anwendungsbereich[1]. Zum Verhältnis der Vorschrift zu der DelVO 2017/565 sowie zum Zweck und der Rechtsnatur der Vorschrift s. § 63 WpHG Rz. 1 ff. Die Schutzgesetzeigenschaft der Vorschrift ist im Einklang mit der h.M.[2] zu ihrem Vorläufer zu verneinen. Beachte die Ausnahme in § 91 WpHG. Zu Unternehmen, die vom Ausland aus Wertpapier(neben)dienstleistungen anbieten, s. Erl. zu § 1 Abs. 2 WpHG.

2 **II. Einhaltung der organisatorischen Pflichten gem. Art. 21 ff. DelVO 2017/565, § 25a Abs. 1, § 25e KWG (§ 80 Abs. 1 Satz 1 WpHG).** Die Anforderungen des § 25a Abs. 1 und des § 25e KWG sind bei der Erbringung von Wertpapier(neben)dienstleistungen neben[3] denen des § 80 Abs. 1 Satz 2 WpHG und der Art. 21 ff. DelVO 2017/565 zu erfüllen. Die in der DelVO 2017/565 normierten organisatorischen Pflichten gehen vor. Dem Verhältnismäßigkeitsgrundsatz ist durch Berücksichtigung der Art, des Umfangs, der Komplexität und des Risikogehalts der Geschäftstätigkeit Rechnung zu tragen.

3 Die Wertpapierdienstleistungsunternehmen haben eine durchsichtige **Organisation** aufzubauen (klare Organisationsrichtlinien[4]) und dies aufzuzeichnen[5]. Demnach ist eine schriftlich eindeutig definierte und dokumentierte[6] Aufbau- und Ablauforganisation[7] mit eindeutig abgegrenzten Verantwortungsbereichen und Berichtslinien zu etablieren[8]. Es ist dafür zu sorgen, dass die Wirksamkeit der getroffenen Vorkehrungen[9] sowie die Kenntnis der zu beachtenden Vorgaben und der einzuhaltenden Verfahren bewertet wird. Regelmäßig haben Überprüfungen stattzufinden[10]. Zur Aufdeckung sowie zum Abstellen von Mängeln müssen angemessene Maßnahmen ergriffen werden[11]. In Verantwortung einer geeigneten[12] Geschäftsleitung[13] ist unter Berücksichtigung

---

1 Eingehend *Binder* in Staub, Bankvertragsrecht, Investmentbanking II, Teil 7 Rz. 30.
2 Vgl. zum WpHG a.F. *Fuchs* in Fuchs, vor § 31 WpHG Rz. 105 m.N.
3 Vgl. MaComp Ziff. AT 7 Nr. 1.
4 MaRisk Ziff. AT 5; MaComp Ziff. AT 6 Nr. 1.
5 Art. 21 Abs. 1 Satz 1 lit. a und f DelVO 2017/565; vgl. auch *Langen* in Schwennicke/Auerbach, 3. Aufl. 2016, § 25 KWG Rz. 95 ff.
6 Art. 21 Abs. 1 Satz 1 lit. f DelVO 2017/565.
7 Art. 21 Abs. 1 Satz 1 lit. a DelVO 2017/565; vgl. MaRisk Ziff. AT 4.3.1; MaComp Ziff. AT 6 Nr. 1.
8 Art. 21 Abs. 1 DelVO 2017/565; § 25a Abs. 1 Satz 3 Nr. 3 lit. a KWG; MaRisk Ziff. AT 4.3.1 Nr. 2.
9 Z.B. Maßnahmen. die einen systematischen und folgerichtigen Ablauf sichern.
10 Art. 21 Abs. 1 Satz 1 lit. c, Abs. 5 DelVO 2017/565; MaComp Ziff. AT 6 Nr. 1, 2, Ziff. BT 6.2 Nr. 1 lit. e.
11 Art. 21 Abs. 1 Satz 1 lit. a- c, Abs. 5 DelVO 2017/565. Vgl. auch Merkblatt der BaFin zur fachlichen Eignung und Zuverlässigkeit von Geschäftsleitern und Mitgliedern von Verwaltungs-oder Aufsichtsorganen vom 4.1.2016, geändert am 8.8.2016.
12 Vgl. EBA/GL/12/ESMA71-99-958 v. 26.9.2017 in Umsetzung des Art. 9 Abs. 1 RL 2014/65/EU.
13 § 25a Abs. 1 Satz 2 KWG; *Langen* in Schwennicke/Auerbach, 3. Aufl. 2016, § 25 KWG Rz. 22. Beachte auch § 81 WpHG; MaComp Ziff. AT 4. Vgl. ferner MaRisk Ziff. AT 3.

der geschäftspolitischen Ausgangssituation[1] und Entwicklung sowie der Risikotragungsfähigkeit[2], der Mitarbeiterkapazitäten sowie der technisch-organisatorischen Ausstattung der Unternehmen eine Strategie festzulegen. Es sind die hierfür erforderlichen Beschlüsse zu fassen sowie der Geschäftsstrategie[3] entsprechende Verfahrensregeln zu entwickeln, niederzulegen und zu implementieren[4]. Die Aufbau- und Ablauforganisation[5] muss angemessen den mit der Geschäftstätigkeit verbundenen Risiken Rechnung tragen[6]. Dabei ist Sorge zu tragen, dass eine angemessene Risikokultur im Unternehmen entwickelt und gefördert wird[7]. Die Einhaltung der von den Wertpapierdienstleistungsunternehmen zu beachtenden betriebswirtschaftlichen Notwendigkeiten und der gesetzlichen Bestimmungen[8] sowie die Erfüllung ihrer vertraglichen Verbindlichkeiten ist zu gewährleisten[9]. Besonders ist darauf zu achten, dass organisatorisch die Einhaltung der gesetzlichen Anforderungen an das Angebot und die Empfehlung von Finanzinstrumenten, vornehmlich an die Prüfung der Eignung (§ 64 Abs. 4 WpHG) der empfohlenen bzw. der Angemessenheit (§ 63 Abs. 10 WpHG) der angebotenen Wertpapierdienstleistungen gesichert ist, ferner, dass Interessenkonflikte vermieden werden[10] und dass im Rahmen des § 64 Abs. 5, 7 und des § 70 WpHG die Gewährung bzw. Annahme von Zuwendungen beim Angebot und bei der Empfehlung von Finanzinstrumenten unterbleibt (§ 80 Abs. 12 Satz 1 f. WpHG). Die organisatorischen Pflichten entfallen nicht deshalb, weil das Wertpapierdienstleistungsunternehmen die Interessen der Kunden auch dann wahren würde, wenn es auf Organisationsmaßnahmen i.S.d. § 80 WpHG verzichten würde[11]. Es muss darauf geachtet werden, dass die Beschlüsse und Verfahren auf allen Ebenen des Wertpapierdienstleistungsunternehmens auf Dauer umgesetzt werden[12].

Die Informationsbeschaffungsmöglichkeiten und der **Informationsfluss** sind personell und technisch angemessen so zu organisieren, dass die erforderlichen Informationen möglichst zeitnah zur Verfügung stehen und die Sicherheit, Integrität und Vertraulichkeit der Informationen gewährleistet ist[13]. Dabei sind die Art, der Umfang, die Komplexität sowie der Risikogehalt der Geschäfte[14], nicht aber die finanziellen Ressourcen[15] des Wertpapierdienstleistungsunternehmens zu berücksichtigen. Für den Fall einer Störung der Informationssysteme und -verfahren ist zu gewährleisten, dass die wesentlichen Daten und Funktionen erhalten bleiben und die Wertpapierdienstleistungen fortgeführt werden oder zumindest die Daten und Funktionen bald zurückgewonnen werden können[16]. S. dazu auch Rz. 13.

4

Die Wertpapierdienstleistungsunternehmen haben dafür zu sorgen, dass sie über eine ausreichende Zahl[17] an zuverlässigen[18] und risikobewussten **Mitarbeitern** verfügen, die die für die Dienstleistungen erforderlichen Sachkenntnisse und Fähigkeiten besitzen[19]. Die Mitarbeiter sind, soweit nötig, laufend zu beurteilen und zu schulen[20]. Die von ihnen zu beachtenden Zuständigkeiten und Verhaltensregeln (Handbücher, Richtlinien und Arbeitsanweisungen) sind schriftlich abzufassen und jederzeit greifbar zu halten[21]. Die mit diesen nicht im Einklang stehenden oder sonst gesetzeswidrigen Praktiken von Mitarbeitern sind unverzüglich abzustellen. Es ist, selbst wenn die Mitarbeiter nicht in die Erbringung von Wertpapier(neben)dienstleistungen eingebunden sind,

5

---

1 Art, Umfang, Komplexität und Risikogehalt der Geschäftstätigkeit (§ 25a Abs. 1 Satz 4 KWG).
2 Die Risikotragungsfähigkeit ist auf der Basis einer vorsichtigen Bewertung der Risiken und des zu ihrer Abdeckung verfügbaren Deckungspotentials zu ermitteln (§ 25a Abs. 1 Satz 3 Nr. 2 KWG). Vgl. auch MaRisk Ziff. AT 4.1.
3 Zu den Anforderungen an die Geschäftsstrategie s. MaRisk Ziff. AT 4.2.
4 Art. 21 Abs. 1 Satz 1 lit. a, c DelVO 2017/565.
5 Art. 21 Abs. 1 Satz 1 lit. a DelVO 2017/565; § 25a Abs. 1 Satz 3 Nr. 3 lit. a KWG.
6 MaComp Ziff. AT 3.2, Ziff. BT 1.3.1. Vgl. zum WpHG a.F. *Fuchs* in Fuchs, § 33 WpHG Rz. 42.
7 MaRisk AT Ziff. 3 Nr. 1.
8 Hierzu zählen insbesondere die in der MiFID II statuierten Pflichten (Art. 22 Abs. 1 DelVO 2017/565). Vgl. zur Beachtung der maßgeblichen Gesetze *Langen* in Schwennicke/Auerbach, 3. Aufl. 2016, § 25 KWG Rz. 45.
9 § 25a Abs. 1 Satz 1 KWG. S. dazu auch Rz. 13.
10 MaComp Ziff. AT 6.1, Ziff. AT 6.2.
11 Vgl. zum WpHG a.F. *Meyer/Paetzel/Will* in KölnKomm. WpHG, § 33 WpHG Rz. 20.
12 Art. 21 Abs. 1 Satz 1 lit. c DelVO 2017/565.
13 Art. 21 Abs. 1 Satz 1 lit. e, Abs. 2 DelVO 2017/565; *Binder* in Staub, Bankvertragsrecht, Investmentbanking II, Teil 7 Rz. 48.
14 Art. 21 Abs. 1 Satz 2 DelVO 2017/565; § 25a Abs. 1 Satz 4 KWG.
15 Das Wertpapierdienstleistungsunternehmen muss über angemessene finanzielle Ressourcen verfügen.
16 Art. 21 Abs. 3 DelVO 2017/565; *Binder* in Staub, Bankvertragsrecht, Investmentbanking II, Teil 7 Rz. 49.
17 Vgl. § 25a Abs. 1 Satz 3 Nr. 4 KWG.
18 S. auch § 87 *WpHG*.
19 Art. 21 Abs. 1 Satz 1 lit. b, d DelVO 2017/565; § 25a Abs. 1 Satz 3 Nr. 4 KWG; § 87 WpHG; MaComp Ziff. BT 11.1; *Langen* in Schwennicke/Auerbach, 3. Aufl. 2016, § 25 KWG Rz. 91; ESMA35-34-748 v. 13.7.2017 Consultation Paper, Guidelines on certain aspects of the MiFID II suitability requirements, 3.3 Annex III Rz. 100 ff.; MaRisk Ziff. AT Ziff. 7. Vgl. zum WpHG a.F. *Fuchs* in Fuchs, § 33 WpHG Rz. 51.
20 ESMA 2016/1165 v. 11.10.2016, Questions and Answers relating to the Provision of CFD and other speculative products to retail investors under MiFID II, Section 9, Answer 1c; MaComp Ziff. BT 1.2.3 Nr. 2 ff.; Ziff. BT 11.1 Nr. 1, 3, 6; Ziff. BT 14.5.
21 MaComp Ziff. BT 11.11 Nr. 1.

darauf zu achten, dass vertrauliche Informationen nicht weitergegeben werden[1]. Deshalb ist dafür zu sorgen, dass Mitarbeiter, die Zugang zu Insiderinformationen oder anderen vertraulichen Informationen haben, keine Geschäfte tätigen, die gegen die Art. 7 ff. VO Nr. 596/2014 verstoßen. Vor allem dort, wo die Gefahr von Veruntreuungen oder sonstigen Schädigungen von Kunden besteht, sind die Mitarbeiter ausreichend zu bezahlen, ist ein Führungszeugnis einzuholen[2] und ist festzustellen, ob die Mitarbeiter in geregelten Vermögensverhältnissen leben. Außerdem haben sich Wertpapierdienstleistungsunternehmen bei früheren Arbeitgebern nach der Vertrauenswürdigkeit der Mitarbeiter zu erkundigen. Die Mitarbeiter müssen in ausreichendem Maß auf sachliche Hilfsmittel zugreifen können[3]. Zu ihrer Kontrolle müssen angemessene Mechanismen etabliert werden[4].

6 Die Wertpapierdienstleistungsunternehmen haben für die **Kontinuität und Regelmäßigkeit ihrer Dienstleistungen** zu sorgen[5]; ferner dafür, dass **Kunden**, die zu ihnen in ständigen Geschäftsbeziehungen stehen, **nicht** unangemessen lange **warten** müssen, um mit ihnen **Kontakt** aufnehmen zu können. Sie haben daher die Zahl ihrer Mitarbeiter so zu bestimmen, dass ihnen die **Kundenaufträge** zeitnah erteilt und diese unverzüglich (§ 69 Abs. 1 Nr. 1 WpHG) ausgeführt werden können. Für Auftragsspitzen, die vorhersehbar sind, haben sie Vorkehrungen zu treffen.

7 Die Wertpapierdienstleistungsunternehmen müssen über eine ordnungsgemäße **Buchhaltung** verfügen, die es ihnen erlaubt, jederzeit auf Verlangen der BaFin die finanzielle Lage des Instituts mit hinreichender Genauigkeit zu bestimmen[6]. Diese Anforderungen erfüllen Wertpapierdienstleistungsunternehmen in der Regel, wenn sie ihre Buchhaltung[7] nach den einschlägigen bilanzrechtlichen Regeln organisieren[8]. Auch dort, wo die Buchhaltungsregeln keine Aufzeichnungen vorschreiben, sind diese systematisch in angemessenem Umfang vorzunehmen und aufzubewahren[9].

8 Die Wertpapierdienstleistungsunternehmen haben nach Maßgabe der Art, des Umfangs, der Komplexität und des Risikogehalts ihrer Geschäftstätigkeit[10] mittels angemessener und wirksamer interner Kontrollverfahren (**Risikomanagement**)[11] die mit den Geschäften[12], Systemen des Wertpapierdienstleistungsunternehmens, den Prozessabläufen sowie der Auslagerung[13] verbundenen **Risiken**[14] zu identifizieren[15] und ggf[16]. Risikotoleranzschwellen[17] festzulegen[18]. Sie müssen Vorkehrungen treffen, um die Risiken zu steuern[19]. Die Art, die Effizienz und den Grad der Bewältigung der Risiken haben sie laufend im Auge zu behalten[20]. Die Risikosteuerungsverfahren[21] sind fortzuentwickeln[22]. Es ist angemessen Vorsorge zu betreiben[23]. Hierzu zählt auch eine sachgerechte Ausgestaltung und Überwachung der **Vergütungssysteme**[24] zur Vermeidung unverhältnismäßig hoher Risiken, zu-

---

1 S. dazu auch Rz. 64.
2 *Binder* in Staub, Bankvertragsrecht, Investmentbanking II, Teil 7 Rz. 45.
3 § 25a Abs. 1 Satz 3 Nr. 4 KWG (technisch-organisatorische Ausstattung).
4 Art. 21 Abs. 1 Satz 1 lit. c DelVO 2017/565.
5 § 80 Abs. 1 Satz 2 Nr. 1 WpHG (dazu Rz. 13); Art. 21 Abs. 3 DelVO 2017/565; MaComp Ziff. AT 6.2 Nr. 1 lit. b.
6 Art. 21 Abs. 4 DelVO 2017/565; § 25a Abs. 1 Satz 5 Nr. 1 KWG; *Langen* in Schwennicke/Auerbach, 3. Aufl. 2016, § 25 KWG Rz. 95 ff.
7 Dazu zählt auch die Archivierung der Geschäftsbriefe im weitesten Sinn.
8 § 25a Abs. 1 Satz 6 Nr. 1 KWG.
9 Art. 21 Abs. 1 Satz 1 lit. f DelVO 2017/565.
10 § 25a Abs. 1 Satz 4 KWG; Art. 21 Abs. 1 Satz 2 DelVO 2017/565; *Langen* in Schwennicke/Auerbach, 3. Aufl. 2016, § 25 KWG Rz. 95 ff. Ausprägung des Verhältnismäßigkeitsgrundsatzes. Vgl. auch MaRisk Ziff. AT Ziff. 2.2 Nr. 1.
11 § 25a Abs. 1 Satz 3 KWG; Art. 23 DelVO 2017/565; *Langen* in Schwennicke/Auerbach, 3. Aufl. 2016, § 25 KWG Rz. 51 ff. Vgl. auch MaRisk Ziff. AT 4.
12 Z.B. Risiko interner oder externer betrügerischer Handlungen, Risiko der Geschäftsunterbrechung und Systemausfälle, Risiko gesetzwidrigen Verhaltens.
13 Erwägungsgrund Nr. 36 DelVO 2017/565.
14 Hierzu zählen u.a. Reputationsrisiken (*Kaiser/Schlotmann/Kühn*, Die Bank 2016 Heft 11, S. 39 ff.), ferner die mit der Auslagerung von ausschlaggebenden oder wichtigen Funktionen oder von Wertpapierdienstleistungen oder Anlagetätigkeiten verbundenen Risiken (dazu näher Rz. 117).
15 Art. 23 Abs. 1 lit. a DelVO 2017/565. So zum WpHG a.F. i.E. auch *Meyer/Paetzel/Will* in KölnKomm. WpHG, § 33 WpHG Rz. 75.
16 Art. 23 Abs. 1 Satz 1 lit. a DelVO 2017/565.
17 Vgl. *Langen* in Schwennicke/Auerbach, 3. Aufl. 2016, § 25 KWG Rz. 59 ff.
18 Art. 23 Abs. 1 lit. a DelVO 2017/565: Planung, Anpassung, Umsetzung und Beurteilung der Geschäftsstrategien; ferner *Langen* in Schwennicke/Auerbach, 3. Aufl. 2016, § 25 KWG Rz. 55.
19 Art. 23 Abs. 1 lit. b DelVO 2017/565; ESMA 2016/1165 v. 11.10.2016, Questions and Answers relating to the Provision of CFD and other speculative products to retail investors under MiFID II, Section 9, Answer 1c.
20 Art. 23 Abs. 1 lit. c DelVO 2017/565; MaRisk Ziff. AT 4.4.1 (Risikocontrolling-Funktion).
21 Vgl. MaRisk Ziff. AT 4.3.2.
22 Art. 21 Abs. 5, Art. 23 Abs. 1 lit. c DelVO 2017/565. Vgl. auch *Langen* in Schwennicke/Auerbach, 3. Aufl. 2016, § 25 KWG Rz. 63.
23 § 25a Abs. 1 Satz 3 Nr. 3 lit. b KWG.
24 § 25a Abs. 1 Satz 3 Nr. 6 KWG; detailliert MaComp Ziff. BT 8.2.2. Zum Begriff der Vergütung s. Art. 2 Nr. 5 DelVO 2017/565.

mal wenn nahe liegt, dass die Vergütung das Gesamtrisikoprofil und die Einhaltung der Wohlverhaltensregeln wesentlich beeinflusst[1]. Geboten sind somit fortlaufende **Kontroll- und Überwachungsmaßnahmen**[2], deren Angemessenheit und Wirksamkeit regelmäßig zu bewerten ist[3], auch im Hinblick darauf, inwieweit erkannte Defizite behoben worden sind[4]. Die Maßnahmen müssen die vertraglich gebundenen Vermittler (§ 3 Abs. 2 WpHG) einbeziehen. Um die Kontrolle zu intensivieren, ist es den Mitarbeitern zu ermöglichen, anonym Verstöße gegen das WpHG oder die aufgrund des WpHG erlassenen Rechtsverordnungen, ferner Verstöße gegen die DelVO 2017/565, VO Nr. 575/2013 und VO Nr. 596/2014 sowie etwaige strafbare Handlungen zu melden[5]. Die Kontrolle ist auf Risiken zu erstrecken, die aus der Auslagerung von Aktivitäten und Prozessen (Rz. 116) resultieren. Vor allem ist **die IT** angemessen abzusichern[6] und hierfür unter Einschaltung eines Informationssicherheitsbeauftragten[7] eine angemessene Sicherheitskultur[8] aufzubauen. Ferner sind ausreichende Schutzvorkehrungen zu treffen, um **Schädigungen durch** allzu risikofreudige **Mitarbeiter**, aber auch durch Nachlässigkeiten zu verhindern. Die Wertpapierdienstleistungsunternehmen haben deshalb die Vertretungsmacht der Mitarbeiter entsprechend zu beschränken, unter Umständen nach dem „Vier-Augen"-Prinzip zu verfahren und durch Organisation sicherzustellen, dass die Mitarbeiter mit ihren Aufgaben hinreichend vertraut sind.

Sofern es nach der Art, dem Umfang und der Komplexität der Geschäfte sowie der Art und dem Spektrum der erbrachten Wertpapierdienstleistungen und Anlagetätigkeiten angemessen ist[9], ist eine unabhängige **Risikomanagement-Funktion** zu installieren[10]. Sie hat die Aufgaben des Risikomanagements (Rz. 8) zu übernehmen, die Geschäftsleitung zu beraten und ihr Bericht zu erstatten[11]. 9

Außerdem haben die Wertpapierdienstleistungsunternehmen, sofern angemessen[12], eine **Revisionsabteilung** zu unterhalten[13]. Ihre Aufgabe ist es, angemessene Kontrollmechanismen zu etablieren, deren Wirksamkeit regelmäßig zu prüfen[14], bei erkennbaren Mängeln einzuschreiten[15], deren Behebung zu kontrollieren[16] und der Geschäftsleitung zu berichten[17]. Die Compliance-Funktion (s. dazu Rz. 83) ist Bestandteil des internen Kontrollsystems nach § 25a KWG. 10

Die Wertpapierdienstleistungsunternehmen dürfen sich nur **zuverlässiger** und fachlich **geeigneter** vertraglich gebundener **Vermittler** (§ 3 Abs. 2 WpHG)[18] bedienen. Sie haben diese laufend zu überwachen[19]. Die Kunden sind vor Aufnahme der Geschäftsbeziehungen über den Status der Vermittler zu informieren und unverzüglich nach Beendigung dieses Status hiervon in Kenntnis zu setzen (§ 25e KWG). Zum **Schutz der Wertpapiere**, der Geldmarktinstrumente etc. sowie zum Schutz der **Kundengelder** s. § 84 WpHG. 11

Die Geschäftstätigkeit sowie die interne Organisation der Wertpapierdienstleistungsunternehmen ist so vollständig zu **dokumentieren**[20], dass eine lückenlose **Überwachung** durch die BaFin gewährleistet ist. Beachte auch § 83 Abs. 1, 2 WpHG. 12

---

1 § 25a Abs. 1 Satz 3 Nr. 6 KWG; Art. 27 DelVO 2017/565; § 63 Abs. 3 WpHG. Dabei ist auch dem Geschäftsmodell Rechnung zu tragen. Reine Fixvergütungen sind nicht zu beanstanden, wenn von ihnen keine Anreize in Richtung auf eine unangemessene Erhöhung der Risiken ausgehen. Bei leitenden Mitarbeitern, die erhebliche Risiken zu verantworten haben, ist ein erheblicher Teil der Vergütung auf längere Zeit zurückzuhalten, um zu verhindern, dass kurzfristige Gewinne mit langfristig übermäßigen Risiken erkauft werden.
2 Vgl. MaRisk Ziff. AT 4.3.2.
3 Art. 21 Abs. 5, Art. 22 Abs. 2 Satz 1 lit. a, Art. 23 Abs. 1 lit. c DelVO 2017/565.
4 Art. 22 Abs. 2 Satz 1 lit. a DelVO 2017/565. Die Behebung der Defizite impliziert Verfahren, um zu erkennen, ob die zur Behebung der Defizite getroffenen Maßnahmen erfolgreich waren.
5 § 25a Abs. 1 Satz 3 Nr. 6 KWG.
6 Art. 21 Abs. 2 DelVO 2017/565; § 25a Abs. 1 Satz 3 Nr. 5 KWG; § 80 Abs. 1 Satz 2 Nr. 4 WpHG; MaRisk, AT 7.2 Nr. 2; Rundschreiben der BaFin 10/2017 (BA) v. 3.11.2017; *Kreiterling*, BaFin-Journal 2015 Heft 9, S. 20, 21. S. dazu auch Rz. 64.
7 Rundschreiben der BaFin 10/2017 (BA) v. 3.11.2017 Tz. 18 f.
8 Rundschreiben der BaFin 10/2017 (BA) v. 3.11.2017 Tz. 8 ff.; *Kreiterling*, BaFin-Journal 2015 Heft 9, S. 20, 21.
9 Art. 21 Abs. 1 Satz 2 DelVO 2017/565.
10 Art. 23 Abs. 2 Satz 1 DelVO 2017/565; § 25a Abs. 1 Satz 3 Nr. 3 lit. b, c KWG.
11 Art. 23 Abs. 2 Satz 1 lit. b DelVO 2017/565; ESMA 2016/1165 v. 11.10.2016, Questions and Answers relating to the Provision of CFD and other speculative products to retail investors under MiFID II, Section 9, Answer 1c.
12 Gemäß Art. 24 Halbsatz 1 DelVO 2017/565 kommt es darauf an, ob die Einrichtung einer Innenrevision angesichts der Art, des Umfangs und der Komplexität der Geschäfte sowie der Art und des Spektrums der Wertpapierdienstleistungen und Anlagetätigkeiten angemessen und verhältnismäßig ist.
13 § 25a Abs. 1 Satz 3 Nr. 3 KWG; Art. 24 DelVO 2017/565; MaRisk Ziff. AT 4.4.3. Vgl. *Langen* in Schwennicke/Auerbach, 3. Aufl. 2016, § 25 KWG Rz. 65; ferner zum WpHG a.F. *Meyer/Paetzel/Will* in KölnKomm. WpHG, § 33 WpHG Rz. 56.
14 Art. 21 Abs. 1 Satz 1 lit. c, Abs. 5, Art. 24 lit. a DelVO 2017/565.
15 In der Form von Empfehlungen (Art. 24 lit. b DelVO 2017/565).
16 Art. 24 lit. b DelVO 2017/565.
17 Art. 21 Abs. 1 Satz 1 lit. a, e; Art. 24 lit. c DelVO 2017/565.
18 § 25e KWG; *Langen* in Schwennicke/Auerbach, 3. Aufl. 2016, § 25e KWG Rz. 5 ff.
19 § 25e Satz 1 KWG; *Langen* in Schwennicke/Auerbach, 3. Aufl. 2016, § 25 KWG Rz. 9; vgl. zum WpHG a.F. *Meyer/Paetzel/Will* in KölnKomm. WpHG, § 33 WpHG Rz. 82; *Fuchs* in Fuchs, § 33 WpHG Rz. 44.
20 Art. 21 Abs. 1 Satz 1 lit. f, Art. 25 Abs. 1 Unterabs. 2 DelVO 2017/565.

13   **III. Kontinuität und Regelmäßigkeit (§ 80 Abs. 1 Satz 2 Nr. 1 WpHG).** Die Wertpapierdienstleistungsunternehmen haben Vorkehrungen zu treffen, um bei unvorhergesehenen, aber abstrakt vorhersehbaren[1] Systemstörungen, insbesondere der IT[2], und sonstigen Störungen des Geschäftsbetriebs drohende Verzögerungen der Auftragsausführung möglichst gering zu halten[3]. Hierzu haben die Wertpapierdienstleistungsunternehmen den Notfall einzuplanen[4], in angemessenem Umfang Mittel bereitzustellen, die eine zügige Behebung technischer oder sonstiger Fehler erlauben, sowie gegebenenfalls Ersatzkapazitäten vorzuhalten[5]. Gleiches wird man für den Fall der Auftragsannahme sagen können. Diese Vorkehrungen müssen regelmäßig getestet werden. Bei Störungen müssen die Rechte der Kunden mit zumutbaren Mitteln gesichert sein[6]; die Compliance-Funktion muss eingeschaltet werden.

14   **IV. Ermittlung und Vermeidung von Interessenkonflikten (Art. 33 ff. DelVO 2017/565; § 80 Abs. 1 Satz 2 Nr. 2 WpHG). 1. Allgemeines.** Der **Begriff des Interessenkonflikts** ist weit zu fassen[7]. Interessenkonflikte entstehen immer dann, wenn mehrere Personen an der ordnungsgemäßen Realisierung einer bestimmten Geschäftschance interessiert sind oder wenn die Geschäftschance einer Person davon abhängt, dass eine andere Person eine bestimmte Entscheidung trifft[8]. Art. 33 lit. a–e DelVO 2017/565 zählt – nicht abschließend – Situationen auf, in denen es zu Interessenkonflikten kommt. Allerdings werden in dem Bereich, in dem die Wertpapierdienstleistungsunternehmen nicht uneingeschränkt fremdnützig tätig werden müssen (§ 63 WpHG Rz. 20), mithin auch ihre Eigeninteressen verfolgen dürfen, Interessenkonflikte i.S.d. § 80 WpHG hingenommen.

15   Es genügt nicht, dass dem Wertpapierdienstleistungsunternehmen aus einem bestimmten Verhalten ein Vorteil entsteht[9]. Vielmehr kann von einem Interessenkonflikt nur gesprochen werden, wenn eine **Benachteiligung** eines Kunden[10] gleich welcher Art[11] droht[12]. Sie muss **ins Gewicht** fallen[13], ohne dass sie der Art oder der Höhe nach dem Gewinn des Wertpapierdienstleistungsunternehmens entsprechen muss[14].

Soweit die Wertpapierdienstleistungsunternehmen mit ihren Kunden Vergütungen vereinbaren, stehen sie zu ihnen in einem natürlichen Interessenkonflikt. Über ihn brauchen sie sich über die Grenzen des § 138 BGB hinaus keine Gedanken zu machen. Es ist nur dafür zu sorgen, dass diese Vergütungen erkennbar werden und somit verborgene Belastungen vermieden werden (§ 63 WpHG Rz. 29). Für mittelbare Vergütungen in Form von Zuwendungen Dritter gelten die einschlägigen Sondervorschriften (§ 64 Abs. 5, 7, § 70 WpHG, Art. 40 Abs. 3 DelVO 2017/565), die auf die Organisationspflichten gem. § 80 Abs. 1 Satz 2 Nr. 2 WpHG ausstrahlen. Gleichermaßen gehen die Sondervorschriften vor, die die Auswahl der angebotenen Finanzinstrumente und sonstigen Wertpapierdienstleistungen betreffen (§ 64 Abs. 1 Satz 1, Abs. 5 Satz 1 Nr. 1 lit. b WpHG [§ 63 WpHG Rz. 20]).

16   Der **Interessenkonflikt** kann **zwischen** dem Kunden und dem Wertpapierdienstleistungsunternehmen, den ihm zuzurechnenden „relevanten Personen"[15] bzw. der zum Wertpapierdienstleistungsunternehmen zählenden

---

1 Unvorhersehbar sind nur die gänzlich unwahrscheinlichen Störungen. Vgl. zum WpHG a.F. CESR/05-025 v. Januar 2005, Satz 11.
2 S. Rz. 8.
3 Umsetzung des Art. 16 Abs. 4 RL 2014/65/EU; MaComp Ziff. AT 6.2 Nr. 1 lit. a. Vgl. *Binder* in Staub, Bankvertragsrecht, Investmentbanking II, Teil 7 Rz. 49; *Langen* in Schwennicke/Auerbach, 3. Aufl. 2016, § 25 KWG Rz. 92; ferner zum WpHG a.F. *Rath* in Wecker/van Laak, Compliance in der Unternehmerpraxis, S. 119 ff. Vgl. auch Art. 30 Abs. 1, Art. 31 Abs. 2 lit. g, l DelVO 2017/565 zur Auslagerung.
4 Detailliert Art. 21 Abs. 3 DelVO 2017/565. Zur Notfallplanung beim algorithmischen Handel s. Rz. 111. Vgl. ferner MaRisk Ziff. AT 7.3.
5 Vgl. zum WpHG a.F. CESR/05-024c v. Januar 2005, S. 22: Identifikation der ausschlaggebenden oder wichtigen Systeme und Funktionen einschließlich der ausgelagerten Funktionen; Zuordnung sowie Dokumentation von Verantwortlichkeiten und Befehlsketten; Wartung und regelmäßige Prüfung der Systeme und Verfahren, insbesondere zur Datensicherung; Verfahren zur schnellstmöglichen Wiederherstellung von Daten. Vgl. ferner *Fuchs* in Fuchs, § 33 WpHG Rz. 66; *Fett* in Schwark/Zimmer, § 33 WpHG Rz. 13.
6 Vgl. zum WpHG a.F. CESR/05-025 v. Januar 2005, S. 11.
7 Erwägungsgrund Nr. 45 DelVO 2017/565. Vgl. auch zum WpHG a.F. *Schlicht*, BKR 2006, 469, 471 f.; *Rothenhöfer* in Kümpel/Wittig, Bank- und Kapitalmarktrecht, Rz. 3.378. Nicht erfasst werden von Art. 33 ff. DelVO 2017/565, § 80 Abs. 1 Satz 2 Nr. 2 WpHG Interessenkonflikte innerhalb der IT-Aufbau-und IT-Ablauforganisation (s. dazu Rundschreiben der BaFin 10/2017 (BA) v. 3.11.2017 Tz. 6, 8, 19.
8 Ähnlich zum WpHG a.F. *Assmann*, ÖBA 2007, 40, 43; *Rothenhöfer* in Schwark/Zimmer, §§ 31 ff. WpHG Rz. 53; vgl. auch *Kumpan/Leyens*, ECFR 2008, 72, 84.
9 Erwägungsgrund Nr. 45 DelVO 2017/565.
10 Unerheblich ist, welcher Kategorie der Kunde zuzuordnen ist (Erwägungsgrund Nr. 46 DelVO 2017/565).
11 Erwägungsgrund Nr. 45 DelVO 2017/565.
12 Art. 33 Halbsatz 1 DelVO 2017/565; Erwägungsgrund Nr. 45 Satz 2 DelVO 2017/565. Dies muss für den Kunden nicht erkennbar sein; allenfalls kann man in besonderen Situationen fordern, dass der Konflikt für das Wertpapierdienstleistungsunternehmen ersichtlich ist, weil es nur dann Anstalten machen wird, sein Eigeninteresse oder das anderer Kunden zu bevorzugen.
13 Vgl. zum WpHG a.F. *Fuchs* in Fuchs, § 31 WpHG Rz. 52.
14 Vgl. zum WpHG a.F. *Meyer/Paetzel/Will* in KölnKomm. WpHG, § 33 WpHG Rz. 144 f.
15 Art. 33 i.V.m. Art. 2 Abs. 1 DelVO 2017/565. S. dazu Rz. 18.

Gruppe oder zwischen mehreren Kunden des Wertpapierdienstleistungsunternehmens bestehen, denen gegenüber sich dieses verpflichtet hat[1]. Nicht jedes beliebige Kundeninteresse kann einen Interessenkonflikt hervorrufen. Erheblich sind nur solche Interessen, deren Realisierung der Kunde durch seinen Auftrag an das Wertpapierdienstleistungsunternehmen herangetragen hat[2]. Lediglich **Geschäftschancen**, deren Zuordnung zu einem Kunden zur bestmöglichen Erledigung seines Auftrages führen würde[3], sowie Eigeninteressen des Wertpapierdienstleistungsunternehmens bzw. anderer Kunden[4] an bestimmten Dispositionen eines Kunden werden mithin von der Konfliktregel erfasst. § 80 Abs. 1 Satz 2 Nr. 2 WpHG hat ebenso wie § 63 Abs. 2 WpHG die Interessen der Kunden in ihrer **Individualität**[5] im Auge; denn das Gebot des § 63 Abs. 1 WpHG, Wertpapier(neben)dienstleistungen im Interesse der jeweiligen Kunden zu erbringen, gibt eine Ausrichtung an dem Individualinteresse der Kunden zwingend vor.

Die Wertpapierdienstleistungsunternehmen sind entsprechend ihrer **Individualität** (Größe, Geschäftstätigkeit) zur **angemessenen Ausschaltung** von Interessenkollisionen durch schriftlich dokumentierte Organisationsmaßnahmen (Rz. 3) aufgerufen[6]. Dabei besteht ein gewisser Ermessensspielraum[7]. Es existieren mithin keine verbindlichen Branchenstandards. Art. 29 DelVO 2017/565[8] geht ebenso wie der Art. 33 ff. DelVO 2017/565 dem § 80 WpHG als lex specialis vor. § 80 WpHG beschreibt nur Mindeststandards. Können Wertpapierdienstleistungsunternehmen Interessenkonflikte durch organisatorische Vorkehrungen nicht gänzlich vermeiden, so haben sie diese durch organisatorische Maßnahmen so weit als zumutbar möglich zu minimieren[9] und soweit dies nicht möglich ist, die Kunden aufzuklären (§ 63 WpHG Rz. 37). 17

2. Interessenkonflikte zwischen Wertpapierdienstleistungsunternehmen, verbundenen Unternehmen, verbundenen Personen, Mitarbeitern, Vermittlern einerseits und Kunden andererseits. a) Wertpapierdienstleistungsunternehmen, verbundene Unternehmen, verbundene Personen, Geschäftsleitung, Mitarbeiter, Vermittler. Zu den Wertpapierdienstleistungsunternehmen s. § 2 Abs. 10, § 3 WpHG. Der vorrangig zu berücksichtigende Art. 33 DelVO 2017/565 verwendet statt der Begriffe Geschäftsleitung, Mitarbeiter, Vermittler[10] den Begriff der „relevanten Person", der in Art. 2 Abs. 1 DelVO 2017/565 legaldefiniert ist (dazu Rz. 67 ff.). Relevante Person kann auch eine natürliche Person bei einem Dienstleister sein, der im Rahmen einer Auslagerungsvereinbarung eingeschaltet wird[11]. Zu den mit dem Wertpapierdienstleistungsunternehmen **verbundenen Unternehmen oder Personen**[12] zählen alle natürlichen oder juristischen Personen, die direkt oder indirekt durch Kontrolle[13] i.S.d. Art. 4 Abs. 1 Nr. 37 VO Nr. 575/2013 als miteinander verbunden anzusehen sind[14]. Das Wertpapierdienstleistungsunternehmen hat somit Interessenkonflikte auch in Richtung auf andere Gruppenmitglieder im Auge zu behalten, wenn es weiß oder wissen müsste, dass es aufgrund der Struktur und der Geschäftstätigkeit der anderen Gruppenmitglieder zu Interessenkonflikten kommen kann. Diese „verbundenen" Unternehmen haben in ihre Konfliktvermeidungsstrategien alle ihnen bekannten Umstände aufzunehmen und diese unter Beachtung der Geschäftsgeheimnisse den Mitgliedern der de-facto-Gruppe mitzuteilen, die Anlass zu einem Interessenkonflikt geben können, der den Eigenheiten und Geschäften der Mitglieder der de-facto-Gruppe entspringt[15]. 18

b) Vorkehrungen, um Interessenkonflikte zu erkennen. Die Geschäftsbeziehungen und die internen Arbeitsabläufe sind fortlaufend auf aktuelle und in naher Zukunft drohende[16] Interessenkonflikte (Rz. 14) hin zu analysieren[17], damit die Interessenkonflikte angemessen ausgeschaltet, zumindest minimiert und ggf. umfassend offengelegt werden können. Die Analyse hat sich darauf zu beziehen, inwieweit das Wertpapierdienstleistungs- 19

---

1 Erwägungsgrund Nr. 45 DelVO 2017/565.
2 Vgl. zum WpHG a.F. *Fuchs* in Fuchs, § 31 WpHG Rz. 51; *Rothenhöfer* in Kümpel/Wittig, Bank- und Kapitalmarktrecht, Rz. 3.378.
3 Vgl. zum WpHG a.F. CESR/05-024c v. Januar 2005, S. 41. Es muss nicht nachgewiesen werden, dass der Auftrag ohne den Interessenkonflikt ausgeführt worden wäre. Vielmehr genügt die nicht bloß theoretische Möglichkeit der Ausführung.
4 Vgl. zum WpHG a.F. CESR/05-024c v. Januar 2005, S. 41.
5 Vgl. zum WpHG a.F. *Fuchs* in Fuchs, § 31 WpHG Rz. 53.
6 *Binder* in Staub, Bankvertragsrecht, Investmentbanking II, Teil 7 Rz. 59. Vgl. zum WpHG a.F. *Fuchs* in Fuchs, § 33 WpHG Rz. 103 f.
7 Vgl. zum WpHG a.F. *Meyer/Paetzel/Will* in KölnKomm. WpHG, § 33 WpHG Rz. 173.
8 Dazu Rz. 65.
9 Im Erwägungsgrund Nr. 48 DelVO 2017/565 ist von „Interessenkonflikte ... zu regeln" („manage ... the conflicts of interest") die Rede.
10 § 3 Abs. 2 WpHG.
11 Art. 33 DelVO 2017/565.
12 Art. 33 DelVO 2017/565 spricht hier nur allgemein von einer Person, die direkt oder indirekt durch Kontrolle mit der Firma verbunden ist.
13 Art. 33 DelVO 2017/565.
14 Mangels Kontrolle genügt es nicht, dass Unternehmen abgestimmt ein gemeinsames Geschäftsziel verfolgen, um sie als Gruppe zu behandeln.
15 *Kumpan/Leyens*, ECFR 2008, 72, 93 f.
16 CESR/05-025 v. Januar 2005, S. 24. Nur theoretisch drohende Interessenkonflikte spielen keine Rolle.
17 Art. 34 Abs. 2, Art. 35 Abs. 1 DelVO 2017/565; Erwägungsgrund Nr. 48 DelVO 2017/565; MaComp Ziff. AT 6.2 Nr. 1; *Grundmann* in Staub, Bankvertragsrecht, Investmentbanking II, Teil 8 Rz. 153.

§ 80 | Verhaltenspflichten, Organisationspflichten, Transparenzpflichten

unternehmen bei seinen Geschäften mit einem Kunden zu dessen Lasten einen finanziellen[1] Vorteil erzielen oder finanzielle Verluste[2] vermeiden könnte. Dabei ist, soweit erkennbar, die Einbindung in eine Unternehmensgruppe (Rz. 18) zu berücksichtigen[3]. Ebenfalls zu beachten sind Konflikte hinsichtlich immaterieller oder sonst nicht bezifferbarer Kundeninteressen[4]. Bei Interessenkonflikten Kunde-Kunde ist auch erheblich, ob das Wertpapierdienstleistungsunternehmen an der Bevorzugung einzelner Kunden interessiert ist.

20 Die **Analyse** hat ihr **Augenmerk vor allem** auf die Finanzanalyse[5], die Anlageberatung[6], den Eigenhandel[7], die Vermögensverwaltung[8] und die Unternehmensfinanzierung[9], die Emissionstätigkeit[10] sowie auf die Beratung bei Fusionen sowie Unternehmenskäufen[11] zu richten. **Weitere Felder** potentieller Interessenkonflikte sind die Vertriebsziele (§ 63 WpHG Rz. 46), die erfolgsbezogene Vergütung von Mitarbeitern und Vermittlern[12]. Interessenkonflikte entstehen auch bei der Anlageberatung, wenn diese auf hauseigene Produkte beschränkt wird. Dieser Interessenkonflikt ist in § 64 Abs. 1, 5 WpHG spezialgesetzlich geregelt[13]. Interessenkonflikte erzeugen ferner Zuwendungen i.S.d. § 70 WpHG, unabhängig davon, ob diese Zuwendungen einen Anreiz entfalten, gezielt den Interessen der Kunden zuwider zu handeln. Auch insoweit nimmt § 70 WpHG Einfluss auf die gem. § 80 Abs. 1 Satz 2 Nr. 2 Halbsatz 2 WpHG gebotenen Organisationsmaßnahmen.

21 Die Analyse ist mit **angemessenen**[14] **Mitteln** durchzuführen (§ 80 Abs. 1 Satz 2 WpHG) und ständig fortzuschreiben[15]. Der **Compliance- Beauftragte** ist einzuschalten[16]. Auch die **Geschäftsleitung** ist regelmäßig, zumindest einmal jährlich zu informieren[17].

22 Die in der Analyse der Geschäftsbeziehungen gewonnenen **Erkenntnisse** zu den aktuellen oder drohenden Interessenkonflikten müssen **aufgezeichnet** werden[18]. Das gilt nur für solche Interessenkonflikte, die erheblich sind, die also nicht lediglich theoretischer Natur sind, so dass ihnen kein vernünftiger Kunde Aufmerksamkeit schenken würde.

23 **c) Maßnahmen zur Bewältigung von Interessenkonflikten. aa) Allgemeines.** Interessenkonflikte sind mit angemessenen[19], dokumentierten[20] Organisationsmaßnahmen[21] zumindest einzudämmen. Daraus ergibt sich nicht, dass einerseits die Interessen des Wertpapierdienstleistungsunternehmens, durch ungehindertes Agieren Geschäftsvorteile zu erzielen oder zumindest Kosten zu sparen, und andererseits die Kundeninteressen, keinen Nachteil zu erleiden, gegeneinander abzuwägen sind. Es geht nicht um einen vernünftigen Ausgleich der Parteiinteressen. Die Kundeninteressen haben nicht nur bei Gleichwertigkeit der Interessen oder im Zweifel Vorrang vor den eigenen Interessen des Wertpapierdienstleistungsunternehmens. § 63 Abs. 2 WpHG statuiert nämlich das Gebot, eine Beeinträchtigung der Kundeninteressen zu vermeiden. Hieraus folgt, dass die **Interessenkonflikte bewältigt**, d.h. **in vollem Umfang**[22] **ausgeschaltet** werden müssen, soweit dies mit angemessenem Ein-

---

1 Art. 33 lit. a DelVO 2017/565.
2 Art. 33 lit. a DelVO 2017/565; Erwägungsgrund Nr. 45 DelVO 2017/565.
3 Art. 34 Abs. 1 Satz 2 DelVO 2017/565; Erwägungsgrund Nr. 46 DelVO 2017/565.
4 Art. 33 lit. b DelVO 2017/565 spricht ganz allgemein von Interesse.
5 Erwägungsgrund Nr. 47 DelVO 2017/565. Die Eindämmung der im Zusammenhang mit Finanzanalysen auftauchenden Interessenkonflikte ist in § 85 WpHG spezialgesetzlich geregelt.
6 Erwägungsgrund Nr. 47 DelVO 2017/565.
7 Erwägungsgrund Nr. 47 DelVO 2017/565, insbesondere wegen der Gefahr des Vor-, Mit- oder Gegenlaufens, aber auch wegen Praktiken, feste Preise zu versprechen, sich daran aber nicht zu halten, wenn bestimmte Spannen überschritten sind (ESMA 2016/1165 v. 11.10.2016, Questions and Answers relating to the Provision of CFD and other speculative products to retail investors under MiFID II, Section 9, Answer 1b, Ziff. 33 f.).
8 Erwägungsgrund Nr. 47 DelVO 2017/565. Interessenkonflikte sind auch zu besorgen, wenn ein Wertpapierdienstleistungsunternehmen einerseits die Vermögensverwaltung eines Fonds oder die Vermögensverwaltung für ein anderes Wertpapierdienstleistungsunternehmen besorgt und andererseits selbst beratend oder für andere Kunden vermögensverwaltend tätig wird oder die verwalteten Fonds vertreibt (ESMA35-43-349 v. 18.12.2017, Questions and Answers on MiFID II and MiFIR investor protection and intermediaries topics, Abschnitt 12 Inducements, Answer 3).
9 Erwägungsgrund Nr. 47 DelVO 2017/565.
10 Erwägungsgrund Nr. 47 DelVO 2017/565. Beachte den Vorrang der Art. 38 ff. DelVO 2017/565 (Rz. 155 ff.). Vgl. zum WpHG a.F. *Voß* in Just/Voß/Ritz/Becker, § 31 WpHG Rz. 152.
11 Erwägungsgrund Nr. 47 DelVO 2017/565.
12 Näher dazu § 63 WpHG Rz. 46. Beachte auch Art. 27 DelVO 2017/565.
13 § 80 Abs. 1 Nr. 2 Halbsatz 2 WpHG ist deshalb nur ein Pendant zu den Verboten des § 64 Abs. 5 Satz 2 ff., Abs. 7 WpHG auf der organisatorischen Ebene.
14 Vgl. Art. 16 Abs. 3 RL 2014/65/EU; weitergehend Art. 23 Abs. 1 RL 2014/65/EU (geeignete Vorkehrungen). Dazu Rz. 21.
15 Art. 34 Abs. 5, Art. 35 Unterabs. 1 DelVO 2017/565.
16 Vgl. zum WpHG a.F. *Schäfer*, BKR 2011, 187, 193 f.
17 Art. 35 Abs. 2 DelVO 2017/565. Dieser Bericht kann im Rahmen des Berichts des Compliance-Beauftragte erfolgen.
18 Art. 35 Abs. 1 DelVO 2017/565.
19 Art. 34 Abs. 1 DelVO 2017/565.
20 Art. 34 Abs. 1 DelVO 2017/565.
21 *Binder* in Staub, Bankvertragsrecht, Investmentbanking II, Teil 7 Rz. 64 ff.
22 Dazu Rz. 24.

satz (Rz. 25 f.) möglich ist[1]. Irrelevant ist, ob die handelnde Person im Einzelfall einen Kunden benachteiligt; denn das Erfordernis der angemessenen Organisationen dient der **Prävention** von Manipulationen.

Primär sind die Interessenkonflikte **organisatorisch** zu verhüten[2]. Interessenkonflikte, die sich nicht voll ausschalten lassen, müssen im Rahmen des Angemessenen (Rz. 25 f.) zumindest **minimiert** werden[3]. Auch Wertpapierdienstleistungsunternehmen, bei denen es in der Regel nicht zu Interessenkonflikten kommt, haben Maßnahmen für den Fall vorzusehen, dass sie konfliktträchtige Informationen erhalten. Die Maßnahmen sind, jeweils bezogen auf die verschiedenen Arten von Wertpapier(neben)dienstleistungen, zu **dokumentieren**[4]. 24

Die Präventionsmaßnahmen zur Ausschaltung von Interessenkonflikten müssen **objektiv erforderlich** und im Licht der Größe und der Art der Organisation des Wertpapierdienstleistungsunternehmens sowie der Art, des Umfangs und der Komplexität seiner Geschäfte[5] angemessen (Rz. 26) sein[6]. In diesem Zusammenhang sind auch Interessenkonflikte zu berücksichtigen, die aus der Struktur und der Geschäftstätigkeit anderer Gruppenmitglieder (Rz. 18) resultieren, sofern sie das Wertpapierdienstleistungsunternehmen kannte oder kennen musste[7]. Die Unangemessenheit organisatorischer Präventionsmaßnahmen erlaubt den Wertpapierdienstleistungsunternehmen nicht, ihre Eigeninteressen ungehindert zu verfolgen. Vielmehr gilt für ihr Verhalten auch dann der Grundsatz, dass den Kundeninteressen der Vorrang gebührt. 25

In die **Prüfung der Angemessenheit** geht sicherlich das Gewicht der konfligierenden **Interessen der Kunden** sowie die Wahrscheinlichkeit[8] ihrer Beeinträchtigung ein. Das Interesse des Wertpapierdienstleistungsunternehmens, zu Lasten eines Kunden einen Vorteil zu erzielen, ist auszublenden[9]. Es kann nicht sein, dass ein Wertpapierdienstleistungsunternehmen umso geringere Anstrengungen zur Eliminierung eines Interessenkonflikts tätigen muss, je größer die Vorteile sind, die es zu Lasten der Kunden durch die Bevorzugung seiner Interessen zu ziehen vermag. Zu berücksichtigen ist mithin nur das Interesse des Wertpapierdienstleistungsunternehmens, den Aufwand für die wirksame Eliminierung von Interessenkonflikten gering zu halten. Dem entspricht der Art. 34 Abs. 1 Unterabs. 1 DelVO 2017/565, der als Abwägungsfaktoren nur die Größe, die Organisation des Wertpapierdienstleistungsunternehmens sowie die Art, den Umfang und Komplexität der Geschäftstätigkeit aufzählt, nicht aber das Gewicht der Eigeninteressen. Zu dem Verhütungsaufwand rechnet entgangener Gewinn insoweit, als es die Ausschaltung des Interessenkonflikts nötig macht, auf Geschäfte zu verzichten, bei denen kein Interessenkonflikt zu besorgen ist. 26

Zu wählen sind die im Rahmen des Angemessen (Rz. 26) **effizienten Schutzvorkehrungen**. Bei ihnen ist dafür zu sorgen, dass sich die relevanten Personen in angemessenem Umfang von dem Interessenkonflikt frei machen können oder von ihm nicht berührt werden[10]. Besonders ist darauf zu achten, dass einzelne Wertpapierdienstleistungsunternehmen keine ungerechtfertigten Wettbewerbsvorsprünge erzielen, weil von ihnen wegen ihrer Geschäftsstruktur etc. geringere Schutzmaßnahmen erwartet werden. Die finanzielle Leistungsfähigkeit der einzelnen Wertpapierdienstleistungsunternehmen ist kein für die Angemessenheit der Maßnahmen relevantes Kriterium[11]. Der Einbindung in eine Unternehmensgruppe ist Rechnung zu tragen (Rz. 18)[12]. Die Compliance-Funktion ist in die Entwicklung der organisatorischen Vorkehrungen einzubinden und hat deren Umsetzung zu überwachen[13]. 27

Lassen sich die Interessenkonflikte **nicht durch Organisation** (§ 80 WpHG) angemessen **ausschalten**, so kommt als ultima ratio[14] die **Aufklärung** gem. § 63 Abs. 2 Satz 2 Nr. 2 WpHG zum Tragen. 28

bb) Einzelheiten. Die organisatorischen Vorkehrungen sind **differenziert und detailliert** auf die einzelnen Formen der nach der Analyse zu besorgenden Interessenkonflikte zuzuschneiden, so dass die „relevanten Personen"[15] ohne weiteres erkennen können, wie sie auf diese Konflikte zu reagieren haben[16]. Sie sind **fortlaufend**, mindestens einmal im Jahr, auf ihre Wirksamkeit hin zu überprüfen[17]. 29

---

1 Vgl. zum WpHG a.F. *Rothenhöfer* in Kümpel/Wittig, Bank- und Kapitalmarktrecht, Rz. 3.385.
2 Umkehrschluss aus § 63 Abs. 2 WpHG.
3 *Grundmann* in Staub, Bankvertragsrecht, Investmentbanking II, Teil 8 Rz. 148. Vgl. zum WpHG a.F. *Meyer/Paetzel/Will* in KölnKomm. WpHG, § 33 WpHG Rz. 162.
4 Art. 34 Abs. 1 Unterabs. 1 DelVO 2017/565.
5 Art. 34 Abs. 1 Unterabs. 1 DelVO 2017/565.
6 *Grundmann* in Staub, Bankvertragsrecht, Investmentbanking II, Teil 8 Rz. 145, 148.
7 Art. 34 Abs. 1 Unterabs. 2 DelVO 2017/565.
8 Art. 34 Abs. 3 Unterabs. 1 DelVO 2017/565.
9 Vgl. zum WpHG a.F. *Meyer/Paetzel/Will* in KölnKomm. WpHG, § 33 WpHG Rz. 161. Zu Ausnahmen s. § 63 WpHG Rz. 20.
10 Art. 34 Abs. 3 DelVO 2017/565.
11 Vgl. zum WpHG a.F. *Rothenhöfer* in Kümpel/Wittig, Bank- und Kapitalmarktrecht, Rz. 3.385.
12 § 80 Abs. 1 Satz 2 Nr. 2 WpHG, Art. 34 Abs. 1 Unterabs. 2 DelVO 2017/565.
13 Vgl. zum WpHG a.F. *Schäfer*, BKR 2011, 187, 194.
14 Erwägungsgrund Nr. 48 DelVO 2017/565.
15 Art. 2 Abs. 1 DelVO 2017/565 (abgedruckt bei § 63 WpHG).
16 Art. 34 Abs. 3 Unterabs. 1 DelVO 2017/565.
17 Art. 34 Abs. 5 DelVO 2017/565.

§ 80 | Verhaltenspflichten, Organisationspflichten, Transparenzpflichten

30 **Arbeitsanweisungen, Schulung.** Die Mitarbeiter sind anzuweisen, bei Interessenkonflikten den Interessen der Kunden bestmöglich Rechnung zu tragen (§ 63 WpHG Rz. 15 ff.) und zu Lasten des Wertpapierdienstleistungsunternehmens zu entscheiden[1]. Um **Interessenkonflikte Kunde – Wertpapierdienstleistungsunternehmen** zu neutralisieren, sind daher *Prioritätsregeln*[2] zu etablieren. Wo dies nicht angemessen ist, sind Interessenkonflikte mittels einer *Gleichbehandlung*[3] von Kunden und Wertpapierdienstleistungsunternehmen ausschalten[4]. Dies ist z.B. näher in § 69 WpHG geregelt. Hierfür sind die entsprechenden Arbeitsanweisungen zu erteilen. Ebenso ist das Vor-, Mit[5]- und Gegenlaufen[6], das sog. Scalping[7] sowie das sog. churning[8] und das gezielte „Abladen"[9] eigener Finanzinstrumente zu verbieten. Ferner sind Verhaltensrichtlinien aufzustellen, denen zufolge allgemeine **Empfehlungen** nur nach Maßgabe des § 63 Abs. 6 WpHG erteilt werden dürfen und persönliche Empfehlungen, die auf ein bestimmtes Wertpapier bezogen sind, geeignet sein müssen (§ 64 Abs. 3 Satz 2 f. WpHG).

31 Auf den **Eigenhandel**[10] **oder Eigengeschäfte** muss grundsätzlich nicht völlig verzichtet werden, selbst wenn drohende Interessenkonflikte nicht gänzlich durch personelle, räumliche Organisationsmaßnahmen beseitigt werden können[11]. Es müssen aber Anweisungen dahin ergehen, dass konkurrierende Kundenaufträge[12] vorrangig auszuführen sind, wenn der für Eigengeschäfte oder für den Eigenhandels zuständige Mitarbeiter die Kundenaufträge kennt.

32 **Übt** ein Organ, ein Gesellschafter, ein vertraglich gebundener Vermittler[13] des Wertpapierdienstleistungsunternehmens, ein Mitarbeiter des Wertpapierdienstleistungsunternehmens oder des vertraglich gebundenen Vermittlers oder ein Mitarbeiter eines Unternehmens, an das Geschäftstätigkeiten ausgelagert worden sind (Rz. 116), **mehrere Funktionen** aus, so ist dafür zu sorgen, dass jede einzelne dieser Funktionen ordentlich, ehrlich und professionell (§ 63 WpHG Rz. 16) erfüllt wird[14]. Gleiches gilt, wenn nacheinander konfligierende Funktionen übernommen werden[15].

---

1 Vgl. zum WpHG a.F. *Benicke*, Wertpapiervermögensverwaltung, S. 626 f.; MaComp Ziff. AT 6.2 Nr. 1 lit. a. Zu Ausnahmen s. § 63 WpHG Rz. 20.

2 Vgl. zum WpHG a.F. *Kumpan*, Der Interessenkonflikt im deutschen Privatrecht, S. 462 ff. Die Prioritätsregel als allein uneingeschränkt wirksame Strategie bezeichnend, *Möllers* in KölnKomm. WpHG, § 31 WpHG Rz. 138; *Voß* in Just/Voß/Ritz/Becker, § 31 WpHG Rz. 121. Das Prioritätsprinzip wird zurecht beim algorithmischen Handel infrage gestellt.

3 Dies bedeutet nicht notwendig formale Gleichbehandlung, wohl aber Selbstbindung an einen offen gelegten Verteilungsplan, z.B. bei der Zuteilung limitierter Wertpapiere. Vgl. zum WpHG a.F. *Kumpan/Leyens*, ECFR 2008, 72, 97 f.; *Voß* in Just/Voß/Ritz/Becker, § 31 WpHG Rz. 126 ff. Krit. *Möllers* in KölnKomm. WpHG, § 31 WpHG Rz. 143.

4 Vgl. zum WpHG a.F. *Fuchs* in Fuchs, § 31 WpHG Rz. 65; *Benicke*, Wertpapiervermögensverwaltung, S. 667 ff.

5 Unter Vor- oder Mitlaufen versteht man Eigengeschäfte des Wertpapierdienstleistungsunternehmens oder seiner Mitarbeiter vor der oder parallel zur Ausführung von Kundenaufträgen in Kenntnis der Kundenorder.

6 Beim sog. Gegenlaufen schöpft das Wertpapierdienstleistungsunternehmen gezielt durch Gegenorders die unterschiedlichen Limits ihrer Kunden ab.

7 Unter Scalping versteht man ein Verhalten des Wertpapierdienstleistungsunternehmens oder eines Mitarbeiters, bei dem dieses oder ein Mitarbeiter ein bestimmtes Effektengeschäft empfiehlt, aber bereits, bevor die Empfehlung erteilt worden ist oder der Kunde auf die Empfehlung reagieren konnte, das Wertpapierdienstleistungsunternehmen bzw. der Mitarbeiter die empfohlenen Effekten bzw. deren Derivate erwirbt. Das Wertpapierdienstleistungsunternehmen bzw. der Mitarbeiter will die aufgrund der Empfehlung zu erwartenden Kursveränderungen ausnutzen.

8 Es sind allzu häufige Transaktionen und Ratschläge zu unterlassen, die nicht durch das Interesse des Kunden gerechtfertigt sind. Ein Indiz für unzulässige Empfehlungen ist nach der Praxis der amerikanischen Commodity Future Commission, dass die Relation der Provisionen pro Monat zum durchschnittlichen täglichen Saldo des Kontos einen Grenzwert von 18 % bzw. zum gesamten Anlagekapital einen Grenzwert von 11,8 % übersteigt (*Holl/Kessler*, RIW 1995, 983, 984; *Barta*, BKR 2004, 433, 434). Der BGH (v. 13.7.2004 – VI ZR 136/03, NJW 2004, 3423, 3424 = AG 2004, 552) hat es als Indiz für churning angesehen, dass in fünf von sieben Monaten mehr als 17 % des Vermögens aufgezehrt wird. Indizien sind ferner, dass in der Mehrzahl Geschäfte empfohlen bzw. getätigt werden, mit denen Kursschwankungen während eines Tages ausgenützt werden sollen, außerdem Geschäfte, denen keine oder eine widersprüchliche Handelsstrategie zugrunde liegt, ein hoher Anteil an wirtschaftlich sinnlosen, kurzfristigen Geschäften (BGH v. 13.7.2004 – VI ZR 136/03, NJW 2004, 3423, 3424 = AG 2004, 552) sowie Geschäfte ohne ausreichende Sicherheitsreserve (*Holl/Kessler*, RIW 1995, 983, 984); vgl. auch *Arendts*, ÖBA 1996, 775, 779 zum Turn-Over-Verhältnis; *Knobl*, ÖBA 1997, 125; *Rössner/Arendts*, WM 1996, 1519. Unerheblich ist, dass die Geschäfte teilweise Gewinn abgeworfen haben. Spesen dürfen nur soweit in Rechnung gestellt werden, wie sie wirklich anfallen.

9 Vgl. zum WpHG a.F. *Fuchs* in Fuchs, § 31 WpHG Rz. 81. Nicht hierher zählt die Tätigkeit des Market-Maker, über die nur, soweit erforderlich, aufzuklären ist (*Fuchs* in Fuchs, § 31 WpHG Rz. 83).

10 § 2 Abs. 8 Satz 1 Nr. 2 lit. c WpHG.

11 Vgl. zum WpHG a.F. *Voß* in Just/Voß/Ritz/Becker, § 31 WpHG Rz. 148 f.

12 Vgl. zum WpHG a.F. *Benicke*, Wertpapiervermögensverwaltung, S. 671 ff.; *Sethe*, Anlegerschutz im Recht der Vermögensverwaltung, S. 802 ff., 809; *Ekkenga* in MünchKomm. HGB, Band VI, Effektengeschäft, Rz. 504, 507; Kumpan, Der Interessenkonflikt im deutschen Privatrecht, S. 343, 470.

13 Dem vertraglich gebundenen Vermittler (§ 3 Abs. 2 WpHG) stehen dessen Organe, Gesellschafter gleich (Art. 2 Abs. 1 lit. b DelVO 2017/565 (abgedruckt bei § 63 WpHG).

14 Art. 2 Abs. 1, Art. 21 Abs. 1 Satz 1 lit. g, Art. 34 Abs. 3 Unterabs. 2 lit. e DelVO 2017/565.

15 Art. 34 Abs. 3 Unterabs. 2 lit. e DelVO 2017/565.

Die **Vermögensverwalter** (Finanzportfolioverwalter) haben zumindest mittels Arbeitsanweisungen Vorkehrungen zu treffen, um zu vermeiden, dass im eigenen Interesse Eigengeschäfte vorgenommen (vgl. auch Rz. 65) oder Umsätze mit Finanzinstrumenten der Kunden generiert werden (Rz. 30). Insbesondere haben sie das Vor- und Mitlaufen (Rz. 30), das sog. „Ausverkaufen" und das „Abladen" (Rz. 30) zu verhindern. Die Vermögensverwalter können sich in diesem Zusammenhang nicht darauf berufen, dass sie bessere Ergebnisse als ihre Wettbewerber erzielt haben, wenn ihr Vorgehen nicht mit dem Kundeninteresse im Einklang stand. Insiderwissen dürfen die Vermögensverwalter nicht zugunsten der Kunden einsetzen. 33

Interessekonflikte auslösenden **Zuwendungen** Dritter an das Wertpapierdienstleistungsunternehmen sind auch in den Sondervorschriften der § 64 Abs. 5 Unterabs. 2, Abs. 7, § 70 WpHG geregelt. § 80 Abs. 1 Nr. 2 Halbsatz 2 WpHG ist deshalb nur ein Pendant zu den § 64 Abs. 5 Unterabs. 2, Abs. 7; § 70 WpHG auf der organisatorischen Ebene. Im Übrigen gilt Art. 34 Abs. 3 Unterabs. 2 lit. d sowie Art. 40 Abs. 3 DelVO 2017/565. Zu Festpreisgeschäften des Wertpapierdienstleistungsunternehmens mit seinen Kunden s. § 70 WpHG Rz. 5. Zum Umgang mit Interessenkonflikten zwischen den Kunden des Vermögensverwalters s. Rz. 58. 34

Die grundsätzliche Pflicht, arbeitsfähige[1] **Vertraulichkeitsbereiche** zu etablieren, ergibt sich aus § 80 Abs. 1 Satz 2 Nr. 2 WpHG und konkreter aus Art. 34 Abs. 3 Unterabs. 2 lit. a, e DelVO 2017/565[2]. Vertrauliche Informationen sind in diesem Zusammenhang alle Insiderinformationen (Art. 7 VO Nr. 596/2014) sowie Informationen, deren Kenntnis einen Interessenkonflikt (Rz. 18) zwischen dem Wertpapierdienstleistungsunternehmen und einem seiner Kunden oder zwischen den Kunden auslösen kann[3]. Es können innerhalb der Vertraulichkeitsbereiche ergänzende oder temporäre Vertraulichkeitsbereiche gebildet werden. Die Vertraulichkeitsbereiche können sich über rechtliche und organisatorische Einheiten und Ländergrenzen hinweg erstrecken (z.B. **konzernweite Vertraulichkeitsbereiche**)[4]. Soweit dies mit angemessenem Aufwand möglich ist, müssen die Vertraulichkeitsbereiche wirksam **abgeschirmt** werden. 35

Die **Zahl und die Größe der Vertraulichkeitsbereiche** lassen sich nicht abstrahierend festlegen. Sie hängen von dem Zuschnitt des jeweiligen Wertpapierdienstleistungsunternehmens ab[5]. Es ist auch denkbar, dass Wertpapierdienstleistungsunternehmen außer Stande sind, Vertraulichkeitsbereiche zu etablieren. Vertraulichkeitsbereiche dürfen einerseits Synergievorteile von Universalbanken nicht weitgehend eliminieren und müssen andererseits so ausgeformt sein, dass die sensiblen Informationen nicht im Unternehmen vagabundieren[6]. In der Regel wird man den Wertpapiereigenhandel[7], die für die Kundenorders zuständige Abteilung, die Vermögensverwaltung[8], die Emissionsabteilung[9], die Kreditabteilung, die für Research und Analyse zuständige Abteilung[10] sowie die Abteilung für Beteiligungsverwaltung[11] zu selbstständigen Vertraulichkeitsbereichen deklarieren müssen, unter Umständen auch Stabsstellen, wie das Vorstandssekretariat oder die Investor-Relations-Abteilung[12]. Die Mitglieder der Leitungsorgane werden nicht erfasst[13]. 36

Grundsätzlich wird man nicht fordern können, dass die **Vertraulichkeitsbereiche** als Tochterunternehmen **ausgegliedert** werden; denn damit wird so gut wie nichts erreicht. Dagegen ist, wenn dies mit angemessenem Aufwand möglich ist[14], eine **räumliche Trennung** der Vertraulichkeitsbereiche sachgerecht[15]. Dass institutionelle Kunden nicht an einem Kundentisch bedient werden wollen, steht dem nicht entgegen; denn auf ihren Wunsch können die Aufträge natürlich in der Eigenhandels- bzw. Eigengeschäftsabteilung ausgeführt werden. Eine besondere Aufklärung ist bei solchen Auftraggebern nicht erforderlich. Wo die räumliche Trennung durch Bereitstellung selbstständiger Bürohäuser oder Stockwerke etc. nicht angemessen realisierbar ist, müssen die Vertraulichkeitsbereiche doch so geschieden werden, dass die in verschiedenen Bereichen tätigen Personen nicht ständig in Kontakt miteinander stehen, wie sie z.B. im selben Zimmer arbeiten. Die räumliche Trennung impliziert Zutrittsschranken für die nicht im Vertraulichkeitsbereich tätigen Personen. Darüber hinaus sind aber auch **telefonische Kontakte** zwischen den verschiedenen Vertraulichkeitsbereichen zu begrenzen, am besten durch Aufzeichnung der Gespräche. 37

---

1 MaComp Ziff. AT 6.2 Nr. 3 lit. a.
2 Vgl. auch MaComp Ziff. AT 6.2 Nr. 3 lit. a.
3 S. dazu auch Rz. 74 f. Vgl. zum WpHG a.F. auch *Fuchs* in Fuchs, § 33 WpHG Rz. 107 ff.
4 Vgl. zum WpHG a.F. *Kumpan/Leyens*, ECFR 2008, 72, 94.
5 Vgl. zum WpHG a.F. *Rothenhöfer* in Kümpel/Wittig, Bank- und Kapitalmarktrecht, Rz. 3.339.
6 Vgl. zum WpHG a.F. *Fuchs* in Fuchs, § 33 WpHG Rz. 108.
7 Vgl. zum WpHG a.F. *Fuchs* in Fuchs, § 33 WpHG Rz. 108; MaComp Ziff. AT 6.2 Nr. 3 lit. a.
8 Vgl. zum WpHG a.F. *Fuchs* in Fuchs, § 33 WpHG Rz. 108; *Faust* in Bankrechts-Handbuch, S 109 Rz. 71, 72.
9 Vgl. zum WpHG a.F. *Fuchs* in Fuchs, § 33 WpHG Rz. 108.
10 Vgl. zum WpHG a.F. *Fuchs* in Fuchs, § 33 WpHG Rz. 108.
11 Vgl. zum WpHG a.F. *Fuchs* in Fuchs, § 33 WpHG Rz. 108.
12 Vgl. zum WpHG a.F. *Rothenhöfer* in Kümpel/Wittig, Bank- und Kapitalmarktrecht, Rz. 3.339.
13 Vgl. zum WpHG a.F. *Kumpan*, Der Interessenkonflikt im Deutschen Privatrecht, S. 300 f.; *Kumpan/Leyens*, ECFR 2008, 72, 88.
14 Zurückhaltend zum WpHG a.F. CESR/05-025 v. Januar 2005, S. 25.
15 Vgl. zum WpHG a.F. *Fuchs* in Fuchs, § 33 WpHG Rz. 109; *Fett* in Schwark/Zimmer, § 33 WpHG Rz. 40.

38 Es muss mittels organisatorischer Maßnahmen sichergestellt werden, dass die **gespeicherten Informationen** grds. die Grenzen eines **Vertraulichkeitsbereichs** nicht überschreiten[1]. Zu diesem Zweck sind Code-Wörter für Projekte, das IT-System und den Zugang zur Registratur einzuführen. Informationen sind sicher innerhalb des jeweiligen Vertraulichkeitsbereichs zu bewahren.

39 Es ist darauf zu achten, dass **Mitarbeiter die Vertraulichkeitsbereiche** nicht in einem Moment **wechseln**, in dem sie im Besitz sensibler Informationen sind[2]. Gegebenenfalls hat der Abteilungswechsel erst nach einem Urlaub zu erfolgen[3].

40 Die Mitarbeiter sind zu **schulen**, so dass sie lernen, wie wichtig die Respektierung der **Vertraulichkeitsbereiche** für das Wertpapierdienstleistungsunternehmen und sie selbst ist.

41 Von den Einschränkungen, die mit dem Aufbau von **Vertraulichkeitsbereichen** verbunden sind, werden grundsätzlich auch die **leitenden Mitarbeiter** erfasst, die Träger der Entscheidungsgewalt sind. Andererseits dürfen die leitenden Mitarbeiter nicht von allen sensiblen Informationen ausgeschlossen werden, schon deshalb nicht, weil sie die Abschottung der Vertraulichkeitsbereiche durchsetzen müssen[4]. Die Geschäftsführung darf immer auf alle Informationen zugreifen (Rz. 42).

42 Man war sich zum WpHG a.F. darin einig, dass die **Vertraulichkeit unter Umständen aufgehoben** werden und dass zwischen verschiedenen Vertraulichkeitsbereichen Kontakt aufgenommen werden darf[5]. Auch im Rahmen des § 80 WpHG gilt: Öffentlich bekannte Informationen dürfen immer weitergegeben werden[6]; die Geschäftsleitung darf immer eingeschaltet werden[7]. Im Übrigen ist es denkbar, das Überschreiten eines Vertraulichkeitsbereichs in außerordentlichen Situationen oder nach eingehenden Überlegungen an der Unternehmensspitze zu erlauben[8]. Die Überschreitung ist nur zulässig, soweit dies erforderlich ist[9]. Gleiches gilt für die Compliance-Funktion, sofern sie einzubinden ist[10].

43 Zu akzeptieren ist weitergehend ein **bereichsüberschreitender Informationsfluss** dann, wenn und soweit dieser zur Erfüllung der Aufgaben des Wertpapierdienstleistungsunternehmens notwendig ist, insbesondere bei komplexen Transaktionen mit hohem Schwierigkeits- und/oder Risikograd oder zur vollen Ausschöpfung der Produktpalette[11].

44 Ferner gilt, dass **sich Kunden bewusst dem Risiko eines Interessenkonflikts aussetzen** können. Sind sie etwa daran interessiert, dass ihr Auftrag mit dem Eigenhandel und den Eigengeschäften des Wertpapierdienstleistungsunternehmens abgestimmt wird, so ist die Weitergabe der Information zulässig. Im **Verhältnis unter den Kunden** ist eine Durchbrechung der Vertraulichkeit hinzunehmen, wenn die **legitimen Vorteile der begünstigten Kunden** die potentiellen Nachteile der gefährdeten Kunden weit **überwiegen**. Jedoch sollte eine Durchbrechung der chinese wall zu einem möglichst späten Zeitpunkt erfolgen. In diesem Zusammenhang ist zu berücksichtigen, dass die Weitergabe der Information unter Durchbrechung der Vertraulichkeit nicht bedeutet, dass die Information im Widerspruch zur bestmöglichen Wahrung der Kundeninteressen ausgenützt werden darf. Im Gegenteil ist durch verschärfte Kontrolle sicherzustellen, dass der Vorrang des Kundeninteresses bzw. des Interesses desjenigen Kunden, der zuerst die Order erteilt hat, gewahrt bleibt.

45 Deshalb ist jede **Überschreitung des Vertraulichkeitsbereichs** dem Compliance-Beauftragten und dem Leiter des Vertraulichkeitsbereichs **zu melden** und zu dokumentieren[12]. Die Teilnehmer am Informationsaustausch sollten außerdem eine hierarchisch möglichst **herausgehobene Stellung** (supra chinese wall) innehaben[13]. So weit als möglich sollten Mitarbeiter, die anlässlich der Durchbrechung der Vertraulichkeitsbereiche sensible In-

---

1 Vgl. zum WpHG a.F. *Marbeiter* in Brinkmann, Compliance, S. 53 f.
2 Art. 34 Abs. 3 Unterabs. 2 lit. e DelVO 2017/565. Vgl. ferner zum WpHG a.F. *Kumpan*, Der Interessenkonflikt im Deutschen Privatrecht, S. 303.
3 Vgl. zum WpHG a.F. *Rothenhöfer* in Kümpel/Wittig, Bank- und Kapitalmarktrecht, Rz. 3.338.
4 Vgl. zum WpHG a.F. *Fuchs* in Fuchs, § 33 WpHG Rz. 118.
5 MaComp Ziff. AT 6.2 Nr. 3 lit. b. Vgl. zum WpHG a.F. *Fuchs* in Fuchs, § 33 WpHG Rz. 112 ff.; *Rothenhöfer* in Kümpel/Wittig, Bank- und Kapitalmarktrecht, Rz. 3.340; *Faust* in Bankrechts-Handbuch, § 109 Rz. 158 ff.
6 Vgl. zum WpHG a.F. *Rothenhöfer* in Kümpel/Wittig, Bank- und Kapitalmarktrecht, Rz. 3.347; *Fuchs* in Fuchs, § 33 WpHG Rz. 114.
7 Vgl. zum WpHG a.F. *Fuchs* in Fuchs, § 33 WpHG Rz. 118; *Fett* in Schwark/Zimmer, § 33 WpHG Rz. 41 empfiehlt, die Geschäftsleitung bei Fragen des Tagesgeschäfts nicht einzuschalten; einschr. auch *Faust* in Bankrechts-Handbuch, § 109 Rz. 148 f.
8 Vgl. zum WpHG a.F. *Meyer/Paetzel/Will* in KölnKomm. WpHG, § 33 WpHG Rz. 175 (in getrennten Vertraulichkeitsbereichen werden Strategien verfolgt, die einen gravierenden Konflikt zwischen mehreren Kunden auslösen).
9 Need-to-know-Prinzip; MaComp Ziff. AT 6.2 Nr. 3 lit. b. Vgl. zum WpHG a.F. *Fett* in Schwark/Zimmer, § 33 WpHG Rz. 43; *Kumpan*, Der Interessenkonflikt im Deutschen Privatrecht, S. 302.
10 Vgl. zum WpHG a.F. *Fuchs* in Fuchs, § 33 WpHG Rz. 120.
11 Vgl. MaComp Ziff. AT 6.2 Nr. 3 lit. b. Ähnlich zum WpHG a.F. *Fuchs* in Fuchs, § 33 WpHG Rz. 115 f. Für Interessenabwägung *Rothenhöfer* in Kümpel/Wittig, Bank- und Kapitalmarktrecht, Rz. 3.346.
12 Vgl. zum WpHG a.F. *Schäfer*, BKR 2011, 187, 194.
13 Vgl. zum WpHG a.F. *Fuchs* in Fuchs, § 33 WpHG Rz. 118.

formationen erhalten haben, in ihrem „Heimatbereich" solange nur **beschränkt tätig** werden dürfen, als die Informationen von Bedeutung sind.

Den Mitarbeitern sind **schriftliche Anleitungen** an die Hand zu geben, denen sie entnehmen können, wie sie in jedem Zweifelsfall mit sensiblen Informationen umzugehen haben. Sie müssen darüber informiert werden, in welchem **Vertraulichkeitsbereich** sie sich befinden. Vor allem sind die Instrumente und Voraussetzungen zu schaffen, um eine **intensive, präventiv wirkende Kontrolle** durchführen zu können[1]. 46

In der Regel sind aktuelle **Beobachtungs- und Verbotslisten** zu führen. Die **Beobachtungsliste**[2], die bei der Kontroll(Compliance)-Stelle geführt wird, enthält die Finanzinstrumente etc., bei denen das nicht unerhebliche Risiko einer Manipulation besteht. In der Regel geht es hier um Insiderinformationen i.S.d. VO Nr. 596/2014, aber auch um Marktinformationen oder um Informationen darüber, dass der Vertraulichkeitsbereich verlassen worden ist. In die Beobachtungsliste brauchen solche Informationen nicht aufgenommen zu werden, die den Kurs der betroffenen Finanzinstrumente nur geringfügig, obgleich mit an Sicherheit grenzender Wahrscheinlichkeit beeinflussen. 47

In die Beobachtungsliste aufzunehmen sind demnach Informationen über wesentliche Änderungen des Ertrags, der Liquidität, des Ratings, der Dividende, ferner über Umstände, die wesentliche Ertrags- oder Liquiditätsänderungen erwarten lassen, z.B. Kapitalerhöhungen oder -herabsetzungen, der Abschluss von Unternehmensverträgen i.S.d. §§ 291 ff. AktG, Übernahme- oder Abfindungsgebote, Verschmelzungen, Eingliederungen, Umwandlungen, Liquidationen, die vorzeitige Rückzahlung von Anleihen, die Börseneinführungen, Rückkaufangebote, Großorders[3]. Es kann genügen, dass der Emittent ein Kunde der Bank ist. Zur Eintragung in die Beobachtungsliste führen nicht nur feststehende Tatsachen, sondern auch Gerüchte. 48

Die in die Beobachtungsliste aufzunehmenden Finanzinstrumente etc. müssen der Compliance-Funktion samt den relevanten Informationen so schnell wie möglich, unter Umständen auch mehrfach, von den jeweiligen Mitarbeitern der einzelnen Vertraulichkeitsbereiche gemeldet werden[4]. Die Compliance-Funktion hat anhand der Liste zeitnah zu ermitteln, ob die Information im Widerspruch zum Insiderhandelsverbot (Art. 8 f. VO Nr. 596/2014) oder zu § 63 Abs. 2 WpHG ausgenützt worden ist. Die Beobachtungsliste muss, um unerwünschte Signalwirkung zu vermeiden, auch intern streng geheim bleiben[5]. Da der Inhalt der Beobachtungsliste nur der Compliance-Funktion bekannt sein sollte, behindert die Beobachtungsliste nicht die normale Abwicklung der Geschäfte des Wertpapierdienstleistungsunternehmens[6]; sie bietet jedoch die Handhabe, anormale Geschäfte rückgängig zu machen. 49

Die **Verbotsliste** als Instrument einer zeitlich befristeten Selbstbeschränkung ist eine laufend aktualisierte Liste derjenigen Finanzinstrumente etc., in denen – das laufende Market-Making[7] ausgenommen – der Eigenhandel[8] sowie das Eigengeschäft untersagt sind und zu denen grds. keine Empfehlungen ausgesprochen werden dürfen[9]. In diese Finanzinstrumente etc. darf grds. auch im Rahmen der Vermögensverwaltung nicht investiert werden bzw. sie dürfen nicht desinvestiert werden. Die Verbotsliste behindert nicht Geschäfte, die auf Initiative von Kunden ohne deren vorherige Beratung abgewickelt werden[10]. Sie muss, soweit sie nicht den betroffenen Mitarbeitern bekannt gemacht werden muss[11], streng geheim gehalten werden[12]. Selbst wenn die Liste im Wertpapierdienstleistungsunternehmen vertraulich behandelt wird und als Grund der Aufnahme in die Liste nur solche Tatsachen genannt werden, die bereits öffentlich bekannt sind, geht nämlich von ihr eine nicht unerhebliche Signalwirkung aus, auch wenn man berücksichtigt, dass der Anlass für die Aufnahme in die Verbotsliste unbekannt bleibt und sowohl auf kurssteigernde als auch auf kurssenkende Informationen zurückgehen kann[13]. 50

---

1 Vgl. zum WpHG a.F. *Fuchs* in Fuchs, § 33 WpHG Rz. 110.
2 Vgl. MaComp Ziff. AT 6.2 Nr. 3 lit. c; zum WpHG a.F. *Fuchs* in Fuchs, § 33 WpHG Rz. 133 ff.
3 Z.B. Orders, die 10 % des Tagesdurchschnitts der in den letzten zehn Tagen publizierten Umsätze an den jeweiligen Heimatbörsen erreichen.
4 Vgl. zum WpHG a.F. *Fuchs* in Fuchs, § 33 WpHG Rz. 135.
5 Vgl. zum WpHG a.F. *Kumpan*, Der Interessenkonflikt im deutschen Privatrecht, S. 315.
6 Vgl. zum WpHG a.F. *Kumpan*, Der Interessenkonflikt im deutschen Privatrecht, S. 315.
7 Vgl. zum WpHG a.F. *Rothenhöfer* in Kümpel/Wittig, Bank- und Kapitalmarktrecht, Rz. 3.368; *Kumpan*, Der Interessenkonflikt im deutschen Privatrecht, S. 317. Auch hier sind Restriktionen denkbar, z.B. bei eigenen Übernahmetransaktionen.
8 Dazu zählen auch Graumarktaktivitäten bei Neuemissionen.
9 Eingehend zum WpHG a.F. *Fuchs* in Fuchs, § 33 WpHG Rz. 137 f.; *Rothenhöfer* in Kümpel/Wittig, Bank- und Kapitalmarktrecht, Rz. 3.368. Vgl. ferner MaComp Ziff. AT 6.2 Nr. 3 lit. c; *Benicke*, Wertpapiervermögensverwaltung, S. 753 ff.
10 Vgl. zum WpHG a.F. *Kumpan*, Der Interessenkonflikt im deutschen Privatrecht, S. 317.
11 *Kumpan*, Der Interessenkonflikt im deutschen Privatrecht, S. 318 f., zum WpHG a.F. zufolge braucht die Verbotsliste nicht geheim gehalten zu werden.
12 Vgl. zum WpHG a.F. *Rothenhöfer* in Kümpel/Wittig, Bank- und Kapitalmarktrecht, Rz. 3.363; abw. *Meyer/Paetzel/Will* in KölnKomm. WpHG, § 33 WpHG Rz. 183 (den Mitarbeitern bekannt zu machen; gegenüber Unternehmensfremden vertraulich).
13 Dieser Effekt tritt nicht ein, wenn die Aufnahme in die Verbotsliste zwar voraussetzt, dass die aktuelle Transaktion öffentlich bekannt ist, nicht aber die kursrelevanten Details. Vgl. auch zum WpHG a.F. *Fuchs* in Fuchs, § 33 WpHG Rz. 139.

Ferner besteht die Gefahr, dass die Liste zu umfangreich wird und daher den Eigenhandel bzw. das Eigengeschäft großer Universalbanken zu intensiv beeinträchtigt.

51 Zum Instrument der **Verbotsliste** braucht deshalb nur gegriffen zu werden, wenn die Gefahr eines **Interessenkonflikts außerordentlich groß** ist, z.B. wenn bei Bekanntwerden der Informationen mit einer Kursaussetzung an der Börse zu rechnen ist. Denkbar ist auch, dass die Verbotsliste nur bereichsweise eingesetzt wird. Sie braucht die Vermögensverwaltung und das Fondsmanagement dann nicht zu erfassen, falls diese nicht von Insiderinformationen beeinflusst werden. Wenn die Abschottung der Vertraulichkeitsbereiche (s. Rz. 35 ff.) funktionsfähig ist und das Prinzip der geschäftspolitischen Unabhängigkeit der Anlageentscheidungen gewahrt wird, kann die Verbotsliste sämtliche diskretionären Anlagemanagement-Aktivitäten unberührt lassen. Zwingend wirkt das Verbot nur für solche Vertraulichkeitsbereiche, bei denen mangels ausreichender Informationsschranken konkret oder abstrakt eine erhöhte Gefahr einer Kundenbenachteiligung besteht.

52 **Beteiligung eines Mitarbeiters an verschiedenen Wertpapier(neben)dienstleistungen (Art. 34 Abs. 3 Unterabs. 2 lit. e DelVO 2017/565).** Soweit es die Struktur des Unternehmens zulässt, ist die gleichzeitige oder unmittelbar nachfolgende Beteiligung betroffener Mitarbeiter an verschiedenen Wertpapier(neben)dienstleistungen durch die Errichtung von Vertraulichkeitsbereichen (Rz. 35) zu unterbinden. Existieren diese nicht, muss eine Beteiligung untersagt werden. Falls dies unangemessen ist, ist das Verhalten dieser Mitarbeiter daraufhin zu kontrollieren, ob sie gegen das Gebot einer Optimierung des Kundeninteresses verstoßen und konfligierende Interessen des Wertpapierdienstleistungsunternehmens oder anderer Kunden bevorzugen[1].

53 Die Wertpapierdienstleistungsunternehmen haben ferner durch sachgerechte, organisatorische Vorkehrungen, wie z.B. durch die Schaffung von Vertraulichkeitsbereichen (Rz. 35), klaren Hierarchien, Trennung von Berichtslinien[2] sowie durch Arbeitsanweisungen die Gefahr auszuschalten, dass auf Mitarbeiter **ungebührlicher Einfluss** ausgeübt wird[3]. Dabei spielt es keine Rolle, ob dieser Einfluss aus dem Wertpapierdienstleistungsunternehmen[4] selbst oder von außen[5] kommt. Im Licht des Art. 34 Abs. 3 Unterabs. 2 lit. d DelVO 2017/565 ist jedes unredliche[6] Handeln ungebührlich[7]. Zu denken ist hierbei insbesondere an Zuwendungen Dritter finanzieller oder immaterieller Art, mit denen diese versuchen, das Verhalten der Mitarbeiter des Wertpapierdienstleistungsunternehmens in bestimmte, nicht im bestmöglichen Interesse der Kunden liegende Richtungen zu lenken. Auch durch das Angebot, in das eigene Unternehmen zu wechseln, kann ungebührlich Einfluss genommen werden, wenn erkennbar erwartet wird, dass zu Lasten der Kunden des alten Arbeitgebers dem neuen Arbeitgeber ein Vorteil verschafft werden soll.

54 cc) **Kontrolle, Überwachung, Dokumentation.** Die Wertpapierdienstleistungsunternehmen haben mit angemessenem Aufwand eine effiziente **Organisation** zur Überwachung der Geschäfte aufzubauen, die dafür sorgt, dass die Arbeitsanweisungen zur Eliminierung oder Neutralisierung von Interessenkonflikten eingehalten werden. Sie haben deshalb in regelmäßigen Abständen diejenigen Personen, insbesondere die „relevanten Personen"[8] zu kontrollieren, die bei Interessenkonflikten Entscheidungen zu Lasten von Kunden treffen können[9]. Falls dies mit angemessenem Aufwand möglich ist, sollte die Überwachung primär mittels IT-Systemen erfolgen. Die Kontrolle hat in erster Linie vom Ergebnis her zu erfolgen. Berichtspflichten sollten bei besonders gravierenden Interessenkonflikten statuiert werden[10]. Die Vorkehrungen sind laufend, mindestens einmal im Jahr, auf ihre Wirksamkeit hin zu überprüfen[11].

55 Die Wertpapierdienstleistungsunternehmen haben schriftlich zu **dokumentieren**, in welcher Form und Weise sie organisatorisch Interessenkonflikte verhüten und deren Auswirkungen minimieren. Ebenso sind die Vertriebsvorgaben[12] und die zu deren Umsetzung oder Überwachung getroffenen Vorkehrungen, deren Ergebnisse sowie die Erfüllung der Vertriebsvorgaben, aufzuzeichnen (§ 9 Abs. 1 WpDVerOV [Rz. 172]).

56 3. **Interessenkonflikte zwischen Kunden.** Auch insoweit sind die Konfliktherde **fortlaufend**[13] zu **analysieren**[14] (Rz. 19) und die Ergebnisse der Analyse zu **dokumentieren** (Rz. 22)[15]. Dabei kommt es – wie Art. 33 lit. c

---

1 Vgl. zum WpHG a.F. *Rothenhöfer* in Kümpel/Wittig, Bank- und Kapitalmarktrecht, Rz. 3.390; *Fett* in Schwark/Zimmer, § 33 WpHG Rz. 47.
2 Vgl. zum WpHG a.F. *Meyer/Paetzel/Will* in KölnKomm. WpHG, § 33 WpHG Rz. 170.
3 Art. 34 Abs. 3 Unterabs. 2 lit. d DelVO 2017/565.
4 Vgl. § 63 Abs. 3 WpHG.
5 Art. 34 Abs. 3 Unterabs. 2 lit. d DelVO 2017/565; in dieselbe Richtung geht § 80 Abs. 1 Satz 2 Nr. 2 WpHG.
6 § 63 WpHG Rz. 17. Es geht nicht um unsachgemäßes Handeln (a.A. *Rothenhoefer* in Meyer/Veil/Rönnau, Handbuch zum Marktmissbrauchsrecht, § 23 Rz. 3).
7 Vgl. zum WpHG a.F. *Rothenhöfer* in Kümpel/Wittig, Bank- und Kapitalmarktrecht, Rz. 3.389.
8 Art. 2 Abs. 1 DelVO 2017/565. Dazu Rz. 66 ff.
9 Art. 34 Abs. 3 Unterabs. 2 lit. b DelVO 2017/565.
10 Vgl. zum WpHG a.F. *Rothenhöfer* in Kümpel/Wittig, Bank- und Kapitalmarktrecht, Rz. 3.391.
11 Art. 34 Abs. 5 DelVO 2017/565.
12 S. dazu auch Rz. 61.
13 Art. 34 Abs. 1, 5 DelVO 2017/565.
14 Art. 34 Abs. 2 lit. a DelVO 2017/565.
15 Art. 35 Abs. 1 DelVO 2017/565.

DelVO 2017/565 betont – nicht darauf an, ob die Wertpapierdienstleistungsunternehmen ein Interesse daran besitzen, einen Kunden zu bevorzugen[1]; denn Art. 23 Abs. 1 RL 2014/65/EU (MiFID II) hat sämtliche Interessenkonflikte zwischen Kunden im Auge. Interessenkonflikte zwischen Kunden können vor allem bei der Ausführung von Effektenhandelsgeschäften sowie beim Finanzportfoliomanagement[2] auftreten.

Zur Bewältigung[3] der Interessenkonflikte zwischen mehreren Kunden sind angemessene[4] **Vorkehrungen** zu treffen und deren Unzulänglichkeiten fortlaufend zu beseitigen[5]. Primär sind die Regeln des § 69 WpHG zu beachten, die durch Organisation, Organisationsanweisungen und Überwachung Teil der Vermeidungsstrategien werden müssen. Auch hier haben Wertpapierdienstleistungsunternehmen dafür zu sorgen, dass Dritte[6] die Mitarbeiter und sonstigen relevanten Personen[7] nicht ungebührlich zugunsten einzelner Kunden beeinflussen[8]. Die Verhütungs- und Minimierungsmaßnahmen sind zu dokumentieren[9]. Die Information der Kunden über den Interessenkonflikt ist ultima ratio[10]. Die Offenlegung des Interessenkonflikts befreit mithin nicht von den gebotenen organisatorischen Maßnahmen[11]. 57

Haben mehrere Kunden ein Wertpapierdienstleistungsunternehmen mit der **Vermögensverwaltung** (Finanzportfolioverwaltung) beauftragt, so kann man von dem Wertpapierdienstleistungsunternehmen nur dann erwarten, dass es für jedes Depot eines Kunden einen besonderen unabhängig und vertraulich arbeitenden Manager beauftragt, wenn dieser durch die Verwaltung eines Depots ausgelastet wird. Die Priorität taugt als organisatorisches Mittel der Konfliktbewältigung wenig, weil es nicht angeht, dass für alle Zeiten derjenige Kunde begünstigt wird, der zuerst den Auftrag gegeben hat. Die Vermögensverwalter sind nicht gehalten, die Geschäftschancen per Losentscheid zuzuordnen[12]. Die Gleichbehandlung löst nur dort Konflikte, wo die Interessen der Kunden gleich gelagert sind und ihnen in gleicher Weise Rechnung getragen werden kann[13]. Die Gefahr einer Bevorzugung der Interessen bestimmter Kunden ist dadurch zu mindern, dass der **Investmentauswahlprozess geregelt und dokumentiert** wird. Der Vermögensverwalter hat in der Regel mangels abweichender Abreden knappe Geschäftschancen allen gleichermaßen interessierten Kunden[14] pro rata zuzuteilen[15]. Mit diesem Ziel hat er die Arbeitsprozesse zu strukturieren und die entsprechenden Anweisungen zu erteilen. Bei Sammelorders an die Bank oder an Handelsplätze ist von vornherein klarzustellen, im Namen welcher Kunden in welcher Höhe gehandelt wird. Insiderinformationen, wozu auch die Informationen über konkurrierende Kundenorders zählen können, dürfen nicht weitergegeben oder berücksichtigt werden. Die Wertpapierdienstleistungsunternehmen dürfen in ihren organisatorischen Anstrengungen, Interessenkonflikte zu minimieren, nicht unter Berufung auf deren Offenlegung gem. § 63 Abs. 2 WpHG nachlassen. Zu **Emissionen** s. Rz. 155. 58

V. Vergütungsgrundsätze und -praktiken (Art. 34 Abs. 3 Unterabs. 2 lit. c DelVO 2017/565; § 80 Abs. 1 Satz 2 Nr. 2 Halbsatz 2 WpHG). Die Wertpapierdienstleistungsunternehmen haben gem. § 63 Abs. 3 WpHG Verfahren zu installieren, in denen sie die Vergütungsgrundsätze und -praktiken festlegen[16]. S. dazu auch § 63 WpHG Rz. 46. § 80 Abs. 1 Satz 2 Nr. 2 Halbsatz 2 WpHG ordnet an, Maßnahmen zu treffen, um Interessenkonflikte infolge der Vergütungsstruktur zu erkennen und zu vermeiden. Die in diesem Verfahren erarbeiteten durchsichtigen Vergütungsgrundsätze sind von der Geschäftsleitung nach Beratung mit der Compliance-Funktion (Rz. 83) zu genehmigen und zu kontrollieren[17]. 59

Anders als in § 63 Abs. 3 WpHG scheint es in Art. 34 Abs. 3 Unterabs. 2 lit. c DelVO 2017/565 und § 80 Abs. 1 Satz 2 Nr. 2 Halbsatz 2 WpHG nicht um ein Handeln im bestmöglichen Interesse der Kunden (§ 63 Abs. 1 WpHG), sondern um die Eindämmung von Interessenkonflikten zu gehen, wie sie § 63 Abs. 2 WpHG im Auge 60

---

1 Vgl. zum WpHG a.F. *Meyer/Paetzel/Will* in KölnKomm. WpHG, § 33 WpHG Rz. 149. Zutreffend *Assmann*, ÖBA 2007, 40, 43: Interessenkonflikte zwischen den Kunden führen zwangsläufig zu Interessenkonflikten des Wertpapierdienstleistungsunternehmens selbst.
2 Vgl. zum WpHG a.F. *Schäfer* in Vermögensverwaltung. Übernahmerecht im Gefolge der EU-Übernahme der Richtlinie, Bankrechtstag 2006, S. 42.
3 Dies impliziert die Minimierung der Interessenkonflikte.
4 Dazu Rz. 25 ff.
5 Art. 34 Abs. 1, 5 DelVO 2017/565. Eingehend zum WpHG a.F. *Benicke*, Wertpapiervermögensverwaltung, S. 717 ff.
6 Dazu zählen auch die Kunden.
7 Art. 2 Abs. 1 DelVO 2017/565. Dazu Rz. 66 ff.
8 Art. 34 Abs. 3 Unterabs. 2 lit. d DelVO 2017/565; ferner Rz. 53.
9 Rz. 24.
10 Art. 34 Abs. 4 Unterabs. 1; Erwägungsgrund Nr. 48 DelVO 2017/565; s. auch § 63 WpHG Rz. 38.
11 Erwägungsgrund Nr. 48 DelVO 2017/565.
12 Vgl. zum WpHG a.F. ESMA 2012/570 v. 17.9.2012, Consultation paper, Rz. 4, 31.
13 Abw. *Grundmann* in Staub, Bankvertragsrecht, Investmentbanking II, Teil 8 Rz. 156. Vgl. zum WpHG a.F. *Fuchs* in Fuchs, § 31 WpHG Rz. 65. *Benicke*, Wertpapiervermögensverwaltung, S. 725.
14 Vgl. zum WpHG a.F. *Sethe*, Anlegerschutz im Recht der Vermögensverwaltung, S. 793.
15 Vgl. zum WpHG a.F. *Kumpan*, Der Interessenkonflikt im deutschen Privatrecht, S. 479. Einschr. *Sethe*, Anlegerschutz im Recht der Vermögensverwaltung, S. 804.
16 Art. 27 Abs. 1 DelVO 2017/565; MaComp Ziff. BT 8.2.1. Zum Begriff der Vergütung s. Art. 2 Nr. 5 DelVO 2017/565.
17 Art. 27 Abs. 3 DelVO 2017/565; MaComp Ziff. BT 8.2.1 Nr. 2 ff.; Ziff. BT 8.3 Nr. 2.

hat. Auch die Unterbindung von Interessenkonflikten dient jedoch dazu, die optimale Förderung der Kundeninteressen zu sichern. Sowohl § 63 Abs. 3 WpHG als auch § 80 Abs. 1 Satz 2 Nr. 2 Halbsatz 2 WpHG schreiben im Schwerpunkt Organisationsmaßnahmen vor, so dass sich beide Vorschriften weitgehend überschneiden. Es kann deshalb auf die Erläuterungen zu § 63 Abs. 3 WpHG verwiesen werden. Anders als Art. 34 Abs. 3 Unterabs. 2 lit. c DelVO 2017/565 betrifft § 80 Abs. 1 Satz 2 Nr. 2 Halbsatz 2 WpHG nicht die Vergütung aller „relevanten Personen"[1], sondern nur die der Arbeitnehmer und gebundenen Vermittler (§ 3 Abs. 2 WpHG) des Wertpapierdienstleistungsunternehmens. Art. 34 Abs. 3 Unterabs. 2 lit. c DelVO 2017/565 hat die Abhängigkeit der Vergütung[2] der „relevanten Personen" von den Einnahmen anderer „relevanter Personen" im Auge[3]. Voraussetzung ist, dass die „relevanten Personen" konfligierende Interessen zu fördern haben. Indiz hierfür ist, dass sie in unterschiedlichen Vertrauensbereichen tätig werden. Es genügt die Gefahr eines Interessenkonflikts. Unzulässig ist mithin eine Vergütung, die mit den Prämien einer Gruppe von Mitarbeitern verknüpft ist, die konfligierende Interessen betreuen. Zulässig ist es jedoch, die Vergütung an dem Erfolg der Unternehmensgruppe oder des Unternehmens zu orientieren, bei dem der Mitarbeiter beschäftigt ist[4]. Gleiches gilt für sonstige Anreizstrukturen, wie z.B. das In-Aussicht-Stellen interessanter Aufenthalte im Ausland oder von Beförderungen[5].

61 **VI. Vertriebsvorgaben (§ 80 Abs. 1 Satz 2 Nr. 3 WpHG).** Die Vorschrift schreibt mit redaktionellen Änderungen den § 33 Abs. 1 Satz 2 Nr. 3a WpHG a.F. fort[6]. Erfasst werden **sämtliche Erscheinungsformen** der Vertriebsvorgaben[7], die die Menge, den Umsatz oder den Ertrag der im Rahmen der Anlageberatung empfohlenen Geschäfte mit Finanzinstrumenten oder Wertpapier(neben)dienstleistungen unmittelbar oder mittelbar[8] betreffen, z.B. Vorgaben an einzelne Mitarbeiter, Abteilungen, Zweigstellen, Niederlassungen oder sonstige Organisationseinheiten, Zielvereinbarungen mit Mitarbeitern, ferner Anreiz- und Bonussysteme oder die Verteilung von Zuwendungen i.S.d. § 70 WpHG[9]. Vertriebsvorgaben sind auch (konkludente) Anregungen und Empfehlungen. Unerheblich ist, auf welcher Hierarchieebene die Vertriebsvorgaben angesiedelt sind[10]. Dazu soll nicht die Begrenzung der Mitarbeiterschulung oder die Beschränkung des Research auf bestimmte Produkte und die darauf aufbauende Weisung an die Mitarbeiter zählen, nur zu bestimmten Produkten zu beraten, sofern die Auswahl der Produkte ausschließlich[11] der Verbesserung der Beratung dient[12]. Die Gestaltung des Beratungssortiments im Eigeninteresse steht im Licht des § 64 Abs. 1 Satz 1 Nr. 2 WpHG immer außerhalb des Kreises der Vertriebsvorgaben. Vorgaben für die Häufigkeit und Dauer der Anlageberatung selbst werden von § 80 Abs. 1 Satz 2 Nr. 3 WpHG nicht erfasst[13].

62 Dem Wortlaut des § 80 Abs. 1 Satz 2 Nr. 3 WpHG zufolge kommt es ebenso wie im Rahmen des § 63 Abs. 3 WpHG darauf an, dass die **Kundeninteressen nicht beeinträchtigt** werden. Die bloße Gefahr einer Kundenbeeinträchtigung fällt dem Wortlaut der Vorschrift zufolge nicht ins Gewicht. Vielmehr ist ergebnisorientiert maßgeblich, dass in jedem Einzelfall das Kundeninteresse trotz der Vertriebsvorgaben vorrangig berücksichtigt wird. Organisationsmaßnahmen müssen jedoch der Gefahr einer Missachtung des Kundeninteresses entgegenwirken. Sie können nicht an den Erfolg einer Missachtung der Kundeninteressen, sondern müssen präventiv an die Gefahr einer Missachtung anknüpfen. Es geht mithin darum, den Absatzdruck abzusenken[14]. In die gleiche Richtung zielt die Vermeidung von Gefahren für die Kundeninteressen durch die Ausschaltung von Interessenkonflikten (Rz. 14). Unklar ist allerdings, mit welcher Intensität die Gefahren für die Kunden[15] vermieden wer-

---

1 Art. 2 Abs. 1 DelVO 2017/565. Dazu Rz. 66 ff.; MaComp Ziff. BT 8.1 Nr. 2.
2 Zum Begriff der Vergütung s. Art. 2 Nr. 5 DelVO 2017/565.
3 Vgl. zum WpHG a.F. *Röh*, BB 2008, 398, 406; *Heese*, Beratungspflichten, 2015, S. 395 f.
4 Vgl. zum WpHG a.F. *Rothenhöfer* in Kümpel/Wittig, Bank- und Kapitalmarktrecht, Rz. 3.388; *Fett* in Schwark/Zimmer, § 33 WpHG Rz. 45.
5 § 80 Abs. 1 Satz 2 Nr. 2 Halbsatz 2 WpHG.
6 Begr. RegE 2. FiMaNoG, BT-Drucks. 18/10936, 242.
7 Vgl. zum WpHG a.F. *Uffmann*, JZ 2015, 282, 286; *Tilmes/Jakob* in Tilmes/Jakob/Nickel, Praxis der modernen Anlageberatung, S. 299, 320 ff.
8 Vgl. zum WpHG a.F. *Rüsche*, BaFin-Journal 2014 Heft 11, S. 14, 15; enger zum WpHG a.F. *Fuchs* in Fuchs, § 33 WpHG Rz. 140b (konkret ... Ziele); *Baur* in Just/Voß/Ritz/Becker, § 33 WpHG Rz. 63 (keine Vertriebsvorgaben sind allgemeine Ertragsvorgaben für das gesamte Unternehmen; allgemeine Planvorgaben ohne Kennziffern; Aufforderung an einen Anlageberater zur Leistungssteigerung; Auswahl der zur Beratung stehenden Finanzinstrumente).
9 Vgl. zum WpHG a.F. Begr. RegE eines Gesetzes zur Stärkung des Anlegerschutzes und Verbesserung der Funktionsfähigkeit des Kapitalmarkts, BT-Drucks. 17/3628, 22 zu § 33a Abs. 1 Satz 2 Nr. 3a WpHG.
10 Vgl. zum WpHG a.F. Begr. RegE eines Gesetzes zur Stärkung des Anlegerschutzes und Verbesserung der Funktionsfähigkeit des Kapitalmarkts, BT-Drucks. 17/3628, 22 zu § 33a Abs. 1 Satz 2 Nr. 3a WpHG.
11 Unklar ist, wie dies festgestellt werden soll; falls das Wertpapierdienstleistungsunternehmen allzu verräterische Hinweise auf sein Umsatzinteresse vermeidet.
12 Vgl. zum WpHG a.F. *Rüsche*, BaFin-Journal 2014 Heft 11, S. 14, 15.
13 Insoweit ziehen sowohl § 63 Abs. 1, 3 WpHG als auch § 80 Abs. 1 Satz 2 Nr. 2 WpHG Schranken.
14 Vgl. zum WpHG a.F. *Uffmann*, JZ 2015, 282. Der Verkaufsdruck ist umso niedriger, je mehr Flexibilität den Anlageberatern und sonstigen mit dem Vertrieb befassten Mitarbeitern verbleibt (*Baur* in Just/Voß/Ritz/Becker, § 33 WpHG Rz. 68).
15 Vgl. zum WpHG a.F. *Fuchs* in Fuchs, § 33 WpHG Rz. 140c.

den müssen, die von Vertriebsvorgaben ausgehen, um sicherzustellen, dass die Kundeninteressen gewahrt bleiben[1]. § 80 Abs. 1 Satz 2 Nr. 3 WpHG nimmt anders als § 33 Abs. 1 Satz 2 Nr. 3a WpHG a.F. nicht auf eine dem § 33 Abs. 1 Satz 2 Nr. 3 WpHG a.F. vergleichbare Vorschrift Bezug, in der von „angemessenen Maßnahmen" die Rede war. Es ist deshalb anzunehmen, dass § 80 Abs. 1 Satz 2 Nr. 3 WpHG nicht nur einen unangemessenen[2] Vertriebsdruck unterbinden, sondern wie § 63 Abs. 1 WpHG den Kundeninteressen weitestgehende Priorität verschaffen will, so dass jede konkrete Gefahr einer Benachteiligung der Kunden zu vermeiden ist. Jedenfalls ist sicherzustellen, dass die Vertriebsvorgaben mit dem Zielmarkt (Rz. 135) vereinbar sind und dass die Vorgaben für die nicht-unabhängige Anlageberatung sowie die Unabhängige Honorar-Anlageberatung getrennt entwickelt und überwacht werden (§ 8 Satz 2 WpDVerOV [Rz. 172]).

Die Vertriebsvorgaben sind unter Mitwirkung der Compliance-Funktion (Rz. 83)[3] auf allen Stufen des Vertriebs[4] und in ihren Auswirkungen zu **überwachen**[5]. Die **Mitarbeiter**, die mit der Ausgestaltung, Umsetzung oder Überwachung der Vertriebsvorgaben betraut sind (**Vertriebsbeauftragte**), müssen sachkundig und zuverlässig sein (§ 87 Abs. 4 WpHG). Überwacht werden kann in Form einer intensiven Prüfung der „Geeignetheit" (§ 64 WpHG Rz. 41) der Empfehlungen[6] sowie mittels einer Kontrolle der Kundenzufriedenheit[7] und der Nachhaltigkeit der Kundenbeziehungen[8]. Insoweit ist besonders das Beschwerdeaufkommen zu berücksichtigen[9]. Allerdings sind diese Kontrollen nur begrenzt aussagekräftig, da Vertriebsvorgaben ihren negativen Einfluss nicht flächendeckend, sondern nur bei einem gewissen Prozentsatz der Kunden entfalten, denen ohne die Vertriebsvorgaben ein Finanzinstrument empfohlen worden wäre, das nicht nur geeignet gewesen wäre, sondern auch, z.B. unter dem Aspekt der Rendite, besser ihrem Interesse (§ 63 WpHG Rz. 19) entsprochen hätte[10]. Bei der Ausgestaltung der Vorgaben ist immer die Eliminierung von Interessenkonflikten (Rz. 14) zu bedenken[11]. Die Vertriebsvorgaben als solche, die zu ihrer Umsetzung oder Überwachung getroffenen Maßnahmen, ferner die Erfüllung der Vertriebsvorgaben und die Kriterien zur Überprüfung ihrer Vereinbarkeit mit den Kundeninteressen sind gem. § 9 WpDVerOV (Rz. 172) ebenso aufzuzeichnen[12], wie die Ergebnisse der Überprüfung. Zur **Vergütung** von Vertriebsbeauftragten, insbesondere Anlageberatern s. § 63 Abs. 3 WpHG.

VII. Sicherheit der Informationsübermittlungswege, Datenschutz (§ 80 Abs. 1 Satz 2 Nr. 4 WpHG; Art. 21 DelVO 2017/565). § 80 Abs. 1 Satz 1 WpHG i.V.m. § 25a KWG verpflichtet die Wertpapierdienstleistungsunternehmen, für die Sicherheit der IT-Systeme zu sorgen (Rz. 8). Die Vorschrift erfasst darüber hinaus aber auch andere Formen der Informationsübermittlung[13], wie z.B. Telefongespräche, Postverkehr. § 80 Abs. 1 Satz 2 Nr. 4 WpHG erweitert diese Pflichten in Richtung auf den Datenschutz. Die Systeme sind so einzurichten, dass entsprechend ihrer Bedeutung die Sicherheit, Integrität und Vertraulichkeit der Daten gewährleistet ist[14]. Die Wertpapierdienstleistungsunternehmen haben Vorsichtsmaßnahmen zu treffen, die mit angemessener Wahrscheinlichkeit erwarten lassen, dass bei einer Störung ihrer Systeme die wesentlichen Daten und Funktionen erhalten bleiben und die Erbringung von Wertpapierdienstleistungen und die Anlagetätigkeiten fortgeführt oder jedenfalls alsbald wieder aufgenommen werden können[15]. Diese Vorkehrungen sind zu überwachen und regelmäßig zu evaluieren[16]. Bei IT-Systemen ist in erster Linie an eine Verschlüsselung zu denken. Telefongespräche sind z.B. vor Abhörmaßnahmen zu schützen. Immer ist der Zugang zu den Informationen zu kontrollieren.

---

1 Vgl. zum WpHG a.F. *Uffmann*, JZ 2015, 282, 286.
2 A.A. *Binder* in Staub, Bankvertragsrecht, Investmentbanking II, Teil 7 Rz. 69. Vgl. zum WpHG a.F. *Fuchs* in Fuchs, § 33 WpHG Rz. 140c.
3 Vgl. zum WpHG a.F. *Niermann*, ZBB 2010, 400, 419.
4 Vgl. zum WpHG a.F. ESMA 2012/570 v. 17.9.2012, Consultation paper (Unterrichtung auch der Geschäftsleitung und inneren Revision).
5 Vgl. § 87 WpHG Rz. 27 ff.; ferner zum WpHG a.F. *Fuchs* in Fuchs, § 33 WpHG Rz. 140d; *Baur* in Just/Voß/Ritz/Becker, § 33 WpHG Rz. 70.
6 Dies ist auch Aufgabe der Compliance-Funktion.
7 Vgl. zum WpHG a.F. *Meyer/Paetzel/Will* in KölnKomm. WpHG, § 33 WpHG Rz. 192.
8 *Flores*, Die Bank 2010, Heft 11, S. 8, 10, empfiehlt zum WpHG a.F. unter dem Titel „Neue Chancen für das Bankenmarketing", die Vertriebsleistung und die Kundeninteressen gleichgewichtig zu berücksichtigen und die Mitarbeiterleistung daran zu messen. In diese Richtung auch ESMA 2012/570 v. 17.9.2012, Consultation paper, Rz. 47 f., 72. Zur Kundenzufriedenheit s. auch *Skiers/Schmitt*, Die Bank 2010, Heft 11, S. 34, 35 f.; *Georgi*, Die Bank 2010, Heft 11, S. 50.
9 Vgl. zum WpHG a.F. *Uffmann*, JZ 2015, 282, 287.
10 Hinzu kommt, dass Kunden vielfach nicht zu jedem Zeitpunkt beurteilen können, ob und wieviel ihnen an Nutzen verschafft worden ist (*Georgi*, Die Bank 2010, Heft 11, S. 50, der für eine Ausrichtung der Unternehmenskultur am Kundeninteresse plädiert).
11 Vgl. zum WpHG a.F. ESMA 2012/570 v. 17.9.2012, Consultation paper, Rz. 44.
12 Zur Form der Aufzeichnungen s. Art. 72 Abs. 3 DelVO 2017/565.
13 *Binder* in Staub, Bankvertragsrecht, Investmentbanking II, Teil 7 Rz. 47 stützt auf die Vorschrift ganz allgemein ein Gebot zur ordentlichen Ausgestaltung des Informationsmanagements im Interesse der ordnungsgemäßen Erfüllung der Exploration-, Information- und Aufklärungspflichten sowie zur Vermeidung von Interessenkonflikten.
14 Art. 21 Abs. 2 DelVO 2017/565.
15 Art. 21 Abs. 3 DelVO 2017/565. S. auch Rz. 8.
16 Art. 21 Abs. 5 DelVO 2017/565.

§ 80 | Verhaltenspflichten, Organisationspflichten, Transparenzpflichten

65   **VIII. Persönliche Geschäfte „relevanter Personen" (Art. 28, 29 Abs. 2 ff. DelVO 2017/565). 1. Allgemeines.** Die Art. 28 f. DelVO 2017/565 normieren, welche Vorkehrungen Wertpapierdienstleistungsunternehmen zu treffen haben, um **(nur)** persönliche Geschäfte (Rz. 71) von solchen Mitarbeitern und sonstigen „relevanten Personen"[1] zu unterbinden, **die dabei in Konflikt** mit Geschäften ihrer Kunden geraten könnten oder die unter Ausnutzung von Insiderinformationen geschlossen werden könnten[2].

66   **2. „Relevante Personen" (Art. 2 Nr. 1 DelVO 2017/565).** Art. 2 Nr. 1 DelVO 2017/565 definiert den in den Art. 28 f. DelVO 2017/565 verwandten Begriff der relevanten Personen. Dabei wird zwischen Personen unterschieden, die hoch oben in der Hierarchie angesiedelt sind und solchen Personen, die abhängig oder als Selbstständige für das Wertpapierdienstleistungsunternehmen tätig werden. Einer Sondergruppe der relevanten Personen gehören diejenigen an, die im Rahmen einer Auslagerungsvereinbarung (Rz. 116) für das Wertpapierdienstleistungsunternehmen tätig werden.

67   **Art. 2 Nr. 1 lit. a DelVO 2017/565: Direktor** (director; administrateur) ist jedes Organ eines Wertpapierdienstleistungsunternehmens, z.B. das Vorstandsmitglied einer AG, der Geschäftsführer einer GmbH, Aufsichtsratmitglieder[3], nicht aber ein Mitglied eines Beirats[4]. Ein **Gesellschafter** (partner; associé) i.S.d. Art. 2 Nr. 1 lit. a DelVO 2017/565 muss bestimmenden Einfluss ausüben können. Dies ist in Hinblick auf persönlich haftende Gesellschafter einer OHG bzw. KG zu bejahen. Den persönlich haftenden Gesellschaftern sind Kommanditisten gleichzustellen, die umfassende Geschäftsführungsmacht oder umfassende Informationsrechte besitzen[5]. Entsprechendes gilt für vergleichbare stille Gesellschafter. Kleinaktionäre sind dagegen niemals Gesellschafter i.S.d. Art. 2 Nr. 1 lit. a DelVO 2017/565. **Vergleichbare Personen** (equivalent; équivalent) sind Personen mit Generalvollmacht oder Prokuristen, die in keinem Beschäftigungsverhältnis zum Wertpapierdienstleistungsunternehmen stehen müssen. Die englische und französische Fassung der DelVO 2017/565 verwendet anstelle des Begriffs **Mitglied der Geschäftsleitung**[6] den des „manager" bzw. „gérant". Darunter kann man z.B. auch Insolvenzverwalter fassen. Die in diesem Zusammenhang in Betracht kommenden Abteilungsleiter, Leiter einer Niederlassung oder sonstige Führungskräfte werden in der Regel von Art. 2 Nr. 1 lit. c DelVO 2017/565 erfasst, weil sie in einem Beschäftigungsverhältnis oder einem sonstigen Dienstverhältnis zu dem Wertpapierdienstleistungsunternehmen stehen werden.

68   **Art. 2 Nr. 1 lit. b DelVO 2017/565: Vertraglich gebundene Vermittler** (§ 3 Abs. 2 WpHG) werden als selbstständige Unternehmen tätig. Für die beim vertraglich gebundenen Vermittler tätigen Direktoren etc. gilt das Rz. 67 Gesagte entsprechend.

69   **Art. 2 Nr. 1 lit. c DelVO 2017/565: Angestellte** eines Wertpapierdienstleistungsunternehmens bzw. eines vertraglich gebundenen Vermittlers (§ 3 Abs. 2 WpHG) sind die Arbeitnehmer (employee; membre du personnel de l'entrprise), mithin auch die Arbeiter, ferner die im Rahmen von Zeitarbeits- oder Ausbildungsverhältnissen beschäftigten Personen[7]. Die **sonstigen natürlichen Personen** müssen zwar nicht in das Wertpapierdienstleistungsunternehmen bzw. in das Unternehmen des vertraglich gebundenen Vermittlers eingegliedert sein. Sie müssen aber bei der Erbringung ihrer Leistungen an das Wertpapierdienstleistungsunternehmen bzw. an den vertraglich gebundenen Vermittler deren Weisungen unterworfen sein und bei ihrer Tätigkeit kontrolliert werden können. Unerheblich ist, ob die Mitarbeiter selbst unmittelbar Wertpapierdienstleistungen erbringen, oder ob sie lediglich unterstützend oder kontrollierend tätig werden[8]. Zur Kategorie dieser Mitarbeiter zählen z.B. sog. freie Mitarbeiter[9]. Erforderlich ist außerdem, dass diese Mitarbeiter an der Erbringung der Wertpapierdienstleistungen[10] und Anlagetätigkeiten derart beteiligt sind, dass sie zu Informationen Zugang erlangen, die vertraulicher Natur sind oder deren Ausnutzung den Kunden des Wertpapierdienstleistungsunternehmens schaden kann. **Nicht erfasst** werden deshalb z.B. Lieferanten der für die Erbringung der Wertpapierdienstleistungen erforderlichen Materialien oder außenstehende Rechtsanwälte, die zur Vorbereitung von Wertpapierdienstleistungen Gutachten erstellen[11], oder Drucker, die Werbematerialien anfer-

---

1   Art. 2 Abs. 1 DelVO 2017/565.
2   MaComp Ziff. BT 2.1 Nr. 3; Ziff. BT 2.3 Nr. 3, Ziff. BT 2.7.
3   *Binder* in Staub, Bankvertragsrecht, Investmentbanking II, Teil 7 Rz. 73.
4   *Binder* in Staub, Bankvertragsrecht, Investmentbanking II, Teil 7 Rz. 73. Vgl. zum WpHG a.F. *Fett* in Schwark/Zimmer, § 33b WpHG Rz. 4.
5   *Binder* in Staub, Bankvertragsrecht, Investmentbanking II, Teil 7 Rz. 73. Vgl. zum WpHG a.F. *Meyer/Paetzel* in KölnKomm. WpHG, § 33b WpHG Rz. 25.
6   Deutsche Fassung des Art. 2 Nr. 1 lit. a DelVO 2017/565.
7   MaComp Ziff. BT 2.1 Nr. 1 (auch Praktikanten). Vgl. zum WpHG a.F. *Zimmermann* in Fuchs, § 33b WpHG Rz. 10; *Fett* in Schwark/Zimmer, § 33b WpHG Rz. 5.
8   MaComp Ziff. BT 2.1 Nr. 1. Einschr. *Binder* in Staub, Bankvertragsrecht, Investmentbanking II, Teil 7 Rz. 73. Vgl. zum WpHG a.F. *Fett* in Schwark/Zimmer, § 33b WpHG Rz. 5; *Meyer/Paetzel* in KölnKomm. WpHG, § 33b WpHG Rz. 27 f. Unterstützend werden insbesondere Mitarbeiter der Compliance-Abteilung, des Back-Offices, des IT-Supports tätig.
9   MaComp Ziff. BT 2.1 Nr. 1. Vgl. zum WpHG a.F. Begr. RegE FRUG, BT-Drucks. 16/4028, 74.
10 Wertpapiernebendienstleistungen, die keine Anlagetätigkeiten darstellen, werden nicht erfasst.
11 Abw. zum WpHG a.F. *Stahlke* in Krimphove/Kruse, MaComp, BT 2 Rz. 12.

Organisationspflichten | § 80

tigen[1]. Es genügt mithin nicht, dass lediglich Beiträge für die Erbringung von Wertpapierdienstleistungen geleistet werden. Es ist jedoch zu bedenken, dass diese Personen in den Kreis der Auslagerungsunternehmen (Rz. 116 ff.) und deren Mitarbeiter fallen können.

Art. 2 Nr. 1 lit. d DelVO 2017/565: Erforderlich ist ein Akt der **Auslagerung** (Rz. 116), der eine Auslagerungsvereinbarung (Rz. 120) erforderlich macht. Die Auslagerungsvereinbarung kann auch mit einer juristischen Person getroffen worden sein. In die Kategorie der relevanten Personen (Rz. 66 ff.) fallen jedoch nur natürliche Personen, die unmittelbar[2] an der Erbringung von Dienstleistungen beteiligt sind, die ausgelagert worden sind. Es muss mit anderen Worten eine enge Verbindung zu dem Wertpapierdienstleistungsunternehmen und zu wesentlichen Elementen der Wertpapierdienstleistungen existieren. Zu den Mitarbeitern zählen gleichermaßen die Personen, die unmittelbar für vertraglich gebundene Vermittler (Rz. 68) tätig werden. Auch hier ist Voraussetzung, dass die Mitarbeiter an der Erbringung von Wertpapierdienstleistungen oder an Anlagetätigkeiten und nicht nur an der Erbringung von Wertpapiernebendienstleistungen beteiligt sind. 70

3. Persönliche Geschäfte und deren Unterbindung (Art. 28 f. DelVO 2017/565). a) Anwendungsbereich. Persönliche Geschäfte i.S.d. Art. 28 DelVO 2017/565 sind ausschließlich Austauschgeschäfte mit Finanzinstrumenten (transactions, trade). Derartige Geschäfte einer relevanten Person (Rz. 66 ff.) oder ihres Stellvertreters[3], die **außerhalb** des ihr von dem Wertpapierdienstleistungsunternehmen zugewiesenen **Aufgabenbereichs** liegen, sind immer persönliche Geschäfte[4]. Mithin sind persönliche Geschäfte auch diejenigen, die relevante Personen im eigenen Namen auf fremde Rechnung für ihnen nicht besonders nahe stehende Personen etc. eingehen[5]. Für die Abgrenzung des Aufgabenbereichs ist die Aufgabenbeschreibung, nicht die Weisungskonformität maßgeblich[6]. Zu den persönlichen Geschäften auf eigene Rechnung zählen solche, die ein Dritter als (verdeckter) Stellvertreter in Kenntnis oder auf Veranlassung einer relevanten Person außerhalb deren Aufgabenbereich macht[7]. 71

Persönliche Geschäfte sind ferner Geschäfte mit einem Finanzinstrument für **eigene Rechnung**[8] innerhalb einer relevanten Person (Rz. 66 ff.) nach der Aufgabenbeschreibung[9] zugewiesenen **Bereichs**[10]. Hierzu gehören innerhalb des einer relevanten Person zugewiesenen Aufgabenbereichs auch Geschäfte auf Rechnung Dritter, wenn die relevante Person zu dieser eine familiäre Bindung[11] oder eine vergleichbar enge Verbindung[12] aufweist oder wenn die relevante Person am Geschäftserfolg des Dritten zumindest mittelbar ein gewichtiges Interesse besitzt, das über die Erzielung von üblichen Provisionen oder Gebühren hinausgeht[13]. Innerhalb des zugewiesenen Aufgabenbereichs sind sonstige auf fremde Rechnung getätigte Geschäfte nicht als persönliche Geschäfte zu qualifizieren, selbst wenn sie weisungswidrig vorgenommen werden. 72

b) Pflicht zur Unterbindung konfliktträchtiger Aktivitäten (Art. 29 DelVO 2017/565). Die Wertpapierdienstleistungsunternehmen müssen mit **angemessenen**[14] **Mitteln** dauerhaft dafür sorgen, dass die relevanten Personen (Rz. 66 ff.) bestimmte konfliktträchtige **Aktivitäten nicht entfalten können**[15], d.h. persönliche Geschäfte[16] unterlassen, keine Empfehlungen tätigen, keine Informationen weitergeben und auf die Äußerung 73

---

1 Vgl. zum WpHG a.F. *Fett* in Schwark/Zimmer, § 33b WpHG Rz. 6. Abw. *Rothenhöfer* in Kümpel/Wittig, Bank- und Kapitalmarktrecht, Rz. 3.405: Maßgeblich ist, ob der relevante Mitarbeiter über ein Sonderwissen verfügt, das mittels einer Transaktion zu Lasten der Kunden genutzt werden kann.
2 Vgl. zum WpHG a.F. *Fett* in Schwark/Zimmer, § 33b WpHG Rz. 4; *Meyer/Paetzel* in KölnKomm. WpHG, § 33b WpHG Rz. 30.
3 Vgl. zum WpHG a.F. *Fett* in Schwark/Zimmer, § 33b WpHG Rz. 11.
4 Art. 28 lit. a DelVO 2017/565; MaComp Ziff. BT 2.2 Nr. 1.
5 MaComp Ziff. BT 2.2 Nr. 1. Vgl. zum WpHG a.F. *Zimmermann* in Fuchs, § 33b WpHG Rz. 18; *Meyer/Paetzel* in KölnKomm. WpHG, § 33b WpHG Rz. 37.
6 MaComp Ziff. BT 2.2 Nr. 3.
7 Vgl. zum WpHG a.F. *Fett* in Schwark/Zimmer, § 33b WpHG Rz. 9.
8 Dazu zählen alle Geschäfte, an denen Mitarbeiter wirtschaftlich interessiert sein können. MaComp Ziff. BT 2.2 Nr. 2 (Geschäfte für nahestehende Personen gem. Art. 2 Nr. 3a DelVO 2017/565). Vgl. zum WpHG a.F. Rundschreiben der BaFin 8/2008 (WA) – Überwachung von Mitarbeitergeschäften gem. § 33b WpHG a.F. und § 25a KWG a.F. v. 18.8. 2008, unter Ziff. 2.
9 Maßgeblich ist die Arbeitsplatzbeschreibung, nicht die Weisungskonformität; MaComp Ziff. BT 2.2 Nr. 3. Ebenso zum WpHG a.F. *Fett* in Schwark/Zimmer, § 33b WpHG Rz. 8; *Meyer/Paetzel* in KölnKomm. WpHG, § 33b WpHG Rz. 33.
10 Art. 28 lit. b Ziff. i DelVO 2017/565.
11 Art. 28 lit. b Ziff. ii DelVO 2017/565 i.V.m. Art. 2 Abs. 3a DelVO 2017/565.
12 Art. 28 lit. b Ziff. ii DelVO 2017/565.
13 Art. 28 lit. b Ziff. iii DelVO 2017/565; MaComp, Ziff. BT 2.2 Nr. 2 (einem Interessenkonflikt ausgesetzt sein können).
14 In Art. 29 Abs. 1, 2 DelVO 2017/565 ist von „hindern" und „stellen sicher" die Rede. Wertpapierdienstleistungsunternehmen können jedoch das Verbot persönlicher Geschäfte nicht absolut durchsetzen, so dass auch hier das Verhältnismäßigkeitsprinzip berücksichtigt werden muss. Dies ist auch im Rahmen des Art. 29 Abs. 5 DelVO 2017/565 zu beachten.
15 MaComp Ziff. BT 2.3 Nr. 1.
16 Art. 29 Abs. 1 DelVO 2017/565 spricht schlechthin von Tätigkeiten (activities). Die Überschriften zu 29 DelVO 2017/ 565 (transactions), die derjenigen zu Art. 28 DelVO 2017/565 entspricht, ist im Licht des Art. 29 Abs. 2, 3 DelVO 2017/ 565 zu eng.

bestimmter Meinungen verzichten. Die Wertpapierdienstleistungsunternehmen haben zu diesem Zweck eigenständig die relevanten Personen zu erfassen[1] und hierfür organisatorische Maßnahmen[2] zu treffen. Davon können insbesondere relevante Personen in den Bereichen Compliance, Emissions- und Platzierungsgeschäft, Handel, Abwicklung, Mandantenbetreuung[3], Anlageabteilung für Privatkunden, M & A-Abteilung oder Research sowie Mitarbeiter, die diesen Bereichen zuarbeiten[4], berührt werden[5]. Als Maßnahmen, die die Gefahr mindern[6], dass die in Art. 29 DelVO 2017/565 adressierten konflikträchtigen Geschäfte geschlossen werden, kommen z.B. Anweisungen, laufende Kontrollmaßnahmen, die Bildung von Vertraulichkeitsbereichen (Rz. 35 ff.), die Anordnung von Haltefristen für bestimmte Finanzinstrumente[7] in Betracht.

74 Abstrakt konflikträchtig sind alle persönlichen Geschäfte (Rz. 71) einer relevanten Person (Rz. 66 ff.), die Zugang zu Insider-Informationen[8] besitzt[9] oder die auf „andere vertrauliche Informationen" über Kunden bzw. auf die Geschäfte mit diesen zugreifen kann[10] oder deren Handeln in Konflikt zu den Interessen der Kunden des Wertpapierdienstleistungsunternehmens steht (Rz. 74). Die Begriffe **„andere vertrauliche Informationen"** sind eng in dem Sinn auszulegen[11], dass es sich um sensible Informationen handeln muss, die Insiderinformationen vergleichbar sind[12]. Zu denken ist an Fälle, in denen Informationen noch nicht ganz den Konkretisierungsgrad erreicht haben, um sie als Insiderinformationen zu qualifizieren[13]. Dafür spricht die Aufnahme in die Beobachtungsliste (Rz. 47). Es genügt nicht, dass die persönlichen Geschäfte abstrakt konflikträchtig sind.

75 Gemäß Art. 29 Abs. 2 DelVO 2017/565 müssen die persönlichen Geschäfte mit zumutbarem[14] Aufwand **unterbunden** werden, die entweder verbotene **Insider-Geschäfte**[15] darstellen oder die mit dem Missbrauch oder der vorschriftswidrigen Weitergabe **vertraulicher Informationen** (Rz. 74) verbunden sind oder die (möglicherweise) in die Kategorien des Vor-, Mit- oder Gegenlaufens (Rz. 30) fallen[16].

76 Mittels angemessener, dauerhafter Maßnahmen sind darüber hinaus außerhalb des beruflichen Wirkungskreises ausgesprochene **Empfehlungen** zu Geschäften (Rz. 76) zu **unterbinden**, die die „relevante Person" (Rz. 66 ff.) selbst nicht tätigen darf (Rz. 75)[17]. In gleicher Weise zu unterbinden sind außerhalb der beruflichen Aktivitäten die **Abgabe von Werturteilen**[18] sowie **die Weitergabe von Informationen**[19], sofern der relevanten Person bewusst sein muss, dass ein Dritter (wahrscheinlich) dadurch veranlasst wird[20], ein Geschäft zu tätigen, das der relevanten Person untersagt ist, oder dass der Dritte (wahrscheinlich) seinerseits einem Vierten ein der-

---

1 Vgl. zum WpHG a.F. *Meyer/Paetzel* in KölnKomm. WpHG, § 33b WpHG Rz. 40.
2 Es muss eine Stelle benannt werden, die die betroffenen Mitarbeiter erfasst und regelmäßig überprüft. Außerdem muss dafür gesorgt werden, dass diese Stelle laufend über Interessenkonflikte und vertrauliche Informationen informiert wird. MaComp Ziff. BT 2.3 Nr. 2.
3 Kritisch zum WpHG a.F. *Röh*, BB 2008, 398, 408.
4 Vgl. zum WpHG a.F. Rundschreiben der BaFin 8/2008 (WA) – Überwachung von Mitarbeitergeschäften gem. § 33b WpHG und § 25a KWG a.F. vom 18.8.2008, unter Ziff. 3a.
5 Vgl. zum WpHG a.F. *Fett* in Schwark/Zimmer, § 33b WpHG Rz. 14.
6 Art. 29 Abs. 1 DelVO 2017/565.
7 Vgl. zum WpHG a.F. Rundschreiben der BaFin 8/2008 (WA) – Überwachung von Mitarbeitergeschäften gem. § 33b WpHG und § 25a KWG a.F. vom 18.8.2008; *Meyer/Paetzel* in KölnKomm. WpHG, § 33b WpHG Rz. 41.
8 Art. 7 RL 2016/596/EU.
9 Art. 29 Abs. 1 DelVO 2017/565.
10 Art. 29 Abs. 1 DelVO 2017/565. Dies muss erst recht gelten, wenn einer relevanten Person auf einem anderen Weg die konflikträchtigen vertraulichen Informationen bekannt geworden sind.
11 Vgl. zum WpHG a.F. *Zimmermann* in Fuchs, § 33b WpHG Rz. 22; *Rothenhöfer* in Kümpel/Wittig, Bank- und Kapitalmarktrecht, Rz. 3.410.
12 In Betracht kommen insbesondere: die Veräußerung von oder der Rückzug aus Kerngeschäftsfeldern; Verschmelzungsverträge, Eingliederungen, Ausgliederungen, Umwandlungen, Spaltungen sowie andere wesentliche Strukturmaßnahmen; Beherrschungs- und/oder Gewinnabführungsverträge; Erwerb oder Veräußerung von wesentlichen Beteiligungen; Übernahme- und Abfindungs-/Kaufangebote; Kapitalmaßnahmen; Kapitalberichtigung; wesentliche Änderung der Ergebnisse der Jahresabschlüsse oder Zwischenberichte; wesentliche Änderung des Dividendensatzes; bevorstehende Insolvenz; Verdacht auf Bilanzmanipulation; Ankündigung der Verweigerung des Jahresabschlusstestats; erhebliche außerordentliche Aufwendungen; Ausfall wesentlicher Schuldner; Abschluss, Änderung oder Kündigung besonders bedeutender Vertragsverhältnisse, weitreichende Restrukturierungsmaßnahmen; bedeutende Innovationen und Lizenzvergaben; gravierende Schadensersatzhaftung; Rechtsstreitigkeiten von besonderer Bedeutung; Veränderungen in Schlüsselpositionen des Unternehmens; Wechsel des Wirtschaftsprüfers; Delisting; den Emittenten betreffende Lohnsenkungen oder Lohnerhöhungen; Rückkaufprogramm; Kenntnis von Kundenaufträgen, soweit diese durch den Abschluss von Eigengeschäften zum Nachteil des Kunden verwendet werden kann.
13 Vgl. zum WpHG a.F. *Niermann*, ZBB 2010, 400, 410 f.; *Stumpf* in Baulig, Compliance, S. 183.
14 Ausfluss des Verhältnismäßigkeitsprinzips. Dies ist auch im Rahmen des Art. 29 Abs. 5 DelVO 2017/565 zu beachten.
15 VO Nr. 596/2014; MaComp Ziff. BT 2.7.
16 Art. 67 Abs. 3 DelVO 2017/565.
17 Art. 29 Abs. 3 DelVO 2017/565.
18 „Meinungen", „opinion", „avis".
19 Art. 29 Abs. 4 DelVO 2017/565.
20 Es genügt Mitursächlichkeit.

artiges Geschäft empfiehlt[1] oder dass der Dritte (wahrscheinlich) einen Vierten bei dem Abschluss eines derartigen Geschäfts unterstützen[2] wird

Ausnahmen. Erlaubt sind immer persönliche Geschäfte (Rz. 71 f.) in bestimmten OGAW oder AIF[3], sofern die „relevante Person" (Rz. 66 ff.) oder die Person, für deren Rechnung das Geschäft abgeschlossen wird, nicht an der Geschäftsleitung der OGAW oder AIF beteiligt ist[4]. Gestattet sind auch Geschäfte im Rahmen einer Vermögensverwaltung, die ein nicht zum Kreis der relevanten Personen zählender Vermögensverwalter kraft seines Ermessens, d.h. ohne vorherige Absprache und ohne auf die Orders des Vermögensverwalters bezogene individuelle Weisung[5] tätigt. Nicht ins Gewicht fallen Abreden über die Anlagegrundsätze oder generelle Weisungen einer „relevanten Person", die erhebliche Zeit vor der Order des Vermögensverwalters erteilt worden sind, so dass sie nicht durch Insider- oder vertrauliche Informationen beeinflusst sein können[6]. Die BaFin beanstandet auch nicht Anlagen nach dem Vermögensbildungsgesetz und andere vertraglich vereinbarte Ansparpläne[7]. 77

c) **Präventive Organisationsmaßnahmen zur Unterbindung verbotener Tätigkeiten (Art. 29 Abs. 5 DelVO 2017/565).** Art. 29 Abs. 5 DelVO 2017/565 schreibt (nur) Mindestmaßnahmen[8] vor. Aus Art. 29 Abs. 1 DelVO 2017/565 folgt, dass **weitergehende Maßnahmen** getroffen werden müssen, wenn dies bei der Gefahr von Interessenkonflikten oder der Ausnutzung von Insiderinformationen bzw. sonstiger vertraulicher Informationen angemessen und erforderlich ist, um „relevante Personen" (Rz. 66 ff.) an persönlichen Geschäften (Rz. 71 f.), Empfehlungen, Meinungsäußerungen oder an der Weitergabe von Informationen zu hindern[9]. Beachte die in Art. 29 Abs. 6 DelVO 2017/565 statuierten **Ausnahmen**. Die **Compliance**-Funktion (Rz. 83) ist in die Ausgestaltung der Mittel und Verfahren einzubinden. 78

Die Wertpapierdienstleistungsunternehmen müssen demnach „relevante Personen" (Rz. 66 ff.), deren Tätigkeit diese in die Gefahr eines Interessenkonflikts (Rz. 14) bringt oder die einen Zugang zu Insider- oder vertraulichen Informationen besitzen (Rz. 74), zumindest über die Verbote **belehren**, Geschäfte i.S.d. Art. 28 f. DelVO 2017/565 zu tätigen, Empfehlungen auszusprechen oder Meinungen zu äußern bzw. Informationen weiterzugeben. Dies hat in einer Weise zu erfolgen, dass die Wertpapierdienstleistungsunternehmen mit Gewissheit annehmen können, dass die relevanten Personen die Verbote verstanden haben[10]. Sie brauchen sich nicht zu vergewissern, dass die „relevanten Personen" die Verbote nicht wieder vergessen haben. 79

Art. 29 Abs. 5 Satz 1 lit. b DelVO 2017/565 zwingt die Wertpapierdienstleistungsunternehmen nicht, dafür zu sorgen, dass ihre Mitarbeiter die eigenen **Konten** sowie die Konten, für die sie Vertretungs- oder Verfügungsmacht besitzen, **offen legen** oder gar ihre Konten bei ihnen führen lassen. Sie dürfen dies mit ihren Mitarbeitern vereinbaren. Sie dürfen sich aber auch damit begnügen, die Mitarbeiter mit verhältnismäßigen Mitteln anzuhalten[11], ihnen jedes persönliche Geschäft (Rz. 71 f.) sofort[12] anzuzeigen und ihnen regelmäßig die Vollständigkeit der Anzeigen zu bestätigen[13]. Es reicht nicht aus, dass sich die Wertpapierdienstleistungsunternehmen nur auf Nachfrage die von den Mitarbeitern getätigten Geschäfte offen legen lassen[14]. Die gemeldeten bzw. festgestellten Geschäfte sind zu dokumentieren[15]. Soweit mit angemessenem Aufwand möglich, sind Kontrollmaßnahmen durchzuführen. Beachte die in Art. 29 Abs. 6 DelVO 2017/565 statuierten **Ausnahmen**. Alle persönlichen Geschäfte (Rz. 71 f.), die dem Wertpapierdienstleistungsunternehmen angezeigt werden oder von denen es auf andere Weise erfährt, sind ebenso wie jede Erlaubnis oder jedes Verbot nachvollziehbar zu **dokumentieren**[16]. 80

---

1 In der deutschen bzw. der französischen Sprachfassung ist von „raten", „conseiller" die Rede. Die englische Sprachfassung verwendet sowohl in Art. 29 Abs. 3 DelVO 2017/565 als auch in Art. 29 Abs. 4 lit. b Alt. 1 DelVO 2017/565 den Begriff „advise", so dass deutlich wird, dass die deutsche und französische Sprachfassung eine abweichende Begrifflichkeit verwenden.
2 „… procure", „assister". Zur Unterstützung zählt die Vermittlung oder ein Handeln in Vertretung.
3 Für das AIF muss das gleiche Maß an Risikostreuung wie für OGAW vorgeschrieben sein.
4 Art. 29 Abs. 6 lit. b DelVO 2017/565.
5 Absprache mit der relevanten Person oder der Person, auf deren Rechnung das Geschäft getätigt wird.
6 Vgl. zum WpHG a.F. *Zimmermann* in Fuchs, § 33b WpHG Rz. 43; *Fett* in Schwark/Zimmer, § 33b WpHG Rz. 25.
7 MaComp Ziff. BT 2.6.
8 Vgl. zum WpHG a.F. *Fett* in Schwark/Zimmer, § 33b WpHG Rz. 18; *Meyer/Paetzel* in KölnKomm. WpHG, § 33b WpHG Rz. 47.
9 MaComp Ziff. BT 2.3 Nr. 1, 4. Vgl. zum WpHG a.F. *Meyer/Paetzel* in KölnKomm. WpHG, § 33b WpHG Rz. 39.
10 Art. 29 Abs. 5 Satz 1 lit. a DelVO 2017/565.
11 Zu weit geht es, zu fordern, dass die Führung der Konten bei anderen Instituten von der Genehmigung der Compliance-Abteilung abhängig gemacht wird (so aber zum WpHG a.F. *Zimmermann* in Fuchs, § 33b WpHG Rz. 39 [Compliance oder Geschäftsleitung]; *Rothenhöfer* in Kümpel/Wittig, Bank- und Kapitalmarktrecht, Rz. 3.422 m.N.).
12 „promptly", „sans delai"; MaComp Ziff. BT 2.4 Nr. 1.
13 MaComp Ziff. BT 2.4 Nr. 1. Vgl. zum WpHG a.F. *Fett* in Schwark/Zimmer, § 33b WpHG Rz. 19; weitergehend *Rothenhöfer* in Kümpel/Wittig, Bank- und Kapitalmarktrecht, Rz. 3.422 (Pflicht zur Übersendung von Zweitschriften; wenn dies nicht möglich ist, kann der Mitarbeiter selbst die Zweitschrift erstellen); ebenso wohl *Meyer/Paetzel* in KölnKomm. WpHG, § 33b WpHG Rz. 51 f.
14 So auch MaComp Ziff. BT 2.4 Nr. 1.
15 Art. 29 Abs. 5 Satz 1 lit. c DelVO 2017/565.
16 MaComp Ziff. BT 2.4 Nr. 3.

81 Werden mehrere **aufeinander folgende, gleichartige** persönliche **Geschäfte** (Rz. 71 f.) abgeschlossen, so ist nicht jedes Geschäft einzeln anzuzeigen. Gleiches gilt bei Ablauf oder Widerruf von Weisungen, wenn die zuvor weisungsgemäß gekauften Finanzinstrumente nicht gleichzeitig veräußert werden. Eine neue oder gegenständlich geänderte Weisung ist dagegen wie ein normales Mitarbeitergeschäft zu behandeln.

82 Mit **Auslagerungsunternehmen** (Dienstleistern[1]) (Rz. 116 ff.) ist grds. zu vereinbaren, dass persönliche Geschäfte (Rz. 71 f.), die deren „relevanten Personen" (Rz. 70) vornehmen, von diesen überwacht und festgehalten[2] sowie dem Wertpapierdienstleistungsunternehmen auf Verlangen mitgeteilt werden[3]. Davon sind die „relevanten Personen" derjenigen Auslagerungsunternehmen, die ihrerseits ebenfalls in die Kategorie der Wertpapierdienstleistungsunternehmen fallen, nicht auszunehmen[4]. In Fällen, in denen das auslagernde Unternehmen und das Auslagerungsunternehmen zur selben Unternehmensgruppe gehören, kann die Dokumentation aller Mitarbeitergeschäfte bei einem dieser Unternehmen erfolgen[5]. Bei einer Auslagerung auf einen Mehrmandantendienstleister darf die Überwachung durch einzelne der auslagernden Unternehmen im Auftrag der anderen wahrgenommen werden[6]. Gleiches gilt für Erlaubnisse und Verbote. Die Dokumentation des Auslagerungsunternehmens ist nicht zu überwachen, wenn dieses selbst ein Wertpapierdienstleistungsunternehmen ist.

83 **IX. Compliance (§ 80 Abs. 1 Satz 3 WpHG; Art. 22 DelVO 2017/565). 1. Compliance-Funktion.** Die Wertpapierdienstleistungsunternehmen müssen eine kontinuierlich[7] tätige, dauerhafte[8], wirksame[9], unabhängige[10] Compliance-Funktion einrichten[11] und dies in ihren Arbeits- und Organisationsanweisungen festhalten[12]. Sie ist Bestandteil des internen Kontrollsystems[13], die sich nicht auf abhängige Unternehmen erstreckt[14]. Sie muss, sofern nicht unverhältnismäßig[15], als **selbstständige Abteilung**[16] ausgeformt werden.

84 Die Compliance-Abteilung muss **unabhängig**[17] arbeiten. Die Compliance-Funktion darf grundsätzlich[18] weder an die Geschäfts-, Handels-, Abwicklungsabteilung oder an sonstige Abteilungen **angebunden** sein, die sie zu überwachen hat[19]. Sie darf grundsätzlich[20] auch nicht der allgemeinen Revisionsabteilung angegliedert werden, weil die Revisionsabteilung primär im Interesse des Wertpapierdienstleistungsunternehmens tätig wird, die Compliance-Funktion aber primär die Interessen der Anleger und die Integrität des Kapitalmarkts im Auge zu behalten hat. Dagegen ist eine Anbindung an andere Kontrollbereiche[21] grundsätzlich zulässig, an andere Organisations- und Stabsbereiche, wie die Rechtsabteilung, nur im Rahmen des Art. 22 Abs. 4 DelVO 2017/565[22].

---

1 Art. 2 Nr. 2 DelVO 2017/565.
2 MaComp Ziff. BT 2.4 Nr. 2 S. 1.
3 Art. 29 Abs. 5 Satz 2 DelVO 2017/565. Vgl. zum WpHG a.F. *Zimmermann* in Fuchs, § 33b WpHG Rz. 30; *Meyer/Paetzel* in KölnKomm. WpHG, § 33b WpHG Rz. 54 f.
4 Einschr. MaComp Ziff. BT 2.4 Nr. 2 S. 2 (Überwachung des Auslagerungsunternehmens ist entbehrlich).
5 MaComp Ziff. BT 2.4 Nr. 2 S. 3. Vgl. zum WpHG a.F. *Fett* in Schwark/Zimmer, § 33b WpHG Rz. 21.
6 MaComp Ziff. BT 2.4 Nr. 2 S. 4. Vgl. zum WpHG a.F. *Fett* in Schwark/Zimmer, § 33b WpHG Rz. 21.
7 Art. 22 Abs. 2 Satz 1 Halbsatz 1 i.V.m. Art. 22 Abs. 2 Satz 1 lit. a DelVO 2017/565.
8 Art. 22 Abs. 2 Satz 1 DelVO 2017/565; MaComp Ziff. BT 1.3.2. Zentrales Element der Dauerhaftigkeit ist die Existenz eines Überwachungsplans, der unter Berücksichtigung der Risiken der Geschäfte einen angemessenen Rhythmus der Kontrolle vorgibt (Art. 22 Abs. 2 Satz 1 lit. a DelVO 2017/565).
9 MaComp Ziff. BT 1.3.1.
10 Art. 22 Abs. 2 Halbsatz 1 DelVO 2017/565. Das gilt auch für die Compliance-Funktion im Unternehmensverbund (MaComp Ziff. BT 1.3.2.2). Vgl. zum WpHG a.F. *Fuchs* in Fuchs, § 33 WpHG Rz. 82; *Meyer/Paetzel/Will* in KölnKomm. WpHG, § 33 WpHG Rz. 116 (räumliche Trennung nicht erforderlich).
11 Art. 22 Abs. 2 DelVO 2017/565; MaComp Ziff. BT 1.1 Nr. 1.
12 Art. 22 Abs. 1 DelVO 2017/565. Vgl. zum WpHG a.F. *Zingel*, BKR 2010, 500, 503.
13 Art. 22 Abs. 2 Satz 1 lit. a, Satz 2 DelVO 2017/565. Vgl. zum WpHG a.F. *Birnbaum/Kütemeier*, WM 2011, 293, 295.
14 Abw. zum WpHG a.F. *Faust* in Bankrechts-Handbuch, S 109 Rz. 94 unter Berufung auf § 25a Abs. 3 KWG. § 80 Abs. 1 WpHG verweist jedoch nur auf § 25a Abs. 1 KWG. Auch der Art. 22 DelVO 2017/565 ist ausschließlich auf das einzelne Wertpapierdienstleistungsunternehmen bezogen.
15 Art. 22 Abs. 1 Satz 2, Abs. 4 DelVO 2017/565.
16 Art. 22 Abs. 2 Satz 1 Halbsatz 1, Abs. 3 DelVO 2017/565; MaComp Ziff. BT 1.3.3.4. Abw. zum WpHG a.F. *Casper*, Bankrechtstag 2008, S. 140, 146.
17 Art. 22 Abs. 2 Satz 1 Halbsatz 1 DelVO 2017/565; MaComp Ziff. BT 1.3.3.
18 Art. 22 Abs. 4 DelVO 2017/565. Vgl. zum WpHG a.F. auch *Spindler*, WM 2008, 905, 910; *Lösler*, WM 2008, 1098, 1103; *Casper*, Bankrechtstag 2008, S. 140, 148.
19 Art. 22 Abs. 3 lit. d DelVO 2017/565; MaComp Ziff. BT 1.3.3.1. Vgl. zum WpHG a.F. *Rothenhöfer* in Kümpel/Wittig, Bank- und Kapitalmarktrecht, Rz. 3.323. Eine Verzahnung von Risikomanagement und Compliance ist im Zweifel nur bei kleineren Unternehmen akzeptabel (Erwägungsgrund Nr. 37 DelVO 2017/565).
20 Art. 22 Abs. 1 Satz 2, Abs. 4 DelVO 2017/565; Erwägungsgrund Nr. 37 DelVO 2017/565; MaComp Ziff. BT 1.3.3.2 Nr. 2. Vgl. auch zum WpHG a.F. ESMA 2012/388 v. 25.6.2012, Leitlinien zu einigen Aspekten der MiFID-Anforderungen an die Compliance-Funktion, Rz. 67, 69.
21 Zu nennen sind hier die Geldwäscheprävention, die Beschwerdefunktion und die Risikomanagementfunktion (Erwägungsgrund Nr. 37 DelVO 2017/565); Beauftragter gem. § 81 Abs. 5 WpHG. Vgl. MaComp Ziff. BT 1.3.3.2 Nr. 1; Entwurf MaDepot (2018) Ziff. 2.1.5.5.
22 Zurückhaltend MaComp Ziff. BT 1.3.3.3.

Die Compliance- Funktion sollte möglichst[1] hoch in der **betrieblichen Hierarchie** angesiedelt sein[2]. Dort, wo 85
das Unternehmen in nicht unerheblichem Umfang den Eigenhandel oder das Emissionsgeschäft betreibt oder Wertpapiernebendienstleistungen i.S.d. § 2 Abs. 9 Nr. 3, 5, 6 WpHG erbringt, ist die Compliance-Funktion immer unmittelbar dem zuständigen Mitglied der **Geschäftsleitung** zu unterstellen[3]. Immer kann ein Geschäftsleiter, der nicht in die operativen Tätigkeiten eingebunden ist, die Aufgaben der Compliance-Funktion übernehmen, d.h. sich zum Compliance-Beauftragten bestellen[4].

Die Compliance-Funktion kann auch nach Maßgabe des Art. 30 ff. DelVO 2017/565 ganz oder teilweise durch 86
Auslagerung (Rz. 116) auf Dritte eingerichtet werden[5].

Die Compliance-Funktion muss eigenständig[6] unter Berücksichtigung des Verhältnismäßigkeitsgrundsatzes[7] 87
ständig[8] und selbständig[9] die Angemessenheit und Wirksamkeit ihrer Maßnahmen zur Aufdeckung[10] und Ausschaltung[11] der Gefahren[12] eines Verstoßes gegen das WpHG und die einschlägigen Verordnungen **überwachen**[13]. Sie hat dabei die Organisations- und Arbeitsanweisungen[14] sowie die realen Arbeitsabläufe regelmäßig[15], d.h. nicht ausschließlich anlassbezogen, auf ihre Tauglichkeit hin zu bewerten[16]. Hierzu ist ein risikobasiertes Überwachungsprogramm[17] zu erstellen und zu dokumentieren, das sich auf alle Bereiche der Wertpapierdienstleistungen, Anlagetätigkeiten sowie der relevanten Nebendienstleistungen einschließlich der Informationen erstreckt, die anlässlich der Bearbeitung von Beschwerden gesammelt werden[18]. Die Überwachung steht damit nicht im Widerspruch zum Unternehmensinteresse, das auf die gesetzeskonforme Erbringung von Dienstleistungen angelegt ist und sich auf die Behebung von Defiziten erstreckt.

Die Compliance-Funktion muss **risikoorientiert**[19] sowohl **korrigierend**[20] als auch **präventiv**[21] tätig werden. Sie 88
muss (auch) **prozessbegleitend**[22] agieren. Der Compliance-Funktion überwacht die Entwicklung von Finanzinstrumenten und deren regelmäßige Überprüfung (Rz. 129 ff.)[23]. Ihr obliegt die Führung der Beobachtungs- und Verbotsliste (Rz. 47)sowie die Kontrolle, ob diese beachtet werden. Primär sind die operativen Bereiche für

---

1 Dagegen spricht nicht, dass gem. Art. 22 Abs. 3 Satz 1 lit. b, c DelVO 2017/565 der Compliance- Beauftragte von dem Leitungsorgan ernannt wird und dem Leitungsorgan berichtspflichtig ist. Abw. zum WpHG a.F. *Casper* in FS K. Schmidt, S. 199, 210 (immer unmittelbar dem Vorstand nachgeordnet).
2 MaComp Ziff. BT 1.3.3.4 Nr. 3.
3 Vgl. zum WpHG a.F. *Schäfer*, BKR 2011, 45, 51; *Niermann*, ZBB 2010, 400, 422.
4 Beachte, dass in Fällen, in denen die Bestellung einer besonderen Person mit den Compliance-Aufgaben i.S.d. Art. 22 Abs. 1 Satz 2 DelVO 2017/565 unverhältnismäßig wäre, der operativ tätige Geschäftsleiter die Compliance-Aufgaben in Personalunion übernehmen kann (Art. 22 Abs. 4 DelVO 2017/565).
5 MaComp Ziff. BT 1.3.2.2, DelVO 2017/565 BT 1.3.4. Zum WpHG a.F. *Fuchs* in Fuchs, § 33 WpHG Rz. 86, 170; *Schäfer* in Krimphove/Kruse, MaComp, MBT 1 Rz. 860 ff.; ESMA 2012/388 v. 25.6.2012, Leitlinien zu einigen Aspekten der MiFID-Anforderungen an die Compliance-Funktion, Rz. 72.
6 Die Überwachung erfolgt unter Berücksichtigung der Aktivitäten anderer Überwachungsinstanzen; sie darf aber nicht ausschließlich auf die Überwachung durch die interne Revision gestützt werden (MaComp Ziff. BT 1.2.1.2 Nr. 3, 6). Zur Berücksichtigung der Eingliederung in einen Unternehmensverbund s. MaComp Ziff. BT 1.3.2.2.
7 Art. 22 Abs. 1 Satz 2, Abs. 4 DelVO 2017/565; MaComp Ziff. BT 1.3.1; Ziff. 1.3.2.1 (Überwachungsplan).
8 Art. 22 Abs. 2 Satz 1 lit. a DelVO 2017/565.
9 Art. 22 Abs. 2 Satz 1 Halbsatz 1 DelVO 2017/565. Zum WpHG a.F. *Lösler*, WM 2010, 1917, 1922. Der Rückgriff auf die Kontrollergebnisse anderer Abteilungen ist eingeschränkt möglich (*Schäfer*, BKR 2011, 187, 188 f.).
10 Art. 22 Abs. 1 Satz 1 DelVO 2017/565. Z.B. die Analyse von Interessenkonflikten; die analyse von Risiken.
11 Dies impliziert die Minimierung (Art. 22 Abs. 1 Satz 1 DelVO 2017/565).
12 Art. 22 Abs. 1, Abs. 2 Satz 2 DelVO 2017/565.
13 Art. 22 Abs. 2 Satz 1 lit. a DelVO 2017/565; MaComp Ziff. BT 1.2.1.2; *Binder* in Staub, Bankvertragsrecht, Investmentbanking II, Teil 7 Rz. 51.
14 Dies impliziert die Bewertung der Tauglichkeit von Maßnahmen, die zur Beseitigung von Mängeln getroffen worden sind.
15 Art. 22 Abs. 2 Satz 1 lit. a DelVO 2017/565. Die Zeitabstände werden anhand der Compliance-Risikobewertung bestimmt, so dass umso häufiger zu prüfen ist, je höher das Risiko ist (Art. 22 Abs. 2 Satz 3 DelVO 2017/565).
16 Art. 22 Abs. 2 Satz 1 lit. a DelVO 2017/565.
17 MaComp Ziff. BT 1.3.2.1.
18 Art. 22 Abs. 2 Satz 2, Art. 26 Abs. 7 DelVO 2017/565; MaComp Ziff. BT 12.1.2 Nr. 4.
19 Art. 22 Abs. 2 Satz 2 DelVO 2017/565; MaComp Ziff. BT 1.2.1.1.
20 Art. 22 Abs. 2 Satz 1 lit. a DelVO 2017/565; MaComp Ziff. BT 1.2.1 Nr. 1.
21 Art. 22 Abs. 1 DelVO 2017/565 (Risiken aufdecken), Art. 22 Abs. 2 Satz 1 lit. b DelVO 2017/565 (Beratung und Unterstützung; MaComp Ziff. BT 1.2.1; Ziff. BT 1.2.3; Ziff. BT 1.2.4).
22 Art. 22 Abs. 2 Satz 1 lit. b DelVO 2017/565; MaComp Ziff. BT 1.2.1.2 Nr. 7, Ziff. BT 1.2.4. Begleitung der Erstellung sowie Weiterentwicklung interner Organisations- und Arbeitsanweisungen; Ermittlung der Kriterien zur Bestimmung der Compliance-Relevanz der Mitarbeiter; Ausgestaltung und Prüfung neuer Produkte; Erschließung neuer Geschäftsfelder; Dienstleistungen; Märkte und Handelsplätze; Festlegung der Grundsätze für Vertriebsziele und Bonus-Zahlungen, auch hinsichtlich ausländischer Tochterunternehmen; Einrichtung von Vertraulichkeitsbereichen; Überwachung der Geschäfte relevanter Personen (Rz. 66 ff.) sowie der Aufstellung der Grundsätze der bestmöglichen Auftragsausführung (§ 82 WpHG); Kommunikation mit Handelsüberwachungsstellen.
23 Ebenso Art. 9 Abs. 7 DelRL 2017/593.

die Einhaltung der Vorschriften der Delegierten Verordnungen, des WpHG etc. und die Durchführung von Kontrollen zuständig (Selbstkontrolle)[1]. Deren Überwachungsaktivitäten sind immer risikobasiert[2] zumindest stichprobenartig zu überprüfen. Hierzu sind Risikoanalysen zu erstellen und fortzuschreiben[3].

89 Außerdem muss die Compliance-Funktion die Mitarbeiter des Wertpapierdienstleistungsunternehmens zur Einhaltung der Maßnahmen zur Aufdeckung und Ausschaltung von Gefahren gesetzeswidrigen Verhaltens (Rz. 87) **beraten**[4], diese unverzüglich, ohne eine Informationsüberlastung zu provozieren, über relevante Änderungen der Compliance-Regeln informieren und die Mitarbeiter bei der Einhaltung der Compliance-Regeln **unterstützen**[5]. Gegebenenfalls hat sie deren **Schulung** zu übernehmen oder daran mitwirken[6].

90 Die Compliance-Funktion hat die Maßnahmen zur **Behebung von Defiziten** zu überwachen und zu bewerten[7] sowie die Geschäftsleitung hierüber zu informieren, wenn sie Mängel feststellt und diese nicht innerhalb angemessener Zeit beseitigt worden sind[8]. Dagegen braucht sie nicht eigenständig die erforderlichen Maßnahmen zu ermitteln und anzuordnen[9].

91 Die **Mitarbeiter** des Wertpapierdienstleistungsunternehmens müssen unschwer, gegebenenfalls anonym[10], mit der **Compliance-Stelle Kontakt** aufnehmen können[11].

92 **2. Compliance-Beauftragte.** Die Wertpapierdienstleistungsunternehmen haben (nur)[12] einen **Compliance-Beauftragten** zu ernennen, der für die Compliance-Funktionen sowie die Berichte an die Geschäftsleitung verantwortlich ist[13]. Für ausreichende **Vertretung** des Compliance-Beauftragten muss gesorgt werden[14].

93 Der Compliance-Beauftragte muss zuverlässig sein (§ 87 WpHG) und über die erforderlichen unternehmensadäquaten, aktuellen **Fachkenntnisse** verfügen[15]; er ist mit hinreichend vielen für seinen Aufgabenbereich qualifizierten[16], zuverlässigen **Mitarbeitern** sowie einem ausreichenden **Budget** auszustatten[17].

94 Der Compliance-Beauftragte darf grds[18]. weder in Geschäfts-, Handels-, Abwicklungsabteilungen oder in sonstigen Abteilungen **tätig werden, die er zu überwachen** hat[19]. Insoweit gilt dasselbe wie für die Anbindung der Compliance-Funktion an andere Geschäftsbereiche (Rz. 84). Eine Compliance-fremde Tätigkeit in anderen Bereichen ist nicht untersagt[20]. Er darf jedoch wegen des Gebots ausreichender Ressourcen[21] nicht mit **anderen Aufgaben überlastet** werden[22].

95 Dem **Compliance-Beauftragten gegenüber** ist die Geschäftsleitung im Rahmen der Überwachung der Geschäfte des Wertpapierdienstleistungsunternehmens nicht **weisungsbefugt**[23]. Im Übrigen trägt die Geschäftslei-

---

1 Vgl. zum WpHG a.F. *Niermann*, ZBB 2010, 400, 411.
2 Art. 22 Abs. 2 Satz 2 DelVO 2017/565.
3 Art. 22 Abs. 1 Satz 1, Abs. 2 Satz 2, 3 DelVO 2017/565; MaComp Ziff. BT 1.2.1.1. Vgl. zu WpHG a.F. *Stahlke* in Krimphove/Kruse, MaComp, AT 6 Rz. 8 ff.
4 Art. 22 Abs. 2 Satz 1 lit. b DelVO 2017/565; MaComp Ziff. BT 1.2.3. Vgl. zum WpHG a.F. ESMA 2012/388 v. 25.6.2012, Leitlinien zu einigen Aspekten der MiFID-Anforderungen an die Compliance-Funktion, Rz. 33 ff.
5 Art. 22 Abs. 2 Satz 1 lit. b DelVO 2017/565. Vgl. zum WpHG a.F. *Fuchs* in Fuchs, § 33 WpHG Rz. 72.
6 MaComp Ziff. BT 1.2.3 Nr. 2 ff. Vgl. zum WpHG a.F. *Rothenhöfer* in Kümpel/Wittig, Bank- und Kapitalmarktrecht, Rz. 3.372.
7 Art. 22 Abs. 2 Satz 1 lit. a, Art. 26 Abs. 7 DelVO 2017/565; MaComp Ziff. BT 1.2.1 Nr. 1.
8 Art. 22 Abs. 3 lit. c DelVO 2017/565; weitergehend MaComp Ziff. BT 1.2.1.2 Nr. 8, Ziff. BT 1.2.2 Nr. 2 (immer).
9 *Binder* in Staub, Bankvertragsrecht, Investmentbanking II, Teil 7 Rz. 56.
10 Internes „whistle-blowing" (Rz. 8). A.A. zum WpHG a.F. *Casper*, Bankrechtstag 2008, S. 140, 176; wohl auch *Gebauer/Niermann* in Hauschka, Corporate Compliance, S. 960; *Faust* in Bankrechts-Handbuch, § 109 Rz. 106a (nur Schutz vor negativen persönlichen Auswirkungen).
11 § 25a Abs. 1 Satz 5 Nr. 3 KWG; *Langen* in Schwennicke/Auerbach, 3. Aufl. 2016, § 25 KWG Rz. 105 ff.
12 Art. 22 Abs. 3 lit. b DelVO 2017/565. Vgl. zum WpHG a.F. *Schäfer* in Krimphove/Kruse, MaComp, BT 1 Rz. 38.
13 Art. 22 Abs. 3 lit. c DelVO 2017/565. S. dazu Rz. 99.
14 Vgl. zum WpHG a.F. ESMA 2012/388 v. 25.6.2012, Leitlinien zu einigen Aspekten der MiFID-Anforderungen an die Compliance-Funktion, Rz. 54.
15 Art. 22 Abs. 3 lit. a DelVO 2017/565; § 87 WpHG Rz. 46; MaComp Ziff. BT 1.2 Nr. 1, 2.
16 MaComp Ziff. BT 1.3.1.3.
17 Art. 22 Abs. 3 lit. a DelVO 2017/565; MaComp Ziff. BT 1.3.1.1.
18 Art. 22 Abs. 1 Satz 2, Abs. 4 DelVO 2017/565.
19 Art. 22 Abs. 3 lit. d DelVO 2017/565. Vgl. zum WpHG a.F. *Frisch* in Derleder/Knops/Bamberger, Handbuch, § 7 Rz. 39; *Meyer/Paetzel/Will* in KölnKomm. WpHG, § 33 WpHG Rz. 116.
20 Vgl. zum WpHG a.F. *Rothenhöfer* in Kümpel/Wittig, Bank- und Kapitalmarktrecht, Rz. 3.324; *Casper*, Bankrechtstag 2008, S. 140, 156; zurückhaltend *Fuchs* in Fuchs, § 33 WpHG Rz. 82.
21 Art. 22 Abs. 3 lit. a DelVO 2017/565.
22 Vgl. zum WpHG a.F. *Schlicht*, BKR 2006, 469, 471.
23 Vgl. zum WpHG a.F. ESMA 2012/388 v. 25.6.2012, Leitlinien zu einigen Aspekten der MiFID-Anforderungen an die Compliance-Funktion, Rz. 58; Schreiben der BaFin an die Verbände zur Neufassung des BT 1.3.4 der MaComp v. 7.8.2014, Geschäftszeichen WA 38-Wp 5400-2011/0004; a.A. *Meyer/Paetzel/Will* in KölnKomm. WpHG, § 33 WpHG Rz. 114.

tung die **Letztverantwortung** für die Compliance[1], die den Compliance-Beauftragten zu bestellen hat und austauschen darf[2]. Die disziplinarische Weisungsbefugnis ist ebenfalls der Geschäftsleitung vorzubehalten[3].

Die **Vergütungsstruktur** darf die **Unabhängigkeit**[4] des **Compliance-Beauftragten** nicht untergraben oder auch nur zu untergraben drohen[5]. Dies gilt auch für seine Mitarbeiter[6]. Der Unabhängigkeit droht bereits dadurch Gefahr, dass die Vergütung mit dem Erfolg des Wertpapierdienstleistungsunternehmens verknüpft wird[7]. Erst recht darf wegen der Gefahr von Interessenkonflikten die Vergütung nicht von der Tätigkeit derjenigen Personen abhängen, die zu kontrollieren sind[8]. Bedenklich ist auch die Verknüpfung der Vergütung mit der Qualität der Mitarbeiterschulungen, der Erstellung von Schulungssoftware, der Steigerung der Zahl der untersuchten Geschäftsvorgänge[9] oder der Kundenzufriedenheit[10], da auch diese Anknüpfungspunkte nicht frei von Interessenkonflikten sind und sich die Einhaltung des WpHG etc. nicht immer, jedenfalls nicht kurzfristig in der Kundenzufriedenheit niederschlägt. Erhöhter **Kündigungsschutz** ist nicht zwingend geboten[11]. 96

Dem Compliance-Beauftragten muss die **Befugnis** eröffnet werden, überall dort, wo die Gefahr einer Missachtung des WpHG etc. besteht, selbständig tätig zu werden[12] und sich hierfür unmittelbar und ungefiltert die nötigen Informationen zu besorgen[13]. Er hat Compliance-relevante Arbeiten im Unternehmen zu begleiten[14] und darf sich in sämtliche Informationsflüsse, die für die Aufgabe der Compliance-Funktion von Bedeutung sein können, einbinden[15]. Die anderen Abteilungen sind zur **Kooperation** verpflichtet[16]. 97

Vor allem hat der Compliance-Beauftragte den Handel, die Kundenberatung in allen Segmenten, die Respektierung der Vertraulichkeitsbereiche und die sonstigen Maßnahmen zur Vermeidung von **Interessenkonflikten** zu überwachen[17] und sich über die eingehenden **Beschwerden** zu informieren[18]. Die **Prüfung** muss aufgrund eines dokumentierten Überprüfungsplans regelmäßig (Rz. 87), auch ohne besonderen Anlass, erfolgen[19]. Bereiche, in denen Rechtsverstöße besonders nahe liegen oder besonders gravierende Folgen zeitigen, sind intensiver zu prüfen[20]. Die Befugnis, Handelsaktivitäten zu unterbinden oder gar Personal anderer Abteilungen zu entlassen, braucht dem Compliance-Beauftragten ebenso wenig zugewiesen zu werden[21] wie ein generelles Weisungsrecht[22]. Er ist jedoch zu ermächtigen, **geeignete vorläufige Maßnahmen** zu treffen, um die nahe liegende Gefahr einer Beeinträchtigung von Kundeninteressen abzuwenden[23]. 98

---

1 Vgl. zum WpHG a.F. *Schäfer*, BKR 2011, 45, 46; *Birnbaum/Kütemeier*, WM 2011, 293, 294.
2 Art. 22 Abs. 3 lit. b DelVO 2017/565.
3 Dies ergibt sich daraus, dass nur das Leitungsorgan den Compliance-Beauftragten austauschen kann (Art. 22 Abs. 3 lit. b DelVO 2017/565).
4 Vgl. zum WpHG a.F. *Spindler*, WM 2008, 905, 910.
5 Art. 22 Abs. 3 lit. e DelVO 2017/565. Es ist daran zu denken, die Vergütung an der des Leiters der Revision, des Risikocontrollings oder der Rechtsabteilung unter Berücksichtigung der Unterschiede hinsichtlich der Personal- und übrigen Verantwortung zu orientieren. Vgl. zum WpHG a.F. eingehend *Schäfer* in Krimphove/Kruse, MaComp, BT 1 Rz. 842 ff.
6 Art. 27 DelVO 2017/565.
7 MaComp Ziff. BT 1.3.3.4 Nr. 6 (grundsätzlich). Vgl. ferner zum WpHG a.F. *Fett* in Schwark/Zimmer, § 33 WpHG Rz. 25 (zulässig ist eine Verknüpfung der Vergütung mit dem Gesamtergebnis des Unternehmens, wenn die Geschäftsbereiche, die nicht kontrolliert werden, mindestens gleichwertig sind); *Schäfer* in Krimphove/Kruse, MaComp, BT 1 Rz. 844, 850; grds. *Casper*, Bankrechtstag 2008, S. 140, 149 (bedenklich sind Aktienoptionen, nicht aber langfristige oder auf den Jahresgewinn abstellende Bonusprogramme).
8 Art. 34 Abs. 3 Unterabs. 2 lit. c DelVO 2017/565.
9 Vgl. zum WpHG a.F. *Zingel*, BKR 2010, 500, 503.
10 Vgl. zum WpHG a.F. *Schäfer*, BKR 2011, 45, 53.
11 MaComp Ziff. BT 1.3.3.4 Nr. 4 (Empfehlung: mindestens 24 Monate-Vertrag; 12-monatige Kündigungsfrist). Vgl. zum WpHG a.F. *Casper* in FS K. Schmidt, S. 199, 210 f. Eine Kündigung wegen Aufdeckens von Gesetzesverstößen ist unzulässig (*Casper*, Bankrechtstag 2008, S. 140, 153 f.).
12 MaComp Ziff. BT 1.3.1.2 Nr. 1. Vgl. zum WpHG a.F. *Faust* in Bankrechts-Handbuch, S 109 Rz. 105.
13 Art. 22 Abs. 3 lit. a DelVO 2017/565; MaComp Ziff. BT 1.3.1.2.
14 Art. 22 Abs. 2 Satz 1 lit. b DelVO 2017/565. Vgl. zum WpHG a.F. *Schäfer*, BKR 2011, 187, 191 f.
15 Art. 22 Abs. 3 lit. a DelVO 2017/565. Vgl. zum WpHG a.F. *Fuchs* in Fuchs, § 33 WpHG Rz. 86; *Schäfer*, BKR 2011, 45, 54; *Schäfer*, BKR 2011, 187, 191 f.; *Niermann*, ZBB 2010, 400, 424; krit. *Lösler*, WM 2010, 1917, 1921.
16 Vgl. zum WpHG a.F. *Fuchs* in Fuchs, § 33 WpHG Rz. 85; *Schäfer*, BKR 2011, 45, 55. Weitergehend *Rothenhöfer* in Kümpel/Wittig, Bank- und Kapitalmarktrecht, Rz. 3.332 (Weisungsbefugnis).
17 Vgl. zum WpHG a.F. *Schäfer*, BKR 2011, 187, 193 f.; MaComp Ziff. BT 1.2.1 Nr. 3.
18 Art. 22 Abs. 2 Satz 1 lit. d, Satz 2; Art. 26 Abs. 7 DelVO 2017/565; MaComp Ziff. BT 1.2.1.2 Nr. 5; Ziff. 12.1.2 Nr. 4.
19 Art. 22 Abs. 1, Abs. 2 Satz 2 DelVO 2017/565.
20 Art. 22 Abs. 2 Satz 3 DelVO 2017/565. Vgl. zum WpHG a.F. *Rößler/Yoo*, BKR 2011, 377, 379 haben hier die Anlageberatung im Auge.
21 Vgl. zum WpHG a.F. *Spindler*, WM 2008, 905, 911; *Lösler*, WM 2008, 1098, 1102; a.A. *Veil*, WM 2008, 1093, 1098.
22 Vgl. zum WpHG a.F. *Fett* in Schwark/Zimmer, § 33 WpHG Rz. 24; *Casper*, Bankrechtstag 2008, S. 140, 160 f.; *Baur* in Just/Voß/Ritz/Becker, § 33 WpHG Rz. 31.
23 Art. 22 Abs. 3 lit. a DelVO 2017/565. Vgl. zum WpHG a.F. *Schäfer*, BKR 2011, 187, 190 f.; *Rothenhöfer* in Kümpel/Wittig, Bank- und Kapitalmarktrecht, Rz. 3.333; einschr. *Casper*, Bankrechtstag 2008, S. 140, 161.

99 Der Compliance-Beauftragte hat die Geschäftsleitung darüber **zu informieren**, dass festgestellte **Mängel** (Rz. 90) **nicht** binnen angemessener Zeit **abgestellt** worden sind[1]. Zumindest einmal jährlich hat der Compliance-Beauftragte der Geschäftsleitung zu allen Geschäftsbereichen schriftlich zu **berichten**[2]. In diesem Bericht ist auf die Umsetzung und Wirksamkeit der Kontrollmaßnahmen in Bezug auf die Wertpapierdienstleistungen und die Anlagetätigkeiten sowie auf die ermittelten Risiken einzugehen[3]. Immer ist auch über die von dem Wertpapierdienstleistungsunternehmen konzipierten Finanzinstrumente[4], über die Vertriebsstrategie (Rz. 61, 149) sowie über die Abwicklung der Beschwerden (Rz. 101) einschließlich der ergriffenen oder geplanten Abhilfemaßnahmen zu informieren[5].

100 **3. Ausnahmen.** Alle Wertpapierdienstleistungsunternehmen müssen eine Compliance-Funktion einrichten und einen Compliance-Beauftragten ernennen[6]. Unter der Voraussetzung, dass die Aufgaben der Compliance-Funktion nicht beeinträchtigt wird, erlaubt Art. 22 Abs. 4 Sätze 1, 2 DelVO 2017/565 den Wertpapierdienstleistungsunternehmen, die Aktivitäten der Compliance-Funktion mit anderen Tätigkeiten zu verbinden und von den allgemeinen Regeln der Vergütung (Rz. 8, 59 f., 152) abzuweichen, wenn dies angesichts der Art, des Umfangs und des Spektrums ihrer Wertpapierdienstleistungen und Anlagetätigkeiten sowie der Art, des Umfangs und der Komplexität ihrer Geschäfte angemessen ist. Das ist regelmäßig zu überprüfen[7].

101 **X. Beschwerden (Art. 26 DelVO 2017/565). Beschwerden** sind alle Hinweise der (potentiellen) Kunden auf (angebliche)[8] Fehler[9] des Wertpapierdienstleistungsunternehmens, sofern sie sich in der Sache auf die Missachtung der §§ 63 ff. WpHG beziehen[10]. Das Ausmaß der Beschwer ist ebenso wie die Form der Beschwerde unerheblich. Die Wertpapierdienstleistungsunternehmen haben eine unabhängige[11] und grds. selbstständige[12] **Beschwerdemanagement-Funktion** einzurichten[13] sowie wirksame und für die Kunden transparente Verfahren für eine angemessene und unverzügliche Bearbeitung der Beschwerden ihrer (potentiellen) Kunden zu etablieren[14]. In diesem Zusammenhang sind Angaben[15] zu dem Verfahren, das bei der Abwicklung einer Beschwerde zu beachten ist, zu **veröffentlichen** und auf Verlangen oder anlässlich der Bestätigung der Beschwerde zur Verfügung zu stellen[16]. Die Beschwerden sind **kostenlos** zu bearbeiten[17].

102 Die Wertpapierdienstleistungsunternehmen müssen die Beschwerdemanagement-Funktion mit den erforderlichen **personellen und sachlichen Mittel** ausstatten, ihre Zuständigkeiten regeln[18] und entsprechende Anweisungen an ihre Mitarbeiter[19] zu geben. Die Beschwerden und ihre Bearbeitung müssen, sofern die Beschwerdebearbeitung nicht von der Compliance Funktion übernommen worden ist[20], von dieser im Rahmen der Überwachungsaufgaben überprüft werden[21]. Sachgerecht sind **Verfahren**, denen zufolge Beschwerden durch

---

1 Art. 22 Abs. 3 lit. c DelVO 2017/565; detailliert zu den Berichtspflichten MaComp Ziff. BT 1.2.2.
2 Art. 22 Abs. 2 Satz 1 lit. c DelVO 2017/565. Art. 25 Abs. 3 DelVO 2017/565 (abgedruckt bei § 81 WpHG) sieht vor, dass das Geschäftsführungsorgan das Aufsichtsorgan zu informieren hat. Anders MaComp Ziff. BT 1.2.2 Nr. 3 (Bericht, grundsätzlich über die Geschäftsleitung auch an das Aufsichtsorgan).
3 Art. 22 Abs. 2 Satz 1 lit. c DelVO 2017/565; detailliert MaComp Ziff. BT 1.2.2 Nr. 1, 6.
4 § 63 Abs. 4, § 80 Abs. 9 ff. WpHG.
5 Art. 22 Abs. 2 Satz 1 lit. c DelVO 2017/565.
6 Arg. e Art. 22 Abs. 4 Satz 2 DelVO 2017/565.
7 Art. 22 Abs. 4 Satz 3 DelVO 2017/565.
8 Vgl. zum WpHG a.F. *Fett* in Schwark/Zimmer, § 33 WpHG Rz. 49.
9 Vgl. zum WpHG a.F. *Rothenhöfer* in Kümpel/Wittig, Bank- und Kapitalmarktrecht, Rz. 3.352; *Schäfer* in Baulig, Compliance, S. 72; *Günther*, BKR 2013, 9, 10; Joint Committee Final Report on guidelines for complaints-handling for the securities (ESMA) and banking (EBA) sectors v. 13.6.2014 – JC 2014 43, S. 7 (Äußerung jeglicher Unzufriedenheit); *Meyer/Paetzel/Will* in KölnKomm. WpHG, § 33 WpHG Rz. 196 (jede Äußerung von Unzufriedenheit, nicht aber Verständnisfragen, Nachforschungsaufträge).
10 Nicht erfasst werden etwa Klagen über die Unhöflichkeit von Mitarbeitern. Abw. MaComp Ziff. BT 12.1.1 (jede Äußerung der Unzufriedenheit).
11 Erwägungsgrund Nr. 38 DelVO 2017/565.
12 Die Aufgaben der Beschwerdemanagement-Funktion können von der Compliance-Funktion übernommen werden (Art. 26 Abs. 3 Satz 2 DelVO 2017/565); Erwägungsgrund Nr. 38 DelVO 2017/565).
13 Art. 26 Abs. 3 DelVO 2017/565.
14 Art. 26 Abs. 1 DelVO 2017/565. Die vom Leitungsorgan des Wertpapierdienstleistungsunternehmens zu bestätigenden Grundsätze für das Beschwerdemanagement müssen das Verfahren zur Bearbeitung von Beschwerden eindeutig, genau und der jüngsten Entwicklung entsprechend regeln. Vgl. MaComp Ziff. BT 12.1.2.
15 Gemäß Art. 26 Abs. 2 Satz 1 DelVO 2017/565 müssen die Angaben detailliert und gem. Art. 26 Abs. 1 Satz 2 DelVO 2017/565 eindeutig, genau und aktuell sein.
16 Art. 26 Abs. 2 Satz 1, 3 DelVO 2017/565. In dieser Veröffentlichung sind Angaben zu den Grundsätzen für das Beschwerdemanagement und Angaben dazu zu machen, wie die Beschwerdemanagementfunktion erreicht werden kann. Vgl. MaComp Ziff. BT 12.1.2 Nr. 6.
17 Art. 26 Abs. 2 Satz 4 DelVO 2017/565; MaComp Ziff. BT 12.1.2 Nr. 8.
18 *Schäfer* in Baulig, Compliance, S. 73; *Meyer/Paetzel/Will* in KölnKomm. WpHG, § 33 WpHG Rz. 197.
19 *Schäfer* in Baulig, Compliance, S. 73. Anweisungen zur Beschwerdebearbeitung sowie zu den Bearbeitungszeiten.
20 Art. 26 Abs. 3 Satz 2 DelVO 2017/565; Erwägungsgrund Nr. 38 DelVO 2017/565.
21 Art. 26 Abs. 7 DelVO 2017/565.

geeignete, nicht unmittelbar in den Beschwerdefall verwickelte Personen bearbeitet werden[1]. Der Kunde ist unverzüglich[2] über den Eingang der Beschwerde[3] zu **informieren**[4]. Dabei sind ihm detailliert zusammen mit der Bestätigung der Beschwerde das Verfahren, das bei der Abwicklung der Beschwerde einzuhalten ist, darzulegen[5]. Unerheblich ist, dass das Wertpapierdienstleistungsunternehmen pflichtgemäß[6] detaillierte Angaben zu dem Verfahren **veröffentlicht** hat. Innerhalb angemessener Frist (unverzüglich) sind die Kunden klar und leicht verständlich[7] über die Art und Weise, wie das Wertpapierdienstleistungsunternehmen **auf die Beschwerde zu reagieren gedenkt**, zu unterrichten[8]. Die Art der Erledigung, die unverzüglich zu erfolgen hat[9], ist festzuhalten. Wenn der Beschwerde nicht stattgegeben wird, braucht dies nicht begründet zu werden[10]. Die Kunden sind immer darauf hinzuweisen, dass die Möglichkeit besteht, die Beschwerde an eine Stelle zur alternativen Streitbeilegung weiterzuleiten sowie Gerichte einzuschalten[11]. Zur Aufzeichnung der Beschwerden und zur Meldung der Beschwerden an die Stelle zur alternativen Streitbeilegung sowie an die BaFin s. Art. 26 Abs. 1 Satz 2, Abs. 6 DelVO 2017/565 sowie MaComp Ziff. BT 12.1.2 Nr. 1–3, 11.

XI. Algorithmischer Handel (§ 80 Abs. 3–5 WpHG; Art. 1 ff. DelVO 2017/589). 1. Allgemeines. § 80 Abs. 2–5 WpHG setzt den Art. 17 Abs. 2 Unterabs. 5 und 6 sowie die Art. 4 Abs. 1 Nr. 39, Art. 17 Abs. 3 und 4 R 2014/65/EU (MiFID II)[12] um. § 80 Abs. 2–5 WpHG wird ergänzt durch die Art. 1 ff. DelVO 2017/589. Die Vorschriften sollen der besonderen Komplexität und der Erhöhung der Geschwindigkeit[13] des Handels durch den algorithmischen Handel Rechnung tragen sowie der Gefahr einer Überlastung der Handelssysteme[14] und dem Risiko einer Überreaktion entgegenwirken. Sie zielen ferner darauf ab, Tendenzen zur Steigerung der Volatilität durch den algorithmischen Handel[15] zu begrenzen und auf diese Weise die Stabilität der Finanzmärkte zu verbessern. Das dem algorithmischen Handel immanente besondere Risiko eines missbräuchlichen Verhaltens[16] soll im Interesse der Integrität der Finanzmärkte gesenkt werden. Dies alles soll eine verstärkte Risikokontrolle und intensivierte Aufsicht gewährleisten. 103

2. Begriff des algorithmischen Handels und der Market-Making-Strategie. § 80 Abs. 2 Satz 1 und 2 WpHG definiert im Einklang mit Art. 4 Abs. 1 Nr. 39 RL 2014/65/EU den **Begriff des algorithmischen Handels**. Der Handel kann auf eigene Rechnung geführt werden[17] oder in Ausführung von Kundenaufträgen erfolgen[18]. Hierfür genügt es, dass Kunden des Wertpapierdienstleistungsunternehmens, die algorithmischen Handel betreiben, unter dessen Kennung die Übermittlung ihrer Aufträge an die Handelsplätze gestattet wird[19]. Wie § 80 Abs. 4 WpHG zeigt, kann algorithmischer Handel beim Market Making[20] eingesetzt werden. Gehandelt wird 104

---

1 Vgl. zum WpHG a.F. *Fett* in Schwark/Zimmer, § 33 WpHG Rz. 49; *Schäfer* in Baulig, Compliance, S. 74; *Meyer/Paetzel/Will* in KölnKomm. WpHG, § 33 WpHG Rz. 197.
2 Art. 26 Abs. 4 DelVO 2017/565.
3 Vgl. zum WpHG a.F. *Meyer/Paetzel/Will* in KölnKomm. WpHG, § 33 WpHG Rz. 198.
4 Dies kann mit der Mitteilung der Abhilfe der Beschwerde und der Zurückweisung der Beschwerde kombiniert werden.
5 Art. 26 Abs. 2 Satz 3 DelVO 2017/565. Ausnahme: Mit der Bestätigung des Eingangs der Beschwerde wird zugleich mitgeteilt, dass in vollem Umfang abgeholfen oder dass die Beschwerde zurückgewiesen wird.
6 Art. 26 Abs. 2 Satz 1, 2 DelVO 2017/565.
7 Art. 26 Abs. 4 DelVO 2017/565; MaComp Ziff. BT 12.1.2 Nr. 10. Vgl. auch § 63 WpHG Rz. 64 zum Verständlichkeitserfordernis.
8 Art. 26 Abs. 5 DelVO 2017/565. Vgl. auch zum WpHG a.F. Guideline 6 und 7 des Joint Committee Final Report on guidelines for complaints-handling for the securities (ESMA) and banking (EBA) sectors v. 13.6.2014 – JC 2014 43.
9 Art. 26 Abs. 1 DelVO 2017/565. Gem. MaComp Ziff. BT 12.1.2 Nr. 10 sind die Kunden über die Gründe der Verzögerung und deren Dauer zu informieren. Vgl. zum WpHG a.F. Guideline 7 des Joint Committee Final Report on guidelines for complaints-handling for the securities (ESMA) and banking (EBA) sectors v. 13.6.2014 – JC 2014 43; *Meyer/Paetzel/Will* in KölnKomm. WpHG, § 33 WpHG Rz. 198.
10 Art. 26 Abs. 5 DelVO 2017/565 gebietet den Wertpapierdienstleistungsunternehmen lediglich, ihren Standpunkt mitzuteilen (ebenso MaComp Ziff. BT 12.1.2 Nr. 11). Vgl. aber zum WpHG a.F. Guideline 7 des Joint Committee Final Report on guidelines for complaints-handling for the securities (ESMA) and banking (EBA) sectors v. 13.6.2014 – JC 2014 43.
11 Art. 26 Abs. 5 DelVO 2017/565.
12 Regierungsbegründung zum 2. FiMaNoG, BT-Drucks. 18/10936, 242 f. Vgl. auch Erwägungsgrund Nr. 59 RL 2014/65/EU.
13 Verringerung der Latenzzeiten, insbesondere durch Kollokation, Proximy-Hosting oder direkte elektronische Hochgeschwindigkeitsmarktzugänge (vgl. zum WpHG a.F. BaFin, FAQs zum Hochfrequenzhandel v. 28.2.2014 Ziff. 20 f.).
14 Vgl. zum WpHG a.F. *Kobbach*, BKR 2013, 233.
15 Vgl. zum WpHG a.F. *Jaskulla*, BKR 2013, 221, 222; *Kobbach*, BKR 2013, 233 f.
16 Vgl. zum WpHG a.F. *Kobbach*, BKR 2013, 233.
17 Vgl. zum WpHG a.F. BaFin, FAQs zum Hochfrequenzhandel v. 28.2.2014 Ziff. 39. Das gilt auch, wenn der Handel im eigenen Namen auf eigene Rechnung als Dienstleistung für andere geschieht (BaFin, Rundschreiben 6/2013 v. 18.12.2013 unter Ziff. 6).
18 Darunter fallen auch Kommissionsgeschäfte (vgl. zum WpHG a.F. BaFin, Rundschreiben 6/2013 v. 18.12.2013 unter Ziff. 6).
19 Vgl. zum WpHG a.F. BaFin, FAQs zum Hochfrequenzhandel v. 28.2.2014, Ziff. 39.
20 Market Making i.S.d. Art. 4 Abs. 1 Nr. 7 und Art. 17 Abs. 4 RL 2014/65/EU (ESMA 70-872942901-38 v. 31.1.2017, Questions and Answers on MiFID II and MiFIR market structure Topics, Section 3 Answer 4). Dieser Begriff des Market-Making weicht von der allgemeinen Definition ab (Begr. RegE 2. FiMaNoG, BT-Drucks. 18/10936, 243).

mittels eines Computeralgorithmus, der in der Phase des Einleitens, des Erzeugens, des Weiterleitens oder der Ausführung von Aufträgen oder Quotes die Auftragsparameter in vollem Umfang automatisch ohne jegliche menschliche Interaktion[1] „bestimmt"[2]. In diesem Sinn erfolgt auch bei einer Veränderung einzelner Auftragsparameter eine Bestimmung[3]. Beim algorithmischen Handel wird mithin automatisch anhand von Schlüsselparametern, die das Wertpapierdienstleistungsunternehmen oder einer seiner Kunden festgelegt hat, über einzelne[4] oder alle wesentlichen Auftragsparameter[5], z.B. über das „Ob" des Auftrags, über dessen Zeitpunkt, dessen Preis und über die Menge der Finanzinstrumente oder über die Art der Bearbeitung des Auftrags, entschieden und die Ergebnisse dieser Entscheidung an den Handelsplatz gesendet. Unerheblich ist, ob das System auf Algorithmen oder einzelne Parameter eines Algorithmus anderer Systeme reagiert und ohne weitere menschliche Intervention Aufträge einleitet, erzeugt, weiterleitet oder ausführt[6] oder ob ein Auftrag nach seiner Übermittlung an den Handelsplatz unter eingeschränkter menschlicher Beteiligung bearbeitet wird[7]. Das sog. Smart Order Routing, bei dem über die Ausführungsgrundsätze des § 82 WpHG hinaus der Algorithmus den Verlauf der Order beeinflusst, fällt daher ebenfalls in die Kategorie des algorithmischen Handels[8]. Es ist gleichgültig, ob der Handel an Handelsplätzen stattfindet[9].

105 **Kein algorithmischer Handel** wird betrieben, wenn Algorithmen lediglich dazu dienen, Personen auf das Vorliegen einer bestimmten Situation aufmerksam zu machen, die daraufhin eigenständig reagieren können[10]; ferner, wenn bei Orders die Kunden den Ausführungsort nicht vorgeben und der Algorithmus dazu dient, die Kundenaufträge nach Maßgabe des § 82 WpHG auszuführen[11]. Werden lediglich Aufträge bestätigt, so fehlt es schon an einer Handelstätigkeit[12]. Gleiches gilt für die Nachhandelsbearbeitung ausgeführter Geschäfte mittels Computeralgorithmen[13]. Auch Wertpapierdienstleistungsunternehmen, die ohne einen Algorithmus erstellte Aufträge an ein anderes algorithmischen Handel betreibenden Wertpapierdienstleistungsunternehmen leiten, werden selbst dann nicht im algorithmischen Handel tätig, wenn die Aufträge gleichzeitig an mehrere Ausführungsplätze geleitet werden und nach Ausführung des Auftrags die nicht ausgeführten Parallelaufträge an den anderen Plätzen automatisch gelöscht werden[14].

106 Die Definition **der Market-Making-Strategie** in § 80 Abs. 5 WpHG weicht von der in § 2 Abs. 8 Satz 1 Nr. 2 lit. a WpHG verwendeten Definition des Market Making insofern ab[15], als es nicht nur darauf ankommt, dass der An- *oder* Verkauf von Finanzinstrumenten auf Finanzmärkten für eigene Rechnung unter Einsatz eigenen Kapitals zu selbstgestellten Preisen offeriert wird, sondern dass außerdem von Mitgliedern oder Teilnehmern eines oder mehrerer Handelsplätze feste zeitgleiche An- *und* Verkaufsgebote vergleichbarer[16] Größe zu wettbewerbsfähigen Preisen gestellt werden müssen (Rz. 115)[17]. Bezieht sich die Market-Making-Strategie auf mehrere Handelsplätze, so müssen diese Erfordernisse in vollem Umfang für jeden dieser Handelsplätze erfüllt

---

1 Vgl. auch zum WpHG a.F. BaFin, FAQs zum Hochfrequenzhandel v. 28.2.2014, Ziff. 22. Das heißt natürlich nicht, dass jegliche menschliche Interaktion auszuscheiden hat. Unerheblich ist nämlich, dass Menschen die Computersoftware programmiert haben (*Fuchs* in Fuchs, § 33 WpHG Rz. 144c). Wesentlich ist nur, dass die von Fall-zu-Fall-Entscheidung von dem Computer vorgenommen wird.
2 Art. 18 DelVO 2017/565.
3 Vgl. zum WpHG a.F. ESMA 70-872942901-38 v. 31.1.2017, Questions and Answers on MiFID II and MiFIR market structure Topics, Section 3 Answer 3.
4 Vgl. zum WpHG a.F. *Fuchs* in Fuchs, § 33 WpHG Rz. 144c.
5 § 80 Abs. 2 Satz 2 WpHG; Erwägungsgrund Nr. 59 RL 2014/65/EU.
6 Vgl. zum WpHG a.F. BaFin, FAQs zum Hochfrequenzhandel v. 28.2.2014, Ziff. 22.
7 Vgl. zum WpHG a.F. BaFin, FAQs zum Hochfrequenzhandel v. 28.2.2014, Ziff. 37: Der Algorithmus entscheidet nach Eingang oder automatischer Erstellung eines Auftrags unter weiterer Parameter, ob vor der Ausführung noch ein Mensch tätig werden soll. Vgl. auch *Kindermann/Coridass*, ZBB 2014, 178, 181.
8 Vgl. zum WpHG a.F. BaFin, FAQs zum Hochfrequenzhandel v. 28.2.2014, Ziff. 36; *Kindermann/Coridass*, ZBB 2014, 178, 181; a.A. *Kobbach*, BKR 2013, 233, 237; *Baur* in Just/Voß/Ritz/Becker, § 33 WpHG Rz. 84. Nicht darunter fällt ein automatischer Router, der Aufträge gleichzeitig an mehrere Handelsplätze sendet und nicht ausgeführte Aufträge storniert (ESMA 2016/1583 v. 19.12.2016, Questions and Answers on MiFID II and MiFIR market structure topics „Direct electronic Access (DEA) and algorithmic trading", Question 3).
9 Vgl. zum WpHG a.F. BaFin, Rundschreiben 6/2013 v. 18.12.2013, Ziff. 8 (auch Handelsplattformen für OTC-Geschäfte oder systematische Internalisierer [*Kobbach*, BKR 2013, 233, 237]).
10 Vgl. zum WpHG a.F. *Fuchs* in Fuchs, § 33 WpHG Rz. 144c.
11 Vgl. zum WpHG a.F. BaFin, FAQs zum Hochfrequenzhandel v. 28.2.2014, Ziff. 36, 39; *Fuchs* in Fuchs, § 33 WpHG Rz. 144d.
12 Vgl. zum WpHG a.F. *Fuchs* in Fuchs, § 33 WpHG Rz. 144d.
13 Erwägungsgrund Nr. 59 RL 2014/65/EU.
14 ESMA 2016/1583 v. 19.12.2016, Questions and Answers on MiFID II and MiFIR market structure topics „Direct electronic Access (DEA) and algorithmic trading", Question 2; ESMA 70-872942901-38 v. 31.1.2017, Questions and Answers on MiFID II and MiFIR market structure Topics, Section 3 Answer 2, 3.
15 Begr. RegE 2. FiMaNoG, BT-Drucks. 18/10936, 242.
16 *Der ESMA 2014/1570 v. 19.12.2014 Consultation Paper MiFID II/MiFIR*, S. 385 zufolge soll es genügen, dass die An- und Verkaufsgebote voneinander um nicht mehr als 50 % abweichen.
17 Vgl. auch § 26c Abs. 2 BörsG n.F.

sein[1]. In der Definition des § 80 Abs. 5 WpHG findet sich im Unterschied zu § 2 Abs. 8 Satz 1 Nr. 2 lit. a WpHG nicht das Erfordernis „kontinuierlich". Dieses Tatbestandsmerkmal prägt jedoch die Pflichten, die mit einer Market-Making-Strategie verbunden sind[2]. Wettbewerbsfähig sind die Preise, die sich innerhalb des Durchschnitts des Spreads der Geld- und Briefkurse bewegen.

3. Ausreichende Systeme und Risikokontrollen. a) Allgemeines. Die Wertpapierdienstleistungsunternehmen müssen ihre Handelssysteme und Handelsalgorithmen anhand klarer und formalisierter Regelungen installieren und überwachen, die eindeutige **Hierarchien** und Rechenschaftspflichten, effektive Verfahren für die **Informationsweitergabe** und die **Trennung von Aufgaben und Zuständigkeit**[3] vorgeben[4]. Sie tragen die volle Verantwortung bei der **Beschaffung** der Software und Hardware und können sich nicht dadurch entlasten, dass sie die Beschaffung auslagern[5]. Sie haben dafür zu sorgen, dass die **Compliance-Mitarbeiter** der Funktionsweise der algorithmischen Handelssysteme und Handelsalgorithmen in ihren Grundzügen verstehen[6] und dass diese zu den Personen, die im Notfall Aufträge stornieren[7], Verbindung halten oder dass diese direkt auf die für die „Kill-Funktion" oder auf die für einzelne Handelssysteme oder Handelsalgorithmen zuständigen Personen zugreifen können[8]. Bei der **Auslagerung** der Compliance-Funktion sind die Unternehmen, an die ausgelagert wird, so umfassend zu informieren, wie das Wertpapierdienstleistungsunternehmen seine eigene Compliance-Funktion informieren müsste[9]. Im Bereich des algorithmischen Handels muss eine ausreichende Zahl an **Mitarbeitern** beschäftigt werden, die über hinreichende Kenntnisse[10] und Fähigkeiten hinsichtlich der eingesetzten Handelssysteme und Handelsalgorithmen, in Hinblick auf die Überwachung und das Testen dieser Systeme bzw. Algorithmen sowie in Hinblick auf die eingesetzten Handelsstrategien und die daraus entspringenden rechtlichen Verpflichtungen verfügen. Einzelheiten regeln die Art. 3 ff. DelVO 2017/589.

b) Kapazität, Belastbarkeit der Handelssysteme, Handelsschwellen und Handelsobergrenzen (§ 80 Abs. 2 Satz 3 Nr. 1 WpHG). Es sind entsprechend der realistisch prognostizierten Menge an Handelsaufträgen und Handelsnachrichten ausreichende Kapazitäten vorzuhalten[11]. Diese müssen leicht vermehrt werden können[12]. Es müssen Kontrahentenlimite, Emittentenlimite, Marktpreislimite, Obergrenzen für Mitteilungen, für Markt- und Kreditrisiken gesetzt werden[13]. Die Einhaltung dieser Schwellen und Obergrenzen ist in Echtzeit sicherzustellen[14]. Dies alles ist regelmäßig zu testen.

c) Sicherung der Funktionen des Systems, Aussonderung fehlerhafter Aufträge (§ 80 Abs. 2 Satz 3 Nr. 2 WpHG). Vor Einführung eines algorithmischen Handelssystems, eines Handelsalgorithmus oder einer algorithmischen Handelsstrategie ist klar zu umreißen, wie bei der Entwicklung dieser Systeme, Algorithmen und Strategien vorzugehen ist. Dies betrifft die Auslegung, die Performance, die Aufzeichnungen und die Genehmigung[15]. Es ist sicherzustellen, dass sich die Systeme planmäßig verhalten und dass sie nicht marktstörend wirken[16]. Die Algorithmen sind kontrolliert einzuführen[17]. Ferner ist zu prüfen, ob die algorithmischen Handelssysteme und Handelsalgorithmen mit den Systemen des Handelsplatzes kompatibel sind und ordnungsgemäß funktionieren[18]. Zur Aussonderung fehlerhafter Aufträge ist eine Vorhandelskontrolle zu etablieren[19]. Nachhandelskontrollen sichern die Funktionen des Systems, dienen der Risikoüberwachung[20] und schützen das IT-System[21]. Zu wesentlichen Änderungen des Systems s. Art. 11 DelVO 2017/589.

---

1 ESMA 2014/1570 v. 19.12.2014 Consultation Paper MiFID II/MiFIR, S. 385 f. Nur so können die Kosten der Überwachung, die auf die Handelsplätze zukommen, in Grenzen gehalten werden.
2 § 80 Abs. 4 Nr. 1 WpHG.
3 Dies soll der Verschleierung unberechtigter Handelstätigkeiten vorbeugen (Art. 1 lit. c DelVO 2017/589. S. auch Art. 5 Abs. 3 Satz 2 DelVO 2017/589.
4 Art. 1 DelVO 2017/589; Erwägungsgrund Nr. 3 DelVO 2017/589.
5 Art. 4 DelVO 2017/589.
6 Dazu gehört, dass sie ständig mit Personen in Kontakt stehen, die über genauere technische Kenntnisse verfügen (Art. 2 Abs. 1 DelVO 2017/589.
7 Kill-Funktion; Art. 12 DelVO 2017/589.
8 Art. 2 Abs. 2 DelVO 2017/589.
9 Art. 2 Abs. 3 DelVO 2017/589.
10 Dies impliziert ausreichenden Zugriff auf Dokumentationen zur Hard- und Software.
11 *Fuchs* in Fuchs, § 33 WpHG Rz. 144h.
12 ESMA, Systeme und Kontrollen für Handelsplattformen, Wertpapierfirmen und zuständige Behörden in einem automatisierten Handelsumfeld v. 24.2.2012, ESMA/2012/122, S. 11.
13 Art. 15 DelVO 2017/589.
14 Art. 16 DelVO 2017/589.
15 Art. 5 Abs. 3 DelVO 2017/589.
16 Art. 5 Abs. 4 DelVO 2017/589.
17 Näher Art. 8 DelVO 2017/589.
18 Näher Art. 6 DelVO 2017/589.
19 Näher Art. 15 DelVO 2017/589.
20 Näher Art. 17 DelVO 2017/589.
21 Näher Art. 18 DelVO 2017/589.

110 **d) Schutz der Handelssysteme vor Marktmissbrauch; Einhaltung der Vorschriften des Handelsplatzes (§ 80 Abs. 2 Satz 3 Nr. 3 WpHG).** Es ist ein automatisiertes System zur Aufdeckung von Marktmanipulationen einzurichten[1]. Außerdem sind Methodologien zu entwickeln, die gewährleisten, dass den Regeln und Systemen des Handelsplatzes Rechnung getragen wird[2].

111 **e) Notfallvorkehrungen (§ 80 Abs. 2 Satz 4 WpHG).** Die Wertpapierdienstleistungsunternehmen müssen in der Lage sein, im Notfall jederzeit jeden beliebigen noch nicht ausgeführten Auftrag zu stornieren, gegebenenfalls sogar ihren Handelsalgorithmus zu stoppen oder das Handelssystem abzuschalten, ohne dadurch marktstörende Handelsbedingungen zu provozieren. Zu Einzelheiten s. Art. 12 DelVO 2017/589. Außerdem haben sie angemessen dafür zu sorgen, dass sie auch im Notfall den Betrieb ihrer algorithmischen Handelssysteme aufrechterhalten können. Zu Einzelheiten s. Art. 14 DelVO 2017/589. Die Notfallvorkehrungen sind einmal jährlich zu beurteilen. Dies ist in einem Validierungsbericht festzuhalten[3].

112 **f) Tests (Art. 5 DelVO 2017/589; § 80 Abs. 2 Satz 4 WpHG).** Vor Einführung eines algorithmischen Handels ist klar zu umreißen, wie die Handelssysteme, Algorithmen und Strategien zu testen sind[4]. Zu testen ist, ob die algorithmischen Handelssysteme etc. auch unter Stressbedingungen effektiv funktionieren, ob die Systeme zur Entstehung marktstörender Handelsbedingungen beitragen und ob die Abschaltung des algorithmischen Handelssystems etc. möglich ist[5]. Die Testmethodologien sind an die Handelsplätze anzupassen, an denen der Handelsalgorithmus zur Auftragsausführung verwendet wird[6]. Zu Einzelheiten zu den Tests s. Art. 6 f., 10 DelVO 2017/589. Jährlich hat eine Selbstbeurteilung und Validierung zu erfolgen[7].

113 **4. Anzeige an die BaFin und an die relevanten Handelsplätze (§ 80 Abs. 2 Satz 5 WpHG).** § 80 Abs. 2 Satz 5 WpHG setzt Art. 17 Abs. 2 RL 2014/65/EU (MiFID II) um. Die Anzeigen bedürfen keiner besonderen Form. Gemäß § 80 Abs. 2 Satz 5 WpHG ist nur das „Ob" des Betreibens eines algorithmischen Handels mitzuteilen[8]. Weitergehende Mitteilungspflichten statuieren Art. 11 Abs. 2, Art. 13 Abs. 8, Art. 16 Abs. 4, Art. 18 Abs. 3 DelVO 2017/589.

114 **5. Aufzeichnungen, Aufbewahrung (§ 80 Abs. 3 WpHG).** Allgemein zu den Aufzeichnungspflichten s. Art. 1 Halbsatz 1 (formalisierte Vorgaben), Art. 5 Abs. 1, 7, Art. 9, Art. 13 Abs. 9, Art. 14 Abs. 1, Art. 17 Abs. 3 DelVO 2017/589. Zu zusätzlichen Aufzeichnungspflichten beim algorithmischen Hochfrequenzhandel[9], zu den platzierten Aufträge, Auftragsstornierungen, ausgeführten Aufträgen, Kursnotierungen an den Handelsplätzen s. Art. 28 DelVO 2017/589 samt Tabellen in Anhang II der DelVO 2017/589[10].

115 **6. Market-Making-Strategie (§ 80 Abs. 4 WpHG).** Wertpapierdienstleistungsunternehmen, auf die § 26c Börsengesetz nicht anzuwenden ist, haben einen schriftlichen Vertrag mit jedem Handelsplatz zu schließen, an dem sie Market-Making-Strategien (Rz. 106) verfolgen. In ihm haben sie sich zu verpflichten, zu festgelegten Handelszeiten des Handelsplatzes für bestimmte Finanzinstrumente kontinuierlich An- und Verkaufsgebote abzugeben, so dass der Handelsplatz regelmäßig und verlässlich, und damit vorhersehbar, mit Liquidität versorgt wird[11]. Zu Einzelheiten s. DelVO 2017/578.

116 **XII. Auslagerung (Art. 30 ff. DelVO 2017/565; § 80 Abs. 6 WpHG).** In Umsetzung des Art. 16 Abs. 5 RL 2014/65/EU sollen die Art. 30 ff. DelVO 2017/565 sowie der § 80 Abs. 6 WpHG mit seiner Verweisung auf § 25b KWG[12] **sicherstellen**, dass die Ordnungsmäßigkeit der Erbringung der Wertpapier(neben)dienstleistungen, die Minimierung der Interessenkonflikte und die Wirksamkeit des internen Kontrollverfahrens nicht durch die **Auslagerung** von Unternehmensfunktionen und -prozessen[13] des Wertpapierdienstleistungsunternehmens in Frage gestellt wird. Dabei spielt es keine Rolle, ob Unternehmensfunktionen auf konzerneigene Unternehmen oder auf dritte Unternehmen ausgelagert werden[14]. Vor allem soll die Präventionswirkung der

---

1 Näher Art. 13 DelVO 2017/589.
2 Art. 5 Abs. 4 lit. c DelVO 2017/589.
3 Art. 5 Abs. 1 lit. c DelVO 2017/589.
4 Art. 5 Abs. 1 DelVO 2017/589.
5 Art. 5 Abs. 4 lit. d DelVO 2017/589.
6 Art. 5 Abs. 5 DelVO 2017/589.
7 Näher dazu Art. 9 DelVO 2017/589.
8 Vgl. BaFin, Formular algorithmischer Handel v. 13.12.2017.
9 § 2 Abs. 8 Satz 1 Nr. 2 lit. d, Abs. 44 WpHG; Art. 19 DelVO 2017/565. S. dazu auch Erwägungsgrund Nr. 61 f. RL 2014/65/EU; ESMA, Consultation Paper 2014/549 v. 22.5.2014 S. 230 ff.
10 Vgl. ESMA 2014/1570 v. 19.12.2014, Consultation Paper-Annex B, S. 485 ff.
11 Vgl. Erwägungsgrund Nr. 60 RL 2014/65/EU; ESMA 2014/1570 v. 19.12.2014, Consultation Paper-Annex B, S. 270; ESMA 2015/1464 v. 28.9.2015, Cost Benefit Analysis-Annex II, S. 257 ff.
12 Vgl. zum WpHG a.F. *Fischer/Petri/Steidle*, WM 2007, 2313 ff.; *Hanten/Görke*, BKR 2007, 489; *Kaetzler/Weirauch*, BKR 2008, 265.
13 Von einer Auslagerung kann nicht gesprochen werden, wenn der Kunde des Wertpapierdienstleistungsunternehmens bislang von diesem erledigte Aufgaben selbst oder vertreten durch das Wertpapierdienstleistungsunternehmen auf ein drittes Wertpapierdienstleistungsunternehmen überträgt.
14 Vgl. zum WpHG a.F. *Fuchs* in Fuchs, § 33 WpHG Rz. 152; *Meyer/Paetzel/Will* in KölnKomm. WpHG, § 33 WpHG Rz. 225.

Prüfungs- und Kontrollrechte der BaFin gesichert werden (§ 25b Abs. 3 KWG). Der Begriff der Auslagerung wird in Art. 2 Abs. 3 DelVO 2017/565 **legaldefiniert**. Die Auslagerung i.S.d. § 80 Abs. 6 WpHG setzt nicht den Übergang eines Betriebes oder Betriebsteils i.S.d. § 613a BGB voraus[1]. Bei der Auslagerung geht es nicht ausschließlich um die Verlagerung einer Unternehmensfunktion oder eines Unternehmensprozesses eines bestehenden Unternehmens, das seine Unternehmensfunktionen nunmehr ganz oder teilweise durch Dritte erfüllen lässt. Es muss nämlich verhindert werden, dass Wertpapierdienstleistungsunternehmen, die von vornherein mit Subunternehmen arbeiten, begünstigt werden. Unerheblich ist, ob die Übertragung von betrieblichen Aufgaben zeitlich und inhaltlich nachhaltig ist. Die Beschäftigung von Leiharbeitnehmern stellt keine Auslagerung dar, weil diese wie sonstige Arbeitnehmer nach Weisung des Wertpapierdienstleistungsunternehmens tätig werden. Wenn Art. 2 Abs. 3 DelVO 2017/565 darauf abhebt, ob das Wertpapierdienstleistungsunternehmen eine Dienstleistung oder eine Tätigkeit „ansonsten selbst übernähme", so kann es hierbei nur um spezifische mit der Wertpapierdienstleistung verbundene Aktivitäten gehen. Keine Auslagerung erfolgt deshalb, wenn für die betriebliche Tätigkeit Waren erworben werden. Gleiches gilt für Leistungen, die typischerweise bezogen werden und die regelmäßig auch in Zukunft von Wertpapierdienstleistungsunternehmen nicht selbst erbracht werden können[2].

Unterscheidung zwischen ausschlaggebenden/wichtigen und nicht ausschlaggebenden/nicht wichtigen Bereichen. Es kommt, wie Art. 30 DelVO 2017/565 zeigt, auf die objektive Einstufung als ausschlaggebend oder wichtig an[3]. Uneingeschränkt[4] können alle Bereiche ausgelagert werden, die für die Erbringung der Wertpapier(neben)dienstleistung nicht ausschlaggebend oder nicht wichtig sind, d.h. diejenigen Bereiche, in denen den Kunden weder spezifisch mit der Wertpapier(neben)dienstleistung verbundenen Risiken drohen[5] noch anzunehmen ist, dass sie für die finanzielle Leistungsfähigkeit, Solidität oder Kontinuität des Wertpapierdienstleistungsunternehmens von wesentlicher Bedeutung sind. Dazu zählen Beratungs- und andere Dienstleistungen, die nicht Teil des Anlagegeschäfts sind, einschließlich der Beratung in Rechtsfragen, der Mitarbeiterschulung, Rechnungserstellung, Bewachung von Gebäuden und Mitarbeitern, ferner der Erwerb standardisierter Dienstleistungen einschließlich der Marktinformationsdienste und Preisdaten[6]. Anders ist die Rechtslage z.B. bei der EDV (Rz. 8, 64)[7], Buchhaltung (Rz. 7).

117

In den i.S.d. § 80 Abs. 6 WpHG für Wertpapier(neben)dienstleistungen ausschlaggebenden oder wichtigen **Bereich** fallen diejenigen Aktivitäten, die erforderlich sind, um die Zulassungsbedingungen und die Pflichten nach diesem Gesetz kontinuierlich einzuhalten, und deren Unterbleiben oder deren Mängel die Solidität, die finanzielle Leistungsfähigkeit des Wertpapierdienstleistungsunternehmens oder die Kontinuität seiner Wertpapierdienstleistungen und Anlagetätigkeiten wesentlich beeinträchtigen würde[8]. Es geht mithin um Aktivitäten und Fähigkeiten, die unmittelbar für die kontinuierliche gesetzeskonforme Erbringung der Dienstleistungen notwendig sind[9], insbesondere um solche Bereiche, in denen angesichts der Art, des Umfangs, der Komplexität und des Risikogehalts der Aktivitäten und Prozesse[10] mit für die Wertpapier(neben)dienstleistungen spezifischen[11] Risiken zu rechen ist[12]. Auch die Erfassung, Analyse oder Steuerung dieser Risiken ist für die Gewährleistung einer lückenlosen Aufsicht wesentlich.

118

Voraussetzungen für die Auslagerung ausschlaggebender und wichtiger Bereiche. Wie sich aus Art. 31 DelVO 2017/565 und § 25b Abs. 1 Satz 1 KWG ergibt, dürfen grundsätzlich ausschlaggebende und wichtige Bereiche ausgegliedert werden, sofern die Ordnungsmäßigkeit dieser Geschäfte oder Dienstleistungen[13], die Steuerungs- oder Kontrollmöglichkeiten der Geschäftsleitung[14] nicht eingeschränkt, die Prüfungsrechte sowie Kon-

119

---

1 Vgl. zum WpHG a.F. *Fuchs* in Fuchs, § 33 WpHG Rz. 152.
2 Z.B. Aktivitäten von Clearingsstellen (vgl. zum WpHG a.F. *Fuchs* in Fuchs, § 33 WpHG Rz. 159).
3 Vgl. zum WpHG a.F. *Campell*, ZBB 2008, 148, 157 f.; *Meyer/Paetzel/Will* in KölnKomm. WpHG, § 33 WpHG Rz. 227; a.A. *Fuchs* in Fuchs, § 33 WpHG Rz. 156 (self assessment).
4 Umkehrschluss aus Art. 31 DelVO 2017/565.
5 Vgl. zum WpHG a.F. *Fischer/Petri/Steidle*, WM 2007, 2313, 2317; *Fett* in Schwark/Zimmer, § 33 WpHG Rz. 53; *Fuchs* in Fuchs, § 33 WpHG Rz. 158.
6 Art. 30 Abs. 2 DelVO 2017/565.
7 Rundschreiben der BaFin 10/2017 (BA) v. 3.11.2017 Tz. 53 ff.
8 Art. 30 Abs. 1 DelVO 2017/565.
9 Z.B. die Aufzeichnung von Telefongesprächen (ESMA 35-43-349 v. 4.4.2017, Questions and Answers on MiFID II and MiFIR topics, 3 Recording of telephone conversations and electronic communication, Answer 7).
10 Vgl. zum WpHG a.F. *Campell*, ZBB 2008, 148, 153.
11 Insbesondere eine Vernachlässigung der Kundeninteressen; *Fuchs* in Fuchs, § 33 WpHG Rz. 157 (Effektengeschäft, Finanzportfolioverwaltung, Finanzanalyse, Anlageberatung).
12 Vgl. zum WpHG a.F. *Söbbing/Weinbrenner*, WM 2006, 165, 172 f.; *Hanten/Görke*, BKR 2007, 489, 491; ähnlich *Fuchs* in Fuchs, § 33 WpHG Rz. 153 (direkter Zusammenhang); abw. *Fett* in Schwark/Zimmer, § 33 WpHG Rz. 53 (Bereiche, auf die bei einer sachgerechten und gewissenhaften Einhaltung der §§ 31 ff. WpHG nicht verzichtet werden kann).
13 Art. 31 Abs. 1, Abs. 2 lit. b DelVO 2017/565.
14 Insbesondere wirksames Risikomanagement; Art. 31 Abs. 1 lit. a, Abs. 2 lit. e DelVO 2017/565; 80 Abs. 6 Satz 1 WpHG i.V.m. § 25b Abs. 1 Satz 3 KWG. Vgl. auch MaRisk AT 9 Nr. 4.

trollmöglichkeiten der BaFin nicht beeinträchtigt werden[1] und infolge der Auslagerung keine Interessenkonflikte[2] oder zusätzliche übermäßige Risiken[3] entstehen. Ein generelles **Auslagerungsverbot** existiert außer auf der Ebene der zentralen Leitungsfunktionen[4] nur, wenn die Bedingungen und Voraussetzungen, unter denen das Wertpapierdienstleistungsunternehmen zugelassen worden ist, bei einer Auslagerung nicht mehr erfüllt wären[5]. Daraus darf nicht geschlossen werden, dass ein Kern des eigentlichen operativen Geschäfts im Unternehmen verbleiben muss[6]. Die Compliance-Funktion darf ausgelagert werden[7]; ebenso die Interne Revision[8]. Die Voraussetzungen, unter denen dem Wertpapierdienstleistungsunternehmen die Erlaubnis nach § 32 KWG erteilt worden ist, müssen nach der Auslagerung gewahrt bleiben[9]. Die Ausgliederung darf weder die Pflichten i.S.d. §§ 63 ff. WpHG, RL 2014/65/EU i.V.m. den Delegierten Verordnungen sowie einschägigen nationalen Verordnungen noch sonstige Pflichten gegenüber den Kunden mindern[10].

120 Soweit ausschlaggebende oder wichtige Aktivitäten ausgegliedert werden, hat das Wertpapierdienstleistungsunternehmen zuverlässige[11] und im Licht der an sie ausgelagerten Aufgaben dauerhaft ausreichend leistungsfähige Unternehmen (Dienstleister) auszuwählen[12]. Dies ist insbesondere dort von Bedeutung, wo Kunden, etwa bei Spekulationsgeschäften, gravierenden Risiken ausgesetzt sind[13]. In einem schriftlichen[14] Vertrag[15] mit dem Dienstleister muss es die auszulagernden Leistungen eindeutig[16] definieren. Das Wertpapierdienstleistungsunternehmen hat die Dienstleister sorgfältig anzuleiten[17] und die aus der Auslagerung resultierenden Risiken angemessen zu steuern[18]. Diese haben die übernommenen Aufgaben vollständig, mangelfrei und gesetzeskonform zu erledigen sowie die mit der Tätigkeit verbundenen Risiken ausreichend zu minimieren oder aufzufangen[19]. Die Leistungsfähigkeit der Dienstleister sowie ihr Leistungsverhalten sind fortlaufend mit verkehrserforderlicher Sorgfalt zu überwachen und regelmäßig[20] zu evaluieren[21]. Dazu ist auch die Risikomanagement-Funktion (Rz. 9) einzuschalten[22]. Das Wertpapierdienstleistungsunternehmen darf berücksichtigen, dass der Dienstleister seiner Gruppe (Rz. 18) angehört[23]. Es hat die für die Überwachung erforderlichen Mitarbeiter vorzuhalten[24]. Die besonderen Risiken, die daraus resultieren, dass Funktionen ausgelagert worden sind, zumal wenn einige wenige Dienstleister diese Funktionen in ihrer Hand konzentrieren, sind im Auge zu behalten[25]. Es muss ferner dafür gesorgt werden, dass die Leistungsstandards in erforderlichem Umfang neueren Entwicklungen angepasst werden. Für den Fall von Betriebsstörungen müssen Vorkehrungen getroffen werden[26].

---

1 Art. Abs. 1 lit. c, d, Abs. 2 lit. h, Abs. 3, 5 DelVO 2017/565; § 80 Abs. 6 Satz 1 WpHG i.V.m. § 25b Abs. 4 KWG.
2 Vgl. ESMA 2016/1165 v. 11.10.2016, Questions and Answers relating to the provision of CFDs and other speculative products to retail investors under MiFID II, Ziff. 23.
3 § 80 Abs. 6 Satz 1 WpHG i.V.m. § 25b Abs. 1 Satz 1 KWG.
4 Art. 31 Abs. 1 lit. a DelVO 2017/565; § 80 Abs. 6 Satz 1 WpHG i.V.m. § 25b Abs. 2 KWG. Vgl. zum WpHG a.F. CESR/05-025 v. Januar 2005, S. 13 f.; *Fischer/Petri/Steidle*, WM 2007, 2313, 2317; *Hanten/Görke*, BKR 2007, 489, 491; *Spindler*, WM 2008, 905, 912 f. (Compliance); *Fuchs* in Fuchs, § 33 WpHG Rz. 155 (originäre Geschäftsleiteraufgaben).
5 Art. 31 Abs. 1 lit. c, d DelVO 2017/565.
6 Vgl. zum WpHG a.F. *Fuchs* in Fuchs, § 33 WpHG Rz. 155. Für Erhaltung eines „Kerns" *Meyer/Paetzel/Will* in KölnKomm. WpHG, § 33 WpHG Rz. 251.
7 S. Rz. 83; vgl. auch MaRisk AT 9 Nr. 4 f.; zum WpHG a.F. einschr. *Meyer/Paetzel/Will* in KölnKomm. WpHG, § 33 WpHG Rz. 241 f.
8 Rz. 10. Vgl. zum WpHG a.F. *Fuchs* in Fuchs, § 33 WpHG Rz. 171.
9 Art. 31 Abs. 1 lit. c, d DelVO 2017/565; § 80 Abs. 6 Satz 3 WpHG.
10 Art. 31 Abs. 1 lit. b DelVO 2017/565; § 80 Abs. 6 Satz 2 WpHG. Vgl. zum WpHG a.F. *Meyer/Paetzel/Will* in KölnKomm. WpHG, § 33 WpHG Rz. 256. Demnach ist es dem Wertpapierdienstleistungsunternehmen auch untersagt, für den Fall einer Auslagerung in AGB Klauseln aufzunehmen, die die Rechte der Kunden beeinträchtigen.
11 Zur Zuverlässigkeit gehört, dass die Dienstleister über die vorgeschriebenen Zulassungen verfügen und professionell handeln (Art. 31 Abs. 2 lit. a DelVO 2017/565).
12 Art. 31 Abs. 2 lit. a DelVO 2017/565. Zur ausreichenden Leistungsfähigkeit zählen nicht nur die Befähigung und Kapazität, die anfallenden Aufgaben zu erledigen, sondern auch sachgerechte Organisationsstrukturen.
13 ESMA 2016/1165 v. 11.10.2016, Questions and Answers relating to the provision of CFDs and other speculative products to retail investors under MiFID II, Ziff. 21 ff.
14 Art. 31 Abs. 3 DelVO 2017/565; § 80 Abs. 6 Satz 1 WpHG i.V.m. § 25b Abs. 3 Satz 3 KWG.
15 Eingehend zum WpHG a.F. *Hanten/Görke*, BKR 2007, 489, 492; *Loff*, WM 2009, 780, 785 f.
16 Art. 31 Abs. 3 DelVO 2017/565.
17 Art. 31 Abs. 2 Halbsatz 1, Abs. 1 lit. e DelVO 2017/565.
18 Art. 31 Abs. 2 lit. c, e DelVO 2017/565.
19 Art. 31 Abs. 2 lit. b, c DelVO 2017/565.
20 Hierfür sind organisatorische Vorkehrungen (Methoden und Verfahren) zu schaffen.
21 Art. 31 lit. b, e DelVO 2017/565. Vgl. zum WpHG a.F. *Fuchs* in Fuchs, § 33 WpHG Rz. 163.
22 Erwägungsgrund Nr. 36 DelVO 2017/565.
23 Art. 31 Abs. 4 DelVO 2017/565.
24 Art. 31 Abs. 2 Satz 2 lit. e DelVO 2017/565. Vgl. zum WpHG a.F. *Meyer/Paetzel/Will* in KölnKomm. WpHG, § 33 WpHG Rz. 253.
25 Art. 31 Abs. 2 lit. e DelVO 2017/565.
26 Art. 31 Abs. 2 lit. k DelVO 2017/565.

Wertpapierdienstleistungsunternehmen haben, um ihre laufenden Kontrollaufgaben erfüllen zu können (Rz. 120), ausreichend eigenes Personal zu beschäftigen[1]. Sie haben sich und ihren Abschlussprüfern sowie den zuständigen Behörden ausreichende **Auskunfts-, Einsichts-, Zutritts-** sowie ausdrücklich angemessene[2] **Weisungs- und Kontrollrechte** gegenüber den Dienstleistern auszubedingen[3]. Den Dienstleistern muss verboten werden, die ihnen übertragenen Aufgaben ohne schriftliche Zustimmung der Wertpapierdienstleistungsunternehmen durch **Subunternehmer** erledigen zu lassen[4]. Die Wertpapierdienstleistungsunternehmen müssen in der Lage sein, bei Fehlverhalten eines Dienstleisters durch ein Recht zur **Kündigung intensiven Druck ausüben**[5] und gegebenenfalls reibungslos die **Aufgaben** des Dienstleisters **übernehmen** zu können oder durch Dritte übernehmen zu lassen[6]. Das Wertpapierdienstleistungsunternehmen darf berücksichtigen, dass der Dienstleister seiner Gruppe[7] angehört[8]. 121

Die Unternehmen, auf die ausschlaggebende oder wichtige Bereiche verlagert worden sind (Dienstleister), haben die auslagernden Wertpapierdienstleistungsunternehmen über jede **Entwicklung zu informieren**, die ihre Fähigkeit zur mangelfreien und gesetzeskonformen Erfüllung ihrer Aufgaben wesentlich zu beeinträchtigen droht[9]. Sie haben die **Kundendaten** angemessen zu schützen und sind verpflichtet, das **Berufsgeheimnis** in gleicher Weise wie das auslagernde Wertpapierdienstleistungsunternehmen zu wahren[10]. Zusammen mit dem Dienstleister haben die auslagernden Wertpapierdienstleistungsunternehmen vorzusorgen, dass bei einem Systemausfall der **Erhalt der Daten** gesichert ist[11]. 122

In dem Vertrag mit den Dienstleistern muss vorgesehen werden, dass die **BaFin** die Dienstleister jederzeit und umfassend **prüfen** kann, jedenfalls dass das Wertpapierdienstleistungsunternehmen ihre die Dienstleister betreffenden Informationen der BaFin zur Verfügung stellen darf[12]. Das gilt auch bei Weiterverlagerung durch einen Dienstleister[13]. Bei Auslagerungen ins Ausland muss die Prüfungsmöglichkeit effektiv bestehen. 123

Bei der Auslagerung der **Vermögensverwaltung für Privatkunden** in einen **Drittstaat** ist Art. 32 DelVO 2017/565 zu beachten. Es geht hier um Fälle, in denen die Anlageentscheidungen im Rahmen der Finanzportfolioverwaltung nicht vom Vermögensverwalter selbst getroffen, sondern „ausgelagert" werden[14]. Die Unternehmen in dem Drittstaat müssen nicht vertraglich den §§ 63 ff. WpHG unterworfen werden. Das Wertpapierdienstleistungsunternehmen muss aber dafür sorgen, dass die Dienstleister dieselben Wohlverhaltenspflichten einhalten, die es zu beachten hätte, wenn es die Entscheidungen selbst treffen würde. Ferner muss gem. Art. 32 DelVO 2017/565 der Dienstleister in dem Drittstaat zugelassen oder registriert sowie wirksam beaufsichtigt sein. Außerdem muss zwischen der BaFin und der Aufsichtsbehörde des Dienstleisters eine angemessene Kooperationsvereinbarung geschlossen worden sein. Zu Einzelheiten s. Art. 32 Abs. 2 DelVO 2017/565. 124

XIII. Unabhängige Honorar-Anlageberatung (Art. 52 ff. DelVO 2017/565; § 80 Abs. 7 WpHG). 1. Organisatorische, funktionale und personelle Trennung. Die Unabhängigkeit der Honorar-Anlageberatung ist durch organisatorische, funktionale und personelle Trennung sicherzustellen. Jede Verflechtung zwischen der provisionsgestützten, nicht-unabhängigen Anlageberatung und der Unabhängigen Honorar-Anlageberatung ist zu vermeiden. Hierfür sind die erforderlichen organisatorischen Maßnahmen zu treffen[15]. Die Berater, die eine nicht-unabhängige und die Berater, die eine Unabhängige Honorar-Anlageberatung betreiben, müssen räumlich so deutlich voneinander getrennt tätig werden, dass verständigen Durchschnittskunden die Art der ihnen angebotenen Beratungsleistungen nicht verborgen bleiben kann[16]. Auch die Telefonanschlüsse und Internetadressen sind klar zu separieren. Der direkte Vorgesetzte der Unabhängigen Honorar-Anlageberater darf nicht 125

---

1 Art. 31 Abs. 2 lit. e DelVO 2017/565.
2 Vgl. zum WpHG a.F. *Fischer/Petri/Steidle*, WM 2007, 2313, 2317.
3 Art. 31 Abs. 2 lit. i, Abs. 3 Satz 2 DelVO 2017/565. Vgl. auch zum WpHG a.F. *Söbbing/Weinbrenner*, WM 2006, 165, 173; *Weber-Rey*, AG 2008, 345, 352 f.; *Kaetzler/Weirauch*, BKR 2008, 265, 266 f.; *Fuchs* in Fuchs, § 33 WpHG Rz. 162 f. Eines Beherrschungsvertrages bedarf es auch dann nicht, wenn das Unternehmen, an das ausgelagert wird, von dem auslagernden Unternehmen abhängig ist; denn die Weisung geht an das Unternehmen, nicht an die Unternehmensleitung (abw. *Fett* in Schwark/Zimmer, § 33 WpHG Rz. 58).
4 Art. 31 Abs. 3 Satz 3 DelVO 2017/565. Vgl. zum WpHG a.F. *Söbbing/Weinbrenner*, WM 2006, 165, 174; *Meyer/Paetzel/Will* in KölnKomm. WpHG, § 33 WpHG Rz. 226; *Fuchs* in Fuchs, § 33 WpHG Rz. 166.
5 Art. 31 Abs. 2 lit. g, l DelVO 2017/565. Vgl. zum WpHG a.F. *Fischer/Petri/Steidle*, WM 2007, 2313, 2317.
6 Art. 31 Abs. 2 lit. l DelVO 2017/565. Vgl. zum WpHG a.F. *Fuchs* in Fuchs, § 33 WpHG Rz. 165.
7 Art. 4 Abs. 1 Nr. 34 RL 2014/65/EU.
8 Art. 31 Abs. 4 DelVO 2017/565.
9 Art. 31 Abs. 2 lit. f DelVO 2017/565.
10 Art. 31 Abs. 2 lit. j DelVO 2017/565. Vgl. zum WpHG a.F. *Söbbing/Weinbrenner*, WM 2006, 165 f.
11 Art. 31 Abs. 2 lit. k DelVO 2017/565.
12 Art. 31 Abs. 2 lit. h, Abs. 5 DelVO 2017/565.
13 Vgl. zum WpHG a.F. *Fuchs* in Fuchs, § 33 WpHG Rz. 166.
14 Anlageentscheidungen oder Entscheidungen darüber, welche Anlagen betreffende (Des)Investitionen zu tätigen sind. Ebenso zum WpHG a.F. *Baur* in Just/Voß/Ritz/Becker, § 33 WpHG Rz. 102.
15 § 8 WpDVerOV (Rz. 172).
16 Art. 53 Abs. 3 lit. c DelVO 2017/565.

zugleich für die nicht-unabhängige Anlageberatung und umgekehrt der direkte Vorgesetzte der nicht-unabhängigen Anlageberatung nicht für die Unabhängige Honorar-Anlageberatung zuständig sein[1]. Auch die für die Anlageberatung zuständigen Organe[2] und Mitarbeiter dürfen nicht beide Formen der Anlageberatung betreiben[3]. Die Beachtung dieser Organisationsmaßnahmen ist laufend zu kontrollieren[4]. Gleiches gilt für das Nebeneinander der Unabhängigen Honorar-Anlageberatung und des Vertriebs von Finanzinstrumenten auf Festpreisbasis[5]. Die Zulässigkeit von Vertriebsvorgaben wird über die Vorgaben des § 80 Abs. 1 Satz 2 Nr. 3 WpHG hinaus dadurch eingeschränkt, dass die Vorgaben nicht nur nicht die Kundeninteressen unberührt lassen müssen, sondern dass sie auch so auszugestalten sind, dass „in keinem Fall" Interessenkonflikte mit Kundeninteressen entstehen können. Die Vertriebsvorgaben sind mithin schon dann unzulässig, wenn die abstrakte Gefahr entsteht, dass Kundeninteressen vernachlässigt werden, weil dies dem Wertpapierdienstleistungsunternehmen einen Vorteil bringt[6]. Die Offenlegung des Konflikts kann die Gefahr nicht beseitigen[7]. Vorgaben für die Häufigkeit und Dauer der Anlageberatung selbst werden von § 80 Abs. 7 Satz 2 WpHG nicht erfasst[8].

126 **2. Unterrichtung der Öffentlichkeit über das Angebot.** Ein Wertpapierdienstleistungsunternehmen, das seine Unabhängige Honorar-Anlageberatung auf bestimmte Kategorien von oder auf ein konkretes Spektrum an Finanzinstrumenten beschränkt, hat bei seinem Auftreten und seinen Werbemaßnahmen darauf zu achten, dass sich nur Kunden angesprochen fühlen, die diese Kategorien bzw. dieses Spektrum von Finanzinstrumenten bevorzugen[9]. Die Pflicht, die Öffentlichkeit auf der Internetseite des Wertpapierdienstleistungsunternehmens über das Angebot einer Unabhängigen Honorar-Anlageberatung zu unterrichten, soll zu einer erhöhten Nachfrage nach dieser Form der Anlageberatung führen[10]. Es ist einem Wertpapierdienstleistungsunternehmen jedoch verwehrt, die Unabhängige Honorar-Anlageberatung im Vergleich zur nicht-unabhängigen Beratung übermäßig hervorzuheben[11] und damit die nicht-unabhängige Anlageberatung als weniger empfehlenswert darzustellen.

127 **3. Verstehen der Wertpapierdienstleistungen und der Finanzinstrumente (Art. 54 Abs. 9 DelVO 2017/565).** Auch bei der Unabhängigen Honorar-Anlageberatung ist es selbstverständlich, dass die Wertpapierdienstleistungsunternehmen die von ihnen vermarkteten[12] Wertpapier(neben)dienstleistungen und Finanzinstrumente in ihren Funktionszusammenhängen und Wirkungen verstehen müssen (§ 63 Abs. 5 WpHG). Um dem nachzukommen müssen die Wertpapierdienstleistungsunternehmen nicht nur bei der Unabhängigen Honorar-Anlageberatung, sondern ganz allgemein geeignete organisatorische[13] Vorkehrungen treffen, um dafür sorgen zu können, dass sie und ihre Mitarbeiter jederzeit in der Lage sind, nach Maßgabe ihrer Aufgaben die Spezifika der empfohlenen Wertpapierdienstleistungen und Finanzinstrumente zu erkennen, ihre Wirkungen zu durchschauen und zu beurteilen, ob diese für den einzelnen Kunden geeignet sind (§ 64 WpHG Rz. 41) sind.

128 **XIV. Zuwendungen an Unabhängige Honoraranlageberater und Finanzportfolioverwalter (§ 80 Abs. 8 WpHG).** Die Vorschrift setzt den Art. 12 Abs. 1 DelRiL 2017/593 um[14]. Sie ergänzt auf der Ebene der Organisation den § 64 Abs. 5, 7 WpHG. Die Wertpapierdienstleistungsunternehmen haben dementsprechend ihre Ablaufprozesse so zu gestalten, dass alle auskehrungspflichtigen monetären Zuwendungen (§ 64 WpHG Rz. 67, 84 f.) erfasst, unverzüglich zugunsten des jeweiligen Kunden verbucht und abgeführt werden.

129 **XV. Produktfreigabe von Finanzinstrumenten (§ 80 Abs. 9–13 WpHG). 1. Allgemeines.** Die Vorschrift setzt i.V.m. § 63 Abs. 4 WpHG und § 11 WpDVerOV (Rz. 172)[15] die Art. 16 Abs. 3 und 24 Abs. 2 RL 2014/65/EU sowie den Art. 9 DelRL 2017/593 um. Durch angemessene Organisationsmaßnahmen (Rz. 145) soll der An-

---

1 § 8 Satz 1 WpDVerOV (Rz. 172) formuliert: „seitens der übrigen Anlageberatung kein Einfluss auf die Honorar-Anlageberatung ausgeübt". Mit der „übrigen Anlageberatung" sind natürlich auch die Personen gemeint, die die Anlageberatung leiten.
2 Sofern natürliche Personen als Organe tätig sind. Juristische Personen als Organe können nicht selbst als Berater wirken. Vgl. auch *Balzer*, ZBB 2016, 226, 231.
3 Art. 53 Abs. 3 lit. c Satz 2 DelVO 2017/565; *Balzer*, ZBB 2016, 226, 231 [auch nicht als Urlaubsvertretung]). Vgl. zum WpHG a.F. *Müchler/Trafkowski*, ZBB 2013, 101, 110; *Balzer*, Bankrechtstag 2013, S. 172; *Meyer/Paetzel/Will* in Köln-Komm. WpHG, § 33 WpHG Rz. 264.
4 Art. 53 Abs. 3 lit. c Satz 1 DelVO 2017/565.
5 Vgl. *Giudici* in Busch/Ferrarini, Regulation of the EU Financial Markets, Rz. 6.34.
6 Unzulässig ist deshalb die Vorgabe eines bestimmten Vertriebsvolumens.
7 Zum WpHG a.F. *Weinhold*, Die Vergütung der Anlageberatung zu Kapitalanlagen, S. 260.
8 Insoweit ziehen sowohl § 63 Abs. 1, 3 WpHG als auch § 80 Abs. 1 Satz 2 Nr. 2 WpHG Schranken. A.A. zum WpHG a.F. *Weinhold*, Die Vergütung der Anlageberatung zu Kapitalanlagen, S. 261.
9 Art. 53 Abs. 2 lit. a DelVO 2017/565.
10 Vgl. Begr. RegE Honoraranlageberatungsgesetz, BT-Drucks. 17/12295, 16.
11 Art. 52 Abs. 1 Unterabs. 2 Satz 2 DelVO 2017/565.
12 Das aktiv an-den-Kunden-Bringen (vgl. *Bußalb*, WM 2017, 553, 555).
13 ESMA35-34-748 v. 13.7.2017, Consultation Paper, Guidelines on certain aspects of the MiFID II suitability requirements, 3.3 Annex III Rz. 69 f.
14 Begr. RegE 2. FiMaNoG, BT-Drucks. 18/10936, 243.
15 Umsetzung des Art. 9 der DelRL 2017/593 v. 7.4.2016. Beachte § 80 Abs. 14 WpHG.

legerschutz mit dem Ziel einer bestmöglichen Interessenwahrung dadurch intensiviert werden, dass die Wertpapierdienstleistungsunternehmen die Verantwortung für die Finanzinstrumente von der Konzeption bis hin zum Vertrieb übernehmen. Der abstrahierende Anlegerschutz gem. § 80 Abs. 9 WpHG mit seiner **präventiven Wirkung**[1] soll den konkreten Anlegerschutz im Rahmen der Beratung (§ 64 WpHG) und bei beratungslosen Wertpapierdienstleistungen im Rahmen der Prüfung auf Angemessenheit (§ 63 Abs. 10 WpHG) ergänzen und damit verstärken[2]. Dies ist Ausdruck eines Paradigmenwechsels. Während das WpHG a.F. den Anlegerschutz darauf gründete, dass die Anleger vor für sie möglicherweise gefährlichen Finanzinstrumenten allenfalls gewarnt werden müssen, falls ihren kognitiven und emotionalen Defiziten nicht durch eine fremdnützige Anlageberatung qualifizierter Wertpapierdienstleistungsunternehmen entgegengewirkt wird, legt das WpHG den Wertpapierdienstleistungsunternehmen durchweg die Pflicht auf, die Anleger in angemessener Weise dadurch zu schützen, dass ihnen der Zugang zu Finanzinstrumenten, die für sie typischerweise ungeeignet sind, zumindest erschwert, wenn nicht verwehrt wird[3]. Der Präventionseffekt fällt allerdings umso geringer aus, je gröber und formalisierter die Raster[4] sind, in die die Zielmärkte unterteilt werden.

2. Konzepteur (§ 11 Abs. 1 Satz 1 WpDVerOV). Ein Wertpapierdienstleistungsunternehmen, das Finanzinstrumente (§ 2 Abs. 4 WpHG)[5] konzipiert, wird im § 11 Abs. 1 Satz 2 WpDVerOV (Rz. 172) „Konzepteur" genannt. Konzipiert werden in Umsetzung des Art. 9 Abs. 1 DelRL 2017/593 Finanzinstrumente[6], wenn diese von Wertpapierdienstleistungsunternehmen[7] geschaffen, entwickelt, begeben oder umgestaltet[8] werden[9]. Bezweckt werden muss der Verkauf der Finanzinstrumente (§ 80 Abs. 9 Satz 1 WpHG). Es genügt die Beratung des Emittenten bei der Emission von Finanzinstrumenten[10]. 130

3. Qualifikation der Mitarbeiter, Zusammenarbeit mit anderen Unternehmen (§ 11 Abs. 5, 6 WpDVerOV). Für die mit der Konzeption von Finanzinstrumenten maßgeblich[11] befassten Personen gilt wie allgemein (§ 63 Abs. 5 WpHG), dass sie die Finanzinstrumente entsprechend ihren Aufgaben **verstehen** müssen. § 11 Abs. 5 WpDVerOV (Rz. 172) dehnt dieses Erfordernis auf die Phase der Konzeption aus, so dass die Mitarbeiter des Wertpapierdienstleistungsunternehmens, die die Konzeption von Finanzinstrumenten betreiben, auch vor der Erarbeitung eines Finanzinstruments etc. in der Lage sein müssen, zu erkennen, an welche Faktoren es anknüpft sowie in welcher Weise und warum es auf eine Änderung dieser Faktoren reagiert[12], um mit diesem Wissen die dem in der Planung bzw. Bearbeitung befindlichen Finanzinstrument immanente Risiken und Chancen sowie die von ihm typischerweise ausgelösten Interessenkonflikte berücksichtigen zu können. Theoretische Kenntnisse, zu denen Kenntnisse der publizierten Erfahrungen Dritter zählen, genügen; eigene unmittelbare (Berufs)Erfahrungen sind nicht vorgeschrieben. Außerdem müssen die Mitarbeiter – gegebenenfalls arbeitsteilig – in der Lage sein, den Zielmarkt (Rz. 135) zu bestimmen und zu beurteilen, welche Vertriebsstrukturen (Rz. 140) adäquat sind. 131

Konzipiert das Wertpapierdienstleistungsunternehmen **zusammen mit anderen Wertpapierdienstleistungsunternehmen**, die der RL 2014/65/EU unterworfen sind, Finanzinstrumente, so hat jedes dieser Wertpapierdienstleistungsunternehmen in vollem Umfang dafür zu sorgen dass es ausreichend sachkundig ist. Bei einer Zusammenarbeit mit Unternehmen aus Drittstaaten und Unternehmen, die nicht gemäß der RL 2014/65/EU beaufsichtigt werden, ist die gemeinsame Verantwortlichkeit schriftlich zu vereinbaren. Hierbei bedeutet ge- 132

---

1 *Brenncke*, WM 2015, 1173, 1174. Den Präventionseffekt bezweifelnd *Hacker*, Verhaltensökonomie und Normativität, S. 778 f.
2 *Brenncke*, WM 2015, 1173, 1175. MaComp Ziff. BT 5.3.2 (die Angemessenheits- und Geeignetheitsprüfung ersetzt nicht die Zielmarktbestimmung).
3 MaComp Ziff. BT 5.3.1.
4 *Lohmann/Gebauer*, BKR 2018, 244, 248 f.
5 Eine Differenzierung nach der Art der Finanzinstrumente und der Art des Zielmarktes findet nur insoweit statt, als im Licht des Verhältnismäßigkeitsprinzips die Komplexität des Produkts, der Grad der öffentlichen Verfügbarkeit von Informationen und die Art des Geschäftes berücksichtigt werden müssen (Erwägungsgrund Nr. 18 DelRL 2017/593). Vgl. auch *Busch* in Busch/Ferrarini, Regulation of the EU Financial Markets, Rz. 5.07; *Bley*, WM 2018, 162, 165 f. (maßgeblich sind die einschlägigen Risiken für den Zielmarkt. *Lohmann/Gebauer*, BKR 2018, 244, 248 zufolge erfolgt eine starke Formalisierung und Standardisierung.
6 Es geht hier um Finanzinstrumente aller Art. MaComp Ziff. BT 5.1 Nr. 2; vgl. auch *Busch*, WM 2017, 409, 410.
7 Dazu können den Erwägungsgrund Nr. 16 DelRL 2017/593 zufolge auch Unternehmen zählen, die nicht der MiFID II unterliegen, aber als Erbringer von Wertpapierdienstleistungen zugelassen werden können.
8 Gestaltung ist auch die Umgestaltung. Sie muss wesentlich sein (§ 80 Abs. 9 Satz 1 WpHG; ebenso Art. 16 Abs. 3 Unterabs. 2 RL 2014/65/EU).
9 Erwägungsgrund Nr. 15 DelRL 2017/593; ESMA35-43-620, Guidelines on MiFID II product governance requirements, v. 5.2.2018, Rz. 6.
10 ESMA35-43-620, Guidelines on MiFID II product governance requirements, v. 5.2.2018, Rz. 6; vgl. auch *Busch*, WM 2017, 409, 410; *Busch* in Busch/Ferrarini, Regulation of the EU Financial Markets, Rz. 5.07 (z.B. Beratung); *Bley*, WM 2018, 162, 168. *Breilmann* in Bankrechtstag 2017, 2018, S. 125, 134 fordert einen erheblichen Beitrag bei der Gestaltung.
11 Dies bedeutet, dass sie in der Lage sein müssen, Entscheidungen über die Konzeption des Finanzinstruments zu treffen.
12 Man kann dies auch als die Wirkungsweise des Finanzinstruments bezeichnen (*Buck-Heeb*, CCZ 2016, 2, 6).

meinsame Verantwortlichkeit, dass das Wertpapierdienstleistungsunternehmen, das der RL 2014/65/EU unterworfen ist, für das andere Unternehmen einzutreten hat und dafür sorgen muss, dass dieses ausreichend sachkundig ist und entsprechend dem § 11 Abs. 2, 3 WpDVerOV (Rz. 172) Interessenkonflikte minimiert (Rz. 133).

133 **4. Minimierung von Interessenkonflikten (§ 80 Abs. 12 WpHG; § 11 Abs. 2, 3 WpDVerOV).** Zum Begriff des Interessenkonflikts s. § 80 WpHG Rz. 14. Die in § 11 Abs. 2, 3 WpDVerOV (Rz. 172) genannten Regeln zur Ausschaltung von Interessenkonflikten können nicht durch Offenlegung der Interessenkonflikte umgangen werden. Die allgemeinste Regel findet sich in § 11 Abs. 2 Satz 2 WpDVerOV (Rz. 172), wonach sich die Gestaltung des Finanzinstruments nicht nachteilig auf die Endkunden[1] auswirken darf[2]. **Endkunden**[3] in diesem Zusammenhang sind diejenigen Kunden (§ 67 Abs. 2–4 WpHG), die das Finanzinstrument erstmalig unmittelbar oder über Vertriebsunternehmen (§ 146) erwerben sollen, ohne es selbst weiter vertreiben zu wollen[4]. Die Gefahr von Interessenkonflikten ist in Parallele zu § 80 Abs. 1 Satz 2 Nr. 2 WpHG zu analysieren[5]. Die bei der Konzeption der Finanzinstrumente eingesetzten finanzmathematischen Modelle müssen vertretbar sein. Es müssen nachvollziehbar alle preisbildenden Annahmen[6] berücksichtigt werden. Sie müssen so gewählt werden, dass sie die Endkunden nicht einseitig benachteiligen. Der Umstand allein, dass Endkunden aufgrund der dem Finanzinstrument immanenten Risiken Verluste erleiden, dass sie Transaktionskosten hinzunehmen müssen und dass sie die Kreierung etc. des Finanzinstruments zu vergüten haben, begründet keinen Nachteil i.S.d. § 11 Abs. 2 Satz 2 WpDVerOV (Rz. 172). Bei der Konzeption einer Anleihe muss Sorge dafür getragen werden, dass das Eigeninteresse, das ein Wertpapierdienstleistungsunternehmen an den Geschäften eines Anleiheschuldners besitzt, nicht zum Tragen kommt[7]. Hält das Wertpapierdienstleistungsunternehmen den Basiswert eines Finanzinstruments auf eigene Rechnung, darf das Finanzinstrument das Risiko eines Verlustes des Wertpapierdienstleistungsunternehmens infolge des „Basiswertes", nicht mindern[8]. Zu vermeiden ist ferner die Gefahr eines Interessenkonflikts, der daraus resultiert, dass Endkunden mit dem Finanzinstrument eine Gegenposition zu demjenigen des Wertpapierdienstleistungsunternehmens übernehmen müssen[9]. Zur Zusammenarbeit mit anderen Wertpapierdienstleistungsunternehmen s. Rz. 132.

134 **5. Gefahr für das geordnete Funktionieren und die Stabilität der Finanzmärkte (§ 11 Abs. 4 WpDVerOV).** In Umsetzung des Art. 9 Abs. 4 DelRL 2017/593 müssen die Wertpapierdienstleistungsunternehmen prüfen, ob das geplante Finanzinstrument eine Gefahr für die geordnete Funktionsweise (orderly functioning) oder die Stabilität der Finanzmärkte darstellen könnte. Vgl. Erl. zu § 15 WpHG sowie zu Art. 42 Abs. 2 lit. a VO Nr. 600/2014.

135 **6. Ausrichtung der Konzeption der Finanzinstrumente auf einen Zielmarkt (§ 80 Abs. 9 WpHG; § 11 Abs. 7, 8, 10 WpDVerOV). a) Bestimmung des Zielmarkts.** Die Gruppen von Endkunden (Rz. 133), denen das Finanzinstrument[10] angeboten werden soll, bilden den Zielmarkt. Seine Eigenschaften[11] sind unter Einsatz kundiger Mitarbeiter in einem strukturierten und dokumentierten Prozess zumindest[12] anhand von sechs[13]

---

1 *Brenncke*, WM 2015, 1173, 1174.
2 Das Gebot, bei der Gestaltung des Finanzinstruments einschließlich seiner Merkmale negativen Auswirkungen auf den Endkunden zu vermeiden (Art. 9 Abs. 2 Satz 2 DelVO 2017/593) kann – streng genommen – nicht befolgt werden. Jedes Finanzinstrument ist nämlich mit mehr oder minder großen Risiken verbunden, die bei ihrer Realisierung zu Lasten der Endkunden wirken. Aus der Formulierung „insbesondere" ist jedoch zu entnehmen, dass ausschließlich das allgemeine Gebot konkretisiert werden soll, Interessenkonflikte zu entschärfen. Daraus folgt, dass entsprechend den allgemeinen Regeln der Konfliktminimierung schon bei der Konzeption der Finanzinstrumente dafür zu sorgen ist, dass die Interessen der Endkunden des Zielmarktes denen des Konzepteurs und etwaiger Vertriebsunternehmen vorgehen.
3 Der Kunde, der am Ende der Vertriebskette steht. Parallele zum sog. Letztverbraucher.
4 MaComp Ziff. BT 5.5.1; 5.5.2; ESMA35-43-620, Guidelines on MiFID II product governance requirements, v. 5.2.2018, Rz. 75 f. Die Desinvestition durch einen Endkunden ist keine Form des Weitervertriebs, selbst wenn er das Finanzinstrument zur Spekulation erworben hat.
5 § 11 Abs. 3 Satz 1 WpDVerOV (Rz. 172).
6 Insoweit besteht unter Umständen ein Bewertungsspielraum, z.B. in Hinblick auf die angenommene Volatilität. Vgl. auch ESMA35-43-620, Guidelines on MiFID II product governance requirements, v. 5.2.2018, Rz. 13.
7 § 11 Abs. 2 Satz 2 WpDVerOV (Rz. 172).
8 § 11 Abs. 2 Satz 3 WpDVerOV (Rz. 172) spricht auch von „verlagern". Aus der Sicht der Wertpapierdienstleistungsunternehmen stellt das Verlagern von Risiken die intensivste Form der Minderung von Risiken dar.
9 § 11 Abs. 3 Satz 2 WpDVerOV (Rz. 172).
10 Nach *Lohmann/Gebauer*, BKR 2018, 244, 244 (Typus).
11 Z.B. Komplexität einschließlich der Kosten- und Abgabenstruktur, das Risiko-Ertrags-Profil, der innovative Charakter, die Liquidität (Guidelines on MiFID II product governance requirements, v. 5.2.2018, Rz. 21).
12 ESMA35-43-620, Guidelines on MiFID II product governance requirements, v. 5.2.2018, Rz. 14, 16 (zusätzliche Kategorien als Handlungsoption). Immer sind die intendierten Vertriebsstrategien bei der Bestimmung des Zielmarkts zu berücksichtigen (ESMA35-43-620, Guidelines on MiFID II product governance requirements, v. 5.2.2018, Rz. 25).
13 Abw. MaComp Ziff. BT 5.2.1 Nr. 3 (5 Kategorien: Art des Kunden, Kenntnisse und Erfahrungen, finanzielle Situation, Risikotoleranz, Ziele und Bedürfnisse); ebenso *Lohmann/Gebauer*, BKR 2018, 244.

Merkmalen, nämlich anhand der Gruppenzugehörigkeit[1] der potentiellen Endkunden[2], ihrer erforderlichen Erfahrungen[3] und ihrer Kenntnisse[4], ihrer Risikobereitschaft[5], anhand des Erwartungswerts der Rendite abzgl. des risikofreien Zinses in Relation zum Risiko des Finanzinstruments[6], ferner anhand der finanziellen Verhältnisse[7] der Endkunden sowie ihrer Anlageziele[8] und anhand ihrer Bedürfnisse[9] zu bestimmen[10], um abstrakt be-

---

1 Entgegen *Brenncke*, WM 2015, 1173, 1174; *Maué*, Bucerius Law Journal 2016, 26, 31 geht es hier nicht um einen Typus, weil anders als bei Typen alle gruppenspezifischen Merkmale vorhanden sein müssen.
2 Zumindest ist zu differenzieren zwischen Privatkunden, professionellen Kunden und geeigneten Gegenparteien (ESMA 35-43-620, Guidelines on MiFID II product governance requirements, v. 5.2.2018, Rz. 18 lit. a). Nicht zu den Endkunden zählen Vertriebsunternehmen, die die Finanzinstrumente weitervertreiben (vgl. ESMA35-43-620, Guidelines on MiFID II product governance requirements, v. 5.2.2018, Rz. 24, 75ff.; MaComp Ziff. BT 5.5.1 Nr. 1). Deshalb ist von Bedeutung, ob geeignete Gegenparteien oder professionelle Kunden das Finanzinstrument weitervertreiben wollen. Angesichts der Spannweite des Begriffs des Privatkunden (*Bröker/Machunsky*, BKR 2016, 229, 232f.) wird man in der Regel nicht umhin können, feiner zu differenzieren (a.A. *Lohmann/Gebauer*, BKR 2018, 244).
3 Von Bedeutung ist hier das Mindestmaß an Erfahrungen mit der Art des geplanten Finanzinstruments, mit dessen Eigenschaften oder mit Finanzinstrumenten verwandter Gebiete. Denkbar ist, den Zielmarkt nach demjenigen Markt zu bestimmen, auf dem die Endkunden bereits eine bestimmte Zeit lang Erfahrungen gesammelt haben (ESMA35-43-620, Guidelines on MiFID II product governance requirements, v. 5.2.2018, Rz. 18 lit. b). Der ESMA (a.a.O.) zufolge wird das Element der Erfahrungen dadurch relativiert, dass es durch weitreichende Kenntnisse aufgewogen werden kann. Einschr. bei geborenen professionellen Kunden und geeigneten Gegenparteien sowie gekorenen professionellen Kunden, soweit sie hierfür eingestuft sind, MaComp Ziff. BT 5.5.2.1.
4 Es geht hier um präsente Kenntnisse in Hinblick auf die Art des Finanzinstruments, die besonderen Eigenschaften dieser Art von Finanzinstrumenten und des Marktes, auf den das Finanzinstrument bezogen ist bzw. auf dem es gehandelt werden soll sowie um Kenntnisse auf verwandten Gebieten, die dazu beitragen, die mit diesem Finanzinstrument verbundenen Chancen und Risiken zu verstehen (ESMA35-43-620, Guidelines on MiFID II product governance requirements, v. 5.2.2018, Rz. 18b; ESMA35-43-620 v. 2.6.2017, Final Report Guidelines on MiFID II product governance, Annex V case). Die Wertpapierdienstleistungsunternehmen dürfen nicht ohne weiteres unterstellen, dass Privatkunden über die Kenntnisse verfügen, die verständige Durchschnittskunden mittels der Pflichtinformationen gem. § 63 Abs. 7 WpHG erwerben können. Dies gilt insbesondere für ältere Anleger, deren kognitiven Fähigkeiten typischerweise altersbedingt abnehmen (IOSCO v. 3.3.2018, Senior Investor Vulnerability, Final Report). Der Bildungsstand spielt keine Rolle (a.A. *Brenncke*, WM 2015, 1173, 1175). Fraglich ist, ob bestimmte Kenntnisse der Endkunden auf der Basis unterstellt werden können, dass die in Betracht kommenden Kunden angemessen beraten werden (bejahend *Brenncke*, WM 2015, 1173, 1179). Macht man sich diesen Standpunkt zu eigen, so wird die dem Erfordernis der Zielmarktbestimmung immanente Präventionsfunktionen (Rz. 129) unterminiert. Dies kann man nicht dadurch vermeiden, dass auf der Vertriebsebene das Beratungserfordernis vorgegeben wird. Gleichwohl wird man nicht umhin können, diesen Weg zu gehen. Mit Blick auf geborene professionelle Kunden darf in der Regel unterstellt werden, dass diese über ausreichende Erfahrungen und Kenntnisse verfügen, bei gekorenen professionellen Kunden nur eingeschränkt (ESMA35-43-620, Guidelines on MiFID II product governance requirements, v. 5.2.2018, Rz. 82; ebenso MaComp Ziff. BT 5.5.2.1). Für geeignete Gegenparteien soll Ähnliches wie für geborene professionelle Kunden gelten (ESMA35-43-620, Guidelines on MiFID II product governance requirements, v. 5.2.2018, Rz. 81f., 85; MaComp Ziff. BT 5.5.2.2). Art. 30 Abs. 1 Unterabs. 1 RL 2014/65/EU, der die Geschäften mit geeigneten Gegenparteien Art. 24 Abs. 2 Unterabs. 1 RL 2014/65/EU für unanwendbar erklärt, legt nahe, dass es im Verhältnis zu geeigneten Gegenparteien, die als Endkunden auftreten, keiner Zielmarktbestimmung bedarf.
5 Vgl. § 64 WpHG Rz. 31; *Brenncke*, WM 2015, 1173, 1175, 1178. Zumindest sollte der Zielmarkt anhand der Kategorien konservativ, ausgewogen, spekulativ umrissen werden. Diese Kategorien sollten näher umschrieben werden, um die Informationen an Vertriebsunternehmen so zu übermitteln, dass diese die Gemeinte richtig verstehen (ESMA35-43-620, Guidelines on MiFID II product governance requirements, v. 5.2.2018, Rz. 18d). Vgl. dazu auch *Breilmann* in Bankrechtstag 2017, 2018, S. 125, 140.
6 Dieser Wert kann über 1 oder unter 1 liegen, oder gleich 1 sein. Zur Relevanz von Kosten und Gebühren s. Rz. 139.
7 Vgl. § 64 WpHG Rz. 35. Hier kann nur auf den Prozentsatz des Vermögens abstellen, den die Endkunden mindestens in der Lage und bereit sein müssen, im worst case [bei Fonds nach Maßgabe der Volatilität] zu verlieren (abw. ESMA35-43-620, Guidelines on MiFID II product governance requirements, v. 5.2.2018, Rz. 18c [denkbar auch maximaler Anteil des Anlagevermögens oder Anteil der konkreten Investition]); ESMA35-43-620 v. 2.6.2017, Final Report Guidelines on MiFID II product governance, Annex V Case study 1, 5. Es geht mithin nicht um die typisierten finanziellen Verhältnisse (a.A. *Brenncke*, WM 2015, 1173, 1175), sondern um eine Relation zum (Anlage)Vermögen der einzelnen Zielkunden.
8 Vgl. § 64 WpHG Rz. 29. Ebenso ESMA35-43-620, Guidelines on MiFID II product governance requirements, v. 5.2. 2018, Rz. 18e (wider financial goals or the overall strategy; breiteren finanziellen Ziele der Zielkunden oder der Gesamtstrategie). Denkbar ist es, diese Anlageziele zu konkretisieren. *Lohmann/Gebauer*, BKR 2018, 244 betonen die Notwendigkeit einer Standardisierung.
9 Der Begriff des Bedürfnisses ist subjektiv zu bestimmen. Es ist dadurch gekennzeichnet, dass das Empfinden eines Defizits besteht. Im Rahmen der Konzeption von Finanzinstrumenten kann auch ein Bedürfnis gewusst werden, das erst durch die Vermarktung geweckt werden. Als Bedürfnisse kommen z.B. in Betracht: umweltfreundlich zu handeln, human zu handeln, aber auch dem eigenen Alter bzw. der Altersvorsorge, dem Wohnort, bestimmten Sportarten, der Steuerbelastung zu Rechnung zu tragen (ESMA35-43-620, Guidelines on MiFID II product governance requirements, v. 5.2.2018, Rz. 18e); ferner – überschneidend mit den Anlagezielen – Hedging, Marktwartung.
10 Ähnlich *Brenncke*, WM 2015, 1173, 1174, der zu Recht auf die Ähnlichkeiten zwischen der Befragung des Kunden bei der Anlageberatung und der Bestimmung des Zielmarktes hinweist. Allerdings erfolgt die Zielmarktbestimmung typisierend (vgl. ESMA35-43-620, Guidelines on MiFID II product governance requirements, v. 5.2.2018, Rz. 33).

urteilen zu können, ob das Finanzinstrument seiner Art nach[1] für die Endkunden des Zielmarktes geeignet (§ 64 WpHG Rz. 41) ist. Diese Merkmale können mehr oder minder stark ausgeprägt sein und sind daher zu gewichten. All diese Kriterien sind **Mindestkriterien**, so dass z.B. ein Finanzinstrument, das auf Privatkunden zugeschnitten ist, auch für den Markt der professionellen Kunden in Betracht kommen kann, die weniger Schutz bedürfen[2]. Unterlaufen ins Gewicht fallenden Kundengruppen typische Entscheidungsfehler, so darf dies im Rahmen der Eigenschaften des Zielmarktes nicht vernachlässigt werden[3], wohl aber, dass eine sachgerechte Portfoliodiversifikation vernachlässigt wird, wenn Finanzinstrumente im Übermaß erworben werden[4]. Wie sich aus § 11 Abs. 11 Nr. 1 WpDVerOV (Rz. 172) ergibt, ist bei der Bestimmung des Zielmarkts auch zu bedenken, welche Kosten und Gebühren die Endkunden zu zahlen bereit sind. Wird ein Finanzinstrumente auf einen einzelnen Kunden zugeschnitten, so bildet dieser den Zielmarkt[5]. Für die Bestimmung des Zielmarkts ist irrelevant, ob zunächst das Finanzinstrument konzipiert wird und anschließend entsprechend dessen Eigenschaften[6], Wirkungsweisen und der intendierten Vertriebsstrategie der passende Zielmarkt ermittelt wird oder ob zuerst ein Zielmarkt fixiert wird, auf den dann das Finanzinstrument samt Vertriebsstrategie zugeschnitten wird[7]. Wesentlich ist immer, dass vermieden wird, Gruppen von Endkunden zu erfassen, für die die Finanzinstrumente im Sinn der oben dargestellten Kriterien ungeeignet sind[8]. Diese sind dem negativen Zielmarkt zuzuweisen[9].

136 Die Eigenschaften des Zielmarkts (Rz. 135) sind grundsätzlich auf der **Basis theoretischer Erkenntnisse** zu definieren, die im Zusammenhang mit vergleichbaren Finanzinstrumenten auf vergleichbaren Finanzmärkten gesammelt worden sind[10]. Eigene Erfahrungen dürfen nicht außer Acht gelassen werden. Wertpapierdienstleistungsunternehmen, die die von ihnen konzipierten Finanzinstrumente selbst vertreiben, müssen die von ihnen gesammelten konkreten Erfahrungen und Kenntnisse in die Bestimmung der Eigenschaften des Zielmarktes einfließen lassen. Erfahrungen sind auch die Informationen, die Vertriebsunternehmen gem. § 12 Abs. 11 WpDVerOV (Rz. 172) zu vergleichbaren Finanzinstrumenten geliefert haben. Der Zielmarkt kann umso gröber bestimmt werden, je einfacher strukturiert, je üblicher die Ausstattung eines Finanzinstruments ist[11]. In vielen Fällen kann deshalb der Zielmarkt schlechthin mit dem Privatanlegermarkt gleichgesetzt werden[12]. Denkbar ist es auch, auf die potentiellen Endkunden abzustellen, die erfahrungsgemäß an Aktien eines bestimmten Börsensegment interessiert sind. Auch dort, wo sich ein Finanzinstrument ausschließlich an geeignete Gegenparteien richtet, die es nicht weitervertreiben wollen, kann die Zielmarktbestimmung oberflächlicher erfolgen[13]. Andererseits ist bei innovativen Finanzinstrumenten besondere Sorgfalt geboten (§ 80 Abs. 12 Satz 3 WpHG).

---

1 In diesem Zusammenhang sind die (bereits erkundeten bzw. geplanten) Eigenschaften des Finanzinstruments, insbesondere dessen Komplexität, Liquidität und Rendite/Risiko-Verhältnis (vgl. Pressemitteilung der ESMA v. 27.3.2018 [ESMA71-98-128]) zu berücksichtigen. Auch sollte bedacht werden, inwieweit die Endkunden des Zielmarkts mit innovativen Finanzmarktprodukten umzugehen wissen (ESMA35-43-620, Guidelines on MiFID II product governance requirements, v. 5.2.2018, Rz. 21 f.).
2 ESMA35-43-620, Guidelines on MiFID II product governance requirements, v. 5.2.2018, Rz. 19, 81 (Unterscheidung nach geborenen und gekorenen professionellen Kunden). Das bedeutet nicht, dass hier Art. 56 Abs. 1 Unterabs. 2 DelVO 2017/565 einschlägig ist. Abw. *Brenncke*, WM 2015, 1173, 1174.
3 *Brenncke*, WM 2015, 1173, 1178; *Maué*, Bucerius Law Journal 2016, 27, 33; vgl. auch IOSCO v. 3.3.2018, Senior Investor Vulnerability, Final Report.
4 A.A. *Brenncke*, WM 2015, 1173, 1178.
5 ESMA35-43-620, Guidelines on MiFID II product governance requirements, v. 5.2.2018, Rz. 24. Nur dann kann man fordern, dass das Finanzinstrument maßgeschneidert wird (a.A. *Grundmann*, ZBB 2018, 1, 14).
6 § 63 WpHG Rz. 50 ff.; 100 ff.; ESMA35-43-620, Guidelines on MiFID II product governance requirements, v. 5.2.2018, Rz. 21 (Komplexität einschließlich der Kosten- und Abgabenstruktur, das Risiko-Ertrags-Profil, der innovative Charakter, die Liquidität).
7 *Brenncke*, WM 2015, 1173; so i.E. auch ESMA35-43-620, Guidelines on MiFID II product governance requirements, v. 5.2.2018, Rz. 44; abw. *Bley*, AG 2017, 806, 807.
8 ESMA35-43-620, Guidelines on MiFID II product governance requirements, v. 5.2.2018, Rz. 23.
9 Vgl. ESMA35-43-620, Guidelines on MiFID II product governance requirements, v. 5.2.2018, Rz. 67 ff. mit der Forderung, den negativen Zielmarkt grundsätzlich eigenständig zu bestimmen (ebenso MaComp Ziff. BT 5.4.1). Das Gesetz unterscheidet jedoch nur zwischen einem Zielmarkt und seinem Pendant, dem negativen Zielmarkt; es kennt keinen dritten Sektor im Sinne eines grauen Zielmarkts.
10 § 11 Abs. 8 WpDVerOV (Rz. 172); ESMA35-43-620, Guidelines on MiFID II product governance requirements, v. 5.2.2018, Rz. 17. Vgl. *Buck-Heeb*, CCZ 2016, 2, 6; ferner *Brenncke*, WM 2015, 1173, 1176, der zutreffend betont, dass die Konzepteure versuchen müssen, sich das Erfahrungswissen der Vertriebsunternehmen zunutze zu machen.
11 Erwägungsgrund Nr. 18 f. DelRL 2017/593; ESMA35-43-620, Guidelines on MiFID II product governance requirements, v. 5.2.2018, Rz. 22; MaComp Ziff. BT 5.2.2.
12 Im Ansatz ebenso *Brenncke*, WM 2015, 1173, 1176. Kritisch zur Ausblendung der Risikobereitschaft bei Aktien, *Brenncke*, WM 2015, 1173, 1175 f., der allerdings Wertpapierdienstleistungsunternehmen bei allen nicht-komplexen Finanzinstrumenten (§ 63 WpHG Rz. 143 ff.), die nicht auf Kunden mit geringem Finanzwissen zugeschnitten sind, erlauben will, zu unterstellen, dass alle Privatkunden aufgrund der Informationen gem. § 63 Abs. 7 WpHG über ausreichende Kenntnisse und Erfahrungen verfügen. Dieser Grundsatz soll nach seiner Ansicht allerdings dann nicht gelten, wenn ein Vertriebsträger das Finanzinstrument an eine Kundengruppe vertreiben möchte, die, wie er wissen muss, über unterdurchschnittliche Finanzkenntnisse verfügt.
13 ESMA35-43-620, Guidelines on MiFID II product governance requirements, v. 5.2.2018, Rz. 85.

b) Szenarioanalyse (§ 11 Abs. 9 WpDVerOV). Der erforderlichen Szenarioanalyse sind – sofern nicht gänzlich 137
unwahrscheinlich – Annahmen zugrundezulegen, die angesichts der Eigenschaften des konzipierten oder geplanten Finanzinstruments die Erfüllung der Bedürfnisse (Rz. 135) und Ziele[1] der Endkunden am stärksten in Frage stellen[2]. Dies gilt insbesondere für die Annahmen zu den Marktbedingungen, zur Lebensfähigkeit des Finanzinstruments, zur Nachfrage nach dem Finanzinstrument oder nach dem Basiswert oder zur Solvenz des Konzepteurs (§ 11 Abs. 9 Satz 2 WpDVerOV [Rz. 172]). In diesem Zusammenhang sind auch die „zentralen Ereignisse" i.S.d. § 11 Abs. 15 WpDVerOV (Rz. 172) zu berücksichtigen. Je komplexer oder risikoreicher das Finanzinstrument ist, umso tiefschürfendere Analysen müssen angestellt werden[3]. In Verbindung mit der Prüfung, ob eine Gefahr für das geordnete Funktionieren und die Stabilität der Finanzmärkte besteht (Rz. 134), muss erkundet werden, ob sich das Produkt für den Zielmarkt eignet und den Kunden auch in Stresssituationen gerecht wird[4].

**c) Vereinbarkeit mit den Bedürfnissen, Merkmalen und Zielen der Endkunden des Zielmarktes (§ 80 138
Abs. 9 WpHG; § 11 Abs. 10 WpDVerOV).** § 11 Abs. 10 WpDVerOV (Rz. 172) setzt den § 9 Abs. 11 DelRL 2017/593 um. Er geht davon aus, dass zunächst der Zielmarkt umrissen und anschließend das Finanzinstrument auf diesen zugeschnitten wird. In einem solchen Fall ist auf abstrakter Basis in Parallele zur Geeignetheitsprüfung des § 64 Abs. 3 WpHG zu klären, ob das geplante Finanzinstrument nicht nur den bei Bestimmung des Zielmarkts zugrunde gelegten Bedürfnissen, Merkmalen und Zielen (Rz. 135) typischer Endkunden, sondern voraussichtlich allen Bedürfnissen[5], Merkmalen und Zielen der ins Auge gefassten Endkunden dieses Zielmarkts gerecht wird. Dort, wo zunächst ein Finanzinstrument entwickelt und erst anschließend der Zielmarkt bestimmt wird, ist diese Geeignetheitsprüfung der Zielmarktbestimmung immanent. Soweit in § 11 Abs. 10 Nr. 1 WpDVerOV (Rz. 172) gefordert wird, dass das Risiko-/Ertragsprofil (risk/reward profile)[6] des Finanzinstruments mit dem Zielmarkt vereinbar sein muss, geht es nicht darum, dass das Verhältnis von Risiko und Ertrag objektiv angemessen ist. Das Gebot des § 11 Abs. 10 Nr. 2 WpDVerOV (Rz. 172) überschneidet sich mit dem Verbot des § 11 Abs. 3 Satz 2 WpDVerOV (Rz. 172) und umschreibt das Gebot, dass das Finanzinstrument den Bedürfnissen (Rz. 135) der Endkunden des Zielmarkts entsprechen muss. Dies bezieht sich nicht auf die Vergütungsstruktur (Rz. 139) und auch nicht auf alle Eigenschaften des Finanzinstruments. Vielmehr spielen nur solche Merkmale eine Rolle, die ein unausgewogenes Chancen/Risikoverhältnis „bezwecken". Dies trägt paternalistische Züge, verpflichtet die Wertpapierdienstleistungsunternehmen jedoch nicht, ein Chancen/Risikoverhältnis zu konzipieren, bei dem finanzmathematisch die Chancen den Risiken entsprechen.

d) Gebührenstruktur (§ 11 Abs. 11 WpDVerOV). Ferner ist abstrakt zu prüfen, ob die ins Auge gefassten 139
Endkunden des Zielmarkts die Gebühren und Kosten, die mit dem Erwerb des Finanzinstruments verbunden sind, vernünftigerweise hinzunehmen bereit sein werden[7]. Gemäß § 11 Abs. 11 Nr. 2 WpDVerOV (Rz. 172) kommt es deshalb darauf an, ob die erwartete Rendite strukturell[8] durch die Gebühren und/oder[9] Kosten weitgehend aufgezehrt wird[10]. Die erwartete Bruttorendite ist nicht um den risikolosen Kapitalmarktzins zu kürzen. Sie ist um die Steuervorteile zu erhöhen, die das Finanzinstrument auslösen soll. Die Gebührenstruktur muss für die Endkunden des Zielmarkts verständlich (§ 63 WpHG Rz. 64) kommuniziert werden können (§ 11 Abs. 11 Nr. 3 WpDVerOV [Rz. 172]).

7. Geplante Vertriebsstrategie. Die Konzepteure müssen keine Vertriebsstrategie entwickeln, d.h. planen, wel- 140
ches Produkt wem mit welchen Argumenten in welchem Vertriebskanal zu welchen Konditionen angeboten wird. § 80 Abs. 3 Satz 4 WpHG spricht ebenso wie Art. 16 Abs. 3 RL 2014/65/EU nur von der „beabsichtigte(n)" Vertriebsstrategie[11]. Wenn eine Vertriebsstrategie entwickelt wird, so muss sie mit dem Zielmarkt vereinbar sein. Der Konzepteur sollte dann nach Ansicht der ESMA die Vertriebsunternehmen über das Ausmaß an Kundeninformationen aufklären, die sie benötigen, um den Zielmarkt bestimmen zu können. Außerdem sollte die Art der beim Vertrieb einzusetzenden Wertpapierdienstleistungen vorgeschlagen werden[12]. Die Kon-

---

1 Vgl. § 64 WpHG Rz. 29.
2 Sog. Stressszenario; worst case.
3 *Bley*, AG 2017, 806, 809 f.
4 Abw. *Bley*, AG 2017, 806, 809 f.
5 Dazu zählen nicht nur die aktuellen Bedürfnisse, sondern auch die mit großer Wahrscheinlichkeit in naher Zukunft zu erwartenden oder durch Werbung zu stimulierenden Bedürfnisse.
6 S. dazu Rz. 135.
7 § 11 Abs. 11 Nr. 1 WpDVerOV (Rz. 172).
8 Vgl. Pressemitteilung der ESMA v. 27.3.2018 (ESMA71-98-128).
9 Art. 9 Abs. 12 lit. b DelRiL 2017/593 (costs or charges). Das Wort „or" bedeutet hier auch „und", da es auch gilt, zu verhindern, dass die Kombination von Gebühren und Kosten die erhofften Bruttoeinnahmen übertrifft.
10 Art. 9 Abs. 12 lit. b DelRL 2017/593 („do not undermine"; „ne compromettent").
11 Ebenso ESMA35-43-620, Guidelines on MiFID II product governance requirements, v. 5.2.2018, Rz. 25, wo allerdings auch davon gesprochen wird, dass der Konzepteur alle erforderlichen Anstrengungen unternehmen muss, um Vertreiber auszuwählen, die „kompatibel" sind. MaComp Ziff. BT 5.2.3 Nr. 1 (soweit … Einfluss darauf hat, welche Vertriebsunternehmen seine Produkte vertreiben).
12 ESMA35-43-620, Guidelines on MiFID II product governance requirements, v. 5.2.2018, Rz. 26; MaComp Ziff. BT 5.2.3 Nr. 2.

zepteure müssen sich darüber hinaus angemessen darum bemühen, dass die Finanzinstrumente nur auf dem Zielmarkt abgesetzt werden[1]. Die Konzepteure haben daher ihre Vertriebsplanungen so zu gestalten, dass der Absatz auf den Zielmärkten möglichst begünstigt wird[2].

141 **8. Pflichten nach Abschluss der Konzeption des Finanzinstruments (§ 11 Abs. 13–16 WpDVerOV). a) Unterrichtung der Vertriebsunternehmen (§ 80 Abs. 11 Satz 1 WpHG; § 11 Abs. 12 WpDVerOV).** Der Konzepteur muss den Vertriebsunternehmen, die ihn gem. § 12 Abs. 5 WpDVerOV (Rz. 172) darum ersuchen, alle Informationen liefern, die erforderlich sind, um sicherzustellen, dass die Finanzinstrumente entsprechend den für den Zielmarkt maßgeblichen Vorgaben vertrieben werden. Über die Vertriebsstrategien und die Vertriebsmethoden brauchte er nur aufzuklären, wenn er bestimmte Vertriebsstrategien geplant hat. Dann muss er den Vertriebsunternehmen auch mitteilen, welche Kundeninformationen diese benötigen, um den Zielmarkt ordnungsgemäß identifizieren zu können und die Art der Wertpapierdienstleistung[3] vorschlagen[4].

142 **b) Überprüfung der Finanzinstrumente und der Verfahren zur Produktfreigabe (§ 80 Abs. 10, 13 WpHG; § 11 Abs. 13 ff. WpDVerOV).** Die Konzepteure haben die Finanzinstrumente in angemessenen Abständen[5] daraufhin zu prüfen, ob ihre Annahmen zu den Eigenschaften des Zielmarkts, insbesondere zu den Bedürfnissen und Zielen der Endkunden, (noch) mit der Realität im Einklang stehen[6], ob sich die Finanzinstrumente,wie beabsichtigt auswirken[7] und ob die Finanzinstrumente in größerem Umfang außerhalb der anvisierten Zielmärkte vertrieben werden[8]. Letzteres kann dadurch festgestellt werden, dass ermittelt wird, über welche Vertriebskanäle die Finanzinstrumente vermarktet[9] werden und welche Beschwerden eingegangen sind[10]. Weitergehend erwartet die ESMA[11] von den Konzepteuren, sich in groben Zügen über die Art der Kunden zu informieren, die die Finanzinstrumente erworben haben, und Stichproben zu erheben. Die Konzepteure sind nicht nur berechtigt, die erforderlichen Informationen bei den Vertriebsunternehmen einzuholen[12], sondern haben von selbst in dieser Richtung aktiv zu werden. Im Rahmen der regelmäßigen Prüfung sind gem. § 11 Abs. 13 Satz 2 WpDVerOV (Rz. 172) auch alle Ereignisse zu berücksichtigen, die möglicherweise[13] die einem Finanzinstrument immanenten Risiken wesentlich erhöhen. Diese Prüfung hat immer stattzufinden, wenn ein Finanzinstrument erneut begeben oder wieder aufgelegt[14] wird und das Wertpapierdienstleistungsunternehmen Ereignisse positiv kennt, die mit gewisser Wahrscheinlichkeit das Risiko der Anleger wesentlich erhöhen könnte[15].

143 **c) „Wesentliche Ereignisse" (§ 11 Abs. 15 f. WpDVerOV).** Die Wertpapierdienstleistungsunternehmen haben bei der Konzeption eines Finanzinstruments diejenigen Faktoren zu bestimmen, die die erwartete Rendite und/oder die mit dem Finanzinstrument verbundenen Risiken maßgeblich[16] beeinflussen. Die Beispiele in § 11 Abs. 15 Nr. 1, 2 WpDVerOV (Rz. 172) zeigen, dass damit Faktoren gemeint sind, die das Rendite/Risiko-Verhältnis in seinen Grundfesten erschüttern. Ist dies der Fall, so hat das Wertpapierdienstleistungsunternehmen gem. § 11 Abs. 16 WpDVerOV (Rz. 172) wirksame Maßnahmen zu ergreifen, um die Anleger schützen, die bereits das Finanzinstrument erworben haben, und die darüber hinaus geeignet sind, zu verhindern, dass uninfor-

---

1 ESMA35-43-620, Guidelines on MiFID II product governance requirements, v. 5.2.2018, Rz. 25. Nach Ansicht der ESMA impliziert dies, dass die Vertriebsstrategie nicht auf execution-only- Wertpapierdienstleistungen zielen sollte, wenn bei den Zielkunden typischerweise von Beratungsbedarf ausgegangen werden muss.
2 Auswahl der Vertriebsunternehmen danach, ob deren Kunden und Dienstleistungen denen des Zielmarkts entsprechen (ESMA35-43-620, Guidelines on MiFID II product governance requirements, v. 5.2.2018, Rz. 26).
3 Z.B. Anlageberatung, execution only; Informationsmaterial.
4 ESMA35-43-620, Guidelines on MiFID II product governance requirements, v. 5.2.2018, Rz. 26.
5 Diese Abstände sind entsprechend den Besonderheiten des Finanzinstruments organisatorisch festzulegen. Die Überprüfung sollte umso häufiger sein, je komplexer oder innovativer die Finanzinstrumente oder die mit dem Finanzinstrument verbundenen Investitionsstrategien sind (§ 11 Abs. 14 Satz 2 WpDVerOV [Rz. 172]; Art. 9 Abs. 15 Satz 2 DelRL 2017/593). Auch der Grad des Risikos sollte eine Rolle spielen.
6 § 11 Abs. 13 Satz 1 WpDVerOV (Rz. 172). Dies impliziert, dass in regelmäßigen Abständen zu bewerten ist, ob sich das Finanzinstrument in der beabsichtigten Weise auswirkt (§ 11 Abs. 11 Abs. 14 Satz 1 WpDVerOV). Ähnlich § 12 Abs. 9 Satz 2 WpDVerOV (Rz. 172).
7 § 11 Abs. 14 Satz 1 WpDVerOV (Rz. 172); MaComp Ziff. BT 5.4.2.
8 § 11 Abs. 13 f. WpDVerOV (Rz. 172); ESMA35-43-620, Guidelines on MiFID II product governance requirements, v. 5.2.2018, Rz. 57, 73.
9 Das aktiv an-den-Kunden-Bringen (vgl. *Bußalb*, WM 2017, 553, 555); ESMA35-43-620, Guidelines on MiFID II product governance requirements, v. 5.2.2018, Rz. 57.
10 ESMA35-43-620, Guidelines on MiFID II product governance requirements, v. 5.2.2018, Rz. 57.
11 ESMA35-43-620, Guidelines on MiFID II product governance requirements, v. 5.2.2018, Rz. 57.
12 § 12 Abs. 11 WpDVerOV (Rz. 172); ESMA35-43-620, Guidelines on MiFID II product governance requirements, v. 5.2. 2018, Rz. 58. (Die Vertriebsunternehmen haben den Konzepteuren Informationen an die Hand zu geben, die darauf hinweisen, dass diese den Zielmarkt unzureichend bestimmt haben oder dass das Finanzinstrument den Bedürfnissen, Merkmalen und Zielen der Endkunden des Zielmarkts nicht (mehr) genügt. Außerdem ist darüber zu informieren, dass das Finanzinstrument in Abweichung von dem von dem Konzepteur bestimmten Zielmarkt vertrieben wird.)
13 Gänzlich unwahrscheinliche Entwicklungen können vernachlässigt werden.
14 *§ 11 Abs. 14 Satz 4 WpDVerOV (Rz. 172);* Art. 9 Abs. 15 Satz 1 DelRL 2017/593.
15 § 11 Abs. 14 Satz 4 WpDVerOV (Rz. 172).
16 Art. 9 Abs. 15 Satz 3 DelRL 2017/593 („crucial", „essentiels").

mierte potentielle Anleger geschädigt werden. Um dieser Pflicht nachzukommen, sind die erforderlichen organisatorischen Vorkehrungen für eine laufende Marktbeobachtung zu treffen.

9. Vertrieb durch die Konzepteure. Wertpapierdienstleistungsunternehmen, die die von ihnen – ggf. verändert – konzipierten Finanzinstrumente selbst an Endkunden vertreiben, haben zusätzlich den Pflichten (Rz. 146 ff.) nachzukommen, die den Vertriebsunternehmen auferlegt sind[1]. 144

10. Organisationsmaßnahmen, Dokumentation. Die zur Überwachung und Steuerung der Konzeption von Finanzinstrumenten getroffenen Vorkehrungen[2] sind in den Organisationsrichtlinien des Wertpapierdienstleistungsunternehmens hinreichend detailliert darzulegen und nachvollziehbar zu dokumentieren. Sie sind den Mitarbeitern zugänglich zu machen. Gleiches gilt für Einzelfallentscheidungen, die in gleicher Weise zu dokumentieren sind. 145

XVI. Produktfreigabe durch Vertriebsunternehmen (§ 80 Abs. 9 Satz 2, Abs. 10, 11 Satz 2, Abs. 12 WpHG; § 12 WpDVerOV). 1. Vertriebsunternehmen, Finanzinstrumente, Wertpapierdienstleistungen. Vertriebsunternehmen sind nicht nur Wertpapierdienstleistungsunternehmen, die Endkunden (Rz. 133) Finanzinstrumente anbieten oder empfehlen, sondern auch Wertpapierdienstleistungsunternehmen, die die Finanzinstrumente von Konzepteuren erwerben, um sie unverändert an andere Vertriebsunternehmen zu vermarkten[3]. Werden Finanzinstrumente unverändert an ein anderes Vertriebsunternehmen veräußert, so trägt die Letztverantwortung[4] dasjenige Wertpapierdienstleistungsunternehmen, das in direkte Beziehung zu den Endkunden tritt (§ 12 Abs. 12 WpDVerOV[5] [Rz. 172])[6]. Vertriebsunternehmen sind zugleich Konzepteure, wenn sie sowohl Finanzinstrumente kreieren, begeben oder umgestalten[7] als auch vertreiben, so dass sie neben den Produktüberwachungsvorschriften für Konzepteure (Rz. 129 ff.) auch die für Vertriebsunternehmen zu beachten haben[8]. Wie § 12 Abs. 1, 9 WpDVerOV (Rz. 172) zeigt, gelten die Regeln des Produktfreigabeverfahrens nicht nur für die Auswahl sowie Kontrolle der angebotenen Finanzinstrumente und strukturierten Anlagen, sondern auch für die Auswahl und Kontrolle der dabei angebotenen Dienstleistungen. 146

2. Informationsbasis (§ 80 Abs. 11 WpHG; § 12 Abs. 2 Satz 2, Abs. 4 Satz 2, Abs. 5–7 WpDVerOV). Die Vertriebsunternehmen haben sich rechtzeitig vor[9] dem Beginn des Vertriebs die erforderlichen Informationen für die eigenständige[10] Zielmarktbestimmung und für Entscheidung über die Vertriebsmethoden bei den Konzepteuren (Rz. 130) oder anderweit[11] zu besorgen. Ihre Ablauforganisation ist daraufhin auszurichten. Die Konzepteure sind verpflichtet, ihnen die verfügbaren Daten zum Zielmarkt und die Informationen zu einer optimalen Vertriebsstrategie kostenlos zur Verfügung zu stellen (Rz. 141). Gegebenenfalls haben die Vertriebsunternehmen mit den Konzepteuren, die in *Drittstaaten* ansässig sind oder aus anderen Gründen nicht der RL 2014/65/EU unterworfen sind, Verträge über die Bereitstellung der erforderlichen Informationen zu schließen[12]. Hierbei ist darauf zu achten, dass die Informationen vertrauenswürdig sind[13]. Informationen, die öffentlich zugänglich sind, dürfen die Vertriebsunternehmen nur verwenden, wenn sie eindeutig, verlässlich und gesammelt worden sind, um den Anforderungen der Kapitalmarktregulierung zu genügen[14]. Darüber hinaus 147

---

1 Erwägungsgrund Nr. 17 DelRL 2017/593; ESMA35-43-620 v. 2.6.2017, Final Report Guidelines on MiFID II product governance, Annex V case study 3.
2 *Busch* in Busch/Ferrarini, Regulation of the EU Financial Markets, Rz. 5.12.
3 ESMA35-43-620, Guidelines on MiFID II product governance requirements, v. 5.2.2018, Rz. 75, 77; MaComp Ziff. BT 5.5.1; ebenso *Busch*, WM 2017, 409, 410.
4 Die anderen in der Kette stehenden Vertriebsunternehmen treffen nur geminderte Pflichten, wie z.B. die Pflicht, Informationen in der Kette nach unten und nach oben weiterzugeben (ESMA35-43-620 v. 2.6.2017, Final Report Guidelines on MiFID II product governance, Annex V case study 3); *Busch* in Busch/Ferrarini, Regulation of the EU Financial Markets, Rz. 5.10.
5 Umsetzung des Art. 10 DelRL 2017/593 v. 7.4.2016.
6 Erwägungsgrund Nr. 15 Satz 2 zu DelRL 2017/593; ESMA35-43-620, Guidelines on MiFID II product governance requirements, v. 5.2.2018, Rz. 76 ff.; *Busch*, WM 2017, 409, 411.
7 *Busch*, WM 2017, 409, 411.
8 Erwägungsgrund Nr. 17 DelRL 2017/593.
9 ESMA35-43-620, Guidelines on MiFID II product governance requirements, v. 5.2.2018, Rz. 27 ff.
10 Sie ist unabdingbar geboten (ESMA35-43-620, Guidelines on MiFID II product governance requirements, v. 5.2.2018, Rz. 27 ff.; MaComp Ziff. BT 5.3.3 Nr. 1). Daran ändert nichts der Umstand, dass die Kommunikation zwischen den Konzepteuren und den Vertriebsunternehmen erleichtert wird, wenn einheitliche Kriterien verwendet werden (abw. *Lohmann/Gebauer*, BKR 2018, 244, 252).
11 ESMA35-43-620, Guidelines on MiFID II product governance requirements, v. 5.2.2018, Rz. 60 ff. (insbesondere beim Vertrieb von Finanzinstrumenten, die von Konzepteuren entworfen worden sind, die nicht der RL 2014/65/EU unterworfen sind).
12 § 12 Abs. 2 Satz 2 WpDVerOV (Rz. 172) spricht davon, dass ein ausreichender Informationsgrad sicherzustellen ist, ohne die Mittel vorzugeben. Sofern die Informationen nicht in ausreichender Qualität verfügbar sind, kann ausreichende Sicherheit nur mittels Vereinbarungen erlangt werden. Vgl. MaComp Ziff. BT 5.3.7 Nr. 2 S. 2.
13 MaComp Ziff. BT 5.3.7 Nr. 5 (vertrauenswürdig, wenn die Zielmarktbestimmung bzw. die Bestimmung der Vertriebsstrategie nach Maßgabe der Ziff. BT 5 erfolgt ist [MaComp Ziff. BT 5.3.7 Nr. 5]).
14 MaComp Ziff. BT 5.3.7 Nr. 2.

müssen die Vertriebsunternehmen ihre Informationen[1] zu ihrem Kundenstamm[2] und alle sonstigen für sie konkret verfügbaren Informationen einsetzen. Soweit diese nicht ausreichen, haben sie wie Konzepteure (Rz. 136) auf theoretische[3] Erfahrungen und Kenntnisse zurückgreifen[4]. Können die erforderlichen Informationen nicht erlangt werden, ist der Vertrieb der Finanzinstrumente auch in Form der execution only zu unterlassen[5]. Gleiches gilt bei der Entwicklung von Wertpapier(neben)dienstleistungen, bei denen in aller Regel nicht auf Informationen seitens der Konzepteure zurückgegriffen werden kann und die Vertriebsunternehmen auf der Basis von Informationen aus ihrem Unternehmen und allgemeinen Erfahrungswissens handeln müssen.

148   **3. Bestimmung des Zielmarktes (§ 12 Abs. 3, 8 WpDVerOV).** Falls ein Vertriebsunternehmen ein Finanzinstrumente nicht selbst konzipiert hat, darf es sich nicht unkritisch auf die Zielmarktbestimmung in der Konzeptionsphase (Rz. 130) verlassen[6], sondern muss im Rahmen der Entscheidung, ob[7] und wie[8] es das Finanzinstrument vertreibt, unter Berücksichtigung des vom Konzepteur festgelegten Zielmarkts eigenverantwortlich den Markt bestimmen, auf dem es das Finanzinstrument an seine Endkunden (Rz. 133)[9] vermarkten[10] will (§ 12 Abs. 3 Satz 1 WpDVerOV [Rz. 172])[11]. Dies gilt erst recht, wenn der Konzepteur nicht zur Bestimmung eines Zielmarktes verpflichtet war (Rz. 135) oder wenn in der Vergangenheit von einer Zielmarktbestimmung abgesehen worden war[12]. Daraufhin ist die Ablauforganisation auszurichten. Bei der Bestimmung des Zielmarktes sind auf der Basis der erreichbaren Informationen (Rz. 147) die Charakteristika des Kundenstamms, aber auch die der potentiellen Kunden des Vertriebsunternehmens gründlich zu analysieren[13]. Es kann aber nicht[14] erwartet werden, dass die Vertriebsunternehmen sich dort, wo sie die Bedürfnisse und finanziellen Verhältnisse ihrer Kunden nicht kennen und sie bei einem ausschließlichen Vertrieb gem. § 63 Abs. 10, 11 WpHG auch nicht kennen können, diese Informationen besorgen, wenn sie ein Finanzinstrument aktiv vermarkten wollen[15]. Die Definition des Zielmarkts samt den ihn prägenden Eigenschaften durch den Konzepteur darf nicht ohne gewichtige Gründe beiseite geschoben werden[16].

---

1   Es geht hierbei insbesondere um Informationen, die die Vertriebsunternehmen aufgrund der Anlagetätigkeit ihrer Kunden, aufgrund von Fragebögen zu den Kenntnissen und Erfahrungen ihrer Kunden, aufgrund von Fragebögen, die der Unterbindung der Geldwäsche dienen, aufgrund von Beschwerden oder im Rahmen ihrer Kundenpflege erworben haben (ESMA/2016/1436 v. 5.10.2016, Draft guidelines on MiFID II product governance requirements, Background on draft guidelines, Ziff. 27).
2   § 12 Abs. 7 WpDVerOV (Rz. 172). Zum Kundenstamm zählen auch Kunden, die bislang noch keine Wertpapiere erworben haben (ESMA35-43-620, Guidelines on MiFID II product governance requirements, v. 5.2.2018, Rz. 37; MaComp Ziff. BT 5.3.3 Nr. 1).
3   ESMA35-43-620, Guidelines on MiFID II product governance requirements, v. 5.2.2018, Rz. 36.
4   Ausgewählten Kunden i.S.d. § 12 Abs. 4 Satz 2 WpDVerOV (Rz. 172) sind im Licht des Art. 10 Abs. 2 DelRL 2017/593 diejenigen Kunden, an die sich das Wertpapierdienstleistungsunternehmen zu wenden gedenkt, die also Teil des Zielmarktes sind.
5   ESMA35-43-620, Guidelines on MiFID II product governance requirements, v. 5.2.2018, Rz. 63; MaComp Ziff. BT 5.3.7 Nr. 4 (in der Regel).
6   Arg. e § 12 Abs. 8 WpDVerOV (Rz. 172); ESMA35-43-620, Guidelines on MiFID II product governance requirements, v. 5.2.2018, Rz. 38ff.; einschr. Rz. 42 für einfachere, gebräuchlichere Produkte.
7   ESMA35-43-620, Guidelines on MiFID II product governance requirements, v. 5.2.2018, Rz. 27f.
8   ESMA35-43-620, Guidelines on MiFID II product governance requirements, v. 5.2.2018, Rz. 43.
9   Soll das Finanzinstrument ausschließlich anderen Vertriebsunternehmen angeboten werden, so brauchen deren Kenntnisse und Erfahrungen sowie deren Risikobereitschaft und Anlageziele nicht berücksichtigt zu werden. Dies lässt die Pflicht, den Zielmarkt der Endkunden zu bestimmen, entfallen (ESMA/2016/1436 v. 5.10.2016, Draft guidelines on MiFID II product governance requirements, Background on draft guidelines, Rz. 43).
10 Das aktiv an-den-Kunden-Bringen (vgl. *Bußalb*, WM 2017, 553, 555).
11 ESMA35-43-620, Guidelines on MiFID II product governance requirements, v. 5.2.2018, Rz. 43. Im Licht des § 12 Abs. 3 Satz 2 WpDVerOV (Rz. 172), der den Begriff „eigenständig" verwendet, könnte man allerdings im Umkehrschluss für die Fälle des § 12 Abs. 3 Satz 1 WpDVerOV (Rz. 172), der diese Formulierung nicht verwendet, sondern nur von „berücksichtigen" spricht, annehmen, dass die Wertpapierdienstleistungsunternehmen ohne weitere Kontrolle den vom Konzepteur getroffenen Zielmarkt übernehmen müssen. In dieselbe Richtung weist, dass die WpDVerOV (Rz. 172) die in § 12 Abs. 3 WpDVerOV-Referentenentwurf enthaltene Formulierung „*näher* zu bestimmen" nicht übernommen hat. Dagegen spricht jedoch, dass eine „Bestimmung" des Zielmarkts durch das Vertriebsunternehmen überflüssig wäre, wenn dieses immer blind der Zielmarktbestimmung durch den Konzepteur folgen müsste. Die Formulierung „berücksichtigen" ist deshalb wie üblich im Sinn einer Einbeziehung bestimmter Fakten und Wertungen in die eigenen Erwägungen zu interpretieren. Ebenso MaComp Ziff. BT 5.3.3 Nr. 2. Dies mag, muss aber nicht, zu einem Ergebnis führen, zu dem bereits der Konzepteur gekommen ist.
12 § 12 Abs. 3 Satz 2 WpDVerOV (Rz. 172); ESMA35-43-620, Guidelines on MiFID II product governance requirements, v. 5.2.2018, Rz. 60ff.
13 ESMA35-43-620, Guidelines on MiFID II product governance requirements, v. 5.2.2018, Rz. 34ff.
14 ESMA35-43-620, Guidelines on MiFID II product governance requirements, v. 5.2.2018, Rz. 45, 47.
15 Die ESMA35-43-620, Guidelines on MiFID II product governance requirements, v. 5.2.2018, Rz. 48 fordert hier nur eine gründliche Bestimmung des Zielmarkts, ohne zu sagen, woher die Wertpapierdienstleistungsunternehmen die erforderlichen Informationen nehmen sollen.
16 ESMA35-43-620, Guidelines on MiFID II product governance requirements, v. 5.2.2018, Rz. 38, 46 (insbesondere dort, wo, wie im Rahmen des § 63 Abs. 10, 11 WpHG der Kundenkontakt lose ist). Abweichungen vom Zielmarkt des Konzepteurs sind diesem zu melden (ESMA35-43-620, Guidelines on MiFID II product governance requirements, v. 5.2.2018, Rz. 59).

Die Bestimmung des Zielmarkts erfolgt in gleicher Weise wie bei der Konzeption von Finanzinstrumenten (Rz. 131)[1], allerdings mit dem Unterschied, dass Vertriebsunternehmen diesen vielfach genauer und differenzierter bestimmen können, weil ihnen mehr Informationen über ihre (potentiellen) Kunden zur Verfügung stehen[2]. Außerdem sollten Vertriebsunternehmen bei der Zielmarktbestimmung die Art ihrer Wertpapierdienstleistungen (z.B. Beratung, Verzicht auf Beratung [§ 63 Abs. 10 WpHG]; nur execution only [§ 63 Abs. 11 WpHG][3]; Vermögensverwaltung) berücksichtigen[4]. Dem Anlegerschutz darf immer der Vorrang eingeräumt werden[5]. Bei der Zielmarktbestimmung dürfen nur die Bedürfnisse, Ziele, Risikobereitschaft von Anlegergruppen, nicht aber die einzelner Anleger im Auge gefasst werden. Deshalb spielt es z.b. keine Rolle, dass in der Gruppe der konservativen Anleger einzelne Personen daran interessiert sein können, zur besseren Risikostreuung in ihr Portfolio spekulative Finanzinstrumente aufzunehmen, wohl aber, dass Anlegergruppen, die Finanzportfolioverwaltung nachfragen, an derartigen Finanzinstrumenten gelegen sein kann[6]. Die konservativen Anleger dürfen mithin nicht pauschal dem Zielmarkt für besonders risikoträchtige Finanzinstrumente zugerechnet werden[7]. Denkbar ist aber, dass ein Finanzinstrument sowohl auf die Gruppe der an Spekulationsgeschäften interessierten Anleger als auch auf die Gruppe der Anleger zielt, die es zur Risikominderung einsetzen wollen. Die Wertpapierdienstleistungsunternehmen, die Finanzinstrumente lediglich vertreiben, haben in gleicher Weise wie Konzepteure festzustellen, an welche Kundengruppen das Finanzinstrument nicht aktiv[8] vertrieben werden darf[9]. Das sind alle Kundengruppen, die außerhalb des Zielmarktes stehen[10]. Für die Zielmarktbestimmung sonstiger Wertpapier(neben)dienstleistungen gilt im Licht des § 12 Abs. 1, 9 WpDVerOV (Rz. 172) entsprechendes.

4. Vertriebsstrategie. Die Vertriebsunternehmen dürfen nicht unkritisch die von den Konzepteuren (Rz. 130) ins Auge gefassten Vertriebsstrategien (Rz. 140) übernehmen[11], aber von ihnen auch nicht unbedacht abweichen[12]. Vielmehr haben sie deren Vertriebsstrategie genauer auf ihren eigenen Zielmarkt zuzuschneiden, soweit dies erforderlich ist, um die Anleger präziser und auch im Übrigen besser zu schützen[13]. Ihre Vertriebskanäle haben sie demnach eigenständig auszuwählen und die für die jeweiligen Zielgruppen angemessenen Vertriebsformen[14] zu bestimmen. Dies wird nicht dadurch obsolet, dass das Finanzinstrument ausschließlich mittels Beratung (§ 64 WpHG) vertrieben werden soll, in deren Rahmen die Geeignetheit geprüft werden muss[15]. Wer-

149

---

1 ESMA35-43-620, Guidelines on MiFID II product governance requirements, v. 5.2.2018, Rz. 34; MaComp Ziff. BT 5.3.3 Nr. 3 f.
2 Erwägungsgrund Nr. 17 DelRL 2017/593; ESMA/2016/1436 v. 5.10.2016, Draft guidelines on MiFID II product governance requirements, Background on draft guidelines, Rz. 26, 28; ESMA35-43-620, Guidelines on MiFID II product governance requirements, v. 5.2.2018, Rz. 34, 36 f.
3 Der ausschließliche Vertrieb „execution only" lässt eine Zielmarktbestimmung nicht als überflüssig erscheinen, auch wenn anlässlich der Order kein Zielmarktabgleich erfolgen kann.
4 ESMA35-43-620, Guidelines on MiFID II product governance requirements, v. 5.2.2018, Rz. 34, 40, 43 ff.; MaComp Ziff. BT 5.3.4 Nr. 2.
5 ESMA35-43-620, Guidelines on MiFID II product governance requirements, v. 5.2.2018, Rz. 30 f., 46, 50.
6 ESMA35-43-620, Guidelines on MiFID II product governance requirements, v. 5.2.2018, Rz. 52.
7 ESMA/2016/1436 v. 5.10.2016, Draft guidelines on MiFID II product governance requirements, Background on draft guidelines (Rz. 29 ff.). Die Engführung des Zielmarkts hindert die Wertpapierdienstleistungsunternehmen nicht, einzelnen hinreichend erfahrenen und informierten konservativen Anlegern besonders risikoträchtige Finanzinstrumente zu empfehlen, wenn diese Investition angesichts der Struktur ihres Portfolios ihrer Risikobereitschaft und ihren Anlagezielen entspricht.
8 Aufnahme in das Produktsortiment (ESMA35-43-620, Guidelines on MiFID II product governance requirements, v. 5.2.2018, Rz. 32).
9 ESMA35-43-620, Guidelines on MiFID II product governance requirements, v. 5.2.2018, Rz. 67 ff.
10 § 12 Abs. 4 Satz 3 WpDVerOV (Rz. 172); ESMA35-43-620, Guidelines on MiFID II product governance requirements, v. 5.2.2018, Rz. 32, 55 (falls außerhalb des Zielmarkts des Vertriebsunternehmens vertrieben wird, ist dies dem Konzepteur zu melden). Wenig sinnvoll erscheint es, die Kundengruppen im einzelnen positiv zu bestimmen. Dies hätte nämlich nur zur Folge, dass die Konzepteure und Vertriebsunternehmen einen festen Katalog von Kundengruppen entwickeln, um alle Gruppen, die nicht Teil des Zielmarkts sind, mit einem negativen Vorzeichen zu versehen. Der Warneffekt dieser Liste geht gegen Null. Das Gesetz sieht keinen „sowohl/als auch"-Zielmarkt im Sinn eines grauen Zielmarktes vor.
11 ESMA35-43-620, Guidelines on MiFID II product governance requirements, v. 5.2.2018, Rz. 49; MaComp Ziff. BT 5.3.5 Nr. 1.
12 ESMA35-43-620, Guidelines on MiFID II product governance requirements, v. 5.2.2018, Rz. 51; MaComp Ziff. BT 5.3.5 Nr. 2, insbesondere bei Verringerung des Anlegerschutzes.
13 ESMA/2016/1436 v. 5.10.2016, Draft guidelines on MiFID II product governance requirements, Background on draft guidelines (Rz. 30, 37 f., 51); ESMA35-43-620, Guidelines on MiFID II product governance requirements, v. 5.2.2018, Rz. 34 ff., 44, 49; MaComp Ziff. BT 5.3.4 Nr. 1.
14 Z.B. Vertrieb nur auf der Basis einer Beratung; Marketing. Die für die Kunden risikoloseren Formen des Vertriebs können immer gewählt werden (ESMA35-43-620, Guidelines on MiFID II product governance requirements, v. 5.2.2018, Rz. 30 ff., 37). Der Vertrieb execution only darf ebenfalls der Entscheidung (ESMA35-43-620, Guidelines on MiFID II product governance requirements, v. 5.2.2018, Rz. 31) product governance requirements, v. 5.2.2018, Rz. 31.
15 ESMA35-43-620, Guidelines on MiFID II product governance requirements, v. 5.2.2018, Rz. 33.

den Finanzinstrumente vermarktet, die in Drittstaaten ansässige Unternehmen konzipiert haben, muss die Vertriebsstrategie umfassend eigenständig entwickelt werden[1]. In die Vertriebsstrategie müssen auf allen Ebenen der Ablauforganisation einschließlich des Marketing die bei der Zielmarktbestimmung für wesentlich gehaltenen Bedürfnisse, Merkmale und Ziele (Rz. 135) der Endkunden sowie die Besonderheiten des Finanzinstruments eingehen. Insbesondere dort, wo die Vertriebsunternehmen die Bedürfnisse und Ziele ihres Kundenstammes nur schlecht erkennen können, darf von der Vertriebsstrategie, die die Konzepteure vorgeschlagen haben, nur mit beachtlichen Gründen abgewichen werden[2]. Bei innovativen Finanzinstrumenten ist besondere Sorgfalt geboten (§ 80 Abs. 12 Satz 3 WpHG). Der Umstand, dass Wertpapierdienstleistungsunternehmen die Bedürfnisse und finanziellen Verhältnisse ihrer Kunden bei einem Vertrieb gem. § 63 Abs. 10, 11 WpHG nicht kennen und nicht kennen können, hindert sie nicht, diese Vertriebsformen in ihre Vertriebsstrategie aufzunehmen[3]. Bei der aktiven Vermarktung sollten sie allerdings zurückhaltend agieren. Jedenfalls müssen sie, soweit dies die jeweilige Vertriebsform erlaubt, den Zielmarkt respektieren und über ihre begrenzten Möglichkeiten informieren, dafür zu sorgen, dass die Finanzinstrumente nur auf den Zielmarkt vertrieben werden[4]. Es besteht weder ein Zwang, Finanzinstrumente nur im Rahmen der Zielmarktbestimmung, noch die uneingeschränkte Pflicht, nicht innerhalb des negativen Zielmarktes zu vertreiben[5]. Die Wertpapierdienstleistungsunternehmen brauchen nicht so zu weit gehen, Kundengruppen, für die bestimmte Finanzinstrumente nicht geeignet (§ 64 WpHG Rz. 41) oder angemessen (§ 63 WpHG Rz. 133) sein *könnten*[6], von dem Erwerb dieser Finanzinstrumente im Weg des execution only-Verfahrens (§ 63 Abs. 11 WpHG) auszuschließen oder sicherzustellen, dass die Warnung gem. § 63 Abs. 10 WpHG nicht missachtet wird[7]. Für die Bestimmung der Vertriebsstrategie sonstiger Wertpapier(neben)dienstleistungen, wie z.B. die Vermögensverwaltung, gilt Entsprechendes[8].

150 **5. Produktüberwachung (§ 80 Abs. 10 WpHG; § 12 Abs. 9 WpDVerOV).** Die Vertriebsunternehmen trifft neben[9] den Konzepteuren (Rz. 130) die eigenständige Pflicht zur regelmäßigen[10] Überwachung der Verhältnisse auf dem Zielmarkt und die Folgen ihrer Vertriebsstrategie[11]. In diesem Rahmen haben sie sich mit den Konzepteuren in Verbindung zu setzen[12]. Stellen die Vertriebsunternehmen fest, dass das Finanzinstrument nicht (mehr) mit den bei der Zielmarktbestimmung getroffenen Annahmen harmoniert, die Vertriebsstrategie am Zielmarkt vorbeigeht[13] oder dass sich Beschwerden häufen, ist der Zielmarkt oder die Vertriebsstrategie erneut zu bestimmen[14], ggf. der Vertrieb zu beschränken oder sogar ganz einzustellen. Dies ist insbesondere dort von Bedeutung, wo ein Finanzinstrument aufgrund von Marktveränderungen seine Liquidität verliert oder

---

1 ESMA35-43-620, Guidelines on MiFID II product governance requirements, v. 5.2.2018, Rz. 49.
2 ESMA35-43-620, Guidelines on MiFID II product governance requirements, v. 5.2.2018, Rz. 51.
3 MaComp Ziff. BT 5.3.4 Nr. 2. Die ESMA35-43-620, Guidelines on MiFID II product governance requirements, v. 5.2. 2018 postuliert einerseits, dass die Vertriebsunternehmen Verantwortung dafür übernehmen *sollten*, dass von Anfang an sichergestellt wird, dass die Produkte und damit verbundenen Dienstleistungen den Bedürfnissen, Merkmalen und Zielen der Zielkunden entsprechen (Rz. 28); andererseits aber, dass durch die Identifizierung des Zielmarktes und der Vertriebsstrategie *sichergestellt* wird, dass nur der Kundentyp das Produkt erhält, für dessen Bedürfnisse etc. es konzipiert wurde (Rz. 33, 39). Bei Rz. 40, 45, 72 wird lediglich besonderes Augenmerk gefordert; bei Rz. 46, 50 wird darauf hingewiesen, dass Vertriebsunternehmen sich für eine zurückhaltende Herangehensweise entscheiden *können*.
4 MaComp Ziff. BT 5.3.4 Nr. 2, 3 (Abgleich mit dem Zielmarkt nur hinsichtlich der Kenntnisse und Erfahrungen sowie der jeweiligen Kundenkategorie [§ 67 WpHG] bzw. ausschließlich der Kundenkategorie).
5 ESMA35-43-620, Guidelines on MiFID II product governance requirements, v. 5.2.2018, Rz. 52, 54, 70 f.; MaComp Ziff. BT 5.3.6 Nr. 1, 2. Dies gilt auch im Rahmen der Anlageberatung. Die Entscheidung, das Finanzinstrument außerhalb des Zielmarkts oder innerhalb des negativen Zielmarkts zu vertreiben, ist eingehend begründet zu dokumentieren (MaComp Ziff. BT 5.3.6 Nr. 1, 2).
6 Anders, wenn das Vertriebsunternehmen feststellt, dass ein bestimmtes Produkt mit Sicherheit nicht den Bedürfnissen und Merkmalen einer bestimmten Endkundengruppe entspricht (ESMA35-43-620, Guidelines on MiFID II product governance requirements, v. 5.2.2018, Rz. 32; MaComp Ziff. BT 5.3.1 Nr. 4).
7 Abw. ESMA35-43-620, Guidelines on MiFID II product governance requirements, v. 5.2.2018, Rz. 32 (niemals ... kompatibel, sollte absehen ... in Produktpalette); Rz. 46 f. („may decide ..."), Rz. 72 („it is expected"; „could consider"). *Busch* in Busch/Ferrarini, Regulation of the EU Financial Markets, Rz. 5.16. Vgl. auch *Enriques/Gargantini* in Busch/Ferrarini, Regulation of the EU Financial Markets, Rz. 4.51.
8 MaComp Ziff. BT 5.3.4 Nr. 5 (bei der Bestimmung des Zielmarkts sind die Anlagestrategien zu berücksichtigen, die im Rahmen der Vermögensverwaltung eingesetzt werden).
9 *Busch*, WM 2017, 409, 414.
10 Der Turnus ist in Parallele zu § 11 Abs. 14 Satz 2 WpDVerOV (Rz. 172) mittels Organisationsmaßnahmen festzulegen.
11 § 12 Abs. 9 Satz 1 f. WpDVerOV (Rz. 172); ESMA35-43-620, Guidelines on MiFID II product governance requirements, v. 5.2.2018, Rz. 56, 58.
12 § 12 Abs. 10 f. WpDVerOV (Rz. 172); MaComp Ziff. BT 5.4.2 Nr. 2; ESMA35-43-620, Guidelines on MiFID II product governance requirements, v. 5.2.2018, Rz. 55, 58 (so haben sie die Konzepteure darüber zu unterrichten, dass Produkte auf dem negativen Zielmarkt veräußert werden [MaComp Ziff. BT 5.3.6 Nr. 2] oder, sofern nicht Diversifizierung bzw. Hedging [MaComp Ziff. BT 5.3.6 Nr. 3], dass außerhalb des Zielmarkts veräußert wird [MaComp Ziff. BT 5.3.6 Nr. 1]; ferner, dass sie den Zielmarkt falsch bestimmt haben oder dass das Produkt nicht länger für den Zielmarkt geeignet ist); auch bei einer Vertriebsstrategie mit erhöhter Anlegergefährdung (MaComp Ziff. BT 5.3.5 Nr. 2).
13 § 12 Abs. 9 Satz 2 WpDVerOV (Rz. 172); MaComp Ziff. BT 5.3.6 Nr. 4.
14 § 12 Abs. 9 Satz 3 WpDVerOV (Rz. 172); MaComp Ziff. BT 5.3.6 Nr. 4.

besonders volatil wird[1]. Ebenso muss vorgegangen werden, wenn das Wertpapierdienstleistungsunternehmen erfährt, dass der Zielmarkt von vornherein fehlerhaft bestimmt worden ist[2]. Dann muss das Produktfreigabeverfahren erneut durchlaufen werden[3]. Gleiches gilt, falls das Produkt den Endkunden des Zielmarkts nicht mehr gerecht wird[4]. Für Überwachung sonstiger Wertpapier(neben)dienstleistungen gilt Entsprechendes.

6. Organisationsmaßnahmen, Dokumentation. Die zur Überwachung und Steuerung des Vertriebs der Finanzinstrumente getroffenen Maßnahmen sind in den Organisationsrichtlinien des Wertpapierdienstleistungsunternehmens hinreichend detailliert darzulegen und den Mitarbeitern zugänglich zu machen. Sie sind nachvollziehbar zu dokumentieren. Gleiches gilt für Einzelfallentscheidungen. Für sonstige Wertpapier(neben)dienstleistungen gilt Entsprechendes. 151

XVII. Verweisung auf die DelVO 2017/565 (§ 80 Abs. 14 WpHG). 1. Vergütungsgrundsätze (Art. 27 DelVO 2017/565). S. Rz. 8, 59 f., 96, § 63 WpHG Rz. 46. Es sind geeignete Grundsätze aufzustellen und zu befolgen, die Anreize vermeiden, die Kunden des Wertpapierdienstleistungsunternehmens unangemessen zu behandeln[5]. Dies gilt auch mit Blick auf alle relevanten Personen i.S.d. Art. 2 Abs. 1 DelVO 2017/565 (Rz. 66 ff.). 152

2. Interessenkonflikte (Art. 33 f. DelVO 2017/565). S. Rz. 14 ff. 153

3. Finanzanalysen, Marketingmitteilungen (Art. 37 DelVO 2017/565). S. Erläuterungen zu § 85 WpHG. 154

XVIII. Emissionen, Platzierungen von Finanzinstrumenten, Finanzwirtschaftsberatung (Art. 38–43 DelVO 2017/565). 1. Adressaten der Organisationspflichten. Die Adressaten der Organisationspflichten sind Wertpapierdienstleistungsunternehmen, die bestimmte Dienstleistungen erbringen oder Finanzinstrumente selbst emittieren (Eigenemissionen)[6]. Diese ergeben sich aus den Art. 38–43 DelVO 2017/565, die auf den Anhang I Abschnitt A Nr. 6, 7 und den Abschnitt B Nr. 3 RL 2014/65/EU verweisen. Auf den Anhang nimmt Art. 38 Abs. 1 Satz 1 DelVO 2017/565 ausdrücklich Bezug. Nichts anderes gilt für die Art. 39–43 DelVO 2017/565, die ebenfalls den Art. 16 Abs. 3 sowie die Art. 23, 24 RL 2014/65/EU umsetzen. Dem Anhang zufolge werden bei der Übernahme der Emission von Finanzinstrumenten und/oder der Platzierung von Finanzinstrumenten mit fester oder ohne feste Übernahmeverpflichtung Wertpapier(neben)dienstleistungen erbracht, ferner bei der Beratung von Unternehmen hinsichtlich der Kapitalstrukturierung, der branchenspezifischen Strategie und den damit zusammenhängenden Fragen sowie bei der Beratung und bei Dienstleistungen im Zusammenhang mit Unternehmensfusionen und -aufkäufen[7]. 155

2. Interessenkonflikte (Art. 38 Abs. 2, 3, Art. 39 Abs. 1, Art. 40 Abs. 1, 2, Art. 41 Abs. 2, Art. 42 DelVO 2017/565). a) Konflikte mit den Eigeninteressen des Emittenten. aa) Allgemeines. Allgemein zu den Interessenkonflikten s. Rz. 14 ff. Um Interessenkonflikte zu verhüten, sind alle in Betracht kommenden Eigeninteressen des Wertpapierdienstleistungsunternehmens einschließlich der **Interessen** seiner Unternehmensgruppe[8] zu **bestimmen**, die mit den Interessen von (potentiellen) Emittenten in Konflikt geraten können[9]. Insbesondere ist präventiv dafür zu sorgen, dass schon in einem frühen Stadium alle auf eine Emission oder Platzierung zielenden Aktivitäten **erkannt werden**, um rechtzeitig zugunsten der Kunden konfliktlimitierende bzw. konfliktminimierende Vorkehrungen treffen zu können[10]. Gleiches gilt für sonstige Aktivitäten des Wertpapierdienstleistungsunternehmens und seiner Gruppe, die bei Emissionsübernahme- und Platzierungstätigkeiten Interessenkonflikte hervorrufen können[11]. 156

Das Wertpapierdienstleistungsunternehmen hat wie bei anderen Wertpapierdienstleistungen die in § 63 Abs. 1 WpHG niedergelegten Grundsätze zu beachten[12]. Art. 38 Abs. 2 Satz 2 DelVO 2017/565 betont die allgemeine Pflicht[13], Vorkehrungen zu treffen, um die die Emittenten gefährdenden **Interessenkonflikte** bei Emissionsübernahme- und Platzierungsaktivitäten **auszuschalten** sowie deren Wirksamkeit zu kontrollieren[14]. Die ge- 157

---

1 § 12 Abs. 9 Satz 3 WpDVerOV (Rz. 172).
2 § 12 Abs. 9 Satz 3 WpDVerOV (Rz. 172).
3 § 12 Abs. 9 Satz 3 WpDVerOV (Rz. 172).
4 § 12 Abs. 9 Satz 3 WpDVerOV (Rz. 172).
5 Art. 27 Abs. 1 DelVO 2017/565.
6 § 2 Abs. 8 Nr. 10 Satz 2 WpHG; Art. 4 Abs. 1 Nr. 5 RL 2014/65/EU.
7 Vgl. dazu ESMA 2016/1444 v. 16.12.2016, Questions and Answers on MiFID II and MiFIR investor protection topics, Abschnitt 5, Answer 4 (Keine Finanzwirtschaftsberatung i.S.d. Art. 38 Abs. 1 Halbsatz 1 Alt. 1 DelVO 2017/565 wird erbracht, falls ein Wertpapierdienstleistungsunternehmen anlässlich einer bestimmten Emission als Organisator oder Mitglied des Syndikats handelt. Wenn jedoch zusätzlich zur Kapitalstrukturierung etc. beraten wird, greift Art. 38 DelVO 2017/565 ein).
8 Art. 4 Abs. 1 Nr. 34 RL 2014/65/EU.
9 § 80 Abs. 1 Satz 2 Nr. 2 WpHG.
10 Art. 38 Abs. 2 Satz 1 DelVO 2017/565.
11 Art. 38 Abs. 2 Satz 2 DelVO 2017/565.
12 Vgl. zum WpHG a.F. *Faust* in Bankrechts-Handbuch, S 109 Rz. 63.
13 § 80 Abs. 1 Satz 2 Nr. 2 WpHG.
14 Erwägungsgrund Nr. 59 DelVO 2017/565.

troffenen Maßnahmen sind zu dokumentieren[1]. Auch bei Emissionen gilt die allgemeine Pflicht, bestmöglich im Interesse der Kunden tätig zu werden (§ 63 Abs. 1 WpHG). Die Wertpapierdienstleistungsunternehmen haben deshalb dafür zu sorgen, dass die Interessen der Emittenten nicht vernachlässigt werden[2]. Dies unterstreicht Art. 39 DelVO 2017/565 hinsichtlich der Interessenkonflikte, die bei der **Preisbildung**[3] auftauchen[4], falls ein Wertpapierdienstleistungsunternehmen *nicht ausschließlich* als Erwerber auf eigene Rechnung, sondern *auch* als Geschäftsbesorger agiert oder agieren könnte[5]. Dem Emittenten ist bei Aktien nämlich an einem möglichst hohen Emissionserlös bzw. bei Schuldverschreibungen an möglichst niedrigen Zinssätzen gelegen. Als Erwerber auf eigene Rechnung ist das Wertpapierdienstleistungsunternehmen hingegen daran interessiert, dass der Preis möglichst niedrig ausfällt (underpricing), weil damit das Risiko sinkt, nicht alle Finanzinstrumente platzieren zu können[6]. Auch wenn keine Festübernahme im Raum steht, besitzt das Wertpapierdienstleistungsunternehmen ein Eigeninteresse an der Höhe des Emissionserlöses, falls dieser die Höhe seiner Provision bestimmt. Außerdem werden Wertpapierdienstleistungsunternehmen bedenken, dass ihre Reputation am Markt bedroht wird, wenn die Emission im Markt nichts vollständig platziert werden kann oder wenn die Kurse nach der Platzierung nicht nur kurze Zeit stark sinken[7]. Das Eigeninteresse der Wertpapierdienstleistungsunternehmen kann auch dahin gehen, bestimmte Kunden zu begünstigen. **Instrumente zur Konfliktsbeseitigung** sind außer allgemeinen Anweisungen[8] und Kontrollen, – wie allgemein – sog. chinese walls (Rz. 35)[9], die Art. 39 Abs. 1 Satz 2 lit. b DelVO 2017/565 vorschreibt, und viele Objektivierung des Preisfindungsverfahrens. Nicht nur das Wertpapierdienstleistungsunternehmen, sondern auch die unmittelbar an der Preisfindung beteiligten Organe und Mitarbeiter des Unternehmens können ein Eigeninteresse an der Preisgestaltung entwickeln. Das Wertpapierdienstleistungsunternehmen hat daher wie bei sonstigen Interessenkonflikten (Rz. 14) Vorkehrungen zu treffen, um zu verhindern, dass sich diese Eigeninteressen durchsetzen[10].

158 Bei der **Platzierung** existieren für das Wertpapierdienstleistungsunternehmen vielfach Anreize, die Finanzinstrumente in den eigenen Handelsbestand zu überführen oder sie Anlegern zu empfehlen[11] oder zuzuteilen[12], von denen sie sich besondere Vorteile versprechen (s. Rz. 30; zu Zuwendungen Rz. 169). Diese Platzierungspolitik kann den Interessen der Emittenten zuwiderlaufen, denen an einer bestimmten Zusammensetzung der Anleger[13] gelegen ist. Auch die Anleger sind gefährdet, weil die Wertpapierdienstleistungsunternehmen geneigt sein können, problematische Finanzinstrumente bei ihren Kunden unterzubringen, um ihre Kreditrisiken zu senken oder Profite zu steigern[14]. Es ist angemessen dafür zu sorgen, dass den Interessen der Emittenten und Anleger Rechnung getragen wird und zu verhindern, dass infolge Eigeninteressen[15] der Wertpapierdienstleis-

---

1 Art. 21 Abs. 1 Satz 1 lit. f DelVO 2017/565.
2 Erwägungsgrund Nr. 58 DelVO 2017/565.
3 Zu den Verfahren der Preisbildung, z.B. bookbuilding, Ertragswert- oder discounted cashflow-Verfahren vgl. *Becker/Peppmeier*, Bankbetriebslehre, 8. Aufl. 2011, S. 188 f., 190 ff.; zur Orientierung am Kurs vergleichbarer Finanzinstrumente unter Berücksichtigung der allgemeinen Marktlage vgl. *Singhof* in MünchKomm. HGB, 3. Aufl. 2014, Bd. 6, Emissionsgeschäft Rz. 64 ff. Beim uneingeschränkten Auktionsverfahren sind keine relevanten Interessenkonflikte zu erwarten; starke Konflikte dagegen insbesondere bei Preisdifferenzierungen. Zum eingeschränkten Auktionsverfahren s. *Singhof* in MünchKomm. HGB, 3. Aufl. 2014, Bd. 6, Emissionsgeschäft Rz. 67.
4 Art. 39 Abs. 1 DelVO 2017/565.
5 S. hierzu *Singhof* in MünchKomm. HGB, 3. Aufl. 2014, Bd. 6, Emissionsgeschäft Rz. 65.
6 Der Emittent ist dagegen typischerweise daran interessiert, den Emissionserlös zu maximieren. Das heißt nicht notwendig, dass er dieses Interesse auch dann verfolgt, wenn dies dazu führt, dass die Finanzinstrumente von dem Wertpapierdienstleistungsunternehmen, das sie fest übernommen hat, nicht platziert werden können oder dass sich der Kurs negativ entwickelt. Trägt der Emittent das Risiko der Platzierung selbst, so geht sein Interesse auch dahin, dieses Risiko durch entsprechende Preisgestaltung zu minimieren.
7 *Singhof* in MünchKomm. HGB, 3. Aufl. 2014, Bd. 6, Emissionsgeschäft Rz. 65.
8 Die Betreuer der Anlegerseite dürfen den Kundenbetreuern der Emissionsseite zwar Informationen über das Marktsentiment und Anlegerinteresse vermitteln. Sie dürfen jedoch nicht unmittelbar an den Preisempfehlungen durch die Firmenkundenabteilung beteiligt sein (*Faust* in Bankrechts-Handbuch, S 109 Rz. 63). Immer auszuschalten sind die Gefahren eines unzulässigen Insiderhandels.
9 Vgl. zum WpHG a.F. *Faust* in Bankrechts-Handbuch, S 109 Rz. 63.
10 Art. 39 Abs. 1 lit. b DelVO 2017/565.
11 Art. 40 Abs. 1, Art. 42 Abs. 1 DelVO 2017/565.
12 Entscheidung der konsortialführenden Bank, welchen Anlegern wie viele Finanzinstrumente zu dem ermittelten Preis überlassen werden (*Singhof* in MünchKomm. HGB, 3. Aufl. 2014, Bd. 6, Emissionsgeschäft Rz. 75); Unterbringung der Finanzinstrumente bei den Anlegern oder im Eigenhandel (*Becker/Peppmeier*, Bankbetriebslehre, 8. Aufl. 2011, S. 184). Art. 40 DelVO 2017/565 verwendet in der deutschen Sprachfassung in Abs. 1 ebenso wie in der Überschrift den Begriff „Platzierung", in den folgenden Absätzen aber den unklaren Begriff „Mittelzuweisung". Wenig Klarheit bringt angesichts der Abstraktionshöhe des Begriffs „allocation" auch der Wortlaut der englischen Sprachfassung. Der Sinn nach kann es nur um die Zuteilung der emittierten Finanzinstrumente gehen (vgl. auch *Faust* in Bankrechts-Handbuch, S 109 Rz. 62a).
13 Eine ausgewogene Mischung von voraussichtlich kurzfristig und langfristig orientierten Anlegern soll eine nachhaltige Kursentwicklung fördern (vgl. *Singhof* in MünchKomm. HGB, 3. Aufl. 2014, Bd. 6, Emissionsgeschäft Rz. 77).
14 *Enriques/Gargantini* in Busch/Ferrarini, Regulation of the EU Financial Markets, Rz. 4.54.
15 Des Wertpapierdienstleistungsunternehmens und von Personen, die an Entscheidungen über die Platzierung unmittelbar beteiligt sind.

tungsunternehmen verzerrte **Empfehlungen** abgegeben werden[1]. Immer zulässig ist eine unterschiedliche Behandlung von Anlegergruppen, wenn dies den Interessen des Emittenten entspricht[2]. Instrumente zur Konfliktsbeseitigung sind außer allgemeinen Anweisungen und Kontrollen, der Beachtung des Gleichbehandlungsgrundsatzes[3] die sog. chinese walls (Rz. 35), die Art. 40 Abs. 2 DelVO 2017/565 vorschreibt. S. auch Rz. 169. Bei der Eigenemission besteht insbesondere die Gefahr, dass den Kunden der Wertpapierdienstleistungsunternehmen Finanzinstrumente angeboten werden, deren Rendite/Risiko-Verhältnis schlechter ist als die anderer auf dem Markt erhältlicher Finanzinstrumente[4]. S. auch Rz. 170.

Lassen sich die **Interessenkonflikte** zu Lasten des Emittenten mit angemessenen Mitteln nicht oder **nicht voll eliminieren**, so genügt es gem. Art. 38 Abs. 2 Satz 3 DelVO 2017/565 nicht, dass der Emittent hierüber informiert wird. Vielmehr sind dem Wertpapierdienstleistungsunternehmen dann Emissionsübernahme- und Platzierungstätigkeiten gänzlich **verboten**[5]. 159

bb) Kreditinduzierte Interessenkonflikte (Art. 42 DelVO 2017/565). Wenn ein Wertpapierdienstleistungsunternehmen oder ein Unternehmen seiner Gruppe[6], dem Emittenten einen **Kredit** gewährt hat, der mit dem Erlös der Emission zurückgezahlt werden soll oder (nur) darf[7], befindet sich der Emittent unter Umständen in der Zwangslage, so dass er sich einer unsachgemäßen Benachteiligung nur schwer erwehren kann. Die Wertpapierdienstleistungsunternehmen haben daher Vorsorge zu treffen, dass die Kreditvergabe bei der Emission und Platzierung keine entscheidende Rolle spielt[8]. Ist das mit angemessenen Mitteln nicht durchführbar, so ist dies im Einklang mit den allgemeinen Regeln (§ 63 WpHG Rz. 37 ff.) offenzulegen[9]. 160

b) Interessen anderer Kunden, insbesondere der Nachfrager der zu platzierenden Finanzinstrumente (Art. 40, 41 DelVO 2017/565). Auch hier kommt § 80 Abs. 1 Satz 2 Nr. 2 WpHG zum Tragen. Konkretisierend wird in Art. 38 Abs. 3 DelVO 2017/565 von einem Wertpapierdienstleistungsunternehmen, das Emissionsübernahme- sowie Platzierungstätigkeiten entfaltet und zugleich Wertpapierdienstleistungen „ausführt"[10] oder **Finanzanalysen**[11] erstellt, gefordert, die zu Lasten seiner Kunden daraus resultierenden Konflikte zu kontrollieren und zu bewältigen. Gleiches gilt gem. Art. 41 Abs. 1 DelVO 2017/565 zugunsten von Investmentkunden, die sich an der Emission beteiligen[12] wollen. Auch bei der **Preisbildung** (Rz. 157) dürfen einzelne Kunden des Wertpapierdienstleistungsunternehmens nicht bevorzugt werden, vor allem dann nicht, wenn dies zu Lasten des Emittenten geht[13]. Bei der **Platzierung** bestehen für Wertpapierdienstleistungsunternehmen Anreize, die Finanzinstrumente denjenigen Anlegern oder Investmentkunden, die sich an der Emission beteiligen wollen, zuzuteilen[14], von denen sie sich besondere Vorteile versprechen (s. Rz. 169). Dadurch können Kunden des Wertpapierdienstleistungsunternehmens ohne sachlichen Grund bevorzugt oder benachteiligt werden. Dies gilt durch angemessene Maßnahmen zu unterbinden[15]. Hierfür kommen wie immer Anweisungen und Kontrollen in Betracht; ferner z.B. bei Privatanlegern Zuteilungsgrundsätze[16], denen zufolge die Zuteilung durch Losentscheid, nach Ordergröße, Quote oder nach dem Zeitpunkt des Kaufauftrags erfolgt. Als sachgerecht können auch Kriterien angesehen werden, denen zufolge die Dauer der Kundenbeziehung oder der Wunsch des Emittenten[17] 161

---

1 Art. 40 Abs. 1, 2 DelVO 2017/565.
2 Z.B. vorrangige Zuteilung an Emittenten, deren Organe und Führungskräfte oder andere Mitarbeiter, ferner im Rahmen der im Prospekt offen gelegten Vereinbarungen zugunsten von Altaktionären und nahestehenden Personen (zum WpHG a.F. *Faust* in Bankrechts-Handbuch, S 109 Rz. 68a).
3 *Faust* in Bankrechts-Handbuch, S 109 Rz. 68a.
4 Vgl. *Enriques/Gargantini* in Busch/Ferrarini, Regulation of the EU Financial Markets, Rz. 4.65.
5 Art. 38 Abs. 2 Satz 3 DelVO 2017/565.
6 Art. 4 Abs. 1 Nr. 34 RL 2014/65/EU.
7 „... may"; „... peut être remboursé".
8 Art. 42 Abs. 1 DelVO 2017/565.
9 Art. 42 Abs. 2 DelVO 2017/565.
10 „execution" (§ 82 WpHG).
11 „research" (§ 85 WpHG).
12 „... participate in ...".
13 Art. 39 Abs. 1 lit. a Alt. 1 DelVO 2017/565.
14 Entscheidung der konsortialführenden Bank, welchen Anlegern wie viele Finanzinstrumente zu dem ermittelten Preis überlassen werden (*Singhof* in MünchKomm. HGB, 3. Aufl. 2014, Bd. 6, Emissionsgeschäft Rz. 75); Unterbringung der Finanzinstrumente bei den Anlegern oder im Eigenhandel (*Becker/Peppmeier*, Bankbetriebslehre, 8. Aufl. 2011, S. 184). Art. 40 DelVO 2017/565 verwendet in der deutschen Sprachfassung in Abs. 1 ebenso wie in der Überschrift den Begriff „Platzierung", in den folgenden Absätzen aber den unklaren Begriff „Mittelzuweisung". Wenig Klarheit bringt angesichts der Abstraktionshöde des Begriffs „allocation" auch der Wortlaut der englischen Sprachfassung. Dem Sinn nach kann es nur um die Zuteilung der emittierten Finanzinstrumente gehen (vgl. *Faust* in Bankrechts-Handbuch, S 109 Rz. 62a).
15 Art. 40 Abs. 3, Art. 41 Abs. 1DelVO 2017/565.
16 Art. 40 Abs. 4 DelVO 2017/565. In diesem Zusammenhang sind auch die Gebote der Zielmarktbestimmung (Rz. 135) zu beachten (ESMA 2016/1444 v. 16.12.2016, Questions and Answers on MiFID II and MiFIR investor protection topics, Abschnitt 5, Answer 2).
17 Bevorzugung der Mitarbeiter des Emittenten, friends and family-Programme; Interesse daran, dass Anleger die Finanzinstrumente längere Zeit halten, breite Streuung.

maßgeblich ist. Die Zuteilung an Nostro ist grundsätzlich nur zugunsten des Market-Making oder zu Stabilisierungszwecken akzeptabel. Ebenso wie beim Preisfindungsverfahren (Rz. 157) ist das Wertpapierdienstleistungsunternehmen verpflichtet, Personen, die unmittelbar mit der Platzierung befasst sind, von anderen Wertpapierdienstleistungsaktivitäten abzuschotten, soweit dies erforderlich ist, um die Interessen des Emittenten und anderer Kunden des Wertpapierdienstleistungsunternehmens optimal zu wahren[1]. Gegebenenfalls reichen weniger weitreichende Vorkehrungen aus, wie z.B. Verhaltensanweisungen und intensive Kontrollen der die Platzierung vorbereitenden und durchführenden Mitarbeiter.

162 Können Interessenkonflikte zu Lasten anderer Kunden **nicht mit angemessenen Mitteln ausgeschaltet** werden, so hat das Wertpapierdienstleistungsunternehmen an sich seine Kunden nach den allgemeinen Regeln (§ 63 WpHG Rz. 37) lediglich detailliert zu informieren. Unklar ist, ob das **Verbot** des Art. 38 Abs. 2 Satz 3 DelVO 2017/565 auch dort zum Tragen kommt, wo nur die Kunden Gefahr laufen, bei Emissionsübernahme- und Platzierungsaktivitäten benachteiligt zu werden. Die Art. 41 Abs. 2, 3 und Art. 42 Abs. 2 DelVO 2017/565 weisen in die entgegengesetzte Richtung. Man wird diese Vorschrift allerdings nur auf die Fallgruppe der Selbstemissionen und kreditinduzierten Konflikte (Rz. 160, 170) beziehen können, so dass im Übrigen das dem Art. 38 Abs. 2 Satz 3 DelVO 2017/565 entspringende uneingeschränkte Verbot der mit den Interessen anderer Kunden konfligierenden Aktivitäten zu beachten ist.

163 Zur Platzierung **eigener Finanzinstrumente** s. Rz. 170.

164 **3. Information der Emittenten, sonstige Offenlegung (Art. 38 Abs. 1, Art. 39 Abs. 2, Art. 41 Abs. 3, Art. 42 Abs. 2 DelVO 2017/565).** Die Wertpapierdienstleistungsunternehmen haben in Parallele zu § 63 Abs. 7 WpHG organisatorische Vorkehrungen zu treffen[2], um die Emittenten vor Abschluss eines Auftrags[3] zur Emissionsbetreuung[4] aufzuklären, also letztlich die Pflicht, die Emittenten über Finanzierungsalternativen[5] samt deren Kosten[6], über die Art und den Zeitplan der Beratung[7] zur Preisfindung[8], zur Platzierung durch das Wertpapierdienstleistungsunternehmen[9], insbesondere über die Anleger[10], bei denen die Finanzinstrumente platziert werden sollen[11], zu informieren[12]. Sie müssen den Emittenten die Berufsbezeichnung der Personen, die unmittelbar an dem Emissionsvorhaben beteiligt sind, sowie die Abteilungen, in denen sie beschäftigt sind[13], mitteilen. Außerdem sind in Parallele zu § 63 Abs. 2 WpHG den Emittenten die Vorkehrungen zur Ausschaltung von Interessenkonflikten (Rz. 156 ff.) darzulegen[14].

165 Die Wertpapierdienstleistungsunternehmen haben die Emittenten nach Abschluss des Betreuungsvertrages darüber aufzuklären, wie der von ihnen für die Platzierung **empfohlene Preis ermittelt** und wie die empfohlenen Zeitpunkte der Platzierung bestimmt worden sind[15]. Gleiches gilt für die Planung zur Kurspflege[16]. Auch ist darüber zu informieren, wie sich ihrer Ansicht nach die Absicherung und Stabilisierungsstrategien auf die erkennbaren Interessen der Emittenten auswirken dürften. Bis zum Abschluss der Platzierung sind die Emittenten über die Entwicklung auf dem Laufenden zu halten[17].

---

1 Art. 40 Abs. 2 DelVO 2017/565.
2 Art. 38 Abs. 1 Halbsatz 1 DelVO 2017/565.
3 Häufig werden die konsortialführenden Banken, die zur gesamten Emission beraten, diese koordinieren und abwickeln, in einem strukturierten Auswahlprozess bestimmt (*Singhof* in MünchKomm. HGB, 3. Aufl. 2014, Bd. 6, Emissionsgeschäft Rz. 53).
4 Dazu gehört auch die Beratung zum Emissionskonzept auf der Basis einer Analyse der Marktbedingungen. Vgl. *Singhof* in MünchKomm. HGB, 3. Aufl. 2014, Bd. 6, Emissionsgeschäft Rz. 55.
5 Aufzuklären ist nur über Finanzierungsalternativen, die im Licht der Bedürfnisse des Kunden konkret in Betracht kommen. Es geht hier nicht nur um Wertpapierdienstleistungen, sondern z.B. auch um Darlehen, Erweiterung des Kontokorrentkredits. Begründet aufzuklären ist außerdem darüber, welche Finanzierungsalternativen nicht erwogen worden sind und welche Finanzierungsalternativen nicht von dem Wertpapierdienstleistungsunternehmen angeboten werden (ESMA 2016/1444 v. 16.12.2016, Questions and Answers on MiFID II and MiFIR investor protection topics, Abschnitt 5, Answer 1).
6 Art. 38 Abs. 1 lit. a DelVO 2017/565.
7 Anhang I Abschnitt B Nr. 3 RL 2014/65/EU.
8 Art. 38 Abs. 1 lit. b DelVO 2017/565.
9 Art. 38 Abs. 1 lit. c DelVO 2017/565.
10 ESMA 2016/1444 v. 16.12.2016, Questions and Answers on MiFID II and MiFIR investor protection topics, Abschnitt 5, Answer 2 (Zumindest muss über den Typus der Anleger [kurz-oder langfristig investierende Anleger, Privatanleger, Pensionsfonds oder Hedgefonds] sowie den Sitz der Anleger informiert werden; der Emittent soll erkennen können, warum die ins Auge gefassten Anleger an den Finanzinstrumenten interessiert sind.).
11 Art. 38 Abs. 1 lit. d DelVO 2017/565.
12 Art. 38 Abs. 1 DelVO 2017/565.
13 Art. 38 Abs. 1 lit. e DelVO 2017/565.
14 Art. 38 Abs. 1 lit. f DelVO 2017/565 (Interessenkonflikte im Zusammenhang mit der Platzierung der Finanzinstrumente bei den Kunden des Wertpapierhandelsunternehmens oder auf eigene Rechnung).
15 *Art. 39 Abs. 2 Satz 1 DelVO 2017/565.*
16 Art. 39 Abs. 2 Satz 2 DelVO 2017/565. Vgl. zum WpHG a.F. *Voß* in Just/Voß/Ritz/Becker, § 31 WpHG Rz. 151 f.
17 Art. 39 Abs. 2 Satz 3 DelVO 2017/565.

Die Wertpapierdienstleistungsunternehmen haben prozessorientierte Regeln zur Entwicklung von Platzierungsempfehlungen aufzustellen und diese zu befolgen[1]. Die Regeln sind dem Emittenten zugänglich zu machen, bevor er sich mit der Erbringung der Platzierungsdienstleistungen einverstanden erklärt[2]. Auch über die Methode, die bei der Entwicklung der Zuteilungsempfehlung verwandt werden soll, ist aufzuklären[3]. 166

4. Beteiligung des Emittenten (Art. 40 Abs. 5 DelVO 2017/565). Gemäß Art. 38 Abs. 1 lit. c DelVO 2017/565 hat das den Emittenten beratende Wertpapierdienstleistungsunternehmen nicht nur über das Verfahren zur Platzierung der Finanzinstrumente zu unterrichten, sondern gem. Art. 40 Abs. 5 Satz 1 DelVO 2017/565 den Emittenten auch an den Diskussionen zum Platzierungsverfahren mitwirken zu lassen. Bevor das Wertpapierdienstleistungsunternehmen die Finanzinstrumente entsprechend den Platzierungsgrundsätzen zuteilt, muss es die Genehmigung des Emittenten einholen[4]. 167

5. Aufzeichnungen (Art. 38 Abs. 2, Art. 43 DelVO 2017/565). Das Wertpapierdienstleistungsunternehmen hat laufend unter Angabe des Datums seine (vorbereitenden) Aktivitäten[5] anlässlich der Emission und der Platzierung aufzuzeichnen[6]. Es muss ferner diejenigen Zuteilungsgrundsätze dokumentieren, die zu Beginn der Zuteilung in Kraft waren. Außerdem sind detailliert die Beratung mit dem Emittenten zu der Platzierungsplanung und deren Ergebnis[7], die Angebote der (potentiellen) Anleger zur Übernahme der Finanzinstrumente, die Weisungen des Emittenten[8] und seine von ihm erkennbar gemachten Interessen, die Interessen des Emissionskonsortiums sowie die Wünsche von Anlegern[9] aufzuzeichnen. Die Wertpapierdienstleistungsunternehmen müssen jede Entscheidung zur Zuteilung der Finanzinstrumente vermerken und gestützt auf Tatsachen[10] die Zuteilung an Endkunden eingehend begründen[11]. Dabei ist besonders auf die Top-Anleger[12] einzugehen. 168

6. Provisionen, Gebühren, Vorteile, Zuwendungen (Art. 40 Abs. 3, Art. 41 Abs. 1 DelVO 2017/565). Gemäß **Art. 40 Abs. 3 Satz 1 DelVO 2017/565** dürfen Wertpapierdienstleistungsunternehmen, die die Platzierung von Finanzinstrumenten betreiben – wie allgemein – nur nach Maßgabe des § 70 WpHG[13] Zahlungen oder Vorteile von Dritten entgegennehmen. Unproblematisch zulässig ist die Vergütung, die ein Wertpapierdienstleistungsunternehmen von dem Emittenten als ihrem Kunden für die Planung, Vorbereitung und Durchführung der Emission erhält[14]. Eindeutig unzulässig sind dem Art. 40 Abs. 3 Satz 2 DelVO 2017/565 zufolge hingegen das sog. Laddering[15], Spinning[16] sowie Zuteilungen, die von künftigen Aufträgen oder Käufen durch einen begünstigten Anleger oder ein Unternehmen, in dem der Anleger als Manager Entscheidungsgewalt besitzt (corporate officer[17]), abhängig gemacht werden[18]. **Art. 41 Abs. 1 Satz 2 DelVO 2017/565** ist auf einen Fall zugeschnitten, in dem sich Investmentkunden an der von dem Wertpapierdienstleistungsunternehmen geplanten Emission beteiligen[19] wollen. In diesem Fall verweist die Vorschrift auf die allgemeinen Regeln zur Entgegennahme von Zuwendungen[20], auf die Regeln zur Entgegennahme von Zuwendungen durch Unabhängigen Honorar-Anlageberater[21] und auf die für die Vermögensverwaltung[22] geltenden Regeln. 169

---

1 Art. 40 Abs. 4 Satz 1 DelVO 2017/565.
2 Art. 40 Abs. 4 Satz 2 DelVO 2017/565.
3 Art. 40 Abs. 4 Satz 3 DelVO 2017/565.
4 Art. 40 Abs. 5 Satz 2 DelVO 2017/565.
5 Dazu zählt auch, dass das Wertpapierdienstleistungsunternehmen zu Aktivitäten aufgefordert worden ist.
6 Art. 38 Abs. 2 Satz 1 DelVO 2017/565.
7 Art. 40 Abs. 5 DelVO 2017/565.
8 Art. 43 Satz 1 DelVO 2017/565.
9 ESMA 2016/1444 v. 16.12.2016, Questions and Answers on MiFID II and MiFIR investor protection topics, Abschnitt 5, Answer 3.
10 Nicht bloß auf Wertungen.
11 Art. 43 Satz 2, 3 DelVO 2017/565.
12 Näher dazu ESMA 2016/1444 v. 16.12.2016, Questions and Answers on MiFID II and MiFIR investor protection topics, Abschnitt 5, Answer 3.
13 Art. 40 Abs. 3 DelVO 2017/565 verweist unmittelbar auf Art. 24 der MiFID II, der nahezu wörtlich in den § 70 WpHG übernommen worden ist.
14 ESMA 2014/1569 v. 19.12.2014, Final Report, Abschnitt 2.10 Ziff. 17.
15 Erwägungsgrund Nr. 49 DelVO 2017/565.
16 Erwägungsgrund Nr. 49 DelVO 2017/565.
17 In der deutschen Sprachfassung ist von „Vorstandsmitglied" die Rede.
18 Art. 40 Abs. 3 Satz 2 DelVO 2017/565 beruht auf der Annahme, dass das Wertpapierdienstleistungsunternehmen die Zuteilung der Finanzinstrumente dem Emittenten als Dienstleistung erbringt und deshalb die Anleger, die die Finanzinstrumente erwerben, als Dritte (§ 70 WpHG Rz. 10) zu qualifizieren sind. Dort, wo das Wertpapierdienstleistungsunternehmen die Finanzinstrumente zum Festpreis übernommen hat und sie im eigenen Namen auf eigene Rechnung an Anleger veräußert, können diese jedoch nicht als Dritte bezeichnet werden, wenn sie für den Erwerb der Finanzinstrumente eine im weiteren Sinn besonders hohe Vergütungen leisten (§ 70 WpHG Rz. 6). Die Vergütungen tragen jedoch Bestechungscharakter; ihre Entgegennahme ist deshalb als unredliches Verhalten zu Lasten anderer Kunden zu unterbinden.
19 „... participate in ...".
20 Art. 24 Abs. 9 RL 2014/65/EU (§ 70 WpHG Rz. 10).
21 Art. 24 Abs. 7 lit. b RL 2014/65/EU (§ 64 WpHG Rz. 67).
22 Art. 24 Abs. 8 RL 2014/65/EU (§ 64 WpHG Rz. 84 f.).

170 7. **Eigenemission (Art. 41 Abs. 2, 4 DelVO 2017/565).** Eigenemissionen sind keine Emissionen oder Platzierungen i.S.d. Art. 38 DelVO 2017/565. Vorkehrungen zur **Bewältigung von Interessenkonflikten** (Rz. 14 ff.) haben aber auch Wertpapierdienstleistungsunternehmen zu treffen, die selbst oder mittels eines Unternehmens ihrer eigenen Gruppe[1] Finanzinstrumente begeben und sie bei ihren eigenen Kunden, Einlegern oder den konzerneigenen Wertpapierfonds zu platzieren beabsichtigen[2]. Die dabei entstehenden Interessenkonflikte sind dort besonders stark, wo ein Unternehmen für seine Kunden als Vermögensverwalter wirkt und die Gefahr besteht, dass es die emittierten Finanzinstrumente bei diesen „ablädt". Art. 41 Abs. 2, 3 DelVO 2017/565 statuiert im Fall der Platzierung eigener[3] Finanzinstrumente bei den eigenen Kunden[4] lediglich eine Pflicht zur **Offenlegung der Interessenkonflikte** nach den allgemeinen Regeln (§ 63 WpHG Rz. 37 ff.). Dabei ist anzunehmen, dass diese Offenlegungspflicht nur entsteht, wenn der Interessenkonflikt nicht mit zumutbaren Mitteln ausgeschaltet werden kann. Eine uneingeschränkte Pflicht, die Platzierung, dort zu unterlassen, wo der Interessenkonflikt nicht mit angemessenen Maßnahmen bewältigt werden kann, entsteht nicht. Vielmehr haben die Wertpapierdienstleistungsunternehmen nur zu „überlegen"[5], ob sie von einer Platzierungstätigkeit Abstand nehmen[6]. Emittieren Wertpapierdienstleistungsunternehmen oder Unternehmen ihrer Gruppe Finanzinstrumente, die bei der Berechnung der Anforderungen gemäß der VO Nr. 575/2013, der RL 2013/36/EU oder der RL 2014/59/EU eine Rolle spielen, so haben sie ihren Kunden als Anleger **zusätzliche Informationen** zum Ertrag, Risiko, zur Liquidität und zum Schutzniveau im Vergleich zu Bankeinlagen zur Verfügung zu stellen[7].

171 **XIX. Sanktionen.** S. § 120 Abs. 8 Nr. 97 ff. WpHG.

172 **XX. Textabdruck WpDVerOV**

Verordnung zur Konkretisierung der Verhaltensregeln und Organisationsanforderungen für Wertpapierdienstleistungsunternehmen (Wertpapierdienstleistungs-Verhaltens- und -Organisationsverordnung – WpDVerOV)[8]

(Auszug)

§ 1 Anwendungsbereich

(1) Die Vorschriften dieser Verordnung sind anzuwenden auf
1.–4. (abgedruckt bei § 67 WpHG Rz. 34, § 64 WpHG Rz. 94, § 69 WpHG Rz. 15, § 70 WpHG Rz. 56)
5. die Organisationspflichten der Wertpapierdienstleistungsunternehmen bezüglich der Vorkehrungen und Maßnahmen nach § 80 Absatz 1 Satz 2 Nummer 3 sowie Absatz 7 des Wertpapierhandelsgesetzes,
6. die Produktfreigabeverfahren der Wertpapierdienstleistungsunternehmen, die Finanzinstrumente konzipieren, und Vertriebsunternehmen in Bezug auf Finanzinstrumente gemäß § 80 Absatz 9 bis 11 des Wertpapierhandelsgesetzes und in Umsetzung der Vorgaben der Delegierten Richtlinie (EU) 2017/593 der Kommission vom 7. April 2016 zur Ergänzung der Richtlinie 2014/65/EU des Europäischen Parlaments und des Rates im Hinblick auf den Schutz der Finanzinstrumente und Gelder von Kunden, Produktüberwachungspflichten und Vorschriften für die Entrichtung bzw. Gewährung oder Entgegennahme von Gebühren, Provisionen oder anderen monetären oder nichtmonetären Vorteilen (ABl. L 87 vom 31.3.2017, S. 500),
7.–8. (abgedruckt bei § 83 WpHG Rz. 32, § 84 WpHG Rz. 52)
(2) Die Verordnung gilt entsprechend für Zweigniederlassungen im Sinne des § 53b des Kreditwesengesetzes, Kapitalverwaltungsgesellschaften im Sinne des § 17 des Kapitalanlagegesetzbuchs, ausländische AIF-Verwaltungsgesellschaften, deren Referenzmitgliedstaat die Bundesrepublik Deutschland nach § 56 des Kapitalanlagegesetzbuchs ist, sowie Zweigniederlassungen und Tätigkeiten im Wege des grenzüberschreitenden Dienstleistungsverkehrs von Verwaltungsgesellschaften nach § 51 Absatz 1 Satz 1, § 54 Absatz 1 und § 66 Absatz 1 des Kapitalanlagegesetzbuchs, soweit die Vorschriften des Wertpapierhandelsgesetzes auf diese Anwendung finden.

§ 8 Anforderungen an die Unabhängige Honorar-Anlageberatung

Um die Unabhängige Honorar-Anlageberatung von der übrigen Anlageberatung nach § 80 Absatz 7 des Wertpapierhandelsgesetzes zu trennen, müssen Wertpapierdienstleistungsunternehmen entsprechend ihrer Größe und Organisation sowie der Art, des Umfangs und der Komplexität ihrer Geschäftstätigkeit sicherstellen, dass seitens der übrigen Anlageberatung kein Einfluss auf die Unabhängige Honorar-Anlageberatung ausgeübt werden kann. Dazu ist insbesondere sicherzustellen, dass die Vertriebsvorgaben für die Unabhängige Honorar-Anlageberatung unabhängig von den Vertriebsvorgaben für die übrige Anlageberatung ausgestaltet, umgesetzt und überwacht werden und die Anforderungen gemäß Artikel 53 Absatz 3 Satz 2 der Verordnung (EU) 2017/565 erfüllt werden.

---

1 Art. 4 Abs. 1 Nr. 34 RL 2014/65/EU.
2 Art. 41 Abs. 2 DelVO 2017/565.
3 Dem wird die Platzierung von Finanzinstrumenten gleichgestellt, die die eigene Gruppe ausgestellt hat.
4 Bei Kreditinstituten auch Platzierung bei seinen Einlegern sowie Platzierungen bei konzerneigenen Wertpapierfonds.
5 „considerations"; „envisagé de s'abstenir".
6 Art. 41 Abs. 2 Satz 2 DelVO 2017/565.
7 Art. 41 Abs. 4 *DelVO 2017/565*. Es geht hier im besonderen um das Risiko der Insolvenz, insbesondere im Hinblick auf das sog. Bail-in.
8 WpDVerOV vom 17.10.2017 (BGBl. I 2017, 3566); zuletzt geändert durch Gesetz vom 10.7.2018 (BGBl. I 2018, 1102).

§ 9 Aufzeichnungs- und Aufbewahrungspflichten

(1) Vertriebsvorgaben im Sinne des § 80 Absatz 1 Satz 2 Nummer 3 des Wertpapierhandelsgesetzes, die zur Umsetzung oder Überwachung der Vertriebsvorgaben getroffenen Maßnahmen, die Erfüllung der Vertriebsvorgaben und die Kriterien zur Überprüfung der Vereinbarkeit der Vertriebsvorgaben mit den Kundeninteressen sowie die Ergebnisse dieser Überprüfung sind aufzuzeichnen.

(2) und (3) (abgedruckt bei § 83 WpHG Rz. 32)

§ 11 Produktfreigabeverfahren für Konzepteure von Finanzinstrumenten

(1) Das Konzipieren von Finanzinstrumenten im Sinne des § 80 Absatz 9 des Wertpapierhandelsgesetzes umfasst das Neuschaffen, Entwickeln, Begeben oder die Gestaltung von Finanzinstrumenten. Ein Wertpapierdienstleistungsunternehmen, das Finanzinstrumente konzipiert, (Konzepteur) hat die Anforderungen der Absätze 2 bis 15 und des § 81 Absatz 4 und 5 des Wertpapierhandelsgesetzes so zu erfüllen, wie es angesichts der Art des Finanzinstruments, der Wertpapierdienstleistung und des Zielmarkts für das Produkt angemessen und verhältnismäßig ist.

(2) Das Konzipieren von Finanzinstrumenten hat den Anforderungen an einen geeigneten Umgang mit Interessenkonflikten, einschließlich der jeweils geltenden Anforderungen an die vereinnahmte Vergütung, zu entsprechen. Ein Konzepteur hat insbesondere sicherzustellen, dass die Gestaltung des Finanzinstruments, einschließlich seiner Merkmale, sich nicht nachteilig auf den Endkunden auswirkt. Hält der Konzepteur den entsprechenden Basiswert bereits für eigene Rechnung, darf er seine eigenen Risiken, einschließlich der Ausfallwahrscheinlichkeiten, in Bezug auf den Basiswert des Produkts nicht durch entsprechende Konzeption des Finanzinstruments mindern oder verlagern.

(3) Ein Wertpapierdienstleistungsunternehmen hat mögliche Interessenkonflikte bei jeder Konzeption eines Finanzinstruments zu analysieren. Insbesondere hat es zu beurteilen, ob das Finanzinstrument dazu führt, dass Endkunden benachteiligt werden, wenn diese
1. eine Gegenposition zu der Position übernehmen, die zuvor von dem Wertpapierdienstleistungsunternehmen selbst gehalten wurde oder
2. eine Position übernehmen, die gegensätzlich zu der Position ist, welche das Wertpapierdienstleistungsunternehmen nach Verkauf des Produkts zu halten beabsichtigt.

(4) Das Wertpapierdienstleistungsunternehmen hat vor seiner Entscheidung, mit der Konzeption des Produkts zu beginnen oder mit ihr fortzufahren, zu beurteilen, ob das Finanzinstrument eine Gefahr für das geordnete Funktionieren oder die Stabilität der Finanzmärkte darstellen kann.

(5) Die an der Konzeption von Finanzinstrumenten beteiligten maßgeblichen Mitarbeiter und Beauftragten müssen über die erforderliche Sachkunde verfügen, um die Merkmale und Risiken der von ihnen konzipierten Finanzinstrumente zu verstehen.

(6) Wertpapierdienstleistungsunternehmen müssen ihre jeweiligen Verantwortlichkeiten in einer schriftlichen Vereinbarung festhalten, wenn sie mit anderen Wertpapierdienstleistungsunternehmen, einschließlich solchen aus Drittstaaten, und Unternehmen, die nicht gemäß der Richtlinie 2014/65/EU des Europäischen Parlaments und des Rates vom 15. Mai 2014 über Märkte für Finanzinstrumente sowie zur Änderung der Richtlinien 2002/92/EG und 2011/61/EU (ABl. L 173 vom 12.6.2014, S. 349; L 74 vom 18.3.2015, S. 38; L 188 vom 13.7.2016, S. 28; L 273 vom 8.10.2016, S. 35; L 64 vom 10.3. 2017, S. 116), die zuletzt durch die Richtlinie (EU) 2016/1034 (ABl. L 175 vom 30.6.2016, S. 8) geändert wurde, beaufsichtigt werden, zusammenarbeiten, um ein Produkt zu neu zu schaffen, zu entwickeln, zu begeben oder zu gestalten.

(7) Der Zielmarkt ist für jedes Finanzinstrument gesondert zu bestimmen. Dabei ist der Kreis der Kunden zu bestimmen, mit deren Bedürfnissen, Merkmalen und Zielen das Finanzinstrument im Einklang stehen muss. Ebenso sind etwaige Kundengruppen zu bestimmen, mit deren Bedürfnissen, Merkmalen und Zielen das Finanzinstrument nicht vereinbar ist. Sind mehrere Wertpapierdienstleistungsunternehmen an der Konzeption eines Finanzinstruments beteiligt, braucht nur ein Zielmarkt des Konzepteurs bestimmt zu werden.

(8) Ein Wertpapierdienstleistungsunternehmen, das Finanzinstrumente konzipiert, welche von anderen Wertpapierdienstleistungsunternehmen vertrieben werden sollen, hat die Bedürfnisse und Merkmale der Kunden, mit denen das Produkt vereinbar sein muss, auf der Grundlage seiner theoretischen Kenntnisse von und seinen bisherigen Erfahrungen mit dem Finanzinstrument oder vergleichbaren Finanzinstrumenten, den Finanzmärkten und den Bedürfnissen, Merkmalen und Zielen potentieller Endkunden zu bestimmen.

(9) Der Konzepteur muss eine Szenarioanalyse seiner Finanzinstrumente durchführen, die beurteilt, welche Risiken des Produkts im Hinblick auf ein schlechtes Ergebnis bestehen und unter welchen Umständen dieses Ergebnis eintreten kann. Namentlich hat das Wertpapierdienstleistungsunternehmen die Wirkungsweise des Finanzinstruments unter negativen Bedingungen zu beurteilen; insbesondere für den Fall, dass
1. sich die Marktbedingungen verschlechtern,
2. der Konzepteur oder ein an der Konzeption oder dem Funktionieren des Finanzinstruments beteiligter Dritter in finanzielle Schwierigkeiten gerät oder ein anderweitiges Gegenparteirisiko eintritt,
3. sich das Finanzinstrument als kommerziell nicht lebensfähig erweist oder
4. die Nachfrage nach dem Finanzinstrument erheblich höher als erwartet ausfällt, so dass die Mittel des Wertpapierdienstleistungsunternehmens oder der Markt des Basiswerts unter Druck geraten.

(10) Der Konzepteur hat festzustellen, ob ein Finanzinstrument den ermittelten Bedürfnissen, Merkmalen und Zielen seines Zielmarktes entspricht, insbesondere im Hinblick darauf, ob
1. das Risiko- und Ertragsprofil des Finanzinstruments mit dem Zielmarkt vereinbar ist und
2. die Gestaltung des Finanzinstruments durch Merkmale bestimmt wird, die für den Kunden vorteilhaft sind, und somit nicht auf einem Geschäftsmodell beruht, dessen Rentabilität auf einem nachteiligen Ergebnis für Kunden basiert.

§ 80 | Verhaltenspflichten, Organisationspflichten, Transparenzpflichten

(11) Wertpapierdienstleistungsunternehmen haben die für das Finanzinstrument vorgesehene Gebührenstruktur daraufhin zu prüfen, ob
1. die Kosten und Gebühren des Finanzinstruments mit den Bedürfnissen, Zielen und Merkmalen des Zielmarkts vereinbar sind,
2. die Gebühren die erwartete Rendite des Finanzinstruments nicht aufzehren, was insbesondere der Fall ist, wenn die Kosten oder Gebühren sämtliche Vorteile des Finanzinstruments, einschließlich steuerlicher Vorteile, aufwiegen, übersteigen oder aufheben oder
3. die Gebührenstruktur des Finanzinstruments für den Zielmarkt hinreichend transparent ist, so dass sie keine versteckten Gebühren enthält oder zu komplex ist, um verständlich zu sein.

(12) Die an die Vertriebsunternehmen weitergegebenen Informationen über ein Finanzinstrument haben Informationen zu den für das Finanzinstrument geeigneten Vertriebskanälen, zum Produktfreigabeverfahren und zur Zielmarktbeurteilung zu enthalten und in einer Form zu erfolgen, die es den Vertriebsunternehmen ermöglicht, das Finanzinstrument zu verstehen und zu empfehlen oder zu verkaufen.

(13) Das Wertpapierdienstleistungsunternehmen hat im Rahmen der regelmäßigen Überprüfung des Finanzinstruments nach § 80 Absatz 10 des Wertpapierhandelsgesetzes zu prüfen, ob das Finanzinstrument weiterhin mit den Bedürfnissen, Merkmalen und Zielen des Zielmarkts vereinbar ist und auf dem vorher festgelegten Zielmarkt vertrieben wird oder ob es auch solche Kunden erreicht, mit deren Bedürfnissen, Merkmalen und Zielen das Finanzinstrument nicht vereinbar ist. Das Wertpapierdienstleistungsunternehmen hat im Rahmen der Prüfung nach Satz 1 alle Ereignisse zu berücksichtigen, die die potentiellen Risiken für den bestimmten Zielmarkt wesentlich beeinflussen können.

(14) Das Wertpapierdienstleistungsunternehmen hat das Finanzinstrument in regelmäßigen Abständen zu überprüfen, und zu bewerten, ob sich das Finanzinstrument in der beabsichtigten Weise auswirkt. Das Wertpapierdienstleistungsunternehmen muss festlegen, wie regelmäßig es seine Finanzinstrumente überprüft. Es hat dabei die für das Finanzinstrument relevanten Merkmale zu berücksichtigen und muss insbesondere auch Merkmalen Rechnung tragen, die mit der Komplexität oder dem innovativen Charakter der verfolgten Anlagestrategien zusammenhängen. Hat das Wertpapierdienstleistungsunternehmen Kenntnis von einem Ereignis, welches das Risiko für Investoren wesentlich beeinflussen könnte, muss es das Finanzinstrument vor jeder weiteren Begebung oder Wiederauflage erneut überprüfen, um zu bewerten, ob sich das Finanzinstrument noch in der beabsichtigten Weise auswirkt.

(15) Das Wertpapierdienstleistungsunternehmen hat zudem wesentliche Ereignisse zu bestimmen, die die Risiko- und Ertragserwartungen des Finanzinstruments beeinflussen können, insbesondere
1. das Überschreiten einer Schwelle, die das Ertragsprofil des Finanzinstruments beeinflussen wird, oder
2. die Solvenz derjenigen Emittenten, deren Wertpapiere oder Garantien die Wertentwicklung des Finanzinstruments beeinflussen können.

(16) Bei Eintritt eines wesentlichen Ereignisses im Sinne des Absatzes 14 [richtig 15] hat das Wertpapierdienstleistungsunternehmen geeignete Maßnahmen zu ergreifen, beispielsweise
1. alle relevanten Informationen über das Ereignis und seine Auswirkungen auf das Finanzinstrument an die Kunden oder, sofern zutreffend, Vertriebsunternehmen des Finanzinstruments weiterzugeben,
2. das Produktfreigabeverfahren zu verändern,
3. die weitere Begebung des Finanzinstruments einzustellen,
4. die Vertragsbedingungen des Finanzinstruments zur Vermeidung unfairer Vertragsklauseln zu ändern,
5. sofern das Finanzinstrument nicht wie geplant vertrieben wird, zu prüfen, ob die für das Finanzinstrument genutzten Vertriebskanäle angemessen sind,
6. Kontakt mit den Vertriebsunternehmen aufzunehmen, um eine Änderung des Vertriebsablaufs zu erörtern,
7. die Vertragsbeziehung zum Vertriebsunternehmen zu beenden oder
8. die Bundesanstalt unverzüglich darüber zu unterrichten.

§ 12 Produktfreigabeverfahren für Vertriebsunternehmen

(1) Ein Wertpapierdienstleistungsunternehmen hat bei der Auswahl derjenigen Finanzinstrumente, die von diesem oder anderen Wertpapierdienstleistungsunternehmen begeben werden, und der Dienstleistungen, die es Kunden anzubieten oder zu empfehlen beabsichtigt, die Anforderungen der Absätze 2 bis 12 sowie des § 80 Absatz 12 und 13 und des § 81 Absatz 4 des Wertpapierhandelsgesetzes so zu erfüllen, wie es angesichts der Art des Finanzinstruments, der Wertpapierdienstleistung und des Zielmarkts des Produkts angemessen und verhältnismäßig ist.

(2) Ein Wertpapierdienstleistungsunternehmen, das ein Finanzinstrument anbietet oder empfiehlt, das von einem Unternehmen konzipiert wird, das nicht von der Richtlinie 2014/65/EU erfasst wird, hat sicherzustellen, dass § 80 Absatz 9 bis 11 des Wertpapierhandelsgesetzes und die Absätze 3, 4 und 6 bis 12 beachtet werden. Das Wertpapierdienstleistungsunternehmen muss geeignete Vorkehrungen zu treffen, die sicherstellen, dass es von dem Konzepteur des Finanzinstruments ausreichende Informationen über das Finanzinstrument zur Erfüllung der Anforderungen des § 80 Absatz 9 bis 11 des Wertpapierhandelsgesetzes und der Absätze 3, 4 und 6 bis 12 erhält.

(3) Ein Wertpapierdienstleistungsunternehmen, das Finanzinstrumente vertreibt, die von einem anderen Unternehmen konzipiert worden sind, hat den Zielmarkts für jedes vertriebene Finanzinstrument im Hinblick auf seine Kunden zu bestimmen und hat dabei den Zielmarkt des Konzepteurs zu berücksichtigen. Hat der Konzepteur für ein Finanzinstrument keinen Zielmarkt bestimmt, so hat ein Wertpapierdienstleistungsunternehmen, das dieses Finanzinstrument zu vertreiben beabsichtigt, den Zielmarkt eigenständig zu bestimmen.

(4) Ein Wertpapierdienstleistungsunternehmen, das Finanzinstrumente vertreibt, die von einem anderen Unternehmen konzipiert worden sind, muss über angemessene Produktfreigabevorkehrungen verfügen, um sicherzustellen, dass

Organisationspflichten | § 80

1. die Produkte und Dienstleistungen, die das Wertpapierdienstleistungsunternehmen anzubieten oder zu empfehlen beabsichtigt, mit den Bedürfnissen, Merkmalen und Zielen des bestimmten Zielmarkts vereinbar sind und
2. die beabsichtigte Vertriebsstrategie dem bestimmten Zielmarkt entspricht.

Das Wertpapierdienstleistungsunternehmen hat die Umstände und Bedürfnisse der von ihm ausgewählten Kunden angemessen zu ermitteln und zu bewerten, um sicherzustellen, dass die Kundeninteressen nicht aufgrund von wirtschaftlichem oder finanziellem Druck beeinträchtigt werden. Dabei hat das Wertpapierdienstleistungsunternehmen auch sämtliche Kundengruppen zu ermitteln, mit deren Bedürfnissen, Merkmalen und Zielen das Produkt oder die Dienstleistung nicht vereinbar ist.

(5) Ein Wertpapierdienstleistungsunternehmen, das Finanzinstrumente vertreibt, die von einem anderen Unternehmen konzipiert worden sind, das der Richtlinie 2014/65/EU unterliegt, hat diejenigen Informationen über Finanzinstrumente, die es zu empfehlen oder zu verkaufen beabsichtigt, bei dem Konzepteur des jeweiligen Finanzinstruments einzuholen, die sicherstellen, dass die Produkte entsprechend den Bedürfnissen, Merkmalen und Zielen des bestimmten Zielmarkts vertrieben werden. Der Konzepteur hat dem Vertriebsunternehmen die in Satz 1 genannten Informationen auf Verlangen zur Verfügung zu stellen.

(6) Das Wertpapierdienstleistungsunternehmen hat zudem alle zumutbaren Schritte einzuleiten, um von Konzepteuren, die der Richtlinie 2014/65/EU nicht unterfallen, alle Informationen zu erhalten, die nötig sind, um sicherzustellen, dass die Produkte entsprechend den Bedürfnissen, Merkmalen und Zielen des Zielmarkts vertrieben werden. Dies gilt auch dann, wenn die erforderlichen Informationen nicht öffentlich verfügbar sind. Das vertreibende Wertpapierdienstleistungsunternehmen hat in diesem Fall alle zumutbaren Schritte einzuleiten, um die erforderlichen Informationen von dem Konzepteur oder seinem Vertreter zu erhalten. Öffentlich zugängliche Informationen sind hierfür ausreichend, wenn sie klar, zuverlässig und im Einklang mit den gesetzlichen Vorgaben und den regulatorischen Anforderungen erstellt worden sind, etwa wenn sie den Offenlegungsanforderungen entsprechen, die in der Richtlinie 2003/71/EG des Europäischen Parlaments und des Rates vom 4. November 2003 betreffend den Prospekt, der beim öffentlichen Angebot von Wertpapieren oder bei deren Zulassung zum Handel zu veröffentlichen ist, und zur Änderung der Richtlinie 2001/34/EG (ABl. L 345 vom 31.12.2003, S. 64; L 218 vom 24.7.2014, S. 8), die zuletzt durch die Richtlinie 2014/51/EU (ABl. L 153 vom 22.5.2014, S. 1) geändert worden ist, und in der Richtlinie 2004/109/EG des Europäischen Parlaments und des Rates vom 15. Dezember 2004 zur Harmonisierung der Transparenzanforderungen in Bezug auf Informationen über Emittenten, deren Wertpapiere zum Handel auf einem geregelten Markt zugelassen sind, und zur Änderung der Richtlinie 2001/34/EG (ABl. L 390 vom 31.12.2004, S. 38), die zuletzt durch die Richtlinie 2013/50/EU (ABl. L 294 vom 6.11.2013, S. 13) festgelegt sind. Die vorstehenden Pflichten gelten sowohl für Produkte, die auf dem Primärmarkt als auch für solche die auf dem Sekundärmarkt vertrieben werden sollen und stehen unter dem Vorbehalt der Verhältnismäßigkeit. Das Ausmaß der Pflicht hängt insbesondere von dem Grad der öffentlich verfügbaren Informationen und der Komplexität des betreffenden Produkts ab.

(7) Das Wertpapierdienstleistungsunternehmen hat die vom Konzepteur erhaltenen Informationen und seine eigenen Informationen in Bezug auf seinen Kundenstamm zu verwenden, um den Zielmarkt und die Vertriebsstrategie zu bestimmen.

(8) Vertreibt das Wertpapierdienstleistungsunternehmen die von ihm konzipierten Finanzinstrumente selbst, ist nur eine Zielmarktbestimmung erforderlich.

(9) Das Wertpapierdienstleistungsunternehmen hat die von ihm angebotenen oder empfohlenen Finanzinstrumente und die von ihm erbrachten Dienstleistungen regelmäßig zu überprüfen und dabei alle Ereignisse zu berücksichtigen, die die potenziellen Risiken für den bestimmten Zielmarkt wesentlich beeinflussen könnten. Es hat zumindest zu bewerten, ob das Produkt oder die Dienstleistung den Bedürfnissen, Merkmalen und Zielen des bestimmten Zielmarkts weiterhin entspricht und ob die beabsichtigte Vertriebsstrategie nach wie vor geeignet ist. Das Wertpapierdienstleistungsunternehmen hat darüber hinaus den Zielmarkt erneut zu prüfen und bei Bedarf seine Produktfreigabevorkehrungen zu aktualisieren, wenn es davon Kenntnis erlangt, dass der Zielmarkt für ein bestimmtes Produkt oder eine bestimmte Dienstleistung fehlerhaft bestimmt worden ist oder das Produkt oder die Dienstleistung den Gegebenheiten des bestimmten Zielmarkts nicht mehr gerecht wird, insbesondere wenn das Produkt aufgrund von Marktveränderungen seine Liquidität verliert oder besonders starken Preisschwankungen ausgesetzt ist.

(10) § 11 Absatz 5 gilt entsprechend für Wertpapierdienstleistungsunternehmen, die von anderen Unternehmen konzipierte Finanzinstrumente vertreiben.

(11) Vertriebsunternehmen müssen den Konzepteuren auf deren Anfrage Informationen über den Vertrieb und, sofern angebracht, Informationen zu den in Absatz 9 genannten Überprüfungen durch die Vertriebsunternehmen übermitteln.

(12) Sind mehrere Wertpapierdienstleistungsunternehmen in den Vertrieb eines Produkts oder einer Dienstleistung eingeschaltet, trägt das Wertpapierdienstleistungsunternehmen mit direkter Kundenbeziehung (Endvertreiber) die Letztverantwortung bei der Erfüllung der Produktfreigabepflichten gemäß § 80 Absatz 9 bis 11 des Wertpapierhandelsgesetzes und gemäß den Absätzen 1 bis 12. Die zwischengeschalteten Wertpapierdienstleistungsunternehmen sind jedoch verpflichtet,
1. sicherzustellen, dass relevante Produktinformationen von dem Konzepteur an den Endvertreiber innerhalb der Vertriebskette weitergegeben werden,
2. dem Konzepteur Informationen über die Produktverkäufe zur Verfügung zu stellen, soweit dieser die Informationen benötigt, um seine eigenen Produktfreigabepflichten zu erfüllen, und
3. die jeweiligen Produktfreigabepflichten der Konzepteure in Bezug auf die von den zwischengeschalteten Wertpapierdienstleistungsunternehmen erbrachten Dienstleistungen zu erfüllen.

§ 81 Geschäftsleiter

(1) Die Geschäftsleiter eines Wertpapierdienstleistungsunternehmens haben im Rahmen der Pflichten aus § 25c Absatz 3 des Kreditwesengesetzes ihre Aufgaben in einer Art und Weise wahrzunehmen, die die Integrität des Marktes wahrt und durch die die Interessen der Kunden gefördert werden. Insbesondere müssen die Geschäftsleiter Folgendes festlegen, umsetzen und überwachen:
1. unter Berücksichtigung von Art, Umfang und Komplexität der Geschäftstätigkeit des Wertpapierdienstleistungsunternehmens sowie aller von dem Wertpapierdienstleistungsunternehmen einzuhaltenden Anforderungen
    a) die Organisation zur Erbringung von Wertpapierdienstleistungen und Wertpapiernebendienstleistungen, einschließlich der hierfür erforderlichen Mittel, und organisatorischen Regelungen sowie
    b) ob das Personal über die erforderlichen Fähigkeiten, Kenntnisse und Erfahrungen verfügt,
2. die Geschäftspolitik hinsichtlich
    a) der angebotenen und erbrachten Wertpapierdienstleistungen und Wertpapiernebendienstleistungen und
    b) der angebotenen oder vertriebenen Produkte,
    die in Einklang stehen muss mit der Risikotoleranz des Wertpapierdienstleistungsunternehmens und etwaigen Besonderheiten und Bedürfnissen seiner Kunden, wobei erforderlichenfalls geeignete Stresstests durchzuführen sind, sowie
3. die Vergütungsregelungen für Personen, die an der Erbringung von Wertpapierdienstleistungen oder Wertpapiernebendienstleistungen für Kunden beteiligt sind, und die ausgerichtet sein müssen auf
    a) eine verantwortungsvolle Unternehmensführung,
    b) die faire Behandlung der Kunden und
    c) die Vermeidung von Interessenkonflikten im Verhältnis zu den Kunden.

(2) Die Geschäftsleiter eines Wertpapierdienstleistungsunternehmens müssen regelmäßig Folgendes überwachen und überprüfen:
1. die Eignung und die Umsetzung der strategischen Ziele des Wertpapierdienstleistungsunternehmens bei der Erbringung von Wertpapierdienstleistungen und Wertpapiernebendienstleistungen,
2. die Wirksamkeit der Unternehmensführungsregelungen des Wertpapierdienstleistungsunternehmens und
3. die Angemessenheit der Unternehmensstrategie hinsichtlich der Erbringung von Wertpapierdienstleistungen und Wertpapiernebendienstleistungen an die Kunden.

Bestehen Mängel, müssen die Geschäftsleiter unverzüglich die erforderlichen Schritte unternehmen, um diese zu beseitigen.

(3) Das Wertpapierdienstleistungsunternehmen hat sicherzustellen, dass die Geschäftsleiter einen angemessenen Zugang zu den Informationen und Dokumenten haben, die für die Beaufsichtigung und Überwachung erforderlich sind.

(4) Die Geschäftsleiter haben den Produktfreigabeprozess wirksam zu überwachen. Sie haben sicherzustellen, dass die Compliance-Berichte an die Geschäftsleiter systematisch Informationen über die von dem Wertpapierdienstleistungsunternehmen konzipierten und empfohlenen Finanzinstrumente enthalten, insbesondere über die jeweilige Vertriebsstrategie. Auf Verlangen sind die Compliance-Berichte der Bundesanstalt zur Verfügung zu stellen.

(5) Das Wertpapierdienstleistungsunternehmen hat einen Beauftragten zu ernennen, der die Verantwortung dafür trägt, dass das Wertpapierdienstleistungsunternehmen seine Verpflichtungen in Bezug auf den Schutz von Finanzinstrumenten und Geldern von Kunden einhält. Der Beauftragte kann daneben auch weitere Aufgaben wahrnehmen.

In der Fassung des 2. FiMaNoG vom 23.6.2017 (BGBl. I 2017, 1693).

Delegierte Verordnung (EU) 2017/565 der Kommission vom 25. April 2016
zur Ergänzung der Richtlinie 2014/65/EU des Europäischen Parlaments und des Rates in Bezug auf die organisatorischen Anforderungen an Wertpapierfirmen und die Bedingungen für die Ausübung ihrer Tätigkeit sowie in Bezug auf die Definition bestimmter Begriffe für die Zwecke der genannten Richtlinie

(Auszug)

Art. 25 Zuständigkeiten der Geschäftsleitung

(1) Bei der internen Aufgabenverteilung stellen die Wertpapierfirmen sicher, dass die Geschäftsleitung sowie gegebenenfalls das Aufsichtsorgan die Verantwortung dafür tragen, dass die Wertpapierfirma ihre in der Richtlinie 2014/65/EU festgelegten Pflichten erfüllt. Die Geschäftsleitung sowie gegebenenfalls das Aufsichtsorgan sind insbesondere verpflichtet, die

Wirksamkeit der zur Einhaltung der Richtlinie 2014/65/EU festgelegten Grundsätze, Vorkehrungen und Verfahren zu bewerten und regelmäßig zu überprüfen und angemessene Maßnahmen zur Behebung etwaiger Mängel zu ergreifen.
Im Rahmen der Verteilung wesentliche Aufgaben unter den Geschäftsführern muss eindeutig festgelegt werden, wer für die Überwachung und Aufrechterhaltung der organisatorischen Anforderungen der Wertpapierfirma zuständig ist. Aufzeichnungen über die Verteilung wesentliche Aufgaben sind auf dem aktuellen Stand zu halten.
(2) Die Wertpapierfirmen stellen sicher, dass ihre Geschäftsleitung häufig, mindestens einmal jährlich, schriftliche Berichte zu den in den Artikeln 22, 23 und 24 behandelten Themen erhält, in denen insbesondere angegeben wird, ob zur Behebung etwaiger Mängel geeignete Maßnahmen getroffen wurden.
(3) Die Wertpapierfirmen stellen sicher, dass das Aufsichtsorgan, soweit ein solches besteht, regelmäßig schriftliche Berichte zu den in den Artikeln 22, 23 und 24 behandelten Themen erhält.
(4) Für die Zwecke dieses Artikels handelt es sich bei dem „Aufsichtsorgan" um das Organ in einer Wertpapierfirma, das für die Beaufsichtigung der Geschäftsleitung zuständig ist.
In der Fassung vom 25.4.2016 (ABl. EU Nr. L 87 v. 31.3.2017, S. 1).

Schrifttum: S. § 63 WpHG.

I. Allgemeines 1	III. Zugang zu Informationen und Dokumenten
II. Aufgaben der Geschäftsleiter (§ 81 Abs. 1, 2 WpHG) 2	(§ 81 Abs. 3 WpHG) 6
1. Wahrung der Integrität des Marktes und der Interessen der Kunden (§ 81 Abs. 1 Satz 1 WpHG) 2	IV. Überwachung des Produktfreigabeprozesses, Compliance-Berichte (§ 81 Abs. 4 WpHG) ... 7
	V. Beauftragter für den Schutz von Kundengeldern und Finanzinstrumenten der Kunden .. 8
2. Organisations-und Kontrollpflichten (§ 81 Abs. 1 Satz 2, Abs. 2 WpHG) 4	VI. Sanktionen 9

I. Allgemeines. Die § 81 Abs. 1–4 WpHG hat ausschließlich die Geschäftsleiter der Wertpapierdienstleistungsunternehmen im Auge. Die Abs. 1–3 des § 81 WpHG dienen der Umsetzung des Art. 9 Abs. 3 RL 2014/65/EU; Abs. 4 des § 81 WpHG dient der Umsetzung des Art. 9 Abs. 6 DelRL 2017/593 und Abs. 5 des § 81 WpHG der Umsetzung des Art. 7 DelRL 2017/593[1]. Vorrangig ist Art. 25 DelVO 2017/565 zu beachten. Beachte die Ausnahme in § 91 WpHG. 1

II. Aufgaben der Geschäftsleiter (§ 81 Abs. 1, 2 WpHG). 1. Wahrung der Integrität des Marktes und der Interessen der Kunden (§ 81 Abs. 1 Satz 1 WpHG). Geschäftsleiter sind die geschäftsführenden Organe der Wertpapierdienstleistungsunternehmen, die als juristische Personen organisiert sind, ferner die geschäftsführungsberechtigten Gesellschafter von Personengesellschaften sowie Einzelkaufleute, die ein Wertpapierdienstleistungsunternehmen betreiben, nicht aber Prokuristen oder Generalbevollmächtigte. Mehrere Geschäftsleiter eines Wertpapierdienstleistungsunternehmens trifft grds. eine Gesamtverantwortung. Allerdings muss dem Art. 25 Abs. 1 Satz 2 DelVO 2017/565 zufolge eindeutig festgelegt und dokumentiert werden, welches Mitglied der Geschäftsleitung für die Überwachung der Organisation auf MiFID II-Konformität sowie das Abstellen von Mängeln verantwortlich ist. 2

Im Rahmen ihrer Organisations- und Überwachungsaufgaben haben die Geschäftsleiter von Wertpapierdienstleistungsunternehmen bei Erfüllung der in § 25c KWG genannten Aufgaben in besonderer Weise die **Marktintegrität** und die **Interessen der Kunden** (§ 63 WpHG Rz. 19) im Auge zu behalten. Es dürfen keine strukturellen Risiken entstehen. Sind sie zu befürchten, so muss ein Stresstest durchgeführt werden. 3

2. Organisations-und Kontrollpflichten (§ 81 Abs. 1 Satz 2, Abs. 2 WpHG). § 81 Abs. 1 Satz 2, Abs. 2 WpHG soll den § 25c KWG nicht delegieren, sondern lediglich konkretisieren[2]. in der Sache werden die wesentlichen Organisationspflichten des Wertpapierdienstleistungsunternehmens (§ 80 WpHG) in die persönliche Verantwortung der Geschäftsleiter gestellt, der für eine Unternehmenskultur zu sorgen hat, die den Anforderungen des § 80 Abs. 1 WpHG Rechnung trägt[3]. Dabei sind die Grenzen der objektiven und subjektiven Informationsmöglichkeiten, die Geschäftsleitern zur Verfügung stehen, sowie die Grenzen, die praktisch der Steuerung von Organisationsmaßnahmen durch die Geschäftsleitung gezogen sind, angemessen zu berücksichtigen. Zu den erforderlichen Organisationsmaßnahmen s. § 80 WpHG Rz. 3 ff.; zu der Kompetenz der Mitarbeiter s. § 63 WpHG Rz. 50, § 80 WpHG Rz. 5; zu den Vergütungsregelungen s. § 63 WpHG Rz. 46, § 80 WpHG Rz. 152. Insoweit muss die Geschäftsleitung angemessen dafür sorgen, dass sie diese Geschäftsprozesse effektiv kontrollieren kann. Die notwendigen Grundsatzentscheidungen hat sie selbst zu treffen. 4

Die Geschäftsleitung muss dafür sorgen, dass sie von der **Compliance-Funktion**, von der **Innenrevision** und der **Risikomanagement-Funktion** zumindest einmal jährlich schriftliche Berichte erhält, die sich darauf erstre- 5

---
[1] Begr. RegE 2. FiMaNoG, BT-Drucks. 18/10936, 243; Binder in Staub, Bankvertragsrecht, Investmentbanking II, Teil 7 Rz. 89.
[2] Begr. RegE 2. FiMaNoG, BT-Drucks. 18/10936, 243.
[3] Vgl. auch MaRisk Ziff. AT 3.

§ 82 | Verhaltenspflichten, Organisationspflichten, Transparenzpflichten

cken, welche Maßnahmen zur Behebung der festgestellten Mängel getroffen worden sind[1]. Diese Berichte müssen erkennen lassen, ob diese Maßnahmen hierzu geeignet sind. Die Geschäftsleitung hat entsprechende Berichte dem Aufsichtsorgan zur Verfügung zu stellen[2].

6 **III. Zugang zu Informationen und Dokumenten (§ 81 Abs. 3 WpHG).** § 81 Abs. 3 WpHG ordnet in Umsetzung des Art. 9 Abs. 3 RL 2014/65/EU (MiFID II) für Wertpapierdienstleistungsunternehmen, die nach deutschem Recht organisiert sind, Selbstverständliches an; denn es entspricht deutschen gesellschaftsrechtlichen Grundsätzen, dass Geschäftsleiter (Rz. 2) sich uneingeschränkt den Zugang zu allen Informationen und Dokumenten verschaffen können. Das gilt erst recht für Einzelkaufleute.

7 **IV. Überwachung des Produktfreigabeprozesses, Compliance-Berichte (§ 81 Abs. 4 WpHG).** Zum Produktfreigabeprozess s. § 80 WpHG Rz. 129 ff. Die Überwachung und Anleitung muss hinreichend engmaschig erfolgen. Durch Arbeitsanweisungen und Kontrollen ist sicherzustellen, dass der Compliance-Beauftragte in seinem Bericht zu den von dem Wertpapierdienstleistungsunternehmen konzipierten, empfohlenen Finanzinstrumenten (§ 80 WpHG Rz. 130, 146 ff.) nach einem ausreichend detailliertem Plan[3] Stellung nimmt. Insbesondere ist darauf Wert zu legen, dass dieser konkret auf die Zielmarktbestimmung § 80 WpHG Rz. 135, 148) und die Vertriebsstrategien (§ 80 WpHG Rz. 140, 149) eingeht.

8 **V. Beauftragter für den Schutz von Kundengeldern und Finanzinstrumenten der Kunden.** S. dazu § 84 WpHG Rz. 10, 24, 38, 49.

9 **VI. Sanktionen.** S. § 120 Abs. 8 Nr. 110 ff. WpHG.

§ 82 Bestmögliche Ausführung von Kundenaufträgen

(1) Ein Wertpapierdienstleistungsunternehmen, das Aufträge seiner Kunden für den Kauf oder Verkauf von Finanzinstrumenten im Sinne des § 2 Absatz 8 Satz 1 Nummer 1 bis 3 ausführt, muss
1. alle hinreichenden Vorkehrungen treffen, insbesondere Grundsätze zur Auftragsausführung festlegen und regelmäßig, insbesondere unter Berücksichtigung der nach den Absätzen 9 bis 12 und § 26e des Börsengesetzes veröffentlichen Informationen, überprüfen, um das bestmögliche Ergebnis für seine Kunden zu erreichen und
2. sicherstellen, dass die Ausführung jedes einzelnen Kundenauftrags nach Maßgabe dieser Grundsätze vorgenommen wird.

(2) Das Wertpapierdienstleistungsunternehmen muss bei der Aufstellung der Ausführungsgrundsätze alle relevanten Kriterien zur Erzielung des bestmöglichen Ergebnisses, insbesondere die Preise der Finanzinstrumente, die mit der Auftragsausführung verbundenen Kosten, die Geschwindigkeit, die Wahrscheinlichkeit der Ausführung und die Abwicklung des Auftrags sowie den Umfang und die Art des Auftrags berücksichtigen und die Kriterien unter Berücksichtigung der Merkmale des Kunden, des Kundenauftrags, des Finanzinstrumentes und des Ausführungsplatzes gewichten.

(3) Führt das Wertpapierdienstleistungsunternehmen Aufträge von Privatkunden aus, müssen die Ausführungsgrundsätze Vorkehrungen dafür enthalten, dass sich das bestmögliche Ergebnis am Gesamtentgelt orientiert. Das Gesamtentgelt ergibt sich aus dem Preis für das Finanzinstrument und sämtlichen mit der Auftragsausführung verbundenen Kosten. Kann ein Auftrag über ein Finanzinstrument nach Maßgabe der Ausführungsgrundsätze des Wertpapierdienstleistungsunternehmens an mehreren konkurrierenden Plätzen ausgeführt werden, zählen zu den Kosten auch die eigenen Provisionen oder Gebühren, die das Wertpapierdienstleistungsunternehmen dem Kunden für eine Wertpapierdienstleistung in Rechnung stellt. Zu den bei der Berechnung des Gesamtentgelts zu berücksichtigenden Kosten zählen Gebühren und Entgelte des Ausführungsplatzes, an dem das Geschäft ausgeführt wird, Kosten für Clearing und Abwicklung und alle sonstigen Entgelte, die an Dritte gezahlt werden, die an der Auftragsausführung beteiligt sind.

(4) Führt das Wertpapierdienstleistungsunternehmen einen Auftrag gemäß einer ausdrücklichen Kundenweisung aus, gilt die Pflicht zur Erzielung des bestmöglichen Ergebnisses entsprechend dem Umfang der Weisung als erfüllt.

(5) Die Grundsätze zur Auftragsausführung müssen
1. Angaben zu den verschiedenen Ausführungsplätzen in Bezug auf jede Gattung von Finanzinstrumenten und die ausschlaggebenden Faktoren für die Auswahl eines Ausführungsplatzes,

---
1 Art. 25 Abs. 2 DelVO 2017/565.
2 Art. 25 Abs. 3 DelVO 2017/565.
3 Art. 9 Abs. 6 Satz 2 DelRL 2017/593.

2. mindestens die Ausführungsplätze, an denen das Wertpapierdienstleistungsunternehmen gleichbleibend die bestmöglichen Ergebnisse bei der Ausführung von Kundenaufträgen erzielen kann,

enthalten. Lassen die Ausführungsgrundsätze im Sinne des Absatzes 1 Nummer 1 auch eine Auftragsausführung außerhalb von Handelsplätzen im Sinne von § 2 Absatz 22 zu, muss das Wertpapierdienstleistungsunternehmen seine Kunden auf diesen Umstand gesondert hinweisen und deren ausdrückliche Einwilligung generell oder in Bezug auf jedes Geschäft einholen, bevor die Kundenaufträge an diesen Ausführungsplätzen ausgeführt werden.

(6) Das Wertpapierdienstleistungsunternehmen muss

1. seine Kunden vor der erstmaligen Erbringung von Wertpapierdienstleistungen über seine Ausführungsgrundsätze informieren und ihre Zustimmung zu diesen Grundsätzen einholen, und
2. seinen Kunden wesentliche Änderungen der Vorkehrungen nach Absatz 1 Nummer 1 unverzüglich mitteilen.

Die Informationen über die Ausführungsgrundsätze müssen klar, ausführlich und auf eine für den Kunden verständliche Weise erläutern, wie das Wertpapierdienstleistungsunternehmen die Kundenaufträge ausführt.

(7) Das Wertpapierdienstleistungsunternehmen muss in der Lage sein, einem Kunden auf Anfrage darzulegen, dass sein Auftrag entsprechend den Ausführungsgrundsätzen ausgeführt wurde.

(8) Ein Wertpapierdienstleistungsunternehmen darf sowohl für die Ausführung von Kundenaufträgen an einem bestimmten Handelsplatz oder Ausführungsplatz als auch für die Weiterleitung von Kundenaufträgen an einen bestimmten Handelsplatz oder Ausführungsplatz weder eine Vergütung noch einen Rabatt oder einen nichtmonetären Vorteil annehmen, wenn dies einen Verstoß gegen die Anforderungen nach § 63 Absatz 1 bis 7 und 9, § 64 Absatz 1 und 5, den §§ 70, 80 Absatz 1 Satz 2 Nummer 2, Absatz 9 bis 11 oder die Absätze 1 bis 4 darstellen würde.

(9) Das Wertpapierdienstleistungsunternehmen muss einmal jährlich für jede Gattung von Finanzinstrumenten die fünf Ausführungsplätze, die ausgehend vom Handelsvolumen am wichtigsten sind, auf denen es Kundenaufträge im Vorjahr ausgeführt hat, und Informationen über die erreichte Ausführungsqualität zusammenfassen und nach den Vorgaben der Delegierten Verordnung (EU) 2017/576 der Kommission vom 8. Juni 2016 zur Ergänzung der Richtlinie 2014/65/EU des Europäischen Parlaments und des Rates durch technische Regulierungsstandards für die jährliche Veröffentlichung von Informationen durch Wertpapierfirmen zur Identität von Handelsplätzen und zur Qualität der Ausführung (ABl. L 87 vom 31.3.2017, S. 166), in der jeweils geltenden Fassung, veröffentlichen.

(10) Vorbehaltlich des § 26e des Börsengesetzes müssen Handelsplätze und systematische Internalisierer für jedes Finanzinstrument, das der Handelspflicht nach Artikel 23 oder Artikel 28 der Verordnung (EU) Nr. 600/2014 unterliegt, mindestens einmal jährlich gebührenfrei Informationen über die Ausführungsqualität von Aufträgen veröffentlichen.

(11) Vorbehaltlich des § 26e des Börsengesetzes müssen Ausführungsplätze für jedes Finanzinstrument, das nicht von Absatz 10 erfasst wird, mindestens einmal jährlich gebührenfrei Informationen über die Ausführungsqualität von Aufträgen veröffentlichen.

(12) Die Veröffentlichungen nach den Absätzen 10 und 11 müssen ausführliche Angaben zum Preis, zu den mit einer Auftragsausführung verbundenen Kosten, der Geschwindigkeit und der Wahrscheinlichkeit der Ausführung sowie der Abwicklung eines Auftrags in den einzelnen Finanzinstrumenten enthalten. Das Nähere regelt die Delegierte Verordnung (EU) 2017/575 der Kommission vom 8. Juni 2016 zur Ergänzung der Richtlinie 2014/65/EU des Europäischen Parlaments und des Rates über Märkte für Finanzinstrumente durch technische Regulierungsstandards bezüglich der Daten, die Ausführungsplätze zur Qualität der Ausführung von Geschäften veröffentlichen müssen (ABl. L 87 vom 31.3.2017, S. 152), in der jeweils geltenden Fassung.

(13) Nähere Bestimmungen ergeben sich aus der Delegierten Verordnung (EU) 2017/565, insbesondere zu

1. der Aufstellung der Ausführungsgrundsätze nach den Absätzen 1 bis 5 aus Artikel 64,
2. der Überprüfung der Vorkehrungen nach Absatz 1 aus Artikel 66,
3. Art, Umfang und Datenträger der Informationen über die Ausführungsgrundsätze nach Absatz 6 aus Artikel 66 und
4. den Pflichten von Wertpapierdienstleistungsunternehmen, die Aufträge ihrer Kunden an Dritte zur Ausführung weiterleiten oder die Finanzportfolioverwaltung betreiben, ohne die Aufträge oder Entscheidungen selbst auszuführen, im bestmöglichen Interesse ihrer Kunden zu handeln, aus Artikel 65.

In der Fassung des 2. FiMaNoG vom 23.6.2017 (BGBl. I 2017, 1693), geändert durch Gesetz zur Anpassung von Optionen der EU-Prospektverordnung und zur Anpassung weiterer Finanzmarktgesetze vom 10.7.2018 (BGBl. I 2018, 1102).

**Delegierte Verordnung (EU) 2017/565 der Kommission vom 25. April 2016
zur Ergänzung der Richtlinie 2014/65/EU des Europäischen Parlaments und des Rates in Bezug auf die
organisatorischen Anforderungen an Wertpapierfirmen und die Bedingungen für die Ausübung ihrer Tätigkeit
sowie in Bezug auf die Definition bestimmter Begriffe für die Zwecke der genannten Richtlinie**
(Auszug)

Abschnitt 5: Bestmögliche Ausführung

Art. 64 Kriterien für die bestmögliche Ausführung

(1) Wertpapierfirmen bestimmen bei der Ausführung von Kundenaufträgen die relative Bedeutung der in Artikel 27 Absatz 1 der Richtlinie 2014/65/EG genannten Faktoren anhand folgender Kriterien:
a) Merkmale des Kunden und dessen Einstufung als Kleinanleger oder als professioneller Kunde;
b) Merkmale des Kundenauftrags, einschließlich Aufträgen, die Wertpapierfinanzierungsgeschäfte umfassen;
c) Merkmale der Finanzinstrumente, die Gegenstand des betreffenden Auftrags sind;
d) Merkmale der Ausführungsplätze, an die der Auftrag weitergeleitet werden kann.

Für die Zwecke dieses Artikels und der Artikel 65 und 66 umfasst der Begriff „Ausführungsplatz" geregelte Märkte, multilaterale Handelssysteme (MTF), organisierte Handelssysteme (OTF), systematische Internalisierer, Market-Maker oder sonstige Liquiditätsgeber oder Einrichtungen, die in einem Drittland eine vergleichbare Funktion ausüben.

(2) Eine Wertpapierfirma erfüllt ihre Verpflichtungen aus Artikel 27 Absatz 1 der Richtlinie 2014/65/EU, alle hinreichende Maßnahmen zu treffen, um das bestmögliche Ergebnis für einen Kunden zu erreichen, wenn sie einen Auftrag oder einen bestimmten Teil desselben nach den ausdrücklichen Weisungen, die der Kunde in Bezug auf den Auftrag oder den bestimmten Teil desselben erteilt hat, ausführt.

(3) Die Wertpapierfirmen dürfen ihre Provisionen nicht in einer Weise strukturieren oder in Rechnung stellen, die eine sachlich nicht gerechtfertigte Ungleichbehandlung der Ausführungsplätze bewirkt.

(4) Bei der Ausführung von Aufträgen bzw. beim Fällen von Entscheidungen über den Handel mit OTC- Produkten, zu denen auch maßgeschneiderte Produkte gehören, überprüft die Wertpapierfirma die Redlichkeit des dem Kunden angebotenen Preises, indem sie Marktdaten heranzieht, die bei der Einschätzung des Preises für dieses Produkt verwendet wurden, und – sofern möglich – diesen mit ähnlichen oder vergleichbaren Produkten vergleicht.

In der Fassung vom 25.4.2016 (ABl. EU Nr. L 87 v. 31.3.2017, S. 1), geändert durch Berichtigung vom 26.9.2017 (ABl. EU Nr. L 246 v. 26.9.2017, S. 12).

Art. 65 Pflicht der Wertpapierfirmen, bei der Portfolioverwaltung sowie der Annahme und Weiterleitung von Aufträgen im bestmöglichen Interesse des Kunden zu handeln

(1) Die Wertpapierfirmen müssen ihrer in Artikel 24 Absatz 1 der Richtlinie 2014/65/EU festgelegten Pflicht nachkommen, im bestmöglichen Interesse ihrer Kunden zu handeln, wenn sie bei der Erbringung von Portfolioverwaltungsdienstleistungen andere Einrichtungen mit der Ausführung von Aufträgen beauftragen, denen Entscheidungen der Wertpapierfirma zu Grunde liegen, im Namen ihres Kunden mit Finanzinstrumenten zu handeln.

(2) Die Wertpapierfirmen müssen ihrer in Artikel 24 Absatz 1 der Richtlinie 2014/65/EU festgelegten Pflicht nachkommen, im bestmöglichen Interesse ihrer Kunden zu handeln, wenn sie bei der Annahme und Weiterleitung von Aufträgen Kundenaufträge an andere Einrichtungen zur Ausführung weiterleiten.

(3) Um die Absätze 1 bzw. 2 einzuhalten, müssen die Wertpapierfirmen den Absätzen 4 bis 7 und Artikel 64 Absatz 4 nachkommen.

(4) Die Wertpapierfirmen treffen alle hinreichende Maßnahmen, um für ihre Kunden das bestmögliche Ergebnis zu erzielen und tragen dabei den in Artikel 27 Absatz 1 der Richtlinie 2014/65/EU genannten Faktoren Rechnung. Die relative Bedeutung dieser Faktoren wird nach den in Artikel 64 Absatz 1 festgelegten Kriterien bzw. für Kleinanleger nach Maßgabe des Artikels 27 Absatz 1 der Richtlinie 2014/65/EU bestimmt.

Eine Wertpapierfirma kommt ihren in Absatz 1 bzw. 2 festgelegten Pflichten nach und ist der im vorliegenden Absatz genannten Maßnahmen enthoben, wenn sie bei der Platzierung eines Auftrags bei einer anderen Einrichtung oder seiner Weiterleitung an diese Einrichtung zur Ausführung speziellen Weisungen des Kunden folgt.

(5) Die Wertpapierfirmen legen Grundsätze fest, so dass sie die in Absatz 4 festgelegten Pflichten erfüllen können. In diesen Grundsätzen werden für jede Klasse von Finanzinstrumenten die Einrichtungen genannt, bei denen die Wertpapierfirma Aufträge platziert oder an die sie Aufträge zur Ausführung weiterleitet. Die von diesen Einrichtungen für die Auftragsausführung getroffenen Vorkehrungen versetzen die Wertpapierfirma in die Lage, bei der Platzierung oder Weiterleitung von Aufträgen an eine solche Einrichtung ihren in diesem Artikel festgelegten Pflichten nachzukommen.

(6) Die Wertpapierfirmen unterrichten ihre Kunden über die nach Absatz 5 sowie Artikel 66 Absätze 2 bis 9 festgelegten Grundsätze. Die Wertpapierfirmen übermitteln den Kunden sachgerechte Informationen über die Wertpapierfirma und ihre Dienstleistungen sowie die für die Ausführung ausgewählten Einrichtungen. Insbesondere in dem Falle, dass die Wertpapierfirma andere Firmen auswählen sollte, um im Zusammenhang mit der Ausführung von Kundenaufträgen Dienstleistungen zu erbringen, hat sie einmal jährlich für jede Klasse von Finanzinstrumenten die fünf Wertpapierfirmen, die ausgehend vom Handelsvolumen am wichtigsten sind, an die sie Kundenaufträge im Vorjahr zur Ausführung weitergeleitet oder platziert hat, und Informationen über die erreichte Ausführungsqualität zusammenzufassen und zu veröffentlichen. Die Informationen müssen in Einklang mit den Informationen stehen, die gemäß den nach Artikel 27 Absatz 10 Buchstabe b der Richtlinie 2014/65/EU verabschiedeten technischen Normen veröffentlicht werden.

Auf entsprechenden Wunsch des Kunden übermitteln die Wertpapierfirmen ihren Kunden bzw. potenziellen Kunden Informationen über Einrichtungen, an die die Aufträge zur Ausführung weitergeleitet bzw. bei denen sie platziert werden.

(7) Die Wertpapierfirmen überwachen die Wirksamkeit der gemäß Absatz 5 festgelegten Grundsätze, insbesondere die Qualität der Ausführung durch die in diesen Grundsätzen genannten Einrichtungen, regelmäßig und beheben bei Bedarf etwaige Mängel.

Die Wertpapierfirmen überprüfen die Grundsätze und Bestimmungen mindestens einmal jährlich. Eine solche Überprüfung findet auch immer dann statt, wenn eine wesentliche Veränderung eintritt, die die Fähigkeit der Wertpapierfirma beeinträchtigt, für ihre Kunden auch weiterhin das bestmögliche Ergebnis zu erzielen.

Die Wertpapierfirmen beurteilen, ob es zu wesentlichen Änderungen gekommen ist, und ziehen die Vornahme von Änderungen hinsichtlich der Ausführungsplätze bzw. Einrichtungen in Betracht, auf die sie sich weitgehend stützen, um die übergeordnete Anforderung der bestmöglichen Ausführung zu erfüllen.

Eine wesentliche Änderung ist ein wichtiges Ereignis mit potenziellen Auswirkungen auf Parameter der bestmöglichen Ausführung wie Kosten, Schnelligkeit, Wahrscheinlichkeit der Ausführung und Abwicklung, Umfang, Art oder jegliche anderen für die Ausführung des Auftrags relevanten Aspekte.

(8) Dieser Artikel findet keine Anwendung auf Wertpapierfirmen, die nicht nur Portfolioverwaltungsdienste erbringen und/oder Aufträge entgegennehmen und weiterleiten, sondern die entgegengenommenen Aufträge bzw. Entscheidungen, im Namen des Kunden mit dessen Portfolio zu handeln, auch ausführen. In solchen Fällen gilt Artikel 27 der Richtlinie 2014/65/EU.

In der Fassung vom 25.4.2016 (ABl. EU Nr. L 87 v. 31.3.2017, S. 1), geändert durch Berichtigung vom 26.9.2017 (ABl. EU Nr. L 246 v. 26.9.2017, S. 12).

Art. 66 Grundsätze der Auftragsausführung

(1) Die Wertpapierfirmen überprüfen mindestens einmal jährlich die gemäß Artikel 27 Absatz 4 der Richtlinie 2014/65/EU festgelegten Grundsätze der Auftragsausführung sowie ihre Vorkehrungen zur Auftragsausführung.

Eine solche Überprüfung ist auch immer dann vorzunehmen, wenn eine wesentliche Veränderung im Sinne von Artikel 65 Absatz 7 eintritt, die die Fähigkeit der Wertpapierfirma beeinträchtigt, bei der Ausführung ihrer Kundenaufträge an den in ihren Grundsätzen der Auftragsausführung genannten Plätzen weiterhin gleich bleibend das bestmögliche Ergebnis zu erzielen. Eine Wertpapierfirma beurteilt, ob es zu wesentlichen Änderungen gekommen ist, und zieht die Vornahme von Änderungen hinsichtlich der relativen Bedeutung der Faktoren einer bestmöglichen Ausführung in Betracht, um die übergeordnete Anforderung der bestmöglichen Ausführung zu erfüllen.

(2) Die Informationen über die Ausführungspolitik werden an die jeweilige Klasse von Finanzinstrumenten und die Art der erbrachten Dienstleistung angepasst und enthalten die in den Absätzen 3 bis 9 genannten Angaben.

(3) Die Wertpapierfirmen übermitteln den Kunden rechtzeitig vor Erbringung der betreffenden Dienstleistung folgende Angaben zu ihren Grundsätzen der Auftragsausführung:

a) eine Darlegung der relativen Bedeutung, die die Wertpapierfirma gemäß den in Artikel 59 Absatz 1 angeführten Kriterien den in Artikel 27 Absatz 1 der Richtlinie 2014/65/EU genannten Aspekten beimisst, oder eine Darlegung der Art und Weise, in der die Wertpapierfirma die relative Bedeutung dieser Aspekte bestimmt;

b) ein Verzeichnis der Ausführungsplätze, auf die sich die Wertpapierfirma zur Erfüllung ihrer Verpflichtung, alle angemessenen Maßnahmen zu treffen, um bei der Ausführung von Kundenaufträgen auf Dauer das bestmögliche Ergebnis zu erzielen, weitgehend verlässt, einschließlich der Angabe, welche Ausführungsplätze für jede Klasse von Finanzinstrumenten für Aufträge von Kleinanlegern, für Aufträge von professionellen Kunden sowie für Wertpapierfinanzierungsgeschäfte verwendet werden;

c) ein Verzeichnis aller Faktoren, die bei der Auswahl eines Ausführungsplatzes zur Anwendung kommen, einschließlich qualitativer Faktoren wie Clearingsystemen, Notfallsicherungen, geplanten Maßnahmen, oder anderen relevanten Überlegungen, sowie die entsprechende Bedeutung der einzelnen Faktoren. Die Angaben zu den Faktoren für die Auswahl des Ausführungsplatzes müssen mit den Kontrollen der Wertpapierfirma vereinbar sein, die diese im Rahmen der Prüfung der Angemessenheit ihrer Grundsätze und Bestimmungen durchführt, um gegenüber ihren Kunden nachzuweisen, dass die bestmögliche Ausführung auf Dauer erreicht wird;

d) wie die Ausführungsfaktoren wie Preis, Kosten, Schnelligkeit, Wahrscheinlichkeit der Ausführungen und andere relevante Faktoren im Rahmen aller hinreichenden Schritte Berücksichtigung finden, die zur Erzielung des bestmöglichen Ergebnisses für den Kunden eingeleitet werden;

e) gegebenenfalls Angaben zur Ausführung von Aufträgen außerhalb eines Handelsplatzes, einschließlich Angaben zu Folgen wie dem Gegenparteirisiko aufgrund der Ausführung außerhalb eines Handelsplatzes, und auf Anfrage des Kunden zusätzliche Informationen über Folgen dieser Art der Ausführung;

f) eine klare und deutliche Warnung dahin gehend, dass ausdrückliche Weisungen eines Kunden sie davon abhalten können, die Maßnahmen zu treffen, die sie im Rahmen ihrer Grundsätze der Auftragsausführung festgelegt und umgesetzt haben, um bei der Ausführung der Aufträge hinsichtlich der von den betreffenden Weisungen erfassten Elemente das bestmögliche Ergebnis zu erzielen;

g) eine Zusammenfassung des Auswahlverfahrens für Ausführungsplätze, angewandte Ausführungsstrategien, die zur Analyse der erreichten Ausführungsqualität herangezogenen Verfahren und Methoden und wie die Wertpapierfirmen kontrollieren und überprüfen, dass für die Kunden die bestmöglichen Ergebnisse erzielt wurden.

Die Informationen sind auf einem dauerhaften Datenträger zu übermitteln oder auf einer Website (wenn diese kein dauerhafter Datenträger ist) bereitzustellen, sofern die in Artikel 3 Absatz 2 genannten Voraussetzungen erfüllt sind.

(4) Setzen die Wertpapierfirmen je nach Ausführungsort verschiedene Gebühren an, erläutert die Wertpapierfirma diese Unterschiede in einem hinreichenden Detailgrad, so dass der Kunde die Vor- und Nachteile der Wahl nur eines einzigen Ausführungsorts nachvollziehen kann.

(5) Rufen Wertpapierfirmen ihre Kunden dazu auf, sich für einen Ausführungsort zu entscheiden, werden faire, klare und nicht irreführende Informationen übermittelt, um zu verhindern, dass sich der Kunde allein aufgrund der von der Wertpapierfirma angewandten Preispolitik gezielt für einen bestimmten Ausführungsort entscheidet.

(6) Die Wertpapierfirmen dürfen lediglich Zahlungen Dritter annehmen, die Artikel 24 Absatz 9 der Richtlinie 2014/65/EU gerecht werden, und informieren ihre Kunden über die Anreize, die die Wertpapierfirma gegebenenfalls durch die Ausführungsorte erhält. Die Informationen betreffend die Gebühren, die die Wertpapierfirma allen am Geschäft beteiligten Gegenparteien berechnet, sowie Angaben dahin gehend – sofern die Gebühren je nach Kunde unterschiedlich ausfallen –, welche Höchstgebühren oder Gebührenspannen gegebenenfalls zu zahlen sind.

(7) Stellt eine Wertpapierfirma mehr als einem Geschäftsbeteiligten Gebühren in Rechnung, informiert sie ihre Kunden gemäß Artikel 24 Absatz 9 der Richtlinie 2014/65/Eu und deren Durchführungsmaßnahmen über den Wert aller monetären bzw. nichtmonetären Vorteile, die die Wertpapierfirma erhält.

(8) Übermittelt ein Kunde einer Wertpapierfirma berechtigte und verhältnismäßige Auskunftsersuchen hinsichtlich ihrer Strategien oder Bestimmungen sowie deren Überprüfungsverfahren, lässt ihm die Wertpapierfirma innerhalb einer angemessenen Frist eine verständliche Antwort zukommen.

(9) Führt eine Wertpapierfirma Aufträge für Kleinanleger aus, übermittelt sie diesen Kunden eine Zusammenfassung der betreffenden Grundsätze, deren Schwerpunkt auf den ihnen entstehenden Gesamtkosten liegt. Die Zusammenfassung enthält einen Link zu den neuesten gemäß Artikel 27 Absatz 3 der Richtlinie 2014/65/EU veröffentlichten Daten über die Qualität der Ausführung für jeden von der Wertpapierfirma in ihren Grundsätzen der Auftragsausführung genannten Ausführungsplatz.

In der Fassung vom 25.4.2016 (ABl. EU Nr. L 87 v. 31.3.2017, S. 1), geändert durch Berichtigung vom 26.9.2017 (ABl. EU Nr. L 246 v. 26.9.2017, S. 12).

Schrifttum: S. § 63 WpHG.

I. Allgemeines 1	4. Auftragsausführung durch Dritte 28
II. Anwendungsbereich 2	5. Umsetzung der Ausführungsgrundsätze 29
1. Persönlicher Anwendungsbereich 2	IV. Weisungen (Art. 64 Abs. 2 DelVO 2017/565; § 82 Abs. 4 WpHG) 30
2. Sachlicher Anwendungsbereich 3	V. Zuwendungen für die Ausführung (Art. 66 Abs. 6 DelVO 2017/565; § 82 Abs. 8 WpHG) 33
a) Finanzinstrumente (§ 82 Abs. 1 WpHG) . . 3	
b) Kauf, Verkauf 4	
III. Vorkehrungen für die Auftragsausführung ohne Kundenweisung (§ 82 Abs. 1 WpHG; Art. 66 DelVO 2017/565) 6	VI. Information, Zustimmung der Kunden (Art. 66 Abs. 6 DelVO 2017/565; § 82 Abs. 5, 6 WpHG) 34
1. Allgemeines 6	1. Ausführung ohne Weisung 34
2. Festlegung der Grundsätze zur Auftragsausführung an Handelsplätzen (Art. 64 Abs. 2 DelVO 2017/565; § 82 Abs. 2 WpHG) 7	2. Ausführung entsprechend Weisungen 40
	3. Information über Änderungen (§ 82 Nr. 2 WpHG) 42
a) Professionelle Kunden (§ 67 Abs. 2 WpHG) 7	VII. Überprüfung, Änderungen der Ausführungsgrundsätze und sonstigen Vorkehrungen (Art. 66 Abs. 1 DelVO 2017/565; § 82 Abs. 1 Nr. 1, Abs. 13 Nr. 2 WpHG) 43
aa) Allgemeines 7	
bb) Maßgebliche Kriterien für die Entwicklung der Ausführungsgrundsätze und ihre Gewichtung 9	
	VIII. Weiterleitung der Aufträge, Vermögensverwaltung (Art. 65 DelVO 2017/565) 46
cc) Auswahl unter gleichermaßen geeigneten Ausführungsplätzen 12	1. Weiterleitung von Aufträgen 46
dd) Umsetzung der Ausführungsgrundsätze 14	2. Vermögensverwalter (Finanzportfolioverwalter) 54
b) Besonderheiten bei Privatkunden (§ 82 Abs. 3 WpHG) 15	IX. Veröffentlichungen (§ 82 Abs. 9 bis 12 WpHG) 55
aa) Gesamtentgelt 15	1. Wertpapierdienstleistungsunternehmen (§ 82 Abs. 9 WpHG) 55
bb) Ausnahme: An mehreren Ausführungsplätzen können gleichbleibend bestmögliche Ergebnisse erreicht werden . 22	2. Handelsplätze und systematische Internalisierer (§ 82 Abs. 10, 12 WpHG) 56
3. Ausführung außerhalb eines organisierten Markts, multilateralen Handelssystems oder organisierten Handelssystems (§ 82 Abs. 5 Satz 2 WpHG) 25	3. Ausführungsplätze (§ 82 Abs. 11, 12 WpHG) . 57
	X. Sanktionen 58

1 **I. Allgemeines.** § 82 WpHG setzt den Art. 27 RL 2014/65/EU (MiFID II) um und wird durch die Art. 64–66 DelVO 2017/565 ergänzt[1]. Er ist im Verhältnis zu § 63 Abs. 1 WpHG nicht lex specialis, sondern begründet le-

---

1 Begr. RegE 2. FiMaNoG, BT-Drucks. 18/10936, 243 ff.

diglich aufsichtsrechtliche Mindestanforderungen an die Organisation der Wertpapierdienstleistungsunternehmen, um interessewahrendes Verhalten zu fördern[1]. Die Vorschrift dient mithin der Erhöhung und Sicherung der Kapitalmarkteffizienz sowie dem Anlegerschutz angesichts einer Vielzahl von Ausführungsplätzen[2] und Ausführungsformen. Zum Verhältnis der Vorschrift zur DelVO 2017/565 s. § 63 WpHG Rz. 1 ff. Die Vorschrift stellt im Einklang mit der h.M.[3] zu ihrem Vorläufer, dem § 33a WpHG a.F., kein Schutzgesetz dar, strahlt aber auf das Vertragsverhältnis aus.

II. Anwendungsbereich. 1. Persönlicher Anwendungsbereich. Sämtliche Wertpapierdienstleistungsunternehmen i.S.d. § 2 Abs. 10 WpHG sind Adressaten der Vorschrift. Ausnahme: § 95 WpHG. Geschützt werden sowohl die professionellen Kunden als auch die Privatkunden, nicht aber geeignete Gegenparteien bei Finanzkommissionsgeschäften, der Anlage-und Abschlussvermittlung sowie dem Eigenhandel (§ 68 WpHG). Betreibt ein Wertpapierdienstleistungsunternehmen auch ein OTF, so greift § 82 WpHG sowohl auf der Ebene der Entscheidung über die Ausführung der Wertpapierdienstleistung als auch auf der Ebene des OTF ein[4].

2. Sachlicher Anwendungsbereich. a) *Finanzinstrumente (§ 82 Abs. 1 WpHG)*. § 82 Abs. 1 WpHG, der zu Missverständnissen einlädt, verweist auf die Begriffe „Kauf oder Verkauf". Der Begriff des Finanzinstruments ergibt sich aus § 2 Abs. 4 WpHG. Gemäß dieser Vorschrift fallen auch Anteile an Investmentvermögen i.S.d. § 1 Abs. 1 KAGB in die Kategorie der Finanzinstrumente. Unerheblich ist, ob die Anteile an Investmentvermögen an „Ausführungsplätzen" gehandelt werden[5].

b) Kauf, Verkauf. Als Kauf bzw. Verkauf anzusehen sind das Finanzkommissionsgeschäft (§ 2 Abs. 8 Satz 1 Nr. 1 WpHG)[6], der Eigenhandel (§ 2 Abs. 8 Satz 1 Nr. 2 lit. c WpHG)[7] sowie die Abschlussvermittlung (§ 2 Abs. 8 Satz 1 Nr. 3 WpHG)[8]. Die **Vermögensverwaltung** fällt ebenfalls unter die Begriffe „Kauf", „Verkauf", wenn der Vermögensverwalter die von ihm getroffenen Anlageentscheidungen selbst ausführt[9]. Gleiches gilt für Wertpapierfinanzierungsgeschäfte[10]. Bei der **Weiterleitung von Aufträgen** oder bei der **Vermögensverwaltung**, bei der der Vermögensverwalter die Orders zur Umsetzung von Anlageentscheidungen einem anderen Wertpapierdienstleistungsunternehmen erteilt, ist Art. 65 DelVO 2017/565 zu beachten.

Die bloße Ausgabe und Rücknahme von **Anteilen an Sondervermögen, Investmentaktiengesellschaften** etc. fallen nicht unter § 82 WpHG. Das Wertpapierdienstleistungsunternehmen hat jedoch darüber zu informieren, dass unter Umständen der Erwerb bzw. die Veräußerung über die Börse erfolgen kann[11]. Da entsprechend § 63 Abs. 7 Satz 2 WpHG diese Information standardisiert erfolgen darf und sie auch nicht von Fall zu Fall erteilt werden muss, wird jedoch dieser Hinweis praktisch weitgehend ins Leere laufen. Jedenfalls sind Investmentanteile, die an Sekundärmärkten gehandelt werden, in die Ausführungsgrundsätze einzubeziehen[12].

III. Vorkehrungen für die Auftragsausführung ohne Kundenweisung (§ 82 Abs. 1 WpHG; Art. 66 DelVO 2017/565). 1. Allgemeines. § 82 Abs. 1 Nr. 1 WpHG ordnet an, dass Wertpapierdienstleistungsunternehmen alle „angemessenen" Vorkehrungen treffen müssen, um unter Ausschaltung von Interessenkonflikten (§ 80 Abs. 2 WpHG) **gleichbleibend** das bestmögliche Ergebnis für ihre Kunden zu erzielen. In Art. 27 Abs. 1 Unterabs. 1 RL 2014/65/EU heißt es allerdings nunmehr „**hinreichende**[13] **Maßnahmen**" und nicht mehr wie noch in Art. 21 Abs. 1 RL 2004/39/EG (MiFID I) „angemessene"[14] Maßnahmen, so dass die Formulierung „angemessene" in § 82 Abs. 1 Nr. 1 WpHG richtlinienkonform im Sinn von „hinreichende" Vorkehrungen zu interpretie-

---

1 Art. 64 DelVO 2017/565 bezieht sich sogar ausdrücklich auch auf Art. 24 Abs. 1 RL 2014/65/EU. Abw. zum WpHG a.F. *Imberg*, Die „Best Execution" im deutschen Wertpapierhandel gemäß § 33a WpHG, S. 48 f.
2 Art. 64 Abs. 1 Unterabs. 2 DelVO 2017/565 (geregelte Märkte, multilaterale Handelssysteme [MTF], organisierte Handelssysteme [OTF], systematische Internalisierer, Market-Maker, sonstige Liquiditätsgeber oder Einrichtung, die in einem Drittland eine vergleichbare Funktion ausüben). Der Begriff des Ausführungsplatzes deckt sich nicht mit dem des Handelsplatzes i.S.d. § 2 Abs. 22 WpHG.
3 Vgl. zum WpHG a.F. *Fuchs* in Fuchs, vor § 31 WpHG Rz. 106 (Ausnahme: die Pflicht, die Zustimmung der Kunden einzuholen).
4 ESMA 35-43-349 v. 10.11.2017, Questions and Answers on MiFID II and MiFIR topics, 1 Best execution, Answer 13, 16 f.
5 Abw. zum WpHG a.F. *Baur* in Just/Voß/Ritz/Becker, § 33 WpHG Rz. 9.
6 Dabei spielt keine Rolle, ob das Finanzkommissionsgeschäft mit oder ohne Beratung getätigt wird. Vgl. auch zum WpHG a.F. Working Document ESC 07-2007 unter Issue 1 Ziff. 6.
7 Erwägungsgrund Nr. 103 DelVO 2017/565. In dieser Fallgruppe kommt Art. 65 Abs. 1-7 DelVO 2017/565 nicht zum Tragen (Art. 65 Abs. 8 DelVO 2017/565). Beachte Rz. 25 f. zur Ausführung außerhalb von Handelsplätzen.
8 Vgl. zum WpHG a.F. Begr. RegE FRUG, BT-Drucks. 16/4028, 72.
9 Vgl. zum WpHG a.F. *Zingel*, BKR 2007, 173, 174; *v. Hein* in Schwark/Zimmer, § 33a WpHG Rz. 22; ebenso i.E. *Zimmermann* in Fuchs, § 33a WpHG Rz. 4.
10 Art. 64 Abs. 1 Unterabs. 1 lit. b DelVO 2017/565.
11 Vgl. zum WpHG a.F. Begr. RegE FRUG, BT-Drucks. 16/4028, 72; *Zingel*, BKR 2007, 173, 174.
12 Vgl. zum WpHG a.F. *v. Hein* in Schwark/Zimmer, § 33a WpHG Rz. 19.
13 „sufficient".
14 „reasonable".

ren ist. Daraus folgt, dass die Wertpapierdienstleistungsunternehmen alle denkbaren[1] Maßnahmen treffen müssen, um das bestmögliche Ergebnis für ihre Kunden erreichen zu können[2]. Das bedeutet nicht, dass in jedem Einzelfall ein bestmögliches Ergebnis erzielt werden muss (Rz. 7)[3]. Vielmehr ist die Vorschrift im Sinne von Vorgaben für einen Optimierungsprozess zu interpretieren. In diesem Zusammenhang sind auch die allgemeinen Organisationsregeln des § 80 WpHG zu beachten[4]. Der ESMA[5] zufolge haben die Wertpapierdienstleistungsunternehmen nachweisbar[6] prozessorientiert[7] ausreichende Maßnahmen zu treffen, um laufend die Qualität der ausgeführten Orders zu beobachten und laufend anhand der dabei getroffenen Feststellungen ihre Vorkehrungen zur Optimierung der Ausführung, insbesondere ihrer Ausführungsgrundsätze (Rz. 7) zu verbessern. Darüber hinaus haben sie laufend zu ermitteln, welche neuen Ausführungsmöglichkeiten entstehen und zu klären, ob diese es erlauben, die Ausführungsqualität zu steigern[8]. Der Art. 66 Abs. 1 DelVO 2017/565[9] zwingt die Wertpapierdienstleistungsunternehmen allerdings nur dann ihre Grundsätze der Auftragsausführung und die sonstigen Vorkehrungen zu **überprüfen**, wenn sich wesentliche Veränderungen ergeben haben, ansonsten nur einmal jährlich (Rz. 43 f.). Ob wesentliche Veränderungen eingetreten sind, hat das Wertpapierdienstleistungsunternehmen zu beurteilen (Art. 66 Abs. 1 Unterabs. 2 Satz 2 DelVO 2017/565). Anders als in Art. 65 Abs. 7 DelVO 2017/565 in Bezug auf die Auswahlgrundsätze (Rz. 46) ordnet Art. 66 DelVO 2017/565 nicht an, dass die Wirksamkeit der Ausführungsgrundsätze laufend überwacht (monitor) werden muss. Im Licht der zentralen Verpflichtung, das bestmögliche Ergebnis für die Kunden zu erzielen, ist jedoch kein Grund ersichtlich, die Ausführungsgrundsätze und die Auswahlgrundsätze unterschiedlich zu behandeln. Deshalb ist Art. 65 Abs. 7 Unterabs. 1 DelVO 2017/565 auf die Ausführungsgrundsätze entsprechend anzuwenden, so dass die Wertpapierdienstleistungsunternehmen unter Berücksichtigung der von den Handelsplätzen und systematischen Internalisierern bereitgestellten Informationen (§ 82 Abs. 10–12 WpHG) gehalten sind, die Wirksamkeit ihrer Ausführungsgrundsätze, insbesondere im Hinblick auf die Qualität der Ausführung, fortlaufend (on a regular basis) im Auge zu behalten (Rz. 45).

7 **2. Festlegung der Grundsätze zur Auftragsausführung an Handelsplätzen (Art. 64 Abs. 2 DelVO 2017/565; § 82 Abs. 2 WpHG). a) Professionelle Kunden (§ 67 Abs. 2 WpHG). aa) Allgemeines.** Unter den **Grundsätzen zur Auftragsausführung** (Ausführungsgrundsätzen) ist eine Dokumentation[10] der Strategie eines Wertpapierdienstleistungsunternehmens einschließlich der wesentlichen Schritte zu verstehen, die das Wertpapierdienstleistungsunternehmen im Rahmen seiner[11] Unternehmensstruktur einschlägt, um **generalisierend**[12] und **gleichbleibend**[13] ein für die Kunden ex ante bestmögliches[14] Ergebnis zu erzielen[15]. Die Wertpapierdienstleistungsunternehmen haben deshalb die Qualität und Eignung ihrer Ausführungsgrundsätze auf einer ex-ante und ex-post-Basis zu evaluieren, um festzustellen, welche Veränderungen ihrer Ausführungspraxis zu besseren

---

1 Ausgenommen sind natürlich absurde Anstrengungen.
2 ESMA 35-43-349 v. 4.4.2017, Questions and Answers on MiFID II and MiFIR topics, 1 Best execution Answer 1.
3 Erwägungsgrund Nr. 106 DelVO 2017/565; ESMA 2016/1444 v. 16.12.2016 Questions and Answers on MiFID II and MiFIR investor protection topics, Section 1 Answer 1; ESMA 35-43-349 v. 4.4.2017, Questions and Answers on MiFID II and MiFIR topics, 1 Best execution Answer 1 (on an ongoing basis); *Binder* in Staub, Bankvertragsrecht, Investmentbanking II, Teil 7 Rz. 94; vgl. zum WpHG a.F. *Früh/Ebermann* in KölnKomm. WpHG, § 33a WpHG Rz. 81.
4 ESMA 2016/1165 v. 11.10.2016, Questions and Answers relating to the Provision of CFD and other speculative products to retail investors under MiFID II, Section 9, Answer 1c.
5 ESMA 2016/1444 v. 16.12.2016 Questions and Answers on MiFID II and MiFIR investor protection topics, Section 1 Answer 1, 3; ESMA 2016/1165 v. 11.10.2016, Questions and Answers relating to the Provision of CFD and other speculative products to retail investors under MiFID II, Section 9 Answer 1b. Ebenso Erwägungsgrund Nr. 105 DelVO 2017/565 unter Hinweis auf die allgemeine Pflicht, die Effizienz der Vorkehrungen zur Auftragsausführung und der Grundsätze der Auftragsausführung zu überwachen und die Ausführungsplätze zu prüfen.
6 ESMA 2016/1165 v. 11.10.2016, Questions and Answers relating to the Provision of CFD and other speculative products to retail investors under MiFID II, Section 9, Answer 1b.
7 ESMA 2016/1165 v. 11.10.2016, Questions and Answers relating to the Provision of CFD and other speculative products to retail investors under MiFID II, Section 9, Answer 1b.
8 ESMA 2016/1444 v. 16.12.2016 Questions and Answers on MiFID II and MiFIR investor protection topics, Section 1 Answer 1.
9 Die Vorschrift konkretisiert Art. 27 Abs. 7 RL 2014/65/EU, auf den § 82 Abs. 1 Nr. 1 WpHG verweist.
10 Vgl. Art. 65 Abs. 5 DelVO 2017/565.
11 Die Verwendung von Muster-Ausführungsgrundsätzen ist nur zulässig, wenn die bei der Ausarbeitung des Musters zugrunde gelegten Kriterien, insbesondere hinsichtlich der Kundenstruktur, der gehandelten Wertpapiere, der durchschnittlichen Ordergröße, des Preismodells, der den Kunden in Rechnung gestellten Kosten, auf das Geschäftsmodell des Wertpapierdienstleistungsunternehmens übertragen werden können.
12 Die Pflicht zur Erzielung des bestmöglichen Ergebnisses bedeutet nicht, dass bei jedem Kundenauftrag tatsächlich das bestmögliche Ergebnis erzielt wird (Rz. 6).
13 § 82 Abs. 5 Unterabs. 1 Nr. 2 WpHG; Erwägungsgrund Nr. 99 DelVO 2017/565.
14 § 82 Abs. 5 Unterabs. 1 Nr. 2 WpHG; Erwägungsgrund Nr. 99 DelVO 2017/565.
15 Vgl. zum WpHG a.F. CESR/07-320, Best execution under MiFID, Mai 2007, Abschnitt 2, Ziff. 6.2; *Früh/Ebermann* in KölnKomm. WpHG, § 33a WpHG Rz. 81.

Ergebnissen führen könnten[1]. Dabei muss der Gefahr von Marktverzerrungen angemessen Rechnung getragen werden[2].

Die Wertpapierdienstleistungsunternehmen haben **alle relevanten Ausführungsplätze** in nicht-diskriminierender Weise[3] in die Evaluation (Rz. 9) einzubeziehen. Hierbei steht ihnen ein Ermessensspielraum offen[4]. Bei **Festpreisgeschäften** ist ein Bezug zu Handelsplätzen i.S.d. § 2 Abs. 22 WpHG[5] herzustellen, der ein Urteil darüber erlaubt, ob das Geschäft marktgerecht ist[6]. Außerdem ist in den Ausführungsgrundsätzen zumindest[7] auf die verschiedenen **Arten von Finanzinstrumenten** einzugehen. Bei der Gruppenbildung steht dem Wertpapierdienstleistungsunternehmen ebenfalls ein Ermessensspielraum zur Verfügung[8]. Ferner ist nach den verschiedenen **Arten von Kunden** (z.B. Privatkunden)[9] zu differenzieren.

bb) Maßgebliche Kriterien für die Entwicklung der Ausführungsgrundsätze und ihre Gewichtung. In einem **ersten Schritt** schreibt § 82 Abs. 2 WpHG im Einklang mit Art. 27 Abs. 1 Unterabs. 1 RL 2014/65/EU vor, für jeden in Betracht zu ziehenden **Ausführungsplatz** i.S.d. Art. 64 Abs. 1 Unterabs. 2 DelVO 2017/565[10] getrennt nach den Arten der Finanzinstrumente[11] Grundsätze der Auftragsausführung zu entwickeln. Dabei ist vor allem auf die **Preise** zu achten, die für die Finanzinstrumente zu bezahlen sind oder bezahlt werden[12], ohne[13] das Entgelt des Wertpapierdienstleistungsunternehmens in der Form von eigenen Provisionen und Gebühren einzubeziehen, Ferner sind die mit der Auftragsausführung unmittelbar[14] verbundenen Kosten[15], die infolge der Einschaltung Dritter entstehen und die auf den Kunden überwälzt werden, die Ausführungsgeschwindigkeit[16] und -wahrscheinlichkeit[17], die Qualität der Preisermittlung[18], die Abwicklungsgeschwindigkeit und -sicherheit[19] sowie die Art und der Umfang des Auftrags[20] zu berücksichtigen. Darüber hinaus sind[21] „alle **sonstigen**, für die Auftragsausführung relevanten **Aspekte**"[22] der Ausführung in die Abwägung einzubeziehen, die bei der Erzielung bestmöglicher Resultate eine Rolle spielen können. In Betracht kommen[23] Anschlusskos-

---

1 ESMA 35-43-349 v. 4.4.2017, Questions and Answers on MiFID II and MiFIR topics, 1 Best execution, Answer 1. S. auch Rz. 43 ff.
2 Vgl. zum WpHG a.F. *v. Hein* in FS Hopt, Bd. 2, S. 1909, 1919.
3 Vgl. Erwägungsgrund Nr. 95 RL 2014/65/EU.
4 Nach den allgemeinen Grundsätzen der Vermeidung von Interessenkonflikten dürfen die Ausführungsplätze der eigenen Gruppe des Wertpapierdienstleistungsunternehmens nicht bevorzugt werden (ESMA 2016/1165 v. 11.10.2016, Questions and Answers relating to the Provision of CFD and other speculative products to retail investors under MIFID II, Section 9, Answer 1b Ziff. 20 ff.) Vgl. ferner MaComp Ziff. BT 4.1, Ziff. BT 4.3).
5 Umsetzung des Art. 27 Abs. 5 Unterabs. 3 RL 2014/65/EU (Begr. RegE 2. FiMaNoG, BT-Drucks. 18/10936, 244).
6 Vgl. Erwägungsgrund Nr. 103 DelVO 2017/565; ferner Rz. 26 ff. Mit den Grundsätzen der best execution konform ist ein Verfahren, bei dem einem Kunden ein Kurs mitgeteilt wird, der zum zeitgleich ein Auftrag nach den Ausführungsgrundsätzen an einem Ausführungsplatz hätte ausgeführt werden können, und bei dem der Kunde zu diesem Kurs abschließt, falls dieser nicht aufgrund veränderter Marktbedingungen zwischen Mitteilung und Abschluss eindeutig überholt ist. Zum WpHG a.F. vgl. Begr. RegE FRUG, BT-Drucks. 16/4028, 73; *Zimmermann* in Fuchs, § 33a WpHG Rz. 31; *v. Hein* in Schwark/Zimmer, § 33a WpHG Rz. 57.
7 Vgl. zum WpHG a.F. *v. Hein* in Schwark/Zimmer, § 33a WpHG Rz. 41.
8 Vgl. zum WpHG a.F. *v. Hein* in Schwark/Zimmer, § 33a WpHG Rz. 27.
9 § 67 Abs. 3, § 82 Abs. 3, Abs. 5 Unterabs. Nr. 1 WpHG; Art. 64 Abs. 1 Unterabs. 1 lit. a DelVO 2017/565.
10 Zu den sonstigen Liquiditätsgeber s. Erwägungsgrund Nr. 7 DelVO 2017/575.
11 Vgl. auch Art. 65 Abs. 5 Satz 1 DelVO 2017/565 „in respect of each class of instruments".
12 Ohne Kosten (vgl. zum WpHG a.F. *Früh/Ebermann* in KölnKomm. WpHG, § 33a WpHG Rz. 96).
13 Umkehrschluss aus Art. 27 Abs. 1 Unterabs. 3 RL 2014/65/EU.
14 Zum Beispiel Courtage, Kosten des Clearings und der Abwicklung, Provisionen für Zwischenkommissionäre.
15 Vgl. zum WpHG a.F. *Bracht*, Best Execution, S. 114; *Imberg*, Die „Best Execution" im deutschen Wertpapierhandel gemäß § 33a WpHG, S. 110 ff.
16 Erwägungsgrund Nr. 107 DelVO 2017/565. Dieses Kriterium bezieht sich auf die Zeit, die zwischen der Weiterleitung eines Auftrags an den Ausführungsplatz und der Erledigung der Order vergeht. Sie spielt in der Regel nur eine untergeordnete Rolle (vgl. zum WpHG a.F. *Zingel*, BKR 2007, 173, 175; abw. *Zimmermann* in Fuchs, § 33a WpHG Rz. 22: bei an Arbitragegewinnen interessierten professionellen Kunden von vorrangiger Bedeutung).
17 Erwägungsgrund Nr. 107 DelVO 2017/565. Dieses Kriterium bezieht sich auf die Wahrscheinlichkeit, mit der am Ausführungsplatz eine Gegenpartei gefunden werden kann. Es ist zu berücksichtigen, wie weit an bestimmten Ausführungsplätzen von dazu bestimmten Personen zusätzliche Liquidität zur Verfügung gestellt wird. Die Wahrscheinlichkeit spielt bei limitierten Aufträgen eine große Rolle. Bei unlimitierten Aufträgen fällt sie dagegen weniger ins Gewicht, so dass andere Plätze für den Kunden günstiger sein können. Von Bedeutung ist aber die Gefahr kostentreibender Teilausführungen (vgl. zum WpHG a.F. *Zimmermann* in Fuchs, § 33a WpHG Rz. 23).
18 Vgl. zum WpHG a.F. *Zimmermann* in Fuchs, § 33a WpHG Rz. 21.
19 Vgl. zum WpHG a.F. *Zimmermann* in Fuchs, § 33a WpHG Rz. 24.
20 Vgl. zum WpHG a.F. CESR/07-320, Best execution under MiFID, Mai 2007, Abschnitt 2, Ziff. 10.1; *Zimmermann* in Fuchs, § 33a WpHG Rz. 17, 25). Beispiele: An einem Ausführungsplatz mit geringer Liquidität treibt ein Großauftrag die Preise stärker nach oben oder unten als an einem Ausführungsplatz mit hoher Liquidität.
21 Abw. MaComp Ziff. BT 4.1 Nr. 2 (können).
22 Art. 27 Abs. 1 Unterabs. 1 RL 2014/65/EU.
23 Vgl. zum WpHG a.F. *v. Hein* in Schwark/Zimmer, § 33a WpHG Rz. 38.

ten an einen Ausführungsplatz für den Kunden, Form des Orderbuchs[1], Handelszeiten, verbindliche Leistungsversprechen[2], Kontinuität des Handels[3], Counterparty Risk[4], Abwicklungssicherheit, Auswahl an Orderzusätzen und Ausführungsarten, Verbindlichkeit der Quotes und sonstiger Preisinformationen, Schutzmechanismen im Regelwerk[5], Handelsüberwachung, Lagerstellen der Finanzinstrumente, Informations- und Beratungsleistungen, Beschwerdemanagement, Verfügbarkeit, Vergleichbarkeit und Konsolidierung der Daten zur Qualität der Ausführung[6]. **Diese Kriterien** sind anhand[7] der Merkmale des Kunden und dessen Einstufung als Privatkunde oder als professioneller Kunde, anhand der Merkmale des Kundenauftrags[8], anhand der Merkmale derjenigen Finanzinstrumente[9], die Gegenstände des Auftrags sind, sowie anhand der Merkmale der in Betracht kommenden Ausführungsplätze zu **gewichten**[10]. Außer Betracht bleiben in dieser Phase kommerzielle Erwägungen der Wertpapierdienstleistungsunternehmen, z.B. zur Kosteneinsparung.

10 Die Wertpapierdienstleistungsunternehmen sind **nur** in dem von dem Art. 64 Abs. 1 Unterabs. 1 DelVO 2017/565[11] gezogenen Rahmen frei[12], wie sie die verschiedenen **Elemente zu gewichten**[13] und **Differenzierungen** vorzunehmen[14]. Sie brauchen allerdings die Elemente nicht exakt, etwa in Prozentzahlen, zu gewichten[15]. Sie haben aber detailliert zu **begründen**, warum sie bestimmte Schritte unternehmen; insbesondere haben sie die Gewichtung sowie die Bedeutung und Auswirkungen der relevanten Entscheidungsfaktoren zu **dokumentieren**[16]. Keiner Begründung bedarf hingegen die Entscheidung, bestimmte Ausführungsplätze nicht in die Ausführungsgrundsätze aufzunehmen[17]. Zu **Weisungen** s. Rz. 30.

11 Können nach den oben dargestellten Regeln (Rz. 9 f.) für bestimmte Arten von Finanzinstrumenten an mehreren Plätzen gleichbleibend (Rz. 6) optimale Ergebnisse erreicht werden, so ist in Hinblick auf diese Finanzinstrumente die **Auswahl** anhand der eigenen Vergütung, d.h. des Geldbetrages, den das Wertpapierdienstleistungsunternehmen für seine Tätigkeit in Rechnung stellt, zu **verfeinern**.

Dies kann dazu führen, dass weiterhin mehrere Ausführungsplätze geeignet bleiben, gleichbleibend optimale Ergebnisse zu erreichen. Demnach hat im Licht des Art. 27 Abs. 1 Unterabs. 3 RL 2014/65/EU die Vergütung, die das Wertpapierdienstleistungsunternehmen seinen Kunden berechnet, bei Privatkunden (Rz. 15) und bei professionellen Kunden dieselbe Bedeutung. Die eigene Vergütung darf nicht in einer Weise strukturiert werden, dass sie zu einer **Diskriminierung** bestimmter Ausführungsplätze führt[18].

---

1 Vgl. zum WpHG a.F. *Früh/Ebermann* in KölnKomm. WpHG, § 33a WpHG Rz. 92.
2 Vgl. zum WpHG a.F. *Früh/Ebermann* in KölnKomm. WpHG, § 33a WpHG Rz. 92.
3 ESMA 2016/1165 v. 11.10.2016, Questions and Answers relating to the Provision of CFD and other speculative products to retail investors under MiFID II, Section 9, Answer 1b Ziff. 28.
4 Art. 66 Abs. 3 Satz 1 lit. c DelVO 2017/565 (Clearingsysteme); ESMA 2016/1165 v. 11.10.2016, Questions and Answers relating to the Provision of CFD and other speculative products to retail investors under MiFID II, Section 9, Answer 1b.
5 Notfallsicherung (Art. 66 Abs. 3 Satz 1 lit. c DelVO 2017/565); Preisverbesserung (Erwägungsgrund Nr. 107 DelVO 2017/565).
6 Erwägungsgrund Nr. 107 DelVO 2017/565.
7 So die deutsche Sprachfassung des Art. 64 Abs. 1 Unterabs. 1 DelVO 2017/565 („bestimmen"). Abweichend die englische und französische Sprachfassung („… take into account … for determining"; „… tiennent compte …"), die jedoch in Art. 66 Abs. 4 Unterabs. 1 DelVO 2017/565 die Begriffe „determined", „déterminée" verwenden.
8 Z.B. Wertpapierfinanzierungsgeschäfte wie die Wertpapierleihe oder das repo-Geschäft (Erwägungsgrund Nr. 99 DelVO 2017/565).
9 Erwägungsgrund Nr. 104 DelVO 2017/565.
10 Art. 64 Abs. 1 Unterabs. 1 DelVO 2017/565; Erwägungsgrund Nr. 99 DelVO 2017/565; § 82 Abs. 2 letzter Halbsatz WpHG.
11 Art. 65 DelVO 2017/565 ist unanwendbar, wenn das Wertpapierdienstleistungsunternehmen seine Aufträge oder die im Rahmen der Vermögensverwaltung getroffenen Anlageentscheidungen selbst ausführt (Art. 65 Abs. 8 DelVO 2017/565).
12 Wie im Übrigen das Ermessen (zum WpHG a.F. vgl. *Zimmermann* in Fuchs, § 33a WpHG Rz. 16; *v. Hein* in Schwark/Zimmer, § 33a WpHG Rz. 27: breiter Ermessensspielraum) der Wertpapierdienstleistungsunternehmen zu begrenzen ist, ist weitgehend unklar (*Binder* in Staub, Bankvertragsrecht, Investmentbanking II, Teil 7 Rz. 94). Unzulässig sollte jedenfalls eine Abwägung sein, die willkürlich oder evident ungeeignet ist, die für die Kunden optimalen Ausführungsplätzen zu ermitteln.
13 Erwägungsgrund Nr. 99 DelVO 2017/565. Vgl. zum WpHG a.F. CESR/07-320, Best execution under MiFID, Mai 2007, Abschnitt 2, Ziff. 10: Responsability … lies with the investment firms.
14 Vgl. zum WpHG a.F. Begr. RegE FRUG, BT-Drucks. 16/4028, 72.
15 Vgl. zum WpHG a.F. *Zimmermann* in Fuchs, § 33a WpHG Rz. 18; *Imberg*, Die „Best Execution" im deutschen Wertpapierhandel gemäß § 33a WpHG, S. 133.
16 MaComp Ziff. BT 4.2 Nr. 2. Vgl. zum WpHG a.F. CESR/07-320, Best execution under MiFID, Mai 2007, Abschnitt 2, Ziff. 4, 6.2, 6.3; zurückhaltend *Zimmermann* in Fuchs, § 33a WpHG Rz. 29.
17 *Vgl. zum WpHG a.F. Begr. RegE FRUG, BT-Drucks. 16/4028, 73; Zimmermann* in Fuchs, § 33a WpHG Rz. 29; abw. *Dierkes* in Ellenberger/Schäfer/Clouth/Lang, Praktikerhandbuch, S. 586 f.
18 Art. 64 Abs. 3 DelVO 2017/565; Erwägungsgrund Nr. 95 RL 2014/65/EU. Vgl. zum WpHG a.F. *v. Hein* in Schwark/Zimmer, § 33a WpHG Rz. 32.

cc) **Auswahl unter gleichermaßen geeigneten Ausführungsplätzen.** Sofern für eine bestimmte Art von Finanzinstrumenten mehrere Ausführungsplätze **gleichermaßen**[1] **geeignet** sind[2], gleichbleibend optimale Ergebnisse zu erzielen[3], ist das Wertpapierdienstleistungsunternehmen nicht gehindert, einen **einzigen Ausführungsplatz**[4] vorzusehen[5]. Im Übrigen entscheidet das Wertpapierdienstleistungsunternehmen nach eigenem Ermessen, an welchem der in gleicher Weise geeigneten Plätze es die Order ausführt. Es steht dann auch in seinem Ermessen[6], Differenzierungen nach der Art der Finanzinstrumente vorzunehmen[7]. 12

Die Wertpapierdienstleistungsunternehmen dürfen Ausführungsplätze beschränkt auf bestimmte **Arten von Aufträgen**[8] und **Kundengruppen**[9] zur Verfügung stellen und im Übrigen die Kunden zur Erteilung von **Weisungen** auffordern[10]. Keinesfalls, selbst wenn Wertpapierdienstleistungsunternehmen ausschließlich aufgrund von Weisungen handeln wollen, dürfen sie auf die Entwicklung von Ausführungsgrundsätzen **verzichten** (Rz. 32). 13

dd) **Umsetzung der Ausführungsgrundsätze.** Die Wertpapierdienstleistungsunternehmen haben, sofern sie keine Weisungen erhalten, nach Maßgabe ihrer Ausführungsgrundsätze zu verfahren und hierfür in ihrer Ablauforganisation ausreichend Vorkehrungen zu treffen[11]. In diesem Zusammenhang ist die Wirksamkeit der Ausführungsgrundsätze, insbesondere im Hinblick auf die Qualität der Ausführung, wie sie in den Ausführungsgrundsätzen beschrieben ist, zu überwachen (Rz. 43 ff.). Zu Tage tretende Mängel sind zu beseitigen. 14

b) **Besonderheiten bei Privatkunden (§ 82 Abs. 3 WpHG). aa) Gesamtentgelt.** § 82 Abs. 3 Satz 1 WpHG verwendet den Begriff **Gesamtentgelt** (Rz. 17). Unter diesen Begriff fallen auch die mit der Auftragsausführung verbundenen Kosten[12] und darüber hinaus sonstige Entgelte, die an Dritte gezahlt werden[13]. Zahlungen an die Ausführungsplätze sowie die Kosten für das Clearing und Settlement dürfen nur berücksichtigt werden, wenn sie an den Kunden weitergegeben werden[14]. 15

Gemäß § 82 Abs. 3 Satz 1 WpHG haben die Wertpapierdienstleistungsunternehmen in Hinblick auf das Gesamtentgelt ein für die Privatkunden (§ 67 Abs. 3 WpHG) **optimales Ergebnis** anzustreben und die Ausführungsgrundsätze (Rz. 7) entsprechend auszugestalten[15]. Zum Handel mit CFD oder anderen spekulativen Produkten s. ESMA, Questions and Answers[16]. 16

§ 82 Abs. 3 WpHG definiert im Einklang mit Art. 65 Abs. 4 Unterabs. 1 DelVO 2017/565[17], der seinerseits auf den Art. 27 Abs. 1 Unterabs. 2 RL 2014/65/EU verweist, den missverständlichen **Begriff des „Gesamtentgelts"**. 17

---

1 Dies setzt voraus, dass die Wertpapierdienstleistungsunternehmen an dem von ihnen favorisierten Ausführungsplatz für die Kunden Ergebnisse erzielen können, die mindestens so gut sind wie die Ergebnisse, die vernünftigerweise an den anderen in Betracht kommenden Ausführungsplätzen erwartet werden können. Dies muss auf interne Analysen, die von dem Wertpapierdienstleistungsunternehmen durchgeführt worden sind, sowie auf Daten gestützt werden können, die gem. § 82 Abs. 9–12 WpHG veröffentlicht wurden (Erwägungsgrund Nr. 108 Satz 2, 3 DelVO 2017/565; ESMA 2016/1165 v. 11.10.2016, Questions and Answers relating to the Provision of CFD and other speculative products to retail investors under MiFID II, Section 9, Answer 1b).
2 Dies haben die Wertpapierdienstleistungsunternehmen nachzuweisen (ESMA 2016/1444 v. 16.12.2016 Questions and Answers on MiFID II and MiFIR investor protection topics, Section 1, Answer 3).
3 Erwägungsgrund Nr. 108 Satz 1 DelVO 2017/565.
4 Art. 64 Abs. 1 Unterabs. 2 DelVO 2017/565.
5 Erwägungsgrund Nr. 108 DelVO 2017/565.
6 Vgl. zum WpHG a.F. *v. Hein* in Schwark/Zimmer, § 33a WpHG Rz. 27: breiter Ermessensspielraum.
7 Vgl. zum WpHG a.F. CESR/07-320, Best execution under MiFID, Mai 2007, Abschnitt 2, Ziff. 8.2. Vgl. auch Begr. RegE FRUG, BT-Drucks. 16/4028, 73, wo klargestellt wird, dass in Bezug auf Gruppen Zusammenfassungen zulässig sind und ein Ausführungsplatz für mehrere Gruppen von Finanzinstrumenten benannt werden darf.
8 Hierbei kann es sich empfehlen, z.B. zwischen limitierten und unlimitierten Aufträgen sowie Stop-Loss-Aufträgen zu unterscheiden (vgl. zum WpHG a.F. *Früh/Ebermann* in KölnKomm. WpHG, § 33a WpHG Rz. 89).
9 Jedenfalls Privatkunden oder professionelle Kunden. Vgl. zum WpHG a.F. *Früh/Ebermann* in KölnKomm. WpHG, § 33a WpHG Rz. 89.
10 Auch in einem solchen Fall muss das Wertpapierdienstleistungsunternehmen in seinen Ausführungsgrundsätzen geeignete Ausführungsplätze benennen, für die Weisungen erteilt werden können. Vgl. zum WpHG a.F. *Imberg*, Die „Best Execution" im deutschen Wertpapierhandel gemäß § 33a WpHG, S. 102.
11 § 82 Abs. 1 WpHG, Art. 27 Abs. 4 RL 2014/65/EU.
12 Erwägungsgrund Nr. 101 DelVO 2017/565; *Binder* in Staub, Bankvertragsrecht, Investmentbanking II, Teil 7 Rz. 101.
13 § 82 Abs. 3 Satz 2–4 WpHG.
14 MaComp Ziff. BT 4.1 Nr. 3.
15 Art. 27 Abs. 1 Unterabs. 1 RL 2014/65/EU fordert, „alle hinreichenden Maßnahmen (zu) ergreifen". Im Licht dieser Formulierung haben die Wertpapierdienstleistungsunternehmen sicherzustellen, dass die von ihnen anvisierten Ziele fortlaufend erreicht werden können (ESMA 2016/1444 v. 16.12.2016, Questions and Answers on MiFID II and MiFIR investor protection topics, Section 1, Answer 1).
16 ESMA 2016/1165 v. 11.10.2016, Questions and Answers relating to the Provision of CFD and other speculative products to retail investors under MiFID II, Section 9, Answer 1a, 1b, 1c.
17 Art. 65 DelVO 2017/565 ist unanwendbar, wenn das Wertpapierdienstleistungsunternehmen seine Aufträge oder die im Rahmen der Vermögensverwaltung getroffenen Anlageentscheidungen selbst ausführt (Art. 65 Abs. 8 DelVO 2017/565).

§ 82 | Verhaltenspflichten, Organisationspflichten, Transparenzpflichten

Danach sind zwei Elemente von Bedeutung: Zum einen der Preis, zu dem das Finanzinstrument am Ausführungsplatz erworben bzw. veräußert werden kann[1], und zum anderen die mit der Auftragsausführung unmittelbar[2] verbundenen, auf die Kunden abgewälzten Kosten, wie z.B. die Courtage, Clearing- und Abwicklungsgebühren, Margins, Steuern[3]. Es geht somit um das, was der Kunde für das Finanzinstrument als solches zu bezahlen oder als Zahlung zu erwarten hat, wenn man die Vergütung, die an das Wertpapierdienstleistungsunternehmen für dessen Leistung zu erbringen ist, ausblendet.

18 Falls das Wertpapierdienstleistungsunternehmen bei **Festpreisgeschäften** eine Courtage etc. in Rechnung stellt, ist diese den Kosten hinzuzurechnen. Bei der Bemessung des Preises sind **Preisgarantien** zu beachten[4], nach Stimmen in der Literatur[5] zum WpHG a.F. auch die **Qualität der Preisermittlung**.

19 **Geringfügige Unterschiede im Gesamtentgelt** können unberücksichtigt bleiben, wenn dies nachvollziehbar begründet wird[6].

20 Die **Ausführungsgeschwindigkeit** (Rz. 9), -**wahrscheinlichkeit** (Rz. 9), die **Abwicklung**, die **Art und der Umfang des Auftrages** spielen bei Privatkunden nur insoweit eine Rolle, als sie dazu beitragen, für Privatkunden in Bezug auf das Gesamtentgelt das bestmögliche Ergebnis zu erzielen[7]. Mithin dürfen keine Konzessionen zu Lasten des Gesamtentgelts gemacht werden.

21 Ein Konzept, das sich ausschließlich an dem Preis und den Kosten in dem oben genannten Sinn orientiert, reduziert im Interesse der **Rechtssicherheit**[8] die Spielräume der Wertpapierdienstleistungsunternehmen und ermöglicht auch den Privatkunden einen Nachvollzug der Ausführungsgrundsätze[9]. Gleichzeitig trägt es vorrangig ihrem besonderen Interesse an dem finanziellen Ergebnis des Kaufs bzw. Verkaufs Rechnung.

22 **bb) Ausnahme: An mehreren Ausführungsplätzen können gleichbleibend bestmögliche Ergebnisse erreicht werden.** Das Gesamtentgelt, an dem sich Wertpapierdienstleistungsunternehmen bei der Ermittlung der optimal geeigneten Ausführungsplätze zu orientieren haben, erfasst grundsätzlich nicht die von den Wertpapierdienstleistungsunternehmen selbst geforderte Vergütung. Nur[10] wenn die Ausführungsgrundsätze dazu führen, dass an mehreren Ausführungsplätzen gleichbleibend bestmögliche Ergebnisse erreicht werden können, wird auch die Vergütung des Wertpapierdienstleistungsunternehmens relevant (§ 82 Abs. 3 Satz 3 WpHG)[11].

23 Sollte das Wertpapierdienstleistungsunternehmen zu dem Ergebnis kommen, dass für bestimmte Arten von Finanzinstrumenten **ausschließlich ein bestimmter Ausführungsplatz** gleichbleibend optimale Ergebnisse liefert[12], so ist es mithin unerheblich, dass an diesem Platz die Gefahr von Teilausführungen besonders groß ist, bei denen der Kunde aufgrund der Vergütungsstruktur des Wertpapierdienstleistungsunternehmens kräftig zur Kasse gebeten werden kann[13].

24 Das Wertpapierdienstleistungsunternehmen hat seine Vergütungs- und Aufwendungsersatzstrukturen diskriminierungsfrei zu gestalten[14].

25 **3. Ausführung außerhalb eines organisierten Markts, multilateralen Handelssystems oder organisierten Handelssystems (§ 82 Abs. 5 Satz 2 WpHG).** Die Ausführungsgrundsätze dürfen grds. eine Erledigung der Order außerhalb eines organisierten Marktes (§ 2 Abs. 11 WpHG), eines multilateralen Handelssystems (§ 72 WpHG) oder eines organisierten Handelssystems (§ 75 WpHG) vorsehen (§ 82 Abs. 5 Satz 2 WpHG). Eine

---

1 Einschließlich Provisionsforderung des Wertpapierdienstleistungsunternehmens, Spread. Vgl. zum WpHG a.F. *Imberg*, Die „Best Execution" im deutschen Wertpapierhandel gemäß § 33a WpHG, S. 113 f.
2 Vgl. Art. 27 Abs. 2 RL 2014/65/EU (direktem Zusammenhang); § 82 Abs. 3 Satz 4 WpHG.
3 § 82 Abs. 3 Satz 4 WpHG. Vgl. Art. 27 Abs. 1 Unterabs. 2 RL 2014/65/EU (Begr. RegE 2. FiMaNoG, BT-Drucks. 18/10936, 244); Erwägungsgrund Nr. 101 Satz 1 DelVO 2017/565.
4 Vgl. zum WpHG a.F. *Dierkes*, ZBB 2008, 11, 14.
5 Vgl. zum WpHG a.F. *Zimmermann* in Fuchs, § 33a WpHG Rz. 21; *Dierkes*, ZBB 2008, 11, 17 f.
6 MaComp Ziff. BT 4.1 Nr. 3.
7 Erwägungsgrund Nr. 101 Satz 2 DelVO 2017/565.
8 Vgl. zum WpHG a.F. *v. Hein* in Schwark/Zimmer, § 33a WpHG Rz. 45.
9 Vgl. zum WpHG a.F. *v. Hein* in Schwark/Zimmer, § 33a WpHG Rz. 45.
10 Vgl. zum WpHG a.F. *Zimmermann* in Fuchs, § 33a WpHG Rz. 20; zutr. krit. *Bracht*, Best Execution, S. 114 f.
11 Erwägungsgrund Nr. 93 RL 2014/65/EU; vgl. zum WpHG a.F. *Imberg*, Die „Best Execution" im deutschen Wertpapierhandel gemäß § 33a WpHG, S. 117.
12 Vgl. zum WpHG a.F. CESR/07-320, Best execution under MiFID, Mai 2007, Abschnitt 2, Ziff. 8.2.
13 Dies wurde zum WpHG a.F. damit gerechtfertigt, dass verhindert werden müsse, dass ein von dem Wertpapierdienstleistungsunternehmen favorisierter Ausführungsplatz als der kundengünstigste erscheint. Außerdem sollte ein „race to the bottom" unterbunden werden (*Spindler/Kasten*, WM 2007, 1797, 1802). Diese Überlegungen sind zum WpHG n.F. wenig plausibel, wenn man bedenkt, dass Art. 64 Abs. 3 DelVO 2017/565 gesondert ein Verbot diskriminierender Vergütungsstrukturen statuiert. *Renz/Frankenberger* in Krimphove/Kruse, MaComp, BT 4 Rz. 41 plädieren dagegen zum WpHG a.F. dafür, zu berücksichtigen, dass der Kunde insgesamt mehr zu zahlen hat bzw. weniger erlöst. *Imberg*, Die „Best Execution" im deutschen Wertpapierhandel gemäß § 33a WpHG, S. 120 bringt den topos der Umgehung ins Spiel.
14 Art. 64 Abs. 3 DelVO 2017/565. Ebenso § 33a Abs. 3 Satz 4 WpHG a.F.

derartige Ausführung ist allerdings nur zulässig, wenn sichergestellt ist, dass die Konditionen der **Marktlage entsprechen** (Rz. 8)[1], insbesondere der von den Wertpapierdienstleistungsunternehmen gestellte Kurs im Moment der Annahme des Angebots durch den Kunden nicht bereits eindeutig überholt ist[2]. Beim Handel mit OTC-Produkten, selbst wenn diese maßgeschneidert sind, haben Wertpapierdienstleistungsunternehmen prozessorientiert entsprechend den von ihnen getroffenen Vorkehrungen[3] die Angemessenheit[4] der den Kunden angebotenen Preise vor dem Hintergrund kritisch ermittelter[5] Marktdaten[6] zu prüfen, die bei der Einschätzung der Preise verwendet worden sind und außerdem die gestellten Preise mit denjenigen ähnlicher[7] Produkte zu vergleichen[8]. Das dient der Eindämmung von Interessenkonflikten und soll sicherstellen, dass die Interessen der Kunden bestmöglich gewahrt werden[9]. Die Wertpapierdienstleistungsunternehmen haben organisatorische Vorkehrungen dafür zu treffen, dass diese Marktdaten ermittelt und berücksichtigt werden[10]. Das Geschäft hat zu unterbleiben, wenn nicht ausreichend objektive Daten greifbar sind[11]. Zur Angemessenheit des Preises s. Rz. 8.

Außerdem muss sich der Kunde ausdrücklich mit der Erledigung seiner Order außerhalb organisierter Märkte, multilateraler Handelssysteme oder organisierter Handelssysteme **einverstanden** erklärt haben, nachdem er hierauf und auf die damit verbundenen Risiken besonders hingewiesen worden ist (§ 82 Abs. 5 Unterabs. 2 WpHG; näher Rz. 37). Das gilt selbst dann, wenn an einem organisierten Markt etc. in dem Finanzinstrument kein Handel stattfindet oder das Finanzinstrument im Freiverkehr gehandelt werden soll[12]. Eine Generalerlaubnis ist möglich. Die Zustimmung muss zwar ausdrücklich erfolgen. Dies bedeutet jedoch nur, dass die Zustimmung klarer Worte bedarf, jedoch nicht, dass sie nicht AGB-mäßig erklärt werden dürfte[13]; denn der Zustimmungstext kann vorformuliert sein. Eine Zustimmung in der Form des Unterlassens eines Widerspruchs oder in der Form konkludenten Verhaltens oder sonstigen nicht mit klaren Worten eine Zustimmung ausdrückenden Verhaltens reicht nicht aus[14]. Das gilt auch für die Zustimmung zu AGBs. 26

In die Ausführungsgrundsätze kann ferner ein Direktbezug vom Emittenten aufgenommen werden[15]. Es existiert jedoch keine Pflicht, mit dem Emittenten Verbindung aufzunehmen, um außerhalb organisierter Märkte, multilateraler Handelssysteme oder organisierter Handelssysteme einen besseren Preis zu erzielen. Dies gilt selbst dann, wenn das Wertpapierdienstleistungsunternehmen das Finanzinstrument selbst emittiert hatte. Dem Wertpapierdienstleistungsunternehmen bleibt es mithin immer unbenommen, die Order an die Börse zu leiten. 27

---

1 Voraussetzung sollte sein, dass das Wertpapierdienstleistungsunternehmen bei liquiden Papieren nicht als Monopolist auftritt. Vgl. zum WpHG a.F. *Renz/Frankenberger* in Krimphove/Kruse, MaComp, BT 4 Rz. 31; *Imberg*, Die „Best Execution" im deutschen Wertpapierhandel gemäß § 33a WpHG, S. 76 ff. Zum Teil abw. *Bracht*, Best Execution, S. 147 ff.
2 Art. 64 Abs. 4 DelVO 2017/565.
3 ESMA 2016/1165 v. 11.10.2016, Questions and Answers relating to the Provision of CFD and other speculative products to retail investors under MiFID II, Section 9 Answer 1b.
4 „fairness"; die deutsche Sprachfassung verwendet den Begriff der Redlichkeit, der auf Art. 24 Abs. 1 RL 2014/65/EU verweist. Das bedeutet, dass dafür gesorgt werden muss, dass die Aufschläge zum Marktpreis angemessen sein müssen (vgl. ESMA 2016/1165 v. 11.10.2016, Questions and Answers relating to the Provision of CFD and other speculative products to retail investors under MiFID II, Section 9, Answer 1b (mark-ups; different prices or spreads).
5 ESMA 2016/1165 v. 11.10.2016, Questions and Answers relating to the Provision of CFD and other speculative products to retail investors under MiFID II, Section 9, Answer 1b Ziff. 25 ff.
6 Dies sind externe Marktdaten und, soweit vorhanden, verifizierbare Referenzpreise (ESMA 2016/1444 v. 16.12.2016 Questions and Answers on MiFID II and MiFIR investor protection topics, Section 1 Answer 2; ESMA 2016/1165 v. 11.10.2016, Questions and Answers relating to the Provision of CFD and other speculative products to retail investors under MiFID II, Section 9, Answer 1b).
7 In Art. 64 Abs. 4 DelVO 2017/565 heißt es „ähnlichen oder vergleichbaren" (similar or comparable). Die Formulierung vergleichbar ist nichtssagend, da alles miteinander verglichen werden kann, wenn man die Vergleichsbasis nur hinreichend abstrakt wählt. Gleiches gilt für den Begriff „ähnlich". In der Sache kann es nur darum gehen, ob die Finanzinstrumente, die als Vergleichsbasis dienen, es plausibel erlauben, Rückschlüsse auf den angemessenen Preis zu ziehen.
8 Art. 64 Abs. 4 DelVO 2017/565; Erwägungsgrund Nr. 104 DelVO 2017/565. Abw. zum WpHG a.F. *Baur* in Just/Voß/Ritz/Becker, § 33 WpHG Rz. 12.
9 ESMA 2016/1444 v. 16.12.2016 Questions and Answers on MiFID II and MiFIR investor protection topics, Section 1, Answer 2.
10 ESMA 2016/1444 v. 16.12.2016 Questions and Answers on MiFID II and MiFIR investor protection topics, Section 1, Answer 2.
11 ESMA 2016/1165 v. 11.10.2016, Questions and Answers relating to the Provision of CFD and other speculative products to retail investors under MiFID II, Section 9, Answer 1b.
12 A.A. zum WpHG a.F. *Bracht*, Best Execution, S. 131 f.
13 Anders aber die h.M. zum WpHG a.F. *v. Hein* in Schwark/Zimmer, § 33a WpHG Rz. 66; zw. *Zingel*, BKR 2007, 173, 176.
14 Eine Ausnahme sollte dort gelten, wo wie bei Festpreisgeschäften evident nur eine bestimmte Ausführungsart möglich ist. Vgl. zum WpHG a.F. *Früh/Ebermann* in KölnKomm. WpHG, § 33a WpHG Rz. 120.
15 Vgl. zum WpHG a.F. Begr. RegE FRUG, BT-Drucks. 16/4028, 73.

28 **4. Auftragsausführung durch Dritte.** Wertpapierdienstleistungsunternehmen können vorsehen, dass der Auftrag durch einen Dritten erledigt wird. Es gilt dann Art. 65 DelVO 2017/565. S. dazu Rz. 46 ff.

29 **5. Umsetzung der Ausführungsgrundsätze.** Die Wertpapierdienstleistungsunternehmen haben sicherzustellen[1], dass bei jeder Ausführung eines Kundenauftrages nach diesen Grundsätzen verfahren wird. Dazu haben sie ihnen entsprechende **Ausführungsregeln** aufzustellen[2], um gleichbleibend[3] für ihre Kunden das bestmögliche Ergebnis zu erreichen. Im Einzelfall ist eine **Durchbrechung** der Ausführungsgrundsätze zulässig, wenn auf diese Weise eine dem Kunden günstigere Ausführung möglich ist[4].

30 **IV. Weisungen (Art. 64 Abs. 2 DelVO 2017/565; § 82 Abs. 4 WpHG).** Aus dem Art. 64 Abs. 2 DelVO 2017/565 und dem § 82 Abs. 4 WpHG ergibt sich nicht nur, dass Wertpapierdienstleistungsunternehmen nicht verpflichtet sind, im Interesse einer optimalen Ausführungen der Order von einer ausdrücklichen[5], nicht formbedürftigen **Weisung**[6] eines Kunden **abzuweichen**[7]; denn Wertpapierdienstleistungsunternehmen kommen durch Befolgung einer eindeutig formulierten Weisung ihrer Pflicht zur bestmöglichen Ausführung nach[8]. Dies gilt freilich nur hinsichtlich derjenigen **Teile der Order**, für die Weisung ausgesprochen worden ist[9]. Hinsichtlich des von einer Weisung nicht betroffenen Teils des Auftrags bleiben die Regeln zur bestmöglichen Ausführung nach den Ausführungsgrundsätzen unberührt[10]. Die Weisungen können für den Einzelfall aber auch als Generalweisung erteilt werden. Eine Weisung wird auch bei einem Auftrag erteilt, „interessenwahrend"[11] vorzugehen. Weder aus dem Art. 64 Abs. 2 DelVO 2017/565 noch aus dem § 82 Abs. 4 WpHG ergibt sich, dass Wertpapierdienstleistungsunternehmen von Weisungen nicht abweichen dürfen, wenn Rückfragen nicht möglich sind und sie die Abweichung von der Weisung im Kundeninteresse für geboten halten dürfen, weil bei einer Verzögerung erheblicher Schaden droht (vgl. § 665 BGB)[12].

31 Aus der Perspektive des Anlegerschutzes und der Kapitalmarkteffizienz gebührt den **Weisungen** von Anlegern der Vorrang, die ihre Anlageentscheidungen angemessen einzuschätzen in der Lage sind. Diese Anleger können am besten beurteilen, welche Art der Ausführung am ehesten ihren Interessen entspricht[13]. Zu bedenken ist hierbei, dass die Kunden über die in Betracht kommenden **Ausführungsplätze und ihre Eigenheiten zu informieren** sind (Rz. 32). Darüber hinaus ist nach Maßgabe des Art. 66 Abs. 3 Satz 1 lit. f DelVO 2017/565 verständlich[14] zu **warnen** (Rz. 35). Selbst wenn diese Informationen im Einzelfall nicht ausreichen sollten, hindert dies die betroffenen Kunden nicht, angemessen Weisungen zu geben. Den Wertpapierdienstleistungsunternehmen ist aber **untersagt, die Kunden** im Einzelfall **zu einer Weisung zu veranlassen**, von der sie nach vernünftigem Ermessen wissen sollten, dass diese Weisung mit dem Interesse der Kunden an einem bestmöglichen Ergebnis nicht im Einklang steht[15].

32 Immer sind den Kunden (nur) die nach den Ausführungsgrundsätzen in Betracht kommenden **Ausführungsplätze anzubieten** (Rz. 9). Wertpapierdienstleistungsunternehmen dürfen sowohl gegenüber professionellen Kunden als auch gegenüber Privatkunden darauf **bestehen, Weisungen zu erhalten** (Rz. 13).

---

1 Art. 27 Abs. 1 Unterabs. 1 RL 2014/65/EU fordert „alle hinreichenden Maßnahmen (zu) ergreifen". Im Licht dieser Formulierung haben die Wertpapierdienstleistungsunternehmen sicherzustellen, dass die von ihnen avisierten Ziele fortlaufend erreicht werden können (ESMA 2016/1444 v. 16.12.2016, Questions and Answers on MiFID II and MiFIR investor protection topics, Section 1, Answer 1).
2 Art. 27 Abs. 4 RL 2014/65/EU.
3 D.h. nicht in jedem Einzelfall (Erwägungsgrund Nr. 106 DelVO 2017/565).
4 Vgl. zum WpHG a.F. *Bracht*, Best Execution, S. 133 ff.
5 Damit scheiden nach dem Sinn des Art. 64 Abs. 2 DelVO 2017/565 und des § 82 Abs. 4 WpHG Weisungen im Rahmen von AGB aus; vgl. zum WpHG a.F. *v. Hein* in Schwark/Zimmer, § 33a WpHG Rz. 54; *Baur* in Just/Voß/Ritz/Becker, § 33 WpHG Rz. 41.
6 Die Weisungen können einseitig von Fall zu Fall oder für eine unbestimmte Vielzahl von Fällen erteilt werden; bei Festpreisgeschäften werden keine Weisungen erteilt (vgl. zum WpHG a.F. *Zimmermann* in Fuchs, § 33a WpHG Rz. 32 f.; offen *Baur* in Just/Voß/Ritz/Becker, § 33 WpHG Rz. 42). Zur DEA s. ESMA35-43-349 v. 10.11.2017, Questions and Answers, 1 Best execution, Answer 17.
7 Vgl. zum WpHG a.F. *Zimmermann* in Fuchs, § 33a WpHG Rz. 32.
8 Erwägungsgrund Nr. 102 DelVO 2017/565; abw. *Binder* in Staub, Bankvertragsrecht, Investmentbanking II, Teil 7 Rz. 103 (das Wertpapierdienstleistungsunternehmen, das weisungsgemäß ausführt, wird so behandelt, *als* hätte es die Ausführungsgrundsätze befolgt und damit seiner Pflicht aus § 82 Abs. 1 Nr. 2 WpHG genügt).
9 Art. 64 Abs. 2 DelVO 2017/565; Erwägungsgrund Nr. 102 DelVO 2017/565.
10 Erwägungsgrund Nr. 102 DelVO 2017/565.
11 In AGB kann vereinbart werden, was im Detail unter diesem Begriff zu verstehen ist.
12 Vgl. zum WpHG a.F. *Früh/Ebermann* in KölnKomm. WpHG, § 33a WpHG Rz. 116; a.A. *v. Hein* in Schwark/Zimmer, § 33a WpHG Rz. 55.
13 Vgl. zum WpHG a.F. *v. Hein* in Schwark/Zimmer, § 33a WpHG Rz. 55.
14 § 63 WpHG Rz. 64.
15 Vgl. Erwägungsgrund Nr. 102 der DelVO 2017/565. Keine Bedenken wirft die von dem Wertpapierdienstleistungsunternehmen eröffnete Möglichkeit auf, mittels Weisung zwischen mehreren Ausführungsplätzen zu wählen, die mit den Ausführungsgrundsätzen vereinbar sind (Erwägungsgrund Nr. 102 DelVO 2017/565). Vgl. zum WpHG a.F. *Zimmermann* in Fuchs, § 33a WpHG Rz. 34; *v. Hein* in Schwark/Zimmer, § 33a WpHG Rz. 55.

V. Zuwendungen für die Ausführung (Art. 66 Abs. 6 DelVO 2017/565; § 82 Abs. 8 WpHG).

§ 82 Abs. 8 WpHG[1] zufolge darf ein Wertpapierdienstleistungsunternehmen für die Ausführung von Kundenaufträgen an einem bestimmten Handelsplatz (§ 2 Abs. 22 WpHG) oder Ausführungsplatz weder eine Vergütung noch einen Rabatt oder einen nichtmonetären Vorteil[2] annehmen, wenn es damit gegen die § 63 Abs. 1 bis 7 und 9 WpHG, § 64 Abs. 1 und 5 WpHG, § 70 WpHG, § 80 Abs. 1 Satz 2 Nr. 2 WpHG verstoßen würde. Leistungen, die Kunden an dasjenige Wertpapierdienstleistungsunternehmen, das unmittelbar für sie tätig wird, als Entgelt für seine Dienste erbringen, werden nur erfasst, wenn diesem den Vorwurf der Unredlichkeit[3] (§ 63 WpHG Rz. 17) gemacht werden kann. Voraussetzung ist mithin, dass eine Vergütung etc. von einem Dritten[4] (§ 70 WpHG Rz. 10) an ein Wertpapierdienstleistungsunternehmen geleistet wird oder dass ein Wertpapierdienstleistungsunternehmen diese an einen Dritten[5] (§ 70 WpHG Rz. 13 f.) leistet. Zu denken ist hier insbesondere an Zuwendungen seitens der Ausführungsplätze an das Wertpapierdienstleistungsunternehmen. Diese sind allerdings zulässig, wenn sie dazu bestimmt sind, die Qualität der Dienstleistung für den Kunden zu verbessern und wenn sie die Anstrengungen, im bestmöglichen Interesse der Kunden zu handeln, nicht beeinträchtigen[6].

33

VI. Information, Zustimmung der Kunden (Art. 66 DelVO 2017/565; § 82 Abs. 5, 6 WpHG). 1. Ausführung ohne Weisung.

Die Wertpapierdienstleistungsunternehmen haben die verschiedenen Gruppen der (potentiellen) Kunden und entsprechend den verschiedenen Arten von Finanzinstrumenten und Aufträgen leicht verständlich (§ 63 WpHG Rz. 64) über ihre für die einzelnen Arten von Finanzinstrumenten entwickelten **Ausführungsgrundsätze** (Rz. 7) zu unterrichten und deren Einverständnis einzuholen[7]. Hierfür ist erforderlich, die **Gewichtung der relevanten Kriterien**[8] oder die zur Entwicklung der Ausführungsgrundsätze angewandten Methoden[9] darzulegen und den Kunden ein **Verzeichnis**[10] derjenigen wesentlichen[11] Ausführungsplätze[12] zu übermitteln, an denen nach Ansicht des Wertpapierdienstleistungsunternehmens gleichbleibend die bestmöglichen Ergebnisse erzielt werden können. Gemäß Art. 66 Abs. 3 lit. c DelVO 2017/565 sind entsprechend ihrer Bedeutung alle maßgeblichen **Faktoren**, einschließlich der qualitativen Faktoren, wie z.B. Clearingsysteme, zu benennen. Die Ausführungsgrundsätze müssen insbesondere in Hinblick auf den Preis, die Kosten, die Schnelligkeit und Wahrscheinlichkeit der Ausführung ausreichend detailliert erklärt werden[13]. Die Kunden sollen in die Lage versetzt werden, selbst angemessen entscheiden zu können, ob sie die Dienste des Wertpapierdienstleistungsunternehmens in Anspruch nehmen wollen[14]. Die Wertpapierfirmen haben ggf. hinreichend detailliert[15] zu erläutern, dass sie je nach Ausführungsort verschiedene Gebühren in Rechnung stellen[16]. **Zusammenfassend** muss dargestellt werden, wie die Ausführungsplätze ausgewählt worden sind, welche Ausführungsstrategien verwandt werden, wie die Qualität der Ausführung analysiert wird und wie das Wertpapierdienstleis-

34

---

1 Die Vorschrift setzt nach Maßgabe der englischen und französischen Sprachfassung 1 zu 1 den Art. 27 Abs. 2 RL 2014/65/EU um (Begr. RegE 2. FiMaNoG, BT-Drucks. 18/10936, 244).
2 Z.B. Finanzanalyse (*Geier/Hombach/Schütt*, RdF 2017, 108, 112).
3 Art. 24 Abs. 9 Unterabs. 3 RL 2014/65/EU.
4 Art. 66 Abs. 6 Satz 1 Halbsatz 1 DelVO 2017/565; Art. 24 Abs. 9 Unterabs. 1, 3 RL 2014/65/EU.
5 Art. 66 Abs. 6 Satz 1 Halbsatz 1 DelVO 2017/565; Art. 24 Abs. 9 Unterabs. 1, 3 RL 2014/65/EU.
6 Art. 66 Abs. 6 Satz 1 Halbsatz 1 DelVO 2017/565; Art. 24 Abs. 9 Unterabs. 1 RL 2014/65/EU (§ 70 WpHG).
7 Art. 66 Abs. 3 DelVO 2017/565; § 82 Abs. 6 WpHG; MaComp Ziff. BT 4.2.
8 Art. 66 Abs. 3 Satz 1 lit. a DelVO 2017/565; MaComp Ziff. BT 4.2 Nr. 2.
9 Art. 66 Abs. 3 Satz 1 lit. a DelVO 2017/565; MaComp Ziff. BT 4.2 Nr. 2.
10 Art. 66 Abs. 3 Satz 1 lit. b DelVO 2017/565. Sie müssen getrennt nach Art der Finanzinstrumente und der Kundenkategorien die Namen/Bezeichnungen der Ausführungsplätze enthalten (vgl. zum WpHG a.F. *Bracht*, Best Execution, S. 129). Gesondert auch die Ausführungsplätze für Wertpapierfinanzierungsgeschäfte (z.B. Wertpapierleihe, repo-Geschäfte) anzugeben.
11 Vgl. zum WpHG a.F. *Bracht*, Best Execution, S. 128 (Ausführungsplätze, die regelmäßig angesteuert werden).
12 Nicht Handelsplätze (Begr. RegE 2. FiMaNoG, BT-Drucks. 18/10936, 244). Weitergehend ESMA 2016/1165 v. 11.10.2016, Questions and Answers relating to the Provision of CFD and other speculative products to retail investors under MiFID II, Section 9, Answer 2a (auch die Quellen, auf die sich die Wertpapierdienstleistungsunternehmen stützen, wenn sie beim Handel auf eigene Rechnung den Preis bestimmen). Zur Preisbestimmung bei der Ausführung außerhalb von Handelsplätzen s. Rz. 25.
13 Art. 66 Abs. 3 Satz 1 lit. d DelVO 2017/565; MaComp Ziff. BT 4.2. S. auch ESMA 2016/1165 v. 11.10.2016, Questions and Answers relating to the Provision of CFD and other speculative products to retail investors under MiFID II, Section 9, Answer 2a, 2b (bei Spekulationsgeschäften ist z.B. aufzuklären: über die Latenz zwischen einem gestellten Preis und einem ausgeführten Preis, welche Umstände diese Latenz beeinflussen und die daraus resultierenden Risiken, wie das Wertpapierdienstleistungsunternehmen diese Preisänderungen behandelt, wie die typische Zeitspanne zwischen der Ordererteilung und der Ausführungsbestätigung, wie der Preis außerhalb der normalen Handelszeiten gebildet wird, wie die Ausführungsgrundsätze in Phasen hoher Ausschläge zur Anwendung kommen, welche Gründe ein Storno der Aufträge erlauben, die zu erwartenden Spreads).
14 Vgl. zum WpHG a.F. CESR/07-320, Best execution under MiFID, Mai 2007, Abschnitt 2, Ziff. 14.2; *Bauer* in Ellenberger/Schäfer/Clouth/Lang, Praktikerhandbuch, S. 556.
15 Es müssen so viele Einzelheiten genannt werden, wie erforderlich ist, um den Kunden die Vor- und Nachteile der Wahl eines einzigen Ausführungsplatzes deutlich zu machen (Art. 66 Abs. 4 DelVO 2017/565).
16 Art. 66 Abs. 4 DelVO 2017/565.

tungsunternehmen ermittelt, ob es für seine Kunden optimale Ergebnisse erzielt[1]. Werden Aufträge für **Privatkunden** ausgeführt, so hat der Schwerpunkt der Darlegungen zu den Ausführungsgrundsätzen auf dem Gesamtentgelt (Rz. 15 ff.) zu liegen[2]. Die Zusammenfassung muss außerdem einen Link zu den Daten enthalten, die zur Ausführungsqualität eines jeden in den Ausführungsgrundsätzen genannten Ausführungsplatzes veröffentlicht worden sind[3]. Selbst wenn die Kunden keine **Weisungen** erteilen wollen, sind sie nach Maßgabe des Art. 66 Abs. 3 Satz 1 lit. f DelVO 2017/565 darüber zu informieren, dass Weisungen die Wertpapierdienstleistungsunternehmen daran hindern könnten, nach Maßgabe ihrer Ausführungsgrundsätze ein bestmögliches Ergebnis zu erreichen[4].

35 Die **Informationen** müssen den Kunden rechtzeitig[5] **vor der erstmaligen**[6] **Erbringung** der Wertpapierdienstleistungen zugehen[7]. Sie sind immer klar, hinreichend ausführlich[8], leicht[9] verständlich[10] und unter Ausschaltung der Gefahr einer Irreführung (§ 63 Abs. 5 WpHG)[11] auf einem dauerhaften Datenträger nach Maßgabe des § 2 Abs. 43 WpHG, Art. 3 DelVO 2017/565 bereitzustellen[12]. Darüber hinaus muss die **Zustimmung** der Kunden zu den Ausführungsgrundsätzen eingeholt werden[13]. Dies kann nach den für AGB geltenden Regeln (§ 305 BGB) geschehen[14]. Die **Warnung** bezüglich der Weisungen muss klar und deutlich erfolgen[15] und darf nicht abgeschwächt werden[16].

36 Die Kunden sind berechtigt, von den Wertpapierdienstleistungsunternehmen aus berechtigtem Anlass in angemessenem Umfang **Auskünfte** zu deren Strategien, deren Ausführungsgrundsätzen sowie deren Überprüfungsregeln zu **verlangen**[17]. Auf Anfrage muss ein Wertpapierdienstleistungsunternehmen außerdem in der Lage sein, seinen Kunden **darzulegen**, dass ihr Auftrag entsprechend den Ausführungsgrundsätzen erledigt worden ist (§ 82 Abs. 7 WpHG). Dazu gehört die Mitteilung, an welcher Börse etc. der Auftrag ausgeführt worden ist[18]. Hat sich das Wertpapierdienstleistungsunternehmen ein Ermessen bei der Auswahl der Ausführungsplätze vorbehalten, so muss es ermessensfehlerfreies Handeln dartun[19]. Das Wertpapierdienstleistungsunternehmen kann auch nachweisen, dass es die Order in Abweichung von den Ausführungsgrundsätzen (Rz. 7 ff.) in einer für den Kunden günstigeren Weise ausgeführt hat.

37 Darf die Order **außerhalb eines organisierten Marktes**, eines **multilateralen Handelssystems** oder eines multilateralen Handelssystems ausgeführt werden (Rz. 25), sind die Kunden „gesondert" auf diese Ausführungsart **hinzuweisen** (§ 82 Abs. 5 Satz 2 WpHG). Hierbei sind verständliche und nicht irreführende Angaben zu den Folgen (consequences)[20] der Ausführung außerhalb eines Handelsplatzes zu machen, beispielsweise zum Gegenparteirisiko. Auf Anfrage des Kunden müssen ihnen binnen angemessener Frist zusätzliche Informationen zu den Folgen dieser Ausführungsart gegeben werden[21]. Der Hinweis auf die Ausführungsart kann standardisiert werden; denn „gesondert" heißt nicht „in Bezug auf jedes Geschäft", sondern lediglich in einem

---

1 Art. 66 Abs. 3 lit. g DelVO 2017/565.
2 Art. 66 Abs. 9 DelVO 2017/565. ESMA 2016/1165 v. 11.10.2016, Questions and Answers relating to the Provision of CFD and other speculative products to retail investors under MiFID II, Section 9, Answer 2a.
3 Art. 66 Abs. 9 DelVO 2017/565; MaComp Ziff. BT 4.5.
4 ESMA 2016/1165 v. 11.10.2016, Questions and Answers relating to the Provision of CFD and other speculative products to retail investors under MiFID II, Section 9, Answer 2a.
5 ESMA 2016/1165 v. 11.10.2016, Questions and Answers relating to the Provision of CFD and other speculative products to retail investors under MiFID II, Section 9, Answer 2a (in good time).
6 In Art. 66 Abs. 3 Satz 1 DelVO 2017/565 heißt es lediglich „rechtzeitig vor Erbringung der betreffenden Dienstleistung" („in good time prior to the provision of the service"), nicht aber rechtzeitig vor der jeweiligen Erbringung der betreffenden Dienstleistung, so dass eine Information bei Aufnahme der Geschäftsbeziehungen ausreichend sein kann, wenn sich keine Änderungen eingestellt haben.
7 Art. 66 Abs. 3 Satz 1 Halbsatz 1 DelVO 2017/565; § 82 Abs. 6 Unterabs. 1 Nr. 1 WpHG.
8 § 82 Abs. 6 Satz 2 WpHG; Art. 27 Abs. 5 Unterabs. 2 RL 2014/65/EU „in sufficient detail" (vgl. zum WpHG a.F. Begr. RegE 2. FiMaNoG, BT-Drucks. 18/10936, 244).
9 § 82 Abs. 6 Satz 2 WpHG; Art. 27 Abs. 5 Unterabs. 2 RL 2014/65/EU „in a way that can be easily understood by clients" (Begr. RegE 2. FiMaNoG, BT-Drucks. 18/10936, 244).
10 S. Erläuterungen zu § 63 WpHG Rz. 64.
11 Beispiele bei ESMA 2016/1165 v. 11.10.2016, Questions and Answers relating to the Provision of CFD and other speculative products to retail investors under MiFID II, Section 9 Answer 2c.
12 Art. 66 Abs. 3 Satz 2 DelVO 2017/565.
13 § 82 Abs. 6 Unterabs. 1 Nr. 1 WpHG.
14 Vgl. zum WpHG a.F. *v. Hein* in Schwark/Zimmer, § 33a WpHG Rz. 61; *Zimmermann* in Fuchs, § 33a WpHG Rz. 40; CESR/07-320, Best execution under MiFID, Mai 2007, Abschnitt 2, Ziff. 21.3.
15 Art. 66 Abs. 3 Satz 1 lit. g DelVO 2017/565.
16 § 63 Abs. 6 WpHG.
17 Art. 66 Abs. 8 DelVO 2017/565.
18 Vgl. zum WpHG a.F. *Zimmermann* in Fuchs, § 33a WpHG Rz. 38.
19 Vgl. zum WpHG a.F. *Hense/Petruzzelli* in Renz/Hense, Wertpapier-Compliance, S. 385.
20 Diese müssen nicht mit Sicherheit eintreten, dürfen aber auch nicht nur ganz selten zu erwarten sein.
21 Art. 66 Abs. 3 Satz 1 lit. e, Abs. 8 DelVO 2017/565.

besonderen Text[1]. Außerdem muss von den Kunden nicht nur die Zustimmung zu den Ausführungsgrundsätzen (Rz. 7 ff.) als solchen, sondern auch die ausdrückliche einzelfallbezogene oder generelle **Zustimmung** zu dieser Art der Ausführung eingeholt werden (§ 82 Abs. 5 Satz 2 WpHG). Dies kann bei der Aufnahme der Geschäftsbeziehungen zu dem Kunden erfolgen[2].

Diese Pflichten hat das Wertpapierdienstleistungsunternehmen auch bei **Festpreisgeschäften** sowie bei der **Vermögensverwaltung** zu erfüllen, wenn es eine Order gegen seinen **Eigenbestand** ausführt[3]. 38

Gemäß Art. 66 Abs. 6 Satz 2 DelVO 2017/565 ist über die Gebühren (fees) zu informieren, die das Wertpapierdienstleistungsunternehmen allen am Geschäft beteiligten Gegenparteien berechnet[4]. Dabei sind Angaben über die Höchstgebühren oder Gebührenspannen zu machen, wenn je nach Kunde unterschiedliche Gebühren gezahlt werden. 39

2. Ausführung entsprechend Weisungen. Die Wertpapierdienstleistungsunternehmen haben, wenn sie Geschäfte (ausschließlich) aufgrund von Weisungen[5] oder im Rahmen von Weisungen an Ausführungsplätzen ausführen, ihre Kunden gemäß den § 63 Abs. 7 Satz 1, § 82 Abs. 6 Satz 1 Nr. 1 WpHG und dem Art. 66 Abs. 3, 9 DelVO 2017/565 so zu informieren, als ob sie keine Weisungen erhalten hätten bzw. erhalten würden. Im besonderen müssen die Wertpapierdienstleistungsunternehmen, die ihre Kunden auffordern, sich für einen Ausführungsplatz zu entscheiden, faire, klare und nicht irreführende Informationen über die Ausführungsplätze und deren Qualität bereitstellen, um zu verhindern, dass sich die Kunden durch ihr Preismodell verleiten lassen, die empfohlenen Ausführungsplätze zu bevorzugen[6]. Dabei spielt es keine Rolle, ob es sich um professionelle Kunden (§ 67 Abs. 2 WpHG) oder um Privatkunden (§ 67 Abs. 3 WpHG) handelt. Zur **Form und zum Zeitpunkt der Information** s. Rz. 35. 40

Keine Besonderheiten bestehen im Vergleich zu Kunden, die keine Weisungen erteilen (Rz. 34 ff.), auch im Hinblick auf die Einholung der Zustimmung zu den Ausführungsgrundsätzen und auf das **Einverständnis**, falls die Order weisungsgemäß **außerhalb eines** organisierten Marktes, multilateralen Handelssystems oder organisierten Handelssystems (Rz. 25) ausgeführt werden soll. Dies gilt erst recht für die klare und auffällige **Warnung**, dass eine Weisung das Wertpapierdienstleistungsunternehmen daran hindern könnte, nach Maßgabe seiner Ausführungsgrundsätze ein bestmögliches Ergebnis zu erzielen[7]. 41

3. Information über Änderungen (§ 82 Abs. 6 Satz 1 Nr. 2 WpHG). Zu Änderungen s. Rz. 6, 43. Wesentliche Änderungen der Ausführungsgrundsätze und sonstiger Vorkehrungen i.S.d. § 82 Abs. 1 Nr. 1 WpHG sind ohne schuldhaftes Zögern mitzuteilen. Die Information muss klar, ausführlich und in einer für die Kunden verständlichen Weise auf einem dauerhaften Datenträger[8] übermittelt werden. Unter Umständen können sich die Wertpapierdienstleistungsunternehmen mit einer Veröffentlichung auf einer Internetseite begnügen[9]. Das Einverständnis der Kunden braucht nicht eingeholt zu werden[10]. Insoweit kann das Wertpapierdienstleistungsunternehmen deshalb ein einseitiges Bestimmungsrecht ausüben[11]. 42

VII. Überprüfung, Änderungen der Ausführungsgrundsätze und sonstigen Vorkehrungen (Art. 66 Abs. 1 DelVO 2017/565; § 82 Abs. 1 Nr. 1, Abs. 13 Nr. 2 WpHG). Die Ausführungsgrundsätze (Rz. 7 ff.), die Vorgehensweise bei Ausführung von Geschäften außerhalb organisierter Märkte etc. (Rz. 25)[12] und die sonstigen Vorkehrungen müssen mindestens[13] **einmal jährlich überprüft** werden[14]. Dies kann bei der Verwendung von Muster-Ausführungsgrundsätzen auf Dritte übertragen werden. Überprüfung bedeutet nicht nur, dass untersucht wird, ob die Ausführungsgrundsätze und anderen Vorkehrungen korrekt umgesetzt wurden[15], sondern auch, dass eingehend bedacht wird, ob die Ausführungsgrundsätze etc. modifiziert werden müssen, um für die 43

---

1 Vgl. zum WpHG a.F. Begr. RegE FRUG, BT-Drucks. 16/4028, 73; *Imberg*, Die „Best Execution" im deutschen Wertpapierhandel gemäß § 33a WpHG, S. 173.
2 Erwägungsgrund Nr. 98 RL 2014/65/EU.
3 Vgl. zum WpHG a.F. Begr. RegE FRUG, BT-Drucks. 16/4028, 73; *Früh/Ebermann* in KölnKomm. WpHG, § 33a WpHG Rz. 120; *Imberg*, Die „Best Execution" im deutschen Wertpapierhandel gemäß § 33a WpHG, S. 175.
4 Diese Gebühren führen zu Zuwendungen i.S.d. § 70 WpHG an die Wertpapierdienstleistungsunternehmen.
5 Nicht darunter fallen Geschäfte mit Kunden im Eigenhandel.
6 Art. 66 Abs. 5 DelVO 2017/565.
7 Art. 66 Abs. 3 Satz 1 lit. f DelVO 2017/565. Kritisch zur Sinnhaftigkeit des Hinweises *Imberg*, Die „Best Execution" im deutschen Wertpapierhandel gemäß § 33a WpHG, S. 185.
8 § 2 Abs. 43 WpHG; Art. 3 Abs. 1 DelVO 2017/565.
9 Art. 66 Abs. 3 Satz 2 DelVO 2017/565.
10 Vgl. zum WpHG a.F. *Zimmermann* in Fuchs, § 33a WpHG Rz. 43; *v. Hein* in Schwark/Zimmer, § 33a WpHG Rz. 64.
11 Vgl. zum WpHG a.F. *Bracht*, Best Execution, S. 140; *v. Hein* in Schwark/Zimmer, § 33a WpHG Rz. 64.
12 ESMA 2016/1444 v. 16.12.2016, Questions and Answers on MiFID II and MiFIR investor protection topics, Section 1, Answer 2.
13 Öfter z.B. Ausführungsplätze, deren Leistungsangebot ganz oder in Teilen unverbindlich ist.
14 Art. 66 Abs. 1 Unterabs. 1 DelVO 2017/565 i.V.m. Art. 27 Abs. 4 RL 2014/65/EU; § 82 Abs. 1 Nr. 1 WpHG.
15 Insoweit genügen in aller Regel Stichproben (a.A. zum WpHG a.F. *Richter* in Krimphove/Kruse, MaComp, AT 8 Rz. 50).

§ 82 | Verhaltenspflichten, Organisationspflichten, Transparenzpflichten

Kunden[1] bestmögliche Ergebnisse zu erreichen[2]. Es genügt, dass die von den Ausführungsplätzen zur Verfügung gestellten (Rz. 56 f.) verlässlichen Informationen ausgewertet werden und dass anhand aussagekräftiger Stichproben[3] untersucht wird, ob die Ausführung an einem anderen Platz bessere Ergebnis erzielt hätte[4]. Ggf. ist eine erneute Gewichtung[5] der relevanten Kriterien vorzunehmen, falls dies zu einem besseren Ergebnis führt, oder sind zusätzliche bzw. andere Ausführungsplätze aufzunehmen, die zu analysieren sind[6]. Die Überprüfung ist zu dokumentieren.

44 **Außerhalb des Jahresrhythmus** sind die Ausführungsgrundsätze und sonstigen Vorkehrungen zu **überprüfen**, wenn das Wertpapierdienstleistungsunternehmen von einer wesentlichen Änderung[7] Kenntnis erlangt, die eine gleichbleibend bestmögliche Erledigung der Aufträge (Rz. 7) gefährdet oder eine bessere Erledigung der Aufträge ermöglicht[8].

45 Anders als Art. 65 Abs. 7 DelVO 2017/565 in Bezug auf die Auswahlgrundsätze (Rz. 46) ordnet Art. 66 DelVO 2017/565 nicht an, dass die **Wirksamkeit der Ausführungsgrundsätze** fortlaufend (on a regular basis) zu **überwachen** (monitor) ist. Da jedoch kein Grund zu erkennen ist, der es rechtfertigt, die Ausführungsgrundsätze und die Auswahlgrundsätze unterschiedlich zu behanden, und da das Interesse der Kunden nicht weniger schwer wiegt, dass die Ausführungsgrundsätze auf die bestmögliche Verfolgung ihrer Interessen zugeschnitten sind, ist Art. 65 Abs. 7 Unterabs. 1 DelVO 2017/565 auf die Ausführungsgrundsätze analog anzuwenden. Die Wertpapierdienstleistungsunternehmen sind demnach gehalten, auch die Wirksamkeit ihrer Ausführungsgrundsätze, insbesondere im Hinblick auf die Qualität der Ausführung fortlaufend zu beobachten.

46 **VIII. Weiterleitung der Aufträge, Vermögensverwaltung (Art. 65 DelVO 2017/565). 1. Weiterleitung von Aufträgen.** Wertpapierdienstleistungsunternehmen, die Orders nicht selbst unmittelbar einem Ausführungsplatz zuleiten, „kaufen" bzw. „verkaufen" nicht i.S.d. § 82 Abs. 1 WpHG. Der Art. 65 Abs. 2 DelVO 2017/565 verpflichtet deshalb die Wertpapierdienstleistungsunternehmen, deren Dienstleistung in dem Empfang und der Weiterleitung von Orders besteht, im bestmöglichen Interesse ihrer Kunden deren Orders an andere Einrichtungen[9] zur Ausführung weiterzugeben. Sie haben auf die **Weiterleitung bzw. Beauftragung Dritter** (z.B. an broker) bezogene **Auswahlgrundsätze** zu erarbeiten[10], die eine gleichbleibend optimale Wahrung der Kundeninteressen gewährleisten (Rz. 7). Dies gilt auch für die Weiterleitung im Konzern[11].

47 Die Grundsätze betreffen **ausschließlich** die **Auswahl** anderer Wertpapierdienstleistungsunternehmen. Hierfür haben die Wertpapierdienstleistungsunternehmen in Parallele zu den Ausführungsgrundsätzen[12] für jede Art von Finanzinstrument und jeden in Betracht kommenden Ausführungsplatz die Regeln für die Auswahl derjenigen Einrichtungen zu entwickeln, an die sie die Aufträge ihrer Kunden zum Kauf bzw. Verkauf (Rz. 4) weiterleiten[13]. In diesen Auswahlgrundsätzen ist die relative Bedeutung der Kurse, der Kosten, der Schnelligkeit, der

---

1 Maßgeblich ist die Kundenstruktur des Wertpapierdienstleistungsunternehmens; vgl. zum WpHG a.F. *Renz/Frankenberger* in Krimphove/Kruse, MaComp, BT 4 Rz. 55.
2 ESMA 2016/1444 v. 16.12.2016, Questions and Answers on MiFID II and MiFIR investor protection topics, Section 1, Answer 1.
3 Vgl. zum WpHG a.F. CESR/07-320, Best execution under MiFID, Mai 2007, Abschnitt 2, Ziff. 24.1: Mittels der Stichproben ist z.B. zu überprüfen, ob ein bestimmter Ausführungsplatz die Orders ordnungsgemäß ausgeführt hat und ob die Wahl eines anderen Ausführungsplatz aus der Liste der in Betracht kommenden Ausführungsplätze ein besseres Ergebnis gezeitigt hätte.
4 Werden im Rahmen der Überprüfung unverbindliche Preisinformationen verwandt, so ist auch zu untersuchen, ob die Orders regelmäßig entsprechend der zum Zeitpunkt der Ordererteilung aktuellen Geld- bzw. Briefpreise ausgeführt werden. Dort, wo die Ausführungsgrundsätze auf unverbindlichen Leistungszusagen und Taxen beruhen, sind diese stichprobenartig mit den tatsächlichen Ausführungen zu vergleichen.
5 Vgl. Art. 66 Abs. Unterabs. 2 Satz 2 DelVO 2017/565.
6 Vgl. zum WpHG a.F. CESR/07-320, Best execution under MiFID, Mai 2007, Abschnitt 2, Ziff. 23.1.
7 Art. 66 Abs. 1 Unterabs. 2 DelVO 2017/565 verweist auf Art. 65 Abs. 7 Unterabs. 4 DelVO 2017/565, demzufolge als wesentliche Änderung ein wichtiges Ereignis mit potentiellen Auswirkungen auf die Parameter der bestmöglichen Ausführung, wie z.B. auf die Kosten, Schnelligkeit, Wahrscheinlichkeit der Ausführung und auf die Abwicklung, den Umfang, die Art, oder auf jegliche anderen für die Ausführung des Auftrags relevanten Aspekte anzusehen ist. Zu denken ist in diesem Zusammenhang etwa daran, dass die Ausführungsplätze ihre Preis- und Kostenmodelle ändern oder dass der Zugang zu neuen Ausführungsplätzen eröffnet wird (ESMA 2016/1444 v. 16.12.2016, Questions and Answers on MiFID II and MiFIR investor protection topics, Section 1, Answer 1). Den Wertpapierdienstleistungsunternehmen steht bei der Entscheidung der Frage, ob es zu „wesentlichen" Änderungen gekommen ist, kein Beurteilungsspielraum zu. Art. 66 Abs. 1 Unterabs. 2 Satz DelVO 2017/565 besagt nur, dass die Wertpapierdienstleistungsunternehmen aufgerufen sind, eigenständig festzustellen, wie gravierend die Änderungen ausgefallen sind und wie darauf zu reagieren ist, um gleichbleibend bestmögliche Ergebnisse für die Kunden zu erreichen.
8 Art. 66 Abs. 1 Unterabs. 2 DelVO 2017/565.
9 Dazu zählen auch OTF (ESMA35-43-349 v. 10.11.2017, Questions and Answers, 1 Best execution, Answer 16.
10 Art. 65 Abs. 5 DelVO 2017/565.
11 Vgl. zum WpHG a.F. *Bracht*, Best Execution, S. 156 f.
12 Art. 65 Abs. 2, 4 DelVO 2017/565 i.V.m. Art. 27 Abs. 1 RL 2014/65/EU.
13 Art. 65 Abs. 2, 5 DelVO 2017/565; MaComp Ziff. BT 4.4.

Wahrscheinlichkeit der Ausführung, der Abwicklung sowie aller sonstigen für die Auswahl relevanten Aspekte einschließlich qualitativer Faktoren[1] und bei Orders von Privatkunden in besonderer Weise das Gesamtentgelt (Rz. 15) zu berücksichtigen[2]. Die Wertpapierdienstleistungsunternehmen müssen darauf achten, ob die in den Auswahlgrundsätzen namentlich benannten Einrichtungen ihrerseits über Ausführungsgrundsätze (Rz. 7) verfügen[3].

In die **Auswahlgrundsätze** des weiterleitenden Wertpapierdienstleistungsunternehmens sind diejenigen Einrichtungen aufzunehmen, die nach ihren Ausführungsgrundsätzen am ehesten die Gewähr für eine gleichbleibend, bestmögliche Ausführung der Aufträge (Rz. 7) unter ausreichender Berücksichtigung des Kundeninteresses bieten[4]. Die Auswahlgrundsätze haben insbesondere nach den verschiedenen Arten von Finanzinstrumenten zu differenzieren[5]. Zulässig ist die Wahl einer einzigen Einrichtung, wenn diese für den Kunden optimale Ergebnisse gewährleistet und andere Einrichtungen keine besseren Ergebnisse versprechen[6].   48

Verfügt das **beauftragte Wertpapierdienstleistungsunternehmen über keine eigenen Ausführungsgrundsätze**, so hat sie das weiterleitende Unternehmen aufzustellen. Die Sicherstellung i.S.d. Art. 65 Abs. 5 Satz 2 DelVO 2017/565 erfordert vertragliche Verpflichtungen der ausgewählten Unternehmen gegenüber dem weiterleitenden Wertpapierdienstleistungsunternehmen.   49

Das weiterleitende Wertpapierdienstleistungsunternehmen braucht weder Auswahlgrundsätze aufzustellen noch sich an sie zu halten, wenn es die Order in Ausführung einer bestimmten **Weisung** weiterleitet[7].   50

Führt ein beauftragtes Unternehmen die Wertpapieraufträge nur **auf Weisung des weiterleitenden Wertpapierdienstleistungsunternehmens** aus, so muss dieses eigene Ausführungsgrundsätze vorhalten.   51

Die weiterleitenden Wertpapierdienstleistungsunternehmen haben gem. Art. 65 Abs. 6 Unterabs. 1, 2 DelVO 2017/565 ihre **Kunden** über sich und ihre Dienstleistungen sowie über die für die Ausführung ausgewählten Einrichtungen zu **informieren**. Die Auswahlgrundsätze (Rz. 46) sind offenzulegen[8]. Außerdem haben sie einmal jährlich zusammengefasst für jede Art von Finanzinstrument die fünf wichtigsten[9] Wertpapierfirmen[10], an die sie im vergangenen Jahr Orders weitergeleitet oder an denen sie Orders platziert haben, sowie Informationen über deren Ausführungsqualität zu veröffentlichen[11]. Beachte Art. 65 Abs. 6 Unterabs. 1 Satz 4 DelVO 2017/576. Auf Wunsch sind den Kunden weitere Auskünfte zu erteilen[12].   52

Die Wertpapierdienstleistungsunternehmen haben, insbesondere mit Blick auf die Ausführungsqualität, fortlaufend (on a regular basis) zu **beobachten**, wie ihre Auswahlgrundsätze wirken, und bei Mängeln Abhilfe zu schaffen[13]. Darüber hinaus ordnet Art. 65 Abs. 7 Unterabs. 2 DelVO 2017/565 ganz allgemein an, dass die Wertpapierdienstleistungsunternehmen ihre Auswahlgrundsätze und sonstigen Vorkehrungen[14] mindestens einmal jährlich auf dem **Prüfstand** stellen müssen[15], außerhalb der Reihe immer dann, wenn eine wesentliche Veränderung (Rz. 44) eingetreten ist[16].   53

2. Vermögensverwalter (Finanzportfolioverwalter). Führen Vermögensverwalter (§ 64 WpHG Rz. 77) die von ihnen getroffenen Anlageentscheidungen selbst aus, so „kaufen" oder „verkaufen" sie i.S.d. § 82 Abs. 1 WpHG, so dass die allgemeinen Regeln gelten (Rz. 7 ff.)[17]. Anders ist die Situation dort, wo Vermögensverwalter Dritte mit der Ausführung ihrer Entscheidung beauftragen. Hier besteht eine mit der Weiterleitung von Aufträgen vergleichbare Interessenlage, so dass Vermögensverwalter und Wertpapierdienstleistungsunternehmen, die Aufträge annehmen und weiterleiten, gleich behandelt werden[18]. Es kann deshalb auf die Rz. 46 ff. ver-   54

---

1 Z.B. Clearingssysteme, Notfallsicherungen.
2 Art. 65 Abs. 4 Unterabs. 1 DelVO 2017/565.
3 Art. 65 Abs. 5 Satz 2 DelVO 2017/565. Vgl. zum WpHG a.F. CESR/07-320, Best execution under MiFID, Mai 2007, Abschnitt 2, Ziff. 22.
4 MaComp Ziff. BT 4.4 Nr. 2.
5 Weitergehend zum WpHG a.F. Zimmermann in Fuchs, § 33a WpHG Rz. 37.
6 Erwägungsgrund Nr. 100, 108 Satz 2 DelVO 2017/565. Vgl. zum WpHG a.F. CESR/07-320, Best execution under MiFID, Mai 2007, Abschnitt 2, Ziff. 9.
7 Art. 65 Abs. 4 Unterabs. 2 DelVO 2017/565; MaComp Ziff. BT 4.4 Nr. 5.
8 Art. 65 Abs. 6 Unterabs. 1 Satz 1 DelVO 2017/565.
9 Wichtig unter dem Aspekt des Handelsvolumens (Art. 65 Abs. 6 Unterabs. 1 Satz 3 DelVO 2017/565). Vgl. auch Erwägungsgrund Nr. 100 DelVO 2017/565.
10 Art. 4 Abs. 1 Nr. 1 RL 2014/65/EU.
11 Art. 65 Abs. 6 Unterabs. 1 Satz 3 DelVO 2017/565; Erwägungsgrund Nr. 100 DelVO 2017/565.
12 Art. 65 Abs. 6 Unterabs. 2 DelVO 2017/565.
13 Art. 65 Abs. 7 Unterabs. 1 DelVO 2017/565; MaComp Ziff. BT 4.4 Nr. 3 f.
14 Vgl. Art. 66 Abs. 1 DelVO 2017/565.
15 Art. 65 Abs. 7 Unterabs. 2 DelVO 2017/565.
16 Art. 65 Abs. 7 Unterabs. 2 DelVO 2017/565.
17 Art. 65 Abs. 8 DelVO 2017/565.
18 Art. 65 Abs. 1 bis 3 DelVO 2017/565.

wiesen werden. Somit müssen auch Vermögensverwalter, die Dritte mit der Ausführung betrauen, Auswahlgrundsätze entwickeln, die auf eine gleichbleibend optimale (Rz. 7) Erledigung der Orders gerichtet sind. Gibt ein Vermögensverwalter Weisungen, wie die Order durch den Dritten ausgeführt werden soll[1], so muss er wie ein Wertpapierdienstleistungsunternehmen, das von seinem Kunden eine Order zum Kauf oder Verkauf erhält, Ausführungsgrundsätze für eine gleichbleibend optimale Erledigung dieser Order entwickeln. Art. 65 Abs. 4 Unterabs. 2 DelVO 2017/565 kommt nur dort zum Tragen, wo ausnahmsweise der Kunde dem Vermögensverwalter Weisungen erteilt, wie die Order weitergeleitet werden soll.

55 **IX. Veröffentlichungen (§ 82 Abs. 9 bis 12 WpHG). 1. Wertpapierdienstleistungsunternehmen (§ 82 Abs. 9 WpHG).** Einmal pro Jahr müssen Wertpapierdienstleistungsunternehmen für jede Art von Finanzinstrumenten diejenigen fünf Ausführungsplätze (Rz. 9), an denen im Vorjahr in Erledigung von Kundenaufträgen die größten Handelsvolumina angefallen sind, und nach Maßgabe der DelVO 2017/576 zusammengefasst die dort erreichte Ausführungsqualität veröffentlichen.

56 **2. Handelsplätze und systematische Internalisierer (§ 82 Abs. 10, 12 WpHG).** Falls § 26e BörsG nicht eingreift, müssen Handelsplätze (§ 2 Abs. 22 WpHG) und systematische Internalisierer (§ 2 Abs. 8 Nr. 2 lit. b WpHG) einmal jährlich Informationen darüber veröffentlichen, in welcher Qualität die Aufträge zu Finanzinstrumenten, die der Handelspflicht gemäß den Art. 23, 28 VO Nr. 600/2014 unterliegen, ausgeführt worden sind. Dabei sind nach Maßgabe der DelVO 2017/575 ausführliche Angaben zum Preis, den mit der Auftragsausführung verbundenen Kosten, der Geschwindigkeit und der Wahrscheinlichkeit der Ausführung sowie der Abwicklung eines Auftrags in den einzelnen Finanzinstrumenten zu machen.

57 **3. Ausführungsplätze (§ 82 Abs. 11, 12 WpHG).** Falls § 26e BörsG nicht zum Tragen kommt, haben Ausführungsplätze (Rz. 7) in Hinblick auf Finanzinstrumente, die nicht der Handelspflicht nach den Art. 23, 28 VO Nr. 600/2014 unterliegen, mindestens einmal pro Jahr Informationen zur Qualität zu veröffentlichen, mit der sie die ihnen erteilten Aufträge ausgeführt haben. Dabei sind nach Maßgabe der DelVO 2017/575 ausführliche Angaben zum Preis, den mit der Auftragsausführung verbundenen Kosten, der Geschwindigkeit und der Wahrscheinlichkeit der Ausführung sowie der Abwicklung eines Auftrags in den einzelnen Finanzinstrumenten zu machen.

58 **X. Sanktionen.** S. § 120 Abs. 8 Nr. 113 ff. WpHG.

§ 83 Aufzeichnungs- und Aufbewahrungspflicht

(1) Ein Wertpapierdienstleistungsunternehmen muss, unbeschadet der Aufzeichnungspflichten nach den Artikeln 74 und 75 der Delegierten Verordnung (EU) 2017/565, über die von ihm erbrachten Wertpapierdienstleistungen und Wertpapiernebendienstleistungen sowie die von ihm getätigten Geschäfte Aufzeichnungen erstellen, die es der Bundesanstalt ermöglichen, die Einhaltung der in diesem Abschnitt, in der Verordnung (EU) Nr. 600/2014 und der Verordnung (EU) Nr. 596/2014 geregelten Pflichten zu prüfen und durchzusetzen.

(2) Das Wertpapierdienstleistungsunternehmen hat Aufzeichnungen zu erstellen über Vereinbarungen mit Kunden, die die Rechte und Pflichten der Vertragsparteien sowie die sonstigen Bedingungen festlegen, zu denen das Wertpapierdienstleistungsunternehmen Wertpapierdienstleistungen oder Wertpapiernebendienstleistungen für den Kunden erbringt. In anderen Dokumenten oder Rechtstexten normierte oder vereinbarte Rechte und Pflichten können durch Verweis in die Vereinbarungen einbezogen werden. Nähere Bestimmungen zu den Aufzeichnungspflichten nach Satz 1 ergeben sich aus Artikel 58 der Delegierten Verordnung (EU) 2017/565.

(3) Hinsichtlich der beim Handel für eigene Rechnung getätigten Geschäfte und der Erbringung von Dienstleistungen, die sich auf die Annahme, Übermittlung und Ausführung von Kundenaufträgen beziehen, hat das Wertpapierdienstleistungsunternehmen für Zwecke der Beweissicherung die Inhalte der Telefongespräche und der elektronischen Kommunikation aufzuzeichnen. Die Aufzeichnung hat insbesondere diejenigen Teile der Telefongespräche und der elektronischen Kommunikation zu beinhalten, in welchen die Risiken, die Ertragschancen oder die Ausgestaltung von Finanzinstrumenten oder Wertpapierdienstleistungen erörtert werden. Hierzu darf das Wertpapierdienstleistungsunternehmen personenbezogene Daten erheben, verarbeiten und nutzen. Dies gilt auch, wenn das Telefongespräch oder die elektronische Kommunikation nicht zum Abschluss eines solchen Geschäftes oder zur Erbringung einer solchen Dienstleistung führt.

---

1 Dazu ist er sogar gezwungen, wenn das von ihm beauftragte Wertpapierdienstleistungsunternehmen nur nach Weisungen handeln will.

(4) Das Wertpapierdienstleistungsunternehmen hat alle angemessenen Maßnahmen zu ergreifen, um einschlägige Telefongespräche und elektronische Kommunikation aufzuzeichnen, die über Geräte erstellt oder von Geräten gesendet oder empfangen werden, die das Wertpapierdienstleistungsunternehmen seinen Mitarbeitern oder beauftragten Personen zur Verfügung stellt oder deren Nutzung das Wertpapierdienstleistungsunternehmen billigt oder gestattet. Telefongespräche und elektronische Kommunikation, die nach Absatz 3 Satz 1 aufzuzeichnen sind, dürfen über private Geräte oder private elektronische Kommunikation der Mitarbeiter nur geführt werden, wenn das Wertpapierdienstleistungsunternehmen diese mit Zustimmung der Mitarbeiter aufzeichnen oder nach Abschluss des Gesprächs auf einen eigenen Datenspeicher kopieren kann.

(5) Das Wertpapierdienstleistungsunternehmen hat Neu- und Altkunden sowie seine Mitarbeiter und beauftragten Personen vorab in geeigneter Weise über die Aufzeichnung von Telefongesprächen nach Absatz 3 Satz 1 zu informieren. Hat ein Wertpapierdienstleistungsunternehmen seine Kunden nicht vorab über die Aufzeichnung der Telefongespräche oder der elektronischen Kommunikation informiert oder hat der Kunde einer Aufzeichnung widersprochen, darf das Wertpapierdienstleistungsunternehmen für den Kunden keine telefonisch oder mittels elektronischer Kommunikation veranlassten Wertpapierdienstleistungen erbringen, wenn sich diese auf die Annahme, Übermittlung und Ausführung von Kundenaufträgen beziehen. Näheres regelt Artikel 76 der Delegierten Verordnung (EU) 2017/565.

(6) Erteilt der Kunde dem Wertpapierdienstleistungsunternehmen seinen Auftrag im Rahmen eines persönlichen Gesprächs, hat das Wertpapierdienstleistungsunternehmen die Erteilung des Auftrags mittels eines dauerhaften Datenträgers zu dokumentieren. Zu diesem Zweck dürfen auch schriftliche Protokolle oder Vermerke über den Inhalt des persönlichen Gesprächs angefertigt werden. Erteilt der Kunde seinen Auftrag auf andere Art und Weise, müssen solche Mitteilungen auf einem dauerhaften Datenträger erfolgen. Näheres regelt Artikel 76 Absatz 9 der Delegierten Verordnung (EU) 2017/565.

(7) Der Kunde kann von dem Wertpapierdienstleistungsunternehmen bis zur Löschung oder Vernichtung nach Absatz 8 jederzeit verlangen, dass ihm die Aufzeichnungen nach Absatz 3 Satz 1 und der Dokumentation nach Absatz 6 Satz 1 oder eine Kopie zur Verfügung gestellt werden.

(8) Die Aufzeichnungen nach den Absätzen 3 und 6 sind für fünf Jahre aufzubewahren, soweit sie für die dort genannten Zwecke erforderlich sind. Sie sind nach Ablauf der in Satz 1 genannten Frist zu löschen oder zu vernichten. Die Löschung oder Vernichtung ist zu dokumentieren. Erhält die Bundesanstalt vor Ablauf der in Satz 1 genannten Frist Kenntnis von Umständen, die eine über die in Satz 1 genannte Höchstfrist hinausgehende Speicherung der Aufzeichnung insbesondere zur Beweissicherung erfordern, kann die Bundesanstalt die in Satz 1 genannte Höchstfrist zur Speicherung der Aufzeichnung um zwei Jahre verlängern.

(9) Die nach den Absätzen 3 und 6 erstellten Aufzeichnungen sind gegen nachträgliche Verfälschung und unbefugte Verwendung zu sichern und dürfen nicht für andere Zwecke genutzt werden, insbesondere nicht zur Überwachung der Mitarbeiter durch das Wertpapierdienstleistungsunternehmen. Sie dürfen nur unter bestimmten Voraussetzungen, insbesondere zur Erfüllung eines Kundenauftrags, der Anforderung durch die Bundesanstalt oder eine andere Aufsichts- oder eine Strafverfolgungsbehörde und nur durch einen oder mehrere vom Wertpapierdienstleistungsunternehmen gesondert zu benennende Mitarbeiter ausgewertet werden.

(10) Das Bundesministerium der Finanzen kann durch Rechtsverordnung, die nicht der Zustimmung des Bundesrates bedarf, nähere Bestimmungen zu den Aufzeichnungspflichten und zu der Geeignetheit von Datenträgern nach den Absätzen 1 bis 7 erlassen. Das Bundesministerium der Finanzen kann die Ermächtigung durch Rechtsverordnung auf die Bundesanstalt übertragen.

(11) Die Bundesanstalt veröffentlicht auf ihrer Internetseite ein Verzeichnis der Mindestaufzeichnungen, die die Wertpapierdienstleistungsunternehmen nach diesem Gesetz in Verbindung mit einer Rechtsverordnung nach Absatz 11 vorzunehmen haben.

(12) Absatz 2 gilt nicht für Immobiliar-Verbraucherdarlehensverträge nach § 491 Absatz 3 des Bürgerlichen Gesetzbuchs, die an die Vorbedingung geknüpft sind, dass dem Verbraucher eine Wertpapierdienstleistung in Bezug auf gedeckte Schuldverschreibungen, die zur Besicherung der Finanzierung des Kredits begeben worden sind und denen dieselben Konditionen wie dem Immobiliar-Verbraucherdarlehensvertrag zugrunde liegen, erbracht wird, und wenn damit das Darlehen ausgezahlt, refinanziert oder abgelöst werden kann.

In der Fassung des 2. FiMaNoG vom 23.6.2017 (BGBl. I 2017, 1693).

§ 83 | Verhaltenspflichten, Organisationspflichten, Transparenzpflichten

**Delegierte Verordnung (EU) 2017/565 der Kommission vom 25. April 2016
zur Ergänzung der Richtlinie 2014/65/EU des Europäischen Parlaments und des Rates in Bezug auf die
organisatorischen Anforderungen an Wertpapierfirmen und die Bedingungen für die Ausübung ihrer Tätigkeit
sowie in Bezug auf die Definition bestimmter Begriffe für die Zwecke der genannten Richtlinie**

(Auszug)

Art. 58 Vereinbarungen mit Kleinanlegern und professionellen Kunden

(abgedruckt bei § 63 WpHG)

Abschnitt 8: Aufzeichnungen

Art. 72 Aufbewahrung von Aufzeichnungen

(1) Die Aufzeichnungen sind auf einem Datenträger aufzubewahren, auf dem sie so gespeichert werden können, dass sie der zuständigen Behörde auch in Zukunft zugänglich gemacht werden können und dass die folgenden Bedingungen erfüllt sind:

a) die zuständige Behörde kann ohne weiteres auf die Aufzeichnungen zugreifen und jede maßgebliche Stufe der Bearbeitung jedes einzelnen Geschäfts rekonstruieren;

b) es ist möglich, jegliche Korrektur oder sonstige Änderung sowie den Inhalt der Aufzeichnungen vor der Korrektur oder sonstigen Änderung leicht festzustellen;

c) die Aufzeichnungen können nicht anderweitig manipuliert oder verändert werden;

d) sie können informationstechnisch oder anderweitig wirksam genutzt werden, sofern sich die Daten aufgrund ihres Umfangs und ihrer Art nicht einfach analysieren lassen; und

e) die Bestimmungen der Wertpapierfirma werden ungeachtet der eingesetzten Technik den Anforderungen an die Führung von Aufzeichnungen gerecht.

(2) Die Wertpapierfirmen müssen – je nachdem, welchen Tätigkeiten sie nachgehen – zumindest die in Anhang I zu dieser Verordnung aufgeführten Aufzeichnungen führen.

Das in Anhang I zu dieser Verordnung aufgeführte Verzeichnis an Aufzeichnungen gilt unbeschadet weiterer sich aus anderen Rechtsvorschriften ergebender Aufbewahrungspflichten.

(3) Wertpapierfirmen führen zudem schriftliche Aufzeichnungen über alle Strategien und Verfahren, über die sie gemäß der Richtlinie 2014/65/EU, der Verordnung (EU) Nr. 600/2014, der Richtlinie 2014/57/EU und der Verordnung (EU) Nr. 596/2014 und der dazugehörigen Durchführungsmaßnahmen verfügen müssen.

Die zuständigen Behörden können Wertpapierfirmen dazu auffordern, neben dem in Anhang I zu dieser Verordnung aufgeführten Verzeichnis noch weitere Aufzeichnungen zu führen.

In der Fassung vom 25.4.2016 (ABl. EU Nr. L 87 v. 31.3.2017, S. 1).

Art. 73 Führung von Aufzeichnungen über Rechte und Pflichten der Wertpapierfirma und des Kunden

Aufzeichnungen, in denen die Rechte und Pflichten der Wertpapierfirma und des Kunden im Rahmen eines Dienstleistungsvertrags oder die Bedingungen, unter denen die Wertpapierfirmen Dienstleistungen für den Kunden erbringt, festgehalten sind, sind mindestens für die Dauer der Geschäftsbeziehung mit dem Kunden aufzubewahren.

In der Fassung vom 25.4.2016 (ABl. EU Nr. L 87 v. 31.3.2017, S. 1).

Art. 74 Führung von Aufzeichnungen über Kundenaufträge und Handelsentscheidungen

Eine Wertpapierfirma hat in Bezug auf jeden von einem Kunden erteilten Erstauftrag sowie in Bezug auf jede getroffene erste Handelsentscheidung unverzüglich zumindest die in Anhang IV Abschnitt 1 zu dieser Verordnung aufgeführten Einzelheiten festzuhalten und der zuständigen Behörde zur Verfügung zu halten, sofern diese für den betreffenden Auftrag bzw. die betreffende Handelsentscheidung gelten.

Sind die in Anhang IV Abschnitt 1 zu dieser Verordnung aufgeführten Einzelheiten auch laut den Artikeln 25 und 26 der Verordnung (EU) Nr. 600/2014 vorgeschrieben, sollten diese Einzelheiten einheitlich und gemäß denselben Standards geführt werden, die auch laut den Artikeln 25 und 26 der Verordnung (EU) Nr. 600/2014 vorgeschrieben sind.

In der Fassung vom 25.4.2016 (ABl. EU Nr. L 87 v. 31.3.2017, S. 1).

Art. 75 Aufbewahrung von Aufzeichnungen über Geschäfte und Auftragsabwicklungen

Die Wertpapierfirmen müssen unverzüglich nach dem Erhalt eines Kundenauftrags oder dem Fällen einer Handelsentscheidung – sofern dies auf den betreffenden Auftrag bzw. die betreffende Handelsentscheidung zutrifft – zumindest die in Anhang IV Abschnitt 2 aufgeführten Einzelheiten festzuhalten und der zuständigen Behörde zur Verfügung zu halten. Sind die in Anhang IV Abschnitt 2 aufgeführten Einzelheiten auch laut den Artikeln 25 und 26 der Verordnung (EU) Nr. 600/2014 vorgeschrieben, so werden diese Einzelheiten einheitlich und gemäß denselben Standards geführt, die auch laut den Artikeln 25 und 26 der Verordnung (EU) Nr. 600/2014 vorgeschrieben sind.

In der Fassung vom 25.4.2016 (ABl. EU Nr. L 87 v. 31.3.2017, S. 1).

Art. 76 Aufzeichnung von Telefongesprächen bzw. elektronischer Kommunikation

(1) Die Wertpapierfirmen müssen in schriftlicher Form wirksame Grundsätze für Aufzeichnungen über Telefongespräche und elektronische Kommunikation festlegen, umsetzen und aufrechterhalten und dabei der Größe und Organisation der jeweiligen Firma sowie der Art, des Umfangs und der Komplexität ihrer Geschäfte angemessen Rechnung tragen. Die Grundsätze umfassen folgende Inhalte:

a) Angaben zu den Telefongesprächen und der elektronischen Kommunikation, was auch relevante interne Telefongespräche und elektronische Kommunikation mit einschließt, für die die Aufzeichnungsanforderungen laut Artikel 16 Absatz 7 der Richtlinie 2014/65/EU gelten; und

b) nähere Angaben zu den einzuhaltenden Verfahren und zu ergreifenden Maßnahmen, so dass sichergestellt wird, dass die Wertpapierfirma Artikel 16 Absatz 7 Unterabsätze 3 und 8 der Richtlinie 2014/65/EU erfüllt, sofern sich außergewöhnliche Umstände ergeben und die Firma nicht in der Lage ist, das Gespräch bzw. die Kommunikation auf von der Firma ausgegebenen, genehmigten bzw. zugelassenen Geräten aufzuzeichnen. Über diese Umstände werden Belege aufbewahrt, auf die die zuständigen Behörden zugreifen können.

(2) Die Wertpapierfirmen stellen sicher, dass das Leitungsorgan eine wirksame Aufsicht und Kontrolle der Strategien und Verfahren hinsichtlich der Aufzeichnung der Wertpapierfirma über Telefongespräche und elektronische Kommunikation gewährleisten kann.

(3) Die Wertpapierfirmen stellen sicher, dass die Bestimmungen über die Einhaltung der Aufzeichnungsanforderungen technologieneutral sind. Die Wertpapierfirmen nehmen periodische Beurteilungen hinsichtlich der Wirksamkeit ihrer Strategien und Verfahren vor und übernehmen alle erforderlichen und zweckdienlichen alternativen oder zusätzliche Maßnahmen und Verfahren. Diese Übernahme alternativer bzw. zusätzlicher Maßnahmen erfolgt zumindest immer dann, wenn die Wertpapierfirma ein neues Kommunikationsmittel genehmigt oder zur Nutzung zulässt.

(4) Die Wertpapierfirmen führen und aktualisieren regelmäßig Aufzeichnungen über alle Personen, die über Firmengeräte oder sich im Privatbesitz befindliche Geräte verfügen, die von der Wertpapierfirma zur Nutzung zugelassen wurden.

(5) Die Wertpapierfirmen sind für die Aus- und Weiterbildung ihrer Mitarbeiter in Bezug auf Verfahren verantwortlich, die unter die Vorschriften von Artikel 16 Absatz 7 der Richtlinie 2014/65/EU fallen.

(6) Um die Einhaltung der Aufzeichnungs- und Aufbewahrungsanforderungen laut Artikel 16 Absatz 7 der Richtlinie 2014/65/EU zu überprüfen, kontrollieren die Wertpapierfirmen regelmäßig die diesen Anforderungen unterliegenden Geschäfts- und Auftragsaufzeichnungen, was auch entsprechende Gespräche mit einschließt. Diese Überprüfung erfolgt risikobasiert und ist und verhältnismäßig.

(7) Die Wertpapierfirmen legen den betreffenden zuständigen Behörden die Strategien, die Verfahren sowie die Aufsicht des Leitungsorgans über die Aufzeichnungsvorschriften auf Anfrage schlüssig dar.

(8) Bevor Wertpapierfirmen Wertpapierdienstleistungen und -tätigkeiten in Bezug auf die Annahme, Weiterleitung und Ausführung von Aufträgen für Neu- und Altkunden vornehmen, teilen sie dem Kunden Folgendes mit:

a) dass die Gespräche und Kommunikation aufgezeichnet werden; und

b) dass eine Kopie der Aufzeichnungen über diese Gespräche und Kommunikation mit dem Kunden auf Anfrage über einen Zeitraum von fünf Jahren und – sofern seitens der zuständigen Behörde gewünscht – über einen Zeitraum von sieben Jahren zur Verfügung stehen werden.

Die in Unterabsatz 1 genannten Informationen werden in der- bzw. denselben Sprache(n) präsentiert, die auch bei der Erbringung von Wertpapierdienstleistungen gegenüber Kunden verwendet wird/werden.

(9) Die Wertpapierfirmen zeichnen auf einem dauerhaften Datenträger alle relevanten Informationen in Bezug auf maßgebliche persönliche Kundengespräche auf. Die aufgezeichneten Informationen müssen mindestens Folgendes umfassen:

a) Datum und Uhrzeit der Besprechungen;

b) Ort der Besprechungen;

c) persönliche Angaben der Anwesenden;

d) Initiator der Besprechungen; und

e) wichtige Informationen über den Kundenauftrag, wie unter anderem Preis, Umfang, Auftragsart und Zeitpunkt der vorzunehmenden Weiterleitung bzw. Ausführung.

(10) Die Aufzeichnungen werden auf einem dauerhaften Datenträger gespeichert, so dass sie erneut abgespielt oder kopiert werden können, und müssen in einem Format aufbewahrt werden, durch das die Originalaufzeichnung weder verändert noch gelöscht werden kann.

Die Aufzeichnungen werden auf einem Datenträger gespeichert, so dass sie für die Kunden auf Wunsch leicht zugänglich und verfügbar sind.

Die Wertpapierfirmen stellen die Qualität, Genauigkeit und Vollständigkeit der Aufzeichnungen aller Telefongespräche sowie der gesamten elektronischen Kommunikation sicher.

(11) Der Aufbewahrungszeitraum für eine Aufzeichnung beginnt mit ihrem Erstellungszeitpunkt.

In der Fassung vom 25.4.2016 (ABl. EU Nr. L 87 v. 31.3.2017, S. 1), geändert durch Berichtigung vom 26.9.2017 (ABl. EU Nr. L 246 v. 26.9.2017, S. 12).

Schrifttum: S. § 63 WpHG.

I. Allgemeines 1	1. Allgemeines 9
II. Methode und Aufbewahrung der Aufzeichnungen 2	2. Anwendungsbereich 10
	3. Art, Umfang der Aufzeichnungen 12
III. Aufzeichnung der Kundenorders und der Annahme von Angeboten des Wertpapierdienstleistungsunternehmens 3	4. Information, Berechtigung der Aufzeichnung, Verbot der Erbringung von Dienstleistungen . 15
1. Führung von Aufzeichnungen über Kundenaufträge und Handelsentscheidungen (Art. 74 DelVO 2017/565) 3	5. Auskunftsrecht der Kunden 19
	6. Aufbewahrung 20
	7. Organisationspflichten 21
2. Aufzeichnungen über Geschäfte und die Auftragsabwicklung (Art. 75 DelVO 2017/565) .. 4	a) Grundsätze und deren Umsetzung ... 21
	b) Kontrolle, Aufsicht, Behörden 22
3. Sonstige Aufzeichnungen über die erbrachten Wertpapier(neben)dienstleistungen und getätigten Geschäfte (Art. 72 Abs. 2, 3 i.V.m. Anhang I DelVO 2017/565; § 83 Abs. 1 WpHG) . 5	VII. Aufzeichnung von „persönlichen" Gesprächen unter Anwesenden (Art. 76 Abs. 9 DelVO 2017/565; § 83 Abs. 6 WpHG) 23
	1. Anwendungsbereich 23
IV. Sonstige Aufzeichnungen 6	2. Art der Aufzeichnung 24
1. Aufzeichnungen bei der Übernahme einer Emission oder bei der Platzierung (Art. 43 DelVO 2017/565) 6	3. Auskunftsrecht der Kunden, Aufbewahrung .. 25
	4. Organisationspflichten 26
	VIII. Sonstige Formen der Kommunikation 27
2. Aufzeichnungen zu Vertriebsvorgaben und damit im Zusammenhang stehenden Maßnahmen und Ergebnissen 7	IX. Verzeichnis der Mindestaufzeichnungen (§ 83 Abs. 11 WpHG) 28
	X. Sanktionen 29
V. Aufzeichnung der Vereinbarungen mit Kunden (Art. 58 DelVO 2017/565; § 83 Abs. 2 WpHG) 8	XI. Textabdruck Anhänge zur DelVO 2017/565 . 30
	1. Anhang I zur DelVO 2017/565: Aufzeichnungen 30
VI. Aufzeichnung von Telefongesprächen und elektronischer Kommunikation (Art. 76 DelVO 2017/565; § 83 Abs. 3 bis 5, 7 bis 11 WpHG) 9	2. Anhang IV zur DelVO 2017/565 31
	XII. Textabdruck WpDVerOV 32

1 **I. Allgemeines.** § 83 WpHG dient der Umsetzung der Art. 16 Abs. 6–10, Art. 25 Abs. 5 Satz 2 RL 2014/65/EU (MiFID II). Ergänzt wird die Vorschrift durch die Art. 4 ff., Art. 21 Abs. 1 Satz 1 lit. f, Art. 43, 49, 58, 74 ff. DelVO 2017/565. Zum Verhältnis der Vorschrift zu der DelVO 2017/565 sowie zum Zweck der Vorschrift s. § 63 WpHG Rz. 1 ff. Im Unterschied zu den §§ 63 ff. WpHG ist § 83 WpHG teilweise privatrechtlicher Natur. Gleichwohl ist die Vorschrift wie ihr Vorgänger[1] nicht als Schutzgesetz zu qualifizieren.

2 **II. Methode und Aufbewahrung der Aufzeichnungen.** S. dazu Art. 72 ff. DelVO 2017/565, § 83 Abs. 8 ff. WpHG.

3 **III. Aufzeichnung der Kundenorders und der Annahme von Angeboten des Wertpapierdienstleistungsunternehmens. 1. Führung von Aufzeichnungen über Kundenaufträge und Handelsentscheidungen (Art. 74 DelVO 2017/565).** Die Wertpapierdienstleistungsunternehmen müssen in Fortführung der Aufzeichnungspflicht gem. Art. 7 VO Nr. 1287/2006 unverzüglich jedes einen Auftrag begründende Angebot eines Kunden[2] sowie jede die Transaktion einleitende Handelsentscheidung des Kunden[3] aufzeichnen und diese der BaFin zur Verfügung halten. Die Aufzeichnungen erstrecken sich auf die im Anhang IV Abschnitt 1 der DelVO 2017/565 (Rz. 31) aufgeführten Details. Es sind die Standards der VO Nr. 600/2014 zu beachten, wenn diese Details auch gemäß den Art. 25 und 26 VO Nr. 600/2014 aufzuzeichnen sind. Diese Aufzeichnungspflichten haben im Unterschied zu der dem Art. 76 DelVO 2017/565 und dem § 83 Abs. 3–6 WpHG entspringenden Dokumentationspflicht nicht primär das Interesse der Anleger an einer Beweissicherung, sondern das Interesse an einer effizienten Aufsicht im Auge.

4 **2. Aufzeichnungen über Geschäfte und die Auftragsabwicklung (Art. 75 DelVO 2017/565).** Wie sich in Fortführung des Art. 8 VO Nr. 1287/2006 aus dem Anhang IV Abschnitt 2 DelVO 2017/565 (Rz. 31) ergibt, sind gemäß dem Art. 75 DelVO 2017/565 unverzüglich nach Erhalt des Kundenauftrags[4] oder nach der Han-

---

1 § 34 WpHG a.F.; dazu *Fuchs* in Fuchs, vor § 31 WpHG Rz. 106.
2 In der englischen Sprachfassung heißt es „initial order"; in der deutschen missverständlich „Erstauftrag". Die deutsche Sprachfassung verleitet zur Annahme, dass im Rahmen einer laufenden Geschäftsbeziehung nur der erste Auftrag aufzuzeichnen ist. Bei dieser Interpretation würde die Vorschrift leerlaufen. Für die hier vertretene Interpretation spricht auch, dass die in Anhang IV Abschnitt I DelVO 2017/565 bezeichneten Daten für alle Arten von Orders von Bedeutung sind. Aus dieser Sicht spielt es keine Rolle, ob sich die in Anhang IV Abschnitt 1 und 2 DelVO 2017/565 genannten Daten überschneiden.
3 In der englischen Sprachfassung heißt es „initials decision to deal". Der Begriff „decision" muss, wie sich auch aus dem Anhang IV Abschnitt 1 DelVO 2017/565 (Rz. 31) ergibt, auf den Kunden bezogen werden. Eine derartige Handelsentscheidung kann in einer Weisung oder in der Annahme eines Angebots zur Erteilung eines Auftrags liegen.
4 Hierunter fällt auch der Eigenhandel sowie die Abschlussvermittlung, somit auch ein Deckungsgeschäft im Rahmen eines Selbsteintritts.

delsentscheidung der Prozess der Auftragsabwicklung und der Weiterleitung der Orders aufzuzeichnen. Details ergeben sich aus dem Anhang IV Abschnitt 2 DelVO 2017/565. Dabei sind die Standards der VO Nr. 600/2014 zu beachten, wenn diese Details auch gemäß den Art. 25 und 26 VO Nr. 600/2014 aufzuzeichnen sind.

3. Sonstige Aufzeichnungen über die erbrachten Wertpapier(neben)dienstleistungen und getätigten Geschäfte (Art. 72 Abs. 2, 3 i.V.m. Anhang I DelVO 2017/565; § 83 Abs. 1 WpHG). Vorrangig sind Aufzeichnungen vorzunehmen (Art. 72 Abs. 2 Satz 1 DelVO 2017/565), die sich aus dem Anhang I der DelVO 2017/565 (Rz. 30) ergeben. Die weitergehenden[1] Aufzeichnungspflichten gem. § 83 Abs. 1 WpHG betreffen alle Wertpapier(neben)dienstleistungen sowie die anderen von dem Wertpapierdienstleistungsunternehmen getätigten Geschäfte, soweit deren Dokumentation dazu dient, um die Einhaltung der Anforderungen der §§ 63–96 WpHG, der Verordnung (EU) Nr. 600/2014 und der Verordnung (EU) Nr. 596/2014 prüfen und die Befolgung dieser Anforderungen nach Maßgabe der Prüfung erzwingen zu können. Sie berücksichtigen die jeweilige Art der Geschäftstätigkeit und das individuelle Spektrum der Wertpapierdienstleistungen und Anlagetätigkeiten[2]. Aufzuzeichnen sind demnach auch die Eigengeschäfte des Wertpapierdienstleistungsunternehmens[3] sowie die Anlageberatung als Wertpapierdienstleistung[4]. Gleiches gilt für securities financing transactions[5]. Bei reinen Anlagevermittlern beschränken sich die Aufzeichnungspflichten auf die erbrachte Vermittlungstätigkeit[6]. Die in § 83 Abs. 1 WpHG eigenständig angelegte Aufzeichnungspflicht wird – in nicht abschließender Weise – durch § 9 WpDVerOV konkretisiert. Die Liste der Mindestaufzeichnungen in Art. 72 Abs. 2 DelVO 2017/565 und in dem Anhang I zur DelVO 2017/565 (Rz. 30) ist nicht abschließender Natur. Neben die die Geschäfte betreffenden Aufzeichnungspflichten treten die auf die Organisation der Wertpapierdienstleistungsunternehmen bezogenen Dokumentationspflichten[7]. Zum Verzeichnis der Mindestaufzeichnungen der BaFin s. Rz. 28.

IV. Sonstige Aufzeichnungen. 1. Aufzeichnungen bei der Übernahme einer Emission oder bei der Platzierung (Art. 43 DelVO 2017/565). S. § 80 WpHG Rz. 168.

2. Aufzeichnungen zu Vertriebsvorgaben und damit im Zusammenhang stehenden Maßnahmen und Ergebnissen. Zu den Vertriebsvorgaben s. § 80 WpHG Rz. 61 ff. Zur Aufzeichnungspflicht hinsichtlich der Vertriebsvorgaben, der zur deren Umsetzung und Überwachung getroffenen Maßnahmen, der Erfüllung der Vertriebsvorgaben, der Kriterien zur Überprüfung der Vereinbarkeit der Vertriebsvorgaben mit dem Kundeninteresse sowie hinsichtlich der Ergebnisse dieser Überprüfungen s. § 9 Abs. 1, 2 WpDVerOV.

V. Aufzeichnung der Vereinbarungen mit Kunden (Art. 58 DelVO 2017/565; § 83 Abs. 2 WpHG). Zu den **Rahmenvereinbarungen** mit Privatkunden und professionellen Kunden s. § 63 WpHG Rz. 164. Diese Vereinbarungen sind gem. § 83 Abs. 2 Satz 1 WpHG auf dauerhaften Datenträgern[8] vollständig aufzuzeichnen. Dies gilt nicht für Vereinbarungen mit geeigneten Gegenparteien (§ 68 Abs. 1 WpHG). Die Aufzeichnungen sind mindestens bis zur Beendigung der Geschäftsbeziehung mit dem Kunden aufzubewahren (Art. 73 DelVO 2017/565). Unklar ist, wie bei **unwesentlichen Rechten und Pflichten** zu verfahren ist. § 83 Abs. 2 Satz 1 WpHG spricht ohne Einschränkungen von den Rechten und Pflichten der Vertragsparteien sowie den sonstigen Bedingungen, während Art. 58 Unterabs. 2 DelVO 2017/565 lediglich auf die wesentlichen Rechte und Pflichten abstellt. Andererseits ordnet § 83 Abs. 2 Satz 3 WpHG an, dass nähere Bestimmungen zu den Aufzeichnungspflichten sich aus Art. 58 DelVO 2017/565 ergeben. Dem könnte man entnehmen, dass der Beschränkung der Aufzeichnungspflicht auf die wesentlichen Rechte und Pflichten auch im Rahmen des § 83 Abs. 2 Satz 1 WpHG Rechnung zu tragen ist. Gleichwohl ist der Begriff „Vereinbarung" in § 83 Abs. 2 Satz 1 WpHG *nicht* wie in Art. 58 Unterabs. 1 DelVO 2017/565 i.S. einer *Rahmenvereinbarung* zu interpretieren; denn § 83 Abs. 2 Satz 1 WpHG folgt in vollem Umfang dem Satz 1 des § 34a WpHG a.F. und hat im Licht des Art. 58 DelVO 2017/565, darauf verzichtet, die Sätze 2 und 4 des § 34a WpHG a.F. zu übernehmen. Somit haben in Art. 58 DelVO 2017/565 nur die Rahmenvereinbarungen eine Spezialregelung erfahren, während der Anwendungsbereich des § 83 Abs. 2 WpHG sich auf **alle Kundenvereinbarungen** erstreckt. § 83 Abs. 2 WpHG erlaubt bei **allen Arten von Vereinbarungen**[9] in den Aufzeichnungen auf die beiderseitigen Rechte und Pflichten zu **verweisen**, die in anderen Dokumenten oder in Rechtstexten niedergelegt sind

VI. Aufzeichnung von Telefongesprächen und elektronischer Kommunikation (Art. 76 DelVO 2017/565; § 83 Abs. 3 bis 5, 7 bis 11 WpHG). 1. Allgemeines. Die Vorschrift soll die Wahrscheinlichkeit erhöhen, dass Wertpapierdienstleistungsunternehmen ihren Verpflichtungen gegenüber den (potentiellen) Kunden nach-

---

1 Art. 72 Abs. 2 Satz 2 DelVO 2017/565.
2 Erwägungsgrund Nr. 92 DelVO 2017/565.
3 Vgl. zum WpHG a.F. Begr. RegE FRUG, BT-Drucks. 16/4028, 75; *Fuchs* in Fuchs, § 34 WpHG Rz. 11; *Fett* in Schwark/Zimmer, § 34 WpHG Rz. 3.
4 Vgl. zum WpHG a.F. Begr. RegE FRUG, BT-Drucks. 16/4028, 75; *Fett* in Schwark/Zimmer, § 34 WpHG Rz. 3.
5 ESMA35-43-349 v. 10.11.2017, Questions and Answers, 4 Record keeping, Answer 1.
6 Vgl. zum WpHG a.F. Begr. RegE FRUG, BT-Drucks. 16/4028, 75.
7 Z.B. § 80 WpHG Rz. 3, 7, 12, 23 f., 45, 55 ff., 61, 80, 87, 98, 102, 109, 114, 135, 145, 151, 157, 168.
8 § 9 Abs. 2 WpDVerOV.
9 Begr. RegE 2. FiMaNoG, BT-Drucks. 18/10936, 245.

kommen und die Integrität des Marktes nicht gefährden[1]. Sie soll darüber hinaus die Marktüberwachung erleichtern[2] und die Rechtssicherheit[3] erhöhen[4]. Art. 16 Abs. 7 Unterabs. 1, 2 RL 2014/65/EU schreibt vor, Telefongespräche und die elektronische Kommunikation[5] zumindest in Bezug auf die beim Handel für **eigene Rechnung** getätigten Geschäfte[6] und die Erbringung von Dienstleistungen aufzuzeichnen, die sich auf die Annahme, Übermittlung und Ausführung[7] **von Kundenaufträgen**[8] beziehen. Unerheblich ist es, ob die aufzuzeichnenden Gespräche und Mitteilungen zum Abschluss von Geschäften oder zur Erbringung von Dienstleistungen geführt haben (§ 83 Abs. 3 Satz 4 WpHG), ob die Kommunikation auf eine erteilte oder geplante Order bezogen ist[9] oder ob außerhalb oder innerhalb des Unternehmens kommuniziert wird[10], sofern sie die Annahme, Übermittlung oder Ausführung eines Kundenauftrags betrifft. Gespräche mit außenstehenden Dritten müssen die Übermittlung oder die Ausführung eines Kundenauftrags zum Gegenstand haben[11]. Wenn diese Voraussetzungen erfüllt sind, genügt es, dass die telefonische oder elektronische Kommunikation ein persönliches Gespräch unter Anwesenden unterstützt. Die Aufzeichnungen dienen dem § 83 Abs. 3 Satz 1 WpHG zufolge der Beweissicherung. Immer dann, aber auch nur dann, wenn Kunden ein Interesse an einer Sicherung des Beweises besitzen, kommt eine Anwendung des § 83 WpHG in Betracht. Die Aufzeichnungspflichten hindern die Kunden nicht, in anderer Weise mit dem Wertpapierdienstleistungsunternehmen kommunizieren[12].

10 **2. Anwendungsbereich.** Zum Handel auf eigene Rechnung s. Rz. 9[13]. Diese Fallgruppe spielt insbesondere beim Handel außerhalb geregelter Märkte, von MTF oder OTF eine Rolle. Dienstleistungen i.S.d. § 83 Abs. 3 Satz 1 WpHG sind alle Arten von Wertpapier(neben)dienstleistungen einschließlich deren Vorbereitung[14]. Es sind deshalb auch interne **Telefongespräche**[15] aufzuzeichnen, die sich auf die Behandlung von Aufträgen und Transaktionen beziehen[16]. Ebenso ist die interne und externe **elektronische Kommunikation** zu behandeln, zu der mit Ausnahme der in Echtzeit übertragenen Gespräche[17] nicht nur jede Kommunikation mittels eines zur Datenverarbeitung fähigen Systems[18] zählt, sondern auch die Kommunikation mittels Fax, SMS, oder elektrisch übertragener Morsezeichen[19].

11 Die Kommunikation muss über **Geräte** erstellt oder von Geräten gesendet bzw. – auch unaufgefordert – empfangen werden, die das Wertpapierdienstleistungsunternehmen seinen Mitarbeitern oder beauftragten Personen zur Verfügung gestellt hat. Nicht erforderlich ist, dass diese Geräte im Eigentum des Wertpapierdienst-

---

1 Art. 16 Abs. 6 RL 2014/65/EU; Erwägungsgrund Nr. 57 RL 2014/65/EU.
2 Auf diese Weise soll auch besser erkennbar werden, welche Ziele die handelnden Personen verfolgen, welche Kenntnisse sie besitzen (ESMA 35-43-349 v. 10.7.2017, Questions and Answers on MiFID II and MiFIR investor protection and intermediaries topics, 3 Recording Answer 12).
3 Beweiserleichterung (§ 83 Abs. 3 Satz 1 WpHG; Begr. RegE 2. FiMaNoG, BT-Drucks. 18/10936, 246; Erwägungsgrund Nr. 57 RL 2014/65/EU.
4 Begr. RegE 2. FiMaNoG, BT-Drucks. 18/10936, 245; Erwägungsgrund Nr. 57 RL 2014/65/EU.
5 Z.B. Videokonferenzen, Fax, E-Mail, SMS, Chat, instant messaging, Bloomberg Mail, Kommunikation mittels mobiler Geräte, Datenverbindungen zwischen Unternehmen (ESMA 35-43-349 v. 4.4.2017, Questions and Answers on MiFID II and MiFIR topics, 3 Recording of telephone conversations and electronic communication, Answer 5).
6 Anhang I Abschnitt A Nr. 3 RL 2014/65/EU; z.B. Festpreisgeschäfte mit Kunden.
7 Nicht Teil der Ausführung sind Gespräche, in denen der Grund für die Nichtausführung erkundet wird.
8 Anhang I Abschnitt A Nr. 1, 2 RL 2014/65/EU. Dazu zählt auch die den Auftrag konkretisierende Kommunikation. Unerheblich ist, ob der Kunde selbst oder für ihn ein Vertreter agiert. Wird mit Dritten kommuniziert, kommt es darauf an, ob sich die Kommunikation auf eine Transaktion auf eigene Rechnung, auf die Entgegennahme von Kundenaufträgen oder auf die Erbringung von Leistungen an Kunden bezieht (z.B. Übermittlung eines Auftrags an einen Broker oder an einen Ausführungsplatz), [erfolglose] Auftragsangebote und deren Annahme [(ESMA 35-43-349 v. 4.4.2017, Questions and Answers on MiFID II and MiFIR topics, 3 Recording of telephone conversations and electronic communication, Answer 11). Aufzuzeichnen ist die Kommunikation auch dann, wenn ein Anlageberater bei einem Kollegen telefonisch Auskünfte einholt, weil das Ergebnis der Auskünfte wegen § 278 BGB für die Frage von Bedeutung sein kann, ob dem Kunden Ansprüche zustehen.
9 ESMA 35-43-349 v. 10.7.2017, Questions and Answers on MiFID II and MiFIR investor protection and intermediaries topics, 3 Recording Answer 12; abw. *Roth/Blessing*, CCZ 2017, 8, 10.
10 *Roth/Blessing*, CCZ 2017, 8, 10.
11 Zu verneinen bei der Einholung von Auskünften außerhalb des Wertpapierdienstleistungsunternehmens.
12 § 83 Abs. 6 WpHG; Art. 16 Abs. 7 Unterabs. 7 RL 2014/65/EU.
13 Art. 4 Abs. 1 Nr. 6 RL 2014/65/EU.
14 Erwägungsgrund Nr. 16 DelVO 2017/565; Begr. RegE 2. FiMaNoG, BT-Drucks. 18/10936, 245 f.
15 In die Kategorie der Telefongespräche fallen alle Gespräche mittels Telekommunikationsmitteln einschließlich der Skype-Gespräche von Computer zu Computer oder in sonstiger Weise per VoIP übermittelte Gespräche.
16 ESMA 35-43-349 v. 4.4.2017, Questions and Answers on MiFID II and MiFIR topics, 3 Recording of telephone conversations and electronic communication, Answer 1 (Es wird angenommen, dass normalerweise Personen, die backoffice-Funktionen wahrnehmen, *nicht* von der Aufzeichnungspflicht erfasst werden).
17 Telefongespräche; nicht Skype, sofern auch Videodateien übertragen werden.
18 Insbesondere E-Mail, Textchat, Videochat.
19 Bei einer Kommunikation mittels Morsezeichen sollte man § 83 Abs. 3 ff. WpHG zumindest analog anwenden.

leistungsunternehmens stehen[1]. Soweit Mitarbeiter für die Kommunikation **private** Geräte gleich welcher Art[2] benutzen oder[3] mittels Geräten des Wertpapierdienstleistungsunternehmens private[4] Kommunikationen pflegen, ist § 83 Abs. 3 bis 11 WpHG zu beachten. Private Geräte dürfen im Zusammenhang mit dem Handel des Wertpapierdienstleistungsunternehmens auf eigene Rechnung, der Erbringung von Wertpapier(neben)dienstleistungen oder der Annahme, Übermittlung und Ausführung von Kundenaufträgen[5] nur eingesetzt werden, wenn das Wertpapierdienstleistungsunternehmen dies gebilligt[6] hat und die Mitarbeiter oder beauftragten Personen der synchronen[7] Aufzeichnung durch das Wertpapierdienstleistungsunternehmen zugestimmt oder sie dem Wertpapierdienstleistungsunternehmen erlaubt haben, die Kommunikation[8] nachträglich auf seine Datenspeicher zu kopieren[9]. Das Billigen muss nicht ausdrücklich erfolgen, sondern kann im bewussten Dulden zum Ausdruck kommen. Den Mitarbeitern ist auf privaten Geräten, deren Einsatz gestattet ist, das Löschen der relevanten Kommunikation untersagt[10]. Der Einsatz privater Geräte muss unterbleiben, falls es an einer solchen Billigung fehlt[11].

3. Art, Umfang der Aufzeichnungen. Aufzuzeichnen ist, sofern § 83 Abs. 3, 4 WpHG anwendbar ist, die Kommunikation, die sich auf den Handel auf eigene Rechnung (Rz. 9) oder auf die Erbringung von Dienstleistungen, die sich auf die Annahme, Übermittlung und Ausführung von Kundenaufträgen zu Finanzinstrumenten oder Wertpapierdienstleistungen[12] beziehen (Rz. 9). Dies impliziert die Identifikation der Kommunikation[13], d.h. deren Zuordnung zu bestimmten Personen und Zeiten. Die Kommunikation muss von dem Unternehmen in seiner Eigenschaft als Wertpapierdienstleistungsunternehmen geführt werden[14]. Die Mitarbeiter oder sonstigen beauftragten Personen des Unternehmens müssen für[15] das Wertpapierdienstleistungsunternehmen tätig werden. Die die Annahme, Übermittlung oder Ausführung von Kundenaufträgen vorbereitenden[16] oder konkretisierenden **Gespräche** bzw. die elektronische Kommunikation werden in gleicher Weise erfasst wie Gespräche bzw. die elektronische Kommunikation, in denen ein Auftrag erteilt wird. Es genügt, dass Gespräche in der Absicht geführt werden, einen Kundenauftrag (Rz. 9) anzunehmen, zu übermitteln oder auszuführen[17]. Insbesondere sind Gespräche bzw. die elektronische Kommunikation im Zusammenhang[18] mit einer Anlageberatung aufzuzeichnen[19], zumal bei ihnen in besonderer Weise Risiken, Ertragschancen oder die

12

---

1 Erwägungsgrund Nr. 57 Abs. 3 RL 2014/65/EU; ESMA 35-43-349 v. 4.4.2017, Questions and Answers on MiFID II and MiFIR topics, 3 Recording of telephone conversations and electronic communication, Answer 10.
2 Nur diese Fallvariante hat Art. 16 Abs. 7 Unterabs. 8 RL 2014/65/EU im Auge.
3 Die Formulierung „§ 83 Abs. 4 Satz 2" ist als Aufzählung zu verstehen. Eine „private elektronische Kommunikation" findet nicht nur statt, wenn private Kommunikationsmittel verwendet werden, sondern auch, wenn zu privaten Zwecken Kommunikationsmittel des Unternehmens eingesetzt werden.
4 Zu denken ist hier an Fälle, in denen Mitarbeitern erlaubt wird, auf Geräten des Wertpapierdienstleistungsunternehmens einen privaten E-Mail-Verkehr zu unterhalten.
5 Anhang I Abschnitt A Nr. 1, 2 RL 2014/65/EU.
6 In § 83 Abs. 4 Satz 1 WpHG heißt es in Übernahme des Art. 16 Abs. 7 Unterabs. 3 RL 2014/65/EU „gebilligt oder gestattet" (accepted or permitted). Nach deutschem Sprachgebrauch umfasst der Begriff des Billigens das Gestatten.
7 Die Aufzeichnung beim Einsatz von Geräten des Wertpapierdienstleistungsunternehmens erfolgt in Echtzeit mit der Kommunikation auf dem Gerät oder außerhalb des Geräts. § 83 Abs. 4 Satz 2 WpHG geht wohl davon aus, dass eine derartige Aufzeichnung mit Zustimmung des Mitarbeiters auch beim Einsatz privater Geräte erfolgen kann.
8 In § 83 Abs. 4 Satz 2 WpHG ist nur von „Abschluss des Gesprächs" die Rede. Gleiches muss für jede Art von Kommunikation gelten, z.B. E-Mails, die auf einem privaten Gerät empfangen worden sind.
9 Arg. e § 83 Abs. 4 Satz 2 WpHG.
10 ESMA 35-43-349 v. 4.4.2017, Questions and Answers on MiFID II and MiFIR topics, 3 Recording of telephone conversations and electronic communication, Answer 10.
11 Arg. e Art. 16 Abs. 7 Unterabs. 8 RL 2014/65/EU. Falls auf einem derartigen Gerät unaufgefordert eine Nachricht bezüglich einer Wertpapierdienstleistung eingeht, ist diese zu speichern und und das Wertpapierdienstleistungsunternehmen zu informieren, das dem Kunden mitteilt, eine Kommunikation über dieses Gerät zu unterlassen.
12 Arg. e § 83 Abs. 3 Satz 2 WpHG.
13 Art. 76 Abs. 1 Satz 2 lit. a DelVO 2017/565.
14 Begr. RegE 2. FiMaNoG, BT-Drucks. 18/10936, 245.
15 Bei Kundenaufträgen und sonstiger Kommunikation mit den Kunden ist deren Sicht maßgeblich.
16 Z.B. Gespräche über die Eigenschaften bestimmter Finanzinstrumente oder über Gattungen von Finanzinstrumenten oder die Gestaltung des Portfolios, Gespräche über Anlageziele, finanzielle Verhältnisse mit Blick auf Wertpapiergeschäfte, aber auch E-Mail- Aktionen; denn die vorbereitende Kommunikation ist bei der Auslegung der Willenserklärungen, der Feststellung einer culpa in contrahendo oder eines Irrtums zu berücksichtigen, so dass ein Interesse an der Beweisbarkeit entsteht. Zweifelnd *Roth/Blessing*, CCZ 2017, 8, 9.
17 Art. 16 Abs. 7 Unterabs. 2 RL 2014/65/EU; ESMA35-43-349 v. 10.11.2017, Questions and Answers, 3 Recording, Answer 13.
18 Hierfür genügen vorbereitende Gespräche, in denen für die Anlageberatung wesentliche Informationen erteilt werden. Kein Zusammenhang besteht bei einer Kommunikation, die *ausschließlich* den Zweck hat, Kundenangaben zu erheben oder zu aktualisieren (BaFin, FQA zu MiFID II-Wohlverhaltensregeln nach §§ 63 ff. WpHG v. 4.5.2018, Frage 3).
19 ESMA35-34-748 v. 13.7.2017 Consultation Paper, Guidelines on certain aspects of the MiFID II suitability requirements, 3.3 Annex III Rz. 105 f.; BaFin, FQA zu MiFID II-Wohlverhaltensregeln nach §§ 63 ff. WpHG v. 4.5.2018, Frage 3 (Kundenexploration). Einschränkend *Balzer*, ZBB 2016, 226, 236 im Licht der MiFID II.

Ausgestaltung der Finanzinstrumente bzw. die Eigenschaften der Wertpapierdienstleistungen erörtert werden oder jedenfalls erörtert werden sollten (§ 83 Abs. 3 Satz 2 WpHG)[1]. Wie sich aus dem § 83 Abs. 3 Satz 4 WpHG ergibt, gilt dies selbst dann, wenn die Anlageberatung nicht in eine Empfehlung i.S.d. § 64 Abs. 1 WpHG mündet, weil sich die Beratung z.B. nur auf Wertpapiergattungen bezogen hat[2], oder wenn zwar eine Empfehlung ausgesprochen worden ist, diese jedoch nicht zu einem Auftrag geführt hat. Zur Annahme, Übermittlung oder Ausführung von Kundenaufträgen gehört ferner die Kommunikation mit dem Handelsplatz, zwischen den Mitarbeitern des Wertpapierdienstleistungsunternehmens sowie zwischen ihnen und den sonstigen Beauftragten des Unternehmens[3]. Die Kommunikation ist vollständig[4] aufzuzeichnen[5].

13 Mit der **Aufzeichnung ist zu beginnen**, sobald sich das Gespräch einem Gegenstand zuwendet oder wenn ein Gegenstand konkret in Betracht kommt[6], den das WpHG reguliert[7]. In der Begr. zum RegE des 2. Finanzmarktnovellierungsgesetz[8] wird ganz allgemein gefordert, dass aus Gründen der Beweissicherung mit der Aufzeichnung „frühzeitig" zu beginnen sei[9]. Unternehmen bzw. deren Abteilungen, die ausschließlich Wertpapierdienstleistungen anbieten, müssen von Beginn an die gesamte elektronische Kommunikation aufzeichnen[10]. Im Licht des Art. 16 Abs. 7 RL 2014/65/EU müssen beim Einsatz privater Geräte jedoch solche Partien der Kommunikation immer von der Aufzeichnungspflicht ausgenommen werden, die nichts mit dem Handel auf eigene Rechnung bzw. der Annahme, der Übermittlung oder der Ausführung von auf Wertpapierdienstleistungen gerichteten Kundenaufträgen (Rz. 9) zu tun haben[11] und bei denen deshalb keine Beweiserleichterung geboten ist[12]. In der vor Phase einer beratungsfreien Ordererteilung sind die Informationen aufzuzeichnen, die für die Angemessenheitsprüfung (§ 63 Abs. 10 WpHG) erheblich sein können. Außerdem ist die Ordererteilung durch den Kunden selbst aufzuzeichnen, nicht nur eine Zusammenfassung des Gesprächs durch den Mitarbeiter, weil die Aufzeichnung für den Beweis eines Dissenses oder eines Irrtums von Bedeutung sein kann. Die Aufzeichnung kann **beendet** werden, sobald die Erbringung der Wertpapierdienstleistung erkennbar endgültig abgeschlossen ist[13].

14 Die Aufzeichnungen müssen **technologieneutral** (technology-neutral) vorgenommen werden[14], d.h. einheitlich für Telefongespräche und elektronische Kommunikation, so das es zu keinen Ausweichmanövern kommt. Sie sind auf einem dauerhaften Datenträger[15] derart gegen Verfälschungen und unbefugte Verwendungen geschützt[16] zu speichern, dass sie während der Aufbewahrungszeit (Rz. 20) jederzeit unverändert abgespielt oder kopiert werden können[17]. Die Aufzeichnung kann mit der Erstellung sowie Aufzeichnung der Geeignetheitserklärung (§ 64 WpHG Rz. 48) und dem Bericht gem. § 63 Abs. 12 WpHG kombiniert werden[18].

15 **4. Information, Berechtigung der Aufzeichnung, Verbot der Erbringung von Dienstleistungen.** Das Wertpapierdienstleistungsunternehmen hat alle Kunden, deren Gespräche es aufzeichnen muss, sowie seine Mitarbeiter und die beauftragten Personen darüber zu **informieren**, dass es die Telefongespräche (Rz. 10) sowie die elektronische Kommunikation (Rz. 10) aufzeichnen wird[19]. Die Information hat „vorab" zu erfolgen. Das bedeutet nicht, dass vor jedem Gespräch oder vor jeder Aufnahme einer elektronischen Kommunikation (erneut) informiert werden muss. Es genügt deshalb eine einmalige Aufklärung[20] „in geeigneter Weise"[21]. Gemäß

---

1 Begr. RegE 2. FiMaNoG, BT-Drucks. 18/10936, 246.
2 Begr. RegE 2. FiMaNoG, BT-Drucks. 18/10936, 246.
3 Art. 76 Abs. 1 Satz 2 lit. a DelVO 2017/565.
4 ESMA 35-43-349 v. 4.4.2017, Questions and Answers on MiFID II and MiFIR topics, 3 Recording of telephone conversations and electronic communication, Answer 8 (from start to end); *Roth/Blessing*, CCZ 2017, 8, 10f.
5 Art. 76 Abs. 10 Unterabs. 3 DelVO 2017/565.
6 Vgl. *Roth/Blessing*, CCZ 2017, 8, 11 (Der Kunde eröffnet das Gespräch mit dem Berater damit, dass er seine Unzufriedenheit mit seinem Beruf kund gibt).
7 Abw. ESMA 35-43-349 v. 4.4.2017, Questions and Answers on MiFID II and MiFIR topics, 3 Recording of telephone conversations and electronic communication, Answer 8 (from start to end).
8 Begr. RegE 2. FiMaNoG, BT-Drucks. 18/10936, 246.
9 Vgl. *Roth/Blessing*, CCZ 2017, 8, 12.
10 Begr. RegE 2. FiMaNoG, BT-Drucks. 18/10936, 245; BaFin, FQA zu MiFID II-Wohlverhaltensregeln nach §§ 63ff. WpHG v. 4.5.2018, Frage 2.
11 Begr. RegE 2. FiMaNoG, BT-Drucks. 18/10936, 245; ESMA 2016/1444 v. 16.12.2016, Questions and Answers on MiFID II and MiFIR investor protection topics, Section 2, Answer 8.
12 Begr. RegE 2. FiMaNoG, BT-Drucks. 18/10936, 246.
13 BaFin, FQA zu MiFID II-Wohlverhaltensregeln nach §§ 63ff. WpHG v. 4.5.2018, Frage 2.
14 Art. 76 Abs. 3 Satz 1 DelVO 2017/565.
15 § 2 Abs. 43 WpHG; Art. 3 Abs. 1 DelVO 2017/565; § 9 Abs. 2 WpDVerOV (Rz. 32).
16 § 83 Abs. 9 Satz 1 WpHG.
17 Art. 76 Abs. 10 Unterabs. 1 DelVO 2017/565.
18 ESMA35-43-349 v. 18.12.2017, Questions and Answers on MiFID II and MiFIR investor protection and intermediaries topics, Abschnitt 2 Suitability, Answer 8.
19 § 83 Abs. 5 Satz 1 WpHG.
20 Arg. e Art. 76 Abs. 8 Halbsatz 1 DelVO 2017/565; Begr. RegE 2. FiMaNoG, BT-Drucks. 18/10936, 246; *Roth/Blessing*, CCZ 2017, 8, 14.
21 § 83 Abs. 5 Satz 1 WpHG; Art. 16 Abs. 7 Unterabs. 5 RL 2014/65/EU.

Art. 76 Abs. 8 DelVO 2017/565 haben die Wertpapierdienstleistungsunternehmen dabei den Kunden in derjenigen Sprache, in der die Wertpapier(neben)dienstleistungen[1] erbracht werden, mitzuteilen, dass sie die Gespräche und Kommunikationen aufzeichnen und dass den Kunden eine Kopie dieser Aufzeichnungen auf Anfrage 5 Jahre lang und den Behörden 7 Jahre lang zur Verfügung steht. Der Hinweis muss verständlich (§ 63 WpHG Rz. 64) und hinreichend auffällig erfolgen. Die Wertpapierdienstleistungsunternehmen haben zu beweisen, dass diese Information den jeweiligen Kunden zugegangen ist. Außerdem sind die Mitarbeiter und die beauftragten Personen in geeigneter Weise über ihre Pflichten beim Einsatz von Geräten des Wertpapierdienstleistungsunternehmens zu informieren[2]. Werden private Geräte der Mitarbeiter etc. verwandt, kann eine besondere Information entfallen, falls diese gem. § 83 Abs. 4 Satz 2 WpHG der Aufzeichnung zugestimmt haben.

Ist die **Information** über die Aufzeichnung (Rz. 15) **unterblieben** oder hat der Kunde dagegen **protestiert** (Rz. 17), darf das Wertpapierdienstleistungsunternehmen dem Kunden keine telefonisch oder im Wege elektronischer Kommunikation veranlasste Wertpapierdienstleistung erbringen[3]. Dies gilt auch für Teilschritte im Rahmen der Ausführung von Kundenaufträgen, wenn es in diesem Zusammenhang zu einer telefonischen oder elektronischen Kommunikation mit den Kunden kommt[4]. Dieses Verbot kann nicht dadurch ausgehebelt werden, dass der Kunde auf die Aufzeichnung verzichtet[5]. 16

Aus der Sicht der **Kunden** ist das Wertpapierdienstleistungsunternehmen immer berechtigt, die Kommunikation aufzuzeichnen, wenn er **nicht** dagegen **protestiert** hat. Vorausgesetzt wird, dass der Kunde ordnungsgemäß informiert worden ist, so dass dem fehlenden Protest die Bedeutung einer Zustimmung beigelegt werden kann[6]. Der § 83 Abs. 3 Satz 3 WpHG, wonach das Wertpapierdienstleistungsunternehmen personenbezogene Daten erheben, verarbeiten und nutzen darf, ist restriktiv zu interpretieren; denn es geht nicht an, dass trotz des Protests oder ohne Rücksicht auf eine Information des Kunden eine Aufzeichnung erfolgt. Die Konsequenz eines Protests ist allerdings, dass das Wertpapierdienstleistungsunternehmen keine auf eine telefonische oder elektronische Kommunikation gestützte Wertpapier(neben)dienstleistung erbringen darf und deshalb auch nichts aufzuzeichnen braucht (Rz. 16). 17

Die Berechtigung zur Aufzeichnung ist mit Blick auf die **Mitarbeiter oder beauftragten Personen** ohne weiteres zu bejahen, falls diese Geräte benutzten, die ihnen das Wertpapierdienstleistungsunternehmen zur Verfügung gestellt hatte (Rz. 11). Wurde die Kommunikation mittels privater Geräte geführt und hatte das Wertpapierdienstleistungsunternehmen dies gebilligt (Rz. 11), so folgt daraus nicht ohne weiteres, dass das Wertpapierdienstleistungsunternehmen unter Eingriff in diese Geräte Aufzeichnungen vornehmen darf. Die Berechtigung hierzu ist jedoch anzunehmen, wenn die Mitarbeiter oder beauftragten Personen der synchronen[7] Aufzeichnung durch das Wertpapierdienstleistungsunternehmen zugestimmt haben oder diesem erlaubt haben, die Kommunikation[8] nach dessen Ende auf einen eigenen Datenspeicher zu kopieren[9]. Haben die Mitarbeiter etc. dies nicht gestattet, dürfen die privaten Geräte im Zusammenhang mit dem Eigenhandel oder der Erbringung von Wertpapier(neben)dienstleistungen nicht eingesetzt werden[10]. 18

5. Auskunftsrecht der Kunden. Die Kunden können über den Aufbewahrungszeitraum (Rz. 20) hinaus bis zur Löschung[11] der Aufzeichnung jederzeit verlangen, dass ihnen eine Kopie[12] der Aufzeichnung des Telefongesprächs oder der elektronischen Kommunikation auf einem dauerhaften Datenträger[13] in einer Form zur Verfügung gestellt wird, die ihnen einen leichten Zugang zur Aufzeichnung und eine leichte Verfügbarkeit 19

---

1 Art. 76 Abs. 8 DelVO 2017/565 spricht nur von „Wertpapierdienstleistungen und -tätigkeiten". Da sich Art. 16 Abs. 7 Unterabs. 1 RL 2014/65/EU auf Dienstleistungen schlechthin bezieht, ist davon auszugehen, dass Art. 76 Abs. 8 DelVO 2017/565 auch für Wertpapiernebendienstleistungen gilt.
2 § 83 Abs. 5 Satz 1 WpHG.
3 § 83 Abs. 5 Satz 2 WpHG; Begr. RegE 2. FiMaNoG, BT-Drucks. 18/10936, 246.
4 Art. 16 Abs. 7 Unterabs. 6 RL 2014/65/EU (investment services and activities).
5 *Balzer*, ZBB 2016, 226, 236.
6 § 83 Abs. 5 Satz 2 WpHG.
7 Die Aufzeichnung beim Einsatz von Geräten des Wertpapierdienstleistungsunternehmens erfolgt in Echtzeit mit der Kommunikation auf dem Gerät oder außerhalb des Geräts. § 83 Abs. 4 Satz 2 WpHG geht wohl davon aus, dass eine derartige Aufzeichnung mit Zustimmung des Mitarbeiters auch beim Einsatz privater Geräte erfolgen kann.
8 In § 83 Abs. 4 Satz 2 WpHG ist nur von „Abschluss des Gesprächs" die Rede. Gleiches muss für jede Art von Kommunikation gelten, z.B. E-Mails, die auf einem privaten Gerät empfangen worden sind.
9 Arg. e § 83 Abs. 4 Satz 2 WpHG. Mit der Erlaubnis ist eine Verpflichtung des Mitarbeiters etc. zu verbinden, die Gespräche etc. beim Wertpapierdienstleistungsunternehmen entsprechend Art. 76 Abs. 10 DelVO 2017/565 zu speichern.
10 Begr. RegE 2. FiMaNoG, BT-Drucks. 18/10936, 246.
11 Die Formulierung „vernichten" beziehen sich auf die Fälle von Gesprächen unter Anwesenden, die schriftlich dokumentiert werden (Rz. 23). Mit dem Löschen der Aufzeichnung wird sie auch vernichtet.
12 Arg. e Art. 76 Abs. 10 Unterabs. 1 DelVO 2017/565. Keine Kopie ist eine schriftliche Darstellung des Telefongesprächs in Papierform, auch nicht eine Abschrift des Gesprächs (BaFin, FQA zu MiFID II-Wohlverhaltensregeln nach §§ 63 ff. WpHG v. 4.5.2018, Frage 1).
13 § 2 Abs. 43 WpHG, Art. 3 DelVO 2017/565.

über die Aufzeichnung erlaubt[1]. Dies betrifft auch die Aufzeichnung der internen Kommunikation[2]. Falls die Auskunft dazu dient, die Durchsetzung zivilrechtlicher Ansprüche zu ermöglichen, muss der dauerhafte Datenträger so erstellt werden, dass er als zivilprozessuales Beweismittel eingesetzt werden kann. Für die Auskunft kann eine Vergütung berechnet werden, sofern sie nicht die Selbstkosten übersteigt und abschreckend wirkt[3].

20 **6. Aufbewahrung.** Die Aufzeichnungen sind 5 Jahre aufzubewahren, es sei denn, dass die BaFin die Aufbewahrungsfrist verlängert[4]. Der Aufbewahrungszeitraum beginnt mit der Erstellung der Aufzeichnung[5]. Die Aufbewahrung hat in einer Weise zu erfolgen, dass die Aufzeichnungen nicht nachträglich geändert oder unbefugt verwendet werden können[6]. Es ist deshalb zu regeln, welche Personen unter welchen Voraussetzungen[7] Zugriff auf die Aufzeichnungen nehmen dürfen[8]. Die Zahl der zur Auswertung befugten Mitarbeiter ist zu begrenzen[9]. Soweit die Aufzeichnungen nicht auf Anforderung der BaFin dieser oder einer anderen Aufsichts- oder Strafverfolgungsbehörde zugänglich gemacht werden müssen (Rz. 22), ist sicherzustellen, dass auf sie nur zugegriffen wird, falls dies für den Beweis bestimmter Vorgänge erforderlich ist[10] oder der betroffene Kunde eine Kopie der Aufzeichnung verlangt (Rz. 19). Die Kontrolle[11] der Aufzeichnungspflicht, bei der zwangsläufig die Mitarbeiter überwacht werden, bewegt sich im Rahmen des arbeitsrechtlich Erlaubten[12]. Nach Ablauf der Frist müssen die Aufzeichnungen gelöscht werden; dies ist zu dokumentieren[13]. Im Unterschied zu Art. 16 Abs. 7 Unterabs. 9 RL 2014/65/EU schränkt § 83 Abs. 8 WpHG die Aufbewahrungspflicht dadurch ein, dass die Aufbewahrung zur Beweissicherung erforderlich sein muss. Ob diese Einschränkung richtlinienkonform ist, kann man bezweifeln. Jedenfalls dürfte die praktische Bedeutung dieser Einschränkung gering sein.

21 **7. Organisationspflichten. a) Grundsätze und deren Umsetzung.** Gemäß Art. 76 Abs. 1 DelVO 2017/565 haben die Wertpapierdienstleistungsunternehmen schriftlich angemessene Regeln zur Aufzeichnung von Telefongesprächen sowie der elektronischen Kommunikation aufzustellen und diese mittels Anweisungen und technischen Vorkehrungen durchzusetzen[14]. Hierbei ist den Fällen Rechnung zu tragen, in denen das Wertpapierdienstleistungsunternehmen nicht in der Lage ist, die Gespräche bzw. die Kommunikation auf den von ihm bereitgestellten oder auf denjenigen privaten Geräten aufzuzeichnen, mit deren Einsatz es einverstanden war. Insbesondere sind die Mitarbeiter in Hinblick auf die Anlässe sowie die Verfahren der Aufzeichnung zu schulen[15]. Zu regeln ist auch, wie sich das Unternehmen und seine Mitarbeiter zu verhalten haben, wenn ein Mitarbeiter ausscheidet, wenn ein Kommunikationsgerät in Verlust gerät oder das Aufzeichnungssystem versagt und wie häufig die Aufzeichnungen von einem mobilen Gerät auf die Server des Unternehmens überspielt werden müssen[16]. In einer Liste sind alle Personen zu vermerken, die über Firmengeräte oder private Geräte verfügen, deren Verwendung das Wertpapierdienstleistungsunternehmen gestattet hat[17]. Es ist dafür zu sorgen, dass von Mitarbeitern oder beauftragten Personen für aufzeichnungspflichtige Gespräche keine nicht genehmigten privaten Geräte verwandt werden[18]. Diese Regeln, Anweisungen und technischen Vorkehrungen sind in angemessenen Abständen daraufhin zu überprüfen, ob sie hinreichend wirksam sind. Gegebenenfalls sind

---

1 § 83 Abs. 7 WpHG; Art. 76 Abs. 10 Unterabs. 2 DelVO 2017/565. Dies impliziert, dass verschlüsselt gespeicherte Aufzeichnungen den Kunden entschlüsselt zur Verfügung gestellt werden (ESMA 35-43-349 v. 10.7.2017, Questions and Answers on MiFID II and MiFIR investor protection and intermediaries topics, 4 Record keeping, Answer 1).
2 ESMA 35-43-349 v. 4.4.2017, Questions and Answers on MiFID II and MiFIR topics, 3 Recording of telephone conversations and electronic communication, Answer 9.
3 ESMA 35-43-349 v. 4.4.2017, Questions and Answers on MiFID II and MiFIR topics, 3 Recording of telephone conversations and electronic communication, Answer 2.
4 § 83 Abs. 8 Satz 1, 4 WpHG; Umsetzung des Art. 16 Abs. 7 Unterabs. 9 RL 2014/65/EU (Begr. RegE 2. FiMaNoG, BT-Drucks. 18/10936, 247 [die BaFin kann die Frist auch dann verlängern, wenn die Aufzeichnung die Durchsetzung zivilrechtlicher Ansprüche ermöglichen soll]).
5 Art. 76 Abs. 11 DelVO 2017/565.
6 Art. 76 Abs. 10 Unterabs. 1 DelVO 2017/565; § 83 Abs. 9 Satz 1 WpHG.
7 Diese Voraussetzungen sind insbesondere dann gegeben, wenn der Zugriff notwendig ist, um einen Kundenauftrag zu erfüllen oder um der Aufforderung durch die BaFin oder eine andere Aufsichts- oder Strafverfolgungsbehörde nachzukommen (§ 83 Abs. 9 Satz 2 WpHG).
8 § 83 Abs. 9 Satz 2 WpHG.
9 § 83 Abs. 9 Satz 2 WpHG.
10 § 83 Abs. 9 Satz 1 i.V.m. Abs. 3 Satz 1 WpHG. Dies gilt auch für zivilrechtliche Ansprüche (Begr. RegE 2. FiMaNoG, BT-Drucks. 18/10936, 247).
11 Art. 76 Abs. 6 DelVO 2017/565.
12 § 83 Abs. 9 Satz 1 WpHG ist insoweit restriktiv zu interpretieren.
13 § 83 Abs. 8 Satz 2, 3 WpHG.
14 ESMA 35-43-349 v. 4.4.2017, Questions and Answers on MiFID II and MiFIR topics, 3 Recording of telephone conversations and electronic communication, Answer 3.
15 Art. 76 Abs. 5 DelVO 2017/565.
16 ESMA 35-43-349 v. 4.4.2017, Questions and Answers on MiFID II and MiFIR topics, 3 Recording of telephone conversations and electronic communication, Answer 10.
17 Art. 76 Abs. 4 DelVO 2017/565.
18 § 83 Abs. 4 Satz 2 WpHG; Art. 16 Abs. 7 Unterabs. 8 RL 2014/65/EU.

sie zu verbessern. Eine Anpassung ist jedenfalls immer dann erforderlich, wenn eine neue Gattung von Kommunikationsmitteln genehmigt oder zur Nutzung zugelassen wird[1].

b) Kontrolle, Aufsicht, Behörden. Die Aufzeichnungen sind entsprechend der Risikosituation[2] in angemessenem Umfang und in angemessenen Abständen, gegebenfalls ad hoc[3] daraufhin zu kontrollieren, ob die Regeln (Rz. 21) eingehalten worden sind, ob sie verbesserungsbedürftig sind, ob die Aufzeichnungen jederzeit zugänglich sind und ob sie den Ablauf der Transaktionen exakt erfassen[4]. Hierfür braucht keine besondere Kontrollfunktion eingerichtet zu werden[5]. Das Leitungsorgan muss jedoch in der Lage sein, die Organisation und Durchführung der Aufzeichnungen zu kontrollieren[6]. Auf Anforderung sind die zuständigen Behörden über die Strategien, das Verfahren sowie über die Aufsicht durch dass Leitungsorgan zu informieren[7].

22

VII. Aufzeichnung von „persönlichen" Gesprächen unter Anwesenden (Art. 76 Abs. 9 DelVO 2017/565; § 83 Abs. 6 WpHG). 1. Anwendungsbereich. Art. 76 Abs. 9 und § 83 Abs. 6 WpHG haben persönliche Gespräche[8] im Auge, die anlässlich der Erteilung eines Auftrags durch den Kunden geführt werden. Dazu zählen auch vorbereitende Gespräche, wie die Anlageberatung[9]. Die Formulierung „persönliche Gespräche" ist geeignet in die Irre zu führen, da auch Telefongespräche persönliche Gespräche darstellen. Gemeint sind Gespräche unter Anwesenden (face-to-face conversations) ohne Verwendung von Telekommunikationsmitteln. § 83 Abs. 6 WpHG ist analog heranzuziehen, wenn die Kommunikation mittels Handzeichen oder Körpersprache erfolgt[10]. Die Vorschrift betrifft nur Fälle, in denen letztlich ein „Auftrag (order) erteilt" wird oder werden könnte[11]. Gespräche zur Übermittlung und Ausführung von Kundenaufträgen unter Anwesenden, z.B. das Storno eines Auftrags, sind mithin nicht aufzuzeichnen.

23

2. Art der Aufzeichnung. Gemäß § 83 Abs. 6 WpHG ist die Aufzeichnung mittels eines dauerhaften Datenträgers[12] vorzunehmen (Art. 76 Abs. 9 DelVO 2017/565). Dies kann nur in der Weise erfolgen, dass das Gespräch wörtlich protokolliert wird. Die Verwendung von elektronischen Aufnahmegeräten ist nicht ausgeschlossen, vorausgesetzt, dass es sich bei diesem um ein Medium handelt, das es erlaubt, die gespeicherten Informationen für die Dauer der pflichtgemäßen Aufbewahrung (Rz. 20) unverändert wiederzugeben oder zur anderweitigen Speicherung zu übertragen[13]. Das wörtliche Protokoll kann durch allgemein gehaltene schriftliche Protokolle oder Vermerke über den Inhalt des persönlichen Gesprächs ersetzt werden[14]. Immer aufzuzeichnen sind: das Datum und die Uhrzeit der Besprechung, der Ort der Besprechung, Angaben zu der Person der Anwesenden, der Initiator der Besprechung und wichtige Informationen über den Kundenauftrag wie z.B. Preis, Umfang, Auftragsart, Zeitpunkt der Weiterleitung bzw. der Ausführung (Art. 76 Abs. 9 Satz 2 DelVO 2017/565), nicht notwendig auch der Verlauf der Besprechung. Die Aufzeichnung kann mit Aufzeichnung der Geeignetheitserklärung (§ 64 WpHG Rz. 48) und dem Bericht gem. § 63 Abs. 12 WpHG kombiniert werden[15].

24

3. Auskunftsrecht der Kunden, Aufbewahrung. Insoweit gilt dasselbe wie für Telefongespräche und die elektronische Kommunikation (Rz. 19).

25

---

1 Art. 76 Abs. 3 Satz 2, 3 DelVO 2017/565.
2 ESMA 35-43-349 v. 4.4.2017, Questions and Answers on MiFID II and MiFIR topics, 3 Recording of telephone conversations and electronic communication, Answer 3. (Art und Wahrscheinlichkeit des Risikos von Manipulationen und der Missachtung der Verpflichtung, die Interessen der Kunden zu wahren. Dabei sind zumindest zu berücksichtigen: Umfang und Häufigkeit des Eigenhandels; Größe, Häufigkeit und Besonderheiten der Kundenaufträge; Charakteristika der Kunden; Art der Finanzinstrumente und der Wertpapierdienstleistungen; die aktuellen Marktkonditionen).
3 ESMA 35-43-349 v. 4.4.2017, Questions and Answers on MiFID II and MiFIR topics, 3 Recording of telephone conversations and electronic communication, Answer 3.
4 Art. 76 Abs. 6 DelVO 2017/565; ESMA 35-43-349 v. 4.4.2017, Questions and Answers on MiFID II and MiFIR topics, 3 Recording of telephone conversations and electronic communication, Answer 3.
5 ESMA 35-43-349 v. 4.4.2017, Questions and Answers on MiFID II and MiFIR topics, 3 Recording of telephone conversations and electronic communication, Answer 6.
6 Art. 76 Abs. 2 DelVO 2017/565.
7 Art. 76 Abs. 7 DelVO 2017/565.
8 So auch die Formulierung in Art. 16 Abs. 7 Unterabs. 7 RL 2014/65/EU.
9 ESMA 2016/1444 v. 16.12.2016, Questions and Answers on MiFID II and MiFIR investor protection topics, Section 2 Answer 8.
10 Zu denken ist hier an die Taubstummensprache, aber auch an bloßes Handheben oder Kopfnicken.
11 So auch die Formulierung in Art. 16 Abs. 7 Unterabs. 7 Satz 1, 3 RL 2014/65/EU sowie der Begr. RegE 2. FiMaNoG, BT-Drucks. 18/10936, 246. Dem steht nicht entgegen, dass im Satz 2 des Art. 16 Abs. 7 Unterabs. 7 RL 2014/65/EU allgemein von „persönlichen Gespräche(n)" die Rede ist, weil sich aus Satz 3 klar ergibt, dass es sich um Aufträge handeln muss („diese Aufträge"; „such orders").
12 § 2 Abs. 43 WpHG; Art. 3 Abs. 1 DelVO 2017/565.
13 Art. 4 Abs. 1 Nr. 62 RL 2014/65/EU; Art. 3 DelVO 2017/565 ist nicht einschlägig, da es nicht um die Bereitstellung von Informationen geht.
14 § 83 Abs. 6 Satz 2 WpHG; Erwägungsgrund Nr. 57 RL 2014/65/EU; *Balzer*, ZBB 2016, 226, 236. Aus ihnen ergeben sich keine unmittelbaren Beweisnachteile für Kunden (Erwägungsgrund Nr. 57 Abs. 2 RL 2014/65/EU).
15 ESMA35-43-349 v. 18.12.2017, Questions and Answers on MiFID II and MiFIR investor protection and intermediaries topics, Abschnitt 2 Suitability, Answer 8.

26 **4. Organisationspflichten.** Die Wertpapierdienstleistungsunternehmen haben Regeln für die einzuhaltenden Verfahren und zu den zu treffenden Maßnahmen schriftlich festzulegen, die bei Gespräche unter Anwesenden zu beachten sind[1]. Im übrigen gelten dieselben Regeln wie für Telefongespräche und die elektronische Kommunikation (Rz. 21).

27 **VIII. Sonstige Formen der Kommunikation.** Bei anderen Formen der Kommunikation, insbesondere bei der Erteilung von Aufträgen, sind zur Aufzeichnung dauerhafte Datenträger[2] einzusetzen[3].

28 **IX. Verzeichnis der Mindestaufzeichnungen (§ 83 Abs. 11 WpHG).** Derzeit existiert nur ein Verzeichnis gem. § 34 Abs. 5 WpHG a.F. S. auch Rz. 30.

29 **X. Sanktionen.** S. § 120 Abs. 8 Nr. 123 ff. WpHG.

XI. Textabdruck Anhänge zur DelVO 2017/565

30 **1. Anhang I zur DelVO 2017/565: Aufzeichnungen**

Liste der Aufzeichnungen, die abhängig von der Art ihrer Tätigkeiten von Wertpapierfirmen aufbewahrt werden müssen (Anhang I zur DelVO 2017/565)

Art der Verpflichtung	Art der Aufzeichnung	Zusammenfassung des Inhalts	Rechtlicher Bezug
Kundeneinschätzung			
	Informationen für Kunden	Inhalt nach Maßgabe des Artikels 24 Absatz 4 der Richtlinie 2014/65/EU und der Artikel 39 bis 45 dieser Verordnung	Artikel 24 Absatz 4 MIFID II Artikel 39 bis 45 dieser Verordnung
	Kundenverträge	Aufzeichnungen nach Maßgabe von Artikel 25 Absatz 5 der Richtlinie 2014/65/EU	Artikel 25 Absatz 5 MIFID II Artikel 53 dieser Verordnung
	Beurteilung der Geeignetheit und Angemessenheit	Inhalt nach Maßgabe der Artikels 25 Absatz 2 und 25 Absatz 3 der Richtlinie 2014/65/EU und des Artikels 50 dieser Verordnung	Artikel 25 Absatz 2 und 25 Absatz 3 der Richtlinie 2014/65/EU, Artikel 35, 36 und 37 dieser Verordnung
Auftragsabwicklung			
	Bearbeitung von Kundenaufträgen – zusammengelegte Geschäfte	Aufzeichnungen nach Maßgabe der Artikel 63 bis 66 dieser Verordnung	Artikel 24 Absatz 1 und Artikel 28 Absatz 1 der Richtlinie 2014/65/EU Artikel 63 bis 66 dieser Verordnung
	Zusammenlegung und Zuweisung von Geschäften für eigene Rechnung	Aufzeichnungen nach Maßgabe des Artikels 65 dieser Verordnung	Artikel 28 Absatz 1 und Artikel 24 Absatz 1 der Richtlinie 2014/65/EU Artikel 65 dieser Verordnung
Kundenaufträge und -geschäfte			
	Aufzeichnung von Kundenaufträgen oder Handelsentscheidung	Aufzeichnungen nach Maßgabe des Artikels 69 dieser Verordnung	Artikel 16 Absatz 6 der Richtlinie 2014/65/EU Artikel 69 dieser Verordnung
	Aufzeichnung von Geschäften und Auftragsabwicklung	Aufzeichnungen nach Maßgabe des Artikels 70 dieser Verordnung	Artikel 16 Absatz 6 der Richtlinie 2014/65/EU, Artikel 70 dieser Verordnung
Berichtspflichten gegenüber den Kunden			
	Verpflichtungen hinsichtlich der den Kunden zur Verfügung gestellten Dienstleistungen	Inhalt nach Maßgabe der Artikel 53 bis 58 dieser Verordnung	Artikel 24 Absätze 1 und 6 und Artikel 25 Absätze 1 und 6 der Richtlinie 2014/65/EU Artikel 53 bis 58 dieser Verordnung
Schutz des Kundenvermögens			
	Finanzinstrumente des Kunden, die von einer Wertpapierfirma gehalten werden	Aufzeichnungen nach Maßgabe des Artikels 16 Absatz 8 der Richtlinie 2014/65/EU und des Artikels 2 der Delegierten Richtlinie (EU) 2017/593	Artikel 16 Absatz 8 der Richtlinie 2014/65/EU Artikel 2 der Delegierten Richtlinie (EU) 2017/593

---

1 Art. 76 Abs. 1 Satz 2 lit. b DelVO 2017/565.
2 § 2 Abs. 43 WpHG; Art. 3 Abs. 1 DelVO 2017/565.
3 Erwägungsgrund Nr. 57 Abs. 2 Satz 2 RL 2014/65/EU.

Aufzeichnungs- und Aufbewahrungspflicht | § 83

Art der Verpflichtung	Art der Aufzeichnung	Zusammenfassung des Inhalts	Rechtlicher Bezug
	Gelder des Kunden, die von einer Wertpapierfirma gehalten werden	Aufzeichnungen nach Maßgabe des Artikels 16 Absatz 9 der Richtlinie 2014/65/EU und des Artikels 2 der Delegierten Richtlinie (EU) 2017/593	Artikel 16 Absatz 9 der Richtlinie 2014/65/EU Artikel 2 der Delegierten Richtlinie (EU) 2017/593
	Verwendung der Finanzinstrumente von Kunden	Aufzeichnungen nach Maßgabe des Artikels 5 der Delegierten Richtlinie (EU) 2017/593	Artikel 16 Absätze 8 bis 10 der Richtlinie 2014/65/EU Artikel 5 der Delegierten Richtlinie (EU) 2017/593
Kommunikation mit Kunden			
	Informationen über Kosten und Nebenkosten	Inhalte nach Maßgabe des Artikels 45 dieser Verordnung	Artikel 24 Absatz 4 Buchstabe c der Richtlinie 2014/65/EU, Artikel 45 dieser Verordnung
	Informationen über die Wertpapierfirma und ihre Dienstleistungen, Finanzinstrumente und Schutz des Kundenvermögens	Inhalt nach Maßgabe der Artikel dieser Verordnung	Artikel 24 Absatz 4 der Richtlinie 2014/65/EU Artikel 45 und 46 dieser Verordnung
	Informationen für Kunden	Kommunikationsaufzeichnungen	Artikel 24 Absatz 3 der Richtlinie 2014/65/EU Artikel 39 dieser Verordnung
	Marketingmitteilungen (außer in mündlicher Form)	Jegliche von der Wertpapierfirma ausgehende Marketingmitteilung (außer in mündlicher Form) nach Maßgabe der Artikel 36 und 37 dieser Verordnung	Artikel 24 Absatz 3 der Richtlinie 2014/65/EU Artikel 36 und 37 dieser Verordnung
	Anlageberatung für Kleinanleger	i) Der Umstand, die Zeit und das Datum, an dem die Anlageberatung erbracht wurde und ii) das empfohlene Finanzinstrument iii) die dem Kunden zur Verfügung gestellte Geeignetheitserklärung	Artikel 25 Absatz 6 der Richtlinie 2014/65/EU Artikel 54 dieser Verordnung
	Finanzanalysen	Jedes von der Wertpapierfirma ausgestellte Element von Finanzanalysen auf einem dauerhaften Datenträger	Artikel 24 Absatz 3 der Richtlinie 2014/65/EU Artikel 36 und 37 dieser Verordnung
Organisatorische Anforderungen			
	Die Geschäfts- und interne Organisation der Firma	Aufzeichnungen nach Maßgabe des Artikels 21 Absatz 1 Buchstabe h dieser Verordnung	Artikel 16 Absätze 2 bis 10 der Richtlinie 2014/65/EU Artikel 21 Absatz 1 Buchstabe h dieser Verordnung
	Compliance-Berichte	Jeder Compliance-Bericht an die Geschäftsleitung	Artikel 16 Absatz 2 der Richtlinie 2014/65/EU Artikel 22 Absatz 2 Buchstabe b und Artikel 25 Absatz 2 dieser Verordnung
	Aufzeichnung über Interessenkonflikte	Aufzeichnungen nach Maßgabe des Artikels 35 dieser Verordnung	Artikel 16 Absatz 3 der Richtlinie 2014/65/EU Artikel 35 dieser Verordnung
	Anreize	Übermittlung der Informationen an Kunden nach Maßgabe des Artikels 24 Absatz 9 der Richtlinie 2014/65/EU	Artikel 24 Absatz 9 der Richtlinie 2014/65/EU Artikel 11 der Delegierten Richtlinie (EU) 2017/593
	Berichte zum Risikomanagement	Jeder Bericht zum Risikomanagement an die Führungsebene	Artikel 16 Absatz 5 der Richtlinie 2014/65/EU Artikel 23 Absatz 1 Buchstabe b und Artikel 25 Absatz 2 dieser Verordnung

§ 83 | Verhaltenspflichten, Organisationspflichten, Transparenzpflichten

Art der Verpflichtung	Art der Aufzeichnung	Zusammenfassung des Inhalts	Rechtlicher Bezug
	Innenrevisionsberichte	Jeder Innenrevisionsbericht an die Führungsebene	Artikel 16 Absatz 5 der Richtlinie 2014/65/EU
			Artikel 24 und Artikel 25 Absatz 2 dieser Verordnung
	Aufzeichnungen zur Bearbeitung von Beschwerden	Jede Beschwerde und die ergriffenen Maßnahmen zur Bearbeitung der Beschwerde	Artikel 16 Absatz 2 der Richtlinie 2014/65/EU
			Artikel 26 dieser Verordnung
	Aufzeichnungen von persönlichen Geschäften	Aufzeichnungen nach Maßgabe des Artikels 29 Absatz 2 Buchstabe c der Delegierten Verordnung (EU) 2017/ZZZ	Artikel 16 Absatz 2 der Richtlinie 2014/65/EU
			Artikel 29 Absatz 2 Buchstabe c dieser Verordnung

In der Fassung vom 25.4.2016 (ABl. EU Nr. L 87 v. 31.3.2017, S. 1), geändert durch Berichtigung vom 26.9.2017 (ABl. EU Nr. L 246 v. 26.9.2017, S. 12).

31 2. Anhang IV zur DelVO 2017/565

Abschnitt 1: Führung von Aufzeichnungen über Kundenaufträge und Handelsentscheidungen

1. Name und Bezeichnung des Kunden
2. Name und Bezeichnung jeder zuständigen Person, die im Auftrag des Kunden handelt
3. Eine Bezeichnung zur Identifizierung des für die Anlageentscheidung zuständigen Händlers (Händler ID) innerhalb der Wertpapierfirma
4. Eine Bezeichnung zur Identifizierung des für die Anlageentscheidung zuständigen Algorithmus (Algo ID) innerhalb der Wertpapierfirma;
5. Kauf-/Verkauf-Indikator[1]
6. Identifikation des Instruments[2]
7. Stückpreis und Preisnotierung;
8. Preis
9. Preismultiplikator
10. Währung 1
11. Währung 2
12. Ausgangsmenge[3] und Mengennotierung[4]
13. Gültigkeitszeitraum
14. Art des Auftrags;
15. Alle weiteren Details, Bedingungen und besonderen Anweisungen des Kunden;
16. Das Datum und die genaue Uhrzeit des Auftragseingangs oder das Datum und die genaue Uhrzeit als die Handelsentscheidungen getroffen wurde. Der genaue Zeitpunkt ist nach der in den Normen für Taktsynchronisation gemäß Artikel 50 Absatz 2 der Richtlinie 2014/65/EU vorgeschriebenen Methodik zu ermitteln.

Abschnitt 2: Aufzeichnung von Geschäften und Auftragsabwicklung

1. Name und Bezeichnung des Kunden;
2. Name und Bezeichnung jeder zuständigen Person, die im Auftrag des Kunden handelt
3. eine Bezeichnung zur Identifizierung des für die Anlageentscheidung zuständigen Händlers (Händler ID) innerhalb der Wertpapierfirma
4. eine Bezeichnung zur Identifizierung des für die Anlageentscheidung zuständigen Algorithmus (Algo ID) innerhalb der Wertpapierfirma;
5. Referenznummer des Geschäfts
6. eine Bezeichnung zur Identifizierung des Auftrags (Auftrags-ID)
7. der Identifikationscode des nach Auftragseingang vom Handelsplatz zugeteilten Auftrags;

---

1 Definiert, ob es sich bei dem Geschäft um ein Kauf- oder Verkaufsgeschäft aus der Sicht der meldepflichtigen Wertpapierfirma oder, im Falle der Benachrichtigung eines Kunden, aus der Sicht des Kunden handelt.
2 Die Identifikation muss enthalten: – einen einheitlichen Code, der von der zuständigen Behörde [falls vorhanden] festzulegen ist, an die die Meldung erfolgt, um das dem Geschäft zugrunde liegende Finanzinstrument zu identifizieren. – Sollte das Finanzinstrument keinen einheitlichen Identifikationscode haben, muss die Meldung den Namen des Finanzinstruments enthalten oder im Fall eines Derivatekontrakts die Merkmale dieses Kontrakts.
3 Anzahl der Finanzinstrumente, des Nennwerts der Schuldverschreibungen oder die Anzahl der in das Geschäft einbezogenen Derivatekontrakte.
4 Angabe, ob es sich bei der Menge um die Zahl der Anzahl der Finanzinstrumente, den Nominalwert der Schuldverschreibungen oder um die Zahl der Derivatekontrakte handelt.

8. eine eindeutige Kennzeichnung für jede Gruppe an angesammelten Kundenaufträgen (die im Anschluss als Blockauftrag auf einem bestimmten Handelsplatz platziert werden). Diese Kennzeichnung sollte mit „aggregated X" bezeichnet werden, wobei X für die Anzahl an Kunden steht, deren Aufträge sich angesammelt haben.
9. der Segment-MIC des Handelsplatzes, bei welchem der Auftrag eingereicht wurde.
10. der Name und die sonstige Bezeichnung der Person, an die der Auftrag übermittelt wurde
11. Bezeichnung zur Identifizierung von Verkäufer & Käufer
12. die Handelskapazität
13. eine Bezeichnung zur Identifizierung des für die Durchführung zuständigen Händlers (Händler ID)
14. eine Bezeichnung zur Identifizierung des für die Durchführung zuständigen Algorithmus (Algo ID)
15. Kauf-/Verkauf-Indikator
16. Identifikation des Instruments
17. Höchster Basiswert
18. Put-/Call-Kennung
19. Emissionskurs
20. Vorauszahlung
21. Lieferart
22. Optionstyp
23. Fälligkeitsdatum
24. Stückpreis und Preisnotierung;
25. Preis
26. Preismultiplikator
27. Währung 1
28. Währung 2
29. verbleibende Menge
30. geänderte Menge
31. durchgeführte Menge
32. das Datum und der genaue Zeitpunkt des Auftragseingangs oder der Handelsentscheidung. Der genaue Zeitpunkt ist nach der in den Normen für Taktsynchronisation gemäß Artikel 50 Absatz 2 der Richtlinie 2014/65/EU vorgeschriebenen Methodik zu ermitteln.
33. das Datum und der genaue Zeitpunkt jeder Nachricht, die dem Handelsplatz übermittelt wird und die er in Bezug auf jegliche Vorfälle, die den Auftrag beeinflussen, erhält. Der genaue Zeitpunkt ist nach der in den Normen für Taktsynchronisation gemäß Artikel 50 Absatz 2 der Richtlinie 2014/65/EU vorgeschriebenen Methodik zu ermitteln.
34. das Datum und der genaue Zeitpunkt jeder Nachricht, die einer anderen Wertpapierfirma übermittelt wird und die diese in Bezug auf jegliche Vorfälle, die den Auftrag beeinflussen, erhält. Der genaue Zeitpunkt ist nach der in den Normen für Taktsynchronisation gemäß Artikel 50 Absatz 2 der Richtlinie 2014/65/EU vorgeschriebenen Methodik zu ermitteln.
35. Jede Nachricht, die dem Handelsplatz übermittelt wird und die er in Bezug auf die von der Wertpapierfirma erteilten Aufträge erhält.
36. Alle weiteren Einzelheiten und Bedingungen, die einer anderen Wertpapierfirma übermittelt wurden und die diese in Bezug auf den Auftrag erhielt.
37. Jegliche Abläufe eines erteilten Auftrags, um die Chronologie eines jeden, diesen beeinflussenden Ereignisses nachzuvollziehen, einschließlich, aber nicht beschränkt auf Änderungen, Stornierungen und Durchführungen;
38. Hinweissignal für Leerverkauf
39. Hinweissignal für SSR-Befreiung;
40. Hinweissignal für Verzichtserklärung

In der Fassung vom 25.4.2016 (ABl. EU Nr. L 87 v. 31.3.2017, S. 1).

XII. Textabdruck WpDVerOV

Verordnung zur Konkretisierung der Verhaltensregeln und Organisationsanforderungen für Wertpapierdienstleistungsunternehmen (Wertpapierdienstleistungs-Verhaltens- und -Organisationsverordnung – WpDVerOV)[1]

(Auszug)

§ 1 Anwendungsbereich

(1) Die Vorschriften dieser Verordnung sind anzuwenden auf

1.–6. (abgedruckt bei § 67 WpHG Rz. 34, § 64 WpHG Rz. 94, § 69 WpHG Rz. 15, § 70 WpHG Rz. 56, § 80 WpHG Rz. 172)

---

1 WpDVerOV vom 17.10.2017 (BGBl. I 2017, 3566), zuletzt geändert durch Gesetz vom 10.7.2018 (BGBl. I 2018, 1102).

§ 84 | Verhaltenspflichten, Organisationspflichten, Transparenzpflichten

7. die Aufzeichnungspflichten der Wertpapierdienstleistungsunternehmen gemäß § 83 Absatz 1 und 2 des Wertpapierhandelsgesetzes,

8. (abgedruckt bei § 84 WpHG Rz. 52)

(2) Die Verordnung gilt entsprechend für Zweigniederlassungen im Sinne des § 53b des Kreditwesengesetzes, Kapitalverwaltungsgesellschaften im Sinne des § 17 des Kapitalanlagegesetzbuchs, ausländische AIF-Verwaltungsgesellschaften, deren Referenzmitgliedstaat die Bundesrepublik Deutschland nach § 56 des Kapitalanlagegesetzbuchs ist, sowie Zweigniederlassungen und Tätigkeiten im Wege des grenzüberschreitenden Dienstleistungsverkehrs von Verwaltungsgesellschaften nach § 51 Absatz 1 Satz 1, § 54 Absatz 1 und § 66 Absatz 1 des Kapitalanlagegesetzbuchs, soweit die Vorschriften des Wertpapierhandelsgesetzes auf diese Anwendung finden.

§ 9 Aufzeichnungs- und Aufbewahrungspflichten

(1) (abgedruckt bei § 80 WpHG Rz. 172)

(2) Die Aufzeichnungen gemäß § 83 des Wertpapierhandelsgesetzes sind in der Weise auf einem dauerhaften Datenträger vorzuhalten, dass die Bundesanstalt innerhalb der Aufbewahrungsfrist jederzeit leicht darauf zugreifen und jede wesentliche Phase der Bearbeitung sämtlicher Geschäfte rekonstruieren kann. Das Wertpapierdienstleistungsunternehmen muss sicherstellen, dass jede nachträgliche Änderung einer Aufzeichnung und der Zustand vor der Änderung deutlich erkennbar und die Aufzeichnungen vor sachlich nicht gebotenen Änderungen geschützt sind.

(3) Hinsichtlich der Informationen nach § 63 Absatz 2 und der Informationsblätter nach § 64 Absatz 1 des Wertpapierhandelsgesetzes bedarf es neben der Aufbewahrung eines Exemplars der jeweiligen standardisierten Information oder des jeweiligen Informationsblatts keiner weiteren Aufzeichnungen, soweit aus der Aufzeichnung hervorgeht, an welchen Kundenkreis sich die Information oder das Informationsblatt richtet.

(4) Soweit nicht bereits in § 77 Absatz 3, § 80 Absatz 3 oder § 83 Absatz 8 des Wertpapierhandelsgesetzes geregelt, sind die Aufzeichnungen eines Wertpapierdienstleistungsunternehmens, die es aufgrund dieser Verordnung, aufgrund des 11. Abschnitts des Wertpapierhandelsgesetzes, aufgrund anderer nach dem Wertpapierhandelsgesetz erlassener Rechtsverordnungen sowie aufgrund der Artikel 26 und 72 bis 76 der Delegierten Verordnung (EU) 2017/565, in der jeweils geltenden Fassung, erstellt, ab dem Zeitpunkt ihrer Erstellung fünf Jahre lang aufzubewahren. Die Bundesanstalt kann die Aufbewahrungsfrist um 2 Jahre verlängern, wenn sie vor Ablauf der in Satz 1 genannten Frist Kenntnis von Umständen erhält, die eine Verlängerung der Aufbewahrungsfrist erforderlich machen.

§ 84 Vermögensverwahrung und Finanzsicherheiten; Verordnungsermächtigung

(1) Ein Wertpapierdienstleistungsunternehmen, das nicht über eine Erlaubnis für das Einlagengeschäft nach § 1 Absatz 1 Satz 2 Nummer 1 des Kreditwesengesetzes verfügt und das Gelder von Kunden hält, hat geeignete Vorkehrungen zu treffen, um die Rechte der Kunden zu schützen und zu verhindern, dass die Gelder des Kunden ohne dessen ausdrückliche Zustimmung für eigene Rechnung oder für Rechnung einer anderen Person verwendet werden.

(2) Ein Wertpapierdienstleistungsunternehmen, das über keine Erlaubnis für das Einlagengeschäft im Sinne des § 1 Abs. 1 Satz 2 Nr. 1 des Kreditwesengesetzes verfügt, hat Kundengelder, die es im Zusammenhang mit einer Wertpapierdienstleistung oder einer Wertpapiernebendienstleistung entgegennimmt, unverzüglich getrennt von den Geldern des Unternehmens und von anderen Kundengeldern auf Treuhandkonten bei solchen Kreditinstituten, Unternehmen im Sinne des § 53b Abs. 1 Satz 1 des Kreditwesengesetzes oder vergleichbaren Instituten mit Sitz in einem Drittstaat, welche zum Betreiben des Einlagengeschäftes befugt sind, einer Zentralbank oder einem qualifizierten Geldmarktfonds zu verwahren, bis die Gelder zum vereinbarten Zweck verwendet werden. Der Kunde kann im Wege individueller Vertragsabrede hinsichtlich der Trennung der Kundengelder voneinander anderweitige Weisung erteilen, wenn er über den mit der Trennung der Kundengelder verfolgten Schutzzweck informiert wurde. Zur Verwahrung bei einem qualifizierten Geldmarktfonds hat das Wertpapierdienstleistungsunternehmen die vorherige Zustimmung des Kunden einzuholen. Die Zustimmung ist nur dann wirksam, wenn das Wertpapierdienstleistungsunternehmen den Kunden vor Erteilung der Zustimmung darüber unterrichtet hat, dass die bei dem qualifizierten Geldmarktfonds verwahrten Gelder nicht entsprechend den Schutzstandards dieses Gesetzes und nicht entsprechend der Verordnung zur Konkretisierung der Verhaltensregeln und Organisationsanforderungen für Wertpapierdienstleistungsunternehmen gehalten werden. Das Wertpapierdienstleistungsunternehmen hat dem verwahrenden Institut vor der Verwahrung offen zu legen, dass die Gelder treuhänderisch eingelegt werden. Es hat den Kunden unverzüglich darüber zu unterrichten, bei welchem Institut und auf welchem Konto die Kundengelder verwahrt werden und ob das Institut, bei dem die Kundengelder verwahrt werden, einer Einrichtung zur Sicherung der Ansprüche von Einlegern und Anlegern angehört und in welchem Umfang die Kundengelder durch diese Einrichtung gesichert sind.

(3) Werden die Kundengelder bei einem Kreditinstitut, einem vergleichbaren Institut mit Sitz in einem Drittstaat oder einem Geldmarktfonds, die zur Unternehmensgruppe des Wertpapierdienstleistungsunternehmens gehören, gehalten, dürfen die bei einem solchen Unternehmen oder einer Gemeinschaft von solchen Unternehmen verwahrten Gelder 20 Prozent aller Kundengelder des Wertpapierdienstleistungsunternehmens nicht übersteigen. Die Bundesanstalt kann dem Wertpapierdienstleistungsunternehmen auf Antrag erlauben, die Obergrenze nach Satz 1 zu überschreiten, wenn es nachweist, dass die gemäß Satz 1 geltende Anforderung angesichts der Art, des Umfangs und der Komplexität seiner Tätigkeit sowie angesichts der Sicherheit, die die Verwahrstellen nach Satz 1 bieten sowie angesichts des geringen Saldos an Kundengeldern, das das Wertpapierdienstleistungsunternehmen hält, unverhältnismäßig ist. Das Wertpapierdienstleistungsunternehmen überprüft die nach Satz 2 durchgeführte Bewertung jährlich und leitet der Bundesanstalt seine Ausgangsbewertung sowie die überprüften Bewertungen zur Prüfung zu.

(4) Ein Wertpapierdienstleistungsunternehmen, das Finanzinstrumente von Kunden hält, hat geeignete Vorkehrungen zu treffen, um die Eigentumsrechte der Kunden an diesen Finanzinstrumenten zu schützen. Dies gilt insbesondere für den Fall der Insolvenz des Wertpapierdienstleistungsunternehmens. Das Wertpapierdienstleistungsunternehmen hat durch geeignete Vorkehrungen zu verhindern, dass die Finanzinstrumente eines Kunden ohne dessen ausdrückliche Zustimmung für eigene Rechnung oder für Rechnung einer anderen Person verwendet werden.

(5) Ein Wertpapierdienstleistungsunternehmen ohne eine Erlaubnis zum Betreiben des Depotgeschäftes im Sinne des § 1 Absatz 1 Satz 2 Nummer 5 des Kreditwesengesetzes hat Wertpapiere, die es im Zusammenhang mit einer Wertpapierdienstleistung oder einer Wertpapiernebendienstleistung entgegennimmt, unverzüglich einem Kreditinstitut, das im Inland zum Betreiben des Depotgeschäftes befugt ist, oder einem Institut mit Sitz im Ausland, das zum Betreiben des Depotgeschäftes befugt ist und bei welchem dem Kunden eine Rechtsstellung eingeräumt wird, die derjenigen nach dem Depotgesetz gleichwertig ist, zur Verwahrung weiterzuleiten. Absatz 2 Satz 6 gilt entsprechend.

(6) Das Wertpapierdienstleistungsunternehmen darf die Finanzinstrumente eines Kunden nur unter genau festgelegten Bedingungen für eigene Rechnung oder für Rechnung einer anderen Person verwenden und hat geeignete Vorkehrungen zu treffen, um die unbefugte Verwendung der Finanzinstrumente des Kunden für eigene Rechnung oder für Rechnung einer anderen Person zu verhindern. Der Kunde muss den Bedingungen im Voraus ausdrücklich zugestimmt haben und seine Zustimmung muss durch seine Unterschrift oder eine gleichwertige schriftliche Bestätigung eindeutig dokumentiert sein. Werden die Finanzinstrumente auf Sammeldepots bei einem Dritten verwahrt, sind für eine Verwendung nach Satz 1 zusätzlich die ausdrückliche Zustimmung aller anderen Kunden des Sammeldepots oder Systeme und Kontrolleinrichtungen erforderlich, mit denen die Beschränkung der Verwendung auf Finanzinstrumente gewährleistet ist, für die eine Zustimmung nach Satz 2 vorliegt. In den Fällen des Satzes 3 muss das Wertpapierdienstleistungsunternehmen über Kunden, auf deren Weisung hin eine Nutzung der Finanzinstrumente erfolgt, und über die Zahl der von jedem einzelnen Kunden mit dessen Zustimmung verwendeten Finanzinstrumente Aufzeichnungen führen, die eine eindeutige und zutreffende Zuordnung der im Rahmen der Verwendung eingetretenen Verluste ermöglichen.

(7) Ein Wertpapierdienstleistungsunternehmen darf sich von Privatkunden zur Besicherung oder Deckung von Verpflichtungen der Kunden, auch soweit diese noch nicht bestehen, keine Finanzsicherheiten in Form von Vollrechtsübertragungen im Sinne des Artikels 2 Absatz 1 Buchstabe b der Richtlinie 2002/47/EG des Europäischen Parlaments und des Rates vom 6. Juni 2002 über Finanzsicherheiten (ABl. L 168 vom 27.6.2002, S. 43), die zuletzt durch die Richtlinie 2014/59/EU (ABl. L 173 vom 12.6.2014, S. 190) geändert worden ist, in der jeweils geltenden Fassung, gewähren lassen.

(8) Soweit eine Vollrechtsübertragungen zulässig ist, hat das Wertpapierdienstleistungsunternehmen die Angemessenheit der Verwendung eines Finanzinstruments als Finanzsicherheit ordnungsgemäß vor dem Hintergrund der Vertragsbeziehung des Kunden mit dem Wertpapierdienstleistungsunternehmen und den Vermögensgegenständen des Kunden zu prüfen und diese Prüfung zu dokumentieren. Professionelle Kunden und geeignete Gegenparteien sind auf die Risiken und die Folgen der Stellung einer Finanzsicherheit in Form der Vollrechtsübertragung hinzuweisen.

(9) Ein Wertpapierdienstleistungsunternehmen hat im Rahmen von Wertpapierleihgeschäften mit Dritten, die Finanzinstrumente von Kunden zum Gegenstand haben, durch entsprechende Vereinbarungen sicherzustellen, dass der Entleiher der Kundenfinanzinstrumente angemessene Sicherheiten stellt. Das Wertpapierdienstleistungsunternehmen hat die Angemessenheit der gestellten Sicherheiten durch geeignete Vorkehrungen sicherzustellen sowie fortlaufend zu überwachen und das Gleichgewicht zwischen dem Wert der Sicherheit und dem Wert des Finanzinstruments des Kunden aufrechtzuerhalten.

(10) Das Bundesministerium der Finanzen kann durch Rechtsverordnung, die nicht der Zustimmung des Bundesrates bedarf, zum Schutz der einem Wertpapierdienstleistungsunternehmen anvertrauten

Gelder oder Wertpapiere der Kunden nähere Bestimmungen über den Umfang der Verpflichtungen nach den Absätzen 1 bis 9 sowie zu den Anforderungen an qualifizierte Geldmarktfonds im Sinne des Absatzes 2 erlassen. Das Bundesministerium der Finanzen kann die Ermächtigung durch Rechtsverordnung auf die Bundesanstalt übertragen.

In der Fassung des 2. FiMaNoG vom 23.6.2017 (BGBl. I 2017, 1693).

Delegierte Verordnung (EU) 2017/565 der Kommission vom 25. April 2016
zur Ergänzung der Richtlinie 2014/65/EU des Europäischen Parlaments und des Rates in Bezug auf die organisatorischen Anforderungen an Wertpapierfirmen und die Bedingungen für die Ausübung ihrer Tätigkeit sowie in Bezug auf die Definition bestimmter Begriffe für die Zwecke der genannten Richtlinie

(Auszug)

Art. 2 Begriffsbestimmungen

Für die Zwecke dieser Verordnung bezeichnet der Ausdruck

1.–3a. (abgedruckt bei § 63 WpHG)

4. „Wertpapierfinanzierungsgeschäft" ein Wertpapierfinanzierungsgeschäft im Sinne von Artikel 3 Ziffer 11 der Verordnung (EU) 2015/2365 des europäischen Parlaments und des Rates;

In der Fassung vom 25.4.2016 (ABl. EU Nr. L 87 v. 31.3.2017, S. 1).

Art. 49 Informationen zum Schutz von Kundenfinanzinstrumenten und Kundengelder

(1) Wertpapierfirmen, die Kunden gehörende Finanzinstrumente oder Gelder halten, übermitteln den betreffenden Kunden bzw. potenziellen Kunden – soweit relevant – die in den Absätzen 2 bis 7 genannten Informationen.

(2) Die Wertpapierfirma informiert den Kunden bzw. potenziellen Kunden darüber, wo seine Finanzinstrumente oder Gelder im Namen der Wertpapierfirma von einem Dritten gehalten werden können, und informiert ihn über die Haftung der Wertpapierfirma nach dem anwendbaren nationalen Recht für etwaige Handlungen oder Unterlassungen des Dritten und über die Folgen einer Zahlungsunfähigkeit des Dritten für den Kunden.

(3) Können Finanzinstrumente des Kunden bzw. potenziellen Kunden, soweit dies nach nationalem Recht zulässig ist, von einem Dritten auf einem Sammelkonto geführt werden, informiert die Wertpapierfirma den Kunden darüber und warnt ihn deutlich vor den damit verbundenen Risiken.

(4) Die Wertpapierfirma informiert den Kunden bzw. potenziellen Kunden entsprechend, wenn es nach nationalem Recht nicht möglich ist, Kundenfinanzinstrumente, die von einem Dritten gehalten werden, von den Eigenhandelsfinanzinstrumenten dieses Dritten oder der Wertpapierfirma getrennt zu halten, und warnt ihn deutlich vor den damit verbundenen Risiken.

(5). Die Wertpapierfirma informiert den Kunden bzw. potenziellen Kunden entsprechend, wenn Konten mit Finanzinstrumenten oder Geldern des betreffenden Kunden bzw. potenziellen Kunden unter die Rechtsvorschriften eines Drittlandes fallen oder fallen werden, und weist ihn darauf hin, dass dies seine Rechte in Bezug auf die betreffenden Finanzinstrumente oder Gelder beeinflussen kann.

(6) Die Wertpapierfirma informiert den Kunden über die Existenz und die Bedingungen eines etwaigen Sicherungs- oder Pfandrechts oder eines Rechts auf Verrechnung, das sie in Bezug auf die Instrumente oder Gelder des Kunden hat oder haben könnte. Gegebenenfalls informiert sie den Kunden auch darüber, dass eine Verwahrstelle ein Sicherungsrecht oder ein Pfandrecht bzw. ein Recht auf Verrechnung in Bezug auf die betreffenden Instrumente oder Gelder haben könnte.

(7) Bevor eine Wertpapierfirma Wertpapierfinanzierungsgeschäfte im Zusammenhang mit Finanzinstrumenten eingeht, die sie im Namen eines Kunden hält, oder bevor sie die betreffenden Finanzinstrumente für eigene Rechnung oder die eines anderen Kunden verwendet, übermittelt die Wertpapierfirma dem Kunden rechtzeitig vor der Verwendung der betreffenden Instrumente auf einem dauerhaften Datenträger klare, vollständige und zutreffende Informationen über die Rechte und Pflichten der Wertpapierfirma in Bezug auf die Verwendung der betreffenden Finanzinstrumente und die Bedingungen für ihre Rückgabe sowie über die damit verbundenen Risiken.

In der Fassung vom 25.4.2016 (ABl. EU Nr. L 87 v. 31.3.2017, S. 1).

Art. 63 Aufstellungen über Kundenfinanzinstrumente und Kundengelder

(1) Wertpapierfirmen, die Kundenfinanzinstrumente oder Kundengelder halten, übermitteln jedem Kunden, für den sie Finanzinstrumente oder Gelder halten, mindestens einmal pro Quartal auf einem dauerhaften Datenträger eine Aufstellung der betreffenden Finanzinstrumente oder Gelder, es sei denn, eine solche Aufstellung ist bereits in einer anderen periodischen Aufstellung übermittelt worden. Auf Wunsch des Kunden übermitteln die Wertpapierfirmen diese Aufstellung zu handelsüblichen Kosten auch häufiger.

Unterabsatz 1 gilt nicht für Kreditinstitute, die über eine Zulassung gemäß der Richtlinie 2000/12/EG des Europäischen Parlaments und des Rates in Bezug auf Einlagen im Sinne der genannten Richtlinie verfügen.

(2) Die in Absatz 1 genannte Aufstellung der Kundenvermögenswerte enthält folgende Informationen:

a) Angaben zu allen Finanzinstrumenten und Geldern, die die Wertpapierfirma am Ende des von der Aufstellung erfassten Zeitraums für den betreffenden Kunden hält;

b) Angaben darüber, inwieweit Kundenfinanzinstrumente oder Kundengelder Gegenstand von Wertpapierfinanzierungsgeschäften gewesen sind;

c) Höhe und Grundlage etwaiger Erträge, die dem Kunden aus der Beteiligung an Wertpapierfinanzierungsgeschäften zugeflossen sind;
d) deutlicher Hinweis darauf, welche Vermögenswerte bzw. Gelder unter die Regelungen der Richtlinie 2014/65/EU und deren Durchführungsmaßnahmen fallen und welche nicht, wie beispielsweise diejenigen, die Gegenstand einer Sicherheitenvereinbarung mit Eigentumsübertragung sind;
e) deutlicher Hinweis darauf, für welche Vermögenswerte hinsichtlich ihrer Eigentumsverhältnisse bestimmte Besonderheiten gelten, beispielsweise aufgrund eines Sicherungsrechts;
f) Marktwert oder – sofern der Marktwert nicht verfügbar ist – Schätzwert der Finanzinstrumente, die Teil der Aufstellung sind, mit einem deutlichen Hinweis darauf, dass der fehlende Marktpreis vermutlich auf mangelnde Liquidität hindeutet. Die Beurteilung des Schätzwerts nimmt die Wertpapierfirma nach bestmöglichem Bemühen vor.

Enthält das Portfolio eines Kunden Erlöse aus nicht abgerechneten Geschäften, kann für die unter Buchstabe a genannte Information entweder das Abschluss- oder das Abwicklungsdatum zu Grunde gelegt werden, vorausgesetzt, dass für alle derartigen Informationen in der Aufstellung so verfahren wird.

Die periodische Aufstellung des in Absatz 1 genannten Kundenvermögens ist nicht erforderlich, wenn die Wertpapierfirma ihren Kunden Zugang zu einem als dauerhafter Datenträger einstufbaren Online-System gewährt, über das der Kunde auf aktuelle Aufstellungen seiner Finanzinstrumente oder Gelder zugreifen und die Wertpapierfirma nachweisen kann, dass der Kunde während des betreffenden Quartals mindestens einmal auf diese Aufstellung zugegriffen hat.

(3) Wertpapierfirmen, die Finanzinstrumente oder Gelder halten und für einen Kunden Portfolioverwaltungsdienstleistungen erbringen, können die in Absatz 1 genannte Aufstellung der Kundenvermögenswerte in die periodische Aufstellung einbeziehen, die sie den betreffenden Kunden gemäß Artikel 60 Absatz 1 übermitteln.

In der Fassung vom 25.4.2016 (ABl. EU Nr. L 87 v. 31.3.2017, S. 1), geändert durch Berichtigung vom 26.9.2017 (ABl. EU Nr. L 246 v. 26.9.2017, S. 12).

Schrifttum: S. § 63 WpHG.

I. Allgemeines	1
II. Schutz der Kundengelder (§ 84 Abs. 1–3 WpHG)	2
1. Verwahrung auf eigenen Konten des Wertpapierdienstleistungsunternehmens	2
a) Gemäß der Richtlinie 2013/36/EU zugelassene Kreditinstitute	2
b) Generalklausel	3
c) Gelder der Kunden	4
d) Aufzeichnungen, Buchführung	5
e) Minimierung des Risikos	6
f) Pfandrechte, Aufrechnung	7
g) Verbot, Kundengelder für eigene Rechnung oder Rechnung anderer Personen zu verwenden	8
h) Informationen	9
i) Beauftragte zum Schutz der Vermögenswerte der Kunden	10
j) Auskünfte an die BaFin, Insolvenzverwalter, Abwicklungsbehörde	11
2. Gelder der Kunden werden auf Konten Dritter verwahrt	12
a) Anwendungsbereich	12
b) Verwahrung bei Dritten, Aufzeichnungen, Buchführung	13
aa) Treuhandkonten (§ 84 Abs. 2 Satz 1 WpHG)	14
bb) Auswahl der Dritten	15
(1) Zentralbank, Kreditinstitut, Unternehmen i.S.d. § 53b Abs. 1 Satz 1 KWG, vergleichbares Institut mit Sitz in einem Drittstaat	16
(2) Qualifizierte Geldmarktfonds	17
c) Verwendungsverbot, Minimierung des Risikos	18
d) Sicherungsrechte, Pfandrechte, Aufrechnung	19
e) Informationen	21
f) Beauftragte zum Schutz der Vermögenswerte der Kunden	24
g) Auskünfte an die BaFin, Insolvenzverwalter, Abwicklungsbehörde	25
III. Schutz der Finanzinstrumente (§ 84 Abs. 4–9 WpHG)	26
1. Verwahrung im eigenen Unternehmen	26
a) Berechtigung	26
b) Finanzinstrumente der Kunden	27
c) Grundlegende Pflichten	28
d) Aufzeichnungen, Buchführung	30
e) Einsatz der Finanzinstrumente auf eigene Rechnung oder für Rechnung Dritter (§ 84 Abs. 8 WpHG)	31
f) Sicherungsrechte, Erfüllung von Ansprüchen mittels Vollrechtsübertragung	33
g) Information	36
h) Beauftragte zum Schutz der Vermögenswerte der Kunden	38
i) Auskünfte an die BaFin, Insolvenzverwalter, Abwicklungsbehörde	39
2. Verwahrung bei einem Dritten; Pflicht zu dieser Art der Verwahrung (§ 84 Abs. 5 WpHG)	40
a) Pflicht zur Verwahrung bei einem Dritten	40
b) Kreis der in Betracht kommenden Dritten	41
c) Verwahrungsart	43
d) Grundlegende Pflichten	44
e) Aufzeichnungen, Buchführung	45
f) Einsatz der Finanzinstrumente auf eigene Rechnung oder Rechnung einer anderen Person	46
g) Sicherungsrechte, Erfüllung von Ansprüchen mittels Vollrechtsübertragung	47
h) Informationen	48
i) Beauftragte zum Schutz der Vermögenswerte der Kunden	49
j) Auskünfte an die BaFin, Insolvenzverwalter, Abwicklungsbehörde	50
IV. Sanktionen	51
V. Textabdruck WpDVerOV	52

§ 84 | Verhaltenspflichten, Organisationspflichten, Transparenzpflichten

1 **I. Allgemeines.** § 84 WpHG setzt in Fortführung des § 34a WpHG a.F. den Art. 16 Abs. 6, 8–11 sowie den Art. 25 Abs. 5, 7 Satz 2 RL 2014/65/EU (MiFID II)[1] einschließlich der Vorgaben der DelRL 2017/593[2] um[3]. Diese liegt auch dem § 10 WpDVerOV (Rz. 52) zugrunde. Ergänzend sind die Art. 49, 63 DelVO 2017/565 zu beachten. § 84 WpHG hat die Gefahr im Auge, dass Wertpapierdienstleistungsunternehmen in Insolvenz geraten, dass Gläubiger der Wertpapierdienstleistungsunternehmen auf die Kundengelder oder die Finanzinstrumente der Kunden zugreifen oder dass andere Kunden oder deren Gläubiger fremde Gelder oder Finanzinstrumente für sich in Anspruch nehmen. Die Vorschrift schützt alle Arten von Kunden[4]. Zum Verhältnis der Vorschrift zu der Delegierten Verordnung 2017/565, zur Rechtsnatur der Vorschrift s. § 63 WpHG Rz. 1 ff. Beachte die Ausnahme in § 91 WpHG. Folgt man dem Standpunkt des BGH[5] zum Vorläufer des § 84 WpHG, so stellt sie sie kein Schutzgesetz i.S.d. § 823 Abs. 2 BGB dar.

2 **II. Schutz der Kundengelder (§ 84 Abs. 1–3 WpHG). 1. Verwahrung auf eigenen Konten des Wertpapierdienstleistungsunternehmens. a)** Gemäß der Richtlinie 2013/36/EU zugelassene Kreditinstitute. Die Verwahrung der Kundengelder auf eigenen Konten ist nur Wertpapierdienstleistungsunternehmen gestattet, die gem. § 1 Abs. 1 Satz 2 Nr. 1 KWG über eine Erlaubnis zum Einlagengeschäft verfügen[6]. Im Licht des Art. 4 Abs. 1 Satz 2 DelRL 2017/593 sind die gemäß der RL 2013/36/EU für das Einlagengeschäft zugelassenen Kreditinstitute in gleicher Weise wie Kreditinstitute im Sinn des KWG zu behandeln, die eine Erlaubnis für das Einlagengeschäft besitzen. § 84 Abs. 1 WpHG setzt nicht voraus, dass die Kundengelder „Einlagen" darstellen. Art. 4 Abs. 1 Satz 2 DelRL 2017/593 macht dagegen eine Ausnahme nur in Bezug auf Einlagen, die gemäß dem Anhang I Nr. 1 RL 2013/36/EU unter die Kategorie der sonstigen rückzahlbaren Gelder fallen. Ob Vorschüsse als Einlagen zu behandeln sind, ist fraglich.

3 **b) Generalklausel.** § 84 Abs. 1 WpHG wiederholt das Gebot des Art. 16 Abs. 9 RL 2014/65/EU, wonach die Wertpapierdienstleistungsunternehmen, die Gelder von Kunden halten (Rz. 4), geeignete Vorkehrungen zu treffen haben, um die Rechte der Kunden zu schützen. Dies gilt zugunsten aller Arten von Kunden. Diese Generalklausel wird in § 10 WpDVerOV (Rz. 52)[7] – nicht abschließend – konkretisiert.

4 **c) Gelder der Kunden.** Geschützt werden **Kundengelder.** Unerheblich ist, ob ein Wertpapierdienstleistungsunternehmen die Kundengelder im eigenen Namen auf Rechnung seines Kunden oder im bzw. unter dem Namen seines Kunden zu verwenden hat[8]. Im Fall der **Verkaufskommission** zählen zu den Kundengeldern auch Gelder, die dem Wertpapierdienstleistungsunternehmen im Rahmen des Ausführungsgeschäfts von einem Dritten übereignet oder die ihm auf seinem Konto gutgeschrieben worden sind[9], ferner z.B. Zinsen, Dividenden, die das Wertpapierdienstleistungsunternehmen auf Rechnung seines Kunden eingezogen hat. Kundengelder sind darüber hinaus Gelder, die zur Erbringung von Wertpapierdienstleistungen **transportiert** werden, außerdem Gelder, die **im Namen der Kunden** (§ 164 BGB) verwendet oder die von den Wertpapierdienstleistungsunternehmen als **Boten** weitergegeben werden sollen[10]. Der Begriff der Kundengelder erfasst nicht nur **Bargeld**, das ein Wertpapierdienstleistungsunternehmen real „entgegennimmt". Zu den Kundengeldern gehören auch **Schecks**, die dem Wertpapierdienstleistungsunternehmen ausgehändigt werden[11], sowie Beträge, die auf ein Eigenkonto des Wertpapierdienstleistungsunternehmens **überwiesen** werden[12]. Auf derartige Kundengelder bezieht sich § 84 Abs. 1 WpHG allerdings nur dann, wenn sie nach dem für das Wertpapierdienstleistungsunternehmen ersichtlichen Leistungszweck auf Rechnung des Kunden entgegengenommen worden sind[13].

5 **d) Aufzeichnungen, Buchführung.** Jede Bewegung von Kundengeldern muss unverzüglich aufgezeichnet und korrekt so verbucht werden, dass die Gelder jederzeit den einzelnen Kunden zugeordnet werden können[14]. Da-

---

1 Begr. RegE 2. FiMaNoG, BT-Drucks. 18/10936, 245.
2 Insbesondere § 84 Abs. 6–9 WpHG. Vgl. Begr. RegE 2. FiMaNoG, BT-Drucks. 18/10936, 248.
3 Eingehend *Binder* in Staub, Bankvertragsrecht, Investmentbanking II, Teil 7 Rz. 112.
4 Erwägungsgrund Nr. 104 RL 2014/65/EU.
5 Vgl. BGH v. 17.9.2013 – XI ZR 332/12, BKR 2014, 32, 34 = AG 2013, 803; a.A. zum WpHG a.F. *Fuchs* in Fuchs, vor § 31 WpHG Rz. 107.
6 § 84 Abs. 1 WpHG.
7 Umsetzung der Art. 2 ff. DelRL 2017/593.
8 Vgl. zum WpHG a.F. *Möllers* in KölnKomm. WpHG, § 34a WpHG Rz. 27. Nicht zu den Kundengeldern zählen Gelder, die ein Wertpapierdienstleistungsunternehmen im eigenen Namen auf eigene Rechnung entgegennimmt, wie z.B. die vom Kunden gezahlte Vergütung oder der Aufwendungsersatz (a.A. zum WpHG a.F. *Fuchs* in Fuchs, § 34a WpHG Rz. 6).
9 Vgl. zum WpHG a.F. *Fuchs* in Fuchs, § 34a WpHG Rz. 6; *Fett* in Schwark/Zimmer, § 34a WpHG Rz. 6.
10 Vgl. zum WpHG a.F. Begr. RegE FRUG, BT-Drucks. 16/4028, 76: Unerheblich ist, ob es diese (sc.i.c. Gelder) im eigenen Namen und auf Rechnung der Kunden verwendet. Ebenso zum WpHG a.F. *Fuchs* in Fuchs, § 34a WpHG Rz. 7.
11 Vgl. zum WpHG a.F. *Fuchs* in Fuchs, § 34a WpHG Rz. 6; *Fett* in Schwark/Zimmer, § 34a WpHG Rz. 6.
12 Vgl. zum WpHG a.F. *Fett* in Schwark/Zimmer, § 34a WpHG Rz. 6.
13 Ähnlich zum WpHG a.F. *Fuchs* in Fuchs, § 34a WpHG Rz. 6 (Gelder, die rechtlich oder wirtschaftlich dem Kunden zustehen).
14 § 10 Abs. 4 Satz 1 Nr. 1 WpDVerOV (Rz. 52). Umsetzung des Art. 2 Abs. 1 lit. b DelRL 2017/593. Vgl. auch Entwurf MaDepot (2018) Ziff. 2.1.2.3.

raus ergibt sich, dass die Gelder weder auf ein für alle Kunden oder Kundengruppen angelegtes Sammelkonto noch auf ein Konto des Wertpapierdienstleistungsunternehmens verbucht werden dürfen. Die Aufzeichnungen und Buchungen müssen als Prüfpfad dienen können[1].

e) Minimierung des Risikos. Im Einklang mit den § 80 Abs. 1 Satz 1 WpHG, § 25a Abs. 1 KWG haben die Wertpapierdienstleistungsunternehmen gem. § 10 Abs. 4 Satz 1 Nr. 5 WpDVerOV (Rz. 52)[2] das Risiko eines gänzlichen oder teilweisen Verlustes der Kundengelder, z.B. infolge missbräuchlichen Verhaltens wie Betrug, schlechter Verwaltung, unzureichender Aufzeichnungen oder Fahrlässigkeit, durch angemessene organisatorische Maßnahmen zu minimieren. Dies gilt insbesondere für den Einsatz der EDV und die Kontrolle der Mitarbeiter des Wertpapierdienstleistungsunternehmens in Hinblick darauf, dass Geldbewegungen verschleiert werden könnten. 6

f) Pfandrechte, Aufrechnung. Den Wertpapierdienstleistungsunternehmen ist nicht verboten, mit ihren Kunden Pfandrechte und Aufrechnungsrechte zu vereinbaren, die gegen diese bestehenden Forderungen sichern oder deren Realisierung erleichtern[3]. Die Wertpapierdienstleistungsunternehmen müssen aber ihre Kunden darüber aufklären (Rz. 9). Falls das Wertpapierdienstleistungsunternehmen in Ausführung eines Kundenauftrags im eigenen Namen zugunsten Dritter Pfandrechte oder Aufrechnungsrechte begründet, können sich diese in der Fallgruppe, in denen das Wertpapierdienstleistungsunternehmen die Kundengelder selbst verwahrt, nicht unmittelbar[4] gegen die Kunden richten. 7

g) Verbot, Kundengelder für eigene Rechnung oder Rechnung anderer Personen zu verwenden. In Umsetzung des Art. 16 Abs. 9 RL 2014/65/EU schränkt § 84 Abs. 1 WpHG zugunsten von Wertpapierdienstleistungsunternehmen, die über eine Erlaubnis für das Einlagengeschäft nach § 1 Abs. 1 Satz 2 Nr. 1 KWG verfügen, das Verbot ein, Kundengelder für eigene Rechnung oder Rechnung anderer Personen zu verwenden, Art. 16 Abs. 9 RL 2014/65/EU spricht allgemeiner von „Kreditinstituten". In Art. 4 Abs. 1 Satz 2 DelRL 2017/593 wird auf die RL 2013/36/EU Bezug genommen. Daran sollte man sich orientieren. Allerdings knüpft Art. 4 Abs. 1 Satz 2 DelRL 2017/593 die Ausnahme von dem allgemeinen Gebot, die Konten bei einer Zentralbank etc. zu führen, daran, dass die Kundengelder als Einlagen im Sinne der RL 2013/36/EU zu qualifizieren sind[5]. Diese Richtlinie versteht unter Einlagen, wie sich aus ihrem Anhang I Nr. 1 ergibt, rückzahlbare Gelder. Es wäre wenig sachgerecht, die in § 84 Abs. 1 WpHG statuierte Ausnahme nicht auf diejenigen Fälle zu erstrecken, in denen Kreditinstitute Kundenschecks entgegennehmen. Deshalb kommt es nur darauf an, ob die Wertpapierdienstleistungsunternehmen befugt sind, das Einlagengeschäft zu betreiben, ohne dass die Art der Kundengelder (Rz. 4) eine Rolle spielt. Die Erlaubnis für Kreditinstitute, die Gelder für eigene Rechnung zu verwenden, ist sachgerecht, weil diese als Einlagen bei den Kreditinstituten behandelt werden und als solche geschützt werden. 8

h) Informationen. Gemäß Art. 47 Abs. 1 lit. g DelVO 2017/565 sind die Kunden auf die Maßnahmen zur Sicherung ihrer Gelder und Finanzinstrumente hinzuweisen[6]. Gemäß Art. 49 Abs. 6 DelVO 2017/565 haben Wertpapierdienstleistungsunternehmen ihre Kunden über die Existenz und die Tragweite (terms) eines etwaigen Sicherungsrechts, Pfandrechts oder Rechts zur Aufrechnung zu unterrichten[7]. Art. 63 Abs. 1, Abs. 2 Unterabs. 1 lit. d, Unterabs. 3 DelVO 2017/565 gibt vor, dass Wertpapierdienstleistungsunternehmen, die *nicht* zum Kreis der Kreditinstitute i.S.d. RL 2000/12/EG zählen, ihren Kunden mindestens einmal pro Vierteljahr auf einem dauerhaften Datenträger[8] eine Aufstellung der Gelder zu übermitteln haben, sofern diese nicht anderweitig periodische Aufstellungen erhalten oder einen qualifizierten[9] Zugang zu einem Onlinesystem des Wertpapierdienstleistungsunternehmens besitzen. Dabei ist darauf hinzuweisen, welche Gelder unter die Regelungen der MiFID II fallen[10]. Die Aufstellungen können in die bei der Vermögensverwaltung geschuldeten Berichte (§ 64 WpHG Rz. 87 ff.) einbezogen werden[11]. 9

i) Beauftragte zum Schutz der Vermögenswerte der Kunden. Die Wertpapierdienstleistungsunternehmen haben sachkundige[12] Beauftragte ausgestattet mit Befugnissen und Mitteln mit ausreichender Autorität[13] zu bestellen, denen die Verantwortung dafür übertragen wird, dass mit den Kundengeldern im Einklang mit den ge- 10

---

1 Entwurf MaDepot (2018) Ziff. 2.3.1.3 f.
2 Art. 2 Abs. 1 lit. f DelRL 2017/593.
3 Nach deutschem Recht ist die Begründung eines Pfandrechts an der eigenen Schuld zulässig (BGH v. 29.11.1984 – IX ZR 44/84, BGHZ 93, 71, 76).
4 Anders: Der Kunde bevollmächtigt oder ermächtigt das Wertpapierdienstleistungsunternehmen, dem Dritten seinen Anspruch gegen jenes zu verpfänden.
5 „… in relation to deposits within the meaning …"
6 Dies umfasst die Anleger-Entschädigungs- oder Einlagensicherungssysteme. Vgl. Entwurf MaDepot (2018) Ziff. 3.1.1.
7 Art. 49 Abs. 6 Satz 1 DelVO 2017/565.
8 § 2 Abs. 43 WpHG; Art. 3 Abs. 1 DelVO 2017/565.
9 Art. 3 Abs. 2 DelVO 2017/565.
10 Zu Details s. im Übrigen Art. 63 Abs. 2 DelVO 2017/565.
11 Art. 63 Abs. 3 DelVO 2017/565.
12 Erwägungsgrund Nr. 5 DelRL 2017/593; Entwurf MaDepot (2018) Ziff. 2.1.5.3.
13 Erwägungsgrund Nr. 5 DelRL 2017/593; Entwurf MaDepot (2018) Ziff. 2.1.5.2.

setzlichen Vorschriften verfahren wird[1]. Dadurch soll das Risiko gesenkt werden, das sich daraus ergibt, dass in Unternehmen mit einer Vielzahl von Abteilungen bei der Risikosteuerung der Überblick verloren gehen kann[2]. Der Beauftragte, der auch in anderen Funktionen tätig sein darf, die ihn nicht hindern, seine Aufgabe zum Schutz der Finanzinstrumente und der Gelder der Kunden nachzukommen[3], hat an die Geschäftsleitung des Wertpapierdienstleistungsunternehmens Bericht zu erstatten[4].

11 **j) Auskünfte an die BaFin, Insolvenzverwalter, Abwicklungsbehörde.** § 10 Abs. 10 WpDVerOV (Rz. 52) statuiert in Umsetzung des Art. 2 Abs. 5 DelRL 2017/593 auf Anfrage der BaFin, eines zuständigen Insolvenzverwalters oder einer zuständigen Abwicklungsbehörde eine Vielzahl von Auskunftspflichten.

12 **2. Gelder der Kunden werden auf Konten Dritter verwahrt. a) Anwendungsbereich.** Die folgenden Ausführungen sind in denjenigen Fällen von Bedeutung, in denen Gelder der Kunden bei Dritten verwahrt werden. Das gilt auch für Kreditinstitute, die das Einlagengeschäft betreiben dürfen (Rz. 2)[5]. Vor allem geht es hier um Wertpapierdienstleistungsunternehmen, denen das Einlagengeschäft i.S.d. § 1 Abs. 1 Satz 2 Nr. 1 KWG etc. verwehrt ist[6]. Unerheblich ist, ob das Wertpapierdienstleistungsunternehmen die Gelder der Kunden für deren gemeinsame Rechnung verwaltet. Es genügt, dass das Wertpapierdienstleistungsunternehmen im Zusammenhang[7] mit Wertpapier(neben)dienstleistungen (§ 2 Abs. 8 WpHG) Kundengelder entgegennimmt.

13 **b) Verwahrung bei Dritten, Aufzeichnungen, Buchführung.** Wertpapierdienstleistungsunternehmen, die kein Einlagengeschäft i.S.d. § 1 Abs. 1 Satz 2 Nr. 1 KWG etc. (Rz. 2 betreiben dürfen, sind verpflichtet, die Gelder unverzüglich (promptly) getrennt[8] von den eigenen Geldern und anderen Kundengeldern auf Treuhandkonten zu übertragen, die bei Kreditinstituten mit der Erlaubnis zum Einlagengeschäft, bei Unternehmen i.S.d. § 53b Abs. 1 Satz 1 KWG[9] oder vergleichbaren Instituten mit Sitz in einem Drittstaat, die zum Betreiben des Einlagengeschäftes befugt sind[10], einer Zentralbank oder einem qualifizierten Geldmarktfonds geführt werden[11]. Das Trennungsprinzip gebietet nicht nur **Aufzeichnungen** und **Buchungen** in der Art, wie sie Kreditinstituten vorgeschrieben ist (Rz. 5), sondern auch, diese Aufzeichnungen und Bücher regelmäßig mit denen der Dritten, bei denen die Kundengelder verwahrt werden, abzugleichen[12]. Gemäß § 10 Abs. 6 Satz 4 WpDVerOV (Rz. 52) hat das Wertpapierdienstleistungsunternehmen Sicherungsrechte, Pfandrechte oder Aufrechnungsrechte nach deren Bestellung oder Entstehen in seinen Bücher zu verzeichnen[13]. Die Kundengelder müssen für die **Dauer der gesamten Geschäftsverbindung** mit dem Kunden, d.h. bis zur Herausgabe des auf Rechnung des Kunden Erlangten, getrennt verwahrt werden[14], wenn man von den kurzen Zeiträumen absieht, die das Wertpapierdienstleistungsunternehmen i.S.d. Begriffs „unverzüglich" benötigt, um Treuhandkonten einzurichten und das Geld auf sie zu transferieren.

14 **aa) Treuhandkonten (§ 84 Abs. 2 Satz 1 WpHG).** Treuhandkonten können sowohl auf der Basis einer Vollmacht, einer Ermächtigung als auch als Vollrechtstreuhandkonten geführt werden[15]. Die Wertpapierdienstleistungsunternehmen dürfen mithin auch im eigenen Namen Konten eröffnen, sofern[16] sie dem Kreditinstitut etc. deutlich machen, dass es sich hierbei um Treuhandkonten handelt, für die sie ausschließlich als Treuhänder auftreten (sog. **offene Treuhandkonten**)[17]. Bei Vollmachtstreuhandkonten ergibt sich die Offenlegung aus der

---

1 § 81 Abs. 5 WpHG in Umsetzung des Art. 7 DelRL 2017/593; Entwurf MaDepot (2018) Ziff. 2.1.5.2.
2 Erwägungsgrund Nr. 5 DelRL 2017/593.
3 Entwurf MaDepot (2018) Ziff. 2.1.5.1; 2.1.5.4 (Gleiches gilt für die Mitarbeiter). § 81 Abs. 5 Satz 2 WpHG ist im Licht des Art. 7 Unterabs. 2 DelRL 2017/593, in dem die Kumulation von Aufgaben unter dem Vorbehalt steht, dass die Richtlinie uneingeschränkt beachtet wird, restriktiv zu interpretieren.
4 Erwägungsgrund Nr. 5 DelRL 2017/593; Entwurf MaDepot (2018) Ziff. 2.1.5.2.
5 Allerdings werden insoweit die Ausführungen kaum Bedeutung erlangen, weil Kreditinstitute mit einer Befugnis zum Einlagengeschäft die Kundengelder als bei ihnen getätigte Einlagen behandeln werden.
6 S. dazu Rz. 2.
7 Es genügt Mitursächlichkeit; weitergehend zum WpHG a.F. *Möllers* in KölnKomm. WpHG, § 34a WpHG Rz. 29 (eine kausale oder finale Verknüpfung ist nicht zu fordern).
8 § 10 Abs. 4 Satz 1 Nr. 1, 3 WpDVerOV (Rz. 52).
9 Art. 4 Abs. 1 Satz 1 lit. b DelRL 2017/593 spricht insoweit von einem gemäß der RL 2013/36/EU zugelassenen Kreditinstitut.
10 In Art. 4 Abs. 1 Satz 1 lit. c DelRL 2017/593 heißt es schlechthin „in einem Drittland zugelassenen Bank" (a bank authorised in a third country).
11 § 84 Abs. 2 Satz 1 WpHG.
12 § 10 Abs. 4 Nr. 2 WpDVerOV (Rz. 52); eingehend Entwurf MaDepot (2018) Ziff. 2.2.4.
13 In § 10 Abs. 6 Satz 4 WpDVerOV (Rz. 52) ist zwar von „Eigentumsverhältnisse" die Rede, die in Hinblick auf Gelder, die bei Dritten verwahrt werden, keine Rolle spielen können. Da andererseits aber ganz allgemein von „Gelder" gesprochen wird und diese auf Treuhandkonten gebucht werden müssen, so dass eine gewisse Nähe zu den Eigentumsverhältnissen begründet wird, ist es im Einklang mit Art. 2 Abs. 4 Unterabs. 3 DelRL 2017/593 sachgerecht, auch in diesen Fällen eine Informationspflicht zu statuieren.
14 § 10 Abs. 4 Satz 1 Nr. 1, 3 WpDVerOV (Rz. 52).
15 Vgl. zum WpHG a.F. *Möllers* in KölnKomm. WpHG, § 34a WpHG Rz. 38.
16 Abw. zum WpHG a.F. *Fuchs* in Fuchs, § 34a WpHG Rz. 18 (uneingeschränkt).
17 § 84 Abs. 2 Satz 5 WpHG.

Natur der Sache (§ 164 BGB). Die Treuhandkonten müssen grds. offen auf die einzelnen Kunden bezogen sein. § 84 Abs. 2 Satz 1 WpHG schreibt eine Trennung von anderen Kundengeldern vor. Dieses Gebot steht zur Disposition der Kunden (§ 84 Abs. 2 Satz 2 WpHG). Deshalb sind mit Zustimmung der betroffenen Kunden, die nicht mittels AGB erteilt werden kann, für die Kundengelder[1] Sammelkonten zulässig, sofern die Kunden vorher über den mit einer Trennung der Kundengelder verfolgten besonderen Schutz informiert worden sind (§ 84 Abs. 2 Satz 2 WpHG). § 10 Abs. 4 Satz 1 Nr. 3 WpDVerOV (Rz. 52), der mehrdeutig fordert, dass die Gelder auf einem oder mehreren **separaten Konten** aufzubewahren sind, die von denjenigen Konten getrennt sein müssen, auf denen Gelder *des* Wertpapierdienstleistungsunternehmens geführt werden[2], ist im Licht des § 84 Abs. 2 Satz 1 WpHG im Sinn des Trennungsgebots (Rz. 13) zu interpretieren. Vgl. im Übrigen zum Gebot ordnungsgemäßer Buchführung Rz. 13.

bb) Auswahl der Dritten. Für die Auswahlentscheidung gilt immer, dass die Wertpapierdienstleistungsunternehmen sich **sorgfältig** und **gewissenhaft** zu verhalten haben[3]. Dabei sind die fachliche Eignung des Dritten, die von ihm geübte Sorgfalt, seine Reputation, seine Marktpraktiken zu berücksichtigen, auch inwieweit er die gesetzlichen Anforderungen respektiert[4]. Das gilt gleichermaßen für die auf die Auswahl folgende Überwachung[5]. Bei der **Auswahl** sind in angemessenem Umfang[6] Klumpenrisiken durch Diversifizierung zu vermeiden[7]. § 84 Abs. 3 WpHG[8] schreibt in diesem Sinne vor, dass grundsätzlich[9] maximal 20 Prozent der Summe der Kundengelder des Wertpapierdienstleistungsunternehmens bei einem Kreditinstitut, einem Institut mit Sitz in einem Drittstaat oder einem Geldmarktfonds verwahrt werden dürfen, sofern dieses zur Unternehmensgruppe des Wertpapierdienstleistungsunternehmens gehört. Ferner haben Wertpapierdienstleistungsunternehmen organisatorische Vorkehrungen zu treffen, um das Risiko eines **Verlustes durch Pflichtverletzungen** so gering wie möglich zu halten[10]. Außerdem müssen sie dafür sorgen, dass die Gelder bei den Dritten getrennt von den Geldern des Wertpapierdienstleistungsunternehmens auf **separaten Konten** geführt werden[11].

(1) Zentralbank, Kreditinstitut, Unternehmen i.S.d. § 53b Abs. 1 Satz 1 KWG, vergleichbares Institut mit Sitz in einem Drittstaat. Die **Kreditinstitute** müssen gem. § 1 Abs. 1 Satz 2 Nr. 1 KWG die Erlaubnis für das Einlagengeschäft besitzen. Mit den **Unternehmen** i.S.d. **§ 53b Abs. 1 Satz 1 KWG** sind CRR- Kreditinstitute oder Wertpapierhandelsunternehmen mit Sitz in einem anderen Staat des Europäischen Wirtschaftsraums gemeint. Bei **Instituten mit Sitz in einem Drittstaat**, d.h. außerhalb der EU und der EWR, kommt es darauf an, ob diese Institute nach den Rechtsvorschriften, denen sie an ihrem Sitz unterworfen sind, einen gleichwertigen Kundenschutz bieten über die Berechtigung zum Einlagengeschäft verfügen. Außer bei Zentralbanken ist **zusätzlich zu prüfen**, ob die Drittverwahrer fachlich geeignet sind, welche Aufsichtsmaßstäbe für die Drittverwahrer gelten und ob die Reputation der Drittverwahrer, insbesondere ihre Praktiken im Zusammenhang mit der Verwahrung, vor allem eine Missachtung rechtlicher bzw. regulatorischer Anforderungen, Anlass zu Bedenken geben[12].

(2) Qualifizierte Geldmarktfonds. § 10 Abs. 9 WpDVerOV (Rz. 52) beschreibt in Umsetzung des Art. 1 Nr. 4 DelRL 2017/593 näher, welche Geldmarktfonds i.S.d. § 84 Abs. 2 Satz 1 WpHG als qualifiziert zu gelten haben[13]. Bei derartigen Geldmarktfonds sind die allgemeinen Regeln (Rz. 13 ff.) zu beachten. Es muss sorgfältig untersucht werden, ob die Reputation des Geldmarktfonds, die fachliche Eignung seines Leitungspersonals, seine Praktiken im Zusammenhang mit der Verwahrung der Gelder eine Gefährdung der Kunden über das übliche Risiko hinaus befürchten lassen[14]. Voraussetzung einer Verwahrung ihrer Gelder bei einem Geldmarktfonds ist außerdem, dass die Kunden ihr ausdrücklich zugestimmt haben[15]. Diese Zustimmung ist nur wirksam,

---

1 Eine Vermischung der Kundengelder mit eigenen Mitteln des Wertpapierdienstleistungsunternehmens auf den Sammelkonten ist unzulässig.
2 Ebenso Art. 2 Abs. 1 lit. e DelRL 2017/593 (account or accounts identified seperately from any accounts used to hold funds belongig to the investment firm).
3 § 10 Abs. 1 Satz 1 WpDVerOV (Rz. 52). Vgl. zum WpHG a.F. ESMA 2012/382, MiFID Questions and Answers, Question 6.
4 § 10 Abs. 1 Satz 2 WpDVerOV (Rz. 52).
5 § 10 Abs. 1 Satz 1 WpDVerOV (Rz. 52).
6 Davon ausgenommen sind diejenigen Gelder, die das Wertpapierdienstleistungsunternehmen auf ein Transaktionskonto übertragen hat, um für den Kunden ein bestimmtes Geschäft zu tätigen (Erwägungsgrund Nr. 12 DelRL 2017/593).
7 § 10 Abs. 1 Satz 2 WpDVerOV (Rz. 52); Erwägungsgrund Nr. 12 DelRL 2017/593.
8 Die Vorschrift setzt Art. 4 Abs. 3 Unterabs. 1 DelRL 2017/593 um (Begr. RegE z. FiMaNoG, BT-Drucks. 18/10936, 247).
9 Ausnahmen mit Erlaubnis der BaFin gem. § 84 Abs. 3 Satz 2 WpHG. Art. 4 Abs. 3 Unterabs. 2 DelRL 2017/593 sieht dieses Genehmigungserfordernis nicht vor.
10 § 10 Abs. 4 Nr. 5 WpDVerOV (Rz. 52).
11 § 10 Abs. 4 Nr. 3, 4 WpDVerOV (Rz. 52).
12 § 10 Abs. 1 Satz 2 WpDVerOV (Rz. 52); Art. 4 Abs. 2 Unterabs. 2 DelRL 2017/593.
13 Einschr.: Es sollte nicht automatisch auf externe Ratings zurückgegriffen werden. Wenn der Geldmarktfonds unter die beiden höchsten kurzfristigen Ratings herabgestuft wird, sollte eine Neubewertung durchgeführt werden, um sicherzustellen, dass der Vorrang nach wie vor erstklassig ist (Erwägungsgrund Nr. 4 Satz 3 f DelRL 2017/593).
14 § 10 Abs. 1 Satz 2 WpDVerOV (Rz. 52); Art. 4 Abs. 2 Unterabs. 2 DelRL 2017/593.
15 § 84 Abs. 2 Satz 3 WpHG; Art. 4 Abs. 2 Unterabs. 3 Satz 1 DelRL 2017/593; Erwägungsgrund Nr. 4 Satz 2 DelRL 2017/593.

wenn die Kunden zuvor darüber informiert worden sind, dass bei einem qualifizierten Geldmarktfonds die Gelder nicht entsprechend den Schutzstandards des WpHG und der WpDVerOV (Rz. 52) aufbewahrt werden[1].

18 **c) Verwendungsverbot, Minimierung des Risikos.** Wertpapierdienstleistungsunternehmen dürfen Gelder der Kunden nur mit deren ausdrücklicher Zustimmung für eigene Rechnung oder für Rechnung einer anderen Person verwenden (§ 84 Abs. 1 WpHG). Nicht für eigene Rechnung werden diejenigen Gelder eingesetzt, die auftragsgemäß verwendet werden oder die an den Kunden abgeführt werden. Die Gelder dienen jedoch eigenen Zwecken des Wertpapierdienstleistungsunternehmens oder denen eines Dritten, wenn mit ihnen Aufwendungen des Wertpapierdienstleistungsunternehmens oder Dritter[2] ersetzt werden, die diese im Auftrag des Wertpapierdienstleistungsunternehmens getätigt haben, oder wenn Vergütungen bezahlt werden. In diesen Fällen benötigt das Wertpapierdienstleistungsunternehmen eine ausdrückliche[3] Zustimmung der Kunden. Sie kann auch in Form von AGB erklärt werden, falls die AGB ausdrücklich in den Vertrag einbezogen werden. Zur Minimierung des Risikos eines Verlustes der Gelder infolge von Pflichtwidrigkeiten s. im Übrigen Rz. 15, 29.

19 **d) Sicherungsrechte, Pfandrechte, Aufrechnung.** § 10 Abs. 6 Satz 1 WpDVerOV (Rz. 52) ordnet an, dass Sicherungsrechte, Pfandrechte oder Aufrechnungsrechte zugunsten Dritter[4], die *nicht* aus der Geschäftsbeziehung mit dem Kunden erwachsen oder auf der Erbringung von Dienstleistungen des Dritten an den Kunden beruhen, nur bestellt werden dürfen, wenn sie nach dem Recht eines Drittstaates vorgeschrieben sind, in dem die Gelder des Kunden gehalten werden. Daraus ergibt sich im Umkehrschluss, dass die Wertpapierdienstleistungsunternehmen jederzeit Pfandrechte etc. vereinbaren können, die **eigene konnexe oder inkonnexe Forderungen** gegen den Kunden sichern[5]. Ebenso wenig werden sie daran gehindert, mit eigenen konnexen oder inkonnexen Forderungen aufzurechnen oder sie in das Kontokorrent einzustellen. Über die Existenz und die Tragweite der Sicherungs- und Aufrechnungsrechte sind die Kunden aufzuklären[6]. Mit den Dritten dürfen die Wertpapierdienstleistungsunternehmen nur Pfandrechte und Aufrechnungsrechte vereinbaren, die auf Forderungen bezogen sind, die der **Erbringung von Dienstleistungen des Dritten an den jeweiligen Kunden** entspringen. Da vielfach die Dritten von den Wertpapierdienstleistungsunternehmen im eigenen Namen beauftragt werden oder die Verwahrer der Kundengelder Vierte beauftragen können, muss es genügen, dass deren Dienstleistungen mittelbar den Kunden zugute kommen. Erst recht ist die Vereinbarung eines Pfandrechts oder Aufrechnungsrechts zugunsten eines Dritten unproblematisch, falls das Wertpapierdienstleistungsunternehmen **im Namen und Interesse eines Kunden** mit einem Dritten kontrahiert hatte und aus dieser Verbindung Ansprüche gegen den Kunden entstehen[7]. Weitergehende dispositive Pfand- und Aufrechnungsrechte hat das Wertpapierdienstleistungsunternehmen abzubedingen.

20 Dort, wo kraft zwingenden Rechts[8] Sicherungsrechte, Pfandrechte oder Aufrechnungsrechte zugunsten Dritter[9] entstehen können, obwohl die gesicherten oder aufrechnungsfähigen Forderungen nicht der Erbringung von Dienstleistungen an den Kunden entspringen, ist dieser zu informieren[10] (dazu Rz. 23).

21 **e) Informationen.** Zur **periodischen Aufstellung** der Gelder s. Rz. 9.

22 Gemäß § 84 Abs. 2 Satz 6 WpHG haben die Wertpapierdienstleistungsunternehmen ihren Kunden außerdem unverzüglich (vgl. § 121 BGB) **Namen, Anschrift** des Kreditinstituts sowie die **Kontonummer** und -**bezeichnung** mitzuteilen[11]. Sie haben ferner die Kunden über die Existenz der für das Kreditinstitut zuständigen **Anlegerentschädigungs- bzw. Einlagensicherungs-Institution** und darüber zu informieren, welchen Schutz diese bietet. Außerdem ist bei nachträglichen Verschlechterungen des Einlagenschutzes Nachricht zu geben. Aufzuklären ist auch darüber, wie das Wertpapierdienstleistungsunternehmen für das Verhalten des die Kunden-

---

1 § 84 Abs. 2 Satz 4 WpHG; Art. 4 Abs. 2 Unterabs. 3 DelRL 2017/593.
2 Es wird hierbei davon ausgegangen, dass der Dritte vom Wertpapierdienstleistungsunternehmen eingeschaltet worden ist.
3 Mit klaren Worten. Diese Zustimmung kann in Aufrechnungsvereinbarungen oder Kontokorrentvereinbarungen enthalten sein.
4 Dritter kann diejenige Person sein, bei der die Kundengelder verwahrt werden (Rz. 13) und die deren Herausgabe schuldet, aber auch ein Vierter, der – mittelbar – Dienstleistungen an den Kunden erbracht hat.
5 Ebenso Erwägungsgrund Nr. 14 DelVO 2017/565.
6 Art. 49 Abs. 6 DelVO 2017/565.
7 Fallgruppe „aus der Geschäftsbeziehung mit dem Kunden erwachsen"; Art. 2 Abs. 4 Unterabs. 1 DelRL 2017/593 („... that do not relate to the client ...").
8 Unerheblich ist es, ob kraft zwingenden Rechts unmittelbar Sicherungs- oder Aufrechnungsrechte begründet werden oder ob die Wertpapierdienstleistungsunternehmen, wie § 84 Abs. 6 Satz 2 WpHG im Gefolge des Art. 2 Abs. 4 Unterabs. 2 DelRL 2017/593 formuliert, nur unter bestimmten Bedingungen einen Vertrag schließen dürfen.
9 Dritter kann diejenige Person sein, bei der die Kundengelder verwahrt werden (Rz. 12 f.) und die deren Herausgabe schuldet, aber auch ein Vierter, der – mittelbar – Dienstleistungen an den Kunden erbracht hat.
10 § 10 Abs. 6 Satz 2 WpDVerOV (Rz. 52) knüpft an eine entsprechende gesetzliche Pflicht zur Bestellung von Sicherheiten an.
11 Allgemeiner Art. 49 Abs. 2 DelVO 2017/565: „wo". Entsprechendes gilt für Finanzinstrumente (Entwurf MaDepot (2018) Ziff. 3.2.1.2).

gelder verwahrenden Dritten und dessen Zahlungsfähigkeit haftet[1]. Dort, wo die Kundengelder in einem Drittstaaten verwahrt werden oder werden sollen, sind die Kunden darüber aufzuklären, dass das Recht des Drittstaates ihre Rechtsposition negativ beeinflussen kann[2].

In die Verträge[3] der Kunden mit einem Wertpapierdienstleistungsunternehmen muss darüber hinaus aufgenommen werden, dass das Wertpapierdienstleistungsunternehmen **Sicherungs- oder Aufrechnungsrechte** bestellt hat oder dass diese kraft Gesetzes entstehen bzw. entstehen könnten[4]. Hierbei ist es unerheblich, ob diese einen Bezug zu den Dienstleistungen aufweisen, die der Dritte[5] für den Kunden erbracht hat. Besondere Informationspflichten werden dort begründet, wo kraft zwingenden Rechts Sicherungs-, Pfand- oder Aufrechnungsrechte zugunsten Dritter entstehen, die nicht mit der Erbringung von Dienstleistungen der Dritten zugunsten des Kunden (Rz. 19 f.) im Zusammenhang stehen. In solchen Fällen ist nämlich unverzüglich *vor*[6] dem Entstehen der Sicherungs- oder Aufrechnungsrechte zu informieren[7]. Dabei sind die Kunden auf die mit diesen Sicherungs- und Aufrechnungsrechten verbundenen Risiken hinzuweisen[8]. Zu den Informationspflichten vgl. im Übrigen Rz. 9. 23

f) Beauftragte zum Schutz der Vermögenswerte der Kunden. S. Rz. 10; Entwurf MaDepot (2018) Ziff. 2.1.5. 24

g) Auskünfte an die BaFin, Insolvenzverwalter, Abwicklungsbehörde. S. Rz. 11. 25

III. Schutz der Finanzinstrumente (§ 84 Abs. 4–9 WpHG). 1. Verwahrung im eigenen Unternehmen. a) Berechtigung. Das Wertpapierdienstleistungsunternehmen ist nur dann berechtigt, die Finanzinstrumente der Kunden im eigenen Unternehmen zu verwahren, wenn es die Erlaubnis zum Betreiben des Depotgeschäftes i.S.d. § 1 Abs. 1 Satz 2 Nr. 5 KWG besitzt[9]. 26

b) Finanzinstrumente der Kunden. Zum Begriff des Finanzinstruments s. § 2 Abs. 4 WpHG. Die Finanzinstrumente müssen bestimmten Kunden gehören[10] und depotfähig sein. § 84 Abs. 4 ff. WpHG ist auf Finanzinstrumente zu erstrecken, die ein Wertpapierdienstleistungsunternehmen im Rahmen einer **Einkaufskommission** erworben hat, wenn auf diese Papiere § 392 Abs. 2 HGB analog anzuwenden ist[11]. Gleichgültig ist, ob ein Wertpapierdienstleistungsunternehmen den Besitz an den Papieren unmittelbar von seinem Kunden oder auf dessen Rechnung von einem Dritten erhalten hat. § 84 Abs. 4 ff. WpHG erfasst dagegen nicht Finanzinstrumente, die ein Kunde einem Wertpapierdienstleistungsunternehmen im Rahmen des § 2 Abs. 8 Satz 1 Nr. 2 lit. c WpHG übereignet hat. 27

c) Grundlegende Pflichten. Wertpapierdienstleistungsunternehmen haben die Finanzinstrumente grds[12]. so zu verwahren, dass ihre eigenen **Gläubiger oder ein Insolvenzverwalter** auf sie **keinen Zugriff** nehmen können[13]. Sie haben durch Aufzeichnungen und korrekte Buchführung dafür zu sorgen, dass die den Kunden gehörenden[14] Finanzinstrumente jederzeit von den eigenen Vermögenswerten **separiert** bleiben und dies – auch für die Vergangenheit – ständig nachweisbar ist[15]. Dem entspricht es, dass die Finanzinstrumente grds[16]. **nicht für eigene Zwecke** des Wertpapierdienstleistungsunternehmens oder die einer anderen Person verwandt werden dürfen[17]. 28

---

1 Allgemeiner Art. 49 Abs. 2 DelVO 2017/565.
2 Art. 49 Abs. 5 DelVO 2017/565.
3 Dies betrifft sowohl Rahmenvereinbarungen als auch Einzelverträge.
4 Art. 49 Abs. 6 DelVO 2017/565. § 10 Abs. 6 Satz 4 WpDVerOV (Rz. 52); Art. 2 Abs. 4 Unterabs. 3 DelRL 2017/593. In dieser Fallgruppe kommt es darauf an, wann die Vereinbarung getroffen worden ist oder wann das Wertpapierdienstleistungsunternehmen von dem Entstehen der Sicherungs- oder Aufrechnungsrechte kraft Gesetzes Kenntnis erlangt hat.
5 Dritter kann diejenige Person sein, bei der die Kundengelder verwahrt werden und die deren Herausgabe schuldet, aber auch ein Vierter, der – mittelbar – Dienstleistungen an den Kunden erbacht hat.
6 Art. 2 Abs. 4 Unterabs. 2 DelRL 2017/593 (where the firm is obliged); 10 Abs. 6 Satz 2 WpDVerOV (Rz. 52).
7 § 10 Abs. 6 Satz 2 WpDVerOV (Rz. 52).
8 § 10 Abs. 6 Satz 3 WpDVerOV (Rz. 52); Art. 2 Abs. 4 Unterabs. 2 DelRL 2017/593.
9 Umkehrschluss aus § 84 Abs. 5 Satz 1 WpHG.
10 Art. 16 Abs. 8 RL 2014/65/EU. Dies ist nicht mit Eigentum gleichzusetzen. Es genügen auch vergleichbare Rechtspositionen, wie Treuhandeigentum (Art. 3 Abs. 1 Unterabs. 1 DelRiL 2017/593 [für ihre Kunden gehaltenen]).
11 *Koller* in Staub, Großkomm. HGB, 5. Aufl., § 392 HGB Rz. 2; vgl. ferner zum WpHG a.F. *Fuchs* in Fuchs, § 34a WpHG Rz. 21; a.A. *Möllers* in KölnKomm. WpHG, § 34a WpHG Rz. 78.
12 Zu Ausnahmen s. Rz. 35.
13 § 84 Abs. 4 WpHG; Art. 16 Abs. 8 RL 2014/65/EU.
14 Art. 16 Abs. 8 RL 2014/65/EU. Dies ist nicht mit Eigentum gleichzusetzen. Es genügen auch vergleichbare Rechtspositionen, wie Treuhandeigentum (Art. 3 Abs. 1 Unterabs. 1 DelRL 2017/593 [für ihre Kunden gehaltenen]).
15 § 10 Abs. 4 Satz 1 Nr. 1 WpDVerOV (Rz. 52); Art. 2 Abs. 1 lit. a DelRL 2017/593. Auch hat es deshalb seine Aufzeichnungen und Bücher mit denen der Dritten, bei denen Kundenfinanzinstrumente verwahrt werden, abzugleichen (§ 10 Abs. 4 Satz 1 Nr. 2 WpDVerOV (Rz. 52)). Zu Ausnahmen s. Rz. 31 f.
16 Zu Ausnahmen s. Rz. 31 ff.
17 § 84 Abs. 4 Satz 3 WpHG.

§ 84 | Verhaltenspflichten, Organisationspflichten, Transparenzpflichten

29 Die Wertpapierdienstleistungsunternehmen müssen insbesondere durch organisatorische Maßnahmen[1] gewährleisten, dass das **Risiko eines Verlustes** durch Pflichtverletzungen[2] **minimiert** wird. Hierzu sind geeignete Vorkehrungen zu treffen, um die unbefugte Verwendung der Finanzinstrumente des Kunden für eigene Rechnung des Wertpapierdienstleistungsunternehmens oder für Rechnung einer anderen Person zu verhindern[3]. § 10 Abs. 7 WpDVerOV (Rz. 52)[4] nennt beispielhaft den Abschluss von Vereinbarungen über die von dem Wertpapierdienstleistungsunternehmen zu treffenden Maßnahmen, falls die Rückstellungen auf dem Konto des Kunden am Erfüllungstag nicht ausreichen[5], ferner die genaue Beobachtung der eigenen Fähigkeit, am Erfüllungstag liefern zu können und präventive Maßnahmen für den Fall, dass das Wertpapierdienstleistungsunternehmen nicht in der Lage ist, seiner Verpflichtung nachzukommen. Außerdem haben Wertpapierdienstleistungsunternehmen im Auge zu behalten, ob am Erfüllungstag Wertpapiere ausstehen und bejahendenfalls prompt zu mahnen[6]. Die Lieferdispositionen müssen so erfolgen, dass bei der Abwicklung von Geschäften zu keinem Zeitpunkt unberechtigt auf die Finanzinstrumente anderer Kunden zugegriffen wird[7].

30 **d) Aufzeichnungen, Buchführung.** Die Ausführungen zur Behandlung von Kundengeldern (Rz. 5) gelten entsprechend für die Verwahrung von Finanzinstrumenten[8]. Die Aufzeichnungen haben so zu erfolgen, dass sie jederzeit eine eindeutige Zuordnung der Finanzinstrumente und von Verlusten erlauben[9].

31 **e) Einsatz der Finanzinstrumente auf eigene Rechnung oder für Rechnung Dritter (§ 84 Abs. 8 WpHG).** Die Kunden, auch Privatkunden, können einem Wertpapierdienstleistungsunternehmen erlauben, ihre[10] Finanzinstrumente unter im Detail exakt festgelegten[11] Voraussetzungen für **eigene Rechnung** oder für **Rechnung einer anderen Person**[12] zu verwenden[13]. Diese Erlaubnis muss im voraus, ausdrücklich sowie schriftlich (§§ 126, 126a BGB) erteilt werden. Sie muss sich klar auf diese Voraussetzungen beziehen[14]. Dem steht eine Erklärung in AGB nicht entgegen[15], sofern die AGB schriftlich ausdrücklich in den Vertrag einbezogen werden. Auch eine schriftliche Weisung des Kunden genügt[16]. Zur Sammelverwahrung s. Rz. 45 f.; zu Informationspflichten s. Rz. 37.

32 Im Fall der **Wertpapierleihe**[17] hat das verleihende Wertpapierdienstleistungsunternehmen mit dem Entleiher zu vereinbaren, dass dieser angemessene Sicherheiten stellt[18]. Ob diese Sicherheiten ausreichen, ist zu prüfen

---

1 Entwurf MaDepot (2018) Ziff. 2.1.1.5 ff.; Ziff. 2.1.3.
2 § 10 Abs. 4 Satz 1 Nr. 5 WpDVerOV (Rz. 52). Gemäß § 10 Abs. 1 Satz 1 WpDVerOV (Rz. 52) haben die Wertpapierdienstleistungsunternehmen mit der erforderlichen Sorgfalt und Gewissenhaftigkeit vorzugehen. Art. 2 Abs. 1 lit. f DelRL 2017/593 hebt den Betrug, die schlechte Verwaltung, die unzureichende Aufzeichnung sowie die Fahrlässigkeit hervor. Vgl. Entwurf MaDepot (2018) Ziff. 2.1.3. Die Pflichtverletzungen können auch den Kunden zur Last fallen.
3 § 84 Abs. 6 Satz 1 WpHG.
4 Umsetzung des Art. 5 Abs. 3 DelRL 2017/593.
5 Zu denken ist hier an die Leihe der entsprechenden Wertpapiere im Namen des Kunden oder die Auflösung der Position (§ 10 Abs. 7 Nr. 1 WpDVerOV (Rz. 52); Art. 5 Abs. 3 lit. a DelRL 2017/593). Dieses Beispiel hat allerdings nur dann etwas mit einer unbefugten Verwendung zu tun, wenn dem Wertpapierdienstleistungsunternehmen der Einsatz der Finanzinstrumente nicht gestattet worden ist. Vgl. auch Entwurf MaDepot (2018) Ziff. 2.1.1.4.
6 § 10 Abs. 7 Nr. 3 WpDVerOV (Rz. 52); Entwurf MaDepot (2018) Ziff. 2.1.1.4.
7 Eingehend Entwurf MaDepot (2018) Ziff. 2.1.1.2; 2.1.1.3.
8 § 10 Abs. 4 Satz 1 Nr. 1 WpDVerOV (Rz. 52); Entwurf MaDepot (2018) Ziff. 2.1.2.3 (Aufzeichnungen bei Sammelbeständen.
9 Entwurf MaDepot (2018) Ziff. 2.1.2.3; 2.3.1.
10 Voraussetzung ist mithin, dass die Kunden im Zeitpunkt der Verwendung der Finanzinstrumente durch das Wertpapierdienstleistungsunternehmen noch deren Eigentümer sind, diese mithin nicht als Sicherheit (§ 84 Abs. 8 WpHG) dem Wertpapierdienstleistungsunternehmen übereignet haben (Begr. RegE 2. FiMaNoG, BT-Drucks. 18/10936, 248). Dem Eigentum der Kunden sind die Fälle gleichzustellen, in denen diese die erstrangigen Treugeber sind, wenn die Wertpapiere zu ihren Gunsten auf Wertpapierrechnung gebucht worden sind.
11 Art. 5 Abs. 1 lit. a DelRL 2017/593 (specified).
12 Dies kann ein anderer Kunde sein (Art. 5 Abs. 1 DelRL 2017/593).
13 § 84 Abs. 4 Satz 3, Abs. 6 Satz 1 WpHG in Umsetzung des 6 Abs. 1, 3 DelRL 2017/593 (Begr. RegE 2. FiMaNoG, BT-Drucks. 18/10936, 248 f.). Art. 5 Abs. 1 DelRL 2017/593 zufolge bezieht sich die Erlaubnis allerdings nur auf den Abschluss von Vereinbarungen über Wertpapierfinanzierungsgeschäfte (securities financing transactions), wie z.B. Wertpapierleihe, repo- Geschäfte (Art. 1 Nr. 3 DelRL 2017/593 i.V.m. Art. 3 Nr. 11 VO 2015/2365). Beachte auch den Erwägungsgrund Nr. 51 Satz 2 RL 2014/65/EU.
14 § 84 Abs. 6 Satz 2, 3 WpHG, Art. 16 Abs. 8, 9 RL 2014/65/EU; Art. 5 Abs. 1 lit. a DelRL 2017/593; Erwägungsgrund Nr. 10 DelRL 2017/593.
15 Erwägungsgrund Nr. 10 DelRL 2017/593.
16 Erwägungsgrund Nr. 10 DelRL 2017/593.
17 Erwägungsgrund Nr. 51 Satz 2 RL 2014/65/EU nimmt an, dass die Wertpapierleihe im Interesse des Anlegers erfolgt.
18 § 84 Abs. 9 Satz 1 WpHG; Art. 5 Abs. 4 DelRL 2017/593; Erwägungsgrund Nr. 9 DelRL 2017/593; Entwurf MaDepot (2018) Ziff. 2.1.2.4.

und fortwährend zu überwachen[1], um laufend[2] das Gleichgewicht zwischen dem Wert der Sicherheit und dem Wert der Finanzinstrumente des Kunden aufrechtzuerhalten[3]. Zu Informationspflichten s. Rz. 37.

f) **Sicherungsrechte, Erfüllung von Ansprüchen mittels Vollrechtsübertragung.** Die Wertpapierdienstleistungsunternehmen können sich zur Besicherung eigener Ansprüche gegen die Kunden **Pfandrechte** bestellen lassen[4]. Gleiches gilt für Pfandrechte zur Besicherung von solchen Ansprüchen Dritter, die im Zusammenhang mit dem betroffenen Kunden oder mit Dienstleistungen zugunsten dieses Kunden begründet worden sind[5]. Unzulässig ist dagegen eine freiwillige Bestellung von Pfandrechten zur Sicherung von Forderungen, die nicht mit dem betroffenen Kunden oder der Erbringung von Dienstleistungen für diesen Kunden in Verbindung gebracht werden können[6]. Damit unvereinbares dispositives Recht ist abzubedingen. Anders ist die Rechtslage, falls die Pfandrechte kraft zwingenden Recht begründet werden oder begründet werden müssen[7]. 33

Die Vereinbarung einer **Sicherungsübereignung**[8] ist mit Kunden, die in die Kategorie der **Privatkunden** fallen, unzulässig[9]. Gleiches gilt für andere Vollrechtsübertragungen zur Deckung von Verbindlichkeiten[10]. Da es hier, wie die Verweisung auf die RL 2002/47/EG zeigt, um Finanzsicherheiten geht[11], bleibt allen Arten von Kunden das Recht des Wertpapierdienstleistungsunternehmen, das als Kommissionär Finanzinstrumente des Kunden im Selbsteintritt an sich verkauft hat, unberührt, diese an sich zu übertragen. Ebenso können Privatkunden den Wertpapierdienstleistungsunternehmen **gestatten**, die Finanzinstrumente auf eigene Rechnung oder Rechnung Dritter zu verwenden (Rz. 31). 34

Anders ist die Rechtslage bei **professionellen Kunden und geeigneten Gegenparteien**. Bei ihnen sind als Finanzsicherheiten dienende **Vollrechtsübertragungen** grundsätzlich zulässig[12]. Es ist jedoch jeweils zu prüfen, ob die Vollrechtsübertragung im Licht der Geschäftsbeziehung zu dem jeweiligen Kunden und angesichts der Vermögensgegenstände dieses Kunden, auf die das Wertpapierdienstleistungsunternehmen Zugriff hat, aber auch angesichts der Möglichkeit, Pfandrechte zu bestellen, angemessen[13] ist. An der Angemessenheit fehlt es im Zweifel, wenn zwischen der Verpflichtung des Kunden und der als Finanzsicherheit dienenden Vollrechtsübertragung nur eine sehr schwache Verbindung besteht, z.B. weil keine oder nur eine zu vernachlässigende Forderung der Wertpapierfirma gegenüber den Kunden entstehen kann[14]. Ferner ist bei der Prüfung der Angemessenheit zu bedenken, ob die Summe derjenigen Kundengelder bzw. der Wert derjenigen Finanzinstrumente des Kunden, die von der vereinbarten Vollrechtsübertragung erfasst werden, die Verpflichtungen des Kunden weit übersteigt[15]. Darüber hinaus fällt immer in die Waagschale, ob sämtliche Finanzinstrumente oder Kundengelder ohne Rücksicht darauf, welche Verpflichtungen der einzelne Kunde gegenüber dem Wertpapierdienstleistungsunternehmen hat, der Abrede über die Vollrechtsübertragung unterworfen worden sind[16]. Diese Prüfung ist aufzuzeichnen[17]. Dort, wo die Vollrechtsübertragung bereits *vor* der Verwendung des Finanzinstruments durch das Wertpapierdienstleistungsunternehmen für eigene Zwecke oder die Zwecke Dritter stattgefunden hat, ist § 84 Abs. 6 WpHG nicht anzuwenden[18]. 35

---

1 Dies gilt auch dann, wenn das Wertpapierdienstleistungsunternehmen bei dem Abschluss des Wertpapierleihvertrages als Beauftragter behandelt wird oder wenn die Wertpapierleihe zwischen dem externen Entleiher, dem Kunden und einem Wertpapierdienstleistungsunternehmen vereinbart worden ist (Erwägungsgrund Nr. 9 DelRL 2017/593).
2 Begr. RegE 2. FiMaNoG, BT-Drucks. 18/10936, 249.
3 § 84 Abs. 9 Satz 2 WpHG.
4 Umkehrschluss aus § 10 Abs. 6 Satz 1 WpDVerOV (Rz. 52). Vgl. Entwurf MaDepot (2018) Ziff. 2.2.5.1 Ansprüche „aus der Geschäftsbeziehung mit dem Kunden".
5 Umkehrschluss aus § 10 Abs. 6 Satz 1 WpDVerOV (Rz. 52); Art. 2 Abs. 4 Unterabs. 1 DelRL 2017/593.
6 § 10 Abs. 6 Satz 1 WpDVerOV (Rz. 52); Art. 2 Abs. 4 Unterabs. 1 DelRL 2017/593.
7 § 10 Abs. 6 Satz 1 WpDVerOV (Rz. 52); Art. 2 Abs. 4 Unterabs. 1 DelRL 2017/593.
8 Art. 2 Abs. 1 lit. b der Richtlinie 2002/47/EG des Europäischen Parlaments und Rates vom 6.6.2002 über Finanzsicherheiten, ABl. Nr. L 168 v. 27.6.2002, S. 43.
9 § 84 Abs. 7 WpHG i.V.m. Art. 2 Abs. 1 lit. b der Richtlinie 2002/47/EG des Europäischen Parlaments und Rates vom 6.6.2002 über Finanzsicherheiten, ABl. Nr. L 168 v. 27.6.2002, S. 43; Art. 16 Abs. 10 RL 2014/65/EU (Begr. RegE 2. FiMaNoG, BT-Drucks. 18/10936, 248).
10 § 84 Abs. 7 Satz 1 WpHG i.V.m. Art. 2 Abs. 1 lit. b der Richtlinie 2002/47/EG des Europäischen Parlaments und Rates vom 6.6.2002 über Finanzsicherheiten, ABl. Nr. L 168 v. 27.6.2002, S. 43; Art. 16 Abs. 10 RL 2014/65/EU.
11 So auch die Begr. RegE 2. FiMaNoG, BT-Drucks. 18/10936, 248.
12 Begr. RegE 2. FiMaNoG, BT-Drucks. 18/10936, 248; Erwägungsgrund Nr. 6 DelRL 2017/593.
13 § 84 Abs. 8 WpHG; Art. 6 Abs. 2 Halbsatz 1 DelRiL 2017/593 (Angemessenheit; appropriateness); Erwägungsgrund Nr. 6, 7 DelRL 2017/593.
14 Vgl. § 10 Abs. 8 Nr. 1 WpDVerOV (Rz. 52); Art. 6 Abs. 2 lit. a DelRL 2017/593.
15 § 10 Abs. 8 Nr. 2 WpDVerOV (Rz. 52); Art. 6 Abs. 2 lit. b DelRL 2017/593.
16 § 10 Abs. 8 Nr. 3 WpDVerOV (Rz. 52); Art. 6 Abs. 2 lit. c DelRL 2017/593.
17 § 84 Abs. 8 Satz 1 WpHG.
18 Begr. RegE 2. FiMaNoG, BT-Drucks. 18/10936, 248 f. Abw. Erwägungsgrund Nr. 6 DelRL 2017/593, wonach auch professionelle Kunden und geeignete Gegenparteien der Verwendung der Vermögenswerte ausdrücklich zustimmen müssen. Man kann argumentieren, dass die sicherungsübereigneten Finanzinstrumente erst dann für eigene Zwecke verwendet werden, wenn sie veräußert werden, um Verbindlichkeiten abzudecken. Falls man in dieser Phase eine Zustim-

36 **g) Information.** S. Rz. 9. Gemäß Art. 63 Abs. 1 Unterabs. 1, Abs. 2 Unterabs. 1 lit. d, Unterabs. 3 DelVO 2017/565 sind Wertpapierdienstleistungsunternehmen[1] gehalten, ihren Kunden **regelmäßig**, mindestens einmal pro Vierteljahr auf einem dauerhaften Datenträger[2] eine Aufstellung der verwahrten Finanzinstrumente zu übermitteln, sofern sie ihnen nicht anderweitig periodische Aufstellungen zukommen lassen oder die Kunden einen qualifizierten[3] Zugang zu einem Onlinesystem des Wertpapierdienstleistungsunternehmens besitzen[4]. Die Kunden können verlangen, dass sie zu handelsüblichen Preisen häufiger über ihre Vermögenswerte informiert werden[5]. Die Aufstellungen können in die bei der Vermögensverwaltung geschuldeten Berichte (§ 64 WpHG Rz. 88 ff.) einbezogen werden[6].

37 Die Kunden sind über die **Folgen**, die mit einer **Vollrechtsübertragung** verbunden sind, insbesondere die hieraus resultierenden Risiken, **aufzuklären**[7]. In die Verträge der Kunden mit den Wertpapierdienstleistungsunternehmen ist darüber hinaus aufzunehmen, dass das Wertpapierdienstleistungsunternehmen zu eigenen Gunsten (Rz. 9) oder zugunsten Dritter[8] **Sicherungs- oder Aufrechnungsrechte** bestellt (hat) oder dass diese kraft Gesetzes entstehen können[9]. Hierbei ist es unerheblich, ob diese Rechte einen Bezug auf die Dienstleistungen Dritter für den Kunden aufweisen. Außerdem ist unverzüglich *vor* dem Entstehen der Sicherungs- oder Aufrechnungsrechte darauf hinzuweisen, dass das Wertpapierdienstleistungsunternehmen verpflichtet ist, sie zugunsten Dritter auch dann zu begründen, wenn kein Bezug zu dem Kunden bzw. zu den Dienstleistungen für den Kunden existiert, und dass dies mit Gefahren für den Kunden verbunden ist[10]. Die Kunden sind auf einem dauerhaften Datenträger[11] verständlich (§ 63 WpHG Rz. 64), vollständig, richtig und rechtzeitig über ihre[12] Rechte und Pflichten zu unterrichten, die ihnen bei einer befugten Verwendung der Finanzinstrumente für eigene Rechnung des Wertpapierdienstleistungsunternehmens oder für Rechnung eines anderen Kunden zustehen bzw. obliegen[13]. In diesem Zusammenhang sind sie darüber aufzuklären, unter welchen Voraussetzungen sie die Rückgabe der Finanzinstrumente fordern dürfen und welchen wirtschaftlichen und juristischen Risiken ihre Ansprüche ausgesetzt sind[14]. Dies gilt insbesondere in Fällen, in denen ein Wertpapierdienstleistungsunternehmen die Finanzinstrumente seiner Kunden mit deren Zustimmung für Wertpapierfinanzierungsgeschäfte[15] verwendet[16].

38 **h) Beauftragte zum Schutz der Vermögenswerte der Kunden.** S. Rz. 10.

39 **i) Auskünfte an die BaFin, Insolvenzverwalter, Abwicklungsbehörde.** S. Rz. 11; Entwurf MaDepot (2018) Ziff. 2.1.4.

40 **2. Verwahrung bei einem Dritten; Pflicht zu dieser Art der Verwahrung (§ 84 Abs. 5 WpHG). a) Pflicht zur Verwahrung bei einem Dritten.** Wertpapierdienstleistungsunternehmen, die nicht befugt sind, das Depotgeschäft i.S.d. § 1 Abs. 1 Satz 2 Nr. 5 KWG zu betreiben, dürfen die Finanzinstrumente der Kunden (Rz. 27) nicht bei sich verwahren. Sie haben sie unverzüglich an ein zur Verwahrung befugtes, sorgfältig aus-

---

mungspflicht bejahen würde, so wäre die Vollrechtsübertragung zu Sicherungszwecken wertlos. Es ist deshalb anzunehmen, dass die zulässige Vollrechtsübertragung durch professionelle Kunden oder geeignete Gegenparteien keiner besonderen Zustimmung als derjenigen bedarf, die für eine Vollrechtsübertragung erforderlich ist.

1 Die Ausnahme des Art. 63 Abs. 1 Unterabs. 2 DelVO 2017/565 kommt hier nicht zum Tragen, da es bei der Verwahrung von Finanzinstrumenten nicht um Einlagen (Art. 3 RL 2000/12/EG) geht.
2 § 2 Abs. 43 WpHG; Art. 3 Abs. 1 DelVO 2017/565.
3 Art. 3 Abs. 2 DelVO 2017/565.
4 Art. 63 Abs. 2 Unterabs. 4 DelVO 2017/565; eingehend Entwurf MaDepot (2018) Ziff. 3.1.3.
5 Art. 63 Abs. 1 Unterabs. 1 DelVO 2017/565.
6 Art. 63 Abs. 3 DelVO 2017/565.
7 Art. 49 Abs. 6 DelVO 2017/565; § 84 Abs. 8 Satz 2 WpHG.
8 Kein Dritter ist das Wertpapierdienstleistungsunternehmen, das selbst verwahrt.
9 § 10 Abs. 6 Satz 4 WpDVerOV (Rz. 52); Art. 49 Abs. 6 DelVO 2017/565; Art. 2 Abs. 4 Unterabs. 3 DelRL 2017/593; Entwurf MaDepot (2018) Ziff. 3.1.2.6. In dieser Fallgruppe kommt es entweder darauf an, wann die Vereinbarung getroffen worden ist oder wann das Wertpapierdienstleistungsunternehmen von dem Entstehen der Sicherungs- oder Aufrechnungsrechte kraft Gesetzes Kenntnis erlangt.
10 § 84 Abs. 6 Satz 2, 3 WpHG; § 10 Abs. 6 Satz 2, 3 WpDVerOV (Rz. 52); Art. 2 Abs. 4 Unterabs. 2 DelRL 2017/593; Entwurf MaDepot (2018) Ziff. 2.2.5.2.
11 § 2 Abs. 43 WpHG; Art. 3 Abs. 1 DelVO 2017/565.
12 In Art. 49 Abs. 7 DelVO 2017/565 geht es um die Rechte und Pflichten des Wertpapierdienstleistungsunternehmens. Deren Rechte und Pflichten sind außer bei Gestaltungsrechten spiegelbildlich die Pflichten und Rechte der Kunden.
13 Art. 49 Abs. 7 DelVO 2017/565; Entwurf MaDepot (2018) Ziff. 2.2.5.2; 3.1.2.7.
14 Art. 49 Abs. 7 DelVO 2017/565.
15 Art. 2 Nr. 4 DelVO 2017/565, z.B. repo-Geschäfte, Wertpapierleihe, Verkauf/Rückkauf-Vereinbarungen.
16 Art. 49 Abs. 7 DelVO 2017/565. Aus dem Wortlaut des Art. 49 Abs. 7 Alt. 2 DelVO 2017/565 darf nicht geschlossen werden, dass die Wertpapierfinanzierungsgeschäfte nicht notwendig den Zwecken des Wertpapierdienstleistungsunternehmens oder eines anderen Kunden dienen müssen. Vielmehr werden die Wertpapierfinanzierungsgeschäfte zunächst *als ein Beispiel* für eine Durchbrechung des Verbots der Nutzung von Finanzinstrumenten der Kunden angeführt, um dann abstrahierend alle Fälle der Nutzung von Finanzinstrumenten auf eigene Rechnung oder die Rechnung anderer Personen zu erfassen.

gewähltes[1] Unternehmen „weiterzuleiten" (§ 84 Abs. 5 Satz 1 WpHG), mit dem sie eine entsprechende Vereinbarung geschlossen haben. Daraus ergibt sich, dass die Kunden grundsätzlich Eigentümer bzw. Treugeber bleiben oder es werden müssen. Diesem Erfordernis wird Rechnung getragen, wenn die Wertpapierdienstleistungsunternehmen das Konto bei der Depotbank im eigenen Namen eröffnen und die Papiere dort im Streifbanddepot verwahren lassen. Auch im Fall der zulässigen[2] Girosammelverwahrung auf einem Konto, das auf den Namen eines Wertpapierdienstleistungsunternehmens lautet, bleibt der Kunde Eigentümer (§ 6 DepG). Er ist nach deutschem Recht als (Mit)Eigentümer der Wertpapiere voll verfügungsberechtigt (§ 137 BGB). Noch besser sind die Kunden geschützt, wenn das Depotkonto bei der Depotbank auf den Namen des Kunden eröffnet wird. Dies ist zulässig, wird jedoch von § 84 Abs. 5 Satz 1 WpHG nicht zwingend vorgeschrieben. Finanzinstrumente, für die der Kunde nur eine Gutschrift in Wertpapierrechnung erhalten hat[3], brauchen nur weitergeleitet zu werden, wenn End- und Zwischenverwahrer nicht zum Kreis der zur Verwahrung Berechtigten (Rz. 27) zählen.

b) Kreis der in Betracht kommenden Dritten. Als Verwahrstellen kommen Kreditinstitute in Betracht, denen in Deutschland das Betreiben des Depotgeschäftes erlaubt ist, ferner Institute mit Sitz im Ausland, falls diese zum Betreiben des Depotgeschäftes befugt sind und darüber hinaus dem Kunden eine Rechtsstellung einräumen, die derjenigen nach dem DepotG gleichwertig ist (§ 84 Abs. 5 WpHG). Die Gleichwertigkeit ist zu bejahen, wenn der Schutz gegen Verfügungen über fremdes Vermögen und gegen den Zugriff dritter Gläubiger in etwa dem entspricht, den das deutsche Recht bietet, der Kunde mithin zumindest wirtschaftlich die Stellung eines Eigentümers erwirbt. Bei im Ausland verwahrten Wertpapieren genügt mithin die Begründung eines Treuhandverhältnisses. Selbst wenn der Kunde nur eine Treugeberposition im Rahmen einer Vollrechtstreuhand erlangt, ist er nämlich nach den Rechtsgrundsätzen des Treuhandrechts ausreichend gesichert. Die Verwahrer mit einem Sitz in einem Drittstaat müssen außerdem besonderen (specific) Anforderungen und einer besonderen Aufsicht unterliegen[4]. Diese Grundsätze sind auch dort zu beachten, wo ein Dritter als Verwahrer die Aufgaben des Haltens oder Verwahrens von Finanzinstrumenten auf einen Vierten überträgt[5]. 41

Von diesen **Erfordernissen** kann bei einer Verwahrung in einem Drittstaat **abgesehen** werden, wenn sie wegen der Art der Finanzinstrumente oder Wertpapierdienstleistungen notwendig ist[6]. Professionelle Kunden können immer gem. § 10 Abs. 2 Satz 2 WpDVerOV (Rz. 52) in Textform (writing) gestatten, dass in einem Drittstaat bestimmte[7] Dritte als Verwahrer der für sie gehaltenen Finanzinstrumente[8] beauftragt werden, obwohl für sie keine besonderen Vorschriften für die Verwahrung gelten und sie keiner besonderen Aufsicht unterliegen. Gleiches muss für geeignete Gegenparteien gelten[9]. 42

c) Verwahrungsart. Die Finanzinstrumente dürfen auf Sammelkonten, auch im Weg der Giro-Sammelverwahrung, verwahrt werden. Bei einer Sammelverwahrung sind die Kunden hierüber zu informieren und vor den sie bei dieser Verwahrungsart treffenden Gefahren zu warnen[10]. 43

d) Grundlegende Pflichten. Die Finanzinstrumente der Kunden sind **getrennt** von denen des Wertpapierdienstleistungsunternehmens zu verwahren[11]. Es sind Maßnahmen zu treffen, die gewährleisten, dass die Finanzinstrumente des Wertpapierdienstleistungsunternehmens und die Finanzinstrumente des Dritten unterschieden werden können[12]. Insoweit gilt eine Ausnahme, falls der Dritte im Inland die Erlaubnis zum Betreiben des Depotgeschäftes besitzt oder als Zentralverwahrer zugelassen ist[13]. Sollte es nach einschlägigem nationalem Recht unmöglich sein, Kundenfinanzinstrumente, die bei einem Dritten verwahrt werden, von dessen Finanzinstrumenten oder denen des Wertpapierhandelsunternehmens zu separieren, sind die Kunden deutlich auf die daraus resultierenden Risiken hinzuweisen[14]. Ebenso wie bei Kundengeldern haben die Wertpapierdienstleistungsunternehmen bei der Auswahl der Dritten deren **Sachkenntnis, deren zu erwartendes Sorgfaltsniveau** 44

---

1 § 10 Abs. 1 Satz 1 WpDVerOV (Rz. 52); Art. 3 Abs. 1 Unterabs. 1 DelRL 2017/593; Entwurf MaDepot (2018) Ziff. 2.2.1.2 ff.
2 Vgl. zum WpHG a.F. *Fett* in Schwark/Zimmer, § 34a WpHG Rz. 21.
3 Diese Gutschrift in Wertpapierrechnung verschafft einen quasi dinglichen Anspruch (*Einsele* in MünchKomm. HGB, 3. Aufl., Depotgeschäft, Rz. 33, 215 ff.).
4 § 10 Abs. 2 Satz 1 WpDVerOV (Rz. 52); Art. 3 Abs. 2 DelRL 2017/593. Das heißt nicht, dass diese Anforderungen denen des Depotgesetzes uneingeschränkt entsprechen müssen. Das Wertpapierdienstleistungsunternehmen hat die Eignung zu prüfen und bei Direkteinlieferungen die Prüfung ausreichend zu dokumentieren.
5 § 10 Abs. 3 WpDVerOV (Rz. 52).
6 § 10 Abs. 2 Satz 2 WpDVerOV (Rz. 52); Art. 3 Abs. 3 lit. a DelRL 2017/593.
7 Art. 3 Abs. 3 lit. b DelRL 2017/593 (requests the firm ... to deposit them with a third party).
8 Art. 3 Abs. 3 lit. b DelRL 2017/593 (financial instruments are held on behalf of a professional client).
9 § 10 Abs. 2 Satz 2 WpDVerOV (Rz. 52) analog.
10 Art. 49 Abs. 3 DelVO 2017/565; eingehend Entwurf MaDepot (2018) Ziff. 3.1.2.3.
11 § 10 Abs. 4 Satz 1 Nr. 1 WpDVerOV (Rz. 52).
12 § 10 Abs. 4 Satz 1 Nr. 1 WpDVerOV (Rz. 52); Entwurf MaDepot (2018) Ziff. 2.2.3 (z.B. Bezeichnung der Konten; nicht genügt es, sich auf die Korrektheit der eigenen internen Buchführung zu verlassen).
13 § 10 Abs. 4 Satz 2 WpDVerOV (Rz. 52); Entwurf MaDepot (2018) Ziff. 2.2.3.3.
14 Art. 49 Abs. 4 DelVO 2017/565: Entwurf MaDepot (2018) Ziff. 3.1.2.4.

und **Marktreputation** zu berücksichtigen sowie zu prüfen, ob diese den an sie gestellten rechtlichen Anforderungen genügen[1]. Die Dritten sind laufend zu **überwachen**[2].

45 e) **Aufzeichnungen, Buchführung.** Verwendet das Wertpapierdienstleistungsunternehmen Finanzinstrumente, die auf Sammelkonten bei Drittverwahrern gebucht sind, auf eigene Rechnung oder auf die einer anderen Person, so haben die Wertpapierdienstleistungsunternehmen in ihren Aufzeichnungen die Kunden zu benennen, auf deren Weisung hin die Verwendung der Finanzinstrumente erfolgt ist, sowie für jeden einzelnen Kunden die Zahl der eingesetzten Finanzinstrumente zu dokumentieren, der dieser Form der Verwendung zugestimmt hat[3]. S. im Übrigen zu der Aufzeichnung und Buchführung Rz. 13, 30.

46 f) **Einsatz der Finanzinstrumente auf eigene Rechnung oder Rechnung einer anderen Person.** S. dazu Rz. 31 f. Besonderheiten bestehen, wenn die Finanzinstrumente auf **Sammelkonten** bei Dritten verwahrt werden. Dann genügt nicht ohne weiteres die Zustimmung desjenigen Kunden, dessen Finanzinstrumente auf eigene Rechnung oder auf die Rechnung einer anderen Person verwandt werden sollen. Wegen der Struktur der Sammelverwahrung müssen alle Kunden, deren Finanzinstrumente in dem Sammeldepot verwahrt werden, im voraus ausdrücklich zustimmen, es sei denn das Wertpapierdienstleistungsunternehmen verfügt über Systeme und Kontrollen, die es gewährleisten, dass nur die Finanzinstrumente derjenigen Kunden zustimmungsgemäß (Rz. 31 f.) auf eigene Rechnung oder Rechnung einer anderen Person verwendet werden, die dies erlaubt haben[4].

47 g) **Sicherungsrechte, Erfüllung von Ansprüchen mittels Vollrechtsübertragung.** S. dazu Rz. 33 ff.

48 h) **Informationen.** Werden die Finanzinstrumente bei einem Dritten verwahrt, so müssen die Wertpapierdienstleistungsunternehmen ihre Kunden unverzüglich darüber informieren, bei welchem Institut und auf welchem Konto diese verwahrt werden[5]. Außerdem sind die Kunden über die Haftung des Wertpapierdienstleistungsunternehmens für das Verhalten des Dritten und über die sie treffenden Konsequenzen einer Zahlungsunfähigkeit des Dritten aufzuklären[6]. Dort, wo die Finanzinstrumente in Drittstaaten verwahrt werden oder werden sollen, ist den Kunden auch mitzuteilen, dass das Recht des Drittstaates ihre Rechtsposition beeinflussen kann[7]. Sollte bei einer Verwahrung der Finanzinstrumente in Drittstaaten kein gleichwertiger Schutz (Rz. 42) geboten werden können, ist den Kunden darzulegen, dass ihnen der von der RL 2014/65/EU und der DelRL 2017/593 gewährte Schutz nicht zuteil wird[8]. Unabhängig von der Verwahrung in einem Drittstaat ist den Kunden deutlich zu machen, dass den Dritten ein Sicherungs- oder Aufrechnungsrecht erwächst[9]. **Im Übrigen** ist so zu informieren, als ob die Wertpapierdienstleistungsunternehmen die Finanzinstrumente selbst verwahren würden (Rz. 36 f.).

49 i) **Beauftragte zum Schutz der Vermögenswerte der Kunden.** S. Rz. 10.

50 j) **Auskünfte an die BaFin, Insolvenzverwalter, Abwicklungsbehörde.** S. Rz. 11; Entwurf MaDepot (2018) Ziff. 2.1.4.

51 IV. **Sanktionen.** S. § 120 Abs. 8 Nr. 127 ff. WpHG.

52 V. **Textabdruck WpDVerOV**

> Verordnung zur Konkretisierung der Verhaltensregeln und Organisationsanforderungen für Wertpapierdienstleistungsunternehmen (Wertpapierdienstleistungs-Verhaltens- und -Organisationsverordnung – WpDVerOV)[10]
> (Auszug)
>
> **§ 1 Anwendungsbereich**
>
> (1) Die Vorschriften dieser Verordnung sind anzuwenden auf
>
> 1.–7. (abgedruckt bei § 67 WpHG Rz. 34, § 64 WpHG Rz. 94, § 69 WpHG Rz. 15, § 70 WpHG Rz. 56, § 80 WpHG Rz. 172, § 83 WpHG Rz. 32)
>
> 8. die Pflichten zum Schutz des Kundenvermögens gemäß § 84 des Wertpapierhandelsgesetzes und die Anforderungen an qualifizierte Geldmarktfonds im Sinne des § 84 Absatz 2 Satz 1 des Wertpapierhandelsgesetzes, jeweils in Umsetzung der Vorgaben der Delegierten Richtlinie (EU) 2017/593.

---

1 § 10 Abs. 1 Satz 1 WpDVerOV (Rz. 52); Art. 3 Abs. 1 Unterabs. 1 DelRL 2017/593.
2 § 10 Abs. 1 Satz 1 WpDVerOV (Rz. 52); Art. 3 Abs. 1 Unterabs. 1 DelRL 2017/593; Erwägungsgrund Nr. 11 DelRL 2017/593 (Dies gilt auch in Hinblick auf Vierte, auf die der Dritte seine Verwahrungspflicht delegiert haben könnte); eingehend Entwurf MaDepot (2018) Ziff. 2.2.1.4.f.
3 § 84 Abs. 6 Satz 4 WpHG; Entwurf MaDepot (2018) Ziff. 2.1.2.3.
4 § 84 Abs. 6 Satz 3 WpHG; Art. 5 Abs. 2 DelRL 2017/593; Entwurf MaDepot (2018) Ziff. 2.1.2.2.
5 Art. 49 Abs. 2 DelVO 2017/565; § 84 Abs. 5 Satz 2 i.V.m. Abs. 2 Satz 6 WpHG; Entwurf MaDepot (2018) Ziff. 3.1.2.
6 Art. 49 Abs. 2 DelVO 2017/565; Entwurf MaDepot (2018) Ziff. 3.1.2.
7 Art. 49 Abs. 5 DelVO 2017/565; Entwurf MaDepot (2018) Ziff. 2.2.2.2.
8 Art. 2 Abs. 3 Unterabs. 2 DelRL 2017/593; Entwurf MaDepot (2018) Ziff. 2.2.2.2.
9 Art. 49 Abs. 6 Satz 2 DelVO 2017/565; § 10 Abs. 6 Satz 2 WpDVerOV.
10 WpDVerOV vom 17.10.2017 (BGBl. I 2017, 3566), zuletzt geändert durch Gesetz vom 10.7.2018 (BGBl. I 2018, 1102).

(2) Die Verordnung gilt entsprechend für Zweigniederlassungen im Sinne des § 53b des Kreditwesengesetzes, Kapitalverwaltungsgesellschaften im Sinne des § 17 des Kapitalanlagegesetzbuchs, ausländische AIF-Verwaltungsgesellschaften, deren Referenzmitgliedstaat die Bundesrepublik Deutschland nach § 56 des Kapitalanlagegesetzbuchs ist, sowie Zweigniederlassungen und Tätigkeiten im Wege des grenzüberschreitenden Dienstleistungsverkehrs von Verwaltungsgesellschaften nach § 51 Absatz 1 Satz 1, § 54 Absatz 1 und § 66 Absatz 1 des Kapitalanlagegesetzbuchs, soweit die Vorschriften des Wertpapierhandelsgesetzes auf diese Anwendung finden.

§ 10 Getrennte Vermögensverwahrung

(1) Wertpapierdienstleistungsunternehmen müssen bei der Auswahl, Beauftragung und regelmäßigen Überwachung von Dritten, bei denen sie nach § 84 Absatz 2 des Wertpapierhandelsgesetzes Kundengelder halten oder bei denen sie Kundenfinanzinstrumente verwahren, mit der erforderlichen Sorgfalt und Gewissenhaftigkeit vorgehen und im Rahmen ihrer Sorgfaltspflicht die Notwendigkeit der Aufteilung der Kundengelder auf verschiedene Dritte prüfen. Soweit es sich bei dem Dritten nicht um eine Zentralbank handelt, müssen Wertpapierdienstleistungsunternehmen in den Fällen des Satzes 1 der fachliche Eignung und der Zuverlässigkeit sowie den relevanten Vorschriften und Marktpraktiken des Dritten im Zusammenhang mit dem Halten von Kundengeldern und der Verwahrung von Kundenfinanzinstrumenten Rechnung tragen.

(2) Ein Wertpapierdienstleistungsunternehmen darf in den Fällen des Satzes 1 Kundenfinanzinstrumente bei einem Dritten in einem Drittland hinterlegen, wenn die Verwahrung von Finanzinstrumenten für Rechnung einer anderen Person in dem Drittland besonderen Vorschriften und einer besonderen Aufsicht unterliegt und der Dritte von diesen Vorschriften und dieser Aufsicht erfasst ist. Sofern in einem Drittland die Verwahrung von Finanzinstrumenten für Rechnung einer anderen Person nicht geregelt ist, darf das Wertpapierdienstleistungsunternehmen Kundenfinanzinstrumente bei einem Dritten in diesem Drittland nur hinterlegen, wenn die Verwahrung wegen der Art der betreffenden Finanzinstrumente oder der mit diesen verbundenen Wertpapierdienstleistungen nur bei diesem erfolgen kann oder ein professioneller Kunde das Wertpapierdienstleistungsunternehmen in Textform angewiesen hat, die Finanzinstrumente bei einem Dritten in diesem Drittstaat zu verwahren.

(3) Die Anforderungen nach Absatz 2 gelten auch dann, wenn der Dritte seine Aufgaben in Bezug auf das Halten und Verwahren von Finanzinstrumenten auf einen anderen Dritten übertragen hat.

(4) Um die Rechte von Kunden an ihren Kundengeldern nach § 84 Absatz 2 des Wertpapierhandelsgesetzes und an ihren Finanzinstrumenten zu schützen, sind Wertpapierdienstleistungsunternehmen verpflichtet,

1. durch Aufzeichnungen und eine korrekte Buchführung jederzeit eine Zuordnung der von ihnen gehaltenen Gelder und Finanzinstrumente zu den einzelnen Kunden und deren Abgrenzbarkeit von eigenen Vermögenswerten zu gewährleisten,
2. ihre Aufzeichnungen und Bücher regelmäßig mit denen aller Dritten, bei denen sie Kundengelder nach § 84 Absatz 2 des Wertpapierhandelsgesetzes halten oder Kundenfinanzinstrumente verwahren, abzugleichen,
3. Maßnahmen zu treffen, die gewährleisten, dass Kundengelder, die von einem Wertpapierdienstleistungsunternehmen, das nicht über eine Erlaubnis nach § 1 Absatz 1 Satz 2 Nummer 1 des Kreditwesengesetzes verfügt, bei einer Zentralbank, einem Kreditinstitut, einem in einem Drittstaat zugelassenen vergleichbaren Kreditinstitut oder einem qualifizierten Geldmarktfonds gehalten werden, auf einem oder mehreren separaten Konten geführt werden, die von allen anderen Konten, auf denen Gelder des Wertpapierdienstleistungsunternehmens gebucht werden, getrennt sind,
4. Maßnahmen zu treffen, die gewährleisten, dass alle bei einem Dritten verwahrten Finanzinstrumente der Kunden durch unterschiedliche Bezeichnung der in der Buchführung des Dritten geführten Konten oder durch Maßnahmen, die ein vergleichbares Schutzniveau gewährleisten, von den Finanzinstrumenten des Wertpapierdienstleistungsunternehmens und den Finanzinstrumenten des Dritten unterschieden werden können, und
5. organisatorische Vorkehrungen zu treffen, um das Risiko eines Verlustes oder Teilverlustes von Kundengeldern oder Finanzinstrumenten der Kunden oder damit verbundenen Rechten durch Pflichtverletzungen so gering wie möglich zu halten.

Vertraut ein Wertpapierdienstleistungsunternehmen, das über eine Erlaubnis zum Betreiben des Depotgeschäfts nach § 1 Absatz 1 Satz 2 Nummer 5 des Kreditwesengesetzes verfügt, Kundenfinanzinstrumente einem Kreditinstitut mit Sitz im Inland, das über eine Erlaubnis zum Betreiben des Depotgeschäfts nach § 1 Absatz 1 Satz 2 Nummer 5 des Kreditwesengesetzes verfügt oder das nach Artikel 16 Absatz 1 der Verordnung (EU) Nr. 909/2014 des Europäischen Parlaments und des Rates vom 23. Juli 2014 zur Verbesserung der Wertpapierlieferungen und -abrechnungen in der Europäischen Union und über Zentralverwahrer sowie zur Änderung der Richtlinien 98/26/EG und 2014/65/EU und der Verordnung (EU) Nr. 236/2012 (ABl. L 257 vom 28.8.2014, S. 1) als Zentralverwahrer zugelassen ist, zur Verwahrung an, so gilt das Kreditinstitut nicht als Dritter im Sinne des Satzes 1 Nummer 4.

(5) Ist ein Wertpapierdienstleistungsunternehmen im Einzelfall aufgrund anwendbarer Vorschriften, insbesondere sachenrechtlicher und insolvenzrechtlicher Vorschriften, nicht in der Lage, die Anforderungen nach Absatz 4 einzuhalten, kann die Bundesanstalt von dem Wertpapierdienstleistungsunternehmen verlangen, geeignete Vorkehrungen zu treffen, um zu gewährleisten, dass die Vermögensgegenstände der Kunden geschützt sind.

(6) Sicherungsrechte, Pfandrechte oder Aufrechnungsrechte für Forderungen zugunsten Dritter, die nicht aus der Geschäftsbeziehung mit dem Kunden erwachsen oder auf der Erbringung von Dienstleistungen des Dritten an den Kunden beruhen, dürfen von dem Wertpapierdienstleistungsunternehmen nicht bestellt oder vereinbart werden, es sei denn, sie sind von dem anzuwendenden Recht eines Drittstaats vorgeschrieben, in dem die Gelder oder Finanzinstrumente der Kunden gehalten werden. Ein Wertpapierdienstleistungsunternehmen hat seine Kunden unverzüglich zu unterrichten, wenn es zum Abschluss von Vereinbarungen verpflichtet ist, die Sicherungsrechte, Pfandrechte oder Aufrechnungsrechte nach Satz 1 begründen. Die Kunden sind auf die mit den Vereinbarungen verbundenen Risiken hinzuweisen. Vereinbart oder bestellt das Wertpapierdienstleistungsunternehmen Sicherungsrechte, Pfandrechte oder Aufrechnungsrechte in Be-

§ 84 | Verhaltenspflichten, Organisationspflichten, Transparenzpflichten

zug auf Finanzinstrumente oder Gelder von Kunden oder wird ihm mitgeteilt, dass solche Rechte kraft Gesetzes bestehen, hat das Wertpapierdienstleistungsunternehmen die jeweiligen Rechte in die Kundenverträge und in seinen Büchern aufzunehmen, um die Eigentumsverhältnisse in Bezug auf die Vermögensgegenstände der Kunden, insbesondere für den Fall einer Insolvenz, klarzustellen.

(7) Das Wertpapierdienstleistungsunternehmen hat im Rahmen seiner Verpflichtung nach § 84 Absatz 6 Satz 1 des Wertpapierhandelsgesetzes, die unbefugte Verwendung von Kundenfinanzinstrumenten für eigene Rechnung oder für Rechnung einer anderen Person zu verhindern, beispielsweise

1. mit jedem Kunden eine Vereinbarung zu schließen über die von dem Wertpapierdienstleistungsunternehmen zu treffenden Maßnahmen für den Fall, dass die Bestände in dem Depot des Kunden am Erfüllungstag nicht ausreichen; zu diesen Maßnahmen zählen beispielsweise der Abschluss eines Wertpapierdarlehens im Namen des Kunden oder die Auflösung der jeweiligen Position,
2. sicherzustellen, dass es Wertpapiere am Erfüllungstag voraussichtlich jeweils liefern kann und dafür zu sorgen, dass Abhilfemaßnahmen für den Fall ergriffen werden, dass die Fähigkeit zur Lieferung der Wertpapiere nicht gegeben ist, und
3. die Lieferansprüche seiner Kunden in Bezug auf Wertpapiere zu überwachen und, sofern Wertpapiere am Erfüllungstag oder einem späteren Zeitpunkt nicht geliefert werden, diese unverzüglich bei der Gegenseite anzufordern.

(8) Im Rahmen der Prüfung der Angemessenheit der Verwendung von Finanzinstrumenten als Finanzsicherheiten in Form der Vollrechtsübertragung nach § 84 Absatz 8 Satz 1 des Wertpapierhandelsgesetzes hat das Wertpapierdienstleistungsunternehmen zu berücksichtigen,

1. ob zwischen der Verbindlichkeit des Kunden gegenüber dem Wertpapierdienstleistungsunternehmen und der Verwendung von Finanzinstrumenten oder Geldern von Kunden als Finanzsicherheit in der Form der Vollrechtsübertragungen nur ein sehr schwacher Bezug besteht, insbesondere, ob die Wahrscheinlichkeit einer Inanspruchnahme des Kunden aus einer Verbindlichkeit gegenüber dem Wertpapierdienstleistungsunternehmen gering oder zu vernachlässigen ist,
2. ob die Summe der als Finanzsicherheit in Form der Vollrechtsübertragung verwendeten Finanzinstrumente oder Gelder von Kunden die Verbindlichkeiten des Kunden gegenüber dem Wertpapierdienstleistungsunternehmen weit übersteigen würde und
3. ob sämtliche Finanzinstrumente oder Gelder eines Kunden als Finanzsicherheit in Form der Vollrechtsübertragung verwendet werden, ohne dass berücksichtigt worden ist, welche Verbindlichkeiten des betreffenden Kunden gegenüber dem Wertpapierdienstleistungsunternehmen bestehen.

(9) Qualifizierte Geldmarktfonds im Sinne des § 84 Absatz 2 Satz 1 des Wertpapierhandelsgesetzes sind Investmentvermögen,

1. die im Inland oder in einem anderen Mitgliedstaat der Europäischen Union oder einem anderen Vertragsstaat des Abkommens über den Europäischen Wirtschaftsraum nach Maßgabe der Richtlinie 2009/65/EG des Europäischen Parlaments und des Rates vom 13. Juli 2009 zur Koordinierung der Rechts- und Verwaltungsvorschriften betreffend bestimmte Organismen für gemeinsame Anlagen in Wertpapieren (OGAW) (ABl. L 302 vom 17.11.2009, S. 32; L 269 vom 13.10.2010, S. 27), die zuletzt durch die Richtlinie 2014/91/EU (ABl. L 257 vom 28.8.2014, S. 186) geändert worden ist oder einer Aufsicht über Vermögen zur gemeinschaftlichen Kapitalanlage unterstellt sind,
2. die zur Erreichung ihres primären Anlageziels, das eingezahlte Kapital oder das eingezahlte Kapital zuzüglich der Erträge zu erhalten, ausschließlich in Geldmarktinstrumente angelegt sind, wenn
    a) sie über eine Restlaufzeit von nicht mehr als 397 Tagen verfügen oder ihre Rendite regelmäßig, mindestens jedoch alle 397 Tage, an die Bedingungen des Geldmarktes angepasst wird,
    b) sie eine gewichtete durchschnittliche Restlaufzeit von 60 Tagen haben und
    c) die Investition ausschließlich in erstklassige Geldmarktinstrumente erfolgt,
    wobei ergänzend die Anlage in Guthaben bei einem Kreditinstitut, einer Zweigniederlassung von Kreditinstituten im Sinne des § 53b Absatz 1 Satz 1 des Kreditwesengesetzes oder vergleichbaren Instituten mit Sitz in einem Drittstaat zulässig ist, und
3. deren Wertstellung spätestens an dem auf den Rücknahmeauftrag des Anlegers folgenden Bankarbeitstag erfolgt.

Ein Geldmarktinstrument ist erstklassig im Sinne des Satzes 1 Nummer 2 Buchstabe c, wenn die Kapitalverwaltungsgesellschaft des Geldmarktfonds eine eigene dokumentierte Bewertung der Kreditliquidität des betreffenden Geldmarktinstruments durchgeführt hat, die es ihr ermöglicht, ein Geldmarktinstrument als erstklassig anzusehen. Sofern eine oder mehrere von der Europäischen Wertpapier- und Marktaufsichtsbehörde registrierte und beaufsichtigte Ratingagenturen ein Rating in Bezug auf das Geldmarktinstrument abgegeben haben, sollen die verfügbaren Kreditratings bei der internen Bewertung der Kapitalverwaltungsgesellschaft berücksichtigt werden.

(10) Ein Wertpapierdienstleistungsunternehmen hat der Bundesanstalt, einem bestellten Insolvenzverwalter und, sofern zutreffend, der zuständigen Abwicklungsbehörde auf Anfrage zur Verfügung zu stellen:

1. Aufzeichnungen von internen Konten und Aufzeichnungen, aus denen die Salden der für jeden einzelnen Kunden des Wertpapierdienstleistungsunternehmen gehaltenen Gelder und Finanzinstrumente hervorgehen,
2. sofern das Wertpapierdienstleistungsunternehmen Kundengelder bei einer Zentralbank, einem Kreditinstitut, einem vergleichbaren ausländischen Institut oder einem qualifizierten Geldmarktfonds hinterlegt, Angaben zu den Konten, auf denen die Kundengelder gehalten werden sowie zu diesbezüglichen Vereinbarungen mit dem Wertpapierdienstleistungsunternehmen,
3. *sofern das Wertpapierdienstleistungsunternehmen Finanzinstrumente von Kunden bei einem Dritten verwahrt*, Angaben zu den bei dem Dritten eröffneten Konten und Depots sowie zu den diesbezüglichen Vereinbarungen mit dem Wertpapierdienstleistungsunternehmen,

4. Angaben zu Dritten, die ausgelagerte Aufgaben des Wertpapierdienstleistungsunternehmens ausführen, und Angaben zu den ausgelagerten Aufgaben,
5. Angaben zu den Mitarbeitern des Wertpapierdienstleistungsunternehmens, die für die Verwahrung von Finanzinstrumenten und Geldern von Kunden verantwortlich oder daran beteiligt sind, und zu den Mitarbeitern, die für die Einhaltung der Anforderungen, die zum Schutz der Vermögensgegenstände von Kunden gelten, verantwortlich sind, einhält und
6. die Vereinbarungen, die zur Feststellung der Eigentumsverhältnisse an den Vermögensgegenständen von Kunden relevant sind.

§ 85 Anlagestrategieempfehlungen und Anlageempfehlungen; Verordnungsermächtigung

(1) Unternehmen, die Anlagestrategieempfehlungen im Sinne des Artikels 3 Absatz 1 Nummer 34 der Verordnung (EU) Nr. 596/2014 oder Anlageempfehlungen im Sinne des Artikels 3 Absatz 1 Nummer 35 der Verordnung (EU) Nr. 596/2014 erstellen oder verbreiten, müssen so organisiert sein, dass Interessenkonflikte im Sinne des Artikels 20 Absatz 1 der Verordnung (EU) Nr. 596/2014 möglichst gering sind. Sie müssen insbesondere über angemessene Kontrollverfahren verfügen, die geeignet sind, Verstößen gegen die Verpflichtungen nach Artikel 20 Absatz 1 der Verordnung (EU) Nr. 596/2014 entgegenzuwirken.

(2) Die Befugnisse der Bundesanstalt nach § 88 gelten hinsichtlich der Einhaltung der in Absatz 1 genannten Pflichten und der Pflichten, die sich aus Artikel 20 Absatz 1 der Verordnung (EU) Nr. 596/2014 in Verbindung mit einem auf der Grundlage von Artikel 20 Absatz 3 der Verordnung (EU) Nr. 596/2014 erlassenen delegierten Rechtsakt ergeben, entsprechend.

(3) Das Bundesministerium der Finanzen kann durch Rechtsverordnung, die nicht der Zustimmung des Bundesrates bedarf, nähere Bestimmungen über die angemessene Organisation nach Absatz 1 Satz 1 erlassen. Das Bundesministerium der Finanzen kann die Ermächtigung durch Rechtsverordnung auf die Bundesanstalt übertragen.

In der Fassung des 2. FiMaNoG vom 23.6.2017 (BGBl. I 2017, 1693).

Delegierte Verordnung (EU) 2017/565 der Kommission vom 25. April 2016
zur Ergänzung der Richtlinie 2014/65/EU des Europäischen Parlaments und des Rates in Bezug auf die organisatorischen Anforderungen an Wertpapierfirmen und die Bedingungen für die Ausübung ihrer Tätigkeit sowie in Bezug auf die Definition bestimmter Begriffe für die Zwecke der genannten Richtlinie
(Auszug)

Art. 2 Begriffsbestimmungen

Für die Zwecke dieser Verordnung bezeichnet der Ausdruck
1. (abgedruckt bei § 63 WpHG)
2. „Finanzanalyst" eine relevante Person, die den wesentlichen Teil einer Finanzanalyse erstellt;
3.–6. (abgedruckt bei § 63 WpHG)

In der Fassung vom 25.4.2016 (ABl. EU Nr. L 87 v. 31.3.2017, S. 1).

Art. 36 Finanzanalysen und Marketingmitteilungen

(1) Für die Zwecke des Artikels 37 sind Finanzanalysen Analysen oder andere Informationen, in denen für ein oder mehrere Finanzinstrumente oder die Emittenten von Finanzinstrumenten explizit oder implizit eine Anlagestrategie empfohlen oder vorgeschlagen wird, einschließlich aller für Informationsverbreitungskanäle oder die Öffentlichkeit bestimmter Stellungnahmen zum aktuellen oder künftigen Wert oder Kurs dieser Instrumente, sofern folgende Bedingungen erfüllt sind:
a) die Analysen oder Informationen werden als Finanzanalysen oder Ähnliches betitelt oder beschrieben oder aber als objektive oder unabhängige Erläuterung der in der Empfehlung enthaltenen Punkte dargestellt;
b) würde die betreffende Empfehlung von einer Wertpapierfirma an einen Kunden ausgegeben, würde sie keine Anlageberatung im Sinn der Richtlinie 2014/65/EU darstellen.

(2) Eine unter Nummer 35 des Artikels 3 Absatz 1 der Verordnung (EU) Nummer 596/2014 fallende Empfehlung, die die in Absatz 1 genannten Bedingungen nicht erfüllt, wird für die Zwecke der Richtlinie 2014/65/EU als Marketingmitteilung behandelt, und die Wertpapierfirmen, die eine solche Empfehlung erstellen oder verbreiten, haben dafür zu sorgen, dass sie eindeutig als solche gekennzeichnet wird.

Darüber hinaus haben die Wertpapierfirmen sicherzustellen, dass jede derartiger Empfehlung (d.h. auch jede mündliche Empfehlung) einen klaren und deutlichen Hinweis darauf enthält, dass sie nicht in Einklang mit Rechtsvorschriften zur Förderung der Unabhängigkeit von Finanzanalysen erstellt wurde und auch keinem Verbot des Handels im Anschluss an die Verbreitung von Finanzanalysen unterliegt.

In der Fassung vom 25.4.2016 (ABl. EU Nr. L 87 v. 31.3.2017, S. 1), geändert durch Berichtigung vom 26.9.2017 (ABl. EU Nr. L 246 v. 26.9.2017, S. 12).

§ 85 | Verhaltenspflichten, Organisationspflichten, Transparenzpflichten

Art. 37 Zusätzliche organisatorische Anforderungen bezüglich Finanzanalysen oder Marketingmitteilung

(1) Wertpapierfirmen, die auf eigene Verantwortung oder auf Verantwortung eines Mitglieds ihrer Gruppe Finanzanalysen erstellen oder erstellen lassen, die im Anschluss daran unter den Kunden der Wertpapierfirma oder in der Öffentlichkeit verbreitet werden sollen oder aller Wahrscheinlichkeit nach verbreitet werden, stellen sicher, dass in Bezug auf die an der Erstellung dieser Analysen beteiligten Finanzanalysten sowie in Bezug auf andere relevante Personen, deren Aufgaben oder Geschäftsinteressen mit den Interessen der Personen, an die die Finanzanalysen weitergegeben werden, kollidieren könnten, alle in Art. 34 Absatz 3 genannten Maßnahmen getroffen werden.

Die Verpflichtungen im ersten Unterabsatz gelten auch in Bezug auf Empfehlungen im Sinne von Art. 36 Absatz 2.

(2) Wertpapierfirmen, auf die sich Absatz 1 Unterabsatz 1 bezieht, treffen Vorkehrungen, die so angelegt sind, dass sie die Erfüllung der folgenden Bedingungen gewährleisten:

a) Finanzanalysten und andere relevante Personen, die den wahrscheinlichen Zeitplan oder Inhalt einer Finanzanalyse kennen, die weder für die Öffentlichkeit noch für Kunden zugänglich ist und die auch aus den öffentlich verfügbaren Informationen nicht ohne Weiteres abgeleitet werden kann, tätigen keinerlei persönliche Geschäfte oder Geschäfte im Namen einer anderen Person, einschließlich der Wertpapierfirma, mit Finanzinstrumenten, auf die sich die Finanzanalyse bezieht, oder mit damit verbundenen Finanzinstrumenten, bevor die Empfänger der Finanzanalyse ausreichend Gelegenheit hatten, auf diese zu reagieren, es sei denn, sie handeln als Market-Maker in gutem Glauben und im normalen Verlauf des Market-Making oder in Ausführung eines unaufgeforderten Kundenauftrags;

b) in den von Buchstabe a nicht abgedeckten Fällen tätigen Finanzanalysten und alle anderen an der Erstellung von Finanzanalysen beteiligten relevanten Personen keinerlei den aktuellen Empfehlungen zuwiderlaufende persönliche Geschäfte mit Finanzinstrumenten, auf die sich die Finanzanalyse bezieht, oder mit damit verbundenen Finanzinstrumenten, es sei denn es liegen außergewöhnlichen Umstände vor und es wurde die vorherige Genehmigung eines Mitarbeiters der Rechtsabteilung oder der Compliance-Funktion der Wertpapierfirma eingeholt;

c) es ist eine physische Trennung zwischen den an der Erstellung von Finanzanalysen beteiligten Finanzanalysten und anderen relevanten Personen, deren Aufgaben oder Geschäftsinteressen mit den Interessen der Personen, an die die Finanzanalyse weitergegeben werden, kollidieren können, gegeben oder es werden, wenn dies angesichts der Größe und Organisation der Firma sowie der Art, des Umfangs und der Komplexität ihrer Tätigkeit nicht angebracht ist, geeignete alternative Informationsschranken entwickelt und umgesetzt;

d) Wertpapierfirmen, Finanzanalysten und andere an der Erstellung von Finanzanalysen beteiligte relevante Personen nehmen keine Anreize von Personen an, die ein wesentliches Interesse am Gegenstand der Finanzanalysen haben;

e) Wertpapierfirmen, Finanzanalysten und andere an der Erstellung von Finanzanalysen beteiligte relevante Personen versprechen Emittenten keine für sie günstige Analyse;

f) vor der Verbreitung von Finanzanalysen ist es Emittenten, relevanten Personen mit Ausnahme von Finanzanalysten und sonstigen Personen nicht gestattet, den Entwurf dieser Analyse auf die Korrektheit der darin dargestellten Sachverhalte oder einen anderen Zweck hin zu überprüfen, wenn der Entwurf eine Empfehlung oder einen Zielkurs enthält, es sei denn, es geht darum, die Einhaltung der rechtlichen Pflichten durch die Wertpapierfirma zu kontrollieren.

Für die Zwecke dieses Absatzes ist ein „damit verbundenes Finanzinstrument" jedes Finanzinstrument, dessen Kurs stark durch Kursbewegungen bei einem anderen Finanzinstrument, das Gegenstand der Finanzanalyse ist, beeinflusst wird; diese Bedeutung schließt ein Derivat dieses anderen Finanzinstruments ein.

(3) Wertpapierfirmen, die die von einer anderen Person erstellten Finanzanalysen an die Öffentlichkeit oder ihre Kunden weitergeben, sind von den Anforderungen des Absatzes 1 ausgenommen, wenn folgende Kriterien erfüllt sind:

a) die Person, die die Finanzanalyse erstellt, gehört nicht zu der Gruppe, der die Wertpapierfirma angehört;

b) die Wertpapierfirma ändert die in der Finanzanalyse enthaltenen Empfehlungen nicht wesentlich ab;

c) die Wertpapierfirma erstellt die Finanzanalyse nicht als von ihr erstellt dar;

d) die Wertpapierfirma vergewissert sich, dass für den Ersteller der Finanzanalyse Bestimmungen gelten, die den Anforderungen dieser Verordnung für die Erstellung von Finanzanalysen gleichwertig sind, bzw. dass er Grundsätze im Sinne dieser Anforderungen festgelegt hat.

In der Fassung vom 25.4.2016 (ABl. EU Nr. L 87 v. 31.3.2017, S. 1), geändert durch Berichtigung vom 26.9.2017 (ABl. EU Nr. L 246 v. 26.9.2017, S. 12).

Schrifttum: S. § 63 WpHG und Art. 20 VO Nr. 596/2014.

I. Allgemeines 1	3. Qualifizierte Finanzanalysen (Art. 36 f. Abs. 1 DelVO 2017/565) 9
II. Wertpapierdienstleistungsunternehmen (Art. 36 f. DelVO 2017/565) 3	a) Aufgreiftatbestand 9
1. Einfache – qualifizierte Finanzanalysen (Art. 36 DelVO 2017/565) 3	b) Rechtsfolge: Organisatorische Maßnahmen zur Minimierung von Interessenkonflikten . 11
2. Einfache Finanzanalysen (Art. 36 Abs. 2 DelVO 2017/565) 5	III. Andere Unternehmen als Wertpapierdienstleistungsunternehmen (§ 85 WpHG) 18
a) Aufgreiftatbestand 5	1. Anwendungsbereich 18
b) Rechtsfolgen 6	2. Organisation zur Minimierung von Interessenkonflikten 19
aa) Kennzeichnung als Marketingmitteilung, besondere Gefahrenhinweise 6	3. Kontrollverfahren 25
bb) Minimierung von Interessenkonflikten . 7	

I. Allgemeines. Der § 34b WpHG in der Fassung des Finanzmarktrichtlinie-Umsetzungsgesetzes vom 16.7. 2007[1] wurde bereits durch das 1. FiMaNoG[2] wesentlich verändert. Sein Aufgreiftatbestand wurde an den Aufgreiftatbestand des Art. 20 VO Nr. 596/2014 angepasst. Damit entfielen die in § 34b Abs. 1 Satz 2, Abs. 2 WpHG a.F.[3] normierten Offenlegungspflichten, die nunmehr in Art. 20 VO Nr. 596/2014 in Verbindung mit der DelVO 2016/958[4] geregelt sind. Beibehalten[5] wurden die Organisations- und Kontrollpflichten des § 34b Abs. 5 WpHG a.F.[6]. Hieran hat das 2. FiMaNoG nichts geändert. Entfallen sind nunmehr die Sätze 3 und 4 des § 34b WpHG in der Fassung des 1. FiMaNoG, der den Anwendungsbereich der Vorschrift über den der MAR hinaus ausdehnte, weil nach der MiFID II und den Art. 36f. DelVO 2017/565 für eine weitergehende nationale Regelung, die sich an alle Wertpapierdienstleistungsunternehmen richtet, kein Raum mehr ist[7]. Dies hat zur Konsequenz, dass § 85 WpHG für Wertpapierdienstleistungsunternehmen ungeachtet seines Wortlauts unmittelbar keine Rolle spielt, weil Art. 37 DelVO 2017/565 als höherrangige Norm ebenfalls Organisationsmaßnahmen zur Ausschaltung von Interessenkonflikten vorschreibt. § 85 WpHG betrifft deshalb **nur diejenigen Unternehmen**, die nicht zu den Wertpapierdienstleistungsunternehmen zählen. Mit der Größe der Finanzanalyseunternehmen erhöht sich deren Bedeutung für die Funktionsfähigkeit des Kapitalmarkts. Dies rechtfertigt es, Unternehmen, die nicht zur Kategorie der Wertpapierdienstleistungsunternehmen zählen, mit vergleichbaren Organisationspflichten zu belasten, zumal dadurch einer Umgehung der MiFID II-Organisationspflichten vorgebeugt wird[8]. Beachte die Ausnahme in § 91 WpHG.

Die Vorschrift stellt kein **Schutzgesetz** i.S.d. § 823 Abs. 2 BGB dar[9].

II. Wertpapierdienstleistungsunternehmen (Art. 36 f. DelVO 2017/565). 1. Einfache – qualifizierte Finanzanalysen (Art. 36 DelVO 2017/565). Art. 36 DelVO 2017/565 unterscheidet zwischen zwei Arten von Finanzanalysen: **Zum einen** hat Art. 36 Abs. 1 DelVO 2017/565 Analysen oder andere Informationen im Auge, (1.) deren Empfehlungen oder Vorschläge[10] zu einer Anlagestrategie bzw. deren Stellungnahmen zum Wert oder Kurs von Finanzinstrumenten weder so dargestellt werden, dass sie gerade für einen bestimmten Adressaten als Anleger[11] geeignet (§ 64 WpHG Rz. 41) sind, noch so dargestellt werden, dass die Empfehlungen bzw. Vorschläge auf einer Prüfung der Verhältnisse des Adressaten als potentiellem Anleger[12] beruhen (keine Anlageberatung i.S.d. § 64 WpHG[13]) *und* (2.) die aus der Sicht eines durchschnittlichen Anlegers[14] als Finanzanalyse oder Ähnliches betitelt oder beschrieben[15] oder als objektive bzw. unabhängige Erläuterung der Empfehlung bzw. des Vorschlags erscheinen[16] (**qualifizierte Finanzanalysen**).

Zum anderen geht es in Art. 36 Abs. 2 DelVO 2017/565 um Empfehlungen bzw. Vorschläge zu Anlagestrategien i.S.d. Art. 3 Abs. 1 Nr. 35 VO Nr. 596/2014, die sich *nicht* als Finanzanalysen oder Ähnliches oder als objektive bzw. unabhängige Erläuterungen gerieren[17] und deshalb als Marketingmitteilungen[18] behandelt werden müssen (**einfache Finanzanalysen**). Die Kennzeichnung als Marketingmitteilung oder Werbung ist nicht Tatbestandsmerkmal einfacher Finanzanalysen, sondern die Pflicht zur Kennzeichnung als Marketingmitteilung ist die Rechtsfolge.

2. Einfache Finanzanalysen (Art. 36 Abs. 2 DelVO 2017/565). a) Aufgreiftatbestand. Art. 36 Abs. 2 DelVO 2017/565 definiert den Begriff der Finanzanalyse unter Bezugnahme auf Art. 3 Abs. 1 Unterabs. 35 VO

---

1 BGBl. I 2007, 1330.
2 Art. 2 des Gesetzes vom 30.6.2016, BGBl. I 2016, 1514.
3 Fassung des Finanzmarktrichtlinie-Umsetzungsgesetzes vom 16.7.2007.
4 Abgedruckt bei Art. 20 VO Nr. 596/2014.
5 Begr. RegE 1. FiMaNoG, BT-Drucks. 18/7482, 63.
6 Fassung des FRUG vom 16.7.2007.
7 Begr. RegE 2. FiMaNoG, BT-Drucks. 18/10936, 249. A.A. *Rothenhoefer* in Meyer/Veil/Rönnau, Handbuch zum Marktmissbrauchsrecht, § 23 Rz. 2, der den § 85 WpHG für alle Arten von Unternehmen für maßgeblich hält.
8 Begr. RegE 1. FiMaNoG, BT-Drucks. 18/7482, 63.
9 *Rothenhoefer* in Meyer/Veil/Rönnau, Handbuch zum Marktmissbrauchsrecht, § 21 Rz. 3 Vgl. zum WpHG a.F. *Fuchs* in Fuchs, vor § 31 WpHG Rz. 109 m.N.
10 Der Begriff „Vorschlag" umfasst den Begriff der Empfehlung. Der Vorschlag unterscheidet sich von der Empfehlung nur darin, dass er mit weniger Anspruch auf Richtigkeit gemacht wird. Vgl. Art. 20 VO Nr. 596/2014; *Geier/Hombach/Schütt*, RdF 2017, 108, 109.
11 Gleichzustellen sind Empfehlungen oder Vorschläge an Beauftragte eines (potentiellen) Anlegers (§ 67 WpHG Rz. 22 ff.).
12 Dem steht hinsichtlich der Kenntnisse etc. der Beauftragte gleich (§ 67 WpHG Rz. 22 ff.).
13 Art. 36 Abs. 1 lit. b DelVO 2017/565. Der Anlageberatung steht auch entgegen, dass die Information zum Wert oder Kurs eines Finanzinstruments für Informationsverbreitungskanäle bestimmt ist (Art. 36 Abs. 1 Halbsatz 1 DelVO 2017/565). Ebenso *Geier/Hombach/Schütt*, RdF 2017, 108, 109 (vorgesehen für Vertriebskanäle bzw. die Öffentlichkeit).
14 Vgl. hierzu zum WpHG a.F. *Fazley*, Regulierung der Finanzanalysten und Behavioral Finance, S. 144 ff.
15 In einer Weise, dass sie den Eindruck einer Finanzanalyse erweckt.
16 Dies soll *Rothenhoefer* in Meyer/Veil/Rönnau, Handbuch zum Marktmissbrauchsrecht, § 23 Rz. 2, zufolge jeder Anlageempfehlung i.S.d. VO Nr. 596/2014 immanent sein.
17 Abw. *Rothenhoefer* in Meyer/Veil/Rönnau, Handbuch zum Marktmissbrauchsrecht, § 23 Rz. 11; ferner *Geier/Hombach/Schütt*, RdF 2017, 108, 109: Empfehlungen, die nicht den Vorgaben an Finanzanalysen genügen.
18 § 63 WpHG Rz. 58.

Nr. 596/2014 (dazu Art. 20 VO Nr. 596/2014)[1]. Die Vorschrift ist ebenso wie § 63 Abs. 6 WpHG ausschließlich von Wertpapierdienstleistungsunternehmen zu beachten (Rz. 1). Zum Begriff der Finanzinstrumente s. Art. 4 Abs. 1 Nr. 15, 44 ff. RL 2014/65/EU (MiFID II)[2]. S. im Übrigen zur Figur der einfachen Finanzanalyse Rz. 4.

6 **b) Rechtsfolgen. aa) Kennzeichnung als Marketingmitteilung, besondere Gefahrenhinweise.** Art. 36 Abs. 2 Unterabs. 1, 2 DelVO 2017/565. S. § 63 WpHG Rz. 58.

7 **bb) Minimierung von Interessenkonflikten.** Aus Art. 37 Abs. 1 Unterabs. 2 i.V.m. Unterabs. 1 DelVO 2017/565 ergibt sich, dass nur diejenigen Wertpapierdienstleistungsunternehmen etwaige Interessenkonflikte zu bekämpfen haben, die als **verantwortliche Unternehmen** einfache **Finanzanalysen** (Rz. 4) **erstellen**[3] oder **erstellen lassen**, die unter ihren Kunden oder in der Öffentlichkeit verbreitet[4] werden sollen oder aller Wahrscheinlichkeit nach verbreitet werden. Dem steht gleich, dass ein Mitglied der **Unternehmensgruppe**[5] die Erstellung verantwortet, der das Wertpapierdienstleistungsunternehmen angehört.

8 Die Wertpapierdienstleistungsunternehmen haben die in Art. 34 Abs. 3 Unterabs. 2 DelVO 2017/565 genannten **Verfahren einzuführen** und die **Maßnahmen zu treffen**, die erforderlich sind, um, **Finanzanalysten**[6] unabhängig und objektiv tätig werden werden zu lassen (näher dazu § 80 WpHG Rz. 29 ff.). Gleiches gilt für andere **relevanten Personen**[7], die ebenfalls durch die Verfahren und Maßnahmen gehindert werden sollen, dass ihre Interessen[8] die Erstellung der Finanzanalyse beeinflussen.

9 **3. Qualifizierte Finanzanalysen (Art. 36 f. Abs. 1 DelVO 2017/565). a) Aufgreiftatbestand.** Art. 37 Abs. 1 Unterabs. 1 DelVO 2017/565 setzt voraus, dass Wertpapierdienstleistungsunternehmen (§ 2 Abs. 10 WpHG) **qualifizierte** (Rz. 3) **Finanzanalysen erstellen** oder **erstellen lassen**. Die Vorschrift orientiert sich hierbei nicht vollständig an Art. 3 Abs. 1 Unterabs. 35 VO Nr. 596/2014[9], sondern übernimmt weitestgehend den Wortlaut des Art. 24 der zur MiFID I ergangenen Durchführungsrichtlinie 2006/73/EG vom 10.8.2006. Gemäß Art. 37 Abs. 1 Unterabs. 1 DelVO 2017/565 muss sich die Empfehlung bzw. der Vorschlag nicht notwendig an einen unbestimmten Personenkreis wenden Es genügt nämlich, dass die Analyse nach ihrer Erstellung unter den Kunden oder in der Öffentlichkeit verbreitet werden soll oder höchstwahrscheinlich verbreitet wird.

10 Werden die von **anderen Personen** erstellten qualifizierten Finanzanalysen, deren Erstellung das Wertpapierdienstleistungsunternehmen *nicht* veranlasst hat, von ihm von einem Wertpapierdienstleistungsunternehmen an seine Kunden oder an die Öffentlichkeit **lediglich weitergegeben**, so werden sie *nicht* als unter eigener Verantwortung erstellte qualifizierte Finanzanalysen behandelt, falls die Person, die die Finanzanalyse erstellt hat, **nicht zur Gruppe**[10] des Wertpapierdienstleistungsunternehmens gehört, die Empfehlung bzw. der Vorschlag von dem weitergebenden Wertpapierdienstleistungsunternehmen **weder wesentlich verändert**[11] worden ist noch als von ihm erstellt ausgegeben wird[12], und es sich vergewissert hat, dass für den Ersteller der Finanzanalyse kraft Gesetzes oder kraft Selbstverpflichtung **Grundsätze gelten**, die denen der DelVO 2017/565 gleichwertig sind[13].

11 **b) Rechtsfolge: Organisatorische Maßnahmen zur Minimierung von Interessenkonflikten.** Art. 37 Abs. 1 Unterabs. 1 DelVO 2017/565 **verweist** auf Art. 34 Abs. 3 DelVO 2017/565, so dass in Hinblick auf Finanzanalysten[14] sowie in Bezug auf andere „relevanten Personen"[15] die in § 80 WpHG Rz. 24 ff. vorgesehenen Organisationsmaßnahmen zu treffen sind.

12 Gemäß Art. 37 Abs. 2 lit. c DelVO 2017/565 sind zwischen der Research-Abteilung und anderen Abteilungen, deren Tätigkeiten gravierende Interessenkonflikte befürchten lassen, insbesondere zwischen der Research-Ab-

---

1 Vgl. ferner *Geier/Hombach/Schütt*, RdF 2017, 108, 109.
2 Der Begriff des Finanzinstruments i.S.d. MiFID II deckt sich mit dem des Art. 3 Abs. 1 Nr. 1 VO Nr. 596/2014; doch schränkt Art. 2 Abs. 1 VO Nr. 596/2014 den Anwendungsbereich weiter ein (*Geier/Hombach/Schütt*, RdF 2017, 108, 109).
3 Zum Begriff des Erstellens und des Erstellen-Lassens s. Art. 20 VO Nr. 596/2014 Rz. 30. Erstellt werden Finanzanalysen auch, wenn sie wesentlich verändert werden (Erwägungsgrund Nr. 55 DelVO 2017/565).
4 S. dazu Art. 20 VO Nr. 596/2014.
5 Vgl. § 2 Abs. 27 WpHG; Art. 4 Abs. 1 Nr. 34 RL 2014/65/EU.
6 Art. 2 Nr. 2 DelVO 2017/565.
7 Art. 2 Nr. 1 DelVO 2017/565. S. dazu § 80 WpHG Rz. 66 ff.
8 Art. 37 Abs. 1 Unterabs. 1 DelVO 2017/565 formuliert Aufgaben oder Geschäftsinteressen. Dies ist zu eng. Es ist nicht einzusehen, warum nicht auch kollidierende Privatinteressen zurückgedrängt werden sollten.
9 A.A. *Geier/Hombach/Schütt*, RdF 2017, 108, 109; *Binder* in Staub, Bankvertragsrecht, Investmentbanking II, Teil 7 Rz. 116; *Rothenhoefer* in Meyer/Veil/Rönnau, Handbuch zum Marktmissbrauchsrecht, § 22 Rz. 2.
10 § 2 Abs. 27 WpHG; Art. 4 Abs. 1 Nr. 34 RL 2014/65/EU; *Rothenhoefer* in Meyer/Veil/Rönnau, Handbuch zum Marktmissbrauchsrecht, § 23 Rz. 10.
11 *Rothenhoefer* in Meyer/Veil/Rönnau, Handbuch zum Marktmissbrauchsrecht, § 23 Rz. 10.
12 *Rothenhoefer* in Meyer/Veil/Rönnau, Handbuch zum Marktmissbrauchsrecht, § 23 Rz. 10.
13 Art. 37 Abs. 3 DelVO 2017/565; *Rothenhoefer* in Meyer/Veil/Rönnau, Handbuch zum Marktmissbrauchsrecht, § 23 Rz. 10.
14 Art. 2 Nr. 2 DelVO 2017/565.
15 Art. 2 Nr. 1 DelVO 2017/565.

teilung einerseits und den Handels- und Konsortialabteilungen sowie den für die Unternehmensfinanzierung, für Emissionen, Ausschreibungen zur Aktivierung neuer Geschäfte zuständigen Abteilungen andererseits[1], unter Berücksichtigung der Grundsätze der Verhältnismäßigkeit **„chinese walls"** (§ 80 WpHG Rz. 35) aufzubauen[2]. Auf diese Weise sind vor allem die Finanzanalysten[3] abzuschotten[4]. Entwürfe qualifizierter Finanzanalysen, die eine Empfehlung enthalten, dürfen vor ihrer Veröffentlichung grundsätzlich nicht Dritten, insbesondere nicht „relevanten Personen"[5] sowie Personen aus dem Bereich des Eigenhandels[6], der Kreditabteilung, der Abteilung für Beteiligungen, der Vermögensverwaltung, dem Sales- Bereich zugänglich gemacht werden. Generell problematisch ist der Informationsfluss zwischen den Analysten und den Mitarbeitern der Unternehmensfinanzierung oder des (Eigen)Handels[7]. Zulässig bleibt der auf das unbedingt Notwendige begrenzte interne Informationsaustausch zwischen Analysten und den kundenbetreuenden Geschäftsbereichen. Die Finanzinstrumente sind mit Beginn der Arbeit an der Finanzanalyse auf die Beobachtungsliste (§ 80 WpHG Rz. 47) zu setzen. Empfehlenswert ist es, die analysierten Finanzinstrumente, Emittenten oder Derivate[8] 48 Stunden vor der Veröffentlichung der Finanzanalyse in die Verbotsliste (§ 80 WpHG Rz. 50) aufzunehmen. Für die den Vertraulichkeitsbereich überschreitende Kommunikation gelten die in § 80 WpHG Rz. 43 ff. aufgeführten Regeln entsprechend. Eine volle organisatorische Ausgliederung der Finanzanalyse-Abteilung in ein rechtlich selbständiges Unternehmen ist nicht erforderlich. Falls eine physische Trennung nicht möglich oder unverhältnismäßig ist, sind andere hinreichend wirksame Informationsschranken (§ 80 WpHG Rz. 27 ff.) zu errichten[9].

Der persönliche[10] **Erwerb** bzw. die persönliche[11] **Veräußerung von Finanzinstrumenten** oder **Derivaten**[12] des analysierten Emittenten vor deren Emission im eigenen oder im fremden[13] Namen oder dahin gehende **Empfehlungen**[14] sind den Finanzanalysten[15] sowie den „relevanten Personen"[16], die den **Inhalt der Finanzanalyse** und **den Zeitplan ihrer Veröffentlichung kennen**, grundsätzlich zu verbieten[17]. In gleicher Weise sind Informationen und Meinungen zu Geschäften zu behandeln, wenn erkennbar ist, dass dies Dritte zu Geschäften oder zur Einwirkung auf Vierte veranlassen könnte[18]. Diese Grundsätze werden mehrfach **durchbrochen**[19]. Zum einen kommen sie nicht zum Tragen, wenn der Inhalt der Finanzanalyse bereits der Öffentlichkeit oder den Kunden zugänglich ist oder die Finanzanalyse im Licht der öffentlich verfügbaren Informationen lediglich auf der Hand liegende (readily) Erkenntnisse bringt[20]. Zum anderen bleibt die normale Tätigkeit als Market- Maker, die nicht in Ausnutzung eines Interessenvorsprungs erfolgt, unberührt[21]. Ihnen ist der Skontroführer gleichzustellen[22]. Auch die Ausführung unaufgeforderter Kundenaufträge bleibt erlaubt. Ferner bestehen keine Bedenken, falls die Kunden bzw. die Öffentlichkeit ausreichend (reasonably) Gelegenheit hatten, auf die ihnen zugeleitete bzw. öffentlich verbreitete Finanzanalyse zu reagieren. Hierfür genügen wenige Tage. Nicht durchbrochen wird das Verbot in Fällen persönlicher finanzieller Härtefälle, sogar dann, wenn die Rechtsabteilung bzw. die Compliance-Funktion das Geschäft gebilligt hatte[23].

---

1 Erwägungsgrund Nr. 52, 56 DelVO 2017/565.
2 Art. 37 Abs. 2 Unterabs. 1 lit. c DelVO 2017/565. Vgl. CESR's Technical Advice on Possible Implementing Measures of the Directive 2004/39/EC v. April 2005 (Ref.: CESR/05–290b), S. 21; *Rothenhoefer* in Meyer/Veil/Rönnau, Handbuch zum Marktmissbrauchsrecht, § 22 Rz. 6 ff.
3 Art. 2 Nr. 2 DelVO 2017/565.
4 Art. 37 Abs. 2 Unterabs. 1 lit. c DelVO 2017/565; *Rothenhoefer* in Meyer/Veil/Rönnau, Handbuch zum Marktmissbrauchsrecht, § 23 Rz. 3.
5 Art. 2 Nr. 1 i.V.m. Art. 37 Abs. 2 Unterabs. 1 lit. c DelVO 2017/565.
6 *Rothenhoefer* in Meyer/Veil/Rönnau, Handbuch zum Marktmissbrauchsrecht, § 23 Rz. 6.
7 Vgl. Erwägungsgrund Nr. 30 DurchfRL 2006/73/EG vom 10.8.2006.
8 Art. 37 Abs. 2 Unterabs. 2 DelVO 2017/565.
9 Art. 37 Abs. 2 Unterabs. 1 lit. c Halbsatz 2 DelVO 2017/565.
10 Zum Begriff des persönlichen Geschäfts s. Legaldefinition in Art. 28 DelVO 2017/565 (§ 80 WpHG Rz. 71).
11 Zum Begriff des persönlichen Geschäfts s. Legaldefinition in Art. 28 DelVO 2017/565 (§ 80 WpHG Rz. 71).
12 Art. 37 Abs. 2 Unterabs. 2 DelVO 2017/565; *Rothenhoefer* in Meyer/Veil/Rönnau, Handbuch zum Marktmissbrauchsrecht, § 23 Rz. 4 (insbesondere Derivate).
13 Hierunter fällt auch der Erwerb im Namen des Wertpapierdienstleistungsunternehmens (Art. 37 Abs. 2 Unterabs. 1 lit. a DelVO 2017/565).
14 Art. 29 Abs. 3 DelVO 2017/565 (abgedruckt bei § 80 WpHG).
15 Art. 2 Nr. 2 DelVO 2017/565.
16 Art. 2 Nr. 1 DelVO 2017/565.
17 Art. 37 Abs. 2 Unterabs. 1 lit. a DelVO 2017/565.
18 Art. 29 Abs. 4 DelVO 2017/565 (abgedruckt bei § 80 WpHG).
19 Art. 37 Abs. 2 Unterabs. 1 lit. a DelVO 2017/565.
20 *Rothenhoefer* in Meyer/Veil/Rönnau, Handbuch zum Marktmissbrauchsrecht, § 23 Rz. 4 (Finanzanalyse ist auf der Basis öffentlich verfügbarer Informationen ohne weiteres ableitbar).
21 *Rothenhoefer* in Meyer/Veil/Rönnau, Handbuch zum Marktmissbrauchsrecht, § 23 Rz. 4.
22 MaComp Ziff. BT 2.5.
23 Art. 37 Abs. 2 Unterabs. 2 lit. b DelVO 2017/565 ist nicht analog anzuwenden.

14 Selbst wenn der Inhalt der Finanzanalyse der Öffentlichkeit bzw. den Kunden bekannt ist, dürfen Finanzanalysten[1] und „relevante Personen"[2], die an der Erstellung der Finanzanalysen beteiligt waren, keine **persönlichen Geschäfte**[3] **oder Empfehlungen**[4] tätigen oder qualifizierte[5] Infomationen weitergeben bzw. Meinungen äußern, die den aktuellen Empfehlungen zu den Finanzinstrumenten, Derivaten[6] oder Emittenten zuwiderlaufen[7]. Derartige Geschäfte sind ausnahmsweise erlaubt, falls Finanzanalysten[8] oder andere relevante Personen[9] hierzu durch außergewöhnliche Umstände, zu denen persönliche finanzielle Härtefälle zählen[10], gezwungen sind und die Rechtsabteilung bzw. die Compliance-Funktion die Geschäfte schriftlich[11] genehmigt haben[12].

15 Den Wertpapierdienstleistungsunternehmen, seinen Finanzanalysten[13] und anderen „relevanten Personen"[14] ist es untersagt, materielle oder immaterielle **Zuwendungen** (§ 70 WpHG Rz. 3) von Personen entgegenzunehmen, die an dem Ergebnis der Finanzanalyse stark interessiert sind[15]. Keine Zuwendungen sind die Vergütung des Wertpapierdienstleistungsunternehmens durch den Emittenten im Rahmen einer Vereinbarung über die Erstellung der Finanzanalyse, ferner kleine Geschenke oder kleinere Einladungen[16], wohl aber die Übernahme der Reise- und Hotelkosten durch die Emittenten. Die Annahme der Zuwendungen kann nicht mit Verbesserungen der Dienstleistungen gerechtfertigt werden; denn die Entgegennahme von Zuwendungen ist uneingeschränkt verboten.

16 Die Wertpapierdienstleistungsunternehmen, seine Finanzanalysten[17] und andere „relevante Personen"[18] dürfen weder ausdrücklich noch konkludent den zu analysierenden Emittenten sowie den Emittenten der zu analysierenden Finanzinstrumente und Derivate[19] **günstige Empfehlung** versprechen[20]. Die Investment-Banking-Abteilung darf aber die Meinung der bankinternen Finanzanalysten zu einem Emittenten als potentiellem Kunden einholen oder sich verpflichten, Research über diesen Emittenten zu erstellen, wenn die Finanzanalysten nicht zu bestimmten Ergebnissen gedrängt werden und insbesondere die Entscheidung darüber, ob eine Finanzanalyse erstellt wird, der Research-Abteilung vorbehalten ist.

17 Enthält der **Entwurf** einer Finanzanalyse eine **Empfehlung oder einen Zielkurs**, so ist es grundsätzlich vor deren Verbreitung jedermann (research issuer [Ersteller][21], relevant persons i.S.d. Art. 2 Nr. 1 DelVO 2017/565 *and* any other persons)[22] untersagt, diese zu überprüfen oder zu bewerten (review). Davon sind nur die Finanzanalysten[23] ausgenommen, die die Richtigkeit der in der Analyse dargestellten Tatsachen kontrollieren, außerdem der Compliance-Beauftragte[24] und dessen Mitarbeiter im Rahmen ihrer Aufgaben (§ 80 WpHG Rz. 83 ff.). Selbstverständlich dürfen die Emittenten die dem Entwurf der Empfehlung zugrunde liegenden Tatsachen überprüfen, wenn der Entwurf weder einen Zielkurs enthält noch eindeutige Anhaltspunkte, in welche Richtung die Empfehlung gehen wird[25].

---

1 Art. 2 Nr. 2 DelVO 2017/565.
2 Art. 2 Nr. 1 DelVO 2017/565.
3 Zum Begriff des persönlichen Geschäfts s. Legaldefinition in Art. 28 DelVO 2017/565 (§ 80 WpHG Rz. 71).
4 Art. 29 Abs. 3 DelVO 2017/565 (abgedruckt bei § 80 WpHG). S. § 80 WpHG Rz. 73.
5 Vorausgesetzt, es ist erkennbar, dass der Dritte zu Geschäften oder zur Einwirkung auf Vierte veranlassen könnte (Art. 29 Abs. 4 DelVO 2017/565 (abgedruckt bei § 80 WpHG)).
6 Art. 37 Abs. 2 Unterabs. 2 DelVO 2017/565.
7 Art. 37 Abs. 2 Unterabs. 1 lit. b DelVO 2017/565.
8 Art. 2 Nr. 2 DelVO 2017/565.
9 Art. 2 Nr. 1 DelVO 2017/565.
10 Erwägungsgrund Nr. 53 DelVO 2017/565.
11 Erwägungsgrund Nr. 53 DelVO 2017/565.
12 Art. 37 Abs. 2 Unterabs. 1 lit. b DelVO 2017/565.
13 Art. 2 Nr. 2 DelVO 2017/565.
14 Art. 2 Nr. 1 DelVO 2017/565.
15 Art. 37 Abs. 2 Unterabs. 1 lit. d DelVO 2017/565; Erwägungsgrund Nr. 54 DelVO 2017/565; *Rothenhoefer* in Meyer/Veil/Rönnau, Handbuch zum Marktmissbrauchsrecht, § 22 Rz. 11; § 23 Rz. 7.
16 Erwägungsgrund Nr. 32 DurchfRL 2006/73/EG vom 10.8.2006; *Rothenhoefer* in Meyer/Veil/Rönnau, Handbuch zum Marktmissbrauchsrecht, § 23 Rz. 7.
17 Art. 2 Nr. 2 DelVO 2017/565.
18 Art. 2 Nr. 1 DelVO 2017/565.
19 § 2 Abs. 35 WpHG.
20 Art. 37 Abs. 2 Unterabs. 1 lit. e DelVO 2017/565. Dies gilt erst recht für Vereinbarungen günstiger Analysen. Vgl. auch *Rothenhoefer* in Meyer/Veil/Rönnau, Handbuch zum Marktmissbrauchsrecht, § 23 Rz. 8.
21 In der deutschen Sprachfassung heißt es hier „Emittenten", in der französichen „émetteurs".
22 Art. 37 Abs. 2 Unterabs. 1 lit. f DelVO 2017/565. So auch die französische Sprachfassung. Die deutsche Fassung der Vorschrift ist missverständlich, weil wegen Fehlens eines Kommas nicht klar ist, worauf sich die Formulierung „mit Ausnahme" bezieht.
23 Art. 2 Nr. 2 DelVO 2017/565.
24 Begr. zur Ersten VO zur Änderung der FinAnV (2007), Besonderer Teil zu Nr. 4. Nicht ganz so eng *Rothenhoefer* in Meyer/Veil/Rönnau, Handbuch zum Marktmissbrauchsrecht, § 23 Rz. 9.
25 *Rothenhoefer* in Meyer/Veil/Rönnau, Handbuch zum Marktmissbrauchsrecht, § 23 Rz. 9.

III. Andere Unternehmen als Wertpapierdienstleistungsunternehmen (§ 85 WpHG). 1. Anwendungsbereich. Zum Erstellen oder Verbreiten von **Anlagestrategieempfehlungen oder Anlageempfehlungen** (Finanzanalysen) s. Erläuterungen zu Art. 20 VO Nr. 596/2014. § 85 WpHG erfasst seinem Wortlaut zufolge nicht nur Wertpapierdienstleistungsunternehmen, sondern hat alle Arten von **Unternehmen**[1] im Auge[2]. § 85 WpHG wendet sich mithin nicht an Privatpersonen. Unternehmen müssen nämlich mit einem Mindestmaß an betrieblicher Organisation ausgestattet sein, die nicht ausschließlich der Erfüllung der Organisations- und Kontrollpflichten des § 85 WpHG dient. Nur so kann verhindert werden, dass letztlich alle Personen dem § 85 WpHG unterworfen werden. Die in § 85 WpHG statuierten Organisationspflichten betreffen mit Ausnahme der Pflichten, die auf die Darstellung der Empfehlung bzw. des Vorschlags bezogen sind (Art. 20 VO Nr. 596/2014 Rz. 40 ff.), weder die bei der Erstellung und Weitergabe von Empfehlungen und Vorschlägen allgemeinen zu beachtenden Sorgfaltsstandards, noch die erforderliche Sachkenntnis[3]. Die Tragweite des § 85 WpHG wird dadurch reduziert, dass für Wertpapierdienstleistungsunternehmen unmittelbar die Vorgaben der Art. 36, 37 DelVO 2017/565 als höherrangigem Recht gelten[4]. Dies hat zur Konsequenz, dass die Art. 36, 37 DelVO 2017/565 in ihrem Anwendungsbereich den § 85 WpHG verdrängen (Rz. 1)[5]. 18

2. Organisation zur Minimierung von Interessenkonflikten. § 85 WpHG führt die Organisations-und Kontrollpflichten des **§ 34b Abs. 5 WpHG a.F.**[6] fort[7]. 19

Soweit dies mit zumutbarem Aufwand möglich ist (§ 80 WpHG Rz. 25 ff.), sind Interessenkonflikte in erster Linie durch die Errichtung von Informationssperren zu vermeiden (§ 80 WpHG Rz. 35). Das gilt auch in Richtung auf diejenigen Personen, die maßgeblich die Emission des Finanzinstrumentes vorzubereiten haben oder hatten. Wenn keine Vertraulichkeitsbereiche („chinese walls") existieren, muss gewährleistet sein, dass die die Finanzanalyse erstellenden Personen nicht in sonstiger Weise beeinflusst werden[8]. Wegen unvorteilhafter Analysen dürfen keine Kündigungen ausgesprochen werden. Es ist sicherzustellen, dass Finanzanalysen vor ihrer Weitergabe bzw. öffentlichen Verbreitung den Personen, die an dem Ergebnis der Analyse interessiert sein könnten, weder vorgelegt werden, noch von ihnen genehmigt werden müssen. Dies gilt auch für die Vorlage zur Abklärung der Tatsachenbasis der Analyse. 20

Das **Entlohnungssystem** der im Research-Bereich tätigen Personen ist so auszugestalten, dass die Anreize zur Begünstigung anderer Geschäftsfelder des Unternehmens möglichst gering bleiben[9]. So wird in aller Regel ein Vergütungssystem unzulässig sein, das die Vergütung der Mitarbeiter am Umsatz mit dem unmittelbar oder mittelbar analysierten Emittenten und der mit diesem verbundenen Unternehmen orientiert[10]. Eine Verknüpfung mit dem gesamten Erfolg des die Analyse erstellenden Unternehmens i.S.d. § 85 Abs. 1 WpHG ist dagegen in der Regel zulässig. Zu begrüßen sind Vergütungssysteme, die sich an der Treffgenauigkeit der Analysen ausrichten[11]. Den Erstellern (Art. 20 VO Nr. 596/2014 Rz. 30) einer Finanzanalyse, die auf Grund von Arbeitsverträgen für Unternehmen tätig werden, die für die Erstellung verantwortlich sind, muss im Rahmen des Arbeitsvertrages verboten werden, Zuwendungen (§ 70 WpHG Rz. 3) von den unmittelbar oder mittelbar analysierten oder in naher Zukunft zu analysierenden Emittenten oder von den mit ihnen verbundenen Unternehmen entgegenzunehmen. Die **Übernahme von Organfunktionen** beim analysierten Emittenten oder bei einem mit ihm verbundenen Unternehmen sollte untersagt sein[12]. 21

Den Mitarbeitern sind **schriftliche Anleitungen** an die Hand zu geben, denen sie entnehmen können, welche Sorgfaltsanforderungen und welche Anforderungen zur Ausschaltung von **Interessenkonflikten** an sie gestellt werden[13]. 22

Die Unternehmen haben Vorkehrungen dafür zu treffen, dass keinerlei **Zusagen** zu den Ergebnissen einer Finanzanalyse gemacht werden. **Vergütungszusagen** dürfen von den Unternehmen nur angenommen werden, 23

---

1 Der Begriff des Unternehmens ist schillernd (*K. Schmidt*, Handelsrecht, 6. Aufl., § 3 I).
2 Begr. RegE 1. FiMaNoG, BT-Drucks. 18/7482, 63; a.A. *Rothenhoefer* in Meyer/Veil/Rönnau, Handbuch zum Marktmissbrauchsrecht, § 21 Rz. 10, der die „Oder-Verbindung" für verfehlt hält und für eine europarechtskonforme Interpretation plädiert, die ihrerseits auf erhebliche Schwierigkeiten stößt (Art. 20 VO Nr. 596/2014 Rz. 4 f.).
3 A.A. *Rothenhoefer* in Meyer/Veil/Rönnau, Handbuch zum Marktmissbrauchsrecht, § 22 Rz. 15 ff.
4 Begr. RegE 2. FiMaNoG, BT-Drucks. 18/10936, 249; a.A. wohl *Rothenhoefer* in Meyer/Veil/Rönnau, Handbuch zum Marktmissbrauchsrecht, § 22 Rz. 4.
5 Begr. RegE 2. FiMaNoG, BT-Drucks. 18/10936, 249.
6 Fassung des FRUG vom 16.7.2007.
7 Begr. RegE 1. FiMaNoG, BT-Drucks. 18/7482, 63.
8 Vgl. CESR, Technical Advice on Level 2 v. April 2005 (CESR/05–291b); CESR's Technical Advice on Possible Implementing Measures of the Directive 2004/39/EC v. April 2005 (Ref.: CESR/05–290b), S. 22; vgl. zum WpHG a.F. *Göres*, Interessenkonflikte, S. 89; *Held* in Ellenberger/Schäfer/Clouth/Lang, Praktikerhandbuch, S. 685; *Schilder*, Verhaltenspflichten, S. 212.
9 *Rothenhoefer* in Meyer/Veil/Rönnau, Handbuch zum Marktmissbrauchsrecht, § 22 Rz. 11.
10 *Rothenhoefer* in Meyer/Veil/Rönnau, Handbuch zum Marktmissbrauchsrecht, § 22 Rz. 11.
11 Vgl. zum WpHG a.F. *Göres*, Interessenkonflikte, S. 88, 132, 172.
12 Vgl. zum WpHG a.F. *Göres*, Interessenkonflikte, S. 266.
13 Vgl. zum WpHG a.F. *Pfüller/Wagner*, WM 2004, 253, 259.

wenn sie nicht vom Ergebnis der Analyse abhängig gemacht werden. Es sollte auch, soweit zumutbar, vermieden werden, dass die Ersteller der Finanzanalyse in sog. **pitch meetings** oder **road shows** auftreten[1]. Außerdem muss dafür gesorgt werden, dass die **Emittenten** weder die **Reise- und Unterbringungskosten** für die Analysten übernehmen, noch den Analysten unangemessene (Rz. 15) Präsente gewähren.

24 Der **Erwerb von Finanzinstrumenten oder Derivaten** des analysierten Emittenten vor deren Emission ist den mit der Erstellung von Finanzanalysen befassten Personen zu verbieten. Es ist ferner den Arbeitnehmern sowie sonstigen im Rahmen eines Dienstvertrages tätigen Dritten, die die Finanzanalyse erstellen, von Notlagen (Rz. 14) abgesehen, zu untersagen, in dem analysierten Finanzinstrument oder dessen Derivaten in der Zeit, in der die Analyse erstellt wird, und einige Tage nach der Veröffentlichung oder im Widerspruch zu den Empfehlungen größere Geschäfte zu tätigen. Jedenfalls sind der Besitz an und Geschäfte in den analysierten Finanzinstrumenten und Derivaten (§ 2 Abs. 35 WpHG) der Kontroll-Funktion (Rz. 25) zu melden.

25 3. **Kontrollverfahren.** Die **Überwachung der** mit der **Erstellung oder Weitergabe**[2] von Finanzanalysen **befassten Personen** ist grundsätzlich einer Kontrollabteilung zu übertragen. Die **Kontrollabteilung**[3] hat zu überwachen, ob die an der Erstellung und Weitergabe der Finanzanalyse beteiligten **Personen** den in Art. 20 VO Nr. 596/2014 statuierten Geboten, ihren **Unterlassungs- und Meldepflichten** nachgekommen sind[4]. Die Kontrolle kann stichprobenartig erfolgen.

§ 86 Anzeigepflicht

(1) Andere Personen als Wertpapierdienstleistungsunternehmen, Kapitalverwaltungsgesellschaften, EU-Verwaltungsgesellschaften oder Investmentgesellschaften, die in Ausübung ihres Berufes oder im Rahmen ihrer Geschäftstätigkeit für die Erstellung von Anlagestrategieempfehlungen im Sinne des Artikels 3 Absatz 1 Nummer 34 der Verordnung (EU) Nr. 596/2014 oder von Anlageempfehlungen im Sinne des Artikels 3 Absatz 1 Nummer 35 der Verordnung (EU) Nr. 596/2014 oder deren Weitergabe verantwortlich sind, haben dies der Bundesanstalt vor Erstellung oder Weitergabe der Empfehlungen anzuzeigen. Die Anzeige muss folgende Angaben enthalten:
1. bei einer natürlichen Person Name, Geburtsort, Geburtsdatum, Wohn- und Geschäftsanschrift sowie telefonische und elektronische Kontaktdaten,
2. bei einer juristischen Person oder einer Personenvereinigung Firma, Name oder Bezeichnung, Rechtsform, Registernummer wenn vorhanden, Anschrift des Sitzes oder der Hauptniederlassung, Namen der Mitglieder des Vertretungsorgans oder der gesetzlichen Vertreter und telefonische und elektronische Kontaktdaten; ist ein Mitglied des Vertretungsorgans oder der gesetzliche Vertreter eine juristische Person, so sind deren Firma, Name oder Bezeichnung, Rechtsform, Registernummer wenn vorhanden und Anschrift des Sitzes oder der Hauptniederlassung ebenfalls anzugeben.

Die Angaben nach Satz 2 sind glaubhaft zu machen. Beabsichtigt der Anzeigepflichtige die Verbreitung der Empfehlungen, muss die Anzeige auch eine detaillierte Beschreibung der beabsichtigen Verbreitungswege enthalten. Der Anzeigepflichtige hat weiterhin anzuzeigen, inwiefern bei mit ihm verbundenen Unternehmen Tatsachen vorliegen, die Interessenkonflikte begründen können. Veränderungen der angezeigten Daten und Sachverhalte sowie die Einstellung der in Satz 1 genannten Tätigkeiten sind der Bundesanstalt innerhalb von vier Wochen anzuzeigen.

(2) Die Bundesanstalt veröffentlicht auf ihrer Internetseite den Namen, die Firma oder die Bezeichnung der nach Absatz 1 Satz 2 Nummer 2 ordnungsgemäß angezeigten Personen und Personenvereinigungen sowie den Ort und das Land der Wohn- und Geschäftsanschrift oder des Sitzes oder der Hauptniederlassung.

In der Fassung des 2. FiMaNoG vom 23.6.2017 (BGBl. I 2017, 1693).

Schrifttum: S. § 63 WpHG.

I. Allgemeines 1	3. Zeitpunkt der Anzeige (§ 86 Abs. 1 Satz 1 WpHG) 4
II. Anzeigepflichten 2	4. Veröffentlichung 5
1. Normadressaten 2	5. Sanktionen 6
2. Inhalt der Anzeigepflicht 3	

---

1 Vgl. zum WpHG a.F. *Pfüller/Wagner*, WM 2004, 253, 259; *Göres*, Interessenkonflikte, S. 88, 131, 177.
2 Vgl. Art. 20 VO Nr. 596/2014. Keine Weitergabe ist die Überlassung der Finanzanalyse ausschließlich an Personen der Gruppe, der das Wertpapierdienstleistungsunternehmen angehört (Erwägungsgrund Nr. 55 DelVO 2017/565).
3 Da es sich hier nicht um Wertpapierdienstleistungsunternehmen handelt, können die Vorschriften zur Compliance-Funktion nicht herangezogen werden.
4 *Rothenhoefer* in Meyer/Veil/Rönnau, Handbuch zum Marktmissbrauchsrecht, § 22 Rz. 14.

I. Allgemeines. § 86 führt die in § 34c WpHG a.F. statuierte Anzeigepflicht fort, um die Durchsetzung der sich aus dem Art. 20 VO Nr. 596/2014 ergebenden Pflichten zur objektiven Darstellung von Finanzanalysen und zur Offenlegung von Interessenkonflikten zu erleichtern[1]. Es soll insbesondere im Interesse der Anleger verhindert werden, dass die BaFin von einem systematischen Missstand erst im Nachhinein erfährt. Das Journalistenprivileg des Art. 21 VO Nr. 596/2014 bleibt unberührt[2]. Beachte die Ausnahme in § 91 WpHG.

II. Anzeigepflichten. 1. Normadressaten. Normadressaten sind **mit Ausnahme** der Wertpapierdienstleistungsunternehmen (§ 2 Abs. 10 WpHG), der Kapitalverwaltungsgesellschaften (§ 17 KAGB), der EU-Verwaltungsgesellschaften (§§ 50 ff. KAGB) und Investmentgesellschaften sowie der Journalisten (Art. 21 VO Nr. 596/2014) **alle** natürlichen **Personen** und rechtsfähigen **Gesellschaften**, die im Rahmen ihres Berufes oder ihrer Geschäftstätigkeit für die Erstellung oder die Weitergabe von Finanzanalysen i.S.d. Art. 3 Abs. 1 Unterabs. 34, 35 VO Nr. 596/2014 (Art. 20 VO Nr. 596/2014 Rz. 3 ff.) verantwortlich sind. Dies sind die Ersteller der Finanzanalysen (Art. 20 VO Nr. 596/2014 Rz. 30 ff.) sowie diejenigen Personen, die entscheiden, dass die Finanzanalyse weitergegeben werden soll (Art. 20 VO Nr. 596/2014 Rz. 90). Es genügt die Weitergabe einer Zusammenfassung oder wesentlich veränderter Empfehlungen.

2. Inhalt der Anzeigepflicht. Die Anzeige muss eine Reihe von Daten enthalten, die für die Identifizierung der anzeigepflichtigen Personen bzw. Firma sowie für die Kommunikation mit ihr von Bedeutung sind (§ 86 Abs. 1 Satz 2 Nr. 1, 2 WpHG). Die Angaben sind nach Maßgabe des § 294 ZPO glaubhaft zu machen. Außerdem sind, ohne dass dies glaubhaft gemacht werden muss, die Verbreitungswege der Empfehlung mitzuteilen, wenn der Ersteller oder der Weitergebende die Verbreitung beabsichtigt. Der Wortlaut der Vorschrift berücksichtigt nicht, dass nur dann von einem Erstellen die Rede sein kann, wenn die Verbreitung unter einer Vielzahl von Personen beabsichtigt ist (Art. 20 VO Nr. 596/2014 Rz. 30). Diese Absicht muss sich jedoch bei der Erstellung der Empfehlung nicht bereits auf konkrete Verbreitungsformen und Verbreitungswege erstrecken. Deshalb kann § 86 Abs. 1 Satz 4 WpHG erst dann zum Tragen kommen, wenn sich die Absicht, die Anlageempfehlung zu verbreiten, so weit verdichtet hat, dass die ins Auge gefassten Verbreitungswege detailliert beschrieben werden können. Darüber hinaus müssen Details nur[3] in Hinblick auf Interessenkonflikte mitgeteilt werden, die einer Verbindung mit anderen Unternehmen[4] entspringen (Art. 20 VO Nr. 596/2014 Rz. 57 ff.). Dazu zählen insbesondere Verflechtungen mit Kredit- oder Finanzdienstleistungsinstituten[5].

3. Zeitpunkt der Anzeige (§ 86 Abs. 1 Satz 1 WpHG). Da die Anzeige *vor* der Erstellung oder Weitergabe der Empfehlung zu erfolgen hat, ist maßgeblich, in welchem Moment die verantwortliche Person den Entschluss gefasst hat, eine Anlagestrategieempfehlung oder Anlageempfehlung zu erstellen oder weiterzugeben. Das Erstellen von Anlageempfehlungen beginnt nämlich bereits mit den ersten Schritten zum inhaltlichen Erarbeiten, äußerlichen Gestalten oder zu wesentlichen Veränderungen einer Empfehlung, sofern dies mit dem Ziel geschieht, sie unter einer Vielzahl von Personen zu verbreiten (Art. 20 VO Nr. 596/2014 Rz. 30). Sinnvollerweise sollte man deshalb den Begriff „Erstellung" im Sinn der Vollendung der darauf bezogenen Aktivitäten interpretieren. Gleiches muss für die Weitergabe gelten. Veränderungen der angezeigten Daten und Sachverhalte sind innerhalb von 4 Wochen mitzuteilen (§ 86 Abs. 1 Satz 5 WpHG).

4. Veröffentlichung. Soweit es in § 86 Abs. 2 WpHG heißt, dass Informationen hinsichtlich der ordnungsgemäß angezeigten Person und Personenvereinigungen veröffentlicht werden, begründet dies eine Informationspflicht der BaFin. Sie steht nicht unter dem Vorbehalt, dass die Informationen objektiv ordnungsgemäß sind, sondern nur, dass die Anzeige formal ordnungsgemäß erfolgt ist und dass die darin enthaltenen Informationen nicht als unglaubhaft erscheinen

5. Sanktionen. Verstöße gegen § 86 stellen Ordnungswidrigkeiten dar (§ 120 Abs. 2 Nr. 14 WpHG).

§ 87 Einsatz von Mitarbeitern in der Anlageberatung, als Vertriebsbeauftragte, in der Finanzportfolioverwaltung oder als Compliance-Beauftragte; Verordnungsermächtigung

(1) Ein Wertpapierdienstleistungsunternehmen darf einen Mitarbeiter nur dann mit der Anlageberatung betrauen, wenn dieser sachkundig ist und über die für die Tätigkeit erforderliche Zuverlässigkeit verfügt. Das Wertpapierdienstleistungsunternehmen muss der Bundesanstalt
1. den Mitarbeiter und,

---
1 Begr. RegE 1. FiMaNoG, BT-Drucks. 18/7482, 63.
2 Begr. RegE 1. FiMaNoG, BT-Drucks. 18/7482, 63.
3 Die Finanzanalysen müssen mithin nicht übermittelt werden; *Möllers* in KölnKomm. WpHG, § 34b WpHG Rz. 12.
4 Es geht hier um die Gruppe, zu der der Anzeigepflichtige gehört (Art. 1 lit. b DelVO 2016/958).
5 Vgl. Begr. RegE, BT-Drucks. 15/3174, 39.

2. sofern das Wertpapierdienstleistungsunternehmen über Vertriebsbeauftragte im Sinne des Absatzes 4 verfügt, den auf Grund der Organisation des Wertpapierdienstleistungsunternehmens für den Mitarbeiter unmittelbar zuständigen Vertriebsbeauftragten

anzeigen, bevor der Mitarbeiter die Tätigkeit nach Satz 1 aufnimmt. Ändern sich die von dem Wertpapierdienstleistungsunternehmen nach Satz 2 angezeigten Verhältnisse, sind die neuen Verhältnisse unverzüglich der Bundesanstalt anzuzeigen. Ferner sind der Bundesanstalt, wenn auf Grund der Tätigkeit des Mitarbeiters eine oder mehrere Beschwerden im Sinne des Artikels 26 der Delegierten Verordnung (EU) 2017/565 durch Privatkunden gegenüber dem Wertpapierdienstleistungsunternehmen erhoben werden,

1. jede Beschwerde,
2. der Name des Mitarbeiters, auf Grund dessen Tätigkeit die Beschwerde erhoben wird, sowie
3. sofern das Wertpapierdienstleistungsunternehmen mehrere Zweigstellen, Zweigniederlassungen oder sonstige Organisationseinheiten hat, die Zweigstelle, Zweigniederlassung oder Organisationseinheit, welcher der Mitarbeiter zugeordnet ist oder für welche er überwiegend oder in der Regel die nach Satz 1 anzuzeigende Tätigkeit ausübt,

anzuzeigen.

(2) Ein Wertpapierdienstleistungsunternehmen darf einen Mitarbeiter nur dann damit betrauen, Kunden über Finanzinstrumente, strukturierte Einlagen, Wertpapierdienstleistungen oder Wertpapiernebendienstleistungen zu informieren (Vertriebsmitarbeiter), wenn dieser sachkundig ist und über die für die Tätigkeit erforderliche Zuverlässigkeit verfügt.

(3) Ein Wertpapierdienstleistungsunternehmen darf einen Mitarbeiter nur dann mit der Finanzportfolioverwaltung betrauen, wenn dieser sachkundig ist und über die für die Tätigkeit erforderliche Zuverlässigkeit verfügt.

(4) Ein Wertpapierdienstleistungsunternehmen darf einen Mitarbeiter mit der Ausgestaltung, Umsetzung oder Überwachung von Vertriebsvorgaben im Sinne des § 80 Absatz 1 Satz 2 Nummer 3 nur dann betrauen (Vertriebsbeauftragter), wenn dieser sachkundig ist und über die für die Tätigkeit erforderliche Zuverlässigkeit verfügt. Das Wertpapierdienstleistungsunternehmen muss der Bundesanstalt den Mitarbeiter anzeigen, bevor dieser die Tätigkeit nach Satz 1 aufnimmt. Ändern sich die von dem Wertpapierdienstleistungsunternehmen nach Satz 2 angezeigten Verhältnisse, sind die neuen Verhältnisse unverzüglich der Bundesanstalt anzuzeigen.

(5) Ein Wertpapierdienstleistungsunternehmen darf einen Mitarbeiter nur dann mit der Verantwortlichkeit für die Compliance-Funktion im Sinne des Artikels 22 Absatz 2 der Delegierten Verordnung (EU) 2017/565 und für die Berichte an die Geschäftsleitung nach Artikel 25 Absatz 2 der Delegierten Verordnung (EU) 2017/565 betrauen (Compliance-Beauftragter), wenn dieser sachkundig ist und über die für die Tätigkeit erforderliche Zuverlässigkeit verfügt. Das Wertpapierdienstleistungsunternehmen muss der Bundesanstalt den Mitarbeiter anzeigen, bevor der Mitarbeiter die Tätigkeit nach Satz 1 aufnimmt. Ändern sich die von dem Wertpapierdienstleistungsunternehmen nach Satz 2 angezeigten Verhältnisse, sind die neuen Verhältnisse unverzüglich der Bundesanstalt anzuzeigen.

(6) Liegen Tatsachen vor, aus denen sich ergibt, dass ein Mitarbeiter

1. nicht oder nicht mehr die Anforderungen nach Absatz 1 Satz 1, Absatz 2, 3, 4 Satz 1, jeweils auch in Verbindung mit § 96, oder Absatz 5 Satz 1 erfüllt, kann die Bundesanstalt unbeschadet ihrer Befugnisse nach § 4 dem Wertpapierdienstleistungsunternehmen untersagen, den Mitarbeiter in der angezeigten Tätigkeit einzusetzen, solange dieser die gesetzlichen Anforderungen nicht erfüllt, oder
2. gegen Bestimmungen dieses Abschnittes verstoßen hat, deren Einhaltung bei der Durchführung seiner Tätigkeit zu beachten sind, kann die Bundesanstalt unbeschadet ihrer Befugnisse nach § 6
   a) das Wertpapierdienstleistungsunternehmen und den Mitarbeiter verwarnen oder
   b) dem Wertpapierdienstleistungsunternehmen für eine Dauer von bis zu zwei Jahren untersagen, den Mitarbeiter in der angezeigten Tätigkeit einzusetzen.

Die Bundesanstalt kann unanfechtbar gewordene Anordnungen im Sinne des Satzes 1 auf ihrer Internetseite öffentlich bekannt machen, es sei denn, diese Veröffentlichung wäre geeignet, den berechtigten Interessen des Unternehmens zu schaden. Die öffentliche Bekanntmachung nach Satz 2 hat ohne Nennung des Namens des betroffenen Mitarbeiters zu erfolgen. Widerspruch und Anfechtungsklage gegen Maßnahmen nach Satz 1 haben keine aufschiebende Wirkung.

(7) Die Bundesanstalt führt über die nach den Absätzen 1, 4 und 5 anzuzeigenden Mitarbeiter sowie die ihnen zugeordneten Beschwerdeanzeigen nach Absatz 1 und die ihre Tätigkeit betreffenden Anordnungen nach Absatz 6 eine interne Datenbank.

(8) Die Absätze 1 bis 7 sind nicht anzuwenden auf diejenigen Mitarbeiter eines Wertpapierdienstleistungsunternehmens, die ausschließlich in einer Zweigniederlassung im Sinne des § 24a des Kreditwesengesetzes oder in mehreren solcher Zweigniederlassungen tätig sind.

(9) Das Bundesministerium der Finanzen kann durch Rechtsverordnung, die nicht der Zustimmung des Bundesrates bedarf, die näheren Anforderungen an

1. den Inhalt, die Art, die Sprache, den Umfang und die Form der Anzeigen nach Absätzen 1, 4 oder 5,
2. die Sachkunde und die Zuverlässigkeit nach Absatz 1 Satz 1, den Absätzen 2, 3, 4 Satz 1, jeweils auch in Verbindung mit § 96, sowie Absatz 5 Satz 1 sowie
3. den Inhalt der Datenbank nach Absatz 7 und die Dauer der Speicherung der Einträge

einschließlich des jeweiligen Verfahrens regeln. In der Rechtsverordnung nach Satz 1 kann insbesondere bestimmt werden, dass dem jeweiligen Wertpapierdienstleistungsunternehmen ein schreibender Zugriff auf die für das Unternehmen einzurichtenden Einträge in die Datenbank nach Absatz 7 eingeräumt und ihm die Verantwortlichkeit für die Richtigkeit und Aktualität dieser Einträge übertragen wird. Das Bundesministerium der Finanzen kann die Ermächtigung durch Rechtsverordnung ohne Zustimmung des Bundesrates auf die Bundesanstalt übertragen.

(10) Die Absätze 1 bis 3 gelten nicht für Immobiliar-Verbraucherdarlehensverträge, die an die Vorbedingung geknüpft sind, dass dem Verbraucher eine Wertpapierdienstleistung in Bezug auf gedeckte Schuldverschreibungen, die zur Besicherung der Finanzierung des Kredits begeben worden sind und denen dieselben Konditionen wie dem Immobiliar-Verbraucherdarlehensvertrag zugrunde liegen, erbracht wird, und wenn damit das Darlehen ausgezahlt, refinanziert oder abgelöst werden kann.

In der Fassung des 2. FiMaNoG vom 23.6.2017 (BGBl. I 2017, 1693).

Schrifttum: S. § 63 WpHG.

	Rn.
I. Inkrafttreten	1
II. Zweck der Vorschrift, Geltungsbereich	2
III. Mitarbeiter in der Anlageberatung (§ 87 Abs. 1 WpHG)	3
1. Adressat der Norm	3
2. Mitarbeiter	5
3. Sachkunde	6
a) Allgemeines	6
b) Umfang der Kenntnisse	7
c) Praktische Fertigkeiten, Erfahrungen	9
d) Aktualität der Sachkunde	10
e) Nachweis der Sachkunde bei Aufnahme der Tätigkeit eines Anlageberaters	11
aa) Allgemeines	11
bb) Nachweis der Kenntnisse	13
cc) Fertigkeiten, Erfahrungen	15
dd) „Alte-Hasen" (§ 12 WpHGMaAnzV)	16
4. Zuverlässigkeit (§ 87 Abs. 1 Satz 1 WpHG, § 6 WpHGMaAnzV)	17
a) Voraussetzungen der Zuverlässigkeit	17
b) Nachweis	18
5. Pflicht zur Anzeige	19
a) Anzeige bei Aufnahme der Tätigkeit	19
b) Anzeigen nach Aufnahme der Tätigkeit	20
aa) Beschwerden (§ 87 Abs. 1 Satz 4 WpHG)	20
bb) Sonstige Anzeigen	21
6. Warnung, Beschäftigungsverbot	22
a) Beschäftigungsverbot	22
aa) Mangelnde Sachkunde, Zuverlässigkeit	22
bb) Missachtung der §§ 63 ff. WpHG	23
b) Warnung	25
7. Datenbank (§§ 9 ff. WpHGMaAnzV)	26
IV. Vertriebsmitarbeiter (§ 87 Abs. 2 WpHG)	27
1. Allgemeines	27
2. Adressat der Norm, Mitarbeiter	28
3. Sachkunde	29
a) Umfang der Kenntnisse	29
b) Praktische Fertigkeiten, Erfahrungen	30
c) Aktualisierung, Nachweis	31
4. Zuverlässigkeit (§ 6 WpHGMaAnzV)	32
5. Anzeigen, Warnung, Beschäftigungsverbot, Datenbank	33
V. Mitarbeiter in der Finanzportfolioverwaltung (§ 87 Abs. 3 WpHG)	34
1. Allgemeines	34
2. Besonderheiten bei der Finanzportfolioverwaltung	35
VI. Vertriebsbeauftragte (§ 87 Abs. 4 WpHG)	36
1. Adressat der Norm	36
2. Vertriebsbeauftragte	37
3. Sachkunde der Vertriebsbeauftragten (§ 87 Abs. 4 WpHG)	38
a) Kenntnisse, Erfahrungen	38
b) Aktualität der Kenntnisse	39
c) Nachweis der Sachkunde	40
4. Zuverlässigkeit (§ 87 Abs. 4 Satz 1 WpHG, § 6 WpHGMaAnzV)	41
5. Anzeige (§ 87 Abs. 4 Satz 2, 3 WpHG)	42
6. Warnung, Beschäftigungsverbot (§ 87 Abs. 6 WpHG)	43
VII. Compliance-Beauftragte (§ 87 Abs. 5 WpHG)	44
1. Allgemeines	44
2. Person des Compliance-Beauftragten	45
3. Sachkunde	46
4. Zuverlässigkeit	48
5. Pflicht zur Anzeige (§ 87 Abs. 5 Satz 2, 3 WpHG)	49
6. Warnung, Beschäftigungsverbot	50
VIII. Sanktionen	51

§ 87 | Verhaltenspflichten, Organisationspflichten, Transparenzpflichten

1 **I. Inkrafttreten.** § 87 WpHG führt den § 34d WpHG a.F. modifiziert fort. Der neue Abs. 2 des § 87 WpHG soll den Art. 25 Abs. 1 RL 2014/65/EU, der neue Abs. 10 den Art. 25 Abs. 7 RL 2014/65/EU umsetzen. § 87 Abs. 3 WpHG erweitert die Qualifikations- und Zuverlässigkeitsgebote auf Mitarbeiter, die in der Vermögensverwaltung tätig sind, weil sie Zugang zu den Kundengeldern besitzen und die für die Kunden getroffenen Anlageentscheidungen besondere Sachkunde erfordern[1].

2 **II. Zweck der Vorschrift, Geltungsbereich.** § 87 Abs. 1–5 WpHG konkretisiert die Verpflichtung der Wertpapierdienstleistungsunternehmen aus dem Art. 21 Abs. 1 Satz 1 lit. b, d DelVO 2017/565 und den § 63 Abs. 5, § 80 Abs. 1 Satz 1 WpHG, nur geeignete Mitarbeiter einzusetzen[2]. Dies soll eine Vereinheitlichung der an diese Mitarbeiter gestellten Mindestanforderungen notwendig machen[3]. Die Meldepflicht gegenüber der BaFin soll disziplinierend wirken, indem sie den Wertpapierdienstleistungsunternehmen die Bedeutung der Mitarbeiterauswahl vor Augen führt[4]. Dadurch werde die unternehmenseigene Rechtmäßigkeitskontrolle gestärkt[5]. Außerdem werde der BaFin die Erfüllung der Aufgabe, Missstände aufzudecken, erleichtert[6]. Zugleich wirke die Vorschrift in Richtung auf die Mitarbeiter disziplinierend[7]. Beachte die Ausnahme in § 91 WpHG.

3 **III. Mitarbeiter in der Anlageberatung (§ 87 Abs. 1 WpHG). 1. Adressat der Norm.** § 87 Abs. 1 WpHG richtet seinem Wortlaut zufolge Gebote **an die Wertpapierdienstleistungsunternehmen**[8]. Dies entspricht dem § 63 Abs. 1 WpHG, wonach die Wertpapierdienstleistungsunternehmen ihre Dienstleistungen professionell zu erbringen haben, und dem Art. 21 Abs. 1 Satz 1 lit. b, c, d DelVO 2017/565[9], wonach die Wertpapierdienstleistungsunternehmen sicherzustellen haben, dass ihre Mitarbeiter die Verfahren kennen, die bei der ordnungsgemäßen Erfüllung ihrer Aufgaben zu beachten sind. In diese Richtung weist auch, dass sich Untersagungsverfügungen gem. § 87 Abs. 6 Satz 1 Nr. 2 lit. b WpHG „folgerichtig" an die Wertpapierdienstleistungsunternehmen als „Aufsichtsobjekte" wenden.

4 Allerdings darf die BaFin auch unmittelbar **Mitarbeiter verwarnen** (§ 87 Abs. 6 Satz 1 Nr. 2 lit. a WpHG). Da dies jedoch keine unmittelbaren Rechtsfolgen nach sich zieht, handelt es sich hierbei nur um schlichtes Verwaltungshandeln[10]. Die Mitarbeiter werden durch das Recht der BaFin zur Verwarnung nicht zu Adressaten des WpHG[11]. Im Licht der §§ 63 f., 80 WpHG sollte man davon ausgehen, dass die Mitarbeiter nur[12] kraft ihres Arbeits- bzw. sonstigen Dienstvertrages verpflichtet sind, die WpHG-Regeln zu beachten.

5 **2. Mitarbeiter.** Mitarbeiter in der Anlageberatung sind alle natürlichen Personen, die nach Art von Arbeitnehmern weisungsabhängig i.S.d. § 2 Abs. 8 Satz 1 Nr. 10 WpHG beratend tätig werden und in diesem Rahmen befugt[13] sind, Empfehlungen auszusprechen[14]. Dazu zählen auch Familienangehörige des Wertpapierdienstleistungsunternehmers, nicht aber dieser selbst oder Organe des Wertpapierdienstleistungsunternehmens. Dies gilt auch dann, wenn diese selbst beratend tätig werden. Insoweit kommt nur eine Analogie in Betracht[15]. Keine Mitarbeiter sind Unternehmen, an die die Beratung **ausgelagert** worden ist (§ 80 WpHG Rz. 116). Diese Unternehmen sind selbst Wertpapierdienstleistungsunternehmen (§ 2 Abs. 10 i.V.m. § 2 Abs. 8 Satz 1 Nr. 10 WpHG) und haben ihre Mitarbeiter eigenständig auszuwählen sowie zu melden. Anders ist die Situation bei vertraglich gebundenen **Vermittlern** (§ 2 Abs. 10 Satz 1 KWG), weil deren Tätigkeit dem Wertpapierdienstleistungsunternehmen zugerechnet wird, für dessen Rechnung und unter dessen Haftung sie ihre Tätigkeit erbringen[16].

6 **3. Sachkunde. a) Allgemeines.** § 87 Abs. 1 Satz 1 WpHG spricht von „**sachkundig**". § 1 Abs. 2, 5 WpHGMaAnzV versteht darunter sowohl **Fertigkeiten und Erfahrungen** aufgrund praktischer Tätigkeiten als auch bestimmte **Kenntnisse** zur Fachsprache, zu Methoden, Verfahren, Arbeitsmitteln, Material, relevanten Themen, Sachverhalten und Standards, zum Rechtsrahmen und zu soft skills. Zu den Kenntnissen zählt auch das Wissen um die

---

1 Begr. RegE 2. FiMaNoG, BT-Drucks. 18/10936, 249 f.
2 Begr. RegE Gesetz zur Stärkung des Anlegerschutzes und Verbesserung der Funktionsfähigkeit des Kapitalmarkts, BT-Drucks. 17/3628, 22.
3 So die Begr. RegE § 34d WpHG a.F., BT-Drucks. 17/3628, 22; zum WpHG a.F. *Fuchs* in Fuchs, § 34d WpHG Rz. 2, 4.
4 So die Begr. RegE § 34d WpHG a.F., BT-Drucks. 17/3628, 22.
5 So die Begr. RegE § 34d WpHG a.F., BT-Drucks. 17/3628, 22.
6 So die Begr. RegE § 34d WpHG a.F., BT-Drucks. 17/3628, 22 f.
7 So die Begr. RegE § 34d WpHG a.F., BT-Drucks. 17/3628, 23; zustimmend *Halbleib*, WM 2011, 673, 674, 676 f.
8 Vgl. zum WpHG a.F. *Rößler/Yoo*, BKR 2011, 377, 378; *Möllers* in KölnKomm. WpHG, § 34d WpHG Rz. 89; *Fuchs* in Fuchs, § 34d WpHG Rz. 6.
9 Abgedruckt bei § 80 WpHG.
10 Daraus folgt nicht, dass nicht in die Rechte des Mitarbeiters eingegriffen wird. Vgl. zum WpHG a.F. *Halbleib*, WM 2011, 673, 677.
11 Ebenso zum WpHG a.F. *Fuchs* in Fuchs, § 34d WpHG Rz. 6; krit. *Halbleib*, WM 2011, 673, 677.
12 Vgl. zum WpHG a.F. *Möllers* in KölnKomm. WpHG, § 34d WpHG Rz. 20.
13 Durch Organisation ist dafür zu sorgen, dass nicht Mitarbeiter, die lediglich befugt sind, zu informieren, Empfehlungen abgeben (ESMA71-1154262120-153 v. 3.1.2017 unter V.IV Ziff. 19).
14 So die Begr. RegE § 34d WpHG a.F., BT-Drucks. 17/3628, 22; zum WpHG a.F. *Fuchs* in Fuchs, § 34d WpHG Rz. 7.
15 Vgl. zum WpHG a.F. *Fuchs* in Fuchs, § 34d WpHG Rz. 7.
16 Vgl. zum WpHG a.F. *Günther*, BKR 2013, 9, 10; wohl auch *Forst*, ZBB 2013, 163, 165.

Rolle, die der Mitarbeiter im Prozess der Anlageberatung etc. spielt[1]. Die Sachkunde muss dem Aufgabenbereich entsprechen[2].

b) Umfang der Kenntnisse. Bereiche, in denen **Kenntnisse** vorhanden sein müssen, werden in § 1 Abs. 2, 3 WpHGMaAnzV[3] detailliert benannt. Die Kenntnisse brauchen sich nicht auf Immobilien-Verbraucherdarlehensverträge, müssen sich aber auch auf strukturierte Einlagen (§ 96 WpHG) erstrecken (§ 87 Abs. 10 WpHG). Die Aufzählung der erforderlichen Kenntnisse ist nicht abschließender Natur[4]. So sollte ein Anlageberater z.B. auch über Kenntnisse hinsichtlich der Ermittlung der Risikobereitschaft verfügen. Bei der **„Bedarfsermittlung"**[5] geht es um Kenntnisse der gängigen Methoden. Soweit der Mitarbeiter Kenntnisse zu den **„Lösungsmöglichkeiten"** besitzen muss, handelt es ebenfalls um Methoden und das Wissen über gängige Entscheidungsmuster. Gleiches gilt für § 1 Abs. 2 Nr. 1 lit. d WpHGMaAnzV (**Serviceerwartung etc.**). Das **Vertragsrecht**[6] ist für die Anlageberatung nur hinsichtlich des Zu-Stande-Kommens von Verträgen, deren Widerruflichkeit sowie Auflösbarkeit von Bedeutung, nicht aber hinsichtlich der Sanktionen bei fehlerhafter Anlageberatung.

All diese Kenntnisse müssen nur **in dem Rahmen** vorhanden sein, in dem der jeweilige **Mitarbeiter eingesetzt** wird (§ 1 Abs. 4 WpHGMaAnzV), d.h. z.B. nur im Rahmen des Anlageprogramms des Wertpapierdienstleistungsunternehmens[7]. Auch Arbeitsanweisungen können den Umfang der gebotenen Sachkunde einschränken, wenn der Mitarbeiter die Grenzen seiner Sachkunde kennt und Weisung hat, den Kunden gegebenenfalls hierauf hinzuweisen oder sich Unterstützung zu holen[8]. § 1 Abs. 4 WpHGMaAnzV trägt dem Verhältnismäßigkeitsprinzip Rechnung, das verbietet, Nicht-Erforderliches zu verlangen.

c) Praktische Fertigkeiten, Erfahrungen. Nach der Vorstellung des § 1 Abs. 5 Satz 1 WpHGMaAnzV, der die Leitlinien 4 lit. h, 22 (i) und (ii) der ESMA[9] umsetzen soll[10], werden die erforderlichen Fertigkeiten (competence[11]) und Erfahrungen[12] durch erfolgreiche Praxis erworben[13]. Die Praxis muss sich über einen Zeitraum von mindestens sechs Monaten erstrecken (§ 1 Abs. 5 Satz 2 WpHGMaAnzV). Die Fertigkeiten und praktischen Erfahrungen können auch durch eine längere Tätigkeit unter Aufsicht[14] erlangt worden sein. § 1 Abs. 5 Satz 3 ff. WpHGMaAnzV gibt keine exakte Frist vor; sie muss jedenfalls sechs Monate übersteigen. § 1 Abs. 5 Satz 3 WpHGMaAnzV fordert, dass die Tätigkeit unter Aufsicht in der Erteilung von Empfehlungen bestand.

d) Aktualität der Sachkunde. In Umsetzung[15] der Leitlinie 20 lit. b der ESMA[16] ordnet § 1 Abs. 1 Satz 2 WpHGMaAnzV an, dass die Sachkunde der betroffenen Mitarbeiter laufend auch in Hinblick auf die geplanten Innovationen zu aktualisieren ist. Hierzu sind die erforderlichen Fortbildungsmaßnahmen zu treffen, falls sich die Mitarbeiter nicht laufend selbst im Rahmen ihrer Tätigkeit fortbilden können und fortbilden[17]. Auch insoweit gilt § 3 Abs. 4 WpHGMaAnzV, so dass sich die Fortbildungsmaßnahmen nur auf diejenigen Arten von Finanzinstrumenten beziehen müssen, die Gegenstand der Anlageberatung durch den betroffenen Mitarbeiters sein können. Im Einklang mit der Leitlinie 22 (iii) der ESMA[18] ist zumindest einmal jährlich zu überprüfen, ob die Kenntnisse der Mitarbeiter hinreichend aktuell sind[19].

e) Nachweis der Sachkunde bei Aufnahme der Tätigkeit eines Anlageberaters. aa) Allgemeines. § 1 Abs. 6 WpHGMaAnzV fordert, dass die Kenntnisse als Element der Sachkunde nachgewiesen „sein" müssen. Nachweisen bedeutet, dass ein Dritter aufgrund der ihm eröffneten Umstände von einer bestimmten Sachlage ausgehen kann, weil sie zumindest die überwiegende Wahrscheinlichkeit für sich hat. Es liegt nahe, anzunehmen, dass der Nachweis der BaFin gegenüber geführt werden muss, falls diese den Nachweis fordert. Die Formulie-

---

1 ESMA/2012/387 v. 25.6.2012, Leitlinien zu einigen Aspekten der MiFID-Anforderungen an die Eignung, Rz. 26.
2 § 1 Abs. 4 WpHGMaAnzV.
3 Vgl. ESMA71-1154262120-153 v. 3.1.2017 unter V.III Ziff. 18.
4 § 1 Abs. 2 Halbsatz 1 WpHGMaAnzV „insbesondere". Vgl. auch ESMA71-1154262120-153 v. 3.1.2017 unter V.III.
5 § 1 Abs. 2 Nr. 1 lit. a WpHGMaAnzV.
6 § 1 Abs. 2 Nr. 2 lit. a WpHGMaAnzV. Die Vorschrift geht damit über die Leitlinien ESMA71-1154262120-153 v. 3.1. 2017 unter V.III hinaus.
7 Ebenso ESMA71-1154262120-153 v. 3.1.2017 unter V.I Ziff. 15. Vgl. ferner zum WpHG a.F. *Fedchenheuer*, Die Qualifikationsanforderungen an Anlageberater, S. 286.
8 Vgl. zum WpHG a.F. *Auerbach/Adelt* in Krimphove/Kruse, MaComp, BT 7 Rz. 44.
9 ESMA2015/1886 v. 17.12.2015; ebenso ESMA71-1154262120-153 v. 3.1.2017 unter II Ziff. 4 lit. h, unter V.IV.
10 Begr. DiskE der BaFin zur Verordnung zur Änderung der WpHG-Mitarbeiteranzeigeverordnung (2017) S. 14.
11 ESMA71-1154262120-153 v. 3.1.2017 unter V.IV Ziff. 18, unter V. IV Ziff. 20 lit. c, d.
12 ESMA71-1154262120-153 v. 3.1.2017 unter V.IV Ziff. 20 lit. a.
13 Ebenso ESMA71-1154262120-153 v. 3.1.2017 unter II Ziff. 4 lit. h.
14 Begr. DiskE der BaFin zur Verordnung zur Änderung der WpHG-Mitarbeiteranzeigeverordnung (2017) S. 14: Umsetzung der Leitlinie der ESMA2015/1886 v. 17.12.2015 (ebenso ESMA71-1154262120-153 v. 3.1.2017 unter V.IV Ziff. 20 lit. d–h).
15 Begr. DiskE der BaFin zur Verordnung zur Änderung der WpHG-Mitarbeiteranzeigeverordnung (2017) S. 13.
16 ESMA2015/1886 v. 17.12.2015; ebenso ESMA71-1154262120-153 v. 3.1.2017 unter V.IV Ziff. 20 lit. b.
17 ESMA71-1154262120-153 v. 3.1.2017 unter V.IV Ziff. 20 lit. b.
18 ESMA2015/1886 v. 17.12.2015; ebenso ESMA71-1154262120-153 v. 3.1.2017 unter V.IV Ziff. 20 lit. b.
19 Begr. DiskE der BaFin zur Verordnung zur Änderung der WpHG-Mitarbeiteranzeigeverordnung (2017) S. 13.

rung „nachgewiesen sein" deutet jedoch eher darauf hin, dass im Moment der Aufnahme der Tätigkeit des Mitarbeiters ausreichende Belege für die erforderlichen Kenntnisse vorhanden sein müssen[1]. Da es bei Beginn des Einsatzes eines Anlageberaters nicht auf das Urteil der BaFin oder eines Gerichts, sondern nur auf das des Wertpapierdienstleistungsunternehmens ankommen kann, muss es genügen, dass das Wertpapierdienstleistungsunternehmen verständigerweise[2] aufgrund der ihm vorliegenden Unterlagen eine hinreichende Kenntnis bejahen kann[3]. Liegen die Voraussetzungen des § 4 Nr. 1, 2 WpHGMaAnzV vor, darf der erbrachte Nachweis als solcher von der BaFin nicht infrage gestellt werden[4]. Vermag das Wertpapierdienstleistungsunternehmen sich nicht nach Maßgabe des § 4 Nr. 1, 2 WpHGMaAnzV über die Sachkunde des Mitarbeiters zu vergewissern, so kommt es gem. § 1 Abs. 6, § 4 Halbsatz 1 WpHGMaAnzV[5] auf die Umstände des Einzelfalls an. § 1 Abs. 6 WpHGMaAnzV beschränkt nicht die Art der Beweismittel, sondern hebt nur die als besonders aussagekräftig erachteten Beweismittel hervor. Die (Weiter)Schulungsnachweise[6] setzen keine Prüfung durch neutrale Dritte voraus. Arbeitszeugnisse, auch von Konzernunternehmen, sind anzuerkennen.

12 Weder § 87 WpHG noch die WpHGMaAnzV sagen, wie nachzuweisen ist, dass die Mitarbeiter nach Aufnahme der Tätigkeit **sachkundig bleiben.** Insoweit gelten die allgemeinen Regeln. Das Wertpapierdienstleistungsunternehmen kann sich insoweit vor allen auf Weiterbildungsnachweise (§ 1 Abs. 6 WpHGMaAnzV), aber auch auf das Urteil von Vorgesetzten über das erfolgreiche Selbststudium der Mitarbeiter stützen; denn die Wertpapierdienstleistungsunternehmen können selbst prüfen, ob die Kenntnisse ihrer Mitarbeiter[7] ausreichend aktuell sind[8].

13 **bb) Nachweis der Kenntnisse. Inländische Zeugnisse.** Im Rahmen des § 4 Satz 1 Nr. 1 WpHGMaAnzV genügt ein wirtschaftswissenschaftlicher Bachelor- Abschluss der Fachrichtungen Banken, Finanzdienstleistungen oder Kapitalmarkt. Unerheblich ist, ob es sich um eine staatliche (Fach)Hochschule handelt, sofern der Abschluss staatlich anerkannt oder sonst gleichwertig ist. In der Berufspraxis müssen diejenigen Kenntnisse vermittelt worden sein, die nicht auf der Lehrplan der (Fach)Hochschule standen und geprüft worden sind. Da die Sachkunde sich nur auf die Kenntnisse des Mitarbeiters bezieht (Rz. 6ff.), genügen auch ergänzende Schulungen, die nicht mit Prüfungen abgeschlossen worden sein müssen[9]; denn es ist nicht einzusehen, warum eine Schulung unter dem Aspekt der Kenntnisvermittlung weniger wiegt als eine Berufspraxis. Zu berücksichtigen ist auch, dass ausländische Berufsfähigkeitsnachweise gem. § 5 WpHGMaAnzV unabhängig davon anerkannt werden, ob die Sachkunde mittels einer Berufspraxis erworben worden ist. Abschlusszeugnisse i.S.d. § 4 Satz 1 Nr. 2 WpHGMaAnzV beweisen die Sachkunde nur in dem Umfang, in dem nach den jeweiligen Lehrplänen Kenntnisse vermittelt werden sollten. Die Kenntnisse müssen nicht durch Prüfungen belegt worden sein; sie brauchen bloß Gegenstand des Unterrichts oder eines organisierten Selbststudiums gewesen sein.

14 **Im Ausland erworbene Zeugnisse** Die im Ausland erworbenen Zeugnisse und Ausbildungsnachweise werden nach Maßgabe des § 5 WpHGMaAnzV anerkannt. § 5 WpHGMaAnzV hindert die Wertpapierdienstleistungsunternehmen nicht, den Nachweis der Sachkunde entsprechend § 1 Abs. 6 WpHGMaAnzV in anderer Form zu führen.

15 **cc) Fertigkeiten, Erfahrungen.** Die Fertigkeiten und Erfahrungen können durch Abschluss-[10] oder Arbeitszeugnisse, gegebenenfalls in Verbindung mit Stellenbeschreibungen oder durch sonstige Nachweise für eine längere praktische Tätigkeit nachgewiesen werden (§ 1 Abs. 6 WpHGMaAnzV[11]). Soweit die Tätigkeit unter Aufsicht (Rz. 9) erfolgt ist, kann das Urteil desjenigen für maßgeblich erklärt werden, der für die Überwachung zuständig war. Für den Nachweis der Aktualisierung der Fertigkeiten und Erfahrungen genügt der Nachweis der weiteren Tätigkeit. Einer externen Überprüfung bedarf es nicht.

16 **dd) „Alte-Hasen" (§ 12 WpHGMaAnzV).** Zugunsten der bei Inkrafttreten des WpHG und der WpHGMaAnzV am 3.1.2018 als Anlageberater tätigen Mitarbeiter wird nur bis zum 3.7.2018 vermutet, dass sie die notwendige Sachkunde besitzen, sofern angezeigt worden ist, dass sie in dieser Funktion tätig sind. Für die Zeit danach ist ausreichende Sachkunde nachzuweisen[12].

---

1 *Fuchs* in Fuchs, § 34d WpHG Rz. 11.
2 Insoweit kann eine Parallele zum Begriff der Fahrlässigkeit gezogen werden. An Sicherheit grenzende Wahrscheinlichkeit der Sachkunde ist nicht zu fordern; überwiegende Wahrscheinlichkeit muss genügen.
3 Vgl. zum WpHG a.F. *Auerbach/Adelt* in Krimphove/Kruse, MaComp, BT 7 Rz. 46.
4 § 4 WpHGMaAnzV soll den Wertpapierdienstleistungsunternehmen Rechtssicherheit verschaffen.
5 „in anderer geeigneter Weise"; „insbesondere".
6 Die Schulung ist nach ihrem Inhalt, ihrer Dauer, der Zielgruppe und der Teilnahme zu dokumentieren.
7 Dies betrifft jeden einzelnen Mitarbeiter, nicht die Gruppe der Mitarbeiter als solcher.
8 Begr. DiskE der BaFin zur Verordnung zur Änderung der WpHG-Mitarbeiteranzeigeverordnung (2017) S. 13.
9 Vgl. zum WpHG a.F. *Möllers* in KölnKomm. WpHG, § 34d WpHG Rz. 31; *Fuchs* in Fuchs, § 34d WpHG Rz. 12.
10 Vgl. § 4 Nr. 1, 2 WpHGMaAnzV.
11 Umsetzung ESMA2015/1886 v. 17.12.2015 Leitlinie 20 lit. b, c; ebenso ESMA71-1154262120-153 v. 3.1.2017 unter V.IV Ziff. 20 lit. b, c (Begr. DiskE der BaFin zur Verordnung zur Änderung der WpHG-Mitarbeiteranzeigeverordnung [2017] S. 14).
12 Begr. DiskE der BaFin zur Verordnung zur Änderung der WpHG-Mitarbeiteranzeigeverordnung (2017) S. 16 (es ist im Licht der Leitlinien der ESMA2015/1886 v. 17.12.2015 nicht hinnehmbar, dass Personen weiterhin tätig werden, denen die dafür nötige Qualifikation fehlt).

4. Zuverlässigkeit (§ 87 Abs. 1 Satz 1 WpHG, § 6 WpHGMaAnzV). a) Voraussetzungen der Zuverlässigkeit. Bei der Zuverlässigkeit geht es um den Willen des Anlageberaters, sich am Kundeninteresse zu orientieren und sich das Vertrauen der Kunden zu verdienen[1]. § 35 GewO[2] kann als Vorbild herangezogen werden. Die Regelbeispiele des § 6 WpHGMaAnzV, die durchweg Fälle betreffen, in denen Berater in krimineller Weise unmittelbar Eigeninteressen verfolgt haben, begründen nur eine Vermutung zum Nachteil dieser Mitarbeiter. Da § 6 WpHGMaAnzV nur Extremfälle der Unzuverlässigkeit erfasst, sollte die Zuverlässigkeit nicht dadurch infrage gestellt werden, dass der Mitarbeiter in Einzelfällen Kunden falsch berät oder, zumal weisungsgemäß, den Interessen des Wertpapierdienstleistungsunternehmens den Vorrang einräumt. Auch hier spricht § 87 Abs. 6 Satz 1 Nr. 1 WpHG mit der Formulierung „oder nicht mehr" dafür, dass die Zuverlässigkeit die gesamte Zeit der Beschäftigung als Anlageberater gewährleistet sein muss.

17

b) Nachweis. Das Wertpapierdienstleistungsunternehmen hat sich in angemessener Weise und in angemessenem Umfang von seinem Mitarbeiter die Zuverlässigkeit nachweisen zu lassen[3], wenn es nicht aufgrund ihm bekannter Tatsachen davon ausgehen kann, dass der Mitarbeiter zuverlässig ist. Die Zuverlässigkeit muss nicht regelmäßig, sondern nur bei konkreten Anzeichen einer Unzuverlässigkeit überprüft werden. Werden einem Wertpapierdienstleistungsunternehmen Verurteilungen i.S.d. § 6 WpHGMaAnzV bekannt, so hat es mangels gewichtiger Anzeichen für eine Zuverlässigkeit die Unzuverlässigkeit zu bejahen. In Fällen, in denen die in dieser Vorschrift aufgezählten Straftaten erst nach der Bestellung zum Anlageberater begangen worden sind, sind diese als „Tatsachen" i.S.d. § 87 Abs. 4 Satz 1 WpHG zu behandeln.

18

5. Pflicht zur Anzeige. a) Anzeige bei Aufnahme der Tätigkeit. Der Inhalt der Anzeige ergibt sich abschließend aus § 8 Abs. 1, 2 WpHGMaAnzV. Der Kreis der Tätigkeiten ist im Licht des § 1 Abs. 4 WpHGMaAnzV von Bedeutung. Mithin muss nur angezeigt werden, zu welchen Finanzinstrumenten der Mitarbeiter beraten soll. In der Anzeige ist der Vertriebsbeauftragte (Rz. 36) zu benennen, der für den Anlageberater unmittelbar zuständig ist (§ 8 Abs. 2 WpHGMaAnzV).

19

b) Anzeigen nach Aufnahme der Tätigkeit. aa) Beschwerden (§ 87 Abs. 1 Satz 4 WpHG). Nach Maßgabe des § 8 Abs. 4 WpHGMaAnzV sind Beschwerden[4] von Privatkunden anzuzeigen, die bestimmten Anlageberatern zugeordnet werden können[5]. Dazu gehören auch sog. Folgebeschwerden[6]. Die Beschwerden müssen sich auf die Anlageberatung i.S.d. § 64 WpHG beziehen[7]. Dabei ist es unerheblich, ob die Beschwerde die Qualität der Empfehlung oder die Art und Weise rügt, in der die Empfehlung erarbeitet oder kommuniziert[8] worden ist. § 87 WpHG betrifft auch die Durchführung der Empfehlung, soweit sie in der Verantwortung des Anlageberaters liegt[9]. Wird eine Beschwerde zu einem bestimmten Geschäft mehrfach eingelegt, so ist die erste Beschwerde maßgeblich. Die einschlägigen Datenschutzregeln sind zu beachten.

20

bb) Sonstige Anzeigen. Verändern sich die gem. § 8 Abs. 1, 2 WpHGMaAnzV anzuzeigenden Tatsachen, so ist das ebenfalls zu melden[10]. Denkbar ist dies nur hinsichtlich der Tätigkeit, des Namens des Mitarbeiters und der Person des zuständigen Vertriebsbeauftragten. Anzuzeigen ist auch der Tag, an dem der gemeldete Mitarbeiter seine anlageberatenden Aktivitäten beendet (§ 8 Abs. 3 Satz 2 WpHGMaAnzV).

21

6. Warnung, Beschäftigungsverbot. a) Beschäftigungsverbot. aa) Mangelnde Sachkunde, Zuverlässigkeit. Es ergibt sich bereits aus dem § 63 Abs. 1 WpHG und dem Art. 21 DelVO 2017/565, dass ein Wertpapierdienstleistungsunternehmen keine Anlageberater einsetzen darf, die unreichend sachkundig oder die unzuverlässig sind. Dieses Verbot der Beschäftigung nicht hinreichend qualifizierter Mitarbeiter kann gem. § 87 Abs. 6 Satz 1 Nr. 1 WpHG mittels einer Untersagungsverfügung durchgesetzt werden[11]. Dem Grundsatz der Verhältnismäßigkeit gemäß **entfällt** das **Verbot in dem Moment**, in dem ausreichende Sachkunde erworben worden ist und gegen die Zuverlässigkeit keine Bedenken mehr bestehen[12]. Für die arbeitsrechtlichen Folgen eines Beschäftigungsverbotes gelten die allgemeinen Regeln des Arbeitsrechts[13].

22

---

1 Vgl. Begr. RegE § 34d WpHG a.F., BT-Drucks. 17/3628, 22. *Forst*, ZBB 2013, 163, 166 sah unter Geltung des WpHG a.F. die Zuverlässigkeit auch bei krankhaften Störungen wie Drogen- oder Spielsucht sowie privaten Schulden in Frage gestellt.
2 *Eufinger*, WM 2017, 1581, 1583.
3 Bei der Einstellung ist ein Führungszeugnis ausreichend (vgl. zum WpHG a.F. *Baur* in Just/Voß/Ritz/Becker, § 34d WpHG Rz. 6). Vgl. auch *Eufinger*, WM 2017, 1581, 1583 f. (lückenloser Lebenslauf mit Belegen, Bescheinigungen und Zeugnissen).
4 Zum Begriff der Beschwerde s. § 80 WpHG Rz. 101.
5 Die Benennung des Anlageberaters soll nicht erforderlich sein (*Fuchs* in Fuchs, § 34d WpHG Rz. 16).
6 Vgl. zum WpHG a.F. *Günther*, BKR 2013, 9, 10.
7 Es genügt, dass in der Beschwerde auf eine Anlageberatung Bezug genommen wird, auch wenn tatsächlich keine stattgefunden hat; vgl. zum WpHG a.F. *Günther*, BKR 2013, 9, 10; *Möllers* in KölnKomm. WpHG, § 34d WpHG Rz. 59.
8 Z.B. keine Geeignetheitserklärung.
9 Zum WpHG a.F. *Günther*, BKR 2013, 9, 10; *Möllers* in KölnKomm. WpHG, § 34d WpHG Rz. 60.
10 § 87 Abs. 1 Satz 3 WpHG i.V.m. § 8 Abs. 3 Satz 1 WpHGMaAnzV.
11 Vgl. *Eufinger*, WM 2017, 1581, 1584.
12 Ebenso i.E. zum WpHG a.F. *Forst*, ZBB 2013, 163, 166.
13 Vgl. dazu *Rößler/Yoo*, BKR 2011, 377 ff.; *Forst*, ZBB 2013, 163, 167 ff.; *Eufinger*, WM 2017, 1581, 1484 ff.

23 **bb) Missachtung der §§ 63 ff. WpHG.** Die Pflichten aus den §§ 63 ff. WpHG treffen die **Mitarbeiter** nicht unmittelbar. Das Beschäftigungsverbot wendet sich deshalb an die **Wertpapierdienstleistungsunternehmen**, weil sie nicht dafür sorgen, dass die Mitarbeiter WpHG-konform beraten. Deshalb spielt es keine Rolle, ob ein Mitarbeiter schuldhaft gehandelt hat[1]. Allerdings berührt das Beschäftigungsverbot im Rahmen der allgemeinen arbeitsrechtlichen Regeln auch die Mitarbeiter (Rz. 22, 24).

24 Das Beschäftigungsverbot sollte nach dem Willen des historischen Gesetzgebers zum WpHG a.F.[2] nur in besonders **gravierenden Fällen eines Verstoßes** gegen das WpHG zulässig sein, wie z.B. bei eklatanter Verletzung der Kundeninteressen oder Missachtung elementarer Pflichten[3]. Daran hat die Novellierung des WpHG nichts geändert[4]. In diesem Zusammenhang ist zu berücksichtigen, dass für den Mitarbeiter die arbeitsrechtlich verbindlichen Weisungen des Wertpapierdienstleistungsunternehmens vorrangig zu berücksichtigen sind[5]. Das Beschäftigungsverbot stellt in Richtung auf die Wertpapierdienstleistungsunternehmen einen Verwaltungsakt dar[6], weil es insoweit unmittelbare Rechtswirkungen entfaltet. Der Verwaltungsakt ist trotz Widerspruchs und Anfechtungsklage sofort vollziehbar (§ 87 Abs. 6 Satz 4 WpHG). Er kann grundsätzlich veröffentlicht werden (§ 87 Abs. 6 Satz 2 WpHG). Mitarbeiter werden (nur) mittelbar betroffen, vergleichbar einem Fall, in dem einem Wertpapierdienstleistungsunternehmen die Geschäftstätigkeit ganz verboten wird. Von einem „**Berufsverbot**"[7] kann keine Rede sein; denn die Wertpapierdienstleistungsunternehmen müssen ihre Mitarbeiter nach Maßgabe des Arbeitsrechts[8] anderweit beschäftigen. Außerdem wirkt das Verbot nicht in Richtung auf andere Wertpapierdienstleistungsunternehmen[9]. Allerdings greift das Beschäftigungsverbot mittelbar in die Rechte der Mitarbeiter ein, so dass diese zumindest mittels Feststellungsklage gegen die BaFin vorgehen können[10].

25 **b) Warnung.** Die an die Wertpapierdienstleistungsunternehmen gerichtete Warnung erfüllt die Funktion einer Abmahnung und trägt damit dem Verhältnismäßigkeitsprinzip Rechnung. Soweit sich die Warnung an den Mitarbeiter richtet, fällt sie in die Kategorie des schlichten Verwaltungshandelns (Rz. 4). Die Warnung löst weder die Vermutung der Unzuverlässigkeit noch der unzureichenden fachlichen Kenntnisse aus[11].

26 **7. Datenbank (§§ 9 ff. WpHGMaAnzV).** Einzelheiten zu der von der BaFin geführten Datenbank sind in den §§ 9 ff. WpHGMaAnzV geregelt. S. dazu auch BaFin, FAQ, Technische Fragen und Antworten zum Mitarbeiter- und Beschwerderegister nach § 87 WpHG (vom 16.6.2012, Stand Januar 2018); BaFin, Fachinformationsblatt zum Mitarbeiter- und Beschwerderegister nach § 87 WpHG (13.8.2012, Stand 3.1.2018).

27 **IV. Vertriebsmitarbeiter (§ 87 Abs. 2 WpHG). 1. Allgemeines.** Die Vorschrift setzt ohne Vorläufer im WpHG a.F. den Art. 25 Abs. 1 RL 2014/65/EU (MiFID II) um. Sie entspricht weitgehend dem § 87 Abs. 1 Satz 1 WpHG und § 1 WpHGMaAnzV.

28 **2. Adressat der Norm, Mitarbeiter.** Vertriebsmitarbeiter sind Personen, deren Aufgabe darin besteht, Kunden unmittelbar über Finanzinstrumente, strukturierte Einlagen, Wertpapier(neben)dienstleistungen zu informieren[12], ohne dies mit Empfehlungen zu verbinden. Sie müssen über einen gewissen Ermessensspielraum[13] verfügen[14]. Adressat der dem § 87 Abs. 2 WpHG, § 1a WpHGMaAnzV entspringenden Pflichten ist in Parallele zum Anlageberater (Rz. 3) ausschließlich das Wertpapierdienstleistungsunternehmen.

---

1 A.A. zum WpHG a.F. *Halbleib*, WM 2011, 673, 678, der nicht berücksichtigt, dass ein Mitarbeiter unzureichend qualifiziert sein kann, weil ihn die Materie, zu der er zu beraten hat, intellektuell überfordert.
2 Bericht des Finanzausschusses, BT-Drucks. 17/4739, 13 f. (ultima ratio); *Halbleib*, WM 2011, 673, 677 f.
3 Begr. RegE, BT-Drucks. 17/3628, 23 (churning, „herausberaten" aus für einen Kunden günstigeren Finanzinstrumenten, grobe Missachtung der Risikobereitschaft eines Kunden); vgl. ferner *Forst*, ZBB 2013, 163, 167.
4 Der § 87 Abs. 6 WpHG entspricht weitestgehend dem § 34d Abs. 4 WpHG a.F.
5 Ähnlich zum WpHG a.F. *Halbleib*, WM 2011, 673, 678; *Forst*, ZBB 2013, 163, 167 „Unterstellt, dass …".
6 Vgl. zum WpHG a.F. *Rößler/Yoo*, BKR 2011, 377, 380 f.; *Forst*, ZBB 2013, 163, 167.
7 Vgl. zum WpHG a.F. Bericht des Finanzausschusses, BT-Drucks. 17/4739, 12; *Halbleib*, WM 2011, 673, 676.
8 Vgl. auch *Rößler/Yoo*, BKR 2011, 377, 383 f.; *Forst*, ZBB 2013, 163, 167 ff.
9 Allerdings macht die Identifikationsnummer (§ 9 Abs. 2 Nr. 1 WpHGMaAnzV) den Wechsel zu einem anderen Wertpapierdienstleistungsunternehmen transparent. Vgl. zum WpHG a.F. Bericht des Finanzausschusses, BT-Drucks. 17/4739, 13. Ungenau zum WpHG a.F. *Halbleib*, WM 2011, 673, 676.
10 Vgl. zum WpHG a.F. *Halbleib*, WM 2011, 673, 677; abw. *Rößler/Yoo*, BKR 2011, 377, 381. Weitergehend *Forst*, ZBB 2013, 163, 169: Anfechtungsklage.
11 A.A. zum WpHG a.F. *Rößler/Yoo*, BKR 2011, 377, 385.
12 Keine Information wird erteilt, wenn lediglich ohne nähere Informationen zu der Wertpapier(neben)dienstleistungen „Beratung" für die Kontaktaufnahme mit einem Berater geworben wird.
13 Nur im Bereich eines Ermessensspielraums sind die normierten besonderen Kenntnisse und Fähigkeiten erforderlich.
14 Kein Ermessensspielraum besteht, wenn nur vom Kunden angeforderte Broschüren bzw. Faltblätter überreicht werden, Orders angenommen werden oder bei der Entgegennahme von Orders automatisch bestimmte Informationen erteilt werden. Dagegen ist ein Ermessensspielraum zu bejahen, wenn der Mitarbeiter darüber entscheiden kann, wo oder welche den Inhalt von Wertpapier(neben)dienstleistungen etc. betreffende Informationen zu suchen sind. Unerheblich ist, ob der Vertriebsmitarbeiter sich mit dem (potentiellen) Kunden inhaltlich über die Wertpapier(neben)dienstleistung etc. austauscht.

3. Sachkunde. a) Umfang der Kenntnisse. § 87 Abs. 2 WpHG i.V.m. § 1a WpHGMaAnzV folgt im Wesentlichen den für Anlageberater (Rz. 3 ff.) getroffenen Vorgaben. Die für diese maßgeblichen Anforderungen an die Sachkunde werden entsprechend den beschränkten Funktionen der Vertriebsmitarbeiter, die lediglich zu informieren haben, eingeschränkt. Identisch sind die Aktualisierungs- und Prüfungsgebote (Rz. 10 ff.)[1], ferner die Anforderungen an die Kenntnisse über die Kosten und Gebühren[2], über die Funktionsweise des Finanzmarktes und der Finanzinstrumente sowie deren Merkmale, Risiken und Wertentwicklung und der Aspekte des Marktmissbrauchs, außerdem über die Bekämpfung der Geldwäsche[3] einschließlich der Kenntnisse der internen einschlägigen Anweisungen des Wertpapierdienstleistungsunternehmens. Alle diese Kenntnisse müssen den Mitarbeitern nur so weit zur Verfügung stehen, als damit zu rechnen ist, dass sie sie bei der Erteilung von Informationen benötigen. 29

b) Praktische Fertigkeiten, Erfahrungen. Das Minimum an praktischen Erfahrungen deckt sich mit dem von Anlageberatern (Rz. 9) geforderten Minimum mit dem Unterschied, dass Vertriebsmitarbeiter lediglich Erfahrungen bei der Erteilung von Informationen gesammelt haben müssen[4]. Dies kann auch unter Aufsicht geschehen sein. 30

c) Aktualisierung, Nachweise. § 1a Abs. 1 WpHGMaAnzV stellt insoweit unter Berücksichtigung des beschränkten Tätigkeitsbereichs von Vertriebsmitarbeitern die gleichen Anforderungen wie bei dem Einsatz von Anlageberatern (Rz. 10). Das gilt auch für den Nachweis der Sachkunde (Rz. 11 ff.)[5]. 31

4. Zuverlässigkeit (§ 6 WpHGMaAnzV). S. dazu Rz. 17 f. 32

5. Anzeigen, Warnung, Beschäftigungsverbot, Datenbank. S. dazu Rz. 19 ff. 33

V. Mitarbeiter in der Finanzportfolioverwaltung (§ 87 Abs. 3 WpHG). 1. Allgemeines. Die Mitarbeiter der Finanzportfolioverwaltung[6] müssen weitestgehend dieselbe Sachkunde (Rz. 6 ff.) und Zuverlässigkeit (Rz. 17) wie die Mitarbeiter in der Anlageberatung (Rz. 5) besitzen[7]. Dadurch soll der Gefahr Rechnung getragen werden, die daraus resultiert, dass diese Mitarbeiter die kundenbindenden Ermessensentscheidungen treffen und den Zugang zu den Kundengeldern besitzen. Zugleich wird berücksichtigt, dass sich die Kundenbetreuung stärker von der Anlageberatung zur Vermögensverwaltung hin verlagert hat[8]. Gleiches gilt für den Nachweis der Sachkunde (Rz. 11 ff.)[9] und der Zuverlässigkeit (Rz. 18), für die Aktualisierung der Sachkunde (Rz. 10)[10] sowie für die Anzeigen an die BaFin (Rz. 19 ff.)[11] und deren Reaktion in Form von Warnungen oder Beschäftigungsverboten (Rz. 22 ff.)[12]. Kleinere Abweichungen ergeben sich aus den Besonderheiten der Finanzportfolioverwaltung. 34

2. Besonderheiten bei der Finanzportfolioverwaltung. Die *Sachkunde* der Mitarbeiter in der Finanzportfolioverwaltung erstreckt sich nicht auf die Kundenberatung i.S.d. § 1 Abs. 2 Nr. 1 WpHGMaAnzV, stattdessen auf die fachlichen Grundlagen des Portfoliomanagements und der Portfolioanalyse[13]. Ferner müssen die Mitarbeiter der Finanzportfolioverwaltung anders als die Anlageberater nur die Vorschriften des WpHG, des Kapitalanlagegesetzbuchs und der Verwaltungsvorschriften der BaFin kennen, die bei der Portfolioverwaltung und deren Anbahnung eine Rolle spielen[14]. Im übrigen wird von Mitarbeitern in der Anlageberatung und von Mitarbeiter in der Finanzportfolioverwaltung dieselbe Sachkunde erwartet[15]. Für die *praktischen Erfahrungen* gilt entsprechendes mit dem Unterschied, dass diese in der Finanzportfolioverwaltung, gegebenenfalls unter Aufsicht, erworben worden sein müssen[16]. 35

VI. Vertriebsbeauftragte (§ 87 Abs. 4 WpHG). 1. Adressat der Norm. Die mit § 34d WpHG a.F. nahezu wortgleiche Vorschrift richtet sich an die Wertpapierdienstleistungsunternehmen. Die Vertriebsbeauftragten selbst sind nur mittelbar betroffen. Vgl. dazu Rz. 3. 36

---

1 § 1a Abs. 1 WpHGMaAnzV.
2 Vom Vertriebsmitarbeiter werden allerdings nur Kenntnisse über die Summe der Kosten und Gebühren gefordert (§ 1a Abs. 2 Nr. 2 lit. b WpHGMaAnzV).
3 § 1a Abs. 2 Nr. 2 lit. a WpHGMaAnzV verweist insoweit auf die Anlageberater betreffenden Regelungen.
4 § 1a Abs. 5 WpHGMaAnzV.
5 § 1a Abs. 6 WpHGMaAnzV.
6 § 2 Abs. 8 Satz 1 Nr. 7 WpHG.
7 Begr. DiskE der BaFin zur Verordnung zur Änderung der WpHG-Mitarbeiteranzeigeverordnung (2017), S. 15.
8 Begr. RegE § 87 WpHG, BT-Drucks. 18/10936, 249.
9 § 1b Abs. 6, § 4 Nr. 1, 2, § 5 WpHGMaAnzV.
10 § 1b Abs. 1 WpHGMaAnzV.
11 § 8 WpHGMaAnzV.
12 § 8 WpHGMaAnzV.
13 § 1b Abs. 3 Nr. 2 WpHGMaAnzV.
14 § 1b Abs. 2, Abs. 3 Nr. 1 WpHGMaAnzV.
15 Dies gilt insbesondere für die „fachlichen Grundlagen" i.S.d. § 1 Abs. 2 Nr. 3 WpHGMaAnzV (§ 1b Abs. 2 WpHGMaAnzV).
16 § 1b Abs. 5 WpHGMaAnzV.

37 **2. Vertriebsbeauftragte.** Dazu zählen alle Personen, die für den Vertrieb von Finanzinstrumenten verbindliche Vorgaben i.S.d. § 80 Abs. 1 Satz 2 Nr. 3 WpHG[1] machen oder diese mit Entscheidungsbefugnis durch Weisungen oder Überwachung[2] umsetzen[3]. Da Vertriebsvorgaben jeder tätigt, dessen Vorgaben die Menge, den Umsatz oder den Ertrag der vermarkteten Finanzinstrumente unmittelbar oder mittelbar betreffen, und da die Vertriebsvorgaben an einzelne Mitarbeiter, Abteilungen, Zweigstellen, Niederlassungen oder sonstige Organisationseinheiten gerichtet sein können[4], sind die Erscheinungsformen der Vertriebsbeauftragten äußerst vielgestaltig[5]. So können einzelne oder auch mehrere Vertriebsbeauftragte gemeinsam[6] oder Personen hierarchisch abgestuft[7] Vertriebsvorgaben skizzieren, konkretisieren, in Weisungen an nachgeordnete Abteilungen umsetzen und die Befolgung der Vertriebsvorgaben überwachen[8]. Unerheblich ist, auf welcher Organisationsebene und in welcher Organisationseinheit sich ein Vertriebsbeauftragter befindet[9], ob er disziplinarischer Vorgesetzter des Beraters ist oder nicht, doch muss er Mitarbeiter des Wertpapierdienstleistungsunternehmens sein. Der Kreis der Vertriebsbeauftragten umfasst z.B. Filialleiter, regionale oder zentrale Vertriebsverantwortliche[10]. Ob auch Organe des Wertpapierdienstleistungsunternehmens als Vertriebsbeauftragte behandelt werden können[11], ist fraglich; denn diese tragen ohnehin die Gesamtverantwortung für das Unternehmen.

38 **3. Sachkunde der Vertriebsbeauftragten (§ 87 Abs. 4 Satz 1 WpHG). a) Kenntnisse, Erfahrungen.** Auch Vertriebsbeauftragte müssen, wie sich bereits aus den § 63 Abs. 5, § 80 Abs. 1 Satz 2 Nr. 3 WpHG ergibt, sachkundig (Rz. 6 ff.) sein. Die Sachkunde braucht sich nur auf die Ausgestaltung, Umsetzung oder Überwachung der Vertriebsvorgaben beziehen, soweit diese erforderlich ist, um die Vertriebsvorgaben so zu konzipieren, umzusetzen oder zu überwachen, dass die Kundeninteressen nicht beeinträchtigt werden. Die Anforderungen an die Sachkunde[12] werden in § 2 Abs. 2 WpHGMaAnzV unter Verweisung auf die an Anlageberater zu stellenden Anforderungen in § 1 Abs. 2, 3 und 5 WpHGMaAnzV konkretisiert (s. dazu Rz. 7 ff.). Anders als Anlageberater brauchen Vertriebsbeauftragte mithin keine Sachkunde hinsichtlich der Kundenberatung (§ 1 Abs. 2 Nr. 1 WpHGMaAnzV) und hinsichtlich der internen Anweisungen zu den rechtlichen Grundlagen des Vertragsrechts und der Verwaltungsvorschriften der BaFin zur Anlageberatung (§ 1 Abs. 4 WpHGMaAnzV) aufzuweisen. Über die Anforderungen an Anlageberater hinausgehend schreibt § 2 Abs. 3 WpHGMaAnzV vor, dass Vertriebsbeauftragte auch die gesetzlichen Anforderungen an Vertriebsvorgaben sowie deren Ausgestaltung, Umsetzung und Überwachung kennen müssen. Dies bezieht sich ausschließlich auf die gesetzlichen Anforderungen, nicht aber im Detail auf die Konzeption von Finanzinstrumenten. Auch (Rz. 8) hier gilt, dass sich die Sachkunde nur auf diejenigen Finanzinstrumente, Wertpapiernebendienstleistungen und strukturierten Einlagen erstrecken muss, für deren Ausgestaltung, Umsetzung oder Überwachung der Mitarbeiter zuständig ist[13]. Im Übrigen fordert § 2 Abs. 2 WpHGMaAnzV von allen Vertriebsbeauftragten unabhängig davon, ob sie Vertriebsvorgaben ausgestalten oder ob sie Vertriebsanweisungen überwachen, dieselben Kenntnisse und praktischen Erfahrungen[14].

39 **b) Aktualität der Kenntnisse.** S. Rz. 10.

40 **c) Nachweis der Sachkunde.** Nach § 4 Nr. 1 und 2 WpHGMaAnzV gilt für den Nachweis der Sachkunde mittels Abschlusszeugnissen eines wirtschaftswissenschaftlichen Studiengangs der Fachrichtung Banken etc. dasselbe wie für die Anlageberatung (Rz. 11 ff.). Ein besonderer Nachweis der **Kenntnisse** zu den gesetzlichen Anforderungen an Vertriebsvorgaben sowie deren Ausgestaltung, Umsetzung und Überwachung ist nicht erforderlich, selbst wenn dieser nicht durch eine Berufspraxis geführt werden kann. Es genügt auch, dass Abschlusszeugnisse i.S.d. § 4 Nr. 2 WpHGMaAnzV vorliegen. Zu ausländischen Berufsbefähigungsnachweisen s. § 5 WpHGMaAnzV. Im übrigen kann der Nachweis der Kenntnisse in gleicher Weise wie bei der Anlage-

---

1 Es reicht aus, dass Vorgaben entweder hinsichtlich der Ausgestaltung oder der Umsetzung oder der Überwachung des Vertriebs gemacht werden.
2 Soweit überwachende Personen keine eigenen Entscheidungsbefugnisse besitzen, sind sie lediglich die Gehilfen desjenigen, der die Überwachung wahrnimmt.
3 Vgl. zum dem nahezu wortgleichen § 34d WpHG a.F. die Begr. RegE, BT-Drucks. 17/3628, 23. Die bloße Weitergabe als Bote genügt nicht, wohl aber die bloße Förderung von Vertriebsvorgaben.
4 § 80 WpHG Rz. 63.
5 Für eine weite Auslegung des Begriffs des Vertriebsbeauftragten zum WpHG a.F. *Rößler/Yoo*, BKR 2011, 377, 379.
6 Anderes zum WpHG a.F. BaFin, Fragen und Antworten (Stand 20.12.2013): einem Anlageberater kann nur *ein* Vertriebsbeauftragter zugeordnet werden, dem allerdings seinerseits ein Vertriebsbeauftragter vorgesetzt sein kann.
7 Vgl. zum WpHG a.F. *Baur* in Just/Voß/Ritz/Becker, § 34d WpHG Rz. 11.
8 In der Regel führt die Kette der Vertriebsbeauftragten zur Ebene der Geschäftsleitung.
9 Vgl. zum WpHG a.F. Begr. RegE, BT-Drucks. 17/3628, 23.
10 Vgl. zum WpHG a.F. *Rößler/Yoo*, BKR 2011, 377, 379; *Fuchs* in Fuchs, § 34d WpHG Rz. 18.
11 Bejahend zum WpHG a.F. Begr. RegE, BT-Drucks. 17/3628, 23; *Rößler/Yoo*, BKR 2011, 377, 379; *Forst*, ZBB 2013, 163, 165.
12 Sie umfasst Kenntnisse und praktische Erfahrungen (Rz. 6).
13 § 2 Abs. 2 WpHGMaAnzV.
14 Enger h.M. zum WpHG a.F.; *Baur* in Just/Voß/Ritz/Becker, 2015, § 34d WpHG Rz. 12; *Fuchs* in Fuchs, § 34d WpHG Rz. 20 m.w.N.

beratung (Rz. 11) geführt werden, hinsichtlich der praktischen **Erfahrungen** (Rz. 9) mit der Maßgabe, dass diese auf dem Feld der Ausgestaltung, Umsetzung oder Überwachung von Vertriebsvorgaben gemacht worden sein müssen.

4. Zuverlässigkeit (§ 87 Abs. 4 Satz 1 WpHG, § 6 WpHGMaAnzV). S. dazu Rz. 17 f. 41

5. Anzeige (§ 87 Abs. 4 Satz 2, 3 WpHG). S. dazu Rz. 19 ff. Ist ein Vertriebsbeauftragter für einen Mitarbeiter der Anlageberatung zuständig, so ist dies ebenfalls anzuzeigen[1]. Eine Zuständigkeit[2] ist für den unmittelbaren Vorgesetzten[3] desjenigen Anlageberaters zu bejahen, der die Vertriebsvorgaben umsetzen soll; ferner für diejenige Person, die die Umsetzung der Vertriebsvorgaben unmittelbar zu überwachen hat, darüber hinaus für alle sonstigen Personen, die dem Anlageberater gegenüber nach dem Organisationsplan des Wertpapierdienstleistungsunternehmens hinsichtlich des Vertriebs unmittelbar Weisungen geben dürfen[4]. Werden Anlageberater in verschiedenen Filialen tätig, so ist Vertriebsbeauftragter derjenige, der dem Anlageberater an sämtlichen wechselnden Betriebsstätten unmittelbar oder mittelbar vorgesetzt ist. Beschwerden, die bestimmten Vertriebsbeauftragten zugeordnet werden können, brauchen nicht nach Maßgabe des § 8 Abs. 4 WpHGMaAnzV angezeigt zu werden, da Vertriebsbeauftragte nicht von § 87 Abs. 1 WpHG, sondern von § 87 Abs. 4 WpHG erfasst werden. 42

6. Warnung, Beschäftigungsverbot (§ 87 Abs. 6 WpHG). S. Rz. 22 ff. 43

VII. Compliance-Beauftragte (§ 87 Abs. 5 WpHG). 1. Allgemeines. Die Vorschrift, die zusammen mit dem § 3 WpHGMaAnzV redaktionell angepasst den § 34d Abs. 5 WpHG a.F. und die WpHGMaAnzV a.F.[5] fortführt, wendet sich nicht an die Compliance-Beauftragten als solche, sondern ausschließlich an die Wertpapierdienstleistungsunternehmen (vgl. Rz. 3)[6]. 44

2. Person des Compliance-Beauftragten. S. dazu § 80 WpHG Rz. 92 ff. Unerheblich ist, ob die Compliance-Funktion ausgelagert ist (§ 80 WpHG Rz. 119). 45

3. Sachkunde. Wie bei der Anlageberatung, der Tätigkeit von Vertriebsmitarbeitern und Vertriebsbeauftragten umfasst die Sachkunde sowohl Kenntnisse als auch praktische Erfahrungen[7]. Der Umfang der erforderlichen **Kenntnisse** wird – nicht erschöpfend – in § 3 WpHGMaAnzV detailliert vorgegeben[8]. Anders als bei der Anlageberatung[9] fehlt eine besondere Regelung zur **praktischen Erfahrung** des Compliance-Beauftragten. In Anbetracht der Funktionen der Compliance verbietet sich eine Analogie zu § 1 Abs. 5 WpHGMaAnzV. Es kann deshalb nur gefordert werden, dass praktische Erfahrungen in angemessenem Umfang gesammelt worden sind[10]. Dagegen lässt sich ein Gebot zur laufenden Aktualisierung der Sachkunde ohne weiteres auf eine Analogie zu den §§ 1 Abs. 1, 1a Abs. 1, 1b Abs. 1, 2 WpHGMaAnzV stützen[11]. 46

Zum **Nachweis** der Sachkunde vgl. Rz. 11 f. Bei der erstmaligen Bestellung als Compliance-Beauftragter kann die Sachkunde ohne besondere fachspezifische Berufspraxis mittels der in § 4 Nr. 2 lit. a WpHGMaAnzV genannten inländischen Abschlusszeugnissen nachgewiesen werden[12]. Wird ein Abschlusszeugnis eines Studiums der *Rechtswissenschaft* vorgelegt, so muss die fachspezifische Berufspraxis nicht im Rahmen der Compliance-Funktion erworben worden sein[13]. Vielmehr genügt es, dass der Compliance-Beauftragte in seiner Berufspraxis mit allen Arten von Wertpapier(neben)dienstleistungen befasst worden ist, die er als Compliance-Beauftragter zu überwachen hat, und dass er Gelegenheit besaß[14], die Aufbau- und Ablauforganisation von Wertpapierdienstleistungsunternehmen, die Vertriebspraktiken sowie die bei der Erbringung von Wertpapier(neben)dienstleistungen entstehenden Interessenkonflikte kennen zu lernen[15]. Der Nachweis der Berufspraxis reicht aus, ohne dass im Einzelfall nachgewiesen sein muss, dass ausreichende Kenntnisse erworben worden sind. Hat der Compliance-Beauftragte einen *wirtschaftswissenschaftlichen Studiengang* der Fachrichtung Banken, Finanz- 47

---

1 § 8 Abs. 2 WpHGMaAnzV.
2 § 8 Abs. 2 WpHGMaAnzV stellt hierbei auf die Organisationsstruktur des Wertpapierdienstleistungsunternehmens ab.
3 Vgl. zum WpHG a.F. Begr. RegE, BT-Drucks. 17/3628, 22. Der Vertriebsbeauftragte muss aber nicht disziplinarisch vorgesetzt sein.
4 Vgl. zum WpHG a.F. Begr. RegE, BT-Drucks. 17/3628, 23: Denkbar ist, dass regionale oder zentrale Vertriebsverantwortliche unmittelbar vorgesetzt sind.
5 Begr. DiskE der BaFin zur Verordnung zur Änderung der WpHG-Mitarbeiteranzeigeverordnung (2017) S. 15.
6 Vgl. zum WpHG a.F. *Fuchs* in Fuchs, § 34d WpHG Rz. 24.
7 § 3 Abs. 1 Halbsatz 1 WpHGMaAnzV.
8 Vgl. auch MaComp Ziff. BT 1.3.1.3; 11.2.
9 § 1 Abs. 5 WpHGMaAnzV.
10 Vgl. MaComp Ziff. BT 11.1 Nr. 3.
11 Vgl. zum WpHG a.F. *Fuchs* in Fuchs, § 34d WpHG Rz. 24.
12 § 4 Nr. 4 lit. b, c WpHGMaAnzV.
13 Vgl. zum WpHG a.F. *Fuchs* in Fuchs, § 34d WpHG Rz. 25.
14 Die Berufspraxis muss nicht diejenige übersteigen, die Bank- oder Sparkassenbetriebswirte bei ihrer Ausbildung erfahren.
15 Es ist anzunehmen, dass die rechtlichen Kenntnisse i.S.d. § 3 Abs. 1 Nr. 1 WpHGMaAnzV im Rahmen oder aufgrund des rechtswissenschaftlichen Studiums ausreichend erworben worden sind. Andernfalls müsste man fordern, dass Juristen Berufserfahrung in einer Compliance-Funktion gesammelt haben.

dienstleistungen oder Kapitalmarkt absolviert, so bedarf es ebenfalls eines Nachweises einer ausreichenden fachspezifischen Berufspraxis[1]. Was im Einzelfall an Berufspraxis zu fordern ist, hängt mithin vom jeweiligen Zuschnitt des Studiums ab[2]. Die Berufspraxis kann ebenso wie das Abschlusszeugnis durch den Nachweis der Sachkunde gem. § 3 Abs. 2 WpHGMaAnzV mittels Arbeitszeugnissen, Schulungsnachweisen etc. ersetzt werden. Das Wertpapierdienstleistungsunternehmen darf immer seine Überzeugung von der Sachkunde des Compliance-Beauftragten auf andere geeignete Tatsachen, z.B. Arbeitszeugnisse, Schulungs- oder Weiterbildungsnachweise gründen (§ 3 Abs. 2 WpHGMaAnzV). Für im *Ausland* ausgestellte Befähigungs- und Ausbildungsnachweise gilt § 5 WpHGMaAnzV. Die notwendige Aktualisierung der Sachkunde ist nach Maßgabe des § 3 Abs. 2 WpHGMaAnzV nachzuweisen.

48   **4. Zuverlässigkeit.** S. dazu Rz. 17.

49   **5. Pflicht zur Anzeige (§ 87 Abs. 5 Satz 2, 3 WpHG).** S. dazu § 8 Abs. 1 WpHGMaAnzV. Anzuzeigen sind auch die Personen, die bei einer Auslagerung der Compliance-Funktion die Aufgaben des Compliance-Beauftragten wahrnehmen. Für Änderungen der anzuzeigenden Verhältnisse gilt § 8 Abs. 3 WpHGMaAnzV. Beschwerden, die bestimmten Compliance-Beauftragten zugeordnet werden können, brauchen nicht nach Maßgabe des § 8 Abs. 4 WpHGMaAnzV angezeigt werden[3].

50   **6. Warnung, Beschäftigungsverbot.** Insoweit gelten die Ausführungen zu den Anlageberatern (Rz. 22 ff.) entsprechend.

51   **VIII. Sanktionen.** § 120 Abs. 8 Nr. 134 ff. WpHG.

§ 88 Überwachung der Meldepflichten und Verhaltensregeln

(1) Die Bundesanstalt kann zur Überwachung der Einhaltung
1. der Meldepflichten nach Artikel 26 der Verordnung (EU) Nr. 600/2014, auch in Verbindung mit gemäß den diesen Artikeln erlassenen technischen Regulierungsstandards,
2. der Verpflichtung zu Positionsmeldungen nach § 57 Absatz 1 bis 4,
3. der Anzeigepflichten nach § 23,
4. der in diesem Abschnitt geregelten Pflichten, auch in Verbindung mit technischen Regulierungsstandards, die gemäß Artikel 17 Absatz 7, Artikel 27 Absatz 10 und Artikel 32 Absatz 2 der Richtlinie 2014/65/EU erlassen wurden, sowie
5. der Pflichten aus
    a) den Artikeln 4, 16 und 20 der Verordnung (EU) Nr. 596/2014, auch in Verbindung mit gemäß diesen Artikeln erlassenen technischen Regulierungsstandards,
    b) den Artikeln 3 bis 15, 17, 18, 20 bis 23, 25, 27 und 31 der Verordnung (EU) Nr. 600/2014, auch in Verbindung mit gemäß diesen Artikeln erlassenen technischen Regulierungsstandards,
    c) der Delegierten Verordnung (EU) 2017/565,
    d) der Delegierten Verordnung (EU) 2017/567,
    e) § 29 Absatz 2 in Verbindung mit Artikel 4 Absatz 1 Unterabsatz 1 sowie Artikel 5a Absatz 1 der Verordnung (EG) Nr. 1060/2009

in der jeweils geltenden Fassung, auch ohne besonderen Anlass Prüfungen vornehmen bei den Wertpapierdienstleistungsunternehmen, den mit diesen verbundenen Unternehmen, den Zweigniederlassungen im Sinne des § 53b des Kreditwesengesetzes, den Unternehmen, mit denen eine Auslagerungsvereinbarung im Sinne des § 25b des Kreditwesengesetzes besteht oder bestand, und sonstigen zur Durchführung eingeschalteten dritten Personen oder Unternehmen.

(2) Die Bundesanstalt kann zur Überwachung der Einhaltung der in diesem Abschnitt geregelten Pflichten Auskünfte und die Vorlage von Unterlagen auch von Unternehmen mit Sitz in einem Drittstaat verlangen, die Wertpapierdienstleistungen gegenüber Kunden erbringen, die ihren gewöhnlichen Aufenthalt oder ihre Geschäftsleitung im Inland haben, sofern nicht die Wertpapierdienstleistung einschließlich der damit im Zusammenhang stehenden Wertpapiernebendienstleistungen ausschließlich in einem Drittstaat erbracht wird.

(3) Widerspruch und Anfechtungsklage gegen Maßnahmen nach den Absätzen 1 und 2 haben keine aufschiebende Wirkung.

---

1 § 4 Nr. 4 lit. b WpHGMaAnzV.
2 Vgl. zum WpHG a.F. *Möllers* in KölnKomm. WpHG, § 34d WpHG Rz. 102.
3 Vgl. zum WpHG a.F. *Fuchs* in Fuchs, § 34d WpHG Rz. 25.

(4) Die Bundesanstalt kann Richtlinien aufstellen, nach denen sie nach Maßgabe der Richtlinie 2014/65/ EU und der Delegierten Richtlinie (EU) 2017/593 für den Regelfall beurteilt, ob die Anforderungen dieses Abschnitts erfüllt sind. Die Deutsche Bundesbank sowie die Spitzenverbände der betroffenen Wirtschaftskreise sind vor dem Erlass der Richtlinien anzuhören. Die Richtlinien sind im Bundesanzeiger zu veröffentlichen.

In der Fassung des 2. FiMaNoG vom 23.6.2017 (BGBl. I 2017, 1693).

Schrifttum: *Bliesener*, Aufsichtsrechtliche Verhaltenspflichten beim Wertpapierhandel, 1998; *Gurlit*, Handlungsformen der Finanzmarktaufsicht, ZHR 177 (2013), 862; *Höhns*, Die Aufsicht über Finanzdienstleister, 2002; *Junker*, Gewährleistungsaufsicht über Wertpapierdienstleistungsunternehmen, 2003; *Schädle*, Exekutive Normsetzung in der Finanzmarktaufsicht, 2007.

I. Entstehung und Gegenstand 1	4. Ermessen 14
II. Befugnisse gegenüber inländischen Wertpapierdienstleistungsunternehmen (§ 88 Abs. 1 WpHG) 3	III. Befugnisse gegenüber Wertpapierdienstleistungsunternehmen aus Drittstaaten (§ 88 Abs. 2 WpHG) 15
1. Natur und Arten der Prüfung 3	IV. Rechtsschutz (§ 88 Abs. 3 WpHG) 18
2. Sachliche Reichweite der Prüfungsbefugnis . . . 6	V. Erlass von Richtlinien (§ 88 Abs. 4 WpHG) . . . 19
3. Adressaten 12	

I. Entstehung und Gegenstand. § 88 WpHG bildet in der Fassung des Zweiten Finanzmarktnovellierungsgesetzes die **Fortschreibung von § 35 WpHG a.F.**, der eine bewegte Existenz geführt hat[1]. Mit dem Zweiten Finanzmarktförderungsgesetz (2. FFG) erst auf Vorschlag des Finanzausschusses eingeführt[2], regelte § 35 WpHG a.F. detaillierte Informationsbefugnisse des BAWe zur Überwachung der Einhaltung der Wohlverhaltenspflichten und war eine zentrale Ermächtigungsnorm des Gesetzes. Zugleich wurde die Behörde ausdrücklich ermächtigt, Richtlinien zur Beurteilung der Einhaltung der Wohlverhaltenspflichten zu erlassen. Das Gesetz zur Umsetzung der Wertpapierrichtlinie RL 93/22/EWG ergänzte die Informationsrechte um eine Prüfungsbefugnis und ordnete den Ausschluss aufschiebender Wirkung von Rechtsbehelfen an[3]. Mit dem Anlegerschutzverbesserungsgesetz (AnSVG), das mit § 4 WpHG a.F. – nunmehr § 6 WpHG – die wesentlichen Informationsbefugnisse der Behörde vor die Klammer zog, verlor § 35 WpHG a.F. seine herausgehobene Stellung und regelte hinsichtlich inländischer Unternehmen seither nur noch eine Prüfungsbefugnis der Bundesanstalt[4]. Das Gesetz zur Umsetzung der Finanzmarktrichtlinie (FRUG) erweiterte einerseits den Adressatenkreis um Auslagerungsunternehmen, beschränkte aber zugleich die Befugnisse gegenüber ausländischen Unternehmen auf solche aus Drittstaaten[5]. Mit dem Zweiten Finanzmarktnovellierungsgesetz (2. FiMaNoG) wurden die Gegenstände des Prüfungsrechts der BaFin weit über die Wohlverhaltenspflichten nach dem 11. Abschnitt des Gesetzes ausgedehnt. Hierfür war maßgeblich, dass zahlreiche Pflichten der Wertpapierdienstleistungsunternehmen nunmehr aus unmittelbar anwendbaren Vorschriften des Unionsrechts folgen. Zudem verfolgte der Gesetzgeber das Ziel, mit der Ausweitung einen Gleichlauf herzustellen mit den – ebenfalls erweiterten – Prüfgegenständen der jährlichen Prüfung durch einen Wirtschaftsprüfer nach § 89 WpHG[6].

§ 88 Abs. 1 WpHG regelt die Prüfungsbefugnis der Bundesanstalt nach ihrem gegenständlichen Umfang und bestimmt den Kreis der Adressaten von Prüfmaßnahmen (Rz. 3ff.). § 88 Abs. 2 WpHG normiert gesonderte Informationsbefugnisse der Behörde gegenüber Unternehmen aus Drittstaaten zur Überwachung der Einhaltung der Wohlverhaltenspflichten (Rz. 15ff.). § 88 Abs. 3 WpHG enthält mit dem Ausschluss aufschiebender Wirkung von Rechtsbehelfen i.S.v. § 80 Abs. 2 Satz 1 Nr. 3 VwGO eine den Rechtsschutz ausgestaltende Regelung (Rz. 18). § 88 Abs. 4 WpHG verleiht der BaFin die Befugnis zum Erlass von Richtlinien, anhand derer sie die Einhaltung der Wohlverhaltenspflichten beurteilt (Rz. 19ff.).

II. Befugnisse gegenüber inländischen Wertpapierdienstleistungsunternehmen (§ 88 Abs. 1 WpHG). 1. Natur und Arten der Prüfung. § 88 Abs. 1 WpHG verleiht der BaFin die Befugnis zur Vornahme von Prüfungen auch ohne besonderen Anlass. Durch die Vorschrift werden die **allgemeinen Befugnisse ergänzt**, die der Bundesanstalt nach **§ 6 WpHG** zukommen. Die zur Wahrnehmung der Prüfungsbefugnis ggf. erforderli-

---

1 Ausführlich *Haußner* in KölnKomm. WpHG, § 35 WpHG Rz. 10 ff.
2 Beschlussempfehlung und Bericht des Finanzausschusses, BT-Drucks. 12/7918, 30 f., 97, 106 f.; 2. FFG v. 26.7.1994, BGBl. I 1994, 1749.
3 Gesetz zur Umsetzung von EG-Richtlinien zur Harmonisierung bank- und wertpapieraufsichtsrechtlicher Vorschriften vom 22.10.1997, BGBl. I 1997, 2518.
4 Gesetz vom 28.10.2004, BGBl. I 2004, 2630, 2642; s. auch Begr. RegE, BT-Drucks. 15/3174, 27, 29, 39.
5 Gesetz vom 16.7.2007, BGBl. I 2007, 1330; s. auch Begr. RegE, BT-Drucks. 16/4028, 77.
6 Begr. RegE des 2. FiMaNoG, BT-Drucks. 18/10936, 248 f.

lichen weiteren informatorischen Befugnisse – Auskunftserteilung, Vorlage von Unterlagen – sind allerdings nicht in § 88 Abs. 1 WpHG enthalten, sondern bestehen nur unter den Voraussetzungen von § 6 Abs. 3 Satz 1 WpHG[1], der u.a. zur Umsetzung der Aufsichtsanforderungen nach Art. 69 Abs. 2 RL 2014/65/EU (MiFID II)[2] bestimmt ist. § 88 Abs. 1 WpHG deckt **nur die behördliche Kontrolltätigkeit als solche**. Hierbei wird es sich regelmäßig um das Studium von Unterlagen in den Räumlichkeiten des Instituts handeln, da Anordnungen auf Auskunftserteilung und auf Vorlage von Unterlagen nach § 6 Abs. 3 WpHG auf schriftlichem oder fernmündlichen Wege nachgekommen werden kann[3].

4 Die Prüfung kann auch **ohne besonderen Anlass** vorgenommen werden (**Routineprüfung**). Mit der an § 44 Abs. 1 Satz 2 KWG angelehnten Regelung reagierte der Gesetzgeber darauf, dass die Prüfer für die jährliche Prüfung nach § 89 Abs. 1 Satz 4 WpHG von den Unternehmen selbst bestellt werden, die damit auch über den Zeitpunkt der Prüfung disponieren können. Demgegenüber soll die Befugnis zur anlasslosen Prüfung der Behörde im Dienste der Effektivität der Überwachung gerade auch gestatten, eine Prüfung **ohne vorherige Ankündigung** durchzuführen (Überraschungsprüfung), um dem überprüften Unternehmen die Möglichkeit zu versperren, allfällige Missstände zu verschleiern[4]. Ungeachtet des Umstands, dass die besonderen informatorischen Befugnisse nach § 6 Abs. 3 WpHG konkrete Anhaltspunkte für Gesetzesverstöße voraussetzen[5], ist für eine anlasslose Prüfung ein entsprechender Anhaltspunkt nicht erforderlich[6]. In sachlicher Hinsicht müssen anlasslose Prüfungen allein dem Willkürverbot genügen[7] (Rz. 14). Erst recht („auch") ist die BaFin zur Vornahme von Prüfungen **aus besonderem Anlass**, wie etwa Kundenbeschwerden[8], befugt (**Anlassprüfung**). Der Anlass muss dabei nicht aus konkreten Anhaltspunkten für einen Gesetzesverstoß gebildet werden[9] (Rz. 14). Auch ist es der Behörde nicht verwehrt, ihre Prüfungen vorab anzukündigen.

5 Die Vornahme der Prüfung selbst, zu der § 88 Abs. 1 WpHG nach seinem Wortlaut allein ermächtigt, ist als Realgeschehen ohne Regelungswirkung zu qualifizieren. Die gesetzliche Anordnung des Ausschlusses der aufschiebenden Wirkung von Rechtsbehelfen in § 88 Abs. 3 WpHG deutet aber darauf hin, dass der Gesetzgeber die Prüfmaßnahmen als Verwaltungsakt eingeordnet wissen wollte[10]. Die als Prüfungsanordnungen bezeichneten schriftlichen Vorankündigungen oder – im Fall einer Überraschungsprüfung – ad hoc gemachten behördlichen Erklärungen werden auch im Schrifttum einhellig als **Verwaltungsakt** angesehen[11]. Dass sie nicht bloße Mitteilung eines bevorstehenden realen Geschehens sind, sondern ihnen Regelungswirkung zukommt, lässt sich mit polizeirechtlichen Grundsätzen erklären. Denn dort umfassen nach einer Ansicht die sog. Ausführungsermächtigungen wie etwa Durchsuchungen neben der tatsächlichen Vollziehung als regelndes Element die Anordnung der Duldung[12]. Die Behelfskonstruktion eines Verwaltungsakts auf Duldung kommt auch den Aufsichtsadressaten zugute, die beanspruchen können, dass die Maßnahme nur unter den Voraussetzungen des Vollstreckungsrechts zwangsweise durchgeführt wird[13]. Die für den Erlass einer Duldungsverfügung erforderliche **Verwaltungsaktbefugnis** ist unmittelbar § 88 Abs. 1 WpHG zu entnehmen, auch wenn § 88 WpHG – anders als insbesondere § 44 Abs. 1 Satz 3 KWG – keine gesetzliche Duldungspflicht normiert, die durch Verwaltungsakt im Hinblick auf einen Adressaten konkretisiert wird[14]. Die BaFin kann Prüfungsanordnungen gem. § 17 Abs. 1 FinDAG nach Maßgabe des VwVG **vollstrecken**. Von dem auf § 88 Abs. 1 WpHG gestützten Duldungsverwaltungsakt sind weitere Regelungen wie insbesondere auf § 6 Abs. 3 Satz 1 WpHG gestützte Aus-

---

1 *Schlette/Bouchon* in Fuchs, § 35 WpHG Rz. 8; so schon für das Verhältnis von § 35 WpHG a.F. zu § 4 WpHG a.F. Begr. RegE ANSVG, BT-Drucks. 15/3174, 39.
2 Richtlinie 2014/65/EU des Europäischen Parlaments und des Rates vom 15.5.2014 über Märkte für Finanzinstrumente sowie zur Änderung der Richtlinien 2002/92/EG und 2011/61/EU, ABl. EU Nr. L 173 v. 12.6.2014, S. 349.
3 *Schlette/Bouchon* in Fuchs, § 35 WpHG Rz. 7.
4 Begr. RegE des Gesetzes zur Umsetzung von EG-Richtlinien zur Harmonisierung bank- und wertpapieraufsichtsrechtlicher Vorschriften, BT-Drucks. 13/7142, 111; s. auch *Schlette/Bouchon* in Fuchs, § 35 WpHG Rz. 7; *Fett* in Schwark/Zimmer, § 35 WpHG Rz. 4.
5 *Harter* in Just/Voß/Ritz/Becker, § 35 WpHG Rz. 7; ungenau *Fett* in Schwark/Zimmer, § 35 WpHG Rz. 5.
6 *Haußner* in KölnKomm. WpHG, § 35 WpHG Rz. 66 ff.
7 So zu § 44 Abs. 1 Satz 2 KWG auch VG Frankfurt v. 22.10.2009 – 1 K 4182/08, WM 2010, 1745, 1747.
8 Begr. RegE, BT-Drucks. 13/7142, 111; ausführlich zu anlassbezogenen Prüfungen *Haußner* in KölnKomm. WpHG, § 35 WpHG Rz. 102 ff.
9 *Haußner* in KölnKomm. WpHG, § 35 WpHG Rz. 66 ff.
10 Zwingend ist dieser Schluss nicht, da bei der Einführung dieser Regelung das BAWe nach § 35 Abs. 1 WpHG a.F. auch die Erteilung von Auskünften und die Vorlage von Unterlagen „verlangen" konnte, was semantisch eindeutig eine Anordnungsbefugnis impliziert, s. auch BT-Drucks. 12/7918, 106.
11 *Schlette/Bouchon* in Fuchs, § 35 WpHG Rz. 13; *Fett* in Schwark/Zimmer, § 35 WpHG Rz. 10; *Haußner* in KölnKomm. WpHG, § 35 WpHG Rz. 86.
12 *Schenke*, Polizei- und Ordnungsrecht, 9. Aufl. 2016, Rz. 115 f.; a.A. *Schoch* in Schoch, Besonderes Verwaltungsrecht, 15. Aufl. 2013, Kap. 2 Rz. 256.
13 *Schenke*, Polizei- und Ordnungsrecht, 9. Aufl. 2016, Rz. 116; *Gurlit*, ZHR 177 (2013), 862, 880 f.
14 Zu § 44 KWG *Braun* in Boos/Fischer/Schulte-Mattler, § 44 KWG Rz. 49, 56; s. auch *Schwennicke* in Schwennicke/Auerbach, § 44 KWG Rz. 17; *Gurlit*, ZHR 177 (2013), 862, 880 f.; s. auch VG Frankfurt v. 29.10.2009 – 1 K 4182/08, WM 2010, 1745, 1747 f.

kunftsverlangen zu unterscheiden (Rz. 3). Es handelt sich insoweit um unterschiedliche materielle Verwaltungsakte, die ggf. in einem formellen Verwaltungsakt miteinander verbunden werden[1].

2. Sachliche Reichweite der Prüfungsbefugnis. Hatte § 35 WpHG a.F. nur die Überwachung der Einhaltung 6
der Wohlverhaltenspflichten als Prüfungsgegenstand bestimmt, denen zwischenzeitlich die Meldepflichten nach § 9 WpHG a.F. beigesellt wurden[2], so wurden mit dem 2. FiMaNoG die Prüfungsgegenstände zu einem umfänglichen Katalog erweitert, der mit demjenigen des § 89 WpHG für die jährliche Abschlussprüfung durch bestellte Wirtschaftsprüfer identisch ist. Dieser **Katalog** ist **abschließend**. Grundsätzlich darf sich also die Prüfung nur auf Vorgänge erstrecken, die für die Überwachung der Einhaltung der dort genannten Pflichten bedeutsam sind[3]. Dabei ist es zulässig, dass die Einhaltung von Pflichten auch durch Prüfung bei dritten Personen kontrolliert wird, die selbst diesen Pflichten nicht unterliegen (Rz. 13). Soweit die in Bezug genommenen normativen Pflichten auch für Personen gelten, die nicht Adressaten einer Prüfungsanordnung sein können, darf allerdings die Prüfung nicht zum Anlass genommen werden, mittelbar die Einhaltung der Pflichten durch diesen Personenkreis zu überwachen.

Gemäß **§ 88 Abs. 1 Nr. 1 WpHG** ist die Einhaltung der Pflichten zur **Meldung von Geschäften mit Finanz-** 7
instrumenten nach Art. 26 VO Nr. 600/2014 (MiFIR) Prüfungsgegenstand. Die unmittelbar anwendbare Meldepflicht, die zur Umgestaltung von § 9 WpHG a.F. zu einer bloßen Zuständigkeits- und Durchführungsnorm in § 22 WpHG führte[4], wird näher konkretisiert durch die auf Art. 26 Abs. 10 VO Nr. 600/2014 gestützte DelVO 2017/590[5], deren Einhaltung nach gesetzgeberischer Anordnung ebenfalls Bestandteil des Überwachungsprogramms ist. Kontrollfähig ist des Weiteren nach **§ 88 Abs. 1 Nr. 2 WpHG** die **Pflicht zu Positionsmeldungen** nach § 57 Abs. 1 bis 4 WpHG. Die Vorschrift regelt in Umsetzung von Art. 58 RL 2014/65/EU wöchentliche bzw. tägliche Meldepflichten von Teilnehmern einer Handelsplattform, Marktbetreibern und Wertpapierdienstleistungsunternehmen, die außerhalb einer Handelsplattform Handel betreiben, in Bezug auf die von ihnen oder ihren Kunden gehaltenen Positionen in Warenderivaten, sonstigen Derivaten und Emissionszertifikaten[6]. Schließlich soll gem. **§ 88 Abs. 1 Nr. 3 WpHG** auch die Einhaltung der **Anzeigepflichten im Fall des Verdachts von Verstößen gegen das Verbot ungedeckter Leerverkäufe** nach § 23 WpHG i.V.m. Art. 12 bis 14 VO Nr. 236/2012 überprüft werden können.

Nach **§ 88 Abs. 1 Nr. 4 WpHG** sind Prüfungsgegenstand die **Wohlverhaltenspflichten** gem. §§ 63 ff. WpHG, 8
die überhaupt erst Auslöser der Schaffung von § 35 WpHG a.F. waren. Soweit die Pflichtenstellung der Unternehmen durch technische Regulierungsstandards der Kommission ausgeformt wird, ist nach gesetzgeberischer Anordnung auch deren Beachtung unmittelbarer Prüfungsgegenstand. Dies gilt für die DelVO 2017/589[7] und DelVO 2017/578[8], die auf der Grundlage von Art. 17 Abs. 7 RL 2014/65/EU die organisatorischen Anforderungen an den algorithmischen Handel nach §§ 77, 78 und 80 Abs. 2 bis 5 WpHG konkretisieren. Auch die Beachtung der auf Art. 27 Abs. 10 RL 2014/65/EU gestützten DelVO 2017/575[9] und DelVO 2017/576[10], die im Rah-

---

1 *Haußner* in KölnKomm. WpHG, § 35 WpHG Rz. 128 ff.
2 Eingeführt mit dem Gesetz zur Umsetzung der Wertpapierrichtlinie 93/22/EWG, wieder entfernt mit dem AnSVG, nun wieder Prüfgegenstand nach § 88 Abs. 1 Nr. 1 WpHG.
3 So auch *Fett* in Schwark/Zimmer, § 35 WpHG Rz. 4; *Harter* in Just/Voß/Ritz/Becker, § 35 WpHG Rz. 7; *Haußner* in KölnKomm. WpHG, § 35 WpHG Rz. 66.
4 Begr. RegE, BT-Drucks. 18/10936, 229. Beibehalten wurde in § 22 Abs. 3 WpHG die europarechtlich nicht geforderte Meldepflicht für zentrale Gegenparteien.
5 Delegierte Verordnung (EU) 2017/590 der Kommission vom 28.7.2016 zur Ergänzung der Verordnung (EU) Nr. 600/2014 des Europäischen Parlaments und des Rates durch technische Regulierungsstandards für die Meldung von Geschäften an die zuständigen Behörden, ABl. EU Nr. L 87 v. 31.3.2017, S. 449.
6 S. zu Mindestschwellen für wöchentliche Meldungen nach § 57 Abs. 2 WpHG auch den auf Art. 58 Abs. 6 RL 2014/65/EU gestützten Art. 83 Delegierte Verordnung (EU) 2017/565 der Kommission vom 25.4.2016 zur Ergänzung der Richtlinie 2014/65/EU des Europäischen Parlaments und des Rates in Bezug auf die organisatorischen Anforderungen an Wertpapierfirmen und die Bedingungen für die Ausübung ihrer Tätigkeit sowie in Bezug auf die Definition bestimmter Begriffe für die Zwecke der genannten Richtlinie, ABl. EU Nr. L 87 v. 31.3.2017, S. 1.
7 Delegierte Verordnung (EU) 2017/589 der Kommission vom 19.7.2016 zur Ergänzung der Richtlinie 2014/65/EU des Europäischen Parlaments und des Rates durch technische Regulierungsstandards zur Festlegung der organisatorischen Anforderungen an Wertpapierfirmen, die algorithmischen Handel betreiben, ABl. EU Nr. L 87 v. 31.3.2017, S. 417.
8 Delegierte Verordnung (EU) 2017/578 der Kommission vom 13.6.2016 zur Ergänzung der Richtlinie 2014/65/EU des Europäischen Parlaments und des Rates durch technische Regulierungsstandards zur Angabe von Anforderungen an Market-Making Vereinbarungen und -Systeme, ABl. EU Nr. L 87 v. 31.3.2017, S. 183.
9 Delegierte Verordnung (EU) 2017/575 der Kommission vom 8.6.2016 zur Ergänzung der Richtlinie 2014/65/EU des Europäischen Parlaments und des Rates durch technische Regulierungsstandards bezüglich der Daten, die Ausführungsplätze zur Qualität der Ausführung von Geschäften veröffentlichen müssen, ABl. EU Nr. L 87 v. 31.3.2017, S. 152.
10 Delegierte Verordnung (EU) 2017/576 der Kommission vom 8.6.2016 zur Ergänzung der Richtlinie 2014/65/EU des Europäischen Parlaments und des Rates durch technische Regulierungsstandards für die jährliche Veröffentlichung von Informationen durch Wertpapierfirmen zur Identität von Handelsplätzen und zur Qualität der Ausführung, ABl. EU Nr. L 87 v. 31.3.2017, S. 166.

men des Gebots zur *best execution* nach § 82 WpHG die Anforderungen an die Veröffentlichung von Angaben zur Ausführungsqualität gem. § 82 Abs. 9 bis 12 WpHG spezifizieren, ist Bestandteil des Prüfprogramms. Schließlich wird auch die auf Art. 32 Abs. 2 Unterabs. 10 RL 2014/65/EU gestützte DelVO 2017/569[1] erfasst, die Voraussetzungen dafür konkretisiert, ob ein MTF oder ein OTF nach § 73 Abs. 1 Satz 2 WpHG bei der Aussetzung des Handels oder dem Ausschluss eines Finanzinstruments auch den Handel mit einem mit dem Finanzinstrument verbundenen Derivat aussetzen muss.

9   Die ausdrückliche Benennung von delegierten Verordnungen in § 88 Abs. 1 Nr. 4 WpHG schließt nicht aus, dass die Einhaltung weiterer Vorschriften **mittelbar zum Programm der Prüfung** wird, soweit die **Wohlverhaltensvorschriften des WpHG diese selbst in Bezug nehmen** und sie damit zum Bestandteil des Pflichtengefüges machen. Auf die mittelbare Überprüfung der Einhaltung der Pflichten nach der DelVO 2017/565, deren Regelungen u.a. in §§ 63, 64, 68, 69, 70, 83 und 87 WpHG in Bezug genommen werden, kommt es aber nicht an, da sämtliche Pflichten nach dieser Verordnung ohnehin nach § 88 Abs. 1 Nr. 5 lit. c WpHG unmittelbares Prüfprogramm sein können (Rz. 11). Zum mittelbaren Prüfungsgegenstand werden aber die Clearingpflichten nach Art. 4 VO Nr. 648/2012 (EMIR)[2], die Anknüpfungspunkt für Verhaltenspflichten nach § 75 Abs. 2 WpHG sind, zudem die Anforderungen an die Bestimmung der Tick Size nach der DelVO 2017/588[3], die von den Betreibern von MTF und OTF gem. § 72 Abs. 1 Satz 1 Nr. 8 WpHG zu beachten sind.

10 Eine andere Frage ist, ob auch die **Konkretisierung der Verhaltensanforderungen und Organisationsanforderungen durch die WpDVerOV**[4] Bestandteil des Prüfungsprogramms der Bundesanstalt nach § 88 Abs. 1 Nr. 4 WpHG sein kann. Die Pflichten beruhen zwar nicht unmittelbar auf dem 11. Abschnitt des WpHG, sondern sind Resultat des Gebrauchmachens von den in diesem Abschnitt enthaltenen Ermächtigungsgrundlagen in §§ 64 Abs. 10, 67 Abs. 7, 69 Abs. 4, 70 Abs. 9, 80 Abs. 14, 83 Abs. 10 und 84 Abs. 10 WpHG. Da der Gesetzgeber hiermit aber den wesentlichen Inhalt vorgezeichnet hat, sind die verordnungsrechtlichen Konkretisierungen Element des Pflichtengefüges nach dem 11. Abschnitt[5].

11 **§ 88 Abs. 1 Nr. 5 WpHG** erklärt eine Vielzahl weiterer Pflichtenregelungen zum zulässigen Prüfprogramm der BaFin. Gemäß **§ 88 Abs. 1 Nr. 5 lit. a WpHG** sind die Marktbetreiberpflichten zur Meldung der Handelszulassung von Finanzinstrumenten, das Gebot zu Vorkehrungen zur Aufdeckung von Marktmissbrauch und auch die Anforderungen an die objektive Darstellung bei Anlageempfehlungen nach den Art. 4, 16 und 20 VO Nr. 596/2014 (MAR) nebst den pflichtenkonkretisierenden DelVO 2016/909[6], DelVO 2016/957[7] und DelVO 2016/958[8] kontrollfähig. Nach **§ 88 Abs. 1 Nr. 5 lit. b WpHG** sind mit Art. 3 bis 15, 17, 18, 20 bis 23, 25, 27 und 31 VO Nr. 600/2014 u.a. die zentralen Pflichten zur Vor- und Nachhandelstransparenz, zu den besonderen Anforderungen an systematische Internalisierer und zu Handelspflichten prüffähig, nach gesetzgeberischer Anordnung überdies die Pflichtenkonkretisierungen nach den hierzu ergangenen Regulierungsstandards in DelVO 2017/583[9],

---

1   Delegierte Verordnung (EU) 2017/578 der Kommission vom 24.5.2016 zur Ergänzung der Richtlinie 2014/65/EU des Europäischen Parlaments und des Rates durch technische Regulierungsstandards für die Aussetzung des Handels und den Ausschluss von Finanzinstrumenten vom Handel, ABl. EU Nr. L 87 v. 31.3.2017, S. 122.
2   Verordnung (EU) Nr. 648/2012 des Europäischen Parlaments und des Rates vom 4.7.2012 über OTC-Derivate, zentrale Gegenparteien und Transaktionsregister vom 4.7.2012, ABl. EU Nr. L 201 v. 27.7.2012, S. 1.
3   Delegierte Verordnung (EU) 2017/588 der Kommission vom 14.7.2016 zur Ergänzung der Richtlinie 2014/65/EU des Europäischen Parlaments und des Rates durch technische Regulierungsstandards für das Tick-Größen-System für Aktien, Aktienzertifikate und börsengehandelte Fonds, ABl. EU Nr. L 87 v. 31.3.2017, S. 411.
4   Verordnung zur Konkretisierung der Verhaltensregeln und Organisationsanforderungen für Wertpapierdienstleistungsunternehmen (Wertpapierdienstleistungs-Verhaltens- und Organisationsverordnung – WpDVerOV) vom 17.10.2017, BGBl. I 2017, 3566. Abdruck in § 64 WpHG Rz. 94.
5   So auch *Haußner* in KölnKomm. WpHG, § 35 WpHG Rz. 79 f.; a.A. *Fett* in Schwark/Zimmer, § 35 WpHG Rz. 4, der die auf § 89 Abs. 6 WpHG fußende WpDPV entsprechend heranziehen will.
6   Delegierte Verordnung (EU) 2016/909 der Kommission vom 1.3.2016 zur Ergänzung der Verordnung (EU) Nr. 596/2014 des Europäischen Parlaments und des Rates im Hinblick auf technische Regulierungsstandards für den Inhalt der Meldungen, die den zuständigen Behörden zu übermitteln sind, sowie für die Zusammenstellung, Veröffentlichung und Pflege der Liste der Meldungen, ABl. EU Nr. L 153 v. 10.6.2016, S. 13.
7   Delegierte Verordnung (EU) 2016/957 der Kommission vom 9.3.2016 zur Ergänzung der Verordnung (EU) Nr. 596/2014 des Europäischen Parlaments und des Rates in Hinblick auf technische Regulierungsstandards für die geeigneten Regelungen, Systeme und Verfahren sowie Mitteilungsmuster zur Vorbeugung, Aufdeckung und Meldung von Missbrauchspraktiken oder verdächtigen Aufträgen oder Geschäften, ABl. EU Nr. L 160 v. 17.6.2016, S. 1.
8   Delegierte Verordnung (EU) 2016/958 der Kommission vom 9.3.2016 zur Ergänzung der Verordnung (EU) Nr. 596/2014 des Europäischen Parlaments und des Rates im Hinblick auf technische Regulierungsstandards für die technischen Modalitäten für die objektive Darstellung von Anlageempfehlungen oder anderen Informationen mit Empfehlungen oder Vorschlägen zu Anlagestrategien sowie für die Offenlegung bestimmter Interessen oder Anzeichen für Interessenkonflikte, ABl. EU Nr. L 160 v. 17.6.2016, S. 15.
9   Delegierte Verordnung (EU) 2017/583 der Kommission vom 14.7.2016 zur Ergänzung der Verordnung (EU) Nr. 600/2014 des Europäischen Parlaments und des Rates durch technische Regulierungsstandards zu den Transparenzanforderungen für Handelsplätze und Wertpapierfirmen in Bezug auf Anleihen, strukturierte Finanzprodukte, Emissionszertifikate und Derivate, ABl. EU Nr. L 87 v. 31.3.2017, S. 229.

DelVO 2017/587[1], DelVO 2017/577[2], DelVO 2017/572[3], DelVO 2017/580[4] und DelVO 2017/585[5]. **§ 88 Abs. 1 Nr. 5 lit. c WpHG** erklärt sämtliche Pflichten aus der zentralen MiFID II-Durchführungsverordnung DelVO 2017/565 zum zulässigen Prüfungsprogramm, die vor allem die Wohlverhaltens- und Organisationspflichten der Unternehmen konkretisiert (s. auch Rz. 9). Das gleiche gilt nach **§ 88 Abs. 1 Nr. 5 lit. d WpHG** für die Pflichten nach der DelVO 2017/567[6], die weitere Konkretisierungen zur Handelstransparenz und zu den Anforderungen an die Portfoliokomprimierung enthält. **§ 88 Abs. 1 Nr. 5 lit. e WPHG** soll sicherstellen, dass die BaFin als zuständige Behörde i.S.v. § 29 Abs. 2 WpHG prüfen kann, ob die Unternehmen die Pflicht nach Art. 4 und 5a VO Nr. 1060/2009 einhalten, nur Ratings von in der Union zugelassenen Agenturen zu verwenden und zudem eigene Risikobewertungen heranzuziehen.

3. Adressaten. Adressaten einer Prüfungsanordnung sind zunächst **inländische Wertpapierdienstleistungsunternehmen**. Erfasst werden auch die mit ihnen **verbundenen Unternehmen**. Auch wenn § 2 Abs. 25 bis 27 WpHG nur für das Verständnis von Mutter- und Tochterunternehmen und für die Unternehmensgruppe auf die Definitionen der Bilanz-RL 2013/34/EU[7] Bezug nehmen, nicht aber für den Begriff des verbundenen Unternehmens in Art. 2 Nr. 12 RL 2013/34/EU, ist davon auszugehen, dass dessen Definition bzw. § 271 HGB maßgeblich sind[8]. Aus § 88 Abs. 2 WpHG folgt, dass Drittstaatsunternehmen nicht von der Prüfungsbefugnis der BaFin erfasst werden. Sie unterliegen vielmehr allein der in § 88 Abs. 2 WpHG geregelten Pflichtenstellung (Rz. 15 ff.)[9]. Zulässige Adressaten sind hingegen **Zweigniederlassungen** von Wertpapierdienstleistungsunternehmen aus der Union oder dem EWR i.S.v. **§ 53b KWG**. Ihre mit dem FRUG begründete Adressatenstellung reicht allerdings nur soweit, wie sie nach Maßgabe von § 90 Abs. 1 WpHG an die gesetzlichen Wohlverhaltenspflichten gebunden sind[10]. Da gem. § 90 Abs. 1 Satz 1 WpHG insbesondere die Organisationspflichten unter Einschluss der Regeln zur Product Governance nicht auf Zweigniederlassungen anwendbar sind, besteht insoweit auch keine Prüfungsbefugnis der Bundesanstalt. Auch für den weiteren Pflichtenkatalog des § 88 Abs. 1 WpHG jenseits der Wohlverhaltenspflichten kann die BaFin dessen Einhaltung durch Zweigniederlassungen nur im Rahmen ihrer Aufsichtskompetenz prüfen. **Keine Prüfungsbefugnis** besteht wegen des Herkunftslandprinzips für Tätigkeiten, die von Wertpapierdienstleistungsunternehmen aus der EU oder dem EWR im Wege des **grenzüberschreitenden Dienstleistungsverkehrs** erbracht werden[11]. Dies korrespondiert mit den nur subsidiären Eingriffsbefugnissen der BaFin nach § 90 Abs. 4 WpHG.

Adressaten von Prüfungsmaßnahmen können auch **Auslagerungsunternehmen** sein, d.h. solche, mit denen das Wertpapierdienstleistungsunternehmen eine Auslagerungsvereinbarung i.S.v. § 25b KWG geschlossen

---

1 Delegierte Verordnung (EU) 2017/587 der Kommission vom 14.7.2016 zur Ergänzung der Verordnung (EU) Nr. 600/2014 des Europäischen Parlaments und des Rates durch technische Regulierungsstandards mit Transparenzanforderungen für Handelsplätze und Wertpapierfirmen in Bezug auf Aktien, Aktienzertifikate, börsengehandelte Fonds, Zertifikate und andere vergleichbare Finanzinstrumente und mit Ausführungspflichten in Bezug auf bestimmte Aktiengeschäfte an einem Handelsplatz oder über einen systematischen Internalisierer, ABl. EU Nr. L 87 v. 31.3.2017, S. 387.
2 Delegierte Verordnung (EU) 2017/577 der Kommission vom 13.6.2016 zur Ergänzung der Verordnung (EU) Nr. 600/2014 des Europäischen Parlaments und des Rates durch technische Regulierungsstandards für den Mechanismus zur Begrenzung des Volumens und die Bereitstellung von Informationen für Transparenz- und andere Berechnungen, ABl. EU Nr. L 87 v. 31.3.2017, S. 174.
3 Delegierte Verordnung (EU) 2017/572 der Kommission vom 2.6.2016 zur Ergänzung der Verordnung (EU) Nr. 600/2014 des Europäischen Parlaments und des Rates im Hinblick auf technische Regulierungsstandards für die Festlegung der angebotenen Vor- und Nachhandelsdaten und des Disaggregationsniveaus der Daten, ABl. EU Nr. L 87 v. 31.3.2017, S. 142.
4 Delegierte Verordnung (EU) 2017/580 der Kommission vom 24.6.2016 zur Ergänzung der Verordnung (EU) Nr. 600/2014 des Europäischen Parlaments und des Rates durch technische Regulierungsstandards für die Aufzeichnung einschlägiger Daten über Aufträge für Finanzinstrumente, ABl. EU Nr. L 87 v. 31.3.2017, S. 193.
5 Delegierte Verordnung (EU) 2017/585 der Kommission vom 14.7.2016 zur Ergänzung der Verordnung (EU) Nr. 600/2014 des Europäischen Parlaments und des Rates im Hinblick auf technische Regulierungsstandards für die Datenstandards und -formate für die Referenzdaten für Finanzinstrumente und die technischen Maßnahmen in Bezug auf die von der ESMA und den zuständigen Behörden zu treffenden Vorkehrungen, ABl. EU Nr. L 87 v. 31.3.2017, S. 368.
6 Delegierte Verordnung (EU) 2017/567 der Kommission vom 18.5.2016 zur Ergänzung der Verordnung (EU) Nr. 600/2014 des Europäischen Parlaments und des Rates im Hinblick auf Begriffsbestimmungen, Transparenz, Portfoliokomprimierung und Aufsichtsmaßnahmen zur Produktintervention und zu den Positionen, ABl. EU Nr. L 87 v. 31.3.2017, S. 90.
7 Art. 2 Nr. 9 bis 11 Richtlinie 2013/34/EU des Europäischen Parlaments und des Rates vom 26.6.2013 über den Jahresabschluss, den konsolidierten Abschluss und damit verbundene Berichte von Unternehmen bestimmter Rechtsformen, ABl. EU Nr. L 182 v. 29.6.2013, S. 19.
8 So schon zuvor *Koller* in 6. Aufl., § 35 WpHG Rz. 2 und *Haußner* in KölnKomm. WpHG, § 35 WpHG Rz. 55 unter Verweis auf § 13 Abs. 2 Satz 3 WpDVerOV a.F.
9 *Fett* in Schwark/Zimmer, § 35 WpHG Rz. 2; *Harter* in Just/Voß/Ritz/Becker, § 35 WpHG Rz. 5; *Schlette/Bouchon* in Fuchs, § 35 WpHG Rz. 11.
10 Begr. RegE FRUG, BT-Drucks. 16/4028, 77; *Fett* in Schwark/Zimmer, § 35 WpHG Rz. 3; *Schlette/Bouchon* in Fuchs, § 35 WpHG Rz. 6.
11 Begr. RegE FRUG, BT-Drucks. 16/4028, 77.

hat[1]. Die Vorschrift knüpft damit – anders als § 44 Abs. 1 Satz 2 Halbsatz 2 KWG – an die Existenz einer entsprechenden Vereinbarung und nicht an das tatsächliche Vorliegen einer Auslagerung an[2]. Schließlich können auch **sonstige dritte Personen oder Unternehmen**, die zur Durchführung von Wertpapier(neben)dienstleistungen eingeschaltet werden, Adressaten einer Prüfungsanordnung sein. Mit dieser Auffangbestimmung soll nach der Vorstellung des Gesetzgebers etwa auch das kontoführende Institut eines Finanzportfolioverwalters einbezogen werden können[3], auch wenn es selbst nicht (vollständig) dem Pflichtenkatalog des § 88 Abs. 1 WpHG unterliegt.

14 **4. Ermessen.** Die Vornahme einer Prüfung bzw. der Erlass einer hierauf gerichteten Prüfungsanordnung steht im Ermessen der Bundesanstalt. Für dessen Wahrnehmung am Maßstab des § 40 VwVfG ist hinsichtlich der Grenzen der Ermessensausübung danach zu unterscheiden, ob die Prüfung anlasslos (**Routineprüfung**) oder aus bestimmtem Grund (**Anlassprüfung**) durchgeführt werden soll[4] (Rz. 4). Routineprüfungen tragen nur dann keinen reputationsschädlichen Makel, wenn sie einer etablierten Verwaltungspraxis der Aufsichtsbehörde folgen, derzufolge alle Unternehmen nach sachgerechten Kriterien in regelmäßigen Abständen mit einer Prüfung rechnen müssen. Insoweit muss die Bundesanstalt ggf. darlegen, dass die Prüfungsanordnung auf willkürfreien Maßstäben beruht[5]. Bei Anlassprüfungen hingegen bedarf es besonderer Umstände, die im Hinblick auf den Verhältnismäßigkeitsgrundsatz eine Prüfung rechtfertigen. Diese müssen allerdings nicht notwendig den Grad konkreter Anhaltspunkte für Rechtsverstöße erreicht haben[6].

15 **III. Befugnisse gegenüber Wertpapierdienstleistungsunternehmen aus Drittstaaten (§ 88 Abs. 2 WpHG).** § 88 Abs. 2 WpHG enthält eine spezielle Eingriffsgrundlage in Bezug auf Wertpapierdienstleistungsunternehmen mit Sitz in einem Drittstaat, d.h. in einem Staat, der nicht zur EU oder zum EWR gehört. Die Eingriffsmöglichkeiten gegenüber Unternehmen aus der EU und dem EWR bestimmen sich abschließend nach § 88 Abs. 1 WpHG, erfassen also nur Zweigniederlassungen i.S.v. § 53b KWG (Rz. 12)[7]. Von Drittstaatsunternehmen kann die Bundesanstalt die Erteilung von **Auskünften** und die **Vorlage von Unterlagen** verlangen. Diese Befugnisse sind **lex specialis zu § 6 Abs. 3 WpHG**[8]. Deshalb stehen entsprechende Verlangen nicht unter der Voraussetzung, dass konkrete Anhaltspunkte für gesetzliche Verstöße vorliegen müssen[9]. Allerdings steht der BaFin keine Befugnis zu Vor-Ort-Prüfungen zu. Das Verlangen zur Erteilung von Auskünften und zur Vorlage von Unterlagen wird von der BaFin durch **Verwaltungsakt** geltend gemacht, wovon auch § 88 Abs. 3 WpHG ausgeht[10].

16 Drittstaatsunternehmen sind nach dem Wortlaut des § 88 Abs. 2 WpHG nur insoweit zulässige Adressaten einer Auskunfts- oder Vorlageverfügung, als sie Wertpapierdienstleistungen gegenüber Kunden erbringen, die ihren gewöhnlichen Aufenthalt oder ihre Geschäftsleitung im Inland haben. Für die Erstreckung des innerstaatlich geltenden Rechts auf ausländische Sachverhalte (*jurisdiction to prescribe*) findet sich unproblematisch ein **völkerrechtlich erforderlicher** *genuine link*[11]: Dieser liegt im innerstaatlichen Ort, an dem der Handlungserfolg eintritt (Auswirkungsprinzip als Element des Territorialitätsprinzips). Wegen des grundsätzlichen Niederlassungszwangs für Wertpapierdienstleistungsunternehmen aus Drittstaaten (§§ 53 Abs. 1, 32 Abs. 1, 33 Abs. 1 Satz 1 Nr. 6 KWG), der nur ausnahmsweise auf der Grundlage eines Kommissionsbeschlusses gem. Art. 47 VO Nr. 600/2014 für Wertpapierdienstleistungen gegenüber registrierten geeigneten Gegenparteien und professionellen Kunden durchbrochen wird, entfaltet die internationale Zuständigkeit der Bundesanstalt praktisch allein Bedeutung für die Tätigkeit von Unternehmen, die ohne die erforderliche Zulassung grenzüberschreitend z.B. über das Internet Wertpapierdienstleistungen anbieten. Denn wenn Drittstaatsunternehmen über eine innerstaatliche Niederlassung verfügen, unterfallen sie schon § 88 Abs. 1 WpHG[12].

17 Wegen des völkerrechtlichen **Territorialitätsprinzips** sind Verfügungen der Bundesanstalt im Ausland nicht durchsetzbar. Die BaFin ist deshalb auf **Amtshilfe** durch ausländische Behörden angewiesen[13]. Einen Rahmen für den Informationsaustausch mit Drittstaatsbehörden setzt § 18 Abs. 10 WpHG.

---

1 Eingeführt aufgrund von Art. 14 Abs. 2 lit. i DurchRL 2006/73/EG (MiFID I-DurchRL) mit dem FRUG, s. auch Begr. RegE, BT-Drucks. 16/4028, 77.
2 Ausf. *Haußner* in KölnKomm. WpHG, § 35 WpHG Rz. 57 ff.
3 Begr. RegE des 4. FFG, BT-Drucks. 14/8017, 92.
4 Zum Folgenden ausf. VG Frankfurt v. 29.10.2009 – 1 K 4182/08, WM 2010, 1745 betr. den ähnlich strukturierten § 44 Abs. 1 Satz 2 KWG, s. auch *Haußner* in KölnKomm. WpHG, § 35 WpHG Rz. 102 ff.
5 Ausf. *Haußner* in KölnKomm. WpHG, § 35 WpHG Rz. 114 ff.
6 VG Frankfurt v. 29.10.2009 – 1 K 4182/08, WM 2010, 1745, 1747 f.: ausreichender Anlass sind Ausführungen eines Vorstandsmitglieds in einem Aufsichtsgespräch, die BaFin sei „der natürliche Feind" des Unternehmens, und man führe „potemkische Akten und Schränke nur für Aufsichtszwecke"; s. auch *Haußner* in KölnKomm. WpHG, § 35 WpHG Rz. 103 ff.
7 Begr. RegE FRUG, BT-Drucks. 16/4028, 77.
8 *Schlette/Bouchon* in Fuchs, § 35 WpHG Rz. 11.
9 Anderer Ansicht wohl *Fett* in Schwark/Zimmer, § 35 WpHG Rz. 8.
10 *Haußner* in KölnKomm. WpHG, § 35 WpHG Rz. 158.
11 Dazu BVerwG v. 17.12.1986 – 7 C 29/85, BVerwGE 75, 285, 288 f.; s. auch *Ohler*, Die Kollisionsordnung des Allgemeinen Verwaltungsrechts, 2005, S. 110 f., 327 ff.
12 *Fett* in Schwark/Zimmer, § 35 WpHG Rz. 9; *Haußner* in KölnKomm. WpHG, § 35 WpHG Rz. 164.
13 Dazu Begr. RegE FRUG, BT-Drucks. 16/4028, 77.

IV. Rechtsschutz (§ 88 Abs. 3 WpHG). Gemäß § 88 Abs. 3 WpHG haben Rechtsbehelfe gegen Maßnahmen der BaFin nach § 88 Abs. 1 und 2 WpHG keine aufschiebende Wirkung. Es handelt sich um eine den Rechtsschutz ausgestaltende Regelung i.S.v. Art. 74 Abs. 1 RL 2014/65/EU, die **mit europarechtlichen Anforderungen vereinbar** ist[1]. Durch den gesetzlichen Ausschluss des Suspensiveffekts von Widerspruch und Anfechtungsklage i.S.v. § 80 Abs. 2 Satz 1 Nr. 3 VwGO liegen – jedenfalls bei Prüfungsanordnungen nach § 88 Abs. 1 WpHG – auch die Voraussetzungen einer Verwaltungsvollstreckung vor (§ 6 Abs. 1 VwVG). Der Adressat muss deshalb ggf. zusätzlich zu Widerspruch und Anfechtungsklage um verwaltungsgerichtlichen Rechtsschutz in Gestalt eines **Antrags auf Anordnung der aufschiebenden Wirkung** nach § 80 Abs. 5 Satz 1 Alt. 1 VwGO nachsuchen. 18

V. Erlass von Richtlinien (§ 88 Abs. 4 WpHG). § 88 Abs. 4 WpHG gehört in im Wesentlichen unveränderter Gestalt zum Urbestand der Norm. Eingeführt als § 35 Abs. 2 WpHG a.F., sollte es sich bei dem vom damaligen Bundesaufsichtsamt zu erlassenden Richtlinien nach der Vorstellung des Finanzausschusses weder um Rechtsnormen noch um Verwaltungsakte handeln, an die unmittelbare Rechtsfolgen zu knüpfen seien. Vielmehr sollten die Richtlinien den Wertpapierdienstleistungsunternehmen als den Adressaten Auskunft darüber geben, wie die Behörde ihren Beurteilungsspielraum bei der Bewertung der Beachtung der Wohlverhaltensregeln auszuüben gedenke[2]. Die zunächst auf die Vorschrift gestützten Richtlinien[3] wurden nach Erlass des FRUG zum November 2007 aufgehoben. An ihre Stelle traten die einen Verordnungsrang bekleidende und auf entsprechenden Ermächtigungen beruhende WpDVerOV sowie die als Rundschreiben titulierten MaComp[4], die ebenfalls nicht auf die Befugnis zum Erlass von Richtlinien gestützt wurden[5]. Gegenwärtig finden sich keinerlei auf § 88 Abs. 4 WpHG bzw. seine Vorgängernorm gestützte Richtlinien[6]. 19

Die **Rechtsnatur der Richtlinien** i.S.v. § 88 Abs. 4 WpHG hat ebenso wie diejenige der nicht ausdrücklich normativ verankerten Rundschreiben- und Merkblattpraxis der BaFin für viel Unsicherheit gesorgt[7]. Unstreitig ist, dass es sich bei den Richtlinien weder um Verordnungen noch um Verwaltungsakte, sondern um **Verwaltungsvorschriften** handelt[8]. Diese weisen allerdings schon wegen des Veröffentlichungsgebots gem. § 88 Abs. 4 Satz 3 WpHG die Besonderheit auf, dass sie nicht allein den internen Normenvollzug durch die Behörde anleiten sollen, sondern auf eine Verhaltenssteuerung bei den Wertpapierdienstleistungsunternehmen als den eigentlichen Adressaten abzielen[9]. Eine auch rechtlich bedeutsame Außenwirkung könnte den Richtlinien allerdings nur zukommen, wenn sie Ausprägung eines behördlichen Beurteilungsspielraums sind und als sog. normkonkretisierende Verwaltungsvorschriften für eine Vielzahl von Fällen letztverbindlich den Inhalt von Rechtsnormen konkretisieren (Standardisierungsspielraum)[10]. Entgegen der Auffassung des Finanzausschusses[11] und eines Teils des Schrifttums[12] verfügt die Bundesanstalt allerdings über **keinen Beurteilungsspielraum bei der Konkretisierung der Wohlverhaltenspflichten**, der mit einer geminderten gerichtlichen Kontrolle einherginge. Denn eine entsprechende behördliche Letztentscheidungsermächtigung lässt sich weder dem Wortlaut des § 88 Abs. 4 WpHG entnehmen noch sprechen funktionellrechtliche Topoi dafür, dass die Gerichte bei der Auslegung der gesetzlichen Anforderungen der §§ 63 ff. WpHG an ihre Funktionsgrenzen stoßen[13]. Ebenso wenig erfordern die bei der Richtlinienaufstellung zu berücksichtigenden Vorgaben der RL 2014/65/EU und der 20

---

1 Das Europarecht folgt dem Grundsatz der Durchsetzbarkeit von Entscheidungen auch bei Einlegung von Rechtsbehelfen, s. Art. 278 Satz 1 AEUV.
2 Empfehlung des Finanzausschusses zum 2. FFG, BT-Drucks. 12/7918, 106.
3 Es handelte sich um die Compliance-Richtlinie vom 25.10.1999, BAnz. Nr. 210 v. 6.11.1999, S. 18453, die Wohlverhaltensrichtlinie vom 25.8.2001, BAnz. Nr. 165 v. 4.9.2001, S. 19217 und die Mitarbeiterleitsätze vom 7.6.2000, BAnz. Nr. 131 v. 15.7.2000, S. 13790.
4 Rundschreiben 05/2018 (WA) – Mindestanforderungen an die Compliance-Funktion und weitere Verhaltens-, Organisations- und Transparenzpflichten – MaComp v. 19.4.2018, Gz. WA 31-Wp 2002-2017/0011.
5 *Haußner* in KölnKomm. WpHG, § 35 WpHG Rz. 167 verneint schon den Richtliniencharakter der MaComp.
6 Auch das Rundschreiben 8/2012 (WA) v. 10.12.2012 zu den besonderen organisatorischen Anforderungen für den Betrieb eines multilateralen Handelssystems nach §§ 31f und 31g WpHG (MaComp II) wurde nicht auf die Norm gestützt.
7 Ausführlicher *Gurlit*, ZHR 177 (2013), 862, 892 ff.; *Schädle*, Exekutive Normsetzung in der Finanzmarktaufsicht, 2007, S. 69 ff., 90 ff.; *Junker*, Gewährleistungsaufsicht über Wertpapierdienstleistungsunternehmen, 2003, S. 114 ff.; *Höhns*, Die Aufsicht über Finanzdienstleister, 2002, S. 205 ff.
8 *Haußner* in KölnKomm. WpHG, § 35 WpHG Rz. 167; *Fett* in Schwark/Zimmer, § 35 WpHG Rz. 11; *Gurlit*, ZHR 177 (2013), 862, 894 f.; zuvor schon *Möllers/Ganten*, ZGR 1998, 773, 800 f.; *Köndgen*, ZBB 1996, 361.
9 *Gurlit*, ZHR 177 (2013), 862, 893; *Haußner* in KölnKomm. WpHG, § 35 WpHG Rz. 173; s. auch BT-Drucks. 12/7918, 106.
10 Zu normkonkretisierenden Verwaltungsvorschriften grundlegend BVerwG v. 19.12.1985 – 7 C 65/82, BVerwGE 72, 300, 320 f.; s. auch BVerwG v. 20.12.1999 – 7 C 15/98, BVerwGE 110, 216, 218 f.; BVerwG v. 29.8.2007 – 4 C 2/07, BVerwGE 129, 209 Rz. 12.
11 BT-Drucks. 12/7918, 106.
12 *Junker*, Gewährleistungsaufsicht über Wertpapierdienstleistungsunternehmen, 2003, S. 155 ff., 161 ff.; wohl auch *Schlette/Bouchon* in Fuchs, § 35 WpHG Rz. 16: verordnungsähnliche rechtliche Bindungswirkung.
13 Hierzu gehören etwa ein besonderer technisch-wissenschaftlicher Sachverstand, komplexe ökonomische Abwägungen oder politische, außerrechtliche Spielräume, s. BVerfG v. 31.5.2011 – 1 BvR 857/07, BVerfGE 129, 1 Rz. 72 f.; BVerfG-K v. 8.12.2011 – 1 BvR 1932/08, NVwZ 2012, 694 Rz. 24 f.; BVerwG v. 19.12.1985 – 7 C 65/82, BVerwGE 72, 300, 316 f.; BVerwG v. 10.12.2014 – 6 C 18/13, BVerwGE 151, 56 Rz. 31 ff.; BVerwG v. 17.8.2016 – 6 C 50/15, BVerwGE 156, 17

DelRL 2017/593/EU einen Beurteilungsspielraum der Bundesanstalt. Schließlich kann auch der Umstand, dass die Richtlinien gem. § 88 Abs. 4 Satz 2 und 3 WpHG in einem gesetzlich geregelten Verfahren beschlossen und im Bundesanzeiger veröffentlicht werden (Rz. 22), eine Beurteilungsermächtigung der BaFin nicht begründen[1].

21 Die Richtlinien sind vielmehr als bloß **norminterpretierende Verwaltungsvorschriften** einzuordnen[2], die nach einem geflügelten Wort des BVerfG nicht „Maßstab, sondern Gegenstand gerichtlicher Kontrolle" sind[3]. Ein Verstoß gegen Vorgaben einer Richtlinie kann deshalb auch nicht die Vermutung begründen, das Unternehmen habe gegen die durch die Richtlinie interpretierten gesetzlichen Anforderungen verstoßen[4]; denn Vermutungen können nur durch Rechtsnormen begründet werden[5]. Auch taugen auf § 88 Abs. 4 WpHG gestützte Richtlinien nicht zur Umsetzung unionaler Anforderungen, für die ein echter Rechtssatzvorbehalt gilt[6]. Und schließlich zählen die Richtlinien mangels Rechtsnormeigenschaft i.S.v. Art. 2 EGBGB auch nicht zu den Schutzgesetzen i.S.d. § 823 Abs. 2 BGB[7]. Allerdings erwächst eine faktische Bindungswirkung daraus, dass die Einhaltung der Richtlinien nach § 6 Abs. 2 Satz 2 WpDPV verbindliches Prüfprogramm der von den Unternehmen nach § 89 Abs. 1 Satz 4 WpHG bestellten Wirtschaftsprüfer ist (§ 89 WpHG Rz. 13).

22 Nach § 88 Abs. 4 Satz 2 WpHG besteht vor Richtlinienerlass ein **Anhörungsrecht** der Deutschen Bundesbank und der Spitzenverbände der betroffenen Wirtschaftskreise, das dem kooperativen Aufsichtsstil der Bundesanstalt Rechnung tragen soll[8]. Das Recht zur Stellungnahme kommt nicht nur den Spitzenverbänden der an die Wohlverhaltenspflichten gebundenen Wertpapierdienstleistungsunternehmen zu, sondern wegen der Beachtlichkeit der Richtlinien für die Prüfung der Einhaltung der gesetzlichen Anforderungen auch den Verbänden der Wirtschaftsprüfer[9]. Die Richtlinien sind gem. § 88 Abs. 4 Satz 3 WpHG **im Bundesanzeiger zu veröffentlichen**, der allein in elektronischer Form erscheint. Auch wenn mit dem Veröffentlichungsgebot ihre verhaltenssteuernde Zielrichtung dokumentiert wird, folgt hieraus nicht im Umkehrschluss ein Rechtsnormcharakter der Richtlinien (Rz. 21).

§ 89 Prüfung der Meldepflichten und Verhaltensregeln; Verordnungsermächtigung

(1) Unbeschadet des § 88 ist einmal jährlich durch einen geeigneten Prüfer zu prüfen, ob die folgenden Pflichten eingehalten werden:
1. die Meldepflichten nach Artikel 26 der Verordnung (EU) Nr. 600/2014, auch in Verbindung mit den gemäß diesen Artikeln erlassenen technischen Regulierungsstandards,
2. die Verpflichtung zu Positionsmeldungen nach § 57 Absatz 1 bis 4,

---

Rz. 31 ff.; abl. in Bezug auf die Wohlverhaltenspflichten *Schädle*, Exekutive Normsetzung in der Finanzmarktaufsicht, 2007, S. 87 f.; *Höhns*, Die Aufsicht über Finanzdienstleister, 2002, S. 206; *Gurlit*, ZHR 177 (2013), 862, 896; *Haußner* in KölnKomm. WpHG, § 35 WpHG Rz. 179 f.

1 *Höhns*, Die Aufsicht über Finanzdienstleister, 2002, S. 207; *Gurlit*, ZHR 177 (2013), 862, 896 f.; a.A. *Schlette/Bouchon* in Fuchs, § 35 WpHG Rz. 16; *Junker*, Gewährleistungsaufsicht über Wertpapierdienstleistungsunternehmen, 2003, S. 154 ff.
2 BGH v. 8.5.2001 – XI ZR 192/00, DB 2001, 2038; BGH v. 24.1.2006 – XI ZR 320/04, DB 2006, 663, 664; *Schädle*, Exekutive Normsetzung in der Finanzmarktaufsicht, 2007, S. 80 ff., 91 ff.; *Höhns*, Die Aufsicht über Finanzdienstleister, 2002, S. 207 ff.; *Gurlit*, ZHR 177 (2013), 862, 897; s. auch *Bliesener*, Aufsichtsrechtliche Verhaltenspflichten beim Wertpapierhandel, 1998, S. 127 ff.; *Spindler*, Unternehmensorganisationspflichten, 2001, S. 195 f., 512 ff., 526 f.; *Möllers/Ganten*, ZGR 1998, 773, 801; *Fett* in Schwark/Zimmer, § 35 WpHG Rz. 11; *Haußner* in KölnKomm. WpHG, § 35 WpHG Rz. 177 ff.; wohl auch *Harter* in Just/Voß/Ritz/Becker, § 35 WpHG Rz. 10.
3 BVerfG v. 31.5.1988 – 1 BvR 520/83, BVerfGE 78, 214, 227; BVerfG v. 31.5.2011 – 1 BvR 857/07, NVwZ 2011, 1062 Rz. 69; zur fehlenden Bindung der Gerichte auch *Fett* in Schwark/Zimmer, § 35 WpHG Rz. 11; *Haußner* in KölnKomm. WpHG, § 35 WpHG Rz. 180 f.; *Möllers/Ganten*, ZGR 1998, 773, 806 f.
4 *Höhns*, Die Aufsicht über Finanzdienstleister, 2002, S. 208 f.; *Schädle*, Exekutive Normsetzung in der Finanzmarktaufsicht, 2007, S. 79, 90; *Gurlit*, ZHR 177 (2013), 862, 898; *Möllers/Ganten*, ZGR 1998, 773, 806 f.; *Haußner* in KölnKomm. WpHG, § 35 WpHG Rz. 175; a.A. *Balzer*, ZBB 2000, 258, 260; *Lang*, WM 2000, 450, 465: „Anscheinsbeweis".
5 *Möllers/Ganten*, ZGR 1998, 773, 807; *Haußner* in KölnKomm. WpHG, § 35 WpHG Rz. 175; a.A. *Balzer*, ZBB 2000, 259, 261; *Lang*, WM 2000, 450, 466.
6 Dem Gebot einer Umsetzung durch außenwirksames Recht werden freilich auch normenkonkretisierende Verwaltungsvorschriften nicht gerecht: EuGH v. 30.5.1991 – Rs. C-361/88, Slg. 1991, I-2567 Rz. 16; EuGH v. 30.5.1991 – Rs. C-59/89, Slg. 1991, I-2607 Rz. 19 für die TA Luft; s. auch *Junker*, Gewährleistungsaufsicht über Wertpapierdienstleistungsunternehmen, 2003, S. 169 ff.; *Schädle*, Exekutive Normsetzung in der Finanzmarktaufsicht, 2007, S. 94 ff.; *Höhns*, Die Aufsicht über Finanzdienstleister, 2002, S. 161.
7 Zum fehlenden Schutzgesetzcharakter von Verwaltungsvorschriften BGH v. 28.4.2015 – XI ZR 378/13, DB 2015, 1714 Rz. 66; *Wagner* in MünchKomm. BGB, 7. Aufl. 2017, § 823 BGB Rz. 489.
8 Finanzausschuss, 2. FFG, BT-Drucks. 12/7918, 106, begründet das Anhörungsrecht mit den unterschiedlichen Geschäfts- und Handelsstrukturen der Unternehmen sowie der Notwendigkeit einer möglichst flexiblen Regelung.
9 *Schädle*, Exekutive Normsetzung in der Finanzmarktaufsicht, 2007, S. 107 f.; *Haußner* in KölnKomm. WpHG, § 35 WpHG Rz. 186.

3. die Anzeigepflichten nach § 23,
4. die in diesem Abschnitt geregelten Pflichten, auch in Verbindung mit technischen Regulierungsstandards, die gemäß Artikel 17 Absatz 7, Artikel 27 Absatz 10 und Artikel 32 Absatz 2 der Richtlinie 2014/65/EU erlassen wurden, sowie
5. die Pflichten aus
   a) den Artikeln 4, 16 und 20 der Verordnung (EU) Nr. 596/2014, auch in Verbindung mit den gemäß diesen Artikeln erlassenen technischen Regulierungsstandards,
   b) den Artikeln 3 bis 15, 17, 18, 20 bis 23, 25, 27 und 31 der Verordnung (EU) Nr. 600/2014, auch in Verbindung mit den gemäß diesen Artikeln erlassenen technischen Regulierungsstandards,
   c) der Delegierten Verordnung (EU) 2017/565,
   d) der Delegierten Verordnung (EU) 2017/567,
   e) § 29 Absatz 2 in Verbindung mit Artikel 4 Absatz 1 Unterabsatz 1 sowie Artikel 5a Absatz 1 der Verordnung (EG) Nr. 1060/2009

in der jeweils geltenden Fassung. Bei Kreditinstituten, die das Depotgeschäft im Sinne von § 1 Absatz 1 Satz 2 Nummer 5 des Kreditwesengesetzes betreiben, und bei Finanzdienstleistungsinstituten, die das eingeschränkte Verwahrgeschäft im Sinne des § 1 Absatz 1a Satz 2 Nummer 12 des Kreditwesengesetzes erbringen, hat der Prüfer auch diese Geschäfte besonders zu prüfen; diese Prüfung hat sich auch auf die Einhaltung des § 128 des Aktiengesetzes über Mitteilungspflichten und des § 135 des Aktiengesetzes über die Ausübung des Stimmrechts zu erstrecken. Die Bundesanstalt kann auf Antrag von der jährlichen Prüfung, mit Ausnahme der Prüfung der Einhaltung der Anforderungen nach § 84, auch in Verbindung mit einer Rechtsverordnung nach § 84 Abs. 5, ganz oder teilweise absehen, soweit dies aus besonderen Gründen, insbesondere wegen der Art und des Umfangs der betriebenen Geschäfte angezeigt ist. Das Wertpapierdienstleistungsunternehmen hat den Prüfer jeweils spätestens zum Ablauf des Geschäftsjahres zu bestellen, auf das sich die Prüfung erstreckt. Bei Kreditinstituten, die einem genossenschaftlichen Prüfungsverband angehören oder durch die Prüfungsstelle eines Sparkassen- und Giroverbandes geprüft werden, wird die Prüfung durch den zuständigen Prüfungsverband oder die zuständige Prüfungsstelle, soweit hinsichtlich letzterer das Landesrecht dies vorsieht, vorgenommen. Geeignete Prüfer sind darüber hinaus Wirtschaftsprüfer, vereidigte Buchprüfer sowie Wirtschaftsprüfungs- und Buchprüfungsgesellschaften, die hinsichtlich des Prüfungsgegenstandes über ausreichende Kenntnisse verfügen.

(2) Der Prüfer oder die Prüfungsverbände oder Prüfungsstellen, soweit Prüfungen nach Absatz 1 Satz 5 von genossenschaftlichen Prüfungsverbänden oder Prüfungsstellen von Sparkassen- und Giroverbänden durchgeführt werden, haben über die Prüfung nach Absatz 1 einen Prüfungsbericht zu erstellen und auf Anforderung der Bundesanstalt oder der Deutschen Bundesbank der Bundesanstalt und der Deutschen Bundesbank einzureichen. Die wesentlichen Prüfungsergebnisse sind in einem Fragebogen zusammenzufassen, der dem Prüfungsbericht beizufügen ist. Der Fragebogen ist auch dann bei der Bundesanstalt und der zuständigen Hauptverwaltung der Deutschen Bundesbank einzureichen, wenn ein Prüfungsbericht nach Satz 1 nicht angefordert wird. Der Prüfer hat den Fragebogen unverzüglich nach Beendigung der Prüfung einzureichen.

(3) Das Wertpapierdienstleistungsunternehmen hat vor Erteilung des Prüfungsauftrags der Bundesanstalt den Prüfer anzuzeigen. Die Bundesanstalt kann innerhalb eines Monats nach Zugang der Anzeige die Bestellung eines anderen Prüfers verlangen, wenn dies zur Erreichung des Prüfungszweckes geboten ist; Widerspruch und Anfechtungsklage hiergegen haben keine aufschiebende Wirkung. Die Sätze 1 und 2 gelten nicht für Kreditinstitute, die einem genossenschaftlichen Prüfungsverband angehören oder durch die Prüfungsstelle eines Sparkassen- und Giroverbandes geprüft werden.

(4) Die Bundesanstalt kann gegenüber dem Wertpapierdienstleistungsunternehmen Bestimmungen über den Inhalt der Prüfung treffen, die vom Prüfer zu berücksichtigen sind. Sie kann insbesondere Schwerpunkte für die Prüfungen festlegen. Bei schwerwiegenden Verstößen gegen die Pflichten, deren Einhaltung nach Absatz 1 Satz 1 zu prüfen ist, hat der Prüfer die Bundesanstalt unverzüglich zu unterrichten. Die Bundesanstalt kann an den Prüfungen teilnehmen. Hierfür ist der Bundesanstalt der Beginn der Prüfung rechtzeitig mitzuteilen.

(5) Die Bundesanstalt kann die Prüfung nach Absatz 1 auch ohne besonderen Anlass anstelle des Prüfers selbst oder durch Beauftragte durchführen. Das Wertpapierdienstleistungsunternehmen ist hierüber rechtzeitig zu informieren.

(6) Das Bundesministerium der Finanzen kann durch Rechtsverordnung, die nicht der Zustimmung des Bundesrates bedarf, nähere Bestimmungen über Aufbau, Inhalt und Art und Weise der Einreichung der Prüfungsberichte nach Absatz 2 sowie nähere Bestimmungen über Art, Umfang und Zeitpunkt der Prü-

fung nach den Absätzen 1 und 2 erlassen, soweit dies zur Erfüllung der Aufgaben der Bundesanstalt erforderlich ist, insbesondere, um Missständen im Handel mit Finanzinstrumenten entgegenzuwirken, um auf die Einhaltung der der Prüfung nach Absatz 1 Satz 1 unterliegenden Pflichten hinzuwirken und um zu diesem Zweck einheitliche Unterlagen zu erhalten. Das Bundesministerium der Finanzen kann die Ermächtigung durch Rechtsverordnung auf die Bundesanstalt übertragen.

In der Fassung des 2. FiMaNoG vom 23.6.2017 (BGBl. I 2017, 1693).

Schrifttum: *Junker*, Gewährleistungsaufsicht über Wertpapierdienstleistungsunternehmen, 2003; *Nikolaus*, Die Durchsetzung der Wohlverhaltens- und Organisationspflichten nach den §§ 31 ff. WpHG, 2003; *Sinning/Walter/Wätke*, Neuerungen bei der Prüfung des Wertpapierdienstleistungsgeschäfts nach § 36 Abs. 1 WpHG: unter besonderer Berücksichtigung der Neufassung des WpDPV sowie des IDW ESP 521 n.F., WPg 2008, 600.

I. Entstehung, Gegenstand und Zweck der Regelung 1	III. Prüfungsbericht und Fragebogen (§ 89 Abs. 2 WpHG) 13
II. Verpflichtung zur Durchführung von jährlichen Prüfungen (§ 89 Abs. 1 WpHG) 5	IV. Anzeigepflicht (§ 89 Abs. 3 WpHG) 16
1. Prüfungsgegenstände und ihre Adressaten 5	V. Besondere Befugnisse der BaFin (§ 89 Abs. 4 und 5 WpHG) 18
2. Prüfrhythmus 8	VI. Verordnungsermächtigung (§ 89 Abs. 6 WpHG) 22
3. Prüferbestellung 11	

1 **I. Entstehung, Gegenstand und Zweck der Regelung.** § 89 WpHG geht in seiner gegenwärtigen Gestalt auf das Gesetz zur Umsetzung der RL 93/22/EWG zurück[1], mit dem die zuvor dem BAWe obliegende Jahresprüfung für die Einhaltung der Wohlverhaltenspflichten mit dem Ziel der **Deregulierung** und der Kostenersparnis den von den Wertpapierdienstleistungsunternehmen zu bestellenden Wirtschaftsprüfern anvertraut wurde[2]. Auf Vorschlag des Finanzausschusses wurde in § 36 WpHG a.F. zudem eine die Sparkassen und genossenschaftlichen Banken privilegierende Regelung zur grundsätzlichen Eigenprüfung durch ihre Prüfungsstellen bzw. Prüfungsverbände eingefügt[3]. Die Deregulierung setzte sich fort mit der durch das Vierte Finanzmarktförderungsgesetz (4. FFG) geschaffenen Möglichkeit, ein Wertpapierdienstleistungsunternehmen auf Antrag von der Notwendigkeit einer jährlichen Prüfung zu befreien[4]. Im Jahr 2006 wanderte die Depotprüfung vom KWG in das sachnähere WpHG und erweiterte dementsprechend in § 36 Abs. 1 Satz 2 WpHG a.F. das Prüfprogramm der jährlichen Prüfung[5]. Das Zweite Finanzmarktnovellierungsgesetz (2. FiMaNoG) hat nunmehr in § 89 Abs. 1 WpHG die zu prüfenden Pflichten weit über die Wohlverhaltensregeln der §§ 63 ff. WpHG hinaus ausgedehnt, um insbesondere die unmittelbar anwendbaren unionalen Verhaltens- und Meldepflichten einzubeziehen. Deregulierenden Charakter hat § 89 Abs. 2 WpHG, mit dem die bislang allein für die Prüfung von Sparkassen und Genossenschaftsbanken vorgesehene Erleichterung, Prüfberichte nur auf Aufforderung der BaFin oder der Deutschen Bundesbank zu übersenden, auf alle Wertpapierdienstleistungsunternehmen erstreckt wurde[6].

2 § 89 Abs. 1 WpHG bestimmt den Umfang der jährlichen Prüfung in sachlicher und persönlicher Hinsicht und regelt zugleich, dass grundsätzlich das Wertpapierdienstleistungsunternehmen den Prüfer zu bestellen hat (Rz. 5 ff.). § 89 Abs. 2 WpHG verknüpft die Eigenkontrolle mit den aufsichtsrechtlichen Belangen, indem die bestellten Prüfer zur Erstellung eines Prüfungsberichts verpflichtet werden, der auf Anforderung der BaFin oder der Deutschen Bundesbank an die Aufsichtsbehörden zu übermitteln ist (Rz. 13 ff.). § 89 Abs. 3 WpHG normiert die Beteiligung der BaFin an der Prüferbestellung in der Form einer vorherigen Anzeigepflicht des Unternehmens und einer Befugnis der Bundesanstalt, ggf. die Bestellung eines anderen Prüfers zu verlangen (Rz. 16 f.). Auf die Durchführung der Prüfung bezogene Befugnisse der Bundesanstalt werden in § 89 Abs. 4 WpHG geregelt, der die BaFin zu Anordnungen über den Inhalt der Prüfung unter Einschluss der Festlegung von Schwerpunkten ermächtigt und ihr zugleich ein Recht auf Teilnahme an den Prüfungen einräumt (Rz. 18 ff.). Nach § 89 Abs. 5 WpHG kann die BaFin auch ohne besonderen Anlass die jährliche Prüfung selbst oder durch Beauftragte durchführen (Rz. 21). § 89 Abs. 6 WpHG ermächtigt die Bundesministerium der Finanzen zum Verordnungserlass hinsichtlich der Ausgestaltung der Prüfungsberichte und der Durchführung der Prüfung und gestattet zudem die Subdelegation der Verordnungsermächtigung an die Bundesanstalt (Rz. 22). Auf dieser Grundlage wurde die Wertpapierdienstleistungs-Prüfungsverordnung (WpDPV) durch die

---

1 Gesetz zur Umsetzung von EG-Richtlinien zur Harmonisierung bank- und wertpapieraufsichtsrechtlicher Vorschriften vom 22.10.1997, BGBl. I 1997, 2518.
2 Begr. RegE, BT-Drucks. 13/7142, 112.
3 Beschlussempfehlung und Bericht des Finanzausschusses, BT-Drucks. 13/7627, 167.
4 Gesetz zur weiteren Fortentwicklung des Finanzplatzes Deutschland (Viertes Finanzmarktförderungsgesetz) vom 21.6.2006, BGBl. I 2006, 2316.
5 *Gesetz zur Umsetzung der neu gefassten Bankenrichtlinie und der neu gefassten Kapitaladäquanzrichtlinie* vom 17.11.2006, BGBl. I 2006, 2606; s. auch BT-Drucks. 16/1335, 64.
6 Begr. RegE 2. FiMaNoG, BT-Drucks. 18/10936, 249.

BaFin neu gefasst, um insbesondere der Erweiterung des Prüfprogramms durch unmittelbar anwendbare Vorschriften des Unionsrechts Rechnung zu tragen[1].

Der primäre Regelungszweck des § 89 WpHG liegt in der **Sicherstellung der Einhaltung der Wohlverhaltensregeln** und der weiteren Verhaltens- und Meldepflichten, die Bestandteil des Prüfprogramms sind[2]. Insoweit ergänzt § 89 WpHG die Befugnisse nach § 6 WpHG ebenso wie die Prüfungsbefugnis der BaFin nach § 88 WpHG, die zusätzlich und neben § 89 WpHG zur Anwendung gelangen kann[3]. Allerdings etabliert § 89 WpHG seit der konzeptuellen Umstellung mit dem Gesetz zur Umsetzung der Wertpapierrichtlinie einen von § 88 WpHG abweichenden **Aufsichtsmodus**, indem es den Wertpapierdienstleistungsunternehmen zur Pflicht gemacht wird, durch einen selbst bestellten Prüfer die Einhaltung der Pflichten kontrollieren zu lassen. Es handelt sich hierbei nicht um eine Ausprägung der durch die Generalnorm des § 4 Abs. 3 FinDAG vorgesehenen Möglichkeit der BaFin, ihre Aufgaben durch Beauftragte durchführen zu lassen, wie sie etwa in § 6 Abs. 17 WpHG anerkannt ist. Denn die Prüfer werden nicht auf Veranlassung der BaFin als Verwaltungshelfer tätig, sondern handeln auf Seiten der sie bestellenden Wertpapierdienstleistungsunternehmen. Die Eigenkontrolle ist gleichwohl Element eines öffentlich-rechtlichen Aufsichtsregimes und wird zudem arrondiert durch gesetzlich gesicherte Einflussnahmen der BaFin auf die Prüferbestellung und den Prüfungsinhalt, zudem durch eine fortbestehende Befugnis der Bundesanstalt, die jährliche Prüfung selbst oder durch von ihr beauftragte Personen (Verwaltungshelfer) durchführen zu lassen[4]. Typologisch wird diese Rücknahme staatlicher Eigenerfüllung von Aufgaben als **Gewährleistungsaufsicht** bezeichnet[5].

Die RL 2014/65/EU über Märkte für Finanzinstrumente (MiFID II)[6] verlangt weder eine jährliche Prüfung der Wertpapierdienstleistungsunternehmen noch enthält sie abschließende Vorgaben für die Organisation der Aufsichtstätigkeit, insbesondere für die Einbeziehung der Wertpapierdienstleistungsunternehmen im Wege der Eigenkontrolle. Den Geboten des Art. 69 Abs. 2 RL 2014/65/EU, für ausreichende behördliche Untersuchungs- und Ermittlungsbefugnisse zu sorgen, ist schon durch § 6 WpHG, ergänzend durch § 88 WpHG Rechnung getragen worden. § 89 WpHG ist **mit den Vorgaben der MiFID II vereinbar**[7]. § 89 Abs. 4 Satz 3 WpHG, der die Prüfer zur unverzüglichen Mitteilung von schwerwiegenden Pflichtverstößen an die Aufsichtsbehörde verpflichtet, dient der Umsetzung von Art. 77 Abs. 1 lit. a RL 2014/65/EU (Rz. 20).

II. Verpflichtung zur Durchführung von jährlichen Prüfungen (§ 89 Abs. 1 WpHG). 1. Prüfungsgegenstände und ihre Adressaten. § 89 Abs. 1 Satz 1 WpHG benennt in einem durch das 2. FiMaNoG stark erweiterten **Katalog** die Pflichten, deren Einhaltung durch einen geeigneten Prüfer jährlich zu kontrollieren ist. Der Gesetzgeber des 2. FiMaNoG sah sich veranlasst, das Prüfprogramm um Verhaltens- und Meldepflichten zu erweitern, die unmittelbar kraft Unionsrecht bestehen[8], auch wenn europarechtliche Vorgaben neben den ohnehin bestehenden Aufsichtsbefugnissen nach § 6 WpHG eine jährliche Prüfung nicht fordern (Rz. 4). Zugleich wurden die für die behördliche Prüfung nach § 88 WpHG und die für die Eigenkontrolle nach § 89 WpHG geltenden Prüfprogramme vereinheitlicht, so dass für die Einzelanalyse der Prüfungsgegenstände auf die Ausführungen zu § 88 WpHG verwiesen werden kann (vgl. § 88 WpHG Rz. 7 bis 11).

§ 89 Abs. 1 Satz 2 WpHG erstreckt die Prüfung – insoweit über das Prüfprogramm nach § 88 WpHG hinausgehend – auf **Depotgeschäfte** i.S.v. § 1 Abs. 1 Satz 2 Nr. 5 KWG, soweit dieses Geschäft von Kreditinstituten bzw. Finanzdienstleistungsinstituten wahrgenommen wird, die zugleich Wertpapierdienstleistungsunternehmen i.S.v. § 2 Abs. 10 WpHG sind. Mit dieser Regelung sollte die gesonderte Depotprüfung, die aus historischen Gründen lange Zeit bei der Bankenaufsicht ressortierte, bei der sachnäheren Wertpapieraufsicht konzentriert werden[9]. Die Erstreckung auf das **eingeschränkte Verwahrgeschäft** i.S.v. § 1 Abs. 1a Satz 2 Nr. 12 KWG

---

1 Verordnung über die Prüfung der Wertpapierdienstleistungsunternehmen nach § 89 des Wertpapierhandelsgesetzes (Wertpapierdienstleistungs-Prüfungsverordnung – WpDPV) vom 17.1.2018, BGBl. I 2018, 140.
2 *Fett* in Schwark/Zimmer, § 36 WpHG Rz. 1.
3 *Haußner* in KölnKomm. WpHG, § 36 WpHG Rz. 16; *Schlette/Bouchon* in Fuchs, § 36 WpHG Rz. 3; eine Prüfung nach § 88 WpHG kann allerdings zu einem geminderten Prüfungsumfang bei der Prüfung nach § 89 WpHG führen, s. § 4 Abs. 4 WpDPV.
4 Zu dem intendierten Wechselspiel von Eigenkontrolle und staatlicher Verantwortung illustrativ Begr. RegE, BT-Drucks. 13/7142, 112.
5 Dazu monographisch *Junker*, Gewährleistungsaufsicht über Wertpapierdienstleistungsunternehmen, 2003, insb. S. 101 ff., 171 ff.; dem folgend *Haußner* in KölnKomm. WpHG, § 36 WpHG Rz. 4 ff.; s. auch *Bumke*, Die Verwaltung 41 (2008), 227 ff., 245 ff.; *Kaufhold*, Die Verwaltung 49 (2016), 339, 362 ff.; S. *Augsberg*, Die Verwaltung 49 (2016), 369, 373 ff. spricht von hybriden Regulierungsinstrumenten zwischen Staat und Markt.
6 Richtlinie 2014/65/EU des Europäischen Parlaments und des Rates vom 15.5.2014 über Märkte für Finanzinstrumente sowie zur Änderung der Richtlinie 2002/92/EG und 2011/61/EU, ABl. EU Nr. L 173 v. 12.6.2014, S. 349.
7 So schon für die Vereinbarkeit mit RL 2004/39/EG (MiFID I) *Haußner* in KölnKomm. WpHG, § 36 WpHG Rz. 12 f.
8 Begr. RegE 2. FiMaNoG, BT-Drucks. 18/10936, 249.
9 Begr. RegE, BT-Drucks. 16/1335, 64, 68. Dementsprechend wird nach § 29 Abs. 2 Satz 3 KWG eine Depotprüfung nur noch bei solchen Kredit- und Finanzdienstleistungsinstitute durchgeführt, die wie etwa Zentralverwahrer nicht zugleich Wertpapierdienstleistungsunternehmen sind, s. auch *Haußner* in KölnKomm. WpHG, § 36 WpHG Rz. 41; *Winter* in Boos/Fischer/Schulte-Mattler, § 29 KWG Rz. 40.

§ 89 | Verhaltenspflichten, Organisationspflichten, Transparenzpflichten

verdankt sich dem AIFM-Umsetzungsgesetz, das in § 68 Abs. 7 KAGB eine jährliche Prüfung der Verwahrstellenfunktion für OGAW vorsieht[1]. Die Depotprüfung erstreckt sich auf die Einhaltung der Übermittlungspflicht des verwahrenden Instituts hinsichtlich der Mitteilung der Einberufung der Hauptversammlung (§ 128 AktG) und der Vorgaben für die Wahrnehmung des Stimmrechts durch das bevollmächtigte Institut (§ 135 AktG). Die Einbeziehung des eingeschränkten Verwahrgeschäfts in den Geltungsbereich der WpDPV nach **§ 1 Nr. 3 WpDPV** dient allein der Verhinderung einer Prüfungslücke. Denn dessen Prüfung soll nach dem Willen der BaFin künftig sachnäher in einer auf § 68 Abs. 8 KAGB beruhenden Verordnung geregelt werden[2]. Die WpDPV enthält keine auf das eingeschränkte Verwahrgeschäft bezogenen Sachregelungen.

7 Die jährliche Prüfungspflicht besteht – vorbehaltlich einer Befreiung nach § 89 Abs. 1 Satz 3 WpHG (Rz. 9 f.) – **für alle Wertpapierdienstleistungsunternehmen**. Die **Prüfungspflicht endet**, wenn alle prüfungspflichtigen Geschäfte vollständig abgewickelt wurden und vom Kunden einbehaltene Zahlungen oder sonstige Sicherheitsleistungen einschließlich gesperrter oder hinterlegter Kundenvermögenswerte zurückerstattet worden sind[3]. Grundsätzlich unterliegen auch **Zweigniederlassungen** von Wertpapierdienstleistungsunternehmen aus anderen EU-Staaten und dem EWR i.S.v. **§ 53b KWG** der Pflicht zur jährlichen Prüfung durch einen bestellten Prüfer. Gegenstand der Prüfung können aber – ebenso wie bei behördlichen Prüfungen nach § 88 WpHG (§ 88 WpHG Rz. 12) – nur solche Pflichten sein, die auf diese Unternehmen nach Maßgabe von § 90 Abs. 1 WpHG anwendbar sind, wie auch **§ 1 Nr. 2 WpDPV** klarstellt. Insbesondere Organisationspflichten wie die Vorgaben zur Product Governance nach § 80 Abs. 9 bis 13 WpHG sind nicht auf Zweigniederlassungen anwendbar und folglich auch nicht Teil des Prüfprogramms. Ebenso wenig sind Zweigniederlassungen von Wertpapierdienstleistungsunternehmen aus EU- und EWR-Staaten der Depotprüfung unterworfen[4].

8 **2. Prüfrhythmus.** § 89 Abs. 1 Satz 1 WpHG sieht eine **jährliche Prüfung** vor, was das Kalenderjahr meint[5]. Nähere Bestimmungen zum Zeitraum der Prüfung und zum Berichtszeitraum treffen §§ 3 bis 5 WpDPV. Der Berichtszeitraum bestimmt sich nach der Festlegung des Stichtags der Prüfung durch den Prüfer. Er reicht demgemäß vom Stichtag der letzten Prüfung bis zum Stichtag der aktuellen Prüfung (§ 4 Abs. 4 WpDPV). Die Prüfung muss spätestens 15 Monate nach dem Anfang des für sie maßgeblichen Berichtszeitraums begonnen worden sein (§ 5 Abs. 1 WpDPV).

9 Nach **§ 89 Abs. 1 Satz 3 WpHG** kann die Bundesanstalt **auf Antrag von der jährlichen Prüfung ganz oder teilweise absehen**, soweit dies aus besonderen Gründen, insbesondere wegen der Art und des Umfangs der Geschäfte angezeigt ist. Von der Prüfung der Einhaltung der Vorgaben an die Vermögensverwahrung nach § 84 WpHG darf allerdings nicht befreit werden, da Art. 8 Delegierte RL 2017/593 zu einer jährlichen Prüfung der Vorkehrungen zum Schutz der Vermögenswerte der Kunden verpflichtet[6]. Eine Befreiung kommt sowohl für inländische Unternehmen als auch für Zweigniederlassungen i.S.v. § 53b KWG in Betracht. Die Voraussetzungen und die Ermessenskriterien für einen **Dispens**, der nach den Vorstellungen des Gesetzgebers vor allem eine Kostenentlastung für kleinere Unternehmen mit überschaubarem Geschäft bewirken soll[7], hat die Bundesanstalt in einer sog. Auslegungsentscheidung spezifiziert[8], die norminterpretierende und ermessensleitende Verwaltungsvorschrift ist. Eine Befreiung scheidet u.a. von vornherein aus, wenn das Wertpapierdienstleistungsunternehmen nach der Geschäftsaufnahme noch keiner Erstprüfung unterzogen wurde, bei der letzten Prüfung Mängel festgestellt wurden, die eine Befreiung nicht rechtfertigen, oder wesentliche Beschwerden vorliegen[9]. Ist dies nicht

---

1 Gesetz zur Umsetzung der RL 2011/61/EU über die Verwalter alternativer Investmentfonds (AIFM-Umsetzungsgesetz) vom 4.7.2013, BGBl. I 2013, 1981; s. auch Begr. RegE, BT-Drucks. 17/12294, 309.
2 BaFin, Erläuterungen zur WpDPV v. 1.2.2018, Erläuterungen zu §§ 1, 6, geht in Übernahme der Begründung des WpDPV-E davon aus, dass die WpDPV auf das eingeschränkte Verwahrgeschäft keine Anwendung findet; die vorläufige Einbeziehung in den Geltungsbereich verdankt sich einer Stellungnahme des IDW zum WpDPV-E v. 19.7.2017.
3 *Haußner* in KölnKomm. WpHG, § 36 WpHG Rz. 19; *Fett* in Schwark/Zimmer, § 36 WpHG Rz. 4; IDW Prüfungsstandard: Die Prüfung des Wertpapierdienstleistungsgeschäfts nach § 36 Abs. 1 Satz 1 WpHG (IDW PS 521), Stand 2009, Rz. 10.
4 Beachte aber § 29 Abs. 2 Satz 3 KWG, der Zweigniederlassungen i.S.v. § 53b KWG, die keine Wertpapierdienstleistungsunternehmen sind, der Depotprüfung unterwirft.
5 *Haußner* in KölnKomm. WpHG, § 36 WpHG Rz. 21.
6 Delegierte Richtlinie (EU) 2017/593 der Kommission vom 7.4.2016 zur Ergänzung der Richtlinie 2014/65/EU des Europäischen Parlaments und des Rates im Hinblick auf den Schutz der Finanzinstrumente und Gelder von Kunden, Produktüberwachungspflichten und Vorschriften für die Entrichtung beziehungsweise Gewährung oder Entgegennahme von Gebühren, Provisionen oder anderen monetären oder nicht-monetären Vorteilen, ABl. EU Nr. L 87 v. 31.3.2017, S. 500; dies entspricht der Rechtslage unter RL 2004/39/EG (MiFID I), Begr. RegE FRUG, BT-Drucks. 16/4028, 77 unter Verweis auf Art. 20 Richtlinie 2006/73/EG der Kommission vom 10.8.2006 zur Durchführung der RL 2004/39/EG, ABl. EU Nr. L 241 v. 2.9.2006, S. 26.
7 Begr. RegE 4. FFG, BT-Drucks. 14/8017, 92.
8 Auslegungsentscheidung der BaFin vom 29.1.2009 zur „Änderung der Ermessenskriterien im Rahmen der Prüfungsbefreiung gem. § 36 Abs. 1 Satz 3 WpHG", Gz. WA 32-Wp 2030 – 2008/0001.
9 Auslegungsentscheidung der BaFin vom 29.1.2009 zur „Änderung der Ermessenskriterien im Rahmen der Prüfungsbefreiung gem. § 36 Abs. 1 Satz 3 WpHG", Gz. WA 32-Wp 2030 – 2008/0001 unter 1; ausf. *Haußner* in KölnKomm. WpHG, § 36 WpHG Rz. 245 ff.

der Fall, so sind der jeweilige Geschäftsumfang, etwa das Anlagevolumen bei der Portfolioverwaltung oder die Anzahl der verwalteten Depots, die Art der Kunden (professionelle Kunden oder Privatkunden) und ihre Anzahl maßgeblich[1].

Auf Rechtsfolgenseite sind diese Kriterien für die zu gewährende **Dauer der Befreiung** maßgeblich[2]. So kann eine dreijährige Befreiung allen Instituten gewährt werden, die Geschäfte ausschließlich mit professionellen Kunden tätigen. Bei Instituten mit geringfügigem Depotgeschäft kommt abhängig von der Zahl der Depots – bis zu 1000 oder bis zu 500 Depots – eine ein- oder zweijährige Befreiung in Betracht. Die Schwellenwerte werden bei der Portfolioverwaltung auf das Anlagevolumen, beim Finanzkommissionsgeschäft auf die Zahl der Kunden bezogen. Auch wenn als behördliche Reaktion auf einen Antrag nur das „Absehen" von einer jährlichen Prüfung normiert ist, erfordert dies eine behördliche Entscheidung, die als **Verwaltungsakt** ergeht[3]. Ihm können ggf. Nebenbestimmungen beigefügt werden, wie etwa die Auflage, Änderungen im Geschäftsplan unverzüglich mitzuteilen[4]. Für den Zeitraum der Befreiung besteht eine Prüfungslücke, da die nach dem Ende der Befreiung erstmals wieder durchzuführende Prüfung als Berichtszeitraum nicht die Dauer der Befreiung umfasst (§ 4 Abs. 3 WpDPV)[5]. 10

3. Prüferbestellung. Gemäß **§ 89 Abs. 1 Satz 4 WpHG** hat das Wertpapierdienstleistungsunternehmen den **Prüfer** spätestens zum Ablauf des Geschäftsjahres zu **bestellen**, auf das sich die Prüfung erstreckt. In dieser Regelung der Selbstkontrolle liegt die entscheidende konzeptuelle Umstellung der jährlichen Prüfungspflicht (Rz. 3). Den Unternehmen sollte die Möglichkeit gegeben werden, die jährliche Prüfung im Rahmen der Jahresabschlussprüfung vornehmen zu lassen, für die ihnen ohnehin die Prüferbestellung obliegt[6]. Die Bestellung der Prüfer muss aber nicht notwendig durch das Organ des Wertpapierdienstleistungsunternehmens erfolgen, das für die Bestellung der Jahresabschlussprüfer zuständig ist; denkbar ist bei einer AG auch eine Bestellung durch den Vorstand[7]. Die Bestellung muss so rechtzeitig vorgenommen werden, dass das Unternehmen seiner Anzeigepflicht vor der Erteilung des Prüfauftrags nach § 89 Abs. 3 WpHG nachkommen kann (Rz. 16)[8]. Die Pflicht zur rechtzeitigen Bestellung ist bußgeldbewehrt (§ 120 Abs. 12 Nr. 3 WpHG). Als **geeignete Prüfer** nennt § 89 Abs. 1 Satz 6 WpHG Wirtschaftsprüfer, vereidigte Buchprüfer sowie Wirtschaftsprüfungs- und Buchprüfungsgesellschaften, die hinsichtlich des Prüfungsgegenstands über ausreichende Kenntnisse verfügen[9]. Ungeeignete Prüfer können gem. § 89 Abs. 3 Satz 2 WpHG von der BaFin abgelehnt werden (Rz. 16 f.). 11

Keiner gesonderten Bestellung als Prüfer bedürfen **genossenschaftliche Prüfverbände** und die **Prüfungsstellen von Sparkassen- und Giroverbänden**, die gem. § 89 Abs. 1 Satz 5 WpHG von Gesetzes wegen als Prüfer der ihnen angehörigen Institute vorgesehen sind[10] und deren Eignung als Prüfer durch § 89 Abs. 1 Satz 6 WpHG („darüber hinaus") gesetzlich unterstellt wird. Hinsichtlich der Sparkassen steht dies unter dem Vorbehalt, dass die Prüfung durch die Prüfungsstellen landesrechtlich vorgesehen ist. Dies ist nach den Sparkassengesetzen aller Länder grundsätzlich der Fall[11]. 12

III. Prüfungsbericht und Fragebogen (§ 89 Abs. 2 WpHG). Nach § 89 Abs. 2 Satz 1 WpHG haben die Prüfer über die Prüfung einen **Prüfungsbericht** zu erstellen. Die Anforderungen an den Bericht werden durch **§§ 10 bis 16 WpDPV** konkretisiert. Alle festgestellten **Mängel** sind ausführlich darzustellen. Hierbei unterscheidet § 2 WpDPV zwischen qualitativen Mängeln, die ungeachtet der Fehlerhäufigkeit bei bestimmten Verhaltens- und Meldepflichten maßgeblich sind (§ 2 Abs. 2 WpDPV), und quantitativen Mängeln, die bei den übrigen Pflichten ab einer Fehlerquote von 5 % in der vorgenommenen Stichprobe festzustellen sind (§ 2 Abs. 3 WpDPV). Da die Prüfer an **aufsichtliche Vorgaben** der Bundesanstalt zu den gesetzlichen Pflichten in der Form einer Richtlinie, eines Rundschreibens, einer Bekanntmachung oder einer sonstigen Verlautbarung gebunden sind (§ 6 Abs. 2 Satz 2 WpDPV)[12], kann ein Fehler, der zu einer Mangelfeststellung führen kann, schon in einer **Nichtbeachtung der norminterpretierenden Verwaltungsvorschriften der BaFin** liegen, die dadurch 13

---

1 Zu weiteren nicht in der Auslegungsentscheidung genannten Kriterien s. *Haußner* in KölnKomm. WpHG, § 36 WpHG Rz. 233 f., 238 ff.
2 Auslegungsentscheidung der BaFin vom 29.1.2009 zur „Änderung der Ermessenskriterien im Rahmen der Prüfungsbefreiung gem. § 36 Abs. 1 Satz 3 WpHG", Gz. WA 32-Wp 2030 – 2008/0001 unter 2.
3 *Nikolaus*, Die Durchsetzung der Wohlverhaltens- und Organisationspflichten, S. 158 ff.; *Haußner* in KölnKomm. WpHG, § 36 WpHG Rz. 218; *Harter* in Just/Voß/Ritz/Becker, § 36 WpHG Rz. 5.
4 Auslegungsentscheidung der BaFin vom 29.1.2009 zur „Änderung der Ermessenskriterien im Rahmen der Prüfungsbefreiung gem. § 36 Abs. 1 Satz 3 WpHG", Gz. WA 32-Wp 2030 – 2008/0001 unter 5; *Haußner* in KölnKomm. WpHG, § 36 WpHG Rz. 261 ff.
5 *Haußner* in KölnKomm. WpHG, § 36 WpHG Rz. 264 ff.
6 Begr. RegE, BT-Drucks. 13/7142, 112.
7 So schon *Koller* in 6. Aufl., § 36 WpHG Rz. 2; a.A. *Haußner* in KölnKomm. WpHG, § 36 WpHG Rz. 47.
8 *Harter* in Just/Voß/Ritz/Becker, § 36 WpHG Rz. 6.
9 Zu den diesbezüglichen Anforderungen ausf. *Haußner* in KölnKomm. WpHG, § 36 WpHG Rz. 22 ff.
10 Beschlussempfehlung des Finanzausschusses zum Wertpapierrichtlinie-UmsG, BT-Drucks. 13/7627, 167.
11 § 19 Abs. 2 Satz 2 SpkG Rh-Pf gestattet den Sparkassen unter bestimmten Voraussetzungen mit Zustimmung der Sparkassenaufsicht die Bestellung eines privaten Prüfers; s. auch *Haußner* in KölnKomm. WpHG, § 36 WpHG Rz. 32.
12 BaFin, Erläuterungen zur WpDPV v. 1.2.2018, Erläuterungen zu § 6.

eine faktische Bindungswirkung auch für die Institute erhalten (§ 88 WpHG Rz. 21)[1]. **Noch kritischer** ist es zu sehen, dass zu den beachtlichen aufsichtlichen Vorgaben nunmehr auch die **Berücksichtigung von Auslegungen der ESMA**, insbesondere in Form von Fragen und Antworten (**Q&A**), zählt (§ 6 Abs. 2 Satz 2 i.V.m. § 2 Abs. 4 WpDPV)[2]. Denn die Q&A kommen in einem eklektischen Verfahren zustande, werden anders als Leitlinien der ESMA weder regelmäßig vorab konsultiert noch über einen *comply or explain*-Mechanismus in die mitgliedstaatliche Aufsichtspraxis implementiert[3] und werden zudem von der ESMA selbst als rechtlich unverbindlich bezeichnet[4]. Dass eine Abweichung von den Q&A nicht als Mangel, sondern als „sonstige Erkenntnisse" in den Prüfungsbericht eingeht (§ 2 Abs. 4 WpDPV), kann die Bedenken kaum mindern[5].

14 Gemäß § 89 Abs. 2 Satz 2 WpHG sind die wesentlichen Prüfergebnisse in einem **Fragebogen** zusammenzufassen, der dem Prüfungsbericht beizufügen ist. Dieses zuvor nur in der WpDPV enthaltene Erfordernis wurde mit dem 2. FiMaNoG in das Gesetz aufgenommen. Es erfährt eine Konkretisierung durch § **18 Abs. 1 WpDPV i.V.m. dem Anhang**, der in Form eines Musters die zu beantwortenden Fragebogens enthält. Der Fragebogen enthält in tabellarischer Form eine Beschreibung der festgestellten Mängel und der sonstigen prüfungsrelevanten Erkenntnisse, d.h. insbesondere der Feststellung von Abweichungen zu Q&A der ESMA.

15 Während der beantwortete **Fragebogen** in jedem Fall gem. § 89 Abs. 2 Satz 3 und 4 WpHG unverzüglich nach Beendigung der Prüfung bei der Bundesanstalt und der zuständigen Hauptverwaltung der Deutschen Bundesbank **einzureichen** ist, gilt dies für den eigentlichen **Prüfungsbericht** nach § 89 Abs. 2 Satz 1 WpHG nur, wenn dieser von der BaFin oder von der Deutschen Bundesbank **angefordert** wird. Diese zuvor nur für die Prüfung durch genossenschaftliche Prüfverbände und Prüfungsstellen der Sparkassen geltende Erleichterung wurde mit dem 2. FiMaNoG auf alle Prüfer erstreckt. Hierfür war maßgeblich, dass sich die Regelung für verbandsgeprüfte Unternehmen in der Verwaltungspraxis bewährt habe, da sie eine Konzentration der risikoorientierten Aufsicht auf solche Unternehmen ermöglicht, bei denen die Lektüre des Fragebogens Anlass für weitere Maßnahmen bietet[6]. Um zu gewährleisten, dass die Bundesanstalt auch dem Unternehmen nachteilige Prüfungsinformationen unverzüglich erhält, ist der Prüfer selbst zur unverzüglichen Einreichung des Fragebogens verpflichtet[7]. Er gilt als unverzüglich eingereicht, wenn er der Bundesanstalt binnen zwei Monaten nach dem Ende des Prüfungszeitraums zugeht (§ 19 Abs. 2 WpDPV). Die zusätzliche **Anforderung des Prüfungsberichts** durch die BaFin oder die Deutsche Bundesbank ist ein an den Prüfer gerichteter **Verwaltungsakt**[8].

16 **IV. Anzeigepflicht (§ 89 Abs. 3 WpHG).** Das Wertpapierdienstleistungsunternehmen ist vor Erteilung des Prüfauftrags nach § 89 Abs. 3 Satz 1 WpHG zur **Anzeige des Prüfers** gegenüber der Bundesanstalt verpflichtet. Die Anzeigepflicht ist bußgeldbewehrt (§ 120 Nr. 12 Nr. 4 WpHG). Es entspricht dem Modell der Gewährleistungsaufsicht (Rz. 3), dass die BaFin nach § 89 Abs. 3 Satz 2 Halbsatz 1 WpHG innerhalb eines Monats nach Zugang der Anzeige die **Bestellung eines anderen Prüfers verlangen** kann, wenn dies zur Erreichung des Prüfungszwecks geboten ist. Mit dieser an § 28 Abs. 1 KWG angelehnten Regelung soll der Bundesanstalt die Möglichkeit gegeben werden, bei **begründeten Zweifeln an der Eignung des Prüfers** auf einen Prüferwechsel hinzuwirken[9]. Derartige Zweifel können auf die mangelnde fachliche Eignung gestützt werden, wie z.B. Erkenntnisse über Fehler bei früheren Prüfungen oder eine Unerfahrenheit des Prüfers hinsichtlich der Beurteilung besonders komplexer Wertpapiergeschäfte[10]. Zweifel können die Weiteren darauf beruhen, dass der Prüfer bei früheren Prüfungen Pflichtverstöße begangen hat, insbesondere seinen Pflichten nach § 89 Abs. 2 Satz 4 WpHG oder § 89 Abs. 4 Satz 3 WpHG (Rz. 20) nicht nachgekommen ist[11]. Schließlich kann die fehlende Un-

---

1 Krit. auch *Schlette/Bouchon* in Fuchs, § 36 WpHG Rz. 11; der noch in den Erläuterungen der BaFin v. 17.4.2014 unter II. 1 enthaltene Hinweis, der Prüfer könne darlegen, warum nach seiner Auffassung ausnahmsweise eine andere Wertung geboten ist, wurde gestrichen.
2 Diese Regelung stieß bei der Konsultation der WpDPV-E auf nahezu einhellige Ablehnung, s. die Stellungnahmen von der Deutschen Kreditwirtschaft, DGRV und Verband der Auslandsbanken.
3 Art. 16 Verordnung (EU) Nr. 1095/2010 des Europäischen Parlaments und des Rates vom 24.11.2010 zur Errichtung einer Europäischen Aufsichtsbehörde (Europäische Wertpapier- und Marktaufsichtsbehörde), zur Änderung des Beschlusses Nr. 716/2009/EG und zur Aufhebung des Beschlusses 2009/77/EG, ABl. EU Nr. L 331 v. 15.12.2010, S. 84; zum comply or explain-Mechanismus *Gurlit*, ZHR 177 (2013), 862, 875 f.; *Michel*, Institutionelles Gleichgewicht und EU-Agenturen, 2015, S. 239 ff. BaFin, Erläuterungen zur WpDPV v. 1.2.2018, Erläuterungen zu § 6, sieht eine Pflicht zur Berücksichtigung von Q&A bereits dann, sofern sich die Bundesanstalt nicht ausdrücklich abweichend äußert.
4 S. die Erläuterungen der Q&A tools auf http://www.esma.europa.eu/questions-and-answers.
5 Die BaFin ist der Auffassung, dass hiermit keine von den gesetzlichen Pflichten losgelöste Überprüfung der Einhaltung der Q&A verbunden ist, Erläuterungen zur WpDPV v. 1.2.2018, Erläuterungen zu § 2.
6 Begr. RegE 2. FiMaNoG, BT-Drucks. 18/10936, 249.
7 Begr. RegE Wertpapierrichtlinie-UmsG, BT-Drucks. 13/7142, 112.
8 *Haußner* in KölnKomm. WpHG, § 36 WpHG Rz. 37.
9 Begr. RegE Wertpapierrichtlinie-UmsG, BT-Drucks. 13/7142, 112.
10 *Haußner* in KölnKomm. WpHG, § 36 WpHG Rz. 55 ff.; s. auch Begr. RegE Wertpapierrichtlinie-UmsG, BT-Drucks. 13/7142, 112; zu § 28 KWG *Winter* in Boos/Fischer/Schulte-Mattler, § 28 KWG Rz. 26 f.; *Schwennicke* in Schwennicke/Auerbach, § 28 KWG Rz. 8; *Santarossa-Preisler* in Luz/Neus/Schaber/Schneider/Wagner/Weber, § 28 KWG Rz. 34 ff.
11 Begr. RegE Wertpapierrichtlinie-UmsG, BT-Drucks. 13/7142, 112 f.; *Haußner* in KölnKomm. WpHG, § 36 WpHG Rz. 60.

abhängigkeit des Prüfers eine Ablehnung rechtfertigen[1]. Da genossenschaftliche Banken und Sparkassen von Gesetzes wegen durch ihre Prüfverbände bzw. Prüfstellen geprüft werden, besteht für sie nach § 89 Abs. 3 Satz 3 WpHG weder eine Anzeigepflicht noch ein Ablehnungsrecht der Bundesanstalt[2].

Das behördliche Verlangen nach Bestellung eines anderen Prüfers ist ein **an das Institut gerichteter Verwaltungsakt**[3]. Rechtsbehelfe haben nach § 89 Abs. 3 Satz 2 Halbsatz 2 WpHG keine aufschiebende Wirkung, um zu verhindern, dass die Durchführung der Prüfung durch das Einlegen von Widerspruch und Anfechtungsklage verzögert wird[4]. Das Wertpapierdienstleistungsunternehmen muss deshalb ggf. um Rechtsschutz nach § 80 Abs. 5 Satz 1 Alt. 1 VwGO nachsuchen. Umstritten ist die **Antragsbefugnis des von dem behördlichen Verlangen betroffenen abgelehnten Prüfers**. Zwar deutet der Wortlaut des § 89 Abs. 3 Satz 2 WpHG nicht zwingend auf die Berücksichtigung seiner Interessen und damit einen diesbezüglichen Schutznormcharakter hin. Indes liegt in der Ablehnung eines Prüfers durch die Bundesanstalt nicht bloß eine Aktualisierung privatrechtlicher Normen, denen zufolge der Prüfer das Risiko trägt, dass Prüfaufträge gekündigt werden oder gar nicht erst zustande kommen[5]. Vielmehr wirkt die Bundesanstalt hier gerade auf dieses Ergebnis hin, weshalb in der Prüferablehnung ein mittelbarer Eingriff in die Berufsausübungsfreiheit liegt, dem berufsregelnde Tendenz zukommt[6]. Zudem liegt in der Ablehnung wegen mangelnder Eignung auch eine beeinträchtigende Bemakelung i.S.v. Art. 2 Abs. 1 GG. Der abgelehnte Prüfer kann deshalb Rechtsschutz nach § 80a Abs. 3 Satz 2, § 80 Abs. 5 Satz 1 Alt. 1 VwGO erlangen[7].

17

V. Besondere Befugnisse der BaFin (§ 89 Abs. 4 und 5 WpHG). Die BaFin kann gegenüber dem Wertpapierdienstleistungsunternehmen nach **§ 89 Abs. 4 Satz 1 WpHG** Bestimmungen über den **Inhalt der Prüfung** treffen und nach **§ 89 Abs. 4 Satz 2 WpHG** insbesondere **Schwerpunkte** für die Prüfung festlegen. Die Vorschrift ist Ausdruck des legislativen Desiderats, die Qualität und Effektivität der jährlichen Prüfung möge durch die Umstellung auf ein System der Selbstkontrolle nicht leiden[8]. Durch entsprechende Anordnungen erlangt die Bundesanstalt etwa Kenntnis, ob früher festgestellte Mängel beseitigt wurden. Die Festsetzung von Prüfungsschwerpunkten bedarf andererseits keines besonderen Anlasses[9]. Festlegungen nach § 89 Abs. 4 Satz 1 und 2 WpHG ergehen durch **Verwaltungsakt**[10]. Das Wertpapierdienstleistungsunternehmen ist gehalten, den Prüfer über entsprechende Anordnungen der Bundesanstalt in Kenntnis zu setzen[11]. Denn nur auf diese Weise ist sichergestellt, dass der Prüfer die behördlichen Festlegungen – wie von § 89 Abs. 4 Satz 1 WpHG vorausgesetzt – berücksichtigt. Ergehen keine Anordnungen zum Inhalt oder zu Schwerpunkten der Prüfung, entscheidet der Prüfer hierüber nach pflichtgemäßem Ermessen (§ 6 Abs. 3 WpDPV)[12].

18

Gemäß **§ 89 Abs. 4 Satz 4 WpHG** besitzt die Bundesanstalt ein **Teilnahmerecht** an den Prüfungen, weshalb sie nach § 89 Abs. 4 Satz 4 WpHG über den Beginn der Prüfung durch das Wertpapierdienstleistungsunternehmen[13] rechtzeitig zu informieren ist. Die Teilnahme ist – anders als Maßnahmen nach § 89 Abs. 5 WpHG (Rz. 21) – nicht mit der Vornahme eigener Prüfungshandlungen verbunden[14]. Soweit die Teilnahme aber das Betreten von Geschäftsräumen des Instituts erfordert oder aber mit Auskunftsverlangen verknüpft wird, bedarf es entsprechender (Duldungs-)Anordnungen unter den Voraussetzungen von § 6 Abs. 3 und 11 WpHG[15]. Ob

19

---

1 Ausf. *Haußner* in KölnKomm. WpHG, § 36 WpHG Rz. 61 ff.; s. auch *Schlette/Bouchon* in Fuchs, § 36 WpHG Rz. 7; zu § 28 KWG *Winter* in Boos/Fischer/Schulte-Mattler, § 28 KWG Rz. 29.
2 Beschlussempfehlung des Finanzausschusses zum Wertpapierrichtlinie-UmsG, BT-Drucks. 13/7627, 167.
3 *Nikolaus*, Die Durchsetzung der Verhaltens- und Organisationspflichten, S. 166; *Haußner* in KölnKomm. WpHG, § 36 WpHG Rz. 71; *Winter* in Boos/Fischer/Schulte-Mattler, § 28 KWG Rz. 19; *Schwennicke* in Schwennicke/Auerbach, § 28 KWG Rz. 9.
4 Begr. RegE Wertpapierrichtlinie-UmsG, BT-Drucks. 13/7142, 112.
5 So aber VG Frankfurt v. 11.4.2013 – 9 K 1208/11.F, BeckRS 2013, 52912 zu § 28 Abs. 1 Satz 2 KWG.
6 Die berufsregelnde Tendenz ist entgegen der Annahme von *Haußner* in KölnKomm. WpHG, § 36 WpHG Rz. 72 f., zu bejahen, da die Vorschrift und die auf sie gestützte Ablehnung nach Entstehungsgeschichte und Anwendungsbereich typischerweise berufliche Tätigkeiten erfasst; zu den Maßstäben BVerfG v. 17.2.1998 – 1 BvF 1/91, BVerfGE 97, 228, 253 f.
7 Im Ergebnis auch VG Köln v. 22.3.2002 – 14 L 2766/01, BeckRS 2007, 23943 zu § 28 Abs. 1 Satz 2 KWG; *Nikolaus*, Die Durchsetzung der Verhaltens- und Organisationspflichten, S. 166; wohl auch *Winter* in Boos/Fischer/Schulte-Mattler, § 28 KWG Rz. 19; *Schwennicke* in Schwennicke/Auerbach, § 28 KWG Rz. 9; *Santarossa-Preisler* in Luz/Neus/Schaber/Schneider/Wagner/Weber, § 28 KWG Rz. 24.
8 Begr. RegE Wertpapierrichtlinie-UmsG, BT-Drucks. 13/7142, 112; *Haußner* in KölnKomm. WpHG, § 36 WpHG Rz. 75.
9 Begr. RegE Wertpapierrichtlinie-UmsG, BT-Drucks. 13/7142, 113; *Haußner* in KölnKomm. WpHG, § 36 WpHG Rz. 78.
10 *Schlette/Bouchon* in Fuchs, § 36 WpHG Rz. 8; *Harter* in Just/Voß/Ritz/Becker, § 36 WpHG Rz. 11; *Haußner* in KölnKomm. WpHG, § 36 WpHG Rz. 79.
11 Begr. RegE Wertpapierrichtlinie-UmsG, BT-Drucks. 13/7142, 113.
12 Dazu *Sinning/Walter/Wätke*, WPg 2008, 600, 602; IDW, Prüfungsstandard: Die Prüfung des Wertpapierdienstleistungsgeschäfts nach § 36 Abs. 1 Satz 1 WpHG (IDW PS 521), Stand 2009, Rz. 93 ff.
13 *Haußner* in KölnKomm. WpHG, § 36 WpHG Rz. 100.
14 Dem diesbezüglichen Vorschlag des RegE, BT-Drucks. 17/7142, 112 f. ist der Finanzausschuss nicht gefolgt, BT-Drucks. 17/7627, 167; anders offenbar *Harter* in Just/Voß/Ritz/Becker, § 36 WpHG Rz. 13.
15 *Haußner* in KölnKomm. WpHG, § 36 WpHG Rz. 97.

die bloße Teilnahme der Bundesanstalt bei isolierter Betrachtung eine eigenständige vorgeschaltete Duldungsverfügung erfordert[1], erscheint demgegenüber fraglich.

20 Stellt der Prüfer **schwerwiegende Verstöße** des Wertpapierdienstleistungsunternehmens gegen die einzuhaltenden und zu prüfenden Pflichten fest, so hat er nach **§ 85 Abs. 4 Satz 3 WpHG** hierüber die Bundesanstalt **unverzüglich zu unterrichten** (sog. Redepflicht). Mit der Regelung wird zugleich den Anforderungen des Art. 77 Abs. 1 lit. a RL 2014/65/EU Rechnung getragen. Die Unterrichtungspflicht entsteht unmittelbar mit der Feststellung der Verstöße und greift deshalb schon vor Beendigung der Prüfung. Hierdurch soll gewährleistet werden, dass die BaFin bei gravierenden Verstößen, insbesondere wenn Vermögenswerte der Kunden in Gefahr sind, zeitnah zur Gefahrenabwehr einschreiten kann[2]. Als speziellen Fall eines gravierenden Verstoßes, der eine Mitteilungspflicht an die BaFin begründet, nennt **§ 5 Abs. 4 WpDPV** die Weigerung des Wertpapierdienstleistungsunternehmens, sich prüfen zu lassen oder eine Behinderung der Prüfung. Die unverzügliche Mitteilung entbindet den Prüfer nicht von seiner Pflicht nach § 89 Abs. 2 WpHG i.V.m. § 10 Abs. 2 und 3 WpDPV, die Verstöße im Prüfungsbericht darzustellen[3].

21 Gemäß **§ 89 Abs. 5 WpHG** kann die Bundesanstalt die **Prüfung** auch ohne besonderen Anlass anstelle des Prüfers **selbst oder durch einen Beauftragten vornehmen**. Die behördliche Aufgreifbefugnis, die zunächst nur „in Einzelfällen" bestand, soll im Dienste der Aufsichtseffektivität anlasslos bestehen, in dem die BaFin jederzeit die Prüfung an sich ziehen kann. Mittelbar soll hierdurch auch die Unabhängigkeit des Prüfers vom Wertpapierdienstleistungsunternehmen gestärkt werden[4]. Eine Eigenvornahme **ohne besonderen Anlass** ist ermessensgerecht, wenn sie willkürfrei angeordnet wird[5]. Erst recht („auch") kann eine Prüfung durch die BaFin **mit einem rechtfertigenden Grund** vorgenommen werden. Dies ist etwa der Fall, wenn das Wertpapierdienstleistungsunternehmen nach der behördlichen Ablehnung eines Prüfers nach § 89 Abs. 2 WpHG nicht seiner Pflicht nachkommt, einen anderen Prüfer zu bestellen[6] oder wenn Zweifel an der Qualität oder Neutralität des Prüfers bestehen[7]. Die Eigenprüfung durch die BaFin oder durch einen von ihr beauftragten Wirtschaftsprüfer wird durch **(Duldungs-)Verwaltungsakt** angeordnet (vgl. auch § 88 WpHG Rz. 5)[8]. Hierin liegt regelmäßig zugleich die nach § 89 Abs. 5 Satz 2 WpHG erforderliche Information des Wertpapierdienstleistungsunternehmens, die aber auch gesondert ergehen kann.

22 **VI. Verordnungsermächtigung (§ 89 Abs. 6 WpHG).** Nach § 89 Abs. 6 WpHG kann das Bundesministerium der Finanzen durch Rechtsverordnung Einzelheiten betreffend die Prüfberichte und die Durchführung der Prüfung regeln. Das Ministerium hat von der durch § 89 Abs. 6 Satz 2 WpHG eingeräumten Option Gebrauch gemacht, den Verordnungserlass an die BaFin zu subdelegieren[9]. Diese hat am 17.1.2018 die Wertpapierdienstleistungs-PrüfungsVO (WpDPV) erlassen, die die gleichnamige Verordnung aus dem Jahr 2004 ablöste.

§ 90 Unternehmen, organisierte Märkte und multilaterale Handelssysteme mit Sitz in einem anderen Mitgliedstaat der Europäischen Union oder in einem anderen Vertragsstaat des Abkommens über den Europäischen Wirtschaftsraum

(1) Die in diesem Abschnitt und den Artikeln 14 bis 26 der Verordnung (EU) Nr. 600/2014 geregelten Rechte und Pflichten sind mit Ausnahme von § 63 Absatz 2, §§ 72 bis 78, 80 Absatz 1 bis 6 und 9 bis 13, den §§ 81, 84 bis § 87 Absatz 1 Satz 2 bis 4 und Absatz 3 bis 8 entsprechend anzuwenden auf Zweigniederlassungen und vertraglich gebundene Vermittler mit Sitz oder gewöhnlichem Aufenthalt im Inland im

---

1 So *Haußner* in KölnKomm. WpHG, § 36 WpHG Rz. 98.
2 Begr. RegE Wertpapierrichtlinie-UmsG, BT-Drucks. 17/7142, 113; Beispiele schwerwiegender Verstöße bei *Haußner* in KölnKomm. WpHG, § 36 WpHG Rz. 88 ff.
3 *Haußner* in KölnKomm. WpHG, § 36 WpHG Rz. 93.
4 Befugnis zur anlasslosen Eigenprüfung eingeführt mit dem Gesetz zur Stärkung des Anlegerschutzes und Verbesserung der Funktionsfähigkeit des Kapitalmarkts (Anlegerschutz- und Funktionsverbesserungsgesetz) vom 5.4.2011, BGBl. I 2011, 538; s. auch Begr. RegE, BT-Drucks. 17/3628, 24.
5 Beispiel von *Haußner* in KölnKomm. WpHG, § 36 WpHG Rz. 107: Prüfung aller Institute, die über einen langen Zeitraum denselben Prüfer bestellt hatten; zu streng *Schlette/Bouchon* in Fuchs, § 36 WpHG Rz. 10: nur ausnahmsweise Befugnis zur Eigenprüfung.
6 Begr. RegE Wertpapierrichtlinie-UmsG, BT-Drucks. 13/7142, 112; s. auch *Haußner* in KölnKomm. WpHG, § 36 WpHG Rz. 105.
7 *Schlette/Bouchon* in Fuchs, § 36 WpHG Rz. 10; enger *Harter* in Just/Voß/Ritz/Becker, § 36 WpHG Rz. 14: Teilnahme der BaFin nach § 89 Abs. 4 WpHG ist milderes Mittel.
8 *Haußner* in KölnKomm. WpHG, § 36 WpHG Rz. 108.
9 § 1 Nr. 1 der Verordnung zur Übertragung von Befugnissen zum Erlass von Rechtsverordnungen auf die Bundesanstalt für Finanzdienstleistungsaufsicht (BaFinBefugV) vom 13.12.2002, BGBl. I 2003, 3, zuletzt geändert durch Art. 1 der Verordnung vom 25.1.2018, BGBl. I 2018, 184.

Sinne des § 53b des Kreditwesengesetzes, die Wertpapierdienstleistungen erbringen. Ein Unternehmen mit Sitz in einem anderen Mitgliedstaat der Europäischen Union oder in einem anderen Vertragsstaat des Abkommens über den Europäischen Wirtschaftsraum, das Wertpapierdienstleistungen allein oder zusammen mit Wertpapiernebendienstleistungen erbringt und das beabsichtigt, im Inland eine Zweigniederlassung im Sinne des § 53b des Kreditwesengesetzes zu errichten, ist von der Bundesanstalt innerhalb der in § 53b Absatz 2 Satz 1 des Kreditwesengesetzes bestimmten Frist auf die Meldepflichten nach § 22 und die nach Satz 1 für die Zweigniederlassung geltenden Rechte und Pflichten hinzuweisen.

(2) Die Bundesanstalt kann von der Zweigniederlassung Änderungen der getroffenen Vorkehrungen zur Einhaltung der für sie geltenden Pflichten verlangen, soweit die Änderungen notwendig und verhältnismäßig sind, um der Bundesanstalt die Prüfung der Einhaltung der Pflichten zu ermöglichen. Stellt die Bundesanstalt fest, dass das Unternehmen die nach Absatz 1 Satz 1 für seine Zweigniederlassung geltenden Pflichten nicht beachtet, fordert es das Unternehmen auf, seine Verpflichtungen innerhalb einer von der Bundesanstalt zu bestimmenden Frist zu erfüllen. Kommt das Unternehmen der Aufforderung nicht nach, trifft die Bundesanstalt alle geeigneten Maßnahmen, um die Erfüllung der Verpflichtungen sicherzustellen und unterrichtet die zuständigen Behörden des Herkunftsmitgliedstaates über die Art der getroffenen Maßnahmen. Falls das betroffene Unternehmen den Mangel nicht behebt, kann die Bundesanstalt nach Unterrichtung der zuständigen Behörde des Herkunftsmitgliedstaates alle Maßnahmen ergreifen, um weitere Verstöße zu verhindern oder zu ahnden. Soweit erforderlich, kann die Bundesanstalt dem betroffenen Unternehmen die Durchführung neuer Geschäfte im Inland untersagen. Die Bundesanstalt unterrichtet die Europäische Kommission und die Europäische Wertpapier- und Marktaufsichtsbehörde unverzüglich von Maßnahmen nach den Sätzen 4 und 5.

(3) Stellt die Bundesanstalt fest, dass ein Unternehmen im Sinne des Absatzes 1 Satz 2, das im Inland eine Zweigniederlassung errichtet hat, gegen andere als die in Absatz 1 Satz 1 genannten Bestimmungen dieses Gesetzes oder entsprechende ausländische Vorschriften verstößt, so teilt sie dies der zuständigen Stelle des Herkunftsmitgliedstaates nach Maßgabe des § 18 Absatz 8 Satz 1 mit. Sind die daraufhin getroffenen Maßnahmen der zuständigen Behörde des Herkunftsmitgliedstaates unzureichend oder verstößt das Unternehmen aus anderen Gründen weiter gegen die sonstigen Bestimmungen dieses Abschnitts und sind dadurch Anlegerinteressen oder die ordnungsgemäße Funktion des Marktes gefährdet, ergreift die Bundesanstalt nach vorheriger Unterrichtung der zuständigen Behörde des Herkunftsmitgliedstaates alle erforderlichen Maßnahmen, um den Anlegerschutz und die ordnungsgemäße Funktion der Märkte zu gewährleisten. Absatz 2 Satz 4 bis 6 gilt entsprechend.

(4) Absatz 3 gilt entsprechend für ein Unternehmen mit Sitz in einem anderen Mitgliedstaat der Europäischen Union oder in einem anderen Vertragsstaat des Abkommens über den Europäischen Wirtschaftsraum, das Wertpapierdienstleistungen oder Wertpapiernebendienstleistungen im Wege des grenzüberschreitenden Dienstleistungsverkehrs gegenüber Kunden erbringt, die ihren gewöhnlichen Aufenthalt oder ihre Geschäftsleitung im Inland haben, wenn das Unternehmen gegen Bestimmungen dieses Abschnitts oder entsprechende ausländische Vorschriften verstößt.

(5) Absatz 3 gilt für Betreiber organisierter Märkte, multilateraler Handelssysteme und organisierter Handelssysteme entsprechend mit der Maßgabe, dass für Maßnahmen der Bundesanstalt gegenüber einem solchen Betreiber Verstöße gegen Bestimmungen dieses Abschnitts, des Börsengesetzes oder gegen entsprechende ausländische Vorschriften vorliegen müssen und dass zu den Maßnahmen nach Absatz 3 Satz 2 insbesondere auch gehören kann, dem Betreiber des organisierten Marktes, des multilateralen Handelssystems oder des organisierten Handelssystems zu untersagen, sein System Mitgliedern im Inland zugänglich zu machen.

(6) Die Bundesanstalt unterrichtet die betroffenen Unternehmen oder Märkte von den jeweils nach den Absätzen 2 bis 5 getroffenen Maßnahmen unter Nennung der Gründe.

(7) Die Bundesanstalt kann in den Fällen des Absatzes 2 Satz 2, des Absatzes 3 Satz 1 und des Absatzes 5 die Europäische Wertpapier- und Marktaufsichtsbehörde nach Maßgabe des Artikels 19 der Verordnung (EU) Nr. 1095/2010 um Hilfe ersuchen.

In der Fassung des 2. FiMaNoG vom 23.6.2017 (BGBl. I 2017, 1693).

Schrifttum: *Hanten*, Der europäische Pass für Zweigniederlassungen von Kredit- und Finanzdienstleistungsinstituten aus deutscher Sicht, ZBB 2000, 245; *Höhns*, Die Aufsicht über Finanzdienstleister – Kompetenzen, Eingriffsbefugnisse, Neustrukturierung, 2002; *Stephan*, Sicherstellung der Wohlverhaltensregeln bei grenzüberschreitendem Bezug, München, 2001.

§ 90 | Verhaltenspflichten, Organisationspflichten, Transparenzpflichten

I. Übersicht und Entwicklung der Norm 1
II. Anwendbare Normen nach § 90 Abs. 1 Satz 1 WpHG 8
III. Hinweispflicht der Bundesanstalt auf geltende Rechte und Pflichten (§ 90 Abs. 1 Satz 2 WpHG) 16
IV. Überwachung von Zweigniederlassungen und Maßnahmen bei Verstößen nach § 90 Abs. 2 WpHG 18
V. subsidiäre Maßnahmen der Bundesanstalt bei weiteren Verstößen (§ 90 Abs. 3 WpHG) 28
VI. Maßnahmen gegenüber grenzüberschreitend tätigen Unternehmen (§ 90 Abs. 4 WpHG) 35
VII. Maßnahmen gegenüber Betreibern organisierter Märkte, multilateraler Handelssysteme und organisierter Handelssysteme aus EU-Mitgliedstaaten bzw. EWR-Staaten (§ 90 Abs. 5 WpHG) 39
VIII. Unterrichtung durch die Bundesanstalt über Maßnahmen (§ 90 Abs. 6 WpHG) 43
IX. Ersuchen der Bundesanstalt an die ESMA gem. § 90 Abs. 7 WpHG 44

1 **I. Übersicht und Entwicklung der Norm.** § 90 WpHG normiert die entsprechende **Anwendung bestimmter, näher bezeichneten Vorschriften für Zweigniederlassungen und vertraglich gebundene Vermittler** mit Sitz oder gewöhnlichem Aufenthalt im Inland, **die für Wertpapierdienstleistungsunternehmen, organisierte Märkte, multilaterale Handelssysteme und organisierter Handelssysteme aus EU-Mitgliedstaaten bzw. EWR-Staaten** (bzw. Zweigstellen als Teil eines solchen) **im Inland Wertpapierdienstleistungen** erbringen. Zudem bestimmt die Norm die entsprechenden Aufsichts- und **Eingriffsbefugnisse der Bundesanstalt zur Durchsetzung dieser Pflichten** gegenüber den jeweiligen Unternehmen. Die Norm ergänzt die grundsätzliche Herkunftslandaufsicht mit Regelungen zur **Beaufsichtigung von bestimmten Wohlverhaltensregelungen, Aufzeichnungs- und Mitteilungspflichten**, die vom Aufnahmemitgliedstaat überwacht werden. Zudem schafft sie für die Bundesanstalt **subsidiäre Eingriffsbefugnisse** bei Verstößen gegen die Vorschriften, die von der Bundesanstalt als zuständiger Behörde des Herkunftsmitgliedstaats überwacht werden.

2 Die vorliegende Regelung wurde durch das **Gesetz zur Umsetzung von EG-Richtlinien zur Harmonisierung bank- und wertpapieraufsichtsrechtlicher Vorschriften**[1] als § 36a WpHG a.F. **erstmals normiert** und trat zum 1.1.1998 in Kraft[2]. In dieser Fassung setzte die Norm Art. 17 bis 19 RL 93/22/EWG (Wertpapierdienstleistungsrichtlinie – WpDRiL) um. Schon die Erwägungsgründe zur WpDRiL führten die Notwendigkeit einer beschränkten Marktaufsicht neben der grundsätzlichen Heimatlandaufsicht auch innerhalb der europarechtlich kodifizierten Aufsichtsstandards aus.

3 Im Rahmen der Umsetzung der RL 2004/39/EG (MiFID I) mit dem **Finanzmarktrichtlinie-Umsetzungsgesetz (FRUG)**[3] wurde die Norm im Wesentlichen **neu formuliert**. Die Änderung der Regelung diente der **Umsetzung der Anforderungen nach Art. 32 und 62 RL 2004/39/EG (MiFID I)** und ergänzte die Regelung des § 53b KWG. Nach den Regelungen der MiFID I beaufsichtigte der Herkunftsmitgliedstaat die Einhaltung der Organisationspflichten[4]. Daneben war es erforderlich, dass der Aufnahmemitgliedstaat, vorliegend die Bundesrepublik Deutschland, über das Recht und die Zuständigkeit verfügt, jeglichen Praktiken von Wertpapierfirmen in ihrem Hoheitsgebiet, die gegen die Wohlverhaltensregeln sowie die aus Gründen des Gemeinwohls erlassenen Rechts- und Verwaltungsvorschriften verstoßen, vorzubeugen und sie zu ahnden. Zudem musste der Aufnahmemitgliedstaat die Befugnis haben, im Notfall einzugreifen, um die Stabilität und das reibungslose Funktionieren des Finanzsystems und den Anlegerschutz zu gewährleisten. In Fortführung dieser Grundidee wurde im Rahmen dieser Änderung diese Regelungen zur Aufgabenteilung zwischen Herkunfts- und Aufnahmemitgliedstaat auf das Betreiben von multilateralen Handelssystemen, als damals neuer Wertpapierdienstleistung, und das Betreiben organisierter Märkte[5] ausgedehnt.

4 Im Rahmen der **Änderungen durch das Anlegerschutz- und Funktionsverbesserungsgesetz**[6] wurden in § 36a WpHG a.F. die eingefügte Organisationspflicht des § 34d WpHG a.F. berücksichtigt. Die mit der Errichtung des Europäischen Finanzaufsichtssystems notwendig gewordenen Anpassungen in Bezug auf die Zusammenarbeit mit der EU-Kommission und der ESMA in § 36a WpHG a.F. wurde mit dem Gesetz zur Umsetzung der Richtlinie 2010/78/EU[7] normiert. Kleinere Anpassung erfuhr diese Regelung zudem hinsichtlich der Bezugnahme auf § 33 WpHG a.F. durch **Honoraranlageberatungsgesetz**[8] und durch das 1. FiMaNoG[9] infolge der Neufassung des § 34b WpHG a.F.

---

1 Als Art. 2 Nr. 23 des Gesetzes zur Umsetzung von EG-Richtlinien zur Harmonisierung bank- und wertpapieraufsichtsrechtlicher Vorschriften vom 22.10.1997, BGBl. I 1997, 2518.
2 Hinsichtlich der verspäteten Umsetzung der Wertpapierdienstleistungsrichtlinie: OLG Köln v. 25.5.2000 – 7 U 178/99, VersR 2001, 988: kein Entschädigungsanspruch wegen verspäteter Umsetzung.
3 Finanzmarktrichtlinie-Umsetzungsgesetz vom 16.7.2007, BGBl. I 2007, 1330.
4 Vgl. Begr. RegE FRUG, BT-Drucks. 16/4028, 77.
5 Vgl. Begr. RegE 4. FGG zu § 37i WpHG, BT-Drucks. 14/8017, 97, in Bezug auf die Abschaffung einer gesonderten Zulassungspflicht für geregelte Märkte.
6 Anlegerschutz- und Funktionsverbesserungsgesetz vom 5.4.2011, BGBl. I 2011, 538.
7 Gesetz zur Umsetzung der Richtlinie 2010/78/EU vom 24.11.2010 im Hinblick auf die Errichtung des Europäischen Finanzaufsichtssystems vom 4.12.2011, BGBl. I 2011, 2427.
8 Gesetz zur Förderung und Regulierung einer Honorarberatung über Finanzinstrumente vom 15.7.2013, BGBl. I 2013, 2390 (Honoraranlageberatungsgesetz).
9 Erstes Finanzmarktnovellierungsgesetz vom 30.6.2016, BGBl. I 2016, 1514; BGBl. I 2017, 559.

Ihre derzeitige Fassung erhielt die Norm durch das **2. FiMaNoG**[1]. Die Änderungen durch das 2. FiMaNoG beziehen sich nicht nur auf die neue Nummerierung des WpHG, die die vorliegende Norm zu § **90 WpHG** machte. Die vorgenommenen Änderungen setzen auch die **Vorgaben nach Art. 35 Abs. 8 und Art. 86 Abs. 3 RL 2014/65/EU (MiFID II)** um. D.h., werden Wertpapierdienstleistungen durch eine Zweigniederlassung und vertraglich gebundene Vermittler mit Sitz oder gewöhnlichen Aufenthalt im Inland i.S.d. § 53b KWG erbracht, gelten die im 11. Abschnitt sowie **Art. 14 bis 26 VO Nr. 600/2014 (MiFIR)** geregelten Rechte und Pflichten entsprechend. Zudem wurde der Anwendungsbereich der Norm in Abs. 5 entsprechend des Wortlauts der MiFID II um **organisierte Handelssysteme** erweitert[2].

§ 90 WpHG ergänzt die **Regelungen über die Dienstleistungs- und Niederlassungsfreiheit** von Wertpapierdienstleistungsunternehmen im Europäischen Wirtschaftsraum (EWR). Wertpapierdienstleistungsunternehmen mit Sitz innerhalb des EWR können **grenzüberschreitende Tätigkeiten** mittels Zweigniederlassung oder mithilfe von im Aufnahmemitgliedstaat ansässigen vertraglich gebundenen Vermittlern („Niederlassungsfreiheit") oder im Wege des freien Dienstleistungsverkehrs (Dienstleistungsfreiheit) erbringen. Zudem besteht die Möglichkeit der Notifikation von vertraglich gebundenen Vermittlern von Kreditinstituten. Für diese grenzüberschreitenden Tätigkeiten ist entsprechend der Dienstleistungs- und Niederlassungsfreiheit keine zusätzliche Genehmigung erforderlich. Ausreichend ist ihre **Zulassung im Herkunftsmitgliedstaat**, die die geplanten Geschäfte vollumfänglich abdecken muss. Dies entspricht der Vorgabe nach Art. 6 Abs. 3 RL 2014/65/EU (MiFID II), die den „Europäischen Pass" vorsieht für „Wertpapierdienstleistungen oder Anlagetätigkeit, für die ihr eine Zulassung erteilt wurde". Zudem ist die Durchführung eines entsprechenden **Notifikationsverfahrens** erforderlich[3], der Anzeige der geplanten Aufnahme der grenzüberschreitenden Tätigkeiten im Herkunftsmitgliedstaat und die Weiterleitung der Anzeige an den Aufnahmemitgliedsstaat. Die Beaufsichtigung des Unternehmens erfolgt, auch bei der Nutzung der beschriebenen Möglichkeit, des sog. „Europäischen Passes" nach Art. 34 und 35 RL 2014/65/EU (MiFID II), grundsätzlich durch die zuständige Behörde im Herkunftsmitgliedstaat.

Dieses **Grundprinzip der Aufsicht durch die Behörde im Herkunftsmitgliedstaat** wird durch die Regelungen des § 90 WpHG, die ihre Grundlagen in Art. 35 Abs. 8, 86 Abs. 3 RL 2014/65/EU (MiFID II) haben, **durchbrochen**. Als **Hintergrund** dieser Durchbrechung führt der Erwägungsgrund 90 RL 2014/65/EU aus: „Abweichend vom Grundsatz der Zulassung, Überwachung und Durchsetzung der Verpflichtungen in Bezug auf den Betrieb von Zweigniederlassungen durch den Herkunftsmitgliedstaat ist es zweckmäßig, dass die zuständige Behörde des Aufnahmemitgliedstaats für die Einhaltung bestimmter Verpflichtungen dieser Richtlinie in Bezug auf Geschäfte, die über eine Zweigniederlassung in dem Hoheitsgebiet, in dem sich die Niederlassung befindet, getätigt werden, verantwortlich ist, da diese Behörde aufgrund der größeren Nähe zu der Zweigniederlassung besser in der Lage ist, Verstöße gegen die Vorschriften für den Geschäftsbetrieb der Zweigniederlassung aufzudecken und zu ahnden."

II. Anwendbare Normen nach § 90 Abs. 1 Satz 1 WpHG. § 90 Abs. 1 WpHG dient der Umsetung der schrittweise entwickelten europarechtlichen Vorgaben zum Zusammenspiel und grundsätzlichen Aufgabenteilung zwischen Herkunftsstaatsaufsicht und Aufnahmemitgliedsstaat (vgl. Rz. 2 ff.). Die Norm enthält die Aspekte der Aufsicht durch den Aufnahmemitgliedsstaat, die das **grundsätzliche Prinzip der Herkunftslandaufsicht** für die Erbringung grenzüberschreitender Dienstleistungen durchbrechen.

§ 90 Abs. 1 Satz 1 WpHG bestimmt ausdrücklich, dass die **Regelungen des 11. Abschnitts des WpHG** (§§ 63 ff. WpHG) und den **Art. 14 bis 26 VO Nr. 600/2014 (MiFIR) mit Ausnahme der näher bezeichneten Organisationspflichten** auch auf **Zweigniederlassungen** und **vertraglich gebundene Vermittler** mit Sitz oder gewöhnlichem Aufenthalt im Inland i.S.d. § 53b KWG entsprechend anzuwenden sind, wenn sie Wertpapierdienstleistungen erbringen. Diese Regelung übernimmt die Vorgaben aus Art. 35 Abs. 8 Unterabs. 1 RL 2014/65/EU (MiFID II). Dieser sieht vor, dass die zuständigen Behörde des Aufnahmemitgliedstaats zu gewährleisten haben, dass die Zweigniederlassung bei Erbringung ihrer Leistungen im Hoheitsgebiet dieses Staates den Verpflichtungen nach den Art. 24, 25, 27 und 28 RL 2014/65/EU (MiFID II) und den Art. 14 bis 26 VO Nr. 600/2014 (MiFIR) nachkommt. Das gleiche gilt für die im Einklang mit den benannten Vorschriften vom Aufnahmemitgliedstaat erlassenen Maßnahmen, soweit diese nach Art. 24 Abs. 12 RL 2014/65/EU (MiFID II) zulässig sind.

Adressaten der Vorschrift sind im Ergebnis Einlagenkreditinstituten (§ 1 Abs. 3d Satz 1 KWG) oder Wertpapierhandelsunternehmen (§ 1 Abs. 3d Satz 2 KWG) mit Sitz in einem anderen EWG-Staat, die mithilfe von **Zweigniederlassungen bzw. vertraglich gebundene Vermittler mit Sitz oder gewöhnlichem Aufenthalt** im Inland, die in Inland bzw. grenzüberschreitend Wertpapierdienstleistungen erbringen. Diese Zweigniederlas-

---

1 Zweites Finanzmarktnovellierungsgesetz vom 23.6.2017, BGBl. I 2017, 1693.
2 Vgl. Begr. RegE zum 2. FiMaNoG, BT-Drucks. 18/10936, 249.
3 Vgl. zum „Europäischen Pass" zum Notifikationsverfahren für Wertpapierdienstleistungsunternehmen auch die Veröffentlichung der Bundesanstalt einschließlich der zur Verfügung gestellten Formulare für entsprechende Anzeigen unter: https://www.bafin.de/DE/Aufsicht/BankenFinanzdienstleister/Zulassung/EU-EWR-Wertpapierdienstleister/eu-ewr-wertpapierdienstleister_node.html;jsessionid=A500131B742D8720617FFDEACE4F5592.1_cid381.

sungen und vertraglich gebundene Vermittler müssen die näher bezeichneten Vorschriften einhalten. § 90 Abs. 1 Satz 1 WpHG verweist hierbei auf Zweigniederlassungen und vertraglich gebundene Vermittler mit Sitz oder gewöhnlichem Aufenthalt im Inland i.S.d. § 53b KWG. Gemäß § 53b KWG sind dies Zweigniederlassungen und vertraglich gebundene Vermittler, die von einem Unternehmen mit Sitz in einem anderen EWR-Staat eingesetzt werden, um im Inland Wertpapierdienstleistungen über diese oder – auch durch vertraglich gebundene Vermittler – im Wege des grenzüberschreitenden Dienstleistungsverkehrs zu erbringen. Maßgeblich ist, dass die diese Zweigniederlassungen und vertraglich gebundene Vermittler ihren Sitz oder gewöhnlichen Aufenthalt im Aufnahmemitgliedstaat haben.

11 Mit der Norm wird dem Umstand Rechnung getragen, dass **Zweigniederlassungen keine rechtlich selbständigen Einheiten und keine Träger von Rechten und Pflichten sind.** Insoweit ist Träger der Rechte und Pflichten stets das Institut oder Unternehmen mit Sitz in einem anderen EWG-Staat, das die Zweigniederlassung gegründet hat und in Bezug auf diese die bezeichneten Rechte und Pflichten trägt. Demgegenüber sind **vertraglich gebundenen Vermittler** zwar Träger von Rechten und Pflichten, sie **gelten nicht als Wertpapierdienstleistungsunternehmen** (vgl. § 2 Abs. 10 KWG, § 3 Abs. 2 WpHG). Normen die als Adressaten Wertpapierdienstleistungsunternehmen betreffen, finden daher keine unmittelbare Anwendung. Ungeachtet dessen wird die Tätigkeit eines vertraglich gebundenen Vermittlers dem Institut oder Unternehmen zugerechnet für dessen Rechnung er tätig wird und unter dessen Haftung es seine Tätigkeit erbringt. In Anbetracht dieser Ausgangslage sollen die aufgeführten Regelungen auch für diese Zweigniederlassungen und vertraglich gebundene Vermittler gelten. Dies wird durch § 90 Abs. 1 WpHG geregelt. Der Bundesanstalt obliegt insoweit die Überwachung der Einhaltung der Vorschriften durch diese Zweigniederlassungen und vertraglich gebundene Vermittler.

12 Die auch für diese Zweigniederlassungen und vertraglich gebundene Vermittler **geltenden Regelungen sind die Rechte und Pflichten**
- des 11. Abschnitts des WpHG (§§ 63 ff. WpHG) mit Ausnahme der benannten Organisationspflichten in § 63 Abs. 2, §§ 72 bis 78, 80 Abs. 1 bis 6 und Abs. 9 bis 13, §§ 81, 84 bis 86 sowie § 87 Abs. 1 Satz 2 bis 4 und Abs. 3 bis 8 WpHG und
- des Art. 14 bis 26 VO Nr. 600/2014 (MiFIR).

13 Die in Bezug genommenen Vorschriften des 11. Abschnitts des WpHG beziehen sich auf die sog. **Wohlverhaltensregeln.** Im Konkreten handelt es sich z.B. um die allgemeinen Grundsätze, wie ehrliche, redliche und professionelle Dienstleistungserbringung bei bestmöglicher Wahrung des Kundeninteresses, und die Regelungen über die Kundeninformation (vgl. auch Art. 24 RL 2014/65/EU), die Vorschriften betreffend die Beurteilung der Eignung und Zweckmäßigkeit der Dienstleistung sowie zur Berichtspflicht gegenüber Kunden (vgl. auch Art. 25 RL 2014/65/EU), die Verpflichtung zur kundengünstigsten Ausführung von Aufträgen (vgl. auch Art. 27 RL 2014/65/EU) und die Vorschriften für die Bearbeitung von Kundenaufträgen (vgl. auch Art. 28 RL 2014/65/EU). Daneben bestimmt Art. 16 Abs. 11 RL 2014/65/EU, dass die zuständige Behörde des Aufnahmemitgliedstaates, unbeschadet der direkten Zugriffsmöglichkeiten der zuständigen Behörde des Herkunftsmitgliedstaates, für die Überwachung der Einhaltung der **Aufzeichnungspflichten** obliegt[1].

14 Die von der entsprechenden Geltung **ausgenommenen Organisationspflichten** werden entsprechend dem Grundsatz der Herkunftsstaatsaufsicht durch die zuständige Behörde des Herkunftsmitgliedstaates entsprechend der rechtlichen Rahmenbedingungen **im Herkunftsmitgliedstaat überwacht.**

15 Die mit dem 2. FiMaNoG in § 90 Abs. 1 Satz 1 WpHG aufgenommenen **Vorschriften der VO Nr. 600/2014 (MiFIR)** beziehen sich auf die Pflichten zur Herstellung von Transparenz für systematische Internalisierer und Wertpapierfirmen, die mit Finanzinstrumenten OTC handeln (Over the counter – außerbörslicher Handel), sowie auf die Meldung von Geschäften.

16 **III. Hinweispflicht der Bundesanstalt auf geltende Rechte und Pflichten (§ 90 Abs. 1 Satz 2 WpHG).** Nach § 90 Abs. 1 Satz 2 WpHG ist die **Bundesanstalt verpflichtet, ein Unternehmen** mit Sitz in einem anderen Mitgliedstaat der Europäischen Union oder in einem anderen Vertragsstaat des Abkommens über den Europäischen Wirtschaftsraum, das Wertpapierdienstleistungen allein oder zusammen mit Wertpapiernebendienstleistungen erbringt und das beabsichtigt, im Inland eine Zweigniederlassung i.S.d. § 53b KWG zu errichten, auf die Meldepflichten nach § 22 WpHG i.V.m. Art. 26 VO Nr. 600/2014 (MiFIR) und die nach § 90 Abs. 1 Satz 1 WpHG für die Zweigstellen **geltenden Rechte und Pflichten hinzuweisen.** Der Hinweis muss somit nicht gegenüber der Zweigniederlassung, sondern gegenüber dem Unternehmen erfolgen, das die Errichtung einer Zweigniederlassung i.S.d. § 53b KWG beabsichtigt. Die Hinweispflicht bezieht sich nicht auf Unternehmen, die grenzüberschreitend gegenüber Kunden mit Sitz oder Geschäftsführung in Deutschland, tätig werden (wollen). Der Bundesanstalt ist es aber unbenommen, im Rahmen einer pro-aktiven Aufsicht auch diesen einen entsprechenden Hinweis auf die einzuhaltenden Vorschriften zukommen zu lassen.

---

1 Vgl. zur entsprechenden Rechtslage nach der MiFID I, BR-Drucks. 833/06, 175 f.

Dieser Hinweis muss von der Bundesanstalt **innerhalb der in § 53b Abs. 2 Satz 1 KWG bestimmten Frist** gegeben werden. Das ist eine Frist von zwei Monaten. Die Frist beginnt nach § 53b Abs. 2 Satz 1 KWG mit Eingang der von den zuständigen Stellen des Herkunftsstaates übermittelten Unterlagen über die beabsichtigte Einrichtung einer Zweigniederlassung oder über die beabsichtigte Aufnahme des grenzüberschreitenden Dienstleistungsverkehrs bei der Bundesanstalt.

17

IV. Überwachung von Zweigniederlassungen und Maßnahmen bei Verstößen nach § 90 Abs. 2 WpHG.

§ 90 Abs. 2 WpHG setzt Art. 35 Abs. 8 und Art. 86 Abs. 2 RL 2014/65/EU (MiFID II) um (zuvor Umsetzung von Art. 32 Abs. 7 und 62 Abs. 2 RL 2004/39/EG [MiFID I]) und regelt die Möglichkeiten der Bundesanstalt, die **Pflichten nach dem WpHG zu überwachen** und im Rahmen eines vorgegebenen **stufenweisen Eskalationsverfahrens** bei Verstößen gegen die Pflichten nach § 90 Abs. 1 Satz 1 WpHG vorzugehen. Das Spektrum der Handlungsmöglichkeiten erstreckt sich auf der Möglichkeit das Unternehmen aufzufordern, entsprechende Vorkehrungen zu treffen, bis hin zur Möglichkeit der Untersagung der Durchführung neuer Geschäfte im Inland. **Adressaten der Maßnahmen** nach § 90 Abs. 2 WpHG können die Unternehmen sein, die **Zweigniederlassungen i.S.d. § 90 Abs. 1 WpHG** eingerichtet haben. Diese Regelung bezieht sich auch auf vertraglich gebundenen Vermittler, die einer errichteten Zweigniederlassung gleichgestellt sind und die jedenfalls den für Zweigniederlassungen geltenden Bestimmungen unterliegen (vgl. Art. 35 Abs. 2 Unterabs. 2 RL 2014/65/EU [MiFID II]). Maßnahmen gegenüber grenzüberschreitend tätigen Unternehmen sind gesondert in § 90 Abs. 4 WpHG geregelt und gegenüber Betreibern organisierter Märkte, multilateraler Handelssysteme und organisierter Handelssysteme in § 90 Abs. 5 WpHG.

18

Kann die Bundesanstalt die **Einhaltung der Pflichten nach § 90 Abs. 1 Satz 1 WpHG** nicht hinreichend überprüfen, kann die Bundesanstalt von der Zweigniederlassung **Änderungen der getroffenen Vorkehrungen zur Einhaltung der für sie geltenden Pflichten verlangen**. Mit dieser Befugnis soll sichergestellt werden, dass die Bundesanstalt im Rahmen der auf bestimmte Pflichten beschränkten Aufnahmestaataufsicht die Einhaltung der Pflichten überprüfen kann. Entsprechend ist weitere Voraussetzung des Verlangens, dass die **Änderungen notwendig und verhältnismäßig sind, um der Bundesanstalt die Prüfung der Einhaltung der Pflichten zu ermöglichen**. Die Befugnis steht der Bundesanstalt stets zu, wenn die Änderungen notwendig und verhältnismäßig sind, um der Bundesanstalt die Prüfung der Einhaltung der Pflichten zu ermöglichen[1]. Dies ist **unabhängig davon, ob die Geschäftstätigkeit erst aufgenommen werden soll oder ob sich während des laufenden Geschäftsbetriebs**[2] herausstellt, dass derartige Änderungen erforderlich sind. Denn die von Art. 35 Abs. 1 RL 2014/65/EU (MiFID II) geforderte Sicherstellung der Einhaltung der Anforderungen bezieht sich nicht nur auf den Zeitpunkt der Errichtung der Zweigniederlassung, sondern gerade auch auf den laufenden Geschäftsbetrieb.

19

Das Verlangen der Bundesanstalt nach § 90 Abs. 1 Satz 1 WpHG zur Änderungen der getroffenen Vorkehrungen ist ein **Verwaltungsakt**, der **im Ermessen der Bundesanstalt** steht. Insoweit ist die Prüfung der Notwendigkeit und Verhältnismäßigkeit auch in Rahmen der Ermessensausübung durch die Bundesanstalt zu prüfen, zudem die Geeignetheit der Maßnahme.

20

Stellt die Bundesanstalt im Rahmen ihrer Aufnahmestaataufsicht über Zweigniederlassungen und vertraglich gebundene Vermittler (Art. 35 Abs. 2 Unterabs. 2 RL 2014/65/EU [MiFID II]) Verstöße gegen die in § 90 Abs. 1 Satz 1 WpHG benannten und dem Unternehmen mitgeteilten Pflichten fest, geht sie nach einen **gestuften Verfahren vor, um die Mängel zu beheben**. Das gestufte Verfahren der Eskalation der Maßnahmen ist in § 90 Abs. 2 Satz 2 bis 6 WpHG entsprechend den Vorgaben aus Art. 86 Abs. 2 RL 2014/65/EU (zuvor Art. 62 Abs. 2 RL 2004/39/EG) geregelt.

21

In einem **ersten Schritt fordert die Bundesanstalt das Unternehmen** nach § 90 Abs. 1 Satz 2 WpHG **auf, seine Verpflichtungen** nach § 90 Abs. 1 Satz 1 WpHG innerhalb einer von der Bundesanstalt zu **bestimmenden Frist zu erfüllen**. Die Aufforderung bezieht sich auf die Pflichteinhaltung durch die entsprechende Zweigniederlassung und umfasst die Pflichten nach dem 11. Abschnitt des WpHG und die Pflichten nach Art. 14 bis 26 VO Nr. 600/2014 (MiFIR). Insoweit sind auch die Meldepflichten des § 9 WpHG a.F., die nunmehr in Art. 26 VO Nr. 600/2014 (MiFIR) normiert sind, von der Befugnis umfasst.

22

Die von der Bundesanstalt nach § 90 Abs. 1 Satz 2 WpHG gesetzte **Frist muss hinreichend bestimmt und angemessen** sein. Die Bundesanstalt ist hingegen nicht verpflichtet vorzugeben, wie das Unternehmen konkret die Verpflichtungen nach § 90 Abs. 1 Satz 1 WpHG in seiner Zweigniederlassung erfüllt. Sie kann auch die Herstellung des ordnungsgemäßen Zustands verlangen. Hierbei muss die Bundesanstalt den herzustellenden ordnungsgemäßen Zustand ausreichend beschreiben, um einen hinreichend bestimmten und vollstreckbaren Verwaltungsakt zu erlassen. Die Herstellung des Zustands, die Art und Weise bzw. der Weg, liegt in der Verantwortung des Unternehmens. Regelmäßig wird die Bundesanstalt für eine solche Forderung das Mittel eines Verwaltungsakts wählen, der auch mit Mitteln des Verwaltungszwangs[3] durchsetzbar ist.

23

---

1 Vgl. auch *Haussner* in KölnKomm. WpHG, § 36a WpHG Rz. 22; *Schlette/Bouchon* in Fuchs, § 36a WpHG Rz. 6.
2 So auch *Fett* in Schwark/Zimmer, § 36a WpHG Rz. 11.
3 Vgl. zu den Mitteln des Verwaltungszwangs § 6 WpHG Rz. 52 ff.

24 Kommt das Unternehmen der Aufforderung der Bundesanstalt nach § 90 Abs. 1 Satz 2 WpHG nicht nach, **trifft die Bundesanstalt** in einem **zweiten Schritt** gem. § 90 Abs. 1 Satz 3 WpHG **alle geeigneten Maßnahmen**, um die Erfüllung der Verpflichtungen sicherzustellen. Die Bundesanstalt ist befugt, alle Maßnahmen zu ergreifen. Die Maßnahmen werden regelmäßig im Rahmen von Verwaltungsakten ergehen, können aber auch schlicht-hoheitliche Maßnahmen sein. Maßgeblich ist allein, dass die Maßnahme geeignet ist, um die Erfüllung der Verpflichtungen sicherzustellen. Das Ergreifen der Maßnahme ist für die Bundesanstalt eine gebundene Entscheidung, sie hat kein Entschließungsermessen, wohl aber ein Auswahlermessen bezüglich der konkret ergriffenen Maßnahme. Zudem **unterrichtet die Bundesanstalt die zuständigen Behörden des Herkunftsmitgliedstaates** über die Art der von ihr getroffenen Maßnahmen.

25 Falls das betroffene Unternehmen den Mangel nicht behebt, kann die Bundesanstalt in einem dritten Schritt gem. § 90 Abs. 1 Satz 4 WpHG nach Unterrichtung der zuständigen Behörde des Herkunftsmitgliedstaates **alle Maßnahmen ergreifen, um weitere Verstöße zu verhindern oder zu ahnden**. Während § 90 Abs. 1 Satz 3 WpHG noch auf die Erfüllung der Verpflichtungen abzielt, ist die Zielrichtung von § 90 Abs. 1 Satz 4 WpHG die Verhinderung bzw. Ahndung weitere Verstöße. Auf dieser Stufe ist ein Tätigwerden der Bundesanstalt erst nach Unterrichtung der zuständigen Behörde des Herkunftsmitgliedstaates möglich. Denn zu den Maßnahmen, um weitere Verstöße zu verhindern, gehören auch solche Maßnahmen, die die Dienstleistungsfreiheit beschränken. Insoweit kann die Bundesanstalt, soweit erforderlich, nach § 90 Abs. 1 Satz 5 WpHG dem betroffenen Unternehmen sogar die **Durchführung neuer Geschäfte im Inland untersagen**[1].

26 Die Maßnahmen zur Verhinderung oder Ahndung weitere Verstöße stehen **im Ermessen der Bundesanstalt**, sowohl hinsichtlich des „Ob" als in Bezug auf die konkret gewählte Maßnahme. Die Maßnahme muss also geeignet, erforderlich und angemessen sein. Insoweit ist Maßstab und Grenze, dass weitere Verstöße der aufgezeigten Art verhindert werden. Für eine **Ahndung** kann die Bundesanstalt z.B. auf **bußgeldrechtliche Ahndungsmöglichkeiten** nach § 120 WpHG i.V.m. den Regelungen des OWiG (z.B. § 130 OWiG) zugreifen.

27 Die Bundesanstalt hat die EU-Kommission und die ESMA unverzüglich von Maßnahmen nach § 90 Abs. 2 Satz 4 und 5 WpHG zu unterrichten. Die **Unterrichtungspflicht** ergibt sich aus Art. 86 Abs. 2 Unterabs. 3 Satz 2 RL 2014/65/EU (MiFID II)[2].

28 **V. Subsidiäre Maßnahmen der Bundesanstalt bei weiteren Verstößen (§ 90 Abs. 3 WpHG).** § 90 Abs. 3 WpHG gibt der Bundesanstalt die zusätzliche Möglichkeit, auch bei anderen Verstößen der Unternehmen, die eine inländische Zweigstelle erreichet haben oder vertraglich gebundenen Vermittlern (Art. 35 Abs. 2 Unterabs. 2 RL 2014/65/EU [MiFID II]) einsetzen, vorzugehen. Hierbei kann es sich im Ausschlussprinzip (vgl. § 90 Abs. 2 WpHG) nur um Verstöße gegen Vorschriften handeln, die der Überwachung durch den Herkunftsstaat unterliegen. Die Bundesanstalt als Aufnahmestaatsaufsicht hat insoweit nur **subsidiäre Eingriffskompetenzen**. Die Regelung setzt **Art. 86 Abs. 1 RL 2014/65/EU (MiFID II)** um (zuvor Art. 62 Abs. 1 RL 2004/39/EG [MiFID I]). Auf eine entsprechende Anwendung der Regelungen des § 90 Abs. 3 WpHG verweisen auch § 90 Abs. 4 und 5 WpHG in Bezug auf Maßnahmen bei Verstößen durch grenzüberschreitend tätigen Unternehmen mit Sitz in einem anderen EU- oder EWR-Staat und durch Betreiber organisierter Märkte, multilateraler Handelssysteme und organisierter Handelssysteme.

29 Die **Befugnisse** der Bundesanstalt nach § 90 Abs. 3 WpHG **beziehen sich auf Unternehmen i.S.d. § 90 Abs. 1 Satz 2 WpHG, die im Inland eine Zweigniederlassung errichtet haben oder vertraglich gebundene Vermittler** (Art. 35 Abs. 2 Unterabs. 2 RL 2014/65/EU [MiFID II]) einsetzen. Unternehmen i.S.d. § 90 Abs. 1 Satz 2 WpHG sind Unternehmen mit Sitz in einem anderen EU-Mitgliedstaat oder in einem anderen EWR-Vertragsstaat, das Wertpapierdienstleistungen allein oder zusammen mit Wertpapiernebendienstleistungen erbringt und das beabsichtigt, im Inland eine Zweigniederlassung i.S.d. § 53b KWG zu errichten. Zudem ist Voraussetzung, dass die **Bundesanstalt Verstöße gegen andere als die in § 90 Abs. 1 Satz 1 WpHG genannten Bestimmungen dieses Gesetzes oder entsprechende ausländische Vorschriften feststellt**. Hierbei handelt es sich um Verstöße gegen Vorschriften, die nicht der Aufsicht der Bundesanstalt als Aufnahmemitgliedstaat unterliegen. Entsprechend sind es Verstöße, die die Behörde des Herkunftsstaates überwachen und die der Bundesanstalt durch Hinweise aus dem Markt, bei der Überwachung der ihrer Aufsicht unterliegenden Pflichten oder bei anderer Gelegenheit bekanntgeworden sind.

30 Das **Vorgehen nach § 90 Abs. 3 WpHG** bei diesen Verstößen ist entsprechend dem Herkunftsstaatprinzip mit einer vorrangigen Zuständigkeit der Aufsicht des Herkunftsstaates ausgestaltet. Für ein Vorgehen außerhalb der grundsätzlichen Zuständigkeitsverteilung zwischen den zuständigen Behörden des Herkunftsmitgliedsstaats und des Aufnahmemitgliedstaats ist ein **dreistufiges Verfahren** vorgesehen.

31 Stellt die Bundesanstalt Verstöße gegen das WpHG oder entsprechende ausländische Vorschriften fest, so teilt sie dies in der **ersten Stufe** der Herkunftsstaatsaufsicht gem. § 90 Abs. 3 Satz 1 WpHG mit. Die **Weitergabe der**

---

1 Vgl. BT-Drucks. 16/4028, 23 und BR-Drucks. 833/06, 176.
2 Vgl. auch Art. 6 Nr. 27 lit. a RL 2010/78/EU, der Art. 62 Abs. 1 Unterabs. 2 RL 2004/39/EG (MiFID I) änderte.

Informationen in Bezug auf die festgestellten Verstöße erfolgt nach den Regelungen des § 18 Abs. 8 Satz 1 WpHG. Es ist davon auszugehen, dass in der Mehrzahl der Fälle durch die Information der zuständigen Behörde des Herkunftsmitgliedstaates Abhilfe erfolgt. Denn die Behörde des Herkunftsmitgliedstaates haben die Einhaltung dieser Pflichten zu überwachen und diese durchzusetzen.

In den Ausnahmefällen, in denen die **Maßnahmen der Herkunftsstaataufsicht unzureichend sein sollten oder wenn das Unternehmen aus anderen Gründen weiter gegen die sonstigen Bestimmungen verstößt**, kann die Bundesanstalt weitere Maßnahmen nach § 90 Abs. 3 Satz 2 WpHG ergreifen. „Sonstige Bestimmungen", gegen die das Unternehmen aus anderen Gründen weiter verstößt, ist in gleicher Weise, wie in § 90 Abs. 3 Satz 1 WpHG zu verstehen. Es sind solche, die der prinzipiellen Überwachung durch den Herkunftsstaat unterliegen. Voraussetzung für Maßnahmen ist, dass durch die Verstöße Anlegerinteressen oder die ordnungsgemäße Funktion des Marktes gefährdet sind. In einer **zweiten Stufe** hat die Bundesanstalt sodann die zuständige **Behörde des Herkunftsmitgliedstaates vorab zu unterrichten**, dass sie entsprechende Maßnahmen ergreifen wird. Voraussetzung ist allein die Unterrichtung vorab, bevor die Maßnahme ergriffen wird. So kann die Behörde des Herkunftsmitgliedstaates ggf. noch ad hoc Maßnahmen ergreifen. Eine Abstimmung der geplanten Maßnahmen ist nicht vorgesehen. 32

Nach einer vorherigen Unterrichtung der zuständigen Behörde des Herkunftsmitgliedstaates **ergreift die Bundesanstalt in der dritten Stufe die erforderlichen Maßnahmen**, um den Anlegerschutz und die ordnungsgemäße Funktion der Märkte zu gewährleisten. Soweit die Maßnahmen erforderlich sind, setzt die Befugnisnorm keine Grenzen, sondern befugt die Bundesanstalt zu allen Maßnahmen. Das kann letztlich auch zu einer Untersagung von neuen Geschäften im Inland für das betroffene Unternehmen führen. Die Bundesanstalt hat bei Vorliegen der Tatbestandsvoraussetzungen kein Entschließungsermessen. Die Bundesanstalt hat alle erforderlichen Maßnahmen zu ergreifen, um den Anlegerschutz i.S. eines kollektiven Anlegerschutzes (vgl. auch § 4 Abs. 1a FinDAG) und die ordnungsgemäßen Funktionen des Marktes zu gewährleisten. 33

Zudem bestimmt § 90 Abs. 3 Satz 3 WpHG, dass § 90 Abs. 2 Satz 4 bis 6 WpHG entsprechend gelten. Das bedeutet, dass die Bundesanstalt **Maßnahmen zur Verhinderung oder Ahndung von Verstößen** ergreifen kann, falls das betroffene Unternehmen den Mangel nicht behebt, und ggf. auch neue Geschäfte im Inland untersagen kann. Hierüber muss die Bundesanstalt die EU-Kommission und die ESMA[1] unverzüglich unterrichten. Nach § 90 Abs. 2 Satz 6 WpHG hat die Bundesanstalt zudem **unverzüglich die EU-Kommission und die ESMA darüber in Kenntnis zu setzen**, dass sie Maßnahmen nach § 90 Abs. 2 Satz 4 oder 5 WpHG ergreift. 34

VI. Maßnahmen gegenüber grenzüberschreitend tätigen Unternehmen (§ 90 Abs. 4 WpHG). § 90 Abs. 4 WpHG regelt das Vorgehen **bei Verstößen eines im Rahmen des grenzüberschreitenden Dienstleistungsverkehrs im Inland** (ohne Zweigniederlassung) **tätigen EU- oder EWR-Unternehmens** gegen die Bestimmungen des 11. Abschnitts des WpHG oder gegen entsprechende ausländische Vorschriften. Die Regelung setzte zunächst Art. 62 Abs. 1 RL 2004/39/EG (MiFID I) und **setzt nun Art. 86 Abs. 1 RL 2014/65/EU (MiFID II) um**. 35

Die Regelung gilt nach dem Wortlaut **für Unternehmen mit Sitz in einem anderen EU-Mitgliedstaat oder in einem anderen Vertragsstaat des EWR**, die Wertpapierdienstleistungen oder Wertpapiernebendienstleistungen im Wege des **grenzüberschreitenden Dienstleistungsverkehrs** gegenüber Kunden erbringt, die ihren gewöhnlichen Aufenthalt oder ihre Geschäftsleitung **im Inland** haben. Das „oder" in der Formulierung Wertpapierdienstleistungen oder Wertpapiernebendienstleistungen bezieht sich nach Sinn und Zweck der Norm auf den abzustellenden Verstoß, der sich auf Wertpapierdienstleistungen oder Wertpapiernebendienstleistungen beziehen kann. Die Notifizierung erfolgt grundsätzlich in Bezug auf Wertpapierdienstleistungen und Wertpapiernebendienstleistungen. Auch die im Wege des grenzüberschreitenden Dienstleistungsverkehrs tätigen Unternehmen können aufgrund ihres „Europäischen Passes" nach Nutzung des entsprechenden Notifizierungsverfahrens im Inland Wertpapierdienstleistungen bzw. Wertpapiernebendienstleistungen grenzüberschreitend erbringen, ohne eine Zweigniederlassung im Inland vorzuhalten (vgl. auch § 53b KWG). Die grenzüberschreitende Dienstleistungserbringung liegt dann vor, wenn sich das Unternehmen mit seiner Dienstleistung zielgerichtet an Kunden wendet, die ihren gewöhnlichen Aufenthalt oder ihre Geschäftsleitung im Inland haben. Soweit inländische Kunden aus eigener Initiative die Dienstleistungen des Anbieters mit Sitz innerhalb der EU oder des EWR nachfragen, ist diese Dienstleistung nicht von § 90 WpHG erfasst (passive Dienstleistungsfreiheit)[2]. 36

Die **Eingriffsermächtigung der Bundesanstalt setzt voraus**, dass bei der Erbringung einer Wertpapierdienstleistung oder einer Wertpapiernebendienstleistung **Verstöße gegen die einzuhaltenden Bestimmungen des 11. Abschnitts des WpHG oder gegen entsprechende ausländische Vorschriften** durch das grenzüberschreitend tätige Unternehmen vorliegen. Damit sind Maßnahmen auch dann möglich, wenn der Verstoß „nur" bei der Erbringung der Wertpapiernebendienstleistung erfolgt, die Erbringung der Wertpapierdienstleistung hingegen korrekt erfolgt. 37

---

[1] Das ist die Umsetzung von Art. 6 Nr. 27 lit. a RL 2010/78/EU, womit Art. 62 Abs. 1 Unterabs. 2 RL 2004/39/EG (MiFID I) geändert wird.
[2] Vgl. auch *Haussner* in KölnKomm. WpHG, § 36a WpHG Rz. 45.

38 Gemäß § 90 Abs. 4 WpHG hat die Bundesanstalt bei einem Vorgehen wegen Verstößen im Rahmen des grenzüberschreitenden Dienstleistungsverkehrs **entsprechend den Regelungen in § 90 Abs. 3 WpHG vorzugehen**. Das bedeutet, dass die Bundesanstalt vor einem eigenen Eingreifen zunächst die zuständige Behörde des Herkunftsmitgliedstaates informieren muss. Erst wenn deren Maßnahmen unzureichend greifen, kann die Bundesanstalt nach Unterrichtung der zuständigen Behörde des Herkunftsmitgliedstaates selbst tätig werden. Auch hier obliegt den zuständigen Stellen des Herkunftsstaats die grundsätzliche Aufsicht über das Unternehmen, und der Bundesanstalt stehen nur **subsidiäre Eingriffskompetenzen** zu, wenn das Unternehmen gegen Bestimmungen dieses Abschnitts oder entsprechende ausländische Vorschriften verstößt. Insoweit ist das Tätigwerden der Bundesanstalt gleichfalls subsidiär. Nach § 90 Abs. 3 Satz 2 WpHG kann die Bundesanstalt **im Rahmen ihres Ermessens alle erforderlichen Maßnahmen** ergreifen, die den **Anlegerschutz und die ordnungsgemäße Funktion der Märkte gewährleisten**.

39 **VII. Maßnahmen gegenüber Betreibern organisierter Märkte, multilateraler Handelssysteme und organisierter Handelssysteme (§ 90 Abs. 5 WpHG).** § 90 Abs. 5 WpHG regelt das **Verfahren bei Gesetzesverstößen von Betreibern grenzüberschreitend tätiger organisierter Märkte** nach § 2 Abs. 11 WpHG, **multilateraler Handelssysteme** (§ 2 Abs. 21 WpHG) und **organisierter Handelssysteme**. Für den Fall eines Gesetzesverstoßes bestimmt die Norm, dass **§ 90 Abs. 3 WpHG** für Betreiber organisierter Märkte, multilateraler Handelssysteme und organisierter Handelssysteme **entsprechend mit der Maßgabe** gilt, dass für Maßnahmen der Bundesanstalt gegenüber einem solchen Betreiber Verstöße gegen Bestimmungen dieses Abschnitts, des Börsengesetzes oder gegen entsprechende ausländische Vorschriften vorliegen müssen und dass zu den Maßnahmen nach § 90 Abs. 3 Satz 2 WpHG insbesondere auch gehören kann, dem Betreiber des organisierten Marktes, des multilateralen Handelssystems oder des organisierten Handelssystems zu untersagen, sein System Mitgliedern im Inland zugänglich zu machen. Entsprechend werden die Befugnisse in Bezug auf Verstöße durch Betreiber organisierter Märkte, multilateraler Handelssysteme und organisierter Handelssysteme mehrfach modifiziert. Die Regelung **setzt die Vorgaben des Art. 86 Abs. 3 RL 2014/65/EU (MiFID II) um** (zuvor Art. 62 Abs. 3 RL 2004/39/EG [MiFID I]).

40 **Adressaten** entsprechender Maßnahmen der Bundesanstalt können Betreiber organisierter Märkte, multilateraler Handelssysteme und organisierter Handelssysteme sein, wenn diese Verstöße gegen Bestimmungen des 11. Abschnitts des WpHG, des Börsengesetzes oder gegen entsprechende ausländische Vorschriften begehen. Insoweit wird der Umfang der Eingriffsbefugnis gegenüber der Regelung in § 90 Abs. 3 WpHG erweitert um die Regelungen des Börsengesetzes und die ausländischen Vorschriften, die denen des 11. Abschnitts des WpHG und des Börsengesetzes entsprechen.

41 Im Übrigen gelten die **Voraussetzungen für ein Eingreifen der Bundesanstalt** entsprechend § 90 Abs. 3 WpHG. Das bedeutet, dass die Bundesanstalt vor einem eigenen Eingreifen zunächst die zuständige Behörde des Herkunftsmitgliedstaates informieren muss. Erst wenn deren Maßnahmen unzureichend greifen, kann die Bundesanstalt nach Unterrichtung der zuständigen Behörde des Herkunftsmitgliedstaates selbst tätig werden. Insoweit ist das **Tätigwerden der Bundesanstalt gleichfalls subsidiär**.

42 § 90 Abs. 5 WpHG verdeutlicht die Weite der **Möglichkeiten des Eingreifens** der Bundesanstalt gegenüber den Betreibern organisierter Märkte, multilateraler Handelssysteme und organisierter Handelssysteme nach § 90 Abs. 3 Satz 2 WpHG. Nach § 90 Abs. 3 Satz 2 WpHG kann die Bundesanstalt im Rahmen ihres Ermessens alle erforderlichen Maßnahmen ergreifen, die den Anlegerschutz und die ordnungsgemäße Funktion der Märkte gewährleisten. Zu diesen Maßnahmen nach § 90 Abs. 3 WpHG kann insbesondere auch das Verbot gegenüber dem Betreiber gehören, sein System Mitgliedern im Inland zugänglich zu machen.

43 **VIII. Unterrichtung durch die Bundesanstalt über Maßnahmen (§ 90 Abs. 6 WpHG).** Nach § 90 Abs. 6 WpHG unterrichtet die Bundesanstalt die betroffenen Unternehmen oder Märkte von den jeweils nach § 90 Abs. 2 bis 5 WpHG getroffenen Maßnahmen. Bei juristisch unselbständigen Märkten kommt, je nach rechtlicher Ausgestaltung – ersatzweise die Bekanntgabe gegenüber dem Betreiber des Marktes in Betracht. Mit der Regelung wurde zunächst Art. 62 Abs. 4 RL 2004/39/EG (MiFID I) und nun Art. 86 Abs. 4 RL 2014/65/EU (MiFID II) umgesetzt. Sowohl die europäische Vorgabe der MiFID II als auch die nationale Regelung verlangen eine **Begründung der getroffenen Maßnahmen**. Soweit es sich bei der Maßnahme um einen Verwaltungsakt handelt, ergibt sich eine grundsätzliche Begründungspflicht gegenüber den Betroffenen schon aus § 39 Abs. 1 VwVfG. § 90 Abs. 6 WpHG sieht anders als § 39 Abs. 2 VwVfG keine Ausnahmen von der Begründungspflicht vor. Zudem greift die Pflicht nach § 90 Abs. 6 WpHG auch für schlicht-hoheitliche Maßnahmen, wie die Information an die Herkunftsstaatbehörde. Insoweit geht die Pflicht über die Pflichten nach VwVfG hinaus. Sie dürfte Ihren Grund aber vorwiegend in der Dokumentation der Umsetzung der europäischen Vorgaben haben, die das (unterschiedlich gestaltete) nationale allgemeine Verwaltungsrecht nicht als Basis heranziehen können.

44 **IX. Ersuchen der Bundesanstalt an die ESMA gem. § 90 Abs. 7 WpHG.** Der heutige § 90 Abs. 7 WpHG wurde mit dem Gesetz zur Umsetzung der Richtlinie 2010/78/EU als § 36a Abs. 7 WpHG a.F. eingefügt. Mit der Vorschrift wurde Art. 6 Nr. 27 lit. a bis c RL 2010/78/EU umgesetzt, der Art. 62 RL 2004/39/EG ändert. Die entsprechenden Vorgaben sind heute in Art. 86 Abs. 1 bis 3 RL 2014/65/EU (MiFID II) enthalten. Die Norm

gibt der Bundesanstalt die Befugnis, die ESMA in bestimmten Sachverhalten um Hilfe zu ersuchen. Es handelt sich um die Fälle,

- in denen die Bundesanstalt feststellt, dass das Unternehmen die für seine Zweigniederlassung geltenden Pflichten nicht beachtet und deshalb von der Bundesanstalt aufgefordert wird, seine Verpflichtungen innerhalb einer bestimmten Frist zu erfüllen (§ 90 Abs. 2 Satz 2 WpHG),
- in denen die Bundesanstalt feststellt, dass ein Unternehmen mit Sitz in einem anderen EU-Staat und einer inländischen Zweigniederlassung gegen andere als die in § 90 Abs. 1 Satz 1 WpHG genannten Bestimmungen dieses Gesetzes oder entsprechende ausländische Vorschriften verstößt, und diesen Sachverhalt der zuständigen Stelle des Herkunftsmitgliedstaates nach Maßgabe des § 18 Abs. 8 Satz 1 WpHG mitteilt (§ 90 Abs. 3 Satz 1 WpHG) und
- in denen Betreiber organisierter Märkte, multilateraler Handelssystemen und organisierter Handelssysteme gegen die Bestimmungen des 11. Abschnitts des WpHG, des Börsengesetzes oder entsprechende ausländische Vorschriften verstößt (§ 90 Abs. 5 WpHG).

Das Ersuchen der Bundesanstalt an die ESMA hat gem. § 90 Abs. 7 WpHG nach **Maßgabe des Art. 19 VO Nr. 1095/2010 (ESMA-VO)** zu erfolgen. Das bedeutet, dass die Bundesanstalt zunächst die zuständige Behörde des Herkunftsmitgliedstaates informiert und so versucht, die Pflichtenerfüllung durch das Unternehmen durchzusetzen. Soweit dieses Vorgehen keinen Erfolg bei der Durchsetzung der Pflichterfüllung bringt, also die zuständige Herkunftsstaatbehörde das Unternehmen nicht effektiv zur Pflichterfüllung anhält, wird im nächsten Schritt die Information der EU-Kommission und der ESMA vorgenommen und das Verfahren zur Beilegung von Meinungsverschiedenheiten zwischen den zuständigen Behörden in grenzübergreifenden Fällen nach Art. 19 VO Nr. 1095/2010 (ESMA-VO) eingeleitet. Das Ersuchen um Hilfe bezieht sich also auf die Vereinheitlichung des Rechtsverständnisses des Pflichtenkatalogs innerhalb der EU. Auch das neben dem Verfahren nach Art. 19 VO Nr. 1095/2010 (ESMA-VO) in Art. 86 Abs. 1 bis 3 RL 2014/65/EU (MiFID II) zwingend vorgesehene Inkenntnissetzen der EU-Kommission und der ESMA dient der Wahrnehmung der Koordinierungsaufgaben auf europäischer Ebene und damit der Vereinheitlichung der Rechtsanwendung.

§ 91 Unternehmen mit Sitz in einem Drittstaat

Vorbehaltlich der Regelungen in Titel VIII der Verordnung (EU) Nr. 600/2014 kann die Bundesanstalt im Einzelfall bestimmen, dass auf ein Unternehmen mit Sitz in einem Drittstaat, das im Inland im Wege des grenzüberschreitenden Dienstleistungsverkehrs gewerbsmäßig oder in einem Umfang, der einen in kaufmännischer Weise eingerichteten Geschäftsbetrieb erfordert, Wertpapierdienstleistungen erbringen will, § 63 Absatz 2, die §§ 72 bis 78, 80 Absatz 1 bis 6 sowie 9 bis 13, §§ 81, 84 bis 87 Absatz 1 Satz 2 bis 4 und Absatz 3 bis 8 dieses Gesetzes nicht anzuwenden sind, solange das Unternehmen im Hinblick auf seine im Inland betriebenen Wertpapierdienstleistungen wegen seiner Aufsicht durch die zuständige Herkunftsstaatsbehörde insoweit nicht zusätzlich der Aufsicht durch die Bundesanstalt bedarf. Die Befreiung kann mit Auflagen verbunden werden, insbesondere mit der Auflage, dass das Unternehmen eine Überwachung und Prüfung der Einhaltung der Vorschriften ermöglicht, die den §§ 6 bis 15, 88 und 89 gleichwertig ist.

In der Fassung des 2. FiMaNoG vom 23.6.2017 (BGBl. I 2017, 1693).

Schrifttum: *Bachmann/Breitig*, Finanzmarktregulierung zwischen Innovation und Kontinuität in Deutschlad, Europa und Russland, 2014; *Bönsch/Kramer*, Schweizer Finanzmarktrecht im Umbruch – Das Finanzinfrastrukturgesetz als eine der neuen Säulen, SJZ 2014, 236; *Coridaß*, Regulierung in Europa – auch in der Schweiz: Finanzmarktinfrastrukturgesetz, WM 2015, 268; *Hanten*, Der europäische Pass für Zweigniederlassungen von Kredit- und Finanzdienstleistungsinstituten aus deutscher Sicht, ZBB 2000, 245; *Höhns*, Die Aufsicht über Finanzdienstleister – Kompetenzen, Eingriffsbefugnisse, Neustrukturierung, 2002; *Sethe*, Das Drittstaatenregime von MiFIR und MIFID II, SZW 2014, 621; *Stephan*, Sicherstellung der Wohlverhaltensregeln bei grenzüberschreitendem Bezug, München, 2001; *Wilhelmi/Achtelik/Kunschke/Sigmundt*, Handbuch EMIR, Internationale Aspekte: Regulierung in Drittstaaten und resultierende Friktionen, 2015, S. 549 ff.; *Zetzsche/Lehmann*, Das Vereinigte Königreich als Drittstaat? – Die Auswirkungen des Brexit auf das Finanzmarktrecht, AG 2017, 651.

I. Übersicht und Entwicklung der Norm 1	3. Umfang der Befreiungsmöglichkeit 7
II. Regelung der Befreiungsmöglichkeit (§ 91 Satz 1 WpHG) 3	4. Voraussetzungen für eine Befreiung 10
1. Antragsverfahren 3	5. Einzelfallentscheidung der Bundesanstalt 14
2. Antragsberechtigte 4	III. Nebenbestimmungen (§ 91 Satz 2 WpHG) . . . 16

I. Übersicht und Entwicklung der Norm. Die Norm regelt die **Möglichkeit der Bundesanstalt, ein Drittstaatenunternehmen in gleichem Umfang reduzierten aufsichtsrechtlichen Regelungen zu unterwerfen,** wie

Zweigniederlassungen von Wertpapierhandelsunternehmen oder CRR-Kreditinstituten mit Sitz in einem anderen EU- bzw. EWR-Mitgliedstaat. Die Regelung wurde mit dem 2. FiMaNoG neu in das WpHG eingefügt[1]. Sie dient nicht unmittelbar der Umsetzung europarechtlicher Vorgaben, sondern der Schaffung vergleichbarer Aufsichtsstandards für Wertpapierdienstleistungsunternehmen mit Sitz in einem Drittstaat, wenn nachvollziehbar vergleichbare Voraussetzungen bei den Unternehmen vorliegen.

2 Gemeinsam mit § 91 WpHG wurde § 2 Abs. 5 KWG normiert[2], der eine **Ausnahmeregelung für die Erbringung grenzüberschreitender Dienstleistungen durch Drittstaatenunternehmen** im KWG enthält und damit eine **Parallele** zur Befreiungs- und Freistellungsmöglichkeit des § 91 Satz 1 WpHG darstellt. Diese Freistellungsmöglichkeit ist jedoch nicht neu und wurde von der Bundesanstalt zuvor auf Basis von § 2 Abs. 4 KWG praktiziert. Insoweit dient § 2 Abs. 5 KWG der ausdrücklichen Kodifizierung der bisherigen Praxis der Freistellung von Instituten von außerhalb des EWR, die grenzüberschreitend in der Bundesrepublik Deutschland Bank- und Finanzdienstleistungsgeschäfte betreiben wollen[3].

3 **II. Regelung der Befreiungsmöglichkeit (§ 91 Satz 1 WpHG). 1. Antragsverfahren.** Nach § 91 Satz 1 WpHG **kann die Bundesanstalt im Einzelfall bestimmen, dass bestimmte Normen des WpHG auf Drittstaatenunternehmen nicht anzuwenden sind.** Den Auslöser für eine solche Entscheidung spricht der Gesetzgeber nicht an. In Betracht könnte sowohl ein Verfahren von Amts wegen kommen als auch ein Antragsverfahren. In der Gesetzesbegründung geht der Gesetzgeber von einem Antragsverfahren aus[4]. Dieses entspricht auch der bisherigen Praxis zu § 2 Abs. 4 KWG (für Drittstaatenunternehmen nun ausdrücklich in § 2 Abs. 5 KWG), der eine parallele Ausnahmeregelung für die Erbringung grenzüberschreitender Dienstleistungen durch Drittstaatenunternehmen im KWG enthält[5]. Zudem ist in Anbetracht der möglichen Verbindung der Entscheidung mit Auflagen eine Befreiung ohne Antrag durch den Antragsteller praktisch nicht vorstellbar. Insoweit muss das betroffene Drittstaatenunternehmen von sich aus aktiv werden und einen Antrag bei der Bundesanstalt stellen.

4 **2. Antragsberechtigte.** Die in § 91 WpHG vorgesehene Möglichkeit der Modifikation des kapitalmarktrechtlichen Pflichtenprogramms ist für **Unternehmen mit Sitz in einem Drittstaat** vorgesehen, also mit einem Sitz außerhalb der EU und des EWR (vgl. im Gegensatz § 90 WpHG). Relevant wird die Antrags- und Befreiungsmöglichkeit, wenn diese im Inland im Wege des **grenzüberschreitenden Dienstleistungsverkehrs Wertpapierdienstleistungen gewerbsmäßig oder in einem Umfang, der einen in kaufmännischer Weise eingerichteten Geschäftsbetrieb erfordert, erbringen** wollen. Das gewerbsmäßige Erbringen von Wertpapierdienstleistungen oder das Erbringen von Wertpapierdienstleistungen in entsprechenden Umfang ist eine nach § 1 KWG erlaubnispflichtige Tätigkeit. Der Kreis der von der Regelung berührten Drittstaatenunternehmen beschränkt sich damit auf solche Unternehmen, die grundsätzlich der Aufsicht der Bundesanstalt unterliegen.

5 Der Gesetzgeber unterscheidet in § 91 WpHG nicht bezüglich der zu erbringenden Wertpapierdienstleistungen. Die Dispositionsmöglichkeit bezieht sich daher auf **alle Wertpapierdienstleistungen** i.S.d. § 2 Abs. 8 WpHG. Wie der Gesetzgeber in der Gesetzesbegründung des 2. FiMaNoG ausführt[6], wird das Erbringen von Wertpapierdienstleistungen gegenüber Privatkunden und gekorenen professionellen Kunden wichtiger Anwendungsfall der Regelung. Hinsichtlich der Erbringung von Dienstleistungen gegenüber Gegenparteien und geborenen professionellen Kunden enthält Art. 46 VO Nr. 600/2014 (MiFIR) eine Sonderregelung.

6 Zudem besteht die Möglichkeit der Antragstellung für Drittstaatenunternehmen **nur für künftig zu erbringende Dienstleistungen**, nicht aber für bereits erbrachte Dienstleistungen. Dies ergibt sich aus der Gesetzesformulierung „Unternehmen, das ... Wertpapierdienstleistungen erbringen will". Auch aus aufsichtsrechtlicher Sicht ist nur eine Befreiung von den Pflichten für die Zukunft möglich. Denn wenn für Dienstleistungen die jeweiligen Pflichten in der Vergangenheit schon nicht eingehalten worden wären – nur dann macht eine rückwirkende Befreiung Sinn – würde eine Befreiung die schon erfolgten Rechtsverstöße legitimieren. Dies würde aber dem Sinn und Zweck der Norm widersprechen, die Einhaltung der Normen, auch wenn sie von der Drittlandaufsicht beaufsichtigt werden, sicherzustellen.

7 **3. Umfang der Befreiungsmöglichkeit.** § 91 WpHG sieht vor, dass die Bundesanstalt bestimmen kann, dass entsprechende Drittstaatenunternehmen bestimmte Regelungen nicht anwenden müssen. Inhaltlich handelt es sich somit um eine Befreiungsmöglichkeit von den grundsätzlich anzuwendenden Regelungen. Im Vergleich zu § 31 Abs. 10 WpHG a.F. hat sich damit, unabhängig von der Frage, ob § 31 Abs. 10 WpHG a.F. nur die passive Dienstleistungserbringung durch Drittstaatenunternehmen oder jede Dienstleistungserbringung durch diese er-

---

1 Vgl. Begr. RegE 2. FiMaNoG, BT-Drucks. 18/10936, 88.
2 Vgl. Begr. RegE 2. FiMaNoG, BT-Drucks. 18/10936, 129.
3 Vgl. Begr. RegE 2. FiMaNoG, BT-Drucks. 18/10936, 285.
4 Vgl. Begr. RegE 2. FiMaNoG, BT-Drucks. 18/10936, 250.
5 Vgl. das „Merkblatt zur Erlaubnispflicht von grenzüberschreitenden Geschäften" v. 1.4.2005, ergänzt mit Datum vom 13.9.2017, zum Verfahren der Freistellung nach § 2 Abs. 4 KWG a.F., nun § 2 Abs. 5 KWG. Abzurufen über die Internetseite der Bundesanstalt.
6 Vgl. Begr. RegE 2. FiMaNoG, BT-Drucks. 18/10936, 250.

fasste, die **Systematik umgekehrt** (nicht mehr Bestimmung der anzuwendenden Normen) und den Kreis der anzuwendenden WpHG-Vorschriften erheblich ausgedehnt. Denn nunmehr finden **grundsätzlich alle Verhaltens- und Organisationsvorschriften des 11. Abschnitts des WpHG auf Drittstaatenunternehmen Anwendung**, es sei denn die Bundesanstalt befreit das Drittstaatenunternehmen von einzelnen oder allen genannten Normen.

Die Erstreckung aller Normen des 11. Abschnitts des WpHG (und der §§ 54 bis 57 WpHG) **ergibt sich auch aus § 1 Abs. 2 Nr. 3 WpHG.** Dieser bestimmt, „Soweit nicht abweichend geregelt, sind die Vorschriften des Abschnitts 11 sowie die §§ 54 bis 57 auch anzuwenden auf Handlungen und Unterlassungen, die im Ausland vorgenommen werden, sofern sie … Wertpapierdienstleistungen oder Wertpapiernebendienstleistungen, die im Inland angeboten werden, betreffen. Die §§ 54 bis 57 gelten auch für im Ausland außerhalb eines Handelsplatzes gehandelte Warenderivate, die wirtschaftlich gleichwertig mit Warenderivaten sind, die an Handelsplätzen im Inland gehandelt werden." Genau diese **Fallkonstellation liegt hier vor**. Die Dienstleistungen werden von den Drittstaatenunternehmen aus dem Drittstaat grenzüberschreitend im Inland angeboten.

8

Die Bundesanstalt kann die Drittstaatenunternehmen **nur von der Anwendung bestimmter Vorschriften befreien**. Es handelt sich hierbei um die in § 91 Satz 1 WpHG aufgezählten Regelungen. Das sind die Vorschriften der § 63 Abs. 2, §§ 72 bis 78, 80 Abs. 1 bis 6 sowie 9 bis 13, § 81, §§ 84 bis 87 Abs. 1 Satz 2 bis 4 und Abs. 3 bis 8 WpHG. Hierbei handelt es sich um Organisationspflichten, die auch im Rahmen einer grenzüberschreitenden Tätigkeit mittels „EU-Pass" von der grundsätzlichen Herkunftsstaatsaufsicht erfasst sind. Insoweit ist diese Aufzählung deckungsgleich mit dem Umfang der Normen, die nach § 90 Abs. 1 WpHG auch von Zweigstellen von Wertpapierhandelsunternehmen oder von CRR-Kreditinstituten mit Sitz in einem anderen EU-Mitgliedstaat nicht angewandt werden müssen[1]. Im Ergebnis wird durch diese grundsätzliche Gleichstellung der Drittstaatenunternehmen mit den vergleichbaren Unternehmen aus den anderen EU-Staaten eine **Diskriminierung der Drittstaatenunternehmen vermieden**. Dies setzt jedoch voraus, dass das Drittstaatenternehmen bestimmte Voraussetzungen für eine solche Befreiung vorweisen kann.

9

4. Voraussetzungen für eine Befreiung. Erste Voraussetzung für eine solche Befreiung eines Unternehmens ist ein entsprechender **Antrag bei der Bundesanstalt**. Der Befreiungsantrag und die Befreiung können sich **nur auf grenzüberschreitende Dienstleistungen** beziehen.

10

Eine Befreiung kommt darüber hinaus nur dann in Betracht, wenn zuvor auch eine **Freistellung nach § 2 Abs. 5 KWG** erfolgte[2]. Dies ergibt sich aus tatsächlichen Erwägungen. Wäre ein Drittstaatenunternehmen nicht nach § 2 Abs. 5 KWG befreit, bedürfte es einer KWG-Erlaubnis § 32 Abs. 1 KWG für die Erbringung der Dienstleistungen in Deutschland. Für diese Erlaubnis müsste das Drittstaatenunternehmen eine Zweigniederlassung oder ein Tochterunternehmen in Deutschland gründen. Damit würde es aus dem Anwendungsbereich des § 91 WpHG fallen, da es insoweit keine grenzüberschreitenden Dienstleistungen mehr erbringen würde.

11

Weitere Voraussetzung für eine Befreiung ist, dass eine **Befreiung nach den Regelungen der Art. 46 ff. VO Nr. 600/2014 (MiFIR) für diese Dienstleistungen nicht beantragt** wurde. Denn § 91 WpHG ermöglicht die Befreiung vom Pflichtenkanon „vorbehaltlich der Regelungen in Titel VIII der Verordnung (EU) Nr. 600/ 2014". Die Art. 46 ff. VO Nr. 600/2014 regeln eine Registrierungspflicht für Drittlandfirmen, die Wertpapierdienstleistungen oder Anlagetätigkeiten mit oder ohne Nebendienstleistungen für geeignete in der EU ansässige Gegenparteien oder professionelle Kunden erbringen. Diesbezüglich führt die Gesetzesbegründung aus, „Wichtiger Anwendungsfall der Regelung ist die Erbringung von Wertpapierdienstleistungen gegenüber Privatkunden und gekorenen professionellen Kunden. Hinsichtlich der Erbringung von Dienstleistungen gegenüber Gegenparteien und geborenen professionellen Kunden enthält Art. 46 MiFIR eine Sonderregelung. Einem Antrag nach § 91 steht daher regelmäßig entgegen, wenn ein Antrag nach Art. 46 MiFIR – soweit dessen Anwendungsbereich reicht – gestellt wurde und die Bundesanstalt hiervon Kenntnis erlangt."[3]

12

Zudem ist Voraussetzung, dass das Unternehmen im Hinblick auf seine im Inland betriebenen Wertpapierdienstleistungen **wegen seiner Aufsicht durch die zuständige Herkunftsstaatsbehörde insoweit nicht zusätzlich der Aufsicht durch die Bundesanstalt bedarf**. Dieses Nichtbedürfen einer Aufsicht muss sich insbesondere auf die Vorschriften beziehen[4], hinsichtlich derer die Befreiung beantragt wird. Insoweit ist maßgeblich, dass eine **ausreichende Beaufsichtigung im Herkunftsstaat** stattfindet und diese auch wirksam ist, also **keine Anhaltspunkte dafür vorliegen, dass die Bundesanstalt ungeachtet dieser Aufsicht, selbst aufsichtlich tätig werden müsste**. Für die Frage der ausreichenden Beaufsichtigung im Herkunftsstaat ist sowohl die Gleichwertigkeit der entsprechenden Vorschriften als auch die Gleichwertigkeit der Aufsicht über diese Vorschriften relevant. Zudem kann die Ablehnung der Anerkennung eines Drittstaates als gleichwertig nach Art. 46 ff. VO Nr. 600/2014 (MiFIR) auf tatsächlicher Ebene eine ausschlaggebende Bedeutung haben. Wenn die Gleichwer-

13

---
1 Vgl. Begr. RegE 2. FiMaNoG, BT-Drucks. 18/10936, 250.
2 Vgl. Begr. RegE 2. FiMaNoG, BT-Drucks. 18/10936, 250.
3 Vgl. Begr. RegE 2. FiMaNoG, BT-Drucks. 18/10936, 250.
4 Vgl. Begr. RegE 2. FiMaNoG, BT-Drucks. 18/10936, 250.

tigkeit der Aufsicht für Gegenparteien und geborenen professionellen Kunden nicht ausreichend sein sollte, kann regelmäßig auch nicht von einer ausreichenden Beaufsichtigung in Bezug auf Privatkunden und gekorenen professionellen Kunden ausgegangen werden.

14 **5. Einzelfallentscheidung der Bundesanstalt.** Die Entscheidung der Bundesanstalt ist als **Ermessensentscheidung** geregelt. Der Gesetzgeber hat zudem in § 91 Satz 1 WpHG sprachlich gesondert den Charakter der Entscheidung als Einzelfallentscheidung nochmals hervorgehoben hat. Das bedeutet, dass die Bundesanstalt unter Berücksichtigung des Einzelfalls im Rahmen des Ermessens eine Abwägung zu treffen hat, zwischen der Sicherstellung einer hinreichenden Beaufsichtigung des jeweiligen Unternehmens zur Wahrung der Integrität des Kapitalmarktes und dem Wunsch des Unternehmens vergleichbare, aber doch nicht deckungsgleiche Regelungen nicht sowohl im Herkunftsstaat als auch in Deutschland einhalten zu müssen. Mit dieser geforderten Einzelfallentscheidung im Einklang steht, wenn die Bundesanstalt in Bezug auf einzelne Drittstaaten regelmäßig davon ausgeht, dass die Voraussetzung „wegen seiner Aufsicht durch die zuständige Herkunftsstaatsbehörde insoweit nicht zusätzlich der Aufsicht durch die Bundesanstalt bedarf" erfüllt ist.

15 Zudem kann die Bundesanstalt die Bestimmung der Anwendbarkeit von Normen nach § 91 Satz 1 WpHG auf einzelne der aufgezählten Normen beschränken und kann nicht nur von den aufgeführten Normen „insgesamt" oder hinsichtlich aller beantragten Normen befreien. Dies ergibt sich auch aus dem Charakter als Ermessensentscheidung, den Tatbestandsvoraussetzungen und der in Vergleich zu § 2 Abs. 4 und 5 KWG anders gefassten Befreiungsbefugnis.

16 **III. Nebenbestimmungen (§ 91 Satz 2 WpHG).** Nach dem Gesetzeswortlaut des § 91 Satz 2 WpHG **kann die Bundesanstalt ihre Entscheidung auch mit Auflagen verbinden.** Diese Regelung kann nur eine **ausdrückliche Klarstellung bzw. Betonung der Möglichkeit einer solchen Nebenbestimmung** zu dem erlassenen Verwaltungsakt sein. Denn nach § 36 Abs. 2 VwVfG kann ein Verwaltungsakt, der nach **pflichtgemäßem Ermessen** erlassen wird (Ermessensentscheidung), **stets mit einer Nebenbestimmung** verbunden werden. Das sind die Befristung, die Bedingung, ein Widerrufsvorbehalt oder eine Auflage oder ein Vorbehalt der nachträglichen Aufnahme, Änderung oder Ergänzung einer Auflage. Dabei darf die Nebenbestimmung dem Zweck des Verwaltungsaktes nicht zuwiderlaufen (§ 36 Abs. 3 VwVfG). Da es sich bei der Befreiungsentscheidung um eine **Ermessensentscheidung** handelt, stehen der Bundesanstalt, **auch in Interesse des Antragstellers, alle Nebenbestimmungen** zur Verfügung. Denn die Nutzung einer Nebenbestimmung kann für den Antragsteller wie für die Bundesanstalt effizienter sein, als zunächst eine Ablehnung seines Antrages zu erhalten, um z.B. nach Eintritt eines Ereignisses erneut einen dann ggf. positiv zu bescheidenden Antrag zu stellen.

17 Insoweit ist es als **Hervorhebung des Gegenstands der Auflage** zu verstehen, wenn der Gesetzgeber ausführt: „Die Befreiung kann mit Auflagen verbunden werden, insbesondere um eine Überwachung und Prüfung von Auflagen, die auch andere Wertpapierdienstleistungsunternehmen betreffen, Meldepflichten und Verhaltensregeln ermöglichen."[1]. Insoweit ist auch der Gesetzeswortlaut „Die Befreiung kann mit Auflagen verbunden werden, insbesondere mit der Auflage, dass das Unternehmen eine Überwachung und Prüfung der Einhaltung der Vorschriften ermöglicht, die den §§ 6 bis 15, 88 und 89 gleichwertig ist." als Klarstellung über die Möglichkeit ebensolcher Auflagen zu verstehen. Mit einer solchen Auflage soll sichergestellt werden, dass die Bundesanstalt in Bezug auf die Normen, von denen das Drittstaatenunternehmen nicht freigestellt ist, hinreichend auf seine Tätigkeit im Inland überwacht werden kann. Hierdurch können die ggf. vorhandenen praktischen Probleme der Durchsetzung einer Prüfung, von der nach dem Wortlaut des § 91 Satz 1 WpHG auch nicht befreit werden kann, beseitigt werden.

§ 92 Werbung der Wertpapierdienstleistungsunternehmen

(1) Um Missständen bei der Werbung für Wertpapierdienstleistungen und Wertpapiernebendienstleistungen zu begegnen, kann die Bundesanstalt den Wertpapierdienstleistungsunternehmen bestimmte Arten der Werbung untersagen. Ein Missstand liegt insbesondere vor, wenn das Wertpapierdienstleistungsunternehmen

1. nicht oder nicht ausreichend auf die mit der von ihm erbrachten Wertpapierdienstleistung verbundenen Risiken hinweist,
2. mit der Sicherheit einer Anlage wirbt, obwohl die Rückzahlung der Anlage nicht oder nicht vollständig gesichert ist,
3. die Werbung mit Angaben insbesondere zu Kosten und Ertrag sowie zur Abhängigkeit vom Verhalten Dritter versieht, durch die in irreführender Weise der Anschein eines besonders günstigen Angebots entsteht,

---

1 Vgl. Begr. RegE 2. FiMaNoG, BT-Drucks. 18/10936, 250.

4. die Werbung mit irreführenden Angaben über die Befugnisse der Bundesanstalt nach diesem Gesetz oder über die Befugnisse der für die Aufsicht zuständigen Stellen in anderen Mitgliedstaaten des Europäischen Wirtschaftsraums oder Drittstaaten versieht.

(2) Vor allgemeinen Maßnahmen nach Absatz 1 sind die Spitzenverbände der betroffenen Wirtschaftskreise und des Verbraucherschutzes anzuhören.

In der Fassung des 2. FiMaNoG vom 23.6.2017 (BGBl. I 2017, 1693).

Schrifttum: S. § 63 WpHG.

I. Allgemeines 1	d) Irreführende Angaben zur Aufsicht 7
II. Missstand 2	e) Unerwünschte Telefonwerbung 8
1. Grundsatz 3	f) Unerwünschte Telefax- und E-Mail-Werbung 11
2. Einzelfälle 4	g) Unaufgeforderte Besuche der Anleger 12
a) Unzureichender Hinweis auf Risiken 4	h) Kundentäuschung 13
b) Irreführende Werbung mit Sicherheit der Anlage 5	j) Nötigung von Anlegern 14
c) Anschein eines besonders günstigen Angebots 6	III. Verfügungen der Bundesanstalt 15
	IV. Ordnungswidrigkeit 16

I. Allgemeines. § 92 WpHG führt den § 36b WpHG a.F. fort, indem er in Abs. 1 Satz 2 einige Regelbeispiele 1 aufnimmt. Die Vorschrift ist im Verhältnis zum UWG nicht lex specialis[1]. Sie soll ein reibungsloses Funktionieren der Wertpapiermärkte gewährleisten, das Ansehen der am Finanzplatz Deutschland tätigen Wertpapierdienstleistungsunternehmen und das Vertrauen der Anleger in die faire Wahrung ihrer Interessen schützen[2]. Bei der Konkretisierung dieser Vorschrift ist der europarechtliche Hintergrund zu beachten[3].

II. Missstand. Ein Missstand liegt vor, wenn die Werbemaßnahme[4] geeignet ist, die Ordnungsmäßigkeit der 2 Erbringung der Wertpapierdienst- oder -nebendienstleistung zu beeinträchtigen oder zu gefährden[5]. Ein Missbrauch ist insbesondere dann gegeben, wenn gegen die Verhaltensregeln der §§ 63 ff. WpHG oder die Pflicht zur Interessenwahrung[6] verstoßen wird oder ein solcher Verstoß zu befürchten ist[7]. Eine bloß abstrakte Gefährdung reicht nicht aus[8].

1. Grundsatz. Demnach dürfen Kunden nicht auf sachfremde Art und Weise beeinflusst werden. Sie dürfen 3 nur mit Mitteln des Leistungswettbewerbs geworben werden. Als Missstand ist daher insbesondere jede Kundentäuschung, Nötigung, Belästigung, Verlockung, Behinderung oder der Aufbau von Zwangslagen zu bezeichnen. In diesem Zusammenhang kann man sich weitgehend am UWG orientieren[9], wobei man allerdings beachten muss, dass im Unterschied zum UWG von einem Missstand erst dann gesprochen werden kann, wenn das Fehlverhalten **nicht nur punktueller** Natur ist[10]. Nicht mehr punktueller Natur ist ein Verstoß, wenn die Gefahr besteht, dass systematisch weitere Verstöße folgen[11].

2. Einzelfälle. a) Unzureichender Hinweis auf Risiken. Ob in der Werbung nicht ausreichend auf Risiken 4 hingewiesen wird, ist nicht im Licht des § 63 Abs. 7 Satz 1, Satz 3 Nr. 1 lit. b WpHG zu beurteilen, weil diese Vorschrift nur vorschreibt, die gebotene Aufklärung rechtzeitig, d.h. angemessene Zeit, bevor sich der Kunde gebunden hat, vorzunehmen (§ 63 WpHG Rz. 97). § 63 Abs. 6 Satz 1 WpHG ordnet jedoch auch bei Marketingmitteilungen an, redlich und nicht irreführend zu verfahren. Daraus ergibt sich, dass die Kunden bereits im weiten Vorfeld des Vertragsschlusses in verständlicher Weise und hinreichend konkret auf gravierende Risiken hingewiesen werden müssen. Insbesondere gilt, dass den beworbenen Vorteilen die korrelierenden Risiken gegenübergestellt werden müssen und nicht heruntergespielt werden dürfen (§ 63 WpHG Rz. 72 ff.). Bei der

---

1 Vgl. zum WpHG a.F. *Köhler*, WM 2009, 385; *Schlette/Bouchon* in Fuchs, § 36b WpHG Rz. 1; *Fett* in Schwark/Zimmer, § 36b WpHG Rz. 4.
2 Vgl. zum WpHG a.F. *Brenncke*, Werbung, S. 1145 ff.; *Just* in Just/Voß/Ritz/Becker, § 36b WpHG Rz. 3.
3 Vgl. zum WpHG a.F. *Just* in Just/Voß/Ritz/Becker, § 36b WpHG Rz. 1.
4 Jede Äußerung mit dem Ziel, den Absatz von Wertpapier(neben)dienstleistungen zu fördern (zum WpHG a.F. *Möllers* in KölnKomm. WpHG, § 36b WpHG Rz. 29); *Just* in Just/Voß/Ritz/Becker, § 36b WpHG Rz. 12. Zur Marketingmitteilung s. auch § 63 WpHG Rz. 58. Enger zum WpHG a.F. *Brenncke*, Werbung, S. 1157.
5 Vgl. zum WpHG a.F. Begr. RegE § 36b WpHG, BT-Drucks. 13/7142, 114; *Möllers*, ZBB 1999, 134, 138; *Fett* in Schwark/Zimmer, § 36b WpHG Rz. 8; *Just* in Just/Voß/Ritz/Becker, § 36b WpHG Rz. 9.
6 Vgl. zum WpHG a.F. *Brenncke*, Werbung, S. 1158.
7 Vgl. Allgemeinverfügung des Bundesaufsichtsamts für den Wertpapierhandel gem. § 36b Abs. 1 und 2 bezüglich der Werbung in Form des „cold calling", BAnz. 1999, 13518.
8 Vgl. zum WpHG a.F. *Möllers*, ZBB 1999, 134, 139.
9 Vgl. zum WpHG a.F. *Spindler*, WM 2001, 1700; *Schlette/Bouchon* in Fuchs, § 36b WpHG Rz. 4.
10 Vgl. zum WpHG a.F. *Möllers*, ZBB 1999, 134, 137 f.
11 Vgl. zum WpHG a.F. *Schlette/Bouchon* in Fuchs, § 36b WpHG Rz. 5; *Brenncke*, Werbung, S. 1155.

Blickfangwerbung ist zu beachten, dass der Zusammenhang mit den Risikohinweisen quasi auf einen Blick zu erkennen ist[1].

5 **b) Irreführende Werbung mit Sicherheit der Anlage.** Mit der Sicherheit der Anlage darf nicht geworben werden, wenn die Rückzahlung der Anlage nicht vollständig gesichert ist. Die Vorschrift kommt nur dort zum Tragen, wo das eingesetzte Kapital der Art des Finanzinstruments nach zurückzuzahlen ist, nicht z.B. bei Aktien. Wenn bei diesen gleichwohl mit einer Rückzahlung geworben wird, ist diese Werbung evident irreführend. Im übrigen kann es nicht um eine 100-prozentige Sicherheit gehen, weil diese niemals gewährleistet werden kann. Man wird deshalb die Werbung mit der Sicherheit einer Anlage dort nicht als Missstand behandeln dürfen, wo die Wahrscheinlichkeit eines Ausfalls der Rückzahlung etwa im Vergleich zu einem AAA-Rating äußerst gering ist. Auch in diesem Zusammenhang ist aber zu bedenken, dass selbst bei derart sicheren Anlagen immer auf das Restrisiko hingewiesen werden muss.

6 **c) Anschein eines besonders günstigen Angebots.** Die Werbung mit einem besonders günstigen Angebot muss mit Angaben unterfüttert sein und damit über bloße Anpreisungen hinaus größere Glaubwürdigkeit erzielen wollen. Sie muss einen gewissen Vergleich zu konkurrierenden Angeboten herstellen und nahelegen, dass das eigene Angebot günstiger sei, obwohl dies nicht der Realität entspricht. In diesem Zusammenhang ist insbesondere Art. 44 Abs. 3 DelVO 2017/565[2] zu beachten.

7 **d) Irreführende Angaben zur Aufsicht.** Der Name der Behörde darf nicht als Gütesiegel missbraucht werden (§ 63 WpHG Rz. 88).

8 **e) Unerwünschte Telefonwerbung.** Systematisches „cold calling" stellt grundsätzlich einen Missstand dar[3]. Telefonanrufe bei potentiellen Kunden dringen unzulässig in dessen Privatsphäre ein und bringen die Gefahr mit sich, dass der Kunde wegen des Überraschungseffekts den Auftrag zu einer nicht seinen Interessen entsprechenden Wertpapierdienst- oder -nebendienstleistung erteilt.

9 **Zulässig ist** die Telefonwerbung, die mit ausdrücklichem oder konkludentem Einverständnis des Kunden erfolgt. Der mangelnde Protest auf einen unaufgeforderten Anruf lässt sich jedoch nicht als Einverständnis deuten[4]. Zulässig sind ferner unaufgeforderte Anrufe bei Gewerbetreibenden, wenn diese im Rahmen ihres Gewebebetriebes an Wertpapierdienstleistungen interessiert sind. Der Allgemeinverfügung des Bundesaufsichtsamts[5] zufolge ist die telefonische Kontaktaufnahme innerhalb bestehender Geschäftsbeziehungen zulässig.

10 Der BGH[6] hat jedoch einleuchtend das AGB-mäßige Einverständnis mit der Telefonwerbung für unwirksam erklärt, selbst wenn es jederzeit widerrufen werden konnte[7]. Erst recht genießt die Privatsphäre und der Schutz vor Überraschungen ohne solche AGB-Klauseln Vorrang vor dem Interesse an der Werbung von Kunden. Anders ist die Situation auch dort nicht, wo eine Geschäftsverbindung im Bereich der Wertpapierdienstleistungen besteht[8]. Beachte in diesem Zusammenhang auch die Wertungen des § 7 Abs. 2 Nr. 2, 3 UWG[9], die im Rahmen des § 92 WpHG als Auslegungshilfe fruchtbar zu machen sind. Anders ist die Situation, wenn der Kunde im Rahmen von AGB die klar erkennbar Möglichkeit besitzt, sich mit der Telefonwerbung einverstanden zu erklären[10].

11 **f) Unerwünschte Telefax- und E-Mail-Werbung.** Zwar ist mit dieser Art der Werbung kein Überraschungseffekt verbunden. Doch dringt auch diese Art der Werbung in die Privatsphäre der potentiellen Kunden ein[11] und belastet sie mit Kosten. Wird sie systematisch betrieben, so ist dies als Missstand zu qualifizieren[12].

12 **g) Unaufgeforderte Besuche der Anleger.** Derartige systematische Praktiken gegenüber Privatkunden stellen einen Missstand dar, weil sie in besonderem Maß die Gefahr begründen, dass dem Anleger unzureichend Überlegungszeit bleibt und er Aufträge erteilt, die mit seinen Interessen nicht im Einklang stehen. Für einen Missstand spricht auch das Eindringen in die Privatsphäre der Anleger[13].

---

1 Vgl. BGH v. 21.9.2017 – I ZR 53/16, NJOZ 2018, 524 = WM 2018, 264.
2 Abgedruckt bei § 63 WpHG.
3 Vgl. zum WpHG a.F. Allgemeinverfügung des Bundesaufsichtsamts für den Wertpapierhandel gem. § 36 Abs. 1 und 2 bezüglich der Werbung in Form des „cold calling", BAnz. 1999, 13518; *Möllers*, ZBB 1999, 134, 139; a.A. *Brenncke*, Werbung, S. 1159 f.
4 Vgl. zum WpHG a.F. Allgemeinverfügung des Bundesaufsichtsamts für den Wertpapierhandel gem. § 36 Abs. 1 und 2 bezüglich der Werbung in Form des „cold calling", BAnz. 1999, 13518.
5 Vgl. zum WpHG a.F. Allgemeinverfügung des Bundesaufsichtsamts für den Wertpapierhandel gem. § 36 Abs. 1 und 2 bezüglich der Werbung in Form des „cold calling", BAnz. 1999, 13518.
6 BGH v. 16.3.1999 – XI ZR 76/98, ZIP 1999, 846, 847.
7 Für zu weitgehend hält es zum WpHG a.F. *Möllers*, JZ 2001, 102, 103.
8 Einschr. zum WpHG a.F. *Möllers*, JZ 2001, 102, 103 f.; es genügt, dass die Aufträge üblicherweise telefonisch erteilt werden.
9 Vgl. zum WpHG a.F. *v. Livonius*, BKR 2005, 12, 19 f.
10 Vgl. zum WpHG a.F. *Möllers* in KölnKomm. WpHG, § 36b WpHG Rz. 42.
11 Vgl. § 7 Abs. 2 Nr. 1 UWG.
12 Vgl. zum WpHG a.F. *Möllers*, ZBB 1999, 134, 140; *Möllers* in KölnKomm. WpHG, § 36b WpHG Rz. 29, 49.
13 Vgl. zum WpHG a.F. *Möllers*, ZBB 1999, 134, 140; *Möllers* in KölnKomm. WpHG, § 36b WpHG Rz. 52.

h) **Kundentäuschung.** Jede Kundentäuschung widerspricht diametral den Zielen, die die §§ 63 ff. WpHG verfolgen. Es ist dafür zu sorgen, dass auf den Verständnishorizont einer durchschnittlichen Person der Gruppe, an die sich das Angebot richtet, Rücksicht genommen wird[1]. Der Gesamteindruck der Werbung ist maßgeblich[2]. Alle Schätzungen und Prognosen müssen klar als solche erkennbar und erheblich sein[3], die Basis von Vergleichen muss offen gelegt und darf nicht einseitig gewählt werden[4]. Die systematische Missachtung dieser Regeln stellt daher einen Missstand dar[5]. 13

j) **Nötigung von Anlegern.** Einen Missstand begründet z.B. eine Werbung, die systematisch mit Angstgefühlen der Anleger spielt und nicht nur angemessen an deren Sicherheitsinteresse appelliert[6]. 14

III. Verfügungen der Bundesanstalt. Die Bundesanstalt kann sowohl einzelne Werbemaßnahmen als auch generell (§ 92 Abs. 2 WpHG) bestimmte Werbemethoden untersagen[7]. Für Einzelverfügungen in Richtung auf ein bestimmtes Wertpapierdienstleistungsunternehmen gelten die allgemeinen Regeln des Verwaltungsrechts[8]. Eine Allgemeinverfügung hat alle oder eine bestimmte Gruppe von Wertpapierdienstleistungsunternehmen im Auge. Die Allgemeinverfügung kann durch öffentliche Bekanntmachung in einem Amtsblatt erlassen werden[9]. Vorbeugende Maßnahmen sind zulässig[10]. 15

IV. Ordnungswidrigkeit. S. § 120 Abs. 12 Nr. 1 lit. c WpHG. 16

§ 93 Register Unabhängiger Honorar-Anlageberater; Verordnungsermächtigung

(1) Die Bundesanstalt führt auf ihrer Internetseite ein öffentliches Register Unabhängiger Honorar-Anlageberater über alle Wertpapierdienstleistungsunternehmen, die die Unabhängige Anlageberatung erbringen wollen.

(2) Die Bundesanstalt hat ein Wertpapierdienstleistungsunternehmen auf Antrag in das Register Unabhängiger Honorar-Anlageberater einzutragen, wenn es

1. eine Erlaubnis nach § 32 des Kreditwesengesetzes besitzt oder Zweigniederlassung eines Unternehmens nach § 53b Absatz 1 Satz 1 und 2 oder Absatz 7 des Kreditwesengesetzes ist,
2. die Anlageberatung im Sinne des § 2 Absatz 8 Satz 1 Nummer 10 erbringen darf und
3. der Bundesanstalt durch Bescheinigung eines geeigneten Prüfers nachweist, dass es in der Lage ist, die Anforderungen nach § 80 Absatz 7 zu erfüllen.

Die Prüfung nach Absatz 2 Nummer 3 wird bei Kreditinstituten, die einem genossenschaftlichen Prüfungsverband angehören oder durch die Prüfungsstelle eines Sparkassen- und Giroverbandes geprüft werden, durch den zuständigen Prüfungsverband oder die zuständige Prüfungsstelle, soweit hinsichtlich Letzterer das Landesrecht dies vorsieht, vorgenommen. Geeignete Prüfer sind darüber hinaus Wirtschaftsprüfer, vereidigte Buchprüfer sowie Wirtschaftsprüfungs- und Buchprüfungsgesellschaften, die hinsichtlich des Prüfungsgegenstandes über ausreichende Kenntnisse verfügen.

(3) Die Bundesanstalt hat die Eintragung im Register Unabhängiger Honorar-Anlageberater zu löschen, wenn

1. das Wertpapierdienstleistungsunternehmen gegenüber der Bundesanstalt auf die Eintragung verzichtet oder
2. die Erlaubnis eines Wertpapierdienstleistungsunternehmens nach § 32 des Kreditwesengesetzes insgesamt oder die Erlaubnis zum Erbringen der Anlageberatung erlischt oder aufgehoben wird.

---

1 Vgl. zum WpHG a.F. CESR's Technical Advice on Possible Implementing Measures of the Directive 2004/39/EC v. Januar 2005 (Ref.: CESR/05 024c), S. 48.
2 Vgl. BGH v. 19.4.2007 – I ZR 57/05, WM 2007, 1918, 1920 = ZIP 2007, 1984.
3 Vgl. zum WpHG a.F. CESR's Technical Advice on Possible Implementing Measures of the Directive 2004/39/EC v. Januar 2005 (Ref.: CESR/05 024c), S. 50.
4 Vgl. zum WpHG a.F. CESR's Technica.l Advice on Possible Implementing Measures of the Direktive 2004/39/EC v. Januar 2005 (Ref.: CESR/05 024c), S. 51.
5 Vgl. zum WpHG a.F. *Möllers*, ZBB 1999, 134, 141.
6 Vgl. zum WpHG a.F. *Möllers*, ZBB 1999, 134, 141; *Schlette/Bouchon* in Fuchs, § 36b WpHG Rz. 4.
7 Vgl. zum WpHG a.F. Begr. RegE § 36b, BT-Drucks. 13/7142, 114; *Schlette/Bouchon* in Fuchs, § 36b WpHG Rz. 8; *Brenncke*, Werbung, S. 1157.
8 Vgl. zum WpHG a.F. *Möllers*, ZBB 1999, 134, 139.
9 Zu dem damit verbundenen Problem vgl. zum WpHG a.F. *Möllers*, ZBB 1999, 134, 143.
10 Vgl. zum WpHG a.F. *Möllers*, ZBB 1999, 134, 143; *Brenncke*, Werbung, S. 1156.

§ 93 | Verhaltenspflichten, Organisationspflichten, Transparenzpflichten

(4) Ein Wertpapierdienstleistungsunternehmen, das die Unabhängige Honorar-Anlageberatung nicht mehr erbringen will, muss dies der Bundesanstalt anzeigen.

(5) Das Bundesministerium der Finanzen wird ermächtigt, durch Rechtsverordnung, die nicht der Zustimmung des Bundesrates bedarf, nähere Bestimmungen zu erlassen
1. zum Inhalt des Registers Unabhängiger Honorar-Anlageberater,
2. zu den Mitwirkungspflichten der Institute bei der Führung des Registers Unabhängiger Honorar-Anlageberater und
3. zum Nachweis nach Absatz 2 Satz 1 Nummer 3.

(6) Das Bundesministerium der Finanzen kann die Ermächtigung durch Rechtsverordnung auf die Bundesanstalt übertragen.

In der Fassung des 2. FiMaNoG vom 23.6.2017 (BGBl. I 2017, 1693), geändert durch Gesetz zur Ausübung von Optionen der EU-Prospektverordnung und zur Anpassung weiterer Finanzmarktgesetze vom 10.7.2018 (BGBl. I 2018, 1102).

Schrifttum: *Herresthal*, Die vertragsrechtlichen Folgen der Honoraranlageberatung nach dem WpHG, WM 2014, 773; *Kuhlen/Tiefensee*, Zum Entwurf eines Gesetzes zur Förderung und Regulierung einer Honorarberatung über Finanzinstrumente, VuR 2013, 49; *Tiefensee/Kuhlen*, Rechtsfragen zum Bezeichnungsschutz in der Honorarberatung, WM 2014, 2005.

I. Grundlagen: Entstehung, Zweck und europarechtlicher Rahmen 1	3. Nachweis der Erfüllung der Anforderungen gem. § 80 Abs. 7 WpHG (§ 93 Abs. 2 Satz 1 Nr. 3 WpHG) 16
II. Register Unabhängiger Honorar-Anlageberater (§ 93 Abs. 1 WpHG) 6	a) Anforderungen des § 80 Abs. 7 WpHG 17
III. Eintragungsvoraussetzungen (§ 93 Abs. 2 WpHG) 9	b) Prüfstelle (§ 93 Abs. 2 Satz 2 WpHG) und geeignete Prüfer (§ 93 Abs. 2 Satz 3 WpHG) 18
1. Erlaubnis nach § 32 KWG oder Zweigniederlassung eines Unternehmens nach § 53b Abs. 1 Satz 1 und 2 oder Abs. 7 KWG (§ 93 Abs. 2 Satz 1 Nr. 1 WpHG) 12	IV. Löschung (§ 93 Abs. 3 WpHG) 20
	V. Anzeigepflicht (§ 93 Abs. 4 WpHG) 21
2. Anlageberatung i.S.d. § 2 Abs. 8 Satz 1 Nr. 10 WpHG (§ 93 Abs. 2 Satz 1 Nr. 2 WpHG) 15	VI. Verordnungsermächtigung des Bundesministerium der Finanzen (§ 93 Abs. 5 WpHG) und der Bundesanstalt (§ 93 Abs. 6 WpHG) . . 22

1 **I. Grundlagen: Entstehung, Zweck und europarechtlicher Rahmen.** Die Anlageberatung ist zu Recht im Blick der modernen europäischen Kapital- und Finanzmarktregulierung, die hier anlegerschützende Motive in den institutionellen Schutz der Kapitalmärkte integriert. Deswegen sieht § 64 WpHG umfassende materielle Anforderungen an die Anlageberatung vor; eine spezielle Ausübungsform ist die unabhängige Anlageberatung, bei der das Wertpapierdienstleistungsunternehmen in rechtlich definiertem Maße *allein* auf die Interessen des Kunden ausgerichtet – und von Emittenteninteressen unabhängig – ist. Ziele der Regulierung der Anlageberatung sind die Verbesserung des Anlegerschutzes, eine verstärkte Transparenz auf den Finanzmärkten und die Wiederherstellung des Vertrauens der Anleger in Bezug auf nichtregulierte Bereiche (Erwägungsgrund 4 RL 2014/65/EU (MiFID II)).

Komplementär zu den besonderen Verhaltensanforderungen an Unabhängige Honorar-Anlageberater aus § 64 Abs. 8, 9 WpHG regeln die §§ 93, 94 einen Bezeichnungsschutz; die Bundesanstalt (BaFin)[1] führt auf ihrer Internetseite nach Maßgabe von § 93 WpHG ein **Register Unabhängiger Honorar-Anlageberater**[2]. Wertpapierdienstleistungsunternehmen, die sich als Unabhängige Honorar-Anlageberater oder in ähnlicher Weise bezeichnen wollen, dürfen dies nach § 94 Abs. 1 WpHG nur, sofern sie auf der Internetseite der BaFin registriert sind und damit die Eintragungsvoraussetzungen nach § 93 Abs. 2 WpHG erfüllen. Das Register ist weniger als Instrument der Verhaltensaufsicht konzipiert und mit dieser nicht (mehr) spezifisch verknüpft; vielmehr soll es, einer Anreizregulierung ähnlich, die Unabhängige Honorar-Anlageberatung in ihrer Eigenständigkeit noch stärker hervorheben.

2 Eine nahezu identische Regelung befand sich vor Inkrafttreten des 2. FiMaNoG in § 36c WpHG, den der Gesetzgeber mit dem „Gesetz zur Förderung und Regulierung einer Honorarberatung über Finanzinstrumente vom 15.7.2013 (Honoraranlageberatungsgesetz)"[3] eingeführt hat. Die Norm ist ein deutscher Sonderweg. Die Regelungen zur Unabhängigen Anlageberatung in Art. 24 Abs. 4 lit. a und Abs. 7 RL 2014/65/EU (MiFID II)[4]

---

1 In § 1 Abs. 1 Nr. 8 WpHG definiert der Gesetzgeber die Bundesanstalt für Finanzdienstleistungsaufsicht (BaFin) als Bundesanstalt.
2 Derzeit noch in alter Terminologie nur als Honoraranlageberater-Register bezeichnet, abrufbar unter https://portal.mvp.bafin.de/database/HABInfo/, zuletzt abgerufen am 5.7.2018.
3 *BGBl.* I 2013, 2390.
4 Richtlinie 2014/65/EU des Europäischen Parlaments und des Rates vom 15.5.2014 über Märkte für Finanzinstrumente sowie zur Änderung der Richtlinien 2002/92/EG und 2011/61/EU, ABl. EU Nr. L 174 v. 12.6.2014, S. 349.

sind seit dem 2. FiMaNoG im Wesentlichen in § 64 WpHG sowie in § 80 Abs. 7, 8 WpHG umgesetzt (vgl. § 64 WpHG Rz. 1, § 80 WpHG Rz. 125 ff.). Eine Pflicht zur Eintragung in ein spezielles Register ist in der MiFID II für die Anlageberatung aber nicht vorgesehen. Registereintragungen sind auf Grundlage der MiFID II lediglich gem. Art. 5 Abs. 3 RL 2014/65/EU für Wertpapierfirmen (Art. 4 Abs. 1 Nr. 1 RL 2014/65/EU) und nach Art. 29 Abs. 3 RL 2014/65/EU für vertraglich gebundener Vermittler (Art. 4 Abs. 1 Nr. 29 RL 2014/65/EU) verpflichtend. Da das spezielle Register für Honorar-Anlageberatung schon vor Inkrafttreten der MiFID II auf nationaler Ebene mit § 36c WpHG a.F. eingeführt worden ist, konnte Deutschland die Regelung der Kommission nach Art. 4 Abs. 3 der DurchfRL Nr. 2006/73/EG[1] melden und auf Grundlage von Art. 24 Abs. 12 Unterabs. 5 RL 2014/65/EU unter neuer Bezeichnung beibehalten[2].

Die Bestimmungen der MiFID II sind bis auf Art. 65 Abs. 2 RL 2014/65/EU am 3.1.2018 in Kraft getreten (Art. 93 Abs. 1 Unterabs. 2 RL 2014/65/EU). Die Mitgliedstaaten mussten die Richtlinie allerdings bereits zum 3.7.2017 umsetzen (Art. 93 Abs. 1 Satz 1 RL 2014/65/EU). Der deutsche Gesetzgeber hat dies mit dem 2. FiMaNoG vom 23.6.2017 rechtzeitig getan. MiFID II fasst die bisherige Finanzmarktrichtlinie (MiFID) wegen zahlreich erfolgter Änderungen aus Gründen der Klarheit neu (Erwägungsgrund 1). Dabei definiert Art. 9 DelVO 2017/565[3] die Anlageberatung näher (vgl. Rz. 15). Art. 53 DelVO 2017/565 konkretisiert die Verhaltensanforderungen bei der unabhängigen Anlageberatung nach Art. 24 Abs. 4, 7 RL 2014/65/EU. Art. 12 DelRL 2017/593[4] konkretisiert zudem das Zuwendungsverbot nach Art. 24 Abs. 7 lit. b RL 2014/65/EU. 3

Aufgrund der **neuen Nummerierung** der Paragraphen im WpHG ersetzt **§ 93 WpHG** den vormaligen § 36c WpHG. Neben einer terminologischen Anpassung – statt „Honorar-Anlageberater" heißt es nunmehr „**Unabhängiger Honorar-Anlageberater**"– ist einzige inhaltliche Änderung die Streichung des **Abs. 4**. Die Vorschrift ermächtigte die BaFin dazu, einzelne Wertpapierdienstleistungsunternehmen bei nachhaltigen Verstößen gegen bestimmte Wohlverhaltensnormen aus dem Register zu **löschen**[5]. Nunmehr ist die unabhängige Honorar-Anlageberatung ihrerseits auf Grundlage von MiFID II vor allem in § 64 Abs. 5, 6 WpHG reguliert, so dass Verstöße dagegen eine Aufhebung der Erlaubnis nach § 32 KWG (hinsichtlich der Anlageberatung) zur Folge haben können (vgl. ausführlich dazu § 64 WpHG Rz. 63 ff.). In diesen Fällen erfolgt die Löschung aus dem Register gem. § 93 Abs. 3 Nr. 2 WpHG, so dass es des ehemaligen Abs. 4 nicht mehr bedürfe[6]. 4

Zweck der Regelung ist die Schaffung von mehr Transparenz zur Stärkung des Vertrauens der Kunden in die unabhängige Honorar-Anlageberatung und damit der **kollektive Anlegerschutz**[7]. Das Register soll dem Verbraucher, der an einer unabhängigen Honorar-Anlageberatung interessiert ist, als zuverlässige Informationsquelle dienen. Verbraucher sollen demnach aus dem Register umfassend und aktuell ersehen können, welche Wertpapierdienstleistungsunternehmen Unabhängige Honorar-Anlageberatung anbieten und die gesetzlichen Voraussetzungen hierfür erfüllen[8]. Dies soll dem gesetzgeberischen Anliegen dienen, dem Verbraucher alle Informationen zu liefern, die er braucht, um zwischen einer provisionsgestützten und einer unabhängigen Anlageberatung wählen zu können[9]. Auch wenn sich die provisionsgestützte Anlageberatung der Kritik ausgesetzt sieht, dass der Berater sich nicht ausschließlich vom Kundeninteresse leiten lässt, da er die Provision vom Anbieter oder Emittenten der Finanzprodukte erhält, hat sich der Gesetzgeber dagegen entschieden, die provisionsgestützte Beratung abzuschaffen. Dies hätte der MiFID II widersprochen, die gerade ein zweigliedriges System von unabhängiger und provisionsgestützter Anlageberatung vorsieht[10]. 5

II. Register Unabhängiger Honorar-Anlageberater (§ 93 Abs. 1 WpHG). Gemäß **§ 93 Abs. 1 WpHG** führt die BaFin auf ihrer Internetseite ein **Register Unabhängiger Honorar-Anlageberater** über alle Wertpapierdienstleistungsunternehmen, die Anlageberatung als Unabhängige Honorar-Anlageberater erbringen wollen. Sind die Voraussetzungen für eine Eintragung erfüllt, hat die BaFin die Eintragung vorzunehmen. Es handelt sich um eine 6

---

1 Richtlinie 2006/73/EG der Kommission vom 10.8.2006 zur Durchführung der Richtlinie 2004/39/EG (MiFID) des Europäischen Parlaments und des Rates in Bezug auf die organisatorischen Anforderungen an Wertpapierfirmen und die Bedingungen für die Ausübung ihrer Tätigkeit sowie in Bezug auf die Definition bestimmter Begriffe für die Zwecke der genannten Richtlinie, ABl. EU Nr. L 241 v. 2.9.2006, S. 26.
2 Begr. RegE, BT-Drucks. 18/10936, 250.
3 Delegierte Verordnung (EU) 2017/565 der Kommission vom 25.4.2016 zur Ergänzung der Richtlinie 2014/65/EU des Europäischen Parlaments und des Rates in Bezug auf die organisatorischen Anforderungen an Wertpapierfirmen und die Bedingungen für die Ausübung ihrer Tätigkeit sowie in Bezug auf die Definition bestimmter Begriffe für die Zwecke der genannten Richtlinie, ABl. EU Nr. L 87 v. 31.3.2017, S. 1.
4 Delegierte Richtlinie (EU) 2017/593 der Kommission vom 7.4.2016 zur Ergänzung der Richtlinie 2014/65/EU des Europäischen Parlaments und des Rates in Hinblick auf den Schutz der Finanzinstrumente und Gelder von Kunden, Produktüberwachungspflichten und Vorschriften für die Entrichtung beziehungsweise Gewährung oder Entgegennahme von Gebühren, Provisionen oder anderen monetären oder nicht-monetären Vorteilen, ABl. EU Nr. L 87 v. 31.3.2017, S. 500.
5 Vgl. dazu *Ritz* in Just/Voß/Ritz/Becker, § 36c WpHG Rz. 11 ff.
6 Begr. RegE, BT-Drucks. 18/10936, 250.
7 Begr. RegE, BT-Drucks. 17/12295, 1, 16. Begr. RegE, BT-Drucks. 18/12295, 236 f.
8 Begr. RegE, BT-Drucks. 17/12295, 23.
9 Begr. RegE, BT-Drucks. 17/12295, 1.
10 Näher hierzu *Herresthal*, WM 2014, 773.

§ 93 | Verhaltenspflichten, Organisationspflichten, Transparenzpflichten

gebundene Entscheidung („hat"), die nicht im Ermessen der BaFin steht. In dem Register sollen die Wertpapierdienstleistungsunternehmen geführt werden, die die Unabhängige Honorar-Anlageberatung erbringen wollen. Dazu dient die Internetseite der BaFin als öffentliche Informationsquelle. Der Begriff der Unabhängigen Honorar-Anlageberatung ist in § 64 Abs. 1 Satz 1 Nr. 1 WpHG legaldefiniert. Die Änderung der Bezeichnung der Beratungsform erfolgte hierbei, um im Einklang mit Art. 24 Abs. 4 lit. a RL 2014/65/EU zum Ausdruck zu bringen, dass die Beratung unabhängig von Provisionszahlungen der Emittenten der Finanzinstrumente erfolgt[1].

7 **Unabhängige Honorar-Anlageberatung** erbringt somit, wer als Berater **ausschließlich von seinen Kunden bezahlt** wird und keine wirtschaftlichen Vorteile vom Anbieter oder Emittenten erhält[2]. In Abgrenzung dazu gibt es die provisionsbasierte Beratung. Dabei wird der Berater nicht vom Anleger, sondern von Anbietern oder Emittenten von Finanzprodukten mittels einer Provision vergütet[3]. Damit ist die provisionsgestützte Beratung keinesfalls kostenlos. Insofern ist die „Kostenlosigkeit" als Abgrenzungskriterium zwischen provisionsgestützter Beratung und der Honoraranlageberatung zu Recht kritisiert worden[4]. Das Kriterium der Unabhängigkeit ist geeigneter: Die provisionsgestützte Beratung erfolgt in Abhängigkeit der Anbieter oder Emittenten von Finanzprodukten: Honorar-Anlageberater sind hingegen unabhängig. Nur Bezeichnungen wie „Unabhängiger Honorar-Anlageberater" und ähnliches in der Firma oder als Firmenzusatz bzw. bei Gebrauch im gesamten Geschäftsverkehr sind gem. § 94 WpHG (§ 36d WpHG a.F.) geschützt (vgl. § 94 WpHG Rz. 8 ff.).

8 Der **Registereintrag** enthält folgende Angaben: die BaFin-Id (die von der BaFin vergebene Identifikationsnummer), den Institutsnamen sowie Straße, Postleitzahl, Ort und Tag der Eintragung. Das Register ist auf der Internetseite der BaFin abrufbar. Aktuell enthält es lediglich **19 Eintragungen**[5]. Die ältesten Eintragungen datieren vom 1.8.2014, die jüngste Eintragung ist vom 5.1.2018.

9 **III. Eintragungsvoraussetzungen (§ 93 Abs. 2 WpHG).** § 93 Abs. 2 WpHG regelt, unter welchen **Voraussetzungen** die BaFin ein Wertpapierdienstleistungs-unternehmen auf dessen Antrag in das Register **einzutragen** hat. Zunächst bedarf es einer **Erlaubnis** nach § 32 KWG, die auch die Erbringung von Anlageberatung umfassen muss. Darüber hinaus sind die organisatorischen Anforderungen gem. § 80 Abs. 7 WpHG zu erfüllen. Ob diese Anforderungen erfüllt sind, hat eine geeignete Prüfstelle bzw. ein geeigneter Prüfer i.S.v. § 93 Abs. 2 Satz 2, 3 WpHG zu bestätigen.

10 Unerlässlich ist ein **Antrag** des eintragungswilligen Wertpapierdienstleistungsunternehmens. Stellt das Unternehmen keinen Antrag, darf es dennoch Unabhängige Honorar-Anlageberatung betreiben. Allerdings kommt es dann nicht in den Genuss des Bezeichnungsschutzes nach § 94 WpHG und darf demnach nicht eine entsprechende Bezeichnung als Unabhängiger Honorar-Anlageberater bzw. eines in § 94 Abs. 1 WpHG genannten Äquivalents führen (vgl. eingehend § 94 WpHG Rz. 9 ff.).

11 § 93 Abs. 2 Satz 1 Nr. 1 bis 3 WpHG enthält die **weiteren notwendigen Eintragungsvoraussetzungen**. Diese müssen kumulativ vorliegen.

12 **1. Erlaubnis nach § 32 KWG oder Zweigniederlassung eines Unternehmens nach § 53b Abs. 1 Satz 1 und 2 oder Abs. 7 KWG (§ 93 Abs. 2 Satz 1 Nr. 1 WpHG).** Zunächst bedarf das Wertpapierdienstleistungsunternehmen einer **Erlaubnis** nach § 32 KWG. Alternativ fallen auch **Zweigniederlassungen** eines Unternehmens nach § 53b Abs. 1 Satz 1 und 2 oder Abs. 7 KWG in den Anwendungsbereich des § 93 WpHG (§ 93 Abs. 2 WpHG).

13 Einer schriftlichen Erlaubnis nach **§ 32 KWG** bedarf, wer im Inland gewerbsmäßig oder in einem Umfang, der einen in kaufmännischer Weise eingerichteten Geschäftsbetrieb erfordert, **Bankgeschäfte** betreiben oder **Finanzdienstleistungen** erbringen will. Da gem. § 1 Abs. 1a Satz 1 Nr. 1a KWG **die Anlageberatung (§ 93 Abs. 2 Satz 1 Nr. 2 WpHG)** eine Finanzdienstleistung darstellt, muss die Erlaubnis nach § 32 KWG auch die Erlaubnis zur Anlageberatung enthalten. Es handelt sich dabei um ein präventives Verbot mit Erlaubnisvorbehalt[6].

14 **§ 53b Abs. 1 Satz 1 und 2 oder Abs. 7 KWG** betrifft **Zweigniederlassungen** von Unternehmen mit Sitz in einem anderen Staat des Europäischen Wirtschaftsraums. Zweigniederlassungen eines CRR-Kreditinstituts[7] oder eines Wertpapierhandelsunternehmens mit Sitz in einem anderen Staat des Europäischen Wirtschaftsraums sowie Zweigniederlassungen von CRR-Kreditinstituten, die Zahlungsdienste im Sinne des Zahlungsdiensteaufsichtsgesetzes erbringen, dürfen nach § 53b Abs. 1 Satz 1, 2 KWG auch ohne die erforderlichen Genehmigungen deutscher Aufsichtsbehörden Finanzdienstleistungen erbringen, sofern das Unternehmen von den zustän-

---

1 Begr. RegE, BT-Drucks. 18/10936, 235.
2 *Bouchon/Mehlkopp* in Fuchs, § 36c WpHG Rz. 24.
3 https://www.bafin.de/SharedDocs/Veroeffentlichungen/DE/Fachartikel/2014/fa_bj_1407_honorar-anlageberatung.html, zuletzt abgerufen am 5.7.2018.
4 Plenarprotokoll 18/10936, S. 21577.
5 https://portal.mvp.bafin.de/database/HABInfo/, zuletzt abgerufen am 5.7.2018.
6 *Fischer/Müller* in Boos/Fischer/Schulte-Mattler, KWG, CRR-VO, 5. Aufl. 2016, § 33 KWG Rz. 4.
7 Ein CRR-Kreditinstitut *ist nach* § 1 Abs. 3d KWG i.V.m. Art. 4 Abs. 1 Nr. 1 VO Nr. 575/2013 (Bankenaufsichts-VO) ein Unternehmen, dessen Tätigkeit darin besteht, Einlagen oder andere rückzahlbare Gelder des Publikums entgegenzunehmen und Kredite für eigene Rechnung zu gewähren.

digen Stellen des Herkunftsmitgliedstaates zugelassen worden ist, die Geschäfte durch die Zulassung abgedeckt sind und das Unternehmen von den zuständigen Stellen nach Maßgabe der Richtlinien der Europäischen Union beaufsichtigt wird[1]. Zweigniederlassungen von Unternehmen mit Sitz in einem anderen Staat des Europäischen Wirtschaftsraums gem. § 53b Abs. 7 KWG bedürfen keiner Erlaubnis nach § 32 KWG unter folgenden kumulativen Voraussetzungen[2]:

- Das Unternehmen muss ein Tochterunternehmen eines CRR-Kreditinstituts oder ein gemeinsames Tochterunternehmen mehrere CRR-Kreditinstitute sein (Nr. 1),
- seine Satzung muss die entsprechenden Tätigkeiten gestatten (Nr. 2),
- das oder die Mutterunternehmen müssen in dem Staat, in dem das Unternehmen seinen Sitz hat, als CRR-Kreditinstitut zugelassen sein (Nr. 3),
- die Tätigkeiten, die das Unternehmen ausübt, müssen auch im Herkunftsmitgliedstaat betrieben werden (Nr. 4),
- das oder die Mutterunternehmen müssen mindestens 90 vom Hundert der Stimmrechte des Tochterunternehmens halten (Nr. 5),
- das oder die Mutterunternehmen müssen gegenüber den zuständigen Stellen des Herkunftsmitgliedstaates des Unternehmens die umsichtige Geschäftsführung des Unternehmens glaubhaft gemacht und sich mit Zustimmung dieser zuständigen Stellen des Herkunftsmitgliedstaates gegebenenfalls gesamtschuldnerisch für die vom Tochterunternehmen eingegangenen Verpflichtungen verbürgt haben (Nr. 6) und
- das Unternehmen muss in die Beaufsichtigung des Mutterunternehmens auf konsolidierter Basis einbezogen sein (Nr. 7).

2. Anlageberatung i.S.d. § 2 Abs. 8 Satz 1 Nr. 10 WpHG (§ 93 Abs. 2 Satz 1 Nr. 2 WpHG). Voraussetzung 15 ist des Weiteren, dass das betreffende Wertpapierdienstleistungsunternehmen gem. § 93 Abs. 2 Satz 1 Nr. 2 WpHG **Anlageberatung** i.S.d. § 2 Abs. 8 Satz 1 Nr. 10 WpHG (vgl. § 2 WpHG Rz. 167 ff.) leisten darf.
Anlageberatung ist danach die Abgabe von persönlichen Empfehlungen i.S.v. Art. 9 DelVO 2017/565 an Kunden oder deren Vertreter, die sich auf Geschäfte mit bestimmten Finanzinstrumenten beziehen, sofern die Empfehlung auf eine Prüfung der persönlichen Umstände des Anlegers gestützt oder als für ihn geeignet dargestellt wird und nicht ausschließlich über Informationsverbreitungskanäle oder für die Öffentlichkeit bekannt gegeben wird. Art. 9 DelVO 2017/565 präzisiert zudem den Beratungsgegenstand. Danach muss es um Kauf, Verkauf, Zeichnung, Tausch, Rückkauf, Halten oder Übernahme eines bestimmten Finanzinstruments (lit. a) oder die Ausübung bzw. Nichtausübung eines mit einem bestimmten Finanzinstrument einhergehenden Rechts betreffend Kauf, Verkauf, Zeichnung, Tausch oder Rückkauf eines Finanzinstruments (lit. b) gehen.
Die Anlageberatung muss als erlaubnispflichtige Finanzdienstleistung nach §§ 32 Abs. 1, 1 Abs. 1a Satz 1 Nr. 1a KWG grundsätzlich ebenfalls von der BaFin genehmigt worden sein. Im Anwendungsbereich von § 53b Abs. 1 Satz 1, 2 und Abs. 7 KWG ist es erforderlich, dass das Wertpapierdienstleistungsunternehmen als Zweigniederlassung Anlageberatung erbringen darf. Dafür ist keine Genehmigung der BaFin erforderlich, soweit die in § 53b Abs. 1 Satz 1, 2 und Abs. 7 KWG enthaltenen Voraussetzungen eingehalten werden, d.h. insbesondere wenn die Zulassung vom Herkunftsmitgliedstaat auch die Anlageberatung erfasst (vgl. auch Rz. 14).
Abzugrenzen ist davon die gewerbliche Honorar-Finanzanlagenberatung, die gem. § 34h Abs. 1 GewO einer gewerberechtlichen Erlaubnis bedarf. Nach dieser Vorschrift bedarf der Anlageberater, der in die Bereichsausnahme nach § 2 Abs. 6 Satz 1 Nr. 8 KWG fällt und keine Zuwendungen von einem Produktgeber erhält, einer Erlaubnis, die erteilt wird, sofern keine Versagungsgründe nach § 34h Abs. 1 Satz 4 GewO i.V.m. § 34f Abs. 2 GewO vorliegen. § 93 WpHG findet auf den Honorar-Finanzanlagenberater keine Anwendung.

3. Nachweis der Erfüllung der Anforderungen gem. § 80 Abs. 7 WpHG (§ 93 Abs. 2 Satz 1 Nr. 3 WpHG). 16 Schließlich muss das jeweilige Unternehmen gem. § 93 Abs. 2 Satz 1 Nr. 3 WpHG **durch Bescheinigung eines geeigneten Prüfers** nachweisen, dass es in der Lage ist, die Anforderungen nach **§ 80 Abs. 7 WpHG** (vgl. Rz. 17 ff.) zu erfüllen. Satz 2 und 3 führen näher aus, wer ein geeigneter Prüfer i.S.d. Satz 1 ist. Darüber hinaus verweist die Gesetzesbegründung auf ähnliche Vorgaben in § 36 a.F. WpHG bzw. nunmehr § 89 WpHG, dessen Regelungsgegenstand die Prüfung von Meldepflichten und Verhaltensregeln betrifft (vgl. § 89 WpHG Rz. 5 ff.)[3].

a) Anforderungen des § 80 Abs. 7 WpHG. Zu den Anforderungen des § 80 Abs. 7 WpHG vgl. § 80 17 Rz. 125. Nach dieser Vorschrift darf ein Wertpapierdienstleistungsunternehmen die Anlageberatung nur dann als Unabhängige Honorar-Anlageberatung erbringen, wenn es ausschließlich Unabhängige Honorar-Anlageberatung leistet oder wenn es die Unabhängige Honorar-Anlageberatung organisatorisch, funktional und personell von der übrigen Anlageberatung trennt. Daneben müssen Vertriebsvorgaben (§ 80 Abs. 1 Satz 2 Nr. 3 WpHG) für die Unabhängige Honorar-Anlageberatung so ausgestaltet sein, dass in keinem Falle Interessen-

---

[1] Näher dazu *Brocker* in Schwennicke/Auerbach, § 53b KWG Rz. 1 ff., 9 ff.; *Vahldiek* in Boos/Fischer/Schulte-Mattler, KWG, CRR-VO, § 53b KWG Rz. 8 ff.
[2] Näher dazu *Brocker* in Schwennicke/Auerbach, § 53b KWG Rz. 12.
[3] BT-Drucks. 17/12295, 16.

konflikte mit Kundeninteressen drohen. Schließlich muss das Unternehmen auf seiner Internetseite angeben, ob die Unabhängige Honorar-Anlageberatung in der Hauptniederlassung und in welchen inländischen Zweigniederlassungen angeboten wird.

18 b) **Prüfstelle (§ 93 Abs. 2 Satz 2 WpHG) und geeignete Prüfer (§ 93 Abs. 2 Satz 3 WpHG).** Satz 2 und 3 sind in ihrem Wortlaut identisch mit § 89 Abs. 1 Satz 5 und 6 WpHG (wie bisher auch schon mit § 36 Abs. 1 Satz 5 und 6 WpHG a.F.). Diese Vorschrift hat die Prüfung von Meldepflichten und Verhaltensregeln zum Inhalt. Nach **Satz 2** wird die Prüfung bei Kreditinstituten, die einem **genossenschaftlichen Prüfungsverband** angehören oder durch die **Prüfstelle eines Sparkassen- und Giroverbandes** geprüft werden, durch den zuständigen Prüfungsverband oder die zuständige Prüfstelle vorgenommen, soweit hinsichtlich Letzterer das **Landesrecht** dies vorsieht. Gemäß **Satz 3** gehören zu den geeigneten Prüfern auch **Wirtschaftsprüfer, vereidigte Buchprüfer** sowie **Wirtschaftsprüfungs- und Buchprüfungsgesellschaften**, die hinsichtlich des Prüfungsgegenstandes über ausreichende Kenntnisse verfügen müssen. Aus der Zusammenschau mit § 89 Abs. 1 Satz 5 und 6 WpHG folgt, dass besondere Kenntnisse hinsichtlich der organisatorischen Prüfung eines Wertpapierdienstleistungsunternehmens erforderlich sind[1].

19 Liegen die Voraussetzungen des § 93 Abs. 2 WpHG vor, so hat die BaFin die Eintragung ins Register auf **Antrag der Unternehmen** vorzunehmen. Hierbei handelt es sich um eine **gebundene Entscheidung**. Ermessen wird der BaFin nicht eingeräumt. Hintergrund ist die besondere **wirtschaftliche Bedeutung** der Eintragung für die Unternehmen. Denn die Eintragung ins Register dient dem **Nachweis**, dass das registrierte Unternehmen die Voraussetzungen des § 93 Abs. 2 WpHG erfüllt. Dieser Nachweis ist wiederum ein **Qualitätsmerkmal** für den Verbraucher, der sich für eine Unabhängige Honorar-Anlageberatung interessiert[2].

20 **IV. Löschung (§ 93 Abs. 3 WpHG).** Die Voraussetzungen der **Löschung** der Eintragung im Register sind in § 93 Abs. 3 WpHG geregelt. Die Entscheidung über die Löschung steht als gebundene Entscheidung, genau wie die Entscheidung über die Eintragung ins Register, nicht im Ermessen der BaFin. Zum einen hat eine Löschung zu erfolgen, wenn das Wertpapierdienstleistungsunternehmen auf eine Eintragung verzichtet; zum anderen, wenn die Erlaubnis nach dem KWG erlischt oder aufgehoben wird.

Gemäß § 93 Abs. 3 Nr. 1 WpHG bedarf es einer Löschung, wenn das Wertpapierdienstleistungsunternehmen auf die Eintragung **verzichtet**. Kritik an der **Freiwilligkeit der Eintragung** äußerte der Bundesrat im Gesetzgebungsverfahren: Um dem **Zweck** des Registers als öffentliche **Informationsquelle** für Verbraucher gerecht zu werden, forderte der Bundesrat eine Eintragungspflicht[3]. Der Bundestag hingegen befand eine Eintragungspflicht nicht für erforderlich, da dem Anliegen des Bundesrates bereits dadurch Rechnung getragen sei, dass „Voraussetzung für die Befugnis, die Bezeichnung Honorar-Anlagenberatung (§ 94 WpHG) zu führen, die Eintragung im öffentlich einsehbaren Register auf der Internetseite der Bundesanstalt für Finanzdienstleistungsaufsicht" sei und ein Verzicht auf die Eintragung zur Folge habe, dass das Wertpapierdienstleistungsunternehmen die Bezeichnung Honorar-Anlageberatung nicht mehr führen darf[4].

Ein weiterer Löschungsgrund ist in § 93 Abs. 3 Nr. 2 WpHG geregelt. Danach bedarf es der Löschung, wenn die Erlaubnis eines Wertpapierdienstleistungsunternehmens nach **§ 32 KWG** insgesamt oder die Erlaubnis zum Erbringen der Anlageberatung **erlischt** oder **aufgehoben** wird.

21 **V. Anzeigepflicht (§ 93 Abs. 4 WpHG).** Gemäß **§ 93 Abs. 4 WpHG** muss ein Unternehmen, welches Unabhängige Honorar-Anlageberatung nicht mehr erbringen will, dies der BaFin **anzeigen**. Ausweislich der Gesetzesbegründung soll Abs. 4 die **Aktualität** des Registers Unabhängigen Honorar-Anlageberater absichern[5].

22 **VI. Verordnungsermächtigung des Bundesministerium der Finanzen (§ 93 Abs. 5 WpHG) und der Bundesanstalt (§ 93 Abs. 6 WpHG).** § 93 Abs. 5 WpHG ermächtigt das **Bundesministerium der Finanzen** durch **Rechtsverordnung**, die nicht der Zustimmung des Bundesrats bedarf, u.a. nähere Bestimmungen über den Inhalt des „Registers Unabhängiger Honorar-Anlageberater", über die Mitwirkungspflichten der Institute bei der Führung des „Registers Unabhängiger Honorar-Anlageberater" sowie über den Nachweis nach § 93 Abs. 2 Satz 1 Nr. 3 WpHG (organisatorische Anforderungen gem. § 80 Abs. 7 WpHG) zu erlassen. Derartige Rechtsverordnungen existieren derzeit nicht.

23 Der Erlass der Rechtsverordnung steht im **Ermessen** des BMF.

24 Das Bundesministerium kann seine Ermächtigung nach Abs. 5 durch Rechtsverordnung gem. § 93 Abs. 6 WpHG auf die BaFin übertragen. Bislang hat eine Übertragung nicht stattgefunden.

25 Die Übertragung steht wiederum im **Ermessen** des BMF. Hat das BMF die Ermächtigung auf die BaFin übertragen, steht der Erlass der Rechtsverordnung im Ermessen der BaFin.

---

1 So auch *Ritz* in Just/Voß/Ritz/Becker, § 36c WpHG Rz. 9.
2 Begr. RegE, BT-Drucks. 17/12295, 23.
3 *Begr. RegE, BT-Drucks. 17/12295, 23.*
4 Begr. RegE, BT-Drucks. 17/12295, 26.
5 Begr. RegE, BT-Drucks. 17/12295, 16.

§ 94 Bezeichnungen zur Unabhängigen Honorar-Anlageberatung

(1) Die Bezeichnungen „Unabhängiger Honorar-Anlageberater", „Unabhängige Honorar-Anlageberaterin", „Unabhängige Honorar-Anlageberatung" oder „Unabhängiger Honoraranlageberater", „Unabhängige Honoraranlageberaterin", „Unabhängige Honoraranlageberatung" auch in abweichender Schreibweise oder eine Bezeichnung, in der diese Wörter enthalten sind, dürfen, soweit durch Gesetz nichts anderes bestimmt ist, in der Firma, als Zusatz zur Firma, zur Bezeichnung des Geschäftszwecks oder zu Werbezwecken nur Wertpapierdienstleistungsunternehmen führen, die im Register Unabhängiger Anlageberater nach § 93 eingetragen sind.

(2) Absatz 1 gilt nicht für Unternehmen, die die dort genannten Bezeichnungen in einem Zusammenhang führen, der den Anschein ausschließt, dass sie Wertpapierdienstleistungen erbringen. Wertpapierdienstleistungsunternehmen mit Sitz im Ausland dürfen bei ihrer Tätigkeit im Inland die in Absatz 1 genannten Bezeichnungen in der Firma, als Zusatz zur Firma, zur Bezeichnung des Geschäftszwecks oder zu Werbezwecken führen, wenn sie zur Führung dieser Bezeichnung in ihrem Sitzstaat berechtigt sind und sie die Bezeichnung um einen auf ihren Sitzstaat hinweisenden Zusatz ergänzen.

(3) Die Bundesanstalt entscheidet in Zweifelsfällen, ob ein Wertpapierdienstleistungsunternehmen zur Führung der in Absatz 1 genannten Bezeichnungen befugt ist. Sie hat ihre Entscheidungen dem Registergericht mitzuteilen.

(4) Die Vorschrift des § 43 des Kreditwesengesetzes ist entsprechend anzuwenden mit der Maßgabe, dass an die Stelle der Erlaubnis nach § 32 des Kreditwesengesetzes die Eintragung in das Register Unabhängiger Honorar-Anlageberater nach § 93 tritt.

In der Fassung des 2. FiMaNoG vom 23.6.2017 (BGBl. I 2017, 1693).

Schrifttum: S. § 93 WpHG.

I. Grundlagen 1	IV. Entscheidung der BaFin in Zweifelsfällen
1. Entstehung und europarechtlicher Rahmen ... 2	(§ 94 Abs. 3 WpHG) 21
2. Sinn und Zweck der Regelung 3	1. Entscheidungsbefugnis im Zweifelsfall ... 21
3. Regelungsinhalt 4	2. Rechtsnatur der Entscheidung und Bindungswirkung 23
II. Bezeichnungsschutz (§ 94 Abs. 1 WpHG) ... 8	3. Rechtsschutz 24
1. Voraussetzungen 8	4. Mitteilung an das Registergericht 25
2. Rechtsfolge und Umfang des Bezeichnungsschutzes 9	V. Entsprechende Anwendung der Registervorschriften in § 43 KWG (§ 94 Abs. 4 WpHG) .. 26
a) Bezeichnungen Unabhängiger Honorar-Anlageberatung 9	1. Nachweis der Eintragung im Register Unabhängiger Honorar-Anlageberater (§ 94 Abs. 4 WpHG i.V.m. § 43 Abs. 1 KWG) 27
b) „auch in abweichender Schreibweise" 10	
c) „eine Bezeichnung, in der diese Wörter enthalten sind" 11	2. Ordnungsgeldverfahren (§ 94 Abs. 4 WpHG i.V.m. § 43 Abs. 2 Satz 1 KWG) 29
d) Berufsbildfixierung 12	3. Löschungsverfahren (§ 94 Abs. 4 WpHG i.V.m. § 43 Abs. 2 Satz 2 KWG) 30
III. Ausnahmen (§ 94 Abs. 2 WpHG) 18	
1. Kein Bezeichnungsschutz bei fehlendem Anschein von Wertpapierdienstleistungen (§ 94 Abs. 2 Satz 1 WpHG) 18	4. Beteiligung der BaFin in Verfahren des Registergerichts (§ 94 Abs. 4 WpHG i.V.m. § 43 Abs. 3 KWG) 31
2. Wertpapierdienstleistungsunternehmen mit Sitz im Ausland (§ 94 Abs. 2 Satz 2 WpHG) ... 19	

I. Grundlagen. § 94 WpHG regelt einen **Bezeichnungsschutz** für Unabhängige Honoraranlageberater, die die BaFin in dem öffentlichen Register Unabhängiger Honorar-Anlageberater listet (vgl. § 93 WpHG Rz. 1). Die Voraussetzungen richten sich nach § 93 Abs. 2 WpHG. § 94 WpHG ist eng mit § 93 WpHG sowie mit § 64 Abs. 1, 5, 6 WpHG und § 80 Abs. 7 und 8 WpHG verknüpft. In ihrer Wirkungsweise und im Aufbau des Tatbestandes ähnelt die Vorschrift den §§ 39 bis 41 KWG, mit denen Bezeichnungen von Kreditinstituten (Bank und Sparkasse) geschützt werden. 1

Verstöße gegen die Vorgaben in § 93 Abs. 1 WpHG sind bußgeldbewehrt nach § 120 Abs. 8 Nr. 137, Abs. 20 WpHG mit bis zu 5 Mio. Euro bzw. bei juristischen Personen und Personenvereinigungen bis zu 10 % des der Behördenentscheidung vorangegangenen Gesamtjahresumsatzes mit einer möglichen Erhöhung bis zum Zweifachen des aus dem Verstoß gezogenen wirtschaftlichen Vorteils (vgl. § 120 WpHG Rz. 251). Eine Bekanntmachung des Verstoßes durch die BaFin (sog. *naming and shaming*) ist aber in § 126 Abs. 1 Satz 2 Nr. 1 WpHG ausdrücklich ausgenommen (vgl. § 126 WpHG Rz. 11).

1. Entstehung und europarechtlicher Rahmen. § 94 WpHG (§ 36d WpHG a.F.) entstammt wie § 93 WpHG (§ 36c WpHG a.F.) dem „Gesetz zur Förderung und Regulierung einer Honorarberatung über Finanzinstru- 2 mente vom 15.7.2013 (**Honoraranlageberatungsgesetz**)"[1]. Der deutsche Gesetzgeber orientierte sich dabei am Vorschlag der Europäischen Kommission vom 20.10.2011 zur Neufassung der Richtlinie des Europäischen Parlaments und des Rates über Märkte für Finanzinstrumente (MiFID)[2]. Die Kommission sah in ihrem Vorschlag unter dem Begriff der „unabhängigen Beratung" ein ähnliches Prinzip der honorarbasierten Anlageberatung vor[3]. Der deutsche Gesetzgeber unterließ allerdings zunächst, den Begriff der Unabhängigkeit in den Normtext aufzunehmen. Erst mit Inkrafttreten der **MiFID II** (RL 2014/65/EU)[4] hat der deutsche Gesetzgeber durch das 2. FiMaNoG die neue Terminologie der Unabhängigen Honorar-Anlageberatung übernommen. Aufgrund der ebenfalls mit dem 2. FiMaNoG erfolgten Neunummerierung des WpHG findet sich die Vorschrift nunmehr in § 94 WpHG mit entsprechenden redaktionellen Anpassungen[5]. Die europarechtlichen Vorgaben zur Unabhängigen Honorar-Anlageberatung sind mit dem 2. FiMaNoG im Wesentlichen in § 64 WpHG sowie in § 80 Abs. 7, 8 WpHG umgesetzt (dazu § 64 WpHG Rz. 2 ff. sowie § 80 WpHG Rz. 125 ff.; zur MiFID II vgl. auch § 93 WpHG Rz. 2 ff., 21). Da die Regelung in § 94 WpHG schon vor Inkrafttreten der MiFID II auf nationaler Ebene mit § 36d WpHG a.F. eingeführt worden ist, konnte Deutschland auch diese Regelung wie § 93 WpHG (§ 36c WpHG a.F.) der Kommission vorab gem. Art. 4 Abs. 3 DurchfRL Nr. 2006/73/EG[6] melden und auf Grundlage von Art. 24 Abs. 12 Unterabs. 5 RL 2014/65/EU unter neuer Bezeichnung beibehalten[7].

3 **2. Sinn und Zweck der Regelung.** Die Regelung dient dem **Verbraucherschutz**. Durch eine klar umrissene und eindeutige Bezeichnung sollen Kunden einerseits leicht erkennen, ob das Wertpapierdienstleistungsunternehmen eine **ausschließlich honorarbasierte Anlageberatung** anbietet und andererseits darauf vertrauen können, dass die Beratung den gesteigerten **Wohlverhaltenspflichten** an eine Honorar-Anlageberatung genügt[8]. Diese Wohlverhaltenspflichten waren bereits in § 31 Abs. 4 lit. b, c WpHG a.F. geregelt und finden sich nach der Novellierung durch das 2. FiMaNoG modifiziert in § 64 Abs. 1, 5 und 6 WpHG (dazu § 64 WpHG Rz. 9 ff., 63 ff.). Daneben sieht § 80 Abs. 7, 8 WpHG besondere Organisationspflichten vor. Die Anpassungen sind in Umsetzung von Art. 24 Abs. 4 lit. a, Abs. 7 RL 2014/65/EU erfolgt. Der Gesetzgeber des 2. FiMaNoG hat damit das unabhängige Erbringen von Anlageberatung im Sinne der MiFID II in das WpHG übernommen. Die geänderte Bezeichnung der Beratungsform soll dabei zum Ausdruck bringen, dass die Beratung unabhängig von Provisionszahlungen der Emittenten von Finanzinstrumenten erfolgt[9]. Das soll dem Kunden die Entscheidung darüber erleichtern, ob er unabhängige Honorar-Anlageberatung oder provisionsgestützte Beratung in Anspruch nehmen möchte.

4 **3. Regelungsinhalt. § 94 Abs. 1 WpHG** nennt die Begriffe, die dem Bezeichnungsschutz unterfallen. Die Bezeichnungen dürfen dabei nur von solchen Wertpapierdienstleistungsunternehmen geführt werden, die im Register Unabhängiger Honorar-Anlageberater nach § 93 WpHG eingetragen sind (dazu § 93 WpHG Rz. 1, 9 ff.).

5 **§ 94 Abs. 2 WpHG** regelt Ausnahmen von den Voraussetzungen nach Abs. 1. So ist bei Ausschluss einer Irreführung der Kunden eine Bezeichnung nach Abs. 1 trotz fehlender Registereintragung möglich (§ 94 Abs. 2 Satz 1 WpHG). Ausländische Wertpapierdienstleistungsunternehmen dürfen unter engen Voraussetzungen ebenfalls eine entsprechende Bezeichnung führen (§ 94 Abs. 2 Satz 2 WpHG).

6 **§ 94 Abs. 3 WpHG** räumt der BaFin die Befugnis ein, in Zweifelsfällen zu entscheiden, ob ein Wertpapierdienstleistungsunternehmen zum Führen einer Bezeichnung nach Abs. 1 berechtigt ist (§ 94 Abs. 3 Satz 1 WpHG). Entsprechende Entscheidungen hat die BaFin an das Registergericht mitzuteilen (§ 94 Abs. 3 Satz 2 WpHG).

7 **§ 94 Abs. 4 WpHG** erklärt schließlich die Registervorschriften gem. § 43 KWG für entsprechend anwendbar mit der Maßgabe, dass anstelle der Erlaubnis nach § 32 KWG die Registereintragung nach § 93 WpHG tritt.

8 **II. Bezeichnungsschutz (§ 94 Abs. 1 WpHG). 1. Voraussetzungen.** § 94 Abs. 1 WpHG setzt vorbehaltlich einer anderweitigen gesetzlichen Bestimmung voraus, dass das Wertpapierdienstleistungsunternehmen (§ 2

---

1 BGBl. I 2013, 2390.
2 Richtlinie 2004/39/EG des Europäischen Parlaments und des Rates vom 21.4.2004 über Märkte für Finanzinstrumente (...), ABl. EU Nr. L 145 v. 30.4.2004, S. 1.
3 Vorschlag für eine Richtlinie des Europäischen Parlaments und des Rates vom 20.10.2011 über Märkte für Finanzinstrumente zur Aufhebung der Richtlinie 2004/39/EG des Europäischen Parlaments und des Rates (Neufassung) KOM(2011) 656 endgültig, S. 31.
4 Richtlinie 2014/65/EU des Europäischen Parlaments und des Rates vom 15.5.2014 über Märkte für Finanzinstrumente sowie zur Änderung der Richtlinien 2002/92/EG und 2011/61/EU, ABl. EU Nr. L 174 v. 12.6.2014, S. 349.
5 Begr. RegE, BT-Drucks. 18/10936, 251.
6 Richtlinie 2006/73/EG der Kommission vom 10.8.2006 zur Durchführung der Richtlinie 2004/39/EG (MiFID) des Europäischen Parlaments und des Rates in Bezug auf die organisatorischen Anforderungen an Wertpapierfirmen und die Bedingungen für die Ausübung ihrer Tätigkeit sowie in Bezug auf die Definition bestimmter Begriffe für die Zwecke der genannten Richtlinie, ABl. EU Nr. L 241 v. 2.9.2006, S. 26.
7 Begr. RegE, BT-Drucks. 18/10936, 250.
8 Begr. RegE, BT-Drucks. 17/12295, 16.
9 Begr. RegE, BT-Drucks. 18/10936, 235.

Abs. 10 WpHG) im **Register Unabhängiger Honorar-Anlageberater**, das auf der Internetseite der BaFin einsehbar ist[1], nach Maßgabe von § 93 WpHG **eingetragen** ist. Die Eintragungsvoraussetzungen ergeben sich aus § 93 Abs. 2 WpHG (vgl. § 93 WpHG Rz. 9). § 94 Abs. 1 WpHG nennt insoweit zwar nur ein „Register Unabhängiger Anlageberater nach § 93"; also ohne den Zusatz „Honorar-". Dies hat aber keine inhaltlichen Auswirkungen, denn es handelt sich offensichtlich um ein redaktionelles Versehen des Gesetzgebers. Bereits in systematischer und historischer Auslegung (vorher hieß das Register Honorar-Anlageberaterregister) ergibt sich, dass damit nur der Verweis auf das in § 93 WpHG (§ 36c WpHG a.F.) geregelte Register Unabhängiger **Honorar**-Anlageberater gemeint sein kann (arg. e § 94 Abs. 4 und § 93 WpHG).

2. Rechtsfolge und Umfang des Bezeichnungsschutzes. a) Bezeichnungen Unabhängiger Honorar-Anlageberatung. In der Firma (§ 17 Abs. 1 HGB), als Zusatz zur Firma, zur Bezeichnung des Geschäftszwecks oder zu Werbezwecken sind für nach § 93 WpHG registrierte Wertpapierdienstleistungsunternehmen **ausdrücklich** folgende **Bezeichnungen zulässig** (mit Bindestrich und ohne):

– „Unabhängiger Honorar-Anlageberater", „Unabhängige Honorar-Anlageberaterin", „Unabhängige Honorar-Anlageberatung"

oder

– „Unabhängiger Honoraranlageberater", „Unabhängige Honoraranlageberaterin", „Unabhängige Honoraranlageberatung"

Zum Begriff der Unabhängigen Honorar-Anlageberatung vgl. § 93 WpHG Rz. 7.

Der Bezeichnungsschutz gilt im gesamten Geschäftsverkehr, wie aus der breiten Aufzählung in § 94 Abs. 1 WpHG deutlich wird.

b) „auch in abweichender Schreibweise". Darüber hinaus weitet § 94 Abs. 1 WpHG den Bezeichnungsschutz aus, indem die explizit genannten Bezeichnungen **grammatikalisch abgeändert** werden können wie z.B. durch die Verwendung anderer Groß- und Kleinschreibung oder durch weitere Bindestriche oder den Austausch von Wortteilen wie z.B. Anlage-Honorarberater[2]. Fraglich ist, ob bereits die Bezeichnung Honorarberater geschützt ist. Dagegen spricht, dass es sich hier eher um einen abweichenden Begriff handelt, der deutlich beschränkter ist. Dies wäre in dieser Sichtweise keine von den explizit in § 94 Abs. 1 WpHG genannten Bezeichnungen abweichende Schreibweise mehr.

c) „eine Bezeichnung, in der diese Wörter enthalten sind". Da darüber hinaus auch solche Bezeichnungen Schutz genießen, in denen die **Wörter der Unabhängigen Honorar-Anlageberatung enthalten** sind, ist von einem weiten Geltungsbereich auszugehen. Demnach dürften auch Adjektive darunter fallen oder zusammengesetzte Wörter. Fraglich ist, ob der Bezeichnungsschutz auch greift, wenn nur eine Teilmenge des gesetzlich geschützten Begriffes enthalten ist, beispielsweise die Bezeichnung „unabhängiger Anlageberater" oder „Honoraranlageberater". Der Wortlaut spricht dafür, dass auch eine Bezeichnung geschützt ist, die eines der beiden maßgeblichen Wörter („unabhängig" und „Honorar-Anlageberater") enthält. Der schwierigere Grenzfall ist, ob auch der **Begriff des Honorarberaters** dem Bezeichnungsschutz unterfällt. Der Wortlaut ist hier ambivalent: Nach ihm soll auch eine Bezeichnung geschützt sein, die die in § 94 Abs. 1 WpHG genannten Wörter wie z.B. Honoraranlageberater enthält. Beim Wort Honorarberater hingegen wären es nur 2 Wortteile vom Wort Honoraranlageberater und nicht das gesamte Wort. Sinn und Zweck des Bezeichnungsschutzes ist es, das Vertrauen in die unabhängige Honoraranlageberatung zu stärken, indem den Kunden die Wahl zwischen provisionsgestützter und honorarbasierter Anlageberatung erleichtert wird[3]. Es geht damit um eine Differenzierung zwischen Honoraranlageberatung und provisionsgestützter Anlageberatung. In der Literatur werden zu Recht Befürchtungen[4] geäußert, dass in der Praxis die Begriffe „Honorarberater" und „Berater" sowohl für eine provisionsgestützte als auch eine honorarbasierte Anlageberatung weiterhin verwandt würden und eine Verwechslungsgefahr berge. Der Begriff „Honorarberater" signalisiert bereits eine gegenüber dem „Berater" noch gesteigerte Verpflichtung auf die Interessen des Beratenen. Daher besteht die Verwechslungs- und Verwässerungsgefahr auch bei der Verwendung des Begriffs „Honorarberater". Demgegenüber unterfällt es nach Sinn und Zweck nicht dem Bezeichnungsschutz, den Begriff „Berater" zu verwenden. Im Vorfeld des Honoraranlageberatungsgesetzes forderte die Verbraucherzentrale den Begriff des Beraters im provisionsgestützten Bereich vollständig zu verbieten[5]. Der Gesetzgeber ist dem nicht gefolgt, er sah diese weitreichende Einschränkung nicht für erforderlich an; dies wohl in der Erwartung, dass der Anlegerschutz schon durch die Wahlmöglichkeit

---

1 Derzeit sind lediglich 19 Wertpapierdienstleistungsunternehmen im Register aufgeführt, abrufbar unter https://portal.mvp.bafin.de/database/HABInfo/, zuletzt abgerufen am 5.7.2018.
2 Dazu *Ritz* in Just/Voß/Ritz/Becker, § 36d WpHG Rz. 4.
3 Zum Streitstand *Ritz* in Just/Voß/Ritz/Becker, § 36d WpHG Rz. 4; *Möllers* in KölnKomm. WpHG, § 36d WpHG Rz. 52, *Tiefensee/Kuhlen*, WM 2014, 2105, 2106 f.
4 *Möllers* in KölnKomm. WpHG, § 36d WpHG Rz. 52.
5 Verbraucherzentrale Bundesverband eV Stellungnahme vom 19.11.2012, S. 5 f., abrufbar unter: https://www.vzbv.de/sites/default/files/downloads/Honoraranlageberatungsgesetz-Entwurf-Stellungnahme-vzbv-2012-11-19.pdf, zuletzt abgerufen am 5.7.2018.

zwischen gewöhnlicher „Anlageberatung" und „Unabhängiger Honorar-Anlageberatung" ausreichend gewährleistet sei. Zusätzlich sind Wertpapierdienstleistungsunternehmen nach § 64 Abs. 1 Satz 1 Nr. 1 WpHG verpflichtet, den Kunden rechtzeitig vor der Beratung und in verständlicher Form darüber zu informieren, ob die Anlageberatung unabhängig erbracht wird oder nicht. Es darf bezweifelt werden, ob die hiermit aufgerufenen formularmäßigen und gerade für besonders schutzbedürftige Verbraucher kaum durchschaubaren Standarderklärungen ausreichen, die Auswüchse an problematischem Verhalten, die den Finanzsektor geprägt hat, künftig zu unterbinden. Generell dürfte der Weg der Transparenz nur dann zielführend sein, wenn es sich um maximale und konkrete Transparenz handelt, beispielsweise wenn Kickbacks, Vertriebsprämien, „Innenprovisionen" und ähnliches nicht lediglich abstrakt verbrämend offen gelegt werden, sondern konkret einschließlich einer Angabe ihrer konkreten Höhe in der Einzeltransaktion.

12   **d) Berufsbildfixierung.** Zweifelhaft ist, ob die unabhängige Honorar-Anlageberatung durch den Gesetzgeber als **eigenes Berufsbild** etabliert worden ist oder lediglich eine Ausübungsform der Anlageberatung eines Wertpapierdienstleistungsunternehmens darstellt. Die diesbezüglichen Vorschriften im WpHG und dabei insbesondere der Bezeichnungsschutz wären dann als reine Berufsausübungsregelungen hinsichtlich des Berufes des Wertpapierdienstleistungsunternehmens zu qualifizieren[1]. Dies hat Folgeauswirkungen auf die Anforderungen an die verfassungsrechtliche Rechtfertigung der diesbezüglichen Eingriffe in Art. 12 Abs. 1 GG nach Maßgabe der Drei-Stufen-Lehre[2] des BVerfG.

13   Der Regulierungsrahmen regelt mit dem Kreditinstitut und dem Finanzdienstleistungsinstitut die grundlegenden Berufsbilder, innerhalb derer die Anlageberatung erbracht werden kann. Rechtliche Berufsbildfixierungen sind zulässig. Das BVerfG hat in seinem berühmten Apothekenurteil zwar eine weite Berufsbegriff definiert. Danach gewährleiste Art. 12 Abs. 1 GG dem Einzelnen, als Beruf jede erlaubte Tätigkeit[3] zu ergreifen, auch wenn sie nicht einem traditionell oder rechtlich fixierten „Berufsbild"[4] entspricht[5]. In einer Reihe weiterer Entscheidungen hat das BVerfG klargestellt, dass der Sinn gesetzlicher Zulassungsbestimmungen gerade darin bestehe, dass die Ausführung bestimmter beruflicher Tätigkeiten an die Erfüllung von Zulassungsvoraussetzungen gebunden sei, also für diejenigen, die diese Voraussetzungen erfüllen, „monopolisiert" wird[6]. Daher sei es nur die selbstverständliche Folge für alle anderen, die die Zulassungsvoraussetzungen nicht erfüllen, dass sie von der Ausübung der so „monopolisierten" Tätigkeit ausgeschlossen bleiben[7]. Die Zulässigkeit dieses Ausschlusses ergäbe sich grundsätzlich aus der Legitimität der Zulassungsvoraussetzungen und damit des „Monopolberuf" selbst[8]. Zudem muss derjenige, der einen solchen Beruf wählt, ihn so nehmen, wie er gesetzlich determiniert ist; dies bedeutet nach Auffassung des BVerfG, dass er die konkretisierten und formalisierten rechtlichen Voraussetzungen erfüllen müsse[9]. Dadurch werde das Recht der Berufswahl in diesem Bereich verengt, wenn nicht sogar teils ausgeschlossen, wenn dies der Sache nach geboten ist[10]. Die vom Gesetzgeber dabei zu wahrende Grenze sei der Verhältnismäßigkeitsgrundsatz[11].

14   Eine eigene Erlaubnispflicht für das Erbringen unabhängiger Honorar-Anlageberatung ist im Gesetz nicht vorgesehen. Vielmehr erfasst die **schriftliche Erlaubnis der BaFin** zum gewerbsmäßigen Erbringen von Finanzdienstleistungen (bzw. in einem Geschäftsbetrieb) gem. § 32 Abs. 1 Satz 1 KWG die Anlageberatung nach § 1 Abs. 1a Satz 2 Nr. 1a KWG, die wiederum ihrerseits neben die provisionsgestützten Anlageberatung umfasst. Nach der Legaldefinition in § 1 Abs. 1a Satz 2 Nr. 1a KWG befasst sich die Tätigkeit des Anlageberaters mit der Abgabe von persönlichen Empfehlungen an Kunden oder deren Vertreter, die sich auf Geschäfte mit bestimmten Finanzinstrumenten beziehen, sofern die Empfehlung auf eine Prüfung der persönlichen Umstände des Anlegers gestützt oder als für ihn geeignet dargestellt wird und nicht ausschließlich über Informationsverbreitungskanäle oder für die Öffentlichkeit bekannt gegeben wird. Das WpHG konkretisiert die Anlageberatung in § 2 Abs. 8 Satz 1 Nr. 10 WpHG dahingehend, dass es sich um persönliche Empfehlungen

---

1   Im Kassenarzturteil hat das BVerfG z.B. den Kassenarzt nicht als besonderen Beruf anerkannt, sondern als Ausübungsform des Berufs eines freipraktizierenden Arztes angesehen und die Zulassung zur Kassenpraxis lediglich als Berufsausübungsregelung eingeordnet, BVerfG v. 23.3.1960 – 1 BvR 216/51, BVerfGE 11, 30, 41.
2   Die Drei-Stufen-Lehre hat das BVerfG als typisierte Verhältnismäßigkeitsprüfung bei Eingriffen in die Berufsfreiheit im Apothekenurteil entwickelt, BVerfG v. 11.6.1958 – 1 BvR 596/56, BVerfGE 7, 377, 397.
3   Beispiele wie „Heilmagnetisieren" oder „Ethikberatung" nennt *Mannsen* in v. Mangoldt/Klein/Starck, Art. 12 GG Rz. 45.
4   Ausführlich zur Lehre vom Berufsbild *Scholz* in Maunz/Dürig, Art. 12 GG Rz. 280 ff.
5   BVerfG v. 11.6.1958 – 1 BvR 596/56, BVerfGE 7, 377, 397.
6   BVerfG v. 7.1.1959 – 1 BvR 100/57, BVerfGE 9, 73, 78; BVerfG v. 17.7.1961 – 1 BvL 44/55, BVerfGE 13, 97, 106; BVerfG v. 15.2.1967 – 1 BvR 469, 589/62, BVerfGE 21, 173, 180; vgl. zur verfassungsrechtlichen Vereinbarkeit rechtlich fixierter Berufsbilder auch BVerfG v. 25.2.1969 – 1 BvR 224/67, BVerfGE 25, 236, 247; BVerfG v. 28.7.1971 – 1 BvR 40/69 u.a., BVerfGE 32, 1, 36; BVerfG v. 1.2.1973 – 1 BvR 426/72 u.a., BVerfGE 34, 252, 256; BVerfG v. 5.5.1987 – 1 BvR 724/81, BVerfGE 75, 246, 265.
7   BVerfG v. 17.7.1961 – 1 BvL 44/55, BVerfGE 13, 97, 106.
8   BVerfG v. 7.1.1959 – 1 BvR 100/57, BVerfGE 9, 73, 78.
9   BVerfG v. 15.2.1967 – 1 BvR 469, 589/62, BVerfGE 21, 173, 180 f.
10 BVerfG v. 17.7.1961 – 1 BvL 44/55 BVerfGE 13, 97, 106.
11 BVerfG v. 15.2.1967 – 1 BvR 469, 589/62, BVerfGE 21, 173, 180 f.

i.S.v. Art. 9 DelVO 2017/565 handeln muss (vgl. dazu § 93 WpHG Rz. 21). Die unabhängige Honorar-Anlageberatung ist in § 64 Abs. 1 Satz 1 Nr. 1 WpHG legaldefiniert als Anlageberatung, die unabhängig erbracht wird, d.h. ohne Zuwendungen von Dritten wie beispielsweise Emittenten eines Finanzinstruments. Hauptunterscheidungsmerkmal zwischen honorarbasierter und provisionsgestützter Honoraranlageberatung ist damit die Person des Zahlenden. Für den unabhängigen Honorar-Anlageberater sind daneben detailreiche Verhaltens- (vgl. § 64 WpHG Rz. 63 ff.) und Organisationspflichten (vgl. § 80 WpHG Rz. 125 ff.) vorgeschrieben. So darf sich gem. § 64 Abs. 5 Satz 1 Nr. 2 WpHG die Unabhängige Honorar-Anlageberatung allein durch den Kunden vergüten lassen und nach § 80 Abs. 7 Satz 1 WpHG darf ein Wertpapierdienstleistungsunternehmen die Anlageberatung nur dann als Unabhängige Honorar-Anlageberatung erbringen, wenn es ausschließlich Unabhängige Honorar-Anlageberatung erbringt oder wenn es die Unabhängige Honorar-Anlageberatung organisatorisch, funktional und personell von der übrigen Anlageberatung trennt.

Der **Bezeichnungsschutz** nach § 94 Abs. 1 WpHG umfasst dabei nur solche Wertpapierdienstleistungsunternehmen, die unter Einhaltung der Voraussetzungen von § 93 Abs. 2 WpHG im Register Unabhängiger Honorar-Anlageberater registriert sind. Auch wenn das Verwenden der Bezeichnungen damit nur Wertpapierdienstleistungsunternehmen vorbehalten ist, die bei der BaFin registriert sind, bedeutet dies nicht eine derart monopolisierte Tätigkeit, dass die Berufswahl ausgeschlossen ist, wenn die Voraussetzungen nicht erfüllt sind. Die Vorschrift verbietet eine Tätigkeit als unabhängiger Honorar-Anlageberater nicht, sie **verbietet lediglich das Verwenden der Bezeichnung.** Das Unternehmen kann sich beispielsweise (Honorar-)Berater nennen (dazu bereits Rz. 9 f.) und unter dieser Bezeichnung seine Beratungsleistungen erbringen.

Zudem ist auch die **Eintragung** in das Register Unabhängiger Honorar-Anlageberater nach § 93 Abs. 1 WpHG **keine zwingende Voraussetzung**, um diese Anlageberatungstätigkeit auszuüben, denn die Eintragung ist nicht Pflicht, sondern erfolgt nur auf Antrag (vgl. § 93 WpHG Rz. 9). Das Wertpapierdienstleistungsunternehmen hat dabei allerdings die Verhaltens- und Organisationspflichten nach § 64 Abs. 1, 5 und 6 WpHG sowie § 80 Abs. 6 und 7 WpHG weiterhin zu wahren. Zuwiderhandlungen gegen die Verhaltenspflichten in § 64 Abs. 5 Satz 1 Nr. 1 WpHG sind sogar bußgeldbewehrt in § 120 Abs. 8 Nr. 42 WpHG (vgl. § 120 WpHG Rz. 203) mit bis zu 5 Mio. Euro bzw. bei juristischen Personen und Personenvereinigungen mit bis zu 10 % des der Behördenentscheidung vorangegangenen Gesamtjahresumsatzes mit einer möglichen Erhöhung bis zum Zweifachen des aus dem Verstoß gezogenen wirtschaftlichen Vorteils (§ 120 Abs. 20 WpHG). Die **Organisationspflichten nach § 80 Abs. 7 und 8 WpHG** fixieren ebenfalls **kein eigenes Berufsbild** des unabhängigen Honorar-Anlageberaters. Zwar ist deren Einhaltung durch das Wertpapierdienstleistungsunternehmen im Rahmen von §§ 32, 33 Abs. 1 Satz 1 Nr. 7 KWG, § 25a Abs. 1 Satz 1 KWG i.V.m. § 80 Abs. 6 und 7 WpHG bei der Erlaubniserteilung zu berücksichtigen, so dass an dieser Stelle überlegt werden könnte, ob dies dafür spricht, dass der Gesetzgeber auch den Unabhängigen Honorar-Anlageberater als eigenes Berufsbild anerkennt, das eigenen Zulassungsvoraussetzungen unterliegt. Jedoch ist insofern zu beachten, dass der Versagungsgrund in § 33 Abs. 1 Satz 1 Nr. 7 KWG nicht ausschließlich mangelnde organisatorische Vorkehrungen bei der unabhängigen Honorar-Anlageberatung in Bezug nimmt, sondern sämtliche Organisationsvorkehrungen, je nach beantragter Erlaubnis.

Betrachtet man die Unabhängige Honorar-Anlageberatung damit als eine **Ausübungsform der Anlageberatung durch ein Wertpapierdienstleistungsunternehmen**, so dürfte es sich bei diesen Vorgaben um reine Berufsausübungsregeln handeln, die Art und Weise der Berufstätigkeit eines Anlageberaters regeln[1]. Der damit verbundene Eingriff in Art. 12 Abs. 1 Satz 1 GG ist durch die vernünftige **Allgemeinwohlerwägung des Anlegerschutzes** verfassungsrechtlich gerechtfertigt. Für die verfassungsrechtliche Rechtfertigung von Berufsausübungsregeln reicht es im Rahmen von Art. 12 Abs. 1 Satz 2 GG nach der Drei-Stufen-Lehre des BVerfG wegen der geringen Eingriffsintensität, wenn die Berufsausübungsregeln auf Grund vernünftiger Allgemeinwohlerwägungen zweckmäßig erscheinen (1. Stufe)[2]. Etwas anderes – eine höhere Stufe – würde allerdings dann gelten, wenn sich in der gesellschaftlichen Realität ein klares eigenständiges und abgegrenztes Berufsbild einer unabhängigen Anlageberatung ergeben würde. Allein aus dem gesetzlichen Bezeichnungsschutz folgt ein solches noch nicht und an einem entsprechenden gesellschaftlichen Substrat fehlt es bislang.

III. Ausnahmen (§ 94 Abs. 2 WpHG). 1. Kein Bezeichnungsschutz bei fehlendem Anschein von Wertpapierdienstleistungen (§ 94 Abs. 2 Satz 1 WpHG). Die Ausnahme in § 94 Abs. 2 Satz 1 WpHG sieht vor, dass Unternehmen dann ohne Eintragung im Register Unabhängiger Honoraranlageberater eine Bezeichnung nach § 94 Abs. 1 WpHG führen dürfen, wenn dies in einem Zusammenhang erfolgt, der den Anschein ausschließt, dass das Unternehmen Wertpapierdienstleistungen erbringt. In diesem Fall existiert das von § 94 Abs. 1 WpHG erfasste Schutzbedürfnis nicht, denn eine Verwechslungsgefahr ist dann gerade nicht zu befürchten. Dafür muss **eindeutig erkennbar** sein, dass die **Bezeichnung nicht im Zusammenhang mit einer Wertpapierdienstleistung** erfolgt. In Abweichung zu Satz 2 sind Regelungsadressaten „Unternehmen" wie auch in

---

[1] BVerfG v. 11.6.1958 – 1 BvR 596/56, BVerfGE 7, 377, 405.
[2] BVerfG v. 11.6.1958 – 1 BvR 596/56, BVerfGE 7, 377, 405 f.; BVerfG v. 23.3.1971 – 1 BvL 25/61 und 3/62, BVerfGE 30, 336, 351.

der Parallelvorschrift in § 41 Satz 1 KWG. Ob ein solcher **Anschein** ausgeschlossen ist, beurteilt sich nach dem **Verständnis durchschnittlicher Verkehrskreise**[1]. Aus der Sicht eines erheblichen Teils des betroffenen Personenkreises darf zwischen dem Führen der Bezeichnung und der Tätigkeit kein dahingehender Zusammenhang bestehen, dass das Unternehmen Wertpapierdienstleistungen erbringe[2]. Im Rahmen von § 41 Satz 1 KWG werden dabei strenge Anforderungen an den Maßstab bei der Prüfung des Anscheins, es werden Bankgeschäfte betrieben, angelegt[3]. Diese Anforderungen lassen sich auch auf den Ausnahmetatbestand in § 94 Abs. 2 Satz 1 WpHG übertragen.

19 **2. Wertpapierdienstleistungsunternehmen mit Sitz im Ausland (§ 94 Abs. 2 Satz 2 WpHG).** Die zweite Ausnahme bezieht sich auf Wertpapierdienstleistungsunternehmen, die ihren Sitz im Ausland haben und nach dem Recht des Sitzstaates zum Führen einer entsprechenden Bezeichnung berechtigt sind und dies durch einen Zusatz kenntlich machen, § 94 Abs. 2 Satz 2 WpHG. Der **Zusatz** muss dabei erkennen lassen, dass es sich um ein nicht unter der deutschen Finanzdienstleistungsaufsicht stehendes Unternehmen handelt; dazu muss der Zusatz auf den **ausländischen Sitzstaat** oder zumindest auf eine **klar ausländische Ortsbezeichnung** hinweisen[4]. Fremdsprachige Teile von Firmenbezeichnungen reichen dazu nicht, denn daraus geht der Sitzstaat nicht eindeutig hervor[5].

20 Problematisch ist, ob auch EU-Wertpapierdienstleistungsunternehmen bei **grenzüberschreitender Anlageberatung** einen solchen Zusatz führen müssen, denn seit Inkrafttreten der MiFID II dürfen Wertpapierdienstleistungsunternehmen unionsweit unabhängige Honorar-Anlageberatung erbringen (Art. 24 Abs. 4 lit. a, Abs. 7 RL 2014/65/EU). Die Pflicht zum Führen eines Zusatzes nach § 94 Abs. 2 Satz 2 WpHG könnte in diesem Zusammenhang die Dienstleistungsfreiheit nach Art. 56 AEUV beschränken[6]. Beschränkungen sind alle Maßnahmen, die die Ausübung der Dienstleistungsfreiheit „unterbinden, behindern oder weniger attraktiv machen"[7]. Allenfalls könnte das Führen des Zusatzes nach § 94 Abs. 2 Satz 2 WpHG die Ausübung der Dienstleistungsfreiheit weniger attraktiv machen und eine offene Diskriminierung darstellen. Da es für das Unternehmen leicht sein dürfte, einen solchen Zusatz anzufügen, ist die Beschränkung von eher geringer Intensität. Sie dürfte jedenfalls durch die immanente Verbotsschranke des zwingenden Allgemeininteresses an einem effektiven Anlegerschutz gerechtfertigt sein. Denn für den Kunden ist es von ausschlaggebender Bedeutung (gerade im Hinblick auf mögliche Rechtsstreitigkeiten), dass er sofort erkennen kann, wo sich der Sitz des beratenden Unternehmens befindet.

21 **IV. Entscheidung der BaFin in Zweifelsfällen (§ 94 Abs. 3 WpHG). 1. Entscheidungsbefugnis im Zweifelsfall.** Die Vorschrift in § 94 Abs. 3 Satz 1 WpHG räumt der BaFin die Befugnis ein, in Zweifelsfällen darüber zu entscheiden, ob ein Unternehmen eine Bezeichnung nach § 94 Abs. 1 WpHG führen darf. Die Vorschrift ähnelt § 42 KWG. Der **Begriff des Zweifelsfalles** ist auslegungsbedürftig. Im Rahmen von § 42 KWG wird ein objektiver Maßstab angelegt[8]. Ein solcher dürfte auch bei der Auslegung des Begriffes „Zweifelsfall" in § 94 Abs. 3 Satz 1 WpHG anzulegen sein. Es bedarf damit auch hier in objektiver Betrachtungsweise eines konkreten Zweifelfalles, der sich auf die rechtlichen oder tatsächlichen Voraussetzungen für den zulässigen Gebrauch der geschützten Bezeichnung im gesamten Geschäftsverkehr beziehen muss[9]. Nach der Systematik der Vorschrift sowie ihrem Sinn und Zweck sind damit vor allem solche Fälle bedacht, in denen eine Abgrenzung im Rahmen von § 94 Abs. 1 Fall 2 und 3 WpHG („abweichende Schreibweise", „Bezeichnungen, in denen die Wörter nach Abs. 1 enthalten sind") sowie insbesondere zu der Ausnahme nach § 94 Abs. 2 Satz 1 WpHG. Denn gerade in diesen Fällen kann es zu einer Unsicherheit kommen, ob der Begriff den Anforderungen nach § 94 Abs. 1 WpHG gerecht wird.

22 Die BaFin muss dabei **von Amts wegen** tätig werden. Dies schließt selbstverständlich nicht aus, dass sie auch auf Antrag hin tätig wird[10]. Ein subjektives Recht auf eine Entscheidung verleiht die Norm allerdings lediglich dem antragstellenden Unternehmen, nicht den Wettbewerbern, denn die Vorschrift schützt das öffentliche In-

---

1 *Ritz* in Just/Voß/Ritz/Becker, § 36d WpHG Rz. 11; BayObLG v. 4.2.1988 – BReg.3 Z 155/87, WM 1988, 664, 666; *Kohl* in Schwennicke/Auerbach, § 41 KWG Rz. 7 f.
2 *Ritz* in Just/Voß/Ritz/Becker, § 36d WpHG Rz. 11.
3 *Kohl* in Schwennicke/Auerbach, § 41 KWG Rz. 8 f. mit Verweis auf die gutachterliche Stellungnahme der Deutschen Industrie- und Handelskammer zum Bezeichnungsschutz nach dem KWG aus März 1973; dazu auch *Ritz* in Just/Voß/Ritz/Becker, § 36d WpHG Rz. 11.
4 *Ritz* in Just/Voß/Ritz/Becker, § 36d WpHG Rz. 16.
5 So auch *Kohl* in Schwennicke/Auerbach § 41 KWG Rz. 19; *Ritz* in Just/Voß/Ritz/Becker, § 36d WpHG Rz. 16; *Fischer* in Boos/Fischer/Schulte-Mattler, KWG, CRR-VO, § 41 KWG Rz. 9.
6 So insbesondere *Ritz* in Just/Voß/Ritz/Becker, § 36d WpHG Rz. 14.
7 EuGH v. 15.1.2002 – Rs. C-439/99 – Kommission/Italien, Slg. 2002, I-305 Rz. 22; *Müller-Graff* in Streinz, EUV/AEUV, Art. 56 AEUV Rz. 70.
8 *Kohl* in Schwennicke/Auerbach, § 42 KWG Rz. 6 sowie § 4 KWG Rz. 4 f.; *Samm/Schneider* in Beck/Samm/Kokemoor, KWG CRR, § 42 KWG Rz. 3.
9 Zu § 42 KWG *Kohl* in Schwennicke/Auerbach, § 42 KWG Rz. 6.
10 *Ritz* in Just/Voß/Ritz/Becker, § 36d WpHG Rz. 17.

teresse an einem effektiven Anlegerschutz. Dies schließt ein subjektives Recht auf Entscheidung des Betroffenen normstrukturell nicht aus. Daneben agiert die BaFin lediglich im öffentlichen Interesse. Dies ergibt sich aus § 4 Abs. 4 FinDAG.

2. Rechtsnatur der Entscheidung und Bindungswirkung. Die BaFin entscheidet nach § 94 Abs. 3 Satz 1 WpHG durch **feststellenden Verwaltungsakt**[1]. § 35 VwVfG umfasst im Wesentlichen neben befehlenden (also vollstreckungsfähigen) und gestaltenden Verwaltungsakten auch rein feststellende Verwaltungsakte als Handlungsmöglichkeiten einer Behörde[2]. 23

Eine **Bindung anderer Behörden** an den Verwaltungsakt der BaFin **besteht nicht**. Dies ergibt sich aus dem Wortlaut und einer systematischen Auslegung mit § 4 Satz 2 KWG. In dieser Vorschrift ist ausdrücklich geregelt, dass die Entscheidungen der BaFin bei Zweifelsfällen (§ 4 Satz 1 KWG) andere Verwaltungsbehörden binden. Eine solche Regelung existiert in § 94 Abs. 3 WpHG dagegen nicht, so dass im Umkehrschluss folgt, dass der Gesetzgeber in diesem Fall eine Bindungswirkung gerade nicht möchte.

Hinsichtlich der Firmenbezeichnung kommt hinzu, dass lediglich die Registergerichte mit Durchsetzungsbefugnissen ausgestattet sind. Damit bleibt eine Firma, die beispielsweise im Handelsregister für ein Unternehmen eingetragen ist (z.B. nach § 10 GmbHG), weiterhin wirksam, auch wenn sie nicht unter den Bezeichnungsschutz fällt[3]. Die BaFin kann allerdings ein Löschungsverfahren nach Maßgabe von § 94 Abs. 4 WpHG i.V.m. § 43 KWG anregen (dazu Rz. 30). Eine nach § 94 WpHG unzulässige Firma ist nach Maßgabe von § 3 Abs. 1, 2 UWG gleichzeitig eine unlautere Wettbewerbshandlung.

3. Rechtsschutz. Das unmittelbar betroffene Unternehmen kann die Entscheidung mit den **allgemeinen Rechtsbehelfen**, insbesondere mit Anfechtungswiderspruch (§§ 68 ff. VwGO) und Anfechtungsklage (§ 42 Abs. 1 Fall 1 VwGO) angreifen. 24

4. Mitteilung an das Registergericht. Nach § 94 Abs. 3 Satz 2 WpHG hat die BaFin ihre Entscheidung dem Registergericht mitzuteilen, wobei dies bei einer Auslegung nach Sinn und Zweck beschränkt sein dürfte auf Entscheidungen hinsichtlich des Gebrauchs der geschützten Bezeichnung als Teil einer **Firma oder als Firmenzusatz**[4]. Dies ergibt sich aus der Aufgabenzuweisung für die Registergerichte. **Registergericht** ist dabei das AG, das nach §§ 374 ff. FamFG das jeweilige Register wie etwa das Handelsregister, Vereinsregister oder Genossenschaftsregister führt. 25

V. Entsprechende Anwendung der Registervorschriften in § 43 KWG (§ 94 Abs. 4 WpHG). § 94 Abs. 4 WpHG erklärt die Registervorschriften nach § 43 KWG für entsprechend anwendbar mit der Maßgabe, dass an die Stelle der Erlaubnis nach § 32 KWG die Registereintragung nach § 93 WpHG tritt. § 94 Abs. 4 KWG ist eine **Sondervorschrift**, die die Aufgaben des Registergerichts nach §§ 374 ff. FamFG, § 8 HGB, § 23a Abs. 2 Nr. 3 und 4 GVG i.V.m. §§ 376 Abs. 1, 377 FamFG, § 55 BGB erweitert[5]. Die Vorschrift dient dazu, den Bezeichnungsschutz nach § 94 Abs. 1 WpHG wirksam durchzusetzen[6]. 26

1. Nachweis der Eintragung im Register Unabhängiger Honorar-Anlageberater (§ 94 Abs. 4 WpHG i.V.m. § 43 Abs. 1 KWG). Eine Eintragung in das Handels-, Genossenschafts- oder Vereinsregister ist nur dann möglich, wenn das Wertpapierdienstleistungsunternehmen dem Registergericht die **Eintragung** in das von der BaFin nach § 93 WpHG geführte Register Unabhängiger Honorar-Anlageberater **nachweist**. Dies führt mittelbar auch zu einer Durchsetzung der Erlaubnispflicht nach § 32 KWG, denn die Erlaubnis nach dem KWG ist Voraussetzung für die Eintragung in das Register Unabhängiger Honorar-Anlageberater nach § 93 Abs. 2 WpHG (vgl. § 93 WpHG Rz. 9, 12 f.). 27

Das Registergericht prüft **von Amts wegen**, ob eine Eintragung vorliegt. Dies ist leicht möglich, indem es die Internetseite[7] der BaFin einsieht. Der **Prüfungsumfang** umfasst alle tatsächlichen und rechtlichen Voraussetzungen; dafür können vor allem die Firma, der Geschäftszweck, die Satzung sowie sonstige Umstände Erkenntnisquellen sein[8]. Die Zulässigkeit der Firma prüft das Registergericht dabei aus eigener Prüfungsbefugnis, ohne an die Entscheidung der BaFin gebunden zu sein[9]. 28

2. Ordnungsgeldverfahren (§ 94 Abs. 4 WpHG i.V.m. § 43 Abs. 2 Satz 1 KWG). Die Vorschrift in § 94 Abs. 4 WpHG i.V.m. § 43 Abs. 2 Satz 1 KWG regelt, dass das Registergericht zwingend ein **Ordnungsgeld** festzusetzen hat, wenn das Unternehmen eine unzulässige Firma oder einen unzulässigen Bestandteil der Firma 29

---

1 *Ritz* in Just/Voß/Ritz/Becker, § 36d WpHG Rz. 18.
2 Dazu ausführlich *Stelkens* in Stelkens/Bonk/Sachs, 9. Aufl. 2018, § 35 VwVfG Rz. 219 f.
3 *Ritz* in Just/Voß/Ritz/Becker, § 36d WpHG Rz. 18.
4 So *Ritz* in Just/Voß/Ritz/Becker, § 36d WpHG Rz. 21; *Kohl* in Schwennicke/Auerbach, § 42 KWG Rz. 12 m.w.N.
5 Dazu *Ritz* in Just/Voß/Ritz/Becker, § 36d WpHG Rz. 22.
6 *Ritz* in Just/Voß/Ritz/Becker, § 36d WpHG Rz. 22.
7 Derzeit sind lediglich 19 Wertpapierdienstleistungsunternehmen im Register aufgeführt, abrufbar unter https://portal.mvp.bafin.de/database/HABInfo/, zuletzt abgerufen am 5.7.20182018.
8 Dazu *Ritz* in Just/Voß/Ritz/Becker, § 36d WpHG Rz. 24.
9 BGH v. 1.6.1970 – II ZB 4/69, WM 1970, 983, 985; dazu *Habetha* in Schwennicke/Auerbach, § 43 KWG Rz. 20.

(§§ 17, 18 Abs. 2, 19 Abs. 1, 2, 37 HGB) gebraucht, wobei der Gebrauch sowohl im Geschäftsverkehr außerhalb des Handels-, Genossenschafts- oder Vereinsregisters gemeint ist als auch durch das Herbeiführen und Dulden eines Handelsregistereintragung[1].

30 **3. Löschungsverfahren (§ 94 Abs. 4 WpHG i.V.m. § 43 Abs. 2 Satz 2 KWG).** Daneben bleibt nach § 94 Abs. 4 WpHG i.V.m. § 43 Abs. 2 Satz 2 KWG das **Löschungsverfahren** gem. § 395 FamFG unberührt, wenn ein Verstoß gegen § 94 Abs. 1 WpHG vorliegt. § 395 FamFG regelt an sich nur ein im Ermessen des Registergerichts liegendes Löschungsverfahren ("kann löschen"). Das Ermessen ist allerdings dann auf Null reduziert, wenn die Löschung im öffentlichen Interesse an der Richtigkeit und Vollständigkeit des Registers oder im Interesse der Beteiligten geboten ist[2]. Es ist dann die gesamte Firma oder ein Firmenzusatz zu löschen[3].

31 **4. Beteiligung der BaFin in Verfahren des Registergerichts (§ 94 Abs. 4 WpHG i.V.m. § 43 Abs. 3 KWG).** Als Ausgleich zur fehlenden Bindungswirkung der Entscheidung der **BaFin** kann diese nach § 94 Abs. 4 WpHG i.V.m. § 43 Abs. 3 KWG in Verfahren des Registergerichts, die sich auf die Eintragung oder Änderung der Rechtsverhältnisse oder der Firma eines Unternehmens beziehen, **Anträge stellen** und die nach dem FamFG **zulässigen Rechtsbehelfe** einlegen. Sie kann z.B. beantragen, einen Antrag auf Eintragung einer Firma zurückzuweisen, eine unzulässige Firma zu löschen oder ein Ordnungsgeld festzusetzen; folgende Rechtsbehelfe stehen der BaFin zur Verfügung[4], wobei Voraussetzung ist, dass die BaFin gemessen an ihrer Rechtsauffassung beschwert ist:

– die Beschwerde gegen eine Eintragungsverfügung und die Rechtspflegeerinnerung (§ 11 Abs. 1 und Abs. 2 RPflG, §§ 58 ff. FamFG)
– der Widerspruch gegen eine Löschungsverfügung nach § 399 Abs. 2 FamFG
– die Beschwerde gegen die den Widerspruch der BaFin zurückweisende Entscheidung
– die Rechtsbeschwerde nach §§ 70 ff. FamFG
– Beschwerde gegen eine dem Widerspruch des antragstellenden Unternehmens stattgebende Entscheidung
– im Ordnungsgeldverfahren Einspruch gegen die Ordnungsgeldverfügung (§§ 392, 390 FamFG)
– Beschwerde gegen den Beschluss, der den Einspruch verwirft (§§ 392, 391 Abs. 1, 58 ff. FamFG)
– Rechtsbeschwerde gegen die Entscheidung, die den Einspruch zurückweist (§§ 70 ff. FamFG)
– Beschwerde gegen die Zurückweisung des Antrags auf Erlass einer Ordnungsgeldverfügung (§§ 58 ff. FamFG).

Unter Rechtsverhältnissen i.S.v. § 43 Abs. 3 KWG sind alle satzungsmäßigen Bestimmungen, vor allem der Gesellschaftszweck und Unternehmensgegenstand zu verstehen und die „Firma" i.S.d. Vorschrift umfasst auch Firmenzusätze[5].

§ 95 Ausnahmen

§ 63 Absatz 1 und 3 bis 7 und 9, § 56 Absatz 1 sowie der §§ 69, 70 und 82 gelten nicht für Geschäfte, die an organisierten Märkten oder in multilateralen Handelssystemen zwischen Wertpapierdienstleistungsunternehmen oder zwischen diesen und sonstigen Mitgliedern oder Teilnehmern dieser Märkte oder Systeme geschlossen werden. Wird ein Geschäft im Sinne des Satzes 1 in Ausführung eines Kundenauftrags abgeschlossen, muss das Wertpapierdienstleistungsunternehmen jedoch den Verpflichtungen des § 63 Absatz 1 und 3 bis 7 und 9, § 56 Absatz 1 sowie der §§ 69, 70 und 82 gegenüber dem Kunden nachkommen.

In der Fassung des 2. FiMaNoG vom 23.6.2017 (BGBl. I 2017, 1693).

Schrifttum: S. § 63 WpHG.

1 Der § 95 WpHG führt den § 37 WpHG a.F. unter Berücksichtigung der neue Nummerierung des Gesetzes fort. Die Anwendbarkeit des § 95 WpHG setzt nicht voraus, dass es zu Börsenpreisen kommt. Die Verhaltensregeln der § 63 Abs. 1 und Abs. 3 bis 7 und 9, § 56 Abs. 1 sowie der §§ 69, 70 und 82 WpHG müssen nur in Hinblick auf die Kunden der Wertpapierdienstleistungsunternehmen eingehalten werden, von denen diese Aufträge erhalten haben, die an einem organisieren Markt (§ 2 Abs. 11 WpHG; § 72 WpHG) oder in multilate-

---

1 Dazu *Ritz* in Just/Voß/Ritz/Becker, § 36d WpHG Rz. 25.
2 *Krafka* in MünchKomm. FamFG, 2. Aufl. 2013, § 395 FamFG Rz. 12 m.w.N.
3 *Habetha* in Schwennicke/Auerbach, § 43 KWG Rz. 29.
4 Zu den Rechtsbehelfen *Ritz* in Just/Voß/Ritz/Becker, § 36d WpHG Rz. 30.
5 *Ritz* in Just/Voß/Ritz/Becker, § 36d WpHG Rz. 31 m.w.N.

ralen Handelssystemen[1] auszuführen sind. Für Geschäftsabschlüsse mittels systematischer Internalisierer (§ 2 Abs. 8 Satz 1 Nr. 2 lit. b WpHG) gelten die allgemeinen Regeln.

§ 96 Strukturierte Einlagen

Die §§ 63 und 64, mit Ausnahme von § 64 Absatz 2, § 67 Absatz 4, die §§ 68 bis 71, 80 Absatz 1 Satz 2 Nummer 2 und 3 und Absatz 7 bis 13, § 81 Absatz 1 bis 4, § 83 Absatz 1 und 2, § 87 Absatz 1 Satz 1, Absatz 2, 3, 4 Satz 1 und Absatz 6 sind auf Wertpapierdienstleistungsunternehmen und Kreditinstitute entsprechend anzuwenden, wenn sie strukturierte Einlagen verkaufen oder über diese beraten.

In der Fassung des 2. FiMaNoG vom 23.6.2017 (BGBl. I 2017, 1693).

Schrifttum: S. § 63 WpHG.

1. Allgemeines 1
2. Strukturierte Einlagen 2
3. Rechtsfolgen 3
4. Basisinformationsblätter für verpackte Anlageprodukte für Kleinanleger und Versicherung Anlageprodukte (PRIIP) 4
5. Textabdruck WpDVerOV 5

1. Allgemeines. Um das Vertrauen der Anleger zu stärken und den Vertrieb verschiedener Formen von Anlageprodukten zu vereinheitlichen, werden über die Umsetzung des Art. 1 Abs. 4 RL 2014/65/EU hinaus die strukturierten Einlagen den Finanzinstrumenten weitgehend gleichgestellt[2]. Das gilt nicht nur in den Bereichen des Verkaufs von und bei der Beratung zu strukturierten Einlagen, sondern auch, soweit strukturierte Einlagen Teil der Finanzportfolioverwaltung sind[3]. 1

2. Strukturierte Einlagen. Strukturierte Einlagen sind Einlagen i.S.d. § 2 Abs. 19 Satz 1 WpHG, die bei Fälligkeit in voller Höhe zurückzuzahlen sind und bei denen die Höhe der Zahlung von Zinsen oder einer Prämie bzw. das Zins- oder Prämienrisiko z.B. von einem Index[4], einem Finanzinstrument[5], einer Ware[6] oder einem Wechselkurs[7] abhängig ist[8]. Näher § 2 WpHG Rz. 251. Die Abhängigkeit von einem Zinsindex wie dem Euribor oder *Libor* führt nicht zur Anwendbarkeit des § 96 WpHG[9]. 2

3. Rechtsfolgen. Entsprechend anzuwenden sind die allgemeinen Verhaltensregeln der §§ 63 und 64 mit Ausnahme der Regeln zur Aushändigung eines Informationsblatts (§ 64 Abs. 2 WpHG). Ferner sind entsprechend heranzuziehen die für geeignete Gegenparteien und die Erbringung von Wertpapier(neben)dienstleistungen an ein anderes Wertpapierdienstleistungsunternehmen geltenden Sonderregeln (§ 67 Abs. 4, § 68, § 71 WpHG), die Regeln zur Bearbeitung von Kundenaufträgen (§ 69 WpHG)[10] sowie die allgemeinen Regeln zur Gewährung und Entgegennahme von Zuwendungen (§ 70 WpHG). Im Bereich der Organisationsregeln ist den Regeln zur Kontinuität und Regelmäßigkeit der Dienstleistungen, zur Eindämmung von Interessenkonflikten, zu den Vertriebsvorgaben, sowie zur Sicherung der Kommunikationswege und zum Datenschutz (§ 80 Abs. 1 Satz 2, 3 WpHG) Rechnung zu tragen. Das gilt auch für die die Unabhängige Honorar-Anlageberatung und die Finanzportfolioverwaltung betreffenden Organisationsvorgaben (§ 80 Abs. 7, 8 WpHG) sowie für das Produktfreigabeverfahren (§ 80 Abs. 9–13 WpHG; § 13 WpDVerOV [Rz. 5]). Die Geschäftsleiter der strukturierte Einlagen verkaufenden oder zu diesen beratenden oder diese vermögensverwaltenden Unternehmen haben mit Ausnahme der Pflicht, einen Beauftragten zum Schutz der Kundenfinanzinstrumente und Kundengelder zu bestellen, dieselben Pflichten zu befolgen wie die Geschäftsleiter von Wertpapierdienstleistungsunternehmen. Es sind im gleichen Umfang wie von Wertpapierdienstleistungsunternehmen Aufzeichnungen vorzunehmen (§ 83 Abs. 1, 2 WpHG). Eine Ausnahme gilt für die Aufzeichnung der telefonischen und elektronischen Kommunikation. Die Mitarbeiter müssen beim Verkauf von und der Beratung zu strukturierten Einlagen weitgehend in gleicher Weise sachkundig und zuverlässig sein (§ 87 WpHG). Dies gilt auch für die Vertriebsmitarbeiter, Mitarbeiter der Finanzportfolioverwaltung, die Vertriebsbeauftragten und Compliance-Beauftragten. 3

---

1 § 2 Abs. 8 Satz 1 Nr. 8 WpHG; § 72 WpHG.
2 Art. 1 Abs. 4 RL 2014/65/EU (MiFID II); Erwägungsgrund Nr. 39 f. RL 2014/65/EU (MiFID II); Begr. RegE 2. FiMaNoG, BT-Drucks. 18/10936, 252.
3 Begr. RegE 2. FiMaNoG, BT-Drucks. 18/10936, 252.
4 Dem steht eine Indexkombination gleich.
5 Dem steht eine Kombination von Finanzinstrumenten gleich.
6 Dem steht eine Kombination von Waren oder Vermögenswerten gleich.
7 Dem steht eine Kombination von Wechselkursen gleich.
8 Art. 4 Abs. 1 Nr. 43 RL 2014/65/EU.
9 § 2 Abs. 19 Satz 2 WpHG.
10 Unter Berücksichtigung des § 71 WpHG.

4 **4. Basisinformationsblätter für verpackte Anlageprodukte für Kleinanleger und Versicherung Anlageprodukte (PRIIP).** Beachte die Anwendbarkeit der VO Nr. 1286/2014 des Europäischen Parlaments und des Rates vom 26.11.2014, (ABl. Nr. L 352 v. 9.12.2014, S. 1). S. Kommentierung der PRIIP und des § 64 Abs. 2 WpHG.

5 **5. Textabdruck WpDVerOV.**

Verordnung zur Konkretisierung der Verhaltensregeln und Organisationsanforderungen für Wertpapierdienstleistungsunternehmen (WertpapierdDienstleistungs-Verhaltens- und -Organisationsverordnung – WpDVerOV)[1]

(Auszug)

§ 13 Strukturierte Einlagen

Die §§ 11 und 12 dieser Verordnung gelten entsprechend für den Verkauf von und die Beratung zu strukturierten Einlagen durch Wertpapierdienstleistungsunternehmen und Kreditinstitute, die strukturierte Einlagen ausgeben[2].

---

1 WpDVerOV vom 17.10.2017 (BGBl. I 2017, 3566) zuletzt geändert durch Gesetz vom 10.7.2018 (BGBl. I 2018, 1102).
2 Einfügung des Verf.: Zum Text der §§ 11, 12 WpDVerOV s. § 80 WpHG Rz. 172.

Abschnitt 12
Haftung für falsche und unterlassene Kapitalmarktinformationen

§ 97 Schadenersatz wegen unterlassener unverzüglicher Veröffentlichung von Insiderinformationen

(1) Unterlässt es ein Emittent, der für seine Finanzinstrumente die Zulassung zum Handel an einem inländischen Handelsplatz genehmigt oder an einem inländischen regulierten Markt oder multilateralen Handelssystem beantragt hat, unverzüglich eine Insiderinformation, die ihn unmittelbar betrifft, nach Artikel 17 der Verordnung (EU) Nr. 596/2014 zu veröffentlichen, ist er einem Dritten zum Ersatz des durch die Unterlassung entstandenen Schadens verpflichtet, wenn der Dritte
1. die Finanzinstrumente nach der Unterlassung erwirbt und er bei Bekanntwerden der Insiderinformation noch Inhaber der Finanzinstrumente ist oder
2. die Finanzinstrumente vor dem Entstehen der Insiderinformation erwirbt und nach der Unterlassung veräußert.

(2) Nach Absatz 1 kann nicht in Anspruch genommen werden, wer nachweist, dass die Unterlassung nicht auf Vorsatz oder grober Fahrlässigkeit beruht.

(3) Der Anspruch nach Absatz 1 besteht nicht, wenn der Dritte die Insiderinformation im Falle des Absatzes 1 Nr. 1 bei dem Erwerb oder im Falle des Absatzes 1 Nr. 2 bei der Veräußerung kannte.

(4) Weitergehende Ansprüche, die nach Vorschriften des bürgerlichen Rechts auf Grund von Verträgen oder vorsätzlichen unerlaubten Handlungen erhoben werden können, bleiben unberührt.

(5) Eine Vereinbarung, durch die Ansprüche des Emittenten gegen Vorstandsmitglieder wegen der Inanspruchnahme des Emittenten nach Absatz 1 im Voraus ermäßigt oder erlassen werden, ist unwirksam.

§ 98 Schadenersatz wegen Veröffentlichung unwahrer Insiderinformationen

(1) Veröffentlicht ein Emittent, der für seine Finanzinstrumente die Zulassung zum Handel an einem inländischen Handelsplatz genehmigt oder an einem inländischen regulierten Markt oder multilateralen Handelssystem beantragt hat, in einer Mitteilung nach Artikel 17 der Verordnung (EU) Nr. 596/2014 eine unwahre Insiderinformation, die ihn unmittelbar betrifft, ist er einem Dritten zum Ersatz des Schadens verpflichtet, der dadurch entsteht, dass der Dritte auf die Richtigkeit der Insiderinformation vertraut, wenn der Dritte
1. die Finanzinstrumente nach der Veröffentlichung erwirbt und er bei dem Bekanntwerden der Unrichtigkeit der Insiderinformation noch Inhaber der Finanzinstrumente ist oder
2. die Finanzinstrumente vor der Veröffentlichung erwirbt und vor dem Bekanntwerden der Unrichtigkeit der Insiderinformation veräußert.

(2) Nach Absatz 1 kann nicht in Anspruch genommen werden, wer nachweist, dass er die Unrichtigkeit der Insiderinformation nicht gekannt hat und die Unkenntnis nicht auf grober Fahrlässigkeit beruht.

(3) Der Anspruch nach Absatz 1 besteht nicht, wenn der Dritte die Unrichtigkeit der Insiderinformation im Falle des Absatzes 1 Nr. 1 bei dem Erwerb oder im Falle des Absatzes 1 Nr. 2 bei der Veräußerung kannte.

(4) Weitergehende Ansprüche, die nach Vorschriften des bürgerlichen Rechts auf Grund von Verträgen oder vorsätzlichen unerlaubten Handlungen erhoben werden können, bleiben unberührt.

(5) Eine Vereinbarung, durch die Ansprüche des Emittenten gegen Vorstandsmitglieder wegen der Inanspruchnahme des Emittenten nach Absatz 1 im Voraus ermäßigt oder erlassen werden, ist unwirksam.

In der Fassung des 2. FiMaNoG vom 23.6.2017 (BGBl. I 2017, 1693).

Europäische Rechtsakte: Verordnung (EU) Nr. 596/2014 des Europäischen Parlaments und des Rates vom 16.4.2014 über Marktmissbrauch (Marktmissbrauchsverordnung) und zur Aufhebung der Richtlinie 2003/6/EG des Europäischen Parlaments und des Rates und der Richtlinien 2003/124/EG, 2003/125/EG und 2004/72/EG der Kommission, ABl. EU Nr. L 173 v. 12.6.2014, S. 1; Durchführungsverordnung (EU) 2016/1055 der Kommission vom 29.6.2016 zur Festlegung technischer Durchführungsstandards hinsichtlich der technischen Mittel für die angemessene Bekanntgabe von Insiderinformationen und für den Aufschub der Bekanntgabe von Insiderinformationen gemäß Verordnung (EU) Nr. 596/2014 des Europäischen Parlaments und des Rates, ABl. EU Nr. L 173 v. 30.6.2016, S. 47.

Schrifttum: *Adolff*, Unternehmensbewertung im Recht der börsennotierten Aktiengesellschaft, 2007; *Alexander*, Rethinking Damages in Securities Class Actions, 48 Stand. L. Rev. 1487 (1996); *Asmus/Moini*, „Dieselgate" – aktuelle Verjährungsfragen zu §§ 37b und § 37c WpHG, WM 2016, 1626; *Bachmann*, Anmerkung zu BGH, Urteil v. 13.12.2011 – XI ZR 51/10, JZ 2012, 578; *Barnert*, Deliktischer Schadensersatz bei Kursmanipulation de lege lata und de lege ferenda, WM 2002, 1473; *Barth*, Schadensberechnung bei Haftung wegen fehlerhafter Kapitalmarktinformation, 2006; *Baums* (Hrsg.), Bericht der Regierungskommission Corporate Governance, 2001; *Baums*, Anlegerschutz und Neuer Markt, ZHR 166 (2002), 375; *Baums*, Haftung wegen Falschinformation des Sekundärmarkts, ZHR 167 (2003), 139; *Bayer*, Emittentenhaftung versus Kapitalerhaltung, WM 2013, 961; *Benzinger*, Zivilrechtliche Haftungsansprüche im Zusammenhang mit Insiderhandelsverbot und Ad hoc Publizität, 2008; *Bergdolt*, Haftung im Zusammenhang mit Ad-hoc-Mitteilungen, in Heidel (Hrsg.), Aktienrecht und Kapitalmarktrecht, 4. Aufl. 2014, S. 3340; *von Bernuth/Kremer*, Die Haftung für fehlerhafte Kapitalmarktinformationen: Zur IKB-Entscheidung des BGH, WM 2012, 831; *von Bernuth/Kremer*, Schadensersatz wegen fehlerhafter Kapitalmarktinformation für Investoren in Aktienderivate?, BB 2013, 2186; *Braun/Rotter*, Können Ad-hoc-Mitteilungen Schadensersatzansprüche im Sinne der allgemeinen zivilrechtlichen Prospekthaftung auslösen?, BKR 2003, 918; *Brellochs*, Publizität und Haftung von Aktiengesellschaften im System des Europäischen Kapitalmarktrechts, 2005; *Buck-Heeb*, Anmerkung zu BGH, Urteil v. 13.12.2011 – XI ZR 51/10, WuB I G 6. § 37b WpHG 1.12; *Buck-Heeb*, Wissenszurechnung, Informationsorganisation und Ad-hoc-Mitteilungspflicht bei Kenntnis eines Aufsichtsratsmitglieds, AG 2015, 801; *Buck-Heeb*, Neuere Rechtsprechung zur Haftung wegen fehlerhafter oder unterbliebener Kapitalmarktinformation, NZG 2016, 1125; *Buck-Heeb/Dieckmann*, Informationsdelikthaftung von Vorstandsmitgliedern und Emittenten, AG 2008, 681; *Casper*, Persönliche Außenhaftung der Organe bei fehlerhafter Information des Kapitalmarkts?, BKR 2005, 83; *Casper*, Haftung für fehlerhafte Information des Kapitalmarktes, Der Konzern 2006, 32; *Conen*, Grundsatzurteil zur Haftung für unterbliebene Ad-hoc-Mitteilungen aus § 37b WpHG, GWR 2012, 132; *Di Noia/Gargantini*, Issuers at Midstream: Disclosure of Multistage Events in the Current and in the Proposed EU Market Abuse Regime, ECFR 2012, 484; *Doğan*, Ad-hoc-Publizitätshaftung, 2005; *Druckenbrodt*, Die Streichung der Sonderverjährungsvorschriften im WpHG – wirklich ein Schutz von Kleinanlegern?, NJW 2015, 3749; *Dühn*, Schadensersatzhaftung börsennotierter Aktiengesellschaften für fehlerhafte Kapitalmarktinformationen, 2003; *Easterbrook/Fischel*, Optimal Damages in Securities Cases, 52 U. Chi. L. Rev. 611 (1985); *Easterbrook/Fischel*, Economic Structure of Corporate Law, 1991; *Edelmann*, Haftung von Vorstandsmitgliedern für fehlerhafte Ad-hoc-Mitteilungen, BB 2004, 2031; *Eichelberger*, Anmerkung zu BGH, Urteil v. 13.12.2011 – XI ZR 51/10, VuR 2012, 150; *Ekkenga*, Fragen der deliktischen Haftungsbegründung bei Kursmanipulation und Insidergeschäften, ZIP 2004, 781; *Engelhardt*, Vertragsabschlussschaden oder Differenzschaden bei der Haftung des Emittenten für fehlerhafte Kapitalmarktinformationen, BKR 2006, 443; *Escher-Weingart/Lägeler/Eppinger*, Schadensersatzanspruch, Schadensart und Schadensberechnung gem. der §§ 37b, 37c WpHG, WM 2004, 1845; *Fama*, The Behavior of Stock-Market Prices, 38 Journal of Business 34 (1965); *Fama*, Efficient Capital Markets: A Review of Theory and Empirical Work, 25 Journal of Finance 383 (1970); *Fama*, Efficient capital markets II, 46 Journal of Finance 1575 (1991); *Fleischer*, Der Inhalt des Schadensersatzanspruchs wegen unwahrer oder unterlassener unverzüglicher Ad-hoc-Mitteilungen, BB 2002, 1869; *Fleischer*, Das Vierte Finanzmarktförderungsgesetz, NJW 2002, 2977; *Fleischer*, Empfiehlt es sich, im Interesse des Anlegerschutzes und zur Förderung des Finanzplatzes Deutschland das Kapitalmarkt- und Börsenrecht neu zu regeln?, Gutachten zum 64. DJT, 2002, S. F 1; *Fleischer*, Das Haffa-Urteil: Kapitalmarktstrafrecht auf dem Prüfstand, NJW 2003, 2584; *Fleischer*, Zur deliktischen Haftung der Vorstandsmitglieder für falsche Ad-hoc-Mitteilungen, DB 2004, 2031; *Fleischer*, Konturen der kapitalmarktrechtlichen Informationsdelikthaftung, ZIP 2005, 1805; *Fleischer*, Zur zivilrechtlichen Teilnehmerhaftung für fehlerhafte Kapitalmarktinformation nach deutschem und US-amerikanischem Recht, AG 2008, 265; *Fleischer/Kalss*, Kapitalmarktrechtliche Schadensersatzhaftung und Kurseinbrüche an der Börse, AG 2002, 329; *Franck*, Marktordnung durch Haftung, 2016; *Franck*, Rights, remedies and effective enforcement in air transportation: Ruijssenaars, CMLR 54 (2017), 1867; *Fuchs/Dühn*, Deliktische Schadensersatzhaftung für falsche Ad-hoc-Mitteilungen, BKR 2002, 1063; *Gehrt*, Die neue Ad-hoc-Publizität nach § 15 Wertpapierhandelsgesetz, 1997; *Gerber*, Die Haftung für unrichtige Kapitalmarktinformationen, DStR 2004, 1793; *Goette*, Aktuelle Rechtsprechung des Bundesgerichtshofs zum Aktienrecht (Teil I), DStR 2005, 561; *Gottschalk*, Die persönliche Haftung der Organmitglieder für fehlerhafte Kapitalmarktinformation de lege lata und de lege ferenda, Der Konzern 2005, 274; *Gottschalk*, Die deliktische Haftung für fehlerhafte Ad-hoc-Mitteilungen, DStR 2005, 1648; *Groß*, Haftung für fehlerhafte oder fehlende Regel- oder Ad-hoc-Publizität, WM 2002, 477; *Habbe/Gieseler*, Beweiserleichterungen bei (angeblich) fehlerhaften Ad-hoc-Mitteilungen?, NZG 2016, 454; *Handelsrechtsausschuss des Deutschen Anwaltvereins*, Stellungnahme zum Diskussionsentwurf eines Kapitalmarktinformationshaftungsgesetzes (KapInHaG) 49/04 v. November 2004, NZG 2004, 1099 = ZIP 2004, 2348; *Hannich*, Quo vadis, Kapitalmarktinformationshaftung? Folgt aufgrund des IKB-Urteils nun doch die Implementierung des KapInHaG?, WM 2013, 449; *Heinze*, Schadensersatz im Unionsprivatrecht, 2017; *Hellgardt*, Fehlerhafte Ad-hoc-Publizität als strafbare Marktmanipulation, ZIP 2005, 2000; *Hellgardt*, Die deliktische Außenhaftung von Gesellschaftsorganen für unternehmensbezogene Pflichtverletzungen – Überlegungen vor dem Hintergrund des Kirch/Breuer-Urteils des BGH, WM 2006, 1514; *Hellgardt*, Kapitalmarktdeliktsrecht, 2008; *Hellgardt*, Praxis- und Grundsatzprobleme der BGH-Rechtsprechung zur Kapitalmarktinformationshaftung, DB 2012, 673; *Hellgardt*, Europarechtliche Vorgaben für die Kapitalmarktinformationshaftung – de lege lata und nach Inkrafttreten der Marktmissbrauchsverordnung, AG 2012, 154; *Hellgardt*, The notion of inside information in the Market Abuse Directive: Geltl, CMLR 50 (2013), 861; *Hellgardt*, Regulierung und Privatrecht, 2016; *Hellgardt/Ringe*, Internationale Kapitalmarkthaftung als Corporate Governance – Haftungstatbestände und Kollisionsrecht in transatlantischer Perspektive, ZHR 173 (2009), 802; *Hennrichs*, Haftung für falsche Ad-hoc-Mitteilungen und Bilanzen, in FS Kollhosser, 2004, Bd. 2, S. 201; *Henze*, Vermögensbindungsprinzip und Anlegerschutz, NZG 2005, 115; *Hewicker*, Ad-hoc-Publizität – Die Haftung des Vorstandes, 2005; *Hirte*, Die Ad-hoc-Publizität im System des Aktien- und Börsenrechts, Bankrechtstag 1995, 1996, S. 47; *Holzborn/Foelsch*, Schadensersatzpflichten von Aktiengesellschaften und deren Management bei Anlegerverlusten – ein Überblick, NJW 2003, 932; *Hopt*, Die Haftung für Kapitalmarktinformationen – Rechtsvergleichende, rechtsdogmatische und rechtspolitische Überlegungen, WM 2013, 101; *Hopt/Voigt* (Hrsg.), Prospekt- und Kapitalmarktinformationshaftung, 2005; *Hopt/Voigt*, Prospekt- und Kapitalmarktinformationshaftung – Recht und Reform in der Europäischen Union, der Schweiz und den USA, WM 2004, 1801; *Horn*, Zur Haftung der AG und ihrer Organmitglieder für unrichtige oder unterlassene Ad-hoc-Informationen, in FS Ulmer, 2003, S. 817; *Hutter/Leppert*, Das 4. Finanzmarktförderungsgesetz aus Unternehmenssicht, NZG 2002, 649; *Hutter/Stürwald*, EM.TV und die Haftung für fehlerhafte Ad-hoc-Mitteilungen, NJW 2005,

2428; *Kalss*, Anlegerinteressen – Der Anleger zwischen Vertrag, Verband und Markt, 2001; *Kalss*, Die rechtliche Grundlage kapitalmarktbezogener Haftungsansprüche, ÖBA 2000, 641; *von Katte/Berisha*, Die Verjährungsänderung im Rahmen des § 37b WpHG und deren Implikation auf Geschädigte im VW-Abgasskandal, BKR 2016, 409; *Keusch/Wankerl*, Die Haftung der Aktiengesellschaft für fehlerhafte Kapitalmarktinformationen im Spannungsfeld zum Gebot der Kapitalerhaltung, BKR 2003, 744; *Kiethe*, Strafrechtlicher Anlegerschutz durch § 400 I Nr. 1 AktG – Zugleich Besprechung von LG München I, Urteil vom 8.4.2003 – 4 KLs 305 Js 52373/00 (EM.TV), NStZ 2004, 73; *Kissner*, Die zivilrechtliche Verantwortlichkeit für Ad-hoc-Mitteilungen, 2003; *Kleindiek*, Deliktshaftung und juristische Person, 1997; *Klöhn*, Der Beitrag der Verhaltensökonomik zum Kapitalmarktrecht, in Fleischer/Zimmer (Hrsg.), Beitrag der Verhaltensökonomie (Behavioral Economics) zum Handels- und Wirtschaftsrecht, ZHR-Beiheft 75 (2011), 83; *Klöhn*, Die Haftung wegen fehlerhafter Ad-hoc-Publizität gem. §§ 37b, 37c WpHG nach dem IKB-Urteil des BGH, AG 2012, 345; *Klöhn*, Wertpapierhandelsrecht diesseits und jenseits des Informationsparadigmas – Am Beispiel des „verständigen Anlegers" im Sinne des deutschen und europäischen Insiderrechts, ZHR 177 (2013), 349; *Klöhn*, Der Aufschub der Ad-hoc-Publizität wegen überwiegender Geheimhaltungsinteressen des Emittenten (§ 15 Abs. 3 WpHG), ZHR 178 (2014), 55; *Klöhn*, Nach 26 Jahren: US Supreme Court verfeinert die fraud-on-the-market theory – Zugleich Besprechung der Entscheidung Halliburton v. Erica P. John Fund (II), AG 2014, 807; *Klöhn*, Marktbetrug (Fraud on the Market) – Voraussetzungen und Beweis der haftungsbegründenden Kausalität beim Anspruch auf Ersatz des Differenzschadens wegen fehlerhafter Information des Sekundärmarkts, ZHR 178 (2014), 671; *Klöhn*, Die private Durchsetzung des Marktmanipulationsverbots, in Kalss/Fleischer/Vogt, Gesellschafts- und Kapitalmarktrecht, 2014, S. 229; *Klöhn*, Kollateralschaden und Haftung wegen fehlerhafter Ad-hoc-Publizität, ZIP 2015, 53; *Klöhn*, Ad-hoc-Publizität und Insiderhandelsverbot nach „Lafonta", NZG 2015, 809; *Klöhn*, Kapitalmarktinformationshaftung für Corporate-Governance-Mängel?, ZIP 2015, 1145; *Klöhn*, „Überholende Kausalverläufe" und Haftung wegen fehlerhafter Ad-hoc-Publizität, in FS Köndgen, 2016, S. 311; *Klöhn*, Ad-hoc-Publizität und Insiderverbot im neuen Marktmissbrauchsrecht, AG 2016, 423; *Klöhn/Rothermund*, Haftung wegen fehlerhafter Ad-hoc-Publizität – Die Tücken der Rückwärtsinduktion bei der Schadensberechnung in sechs Fallgruppen, ZBB 2015, 73; *Köndgen*, Die Ad-hoc-Publizität als Prüfstein informationsrechtlicher Prinzipien, in FS Druey, 2002, S. 791; *Körner*, Infomatec und die Haftung von Vorstandsmitgliedern für falsche Ad-hoc-Mitteilungen, NJW 2004, 3386; *Kornhauser*, An Economic Analysis of the Choice between Enterprise and Personal Liability for Accidents, 70 California Law Rev. 1345, 1371 ff. (1982); *Kort*, Die Haftung der AG nach §§ 826, 31 BGB bei fehlerhaften Ad-hoc-Mitteilungen, NZG 2005, 496; *Kort*, Die Haftung von Vorstandsmitgliedern für falsche Ad-hoc-Mitteilungen, AG 2005, 21; *Kort*, Anlegerschutz und Kapitalerhaltungsgrundsatz, NZG 2005, 708; *Kowalewski/Hellgardt*, Der Stand der Rechtsprechung zur deliktsrechtlichen Haftung für vorsätzlich falsche Ad-hoc-Mitteilungen, DB 2005, 1839; *Krause*, Ad-hoc-Publizität und haftungsrechtlicher Anlegerschutz, ZGR 2002, 799; *Langenbucher*, Kapitalerhaltung und Kapitalmarkthaftung, ZIP 2005, 239; *Leisch*, Vorstandshaftung für falsche Ad-hoc-Mitteilungen – ein höchstrichterlicher Beitrag zur Stärkung des Finanzplatzes Deutschland, ZIP 2004, 1573; *Leuschner*, Zum Kausalitätserfordernis des § 826 BGB bei unrichtigen Ad-hoc-Mitteilungen, ZIP 2008, 1050; *Leyendecker-Langner/Kleinhenz*, Emittentenhaftung für Insiderwissen im Aufsichtsrat bei fehlender Selbstbefreiung nach § 15 Abs. 3 WpHG, AG 2015, 72; *Maier-Reimer/Webering*, Ad-hoc-Publizität und Schadensersatzhaftung, WM 2002, 1857; *Masing*, Die Mobilisierung des Bürgers für die Durchsetzung des Rechts, 1997; *Maume*, Staatliche Rechtsdurchsetzung im deutschen Kapitalmarktrecht: eine kritische Bestandsaufnahme, ZHR 180 (2016), 358; *Meschede*, Dieselgate: Denkbare Anspruchsgrundlagen für Schadensersatzansprüche von Porsche-Aktionären und Erwerbern von Derivaten auf VW-Aktien gegen die Volkswagen AG, ZIP 2017, 215; *Miller*, Das Haftungsrecht als Instrument der Kontrolle von Kapitalmärkten, 2003; *Möllers*, Die unterlassene Ad-hoc-Mitteilung als sittenwidrige Schädigung gem. § 826 BGB, WM 2003, 2393; *Möllers*, Der Weg zu einer Haftung für Kapitalmarktinformationen, JZ 2005, 75; *Möllers*, Das Verhältnis der Haftung wegen sittenwidriger Schädigung zum gesellschaftsrechtlichen Kapitalerhaltungsgrundsatz – EM.TV und Comroad, BB 2005, 1637; *Möllers*, Konkrete Kausalität, Preiskausalität und uferlose Haftungsausdehnung – ComROAD I-VIII, NZG 2008, 413; *Möllers*, Efficiency as a Standard in Capital Market Law – The Application of Empirical and Economic Arguments for the Justification of Civil Law, Criminal Law and Administrative Law, EBLR 2009, 243; *Möllers/Leisch*, Haftung von Vorständen gegenüber Anlegern wegen fehlerhafter Ad-hoc-Meldungen nach § 826 BGB, WM 2001, 1648; *Möllers/Leisch*, Schaden und Kausalität im Rahmen der neu geschaffenen §§ 37b und 37c WpHG, BKR 2002, 1071; *Möllers/Leisch*, Offene Fragen zum Anwendungsbereich der §§ 37b und 37c WpHG, NZG 2003, 112; *Möllers/Rotter*, Ad-hoc-Publizität, 2003; *Moreno Borchart*, Zivilrechtliche Haftung des Emittenten und seiner Organe für fehlerhafte Kapitalmarktinformationen in Deutschland und Australien, 2008; *Mörsdorf*, Die zivilrechtliche Verantwortlichkeit für Verstöße gegen die Ad-hoc-Publizitätspflichten gemäß § 15 WpHG, 2005; *Mülbert*, Empfiehlt es sich, im Interesse des Anlegerschutzes und zur Förderung des Finanzplatzes Deutschland das Kapitalmarkt- und Börsenrecht neu zu regeln?, JZ 2002, 826; *Mülbert*, Anlegerschutz und Finanzmarktregulierung, ZHR 177 (2013), 160; *Mülbert/Sajnovits*, Vertrauen und Finanzmarktrecht, ZfPW 2016, 1; *Mülbert/Steup*, Haftung für fehlerhafte Kapitalmarktinformation, in Habersack/Mülbert/Schlitt (Hrsg.), Unternehmensfinanzierung am Kapitalmarkt, 4. Aufl. 2019, § 41; *Mülbert/Steup*, Emittentenhaftung für fehlerhafte Kapitalmarktinformation am Beispiel der fehlerhaften Regelpublizität – das System der Kapitalmarktinformationshaftung nach AnSVG und WpPG mit Ausblick auf die Transparenzrichtlinie, WM 2005, 1633; *Müller-Michaels*, Anmerkung zu BGH, Urteil v. 13.12.2011 – XI ZR 51/10, BB 2012, 537; *Musewicz*, Vicarious Employer Liability and Section 10 (b): In Defense of the Common Law, 62 George Washington Law Rev. 754, 795 ff. (1982); *Nietsch*, Schadensersatzhaftung wegen Verstoßes gegen Ad-hoc-Publizitätspflichten nach dem Anlegerschutzverbesserungsgesetz, BB 2005, 785; *Pavlova*, Anlassbezogene Informationspflichten der Emittenten nach dem Wertpapierhandelsgesetz, 2008; *Piekenbrock*, Der Kausalitätsbeweis im Kapitalanlegerprozess: ein Beitrag zur Dogmatik der „ungesetzlichen" tatsächlichen Vermutungen, WM 2012, 429; *Piekenbrock*, Die Übergangsregelung bei Aufhebung der Sonderverjährung im WpHG 2015, NJW 2016, 1350; *Poelzig*, Normdurchsetzung durch Privatrecht, 2012; *Poelzig*, Private enforcement im deutschen und europäischen Kapitalmarktrecht – Eine Untersuchung anhand des Marktmanipulationsverbots unter Berücksichtigung der Entwicklungen im europäischen Kartellrecht, ZGR 2015, 801; *Poelzig*, Durchsetzung und Sanktionierung des neuen Marktmissbrauchsrechts, NZG 2016, 492; *Poelzig*, Die Neuregelung der Offenlegungsvorschriften durch die Marktmissbrauchsverordnung, NZG 2016, 761; *Querfurth*, Die Inanspruchnahme öffentlicher Stellen durch geschädigte Anleger in Fällen fehlerhafter Ad-hoc-Publizität, 2005; *Reichert/Weller*, Haftung von Kontrollorganen, ZRP 2002, 49; *Renzenbrink/Holzner*, Das Verhältnis von Kapitalerhaltung und Ad-Hoc-Haftung, BKR 2002, 434; *Reus/Paul*, Liability nach Stoneridge – Haftung für Kapitalmarktbetrug in den USA und Deutschland, WM 2008, 1245; *Reuschle*, Das Kapitalanleger-Musterverfahrensgesetz, NZG 2004, 590; *Reuschle*, Möglichkeiten und Grenzen kollektiver Rechtsverfolgung – Zu den Defiziten im deutschen Prozessrecht, der Übertragbarkeit ausländischer Lösungen und den Grundzügen eines kollektiven Musterverfahrens, WM 2004, 966; *Rieckers*, Haftung des Vorstands für fehlerhafte Ad-hoc-Meldungen de lege lata und de lege ferenda, BB 2002, 1213; *Rimbeck*, Rechtsfolgen fehlerhafter Ad-hoc Mitteilungen im deutschen und US-amerikanischen Recht, 2005; *Rodewald/Siems*, Haftung für die „frohe Botschaft" – Rechtsfolgen falscher Ad-hoc-Mitteilungen, BB 2001, 2437; *Rössner/Bolkart*, Schadensersatz bei Verstoß gegen Ad-hoc-Publizitätspflichten nach dem 4. Finanzmarktförderungsgesetz, ZIP 2002, 1471; *Rössner/Bolkart*, Rechtliche und verfahrenstaktische Analyse des Vorgehens geschädigter Anleger bei fehlerhaften Unternehmensmeldungen, WM 2003, 953; *Rott*, The Court of Justice's Principle of Effectiveness and its Unforeseeable Impact on Private Law Relationships, in Leczykiewicz/Weatherill, The Involvement of EU Law in Private Law Relationships, 2013, S. 181; *Royé/Fischer zu Cramburg*, §§ 37b, 37c WpHG, in Heidel (Hrsg.), Aktienrecht und Kapitalmarktrecht, 4. Aufl. 2014; *Rützel*, Der aktuelle Stand der Rechtsprechung zur Haftung bei Ad-hoc-Mitteilungen, AG 2003, 69; *Sajnovits*, Ad-hoc-Publizität und Wissenszurechnung, WM 2016, 765; *Sauer*, Haftung für Falschinformation des Sekundärmarktes, 2004; *Sauer*, Kausalität und Schaden bei der Haftung für falsche Kapitalmarktinformationen, ZBB 2005, 24; *C. Schäfer*, Externe Organhaftung bei fehlerhafter Kapitalmarktinformation?, GesRZ-SH 2005, 25; *C. Schäfer*, Effektivere Vorstandshaftung für Fehlinformation des Kapitalmarkts?, NZG 2005, 985; *Schmitt*, Die Haftung wegen fehlerhafter oder pflichtwidrig unterlassener Kapitalmarktinformationen, 2010; *Schmolke*, Die Haftung für fehlerhafte Sekundärmarktinformation nach dem „IKB"-Urteil des BGH, ZBB 2012, 165; *Schmolke*, Private Enforcement und institutionelle Balance – Verlangt das Effektivitätsgebot des Art. 4 III EUV eine Schadensersatzhaftung bei Verstoß gegen Art. 15 MAR?, NZG 2016, 721; *Sven H. Schneider*, Anmerkung zu BGH v. 19.7.2004 – II ZR 402/02, II ZR 217/03, II ZR 218/03, WuB I L 2 § 15 WpHG 1.04; *Scholz*, Ad-hoc-Publizität und Freiverkehr, NZG 2016, 1286; *Schön*, Corporate Disclosure in a Competitive Environment - the Quest for a European Framework on Mandatory Disclosure, 6 Journal of Corporate Law Studies 259 (2006); *Schön*, Unternehmenspublizität und Wettbewerb – eine ökonomische und rechtspolitische Perspektive, in Schön (Hrsg.), Rechnungslegung und Wettbewerbsschutz im deutschen und europäischen Recht, 2009, S. 563; *Schön*, Allgemeine Rechtsgrundsätze im Europäischen Gesellschaftsrecht, in FS Hopt, 2010, S. 1343; *Schulte*, Die INFOMATEC-Rechtsprechung des BGH im Lichte der geplanten Kapitalmarktinformationshaftungsgesetze, VuR 2005, 121; *Schwark*, Kapitalmarktbezogene Informationshaftung, in FS Hadding, 2004, S. 1117; *Seibt*, Finanzanalysten im Blickfeld von Aktien- und Kapitalmarktrecht, ZGR 2006, 501; *Seibt*, Anmerkung zu BGH, Urteil v. 13.12.2011 – XI ZR 51/10, EWiR 2012, 159; *Seibt*, Europäische Finanzmarktregulierung zu Insiderrecht und Ad hoc-Publizität, ZHR 177 (2013), 388; *Seibt/Wollenschläger*, Revision des Marktmissbrauchsrechts durch Marktmissbrauchsverordnung und Richtlinie über strafrechtliche Sanktionen für Marktmanipulation, AG 2014, 593; *Semler/Gittermann*, Persönliche Haftung der Organmitglieder für Fehlinformationen am Kapitalmarkt – Zeigt das KapInHaG den richtigen Weg?, NZG 2004, 1081; *Sethe*, Anlegerschutz im Recht der Vermögensverwaltung, 2005; *Spindler*, Unternehmensorganisationspflichten, 2001; *Spindler*, Persönliche Haftung der Organmitglieder für Falschinformationen des Kapitalmarktes – de lege lata und de lege ferenda, WM 2004, 2089; *Spindler*, Kausalität im Zivil- und Wirtschaftsrecht, AcP 208 (2008), 283; *Spindler*, Haftung für fehlerhafte und unterlassene Kapitalmarktinformationen – ein (weiterer) Meilenstein, NZG 2012, 575; *Steinhauer*, Insiderhandelsverbot und Ad-hoc-Publizität, 1999; *Sünner*, Ungereimtheiten des Entwurfs eines Kapitalmarktinformationshaftungsgesetzes, DB 2004, 2460; *Sykes*, An Efficiency Analysis of Vicarious Liability under the Law of Agency, 91 Yale Law Journal 168 (1981); *Sykes*, The Economics of Vicarious Liability, 93 Yale Law Journal 1231 (1984); *Thümmel*, Haftung für geschönte Ad-hoc-Meldungen: Neues Risikofeld für Vorstände oder ergebnisorientierte Einzelfallrechtsprechung?, DB 2001, 2331; *Tilp*, Anmerkung zu OLG München v. 14.5.2002 – 3 U 1021/01, ZIP 2002, 1729; *Tilp/Weiss*, Verjährung von Schadensersatzansprüchen wegen der Verletzung von Ad-hoc-Pflichten, WM 2016, 914; *Tountopoulos*, Market Abuse and Private Enforcement, ECFR 2014, 297; *Veil*, Die Ad-hoc-Publizitätshaftung im System kapitalmarktrechtlicher Informationshaftung, ZHR 167 (2003), 365; *Veil*, Die Haftung des Emittenten für fehlerhafte Information des Kapitalmarkts nach dem geplanten KapInHaG, BKR 2005, 91; *Verse*, Zur Reform der Kapitalmarktinformationshaftung im Vereinigten Königreich, RabelsZ 76 (2012), 893; *Wagner*, Schadensberechnung im Kapitalmarktrecht, ZGR 2008, 495; *Wagner*, Marktaufsichtshaftung produktsicherheitsrechtlicher Zertifizierungsstellen, JZ 2018, 130; *S. Wagner*, Der Aktientausch und der Begriff des Erwerbs i.S.d. §§ 37b, 37c WpHG, NZG 2014, 531; *Weber*, Kapitalmarktinformationshaftung und gesellschaftsrechtliche Kapitalbindung – ein einheitliches Problem mit rechtsformübergreifender Lösung?, ZHR 176 (2012), 184; *Widder*, Kommentar zu BGH-Urt. vom 25.2.2008, II ZB 9/07, BB 2008, 857; *Wilken/Hagemann*, Compliance-Verstöße und Insiderrecht, BB 2016, 67; *Wolf/Wink*, Privatrechtliche Haftung, in Meyer/Veil/Rönnau, Handbuch zum Marktmissbrauchsrecht, 2018, § 31; *Wundenberg*, Perspektiven der privaten Rechtsdurchsetzung im europäischen Kapitalmarktrecht – Möglichkeiten und Grenzen der Harmonisierung der kapitalmarktrechtlichen Informationshaftung, ZGR 2015, 124; *Zetzsche*, Der Einfluss des Europäischen Wirtschaftsrechts auf das Deliktsrecht, ZHR 179 (2015), 490; *Zetzsche*, § 7 Europäisches Kapitalmarktrecht, in Gebauer/Teichmann, Europäisches Privat- und Unternehmensrecht, 2016, S. 631; *Zimmer*, Verschärfung der Haftung für fehlerhafte Kapitalmarktinformation – Ein Alternativkonzept, WM 2004, 9; *Zypries*, Ein neuer Weg zur Bewältigung von Massenprozessen – Entwurf eines Kapitalanleger-Musterverfahrensgesetzes, ZRP 2004, 177.

I. Entstehungsgeschichte und Regelungsvorbilder	1
1. Entstehung der §§ 97 und 98 WpHG	1
2. Rechtsvergleichende Regelungsvorbilder	7
a) Vorbildfunktion des US-amerikanischen Kapitalmarktrechts	7
b) Weitere Rechtsordnungen	14
II. Unionsrechtliche Vorgaben und Regelungsziel	16
1. Unionsrechtlicher Rahmen	16
a) Keine speziellen unionsrechtlichen Vorgaben	16
b) §§ 97 und 98 WpHG *als Mittel zur Durchsetzung unionsrechtlich begründeter individueller Rechte*	18
c) Konsequenzen für die Auslegung von §§ 97 und 98 WpHG	23
2. Zweck der Haftung	30
a) Regelungsziele der Ad-hoc-Publizität	32
b) Regelungsziele der §§ 97 und 98 WpHG	35
aa) Schutz der Willensbildung des Anlegers	37
bb) Schutz vor Handeln zu verfälschten Preisen	38
cc) Stellungnahme	39
c) Fazit	44
III. Dogmatische Einordnung	45
1. Rechtsnatur der Haftung	45

a) Vertragliche Haftung	46
b) Vertrauenshaftung	47
c) Deliktische Haftung	51
2. Verhältnis zur aktienrechtlichen Kapitalerhaltung	52
a) Kein Verstoß gegen das Verbot der Einlagenrückgewähr	52
b) Kein Verstoß gegen das Verbot des Erwerbs eigener Aktien	53
3. Praktische Bedeutung der Haftung	54
4. Rechtspolitische Aspekte	55
a) Gescheiterte Versuche zur Erweiterung der Haftung	55
b) §§ 97, 98 WpHG als Bausteine eines umfassenden Kapitalmarktdeliktsrechts	57
IV. Der haftungsbegründende Tatbestand (§§ 97 Abs. 1, 98 Abs. 1 WpHG)	59
1. Anspruchsverpflichtete	59
a) Anknüpfung an Art. 17 VO Nr. 596/2014 . .	59
b) Emittent	61
c) Finanzinstrumente	64
d) Zulassung an einem inländischen Handelsplatz	65
2. Anspruchsberechtigte (§§ 97 Abs. 1 Nr. 1 und 2, 98 Abs. 1 Nr. 1 und 2 WpHG)	69
a) Transaktionserfordernis	70
b) Anspruchsbegründende Transaktionen	72
c) Zeitliche Begrenzung der Anspruchsberechtigung	75
3. Informationspflichtverletzung	83
a) Unterlassen der unverzüglichen Veröffentlichung einer Insiderinformation (§ 97 Abs. 1 WpHG)	84
aa) Insiderinformation	84
bb) Unterlassen	87
cc) Rechtswidrigkeit; insbesondere Rechtfertigung durch Befreiungstatbestände . . .	95
b) Veröffentlichung einer unwahren Insiderinformation (§ 98 Abs. 1 WpHG)	97
aa) Insiderinformation	97
bb) Unwahrheit	99
cc) Rechtswidrigkeit	102
c) Darlegungs- und Beweislast	103
aa) Vorliegen einer Insiderinformation/ Unwahrheit der Veröffentlichung	103
bb) Kurserheblichkeit	105
cc) Voraussetzungen eines Befreiungstatbestands	106
4. Verschulden (§§ 97 Abs. 2, 98 Abs. 2 WpHG) .	107
a) Unionsrechtliche Grundlagen, Verschuldensmaßstab, Zurechnung und Beweislast	107
b) Verschulden bei unterlassener oder verspäteter Meldung (§ 97 Abs. 2 WpHG) . . .	111
c) Verschulden bei unwahrer Meldung (§ 98 Abs. 2 WpHG)	117
5. Anspruchsausschließendes Mitverschulden (§§ 97 Abs. 3, 98 Abs. 3 WpHG)	118
V. Schaden und Kausalität	120
1. Schaden	120
a) Geschütztes Interesse	120
aa) Vertragsabschlussschaden	122
bb) Kursdifferenzschaden	125
cc) Stellungnahme	127
b) Schadensberechnung	131
aa) Vertragsabschlussschaden	131
bb) Kursdifferenzschaden	134
2. Kausalität	139
a) Haftungsbegründende Kausalität	139
aa) Vertragsabschlussschaden	140
bb) Kursdifferenzschaden	142
b) Haftungsausfüllende Kausalität	145
3. Schadensminderungspflicht	147
VI. Konkurrenzen (§§ 97 Abs. 4, 98 Abs. 4 WpHG)	149
1. Vertragliche Ansprüche	150
2. Deliktische Ansprüche	152
a) Prospekthaftung	153
b) § 823 Abs. 2 BGB i.V.m. Art. 17 VO Nr. 596/2016	155
c) §§ 823 Abs. 2, 31 BGB i.V.m. Art. 15 VO Nr. 596/2016	156
d) §§ 823 Abs. 2, 31 BGB i.V.m. § 263 StGB . .	157
e) §§ 823 Abs. 2, 31 BGB i.V.m. § 264a StGB	158
f) §§ 823 Abs. 2, 31 BGB i.V.m. § 400 Abs. 1 Nr. 1 AktG	159
g) §§ 826, 31 BGB	160
aa) Voraussetzungen der Haftung	161
bb) Ersatzfähiger Schaden	164
VII. Regress (§§ 97 Abs. 5, 98 Abs. 5 WpHG) . . .	167
VIII. Verjährung	169
IX. Ansprüche gegen Organwalter und Dritte . .	171
X. Internationale Kapitalmarkthaftung	175
XI. Gerichtliche Zuständigkeit, Musterverfahren	178
1. Gerichtliche Zuständigkeit	178
2. Das Kapitalanleger-Musterverfahren	180
XII. Übergangsrecht	182

I. Entstehungsgeschichte und Regelungsvorbilder. 1. Entstehung der §§ 97 und 98 WpHG. Die Vorschriften der heutigen §§ 97 und 98 WpHG wurden als §§ 37b und 37c WpHG durch das 4. Finanzmarktförderungsgesetz[1] eingeführt. Sie waren bereits im Diskussionsentwurf vom 4.9.2001[2] enthalten und wurden in leicht veränderter Form in den Regierungsentwurf vom 14.11.2001[3] übernommen. Der Finanzausschuss nahm keine Modifikationen vor[4]. Die anschließenden Beratungen im Bundesrat und im Vermittlungsausschuss passierten die Bestimmungen ohne weitere Änderungen.

1

---

1 Gesetz zur weiteren Fortentwicklung des Finanzplatzes Deutschland (Viertes Finanzmarktförderungsgesetz) vom 21.6. 2002, BGBl. I 2002, 2010.
2 DiskE zum 4. FMFG, ZBB 2001, 398, 430 f. mit Begründung auf S. 432 f.
3 RegE, BR-Drucks. 936/01, 66 f., 177, 260 ff.
4 Beschlussempfehlung des Finanzausschusses vom 20.3.2002, BT-Drucks. 14/8600, sowie Bericht des Finanzausschusses vom 21.3.2002, BT-Drucks. 14/8601.

2   Die Bestimmungen wurden durch das **Anlegerschutzverbesserungsgesetz** geändert[1]. Es handelte sich um redaktionelle Anpassungen[2], die notwendig wurden, weil der Gesetzgeber den von §§ 37b und 37c WpHG in Bezug genommenen § 15 WpHG a.F. verändert hatte. Die 2003 in Kraft getretene Marktmissbrauchsrichtlinie[3], die durch das Anlegerschutzverbesserungsgesetz umgesetzt wurde, knüpfte sowohl im Tatbestand des Insiderhandelsverbots als auch in dem der Ad-hoc-Publizität an den einheitlichen Begriff der Insiderinformation an. Infolgedessen wurden in den §§ 37b und 37c WpHG die Tatbestandsmerkmale „Tatsache" und „neue Tatsache ..., die in seinem Tätigkeitsbereich eingetreten und nicht öffentlich bekannt ist und die wegen ihrer Auswirkungen auf die Vermögens- oder Finanzlage oder auf den allgemeinen Geschäftsverlauf des Emittenten geeignet ist, den Börsenpreis der zugelassenen Wertpapiere erheblich zu beeinflussen" jeweils durch „Insiderinformation" bzw. „Insiderinformation, die ihn unmittelbar betrifft" ersetzt. Der Tatbestand von § 15 WpHG a.F. wurde dahingehend erweitert, dass er nun nicht nur Emittenten von Wertpapieren, sondern Emittenten aller Finanzinstrumente betrifft. Dies machte eine zweite Folgeänderung der §§ 37b und 37c WpHG notwendig. Die Anpassung des Tatbestands der §§ 37b und 37c WpHG war bereits im Referentenentwurf enthalten und passierte das Gesetzgebungsverfahren ohne Änderungen[4].

3   Durch das **TUG**[5] hat der Gesetzgeber den Anwendungsbereich der Ad-hoc-Publizität geändert und ihn auf Inlandsemittenten beschränkt, aber die Anwendungsbereiche der §§ 37b, 37c WpHG nicht entsprechend geändert[6]. Diese Anpassung ist erst durch das 2. FiMaNoG erfolgt (dazu sogleich Rz. 6).

4   Durch das **Kleinanlegerschutzgesetz** wurden die **Sonderverjährungsvorschriften** (§§ 37b Abs. 4 und 37c Abs. 4 WpHG a.F.) aufgehoben[7]. Eine Angleichung an die Regelverjährung hatte der Bundesrat seit Erlass der §§ 37b und 37c WpHG in einer Reihe von Stellungnahmen gefordert[8] und auch in der Literatur war die kurze Sonderverjährung als ungerechtfertigt kritisiert worden[9]. Nachdem die Bundesregierung eine Abschaffung der kurzen Verjährung mehrfach abgelehnt hatte[10] und auch im Referenten- und Regierungsentwurf zum Kleinanlegerschutzgesetz[11] keine entsprechenden Regelungen enthalten waren, wurde die Streichung durch den Finanzausschuss des Bundestages eingefügt[12] und unverändert vom Plenum beschlossen. Zum Übergangsrecht s. Rz. 183.

5   Das **1. FiMaNoG** brachte eine kleine redaktionelle Anpassung des § 37c Abs. 1 WpHG[13]. Da die Ad-hoc-Publizität seit dem Inkrafttreten der Marktmissbrauchsverordnung in Art. 17 VO Nr. 596/2014 geregelt ist, wurde der Verweis, der bis dahin auf § 15 WpHG a.F. gelautet hatte, entsprechend angepasst. Während der Referentenentwurf noch den neuen § 26 WpHG, der die Modalitäten der Veröffentlichung regelt, in den Verweis einbeziehen wollte[14], lautet der Verweis seit dem Regierungsentwurf allein auf Art. 17 VO Nr. 596/2014[15]. Kurioserweise sieht § 26 Abs. 3 Satz 1 WpHG (damals noch § 15 WpHG) seit dem Regierungsentwurf des 1. FiMaNoG[16] allerdings genau diesen Verweis vor, demzufolge eine Schadensersatzpflicht eintritt, wenn der Emittent

---

1 Art. 1 Nr. 18 des Gesetzes zur Verbesserung des Anlegerschutzes (Anlegerschutzverbesserungsgesetz – AnSVG) vom 28.10.2004, BGBl. I 2004, 2630.
2 RegE des AnSVG vom 30.4.2004, BR-Drucks. 341/04, 78.
3 Richtlinie 2003/6/EG des Europäischen Parlaments und des Rates vom 28.1.2003 über Insider-Geschäfte und Marktmanipulation (Marktmissbrauch), ABl. EG Nr. L 96 v. 12.4.2003, S. 16.
4 RefE des AnSVG vom 10.3.2004, abgedruckt in ZBB 2004, 168 ff.; RegE des AnSVG vom 30.4.2004, BR-Drucks. 341/04, 78; Beschlussempfehlung und Bericht des Finanzausschusses vom 1.7.2004, BT-Drucks. 15/3493, 31 f.; Gesetzesbeschluss vom 3.9.2004, BR-Drucks. 643/04, 15.
5 Art. 1 Nr. 6b des Gesetzes zur Umsetzung der Richtlinie 2004/109/EG des Europäischen Parlaments und des Rates vom 15.12.2004 zur Harmonisierung der Transparenzanforderungen in Bezug auf Informationen über Emittenten, deren Wertpapiere zum Handel auf einem geregelten Markt zugelassen sind, und zur Änderung der Richtlinie 2001/34/EG (Transparenzrichtlinie-Umsetzungsgesetz – TUG) vom 5.1.2007, BGBl. I 2007, 10.
6 S. dazu 6. Aufl., §§ 37b, 37c WpHG Rz. 34.
7 Art. 3 Nr. 9 und 10 des Kleinanlegerschutzgesetzes vom 3.7.2015, BGBl. I 2015, 1114.
8 Stellungnahme des Bundesrates zum Gesetzentwurf der Bundesregierung zum 4. FMFG, BT-Drucks. 14/8017, 155; Stellungnahme des Bundesrates und Gegenäußerung der Bundesregierung zum AnSVG, BT-Drucks. 15/3355, 3; Stellungnahme des Bundesrates zum Gesetz zur Anpassung von Verjährungsvorschriften an das Gesetz zur Modernisierung des Schuldrechts, BR-Drucks. 436/04 (Beschluss), 1 f.
9 6. Aufl., §§ 37b, 37c WpHG Rz. 121 f.; *Möllers/Leisch* in KölnKomm. WpHG, §§ 37b, c WpHG Rz. 398 f.; *Rössner/Bolkart*, ZIP 2002, 1471, 1477; *Zimmer/Grotheer* in Schwark/Zimmer, §§ 37b, 37c WpHG Rz. 97.
10 S. etwa RefE des Gesetzes zur Neuregelung der Rechtsverhältnisse bei Schuldverschreibungen aus Anleihen und zur Anpassung kapitalmarktrechtlicher Verjährungsvorschriften vom 9.5.2008, ZBB 2008, 200, 202.
11 RefE des Kleinanlegerschutzgesetzes vom 29.7.2014; RegE des Kleinanlegerschutzgesetzes, BT-Drucks. 18/3994.
12 Beschlussempfehlung und Bericht des Finanzausschusses, BT-Drucks. 18/4708, 42.
13 Art. 1 Nr. 34 des Ersten Finanzmarktnovellierungsgesetzes – 1. FiMaNoG vom 30.6.2016, BGBl. I 2016, 1514.
14 RefE eines Finanzmarktnovellierungsgesetzes vom 16.10.2015, S. 80. Danach sollte der geplante § 86 auf „§ 20 i.V.m. Art. 17 der Verordnung (EU) Nr. 569/2014" verweisen (§ 20 war nach der geplanten Nummerierung der jetzige § 26).
15 RegE 1. FiMaNoG, BT-Drucks. 18/7482, 18.
16 Der Referentenentwurf hatte noch geplant, den früheren § 15 Abs. 6 WpHG ersatzlos zu streichen, s. RefE eines Finanzmarktnovellierungsgesetzes vom 16.10.2015, S. 39.

gegen seine „Verpflichtungen nach Absatz 1 oder nach Artikel 17 Absatz 1, 7 oder 8 der Verordnung (EU) Nr. 596/2014" verstößt. Demnach hält der Gesetzgeber eine Haftung auch dann für möglich, wenn nur gegen einzelne Übermittlungspflichten des § 26 Abs. 1 WpHG verstoßen wird (s. Rz. 92). Beibehalten wurde zunächst die Beschränkung der Tatbestände von §§ 37b und 37c WpHG auf Emittenten von Finanzinstrumenten, die zum Handel an einer inländischen Börse zugelassen sind. Da die Ad-hoc-Publizität für OTF-Emittenten erst seit dem 3.1.2018 gilt (s. Art. 39 Abs. 4 Unterabs. 2 VO Nr. 596/2014 i.d.F. der VO Nr. 1033/2016), ist die Beschränkung insoweit stimmig. Allerdings bestand zwischen der Geltung von Art. 17 Abs. 1 VO Nr. 596/2014 am 3.7.2016 und dem Inkrafttreten des 2. FiMaNoG am 3.1.2018 ein Sanktionsdefizit hinsichtlich von MTF-Emittenten sowie solcher Emittenten, für deren Finanzinstrumente erst ein Zulassungsantrag an einer inländischen Börse gestellt wurde. Diese Emittenten unterlagen zwar der Ad-hoc-Publizitätspflicht nach Art. 17 VO Nr. 596/2014, nicht aber einer Haftung nach §§ 37b und 37c WpHG (zur Haftung aufgrund anderer Vorschriften s. Rz. 149 ff.).

Größere Änderungen brachte das **2. FiMaNoG**[1]. Zunächst wurden die bisherigen §§ 37b und 37c WpHG aufgrund der Neunummerierung des Gesetzes zu §§ 97 und 98 WpHG. In Einklang mit dem Anwendungsbereich von Art. 17 Abs. 1 Unterabs. 3 VO Nr. 596/2014 (s. *Assmann*, Art. 17 VO Nr. 596/2014 Rz. 20) wurde die Haftung gem. §§ 97 und 98 WpHG auf Emittenten ausgedehnt, deren Finanzinstrumente auf ihren Antrag oder mit ihrer Genehmigung zum Handel auf einem multilateralen Handelssystem (MTF-Emittenten) oder einem organisierten Handelssystem (OTF-Emittenten) zugelassen sind, sowie auf solche Emittenten, die eine Zulassung zum Handel an einem regulierten Markt oder auf einem multilateralen Handelssystem beantragt haben. Die Änderungen waren bereits im Referentenentwurf[2] und Regierungsentwurf[3] enthalten und passierten das Gesetzgebungsverfahren ohne Änderungen. Ebenso wie die (aufsichtsrechtliche) Regelung zur Übermittlung der Ad-hoc-Mitteilung in § 26 Abs. 1 WpHG gelten die zivilrechtlichen Haftungsvorschriften der §§ 97 und 98 WpHG ihrem Wortlaut nach auch weiterhin nur für solche Emittenten, deren Finanzinstrumente an inländischen Handelsplätzen gehandelt werden (ausführlich zur Frage des anwendbaren Rechts Rz. 175 ff.). 6

2. Rechtsvergleichende Regelungsvorbilder. a) Vorbildfunktion des US-amerikanischen Kapitalmarktrechts. Während die Prospekthaftung bereits seit dem 19. Jahrhundert anerkannt ist[4], handelt es sich bei der Sekundärmarkthaftung um ein relativ junges Phänomen[5]. Daher ist es hilfreich, die Erfahrungen in anderen Rechtsordnungen miteinzubeziehen. Rechtsvergleichende Maßstäbe in der Sekundärmarkthaftung setzte das **US-Kapitalmarktrecht**. Auch wenn sich der deutsche Gesetzgeber in den Materialien nicht ausdrücklich auf ausländische Regelungsvorbilder bezieht[6], weisen doch die Tatbestände der §§ 97 und 98 WpHG erhebliche Parallelen zum US-amerikanischen Recht auf. Ein umfassendes Verständnis der Normen erfordert daher einen rechtsvergleichenden Blick über den Atlantik. 7

In den USA existieren im **Securities Exchange Act 1934 (SEA)** zwar eine Reihe gesetzlicher Haftungsvorschriften (namentlich section 9(f) SEA – zivilrechtliche Haftung bei Marktmanipulation – und section 18 SEA – Haftung für fehlerhafte Informationen), in der Praxis richtet sich die Sekundärmarkthaftung aber nach dem allgemeinen Marktmanipulationsverbot von Rule 10b-5[7]. Dabei handelt es sich um eine 1942 erlassene Ausführungsbestimmung der U.S. Securities and Exchange Commission (SEC) zu section 10 SEA. Eine zivilrechtliche Haftung auf Grundlage dieses Marktmanipulationsverbots wurde erstmals 1946 angenommen[8] und ist durch den U.S. Supreme Court seit langem anerkannt[9]. 8

Rule 10b-5[10] verbietet (a) manipulierende oder betrügerische Verhaltensweisen (device, scheme, or artifice to defraud), (b) die Abgabe falscher Erklärungen (untrue statements) bezüglich wesentlicher Umstände (material facts) oder das Verschweigen wesentlicher Umstände (omit to state a material fact), das eine tatsächlich gemachte Erklärung unter den gegebenen Umständen missverständlich (misleading) macht und (c) die Betei- 9

---

1 Art. 3 Nr. 1, 99 und 10 des Zweiten Finanzmarktnovellierungsgesetzes – 2. FiMaNoG vom 23.6.2017, BGBl. I 2017, 1693.
2 RefE 2. FiMaNoG vom 30.9.2016, S. 102 (dort §§ 86 und 87 WpHG-E).
3 RegE 2. FiMaNoG, BT-Drucks. 18/10936, 89 f.
4 *Hellgardt* in HWB des Europ. Privatrechts, Bd. 2, S. 1205.
5 Überblick bei *Hopt/Voigt* in Hopt/Voigt (Hrsg.), Prospekt- und Kapitalmarktinformationshaftung, S. 109 ff.
6 Dass das in Deutschland federführende Bundesministerium der Finanzen Regelungsvorbilder aus anderen Rechtsordnungen berücksichtigt, zeigt etwa der Auftrag an das Hamburger Max-Planck-Institut, ein rechtsvergleichendes Gutachten über die Prospekthaftung zu erstellen, s. *Hopt/Voigt* in Hopt/Voigt (Hrsg.), Prospekt- und Kapitalmarktinformationshaftung, S. V.
7 Ausführlich zum Folgenden *Hellgardt*, Kapitalmarktdeliktsrecht, S. 91 ff. S. auch *Möllers/Leisch* in KölnKomm. WpHG, §§ 37b, c WpHG Rz. 55 f.; *Miller*, Haftungsrecht, S. 86 ff.; *Kissner*, Verantwortlichkeit, S. 169 ff.
8 Kardon v. National Gypsum Co., 69 F. Supp. 512, 513 (E.D. Pa. 1946).
9 Herman & MacLean v. Huddleston, 459 U.S. 375, 370 (1983): „The existence of this implied remedy is simply beyond peradventure". S. auch Stoneridge Inv. Partners, LLC v. Scientific-Atlanta, 552 U.S. 148, 165 f. (2008), wonach der Kongress beim Erlass des Private Securities Litigation Reform Act die Existenz des Klagerechts anerkannt habe.
10 17 C.F.R. § 240.10b-5 (2016). Die Norm ist abgedruckt bei *Möllers/Leisch* in KölnKomm. WpHG, §§ 37b, c WpHG Rz. 55.

ligung an betrügerischen oder täuschenden Handlungen oder Unterlassungen gegenüber Dritten (fraud or deceit upon any person). Der Verweis auf Rechtsfiguren des common law wie fraud oder deceit hat dazu geführt, dass sich die Auslegung von Rule 10b-5 im Rahmen der zivilrechtlichen Haftung eng an bekannte deliktische Schadensersatzansprüche anlehnt. Diese Auslegung hat sich inzwischen weit von dem ursprünglichen Gesetzeswortlaut entfernt[1] und eine Art richterrechtlichen Kapitalmarkthaftungstatbestand etabliert. Die zivilrechtliche Haftung nach Rule 10b-5 hat folgende Tatbestandsvoraussetzungen[2]: (1) es muss sich um eine Falschdarstellung oder ein Verschweigen wesentlicher Umstände handeln; (2) diese muss auf grober Fahrlässigkeit oder Vorsatz beruhen; (3) es muss eine Verbindung zum Kauf oder Verkauf eines Finanzinstruments bestehen; (4) die haftungsbegründende Kausalität in Form von „reliance" muss vorliegen; (5) es muss ein Vermögensschaden eingetreten sein und (6) es muss haftungsausfüllende Kausalität bestehen.

10   Rule 10b-5 statuiert lediglich eine Haftung für fehlerhafte Informationen, grundsätzlich aber nicht für das pflichtwidrige Unterlassen einer Information[3]. Daher hat die Regelung lediglich **Vorbildfunktion für § 98 WpHG**, nicht aber für § 97 WpHG. Parallelen zum deutschen Recht zeigen sich insbesondere an drei Tatbestandsmerkmalen: (1) der Notwendigkeit, dass der Geschädigte auf die Richtigkeit der Information vertraut hat, (2) dem Transaktionserfordernis und (3) dem Verschuldensmaßstab.

11   Eine Haftung nach Rule 10b-5 setzt im Bereich der haftungsbegründenden Kausalität voraus, dass der Geschädigte **auf die Richtigkeit der Information vertraut** hat („reliance")[4]. Eine ganz ähnliche Regelung enthält § 98 Abs. 1 WpHG. Dieses Erfordernis, das wortgleich bereits in § 37c Abs. 1 WpHG enthalten war und schon auf den Referentenentwurf des 4. Finanzmarktförderungsgesetzes zurückgeht[5], hat in der Vergangenheit Anlass für einigen Streit um die rechtsdogmatische Einordnung der §§ 97 und 98 WpHG (dazu Rz. 49) sowie um die Auslegung des § 98 Abs. 1 WpHG gegeben. Aus rechtsvergleichender Perspektive gibt es naheliegende Antworten zu beiden Problemkreisen. Zunächst steht in den USA außer Frage, dass es sich bei der zivilrechtlichen Schadensersatzpflicht nach Rule 10b-5 um eine **deliktische Haftung** handelt. Nach ständiger Rechtsprechung enthält Rule 10b-5, eine ursprünglich aufsichtsrechtliche Vorschrift, eine „implied remedy"[6]. Nach amerikanischem Deliktsrecht kann eine objektiv-rechtliche Norm eine zivilrechtliche Haftungsfolge auslösen, wenn die Norm (a) eine besondere Gruppe von Personen schützen soll, der die Person angehört, deren Interesse betroffen ist, (b) das besondere Interesse schützen soll, das verletzt wurde, (c) dieses Interesse gerade vor der eingetretenen Art der Schädigung schützen soll und (d) dieses Interesse gerade vor der spezifischen Gefährdung schützen soll, durch welche die Schädigung verursacht wurde[7]. Dass eine konkrete Norm eine solche Haftungsfolge auszulösen geeignet ist, kann sich entweder aus dem expliziten Inhalt oder aus dem Zusammenhang (necessary implication) ergeben[8]. Die „implied remedy" stellt also das **funktionale Äquivalent zum deutschen § 823 Abs. 2 BGB** dar. Auch das „reliance"-Erfordernis als solches, das im Wortlaut von Rule 10b-5 gar nicht angelegt ist, geht auf das allgemeine US-Deliktsrecht zurück, das für eine Haftung für fehlerhafte Aussagen erfordert, dass der Geschädigte auf die Richtigkeit der Information vertraut hat[9].

Obwohl die Rechtsprechung aus der Analogie zum allgemeinen Deliktsrecht das Erfordernis von „reliance" abgeleitet hat, muss der geschädigte Anleger bei Rule 10b-5 nicht beweisen, dass er persönlich auf die Richtigkeit der Information vertraut hat. Insoweit hat der U.S. Supreme Court in einer Reihe von Urteilen Beweiserleichterungen gewährt. Zunächst muss der Anleger nicht beweisen, dass er darauf vertraut hat, dass keine wesentlichen Informationen unterdrückt wurden. Wenn erwiesen ist, dass eine wesentliche Information unterdrückt wurde, wird vermutet, dass der Anleger diese Information bei seiner Entscheidung berücksichtigt hätte[10]. Dies

---

1 Anschaulich der U.S. Supreme Court in Blue Chip Stamps v. Manor Drug Stores, 421 U.S. 723, 737 (1975): „When we deal with private actions under Rule 10b-5, we deal with a judicial oak which has grown from little more than a legislative acorn".
2 Auflistung der Tatbestandsmerkmale bei Dura Pharmaceuticals, Inc. v. Broudo, 544 U.S. 336, 341 f. (2005). Ausführliche Darstellungen z.B. bei *Choi/Pritchard*, Securities Regulation, 2005, S. 283 ff.; *Coffee/Sale*, Securities Regulation, 12. Aufl. 2012, S. 923 ff.; *Hazen*, Securities Regulation, 9. Aufl. 2016, S. 585 ff., 610 ff.
3 Ausführlich *Hellgardt*, Kapitalmarktdeliktsrecht, S. 98 ff.
4 Basic Inc. v. Levinson, 485 U.S. 224, 243 (1988); Halliburton Co. v. Erica P. John Fund, Inc., 134 S.Ct. 2398, 2412 (U.S. 2014).
5 RefE 4. FMFG vom 3.9.2001, S. 63.
6 Herman & MacLean v. Huddleston, 459 U.S. 375, 370 (1983), Stoneridge Inv. Partners, LLC v. Scientific-Atlanta, 552 U.S. 148, 165 f. (2008).
7 § 286 Restatement (Second) of Torts (1965).
8 Restatement (Second) of Torts § 286, Comment c (1965).
9 Restatement (Second) of Torts § 525 (1977): „One who fraudulently makes a misrepresentation of fact, opinion, intention or law for the purpose of inducing another to act or to refrain from action in reliance upon it, is subject to liability to the other in deceit for pecuniary loss caused to him by his justifiable reliance upon the misrepresentation."
10 Affiliated Ute Citizens of Utah v. U. S., 406 U.S. 128, 153 f. (1972): „Under the circumstances of this case, involving *primarily a failure* to disclose, positive proof of reliance is not a prerequisite to recovery. All that is necessary is that the facts withheld be material in the sense that a reasonable investor might have considered them important in the making of this decision." Dazu *Klöhn*, ZHR 178 (2014), 671, 680 f.

ähnelt der vom BGH entwickelten Vermutung aufklärungsrichtigen Verhaltens[1]. Das Kernstück der Beweiserleichterung bildet allerdings die unter dem Namen **fraud-on-the-market-theory** bekannt gewordene tatsächliche Vermutung für das Vertrauen des Anlegers auf die Richtigkeit irreführender Angaben. Diese Vermutung stellte der U.S. Supreme Court 1988 in der berühmten Entscheidung **Basic Inc. v. Levinson** auf. Das Gericht beruft sich dabei ausdrücklich auf die Erkenntnisse der empirischen Kapitalmarktforschung[2]. Die Kernsätze der Vermutung lauten: „An investor who buys or sells stock at the price set by the market does so in reliance on the integrity of that price. Because most publicly available information is reflected in market price, an investor's reliance on any public material misrepresentations, therefore, may be presumed for purposes of a Rule 10b-5 action."[3] Die fraud-on-the-market-theory wurde in einer Entscheidung aus dem Jahr 2014 entgegen vielfältiger Kritik ausdrücklich aufrechterhalten[4]. Es handelt sich nicht um eine Beweislastumkehr, sondern um einen Anscheinsbeweis. Statt das eigentliche Vertrauen zu beweisen, kann sich der Anleger darauf beschränken zu beweisen, dass die betreffende fehlerhafte Information öffentlich bekannt war (publicly known), dass sie für die Beurteilung des Wertes des Finanzinstruments wesentlich (material) war, dass der betreffende Kapitalmarkt informationseffizient war (stock traded in an efficient market) und dass er die Finanzinstrumente in der Phase zwischen der Fehlinformation und der Aufdeckung der Wahrheit gehandelt hat (traded the stock between when the misrepresentations were made and when the truth was revealed)[5]. Die fraud-on-the-market-theory enthält daher zwei getrennte Vermutungen: (1) bei einer wesentlichen, öffentlich bekannten Information wird vermutet, dass sie sich im Preis des Finanzinstruments niedergeschlagen hat, wenn dieses auf einem informationseffizienten Markt gehandelt wird; (2) aufgrund der Beeinflussung des Marktpreises wird vermutet, dass der Anleger auf die Fehlinformation vertraut hat[6].

Rule 10b-5 erfasst nur betrügerische Verhaltensweisen „in connection with the purchase or sale of any security". Aus diesem Tatbestandsmerkmal wird für die zivilrechtliche Haftung ein **Transaktionserfordernis** abgeleitet. Nach der sog. „**Birnbaum-Rule**" ist anspruchsberechtigt nur derjenige, der während der Phase der Desinformation die Finanzinstrumente gekauft oder verkauft hat[7]. Ein entsprechendes Transaktionserfordernis enthalten die §§ 97 Abs. 1 und 98 Abs. 1 WpHG (dazu Rz. 70 ff.).

Schließlich erfordert die Haftung nach Rule 10b-5, dass dem Haftpflichtigen „scienter" zur Last fällt[8]. Es ist nicht ganz eindeutig, welchem **Verschuldensmaßstab** des deutschen Rechts „scienter" entspricht, da schon in den USA höchstrichterlich bisher nur geklärt ist, dass vorsätzliches Verhalten darunter fällt[9]. Nach ständiger Rechtsprechung der US-Instanzgerichte genügt aber auch „recklessness"[10], was in etwa mit **grober Fahrlässigkeit** gleichgesetzt werden kann. Entsprechende Regelungen enthalten §§ 97 Abs. 2 und 98 Abs. 2 WpHG, denen zufolge die Haftung entfällt, wenn der Emittent nachweist, dass die Informationspflichtverletzung nicht auf Vorsatz oder grober Fahrlässigkeit beruht (dazu Rz. 107 ff.). Inwieweit die deutsche Haftung an dieser Stelle vom US-Recht inspiriert ist, bleibt allerdings eine offene Frage, denn wenige Jahre vor dem Erlass der §§ 37b und 37c WpHG hatte der Gesetzgeber des 3. Finanzmarktförderungsgesetzes Vorsatz und grobe Fahrlässigkeit auch zum einheitlichen Verschuldensmaßstab der Prospekthaftung erhoben[11].

b) Weitere Rechtsordnungen. Zahlreiche weitere Rechtsordnungen kennen eine Schadensersatzpflicht bei fehlerhaften Ad-hoc-Mitteilungen. Diese ist entweder spezialgesetzlich geregelt (Großbritannien, Portugal) oder folgt aus allgemeinen deliktischen Tatbeständen (z.B. in Belgien, Frankreich, Griechenland, Italien, Luxemburg, den Niederlanden, Österreich sowie der Schweiz)[12]. In der Praxis scheint diese Haftung aber nicht die gleiche Bedeutung erlangt zu haben wie in Deutschland die Haftung nach § 37b bzw. § 97 WpHG.

Rechtsvergleichend ergiebiger ist insbesondere das Kapitalmarktrecht von **Großbritannien**. Während das englische Recht ursprünglich gar keine zivilrechtliche Haftung für Verstöße gegen die Ad-hoc-Publizitätspflicht

---

1 Grundlegend BGH v. 5.7.1973 – VII ZR 12/73, BGHZ 61, 118, 121 f.; der BGH hat es allerdings abgelehnt, diese Rechtsfigur auf die Haftung wegen pflichtwidrig unterlassener Ad-hoc-Publizität zu übertragen, BGH v. 13.12.2011 – XI ZR 51/10 – IKB, BGHZ 192, 90, 115 = AG 2012, 209.
2 Basic Inc. v. Levinson, 485 U.S. 224, 246 mit Fn. 24 (1988).
3 Basic Inc. v. Levinson, 485 U.S. 224, 247 (1988).
4 Halliburton Co. v. Erica P. John Fund, Inc., 134 S.Ct. 2398, 2408 ff. (U.S. 2014).
5 Halliburton Co. v. Erica P. John Fund, Inc., 134 S.Ct. 2398, 2413 (U.S. 2014).
6 *Klöhn*, AG 2014, 807, 811.
7 Birnbaum v. Newport Steel Corp., 193 F.2d 461, 463 (2nd Cir. 1952), *cert. denied*, 343 U.S. 956. Bestätigt durch den U.S. Supreme Court in Blue Chip Stamps v. Manor Drug Stores, 421 U.S. 723, 733 ff. (1975), *rehearing denied*, 423 U.S. 884.
8 Grundlegend Ernst & Ernst v. Hochfelder, 425 U.S. 185, 199 ff. (1976), *rehearing denied*, 425 U.S. 986.
9 Ernst & Ernst v. Hochfelder, 425 U.S. 185, 193 Fn. 12 (1976).
10 *Hazen*, Securities Regulation, 9. Aufl. 2016, S. 594 f. mit zahlreichen Nachweisen aus der Rechtsprechung.
11 Dazu *Hellgardt*, Kapitalmarktdeliktsrecht, S. 14 f.
12 Einzelheiten bei *Möllers/Leisch* in KölnKomm. WpHG, §§ 37b, c WpHG Rz. 49 ff. sowie (Stand 2004) in den Beiträgen von Bolle, Puttfarken/Schrader, Karpathakis, Ferrarini/Leonardi, Bolle, Timmerman/Lennarts, Kalss/Oppitz, Böckel/Grünewald sowie Kowalewski in Hopt/Voigt, Prospekt- und Kapitalmarktinformationshaftung, S. 384 ff. (Belgien), S. 615 ff. (Frankreich), S. 664 ff. (Griechenland), S. 719 ff. (Italien), S. 764 ff. (Luxemburg), S. 801 ff. (Niederlande), S. 856 ff. (Österreich), S. 923 ff. (Portugal), S. 1061 ff. (Schweiz).

vorgesehen hatte[1], wurde im Zuge der Umsetzung der Transparenzrichtlinie die Kapitalmarkthaftung gänzlich neu und umfassend geregelt. Grundlage war der „Davies Review of Issuer Liability", ein von dem Oxforder Professor *Paul Davies* im Auftrag des Economic Secretary verfasster Bericht über die Kapitalmarkthaftung[2]. Infolgedessen wurde 2010 der Financial Services and Markets Act 2000 geändert[3] und in section 90A sowie Schedule 10A eine umfassende Sekundärmarkthaftung etabliert[4]. Anknüpfungspunkt der Haftung ist dabei nicht mehr die Art der Kapitalmarktinformation, sondern der Umstand, dass eine falsche Information durch anerkannte Kapitalmarktinformationssysteme bekannt gemacht worden ist. Erfasst sind sowohl falsche als auch verspätete Informationen.

16 **II. Unionsrechtliche Vorgaben und Regelungsziel. 1. Unionsrechtlicher Rahmen. a) Keine speziellen unionsrechtlichen Vorgaben.** Eine explizite unionsrechtliche Vorgabe, wonach fehlerhafte Ad-hoc-Mitteilungen i.S.v. Art. 17 VO Nr. 596/2014 zwingend durch *zivilrechtliche* Schadensersatzansprüche zu sanktionieren wären, fehlt[5]. Im Unterschied dazu sehen Art. 6 RL 2003/71/EG (**Prospektrichtlinie**)[6] bzw. zukünftig Art. 11 VO 2017/1129 (**Prospektverordnung**)[7] und Art. 7, 28 RL 2004/109/EG (**Transparenzrichtlinie**)[8] eine an die Mitgliedstaaten gerichtete explizite Verpflichtung zum Erlass von zivilrechtlichen Sanktionen für fehlerhafte Prospekte bzw. fehlerhafte Jahres- und Halbjahresberichte sowie Zwischenmitteilungen und Mitteilungen über Rechtsänderungen bei der Ausstattung von Finanzinstrumenten vor. Daher wird die Ansicht vertreten, dass im Wege der systematischen Auslegung der Gegenschuss zu ziehen sei, dass der europäische Gesetzgeber im Falle von Art. 17 VO Nr. 596/2014 gerade keine zivilrechtliche Sanktionierung gewollt habe[9]. Nach der Rechtsprechung des EuGH begründet die Existenz öffentlich-rechtlicher Sanktionen aber **keinen Gegenschluss** dergestalt, dass eine zivilrechtliche Durchsetzung unionsrechtlich nicht erforderlich wäre[10]. Dieser Grundsatz entzieht zugleich einer Argumentation den Boden, die zu den Regelungen anderer Richtlinien oder Verordnungen einen systematischen Gegenschluss ziehen will. Ob eine zivilrechtliche Durchsetzung der Ad-hoc-Publizität gem. Art. 17 VO Nr. 596/2014 unionsrechtlich geboten ist, wird durch das Schweigen der VO Nr. 596/2014 daher nicht präkludiert, sondern entscheidet sich nach allgemeinen Grundsätzen des Unionsrechts[11].

17 **Vorbildfunktion** hat insoweit die **Entwicklung im Wettbewerbsrecht**. Auch hier sah das Unionsrecht ursprünglich lediglich öffentlich-rechtliche Rechtsdurchsetzungsmechanismen vor, weshalb insbesondere in Deutschland zivilrechtliche Schadensersatzklagen abgelehnt wurden[12]. Erst der EuGH etablierte die Pflicht der Mitgliedstaaten, auch zivilrechtliche Schadensersatzansprüche vorzusehen[13]. Inzwischen hat der Unionsrechts-

---

1 *Leyens* in Hopt/Voigt, Prospekt- und Kapitalmarktinformationshaftung, S. 547 ff.
2 Online abrufbar unter http://webarchive.nationalarchives.gov.uk/20100407010852/http://www.hm-treasury.gov.uk/d/davies_review_finalreport_040607.pdf.
3 Financial Services and Markets Act 2000 (Liability of Issuers) Regulations 2010, SI 2010/1192.
4 Überblick bei *Davies*, Capital Markets Law Journal 5 (2010), 443; *Verse*, RabelsZ 76 (2012), 893.
5 Zur Rechtslage unter der Börsenzulassungsrichtlinie 2001/34/EG und der Marktmissbrauchsrichtlinie 2003/6/EG s. ausführlich 6. Aufl., §§ 37b, 37c WpHG Rz. 32.
6 Richtlinie 2003/71/EG des Europäischen Parlaments und des Rates vom 4.11.2003 betreffend den Prospekt, der beim öffentlichen Angebot von Wertpapieren oder bei deren Zulassung zum Handel zu veröffentlichen ist, und zur Änderung der Richtlinie 2001/34/EG (Text von Bedeutung für den EWR), ABl. EU Nr. L 345 v. 31.12.2003, S. 64.
7 Verordnung (EU) 2017/1129 des Europäischen Parlaments und des Rates vom 14.6.2017 über den Prospekt, der beim öffentlichen Angebot von Wertpapieren oder bei deren Zulassung zum Handel in einem geregelten Markt zu veröffentlichen ist, und zur Aufhebung der Richtlinie 2003/71/EG, ABl. EU Nr. L 168 v. 30.6.2017, S. 12. Gemäß Art. 49 Abs. 3 VO 2017/1129 müssen die Mitgliedstaaten die Prospekthaftung nach Art. 11 VO 2017/1129 bis zum 21.7.2019 umsetzen. Inhaltliche Änderungen gegenüber den Vorgaben des Art. 6 RL 2003/71/EG (Prospektrichtlinie) ergeben sich daraus nicht.
8 Richtlinie 2004/109/EG des Europäischen Parlaments und des Rates vom 15.12.2004 zur Harmonisierung der Transparenzanforderungen in Bezug auf Informationen über Emittenten, deren Wertpapiere zum Handel auf einem geregelten Markt zugelassen sind, und zur Änderung der Richtlinie 2001/34/EG, ABl. EG Nr. L 390 v. 31.12.2004, S. 38.
9 *Schmolke*, NZG 2016, 721, 723; ähnlich auch *Buck-Heeb*, NZG 2016, 1125, 1132; i.E. auch *Klöhn* in Kalss/Fleischer/Vogt, Gesellschafts- und Kapitalmarktrecht, S. 229, 246 ff. (jeweils allgemein für das Marktmanipulationsverbot vor Art. 15 VO Nr. 596/2014). In diese Richtung auch 6. Aufl., §§ 37b, 37c WpHG Rz. 32 (zur Marktmissbrauchsrichtlinie).
10 Zusammenfassend EuGH GA *Geelhoed* v. 13.12.2001 – Rs. C-253/00 (Antonio Muñoz y Cia SA), Slg. 2002, S. I-7291, Rz. 55: „Es besteht kein gemeinschaftsrechtlicher Grundsatz, dass eine privatrechtliche Durchsetzung automatisch ausgeschlossen ist, wenn in einer Vorschrift nur eine öffentlich-rechtliche Durchsetzung ausdrücklich vorgesehen ist." Speziell zur Kapitalmarkthaftung wegen Verstößen gegen die MarktmissbrauchsRL 2003/6/EG s. EuGH v. 19.12.2013 – Rs. C-174/12, AG 2014, 444 (Hirmann), ECLI:EU:C:2013:856 (Rz. 40 ff.).
11 So auch *Klöhn* in Kalss/Fleischer/Vogt, Gesellschafts- und Kapitalmarktrecht, S. 229, 236; *Poelzig*, ZGR 2015, 801, 811; *Seibt*, ZHR 177 (2013), 388, 424 f.; *Tountopoulos*, ECFR 2014, 297, 316 f.; *Wundenberg*, ZGR 2015, 124, 135 f.; *Zetzsche*, ZHR 179 (2015), 490, 506 f. Zur Gewinnung allgemeiner Rechtsgrundsätze im europäischen Sekundärrecht s. *Schön* in FS Hopt, S. 1343, 1356 ff.
12 Repräsentativ OLG Karlsruhe v. 28.1.2004 – 6 U 183/03, NJW 2004, 2243 mit krit. Anm. *Bulst*, NJW 2004, 2201.
13 Grundlegend EuGH v. 20.9.2001 – Rs. C-453/99 – Courage, Slg. 2001, I-6297 ff. = AG 2002, 80; EuGH v. 13.7.2006 – Rs. C-295/04 bis C-298/04 – Manfredi, Slg. 2006, I-6619 ff.

geber diese Entwicklung mit der Kartellschadensersatzrichtlinie[1] auch im Sekundärrecht verankert. Solange eine solche explizite Verankerung der Haftung für fehlerhafte Ad-hoc-Publizität im Sekundärrecht noch aussteht, muss auf die allgemeinen Grundsätze zurückgegriffen werden, aus denen sich auch das europäische Kartellschadensersatzrecht entwickelt hat.

b) **§§ 97 und 98 WpHG als Mittel zur Durchsetzung unionsrechtlich begründeter individueller Rechte.** Die im deutschen Recht fundamentale Unterscheidung zwischen zivilrechtlichen Ansprüchen und subjektiv-öffentlichen Rechten findet sich auf Ebene des Unionsrechts nicht wieder. Es ist vielmehr Ausfluss der Aufgabenverteilung im europäischen Mehrebenensystem, dass den Mitgliedstaaten im Ausgangspunkt ein Entscheidungsspielraum zukommt, auf welche Weise sie unionsrechtliche Vorgaben durchsetzen. Dabei sieht der EuGH die **Rechtsdurchsetzungsinstrumente des Verwaltungsrechts und des Privatrechts grundsätzlich als äquivalent** an[2]. Der Frage, ob unionsrechtlich ein zivilrechtlicher Schadensersatzanspruch vorgegeben ist, ist daher die Frage vorgelagert, ob eine Norm des Unionsrechts überhaupt „individuelle Rechte" verleiht[3]. Auf welche Art und Weise ein eventuelles individuelles Recht durchgesetzt werden muss – sprich, ob es straf-, verwaltungs- und/oder zivilrechtlicher Sanktionen bedarf – wird erst auf nachgelagerter Stufe geprüft.

Das Konzept des „individuellen Rechts" ist eine Eigenschöpfung Unionsrechts und umfasst (in deutscher Terminologie) sowohl die subjektiv-öffentlichen Rechte als auch die zivilrechtlichen Ansprüche. Seine Tatbestandsvoraussetzungen sind weitaus großzügiger als die der Schutznormtheorie des deutschen Öffentlichen Rechts oder der Schutzgesetzeigenschaft i.S.v. § 823 Abs. 2 BGB[4]. Dies ist deshalb der Fall, weil die **Gewährung individueller Rechte** vom EuGH gezielt **als Mittel zur Verbesserung der (dezentralen) Durchsetzung des Unionsrechts** eingesetzt wird[5]. Die einschlägige Rechtsprechung des EuGH lässt sich so zusammenfassen, dass all diejenigen Normen des Unionsrechts „individuelle Rechte" verleihen, die den Interessenkreis der Bürger in irgendeiner Weise faktisch berühren[6]. Letztlich reicht es für die Bejahung eines individuellen Rechts aufgrund einer EU-Verordnung nach der einschlägigen Leitentscheidung des EuGH bereits aus, dass ein solches Recht die Durchzugskraft der Regelung verstärkt und ihr dadurch zur vollen Wirksamkeit verhilft[7]. Die Ad-hoc-Publizitätspflicht gem. Art. 17 VO Nr. 596/2014 verfolgt ausweislich von Erwägungsgrund 49 VO Nr. 596/2014 nicht nur das Ziel, Insiderhandel zu verhindern, sondern soll auch einer Irreführung von Anlegern vorbeugen. Damit verfolgt der Unionsrechtsgeber ausdrücklich (auch) anlegerschützende Ziele. Nach den genannten Kriterien der EuGH-Rechtsprechung reicht dies ohne weiteres aus, um bei der **Ad-hoc-Publizität ein individuelles Recht zu bejahen**[8].

Wichtig ist, dass mit der Bejahung eines individuellen Rechts noch **keine Vorentscheidung zugunsten eines „private enforcement"** gefallen ist[9]. Vielmehr haben die Mitgliedstaaten im Rahmen ihrer Rechtsdurchsetzungsautonomie grundsätzlich die Wahl, ob sie eine öffentlich-rechtliche oder eine privatrechtliche Durchsetzung vorsehen wollen. Entscheidend ist nach der Rechtsprechung des EuGH alleine, dass es dem Einzelnen möglich ist, seine **individuellen Rechte vor den nationalen Gerichten geltend zu machen**[10]. Für eine öffentlich-rechtliche Durchsetzung bedeutet dies, dass der Einzelne das Recht haben muss, ein behördliches Eingreifen bei einer Verletzung seines individuellen Rechts vor dem VG zu erzwingen. Im Fall der Ad-hoc-Publizität

---

1 Richtlinie 2014/104/EU des Europäischen Parlaments und des Rates vom 26.11.2014 über bestimmte Vorschriften für Schadensersatzklagen nach nationalem Recht wegen Zuwiderhandlungen gegen wettbewerbsrechtliche Bestimmungen der Mitgliedstaaten und der Europäischen Union, ABl. EU Nr. L 349 v. 5.12.2014, S. 1. Dazu einführend *Schweitzer*, NZKart 2014, 335.
2 EuGH v. 10.4.1984 – 14/83 – von Colson und Kamann, Slg. 1984, 1891, 1907 (Rz. 18); EuGH v. 14.7.1994 – Rs. C-352/92 – Milchwerke Köln/Wuppertal, Slg. 1994, I-3385, I-3407f. (Rz. 23); EuGH v. 8.7.1999 – Rs. C-186/98 – Nunes, Slg. 1999, I-4883, I-4895 (Rz. 14); EuGH v. 15.1.2004 – Rs. C-230/01 – Intervention Board for Agricultural Produce, Slg. 2004, I-937, I-977 (Rz. 37). S. auch *Wagner*, AcP 206 (2006), 352, 413.
3 Ausführlich zum Begriff *Hellgardt*, Regulierung und Privatrecht, S. 184ff.
4 Allg. Ansicht, s. z.B. *Blanke* in Calliess/Ruffert, EUV/AEUV, 5. Aufl. 2016, Art. 47 EU-GRCharta Rz. 6; *Jarass*, Charta der Grundrechte der EU, 3. Aufl. 2016, Art. 47 EU-GRCharta Rz. 8.
5 *Franck*, Marktordnung durch Haftung, S. 205; *Schmolke*, NZG 2016, 721, 725; monographisch *Masing*, Die Mobilisierung des Bürgers für die Durchsetzung des Rechts, S. 176f.
6 Ausführlich *Hellgardt*, Regulierung und Privatrecht, S. 193ff. m.w.N. Diese Rechtsprechung wird auch nicht durch die neueren Urteile EuGH v. 17.3.2016 – Rs. C-145/15 und C-146/15 – Ruijssenaars, ECLI:EU:C:2016:187 und EuGH v. 16.2.2017 – Rs. C-219/15 – Schmitt, ECLI:EU:C:2017:128 in Frage gestellt; so aber tendenziell *Wagner*, JZ 2018, 130, 131ff. Diese Urteile beziehen sich lediglich auf eine Sondersituation, nämlich den Fall, dass neben dem eigentlichen Haftpflichtigen auch ein außenstehender Dritter mit Überwachungsfunktion für die Vernachlässigung seiner Überwachungspflichten haftbar gemacht werden soll. Einer solchen „Gatekeeper"-Haftung steht der EuGH skeptisch gegenüber, was aber keine Aussage zum Grundkonzept der Haftung enthält. Ähnlich *Franck*, CMLR 54 (2017), 1867, 1872, 1885.
7 EuGH v. 17.9.2002 – Rs. C-253/00 – Muñoz, Slg. 2002, I-7289, 7321f. (Rz. 30f.).
8 So bereits *Hellgardt*, AG 2012, 154, 165; offen *Wundenberg*, ZGR 2015, 124, 135f.; a.A. *Wagner* in MünchKomm. BGB, 7. Aufl. 2017, § 823 BGB Rz. 510 a.E.
9 *Franck*, Marktordnung durch Haftung, S. 207. Dies wird in der Diskussion häufig nicht klar genug beachtet.
10 EuGH v. 7.7.1981 – 158/80 – Rewe-Handelsgesellschaft Nord, Slg. 1981, 1805, 1838 (Rz. 44); EuGH v. 30.5.1991 – Rs. C-361/88 – Kommission/Deutschland, Slg. 1991, I-2567, I-2600f. (Rz. 15); EuGH v. 17.10.1991 – Rs. C-58/89 – Kommission/Deutschland, Slg. 1991, I-4983, I-5023 (Rz. 13).

würde dies erfordern, dass jeder einzelne Anleger, der Geschäfte in einem bestimmten Finanzinstrument tätigt, das Recht erhält, die BaFin gerichtlich zu einem Einschreiten zu zwingen, wenn eine mögliche Verletzung von Art. 17 VO Nr. 596/2014 in Betracht kommt. Um gegen eine zivilrechtliche Relevanz von Art. 17 VO Nr. 596/2014 zu argumentieren, genügt es also nicht, auf die explizit vorgesehenen Möglichkeiten einer verwaltungs- und strafrechtlichen Sanktionierung zu verweisen[1]. Das Ziel, den Einzelnen zur Durchsetzung des Unionsrechts zu ermächtigen, erfordert vielmehr, dass auch der einzelne Anleger **durch eigene Verfahrensrechte an einer öffentlich-rechtlichen Durchsetzung partizipieren** und so die Rechtsdurchsetzung auch dann in die Wege leiten kann, wenn die zuständige Behörde von sich aus nicht einschreitet. Dem steht im deutschen Recht aber **§ 4 Abs. 4 FinDAG**[2] entgegen, demzufolge die BaFin allein im öffentlichen Interesse tätig wird, so dass Anlegern gerade kein individuell vor Gericht durchsetzbares Recht auf Einschreiten wegen Verletzung des Art. 17 VO Nr. 596/2014 zusteht[3]. Durch diesen **expliziten Ausschluss eines „public enforcement"** (wohlgemerkt: nicht der Verordnung an sich, sondern der durch sie gewährten individuellen Rechte) hat sich der deutsche Gesetzgeber implizit auf eine zivilrechtliche Durchsetzung festgelegt.

21 Angesichts des Ausschlusses einer öffentlich-rechtlichen Rechtsdurchsetzung bleibt nur der Weg, die durch Art. 17 VO Nr. 596/2014 gewährten individuellen Rechte im Rahmen der deutschen Rechtsordnung auf privatrechtlichem Wege durchzusetzen. Auf die vieldiskutierte Frage, ob auch das in Art. 4 Abs. 3 Unterabs. 2 EUV verortete **unionsrechtliche Effektivitätsprinzip** eine speziell privatrechtliche Sanktionierung der Ad-hoc-Publizitätspflicht erfordert[4], kommt es daher nicht entscheidend an. Der deutsche Gesetzgeber ist in jedem Fall **zu einer privatrechtlichen Rechtsdurchsetzung der Ad-hoc-Publizität verpflichtet**.

22 Trotz des Fehlens einer direkten unionsrechtlichen Vorgabe **beruhen die §§ 97 und 98 WpHG daher auf zwingenden Vorgaben** des allgemeinen Unionsrechts. Solange § 4 Abs. 4 FinDAG Bestand hat, ist der deutsche Gesetzgeber verpflichtet, eine zivilrechtliche Haftung für unterlassene oder fehlerhafte Ad-hoc-Publizität vorzusehen. Gleichzeitig folgt aus dieser unionsrechtlichen Vorgabe, dass der deutsche Gesetzgeber auch bei der Ausgestaltung der Haftung nicht völlig frei ist.

23 **c) Konsequenzen für die Auslegung von §§ 97 und 98 WpHG.** Vorschriften des nationalen Rechts, die wie §§ 97 und 98 WpHG der Durchsetzung von Unionsrecht dienen, müssen bestimmten Anforderungen genügen. Dies gilt besonders für solche Normen, mittels derer unionsrechtlich begründete individuelle Rechte durchgesetzt werden sollen[5]. Der übergreifende Maßstab ist, dass die Bedingungen nicht ungünstiger gestaltet werden dürfen als bei vergleichbaren Rechtsbehelfen, die lediglich nationales Recht betreffen (**Äquivalenzgebot**), und dass die nationalen Normen die Durchsetzung der durch das Unionsrecht gewährten Rechte nicht praktisch unmöglich machen dürfen (**Effektivitätsgebot**)[6]. Diese allgemeinen Vorgaben hat der EuGH im Laufe der Zeit für einzelne Rechtsbehelfe konkretisiert, wobei sich eine besonders umfangreiche Rechtsprechung mit den Anforderungen beschäftigt, die **zivilrechtliche Schadensersatzansprüche** erfüllen müssen, die der Durchsetzung unionsrechtlicher Pflichten dienen[7].

24 Besonders bedenklich unter dem Gesichtspunkt des Äquivalenzgebots erscheint die Regelung des **§ 26 Abs. 3 Satz 1 WpHG**, derzufolge Schadensersatzansprüche bei Verstößen gegen Art. 17 Abs. 1, 7 oder 8 VO Nr. 596/2014 „nur unter den Voraussetzungen der §§ 97 und 98 WpHG" bestehen. Diese Regelung, die in entsprechender Form seit dem 4. Finanzmarktförderungsgesetz in § 15 WpHG a.F. enthalten war, wird allgemein so verstanden, dass damit die Schutzgesetzeigenschaft der Ad-hoc-Publizitätspflicht ausgeschlossen werden soll (s. § 26 WpHG Rz. 16)[8]. Während Rechtsnormen, die dem Schutz von Individualinteressen zu dienen bestimmt

---

1 So aber *Schmolke*, NZG 2016, 721, 726 ff.; dem folgend *Wolf/Wink* in Meyer/Veil/Rönnau, Handbuch zum Marktmissbrauchsrecht, § 31 Rz. 47.
2 Zur Diskussion um die Europarechts- und Verfassungswidrigkeit der Norm *Sethe*, Anlegerschutz, S. 954 ff.; *Sethe* in FS Hopt, 2010, S. 2549 ff.
3 Nichts anderes folgt aus dem Urteil EuGH v. 12.10.2004 – Rs. C-222/02 – Paul, Slg. 2004, I-9425, I-9475 f. (Rz. 30 f.), in welchem der Ausschluss eines Anspruchs auf Einschreiten der Aufsichtsbehörde durch eine Vorgängernorm des § 4 Abs. 4 FinDAG vom EuGH für rechtmäßig befunden wurde. Denn der EuGH billigte den Ausschluss nur, weil und soweit den Betroffenen zivilrechtliche Ansprüche (hier auf Einlegerentschädigung) zustanden.
4 *Hellgardt*, AG 2012, 154, 165; dem folgend *Poelzig*, ZGR 2015, 801, 812 ff.; *Poelzig*, NZG 2016, 492, 501; *Seibt*, ZHR 177 (2013), 388, 424 f.; *Tountopoulos*, ECFR 2014, 297, 328; *Zetzsche*, ZHR 179 (2015), 490, 507; *Zetzsche* in Gebauer/Teichmann, Europäisches Privat- und Unternehmensrecht, 2016, § 7.C Rz. 84 (S. 826); tendenziell auch *Maume*, ZHR 180 (2016), 358, 368; *Wundenberg*, ZGR 2015, 124, 135 f.; a.A. *Klöhn* in Kalss/Fleischer/Vogt, Gesellschafts- und Kapitalmarktrecht, S. 229, 249; *Schmolke*, NZG 2016, 721 ff. (beide allerdings zu Art. 15 VO Nr. 596/2014); *Wagner* in MünchKomm. BGB, 7. Aufl. 2017, § 823 BGB Rz. 510 a.E.
5 Ausführl. *Rott* in Leczykiewicz/Weatherill, The Involvement of EU Law in Private Law Relationships, 2013, S. 181 ff.
6 Grundlegend EuGH v. 16.12.1976 – 33/76 – Rewe-Zentralfinanz, Slg. 1976, 1989, 1998 (Rz. 5); EuGH v. 16.12.1976 – 45/76 – Comet, Slg. 1976, 2043, 2053 (Rz. 11/18).
7 Überblick bei *Hellgardt*, Regulierung und Privatrecht, S. 200 ff. m.w.N. Monographisch *Heinze*, Schadensersatz im Unionsprivatrecht.
8 So schon der Bericht des Finanzausschusses zum 2. FMFG, BT-Drucks. 12/7918, 96, 102 (zu § 15 Abs. 6 Satz 1 WpHG a.F.).

sind[1], als Schutzgesetze i.S.v. § 823 Abs. 2 BGB einen Schadensersatzanspruch begründen können, soll dies für Art. 17 VO Nr. 596/2014 nicht gelten, obwohl dieser bei Anwendung der herkömmlichen BGB-Dogmatik als Schutzgesetz gelten müsste[2]. Damit wird prima facie ein unionsrechtlich begründetes Recht ausdrücklich schlechter behandelt als vergleichbare nationale Rechte. Stattdessen werden geschädigte Anleger allerdings auf §§ 97 und 98 WpHG verwiesen. Der Ausschluss des § 823 Abs. 2 BGB durch § 26 Abs. 3 Satz 1 WpHG ist daher nur dann eine Schlechterstellung, wenn das durch §§ 97 und 98 WpHG gewährte Schutzniveau hinter dem allgemein-deliktischen zurückbleibt. Deshalb muss der Auslegung der §§ 97 und 98 WpHG stets ein **Vergleich zu einer hypothetischen Haftung nach § 823 Abs. 2 BGB i.V.m. Art. 17 VO Nr. 596/2014** zugrunde gelegt werden, hinter der die spezialgesetzliche Haftung nicht zu Lasten des geschädigten Anlegers zurückbleiben darf[3]. Relevant wird dies insbesondere bei den Verschuldensanforderungen (s. Rz. 107).

Bezogen auf den **objektiven Tatbestand** von Schadensersatzansprüchen zur Durchsetzung von Unionsrecht hat der EuGH aus dem Effektivitätsgebot abgeleitet, dass allein ein Verstoß gegen das Unionsrecht genügen muss, um die volle Haftung auszulösen, ohne dass Ausschlussgründe des nationalen Rechts berücksichtigt werden können[4]. Da der Tatbestand der §§ 97 und 98 WpHG ausdrücklich auf Art. 17 VO Nr. 596/2014 verweist, ist sichergestellt, dass insbesondere bei der Haftung für unterlassene Ad-hoc-Mitteilungen allein ein Verstoß gegen die unionsrechtliche Veröffentlichungspflicht genügt, um den objektiven Tatbestand zu erfüllen (ausführlich Rz. 84 ff.). 25

Die **Anspruchsberechtigung** im Falle einer zivilrechtlichen Durchsetzung unionsrechtlich begründeter individueller Rechte hängt eng mit dem Konzept des individuellen Rechts zusammen. Wer ein individuelles Recht hat, muss auch Zugang zu gerichtlichem Rechtsschutz haben[5]. Ein individuelles Recht steht nach der Rechtsprechung des EuGH all denjenigen zu, die von der Durchsetzung der unionsrechtlichen Regelung positiv betroffen sind[6]. Dies ist im Ausgangspunkt ein denkbar weit gefasster Kreis. Damit stellt sich die Frage, ob ein **Transaktionserfordernis**, wie es die §§ 97 und 98 WpHG vorsehen, unionsrechtlich zu rechtfertigen ist. Im Ergebnis dürfte das Transaktionserfordernis allerdings auch unionsrechtlich keinen Bedenken begegnen, da es sich nicht um einen Anspruchsausschluss, sondern lediglich um eine Konsequenz des (unionsrechtlich vorgegebenen) Schutzzwecks der Ad-hoc-Publizität handelt (s. Rz. 69). 26

Die größten Verwerfungen durch die unionsrechtlichen Vorgaben drohen im Bereich des **Verschuldens**. Während die §§ 97 und 98 WpHG wie das gesamte deutsche Kapitalmarktdeliktsrecht durch den Grundsatz der Haftung für grobe Fahrlässigkeit geprägt sind[7], sieht der EuGH in ständiger Rechtsprechung[8] jede rein im nationalen Recht begründete Verschuldensanforderung für Verletzungen des Unionsrechts als **Verstoß gegen den Effektivitätsgrundsatz** an[9]. Auf den ersten Blick erscheinen §§ 97 Abs. 2 und 98 Abs. 2 WpHG daher als mit dem Unionsrecht unvereinbar. Eine solche Schlussfolgerung wäre allerdings voreilig. Denn der EuGH legt ein eigenes Konzept einer „objektivierten Verschuldenshaftung"[10] zugrunde, welche Rechtswidrigkeit und Verschulden einheitlich beurteilt. Daraus folgt, dass die Pflichtwidrigkeit als Kernstück des Verschuldens – wie dies auch die modernen Theorien des Deliktsrechts tun[11] – bereits im Unrechtstatbestand zu verorten ist[12]. Die Feststellung eines rechtswidrigen Verstoßes gegen Art. 17 VO Nr. 596/2014 impliziert damit bereits die Pflichtwidrigkeit. Fraglich ist allerdings, ob und in welcher Weise dabei dem Erfordernis der groben Fahrlässigkeit Rechnung getragen werden kann. Fest steht, dass die Beschränkung der Haftung auf grobe Fahrlässigkeit nicht dazu führen darf, dass ein festgestellter rechtswidriger Verstoß gegen Unionsrecht nicht haftungsbegründend wirkt. Denn für den EuGH stellen rein im nationalen Recht wurzelnde Verschuldensanforderungen selbst dann 27

---

1 Zu den Voraussetzungen der Schutzgesetzeigenschaft s. nur *Wagner* in MünchKomm. BGB, 7. Aufl. 2017, § 823 BGB Rz. 498 ff.
2 *Hellgardt*, AG 2012, 154, 164 f. Gegen diese Auslegung kann nicht die h.M. zu § 15 WpHG a.F. angeführt werden, derzufolge die Norm (auch nach Einführung der §§ 37b und 37c WpHG a.F.) allein dem Funktionenschutz gedient habe. Denn diese Auslegung war allein auf die deutsche Umsetzungsnorm bezogen und stand daher schon in einem Spannungsverhältnis zu Art. 6 RL 2003/6/EG (MarktmissbrauchsRL).
3 Ähnlich *Seibt/Wollenschläger*, AG 2014, 593, 607 f., die von einer parallelen Anwendung von § 823 Abs. 2 BGB neben §§ 97 und 98 WpHG ausgehen.
4 EuGH v. 8.11.1990 – Rs. C-177/88 – Dekker, Slg. 1990, I-3941, I-3976 (Rz. 25).
5 In diesem Sinne EuGH v. 11.9.2003 – Rs. C-13/01 – Safalero, Slg. 2003, I-8679, I-8721 (Rz. 50).
6 EuGH v. 30.5.1991 – Rs. C-361/88 – Kommission/Deutschland, Slg. 1991, I-2567, I-2601 (Rz. 16); EuGH v. 30.5.1991 – Rs. C-59/89 – Kommission/Deutschland, Slg. 1991, I-2607, I-2631 (Rz. 19); EuGH v. 17.10.1991 – Rs. C-58/89 – Kommission/Deutschland, Slg. 1991, I-4983, I-5023 (Rz. 14); EuGH v. 24.2.1994 – Rs. C-343/92 – Roks, Slg. 1994, I-571, I-602 (Rz. 42).
7 *Hellgardt*, Kapitalmarktdeliktsrecht, S. 460 ff.
8 EuGH v. 8.11.1990 – Rs. C-177/88 – Dekker, Slg. 1990, I-3941, I-3976 (Rz. 24); EuGH v. 22.4.1997 – Rs. C-180/95 – Draehmpaehl, Slg. 1997, I-2195, I-2220 (Rz. 21); EuGH v. 30.9.2010 – Rs. C-314/09 – Strabag, Slg. 2010, I-8769, I-8787 (Rz. 39).
9 A.A. *Franck*, Marktordnung durch Haftungsrecht, S. 435 ff.
10 *Wurmnest*, Grundzüge eines europäischen Haftungsrechts, 2003, S. 154–159, 343.
11 S. z.B. *Wagner* in MünchKomm. BGB, 7. Aufl. 2017, § 823 BGB Rz. 29.
12 Zur funktionalen Austauschbarkeit von Tatbestands- und Verschuldensanforderungen *Franck*, Marktordnung durch Haftung, S. 423.

einen Verstoß gegen den Effektivitätsgrundsatz dar, wenn der Nachweis dafür denkbar leicht zu erbringen ist[1]. Damit bleibt nur der Weg, dem Erfordernis der groben Fahrlässigkeit systemimmanent bei der Auslegung der haftungsbegründenden Tatbestandselemente des Unionsrechts Rechnung zu tragen. Wenn etwa Art. 7 Abs. 2 Satz 1 VO Nr. 596/2014 hinsichtlich zukunftsausgerichteter Insiderinformationen verlangt, dass der Eintritt zukünftiger Umstände oder Ereignisse „vernünftigerweise" erwartet werden kann, lässt sich hier ohne weiteres eine tatsächliche Unsicherheit haftungsmildernd berücksichtigen (s. Rz. 113). So kann das Ziel der Haftungsbegrenzung auf grobe Fahrlässigkeit, eine Überabschreckung zu vermeiden[2], jedenfalls teilweise erreicht werden, ohne gegen die zwingenden Vorgaben des Unionsrechts zu verstoßen. Gleichzeitig ist zu bedenken, dass die in §§ 97 und 98 WpHG angeordnete **Beweislastumkehr zugunsten der klagenden Anleger** die mit dem erhöhten Verschuldensmaßstab einhergehenden Hürden für eine erfolgreiche Rechtsdurchsetzung wieder etwas abmildert[3]. Berücksichtigt werden muss allerdings, dass wegen des vom EuGH in *Geltl* postulierten Ziels einer einheitlichen Auslegung von Insiderrecht und Ad-hoc-Publizität[4] die so vorgenommene Auslegung des Insiderrechts nicht auf die Ad-hoc-Publizität und ihre Durchsetzung beschränkt werden kann, sondern stets dem Primärzweck – der Verhinderung von Insiderhandel – gerecht werden muss. Verschuldenserfordernisse dürfen in keinem Fall einer effektiven Rechtsdurchsetzung im Wege stehen[5]. Eine zu enge Auslegung des Insiderrechts aus Gründen der Haftungsvermeidung ist mit dem Ziel einer wirksamen Prävention von Insiderhandel nicht zu vereinbaren. Damit ist zu erwarten, dass die **Haftungsbegrenzung auf grobe Fahrlässigkeit** aufgrund der zwingenden Vorgaben des Unionsrechts im Ergebnis **ihre praktische Bedeutung verlieren wird**.

28 Relativ gering sind die Anforderungen, die der EuGH im Bereich der **Kausalität** aufgestellt hat. Entscheidend ist, dass die volle Wirksamkeit der durch das Unionsrecht verliehenen individuellen Rechte nicht durch übermäßige Kausalitätsanforderungen beeinträchtigt werden darf[6]. Die vom BGH aufgestellten Anforderungen an die Kausalität zwischen einer fehlerhaften Ad-hoc-Mitteilung und dem Kaufentschluss des geschädigten Anlegers (s. Rz. 140 f.) dürften diesen Anforderungen kaum standhalten[7]. Daher spricht auch das Unionsrecht für das Konzept der Preiskausalität (s. Rz. 142).

29 Schließlich hat der EuGH Mindestanforderungen an den **Umfang des ersatzfähigen Schadens** formuliert. Ersetzt werden muss der volle Schaden einschließlich eines entgangenen Gewinns[8]. Während die §§ 97 und 98 WpHG diesen Anforderungen ohne weiteres im Wege der Auslegung genügen können (s. Rz. 131 ff.), birgt eine weitere Anforderung größere Sprengkraft. Laut EuGH verlangt das Effektivitätsprinzip, dass der Schadensersatzanspruch **ab der Verletzungshandlung verzinst** wird[9]. Dementsprechend hat der deutsche Gesetzgeber bei Umsetzung der Kartellschadensersatzrichtlinie[10] in § 33a Abs. 4 Satz 1 GWB einen entsprechenden Zinsanspruch eingeführt. Da es sich um einen allgemeinen Grundsatz des Unionsrechts handelt, der dem Ziel der effektiven Rechtsdurchsetzung dient, muss auch die Haftung für fehlerhafte Ad-hoc-Publizität eine entsprechende Verzinsung vorsehen (zur Umsetzung im Rahmen der §§ 97 und 98 WpHG s. Rz. 138). Ein solcher Anspruch könnte insbesondere im Fall unterlassener Ad-hoc-Mitteilungen eine erhebliche wirtschaftliche Bedeutung entfalten, wenn die Informationspflichtverletzung erst nach erheblicher Zeit aufgedeckt wird. Nach Wegfall der kurzen Sonderverjährung (s. Rz. 4) verjähren Ansprüche aus § 97 WpHG gem. § 199 Abs. 4 BGB ggf. erst 10 Jahre nach Verletzung der Veröffentlichungspflicht. Wird der Rechtsverstoß erst kurz zuvor entdeckt, können sich erhebliche Zinsansprüche angesammelt haben.

30 **2. Zweck der Haftung.** Die Vorschriften, bei denen es sich um eigenständige Anspruchsgrundlagen handelt[11], knüpfen eine Schadensersatzpflicht an **unterlassene sowie verspätete (§ 97 WpHG) oder unwahre (§ 98 WpHG) Ad-hoc-Mitteilungen**. Verkauft ein Anleger aufgrund einer derartigen Verletzung der Ad-hoc-Publizitätspflicht seine Finanzinstrumente zu billig oder kauft er sie zu teuer, steht ihm ein Schadensersatzanspruch zu. Dieser richtet sich **allein gegen den Emittenten**, da nur dieser der Ad-hoc-Publizitätspflicht aus Art. 17 VO Nr. 596/2014 unterliegt. Will der Geschädigte auch die Organmitglieder selbst in Anspruch nehmen, stehen ihm nur die allgemeinen zivilrechtlichen Anspruchsgrundlagen zur Verfügung (s. Rz. 171 ff.).

---

1 EuGH v. 22.4.1997 – Rs. C-180/95 – Draehmpaehl, Slg. 1997, I-2195, I-2220 (Rz. 21).
2 *Franck*, Marktordnung durch Haftung, S. 443 ff.; *Hellgardt*, Kapitalmarktdeliktsrecht, S. 463.
3 S. bereits *Hellgardt*, AG 2012, 154, 166.
4 EuGH v. 28.6.2012 – Rs. C-19/11 – Geltl, AG 2012, 555, ECLI:EU:C:2012:397 (Rz. 47); dazu *Hellgardt*, CMLR 50 (2013), 861, 869.
5 So auch *Franck*, Marktordnung durch Haftung, S. 437 f.
6 EuGH v. 5.6.2014 – Rs. C-557/12 – Kone, ECLI:EU:C:2014:1317 (Rz. 33).
7 So bereits *Hellgardt*, AG 2012, 154, 160.
8 EuGH v. 5.3.1996 – Rs. C-46/93 und C-48/93 – Brasserie du Pêcheur und Factortame, Slg. 1996, I-1029, I-1157 (Rz. 86 f.); EuGH v. 8.3.2001 – Rs. C-397/98 und C-410/98 – Metallgesellschaft und Hoechst, Slg. 2001, I-1727, I-1787 (Rz. 91); EuGH v. 13.7.2006 – Rs. C-295/04 bis C-298/04 – Manfredi, Slg. 2006, I-6619, I-6670 (Rz. 95).
9 EuGH v. 2.8.1993 – Rs. C-271/91 – Marshall, Slg. 1993, I-4367, I-4409 (Rz. 31); EuGH v. 13.7.2006 – Rs. C-295/04 bis C-298/04 – Manfredi, Slg. 2006, I-6619, I-6671 (Rz. 97).
10 *Diese* verlangt eine Verzinsung ab Schadenseintritt ausdrücklich nur in Erwägungsgrund 12 RL 2014/104/EU, nicht aber in Art. 3 Abs. 2 Satz 2 RL 2014/104/EU.
11 *Maier-Reimer/Webering*, WM 2002, 1857, 1858.

Anders als bei der Prospekthaftung liegt der **ökonomische Sinn und Zweck der Sekundärmarkthaftung** – und 31
damit auch der Haftung gem. §§ 97 und 98 WpHG – nicht auf der Hand. Bei der Prospekthaftung geht es darum, Fehlallokationen von Kapital am Primärmarkt dadurch auszugleichen, dass solche Emittenten, die sich durch Falschangaben Kapital (zu vergünstigten Bedingungen) erschlichen haben, gezwungen werden, das so eingeworbene Geld an die Anleger zurückzuzahlen[1]. Demgegenüber kommt dem Sekundärmarkt keine allokative Funktion zu, weil dort nur Anleger untereinander handeln und keine Kapitalaufnahme durch Emittenten stattfindet. Sekundärmarkthaftung gleicht deshalb keine Allokationsschäden aus[2], sondern führt zu einer Umverteilung zwischen unterschiedlichen Anlegergruppen[3]. Daraus wird häufig der Schluss gezogen, dass eine Sekundärmarkthaftung insgesamt überflüssig sei, weil sie nicht nur gesamtwirtschaftlich zu einem Nullsummenspiel führe, sondern sich bei langfristiger Betrachtung Schäden und Gewinne auch auf Ebene des einzelnen Anlegers ausglichen[4]. Auch wenn es nicht zutrifft, dass auf Ebene des einzelnen Anlegers stets von einer Generalkompensation ausgegangen werden kann[5], reicht dies kaum aus, um die Sekundärmarkthaftung zu begründen. Sekundärmarkthaftung lässt sich deshalb nur durch den dadurch erhofften **verhaltenssteuernden Effekt** rechtfertigen[6]. Da die Haftung nach §§ 97 und 98 WpHG primär der Durchsetzung von Art. 17 VO Nr. 569/2014 dient (s. Rz. 19), sind dessen Regelungsziele und Schutzzwecke auch für die Auslegung und Anwendung der deutschen Haftungsvorschriften maßgeblich. Daraus lassen sich die Verhaltensweisen ableiten, die die Haftungsandrohung präventiv verhindern soll.

a) Regelungsziele der Ad-hoc-Publizität. Mit der Überführung der Ad-hoc-Publizitätspflicht[7] von Art. 6 RL 32
2003/6/EG in Art. 17 VO Nr. 596/2014 haben diejenigen Aussagen, die sich auf den Schutzzweck der deutschen Umsetzungsnorm (§ 15 WpHG a.F.) beziehen[8], weitgehend ihre Bedeutung für das geltende Recht verloren. Art. 17 VO Nr. 596/2014 unterliegt als Teil des Unionsrechts einer **autonomen Auslegung**, für die gem. Art. 267 Abs. 1 lit. b AEUV dem **EuGH die Letztentscheidungskompetenz** zukommt. Da sich der Grundtatbestand der Ad-hoc-Publizität durch die Überführung in Art. 17 VO Nr. 569/2014 aber nicht verändert hat[9], können Aussagen des EuGH zur Auslegung und zu den Regelungszielen von Art. 6 RL 2003/6/EG prima facie auf Art. 17 VO Nr. 596/2014 übertragen werden. Maßgeblich für die Regelungsziele und Schutzzwecke unionsrechtlicher Normen sind vor allem die Erwägungsgründe[10].

Laut Erwägungsgrund 49 VO Nr. 596/2014 verfolgt der Unionsrechtsgeber mit Art. 17 VO Nr. 596/2014 ein 33
doppeltes Ziel: Es soll dem **Insiderhandel und der Irreführung von Anlegern vorgebeugt** werden[11]. Die Ad-hoc-Publizität ist damit, wie schon bisher, Teil des Insiderrechts im weiteren Sinne. Dies wird insbesondere dadurch deutlich, dass der im Gesetzgebungsverfahren erwogene Vorschlag, durch Einführung einer „Insider-

---

1 Vgl. *Hellgardt*, Kapitalmarktdeliktsrecht, S. 112 f. m.w.N.
2 Das bedeutet allerdings nicht, dass auf den Primärmarkt der allokative Schaden und der gem. §§ 21 ff. WpPG zu ersetzende Schaden gleichlaufend wären. Je nach Messung des Allokationsschadens kommt es auch hier zu einem erheblichen Auseinanderfallen der beiden Größen. S. etwa das Modell von *Schönberger*, Ökonomische Analyse der Notwendigkeit und Effizienz des börsengesetzlichen Haftungsregimes, 2000, S. 107 ff., das allokative Schäden als Differenz im Sozialprodukt misst.
3 Grundlegend *Easterbrook/Fischel*, 52 University of Chicago L. Rev. 611, 639 (1985); *Easterbrook/Fischel*, Economic Structure of Corporate Law, 1991, S. 339; s. auch *Alexander*, 48 Stanford L. Rev. 1487, 1496 (1996); *Dühn*, Schadensersatzhaftung, S. 253; *Fleischer*, Gutachten zum 64. DJT, 2002, S. F 98, F 105 f.; *Klöhn*, AG 2012, 345, 353; *Pritchard*, 85 Virginia L. Rev. 925, 939 (1999); *Schäfer* in Hopt/Voigt (Hrsg.), Prospekt- und Kapitalmarktinformationshaftung, S. 161, 167; *Steinhauer*, Insiderhandelsverbot, S. 254.
4 *Klöhn*, AG 2012, 345, 353; *Langevoort*, 38 Arizona L. Rev. 639, 646 (1996); *Mülbert*, JZ 2002, 826, 834; *Pritchard*, 85 Virginia L. Rev. 925, 945 ff. (1999).
5 Ausführlich dazu *Hellgardt*, Kapitalmarktdeliktsrecht, S. 142 f.
6 Ausdrücklich *Klöhn*, AG 2012, 345, 353; s. auch bereits *Hellgardt*, Kapitalmarktdeliktsrecht, S. 211, 223 f.
7 Zur Terminologie nach Inkrafttreten der MAR s. Begr. RegE 2. FiMaNoG, BT-Drucks. 18/10936, 251; *Klöhn*, AG 2016, 423, 429.
8 Dazu umfassend 6. Aufl., §§ 37b und 37c WpHG Rz. 4, 9.
9 Vergleich zwischen altem und neuem Recht bei *Klöhn*, AG 2016, 423, 430. Kurioserweise wurde der Wortlaut des Art. 17 Abs. 1 VO Nr. 596/2014 am 21.12.2016 dahingehend „berichtigt", dass es nun in der deutschen Fassung heißt, die Veröffentlichung müsse „unverzüglich" erfolgen, während es in der Ursprungsfassung im Einklang mit Art. 6 Abs. 1 RL 2003/6/EG „so bald wie möglich" heißt; ABl. EU Nr. L 348 v. 21.12.2016, S. 83. Angesichts des Streits, der sich in Deutschland um die Auslegung des Wortes „unverzüglich" in § 15 Abs. 1 Satz 1 WpHG a.F. rankte (s. nur *Assmann*, 6. Aufl., § 15 WpHG Rz. 248 ff.), dürfte mit dieser Wortlautänderung das Ausmaß einer zulässigen „Berichtigung" bei weitem überschritten worden sein. Die Bedeutung der Änderung wird allerdings dadurch relativiert, dass andere Sprachfassungen nicht „berichtigt" wurden. So heißt es unverändert auf Englisch „as soon as possible" und auf Französisch „dès que possible".
10 Zur Bedeutung der Erwägungsgründe für die Auslegungspraxis des EuGH im Bereich der Ad-hoc-Publizität s. EuGH v. 28.6.2012 – Rs. C-19/11 – Geltl, AG 2012, 555, ECLI:EU:C:2012:397 (Rz. 28, 33, 34, 48, 55); die Kritik von *Mock*, ZBB 2012, 286, 291 übersieht, dass gesetzgeberische Ziele notwendigerweise abstrakt formuliert werden müssen, während sich im Einzelfall konkrete Auslegungsfragen stellen. Beides ist keine Besonderheit der Ad-hoc-Publizität oder der Rechtsprechung des EuGH.
11 Dazu *Poelzig*, NZG 2016, 761, 763.

information light" die Ad-hoc-Publizität und das Insiderrecht zu entkoppeln[1], in die Endfassung der MAR keinen Eingang gefunden hat[2]. Auch der EuGH hat in der *Geltl*-Entscheidung, in der er sich erstmals direkt mit der Ad-hoc-Publizität auseinandergesetzt hat, die Zugehörigkeit zum Insiderrecht betont[3]. Immer dann, wenn die Kenntnis eines Umstands oder Ereignisses einem Insider den Anreiz geben würde, aufgrund dieser Information zu handeln (vgl. Art. 7 Abs. 4 VO Nr. 596/2014), entsteht auch eine Veröffentlichungspflicht für denjenigen Emittenten, den die Information unmittelbar betrifft. Die Ad-hoc-Publizität dient der informationellen Chancengleichheit der Marktteilnehmer und soll den Zeitraum für potentiellen Insiderhandel so stark wie möglich verkürzen[4]. Sie stellt eine **Marktteilnahmepflicht** dar und dient der **Sicherstellung einer zutreffenden Marktpreisbildung**[5]. Finanzierungstheoretischer Hintergrund ist die Theorie der (semistarken) Informationseffizienz der Kapitalmärkte (efficient capital market hypothesis – ECMH)[6]. Demnach spiegelt der Kurs eines auf einem liquiden Markt gehandelten Finanzinstruments innerhalb weniger Sekunden alle öffentlich verfügbaren Informationen wider. Auch solche Umstände oder Ereignisse, deren zukünftiges Eintreten nur einen geringen Wahrscheinlichkeitsgrad aufweist, werden verarbeitet und können zu einer Kursänderung führen, wenn die potentiellen Auswirkungen auf die zukünftigen Auszahlungsströme des Finanzinstruments im unwahrscheinlichen Falle des Eintritts nur gravierend genug sind. Der Unionsrechtsgeber hat sich die Annahmen dieser Theorie zu eigen gemacht und darauf ein umfangreiches **Publizitätskonzept** aufgebaut, zu dem neben der Ad-hoc-Publizität gem. Art. 17 VO Nr. 596/2014 etwa auch die Pflichten zur Veröffentlichung von Jahres- und Halbjahresfinanzberichten gem. §§ 114[7] und 115 WpHG (unionsrechtliche Grundlage sind Art. 4 und 5 RL 2004/109/EG – TransparenzRL) und die Meldepflichten nach §§ 33 ff. WpHG (diese beruhen im Kern auf Art. 9–15 RL 2004/109/EG – TransparenzRL) gehören. Die Ad-hoc-Publizität weist eine besonders enge Verbindung zur Theorie informationseffizienter Kapitalmärkte auf, da sie gerade darauf abzielt, eine **unverzügliche Verbreitung kursrelevanter Umstände** zu erreichen, damit diese eingepreist werden können. Durch die Einpreisung infolge der Veröffentlichung entfällt die Möglichkeit des Insiderhandels, weil sich nun aufgrund der Kenntnis der Information kein risikoloser Gewinn mehr erzielen lässt. Damit wird zugleich das Kardinalziel des Insiderrechts, eine Gleichbehandlung der Anleger sicherzustellen[8], erreicht, als dessen besondere Ausprägung Erwägungsgrund 49 den Schutz (ursprünglich uninformierter) Anleger vor Irreführung nennt.

34 Ergänzt werden die Ziele Insiderprävention und Anlegerschutz durch die Aussage von Erwägungsgrund 55 VO Nr. 596/2014, die Ad-hoc-Publizität solle das Vertrauen der Anleger in die Emittenten stärken. Während Erwägungsgrund 55 VO Nr. 596/2014 speziell die Situation von KMU behandelt, verbirgt sich dahinter ein allgemeines Regelungsziel[9]: Auch die **Verbesserung der Corporate Governance** ist ein Ziel der Ad-hoc-Publizität, das mit der Insiderprävention und dem Anlegerschutz auf einer Stufe steht[10]. Diese Dimension der Ad-hoc-Publizität, der vor allem bei Eigenkapitalemittenten Bedeutung zukommt, hat in letzter Zeit erhebliche Aufmerksamkeit auf sich gezogen, die sich insbesondere im Zusammenhang mit Compliance-Verstößen die Frage ergibt, ob und wann diese veröffentlichungspflichtig sind (s. dazu ausführlich Rz. 85, 89). Die Corporate Governance-Funktion der Ad-hoc-Publizität ist aber keineswegs auf illegale Aktivitäten des Emittenten beschränkt. Als Kehrseite des unternehmerischen Ermessens (§ 93 Abs. 1 Satz 2 AktG) und der eingeschränkten Kontrollmöglichkeiten für (Klein-)Aktionäre werden kapitalmarktorientierten Aktiengesellschaften Publizitätspflichten ge-

---

1 S. *Seibt*, ZHR 177 (2013), 388, 412 ff.
2 Auch der Art. 2 Abs. 2 DurchfRL 2003/124, der als Trennung von Ad-hoc-Publizität und Insiderhandelsverbot hätte interpretiert werden können (ausführlich dazu *Di Noia/Gargantini*, ECFR 2012, 484, 508–515), findet in der MAR keine Entsprechung mehr.
3 EuGH v. 28.6.2012 – Rs. C-19/11 – Geltl, AG 2012, 555, ECLI:EU:C:2012:397 (Rz. 47); dazu *Hellgardt*, CMLR 50 (2013), 861, 869.
4 Statt vieler *Assmann*, Art. 17 VO Nr. 596/2014 Rz. 8; *Klöhn* in Klöhn, Art. 17 MAR Rz. 7; *Köndgen* in FS Druey, 2002, S. 791 ff.
5 Statt vieler *Hopt/Voigt* in Hopt/Voigt (Hrsg.), Prospekt- und Kapitalmarktinformationshaftung, S. 107 f. m.w.N.
6 Grundlegend zur Informationseffizienz des Kapitalmarkts *Fama*, 38 Journal of Business 34 ff. (1965); *Fama*, 25 Journal of Finance, 383 ff. (1970); *Fama*, 46 Journal of Finance, 1575 ff. (1991). Für eine Darstellung in der deutschen rechtswissenschaftlichen Literatur s. *Adolff*, Unternehmensbewertung im Recht der börsennotierten Aktiengesellschaft, 2007, S. 15 ff., 78 ff.; *Hellgardt*, Kapitalmarktdeliktsrecht, S. 123 ff.; *Klöhn*, Kapitalmarkt, Spekulation und Behavioral Finance, 2006, S. 59 ff.; *Klöhn*, ZHR 177 (2013), 349, 352 ff. Zu den Zweifeln, die die moderne Verhaltensökonomik an diesem Grundpfeiler der kapitalmarktrechtlichen Publizitätsgerüsts geweckt hat, vgl. *Klöhn*, ZHR-Beiheft 75 (2011), 83, 84 ff. m.w.N.
7 Diese Norm wird in der Regel allerdings durch §§ 325, 325a HGB verdrängt; vgl. § 114 Abs. 1 Satz 1 a.E. WpHG.
8 EuGH v. 23.12.2009 – Rs. C-45/08 – Spector Photo Group, Slg. 2009, I-12073, I-12119 (Rz. 47) = AG 2010, 74; s. auch bereits zur Insider-RL 89/592 EuGH v. 22.11.2005 – Rs. C-384/02 – Grøngaard und Bang, Slg. 2005, I-9939, I-9973 (Rz. 33).
9 Der Grund, weshalb dieses Regelungsziel nicht schon mit den beiden anderen in Erwägungsgrund 49 VO Nr. 596/2014 genannt wird, dürfte darin liegen, dass es sich um eine Besonderheit der Ad-hoc-Publizität handelt, die für das (sonstige) Insiderrecht nicht gilt. Erwägungsgrund 49 VO Nr. 596/2014 stellt aber zunächst einmal den wichtigen Bezug zu den Zielen des Insiderrechts her, ehe dann nachfolgend die Besonderheiten der Ad-hoc-Publizität behandelt werden.
10 *Hellgardt*, Kapitalmarktdeliktsrecht, S. 157 ff.; *Klöhn* in KölnKomm. WpHG, Vor § 15 WpHG Rz. 43, 52 ff., § 15 WpHG Rz. 9; *Klöhn*, ZIP 2015, 1145, 1149; *Klöhn* in Klöhn, Vor Art. 17 MAR Rz. 52 ff., Art. 17 MAR Rz. 11; *Schön* in Schön (Hrsg.), Rechnungslegung und Wettbewerbsschutz im deutschen und europäischen Recht, 2009, S. 563, 579 f.; *Schön*, 6 Journal of Corporate Law Studies 259, 273 (2006).

genüber dem Markt auferlegt, die diesem ermöglichen, durch die Anpassung des Marktpreises eine Zweckmäßigkeitskontrolle der durch die Unternehmensleitung getroffenen Entscheidungen vorzunehmen[1]. Der Kapitalmarkt „belohnt" ökonomisch sinnvolle Entscheidungen, während das Management bei solchen Handlungen, die der Markt als die zukünftigen Ertragsaussichten des Emittenten beeinträchtigend ansieht, durch einen (gegenüber der Gruppe an relevanten Vergleichsunternehmen relativen) Kursverlust „abgestraft" wird[2]. Müssen die Emittenten auch **illegale Aktivitäten des Managements oder sonstiger Mitarbeiter** im Wege einer Ad-hoc-Mitteilung unverzüglich offenlegen, verstärkt die Ad-hoc-Publizitätspflicht bzw. die an ihre Verletzung geknüpften zivil- und öffentlich-rechtlichen Sanktionen zugleich die Anreize, eine effektive Unternehmensorganisation ein- und durchzusetzen, die derartige „Compliance-Vorfälle" bereits ex ante verhindert.

b) Regelungsziele der §§ 97 und 98 WpHG. Die §§ 37b und 37c WpHG a.F. wurden ursprünglich geschaffen, um eine empfindliche Lücke im Anlegerschutz zu schließen. Im Zuge des Internetbooms um die Jahrtausendwende täuschten einige der am Wachstumssegment **Neuer Markt** notierten Unternehmen das Publikum durch unrichtige oder unterlassene Ad-hoc-Mitteilungen[3]. Angesichts des Haftungsausschlusses in § 15 Abs. 6 Satz 1 WpHG a.F. gelang es den Anlegern mit ganz wenigen Ausnahmen nicht, wegen ihrer Schäden bei den betreffenden Emittenten Regress zu nehmen[4]. Der Gesetzgeber vollzog daraufhin mit dem Erlass der §§ 37b und 37c WpHG a.F. inhaltlich eine 180-Grad-Wende und erkannte die zuvor nachdrücklich vereinte[5] **anlegerschützende Dimension der Ad-hoc-Publizität** de facto an. In der Begründung des 4. Finanzmarktförderungsgesetzes wurde allerdings die Ansicht bekräftigt, dass Schutzgut des § 15 WpHG a.F. [allein] die Sicherung der Funktionsfähigkeit des Kapitalmarktes sei[6]. Während diese Auffassung bereits zum alten Recht nicht überzeugen konnte und im Wege einer systematischen Auslegung zu korrigieren war[7], stehen die Schutzzwecke der Ad-hoc-Publizität seit Inkrafttreten von Art. 17 VO Nr. 596/2014 außerhalb der Entscheidungsbefugnis des deutschen Gesetzgebers (s. Rz. 32). Bei der Überführung der Haftungsnormen in §§ 97 und 98 WpHG hat sich der Gesetzgeber zwar nicht (erneut) mit den Schutzzwecken der Haftung auseinandergesetzt. Die Gesetzbegründung geht allein auf den erweiterten Anwendungsbereich der Haftungsnormen ein[8]. Allerdings enthält die Gesetzesbegründung zum 2. FiMaNoG Ausführungen zu den Schutzzwecken der Ad-hoc-Publizität als solcher, die den zuvor dargestellten unionsrechtlichen Vorgaben entsprechen und daher von früheren Stellungnahmen des Gesetzgebers zu den Zwecken des § 15 WpHG a.F. fundamental abweichen. So heißt es in der Begründung zu § 26 Abs. 1 und 2 WpHG, es gehe in Art. 17 VO Nr. 596/2014 um „gemeinschaftsweite[\] [sic!] Informationspflichten [...], mit denen mehr Transparenz für Anleger hergestellt werden soll, um das Vertrauen der Anleger in den Finanzmarkt zu stärken"[9]. Dieses Bekenntnis zu einer anlegerschützenden Zielrichtung der Ad-hoc-Publizität steht im Einklang mit den unionsrechtlichen Vorgaben und muss auch für die Auslegung der §§ 97 und 98 WpHG maßgeblich sein (s. sogleich Rz. 39 ff.).

Praktische Bedeutung erhält die Frage nach den Schutzzwecken der §§ 97 und 98 WpHG vor allem bei der Bestimmung des haftungsrechtlich geschützten Interesses und der daran anknüpfenden Schadensberechnung (dazu Rz. 120 ff.)[10]. Hier stehen sich **zwei Grundpositionen** gegenüber: Der BGH hat die Haftung für fehlerhafte Ad-hoc-Mitteilungen im Rahmen von § 826 BGB als irrtumsbedingte Selbstschädigung konstruiert[11]. Dieses Verständnis wurde durch das IKB-Urteil auf die §§ 37b und 37c WpHG a.F. übertragen[12] und hat auch im Schrifttum Anhänger gefunden[13]. Zugrunde liegt die Annahme, dass die Schadensersatzpflicht dem Ausgleich einer Einwirkung des Emittenten auf die **Willensbildung des Anlegers** durch eine fehlerhafte Ad-hoc-Mitteilung diene. Die Gegenansicht sieht den Zweck der Haftung nach den §§ 97 und 98 WpHG darin, unabhängig

---

1 *Hellgardt*, Kapitalmarktdeliktsrecht, S. 223.
2 *Hellgardt*, Kapitalmarktdeliktsrecht, S. 159.
3 Zu den Skandalen am Neuen Markt *Tilp*, ZIP 2002, 1729 mit umfangreichem Zahlenmaterial; vgl. auch BAWe, Jahresbericht 2000, 2001, S. 27.
4 S. dazu ausführlich 6. Aufl., §§ 37b und 37c WpHG Rz. 5; *Hellgardt*, Kapitalmarktdeliktsrecht, S. 28 f., jeweils mit umfangreichen Nachweisen aus der Rechtsprechung.
5 Beschlussempfehlung und Bericht des Finanzausschusses zum 2. FMFG, BT-Drucks. 12/7918, 102; BVerfG v. 24.9.2002 – 2 BvR 742/02 – Met@box, ZIP 2002, 1986, 1987 f.
6 RegE zum 4. FMFG, BR-Drucks. 936/01, 245. Einfügung in Klammern vom Verfasser.
7 BGH v. 13.12.2011 – XI ZR 51/10 – IKB, BGHZ 192, 90, 113 = AG 2012, 209. S. auch bereits 6. Aufl., §§ 37b und 37c WpHG Rz. 9, 9a.
8 Vgl. Begr. RegE 2. FiMaNoG, BT-Drucks. 18/10936, 251.
9 Begr. RegE 2. FiMaNoG, BT-Drucks. 18/10936, 230.
10 Nicht überzeugen kann der Ansatz von *Rimbeck*, S. 138, 158, der ohne Rücksicht auf konkrete Anspruchsgrundlagen den Schutzzweck und daran anknüpfende Fragen des Schadensrechts bestimmen will.
11 BGH v. 19.7.2004 – II ZR 218/03 – Infomatec, BGHZ 160, 134, 144 f. = AG 2004, 543; BGH v. 9.5.2005 – II ZR 287/02 – EM.TV, NZG 2005, 672, 673 = AG 2005, 609; BGH v. 26.6.2006 – II ZR 153/05 – ComROAD, NZG 2007, 269 = AG 2007, 169.
12 BGH v. 13.12.2011 – XI ZR 51/10 – IKB, BGHZ 192, 90, 110–114 = AG 2012, 209.
13 *Möllers/Leisch* in KölnKomm. WpHG, §§ 37b, c WpHG Rz. 11; *Möllers* in Möllers/Rotter, Ad-hoc-Publizität, § 3 Rz. 48; *Möllers/Leisch* in Möllers/Rotter, Ad-hoc-Publizität, § 14 Rz. 104; *Lenenbach*, Kapitalmarktrecht, Rz. 11.578 ff.; wohl auch *Fleischer*, Gutachten zum 64. DJT, 2002, S. F 95; *Veil*, ZHR 167 (2003), 365, 370.

von der Willensbildung des einzelnen Anlegers seine durch die **fehlerhafte Preisbildung** am Markt verursachten Schäden auszugleichen[1].

37 **aa) Schutz der Willensbildung des Anlegers.** Für einen Schutz der Willensfreiheit wird der Wortlaut von § 98 Abs. 1 WpHG angeführt. Denn diese Vorschrift schützt solche Anleger, die **auf die Richtigkeit der veröffentlichten Information vertraut** haben. Laut BGH legt dieser Wortlaut nahe, dass gerade die Willensbildung des Anlegers geschützt sein solle[2]. Der Gesetzgeber hat sich nicht darauf beschränkt, die Haftung auszuschließen, wenn der Anleger von der Fehlerhaftigkeit der Ad-hoc-Mitteilung wusste (vgl. §§ 97 Abs. 3, 98 Abs. 3 WpHG), sondern stellt zusätzlich auf ein Vertrauen des Anlegers auf die Richtigkeit der veröffentlichten Insiderinformation ab. Dies scheint darauf hinzudeuten, dass der Gesetzgeber mit Einführung der heutigen §§ 97 und 98 WpHG nicht nur den Markt vor einem unlauteren Einfluss auf die Preisbildung im Allgemeinen, sondern auch den einzelnen Anleger vor einem **unlauteren Einfluss auf seine Willensbildung** schützen wollte. Für einen solchen Schutzzweck der §§ 97 und 98 WpHG spricht auch ein Vergleich mit der Prospekthaftung[3]. Schließlich wird auf Art. 7 Abs. 4 VO Nr. 596/2014 (bzw. die Vorgängernorm § 13 Abs. 1 Satz 2 WpHG a.F.) hingewiesen, der bei der Frage der Kursbeeinflussungseignung von Insiderinformationen auf einen verständigen Anleger abstellt. Wenn schon der Tatbestand der Insiderinformation den Anleger berücksichtige, müsse dies auch für die daran anknüpfende Schadensersatzhaftung gelten[4]. Der BGH und ein Teil des Schrifttums sehen ihre Auffassung durch die Gesetzesmaterialien des 4. FMFG und des AnSVG bestätigt, die darauf hinweisen, dass Anleger frühzeitig über marktrelevante Informationen verfügen sollen, um sachgerechte Entscheidungen treffen zu können[5].

38 **bb) Schutz vor Handeln zu verfälschten Preisen.** Die Gegenansicht verweist darauf, dass die Haftung gemäß der Regierungsbegründung zum 4. FMFG die Anleger davor schützen solle, „zu teuer" zu erwerben bzw. „zu billig" zu verkaufen[6]. Dem Gesetzgeber habe also der Vermögensschaden aufgrund fehlerhafter Preise, nicht hingegen die Willensfreiheit des Anlegers vor Augen gestanden[7]. Wenn man dagegen auf den Schutz der Willensfreiheit abstelle und demgemäß dem getäuschten Anleger eine Rückabwicklung der Transaktion ermögliche, führe dies zudem zu einer unsachgemäßen Risikoverteilung. Der Emittent müsse dann nicht nur die Folgen der durch die Pflichtverletzung ausgelösten Preisverzerrung tragen, sondern werde auch mit dem allgemeinen Marktrisiko belastet, dass die Anlage die gewünschten Renditeziele nicht erreicht hat[8]. Außerdem wird auf die Ziele und die Wirkung der Ad-hoc-Publizität verwiesen[9]. Art. 17 VO Nr. 596/2014 ziele nicht auf die Information einzelner Anleger ab, sondern auf den Markt als Ganzes. Die Information richte sich gerade auch an Marktintermediäre, die ihrerseits an der Preisbildung beteiligt sind (Ratingagenturen, Research-Abteilungen sowie Vermögensverwalter, die Kundenvermögen anlegen)[10]. Damit wird auf die Grundannahmen der Kapitalmarkteffizienzhypothese (dazu Rz. 33) verwiesen: Demnach fließen alle öffentlich verfügbaren Informationen unmittelbar in Preisbildung des Wertpapiers ein. Eine Vielzahl von Anlegern und Marktintermediären verarbeiten diese Informationen. Mit anderen Worten: **Fehlerhafte Ad-hoc-Mitteilungen beeinflussen den Preisbildungsprozess am Kapitalmarkt.** Selbst wenn der einzelne Anleger die fehlerhafte Ad-hoc-Mitteilung nicht kannte, wird er über die fehlerhafte Preisbildung unmittelbar geschädigt[11]. Wer hingegen, wie die Gegenansicht, für eine Ersatzanspruch Kenntnis der fehlerhaften Mitteilung (bzw. hypothetische Kenntnis bei einer unterlassenen Mitteilung) verlangt, bevorzuge solche Investoren, die eigens Ressourcen aufwenden, um sämtliche einen Emittenten betreffende Neuigkeiten aufzunehmen und zu verarbeiten. Dies sei aber nur bei professio-

---

1 So etwa *Hellgardt*, Kapitalmarktdeliktsrecht, S. 174 ff., 504 f.; *Hopt/Voigt* in Hopt/Voigt, Prospekt- und Kapitalmarktinformationshaftung, S. 108, 128 ff.; *Klöhn*, AG 2012, 345, 353; *Mülbert/Steup* in Habersack/Mülbert/Schlitt, Unternehmensfinanzierung am Kapitalmarkt, Rz. 41.214 ff.; *Mülbert/Steup*, WM 2005, 1633, 1636 f.; *Zimmer/Grotheer* in Schwark/Zimmer, §§ 37b, 37c WpHG Rz. 5, 86 ff., 90 ff.; wohl auch *Hopt*, WM 2013, 101, 103, der allerdings das IKB-Urteil als „irreversible Grundsatzentscheidung" ansieht.
2 BGH v. 13.12.2011 – XI ZR 51/10 – IKB, BGHZ 192, 90, 111 = AG 2012, 209.
3 BGH v. 13.12.2011 – XI ZR 51/10 – IKB, BGHZ 192, 90, 110 f. = AG 2012, 209; zustimmend *Hopt*, WM 2013, 101, 103.
4 *Möllers/Leisch* in KölnKomm. WpHG, §§ 37b, c WpHG Rz. 271, 321.
5 BGH v. 13.12.2011 – XI ZR 51/10 – IKB, BGHZ 192, 90, 113 = AG 2012, 209; zuvor bereits *Möllers/Leisch* in KölnKomm. WpHG, §§ 37b, c WpHG Rz. 11.
6 Begr. RegE 4. FMFG, BT-Drucks. 14/8017, 93.
7 *Zimmer/Grotheer* in Schwark/Zimmer, §§ 37b, 37c WpHG Rz. 87; 6. Aufl., §§ 37b, 37c WpHG Rz. 12.
8 *Fleischer*, BB 2002, 1869, 1871; *Hopt/Voigt* in Hopt/Voigt, Prospekt- und Kapitalmarktinformationshaftung, S. 132; *Mülbert/Steup*, WM 2005, 1633, 1637; *Zimmer/Grotheer* in Schwark/Zimmer, §§ 37b, 37c WpHG Rz. 89; a.A. BGH v. 13.12.2011 – XI ZR 51/10 – IKB, BGHZ 192, 90, 113 f. = AG 2012, 209 unter Verweis auf den „Grundsatz der Totalreparation". Nicht überzeugend ist es hingegen, mit *Klöhn*, AG 2012, 345, 353; *Klöhn* in FS Köndgen, 2016, S. 311, 320 f. jegliche Schutzbedürftigkeit der Anleger mit dem Argument zu leugnen, diese könnten sich durch Diversifikation selbst kostengünstiger dagegen versichern, bei einzelnen Transaktionen Opfer von Fehlinformationen zu werden. Denn Medium der Diversifikation ist in diesem Fall nicht das Halten eines weit diversifizierten Wertpapierportfolios, sondern das Tätigen von Transaktionen. Ein Anspruchsausschluss würde daher passive Kleinanleger systematisch benachteiligen; ausführlich *Hellgardt*, Kapitalmarktdeliktsrecht, S. 142 f.
9 *Maier-Reimer/Seulen* in Habersack/Mülbert/Schlitt, Kapitalmarktinformation, § 30 Rz. 130.
10 *Hopt/Voigt* in Hopt/Voigt, Prospekt- und Kapitalmarktinformationshaftung, S. 131.
11 *Hellgardt*, Kapitalmarktdeliktsrecht, S. 174.

nellen Marktteilnehmern, deren Geschäftsmodell darin besteht, durch Einpreisung neuer Informationen Gewinne zu erzielen (sog. „Informationshändler"[1]), ein rationales Vorgehen, während Kleinanleger, die versuchen, aufgrund öffentlich bekannter Informationen einen Handelsgewinn zu erzielen, unnütze Ressourcen aufwendeten[2]. Für Kleinanleger sei es sinnvoller, in ein aufgrund von eigenen Risikopräferenzen zusammengestelltes und weit diversifiziertes Portfolio zu investieren und bezüglich kurzlebiger Informationen ein **rationales Desinteresse** walten zu lassen[3]. Das Konzept der Willensbeeinflussung führe also dazu, nur denjenigen Kleinanlegern einen Anspruch zuzugestehen, die (jedenfalls bei statistischer Durchschnittsbetrachtung) in von vornherein vergeblicher Weise Ressourcen aufwenden, um „den Markt zu schlagen", während solche Kleinanleger, die sich gemäß der finanzwissenschaftlichen Einsichten rational verhalten, leer ausgehen.

cc) **Stellungnahme.** Mit der Überführung der Ad-hoc-Publizität in die MAR muss auch die Frage, ob die daran anknüpfenden Tatbestände der §§ 97 und 98 WpHG die Willensfreiheit der einzelnen Anleger oder den Preisbildungsprozess schützen soll, **anhand des Unionsrechts beantwortet werden**. Wie ausgeführt (Rz. 33 f.) verfolgt die Ad-hoc-Publizität verhaltenssteuernde Zwecke, sie dient der Vermeidung von Insiderhandel, dem Anlegerschutz und der Verbesserung der Corporate Governance der Emittenten. Entscheidend ist also, durch welche Auslegung sich diese Ziele besser erreichen lassen. Anders gewendet stellt sich die Frage, welche Auslegung der **verhaltenssteuernden Funktion der Haftung**[4] am besten gerecht wird. Stellt man auf die Beeinflussung der Willensfreiheit ab, so stehen nur einem kleinen Teil der Anleger Ersatzansprüche zu, nämlich denjenigen, die beweisen können, dass sie die fehlerhafte Ad-hoc-Mitteilung tatsächlich zur Kenntnis genommen und deshalb die konkrete Transaktion getätigt haben. Gesteht man dagegen jedem, der zum fehlerhaften Preis gehandelt hat, grundsätzlich einen Ersatzanspruch zu, potenziert das die Zahl der Anspruchsteller. Gleichzeitig verringert sich allerdings der jeweils ersatzfähige Schaden vom Gesamtkaufpreis auf den Differenzbetrag, um den die Finanzinstrumente „zu teuer" gekauft bzw. „zu billig verkauft" wurden. 39

Alle drei **Regelungsziele der Ad-hoc-Publizität lassen sich besser durch den Schutz der Preisbildung erreichen:** Die Möglichkeit schädlichen Insiderhandels ist miniert, wenn Ad-hoc-Mitteilungen rechtzeitig und inhaltlich fehlerfrei erfolgen. Die zivilrechtliche Haftung dient insoweit allein als **präventives Instrument der Verhaltenssteuerung** und sollte so ausgelegt werden, dass damit die **bestmögliche Durchsetzung des Insiderhandelsverbots** erreicht werden kann[5]. Vorzugswürdig ist deshalb eine Schadensersatzhaftung, die immer dann einen Anspruch gewährt, wenn in vorwerfbarer Weise die Möglichkeit für Insiderhandel geschaffen wurde, weil eine Ad-hoc-Mitteilung entweder pflichtwidrig unterlassen oder mit fehlerhaftem Inhalt veröffentlicht wurde. Würde man auf den Schutz der Willensfreiheit abstellen, hinge die Effektivität der zivilrechtlichen Insiderhandelsprävention an exogenen Faktoren wie der Frage, wie viele Anleger hypothetisch die unterlassene Ad-hoc-Mitteilung zur Kenntnis genommen hätten und in welcher Weise sie vermutlich ihre Anlageentscheidung daraufhin geändert hätten. Diese zusätzlichen Voraussetzungen stehen in keinem Zusammenhang mit der Prävention von Insiderhandel und erschweren die effektive Rechtsdurchsetzung des Insiderhandelsverbots erheblich. Demgegenüber erreicht der Schutz der Preiskausalität genau das gewünschte Ergebnis, dass der pflichtwidrig handelnde Emittent davon ausgehen muss, mit (in ihrer Gesamtheit finanziell erheblichen) Schadensersatzansprüchen konfrontiert zu werden, sobald die Ad-hoc-Mitteilungspflicht verletzt wird. Diese präventive Funktion wird durch die Einführung des Kapitalanleger-Musterverfahrens (dazu Rz. 180 f.) erhöht[6]. Die Prozessführung geschädigter Anleger wird dadurch erleichtert, dass sie ihre Rechtsverfolgung bündeln können. Dieser Vorteil würde erheblich gemindert, wenn die haftungsbegründende Kausalität als Kernfrage der Haftungsbegründung wieder für jeden betroffenen Anleger einzeln ermittelt werden müsste. Dies ist aber die Folge, wenn auf die Beeinträchtigung der Willensfreiheit einzelner Anleger abgestellt wird. Demgegenüber sind bei einer über den Preisbildungsmechanismus vermittelten Schädigung im Rahmen der Haftungsbegründung für sämtliche betroffene Anleger dieselben Fragen zu klären, so dass die Vorteile des Musterverfahrens zum Tragen kommen können. 40

Auch bezüglich des **Anlegerschutzziels** ist es überzeugender, auf den Schutz der Preisbildung abzustellen. Der Hinweis in den Gesetzesmaterialien, wonach derjenige geschützt werden soll, der zu billig verkauft oder zu teuer gekauft hat, belegt, dass die Haftung die fehlerhafte Preisbildung am Markt kompensieren soll. Dagegen lässt sich auch nicht die Figur des verständigen Anlegers in Art. 7 Abs. 4 VO Nr. 596/2014 anführen[7]. Denn da- 41

---
1 Zum Begriff *Klöhn*, ZHR 177 (2013), 349, 354 ff.
2 *Hellgardt*, Kapitalmarktdeliktsrecht, S. 175 f.
3 Vgl. *Klöhn*, ZHR 177 (2013), 349, 357, der dafür den nicht sehr aussagekräftigen Begriff „Utilitätshändler" verwendet.
4 Zur Verhaltenssteuerung als Zweck der §§ 97 und 98 WpHG s. z.B. *Hellgardt*, Kapitalmarktdeliktsrecht, S. 222; *Klöhn*, AG 2012, 345, 353; *Poelzig*, Normdurchsetzung, S. 221 ff.
5 So auch *Klöhn*, AG 2012, 345, 353, dem zufolge Prävention der alleinige Zweck der Haftung für fehlerhafte Ad-hoc-Publizität sei.
6 Begr. RegE zum KapMuG, BT-Drucks. 15/5091, 1 und 16; *Reuschle*, NZG 2004, 590; *Reuschle*, WM 2004, 966, 972; *Zypries*, ZRP 2004, 177 f., wo jeweils darauf hingewiesen wird, dass die „kollektive Rechtsschutzform die staatliche Finanzmarktaufsicht als sog. zweite Spur" stärke.
7 So aber *Möllers/Leisch* in KölnKomm. WpHG, §§ 37b, c WpHG Rz. 271. Auch nach dem BGH besagt die Figur des verständigen Anlegers nichts über die Rechtsfolge der Haftung, BGH v. 13.12.2011 – XI ZR 51/10 – IKB, BGHZ 192, 90, 111 = AG 2012, 209.

bei handelt es sich nicht um eine reale Person, sondern um einen impliziten Verweis auf die Grundannahmen der Kapitalmarkteffizienzhypothese (dazu Rz. 33) – der verständige Anleger ist die Personifikation eines effizienten Kapitalmarktes im Sinne der halbstrengen Variante der ECMH[1]. Entscheidend ist allerdings, dass die Auffassung, die auf den Schutz der freien Willensentscheidung abstellt, nur in einer von vier gesetzlich erfassten Fallkonstellationen überhaupt ein praktikables Ergebnis liefert: bei der Veröffentlichung falscher positiver Ad-hoc-Mitteilungen (§ 98 Abs. 1 Nr. 1 WpHG). Bereits für den Fall, dass eine negative Ad-hoc-Mitteilung pflichtwidrig unterlassen wird (§ 97 Abs. 1 Nr. 1 WpHG), scheitert der Anspruch regelmäßig daran, dass die Beeinflussung der Willensfreiheit nicht bewiesen werden kann, weil dies den Beweis erfordert, dass im Falle einer pflichtgemäßen Meldung diese wahrgenommen worden wäre und dazu geführt hätte, dass der betreffende Anleger das Geschäft nicht getätigt hätte. Der BGH lehnt dabei Beweiserleichterungen ab[2]. Für diesen in der Praxis wichtigsten Fall fehlerhafter Ad-hoc-Publizität (s. Rz. 54) läuft das Haftungsmodell der Willensfreiheit praktisch leer. Vollständig versagt die Haftungsbegründung über den Schutz der Willensfreiheit bei der Beeinflussung von Verkaufsentscheidungen dadurch, dass eine falsche negative Meldung veröffentlicht wird (§ 98 Abs. 1 Nr. 2 WpHG) oder eine positive Nachricht pflichtwidrig unterdrückt wird (§ 97 Abs. 1 Nr. 2 WpHG). Für einen Ersatzanspruch müsste der Anleger beweisen, dass er in Kenntnis der wahren Sachlage die Finanzinstrumente nicht verkauft und auch bis zur Geltendmachung des Anspruchs gehalten hätte. Dies lässt sich praktisch kaum beweisen[3]. Damit erweist sich die Anspruchsbegründung über den Schutz der Willensfreiheit als ungeeignet, einen umfassenden Anlegerschutz im Sinne der unionsrechtlichen Vorgaben zu erreichen, da die Haftung in drei von vier gesetzlich vorgesehenen Fällen, darunter dem praktisch wichtigsten Fall der unterlassenen Meldung[4], leerläuft. Demgegenüber gewährt die Lösung über den Schutz des Preisbildungsprozesses allen Anlegern, die zu teuer gekauft oder zu billig verkauft haben, einen Schadensersatzanspruch genau in Höhe des zu viel gezahlten bzw. zu wenig erhaltenen Betrags (zur Schadensberechnung ausführlich Rz. 134 ff.). Damit ist der Schaden vollständig abgegolten[5], so dass das Anlegerschutzziel bestmöglich verwirklicht wird.

42 Die **Verbesserung der Corporate Governance** durch die Ad-hoc-Publizität wird schließlich dadurch bewirkt, dass Emittenten durch die Pflicht, alle Vorgänge im Unternehmen mit erheblicher Kursbeeinflussungseignung gem. Art. 17 Abs. 1 VO 596/2014 unverzüglich zu veröffentlichen, dazu angehalten werden sollen, ihr Unternehmen so zu organisieren, dass es nicht zu legalen oder illegalen Maßnahmen kommt, die als solche oder aufgrund ihrer rechtlichen Sanktionierung den Unternehmenswert negativ beeinflussen (dazu Rz. 112). Es handelt sich erneut um einen Mechanismus präventiver Verhaltenssteuerung, der voraussetzt, dass die Ad-hoc-Publizitätspflicht rechtzeitig und richtig befolgt wird. Es gelten daher die bereits im Rahmen der Prävention von Insiderhandel angeführten Gründe für die Vorzugswürdigkeit des auf der Beeinflussung des Preisbildungsprozesses basierenden Haftungsmodells entsprechend (s. Rz. 40).

43 Die Willensbildung wird also nicht durch die §§ 97, 98 WpHG geschützt, sondern allein durch das Deliktsrecht (dazu Rz. 152 ff.). Der Wortlaut von § 98 Abs. 1 WpHG „auf die Richtigkeit der Insiderinformation vertraut" lässt sich dahingehend interpretieren, dass **der Anleger auf die korrekte Preisbildung im Markt vertraut** hat[6]. In diese Richtung weist auch das rechtsvergleichende Vorbild des US-amerikanischen Kapitalmarkthaftungsrechts: Dort wird aufgrund der Beeinflussung des Marktpreises vermutet, dass der Anleger auf die Fehlinformation vertraut hat (ausführlich Rz. 11). Ganz ähnlich heißt es in der Begründung zum Referentenentwurf des 4. Finanzmarktförderungsgesetzes: „Die Konzeption der Vorschriften geht davon aus, dass derjenige Anleger geschützt wird, der seine Wertpapiertransaktionen im Vertrauen auf ein ordnungsgemäßes und pflichtbewusstes Publizitätsverhalten der Emittenten börsenzugelassener Wertpapiere ausführt."[7] Auch die deutschen Entwurfsverfasser gingen also davon aus, dass der Anleger nicht auf eine konkrete Information, sondern auf die Funk-

---

1 *Klöhn*, ZHR 177 (2013), 349, 366 ff., 377.
2 BGH v. 13.12.2011 – XI ZR 51/10 – IKB, BGHZ 192, 90, 115 f. = AG 2012, 209.
3 So selbst *Möllers/Leisch* in KölnKomm. WpHG, §§ 37b, c WpHG Rz. 367, die einen solchen Beweis für „aussichtslos" halten.
4 Anders als *Möllers/Leisch* in KölnKomm. WpHG, §§ 37b, c WpHG Rz. 366 meinen, ist auch der Fall praktisch relevant, dass eine falsche negative Information veröffentlicht wird. Dadurch lässt sich nicht nur Insiderhandel (Kauf der Finanzinstrumente zu einem künstlich niedrigen Preis) ermöglichen. Wichtig ist vielmehr auch die Konstellation, nach einem Management-Wechsel die Leistungen der Vorgänger in ein schlechtes Licht zu rücken, um selbst später besonders glänzen zu können.
5 Entgegen der Auffassung des BGH v. 13.12.2011 – XI ZR 51/10 – IKB, BGHZ 192, 90, 114 = AG 2012, 209 bestehen durchaus „entgegenstehende Anhaltspunkte" gegen eine Übertragung der Rechtsprechung zum Schadensumfang bei vorvertraglichen Aufklärungspflichtverletzungen, derzufolge der Grundsatz der Totalreparation auch „die Gefahr der zufälligen Verschlechterung der zurück zu gewährenden Sache" umfasse, auf die Kapitalmarkthaftung. Gegen die Übertragbarkeit spricht zunächst, dass Anleger durch §§ 97, 98 WpHG davor geschützt werden sollen, „zu teuer" zu kaufen bzw. „zu billig" zu verkaufen. Vor allem ist der Emittent als haftpflichtige Person aber gerade kein „Verkäufer" oder Absatzhelfer, sondern an der Sekundärmarkttransaktion völlig unbeteiligt.
6 Dies übersieht *Lenenbach*, Kapitalmarktrecht, Rz. 11.582, Fn. 764, bei seiner Kritik an dem hier vertretenen Standpunkt.
7 RefE 4. FMFG vom 3.9.2001, S. 232. Der entsprechende Passus findet sich nicht mehr in der Begründung des Regierungsentwurfs. Dort beginnen stattdessen an derselben Stelle die Detailerläuterungen zu § 37b und § 37c WpHG, die im Referentenentwurf noch nicht enthalten waren.

tionsweise eines größeren Mechanismus vertraut. Noch überzeugender erscheint es allerdings, dem Merkmal des Vertrauens, das in § 97 WpHG keine Entsprechung findet, keine eigenständige Bedeutung einzuräumen. Dann reicht es aus, dass es zu einer Kursbeeinflussung kommt[1].

c) Fazit. Zusammenfassend kann man also feststellen, dass den §§ 97 und 98 WpHG nicht der Zweck zukommt, eine fehlerhafte Willensbildung der Anleger zu sanktionieren, sondern Anleger, die auf eine **korrekte Preisbildung** am Markt vertrauen, zu schützen. Nur so können die Normen die gewünschte und die Haftung rechtfertigende **präventive Steuerungswirkung** auf den Emittenten entfalten.   44

III. Dogmatische Einordnung. 1. Rechtsnatur der Haftung. Die Rechtsnatur der Schadensersatzhaftung ist umstritten. Teilweise wird mit einer deliktischen Einordnung die Anwendbarkeit von § 830 BGB begründet (s. dazu Rz. 174). Sie war außerdem von zentraler Bedeutung für die Anwendung des Gerichtsstands der unerlaubten Handlung (§ 32 ZPO). Nachdem die gerichtliche Zuständigkeit nun spezialgesetzlich geregelt ist (§ 32b ZPO, vgl. Rz. 178), kommt es hierauf im nationalen Recht nicht mehr an. Aus Sicht des Art. 7 Nr. 2 VO Nr. 1215/2012 (EuGVVO)[2] und Art. 5 Nr. 3 LugÜ[3] ist diese – autonom zu beurteilende[4] – Frage dagegen nach wie vor von Bedeutung. Der Gesetzgeber hat die Rechtsnatur der Haftung für fehlerhafte Ad-hoc-Mitteilungen in den Materialien zum 4. FMFG nicht angesprochen, da sich die Sachfragen der Haftung unabhängig von der Rechtsnatur der Vorschrift klären lassen. Es entwickelte sich daher rasch eine Diskussion, deren Verlauf sich am Streit um die Rechtsnatur der Prospekthaftung orientiert[5].   45

a) Vertragliche Haftung. Ein Teil des Schrifttums begreift die Prospekthaftung als eine Form der rechtsgeschäftlich übernommenen Haftung (**Vertragshaftungstheorie**)[6]. Dieser Ansatz lässt sich auf die Haftung für fehlerhafte Sekundärmarktpublizität nicht übertragen, da es regelmäßig zu keinem Vertragsschluss zwischen dem (fehlerhaft informierenden) Emittenten und dem geschädigten Anleger kommt[7]. Die §§ 97 und 98 WpHG stellen gerade nicht auf die Sonderrechtsbeziehung zwischen der Gesellschaft und den Gesellschaftern ab (s. auch Rz. 52). Daher werden die §§ 97 und 98 WpHG – soweit ersichtlich – von niemandem als vertragliche oder verbandsrechtliche Anspruchsgrundlagen angesehen. Die Materialien des Gesetzes zur Einführung von Kapitalanleger-Musterverfahren bestätigen diesen Standpunkt, indem sie Klagen aus den §§ 97 und 98 WpHG als außervertragliche Ansprüche einordnen[8].   46

b) Vertrauenshaftung. Zum Teil werden die §§ 97 und 98 WpHG als **Vertrauenshaftungstatbestände** begriffen[9]. Es komme zwar nicht zu einem Vertragsschluss zwischen dem Emittenten und dem Anleger. Gleichwohl nehme der Emittent durch seine Informationspolitik maßgeblichen Einfluss auf die Entscheidung des Anlegers. Die fortlaufende Informationspflicht des Emittenten solle nach der gesetzlichen Konzeption gerade auch der Vertragsanbahnung am Markt dienen und sei vertrauensbildend; hierdurch entstehe eine Sonderverbindung[10]. Diese Begründung greift jedoch zu kurz, denn nicht jede vom Aufsichtsrecht aufgestellte Pflicht gegenüber dem Markt bedingt zugleich Verpflichtungen gegenüber individuellen Marktteilnehmern. Der noch weitergehende Schluss, Art. 17 VO Nr. 596/2014 führe gar zu einer Sonderverbindung zwischen dem Emittenten und dem einzelnen Anleger, entbehrt jeder Begründung. Allein der Umstand, dass sich Individuen auf die Einhaltung öffentlich-rechtlich bestehender Pflichten anderer Rechtsunterworfener verlassen, begründet noch keinen Vertrauenstatbestand.   47

Die These, wonach eine Sonderverbindung entsteht, wird maßgeblich auf § 311 Abs. 3 BGB sowie auf die §§ 122, 179, 663 BGB gestützt[11]. Bezeichnend ist jedoch, dass die §§ 122, 179 BGB gerade die konkrete In-   48

---

1 Ausführlich zum Unterschied zwischen dem (abstrakten) Vertrauen in die Integrität des Marktpreises und der Preiskausalität *Klöhn*, ZHR 178 (2014), 671, 702 ff.
2 Verordnung (EU) Nr. 1215/2012 des Europäischen Parlaments und des Rates vom 12.12.2012 über die gerichtliche Zuständigkeit und die Anerkennung und Vollstreckung von Entscheidungen in Zivil- und Handelssachen (Neufassung), ABl. EU Nr. L 351 v. 20.12.2012, S. 1.
3 Übereinkommen über die gerichtliche Zuständigkeit und die Anerkennung und Vollstreckung von Entscheidungen in Zivil- und Handelssachen (Lugano-Übereinkommen, LugÜ) vom 30.10.2007, ABl. EU Nr. L 147 v. 10.6.2009, S. 5.
4 Zum EuGVÜ bzw. zur EuGVVO: EuGH v. 27.9.1988 – Rs 189/87 – Kalfelis, NJW 1988, 3088, 3089 Rz. 16; EuGH v. 1.10.2002 – Rs. C-167/00 – Verein für Konsumenteninformation ./. Karl Heinz Henkel, NJW 2002, 3617, 3618 Rz. 35; EuGH v. 28.1.2015 – Rs. C-375/13 – Kolassa, ECLI:EU:C:2015:37, Rz. 44; BGH v. 24.10.2005 – II ZR 329/03, NJW 2006, 689.
5 Dabei fällt allerdings auf, dass zahlreiche Autoren, die sich an dieser Diskussion beteiligen, nicht aufdecken, welche Rechtsfolgen sie aus der jeweiligen Einordnung der Haftung aus den §§ 97 und 98 WpHG ableiten wollen (vgl. etwa *Doğan*, Ad-hoc-Publizitätshaftung, S. 53–56), so dass man den unzutreffenden Eindruck gewinnt, diese Frage sei nur von theoretischer Bedeutung.
6 *Köndgen*, Zur Theorie der Prospekthaftung (I.), AG 1983, 85, 90 ff.
7 *Köndgen* in FS Druey, 2002, S. 791, 805; *Maier-Reimer/Webering*, WM 2002, 1857, 1858; *Doğan*, Ad-hoc-Publizitätshaftung, S. 54, 56.
8 Begr. RegE, BT-Drucks. 15/5091, 33 f.
9 *Frisch* in Derleder/Knops/Bamberger, Handbuch zum deutschen und europäischen Bankrecht, 2. Aufl. 2009, § 52 Rz. 162; *Doğan*, Ad-hoc-Publizitätshaftung, S. 55 f.; *Mülbert/Steup*, WM 2005, 1633, 1638; *Veil*, ZHR 167 (2003), 365, 391 f.; *Veil*, BKR 2005, 91, 92; *Zimmer/Grotheer* in Schwark/Zimmer, §§ 37b, 37c WpHG Rz. 6 ff.
10 *Doğan*, Ad-hoc-Publizitätshaftung, S. 55.
11 *Zimmer/Grotheer* in Schwark/Zimmer, §§ 37b, 37c WpHG Rz. 8.

anspruchnahme von Vertrauen bei einem unmittelbaren rechtsgeschäftlichen Kontakt voraussetzen. An einem solchen Kontakt zwischen Anleger und Emittenten fehlt es. § 663 BGB setzt die freiwillige öffentliche Übernahme bestimmter Pflichten voraus. Ob der Emittent eine solche Pflicht gegenüber den Anlegern übernommen hat, ist jedoch fraglich. Auch die These, § 311 Abs. 3 BGB sei einschlägig, überzeugt nicht. Die Gesetzesmaterialien belegen gerade, eine Haftung aus culpa in contrahendo zu Nichtvertragsparteien nur begründet werden soll, „wenn Dritte in ‚besonderem' Maße Vertrauen für sich in Anspruch" nehmen. Dabei betonte der Rechtsausschuss, dass dieses Tatbestandsmerkmal einschränkend gemeint sei[1]. Der Umstand, dass ein Emittent öffentlich Informationen verbreitet, bringt keine derartige Nähebeziehung mit einer persönlichen Gewähr zustande. Die Anhänger der Vertrauenshaftungstheorie sehen selbst, dass kein persönliches Vertrauen in Anspruch genommen wird. Sie betonen daher, es gehe um typisiertes Vertrauen, da der Emittent nicht in das Wertpapiergeschäft eingeschaltet sei[2]. Dieses reicht aber nach den Gesetzesmaterialien gerade nicht aus. Bei § 311 Abs. 3 BGB muss der Dritte persönlich in die Vertragsverhandlungen eingeschaltet sein und seine Stellung zugunsten der von ihm vertretenen Partei nutzen[3]. Auch dies anerkennen einige Vertreter der These von der Vertrauenshaftung und behaupten daher, die §§ 97 und 98 WpHG stellten spezialgesetzliche Vertrauenshaftungstatbestände dar[4]. Man vermisst jedoch jeden Hinweis darauf, welchen Vorteil eine solche Lösung im Vergleich zur Einordnung als deliktischer Tatbestand haben soll. Es stellt sich die Frage, welcher dogmatische Gehalt im Sinne eines eigenständigen Typus zur Begründung von Haftung dem „Vertrauen" noch zukommen soll, wenn „Vertrauenshaftung" offenbar darin besteht, einem anderen für die Verletzung einer gesetzlichen Pflicht zu haften. Vertrauenshaftung in diesem Sinne ist gleichbedeutend mit deliktischer Haftung für primäre Vermögensschäden[5].

49 Von den Vertretern der Vertrauenshaftungstheorie wird das Argument herangezogen, aus Sicht des Anlegers stelle die Ad-hoc-Mitteilung gerade eine wesentliche Vertragsgrundlage dar[6]. Wenn die Parteien eines Vertrags das Verhalten eines Dritten, der von beiden Vertragsparteien unabhängig ist, zur Grundlage des Vertrags machen, ist dies regelmäßig ein Anwendungsfall für § 313 BGB. Keinesfalls führt dies aber zur Begründung einer Sonderverbindung von einer der beiden Parteien zu dem Dritten. Zudem bestehen in Fällen, in denen die Ad-hoc-Meldung nicht oder verspätet publiziert wird, Zweifel, ob die von dieser Theorie verlangte ausreichende Vertrauensbasis vorliegt. Der Anleger müsste geradezu in das Schweigen des Emittenten vertrauen. Zudem sollte man bedenken, dass der Zweck von kapitalmarktrechtlichen Publizitätspflichten darin besteht, eine ordnungsgemäße Preisbildung am Markt sicherzustellen (s. Rz. 33). Ob die individuelle Anlageentscheidung überhaupt beeinflusst wird, ist für die Anspruchsberechtigung (auch nach dem BGH[7]) unerheblich. Das „typisierte Vertrauen" ist daher nicht nur auf Seiten des angeblichen „Vertrauensgebers" (des Emittenten), sondern auch auf Seiten des „Vertrauensnehmers" (des Anlegers) eine Fiktion. Vertrauen wird weder „gewährt" noch „in Anspruch genommen", sondern ist überhaupt keine Anspruchsvoraussetzung. Dem kann nicht das Wort „vertraut" in § 98 Abs. 1 WpHG entgegengehalten werden[8]. Denn dieses Merkmal findet sein Vorbild außerhalb des deutschen Rechtskreises in dem Tatbestandsmerkmal der „Reliance" als Voraussetzung kapitalmarktrechtlicher Schadenersatzklagen im US-amerikanischen Recht. „Reliance" ist aber ein Element der Schadensersatzansprüche aufgrund von „deceit" und „misrepresentation" und damit genuin deliktsrechtlicher Natur (s. Rz. 9, 11 m.w.N.).

50 Schließlich wird von der Vertrauenshaftungstheorie darauf verwiesen, auch die börsenrechtliche Prospekthaftung stelle einen Fall der Vertrauenshaftung dar[9]. Doch ist auch dies sehr umstritten[10]. Die besseren Gründe sprechen dafür, auch die Prospekthaftung als deliktische Haftung einzuordnen[11]. Der Vergleich von Prospekthaftung und Haftung für fehlerhafte Ad-hoc-Mitteilungen ist also, anders als die Vertreter der Vertrauenstheorie meinen, gerade kein Beleg dafür, dass die Haftung nach den §§ 97 und 98 WpHG eine Vertrauenshaftung darstellt.

---

1 Beschlussempfehlung und Bericht des Rechtsausschusses zum SchuldrechtsmodernisierungsG, BT-Drucks. 14/7052, 182, 190.
2 So *Zimmer/Grotheer* in Schwark/Zimmer, §§ 37b, 37c WpHG Rz. 8.
3 *Dühn*, Schadensersatzhaftung, S. 113 f.
4 *Zimmer/Grotheer* in Schwark/Zimmer, §§ 37b, 37c WpHG Rz. 8.
5 *Hellgardt*, Kapitalmarktdeliktsrecht, S. 34.
6 *Doğan*, Ad-hoc-Publizitätshaftung, S. 56.
7 Vgl. BGH v. 13.12.2011 – XI ZR 51/10 – IKB, BGHZ 192, 90, 117 = AG 2012, 209, wonach der Anleger auch den Kursdifferenzschaden verlangen kann, ohne dass es hierfür auf eine Willensbeeinflussung ankomme.
8 So aber *Zimmer/Grotheer* in Schwark/Zimmer, §§ 37b, 37c WpHG Rz. 8.
9 Bei der Prospekthaftung etwa befürwortet von *Groß*, Kapitalmarktrecht, § 45 BörsG Rz. 9 (ohne Begründung); *Hamann* in Schäfer/Hamann, §§ 44, 45 BörsG Rz. 33 ff.; *Schwark* in Schwark/Zimmer, §§ 44, 45 BörsG Rz. 5 ff. Ausführlich *Ochs*, Die einheitliche kapitalmarktrechtliche Prospekthaftungstheorie, 2005, S. 64 ff., 91 ff.
10 Für die Einordnung als deliktische Haftung *Fleischer* in Assmann/Schütze, Handbuch des Kapitalanlagerechts, § 6 Rz. 28; *Assmann* in Assmann/Schlitt/von Kopp-Colomb, WpPG/VermAnlG, vor §§ 21–25 WpPG Rz. 30; *Assmann* in Assmann/Pötzsch/Uwe H. Schneider, § 12 WpÜG Rz. 52 Fn. 6; *v. Bar*, Vertrauenshaftung ohne Vertrauen, ZGR 1983, 476, 496 ff.; s. auch *Hopt*, Nichtvertragliche Haftung außerhalb von Schadens- und Bereicherungsausgleich, AcP 183 (1983), 608 (640 ff.). (Berufshaftung) jeweils m.w.N.
11 Ausführlich *Hellgardt*, Kapitalmarktdeliktsrecht, S. 20 ff.

c) Deliktische Haftung. Im Ergebnis überzeugt damit keines der Argumente, die für die vertragliche Haftung oder die Vertrauenshaftung angeführt werden. Die besseren Gründe sprechen dafür, die §§ 97 und 98 WpHG mit der wohl h.M. als deliktische Spezialtatbestände einzuordnen[1]. Die Struktur der Haftung ist eng an das Muster des § 823 Abs. 2 BGB angelehnt, indem die Tatbestände Verletzungen von Art. 17 VO Nr. 596/2014 sanktionieren. Auch die systematische Stellung des § 32b ZPO belegt, dass auch der Gesetzgeber dieser Sichtweise folgt und die Vorschriften als deliktisch begreift[2]. Für eine solche Einordnung spricht vor allem auch der Rechtsvergleich, da die Haftung für fehlerhafte Sekundärmarktinformationen ganz überwiegend[3] als deliktisch eingeordnet wird (Rz. 14 m.w.N.). Es verwundert daher nicht, dass die Rechtsprechung zu Art. 7 Nr. 2 Nr. 1215/2012 (EuGVVO) ebenfalls von einer deliktischen Einordnung der Haftung für fehlerhafte Ad-hoc-Publizität ausgeht[4]. Der Umstand, dass Art. 17 VO Nr. 596/2014 kraft Anordnung des § 26 Abs. 3 Satz 1 WpHG kein Schutzgesetz darstellen soll (zur Unionsrechtswidrigkeit dieser Norm s. Rz. 24), spricht nicht gegen die deliktische Einordnung, denn es bleibt dem Gesetzgeber unbenommen, anstelle der Qualifizierung eines Tatbestands als Schutzgesetz einen spezialgesetzlichen deliktischen Tatbestand zu schaffen[5]. 51

2. Verhältnis zur aktienrechtlichen Kapitalerhaltung. a) Kein Verstoß gegen das Verbot der Einlagenrückgewähr. Gegen die Einführung einer Haftung des Emittenten wurde vielfach der Einwand erhoben, dass eine Schadensersatzzahlung an den Aktionär faktisch einer nach § 57 Abs. 1 AktG **verbotenen Einlagenrückgewähr** gleichkomme[6]. Damit wiederholte sich bei der Ad-hoc-Publizitätshaftung eine wechselvolle, bereits bei der Prospekthaftung geführte Diskussion, die an dieser Stelle nicht im Detail wiedergegeben werden soll[7]. Inzwischen ist die Frage für die Praxis dadurch rechtssicher geklärt, dass sowohl der **BGH**[8] als auch der **EuGH**[9] explizit einen **Vorrang der Haftung** für fehlerhafte Ad-hoc-Mitteilungen vor der Kapitalerhaltung bejaht haben. Demzufolge verstößt die Haftung nach §§ 97 und 98 WpHG weder gegen § 57 Abs. 1 AktG, noch gegen Art. 56 RL 2017/1132[10]. Sowohl der BGH als auch der EuGH begründen dies im Kern damit, dass der geschädigte Anleger bei der Kapitalmarkthaftung der Aktiengesellschaft **nicht als Aktionär** im Innenverhältnis, sondern als **Dritter** gegenübertrete, so dass der Anwendungsbereich des Verbots von Ausschüttungen an Aktionäre *aufgrund der Mitgliedschaft* bereits nicht eröffnet sei[11]. In der Hirmann-Entscheidung hat der EuGH den Vorrang sowohl 52

---

1 *Benzinger*, S. 165 ff.; *Bruchwitz* in Just/Voß/Ritz/Becker, §§ 37b, 37c WpHG Rz. 15; *Dühn*, Schadensersatzhaftung, S. 103 ff.; *Fleischer*, AG 2008, 265, 271 f.; *Fuchs* in Fuchs, §§ 37b, 37c WpHG Rz. 5; *Hellgardt*, Kapitalmarktdeliktsrecht, S. 32 ff.; *Köndgen* in FS Druey, 2002, S. 791, 805; *Möllers* in Möllers/Rotter, Ad-hoc-Publizität, § 13 Rz. 12; *Möllers/Leisch* in KölnKomm. WpHG, §§ 37b, c WpHG Rz. 14 ff.; *Poelzig*, Normdurchsetzung, S. 224; *Reus/Paul*, WM 2008, 1245, 1249; *Steinhauer*, Insiderhandelsverbot, S. 232; *Wolf/Wink* in Meyer/Veil/Rönnau, Handbuch zum Marktmissbrauchsrecht, § 31 Rz. 12. Anders *Casper* in KölnKomm. KapMuG, §§ 37b, c WpHG Rz. 9, der von einem Tatbestand sui generis ausgeht. Wenn er die hier entwickelten Argumente als „Verlegenheitslösung" bezeichnet, übersieht er die vorstehend genannten Argumente gegen Sonderverbindungen. Fehlt eine solche, bleibt nun mal nur das Deliktsrecht. Welchen Vorteil demgegenüber eine Lösung sui generis bieten soll, erschließt sich nicht.
2 Allein der Umstand, dass § 32b ZPO zeitlich nach den §§ 37b, 37c WpHG geschaffen wurde, nimmt der gesetzgeberischen Entscheidung für die deliktische Einordnung der Haftung nicht ihre Überzeugungskraft; a.A. *Casper* in KölnKomm. KapMuG, §§ 37b, c WpHG Rz. 9 Fn. 17.
3 In Österreich wird allerdings die Ansicht vertreten, dass neben der deliktischen Haftung auch eine solche aus Sonderverbindung in Betracht komme, *Kalss/Oppitz* in Hopt/Voigt (Hrsg.), Prospekt- und Kapitalmarktinformationshaftung, S. 857 f. m.w.N.
4 OLG Frankfurt v. 5.8.2010 – 21 AR 50/10, AG 2010, 880; *Hess*, Europäisches Zivilprozessrecht, 2010, § 6 Rz. 67.
5 A.A. *Casper* in KölnKomm. KapMuG, §§ 37b, c WpHG Rz. 9.
6 Überblick über die Diskussion bei *Weber*, ZHR 176 (2012), 184, 185 ff.; krit. zur Emittentenhaftung in insbesondere *Baums* (Hrsg.), Bericht der Regierungskommission Corporate Governance, 2001, Rz. 182; *Rieckers*, BB 2002, 1213 (1220); *Horn* in FS Ulmer, 2003, S. 817, 826 f.; wohl auch *Horn*, Europäisches Finanzmarktrecht, 2003, S. 7.
7 Ausführlich dazu BGH v. 9.5.2005 – II ZR 287/02 – EM.TV, WM 2005, 1358, 1359 f. = AG 2005, 609; *Bayer*, WM 2013, 961 ff.; *Möllers/Leisch* in KölnKomm. WpHG, §§ 37b, c WpHG Rz. 38.
8 BGH v. 9.5.2005 – II ZR 287/02 – EM.TV, WM 2005, 1358, 1359 f. = AG 2005, 609; dazu *Möllers*, BB 2005, 1637, 1639 ff.
9 EuGH v. 19.12.2013 – Rs. C-174/12 – Hirmann, ECLI:EU:C:2013:856 (Rz. 28 ff.) = EuZW 2014, 223 mit Anm. *Kalss* = AG 2014, 444.
10 Richtlinie (EU) 2017/1132 des Europäischen Parlaments und des Rates vom 14.6.2017 über bestimmte Aspekte des Gesellschaftsrechts (Kodifizierter Text), ABl. EU Nr. L 169 v. 30.6.2017, S. 46. Art. 56 RL 2017/1132 entspricht Art. 17 Richtlinie 2012/30/EU des Europäischen Parlaments und des Rates vom 25.10.2012 zur Koordinierung der Schutzbestimmungen, die in den Mitgliedstaaten den Gesellschaften im Sinne des Art. 54 Abs. 2 des Vertrages über die Arbeitsweise der Europäischen Union im Interesse der Gesellschafter sowie Dritter für die Gründung der Aktiengesellschaft sowie für die Erhaltung und Änderung ihres Kapitals vorgeschrieben sind, um diese Bestimmungen gleichwertig zu gestalten (Neufassung), ABl. EU Nr. L 315 v. 14.12.2012, S. 74, der wiederum im Wesentlichen auf Art. 15 Zweite Richtlinie des Rates vom 13.12.1976 zur Koordinierung der Schutzbestimmungen, die in den Mitgliedstaaten den Gesellschaften im Sinne des Art. 58 Abs. 2 des Vertrages im Interesse der Gesellschafter sowie Dritter für die Gründung der Aktiengesellschaft sowie für die Erhaltung und Änderung ihres Kapitals vorgeschrieben sind, um diese Bestimmungen gleichwertig zu gestalten (77/91/EWG), ABl. EWG Nr. L 26 v. 31.1.1977, S. 1, zurückgeht. Das Urteil des EuGH v. 19.12.2013 – Rs. C-174/12 – Hirmann, ECLI:EU:C:2013:856 bezieht sich noch auf Art. 15 RL 77/91/EWG.
11 EuGH v. 19.12.2013 – Rs. C-174/12 – Hirmann, ECLI:EU:C:2013:856 (Rz. 29), AG 2014, 444. Zuvor bereits *Hellgardt*, Kapitalmarktdeliktsrecht, S. 403 f. So auch zum deutschen Recht BGH v. 9.5.2005 – II ZR 287/02 – EM.TV, WM 2005, 1358, 1360 = AG 2005, 609.

der Prospekthaftung als auch der Sekundärmarkthaftung (unabhängig davon, ob für diese eine explizite unionsrechtliche Grundlage besteht) vor der Kapitalerhaltung mit diesem Argument begründet[1]. Die vor der EuGH-Entscheidung geführte Diskussion[2] ist daher nur noch teilweise relevant. Nach wie vor wichtig ist das Argument, dass sich der Gesetzgeber für die Haftung des Emittenten entschieden[3] und den in § 15 Abs. 6 Satz 1 WpHG a.F. niedergelegten Grundsatz, wonach die Verletzung der Ad-hoc-Mitteilungspflicht als solche keinen Schadensersatzanspruch auslöst, aufgegeben hat. Der Gesetzgeber hat mit den §§ 97 und 98 WpHG **vorrangige gesetzliche Ausnahmevorschriften** geschaffen. Würde man wegen des Verbots der Einlagenrückgewähr die Auszahlung des Schadensersatzes untersagen, liefen die Normen faktisch leer[4]. Dies wäre insbesondere deshalb problematisch, weil die §§ 97 und 98 WpHG als Mittel zur Durchsetzung von Art. 17 VO Nr. 596/2014 dem **unionsrechtlichen Effektivitätsgebot** unterliegen (Rz. 23), welches verlangt, dass Rechtsverstöße wirksam unterbunden werden[5]. Während sich der BGH explizit gegen jede Beschränkung der Ersatzpflicht aus Gründen der Kapitalerhaltung ausgesprochen hat[6], hat der EuGH die Frage offengelassen, ob den geschädigten Anlegern **Ersatz nur aus dem freien Vermögen der Gesellschaft** geleistet werden könne[7]. Diese Auffassung wird teilweise in der Literatur vertreten[8]. Sie kann aber im Ergebnis nicht überzeugen. Wenn man mit der Rechtsprechung das Verbot der Kapitalerhaltung für tatbestandlich nicht einschlägig hält, stellt sich die Frage, wie weit das Verbot reicht, schon gar nicht. Zudem erweist es sich in der Praxis als schwierig, eine Ausschüttungssperre verfahrensrechtlich durchzusetzen[9].

53 **b) Kein Verstoß gegen das Verbot des Erwerbs eigener Aktien.** Auch das Verbot des Erwerbs eigener Aktien steht nicht im Widerspruch zu einer Regelung von Schadensersatzansprüchen wegen fehlerhafter Ad-hoc-Mitteilungen[10]. BGH, EuGH und h.L. sehen keinen Verstoß gegen § 71 AktG[11] bzw. Art. 60 RL 2017/1132[12]. Nach Auffassung des BGH ist es „mehr oder minder zufällig", wenn die Aktiengesellschaft aufgrund des scha-

---

1 Vgl. EuGH v. 19.12.2013 – Rs. C-174/12 – Hirmann, ECLI:EU:C:2013:856 (Rz. 22), AG 2014, 444.
2 Ausführlich dazu 6. Aufl., §§ 37b, 37c WpHG Rz. 6.
3 Begr. RegE 4. FMFG, BT-Drucks. 14/8017, 64.
4 *Fleischer* in Assmann/Schütze, Handbuch des Kapitalanlagerechts, § 6 Rz. 58; *Möllers/Leisch* in KölnKomm. WpHG, §§ 37b, c WpHG Rz. 39.
5 Vgl. EuGH v. 19.12.2013 – Rs. C-174/12 – Hirmann, ECLI:EU:C:2013:856 (Rz. 62), AG 2014, 444.
6 BGH v. 9.5.2005 – II ZR 287/02 – EM.TV, WM 2005, 1358, 1360 = AG 2005, 609.
7 EuGH v. 19.12.2013 – Rs. C-174/12 – Hirmann, ECLI:EU:C:2013:856 (Rz. 46 ff.), AG 2014, 444. Die Generalanwältin *Sharpston* hatte in ihren Schlussanträgen eine Begrenzung des Ersatzes auf das freie Vermögen allerdings abgelehnt, EuGH GA v. 12.9.2013 – Rs. C-174/12 – Hirmann, ECLI:EU:C:2013:555 (Rz. 85).
8 Für eine Ausschüttungssperre in Höhe des Grundkapitals und der gesetzlichen Rücklage *Henze*, NZG 2005, 115, 118 ff.; *Reichert/Weller*, ZRP 2002, 49, 56; *Veil*, ZHR 167 (2003), 365, 394 f. Die gleichlautende Auffassung von *Bayer* in MünchKomm. AktG, 2. Aufl. 2003, § 57 AktG Rz. 24 wird von diesem nicht mehr aufrechterhalten, vgl. *Bayer* in MünchKomm. AktG, 4. Aufl. 2016, § 57 AktG Rz. 41.
9 Hierauf weist zu Recht *Langenbucher*, ZIP 2005, 239, 243 ff. hin; ebenso *Möllers/Leisch* in KölnKomm. WpHG, §§ 37b, c WpHG Rz. 41. *Langenbucher* plädiert dafür, bei der solventen AG alle Ansprüche zu befriedigen und im Falle der Insolvenz die Ansprüche der geschädigten Aktionäre i.S.d. § 39 Abs. 1 InsO im Rang hinter die Forderungen der Fremdgläubiger zurücktreten zu lassen. So auch *Baums*, ZHR 167 (2003), 139, 170; *Brellochs*, Publizität, S. 243; *Hellgardt*, Kapitalmarktdeliktsrecht, S. 408 f.; *Moreno Borchart*, S. 326; ähnlich *Hopt/Voigt*, WM 2004, 1801, 1803; *Möllers*, BB 2005, 1637, 1642. Vorbild dieser Lösung ist der US-Bankruptcy Code, 11 U.S.C. 510 b.
10 So aber etwa *Baums* (Hrsg.), Bericht der Regierungskommission Corporate Governance, 2001, Rz. 182; *Horn* in FS Ulmer, 2003, S. 817, 826 f.; *Fuchs* in Fuchs, Vor §§ 37b, 37c WpHG Rz. 53.
11 BGH v. 9.5.2005 – II ZR 287/02 – EM.TV, WM 2005, 1358, 1359 ff. = AG 2005, 609; bestätigt durch die nachfolgende ComROAD-Rechtsprechung, vgl. etwa BGH v. 26.6.2006 – II ZR 153/05 – ComROAD, ZIP 2007, 326 = AG 2007, 169 sowie OLG Frankfurt v. 17.3.2005 – 1 U 149/04 – ComROAD, AG 2005, 401, 403; OLG München v. 20.4.2005 – 7 U 5303/04 – ComROAD, AG 2005, 484, 485 f.; OLG München v. 28.4.2005 – 23 U 4675/04 – ComROAD, ZIP 2005, 1141, 1143; LG Frankfurt v. 28.4.2003 – 3/7 O 47/02 – ComROAD, BKR 2003, 506, 509; LG Frankfurt v. 21.7.2003 – 3/7 O 44/02 – ComROAD, BKR 2003, 766, 769; *Bayer* in MünchKomm. AktG, 4. Aufl. 2016, § 57 AktG Rz. 29 ff.; *Buck-Heeb/Dieckmann*, AG 2008, 681, 690; *Casper* in KölnKomm. KapMuG, §§ 37b, c WpHG Rz. 5; *Doğan*, Ad-hoc-Publizitätshaftung, S. 227 ff.; *Dühn*, Schadensersatzhaftung, S. 93 ff.; *Royé/Fischer zu Cramburg* in Heidel, § 37c WpHG Rz. 11; *Fleischer*, Gutachten zum 64. DJT, 2002, S. F 73 f.; *Fleischer*, ZIP 2005, 1805, 1810 f.; *Fuchs/Dühn*, BKR 2002, 1063, 1070; *Hopt/Voigt*, WM 2004, 1801, 1803; *Hopt/Voigt* in Hopt/Voigt (Hrsg.), Prospekt- und Kapitalmarktinformationshaftung, S. 113 ff.; *Keuschl/Wankerl*, BKR 2003, 744, 745 f.; *Kissner*, Verantwortlichkeit, S. 123 ff.; *Kort*, NZG 2005, 496, 498; *Maier-Reimer/Seulen* in Habersack/Mülbert/Schlitt, Handbuch der Kapitalmarktinformation, § 30 Rz. 23 ff.; *Maier-Reimer/Webering*, WM 2002, 1857, 1863; *Möllers* bzw. *Möllers/Leisch* in Möllers/Rotter, Ad-hoc-Publizität, § 13 Rz. 37 ff., § 14 Rz. 132 ff.; *Möllers*, BB 2005, 1637, 1639 ff.; *Möllers/Leisch* in KölnKomm. WpHG, §§ 37b, c WpHG Rz. 38 ff.; *Mülbert/Steup* in Habersack/Mülbert/Schlitt, Unternehmensfinanzierung am Kapitalmarkt, Rz. 41.6 ff.; *Querfurth*, Inanspruchnahme, S. 18; *Renzenbrink/Holzner*, BKR 2002, 43, 439; *Zimmer/Grotheer* in Schwark/Zimmer, §§ 37b, 37c WpHG Rz. 11 ff.; a.A. *Baums* (Hrsg.), Bericht der Regierungskommission Corporate Governance, 2001, Rz. 182; *Baums*, ZHR 166 (2002), 375, 379; *Baums*, ZHR 167 (2003), 139, 167 f.; *Fuchs* in Fuchs, Vor §§ 37b, 37c WpHG Rz. 53; *Reichert/Weller*, ZRP 2002, 49, 56.
12 EuGH v. 19.12.2013 – Rs. C-174/12 – Hirmann, ECLI:EU:C:2013:856 (Rz. 31 f., 34), AG 2014, 444. Art. 60 GesellschaftsrechtsRL 2017/1132 entspricht Art. 21 KapitalRL 2012/30, der wiederum Art. 20 KapitalRL 77/91 entspricht. Die Entscheidung des EuGH bezieht sich auf die letztgenannte Norm.

densrechtlichen Bereicherungsverbots eigene Aktien zurücknimmt[1], und der EuGH geht davon aus, dass die ratio legis des Verbots, eigene Aktien zu zeichnen oder zu erwerben, nicht einschlägig sei, weil weder eine Herabsetzung des Gesellschaftskapitals noch eine künstliche Erhöhung des Aktienkurses bezweckt werde[2]. Damit geht die Rechtsprechung davon aus, dass das Verbot gar nicht anwendbar sei. Der EuGH erwähnt in diesem Zusammenhang auch Art. 61 Abs. 1 lit. d RL 2017/1132[3], der eine Ausnahme für Fälle vorsieht, in denen eine gesetzliche Verpflichtung zum Erwerb der Aktien besteht[4]. Während die Richtlinie also einen solchen Erwerb grundsätzlich zulässt, hat der deutsche Gesetzgeber in § 71 Abs. 1 AktG zwar acht Fälle aufgelistet, in denen der Erwerb ausnahmsweise zulässig ist, dabei aber §§ 97 und 98 WpHG oder die Kapitalmarkthaftung im Allgemeinen nicht erwähnt. Dies spricht gegen die Argumentation des BGH[5]. Ein Konflikt mit dem Verbot des Erwerbs eigener Aktien kann allerdings überhaupt nur dann auftreten, wenn man die Gesellschaft für verpflichtet hält, eine „Rückgängigmachung" des Aktiengeschäfts vorzunehmen. Dies ist bei §§ 97 und 98 WpHG nicht der Fall, da nur der Kursdifferenzschaden zu ersetzen ist (s. Rz. 127ff.). Ersatz in Form der „Rückgängigmachung" des Aktiengeschäfts kann aber im Einzelfall aufgrund deliktischer Tatbestände gewährt werden (s. Rz. 152ff.). Gerade für diesen Fall hat der BGH das Verbot für nicht einschlägig erachtet[6]. Gegen eine Anwendung des § 71 AktG spricht auch, dass die Aktiengesellschaft die Aktien nicht freiwillig „erwirbt", sondern aufgrund der Schadensersatzforderung zur Rücknahme gezwungen wird. § 71 AktG ist daher von vornherein nicht einschlägig. Wollte man das Verbot des § 71 AktG als allumfassend verstehen, dürfte die AG auch nicht im Wege der Gesamtrechtsnachfolge Aktien „erwerben" (so aber § 71 Abs. 1 Nr. 5 AktG). Gerade dieser Tatbestand zeigt, dass es durchaus vorkommen kann, dass die AG aufgrund gesetzlichen Erwerbs Inhaber eigener Aktien wird. Die Rechtsfolge ist in § 71c Abs. 2 AktG geregelt, so dass der Gesetzgeber die Gefahr der Aushöhlung daher ausreichend bedacht hat. Die AG muss also die im Wege der Naturalrestitution erhaltenen Aktien analog § 71c Abs. 2 AktG veräußern. Im Ergebnis ist daher der **Rechtsprechung und dem überwiegenden Schrifttum** zuzustimmen. Auch einen Verstoß gegen § 53a AktG hat die Rechtsprechung zu Recht verneint[7].

3. Praktische Bedeutung der Haftung. Der Einführung der §§ 37b und 37c WpHG a.F. geschah vor dem Eindruck der Missstände am „Neuen Markt". Ihr lag die Erwägung zugrunde, dass gerade das allgemeine Deliktsrecht die Anleger nicht ausreichend schützte und deshalb eine Lücke im individuellen Anlegerschutz klaffte (s. Rz. 35). Im Mittelpunkt des Interesses standen daher **ursprünglich Fälle inhaltlich fehlerhafter Ad-hoc-Mitteilungen**. Im Jahre 2004 bejahte der BGH erstmals eine persönliche Haftung der Vorstandsmitglieder von Emittenten aus § 826 BGB, da diese durch unrichtige Ad-hoc-Mitteilungen das Publikum bewusst getäuscht hatten[8]. Seitdem sind weitere Entscheidungen ergangen, in denen eine persönliche Haftung der Organmitglieder und über § 31 BGB eine Haftung der Gesellschaft für fehlerhafte Ad-hoc-Mitteilungen bejaht wurden[9]. In

54

---

1 BGH v. 9.5.2005 – II ZR 287/02 – EM.TV, WM 2005, 1358, 1360 = AG 2005, 609.
2 EuGH v. 19.12.2013 – Rs. C-174/12 – Hirmann, ECLI:EU:C:2013:856 (Rz. 31, 34), AG 2014, 444.
3 Art. 61 GesellschaftsrechtsRL 2017/1132 entspricht Art. 22 KapitalRL 2012/30, der wiederum Art. 20 KapitalRL 77/91 entspricht. Die Entscheidung des EuGH bezieht sich auf die letztgenannte Norm.
4 EuGH v. 19.12.2013 – Rs. C-174/12 – Hirmann, ECLI:EU:C:2013:856 (Rz. 31), AG 2014, 444.
5 So bereits *Hellgardt*, Kapitalmarktdeliktsrecht, S. 405.
6 BGH v. 9.5.2005 – II ZR 287/02 – EM.TV, WM 2005, 1358, 1360 = AG 2005, 609.
7 EuGH v. 19.12.2013 – Rs. C-174/12 – Hirmann, ECLI:EU:C:2013:856 (Rz. 30), AG 2014, 444; BGH v. 7.1.2008 – II ZR 229/05 – ComROAD, ZIP 2008, 407, 408 = AG 2008, 252; BGH v. 7.1.2008 – II ZR 68/06 – ComROAD, ZIP 2008, 410, 411 = AG 2008, 254; BGH v. 3.3.2008 – II ZR 310/06 – ComROAD, ZIP 2008, 829, 830 = AG 2008, 377.
8 BGH v. 19.7.2004 – II ZR 217/03 – Infomatec, WM 2004, 1726; BGH v. 19.7.2004 – II ZR 218/03 – Infomatec, WM 2004, 1731 = AG 2004, 543; BGH v. 19.7.2004 – II ZR 402/02 – Infomatec, WM 2004, 1721; dazu etwa *Edelmann*, BB 2004, 2031ff.; *Fleischer*, DB 2004, 2031ff.; *Gerber*, DStR 2004, 1793ff.; *Goette*, DStR 2005, 561ff.; *Körner*, NJW 2004, 3386ff.; *Kort*, AG 2005, 21ff.; *Leisch*, ZIP 2004, 1573ff.; *Lenenbach*, EWiR 2004, 961f.; *Sven H. Schneider*, WuB I L 2 § 15 WpHG 1.04; *Schulte*, VuR 2005, 121ff.
9 BGH v. 9.5.2005 – II ZR 287/02 – EM.TV, WM 2005, 1358 = AG 2005, 609; dazu *Bayer/Weinmann*, EWiR 2005, 689f.; *Fleischer*, ZIP 2005, 1805ff.; *Goette*, DStR 2005, 1330; *Gottschalk*, DStR 2005, 1648; *Hutter/Stürwald*, NJW 2005, 2428ff.; *Kort*, NZG 2005, 708ff.; *Kowalewski/Hellgardt*, DB 2005, 1839f.; *Möllers*, BB 2005, 1637ff.; BGH v. 28.11.2005 – II ZR 80/04 – ComROAD, ZIP 2007, 681 = AG 2007, 322; BGH v. 28.11.2005 – II ZR 246/04 – ComROAD, ZIP 2007, 679 = AG 2007, 324; BGH v. 26.6.2006 – II ZR 153/05 – ComROAD, ZIP 2007, 326 = AG 2007, 169; BGH v. 4.6.2007 – II ZR 147/05 – ComROAD, ZIP 2007, 1560 = AG 2007, 620; BGH v. 4.6.2007 – II ZR 173/05 – ComROAD, ZIP 2007, 1564 = AG 2007, 623; BGH v. 7.1.2008 – II ZR 229/05 – ComROAD, ZIP 2008, 407 = AG 2008, 252; BGH v. 7.1.2008 – II ZR 68/06 – ComROAD, ZIP 2008, 410 = AG 2008, 254; BGH v. 3.3.2008 – II ZR 310/06 – ComROAD, ZIP 2008, 829 = AG 2008, 377; dazu etwa *Leuschner*, ZIP 2008, 1050ff.; *Möllers*, NZG 2008, 413ff.; *Klöhn*, LMK 2007, 240021; *Klöhn*, LMK 2008, 256317; *Klöhn*, EWiR 2008, 325; OLG Frankfurt v. 17.3.2005 – 1 U 149/04 – ComROAD, AG 2005, 401; dazu *Kort*, NZG 2005, 496ff.; *Möllers*, BB 2005, 1637ff.; OLG München v. 11.1.2005 – 30 U 335/02 – Infomatec, NZG 2005, 404; OLG München v. 20.4.2005 – 7 U 5303/04 – ComROAD, AG 2005, 484; dazu *Möllers*, BB 2005, 1637ff.; OLG München v. 21.4. 2005 – 19 U 4671/04 – Infomatec, WM 2005, 1311; OLG München v. 28.4.2005 – 23 U 4675/04 – ComROAD, ZIP 2005, 1141, 1143f.; dazu *Stern*, EWiR 2005, 699f.; LG München I v. 22.2.2005 – 28 O 11009/04, AG 2005, 409; LG München I v. 2.9.2004 – 5 HKO 14438/04 – ComROAD, unveröffentlicht; LG München I v. 14.5.2004 – 20 O 8814/02, unveröffentlicht. Weitere unveröffentlichte Entscheidungen zitiert *Querfurth*, Inanspruchnahme, S. 1.

der Folgezeit hat der BGH eine Reihe von Grundaussagen, die er zu § 826 BGB entwickelt hat, auch auf die §§ 97 und 98 WpHG übertragen[1]. Inzwischen hat sich allerdings herausgestellt, dass die **praktische Bedeutung** vor allem in den **Fällen unterlassener bzw. verspäteter Ad-hoc-Mitteilungen** liegt. Anschauungsbeispiele bieten die Großverfahren in Sachen Daimler/Schrempp[2], IKB[3] die sog. „Diesel-Affäre" um VW[4]. Anders als bei den Fällen am Neuen Markt geht es nun keineswegs mehr um zweifelhafte Start-Up-Unternehmen, die Ad-hoc-Mitteilungen als Marketinginstrument missbrauchen. Vielmehr zeigt sich, dass der Ad-hoc-Publizität maßgebliche Bedeutung im Bereich der kapitalmarktgestützten Compliance zukommt. Insoweit sind sämtliche Emittenten betroffen, insbesondere auch Großunternehmen aus dem DAX-30. Sobald der Verdacht besteht, ein Emittent könnte eine wichtige negative Entwicklung nicht unmittelbar dem Kapitalmarkt bekannt gegeben haben, werden Klagen erhoben. Bei den Klägern handelt es sich nicht lediglich um Kleinanleger, vielmehr werden immer häufiger **Klagen durch institutionelle Anleger**, wie Banken oder Hedgefonds, erhoben. Dies spiegelt sich auch in den Streitwerten wider. Während der Streitwert im Fall Daimler/Schrempp vom BGH mit 5,48 Mio. Euro beziffert wurde[5], sind allein vor dem LG Braunschweig Klagen gegen VW über ca. 8,8 Mrd. Euro wegen der „Diesel-Affäre" anhängig[6]. Diese Summen, die selbst die nach neuem Marktmissbrauchsrecht möglichen Bußgelder noch erheblich übersteigen, zeigen, dass sich Haftung für pflichtwidrig unterlassene Ad-hoc-Mitteilungen zu einem wirkungsvollen Präventionsinstrument gerade im Bereich der Corporate Governance (s. dazu Rz. 34, 42) entwickelt hat. Eine solch wichtige Bedeutung konnte die deliktische Haftung nach § 826 BGB niemals erreichen. Ihr verbleibt lediglich dort ein praktischer Anwendungsbereich, wo die Klagen nicht nur den Emittenten, sondern auch die Organwalter persönlich erfassen. Zudem sind Inhaber von Finanzinstrumenten, die ein anderer als der nach Art. 17 Abs. 1 VO Nr. 596/2014 Verpflichtete emittiert hat, bei §§ 97 und 98 WpHG ausgeschlossen, selbst wenn sich die fehlerhafte Ad-hoc-Meldung auch auf diese Papiere auswirkt (s. Rz. 73).

55 **4. Rechtspolitische Aspekte. a) Gescheiterte Versuche zur Erweiterung der Haftung.** Mit der Einführung der §§ 37b und 37c WpHG a.F. kam die rechtspolitische Diskussion um die Haftung für fehlerhafte Kapitalmarktinformationen keineswegs zur Ruhe. Kontrovers diskutiert wurden insbesondere die Fragen, inwieweit auch eine **persönliche Haftung der verantwortlichen Organwalter** spezialgesetzlich geregelt werden sollte und ob die Tatbestände der heutigen §§ 97 und 98 WpHG nicht zu einem **umfassenden Haftungstatbestand für fehlerhafte Sekundärmarktpublizität** – wie in England (s. Rz. 15) – ausgebaut werden sollten[7]. Letztlich sind alle **rechtspolitischen Initiativen im Sande verlaufen**, die heutigen §§ 97 und 98 WpHG ähneln, abgesehen von kleineren Anpassungen wie der Änderungen der Ad-hoc-Publizitätspflicht und einem Wegfall der kurzen Verjährung (s. zum Ganzen Rz. 2–6), noch im Wesentlichen den ursprünglichen §§ 37b und 37c WpHG. Allein das Inkrafttreten des **Kapitalanleger-Musterverfahrensgesetzes**[8] zum 1.11.2005 hat dazu geführt, die Position der geschädigten Anleger verfahrensrechtlich zu verbessern, auch wenn das Musterverfahren von seiner Effizienz her einem Vergleich mit den aus den USA bekannten Sammelklagen nicht standhält.

56 Von den gescheiterten Initiativen zur Ausweitung der Sekundärmarkthaftung verdienen zwei besondere Erwähnung. Zunächst legte die Bundesregierung im Jahre 2004 den **Entwurf für ein Kapitalmarktinformationshaftungsgesetz** (KapInHaG)[9] vor. Geplant war sowohl die Einführung eines umfassenden Haftungstatbestands für fehlerhafte Sekundärmarktpublizität, einschließlich freiwilliger Erklärungen, als auch eine Außenhaftung der verantwortlichen Organwalter. Das Bundesfinanzministerium zog den Entwurf des KapInHaG nach massi-

---

1 BGH v. 13.12.2011 – XI ZR 51/10 – IKB, BGHZ 192, 90, 109–116 = AG 2012, 209.
2 Zunächst OLG Stuttgart v. 15.2.2007 – 901 Kap 1/06, AG 2007, 250; aufgehoben durch BGH v. 25.2.2008 – II ZB 9/07, AG 2008, 380; sodann OLG Stuttgart v. 22.4.2009 – 20 Kap 1/08, AG 2009, 454; dann BGH v. 22.11.2010 – II ZB 7/09, AG 2011, 84 (Vorlage an den EuGH); EuGH v. 28.6.2012 – Rs. C-19/11 – Geltl, ECLI:EU:C:2012:397, AG 2012, 555; daraufhin Aufhebung des OLG Stuttgart durch BGH v. 23.4.2013 – II ZB 7/09, AG 2013, 518. Der Rechtsstreit wurde letztlich durch einen Vergleich beendet; s. OLG Stuttgart, Pressemitteilung v. 16.12.2016 („Kapitalanlegermusterverfahren gegen die Daimler AG beendet").
3 LG Düsseldorf v. 30.6.2009 – 1 O 310/08, juris; OLG Düsseldorf v. 27.1.2010 – I-15 U 230/09, juris; BGH v. 13.12.2011 – XI ZR 51/10 – IKB, BGHZ 192, 90 = AG 2012, 209; dazu *Bachmann*, JZ 2012, 578; *Buck-Heeb*, WuB I G 6. § 37b WpHG 1.12; *Conen*, GWR 2012, 132; *Hellgardt*, DB 2012, 673; *Klöhn*, AG 2012, 345; *Müller-Michaels*, BB 2012, 537; *Schmolke*, ZBB 2012, 165; *Seibt*, EWiR 2012, 159; *Spindler*, NZG 2012, 575; *von Bernuth/Kremer*, WM 2012, 831.
4 S. z.B. LG Braunschweig v. 5.8.2016 – 5 OH 62/16, WM 2016, 2019; LG Stuttgart v. 28.2.2017 – 22 AR 1/17 Kap, WM 2017, 1451; LG Stuttgart v. 6.12.2017 – 22 AR 2/17 KAP (unveröffentlicht).
5 BGH v. 23.4.2013 – II ZB 7/09, juris.
6 OLG Braunschweig, Pressemitteilung v. 8.3.2017 (Anlegerklagen gegen Volkswagen AG – OLG Braunschweig bestimmt Musterkläger).
7 Ein umfassender Überblick über die rechtspolitische Diskussion in den ersten 10 Jahren der §§ 37b und 37c WpHG findet sich in der 6. Aufl., §§ 37b, 37c WpHG Rz. 24 ff.
8 Gesetz zur Einführung von Kapitalanleger-Musterverfahren vom 16.8.2005, BGBl. I 2005, 2437.
9 Erster Entwurf *eines Gesetzes zur Verbesserung der Haftung für falsche Kapitalmarktinformationen* (Kapitalmarktinformationshaftungsgesetz – KapInHaG) vom 16.8.2004 (unveröffentlicht) und Zweiter Entwurf vom 7.10.2004, abgedruckt in NZG 2004, 1042 ff.

ver Kritik aus dem Schrifttum[1] und der Praxis[2] am 10.11.2004 zurück. Die Veröffentlichung und Verabschiedung eines im Bundesfinanzministerium mit wissenschaftlicher Unterstützung bereits ausgearbeiteten verbesserten Entwurfs scheiterte an den vom damaligen Bundeskanzler *Schröder* verursachten vorgezogenen Neuwahlen im Jahr 2005. Das Thema wurde im Wahlkampf von der Agenda genommen und ist seitdem von den nachfolgenden Bundesregierungen nicht wieder aufgegriffen worden[3]. Der fehlende politische Wille zu grundlegenden Reformen zeigte sich insbesondere bei der **Umsetzung der Transparenzrichtlinie** 2004/109/EG im Jahr 2006. Die Transparenzrichtlinie verpflichtet die Mitgliedstaaten in Art. 7 und 28 RL 2004/109/EG dazu, eine zivilrechtliche Haftung für wesentliche Instrumente der Regelpublizität, nämlich fehlerhafte Jahres- und Halbjahresberichte sowie Zwischenmitteilungen und Mitteilung über Rechtsänderungen bei der Ausstattung von Finanzinstrumenten einzuführen. Der Gesetzgeber hat die Haftungsfrage im Transparenzrichtlinie-Umsetzungsgesetz (TUG)[4] trotz ausdrücklicher Hinweise im Gesetzgebungsverfahren[5] nicht spezialgesetzlich geregelt[6]. Allerdings hat der EuGH entschieden, dass die Umsetzung einer Richtlinie nicht notwendigerweise wortwörtlich durch eine eigene Gesetzesvorschrift erfolgen muss, sofern ein allgemeiner rechtlicher Rahmen besteht, wenn dieser tatsächlich die vollständige Anwendung der Richtlinie in hinreichend bestimmter und klarer Weise gewährleistet[7]. Dies eröffnet die Möglichkeit einer richtlinienkonformen Auslegung des allgemeinen Deliktsrechts. Indem man die §§ 50, 114, 115 WpHG im Wege der richtlinienkonformen Auslegung[8] zu Schutzgesetzen i.S.v. § 823 Abs. 2 BGB erklärt, wird den Anforderungen des Art. 7 RL 2004/109/EG Genüge getan[9].

b) §§ 97, 98 WpHG als Bausteine eines umfassenden Kapitalmarktdeliktsrechts. Teilweise anknüpfend an die Umsetzungspflicht des Art. 7 RL 2004/109/EG will ein Teil des Schrifttums die §§ 97 und 98 WpHG über ihren eigentlichen Anwendungsbereich hinaus analog auf Fälle fehlerhafter Regelpublizität anwenden[10]. Die für eine Analogie notwendige Regelungslücke bei der Haftung für fehlerhafte Sekundärmarktinformationen besteht zweifellos und bedarf nach den vorangegangenen Ausführungen keiner weiteren Begründung. Der Gesetzgeber hatte jedoch die klare Absicht, mit den §§ 97 und 98 WpHG allein die Haftung für fehlerhafte Ad-hoc-Mitteilungen zu regeln. Weitere Haftungstatbestände in Bezug auf eine fehlerhafte Unterrichtung des Sekundärmarkts sollten in getrennten Gesetzentwürfen erfolgen[11]. Deshalb liegt eine bewusste Lücke vor, so dass **für die** 57

---

1 Den vorgelegten Entwurf grundsätzlich ablehnend *Casper*, BKR 2005, 83 ff.; *Sauer*, ZBB 2005, 24 ff.; *Semler/Gittermann*, NZG 2004, 1081, 1085 ff.; *Sünner*, DB 2004, 2460 ff.; *Zimmer/Binder*, WM 2005, 577 ff. (zu den geplanten § 44a BörsG). Begrüßt wurde das Vorhaben im Grundsatz von *Gottschalk*, Der Konzern 2005, 274, 279 ff.; *Möllers*, JZ 2005, 75, 79 ff.; *C. Schäfer*, NZG 2005, 985; *Schulte*, VuR 2005, 121 ff.; *Veil*, BKR 2005, 91 ff., deren Kritik sich jeweils auf Details bezieht. Vgl. auch den Überblick bei *Moreno Borchart*, S. 342 ff.
2 *Handelsrechtsausschuss des DAV*, Stellungnahme zum Diskussionsentwurf eines Kapitalmarktinformationshaftungsgesetzes (KapInHaG) 49/04 vom November 2004, NZG 2004, 1099 ff. = ZIP 2004, 2348 ff.; *Deutsches Aktieninstitut*, Stellungnahme für das Bundesministerium der Finanzen zu dem Diskussionsentwurf eines Gesetzes zur Verbesserung der Haftung für falsche Kapitalmarktinformationen (Kapitalmarktinformationshaftungsgesetz – KapInHaG) vom 26.10.2004; *Bundesverband der Deutschen Industrie*, Thesenpapier vom 16.10.2004.
3 Auch das Plädoyer, nach dem IKB-Urteil das KapInHaG wieder aufzugreifen – so *Hannich*, WM 2013, 449, 454 ff. – hat keine Früchte getragen.
4 Gesetz zur Umsetzung der Richtlinie 2004/109/EG des Europäischen Parlaments und des Rates vom 15.12.2004 zur Harmonisierung der Transparenzanforderungen in Bezug auf Informationen über Emittenten, deren Wertpapiere zum Handel an einem geregelten Markt zugelassen sind, und zur Änderung der Richtlinie 2001/34/EG (Transparenzrichtlinie-Umsetzungsgesetz – TUG) vom 5.1.2007, BGBl. I 2007, 10.
5 *Mülbert*, Stellungnahme zum Entwurf eines Transparenzrichtlinie-Umsetzungsgesetzes vor dem Bundestag-Finanzausschuss, 14.10.2006, S. 9–10, abrufbar unter webarchiv.bundestag.de/archive/2010/0304/bundestag/ausschuesse/a07/anhoerungen/2006/033/Stellungnahmen/14-Prof__Muelbert.pdf.
6 Dies kritisieren *Möllers/Leisch* in KölnKomm. WpHG, §§ 37b, c WpHG Rz. 19 und 84; kritisch auch *Mülbert/Steup* in Habersack/Mülbert/Schlitt, Unternehmensfinanzierung am Kapitalmarkt, Rz. 41.258.
7 EuGH v. 17.10.1991 – Rs. C-58/89 – Kommission/Deutschland, Slg. 1991, S. I-5019, I-5023 (Rz. 13).
8 Für die Schutzgesetzeigenschaft bereits aufgrund einer einfachen Auslegung *Hellgardt*, Kapitalmarktdeliktsrecht, S. 251-253.
9 A.A. *Möllers*, AcP 208 (2008), 1, 30, demzufolge der Weg über § 823 Abs. 2 BGB den Anforderungen des EuGH an eine klare und deutliche Richtlinienumsetzung nicht genüge. Nach der Rechtsprechung des EuGH ist aber nur erforderlich, dass „die Begünstigten in der Lage sind, von allen ihren Rechten Kenntnis zu erlangen und diese gegebenenfalls vor den nationalen Gerichten geltend zu machen", so EuGH v. 17.10.1991 – Rs. C-58/89 – Kommission/Deutschland, Slg. 1991, S. I-5019, I-5023 (Rz. 13). Die Anwendung einer solch allgemeinen Haftungsvorschrift wie § 823 Abs. 2 BGB dürfte für jeden Rechtsanwender hinreichend eindeutig und auch vor Gericht ohne weiteres durchzusetzen sein.
10 *Mülbert/Steup*, NZG 2007, 761, 766; *Mülbert/Steup* in Habersack/Mülbert/Schlitt, Unternehmensfinanzierung am Kapitalmarkt, Rz. 41.281; ebenso *Seibt*, ZGR 2006, 501, 532 – Gesamtanalogie zu §§ 44 BörsG, §§ 37b, 37c WpHG, § 12 WpÜG; a.A. *Bruchwitz* in Just/Voß/Ritz/Becker, §§ 37b, 37c WpHG Rz. 10; *Dühn*, Schadensersatzhaftung, S. 105, 114 f.; *Fuchs* in Fuchs, Vor §§ 37b, 37c WpHG Rz. 21; *Maier-Reimer/Seulen* in Habersack/Mülbert/Schlitt, Kapitalmarktinformation, § 30 Rz. 9 ff.; *Möllers/Leisch* in KölnKomm. WpHG, §§ 37b, c WpHG Rz. 81; *Zimmer/Grotheer* in Schwark/Zimmer, §§ 37b, 37c WpHG Rz. 20f, 22.
11 Diese Absicht zeigt sich bereits in der Ankündigung der BReg im Gesetzentwurf zum Transparenz- und Publizitätsgesetz vom 11.4.2002, BT-Drucks. 14/8769, 10, in der nächsten Legislaturperiode die übrigen im Bericht der Regierungskommission Corporate Governance enthaltenen Vorschläge umzusetzen. Die Vorbemerkung zum zweiten Ent-

Analogie kein Raum ist. Dies hat der BGH zwar nur für den Fall einer Pressemitteilung ausdrücklich festgestellt[1], die Aussage ist aber auch für die Regelpublizität zu verallgemeinern[2]. Hinzu kommt, dass auch die 2001 erfolgte Einführung der Haftung für fehlerhafte Angebotsunterlagen (§ 12 WpÜG) in einer separaten Vorschrift erfolgte. Das auf Einzeltatbestände zugeschnittene Regelungskonzept des Gesetzgebers tritt damit deutlich zu Tage und spricht gegen eine Analogie.

58 Trotzdem kommt den §§ 97 und 98 WpHG eine wichtige Bedeutung auch jenseits der Haftung für fehlerhafte Ad-hoc-Mitteilungen zu. Alle wesentlichen kapitalmarktrechtlichen Pflichtveröffentlichungen, wie die Wertpapierprospekte, die Jahres- und Halbjahresfinanzberichte, die Ad-hoc-Mitteilungen, die Veröffentlichung von Managers' Transactions und Stimmrechtsmeldungen, die übernahmerechtliche Angebotsunterlage und die Stellungnahme der Verwaltung der Zielgesellschaft, basieren auf unionsrechtlichen Grundlagen. Allein aus diesem Grund gelten bestimmte Mindestanforderungen für die zivilrechtliche Durchsetzung (s. Rz. 18 ff.), die zunächst erfordern, dass eine zivilrechtliche Durchsetzung stattfindet und bestimmte Mindestanforderungen an deren Ausgestaltung stellt (s. Rz. 23 ff.). Das legt nahe, nicht nur bei den Publizitätspflichten, sondern auch bei deren Durchsetzung von einem **einheitlichen System der deliktischen Kapitalmarkthaftung** auszugehen[3]. Der deutsche Gesetzgeber hat dieses System nicht im Rahmen eines einheitlichen Haftungstatbestands verwirklicht, sondern mit den §§ 21 ff. WpPG, §§ 12 und 13 WpÜG sowie §§ 97 und 98 WpHG leuchtturmhafte Sondertatbestände geschaffen, die auf unionsrechtlicher Ebene durch Art. 35a VO Nr. 1060/2009 (RatingagenturenVO)[4] und auf nationaler Ebene durch das allgemeine Deliktsrecht ergänzt werden. Analogien zu Einzelvorschriften erübrigen sich, wenn die unionsrechtlichen Vorgaben eine einheitliche Handhabung der wesentlichen Fragen unabhängig davon erfordern, ob es sich um eine spezialgesetzliche Anspruchsgrundlage oder eine Haftung aus § 823 Abs. 2 BGB in Verbindung mit dem die Publizitätspflicht begründenden Gesetz handelt[5]. Ergänzt wird diese Haftung für Fehlinformation mittels gesetzlich vorgeschriebener Publizitätsakte durch eine Haftung gem. § 823 Abs. 2 BGB i.V.m. Art. 15 VO Nr. 596/2014 bei der Verbreitung fehlerhafter Informationen im Rahmen sonstiger Veröffentlichungen, etwa Pressemitteilungen[6]. Den nachfolgenden Einzelerläuterungen kommt daher auch jenseits der Haftung für fehlerhafte Ad-hoc-Publizität Bedeutung für die Ausgestaltung des kapitalmarktdeliktsrechtlichen Systems zu.

59 **IV. Der haftungsbegründende Tatbestand (§§ 97 Abs. 1, 98 Abs. 1 WpHG). 1. Anspruchsverpflichtete. a) Anknüpfung an Art. 17 VO Nr. 596/2014.** Die Haftung für fehlerhafte Ad-hoc-Mitteilungen knüpft an den Tatbestand des **Art. 17 Abs. 1 Unterabs. 1 VO Nr. 596/2014** an. Dies bedeutet allerdings nicht, dass die Anwendungsbereiche der Vorschriften vollständig deckungsgleich sind. Während bei der unterlassenen und der verspäteten Ad-hoc-Mitteilung zugleich ein Verstoß gegen Art. 17 Abs. 1 Unterabs. 1 VO Nr. 596/2014 vorliegt, so dass Deckungsgleichheit der Tatbestände von § 97 WpHG und Art. 17 Abs. 1 Unterabs. 1 VO Nr. 596/2014 besteht, ist dies bei § 98 WpHG nicht immer der Fall. Veröffentlichte der Emittent eine frei erfundene und damit unwahre Mitteilung, war deren Veröffentlichung nach Art. 17 Abs. 1 Unterabs. 1 VO Nr. 596/2014 gerade nicht geboten. Gleiches gilt für den Fall, dass er eine unwahre Ad-hoc-Meldung nicht korrigiert, sondern wiederholt[7]. Haftungsauslösend ist in dieser Fallgestaltung also nicht die Verletzung von Art. 17 Abs. 1 Unterabs. 1 VO Nr. 596/2014, sondern das Hervorrufen des Eindrucks einer echten Ad-hoc-Meldung i.S.d. Art. 17 Abs. 1 Unterabs. 1 VO Nr. 596/2014 (s. Rz. 97). Deckungsgleichheit von Art. 17 Abs. 1 Unterabs. 1 VO Nr. 596/2014 und § 98 WpHG liegt also nur vor, wenn der Anlass für eine Ad-hoc-Meldung vorliegt, die Insiderinformation inhaltlich aber falsch wiedergegeben wird.

---

wurf des KapInHaG vom 7.10.2004, abgedruckt in NZG 2004, 1042, 1044 („Mit dem vorliegenden Gesetzentwurf soll Punkt 2 – Erweiterung der Haftung für falsche Kapitalmarktinformationen (Art. 1) ... umgesetzt werden.") belegt das Festhalten an diesem schrittweisen Vorgehen. Dies übersehen *Mülbert/Steup* in Habersack/Mülbert/Schlitt, Unternehmensfinanzierung am Kapitalmarkt, Rz. 41.281 in ihrer Kritik am hier vertretenen Standpunkt.

1 BGH v. 13.12.2011 – XI ZR 51/10 – IKB, BGHZ 192, 90, 96f. = AG 2012, 209. Zuvor bereits gegen eine Analogie OLG Düsseldorf v. 10.9.2009 – I-6 U 14/09, 6 U 14/09, Rz. 59 (juris); OLG Düsseldorf v. 27.1.2010 – I-15 U 230/09, Rz. 36 ff. (juris); OLG Düsseldorf v. 4.3.2010 – I-6 U 94/09, AG 2011, 31, 33; OLG Düsseldorf v. 7.4.2011 – I-6 U 7/10, 6 U 7/10, Rz. 110 ff. (juris), AG 2011, 706.
2 Ebenso *Schmolke*, ZBB 2012, 165, 168.
3 S. bereits *Hellgardt*, Kapitalmarktdeliktsrecht, S. 221 ff., 227.
4 Verordnung (EG) Nr. 1060/2009 des Europäischen Parlaments und des Rates vom 16.9.2009 über Ratingagenturen, ABl. EU Nr. L 302 v. 17.11.2009, S. 1. Art. 35a wurde eingefügt durch die Verordnung (EU) Nr. 462/2013 des Europäischen Parlaments und des Rates vom 21.5.2013.
5 S. bereits *Hellgardt*, Kapitalmarktdeliktsrecht, S. 220–236.
6 *Hellgardt*, AG 2012, 154, 165; dem folgend *Poelzig*, ZGR 2015, 801, 812 ff.; *Poelzig*, NZG 2016, 492, 501; *Seibt*, ZHR 177 (2013), 388, 424 f.; *Tountopoulos*, ECFR 2014, 297, 328; *Zetzsche*, ZHR 179 (2015), 490, 507; *Zetzsche* in Gebauer/Teichmann, Europäisches Privat- und Unternehmensrecht, 2016, § 7.C Rz. 84 (S. 826); tendenziell auch *Maume*, ZHR 180 (2016), 358, 368; *Wundenberg*, ZGR 2015, 124, 135 f.; a.A. *Klöhn* in Kalss/Fleischer/Vogt, Gesellschafts- und Kapitalmarktrecht, S. 229, 249; *Schmolke*, NZG 2016, 721 ff.; *Wagner* in MünchKomm. BGB, 7. Aufl. 2017, § 823 BGB Rz. 509. Wer die Schutzgesetzeigenschaft des Marktmanipulationsverbots ablehnt, muss aber in diesen Fällen nach dem IKB-Urteil des BGH von einer Haftung nach § 97 Abs. 1 WpHG wegen des Unterlassens einer sofortigen Berichtigungsmeldung ausgehen; s. Rz. 94.
7 *Mülbert/Steup* in Habersack/Mülbert/Schlitt, Unternehmensfinanzierung am Kapitalmarkt, Rz. 41.194.

Obwohl der europäische Verordnungsgeber die Ad-hoc-Publizität gem. Art. 17 Abs. 2 VO Nr. 596/2014 auch **60** auf **Teilnehmer am Markt für Emissionszertifikate** erstreckt hat, wurde der Anwendungsbereich von §§ 97 und 98 WpHG nicht entsprechend angepasst[1]. Allerdings gilt § 26 Abs. 3 Satz 1 WpHG, der die Haftung bei Verstößen gegen die Ad-hoc-Publizität auf Ansprüche nach §§ 97 und 98 WpHG beschränkt (dazu Rz. 24), seinem eindeutigen Wortlaut nach nur für Emittenten und auch der Verweis auf Art. 17 VO Nr. 596/2014 spart die Veröffentlichungspflicht nach Art. 17 Abs. 2 VO Nr. 596/2014 aus. Da die §§ 97 und 98 WpHG grundsätzlich nicht analogiefähig sind (s. Rz. 57), sind sie auch nicht entsprechend auf die Haftung der Teilnehmer am Markt für Emissionszertifikate anzuwenden. Deren Haftung richtet sich - sofern deutsches Deliktsrecht anwendbar ist – nach § 823 Abs. 2 BGB i.V.m. Art. 17 Abs. 2 VO Nr. 596/2014. Der daneben theoretisch ebenfalls möglichen Haftung aus § 826 BGB kommt angesichts der höheren Anforderungen an das Verschulden keine eigenständige Bedeutung zu. Für die Haftung sind die allgemeinen unionsrechtlichen Vorgaben (s. dazu Rz. 25–29) zu beachten. Auf die Haftung der Teilnehmer am Markt für Emissionszertifikate wird im Folgenden nicht weiter eingegangen, da sie außerhalb des Anwendungsbereichs der §§ 97 und 98 WpHG liegt.

b) Emittent. Die §§ 97 und 98 WpHG verpflichten den Emittenten von Finanzinstrumenten (dazu Rz. 64), die **61** zum Handel an einem inländischen Handelsplatz zugelassen sind (dazu Rz. 65 ff.), unter bestimmten Voraussetzungen zur Zahlung von Schadensersatz. Das **Ziel der Verhaltenssteuerung** (dazu Rz. 39) lässt sich durch solch eine Haftung besser verwirklichen als durch eine direkte Organaußenhaftung[2]. Denn im Falle direkter Organhaftung steht letztlich der Richter vor der Aufgabe, festzulegen, wie ein bestimmter Organwalter seine Arbeitsabläufe einzurichten hat, damit die im Verkehr erforderliche Sorgfalt gewahrt ist. Demgegenüber ermöglicht eine Unternehmenshaftung dem Gericht eine generelle Betrachtung und das Aufstellen von Grundsätzen, die jeder Emittent in seinen individuellen Betriebsablauf integrieren kann. Dadurch wird der Aufbau interner Überwachungsmechanismen im Sinne von Compliance-Organisationen ermöglicht, die dazu führen, dass die konkreten Arbeitsabläufe eines Mitarbeiters sachnäher innerhalb des Unternehmens festgelegt werden können[3].

Die Ad-hoc-Publizitätspflicht gilt nach Art. 17 Abs. 1 Unterabs. 3 VO Nr. 596/2014 für alle Emittenten, die für **62** ihre Finanzinstrumente eine Zulassung an einem geregelten Markt i.S.v. Art. 3 Abs. 1 Nr. 6 VO Nr. 596/2014 (s. *Assmann*, Art. 3 VO Nr. 596/2014 Rz. 13 f.) in einem Mitgliedstaat beantragt oder erhalten haben, sowie für Emittenten, deren Finanzinstrumente eine Zulassung zum Handel auf einem multilateralen Handelssystem (Multilateral Trading Facilities, MTF) i.S.v. Art. 3 Abs. 1 Nr. 7 VO Nr. 596/2014 (s. *Assmann*, Art. 3 VO Nr. 596/2014 Rz. 15 f.) beantragt oder erhalten haben, und Emittenten, die für ihre Finanzinstrumente eine Zulassung an einem organisierten Handelssystem (Organised Trading Facilities, OTF) i.S.v. Art. 3 Abs. 1 Nr. 8 VO Nr. 596/2014 (s. *Assmann*, Art. 3 VO Nr. 596/2014 Rz. 17) erhalten haben. Demgegenüber beschränken die §§ 97 Abs. 1 und 98 Abs. 1 WpHG die Haftungsnorm auf solche Emittenten, die eine Zulassung an den entsprechenden **inländischen Handelsplätzen** erhalten oder beantragt haben. Es handelt sich dabei um eine rein materiell-rechtliche Einschränkung des Anwendungsbereichs ohne kollisionsrechtliche Bedeutung, da dem deutschen Gesetzgeber schon gar keine Kompetenz zur Regelung des Kollisionsrechts der Kapitalmarkthaftung zusteht (s. Rz. 175). Da aber nach Art. 4 Abs. 3 Satz 1 VO Nr. 864/2007 (Rom II-VO)[4] deutsches Haftungsrecht im Ergebnis nur auf Inlandsemittenten, MTF- oder OTF-Emittenten i.S.v. § 2 Abs. 14–16 WpHG Anwendung findet (ausführlich dazu Rz. 177), kommt es zu einer Divergenz zwischen kollisionsrechtlicher Berufung deutschen Rechts und der Anwendbarkeit der §§ 97 und 98 WpHG. Unproblematisch ist, dass §§ 97 und 98 WpHG ihrem Wortlaut nach auch Fälle erfassen, in denen deutsches Recht gar nicht berufen ist, etwa im Fall der Haftung eines ausländischen Emittenten, dessen Papiere auch in seinem Herkunftsmitgliedstaat an einem geregelten Markt, MTF oder OTF notiert sind. Hier läuft der zu weite Anwendungsbereich der §§ 97 und 98 WpHG praktisch leer, ohne dass damit negative Konsequenzen verbunden wären. Ein Problem ergibt sich aber in der Konstellation, dass deutsches Recht kollisionsrechtlich berufen ist, aber die §§ 97 und 98 WpHG tatbestandlich nicht anwendbar sind. Zu einem ähnlichen Auseinanderfallen kam es auch bereits bei §§ 37b und 37c WpHG a.F. und § 15 WpHG a.F. nach Änderung des Anwendungsbereichs der Ad-hoc-Publizität durch das TUG. Bereits damals trat die h.M. dafür ein, den Gleichlauf durch eine Korrektur der §§ 37b, 37c WpHG a.F. aufrechtzuerhalten[5]. Entsprechendes ist auch nach neuem Recht anzunehmen, da der Gesetzgeber offensichtlich das Problem, trotz der wissenschaftlichen Diskussion, übersehen und mit §§ 97 und 98 WpHG lediglich die weiteren Handelsplätze einbezogen hat, ohne sich um den Gleichlauf mit dem anwendbaren Recht Gedan-

---

1 Zu den Gründen schweigt sich Begr. RegE 2. FiMaNoG, BT-Drucks. 18/10936, 251 aus. Dort wird nur begründet, weshalb der Anwendungsbereich für Emittenten im Einklang mit Art. 17 Abs. 1 VO Nr. 596/2014 erweitert wurde.
2 Für eine solche z.B. *Baums* (Hrsg.), Bericht der Regierungskommission Corporate Governance, 2001, Rz. 186.
3 *Kornhauser*, 70 California Law Rev. 1345, 1371 ff. (1982); *Musewicz*, 50 George Washington Law Rev. 754, 795 ff. (1982). Vgl. auch *Sykes*, 91 Yale Law Journal 168 (1981); *Sykes*, 93 Yale Law Journal 1231 (1984).
4 Verordnung (EG) Nr. 864/2007 des Europäischen Parlaments und des Rates vom 11.7.2007 über das auf außervertragliche Schuldverhältnisse anzuwendende Recht („Rom II"), ABl. EU Nr. L 199 v. 31.7.2007, S. 40.
5 6. Aufl., §§ 37b, 37c WpHG Rz. 34. Ebenso *Fuchs* in Fuchs, §§ 37b, 37c WpHG Rz. 7; *Mülbert/Steup* in Habersack/Mülbert/Schlitt, Unternehmensfinanzierung am Kapitalmarkt, 3. Aufl. 2013, § 41 Rz. 202; *Schäfer* in Marsch-Barner/Schäfer, Handbuch börsennotierte AG, 3. Aufl., § 16 Rz. 7; *Zimmer/Grotheer* in Schwark/Zimmer, §§ 37b, 37c WpHG Rz. 20a; a.A. *Maier-Reimer/Seulen* in Habersack/Mülbert/Schlitt, Kapitalmarktinformation, § 30 Rz. 64.

ken zu machen[1]. Damit ist davon auszugehen, dass §§ 97 und 98 WpHG weiterhin korrigierend zu lesen sind, in dem Sinne, dass sie nunmehr für **Inlandsemittenten, MTF- oder OTF-Emittenten** i.S.v. § 2 Abs. 14–16 WpHG gelten.

63   Der Tatbestand der §§ 97 und 98 WpHG erfasst **nur den Emittenten**, nicht aber auch dessen für die Ad-hoc-Mitteilung verantwortliche Organmitglieder[2]. Ein direkter Haftungsanspruch gegen die **Organmitglieder** kommt nach §§ 97 und 98 WpHG daher **nicht** in Betracht. Zur Eigenhaftung der Organmitglieder aufgrund einer Analogie zu den §§ 97 und 98 WpHG und aus anderen Tatbeständen sowie zum Regress gegen Organmitglieder s. Rz. 167f., 171ff.

64   c) **Finanzinstrumente.** Maßgeblich ist der in § 2 Abs. 4 WpHG definierte **Begriff der Finanzinstrumente** (dazu umfassend § 2 WpHG Rz. 80ff.). Begibt der Emittent unterschiedliche Finanzinstrumente, bezieht sich die Haftung nur auf solche, die an einem Handelsplatz gem. § 2 Abs. 22 WpHG zum Handel zugelassen sind bzw. für die eine solche Zulassung beantragt wurde (dazu sogleich Rz. 65ff.). Emittiert ein am regulierten Markt zugelassener Aktienemittent auch Unternehmensanleihen, die aber lediglich over-the-counter (OTC) gehandelt werden, sind die Inhaber dieser Anleihen nicht von §§ 97 und 98 WpHG erfasst. Dies folgt daraus, dass der Wortlaut der §§ 97 Abs. 1 Nr. 1 und 2, 98 Abs. 1 Nr. 1 und 2 WpHG mit der Formulierung „die" Finanzinstrumente auf die zuvor erwähnten, zum Handel zugelassenen Finanzinstrumente Bezug nimmt. Den Inhabern nicht zugelassener Finanzinstrumente können aber Ansprüche nach allgemeinem Deliktsrecht zustehen (dazu Rz. 152ff.).

65   d) **Zulassung an einem inländischen Handelsplatz.** Der Emittent muss für seine Finanzinstrumente die Zulassung zum Handel an einem **inländischen Handelsplatz** genehmigt haben. Als Handelsplätze gelten gem. § 2 Abs. 22 WpHG **organisierte Märkte, MTF und OTF.** Diese Regelung stellte einen Gleichlauf zum personellen Anwendungsbereich der Ad-hoc-Publizitätspflicht nach Art. 17 Abs. 1 Unterabs. 3 VO Nr. 596/2014 her[3]. Da der Freiverkehr gem. § 48 Abs. 3 Satz 2 BörsG als MTF gilt, unterfallen nunmehr auch Finanzinstrumente, die in den **Freiverkehr (Open Market) einbezogen sind**, dem Anwendungsbereich des Art. 17 Abs. 1 VO Nr. 596/2014 und damit auch dem der §§ 97 Abs. 1 und 98 Abs. 1 WpHG.

66   Die §§ 97 Abs. 1 und 97 Abs. 1 WpHG stellen, anders als die §§ 37b, 37c WpHG a.F., auf die **Genehmigung der Zulassung** zum Handel ab. Sowohl Art. 17 Abs. 1 Unterabs. 3 VO Nr. 596/2014 als auch §§ 97 und 98 WpHG erfassen daher auch solche Finanzinstrumente, die lediglich **in den Handel einbezogen** sind (für den regulierten Markt s. § 33 BörsG), sofern der Emittent dieser Einbeziehung zugestimmt hat (sie „genehmigt" hat). Daher sind insgesamt drei Konstellationen denkbar: (1) der Emittent hat selbst einen Antrag auf Zulassung/Einbeziehung zum Handel gestellt; (2) der Emittent hat einen Dritten beauftragt, einen solchen Antrag zu stellen; (3) der Emittent hat die Zulassung bzw. Einbeziehung seiner Finanzinstrumente zum Handel durch einen Dritten genehmigt[4]. Erfolgt die Zulassung oder Einbeziehung dagegen auf Antrag eines Handelsteilnehmers ohne Zustimmung des Emittenten, entsteht weder eine Ad-hoc-Publizitätspflicht[5] noch eine Haftung nach §§ 97 und 98 WpHG. Eine **analoge Anwendung der §§ 97 und 98 WpHG** auf ohne Zustimmung des Emittenten in den Handel einbezogene Finanzinstrumente scheidet aus. Indem der Gesetzgeber an die Genehmigung der Zulassung anknüpft, hat er klar zum Ausdruck gebracht, dass die Haftung daran anknüpft, dass sich der betreffende Emittent freiwillig dazu entschlossen hat, seine Finanzinstrumente auf einem bestimmten Markt handeln zu lassen[6]. Da bei einer fehlenden Genehmigung auch die Ad-hoc-Publizitätspflicht nicht anwendbar ist, fehlt schon der Anknüpfungspunkt für die Haftung nach § 97 WpHG. Teilweise wird aber vorgeschlagen, einen nicht dem Art. 17 VO Nr. 596/2014 unterfallenden Emittenten, der eine Mitteilung herausgibt, die er als „Ad-hoc-Mitteilung" bezeichnet, aus **§ 98 WpHG analog** haften zu lassen, wenn diese Mitteilung fehlerhaft war. Er habe schließlich einen Vertrauenstatbestand geschaffen und müsse sich widersprüchliches Verhalten (§ 242 BGB) entgegenhalten lassen; zudem liege ein Fall der Ingerenz vor[7]. Die §§ 97 und 98 WpHG sind aber grundsätzlich nicht analogiefähig (s. Rz. 57). Auch § 26 Abs. 3 Satz 1 WpHG unterstreicht, dass die Haftungsnormen nur auf Ad-hoc-Mitteilungen im technischen Sinne Anwendung finden sollen[8]. Damit ver-

---

1   Vgl. Begr. RegE 2. FiMaNoG, BT-Drucks. 18/10936, 251, wo erläutert wird, dass §§ 97, 98 WpHG dem erweiterten persönlichen Anwendungsbereich des Art. 17 Abs. 1 VO Nr. 596/2014 angepasst werden, ohne dass der internationale Anwendungsbereich thematisiert würde.
2   Ebenso *Lenenbach*, Kapitalmarktrecht, Rz. 11.536; *Rössner/Bolkart*, ZIP 2002, 1471, 1476; *Sauer*, Haftung, S. 87; *Mülbert/Steup* in Habersack/Mülbert/Schlitt, Unternehmensfinanzierung am Kapitalmarkt, Rz. 41.200; *Zimmer/Grotheer* in Schwark/Zimmer, §§ 37b, 37c WpHG Rz. 21.
3   Begr. RegE 2. FiMaNoG, BT-Drucks. 18/10936, 251.
4   BaFin, FAQ Art. 17 MAR, Stand: 20.6.2017, II.1.
5   S. Erwägungsgrund 49 VO Nr. 596/2014. S. auch *Scholz*, NZG 2016, 1286, 1288f.
6   Nicht erforderlich ist allerdings, dass der Emittent auch die damit einhergehenden gesetzlichen Publizitätspflichten gebilligt hat; zutreffend BaFin, FAQ Art. 17 MAR, Stand: 20.6.2017, II.1.
7   *Möllers/Leisch*, NZG 2003, 112, 113; *Möllers/Leisch* in Möllers/Rotter, Ad-hoc-Publizität, § 14 Rz. 5; zu Recht a.A. *Casper* in KölnKomm. KapMuG, § 37b, c WpHG Rz. 20; *Lenenbach*, Kapitalmarktrecht, Rz. 11.591; *Zimmer/Grotheer* in Schwark/Zimmer, §§ 37b, 37c WpHG Rz. 20e.
8   S. auch BGH v. 13.12.2011 – XI ZR 51/10 – IKB, BGHZ 192, 90, 96 f = AG 2012, 209.

bleibt in solchen Fällen nur die Anwendung des allgemeinen Deliktsrechts. Eine Lücke im Anlegerschutz ergibt sich daraus nur, wenn der Anleger nicht erkennen konnte, ob die Finanzinstrumente eines Emittenten mit oder ohne dessen Zustimmung einbezogen wurden. Dies rechtfertigt aber weder hinsichtlich der Ad-hoc-Publizitätspflicht selbst noch der daran anknüpfenden Schadensersatzhaftung eine Ausweitung des persönlichen Anwendungsbereichs.

Der Tatbestand des Art. 17 Abs. 1 Unterabs. 3 VO Nr. 596/2014 erfasst nicht nur zugelassene Finanzinstrumente. Der Zulassung zum Handel an einem geregelten Markt oder einem MTF steht es gleich, wenn der **Antrag auf Zulassung** gestellt ist. Dagegen beginnen bei solchen Finanzinstrumenten, die lediglich an einem OTF zum Handel zugelassen sind, die Veröffentlichungspflichten erst mit dieser Zulassung. Anders als die §§ 37b, 37c WpHG a.F., die ihrem Wortlaut nur auf zum Handel zugelassene Finanzinstrumente Anwendung fanden, erstrecken die §§ 97 Abs. 1, 98 Abs. 1 WpHG den Anwendungsbereich der Haftung ausdrücklich auch auf solche Emittenten, die erst die Zulassung zum Handel an einem regulierten Markt oder MTF (einschließlich des Freiverkehrs) beantragt haben. So wird ein Gleichlauf zwischen Publizitätspflicht und Haftung hergestellt[1].   67

Die Vorschriften enthalten **keine Konzernklausel**, so dass eine Konzernmuttergesellschaft, deren Aktien nicht an einem inländischen Handelsplatz notiert sind, nicht der Pflicht zur Ad-hoc-Publizität unterfällt (Art. 17 VO Nr. 596/2014 Rz. 24) und damit auch nicht den §§ 97 Abs. 1 und 98 Abs. 1 WpHG.   68

2. Anspruchsberechtigte (§§ 97 Abs. 1 Nr. 1 und 2, 98 Abs. 1 Nr. 1 und 2 WpHG). Die §§ 97 und 98 WpHG gewähren Anlegern Schadensersatzansprüche, die durch das pflichtwidrige Unterlassen oder die Veröffentlichung einer falschen Ad-hoc-Mitteilung einen Schaden erleiden. Der Gesetzestext stellt eine enge Verbindung zwischen der Kausalität der Schädigung und der Anspruchsberechtigung her, indem solche Anleger, die nach Vorstellung des Gesetzgebers keinen kausalen Schaden erleiden, bereits von der Anspruchsberechtigung ausgeschlossen sind. Damit zielen die Regelungen über die Anspruchsberechtigung nicht darauf ab, bestimmte Anleger von einer eigentlich begründeten Haftung auszuschließen, sondern konkretisieren vielmehr – im Einklang mit dem zugrunde liegenden Art. 17 Abs. 1 VO Nr. 596/2014 – den **Schutzzweck der Haftung**. Nach der gesetzlichen Konzeption erleiden nur solche Anleger einen kausalen und damit ersatzfähigen Schaden, die Handel in den Finanzinstrumenten des Emittenten getrieben haben, sog. Transaktionserfordernis (dazu Rz. 70f.)[2]. Das Gesetz verlangt konkret, dass die geschädigten Anleger die Finanzinstrumente „erworben" oder „veräußert" haben müssen (dazu Rz. 72ff.). Erfasst sind aber nicht sämtliche Transaktionen. Der Tatbestand geht vielmehr davon aus, dass während einer Desinformationsphase die Preisbildung am Markt gestört ist, so dass nur solche Transaktionen zu einem Schaden führen, die nach Beginn und vor Ende dieses Zeitraums erfolgen (dazu Rz. 75ff.).   69

a) Transaktionserfordernis. Nach der gesetzgeberischen Konzeption stehen nicht allen Anleger, die in Opfer der fehlerhaften Preisbildung wurden, Schadensersatzansprüche zu. Gemäß §§ 97 Abs. 1 Nr. 1 und 2, 98 Abs. 1 Nr. 1 und 2 WpHG ist vielmehr erforderlich, dass die Anleger **während der Desinformationsphase eine Transaktion getätigt** haben und dadurch geschädigt wurden. In der Gesetzesbegründung wird dies so umschrieben, dass die Anleger ihre Finanzinstrumente **zu billig verkauft** oder **zu teuer gekauft** haben müssen[3]. Anleger, die aufgrund einer Ad-hoc-Mitteilung ihre Wertpapiere **gehalten haben** oder von einem **Kaufentschluss abgehalten** wurden, sind hingegen nach dem eindeutigen Wortlaut des Gesetzes nicht geschützt[4]. Das deutsche Recht entspricht insoweit dem US-amerikanischen Recht; nach der sog. **Birnbaum-Rule** steht Anlegern, die täuschungsbedingt auf eine Wertpapiertransaktion verzichten, ebenfalls kein Schadensersatzanspruch zu (ausführlich Rz. 12).   70

Das Transaktionserfordernis ist auf **rechtspolitische Kritik** gestoßen[5] und in die gleiche Richtung zielt das obiter dictum des BGH in der EM.TV-Entscheidung, dass bei der Haftung nach § 826 BGB auch solche Anleger anspruchsberechtigt seien, die sich durch eine unerlaubte Handlung von einem nachweisbar geplanten Verkauf hätten abbringen lassen[6]. Zur Verteidigung des Transaktionserfordernisses wird zunächst vorgebracht, dass   71

---

1 Begr. RegE 2. FiMaNoG, BT-Drucks. 18/10936, 251.
2 Entgegen *Maier-Reimer/Seulen* in Habersack/Mülbert/Schlitt, Kapitalmarktinformation, § 30 Rz. 89 gibt es keine „ungeschriebene" Tatbestandsvoraussetzung, dass die Information gerade für das betreffende Finanzinstrument kursrelevant gewesen sein muss. Das ist vielmehr Bestandteil der haftungsbegründenden Kausalität.
3 Begr. RegE 4. FMFG, BT-Drucks. 14/8017, 93.
4 *Ekkenga/Kuntz* in Soergel, Vor § 249 BGB Rz. 206; *Fuchs* in Fuchs, §§ 37b, 37c WpHG Rz. 19; *Maier-Reimer/Seulen* in Habersack/Mülbert/Schlitt, Kapitalmarktinformation, § 30 Rz. 86; *Möllers/Leisch* in KölnKomm. WpHG, §§ 37b, c WpHG Rz. 253; *Schäfer* in Marsch-Barner/Schäfer, Handbuch börsennotierte AG, Rz. 17.19; *Zimmer/Grotheer* in Schwark/Zimmer, §§ 37b, 37c WpHG Rz. 75; *Fleischer*, BB 2002, 1869, 1869f. m.w.N.; *Hellgardt*, Kapitalmarktdeliktsrecht, S. 340; *Maier-Reimer/Webering*, WM 2002, 1857, 1859; *Poelzig*, Normdurchsetzung, S. 226.
5 *Baums*, ZHR 166 (2002), 375, 379; *Reichert/Weller*, ZRP 2002, 49, 55; *Fleischer*, NJW 2002, 2977, 2980 („Bruch"); *Fleischer*, Gutachten zum 64. DJT, 2002, S. F 107; kritisch unter dem Gesichtspunkt der Unvereinbarkeit mit dem Ziel der Verhaltenssteuerung *Poelzig*, Normdurchsetzung, S. 226; *Zimmer/Grotheer* in Schwark/Zimmer, §§ 37b, 37c WpHG Rz. 76.
6 BGH v. 9.5.2005 – II ZR 287/02 – EM.TV, AG 2005, 609 = NZG 2005, 672, 675.

diese Beschränkung des Tatbestands den Emittenten vor einer Inanspruchnahme durch eine unüberschaubare Vielzahl von Anlegern schütze[1], während eine schrankenlose Gewährung von Schadensersatzansprüchen die wirtschaftliche Leistungsfähigkeit der Emittenten gefährden könne, was wiederum die Interessen der Anteilseigner des Unternehmens beeinträchtige[2]. Auch Schwierigkeiten beim Nachweis der Kausalität werden als Grund für den Ausschluss genannt[3]. Entscheidend **für das Transaktionserfordernis** spricht aber sein Zusammenhang mit dem **Schutzzweck der Kapitalmarkthaftung**. Die Ad-hoc-Publizität gem. Art. 17 VO Nr. 596/2014 und auch die §§ 97 und 98 WpHG sollen die Anleger allein davor schützen, Geschäfte zu verfälschten Preisen zu tätigen (s. Rz. 39–43). Wer keine Transaktion tätigt, erleidet daher keinen vom Schutzzweck der Norm erfassten Schaden[4]. Dies gilt selbst dann, wenn man – entgegen der hier vertretenen Auffassung (s. Rz. 39–43) – auf den Schutz der Willensbildung des Anlegers abstellen wollte. Ein Anleger, der während einer Phase der Überbewertung aufgrund fehlerhafter Informationen nicht verkauft, wäre nur dann geschädigt, wenn man ihm ein Recht zugestehen wollte, von einer ungerechtfertigt überhöhten Bewertung der Finanzinstrumente zu profitieren[5]. Aber auch die vom BGH angedachte Konstellation, ein Anleger könne durch eine (unerwartet) positive Nachricht davon abgehalten werden, seine Veräußerungspläne zu verwirklichen und dann einen Schaden dadurch erleiden, dass er nach Bekanntwerden der Falschinformation nicht einmal den *vor* der falschen Nachricht bestehende Kurs erzielen kann, rechtfertigt keine abweichende Beurteilung. Denn wenn der Anleger (zeitgleich mit vielen anderen Anlegern) die fehlerhafte Nachricht erfährt und dadurch noch in seiner Willensbildung beeinflusst wird, ist die Nachricht zum Zeitpunkt der möglichen Veräußerung, von der er kausal abgehalten wird, notwendig schon im Kurs des Wertpapiers eingepreist (zur Einpreisungsgeschwindigkeit s. Rz. 33). Es gibt also nur die Möglichkeit, dass der Anleger bereits vor der Fehlinformation schon von der Veräußerungsabsicht Abstand genommen hat oder dass er nur „geschädigt" ist um einen Gewinn, der ihm bei redlichem Publizitätsverhalten des Emittenten niemals hätte entstehen können. Sollte der Kurs nach Bekanntwerden der Fehlinformation unter das vorherige Niveau abfallen, beruht dies (sofern man von Skandalschäden abstrahiert; dazu Rz. 137) auf anderen Umständen, für die der Emittent nicht zur Verantwortung gezogen werden kann[6].

72 b) **Anspruchsbegründende Transaktionen.** Obwohl in §§ 97 Abs. 1, 98 Abs. 1 WpHG von „Erwerb" und „Veräußerung" die Rede ist, kommt es nach (nahezu) allgemeiner Ansicht für die Anspruchsberechtigung auf den **Abschluss des schuldrechtlichen Verpflichtungsgeschäfts** und nicht auf dessen dingliche Erfüllung an[7]. Bei Namensaktien ist es für die Anspruchsberechtigung daher unerheblich, ob der Anleger in das Aktienbuch eingetragen ist oder nicht[8]. Auch bei dem Erfordernis von §§ 97 Abs. 1 Nr. 1, 98 Abs. 1 Nr. 1 WpHG, dass der Anspruchsinhaber bei Bekanntwerden der Insiderinformation bzw. der Unrichtigkeit noch „Inhaber" des Finanzinstruments sein muss, kommt es demnach nicht darauf an, ob sich das Finanzinstrument schon im Depot des Anspruchsstellers befand, sondern ob und wann dieser ein eventuelles schuldrechtliches Verkaufsgeschäft abgeschlossen hat (ausführlich dazu Rz. 82)[9]. Diesem allgemein akzeptierten Konsens ist jüngst entgegengehalten worden, dass er zu zahlreichen Zweifelsfragen führe und keine klare Haftungsbegrenzung ermögliche; stattdessen seien die Begriffe „Erwerb", „Veräußerung" und „Inhaberschaft" sachenrechtsakzessorisch zu bestimmen[10]. Die vorgebrachte Kritik vermag nicht zu überzeugen. Die üblicherweise im sachenrechtlichen Kontext gebrauchten[11] Formulierungen „erwirbt" und „veräußert" stellen bei §§ 97 Abs. 1 und 98 Abs. 1 WpHG keinen Bezug zur dinglichen Rechtslage her, sondern dienen dazu, die vom Schutzzweck der Haftung erfassten **Schäden zu konkretisieren**. Ersatzfähig sind nur solche Schäden, die durch die Informationspflichtverletzung verursacht wurden (vgl. §§ 97 Abs. 3, 98 Abs. 3 WpHG). Dabei ist zwar umstritten, ob es ausreicht, dass der Marktpreis als solcher beeinflusst wird oder ob (auch) der konkrete Anleger in seiner Willensbildung beeinträchtigt worden sein muss (s. ausführlich Rz. 37 f.). Es ist aber unstreitig, dass der ersatzfähige Schaden dadurch entsteht, dass der Anleger ein schuldrechtliches Geschäft zu Konditionen abgeschlossen hat, die durch

---

1 *Hopt/Voigt* in Hopt/Voigt, Prospekt- und Kapitalmarktinformationshaftung, S. 113; *Zimmer*, WM 2004, 9, 16.
2 Begr. DiskE zum 4. FMFG, ZBB 2001, 432 f.
3 6. Aufl., §§ 37b, 37c WpHG Rz. 13, 63.
4 *Hellgardt*, Kapitalmarktdeliktsrecht, S. 342 f.
5 Denkbar ist allerdings, dass ein Anleger, der sich durch eine falsche negative Meldung von einer Veräußerung abhalten lässt, weil ihm der Kurs zu niedrig ist, einen Liquiditätsschaden erleidet. Ein solcher ist indes nicht vom Schutzzweck der Haftungsnormen erfasst.; s. *Hellgardt*, Kapitalmarktdeliktsrecht, S. 344 mit Fn. 17.
6 I.E. ebenso *Möllers/Leisch* in KölnKomm. WpHG, §§ 37b, c WpHG Rz. 253.
7 *Bruchwitz* in Just/Voß/Ritz/Becker, §§ 37b, 37c WpHG Rz. 36; *Fuchs* in Fuchs, §§ 37b, 37c WpHG Rz. 18; *Kumpan* in Baumbach/Hopt, HGB, § 97 WpHG Rz. 3; *Maier-Reimer/Seulen* in Habersack/Mülbert/Schlitt, Kapitalmarktinformation, § 30 Rz. 93; *Möllers/Leisch* in KölnKomm. WpHG, §§ 37b, 37c WpHG Rz. 220; *Schäfer* in Marsh-Barner/Schäfer, Handbuch börsennotierte AG, Rz. 17.14; *Zimmer/Grotheer* in Schwark/Zimmer, §§ 37b, 37c WpHG Rz. 64; *Hellgardt*, Kapitalmarktdeliktsrecht, S. 343.
8 *Mülbert/Steup* in Habersack/Mülbert/Schlitt, Unternehmensfinanzierung am Kapitalmarkt, Rz. 41.201.
9 *Kumpan* in Baumbach/Hopt, HGB, § 97 WpHG Rz. 3; *Maier-Reimer/Seulen* in Habersack/Mülbert/Schlitt, Kapitalmarktinformation, § 30 Rz. 94; *Möllers/Leisch* in KölnKomm. WpHG, §§ 37b, c WpHG Rz. 226.
10 *Florstedt*, AG 2017, 557.
11 Insoweit ist *Florstedt*, AG 2017, 557, 558 mit Fn. 11 zuzustimmen.

die unterlassene oder falsche Ad-hoc-Mitteilung beeinflusst wurden[1]. Eine solche Beeinflussung und damit ein Schaden im Sinne der Differenzhypothese des § 249 Abs. 1 BGB ist überhaupt nur denkbar, wenn eine Informationspflichtverletzung zu dem **Zeitpunkt** vorliegt, zu dem das **Verhältnis von Leistung und Gegenleistung fixiert** wird. Dies ist aber der Abschluss des schuldrechtlichen Vertrags und nicht seine Erfüllung. Die Formel der Gesetzesbegründung, es seien solche Anleger ersatzberechtigt, die ihre Finanzinstrumente **zu teuer gekauft** oder **zu billig verkauft** haben[2], ist also keineswegs eine aus Vereinfachungsgründen gewählte „didaktische Formel"[3], sondern beschreibt den ersatzfähigen Schaden. Wollte man dagegen auf den Zeitpunkt der dinglichen Erfüllung abstellen[4], würde dies zu arbiträren Ergebnissen führen. Anleger, die Finanzinstrumente zu überhöhten Preisen gekauft haben, wären allein deshalb nicht anspruchsberechtigt, weil die Übertragung der Finanzinstrumente erst stattgefunden hat, nachdem sich die Informationspflichtverletzung aufgeklärt hat[5]. Eine Auslegung, die zu diesem Ergebnis kommt, ist schlicht unvertretbar. Anders als von der Kritik insinuiert[6], bedeutet ein Abstellen auf das schuldrechtliche Geschäft nur, dass dieses festlegt, ob eine Transaktion in die **zeitlichen Grenzen** der Anspruchsberechtigung fällt (dazu Rz. 75 ff.), nicht aber, dass die dingliche Abwicklung der Transaktion irrelevant wäre. Kommt es nicht zu einem Leistungsaustausch, entsteht auch kein ersatzfähiger Schaden (so etwa, wenn der Kaufvertrag wegen eines Rücktritts gar nicht erfüllt oder später rückabgewickelt wird). Allein auf dieser Grundlage lassen sich auch die angeblichen Zweifelsfälle befriedigend lösen (s. sogleich Rz. 74).

Anspruchsberechtigt ist nur derjenige, der während der Desinformationsphase **Finanzinstrumente des nach Art. 17 VO Nr. 596/2014 verpflichteten Emittenten** zu teuer gekauft oder zu billig verkauft hat. Der Wortlaut der §§ 97 Abs. 1 Nr. 1 und 2, 98 Abs. 1 Nr. 1 und 2 WpHG macht mit dem Bezug „die" Finanzinstrumente deutlich, dass es sich um Finanzinstrumente handeln muss, die der anspruchsverpflichtete Emittent begeben hat[7]. Gestützt wird diese Auslegung durch die Gesetzesmaterialien, wonach anspruchsberechtigt derjenige Anleger ist, „der nach dem Zeitpunkt, zu dem eine ordnungsgemäße Veröffentlichung hätte erfolgen müssen, *die Wertpapiere des pflichtwidrig handelnden Emittenten* erwirbt"[8]. Handelt es sich um einen Emittenten, der **selbst derivative Finanzinstrumente** begeben hat, sind theoretisch auch die Inhaber dieser Derivate anspruchsberechtigt[9]. Sofern es nicht um eine drohende Insolvenz des Emittenten geht, die die Erfüllung des Derivatekontrakts fraglich erscheinen lässt, hängt die Bewertung solcher Derivate (und damit die Kursrelevanz einer Informationspflichtverletzung) aber nicht mit dem Emittenten, sondern mit der Entwicklung des Underlying zusammen. Eine haftungsbegründende Koinzidenz besteht dann nur in dem Fall, in dem ein Emittent von Aktien oder Anleihen gleichzeitig Derivate auf diese Finanzinstrumente emittiert und diese auf einem Handelsplatz i.S.v. § 2 Abs. 22 WpHG gehandelt werden (s. Rz. 64)[10]. Nicht erfasst sind dagegen Transaktionen mit **von dritter Seite begebenen Derivaten**, die sich auf die Finanzinstrumente des Emittenten beziehen[11]. Der Inhaber solcher Derivate kann vom pflichtwidrig handelnden Emittenten keinen Schadensersatz nach §§ 97, 98 WpHG fordern, obwohl die Bewertung der Derivate maßgeblich durch die Informationspflichtverletzung beeinträchtigt sein kann[12]. Diese Beschränkung ist rechtspolitisch als inkonsequent kritisiert worden[13]. Dafür spricht aber zunächst der Gedanke (s. Rz. 71), eine finanzielle Überforderung des Emittenten zu vermeiden. Denn die Kursrelevanz für Derivate ist letztlich nur ein Sonderfall des allgemeinen Umstands, dass die Bewertung von Finanzinstrumenten vielfach korreliert ist. So kann die (falsche) Meldung eines IT-Unternehmens über stark wachsende Absatzzahlen nicht nur den eigenen Aktienkurs verfälschen, sondern auch dazu führen, dass die Aktien

---

1 Dies gesteht auch *Florstedt*, AG 2017, 557, 566 zu, wenn er schreibt: „Geschützt sind demnach nur besondere – sachbezogene – Vermögensschäden, die stark vereinfacht durch *Kauf oder Verkauf* über- oder unterbewerteter Finanzinstrumente entstehen." (Hervorhebung hinzugefügt).
2 Begr. RegE 4. FMFG, BT-Drucks. 14/8017, 93.
3 So aber *Florstedt*, AG 2017, 557, 558.
4 *Florstedt*, AG 2017, 557, 566.
5 So offenbar *Florstedt*, AG 2017, 557, 567.
6 Vgl. *Florstedt*, AG 2017, 557, 558. Die als Beleg in Fn. 13 angeführten Fundstellen besagen aber nicht, dass die dingliche Erfüllung irrelevant wäre, sondern lediglich, dass sie nicht den *Zeitpunkt* der Schadensentstehung bestimmt.
7 Ganz h.M., s. z.B. *Fuchs* in Fuchs, §§ 37b, 37c WpHG Rz. 18; *Maier-Reimer/Seulen* in Habersack/Mülbert/Schlitt, Kapitalmarktinformation, § 30 Rz. 89; *Möllers/Leisch* in KölnKomm. WpHG, §§ 37b, c WpHG Rz. 254; a.A. aber offenbar *Schäfer* in Marsch-Barner/Schäfer, Handbuch börsennotierte AG, Rz. 17.19.
8 RegE 4. FMFG, BT-Drucks. 14/8017, 93 (Hervorhebung vom Verf.).
9 Insoweit zutreffend *Schäfer* in Marsch-Barner/Schäfer, Handbuch börsennotierte AG, Rz. 17.19.
10 Damit fallen insbesondere die im Rahmen von Aktienoptionsprogramme für Führungskräfte emittierten Optionen regelmäßig aus dem Anwendungsbereich der §§ 97 und 98 WpHG heraus, da diese zwar vom Aktienemittenten selbst begeben werden, aber nicht zum Handel an einem Handelsplatz zugelassen werden (sollen).
11 Daran hat sich auch nichts dadurch geändert, dass seit dem AnSVG (s. Rz. 2 a.E.) nicht nur Wertpapiere, sondern sämtliche Finanzinstrumente von der Haftung erfasst sind; anders offenbar *Schäfer* in Marsch-Barner/Schäfer, Handbuch börsennotierte AG, Rz. 17.19.
12 VG Frankfurt v. 30.8.2010 – 7 L 1957/10.F, Rz. 32 (juris); OLG Braunschweig v. 12.1.2016 – 7 U 59/14, ZIP 2016, 414, 415 = AG 2016, 290; *von Bernuth/Kremer*, BB 2013, 2186, 2187 f.; *Maier-Reimer/Seulen* in Habersack/Mülbert/Schlitt, Kapitalmarktinformation, § 30 Rz. 89; *Mescheder*, ZIP 2017, 215; *Möllers/Leisch* in KölnKomm. WpHG, §§ 37b, c WpHG Rz. 254; *Zimmer/Grotheer* in Schwark/Zimmer, §§ 37b, 37c WpHG Rz. 76 m.w.N.
13 *Zimmer/Grotheer* in Schwark/Zimmer, §§ 37b, 37c WpHG Rz. 76; *Poelzig*, Normdurchsetzung, S. 226.

enger Konkurrenten ebenfalls steigen, weil der Markt (rational) antizipiert, dass auch deren Umsätze gestiegen sein dürften. Bei einem Wettlauf mehrerer Unternehmen (etwa um die Patentierung eines wichtigen Impfstoffes oder die Hebung begrenzter Rohstoffe) führt eine falsche Erfolgsmeldung regelmäßig zu einem Kurseinbruch der Konkurrenten. Ähnlich gelagert ist der Fall, dass eine von Art. 17 VO Nr. 596/2014 erfasste Bietergesellschaft eine falsche Ad-hoc-Mitteilung im Zusammenhang mit einem Übernahmeangebot veröffentlicht und dadurch Aktionäre der Zielgesellschaft dazu bringt, das Angebot anzunehmen[1]. Diese Beispiele zeigen, dass es erforderlich ist, eine **Haftung für reine Vermögensschäden**, wie sie die §§ 97 und 98 WpHG begründen, auf den Kreis der unmittelbar Geschädigten einzugrenzen und mittelbare Schäden auszuschließen. Sachlich lässt sich die Begrenzung auf Erwerber/Veräußerer von Finanzinstrumenten des pflichtwidrig handelnden Emittenten auch mit der **Corporate-Governance-Funktion** der Ad-hoc-Publizität und der daran anknüpfenden Haftung (s. Rz. 34, 42) rechtfertigen. Die Erwerber der von Dritten gegebenen Finanzinstrumente beteiligen sich nicht an der Durchsetzung indirekter Corporate-Governance-Mechanismen, sondern haben allenfalls ein indirektes und zufälliges Interesse an einer guten Unternehmensführung[2]. Zum Schutze der Inhaber von Derivaten oder sonstiger Finanzinstrumente anderer Emittenten kommt damit allenfalls ein Schutz aus dem allgemeinen Deliktsrecht in Betracht, sofern ausnahmsweise eine Norm existiert, deren Schutzumfang auch solche indirekte Schäden erfasst[3].

74 Die Begriffe des „Erwerbens" und „Veräußerns" von Finanzinstrumenten erfassen nur **entgeltliche Verträge**. Die Notwendigkeit einer Entgeltlichkeit ergibt sich aus dem Umstand, dass dem Anleger nur dann ein Schaden entsteht, wenn er die Finanzinstrumente auf Grund der fehlerhaften Ad-hoc-Mitteilung „zu teuer" kauft oder „zu billig" verkauft. Damit sind vor allem **Kaufs- oder Verkaufsgeschäfte am Spotmarkt** erfasst. Fraglich ist aber, ob darüber hinaus auch andere entgeltliche Verträge erfasst sind. Nach dem Schutzzweck der §§ 97, 98 WpHG sind nur solche Geschäfte erfasst, deren **Entgelt direkt durch den Marktpreis** der Finanzinstrumente bestimmt wird und die zusätzlich zu einem **tatsächlichen Leistungsaustausch** führen, durch den das **Kursrisiko** des Finanzinstruments auf den Erwerber **übergeht**. Ohne einen solchen Risikoübergang entsteht kein ersatzfähiger Schaden. Dies verdeutlicht das Beispiel der **Wertpapierleihe**. Hier scheidet ein Anspruch aus §§ 97, 98 WpHG einmal deshalb aus, weil die Leihgebühr nicht direkt vom Kurs des Finanzinstruments abhängt, sondern nach anderen Gesichtspunkten bestimmt wird[4]. Außerdem geht auch das Kursrisiko nicht auf den Entleiher über. War also der Kurs im Zeitpunkt des Vertragsschlusses aufgrund einer Informationspflichtverletzung zu niedrig, entsteht dem Verleiher kein Schaden, weil er den Kurswert gar nicht realisiert, sondern vielmehr später die gleiche Anzahl gleicher Finanzinstrumente rückübertragen erhält und dann zum erhöhten Preis verkaufen kann. War dagegen der Kurs im Zeitpunkt des Vertragsschlusses aufgrund einer Informationspflichtverletzung erhöht, erleidet auch der Entleiher keinen Schaden, weil er lediglich die Leihgebühr entrichten muss und zudem sogar die Möglichkeit hat, durch einen sofortigen Verkauf (unwissentlich) von dem erhöhten Preis zu profitieren. Dies zeigt, dass ein ersatzfähiger Schaden nur denkbar ist, wenn es zu einem Übergang des Kursrisikos kommt. Für einen solchen Risikoübergang ist es aber nicht notwendig, dass es zu einem dinglichen Erwerb der Finanzinstrumente durch den Käufer kommt[5], vielmehr sind auch Fälle der **Direktlieferung an einen Drittkäufer** bei einer sofortigen Weiterveräußerung erfasst. Eindeutig nicht ausreichend ist aber ein **reiner Barausgleich**, da dann bereits keine Finanzinstrumente des Emittenten erworben oder veräußert werden (s. Rz. 73). Auch in Fällen, in denen der schuldrechtliche Vertrag **gar nicht erfüllt** oder später wieder **rückabgewickelt wird**, ist das wirtschaftliche Risiko des Finanzinstruments nicht übergegangen (bzw. zurückübertragen worden) und damit eine Schädigung des Käufers oder Verkäufers, die zu einem Anspruch aus §§ 97, 98 WpHG führen könnte, nicht eingetreten. Demgemäß führen sämtliche Verträge zwischen zwei Anlegern, die auch unter den Begriff des Derivats i.S.v. § 2 Abs. 35 WpHG fallen (s. auch bereits Rz. 73), nicht zu einer Anspruchsberechtigung. So sind etwa der Parteien eines Aktienfutures (Terminkauf von Aktien, vgl. § 2 Abs. 3 Nr. 1 lit. a WpHG) nicht nach §§ 97, 98 WpHG anspruchsberechtigt, weil der Kaufpreis nicht allein von dem aktuellen (durch die Informationspflichtverletzung verzerrten) Marktpreis, sondern von den Erwartungen der Parteien über die zukünftige Entwicklung des Kurses abhängt[6]. Erfasst sind hingegen **Tauschgeschäfte**, sofern sich die Tauschrelation allein nach dem Kurswert der getauschten Finanzinstrumente richtet und das Kursrisiko übergeht. Sofern diese Voraussetzungen erfüllt sind, kann theoretisch auch ein Aktientausch im Rahmen einer Übernahme erfasst sein[7], was aber – aufgrund der außerbörslichen Aushandlung des Übernahmepreises – regelmäßig nicht der Fall sein wird. Auch nicht erfasst sind die Fälle, dass zwei Inhaber von gleichen Finanz-

---

1 Vgl. OLG Frankfurt v. 18.4.2007 – 21 U 71/06, Rz. 71 (juris).
2 S. bereits *Hellgardt*, Kapitalmarktdeliktsrecht, S. 363 f.
3 Dazu *Meschede*, ZIP 2017, 215, 216 ff.
4 Die Wertpapierleihe stellt keinen Kaufvertrag, aber auch kein Derivat dar, weil es nicht um eine verzögerte Erfüllung, sondern um eine Rückgewähr geht; *Ekkenga* in MünchKomm. HGB, Effektengeschäfte Rz. 65.
5 So aber offenbar *Florstedt*, AG 2017, 557, 566.
6 Dies übersieht *Florstedt*, AG 2017, 557, 559, wenn er ausführt, bei einem zwischenzeitlichen Zweitverkauf der auf Termin verkauften Aktien seien auf Grundlage der h.M. beide Käufer „Inhaber" der Aktien i.S.v. §§ 97 Abs. 1, 98 Abs. 1 WpHG.
7 A.A. *S. Wagner*, NZG 2014, 531, 535 f.; dem folgend *Schäfer* in Marsch-Barner/Schäfer, Handbuch börsennotierte AG, Rz. 17.14.

instrumenten diese tauschen oder drei oder mehr Parteien im Rahmen eines „Ringtauschs" dieselbe Zahl von Finanzinstrumenten im Kreis verkaufen und erwerben. Auch durch den **gleichzeitigen Kauf und Verkauf** desselben Finanzinstruments entsteht, soweit sich die Transaktionen entsprechen[1], keine Anspruchsberechtigung. Durch derartige Transaktionen sollen lediglich künstlich Anspruchsberechtigungen geschaffen werden. Solche und ähnliche Konstruktionen sind immer dann nicht anzuerkennen, wenn durch die Transaktion das Kursrisiko der Finanzinstrumente nicht übergegangen ist. Dies ist jedenfalls dann nicht der Fall, wenn sich durch die Transaktion (oder die zusammen ausgeführten Transaktionen) im Ergebnis keine Veränderung im Bestand der Finanzinstrumente ergibt. Mit diesen Grundsätzen lassen sich auch angebliche Zweifelsfälle befriedigend lösen, etwa die Lieferverzögerung[2], den lediglich theoretischen Fall des Doppelverkaufs von Finanzinstrumenten[3], der Leerverkauf[4], und der Verkauf von Wertpapieren an einen Dritten, die der Veräußerer zuvor im Rahmen eines Wertpapierdarlehens oder eine Repo-Geschäfts erworben hat und später dem Darlehensgeber oder Pensionsgeber zurückübereignen muss[5]. Eine Anknüpfung an die dingliche Rechtslage ist dazu nicht nur nicht erforderlich, sondern würde arbiträre Ergebnisse verursachen.

c) Zeitliche Begrenzung der Anspruchsberechtigung. Die anspruchsbegründende Transaktion muss während desjenigen Zeitraums erfolgen, in welchem der Kurs des Finanzinstruments aufgrund der unterlassenen oder unwahren Ad-hoc-Mitteilung von dem hypothetischen Kurs abweicht, der sich bei pflichtgemäßem Verhalten des Emittenten gebildet hätte (**Desinformationsphase**). Beginn und Ende der Desinformationsphase lassen sich theoretisch einfach bestimmen: Die Phase beginnt bei § 97 WpHG im Zeitpunkt, in dem eine Ad-hoc-Mit-   75

---

1 Wer gleichzeitig 300 Finanzinstrumente verkauft und 400 Finanzinstrumente kauft, ist hingegen hinsichtlich der 100 mehr gekauften Aktien anspruchsberechtigt, wenn der Kurs zum Zeitpunkt der Transaktionen künstlich erhöht war.
2 Laut *Florstedt*, AG 2017, 557 f. soll bei einer Verzögerung der dinglichen Erfüllung die Anspruchsberechtigung unklar sein, weshalb er vorschlägt (a.a.O., S. 567), „während der Lieferverzögerung" solle die Veräußerin „als dingliche Aktionärin" anspruchsberechtigt sein. Nach ganz h.M. kommt es demgegenüber auf den Zeitpunkt des Kaufvertragsschlusses an. Der Verkäufer erleidet einen Schaden, wenn der Kurs zu diesem Zeitpunkt aufgrund der Informationspflichtverletzung zu niedrig war, dagegen der Käufer, wenn er deshalb zu hoch war. Anders als *Florstedt*, AG 2017, 557, 567 behauptet, kommt es daher nicht zu einer Verdopplung der Anspruchsberechtigung. Dies gilt auch dann nicht, wenn der Käufer die Aktien bereits vor Lieferung weiterverkauft, weil dann – je nach Fall – entweder nur der Erstverkäufer (der Weiterverkäufer hat die Finanzinstrumente vor Entstehung der Insiderinformation/vor Veröffentlichung der falschen Mitteilung erworben, vgl. §§ 97 Abs. 1 Nr. 2, 98 Abs. 1 Nr. 2 WpHG) oder nur der Letzterwerber (der Weiterverkäufer hat die Finanzinstrumente noch während der Desinformationsphase weiterveräußert; s. Rz. 80) anspruchsberechtigt ist.
3 Vgl. *Florstedt*, AG 2017, 557, 559, der allerdings versehentlich eine nicht bestehende Konkurrenz mit einem Aktienfuture konstruiert hat (s. Rz. 74 bei Fn. 6). Das Problem der doppelten Anspruchsberechtigung könnte sich theoretisch stellen, wenn der Veräußerer dieselben Finanzinstrumente im Rahmen von Spot-Transaktionen doppelt verkauft. Im Falle von Aktien wäre der zweite Verkauf allerdings gem. Art. 12 Abs. 1 VO Nr. 236/2012 (Leerverkaufsverordnung) nur dann zulässig, wenn der Verkäufer beim Abschluss dieses zweiten Verkaufs vertraglich sichergestellt hat, dass er den zweiten Verkauf auch erfüllen kann, so dass ein wirklicher Doppelverkauf ausscheidet. Es bleiben daher nur Konstellationen, in denen sonstige Finanzinstrumente zu einem Zeitpunkt doppelt verkauft werden, zu dem ihr Kurs durch eine Informationspflichtverletzung ihres Emittenten künstlich erhöht wurde. Nach *Florstedt*, AG 2017, 557, 567 soll nur demjenigen Käufer ein Anspruch aus §§ 97, 98 WpHG zustehen, dem anschließend die Finanzinstrumente auch tatsächlich übereignet werden. Dies setzt voraus, dass der zweite Kaufvertrag endgültig nicht erfüllt wird, was nur dann denkbar ist, wenn das Geschäft außerhalb des normalen Clearing und Settlement erfolgt, bei dem ein zentraler Kontrahent die dingliche Erfüllung garantiert. Es bleiben damit Konstellationen, in denen ein Verkäufer einzeln verbriefte Schuldtitel doppelt verkauft. Wird in einer solchen Konstellation der zweite Vertrag nicht erfüllt, steht dem Käufer ein Anspruch auf Schadensersatz statt der Leistung nach §§ 280, 281 BGB gegen den Verkäufer zu, durch dessen Geltendmachung gem. § 281 Abs. 4 BGB die Anspruchsberechtigung nach §§ 97, 98 WpHG entfällt, weil das Kursrisiko der Finanzinstrumente für den Käufer erlischt. Der zweite Käufer kann alternativ am Kaufvertrag festhalten und beim Emittenten den §§ 97, 98 WpHG den Teilschaden liquidieren, dass der erworbene Anspruch gegen den Verkäufer aufgrund der Informationspflichtverletzung einen geringeren Wert hat. Dies wird praktisch nur relevant, wenn der Verkäufer insolvent ist.
4 Nach Auffassung von *Florstedt*, AG 2017, 557, 567 soll bei einem (gemeint ist wohl: ungedeckten) Leerverkauf der Käufer keinen Schadensersatzanspruch gegen den Emittenten haben. Diese Auffassung erscheint mir unvertretbar, denn sie verkennt, dass Leerverkäufe regelmäßig dinglich erfüllt werden (dies sicherzustellen, ist Regelungsziel der Leerverkaufsverordnung Nr. 236/2012), so dass auch nach Auffassung von *Florstedt* ein Anspruch jedenfalls mit dem dinglichen Erwerb gegeben sein müsste. Entscheidend ist aber, dass für den Käufer bei einer Open-Market-Transaktion überhaupt nicht ersichtlich ist, dass er von einem Leerverkäufer kauft. Wird der Vertrag wegen Nichtleistung rückabgewickelt, fehlt es an einem Risikoübergang und damit an einem ersatzfähigen Schaden. Das ist aber keine Besonderheit des Leerverkaufs.
5 Hier geht auch *Florstedt*, AG 2017, 557, 567 mit der ganz h.M. davon aus, dass der Darlehensnehmer bzw. der Pensionsnehmer als Veräußerer einen Schadensersatzanspruch aus §§ 97, 98 WpHG habe, wenn die Finanzinstrumente an den Dritten „zu billig" veräußert wurden. Er meint aber, sofern der Darlehensgeber bzw. Pensionsgeber vertraglich das Kursrisiko übernommen habe, müssten die Grundsätze über die Drittschadensliquidation herangezogen werden. Damit wird verkannt, dass vertraglich nur das Risiko von Kursschwankungen übernommen wird, indem der Rücknahmepreis vorab festgelegt ist. Eine Veräußerung der Finanzinstrumente an einen Dritten, die notwendig ist, damit ein Anspruch aus §§ 97, 98 WpHG entstehen kann, ist in solchen Konstellationen nicht vorgesehen. Sollte der Darlehensgeber bzw. Pensionsgeber die Finanzinstrumente dennoch veräußern, handelt er insoweit auf eigenes Risiko und erleidet daher auch einen eigenen Schaden. Dieses Risiko realisiert sich, wenn der Darlehensnehmer/Pensionsnehmer nach Bekanntwerden der Informationspflichtverletzung am Markt die Finanzinstrumente zum erhöhten (fairen) Preis zurückkaufen muss.

teilung hätte veröffentlicht werden müssen. Bei § 98 WpHG beginnt die Desinformationsphase mit der Veröffentlichung einer unwahren Ad-hoc-Meldung. Sie endet in beiden Fällen dann, wenn die nicht veröffentlichte Insiderinformation bzw. die Unwahrheit der veröffentlichten Information bekannt wird, sei es entweder durch eine Ad-hoc-Mitteilung oder sonstige Veröffentlichung des Emittenten oder durch ein Einsickern in den Markt. In der praktischen Anwendung ergeben sich aber erhebliche Probleme, den genauen Beginn und das genaue Ende rechtssicher zu bestimmen.

76 In § 97 Abs. 1 WpHG umschreibt das Gesetz den **Beginn der Desinformationsphase** mit der Formulierung, die anspruchsbegründende Transaktion müsse nach der Unterlassung der gem. Art. 17 VO Nr. 596/2014 erforderlichen Ad-hoc-Mitteilung vorgenommen worden sein. Der Gesetzeswortlaut ist nicht präzise, sondern würde bei wörtlicher Auslegung bedeuten, dass die Desinformationsphase erst mit dem Ende der Unterlassung, also dem Bekanntwerden der verheimlichten Insiderinformation beginnt. Da dies offensichtlich nicht gemeint ist, muss stattdessen der **Beginn der Unterlassung** maßgeblich sein, weil diese ein Dauerdelikt ist[1]. Entscheidend ist deshalb der Zeitpunkt, zu dem eine ordnungsgemäße Veröffentlichung hätte erfolgen müssen[2]. Letztlich ist damit auf Art. 17 Abs. 1 Unterabs. 1 VO Nr. 596/2014 abzustellen (s. ausführlich Rz. 87 ff.). Im Falle der Unterdrückung einer positiven Insiderinformation verlangt § 97 Abs. 1 Nr. 2 WpHG zusätzlich, dass der Anleger die Finanzinstrumente **vor Entstehen der Insiderinformation erworben** haben muss. Diese Formulierung ist missglückt[3]. Gemeint ist, dass solche Anleger, die die Finanzinstrumente bereits während der Preisverzerrung gekauft haben, nicht anspruchsberechtigt sein sollen, wenn sie diese noch während der Desinformationsphase weiterverkaufen. Zwar erfolgt auch in diesen Fällen der Verkauf „zu billig"; der Anleger ist dadurch aber nicht geschädigt, weil er die Finanzinstrumente selbst schon zu billig gekauft hatte (zum Parallelproblem der Weiterveräußerung vor Bekanntwerden der Informationspflichtverletzung s. Rz. 80)[4]. Auch der Vergleich mit § 98 Abs. 1 Nr. 2 WpHG deutet in diese Richtung, da dort ein Erwerb vor Veröffentlichung der unwahren Meldung – also bevor diese den Kurs negativ beeinflussen konnte – verlangt wird. Verdeutlicht man sich diesen Regelungszweck, ergibt sich, dass die Formulierung „Entstehen der Insiderinformation" nur beispielhaft den Normalfall umschreibt, in dem eine Insiderinformation gem. Art. 17 Abs. 1 Unterabs. 1 VO Nr. 596/2014 mit ihrem Entstehen unverzüglich zu veröffentlichen ist. Entscheidend muss daher sein, dass die Finanzinstrumente, wie bei § 98 Abs. 1 Nr. 2 WpHG, **vor Beginn der Informationspflichtverletzung gekauft** wurden (auch hier ist das schuldrechtliche Geschäft maßgeblich, s. Rz. 72, 74). Denn nur in diesem Fall hat der Anleger zunächst den fairen Preis bezahlt, später aber einen zu niedrigen Preis erhalten. Damit sind beide Zeitpunkte im Rahmen von § 97 Abs. 1 Nr. 2 WpHG gleich zu interpretieren und beziehen sich jeweils auf den Moment, zu dem der Emittent die Ad-hoc-Mitteilung gem. Art. 17 VO Nr. 596/2014 hätte veröffentlichen müssen. Liegen etwa zunächst die Voraussetzungen einer Selbstbefreiung gem. Art. 17 Abs. 4 VO Nr. 596/2014 vor und entfallen sie später, kommt es darauf an, ob der Anleger die Finanzinstrumente vor dem Zeitpunkt erworben hat, zu dem die Voraussetzungen des Art. 17 Abs. 4 VO Nr. 596/2014 entfallen sind (selbst wenn die Insiderinformation im Erwerbszeitpunkt bereits eine Weile existierte) und danach veräußert hat.

77 Weniger Schwierigkeiten bereitet die Bestimmung des **Beginns der Desinformationsphase** im Falle der **Veröffentlichung einer unwahren Ad-hoc-Mitteilung.** Gemäß § 98 Abs. 1 WpHG kommt es auf den Zeitpunkt der Veröffentlichung an. Da neue kursrelevante Informationen auf (semi-)informationseffizienten Kapitalmärkten binnen weniger Sekunden eingepreist werden (s. Rz. 33), entsteht unmittelbar mit der Veröffentlichung ein fehlerhafter Preis. Wird eine falsche positive Nachricht veröffentlicht, sind gem. § 98 Abs. 1 Nr. 1 WpHG solche Anleger anspruchsberechtigt, die das Finanzinstrument nach der Veröffentlichung kaufen. Demgegenüber will eine Auffassung solche Anleger ausschließen, die ihren Kaufauftrag bereits erteilt hatten, bevor die falsche Information veröffentlicht wurde, auch wenn dieser Auftrag erst nach Veröffentlichung der Information ausgeführt wurde[5]. Für eine derartige Begrenzung der Anspruchsberechtigung entgegen dem Gesetzeswortlaut besteht kein Anlass, wenn man auf die Beeinflussung des Marktpreises als relevante Schädigung abstellt (s. Rz. 38 ff.). Im Falle der falschen negativen Nachricht ist ein Anleger gem. § 98 Abs. 1 Nr. 2 WpHG dann anspruchsberechtigt, wenn die Finanzinstrumente vor der unwahren Veröffentlichung gekauft und danach verkauft hat (entscheidend ist erneut das schuldrechtliche Geschäft, s. Rz. 72, 74). Auch hier gibt es Kritik an dem Erfordernis, dass die Finanzinstrumente vor der Pflichtverletzung gekauft worden sein müssen[6]. Erneut geht es aber darum, solche Anleger von der Anspruchsberechtigung auszuschließen, die durch den Verkauf unterhalb des fairen Preises keinen kausalen Schaden erlitten haben, weil sie die Finanzinstrumente bereits zu billig gekauft haben.

---

1 Ebenso *Mülbert/Steup* in Habersack/Mülbert/Schlitt, Unternehmensfinanzierung am Kapitalmarkt, Rz. 41.202; *Maier-Reimer/Webering*, WM 2002, 1857, 1859.
2 Begr. RegE 4. FMFG, BT-Drucks. 14/8017, 93.
3 Kritisch auch *Fuchs* in Fuchs, §§ 37b, 37c WpHG Rz. 20; *Zimmer/Grotheer* in Schwark/Zimmer, §§ 37b, 37c WpHG Rz. 70.
4 Dies übersieht *Fuchs* in Fuchs, §§ 37b, 37c WpHG Rz. 20, der vorschlägt, das Merkmal eines vorherigen Erwerbs de lege ferenda vollständig zu streichen.
5 *Möllers/Leisch* in KölnKomm. WpHG, §§ 37b, c WpHG Rz. 221.
6 *Fleischer*, Gutachten zum 64. DJT, 2002, S. F 107; *Fuchs* in Fuchs, §§ 37b, 37c WpHG Rz. 30.

Praktische Probleme bereitet häufig die genaue Bestimmung des **Endes der Desinformationsphase**. Dies liegt daran, dass eine Pflichtverletzung, wie das Unterlassen einer erforderlichen Ad-hoc-Mitteilung oder die Verbreitung einer falschen Nachricht, regelmäßig erst nach und nach ans Licht kommt. Zunächst entstehen Gerüchte oder es gibt Presseberichte, ehe sich der Emittent zu einer ersten Stellungnahme veranlasst sieht, die häufig den Sachverhalt auch noch nicht restlos aufklärt. Das Gesetz definiert das Ende der Desinformationsphase im Falle der unterlassenen Ad-hoc-Mitteilung in § 97 Abs. 1 Nr. 1 WpHG als **Bekanntwerden der Insiderinformation**. Obwohl sich diese Formulierung nur für den Fall des Unterdrückens einer negativen Insiderinformation findet, während § 97 Abs. 1 Nr. 2 WpHG für den Fall der verheimlichten positiven Nachricht nur verlangt, dass die Veräußerung nach der Unterlassung geschehen muss, gilt auch für die letztgenannten Konstellationen, so dass das Ende der Desinformationsphase beim Unterlassen gleichsinnig zu bestimmen ist. Denn die Unterlassung endet dadurch, dass die Information bekannt wird. Dies gilt selbst dann, wenn die Bekanntgabe nicht durch den Emittenten selbst erfolgt, sondern die verheimlichte Information etwa durch die Presse aufgedeckt wird. Denn die Veröffentlichungspflicht des Art. 17 Abs. 1 Unterabs. 1 VO Nr. 596/2014 bezieht sich nur auf Insiderinformationen, also solche Informationen, die gem. Art. 7 Abs. 1 lit. a VO Nr. 596/2014 nicht öffentlich bekannt sind. Mit dem Entfallen der Eigenschaft als Insiderinformation endet auch die Veröffentlichungspflicht des Art. 17 Abs. 1 Unterabs. 1 VO Nr. 596/2014 und damit die Anspruchsberechtigung nach § 97 Abs. 1 WpHG. Veräußert ein Anleger die Finanzinstrumente erst nach Bekanntwerden der positiven Nachricht, profitiert er von dem durch die Nachricht verursachten Kursgewinn und es mangelt ihm daher an einem Schaden. Im Falle der Veröffentlichung einer unwahren Ad-hoc-Mitteilung endet die Desinformationsphase gem. § 98 Abs. 1 WpHG mit dem **Bekanntwerden der Unrichtigkeit der Insiderinformation**. Auch hier kann die Unrichtigkeit entweder durch den Emittenten selbst bekanntgegeben werden oder durch Dritte aufgedeckt werden. Sobald öffentlich bekannt ist, dass die frühere Ad-hoc-Mitteilung falsch war, erfolgt eine entsprechende Kurskorrektur. Anleger, die anschließend Transaktionen tätigen, erleiden keinen Schaden mehr und sind daher nicht anspruchsberechtigt. Es lässt sich daher festhalten, dass die Desinformationsphase in allen Fällen damit endet, dass die Pflichtverletzung – sei es das Unterlassen oder die Falschmeldung – bekannt wird. Nicht erfasst werden vom gesetzlichen Wortlaut solche Fälle, in denen die Pflichtverletzung nicht bekannt wird, sie jedoch aus Gründen der **überholenden Kausalität** ihre Kursrelevanz verliert. Derartige Fälle sind sowohl bei der unterlassenen Meldung[1] als auch bei der Falschmeldung[2] denkbar. In diesen Fällen würde die Anspruchsberechtigung nach dem Wortlaut von §§ 97 Abs. 1, 98 Abs. 1 WpHG zwar erst zu dem späteren Zeitpunkt enden, zu dem bekannt wird, dass der Emittent ursprünglich die Ad-hoc-Mitteilung pflichtwidrig unterlassen bzw. mit unwahrem Inhalt veröffentlicht hatte. Solche Anleger, die nach dem Zeitpunkt der durch das überholende Ereignis ausgelösten Kurskorrektur gehandelt haben, haben aber keinen kausalen Schaden erlitten, so dass sie aus diesem Grund nicht anspruchsberechtigt sind (s. auch Rz. 144).

78

Das Tatbestandsmerkmal des **Bekanntwerdens der Insiderinformation** meint die Kenntniserlangung des maßgeblichen Adressatenkreises von der Insiderinformation, die der Emittent hätte veröffentlichen müssen. Gemäß Art. 17 Abs. 1 Unterabs. 1 VO Nr. 596/2014 sind Ad-hoc-Mitteilungen an die Öffentlichkeit zu richten. Art. 2 DurchfVO 2016/1055[3] konkretisiert die technischen Mittel, die für eine entsprechende Veröffentlichung zugelassen sind. Für das Bekanntwerden i.S.d. §§ 97 Abs. 1 und 98 Abs. 1 WpHG kommt es damit auf den Zeitpunkt an, zu dem das breite Publikum Kenntnis von der Insiderinformation erlangt hat[4]. Ein **Bekanntwerden** liegt unproblematisch und spätestens in dem Moment vor, in dem der Emittent die unterlassene **Ad-hoc-Mitteilung nachholt** oder die Falschinformation durch eine **neue Ad-hoc-Mitteilung** korrigiert[5]. Entscheidend ist aber nicht die Form des Bekanntwerdens, sondern dass die (richtige) Information „öffentlich bekannt" i.S.d. Art. 7 Abs. 1 lit. a VO Nr. 596/2014 ist[6]. Fraglich ist, wann die Anspruchsberechtigung endet, wenn die unterdrückte Nachricht oder die Unrichtigkeit der veröffentlichten Meldung schon vorher **in den Markt einsickert**. In einer solchen Situation nimmt die Fehlbepreisung ab, da der Markt damit rechnet, dass die wahre Situation des Emittenten anders ist, als bislang gedacht. Aber erst dann, wenn keine Zweifel mehr über die wirkliche Si-

79

---

1 Beispiel: Die pflichtwidrig unterdrückte Meldung, dass der Vorstandsvorsitzende sein Amt in einigen Monaten aufgeben will, verliert ihre Kursrelevanz, wenn bekannt wird, dass ebendieser Vorstandsvorsitzende verstorben ist.
2 Beispiel (nach *Franck*, Marktordnung durch Haftung, S. 582 f.): Ein Explorationsunternehmen meldet fälschlich, es habe in einer bestimmten Region Bodenschätze entdeckt, worauf der Aktienkurs steigt. Bald darauf wird die entsprechende Region zu einem Naturschutzgebiet erklärt, in dem der Abbau von Bodenschätzen verboten ist. Daraufhin sinkt der Aktienkurs wieder, obwohl der Umstand der Fehlinformation noch nicht bekannt geworden ist.
3 Durchführungsverordnung (EU) 2016/1055 der Kommission vom 29.6.2016 zur Festlegung technischer Durchführungsstandards hinsichtlich der technischen Mittel für die angemessene Bekanntgabe von Insiderinformationen und für den Aufschub der Bekanntgabe von Insiderinformationen gemäß Verordnung (EU) Nr. 596/2014 des Europäischen Parlaments und des Rates, ABl. EU Nr. L 173 v. 30.6.2016, S. 47.
4 *Möllers/Leisch* in KölnKomm. WpHG, §§ 37b, c WpHG Rz. 234; enger *Casper* in KölnKomm. KapMuG, §§ 37b, c WpHG Rz. 40.
5 Ausführlich dazu *Klöhn*, ZHR 180 (2016), 707, 714 ff.
6 Ebenso OLG Düsseldorf v. 27.1.2010 – I-15 U 230/09, Rz. 39 (juris); OLG Düsseldorf v. 4.3.2010 – I-6 U 94/09, AG 2011, 31, 34; OLG Düsseldorf v. 7.4.2011 – I-6 U 7/10, AG 2011, 706 = 6 U 7/10, Rz. 117 (juris); *Fuchs* in Fuchs, §§ 37b, 37c WpHG Rz. 22.

tuation bestehen, ist die Kurskorrektur vollständig erfolgt. Anleger, die während der Phase des Einsickerns Transaktionen tätigen, sind also noch geschädigt, aber ihr Schaden ist geringer als der Schaden derjenigen Anleger, die während der Phase gehandelt haben, als keinerlei Zweifel an der Richtigkeit der Informationslage bestand. Würde man für das Ende der Anspruchsberechtigung auf den Zeitpunkt abstellen, zu dem erstmals Gerüchte oder Meldungen auftauchen, wären Anleger, die während des Einsickerns Transaktionen getätigt haben, von der Anspruchsberechtigung ausgeschlossen, obwohl sie einen vom Schutzzweck der Norm erfassten Schaden erlitten haben, indem sie die Finanzinstrumente entweder zu teuer gekauft oder zu billig verkauft haben. Es ist daher überzeugender, den Umstand, dass ein Geschädigter während des Einsickerns gehandelt hat, im Rahmen der Schadensberechnung zu berücksichtigen. Dort kann eine angemessene anteilige Berücksichtigung erfolgen, während die Anspruchsberechtigung eine Alles-oder-Nichts-Frage ist. Auch die Möglichkeit, dass Anleger, die von den ersten Gerüchten gehört haben, allein deshalb Transaktionen tätigen, um sich Schadensersatzansprüche zu verschaffen, gebietet keine andere Handhabung. Würde die Anspruchsberechtigung enden, sobald erste Gerüchte auftauchen, wären solche Trittbrettfahrer-Anspruchssteller zwar automatisch ausgeschlossen, während es andersherum dem Emittenten nur selten gelingen wird, die Voraussetzungen der §§ 97 Abs. 3, 98 Abs. 3 WpHG im Einzelfall zu beweisen (s. dazu Rz. 118 f.). Da aber die Informationspflichtverletzung durch den Emittenten eindeutig feststeht, während eine Ausnutzung von Gerüchten nur möglich erscheint, sollte der Emittent das Risiko der Beweisfälligkeit tragen. Hinzu kommt, dass es bei einer Transaktion zum Marktpreis kein lohnendes Geschäft ist, Finanzinstrumente in Kenntnis der Informationspflichtverletzung zu handeln. Trittbrettfahrer müssen zunächst einen realen Verlust in Kauf nehmen, um dann darauf zu vertrauen, diesen durch den Schadensersatzanspruch wieder ausgeglichen zu erhalten. Sofern nicht systematisch zu hohe Ersatzansprüche zugesprochen werden, ist dies kein Geschäftsmodell für erpresserische Anleger. Schließlich würde die Möglichkeit, Ansprüche mit dem Streuen erster Gerüchte auszuschließen, den Emittenten selbst falsche Anreize setzen. So könnte ein Emittent versuchen, sein Haftungsrisiko dadurch zu minimieren, dass er selbst lose Gerüchte in die Welt setzt, und dann aber versucht, die Informationspflichtverletzung weiterhin zu verheimlichen. Gelingt letzteres, bestehen gar keine Ansprüche, kommt die Wahrheit doch irgendwann ans Licht, könnte der Emittent auf das Gerücht verweisen und müsste nur einen Bruchteil der Anlegerschäden begleichen. All dies spricht dafür, nicht auf den Beginn des Einsickerns abzustellen. Bei einem langsamen Durchsickern der wahren Lage beschreibt das Merkmal des Bekannt*werdens* daher nicht einen spezifischen Augenblick, sondern einen Zeitraum[1]. Jeder, der **vor dem Abschluss des Bekanntwerdens** gehandelt hat, ist auch anspruchsberechtigt[2]. Ist streitig, zu welchem Zeitpunkt die Pflichtverletzung bekannt geworden ist, trifft dafür nach allgemeinen Grundsätzen den Anleger die **Beweislast**. Dieser wird aber in der Regel dadurch genügt, dass der Anleger darlegt und ggf. beweist, dass er die Transaktion vor Veröffentlichung einer korrigierenden Ad-hoc-Mitteilung getätigt hat. Solange eine solche Ad-hoc-Mitteilung oder eine ihr entsprechende Pressemitteilung nicht erfolgt ist, spricht eine tatsächliche Vermutung dafür, dass der Zeitraum des Bekanntwerdens noch nicht abgeschlossen war. Dann muss der Emittent aufzeigen, aufgrund welcher Umstände (etwa ausführlicher Presseberichte) es plausibel ist, dass die Kurskorrektur im Zeitpunkt der Transaktion schon abgeschlossen war. Dem kann der Anleger wiederum begegnen, indem er zeigt, dass nach der Transaktion weitere Details publik wurden, die noch eine Kursanpassung verursacht haben.

80 Gemäß §§ 97 Abs. 1 Nr. 1, 98 Abs. 1 Nr. 1 WpHG setzt die Anspruchsberechtigung im Falle des zu „teuren Erwerbs" voraus, dass der Anspruchsinhaber bei Bekanntwerden der Insiderinformation bzw. der Unrichtigkeit noch **Inhaber des Finanzinstruments** ist. Damit sind solche Anleger ausgeschlossen, die während der Zeit der Desinformation des Marktes sowohl das Kaufs- als auch das Verkaufsgeschäft tätigen[3]. Ihr Ausschluss aus dem Tatbestand ist angebracht, da sie im Ergebnis keinen kausal verursachten Schaden erlitten, sondern diesen durch die Weiterveräußerung an den Zweiterwerber weitergegeben haben (zum Fall des Durchsickerns s. sogleich Rz. 81). Dies gilt auch dann, wenn es zu einer überholenden Kausalität kommt, durch welche die Fehlbepreisung endet, bevor die Informationspflichtverletzung aufgedeckt wird[4]; in diesen Fällen ist – wie auch sonst, s. Rz. 144 – auf das tatsächliche Ende der Fehlbepreisung und nicht auf das Eingeständnis der Informationspflichtverletzung abzustellen[5]. Wenn also ein Anleger im Zeitpunkt der durch das überholende Ereignis ausgelösten Kurskorrektur noch Inhaber der Finanzinstrumente war, schadet es nicht, wenn er sie anschließend, aber vor Bekanntwerden der Pflichtverletzung, veräußert hat. Schadensrechtlich gesehen handelt es sich beim

---

1 Zutreffend *Möllers/Leisch* in KölnKomm. WpHG, §§ 37b, c WpHG Rz. 238.
2 *Möllers/Leisch* in KölnKomm. WpHG, §§ 37b, c WpHG Rz. 239; offen *Zimmer/Grotheer* in Schwark/Zimmer, §§ 37b, 37c WpHG Rz. 68.
3 Ebenso *Maier-Reimer/Seulen* in Habersack/Mülbert/Schlitt, Kapitalmarktinformation, § 30 Rz. 86; *Mülbert/Steup* in Habersack/Mülbert/Schlitt, Unternehmensfinanzierung am Kapitalmarkt, Rz. 41.201; *Franck*, Marktordnung durch Haftung, S. 577 ff.; *Maier-Reimer/Webering*, WM 2002, 1857, 1859; i.E. auch *Möllers/Leisch* in KölnKomm. WpHG, §§ 37b, c WpHG Rz. 230; kritisch aber *Fuchs* in Fuchs, §§ 37b, 37c WpHG Rz. 21, 29; *Escher-Weingart/Lägeler/Eppinger*, WM 2004, 1845, 1846; *Fleischer*, Gutachten zum 64. DJT, 2002, S. F 106 f.
4 S. die Beispiele in Rz. 78 Fn. 1 und 2.
5 *Möllers/Leisch* in KölnKomm. WpHG, §§ 37b, c WpHG Rz. 228; *Franck*, Marktordnung durch Haftung, S. 582 f.; *Hellgardt*, Kapitalmarktdeliktsrecht, S. 361 f.

Ausschluss der Weiterverkäufer um einen **Fall der Vorteilsausgleichung**, wenn man davon ausgeht, dass der Schaden bereits im Zeitpunkt der schadensverursachenden Transaktion entsteht (dazu Rz. 138)[1].

Auch hier stellt sich die Frage, wie sich ein **Einsickern** auswirkt. Würde man hier verlangen, dass ein Anleger – um anspruchsberechtigt zu sein – die Aktien halten muss, bis das ganze Ausmaß der Unterlassung bekannt ist, bekämen nur die unbedarften Anleger Schadensersatz, während diejenigen, die eine Markttäuschung frühzeitig ahnen, ohne Ersatzanspruch blieben. Zudem könnte der Emittent die Anzahl der gegen ihn gerichteten Schadensersatzforderungen steuern, indem er erst Gerüchte streut und die korrigierende Ad-hoc-Meldung dann möglichst spät in den Markt gibt, wenn viele potentiell Anspruchsberechtigte bereits ihre Aktien verkauft haben. Anspruchsberechtigt ist daher auch derjenige, der beim (*auch teilweisen*) Bekanntwerden der Insiderinformation noch Inhaber der Papiere ist[2]. Wer also seine Finanzinstrumente verkauft, bevor der Zeitraum des Bekanntwerdens abgeschlossen ist, bleibt anspruchsberechtigt, erleidet aber einen geringeren Schaden als derjenige, der die Finanzinstrumente bis zur endgültigen Kurskorrektur hält. Dafür erleidet der während dieser Phase erwerbende Käufer einen komplementären Schaden, so dass sich der Gesamtschaden, den der Emittent zu tragen hat, nicht verändert. Unerheblich ist es, wenn der Anleger die Finanzinstrumente später – also nach vollständigem Bekanntwerden der Pflichtverletzung – veräußert[3], denn nach Abschluss der Kurskorrektur ist der Schaden endgültig entstanden und ein Vorteilsausgleich durch die Weiterveräußerung scheidet aus. 81

Die Formulierung „Inhaber der Finanzinstrumente" erweist sich wiederum als ungenau. Nimmt man die Vorschrift wörtlich, käme es auf die dingliche Rechtslage an. Bei einem gestreckten Geschäft, bei dem der Anleger die Finanzinstrumente verkauft, aber noch nicht übereignet hat, muss es jedoch auf den **Abschluss des schuldrechtlichen Geschäfts** ankommen. Denn zu diesem Zeitpunkt wirkt sich die Unterlassung der Ad-hoc-Mitteilung auf den vereinbarten Preis aus (s. auch bereits Rz. 72)[4]. Ein Anleger ist solange Inhaber der Finanzinstrumente, bis er über diese ein schuldrechtliches Geschäft geschlossen hat, durch welches er nicht länger das Kursrisiko trägt. Das bedeutet, dass etwa bei einem **Wertpapierdarlehen** der Darlehensgeber, der die Finanzinstrumente „zu teuer" gekauft hat, auch nach Abschluss des Darlehensvertrags und der Übereignung der Finanzinstrumente an den Darlehensnehmer noch „Inhaber" i.S.v. §§ 97 Abs. 1 Nr. 1, 98 Abs. 1 Nr. 1 WpHG ist. Denn er – und nicht der Darlehensnehmer – trägt nach wie vor das Kursrisiko und ist damit geschädigt i.S.d. §§ 97 und 98 WpHG, weil er nach Ende des Darlehens die gleiche Anzahl an Finanzinstrumenten zurückerhält und dann nur noch zu dem geringeren korrigierten Marktpreis weiterveräußern kann[5]. Sofern es zu Kettengeschäften kommt, weil der Darlehensnehmer die Finanzinstrumente seinerseits weiterveräußert (und der neue Käufer sie einem weiteren Marktteilnehmer darlehensweise überlässt, welcher sie wiederum verkauft usw.), kann es theoretisch zu einer Vervielfältigung der Anspruchsberechtigungen hinsichtlich derselben Aktien kommen. Dies ist aber kein Grund, die Anspruchsberechtigung systemwidrig dadurch einzuschränken, dass auf die dingliche Berechtigung abgestellt wird (s. bereits ausführlich Rz. 72)[6]. Der Emittent kann angesichts des Handelsvolumens seiner Finanzinstrumente den Umfang möglicher zu ersetzender Schäden ex ante erkennen, so dass auch insoweit keine Einschränkung geboten ist. 82

3. Informationspflichtverletzung. Der haftungsbegründende Tatbestand setzt voraus, dass der Emittent eine Insiderinformation, die ihn unmittelbar betrifft, nicht oder nicht rechtzeitig nach Art. 17 VO Nr. 596/2014 veröffentlicht (§ 97 WpHG) (dazu Rz. 84 ff.) bzw. dass der Emittent in einer Mitteilung nach Art. 17 VO Nr. 596/2014 eine unwahre Insiderinformation, die ihn unmittelbar betrifft, publiziert (§ 98 WpHG) (dazu Rz. 97 ff.). 83

a) Unterlassen der unverzüglichen Veröffentlichung einer Insiderinformation (§ 97 Abs. 1 WpHG). aa) Insiderinformation. Der Haftungstatbestand des § 97 Abs. 1 WpHG ist an das Muster des § 823 Abs. 2 BGB angelehnt, indem er eine Haftung für die Verletzung gesetzlicher Pflichten statuiert[7]. Sanktioniert werden Verstöße gegen die Pflicht zur Veröffentlichung einer Insiderinformation gem. **Art. 17 Abs. 1 VO Nr. 596/2014** (s. auch Rz. 21 f.). Damit ist der haftungsbegründende Tatbestand prima facie **identisch auszulegen** wie 84

---

1 So *Franck*, Marktordnung durch Haftung, S. 577 ff.; a.A. *Klöhn*, AG 2012, 345, 357. Anders auch noch *Hellgardt*, Kapitalmarktdeliktsrecht, S. 494, 505.
2 *Möllers/Leisch* in KölnKomm. WpHG, §§ 37b, c WpHG Rz. 212 ff.
3 Begr. RegE 4. FMFG, BT-Drucks. 14/8017, 93.
4 Ebenso *Fuchs* in Fuchs, §§ 37b, 37c WpHG Rz. 16 Fn. 36, Rz. 18 Fn. 18; *Möllers/Leisch* in KölnKomm. WpHG, §§ 37b, c WpHG Rz. 203.
5 Insoweit zutreffend *Florstedt*, AG 2017, 557, 560 f.
6 So aber *Florstedt*, AG 2017, 557, 567 f., der zur Begründung den sachlich nicht passenden Vergleich zur Begrenzung der Schadensersatzhaftung in Lieferketten zieht.
7 *Hellgardt*, Kapitalmarktdeliktsrecht, S. 35; anders neuerdings *Florstedt*, AG 2017, 557, 562 ff., demzufolge die §§ 97, 98 WpHG einen „Rechtsgüterschutz" in Form eines besonderen sachbezogenen Vermögensschutzes gewährleisteten. Soweit dieser Ansatz dazu dienen soll, eine Neuinterpretation der Begriffe Erwerb, Veräußerung und Inhaber zu rechtfertigen, ist er abzulehnen (s. ausführlich Rz. 72, 74, 82). Sofern es um die Beschreibung der Struktur der Haftungstatbestände geht, erschließt sich nicht, welche Verbesserung durch einen Sachbezug (zu Finanzinstrumenten) zu gewinnen ist, wenn es bei den Tatbeständen eben nicht um einen umfassenden Schutz der Inhaber von Finanzinstrumenten (etwa gegen schlechte Anlageberatung u.Ä.) geht, sondern um die Sanktionierung bestimmter gesetzlicher Verhaltenspflichten.

die sanktionierte Primärpflicht. Das Tatbestandsmerkmal der Insiderinformation in Art. 17 Abs. 1 VO Nr. 596/2014 nimmt Bezug auf **Art. 7 VO Nr. 596/2014**. Dieser stellt im Wesentlichen vier Voraussetzungen für eine Insiderinformation auf: Demnach muss es sich um eine (1) nicht öffentlich bekannte (2) präzise Information handeln, (3) die direkt oder indirekt einen oder mehrere Emittenten oder ein oder mehrere Finanzinstrumente betrifft und (4) die, wenn sie öffentlich bekannt würde, geeignet wäre, den Kurs dieser Finanzinstrumente oder den Kurs damit verbundener derivativer Finanzinstrumente erheblich zu beeinflussen (zu den Einzelheiten s. Art. 7 VO Nr. 596/2014 Rz. 5 ff.). Wie die Veröffentlichungspflicht nach Art. 17 Abs. 1 Unterabs. 1 VO Nr. 596/2014 gilt auch die Haftung nach § 97 Abs. 1 WpHG nur für solche Insiderinformationen, die den **Emittenten unmittelbar betreffen**, also sich auf Umstände beziehen, die im Tätigkeitsbereich des Emittenten eingetreten sind, oder sonst einen unmittelbaren Bezug zum Emittenten aufweisen (zur Auslegung s. Art. 17 VO Nr. 596/2014 Rz. 35 ff.); etwas anderes gilt nur für die Haftung wegen Verletzung von Art. 17 Abs. 8 VO Nr. 596/2014 (dazu Rz. 91). Der Haftungstatbestand unterscheidet innerhalb der veröffentlichungspflichtigen Insiderinformationen zwei Fallgruppen: die unterlassene oder verspätete Veröffentlichung negativer Insiderinformationen (§ 97 Abs. 1 Nr. 1 WpHG) und die unterlassene oder verspätete Veröffentlichung positiver Insiderinformationen (§ 97 Abs. 1 Nr. 2 WpHG). Die Zuordnung der beiden Tatbestandsalternativen zu negativen bzw. positiven Insiderinformation ergibt sich nicht aus dem Wortlaut des Gesetzes, sondern daraus, dass dem Anleger im Fall des § 97 Abs. 1 Nr. 1 WpHG nur dann ein Schaden entsteht, wenn vor seinem Kauf eine negative Information unterdrückt wurde, die zu einem niedrigeren Kurs geführt hätte, während im Fall des § 97 Abs. 1 Nr. 2 WpHG nur dann ein Schaden denkbar ist, wenn eine positive Information geheim gehalten wurde, deren Veröffentlichung vor dem Verkauf zu einem Kursanstieg geführt hätte. Nicht erforderlich ist, dass ex ante eindeutig feststeht oder für den Emittenten erkennbar ist, ob der Markt die unterdrückte Information positiv oder negativ aufnehmen wird (Bsp.: Rücktrittsabsicht des Vorstandsvorsitzenden), solange nur zu erwarten ist, dass die Information Kursrelevanz hat[1].

85 Der in der Praxis wichtigste Fall ist das Unterlassen der pflichtgemäßen Veröffentlichung einer **negativen Insiderinformation**, also einer solchen Information, bei der ex ante die Erwartung besteht, dass ihre Veröffentlichung zu einem Absinken des Kurses der Finanzinstrumente führen wird[2]. Der Anreiz, negative Nachrichten pflichtwidrig zu unterdrücken, ist prima facie am größten, insbesondere, wenn die zur Entscheidung über die Veröffentlichung berufenen Personen im Falle der Bekanntgabe auch persönlich negative Konsequenzen, wie den Verlust ihrer (Organ-)Stellung, eine Herabsetzung ihrer Bezüge nach § 87 Abs. 2 AktG oder Schadensersatzforderungen gem. § 93 AktG befürchten müssen[3]. Die praktische Bedeutung dieser Fallgruppe rührt auch daher, dass sie einen engen Zusammenhang zur Corporate-Governance-Funktion der Ad-hoc-Publizität und ihrer Durchsetzung durch das Schadensersatzrecht (s. Rz. 34, 42) aufweist. Indem Art. 17 Abs. 1 Unterabs. 1 VO Nr. 596/2014 und § 97 Abs. 1 WpHG Emittenten verpflichten, sämtliche in ihrem Bereich eingetretene Umstände zu veröffentlichen, die geeignet sind, den Kurs der emittierten Finanzinstrumente zu beeinflussen, hat sich die Ad-hoc-Publizität zu einem **Instrument externer Compliance von Aktiengesellschaften** entwickelt[4]. Denn sobald ein (nicht-kapitalmarktrechtlicher) Gesetzesverstoß einer Aktiengesellschaft Ausmaße annimmt, die die Verhängung eines hohen Bußgelds, Schadensersatzansprüche von Kunden oder einen Reputationsschaden mit Auswirkungen auf Umsatz und Gewinn erwarten lassen[5], hat dieser Umstand zugleich Kursrelevanz für die Aktien des Unternehmens. Dies hat zur Folge, dass der Emittent verpflichtet ist, den Gesetzesverstoß unverzüglich der Öffentlichkeit bekannt zu geben. Damit steht der Emittent vor der Entscheidung, entweder das verbotene Verhalten abzustellen, bevor es Ausmaße annimmt, die ernsthafte Konsequenzen befürchten lassen, oder gleichzeitig einen haftungsbewehrten Verstoß gegen Art. 17 Abs. 1 VO Nr. 596/2014 zu begehen, der die negativen Konsequenzen des ursprünglichen Verstoßes potenziert. Eine negative Insiderinformation kann schließlich auch in dem Fall vorliegen, dass die Finanzinstrumente des Emittenten eine **krasse Überbewertung** aufweisen[6]. In einer solchen Situation ist der Emittent verpflichtet, die Umstände offenzulegen, die für eine Fehlbepreisung sprechen.

86 § 97 Abs. 1 Nr. 2 WpHG erfasst den Fall, dass eine **positive Insiderinformation**, bei deren Veröffentlichung also eine Kurssteigerung zu erwarten ist, entgegen Art. 17 Abs. 1 Unterabs. 1 VO Nr. 596/2014 pflichtwidrig unterdrückt wird. Anders als teilweise vermutet[7] können nicht nur gravierende Organisationsmängel dazu füh-

---

1 Vgl. EuGH v. 11.3.2015 – Rs. C-628/13 – Lafonta, ECLI:EU:C:2015:162, AG 2015, 388; dazu *Klöhn*, NZG 2015, 809.
2 Bereits die erste auf § 37b Abs. 1 WpHG a.F. gestützte Klage betraf diese Fallgruppe, OLG Schleswig v. 16.12.2004 – 5 U 50/04 – Mobilcom, AG 2005, 212; dazu Anm. *Nietsch*, WuB I G 6 § 37b WpHG 1.05.
3 Ausführlich *Hellgardt*, Kapitalmarktdeliktsrecht, S. 386.
4 *Hellgardt*, DB 2012, 673, 676; *Klöhn* in KölnKomm. WpHG, § 15 WpHG Rz. 99; *Klöhn* in Klöhn, Art. 17 MAR Rz. 13, 108; *Sajnovits*, WM 2016, 765, 768 f.
5 Anders als *Thelen*, ZHR 182 (2018), 62, 74 meint, mangelt es in diesen Fällen nicht an einer präzisen Information, da sowohl der Gesetzesverstoß als auch dessen voraussichtliche Folgen im Sinne von Bußgeldern, Schadensersatzansprüchen oder Reputationsschäden hinreichend umrissen sind.
6 Dies war im Kern der Informationsgehalt der nach Auffassung des BGH im IKB-Fall pflichtwidrig unterdrückten Ad-hoc-Mitteilung; vgl. BGH v. 13.12.2011 – XI ZR 51/10 – IKB, BGHZ 192, 90, 104 f. = AG 2012, 209. S. auch *Hellgardt*, Kapitalmarktdeliktsrecht, S. 263 ff.
7 *Fuchs* in Fuchs, §§ 37b, 37c WpHG Rz. 9.

ren, dass positive Nachrichten gänzlich verschwiegen werden. Denkbar ist etwa auch, dass neue Organwalter kurz nach Amtsantritt positive Nachrichten, deren Grund aus der Zeit ihrer Vorgänger stammt, unterdrücken, um später verbesserte Ergebnisse als eigene Leistung darstellen zu können. Praktisch relevanter als der Fall der vollständigen Unterdrückung ist aber die verspätete Ad-hoc-Mitteilung. Eine **verspätete Veröffentlichung** kann etwa daher rühren, dass ein noch in Durchführung befindlicher Plan geschützt werden soll (z.b. die Vorbereitung einer Unternehmensübernahme; die Patentierung einer neuen Erfindung; die Vorbereitung der Markteinführung eines neuen Produkts; ein geplanter Amtswechsel bezüglich einer wichtigen Vorstandsposition). In diesen Fällen ist die verspätete Meldung gerechtfertigt, wenn die Voraussetzungen einer Selbstbefreiung gem. Art. 17 Abs. 4 VO Nr. 596/2014 gegeben sind (s. Rz. 95). Eine Verzögerung kann auch darin begründet liegen, dass eine Nachricht zwar vom Markt mit einer Kurssteigerung bedacht wird, für die über die Veröffentlichung entscheidenden Personen aber negativ konnotiert ist (z.B. geplante Amtsniederlegung durch einen langjährigen Vorstandsvorsitzenden; Vorlage eines Gutachtens, das der Durchsetzung von Schadensersatzansprüchen gegen Organwalter hohe Erfolgsaussichten bescheinigt). Die verzögerte Veröffentlichung einer positiven Insiderinformation kann schließlich auch dem Zweck dienen, sich selbst oder Dritten die Möglichkeit von Insidergeschäften zu sichern.

bb) Unterlassen. Die Haftung nach § 97 Abs. 1 WpHG setzt voraus, dass es der Emittent unterlässt, eine Insiderinformation nach Art. 17 VO Nr. 596/2014 zu veröffentlichen. Sowohl Art. 17 Abs. 1 Unterabs. 1 VO Nr. 596/2014 als auch § 97 Abs. 1 WpHG verlangen, dass die Veröffentlichung „unverzüglich" zu erfolgen hat. Im Rahmen von § 37b Abs. 1 WpHG a.F. wurde dieses Merkmal häufig unter Verweis auf § 121 Abs. 1 Satz 1 BGB als „ohne schuldhaftes Zögern" konkretisiert[1]. Der Einstufung als Verschuldensmerkmal steht aber entgegen, dass § 97 Abs. 1 WpHG der Sanktionierung von Verstößen gegen Art. 17 Abs. 1 VO Nr. 596/2014 dient und es nach der Rechtsprechung des EuGH unzulässig ist, in einem solchen Fall Verschuldensanforderungen vorzusehen, die keine Grundlage im Unionsrecht haben (s. Rz. 27)[2]. Art. 17 Abs. 1 Unterabs. 1 VO Nr. 596/ 2014 verlangt zwar ebenfalls eine **unverzügliche Veröffentlichung**. Damit wird aber kein Verschuldenserfordernis aufgestellt, sondern lediglich konkretisiert, wann die Veröffentlichung rechtzeitig (vgl. § 120 Abs. 15 Nr. 6 Alt. 5 WpHG) erfolgt[3]. Dies zeigt auch ein Vergleich mit den anderen Sprachfassungen, in denen von „as soon as possible" oder von „dès que possible" die Rede ist. In der Sache entspricht das Unverzüglichkeitserfordernis daher der in der deutschen Ursprungsfassung enthaltenen Formulierung „so bald wie möglich"[4]. Dies zeigt ein Vergleich mit der Formulierung in Art. 17 Abs. 7 VO Nr. 596/2014, wo es in der deutschen Fassung „so schnell wie möglich", auf Englisch und Französisch hingegen erneut „as soon as possible" bzw. „dès que possible" heißt. Alle diese Ausdrücke sind im Rahmen von Art. 17 Abs. 1 VO Nr. 596/2014 gleich zu verstehen. Es kommt deshalb nicht auf ein Verschulden des Emittenten an, sondern allein darauf, wann eine **Veröffentlichung objektiv möglich** ist. Sobald dieser Zeitpunkt verstrichen ist, **beginnt das Unterlassen** i.S.v. § 97 Abs. 1 WpHG[5].

Wann eine Veröffentlichung objektiv möglich ist, richtet sich letztlich nach den Umständen des **Einzelfalls**. Trotzdem lassen sich eine Reihe wichtiger Grundsätze festhalten. Handelt es sich um die Veröffentlichung einer Insiderinformation, deren **Entstehung absehbar oder wahrscheinlich** war, insbesondere weil darauf planvoll hingearbeitet wurde (z.B. Kauf eines anderen Unternehmens; wichtige Erfindung; Marktreife eines wichtigen Produkts) oder weil ihr ein längerer Prozess zugrunde lag (z.B. schlechte Bilanzzahlen; Niederlage in einem wichtigen Rechtsstreit), muss der Emittent die Ad-hoc-Mitteilung so weit vorbereiten, dass lediglich nicht im Voraus bekannte Details wie ein konkretes Datum oder Zahlen eingefügt werden müssen und die Mitteilung dann **sofort in den Veröffentlichungsprozess** gegeben werden kann[6]. Der vielfach geforderte Prüfungszeitraum für den Emittenten[7] ist bei solchen absehbaren Veröffentlichungen mit dem unionsrechtlichen Effektivi-

---

1 BaFin, Emittentenleitfaden 2013, S. 70; 6. Aufl., §§ 37b, 37c WpHG Rz. 105; *Fuchs* in Fuchs, §§ 37b, 37c WpHG Rz. 9, 16; a.A. *Bruchwitz* in Just/Voß/Ritz/Becker, §§ 37b, 37c WpHG Rz. 33 f.; *Möllers/Leisch* in KölnKomm. WpHG, §§ 37b, c WpHG Rz. 115. S. auch *Hellgardt*, Kapitalmarktdeliktsrecht, S. 258.
2 EuGH v. 22.4.1997 – Rs. C-180/95 – Draehmpaehl, Slg. 1997, I-2195, I-2220 (Rz. 21).
3 *Hellgardt*, Kapitalmarktdeliktsrecht, S. 258; dem folgend *Assmann*, Art. 17 VO Nr. 596/2014 Rz. 64 f., *Klöhn* in KölnKomm. WpHG, § 15 WpHG Rz. 100; *Sajnovits*, WM 2016, 765, 766; anders aber nun *Klöhn* in Klöhn, Art. 17 MAR Rz. 105, 116 ff., der auf die nachträglich korrigierte deutschsprachige Fassung von Art. 17 Abs. 1 Unterabs. 1 VO Nr. 596/2014 abstellt.
4 So auch *Klöhn*, NZG 2017, 1285, 1288; s. auch Rz. 32 Fn. 9.
5 A.A. *Maier-Reimer/Webering*, WM 2002, 1857, 1859; *Zimmer/Grotheer* in Schwark/Zimmer, §§ 37b, 37c WpHG Rz. 66, denen zufolge der Beginn des Unterlassens mit Verweis auf die grobe Fahrlässigkeit zu bestimmen sei. Daran ist zwar richtig, dass die Haftung nicht nur ein Unterlassen erfordert, sondern auch voraussetzt, dass dieses auf grober Fahrlässigkeit beruht. Gemäß § 97 Abs. 2 WpHG trägt aber der Emittent die Beweislast dafür, dass die Unterlassung nicht grob fahrlässig war. Es geht daher nicht an, den Anleger im Rahmen des Beweises der haftungsbegründenden Tatbestandsmerkmale mit dem Nachweis zu belasten, dass die Veröffentlichung ohne grobe Fahrlässigkeit möglich gewesen wäre.
6 Ähnlich OLG München v. 15.12.2014 – KAP 3/10, juris Rz. 510 (insoweit nicht in OLG München v. 15.12.2014 – Kap 3/10, NZG 2015, 399 abgedruckt).
7 BGH v. 13.12.2011 – XI ZR 51/10 – IKB, BGHZ 192, 90, 107 = AG 2012, 209; *Assmann*, Art. 17 VO Nr. 596/2014 Rz. 66; *Fuchs* in Fuchs, §§ 37b, 37c WpHG Rz. 15; *Möllers/Leisch* in KölnKomm. WpHG, §§ 37b, c WpHG Rz. 117.

tätsverbot, das eine bestmögliche Verhinderung von Insiderhandel verlangt, nicht vereinbar. Denn bei ordnungsgemäßer Vorbereitung hätte eine sofortige Veröffentlichung erfolgen können. Am anderen Ende der Skala stehen Fälle, in denen **völlig unvorhersehbare Umstände** eingetreten sind, deren Kursrelevanz im Einzelnen schwer überschaubar ist (z.B. Naturkatastrophe an einem wichtigen Produktionsstandort). Damit der Markt nicht mit einer Unmenge von Meldungen mit zweifelhaftem Informationsgehalt überflutet wird, ist dem Emittenten in solchen Fällen die Möglichkeit zu gewähren, sich zunächst einen Überblick über die Lage zu verschaffen und die Auswirkungen der Ereignisse abzuschätzen, ehe die Ad-hoc-Mitteilung publiziert wird. Die dabei zu gewährende **Prüffrist** wird aber begrenzt durch das Ziel der effektiven Prävention von Insiderhandel und darf daher nicht so lange sein, dass sich die Nachricht bereits gerüchteweise weit verbreiten kann. Dazwischen liegen Fälle, in denen ein Ereignis denkbar, aber nicht wahrscheinlich war, bzw. in denen die Implikationen des unvorhersehbaren Umstands auf der Hand liegen (z.B. Unfalltod des Vorstandsvorsitzenden; Kündigung eines Großauftrags; Konfrontation mit erheblichen Schadensersatzforderungen). In solchen Fällen ist lediglich die Verifikation des Ereignisses sowie die Formulierung der Meldung erforderlich. Verzögerungen, die darauf beruhen, dass eine zur Autorisierung der Meldung berechtigte Person nicht erreichbar ist, oder dass die Information unternehmensintern nicht richtig weitergeleitet wurde, sind hingegen nicht erforderlich und führen zu einer pflichtwidrigen Unterlassung der erforderlichen Veröffentlichung.

89 Das Erfordernis, dass die Veröffentlichung unverzüglich bzw. so bald wie möglich erfolgen muss, ist auch relevant für die Frage der Kenntnis von der veröffentlichungspflichtigen Insiderinformation. Der im Schrifttum vertretenen Ansicht, dass nur solche Insiderinformationen zu veröffentlichen seien, die der für die Veröffentlichung zuständige Organwalter kennt[1], hat der BGH im IKB-Urteil eine Absage erteilt. Danach können auch solche Informationen, die dem Emittenten nicht bekannt sind, die er sich aber beschaffen kann, eine Ad-hoc-Publizitätspflicht auslösen[2]. Der BGH hat damit eine **Informationsbeschaffungspflicht** statuiert, die sich auf alle Informationen bezieht, zu denen der Emittent selbst – etwa aufgrund vertraglicher Rechte – Zugang hat[3]. Die Entstehung der Ad-hoc-Publizitätspflicht **erfordert** daher **keine Kenntnis des Emittenten** von der Insiderinformation[4]. Aufgrund der von Art. 17 VO Nr. 596/2014 bezweckten Vollharmonisierung sind auch nationale Regeln über die Wissenszurechnung nicht auf die Ad-hoc-Publizität anwendbar[5]. Ist den für die Ad-hoc-Publizität verantwortlichen Organwaltern eine Insiderinformation, die den Emittenten unmittelbar betrifft, nicht bekannt, kommt es allein darauf an, ob eine Veröffentlichung trotz dieser Unkenntnis *möglich* gewesen wäre. Dies ist jedenfalls immer dann der Fall, wenn die Information **irgendeinem Unternehmensangehörigen** bekannt ist. Denn sobald jemand über die Information verfügt, der in die Unternehmenshierarchie eingebunden ist, kann diese Information bei einer entsprechenden Unternehmensorganisation weitergeleitet werden. Indem Art. 17 VO Nr. 596/2014 die **Möglichkeit der Veröffentlichung** zum pflichtenauslösenden Moment erhebt, statuiert die Norm entgegen der ganz h.M. gerade keine Organisationspflichten für den Emittenten[6]. Denn es tritt keine Entlastung dadurch ein, dass der Emittent belegt, dass seine Unternehmensorganisation extern definierten Pflichten entspricht, die Information aber trotzdem nicht weitergeleitet wurde. Derartige Pflichten werden von den Gerichten festgelegt und lassen den Rechtsverstoß entfallen, wenn trotz Nichtveröffentlichung alle Handlungsanweisungen befolgt wurden, die die Gerichte für vernünftig erachten. Demgegenüber liegt bei Art. 17 VO Nr. 596/2014 solange eine pflichtwidrige Unterlassung vor, wie eine Veröffentlichung möglich gewesen wäre. Es ist deshalb allein Sache des Emittenten, wie er sicherstellt, dass eine mögliche Veröffentlichung auch tatsächlich erfolgt. Eine Veröffentlichung ist nur dann nicht möglich, wenn **niemand beim Emittenten** über die Insiderinformation verfügt und sie auch **nicht durch den Emittenten selbst beschafft werden kann** (z.B. Pläne eines anderen Unternehmens, den Emittenten im Wege einer feindlichen Übernahme zu übernehmen). Allein eine solche Auslegung wird dem Ziel des Art. 17 VO Nr. 596/2014 gerecht, für eine effektive Prävention sowohl von Insiderhandel als auch Fehlverhalten im Unternehmen zu sorgen (s. dazu Rz. 33 f.). Damit beginnt die Veröffentlichungspflicht grundsätzlich (zu einer möglichen Prüffrist s. zuvor Rz. 88), sobald ein Unternehmensangehöriger – völlig unabhängig von seiner Stellung in der Hierarchie – über die Insiderinformation verfügt oder sobald dem Emittenten die rechtliche Möglichkeit offensteht, sich die Information bei einem Dritten zu beschaffen. Dies gilt auch im Fall von **Compliance-Verstößen**. Hier beginnt die Veröffentlichungspflicht, sobald ein Mitarbeiter in einem Umfang Gesetzesverstöße begeht, dass die im Falle der Entdeckung zu erwartenden Sanktionen ein Ausmaß annehmen, dem Kursbeeinflussungspotential zukommt. Würde man dies anders sehen und etwa die Veröffentlichungspflicht verneinen, wenn Informationen vor höhe-

---

1 *Leyendecker-Langner/Kleinhenz*, AG 2015, 72, 76.
2 BGH v. 13.12.2011 – XI ZR 51/10 – IKB, BGHZ 192, 90, 105 = AG 2012, 209.
3 *Hellgardt*, DB 2012, 673, 675 f.; a.A. *Ihrig*, ZHR 181 (2017), 381, 394 f. (ohne Auseinandersetzung mit dem IKB-Urteil).
4 *Hellgardt*, DB 2012, 673, 675; *Klöhn*, NZG 2017, 1285, 1286 f.; *Klöhn* in Klöhn, Art. 17 MAR Rz. 105; *Schäfer* in Marsch-Barner/Schäfer, Handbuch börsennotierte AG, Rz. 15.20; *Voß* in Just/Voß/Ritz/Becker, § 15 WpHG Rz. 93; a.A. *Ihrig*, ZHR 181 (2017), 381, 385; *Thelen*, ZHR 182 (2018), 62, 75. Anders auch zum alten Recht *Buck-Heeb*, AG 2015, 801.
5 *Klöhn*, NZG 2017, 1285, 1289.
6 So aber BaFin, Emittentenleitfaden 2013, S. 70; *Ihrig*, ZHR 181 (2017), 381, 390 f.; *Klöhn*, NZG 2017, 1285, 1288 f.; *Sajnovits*, WM 2016, 765, 768 f.; *Wilken/Hagemann*, BB 2016, 67, 70 f.

ren Führungsebenen systematisch geheim gehalten werden[1], wäre die Corporate-Governance-Funktion der Ad-hoc-Publizität wie auch die Insiderhandelsprävention ad absurdum geführt. Diese erfordern, dass auch solche Verstöße Sanktionen nach sich ziehen, weil nur dann sichergestellt ist, dass die Unternehmensleitung die besten Anreize hat, Compliance-Verstöße wirksam zu unterbinden und sich nicht lediglich mit einem Panzer der Unwissenheit zu umgeben.

Der Tatbestand des § 97 Abs. 1 WpHG betrifft nicht nur Verstöße gegen die Pflicht zur Veröffentlichung einer Ad-hoc-Mitteilung gem. Art. 17 Abs. 1 Unterabs. 1 VO Nr. 596/2014. Vom Wortlaut erfasst ist auch eine Haftung bei **Missachtung der** von Art. 17 Abs. 1 Unterabs. 2 VO Nr. 596/2014 **vorgeschriebenen Art und Weise der Veröffentlichung**, § 26 Abs. 3 Satz 1 WpHG. Haftungsrelevant ist dabei insbesondere ein Verstoß gegen Art. 17 Abs. 1 Unterabs. 2 Satz 1 VO Nr. 596/2014 i.V.m. Art. 2 DurchfVO 2016/1055. Wird etwa entgegen Art. 2 Abs. 1 lit. a Ziff. ii DurchfVO 2016/1055 von den Anlegern ein Entgelt für den Zugang zur Veröffentlichung verlangt oder erfolgt diese ausschließlich auf der Website des Emittenten, ist die Pflicht zur Information der Öffentlichkeit gem. Art. 17 Abs. 1 Unterabs. 1 VO Nr. 596/2014 nicht erfüllt. Gleiches gilt, wenn der Emittent die Insiderinformation lediglich im Wege einer Pressemitteilung veröffentlicht. Durch derartige Veröffentlichungen wird die Handlungspflicht des Art. 17 Abs. 1 VO Nr. 596/2014 nicht erfüllt, so dass dadurch prima facie kein Bekanntwerden der Insiderinformation i.S.v. § 97 Abs. 1 WpHG, sondern lediglich ein Einsickern in den Markt vorliegt (s. dazu Rz. 78 f.). Ein Verstoß gegen das **Vermarktungsverbot** von Art. 17 Abs. 1 Unterabs. 2 Satz 2 VO Nr. 596/2014 führt hingegen nur dann zu einer Haftung, wenn die Vermarktung derart im Vordergrund steht, dass die Ad-hoc-Mitteilung nicht mehr als solche zu erkennen ist und daher nicht entsprechend veröffentlicht und rezipiert wird. Konterkariert die Werbeaussage den Inhalt der Mitteilung, kommt zudem eine Haftung nach § 98 Abs. 1 WpHG in Betracht. Bei einem Verstoß gegen Art. 17 Abs. 1 Unterabs. 2 Satz 3 VO Nr. 596/2014 i.V.m. Art. 3 DurchfVO 2016/1055 ist zu differenzieren. Unterlässt der Emittent bereits ursprünglich die **Veröffentlichung auf der eigenen Website**, gelten die vorherigen Ausführungen zu Verstößen gegen Art. 2 DurchfVO 2016/1055 entsprechend. Denn in diesem Fall werden solche Anleger von der (sofortigen) Information ausgeschlossen, die auf dieses Informationsmedium vertrauen. Besteht der Verstoß dagegen darin, dass die zunächst pflichtgemäß angezeigte Ad-hoc-Mitteilung **vor Ablauf von 5 Jahren von der Website gelöscht** wird, begründet dies keine Haftung. Denn da die Verarbeitung durch den Markt regelmäßig binnen weniger Sekunden abgeschlossen ist (s. Rz. 33), kann durch die spätere Löschung kein kausaler Schaden mehr entstehen.

Daneben erstreckt sich die Haftung gem. § 26 Abs. 3 Satz 1 WpHG auch auf Verstöße gegen die **besonderen Veröffentlichungspflichten der Art. 17 Abs. 7 oder 8 VO Nr. 596/2014**. Die Regelung des Art. 17 Abs. 7 VO Nr. 596/2014 betrifft den Fall, dass der Emittent eine an sich gem. Art. 17 Abs. 1 Unterabs. 1 VO Nr. 596/2014 gebotene Ad-hoc-Mitteilung entweder wegen berechtigter eigener Interessen oder zur Wahrung der Stabilität des Finanzsystems nach Art. 17 Abs. 4 oder 5 VO Nr. 596/2014 aufgeschoben hat (dazu Rz. 95). In diesen Fällen muss der Emittent gem. Art. 17 Abs. 4 Unterabs. 1 lit. c, Abs. 5 lit. c VO Nr. 596/2014 die Geheimhaltung der Insiderinformation gewährleisten. Bei einer **Verletzung der Geheimhaltungspflicht** ordnet Art. 17 Abs. 7 Unterabs. 1 VO Nr. 596/2014 an, dass die Veröffentlichung so schnell wie möglich nachzuholen ist. Dies gilt unabhängig davon, wer die Vertraulichkeitslücke verursacht hat[2]. Dem ist gem. Art. 17 Abs. 7 Unterabs. 2 VO Nr. 596/2014 der Fall gleichgestellt, dass Gerüchte auftauchen, die so präzise sind, dass sie den Schluss zulassen, dass die Vertraulichkeit nicht mehr gewahrt ist. Sofern sich der Emittent dazu entschließt, die Veröffentlichung einer Insiderinformation auf eigene Verantwortung aufzuschieben, muss er stets mit der Möglichkeit einer Vertraulichkeitslücke rechnen. Daher müssen Routinen eingerichtet werden, um mögliche Informationslecks umgehend identifizieren zu können. Außerdem müssen Strukturen existieren, einschließlich eines vorformulierten Textes, die im Falle einer Vertraulichkeitslücke eine sofortige Veröffentlichung ermöglichen[3]. Art. 17 Abs. 8 Satz 1 VO Nr. 596/2014 statuiert eine Veröffentlichungspflicht im Falle der **Offenlegung von Insiderinformationen**. Anders als bei Art. 17 Abs. 1 Unterabs. 1 VO Nr. 596/2014 ist hierfür nach dem eindeutigen Wortlaut nicht erforderlich, dass es sich um Insiderinformationen handelt, die den Emittenten unmittelbar betreffen[4]. Erforderlich ist aber, dass der Emittent Informationsquelle ist. Denn Art. 17 Abs. 8 Satz 1 VO Nr. 596/2014 erfasst auch Konstellationen, in denen Dritte die Insiderinformation offenlegen. In einer solche Situation ergibt eine Veröffentlichungspflicht des Emittenten nur Sinn, wenn dieser die Information zuvor dem Dritten zur Verfügung gestellt hatte. Geschieht die Offenlegung absichtlich, d.h. wissentlich, so muss die **Veröffentlichung zeitgleich** erfolgen, Art. 17 Abs. 8 Satz 1 Alt. 1 VO Nr. 596/2014. Die Veröffentlichung erfolgt nur dann zeit-

90

91

---

1 So *Ihrig*, ZHR 181 (2017), 381, 410 mit Verweis auf den nemo tenetur-Grundsatz. Dieser ist allerdings bereits deshalb nicht anwendbar, weil er nur davor schützt, sich gegenüber *staatlichen* Stellen selbst belasten zu müssen; s. auf nationaler Ebene BVerfG v. 26.2.1997 – 1 BvR 2172/96, BVerfGE 95, 220, 241; auf europäischer Ebene s. EGMR v. 21.12.2000 – Appl. No. 34720/97 – Heaney and McGuinness v. Ireland, Rz. 40.
2 ESMA, Final Report: Draft technical standards on the Market Abuse Regulation, 28.9.2015, ESMA/2015/1455, S. 53; BaFin, FAQ Art. 17 MAR, Stand: 20.6.2017, III.2.
3 BaFin, FAQ Art. 17 MAR, Stand: 20.6.2017, IV.4.
4 *Klöhn* in Klöhn, Art. 17 MAR Rz. 468 m.w.N.; a.A. *Assmann*, Art. 17 VO Nr. 596/2014 Rz. 291.

gleich, wenn ausgeschlossen werden kann, dass der Adressat der individuellen Offenlegung die Möglichkeit hat, Insidergeschäfte zu tätigen. Angesichts der durch moderne technische Kommunikationsmittel gegebenen Möglichkeiten, binnen Sekunden Transaktionen vorzunehmen, erfordert dies regelmäßig, dass die Veröffentlichung sekundengenau gleichzeitig erfolgt. Geschieht die Offenlegung unabsichtlich, muss die Veröffentlichung gem. Art. 17 Abs. 8 Satz 1 Alt. 2 VO Nr. 596/2014 unverzüglich erfolgen. Insoweit sind die Anforderungen noch strenger als bei Art. 17 Abs. 1 Unterabs. 1 VO Nr. 596/2014, wie ein Vergleich mit anderen Sprachfassungen zeigt, die verlangen, dass die Veröffentlichung „promptly" bzw. „rapidement" erfolgt. Obwohl Art. 17 Abs. 8 Satz 1 VO Nr. 596/2014 auch die Offenlegung durch Dritte erfasst, richtet sich die Veröffentlichungspflicht ausschließlich an den Emittenten und daher trifft auch nur diesen im Falle der unterlassenen Veröffentlichung eine Haftung gem. § 97 Abs. 1 WpHG[1]. Die Veröffentlichungspflicht und auch die Haftung bestehen nicht, wenn die Empfängerperson ihrerseits zur Verschwiegenheit verpflichtet ist, Art. 17 Abs. 8 Satz 2 VO Nr. 596/2014. Sofern der Empfänger gegen diese Verschwiegenheitspflicht verstößt und die Information seinerseits offenlegt, greift die Veröffentlichungspflicht nach Art. 17 Abs. 8 Satz 1 VO Nr. 596/2014 wieder ein.

92 Gemäß § 26 Abs. 3 Satz 1 WpHG erfasst die Haftung nach § 97 WpHG auch den Fall, dass der Emittent die **Pflichten zur Vorabinformation** und nachfolgenden Speicherung nach § 26 Abs. 1 WpHG missachtet. Demnach ist die Ad-hoc-Mitteilung vor ihrer Veröffentlichung der BaFin und den Geschäftsführungen der Handelsplätze, an denen die Finanzinstrumente zum Handel zugelassen oder in den Handel einbezogen sind, mitzuteilen sowie unverzüglich nach ihrer Veröffentlichung dem Unternehmensregister gem. § 8b HGB zur Speicherung zu übermitteln. Jedenfalls bei einem Verstoß gegen die Pflicht zur Übermittlung an das Unternehmensregister muss eine Haftung aber ausscheiden, da dadurch kein kausaler Schaden entstehen kann. Umstritten ist die Frage, ob auch die Verletzung der Vorabinformationspflicht eine Haftung auslösen kann[2]. Für eine solche Haftung wird angeführt, dass der Marktbetreiber durch die Vorabinformation in die Lage versetzt wird, den Handel in den betroffenen Finanzinstrumenten auszusetzen (vgl. § 25 BörsG) und dadurch übermäßige Kursausschläge zu verhindern[3]. Für die Möglichkeit einer Haftung spricht auch, dass der Gesetzgeber in § 26 Abs. 3 Satz 1 WpHG ausdrücklich nicht nur auf Art. 17 VO Nr. 596/2014, sondern auch auf § 26 Abs. 1 WpHG verweist. Obwohl die Gesetzesbegründung keine Ausführungen zu § 26 Abs. 3 WpHG enthält[4], legt die Anpassung des Verweises an die geänderte Rechtslage nahe, dass der Gesetzgeber bewusst die Pflicht zur Vorabinformation in den Haftungstatbestand einbeziehen wollte. Ein Anspruchssteller, der seinen Schadensersatzanspruch auf eine Verletzung von § 26 Abs. 1 WpHG stützt, muss allerdings beweisen, dass er dadurch einen Verlust erlitten hat, dass er unmittelbar nach Veröffentlichung der Ad-hoc-Mitteilung gehandelt hat und durch die starke Volatilität einen Kurs erzielt hat, der auch in Anbetracht des Inhalts der Ad-hoc-Mitteilung unangemessen war, während bei einer pflichtgemäßen Vorabinformation der Marktbetreiber den Handel ausgesetzt hätte, so dass es zu der Schädigung nicht hätte kommen können. Ein solcher Beweis wird im Regelfall nicht zu führen sein, weshalb dieser Haftungsvariante keine praktische Bedeutung zukommt.

93 Das **Unterlassen endet** mit dem Bekanntwerden der Insiderinformation (s. dazu ausführlich Rz. 78 f.). Dem Tatbestand des § 97 Abs. 1 WpHG unterfällt deshalb nicht nur das völlige Unterlassen der Veröffentlichung der Ad-hoc-Mitteilung, sondern auch die **verspätete Ad-hoc-Mitteilung**[5].

94 Veröffentlicht der Emittent eine unvollständige oder unwahre Ad-hoc-Mitteilung, können sich **Abgrenzungsprobleme zwischen § 97 WpHG und § 98 WpHG** ergeben. So hat der BGH im IKB-Urteil aufgrund der Veröffentlichung einer unwahren Meldung einen Verstoß gegen § 97 WpHG für möglich gehalten[6]. Damit hat § 97 Abs. 1 WpHG das Potential, zu einem **Auffangtatbestand bei der Veröffentlichung falscher Kapitalmarktinformationen** zu werden. Während es in dem entschiedenen Fall um eine inhaltlich falsche Pressemitteilung ging, so dass keine direkte Konkurrenz zur Haftung für falsche Ad-hoc-Mitteilungen nach § 98 WpHG bestand, kann es in anderen Konstellationen durchaus zu einer solchen Normenkonkurrenz kommen. Dies gilt insbesondere, weil Art. 17 VO Nr. 596/2014, anders als § 15 Abs. 2 Satz 2 WpHG a.F., keine ausdrückliche Pflicht enthält, die Veröffentlichung einer unwahren Ad-hoc-Mitteilung zu berichtigen. Eine solche Pflicht wird allerdings in §§ 4 Abs. 3, 8 Abs. 2 WpAV vorausgesetzt. Während nach altem Recht von der h.M. eine Haftung nach § 37b Abs. 1 WpHG a.F. allein wegen Verstoßes gegen die Berichtigungspflicht bejaht wurde[7], kann dies mangels Berichtigungspflicht nicht mehr angenommen werden. Erforderlich ist vielmehr, dass der

---

1 *Zimmer/Grotheer* in Schwark/Zimmer, §§ 37b, 37c WpHG Rz. 20d (zu § 15 Abs. 1 Satz 4 oder 5 WpHG a.F.).
2 Ablehnend z.B. *Mülbert/Steup* in Habersack/Mülbert/Schlitt, Unternehmensfinanzierung am Kapitalmarkt, Rz. 41.189.
3 *Casper* in KölnKomm. KapMuG, §§ 37b, c WpHG Rz. 30; *Möllers/Leisch* in KölnKomm. WpHG, §§ 37b, c WpHG Rz. 41.189.
4 Vgl. Begr. RegE 2. FiMaNoG, BT-Drucks. 18/10936, 230.
5 Begr. RegE 4. FMFG, BT-Drucks. 14/8017, 93.
6 BGH v. 13.12.2011 – XI ZR 51/10 – IKB, BGHZ 192, 90, 102 ff. = AG 2012, 209. Kritsch dazu *Hellgardt*, DB 2012, 673, 678.
7 *Fuchs* in Fuchs, §§ 37b, 37c WpHG Rz. 11; *Lenenbach*, Kapitalmarktrecht, Rz. 11.592; *Mülbert/Steup* in Habersack/Mülbert/Schlitt, Unternehmensfinanzierung am Kapitalmarkt, Rz. 41.186. Eine Analogie zu § 37b WpHG befürwortend *Möllers/Leisch* in KölnKomm. WpHG, §§ 37b, c WpHG, Rz. 123; *Casper* in KölnKomm. KapMuG, §§ 37b, c WpHG Rz. 31; a.A. *Ekkenga*, ZIP 2004, 781, 789.

Veröffentlichungsfehler als solcher eine Insiderinformation darstellt, die der Veröffentlichungspflicht nach Art. 17 Abs. 1 VO Nr. 596/2014 unterfällt. Sofern bereits die fehlerhafte Ad-hoc-Mitteilung selbst den Tatbestand des § 98 Abs. 1 WpHG erfüllt, ist dieser als lex specialis vorrangig (s. Rz. 100). Der Haftung nach § 97 Abs. 1 WpHG kommt aber dann eine eigenständige Bedeutung zu, wenn für die ursprüngliche Falschmeldung keine Haftung besteht[1]. Dies kann entweder der Fall sein, wenn der Emittent zwar eine unwahre Ad-hoc-Mitteilung veröffentlicht hat, dies aber nicht auf grober Fahrlässigkeit beruhte, oder wenn die Falschmeldung auf sonstige Weise (etwa durch eine Pressemitteilung) erfolgt ist. In diesen Fällen setzt die Haftung nach § 97 Abs. 1 WpHG aber nicht an der Falschmeldung als solcher an[2], sondern daran, dass eine **unverzügliche Berichtigung** entgegen Art. 17 Abs. 1 VO Nr. 596/2014 **unterblieben** ist. Erforderlich ist daher, dass der Kurs des Finanzinstruments durch die falsche Veröffentlichung beeinflusst wurde und die Unwahrheit der veröffentlichten Information den Tatbestand des Art. 7 Abs. 1 lit. a VO Nr. 596/2014 erfüllt. Sofern die fehlerhafte Veröffentlichung vorsätzlich erfolgt, ist nur eine zeitgleiche Korrekturmeldung rechtzeitig i.S.v. Art. 17 Abs. 1 Unterabs. 1 VO Nr. 596/2014 und § 97 Abs. 1 WpHG. Erfolgte die Falschmeldung fahrlässig oder schuldlos, entsteht die Korrekturpflicht gem. Art. 17 Abs. 1 Unterabs. 1 VO Nr. 596/2014, sobald der Fehler objektiv erkennbar ist.

cc) Rechtswidrigkeit; insbesondere Rechtfertigung durch Befreiungstatbestände. Die Nichtveröffentlichung einer Ad-hoc-Mitteilung entgegen Art. 17 Abs. 1, 7 oder 8 VO Nr. 596/2014 oder die unterlassene Vorabbenachrichtigung gem. § 26 Abs. 1 WpHG führt nur dann zu einer Haftung nach § 97 Abs. 1 WpHG, wenn sie **rechtswidrig** erfolgt ist. Die Nichtvornahme der Mitteilung trotz Erfüllung der gesetzlichen Tatbestandsvoraussetzungen einer Veröffentlichungspflicht indiziert die Rechtswidrigkeit[3]. Eine Verzögerung der Veröffentlichung ist aber gerechtfertigt, solange sich der Emittent wirksam gem. **Art. 17 Abs. 4 oder 5 VO Nr. 596/2014 von der Veröffentlichungspflicht** nach Art. 17 Abs. 1 VO Nr. 596/2014 **selbst befreit** hat[4]. Erforderlich ist zunächst, dass die Befreiungsvoraussetzungen objektiv vorliegen (s. dazu Art. 17 VO Nr. 596/2014 Rz. 100 ff., 131 ff.). Dies muss das Zivilgericht prüfen, wenn der Anleger Ansprüche nach § 97 Abs. 1 WpHG geltend macht. Obwohl der Aufschub zur Wahrung der Stabilität des Finanzsystems gem. Art. 17 Abs. 5 lit. d VO Nr. 596/2014 eine Zustimmung der zuständigen Behörde[5] voraussetzt, handelt der Emittent nach dem eindeutigen Wortlaut „auf eigene Verantwortung". Die behördliche Zustimmung entfaltet daher keine Bindungswirkung für den Zivilprozess, was auch bereits daraus folgt, dass sie nur „auf der Grundlage" gilt, dass die sonstigen Befreiungsvoraussetzungen erfüllt sind. Gelangt das Zivilgericht zu der Auffassung, dass die Voraussetzungen des Befreiungstatbestands nicht gegeben waren, erscheint die gegenteilige Auffassung des Emittenten aber vertretbar, kommt ggf. eine Entschuldigung gem. § 97 Abs. 2 WpHG in Betracht (s. Rz. 114). Die Rechtfertigung setzt aber zusätzlich voraus, dass der Emittent eine entsprechende **Befreiungsentscheidung** getroffen hat. Anders als bei § 15 Abs. 3 Satz 1 WpHG a.F. („der Emittent ist ... befreit") erfordert Art. 17 Abs. 4 Unterabs. 1, Abs. 5 VO Nr. 596/2014, dass der Emittent die Offenlegung aufschiebt, was einen bewussten Akt erfordert[6]. Das spricht dafür, dass die Ausnahme von der Veröffentlichungspflicht nur eingreift, wenn eine entsprechende Entscheidung getroffen wird. Nach Auffassung der BaFin muss mindestens ein Vorstandsmitglied an dieser Entscheidung beteiligt sein[7]. Die Haftung kann auch nicht unter dem Gesichtspunkt des rechtmäßigen Alternativverhaltens verneint werden[8]. Denn Voraussetzung der Selbstbefreiung ist gem. Art. 17 Abs. 4 Unterabs. 1 lit. c, Abs. 5 lit. c VO Nr. 596/2014, dass die Geheimhaltung der Information gewährleistet wird. Dies setzt voraus, dass der Emittent entsprechende organisatorische Maßnahmen ergreift, zu denen es insbesondere auch gehört, einen entsprechenden Abschnitt in der Insiderliste gem. Art. 18 VO Nr. 596/2014 einzurichten und Personen mit Zugang zu der Insiderinformation gem. Art. 18 Abs. 2 VO Nr. 596/2014 aufzuklären. Gleichzeitig müssen Vorkehrungen getroffen werden, um Informationslecks zu erkennen und in diesem Fall eine sofortige Veröffentlichung sicherzustellen (s. Rz. 91). Der Umstand, dass die Information tatsächlich vertraulich geblieben ist, reicht daher nicht aus, um von einem rechtmäßigen Alternativverhalten auszugehen[9]. Für diese Auslegung spricht auch die Steuerungsfunktion der Haftung und ihre Bedeutung für die Corporate Governance (s. Rz. 39, 42). Diese Funktionen wären ernsthaft gefährdet, wenn eine Haftung beim pflichtwidrigen Unterlassen einer Ad-hoc-Mitteilung nur deshalb nicht eingreifen würde, weil der Emittent – hätte er sich pflichtgemäß

---

1 Dies ist dann der Fall, wenn man entgegen der hier vertretenen Auffassung (s. Rz. 58) davon ausgeht, dass Art. 15 VO Nr. 596/2014 kein Schutzgesetz i.S.v. § 823 Abs. 2 BGB darstellt.
2 Deshalb entfaltet § 98 WpHG insoweit auch keine Sperrwirkung.
3 *Zimmer/Grotheer* in Schwark/Zimmer, §§ 37b, 37c WpHG Rz. 50.
4 *Bruchwitz* in Just/Voß/Ritz/Becker, §§ 37b, 37c WpHG Rz. 28; *Fuchs* in Fuchs, §§ 37b, 37c WpHG Rz. 14; *Mülbert/Steup* in Habersack/Mülbert/Schlitt, Unternehmensfinanzierung am Kapitalmarkt, Rz. 41.188.
5 Die Zuständigkeit bestimmt sich gem. Art. 17 Abs. 3 VO Nr. 596/2014 nach Art. 6 DelVO 2016/522.
6 *Assmann*, Art. 17 VO Nr. 596/2014 Rz. 89 m.w.N.; a.A. *Klöhn* in Klöhn, Art. 17 MAR Rz. 184.
7 BaFin, FAQ Art. 17 MAR, Stand: 20.6.2017, III.1.; in die gleiche Richtung, aber offener, ESMA, Final Report: Draft technical standards on the Market Abuse Regulation, 28.9.2015, ESMA/2015/1455, S. 52.
8 So zum alten Recht OLG Stuttgart v. 22.4.2009 – 20 Kap 1/08, AG 2009, 454, 463 f.; dagegen zu Recht BGH v. 23.4.2013 – II ZB 7/09, AG 2013, 518, 522.
9 BGH v. 23.4.2013 – II ZB 7/09, AG 2013, 518, 522.

verhalten und daher von der Veröffentlichungspflicht Kenntnis erlangt – eine Selbstbefreiung hätte herbeiführen können[1].

96 Die Befreiungsgründe der Art. 17 Abs. 4 und 5 VO Nr. 596/2014 sind lex specialis zu den **allgemeinen Rechtfertigungsgründen** (wie Notstand oder rechtfertigende Pflichtenkollision). Sind ihre Voraussetzungen nicht gegeben, kommt eine Rechtfertigung des Emittenten nicht in Betracht[2]. Zudem erlauben die Selbstbefreiungstatbestände lediglich den Aufschub der Veröffentlichung. Das **vollständige Unterlassen der Veröffentlichung** ist daher niemals gerechtfertigt. Hier entfällt allerdings die Veröffentlichungspflicht, sobald die unterdrückte Information ihre Eigenschaft als Insiderinformation gem. Art. 7 Abs. 1 lit. a VO Nr. 596/2014 verliert, etwa, weil sie anderweitig öffentlich bekannt wird oder nicht mehr kursrelevant ist. Mit diesem Zeitpunkt endet daher auch die Haftung nach § 97 Abs. 1 WpHG (s. Rz. 78). Der Umstand, dass eine Information wenig später im Rahmen der Regelpublizität ohnehin veröffentlicht werden wird, rechtfertigt dagegen kein Unterlassen der Ad-hoc-Meldung[3].

97 **b) Veröffentlichung einer unwahren Insiderinformation (§ 98 Abs. 1 WpHG). aa) Insiderinformation.** Die Haftungsnorm des § 98 Abs. 1 WpHG ergänzt die Verantwortlichkeit nach § 97 Abs. 1 WpHG für den Fall, dass der Normverstoß des Emittenten nicht darin besteht, entgegen Art. 17 VO Nr. 596/2014 gar keine Ad-hoc-Mitteilung zu veröffentlichen, sondern dass im Zuge einer gesetzlich erforderlichen Ad-hoc-Mitteilung oder im Rahmen einer vermeintlichen Ad-hoc-Mitteilung unwahre Informationen verbreitet werden. Die Haftung setzt voraus, dass die unwahre Information **in einer Mitteilung nach Art. 17 VO Nr. 596/2014** erfolgt. Ob dies der Fall ist, richtet sich zunächst nach der äußeren Form der Meldung, ihrer Bezeichnung und der Art ihrer Veröffentlichung[4]. Erforderlich ist daher, dass die Meldung den wesentlichen Anforderungen des § 4 WpAV entspricht, insbesondere die Überschrift „Veröffentlichung von Insiderinformationen nach Art. 17 der Verordnung (EU) Nr. 596/2014" enthält, und gemäß den Vorgaben des Art. 2 DurchfVO 2016/1055 veröffentlicht wird. Erfolgt die Fehlinformation dagegen in einer sonstigen Veröffentlichung, etwa einer Pressemitteilung, ist § 98 WpHG nicht direkt anwendbar. Auch eine analoge Anwendung scheidet mangels planwidriger Regelungslücke aus (s. ausführlich Rz. 57 f.). Des Weiteren ist erforderlich, dass in der Ad-hoc-Mitteilung eine unwahre Insiderinformation veröffentlicht wird, die den Emittenten unmittelbar betrifft. Mit den Tatbestandsmerkmalen „Insiderinformation", die den Emittenten „unmittelbar betrifft", nimmt § 98 Abs. 1 WpHG Bezug auf Art. 7 Abs. 1 lit. a und Art. 17 Abs. 1 Unterabs. 1 VO Nr. 596/2014. Dieser Verweis ist misslungen und würde bei wörtlicher Auslegung zu einer mit dem Normzweck konfligierenden Einschränkung des Haftungstatbestands führen. Eine unwahre Information erfüllt nicht die Voraussetzungen des Art. 7 Abs. 1 lit. a VO Nr. 596/2014, da ihr kein Kursbeeinflussungspotential zukommt. Tatsächlich nicht vorhandene oder zu erwartende Ereignisse können zudem auch nicht den Emittenten i.S.v. Art. 17 Abs. 1 Unterabs. 1 VO Nr. 596/2014 unmittelbar betreffen. Damit würde § 98 Abs. 1 WpHG allenfalls die Konstellation erfassen, dass der Emittent im Rahmen der Veröffentlichung einer wirklichen Insiderinformation diese beschönigt. Die Veröffentlichung frei erfundener Informationen wäre dagegen nicht von der Haftung erfasst. Dies entspricht offensichtlich nicht dem Regelungszweck, denn § 98 WpHG schützt den Marktpreis vor Verfälschungen aufgrund falscher Ad-hoc-Mitteilungen (s. Rz. 39 ff.). Das ist aber bei der Veröffentlichung frei erfundener Meldungen in noch größerem Ausmaß der Fall als bei der Verfälschung einer tatsächlichen Insiderinformation. Bei einer korrigierenden Lesart erfordert der Tatbestand daher lediglich, dass eine Insiderinformation, die den Emittenten unmittelbar betrifft, vorliegen würde, wenn die entsprechende Information wahr wäre[5]. Sofern dagegen der Information auch im Falle ihrer unterstellten Wahrheit keine Kursrelevanz zukäme, fällt ihre Veröffentlichung auch nicht unter § 98 Abs. 1 WpHG. In diesem Fall würde es zudem bereits an einem kausalen Schaden fehlen, weil der Markt die Information aufgrund fehlender Kursrelevanz schlicht ignorieren.

98 Der Verweis des § 98 Abs. 1 WpHG auf den Begriff der Insiderinformation würde bei einer wörtlichen Auslegung zudem erfordern, dass die **unwahre Information** vor ihrer Veröffentlichung **nicht öffentlich bekannt** war. Dieses Merkmal ist offensichtlich nur auf wirkliche Insiderinformationen zugeschnitten, nicht aber auf Falschmeldungen. Würde man auch im Rahmen von § 98 WpHG verlangen, dass die unwahre Information zuvor nicht bekannt war, wären solche Fälle vom Tatbestand ausgeschlossen, in denen der Emittent bereits kursierende falsche

---

1 Leicht abweichend *Klöhn*, ZHR 178 (2014), 55, 96, der keine Befreiungsentscheidung, aber eine Ermessensausübung durch den Vorstand verlangt.
2 Theoretisch ist denkbar, dass sich das handelnde Vorstandsmitglied wegen seiner durch die Verletzung des Art. 17 VO Nr. 596/2014 ausgelösten Haftung aus § 93 AktG auf einen Rechtfertigungsgrund berufen kann. Praktisch sind solche Umstände (etwa Entführung eines Familienangehörigen, um das Unterlassen einer Mitteilung zu erzwingen) aber kaum vorstellbar.
3 LG München I v. 12.6.2009 – 22 O 16205/08 – Hypo Real Estate, Rz. 87 (juris).
4 BGH v. 13.12.2011 – XI ZR 51/10 – IKB, BGHZ 192, 90, 96 = AG 2012, 209.
5 *Bruchwitz* in Just/Voß/Ritz/Becker, §§ 37b, 37c WpHG Rz. 16; *Fuchs* in Fuchs, §§ 37b, 37c WpHG Rz. 25; *Lenenbach*, Kapitalmarktrecht, Rz. 11.595; *Maier-Reimer/Webering*, WM 2002, 1857, 1858; *Mülbert/Steup* in Habersack/Mülbert/Schlitt, Unternehmensfinanzierung am Kapitalmarkt, Rz. 41.191; *Schäfer* in Marsch-Barner/Schäfer, Handbuch börsennotierte AG, Rz. 17.8.

Gerüchte im Wege einer Ad-hoc-Mitteilung bestätigt. Haben die Gerüchte bereits ein kursrelevantes Ausmaß erreicht, kann sich nach dem IKB-Urteil des BGH zwar eine Korrekturpflicht aus § 97 Abs. 1 WpHG ergeben[1]. Damit sind aber nicht solche Fälle erfasst, in denen die Gerüchte noch zu vage oder unbestätigt sind, um als solche bereits eine Kursbeeinflussung zu bewirken. Bestätigt der Emittent aber ein solches Gerücht, scheint Gewissheit darüber zu herrschen, dass die Information zutreffend ist, so dass durchaus noch eine Kursreaktion erfolgt[2]. Deshalb kann dem Merkmal „nicht öffentlich bekannt" im Rahmen von § 98 Abs. 1 WpHG keine eigenständige Bedeutung zukommen[3]. Es kann auch nicht dergestalt verstanden werden, dass die Unwahrheit der Information nicht öffentlich bekannt gewesen sein darf[4]. Denn selbst wenn eine Information bislang als unzutreffend eingestuft wurde, so wird diese Überzeugung durch eine Bestätigung des Emittenten, also der Informationsquelle mit der größten Sachnähe, regelmäßig ernsthaft in Frage gestellt werden. In dem seltenen Fall, dass niemand dem Emittenten glaubt, so dass jegliche Kursbeeinflussung ausbleibt, fehlt es zudem an einem kausal verursachten Schaden, so dass die Haftung bereits aus diesem Grund ausscheidet. Dies ist aber eine empirisch zu klärende Frage des Einzelfalls, die nicht durch eine generelle Ausnahme vom Tatbestand präkludiert werden sollte.

bb) Unwahrheit. Eine Mitteilung ist nach dem allgemeinen Sprachgebrauch unwahr, wenn ihr Inhalt nicht mit der Wirklichkeit übereinstimmt (Korrespondenztheorie der Wahrheit). Dieses Verständnis liegt auch § 98 Abs. 1 WpHG zugrunde[5]. Demnach ist eine Ad-hoc-Mitteilung **unrichtig** (vgl. § 98 Abs. 2 WpHG), wenn sie **frei erfundene Umstände**, **Über- oder Untertreibungen** oder **unzutreffende Dementis** enthält. Eine Mitteilung kann aber auch dann unrichtig sein, wenn sie **Prognosen** oder **Werturteile** enthält. Diese führen zu einer Haftung nach § 98 Abs. 1 WpHG, wenn sie nicht ausreichend durch Tatsachen gestützt und kaufmännisch vertretbar sind[6]. Eine Unwahrheit kann sich auch daraus ergeben, dass die mitgeteilten Informationen zwar an sich zutreffend, aber **unvollständig** sind. Dabei können allerdings nicht die aus der Prospekthaftung bekannten Maßstäbe angelegt werden, weil die Ad-hoc-Mitteilung, anders als der Wertpapierprospekt, nicht den Zweck verfolgt, eine vollständige Darstellung der Lage des Emittenten zu geben[7]. Trotzdem muss der in der Mitteilung berichtete Sachverhalt so dargestellt werden, dass es nicht zu einer Irreführung der Anleger kommt. Entscheidend ist daher nicht die einzelne Aussage, sondern der Gesamteindruck, der durch die Ad-hoc-Mitteilung hervorgerufen wird[8]. Maßstab für die Bestimmung der Unrichtigkeit ist der **Horizont eines verständigen Anlegers**[9] zum **Zeitpunkt** der Veröffentlichung[10].

Bei der Veröffentlichung einer unvollständigen Ad-hoc-Mitteilung stellt sich die Frage der **Abgrenzung zu § 97 WpHG**, da auch ein Fall des teilweisen Unterlassens vorliegen könnte. In der Literatur wird einerseits vorgeschlagen, danach abzugrenzen, ob der unterschlagene Teil für sich die Veröffentlichungspflicht nach Art. 17 Abs. 1 Unterabs. 1 VO Nr. 596/2014 auslöst, und bejahendenfalls § 97 WpHG anzuwenden, während andernfalls eine Haftung nach § 98 WpHG in Betracht kommen soll, wenn die Unvollständigkeit bei einer Gesamtbetrachtung zur Unwahrheit der Mitteilung führt[11]. Andererseits wird dafür eingetreten, § 97 und § 98 WpHG in diesen Fällen kumulativ anzuwenden[12]. § 97 WpHG hat generell das Potential, zu einem Auffangtatbestand bei fehlerhafter Kapitalmarktpublizität zu werden (s. Rz. 94). Dies ist deshalb bedenklich, weil damit die Anforderungen an den Beweis einer unwahren Veröffentlichung unterlaufen werden können[13]. Daher ist es überzeugender, in den Fällen, in denen tatsächlich eine Meldung erfolgt, § 98 WpHG hinsichtlich derjenigen Umstände oder Ereignisse, auf die sich die Ad-hoc-Mitteilung bezieht, als lex specialis gegenüber § 97 WpHG anzusehen. Für den Fall, dass eine in diesen Zusammenhang gehörige Information unterdrückt wird, die eigentlich für sich

---

1 BGH v. 13.12.2011 – XI ZR 51/10 – IKB, BGHZ 192, 90, 104 f. = AG 2012, 209. S. auch Rz. 85 a.E.
2 Dies übersehen *Zimmer/Grotheer* in Schwark/Zimmer, §§ 37b, 37c WpHG Rz. 38.
3 Ebenso *Mülbert/Steup* in Habersack/Mülbert/Schlitt, Unternehmensfinanzierung am Kapitalmarkt, Rz. 41.194; *Zimmer/Grotheer* in Schwark/Zimmer, §§ 37b, 37c WpHG Rz. 37; für eine analoge Anwendung dagegen *Möllers/Leisch* in KölnKomm. WpHG, §§ 37b, c WpHG Rz. 117 f.; a.A. *Bruchwitz* in Just/Voß/Ritz/Becker, §§ 37b, 37c WpHG Rz. 46.
4 So aber *Fuchs* in Fuchs, §§ 37b, 37c WpHG Rz. 26; *Zimmer/Grotheer* in Schwark/Zimmer, §§ 37b, 37c WpHG Rz. 38.
5 Begr. RegE 4. FMFG, BT-Drucks. 14/8017, 94.
6 Vgl. BGH v. 12.7.1982 – II ZR 175/81, NJW 1982, 2823, 2826 = AG 1982, 278; s. auch *Möllers/Leisch* in KölnKomm. WpHG, §§ 37b, c WpHG Rz. 144; *Mülbert/Steup* in Habersack/Mülbert/Schlitt, Unternehmensfinanzierung am Kapitalmarkt, Rz. 41.192; dagegen will *Nietsch*, BB 2005, 785, 788 eine Prognose nur dann als fehlerhaft betrachten, wenn sich der ihr zugrunde liegende Tatsachenkern als unzutreffend erweist.
7 *Hellgardt*, Kapitalmarktdeliktsrecht, S. 265 f.
8 *Möllers/Leisch* in KölnKomm. WpHG, §§ 37b, c WpHG Rz. 140; *Zimmer/Grotheer* in Schwark/Zimmer, §§ 37b, 37c WpHG Rz. 36.
9 Begr. RegE 4. FMFG, BT-Drucks. 14/8017, 87; *Casper* in KölnKomm. KapMuG, §§ 37b, c WpHG Rz. 32; *Möllers/Leisch* in KölnKomm. WpHG, §§ 37b, c WpHG Rz. 137 f.; *Mülbert/Steup* in Habersack/Mülbert/Schlitt, Unternehmensfinanzierung am Kapitalmarkt, Rz. 41.193; *Zimmer/Grotheer* in Schwark/Zimmer, §§ 37b, 37c WpHG Rz. 35.
10 *Zimmer/Grotheer* in Schwark/Zimmer, §§ 37b, 37c WpHG Rz. 43.
11 *Möllers/Leisch* in KölnKomm. WpHG, §§ 37b, c WpHG Rz. 119; *Zimmer/Grotheer* in Schwark/Zimmer, §§ 37b, 37c WpHG Rz. 31.
12 *Fuchs* in Fuchs, §§ 37b, 37c WpHG Rz. 10; *Möllers/Leisch* in KölnKomm. WpHG, §§ 37b, c WpHG Rz. 142; *Mülbert/Steup* in Habersack/Mülbert/Schlitt, Unternehmensfinanzierung am Kapitalmarkt, Rz. 41.185.
13 *Möllers/Leisch* in KölnKomm. WpHG, §§ 37b, c WpHG Rz. 119.

alleine die Veröffentlichungspflicht nach Art. 17 Abs. 1 Unterabs. 1 VO Nr. 596/2014 auslöst, ist auch stets eine Unvollständigkeit der tatsächlich erfolgten Meldung und damit eine Haftung nach § 98 WpHG zu bejahen. Eine Haftung nach § 97 WpHG kommt daher parallel zu einer erfolgten Ad-hoc-Mitteilung nur dann in Betracht, wenn eine Information unterdrückt wird, die in keinerlei Zusammenhang mit dem Gegenstand der Meldung steht. Etwas anderes gilt aber dann, wenn für die falsche Meldung gar keine Haftung nach § 98 WpHG besteht, insbesondere weil der Emittent insoweit nicht grob fahrlässig gehandelt hat. Dann besteht keine Normkonkurrenz, die aufgelöst werden müsste. In diesen Fällen kommt eine Haftung nach § 97 WpHG in Betracht, wenn der Emittent grob fahrlässig die Berichtigung der Falschmeldung unterlässt (s. Rz. 94).

101 Auch im Rahmen von § 98 WpHG kann man zwischen positiven und negativen Falschmeldungen unterscheiden. Sofern der Emittent in der Ad-hoc-Mitteilung **unwahre positive Informationen**, also solche, die zu einem Kursanstieg führen, verbreitet, kommt eine Haftung nach § 98 Abs. 1 Nr. 1 WpHG in Betracht, wenn der Anleger die Finanzinstrumente kauft, nachdem der Kurs durch die Falschmeldung künstlich in die Höhe getrieben wurde. Dies ist der häufigste Fall der Haftung nach § 98 WpHG, da es für die über die Veröffentlichung von Ad-hoc-Mitteilungen entscheidenden Personen viele Anreize gibt, den Kurs der Finanzinstrumente künstlich zu erhöhen oder negative Nachrichten zu beschönigen. Daneben ist auch der Fall erfasst, dass der Emittent **unwahre negative Informationen** veröffentlicht, also solche, durch die der Kurs künstlich abgesenkt wird. Hat ein Anleger nach der Veröffentlichung solcher Informationen seine Finanzinstrumente zu einem zu geringen Kurs verkauft, steht ihm ein Anspruch aus § 98 Abs. 1 Nr. 2 WpHG zu. Auch für die Veröffentlichung falscher schlechter Nachrichten gibt es eine Vielzahl an Gründen. So kann ein neuer Organwalter die Lage bei Amtsübernahme übermäßig schlecht zeichnen, um sodann selbst stärker brillieren zu können. Denkbar ist auch, dass im Abwehrkampf gegen eine feindliche Übernahme falsche Informationen verbreitet werden, welche den Emittenten als unattraktives Übernahmeziel erscheinen lassen sollen.

102 **cc) Rechtswidrigkeit.** Der Verstoß gegen § 98 Abs. 1 WpHG indiziert die Rechtswidrigkeit[1]. Rechtfertigungsgründe für die Veröffentlichung falscher Ad-hoc-Mitteilungen sind nicht ersichtlich.

103 **c) Darlegungs- und Beweislast. aa) Vorliegen einer Insiderinformation/Unwahrheit der Veröffentlichung.** Die Darlegungs- und Beweislast für die objektiven Tatbestandsvoraussetzungen der §§ 97, 98 WpHG trägt der Anspruchsteller[2]. Macht der Geschädigte das Unterlassen einer Ad-hoc-Meldung oder deren verspätete Veröffentlichung geltend (§ 97 WpHG), muss er folglich beweisen, dass und ab wann der Emittent veröffentlichungspflichtig war. Dies bedeutet, er muss das Vorliegen einer den Emittenten unmittelbar betreffenden Insiderinformation nachweisen[3]. Weiterhin ist nachzuweisen, dass die Veröffentlichung nicht oder verspätet erfolgte. **Stammt die Insiderinformation aus der Sphäre des Emittenten**, handelt es sich regelmäßig um interne Geschehensabläufe, bei denen der Geschädigte den Sachverhalt nicht kennt und auch nicht ermitteln kann. Da der Emittent die erforderlichen Informationen besitzt oder sich leicht beschaffen kann, wird man ihm in diesen Fällen die sekundäre Behauptungslast für die Insiderinformation[4] und den Zeitpunkt ihres Entstehens auferlegen müssen. Der Anspruchsteller kann anhand dieser Informationen belegen, dass die Veröffentlichung gemessen an der Art der Insiderinformation nicht unverzüglich, d.h. rechtzeitig (s. Rz. 87) erfolgt ist. **Stammt die Insiderinformation dagegen von außen** (z.B. Rating, Übernahmeangebot), wird die Information zumeist auch dem Anspruchsteller zugänglich sein, so dass er den Beweis führen kann[5]. Da die Kenntnis des Emittenten keine Voraussetzung der Veröffentlichungspflicht darstellt, muss sie nicht vom Anspruchsteller bewiesen werden. Vielmehr genügt es, das Entstehen der Insiderinformation und den Umstand, dass keine Veröffentlichung in unmittelbarem zeitlichen Zusammenhang erfolgt ist, zu beweisen. Der Emittent kann dann im Rahmen von § 97 Abs. 2 WpHG einen Entlastungsbeweis dafür führen, dass die Verspätung nicht auf grober Fahrlässigkeit beruhte (s. Rz. 115).

104 Handelt es sich um einen Fall, in dem die Haftung für eine fehlerhafte Ad-hoc-Mitteilung gem. § 98 WpHG in Frage steht, muss der Anspruchsteller beweisen, dass die tatsächlich erfolgte **Meldung unwahr bzw. unvollständig** war. Problematisch ist dies immer dann, wenn die Meldung – wie regelmäßig der Fall – interne Angele-

---

1 *Zimmer/Grotheer* in Schwark/Zimmer, §§ 37b, 37c WpHG Rz. 50.
2 OLG Schleswig v. 16.12.2004 – 5 U 50/04 – Mobilcom, AG 2005, 212, 213; dazu Anm. *Nietsch*, WuB I G 6 § 37b WpHG 1.05; OLG Stuttgart v. 15.2.2007 – 901 Kap 1/06 – Daimler/Schrempp, BB 2007, 565, 568 = AG 2007, 250; dazu Anm. *Widder*, BB 2008, 572; OLG Düsseldorf v. 27.1.2010 – I-15 U 230/09, Rz. 39 (juris); OLG Düsseldorf v. 4.3.2010 – I-6 U 94/09, AG 2011, 31, 34; OLG Düsseldorf v. 7.4.2011 – I-6 U 7/10, 6 U 7/10, Rz. 117 (juris), AG 2011, 706; *Mülbert/Steup* in Habersack/Mülbert/Schlitt, Unternehmensfinanzierung am Kapitalmarkt, Rz. 41.195.
3 Der pauschale Hinweis, die Information hätte man früher veröffentlichen müssen, reicht nicht aus, LG Hamburg v. 10.6.2009 – 329 O 377/08, Rz. 29 (juris).
4 Ebenso OLG Düsseldorf v. 27.1.2010 – I-15 U 230/09, Rz. 39 (juris); OLG Düsseldorf v. 4.3.2010 – I-6 U 94/09, AG 2011, 31, 34; OLG Düsseldorf v. 7.4.2011 – I-6 U 7/10, 6 U 7/10, Rz. 117 (juris), AG 2011, 706; *Bruchwitz* in Just/Voß/Ritz/Becker, §§ 37b, 37c WpHG Rz. 17; *Habbe/Gieseler*, NZG 2016, 454, 456; *Möllers/Leisch* in KölnKomm. WpHG, §§ 37b, c WpHG Rz. 149; generell zur sekundären Behauptungslast *Greger* in Zöller, 32. Aufl. 2018, § 138 ZPO Rz. 8b; *Stadler* in Musielak/Voit, 14. Aufl. 2017, § 138 ZPO Rz. 10.
5 OLG Düsseldorf v. 27.1.2010 – I-15 U 230/09, Rz. 39 (juris); OLG Düsseldorf v. 4.3.2010 – I-6 U 94/09, AG 2011, 31, 34; OLG Düsseldorf v. 7.4.2011 – I-6 U 7/10, 6 U 7/10, Rz. 117 (juris), AG 2011, 706.

genheiten des Emittenten betrifft, da der Anspruchsteller auf diese Umstände (z.B. den Inhalt der Buchhaltung) keinen Zugriff hat. Hier geht es nicht an, dem Emittenten unter Hinweis auf die sekundäre Behauptungslast letztlich den Beweis der Wahrheit der veröffentlichten Information aufzuerlegen. Vielmehr muss der Anspruchsteller konkrete Tatsachen vortragen und beweisen, die ernsthafte Zweifel an der Richtigkeit der veröffentlichten Information wecken[1]. Eine **Ausforschung des Emittenten**, die erst dazu führen soll, eine ins Blaue hinein behauptete Unrichtigkeit der Meldung zu belegen, ist **nicht zulässig**. Daher dürfen etwa Mitarbeiter des Emittenten nur dann als Zeugen benannt werden, wenn diese von sich aus offenbart haben, dass Zweifel an der Richtigkeit der Veröffentlichung bestehen. Im Falle von **Prognosen** kann eine spätere erhebliche Abweichung der tatsächlichen Entwicklung einen Anhaltspunkt dafür geben, dass die Vorhersage bereits ursprünglich falsch war. Verfügt allein der Emittent über die Faktenbasis für die Prognosen und Werturteile, greifen in dieser Situation wiederum die Grundsätze der sekundären Behauptungslast ein[2].

bb) Kurserheblichkeit. Im Rahmen der Prüfung des Tatbestandsmerkmals „Insiderinformation" wird auch die Kurserheblichkeit relevant. Diese beurteilt sich ausschließlich danach, ob ein verständiger Anleger die Information wahrscheinlich als Teil der Grundlage seiner Anlageentscheidung genutzt hätte (Art. 7 Abs. 4 VO Nr. 596/2014). Bei diesem Merkmal handelt es sich nicht um eine dem Beweis zugängliche *Tatsache*, sondern – vergleichbar der Verkehrsauffassung – um eine sog. Normtatsache oder einen Erfahrungssatz[3]. Sie weisen die Besonderheit auf, dass sie nicht – wie Tatsachenbehauptungen – im Rahmen der Subsumtion als Untersätze eines Syllogismus verwendet werden. Vielmehr fungieren sie ähnlich einer Rechtsnorm als Obersatz[4]. Daher dürfen sie keiner Behauptung durch die Parteien, sind nicht geständnisfähig, unterliegen nicht den Regeln der objektiven Beweislast und über sie ist ein Beweisverfahren nicht zwingend durchzuführen. Das Kursbeeinflussungspotential einer Information ist in objektivnachträglicher, auf den Zeitpunkt des Insiderhandelns abstellender Ex-ante-Prognose zu ermitteln[5]. Ist der Richter/der entscheidende Spruchkörper kapitalmarkterfahren, kann er seine eigenen Erkenntnisse nutzen. Andernfalls ist eine Beweiserhebung durchzuführen[6], d.h. z.B. ein Sachverständigenbeweis einzuholen.

cc) Voraussetzungen eines Befreiungstatbestands. Wendet der Emittent gegen einen Anspruch aus § 97 WpHG ein, dass die Pflicht zur Veröffentlichung der Insiderinformation wegen Art. 17 Abs. 4 oder 5 VO Nr. 596/2014 ausnahmsweise aufgeschoben war, ist er nach allgemeinen Beweislastregeln für diesen ihm günstigen Rechtfertigungsgrund darlegungs- und beweispflichtig[7]. Er muss das Vorliegen der einzelnen Befreiungsvoraussetzungen beweisen. Im Falle der Befreiung nach Art. 17 Abs. 5 VO Nr. 596/2014 kommt der behördlichen Genehmigung zwar keine Bindungs-, aber eine Indizwirkung dafür zu, dass die Befreiungsvoraussetzungen vorlagen. Außerdem muss der Emittent darlegen und beweisen, dass tatsächlich eine **Befreiungsentscheidung** getroffen wurde. Macht der Anleger daraufhin eine Veröffentlichungspflicht nach Art. 17 Abs. 7 VO Nr. 596/2014 geltend, muss er deren Voraussetzungen darlegen und beweisen.

4. Verschulden (§§ 97 Abs. 2, 98 Abs. 2 WpHG). a) Unionsrechtliche Grundlagen, Verschuldensmaßstab, Zurechnung und Beweislast. Die Emittentenhaftung gem. §§ 97 und 98 WpHG dient der Durchsetzung von Art. 17 VO Nr. 596/2014 und unterliegt daher besonderen unionsrechtlichen Anforderungen, die aufgrund des Vorrangs des Unionsrechts den Regelungen des nationalen Rechts im Einzelfall vorgehen (s. Rz. 18 ff.). Diese Anforderungen beschränken den Spielraum des nationalen Rechts insbesondere im Bereich des Verschuldens (s. Rz. 24, 27). Der EuGH folgt einem **einheitlichen Verständnis von Rechtswidrigkeit und Verschulden**, demzufolge die Pflichtwidrigkeit des Rechtsverstoßes ausreicht, um die Haftung zu begründen, so dass weitere Verschuldensanforderungen, die keine unionsrechtliche Grundlage haben, als Verstoß gegen das unionsrechtliche Effektivitätsgebot unwirksam sind[8]. Diese Vorgaben bergen für die §§ 97 und 98 WpHG aber weniger

---

1 *Habbe/Gieseler*, NZG 2016, 454, 456.
2 *Möllers/Leisch* in KölnKomm. WpHG, §§ 37b, c WpHG Rz. 158.
3 *Möllers/Leisch* in KölnKomm. WpHG, §§ 37b, c WpHG Rz. 152; *Foerste* in Musielak/Voit, 14. Aufl. 2017, § 284 ZPO Rz. 3 f.; *Greger* in Zöller, 32. Aufl. 2018, § 286 ZPO Rz. 11.
4 *Prütting* in MünchKomm. ZPO, 5. Aufl. 2016, § 284 ZPO Rz. 44; *Foerste* in Musielak/Voit, 14. Aufl. 2017, § 284 ZPO Rz. 3 f. *Greger* in Zöller, 32. Aufl. 2018, § 286 ZPO Rz. 16.
5 BGH v. 13.12.2011 – XI ZR 51/10 – IKB, BGHZ 192, 90, 106= AG 2012, 209. Krit. dazu im Rahmen von § 97 WpHG *von Bernuth/Kremer*, WM 2012, 831, 835 f.
6 *Möllers/Leisch* in KölnKomm. WpHG, §§ 37b, c WpHG Rz. 152; *Prütting* in MünchKomm. ZPO, 5. Aufl. 2016, § 284 ZPO Rz. 44; *Foerste* in Musielak/Voit, 14. Aufl. 2017, § 284 ZPO Rz. 3 f.; *Greger* in Zöller, 32. Aufl. 2018, § 286 ZPO Rz. 11.
7 Ebenso OLG Düsseldorf v. 27.1.2010 – I-15 U 230/09, Rz. 39 (juris); OLG Düsseldorf v. 4.3.2010 – I-6 U 94/09, AG 2011, 31, 34; OLG Düsseldorf v. 7.4.2011 – I-6 U 7/10, 6 U 7/10, Rz. 117 (juris), AG 2011, 706; *Nietsch*, BB 2005, 785, 786 f.; *Möllers/Leisch* in KölnKomm. WpHG, §§ 37b, c WpHG Rz. 140 f.; *Mülbert/Steup* in Habersack/Mülbert/Schlitt, Unternehmensfinanzierung am Kapitalmarkt, Rz. 41.196; *Uwe H. Schneider*, BB 2005, 897, 902; *Zimmer/Grotheer* in Schwark/Zimmer, §§ 37b, 37c WpHG Rz. 33.
8 EuGH v. 8.11.1990 – Rs. C-177/88 – Dekker, Slg. 1990, I-3941, I-3976 (Rz. 24); EuGH v. 22.4.1997 – Rs. C-180/95 – Draehmpaehl, Slg. 1997, I-2195, I-2220 (Rz. 21); EuGH v. 30.9.2010 – Rs. C-314/09 – Strabag, Slg. 2010, I-8769, I-8787 (Rz. 39).

Sprengkraft, als es auf den ersten Blick erscheinen mag. Sie haben lediglich zur Konsequenz, dass diejenigen Umstände, die nach traditionellem deutschen Deliktsaufbau[1] zum Verschulden gezählt werden, bereits im Rahmen des Gesetzesverstoßes im objektiven Tatbestand geprüft werden, so dass bei Bejahung eines pflichtwidrigen Verstoßes gegen Art. 17 VO Nr. 596/2014 auch **grobe Fahrlässigkeit**[2] **oder Vorsatz** vorliegt[3]. Eine getrennte Verschuldensprüfung ist aber deshalb erforderlich, weil §§ 97 Abs. 2 und 98 Abs. 2 WpHG eine **Beweislastumkehr hinsichtlich des Verschuldens** statuieren, so dass der Emittent einen Entlastungsbeweis führen muss. Obwohl Pflichtverstoß und Verschulden nach unionsrechtlicher Konzeption zusammenfallen, muss im Rahmen der §§ 97, 98 WpHG geklärt werden, auf welche Umstände sich der Entlastungsbeweis des Emittenten bezieht. Bevor dies für die beiden Tatbestände untersucht wird (s. sogleich Rz. 111 ff. und 117), sind zuvor die Grundlagen einer unionsrechtlichen Unternehmenshaftung kurz darzustellen (Rz. 108 ff.).

108 Haftungssubjekt einer Schadensersatzpflicht nach §§ 97 und 98 WpHG ist der Emittent als Adressat der Veröffentlichungspflicht des Art. 17 VO Nr. 596/2014. Es handelt sich dabei um den Fall einer unternehmensbezogenen Pflichtverletzung, also der Verletzung einer Pflicht, die ausschließlich den Emittenten, nicht aber die für diesen handelnden natürlichen Personen adressiert[4]. In diesen Fällen treffen die juristische Person selbständige Verkehrspflichten, die nicht über die Verkehrspflichten ihrer Organwalter oder anderer Vertreter abgeleitet werden müssen[5]. Es geht also um das **Verschulden des Emittenten als solchen**, nicht seiner Organwalter oder Mitarbeiter. Daher richtet sich in diesen Konstellationen die Frage, welche Verkehrspflichten bestehen und welche natürlichen Personen davon betroffen sind, schon nach rein deutschem Haftungsrecht allein nach dem jeweiligen Deliktstatbestand und nicht nach gesellschaftsrechtlichen Grundsätzen[6]. Es drohen also keine dogmatischen Verwerfungen, wenn der EuGH verlangt, dass die Voraussetzungen der Haftung (also auch die Frage, welche und wessen Pflichtverletzungen eine Schadensersatzpflicht begründen) allein durch das Unionsrecht determiniert sind[7]. Damit steht fest, dass sich die **Verschuldensanforderungen** – also Umfang und Träger der Verkehrspflichten – allein **anhand von Art. 17 VO Nr. 596/2014 bestimmen**, auf den die §§ 97 und 98 WpHG auch explizit verweisen.

109 Hinsichtlich der Bestimmung des Personenkreises, dessen Handlungen einer juristischen Person zugerechnet werden, folgt der EuGH einem funktionalen Ansatz. Beschreibt die unionsrechtliche Norm den Adressaten als „Unternehmen" oder „Emittenten", stellt der EuGH auf den damit verfolgten Regelungszweck und nicht auf gesellschaftsrechtliche Konzepte, wie den Begriff der juristischen Person oder der persönlichen Verantwortlichkeit, ab[8]. Bei einer solchen funktionalen Betrachtung umfasst der für §§ 97 und 98 WpHG relevante Begriff des Emittenten in Art. 17 VO Nr. 596/2014 all **diejenigen Personen**, die mit einer von der Veröffentlichungspflicht umfassten Insiderinformation oder der tatsächlichen Veröffentlichung von Ad-hoc-Mitteilungen in Verbindung kommen und zu einer **rechtzeitigen und zutreffenden Veröffentlichung beitragen** können. Da es sich um eine unionsrechtliche Konkretisierung handelt, sind die Regeln des deutschen Rechts zu Zurechnung von Wissen oder Verschulden nicht anwendbar (s. auch bereits Rz. 89)[9].

110 Maßgeblicher Zeitpunkt für die Beurteilung des Verschuldens ist der Zeitpunkt der fehlerhaften Veröffentlichung bzw. der Zeitraum der Verletzung der Veröffentlichungspflicht[10]. Hat ein Emittent zunächst schuldlos eine fehlerhafte Ad-hoc-Mitteilung veröffentlicht, bezieht sich das Verschulden wegen der unterlassenen Korrektur (vgl. Rz. 94) auf den Zeitpunkt, zu dem der Fehler objektiv erkennbar war[11].

---

1 Moderne Theorien des Deliktsrechts folgen dagegen ohnehin einem vergleichbaren Aufbau, s. z.B. *Wagner* in MünchKomm. BGB, 7. Aufl. 2017, § 823 BGB Rz. 29.
2 Strenger aber *Seibt/Wollenschläger*, AG 2014, 593, 607 f., die wegen der höheren Verschuldensanforderungen eine allgemeine Fahrlässigkeitshaftung nach § 823 Abs. 2 BGB i.V.m. Art. 17 VO Nr. 596/2014 annehmen, auf die die Beweislastumkehr der §§ 97 Abs. 2, 98 Abs. 2 WpHG aus unionsrechtlichen Gründen zu übertragen sei.
3 **Vorsatz** meint das wissentliche und willentliche Herbeiführen eines rechtswidrigen Erfolgs oder eines Verstoßes gegen eine gesetzliche Pflicht. **Grobe Fahrlässigkeit** liegt vor, wenn der Emittent die im Verkehr übliche Sorgfalt in ungewöhnlich hohem Maße verletzt und ganz naheliegende Überlegungen nicht angestellt oder beiseite geschoben hat sowie das nicht beachtet, was sich im gegebenen Fall jedem aufgedrängt hätte; BGH v. 11.5.1953 – IV ZR 170/52, BGHZ 10, 14, 16; BGH v. 5.12.1983 – II ZR 252/82, BGHZ 89, 153, 161; BGH v. 17.10.2000 – XI ZR 42/00, BGHZ 145, 337, 340.
4 Vgl. *Hellgardt*, WM 2006, 1514, 1516 f.
5 *Kleindiek*, Deliktshaftung und juristische Person, 1997, S. 191 ff.; *Spindler*, Unternehmensorganisationspflichten 2001, S. 857 ff.; *Wagner* in MünchKomm. BGB, 7. Aufl. 2017, § 823 BGB Rz. 108 m.w.N.
6 *Hellgardt*, Kapitalmarktdeliktsrecht, S. 420.
7 Vgl. EuGH v. 8.11.1990 – Rs. C-177/88 – Dekker, Slg. 1990, I-3941, I-3976 (Rz. 24); EuGH v. 22.4.1997 – Rs. C-180/95 – Draehmpaehl, Slg. 1997, I-2195, I-2220 (Rz. 21); EuGH v. 30.9.2010 – Rs. C-314/09 – Strabag, Slg. 2010, I-8769, I-8787 (Rz. 39).
8 EuGH v. 18.7.2013 – Rs. C-501/11 P – Schindler Holding, ECLI:EU:C:2013:522 (Rz. 101 f.); EuGH v. 10.4.2014 – Rs. C-231/11 P bis C-233/11 P – Siemens Österreich, ECLI:EU:C:2014:256 (Rz. 42).
9 Vgl. *Klöhn*, NZG 2017, 1285, 1289.
10 *Mülbert/Steup* in Habersack/Mülbert/Schlitt, Unternehmensfinanzierung am Kapitalmarkt, Rz. 41.211, 41.213.
11 *Mülbert/Steup* in Habersack/Mülbert/Schlitt, Unternehmensfinanzierung am Kapitalmarkt, Rz. 41.213; *Möllers/Leisch* in KölnKomm. WpHG, §§ 37b, c WpHG Rz. 212.

b) Verschulden bei unterlassener oder verspäteter Meldung (§ 97 Abs. 2 WpHG). Die Begrenzung der Haftung auf Vorsatz und grobe Fahrlässigkeit wird zumeist damit gerechtfertigt, dass es sich bei der Ad-hoc-Publizität um eine anlassbezogene und daher oft mit Zeitdruck verbundene Publizitätspflicht handele und der Emittent im Wege einer mit Unwägbarkeiten verbundenen Prognose abschätzen müsse, ob die Information Kursbeeinflussungspotential hat[1]. Diese Erwägungen behalten auch bei Anlegung eines unionsrechtlichen Haftungsmaßstabs Gültigkeit. Entscheidend ist demnach, ab wann eine Mitteilung gem. Art. 17 Abs. 1 Unterabs. 1 VO Nr. 596/2014 als „**objektiv möglich**" im Sinne des Unverzüglichkeitserfordernisses (dazu Rz. 87) anzusehen ist. Dies hängt davon ab, ob der relevante Personenkreis (s. Rz. 109) zunächst hätte erkennen müssen, dass es sich um eine Insiderinformation handelt und dass diese den Emittenten unmittelbar betrifft, und daraufhin alles Erforderliche unternommen hat, um die Veröffentlichung in die Wege zu leiten. Die Berufung auf die Unkenntnis der mit der Marktzulassung verbundenen Publizitätspflichten führt selbstverständlich nicht zu einer Entlastung[2].

111

Da die Kenntnis des Emittenten von der **Insiderinformation** grundsätzlich keine Voraussetzung der Veröffentlichungspflicht darstellt (s. Rz. 89), kann sich der Emittent nicht dadurch entlasten, dass er beweist, dass die Insiderinformation nicht bekannt war. Es kommt vielmehr darauf an, ob bzw. ab wann **Kenntnis** durch einen Unternehmensangehörigen **möglich gewesen wäre**. Dies ist bei unternehmensexternen Informationen, wie etwa der Zusammensetzung und Bewertung des Wertpapierportfolios, für dessen Werthaltigkeit der Emittent vertraglich einzustehen hat[3], grundsätzlich dann der Fall, wenn der Emittent rechtliche Möglichkeiten (etwa aufgrund eines Vertrags) hat, die entsprechenden Informationen abzurufen. Hat der Emittent es unterlassen, solche Informationen regelmäßig abzurufen, muss er zu seiner Entlastung darlegen und beweisen, dass aus ex ante-Sicht eine Kursrelevanz der Information ausschied und für den relevanten Personenkreis keine Anhaltspunkte dafür bestanden, dass diese Einschätzung nicht mehr zutreffend gewesen sein könnte. Die Einrichtung einer wirksamen Compliance-Organisation[4] ist vor diesem Hintergrund unerlässlich, führt aber als solche nicht zu einer Entlastung des Emittenten. Dies gilt insbesondere für den Fall von Gesetzesverstößen durch Unternehmensangehörige, da deren Kenntnis vom eigenen Gesetzesverstoß ausreicht, um die Veröffentlichung zu ermöglichen. Die Veröffentlichung einer nach diesen Maßstäben **nicht zugänglichen Information** wird möglich, sobald sie dem Unternehmen zugeht, also etwa ein potentieller Bieter seine Absicht zur Abgabe eines Übernahmeangebots gegenüber einem Unternehmensangehörigen des Emittenten offenbar. Beruft sich der Emittent darauf, dass er (bis zu einem bestimmten Zeitpunkt) nicht verpflichtet gewesen sei, eine extern entstandene Insiderinformation, die ihn unmittelbar betraf, zu veröffentlichen, muss er also zeigen, dass kein Unternehmensangehöriger von der Information Kenntnis besaß, dass diese Kenntnis auch nicht durch Ausschöpfung bestehender Auskunftsrechte hätte erlangt werden müssen und wann erstmals ein Unternehmensangehöriger Zugang zu der Information erhalten hat.

112

Hatte der maßgebliche Personenkreis Zugang zu der Information, kann eine Pflichtverletzung im Einzelfall solange ausscheiden, wie nicht erkannt wurde und nicht erkennbar war, dass es sich um eine Insiderinformation handelte. Um sich zu entlasten, muss der Emittent daher zeigen, wann erstmals die Eigenschaft als Insiderinformation erkannt wurde und aus welchen Gründen dies vorher nicht möglich war. Hinsichtlich der Tatbestandsmerkmale der fehlenden öffentlichen Bekanntheit[5] und des Emittentenbezugs[6] ist eine fehlende Erkennbarkeit kaum vorstellbar. Bei der erforderlichen Präzision der Information ist zu differenzieren: Diese ist gem. Art. 7 Abs. 2 Satz 1 VO Nr. 596/2014 bei bereits gegebenen Umständen oder eingetretenen Ereignissen dann gegeben, wenn diese einen Schluss auf die möglichen Kursauswirkungen zulassen. Insofern ist ein Entlastungsbeweis praktisch nicht denkbar, möglich erscheint lediglich ein Irrtum über die Eignung zur erheblichen Kursbeeinflussung (dazu sogleich). Etwas anderes gilt aber hinsichtlich **zukünftiger Umstände oder Ereignisse**. Hier verlangt Art. 7 Abs. 2 Satz 1 VO Nr. 596/2014 zusätzlich, dass deren Eintritt vernünftigerweise erwartet werden kann. Entscheidend ist dafür, ob tatsächliche Anhaltspunkte bestehen, die für den Eintritt sprechen[7]. Der Emittent kann sich daher entlasten, wenn er nachweist, dass ex ante keine Anhaltspunkte bestanden, dass der Umstand oder das Ereignis eintreten werde[8]. Handelt es sich allerdings – wie fast immer bei zukünftigen Umständen oder Ereignissen – um einen zeitlich gestreckten Vorgang, begründen gem. Art. 7 Abs. 2 Satz 2 VO

113

---

1 *Hopt/Voigt* in Hopt/Voigt, Prospekt- und Kapitalmarktinformationshaftung, S. 125 m.w.N.; *Zimmer/Grotheer* in Schwark/Zimmer, §§ 37b, 37c WpHG Rz. 52.
2 Ebenso *Maier-Reimer/Webering*, WM 2002, 1857, 1859; *Möllers/Leisch* in KölnKomm. WpHG, §§ 37b, c WpHG Rz. 204; *Mülbert/Steup* in Habersack/Mülbert/Schlitt, Unternehmensfinanzierung am Kapitalmarkt, Rz. 41.209. Zu Recht weisen *Zimmer/Grotheer* in Schwark/Zimmer, §§ 37b, 37c WpHG Rz. 55, 57, darauf hin, dass ein unvermeidbarer Verbotsirrtum grundsätzlich ausscheidet.
3 Vgl. BGH v. 13.12.2011 – XI ZR 51/10 – IKB, BGHZ 192, 90, 104 ff = AG 2012, 209.
4 Dazu *Hellgardt*, Kapitalmarktdeliktsrecht, S. 476 ff.; *Möllers/Leisch* in KölnKomm. WpHG, §§ 37b, c WpHG Rz. 180 ff.
5 *Möllers/Leisch* in KölnKomm. WpHG, §§ 37b, c WpHG Rz. 202.
6 *Möllers/Leisch* in KölnKomm. WpHG, §§ 37b, c WpHG Rz. 202.
7 EuGH v. 28.6.2012 – Rs. C-19/11 – Geltl, ECLI:EU:C:2012:397 (Rz. 49), AG 2012, 555.
8 Anders als *Thelen*, ZHR 182 (2018), 62, 68 unter Berufung auf Erwägungsgrund 16 VO Nr. 596/2014 meint, kommt es für die Bestimmung der Präzision zukünftiger Umstände oder Ereignisse nicht auf eine Wahrscheinlichkeit an. Die Formulierung „realistische Wahrscheinlichkeit" ist eine fehlerhafte Rückübersetzung der Aussage des EuGH v. 28.6.2012 – Rs.

Nr. 596/2014 bereits eingetretene Zwischenschritte präzise Informationen, so dass insoweit ein Entlastungsbeweis ausscheidet. Praktisch relevant ist vor allem die Möglichkeit, dass aus ex ante-Sicht die **Eignung zur erheblichen Kursbeeinflussung nicht erkennbar** war[1]. Eine entsprechende Entschuldigungsmöglichkeit verstößt nicht gegen die unionsrechtlichen Anforderungen, sondern wird in Erwägungsgrund 15 VO Nr. 596/2014 explizit angesprochen. Voraussetzung ist demnach, dass vernünftige Schlussfolgerungen aus den zur Verfügung stehenden Ex ante-Informationen gezogen wurden. Die Erkennbarkeit der Kursrelevanz ist daher stets zu bejahen, wenn sich der Emittent den üblichen Marktreaktionen verschließt oder sich überhaupt keine Gedanken über den Einfluss der Information auf den Kurs gemacht hat[2]. Mit anderen Worten: Der Emittent muss sich mit dem Marktgeschehen und dem Kursverlauf der eigenen Finanzinstrumente insoweit vertraut machen, dass er die Kurserheblichkeit beurteilen kann. Wenn er dies unterlässt, basiert seine „ins Blaue hinein" getätigte Einschätzung auf einer evident unzureichenden oder erst gar nicht vorhandenen Grundlage und ist (zumindest) grob fahrlässig[3]. Hat sich der Emittent zwar mit der Marktsituation vertraut gemacht, zieht aus ihr aber erkennbar unvertretbare Schlüsse für die Kursrelevanz, liegt nach den Maßstäben der Marktmissbrauchsverordnung ebenfalls grobe Fahrlässigkeit vor[4]. Der Emittent muss sich also mit der Marktsituation im Allgemeinen und in seiner Branche vertraut machen. Im Zweifel ist er verpflichtet, den Rat eines Experten einzuholen[5]. Hat der Emittent erkannt, dass es sich um eine Insiderinformation handelt, ist es praktisch nicht denkbar, dass er zugleich ohne grobe Fahrlässigkeit verkannt hat, dass diese Insiderinformation ihn **unmittelbar betrifft** i.S.v. Art. 17 Abs. 1 Unterabs. 1 VO Nr. 596/2014[6]. Denn die Kursrelevanz der veröffentlichungspflichtigen Insiderinformation folgt gerade aus dem unmittelbaren Emittentenbezug. Der Emittent müsste daher nachweisen, dass er stattdessen lediglich von einer indirekten Betroffenheit i.S.v. Art. 7 Abs. 1 lit. a VO Nr. 596/2014 ausgegangen ist, und dass diese Fehleinschätzung nicht auf grober Fahrlässigkeit beruhte.

114 Geht der Emittent irrtümlich vom Eingreifen eines Befreiungstatbestands nach Art. 17 Abs. 4 oder 5 VO Nr. 596/2014 aus, ist zu differenzieren: Eine Entschuldigung ist nicht möglich, wenn der Emittent davon ausgegangen ist, dass die Befreiungsvoraussetzungen ipso iure eingreifen und deshalb **keine Befreiungsentscheidung** getroffen hat. Insoweit gilt, dass mangelnde Kenntnis der sich aus der Marktzulassung ergebenden Folgepflichten keine Entlastung gewähren kann. In Betracht kommt daher lediglich der Fall, dass der Emittent die **Befreiungsvoraussetzungen ohne grobe Fahrlässigkeit falsch subsumiert** hat[7]. Handelt es sich um einen Fall, für den eine anderslautende Rechtsauffassung der zuständigen Behörde veröffentlicht ist oder für den bereits veröffentlichte Gerichtsentscheidungen existieren, ist eine Entscheidung, die ohne Auseinandersetzung mit diesen Rechtsauffassungen getroffen wird, stets grob fahrlässig. Ein bewusstes Abweichen von einer behördlichen oder instanzgerichtlichen Rechtsauffassung ist nicht per se grob fahrlässig. Insoweit sind aber hohe Anforderungen an die rechtliche Vorbereitung der Entscheidung zu stellen. Ein Abweichen ist nur zulässig, wenn die entsprechende Rechtsauffassung bereits zum Zeitpunkt der Befreiungsentscheidung in der Literatur ganz überwiegend abgelehnt wird, so dass die realistische Erwartung besteht, dass ein Obergericht anders entscheiden wird. Soweit für den entsprechenden Fall noch keine Entscheidungen vorliegen, gelten die gleichen Maßstäbe für ein Abweichen von einer ganz herrschenden Lehrmeinung. Besteht eine solche nicht, muss der Emittent zu seiner Entlastung nachweisen, dass er sich an den generellen Maßstäben von Rechtsprechung und Literatur orientiert hat und die Befreiungsentscheidung vor diesem Hintergrund objektiv vertretbar war.

115 Eine Haftung nach § 97 Abs. 1 WpHG scheidet auch aus, wenn der Emittent nachweist, dass die **Verspätung der Veröffentlichung** nicht grob fahrlässig war. Der erforderliche Zeitpunkt der Veröffentlichung ergibt sich aus dem Unverzüglichkeitserfordernis. Dieses ist nicht im Sinne eines Verschuldensmerkmals zu verstehen, sondern verlangt, dass die Veröffentlichung so bald wie möglich geschieht (s. Rz. 87). Eine Veröffentlichung ist grundsätzlich möglich, wenn sich der Emittent Zugang zu der Insiderinformation verschaffen kann (s. Rz. 112). Der Emit-

---

C-19/11 – Geltl, ECLI:EU:C:2012:397 (Rz. 49), AG 2012, 555, es müsse „tatsächlich erwartet werden" können, dass die zukünftigen Ereignisse/Umstände eintreten. Dies ist kein Wahrscheinlichkeitsmaßstab, sondern erfordert, dass bereits tatsächliche Anhaltspunkte bestehen und es nicht um frei erdachte Möglichkeiten geht; ausführlich *Hellgardt*, CMLR 50 (2013), 861, 872 f.

1 *Mülbert/Steup* in Habersack/Mülbert/Schlitt, Unternehmensfinanzierung am Kapitalmarkt, Rz. 41.210; *Möllers/Leisch* in KölnKomm. WpHG, §§ 37b, c WpHG Rz. 189 ff.; *Sauer*, Haftung, S. 89; *Zimmer/Grotheer* in Schwark/Zimmer, §§ 37b, 37c WpHG Rz. 56.
2 OLG Düsseldorf v. 27.1.2010 – I-15 U 230/09, Rz. 58 (juris); OLG Düsseldorf v. 4.3.2010 – I-6 U 94/09, AG 2011, 31, 36; OLG Düsseldorf v. 7.4.2011 – I-6 U 7/10, 6 U 7/10, Rz. 162 (juris), AG 2011, 706.
3 *Mülbert/Steup* in Habersack/Mülbert/Schlitt, Unternehmensfinanzierung am Kapitalmarkt, Rz. 41.210; *Möllers/Leisch* in KölnKomm. WpHG, §§ 37b, c WpHG Rz. 191.
4 *Möllers/Leisch* in KölnKomm. WpHG, §§ 37b, c WpHG Rz. 191.
5 *Maier-Reimer/Webering*, WM 2002, 1857, 1859; *Möllers/Leisch* in KölnKomm. WpHG, §§ 37b, c WpHG Rz. 190; *Sauer*, Haftung, S. 89; *Zimmer/Grotheer* in Schwark/Zimmer, §§ 37b, 37c WpHG Rz. 56.
6 A.A. *Mülbert/Steup* in Habersack/Mülbert/Schlitt, Unternehmensfinanzierung am Kapitalmarkt, Rz. 41.210.
7 *Möllers/Leisch* in KölnKomm. WpHG, §§ 37b, c WpHG Rz. 198 ff.; *Mülbert/Steup* in Habersack/Mülbert/Schlitt, Unternehmensfinanzierung am Kapitalmarkt, Rz. 41.210; s. auch OLG Düsseldorf v. 27.1.2010 – I-15 U 230/09, Rz. 39 (juris); OLG Düsseldorf v. 4.3.2010 – I-6 U 94/09, AG 2011, 31, 34; OLG Düsseldorf v. 7.4.2011 – I-6 U 7/10, 6 U 7/10, Rz. 117 a.E. (juris), AG 2011, 706.

tent muss daher zu seiner Entlastung im Falle einer späteren Veröffentlichung belegen, dass angesichts der Umstände des konkreten Falls eine **frühere Veröffentlichung objektiv nicht möglich** war. Nur ein solcher Maßstab wird dem unionsrechtlichen Effektivitätsgebot gerecht (s. Rz. 27). Dies ist etwa dann der Fall, wenn diejenigen Unternehmensangehörigen, die Zugang zu einer von außen kommenden Insiderinformation hatten, keinen Bezug zur Kapitalmarktpublizität des Emittenten haben und deshalb die Nachricht nur verzögert weitergeleitet haben[1]. Bedient sich der Emittent für die Veröffentlichung eines externen Dienstleisters, kann er sich für von diesem zu verantwortende Verzögerungen nicht entlasten. Denn gem. Art. 2 Abs. 1 lit. b DurchfVO 2016/1055 muss der Emittent selbst gewährleisten, dass die Ad-hoc-Mitteilung durch den Dritten an die Medien übermittelt wird.

Dagegen scheidet bei einem **vollständigen Unterlassen** einer gebotenen Ad-hoc-Mitteilung ein Entlastungsbeweis grundsätzlich aus. Denn selbst wenn zunächst Umstände bestanden haben mögen, die Zweifel am Vorliegen einer Veröffentlichungspflicht zu rechtfertigen vermochten, und damit eine Verzögerung entschuldbar gewesen wäre, so ist kaum vorstellbar, dass diese Umstände dauerhaft vorlagen. Der Emittent kann sich bei einer vollständig unterlassenen Mitteilung daher nur dann entlasten, wenn er darlegt und beweist, dass die Veröffentlichungspflicht (etwa aufgrund anderweitigen Bekanntwerdens der Insiderinformation oder überholender Kausalität) entfallen ist, bevor er die Veröffentlichung grob fahrlässig verzögert hat.

c) Verschulden bei unwahrer Meldung (§ 98 Abs. 2 WpHG). Der Entlastungsbeweis nach § 98 Abs. 2 WpHG bezieht sich allein auf die Unrichtigkeit der Insiderinformation, nicht aber auf andere Tatbestandsmerkmale wie das Kursbeeinflussungspotential der falschen Meldung oder andere Tatbestandsmerkmale[2]. Betrifft die unrichtige Meldung eine **Information aus dem Bereich des Emittenten**, scheidet eine Exculpation praktisch aus[3]. Denn es reicht aus, wenn irgendeine natürliche Person aus dem Bereich des Emittenten, die mit der Entstehung, Weiterleitung oder Veröffentlichung der Insiderinformation zu tun hat (s. Rz. 109) von der Falschheit der Meldung weiß oder sich dieser Einsicht grob fahrlässig entzieht. Eine Entlastung kommt daher vor allem in Betracht in solchen Fällen, in denen der Emittent durch **externe Dritte**, etwa Ratingagenturen oder einen (vermeintlichen) Bieter, über eine sie betreffende Insiderinformation falsch informiert wird und selbst keine Möglichkeit der Verifikation hat. Grobe Fahrlässigkeit ist aber auch in diesen Fällen anzunehmen, wenn der Emittent zwar die Unrichtigkeit der Insiderinformation selbst nicht kannte, er aber wusste, dass die zugrunde liegende Tatsachenbasis unzureichend war[4]. Dies kommt etwa in Betracht, wenn der Emittent einer Ratingagentur falsche Informationen zur Verfügung stellt und dann das auf dieser Grundlage erstellte Rating per Ad-hoc-Mitteilung veröffentlicht. Ein Verschulden liegt ferner vor, wenn der Emittent eine bloße Prognose als Tatsache ausgibt[5].

5. Anspruchsausschließendes Mitverschulden (§§ 97 Abs. 3, 98 Abs. 3 WpHG). Ein Schadensersatzanspruch nach § 97 Abs. 1 WpHG besteht nicht, wenn der Anleger die nicht oder verspätet veröffentlichte Insiderinformation im Falle des § 97 Abs. 1 Nr. 1 WpHG zum **Zeitpunkt** des Erwerbs der Finanzinstrumente oder im Falle des § 97 Abs. 1 Nr. 2 WpHG bei der Veräußerung der Finanzinstrumente kannte. Der maßgebliche Zeitpunkt für die Kenntnis ist das Zustandekommen des schuldrechtlichen Geschäfts (s. dazu Rz. 72)[6]. Nachträgliche Kenntniserlangung schadet nicht. Abzustellen ist ferner allein auf die Kenntnis des Inhaltes der Information, nicht jedoch auf deren rechtliche Würdigung als Insiderinformation[7]. Der Gesetzgeber ordnet § 97 Abs. 3 WpHG als eine abschließende gesetzliche Sonderregelung im Hinblick auf das **Mitverschulden** (§ 254 BGB) des Geschädigten im **haftungsbegründenden Tatbestand** ein[8]. Dies ist zutreffend, wenn man darauf abstellt, dass die Schädigung allein durch die Beeinflussung des Marktpreises und nicht durch Einwirkung auf die Willensbildung des Anlegers vermittelt wird (s. Rz. 39 ff.). Liegt ein Fall des § 97 Abs. 3 WpHG vor, ist der Anspruch komplett ausgeschlossen, eine Schadensteilung findet nicht statt[9]. Den Emittenten trifft nach allgemei-

---

1 Beispiel: Der Nachtwächter beobachtet, wie ein Dieb Geschäftsunterlagen aus der Unternehmenszentrale stiehlt und informiert die Polizei, deren Fahndung aber erfolglos bleibt. Da der Nachtwächter nicht weiß, dass es sich um Unterlagen handelt, die eine gem. Art. 17 Abs. 4 oder 5 VO Nr. 596/2014 aufgeschobene Ad-hoc-Mitteilung betreffen, unternimmt er nichts, um eine Veröffentlichung gem. Art. 17 Abs. 7 VO Nr. 596/2014 zu bewirken. Erst zwei Tage später wird dies offenbar und die Mitteilung erfolgt.
2 *Möllers/Leisch* in KölnKomm. WpHG, §§ 37b, c WpHG Rz. 205; *Sauer*, Haftung, S. 88 f.; *Zimmer/Grotheer* in Schwark/Zimmer, §§ 37b, 37c WpHG Rz. 41, 61.
3 Ähnlich *Mülbert/Steup* in Habersack/Mülbert/Schlitt, Unternehmensfinanzierung am Kapitalmarkt, Rz. 41.212.
4 Ähnlich *Möllers/Leisch* in KölnKomm. WpHG, §§ 37b, c WpHG Rz. 207; *Zimmer/Grotheer* in Schwark/Zimmer, §§ 37b, 37c WpHG Rz. 60 a.E.
5 *Möllers/Leisch* in KölnKomm. WpHG, §§ 37b, c WpHG Rz. 207.
6 *Möllers/Leisch* in KölnKomm. WpHG, §§ 37b, c WpHG Rz. 260.
7 *Möllers/Leisch* in KölnKomm. WpHG, §§ 37b, c WpHG Rz. 257.
8 Begr. RegE 4. FMFG, BT-Drucks. 14/8017, 94; ebenso *Möllers/Leisch* in KölnKomm. WpHG, §§ 37b, c WpHG Rz. 259; *Zimmer/Grotheer* in Schwark/Zimmer, §§ 37b, 37c WpHG Rz. 77; a.A. *Fuchs* in Fuchs, §§ 37b, 37c WpHG Rz. 41; *Mülbert/Steup* in Habersack/Mülbert/Schlitt, Unternehmensfinanzierung am Kapitalmarkt, Rz. 41.238 („Fall fehlender haftungsbegründender Kausalität"). Zum Mitverschulden des Anlegers aufgrund einer Verletzung der Schadensminderungspflicht (§ 254 Abs. 2 Satz 1 BGB) s. Rz. 147.
9 *Möllers/Leisch* in KölnKomm. WpHG, §§ 37b, c WpHG Rz. 259; *Schäfer* in Marsch-Barner/Schäfer, Handbuch börsennotierte AG, Rz. 17.20; *Zimmer/Grotheer* in Schwark/Zimmer, §§ 37b, 37c WpHG Rz. 77.

nen Grundsätzen die **Darlegungs- und Beweislast** für den Ausschluss des Anspruchs[1]. Der Gesetzeswortlaut stellt eindeutig nur auf die **positive Kenntnis** des Anlegers ab, so dass eine grob fahrlässige Unkenntnis nicht zu einem Ausschluss des Anspruchs führt[2]. Dies entspricht den Regelungen zur Prospekthaftung (§ 23 Abs. 2 Nr. 3 WpPG, § 20 Abs. 4 Nr. 3 VermAnlG, § 306 Abs. 3 Satz 2 Nr. 1 KAGB).

119 Ein Schadensersatzanspruch nach § 98 Abs. 1 WpHG besteht nicht, wenn der Anleger die Unwahrheit der veröffentlichten Insiderinformation im Falle des § 98 Abs. 1 Nr. 1 WpHG beim Erwerb der Finanzinstrumente oder im Falle des § 98 Abs. 1 Nr. 2 WpHG zum Zeitpunkt der Veräußerung der Finanzinstrumente kannte. Es muss sich dabei um **Sonderwissen des einzelnen Anspruchstellers** handeln, denn wenn die Unwahrheit allgemein bekannt gewesen wäre, läge bereits Abs. 1 nicht vor, da es an der Kausalität – bzw. nach a.A. an der „nicht öffentlichen Insiderinformation" – fehlte (s. Rz. 98). Im Übrigen gelten die Ausführungen zu § 97 Abs. 3 WpHG entsprechend (s. Rz. 118).

120 **V. Schaden und Kausalität. 1. Schaden. a) Geschütztes Interesse.** Die §§ 97, 98 WpHG enthalten, anders als etwa die Vorschriften zur Prospekthaftung[3], keine ausdrückliche Regelung zur Schadensberechnung. In § 97 Abs. 1 WpHG heißt es lediglich, der Emittent sei zum Ersatz des durch die Unterlassung entstandenen Schadens verpflichtet, in § 98 Abs. 1 WpHG, er sei zum Ersatz des Schadens verpflichtet, der dadurch entsteht, dass der Dritte auf die Richtigkeit der Insiderinformation vertraut. Zur Konkretisierung des ersatzfähigen Schadens sind daher die §§ 249 ff. BGB heranzuziehen[4].

121 Wie der nach § 249 Abs. 1 BGB ersatzfähige Schaden zu bestimmen ist, gehört seit Inkrafttreten der §§ 37b, 37c WpHG a.F. zu den am meisten diskutierten Fragen der Sekundärmarkthaftung. Weil es im Deliktsrecht um das Verbot schädigenden Verhaltens geht, richtet sich der Schadensersatzanspruch aus einer unerlaubten Handlung grundsätzlich auf das **negative Interesse**, also den Zustand ohne die schadensbringende Handlung[5]. Der Anleger muss also nicht so gestellt werden, als existiere die unveröffentlichte Insiderinformation nicht (§ 97 WpHG) bzw. als sei die unwahre Tatsache wahr (§ 98 WpHG). Unabhängig davon, welchen Bezugspunkt man für die Schadensberechnung präferiert, handelt es sich um einen Fall der Naturalrestitution. Streitig ist, auf welchen Bezugspunkt sich das negative Interesse bezieht:

122 **aa) Vertragsabschlussschaden.** Der BGH hat im **IKB-Urteil** – in Fortführung seiner Rechtsprechung zu § 826 BGB[6] – entschieden, dass der geschädigte Anleger grundsätzlich die Rückgängigmachung der anspruchsbegründenden Transaktion verlangen könne[7]. Da der Emittent auf dem Sekundärmarkt nicht selbst Partei der Transaktion ist, geht es nicht um eine Rückabwicklung im eigentlichen Sinne, sondern darum, den Anleger von den belastenden Wirkungen des ungewollten Vertrags zu befreien (sog. Vertragsabschlussschaden). Hat der Anleger also aufgrund der Informationspflichtverletzung einen zu hohen Preis bezahlt, kann er vom Emittenten die Erstattung dieses Kaufpreises verlangen, muss dafür aber seinerseits nach dem Rechtsgedanken des § 255 BGB Zug um Zug die Finanzinstrumente herausgeben. Weitaus weniger behandelt ist der spiegelbildliche Fall, dass der Anleger die Finanzinstrumente zu billig veräußert hat. In diesem Fall kann der Anleger vom Emittenten die Lieferung der verkauften Finanzinstrumente in natura verlangen und muss dafür Zug um Zug den vormals erhaltenen Kaufpreis herausgeben[8].

123 Die Erstattungsfähigkeit des Vertragsabschlussschadens wird mit dem Argument begründet, dass die §§ 97, 98 WpHG die Anleger vor eine **Beeinträchtigung ihrer Willensfreiheit** schützten (s. Rz. 37). Der relevante Scha-

---

[1] *Möllers/Leisch* in KölnKomm. WpHG, §§ 37b, c WpHG Rz. 262; *Zimmer/Grotheer* in Schwark/Zimmer, §§ 37b, 37c WpHG Rz. 82, die angesichts der Beweisschwierigkeiten die Bedeutung des Abs. 3 als gering einstufen. Bemerkenswert ist jedoch, dass gleich in dem ersten Verfahren zur Haftung nach § 37b WpHG a.F. diese Norm keine Rolle spielte, OLG Schleswig v. 16.12.2004 – 5 U 50/04 – Mobilcom, AG 2005, 212, 213.

[2] Ebenso *Möllers/Leisch* in KölnKomm. WpHG, §§ 37b, c WpHG Rz. 259; *Zimmer/Grotheer* in Schwark/Zimmer, §§ 37b, 37c WpHG Rz. 77.

[3] Gemäß § 21 Abs. 1 Satz 1 WpPG kann der Anleger die Übernahme der Wertpapiere gegen Erstattung des Erwerbspreises verlangen. Sollte er die Wertpapiere bereits weiterveräußert haben, kann er gem. § 21 Abs. 2 WpPG Ersatz des Differenzbetrags zwischen Erwerbs- und Veräußerungspreis verlangen. Gleichsinnig § 20 Abs. 1 Satz 2, Abs. 2 VermAnlG, § 306 Abs. 1 KAGB.

[4] BGH v. 13.12.2011 – XI ZR 51/10 – IKB, BGHZ 192, 90, 110 = AG 2012, 209.

[5] Statt vieler *Wagner*, ZGR 2008, 495, 499.

[6] BGH v. 9.5.2005 – II ZR 287/02 – EM.TV, WM 2005, 1358, 1359 ff. = AG 2005, 609.

[7] BGH v. 13.12.2011 – XI ZR 51/10 – IKB, BGHZ 192, 90, 109 ff. = AG 2012, 209. Ebenso *Bachmann*, JZ 2012, 578, 581; *Doğan*, Ad-hoc-Publizitätshaftung, S. 113; *Dühn*, Schadensersatzhaftung, S. 177 f.; *Ehricke* in Hopt/Voigt, Prospekt- und Kapitalmarktinformationshaftung, S. 292 ff.; *Escher-Weingart/Lägeler/Eppinger*, WM 2004, 1845, 1848 f.; *Frisch* in Derleder/Knops/Bamberger, Handbuch zum deutschen und europäischen Bankrecht, 2. Aufl. 2009, § 52 Rz. 167; *Hennrichs* in FS Kollhosser, 2004, Bd. 2, S. 201, 206; *Holzborn/Foelsch*, NJW 2003, 932, 939 f.; *Lenenbach*, Kapitalmarktrecht, Rz. 11.602 f.; *Möllers*, EBLR 2009, 243, 264 f.; *Möllers/Leisch*, BKR 2002, 1071, 1073 ff.; *Möllers/Leisch* in KölnKomm. WpHG, §§ 37b, c WpHG Rz. 267 ff., 328 ff.; *Möllers/Leisch* in Möllers/Rotter, Ad-hoc-Publizität, § 14 Rz. 77–126; *Oulds* in Kümpel/Wittig, Bank- und Kapitalmarktrecht, Rz. 14.267; *Rieckers*, BB 2002, 1213, 1216 f.; *Rössner/Bolkart*, ZIP 2002, 1471, 1475; *Spindler*, NZG 2012, 575, 578; *Wiechers*, WM 2013, 341, 347; differenzierend *Fleischer*, BB 2002, 1869, 1872 f.; *Veil*, ZHR 163 (2003), 365, 387 ff.

[8] *Möllers/Leisch* in KölnKomm. WpHG, §§ 37b, c WpHG Rz. 365 ff.; *Rössner/Bolkart*, ZIP 2002, 1471, 1475.

den besteht nach diesem Verständnis darin, dass die Anleger ihre Transaktionsentscheidung auf einer falschen Informationsbasis getroffen haben. Es handelt sich daher nach zutreffender Auffassung um einen Nichtvermögensschaden[1].

Der BGH und die für die Ersatzfähigkeit des Kursdifferenzschadens eintretende Literaturauffassung ermöglichen es dem Anleger aber, ohne dass dies weiter begründet würde[2], **alternativ den Kursdifferenzschaden** ersetzt zu verlangen[3]. Da es in der Praxis nur in den seltensten Fällen gelingen wird, die vom BGH für den Nachweis der haftungsbegründenden Kausalität aufgestellten Beweisanforderungen (dazu Rz. 140 f.) gerecht zu werden, scheidet ein Ersatz des Vertragsabschlussschadens in der Praxis regelmäßig aus. Die Bedeutung des Streits um den ersatzfähigen Schaden liegt allein auf rechtsdogmatischer Ebene. In der **Praxis** spielt (entgegen dem Eindruck, den die weitläufigen Ausführungen des BGH erwecken) **allein der Kursdifferenzschaden** eine Rolle. 124

bb) Kursdifferenzschaden. Demgegenüber tritt die **ganz herrschende Lehre** dafür ein, dass lediglich der Kursdifferenzschaden ersatzfähig sei[4]. Danach besteht der ersatzfähige Schaden in der Differenz zwischen dem tatsächlich am Markt bezahlten Preis und dem hypothetischen Preis, der sich ohne die Informationspflichtverletzung gebildet haben würde. Für den Fall, dass ein Anleger die Finanzinstrumente „zu teuer" gekauft hat, wird also nicht die Kaufentscheidung als solche rückgängig gemacht, sondern nur derjenige Anteil des Kaufpreises ersetzt, um den die Finanzinstrumente zum Zeitpunkt des Kaufvertragsschlusses (s. Rz. 72) gegenüber demjenigen Kurs, der sich ohne die haftungsbegründende Pflichtverletzung gebildet hätte, übertuert waren. Spiegelbildlich erhält der Anleger im Falle des „zu billigen" Verkaufs als Schadensersatz denjenigen Betrag, um den der tatsächlich erzielte Verkaufspreis von dem Preis abweicht, den der Anleger ohne die Pflichtverletzung erzielt hätte. 125

Die Erstattungsfähigkeit des Kursdifferenzschadens wird damit begründet, dass die §§ 97 und 98 WpHG nicht die Willensfreiheit der Anleger schützten sollten, sondern – wie die Ad-hoc-Publizität gem. Art. 17 VO Nr. 596/2014 selbst – den **Schutz der Preisbildung am Markt** bezweckten. Die Motive, die einem heraus einzelne Anleger Transaktionen getätigt haben, spielen daher – bis zur Grenze der §§ 97 Abs. 3, 98 Abs. 3 WPHG (s. Rz. 118 f.) – keine Rolle. Damit werden insbesondere auch passive Investoren geschützt, die keinerlei Rücksicht auf Kapitalmarktinformationen nehmen, sondern mit ihrer Anlage etwa einen Leitindex nachbilden. 126

cc) Stellungnahme. Die Verbissenheit und der Umfang des Streits um den ersatzfähigen Schaden stehen in auffälligem Missverhältnis zu seiner praktischen Bedeutung. Angesichts der enormen Beweisanforderungen, die die Rechtsprechung (zu Recht) an den Nachweis der Kausalität zwischen Informationspflichtverletzung und Vertragsschluss gestellt hat (s. Rz. 140 f.), wird es in der Praxis nur sehr selten gelingen, die Voraussetzungen des Vertragsabschlussschadens gerichtsfest zu beweisen. Die eigentliche Relevanz der Auseinandersetzung liegt in ihrer Verbindung zu den Schutzzwecken der Kapitalmarkthaftung (dazu bereits ausführlich Rz. 37 ff.), so dass es sich um einen Stellvertreterstreit darum handelt, **welches Konzept der Kapitalmarkthaftung** den §§ 97, 98 WpHG zugrunde liegt. Bevor auf diese Frage eingegangen wird (s. Rz. 129), soll zunächst kurz gezeigt werden, weshalb der von der Rechtsprechung bevorzugte Weg des Vertragsabschlussschadens nicht nur praktisch 127

---

1 *Ekkenga/Kuntz* in Soergel, Vor § 249 BGB Rz. 65; *Hopt/Voigt* in Hopt/Voigt, Prospekt- und Kapitalmarktinformationshaftung, S. 128; *Rössner/Bolkart*, ZIP 2002, 1471, 1475; a.A. *Wagner*, ZGR 2008, 495, 512.

2 Kritisch auch *Ekkenga/Kuntz* in Soergel, § 249 BGB Rz. 26: Begründung des Schadensersatzes mit der Beeinträchtigung der Entscheidungsfreiheit sperrt den Weg zum Differenzschaden; a.A. *Bruchwitz* in Just/Voß/Ritz/Becker, §§ 37b, 37c WpHG Rz. 74 (im Ergebnis überzeugend).

3 BGH v. 13.12.2011 – XI ZR 51/10 – IKB, BGHZ 192, 90, 117 = AG 2012, 209. Ebenso *Bachmann*, JZ 2012, 578, 581; *Doğan*, Ad-hoc-Publizitätshaftung, S. 113; *Dühn*, Schadensersatzhaftung, S. 177 f.; *Ehricke* in Hopt/Voigt, Prospekt- und Kapitalmarktinformationshaftung, S. 292 ff.; *Escher-Weingart/Lägeler/Eppinger*, WM 2004, 1845, 1848 f.; *Frisch* in Derleder/Knops/Bamberger, Handbuch zum deutschen und europäischen Bankrecht, 2. Aufl. 2009, § 52 Rz. 167; *Hennrichs* in FS Kollhosser, 2004, Bd. 2, S. 201, 206; *Holzborn/Foelsch*, NJW 2003, 932, 939 f.; *Lenenbach*, Kapitalmarktrecht, Rz. 11.602 f.; *Möllers*, EBLR 2009, 243, 264 f.; *Möllers/Leisch*, BKR 2002, 1071, 1073 ff.; *Möllers/Leisch* in KölnKomm. WpHG, §§ 37b, c WpHG Rz. 267 ff., 328 ff.; *Möllers/Leisch* in Möllers/Rotter, Ad-hoc-Publizität, § 14 Rz. 77–126; *Oulds* in Kümpel/Wittig, Bank- und Kapitalmarktrecht, Rz. 14.267; *Rieckers*, BB 2007, 1213, 1216 f.; *Rössner/Bolkart*, ZIP 2002, 1471, 1475; *Spindler*, NZG 2012, 575, 578; *Wiechers*, WM 2013, 341, 347.

4 LG Hamburg, Vorlagebeschl. v. 2.6.2010 – 329 O 338/08, ZIP 2010, 1395, 1396; LG Hamburg v. 10.6.2009 – 329 O 377/08, Rz. 36 (juris); *Barth*, S. 253 ff.; *Casper*, Der Konzern 2006, 32, 34; *Casper* in KölnKomm. KapMuG, §§ 37b, c WpHG Rz. 54 ff.; *Ekkenga/Kuntz* in Soergel, § 249 BGB Rz. 26; *Fleischer* in Assmann/Schütze, Handbuch des Kapitalanlagerechts, § 6 Rz. 52; *Royé/Fischer zu Cramburg* in Heidel, § 37c WpHG Rz. 7; *Fuchs* in Fuchs, §§ 37b, 37c WpHG Rz. 38 ff.; *Fuchs/ Dühn*, BKR 2002, 1063, 1068 f.; *Hellgardt*, Kapitalmarktdeliktsrecht, S. 504 f.; *Hellgardt*, DB 2012, 673, 677 f.; *Hopt/Voigt* in Hopt/Voigt, Prospekt- und Kapitalmarktinformationshaftung, S. 130 ff.; *Klöhn*, AG 2012, 345, 352 ff.; *Langenbucher*, ZIP 2005, 239, 240 f.; *Maier-Reimer/Webering*, WM 2002, 1857, 1860 f.; *Maier-Reimer/Seulen* in Habersack/Mülbert/ Schlitt, Kapitalmarktinformation, § 30 Rz. 117 ff.; *Moreno Borchart*, WM 2009, S. 229 ff.; *Mülbert*, ZHR 177 (2013), 160, 196; *Mülbert/Steup*, WM 2005, 1633, 1635 ff.; *Mülbert/Steup* in Habersack/Mülbert/Schlitt, Unternehmensfinanzierung am Kapitalmarkt, Rz. 41.214 ff.; *Mülbert*, JZ 2002, 826, 835; *Pavlova*, S. 243; *Pfüller* in Fuchs, § 15 WpHG Rz. 535; *Rützel*, AG 2003, 69, 79; *Sauer*, ZBB 2005, 24, 30 ff.; *Schäfer* in Marsch-Barner/Schäfer, Handbuch börsennotierte AG, Rz. 17.22 ff.; *Schmitt*, S. 135 ff.; *Schmolke*, ZBB 2012, 165, 175 f.; *Wagner*, ZGR 2008, 495, 514 ff., 520 ff.; *Zimmer/Grotheer* in Schwark/ Zimmer, §§ 37b, 37c WpHG Rz. 86 ff.; *Zimmer*, WM 2004, 9, 17; wohl auch *Hutter/Leppert*, NZG 2002, 649, 654 f.; *Reichert/Weller*, ZRP 2002, 49, 55; *Großmann/Nikoleyczik*, DB 2002, 2031, 2035; *Müller-Michaels*, BB 2012, 537 f.

keine Alternative darstellt, sondern auch theoretisch so viele Widersprüchlichkeiten aufweist, dass das IKB-Urteil insoweit möglichst revidiert werden sollte.

128 Gegen die Ersatzfähigkeit des **Vertragsabschlussschadens** spricht zunächst, dass dieser **mit wichtigen Anspruchsvoraussetzungen der §§ 97 und 98 WpHG nicht in Einklang** steht. Wenn diese Normen tatsächlich darauf gerichtet wären, den Vertragsabschlusschaden zu ersetzen, ließe sich nicht erklären, weshalb lediglich die Verbreitung einer **kursrelevanten Fehlinformation** anspruchsbegründend ist, weshalb es einer Transaktion des Anspruchstellers bedarf und warum überdies der Kauf „zu teuer" bzw. der Verkauf „zu billig" erfolgt sein muss. Bestünde der relevante Schädigungserfolg tatsächlich in einer Willensbeeinflussung, wäre es kaum nachvollziehbar, wieso falsche Ad-hoc-Mitteilungen, die sich auf nicht kursrelevante Information beziehen, die aber den konkreten Anleger nachweislich zu seiner Transaktion bestimmt haben (z.B. einen Investmentfonds, der ausschließlich Aktien von Unternehmen mit einer bestimmten Frauenquote in der Belegschaft, mit bestimmten sozialen Mindeststandards der Produktionsstätten in Entwicklungsländern oder ähnliches kauft[1]), nicht haftungsbegründend wirken[2]. Vor allem stellt sich die Frage, weshalb der Gesetzgeber nach dem eindeutigen Wortlaut von §§ 97 Abs. 1, 98 Abs. 1 WpHG solche Anleger von dem Anspruch ausgeschlossen hat, die sich durch die Pflichtverletzung von einer nachweisbar **geplanten Transaktion haben abbringen lassen**[3]. Es leuchtet nicht ein, weshalb nur solche Täuschungen anspruchsbegründend sein sollen, die zur Vornahme einer Anlageentscheidung geführt haben, nicht dagegen solche, die dazu geführt haben, dass eine zunächst geplante Investitions- oder Deinvestitionsentscheidung unterlassen wurde. Stünde die Willensbeeinflussung im Mittelpunkt, dürfte es auch auf die finanziellen Implikationen der kausal verursachten Fehlentscheidung, d.h. auf die Frage, ob die Finanzinstrumente nach Bekanntwerden der Pflichtverletzung tatsächlich im Wert gestiegen oder gefallen sind, konsequenterweise nicht ankommen. Demgegenüber ist in der Gesetzesbegründung davon die Rede, dass ohne die Pflichtverletzung der **Preis ein anderer** gewesen wäre und daran schließt sich die viel zitierte Feststellung an, anspruchsberechtigte Anleger hätten „zu teuer" gekauft bzw. „zu billig" verkauft[4]. Dem kann man nicht entgegenhalten, dass die §§ 97, 98 WpHG eben die Willensfreiheit nicht umfassend schützen sollen, sondern nur durch Verletzungen der Pflicht nach Art. 17 VO Nr. 596/2014. Denn auch dann ist nicht ersichtlich, wieso etwa ein Anspruch ausscheiden soll, wenn der Emittent im Rahmen einer formell den Anforderungen einer Ad-hoc-Mitteilung entsprechenden Meldung falsche Informationen verbreitet, die nicht kursrelevant sind. Gegen die Ersatzfähigkeit des Vertragsabschlussschadens spricht auch, dass dieser nur eine der von §§ 97, 98 WpHG vorgesehenen Konstellationen erfasst, den Fall der Verbreitung falsch positiver Informationen (§ 98 Abs. 1 Nr. 1 WpHG), während die Voraussetzungen des Anspruchs bei Verbreitung falscher negativer Informationen (§ 98 Abs. 1 Nr. 2 WpHG) oder der Unterdrückung negativer (§ 97 Abs. 1 Nr. 1 WpHG) oder positiver Informationen (§ 97 Abs. 1 Nr. 2 WpHG) stets leerläuft (s. ausführlich Rz. 41). Es mutet merkwürdig an, als Grundfall von einer **Schadensberechnung** auszugehen, **die in drei von vier gesetzlich geregelten Tatbestandsvarianten nicht praktikabel** ist. Gegen den Ersatz des Vertragsabschlussschadens spricht auch, dass davon kontraproduktive Anreize ausgehen. Schadensersatzberechtigt sind solche Anleger, die sämtliche Kapitalmarktinformationen persönlich auswerten und dies in einer Weise bzw. Intensität, die ihnen auch Monate später noch ermöglicht, ihre intensive Beschäftigung mit einer einzelnen Nachricht zu beweisen. Ein solcher Aufwand ist aber **für Kleinanleger vollkommen sinnlos**, weil sich die Kursreaktion auf Ad-hoc-Mitteilungen innerhalb weniger Sekunden vollzieht (s. Rz. 33). Wer sich als Kleinanleger im Vorfeld von Transaktionen die letzten Ad-hoc-Mitteilungen des betreffenden Emittenten beschafft, wendet daher volkswirtschaftlich unsinnige Ressourcen auf[5]. Schließlich gehen mit der Geltendmachung des Vertragsabschlussschadens derart hohe Beweisanforderungen einher, dass die Ansprüche nach §§ 97 und 98 WpHG den **Anforderungen des unionsrechtlichen Effektivitätsgebots** (dazu Rz. 23, 28) nicht mehr gerecht werden würden. Damit erweist sich die Auffassung, die für den Ersatz des Vertragsabschlussschadens eintritt, als inkonsistent. Es ist daher zu wünschen, dass der BGH klarstellt, dass der Kursdifferenzschaden nicht nur praktisch, sondern auch theoretisch den Grundfall der Schadensberechnung darstellt.

129 Eine Beschränkung des Schadensersatzes auf den Kursdifferenzschaden vermeidet nicht nur die gerade aufgezeigten Widersprüche, sondern führt zu sachgerechten Ergebnissen, die im Einklang mit dem Schutzzweck der Haftung stehen (dazu ausführlich Rz. 39ff.). Obwohl die **Gesetzesmaterialien** keine *ausdrückliche*[6] Aussage

---

[1] Entgegen *Wagner*, ZGR 2008, 495, 511f. sind daher auch im Kapitalmarktrecht Konstellationen denkbar, in denen Anleger einen nichtmonetären Schaden erleiden.

[2] *Möllers/Leisch* in KölnKomm. WpHG, §§ 37b, c WpHG Rz. 134 stellen darauf ab, dass „regelmäßig" kursbeeinflussende Informationen den Anspruchsteller zu einer Transaktion veranlasst haben, weil diese gem. Art. 7 Abs. 4 Unterabs. 1 VO Nr. 596/2014 von einem verständigen Anleger berücksichtigt würden. Zudem habe der Emittent durch die Wahl einer Ad-hoc-Mitteilung zum Ausdruck gebracht, dass er die Information für kursrelevant halte, so dass er sich später im Haftungsprozess nicht auf das Gegenteil berufen könne.

[3] Nach BGH v. 9.5.2005 – II ZR 287/02 – EM.TV, NZG 2005, 672, 675 = AG 2005, 609 sollen solche Anleger nach § 826 BGB anspruchsberechtigt sein.

[4] Begr. RegE 4. FMFG, BT-Drucks. 14/8017, 93.

[5] *Ekkenga/Kuntz* in Soergel, Vor § 249 BGB Rz. 202; *Hellgardt*, DB 2012, 673, 677.

[6] Anders *Mülbert/Steup*, WM 2005, 1633, 1636.

zugunsten des Kursdifferenzschadens treffen, sprechen die Ausführungen zur erforderlichen Preisbeeinflussung[1] eindeutig dafür[2]. Die Ad-hoc-Publizität gem. Art. 17 VO Nr. 596/2014 stellt keine standardisierte Anlageberatung dar, sondern dient primär dem Zweck, **Insiderhandel zu verhindern**, indem **informationelle Gleichbehandlung** sichergestellt ist. Die Willensbildung des einzelnen Anlegers ist dafür irrelevant. Bei der Sekundärmarkthaftung geht es nicht darum, wie beim Betrug einen Ausgleich für eine täuschungsbedingte Selbstschädigung zu erlangen, sondern den durch manipulative Eingriffe in die Marktpreisbildung entstandenen Schäden zu ersetzen. Da sich die Ad-hoc-Publizitätspflicht nur auf solche Finanzinstrumente bezieht, die an einem Handelsplatz zum Handel zugelassen sind, ist sichergestellt, dass ein liquider Markt besteht, der es Anlegern erlaubt, die Anlage wieder abzustoßen oder erneut zu kaufen, wenn sie mit ihren früheren Anlageentscheidungen unzufrieden sind. Vor diesem Hintergrund ist ein Schaden, der über die Fehlbepreisung des Finanzinstruments hinausgeht, nicht nur nicht vom Schutzzweck der Ad-hoc-Publizität umfasst; es besteht auch keinerlei praktisches Bedürfnis, zum Schutz der Anleger solche Schäden zu ersetzen[3]. Etwas anderes gilt nur in solchen Phasen (**„hot markets"**), in denen auch bei einem liquiden Handel die Voraussetzungen einer rationalen Einpreisung nicht mehr vorliegen, sondern es zu spekulativen Übertreibungen kommt, die sich unter keinem denkbaren Gesichtspunkt mehr durch die zugrunde liegenden Fundamentaldaten decken lassen[4]. Schließlich spricht für den Kursdifferenzschaden, dass dadurch eine **sachgerechte Aufteilung der Anlagerisiken** gelingt. Finanzinstrumente sind Risikoanlagen und ein Ersatz des Vertragsabschlussschadens würde dazu führen, dass dem Anleger nicht nur der durch die Pflichtverletzung entstandene Schaden ausgeglichen wird, sondern er darüber hinaus das genuine Kursrisiko auf den Emittenten überwälzen könnte[5]. Anders als der BGH meint, lässt sich dies auch nicht mit dem Argument rechtfertigen, schon im allgemeinen Schadensrecht trage der Schädiger die Gefahr einer zufälligen Verschlechterung der zurück zu gewährenden Sache[6]. Denn abgesehen davon, dass die vom BGH zitierten Normen nicht den Fall des negativen Interesses betreffen[7], ist es ein kategorialer Unterschied, ob sich eine Sache zufällig verschlechtert oder es sich bei einer **Wertschwankung** um eine **inhärente Eigenschaft** des Kaufobjekts handelt. Die nicht auf einer Fehlinformation, sondern auf realen Umständen beruhende Wertminderung eines Finanzinstruments entsteht nicht zufällig, sondern ist Ausdruck eines spezifischen Anlagerisikos, dessen Kehrseite entsprechende Gewinnaussichten sind. Mit dem Kauf des Finanzinstruments geht der Anleger bewusst dieses Investitionsrisiko ein. Erhält er lediglich den Kursdifferenzschaden ersetzt, um den er das Finanzinstrument zu teuer gekauft hat, bleibt es bei dieser sachlich angemessenen Risikoverteilung.

Möchte ein Anleger seinen Vertragsabschlussschaden ersetzt bekommen, sollte dies nicht nur davon abhängig sein, dass er ausnahmsweise die Kausalität einer falschen Ad-hoc-Mitteilung für seine Anlageentscheidung belegen kann, sondern sollte voraussetzen, dass der Emittent vorsätzlich gehandelt hat[8]. Dieses Ergebnis erreicht man, wenn man §§ 97 und 98 WpHG auf den Kursdifferenzschaden beschränkt und eine Rückgängigmachung der Transaktion nur unter den **erhöhten Anforderungen des § 826 BGB** zulässt.

b) Schadensberechnung. aa) Vertragsabschlussschaden. Als Vertragsabschlussschaden kann der Anleger nach der Rechtsprechung des BGH „Rückgängigmachung des Wertpapiergeschäfts" verlangen[9]. Sofern der Anleger Finanzinstrumente **aufgrund der Informationspflichtverletzung gekauft** hat und bei Geltendmachung seiner Ansprüche **noch Inhaber der Finanzinstrumente** ist, kann er vom Emittenten Ersatz des dafür gezahlten

---

1 Begr. RegE 4. FMFG, BT-Drucks. 14/8017, 93 f.
2 *Fleischer* in Assmann/Schütze, Handbuch des Kapitalanlagerechts, § 6 Rz. 52; *Fuchs* in Fuchs, §§ 37b, 37c WpHG Rz. 38; *Mülbert/Steup*, WM 2005, 1633, 1636; *Mülbert/Steup* in Habersack/Mülbert/Schlitt, Unternehmensfinanzierung am Kapitalmarkt, Rz. 41.224; *Zimmer/Grotheer* in Schwark/Zimmer, §§ 37b, 37c WpHG Rz. 87.
3 Dem folgend *Mülbert/Steup* in Habersack/Mülbert/Schlitt, Unternehmensfinanzierung am Kapitalmarkt, Rz. 41.223.
4 Ausführlich dazu *Hellgardt*, Kapitalmarktdeliktsrecht, S. 508 ff.; dem folgend *Ekkenga/Kuntz* in Soergel, § 249 BGB Rz. 27 mit Fn. 83. In dieser Situation, in der sich eine Kursdifferenz nicht sinnvoll berechnen lässt, kommt ausnahmsweise eine Rückabwicklung in Betracht.
5 *Casper*, Der Konzern 2006, 32, 35; *Fuchs* in Fuchs, §§ 37b, 37c WpHG Rz. 41; *Fuchs/Dühn*, BKR 2002, 1063, 1068 f.; *Steinhauer*, Insiderhandelsverbot, S. 273 f.; *Fleischer*, BB 2002, 1869, 1871; *Fleischer* in Assmann/Schütze, Handbuch des Kapitalanlagerechts, § 6 Rz. 52; *Hutter/Stürwald*, NJW 2005, 2428, 2430; *Gottschalk*, DStR 2005, 1648, 1651; *Hopt/Voigt* in Hopt/Voigt, Prospekt- und Kapitalmarktinformationshaftung, S. 132; *Mülbert/Steup* in Habersack/Mülbert/Schlitt, Unternehmensfinanzierung am Kapitalmarkt, Rz. 41.220; *Schäfer* in Marsch-Barner/Schäfer, Handbuch börsennotierte AG, Rz. 17.23.
6 BGH v. 13.12.2011 – XI ZR 51/10 – IKB, BGHZ 192, 90, 113 f. = AG 2012, 209. Ähnlich *Möllers/Leisch* in KölnKomm. WpHG, §§ 37b, c WpHG Rz. 310 ff., die aber den Verlust aus einer anderen hypothetisch getätigten Ersatzinvestition anrechnen wollen.
7 Der BGH v. 13.12.2011 – XI ZR 51/10 – IKB, BGHZ 192, 90, 114 = AG 2012, 209 zitiert §§ 281 Abs. 5, 283 Satz 2 BGB, die wiederum auf § 346 Abs. 3 Satz 1 Nr. 3 BGB verweisen. Dabei handelt es sich jeweils um Schadensersatz statt der Leistung, der nur solche Schuldverhältnisse betrifft, die eine Primärleistungspflicht aufweisen, deren Erfüllung dem Gläubiger geschuldet wird. Dies ist bei der öffentlich-rechtlichen Publizitätspflicht des Art. 17 VO Nr. 596/2014 nicht der Fall. Der Emittent ist am Sekundärmarkt eben nicht der Verkäufer seiner Finanzinstrumente und er ist auch kein Sachwalter, der für das eigentliche Verkäufer handelt; s. auch *Hellgardt*, DB 2012, 673, 677.
8 So auch *Ekkenga/Kuntz* in Soergel, § 249 BGB Rz. 27; *Fleischer*, DB 2004, 2031, 2035.
9 BGH v. 13.12.2011 – XI ZR 51/10 – IKB, BGHZ 192, 90, 110 = AG 2012, 209.

Kaufpreises verlangen und muss diesem Zug um Zug die Übernahme der Finanzinstrumente anbieten (§ 255 BGB analog bzw. schadensrechtliches Bereicherungsverbot)[1]. Der Geschädigte muss sich auch eventuell erlangte Vorteile anrechnen lassen (Dividenden, beim Anleger endgültig verbleibende Steuervorteile, Bezugsrechte, Zinszahlungen)[2]. Hat der Anleger die **Finanzinstrumente bereits veräußert**, muss er sich im Rahmen des Bereicherungsverbots den erzielten Weiterverkaufspreis von dem selbst gezahlten Kaufpreis abziehen lassen[3], so dass er wie bei § 21 Abs. 2 Satz 1 WpPG den Differenzbetrag zwischen Erwerbs- und Veräußerungspreis verlangen kann.

132 Hat der Anleger dagegen die Finanzinstrumente **aufgrund der Informationspflichtverletzung verkauft**, steht ihm ein Anspruch gegen den Emittenten darauf zu, die gleiche Zahl von Finanzinstrumenten geliefert zu erhalten. Aufgrund des schadensrechtlichen Bereicherungsverbots muss der Anleger Zug um Zug die beim früheren Verkauf erhaltene Gegenleistung herausgeben. Alternativ wird es für zulässig gehalten, dass der Anleger die Differenz zwischen dem erzielten Verkaufserlös und den aktuellen Wiederbeschaffungskosten verlangt[4]. Hat der Anleger nach Aufdeckung der Pflichtverletzung bereits selbst wieder eine **entsprechende Anzahl der Finanzinstrumente gekauft**, muss ihm konsequenterweise die Differenz zwischen dem Verkaufserlös und dem Kaufpreis erstattet werden. Denn es ist kein Grund ersichtlich, weshalb der Anleger die Finanzinstrumente erst nach dem Urteil kaufen dürfen sollte, zumal sich die Preisbestimmung nur auf den Tag der letzten mündlichen Verhandlung beziehen könnte, so dass der zugesprochene Betrag unter Umständen nach Verkündung des Urteils schon nicht mehr ausreicht, um die entsprechende Anzahl an Finanzinstrumenten zu erwerben.

133 Zusätzlich kann der Anleger wie bei § 21 Abs. 1 Satz 1, Abs. 2 Satz 1 WpPG die mit dem Erwerb und/oder der Veräußerung verbundenen üblichen Kosten als Folgeschaden ersetzt verlangen[5]. Ersatzfähig sind danach die **Kosten all derjenigen Transaktionen**, die ohne die Pflichtverletzung nicht vorgenommen worden wären und die zum Ausgleich des dadurch entstandenen Nachteils erforderlich sind. Darüber hinaus soll der Anleger nach § 252 BGB auch seinen **entgangenen Gewinn** verlangen können, wobei sich ein solcher kaum mit der erforderlichen Wahrscheinlichkeit wird bestimmen lassen, da der Anleger belegen müsste, in welche Alternativanlage er investiert hätte[6].

134 bb) **Kursdifferenzschaden.** Der Kursdifferenzschaden ergibt sich grundsätzlich aus dem Unterschiedsbetrag zwischen dem tatsächlichen Kaufpreis (= Börsen- oder Marktkurs des Finanzinstruments) und dem hypothetischen Preis, der sich bei pflichtgemäßem Verhalten des Emittenten ergeben hätte[7]. Die Idee ist, dass der Börsen- oder Marktkurs des Finanzinstruments sich durch die Pflichtverletzung von einem hypothetischen Kurs entfernt, der sich bei korrektem Publizitätsverhalten gebildet hätte. Diese Desinformationsphase (s. auch Rz. 70 ff.) hält solange an, bis die wahre Situation publik wird oder die Informationspflichtverletzung aufgrund überholender Kausalität ihre Kursrelevanz verloren hat. Die Implikation der Fehlinformation für den Kurs der Finanzinstrumente bestimmt sich dabei nicht etwa relativ zur Marktkapitalisierung[8], sondern bleibt – abgesehen vom Zeitmoment der Abzinsung[9] – konstant[10]. Damit sind **alle Schäden**, die Anleger aufgrund von Transaktionen während der Desinformationsphase erleiden, **grundsätzlich gleich hoch**[11], so dass die Schadenshöhe Feststellungsziel im Rahmen eines Kapitalanlagemusterverfahrens sein kann. Der Kursdifferenzschaden ist demnach auf solche Transaktionen zugeschnitten, die **zum Marktpreis an einem Handelsplatz** getätigt wurden. Geschäfte, die außerhalb eines Handelsplatzes getätigt werden, sind nur dann vom Schutzzweck der §§ 97 und 98 WpHG umfasst, wenn das Entgelt direkt vom Marktpreis des Finanzinstruments abhängt (s. Rz. 74). So ist etwa der Verkauf eines größeren Aktienpakets nur dann erfasst, wenn der Preis dem Marktpreis der einzelnen Aktien entspricht oder zusätzlich eine **Paketprämie** bezahlt wird, die einen direkten Bezug zum Marktpreis aufweist (z.B. ein prozentualer Aufschlag auf den Marktpreis). Erforderlich ist, dass sich aus dem Vertrag eindeutig ergibt, wie der Preis bei einem abweichenden Marktpreis ausgefallen wäre. Denn ansonsten lässt sich nicht mit der erforderlichen Sicherheit feststellen, wie sich ein veränderter Marktpreis auf den indivi-

---

1 BGH v. 9.5.2005 – II ZR 287/02 – EM.TV, WM 2005, 1358, 1360 = AG 2005, 609.
2 *Möllers/Leisch* in KölnKomm. WpHG, §§ 37b, c WpHG Rz. 340 f.
3 BGH v. 19.7.2004 – II ZR 217/03 – Infomatec, WM 2004, 1726, 1729; BGH v. 9.5.2005 – II ZR 287/02 – EM.TV, WM 2005, 1358, 1360 = AG 2005, 609.
4 *Möllers/Leisch* in KölnKomm. WpHG, §§ 37b, c WpHG Rz. 365 a.E.
5 *Möllers/Leisch* in KölnKomm. WpHG, §§ 37b, c WpHG Rz. 335.
6 S. dazu ausführlich *Möllers/Leisch* in KölnKomm. WpHG, §§ 37b, c WpHG Rz. 335 ff.
7 BGH v. 13.12.2011 – XI ZR 51/10 – IKB, BGHZ 192, 90, 117 = AG 2012, 209; *Wagner*, ZGR 2008, 495, 522.
8 So aber *Maier-Reimer/Webering*, WM 2002, 1857, 1861 f.; *Wagner*, ZGR 2008, 495, 523 ff.
9 Dieses kann bei einer Schadensschätzung nach § 287 ZPO grundsätzlich vernachlässigt werden; i.E. ebenso *Franck*, Marktordnung durch Haftung, S. 580.
10 Dies liegt daran, dass sich der Wert eines Finanzinstruments nach dem Nettobarwert zukünftiger Auszahlungen richtet. Veröffentlicht etwa ein Aktienmittent eine Fehlinformation, die impliziert, dass in fünf Jahren ein ausschüttungsfähiger zusätzlicher Gewinn von 100 Mio. Euro entstehen wird, so ist dieser Betrag durch die Zahl der Aktien zu teilen und auf die Gegenwart abzuzinsen, um die sofortige Wertsteigerung der Aktien zu bestimmen. Diese Wertsteigerung ist von der bisherigen Bewertung (also der Marktkapitalisierung) unabhängig; s. auch *Hellgardt*, Kapitalmarktdeliktsrecht, S. 506 f.
11 Etwas anderes gilt, wenn sich der Inhalt der Information oder ihr Wert während der Desinformationsphase ändert; s. dazu *Klöhn/Rothermund*, ZBB 2015, 73, 75 f.

duell ausgehandelten Paketpreis ausgewirkt hätte. Die gleichen Grundsätze gelten bei Tauschgeschäften (dazu bereits Rz. 74)[1]. Die Schwierigkeit der Berechnung des Kursdifferenzschadens besteht darin, den **hypothetischen Marktpreis ohne Pflichtverletzung** zu bestimmen. Als hypothetische Tatsache ist dieser einem direkten Beweis nicht zugänglich, sondern muss vielmehr nach finanzwissenschaftlichen Verfahren errechnet werden. Zivilprozessual handelt es sich um eine **Schätzung gem.** § 287 ZPO, die der BGH in dieser Situation nicht nur als zulässig, sondern sogar als erforderlich ansieht[2]. Sofern nämlich feststehe, dass es zu einer Kursbeeinflussung gekommen ist (dazu gleich Rz. 142 ff.), bestünden hinreichende Anhaltspunkte für eine Schädigung der Anleger, so dass ein gewisser (Mindest-)Schaden geschätzt werden müsse. Die dafür erforderlichen Schätzgrundlagen muss der Anspruchsteller darlegen und beweisen. Dabei ist zu unterscheiden zwischen den Fällen der Veröffentlichung einer falschen Mitteilung (§ 98 WpHG) und dem pflichtwidrigen Unterlassen einer erforderlichen Mitteilung (§ 97 WpHG).

Veröffentlicht der Emittent eine **völlig frei erfundene Ad-hoc-Mitteilung**, ist für die Berechnung des nach § 98 Abs. 1 WpHG erstattungsfähigen Schadens an die durch die falsche Mitteilung ausgelöste Kursreaktion anzuknüpfen[3]. Diese Reaktion zeigt am eindeutigsten, wie der Markt die falsche Information aufgenommen hat und vermeidet Probleme, die sich bei einer Rückwärtsinduktion ergeben können. Werden dagegen im Rahmen einer erforderlichen Ad-hoc-Mitteilung nur **einzelne Umstände oder Zahlen falsch** dargestellt oder werden gleichzeitig (in derselben Meldung oder in mehreren zeitlich kurz aufeinanderfolgenden Veröffentlichungen) **mehrere Umstände** gemeldet, von denen nur einige falsch dargestellt sind, führt es zu Verzerrungen, wenn man auf die Kursreaktion nach Veröffentlichung der Meldung(en) abstellt, da sich nicht zweifelsfrei bestimmen lässt, welcher Teil der Kursreaktion gerade auf die falsche Information zurückzuführen ist. Eindeutig ist dies nur, wenn die anderen (zutreffenden) Informationen offensichtlich nicht kursrelevant sind. Bestehen dagegen Anhaltspunkte, dass die Kursbewegung nach Veröffentlichung der teilweise falschen Meldung auch auf andere – zutreffende – Informationen zurückgeführt werden kann, ist es vorzugswürdig, den spezifisch auf die Fehlinformation zurückgehenden Schaden allein anhand der Kursreaktion nach Bekanntwerden (zu diesem Merkmal ausführlich Rz. 78 f.) der Unrichtigkeit abzustellen. Denn diese Kursreaktion bezieht sich allein auf den falschen Informationsgehalt. Sie kann – vorbehaltlich einer Korrektur um Kollateralschäden – auch höher ausfallen als die Kursreaktion auf die ursprüngliche Fehlinformation, wenn der Emittent etwa neben einer falschen positiven Nachricht gleichzeitig (zutreffende) Informationen veröffentlicht hat, die sich negativ auf den Marktpreis des Finanzinstruments auswirken, so dass sich die Auswirkungen der Informationen gegenseitig aufgehoben haben. **Unterlässt** der Emittent dagegen die **(rechtzeitige) Veröffentlichung** einer erforderlichen Ad-hoc-Mitteilung entsteht die Fehlbepreisung dadurch, dass eine Kursreaktion ausbleibt, die bei pflichtgemäßem Verhalten des Emittenten eingetreten wäre. Die Höhe einer solchen hypothetischen Kursreaktion kann nur durch Indizien ermittelt werden, sofern nicht der Sonderfall vorliegt (s. Rz. 94), dass die Unterlassung darin besteht, eine zuvor veröffentlichte Fehlinformation – die eine messbare Kursreaktion hervorgerufen hat – zu korrigieren[4]. Da die Kursimplikation der Fehlinformation grundsätzlich gleich bleibt[5], bietet es sich an, in Fällen des alleinigen Unterlassens die Kursreaktion nach Bekanntwerden der unterdrückten Information als Ausgangspunkt zu nehmen.

Bislang war allgemein von „Kursreaktionen" die Rede. Damit ist nicht die tatsächlich zu beobachtende Preisveränderung an der Börse oder einem anderen Markt gemeint. Diese bildet lediglich den Ausgangspunkt, um die **spezifische Kursreaktion auf die Veröffentlichung einer neuen Information** zu bestimmen. Dazu ist eine sog. Event-Study (Ereignisstudie) zu erstellen[6], so dass das Gericht regelmäßig einen ökonomischen Sachverständigen beauftragen muss. Die Ereignisstudie soll messen, welche Kursreaktion ein spezielles Ereignis hervorgerufen hat. Dazu ist zunächst der Beobachtungszeitraum zu bestimmen, in dem eine Kursreaktion zu erwarten ist. Den Beginn des Beobachtungszeitraums bildet die Bekanntgabe derjenigen Information, die Grundlage einer möglichen Kursreaktion sein soll. Geht es um eine Ad-hoc-Mitteilung, ist dieser Zeitpunkt einfach festzustellen. Schwieriger ist es, wenn die Pflichtverletzung dadurch bekannt wird, dass sie nach und nach in den Markt einsickert (s. Rz. 79). In einer solchen Situation gibt es zwei Möglichkeiten: einerseits kann der Beobachtungszeitraum auf die gesamte Phase des Einsickerns ausgedehnt werden, so dass er mehrere Tage oder sogar Wochen umfasst. Andererseits kann man einzelne Teilinformationen identifizieren (etwa erstmalige Presseberichte, ein Teileingeständnis des Emittenten etc.) und die daraufhin erfolgten Kursreaktionen einzeln messen und addieren. Das Risiko der ersten Vorgehensweise besteht darin, dass bei einem zu langen Beobachtungszeit-

---

1 Zu beachten ist außerdem, dass Geschäfte auf dem Sportmarkt erfasst sind, grundsätzlich aber keine Derivatkontrakte; s. Rz. 73.
2 BGH v. 13.12.2011 – XI ZR 51/10 – IKB, BGHZ 192, 90, 117 f = AG 2012, 209.
3 *Hellgardt*, Kapitalmarktdeliktsrecht, S. 543; weitergehend (für alle Fälle der Veröffentlichung falscher Meldungen) *Maier-Reimer/Seulen* in Habersack/Mülbert/Schlitt, Kapitalmarktinformation, § 30 Rz. 147; kritisch *Klöhn/Rothermund*, ZBB 2015, 73, 80. *Wagner*, ZGR 2008, 495, 526 f. will den Mittelwert zwischen der Kursreaktion bei Veröffentlichung der falschen Meldung und bei der Korrekturmeldung heranziehen.
4 *Klöhn/Rothermund*, ZBB 2015, 73, 80.
5 S. Rz. 134 mit Fn. 10.
6 *Ekkenga/Kuntz* in Soergel, § 249 BGB Rz. 28; *Fleischer*, BB 2002, 1869, 1873; *Hellgardt*, Kapitalmarktdeliktsrecht, S. 506 f.; *Hellgardt*, ZIP 2005, 2000, 2006 f.; *Möllers/Leisch* in KölnKomm. WpHG, §§ 37b, c WpHG Rz. 374 ff.

raum andere Faktoren so stark auf den Kurs einwirken, dass sich keine Aussage mehr zu den spezifischen Folgen der untersuchten Information machen lassen. Im zweiten Fall besteht das Risiko, dass durch die Addition auch (rationale) Überreaktionen erfasst werden, wenn etwa das Ausmaß der Implikationen aufgrund der ersten Gerüchte größer erschien, als es sich später bestätigte. Trotzdem ist in der Regel die zweite Methode vorzugswürdig. Dabei steht es dem Emittenten selbstverständlich offen, im Einzelfall darzulegen und zu beweisen, dass und inwiefern die Addition zur Annahme einer überhöhten Kursreaktion führt. Das Ende des Beobachtungszeitraums bestimmt sich danach, welchen Grad an Informationseffizienz der betreffende Markt aufweist, d.h. wie schnell dort regelmäßig neue Informationen im Preis verarbeitet werden. Dies ist eine empirisch zu beantwortende Frage, wobei die Einpreisung bei Aktien großer börsennotierter Unternehmen regelmäßig innerhalb kurzer Zeit (weniger Stunden) abgeschlossen ist. Die Einpreisung ist abgeschlossen, wenn keine Kursveränderungen mehr zu beobachten sind, die nicht auf allgemeine Markteinflüsse zurückgeführt werden können. Die während des Beobachtungszeitraums festzustellende Kursveränderung wird in einem zweiten Schritt um allgemeine Markteinflüsse bereinigt, damit die spezifische Kursreaktion auf die vorangegangene Information identifiziert werden kann[1]. Die so ermittelte spezifische Kursreaktion (auf die Falschmeldung oder auf die Korrekturmeldung) kann grundsätzlich als Maßstab der Schadensbestimmung herangezogen werden.

137 Insbesondere in den Fällen, in denen der Schaden im Wege der Rückwärtsinduktion von der Kursreaktion auf die Korrekturmeldung berechnet wird, besteht die Gefahr, dass es zu **Verzerrungen** kommt, die dazu führen, dass der **Schaden zu hoch oder zu niedrig** berechnet wird[2]. Ein anschauliches Beispiel ist der sog. Kollateral- oder Skandalschaden[3]. Damit ist gemeint, dass bei einer Korrekturmeldung nicht nur die ursprünglich unterdrückte oder falsch berichtete Information offenbar wird, sondern auch der Umstand, dass der Emittent eine Pflichtverletzung begangen hat. Dieser Umstand ist als solcher kursrelevant, weil damit einerseits Kosten für den Emittenten verbunden sind (Rechtsverteidigungskosten, Bußgelder, Schadensersatzzahlungen) und andererseits der Verdacht genährt wird, es könnte noch weitere Pflichtverletzungen gegeben haben. Der Kursrückgang bei einer unterdrückten negativen Nachricht ist daher aller Wahrscheinlichkeit größer, bei einer unterdrückten positiven Nachricht dagegen geringer als die jeweilige Kursreaktion bei einer pflichtgemäßen Bekanntgabe gewesen wäre. Derartige Effekte führen aber nicht dazu, dass die Schadensberechnung mittels rückwärtiger Induktion grundsätzlich ungeeignet wäre. Da sich das Gericht ohnehin im Rahmen einer Schätzung gem. § 287 ZPO bewegt, kann das zuvor geschilderte Grundmodell der Schadensberechnung ohne weiteres als Schätzungsgrundlage herangezogen werden. Es sollte aber beiden Parteien die Möglichkeit eröffnet werden, Tatsachen vorzutragen und zu beweisen, die dafür sprechen, dass das Grundmodell im konkreten Fall den tatsächlichen Schaden falsch ermittelt. Demnach trägt der Emittent die Beweislast für solche Umstände (wie z.B. einen Skandalschaden), die zu einer geringeren Schadenshöhe führen. Der Anspruchsteller trägt hingegen die Beweislast für Umstände (wie z.B. Insiderhandel), die nahelegen, dass ein Teil der Fehlinformation bereits vor der Korrekturmeldung eingepreist war. Sofern ein solcher Beweis gelingt, ist die Schadensschätzung entsprechend anzupassen.

138 Da der Kursdifferenzschaden auf den Geldbetrag gerichtet ist, den der Anleger zu viel bezahlt oder zu wenig erhalten hat, sind keine Erwerbs- oder Veräußerungskosten zu ersetzen. Entgangener Gewinn kann nach den allgemeinen Grundsätzen im Rahmen des § 288 Abs. 4 BGB verlangt werden. Problematisch ist allerdings, dass der EuGH unter Verweis auf das Effektivitätsprinzip verlangt, dass der Schadensersatzanspruch für die Verletzung unionsrechtlicher Normen **ab der Verletzungshandlung verzinst** wird (s. bereits Rz. 29)[4]. Dieser Anforderung kann dadurch genügt werden, dass im Wege der unionsrechtskonformen Auslegung bei Verstößen gegen §§ 97 und 98 WpHG die Voraussetzungen des § 286 Abs. 2 Nr. 4 BGB bejaht werden, so dass es keiner Mahnung bedarf. Zudem beginnt die Verzinsungspflicht bereits mit der anspruchsbegründenden Transaktion, nicht erst mit der aufgrund der Korrekturmeldung erfolgenden Kurskorrektur. Dies lässt sich damit begründen, dass der Schaden nach dem eben Gesagten (s. Rz. 134) bereits durch den Kauf oder Verkauf zum verfälschten Preis entsteht. Die Anknüpfung an die spätere Kursreaktion bietet nur ein Indiz, um die Höhe des Schadens zu schätzen, führt aber nicht dazu, dass der Schaden erst später eintritt[5].

139 **2. Kausalität. a) Haftungsbegründende Kausalität.** Als haftungsbegründende Kausalität bezeichnet man den Wirkungszusammenhang zwischen der Pflichtverletzung und dem Primärschaden, etwa einer Rechtsgutsverletzung[6]. Der Nachweis der haftungsbegründenden Kausalität obliegt nach allgemeinen Grundsätzen dem Anspruchsteller, wobei sich die Beweisanforderungen nach § 286 ZPO richten[7]. Für die Bestimmung der haftungs-

---

1 Zu den Möglichkeiten einer solchen Bereinigung s. *Hellgardt*, Kapitalmarktdeliktsrecht, S. 506 m.w.N.
2 Ausführlich dazu mit vielen Fallbeispielen *Klöhn/Rothermund*, ZBB 2015, 73, 75 ff.
3 Dazu *Hopt/Voigt* in Hopt/Voigt, Prospekt- und Kapitalmarktinformationshaftung, S. 112 f.; *Hellgardt*, Kapitalmarktdeliktsrecht, S. 507; *Klöhn*, ZIP 2015, 53 ff.
4 EuGH v. 2.8.1993 – Rs. C-271/91 – Marshall, Slg. 1993, I-4367, I-4409 (Rz. 31); EuGH v. 13.7.2006 – Rs. C-295/04 bis C-298/04 – Manfredi, Slg. 2006, I-6619, I-6671 (Rz. 97).
5 A.A. *Klöhn*, AG 2012, 345, 357.
6 *Wagner* in MünchKomm. BGB, 7. Aufl. 2017, § 823 BGB Rz. 67, 546.
7 *Greger* in Zöller, 32. Aufl. 2018, § 287 ZPO Rz. 3; *Prütting* in MünchKomm. ZPO, 5. Aufl. 2016, § 287 ZPO Rz. 10 jeweils m.w.N.

begründenden Kausalität kommt es entscheidend darauf an, worin der Primärschaden bei einem Verstoß gegen §§ 97 und 98 WpHG besteht. Daher ist im Folgenden zwischen dem Ersatz des Vertragsabschlussschadens (dazu Rz. 140 f.) und des Kursdifferenzschadens (dazu Rz. 142 ff.) zu differenzieren.

aa) **Vertragsabschlussschaden.** Nach dem BGH und einem Teil der Lehre ist die Willensfreiheit der Anleger primäres Schutzgut der §§ 97 und 98 WpHG (s. Rz. 37), weshalb der Anspruchsteller Ersatz des Vertragsabschlussschadens verlangen könne (s. Rz. 122 ff.). Der Anspruchsteller muss daher darlegen und beweisen, dass die **unterlassene oder fehlerhafte Ad-hoc-Mitteilung für seine Transaktionsentscheidung ursächlich** war[1]. Dies erfordert zunächst, dass der Anleger eine falsche Ad-hoc-Mitteilung überhaupt zur Kenntnis genommen hat bzw. dass er eine pflichtgemäße Ad-hoc-Mitteilung mit an Sicherheit grenzender Wahrscheinlichkeit zur Kenntnis genommen hätte. Die reine Kenntnisnahme reicht aber nicht aus, vielmehr muss der Anleger auch die (innere) Tatsache beweisen, dass er durch den Inhalt der Meldung in seiner Entscheidung, die Finanzinstrumente zu kaufen oder zu verkaufen, beeinflusst wurde bzw. mit an Sicherheit grenzender Wahrscheinlichkeit worden wäre. Die Schwierigkeit besteht insbesondere darin, die zweite Voraussetzung zu erfüllen, da der BGH davon ausgeht, dass es sich bei einer Anlageentscheidung um einen durch vielfältige rationale und irrationale Faktoren, insbesondere teils spekulative Elemente beeinflussten, sinnlich nicht wahrnehmbaren individuellen Willensentschluss handele[2]. 140

Nach ständiger Rechtsprechung des BGH kommt dem Anleger grundsätzlich **keine Beweiserleichterung** zu[3]. Einzig ein enger zeitlicher Zusammenhang zwischen einer Transaktionsentscheidung und der fehlerhaften Ad-hoc-Mitteilung kann die für eine **Parteivernehmung nach § 448 ZPO** erforderliche Anfangswahrscheinlichkeit begründen[4]. In der Praxis werden Ansprüche nach §§ 97, 98 WpHG häufig abgetreten, um den handelnden Anleger daraufhin als Zeugen zu seinen Motiven befragen zu können[5]. Die Rechtsprechung stellt strenge Anforderungen an die Darlegung der Handlungsmotive, die zur Vornahme einer Transaktion geführt haben. So hat etwa, im Rahmen der Aufarbeitung der Vorgänge am Neuen Markt, ein Kläger die haftungsbegründende Kausalität beweisen können, indem der Zedent ausgeführt hat, dass er sich auch nach Kenntnis der Ad-hoc-Mitteilung ausführlich mit dem Emittenten beschäftigt habe und dazu Informationen aus Fachzeitschriften und von verschiedenen Banken eingeholt habe[6]. Diese Beweisanforderungen unterstreichen die Fragwürdigkeit eines dogmatischen Ansatzes, der auf die Willensbildung abstellt. Denn gerade bei Kleinanlegern stellt ein derartiger Aufwand eine Verschwendung von Ressourcen dar, weil damit keinerlei Informationsvorsprünge zu erzielen sind (s. Rz. 128). 141

bb) **Kursdifferenzschaden.** Die herrschende Lehre sieht die Beeinflussung des Marktpreises als primären Schädigungserfolg an (s. Rz. 38 ff.), weshalb dem Anspruchsteller nur der Kursdifferenzschaden zustehe (s. Rz. 125 ff.). Folgt man dieser Auffassung oder eröffnet dem Anleger die Möglichkeit, vom Vertragsabschlussschaden zum Kursdifferenzschaden überzugehen (s. Rz. 124), muss der Anspruchsteller darlegen und beweisen, dass es aufgrund der unterlassenen oder fehlerhaften Ad-hoc-Mitteilung zu einer **Kursbeeinflussung** gekommen ist, sprich, dass der Marktpreis im Falle eines pflichtgemäßen Verhaltens des Emittenten anders ausgefallen wäre[7]. 142

---

1 BGH v. 13.12.2011 – XI ZR 51/10 – IKB, BGHZ 192, 90, 114 = AG 2012, 209 (für die unterlassene Ad-hoc-Mitteilung); BGH v. 19.7.2004 – II ZR 218/03 – Infomatec, BGHZ 160, 134, 144 = AG 2004, 543; BGH v. 19.7.2004 – II ZR 402/02 – Infomatec, BGHZ 160, 149, 152 = AG 2004, 546; BGH v. 19.7.2004 – II ZR 217/03 – Infomatec, WM 2004, 1726, 1731; BGH v. 26.6.2006 – II ZR 206/05 – Infomatec, Rz. 2 (juris); BGH v. 9.5.2005 – II ZR 287/02 – EM.TV, WM 2005, 1358, 1361 = AG 2005, 609; BGH v. 26.6.2006 – II ZR 153/05 – ComROAD, NZG 2007, 269 f. = AG 2007, 169; BGH v. 28.11.2005 – II ZR 80/04 – ComROAD, NZG 2007, 345, 346 = AG 2007, 322; BGH v. 28.11.2005 – II ZR 246/04 – ComROAD, NZG 2007, 346 = AG 2007, 324; BGH v. 4.6.2007 – II ZR 147/05 – ComROAD, NZG 2007, 708, 709 = AG 2007, 620; BGH v. 4.6.2007 – II ZR 173/05 – ComROAD, NZG 2007, 711, 712 = AG 2007, 623; BGH v. 7.1.2008 – II ZR 229/05 – ComROAD, NZG 2008, 382, 384 = AG 2008, 252; BGH v. 7.1.2008 – II ZR 68/06 – ComROAD, WM 2008, 398, 399 = AG 2008, 254; BGH v. 3.3.2008 – II ZR 310/06 – ComROAD, NZG 2008, 386, 387 = AG 2008, 377 (alle zur fehlerhaften Ad-hoc-Mitteilung).
2 BGH v. 19.7.2004 – II ZR 218/03 – Infomatec, BGHZ 160, 134, 144 = AG 2004, 543.
3 Zusammenfassend BGH v. 13.12.2011 – XI ZR 51/10 – IKB, BGHZ 192, 90, 115 ff. = AG 2012, 209. S. auch *Habbe/Gieseler*, NZG 2016, 454, 456 f.
4 BGH v. 9.5.2005 – II ZR 287/02 – EM.TV, WM 2005, 1358, 1361 = AG 2005, 609; BGH v. 13.12.2011 – XI ZR 51/10 – IKB, BGHZ 192, 90, 116 f. = AG 2012, 209.
5 S. z.B. BGH v. 13.12.2011 – XI ZR 51/10 – IKB, BGHZ 192, 90, 91 = AG 2012, 209 („Die Klägerin begehrt aus abgetretenem Recht des Zeugen M. (Zedent) Schadensersatz").
6 Vgl. LG Augsburg v. 24.9.2001 – 3 O 4995/00 – Infomatec, NJW-RR 2001, 1705, 1706. Diese Beweisaufnahme war letztlich Grundlage für das anspruchsbejahende Urteil BGH v. 19.7.2004 – II ZR 402/02 – Infomatec, BGHZ 160, 149 = AG 2004, 546.
7 BGH v. 13.12.2011 – XI ZR 51/10 – IKB, BGHZ 192, 90, 117 = AG 2012, 209; *Casper*, Der Konzern 2006, 32, 34; *Casper* in KölnKomm. KapMuG, §§ 37b, c WpHG Rz. 49 ff.; *Ekkenga/Kuntz* in Soergel, Vor § 249 BGB Rz. 203; *Engelhardt*, BKR 2006, 443, 448; *Hopt/Voigt* in Hopt/Voigt, Prospekt- und Kapitalmarktinformationshaftung, S. 133 ff.; *Kowalewski/Hellgardt*, DB 2005, 1839, 1840; *Leisch*, ZIP 2004, 1573, 1578; *Möllers/Leisch*, BKR 2002, 1071, 1079; *Mörsdorf*, Verantwortlichkeit, S. 167 ff.; *Maier-Reimer/Webering*, WM 2002, 1857, 1860; *Pavlova*, S. 242 f.; *Sauer*, ZBB 2005, 24, 29 f.; *C. Schäfer*, NZG 2005, 985, 991; *Zimmer/Grotheer* in Schwark/Zimmer, §§ 37b, 37c WpHG Rz. 86 ff.; i.E. für den Kursdifferenzschaden auch *Möllers/Leisch* in KölnKomm. WpHG, §§ 37b, c WpHG Rz. 383; *Rössner/Bolkart*, ZIP 2002, 1471, 1475 f.

Eine **Willensbeeinflussung ist nicht erforderlich**[1], weil der Schaden unabhängig davon entsteht, ob der einzelne Anleger die falsche Meldung zur Kenntnis genommen hat oder die unterlassene Meldung zur Kenntnis genommen hätte. Dies lässt sich dogmatisch damit begründen, dass es – trotz des insoweit missverständlichen Wortlauts von § 98 Abs. 1 WpHG (s. dazu Rz. 43) – nach dem Regelungszweck der §§ 97, 98 WpHG nicht auf ein (konkretes oder auch nur abstraktes) Vertrauen in die Integrität des Marktpreises, sondern allein darauf ankommt, dass der Preis durch die Pflichtverletzung beeinflusst wurde (**Preiskausalität**)[2]. Die genaue Höhe der Kursbeeinflussung ist dabei nicht mehr Teil der haftungsbegründenden Kausalität, sondern gehört zur Bestimmung der Schadenshöhe, die das Gericht nach § 287 ZPO schätzen darf (s. Rz. 134)[3].

143 Konkret kann der **Nachweis der haftungsbegründenden Kausalität** geführt werden, indem bewiesen wird, dass auf die Veröffentlichung einer fehlerhaften Ad-hoc-Mitteilung oder bei Korrektur/Nachholung der Ad-hoc-Mitteilung eine spezifische Kursreaktion erfolgt ist. Dafür kann wiederum auf eine Ereignisstudie zurückgegriffen werden (s. Rz. 136). Voraussetzung ist aber, dass der betreffende Markt in dem Zeitraum, in welchem die fehlerhafte Meldung veröffentlicht wurde bzw. die unterdrückte Mitteilung hätte erfolgen müssen, als auch in der Phase des Bekanntwerdens der Pflichtverletzung (dazu Rz. 78 f.) die Voraussetzungen eines (semi-)informationseffizienten Kapitalmarkts erfüllt (vgl. Rz. 33). Entscheidend ist insbesondere, dass der **Markt nicht illiquide** ist, denn nur wenn ein Handel von einem gewissen Umfang stattfindet, kann davon ausgegangen werden, dass neue Informationen auch tatsächlich im Preis verarbeitet werden[4]. Da sich die Pflicht zur Ad-hoc-Publizität gem. Art. 17 VO Nr. 596/2014 und auch die §§ 97 und 98 WpHG aber nur auf solche Finanzinstrumente beziehen, die an einem Handelsplatz i.S.v. § 2 Abs. 22 WpHG zugelassen sind, bei denen Market Maker für einen liquiden Handel sorgen, ist diese Voraussetzung prima facie erfüllt. Es steht dem Emittenten allerdings offen, zu beweisen, dass im konkreten Fall kein liquider Markt bestand. Dies wird insbesondere dann in Betracht kommen, wenn für die fraglichen Finanzinstrumente erst die Zulassung zum Handel am regulierten Markt oder auf einem MTF beantragt ist. Fehlt es an einem liquiden Markt, kann die Preisbeeinflussung nur dadurch bewiesen werden, dass der Nachweis geführt wird, dass diejenigen **Marktteilnehmer, die preisbestimmende (große) Trades** getätigt haben, in Kenntnis der Fehlinformation bzw. aller Wahrscheinlichkeit unter Berücksichtigung der unterdrückten Information gehandelt haben bzw. hätten. Kleinanleger brauchen auch hier **keinen Nachweis einer individuellen Willensbeeinflussung** zu führen. Gleiches gilt, wenn es zu Marktanomalien bzw. „hot markets" kommt, in denen eine rationale Informationsverarbeitung nicht mehr stattfindet (s. Rz. 129). Hier kann ausnahmsweise von einer Anlagestimmung im Sinne der BGH-Rechtsprechung zur Prospekthaftung ausgegangen werden[5]. Auch insoweit kommt es nicht auf die Situation einzelner Anleger an. Da der Kausalitätsnachweis bei einer Geltendmachung des Kursdifferenzschadens daher für sämtliche Anspruchsteller gleich zu führen ist, kann er **Feststellungsziel in einem Musterverfahren** nach dem KapMuG sein[6]. Dies trägt im Vergleich zum allein individuell zu führenden Nachweis der haftungsbegründenden Kausalität des Vertragsabschlussschadens (s. Rz. 140) erheblich zur Effektivität der Rechtsdurchsetzung bei und stellt sicher, dass die §§ 97 und 98 WpHG ihrer Funktion als präventives Steuerungsinstrument gerecht werden können.

144 Hat der Anspruchsteller nach den zuvor dargestellten Grundsätzen die haftungsbegründende Kausalität bewiesen, kann der Emittent den Beweis führen, dass die **Preisverzerrung** als Primärschaden bereits vor Bekanntwerden der Pflichtverletzung **durch einen überholenden Kausalverlauf entfallen** ist (s. auch bereits Rz. 78). Endet die Kursverzerrung, weil die unterdrückte Information oder die Fehlinformation vor Bekanntwerden der Pflichtverletzung ihre Kursrelevanz verliert[7], erleiden diejenigen Anleger, die danach Transaktionen tätigen, keinen kausalen Schaden mehr, weil die Differenz zwischen tatsächlichem Preis und hypothetischem Preis ohne Pflichtverletzung entfallen ist. Denn auch bei ordnungsgemäßem Publizitätsverhalten des Emittenten hätte sich der Kurs aufgrund des überholenden Ereignisses auf demselben Niveau eingependelt. Unzutreffend ist hingegen die Annahme, auch diejenigen Anleger, die ihre Transaktion zwischen der Pflichtverletzung und dem überholenden Ereignis getätigt haben, seien nicht anspruchsberechtigt, da eine unaufgedeckte Fehlinfor-

---

1 So aber LG Hamburg, Vorlagebeschl. v. 2.6.2010 – 329 O 338/08, ZIP 2010, 1395, 1396; *Buck-Heeb/Dieckmann*, AG 2008, 681, 691; *Fuchs* in Fuchs, §§ 37b, 37c WpHG Rz. 31 ff.; *Hutter/Stürwald*, NJW 2005, 2428, 2430; *Mülbert/Steup*, WM 2005, 1633, 1636 f.; *Mülbert/Steup* in Habersack/Mülbert/Schlitt, Unternehmensfinanzierung am Kapitalmarkt, Rz. 41.228 (obwohl sie nur den Kursdifferenzschaden für ersatzfähig halten); *Oulds* in Kümpel/Wittig, Bank- und Kapitalmarktrecht, Rz. 14.266; *Schäfer* in Marsch-Barner/Schäfer, Handbuch börsennotierte AG, Rz. 17.27; *Schmitt*, S. 92; *Veil*, ZHR 167 (2003), 365, 370.
2 Ausführlich dazu *Klöhn*, ZHR 178 (2014), 671, 702 ff.; a.A. *Mülbert/Sajnovits*, ZfPW 2016, 1, 38 f., die zudem zwischen § 97 WpHG (Vertrauen auf die Preisbildung) und § 98 WpHG (Vertrauen auf die einzelne Information) unterscheiden.
3 *Piekenbrock*, WM 2012, 429, 432; *Hellgardt*, Kapitalmarktdeliktsrecht, S. 521; *Zimmer/Grotheer* in Schwark/Zimmer, §§ 37b, 37c WpHG Rz. 92.
4 *Hellgardt*, Kapitalmarktdeliktsrecht, S. 542.
5 Ausführlich *Hellgardt*, Kapitalmarktdeliktsrecht, S. 526 ff., dem folgend *Ekkenga/Kuntz* in Soergel, Vor § 249 BGB Rz. 204.
6 Ebenso *Casper* in KölnKomm. KapMuG, §§ 37b, c WpHG Rz. 52.
7 Für Beispiele s. Rz. 78 Fn. 1 und 2.

mation lediglich ein allgemeines Marktrisiko darstelle, für welches der Emittent nicht einzustehen habe[1]. Ein allgemeines Marktrisiko verwirklicht sich allein in dem überholenden Kausalverlauf. Dessen Kurswirkung ist aber nur in absoluter Hinsicht – d.h. in Bezug auf den sich nach Bekanntwerden bildenden Kurs – mit und ohne Pflichtverletzung identisch; lag zuvor eine Fehlbepreisung vor, ist die Kursanpassung eine andere als bei ordnungsgemäßen Publizitätsverhalten[2]. Der Emittent kann daher durch den Nachweis eines überholenden Kausalverlaufs beweisen, dass ein konkreter Anleger oder eine Gruppe von Anlegern bei einem Musterverfahren keinen Schaden erlitten haben, weil sie ihre Transaktionen zu einem Zeitpunkt getätigt haben, zu dem kein Primärschaden mehr vorlag.

b) Haftungsausfüllende Kausalität. Als haftungsausfüllende Kausalität bezeichnet man den ursächlichen Zusammenhang zwischen der Primärschädigung und einzelnen Schadenspositionen, für dessen Feststellung lediglich die Anforderungen des § 287 ZPO gelten[3]. Wird ein **Vertragsabschlussschaden** geltend gemacht, muss der Anleger also zeigen, dass Schadensposten wie Transaktionskosten oder ein entgangener Gewinn auf dem irrtumsbedingten Vertragsschluss beruhen.

145

Weniger eindeutig ist die Bedeutung der haftungsausfüllenden Kausalität beim **Kursdifferenzschaden**. Teilweise wird die Ansicht vertreten, bei einem Verstoß gegen die §§ 97 und 98 WpHG entstehe der Schaden erst mit der Kurskorrektur nach Bekanntwerden der Pflichtverletzung[4]. Folgt man dieser Auffassung, besteht die haftungsausfüllende Kausalität darin, dass die Kursreaktion nach Bekanntwerden der Pflichtverletzung auf dem ursprünglich verfälschten Preis und nicht auf anderen Umständen (wie z.B. einem Skandalschaden, dazu Rz. 137) beruht. Geht man dagegen davon aus, dass der Schaden bereits mit der Vornahme der haftungsbegründenden Transaktion eintritt (s. Rz. 138), ist der Zusammenhang zwischen ursprünglicher Pflichtverletzung und Kurswirkung der Korrekturmitteilung lediglich im Rahmen der Beweiswürdigung zur haftungsbegründenden Kausalität von Betracht. Hinsichtlich der haftungsausfüllenden Kausalität liest man, diese falle dann mit der haftungsbegründenden Kausalität zusammen[5]. Überzeugender erscheint es dagegen, das Tätigen der Transaktion als haftungsausfüllende Kausalität zu begreifen. Denn trotz der haftungsbegründenden Primärschädigung, entsteht kein Schaden und damit kein Ersatzanspruch, wenn nicht der Anleger während der Desinformationsphase die Finanzinstrumente kauft oder verkauft. Die Gründe für die Transaktion spielen dafür keine Rolle, so dass es auch hier nicht auf eine Willensbeeinflussung ankommt. Nur, wenn der Anleger in Kenntnis der Pflichtverletzung handelt, wird der haftungsausfüllende Zusammenhang zwischen der Fehlbepreisung und dem erlittenen Vermögensnachteil durch ein anspruchsausschließendes Mitverschulden des Anspruchstellers unterbrochen (s. Rz. 118 f.).

146

3. Schadensminderungspflicht. Die Anwendung von § 254 Abs. 2 BGB wird durch §§ 97 Abs. 3, 98 Abs. 3 WpHG nicht ausgeschlossen, da sich diese Normen lediglich auf das anspruchsbegründende Mitverschulden beziehen. Daher kann sich der Emittent grundsätzlich auf eine Verletzung der Schadensminderungspflicht berufen. Macht der Anleger einen **Vertragsabschlussschaden** geltend, kann der Emittent ein anspruchsminderndes Mitverschulden des Anspruchstellers gem. § 254 Abs. 2 Satz 1 Alt. 2 BGB geltend machen, wenn es der Anleger **nach Bekanntwerden der Pflichtverletzung** unterlassen hat, die zu teuer erworbenen Finanzinstrumente zu verkaufen und deren Kurs nach diesem Zeitpunkt **aufgrund allgemeiner Marktrisiken weiter gesunken** ist.

147

---

1 So aber *Klöhn* in FS Köndgen, 2016, S. 311, 321 ff. S. auch noch *Hellgardt*, Kapitalmarktdeliktsrecht, S. 530, wo überholende Kausalverläufe zum Bereich der haftungsausfüllenden Kausalität gezählt werden.
2 Dies sei anhand des Beispiels von *Klöhn* in FS Köndgen, 2016, S. 311, 315 f. demonstriert: „Das Pharmaunternehmen E veröffentlicht eine frei erfundene Ad-hoc-Mitteilung, derzufolge es kurz vor der Patentierung eines Alzheimer-Medikaments stehe. Daraufhin steigt der Aktienkurs von 20 auf 30 Euro. Bevor die Lüge bekannt wird, veröffentlicht Konkurrent K, dass er ein Patent auf ein wirksameres Alzheimer-Medikament erhalten habe, welches das angebliche Medikament des E obsolet macht. Daraufhin fällt der Aktienkurs von E zurück auf 20 Euro, genauso wie wenn der Markt von der Lüge des E nie erfahren hätte." Dieses Beispiel ist zunächst unplausibel gebildet. Es setzt nämlich voraus, dass der Markt vor der frei erfundenen Ad-hoc-Mitteilung davon ausgegangen ist, dass E keinerlei Forschung im Alzheimerbereich betreibt, die auch nur geringe Erfolgsaussichten hat. Denn im ansonsten müsste die Erkenntnis, dass der Alzheimermarkt für E vollkommen unzugänglich geworden ist, zu einer Abwertung unter 20 Euro führen, z.B. auf 15 Euro (wenn der Markt zuvor die zukünftigen Gewinne aus dem Alzheimergeschäft mit 5 Euro bepreist hätte). Bei einer realistischen Fallkonstruktion wäre es aufgrund der Mitteilung von K bei Pflichtverletzung zu einer Kurskorrektur von 30 auf 15 Euro gekommen, ohne die Pflichtverletzung dagegen von 20 auf 15 Euro. Damit ist ein Anteil von 5 Euro dem allgemeinen Marktrisiko (Konkurrent besetzt den Markt) zuzurechnen, wobei der bis zum überholenden Ereignis bestehende Fehlbepreisung i.H.v. 10 Euro davon berührt wäre. Nimmt man dagegen das Beispiel wörtlich, bestand vor der falschen Ad-hoc-Mitteilung gar kein allgemeines Marktrisiko, dass E Gewinnanteile im Alzheimermarkt verlieren könnte, da der Markt ohnehin davon ausging, dass E in diesem Markt nicht aktiv sei. Hätte E die falsche Mitteilung nicht veröffentlicht, wäre es also aufgrund der Meldung von K zu keinerlei Kursreaktion bei E gekommen. Nur so lässt sich erklären, weshalb der Kurs nach der Veröffentlichung von K lediglich auf 20 Euro abfällt. Das Ergebnis ist: Aufgrund eines überholenden Kausalverlaufs bildet sich in jedem Fall ein fairer Preis. Das Ausmaß der Preisanpassung, das durch das überholende Ereignis ausgelöst wird, differiert aber, je nachdem, ob zuvor eine Fehlbepreisung vorlag oder nicht.
3 *Wagner* in MünchKomm. BGB, 7. Aufl. 2017, § 823 BGB Rz. 67.
4 *Klöhn*, AG 2012, 345, 357; *Klöhn*, ZHR 178 (2014), 671, 706; *Klöhn* in FS Köndgen, 2016, S. 311, 324; ebenso auch noch *Hellgardt*, Kapitalmarktdeliktsrecht, S. 530.
5 *Ekkenga/Kuntz* in Soergel, Vor § 249 BGB Rz. 205; *Leuschner*, ZIP 2008, 1050, 1054.

Denselben Einwand muss sich ein Anleger gefallen lassen, der seine zu billig verkauften Finanzinstrumente nicht unmittelbar nach Bekanntwerden der Pflichtverletzung zurückerworben hat, wenn deren Kurs anschließend **aufgrund anderer Umstände ansteigt**. Denn ab dem Moment, in dem der Anleger von der Pflichtverletzung Kenntnis erhält, entfällt die Beeinflussung der Willensfreiheit und alle ab diesem Zeitpunkt getroffenen Entscheidungen können daher dem Emittenten nicht mehr zugerechnet werden. Dies steht nicht in Widerspruch zu den Ausführungen des BGH im IKB-Urteil. Dort werden Verluste aufgrund allgemeiner Marktrisiken für ersatzfähig erklärt, weil sie „(auch) Folge der durch die unrichtige bzw. unterbliebene Ad-hoc-Mitteilung bedingten Investitionsentscheidung des Anlegers" seien[1]. Dieser Kausalzusammenhang entfällt, sobald der Anleger Kenntnis der wahren Lage erhält. Alles andere würde dazu führen, dass der Anleger allein durch Ausreizung der Verjährungsfrist und Prozessverschleppung seinen Schadenersatzanspruch vorsätzlich erhöhen könnte. Dieses Risiko besteht in der vom BGH-Urteil erfassten Situation mangels Kenntnis noch nicht.

148 Macht der Anleger hingegen den **Kursdifferenzschaden** geltend, folgt aus der Schadensminderungspflicht **keine Verkaufs- oder Kaufobliegenheit**. Denn für die Höhe des Kursdifferenzschadens ist es unerheblich, ob der Anleger die Finanzinstrumente hält oder nicht[2].

149 **VI. Konkurrenzen (§§ 97 Abs. 4, 98 Abs. 4 WpHG).** Nach § 26 Abs. 3 Satz 2 WpHG sowie §§ 97 Abs. 4, 98 Abs. 4 WpHG sind die §§ 97 und 98 WpHG **nicht abschließend**. Vielmehr können geschädigte Anleger weitergehende Ansprüche aufgrund von Verträgen oder vorsätzlichen unerlaubten Handlungen geltend machen. Damit ähnelt die Regelung dem § 25 Abs. 2 WpPG, mit dem Unterschied, dass nach §§ 97 Abs. 4, 98 Abs. 4 WpHG nur konkurrierende Ansprüche aus vorsätzlichen deliktischen Schädigungen bestehen bleiben. Dies kann im Verhältnis zur Prospekthaftung theoretisch zu Problemen führen (s. Rz. 154). Praktische Bedeutung hat insbesondere die Haftung nach § 826 BGB erlangt (dazu Rz. 160 ff.).

150 **1. Vertragliche Ansprüche.** Zwischen dem Emittenten und den Anlegern bestehen **regelmäßig keine vertraglichen Beziehungen**, da der Emittent an den Transaktionen auf dem Sekundärmarkt – anders als bei der Wertpapieremission am Primärmarkt – nicht beteiligt ist. Dies hat der Gesetzgeber übersehen, als er sich für die §§ 97 Abs. 4, 98 Abs. 4 WpHG an dem Vorbild des § 25 Abs. 2 WpPG orientiert hat[3]. Auch sonstige Sonderrechtsbeziehungen, die als Grundlage für eine Haftung nach § 280 Abs. 1 BGB dienen könnten, bestehen regelmäßig nicht, insbesondere schafft die Veröffentlichung einer Ad-hoc-Mitteilung kein solches Rechtsverhältnis zwischen dem Emittenten und den Anlegern[4]. Ansonsten ließe sich nicht erklären, weshalb der Gesetzgeber die §§ 97 und 98 WpHG als deliktische Tatbestände (s. Rz. 51) eingeführt hat, da eine umfassende Kapitalmarkthaftung bereits auf Grundlage des § 280 BGB existieren hätte.

151 Eine Haftung für eine fehlerhafte oder pflichtwidrig unterlassene Ad-hoc-Mitteilung aufgrund von § 280 Abs. 1 BGB kommt aber dann in Betracht, wenn **ausnahmsweise** zwischen dem Emittenten und einem geschädigten Anleger eine **vertragliche Beziehung** besteht, infolgedessen der Verstoß gegen Art. 17 VO Nr. 596/2014 zugleich die Verletzung einer vertraglichen Nebenpflicht darstellt. Dies kann etwa im Rahmen einer M&A-Transaktion der Fall sein. Verschweigt etwa der Emittent einem Kaufinteressenten im Rahmen der Due Diligence wichtige Umstände und unterdrückt er diesbezüglich zugleich unter Verstoß gegen Art. 17 VO Nr. 596/2014 eine Ad-hoc-Mitteilung, so werden vertragliche Schadensersatzansprüche des Kaufinteressenten nicht durch die §§ 97 und 98 WpHG gesperrt.

152 **2. Deliktische Ansprüche.** Eine Haftung aus § 823 Abs. 1 BGB scheidet aus, da durch unterlassene oder fehlerhafte Ad-hoc-Mitteilungen nicht in den rechtlichen Bestand der Mitgliedschaft des Aktionärs eingegriffen oder diese beeinträchtigt wird[5]. Es handelt sich um reine Vermögensschäden. Konkurrenzprobleme können sich daher nur hinsichtlich der Prospekthaftung[6] sowie der Schutzgesetzverletzung nach § 823 Abs. 2 BGB und der sittenwidrigen Schädigung nach § 826 BGB ergeben.

---

1 BGH v. 13.12.2011 – XI ZR 51/10 – IKB, BGHZ 192, 90, 114 = AG 2012, 209.
2 *Doğan*, Ad-hoc-Publizitätshaftung, S. 123 ff.; *Fleischer/Kalss*, AG 2002, 329, 334 f.; *Royé/Fischer zu Cramburg* in Heidel, § 37c WpHG Rz. 7; *Fuchs* in Fuchs, §§ 37b, 37c WpHG Rz. 43; *Hellgardt*, Kapitalmarktdeliktsrecht, S. 532; *Lenenbach*, Kapitalmarktrecht, Rz. 11.557; *Möllers/Leisch* in Möllers/Rotter, Ad-hoc-Publizität, § 14 Rz. 130 (die sowohl bei Ersatz der Kursdifferenz als auch bei Rückgängigmachung der Transaktion ein Mitverschulden ablehnen); *Mülbert/Steup* in Habersack/Mülbert/Schlitt, Unternehmensfinanzierung am Kapitalmarkt, Rz. 41.239; *Zimmer/Grotheer* in Schwark/Zimmer, §§ 37b, 37c WpHG Rz. 94; a.A. *Thümmel*, DB 2001, 2331, 2333; offen *Hutter/Leppert*, NZG 2002, 649, 655.
3 Vgl. Begr. RegE 4. FMFG, BT-Drucks. 14/8017, 94. Danach entspreche die Regelung der §§ 97 Abs. 4, 98 Abs. 4 WpHG (damals §§ 37b Abs. 5, 37c Abs. 5 WpHG) der Regelung des § 25 Abs. 2 WpPG (damals § 45 Abs. 2 BörsG).
4 So aber (für das österreichische Recht) *Kalss*, ÖBA 2000, 641, 655 f.; *Kalss*, Anlegerinteressen, S. 327; *Kalss/Oppitz* in Hopt/Voigt, Prospekt- und Kapitalmarktinformationshaftung, S. 858 f. m.w.N.; zu Recht a.A. *Brellochs*, Publizität, S. 105; *Baums*, ZHR 167 (2003), 139, 165 f.; *Dühn*, Schadensersatzhaftung, S. 115 f.; *Fuchs* in Fuchs, Vor §§ 37b, 37c WpHG Rz. 27.
5 OLG München v. 1.10.2002 – 30 U 855/01 – Infomatec, AG 2003, 106, 107; LG Bonn v. 15.5.2001 – 11 O 181/00 – Refugium, AG 2001, 484, 485; *Brellochs*, Publizität, S. 109; *Hellgardt*, Kapitalmarktdeliktsrecht, S. 44 ff.; *Mörsdorf*, Verantwortlichkeit, S. 101 f.; *Sauer*, Haftung, S. 38 ff.
6 Zur deliktsrechtlichen Natur der Prospekthaftung s. nur *Hellgardt*, Kapitalmarktdeliktsrecht, S. 20 ff. m.w.N.

a) **Prospekthaftung.** Eine Prospekthaftung wegen des pflichtwidrigen Unterlassens einer gebotenen Ad-hoc-Mitteilung oder wegen der Veröffentlichung einer fehlerhaften Ad-hoc-Mitteilung scheidet aus. Die §§ 24, 24a WpPG, § 21 VermAnlG verlangen nicht die Veröffentlichung einer Ad-hoc-Mitteilung i.S.v. Art. 17 VO Nr. 596/2014, sondern eines Prospekts nach § 3 WpPG bzw. § 6 VermAnlG bzw. eines Wertpapier-Informationsblatts nach § 3a Abs. 1 Satz 1 WpPG. Eine fehlerhafte Ad-hoc-Mitteilung stellt zudem keinen Prospekt i.S.v. §§ 21 f. WpPG, § 21 VermAnlG und auch kein Wertpapier-Informationsblatt i.S.v. § 22a WpPG bzw. kein Vermögensanlagen-Informationsblatt i.S.v. § 22 VermAnlG dar[1]. Nach der ganz herrschenden Meinung stellen Ad-hoc-Mitteilungen auch keine Prospekte i.S.d. bürgerlich-rechtlichen Prospekthaftung dar[2]. 153

Die §§ 97 und 98 WpHG erfassen auch bereits Finanzinstrumente, für die erst die Zulassung zum Handel am regulierten Markt oder auf einem MTF beantragt wurde (s. Rz. 67). Daher kann es bei einem IPO, ebenso wie bei der Kapitalerhöhung einer bereits börsennotierten Aktiengesellschaft, zu einem **Nebeneinander von Prospekthaftung und Ad-hoc-Publizitätshaftung** kommen. So ist es denkbar, dass der Emittent einen falschen Wertpapierprospekt durch eine Ad-hoc-Mitteilung korrigiert, um Ansprüche aus Prospekthaftung gem. § 23 Abs. 2 Nr. 4 WpPG auszuschließen. Sollte die Korrekturmeldung ihrerseits falsch sein, stellt sich die Frage, ob der Emittent lediglich nach § 98 Abs. 1 WpHG haftet oder ob daneben die Prospekthaftung nach §§ 21 f. WpPG bestehen bleibt. Dies ist deshalb problematisch, weil nach § 98 Abs. 1 WpHG lediglich der Kursdifferenzschaden und nicht wie bei §§ 21 f. WpPG die Rückabwicklung des Wertpapiererwerbs geschuldet wird. Zudem lässt § 98 Abs. 3 WpHG nur konkurrierende Ansprüche aus vorsätzlichen unerlaubten Handlungen zu, während die Prospekthaftung gem. § 23 Abs. 1 WpPG bereits bei grober Fahrlässigkeit eingreift. Trotzdem wird die Prospekthaftung nicht verdrängt, da der Haftungsausschluss gem. § 23 Abs. 2 Nr. 4 WpPG voraussetzt, dass der Prospektfehler tatsächlich *berichtigt* wurde, was bei einer fehlerhaften Ad-hoc-Mitteilung jedenfalls dann nicht der Fall ist, wenn der Fehler in der Ad-hoc-Mitteilung dazu führt, dass die Anleger hinsichtlich derjenigen Umstände, die den Prospektfehler begründen, nicht die Wahrheit erfahren. Dann besteht der ursprüngliche Prospekthaftungsanspruch, der sich allein auf den fehlerhaften Prospekt bezieht, neben dem Anspruch aus § 98 WpHG, der sich allein auf die fehlerhafte Korrekturmeldung bezieht, fort. 154

b) **§ 823 Abs. 2 BGB i.V.m. Art. 17 VO Nr. 596/2016.** Art. 17 VO Nr. 596/2014 ist aufgrund der in Erwägungsgrund 49 VO Nr. 596/2014 ausdrücklich angesprochenen anlegerschützenden Zielrichtung bereits bei Anlegung der herkömmlichen Kriterien zur Bestimmung der Schutzgesetzeigenschaft im Rahmen von § 823 Abs. 2 BGB[3] **als Schutzgesetz anzusehen**[4]. Dies gilt erst recht, wenn man die vorrangigen unionsrechtlichen Kriterien anlegt, die der EuGH entwickelt hat (dazu Rz. 18 ff.)[5]. Der Regelung des § 26 Abs. 3 Satz 1 WpHG, die nach h.M. die Schutzgesetzeigenschaft der Ad-hoc-Publizität i.S.v. § 823 Abs. 2 BGB ausschließt[6], kommt zwar Vorrang vor der allgemeinen deutschen Schutzgesetzdogmatik zu. Die Regelung beschränkt aber gezielt die zivilrechtliche Durchsetzung einer unionsrechtlichen Norm und ersetzt diese durch die Sondertatbestände der §§ 97 und 98 WpHG. Es steht dem Gesetzgeber frei, Sonderregelungen für die Verletzung von Unionsrecht zu schaffen. Dies ist aber mit den zwingenden Vorgaben des Unionsrechts nur dann vereinbar, wenn der geschädigte Anleger aufgrund der spezielleren Anspruchsgrundlagen der §§ 97 und 98 WpHG mindestens das Schutzniveau erfährt, das sich auch bei einer allgemeinen Haftung direkt aus § 823 Abs. 2 BGB i.V.m. Art. 17 VO Nr. 596/2014 ergeben würde (s. Rz. 24)[7]. Sollte die Auslegung der §§ 97 und 98 WpHG dies nicht ermöglichen, muss § 26 Abs. 3 Satz 1 WpHG im Wege einer unionsrechtskonformen Auslegung oder Rechtsfortbildung[8] zurücktreten und die Haftung direkt nach § 823 Abs. 2 BGB ermöglicht werden. 155

---

1 Unstreitig, vgl. etwa BGH v. 19.7.2004 – II ZR 217/03, WM 2004, 1726, 1728; *Braun/Rotter*, BKR 2003, 918; *Lenenbach*, Kapitalmarktrecht, Rz. 11.440, 11.537; *Pfüller* in Fuchs, § 15 WpHG Rz. 543; *Fuchs* in Fuchs, Vor §§ 37b, 37c WpHG Rz. 27.
2 BGH v. 19.7.2004 – II ZR 217/03 – Infomatec, WM 2004, 1726, 1727; BGH v. 19.7.2004 – II ZR 218/03 – Infomatec, WM 2004, 1731, 1732 = AG 2004, 543; BGH v. 19.7.2004 – II ZR 402/02 – Infomatec, WM 2004, 1721, 1722; *Dühn*, Schadensersatzhaftung, S. 106 ff.; *Groß*, WM 2002, 477, 479 f.; *Krause*, ZGR 2002, 799, 832 ff.; *Lenenbach*, Kapitalmarktrecht, Rz. 11.440, 11.537; *Möllers* in Möllers/Rotter, Ad-hoc-Publizität, § 13 Rz. 35; *Mörsdorf*, Verantwortlichkeit, S. 97 ff.; *Mülbert/Steup* in Habersack/Mülbert/Schlitt, Unternehmensfinanzierung am Kapitalmarkt, Rz. 41.164; *Rützel*, AG 2003, 69, 71; *Sauer*, Haftung, S. 55 ff.; a.A. *Braun/Rotter*, BKR 2003, 918 ff.; *Brondics/Mark*, AG 1989, 339, 346.
3 Dazu umfassend *Wagner* in MünchKomm. BGB, 7. Aufl. 2017, § 823 BGB Rz. 498 ff.
4 So bereits *Hellgardt*, AG 2012, 154, 164 f.; ähnlich *Wolf/Wink* in Meyer/Veil/Rönnau, Handbuch zum Marktmissbrauchsrecht, § 31 Rz. 45.
5 *Hellgardt*, AG 2012, 154, 165.
6 So schon der Bericht des Finanzausschusses zum 2. FMFG, BT-Drucks. 12/7918, 102. S. außerdem BVerfG v. 24.9.2002 – 2 BvR 742/02 – Met@box, ZIP 2002, 1986, 1988; BGH v. 19.7.2004 – II ZR 217/03 – Infomatec, WM 2004, 1726, 1727 f.; BGH v. 19.7.2004 – II ZR 218/03 – Infomatec, WM 2004, 1731, 1733 = AG 2004, 543; BGH v. 19.7.2004 – II ZR 402/02 – Infomatec, WM 2004, 1721, 1722 = AG 2004, 546; *Escher-Weingart*, ZHR 165 (2001), 611, 615; *Groß*, WM 2002, 477, 482; *Holzborn/Foelsch*, NJW 2003, 932, 938; *Krause*, ZGR 2002, 799, 816; *Maier-Reimer/Webering*, WM 2002, 1857 und 1864; *Rodewald/Siems*, BB 2001, 2437, 2439; *Rössner/Bolkart*, ZIP 2002, 1471; *Rössner/Bolkart*, WM 2003, 953, 954; *Sauer*, Haftung, S. 40 ff.; *Zimmer/Grotheer* in Schwark/Zimmer, §§ 37b, 37c WpHG Rz. 107; a.A. *Gehrt*, S. 201 f., 212.
7 Ähnlich *Seibt/Wollenschläger*, AG 2014, 593, 607 f.
8 S. dazu BGH v. 5.2.2013 – II ZR 134/11, BGHZ 192, 148, 161 ff.

156 c) §§ 823 Abs. 2, 31 BGB i.V.m. Art. 15 VO Nr. 596/2016. Die Veröffentlichung einer fehlerhaften Ad-hoc-Mitteilung stellt eine informationsgestützte Marktmanipulation gem. Art. 12 Abs. 1 lit. c VO Nr. 596/2014 dar[1]. Umstritten ist, ob unter der Marktmissbrauchsverordnung auch das pflichtwidrige Unterlassen einer gebotenen Ad-hoc-Mitteilung strafbar ist[2]. Das Verbot der informationsgestützten Marktmanipulation soll nach ganz h.M. zu § 20a WpHG a.F. **kein Schutzgesetz** darstellen[3]. Da sich der Tatbestand – insoweit – nicht verändert hat, kann man davon ausgehen, dass diese Auffassung auch unter Art. 15 VO Nr. 596/2014 Gültigkeit beansprucht. Gegen den Ausschluss der Schutzgesetzeigenschaft von Art. 15 VO Nr. 596/2014 bestehen aber durchgreifende unionsrechtliche Bedenken[4]. Bei der Haftung wegen Verstoßes gegen Art. 17 VO Nr. 596/2014 kommt es darauf aber nicht an. Denn insoweit besteht bereits eine speziellere Haftungsgrundlage in Form der §§ 97 und 98 WpHG. In solchen Fällen verlangt der EuGH im Sinne eines Subsidiaritätsprinzips nicht, dass noch eine weitere Haftungsgrundlage geschaffen wird[5]. Daher ist im Falle fehlerhafter Ad-hoc-Mitteilungen eine Haftung nach § 823 Abs. 2 BGB i.V.m. Art. 15 VO Nr. 596/2014 unionsrechtlich nicht geboten[6].

157 d) §§ 823 Abs. 2, 31 BGB i.V.m. § 263 StGB. § 263 StGB stellt unstreitig ein **Schutzgesetz** i.S.d. § 823 Abs. 2 BGB dar[7]. Im Falle von Verstößen gegen Art. 17 VO Nr. 596/2014 ist der Tatbestand aber nicht erfüllt. Zwar kann eine fehlerhafte Ad-hoc-Mitteilung, die Tatsachenaussagen enthält, eine tatbestandliche Täuschung darstellen, die beim Anleger einen Irrtum erregt und zu einer Vermögensverfügung in Form des Kaufs oder Verkaufs eines Finanzinstruments führt. Gleichfalls denkbar ist es, aufgrund von Art. 17 VO Nr. 596/2014 eine gesetzliche Garantenpflicht zur Veröffentlichung einer Ad-hoc-Mitteilung anzunehmen[8]. Die Erfüllung des Tatbestands scheitert aber daran, dass es bei der Verursachung der schadensgleichen Vermögensgefährdung[9] an der erforderlichen **Stoffgleichheit** zwischen dem Schaden des Anlegers und einer möglichen Bereicherung des Emittenten oder Dritter fehlt[10]. Der Täter bezweckt nicht, sich selbst oder einem Dritten gerade den Vermögensvorteil zu verschaffen, der dem Anleger als Geschädigtem entsteht.

158 e) §§ 823 Abs. 2, 31 BGB i.V.m. § 264a StGB. Als Schutzgesetz kommt weiterhin § 264a StGB in Betracht[11]. Danach ist es verboten, in Prospekten oder in Darstellungen oder Übersichten über den Vermögensstand hinsichtlich der für die Entscheidung über den Erwerb (oder eine Kapitalerhöhung) erheblichen Umstände gegenüber einem größeren Kreis von Personen unrichtige vorteilhafte Angaben zu machen oder nachteilige Tatsachen zu verschweigen. Ad-hoc-Mitteilungen sind zwar keine Prospekte im Sinne der Vorschrift, weil sie nicht den Eindruck erwecken, die für eine Anlageentscheidung wesentlichen Grundlagen zu enthalten[12], sondern

---

1 Hellgardt, ZIP 2005, 2000, 2001.
2 Für eine Strafbarkeit Richter, WM 2017, 1636; gegen die Strafbarkeit Sajnovits/Wagner, WM 2017, 1189; Saliger, WM 2017, 2329 (Teil I) und 2365 (Teil II).
3 OLG Frankfurt v. 18.4.2007 – 21 U 71/06, Rz. 73 (juris); Barnert, WM 2002, 1473, 1483; Brellochs, Publizität, S. 111 ff.; Groß, WM 2002, 477, 484; Horn in FS Ulmer, 2003, S. 817, 823, 825; Krause, ZGR 2002, 799, 817; Lenenbach, Kapitalmarktrecht, Rz. 11.540; Maier-Reimer/Webering, WM 2002, 1857, 1864; Sauer, Haftung, S. 44 f.; Schwark in FS Kümpel, 2003, S. 485, 498 f.; Schwark in Schwark/Zimmer, § 20a WpHG Rz. 7.
4 Hellgardt, AG 2012, 154, 165; dem folgend Poelzig, ZGR 2015, 801, 812 ff.; Poelzig, NZG 2016, 492, 501; Seibt, ZHR 177 (2013), 388, 424 f.; Tountopoulos, ECFR 2014, 297, 328; Zetzsche, ZHR 179 (2015), 490, 507; Zetzsche in Gebauer/Teichmann, Europäisches Privat- und Unternehmensrecht, § 7.C Rz. 84 (S. 826); tendenziell auch Maume, ZHR 180 (2016), 358, 368; Wundenberg, ZGR 2015, 124, 135 f. Wolf/Wink in Meyer/Veil/Rönnau, Handbuch zum Marktmissbrauchsrecht, § 31 Rz. 51; a.A. Klöhn in Kalss/Fleischer/Vogt, Gesellschafts- und Kapitalmarktrecht, S. 229, 249; Schmolke, NZG 2016, 721 ff.; Wagner in MünchKomm. BGB, 7. Aufl. 2017, § 823 BGB Rz. 509.
5 Vgl. EuGH v. 12.10.2004 – Rs. C-222/02 – Paul, Slg. 2004, I-9460, I-9480 (Rz. 50 f.).
6 So bereits Hellgardt, AG 2012, 154, 158.
7 BGH v. 19.7.2004 – II ZR 217/03 – Infomatec, WM 2004, 1726, 1728; BGH v. 19.7.2004 – II ZR 218/03 – Infomatec, WM 2004, 1731, 1733 f. = AG 2004, 543; BGH v. 19.7.2004 – II ZR 402/02 – Infomatec, WM 2004, 1721, 1723 = AG 2004, 546.
8 Zieschang in Park, Kapitalmarktstrafrecht, § 263 StGB Rz. 39, 138.
9 Ein Schaden tritt im Zeitpunkt der Vermögensverfügung noch nicht ein, weil die Finanzinstrumente vor dem Bekanntwerden der Fehlinformation wieder zum Marktpreis verkauft oder erneut gekauft werden können, ohne dass sich die Täuschung in einem Verlust niederschlägt; zutreffend Rieckers, BB 2002, 1213, 1216.
10 BGH v. 19.7.2004 – II ZR 217/03 – Infomatec, WM 2004, 1726, 1728; BGH v. 19.7.2004 – II ZR 218/03 – Infomatec, WM 2004, 1731, 1734 = AG 2004, 543; BGH v. 19.7.2004 – II ZR 402/02 – Infomatec, WM 2004, 1721, 1723 = AG 2004, 546; Brellochs, Publizität, S. 113; Fuchs in Fuchs, Vor §§ 37b, 37c WpHG Rz. 66; Pfüller in Fuchs, § 15 WpHG Rz. 541; Lenenbach, Kapitalmarktrecht, Rz. 11.544; Zieschang in Park, Kapitalmarktstrafrecht, § 263 StGB Rz. 110; a.A. Kissner, Verantwortlichkeit, S. 69 f.
11 Zur Schutzgesetzeigenschaft BGH v. 21.10.1991 – II ZR 204/90, BGHZ 116, 7, 13 f.; BGH v. 19.7.2004 – II ZR 218/03 – Infomatec, BGHZ 160, 134, 142 = AG 2004, 543; Perron in Schönke/Schröder, 29. Aufl. 2014, § 264a StGB Rz. 1; Tiedemann/Vogel in Leipziger Kommentar, 12. Aufl. 2012, § 264a StGB Rz. 16.
12 Dazu Perron in Schönke/Schröder, 29. Aufl. 2014, § 264a StGB Rz. 18 f.; Hoyer in Systematischer Kommentar zum StGB, § 264a StGB Rz. 19; Krause, ZGR 2002, 799, 818; Heger in Lackner/Kühl, 28. Aufl. 2014, § 264a StGB Rz. 10; Mörsdorf, Verantwortlichkeit, S. 118 f.; Park in Park, Kapitalmarktstrafrecht, § 264a StGB Rz. 31; a.A. Jacobi, Der Straftatbestand des Kapitalanlagebetrugs (§ 264a StGB), 2000, S. 64; Tiedemann/Vogel in Leipziger Kommentar, 12. Aufl. 2012, § 264a StGB Rz. 58.

vielmehr lediglich bestimmte Ereignisse oder Umstände veröffentlichen[1]. Eine Ad-hoc-Mitteilung kann aber im Einzelfall eine **Übersicht über den Vermögensstand** enthalten. Mit diesen Tatbestandsmerkmalen knüpft § 264a StGB an § 400 Abs. 1 Nr. 1 AktG an. Erforderlich ist daher eine gewisse Vollständigkeit[2]. Dies ist bei Ad-hoc-Mitteilungen nur selten der Fall, da sie darauf gerichtet sind, Einzelinformationen zu verbreiten[3]. Entscheidend ist aber, dass der Tatbestand nur solche Darstellungen oder Mitteilungen erfasst, die **im Zusammenhang mit dem Vertrieb von Wertpapieren oder Bezugsrechten** erfolgen. Diese Voraussetzung ist am Sekundärmarkt, wo der Emittent selbst nicht an den Transaktionen beteiligt ist, nicht erfüllt[4].

f) §§ 823 Abs. 2, 31 BGB i.V.m. § 400 Abs. 1 Nr. 1 AktG. Diskutiert wird zudem eine Emittentenhaftung nach § 823 Abs. 2 BGB i.V.m. § 400 Abs. 1 Nr. 1 AktG. Dabei handelt es sich unstreitig um ein Schutzgesetz[5]. Danach macht sich ein Mitglied des Vorstands oder Aufsichtsrats oder ein Abwickler strafbar, wenn diese Person die Verhältnisse der Gesellschaft in **Darstellungen oder Übersichten über den Vermögensstand** bzw. in Vorträgen oder Auskünften in der Hauptversammlung unrichtig wiedergibt oder verschleiert. Auch hier ist erforderlich, dass es sich um eine Darstellung handelt, die den Eindruck von Vollständigkeit erweckt und daher von Anlegern als (wesentliche) Entscheidungsgrundlage herangezogen werden kann[6]. Ad-hoc-Mitteilungen, die sich auf einzelne Ereignisse oder Umstände beziehen, erfüllen diese Voraussetzungen nicht[7]. Etwas anderes gilt ausnahmsweise in solchen Fällen, in denen die Ad-hoc-Mitteilung vollständige Bilanzzahlen, etwa einen Quartalsabschluss enthält[8]. 159

g) §§ 826, 31 BGB. Während die bislang behandelten Normen lediglich in besonders gelagerten Einzelfällen eingreifen mögen, kommt der Haftung nach § 826 BGB **große praktische Bedeutung** zu. Dies liegt zum einen daran, dass der BGH im Rahmen der Aufarbeitung des Neuen Marktes, also für den Zeitraum vor Inkrafttreten der §§ 37b, 37c WpHG a.F., § 826 BGB zur zentralen Anspruchsgrundlage des Kapitalmarktdeliktsrechts erhoben hat (s. auch Rz. 54). Durch § 826 BGB lässt sich die hohe Hürde des § 26 Abs. 3 Satz 2 WpHG bzw. § 15 Abs. 6 WpHG a.F. nehmen, der lediglich eine Schutzgesetzeigenschaft der Ad-hoc-Publizität, nicht aber Ansprüche wegen sittenwidriger Schädigung ausschließen soll[9]. Aber zum anderen kommt dem Anspruch auch für neuere Fälle eine eigenständige Bedeutung zu, wenn man mit der hier vertretenen Auffassung davon ausgeht, dass nach § 97 und 98 WpHG nur der Kursdifferenzschaden ersatzfähig ist (s. Rz. 127 ff.). Denn im Rahmen von § 826 BGB kann auch der **Vertragsabschlussschaden** liquidiert werden[10]. Zudem gilt das Transaktionserfordernis nicht, denn der BGH hat obiter dictum entschieden, dass bei der Haftung nach § 826 BGB auch solche Anleger anspruchsberechtigt seien, die sich durch eine unerlaubte Handlung von einem nachweisbar geplanten Verkauf hätten abbringen lassen[11]. Im Gegenzug stellt der Tatbestand aber hohe Hürden auf, bei deren Nachweis die Rechtsprechung dem Anleger nur minimale Beweiserleichterungen zubilligt. Die Rechtsprechung 160

---

1 Ebenso *Pfüller* in Fuchs, § 15 WpHG Rz. 542; *Zimmer/Grotheer* in Schwark/Zimmer, §§ 37b, 37c WpHG Rz. 111 m.w.N.
2 *Park* in Park, Kapitalmarktstrafrecht, § 264a StGB Rz. 32; *Tiedemann/Vogel* in Leipziger Kommentar, 12. Aufl. 2012, § 264a StGB Rz. 60.
3 Ebenso *Fuchs* in Fuchs, Vor §§ 37b, 37c WpHG Rz. 67; *Lenenbach*, Kapitalmarktrecht, Rz. 11.543; *Zimmer/Grotheer* in Schwark/Zimmer, §§ 37b, 37c WpHG Rz. 111 m.w.N.; *Möllers/Leisch* in KölnKomm. WpHG, §§ 37b, c WpHG Rz. 506; a.A. *Bergdolt* in Heidel, Kap. 19, Teil 2 Rz. 57.
4 So auch BGH v. 19.7.2004 – II ZR 218/03 – Infomatec, AG 2004, 543 = WM 2004, 1731, 1733; *Brellochs*, Publizität, S. 114; *Fleischer* in Assmann/Schütze, Handbuch des Kapitalanlagerechts, § 6 Rz. 18; *Fuchs* in Fuchs, Vor §§ 37b, 37c WpHG Rz. 67.
5 BGH v. 17.9.2001 – II ZR 178/99 – Bremer Vulkan, AG 2002, 43, 44; BGH v. 9.5.2005 – II ZR 287/02 – EM.TV, WM 2005, 1358, 1359 = AG 2005, 609; *Fleischer*, NJW 2003, 2585; *Möllers/Leisch* in KölnKomm. WpHG, §§ 37b, c WpHG Rz. 486.
6 BGH v. 19.7.2004 – II ZR 402/02 – Infomatec, WM 2004, 1721, 1723 = AG 2004, 546; BGH v. 19.7.2004 – II ZR 217/03 – Infomatec, WM 2004, 1726, 1728; BGH v. 19.7.2004 – II ZR 218/03 – Infomatec, WM 2004, 1731, 1733 = AG 2004, 543; OLG Düsseldorf v. 10.9.2009 – I-6 U 14/09, 6 U 14/09, Rz. 58 (juris – in Bezug auf eine bloße Pressemitteilung); *Brellochs*, Publizität, S. 111; *Krause*, ZGR 2002, 799, 819; *Lenenbach*, Kapitalmarktrecht, Rz. 11.541 f.; *Mülbert/Steup* in Habersack/Mülbert/Schlitt, Unternehmensfinanzierung am Kapitalmarkt, Rz. 41.249; *Sauer*, Haftung, S. 46 f.; *Thümmel*, DB 2001, 2331, 2332; *Zimmer/Grotheer* in Schwark/Zimmer, §§ 37b, 37c WpHG Rz. 110; a.A. *Baums* (Hrsg.), Bericht der Regierungskommission Corporate Governance, 2001, Rz. 184; *Bergdolt* in Heidel, Kap. 19, Teil 2 Rz. 64; *Möllers* in Möllers/Rotter, Ad-hoc-Publizität, § 12 Rz. 80 ff.; im Ergebnis offenbar auch *Groß*, WM 2002, 477, 483 f.
7 BGH v. 19.7.2004 – II ZR 402/02 – Infomatec, WM 2004, 1721, 1723 = AG 2004, 546; BGH v. 19.7.2004 – II ZR 217/03 – Infomatec, WM 2004, 1726, 1728; BGH v. 19.7.2004 – II ZR 218/03 – Infomatec, WM 2004, 1731, 1733 = AG 2004, 543; *Krause*, ZGR 2002, 799, 819; *Möllers/Leisch* in KölnKomm. WpHG, §§ 37b, c WpHG Rz. 489; *Mörsdorf*, Verantwortlichkeit, S. 120 f.; *Thümmel*, DB 2001, 2331, 2332; *Zimmer/Grotheer* in Schwark/Zimmer, §§ 37b, 37c WpHG Rz. 110.
8 Ebenso BGH v. 16.12.2004 – 1 StR 420/03, AG 2005, 162 ff.; LG München I v. 8.4.2003 – 4 KLs 305 Js 52373/00 – EM.TV, BKR 2003, 681, 685 f.; *Fleischer*, NJW 2003, 2584 f.; *Fuchs* in Fuchs, Vor §§ 37b, 37c WpHG Rz. 65; *Kiethe*, NStZ 2004, 73, 75; *Zimmer/Grotheer* in Schwark/Zimmer, §§ 37b, 37c WpHG Rz. 110; a.A. *Pfüller* in Fuchs, § 15 WpHG Rz. 540.
9 Beschlussempfehlung und Bericht des Finanzausschusses zum 2. FMFG, BT-Drucks. 12/7918, 102.
10 Kritisch insoweit noch *Hellgardt*, Kapitalmarktdeliktsrecht, S. 68 f.
11 BGH v. 9.5.2005 – II ZR 287/02 – EM.TV, NZG 2005, 672, 675 = AG 2005, 609. Allerdings gestaltet sich der Nachweis der Kausalität zwischen der fehlerhaften Ad-hoc-Mitteilung und dem Unterlassen eines Wertpapiergeschäfts schwierig; vgl. OLG Stuttgart v. 8.2.2006 – 20 U 24/04, ZIP 2006, 511 = AG 2006, 383; dazu *Sethe*, EWiR 2006, 263 f.; *Fleischer*, ZIP 2005, 1805, 1808; *Casper* in KölnKomm. KapMuG, §§ 37b, c WpHG Rz. 69; *Spindler*, AcP 208 (2008), 283, 337 f. Enger dagegen *Maier-Reimer/Seulen* in Habersack/Mülbert/Schlitt, Kapitalmarktinformation, § 30 Rz. 181 f.

hat bislang vor allem Fälle fehlerhafter Ad-hoc-Mitteilungen entschieden. Jedenfalls theoretisch könnte die Haftung aber auch den Fall der unterlassenen Ad-hoc-Mitteilung erfassen.

161 **aa) Voraussetzungen der Haftung.** Im EM.TV-Urteil hat der BGH entschieden, dass bei Erfüllung der Voraussetzungen des § 826 BGB durch einen Organwalter auch die Gesellschaft nach **§ 31 BGB** den geschädigten Anlegern für die Verbreitung fehlerhafter Ad-hoc-Mitteilungen haften kann (zur Kapitalerhaltung s. Rz. 52 f.)[1]. Bei der Veröffentlichung falscher Ad-hoc-Mitteilungen besteht die für § 826 BGB erforderliche **Sittenwidrigkeit** nach der höchstrichterlichen Rechtsprechung einerseits darin, dass die Verantwortlichen durch die Veröffentlichung inhaltlich falscher Ad-hoc-Mitteilungen zu erkennen geben, dass ihnen **jedes Mittel recht** ist, um in den potentiellen Anlegern des Marktes positive Vorstellungen über den Wert des Unternehmens hervorzurufen und den Kurs der Aktie „zu pushen"[2]. Darüber hinaus stützt der BGH die Sittenwidrigkeit darauf, dass in den entschiedenen Fällen die betreffenden Vorstände (die zugleich Gründungsgesellschafter waren) mit der Veröffentlichung der falschen Ad-hoc-Mitteilungen auch in jedenfalls objektiv unlauterer Weise **„eigene Zwecke"** verfolgten. Ihnen sei nämlich bewusst gewesen, dass eine durch die unrichtigen Ad-hoc-Mitteilungen bewirkte Kurssteigerung zu einer Wertsteigerung der eigenen Beteiligung als Aktionäre führen würde[3]. Unklar und in der Literatur umstritten ist das Verhältnis dieser beiden die Sittenwidrigkeit konstituierenden Elemente. Der BGH hat sich nur insoweit geäußert, als dass die „eigenen Zwecke" nicht das vorrangige Ziel oder gar Endziel der ungesetzlichen Handlungsweise gewesen sein müssten[4]. Die überwiegende Ansicht in der Literatur geht dahin, in Anlehnung an die aus der deliktischen Haftung für falsche Auskünfte bekannten Fallgruppen der „bewusst unrichtigen Auskunft" bzw. der „ins Blaue" gemachten Angaben[5] die Sittenwidrigkeit des Verhaltens auch ohne intendierten Eigennutz zu bejahen[6]. Dem wird jedoch entgegengehalten, bei fehlender Verfolgung eigener Zwecke könne das Handeln nicht als zutiefst verwerflich betrachtet werden und zudem führe die Annahme von Sittenwidrigkeit unabhängig von egoistischen Motiven zu einer Erodierung der Voraussetzungen des § 826 BGB[7]. Je nach Auslegung des Merkmals „Eigennützigkeit" kommt dem Streit nur wenig praktische Relevanz zu. Denn letztlich lassen sich vorsätzliche Publizitätspflichtverletzungen so gut wie immer damit erklären, dass die Verantwortlichen einen ihnen persönlich vorteilhaften Weg wählen, insbesondere – aber nicht nur – in Zeiten wirtschaftlicher Krisen. Sofern die „eigenen Zwecke" auch in einem auf die Sicherung der eigenen Stellung bedachten Verhalten liegen können, wird dies etwa bei der Unterdrückung einer Ad-hoc-Mitteilung zum Schutze von Sanierungsbemühungen[8] leicht zu belegen sein, da die eigenen Arbeitsplätze im Falle einer Insolvenz stets in Gefahr sind. Hinzu kommt, dass Art. 17 Abs. 4 und 5 VO Nr. 596/2014 legale Wege weisen, eine Ad-hoc-Mitteilung aufzuschieben. Wenn ein Vorstand sein eigenes Urteil über die Wertungen des europäischen Gesetzgebers stellt und trotz Nichtvorliegens der Befreiungsvoraussetzungen die Ad-hoc-Mitteilung unterdrückt, vermag auch ein Sanierungsziel die Sittenwidrigkeit dieses Tuns nicht entfallen zu lassen[9].

162 In der Rechtsprechung ist anerkannt, dass die Sittenwidrigkeit auch in einem **Unterlassen** liegen kann. Dies hat der BGH im IKB-Urteil vorausgesetzt, ohne die dazu notwendigen Bedingungen näher zu konkretisieren[10]. In einem anderen Fall hat der BGH entschieden, dass ein Unterlassen die guten Sitten nur dann verletze, wenn das ge-

---

1 BGH v. 9.5.2005 – II ZR 287/02 – EM.TV, NZG 2005, 672 = AG 2005, 609; dazu *Bayer/Weinmann*, EWiR 2005, 689 f.; *Fleischer*, ZIP 2005, 1805 f.; *Goette*, DStR 2005, 1330; *Gottschalk*, DStR 2005, 1648; *Hutter/Stürwald*, NJW 2005, 2428 ff.; *Kort*, NZG 2005, 708 ff.; *Kowalewski/Hellgardt*, DB 2005, 1839 ff.; *Möllers*, BB 2005, 1637 ff.
2 BGH v. 19.7.2004 – II ZR 217/03, NJW 2004, 2668, 2670 f. Ähnlich die Ansätze in der Literatur, die sich an bereits bekannte Fallgruppen der deliktischen Auskunftshaftung anlehnen, z.B. *Doğan*, Ad-hoc-Publizitätshaftung, S. 202 ff.; *Fuchs/Dühn*, BKR 2002, 1063, 1068; *Hewicker*, Ad-hoc-Publizität, S. 132 ff.; *Kissner*, Verantwortlichkeit, S. 104 ff.; *Krause*, ZGR 2002, 799, 822 f.; *Möllers/Leisch*, WM 2001, 1648, 1652 ff.; *Möllers/Leisch* in Möllers/Rotter, § 15 Rz. 17 ff.; *Reichert/Weller*, ZRP 2002, 49, 53; *Rieckers*, BB 2002, 1215, 1217; *Rössner/Bolkart*, WM 2003, 953, 958; *Rützel*, AG 2003, 69, 73. Demgegenüber will *Dühn*, Schadensersatzhaftung, S. 138 ff. eine eigene Fallgruppe des Missbrauchs kapitalmarktrechtlicher Informationsinstrumente entwickeln. Kritisch zur Annahme von Sittenwidrigkeit bei falschen Ad-hoc-Mitteilungen *Holzborn/Foelsch*, NJW 2003, 932, 939 mit Fn. 96.
3 BGH v. 19.7.2004 – II ZR 217/03, NJW 2004, 2668, 2671. Im IKB-Urteil ist der XI. Senat ganz erheblich von diesen Vorgaben abgewichen, indem er die Verhinderung des Wertverlusts eigener Aktien nicht als sittenwidriges Motiv angesehen hat; vgl. BGH v. 13.12.2011 – XI ZR 51/10 – IKB, BGHZ 192, 90, 102 = AG 2012, 209. Dazu ausführlich *Hellgardt*, DB 2012, 673, 674.
4 BGH v. 19.7.2004 – II ZR 217/03, NJW 2004, 2668, 2671.
5 S. z.B. BGH v. 20.4.2004 – X ZR 250/02, BGHZ 159, 1, 11 f.
6 *Doğan*, Ad-hoc-Publizitätshaftung, 2005, S. 204 f., anders aber S. 207 f.; *Dühn*, Schadensersatzhaftung, S. 139 f.; *Fleischer*, DB 2004, 2031, 2034; *Krause*, ZGR 2002, 799, 823; *Möllers/Leisch* in Möllers/Rotter, § 15 Rz. 17 ff.; *Reichert/Weller*, ZRP 2002, 49, 53; *Schwark* in FS Hadding, 2004, S. 1117, 1131 f.; *Zimmer/Grotheer* in Schwark/Zimmer, §§ 37b, 37c WpHG Rz. 118b.
7 *Brellochs*, Publizität, S. 117 f.; *Kowalewski/Hellgardt*, DB 2005, 1839, 1841 f.; *Rützel*, AG 2003, 69, 73; *Spindler*, WM 2004, 2089, 2092; *Steinhauer*, Insiderhandelsverbot, S. 138. Vgl. auch *Hopt/Voigt* in Hopt/Voigt, Prospekt- und Kapitalmarktinformationshaftung, S. 133 wonach die Rückabwicklung gem. § 826 BGB nur in Ausnahmefällen in Betracht kommen soll.
8 So das Beispiel bei *Krause*, ZGR 2002, 799, 823 und *Brellochs*, Publizität, S. 118.
9 So auch *Fuchs* in Fuchs, Vor §§ 37b, 37c WpHG Rz. 34; *Möllers/Leisch* in KölnKomm. WpHG, §§ 37b, c WpHG Rz. 415.
10 Vgl. BGH v. 13.12.2011 – XI ZR 51/10 – IKB, AG 2012, 209 = BGHZ 192, 90, 102: Es bedürfe immer einer Gesamtbetrachtung aller maßgeblichen Umstände.

forderte Tun einem sittlichen Gebot entspricht. Hierfür reiche die Nichterfüllung einer allgemeinen Rechtspflicht, aber auch einer vertraglichen Pflicht nicht aus. Es müssten vielmehr besondere Umstände hinzutreten, die das schädigende Verhalten wegen seines Zwecks oder wegen des angewandten Mittels oder mit Rücksicht auf die dabei gezeigte Gesinnung nach den Maßstäben der allgemeinen Geschäftsmoral und des als „anständig" Geltenden verwerflich machen[1]. Insbesondere mit Blick auf den **verwerflichen Zweck** wird vertreten, das Unterlassen einer Pflichtmitteilung könne als sittenwidrig gelten, wenn zu dem rechtswidrigen Schweigen etwa eine angestrebte persönliche Bereicherung hinzutrete[2]. Darüber hinaus soll es nach Ansicht mancher Autoren bereits sittenwidrig sein, eine offenkundig veröffentlichungspflichtige Tatsache trotz positiver Kenntnis nicht zu veröffentlichen[3]. Die Gegenansicht argumentiert, bei der unterlassenen Ad-hoc-Meldung komme § 826 BGB gar nicht in Betracht[4]. Die besseren Argumente sprechen für die erstgenannte Ansicht. Denn wenn allein der Verstoß gegen Art. 17 VO Nr. 596/2014 zur Haftungsbegründung ausreichen würde, verwischt einerseits der Unterschied zwischen § 823 Abs. 2 BGB und § 826 BGB. Andererseits ist nicht ersichtlich, weshalb bei Vorliegen einer verwerflichen Gesinnung allein der Umstand, dass das Tun auch gesetzlich verlangt ist, die Sittenwidrigkeit ausschließen sollte.

Für den Vorsatz i.S.v. § 826 BGB genügt **dolus eventualis**. Das Bewusstsein der Sittenwidrigkeit ist grundsätzlich nicht erforderlich, wohl aber Kenntnis der sittenwidrigkeitsbegründenden Umstände[5]. Der Handelnde braucht nicht im Einzelnen zu wissen, welche oder wie viele Personen durch sein Verhalten geschädigt werden; es reicht vielmehr aus, dass er die Richtung, in der sich sein Verhalten zum Schaden anderer auswirken könnte und die Art des möglicherweise eintretenden Schadens vorhergesehen und mindestens billigend in Kauf genommen hat[6].

bb) Ersatzfähiger Schaden. Die Haftung nach § 826 BGB erfasst jede Art von Schaden, auch reine Vermögensschäden oder das Eingehen einer ungewollten Verpflichtung[7]. Deshalb kann der Anleger nach der Rechtsprechung des BGH wählen, ob er Naturalrestitution in Form der **Erstattung des gezahlten Kaufpreises gegen Übertragung der erworbenen Aktien** verlangen[8] oder zu der alternativ möglichen **Differenzschadensberechnung** übergehen will[9]. Für die Definition des ersatzfähigen Schadens und die Schadensberechnung kann auf die obigen Ausführungen zu §§ 97 und 98 WpHG verwiesen werden (s. Rz. 122 ff., 131 ff.). Trotz der grundsätzlichen Offenheit des Tatbestands ist diese Alternative andererseits keineswegs bedeutungslos. Denn es ist anerkannt, dass auch § 826 BGB einen Rechts- bzw. Sittenwidrigkeitszusammenhang in Form einer über bloße Kausalität hinausgehenden Verknüpfung zwischen dem konkret sittenwidrigen Handeln und dem geltend gemachten Schaden voraussetzt[10]. Sofern der Vertragsabschlussschaden verlangt wird, stellt der Anspruchsteller damit implizit auf eine Verletzung seiner Willensfreiheit beim Abschluss des Vertrags ab, während bei der Geltendmachung des Differenzschadens die Beeinflussung des Preisbildungsprozesses anspruchsbegründend wirkt[11]. Dies führt im Bereich der Kausalität und ihrer Beweisbarkeit zu gänzlich verschiedenen Ergebnissen.

Macht der Anleger den **Vertragsabschlussschaden** geltend, muss er im Rahmen der **haftungsbegründenden Kausalität** beweisen, dass die fehlerhafte oder pflichtwidrig unterlassene Ad-hoc-Mitteilung für seine Anlageentscheidung kausal geworden ist. Insoweit gelten die obigen Ausführungen zu §§ 97 und 98 WpHG entsprechend (s. Rz. 140 f.). Auf den grundsätzlich vom Anleger zu führenden Nachweis des Kausalzusammenhangs zwischen einer fehlerhaften Ad-hoc-Mitteilung und der individuellen Anlageentscheidung will der BGH auch dann nicht verzichten, wenn die Kapitalmarktinformation extrem unseriös gewesen ist[12]. Eine Umkehr der Beweislast oder auch einen Anscheinsbeweis lehnt der BGH dabei ab[13].

---

1 BGH v. 4.6.2013 – VI ZR 288/12, AG 2013, 637 = NZG 2013, 992, 993.
2 *Fleischer*, DB 2004, 2031, 2034; *Fleischer*, ZIP 2005, 1805, 1806; *Hewicker*, Ad-hoc-Publizität, S. 135; *Krause*, ZGR 2002, 799, 824 f.; *Möllers*, WM 2003, 2393, 2394 f.; *Möllers/Leisch* in Möllers/Rotter, § 15 Rz. 26; *Mülbert/Steup* in Habersack/Mülbert/Schlitt, Unternehmensfinanzierung am Kapitalmarkt, Rz. 41.243; *Schwark* in FS Hadding, 2004, S. 1117, 1131. Ähnlich *Miller*, Haftungsrecht, S. 97 (wenn die Unterlassung der Ermöglichung von Insiderhandel dient).
3 *Doğan*, Ad-hoc-Publizitätshaftung, S. 205; *Dühn*, Schadensersatzhaftung, S. 140 f.; *Horn* in FS Ulmer, 2003, S. 817, 820; *Kissner*, Verantwortlichkeit, S. 143 f.; *Möllers*, WM 2003, 2393, 2395; *Möllers*, JZ 2005, 75, 76.
4 *Maier-Reimer/Seulen* in Habersack/Mülbert/Schlitt, Kapitalmarktinformation, § 30 Rz. 174 f. (s. aber Rz. 176: anders bei Ingerenz, wenn die Berichtigung einer unvorsätzlich falschen Meldung unterbleibt); *Rützel*, AG 2003, 69, 73.
5 *Wagner* in MünchKomm. BGB, 7. Aufl. 2017, § 826 BGB Rz. 33 ff.
6 BGH v. 19.7.2004 – II ZR 217/03 – Infomatec, NJW 2004, 2668, 2670; *Brellochs*, Publizität, S. 115 f.; *Dühn*, Schadensersatzhaftung, S. 141.
7 *Wagner* in MünchKomm. BGB, 7. Aufl. 2017, § 826 BGB Rz. 41. S. auch *Mülbert*, ZHR 177 (2013), 160, 195.
8 BGH v. 19.7.2004 – II ZR 217/03 – Infomatec, NJW 2004, 2668, 2669.
9 BGH v. 9.5.2005 – II ZR 287/02 – EM.TV, NJW 2005, 2450, 2453 = AG 2005, 609. *Casper* in KölnKomm. KapMuG, §§ 37b, c WpHG Rz. 75 f.; *Casper*, Der Konzern 2006, 32, 39 befürwortet demgegenüber bei § 826 BGB eine reine Kursdifferenzhaftung.
10 BGH v. 11.11.1985 – II ZR 109/84, AG 1986, 76 = NJW 1986, 837, 838 f.; *Wagner* in MünchKomm. BGB, 7. Aufl. 2017, § 826 BGB Rz. 46 ff.
11 *Hopt/Voigt* in Hopt/Voigt, Prospekt- und Kapitalmarktinformationshaftung, S. 130 ff.; *Kowalewski/Hellgardt*, DB 2005, 1839, 1840; *Schäfer*, GesRZ-SH 2005, 25, 33 ff.
12 BGH v. 28.11.2005 – II ZR 246/04 – ComROAD, ZIP 2007, 679 (Leitsatz 1); BGH v. 4.6.2007 – II ZR 147/05 – ComROAD IV, ZIP 2007, 1560, 1561 = AG 2007, 620; OLG Düsseldorf v. 19.6.2009 – I-22 U 2/09, 22 U 2/09, AG 2009, 870, 872.
13 BGH v. 19.7.2004 – II ZR 218/03 – Infomatec, WM 2004, 1731, 1734 f. = AG 2004, 543.

166 In einem Hinweisbeschluss hat der II. Zivilsenat des BGH auch beim Ersatz des **Kursdifferenzschadens** den Nachweis einer Beeinflussung der individuellen Anlageentscheidung verlangt[1]. Dagegen hat der XI. Zivilsenat im IKB-Urteil im Rahmen von § 37b WpHG a.F. ausdrücklich festgehalten, dass es beim Kursdifferenzschaden allein auf die Kursbeeinflussung ankomme, nicht aber auf eine Einwirkung auf die Willensbildung des Anlegers[2]. Diese Ausführungen lassen sich auf § 826 BGB übertragen, denn die jeweiligen Beweisanforderungen im Rahmen der haftungsbegründenden Kausalität hängen von dem geltend gemachten Interesse ab[3]. Die Abwehrhaltung des II. Zivilsenats geht einher mit dem Hinweis, ein an die **fraud-on-the-market-theory** des US-amerikanischen Kapitalmarktrechts (zu dieser Rz. 11) angelehntes Anknüpfen an das enttäuschte allgemeine Anlegervertrauen in die Integrität der Marktpreisbildung führe zu einer uferlosen Ausweitung der Haftung[4]. Dieses Bedenken erscheint unbegründet. Gegen eine uferlose Haftung spricht bereits, dass bei Kursdifferenzschaden die finanzielle Belastung für den Haftpflichtigen weitaus geringer ist als beim Vertragsabschlussschaden. Vor allem geht es aber nicht an, jemanden, der vorsätzlich und sittenwidrig andere schädigt, durch sachlich nicht begründete Kausalitätshürden vor der Haftung zu schützen. Praktisch spielt der Ersatz des Differenzschadens nach § 826 BGB ohnehin nur dort eine Rolle, wo es um sonstige Kapitalmarktpublizität geht, da im Bereich der Ad-hoc-Publizität die §§ 97 und 98 WpHG insoweit geringere Anforderungen an die Haftung aufstellen.

167 **VII. Regress (§§ 97 Abs. 5, 98 Abs. 5 WpHG).** Muss der Emittent für eine fehlerhafte Ad-hoc-Mitteilung nach den §§ 97 oder 98 WpHG oder aus Delikt (s. zuvor Rz. 152 ff.) haften, kann er die verantwortlichen Organwalter im Wege des Regresses nach § 93 AktG bzw. § 43 GmbHG in Anspruch nehmen. Die Pflichtwidrigkeit im Innenverhältnis kann einerseits darin bestehen, dass der betreffende Organwalter persönlich gegen die den Emittenten aus Art. 17 VO Nr. 596/2014 treffenden Pflichten verstoßen hat, etwa indem er einen Umstand falsch gemeldet oder pflichtwidrig unterdrückt hat. Andererseits kann die Pflichtverletzung auch darin bestehen, dass der Organwalter keine hinreichende Unternehmensorganisation eingerichtet bzw. überwacht hat oder seine Pflichten im Rahmen der Compliance verletzt hat und dadurch den Verstoß gegen Art. 17 VO Nr. 596/2014 ermöglicht hat[5]. Da der Hauptzweck der Haftung in der damit angestrebten präventiven Steuerungswirkung besteht (s. Rz. 39) untersagen die §§ 97 Abs. 5, 98 Abs. 5 WpHG, derartige Regressansprüche, von denen die eigentlichen Verhaltensanreize für die Organwalter ausgehen, **im Voraus zu erlassen oder zu ermäßigen**. Entgegen des engen Wortlauts gilt das Verbot entsprechend für Regressansprüche gegen Aufsichtsratsmitglieder[6], GmbH-Geschäftsführer oder geschäftsführende Gesellschafter. Der Abschluss einer **D&O-Versicherung** fällt auch dann nicht unter das Verbot, wenn die Prämien dafür – wie üblich – vom Emittenten getragen werden. Dafür spricht allerdings nicht so sehr, dass eine solche Versicherung die Durchführung des Ersatzes sicherstellt[7]. Denn Hauptziel der Haftung und des Regresses ist nicht die Kompensation, sondern die Verhaltenssteuerung. Normen wie § 93 Abs. 2 Satz 3 AktG zeigen aber, dass der Gesetzgeber insoweit selbst differenzierende Regelungen getroffen hat. Wenn er bei §§ 97, 98 WpHG auf eine entsprechende Vorschrift verzichtet, ist dies hinzunehmen. Die §§ 97 Abs. 5, 98 Abs. 5 WpHG betreffen nur das Rechtsverhältnis zwischen den Organwaltern und dem Emittenten. Sie lassen daher Vereinbarungen zwischen den gesamtschuldnerisch haftenden Organwaltern über die interne Verteilung der Haftung unberührt.

168 Von §§ 97 Abs. 5, 98 Abs. 5 WpHG unberührt bleiben auch Vereinbarungen zwischen dem Emittenten und Organwaltern **nach Entstehung eines Schadensersatzanspruchs**. Für derartige Vereinbarungen gelten die allgemeinen Regelungen (vgl. §§ 93 Abs. 4 Satz 3, 309 Abs. 3 Satz 1 sowie 136 Abs. 1 Satz 1 AktG).

169 **VIII. Verjährung.** Seitdem die früheren §§ 37b Abs. 4, 37c Abs. 4 WpHG aufgehoben wurden (s. Rz. 4), gilt die Regelverjährung des § 195 BGB, so dass die Ansprüche nach §§ 97 und 98 WpHG grundsätzlich nach **drei Jahren** verjähren (zum Übergangsrecht s. Rz. 183). Die **Verjährung beginnt** gem. § 199 Abs. 1 BGB mit dem Schluss des Jahres, in dem der Anspruch entstanden und der Anleger davon Kenntnis erlangt hat oder ohne grobe Fahrlässigkeit hätte erlangen müssen. Da Voraussetzung der Ansprüche nach §§ 97 und 98 WpHG ist, dass die Pflichtverletzung öffentlich bekanntgeworden ist (dazu Rz. 78 f.), liegt ab diesem Zeitpunkt regelmäßig mindestens grob fahrlässige Unkenntnis vor. Entscheidend ist aber – anders als bei der Kausalität der Pflicht-

---

1 BGH v. 28.11.2005 – II ZR 246/04 – ComROAD, NZG 2007, 346, 347 = AG 2007, 324. Kritisch dazu *Hellgardt*, Kapitalmarktdeliktsrecht, S. 520; *Maier-Reimer/Seulen* in Habersack/Mülbert/Schlitt, Kapitalmarktinformation, § 30 Rz. 173.
2 BGH v. 13.12.2011 – XI ZR 51/10 – IKB, BGHZ 192, 90, 117 = AG 2012, 209. S. auch Rz. 142.
3 So auch *Fuchs* in Fuchs, Vor §§ 37b, 37c WpHG Rz. 47; *Lenenbach*, Kapitalmarktrecht, Rz. 11.571; *Leuschner*, ZIP 2008, 1050, 1054 ff.; *Moreno Borchart*, S. 270; *Wagner*, ZGR 2008, 495, 528 f., 531; a.A. etwa *Zimmer/Grotheer* in Schwark/Zimmer, §§ 37b, 37c WpHG Rz. 117.
4 BGH v. 28.11.2005 – II ZR 80/04 – ComROAD, ZIP 2007, 681, 682 = AG 2007, 322; BGH v. 28.11.2005 – II ZR 246/04 – ComROAD, ZIP 2007, 679, 680; BGH v. 26.6.2006 – II ZR 153/05 – ComROAD, ZIP 2007, 326 = AG 2007, 169; BGH v. 4.6.2007 – II ZR 147/05 – ComROAD, ZIP 2007, 1560, 1562 = AG 2007, 620; BGH v. 4.6.2007 – II ZR 173/05 – ComROAD, ZIP 2007, 1564 = AG 2007, 623; BGH v. 7.1.2008 – II ZR 229/05 – ComROAD, ZIP 2008, 407, 409; BGH v. 7.1.2008 – II ZR 68/06 – ComROAD, ZIP 2008, 410, 411 = AG 2008, 254; BGH v. 3.3.2008 – II ZR 310/06 – ComROAD, ZIP 2008, 829, 830 = AG 2008, 377.
5 *Zimmer/Grotheer* in Schwark/Zimmer, §§ 37b, 37c WpHG Rz. 120.
6 *Zimmer/Grotheer* in Schwark/Zimmer, §§ 37b, 37c WpHG Rz. 124.
7 So *Fuchs* in Fuchs, §§ 37b, 37c WpHG Rz. 53 m.w.N.

verletzung für den Kurs – die individuelle Kenntnis bzw. das individuelle Kennenmüssen. Daher ist dem Anspruchsteller eine gewisse **Frist nach Bekanntwerden der Pflichtverletzung** zuzubilligen. So muss zumindest in den Medien über die Pflichtverletzung berichtet worden sein, bevor eine grob fahrlässige Unkenntnis bejaht werden kann. Gemäß § 199 Abs. 4 BGB verjähren die Ansprüche nach §§ 97 und 98 WpHG **kenntnisunabhängig 10 Jahre** nach ihrer Entstehung. An dieser Stelle ist es wichtig festzuhalten, dass der Schaden und damit der Anspruch bereits mit der **Vornahme der haftungsbegründenden Transaktion** entsteht und nicht erst mit der Kurskorrektur nach Bekanntwerden der Pflichtverletzung (s. Rz. 138)[1]. Denn ansonsten würden die Ansprüche niemals verjähren bzw. erst 10 Jahre nach dem zufälligen Zeitpunkt, zu dem die Fehlinformation ihren Kurseinfluss verloren hat, so dass keine Kurskorrektur nach Bekanntwerden der Pflichtverletzung mehr zu erwarten ist.

Die **Beweislast** für die Voraussetzungen der Verjährung trägt nach allgemeinen Grundsätzen der Emittent. Da sowohl der relative als auch der absolute Verjährungsbeginn für jeden Anspruchsteller individuell zu bestimmen ist, kann die Verjährung grundsätzlich **nicht Feststellungsziel in einem Musterverfahren** nach dem KapMuG sein. 170

IX. Ansprüche gegen Organwalter und Dritte. Die §§ 97 und 98 WpHG statuieren eine Haftung des Emittenten und finden daher ihrem klaren Wortlaut nach **keine Anwendung auf Organwalter**[2]. Auch eine analoge Anwendung scheidet aus, da keine planwidrige Regelungslücke besteht[3]. Der Gesetzgeber hat sich, entgegen des Vorschlags der Regierungskommission Corporate Governance[4], bewusst gegen eine direkte Organaußenhaftung entschieden. Die Pläne zur nachträglichen Einführung einer solchen Haftung durch das Kapitalmarktinformationshaftungsgesetz sind (bis auf weiteres) gescheitert (s. Rz. 56). Andererseits schließen weder die §§ 97 und 98 WpHG (auch nicht die Absätze 4) noch § 26 Abs. 3 WpHG eine direkte Organaußenhaftung aus[5]. Denn diese Normen betreffen allesamt nur die Voraussetzungen der Emittentenhaftung, nicht aber die Haftung Dritter. Eine Organaußenhaftung muss daher auf andere Anspruchsgrundlagen gestützt werden. Handelt es sich um die Organwalter einer Aktiengesellschaft, können die Gläubiger unter den besonderen Voraussetzungen von § 93 Abs. 5 AktG bzw. §§ 116, 93 Abs. 5 AktG den Regressanspruch der Gesellschaft (s. Rz. 167) selbst geltend machen[6]. Jenseits dieser seltenen Fälle muss eine eigene Anspruchsgrundlage gegen den Organwalter gefunden werden. Regelmäßig wird nur eine deliktische Haftung in Betracht kommen[7]. 171

Denkbar ist zunächst eine persönliche Außenhaftung der Organwalter aufgrund von **§ 823 Abs. 2 BGB i.V.m. Art. 17 VO Nr. 596/2014**. Die Ad-hoc-Pflicht nach Art. 17 VO Nr. 596/2014 ist ein Schutzgesetz, das im Rahmen der Emittentenhaftung lediglich wegen des Vorrangs der §§ 97 und 98 WpHG nicht zum Tragen kommt (s. Rz. 24, 155)[8]. Da dieses Vorrangverhältnis in Bezug auf Organwalter gerade nicht besteht (s. zuvor Rz. 171), ist eine Haftung der Organwalter auf den ersten Blick möglich. Allerdings handelt es sich bei Art. 17 VO Nr. 596/2014 um eine „unternehmensbezogene" Pflicht[9], weil lediglich der Emittent, nicht aber die Organwalter als natürliche Personen der Veröffentlichungspflicht unterliegen[10]. Der BGH hat allerdings im Kirch/Breuer-Urteil eine persönliche Organaußenhaftung nach § 823 BGB selbst bei einem Verstoß gegen rein vertragliche Pflichten *der Gesellschaft* bejaht[11]. In Fortführung dieser Rechtsprechung erscheint auch eine Organaußenhaftung nach § 823 Abs. 2 BGB i.V.m. Art. 17 VO Nr. 596/2014 nicht undenkbar. Vorzugswürdig ist es aber, an die Erstreckung von unternehmensbezogenen Pflichten auf Organwalter hohe Voraussetzungen zu knüpfen[12]. Im kapitalmarktrechtlichen Zusammenhang sollte eine persönliche Außenhaftung nur dann in Betracht kommen, wenn der Organwalter die Pflichtverletzung begangen hat, um sich persönlich Vorteile zu verschaffen oder ansonsten drohende Nachteile zu vermeiden. Beispiele sind Verstöße gegen Art. 17 VO Nr. 596/2014 zur 172

---

1 So aber *Klöhn*, AG 2012, 345, 357; *Klöhn*, ZHR 178 (2014), 671, 706; *Klöhn* in FS Köndgen, 2016, S. 311, 324.
2 Vgl. OLG Braunschweig v. 12.1.2016 – 7 U 59/14 – Porsche, NZG 2016, 465, 466 = AG 2016, 290.
3 *Doğan*, Ad-hoc-Publizitätshaftung, S. 171; *Hellgardt*, Kapitalmarktdeliktsrecht, S. 429; *Lenenbach*, Kapitalmarktrecht, Rz. 11.536; *Schäfer* in Marsch-Barner/Schäfer, Handbuch börsennotierte AG, Rz. 17.6; *Zimmer/Grotheer* in Schwark/Zimmer, §§ 37b, 37c WpHG Rz. 21.
4 *Baums* (Hrsg.), Bericht der Regierungskommission Corporate Governance, 2001, Rz. 186.
5 *Hirte* in Bankrechtstag 1995, 1996, S. 47, 87; *Hopt*, ZHR 159 (1995), 135, 161; *Schwark* in FS Hadding, 2004, S. 1117, 1133.
6 Ausführlich zu Konkurrenzproblemen bei Insolvenz des Emittenten und/oder des Organwalters *Hellgardt*, Kapitalmarktdeliktsrecht, S. 446 ff.
7 Vertragliche Ansprüche kommen in Betracht, wenn ein Organwalter bei einer M&A-Transaktion eine persönliche Garantie übernommen haben sollte, z.B. dass die Gesellschaft nicht unter Verstoß gegen Art. 17 VO Nr. 596/2014 ad-hoc-pflichtige Umstände verschwiegen hat.
8 *Seibt/Wollenschläger*, AG 2014, 593, 607 weisen zu Recht darauf hin, dass es dem nationalen Gesetzgeber freisteht, ob er eine unionsrechtlich gebotene Haftung im Rahmen des allgemeinen Deliktsrechts umsetzt oder Spezialtatbestände schafft.
9 Vgl. *Hellgardt*, WM 2006, 1514, 1516.
10 *Casper* in KölnKomm. KapMuG, §§ 37b, c WpHG Rz. 83; *Doğan*, Ad-hoc-Publizitätshaftung, S. 218 f.; *Fuchs* in Fuchs, §§ 37b, 37c WpHG Rz. 3; *Zimmer/Grotheer* in Schwark/Zimmer, §§ 37b, 37c WpHG Rz. 130 m.w.N.
11 BGH v. 24.1.2006 – XI ZR 384/03, BGHZ 166, 84, 114 ff.
12 Dazu allgemein *Hellgardt*, WM 2006, 1514, 1518 ff.

Ermöglichung von Insiderhandel, zur Steigerung des Wertes der eigenen erfolgsabhängig gewährten Vergütung oder zur Verdeckung eigener Leitungsfehler[1]. In diesen Fällen steht nicht das Handeln für den Emittenten im Vordergrund, sondern allein der eigene Vorteil, weshalb es gerechtfertigt erscheint, ausnahmsweise neben der Emittentenhaftung nach §§ 97 und 98 WpHG auch eine persönliche Organaußenhaftung zu bejahen. Wegen des Schutzzwecks des Art. 17 VO Nr. 596/2014, der den einzelnen Anlegern nur als Marktteilnehmer schützt, ist auch im Rahmen der Organaußenhaftung nach § 823 Abs. 2 BGB i.V.m. Art. 17 VO Nr. 596/2014 nur der Kursdifferenzschaden ersatzfähig.

173 Der BGH hat im Zusammenhang mit der Aufarbeitung des Zusammenbruchs des Neuen Markts eine persönliche Organaußenhaftung auf Grundlage von **§ 826 BGB** bejaht[2]. Da das Verbot der sittenwidrigen Schädigung für jedermann gilt, stellt sich insoweit nicht das Problem der unternehmensbezogenen Pflichtverletzung. Vielmehr dürfen Organwalter auch in Ausübung ihrer Tätigkeit für den Emittenten Anleger nicht vorsätzlich sittenwidrig schädigen. Die Haftungsvoraussetzungen sind dieselben wie oben für die Emittentenhaftung nach § 826 BGB dargestellt (s. Rz. 161 ff.), da sich die Haftung der Gesellschaft erst daraus ergibt, dass eine primär den Organwalter treffende Verpflichtung aus § 826 BGB gem. § 31 BGB auf die Gesellschaft erstreckt wird[3]. Der BGH stützt daher die Sittenwidrigkeit ganz wesentlich darauf, dass die *Organwalter* durch die Veröffentlichung falscher Ad-hoc-Mitteilungen vorrangig „eigene Zwecke" verfolgten, sie nämlich darauf abzielten, den Wert der eigenen Aktien zu steigern[4]. Damit ähneln die Anforderungen an das sittenwidrige Handeln im Rahmen von § 826 BGB den zuvor skizzierten Gründen aus denen ausnahmsweise eine persönliche Organaußenhaftung nach § 823 Abs. 2 BGB i.V.m. Art. 17 VO Nr. 596/2014 in Betracht kommt (s. Rz. 172). Da aufgrund der Offenheit des Tatbestands und des Vorsatzerfordernisses im Rahmen von § 826 BGB (bei Erfüllung der Beweisanforderungen im Rahmen der haftungsbegründenden Kausalität) auch der Vertragsabschlussschaden ersatzfähig ist (s. Rz. 164), ergibt sich zwischen der Haftung nach § 823 Abs. 2 BGB i.V.m. Art. 17 VO Nr. 596/ 2014 und § 826 BGB dasselbe Verhältnis wie bei der Emittentenhaftung zwischen §§ 97, 98 WpHG und § 826 BGB: Erstere Haftung greift bereits bei Fahrlässigkeit ein, ist aber auf den Kursdifferenzschaden beschränkt, für dessen Nachweis es nicht auf eine Willensbeeinflussung ankommt. Dagegen ermöglicht die Haftung nach § 826 BGB eine Rückabwicklung der Transaktion, verlangt dafür aber den Nachweis einer vorsätzlich sittenwidrigen Schädigung sowie die Transaktionskausalität.

174 Daneben wird darüber diskutiert, ob Organwalter oder Dritte als **Gehilfen gem. § 830 Abs. 2 BGB** für das deliktische Verhalten des Emittenten nach §§ 97 und 98 WpHG einzustehen haben (zur deliktsrechtlichen Natur der Haftung s. Rz. 51)[5]. Hinsichtlich der Organwalter wird dagegen vorgebracht, dass diese für den Emittenten handeln und somit nicht zugleich Beihilfe zu ihrer eigenen Tat leisten könnten[6]. Damit bliebe aber eine Gehilfenhaftung sonstiger Dritter möglich[7]. Entscheidend ist aber, dass § 830 Abs. 2 BGB im Bereich der Sonderdelikte nur unter Einschränkungen anwendbar ist, damit nicht die gesetzliche Verantwortungszuweisung in Art. 17 VO Nr. 596/2014, die allein den Emittenten verpflichtet, überspielt wird[8]. Damit scheiden Ansprüche gegen Organwalter und sonstige Dritte wegen Beihilfe grundsätzlich aus. Geschäftspartner und sonstige Dritte haben keine eigenen deliktischen Verkehrspflichten gegenüber den Anlegern aufgrund des Kapitalmarktdeliktsrechts. Insoweit besteht auch kein Bedürfnis für eine abschreckende Deliktshaftung, vielmehr reicht das allgemeine strafrechtliche Instrumentarium regelmäßig aus. Etwas anderes gilt nur, wenn ein Dritter an einem Scheingeschäft mitwirkt in dem Wissen, dass gerade dieses Scheingeschäft (und nicht nur die dadurch gesteigerten Zahlen) den Anlegern präsentiert werden wird, etwa als Gewinnung eines neuen prestigeträchtigen Kunden. In derartigen Fällen greift aber auch unproblematisch eine Haftung nach § 826 BGB[9].

---

1 *Hellgardt*, Kapitalmarktdeliktsrecht, S. 440 f.
2 BGH v. 19.7.2004 – II ZR 217/03 – Infomatec, WM 2004, 1726; BGH v. 19.7.2004 – II ZR 218/03 – Infomatec, WM 2004, 1731 = AG 2004, 543; BGH v. 19.7.2004 – II ZR 402/02 – Infomatec, WM 2004, 1721; dazu etwa *Edelmann*, BB 2004, 2031 ff.; *Fleischer*, DB 2004, 2031 ff.; *Gerber*, DStR 2004, 1793 ff.; *Goette*, DStR 2005, 561 ff.; *Körner*, NJW 2004, 3386 ff.; *Kort*, AG 2005, 21 ff.; *Leisch*, ZIP 2004, 1573 ff.; *Lenenbach*, EWiR 2004, 961 f.; *Sven H. Schneider*, WuB I L 2 § 15 WpHG 1.04; *Schulte*, VuR 2005, 121 ff.
3 BGH v. 9.5.2005 – II ZR 287/02 – EM.TV, NZG 2005, 672 = AG 2005, 609.
4 BGH v. 19.7.2004 – II ZR 217/03, NJW 2004, 2668, 2671.
5 Dafür *Schwark*, EWiR 2001, 1049, 1050; dem folgend *Rieckers*, BB 2002, 1213, 1220.
6 *Casper* in KölnKomm. KapMuG, §§ 37b, c WpHG Rz. 83; *Doğan*, Ad-hoc-Publizitätshaftung, S. 219 mit Fn. 1141; *Dühn*, Schadensersatzhaftung, S. 119 f.; *Fleischer*, DB 2004, 265, 271; *Fuchs* in Fuchs, §§ 37b, 37c WpHG Rz. 3; *Hewicker*, Ad-hoc-Publizität, S. 47 f.; *Maier-Reimer/Webering*, WM 2002, 1857, 1864; *Möllers/Leisch* in KölnKomm. WpHG, §§ 37b, c WpHG Rz. 90; *Zimmer/Grotheer* in Schwark/Zimmer, §§ 37b, 37c WpHG Rz. 130.
7 Dafür z.B. *Wagner* in MünchKomm. BGB, 7. Aufl. 2017, § 830 BGB Rz. 11 (zu Beratern und Intermediären des Kapitalmarkts).
8 *Fuchs* in Fuchs, §§ 37b, 37c WpHG Rz. 3; *Möllers/Leisch* in KölnKomm. WpHG, §§ 37b, c WpHG Rz. 90; *Wagner* in MünchKomm. BGB, 7. Aufl. 2017, § 830 BGB Rz. 11, 35; *Zimmer/Grotheer* in Schwark/Zimmer, §§ 37b, 37c WpHG Rz. 130. Im Ergebnis auch *Buck-Heeb/Dieckmann*, AG 2008, 681, 690 f., die aber auf die Frage abstellen, ob § 98 WpHG (und nicht Art. 17 VO Nr. 596/2014) Pflichten für den Vorstand enthalte. A.A. *Reus/Paul*, WM 2008, 1245, 1249 (uneingeschränkte Anwendbarkeit von § 830 BGB).
9 I.E. ebenso *Fleischer*, AG 2008, 265, 270.

X. Internationale Kapitalmarkthaftung. Das Kollisionsrecht der Kapitalmarkthaftung richtet sich nach der Rom II-VO[1], mit der der Unionsrechtsgeber das IPR der außervertraglichen Schuldverhältnisse abschließend geregelt hat[2]. Die Kapitalmarkthaftung fällt in den sachlichen Anwendungsbereich der Rom II-VO, sie ist insbesondere nicht von den Bereichsausnahmen des Art. 1 Abs. 2 lit. c und d VO Nr. 864/2007 (Rom II-VO) erfasst[3]. Der deutsche Gesetzgeber hat daher keine Kompetenz zum Erlass eines autonomen Kapitalmarktkollisionsrechts. Vor diesem Hintergrund kann der Beschränkung der §§ 97 und 98 WpHG auf Finanzinstrumente, die an **inländischen Handelsplätzen** gehandelt werden (sollen), keine kollisionsrechtliche Bedeutung zukommen (s. auch Rz. 62)[4].

Die Anknüpfung des Haftungsrechts richtet sich gem. Art. 14 VO Nr. 864/2007 vorrangig nach der Rechtswahl der Parteien. Eine gewisse praktische Relevanz kommt allein der **nachträglichen Rechtswahl** nach Art. 14 Abs. 1 lit. a VO Nr. 864/2007 zu, die auch von Verbrauchern wirksam getroffen werden kann. Eine vorherige Rechtswahl scheidet dagegen regelmäßig aus, weil zwischen dem Emittenten und den Anlegern am Sekundärmarkt keine vertragliche Beziehung besteht, in deren Rahmen eine solche Vereinbarung getroffen werden könnte. Deshalb wird sich das anwendbare Recht im Regelfall nach dem **objektiven Kapitalmarkthaftungsstatut** richten. Allerdings enthält die Rom II-VO keine besondere Anknüpfungsregel für die Kapitalmarkthaftung. Der Deutsche Rat für IPR hat einen Art. 6a VO Nr. 864/2007 vorgeschlagen, demzufolge sich das anwendbare Recht nach dem Marktort, primär bestimmt durch die Zulassung der Finanzinstrumente, sekundär nach dem Veräußerungsort richten sollte[5]. Dieser Vorschlag konnte sich aber bislang nicht durchsetzen und beansprucht de lege lata keine Geltung. Nach ganz h.M. richtet sich daher die Anknüpfung der Kapitalmarkthaftung nach der **Generalklausel des Art. 4 VO Nr. 864/2007**[6]. Danach würde sich das anwendbare Recht gem. Art. 4 Abs. 1 VO Nr. 864/2007 primär nach dem Recht des Ortes richten, an dem der Schaden eintritt[7]. Es besteht daher Einigkeit, dass die **Anknüpfung über die Ausweichklausel des Art. 4 Abs. 3 VO Nr. 864/2007** erfolgen muss[8]. Insoweit ist aber umstritten, ob es vorzugwürdig ist, an den Marktort anzuknüpfen[9], oder ob sich die zivilrechtliche Haftung akzessorisch nach der anwendbaren Publizitätspflicht richten sollte[10]. Die besseren Gründe sprechen für die letztgenannte Lösung. Da die Kapitalmarkthaftung nicht primär dem Schadensausgleich, sondern der Verhaltenssteuerung dient (s. Rz. 39), ist es sachgerecht, einen Gleichlauf zwischen der Haftung und der durch sie durchzusetzenden Verhaltensstandards herzustellen. Denn nur so kann sich der Emittent als Adressat der Verhaltenssteuerung auf die Primärpflicht und die damit verbundenen Sanktionen hinreichend einstellen. Damit wird zugleich Rechtssicherheit sowohl für die Emittenten als auch für die Anleger erreicht.

Da die §§ 97 und 98 WpHG der Durchsetzung von Art. 17 VO Nr. 596/2014 und damit einer unmittelbar anwendbaren Norm des Unionsrechts dienen, ist in diesem Fall daran anzuknüpfen, welcher Mitgliedstaat für die Überwachung der Primärpflicht aufsichtsrechtlich zuständig ist[11]. Die Überwachung der Ad-hoc-Publizität richtet sich nach **Art. 21 Abs. 1 und 3 i.V.m. Art. 2 Abs. 1 lit. i und j RL 2004/109/EG (Transparenzrichtlinie)**, die in Deutschland durch § 2 Abs. 13 und 14 WpHG umgesetzt wurden. Ergänzt wird diese Zuständigkeit durch Art. 17 Abs. 3 VO Nr. 596/2014 i.V.m. Art. 6 DelVO 2016/522, der die für die Überwachung der Selbstbefreiungen nach Art. 17 Abs. 4 VO Nr. 596/2014 zuständige Behörde festlegt. Der BaFin obliegt demnach die Überwachung der Ad-hoc-Publizität für **Inlandsemittenten, MTF- oder OTF-Emittenten** i.S.v. § 2 Abs. 14–16 WpHG. Sofern diese Emittenten fehlerhafte Ad-hoc-Mitteilungen veröffentlichen, ist daher auch deutsches Kapitalmarkthaftungsrecht berufen, so dass diese Emittenten – unabhängig davon, wo die an-

---

1 Verordnung (EG) Nr. 864/2007 des Europäischen Parlaments und des Rates vom 11.7.2007 über das auf außervertragliche Schuldverhältnisse anzuwendende Recht („Rom II"), ABl. EU Nr. L 199 v. 31.7.2007, S. 40.
2 *Juncker* in MünchKomm. BGB, 7. Aufl. 2018, Vorb. zu Art. 1 Rom II-VO Rz. 49.
3 *Juncker* in MünchKomm. BGB, 7. Aufl. 2018, Art. 1 Rom II-VO Rz. 34, 40; *Hellgardt/Ringe*, ZHR 173 (2009), 802, 823 m.w.N.
4 Vgl. *v. Hein* in Baum u.a. (Hrsg.), Perspektiven des Wirtschaftsrechts, 2008, S. 371, 391 (für die Parallelnorm des § 21 Abs. 3 WpPG).
5 Der Vorschlag ist abgedruckt in IPRax 2012, 470; s. dazu *Lehmann*, IPRax 2012, 399.
6 *Hellgardt/Ringe*, ZHR 173 (2009), 802, 824; *Lehmann* in Hüßtege/Mansel, BGB, 2. Aufl. 2015, Art. 4 Rom II-VO Rz. 74; *Lund* in jurisPK-BGB, 8. Aufl. 2017, Art. 4 Rom II-VO Rz. 69. S. auch zur Prospekthaftung *v. Hein* in Baum u.a. (Hrsg.), Perspektiven des Wirtschaftsrechts, 2008, S. 371, 389 ff.; *Weber*, WM 2008, 1581, 1585.
7 In diese Richtung weist auch das zur Brüssel I-VO ergangene Urteil des EuGH v. 28.1.2015 – Rs. C-375/13 – Kolassa, ECLI:EU:C:2015:37, das aber nicht auf die Rom II-VO übertragen werden kann; zutreffend *Freitag*, WM 2015, 1165; *Lehmann* in Hüßtege/Mansel, BGB, 2. Aufl. 2015, Art. 4 Rom II-VO Rz. 173; *Lund* in jurisPK-BGB, 8. Aufl. 2017, Art. 4 Rom II-VO Rz. 69.
8 Dass damit eine ganze Fallgruppe der Ausweichklausel unterworfen wird, hindert deren Anwendung nicht; so auch *Juncker*, RIW 257, 264; *Lund* in jurisPK-BGB, 8. Aufl. 2017, Art. 4 Rom II-VO Rz. 70.
9 *Einsele*, ZEuP 2012, 23, 37 ff.; *Lehmann* in Hüßtege/Mansel, BGB, 2. Aufl. 2015, Art. 4 Rom II-VO Rz. 173; *Lehmann*, IPRax 2012, 399, 402; *Weber*, WM 2008, 1581, 1586 f.
10 *v. Hein* in Baum u.a. (Hrsg.), Perspektiven des Wirtschaftsrechts, 2008, S. 371, 392 ff.; *v. Hein*, JZ 2015, 946, 949; *Hellgardt/Ringe*, ZHR 173 (2009), 802, 832 f.; *Lund* in jurisPK-BGB, 8. Aufl. 2017, Art. 4 Rom II-VO Rz. 70; *Steinrötter*, RIW 2015, 407, 413.
11 Ähnlich *Steinrötter*, RIW 2015, 407, 413.

spruchsbegründende Transaktion getätigt wurde – den geschädigten Anlegern nach §§ 97 und 98 WpHG verantwortlich sind.

178 **XI. Gerichtliche Zuständigkeit, Musterverfahren. 1. Gerichtliche Zuständigkeit.** Bei auf die §§ 97 und 98 WpHG gestützten Klagen bestimmt sich die **sachliche Zuständigkeit** nach § 71 Abs. 2 Nr. 3 GVG. Danach sind die LG **ohne Rücksicht auf den Streitwert** für alle Streitigkeiten, mit denen Schadensersatz aufgrund falscher, irreführender oder unterlassener öffentlicher Kapitalmarktinformationen begehrt wird, zuständig. Die **örtliche Zuständigkeit** regelt § 32b Abs. 1 Nr. 1 ZPO. Für derartige Klagen ist das Gericht am Sitz des betroffenen Emittenten **ausschließlich zuständig**[1], wenn die Klage zumindest auch gegen den Emittenten gerichtet wird. Als Sitz des Emittenten gilt gem. § 17 Abs. 1 Satz 1 ZPO der in der Satzung genannte Sitz, hilfsweise der Ort, an dem seine Verwaltung geführt wird (§ 17 Abs. 1 Satz 2 ZPO). Die Konzentration des Verfahrens bei einem Gericht erfolgte, um eine Beschleunigung zu erreichen und die Gewinnung von geeigneten Sachverständigen zu erleichtern, da in den Kapitalanleger-Musterverfahren (dazu sogleich Rz. 180 f.), mit denen eine Vielzahl von Verfahren gebündelt werden kann, nur ein Sachverständiger eingeschaltet werden muss[2]. Die Landesregierungen werden nach § 32b Abs. 2 ZPO ermächtigt, die gerichtliche Zuständigkeit innerhalb der jeweiligen Bundeslandes bei einem oder einzelnen LG zu bündeln. Da die genannten Zuständigkeitsregelungen nicht danach differenzieren, wer verklagt wird, gilt die ausschließliche Zuständigkeit sowohl für **Klagen gegen den Emittenten** nach den §§ 97 und 98 WpHG als auch für **Klagen unmittelbar gegen dessen Organmitglieder** nach §§ 823 Abs. 2, 826 BGB. Letzteres gilt allerdings nach einer Neuregelung von 2012[3] nur noch dann, wenn auch der **Emittent mitverklagt** wird[4]. Das zuständige Gericht entscheidet den Rechtsstreit unter Erörterung aller in Betracht kommenden materiell-rechtlichen Ansprüche (vgl. § 17 Abs. 2 Satz 1 GVG)[5].

179 Der ausschließliche Gerichtsstand greift nicht ein, wenn sich der **Sitz des Emittenten im Ausland** befindet (§ 32b Abs. 1 ZPO). Davon sind insbesondere Inlandsemittenten i.S.v. § 2 Abs. 14 Nr. 2 WpHG, MTF-Emittenten i.S.v. § 2 Abs. 15 Nr. 2 WpHG und OTF-Emittenten i.S.v. § 2 Abs. 16 Nr. 2 WpHG betroffen, also Emittenten, deren Herkunftsstaat und Sitz ein anderer EU-Staat ist, deren Finanzinstrumente aber allein an deutschen Handelsplätzen gehandelt werden. Die Ausnahme erwies sich als notwendig, um den **zwingenden internationalen Zuständigkeiten** (vgl. Art. 7 Nr. 2 VO Nr. 1215/2012 [EuGVVO] und Art. 5 Nr. 3 LugÜ) Rechnung zu tragen[6]. Der EuGH hat in der Rechtssache **Kolassa** entschieden, dass sich die Zuständigkeit für die Emittentenhaftung gem. Art. 7 Nr. 2 VO Nr. 1215/2012 [EuGVVO] (= Art. 5 Nr. 3 EuGVVO a.F.) danach richtet, wo der Anleger seinen Schaden erleidet; dies sei der Sitz des Klägers, wenn sich der Schaden unmittelbar auf einem Bankkonto des Klägers im Zuständigkeitsbereich seines Wohnsitzgerichts verwirklicht[7]. Dies ist bei einer Haftung nach §§ 97 und 98 WpHG dann der Fall, wenn der Kursdifferenzschaden verlangt wird. Im Ergebnis dürfte aber auch im Falle des Vertragsabschlussschadens nichts anderes gelten, da der Schadenseintritt hier auch am Wohnsitz des Klägers liegen wird. Damit kann in internationalen Fällen bis auf weiteres keine Verfahrensbündelung erreicht werden. Dies ist dann problematisch, wenn bei einer Haftung nicht so sehr der Schadensausgleich im Vordergrund steht (der für die Befassung eines dem geschädigten Anleger gut zugänglichen Gerichts spricht), sondern die Verhaltenssteuerung.

180 **2. Das Kapitalanleger-Musterverfahren.** Seit dem Inkrafttreten des **Kapitalanleger-Musterverfahrensgesetzes** (KapMuG)[8] zum 1.11.2005 besteht die Möglichkeit, Schadensersatzklagen aus den §§ 97 und 98 WpHG im Wege einer „bereichsspezifischen Gruppenklage"[9] durchzusetzen. Hintergrund des Gesetzes ist die Tatsache, dass durch falsche, irreführende oder unterlassene öffentliche Kapitalmarktinformationen typischerweise Streuschäden verursacht werden. Eine Vielzahl von einzelnen Anlegern erleidet jeweils vergleichsweise geringe Schäden. Bei der Schadensersatzdurchsetzung können aufgrund der notwendigen Sachverständigengutachten hohe individuelle Kosten der Rechtsverfolgung entstehen, die auf den einzelnen Geschädigten abschreckend wirken können („Barriere wirtschaftlicher Unüberwindlichkeit"[10]). Auch waren die im Verfahrensrecht vorgesehenen Möglichkeiten zur Bündelung von Schadensersatzklagen oder zur Durchführung von Musterprozessen (Streitgenossenschaft, Nebenintervention, Verfahrensverbindung und mögliche Verfahrensaussetzung) nicht ausrei-

---

1 Kritisch zu dieser Regelung *Möllers/Weichert*, NJW 2005, 2737, 2739; *Plaßmeier*, NZG 2005, 609, 613 ff.; *Sessler*, WM 2004, 2344, 2346 f.
2 Begr. RegE, BR-Drucks. 2/05, 34, 76.
3 Gesetz zur Reform des Kapitalanleger-Musterverfahrensgesetzes und zur Änderung anderer Vorschriften vom 19.10.2012, BGBl. I 2012, 2182; s. Art. 2 Nr. 1.
4 Der Gesetzgeber sah die Bündelungsfunktion von § 32b ZPO nur dann als angemessen an, wenn auch der Emittent verklagt wird; vgl. Begr. RegE, BT-Drucks. 17/8799, 27.
5 Vgl. auch BGH v. 10.12.2002 – X ARZ 208/02, NJW 2003, 828 ff., in dem der BGH seine gegenteilige Rechtsprechung zu § 32 ZPO aufgegeben hat.
6 Begr. RegE, BR-Drucks. 2/05, 35, 77. S. auch Art. 5 Nr. 3 LugÜ.
7 EuGH v. 28.1.2015 – Rs. C-375/13 – Kolassa, ECLI:EU:C:2015:37 (Rz. 42 ff.). Dazu *v. Hein*, JZ 2015, 946; *Steinrötter*, RIW 2015, 407.
8 Gesetz zur Einführung von Kapitalanleger-Musterverfahren vom 16.8.2005, BGBl. I 2005, 2437, 3095.
9 Begr. RegE, BR-Drucks. 2/05, 24.
10 *Fleischer*, Gutachten zum 64. DJT, 2002, S. F 116.

chend[1]. Aus diesem Grunde kam der präventiven Funktion der Haftungstatbestände (insbesondere der §§ 97 und 98 WpHG) nicht die ihr gebührende Bedeutung zu[2]. Die Bündelung in einem Musterverfahren vermeidet zudem die Gefahr divergierender Entscheidungen[3]. Schließlich begreift der Gesetzgeber das Kapitalanleger-Musterverfahrensgesetz auch als Standortfaktor für den „Börsen- und Justizstandort Deutschland", der über ein modernes Verfahrensrecht verfügen müsse[4].

Im Jahr 2012 wurde das KapMuG einer größeren **Reform** unterzogen[5]. Die wesentlichen Änderungen waren eine Ausweitung des Anwendungsbereichs auf die fehlerhafte Anlagevermittlung und Anlageberatung, die Erleichterung der gütlichen Streitbeilegung, indem Vergleiche mit gerichtlicher Billigung mit Wirkung für alle Beteiligten geschlossen werden können, Versuche zur Beschleunigung der notorisch langwierigen Musterverfahren und die Erleichterung des Zugangs zum Musterverfahren[6]. Wegen der Einzelheiten des Verfahrens kann auf die ausführlichen Kommentierungen des KapMuG verwiesen werden. 181

XII. Übergangsrecht.
Die §§ 37b und 37c WpHG a.F. traten gem. Art. 23 Satz 1 des Vierten Finanzmarktförderungsgesetzes am 1.7.2002 in Kraft. Die Schadensersatzpflicht erfasst daher alle seit diesem Tag unterlassenen oder verspäteten Ad-hoc-Mitteilungen (§ 37b WpHG a.F.) bzw. alle seitdem veröffentlichten unwahren Ad-hoc-Mitteilungen (§ 37c WpHG a.F.). Die Neufassung der §§ 37b und 37c WpHG a.F. durch das AnSVG trat am 30.10.2004 in Kraft (Art. 6 Satz 1 AnSVG). Die Änderungen durch das 1. FiMaNoG traten am 2.7.2016 in Kraft (Art. 17 Abs. 1 1. FiMaNoG). Die Änderungen sowie die Neunummerierung als §§ 97 und 98 WpHG durch das 2. FiMaNoG traten am 3.1.2018 in Kraft (Art. 26 Abs. 5 2. FiMaNoG). Maßgeblich für die jeweils anwendbare Version des Gesetzes ist der Zeitpunkt der Tathandlung, also bei § 97 WpHG die Beendigung des Unterlassens und bei § 98 WpHG der Zeitpunkt der Veröffentlichung der unwahren Insiderinformation. Anzuwenden ist der in Art. 232 § 10 EGBGB zum Ausdruck kommende allgemeine Rechtsgedanke, wonach es bei dem Inkrafttreten von deliktischen Tatbeständen regelmäßig auf den Zeitpunkt der Verletzungshandlung bzw. das Ende der Unterlassung ankommt, nicht aber auf den Zeitpunkt des Schadenseintritts[7]. Erfasst sind damit auch Fälle, in denen ein Geschädigter nach dem Inkrafttreten durch eine fehlerhafte Ad-hoc-Mitteilung einen Schaden erleidet, indem er seine vor dem Stichtag erworbenen Finanzinstrumente veräußert. 182

Die **Aufhebung der Sonderverjährungsvorschriften** der §§ 37b Abs. 4, 37c Abs. 4 WpHG a.F. durch das Kleinanlegerschutzgesetz trat am 10.7.2015 in Kraft (Art. 13 Abs. 3 Kleinanlegerschutzgesetz). Damit unterliegen eindeutig alle Ansprüche nach §§ 37b, 37c WpHG a.F., die ab dem 10.7.2015 entstanden sind, der Regelverjährung nach §§ 195, 199 BGB. Entscheidend ist insoweit die Vornahme der haftungsbegründenden Transaktion, da mit dieser der Schaden und damit der Anspruch entsteht (s. Rz. 169). Da das Gesetz **keine Übergangsvorschrift** enthält, ist aber unklar, welche Bedeutung dieses Inkrafttreten für solche Ansprüche hat, die vor dem 10.7.2015 entstanden sind und zu diesem Zeitpunkt noch nicht verjährt waren. Nach einer Auffassung soll auf solche Ansprüche auch die **Regelverjährung** anzuwenden sein[8], so dass im Extremfall ein dem Anleger (noch) unbekannter Anspruch, der bei Inkrafttreten der Neuregelung einen Tag vor der Verjährung stand, nun erst sieben Jahre später, nämlich 10 Jahre nach der Anspruchsentstehung verjähren würde. Die Gegenansicht will weiterhin die kurze Verjährung der außer Kraft getretenen §§ 37b Abs. 4, 37c Abs. 4 WpHG a.F. anwenden[9]. Im Ergebnis überzeugt die erste Auffassung. Dafür spricht zunächst, dass die Rechtsfolge der Verjährung nur durch ein solches Gesetz bewirkt werden kann, das zum Zeitpunkt der angenommenen Wirkung Geltung hat. Da es an einer Übergangsvorschrift fehlt, die den §§ 37b Abs. 4, 37c Abs. 4 WpHG a.F. für Altfälle Wirkung über den 9.7.2015 hinaus verleiht, haben diese nach diesem Tag keine Bedeutung mehr für die Verjährung von noch nicht verjährten Ansprüchen. Dieses Ergebnis steht nicht nur in Einklang mit den Wertungen von Normen wie Art. 169 EGBGB oder Art. 231 § 6 EGBGB, sondern entspricht auch dem Willen des Gesetzgebers[10]. 183

---

1 Begr. RegE, BR-Drucks. 2/05, 25 ff.; *Dühn*, Schadensersatzhaftung, S. 321 ff.; *Reuschle*, WM 2004, 966, 967 ff.
2 Begr. RegE, BR-Drucks. 2/05, 1 und 32; *Reuschle*, NZG 2004, 590 f.; *Reuschle*, WM 2004, 966, 972 f.; *Zypries*, ZRP 2004, 177 f.
3 Begr. RegE, BR-Drucks. 2/05, 33.
4 Begr. RegE, BR-Drucks. 2/05, 34 f.
5 Gesetz zur Reform des Kapitalanleger-Musterverfahrensgesetzes und zur Änderung anderer Vorschriften vom 19.10. 2012, BGBl. I 2012, 2182; s. Art. 2 Nr. 1.
6 Begr. RegE, BT-Drucks. 17/8799, 14 f.
7 A.A. *Zimmer/Grotheer* in Schwark/Zimmer, §§ 37b, 37c WpHG Rz. 17.
8 *Asmus/Moini*, WM 2016, 1626, 1631; *Druckenbrodt*, NJW 2015, 3749, 3751; *von Katte/Berisha*, BKR 2016, 409, 413; *Wolf/Wink* in Meyer/Veil/Rönnau, Handbuch zum Marktmissbrauchsrecht, § 31 Rz. 39. Grundsätzlich auch *Piekenbrock*, NJW 2016, 1350, 1351 f.
9 *Tilp/Weiss*, WM 2016, 914, 919.
10 Beschlussempfehlung und Bericht des Finanzausschusses, BT-Drucks. 18/4708, 68: „Die Verjährungsregelungen des Bürgerlichen Gesetzbuchs sind […] auf alle Ansprüche nach § 37b Abs. 1 und § 37c Abs. 1 anzuwenden, die bei Inkrafttreten der Änderung bestehen und noch nicht verjährt sind."

Abschnitt 13
Finanztermingeschäfte

Vorbemerkungen zu §§ 99, 100 WpHG

Schrifttum seit der Börsengesetznovelle 1989: *Allmendinger/Tilp*, Börsentermin- und Differenzgeschäfte: Unverbindlichkeit, Aufklärungspflichten, 1998; *André*, Die Verbindlichkeit von Optionsscheingeschäften, 1991; *Arendts*, Die neue BGH-Rechtsprechung zu Börsentermingeschäften, MDR 1997, 117; *Assmann*, Irrungen und Wirrungen im Recht der Termingeschäfte, ZIP 2001, 2061; *Assmann*, Börsentermingeschäftsfähigkeit, in FS Theodor Heinsius, 1991, S. 1; *Balzer*, Discount-Broking im Spannungsfeld zwischen Beratungsausschluss und Verhaltenspflichten, DB 1997, 2311; *Balzer/Siller*, Finanztermingeschäfte, in Hellner/Steuer, Bankrecht und Bankpraxis, 2004; *Batereau/Lange*, Absolute oder relative Börsentermingeschäftsfähigkeit, WM 1997, 904; *Baur/Wagner*, Das Vierte Finanzmarktförderungsgesetz – Neuerungen im Börsen- und Wertpapierhandelsrecht, Die Bank 2002, 530; *Berg*, Kreditderivate im deutschen Privatrecht, 2008; *Binder*, Daytrading als Finanztermingeschäft i.S.d. § 2 Abs. 2a WpHG? – Tatbestandliche Unschärfen des Terminrechts als Einfallstor für eine rechtspolitische Grundsatzkontroverse zum kapitalmarktrechtlichen „Anlegerschutz durch Information", ZHR 169 (2005), 329; *Binder* in Langenbucher/Bliesener/Spindler, Bankrechts-Kommentar, 2. Aufl. 2016, Kap. 37; *Brandner*, Sinn und Unsinn der Termingeschäftsfähigkeit von Privatanlegern nach § 53 Abs. 2 BörsG, in FS Herbert Schimansky, 1999, S. 581; *Bulling*, Finanztermingeschäfte gem. §§ 37d ff. WpHG, 2006; *Casper*, Das neue Recht der Termingeschäfte, WM 2003, 161; *Dannhoff*, Vor einer Renaissance des deutschen Warenterminrechts?, WM 1994, 485; *Dannhoff*, Das Recht der Warentermingeschäfte, 1993; *Dannhoff*, Die Börsengesetznovelle 1989 und Börsentermingeschäfte in Waren, DWiR 1992, 273; *Dornseifer*, Börsentermingeschäfte und Börsentermingeschäftsfähigkeit, 1999; *Drygala*, Termingeschäftsfähigkeit und Aufklärungspflicht beim Handel mit Optionsscheinen, ZHR 159 (1995), 686; *Ellenberger*, Die neuere Rechtsprechung des BGH zum Börsenterminhandel, WM Sonderbeilage Nr. 2 zu Heft 3/1999; *Fenchel*, Das Vierte Finanzmarktförderungsgesetz – ein Überblick, DStR 2002, 1355; *Fischer*, Abschied vom ordre public bei Börsentermingeschäften im Ausland, IPRax 1999, 450; *Fleckner*, Die Lücke im Recht des Devisenterminhandels – Viertes Finanzmarktförderungsgesetz: außerbörsliche Devisentermingeschäfte als „Finanztermingeschäfte" i.S.d. § 2 Abs. 2a WpHG und Anwendbarkeit der §§ 37d ff. WpHG, WM 2003, 168; *Fleischer*, Das Vierte Finanzmarktförderungsgesetz, NJW 2002, 2977; *Franken*, Das Recht des Terminhandels, 1997; *Fuchs*, Selbständige Optionsscheine als Finanzierungsinstrument der Aktiengesellschaft, AG 1995, 433; *Giesberts*, Anlegerschutz und anwendbares Recht bei ausländischen Börsentermingeschäften, 1998; *Grimm*, Das Vertragsrecht des Wertpapierdarlehens, 1996; *Grunewald*, Aufklärungspflichten ohne Grenzen?, AcP 190 (1990), 609; *Grunewald*, Die Börsentermingeschäftsfähigkeit, WM 1988, 1077; *Gundlach*, Termingeschäfte an Auslandsbörsen und Ordre public, in FS Herbert Schimansky, 1999, S. 613; *Habersack/Ehrl*, Börsengeschäfte unter Einbeziehung eines zentralen Kontrahenten, ZfPW 2015, 312; *Hartung*, Termineinwand bei Warentermingeschäften an Auslandsbörsen, ZIP 1991, 1185; *Häuser*, Außerbörsliche Optionsscheingeschäfte (OTC-Optionen) aus der Sicht des novellierten Börsengesetzes, ZBB 1992, 249; *Häuser/Welter*, Rechtlicher Regelungsrahmen der Börsentermingeschäfte, in Assmann/Schütze, Handbuch des Kapitalanlagerechts, 2. Aufl. 1997, §§ 15, 16; *Heeb*, Börsentermingeschäftsfähigkeit und Aufklärungspflichten, 2. Aufl. 1999; *Henssler*, Risiko als Vertragsgegenstand, 1994; *Henssler*, Anlegerschutz durch Information. Die Neuregelung des Börsenterminrechts durch die Börsengesetznovelle vom 11.7.1989, ZHR 153 (1989), 611; *Horn*, Die Aufklärungs- und Beratungspflichten der Banken, ZBB 1997, 139; *Horn*, Zur Information des privaten Anlegers bei Börsentermingeschäften, ZIP 1997, 1361; *Horn*, Börsentermingeschäfte nach neuem Recht, ZIP 1990, 2; *Horn/Balzer*, Anlegerschutz durch Information bei Finanztermingeschäften nach neuem Recht, in FS Kümpel, 2003, S. 275; *Jaskulla*, Die Einführung derivater Finanzinstrumente an den deutschen Wertpapierbörsen als Regelungsproblem, 1995; *Jordans*, Die Umsetzung der MiFID in Deutschland und die Abschaffung des § 37d WpHG, WM 2007, 1827; *Joussen*, Der Erwerb von selbständigen Optionsscheinen als Börsentermingeschäft, BB 1997, 2117; *Kälberer*, Nutzungsherausgabe bei der Rückabwicklung von Börsentermingeschäften, ZIP 1997, 1055; *Kessler/Heda*, Wahrnehmung von Chancen als Glücksspiel? – Strukturierte Kapitalmarktprodukte mit Sportkomponenten, WM 2004, 1812; *Kienle*, Börsentermingeschäfte in Schimansky/Bunte/Lwowski, Bankrechts-Handbuch, 3. Aufl. 2007, § 106; *Kleinschmitt*, Das Informationsmodell bei Börsentermingeschäften, 1992; *Klingenbrunn*, Produktintervention zugunsten des Anlegerschutzes – Zur Systematik innerhalb des Aufsichtsrechts, dem Anlegerleitbild und zivilrechtlichen Konsequenzen, WM 2015, 316; *Koller*, Informationsobliegenheiten bei Börsentermingeschäften, BB 1990, 2202; *Kümpel*, Zur Neugestaltung des Termin-, Differenz- und Spieleinwandes für den Bereich der Derivate, WM 1997, 49; *Kümpel*, Börsenrecht – Eine systematische Darstellung, 1996; *Kümpel*, Aktuelle Rechtsfragen der Wertpapierleihe, AG 1994, 525; *Kümpel*, Sonderbedingungen für Börsentermingeschäfte – Kurzkommentar –, WM 1991, Sonderbeilage Nr. 1; *Kümpel*, Die neuen AGB für Börsentermingeschäfte, WM 1990, 449; *Kümpel/Ott*, Kapitalmarktrecht, Ergänzbares Rechtshandbuch für die Praxis, Loseblatt, 1995 ff.; *Lang*, Informationspflichten bei Wertpapierdienstleistungen, § 11: Informationspflichten bei Börsen- bzw. Finanztermingeschäften, 2003; *Lang*, Aufklärungspflichten bei der Anlageberatung, Teil B: Besondere Pflichten bei Börsentermingeschäften, 1999; *Lang*, „Börsentermingeschäftsfähigkeit" von privaten Anlegern auch ohne Unterzeichnung des Informationsmerkblatts?, ZBB 1999, 218; *Lebherz*, Emittenten-Compliance-Organisation zur Sicherstellung eines rechtskonformen Publizitätsverhaltens, 2008; *Lenenbach*, Kapitalmarkt- und Börsenrecht, § 6: Innovative Finanzprodukte und deren rechtliche Ordnung, 2002; *de Lousanoff*, Börsentermingeschäftsfähigkeit von Privatanlegern, ZHR 159 (1995), 229; *de Lousanoff*, Neues zum Termin- und Differenzeinwand bei ausländischen Börsentermingeschäften, in FS Rudolf Nirk, 1992, S. 607; *Luttermann*, Aktienverkaufsoptionsanleihen („revers convertible notes"), standardisierte Information und Kapitalmarktdemokratie, ZIP 2001, 1901; *Mankowski*, Optionsanleihen ausländischer Gesellschaften als Objekt von Börsenaußengeschäften, AG 1998, 11; *Menninger*, Börsen und zivilrechtlicher Charakter von Financial Futures, WM 1994, 970; *Meyer/Meyer*, Das Projekt Deutsche Warenterminbörse, Die Bank 1994, 458; *Moosmeyer*, Anmerkungen zur verspäteten Aufklärung bei Börsentermingeschäften, Sparkasse 1996, 335; *Mues*, Hundert Jahre deutsches Börsengesetz, ZBB 1997, 15; *Mülbert*, Standardisierte Informationspflichten sind kein modernes Recht der Termingeschäfte, BB 2002, Heft 17: Die erste Seite; *Mülbert*, Anlegerschutz bei Zertifikaten, WM 2007, 1149; *Mülbert/Böhmer*, Ereignisbezogene Finanzprodukte – Zivil-, Kapitalmarkt-, Wertpapier-, Straf- und Öffentliches Recht, WM 2006, 937, 985; *Müller*, Börsentermingeschäfte, in Schäfer/Müller, Haftung für fehlerhafte Wertpapierdienstleistungen, 1999;

Müller, Finanztermingeschäfte, in Derleder/Knops/Bamberger, Handbuch zum deutschen und europäischen Bankrecht, 3. Aufl. 2017, § 59; *Nassall*, Verbraucherschutz durch europäisches Verfahrensrecht – Anmerkungen zum Vorlagebeschluss des BGH WM 1993, 1215 –, WM 1993, 1950; *Potthoff*, Aufklärungs- und Beratungspflichten bei Optionsscheingeschäften, WM 1993, 1319; *Reiner/Schacht*, Credit Default Swaps und verbriefte Kreditforderungen in der Finanzmarktkrise – Bemerkungen zum Wesen verbindlicher und unverbindlicher Risikoverträge – Teil I, WM 2010, 337; Teil II, WM 2010, 385; *Roberts*, Finanzderivate als Glücksspiel? Aufklärungspflichten der Emittenten, DStR 2010, 1082; *Rollinger*, Aufklärungspflichten bei Börsentermingeschäften, 1990; *Rosset*, Der Begriff des Börsentermingeschäfts – Zugleich ein Beitrag zur Abschaffung von Termin- und Differenzeinwand, WM 1999, 574; *Rozijn*, Wandelanleihe mit Wandlungspflicht – eine deutsche equity note?, ZBB 1998, 77; *Rümker*, Anleihen mit Tilgungswahlrecht des Emittenten in Aktuelle Probleme des Wertpapiergeschäfts, 1993, 91; *Rümker*, Anleihen mit Tilgungswahlrechten des Emittenten unter besonderer Berücksichtigung der Tilgung durch Lieferung von Aktien, in FS Beusch, 1993, S. 739; *Salewski*, Zertifikate – reguläre Finanzinstrumente oder unerlaubtes Glücksspiel?, BKR 2012, 100; *Samtleben*, Das Börsentermingeschäft ist tot – es lebe das Finanztermingeschäft?, ZBB 2003, 69; *Samtleben*, Börsentermingeschäfte, in Hopt/Rudolph/Baum, Börsenreform: Eine ökonomische, rechtsvergleichende und rechtspolitische Untersuchung, 1997; *Samtleben*, Termingeschäfte an Auslandsbörsen – Zur Neuregelung des Börsengesetzes, NJW 1990, 2670; *Schäfer*, Das neue Recht der Finanztermingeschäfte – Plädoyer für seine Abschaffung, in FS Ulrich Immenga, 2004, S. 689; *Schäfer*, Börsen-/Finanztermingeschäfte, in Schwintowski/Schäfer, Bankrecht, 2. Aufl. 2004, § 20; *Schäfer*, Termingeschäfte und Derivate, in Assmann/Schütze, Handbuch des Kapitalanlagerechts, 4. Aufl. 2015, § 20; *Schäfer*, Haftung für fehlerhafte Anlageberatung und Vermögensverwaltung, 2. Aufl. 1995; *Schäfer*, Novellierung des Börsengesetzes, ZIP 1989, 1103; *Schäfer/Lang*, Zur Reform des Rechts der Börsentermingeschäfte, BKR 2002, 197; *Schäfer/Müller*, Haftung für fehlerhafte Wertpapierdienstleistungen, 1999 (2. Aufl. 2008); *Schmitte*, Aufklärungs- und Beratungspflichten der Kreditinstitute bei Börsentermingeschäften an der Deutschen Terminbörse, 1994; *Schoch*, Bankenhaftung trotz ordnungsgemäßer Begründung der Börsentermingeschäftsfähigkeit, BB 1996, 1565; *Schödermeier*, Verspätete Aufklärung bei Börsentermingeschäften, Die Bank 1996, 166; *Schröter/Bader*, Zur Reform des Terminrechts, in FS Herbert Schimansky, 1999, S. 715; *Schulte-Nölke*, Anlegerschutz bei Optionsscheinen, DStR 1995, 1798; *Schulz*, Hundert Jahre modernes Börsenrecht, AG 1996, 260; *Schulz*, Das deutsche Börsengesetz, 1994; *Schwark*, Ordre public und Wandel grundlegender Wertvorstellungen am Beispiel ausländischer Börsentermingeschäfte, in FS Otto Sandrock, 2000, S. 881; *Schwark*, Börsen und Wertpapierhandelsmärkte in der EG, WM 1997, 293; *Schwark*, Spekulation – Markt – Recht: Zur Neuregelung der Börsentermingeschäfte, in FS Ernst Steindorff, 1990, S. 473; *Schwennicke*, Die neuere Rechtsprechung zur Börsentermingeschäftsfähigkeit und zu den Aufklärungs- und Beratungspflichten bei Börsentermingeschäften, WM 1997, 1265; *Schwintowski*, Aufklärungspflichten beim Discount Brokerage, ZBB 1999, 385; *Seeberg*, Der Termin- und Differenzeinwand und die internationale Zuständigkeit bei Geschäften mit ausländischen Banken nach der Börsengesetznovelle 1989, ZIP 1992, 600; *Steiner*, „Zweistufiger" Anlegerschutz – Börsentermingeschäfte, ZfgKW 1997, 152; *Steuer*, Haftung für fehlerhafte Anlageberatung – Eine unendliche Geschichte, in FS Herbert Schimansky, 1999, S. 793; *Wach*, Termingeschäfte und Unverbindlichkeit von Börsentermingeschäften nach dem sog. „Informationsmodell", AG 1992, 384; *Wach/Weberpals*, Inländischer Gerichtsstand für Bereicherungsklagen gegen ausländische Brokerfirmen aus unverbindlichen Termin- und Differenzgeschäften, AG 1989, 193; *Wand*, Aufklärungs- und Beratungspflichten im grenzüberschreitenden Zahlungsverkehr, WM 1994, 8; *Weidert/Wenninger*, Die Neuregelung der Erkundigungs- und Aufklärungspflichten von Wertpapierdienstleistungsunternehmen gem. Art. 19 RiL 2004/39/EG (MiFID) und Finanzmarkt-Richtlinie-Umsetzungsgesetz, WM 2007, 627; *Wellmann*, Der Handel mit Derivaten an vollelektronischen Terminbörsen – Eine zivilrechtliche Betrachtung, WiB 1995, 663; *Werkmüller*, Termingeschäftsfähigkeit und der Abschluss von Börsentermingeschäften durch Testamentsvollstrecker, WM 2000, 1361; *Wiehe*, BGH – Börsentermingeschäftsfähigkeit kraft Aufklärung, WiB 1995, 480; *Winter*, Der Termin- und Differenzeinwand bei Zinsbegrenzungsvereinbarungen, WM 1994, 2143; *Wohlfarth/Brause*, Die Emission kursorientierter Wertpapiere auf eigene Aktien, WM 1997, 397; *Wolter*, Termingeschäftsfähigkeit kraft Information, 1991; *Worms*, Zur Erneuerung der Termingeschäftsfähigkeit gem. § 53 Abs. 2 Börsengesetz, WM 1991, 81; *Zimmer*, Schadensersatz im Termingeschäft – eine anreizökonomische Fehlkonstruktion?, JZ 2003, 22; *Zimmer*, Das Informationsmodell und seine Folgen – Neue Entscheidungen des BGH zum Recht der Börsentermingeschäfte, ZHR 162 (1998), 685; *Zimmer/Unland*, Vertretung beim Abschluss von Termingeschäften nach neuem Recht, BB 2003, 1445; *Zimmermann*, Derivative Finanzinstrumente und Spieleinwand – Überlegungen zur „Spekulationsfeindlichkeit" des Zivilrechts, in Domej, Einheit des Privatrechts, komplexe Welt, Jahrbuch junger Zivilrechtswissenschaftler, 2008, S. 113.

I. Gesetzlicher Anlegerschutz bei Termingeschäften bis zur Einführung des standardisierten Informationsmodells der §§ 37d ff. WpHG a.F. durch das 4. Finanzmarktförderungsgesetz .. 3	**III. Die Regelung der Finanztermingeschäfte durch das 4. Finanzmarktförderungsgesetz** .. 8
1. Zweispuriges Unverbindlichkeitsmodell 3	1. Nebeneinander schadensersatzbewehrter Informationspflichten 8
2. Verbindlichkeit erlaubter Börsentermingeschäfte kraft Termingeschäftsfähigkeit ... 4	2. Pflichten zur Anlegerinformation 11
a) Börsentermingeschäftsfähigkeit qua Selbstqualifikation (Börsengesetz 1896) 4	a) Aufsichtsrechtliche Informationspflicht 11
	b) Beratungsvertrag 12
b) Börsentermingeschäftsfähigkeit qua Status/Beruf/Sicherheitenbestellung (Börsengesetznovelle 1908) 5	c) Vorvertragliche Informationspflichten 13
	d) Standardisierte Risikounterrichtung (§ 37d WpHG a.F.) 14
c) Börsentermingeschäftsfähigkeit qua Status/Beruf/Information (Börsengesetznovelle 1989) 6	**IV. Die Neuregelung durch das Finanzmarktrichtlinie-Umsetzungsgesetz** 15
II. Rechtspolitische Kritik vor Inkrafttreten der §§ 37d ff. WpHG a.F. 7	**V. Die Änderungen der Vorschriften durch das 2. FiMaNoG** 18

Vor § 99 | Finanzterminschäfte

1　Mit dem **2. Finanzmarktnovellierungsgesetz** vom 23.6.2017 wurden die §§ 37e, g WpHG a.F. – inhaltlich unverändert – in die §§ 99, 100 WpHG überführt. § 99 WpHG enthält nach wie vor den Ausschluss des Einwands des § 762 BGB gegenüber Finanzterminschäften, § 100 WpHG die Ermächtigung des Bundesministeriums der Finanzen, Finanzterminschäfte durch Rechtsverordnung verbieten oder beschränken zu können, soweit dies zum Schutz der Anleger erforderlich ist.

2　Zuvor war mit dem **Finanzmarktrichtlinie-Umsetzungsgesetz** vom 16.7.2007 (FRUG, BGBl. I 2007, 1330) das bis dahin im Wesentlichen durch die Regelungen in §§ 37d und 37f WpHG a.F. geprägte System des Anlegerschutzes bei Finanzterminschäften mit der Aufhebung dieser Bestimmungen[1] endgültig in ein **System anlegerbezogener Aufklärungspflichten** nach Maßgabe von §§ 31 ff. WpHG a.F. (§§ 62 ff. WpHG) überführt worden. Schon das geänderte, auf dem zum 1.7.2002 in Kraft getretene **4. Finanzmarktförderungsgesetz** vom 21.6.2002 (4. FFG, BGBl. I 2002, 2010) beruhende System des Anlegerschutzes bei Finanzterminschäften stellte seinerseits eine grundlegende Umgestaltung des ehemaligen, im Börsenrecht geregelten Rechts der Börsenterminschäfte dar. Dessen Schutzkonzept bestand im Kern darin, die Verbindlichkeit eines Termingeschäfts für beide beteiligten Parteien jeweils von bestimmten persönlichen Voraussetzungen in deren Person abhängig zu machen. Nach der Novellierung des Rechts der Börsenterminschäfte durch das 4. FFG hatte jedermann Zugang zum Terminhandel; Anlegerschutz sollte durch die Pflicht zur standardisierten Aufklärung über Risiken von Finanzterminschäften und die daran anknüpfende Haftung bei mangelhafter Information gewährleistet werden. Die frühere Regelung und die daran geübte Kritik blieben aber insoweit aktuell, als die Voraussetzungen für die einstige Börsenterminschäftsfähigkeit kraft Information (§ 53 Abs. 2 BörsG 1998; s. Rz. 6) und die Anforderungen des § 37d Abs. 1 WpHG a.F. an die bei Finanzterminschäften gebotene Aufklärung weithin übereinstimmen. Mit der neuerlichen Änderung des Rechts der Termingeschäfte ist das standardisierte Informationsmodell nach § 37d WpHG a.F. in ein anlegerbezogenes Aufklärungsmodell übergegangen.

3　**I. Gesetzlicher Anlegerschutz bei Termingeschäften bis zur Einführung des standardisierten Informationsmodells der §§ 37d ff. WpHG a.F. durch das 4. Finanzmarktförderungsgesetz. 1. Zweispuriges Unverbindlichkeitsmodell.** Die tradierte gesetzgeberische Konzeption zum Schutze der Anleger gegenüber den besonderen Risiken von Termingeschäften bestand in einem zweispurigen Unverbindlichkeitsmodell, bei dem die börsengesetzliche Regelung der Börsenterminschäfte (zuletzt §§ 50–70 BörsG 1998) als dem Kernstück durch § 764 BGB flankiert wurde. Nach dem Börsengesetz waren sowohl verbotene wie auch erlaubte Börsenterminschäfte seit jeher im Grundsatz für beide Parteien unverbindlich und damit unklagbar (**Termineinwand**). Lediglich als Ausnahme hiervon sah das Gesetz die Verbindlichkeit eines erlaubten Börsenterminschäfts für diejenige(n) Partei(en) vor, die in ihrer Person bestimmte persönliche Voraussetzungen (s. Rz. 4 ff.) erfüllte(n) (§ 52 BörsG 1998). War ein Termingeschäft auch als Differenzgeschäft i.S.d. § 764 BGB zu qualifizieren, hatte dies zugleich dessen Unverbindlichkeit für die Beteiligten gemäß den §§ 764, 762 BGB zur Folge (**Differenzeinwand**). Näher *Assmann/Mülbert*, 6. Aufl., Vor § 37e WpHG Rz. 1 ff.

4　**2. Verbindlichkeit erlaubter Börsenterminschäfte kraft Terminschäftsfähigkeit. a) Börsenterminschäftsfähigkeit qua Selbstqualifikation (Börsengesetz 1896).** Das zum 1.1.1897 in Kraft getretene Börsengesetz vom 22.6.1896 forderte als Voraussetzung für die Rechtsverbindlichkeit eines Börsenterminschäfts, dass beide Vertragspartner in ein Börsenregister (§ 66 BörsG 1896) eingetragen waren, das bei dem für die Führung eines Handelsregisters zuständigen Gericht eingerichtet war (§ 54 BörsG 1896). Näher *Assmann/Mülbert*, 6. Aufl., Vor § 37e WpHG Rz. 5.

5　**b) Börsenterminschäftsfähigkeit qua Status/Beruf/Sicherheitenbestellung (Börsengesetznovelle 1908).** Die zum 1.6.1908 in Kraft getretene Börsengesetznovelle vom 18.5.1908 hielt an dem Schutzkonzept einer durch die Börsenterminschäftsfähigkeit bestimmten besonderen Börsenrechtssphäre fest. An die Stelle der Terminschäftsfähigkeit kraft Registereintragung, die aus mehreren Gründen die gesetzgeberischen Erwartungen nicht erfüllt hatte[2], trat jedoch das Konzept einer Terminschäftsfähigkeit kraft Status oder Beruf. Originäre Terminschäftsfähigkeit kraft **Status** kam eingetragenen bzw. nach § 36 HGB nicht eintragungsbedürftigen Kaufleuten sowie eingetragenen Genossenschaften zu (§ 53 Abs. 1 BörsG 1908). Gleichgestellt waren vom Gesetzgeber als nicht schutzwürdig angesehene Personen[3], die bereits Börsenterminschäfte oder Bankiersgeschäfte berufsmäßig betrieben hatten bzw. zum Börsenhandel zugelassen waren (sog. **Börsenleute**) oder die zum Zeitpunkt des Geschäftsabschlusses weder Wohnsitz noch gewerbliche Niederlassung im Inland hatten (§ 53 Abs. 2 BörsG). Nicht bereits kraft Status oder Beruf terminschäftsfähige Personen konnten verbindliche Börsenterminschäfte nur unter den engen Voraussetzungen des § 54 BörsG abschließen. Für diese Personen waren Termingeschäfte **bis zur Höhe** von ihnen **geleisteter Sicherheiten** verbindlich, sofern die Sicherheitenbestellung den Formanforderungen des § 54 BörsG 1908 genügte und sie eine Erklärung abgaben, dass die Si-

---

[1] Zur Abschaffung des § 37d WpHG und ihrer Konsequenzen s. *Jordans*, WM 2007, 1829; *Weidert/Wenninger*, WM 2007, 627; *Krumscheid* in Heidel, Vor §§ 37d–37g WpHG Rz. 3 f.; *Jung* in Fuchs, Vor §§ 37e, 37g WpHG Rz. 93 ff.
[2] Näher dazu *Wolter*, S. 150 ff.; *Gömmel* in Pohl, Deutsche Börsengeschichte, 1992, S. 177 f.; *Häuser/Welter* in Assmann/Schütze, Handbuch des Kapitalanlagerechts, 2. Aufl. 1997, § 15 Rz. 3.
[3] S. hierzu den Verweis auf die Entwurfsbegründung bei *Grunewald*, WM 1988, 1077 Fn. 9.

cherheiten der Deckung von Verlusten aus Börsentermingeschäften dienen würden; gegenüber weiter gehenden Forderungen ihres Vertragspartners konnten sie sich auf den Termineinwand berufen[1]. Näher *Assmann/Mülbert*, 6. Aufl., Vor § 37e WpHG Rz. 6f.

c) **Börsentermingeschäftsfähigkeit qua Status/Beruf/Information (Börsengesetznovelle 1989).** Uneingeschränkter Zugang zur Börsenrechtssphäre wurde **privaten Anlegern** erstmals wieder durch die am 1.8.1989 in Kraft getretene Börsengesetznovelle vom 11.7.1989 ermöglicht. Ziel dieser gesetzgeberischen Neubewertung war es, den Kreis der Anleger insgesamt zu erweitern, um den Finanzplatz zu stärken und den deutschen Terminmarkt gegenüber den internationalen Terminbörsen wettbewerbsfähiger zu machen sowie die Rahmenbedingungen für die im Jahre 1990 eröffnete deutsche Terminbörse (DTB) zu verbessern[2]. Die Novelle etablierte daher neben der Termingeschäftsfähigkeit kraft Status oder Beruf, die im Wesentlichen mit Gesetzesfassung vor dem Finanzmarktrichtlinie-Umsetzungsgesetz übereinstimmte[3], in § 53 Abs. 2 BörsG 1989 eine unbeschränkte Börsentermingeschäftsfähigkeit kraft Information und beseitigte mit der Neufassung des § 58 BörsG 1989 im Gegenzug zugleich die lediglich partielle Termingeschäftsfähigkeit kraft geleisteter Sicherheit (Rz. 5). Gemäß § 53 Abs. 2 BörsG 1989 konnte eine Person, die nicht bereits nach § 53 Abs. 1 BörsG 1989 termingeschäftsfähig war, ein Termingeschäft verbindlich abschließen, wenn sie mit einem einer gesetzlichen Banken- oder Börsenaufsicht unterstehenden[4] Kaufmann bzw. einer gleichgestellten Person (§ 53 Abs. 1 Satz 2 BörsG 1989) kontrahierte und dieser Vertragspartner sie zuvor durch Aushändigung einer gesetzlich **standardisierten Informationsschrift** über einen abschließenden Katalog typischer Risiken von Börsentermingeschäften informiert hatte.

II. Rechtspolitische Kritik vor Inkrafttreten der §§ 37d ff. WpHG a.F. Das Regelungsmodell einer besonderen Börsentermingeschäftsfähigkeit stieß im Vorfeld des 4. FFG auf verbreitete Kritik. Neben der rein an den Kaufmannsstatus geknüpften Termingeschäftsfähigkeit (§ 53 Abs. 1 Satz 1 BörsG 1998) wurde insbesondere die Sachgerechtigkeit des Informationsmodells in § 53 Abs. 2 BörsG 1998 – Börsentermingeschäftsfähigkeit kraft standardisierter Informationserteilung – in Abrede gestellt. Näher *Assmann/Mülbert*, 6. Aufl., Vor § 37e WpHG Rz. 9ff.

III. Die Regelung der Finanztermingeschäfte durch das 4. Finanzmarktförderungsgesetz. 1. Nebeneinander schadensersatzbewehrter Informationspflichten. Die augenfälligste Änderung im Recht der Termingeschäfte durch das 4. FFG (Rz. 1)[5] lag in der **gänzlichen Überführung** dieses Regelungsgegenstands vom BörsG in das **WpHG**. Die terminrechtlichen Regelungen der §§ 50–70 BörsG 1998 entfielen ersatzlos. An ihre Stelle traten die Definition des Begriffs der Finanztermingeschäfte in § 2 Abs. 2a WpHG a.F. (4. Aufl. des Kommentars, § 2 WpHG Rz. 40aff.) sowie die materiell-rechtlichen Regelungen der §§ 37d–37g WpHG a.F. Gesetzessystematisch rechtfertigte sich diese Verschiebung zum einen durch die sachliche Nähe zu den Aufklärungspflichten nach §§ 31 ff. WpHG a.F. und zum anderen daraus, dass die bisherige börsengesetzliche Normierung neben den börslichen auch außerbörsliche Termingeschäfte, also die OTC-Geschäfte, erfasste[6].

Die entscheidende inhaltliche Änderung bestand in der **Aufgabe** des Modells einer **besonderen Termingeschäftsfähigkeit** als Voraussetzung für die Verbindlichkeit von Termingeschäften. Mit dieser Abschaffung einer personal abgegrenzten Börsenterminrechtssphäre, wie sie für das Terminrecht seit Schaffung des Börsengesetzes 1896 charakteristisch war, stand der verbindliche Abschluss von Finanztermingeschäften im Grundsatz jedem Anleger offen, sofern ihm Geschäftsfähigkeit i.S.d. §§ 104f. BGB zukam. Diese Reintegration der Termingeschäfte in die allgemeine bürgerlich-rechtliche Rechtsgeschäftslehre komplettierte das 4. FFG dadurch, dass es neben dem Termineinwand zugleich auch den **Differenzeinwand** des § 764 BGB abschaffte[7]. Im Gegenzug statuierte das novellierte Recht der Finanztermingeschäfte zur **Aufrechterhaltung** des früheren **Anlegerschutzniveaus** in dem durch das Finanzmarktrichtlinie-Umsetzungsgesetz (s. Rz. 1) aufgehobenen § 37d Abs. 1 WpHG (a.F.) eine mit den inhaltlichen und formellen Anforderungen des 53 Abs. 2 BörsG 1998 nahezu identische Pflicht zur schriftlichen Information, deren Verletzung als Rechtsfolge aber einen Schadensersatzanspruch (§ 37d Abs. 4 WpHG a.F.) statt des Termineinwands auslöste. Das schadensrechtliche Prinzip der Na-

---

1 Zu den Einzelheiten *Schwark*, BörsG, 1. Aufl. 1976, § 54; *Wolter*, S. 159.
2 S. Begr. RegE eines Gesetzes zur Änderung des Börsengesetzes, BT-Drucks. 11/4177, 9.
3 Es wurde lediglich eine als nicht sachgemäß – s. insoweit BGH v. 16.3.1981 – II ZR 110/80, WM 1981, 711, 712 – empfundene Differenzierung zwischen In- und Ausländern im Hinblick auf das Bestehen einer Börsentermingeschäftsfähigkeit abgeschafft. Zu den Gründen s. Begr. RegE eines Gesetzes zur Änderung des Börsengesetzes, BT-Drucks. 11/4177, 19; *Wach*, AG 1992, 385 m.w.N.
4 Zu den Gründen für diese Einschränkung s. Beschlussempfehlung und Bericht des Finanzausschusses, BT-Drucks. 11/4721, 21.
5 Zur Regelung der Finanztermingeschäfte auf der Grundlage der Änderungen des WpHG durch das 4. FFG – nachfolgend aber wegen der Aufhebung des § 37d WpHG nicht mehr eingearbeitet – noch: *Buck-Heeb*, Kapitalmarktrecht, 2. Aufl. 2007, Rz. 411 ff.; *Bulling*, S. 75 ff.; *Kümpel/Veil*, Wertpapierhandelsgesetz, S. 231 ff.; *Roth* in KölnKomm. WpHG, §§ 37d, f a.F. WpHG Rz. 1 ff.; *Müller* in Schäfer/Hamann, § 37d WpHG Rz. 1 ff.; *Schäfer* in Assmann/Schütze, Handbuch des Kapitalanlagerechts, 4. Aufl. 2015, § 20 Rz. 1ff.
6 Begr. RegE 4. FFG, BT-Drucks. 14/8017, 94; *Schwark* in Schwark, Kapitalmarktrechts-Kommentar, 3. Aufl. 2004, vor § 37d WpHG Rz. 1.
7 Dazu Begr. RegE 4. FFG, BT-Drucks. 14/8017, 131.

turalrestitution (§ 249 Abs. 1 BGB) konnte im Einzelfall allerdings zu einem Anspruch auf Vertragsaufhebung und damit zu einem dem bisherigen Termineinwand ganz ähnlichen Ergebnis führen[1].

10 Mit der Abschaffung einer besonderen Termingeschäftsfähigkeit kraft Information (sowie des § 764 BGB) wurde das sog. Zwei-Stufen-Modell[2] des Anlegerschutzes bei Börsentermingeschäften – Unverbindlichkeit bei fehlender bzw. fehlerhafter Erteilung standardisierter Information (§§ 52, 53 Abs. 2 BörsG 1998; im Einzelfall zudem § 764 BGB i.V.m. § 58 BörsG 1998), zivilrechtliche Schadensersatzansprüche bei Defiziten der anleger- und objektgerechten Beratung – zu einem **einstufigen Schutzmodell**[3]. Kennzeichnend für das mit § 37d WpHG a.F. eingeführte wertpapierhandelsgesetzliche Modell war ein paralleles Nebeneinander **mehrerer Informationspflichten**, die auf unterschiedlichen Rechtsgrundlagen beruhten sowie im Einzelnen unterschiedlich weit reichten und deren Verletzung als Rechtsfolge durchweg einen **Schadensersatzanspruch** auslöste. Das ist für die Novellierung des Rechts der Finanztermingeschäfte durch das Finanzmarktrichtlinie-Umsetzungsgesetz (s. Rz. 1) insoweit von Bedeutung, als das neue Modell diese für das abgelöste Modelle charakteristische Zweispurigkeit von standardisierter aufsichtsrechtlicher Informationspflicht und anlegerbezogener Aufklärungs- und Beratungspflicht zugunsten einer eingleisigen Regelung aufgehoben hat, welche – von der als *ultima ratio* in Betracht kommenden Ermächtigung zum Verbot von Finanztermingeschäften nach § 37g WpHG a.F. (nunmehr § 100 WpHG) abgesehen – auf den nachfolgend (Rz. 12 und 13) behandelten und unter §§ 31 ff. WpHG a.F. in der Sache fortgeltenden Aufklärungs- und Beratungspflichten von Wertpapierdienstleistungsunternehmen in Bezug auf Finanztermingeschäfte i.S.d. § 37e Satz 2 WpHG a.F. (nunmehr § 99 Satz 1 WpHG) aufbaut.

11 **2. Pflichten zur Anlegerinformation. a) Aufsichtsrechtliche Informationspflicht.** Die für Wertpapierdienstleistungsunternehmen (i.S.d. § 2 Abs. 4 WpHG a.F.) geltende, inzwischen durch die Umsetzung der Vorgaben der MiFID II erneut geänderte **aufsichtsrechtliche Informationspflicht** aus § 31 Abs. 2 Satz 1 Nr. 2 WpHG a.F. forderte eine an den Bedürfnissen des individuellen Anlegers orientierte anleger- und objektgerechte Aufklärung[4]. Näher *Assmann/Mülbert*, 6. Aufl., Vor § 37e WpHG Rz. 16.

12 **b) Beratungsvertrag.** Neben § 31 Abs. 2 Satz 1 Nr. 2 WpHG a.F. konnte und kann nach der Rechtsprechung des BGH ein dem konkreten Finanztermingeschäft vorgeschalteter, gesondert zustande gekommener Beratungsvertrag die Grundlage von **Aufklärungs- und** (insoweit weiter gehend als § 31 Abs. 2 Satz 1 Nr. 2 WpHG a.F.) **Beratungspflichten**[5] bilden. Ein solcher wurde nur selten durch ausdrückliche Vereinbarung, sondern in aller Regel konkludent geschlossen. Insoweit ließ die Rechtsprechung als **Voraussetzung** bereits die Aufnahme des Beratungsgespräches hinsichtlich einer konkreten Anlageentscheidung genügen[6]. Näher *Assmann/Mülbert*, 6. Aufl., Vor § 37e WpHG Rz. 17 ff.

13 **c) Vorvertragliche Informationspflichten.** Grundlage für Aufklärungspflichten im vorvertraglichen Stadium[7] auch von Finanztermingeschäften war und ist das mit Aufnahme von Vertragsverhandlungen bzw. der Herstellung eines sonstigen rechtsgeschäftlichen Kontaktes entstehende **vorvertragliche Schuldverhältnis** i.S.d. § 311 Abs. 2 BGB, dessen schuldhafte Verletzung zu einem **Schadensersatzanspruch** aus §§ 280 Abs. 1 Satz 1, 311 Abs. 2 BGB (culpa in contrahendo) führt[8]. Hinsichtlich der **Voraussetzungen** eines vorvertraglichen Schuldverhältnisses spielte und spielt vor allem auch die Abgrenzung zum Beratungsvertrag eine Rolle, da die Rechtsprechung an das Zustandekommen eines solchen nur geringe Anforderungen stellt (s. Rz. 12). Näher *Assmann/Mülbert*, 6. Aufl., Vor § 37e WpHG Rz. 20 ff.

14 **d) Standardisierte Risikounterrichtung (§ 37d WpHG a.F.).** War der vorvertragliche Kontakt und damit das vorvertragliche Schuldverhältnis zwischen einem Unternehmen und einem Verbraucher auf den Abschluss

---

1 *Assmann*, ZIP 2001, 2080; *Casper*, WM 2003, 166.
2 BGH v. 11.6.1996 – XI ZR 172/95, BGHZ 133, 82, 86 = WM 1996, 1260, 1261 (im Anschluss an *Rollinger*, S. 119 ff.); BGH v. 21.4.1998 – XI ZR 377/97, BGHZ 138, 331, 337 = WM 1998, 1176, 1177. *Schwintowski*, ZBB 1999, 386, spricht hingegen von einer Dreistufigkeit des Anlegerschutzmodells (Börsentermingeschäftsfähigkeit/allgemeinen vorvertraglichen Aufklärungspflichten/Beratungsvertrag).
3 Anders *Schlüter*, Rz. 1315; *Samtleben*, ZBB 2003, 74; *Zimmer*, JZ 2003, 24; *Köndgen*, NJW 2004, 1301; *Kümpel*, Bank- und Kapitalmarktrecht, 3. Aufl. 2004, Rz. 15.252; *Balzer/Siller* in BuB, Rz. 7/265, die die Zweistufigkeit jedoch auf die Kombination von formalisierter Basisinformation nach § 37d Abs. 1 WpHG und weiter gehender individueller Kundenaufklärung (sogleich Rz. 11 ff.) beziehen.
4 Zu den Beratungspflichten vor und nach den Änderungen durch das FRUG s. *Mülbert*, WM 2007, 1154 ff.
5 Beratung mündet im Unterschied zur auf bloße Informationsverschaffung gerichteten Aufklärung in eine konkrete Handlungsempfehlung, s. etwa *Hadding* in FS Schimansky, S. 67 f.; *Horn*, ZBB 1997, 140 f.
6 BGH v. 4.3.1987 – IVa ZR 122/85, BGHZ 100, 117, 118 = WM 1987, 495, 496; BGH v. 6.7.1993 – XI ZR 12/93, BGHZ 123, 126, 128 = WM 1993, 1455, 1456; BGH v. 9.5.2000 – XI ZR 159/99, WM 2000, 1441, 1442; OLG Braunschweig v. 13.9.1993 – 3 U 175/92, WM 1994, 59, 60; OLG Düsseldorf v. 10.10.1996 – 6 U 14/96, WM 1997, 562, 563; zur Kritik in der Literatur s. nur *Canaris*, Bankvertragsrecht, Teil 1, 4. Aufl. 1988, Rz. 88 f.; *Mülbert/Sajnovits*, ZfPW 2016, 1, 49 f. m.w.N. zum – auch neueren – Schrifttum.
7 Eine Beratungspflicht aus einem vorvertraglichen Schuldverhältnis dürfte nicht denkbar sein, sie erfordert vielmehr einen Beratungsvertrag, s. *Siol* in FS Schimansky, S. 783.
8 Exemplarisch für die Rechtslage vor Einführung des § 311 Abs. 2 BGB s. BGH v. 11.3.1997 – XI ZR 92/96, WM 1997, 811, 812; ebenso *Horn* in FS Schimansky, S. 658.

bzw. die Beauftragung eines Finanztermingeschäfts i.S.d. § 2 Abs. 2a WpHG a.F. gerichtet, galt **ergänzend** die **Pflicht zur standardisierten Risikounterrichtung** nach Maßgabe des § 37d Abs. 1, 3 und 4 WpHG a.F. Diese ist durch die Aufhebung des § 37d WpHG durch das Finanzmarktrichtlinie-Umsetzungsgesetz entfallen.

IV. Die Neuregelung durch das Finanzmarktrichtlinie-Umsetzungsgesetz. Mit dem vom 4. Finanzmarktförderungsgesetz vom 21.6.2002 (Rz. 1) herbeigeführten Übergang vom Anlegerschutz qua Unverbindlichkeit wegen fehlender Termingeschäftsfähigkeit zum Anlegerschutz kraft schadensersatzbewehrter Informationspflichten wurde ein Fremdkörper im System des Zivilrechts beseitigt. Dennoch trug die Ausformung der Informationspflicht in § 37d Abs. 1 WpHG a.F. der Kritik am früheren börsengesetzlichen Regelungsregime (s. Rz. 7) nur **unvollkommen** Rechnung (näher *Assmann/Mülbert*, 6. Aufl., Vor § 37e WpHG Rz. 28 f.).

15

Durch die Aufhebung des § 37d WpHG a.F. und der dieser zugehörigen Vorschrift über die Überwachung von Informationspflichten nach § 37f WpHG a.F. hat der Gesetzgeber das **Erfordernis der standardisierten Risikoaufklärung aufgegeben**. § 37d WpHG werde auch im Interesse des Bürokratieabbaus und der Flexibilisierung im Bereich der Anlageberatung durch Wertpapierdienstleistungsunternehmen aufgehoben, heißt es in der Begründung zum Regierungsentwurf des Finanzmarktrichtlinie-Umsetzungsgesetzes, „da die Anforderungen an eine ordnungsgemäße Beratung von Anlegern auch im Bereich des Handels mit Derivaten bereits mit den durch die Umsetzung der Finanzmarktrichtlinie erweiterten Verhaltenspflichten von Wertpapierdienstleistungsunternehmen nach §§ 31 ff. WpHG hinreichend bestimmt" seien[1]. Kassageschäfte und Termingeschäfte werden damit im Hinblick auf die Aufklärungs- und Beratungspflichten grundsätzlich von den gleichen Rechtspflichten und Rechtsfolgen für den Fall der Verletzung dieser Pflichten bestimmt. Graduelle Unterschiede wird es hierbei lediglich im Hinblick auf die den Umständen des Einzelfalls geschuldete Ausprägung der zivilrechtlichen Aufklärungs- und Beratungspflichten sowie die aufsichtsrechtliche Differenzierung zwischen komplexen und nichtkomplexen Finanzinstrumenten nach § 63 Abs. 11 Nr. 1 lit. f WpHG[2], professionellen und nicht-professionellen Kunden nach 67 Abs. 2 WpHG und Geschäften mit geeigneten Gegenparteien nach § 68 WpHG geben.

16

Der in § 99 WpHG (§ 37e WpHG a.F.) angeordnete **Ausschluss des Spiel- und Wetteinwands** nach § 762 BGB wurde aufrechterhalten. Gemäß § 99 Satz 1 WpHG (§ 37e Satz 1 WpHG a.F.) kann deshalb auch weiterhin gegen Ansprüche aus Finanztermingeschäften, bei denen mindestens ein Vertragsteil ein Unternehmen ist, das gewerbsmäßig oder in einem Umfang, der einen in kaufmännischer Weise eingerichteten Geschäftsbetrieb erfordert, Finanztermingeschäfte abschließt oder deren Abschluss vermittelt oder die Anschaffung, Veräußerung oder Vermittlung von Finanztermingeschäften betreibt, der Einwand des § 762 BGB nicht erhoben werden. War der hierbei zugrunde zu legende **Begriff des Finanztermingeschäfts** früher in § 2 Abs. 2a WpHG (a.F.) definiert, so ist die nur noch für die §§ 99 und 100 WpHG sowie für 101 WpHG relevante Definition des Begriffs aus den allgemeinen Begriffsbestimmungen in § 2 WpHG a.F. herausgenommen und in § 37e Satz 2 WpHG a.F. (nunmehr § 99 Satz 2 WpHG) übertragen worden[3]. Dabei ist der Wortlaut der Definition im Kern gleich geblieben, doch ist der Kreis von Finanztermingeschäften durch die Neufassung des Derivatebegriffs in § 2 Abs. 2 WpHG a.F. erweitert worden (s. § 2 WpHG Rz. 45 ff.).

17

V. Die Änderungen der Vorschriften durch das 2. FiMaNoG. Die §§ 99, 100 WpHG n.F. ersetzen die ehemaligen §§ 37e, 37g WpHG a.F. und bilden den neuen Abschnitt 13 des WpHG. Die Änderungen durch das 2. FiMaNoG beschränken sich auf die Nummerierung und wenige redaktionelle Anpassungen. In der Sache wurden die §§ 37e, 37g WpHG a.F. nicht angetastet.

18

Durch das 2. FiMaNoG wurden im Wesentlichen die Vorgaben der MiFID II sowie der zugehörigen Verordnung (MiFIR), der EU-Verordnung über die Transparenz von Wertpapierfinanzierungsgeschäften und der Weiterverwendung (VO Nr. 2015/2365) und der Benchmark-Verordnung (VO Nr. 2016/1011) umgesetzt. Diese Reform führt zu erheblichen Neuerungen im System des gesetzlichen Anlegerschutzes auch bei Finanztermingeschäften.

19

§ 99 Ausschluss des Einwands nach § 762 des Bürgerlichen Gesetzbuchs

Gegen Ansprüche aus Finanztermingeschäften, bei denen mindestens ein Vertragsteil ein Unternehmen ist, das gewerbsmäßig oder in einem Umfang, der einen in kaufmännischer Weise eingerichteten Geschäftsbetrieb erfordert, Finanztermingeschäfte abschließt oder deren Abschluss vermittelt oder die Anschaffung, Veräußerung oder Vermittlung von Finanztermingeschäften betreibt, kann der Einwand des § 762 des Bürgerlichen Gesetzbuchs nicht erhoben werden. Finanztermingeschäfte im Sinne des Satzes 1 und der §§ 100 und 101 sind die derivativen Geschäfte im Sinne des § 2 Absatz 3 und Optionsscheine.

In der Fassung des 2. FiMaNoG vom 23.6.2017 (BGBl. I 2017, 1693).

Schrifttum: S. Vor §§ 99 f. WpHG.

---
1 RegE FRUG, BT-Drucks. 16/4028 v. 12.1.2007, 78.
2 Vgl. *Jordans*, WM 2007, 1830 zur Vorgängerregelung in § 31 Abs. 7 WpHG.
3 Vgl. RegE FRUG, BT-Drucks. 16/4028 v. 12.1.2007, 78.

§ 99 | Finanztermingeschäfte

I. Überblick 1
II. Regelungszweck 2
III. Voraussetzungen des Ausschlusses des Einwands aus § 762 BGB (§ 99 Satz 1 WpHG) 3
IV. Finanztermingeschäfte (§ 99 Satz 2 WpHG) . . . 10
V. Wirkungen des § 99 Satz 1 WpHG in anderen Rechtsgebieten 14

1 **I. Überblick.** Für Ansprüche aus Finanztermingeschäften i.S.d. § 99 Satz 2 WpHG (§ 37e Satz 2 WpHG a.F.) schließt § 99 Satz 1 WpHG (§ 37e Satz 1 WpHG a.F.) den von Amts wegen zu beachtenden Spieleinwand des § 762 BGB aus, wenn zumindest ein Unternehmen der in § 99 Satz 1 WpHG bezeichneten Art an dem Finanztermingeschäft als Vertragspartner beteiligt ist. § 99 Satz 1 WpHG ersetzt § 58 Satz 1 BörsG 1998[1] (s. Vor §§ 99f. WpHG Rz. 9), soweit dieser den Ausschluss des Spieleinwands vorsah[2]. Ergänzt wurde diese Ausschlussregelung im Finanzmarktrichtlinie-Umsetzungsgesetz (FRUG) durch die Überführung der Definition des Finanztermingeschäfts von § 2 Abs. 2a WpHG a.F. in § 37e Satz 2 WpHG (s. dazu Vor §§ 99f. WpHG Rz. 17). § 99 WpHG stellt kein angleichenes Recht dar, beruht mithin nicht auf einem europäischen Rechtsakt.

2 **II. Regelungszweck.** Die Regelung zielt – wie schon die Vorgängervorschrift – auf die Schaffung von Rechtssicherheit und Rechtsklarheit bei Finanztermingeschäften und die Anerkennung einer (rechtssicheren) Börsenrechts-[3] bzw. Termingeschäftssphäre. Hieran hat auch der Wegfall des Erfordernisses der standardisierten Risikoaufklärung durch Aufhebung des § 37d WpHG a.F. im **Finanzmarktrichtlinie-Umsetzungsgesetz** (FRUG) (s. Einl. Rz. 36 und Vor §§ 99f. WpHG Rz. 1 und 14) nichts geändert. Die Belange des Anlegerschutzes werden durch die Vorschrift nicht vernachlässigt, da dem Vertragspartner gegenüber dem Anleger nach §§ 63ff. WpHG umfangreiche Informationspflichten obliegen[4].

3 **III. Voraussetzungen des Ausschlusses des Einwands aus § 762 BGB (§ 99 Satz 1 WpHG).** Der Ausschluss des Spieleinwandes nach § 99 WpHG erfordert neben dem Vorliegen eines **Finanztermingeschäfts** i.S.d. § 99 Satz 2 WpHG (Rz. 10ff.), dass (1) zumindest einer der Vertragsteile ein Unternehmen i.S.d. § 14 Abs. 1 BGB ist, das gewerbsmäßig oder in einem Umfang, der einen in kaufmännischer Weise eingerichteten Geschäftsbetrieb erfordert (Rz. 4ff.), Finanztermingeschäfte abschließt oder deren Abschluss vermittelt oder die Anschaffung, Veräußerung oder Vermittlung von Finanztermingeschäften betreibt (Rz. 4), und dass (2) die Parteien ein Rechtsgeschäft in Gestalt eines Finanztermingeschäfts nach § 99 Satz 2 WpHG (s. Rz. 10ff.) abschließen. Bei einem zwischen Verbrauchern oder/und „einfachen" Unternehmen getätigten Finanztermingeschäft bewendet es unter den sonstigen Voraussetzungen des § 762 BGB[5] daher bei der Unverbindlichkeit.

4 Für den Begriff **Unternehmen** ist die Definition des § 14 Abs. 1 BGB mit der Maßgabe heranzuziehen, dass der Abschluss eines Rechtsgeschäfts in einer von drei Varianten erfolgt:

– in der **Begründung** eines Finanztermingeschäfts mit einem Dritten (1. Var.), womit ein Rechtsgeschäft zwischen dem Unternehmen (Rz. 4ff.) mit einem Dritten auf eigene Rechnung (Rz. 6) gemeint ist[6];
– in der **Vermittlung** des Abschlusses eines Finanztermingeschäfts mit einem Dritten (2. Var.), indem der Vermittler zum Vertragsschluss zweier Parteien beiträgt oder diese zusammenführt (s. § 2 Abs. 8 Satz 1 Nr. 4 WpHG)[7]; oder
– im Abschluss eines Rechtsgeschäfts – **Anschaffung, Veräußerung, Vermittlung** – über ein bestehendes Finanztermingeschäft (3. Var.), wodurch sowohl das Finanzkommissionsgeschäft, der Eigenhandel und die Abschlussvermittlung erfasst werden (s. § 2 Abs. 8 Satz 1 Nr. 1–3 WpHG)[8].

Kurz gesagt handelt es sich um Unternehmen i.S.d. § 14 BGB, die Finanztermingeschäfte entweder **auf eigene Rechnung** abschließen oder hierauf bezogene **sonstige Wertpapierdienstleistungen** i.S.d. § 2 Abs. 8 WpHG erbringen.

---

1 Begr. RegE 4. FFG, BT-Drucks. 14/8017, 96.
2 Für den durch § 58 Satz 1 BörsG 1998 ebenfalls ausgeschlossenen Differenzeinwand aus § 764 BGB bedurfte es keiner parallelen Ausschlussregelung, da diese Bestimmung durch das 4. FFG ohnehin ganz aufgehoben wurde (Vor §§ 99f. WpHG Rz. 9).
3 Begr. RegE 4. FFG, BT-Drucks. 14/8017, 96. Der Gesetzgeber hielt es nämlich nicht für ausgeschlossen, dass die für § 762 BGB auf beiden Seiten erforderliche Spielabsicht (*Habersack* in MünchKomm. BGB, 7. Aufl. 2017, § 762 BGB Rz. 6; *Mülbert/Böhmer*, WM 2006, 937, 948; *Zimmer* in Schwark/Zimmer, § 37e WpHG Rz. 1) bei Abschluss eines Finanztermingeschäfts mit einem Verbraucher, das Geschäft ausschließlich zu Spekulationszwecken tätigt, auch dem Unternehmen attestiert werden könnte (Begr. RegE ebenda, S. 96). Vgl. auch *Zimmer* in Schwark/Zimmer, § 37e WpHG Rz. 1; *N.N.* in Schäfer/Hamann, § 37e WpHG Rz. 7; *Roth* in KölnKomm. WpHG, § 37e WpHG Rz. 1f.
4 Begr. RegE 4. FFG, BT-Drucks. 14/8017, 96 (noch auf § 37d WpHG verweisend); *Jung* in Fuchs, § 37e WpHG Rz. 1.
5 Für Einzelheiten der Anwendung auf unverbriefte Optionen und Optionsscheine (Rz. 12) s. *Mülbert/Böhmer*, WM 2006, 937, 945ff.; für den Ausschluss des § 762 BGB wegen Vorliegens eines wirtschaftlich berechtigten Interesses einer Vertragspartei s. *Mülbert/Böhmer*, WM 2006, 937, 949ff.
6 *Zimmer* in Schwark/Zimmer, § 37e WpHG Rz. 3.
7 *Jung* in Fuchs, § 37e WpHG Rz. 15.
8 *Zimmer* in Schwark/Zimmer, § 37e WpHG Rz. 3.

Das Unternehmen muss diese Rechtsgeschäfte zudem in einem **Umfang** abschließen, der als gewerbsmäßiges 5
Handeln zu qualifizieren ist oder einen in kaufmännischer Weise eingerichteten Geschäftsbetrieb erfordert[1].
Dem Unternehmensbegriff des § 99 Satz 1 WpHG unterfällt damit auch, wer kein Kaufmann i.S.d. § 1 HGB ist,
aber wenigstens gewerblich handelt. Im Einzelnen:

Wann ein Unternehmen **auf eigene Rechnung** Finanztermingeschäfte gewerbsmäßig oder in einem Umfang 6
abschließt, der einen in kaufmännischer Weise eingerichteten Gewerbebetrieb erfordert, erschließt sich ausgehend von den **Wertpapierdienstleistungsunternehmen** i.S.d. § 2 Abs. 10 WpHG. Für diese sind die Anforderungen des **§ 2 Abs. 10 WpHG** an die Gewerbsmäßigkeit bzw. das Erfordernis eines in kaufmännischer
Weise eingerichteten Geschäftsbetriebs (§ 2 WpHG Rz. 177 ff.) mit der Maßgabe heranzuziehen, dass das jeweilige Merkmal anhand der vom Wertpapierdienstleistungsunternehmen getätigten (Finanztermin-) Eigengeschäfte zu beurteilen ist[2].

Bei **sonstigen**, nicht als Wertpapierdienstleistungsunternehmen zu qualifizierenden **Unternehmen** beurteilen 7
sich die Gewerbsmäßigkeit der Tätigkeit bzw. das Erfordernis eines in kaufmännischer Weise eingerichteten
Geschäftsbetriebs ebenfalls nach den entsprechenden Kriterien des § 2 Abs. 10 WpHG, und zwar wiederum anhand der vom Unternehmen auf eigene Rechnung getätigten Finanztermingeschäfte[3].

Bei (Wertpapierdienstleistungs-)Unternehmen, die **sonstige Wertpapierdienstleistungen** i.S.d. § 2 Abs. 8 8
WpHG (auch) in Bezug auf Finanztermingeschäfte erbringen, ist maßgeblich, ob ihre Tätigkeit gerade bezüglich der Finanztermingeschäfte gewerbsmäßig oder in einem Umfang, der einen in kaufmännischer Weise eingerichteten Geschäftsbetrieb erfordert, erfolgt.

Die Gewerbsmäßigkeit bzw. das Erfordernis eines in kaufmännischer Weise eingerichteten Geschäftsbetriebs 9
kann sich auch aus der **Zusammenrechnung** von **Eigengeschäften** und **Wertpapierdienstleistungen** ergeben.
Das Wort „oder" intendiert kein Exklusivitätsverhältnis zwischen dem Abschluss von Finanztermingeschäften
und der Erbringung hierauf bezogener Wertpapierdienstleistungen.

IV. Finanztermingeschäfte (§ 99 Satz 2 WpHG). § 99 Satz 2 WpHG definiert den Begriff der Finanztermin- 10
geschäfte. Die **Definition** war früher in § 2 Abs. 2a WpHG a.F. zu finden (s. 4. Aufl. des Kommentars § 2
WpHG Rz. 40a ff.). Sie wurde durch das Finanzmarktrichtlinie-Umsetzungsgesetz (Vor §§ 99 f. WpHG Rz. 15 ff.)
aus den allgemeinen Begriffsbestimmungen in § 2 WpHG herausgenommen und in § 99 Satz 2 WpHG überführt, da der Begriff der Finanztermingeschäfte nach der Aufhebung der §§ 37d und 37f WpHG a.F. nur noch
für die neuen §§ 37e und 37g WpHG a.F. (nunmehr §§ 99, 100 WpHG) sowie für den Schiedsvereinbarungen
betreffenden § 37h WpHG a.F. (nunmehr § 101 WpHG) von Bedeutung ist[4] (s. Vor §§ 99 f. WpHG Rz. 17).
Nicht anders als nach § 2 Abs. 2a WpHG a.F. umfasst der Begriff der Finanztermingeschäfte nach § 99 Satz 2
WpHG **derivative Geschäfte und Optionsscheine**. Ist die Definition des Begriffs der Finanztermingeschäfte damit dem Wortlaut nach unverändert geblieben, so hat sich der Kreis der als Finanztermingeschäfte in Betracht
kommenden Geschäfte mit der Neufassung des Begriffs des derivativen Geschäfts in § 2 Abs. 3 WpHG durch
das Finanzmarktrichtlinie-Umsetzungsgesetz dennoch erweitert (s. § 2 WpHG Rz. 45 ff.)[5].

Der Begriff der **derivativen Geschäfte**, auf den § 99 Satz 2 WpHG Bezug nimmt, ist seinerseits in § 2 Abs. 3 11
WpHG definiert. Auf die Erläuterungen zu § 2 Abs. 3 WpHG in § 2 WpHG Rz. 45 ff. wird verwiesen.

Die schon in der früheren Definition von Finanztermingeschäften in § 2 Abs. 2a WpHG a.F. (s. 4. Aufl. des 12
Kommentars § 2 WpHG Rz. 40f) mitumfassten **Optionsscheine** waren in § 2 WpHG a.F. nicht näher definiert.
Ohne als eine Definition von Optionsscheinen bezeichnet zu werden, findet sich nunmehr aber eine solche in
Gestalt der Definition **sonstiger Wertpapiere i.S.v. § 2 Abs. 1 Satz 1 Nr. 3 lit. b WpHG**[6]. Der Gesetzgeber hat
damit jedenfalls klargestellt, dass neben selbstständigen auch abgetrennte Optionsscheine unter den Begriff des
Finanztermingeschäfts fallen[7]. Im Übrigen kann auf die Erläuterungen zu **§ 2 Abs. 1 Satz 1 Nr. 3 lit. b WpHG**
(s. § 2 WpHG Rz. 36) verwiesen werden.

Diejenigen Nebengeschäfte, die der Spieleinwand des § 762 BGB mit einbezieht[8], qualifizieren sich ebenfalls als 13
Finanztermingeschäfte i.S.d. § 99 Satz 2 WpHG. Denn nach Sinn und Zweck des § 99 WpHG müssen auch

---

1 *Jung* in Fuchs, § 37e WpHG Rz. 9.
2 So auch *Zimmer* in Schwark/Zimmer, § 37e WpHG Rz. 2.
3 Dem zustimmend *Zimmer* in Schwark/Zimmer, § 37e WpHG Rz. 2.
4 RegE FRUG, BT-Drucks. 16/4028, 78, wobei die Bedeutung für § 37h WpHG in der Begründung übersehen wird.
5 RegE FRUG, BT-Drucks. 16/4028, 78; *Krumscheid* in Heidel, § 37e WpHG Rz. 1.
6 RegE FRUG, BT-Drucks. 16/4028, 54; *Krumscheid* in Heidel, § 37e WpHG Rz. 1; *Kind* in Just/Voß/Ritz/Becker, § 37e
  WpHG Rz. 9; anders wohl *Jung* in Fuchs, Vor §§ 37e und 37g WpHG Rz. 8 ff., 70 ff., mit ausführlicher Begriffsbestimmung.
7 *Zimmer* in Schwark/Zimmer, § 37e WpHG Rz. 6; *Kind* in Just/Voß/Ritz/Becker, § 37e WpHG Rz. 9; *Roth* in KölnKomm.
  WpHG, § 37e WpHG Rz. 13 ff. insbesondere über den heute obsoleten Streit, ob neben selbstständigen auch abgetrennte
  Optionsscheine erfasst sind.
8 *Habersack* in MünchKomm. BGB, 7. Aufl. 2017, § 762 BGB Rz. 30 ff.

diese Geschäfte vom Spieleinwand ausgenommen sein, sofern die sonstigen Voraussetzungen des § 99 WpHG vorliegen[1]. Ein Beispiel hierfür bildet etwa der Auftrag zum Abschluss von Finanztermingeschäften[2].

14 **V. Wirkungen des § 99 Satz 1 WpHG in anderen Rechtsgebieten.** Auf dem Gebiet des **Strafrechts** ist § 99 Satz 1 WpHG als tatbestandsausschließende Erlaubnis i.S.d. § 284 StGB anzusehen, so dass bei Finanztermingeschäften der Glücksspieltatbestand von vornherein entfällt. Dasselbe gilt auch für den Sondertatbestand des § 287 StGB[3].

15 Auf dem Gebiet des **öffentlichen Rechts** kommt § 99 Satz 1 WpHG eine Sperrwirkung gegenüber solchen landesrechtlichen Regelungen zu, die als besonderes Gefahrenabwehrrecht auch den Abschluss von Finanztermingeschäften oder/und von Rechtsgeschäften über Finanztermingeschäfte betreffen. Durch das Zusammenspiel des § 762 BGB, der §§ 63, 99 WpHG und der §§ 284, 287 StGB hat der Bundesgesetzgeber nämlich von seiner konkurrierenden Gesetzgebungszuständigkeit für das „Recht der Wirtschaft" i.S.d. Art. 74 Abs. 1 Nr. 11 GG auch insoweit einen die Zuständigkeit der Länder ausschließenden Gebrauch gemacht, als er den Schutz vor Finanztermingeschäften auf den Schutz durch kundengerechte Information und Beratung fokussiert[4].

16 §§ 134, 138 BGB bleiben von § 99 WpHG unberührt[5]. Bei der Auslegung der Generalklausel des **§ 138 Abs. 1 BGB** ist jedoch die Wertung des § 99 Abs. 1 WpHG zu berücksichtigen[6]. Somit sind Finanztermingeschäfte nicht allein wegen ihres spekulativen Charakters sittenwidrig, vielmehr müssen zusätzliche Faktoren hinzukommen, die bewirken, dass der Geschäftsabschluss sittenwidrig ist[7].

§ 100 Verbotene Finanztermingeschäfte

(1) Unbeschadet der Befugnisse der Bundesanstalt nach § 15 kann das Bundesministerium der Finanzen durch Rechtsverordnung Finanztermingeschäfte verbieten oder beschränken, soweit dies zum Schutz der Anleger erforderlich ist.

(2) Ein Finanztermingeschäft, das einer Rechtsverordnung nach Absatz 1 widerspricht (verbotenes Finanztermingeschäft), ist nichtig. Satz 1 gilt entsprechend für

1. die Bestellung einer Sicherheit für ein verbotenes Finanztermingeschäft,
2. eine Vereinbarung, durch die der eine Teil zum Zwecke der Erfüllung einer Schuld aus einem verbotenen Finanztermingeschäft dem anderen Teil gegenüber eine Verbindlichkeit eingeht, insbesondere für ein Schuldanerkenntnis,
3. die Erteilung und Übernahme von Aufträgen zum Zwecke des Abschlusses von verbotenen Finanztermingeschäften,
4. Vereinigungen zum Zwecke des Abschlusses von verbotenen Finanztermingeschäften.

In der Fassung des 2. FiMaNoG vom 23.6.2017 (BGBl. I 2017, 1693).

Schrifttum: S. Vor §§ 99 f. WpHG.

I. Überblick 1	2. Nichtigkeit im Zusammenhang stehender Geschäfte 9
II. Regelungssystematik 2	a) Bestellung von Sicherheiten nach § 100 Abs. 2 Satz 2 Nr. 1 WpHG 10
III. Regelungszweck 3	b) Erfüllungsvereinbarungen nach § 100 Abs. 2 Satz 2 Nr. 2 WpHG 11
IV. Verordnungsermächtigung 4	
1. Verbote 6	
2. Beschränkungen 7	c) Erteilung und Übernahme von Aufträgen nach § 100 Abs. 2 Satz 2 Nr. 3 WpHG 12
V. Rechtsfolgen 8	d) Vereinigungen nach § 100 Abs. 2 Satz 2 Nr. 4 WpHG 13
1. Nichtigkeit verbotener Finanztermingeschäfte . 8	

1 **I. Überblick.** Die Regelungen des § 100 WpHG (entspricht § 37g WpHG i.d.F. bis zum 2.1.2018) über verbotene Finanztermingeschäfte entsprechen im Wesentlichen denen der §§ 63–70 BörsG 1998. Der Gesetzgeber hält damit an dem erstmals vom 2. FFG verwirklichten und auch durch die Aufhebung des § 37d WpHG (s.

---

1 *Jung* in Fuchs, § 37e WpHG Rz. 7; *Roth* in KölnKomm. WpHG, § 37e WpHG Rz. 28.
2 *Roth* in KölnKomm. WpHG, § 37e WpHG Rz. 28.
3 Näher *Mülbert/Böhmer*, WM 2006, 985, 991 f.; *Roth* in KölnKomm. WpHG, § 37e WpHG Rz. 30.
4 Näher schon *Mülbert/Böhmer*, WM 2006, 985, 995 ff.; *Roth* in KölnKomm. WpHG, § 37e WpHG Rz. 30.
5 *Roth* in KölnKomm. WpHG, § 37e WpHG Rz. 31; *Jung* in Fuchs, § 37e WpHG Rz. 6.
6 *Roth* in KölnKomm. WpHG, § 37e WpHG Rz. 31.
7 *Roth* in KölnKomm. WpHG, § 37e WpHG Rz. 31.

Vor §§ 99 f. WpHG Rz. 16) unangetastet gebliebenen[1] Regelungsprinzip fest, jedwede Art von Finanztermingeschäften unter einem **Verbotsvorbehalt** generell für zulässig zu erklären[2]. Bei der Bestimmung handelt es sich um autonomes und nicht um angeglichenes Recht; ihr liegt also kein europäischer Rechtsakt zugrunde. Ermächtigt wird durch § 100 Abs. 1 WpHG das Bundesministerium der Finanzen zum Erlass einer Rechtsverordnung. Es bedarf jedoch – auch wenn dies im Gegensatz zu § 63 BörsG a.F. keine ausdrückliche Erwähnung mehr findet – gem. Art. 80 Abs. 2 Var. 4 GG der Zustimmung des Bundesrats[3]. Die auf Basis einer Rechtsverordnung nach § 100 Abs. 1 WpHG verbotenen oder beschränkten Finanztermingeschäfte sind an Börsen nicht oder nur beschränkt zulassungsfähig[4]. Das Bundesministerium der Finanzen hat von der Ermächtigung des § 100 Abs. 1 WpHG zum Erlass einer Rechtsverordnung bislang keinen Gebrauch gemacht. Auf der Basis der früheren parallelen Ermächtigungen erging bis heute überhaupt erst eine Verbotsverordnung im Jahre 1899[5].

II. Regelungssystematik. Die neuen Regelungen zu **Produktverboten und -interventionen** in § 15 WpHG und Art. 42 VO Nr. 600/2014 (MiFIR) bestehen neben § 100 WpHG und berühren dessen Anwendungsbereich nicht[6].

III. Regelungszweck. Die im Verordnungsweg eingeführten Verbote oder/und Beschränkungen dürfen lediglich das Ziel eines **Schutzes der Anleger**[7] verfolgen. Keine Berücksichtigung können ein Schutz von Finanztermingeschäftsunternehmen oder gar von Emittenten der zugrunde liegenden Basisfinanzinstrumente finden[8]. Dies wird durch die neue Bezugnahme auf den Schutz der Anleger statt der des Schutzes des Publikums besonders deutlich[9]. Allerdings sind unter Anlegern auch Investoren und nicht nur Verbraucher zu verstehen[10].

IV. Verordnungsermächtigung. Die Verordnungsermächtigung des Bundesministeriums der Finanzen nach § 100 Abs. 1 WpHG für das Verbot oder die Beschränkung von Finanztermingeschäften i.S.d. § 99 Satz 2 WpHG (§ 99 WpHG Rz. 10 ff.) unterscheidet nicht danach, ob die zugrunde liegenden Basiswertpapiere von einem **inländischen** oder **ausländischen** Unternehmen emittiert wurden[11]. Ebenso wenig spielt der Abschlussort eines Finanzterminkontrakts eine Rolle; die Ermächtigung deckt also entgegen verbreiteter Auffassung auch ein Verbot oder Beschränkungen für im Ausland abgeschlossene Geschäfte[12]. Eine etwaige Verordnung, die Wertpapiere eines Emittenten mit Sitz in der Europäischen Union betrifft, müsste sich aber gegebenenfalls an der EU-vertraglich gewährleisteten Niederlassungsfreiheit (Art. 43 ff. AEUV) bzw. der Kapitalverkehrsfreiheit (Art. 56 ff. AEUV) messen lassen, und das gilt erst recht für eine Verordnung, die von einem Emittenten mit Sitz in der Europäischen Union abgeschlossene Finanzterminschäfte betrifft[13]. Unabhängig hiervon wird die Verfassungsmäßigkeit der Verordnungsermächtigung des § 100 Abs. 1 WpHG unter Hinweis auf deren fehlende Bestimmtheit bezweifelt[14].

Der Erlass einer Rechtsverordnung steht im Ermessen des Bundesministeriums der Finanzen[15]. Dadurch und insbesondere, weil die Norm keinerlei Individualschutz vermittelt, wird deutlich, dass der einzelne Anleger weder einen Anspruch auf Erlass einer Verordnung hat[16], noch Amtshaftungsansprüche bei unterbliebenem Erlass geltend machen kann[17].

---

1 *Müller* in Schäfer/Hamann, § 37g WpHG Rz. 1, 3.
2 *Roth* in KölnKomm. WpHG, § 37g WpHG Rz. 1; *Kind* in Just/Voß/Ritz/Becker, § 37g WpHG Rz. 1.
3 *Jung* in Fuchs, § 37g WpHG Rz. 8; *Zimmer* in Schwark/Zimmer, § 37g WpHG Rz. 1.
4 *Jung* in Fuchs, § 37g WpHG Rz. 23; *Roth* in KölnKomm. WpHG, § 37g WpHG Rz. 1.
5 *Irmen* in Schäfer, 1. Aufl. 1999, § 63 BörsG Rz. 2 mit dem Hinweis auf den einzigen Fall des Erlasses einer entsprechenden Verbotsverordnung im Jahre 1899; ebenso *Groß*, Kapitalmarktrecht, 2. Aufl. 2002, § 70 BörsG Rz. 2; *Häuser/Welter* in Assmann/Schütze, Kapitalanlagerecht, 2. Aufl. 1997, § 16 Rz. 442; *Jung* in Fuchs, § 37g WpHG Rz. 1; *Zimmer* in Schwark/Zimmer, § 37g WpHG Rz. 4.
6 Ebenso *Jung* in Fuchs, § 37g WpHG Rz. 25.
7 Diese Zwecksetzung bedeutet keine inhaltliche Veränderung gegenüber § 63 BörsG a.F., der vom Schutz des Publikums sprach, sondern dient lediglich der Verdeutlichung der Schutzrichtung. S. Begr. RegE 4. FFG, BT-Drucks. 4/8017, 96; ebenso *Zimmer* in Schwark/Zimmer, § 37g WpHG Rz. 2 f.; *Jung* in Fuchs, § 37g WpHG Rz. 6; *Roth* in KölnKomm. WpHG, § 37g WpHG Rz. 2.
8 *Jung* in Fuchs, § 37g WpHG Rz. 6; *Roth* in KölnKomm. WpHG, § 37g WpHG Rz. 2.
9 S. Begr. RegE 4. FFG, BT-Drucks. 14/8017, 96; *Roth* in KölnKomm. WpHG, § 37g WpHG Rz. 2; *Schäfer* in Heidel, § 37g WpHG Rz. 1.
10 *Roth* in KölnKomm. WpHG, § 37g WpHG Rz. 2 unter Berufung auf Wortlaut, Systematik und Gesetzgebungsgeschichte.
11 *Jung* in Fuchs, § 37g WpHG Rz. 2; *Zimmer* in Schwark/Zimmer, § 37g WpHG Rz. 2; *Müller* in Schäfer/Hamann, § 37g WpHG Rz. 4; *Roth* in KölnKomm. WpHG, § 37g WpHG Rz. 3; *Kind* in Just/Voß/Ritz/Becker, § 37g WpHG Rz. 5.
12 *Jung* in Fuchs, § 37g WpHG Rz. 2; *Zimmer* in Schwark/Zimmer, § 37g WpHG Rz. 2; a.A. *Roth* in KölnKomm. WpHG, § 37g WpHG Rz. 6.
13 *Zimmer* in Schwark/Zimmer, § 37g WpHG Rz. 2; *Kind* in Just/Voß/Ritz/Becker, § 37g WpHG Rz. 5; *Roth* in KölnKomm. WpHG, § 37g WpHG Rz. 3, die aber jeweils einer Rechtfertigung durch zwingende Allgemeininteressen annehmen; *Jung* in Fuchs, § 37g WpHG Rz. 10.
14 *Jung* in Fuchs, § 37g WpHG Rz. 10.
15 *Roth* in KölnKomm. WpHG, § 37g WpHG Rz. 3; *Kind* in Just/Voß/Ritz/Becker, § 37g WpHG Rz. 4.
16 *Roth* in KölnKomm. WpHG, § 37g WpHG Rz. 5; *Kind* in Just/Voß/Ritz/Becker, § 37g WpHG Rz. 4.
17 *Balzer/Siller* in BuB, Rz. 7/319; *Zimmer* in Schwark/Zimmer, § 37g WpHG Rz. 3; *Jung* in Fuchs, § 37g WpHG Rz. 9.

§ 100 | Finanztermingeschäfte

6 **1. Verbote.** Voraussetzung für den Erlass eines Verbots ist eine besondere Gefährdungslage für die Anlegerinteressen, der mit Aufklärungs- und Beratungspflichten des Vertragspartners nicht adäquat zu begegnen ist[1]. Dass Finanztermingeschäften ein prinzipielles Vermögensrisiko zu Eigen ist, vermag daher den Erlass einer Verordnung für sich genommen nicht zu rechtfertigen[2]. Vielmehr geht es um die Vermeidung überhöhter Risiken[3], seien es intransparent-unangemessene Risikostrukturen zu Lasten der individuellen Anleger oder systemgefährdende Risiken. Genannt werden etwa Risiken bei Aktien mit engem Markt, hochspekulativen Derivaten oder vermittelten Warentermingeschäften[4]. Auch bei Vorliegen dieser Voraussetzungen muss die Restriktion nach dem Gesetzestext erforderlich sein[5]. Vorrangig sind daher Beschränkungen, lediglich als *ultima ratio* ist ein Verbot zu erwägen[6].

7 **2. Beschränkungen.** Beschränkungen können sich u.a. auf bestimmte Arten des Terminhandels und den Umfang des Engagements einzelner Marktteilnehmer[7], aber auch auf organisatorische Regelungen für die Durchführung und Abwicklung von Finanztermingeschäften[8], etwa die zwingende Nutzung eines Zentralen Kontrahenten, oder, in der Sprache der Gesetzesmaterialien zu § 63 BörsG a.F., der obligatorischen Nutzung von Liquidationskassen[9] oder der Schaffung von Einrichtungen zur Sicherstellung der Erfüllbarkeit von Terminwarengeschäften, beziehen. Sie dürften regelmäßig das mildere Mittel sein (s. auch Rz. 6). Zudem kann die Zulässigkeit von bestimmten Bedingungen abhängig gemacht werden[10]. Auch wenn Bedingungen im Unterschied zur Vorgängernorm des § 63 BörsG als eine mögliche Begrenzung nicht mehr ausdrücklich genannt werden, bleiben diese als ein Unterfall der Beschränkungen doch ein mögliches Mittel[11].

8 **V. Rechtsfolgen. 1. Nichtigkeit verbotener Finanztermingeschäfte.** Durch eine Rechtsverordnung nach § 100 Abs. 1 WpHG verbotene Finanztermingeschäfte sind nach § 100 Abs. 2 Satz 1 WpHG **nichtig**. Die Bestimmung wirkt unmittelbar privatrechtsgestaltend, ohne dass es für die Nichtigkeitsfolge eines Rückgriffs auf § 134 BGB bedürfte[12]. Mit der Nichtigkeitsanordnung hat der Gesetzgeber schon unter dem durch das Finanzmarktrichtlinie-Umsetzungsgesetz aufgehobenen Regelungsregime für Finanztermingeschäfte in § 37d WpHG a.F. das Konzept der bloßen Unverbindlichkeit verbotener Termingeschäfte (s. 4. Aufl. des Kommentars, Vor § 37d WpHG Rz. 2) im Interesse einer Stärkung des Anlegerschutzes aufgegeben. Die Nichtigkeitsfolge ermöglicht, dass zur Erfüllung eines verbotenen Finanztermingeschäfts erbrachte Leistungen entgegen dem früheren börsengesetzlichen Regelungsregime (s. § 63 Abs. 2 BörsG 1998) nach bereicherungsrechtlichen Regeln (§§ 812 ff. BGB) grundsätzlich zurückgefordert werden können[13]. Zu beachten bleibt allerdings ein etwaiger Ausschluss der Kondiktion gemäß den §§ 814, 817 Satz 2 BGB[14].

9 **2. Nichtigkeit im Zusammenhang stehender Geschäfte.** § 100 Abs. 2 Satz 2 Nrn. 1–4 WpHG erstreckt die Nichtigkeitsfolge des § 100 Abs. 2 Satz 1 WpHG auch auf solche Geschäfte, die im Zusammenhang mit verbotenen Finanztermingeschäften stehen[15]. Die Bestimmung komprimiert die inhaltlich unveränderten Regelungen der §§ 64 Abs. 1 Satz 2, 69, 70 BörsG 1998 in eine Vorschrift.

10 **a) Bestellung von Sicherheiten nach § 100 Abs. 2 Satz 2 Nr. 1 WpHG.** Nichtig ist erstens die Bestellung einer Sicherheit für ein verbotenes Finanztermingeschäft[16]. Das betrifft sämtliche Personal- und Realsicherheiten unabhängig davon, ob sie von einer Partei des verbotenen Finanztermingeschäfts oder einem Dritten bestellt werden[17].

---

1 *Jung* in Fuchs, § 37g WpHG Rz. 6; *Roth* in KölnKomm. WpHG, § 37g WpHG Rz. 4.
2 *Jung* in Fuchs, § 37g WpHG Rz. 6; *Zimmer* in Schwark/Zimmer, § 37g WpHG Rz. 3; *Roth* in KölnKomm. WpHG, § 37g WpHG Rz. 4.
3 *Balzer/Siller* in BuB, Rz. 7/318; *Müller* in Schäfer/Hamann, § 37g WpHG Rz. 5; *Roth* in KölnKomm. WpHG, § 37g WpHG Rz. 4; *Zimmer* in Schwark/Zimmer, § 37g WpHG Rz. 3; *Jung* in Fuchs, § 37g WpHG Rz. 6.
4 *Roth* in KölnKomm. WpHG, § 37g WpHG Rz. 4; *Zimmer* in Schwark/Zimmer, § 37g WpHG Rz. 3.
5 So auch *Jung* in Fuchs, § 37g WpHG Rz. 7; *Roth* in KölnKomm. WpHG, § 37g WpHG Rz. 4.
6 *Müller* in Schäfer/Hamann, § 37g WpHG Rz. 7; *Roth* in KölnKomm. WpHG, § 37g WpHG Rz. 5; *Zimmer* in Schwark/Zimmer, § 37g WpHG Rz. 3; *Kind* in Just/Voß/Ritz/Becker, § 37g WpHG Rz. 4.
7 *Roth* in KölnKomm. WpHG, § 37g WpHG Rz. 5; *Zimmer* in Schwark/Zimmer, § 37g WpHG Rz. 3.
8 *Zimmer* in Schwark/Zimmer, § 37g WpHG Rz. 3.
9 *Roth* in KölnKomm. WpHG, § 37g WpHG Rz. 5; *Zimmer* in Schwark/Zimmer, § 37g WpHG Rz. 4.
10 *Jung* in Fuchs, § 37g WpHG Rz. 7.
11 S. Begr. RegE 4. FFG, BT-Drucks. 14/8017, 96.
12 *Zimmer* in Schwark/Zimmer, § 37g WpHG Rz. 3; *Balzer/Siller* in BuB, Rz. 7/320; *Kind* in Just/Voß/Ritz/Becker, § 37g WpHG Rz. 7; a.A. *Bergmann*, ZBB 2008, 160, 160 f., der die Nichtigkeitsfolge dem § 134 BGB entnimmt und § 37g Abs. 2 Satz 1 WpHG nur deklaratorische Bedeutung beimisst; *Roth* in KölnKomm. WpHG, § 37g WpHG Rz. 6.
13 S. Begr. RegE 4. FFG, BT-Drucks. 14/8017, 96. Auch *Müller* in Schäfer/Hamann, § 37g WpHG Rz. 6; *Roth* in KölnKomm. WpHG, § 37g WpHG Rz. 7; *Zimmer* in Schwark/Zimmer, § 37g WpHG Rz. 5; *Jung* in Fuchs, § 37g WpHG Rz. 24.
14 So auch *Zimmer* in Schwark/Zimmer, § 37g WpHG Rz. 5; *Jung* in Fuchs, § 37g WpHG Rz. 24; *Roth* in KölnKomm. WpHG, § 37g WpHG Rz. 7.
15 *Balzer/Siller* in BuB, Rz. 7/321; *Müller* in Schäfer/Hamann, § 37g WpHG Rz. 7; *Zimmer* in Schwark/Zimmer, § 37g WpHG Rz. 6 ff.; *Jung* in Fuchs, § 37g WpHG Rz. 12 ff.
16 *Jung* in Fuchs, § 37g WpHG Rz. 13; *Zimmer* in Schwark/Zimmer, § 37g WpHG Rz. 6.
17 *Jung* in Fuchs, § 37g WpHG Rz. 13.

b) **Erfüllungsvereinbarungen nach § 100 Abs. 2 Satz 2 Nr. 2 WpHG.** Nichtig sind zweitens die zum Zwecke der Erfüllung einer Schuld eingegangenen Verbindlichkeiten zwischen den Parteien des verbotenen Finanztermingeschäfts, insbesondere ein Schuldanerkenntnis (Nr. 2), aber auch Schuldübernahmen, Schuldumwandlungen, die Eingehung von Scheck- und Wechselverbindlichkeiten, sowie Vergleiche über Verbindlichkeiten[1]. Bei einer Erfüllungsvereinbarung mit einem Dritten, die nicht schon unmittelbar von Nr. 1 oder Nr. 3 erfasst wird, etwa der privativen Schuldübernahme einer Verbindlichkeit aus einem Finanztermingeschäft, ist kein Raum für eine entsprechende Anwendung bzw. erweiterte Auslegung der Nr. 2[2].

c) **Erteilung und Übernahme von Aufträgen nach § 100 Abs. 2 Satz 2 Nr. 3 WpHG.** Nichtig sind drittens sog. Nebengeschäfte, also Aufträge zum Zweck des **Abschlusses** von verbotenen Finanztermingeschäften (Nr. 3)[3], bei denen dem Beauftragten eigene Ansprüche gegen den Auftraggeber erwachsen[4]. Insbesondere fallen hierunter Kommissionsgeschäfte sowie die Beauftragung zum Abschluss als mittelbarer Stellvertreter oder Bote[5]. Nicht erfasst sind demgegenüber Aufträge, die sich auf die Erfüllung eines bereits getätigten verbotenen Finanztermingeschäfts beziehen[6].

d) **Vereinigungen nach § 100 Abs. 2 Satz 2 Nr. 4 WpHG.** Nichtig ist viertens die Bildung von Vereinigungen zum Zwecke des Abschlusses von verbotenen Finanztermingeschäften (Nr. 4). Vereinigungen in diesem Sinne sind neben Personengesellschaften auch juristische Personen[7], und zwar auch bei Gründung im Ausland[8]. Erforderlich ist aber, dass der Gesellschaftsvertrag oder die Satzung eine entsprechende Zwecksetzung vorsieht[9]; dass die Gesellschaft ein nichtiges Finanztermingeschäft abschließt, genügt nicht[10]. Die Nr. 4 betrifft wohl vor allem Gelegenheitsgesellschaften (GbR) sowie stille Gesellschaften mit Brokern[11].

Bei Invollzug-Setzung einer als Personengesellschaft konstituierten Vereinigung kommt es entgegen der h.M. *nicht* zur Entstehung einer Gesellschaft auf fehlerhafter Grundlage[12]. Wird eine juristische Person trotz Nichtigkeit der die verbotswidrige Zwecksetzung statuierenden Satzung(sbestimmung) in das Register eingetragen, bewendet es bei der Wirksamkeit der eingetragenen Gesellschaft (§ 275 AktG, § 75 GmbHG, § 94 GenG, §§ 43, 73 ff. BGB), doch bleibt die Möglichkeit einer Nichtigkeitsklage oder einer Löschung kraft Amtes gem. § 397 FamFG bzw., im Falle eines Vereins, der Entziehung der Rechtsfähigkeit (§ 401 FamFG)[13].

---

1 *Zimmer* in Schwark/Zimmer, § 37g WpHG Rz. 6; ausführlich *Jung* in Fuchs, § 37g WpHG Rz. 15 ff.
2 A.A. *Jung* in Fuchs, § 37g WpHG Rz. 14.
3 *Jung* in Fuchs, § 37g WpHG Rz. 19 ff.
4 *Zimmer* in Schwark/Zimmer, § 37g WpHG Rz. 7.
5 *Roth* in KölnKomm. WpHG, § 37g WpHG Rz. 11; *Jung* in Fuchs, § 37g WpHG Rz. 20 f.
6 *Jung* in Fuchs, § 37g WpHG Rz. 19.
7 Bejahend *Roth* in KölnKomm. WpHG, § 37g WpHG Rz. 12; nun auch in Abkehr von der Vorauflage *Zimmer* in Schwark/Zimmer, § 37g WpHG Rz. 8; a.A. *Jung* in Fuchs, § 37g WpHG Rz. 22.
8 A.A. *Roth* in KölnKomm. WpHG, § 37g WpHG Rz. 13 unter Verweis auf das Territorialitätsprinzip, obwohl es dem deutschen Gesetzgeber gerade frei steht, deutsche (Verbots-)Normen auch auf ausländische Sachverhalte zu erstrecken.
9 *Roth* in KölnKomm. WpHG, § 37g WpHG Rz. 12.
10 *Zimmer* in Schwark/Zimmer, § 37g WpHG Rz. 7; *Roth* in KölnKomm. WpHG, § 37g WpHG Rz. 12.
11 *Zimmer* in Schwark/Zimmer, § 37g WpHG Rz. 8; *Roth* in KölnKomm. WpHG, § 37g WpHG Rz. 12.
12 Wie hier *Jung* in Fuchs, § 37g WpHG Rz. 22 (mit – angesichts der Rechtsfähigkeit von Personengesellschaften kaum denkbaren – Ausnahme für den Fall, dass das Finanztermingeschäft aufgrund entsprechender Beschränkungen lediglich gegenüber einzelnen Mitgliedern der Vereinigung unwirksam ist); *Roth* in KölnKomm. WpHG, § 37g WpHG Rz. 12; a.A. *Bergmann*, ZBB 2008, 160, 165 ff.; tendenziell auch *Zimmer* in Schwark/Zimmer, § 37g WpHG Rz. 8.
13 Ausführlich *Bergmann*, ZBB 2008, 160, 162 ff. noch auf der Grundlage des FGG; a.A. *Roth* in KölnKomm. WpHG, § 37g WpHG Rz. 12, der auf eine Löschung von Amts wegen gem. § 397 FamFG abstellt.

Abschnitt 14
Schiedsvereinbarungen

§ 101 Schiedsvereinbarungen

Schiedsvereinbarungen über künftige Rechtsstreitigkeiten aus Wertpapierdienstleistungen, Wertpapiernebendienstleistungen oder Finanztermingeschäften sind nur verbindlich, wenn beide Vertragsteile Kaufleute oder juristische Personen des öffentlichen Rechts sind.

In der Fassung des 2. FiMaNoG vom 23.6.2017 (BGBl. I 2017, 1693).

Schrifttum: Zu § 101 WpHG: Zu § 37h WpHG a.F.: *Berger*, Schiedsgerichtsbarkeit und Finanztermingeschäfte – Der „Schutz" der Anleger vor der Schiedsgerichtsbarkeit durch § 37h WpHG, ZBB 2003, 77; *Hanefeld/Wittinghofer*, Schiedsklauseln in Allgemeinen Geschäftsbedingungen, SchiedsVZ 2005, 217; *Iffland*, Börsenschiedsgerichtsbarkeit in Deutschland und Russland, 2008; *Jordans*, Section 37h of the German Securities Trading Act and its Non-Compliance with European Law, Journal of International Arbetration 25 (2008), 583; *Jordans*, Schiedsgerichte bei Termingeschäften und Anlegerschutz, 2007; *Jordans*, Zur Europarechtswidrigkeit von § 37h WpHG, EuZW 2007, 655; *Keller/Netzer*, Finanzmarkt, Banken und Streitbeilegung – ein Fall für die Schiedsgerichtsbarkeit, BB 2013, 1347; *Kröll*, Schiedsverfahren bei Finanzgeschäften – Mehr Chancen als Risiken, ZBB 1999, 367; *Lehmann*, Wertpapierhandel als schiedsfreie Zone – zur Wirksamkeit von Schiedsvereinbarungen nach § 37h WpHG, SchiedsVZ 2003, 219; *Loritz*, Schiedsgerichtsbarkeit bei Kapitalanlagen, in FS Geimer, 2002, S. 569; *Niedermaier*, Schiedsgerichtbarkeit und Finanztermingeschäfte – Anlegerschutz durch § 37h WpHG und andere Instrumente, SchiedsVZ 2012, 177; *Oberhammer*, Reformen des Schiedsverfahrens, in Fischer (Hrsg.), Moderne Zivilrechtsreformen und ihre Wirkungen – Familienrecht, Schiedsverfahrensrecht, Schuldrecht, 2005, S. 31; *Quinke*, Börsenschiedsvereinbarungen und prozessualer Anlegerschutz, 2005; *Reich*, More clarity after ‚Claro'?, European Review of Contract Law 2007, 41; *Samtleben*, Das Börsentermingeschäft ist tot – es lebe das Finanztermingeschäft?, ZBB 2003, 69; *Samtleben*, Schiedsgerichtsbarkeit und Finanztermingeschäfte – Der Schutz der Anleger vor der Schiedsgerichtsbarkeit durch § 37h WpHG, IPRax 2011, 469; *Schäfer/Lang*, Zur Reform des Rechts der Börsentermingeschäfte, BKR 2002, 197; *Wagner/Quinke*, Ein Rechtsrahmen für die Verbraucherschiedsgerichtsbarkeit, JZ 2005, 932; *Weihe*, Der Schutz der Verbraucher im Recht der Schiedsgerichtsbarkeit, 2005, S. 131 ff.

Zu § 28 BörsG a.F.: *Bork/Stöve*, Schiedsgerichtsbarkeit bei Börsentermingeschäften, 1992; *Ebbing*, Zur Schiedsfähigkeit von Börsengeschäften und Börsentermingeschäften, WM 1999, 1264; *Fischer*, Abschied vom ordre public bei Börsentermingeschäften im Ausland, IPRax 1999, 450; *Kaplinsky/Levin*, Consumer Financial Services Arbitration – Current Trends and Developments, 53 (1998) The Business Lawyer 1, 1075; *Kowalke*, Die Zulässigkeit von internationalen Gerichtsstands-, Schiedsgerichts- und Rechtswahlklauseln bei Börsentermingeschäften, 2002; *Kronke*, Entwicklungen des internationalen Kapitalmarktrechts und Schiedsgerichtsbarkeit, in FS Böckstiegel, 2001, S. 431; *Raeschke-Kessler*, AGB-Schiedsvereinbarungen über Börsentermingeschäfte – Zugleich ein Beitrag zu AGB-Schiedsverträgen mit Verbrauchern, WM 1998, 1205; *Reich*, Schiedsklauseln in grenzüberschreitenden Verbraucherverträgen in der EU – autonome oder internationalrechtliche Qualifikation, ZEuP 1999, 982; *Samtleben*, Börsentermingeschäfte, in Hopt/Rudolph/Baum (Hrsg.), Börsenreform, 1997, S. 469; *Samtleben*, Zur Wirksamkeit von Schiedsklauseln bei grenzüberschreitenden Börsentermingeschäften, ZEuP 1999, 974; *Weber/Weber-Rey*, Fragen der Börsenschiedsfähigkeit bei gekorener Börsentermingeschäftsfähigkeit, JPS 1989, 149.

I. Entstehungsgeschichte	1		3. Rügeloses Einlassen	41
II. Zweck der Norm	4		VI. **Rechtsfolgen des § 101 WpHG**	42
1. Schutz des Kunden eines Wertpapierdienstleistungsunternehmens	4		1. Unwirksamkeit der Schiedsvereinbarung	42
2. Allgemeine Regelungsphilosophie	6		2. Geltendmachung der Unwirksamkeit bei inländischem Schiedsgericht	43
3. Notwendigkeit und Reichweite eines zusätzlichen Schutzes der Anleger?	8		3. Geltendmachung der Unwirksamkeit bei ausländischem Schiedsgericht	48
III. **Persönlicher Anwendungsbereich**	11		VII. **Die AGB-Kontrolle von Schiedsvereinbarungen**	51
1. Systematische Einordnung	11		1. Einbeziehung von Schiedsvereinbarungen	51
2. Kaufleute	14		a) Überblick	51
3. Juristische Personen des öffentlichen Rechts	29		b) Schiedsvereinbarungen mit Verbrauchern	53
4. Zahl der Beteiligten	30		c) Schiedsvereinbarungen mit Kaufleuten	54
IV. **Sachlicher Anwendungsbereich**	31		d) Schiedsvereinbarungen im internationalen Rechtsverkehr	55
1. Privatrechtliche Streitigkeiten	31		2. Inhaltskontrolle von Schiedsvereinbarungen	56
2. Öffentlich-rechtliche Streitigkeiten	34		a) Schiedsvereinbarungen mit Verbrauchern	56
3. Schiedsgutachten	35		b) Schiedsvereinbarungen mit Kaufleuten	58
V. **Zeitpunkt der Unterwerfung unter die Schiedsgerichtsbarkeit**	36		VIII. **Konkurrenzen**	61
1. Künftige Streitigkeit	36		IX. **Übergangsrecht**	64
2. Unterwerfung nach Entstehung des Streitfalls	38			

I. Entstehungsgeschichte. § 101 WpHG wurde mit Wirkung zum 3.1.2018 durch das **Zweite Finanzmarktnovellierungsgesetz**[1] in das WpHG eingefügt und ersetzt wortgleich den bisherigen § 37h WpHG. Die Einfügung des § 101 WpHG stellt lediglich eine redaktionelle Folgeänderung auf Grund der Neunummerierung des Gesetzes dar und hat keine weiteren Auswirkungen[2]. 1

§ 37h WpHG a.F. wurde durch das **Vierte Finanzmarktförderungsgesetz**[3] in das WpHG eingefügt. Die Norm war bereits im Diskussionsentwurf vom 4.9.2001[4] enthalten und passierte unverändert das Gesetzgebungsverfahren. Sie ersetzte die in § 28 BörsG a.F. enthaltene Regelung über die Schiedsfähigkeit vor Börsenschiedsgerichten. Die Übernahme der Regelungsmaterie in das WpHG war dem Umstand geschuldet, dass der Gesetzgeber die frühere, fehlplatzierte Regelung der Börsentermingeschäfte in §§ 50–70 BörsG a.F. durch die von 2002 bis 2007 in §§ 37d–37g WpHG a.F. geregelten Finanztermingeschäfte ersetzt hat[5]. Denn der Anlegerschutz bei derartigen Geschäften betrifft nicht ein im eigentlichen Sinne börsenrechtliches Problem, sondern das Rechtsverhältnis zwischen Finanzintermediär und Kunden, so dass die Ansiedlung der Materie im WpHG sachlich zutreffend ist[6]. 1a

§ 101 bzw. § 37h a.F. WpHG unterscheiden sich in mehrfacher Hinsicht von § 28 BörsG a.F. Ihr Anwendungsbereich erstreckt sich nicht nur auf Streitigkeiten aus Finanztermingeschäften, sondern auch auf Streitigkeiten aus Wertpapierdienstleistungen und Wertpapiernebendienstleistungen. § 101 WpHG erfasst die Unterwerfung unter jede Form der Schiedsgerichtsbarkeit und nicht nur die unter Börsenschiedsgerichte[7]. Ein weiterer Unterschied betrifft den persönlichen Anwendungsbereich. § 28 BörsG a.F. enthielt über den Verweis auf § 53 Abs. 1 BörsG a.F. eine eigenständige börsenrechtliche Bestimmung des persönlichen Anwendungsbereichs. Demgegenüber knüpft § 101 WpHG allein an den Status als Kaufmann bzw. juristische Person des öffentlichen Rechts an und nimmt damit Bezug auf das HGB bzw. das öffentliche Recht. Diese Vereinfachung erleichtert den Umgang deutlich, denn bei § 28 BörsG a.F. waren aufgrund des Auseinanderfallens der Kaufmannsbegriffe nach § 53 Abs. 1 BörsG a.F. und §§ 1 ff. HGB einige Abgrenzungen umstritten[8]. Schließlich wurde § 37h WpHG a.F. und damit auch § 101 WpHG im Vergleich zu § 28 BörsG a.F. kürzer gefasst, da die dort enthaltene Formulierung über die Gültigkeit einer nach Entstehung des Streitfalls geschlossenen Schiedsvereinbarung nicht in § 101 WpHG übernommen wurde. Diese Modifikation schränkt den materiellen Regelungsgehalt der neuen Vorschrift aber nicht ein (s. Rz. 36), da § 101 WpHG sich ausdrücklich nur auf *künftige* Rechtsstreitigkeiten bezieht und daher nach Entstehung des Streitfalls geschlossene Schiedsvereinbarungen gerade unberührt lässt. 2

Das **Finanzmarktrichtlinie-Umsetzungsgesetz (FRUG)**[9] hat die Regelung des § 37d WpHG a.F. über Finanztermingeschäfte aufgehoben[10] und unterwirft sie seitdem dem allgemeinen Regime von nun erweiterten Verhaltenspflichten nach den §§ 63 ff. WpHG (§§ 31 ff. WpHG a.F.), das für alle Finanzinstrumente gilt[11]. § 101 WpHG ist - trotz der an dieser Vorschrift geübten Kritik (dazu sogleich Rz. 8 ff.) - **unverändert** geblieben. Die einzige § 37h WpHG a.F. und damit gleichbedeutend § 101 WpHG betreffende Änderung findet sich in § 99 WpHG (§ 37e WpHG a.F.)[12]. Da die Bedeutung des Begriffs der Finanztermingeschäfte nun sehr viel geringer ist, hat der Gesetzgeber ihre Definition nahezu wortgleich von § 2 Abs. 2a WpHG a.F. in § 99 Satz 2 WpHG 3

---

1 Zweites Gesetz zur Novellierung von Finanzmarktvorschriften auf Grund europäischer Rechtsakte (Zweites Finanzmarktnovellierungsgesetz – 2. FiMaNoG) vom 23.6.2017 (BGBl. I 2017, 1693).
2 RegE 2. FiMaNoG, BT-Drucks. 18/10936, 251.
3 Gesetz zur weiteren Fortentwicklung des Finanzplatzes Deutschland (Viertes Finanzmarktförderungsgesetz) vom 21.6.2002 (BGBl. I 2002, 2010, berichtigt S. 2316).
4 DiskE 4. FMFG, ZBB 2001, 398, 432.
5 Vgl. dazu die Kommentierung von *Mülbert*, §§ 37d-37g in der 4. Aufl. dieses Kommentars sowie *Schäfer/Lang*, BKR 2002, 197; *Casper*, Das neue Recht der Termingeschäfte, WM 2003, 161; *Samtleben*, ZBB 2003, 69; *Lenenbach*, Kapitalmarktrecht, Rz. 9.203 ff.
6 Ebenso *Samtleben*, ZBB 2003, 69, 73; *Samtleben*, IPRax 2011, 469, 474.
7 Begr. DiskE 4. FMFG, ZBB 2001, 398, 434 sowie Begr. RegE 4. FMFG, BT-Drucks. 14/8017, 96; *Schwab/Walter*, Schiedsgerichtsbarkeit, 7. Aufl. 2005, Kap. 4 Rz. 10. So war streitig, ob § 28 BörsG a.F. eine allgemeine Einschränkung der subjektiven Schiedsfähigkeit bedeutete oder ob sich sein Anwendungsbereich allein auf Börsenschiedsgerichte beschränkte, vgl. dazu im Einzelnen *Samtleben*, Börsentermingeschäfte, S. 469, 522 f.; *Berger*, ZBB 2003, 77, 80, 82 f.; *Jordans*, S. 111; *Samtleben*, IPRax 2011, 469, 475.
8 So war insbesondere streitig, in welchen Fällen die zu Unrecht ins Handelsregister Eingetragene aufgrund von § 5 HGB Kaufmann i.S.d. §§ 28, 53 Abs. 1 BörsG a.F. war, vgl. Rz. 17 m.w.N.
9 Gesetz zur Umsetzung der Richtlinie über Märkte für Finanzinstrumente und der Durchführungsrichtlinie der Kommission (Finanzmarktrichtlinie-Umsetzungsgesetz) vom 16.7.2007 (BGBl. I 2007, 1330).
10 Art. 1 Nr. 30 FRUG.
11 RegE FRUG, BR-Drucks. 833/06, 178. S. auch *Jordans*, Die Umsetzung der MiFID in Deutschland und die Abschaffung des § 37d WpHG, WM 2007, 1827, 1830 f.
12 Der bish. § 37e WpHG wird § 99 WpHG m.W.v. 3.1.2018 durch das Zweite Gesetz zur Novellierung von Finanzmarktvorschriften auf Grund europäischer Rechtsakte (Zweites Finanzmarktnovellierungsgesetz – 2. FiMaNoG) vom 23.6.2017 (BGBl. I 2017, 1693), vgl. dazu RegE 2. FiMaNoG, BT-Drucks. 18/10936, 251.

überführt. Eine inhaltliche Erweiterung ihres Anwendungsbereichs ergibt sich allerdings mittelbar aus der Erweiterung des Derivatebegriffs in § 2 Abs. 3 WpHG aufgrund des FRUG und des 2. FiMaNoG[1].

4 **II. Zweck der Norm. 1. Schutz des Kunden eines Wertpapierdienstleistungsunternehmens.** Schiedsfähig sind alle vermögensrechtlichen Ansprüche. Darüber hinaus kann sich eine Schiedsvereinbarung auch auf nicht vermögensrechtliche Ansprüche beziehen, soweit die Parteien berechtigt sind, über sie einen Vergleich zu schließen (§ 1030 Abs. 1 ZPO). Voraussetzung eines Schiedsverfahrens ist der Abschluss einer Schiedsvereinbarung (dazu Rz. 36 ff.). Die Vorschrift des § 101 WpHG versagt Schiedsvereinbarungen über künftige Streitigkeiten aus Wertpapierdienstleistungen, Wertpapiernebendienstleistungen und Finanztermingeschäften die Wirksamkeit (dazu Rz. 42), wenn nicht beide Beteiligten Kaufleute oder juristische Personen des öffentlichen Rechts sind (dazu Rz. 11 ff.). § 101 WpHG enthält gegenüber den allgemeinen Voraussetzungen der Wirksamkeit einer Schiedsabrede (§§ 1029 ff. ZPO) zusätzliche Vorgaben in Bezug auf die **subjektive Schiedsfähigkeit** (Rz. 11 ff.). In der früheren Praxis waren es die Finanzintermediäre, die versuchten, Schiedsvereinbarungen über Wertpapierdienstleistungen, Wertpapiernebendienstleistungen oder Finanztermingeschäfte mit ihren Kunden zu vereinbaren[2]. Die Finanzintermediäre sind regelmäßig Kaufleute, erfüllen also den Tatbestand der Vorschrift. Wenn das Gesetz auch für den anderen Vertragsteil die Kaufmannseigenschaft (oder den vergleichbaren Status als juristische Person des öffentlichen Rechts) verlangt, zielt es auf den Schutz der Kunden der Wertpapierdienstleistungsunternehmen ab. Dieser Personenkreis überschaut häufig nicht, dass die Unterwerfung unter einen Schiedsvertrag den Verzicht auf den gesetzlichen Richter und einen Instanzenzug bedeutet. Vielfach sind den Betroffenen auch die mit dem **Verzicht** auf den staatlichen Rechtsweg **verbundenen Rechtsfolgen unklar.**

5 Der dem Anleger durch § 101 WpHG gewährte Schutz wirkt **präventiv**, indem einer Schiedsvereinbarung von vornherein die Wirksamkeit versagt wird, wenn eine an der Schiedsvereinbarung beteiligte Person nicht zum Personenkreis der Kaufleute oder juristischen Personen des öffentlichen Rechts gehört. Diese Lösung ist – wenn man denn das Vorgehen des Gesetzgebers überhaupt billigt (dazu sogleich Rz. 6 ff.) – nur konsequent, denn sie ist einem Ex-post-Regelungsansatz überlegen. Bei diesem würde dem Anleger erst über eine Aufhebungsklage gegen einen inländischen Schiedsspruch (§ 1059 ZPO) oder im Rahmen der Anerkennung und Vollstreckung des Schiedsspruchs Schutz durch staatliche Gerichte gewährt (§§ 1060 ff. ZPO), wobei diese Rechtsbehelfe nur eine eingeschränkte inhaltliche Kontrolle ermöglichen[3].

6 **2. Allgemeine Regelungsphilosophie.** Der Regelungsansatz von § 101 WpHG hängt eng mit dem des inzwischen abgeschafften § 37d WpHG a.F. zu Börsentermingeschäften zusammen, der deshalb kurz in den Blick zu nehmen ist: Während die kundenbezogenen Regelungen des WpHG stets als anlegerschützend qualifiziert worden waren, woran die Bundesregierung in ihrem Gesetzentwurf zum Vierten Finanzmarktförderungsgesetz festhielt[4], ordnete der Finanzausschuss die in § 37d WpHG a.F. geregelte Pflicht zur Unterrichtung über die Risiken der Finanztermingeschäfte als **verbraucherschützend** ein[5]. Damit reagierte der Gesetzgeber auf die an der Regelung der früheren Börsentermingeschäftsfähigkeit geübte Kritik[6], wonach eine Anknüpfung allein an den Status als Kaufmann wenig Sinn ergebe, denn sie berücksichtige nicht, ob der Kaufmann in derartigen Geschäften tatsächlich erfahren sei. Diese Kritik war überzeugend, denn die Koppelung der Termingeschäftsfähigkeit an die Kaufmannseigenschaft in § 53 BörsG a.F. beruhte gerade nicht auf vermuteter Geschäftserfahrung. Vielmehr galt die Termingeschäftsfähigkeit als Standeseigenschaft der Kaufleute[7]. Wollte man die Geschäftserfahrenheit berücksichtigen, müsste man auf die Fähigkeiten und Kenntnisse des Anlegers im Einzelfall, also den Grad seiner Professionalität, abstellen[8]. Eine solche Lösung geht allerdings mit einer erheblichen Rechtsunsicherheit einher, da die Institute nie sicher sein können, ob die Rechtsprechung im konkreten Einzelfall ihre Einschätzung des Instituts über die Professionalität des Anlegers teilt. Außerdem benötigt man aus Gründen der Rechtssicherheit und der Praktikabilität bei standardisierten Geschäften, wie einer Risikoaufklärung, ein griffiges Anknüpfungskriterium. Damit scheidet ein Abstellen allein auf die individuellen Fähigkeiten des Anlegers aus. Als Lösung bietet sich die mit § 37d WpHG a.F. erfolgte **Anknüpfung an den Verbraucher- und Unternehmerbegriff** an. Ob dieser jedoch eine wirklich überzeugende Alternative zur Anknüpfung an den Kauf-

---

1 RegE FRUG, BR-Drucks. 833/06, 178 und RegE 2. FiMaNoG, BT-Drucks. 18/10936, 220 f. Vgl. die Kommentierung bei § 2 WpHG Rz. 45 ff. und § 99 WpHG Rz. 10 ff.
2 Anschaulich zur Praxis *Raeschke-Kessler*, WM 1998, 1205.
3 Vgl. etwa BGH v. 21.4.1998 – XI ZR 377/97, BGHZ 138, 331, wonach der Termin- und Differenzeinwand (§§ 53, 58 BörsG a.F.) bei im Ausland geschlossenen Termingeschäften nicht zum *ordre public international* zählt.
4 Begr. RegE 4. FMFG, BT-Drucks. 14/8017, 95 re. Sp. (zu § 37d Abs. 4 WpHG a.F.) und S. 97 li. Sp. (zu § 37h WpHG a.F.).
5 Bericht des Finanzausschusses zum RegE 4. FMFG, BT-Drucks. 14/8601, 20 (zu § 37d WpHG a.F.).
6 Vgl. statt vieler *Assmann* in FS Heinsius, 1991, S. 1, 10 ff. m.w.N.
7 Zur Geschichte des § 53 BörsG a.F. *Waclawik*, Die Verbindlichkeit von Devisentermingeschäften, 2000, S. 166 m.w.N.
8 Bezeichnend ist die frühzeitige Regelung dieser Frage in Art. 11 Abs. 1 Satz 2, Abs. 3 der Wertpapierdienstleistungsrichtlinie 93/22/EWG. Grad und Umfang der aus dieser Norm folgenden Pflichten waren nicht starr festgelegt, sondern richteten sich nach der Professionalität des Anlegers, also seinen Vorerfahrungen und Kenntnissen über Wertpapierdienstleistungen. Inzwischen verwendet der Gesetzgeber für die Klassifizierung feste Anlegergruppen, s. § 67 WpHG.

mannsbegriff darstellt[1], scheint auf den ersten Blick fraglich, denn die Einordnung als Unternehmer bzw. Verbraucher orientiert sich ebenfalls an starren Kriterien. Selbst eine in geschäftlichen Dingen sehr erfahrene Person, wie der Vorstand einer großen Aktiengesellschaft, gilt als schutzwürdiger Verbraucher, wenn er private Anlagegeschäfte vornimmt. Der gewählte Ansatz einer Anknüpfung an den Unternehmerbegriff beseitigt also einige, wenn auch nicht alle regulatorischen Unschärfen des bisherigen Rechts. Er ist aber in jedem Fall **überzeugender als das Anknüpfen auf die Kaufmannseigenschaft**, da der Unternehmerbegriff tätigkeitsbezogen und nicht rein statusbezogen definiert wird[2]. Zudem ist das Anknüpfen auf den Kaufmannsbegriff auch unter rechtsvergleichenden Aspekten wenig überzeugend, weil ausländische Rechtsordnungen sehr häufig keine dem Kaufmannsbegriff vergleichbare rechtliche Kategorie kennen.

Derartige allgemeine Überlegungen zur Regulierungsphilosophie scheint der Gesetzgeber – zumindest ausweislich der Gesetzgebungsmaterialien – bei § 37h WpHG a.F. und § 101 WpHG nicht angestellt zu haben. Da § 101 WpHG auch die Finanztermingeschäfte erfasst, hätte es nahegelegen, dass das veränderte Schutzkonzept des § 37d WpHG a.F. auch bei § 101 WpHG zum Tragen kommt. Der Finanzausschuss änderte jedoch nur § 37d WpHG a.F., nicht aber auch § 37h WpHG a.F., so dass auch § 101 WpHG weiterhin von der schematischen Unterscheidung zwischen schutzwürdigen Laien einerseits und gesetzlich als nicht schutzwürdig angesehenen **Kaufleuten** andererseits ausgeht. Überzeugender wäre eine Anknüpfung an den Unternehmer- und Verbraucherbegriff gewesen (s. Rz. 6)[3]. Diese Lösung hätte ebenfalls das im Bereich des Prozessrechts notwendige Maß an Rechtssicherheit geboten. Die Rechtsprechung hat private Anleger beim Abschluss von Finanztermingeschäften stets als Verbraucher eingeordnet[4]. Das in § 1031 Abs. 5 ZPO niedergelegte Erfordernis einer schriftlichen Schiedsvereinbarung, die in einer separaten Urkunde enthalten ist, bietet eine ausreichende Warnfunktion und schützt Anleger vor Abschluss übereilter Schiedsvereinbarungen. Im Übrigen hat der Gesetzgeber auch bei dieser Regelung der subjektiven Schiedsfähigkeit das statusbezogene (§ 1027 ZPO a.F.) durch ein tätigkeitsbezogenes Schutzkonzept ersetzt (§ 1031 Abs. 5 ZPO). Vor diesem Hintergrund erweist sich die Regelung des § 101 WpHG als **anachronistisch**[5]. Wenn man überhaupt ein absolutes Verbot von Schiedsvereinbarungen mit privaten Anlegern für sinnvoll hält (dazu sogleich Rz. 8 ff.), hätte man anstelle des Kaufmannsbegriffs besser an den Unternehmerbegriff des § 14 BGB anknüpfen sollen. Noch überzeugender wäre es gewesen, wenn der Gesetzgeber sich an den in § 67 WpHG genannten **Kundengruppen** orientiert hätte.

3. Notwendigkeit und Reichweite eines zusätzlichen Schutzes der Anleger? Der im Vergleich zu § 1031 Abs. 5 ZPO zusätzliche Regelungsgehalt von § 101 WpHG erschließt sich nur, wenn man die besondere Risikoträchtigkeit der von § 101 WpHG erfassten Geschäfte[6] einbezieht. Eine erhöhte Schutzbedürftigkeit der Anleger ergibt sich zudem aus dem Umstand, dass in der Vergangenheit Finanzintermediäre versucht haben, die inländischen Anlegern offen stehenden Rechtsschutzmöglichkeiten durch Vereinbarung eines ausländischen Gerichtsstands oder einer Schiedsvereinbarung zu verkürzen[7]. Da Gerichtsstandsvereinbarungen ohnehin nur in engen Grenzen zulässig sind (vgl. §§ 38–40 ZPO, Art. 19, 25 Abs. 4 EuGVVO), bedurfte es insoweit keines eigenständigen wertpapierhandelsrechtlichen Schutzes der Anleger. Anders ist die Ausgangslage bei Schiedsvereinbarungen, durch die selbst zwingende, zum Schutze von Verbrauchern bestehende Gerichtsstände abbedungen werden können (vgl. §§ 1026, 1031 Abs. 5, 1032 ZPO sowie Art. 1 Abs. 2 lit. d EuGVVO)[8]. Zudem kann das Schiedsverfahren selbst aufgrund seiner Besonderheiten die Rechtsschutzmöglichkeiten eines Anlegers im Einzelfall beeinträchtigen, denn das Verfahren ist im Vergleich zu staatlichen Gerichtsverfahren weniger formalisiert, eine Regelung über Prozesskostenhilfe fehlt und die Entscheidungen der Schiedsgerichte unterliegen nur einer sehr eingeschränkten inhaltlichen Kontrolle (s. Rz. 5 m.w.N.). Diesen Nachteilen des Schiedsverfahrens stehen aber auch zahlreiche gewichtige Vorteile gegenüber, die auch dem Anleger zugutekommen[9]. Hierzu gehört der Umstand,

---

1 Zur Zurückdrängung des Kaufmannsbegriffs, bei dem an einen Status angeknüpft wird, durch den tätigkeitsbezogenen Unternehmerbegriff vgl. *Kindler* in Ebenroth/Boujong/Joost/Strohn, 3. Aufl. 2014, Vor § 1 HGB Rz. 27.
2 So jetzt auch *Jung* in Fuchs, § 37h WpHG Rz. 2 a.E.; *Niedermaier*, SchiedsVZ 2012, 177, 183.
3 Ebenso *Samtleben*, Börsentermingeschäfte, S. 469, 525; *Samtleben*, ZBB 2003, 69, 77; *Samtleben*, Schiedsgerichtsbarkeit und Finanztermingeschäfte, IPRax 2011, 469, 475; *Quinke*, S. 385.
4 BGH v. 15.6.1987 – II ZR 124/86, WM 1987, 1153, 1155; BGH v. 25.5.1993 – XI ZR 45/91 und XI ZR 59/91, WM 1993, 1215 f.; BGH v. 26.10.1993 – XI ZR 42/93, BGHZ 123, 380, 384 ff.; ebenso das Schrifttum, vgl. etwa *Samtleben*, Börsentermingeschäfte, S. 469, 513; *Samtleben*, ZBB 2003, 69, 75; *Berger*, ZBB 2003, 77, 79.
5 Kritisch deshalb auch *Samtleben*, ZBB 2003, 69, 77; *Samtleben*, IPRax 2011, 469, 475; *Lehmann*, SchiedsVZ 2003, 219, 221 f.
6 Dieser Umstand scheint auch der Begründung zum RegE 4. FMFG, BT-Drucks. 14/8017, 96 zugrunde zu liegen, da sie gerade auf die Schutzbedürftigkeit des Anlegers abstellt; die Notwendigkeit und Wichtigkeit bei Termingeschäften besonders hervorhebend BGH v. 8.6.2010 – XI ZR 349/08, BKR 2010, 473, 476 = ZIP 2010, 2505; *Samtleben*, IPRax 2011, 469, 479.
7 *Berger*, ZBB 2003, 77, 78 f.; *Jordans*, S. 23 f.; *Samtleben*, Börsentermingeschäfte, S. 469, 523; § 37h WpHG a.F. sei praktisch notwendig, um im Ergebnis nicht einen faktischen Rechtsschutzverzicht der Kunden herbeizuführen, *Samtleben*, IPRax 2011, 469, 478.
8 *Kropholler/von Hein*, Europäisches Zivilprozessrecht, 9. Aufl. 2011, Art. 1 EuGVO Rz. 41 ff.
9 Allgemein zu Vor- und Nachteilen des Schiedsverfahrens *Schwab/Walter*, Schiedsgerichtsbarkeit, 7. Aufl. 2005, Kap. 1 Rz. 8 f.; *Jordans*, S. 7 ff.

dass die Parteien im Bereich der Kapitalanlagen sachkundige Personen zu Schiedsrichtern bestellen können[1]. Zudem ist das Verfahren flexibler und zumeist schneller[2]. Auch das Fehlen von Prozesskostenhilfe wirkt sich im Ergebnis nicht zum Nachteil der mittellosen Partei aus, da diese sich auf die Undurchführbarkeit der Schiedsvereinbarung berufen kann, wenn der Gegner nicht bereit ist, die Kosten des Verfahrens und einer notwendigen anwaltlichen Vertretung vorzuschießen[3]. Schiedssprüche lassen sich außerdem im Ausland aufgrund der hohen Zahl von Ratifizierungen des New Yorker Übereinkommens über die Anerkennung und Vollstreckung ausländischer Schiedssprüche von 1958 (UNÜ)[4] häufig einfacher vollstrecken als staatliche Urteile[5]. Wegen dieser Vorteile hat sich der Gesetzgeber bei der zum 1.1.1998 in Kraft getretenen Reform des Schiedsverfahrensrechts[6] dazu entschlossen, das Schiedsverfahren als eine dem staatlichen Rechtsweg grundsätzlich gleichwertige Verfahrensart einzuordnen und es sogar Verbrauchern zur Verfügung zu stellen (§ 1031 Abs. 5 ZPO)[7].

9 Dass der Gesetzgeber die überkommene Vorschrift des § 28 BörsG a.F. in neuem Gewande übernommen hat, verwundert. Diese Vorschrift wurde zu einer Zeit erlassen, als das deutsche Schiedsverfahrensrecht noch keinen gesonderten Schutz der Verbraucher enthielt und daher ein Schutz vor den beim Vertrieb von Kapitalanlagen aufgetretenen Missständen notwendig erschien. Der Gesetzgeber sah die Bestimmung bei der Reform des Schiedsverfahrensrechts nur deshalb als nicht aufhebungsbedürftig an, weil ihr Anwendungsbereich gerade auf Börsenschiedsgerichte begrenzt war[8]. Dass der Gesetzgeber des Vierten Finanzmarktförderungsgesetzes sich veranlasst sah, den Anwendungsbereich des § 101 WpHG gegenüber der Vorläuferregelung noch zu erweitern und nicht nur Börsen-, sondern sämtliche Schiedsvereinbarungen im Anwendungsbereich des WpHG nur unter Kaufleuten zuzulassen, hat er mit dem pauschalen Hinweis auf die Verbesserung des Anlegerschutzes und Schaffung von Rechtsklarheit begründet[9]. Warum der Anlegerschutz in diesem Bereich aber verbesserungsbedürftig gewesen sein soll, hat er nicht dargelegt[10]. Man wird diese Entscheidung als Ausdruck eines **überschießenden Anlegerschutzes** einordnen müssen[11], denn das Schiedsverfahrensrecht selbst bietet zahlreiche Möglichkeiten, um einen angemessenen Schutz einer benachteiligten Partei sicherzustellen[12]. Auch zeigt ein Vergleich mit anderen Rechtsordnungen, dass diese im Bereich des Kapitalmarktrechts wesentlich schiedsgerichtsfreundlicher sind[13].

10 Aus Sicht des Wertpapierhandelsrechts bedenklich stimmt darüber hinaus die mit § 101 WpHG zum Ausdruck gebrachte gesetzgeberische Entscheidung, nicht nur die Finanztermingeschäfte, sondern nun auch noch **alle Wertpapierdienstleistungen und Wertpapiernebendienstleistungen als prinzipiell risikoträchtig einzustufen**. Der sachliche Anwendungsbereich des § 101 WpHG geht damit deutlich über den der Vorläuferregelung des § 28 BörsG a.F. hinaus, ohne dass dies überzeugend begründet worden wäre[14]. Einziger Vorteil der bisherigen Lösung war es, dass man im Rahmen der Zulässigkeitsprüfung keine Abgrenzung zwischen Finanztermingeschäften und Wertpapierdienstleistungen vornehmen musste[15]. Dieser Vorteil war jedoch ein nur scheinbarer, da die Eingrenzung der Finanztermingeschäfte spätestens bei der Beurteilung des materiellen Rechts gem. § 37d WpHG a.F. vorzunehmen war. Bei der Konzeption des § 101 bzw. 37h a.F. WpHG hat der Gesetzgeber zudem die jüngere Entwicklung in der Rechtsprechung zum Schiedsverfahrensrecht und die **Schiedsrechtsreform** des Jahres 1998 **unberücksichtigt** gelassen[16]. Die Rechtsprechung hatte die Anleger zunächst sehr weitgehend vor

---

1 Dies betont *Loritz* in FS Geimer, S. 569, 574; vgl. auch *Kröll*, ZBB 1999, 367, 371, 376; *Keller/Netzer*, BB 2013, 1347, 1350.
2 *Keller/Netzer*, BB 2013, 1347, 1350.
3 BGH v. 12.11.1987 – III ZR 29/87, BGHZ 102, 199, 202; BGH v. 14.9.2000 – III ZR 33/00, BGHZ 145, 116, 121.
4 BGBl. II 1961, 121.
5 *Berger*, ZBB 2003, 77, 92; *Jordans*, S. 8. Die Praxis stellt allerdings oft eine Feindseligkeit bei der Urteilsanerkennung von Schiedssprüchen zu Termingeschäften fest, *Schütze/Reuschle* in Assmann/Schütze, Handbuch des Kapitalanlagerechts, 4. Aufl. 2015, § 25 Rz. 15; *Keller/Netzer*, BB 2013, 1347, 1352.
6 Gesetz zur Neuregelung des Schiedsverfahrens vom 22.12.1997, BGBl. I 1997, 3224; geändert durch BGBl. I 1998, 1481, 1583.
7 Kritisch zur Verbraucherschiedsgerichtsbarkeit *Oberhammer*, S. 41 f.
8 Begr. RegE Gesetz zur Neuregelung des Schiedsverfahrensrechts, BT-Drucks. 13/5274, 35 f.
9 Begr. DiskE 4. FMFG, ZBB 2001, 398, 434; wortgleich übernommen in die Begr. RegE 4. FMFG, BT-Drucks. 14/8017, 97.
10 Dass ein solcher Nachweis auch nicht zu führen gewesen wäre, zeigt *Jordans*, S. 251 ff., auf.
11 So auch *Berger*, ZBB 2003, 77, 85 f.; *Jordans*, S. 251 ff., 294 f.; *Quinke*, S. 386 f.; *Schütze/Reuschle* in Assmann/Schütze, Kapitalanlagerecht, 4. Aufl. 2015, § 25 Rz. 20 („unnötig"); *Wagner/Quinke*, JZ 2005, 932, 939; *Jung* in Fuchs, § 37h WpHG Rz. 2; enger aber *Samtleben*, ZBB 2003, 69, 77 Fn. 88; *Reich*, ERCL 2007, 41, 45 Fn. 14; a.A. *Frisch*, VuR 2010, 283, 290. Nach *Jordans*, EuZW 2007, 655, 658 schränke § 101 WpHG (§ 37h WpHG a.F.) die europarechtliche Dienstleistungsfreiheit der Wertpapierdienstleister und Anbieter von Schiedsverfahren in ungerechtfertigter Weise ein. Die Vorschrift sei nicht erforderlich und verstoße gegen Art. 56 AEUV.
12 Ausführlich *Berger*, ZBB 2003, 77, 85 ff. m.w.N.
13 Nachweise bei *Berger*, ZBB 2003, 77, 83 f.; *Kröll*, ZBB 1999, 367, 376 f.; *Quinke*, S. 47 ff. S. auch das Beispiel bei *Hirte* in KölnKomm. WpHG, § 37h WpHG Rz. 9.
14 Weder die Begr. DiskE 4. FMFG, ZBB 2001, 398, 434, noch diejenige zum RegE 4. FMFG, BT-Drucks. 14/8017, 97, enthalten hierzu Erwägungen. Sie verweisen schlicht darauf, dass dies dem Anwendungsbereich des WpHG entspreche.
15 Dies betont *Samtleben*, ZBB 2003, 69, 77.
16 So auch *Lehmann*, SchiedsVZ 2003, 219, 222; vgl. auch *Zimmer* in Schwark/Zimmer, § 37h WpHG Rz. 1, unter Hinweis auf die Reform des Kartellrechts.

Schiedsvereinbarungen geschützt, das Maß des Schutzes in den 90er Jahren dann aber deutlich reduziert und die Eigenverantwortung der Anleger betont[1]. Vor dem Hintergrund dieser Entwicklung kann man daher festhalten, dass der durch das Schiedsverfahrensrecht und insbesondere durch § 1031 Abs. 5 ZPO vermittelte Schutz in jedem Fall ausreichend gewesen wäre. Ergänzt wird er durch eine AGB-Kontrolle (s. Rz. 51 ff.), die den Interessen der Verbraucher ausreichend Rechnung trägt[2].

III. Persönlicher Anwendungsbereich. 1. Systematische Einordnung. Eine Schiedsvereinbarung liegt vor, wenn die Parteien einzelne oder alle Streitigkeiten, die zwischen ihnen aus einem bestimmten Rechtsverhältnis bestehen oder entstehen werden, der Entscheidung eines Schiedsgerichts überantworten (§ 1029 Abs. 1 ZPO). Ist die Wirksamkeit der Schiedsabrede[3] nach deutschem Recht zu beurteilen (vgl. § 1025 Abs. 1 ZPO), ist mithin zunächst zu prüfen, ob die Schiedsabrede nach den allgemeinen Vorschriften des Vertragsrechts und den Vorgaben der §§ 1029 ff. ZPO wirksam zustande gekommen ist. Im Rahmen der Prüfung der subjektiven Schiedsfähigkeit ist dabei § 101 WpHG zu berücksichtigen, wenn die Schiedsvereinbarung Streitigkeiten über Wertpapierdienstleistungen, Wertpapiernebendienstleistungen oder Finanztermingeschäfte betrifft. Denn § 101 WpHG ist Bestandteil des deutschen Schiedsverfahrensrechts, in das er über § 1030 Abs. 3 ZPO einbezogen ist. Die Norm regelt die **subjektive Schiedsfähigkeit**[4] und begrenzt sie auf Kaufleute und juristische Personen des öffentlichen Rechts. Da die Wertpapierdienstleistungsunternehmen in den allermeisten Fällen Kaufleute sind, hat die Norm regelmäßig nur Bedeutung für die Frage, ob der Kunde die Schiedsvereinbarung wirksam unterzeichnen konnte. Zur Bestimmung der subjektiven Schiedsfähigkeit knüpft das deutsche Schiedsverfahrensrecht nicht an das Statut der Schiedsvereinbarung, sondern an das Personalstatut (Art. 7 EGBGB) an[5], also an das Recht, das für die betreffende Person maßgeblich ist (§ 1059 Abs. 2 Nr. 1 lit. a ZPO)[6]. Die subjektive Schiedsfähigkeit von Deutschen bestimmt sich damit nach den §§ 1029 ff. ZPO, die sogar Schiedsvereinbarungen unter Beteiligung eines Verbrauchers i.S.d. § 13 BGB zulassen (§ 1031 Abs. 5 ZPO). Der deshalb grundsätzlich weite Anwendungsbereich wird durch § 101 WpHG begrenzt[7].

Von der Regel, dass sich die subjektive Schiedsfähigkeit nach dem Personalstatut bestimmt, macht § 101 WpHG keine Ausnahme. Damit wären, wenn man allein dem Wortlaut der Norm folgt, nur deutsche Anleger von ihr erfasst[8]. Dieses wenig überzeugende Ergebnis, das auch europarechtlichen Bedenken unterliegt[9], kann man vermeiden, wenn man an den **gewöhnlichen Aufenthalt des Anlegers im Inland** anknüpft. Begründen lässt sich dieser Ansatz mit einer Analogie zu Art. 4 Abs. 2 und 6 Abs. 1 Rom I-VO[10]. Gestützt wurde dies durch eine Analogie zu der inzwischen aufgehobenen Vorschrift des § 37d Abs. 6 WpHG a.F.[11]. Seit dem 2. FiMaNoG enthalten die §§ 90, 91 WpHG allgemeine Kollisionsregeln, die an den Ort des Geschäfts und nicht an die Nationalität des Anlegers anknüpfen. Mit einer solchen Lösung wird der Intention des Finanzausschusses, der den Verbraucherbegriff gerade zur Verbesserung des Anlegerschutzes einführte, Rechnung getragen und ein Auseinanderfallen von prozessualem und materiellem Schutz des Anlegers vermieden. Ist also der im Inland ansässige Ausländer bereits nach deutschem Recht Kaufmann, erfüllt die Schiedsvereinbarung die Voraussetzungen des § 101 WpHG[12].

---

1 Einen Überblick über diese Entwicklung gibt *Berger*, ZBB 2003, 77, 80 f.
2 So auch die Schlussfolgerung der Untersuchung von *Quinke*, S. 388.
3 Die Wirksamkeit der Schiedsvereinbarung ist unabhängig vom Hauptvertrag über die Wertpapierdienstleistung, Wertpapiernebendienstleistung oder das Finanztermingeschäft zu beurteilen, *Geimer* in Zöller, 32. Aufl. 2018, § 1029 ZPO Rz. 1; *Hausmann* in Reithmann/Martiny, Internationales Vertragsrecht, 8. Aufl. 2015, Rz. 8284 f.
4 BGH v. 9.3.2010 – XI ZR 93/09, BGHZ 184, 365 = NZG 2010, 550, 551 = ZIP 2010, 786; OLG Düsseldorf v. 15.11.2007 – I-6 U 74/07, Juris Rz. 49; OLG Düsseldorf v. 9.3.2009 – I-9 U 171/08, 9 U 171/08, Juris Rz. 25 f.; *Schwab/Walter*, Schiedsgerichtsbarkeit, 7. Aufl. 2005, Kap. 4 Rz. 10; *Iffland*, S. 183; *Hausmann* in Reithmann/Martiny, Internationales Vertragsrecht, 8. Aufl. 2015, Rz. 8377 f.; bei der subjektiven Schiedsfähigkeit soll es sich um „nichts anderes als ein auf das Schiedswesen bezogene[n] Teil der allgemeinen Geschäfts- und Prozessfähigkeit" handeln, OLG Düsseldorf v. 29.12.2009 – 6 U 9/09, Juris Rz. 74; *Niedermaier*, SchiedsVZ 2012, 177, 178, 183.
5 *Geimer* in Zöller, 32. Aufl. 2018, § 1025 ZPO Rz. 15; *Berger*, ZBB 2003, 77, 82, 93; *Iffland*, S. 175; *Samtleben*, IPRax 2011, 469, 474 f.
6 Ebenso verfährt Art. V Abs. 1 lit. a des New Yorker Übereinkommens über die Anerkennung und Vollstreckung ausländischer Schiedssprüche von 1958, BGBl. II 1961, 121; *Samtleben*, IPRax 2011, 469, 471.
7 Skeptisch gegenüber solchen Spezialregelungen außerhalb des eigentlichen Schiedsverfahrensrechts *Oberhammer*, S. 43.
8 So in der Tat *Berger*, ZBB 2003, 77, 82, 93; *Niedermaier*, SchiedsVZ 2012, 177, 180.
9 *Berger*, ZBB 2003, 77, 93; *Samtleben*, ZBB 2003, 69, 77; *Jordans*, S. 267 ff.; *Jordans*, EuZW 2007, 655 ff.; a.A. *Jung* in Fuchs, § 37h WpHG Rz. 48; a.A. auch noch *Frisch* in Derleder/Knops/Bamberger, Handbuch zum deutschen und europäischen Bankrecht, 2004, § 46 Rz. 131; offenbar aufgegeben in 2. Aufl. 2009, § 52 Rz. 174.
10 Zuvor Art. 29 Abs. 2 EGBGB a.F.; *Samtleben*, ZBB 2003, 69, 77; *Hirte* in KölnKomm. WpHG, § 37h WpHG Rz. 34. S. auch *Quinke*, S. 388. Die Frage der Anknüpfung an Staatsangehörigkeit oder gewöhnlichen Aufenthalt des Anlegers lässt BGH v. 9.3.2010 – XI ZR 93/09, BGHZ 184, 365 = NZG 2010, 550, 551 = ZIP 2010, 786 offen.
11 So auch *Zimmer* in Schwark/Zimmer, § 37h WpHG Rz. 3, unter zusätzlicher Bezugnahme auf § 31 Abs. 10 WpHG a.F.; *Hirte* in KölnKomm. WpHG, § 37h WpHG Rz. 34; *Jordans*, EuZW 2007, 655, 658.
12 *Zimmer* in Schwark/Zimmer, § 37h WpHG Rz. 11, lehnt ein Abstellen auf den Ort der Niederlassung ab und will stets die funktionale Vergleichbarkeit (dazu sogleich Rz. 13) prüfen. Bei einem im Inland ansässigen und gewerblich tätigen Ausländer ist aber das Vergleichsobjekt fraglich.

13 Problematisch ist, wie man die Kaufmannseigenschaft einer ausländischen natürlichen Person mit gewöhnlichem Aufenthalt im Ausland oder einer ausländischen juristischen Person bestimmt. Im Anwendungsbereich des § 101 WpHG kann diese Frage nur für den Kunden eines Wertpapierhandelsunternehmens relevant werden. Denn das Wertpapierhandelsunternehmen selbst ist zwingend Inländer. Dies ergibt sich zum einen aus § 33 Abs. 1 Satz 1 Nr. 6 KWG i.V.m. § 2 Abs. 10 WpHG, wonach das vom WpHG erfasste Institut seinen Sitz im Inland haben muss. Darüber hinaus führt auch ein Umkehrschluss aus § 1 Abs. 2 WpHG zu diesem Ergebnis. Diese Vorschrift erklärt nur bestimmte Bereiche des WpHG auf reine Auslandssachverhalte für anwendbar, zu denen § 101 WpHG gerade nicht gehört. Bei der Beantwortung der Frage, ob die ausländische Person die Kaufmannseigenschaft erfüllt, ist funktional auf die Wertungen des deutschen Rechts abzustellen und zu prüfen, ob der ausländische Sachverhalt unter das inländische Tatbestandsmerkmal „Kaufmann" subsumiert werden kann (Substitution). Die Kaufmannseigenschaft liegt dann vor, wenn die ausländische Person, hätte sie ihren Aufenthalt bzw. ihren Hauptsitz im Inland, als Kaufmann einzutragen wäre[1]. Auf die fehlende Registereintragung kommt es nicht an, wie der Gesetzgeber mit § 53 Abs. 1 Satz 1 Nr. 3 BörsG a.F. zu erkennen gegeben hat[2]. Ihm ging es um eine materielle Gleichstellung von Inländern und Ausländern[3]. Da die Vorschrift des § 53 BörsG a.F. auch für § 28 BörsG a.F. galt, den der Gesetzgeber in das Wertpapierhandelsgesetz überführte, hat sich an dieser gesetzlichen Wertung nichts geändert.

14 **2. Kaufleute.** Schiedsvereinbarungen über künftige Rechtsstreitigkeiten sind nur verbindlich, wenn die Parteien zum Zeitpunkt des Abschlusses der Schiedsvereinbarung Kaufleute sind. Die nachträgliche Erlangung der Kaufmannseigenschaft ist nicht ausreichend[4]. Im Unterschied zur Regelung des § 28 BörsG i.V.m. § 53 BörsG a.F. verlangt das Gesetz nicht mehr, dass der Kaufmann in das Handels- oder Genossenschaftsregister eingetragen ist. Maßgeblich ist daher allein der Kaufmannsbegriff des HGB.

15 **Istkaufmann:** Kaufmann ist zunächst, wer ein Handelsgewerbe betreibt (§ 1 Abs. 1 HGB). Der ein Handelsgewerbe Betreibende ist selbst dann Kaufmann, wenn er nicht in das Handelsregister eingetragen ist, da die Eintragung bei einem Istkaufmann nach § 1 HGB nicht konstitutiv wirkt[5]. Ausgenommen vom Kaufmannsbegriff des § 1 Abs. 1 HGB sind nur Klein(st)gewerbetreibende (§ 1 Abs. 2 Halbsatz 2 HGB).

16 **Kannkaufmann:** Nach § 2 und § 3 Abs. 2 HGB gelten weiterhin solche Personen als Kaufleute, die als Klein(st)gewerbetreibende oder als land- und forstwirtschaftliche Unternehmer nicht unter § 1 Abs. 1 HGB fallen, sich aber ins Handelsregister haben eintragen lassen.

17 Aufgrund von § 5 HGB gilt auch die **zu Unrecht ins Handelsregister eingetragene** natürliche Person oder Gesellschaft als Kaufmann. § 5 HGB dient nicht dem Schutz gutgläubiger Dritter, sondern der Schaffung von Rechtssicherheit[6], da die Grenze zwischen bloßem Gewerbe und Handelsgewerbe nicht immer leicht zu ziehen ist. Es handelt sich darum um eine objektive Einordnung. Diese übernimmt § 101 WpHG durch seine Anknüpfung an das HGB. Dem zu Unrecht Eingetragenen verbleibt allerdings der **Einwand**, er betreibe überhaupt kein Gewerbe, weshalb dieses auch nicht als Handelsgewerbe gelten könne[7]. Vor Einführung des § 37h WpHG a.F. und damit § 101 WpHG bestand eine Kontroverse, ob dieser Einwand auch im Rahmen der §§ 28, 53 Abs. 1 BörsG a.F. zu berücksichtigen sei. Die herrschende Meinung[8] ging davon aus, der Einwand greife nicht, weil § 53 Abs. 1 Satz 1 Nr. 1 BörsG a.F. allein auf die Eintragung ins Handelsregister abstellte und so eine von den §§ 1 ff. HGB unabhängige Anknüpfung enthielt. Dieses Argument ist mit § 37h WpHG a.F. überholt, so dass der Einwand des Eingetragenen, er betreibe gar kein Gewerbe, bei § 101 WpHG beachtlich sein muss. Denn die Norm koppelt die Schiedsfähigkeit ausnahmslos an die Tatbestände der §§ 1 ff. HGB. Sie verzichtet auf einen eigenständigen Kaufmannsbegriff als Anknüpfung für die Schiedsfähigkeit. Auf diese Weise stellt sie einen (weit-

---

1 Ebenso *Zimmer* in Schwark/Zimmer, § 37h WpHG Rz. 11; *Hirte* in KölnKomm. WpHG, § 37h WpHG Rz. 34; zum Funktionsvergleich (in anderem Zusammenhang) OLG München v. 25.2.1988 – 29 U 2759/86, IPRax 1989, 42, 43; ausführlich *Kindler* in Ebenroth/Boujong/Joost/Strohn, 3. Aufl. 2014, Vor § 1 HGB Rz. 115 ff.; *Rehberg* in Eidenmüller (Hrsg.), Ausländische Kapitalgesellschaften im deutschen Recht, 2004, § 5 Rz. 14.
2 Diese Vorschrift gab nach Ansicht von *Assmann* in Großkomm. AktG, 4. Aufl. 1992 ff., Einl. Rz. 599 Fn. 259, einen verallgemeinerungsfähigen Grundsatz wieder.
3 *Assmann* in FS Heinsius, 1991, S. 1, 14.
4 *Schultzky* in Zöller, 32. Aufl. 2018, § 38 ZPO Rz. 23. Nach BGH v. 17.6.1953 – II ZR 205/52, BGHZ 10, 91, 96; OLG Düsseldorf v. 30.1.1998 – 16 U 182/96, NJW 1998, 2978, 2980 f. = ZIP 1998, 624 sind Gesellschaften in Gründung, die von vornherein ein vollkaufmännisches Gewerbe planen, auch von Anfang an als Kaufmann einzuordnen; ebenso *Jung* in Fuchs, § 37h WpHG Rz. 21; *Keller/Netzer*, BB 2013, 1347, 1349; *Niedermaier*, SchiedsVZ 2012, 177, 179.
5 *Hopt* in Baumbach/Hopt, § 1 HGB Rz. 51; *Schultzky* in Zöller, 32. Aufl. 2018, § 38 ZPO Rz. 22.
6 *Hopt* in Baumbach/Hopt, § 5 HGB Rz. 1.
7 BGH v. 19.5.1960 – II ZR 72/59, BGHZ 32, 307, 313 f.; BAG v. 17.2.1987 – 3 AZR 197/85, ZIP 1987, 1446, 1447; *Hopt* in Baumbach/Hopt, § 5 HGB Rz. 5; a.A. *Karsten Schmidt*, ZHR 163 (1999), 87, 97.
8 *Assmann* in FS Heinsius, 1991, S. 1, 13 f.; *Baumbach/Hopt*, 30. Aufl. 2000, § 5 BörsG Rz. 3; *Irmen* in Schäfer, § 53 BörsG Rz. 6; *Häuser/Welter* in Assmann/Schütze, Kapitalanlagerecht, 2. Aufl. 1997, § 16 Rz. 201; im Ergebnis auch *Groß*, Kapitalmarktrecht, 2. Aufl. 2002, § 53 BörsG Rz. 3; a.A. *Schwark*, 2. Aufl. 1994, § 53 BörsG Rz. 5 (jeweils zu § 53 BörsG a.F.).

gehenden) Gleichlauf der Tatbestandsmerkmale von Schiedsvereinbarungen und Gerichtsstandsvereinbarungen nach § 38 ZPO[1] her.

Eine Person, die sich, ohne ein Handelsgewerbe zu betreiben und ohne ins Handelsregister eingetragen zu sein, als Kaufmann ausgibt (**Scheinkaufmann**[2]), ist ebenfalls als Kaufmann i.S.d. § 101 WpHG anzusehen. Während die §§ 28, 53 Abs. 1 Satz 1 Nr. 1 BörsG a.F. verlangten, dass der Kaufmann ins Handelsregister eingetragen war[3], hat der Gesetzgeber auf dieses eigenständige Tatbestandsmerkmal verzichtet und greift in § 101 WpHG auf den handelsrechtlichen Kaufmannsbegriff in seiner ganzen Bandbreite zurück. Damit ist auch der Scheinkaufmann erfasst. Dieses systematische Argument ließe sich nur dadurch entkräften, dass man eine besondere Schutzbedürftigkeit des Scheinkaufmanns bejaht, die es ausnahmsweise rechtfertigt, ihn nicht für schiedsfähig zu erklären. Für eine solche besondere Schutzbedürftigkeit bestehen jedoch keinerlei Anhaltspunkte, denn der Scheinkaufmann setzt selbst den Rechtsschein, an dem er sich festhalten lassen muss. Hinzu kommt, dass der durch § 101 WpHG gewährte Schutz ohnehin zu weit bemessen ist (s. Rz. 8 ff.). Die Ausnahmevorschrift des § 101 WpHG ist daher eng und infolgedessen der Kaufmannsbegriff weit auszulegen. Gestützt wird dieses Ergebnis schließlich durch einen Vergleich mit § 38 ZPO. Auch dort sieht die ganz herrschende Meinung den Scheinkaufmann als erfasst an[4]; auch ein Rechtsscheintatbestand bietet die erforderliche Rechtssicherheit für eine prozessuale Anknüpfung. 18

Formkaufmann: Nach § 6 Abs. 1 HGB gelten alle Handelsgesellschaften als Kaufleute. § 6 Abs. 2 HGB stellt klar, dass diese Einordnung unabhängig davon ist, ob sie tatsächlich ein Handelsgewerbe betreiben. Als Formkaufleute gelten die OHG und die KG (§§ 105, 161 Abs. 2 HGB), die AG (§ 3 Abs. 1 AktG) und die KGaA (§ 278 Abs. 3 i.V.m. § 3 Abs. 1 AktG), die GmbH (§ 13 Abs. 3 GmbHG) sowie die deutsche SE (Art. 9 Abs. 1c ii SE-VO i.V.m. § 3 Abs. 1 AktG), die polnische EWIV (§ 1 Halbsatz 2 EWIV-AusführungsG). Nicht unter § 6 HGB fallen die GbR, die PartG (vgl. § 1 Abs. 1 Satz 1 PartG), der Verein, der VVaG (beachte aber § 16 VAG), die Stiftung, die stille Gesellschaft, die eingetragene Genossenschaft (Letztere ist nur Kaufmann i.S.d. HGB, nicht aber i.S. anderer Gesetze, vgl. § 17 Abs. 2 GenG) und die Europäische Genossenschaft (Art. 8 Abs. 1c ii SCE-VO i.V.m. § 6 HGB, § 17 GenG). Vorgesellschaften sind ebenfalls keine Formkaufleute i.S.d. § 6 HGB. Sie können aber gem. §§ 105, 1 HGB im Einzelfall Handelsgesellschaften sein, wenn sie ein Handelsgewerbe betreiben[5]. 19

Ob die **persönlich haftenden Gesellschafter** einer OHG, KG oder KGaA als Kaufleute gelten können, ist umstritten. Rechtsprechung und herrschende Lehre bejahten pauschal die Kaufmannseigenschaft[6], da die Personenhandelsgesellschaft von der Persönlichkeit der Gesellschafter nicht zu trennen sei. Dementsprechend ordnete diese Ansicht die persönlich haftenden Gesellschafter bei § 38 ZPO[7] und bei §§ 28, 53 Abs. 1 BörsG a.F.[8] als Kaufleute ein. Diese undifferenzierte Gleichsetzung von Personenhandelsgesellschaft und Person des Gesellschafters wird im handels- und gesellschaftsrechtlichen Schrifttum zunehmend bezweifelt[9]. Entscheidend sei der jeweilige Schutzzweck der Norm, die an den Kaufmannsbegriff anknüpfe. Trotz dieses abweichenden Ansatzes kommt diese Ansicht vorliegend zu dem gleichen Ergebnis wie die herrschende Meinung. Die Kaufmannseigenschaft wird bejaht, da der Geschäftsverkehr ein Interesse an Verlässlichkeit habe und die persönlich haftenden Gesellschafter geschäftserfahren seien[10]. 20

---

1 Auch dort gilt der zu Unrecht Eingetragene als Kaufmann, vgl. *Patzina* in MünchKomm. ZPO, 5. Aufl. 2016, § 38 ZPO Rz. 15 ff.; *Bork* in Stein/Jonas, 23. Aufl. 2014, § 38 ZPO Rz. 10; *Hartmann* in Baumbach/Lauterbach/Albers/Hartmann, 75. Aufl. 2017, § 38 ZPO Rz. 15 ff.
2 Dazu *Hopt* in Baumbach/Hopt, § 5 HGB Rz. 9 ff.
3 Deshalb wurde die Einordnung des Scheinkaufmanns als börsentermingeschäftsfähig überwiegend abgelehnt, vgl. BGH v. 16.3.1981 – II ZR 110/80, WM 1981, 711, 712; BGH v. 12.3.1984 – II ZR 10/83, WM 1984, 1245, 1246 (zu § 53 BörsG a.F.); *Assmann* in FS Heinsius, 1991, S. 1, 13; *Baumbach/Hopt*, 30. Aufl. 2000, § 53 BörsG Rz. 3; *Irmen* in Schäfer, § 53 BörsG Rz. 5; *Schwark*, 2. Aufl. 1994, § 53 BörsG Rz. 5; a.A. *Groß*, Kapitalmarktrecht, 2. Aufl. 2002, § 53 BörsG Rz. 3, der aber verkennt, dass der Scheinkaufmann gerade nicht in das Handelsregister eingetragen ist (jeweils zu § 53 BörsG a.F.).
4 OLG Frankfurt v. 30.9.1974 – 5 W 13/74, BB 1974, 1366, 1367; *Patzina* in MünchKomm. ZPO, 5. Aufl. 2016, § 38 ZPO Rz. 15; *Schultzky* in Zöller, 32. Aufl. 2018, § 38 ZPO Rz. 22; a.A. *Bork* in Stein/Jonas, 23. Aufl. 2014, § 38 ZPO Rz. 10; enger auch *Jung* in Fuchs, § 37h WpHG Rz. 29 (Nichtunternehmer und Freiberufler seien ausgenommen); unklar *Hartmann* in Baumbach/Lauterbach/Albers/Hartmann, 75. Aufl. 2017, § 38 ZPO Rz. 17.
5 *Hopt* in Baumbach/Hopt, § 6 HGB Rz. 3, 6; anders noch *Schwark*, 2. Aufl. 1994, § 53 BörsG Rz. 3 a.E. (zu § 53 BörsG a.F.).
6 BGH v. 5.5.1960 – II ZR 128/58, NJW 1960, 1852, 1853; BGH v. 16.2.1961 – III ZR 71/60, BGHZ 34, 293, 296 f.; BGH v. 2.6.1966 – VII ZR 292/64, BGHZ 45, 282, 284; BGH v. 28.6.1968 – I ZR 142/67, BB 1968, 1053; A. *Hueck*, Das Recht der OHG, 4. Aufl. 1971, § 3 III, S. 27 ff.
7 *Bork* in Stein/Jonas, 23. Aufl. 2014, § 38 ZPO Rz. 10; *Hartmann* in Baumbach/Lauterbach/Albers/Hartmann, 75. Aufl. 2017, § 38 ZPO Rz. 17; *Patzina* in MünchKomm. ZPO, 5. Aufl. 2016, § 38 ZPO Rz. 15; *Schultzky* in Zöller, 32. Aufl. 2018, § 38 ZPO Rz. 22.
8 OLG Frankfurt v. 18.1.1996 – 16 U 24/95, WM 1997, 2164, 2168; *Irmen* in Schäfer, 1999, § 53 BörsG Rz. 8.
9 Statt vieler *Roth* in Baumbach/Hopt, § 105 HGB Rz. 19 (zu OHG und KG); *Assmann/Sethe* in Großkomm. AktG, 4. Aufl. 2001, § 278 AktG Rz. 13 (zur KGaA), jeweils m.w.N.
10 *Baumbach/Hopt*, 30. Aufl. 2000, § 53 BörsG Rz. 3 (zu § 53 Abs. 1 BörsG a.F.).

21 Unerheblich ist, ob es sich bei der Wertpapierdienstleistung, Wertpapiernebendienstleistung oder dem Finanztermingeschäft um ein Handelsgeschäft i.S.d. § 343 HGB handelt. Auch die für **private Zwecke** vorgenommenen Anlagegeschäfte eines Kaufmanns oder eines persönlich haftenden Gesellschafters einer OHG oder KG gelten als die eines Kaufmanns[1], da es allein auf seinen Status und nicht auf den Zweck der Geschäfte ankommt. Aus Sicht der Vertragspartner ergibt eine solche weite Auslegung des Kaufmannsbegriffs deshalb Sinn, weil der Vertragspartner oft nicht erkennen kann, zu welchem Zweck der mit ihm kontrahierende Kaufmann tätig wird. Diesem wird zudem die Möglichkeit genommen, nachträglich zu behaupten, das Geschäft sei nicht für die kaufmännische Tätigkeit erfolgt, sondern für private Zwecke[2].

22 Im Gegensatz zu den persönlich haftenden Gesellschaftern gelten **Kommanditisten** nicht als Kaufleute[3]. Die **Organmitglieder einer juristischen Person** sind ebenfalls keine Kaufleute, selbst wenn die juristische Person als Formkaufmann gilt[4].

23 Durch die Schiedsvereinbarung gebunden sind nicht nur Kaufleute und persönlich haftende Gesellschafter, sondern auch deren **Gesamt- oder Sonderrechtsnachfolger**, auch wenn diese nicht zum Kreis der Kaufleute gehören und daher selbst keine Schiedsvereinbarung hätten schließen können[5]. Denn für das Vorliegen der Schiedsfähigkeit kommt es nur auf den Zeitpunkt des Abschlusses der Schiedsvereinbarung an. Spätere Änderungen lassen eine einmal begründete Schiedsfähigkeit nicht wieder entfallen. Damit sind durch die Schiedsvereinbarung der Erbe, der Zessionar, der Insolvenzverwalter und der Pfändungsgläubiger eines Kaufmanns gebunden. Die von einer OHG oder KG geschlossene Schiedsvereinbarung bindet auch die nach §§ 161 Abs. 2, 128 HGB persönlich haftenden Gesellschafter, nicht aber auch die Kommanditisten[6]. Die Bindung der Schiedsvereinbarung erstreckt sich dagegen nicht auf **Schuld(mit)übernehmer**[7] oder **Garanten**[8], da ihre Schuld selbstständig neben der Hauptschuld besteht und ihr ein eigenes rechtliches Schicksal zukommt. Dasselbe gilt auch für akzessorisch Haftende, wie z.B. **Bürgen**[9]. Auch der nach § 179 Abs. 1 BGB haftende **Vertreter ohne Vertretungsmacht** ist nicht an die Schiedsvereinbarung gebunden[10].

24 Nach § 53 Abs. 1 Satz 2 BörsG a.F. galten auch solche Personen als Kaufleute, die zur Zeit des Geschäftsabschlusses oder früher gewerbsmäßig oder berufsmäßig Börsentermingeschäfte betrieben haben oder zur Teilnahme am Börsenhandel dauernd zugelassen waren (**Börsenleute**). Diese Personen wurden aufgrund ihrer Geschäftserfahrenheit einbezogen. Von einer vergleichbaren Regelung hat der Gesetzgeber in § 101 WpHG abgesehen. Da der Verweis auf die §§ 1 ff. HGB abschließend zu verstehen ist, kommt keine erweiternde Auslegung des § 101 WpHG auf Börsenleute oder **sonstige geschäftserfahrene Personen** (wie Rechtsanwälte, Notare, Wirtschaftsprüfer, Steuerberater etc.) in Betracht[11].

25 Der **Vertreter eines Kaufmanns** kann für diesen – bei Vorliegen einer entsprechenden Vertretungsmacht – eine Schiedsvereinbarung abschließen. Der Vertreter muss selbst kein Kaufmann sein[12].

26 Tätigt ein Kaufmann Finanzdienstleistungen und schließt dabei eine Schiedsvereinbarung, stellt sich die Frage, ob sein Ehegatte oder Lebenspartner im Wege der **Schlüsselgewalt** (§ 1357 Abs. 1 BGB, § 8 Abs. 2 LPartG) mitverpflichtet wird. Der Abschluss einer Schiedsvereinbarung als Prozessvertrag[13] einerseits und eines materiell-

---

1 OLG Düsseldorf v. 17.11.2008 – I-9 U 91/08, 9 U 91/08, Juris Rz. 42; *Assmann* in FS Heinsius, 1991, S. 1, 13; *Baumbach/Hopt*, 30. Aufl. 2000, § 53 BörsG Rz. 3; *Schwark*, 2. Aufl. 1994, § 53 BörsG Rz. 4 (jeweils zu § 53 BörsG a.F.); *Hartmann* in Baumbach/Lauterbach/Albers/Hartmann, 75. Aufl. 2017, § 38 ZPO Rz. 17 (zur Gerichtsstandsvereinbarung).
2 Allerdings führt diese weite Auslegung zu Verwerfungen an anderer Stelle, denn der Kaufmann kann deshalb bei privaten Geschäften zugleich Verbraucher sein, vgl. Rz. 52.
3 BGH v. 2.6.1966 – VII ZR 292/64, BGHZ 45, 282, 285; *Roth* in Baumbach/Hopt, § 105 HGB Rz. 19; a.A. aber *Ballerstedt*, JuS 1963, 253, 259.
4 *Assmann* in FS Heinsius, 1991, S. 1, 13; *Groß*, Kapitalmarktrecht, 2. Aufl. 2002, § 53 BörsG Rz. 3; *Schwark*, 2. Aufl. 1994, § 53 BörsG Rz. 4 (jeweils zu § 53 BörsG a.F.) sowie *Hopt* in Baumbach/Hopt, § 1 HGB Rz. 31; *Jung* in Fuchs, § 37h WpHG Rz. 27.
5 BGH v. 5.5.1977 – III ZR 177/74, BGHZ 68, 356, 359; BGH v. 20.3.1980 – III ZR 151/79, BGHZ 77, 32, 35; *Schultzky* in Zöller, 32. Aufl. 2018, § 38 ZPO Rz. 13.
6 BGH v. 31.1.1980 – III ZR 83/78, NJW 1980, 1797; BGH v. 8.7.1981 – VIII ZR 256/80, NJW 1981, 2644, 2646; BGH v. 12.11.1990 – II ZR 249/89, WM 1991, 384, 385; *Roth* in Baumbach/Hopt, § 128 HGB Rz. 40; *Schultzky* in Zöller, 32. Aufl. 2018, § 38 ZPO Rz. 22 jeweils m.w.N.
7 *Jung* in Fuchs, § 37h WpHG Rz. 35; *Schultzky* in Zöller, 32. Aufl. 2018, § 38 ZPO Rz. 13 jeweils m.w.N.
8 BGH v. 5.5.1977 – III ZR 177/74, BGHZ 68, 356, 359; *Jung* in Fuchs, § 37h WpHG Rz. 35.
9 BGH v. 10.1.2006 – XI ZR 169/05, ZIP 2006, 363, 364 f. (Bürgen stehen Verbraucherrechte selbstständig zu); *Hirte* in KölnKomm. WpHG, § 37h WpHG Rz. 27; *Jung* in Fuchs, § 37h WpHG Rz. 35; *Schultzky* in Zöller, 32. Aufl. 2018, § 38 ZPO Rz. 13.
10 BGH v. 5.5.1977 – III ZR 177/74, BGHZ 68, 356, 360 ff.
11 Ebenso für § 38 ZPO *Patzina* in MünchKomm. ZPO, 5. Aufl. 2016, § 38 ZPO Rz. 17; *Bork* in Stein/Jonas, 23. Aufl. 2014, § 38 ZPO Rz. 11; a.A. aber *Jung* in Fuchs, § 37h WpHG Rz. 30 (teleologische Extension auf geschäftserfahrene Personen).
12 *Bork* in Stein/Jonas, 23. Aufl. 2014, § 38 ZPO Rz. 13.
13 BGH v. 3.12.1986 – IVb ZR 80/85, BGHZ 99, 143, 147; *Geimer* in Zöller, 32. Aufl. 2018, § 1029 ZPO Rz. 15.

rechtlichen Hauptgeschäfts andererseits werden selbstständig beurteilt (§ 1040 Abs. 1 Satz 2 ZPO)[1]. Eine Mitverpflichtung aufgrund der Schlüsselgewalt ist schon deshalb abzulehnen, weil Schiedsvereinbarungen nicht zu den Geschäften zur angemessenen Deckung des Lebensbedarfs gehören[2]. Aber selbst wenn man den Umstand einbezieht, dass die Schiedsvereinbarung typischerweise Bestandteil eines Hauptvertrags ist, und man deshalb beide Vereinbarungen einheitlich beurteilen wollte[3], ändert dies nichts an dem gefundenen Ergebnis. Es ist schon fraglich, ob die Schlüsselgewalt jede Nebenabrede mit umfasst oder nur übliche Nebenabreden[4]. Außerdem müsste die Hauptleistung des Vertrags, also die Wertpapierdienstleistung, Wertpapiernebendienstleistung oder das Finanztermingeschäft, zu den Geschäften zur Deckung des Lebensbedarfs gehören. Die Anlage von Kapital dient nicht der unmittelbaren Deckung des Lebensbedarfs, sondern allenfalls der Vermögensbildung für die Zukunft. Eine Anwendung des § 1357 Abs. 1 BGB auf derartige Geschäfte scheidet aus. Dies gilt selbst für den Fall, dass sich die Vermögensbildung im Rahmen des regelmäßig verfügbaren Einkommens bewegt[5]. Neben diesem wortlautbezogenen Argument spricht auch der Sinn der Vorschrift gegen eine Ausdehnung auf Finanzdienstleistungen. Die Schlüsselgewalt soll in erster Linie die Gläubiger von Ehegatten schützen, indem sie ihnen einen zusätzlichen Schuldner verschafft, der für Schulden aus tagtäglichen Einkäufen mithaftet[6]. Verfügen nicht beide Ehegatten über eigene Einkünfte, würde die Durchsetzbarkeit der Forderungen des Gläubigers davon abhängen, mit welchem Ehegatten er das jeweilige Geschäft getätigt hat, obwohl beide Ehegatten von dem Geschäft profitierten. Daher soll dem Gläubiger die Solvenz beider Ehegatten zugutekommen. Ein solcher Schutz ist bei der Vermögensbildung aber gerade nicht nötig, denn bei dieser schließt der Finanzdienstleister das Geschäft typischerweise mit dem *jeweiligen* Anleger ab. Sollte ein Mithandeln für den anderen Ehegatten gewollt sein, lassen sich die Finanzdienstleister schon aufgrund der Vorgaben des Geldwäschegesetzes und des § 154 AO eine Vollmacht des anderen Ehegatten vorlegen. Des mit § 1357 Abs. 1 BGB, § 8 Abs. 2 LPartG bezweckten Schutzes der Gläubiger von Eheleuten und Lebenspartnern bedarf es daher von vornherein nicht. Da die Schlüsselgewalt nicht einschlägig ist, gilt die Schiedsvereinbarung nur für den handelnden Ehegatten, der Kaufmann ist. Eine Erstreckung der Schiedsvereinbarung auf den anderen Ehegatten im Wege der **Stellvertretung** scheidet grundsätzlich ebenfalls aus. Denn der vertretene Ehegatte ist regelmäßig selbst kein Kaufmann und damit nicht subjektiv schiedsfähig. Die Schiedsvereinbarung bindet also allein den kaufmännischen Ehegatten.

Schließt nicht der Kaufmann einen Vertrag mit Schiedsvereinbarung ab, sondern sein nicht kaufmännischer Ehegatte, hilft die Schlüsselgewalt ebenfalls nicht weiter. Die vom nicht kaufmännischen Ehegatten geschlossene Schiedsvereinbarung ist nach § 101 WpHG unwirksam. Zur Beurteilung der Wirksamkeit des Geschäfts und zur Bestimmung seiner Konditionen kommt es allein auf die Person des Handelnden an. Ihm **fehlende persönliche Eigenschaften** können nicht über § 1357 Abs. 1 BGB durch Eigenschaften ersetzt werden, die der nicht handelnde Ehegatte besitzt. Denn die Schlüsselgewalt knüpft allein an die vom handelnden Ehegatten geschaffene Situation an[7]; die fehlende Kaufmannseigenschaft dieses Ehegatten führt zur Unwirksamkeit der Schiedsvereinbarung. Auf die Tatsache, dass § 1357 Abs. 1 BGB zudem keine Geschäfte zur Vermögensbildung erfasst, kommt es damit in dieser Fallgestaltung gar nicht mehr an. 27

Im Ergebnis lässt sich festhalten, dass eine einheitliche, beide Ehegatten erfassende Schiedsvereinbarung bei den unter § 101 WpHG fallenden Geschäften nur möglich ist, wenn beide Ehegatten Kaufleute sind. 28

3. Juristische Personen des öffentlichen Rechts. Mit juristischen Personen des öffentlichen Rechts sind Körperschaften, Anstalten und Stiftungen des öffentlichen Rechts nach Bundes- oder Landesrecht gemeint. Sie sind gem. § 101 WpHG kraft ihrer Eigenschaft als juristische Person des öffentlichen Rechts subjektiv schiedsfähig. Soweit diese ein Handelsgewerbe betreiben, sind sie zugleich Kaufleute. Dies gilt etwa für die Deutsche Bundesbank und die öffentlich-rechtlichen Sparkassen[8]. 29

4. Zahl der Beteiligten. Nach dem Wortlaut der Norm müssen *beide* Teile Kaufleute oder juristische Personen des öffentlichen Rechts sein. Diese Formulierung ist zu eng. Nach Sinn und Zweck der Vorschrift müssen *alle* Beteiligten diesen Status besitzen, so dass die Norm auch Anwendung findet, wenn es sich um eine mehrseitige Schiedsvereinbarung über Rechtsstreitigkeiten aus Wertpapierdienstleistungen, Wertpapiernebendienstleistun- 30

---

1 *Geimer* in Zöller, 32. Aufl. 2018, § 1040 ZPO Rz. 3; zu § 1027 Abs. 1 Satz 1 ZPO a.F. bereits BGH v. 22.9.1977 – III ZR 144/76, BGHZ 69, 260, 264.
2 AG München v. 16.1.1962 – 1 C 1778/61, MDR 1962, 572; *Schultzky* in Zöller, 32. Aufl. 2018, § 38 ZPO Rz. 6; a.A. LG Düsseldorf v. 3.11.1965 – 11a S 53/65, NJW 1966, 553 (jeweils zu § 38 ZPO).
3 Diesen Ansatz wählt das LG Düsseldorf v. 3.11.1965 – 11a S 53/65, NJW 1966, 553 (zu § 38 ZPO).
4 Das AG München v. 16.1.1962 – 1 C 1778/61, MDR 1962, 572 f. will nur die üblichen Nebenabreden als erfasst ansehen (zu § 38 ZPO), wozu keine Gerichtsstandsvereinbarungen gehörten; im Ergebnis a.A. LG Düsseldorf v. 3.11.1965 – 11a S 53/65, NJW 1966, 553.
5 *Roth* in MünchKomm. BGB, 7. Aufl. 2017, § 1357 BGB Rz. 24; *Lange* in Soergel, 12. Aufl. 1989, § 1357 BGB Rz. 15.
6 *Roth* in MünchKomm. BGB, 7. Aufl. 2017, § 1357 BGB Rz. 3; *Gernhuber/Coester-Waltjen*, Familienrecht, 6. Aufl. 2010, § 19 RZ. 46 f.
7 So auch *Bork* in Stein/Jonas, 23. Aufl. 2014, § 38 ZPO Rz. 13; *Diederichsen*, BB 1974, 379, Fn. 19.
8 *Hopt* in Baumbach/Hopt, § 1 HGB Rz. 27.

gen oder Finanztermingeschäften handelt. Fehlt einem der Beteiligten zum Zeitpunkt des Abschlusses der Schiedsvereinbarung die subjektive Schiedsfähigkeit, ist wie folgt zu unterscheiden: Bei Vorliegen einer notwendigen Streitgenossenschaft ist die Schiedsvereinbarung auch zwischen den übrigen Beteiligten unwirksam[1]. Im Übrigen gilt sie nur zwischen den Beteiligten, die subjektiv schiedsfähig waren.

31 **IV. Sachlicher Anwendungsbereich. 1. Privatrechtliche Streitigkeiten.** Die in § 101 WpHG enthaltene spezielle Regelung der subjektiven Schiedsfähigkeit bezieht sich nur auf Streitigkeiten über **Wertpapierdienstleistungen, Wertpapiernebendienstleistungen** und **Finanztermingeschäfte**. Die Art der von § 101 WpHG erfassten Streitigkeiten wird nicht näher umschrieben. Regelmäßig wird es um vertragliche Ansprüche über diese Dienstleistungen gehen, da andernfalls keine Schiedsabrede vorhanden sein wird. Dies bedeutet aber nicht, dass nicht auch auf außervertragliche Vorschriften gestützte Ansprüche (z.B. § 823 Abs. 2 BGB i.V.m. § 263 StGB; § 826 BGB) von der Abrede erfasst würden[2]. Unter den Begriff der Wertpapierdienstleistungen fallen die in § 2 Abs. 8 WpHG genannten Tätigkeiten. Wertpapiernebendienstleistungen werden in § 2 Abs. 9 WpHG definiert. Finanztermingeschäfte sind nach § 99 Satz 2 WpHG Derivate i.S.d. § 2 Abs. 3 WpHG und Optionsscheine[3]. Mit der Regelung des § 101 WpHG, die die subjektive Schiedsfähigkeit regelt, hat der Gesetzgeber zugleich aber auch die **objektive Schiedsfähigkeit** von Streitigkeiten aus Wertpapierdienstleistungen, Wertpapiernebendienstleistungen und Finanztermingeschäften anerkannt. Denn andernfalls wäre die Vorschrift überflüssig[4].

32 Die Vorschrift des § 101 WpHG grenzt den Begriff der **Streitigkeit** nicht näher ein. Es ist daher auf die prozessrechtliche Definition zurückzugreifen. Dort wird unter einer Streitigkeit jede **konkrete Meinungsverschiedenheit** zwischen den Parteien über eine rechtliche Sachfrage verstanden[5]. Die Streitigkeit ist damit ein Mehr im Vergleich zur abstrakten Äußerung einer Rechtsansicht, da sie sich auf das zwischen den Parteien bestehende Rechtsverhältnis beziehen muss. Sie geht auch über eine allgemeine Meinungsäußerung hinaus, weil die Meinungsunterschiede gerade in Bezug auf eine rechtlich relevante Frage bestehen müssen.

33 Die Vorschrift des § 101 WpHG erfasst **privatrechtliche** Streitigkeiten. Sie erstreckt sich dagegen nicht auf das Verfahren vor dem Ombudsmann, da dieses anderenfalls nach der Sache nach abgeschafft würde. Zudem ist es gar nicht als schiedsgerichtliches Verfahren zu qualifizieren[6]. Im Übrigen wird der Kreis der Streitigkeiten durch § 1030 Abs. 1 ZPO begrenzt. Schiedsfähig sind danach alle vermögensrechtlichen Ansprüche sowie alle nicht vermögensrechtlichen Ansprüche, soweit die Parteien berechtigt sind, über sie einen Vergleich zu schließen.

34 **2. Öffentlich-rechtliche Streitigkeiten.** Wie die §§ 168 Abs. 1 Nr. 5, 173 Satz 2, 187 Abs. 1 VwGO zeigen, können auch **öffentlich-rechtliche** Streitigkeiten, an denen Hoheitsträger beteiligt sind, zum Gegenstand einer Schiedsvereinbarung gemacht werden[7]. Auf die Frage, ob es sich bei den Parteien um gleichrangige Rechtssubjekte oder um ein Über-/Unterordnungsverhältnis handelt, kommt es nicht an[8]. Zulässig sind Schiedsvereinbarungen vielmehr, soweit die Parteien über die öffentlich-rechtliche Beziehung verfügen können. Eine Verfügungsbefugnis ist nur gegeben, wenn nicht zwingende gesetzliche Regelungen oder allgemeine Grundsätze des öffentlichen Rechts entgegenstehen. Der Streitgegenstand muss in die Kompetenz der an der Schiedsvereinbarung beteiligten Behörde fallen; diese muss örtlich und sachlich zuständig sein. Die Verfügungsbefugnis ist u.a. dann zu bejahen, wenn die Behörde über einen Ermessensspielraum verfügt[9], nicht aber wenn es um die bloße Anwendung zwingenden Rechts oder die Auslegung von Tatbestandsmerkmalen geht[10]. Die Verfügungsbefugnis ist auch dann anzunehmen, wenn über das Vorliegen oder Nichtvorliegen der tatsächlichen oder rechtlichen Voraussetzungen eines Verwaltungsakts erhebliche, auf andere Weise nicht behebbare Zweifel bestehen[11]. Einer Schiedsvereinbarung zugänglich sind daher auch Streitigkeiten zwischen einer Aufsichtsbehörde und einem Wertpapierdienstleistungsunternehmen über **aufsichtsrechtliche Fragen** im Zusammenhang mit

---

1 *Geimer* in Zöller, 32. Aufl. 2018, § 1029 ZPO Rz. 43.
2 Anders offenbar *Zimmer* in Schwark/Zimmer, § 37h WpHG Rz. 10.
3 Vgl. zu den Begriffen daher die Kommentierungen bei § 2 WpHG Rz. 45 ff. und § 99 WpHG Rz. 10 ff.
4 *Schütze/Reuschle* in Assmann/Schütze, Kapitalanlagerecht, 4. Aufl. 2015, § 25 Rz. 17; *Jordans*, S. 112, 223; im Ergebnis auch *Zimmer* in Schwark/Zimmer, § 37h WpHG Rz. 5.
5 Vgl. *Hüßtege* in Thomas/Putzo, 38. Aufl. 2017, § 38 ZPO Rz. 17a; a.A. *Patzina* in MünchKomm. ZPO, 5. Aufl. 2016, § 38 ZPO Rz. 35 (Bestehen einer konkreten Meinungsverschiedenheit reicht aus); noch weitergehend *Hartmann* in Baumbach/Lauterbach/Albers/Hartmann, 75. Aufl. 2017, § 38 ZPO Rz. 34 (irgendeine Unsicherheit genügt).
6 *Hoeren*, NJW 1992, 2727, 2731; *Keller/Netzer*, BB 2013, 1347, 1349; so im Ergebnis auch *Zimmer* in Schwark/Zimmer, § 37h WpHG Rz. 10, wenn auch mit anderer Begründung (teleologische Reduktion des § 37h WpHG), im Ergebnis auch *Hirte* in KölnKomm. WpHG, § 37h WpHG Rz. 17.
7 Zum Folgenden *Kopp/Schenke*, 23. Aufl. 2017, § 40 VwGO Rz. 56 i.V.m. § 106 VwGO Rz. 12 ff.; *Ehlers/Schneider* in Schoch/Schmidt-Aßmann/Pietzner, Stand: 10/2016, § 40 VwGO Rz. 718 ff.; *Ortloff* in Schoch/Schmidt-Aßmann/Pietzner, Stand: 10/2016, § 106 VwGO Rz. 42; *v. Oertzen* in Redeker/v. Oertzen, 16. Aufl. 2014, § 40 VwGO Rz. 78 ff.
8 *Ehlers/Schneider* in Schoch/Schmidt-Aßmann/Pietzner, Stand: 10/2016, § 40 VwGO Rz. 723; a.A. *Schwark*, 2. Aufl. 1994, § 28 BörsG Rz. 2 (zu § 28 BörsG a.F.).
9 BVerwG v. 29.10.1963 – VI C 198.61, BVerwGE 17, 87, 93 (zu § 106 VwGO).
10 OVG NW v. 6.3.1952 – II B 839/51, DÖV 1953, 94.
11 BVerwG v. 28.3.1962 – V C 100.61, BVerwGE 14, 103 und 105; BVerwG v. 29.10.1963 – VI C 198.61, BVerwGE 17, 87, 93 f. (jeweils zu § 106 VwGO); *Kopp/Schenke*, 23. Aufl. 2017, § 106 VwGO Rz. 12 f.

Wertpapierdienstleistungen, Wertpapiernebendienstleistungen oder Finanztermingeschäften, soweit die Beteiligten befugt sind, über den Streitgegenstand zu verfügen[1].

3. Schiedsgutachten. Von der Schiedsabrede zu unterscheiden ist die Schiedsgutachterklausel. Das Schiedsgutachten zeichnet sich dadurch aus, dass nicht die Entscheidung eines Rechtsstreits zur Beurteilung ansteht, sondern nur einzelne streitentscheidende tatsächliche oder rechtliche Fragen. Anders als das Schiedsgericht verdrängt das Schiedsgutachten den staatlichen Rechtsschutz regelmäßig nicht[2]. Auf Schiedsgutachten finden weder die §§ 1025 ff. ZPO noch § 101 WpHG Anwendung[3]. 35

V. Zeitpunkt der Unterwerfung unter die Schiedsgerichtsbarkeit. 1. Künftige Streitigkeit. Die Vorschrift beschränkt sich auf den präventiven Schutz des Anlegers (s. Rz. 5), indem sie nur die Schiedsvereinbarungen über **künftige** Rechtsstreitigkeiten erfasst[4]. Sie findet daher keine Anwendung auf Schiedsvereinbarungen, die nach Entstehung der Streitigkeit geschlossen werden. Zu diesem Zeitpunkt kann der Anleger die Tragweite einer Schiedsvereinbarung besser abschätzen als bei Begründung des Rechtsverhältnisses mit der anderen Partei, weil er nun durch den entstandenen Konflikt auf der Hut sein dürfte[5]. 36

Eine Streitigkeit gilt als **entstanden**, wenn zwischen den Parteien eine konkrete Meinungsverschiedenheit über eine rechtliche Sachfrage besteht[6]. Ist streitig, ob die Schiedsvereinbarung zu einem Zeitpunkt geschlossen wurde, als der Konflikt bereits bestand, ist die Person beweispflichtig, die sich auf die Wirksamkeit der Schiedsvereinbarung beruft. Der Beweislast zur Frage, ob es sich um eine künftige oder um eine schon bestehende Streitigkeit gehandelt hat, wird in der Praxis kaum Bedeutung zukommen. Denn Schiedsvereinbarungen werden, wenn überhaupt, üblicherweise zu Beginn der Vertragsbeziehung abgeschlossen. Zu diesem Zeitpunkt dürfte keine Streitigkeit bestanden haben; ansonsten käme es nicht zum Vertragsschluss. Wird die Vereinbarung dagegen im Hinblick auf eine konkrete Streitigkeit abgeschlossen, wird jede Seite schon aufgrund der Streitigkeit darauf achten, dass die Beweislage eindeutig ist. Der dritte denkbare Fall, dass nach Begründung einer Vertragsbeziehung, aber ohne Vorliegen einer konkreten Streitigkeit eine Schiedsvereinbarung geschlossen wird, dürfte nur höchst selten vorkommen. 37

2. Unterwerfung nach Entstehung des Streitfalls. Da eine Schiedsvereinbarung, die nach Eintritt der Rechtsstreitigkeit geschlossen wurde, nicht der Einschränkung des § 101 WpHG unterliegt, finden auf sie allein die Regeln der §§ 1025 ff. ZPO Anwendung. Danach bedarf die Schiedsvereinbarung einer speziellen Form (§ 1031 Abs. 1 bis 5 ZPO)[7]. Die §§ 305 ff. BGB sind ebenfalls anzuwenden (s. Rz. 51 ff.)[8]. Ist die Form des § 1031 ZPO gewahrt, ist damit zugleich auch den Anforderungen von §§ 305 Abs. 2, 305c Abs. 1 BGB Genüge getan. 38

Handelt es sich bei dem Anleger um einen Verbraucher i.S.d. § 13 BGB, bedarf die Schiedsvereinbarung nach § 1031 Abs. 5 ZPO der Schriftform des § 126 BGB oder der elektronischen Form des § 126a BGB. Zudem muss die Schiedsvereinbarung – außer im Falle der notariellen Beurkundung – in einer eigenständigen Urkunde enthalten sein. Neben die Beweisfunktion tritt hier auch die Warnfunktion, denn einem geschäftlich unerfahrenen 39

---

1 *Geimer* in Zöller, 32. Aufl. 2018, § 1030 ZPO Rz. 23; a.A. *Schwark*, 2. Aufl. 1994, § 28 BörsG Rz. 2 m.w.N. (zu § 28 BörsG a.F.).
2 *Schwab/Walter*, Schiedsgerichtsbarkeit, 7. Aufl. 2005, Kap. 2 Rz. 7; *Hau* in Wolf/Lindacher/Pfeiffer, AGB-Recht, 6. Aufl. 2013, Klauseln Rz. S 22 m.w.N.
3 *Zimmer* in Schwark/Zimmer, § 37h WpHG Rz. 8; *Jung* in Fuchs, § 37h WpHG Rz. 6; *Wagner*, Prozessverträge, 1998, S. 661 ff. m.w.N.
4 Gerade wegen der Erfassung künftiger Streitigkeiten hält *Lehmann*, SchiedsVZ 2003, 219, 224 f. (ihm folgend *Iffland*, S. 183 f.), § 101 WpHG für einen Verstoß gegen das UNÜ, welches in seinem Art. II Abs. 1 die Diskriminierung von Schiedsverfahren gegenüber staatlichen Gerichten verbietet. Er sieht in § 101 WpHG nicht nur eine Regelung der subjektiven Schiedsfähigkeit, sondern zugleich eine Regelung der objektiven Schiedsfähigkeit für künftige Streitigkeiten. Daher will er den Anwendungsbereich der Vorschrift im Wege der völkerrechtsfreundlichen Auslegung einschränken und die Anerkennung aller im Ausland gefällten Schiedssprüche zulassen. Diese Aufspaltung des einheitlichen § 101 WpHG erscheint jedoch künstlich, da die gesamte Regelung eine solche der subjektiven Schiedsfähigkeit darstellt. Auch *Lehmanns* Vergleich mit § 91 Abs. 1 GWB a.F., der ebenfalls als Verstoß gegen Art. II Abs. 1 UNÜ eingeordnet wird (so auch *Mezger*, RabelsZ 29 [1965], 231, 246) überzeugt nicht, da diese Vorschrift gerade nur die Schiedsfähigkeit künftiger Streitigkeiten regelte, nicht aber die subjektive Schiedsfähigkeit. *Jung* in Fuchs, § 37h WpHG Rz. 49, schlägt zur Behebung der Einwände von *Lehmann* vor, § 101 WpHG auch auf bereits entstandene Streitigkeiten anzuwenden, was aber der Intention des Gesetzgebers widerspricht. Eine solche teleologische Reduktion ist angesichts der von *Jung* geteilten Kritik an der Norm (s. Rz. 6 ff.) auch unangebracht. Dass § 101 WpHG nicht gegen das UNÜ verstößt, hat der BGH inzwischen festgestellt, BGH v. 8.6.2010 – XI ZR 349/08, NZG 2011, 468, 469 = ZIP 2010, 2505.
5 Anders *Quinke*, S. 385 f., der meint, der Verbraucher sei auch im Streitfall nicht in der Lage, die Tragweite einer Schiedsvereinbarung zu überblicken.
6 *Patzina* in MünchKomm. ZPO, 5. Aufl. 2016, § 38 ZPO Rz. 35; *Schultzky* in Zöller, 32. Aufl. 2018, § 38 ZPO Rz. 39; *Zimmer* in Schwark/Zimmer, § 37h WpHG Rz. 9; wohl auch *Hüßtege* in Thomas/Putzo, 38. Aufl. 2017, § 38 ZPO Rz. 18 („mit Zugang derjenigen Äußerung, an der sich die im Vergleich zur vorangegangenen Äußerung unterschiedliche Ansicht der Parteien ergibt"); zu weitgehend dagegen *Hartmann* in Baumbach/Lauterbach/Albers/Hartmann, 75. Aufl. 2017, § 38 ZPO Rz. 34 (irgendeine Unsicherheit genügt).
7 *Samtleben*, IPRax 2011, 469, 470.
8 *Jordans*, S. 115.

Verbraucher soll nach Ansicht des Gesetzgebers vor Augen geführt werden, dass er auf den Schutz durch staatliche Gerichte verzichtet[1].

40 Ist das streitgegenständliche Geschäft dagegen der gewerblichen oder selbstständigen beruflichen Tätigkeit des Anlegers zuzurechnen, handelte er nicht mehr als Verbraucher, so dass der Nachweis des Abschlusses einer Schiedsvereinbarung durch ein von beiden unterzeichnetes Schriftstück, den Austausch von Schreiben, Telegrammen, Faxen etc. genügt (§ 1031 Abs. 1 ZPO)[2]. Die Schiedsvereinbarung kann auch durch Schweigen auf ein Schriftstück, insbesondere auf ein kaufmännisches Bestätigungsschreiben, geschlossen werden (§ 1031 Abs. 2 ZPO). Schließlich kann die Schiedsvereinbarung auch in Allgemeinen Geschäftsbedingungen enthalten sein, wenn auf diese in dem Schriftstück Bezug genommen wurde (§ 1031 Abs. 3 ZPO). Ausgeschlossen sind Schiedsvereinbarungen durch mündliche Abrede, durch Handelsbrauch oder in Form eines konkludenten Abschlusses[3].

41 **3. Rügeloses Einlassen.** Genügt die Schiedsabrede nicht der Form des § 1031 ZPO, beurteilen sich die Wirkungen des rügelosen Einlassens auf die schiedsgerichtliche Verhandlung zur Hauptsache nach § 1031 Abs. 6 ZPO. Die Vorschrift heilt – wie die systematische Stellung des Abs. 6 zeigt – nur die fehlende Form der Schiedsvereinbarung, nicht aber eine anderweitige Unwirksamkeit[4]. Davon zu unterscheiden ist der Fall, dass eine Schiedsabrede ganz fehlt (s. Rz. 46).

42 **VI. Rechtsfolgen des § 101 WpHG. 1. Unwirksamkeit der Schiedsvereinbarung.** Schließt ein Wertpapierdienstleistungsunternehmen im Zusammenhang mit einer Wertpapierdienstleistung, einer Wertpapiernebendienstleistung oder einem Finanztermingeschäft eine Schiedsvereinbarung ab, beurteilt sich deren Wirksamkeit danach, ob der Kunde zum Personenkreis der Kaufleute oder juristischen Personen des öffentlichen Rechts gehört. Ist dies nicht der Fall, ist die Schiedsvereinbarung nur wirksam, wenn sie nach Entstehung des Streitfalls geschlossen wurde. Fehlt es auch an dieser Voraussetzung, ist die Schiedsvereinbarung (endgültig) unwirksam, da dem Anleger die subjektive Schiedsfähigkeit fehlt. Die Schiedsvereinbarung wird nicht dadurch wirksam, dass der Kunde später die Kaufmannseigenschaft erlangt (s. Rz. 14).

43 **2. Geltendmachung der Unwirksamkeit bei inländischem Schiedsgericht.** Sofern sich die Wirksamkeit der Schiedsabrede nach deutschem Recht beurteilt und daher § 101 WpHG zur Anwendung kommt, stehen dem Kunden mehrere Wege offen, die Unwirksamkeit der Schiedsvereinbarung geltend zu machen.

44 Erhebt das beklagte Wertpapierdienstleistungsunternehmen vor einem staatlichen Gericht die Einrede des § 1032 Abs. 1 ZPO, wonach die streitige Angelegenheit Gegenstand einer Schiedsvereinbarung und daher das staatliche Gericht unzuständig sei, hat das staatliche Gericht die fehlende subjektive Schiedsfähigkeit des Klägers zu beachten.

45 Auch im umgekehrten Fall, wenn das Wertpapierdienstleistungsunternehmen Klage gegen den Anleger vor einem Schiedsgericht erhebt, ist der Anleger geschützt. Mit dem Argument der fehlenden subjektiven Schiedsfähigkeit kann er – bis zur Bildung des Schiedsgerichts – vor dem staatlichen Gericht Klage auf Feststellung der Unzulässigkeit des Schiedsverfahrens nach § 1032 Abs. 2 ZPO erheben.

46 Ist das Schiedsgericht bereits gebildet, ist der Weg über § 1032 Abs. 2 ZPO verschlossen. In diesem Fall ist die Rüge der Unzuständigkeit des Schiedsgerichts spätestens mit der Klagebeantwortung zu erheben (§ 1040 Abs. 2 Satz 1 ZPO). Das Schiedsgericht hat die fehlende Schiedsfähigkeit zu beachten (§ 1040 Abs. 1 ZPO). Hält sich das Schiedsgericht dennoch für zuständig und erlässt einen entsprechenden Zwischenentscheid, kann der Anleger gegen diesen Entscheid nach § 1040 Abs. 3 Satz 2 ZPO eine Entscheidung des staatlichen Gerichts beantragen. Versäumt er dies, ist der Einwand der Unzuständigkeit des Schiedsgerichts präkludiert[5].

47 Hat das Schiedsgericht keinen Zwischenentscheid erlassen, kann der Anleger die fehlende subjektive Schiedsfähigkeit im Wege der Aufhebungsklage nach § 1059 Abs. 2 Nr. 1 lit. a ZPO geltend machen.

48 **3. Geltendmachung der Unwirksamkeit bei ausländischem Schiedsgericht.** Sieht die Schiedsvereinbarung ein Schiedsgericht mit Sitz im Ausland vor, kann der Anleger die fehlende Schiedsfähigkeit durch eine Klage vor einem deutschen Gericht nach §§ 1025 Abs. 2, 1032 Abs. 2 ZPO geltend machen. Das deutsche Gericht beurteilt in diesem Fall die Wirksamkeit der Schiedsvereinbarung nach dem Recht, das für die betreffende Person maßgeblich ist (§ 1059 Abs. 2 Nr. 1 lit. a ZPO). Entscheidend ist damit grundsätzlich das Personalstatut der jeweiligen Partei, das aufgrund der Kollisionsnormen der lex fori des staatlichen Gerichts zu ermitteln ist[6]. Aber

---

1 RegE zum Schiedsverfahrens-Neuregelungsgesetz, BT-Drucks. 13/5274, 37; s. auch *Thümmel*, Die Schiedsvereinbarung zwischen Formzwang und favor validitatis – Anmerkungen zu § 1031 ZPO, in FS Schütze, 1999, S. 935, 942, 944; *Samtleben*, IPRax 2011, 469, 472.
2 Die Form des Hauptvertrages muss hierbei nicht gewahrt werden, BGH v. 22.9.1977 – III ZR 144/76, BGHZ 69, 260.
3 *Wurmnest* in MünchKomm. BGB, 7. Aufl. 2016, § 307 BGB Rz. 263.
4 Ebenso *Hirte* in KölnKomm. WpHG, § 37h WpHG Rz. 18.
5 *Geimer* in Zöller, 32. Aufl. 2018, § 1040 ZPO Rz. 20, § 1059 ZPO Rz. 39.
6 *Jordans*, S. 224; *Jung* in Fuchs, § 37h WpHG Rz. 46; a.A. *Zimmer* in Schwark/Zimmer, § 37h WpHG Rz. 3 (Anknüpfung an die deutsche Staatsangehörigkeit nicht überzeugend).

auch ein nicht kaufmännischer Anleger mit gewöhnlichem Aufenthalt im Inland (s. Rz. 12) kann sich auf § 101 WpHG und die nach deutschem Recht fehlende Schiedsfähigkeit berufen.

Ebenso entscheidet Art. V Abs. 1 lit. a des New Yorker Übereinkommens über die Anerkennung und Vollstreckung ausländischer Schiedssprüche von 1958[1], der über § 1061 Abs. 1 ZPO für die Anerkennung und Vollstreckung eines ausländischen Schiedsspruchs maßgebend ist. Der Anleger kann sich auf die nach deutschem Recht (§ 101 WpHG) fehlende Schiedsfähigkeit berufen[2]. 49

§ 101 WpHG gehört nicht zum **deutschen ordre public**[3]. Diese Frage wird in Konstellationen relevant, bei denen es um die Anerkennung und Vollstreckung eines ausländischen Schiedsspruchs gegen eine Person geht, deren subjektive Schiedsfähigkeit sich nicht nach deutschem Recht bestimmt. Denn der Betroffene kann sich nicht auf Art. V Abs. 1 lit. a UNÜ i.V.m. § 101 WpHG berufen. Denkbar ist allein der Einwand, dass § 101 WpHG über § 1061 ZPO, Art. V Abs. 2 lit. b zu berücksichtigen sei, weil er zum ordre public zähle. Diesen Einwand muss man im Ergebnis zurückweisen, denn der deutsche Gesetzgeber wollte mit der Schiedsreform das Schiedswesen generell erleichtern. Aufgrund der Tatsache, dass der Gesetzgeber des 4. FMFG die Schiedsreform übersehen zu haben scheint und sich in seinen Intentionen damit selbst widerspricht (s. Rz. 10), sollte man der Vorschrift keine allzu große Bedeutung beimessen. Die Rechtsprechung hat zudem die Eigenverantwortung der Anleger betont und festgestellt, dass der Termin- und Differenzeinwand nicht zum ordre public international gehört[4]. Auch dies spricht dafür, den lediglich flankierenden § 28 BörsG a.F. und damit jetzt auch § 101 WpHG nicht zum Kernbestand desjenigen zwingenden Rechts zu zählen, welches die Grundlagen des staatlichen und wirtschaftlichen Lebens berührt und aus staats-, sozial- oder wirtschaftspolitischen Erwägungen erlassen wurde. Vielmehr ist die Norm gerade Ausdruck eines falsch verstandenen Anlegerschutzes (s. Rz. 9). Hinzu kommt der Gesichtspunkt, dass der ordre public international enger zu verstehen ist als der ordre public interne[5]. 50

VII. Die AGB-Kontrolle von Schiedsvereinbarungen. 1. Einbeziehung von Schiedsvereinbarungen. a) Überblick. § 101 WpHG regelt nur die subjektive Schiedsfähigkeit, ohne Aussagen darüber zu enthalten, wie Schiedsvereinbarungen zum Bestandteil der Vereinbarungen der Parteien werden. Diese Frage beurteilt sich nach § 1031 Abs. 5 ZPO einerseits und den §§ 305 ff. BGB andererseits. Mit anderen Worten: Eine Schiedsvereinbarung kann entweder unwirksam sein, weil einer Partei nach § 101 WpHG die subjektive Schiedsfähigkeit fehlte oder weil die Schiedsvereinbarung nach § 1031 Abs. 5 ZPO nicht wirksam vereinbart wurde (dazu soeben Rz. 39) bzw. die Schiedsvereinbarung nach §§ 307 ff. BGB unwirksam ist. 51

Die Anwendung der §§ 305 ff. BGB und insbesondere die Dichte der AGB-Kontrolle sind abhängig von der Unterscheidung in Verbraucher und Unternehmer. Ein Kaufmann wird in den allermeisten Fällen auch Unternehmer und damit kein Verbraucher sein. Durch das Auseinanderfallen des statusbezogenen Schutzkonzepts von Kaufmann/Nichtkaufmann und der tätigkeitsbezogenen Unterscheidung von Verbrauchern und Unternehmern kommt es jedoch zu Überschneidungen beider Konzepte: Die für private Zwecke vorgenommenen Anlagegeschäfte eines Kaufmanns oder eines persönlich haftenden Gesellschafters einer OHG oder KG gelten als Geschäfte eines Kaufmanns (s. Rz. 21). Dieser ist daher nach § 101 WpHG auch für seine Privatgeschäfte subjektiv schiedsfähig. Zugleich ist er aber Verbraucher, da er das Geschäft nicht für seine gewerbliche oder selbstständige Tätigkeit abgeschlossen hat. In dieser besonderen Konstellation **ist der Kaufmann also Verbraucher**. Aus diesem Grund ist im Folgenden sowohl auf die Schiedsvereinbarungen mit Verbrauchern als auch auf solche mit Kaufleuten einzugehen. 52

b) Schiedsvereinbarungen mit Verbrauchern. Schiedsvereinbarungen gegenüber Verbrauchern sind nur wirksam, wenn sie in einer separaten Vertragsurkunde enthalten sind (s. Rz. 39). Derartige Urkunden sind AGB-rechtlich trotz ihrer Trennung keine eigenständigen Verträge, sondern Teil des Hauptvertrags (§ 305 Abs. 1 Satz 2 BGB). Die Schiedsvereinbarung stellt daher eine Allgemeine Geschäftsbedingung dar, es sei denn, sie wurde individuell ausgehandelt (§ 305 Abs. 1 Satz 3 BGB) oder vom Verbraucher gestellt (§ 310 Abs. 3 Nr. 1 BGB). Da die Schiedsvereinbarung in einer separaten, eigenhändig unterschriebenen Urkunde enthalten sein muss, um überhaupt wirksam zu sein (§ 1031 Abs. 5 ZPO), wird sie auf jeden Fall Vertragsbestandteil; auf die Kriterien des § 305 Abs. 2 BGB zur Einbeziehung von AGB kommt es nicht an. Eine derartige Schiedsvereinbarung ist **keineswegs mehr überraschend** i.S.d. § 305c Abs. 1 BGB, wenn der Verbraucher sie separat unter- 53

---

1 BGBl. II 1961, 121.
2 BGH v. 22.3.2011 – XI ZR 102/09, Juris Rz. 17; BGH v. 22.3.2011 – XI ZR 103/09, Juris Rz. 17; BGH v. 22.3.2011 – XI ZR 157/09, Juris Rz. 17; BGH v. 22.3.2011 – XI ZR 22/10, Juris Rz. 17; dazu *Diederichsen/Faber*, US-Broker haftet bei chancenlosen Terminoptionsgeschäften nur bei positiver Kenntnis oder In-Kauf-Nehmen von sittenwidriger Schädigung der Anleger, GWR 2011, 366.
3 Ebenso *Jung* in Fuchs, § 37h WpHG Rz. 46 a.E. Davon zu trennen ist die Frage, ob § 37d WpHG a.F. zum ordre public gehörte, verneinend *Mülbert*, 4. Aufl. dieses Kommentars, § 37d WpHG Rz. 88; teilweise abweichend *Jordans*, S. 119 ff., 233 ff.
4 BGH v. 21.4.1998 – XI ZR 377/97, BGHZ 138, 331.
5 *Ruzik*, Die Anwendung von Europarecht durch Schiedsgerichte, 2003, S. 19 m.w.N.

zeichnet hat[1]. Damit sind die AGB-Kontrollmaßstäbe auf Schiedsvereinbarungen gegenüber Verbrauchern grundsätzlich anwendbar.

54 c) **Schiedsvereinbarungen mit Kaufleuten.** Die Einbeziehung der Schiedsvereinbarung in Verträge mit Kaufleuten kann nach wie vor im Wege einer Klausel in Allgemeinen Geschäftsbedingungen erfolgen (s. Rz. 40). Die Schiedsvereinbarung muss weder in einer separaten Urkunde enthalten sein noch drucktechnisch hervorgehoben werden. Da § 305 Abs. 2 BGB bei der Verwendung von AGB gegenüber Unternehmern keine Anwendung findet (§ 310 Abs. 1 BGB), kommt es allein auf die Frage an, ob die Klausel überraschend ist (§ 305c Abs. 1 BGB). Kaufleute müssen regelmäßig mit Schiedsvereinbarungen rechnen[2]. Nur wenn Schiedsvereinbarungen in der entsprechenden Branche unüblich sind, läge eine überraschende Klausel vor. Da im Bereich der Finanztermingeschäfte und der Wertpapierdienstleistungen solche Klauseln häufig vorkommen, was gerade Anlass zur Schaffung des § 101 WpHG war (s. Rz. 8), wird man eine Unüblichkeit schwerlich annehmen können.

55 d) **Schiedsvereinbarungen im internationalen Rechtsverkehr.** Im internationalen Rechtsverkehr ist die Einbeziehung von Schiedsklauseln in Übereinkommen geregelt, die das autonome nationale Recht weitgehend verdrängen. Am bedeutendsten ist das New Yorker Übereinkommen über die Anerkennung und Vollstreckung ausländischer Schiedssprüche von 1958[3]. Es regelt die Einbeziehung in Art. II Abs. 1. Danach bedarf die Schiedsvereinbarung, worunter eine Schiedsklausel in einem Vertrag oder eine (separate) Schiedsabrede zu verstehen sind, der Schriftform. Die Schiedsklausel oder Schiedsabrede muss von den Parteien unterzeichnet oder in Briefen oder Telegrammen enthalten sein, die diese ausgetauscht haben (Art. II Abs. 2). Sofern ein **Verbraucher** betroffen ist, wendet der BGH über die Meistbegünstigungsklausel von Art. VII die Kollisionsnorm des Art. 11 Abs. 4 Satz 2 Rom I-VO (Art. 29 Abs. 3 Satz 2 EGBGB a.F.) an, derzufolge sich die Form von Verbraucherverträgen stets nach dem gewöhnlichen Aufenthalt des Verbrauchers richtet, und gelangt so bei im Inland ansässigen Verbrauchern zu § 1031 Abs. 5 ZPO[4].

56 **2. Inhaltskontrolle von Schiedsvereinbarungen. a) Schiedsvereinbarungen mit Verbrauchern.** Die AGB-Kontrolle ist grundsätzlich auch neben § 1031 Abs. 5 ZPO anwendbar[5]. Da spezielle Klauselverbote fehlen, unterliegen Schiedsvereinbarungen im nationalen Rechtsverkehr[6] mit Verbrauchern der Inhaltskontrolle nach § 307 BGB. Eine Schiedsvereinbarung stellt als solche **keine unangemessene Benachteiligung** des Vertragspartners dar[7]. Die Rechtsprechung hatte zunächst offen gelassen, ob diese Aussage nur für Schiedsvereinbarungen mit Kaufleuten oder auch für solche mit Verbrauchern gilt. Die zum 1.1.1998 erfolgte Reform des Schiedsverfahrensrechts lässt ausdrücklich Schiedsvereinbarungen mit Verbrauchern zu (§ 1031 Abs. 5 ZPO). Damit ist klargestellt, dass allein der Abschluss einer Schiedsvereinbarung mit einem Verbraucher nicht schon eine unangemessene Benachteiligung des Vertragspartners darstellen kann[8]. Ein besonderes Interesse zur Rechtfertigung der Schiedsabrede muss ebenfalls nicht bestehen[9]. Allerdings können sich aus anderen Normen Gesichtspunkte ergeben, die eine Unwirksamkeit der Schiedsabrede bewirken[10].

57 Eine unangemessene Benachteiligung liegt nicht schon darin, dass die Schiedsabrede auch Ansprüche aus deliktischem Verhalten umfasst[11]. Sie wird erst dann anzunehmen sein, wenn die Ausgestaltung der Schiedsvereinbarung

---

1 BGH v. 13.1.2005 – III ZR 265/03, BGHZ 162, 9, 15 = DB 2005, 495, 497; *Iffland*, S. 208; *Jordans*, S. 87 ff.; *Jung* in Fuchs, § 37h WpHG Rz. 13; *Quinke*, S. 245; a.A. *Raeschke-Kessler*, WM 1998, 1205, 1209 f. (Vermittlung von Börsentermingeschäften); *Samtleben*, IPRax 2011, 469, 473.
2 Ebenso BGH v. 26.6.1986 – III ZR 200/85, Juris Rz. 7; *Wurmnest* in MünchKomm. BGB, 7. Aufl. 2016, § 307 BGB Rz. 264; *Iffland*, S. 208.
3 BGBl. II 1961, 121; *Samtleben*, Schiedsgerichtsbarkeit und Finanztermingeschäfte, IPRax 2011, 469, 470.
4 BGH v. 22.3.2011 – XI ZR 102/09, Juris Rz. 20-28; BGH v. 22.3.2011 – XI ZR 103/09, Juris Rz. 20-28; BGH v. 22.3.2011 – XI ZR 157/09, Juris Rz. 20-22; BGH v. 22.3.2011 – XI ZR 22/10, Juris Rz. 21-23.
5 *Haas/Hauptmann*, SchiedsVZ 2004, 175, 178 f.; *Hanefeld/Wittinghofer*, SchiedsVZ 2005, 217, 219; *Jordans*, S. 84 ff.; *von Westphalen*, AGB, Schiedsgerichtsklauseln, Rz. 11; offen gelassen von BGH v. 13.1.2005 – III ZR 265/03, BGHZ 162, 9, 15 = DB 2005, 495, 497; BGH v. 22.3.2011 – XI ZR 103/09, Juris Rz. 22.
6 Zum internationalen Rechtsverkehr *Wurmnest* in MünchKomm. BGB, 7. Aufl. 2016, § 307 BGB Rz. 267 m.w.N.
7 BGH v. 26.6.1986 – III ZR 200/85, Juris Rz. 7; BGH v. 10.10.1991 – III ZR 141/90, BGHZ 115, 324 f.; BGH v. 13.1.2005 – III ZR 265/03, BGHZ 162, 9, 16 = DB 2005, 495, 497 f.; zustimmend *Jordans*, S. 89 ff.; *Jung* in Fuchs, § 37h WpHG Rz. 14; *Schwab/Walter*, Schiedsgerichtsbarkeit, 7. Aufl. 2005, Kap. 5 Rz. 14; *von Westphalen*, AGB-Recht im Jahr 2005, NJW 2006, 2228, 2234 f. S. auch DIS-Zwischenschiedsspruch v. 20.2.2007 – DIS-SV-B 606/06, SchiedsVZ 2007, 166, 168.
8 BGH v. 13.1.2005 – III ZR 265/03, BGHZ 162, 9, 16 = DB 2005, 495, 497; a.A. *H. Schmidt* in Ulmer/Brandner/Hensen, AGB-Recht, 12. Aufl. 2016, Teil 2 (40) 4, der die „Versperrung" des ordentlichen Rechtswegs als bedenklich ansieht und deshalb eine Schiedsvereinbarung nur für zulässig hält, wenn ein besonderes schutzwürdiges Interesse des Verwenders vorliege. A.A. auch *Raeschke-Kessler*, WM 1998, 1205, 1207 ff., für den Fall der Verletzung von Aufklärungspflichten und für die Konstellation, dass auch Ansprüche aus unerlaubter Handlung von der Schiedsvereinbarung umfasst seien. S. auch *Jordans*, S. 83 f., der den Meinungsstand zu § 1027 ZPO a.F. wiedergibt.
9 BGH v. 13.1.2005 – III ZR 265/03, BGHZ 162, 9, 16 = DB 2005, 495, 497; *Jordans*, S. 90 f.; a.A. *Jäcker*, Schiedsklauseln, 1992, S. 76; *von Westphalen*, AGB, Schiedsklauseln Rz. 10; *Hau* in Wolf/Lindacher/Pfeiffer, AGB-Recht, 6. Aufl. 2013, Klauseln Rz. S 5.
10 OLG Düsseldorf v. 17.11.2008 – I-9 U 91/08, 9 U 91/08, Juris Rz. 42, das Art. 42 EGBGB analog anwendet.
11 BGH v. 13.1.2005 – III ZR 265/03, BGHZ 162, 9, 17 = DB 2005, 495, 497; *Jordans*, S. 90.

den Verbraucher bei der Wahl der Schiedsrichter, des Schiedsorts, die Gesetzesbindung des Schiedsgerichts, hinsichtlich der vorgesehenen Verfahrensregeln oder der Kostentragung benachteiligt[1]. Nr. 1q des Anhangs der Richtlinie über missbräuchliche Klauseln in Verbraucherverträgen[2] bestimmt, dass eine Schiedsvereinbarung, die den Verbraucher auf ein „nicht unter die rechtlichen Bestimmungen fallendes Schiedsverfahren" verweist, missbräuchlich ist. Solange die Schiedsvereinbarung inhaltlich also mit dem nationalen Schiedsverfahrensrecht in Einklang steht, ist sie unbedenklich[3]. Zum Teil wird angenommen, dass auch vom nationalen Schiedsverfahrensrecht abweichende Regeln wirksam seien[4]; der Verbraucher habe schließlich diese Regeln wegen § 1031 Abs. 5 ZPO separat unterschrieben, und die Nrn. 11 und 12 des § 309 BGB verdeutlichten einen Grundsatz, wonach die Unwirksamkeit nicht solche Klauseln erfasse, die der Verbraucher ausdrücklich gebilligt habe. Dies gelte nicht, wenn die Klauseln unklar oder einseitig ausgestaltet seien. Diese Argumentation kommt über die Einschränkung, einseitige oder unklare Klauseln seien nicht wirksam, sicherlich zu interessengerechten Ergebnissen. Sie ist jedoch in ihrem Argumentationsansatz bedenklich. Bei § 309 Nrn. 11 und 12 BGB handelt es sich um Ausnahmeregelungen, die keineswegs generalisiert werden dürfen. Gegen deren Verallgemeinerung spricht insbesondere die Vorschrift des § 305 Abs. 1 Satz 3 BGB, wonach eine individuelle Vereinbarung nur dann vorliegt, wenn die Parteien die Klausel individuell ausgehandelt haben. Das wiederum setzt voraus, dass der Verwender tatsächlich verhandlungsbereit war. Durch die Verallgemeinerung des § 309 Nrn. 11 und 12 BGB würde die Schutzbestimmung des § 305 Abs. 1 Satz 3 BGB aber indirekt unterlaufen. Ein nicht verhandlungsbereiter Verwender könnte den Kunden besonders problematische Bestimmungen einzeln durch Unterschrift bestätigen lassen und sie auf diese Weise der AGB-Kontrolle entziehen. Im Ergebnis muss sich der Inhalt der Schiedsvereinbarung daher an den Vorgaben der §§ 1025 ff. ZPO orientieren und darf keine einseitige Benachteiligung des Verbrauchers enthalten.

b) Schiedsvereinbarungen mit Kaufleuten. Schiedsvereinbarungen mit Kaufleuten unterliegen aufgrund von § 310 Abs. 1 BGB ebenfalls nur dem Kontrollmaßstab des § 307 BGB. Die Angemessenheit der Schiedsklausel ist für sich genommen und im Rahmen einer Gesamtbetrachtung der Allgemeinen Geschäftsbedingungen zu würdigen: 58

Eine Schiedsvereinbarung stellt als solche keine unangemessene Benachteiligung des Kaufmanns dar[5]. Ein besonderes Interesse zur Rechtfertigung der Schiedsabrede muss grundsätzlich nicht bestehen (s. Rz. 56)[6]. Enthält aber bereits die Schiedsklausel eine einseitige Begünstigung des Verwenders, ist sie gem. § 307 Abs. 1 Satz 1, Abs. 2 Nr. 1 BGB unwirksam. Dabei hat die Rechtsprechung allein den Umstand, dass nur der Verwender sich die Möglichkeit der Anrufung eines Schiedsgerichts vorbehält, noch nicht als unangemessene Benachteiligung der anderen Partei eingeordnet, denn die Unabhängigkeit des Schiedsgerichts wird dadurch nicht beeinträchtigt[7]. Der Verwender darf sich nicht vorbehalten, noch während des staatlichen Gerichtsverfahrens auf ein Schiedsgericht auszuweichen, sondern muss sich vorher entscheiden, ob er das Schiedsgericht wählt[8]. Erst wenn die Regelungen in den Geschäftsbedingungen in den geordneten Ablauf des Schiedsverfahrens eingreifen, ist die Grenze der Unangemessenheit überschritten[9]. Unzulässig wäre auch die Vereinbarung eines ausländischen Schiedsgerichts bei reinen Inlandsgeschäften[10]. 59

Enthält die Schiedsklausel als solche keine einseitige Begünstigung des Verwenders, kann jedoch eine Gesamtbetrachtung der Allgemeinen Geschäftsbedingungen eine unangemessene Benachteiligung der anderen Partei ergeben. Eine solche kann aus dem Zusammenspiel der Schiedsvereinbarung mit anderen Klauseln oder aus der Häufung benachteiligender Klauseln resultieren. Dies hat zur Folge, dass auch die Schiedsklausel nach § 307 Abs. 1 Satz 1, Abs. 2 Nr. 1 BGB unwirksam ist[11]. Gleiches gilt für den Fall, dass die ernsthafte Gefahr besteht, dass das Schiedsgericht von den Garantien der §§ 305 ff. BGB abweicht[12]. 60

VIII. Konkurrenzen. Mit § 101 WpHG ordnet der Gesetzgeber jeden Anleger, der nicht zum Kreis der Kaufleute oder juristischen Personen des öffentlichen Rechts gehört, als schutzwürdigen Laien ein, der regelmäßig 61

---

1 Ausführlich *Quinke*, S. 260 ff., 285 ff., 305 ff., 344 ff. 362 ff.; *Iffland*, S. 209 f.
2 Richtlinie 93/13/EG des Rates vom 5.4.1993 über missbräuchliche Klauseln in Verbraucherverträgen, ABl. EG Nr. L 95 v. 21.4.1993, S. 29 ff.
3 BGH v. 13.1.2005 – III ZR 265/03, BGHZ 162, 9, 17 = DB 2005, 495, 497; OLG Düsseldorf v. 23.5.1996 – 6 U 114/95, NJW-RR 1997, 372, 374; *Wurmnest* in MünchKomm. BGB, 7. Aufl. 2016, § 307 BGB Rz. 262; *Iffland*, S. 209 f.; *Jordans*, S. 91 ff.; *Jung* in Fuchs, § 37h WpHG Rz. 14.
4 *Wurmnest* in MünchKomm. BGB, 7. Aufl. 2016, § 307 BGB Rz. 262.
5 BGH v. 10.10.1991 – III ZR 141/90, BGHZ 115, 324; *Jordans*, S. 95; *Niedermaier*, SchiedsVZ 2012, 177, 184.
6 *Hau* in Wolf/Lindacher/Pfeiffer, AGB-Recht, 6. Aufl. 2013, Klauseln Rz. S 5; a.A. in der Voraufl. *Wolf* in Wolf/Horn/Lindacher, AGB-Gesetz, 4. Aufl. 1999, § 9 Rz. S 8.
7 BGH v. 10.10.1991 – III ZR 141/90, BGHZ 115, 324, 325.
8 BGH v. 24.9.1998 – III ZR 133/97, NJW 1999, 282.
9 Einzelheiten bei *Jordans*, S. 95 ff.
10 *Wurmnest* in MünchKomm. BGB, 7. Aufl. 2016, § 307 BGB Rz. 265.
11 BGH v. 10.10.1991 – III ZR 141/90, BGHZ 115, 324, 325 ff.
12 BGH v. 10.10.1991 – III ZR 141/90, BGHZ 115, 324, 325; zustimmend *Hopt* in Baumbach/Hopt, Einl. vor § 1 HGB Rz. 89; *Wurmnest* in MünchKomm. BGB, 7. Aufl. 2016, § 307 BGB Rz. 265; kritisch *Geimer* in Zöller, 32. Aufl. 2018, § 1031 ZPO Rz. 33; *Schumann*, NJW 1992, 2065.

die Bedeutung von Schiedsvereinbarungen nicht einschätzen könne. Über § 1030 Abs. 3 ZPO ist diese Bestimmung im Rahmen des Schiedsverfahrensrechts zu berücksichtigen.

62 Das institutionelle Aufsichtsrecht über Kredit- und Finanzdienstleistungsinstitute enthält in § 53 Abs. 3 KWG eine weitere Regelung zum Schutze inländischer Anleger. Um deren Verhältnis zu § 101 WpHG bestimmen zu können, muss ihr Anwendungsbereich näher untersucht werden:

63 § 53 Abs. 3 KWG verbietet den vertraglichen Ausschluss des Gerichtsstands der Niederlassung nach § 21 ZPO. Die Norm bezieht sich auf Zweigstellen von Instituten aus Nicht-EU- oder Nicht-EWR-Staaten und erfasst alle Klagen mit Bezug zum Geschäftsbetrieb. Der Gerichtsstand des § 21 ZPO ist also für diese Zweigstellen zwingend, soweit nicht ein von Deutschland ratifiziertes zwischenstaatliches Übereinkommen i.S.d. § 53 Abs. 4 KWG eine solche Vereinbarung zulässt. Umstritten ist, ob § 53 Abs. 3 KWG auch Schiedsvereinbarungen erfasst. Ein Teil des Schrifttums will nur Schiedsvereinbarungen zulassen, bei denen der Ort der inländischen Zweigstelle als Schiedsort vorgesehen ist[1]; die Vereinbarung eines ausländischen Schiedsorts wäre danach unzulässig. Die mittlerweile herrschende Gegenauffassung will Schiedsvereinbarungen generell zulassen, da § 53 Abs. 3 KWG sich seinem Wortlaut nach nur auf Gerichtsstandsvereinbarungen beziehe[2]. Eine vermittelnde Ansicht[3] will danach differenzieren, ob die Streitigkeit durch die Schiedsvereinbarung den staatlichen Gerichten überhaupt entzogen wird, und soweit dies nicht der Fall ist, nach Schutzzwecken unterscheiden. Schiedsvereinbarungen, die den Zugang zu staatlichen Gerichten nur teilweise ausschließen, sollen grundsätzlich unter § 53 Abs. 3 KWG fallen. Ausgenommen seien sie aber dann, wenn keine Beeinträchtigung der Anleger zu befürchten sei. Dies ist beispielsweise bei internationalen Bankgeschäften unter Beteiligung mehrerer Institute der Fall, da diese auf einen einheitlichen Gerichtsstand angewiesen seien. Der BGH hat ausdrücklich offen gelassen, ob die Vorschrift des § 53 Abs. 3 KWG nur Gerichtsstandsvereinbarungen oder auch Schiedsvereinbarungen umfasst[4], denn seine Entscheidung bezog sich auf eine Fallgestaltung, bei der ein staatliches Übereinkommen i.S.d. § 53 Abs. 4 KWG vorlag. Der herrschenden Meinung, wonach § 53 Abs. 3 KWG sich nicht auf Schiedsvereinbarungen bezieht und deren Zulässigkeit daher unberührt lässt, ist zuzustimmen. Denn gerade die §§ 38 ff. ZPO einerseits und § 101 WpHG andererseits sind Belege dafür, dass der Gesetzgeber sehr wohl scharf zwischen Gerichtsstands- und Schiedsvereinbarungen unterscheidet[5]. Wenn er daher die in § 53 Abs. 3 KWG enthaltene Beschränkung ausdrücklich nur auf den Gerichtsstand bezieht, kann die Vorschrift nicht im Wege eines Erst-recht-Schlusses erweiternd ausgelegt werden. Die Kunden eines Instituts bleiben bei Schiedsvereinbarungen nicht rechtlos, da die §§ 1025 ff. ZPO einen ausreichenden Schutz gewähren. Im Ergebnis bestehen zwischen § 101 WpHG und § 53 KWG keine inhaltlichen Überschneidungen, so dass § 53 Abs. 3 KWG in seinem Anwendungsbereich die Vorschrift des § 101 WpHG **nicht verdrängt**.

64 **IX. Übergangsrecht.** § 37h WpHG a.F. trat gem. Art. 23 Satz 1 des Vierten Finanzmarktförderungsgesetzes am 1.7.2002 in Kraft. Gleichzeitig trat das Börsengesetz a.F. und damit dessen § 28 außer Kraft (Art. 23 Satz 2). Die subjektive Schiedsfähigkeit und damit die Wirksamkeit von Schiedsvereinbarungen beurteilen sich seit diesem Stichtag nach neuem Recht. Da dem Gesetz keine Rückwirkung zukommt, behalten alle zuvor wirksam geschlossenen Schiedsvereinbarungen ihre Gültigkeit[6].

65 § 101 WpHG wurde durch das **Zweite Finanzmarktnovellierungsgesetz**[7] in das WpHG eingefügt und ersetzt wortgleich § 37h WpHG a.F. § 101 WpHG gilt für Schiedsabreden, die ab dem 3.1.2018 geschlossen werden.

---

1 *Haug* in Szagunn/Haug/Ergenzinger, 6. Aufl. 1997, § 53 KWG Rz. 33.
2 *Beck/Samm*, 132. EL, 2008, § 53 KWG Rz. 56; *Bähre/Schneider*, 3. Aufl. 1986, § 53 KWG Anm. 7; *Reischauer/Kleinhans*, Stand: Oktober 2017, § 53 KWG Rz. 76.
3 *Vahldiek* in Boos/Fischer/Schulte-Mattler, 5. Aufl. 2016, § 53 KWG Rz. 124.
4 BGH v. 20.3.1980 – III ZR 151/79, BGHZ 77, 32, 40.
5 Vgl. auch *Lehmann*, SchiedsVZ 2003, 219, 223 f.
6 So auch BGH v. 13.1.2005 – III ZR 265/03, BGHZ 162, 9, 20 = DB 2005, 495, 498.
7 Zweites Gesetz zur Novellierung von Finanzmarktvorschriften auf Grund europäischer Rechtsakte (Zweites Finanzmarktnovellierungsgesetz – 2. FiMaNoG) vom 23.6.2017 (BGBl. I 2017, 1693).

Abschnitt 15
Märkte für Finanzinstrumente mit Sitz außerhalb der Europäischen Union

Vorbemerkungen zu §§ 102–105 WpHG

Schrifttum: *Clouth/Lang*, MiFID Praktikerhandbuch, 2007; *Hammen*, Börsenorganisationsrecht im Wandel, AG 2001, 549; *Hammen*, Börsen- und kreditwesenrechtliche Aufsicht über börsenähnliche Handelssysteme, Wertpapierbörsen und Börsenträger, WM 2001, 929; *Hammes*, Die Vorschläge der Europäischen Kommission zur Überarbeitung der Wertpapierdienstleistungsrichtlinie, ZBB 2001, 498; *Reuschle/Fleckner*, Börsenähnliche Einrichtungen – die privatrechtliche Organisation einer Börse im materiellen Sinne, BKR 2002, 617; *Riehmer/Heuser*, Börsen und Internet, NZG 2001, 385; *Seitz*, Transparenz als Mittel der Kapitalmarktregulierung – die neuen Transparenzvorschriften der Richtlinie über Märkte für Finanzinstrumente, AG 2004, 497; *Spindler*, Elektronische Finanzmärkte und Internet-Börsen, WM 2002, 1325, 1365; *Spindler*, Börsenähnliche Wertpapierhandelssysteme – de lege lata, in FS Jean Nicolas Druey, 2002, S. 923; *Spindler/Hüther*, Börse ohne Parket – oder Alternative Trading Systems – Elektronische Handelssysteme in den USA, RIW 2002, 649,

I. Regelungsgegenstand 1	3. Anpassungen infolge der Umsetzung europarechtlicher Vorgaben durch das 1. und 2. FiMaNoG 8
II. Entwicklung des Regelungskomplexes 3	
1. Viertes Finanzmarktförderungsgesetz 3	
2. Finanzmarktrichtlinie-Umsetzungsgesetz 5	III. Konkretisierung der Regelungen im Verordnungsweg 11

I. Regelungsgegenstand. Die Vorschriften des 15. Abschnitts des WpHG enthalten die Regelungen über den Zugang von **Märkten für Finanzinstrumente** mit **Sitz außerhalb der Europäischen Union** gegenüber **Handelsteilnehmern mit Sitz im Inland** im Rahmen des grenzüberschreitenden Dienstleistungsverkehrs. Hiermit sollen die Marktintegrität und der Anlegerschutz sichergestellt werden. Kernstück der Regelung ist in § 102 WpHG die grundsätzliche **Erlaubnispflicht** für diese Drittstaaten-Märkte oder deren Betreiber, wenn sie Handelsteilnehmern mit Sitz im Inland über ein elektronisches Handelssystem einen unmittelbaren Marktzugang gewähren. Ausgenommen von dieser Pflicht sind geregelte Märkte und MTF (multilaterale Handelssysteme – Multilateral Trading Facility), für die eine gesonderte Erlaubnispflicht nach anderen Vorschriften besteht. Mit dieser Regelung wird insbesondere das Aufstellen von Handelsbildschirmen durch Drittstaatenmärkte im Inland reguliert. 1

Die Erlaubnispflicht wird ergänzt durch Regelungen über die **Voraussetzungen** für eine entsprechende Erlaubnis (§ 102 WpHG), über deren **Versagung** (§ 103 WpHG) und über die Voraussetzungen für den **Entzug** dieser Erlaubnis (§ 104 WpHG). Zudem enthält der Regelungskomplex in § 105 WpHG auch eine Regelung zur **Untersagung der Ausführung von Aufträgen von inländischen Kunden** an einem Drittstaatenmarkt, wenn dieser über keine entsprechende Erlaubnis verfügt. 2

II. Entwicklung des Regelungskomplexes. 1. Viertes Finanzmarktförderungsgesetz. Wie auch an anderen Stellen des Gesetzes zeigt es sich, dass das WpHG in der Fassung des 2. FFG aus dem Jahre 1994 nur das Grundkonzept für eine moderne Wertpapierhandelsaufsicht enthalten konnte. Neben gesetzestechnischen Anpassungen machten auftretende Missstände und neuere nationale und internationale Entwicklungen **Ergänzungen** in den Folgegesetzen **erforderlich**. Der mit dem Vierten Finanzmarktförderungsgesetz (4. FFG)[1] eingefügte vormalige Abschnitt 10 mit den Vorschriften der §§ 37i bis 37m WpHG a.F. schloss inhaltlich eine Lücke. Denn bis zum Jahr 2004 wurden Anfragen ausländischer Börsen aus Nicht-EU-Staaten, ob das **Aufstellen von Handelsbildschirmen im Inland** genehmigungsbedürftig sei, dahingehend beantwortet, dass (üblicherweise) das Aufstellen solcher Bildschirme kein Betreiben einer Börse im Inland darstellte. Somit läge kein börsenaufsichtsrechtlicher Sachverhalt vor, der zu genehmigen oder möglicherweise abzulehnen sei. Im Ergebnis konnten daher Börsen aus Drittstaaten ihre Handelsbildschirme hier aufstellen, ohne dass von deutscher Seite irgendein Einfluss auf dieses Handelsgeschehen genommen werden konnte, sei es aus Gründen des Anlegerschutzes oder des bei Delikten erforderlichen Datenaustausches. Andererseits bedarf es in einigen Drittstaaten, wie in den USA, einer aufsichtsrechtlichen Erlaubnis, wenn deutsche Börsen dort Handelsbildschirme aufstellen wollen. Diese **fühlbare Lücke** wurde durch den vorliegenden Regelungskomplex mit einer Erlaubnispflicht für Drittstaatenmärkte oder deren Betreiber **geschlossen**, wenn sie Handelsteilnehmern mit Sitz im Inland über ein elektronisches Handelssystem einen unmittelbaren Marktzugang gewähren. 3

Entsprechend führt die **Gesetzesbegründung** des 4. FFG aus: „Mit der Erlaubnispflicht wird sichergestellt, dass nur solche ausländischen Börsen Handelsbildschirme im Inland aufstellen dürfen, die einer dem deutschen Recht vergleichbaren Überwachung unterliegen und deren Aufsichtsbehörden mit der Bundesanstalt kooperieren und ihr die für die Erfüllung ihrer Aufgaben notwendigen Informationen übermitteln."[2] Diese Erlaubnis- 4

---
[1] Gesetz zur weiteren Fortentwicklung des Finanzplatzes Deutschland (Viertes Finanzmarktförderungsgesetz) vom 21.6. 2002, BGBl. I 2002, 2010.
[2] Vgl. Begr. RegE 4. FFG, BT-Drucks. 14/8017, 97.

pflicht wurde zugleich ergänzt um eine Anzeigepflicht für organisierte Märkte in einem anderen EU- oder EWR-Staat, wenn sie im Inland einen unmittelbaren Marktzugang gewähren, sowie um Regelungen über die Voraussetzungen für die Erlaubniserteilung, über die Erlaubnisverweigerungs- und -entziehungsgründe.

5 2. **Finanzmarktrichtlinie-Umsetzungsgesetz.** Mit dem Finanzmarktrichtlinie-Umsetzungsgesetz[1] wurde als Umsetzung der Vorgaben der MiFID[2] sowohl der Inhalt der Regelungen als auch die Überschrift redaktionell angepasst. In entsprechender Umsetzung wurden sowohl **ausländische multilaterale Handelssysteme als auch organisierte Märkte i.S.d. WpHG aus dem Anwendungsbereich der Regelungen ausgenommen.** Hintergrund der Gesetzesänderung war Folgendes: „Handelsplattformen unterliegen ... umfangreichen Vor- und Nachhandelstransparenzanforderungen für an organisierten Märkten zugelassene Aktien. Handelsplattformen sind Börsen, multilaterale Handelssysteme (Multilateral Trading Facility – MTF, das sind Handelssysteme, die nicht den Regeln der Börsenmärkte unterliegen, wie z.B. ein von Wertpapierunternehmen betriebenes Handelssystem) sowie Internalisierungssysteme (Systeme, bei denen Banken oder Brokerhäuser hausintern Kundenaufträge auf regelmäßiger Basis ausführen). Im Rahmen der Vorhandelstransparenz müssen die systematischen Internalisierer verbindliche Kursofferten stellen. Geregelte Märkte und MTF müssen aktuelle Geld- und Briefkurse und die Handelstiefe zu den jeweiligen Kursen veröffentlichen. Im Rahmen der Nachhandelstransparenz müssen systematische Internalisierer, Wertpapierdienstleistungsunternehmen, die außerbörslichen Handel mit diesen Finanzinstrumenten betreiben, geregelte Märkte und MTF den Umfang, den Kurs und den Zeitpunkt der Geschäfte veröffentlichen"[3].

6 So ist ein **geregelter Markt**, der zugleich ein organisierter Markt nach § 2 Abs. 11 WpHG ist, nach seiner Definition in von staatlichen Stellen der EU- oder EWR-Staaten zugelassener Markt, der bestimmten Anforderungen erfüllt. Schon nach Art. 42 Abs. 6 RL 2004/39/EG (MiFID) hatten die Mitgliedstaaten den geregelten Märkten aus anderen Mitgliedstaaten ohne weitere rechtliche oder verwaltungstechnische Auflagen zu gestatten, dass diese in deren Hoheitsgebiet angemessene Systeme bereitstellen, um Fernmitgliedern oder -teilnehmern in ihrem Hoheitsgebiet den Zugang zu diesen Märkten und den Handel an ihnen zu erleichtern. Das bedeutet, dass seit der Umsetzung der MiFID I auch für die Beaufsichtigung von geregelten Märkten das Herkunftsstaatsprinzip Anwendung findet. In Anbetracht dessen musste die Anzeigepflicht für geregelte Märkte in § 37m WpHG a.F. gestrichen werden. Art. 42 Abs. 6 RL 2004/39/EG (MiFID I) sah entsprechend weiter vor, dass gegenüber der Herkunftsstaatsaufsicht anzuzeigen ist, in welchen Mitgliedstaaten Systeme bereitgestellt werden sollen. Die Herkunftsstaatsaufsicht leitet die entsprechende Information dann weiter an die Aufnahmelandaufsicht. Die gestrichene Anzeigepflicht wurde durch die Transparenzanforderungen und durch die Zulassungsvorschriften ersetzt, die durch die MiFID I europarechtlich vorgegeben wurden.

7 Das Betreiben eines multilateralen Handelssystems (Multilateral Trading Facility – **MTF**)[4] ist europa- und nationalrechtlich als Wertpapierdienstleistung definiert. Entsprechend nahm der Gesetzgeber mit dem FRUG den Begriff des MFT in § 2 Abs. 8 Nr. 8 WpHG auf. Auch hierfür gilt, wie bei allen Wertpapierdienstleistungen, grundsätzlich eine Heimatlandaufsicht für die grenzüberschreitenden Dienstleistungen im Rahmen der EU- oder EWR-Staaten.

8 3. **Anpassungen infolge der Umsetzung europarechtlicher Vorgaben durch das 1. und 2. FiMaNoG.** Im 2. FiMaNoG[5] wurden der vorliegende Regelungskomplex nur in Bezug auf die **Neunummerierung des WpHG** erwähnt. Aus den §§ 37i bis 37m WpHG a.F. wurden die §§ 102 bis 105 WpHG. Zudem wurde die Lücke durch den gestrichenen 37m WpHG a.F. beseitigt.

9 Änderungen am Inhalt der Regelung wurden weder durch das 1. noch durch 2. FiMaNoG vorgenommen. Dies verwundert in Anbetracht der sonstigen **Änderungen im WpHG durch die Umsetzung der europarechtlichen Vorgaben**, insbesondere der MiFID II[6]. Denn in Umsetzung der Vorgaben der MiFID II sind neben den geregelten Märkten und den MTF mit den OTF[7] (organisiertes Handelssystem – Organised Trading Facility) eine weitere Form von Handelsplätzen in die Regulierung einbezogen worden. Diese OTF sind mit Blick auf

---

1 Finanzmarktrichtlinie-Umsetzungsgesetz vom 16.7.2007, BGBl. I 2007, 1330.
2 Richtlinie 2004/39/EG des Europäischen Parlaments und des Rates vom 21.4.2004 über Märkte für Finanzinstrumente, zur Änderung der Richtlinien 85/611/EWG und 93/6/EWG des Rates und der Richtlinie 2000/12/EG des Europäischen Parlaments und des Rates und zur Aufhebung der Richtlinie 93/22/EWG des Rates (MiFID).
3 Vgl. Begr. RegE FRUG, BT-Drucks. 16/4028, 52.
4 Zu den Begriffen vgl. § 2 WpHG Rz. 235, 257 f.
5 Zweites Gesetz zur Novellierung von Finanzmarktvorschriften auf Grund europäischer Rechtsakte (Zweites Finanzmarktnovellierungsgesetz – 2. FiMaNoG) vom 23.6.2017, BGBl. I 2017, 1693; vgl. auch Begr. RegE, BT-Drucks. 18/10936, 90, 251.
6 Richtlinie 2014/65/EU des Europäischen Parlaments und des Rates vom 15.5.2014 über Märkte für Finanzinstrumente sowie zur Änderung der Richtlinien 2002/92/EG und 2011/61/EU (MiFID II), zuletzt geändert durch Richtlinie (EU) 2016/1034 des Europäischen Parlaments und des Rates vom 23.6.2016 zur Änderung der Richtlinie 2014/65/EU über Märkte für Finanzinstrumente.
7 Zu den Begriffen vgl. § 2 WpHG Rz. 240 ff.

das gesetzgeberische Verständnis[1] und europarechtlichen Vorgaben[2] gleichfalls als Märkte für Finanzinstrumente und als Handelsplatz i.S.d. § 102 WpHG einzustufen. Der Betrieb eines OTF erfordert aber zugleich eine Erlaubnis für das Erbringen von Finanzdienstleistungen nach § 32, § 1 Abs. 1a Nr. 1d KWG[3], die auch im Falle des grenzüberschreitenden Erbringens von Finanzdienstleistungen erforderlich ist[4]. Diese doppelte Erlaubnispflicht für OTF und die fehlenden Kollisionsregelungen in Bezug auf weitere Regelungen, wie z.B. Art. 46 ff. VO Nr. 600/2014 (MiFIR), deuten darauf hin, dass eine **Anpassung der Regelungen der §§ 102 ff. WpHG** an die neuen Rahmenbedingungen nach der Umsetzung der MiFID II übersehen wurde. Zur Lösung dieser Kollision der Erlaubnispflichten für grenzüberschreitend tätige OTF mit Sitz in einem Drittstaat erscheint insoweit eine teleologische Reduktion des § 102 WpHG angezeigt zu sein. Zwar würde eine zusätzliche Erlaubnispflicht nach § 102 WpHG neben KWG-Erlaubnispflicht nicht zwingend gegen die europarechtlichen Vorgaben verstoßen, sinnvoll erscheint sie hingegen nicht. Auch die Verzahnung der §§ 102 ff. WpHG mit den durch das 1. FiMaNoG umgesetzten europarechtlichen Normen erscheint in Bezug auf § 104 Abs. 1 Nr. 2 WpHG verbesserungsfähig.

Auch wenn mit dem Gesetz zur Ausübung von Optionen der EU-Prospektverordnung und zur Anpassung weiterer Finanzmarktgesetze vom 11.7.2018[5] eine weitere Modifikation der Erlaubnispflicht nach § 102 Abs. 1 Satz 1 WpHG in Bezug auf Märkte für Finanzinstrumente mit Sitz außerhalb der Europäischen Union eingefügt wurde, ist von weiteren Änderungen an der Erlaubnispflicht nach § 102 WpHG und den hiermit korrespondierenden Regelungen auszugehen.

10

III. Konkretisierung der Regelungen im Verordnungsweg. Im Wege der Subdelegation wurde die **Bundesanstalt** durch die „Verordnung zur Übertragung von Befugnissen zum Erlass von Rechtsverordnungen auf die Bundesanstalt für Finanzdienstleistungsaufsicht" vom 13.12.2002 (BGBl. I 2003, 3) **zum Erlass der Rechtsverordnungen ermächtigt.** Unter anderem im Rahmen der Änderungen durch das 2. FiMaNoG wurde diese Verordnung angepasst[6], so dass die Möglichkeit der Subdelegation in § 1 Nr. 1 der Verordnung geregelt ist. Auf dieser Grundlage wurde am 30.9.2004 die „Verordnung über die erforderlichen Angaben und vorzulegenden Unterlagen bei einem Erlaubnisantrag nach § 37i des Wertpapierhandelsgesetzes (Marktzugangsangabenverordnung – MarktAngV)" erlassen. Änderungen erfuhr diese Verordnung im Zuge der Umsetzung der MiFID und zuletzt[7] im Rahmen der Neunummerierung des WpHG durch das 2. FiMaNoG. Sie konkretisiert die Regelung des 15. Abschnitts des WpHG.

11

§ 102 Erlaubnis; Verordnungsermächtigung

(1) Vorbehaltlich der Regelungen in Titel VIII der Verordnung (EU) Nr. 600/2014 sowie von Beschlüssen der Europäischen Kommission gemäß Artikel 25 Absatz 4 Unterabsatz 3 der Richtlinie 2014/65/EU und Artikel 28 Absatz 4 Unterabsatz 1 der Verordnung (EU) Nr. 600/2014 bedürfen Märkte für Finanzinstrumente mit Sitz im Ausland, die keine organisierten Märkte oder multilateralen Handelssysteme im Sinne dieses Gesetzes sind, oder ihre Betreiber der schriftlichen Erlaubnis der Bundesanstalt, wenn sie Handelsteilnehmern mit Sitz im Inland über ein elektronisches Handelssystem einen unmittelbaren Marktzugang gewähren. Der Erlaubnisantrag muss enthalten:
1. Name und Anschrift der Geschäftsleitung des Marktes oder des Betreibers,
2. Angaben, die für die Beurteilung der Zuverlässigkeit der Geschäftsleitung erforderlich sind,
3. einen Geschäftsplan, aus dem die Art des geplanten Marktzugangs für die Handelsteilnehmer, der organisatorische Aufbau und die internen Kontrollverfahren des Marktes hervorgehen,

---

1 Vgl. Begr. RegE 2. FiMaNoG, BT-Drucks. 18/10936, 1 und die Legaldefinition des Handelsplatzes in § 2 Abs. 22 WpHG.
2 Vgl. die Legaldefinitionen des Handelsplatzes in Art. 4 Abs. 1 Nr. 24 RL 2014/65/EU (MiFID II) und des organisierten Handelssystems – OTF in Art. 4 Abs. 1 Nr. 23 RL 2014/65/EU (MiFID II).
3 Vgl. auch die Einordnung des Betriebs eines OTF als Wertpapierdienstleistung nach § 2 Abs. 8 Satz 1 Nr. 9 WpHG.
4 Vgl. die Ausführungen der Bundesanstalt in ihrem Merkblatt zur Erlaubnispflicht von grenzüberschreitend betriebenen Geschäften vom 1.4.2005, Ergänzung zum Merkblatt vom 1.4.2005 „Erlaubnispflicht von grenzüberschreitend betriebenen Geschäften" zur Anwendung des § 64v Abs. 8 Satz 1 KWG vom 13.9.2017 und Informationsblatt für die Teilnehmer und Mitglieder der deutschen Börsen zur Erlaubnispflicht des Eigengeschäfts und die Anwendung des § 64x Abs. 8 Satz 1 KWG ab 3.1.2018 (bisher § 64v Abs. 8 Satz 1 KWG-Neu) vom 5.12.2017, geändert am 24.1.2018, jeweils veröffentlicht auf der Internetseite der Bundesanstalt unter www.bafin.de.
5 BGBl. I 2018, 1102.
6 Verordnung zur Übertragung von Befugnissen zum Erlass von Rechtsverordnungen auf die Bundesanstalt für Finanzdienstleistungsaufsicht vom 13.12.2002 (BGBl. I 2003, 3), zuletzt geändert durch Art. 1 der Verordnung vom 11.12.2017 (BGBl. I 2017, 3908).
7 Fassung der neuen amtlichen Überschrift: Verordnung über die erforderlichen Angaben und vorzulegenden Unterlagen bei einem Erlaubnisantrag nach § 102 des Wertpapierhandelsgesetzes (Marktzugangsangabenverordnung – MarktAngV) vom 30.9.2004 (BGBl. I 2004, 2576), zuletzt geändert durch Art. 24 Abs. 9 des Gesetzes vom 23.6.2017 (BGBl. I 2017, 1693).

4. Name und Anschrift eines Zustellungsbevollmächtigten im Inland,
5. die Angabe der für die Überwachung des Marktes und seiner Handelsteilnehmer zuständigen Stellen des Herkunftsstaates und deren Überwachungs- und Eingriffskompetenzen,
6. die Angabe der Art der Finanzinstrumente, die von den Handelsteilnehmern über den unmittelbaren Marktzugang gehandelt werden sollen, sowie
7. Namen und Anschrift der Handelsteilnehmer mit Sitz im Inland, denen der unmittelbare Marktzugang gewährt werden soll.

Das Nähere über die nach Satz 2 erforderlichen Angaben und vorzulegenden Unterlagen bestimmt das Bundesministerium der Finanzen durch Rechtsverordnung, die nicht der Zustimmung des Bundesrates bedarf. Das Bundesministerium der Finanzen kann die Ermächtigung durch Rechtsverordnung auf die Bundesanstalt für Finanzdienstleistungsaufsicht übertragen.

(2) Die Bundesanstalt kann die Erlaubnis unter Auflagen erteilen, die sich im Rahmen des mit diesem Gesetz verfolgten Zweckes halten müssen. Vor Erteilung der Erlaubnis gibt die Bundesanstalt den Börsenaufsichtsbehörden der Länder Gelegenheit, innerhalb von vier Wochen zum Antrag Stellung zu nehmen.

(3) Die Bundesanstalt hat die Erlaubnis im Bundesanzeiger bekannt zu machen.

(4) (aufgehoben)

In der Fassung des 2. FiMaNoG vom 23.6.2017 (BGBl. I 2017, 1693), geändert durch Gesetz zur Ausübung von Optionen der EU-Prospektverordnung und zur Anpassung weiterer Finanzmarktgesetze vom 10.7.2018 (BGBl. I 2018, 1102).

Schrifttum: S. Vor §§ 102 ff. WpHG.

I. Übersicht und Entwicklung der Norm 1	IV. Verfahren 24
II. Erlaubnispflicht 4	V. Nachträgliche Änderungen bezüglich der Angaben im Antragsverfahren 29
III. Erlaubnisantrag, notwendige Unterlagen und Angaben unter Berücksichtigung der entsprechenden Verordnung 14	VI. Bekanntmachung 30

1 **I. Übersicht und Entwicklung der Norm.** § 102 WpHG regelt zum einen eine Erlaubnispflicht für bestimmte ausländische Märkte für Finanzinstrumente oder deren Betreiber, wenn sie inländischen Handelsteilnehmern über ein elektronisches Handelssystem einen unmittelbaren Marktzugang gewähren. Zum anderen normiert § 102 WpHG die Vorgaben für einen entsprechenden Erlaubnisantrag einschließlich einer Verordnungsermächtigung des BMF für die nähere Ausgestaltung dieser Vorgaben, die Befugnis der Erlaubniserteilung unter Auflagen und die Veröffentlichung des Umstands der Erlaubniserteilung durch die Bundesanstalt. Wie die übrigen Normen des heutigen 15. Abschnitts des WpHG über die Märkte für Finanzinstrumente mit Sitz außerhalb der EU wurde die Regelung mit dem **4. FFG** in den damaligen Abschnitt 10 des WpHG a.F. eingefügt, und zwar als § 37i WpHG a.F.

2 Schon bei der Schaffung der Regelung waren organisierte Märkte mit Sitz in einem anderen EWR-Staat von der Erlaubnispflicht ausgenommen. Für sie bestand nach § 37i Abs. 4 WpHG a.F. nur eine Anzeigepflicht. Mit der Umsetzung der **MiFID I**[1] durch das Finanzmarktrichtlinie-Umsetzungsgesetz wurde die Norm inhaltlich insoweit geändert als diese Anzeigepflicht gestrichen wurde. Zudem wurde der Anwendungsbereich der Norm insoweit eingeschränkt, als der sich fortan nicht mehr auf ausländische multilaterale Handelssysteme und organisierte Märkte i.S.d. WpHG bezieht, d.h. geregelte Märkte mit einem Sitz innerhalb der Europäischen Union oder in einem Vertragsstaat des EWR.

3 Durch das **2. FiMaNoG** erfuhr die Regelung eine Umbenennung in § 102 WpHG und eine Ergänzung der Überschrift bezüglich der schon zuvor geregelten Verordnungsermächtigung. Inhaltliche Änderungen an der Norm wurden nicht vorgenommen. Hinsichtlich der für OTF (organisiertes Handelssystem – Organised Trading Facility) durch die Einfügung einer Erlaubnispflicht nach § 32 KWG entstehenden Überschneidung der Erlaubnispflicht nach § 102 WpHG und nach § 32 KWG kann auf die Ausführungen in Rz. 9 verwiesen werden.

4 **II. Erlaubnispflicht.** Nach § 102 WpHG bedürfen **Märkte für Finanzinstrumente mit Sitz im Ausland oder deren Betreiber grundsätzlich einer schriftlichen Erlaubnis** der Bundesanstalt, wenn sie inländischen Handelsteilnehmern über ein elektronisches Handelssystem einen unmittelbaren Marktzugang gewähren. Mit der Erlaubnispflicht soll sichergestellt werden, dass nur solche ausländischen Börsen Handelsbildschirme im Inland

---

1 Richtlinie 2004/39/EG des Europäischen Parlaments und des Rates vom 21.4.2004 über Märkte für Finanzinstrumente, zur Änderung der Richtlinien 85/611/EWG und 93/6/EWG des Rates und der Richtlinie 2000/12/EG des Europäischen Parlaments und des Rates und zur Aufhebung der Richtlinie 93/22/EWG des Rates (MiFID).

aufstellen dürfen, die einer dem deutschen Recht **vergleichbaren Überwachung** unterliegen und deren Aufsichtsbehörden mit der Bundesanstalt kooperieren und die für die Erfüllung ihrer Aufgaben notwendigen Informationen übermitteln[1]. Die Regelung der Erlaubnispflicht für die benannten Märkte oder deren Betreiber als alternative Regelung berücksichtigt, dass je nach Regelung des Heimatstaates der Markt ggf. nicht vollrechtsfähig ist[2]. Da der Markt dann evtl. nicht Erlaubnisträger bzw. Antragsteller im Rahmen eines Verwaltungsverfahrens sein kann, ist die Erlaubnispflicht alternativ auf den Betreiber ausgedehnt worden.

Die **Erlaubnispflicht** bezieht sich auf **Märkte für Finanzinstrumente in Drittstaaten** (vgl. § 2 Abs. 12 WpHG), soweit diese inländischen Handelsteilnehmern über ein elektronisches Handelssystem einen unmittelbaren Marktzugang gewähren. Der Terminus **Märkte** für Finanzinstrumente mit Sitz im Drittstaat ist nicht näher definiert. Zum Verständnis kann der Begriff des Handelsplatzes in § 2 Abs. 22 WpHG bzw. Art. 4 Abs. 24 RL 2014/65/EU (MiFID II) entsprechend herangezogen werden (vgl. hierzu die Begriffsbestimmung in § 2 WpHG Rz. 259). Hier wird legal definiert, dass ein Handelsplatz ein **organisierter bzw. geregelter Markt, ein MTF oder ein OTF** ist. Auch wenn sich die deutsche Bestimmung des organisierten Marktes auf Inlands- bzw. EU- oder EWR-Märkte bezieht, so wird doch aus der Gesetzesbegründung[3] deutlich, dass es sich um entsprechende Handelsplätze in Drittstaaten handelt. Dies entspricht auch dem Schutzgedanken der Regelung, dass der Zugang zu solchen Handelsplätzen, die im Inland bzw. auf europäischer Ebene erlaubnispflichtig reguliert sind, auch in Bezug auf Drittstaaten einer Überwachung bedürfen, um den Schutz inländischer Anleger zu gewährleisten. 5

Die Erlaubnispflicht besteht nach dem durch das Gesetz zur Ausübung von Optionen der EU-Prospektverordnung und zur Anpassung weiterer Finanzmarktgesetze vom 10.7.2018 geänderten Wortlaut „vorbehaltlich" der Regelungen des Titels VIII der MiFIR sowie von Gleichwertigkeitsbeschlüssen der EU-Kommission nach Art. 25 Abs. 4 Unterabs. 3 RL 2014/65/EU und Art. 28 Abs. 4 Unterabs. 1 VO Nr. 600/2014. Diese Regelung irritiert zunächst. Unabhängig davon, dass die in Bezug genommenen Regelungen sich teilweise auf Drittlandfirmen und nicht auf Drittland-Märkte beziehen, will der deutsche Gesetzgeber nach der Gesetzesbegründung[4] mit der „Vorbehaltlich"-Regelung eine **Erlaubnispflicht ausschließen, sofern und soweit** die EU-Kommission einen vorbezeichneten **Gleichwertigkeitsbeschluss** in Bezug auf die Beaufsichtigung dieses Drittland-Marktes erlassen hat oder **Fälle der Art. 46–49 VO Nr. 600/2014 vorliegen**. Da die in Bezug genommenen Regelungen keine Erlaubnis für Drittstaaten-Märkte normieren, wäre eine eindeutigere Regelung wünschenswert gewesen. Jedenfalls betrachtet der Gesetzgeber den angestrebten Schutz der inländischen Anleger als gewährleistet, wenn auf europäischer Ebene die Gleichwertigkeit der entsprechenden Regularien und Aufsicht für diese Märkte gegeben ist. 6

Die Erlaubnispflicht bezieht sich entsprechend auf **Märkte für Finanzinstrumente** mit Sitz im Ausland, die keine organisierten Märkte oder multilateralen Handelssysteme im Sinne dieses Gesetzes sind. Sowohl organisierte Märkte als auch MTF unterliegen im Inland eigenen Erlaubnispflichten, so dass eine nochmalige Erlaubnispflicht im Rahmen des § 102 WpHG nicht angezeigt ist[5]. Von der Erlaubnispflicht sind damit ausdrücklich **ausgenommen organisierte Märkte**. Der Begriff des organisierten Marktes ist in § 2 Abs. 11 WpHG legal definiert und bezieht sich auf ein im Inland oder in einem anderen Mitgliedstaat der EU oder des EWR betriebenes, näher beschriebenes multilaterales System, konkret auf zugelassene und überwachte Börsen. Mit § 102 Abs. 1 Satz 1 WpHG sind damit von der Erlaubnispflicht grundsätzlich alle **Drittstaaten-Märkte** für Finanzinstrumente umfasst, auch wenn sie abgesehen vom Sitz alle Voraussetzungen für einen organisierten Markt erfüllen. 7

Von der Erlaubnispflicht sind zudem **MTF – multilaterale Handelssysteme** im Sinne des WpHG ausgenommen. Der Betrieb eines multilateralen Handelssystems ist in § 2 Abs. 8 Satz 1 Nr. 8 WpHG als Wertpapierdienstleistung definiert. Gemäß § 1 Abs. 1a Nr. 1b i.V.m. § 32 KWG ist der Betrieb eines MTF im Inland erlaubnispflichtig. Die Erfüllung des Tatbestands des Betriebs im Inland ist nicht an die physische Präsenz anknüpft, sondern daran, dass der ausländische Markt zurechenbare Teilakte des Betreibens seines Geschäftes im Inland (etwa durch die Bereitstellung entsprechender elektronischer Verbindungsmöglichkeiten) vornimmt oder durch Dritte vornehmen lässt. Es bedarf also nicht die vollständigen Geschäftsabschlusses im Inland; erforderlich und ausreichend sind wesentliche zum Vertragsschluss hinführende Schritte im Inland[6]. So besteht der erforderliche Inlandsbezug, wenn sich das Angebot aus dem Ausland auch und gerade an Personen richtet, die ihren Sitz oder gewöhnlichen Aufenthalt im Inland[7]. 8

---

1 Vgl. Begr. RegE zu § 37i WpHG, BT-Drucks. 14/8017, 97.
2 Vgl. *Beck/Röh* in Schwark/Zimmer, § 37i WpHG Rz. 5.
3 Vgl. Begr. RegE zu § 37i WpHG, BT-Drucks. 14/8017, 97.
4 S. Begr. Finanzausschuss: BT-Drucks. 19/3036, 63.
5 Vgl. die Anmerkungen zu den Änderungen durch die Umsetzung der MiFID Vor §§ 102 ff. WpHG Rz. 5 ff.
6 Vgl. *Samm* in Beck/Samm/Kokemoor, KWG mit CRR, § 32 KWG Rz. 46.
7 So das „Merkblatt multilaterales Handelssystem" der Bundesanstalt vom 7.12.2009, geändert am 25.7.2013, unter www.bafin.de. Vgl. auch das Merkblatt der Bundesanstalt „Merkblatt zur Erlaubnispflicht von grenzüberschreitend betriebenen Geschäften" vom 1.4.2005, gleichfalls unter www.bafin.de.

9 Der Betrieb eines OTF erfordert unabhängig von § 102 WpHG eine Erlaubnis für das Erbringen von Finanzdienstleistungen nach § 32, § 1 Abs. 1a Nr. 1d KWG[1], die auch im Falle des grenzüberschreitenden Erbringens von Finanzdienstleistungen erforderlich ist[2]. Diese doppelte Erlaubnispflicht für OTF und die fehlenden Kollisionsregelungen in Bezug auf weitere Regelungen, wie z.B. Art. 46 ff. VO Nr. 600/2014 (MiFIR) lassen eine teleologische Reduktion des § 102 WpHG angezeigt erscheinen. Zwar würde eine zusätzliche Erlaubnispflicht nach § 102 WpHG neben KWG-Erlaubnispflicht nicht zwingend gegen die europarechtlichen Vorgaben verstoßen, sinnvoll erscheint sie jedoch nicht. Hinsichtlich der **Überschneidung der Erlaubnispflicht** nach §§ 102 ff. WpHG und nach § 32 KWG kann auf die Ausführungen Vor §§ 102 ff. WpHG Rz. 9 f. verwiesen werden.

10 Bei den Märkten im Drittstaat muss es sich um solche Handeln, an denen **Finanzinstrumente** gehandelt werden. Der Begriff der Finanzinstrumente ist im WpHG in § 2 Abs. 4 WpHG **legal definiert**. Hierzu gehören z.B. Wertpapiere, Anteile an Investmentvermögen, Geldmarktinstrumente und derivative Geschäfte. Zu erwähnen ist, dass hierzu grundsätzlich auch Vermögensanlagen i.S.d. § 1 Abs. 2 VermAnlG zählen. In Bezug auf deren eingeschränktere Handelbarkeit über elektronische Handelssysteme dürfte die Relevanz der Vermögensanlagen in geringerem Umfang gegeben sein, als bei den übrigen Finanzinstrumenten. Sie sollte aber nicht unberücksichtigt bleiben, da sich unterschiedliche Handelsplattformen für Vermögensanlagen entwickeln. Nicht zu den Finanzinstrumenten zählen Waren, vgl. § 2 Abs. 5 WpHG, auch wenn sie an Warenmärkten gehandelt werden[3].

11 Die erlaubnispflichtige Tätigkeit ist die Gewährung eines unmittelbaren Marktzugangs über ein elektronisches Handelssystem gegenüber **Handelsteilnehmern mit Sitz im Inland**. Der inländische Sitz eines Handelsteilnehmers bestimmt sich nicht allein nach seinem Satzungs- oder Verwaltungssitz, sondern ist im Sinne des umfassenden Anlegerschutzes weit auszulegen und umfasst auch inländische Zweigstellen oder Repräsentanzen ausländischer Unternehmen[4]. Zudem unterscheidet der Gesetzgeber nicht zwischen verschiedenen inländischen Marktteilnehmern, sondern verlangt die Erlaubnispflicht für die Gewährung des unmittelbaren Marktzugangs durch den Drittstaatenmarkt für **alle inländischen Handelsteilnehmer**. In einem gewissen Spannungsfeld hierzu steht die Regelung des § 103 Nr. 2 WpHG, nach der die Erlaubnis zu versagen ist, wenn inländischen Handelsteilnehmern der unmittelbare Marktzugang gewährt wird, obwohl sie nicht die Voraussetzungen des § 19 Abs. 2 BörsG erfüllen. Hieraus ergibt sich, dass sich die Erlaubnispflicht auf die Einbeziehung aller inländischen Handelsteilnehmer bezieht; die Genehmigung von der Bundesanstalt aber nur in Bezug auf die Handelsteilnehmer erteilt werden kann, die die Voraussetzungen des § 19 Abs. 2 BörsG erfüllen. Soweit dennoch anderen Marktteilnehmern, als solchen, die die Voraussetzungen des § 19 Abs. 2 BörsG erfüllen, ein unmittelbarer Marktzugang gewährt wird, kann die Erlaubnis durch die Bundesanstalt nach § 104 Abs. 1 Nr. 1 WpHG i.V.m. § 103 Nr. 2 WpHG aufgehoben werden bzw. eine Untersagung nach § 105 WpHG ausgesprochen werden.

12 Erlaubnispflichtig ist die Gewährung eines unmittelbaren Marktzugangs über ein **elektronisches Handelssystem** gegenüber inländischen Handelsteilnehmern. Der Gesetzgeber weist in der Gesetzesbegründung darauf hin, dass die Regelung die Fälle erfassen soll, bei denen „sog. Remote Member über einen Handelsbildschirm vom Inland aus am Handel mit Finanzinstrumenten teilnehmen" können[5]. Diese Formulierung weist schon darauf hin, dass nicht das Handelssystem selber zwingend elektronisch sein muss. Maßgeblich ist ein **elektronisches Kommunikationssystem**[6], um im Drittstaat am Handel mit Finanzinstrumenten teilnehmen zu können. Die sonstige Übermittlung von Kundenaufträgen ist nach dem Wortlaut von der Erlaubnispflicht nicht erfasst[7]. Da inzwischen auch Telefonverbindungen über elektronische Systeme hergestellt werden, verbleiben keine anderen praktisch relevanten Zugänge zu einem Drittmarkt. Der klassische Postversand (nicht die elektronische E-Mail) ist im heutigen schnellen Börsenhandel kaum ein geeignetes Mittel für einen unmittelbaren Marktzugang.

13 Die Erlaubnispflicht greift ein, wenn inländischen Handelsteilnehmern durch den Drittstaatenmarkt ein **unmittelbarer Marktzugang** gewährt wird. Ein unmittelbarer Marktzugang ist immer dann gegeben, wenn der inländische Handelsteilnehmer ohne Einschaltung eines Intermediärs am Handel im ausländischen Markt teil-

---

1 Vgl. auch die Einordnung des Betriebs eines OTF als Wertpapierdienstleistung nach § 2 Abs. 8 Satz 1 Nr. 9 WpHG.
2 Vgl. die Ausführungen der Bundesanstalt in ihrem Merkblatt zur Erlaubnispflicht von grenzüberschreitend betriebenen Geschäften vom 1.4.2005, Ergänzung zum Merkblatt vom 1.4.2005 „Erlaubnispflicht von grenzüberschreitend betriebenen Geschäften" zur Anwendung des § 64v Abs. 8 Satz 1 KWG vom 13.9.2017 und Informationsblatt für die Teilnehmer und Mitglieder der deutschen Börsen zur Erlaubnispflicht des Eigengeschäfts und der Anwendung des § 64x Abs. 8 Satz 1 KWG ab 3.1.2018 (bisher § 64v Abs. 8 Satz 1 KWG-Neu) vom 5.12.2017, geändert am 24.1.2018, jeweils veröffentlicht auf der Internetseite der Bundesanstalt unter www.bafin.de.
3 Vgl. *Harter* in Just/Voß/Ritz/Becker, § 37i WpHG Rz. 13; *Zimmermann* in Fuchs, § 37i WpHG Rz. 12.
4 Vgl. *Baum* in KölnKomm. WpHG, § 37i WpHG Rz. 18; *Beck/Röh* in Schwark/Zimmer, § 37i WpHG Rz. 6; *Zimmermann* in Fuchs, § 37i WpHG Rz. 11.
5 Vgl. Begr. RegE zu § 37i WpHG, BT-Drucks. 14/8017, 97.
6 Vgl. *Harter* in Just/Voß/Ritz/Becker, § 37i WpHG Rz. 8; *Spindler*, WM 2002, 1325, 1341; *Zimmermann* in Fuchs, § 37i WpHG Rz. 8.
7 Vgl. *Harter* in Just/Voß/Ritz/Becker, § 37i WpHG Rz. 13; *Zimmermann* in Fuchs, § 37i WpHG Rz. 12; a.A. *Spindler*, WM 2002, 1325, 1341, der jeden Zugang ohne Rücksicht auf das genutzte Medium genügen lässt.

nehmen kann. Insoweit ist der Regelungsrahmen des § 102 WpHG vom direkten elektronischen Zugang im Sinne der Legaldefinition des § 2 Abs. 30 WpHG zu unterscheiden. Denn § 2 Abs. 30 WpHG bezieht sich auf einen direkten elektronischen Marktzugang gerade durch einen Intermediär, hier ein Mitglied, Teilnehmer oder Kunde eines Handelsplatzes, während sich § 102 WpHG auf den unmittelbaren Marktzugang durch den Markt selbst (ohne Einschaltung eines Intermediärs) bezieht.

III. Erlaubnisantrag, notwendige Unterlagen und Angaben unter Berücksichtigung der entsprechenden Verordnung. Der Erlaubnisantrag muss die in § 102 Abs. 1 Satz 2 WpHG genannten Angaben und Unterlagen enthalten. Diese Angaben oder Unterlagen können durch eine Rechtsverordnung näher bestimmt, also konkretisiert werden. Hierfür ist in § 102 Abs. 1 Satz 3 WpHG eine **Verordnungsermächtigung** für das BMF normiert. Die Verordnung bedarf nicht der Zustimmung des Bundesrates (§ 102 Abs. 1 Satz 3 WpHG). Von der in Satz 4 vorgesehenen Möglichkeit, die Ermächtigung im Wege der Rechtsverordnung auf die Bundesanstalt zu übertragen, wurde durch die „Verordnung zur Übertragung von Befugnissen zum Erlass von Rechtsverordnungen auf die Bundesanstalt für Finanzdienstleistungsaufsicht" vom 13.12.2002 (BGBl. I 2003, 3) Gebrauch gemacht. Die Bundesanstalt hat diese Ermächtigung genutzt und mit der „Verordnung über die erforderlichen Angaben und vorzulegenden Unterlagen bei einem Erlaubnisantrag nach § 102 des Wertpapierhandelsgesetzes (Marktzugangsangabenverordnung – MarktAngV"[1] die notwendigen Angaben und Unterlagen konkretisiert. Dabei ist auf § 9 MarktAngV hinzuweisen, der klarstellt, dass die nach der Verordnung bezeichneten Angaben und Unterlagen nicht abschließend aufgezählt sind, sondern die Bundesanstalt weitere und sonstige Angaben und Unterlagen verlangen kann. 14

§ 10 MarktAngV bestimmt, dass die Angaben und vorzulegenden Unterlagen grundsätzlich in deutscher **Sprache** abgefasst sein müssen. Nur die Angaben gem. § 4 MarktAngV (Geschäftsplan) und § 6 MarktAngV (Gleichwertigkeit der ausländischen Aufsicht) der Verordnung können in englischer Sprache abgefasst sein, wobei in diesen Fällen auf Anforderung der Bundesanstalt eine deutsche Übersetzung vorgelegt werden muss. 15

Der Erlaubnisantrag muss zwingend hinreichende **Angaben zur Geschäftsleitung** enthalten. Er muss Name und Anschrift der Geschäftsleitung des Marktes oder des Betreibers benennen. Bei juristischen Personen sind zusätzlich Rechtsform, Sitz sowie gegebenenfalls eine Eintragung in einem öffentlichen Handels- oder Gewerberegister anzugeben. Hierdurch soll eine eindeutige **Identifizierung** ermöglicht werden, um Missverständnissen hinsichtlich der Identität vorzubeugen. 16

Zudem müssen Angaben enthalten sein, die der Bundesanstalt die Beurteilung der Zuverlässigkeit der Geschäftsleitung ermöglichen. Die Prüfung der Zuverlässigkeit bezieht sich stets auf die persönliche Zuverlässigkeit der handelnden Personen und zwar aller Geschäftsleiter[2]. Die Überprüfung der **Zuverlässigkeit der Geschäftsleitung** dient, vergleichbar mit den Regelungen in den Vorschriften des §§ 32 Abs. 1 Satz 2 Nr. 3, 33 Abs. 1 Satz 1 Nr. 3 KWG, dem Schutz der Marktintegrität und damit auch dem Anlegerschutz. Nach § 3 MarktAngV haben die Geschäftsleiter dem Antrag eine Erklärung beizufügen, ob derzeit oder früher gegen sie ein Strafverfahren geführt wird oder wurde oder ob sie oder ein von ihnen geleitetes Unternehmen als Schuldnerin in ein Insolvenzverfahren oder in ein Verfahren zur Abgabe einer eidesstattlichen Versicherung oder ein vergleichbares Verfahren verwickelt war oder ist. Ferner ist ein tabellarischer Lebenslauf der Geschäftsleiter beizufügen, der neben der Angabe zur Art der jeweiligen Tätigkeit auch die Unternehmen benennt, für die die Geschäftsleiter bisher tätig gewesen sind. Diese Angaben müssen auch für die Bestellung von Verhinderungsvertretern beigefügt werden. Die Formulierung in § 3 MarktAngV orientiert sich an der früheren Vorschrift des § 23 Abs. 4, 8 Satz 2 Nr. 1 und 2 sowie Satz 3 Verordnung über die Anzeigen und die Vorlage von Unterlagen nach dem Gesetz über das Kreditwesen, die auf der Grundlage von § 32 Abs. 1 Satz 3 KWG erlassen worden war[3]. 17

Von einer Zuverlässigkeit der Personen, die die Geschäftsleitung des ausländischen Marktes oder seines Betreibers innehaben, **kann nicht ausgegangen werden**, wenn der Bundesanstalt Tatsachen bekannt werden, die sie im Rahmen einer Prognoseentscheidung zu dem Schluss kommen lassen, dass die jeweilige Person der Geschäftsleitung keine Gewähr dafür bietet, dass diese künftig ihre Tätigkeit ordnungsgemäß unter Einhaltung des vorgegebenen Rechtsrahmens erfüllen wird; wenn also nach der allgemeinen Lebenserfahrung anzunehmen ist, dass die ordnungsgemäße und sorgfältige Ausübung der Geschäftsleitertätigkeit beeinträchtigt sein kann[4]. Der Rechtsrahmen der Tätigkeit ergibt sich zwar aus dem ausländischen Recht, das aber vergleichbar sein muss mit dem nationalen Rechtsrahmen, wie dem WpHG und des BörsG, aber auch die zwingenden europarechtlichen 18

---

1 Marktzugangsangabenverordnung vom 30.9.2004 (BGBl. I 2004, 2576), zuletzt geändert durch Art. 24 Abs. 9 des Gesetzes vom 23.6.2017 (BGBl. I 2017, 1693).
2 Vgl. auch *Zimmermann* in Fuchs, § 37i WpHG Rz. 23; *Baum* in KölnKomm. WpHG, § 37i WpHG Rz. 26; *Beck/Röh* in Schwark/Zimmer, § 37i WpHG Rz. 5.
3 Heute in § 14 Abs. 4 i.V.m. § 5 und §§ 5a bis 5f der Verordnung über die Anzeigen und die Vorlage von Unterlagen nach dem Kreditwesengesetz vom 19.12.2006 (BGBl. I 2006, 3245), zuletzt geändert durch Art. 128 des Gesetzes vom 29.3.2017 (BGBl. I 2017, 626).
4 Vgl. die Kommentierung zum KWG *Reischauer/Kleinhans*, § 33 KWG Rz. 28, auch *Samm* in Beck/Samm/Kokemoor, KWG mit CRR, § 33 KWG Rz. 44 ff.

Vorgaben berücksichtigen muss, wie sie sich beispielsweise aus der MAR[1] als unmittelbar anwendbare europarechtliche Verordnung ergeben. Entsprechend muss die Geschäftsleitung Gewähr dafür bieten, dass sie in Bezug auf ihren Zuständigkeitsbereich beispielsweise die Verbote von Insiderhandel und Marktmanipulation respektiert und durchsetzt. Bei der Prüfung handelt es sich um eine Prognose des künftig zu erwartenden Handelns auf Basis aller vorliegenden oder auch nachgeforderten Informationen[2]. Damit ist die Überprüfung der Zuverlässigkeit eine Wertung von Tatsachen, verbunden mit einer daraus abgeleiteten Prognose über das künftige Verhalten. Maßstab muss dabei stets die Gewährleistung der ordnungsgemäßen Ausübung der erlaubnispflichtigen Tätigkeiten in der Zukunft sein. Eine Überprüfung der fachlichen Eignung der Geschäftsleitung erfolgt nicht[3].

19 Überdies ist ein **Geschäftsplan** vorzulegen, aus dem die Art des geplanten Marktzugangs für die Handelsteilnehmer, der organisatorische Aufbau und die internen Kontrollverfahren des Marktes hervorgehen. Die Pflicht zum Vorlegen des Geschäftsplans dient der Marktaufsicht, nicht der Solvenzaufsicht. Hierdurch wird die Überwachung der Einhaltung der Verhaltensregeln ermöglicht. Bei der Darstellung des Geschäftsplans ist gem. § 4 MarktAngV auf den satzungsmäßigen Geschäftszweck, die Geschäftsbereiche und Handelssegmente des Marktes, zu denen Zugang gewährt werden soll, den organisatorischen Aufbau des Marktes und die internen Kontrollverfahren einzugehen.

20 Die **Bevollmächtigung des Zustellungsbevollmächtigten** (§ 102 Abs. 1 Satz 2 Nr. 4 WpHG) ist unter Angabe des Namens und der Anschrift des Bevollmächtigten durch eine Abschrift der Bevollmächtigungsurkunde nachzuweisen (§ 5 MarktAngV). Das dient vornehmlich der Zustellung von Verwaltungsakten der Bundesanstalt im Inland, sichert aber auch die jederzeitige Erreichbarkeit des Erlaubnisinhabers.

21 Der Antrag hat zudem zwingend detaillierte **Angaben der für die Überwachung des Marktes und seiner Handelsteilnehmer zuständigen Stellen** des Herkunftsstaates und deren **Überwachungs- und Eingriffskompetenzen** zu enthalten. Dadurch wird u.a. das Funktionieren des Informationsaustauschs zwischen den Aufsichtsbehörden zur Verfolgung grenzüberschreitender Insidergeschäfte sichergestellt[4]. Zudem wird die Bundesanstalt in die Lage versetzt zu prüfen, ob einer der Versagungsgründe des § 103 WpHG vorliegt. Nach § 6 MarktAngV i.V.m. § 102 Abs. 1 Satz 2 Nr. 5 WpHG ist das Bestehen einer **gleichwertigen ausländischen Aufsicht** sicherzustellen. So hat der Antragsteller die Bezeichnung und Anschrift der zuständigen Überwachungsstellen anzugeben, deren Eingriffs- und Kontrollbefugnisse gegenüber dem Markt, seinem Betreiber, den zugelassenen Handelsteilnehmern, den Abwicklungsberechtigten und sonstigen natürlichen und juristischen Personen, insbesondere die Befugnisse der Überwachungsstellen bei der Überwachung von Meldepflichten, Insidergeschäften, Veröffentlichungs- und Mitteilungspflichten, Marktmanipulation, Veränderung von bedeutenden Stimmrechtsanteilen, Verhaltensregeln für Wertpapierdienstleistungsunternehmen und für Wertpapieranalysen sowie die Befugnisse zur Aussetzung des Börsenhandels und zum Ausschluss von Handelsteilnehmern oder der Verhängung anderer Sanktionen. Zudem hat der Antragsteller anzugeben, ob gesetzliche oder vertragliche Grundlagen für die Zusammenarbeit der Überwachungsstellen mit der Bundesanstalt bestehen. Hierzu ist eine Bestätigung der Überwachungsstelle über Art und Umfang von deren Zusammenarbeit mit der Bundesanstalt und der Text der Rechtsnormen oder Vereinbarungen beizufügen.

22 Ebenfalls beizufügen sind gem. § 102 Abs. 1 Satz 2 Nr. 6 WpHG die Angabe der Art der Finanzinstrumente, die von den Handelsteilnehmern über den unmittelbaren Marktzugang gehandelt werden sollen. Hierbei ist eine Aufschlüsselung der **Art der gehandelten Finanzinstrumente** in die Kategorien des § 2 WpHG erforderlich. Falls die gehandelten Finanzinstrumente nicht der Legaldefinition des WpHG entsprechen, sind sie nach Ausstattung und Funktion zu beschreiben (§ 7 MarktAngV).

23 Letztlich sind Namen und Anschrift der **Handelsteilnehmer** mit Sitz im Inland anzugeben, denen der unmittelbare Marktzugang gewährt werden soll. Dem Antrag ist dies in Form einer Liste der betroffenen Handelsteilnehmer beizufügen. Die Vorschrift soll sicherstellen, dass bei der Erlaubniserteilung der Versagungsgrund des § 103 Nr. 2 WpHG ausgeschlossen werden kann, also dass ausschließlich Handelsteilnehmern mit Sitz im Inland der unmittelbare Marktzugang gewährt werden soll, die die Voraussetzungen des § 19 Abs. 2 BörsG erfüllen. Durch die Angabe der potentiellen Handelsteilnehmer soll es der Bundesanstalt zugleich ermöglicht werden, den, die Einhaltung der einschlägigen Vorschriften, wie die Verhaltens-, Organisations- und Transparenzpflichten der §§ 63 ff. WpHG bei den Handelsteilnehmern zu überwachen.

24 **IV. Verfahren.** Mit Einreichung des Antrags bei der Bundesanstalt hat diese ein Verwaltungsverfahren gem. § 9 VwVfG zur Prüfung der Erteilung der Erlaubnis einzuleiten. Die **Form des Antrags** regelt weder § 102

---

1 Verordnung (EU) Nr. 596/2014 des Europäischen Parlaments und des Rates vom 16.4.2014 über Marktmissbrauch (Marktmissbrauchsverordnung) und zur Aufhebung der Richtlinie 2003/6/EG des Europäischen Parlaments und des Rates und der Richtlinien 2003/124/EG, 2003/125/EG und 2004/72/EG der Kommission.
2 Verschaffung der Tatsachenerkenntnis im Rahmen der Amtsermittlung, vgl. auch *Samm* in Beck/Samm/Kokemoor, KWG mit CRR, § 33 KWG Rz. 45; a.A. *Baum* in KölnKomm. WpHG, § 37j WpHG Rz. 2.
3 Vgl. *Samm* in Beck/Samm/Kokemoor, KWG mit CRR, § 33 KWG Rz. 47.
4 Vgl. Begr. RegE zu § 37i WpHG, BT-Drucks. 14/8017, 97.

WpHG noch die entsprechende Verordnung ausdrücklich. Der Blick auf die in doppelter Ausfertigung einzureichenden beizufügenden Unterlagen, wie die Straffreiheitserklärung der Geschäftsleiter und die Abschrift der Vollmachtsurkunde des Zustellungsbevollmächtigten, aber auch unter Berücksichtigung der begehrten schriftlichen Erlaubnis spricht für eine schriftliche Einreichung des Antrags[1].

Hinsichtlich des Verfahrens empfiehlt sich eine **rechtzeitige Abstimmung** des Erlaubnisverfahrens mit der Bundesanstalt. Denn für die Erteilung der Erlaubnis sind ggf. noch weitere Angaben oder Unterlagen für die Prüfung erforderlich. Nach Abschluss der Prüfung ist – soweit alle erforderlichen Angaben und Unterlagen eingereicht sind und nicht ein zwingender Ablehnungsgrund nach § 103 WpHG vorliegt – die Erlaubnis zu erteilen. Vor einer Ablehnung des Antrags, insbesondere wegen Unvollständigkeit der eingereichten Angaben und Unterlagen, hat die Bundesanstalt dem Antragsteller die Möglichkeit zur Stellungnahme und ggf. Nachbesserung einzuräumen[2]. 25

Die Bundesanstalt kann die Erlaubnis insoweit mit Nebenbestimmungen nach § 36 VwVfG versehen, als § 102 Abs. 2 WpHG die Möglichkeit der Erlaubniserteilung unter **Auflagen** vorsieht. Diese Auflagen müssen sich im Rahmen des mit dem Wertpapierhandelsgesetz verfolgten Zweckes halten. In Betracht kommen beispielsweise Auflagen, die die technischen Voraussetzungen des unmittelbaren Marktzuganges im Inland sicherstellen. 26

Bei der Erlaubnis handelt es sich um eine schriftliche Erlaubnis. Das bedeutet zugleich, dass die **Erlaubnisurkunde** nach Rückgabe oder Aufhebung der Erlaubnis nach § 52 VwVfG wieder **zurückgefordert werden kann**. 27

Hinsichtlich des **zeitlichen Aspekts** der Erlaubniserteilung ist zudem zu beachten, dass vor Erteilung der Erlaubnis nach § 102 Abs. 2 Satz 2 WpHG die Bundesanstalt den **Börsenaufsichtsbehörden der Länder die Gelegenheit zur Stellungnahme** einzuräumen hat. Die Börsenaufsichtsbehörden haben zur Stellungnahme vier Wochen Zeit. Eine Stellungnahme ist nicht zwingend; sie ist bei der Entscheidung der Bundesanstalt jedoch zu berücksichtigen. Sie präjudiziert aber nicht die Entscheidung der Bundesanstalt, sondern die Bundesanstalt bleibt eigenständiger Entscheidungsträger. 28

V. Nachträgliche Änderungen bezüglich der Angaben im Antragsverfahren. Ändern sich die den Angaben zugrunde liegenden Tatsachen, so hat der Markt oder sein Betreiber dies der Bundesanstalt unverzüglich zur Kenntnis zu geben[3]. Dies ist letztlich auch eine Frage der Zuverlässigkeit der Geschäftsleitung, denn der Gesetzgeber hat die Maßgeblichkeit der geforderten Angaben für die Erteilung der Erlaubnis klar zu erkennen gegeben. Änderungen bei diesen Angaben können dazu führen, dass die Anforderungen an den Markt oder seinen Betreibern künftig nicht mehr erfüllt werden. Zudem ist vor dem Anschluss weiterer Handelsteilnehmer und dem Handel weiterer Finanzinstrumente die erweiternde Erlaubnis der Bundesanstalt einzuholen[4]. Nach anderer Auffassung ist nur eine Anzeige bei der Bundesanstalt erforderlich[5]. Hier geht es auch um die inhaltliche Bestimmung der Erlaubnis. In Bezug auf die Pflicht zur Angabe der Marktteilnehmer und der Instrumente im Antrag und der Bedeutung der Bestimmung, ob die Marktteilnehmer die Voraussetzungen des § 19 Abs. 2 BörsG erfüllen, für die Erteilung und Aufhebung der Erlaubnis, ist von einer inhaltlichen Bestimmung der erteilten Erlaubnis auszugehen. Entsprechend ist ein Erlaubniserweiterungsantrag erforderlich. Dies entspricht zudem der vorgesehenen ex-ante-Kontrolle in Bezug auf die betroffenen Marktteilnehmer, die nicht durch eine ex post-Kontrolle ersetzt werden kann[6]. In Anbetracht der bereits bestehenden Erlaubnis ist kein vollständiges neues Erlaubnisverfahren erforderlich, sondern es kann auf der bestehenden Erlaubnis aufgebaut werden und die zusätzlich vorgesehenen Marktteilnehmer bzw. Instrumente und ggf. weitere geplante und bereits erfolgte Änderungen in dem Verfahren der erweiterten Erlaubnis berücksichtigt werden. 29

VI. Bekanntmachung. Die Bundesanstalt hat gem. § 102 Abs. 3 WpHG die Erlaubnis im **Bundesanzeiger** bekannt zu machen, damit die interessierte Öffentlichkeit Kenntnis davon erlangt, welche ausländischen Märkte in der Bundesrepublik Deutschland zulässigerweise einen Zugang zu ihrem Markt anbieten. Diese Regelung zur Bekanntmachung der Erlaubniserteilung korrespondiert mit der Pflicht zur Bekanntmachung der Aufhebung der Erlaubnis nach § 104 Abs. 2 WpHG. Die Bedeutung der Bekanntmachung ist deklaratorisch; sie hat keine konstitutive Wirkung[7]. Die Bekanntmachung kann beispielsweise mit derjenigen nach § 32 Abs. 4 KWG verglichen werden. Sie dient der Information der Öffentlichkeit. 30

---

1 Vgl. *Baum* in KölnKomm. WpHG, § 37i WpHG Rz. 22; a.A. *Zimmermann* in Fuchs, § 37i WpHG Rz. 31; auch *Samm* in Beck/Samm/Kokemoor, KWG mit CRR, § 33 KWG Rz. 45.
2 Vgl. *Baum* in KölnKomm. WpHG, § 37i WpHG Rz. 41 mit Verweis auf *Fischer* in Boos/Fischer/Schulte/Mattler, § 32 KWG Rz. 39, § 33 KWG Rz. 90.
3 Vgl. *Zimmermann* in Fuchs, § 37i WpHG Rz. 20; a.A. *Baum* in KölnKomm. WpHG, § 37i WpHG Rz. 22.
4 Vgl. Begr. RegE zu § 37i WpHG, BT-Drucks. 14/8017, 97; *Zimmermann* in Fuchs, § 37i WpHG Rz. 20; *Baum* in KölnKomm. WpHG, § 37i WpHG Rz. 37, 40.
5 Vgl. *Beck/Röh* in Schwark/Zimmer, § 37i WpHG Rz. 21; *Harter* in Just/Voß/Ritz/Becker, § 37i WpHG Rz. 27.
6 Vgl. auch *Baum* in KölnKomm. WpHG, § 37i WpHG Rz. 38.
7 Vgl. *Zimmermann* in Fuchs, § 37i WpHG Rz. 36; *Baum* in KölnKomm. WpHG, § 37i WpHG Rz. 37, 44.

§ 103 Versagung der Erlaubnis

Die Erlaubnis ist zu versagen, wenn
1. Tatsachen vorliegen, aus denen sich ergibt, dass die Geschäftsleitung nicht zuverlässig ist,
2. Handelsteilnehmern mit Sitz im Inland der unmittelbare Marktzugang gewährt werden soll, die nicht die Voraussetzungen des § 19 Abs. 2 des Börsengesetzes erfüllen,
3. die Überwachung des Marktes oder der Anlegerschutz im Herkunftsstaat nicht dem deutschen Recht gleichwertig ist oder
4. der Informationsaustausch mit den für die Überwachung des Marktes zuständigen Stellen des Herkunftsstaates nicht gewährleistet erscheint.

In der Fassung des 2. FiMaNoG vom 23.6.2017 (BGBl. I 2017, 1693).

Schrifttum: S. Vor §§ 102 ff. WpHG.

I. Übersicht und Entwicklung der Norm 1	III. Gebundene Entscheidung 7
II. Zwingende Versagungsgründe 2	

1 **I. Übersicht und Entwicklung der Norm.** Die Regelung gibt der Bundesanstalt einen **Maßstab für die Entscheidung über den Antrag nach § 102 WpHG** vor. Hiernach hat die Bundesanstalt den Erlaubnisantrag nach § 102 WpHG abzulehnen, wenn einer der benannten vier Versagungsgründe vorliegt. Wie die übrigen Normen des heutigen 15. Abschnitts des WpHG über die Märkte für Finanzinstrumente mit Sitz außerhalb der EU wurde die Regelung mit dem 4. FFG in den damaligen Abschnitt 10 des WpHG eingefügt, und zwar als § 37j WpHG a.F. Inhaltlich ist die Regelung seit ihrer Normierung unverändert geblieben. Einzig durch das 2. FiMa-NoG erfuhr die Regelung im Rahmen der Neunummerierung des WpHG eine Umbenennung in § 103 WpHG.

2 **II. Zwingende Versagungsgründe.** Nach § 103 Nr. 1 WpHG ist die Erlaubnis zu versagen, wenn **Tatsachen vorliegen, aus denen sich ergibt, dass die Geschäftsleitung nicht zuverlässig ist**. Der Wortlaut der Norm lässt offen, auf wessen Geschäftsleitung sich die Regelung bezieht. Die Gesetzesbegründung spricht ausdrücklich die Geschäftsleitung des Marktes[1] an, woraus sich aber keine Ausschließlichkeit ergibt. In Anbetracht, dass die Erlaubnispflicht in § 102 Abs. 1 Satz 1 WpHG bewusst alternativ in Bezug auf den Markt als auch auf den Marktbetreiber geregelt wurde, und unter Berücksichtigung der offenen Formulierung in § 103 Nr. 1 WpHG bezieht sich der Versagungsgrund sowohl auf **die Geschäftsleitung des Marktes als auch auf die Geschäftsleitung des Betreibers**. Maßgeblich ist, dass die Geschäftsleitung des Erlaubnisträgers zuverlässig ist.

3 Die Regelung der zwingenden Antragsablehnung bei fehlender Zuverlässigkeit der Geschäftsleitung korrespondiert mit einer Vielzahl von Normen, die gleichfalls zwingend die Zuverlässigkeit der Geschäftsleitung eines zugelassenen Unternehmens verlangen. Beispielsweise kann hier auf die Regelung in § 33 Abs. 1 Nr. 2 KWG verwiesen werden[2]. Von einer **mangelnden Zuverlässigkeit** der Personen, die die Geschäftsleitung des ausländischen Marktes oder seines Betreibers innehaben, ist auszugehen, wenn der Bundesanstalt Tatsachen bekannt werden, die sie im Rahmen einer Prognoseentscheidung zu dem Schluss kommen lassen, dass die jeweilige Person der Geschäftsleitung keine Gewähr dafür bietet, dass diese künftig ihre Tätigkeit ordnungsgemäß unter Einhaltung des vergleichbaren ausländischen Rechtsrahmens erfüllen wird. Bezüglich der Zuverlässigkeitsprüfung im Erlaubnisverfahren und den vom Antragsteller zur Zuverlässigkeitsprüfung vorzulegenden Unterlagen kann auf § 102 WpHG Rz. 17 f. verwiesen werden.

4 Gemäß § 103 Nr. 2 WpHG ist die Erlaubnis zwingend zu versagen, wenn Handelsteilnehmern mit Sitz im Inland der unmittelbare Marktzugang gewährt werden soll, die nicht die Voraussetzungen des § 19 Abs. 2 BörsG erfüllen. Dieser Versagungsgrund dient der Sicherung, dass nur solchen **inländischen Handelsteilnehmern** der unmittelbare Marktzugang gewährt wird, die die **Voraussetzungen des § 19 BörsG erfüllen**. So kann in der Bundesrepublik Deutschland zum Börsenhandel nur zugelassen werden, wer gewerbsmäßig zu börsenmäßig handelbaren Gegenständen Geschäfte für eigene Rechnung tätigt, das Kommissionsgeschäft oder das Vermittlungsgeschäft betreibt, dessen Gewerbebetrieb nach Art und Umfang i.d.R. einen in kaufmännischer Weise eingerichteten Geschäftsbetrieb erfordert (§ 19 Abs. 2 BörsG) und der die übrigen Anforderungen in § 19 Abs. 4 bis 6 BörsG erfüllt. Nach der Gesetzesbegründung soll die Regelung in § 103 Nr. 2 WpHG zum Schutz der Anleger gewährleisten, dass sie auch an ausländischen Börsen nicht unmittelbar am Börsenhandel teilnehmen, sondern ihre Wertpapiergeschäfte nur über Wertpapierdienstleistungsunternehmen an der Börse ausführen lassen können. Nur dadurch könne sichergestellt werden, dass der Anleger von dem Wertpapierdienstleistungsunternehmen im Rahmen der Verhaltensregeln über die Risiken der von ihm beabsichtigten Wertpapier-

---

[1] Vgl. Begr. RegE zu § 37j WpHG, BT-Drucks. 14/8017, 97.
[2] Vgl. auch die entsprechenden Kommentierungen hierzu z.B. *Reischauer/Kleinhans*, § 33 KWG Rz. 28 f.; *Samm* in Beck/Samm/Kokemoor, KWG mit CRR, § 33 KWG Rz. 44 ff.

geschäfte informiert wird[1]. Zutreffend wird darauf hingewiesen[2], dass dieser Schutz über §§ 102 ff. WpHG nicht vollumfänglich erreicht werden kann, denn nach § 105 WpHG kann nur die Ausführung von Kundengeschäften versagt werden, nicht die Ausführung von eigenen Geschäften eines Marktteilnehmers, dem entgegen den Regelungen unmittelbarer Marktzugang gewährt wurde. Insoweit ist die Versagung bzw. der Entzug der Erlaubnis einschließlich der Überwachung und der Austausch der Bundesanstalt mit der Aufsicht des Drittstaates wesentliches Element des Schutzes der Kunden, die nicht die Voraussetzungen des § 19 Abs. 2 BörsG erfüllen.

Nach § 103 Nr. 3 WpHG ist die Erlaubnis zu versagen, wenn die **Überwachung des Marktes oder der Anlegerschutz im Herkunftsstaat nicht** dem deutschen Recht **gleichwertig** ist. Welche Anforderungen an eine Gleichwertigkeit zu stellen sind, führt der Gesetzgeber nicht aus. Die Prüfung der Gleichwertigkeit fordern beispielsweise auch §§ 46 Abs. 3, 51 Abs. 3, 56 Abs. 2 und 118 Abs. 4 WpHG sowie § 33 Abs. 3 Satz 2 KWG. Da die rechtlichen Ausgestaltungen in Drittstaaten kaum 1:1 den durch die europäischen Regularien; z.B. der MAR, bestimmten deutschen Regelungen entsprechen können – Identität wird auch nicht gefordert – müssen in Bezug auf die Gleichwertigkeit gewisse Abstriche in Kauf genommen werden ohne die Regelungen zum Schutz der Anleger auszuhöhlen. Dennoch ist es schwierig, bei den jeweiligen Abweichungen die Grenze zu ziehen zwischen noch gleichwertig oder schon nicht mehr gleichwertig. Auch auf europäischer Ebene wird das Problem gesehen, so dass die ESMA Hilfestellungen bei der Feststellung der Gleichwertigkeit gibt (Art. 33 Abs. 2 VO Nr. 1095/2010). Zudem können bestimmte Maßstäbe ggf. den Regelungen entnommen werden, die das BMF in Folge der Nutzung seiner Verordnungsbefugnis aus §§ 46 Abs. 3, 51 Abs. 3 und 118 Abs. 4 WpHG bezüglich der in diesem Zusammenhang gleichfalls erforderlichen Gleichwertigkeitsprüfung vorsieht. Als unabdingbare Voraussetzungen müssen aber in jedem Fall hinreichende Regelungen, Vorkehrungen und Befugnisse zur Schaffung und Überwachung von Transparenz und Marktintegrität an den ausländischen Märkten angesehen werden, wie beispielsweise zur Verhinderung von Insiderhandel und Marktmanipulation.

Gemäß § 103 Nr. 4 WpHG ist die Erlaubnis zu versagen, wenn der **Informationsaustausch** mit den für die Überwachung des Marktes zuständigen ausländischen Stellen **nicht gewährleistet erscheint**. Hierdurch wird sichergestellt, dass nur solche Börsen ihre Handelsbildschirme im Inland aufstellen dürfen, deren Aufsichtsbehörden mit der Bundesanstalt zusammenarbeiten und insbesondere in Insider- oder Marktmanipulationsfällen auf Anfrage Kundennamen an die Bundesanstalt weiterleiten[3]. Die Formulierung des „nicht gewährleistet erscheint" weist auf eine Prognoseentscheidung der Bundesanstalt hin. Es ist nicht erforderlich, dass es bereits in der Vergangenheit Schwierigkeiten mit dieser ausländischen Aufsichtsstelle beispielsweise bei der Beaufsichtigung anderer Sachverhalte gegeben haben muss. Die Bundesanstalt wird aber Tatsachen vorgetragen müssen, die auf die Zweifel bezüglich der Gewährleistung schließen lassen, z.B. politische Verhältnisse des Landes. Bei der Entscheidung über die Gleichwertigkeit kann auch eine Rolle spielen, ob zwischen den Aufsichtsbehörden schon ein „Memorandum of Understanding" abgeschlossen wurde und welche Regelungen es enthält[4].

III. Gebundene Entscheidung. § 103 WpHG sieht beim Vorliegen einer der benannten vier Tatbestände eine gebundene Entscheidung der Bundesanstalt vor; sie hat den Antrag dann abzulehnen. Das bedeutet, die Bundesanstalt darf bei Vorliegen der Voraussetzungen von § 103 WpHG **kein Ermessen** mehr ausüben, sondern sie muss den Erlaubnisantrag ablehnen. Im Rahmen einer richterlichen Prüfung der belastenden Entscheidung der Bundesanstalt ist daher maßgeblich, ob die Bundesanstalt zutreffend das Vorliegen einer der vier auslegungsbedürftigen Versagungsgründe bejaht hat.

§ 104 Aufhebung der Erlaubnis

(1) Die Bundesanstalt kann die Erlaubnis außer nach den Vorschriften des Verwaltungsverfahrensgesetzes aufheben, wenn
1. ihr Tatsachen bekannt werden, welche die Versagung der Erlaubnis nach § 103 rechtfertigen würden, oder
2. der Markt oder sein Betreiber nachhaltig gegen Bestimmungen dieses Gesetzes oder die zur Durchführung dieses Gesetzes erlassenen Verordnungen oder Anordnungen verstoßen hat.

(2) Die Bundesanstalt hat die Aufhebung der Erlaubnis im Bundesanzeiger bekannt zu machen.

In der Fassung des 2. FiMaNoG vom 23.6.2017 (BGBl. I 2017, 1693).

Schrifttum: S. Vor §§ 102 ff. WpHG.

---

[1] Vgl. Begr. RegE zu § 37j WpHG, BT-Drucks. 14/8017, 97.
[2] Ausführlich *Zimmermann* in Fuchs, § 37j WpHG Rz. 6; *Harter* in Just/Voß/Ritz/Becker, § 37j WpHG Rz. 5.
[3] Vgl. Begr. RegE zu § 37j WpHG, BT-Drucks. 14/8017, 97 f.
[4] Vgl. *Harter* in Just/Voß/Ritz/Becker, § 37j WpHG Rz. 8; *Zimmermann* in Fuchs, § 37j WpHG Rz. 10.

I. Übersicht und Entwicklung der Norm	1	2. Aufhebung der Erlaubnis wegen nachhaltiger Verstöße (§ 104 Abs. 1 Nr. 2 WpHG)	8
II. Erlaubnisaufhebungsgründe (§ 104 Abs. 1 WpHG)	2	3. Aufhebung als Verwaltungsakt	9
1. Aufhebung der Erlaubnis aufgrund von Versagungsgründen (§ 104 Abs. 1 Nr. 1 WpHG)	6	III. Bekanntmachung im Bundesanzeiger (§ 104 Abs. 2 WpHG)	10

1 **I. Übersicht und Entwicklung der Norm.** Die Regelungen in § 104 WpHG geben der Bundesanstalt die Befugnis, eine Erlaubnis nicht nur nach den Regelungen des Allgemeinen Verwaltungsrechts aufzuheben, sondern auch wenn Gründe vorliegen, nach denen die Erlaubnis bei heutiger Tatsachenkenntnis nicht mehr erteilt werden müsste, oder wenn der Markt oder sein Betreiber nachhaltig gegen das WpHG oder die entsprechenden Verordnungen oder Anordnungen verstoßen hat. Wie die übrigen Normen des heutigen 15. Abschnitts des WpHG über die Märkte für Finanzinstrumente mit Sitz außerhalb der EU wurde die Regelung mit dem 4. FFG in den damaligen Abschnitt 10 des WpHG eingefügt, und zwar als § 37k WpHG a.F. Inhaltlich ist die Regelung, abgesehen von der Einschränkung des Anwendungsbereichs der Erlaubnispflicht von § 102 WpHG, seit ihrer Normierung unverändert geblieben. Einzig durch das 2. FiMaNoG erfuhr die Regelung im Rahmen der Neunummerierung des WpHG eine Umbenennung als § 104 WpHG.

2 **II. Erlaubnisaufhebungsgründe (§ 104 Abs. 1 WpHG).** § 104 Abs. 1 WpHG gibt der Bundesanstalt **neben den Möglichkeiten des Allgemeinen Verwaltungsrechts** ausdrücklich eine **zusätzliche Befugnis, die erteilte Erlaubnis wieder aufzuheben**. Damit ermöglicht die Norm ein Einschreiten gegen Institute die keine Erlaubnis hätten erhalten dürfen oder bei denen die Erlaubnisvoraussetzungen zwar ursprünglich vorlagen, aber später weggefallen sind[1]. Es entspricht der allgemeinen Systematik im Gewerberecht, auch in spezialgewerberechtlichen Bereichen wie dem KWG, die vor Erlaubniserteilung zu prüfenden zwingenden Versagungsgründe in den Katalog der Erlaubnisaufhebungsgründe aufzunehmen. Diese verlieren ihre Bedeutung nach Beginn der Erlaubnisausübung nicht[2].

3 Bei einer Erlaubnisaufhebung ist zu berücksichtigen, dass die Erteilung der Erlaubnis nach § 102 WpHG ein **begünstigender Verwaltungsakt** ist, der unter dem Aspekt des Vertrauensschutzes regelmäßig nur unter besonderen Bedingungen wieder aufgehoben werden kann. Für die Aufhebung begünstigender Verwaltungsakte kommt im Bereich des Allgemeinen Verwaltungsrechts insbesondere die Möglichkeiten der Rücknahme oder des Widerrufs eines Verwaltungsakts nach § 48, 49 VwVfG in Betracht. In Anbetracht dieser **begrenzten Möglichkeiten nach dem Allgemeinen Verwaltungsrecht, eine einmal erteilte Erlaubnis wieder aufzuheben**, entschied sich der Gesetzgeber, mit § 104 WpHG eine spezialgesetzliche Befugnis zur Aufhebung der erteilten Erlaubnis nach § 102 WpHG im WpHG zu verankern. So führt schon die Gesetzesbegründung aus, „die Bundesanstalt [kann] die Erlaubnis aufheben, wenn ihr Tatsachen bekannt werden, welche die Versagung nach § 37j WpHG rechtfertigen würden oder wenn die ausländische Börse nachhaltig gegen das Wertpapierhandelsgesetz oder die zur Durchführung des Wertpapierhandelsgesetzes erlassenen Verordnungen oder Anordnungen verstoßen hat. Diese Regelung ist im Interesse des Anlegerschutzes und der Marktintegrität notwendig, um die fortlaufende Erfüllung der Zulassungskriterien zu gewährleisten."[3]

4 Hierbei hat **§ 104 WpHG** im Verhältnis zu §§ 48, 49 VwVfG nicht nur eine tatbestandsergänzende Funktion, sondern stellt eine **eigene Eingriffsbefugnis** dar[4]. Die Regelung folgt der bewährten Rechtspraxis z.B. des KWG, bei der die Regelungen über die Erlaubniserteilung nach § 32 KWG gleichfalls mit besonderen Regelungen zur Aufhebung dieser Erlaubnis verknüpft sind. Diese Regelungen sind in § 35 KWG verankert und betreffen in § 35 Abs. 2 Nr. 3 KWG gleichfalls die Aufhebung der erteilten Erlaubnis aufgrund von Versagungsgründen und in § 35 Abs. 2 Nr. 6 KWG die Aufhebung der Erlaubnis wegen nachhaltiger Verstöße gegen das Gesetz. Der Begriff der Aufhebung umfasst insoweit sowohl die Rücknahme einer rechtswidrigen als auch den Widerruf einer rechtmäßigen Erlaubnis[5].

5 Im Rahmen der Bestimmung des **Verhältnisses der spezialgesetzlichen Erlaubnisaufhebungsnorm zu §§ 48, 49 VwVfG** wird die Frage aufgeworfen, ob die **Jahresfrist** von § 48 Abs. 4 VwVfG auch auf die Erlaubnisaufhebung nach § 104 Abs. 1 WpHG anzuwenden ist. Hintergrund ist die Regelung in § 33 Abs. 3 KWG, in der die Geltung der Jahresfrist für die Erlaubnisaufhebung nach KWG ausgeschlossen wird. Die Gesetzesbegründung zu dieser KWG-Regelung[6] führt aus, „Wegen des möglichen Schadens bei dem Kreditinstitut oder bei dessen Gläubigern aufgrund einer übereilten Aufhebung der Erlaubnis darf das Bundesaufsichtsamt nicht unter Zeitdruck stehen, die Erlaubnis innerhalb eines Jahres seit dem Zeitpunkt der Kenntnis der Tatsachen, die eine

---

1 So auch zum vergleichbaren § 35 KWG: *Reischauer/Kleinhans*, § 35 KWG Rz. 9.
2 Vgl. *Reischauer/Kleinhans*, § 35 KWG Rz. 6.
3 Vgl. Begr. RegE 4. FFG zu § 37k WpHG a.F. (heute § 105 WpHG), BT-Drucks. 14/8017 v. 18.1.2002, 98.
4 Vgl. auch *Beck/Samm/Kokemoor*, KWG mit CRR, § 35 KWG Rz. 110: Die im Gesetz verwendete Formulierung lässt nicht auf eine subsidiäre, sondern auf eine gleichwertige Anwendbarkeit der Vorschriften schließen. Vgl. auch *Baum* in Köln-Komm. WpHG, § 37k WpHG Rz. 4.
5 So auch zum vergleichbaren § 35 KWG: *Reischauer/Kleinhans*, § 35 KWG Rz. 9.
6 Vgl. auch *Beck/Samm/Kokemoor*, KWG mit CRR, § 35 KWG Rz. 124 ff.; *Reischauer/Kleinhans*, § 35 KWG Rz. 24.

Aufhebung der Erlaubnis rechtfertigen würden, widerrufen oder zurücknehmen zu müssen." Eine dogmatische Herleitung, warum die Jahresfrist auch bei Erlaubnisaufhebungen nach § 33 Abs. 1 KWG gelten soll, ergibt sich hingegen hieraus nicht. Insoweit erscheint ein Umkehrschluss aus der Regelung des § 33 Abs. 3 KWG nicht zwingend, zudem wäre in diesem Fall eine Verwirkung der Befugnis nach Ablauf der ungenutzten Jahresfrist zu prüfen. Im Ergebnis wird diese Frage – hoffentlich – keine größere praktische Bedeutung erlangen. Denn nach § 48 Abs. 4 Satz 1 VwVfG erhält eine Behörde Kenntnis, wenn die bei ihr für die Rücknahme zuständige Stelle[1] hinreichend sichere Informationen hat, d.h. „wenn die Behörde von der Richtigkeit und Vollständigkeit der Informationen (subjektiv) überzeugt ist oder wenn (objektiv) ein Sicherheitsgrad erreicht ist, der vernünftige, nach den Erfahrungen des Lebens objektiv gerechtfertigte Zweifel schweigen lässt."[2] Hierzu gehört, dass die Tatsachen vollständig, uneingeschränkt und zweifelsfrei ermittelt sind, somit regelmäßig auch die Anhörung nach § 28 VwVfG durchgeführt wurde und der Betroffen die Möglichkeit hatte, seine Sicht der Dinge darzulegen.

1. Aufhebung der Erlaubnis aufgrund von Versagungsgründen (§ 104 Abs. 1 Nr. 1 WpHG). Nach § 104 Abs. 1 Nr. 1 WpHG hat die Bundesanstalt die Befugnis, die Erlaubnis aufzuheben, wenn ihr Tatsachen bekannt werden, welche die Versagung der Erlaubnis nach § 103 WpHG rechtfertigen würden. Die Erlaubnisversagungsgründe nach § 103 WpHG sind die fehlende Zuverlässigkeit der Geschäftsleitung, die Gewährung eines unmittelbaren Marktzugangs für inländische Handelsteilnehmer, die nicht die Voraussetzungen nach § 19 Abs. 2 BörsG erfüllen, die fehlende Gleichwertigkeit der Marktaufsicht und die fehlende Gewähr für den Informationsaustausch zwischen den zuständigen Aufsichtsstellen.

6

Aus den der Bundesanstalt bekanntgewordenen Tatsachen muss sich ergeben, dass diese die Versagung der Erlaubnis nach § 103 WpHG rechtfertigen würden. Voraussetzung ist weiterhin, dass der Bundesanstalt Tatsachen, die diese Versagungsgründe belegen, nach der Erlaubniserteilung nach § 102 WpHG bekannt geworden sind. Damit sind zwei Konstellationen von dem Aufhebungstatbestand erfasst: Entweder haben – entgegen der Kenntnis der Bundesanstalt – von Beginn für die Erlaubnis Versagungsgründe nach § 103 WpHG vorgelegen oder es ist eine Änderung der Sachlage eingetreten, die der Bundesanstalt bekanntgeworden ist, und nunmehr liegen Erlaubnisversagungsgründe nach § 103 WpHG vor[3].

7

2. Aufhebung der Erlaubnis wegen nachhaltiger Verstöße (§ 104 Abs. 1 Nr. 2 WpHG). Nach § 104 Abs. 1 Nr. 2 WpHG kann die Bundesanstalt die Erlaubnis auch aufheben, wenn der Markt oder sein Betreiber nachhaltig gegen Bestimmungen des WpHG oder die zur Durchführung des WpHG erlassenen Verordnungen oder Anordnungen verstoßen hat. Wie schon ausgeführt lehnt sich die Regelung an § 35 Abs. 2 Nr. 6 KWG an. Nachhaltig bedeutet in diesem Zusammenhang, dass wiederholt oder in beachtlicher Weise gegen die benannten Normen oder gegen die Anordnungen der Bundesanstalt verstoßen wird[4]. Die Verstöße müssen durch den Markt oder seinen Betreiber erfolgen, wobei das organschaftliche Handeln seiner Organe oder Organmitglieder dem Markt oder seinen Betreiber zuzurechnen sind. Wie in § 35 Abs. 2 Nr. 6 KWG ist eine Verwarnung vor der Erlaubnisaufhebung nicht notwendig[5]. Zu den nachhaltigen Verstößen gegen das WpHG im Sinne von „in beachtlicher Weise" würden jedenfalls Verstöße gegen das Verbot der Marktmanipulation oder des Insiderhandels nach § 119 WpHG zählen.

8

3. Aufhebung als Verwaltungsakt. Die Aufhebung der zuvor nach § 102 WpHG erteilten Erlaubnis ist ein belastender, in die bestehende Rechtsposition eingreifender Verwaltungsakt. Entsprechend ist vor der Aufhebung im Regelfall eine Anhörung nach § 28 VwVfG durchzuführen, um dem Betroffenen ein Recht auf Gehör einzuräumen. Steht sodann das Vorliegen der Tatbestandsmerkmale von § 104 Abs. 1 Nr. 1 oder Nr. 2 WpHG fest, hat die Bundesanstalt auf der Rechtsfolgenseite auch unter Berücksichtigung des Verhältnismäßigkeitsgrundsatzes noch ihr pflichtgemäßes Ermessen auszuüben. Das bedeutet, dass die Erlaubnisaufhebung erforderlich, geeignet und verhältnismäßig sein muss, um die zu Tage getretenen Probleme zu lösen. Eine Verpflichtung zur Erlaubnisaufhebung besteht entsprechend nicht. Bezüglich möglicher Rechtsbehelfe gegen die Erlaubnisaufhebung als belastenden Verwaltungsakt kann auf die Kommentierung zu § 13 WpHG verwiesen werden.

9

III. Bekanntmachung im Bundesanzeiger (§ 104 Abs. 2 WpHG). Nach § 104 Abs. 2 WpHG ist die Aufhebung der Erlaubnis von der Bundesanstalt im Bundesanzeiger bekannt zu machen. Diese Bekanntmachung dient der Unterrichtung der Öffentlichkeit. Sie schafft Transparenz für alle Marktteilnehmer über die Auf-

10

---

1 *Sachs* in Stelkens/Bonk/Sachs, 8. Aufl. 2014, § 48 VwVfG Rz. 213.
2 *Sachs* in Stelkens/Bonk/Sachs, 8. Aufl. 2014, § 48 VwVfG Rz. 211.
3 Vgl. zu § 35 KWG: *Reischauer/Kleinhans*, § 35 KWG Rz. 9.
4 Gravierende, d.h. schwerwiegende, ins Gewicht fallende und sich nachteilig auswirkende Verstöße stellen in der Regel schon die Zuverlässigkeit der Geschäftsleitung in Frage, so dass § 37 Abs. 1 Nr. 1 WpHG zu prüfen ist. Vgl. auch *Samm* in Beck/Samm/Kokemoor, § 35 KWG Rz. 79. Die Voraussetzung „nachhaltig" kann sich somit nur auf Aspekte außerhalb von § 37 Abs. 1 Nr. 1 WpHG beziehen, so dass zur Erfüllung dieses Tatbestandsmerkmals geringere Anforderungen zu stellen sind.
5 Insoweit andere Tatbestandsvoraussetzungen als in § 36 Abs. 2 KWG, bei dem es um die Abberufung des Geschäftsleiters geht. Vgl. auch *Zimmermann* in KölnKomm. WpHG, § 37k WpHG Rz. 4; *Beck* in Schwark/Zimmer, § 37k WpHG Rz. 1; a.A. *Baum* in KölnKomm. WpHG, § 37k WpHG Rz. 5, der eine Verwarnung als Voraussetzung für eine Erlaubnisaufhebung verlangt.

hebung der Erlaubnis und stellt damit das Gegenstück zur Bekanntmachung der Erlaubniserteilung nach § 102 Abs. 3 WpHG dar. Es handelt sich hierbei, wie auch bei § 102 Abs. 3 WpHG, um eine zwingende Rechtsfolge. Vgl. insoweit auch die Kommentierung zu § 102 Abs. 3 WpHG, § 102 WpHG Rz. 30.

§ 105 Untersagung

Die Bundesanstalt kann Handelsteilnehmern mit Sitz im Inland, die Wertpapierdienstleistungen im Inland erbringen, untersagen, Aufträge für Kunden über ein elektronisches Handelssystem eines ausländischen Marktes auszuführen, wenn diese Märkte oder ihre Betreiber Handelsteilnehmern im Inland einen unmittelbaren Marktzugang über dieses elektronische Handelssystem ohne Erlaubnis gewähren.

In der Fassung des 2. FiMaNoG vom 23.6.2017 (BGBl. I 2017, 1693).

Schrifttum: S. Vor §§ 102 ff. WpHG.

I. Übersicht und Entwicklung der Norm	1	II. Voraussetzung, Adressat und Gegenstand der Untersagung	2

1 **I. Übersicht und Entwicklung der Norm.** Die Regelung gibt der Bundesanstalt die Befugnis, Marktteilnehmern die Ausführung von Kundenaufträgen über ein elektronisches Handelssystem eines ausländischen Marktes zu untersagen, wenn dieses elektronische Handelssystem nicht über die nach § 102 WpHG erforderliche Erlaubnis verfügt. Hierdurch besteht mittelbar eine Möglichkeit, die Erlaubnispflicht bzw. die Folgen der fehlenden Erlaubnis nach § 102 WpHG über die inländischen Marktteilnehmer durchzusetzen. Wie die übrigen Normen des heutigen 15. Abschnitts des WpHG über die Märkte für Finanzinstrumente mit Sitz außerhalb der EU wurde die Regelung mit dem 4. FFG in den damaligen Abschnitt 10 des WpHG eingefügt, und zwar als § 37l WpHG a.F. Inhaltlich ist die Regelung, abgesehen von der Einschränkung des Anwendungsbereichs der Erlaubnispflicht von § 102 WpHG, seit ihrer Normierung unverändert geblieben. Nur durch das 2. FiMaNoG erfuhr die Regelung im Rahmen der Neunummerierung des WpHG eine Umbenennung in § 105 WpHG.

2 **II. Voraussetzung, Adressat und Gegenstand der Untersagung. Voraussetzung der Untersagung** durch die Bundesanstalt ist, dass ausländische Märkte oder ihre Betreiber Handelsteilnehmern im Inland einen unmittelbaren Marktzugang über dieses elektronische Handelssystem ohne Erlaubnis gewähren. Wie sich schon aus der Gesetzesbegründung zum 4. FFG zum damaligen § 37l WpHG a.F. (heute § 102 WpHG) ergibt, handelt es sich bei der in Bezug genommenen, nicht vorhandenen Erlaubnis um die Erlaubnis nach § 102 WpHG (§ 37i WpHG a.F.):

„Falls Handelsteilnehmer mit Sitz im Inland Aufträge für Kunden über ein elektronisches Handelssystem eines … Marktes mit Sitz im Ausland ausführen, ohne dass diese Märkte die erforderliche Erlaubnis nach § 37i besitzen, kann die Bundesanstalt dies untersagen."[1]

3 Hinsichtlich der Frage, was ein **unmittelbarer Marktzugang** ist, der Voraussetzung für die Untersagung ist, kann auf die Kommentierung zu § 102 Abs. 1 WpHG verwiesen werden.

4 **Adressaten der Untersagung** durch die Bundesanstalt können alle Handelsteilnehmer mit Sitz im Inland sein, die Wertpapierdienstleistungen im Inland erbringen. Zunächst müssen die betroffenen Handelsteilnehmer somit einen Sitz im Inland haben. Zudem müssen diese Handelsteilnehmer Wertpapierdienstleistungen erbringt. Der Begriff der Wertpapierdienstleistungen ist in § 2 Abs. 8 WpHG legaldefiniert. Besondere Relevanz dürften hier die Abschlussvermittlung, der Eigenhandel und das Finanzkommissionsgeschäft haben. Das Tatbestandsmerkmal der Erbringung von Wertpapierdienstleistungen durch den Handelsteilnehmer ist schon deshalb zwingend, weil sonst die Untersagung der Ausführung von Kundengeschäften ins Leere ginge. Mit der Bezugnahme auf das Erbringen von Wertpapierdienstleistungen als nach § 1 KWG erlaubnispflichtige Tätigkeiten werden die Adressaten regelmäßig Unternehmen mit einer KWG-Erlaubnis nach § 32 KWG sein. Nach dem Wortlaut von § 105 WpHG ist das Vorhandensein der KWG-Erlaubnis jedoch keine Voraussetzung für die Adressierung einer Untersagungsverfügung nach § 105 WpHG. Entsprechend können durchaus auch Handelsteilnehmer, die ohne KWG-Erlaubnis Wertpapierdienstleistungen im Inland erbringen, Adressaten der Verfügung sein. Praktisch würde in derartigen Fällen aber die Anordnung der Einstellung des Geschäftsbetriebs und der unverzüglichen Abwicklung dieser Geschäfte nach § 37 Abs. 1 KWG durch die Bundesanstalt zum Tragen kommen.

5 **Gegenstand der Untersagungsverfügung** ist eine Untersagung der Ausführung von Kundenaufträge über ein elektronisches Handelssystem eines ausländischen Marktes. Ziel ist der Schutz der Kunden wie sich schon aus

---

[1] Vgl. Begr. RegE 4. FFG zu § 37l WpHG a.F. (heute § 105 WpHG), BT-Drucks. 14/8017 v. 18.1.2002, 98.

der Gesetzesbegründung zu § 37l WpHG a.F. (heute § 105 WpHG) ergibt: „Zum Schutz insbesondere der Privatanleger im Inland muss die Bundesanstalt die Befugnis erhalten, die Ausführung von Kundenaufträgen über elektronische Handelssysteme organisierter Märkte im Ausland zu untersagen, da dies die einzige Möglichkeit ist, den Anlegerschutz zu gewährleisten. Auf Grund der fehlenden aufsichtsrechtlichen Zuständigkeit kann die Bundesanstalt keine verwaltungsrechtlichen Maßnahmen gegenüber einem ... Markt mit Sitz im Ausland ergreifen"[1]. Auch wenn die Gesetzesbegründung vor allem die Privatanleger hervorhebt, bezieht sich die Befugnis auf die Ausführung aller Kundenaufträge, also sowohl Privatanleger als auch professioneller bzw. institutioneller Anleger. Die Untersagung der Ausführung eigener Geschäfte durch den betroffenen Handelsteilnehmer, unabhängig ob Privatanleger oder professioneller Anleger, ist nach § 105 WpHG nicht möglich, auch wenn insbesondere auf elektronischem Weg ein Direktzugang zu diesem Markt vorstellbar ist[2].

Eine Untersagung ist ein **belastender Verwaltungsakt** für die betroffenen Marktteilnehmer, der eine Ermessensausübung voraussetzt. In Anbetracht der Durchsetzung der gesetzlichen Erlaubnispflicht für die Zugangsgewährung zu Märkten in Drittstaaten kann hier sogar eine Ermessensreduktion auf Null in Betracht kommen, so wie für viele Fälle auch eine ausreichende Begründung zur Anordnung der sofortigen Vollziehung denkbar ist. Zwar sind die betroffenen Marktteilnehmer regelmäßig nicht Auslöser der Situation, die ein aufsichtsrechtliches Eingreifen erforderlich macht, aber „auf Grund der fehlenden aufsichtsrechtlichen Zuständigkeit kann die Bundesanstalt keine verwaltungsrechtlichen Maßnahmen gegenüber einem organisierten Markt mit Sitz im Ausland ergreifen"[3]. Hinsichtlich der gegen eine solche Verfügung möglichen Rechtsschutzmöglichkeiten kann auf die Kommentierung zu § 13 WpHG verwiesen werden.

---

1 Vgl. Begr. RegE 4. FFG zu § 37l WpHG a.F. (heute § 105 WpHG), BT-Drucks. 14/8017 v. 18.1.2002, 98.
2 Vgl. auch *Zimmermann* in Fuchs, § 37l WpHG Rz. 6; *Beck/Röh* in Schwark/Zimmer, § 37l WpHG Rz. 2.
3 Vgl. Begr. RegE 4. FFG zu § 37l WpHG a.F. (heute § 105 WpHG), BT-Drucks. 14/8017 v. 18.1.2002, 98.

Abschnitt 16
Überwachung von Unternehmensabschlüssen, Veröffentlichung von Finanzberichten

Unterabschnitt 1
Überwachung von Unternehmensabschlüssen

Vorbemerkungen zu §§ 106–118 WpHG

Schrifttum: Arbeitskreis Externe Unternehmensrechnung der Schmalenbach-Gesellschaft für Betriebswirtschaft (AKEU), Stellungnahme zum Referentenentwurf eines Bilanzkontrollgesetzes, DB 2004, 329; *Assmann*, Ad hoc-Publizitätspflichten im Zuge von Enforcementverfahren zur Überprüfung der Rechnungslegung nach §§ 342b ff. HGB und §§ 37n ff. WpHG, AG 2006, 261; *Baetge/Haenelt*, Die Qualität der Halbjahresfinanzberichterstattung in Deutschland, IRZ 2009, 545; *Barth/Thormann*, Enforcement der Lageberichterstattung, DB 2015, 993; *Baums* (Hrsg.), Bericht der Regierungskommission Corporate Governance, 2001; *Berger*, Pre-Clearance leistet einen Beitrag zur Stärkung des Vertrauens in einen funktionierenden Kapitalmarkt, DB 2008, 1843; *Berger*, Zur Entwicklung und zum Stand des Enforcements in der Europäischen Union, BFuP 61 (2009), 599; *Bischof/Oser*, Frankfurt locuta, causa finita – Enforcement der Angabe der Vorstandsbezüge bei einem Alleinvorstand, BB 2012, 2615; *Bockmann*, Aktuelle Entwicklungen im Enforcement, in Freidank (Hrsg.), Rechnungslegung, Steuerung und Überwachung von Unternehmen, 2010, S. 245; *Böcking/Gros/Worret*, Zehn Jahre Enforcement der Rechnungslegung durch DPR und BaFin – Welche Erkenntnisse liefert die empirische Rechnungslegungsforschung?, Der Konzern 2015, 265; *Böcking/Gros/Worret*, Enforcement of accounting standards: how effective is the German two-tier system in detecting earnings management?, Review of Managerial Science 2015, 431; *Boxberger*, Enforcement: Erste Erfahrungen, Beratungsempfehlungen und Ad-hoc-Publizitätspflichten bei Prüfungen der „Bilanzpolizei", DStR 2007, 1362; *Bräutigam/Heyer*, Das Prüfverfahren durch die Deutsche Prüfstelle für Rechnungslegung, AG 2006, 188; *Brandt*, Enforcement der Rechnungslegung in Deutschland, in FS von Rosen, 2008, S. 617; *Claussen*, Gedanken zum Enforcement, DB 2007, 1421; *Deutsches Aktieninstitut*, Erste Erfahrungen mit der Deutschen Prüfstelle für Rechnungslegung e.V. (DPR), 2007; *Ernst*, Prävention ist die wichtigste Funktion der DPR, IRZ 2012, 227; *Ernst*, Wesentliche Erkenntnisse aus dem Tätigkeitsbericht der Deutschen Prüfstelle für Rechnungslegung für das Jahr 2013, IRZ 2014, 143; *Ernst/Barth*, Wesentliche Erkenntnisse aus dem Tätigkeitsbericht der Deutschen Prüfstelle für Rechnungslegung (DPR) für das Jahr 2014, Der Konzern 2015, 259; *Ernstberger/Hitz/Stich*, Enforcement of Accounting Standards in Europe: Capital Market Based Evidence for the Two-tier Mechanism in Germany, 2010; *Favoccia/Stoll*, Der vorläufige Rechtsschutz beim Rechnungslegungs-Enforcement, NZG 2010, 125; *Favoccia/Stoll*, Auswirkungen des Delistings auf den vorläufigen Rechtsschutz im Enforcement-Verfahren, NZG 2012, 1093; *Gadesmann/Johannsen*, Vorbereitung auf eine DPR-Stichprobenprüfung aus der Sicht eines Emittenten, BB 2010, 107; *Gahlen/Schäfer*, Bekanntmachung von fehlerhaften Rechnungslegungen im Rahmen des Enforcementverfahrens: Ritterschlag oder Pranger?, BB 2006, 1619; *Gelhausen/Hönsch*, Das neue Enforcement-Verfahren für Jahres- und Konzernabschlüsse, AG 2005, 511; *Gelhausen/Hönsch*, Rechtsschutz im Enforcement-Verfahren, AG 2007, 308; *Gödel*, Unverzichtbarkeit der Prognoseberichterstattung im (Konzern)-Lagebericht – Zugleich Besprechung des Beschlusses des OLG Frankfurt/M. vom 24.11.2009 – WpÜG 11/09 und 12/09, DB 2009, 2773, DB 2010, 431; *Gros*, Enforcement der Rechnungslegung, DStR 2006, 246; *Haller/Bernais*, Enforcement und BilKoG, Management und Wirtschaft Praxis, Band 76, 2005; *Hecht/Gräfe/Jehke*, Rechtsschutz im Enforcement-Verfahren, DB 2008, 1251; *Hein*, Fünf Jahre Enforcement bei der BaFin – Eine Bestandsaufnahme, DB 2010, 2265; *Heinz*, Das Enforcement-Verfahren in Deutschland, 2010; *Hennrichs*, Fehlerhafte Bilanzen, Enforcement und Aktienrecht, ZHR 168 (2004), 383; *Hennrichs*, Fehlerbegriff und Fehlerbeurteilung im Enforcementverfahren, DStR 2009, 1446; *Hommelhoff/Gundel*, Ist das deutsche Enforcement-Verfahren europarechtskonform?, BB 2014, 811; *Hommelhoff/Mattheus*, BB-Gesetzgebungsreport: Verlässliche Rechnungslegung – Enforcement nach dem geplanten Bilanzkontrollgesetz, BB 2004, 93; *Hüttche*, Aus Fehlern lernen – Eine Analyse von der DPR entdeckter und nicht entdeckter Fehler in der Rechnungslegung, IRZ 2009, 325; *IDW* zum Regierungsentwurf des Bilanzkontrollgesetzes vom 18. August 2004, IDW-FN 2004, 513; *Kämpfer*, Enforcementverfahren und Abschlussprüfer, BB Beilage 3/2005, 13; *von Keitz/Stolle*, Fehlerfeststellung, -veröffentlichung und -korrektur im Rahmen des deutschen Enforcement, KoR 2008, 213; *Knorr*, Gewährleistung der Einhaltung internationaler Rechnungslegungsstandards, KoR 2004, 85; *Krause*, Rechtsschutz im Enforcement-Verfahren, BB 2011, 299; *Kumm*, Fehlerfeststellung und Fehlerveröffentlichung im Enforcement-Verfahren, IRZ 2009, 77; *Küting/Weber/Keßler/Metz*, Der Fehlerbegriff in IAS 8 als Maßstab zur Beurteilung einer regelkonformen Normanwendung, DB-Beilage 7/2007, 1; *Mattheus/Schwab*, Fehlerkorrektur nach dem Rechnungslegungs-Enforcement: Private Initiative vor staatlicher Intervention, DB 2004, 1099; *Mattheus/Schwab*, Rechtsschutz für Aktionäre beim Rechnungslegungs-Enforcement, DB 2004, 1975; *Mayer-Wegelin*, Kriterien der Wesentlichkeit bei den Entscheidungen im Enforcement, BB-Special 4/2006, 8; *Meusburger*, Enforcement in Europa, KoR 2018, 127; *Meyer*, Aktuelle Entwicklungen des Enforcement in Deutschland, IRZ 2010, 153; *Meyer/Naumann*, Enforcement der Rechnungslegung – aktuelle Entwicklungen, WPg 2009, 807; *Mock*, Bindung einer Aktiengesellschaft an einen im Enforcement-Verfahren festgestellten Fehler in nachfolgenden aktienrechtlichen Verfahren, DB 2005, 987; *Mock*, Finanzberichterstattung und Enforcement-Verfahren beim Going Public und Going Private, Der Konzern 2011, 337; *Mock*, Kapitalmarktrechtliche Finanzberichterstattung und Deutscher Corporate Governance Kodex, KSzW 2013, 324; *Ch. Müller*, Die Fehlerveröffentlichung im Enforcement-Verfahren, AG 2008, 438; *Ch. Müller*, Die Fehlerfeststellung im Enforcement-Verfahren, AG 2010, 483; *W. Müller*, Prüfverfahren und Jahresabschlussnichtigkeit nach dem Bilanzkontrollgesetz, ZHR 168 (2004), 414; *Naumann*, Das IDW zum ESMA-Konsultationspapier: einheitliche Leitlinie für das Enforcement in Europa, IRZ 2014, 45; *Ohler*, Sonderabgaben für die Bilanzpolizei?, WM 2007, 45; *Oser/Harzheim*, Enforcement der Rechnungslegung aus Sicht von Unternehmen und Abschlussprüfern, in Küting/Pfitzer/Weber (Hrsg.), Bilanz als Informations- und Kontrollinstrument, 2008, S. 69; *Paul*, Enforcement der Rechnungslegung kapitalmarktorientierter Unternehmen aus Sicht der Rechtsprechung, WPg 2011, 11; *Rosner*, Die ESMA Guidelines on enforcement of financial information, KoR 2015, 139; *Scheffler*, Auslegungs- und Ermessensfragen beim Enforcement, BB-Special 4/2006, 2; *Scheffler*, Aufgaben und erste Erfahrungen des Enforcements, IRZ 2006, 13; *Scheffler*, Enforcement der Rechnungslegung in Deutschland, Der Konzern 2007, 589; *Seibert*, Das 10-Punkte-Programm „Unternehmensintegrität und Anlegerschutz", BB 2003, 693; *Schmidt-Versteyl*, Durchsetzung ordnungsgemäßer Rechnungslegung in Deutschland – Enforcement nach dem Bilanzkontrollgesetz, 2007; *Schön*, Pre-Clearance – noch mehr Unklarheit im Bilanzrecht?, DB 2008, 1027; *Seidel*, Amtshaftung für fehlerhafte Bilanzkontrolle, DB 2005, 651; *Thormann*, Enforcement: Möglichkeiten und Grenzen des Informationsaustausch zwischen Aufsichtsrat und DPR, BB 2013, 2475; *Thormann/Barth*, Enforcement von Non-GAAP Measures durch die DPR, BB 2016, 2923; *Toebe/Herberg/Schlüter*, Untersuchung der Fehlerbekanntmachungen nach § 37q Abs. 2 WpHG von 2006 bis 2013, KoR 2013, 256; *Withus*, Lageberichterstattung über Chancen und Risiken im Fokus des Enforcementverfahrens, KoR 2010, 237; *Wüstemann/Kierzek*, Das Europäische Harmonisierungsprogramm zur Rechnungslegung: Endorsement und Enforcement von IFRS, BB-Special 4/2006, 14; *Zülch*, Die Deutsche Prüfstelle für Rechnungslegung DPR e.V. – Organisation und Prüfverfahren, StuB 2005, 565; *Zülch/Burghardt*, Die deutsche Prüfstelle für Rechnungslegung DPR e.V.: Bestandsaufnahme nach knapp zwei Jahren Tätigkeit, StuB 2007, 369; *Zülch/Hoffmann*, Rechtsprechung zum Rechnungslegungs-Enforcement in Deutschland – ein erster Überblick, DStR 2010, 945.

I. Entstehungsgeschichte	1	V. Finanzierung	11
II. Zweck des Enforcement-Verfahrens	4	VI. Internationaler Hintergrund	14
III. Bedeutung für die Unternehmen	6	VII. Vorschriften des HGB	18
IV. Zweistufiger Verfahrensaufbau	9		

I. Entstehungsgeschichte. Die Schaffung eines Verfahrens zur Überwachung der Rechnungslegung kapitalmarktorientierter Unternehmen war dem deutschen Gesetzgeber von der **Regierungskommission Corporate Governance** bereits im Jahr 2001 empfohlen worden. Hintergrund der Empfehlung war, dass es bis dahin kein gesondertes Verfahren gab, in dessen Zuge einem behaupteten Rechnungslegungsfehler nachgegangen und das Unternehmen ggf. zu seiner Korrektur veranlasst werden konnte[1]. Die deutsche Bundesregierung hatte die Regierungskommission Corporate Governance mit dem Auftrag eingesetzt, sich mit möglichen Defiziten des deutschen Systems der Unternehmensführung und -kontrolle zu befassen und Anregungen für die Modernisierung des rechtlichen Regelwerks zu erarbeiten[2]. 1

Die Empfehlung ging zunächst in den **Maßnahmenkatalog der Bundesregierung** zur Stärkung der Unternehmensintegrität und des Anlegerschutzes vom Februar 2003 ein[3]. Am 30.4.2004 gab die Bundesregierung dann den Entwurf eines Gesetzes zur Kontrolle von Unternehmensabschlüssen (Bilanzkontrollgesetz – BilKoG) in das Gesetzgebungsverfahren[4]. Das **Bilanzkontrollgesetz** wurde nach einigen Änderungen schließlich am 20.12.2004 im Bundesgesetzblatt veröffentlicht[5] und trat nach Art. 6 des Gesetzes am darauf folgenden Tag in Kraft, wobei es von Beginn an über die Empfehlung der Regierungskommission Corporate Governance hinausging. Denn es ermöglichte nicht nur die Aufklärung behaupteter Fehler, sondern ließ auch anlasslose Stichproben zu. Ab dem 1.7.2005 konnten schließlich die ersten Verfahren durchgeführt werden (Art. 56 Abs. 1 Satz 2 EGHGB, § 45 Satz 2 WpHG a.F.). Ein Überblick über die jährlich durchgeführten Prüfungen lässt sich aus den Tätigkeitsberichten der DPR und aus den Jahresberichten der BaFin gewinnen[6]. 2

Mit der Transparenzrichtlinie aus dem Jahr 2004 wurde die Pflicht zur Einrichtung eines Verfahrens zur Durchsetzung der Rechnungslegungsvorschriften bei Emittenten auf europäischer Ebene verankert[7]. Damit gewann das Europarecht auch auf diesem Gebiet Einfluss. In der Folge wurden die Bestimmungen zum Enforcement-Verfahren insbesondere durch das **Transparenzrichtlinie-Umsetzungsgesetz vom 5.1.2007** und durch das **Gesetz zur Umsetzung der Transparenzrichtlinie-Änderungsrichtlinie vom 20.11.2015** erweitert. Mit dem ersten Gesetz wurden auch die verkürzten Abschlüsse und Zwischenlageberichte der Halbjahresfinanzberichte i.S.d. § 115 WpHG (§ 37w WpHG a.F.)[8] den Bilanzkontrollen unterworfen. Seit der zweiten Überarbeitung können (Konzern-)Zahlungsberichte i.S.d. § 116 WpHG (§ 37x WpHG a.F.) ebenso zum Gegenstand von Anlassprüfungen werden wie die Abschlüsse bzw. -berichte des Geschäftsjahrs, das demjenigen der zuletzt veröffentlichten Abschlüsse und Berichte vorangegangen ist (vgl. § 107 Abs. 2 WpHG). Zudem wurde der Kreis 3

---

1 *Baums* (Hrsg.), Bericht der Regierungskommission Corporate Governance, 2001, Rz. 277 f.
2 *Baums* (Hrsg.), Bericht der Regierungskommission Corporate Governance, 2001, S. 1.
3 Zu dem sog. 10-Punkte-Programm vgl. *Seibert*, BB 2003, 693 ff.
4 BR-Drucks. 325/04 v. 30.4.2004, im Internet abrufbar unter http://dip.bundestag.de. S. dort auch zu den einzelnen Verfahrensschritten.
5 Gesetz zur Kontrolle von Unternehmensabschlüssen (Bilanzkontrollgesetz – BilKoG) vom 15.12.2004, BGBl. I 2004, 3408 ff.
6 Im Internet abrufbar unter www.frep.info bzw. www.bafin.de.
7 Zur Vereinbarkeit des zweistufigen deutschen Verfahrens mit den europäischen Vorgaben s. *Hommelhoff/Gundel*, BB 2014, 811 ff.; *Mock* in KölnKomm. WpHG, § 37n WpHG Rz. 22 ff.
8 Die Zählung der Paragraphen wurde mit dem Zweiten Finanzmarktnovellierungsgesetz vom 23.6.2017 angepasst. Es trat am 3.1.2018 in Kraft.

der von dem Enforcement-Verfahren betroffenen Unternehmen mit dem Gesetz vom 20.11.2015 an das Herkunftsstaatenprinzip i.S.v. § 2 Abs. 13 WpHG angepasst (vgl. dazu § 106 WpHG Rz. 3).

4 **II. Zweck des Enforcement-Verfahrens.** Das Enforcement-Verfahren soll zur **Integrität** und **Stabilität des Kapitalmarkts** beitragen und das **Vertrauen der Anleger** in den deutschen Kapitalmarkt stärken (vgl. zur Wirkung Rz. 6f.). Hierzu soll es Unregelmäßigkeiten bei der Aufstellung von Unternehmensabschlüssen präventiv entgegenwirken sowie dennoch auftretende Unregelmäßigkeiten aufdecken, über die der Kapitalmarkt dann informiert wird[1]. Von dieser ursprünglichen Intension scheint sich der Gesetzgeber bei der Erweiterung des Verfahrens auf die Zahlungsberichte i.S.v. § 116 WpHG i.V.m. §§ 341s ff. HGB gelöst zu haben. Denn mit der europäischen Verpflichtung zur Veröffentlichung der Zahlungsberichte sollen der Zivilgesellschaft und den Anlegern allgemein Informationen verfügbar gemacht werden, „anhand derer die staatlichen Stellen ressourcenreicher Länder für ihre Einnahmen aus der Ausbeutung von Naturressourcen zur Rechenschaft gezogen werden könnten"[2]. An anderer Stelle wird ausgeführt, dass es Zweck der europäischen Regelung bei der Erstellung der Berichte sei, den Regierungen ressourcenreicher Länder dabei zu helfen, die von der Initiative für Transparenz in der Rohstoffwirtschaft (EITI) entwickelten Grundsätze und Kriterien umzusetzen und ihren Bürgern Rechenschaft über die Zahlungen abzulegen, die sie von den in ihrem Hoheitsgebiet tätigen Unternehmen der mineralgewinnenden Industrie und der Industrie des Holzeinschlags in Primärwäldern erhalten[3].

5 Das Enforcement-Verfahren **ergänzt die Kontrolle** der Rechnungslegung **durch den Aufsichtsrat und durch den Abschlussprüfer.**

6 **III. Bedeutung für die Unternehmen.** Die zentrale Bedeutung des Verfahrens für die Unternehmen liegt in einer drohenden negativen **Öffentlichkeitswirkung.** Zwar wird die Durchführung einer Enforcement-Prüfung selbst regelmäßig nicht publik. Denn die Mitarbeiter der Enforcement-Stellen sind verpflichtet, über die Geschäfts- und Betriebsgeheimnisse des Unternehmens und die bei ihrer Prüftätigkeit gewonnenen Erkenntnisse über das Unternehmen Verschwiegenheit zu wahren (§ 342c Abs. 1 Satz 1 HGB[4], § 21 Abs. 1 Satz 1 WpHG). Festgestellte Rechnungslegungsfehler sind aber unter Angabe der wesentlichen Gründe vom Unternehmen nach § 109 Abs. 2 Satz 1 WpHG zu publizieren (zu den Ad-hoc-Mitteilungspflichten s. Art. 17 VO Nr. 596/2014 Rz. 244ff.).

7 Mit der Veröffentlichung des Fehlers ist für das Unternehmen zunächst das Risiko verbunden, dass der **Börsenkurs** der emittierten Wertpapiere und deren Handelsvolumen sinkt[5]. Hinzu tritt das Risiko einer allgemeinen **Reputationsschädigung.** Darüber hinaus kann die gesteigerte Öffentlichkeitswirkung dazu führen, dass die Anleger gegenüber der Gesellschaft und in besonderen Fällen sogar unmittelbar gegenüber den Geschäftsleitungsmitgliedern im Rahmen der bestehenden Anspruchsgrundlagen **Schadensersatzansprüche** geltend machen. Wurde bedingt vorsätzlich gehandelt, kann weiterhin nach § 334 Abs. 1, 3 HGB eine Geldbuße verhängt werden[6]. Außerdem kommt in besonderen Fällen das Strafrecht zur Anwendung, insbesondere kann § 331 HGB einschlägig sein[7].

8 Die Prüfung kann bei den Unternehmen einen nicht zu unterschätzenden **Verwaltungsaufwand** auslösen. Sollte sich im Zuge eines Enforcement-Verfahrens herausstellen, dass die Bilanzierung fehlerhaft war, stellt sich

---

1 Begr. RegE BilKoG, BT-Drucks. 15/3421 v. 24.6.2004, 11.
2 Erwägungsgrund 7 der Richtlinie vom 22.10.2013 zur Änderung der Richtlinie 2004/109/EG des Europäischen Parlaments und des Rates zur Harmonisierung der Transparenzanforderungen in Bezug auf Informationen über Emittenten, deren Wertpapiere zum Handel auf einem geregelten Markt zugelassen sind, der Richtlinie 2003/71/EG des Europäischen Parlaments und des Rates betreffend den Prospekt, beim öffentlichen Angebot von Wertpapieren oder bei deren Zulassung zum Handel zu veröffentlichen ist, sowie der Richtlinie 2007/14/EG der Kommission mit Durchführungsbestimmungen zu bestimmten Vorschriften der Richtlinie 2004/109/EG, ABl. EU Nr. L 294 v. 6.11.2013, S. 13, 14.
3 Erwägungsgrund 45 der Richtlinie 2013/34/EU vom 26.6.2013 über den Jahresabschluss, den konsolidierten Abschluss und damit verbundene Berichte von Unternehmen bestimmter Rechtsformen und zur Änderung der Richtlinie 2006/43/EG des Europäischen Parlaments und des Rates und zur Aufhebung der Richtlinien 78/660/EWG und 83/349/EWG des Rates, ABl. EU Nr. L 182 v. 29.6.2013, S. 19, 25.
4 Dem Gesetzgebungsverfahren ist zu entnehmen, dass sich die Verschwiegenheitspflicht aus § 342c Abs. 1 Satz 1 HGB nicht auf die Tatsache der Einleitung einer Prüfung erstrecken soll. Vielmehr soll der Prüfstelle in Fällen mit erheblicher Öffentlichkeitswirkung berechtigt sein, die Einleitung einer Prüfung bekannt zu geben; Gegenäußerung der Bundesregierung zur Stellungnahme des Bundesrates zum RegE BilKoG, BT-Drucks. 15/3421 v. 24.6.2004, 24; vgl. dazu *Bräutigam/Heyer*, AG 2006, 188, 195. Ein laufendes Enforcement-Verfahren kann in der Praxis weiterhin deshalb publik werden, weil die betroffene Gesellschaft auf ihrer Hauptversammlung auf Nachfrage eines Aktionärs hin über das Verfahren berichtet.
5 Vgl. dazu die Untersuchung von *Ernstberger/Hitz/Stich*, Enforcement of Accounting Standards in Europe: Capital Market Based Evidence for the Two-tier Mechanism in Germany, 2010, abrufbar unter http://ssrn.com/abstract=1395729, die allerdings auch belegt, dass die Kursabschläge in Deutschland regelmäßig moderat ausfallen. Erklärungen für die im Vergleich zu den USA geringen Folgen für den Kapitalmarkthandel können die hohe Fehlerquote in Deutschland und die Annahme der Kapitalmarktteilnehmer sein, dass regelmäßig fahrlässig und nicht vorsätzlich fehlerhaft Rechnung gelegt wurde. Zur Wirkung des deutschen Enforcement-Verfahrens vgl. weiterhin *Böcking/Gros/Worret*, Review of Managerial Science, 2015, S. 431 ff.; *Böcking/Gros/Worret*, Der Konzern 2015, 265 ff., *Mock* in KölnKomm. WpHG, § 37n WpHG Rz. 4ff. sowie *Toebe/Herberg/Schlüter*, KoR 2013, 256 ff.
6 Zum subjektiven Tatbestand *Quedenfeld* in MünchKomm. HGB, Band 4, 3. Aufl. 2013, § 334 HGB Rz. 44.
7 Zum Verhältnis von § 331 HGB zu § 334 HGB vgl. BVerfG v. 15.8.2006 – 2 BvR 806/06, WM 2006, 1929 f.

weiterhin die Frage, ob und ggf. auf welchem Wege die betroffenen **Abschlüsse** zu **korrigieren** sind (s. hierzu § 109 WpHG Rz. 15 ff.). Darüber hinaus können sich unter Umständen auch Auswirkungen auf Gewinnausschüttungen der Vergangenheit ergeben (s. hierzu § 109 WpHG Rz. 9).

IV. Zweistufiger Verfahrensaufbau. Das Enforcement-Verfahren ist zweistufig aufgebaut. Die Prüfungen werden grundsätzlich von der eigens geschaffenen DPR (Deutsche Prüfstelle für Rechnungslegung) durchgeführt (vgl. § 342b Abs. 1 Satz 1 HGB, näher zur DPR s. § 108 WpHG Rz. 1ff.). Die DPR ist bei ihren Prüfungen allerdings auf die Kooperation der Unternehmen angewiesen. Denn diese sind gegenüber der privatrechtlich organisierten Einrichtung nicht zur Mitwirkung verpflichtet (vgl. § 342b Abs. 4 Satz 1 HGB). 9

Um dem Verfahren eine stärkere Durchsetzungskraft zu verleihen, ist auf der zweiten Stufe die **BaFin** für die Rechnungslegungskontrollen zuständig. Sie greift nach § 108 Abs. 1 Satz 2 WpHG ein, wenn ein Unternehmen die Kooperation verweigert oder wenn es nicht mit dem Ergebnis der Prüfung einverstanden ist. Darüber hinaus wird die BaFin tätig, wenn sie erhebliche Zweifel an der Richtigkeit des Prüfungsergebnisses der Prüfstelle oder an deren ordnungsgemäßen Prüfungsdurchführung hat. In der Praxis wird die überwiegende Anzahl der Fälle allerdings im Einvernehmen mit der DPR geklärt. 10

V. Finanzierung. Das Verfahren wird mittels einer von den kapitalmarktorientierten Unternehmen erhobenen **Umlage** finanziert, soweit die Kosten nicht durch Gebühren, gesonderte Erstattungen oder sonstige Einnahmen gedeckt werden (§ 17d Abs. 1 Satz 1 FinDAG). Dem Verteilungsschlüssel liegen nach § 17d Abs. 1 Satz 1 FinDAG die inländischen Börsenumsätze zugrunde[1]. Aus der Umlage werden vor allem die Kosten der DPR finanziert (vgl. § 17b und § 17c FinDAG sowie § 342d HGB). Allerdings ist die Finanzierung der DPR auf die jeweils in ihrem Wirtschaftsplan ausgewiesenen Mittel begrenzt. 11

Näheres zur Umlage enthält die auf Grundlage des § 17d Abs. 3 Satz 1 FinDAG erlassene Verordnung über die Umlegung von Kosten der Bilanzkontrolle nach § 17d des Finanzdienstleistungsaufsichtsgesetzes (**Bilanzkontrollkosten-Umlageverordnung** – BilKoUmV) vom 9.5.2005[2]. 12

Ein gewisser (zusätzlicher) Druck für die Unternehmen, mit der DPR zu kooperieren, resultiert aus § **17c FinDAG**[3]. Während die Arbeit der DPR nämlich mittels einer von allen kapitalmarktorientierten Unternehmen zu leistenden Umlage finanziert wird, haben die jeweils geprüften Unternehmen der BaFin die dort anfallenden Kosten gem. § 17c Satz 1 FinDAG zu erstatten, wenn diese das Verfahren übernimmt, weil sich die Unternehmen weigern, mit der DPR zu kooperieren, oder weil sie das Prüfungsergebnis der DPR nicht anerkennen. Dies gilt jedoch nicht, wenn das Prüfungsergebnis der Bundesanstalt von dem der Prüfstelle zugunsten des betroffenen Unternehmens abweicht (§ 17c Satz 2 FinDAG). 13

VI. Internationaler Hintergrund. Mit dem zweistufigen Verfahrensaufbau hat der deutsche Gesetzgeber zwei der international implementierten Modelle kombiniert. Die privatrechtlich organisierte DPR findet ihr Vorbild in dem englischen *Financial Reporting Review Panel* und entspricht der Empfehlung der Regierungskommission Corporate Governance[4]. Die zweite Stufe des Verfahrens hat hingegen Parallelen zur US-amerikanischen behördlichen Lösung. 14

Gewisse Impulse für ein Enforcement-Verfahren gingen von dem *Standard No. 1 on Financial Information – Enforcement of Standards on Financial Information in Europe* des *Committee of European Securities Regulators (CESR)* vom März 2003 aus[5]. In den unverbindlichen Standards wurden Grundelemente eines Rechnungslegungs-Enforcements beschrieben, die sich in weiten Teilen auch im deutschen System widerspiegeln. Das *CESR* ging mit Gründung der *European Securities and Markets Authority (ESMA)* in der neuen Organisation mit erweiterten Kompetenzen auf[6]. Die **ESMA** hat am 28.10.2014 **Guidelines on enforcement of financial information** verabschiedet[7]. 15

Um eine **konsistente Anwendung** der ***International Financial Reporting Standards (IFRS)*** durch die verschiedenen nationalen Enforcement-Institutionen zu erreichen, stimmen sich die europäischen Enforcement-Einrichtungen unter dem Dach der ESMA auf sog. *European Enforcers Coordination Sessions (EECS)* ab[8]. Auch 16

---

1 Zur verfassungsrechtlichen Einordnung der Umlage vgl. *Ohler*, WM 2007, 45, 47 ff.
2 BGBl. I 2005, 1259 ff., zuletzt geändert durch Gesetz vom 20.11.2015, BGBl. I 2015, 2029.
3 Zur Pflicht der Unternehmen, die Kosten auch dann zu tragen, wenn ein Prüfverfahren von der BaFin eingestellt wird, weil die Aktien des Unternehmens zwischenzeitlich nicht mehr an der Börse gehandelt werden, OLG Frankfurt/M. vom 7.11.2013 – WpÜG 1/13, abrufbar unter http://www.lareda.hessenrecht.hessen.de.
4 *Baums* (Hrsg.), Bericht der Regierungskommission Corporate Governance, 2001, Rz. 278.
5 Der Standard ist im Internet abrufbar unter www.esma.europa.eu. Dazu *Berger*, BFuP 61 (2009), 599 ff.
6 Vgl. Art. 8 Abs. 1 lit. l der Verordnung (EU) Nr. 1095/2010 vom 24.11.2010 zur Errichtung einer Europäischen Aufsichtsbehörde (Europäische Wertpapier- und Marktaufsichtsbehörde), zur Änderung des Beschlusses Nr. 716/2009/EG und zur Aufhebung des Beschlusses 2009/77/EG der Kommission, ABl. EG Nr. L 331 v. 15.12.2010, S. 84, 95.
7 Abrufbar unter www.esma.europa.eu/convergence/guidelines-and-technical-standards.
8 Vgl. Guidelines on enforcement of financial information vom 28.10.2014, abrufbar unter www.esma.europa.eu/convergence/guidelines-and-technical-standards. Vgl. dazu *Naumann*, IRZ 2014, 45 f.

wurde eine Datenbank für Entscheidungen der nationalen Enforcement-Institutionen geschaffen. Zusammenfassungen der dort eingestellten Verfahren werden von ESMA veröffentlicht[1].

17   Über die EU hinaus arbeiten die verschiedenen nationalen Behörden unter dem Dach der *International Organization of Securities Commissions (IOSCO)* zusammen. Grundlage der Zusammenarbeit ist ein *Multilateral Memorandum of Understanding Concerning Consultation and Cooperation and the Exchange of Information* vom Mai 2002[2].

18   **VII. Vorschriften des HGB.** Dem zweistufigen Verfahrensaufbau folgend erstrecken sich die zentralen Bestimmungen des BilKoG auf zwei Gesetze. Soweit die erste Stufe des Verfahrens, also die DPR, betroffen ist, sind die Bestimmungen in den §§ 342b bis 342e HGB enthalten. Die Bestimmungen, welche die zweite Stufe des Verfahrens betreffen, sind im WpHG niedergelegt.

§ 106 Prüfung von Unternehmensabschlüssen und -berichten

Die Bundesanstalt hat die Aufgabe, nach den Vorschriften dieses Abschnitts und vorbehaltlich § 342b Absatz 2 Satz 3 Nummer 1 und 3 des Handelsgesetzbuchs zu prüfen, ob folgende Abschlüsse und Berichte, jeweils einschließlich der zugrunde liegenden Buchführung, von Unternehmen, für die als Emittenten von zugelassenen Wertpapieren die Bundesrepublik Deutschland der Herkunftsstaat ist, den gesetzlichen Vorschriften einschließlich der Grundsätze ordnungsmäßiger Buchführung oder den sonstigen durch Gesetz zugelassenen Rechnungslegungsstandards entsprechen:

1. **festgestellte Jahresabschlüsse und zugehörige Lageberichte oder gebilligte Konzernabschlüsse und zugehörige Konzernlageberichte,**
2. **veröffentlichte verkürzte Abschlüsse und zugehörige Zwischenlageberichte sowie**
3. **veröffentlichte Zahlungs- oder Konzernzahlungsberichte.**

In der Fassung des 2. FiMaNoG vom 23.6.2017 (BGBl. I 2017, 1693).

Schrifttum: s. Vor §§ 106 ff. WpHG.

I. Aufgabe der BaFin	1	III. Betroffene Rechnungslegung	7
II. Betroffene Unternehmen	2	IV. Prüfungsmaßstab	22

1   **I. Aufgabe der BaFin.** § 106 WpHG (§ 37n WpHG a.F.) überträgt der BaFin die Aufgabe, die Ordnungsmäßigkeit der Rechnungslegung kapitalmarktorientierter Unternehmen zu prüfen. Allerdings kommt ihr diese Aufgabe nur „vorbehaltlich § 342b Absatz 2 Satz 3 Nummer 1 und 3 des Handelsgesetzbuchs" zu. Diese Formulierung trägt der Zweistufigkeit des Enforcement-Verfahrens Rechnung, wonach die BaFin nur dann primär für die Kontrolle der Rechnungslegung kapitalmarktorientierter Unternehmen zuständig ist, wenn keine Prüfstelle i.S.v. § 342b Abs. 1 Satz 1 HGB vom Bundesministerium der Justiz und für Verbraucherschutz im Einvernehmen mit dem Bundesministerium der Finanzen anerkannt wurde. Der zweistufige Verfahrensaufbau spiegelt sich auch in § 108 WpHG wider, der die Befugnisse der BaFin für den Fall einer Anerkennung einer Prüfstelle beschränkt (zur Zweistufigkeit des Verfahrensaufbaus vgl. auch Vor § 106 WpHG Rz. 9f., zur DPR s. § 108 WpHG Rz. 1 ff.).

2   **II. Betroffene Unternehmen.** Nach § 106 WpHG unterliegt die Rechnungslegung von **Unternehmen** dem Enforcement-Verfahren, für die als Emittenten von zugelassenen Wertpapieren die Bundesrepublik Deutschland der Herkunftsstaat ist (so auch § 342b Abs. 2 Satz 2 HGB). Eine über alle Rechtsgebiete hinweg anwendbare Definition des Unternehmensbegriffs gibt es nicht. Vielmehr hat sich die Auslegung des Begriffs an der Zweckbestimmung des Enforcement-Verfahrens auszurichten[3]. Zur Gewährleistung eines umfassenden Schutzes der Anleger am Kapitalmarkt sollte die – offenzulegende – Rechnungslegung aller Emittenten von zugelassenen Wertpapieren den Prüfungen der DPR bzw. der BaFin unterworfen sein, und zwar grundsätzlich unabhängig von der Rechtsform des Emittenten[4]. In der Praxis werden die Abschlüsse öffentlicher Institutionen, wie etwa

---

1 Im Internet abrufbar unter https://www.esma.europa.eu/convergence/ifrs-supervisory-convergence.
2 Abrufbar unter www.iosco.org mit weiteren Information zu der internationalen Zusammenarbeit. Zu der internationalen Zusammenarbeit vgl. auch *Brandt* in FS von Rosen, 2008, S. 630 ff.
3 Vgl. WP-Handbuch 2017 Bd. I, C Rz. 330 m.w.N.
4 Ebenso *Mock* in KölnKomm. WpHG, § 37n WpHG Rz. 74; a.A. BaFin, Emittentenleitfaden 2018 (Konsultationsfassung Juni 2018), I.2.1, die Körperschaften des öffentlichen Rechts vom Enforcement-Verfahren generell ausnimmt. So auch *Schmidt-Versteyl*, Durchsetzung ordnungsgemäßer Rechnungslegung in Deutschland, S. 83. Vgl. demgegenüber die Definition des Emittentenbegriffs in Art. 2 Abs. 1 lit. d Richtlinie 2004/109/EG vom 15.12.2004 zur Harmonisierung der

die KfW, und bestimmte internationale Organisationen, z.B. die Europäische Investitionsbank, allerdings nicht den DPR- bzw. BaFin-Prüfungen unterzogen[1].

Die Unternehmen müssen **Emittenten von zugelassenen Wertpapieren** und ihr **Herkunftsstaat** muss die **Bundesrepublik Deutschland** sein. Nach § 2 Abs. 1 WpHG kann es sich bei den Wertpapieren um Eigenkapital-, aber auch um Fremdkapitaltitel handeln (zum Wertpapierbegriff im Einzelnen vgl. § 2 WpHG Rz. 8 ff.). Für welche Emittenten der Herkunftsstaat die Bundesrepublik Deutschland ist, ist in § 2 Abs. 13 WpHG geregelt (vgl. dazu § 2 WpHG Rz. 217 ff.). Die Bezugnahme auf Emittenten, deren Herkunftsstaat die Bundesrepublik Deutschland ist, wurde mit dem Gesetz zur Umsetzung der Transparenzrichtlinie-Änderungsrichtlinie vom 20.11.2015 eingeführt. Mit der Änderung des Adressatenkreises sollen Doppelprüfungen und Aufsichtslücken innerhalb der Europäischen Union und des Europäischen Wirtschaftsraums vermieden werden[2], in dem der Gesetzgeber an die Prinzipien der Transparenzrichtlinie zum Herkunftsmitgliedstaat anknüpft. Die Zulassung der Wertpapiere zum Handel an einer inländischen Börse ist damit nicht mehr Voraussetzung. Bei einer Notierung an der Frankfurter Wertpapierbörse kann eine Enforcement-Prüfung unabhängig von einer Zugehörigkeit zum Prime oder dem General Standard erfolgen. Nicht dem Enforcement-Verfahren unterliegt hingegen auch weiterhin die Rechnungslegung von Unternehmen, deren Wertpapiere im Open Market (Freiverkehr) der Frankfurter Wertpapierbörse gehandelt werden. Ebenso wenig genügt es nach Ansicht der BaFin, wenn die Wertpapiere des Unternehmens (allein) zum Börsenhandel in den regulierten Markt nach § 33 BörsG einbezogen werden[3].

Fragen nach der **zeitlichen Anwendbarkeit** des Enforcement-Verfahrens können sich sowohl im Fall der Erstnotierung eines Unternehmens als auch bei einer Deregistrierung ergeben. Die Beantwortung derartiger Fragen hat sich am Zweck des BilKoG, nämlich dem Anlegerschutz, auszurichten. Generell ist auf den Zeitpunkt der Eröffnung eines Enforcement-Verfahrens abzustellen. Sind zu diesem Zeitpunkt Wertpapiere des Unternehmens zum Handel am organisierten Markt zugelassen, kann die Rechnungslegung des Unternehmens überprüft werden. Ansonsten ist eine Überprüfung unzulässig[4]. Dies gilt auch dann, wenn die Wertpapiere des Unternehmens zwar noch nicht zum Handel an einem organisierten Markt zugelassen sind, aber bereits der Antrag zur Zulassung gestellt wurde. Denn anders als in § 264d HGB wird dieser Fall von § 342b Abs. 2 Satz 2 HGB bzw. § 106 WpHG nicht erfasst[5].

Im Fall der Erstnotierung können demnach auch Abschlüsse überprüft werden, zu deren Stichtag noch keine Wertpapiere des Unternehmens zum börslichen Handel zugelassen waren, aber nur dann, wenn die Abschlüsse im Zuge der Börsenzulassung bereits der Information von Anlegern dienten[6].

Sind im Fall einer Deregistrierung hingegen schon vor Eröffnung eines Verfahrens zur Überprüfung der Rechnungslegung keine Wertpapiere des Unternehmens mehr zum Handel am organisierten Markt zugelassen, können auch die Abschlüsse nicht mehr überprüft werden, deren Stichtag vor der Deregistrierung liegt. War das Verfahren bereits vor der Deregistrierung eröffnet, kann es unter den Voraussetzungen des § 107 Abs. 1 Satz 7 WpHG abgeschlossen werden (vgl. dazu § 107 WpHG Rz. 28 f.)[7].

III. Betroffene Rechnungslegung. Gegenstand des Enforcement-Verfahrens können nach § 106 Nr. 1 bis 3 WpHG folgende Abschlüsse und Berichte sein:
- festgestellte Jahresabschlüsse und zugehörige Lageberichte oder gebilligte Konzernabschlüsse und zugehörige Konzernlageberichte,
- veröffentlichte verkürzte Abschlüsse und zugehörige Zwischenlageberichte sowie
- veröffentlichte Zahlungs- oder Konzernzahlungsberichte.

Bei seiner Einführung mit dem Gesetz zur Kontrolle von Unternehmensabschlüssen vom 15.12.2004 erstreckte sich das Enforcement-Verfahren nur auf Jahres- und Konzernabschlüsse sowie (Konzern-)Lageberichte. Mit

---

Transparenzanforderungen in Bezug auf Informationen über Emittenten, deren Wertpapiere zum Handel auf einem geregelten Markt zugelassen sind, und zur Änderung der Richtlinie 2001/34/EG, ABl. EG Nr. L 390 v. 31.12.2004, S. 38, 43, sowie in ESMA, Guidelines on enforcement of financial information, vom 28.10.2016.

1 Vgl. BaFin, Emittentenleitfaden 2018 (Konsultationsfassung Juni 2018), I.2.1, sowie die im Internet unter www.bafin.de von der BaFin veröffentlichte Liste der durch das Enforcement zu prüfenden Unternehmen.
2 Begr. RegE Gesetz zur Umsetzung der Transparenzrichtlinie-Änderungsrichtlinie, BT-Drucks. 18/5010, 50.
3 BaFin, Emittentenleitfaden 2018 (Konsultationsfassung Juni 2018), I.2.1. A.A. *Mock* in KölnKomm. WpHG, § 37n WpHG Rz. 80.
4 BaFin, Emittentenleitfaden 2018 (Konsultationsfassung Juni 2018), I.2.1; *Gelhausen/Hönsch*, AG 2005, 511, 512.
5 *Heinz*, Das Enforcement-Verfahren in Deutschland, S. 61 ff.; *Oser/Harzheim* in Küting/Pfitzer/Weber, Bilanz als Informations- und Kontrollinstrument, S. 72.
6 BaFin, Emittentenleitfaden 2018 (Konsultationsfassung Juni 2018), I.2.2. A.A. *Mock* in KölnKomm. WpHG, § 37n WpHG Rz. 85.
7 Vgl. zur Rechtslage vor Einführung des § 37o Abs. 1 Satz 6 WpHG mit dem Abschlussprüfungsreformgesetz vom 10.5.2016, OLG Frankfurt v. 31.5.2012 – WpÜG 2/12, 3/13, DB 2012, 1978, 1979 f. = AG 2013, 50 sowie *Mock* in KölnKomm. WpHG, § 37n WpHG Rz. 88 f.

dem Transparenzrichtlinie-Umsetzungsgesetz vom 5.1.2007 hat der Gesetzgeber das Enforcement-Verfahren dann auf den verkürzten Abschluss und Zwischenlagebericht ausgedehnt, wobei von dieser Regelung nur **Halbjahresfinanzberichte** erfasst sein sollten[1]. Hieran wollte der Gesetzgeber auch mit der Neufassung von § 106 WpHG (§ 37n WpHG a.F.) durch das Gesetz zur Umsetzung der Transparenzrichtlinie-Änderungsrichtlinie vom 20.11.2015 nichts ändern[2]. **Quartalsmitteilungen** i.S.v. § 53 Börsenordnung der Frankfurter Wertpapierbörse (Stand: 31.1.2018), die entsprechend § 115 Abs. 7 WpHG verkürzte Abschlüsse und Zwischenlageberichte enthalten, unterliegen also nicht dem Enforcement-Verfahren.

9 Mit dem Gesetz zur Umsetzung der Transparenzrichtlinie-Änderungsrichtlinie vom 20.11.2015 wurden in § 106 Nr. 3 WpHG auch **Zahlungsberichte** i.S.v. §§ 341s ff. HGB dem Enforcement-Verfahren unterworfen[3]. Außerdem sollte mit dem in den Nr. 1 bis 3 verwendeten Plural der damals gleichzeitig eingeführte § 37o Abs. 1a WpHG a.F. (nunmehr § 107 Abs. 2 WpHG) aufgegriffen werden, wonach auch die Abschlüsse und Berichte dem Enforcement-Verfahren unterliegen, die dasjenige Geschäftsjahr zum Gegenstand haben, das demjenigen Geschäftsjahr der zuletzt gebilligten/veröffentlichten Abschlüsse bzw. Zahlungsberichte vorausgeht[4].

10 Schließlich wurde mit dem Abschlussprüfungsreformgesetz vom 10.5.2016 geregelt, dass das Enforcement-Verfahren auch die **jeweils zugrunde liegende Buchführung** erfasst.

11 Jahres- und Konzernabschlüsse sowie (Konzern-)Lageberichte dürfen **aus Anlass und in Form von Stichproben** geprüft werden (§ 107 WpHG). Verkürzte Abschlüsse und Zwischenlageberichte von Halbjahresfinanzberichten dürfen einer Enforcement-Prüfung hingegen nur unterzogen werden, wenn konkrete Anhaltspunkte für einen Verstoß gegen Rechnungslegungsvorschriften vorliegen (§ 107 Abs. 1 Satz 6 WpHG sowie § 342b Abs. 2 Satz 4 a.E. HGB). Dasselbe gilt für die in § 106 Nr. 3 WpHG aufgenommenen (Konzern-)Zahlungsberichte i.S.v. § 116 WpHG i.V.m. §§ 341r bis 341w HGB. Dennoch dürfen diese Unterlagen bei der Stichprobenprüfung von Jahres- bzw. Konzernabschlüssen von der DPR bzw. der BaFin als weitere Informationsgrundlage herangezogen werden.

12 Voraussetzung einer Überprüfung ist, dass der betreffende Jahres- oder Konzernabschluss **festgestellt bzw. gebilligt** wurde (vgl. § 172 AktG). Zwischenabschlüsse und Zahlungsberichte müssen **veröffentlicht** – d.h. der Öffentlichkeit entsprechend § 115 Abs. 1 Satz 1 bzw. § 116 Abs. 1 Satz 1 WpHG zur Verfügung gestellt – worden sein.

13 Nach § 106 Nr. 1 WpHG wird der Jahresabschluss „oder" der Konzernabschluss geprüft (ebenso § 342b Abs. 2 Satz 1 HGB). Sinnvollerweise steht der Konzernabschluss bei der Prüfung im Fokus, da ihm aus Sicht der Anleger eine größere Informationsbedeutung zukommt[5]. In der Praxis entscheidet sich die DPR, die das Verfahren üblicherweise einleitet (s. auch § 108 WpHG Rz. 1 ff.), regelmäßig für eine **Überprüfung von Jahresabschluss und Konzernabschluss**. Dieses Vorgehen ist durch den Wortlaut des § 342b Abs. 2 Satz 1 HGB (bzw. § 106 WpHG) nicht ausgeschlossen[6]. Vielmehr entspricht es dem Ziel des Enforcement-Verfahrens, das Vertrauen der Anleger in die Rechnungslegung kapitalmarktorientierter Unternehmen umfassend zu stärken. Zudem ist zu bedenken, dass die DPR bzw. die BaFin im Fall der Prüfung des Jahres- oder des Konzernabschlusses berechtigt wäre, auch den zunächst nicht geprüften Abschluss zu kontrollieren, wenn sich im Zuge der Prüfung Anhaltspunkte für eine Fehlerhaftigkeit des anderen Rechnungslegungswerks ergeben würden. Dasselbe gilt für die Prüfung von Zahlungsberichten „oder" Konzernzahlungsberichten. Hingegen enthält § 106 Nr. 2 WpHG keine entsprechende Formulierung für verkürzte Einzel- „oder" Konzernabschlüsse, da ein zur Konzernrechnungslegung verpflichtetes Mutterunternehmen den Halbjahresfinanzbericht unter Einbeziehung der Tochterunternehmen aufzustellen hat. Die Pflicht zur Aufstellung eines verkürzten Einzelabschlusses entfällt dann.

14 Die offenen Formulierungen (Plural und Verknüpfung der Nummern durch das Wort sowie) sprechen grundsätzlich dafür, dass sich ein Enforcement-Verfahren gleichzeitig auf alle in § 106 Nr. 1 bis 3 WpHG genannten Abschlüsse und Berichte erstrecken kann. DPR und BaFin sind also nicht auf die (anlassbezogene) Prüfung des jüngsten Abschlusses beschränkt. Wird aus Anlass vermuteter Rechnungslegungsfehler eine Überprüfung des zuletzt veröffentlichten **Halbjahresfinanzberichts** eingeleitet, kann eine **gleichzeitige** Überprüfung des zeitlich vorangegangenen **Konzern- bzw. Jahresabschluss** auch Sinn machen, weil die Angaben des Halbjahresberichts weniger detailliert sind als die eines Konzern- bzw. Jahresabschlusses und er daher einen geringeren Informationswert besitzt. Auch ist denkbar, dass bei der Stichprobenprüfung eines Jahres- oder Konzernabschlusses konkrete Anhaltspunkte für eine Fehlerhaftigkeit des nachfolgenden Halbjahresfinanzberichts auf-

---

1 Gesetz zur Umsetzung der Richtlinie 2004/109/EG des Europäischen Parlaments und des Rates vom 15.12.2004 zur Harmonisierung der Transparenzanforderungen in Bezug auf Informationen über Emittenten, deren Wertpapiere zum Handel auf einem geregelten Markt zugelassen sind, und zur Änderung der Richtlinie 2001/34/EG (Transparenzrichtlinie-Umsetzungsgesetz – TUG) vom 5.1.2007 (BGBl. I 2007, 10); zur Diskussion um die Gesetzesänderung vgl. *Zülch/Burghardt*, StuB 2007, 369, 370 und *Mock* in KölnKomm. WpHG, § 37n WpHG Rz. 10 ff.

2 Vgl. Begr. RegE Gesetz zur Umsetzung der Transparenzrichtlinie-Änderungsrichtlinie, BT-Drucks. 18/5010, 50.

3 Begr. RegE Gesetz zur Umsetzung der Transparenzrichtlinie-Änderungsrichtlinie, BT-Drucks. 18/5010, 50.

4 Begr. RegE Gesetz zur Umsetzung der Transparenzrichtlinie-Änderungsrichtlinie, BT-Drucks. 18/5010, 50.

5 Vgl. hierzu *Kämpfer*, BB Beilage 3/2005, 13, 14; *Knorr*, KoR 2004, 85, 87.

6 Ebenso *Mock* in KölnKomm. WpHG, § 37n WpHG Rz. 103.

kommen. In diesem Fall kann dann auch der verkürzte Abschluss und der Zwischenlagebericht einer Prüfung unterzogen werden.

In der 6. Auflage (§ 37n WpHG Rz. 14) wurde die Auffassung vertreten, dass die Prüfungsbefugnis der BaFin (wie die der DPR) insofern restriktiv auszulegen ist, als es um die anlassbezogene Ausweitung einer Prüfung eines Konzern- bzw. Jahresabschlusses auf den zuvor veröffentlichten Halbjahresfinanzbericht geht, weil der Konzern- bzw. der Jahresabschluss auch den Berichtszeitraum des vorausgegangenen Halbjahresfinanzberichts umfasst und dem Halbjahresfinanzbericht damit keine Informationswirkung für den Kapitalmarkt mehr zukommt. Hiergegen spricht nun der neue, mit dem Gesetz zur Umsetzung der Transparenzrichtlinie-Änderungsrichtlinie vom 20.11.2015 eingeführte § 37o Abs. 1a WpHG a.F. (jetzt § 107 Abs. 2 WpHG), wonach sich eine Anlassprüfung auch auf den Vorjahresabschluss beziehen kann. Zwar ist dessen Reichweite nicht eindeutig (vgl. § 107 WpHG Rz. 31). Der Regelung ist aber zu entnehmen, dass der Gesetzgeber die Aufarbeitung konkreter Anhaltspunkte für einen Verstoß gegen Rechnungslegungsvorschriften auch für einen begrenzten vergangenen Zeitraum zulassen will.

Auch wenn dies nicht ausdrücklich in § 106 WpHG i.d.F. des Gesetzes zur Kontrolle von Unternehmensabschlüssen vom 15.12.2004 geregelt war, sollte sich das Enforcement-Verfahren (zunächst) nur auf prüfungspflichtige Abschlüsse beziehen[1]. Nunmehr können allerdings auch (verkürzte) Abschlüsse und Zahlungsberichte Gegenstand des Enforcement-Verfahrens sein, die keiner Prüfungspflicht unterliegen. Dies spricht eigentlich dafür, dass auch (inhaltlich) **ungeprüfte Angaben** eines – grundsätzlich geprüften – Abschlusses bzw. Lageberichts wie die nichtfinanzielle Erklärung i.S.d. § 289c HGB oder die Angaben zur Erklärung zur Unternehmensführung i.S.d. § 289f Abs. 2 HGB zum Gegenstand des Enforcement-Verfahrens gemacht werden dürfen. Zudem ist auch die Pflicht des Aufsichtsrats, die nichtfinanziellen Angaben zu prüfen, nicht mit einer Pflichtprüfung durch den Abschlussprüfer verknüpft. Hingegen hat der Ausschuss für Recht und Verbraucherschutz in seiner Beschlussempfehlung zu dem Regierungsentwurf des CSR-Richtlinie-Umsetzungsgesetzes mit Blick auf das Bilanzkontrollverfahren auf die alte Begründung zum Bilanzkontrollgesetz verwiesen, „nach der Lagebericht und Konzernlagebericht grundsätzlich nach dem Maßstab geprüft werden, der insoweit auch im Rahmen der Abschlussprüfung anzuwenden ist (§ 317 Abs. 2 HGB)." Dies gelte auch weiterhin[2]. Der Gesetzgeber geht also offenbar davon aus, dass sich die Kontrollen der DPR bzw. BaFin wie die Prüfung des Abschlussprüfers „grundsätzlich" nur auf die Frage erstrecken, ob die nicht finanzielle Erklärung vorgelegt bzw. die Erklärung zur Unternehmensführung gemacht wurde, nicht hingegen auf deren Inhalt (vgl. § 317 Abs. 2 Satz 4 bzw. 6 HGB)[3]. Angesichts der Zwecksetzung des Bilanzkontrollverfahrens, dem Anlegerschutz zu dienen, bleibt es jedoch zweifelhaft, ob die DPR bzw. BaFin nicht zumindest aus Anlass fehlerhafte, nicht prüfungspflichtige Angaben mit Bedeutung für den Börsenkurs im Rahmen einer Kontrolle aufgreifen könnte.

Überprüft werden können **alle Teile des jeweiligen Abschlusses** oder des (Konzern-)Zahlungsberichts. Die Überprüfung eines Konzernabschlusses kann sich demnach auf Angaben der Konzernbilanz, der Konzern-Gewinn- und Verlustrechnung, des Konzernanhangs, der Kapitalflussrechnung, des Eigenkapitalspiegels und der Segmentberichterstattung erstrecken. Zusätzlich kann der Konzernlagebericht erfasst sein. Zum Schutz der Anleger erscheint dabei auch die Überprüfung **freiwilliger Angaben** zulässig (zu ungeprüften Angaben vgl. Rz. 16)[4]. Zudem sollen nach Ansicht des Gesetzgebers die als Bilanzeid bezeichneten Versicherungen i.S.d. §§ 264 Abs. 2 Satz 3, 289 Abs. 1 Satz 5, 297 Abs. 2 Satz 4, 315 Abs. 1 Satz 6 HGB dem Enforcement-Verfahren unterworfen sein, wenn auch der Wortlaut des § 106 WpHG angesichts der Formulierung der §§ 114 Abs. 2 und 115 Abs. 2 WpHG eher dagegen spricht[5].

Nicht Gegenstand des Enforcement-Verfahrens sind das **Risikofrüherkennungssystem** i.S.v. § 91 Abs. 2 AktG oder der **Abhängigkeitsbericht** i.S.v. § 312 Abs. 1 Satz 1 AktG, da sie nicht Teil eines Abschlusses sind[6].

Kapitalmarktorientierte Unternehmen mit Sitz in Deutschland stellen den **Konzernabschluss** unter Beachtung der auf europäischer Ebene anerkannten **IFRS** (International Financial Reporting Standards) auf. Bei Überprüfung von Abschlüssen auf Ebene der einzelnen Gesellschaft ist die Einhaltung der deutschen gesetzlichen Bilanzierungsregeln, insbesondere der des HGB, zu kontrollieren. Die Rechnungslegungsgrundsätze des Halbjahresfinanzberichts folgen regelmäßig denen des Konzernabschlusses (§ 117 Nr. 2 WpHG). Die verkürzten Abschlüsse werden demnach üblicherweise unter Anwendung von IAS 34, andernfalls unter Beachtung von DRS 16 aufgestellt.

---

1 Begr. RegE BilKoG, BT-Drucks. 15/3421, 12.
2 Beschlussempfehlung und Bericht des Ausschusses für Recht und Verbraucherschutz zum RegE CSR-Richtlinie-Umsetzungsgesetz, BT-Drucks. 18/11450, 46.
3 So schon zur Erklärung zur Unternehmensführung i.S.v. § 289a HGB a.F. *Mock* in KölnKomm. WpHG, § 37n WpHG Rz. 117.
4 Vgl. *Paal* in MünchKomm. HGB, 3. Aufl. 2013, § 342b HGB Rz. 14; *Grottel* in Beck'scher BilKomm., 11. Aufl. 2018, § 342b HGB Rz. 21. A.A. *Mock* in KölnKomm. WpHG, § 37n WpHG Rz. 115.
5 Begr. RegE TUG, BT-Drucks 16/2498 v. 4.9.2006, 56.
6 Vgl. Begr. RegE BilKoG, BT-Drucks. 15/3421 v. 24.6.2004, 14; *Kämpfer*, BB Beilage 3/2005, 13, 14; *Oser/Harzheim* in Küting/Pfitzer/Weber, Bilanz als Informations- und Kontrollinstrument, S. 77.

20 Bei **Unternehmenssitz im Ausland** können sowohl der Konzernabschluss als auch der Einzelabschluss zumindest theoretisch unter Beachtung der in dem betreffenden Land vorgeschriebenen nationalen Rechnungslegungsstandards aufgestellt worden sein[1].

21 Der Wortlaut des § 106 WpHG spricht dafür, dass **Einzelabschlüsse**, die unter Beachtung der **IFRS** aufgestellt wurden, nicht dem Enforcement-Verfahren unterliegen. Der restriktive Wortlaut der Vorschrift erscheint allerdings zweifelhaft, weil mit der gesetzlichen Verankerung von derartigen Einzelabschlüssen gerade dem potentiellen Bedürfnis von Unternehmen entgegengekommen werden sollte, Anleger auch mittels unter Beachtung der IFRS aufgestellter Einzelabschlüsse zu informieren[2]. Andererseits ist zu bedenken, dass sich die Aufstellung, Prüfung und Offenlegung eines HGB-Jahresabschlusses nicht erübrigt, wenn ein geprüfter IFRS-Einzelabschluss offen gelegt wurde. Vielmehr ändert sich lediglich die Art und Weise der Offenlegung (vgl. § 325 Abs. 2b Nr. 3 HGB). Daher unterliegt zumindest der Jahresabschluss dem Enforcement-Verfahren. Demnach dürfte derzeit kein Bedürfnis für eine erweiternde Auslegung bestehen[3].

22 **IV. Prüfungsmaßstab.** Im Zuge des Enforcement-Verfahrens ist zu prüfen, ob die Rechnungslegung „**den gesetzlichen Vorschriften einschließlich der Grundsätze ordnungsmäßiger Buchführung** oder den sonst durch Gesetz zugelassenen Rechnungslegungsstandards entspricht" (zu den denkbaren Rechnungslegungsstandards für Abschlüsse vgl. Rz. 19 f.). Der (Konzern-)Zahlungsbericht hat den Vorgaben der §§ 341t bis 341v HGB zu entsprechen.

23 Anders als in § 317 Abs. 1 Satz 2 HGB für die Abschlussprüfung bestimmt, umfasst der Prüfungsmaßstab des § 106 WpHG dem Wortlaut nach nicht Bilanzierungsbestimmungen des **Gesellschaftsvertrags** oder der **Satzung**. Dennoch dürfte die Einhaltung derartiger Regeln zusätzlicher Maßstab der Prüfung sein, weil derartige Bilanzregeln gerade im Interesse der Anteilseigner verfasst werden und die Überprüfung ihrer Einhaltung damit auch dem Anlegerschutz dient[4].

24 Prüfungsmaßstab sind auch die Grundsätze ordnungsgemäßer Buchführung. Zudem wurde – im Einklang mit der Situation bei der Abschlussprüfung (§ 317 Abs. 1 Satz 1 HGB) – § 37n WpHG a.F. (heute § 106 WpHG) mit dem Abschlussprüfungsreformgesetz vom 10.5.2016 dahingehend ergänzt, dass auch die den Abschlüssen und Berichten jeweils zugrunde liegende **Buchführung** Prüfungsgegenstand ist. Mit der Änderung wollte der Gesetzgeber klarstellen, dass „auch die Grundsätze ordnungsgemäßer Buchführung stets zum Prüfungsmaßstab des Bilanzkontrollverfahrens gehören"[5]. Diese Begründung ist missraten, da die Grundsätze ordnungsgemäßer Buchführung ausweislich des § 37n WpHG a.F. (heute § 106 WpHG) schon zuvor Prüfungsmaßstab, nicht aber gesonderter Prüfungsgegenstand waren. Nach dem aktuellen Wortlaut des § 106 WpHG kann bei einem Enforcement-Verfahren also nun auch überprüft werden, ob die Pflicht aus § 239 Abs. 2 HGB zur zeitnahen Buchung eingehalten wurde, und zwar unabhängig davon, ob daraus ein Fehler im geprüften Abschluss resultiert. Eine andere Frage ist es, in welchen Fällen an der Veröffentlichung von Fehlern der Buchhaltung, die sich nicht auf das Ergebnis der Rechnungslegung auswirken, ein öffentliches Interesse i.S.v. § 109 Abs. 2 Satz 2 WpHG besteht. Nicht zur Buchführung gehört allerdings der Prozess nach der Aufstellung des Abschlusses. Demnach ist die BaFin nicht zur Überprüfung befugt, ob ein Abschluss (ordnungsgemäß) geprüft und (rechtswirksam) festgestellt bzw. gebilligt wurde.

25 Fraglich ist, ob der BaFin neben der Kontrolle bestehender Abschlüsse auf etwaige Rechnungslegungsfehler hin auch das Recht auf Klärung der Frage zusteht, ob überhaupt eine **Pflicht zur Aufstellung eines Abschlusses** bestand. Zu denken ist insofern insbesondere an den Fall, dass ein Unternehmen entgegen § 290 Abs. 1 HGB keinen Konzernabschluss aufstellt. Der Wortlaut von § 106 WpHG könnte gegen die Befugnis der BaFin sprechen, insoweit das in § 109 Abs. 1 WpHG einen Fehler festzustellen, weil er dem Wortlaut nach nur gebilligte Konzernabschlüsse erfasst. Ein derart restriktives Verständnis der Prüfungsbefugnis der BaFin würde dem Ziel des Enforcement-Verfahrens, einen Beitrag zur Stärkung des Anlegervertrauens in die Verlässlichkeit veröffentlichter Rechnungslegungsunterlagen zu leisten, jedoch nicht gerecht, zumal nun auch ausdrücklich die Buchführung Gegenstand der Prüfung ist. Denn ein Unternehmen, das keinen Konzernabschluss veröffentlicht, erklärt damit auch, mangels Konzernstruktur i.S.d. § 290 Abs. 1 HGB nicht zur Konzernrechnungslegung verpflichtet zu sein. Ist diese Würdigung der Voraussetzungen für eine Konsolidierungspflicht unzutreffend, wird der Kapitalmarkt mangels Offenlegung eines Konzernabschlusses irregeführt. Dieser Irreführung muss mit

---

1 Vgl. Begr. RegE BilKoG, BT-Drucks. 15/3421 v. 24.6.2004, 14; BaFin, Emittentenleitfaden 2018 (Konsultationsfassung Juni 2018), I.2.3.
2 Begr. RegE BilReG, BT-Drucks. 15/3419 v. 24.6.2004, 23.
3 *Paal* in MünchKomm. HGB, Band 4, 3. Aufl. 2013, § 342b HGB Rz. 14; *Gelhausen/Hönsch*, AG 2005, 511, 513; *Mock* in KölnKomm. WpHG, § 37n WpHG Rz. 112; *Oser/Harzheim* in Küting/Pfitzer/Weber, Bilanz als Informations- und Kontrollinstrument, S. 76; a.A. *Schmidt-Versteyl*, Durchsetzung ordnungsgemäßer Rechnungslegung in Deutschland, S. 102 f.
4 *Gelhausen/Hönsch*, AG 2005, 511, 513; *Schmidt-Versteyl*, Durchsetzung ordnungsgemäßer Rechnungslegung in Deutschland, S. 101 f.; ablehnend *Hommelhoff* in Großkomm. HGB, Band 7/2, 5. Aufl. 2012, § 342b HGB Rz. 68; *Mock* in KölnKomm. WpHG, § 37n WpHG Rz. 141.
5 Begr. RegE AReG, BT-Drucks. 18/7219, 54.

Hilfe des Enforcement-Verfahrens entgegengewirkt werden[1]. Etwas anderes mag für den eher theoretischen Fall gelten, dass ein kapitalmarktorientiertes Unternehmen nicht einmal einen Jahresabschluss offen legt, weil mit der Feststellung der Verpflichtung zur Offenlegung eines Jahresabschlusses kein gesonderter Informationswert verbunden ist.

§ 107 Anordnung einer Prüfung der Rechnungslegung und Ermittlungsbefugnisse der Bundesanstalt

(1) Die Bundesanstalt ordnet eine Prüfung der Rechnungslegung an, soweit konkrete Anhaltspunkte für einen Verstoß gegen Rechnungslegungsvorschriften vorliegen; die Anordnung unterbleibt, wenn ein öffentliches Interesse an der Klärung offensichtlich nicht besteht. Die Bundesanstalt kann eine Prüfung der Rechnungslegung auch ohne besonderen Anlass anordnen (stichprobenartige Prüfung). Der Umfang der einzelnen Prüfung soll in der Prüfungsanordnung festgelegt werden. Geprüft wird nur der zuletzt festgestellte Jahresabschluss und der zugehörige Lagebericht oder der zuletzt gebilligte Konzernabschluss und der zugehörige Konzernlagebericht, der zuletzt veröffentlichte verkürzte Abschluss und der zugehörige Zwischenlagebericht sowie der zuletzt veröffentlichte Zahlungsbericht oder Konzernzahlungsbericht; unbeschadet dessen darf die Bundesanstalt im Fall von § 108 Absatz 1 Satz 2 den Abschluss prüfen, der Gegenstand der Prüfung durch die Prüfstelle im Sinne von § 342b Abs. 1 des Handelsgesetzbuchs (Prüfstelle) gewesen ist. Ordnet die Bundesanstalt eine Prüfung der Rechnungslegung an, nachdem sie von der Prüfstelle einen Bericht gemäß § 108 Absatz 1 Satz 2 Nummer 1 erhalten hat, so kann sie ihre Anordnung und den Grund nach § 108 Absatz 1 Satz 2 Nummer 1 im Bundesanzeiger bekannt machen. Auf die Prüfung des verkürzten Abschlusses und des zugehörigen Zwischenlageberichts sowie des Zahlungsberichts und Konzernzahlungsberichts ist Satz 2 nicht anzuwenden. Die Prüfung kann trotz Wegfalls der Zulassung der Wertpapiere zum Handel im organisierten Markt fortgesetzt werden, insbesondere dann, wenn Gegenstand der Prüfung ein Fehler ist, an dessen Bekanntmachung öffentliches Interesse besteht.

(2) Prüfungsgegenstand nach Absatz 1 können auch die Abschlüsse und Berichte sein, die dasjenige Geschäftsjahr zum Gegenstand haben, das demjenigen Geschäftsjahr vorausgeht, auf das Absatz 1 Satz 4 erster Halbsatz Bezug nimmt. Eine stichprobenartige Prüfung ist hierbei nicht zulässig.

(3) Eine Prüfung des Jahresabschlusses und des zugehörigen Lageberichts durch die Bundesanstalt findet nicht statt, solange eine Klage auf Nichtigkeit gemäß § 256 Abs. 7 des Aktiengesetzes anhängig ist. Wenn nach § 142 Abs. 1 oder Abs. 2 oder § 258 Abs. 1 des Aktiengesetzes ein Sonderprüfer bestellt worden ist, findet eine Prüfung ebenfalls nicht statt, soweit der Gegenstand der Sonderprüfung, der Prüfungsbericht oder eine gerichtliche Entscheidung über die abschließenden Feststellungen der Sonderprüfer nach § 260 des Aktiengesetzes reichen.

(4) Bei der Durchführung der Prüfung kann sich die Bundesanstalt der Prüfstelle sowie anderer Einrichtungen und Personen bedienen.

(5) Das Unternehmen im Sinne des § 106, die Mitglieder seiner Organe, seine Beschäftigten sowie seine Abschlussprüfer haben der Bundesanstalt und den Personen, derer sich die Bundesanstalt bei der Durchführung ihrer Aufgaben bedient, auf Verlangen Auskünfte zu erteilen und Unterlagen vorzulegen, soweit dies zur Prüfung erforderlich ist; die Auskunftspflicht der Abschlussprüfer beschränkt sich auf Tatsachen, die ihnen im Rahmen der Abschlussprüfung bekannt geworden sind. Satz 1 gilt auch für die nach den Vorschriften des Handelsgesetzbuchs in den Konzernabschluss einzubeziehenden Tochterunternehmen. Für das Recht zur Auskunftsverweigerung und die Belehrungspflicht gilt § 6 Absatz 15 entsprechend.

(6) Die zur Auskunft und Vorlage von Unterlagen nach Absatz 5 Verpflichteten haben den Bediensteten der Bundesanstalt oder den von ihr beauftragten Personen, soweit dies zur Wahrnehmung ihrer Aufgaben erforderlich ist, während der üblichen Arbeitszeit das Betreten ihrer Grundstücke und Geschäftsräume zu gestatten. § 6 Absatz 11 Satz 2 gilt entsprechend. Das Grundrecht der Unverletzlichkeit der Wohnung (Artikel 13 des Grundgesetzes) wird insoweit eingeschränkt.

In der Fassung des 2. FiMaNoG vom 23.6.2017 (BGBl. I 2017, 1693).

Schrifttum: S. Vor §§ 106 ff. WpHG und *Fölsing*, Mitwirkungspflichten des Abschlussprüfers im Rechnungslegungs-Enforcement, StuB 2008, 391; *Gutmann*, Anspruch auf Herausgabe von Arbeitspapieren des Wirtschaftsprüfers, BB 2010, 171; *Krach*, Auskunfts- und Vorlagepflichten des Abschlussprüfers im Enforcementverfahren, DB 2008, 626.

---

[1] Ebenso *Mock* in KölnKomm. WpHG, § 37n WpHG Rz. 132.

I. Verfahrenseröffnung (§ 107 Abs. 1 WpHG) .. 1	2. Keine Stichprobenprüfungen (§ 107 Abs. 2 Satz 2 WpHG) 32
1. Anlassprüfung (§ 107 Abs. 1 Satz 1 WpHG) ... 1	**III. Verfahrenshemmnisse (§ 107 Abs. 3 WpHG)** . 33
a) Prüfungsanordnung 1	1. Nichtigkeitsklage (§ 107 Abs. 3 Satz 1 WpHG) . 34
b) Anlass 3	2. Aktienrechtliche Sonderprüfungen (§ 107 Abs. 3 Satz 2 WpHG) 38
c) Öffentliches Interesse 8	**IV. Einschaltung Dritter (§ 107 Abs. 4 WpHG)** .. 39
2. Stichprobenprüfung (§ 107 Abs. 1 Satz 2 und 6 WpHG) 15	**V. Auskunft und Vorlage von Unterlagen (§ 107 Abs. 5 WpHG)** 41
3. Prüfungsumfang (§ 107 Abs. 1 Satz 3 WpHG) . 18	1. Verpflichtete (§ 107 Abs. 5 Satz 1 und 2 WpHG) 42
4. Aktuelle Abschlüsse und Berichte (§ 107 Abs. 1 Satz 4 WpHG) 24	2. Pflichtenumfang (§ 107 Abs. 5 Satz 1 WpHG) . 48
5. Bekanntmachung der Prüfungsanordnung (§ 107 Abs. 1 Satz 5 WpHG) 26	3. Verweigerungsrecht (§ 107 Abs. 5 Satz 3 WpHG) 53
6. Wegfall der Wertpapierzulassung (§ 107 Abs. 1 Satz 7 WpHG) 28	**VI. Betreten von Grundstücken und Geschäftsräumen (§ 107 Abs. 6 WpHG)** 54
II. Vorangegangene Abschlüsse und Berichte (§ 107 Abs. 2 WpHG) 30	
1. Betroffene Abschlüsse und Berichte (§ 107 Abs. 2 Satz 1 WpHG) 30	

1 I. Verfahrenseröffnung (§ 107 Abs. 1 WpHG). 1. Anlassprüfung (§ 107 Abs. 1 Satz 1 WpHG). a) Prüfungsanordnung. Nach Anerkennung der DPR als Prüfstelle i.S.v. § 342b Abs. 1 Satz 1 HGB kommt die in § 107 Abs. 1 Satz 1 WpHG (§ 37o Abs. 1 Satz 1 WpHG a.F.) geregelte Befugnis der **BaFin**, aus Anlass konkreter Anhaltspunkte für Verstöße gegen Rechnungslegungsvorschriften eine Prüfung einzuleiten, **nur subsidiär** zum Tragen[1]. Sollten bei der BaFin konkrete Anhaltspunkte für Verstöße gegen Rechnungslegungsvorschriften eingehen, gibt sie diese an die DPR weiter. Für den Fall, dass die DPR zum Schluss kommt, die Einleitung einer Prüfung sei nicht geboten, und dieser Schluss nicht von der BaFin geteilt wird, räumt § 108 Abs. 2 WpHG der BaFin das Recht ein, von der DPR die Einleitung einer Prüfung zu verlangen (vgl. dazu § 108 WpHG Rz. 16 f.).

2 Wird die BaFin auf zweiter Stufe des Enforcement-Verfahrens tätig, hat sie die Prüfung zunächst formal gegenüber dem Unternehmen anzuordnen. Damit wird den Unternehmen der Beginn des behördlichen Verfahrens mitgeteilt. Bei der Prüfungsanordnung handelt es sich um einen **Verwaltungsakt**, der in allen in § 108 Abs. 1 Satz 2 WpHG genannten Fällen erforderlich ist. In der Praxis kommt die Prüfungsanordnung insbesondere dann zum Tragen, wenn ein Unternehmen eine Fehlerfeststellung durch die DPR ablehnt. Dass die BaFin von der Ablehnung unterrichtet wird, sichert § 342b Abs. 6 Satz 1 Nr. 3 HGB.

3 **b) Anlass.** Voraussetzung einer Anlassprüfung sind **konkrete Anhaltspunkte** für Verstöße gegen Rechnungslegungsvorschriften (ebenso § 342b Abs. 2 Satz 3 Nr. 1 HGB). Bloße Vermutungen, Spekulationen und Hypothesen reichen insoweit nicht aus. Vielmehr muss es sich um konkrete Umstände tatsächlicher Art handeln[2]. Bei Vorliegen derartiger Umstände ist das Verfahren grundsätzlich pflichtgemäß zu eröffnen. Die konkreten Anhaltspunkte sind den Unternehmen mitzuteilen, damit diese sich ein Bild darüber machen können, ob tatsächlich konkrete Vermutungen für Verstöße gegen Rechnungslegungsvorschriften vorliegen[3]. Dies bedeutet jedoch nicht, dass die BaFin (bzw. die DPR) den Unternehmen ihre Informationsquellen mitteilen müsste[4].

4 Die Vermutungen können sich aus **unterschiedlichen Quellen** ergeben. Denkbar sind insbesondere Zeitungsartikel und gezielte Hinweise Dritter[5]. Eine systematische Auswertung öffentlich zugänglicher Quellen kann die BaFin dabei der DPR überlassen, da diese auf erster Stufe für die Durchführung der Prüfungen zuständig ist.

5 Gibt es zwar Vermutungen, dass Verstöße gegen Rechnungslegungsvorschriften vorliegen, sind diese jedoch **nicht hinreichend konkret**, hat die BaFin gegenüber den Unternehmen weder ein Recht auf Auskunft noch auf Vorlage von Unterlagen. Soll der Wahrheitsgehalt der Vermutungen geklärt werden, können sich etwaige Voruntersuchungen der BaFin (wie die der DPR) demnach nur auf externe Quellen, wie beispielsweise die offen gelegten Abschlüsse, stützen[6]. In der Praxis gibt die DPR den Unternehmen im Rahmen einer Voruntersuchung allerdings häufig auch die Gelegenheit, zu relativ vagen Anzeichen für Verstöße gegen Rechnungslegungsvorschriften Stellung zu nehmen. Aufgrund der Stellungnahme des Unternehmens kann die DPR dann

---

1 Vgl. Begr. RegE BilKoG, BT-Drucks. 15/3421 v. 24.6.2004, 17.
2 Vgl. Begr. RegE BilKoG, BT-Drucks. 15/3421 v. 24.6.2004, 14; dazu kritisch *Arbeitskreis Externe Unternehmensrechnung der Schmalenbach-Gesellschaft für Betriebswirtschaft (AKEU)*, DB 2004, 329, 330.
3 Vgl. *Heinz*, Das Enforcement-Verfahren in Deutschland, S. 72.
4 Ebenso *Mock* in KölnKomm. WpHG, § 37o WpHG Rz. 29.
5 Vgl. Begr. RegE BilKoG, BT-Drucks. 15/3421 v. 24.6.2004, 14; zu der Frage, ob Unternehmensmitarbeiter und Abschlussprüfer insoweit auch als Quelle in Betracht kommen, *Bräutigam/Heyer*, AG 2006, 188, 190 f.; *Gelhausen/Hönsch*, AG 2005, 511, 514.
6 Ebenso *Mock* in KölnKomm. WpHG, § 37o WpHG Rz. 28. Zur Voruntersuchung durch die DPR vgl. *Bräutigam/Heyer*, AG 2006, 188 f.; *Gelhausen/Hönsch*, AG 2005, 511, 515.

besser einschätzen, ob hinreichend konkrete Anhaltspunkte für einen Verstoß gegen Rechnungslegungsvorschriften vorliegen oder ob die Anhaltspunkte ausgeräumt sind.

Fraglich ist, ob die **Korrektur eine Rechnungslegungsfehlers** in laufender Rechnung oder gar die Änderung eines bereits festgestellten/gebilligten/veröffentlichten Abschlusses Anlass einer Prüfung durch die BaFin sein kann. Gibt die Änderung selbst keinen Anlass zur Vermutung einer (weiterhin) fehlerhaften Rechnungslegung, ist eine anlassbezogene Überprüfung des zuletzt festgestellten/gebilligten/veröffentlichten Abschlusses unzulässig. Da § 107 Abs. 2 WpHG aber nunmehr die Möglichkeit eröffnet, aus Anlass auch den Abschluss des Geschäftsjahres zu prüfen, das dem zuletzt festgestellten/gebilligten/veröffentlichten Abschluss vorangeht, ist grundsätzlich eine Prüfung des vorherigen (nicht korrigierten/geänderten) Abschlusses möglich[1]. DPR und BaFin sollten aber sorgfältig erwägen, ob in diesen Fällen tatsächlich ein öffentliches Interesse an einer Überprüfung besteht. Denn eine reflexartige Überprüfung der Vorgängerabschlüsse könnte die Bereitschaft der Unternehmen zur transparenten Korrektur/Änderung fehlerhafter Rechnungslegung minimieren.   6

Auch die Unternehmen selbst könnten bestrebt sein, die Enforcement-Stellen zu einer Prüfung zu veranlassen. Dies ist insofern von praktischem Interesse, als die Unternehmen eine **Vorabklärung** von sehr komplexen Bilanzierungsfragen anstreben könnten, um sicher zu sein, dass ihre Bilanzierung insoweit nicht später im Zuge eines Enforcement-Verfahrens aufgegriffen und dann als fehlerhaft erachtet wird[2]. Das BilKoG räumt den Unternehmen allerdings weder gegenüber der DPR noch gegenüber der BaFin einen Anspruch auf derartige Vorabklärungen ein. Dessen ungeachtet befasst sich die DPR mittlerweile mit derartigen schriftlich gestellten Vorabanfragen unter der Voraussetzung, dass ein hinreichend konkretisierter Sachverhalt vorliegt, die Unternehmen eine bilanzielle Behandlung vorschlagen und eine Stellungnahme des Abschlussprüfers einholen. Eine rechtliche Bindungswirkung kommt dem sog. *pre-clearance* aber nicht zu[3].   7

c) Öffentliches Interesse. Nach § 107 Abs. 1 Satz 1 a.E. WpHG ist eine Anlassprüfung ausgeschlossen, wenn ein öffentliches Interesse an der Klärung der konkreten Verdachtsmomente für einen Rechnungslegungsfehler offensichtlich nicht besteht. Eine entsprechende Formulierung enthält § 342b Abs. 2 Satz 4 HGB. In der Regelung kommt der generell geltende Grundsatz zum Ausdruck, dass die Enforcement-Verfahren nur im **öffentlichen Interesse** durchgeführt werden (vgl. § 4 Abs. 4 FinDAG). Die Tatsache, dass eine Prüfung nach § 107 Abs. 1 Satz 1 a.E. WpHG nur als unzulässig bezeichnet wird, wenn das öffentliche Interesse „offensichtlich" fehlt, verdeutlicht, dass im Zweifel eine Prüfung durchzuführen ist. Stellt sich im Zuge einer Anlassprüfung heraus, dass sie nicht (mehr) im öffentlichen Interesse ist, ist sie einzustellen.   8

Auch Prüfungen, die auf eine **Anregung Dritter** zurückgehen, werden bei öffentlichem Interesse durchgeführt. Auch sie erfolgen also nicht im Interesse der Dritten, sondern in dem der Allgemeinheit. Damit ist klargestellt, dass Dritten selbst dann kein Anspruch auf Auskunft über den Prüfungsfortgang, auf eine über § 109 Abs. 2 WpHG hinausgehende Unterrichtung über das Prüfungsergebnis oder gar auf Akteneinsicht zusteht, wenn die Prüfung von ihnen angeregt wurde[4].   9

Ob offensichtlich kein öffentliches Interesse an einer Prüfung eines Abschlusses besteht, ist **aus dem Blickwinkel der Kapitalmarktteilnehmer** zu beurteilen[5]. Wäre der Verstoß gegen Rechnungslegungsvorschriften – das Zutreffen der Anhaltspunkte unterstellt – aus Sicht eines objektiven Kapitalmarktteilnehmers ohne Belang, hat eine Prüfung zu unterbleiben. Kein öffentliches Interesse an einer Prüfung kann daher bestehen, wenn ein tatsächlich festgestellter Verstoß gegen Rechnungslegungsvorschriften keine Auswirkungen auf den Börsenpreis der Wertpapiere des betreffenden Unternehmens hätte[6].   10

Offensichtlich **unwesentliche Verstöße** gegen Rechnungslegungsvorschriften können somit kein Anlass für eine Prüfung eines Abschlusses sein[7]. Häufig wird sich erst **im Zuge der Prüfung** herausstellen, ob ein potentieller Verstoß gegen Rechnungslegungsvorschriften Auswirkungen auf den Börsenpreis des Unternehmens haben könnte. Dann ist – wie in Zweifelsfällen generell – eine Prüfung durchzuführen[8]. Sie ist allerdings (im Hinblick auf die Aufklärung eines bestimmten vermuteten Verstoßes) zu beenden, wenn ersichtlich wird, dass der potentielle Verstoß gegen Rechnungslegungsvorschriften für den Kapitalmarkt nicht von Bedeutung ist[9].   11

---

1 Vgl. dazu auch *Mock* in KölnKomm. WpHG, § 37o WpHG Rz. 20, dessen Ausführungen sich allerdings noch auf § 37o WpHG a.F. beziehen.
2 Vgl. *Deutsches Aktieninstitut*, Erste Erfahrungen mit der Deutschen Prüfstelle für Rechnungslegung e.V. (DPR), 2007, S. 15; *Haller/Bernais*, Enforcement und BilKoG, 2005, S. 63; *Mock* in KölnKomm. WpHG, § 37n WpHG Rz. 28. Kritisch zum sog. Pre-Clearance, *Schön*, DB 2008, 1027 ff.; befürwortend *Berger*, DB 2008, 1843 ff.
3 *DPR*, Tätigkeitsbericht 2010, S. 11, im Internet abrufbar unter www.frep.info. Zum *Pre-Clearance* generell vgl. *Berger*, DB 2008, 1843 ff., und kritisch *Schön*, DB 2008, 1027 ff. sowie *Mock* in KölnKomm. WpHG, § 37n WpHG Rz. 160 ff.
4 Vgl. Begr. RegE BilKoG, BT-Drucks. 15/3421 v. 24.6.2004, 15; *Gelhausen/Hönsch*, AG 2005, 511, 525.
5 Begr. RegE BilKoG, BT-Drucks. 15/3421 v. 24.6.2004, 14.
6 Vgl. *Mock* in KölnKomm. WpHG, § 37o WpHG Rz. 30; *Scheffler*, Der Konzern 2007, 589, 594.
7 Begr. RegE BilKoG, BT-Drucks. 15/3421 v. 24.6.2004, 14. Zur Wesentlichkeit vgl. § 109 WpHG Rz. 2 f.
8 Vgl. *Gelhausen/Hönsch*, AG 2005, 511, 515; *Mock* in KölnKomm. WpHG, § 37o WpHG Rz. 30.
9 *Mock* in KölnKomm. WpHG, § 37o WpHG Rz. 31.

12 Nach herrschender Auffassung kann auch ein **eingeschränkter Bestätigungsvermerk** des Abschlussprüfers eine Anlassprüfung rechtfertigen[1]. Diese Ansicht ist nicht zweifelsfrei. Denn in diesen Fällen ist der Kapitalmarkt üblicherweise bereits über die Fehlerhaftigkeit des Abschlusses informiert und eine Fehlerfeststellung kann sich nicht mehr auf den Börsenkurs auswirken.

13 Die Frage, ob eine Prüfung im öffentlichen Interesse ist, richtet sich nicht nach der **Schuldhaftigkeit** einer etwaigen Pflichtverletzung der die Bilanz aufstellenden Organmitglieder[2]. Eine Prüfung wäre demnach selbst dann durchzuführen, wenn von Beginn an sicher wäre, dass die Bilanz ohne Verschulden der Geschäftsleitung fehlerhaft aufgestellt wurde. Ziel ist nämlich nicht die Ahndung von Fehlverhalten, sondern die Durchsetzung ordnungsmäßiger Rechnungslegung[3].

14 Fraglich ist, ob es zur Bestimmung des öffentlichen Interesses einer Prüfung eines (Konzern-)Zahlungsberichts ebenfalls allein auf den Blickwinkel des Kapitalmarkts und damit darauf ankommt, ob ein etwaiger Fehler für den Börsenpreis relevant ist. Denn die Berichte sollen „der Zivilgesellschaft und den Anlegern Informationen verfügbar machen, anhand derer die staatlichen Stellen ressourcenreicher Länder für ihre Einnahmen aus der Ausbeutung von Naturressourcen zur Rechenschaft gezogen werden könnten"[4]. Jedenfalls ist eine gewisse Wesentlichkeit der ggf. fehlerhaften Angabe auch für eine Prüfung eines Zahlungsberichts erforderlich. Denn auch aus Sicht der Zivilgesellschaft besteht kein Interesse an der Feststellung unwesentlicher Fehler.

15 **2. Stichprobenprüfung (§ 107 Abs. 1 Satz 2 und 6 WpHG).** Grundsätzlich wurde der BaFin auch das Recht eingeräumt, Prüfungen ohne konkreten Anlass als Stichproben einzuleiten. Mit der Anerkennung der DPR ist die Befugnis zur Veranlassung von Prüfungen auf der Grundlage von Stichproben jedoch gem. § 108 Abs. 1 Satz 1 WpHG auf die DPR übergegangen (zur Stichprobenprüfung vgl. § 108 WpHG Rz. 7f.).

16 Im Zuge von Stichprobenprüfungen dürfen Konzernabschlüsse und Konzernlageberichte oder Jahresabschlüsse und Lageberichte, nicht aber verkürzte Abschlüsse und Zwischenlageberichte sowie Zahlungsberichte und Konzernzahlungsberichte überprüft werden (§ 107 Abs. 1 Satz 6 WpHG). Letztere unterliegen allein Prüfungen aus Anlass konkreter Anhaltspunkte für Rechnungslegungsverstöße. Allerdings kann die BaFin verkürzte Abschlüsse und Zwischenlageberichte und ggf. auch (Konzern-)Zahlungsberichte als Informationsgrundlage der Prüfung eines Konzern- bzw. Jahresabschlusses heranziehen. Denkbar ist auch, dass die BaFin bei der Stichprobenprüfung eines Konzern- bzw. Jahresabschlusses konkrete Anhaltspunkte für eine Fehlerhaftigkeit des darauf folgenden Halbjahresfinanzberichts feststellt und daher die Prüfung des Konzern- bzw. Jahresabschlusses entsprechend ausdehnt[5].

17 Sowohl bei der Stichproben- als auch bei der Anlassprüfung stellt sich die Frage, ob ein eröffnetes Enforcement-Verfahren fortgesetzt werden kann, wenn der **Abschluss geändert** wird. Der alte Abschluss entfaltet dann keine Wirkung mehr und der Kapitalmarkt wird mit der Veröffentlichung des neuen Abschlusses über die Änderung informiert. Dies spricht grundsätzlich dafür, das Verfahren zu beenden und im Fall der Stichprobe oder mangels Korrektur des Prüfungsanlasses auch bei der Anlassprüfung auf den neuen Abschluss zu beziehen. Angesichts der Regelungen in § 107 Abs. 1 Satz 2 a.E. und Satz 7 sowie Abs. 2 WpHG ist dennoch davon auszugehen, dass die Fortführung der Prüfung des alten Abschlusses zulässig bleibt.

18 **3. Prüfungsumfang (§ 107 Abs. 1 Satz 3 WpHG).** Nach § 107 Abs. 1 Satz 3 WpHG **soll** der jeweilige Prüfungsumfang in der **Prüfungsanordnung** angegeben werden. Die Verwendung des Begriffs „soll" spricht dafür, dass die BaFin in Ausnahmefällen auf eine Festlegung des Prüfungsumfangs (vorläufig) verzichten kann. Derartige Ausnahmefälle dürften jedoch selten sein[6].

19 Führt die BaFin eine **anlassbezogene Prüfung** durch, kann sie diese – ebenso wie die DPR – unter Beachtung von § 107 Abs. 1 Satz 3 WpHG auf neue Sachverhalte ausdehnen[7]. Voraussetzung ist allerdings, dass der Aus-

---

1 *Fuchs* in Fuchs, §§ 37o, 37p WpHG Rz. 12; *Mock* in KölnKomm. WpHG, § 37o WpHG Rz. 32 und offenbar *Boxberger*, DStR 2007, 1362, 1363.
2 *Mock* in KölnKomm. WpHG, § 37o WpHG Rz. 20.
3 *Gelhausen/Hönsch*, AG 2005, 511, 515; a.A. *Haller/Bernais*, Enforcement und BilKoG, 2005, S. 48 und möglicherweise OLG Frankfurt v. 14.6.2007 – WpÜG 1/07, BB 2007, 2060, 2063 = AG 2007, 675.
4 Erwägungsgrund 7 der Richtlinie vom 22.10.2013 zur Änderung der Richtlinie 2004/109/EG des Europäischen Parlaments und des Rates zur Harmonisierung der Transparenzanforderungen in Bezug auf Informationen über Emittenten, deren Wertpapiere zum Handel auf einem geregelten Markt zugelassen sind, der Richtlinie 2003/71/EG des Europäischen Parlaments und des Rates betreffend den Prospekt, der beim öffentlichen Angebot von Wertpapieren oder bei deren Zulassung zum Handel zu veröffentlichen ist, sowie der Richtlinie 2007/14/EG der Kommission mit Durchführungsbestimmungen zu bestimmten Vorschriften der Richtlinie 2004/109/EG, ABl. EU Nr. L 294 v. 6.11.2013, S. 13, 14. Vgl. auch Erwägungsgrund 45 der Richtlinie 2013/34/EU vom 26.6.2013 über den Jahresabschluss, den konsolidierten Abschluss und damit verbundene Berichte von Unternehmen bestimmter Rechtsformen und zur Änderung der Richtlinie 2006/43/EG des Europäischen Parlaments und des Rates und zur Aufhebung der Richtlinien 78/660/EWG und 83/349/EWG des Rates, ABl. EU Nr. L 182 v. 29.6.2013, S. 19, 25.
5 Zur Frage der gleichzeitigen Überprüfung des vorherigen Halbjahresfinanzberichts vgl. § 106 WpHG Rz. 14.
6 *Heinz*, Das Enforcement-Verfahren in Deutschland, S. 113f.
7 Begr. RegE BilKoG, BT-Drucks. 15/3421 v. 24.6.2004, 17; *Gelhausen/Hönsch*, AG 2005, 511, 519; a.A. *Heinz*, Das Enforcement-Verfahren in Deutschland, S. 114ff.; *Mock* in KölnKomm. WpHG, § 37o WpHG Rz. 44.

dehnung konkrete Anhaltspunkte für einen Verstoß gegen Rechnungslegungsvorschriften zugrunde liegen. Nicht zulässig wäre es somit, im Zuge einer Anlassprüfung anlasslose Stichproben hinsichtlich anderer Bilanzierungsbereiche zu ziehen.

Denkbar ist auch, dass die BaFin den Sachverhalt bereits bei Übernahme des Verfahrens anders als die DPR interpretiert und daher schon bei Anordnung der Prüfung den Prüfungsumfang in Abweichung von etwaigen Vorarbeiten der DPR definiert. Dabei kann sie den **Prüfungsumfang ausdehnen**, beschränken oder andere Schwerpunkte setzen. Dies gilt nicht nur dann, wenn die BaFin für das Verfahren zuständig wird, weil das Unternehmen nicht (mehr) bereit ist, mit der DPR zu kooperieren (§ 108 Abs. 1 Satz 2 Nr. 1 Alt. 1 WpHG), oder weil die Behörde Zweifel an der Prüfungsdurchführung hat (§ 108 Abs. 1 Satz 2 Nr. 2 Alt. 2 WpHG). Vielmehr kann es aus Sicht der BaFin auch erforderlich sein, neue Prüfungshandlungen durchzuführen, wenn das Unternehmen mit dem Ergebnis der Prüfung nicht einverstanden ist (§ 108 Abs. 1 Satz 2 Nr. 1 Alt. 2 WpHG)[1] oder die BaFin an seiner Richtigkeit zweifelt (§ 108 Abs. 1 Satz 2 Nr. 2 Alt. 1 WpHG), wenn sie sich in diesen Fällen auch regelmäßig auf den von der DPR ermittelten Sachverhalt stützen wird. Geht es um eine Fehlerfeststellung der DPR, mit der sich das Unternehmen nicht einverstanden erklärt hat, begrenzt die BaFin die Prüfung in der Praxis regelmäßig auf den von der DPR festgestellten Fehler.

Fraglich ist in diesem Zusammenhang allerdings, ob die BaFin eine Anlassprüfung aufgrund neuer konkreter Anhaltspunkte auch auf völlig **neue Sachverhalte** ausdehnen kann. Hiergegen könnte sprechen, dass diese Ausdehnung einer eigenständigen Zweitprüfung gleichkommt, die wie jede andere Prüfung dem zweistufigen Enforcement-Verfahren folgen muss. Folglich müsste zunächst die DPR eine weitere Prüfung einleiten und sie – bei Kooperationsbereitschaft des Unternehmens – durchführen. Da jedoch dasselbe Unternehmen betroffen ist und sich die Prüfung des Ausgangssachverhalts bereits auf der zweiten Stufe des Enforcement-Verfahrens befindet, erscheint es sachgerecht, eine Ausdehnung der Prüfung durch die BaFin unter Anwendung von § 107 Abs. 1 Satz 3 WpHG zuzulassen.

Die anlassbezogene Prüfung erstreckt sich auf die Überprüfung der Rechnungslegungsinformationen, für deren Fehlerhaftigkeit die konkreten Anhaltspunkte sprechen, die Auslöser der Prüfung waren[2]. Regelmäßig wird dabei zunächst der Sachverhalt zu ermitteln sein, bevor seine bilanziellen Auswirkungen geklärt werden. Denkbar ist aber auch, dass es lediglich um die bilanzielle Abbildung eines vollständig bekannten Sachverhalts geht.

§ 107 Abs. 1 Satz 3 WpHG gilt ebenso für **stichprobenartige Prüfungen**. Selbst wenn diese nach Anerkennung der DPR gem. § 108 Abs. 1 Satz 1 WpHG nur auf deren Veranlassung durchgeführt werden, ist die BaFin auf zweiter Stufe auch für Stichprobenprüfungen zuständig. Übernimmt die BaFin eine Stichprobenprüfung, kann sie einen von der DPR festgelegten Prüfungsumfang aufgrund ihrer beschränkten Kompetenz allerdings nicht schon bei Übernahme abändern. Vielmehr hat sie einen von der DPR festgelegten Prüfungsumfang grundsätzlich beizubehalten. Ergeben sich bei Prüfungsdurchführung jedoch konkrete Anhaltspunkte für einen Verstoß gegen Rechnungslegungsvorschriften, kann auch die stichprobenartige Prüfung erforderlichenfalls ausgedehnt werden[3].

4. Aktuelle Abschlüsse und Berichte (§ 107 Abs. 1 Satz 4 WpHG). In Parallelität zu § 342b Abs. 2 Satz 1 HGB stellt § 107 Abs. 1 Satz 4 WpHG klar, dass grundsätzlich nur der **zuletzt festgestellte** bzw. **gebilligte Abschluss** und der zugehörige (Konzern-)Lagebericht, der zuletzt veröffentlichte verkürzte Abschluss und Zwischenlagebericht sowie der zuletzt veröffentlichte (Konzern-)Zahlungsbericht der Überprüfung unterliegen. Damit wird der Bedeutung Rechnung getragen, die der Aktualität der (Kapitalmarkt-) Information beigemessen wird.

Wird nach Einleitung eines Prüfverfahrens der **Folgeabschluss festgestellt** oder gebilligt, erledigt sich das laufende Verfahren allerdings nicht. Dies ergibt sich aus § 107 Abs. 1 Satz 4 a.E. WpHG, wonach die Prüfungen i.S.v. § 108 Abs. 1 Satz 2 WpHG nicht auf den zuletzt festgestellten oder gebilligten Abschluss beschränkt sind, wenn der Abschluss zuvor von der DPR geprüft wurde. Folglich kann eine einmal begonnene Prüfung auch zu Ende geführt werden, wenn ein Folgeabschluss festgestellt bzw. gebilligt wurde. Dies muss auch bei Prüfungen gelten, die bereits bei der BaFin anhängig sind, wenn der Folgeabschluss festgestellt oder gebilligt wird. § 107 Abs. 1 Satz 4 a.E. WpHG ist auch auf die Prüfung von verkürzten Abschlüssen und Zwischenlageberichten von Halbjahresfinanzberichten anwendbar. Selbst nach Veröffentlichung eines weiteren Halbjahresfinanzberichts oder gar der Feststellung oder Billigung eines Jahres- bzw. Konzernabschlusses kann die Prüfung eines verkürzten Abschlusses und Zwischenlageberichts also beendet werden. Der Regelungsgedanke dürfte zudem auf die Prüfung von (Konzern-)Zahlungsberichten anwendbar sein, obwohl sich § 107 Abs. 1 Satz 4 a.E. WpHG trotz Einführung des Zahlungsberichts in § 107 Abs. 1 Satz 4 WpHG durch das Gesetz zur Umsetzung der Transparenzrichtlinie-Änderungsrichtlinie vom 20.11.2015 sprachlich weiterhin nur auf „den Abschluss" bezieht, der Halbsatz also nicht explizit auf die Prüfung von Berichten ausgedehnt wurde.

---

1 Vgl. *Paul*, WPg 2011, 11, 12.
2 So ausdrücklich Begr. RegE BilKoG, BT-Drucks. 15/3421 v. 24.6.2004, 14.
3 Vgl. *Heinz*, Das Enforcement-Verfahren in Deutschland, S. 113 f.

26 **5. Bekanntmachung der Prüfungsanordnung (§ 107 Abs. 1 Satz 5 WpHG).** Ist die BaFin für die Prüfung zuständig, weil das Unternehmen seine Mitwirkung an der Prüfung gegenüber der DPR verweigert hat oder weil es mit dem Prüfungsergebnis nicht einverstanden ist (§ 108 Abs. 1 Satz 2 Nr. 1 WpHG), kann sie ihre Prüfungsanordnung und den Grund für ihre Zuständigkeit i.S.v. § 108 Abs. 1 Satz 2 Nr. 1 WpHG im **Bundesanzeiger** bekannt machen. Die Bestimmung dient offenbar dazu, die Unternehmen zu einer Kooperation mit der DPR zu bewegen.

27 Bei der **Ermessensentscheidung** sind das Informationsbedürfnis der Öffentlichkeit und das Interesse des Unternehmens an der Geheimhaltung der angeordneten Prüfung gegeneinander abzuwägen[1]. Entscheidende Bedeutung hat dabei die Begründung des Unternehmens für die Verweigerung der Kooperation bzw. Nicht-Akzeptanz eines Fehlers. In die Entscheidung haben auch Überlegungen zu der Wahrscheinlichkeit eines Verstoßes sowie seiner Bedeutung für den Kapitalmarkt einzugehen[2].

28 **6. Wegfall der Wertpapierzulassung (§ 107 Abs. 1 Satz 7 WpHG).** Nach § 107 Abs. 1 Satz 7 WpHG kann ein Enforcement-Verfahren auch dann fortgeführt werden, wenn die Zulassung der Wertpapiere zum Handel im organisierten Markt entfällt. § 107 Abs. 1 Satz 7 WpHG entspricht § 342b Abs. 2 Satz 6 HGB. Beide Regelungen wurden mit dem Abschlussprüfungsreformgesetz vom 10.5.2016 eingeführt. Damit hat der Gesetzgeber einen entsprechenden Beschluss des OLG Frankfurt vom 31.5.2012[3] im Gesetz verankert[4].

29 Eine Verfahrensfortführung ist „insbesondere" zulässig, wenn Gegenstand der Prüfung ein Fehler ist, an dessen Bekanntmachung öffentliches Interesse besteht. Dies kann ausweislich der Gesetzesbegründung etwa der Fall sein, wenn das Verfahren bereits weit fortgeschritten ist und aus generalpräventiven Gründen eine Bekanntmachung des Fehlers im öffentlichen Interesse liegt[5]. Hat die DPR ein Verfahren eröffnet und fällt danach die Zulassung der Wertpapiere zum Handel im organisierten Markt weg, kann nicht nur die DPR, sondern in den Fällen des § 108 Abs. 1 Satz 1 WpHG (anschließend) auch die BaFin das Verfahren fortsetzen[6].

30 **II. Vorangegangene Abschlüsse und Berichte (§ 107 Abs. 2 WpHG). 1. Betroffene Abschlüsse und Berichte (§ 107 Abs. 2 Satz 1 WpHG).** Nach § 107 Abs. 2 WpHG können Prüfungsgegenstand auch die Abschlüsse und Berichte sein, die das Geschäftsjahr zum Gegenstand haben, das dem Geschäftsjahr des aktuellen Abschlusses oder Berichts vorausgeht. Die Regelung hat in § 342b Abs. 2a HGB ihre Entsprechung. Beide Regelungen wurden mit dem Gesetz zur Umsetzung der Transparenzrichtlinie-Änderungsrichtlinie vom 20.11.2015 eingeführt. Der Gesetzgeber wollte mit der Regelung den „Prüfumfang in zeitlicher Hinsicht erweitern"[7].

31 § 107 Abs. 2 WpHG erfasst „Abschlüsse" und Berichte. Auch wird pauschal auf „§ 107 Abs. 1 Satz 4" WpHG Bezug genommen. Demgemäß soll die Norm (neben Zahlungsberichten) offenbar nicht nur Jahres- und Konzernabschlüsse, sondern auch verkürzte Abschlüsse und Zwischenlageberichte von Halbjahresfinanzberichten erfassen. Folglich kann das Enforcement-Verfahren auch auf den verkürzten Abschluss und Zwischenbericht des vorletzten Halbjahresfinanzberichts erstreckt werden, und zwar unabhängig davon, ob zuletzt ein Jahres- oder ein Halbjahresfinanzbericht veröffentlicht wurde.

32 **2. Keine Stichprobenprüfungen (§ 107 Abs. 2 Satz 2 WpHG).** Eine stichprobenartige Prüfung ist bei den Vorjahresabschlüssen bzw. -berichten nach § 107 Abs. 2 Satz 2 WpHG nicht zulässig. Dies schließt aber nicht aus, dass sich der Anlass für eine Prüfung der in § 107 Abs. 2 WpHG bezeichneten Abschlüsse und Berichte bei einer Stichprobe des zeitlich nachfolgenden Jahres- oder Konzernabschlusses ergibt.

33 **III. Verfahrenshemmnisse (§ 107 Abs. 3 WpHG).** Das Enforcement-Verfahren ist im Verhältnis zu Nichtigkeitsklagen und Sonderprüfungen subsidiär. Die Regelung findet in § 342b Abs. 3 HGB ihre Entsprechung für das Verfahren auf erster Stufe. Mit den Regelungen sollen divergierende Entscheidungen vermieden werden[8]. Wird eine Nichtigkeitsklage erhoben oder eine Sonderprüfung beauftragt, nachdem das Enforcement-Verfahren eingeleitet wurde, ist die Enforcement-Prüfung bis zur Beendigung des Prozesses oder der Sonderprüfung einzustellen (vgl. auch § 108 Abs. 3 WpHG)[9].

34 **1. Nichtigkeitsklage (§ 107 Abs. 3 Satz 1 WpHG).** Ist eine Nichtigkeitsklage gem. § 256 Abs. 7 AktG anhängig, tritt eine **Sperrwirkung** für das Enforcement-Verfahren ein. Dabei ist es ausweislich des Wortlauts unerheblich, ob der Nichtigkeitsklage derselbe Sachverhalt zugrunde liegt, der im Zuge des Enforcement-Verfahrens untersucht werden soll, oder sich die Untersuchungsgegenstände unterscheiden[10]. Vielmehr ist die Sperrwirkung absolut.

---

1 Begr. RegE BilKoG, BT-Drucks. 15/3421 v. 24.6.2004, 17.
2 Vgl. auch BaFin, Emittentenleitfaden 2018 (Konsultationsfassung Juni 2018), I.3.2.2.1.
3 OLG Frankfurt v. 31.5.2012 – WpÜG 2/12, WpÜG 3/12, AG 2013, 50.
4 Begr. RegE AReG, BT-Drucks. 18/7219, 54.
5 Begr. RegE AReG, BT-Drucks. 18/7219, 54.
6 Begr. RegE AReG, BT-Drucks. 18/7219, 54.
7 Begr. RegE Gesetz zur Umsetzung der Transparenzrichtlinie-Änderungsrichtlinie, BT-Drucks. 18/5010, 50.
8 Begr. RegE BilKoG, BT-Drucks. 15/3421 v. 24.6.2004, 14.
9 *Hennrichs*, ZHR 168 (2004), 383, 406; *W. Müller*, ZHR 168 (2004), 414, 416.
10 So auch *Hennrichs*, ZHR 168 (2004), 383, 406 und *Mock* in KölnKomm. WpHG, § 37o WpHG Rz. 95.

Stellt das Gericht die **Nichtigkeit des Jahresabschlusses** fest, erübrigt sich eine Enforcement-Prüfung, da nunmehr feststeht, dass der Abschluss keine Wirkung entfaltet[1]. Denkbar ist jedoch, dass die den nichtigen Abschluss ersetzende Rechnungslegung einem Enforcement-Verfahren unterzogen wird, entweder weil (erneut) an der Richtigkeit der korrigierten Bilanzierung des zuvor zur Nichtigkeit führenden Bilanzierungssachverhalts gezweifelt wird oder aus Anlass eines anderen Sachverhalts[2].   35

Wird die **Nichtigkeitsklage abgewiesen**, soll das Enforcement-Verfahren nach dem Willen des Gesetzgebers wieder aufleben[3]. In Fällen, in denen das Gericht die Nichtigkeitsklage mangels Bilanzierungsfehler abweist, würde es dem Gesetzeszweck allerdings nicht entsprechen, wenn die Enforcement-Stelle die Bilanzierung des Unternehmens erneut überprüfen würde. Dies gilt jedoch nur für diejenigen Sachverhalte, die Gegenstand des Nichtigkeitsprozesses waren[4].   36

Zwar kann nur ein Jahresabschluss, nicht auch ein **Konzernabschluss** nach § 256 AktG nichtig sein. Da jedoch auch dann die Gefahr einer divergierenden Entscheidung besteht, wenn die Enforcement-Stelle den Konzernabschluss und das Gericht den Jahresabschluss desselben Geschäftsjahrs untersucht, ist anzunehmen, dass sich die Sperrwirkung einer Nichtigkeitsklage auch auf den Konzernabschluss erstreckt. Dies gilt jedoch nur, wenn in der Enforcement-Prüfung derselbe Sachverhalt untersucht würde, mit dem sich das Gericht befasst[5].   37

2. Aktienrechtliche Sonderprüfungen (§ 107 Abs. 3 Satz 2 WpHG). Eine Sperrwirkung tritt auch dann ein, wenn nach § 142 Abs. 1 oder 2 AktG oder § 258 Abs. 1 AktG ein Sonderprüfer bestellt wurde, allerdings nur soweit der Gegenstand der Sonderprüfung, der Prüfungsbericht oder eine gerichtliche Entscheidung über die abschließenden Feststellungen des Sonderprüfers nach § 260 AktG reicht[6]. Eine Sonderprüfung i.S.v. § 142 Abs. 1 oder 2 AktG wird sich häufig nicht auf die bilanzielle Abbildung des untersuchten Sachverhalts erstrecken. Diese zu untersuchen, kann dann weiterhin Gegenstand eines Enforcement-Verfahrens sein. Die Reichweite der Untersuchung und damit einer etwaigen Sperrwirkung ist im Einzelnen anhand der Beauftragung des Sonderprüfers, anhand der Reichweite der Feststellungen in seinem Prüfungsbericht und ggf. der gerichtlichen Entscheidung i.S.v. § 260 AktG zu beurteilen[7].   38

IV. Einschaltung Dritter (§ 107 Abs. 4 WpHG). Die BaFin kann sich bei Durchführung der Prüfung der **Prüfstelle** bedienen, die in diesem Fall nicht auf Grundlage des § 342b HGB, sondern als Verwaltungshelferin der BaFin tätig wird[8]. Darüber hinaus kann sie auf andere Personen oder Einrichtungen zurückgreifen. Hierbei handelt es sich um Personen oder Einrichtungen mit besonderem Sachverstand, etwa Wirtschaftsprüfer oder Wirtschaftsprüfungsgesellschaften[9].   39

Um ein möglichst objektives Prüfungsergebnis zu erreichen, sollte sich die BaFin nur **unabhängiger Dritter** bedienen (vgl. auch §§ 13–16 Verfahrensordnung der Prüfstelle)[10]. Zur Konkretisierung der Unabhängigkeitsanforderungen können die §§ 319ff. HGB und § 14 Verfahrensordnung der Prüfstelle herangezogen werden. Der Abschlussprüfer des betreffenden Abschlusses sollte daher nicht nach § 107 Abs. 4 WpHG eingeschaltet werden[11].   40

V. Auskunft und Vorlage von Unterlagen (§ 107 Abs. 5 WpHG). Das Unternehmen, dessen Rechnungslegung überprüft wird, seine Organmitglieder, seine Beschäftigten und sein Abschlussprüfer haben den Mitarbeitern der BaFin bzw. den Personen, derer sich die BaFin bei der Prüfung bedient, auf Verlangen Auskünfte zu erteilen und Unterlagen vorzulegen. Entscheiden sich die Unternehmen für eine Kooperation mit der DPR, gilt eine vergleichbare Regelung (§ 342b Abs. 4 Satz 1 HGB)[12].   41

1. Verpflichtete (§ 107 Abs. 5 Satz 1 und 2 WpHG). Zu den Organmitgliedern i.S.d. Vorschrift zählen zumindest die **gesetzlichen Vertreter der Gesellschaft**. Bei Aktiengesellschaften sind dies die Vorstandsmitglieder, wobei als Auskunftsperson aufgrund seiner Sachnähe insbesondere der Finanzvorstand in Frage kommt. Da sich die Auskunftspflicht jedoch nicht auf die Mitglieder des gesetzlichen Vertretungsorgans beschränkt, sind auch Aufsichtsratsmitglieder, insbesondere die Mitglieder eines Prüfungsausschusses, als „Organmitglieder" auskunftspflichtig. Eine Befragung macht allerdings nur insoweit Sinn, als der Befragungsgegenstand der Kon-   42

---

1 Begr. RegE BilKoG, BT-Drucks. 15/3421 v. 24.6.2004, 14.
2 Vgl. Gelhausen/Hönsch, AG 2005, 511, 517.
3 Begr. RegE BilKoG, BT-Drucks. 15/3421 v. 24.6.2004, 14.
4 Gelhausen/Hönsch, AG 2005, 511, 517; Mock in KölnKomm. WpHG, § 37o WpHG Rz. 105.
5 Gelhausen/Hönsch, AG 2005, 511, 517; Schmidt-Versteyl, Durchsetzung ordnungsgemäßer Rechnungslegung in Deutschland, S. 140; a.A. Hennrichs, ZHR 168 (2004), 383, 406; Mock in KölnKomm. WpHG, § 37o WpHG Rz. 100.
6 Kritisch zu der unterschiedlichen Reichweite der Sperrwirkung bei Nichtigkeitsklage und Sonderprüfung W. Müller, ZHR 168 (2004), 414, 415f.
7 Begr. RegE BilKoG, BT-Drucks. 15/3421 v. 24.6.2004, 14.
8 Begr. RegE BilKoG, BT-Drucks. 15/3421 v. 24.6.2004, 17.
9 Begr. RegE BilKoG, BT-Drucks. 15/3421 v. 24.6.2004, 17.
10 Die Verfahrensordnung der DPR ist im Internet abrufbar unter www.frep.info.
11 Im Ergebnis ebenso Mock in KölnKomm. WpHG, § 37o WpHG Rz. 116.
12 Zu der Regelung im Einzelnen vgl. Gelhausen/Hönsch, AG 2005, 511, 519f.

trolle durch den Aufsichtsrat unterlag. Zwar ist auch die Hauptversammlung ein Organ der Aktiengesellschaft[1]. Dennoch ist davon auszugehen, dass gegenüber den Aktionären kein Auskunftsanspruch besteht, da sonst die Reichweite der Vorschrift überdehnt würde[2].

43 Neben den Organmitgliedern sind die **Beschäftigten des Unternehmens** verpflichtet, Auskünfte zu erteilen und Unterlagen vorzulegen. In der Praxis werden sie sich dabei eng mit der Geschäftsleitung abstimmen. Als Beschäftigte des Unternehmens sind die Mitarbeiter des Unternehmens anzusehen, ohne dass es dabei darauf ankäme, ob sie auf der Grundlage eines Arbeits- oder Dienstvertrags für das Unternehmen tätig sind. Juristische oder natürliche Personen, die auf der Grundlage eines Werk- oder Dienstvertrags als Auftragnehmer tätig werden, sind hingegen nicht als Beschäftigte des Unternehmens einzustufen. Andernfalls würde der Anwendungsbereich des § 107 Abs. 5 WpHG zu weit definiert[3].

44 Auch die **Abschlussprüfer der Gesellschaft** haben Auskünfte zu erteilen und Unterlagen vorzulegen. Umfasst sind der entsprechend den gesetzlichen Vorgaben bestellte Abschlussprüfer des Jahresabschlusses und der des Konzernabschlusses, wenn diese in der Praxis auch häufig personenidentisch sind. Wird der verkürzte Abschluss und der Zwischenlagebericht des Halbjahresfinanzberichts einer prüferischen Durchsicht i.S.v. § 115 Abs. 5 Satz 1 WpHG unterzogen, erstreckt sich § 107 Abs. 5 Satz 1 WpHG auf den Abschlussprüfer des Halbjahresfinanzberichts. In diesem Zusammenhang ist darauf hinzuweisen, dass die Rechnungslegung des Unternehmens, nicht die Abschlussprüfung Gegenstand des Enforcement-Verfahrens ist; wenn die Abschlussprüfung im Fall der Feststellung eines Fehlers objektiv auch unzureichend gewesen sein mag (vgl. § 110 Abs. 2 Satz 1 WpHG). Demgemäß ist der Abschlussprüfer denn auch nicht am Enforcement-Verfahren erster Stufe von Gesetzes wegen beteiligt (vgl. § 342b Abs. 4 Satz 1 HGB). Selbst wenn der Abschlussprüfer nicht automatisch in das Verfahren erster Stufe einbezogen wird, unterrichten die Unternehmen ihn in der Praxis frühzeitig von der Einleitung eines Verfahrens und binden ihn in den Verfahrensablauf ein. Denn er kann mit seinen Sachverhalts- und Bilanzierungskenntnissen zu einer Verfahrensbeschleunigung beitragen[4].

45 Wird der Abschlussprüfer nach § 107 Abs. 5 WpHG in Anspruch genommen, wird er im Interesse des Unternehmens tätig. Als nachwirkende Pflicht aus dem Prüfungsauftrag unterliegt seine Leistung den Regelungen des § 323 HGB (bei der prüferischen Durchsicht i.S.v. § 115 Abs. 5 Satz 1 WpHG über § 115 Abs. 5 Satz 7 WpHG)[5]. Die gesetzliche Verpflichtung schränkt die Verschwiegenheitspflicht des Abschlussprüfers ein. Wird der Abschlussprüfer von der BaFin in Anspruch genommen, wird er aufgrund nachwirkender Treuepflichten aus seinem Auftragsverhältnis mit dem Unternehmen verpflichtet sein, dem Unternehmen seine Inanspruchnahme mitzuteilen.

46 § 107 Abs. 5 Satz 2 WpHG erweitert die Pflicht zur Auskunft und Vorlage von Unterlagen auch auf nach den handelsrechtlichen Vorschriften in den Konzernabschluss einzubeziehende **Tochterunternehmen**, deren Organmitglieder, deren Beschäftigte und Abschlussprüfer. Die Bestimmung ist erforderlich, da sich die Prüfung des Konzernabschlusses einer kapitalmarktorientierten Gesellschaft auch auf die Rechnungslegung der Tochterunternehmen erstrecken kann. Voraussetzung dafür ist allerdings, dass sich die Rechnungslegung des betreffenden Tochterunternehmens auch tatsächlich im Konzernabschluss widerspiegelt oder hätte widerspiegeln müssen. Wurde etwa die bilanzielle Abbildung eines Sachverhalts richtigerweise im Zuge der Konsolidierung eliminiert, kann der betreffende Abschluss des Tochterunternehmens insoweit selbst dann nicht Gegenstand des Enforcement-Verfahrens werden, wenn die (eliminierte) Bilanzierung im Jahresabschluss des Tochterunternehmens unzweifelhaft falsch ist[6].

47 Der Wortlaut der Vorschrift erstreckt die Verpflichtung aus § 107 Abs. 5 Satz 1 WpHG auf Unternehmen, die „nach den Vorschriften des Handelsgesetzbuchs" in den Konzernabschluss einzubeziehen sind. Dies ist insofern missverständlich, als der Konsolidierungskreis bei kapitalmarktorientierten Unternehmen regelmäßig nicht nach dem HGB, sondern nach den IFRS zu bestimmen ist. Nicht sachgerecht wäre es jedoch, hieraus eine materielle Differenzierung abzuleiten. Im Ergebnis sollten also alle Unternehmen zur Erteilung von Auskünften oder Vorlage von Unterlagen verpflichtet sein, die nach den jeweils anzuwendenden Standards zu konsolidieren sind[7].

48 **2. Pflichtenumfang (§ 107 Abs. 5 Satz 1 WpHG).** Auch im Verfahren vor der BaFin sind die Auskünfte richtig und vollständig zu erteilen und Unterlagen unverkürzt und entsprechend dem Original vorzulegen (vgl.

---

1 *Hüffer/Koch*, § 118 AktG Rz. 1.
2 Vgl. Begr. RegE BilKoG, BT-Drucks. 15/3421 v. 24.6.2004, 17 und *IDW*, IDW-Fn. 2004, 513, 515; im Ergebnis ebenso *Mock* in KölnKomm. WpHG, § 37o WpHG Rz. 122.
3 Vgl. *Mock* in KölnKomm. WpHG, § 37o WpHG Rz. 123.
4 Vgl. *Kämpfer*, BB Beilage 3/2005, 13, 15; *W. Müller*, ZHR 168 (2004), 414, 418; *Böcking/Gros* in Ebenroth/Boujong/Joost/Strohn, 3. Aufl. 2014, § 342b HGB Rz. 16, und auch detailliert zur Einbindung des Abschlussprüfers *Gelhausen/Hönsch*, AG 2005, 511, 521 ff.
5 Vgl. OLG Frankfurt v. 29.11.2008 – WpÜG 2/07, AG 2008, 125, 127 = DB 2008, 629, 631; *Gelhausen/Hönsch*, AG 2005, 511, 523; *Kämpfer*, BB Beilage 3/2005, 13, 14; vgl. auch *Mock* in KölnKomm. WpHG, § 37o WpHG Rz. 132.
6 Vgl. *Kämpfer*, BB Beilage 3/2005, 13, 15.
7 Vgl. *Gelhausen/Hönsch*, AG 2005, 511, 520.

§ 342b Abs. 4 Satz 1 HGB). Der **Unterlagenbegriff** ist weit zu verstehen. Auf die gesetzliche Konkretisierung in § 257 HGB kann zurückgegriffen werden[1].

Allerdings kann die BaFin die Erteilung von Auskünften und die Vorlage von Unterlagen nur verlangen, soweit dies **für die Prüfung erforderlich** ist. Eine Ausforschung der Unternehmen, die auf die rein zufällige Aufdeckung von Rechnungslegungsverstößen gerichtet ist, ist folglich unzulässig. In diesem Zusammenhang gewinnt § 107 Abs. 1 Satz 3 WpHG Bedeutung. Denn nur wenn den Unternehmen der Prüfungsumfang mitgeteilt wird, ist es ihnen möglich, einen Zusammenhang zwischen dem Verlangen von Auskünften oder dem der Vorlage von Unterlagen und der Prüfung zu erkennen[2]. 49

Die Auskunftspflicht der **Abschlussprüfer** beschränkt sich auf die Tatsachen, die ihnen im Rahmen der Abschlussprüfung bekannt geworden sind. Folglich werden Informationen nicht von der Auskunftspflicht erfasst, die der Abschlussprüfer im Rahmen zusätzlicher beratender Tätigkeit, etwa der Steuerberatung, erhalten hat[3]. Der Begriff „Tatsachen" spricht dafür, dass es um Informationen zum Sachverhalt gehen muss, der der Bilanzierung zugrunde liegt. Nach Ansicht des OLG Frankfurt sind den festgestellten Tatsachen vorausgegangene und nachfolgende Wertungen, Schlussfolgerungen und Ermessensentscheidungen von der Auskunftspflicht umfasst[4]. Dies ist insofern fraglich, als die BaFin unabhängig von der Bewertung des Abschlussprüfers über die Ordnungsmäßigkeit der gewählten Bilanzierungsweise zu entscheiden hat und das Enforcement-Verfahren nicht der Überprüfung der Arbeit des Abschlussprüfers dient[5]. Die Inanspruchnahme des Abschlussprüfers muss für Zwecke der Enforcement-Prüfung auch erforderlich sein. Hieran kann es etwa fehlen, wenn die Unterlagen bereits der DPR überlassen wurden. Eine generelle Nachrangigkeit der Inanspruchnahme des Abschlussprüfers gegenüber der des Unternehmens vermag das OLG Frankfurt aber nicht zu erkennen[6]. 50

§ 107 Abs. 5 Satz 1 a.E. WpHG ist auch auf Unterlagen des Abschlussprüfers anzuwenden, da eine Differenzierung zwischen Auskünften und Unterlagen nicht sachgerecht wäre[7]. Demnach sind Unterlagen nur vorzulegen, wenn sie Tatsachen enthalten, die dem Abschlussprüfer während der Prüfung bekannt geworden sind[8]. 51

Benötigt die BaFin Informationen, richtet sie eine Anfrage an die Verpflichteten. Kommen diese dem Ersuchen nicht nach, kann die BaFin ihre Verfügungen nach § 17 FinDAG und den Mitteln des VwVG durchsetzen (§ 17 Satz 1 FinDAG). Wurde eine Pflicht aus § 107 Abs. 5 Satz 1 WpHG verletzt, kann die BaFin **Geldbußen** i.H.v. bis zu 50.000 Euro verhängen (§ 120 Abs. 12 Nr. 1 lit. d und Abs. 24 WpHG). 52

3. Verweigerungsrecht (§ 107 Abs. 5 Satz 3 WpHG). Die Erteilung von Auskünften und die Vorlage von Unterlagen können verweigert werden, wenn der Verpflichtete sich selbst oder einen der in § 383 Abs. 1 Nr. 1 bis 3 ZPO bezeichneten Angehörigen der Gefahr einer strafrechtlichen Verfolgung oder eines Verfahrens nach dem Gesetz über Ordnungswidrigkeiten aussetzen würde (§ 107 Abs. 3 Satz 3 i.V.m. § 6 Abs. 15 WpHG). 53

VI. Betreten von Grundstücken und Geschäftsräumen (§ 107 Abs. 6 WpHG). Neben der Verpflichtung, Auskünfte zu erteilen und Unterlagen vorzulegen, haben die in § 107 Abs. 5 WpHG Verpflichteten den Bediensteten der BaFin oder den von ihr beauftragten Personen auch das **Betreten** ihrer Grundstücke und Geschäftsräume zu **gestatten**. § 6 Abs. 11 Satz 2 WpHG gilt nach § 107 Abs. 6 Satz 2 WpHG entsprechend. Das Grundrecht auf Unverletzlichkeit der Wohnung i.S.v. Art. 13 GG ist insoweit eingeschränkt (§ 107 Abs. 6 Satz 3 WpHG). 54

Mit der Bestimmung soll es der BaFin ermöglicht werden, **vor Ort Einblick** in die nach § 107 Abs. 5 Satz 1 WpHG vorzulegenden Unterlagen zu erhalten[9]. Denkbar ist jedoch auch, dass die BaFin das Recht nutzt, um Vermögensgegenstände des Unternehmens in Augenschein zu nehmen. Das Recht, Grundstücke und Geschäftsräume zu betreten, besteht nur, **soweit es für die Prüfung erforderlich** ist. 55

Auch Verstöße gegen § 107 Abs. 6 WpHG kann die BaFin mit einer **Geldbuße** von bis zu 50.000 Euro belegen (§ 120 Abs. 12 Nr. 2 und Abs. 24 WpHG). Zur Durchsetzung des Rechts stehen ihr die Zwangsmittel des VwVG zur Verfügung (vgl. Rz. 52). 56

---

1 *Mock* in KölnKomm. WpHG, § 37o WpHG Rz. 55; ähnlich *Bräutigam/Heyer*, AG 2006, 188, 191, die auf § 320 HGB verweisen.
2 Vgl. *Krach*, DB 2008, 626.
3 OLG Frankfurt v. 29.11.2007 – WpÜG 2/07, AG 2008, 125, 127 = DB 2008, 629, 631.
4 OLG Frankfurt v. 29.11.2007 – WpÜG 2/07, AG 2008, 125, 128 = DB 2008, 629, 633; zustimmend *Krach*, DB 2008, 626, 627.
5 Kritisch auch *Mock* in KölnKomm. WpHG, § 37o WpHG Rz. 127.
6 OLG Frankfurt v. 29.11.2007 – WpÜG 2/07, AG 2008, 125, 127 = DB 2008, 629, 631; vgl. dazu *Paul*, WPg 2011, 11, 13 und *Mock* in KölnKomm. WpHG, § 37o WpHG Rz. 125; kritisch dazu *Fölsing*, StuB 2008, 391 ff.; *Oser/Harzheim* in Küting/Pfitzer/Weber (Hrsg.), Bilanz als Informations- und Kontrollinstrument, 2008, S. 90 f. sowie *Zülch/Hoffmann*, DStR 2010, 945, 948.
7 Vgl. *Kämpfer*, BB Beilage 3/2005, 13, 14; a.A. *Krach*, DB 2008, 626, 628.
8 *Gelhausen/Hönsch*, AG 2005, 511, 523; *Paul*, WPg 2011, 11, 13; vgl. auch OLG Frankfurt v. 12.2.2007 – WpÜG 1/06, AG 2007, 207 = DB 2007, 909, 910 f.
9 Begr. RegE BilKoG, BT-Drucks. 15/3421 v. 24.6.2004, 18.

§ 108 Befugnisse der Bundesanstalt im Falle der Anerkennung einer Prüfstelle

(1) Ist nach § 342b Abs. 1 des Handelsgesetzbuchs eine Prüfstelle anerkannt, so finden stichprobenartige Prüfungen nur auf Veranlassung der Prüfstelle statt. Im Übrigen stehen der Bundesanstalt die Befugnisse nach § 107 erst zu, wenn

1. ihr die Prüfstelle berichtet, dass ein Unternehmen seine Mitwirkung bei einer Prüfung verweigert oder mit dem Ergebnis der Prüfung nicht einverstanden ist, oder
2. erhebliche Zweifel an der Richtigkeit des Prüfungsergebnisses der Prüfstelle oder an der ordnungsgemäßen Durchführung der Prüfung durch die Prüfstelle bestehen.

Auf Verlangen der Bundesanstalt hat die Prüfstelle das Ergebnis und die Durchführung der Prüfung zu erläutern und einen Prüfbericht vorzulegen. Unbeschadet von Satz 2 kann die Bundesanstalt die Prüfung jederzeit an sich ziehen, wenn sie auch eine Prüfung nach § 44 Abs. 1 Satz 2 des Kreditwesengesetzes, § 14 Satz 2 des Kapitalanlagegesetzbuchs oder § 306 Absatz 1 Nummer 1 des Versicherungsaufsichtsgesetzes durchführt oder durchgeführt hat und die Prüfungen denselben Gegenstand betreffen.

(2) Die Bundesanstalt kann von der Prüfstelle unter den Voraussetzungen des § 107 Absatz 1 Satz 1 die Einleitung einer Prüfung verlangen.

(3) Die Bundesanstalt setzt die Prüfstelle von Mitteilungen nach § 142 Abs. 7, § 256 Abs. 7 Satz 2 und § 261a des Aktiengesetzes in Kenntnis, wenn die Prüfstelle die Prüfung eines von der Mitteilung betroffenen Unternehmens beabsichtigt oder eingeleitet hat.

In der Fassung des 2. FiMaNoG vom 23.6.2017 (BGBl. I 2017, 1693).

Schrifttum: S. Vor §§ 106 ff. WpHG.

I. Anerkennung einer Prüfstelle (§ 108 Abs. 1 Satz 1 WpHG) 1	II. Prüfungszuständigkeit der BaFin (§ 108 Abs. 1 Satz 2 bis 4 WpHG) 9
1. Deutsche Prüfstelle für Rechnungslegung 2	III. Prüfungsverlangen (§ 108 Abs. 2 WpHG) 16
2. Mitwirkung der Unternehmen 5	IV. Information über Verfahrenshemmnisse (§ 108 Abs. 3 WpHG) 18
3. Stichproben 7	

1 **I. Anerkennung einer Prüfstelle (§ 108 Abs. 1 Satz 1 WpHG).** Mit Anerkennung der Prüfstelle i.S.v. § 342b Abs. 1 Satz 1 HGB ist zunächst diese für das Enforcement-Verfahren zuständig (vgl. § 342b Abs. 2 HGB). Insbesondere finden gem. § 108 Abs. 1 Satz 1 WpHG (§ 37p WpHG a.F.) Stichproben nur noch auf Veranlassung der Prüfstelle statt. Die BaFin wird erst subsidiär tätig. Die Prüfstelle informiert die BaFin über die Absicht, eine Prüfung einzuleiten (§ 342b Abs. 6 Satz 1 Nr. 1 HGB).

2 **1. Deutsche Prüfstelle für Rechnungslegung.** Am 30.3.2005 wurde der privatrechtlich organisierte Deutsche Prüfstelle für Rechnungslegung DPR e.V. vom Bundesministerium der Justiz im Einvernehmen mit dem Bundesministerium der Finanzen als Prüfstelle i.S.v. § 342b Abs. 1 Satz 1 HGB anerkannt. International tritt die DPR als *Financial Reporting Enforcement Panel (FREP)* auf. Der Verein hatte Mitte 2018 17 Berufs- und Interessenvertretungen aus dem Bereich der Rechnungslegung als Mitglieder[1].

3 Die DPR hat nach § 6 Abs. 1 ihrer Satzung[2] **vier Organe:**

Vorstand: Er legt die Grundsätze der Vereinsarbeit fest. Er stellt beispielsweise den Wirtschaftsplan des Vereins auf und befasst sich mit dessen Rechnungslegung (§ 7 Abs. 4 DPR-Satzung). Er ist nicht berechtigt, der Prüfstelle oder ihren Mitgliedern Weisungen zu erteilen (§ 7 Abs. 5 DPR-Satzung).

Nominierungsausschuss: Er befasst sich insbesondere mit der Bestellung und Abberufung des Präsidenten, des Vizepräsidenten und der sonstigen Mitglieder der Prüfstelle (§ 8 Abs. 4 DPR-Satzung).

Prüfstelle: Sie besteht aus dem Präsidenten, dem Vizepräsidenten und mindestens drei (Mitte 2018: 14) weiteren Mitgliedern. Sie führt die Prüfungen durch (§ 9 Abs. 1 DPR-Satzung).

Mitgliederversammlung: In ihr sind die Vereinsmitglieder vertreten. Sie kümmert sich etwa um die Besetzung des Vorstands und des Nominierungsausschusses (§ 12 DPR-Satzung).

4 Die Rechnungslegungskontrollen werden von der **Prüfstelle** der DPR durchgeführt. Jede Prüfung wird von einem sog. fallverantwortlichen Prüfer bearbeitet (§ 6 Verfahrensordnung der Prüfstelle)[3]. Seine Arbeit wird von

---

1 Die Mitglieder sind im Internet abrufbar unter www.frep.info.
2 Die Satzung der DPR (Stand: 1.4.2009) ist im Internet abrufbar unter www.frep.info.
3 Die Verfahrensordnung der DPR (Stand: 16.8.2005) ist im Internet abrufbar unter www.frep.info.

einem Berichtskritiker begleitet. Abschließende Fallentscheidungen werden von den Kammern der Prüfstelle getroffen (§ 4 Abs. 1 Verfahrensordnung der Prüfstelle). Diese setzen sich aus dem Präsidenten, dem Vizepräsidenten und einem weiteren Mitglied der Prüfstelle zusammen (§ 4 Abs. 3 Verfahrensordnung der Prüfstelle). Die Kammern entscheiden mit der Mehrheit ihrer Mitglieder (§ 4 Abs. 6 Verfahrensordnung der Prüfstelle).

2. Mitwirkung der Unternehmen. Die Unternehmen sind nicht zur Mitwirkung an einem von der DPR eingeleiteten Verfahren verpflichtet[1]. Regelmäßig entscheiden sich die Unternehmen jedoch für eine **Kooperation mit der DPR**. Denn sonst wird die Prüfung von der BaFin mittels derer hoheitlichen Befugnisse durchgesetzt (s. auch § 107 Abs. 1 Satz 5 WpHG). Allerdings kann es in Ausnahmefällen sinnvoll sein, eine Kooperation mit der DPR zu verweigern, um eine rechtsverbindliche Klärung von Zweifelsfragen herbeizuführen. Das Unternehmen könnte etwa die Klärung der Frage suchen, ob die Einleitung eines anlassbezogenen Verfahrens nicht deshalb generell unzulässig ist, weil die Prüfung offensichtlich nicht im öffentlichen Interesse liegt (vgl. § 342b Abs. 2 Satz 4 HGB, § 107 Abs. 1 Satz 1 a.E. WpHG).

Über die Mitwirkung an dem Enforcement-Verfahren und über die Akzeptanz oder Ablehnung eines DPR-Prüfungsergebnisses entscheiden die gesetzlichen Vertreter des Unternehmens und somit die **Vorstands- oder Geschäftsführungsmitglieder**[2]. Denn diese sind in erster Linie für die Rechnungslegung des Unternehmens zuständig. Allerdings haben sich die gesetzlichen Vertreter zumindest bei anlassbezogenen Prüfungen aufgrund der potentiellen Öffentlichkeitswirkung regelmäßig zuvor mit dem Aufsichtsrat bzw. dem Prüfungsausschuss abzustimmen[3].

3. Stichproben. Mit Anerkennung der DPR als Prüfstelle i.S.v. § 342b Abs. 1 Satz 1 HGB ist allein diese berechtigt, Stichprobenprüfungen von Jahres- und Konzernabschlüssen sowie (Konzern-)Lageberichten zu veranlassen (§ 108 Abs. 1 Satz 1 WpHG). Die stichprobenartigen Prüfungen erfolgen nach im Einvernehmen mit dem Bundesministerium der Justiz und für Verbraucherschutz und dem Bundesministerium der Finanzen festgelegten Grundsätzen (§ 342b Abs. 2 Satz 5 HGB)[4]. Das Bundesministerium der Finanzen kann die Ermächtigung zur Erteilung des Einvernehmens allerdings auf die BaFin übertragen (§ 342b Abs. 2 Satz 6 HGB). Die Prüfstelle hat für die Planung der Stichproben eigens einen Stichprobenausschuss gebildet, dem drei Mitglieder der Prüfstelle angehören (§ 3 Abs. 1 Nr. 4 Verfahrensordnung der Prüfstelle).

Am 15.12.2016 wurden im Einvernehmen mit den dazu beteiligenden Ministerien – überarbeitete – **Grundsätze für stichprobenartige Prüfungen** verabschiedet[5]. Der Stichprobenauswahl liegt danach ein kombiniertes Verfahren zugrunde. 40 % der Stichproben werden aus einer bewusst nach Risikogesichtspunkten (z.B. erstmaliges Listing, außergewöhnliche Transaktionen und Sachverhaltsgestaltungen, wirtschaftliche Lage) von der Grundgesamtheit abgesonderten Gruppe ausgewählt. 60 % der Stichproben werden zufällig nach Börsensegment und innerhalb des Prime Standards nach Börsenindex geschichtet aus den verbliebenen Unternehmen gezogen. Über ein definiertes Zeitintervall sollen alle kapitalmarktorientierten Unternehmen betroffen sein.

II. Prüfungszuständigkeit der BaFin (§ 108 Abs. 1 Satz 2 bis 4 WpHG). Leitet die DPR ein Enforcement-Verfahren ein, ist sie zur Durchführung der Prüfung auf die **Mitwirkung der Unternehmen** angewiesen. Der Gesetzgeber hat sich jedoch nicht auf eine reine Selbstregulierung der Wirtschaft verlassen. Vielmehr wechselt die Zuständigkeit für das Verfahren auf die BaFin über, wenn ihr die Prüfstelle berichtet, dass ein Unternehmen seine Mitwirkung verweigert oder mit dem Ergebnis der Prüfung nicht einverstanden ist (§ 108 Abs. 1 Satz 2 Nr. 1 WpHG). Das Zusammenspiel zwischen BaFin und DPR wird seitens der DPR durch die Verpflichtung aus § 342b Abs. 6 Satz 1 Nr. 2 und 3 HGB gesichert, der BaFin mitzuteilen, wenn ein Unternehmen die Mitwirkung am Verfahren oder das Prüfungsergebnis ablehnt.

Folglich muss die DPR sowohl bei Einleitung des Verfahrens als auch vor endgültiger Feststellung eines Fehlers **bei dem betroffenen Unternehmen anfragen**, ob es an dem Verfahren mitwirken will bzw. ob es mit der Feststellung eines Fehlers einverstanden ist (vgl. § 17 Abs. 2 Satz 2 Verfahrensordnung der Prüfstelle bzw. § 342b Abs. 5 Satz 1 HGB und § 17 Abs. 6 Satz 2 a.E. Verfahrensordnung der Prüfstelle). Entscheidet sich das Unternehmen für eine Mitwirkung an dem Verfahren, sind seine gesetzlichen Vertreter und die sonstigen Personen, derer diese sich bei der Mitwirkung bedienen, verpflichtet, richtige und vollständige Auskünfte zu erteilen sowie richtige und vollständige Unterlagen vorzulegen (§ 342b Abs. 4 Satz 1 HGB). Dabei ist davon auszugehen, dass die Unternehmen ihre Entscheidung, mit der DPR zu kooperieren, jederzeit revidieren können[6]. Dann greift allerdings § 108 Abs. 1 Satz 2 Nr. 1 Alt. 1 WpHG, und die BaFin ist für die Fortführung des Enforcement-Verfahrens zuständig.

---

1 Begr. RegE BilKoG, BT-Drucks. 15/3421 v. 24.6.2004, 12.
2 *Gelhausen/Hönsch*, AG 2005, 511, 523; *Mock* in KölnKomm. WpHG, § 37p WpHG Rz. 15.
3 Vgl. *Gelhausen/Hönsch*, AG 2005, 511, 518.
4 Vgl. dazu die Vorgaben des Gesetzgebers in der Begr. RegE BilKoG, BT-Drucks. 15/3421 v. 24.6.2004, 14; s. auch ESMA, Guidelines on enforcement of financial information, Rz. 47 ff.
5 Im Internet abrufbar unter www.frep.info.
6 *Gelhausen/Hönsch*, AG 2005, 511, 519; vgl. auch *Mock* in KölnKomm. WpHG, § 37p WpHG Rz. 17.

11 Das Unternehmen kann sich nur entscheiden, ob es am Verfahren mitwirken will oder nicht[1]. Wirkt das Unternehmen lediglich **teilweise** am Verfahren mit, ist dies insgesamt als Kooperationsverweigerung einzustufen. In der Folge ist das gesamte Verfahren von der BaFin fortzuführen[2]. Zweifelhaft ist, ob sich das Unternehmen ebenfalls nur mit dem Ergebnis der DPR-Prüfung insgesamt oder aber auch teilweise in der Form einverstanden erklären kann, dass es einzelne Fehlerfeststellungen akzeptiert, andere hingegen ablehnt. Zumindest theoretisch wäre die teilweise Akzeptanz mehrerer Fehlerfeststellungen dann möglich, wenn die akzeptierten Fehler in keinem Zusammenhang mit den abgelehnten Fehlern stehen. Dann könnte die BaFin im Hinblick auf die akzeptierten Fehler über deren Bekanntmachung entscheiden, während sie im Übrigen die Prüfung aufnimmt[3]. Gegen ein teilweises Einverständnis könnte allerdings der Wortlaut von § 342b Abs. 5 Satz 2 HGB und § 108 Abs. 1 Satz 2 Nr. 1 Alt. 2 WpHG sprechen, wonach das Unternehmen mit „dem Prüfungsergebnis" übereinstimmen oder es ablehnen kann. In der Praxis hat die DPR teilweise Einverständnisse jedenfalls als Ablehnungen der Fehlerfeststellungen insgesamt gewertet[4]. Auch die BaFin hat sich gegen die Zulässigkeit eines Teileinverständnisses ausgesprochen[5].

12 Weiterhin ist die BaFin für die Prüfung zuständig, wenn erhebliche Zweifel an der Richtigkeit des Prüfungsergebnisses der Prüfstelle oder an der ordnungsmäßigen Durchführung der Prüfung durch die Prüfstelle bestehen (§ 108 Abs. 1 Satz 2 Nr. 2 WpHG). Somit **überwacht** die **BaFin** die ordnungsgemäße Aufgabenerfüllung durch **die Prüfstelle**. Die erste Alternative des § 108 Abs. 1 Satz 2 Nr. 2 WpHG greift ein, wenn die DPR aus Sicht der BaFin aus einem feststehenden Sachverhalt die falschen bilanziellen Konsequenzen gezogen hat. An der Ordnungsmäßigkeit der Prüfungsdurchführung (§ 108 Abs. 1 Satz 2 Nr. 2 Alt. 2 WpHG) könnte die BaFin zweifeln, wenn sie der Ansicht ist, dass die DPR Sachverhaltsumständen nicht nachging, die für die Bilanzierungsweise bedeutsam sind.

13 Als **Quellen**, die **erhebliche Zweifel** an der Arbeit der DPR begründen können, kommen zunächst die Ergebnisberichte der DPR nach § 342b Abs. 6 Satz 1 Nr. 3 HGB in Betracht. Darüber hinaus können aber auch Stellungnahmen Dritter erhebliche Zweifel an dem Prüfungsergebnis oder an der Prüfungsdurchführung auslösen. Theoretisch denkbar ist auch, dass das Unternehmen gegenüber der BaFin erhebliche Zweifel an der Arbeit der DPR äußert. In diesem Fall wird es jedoch regelmäßig die Kooperation mit der DPR beenden oder sich nicht mit deren Prüfungsergebnis einverstanden erklären. Damit die BaFin die Arbeit der DPR tatsächlich beurteilen kann, räumt § 108 Abs. 1 Satz 3 WpHG der BaFin gegenüber der DPR das Recht auf (mündliche) Erläuterung des Prüfungsergebnisses und der Prüfungsdurchführung und ggf. auch Vorlage eines (schriftlichen) Prüfungsberichts ein[6]. Hat die BaFin tatsächlich erhebliche Zweifel am Vorgehen der DPR, wird sie die DPR zunächst nur auf ihre Bedenken hinweisen. Sollte die DPR den Hinweisen ausnahmsweise nicht Rechnung tragen, kann die BaFin die Prüfung schließlich an sich ziehen.

14 Die Verwendung der Formulierung **„im Übrigen"** in § 108 Abs. 1 Satz 2 WpHG könnte i.V.m. § 108 Abs. 1 Satz 1 WpHG dahingehend missverstanden werden, dass die BaFin von der DPR eingeleitete Stichprobenprüfungen nicht durchsetzen kann. Dem ist jedoch nicht so. Vielmehr kann die BaFin auch Stichprobenprüfungen nach § 108 Abs. 1 Satz 2 Nr. 1 WpHG mit behördlichen Befugnissen durchführen[7]. Allerdings ist sie dabei an die Auswahl des Unternehmens und Festlegungen der Untersuchungsgegenstände durch die DPR gebunden, da die stichprobenartigen Prüfungen nach Anerkennung der DPR nach § 108 Abs. 1 Satz 1 WpHG nur auf deren Veranlassung durchgeführt werden.

15 Schließlich kann die BaFin eine Enforcement-Prüfung jederzeit an sich ziehen, wenn sie auch eine **Prüfung nach § 44 Abs. 1 Satz 2 KWG, § 14 Satz 2 KAGB oder § 306 Abs. 1 Nr. 1 VAG** durchführt oder durchgeführt hat und die Prüfungen denselben Gegenstand betreffen (§ 108 Abs. 1 Satz 4 WpHG). Ziel des auf Empfehlung des Rechtsausschusses des Deutschen Bundestags eingefügten Rechts, das Verfahren an sich zu ziehen, ist es, zeit- und kostenintensive Doppelprüfungen zu vermeiden[8].

16 **III. Prüfungsverlangen (§ 108 Abs. 2 WpHG).** Nach § 108 Abs. 2 WpHG kann die BaFin von der DPR unter den Voraussetzungen des § 107 Abs. 1 Satz 1 WpHG eine Prüfung verlangen. Voraussetzung ist also, dass der

---

[1] Zur Einordnung zeitlicher Verzögerungen *Heinz*, Das Enforcement-Verfahren in Deutschland, S. 101, sowie *Mock* in KölnKomm. WpHG, § 37p WpHG Rz. 19. Zu der Frage, ob es als Kooperationsverweigerung des Unternehmens zu werten ist, wenn der Abschlussprüfer des Unternehmens nicht an der Prüfung der DPR mitwirkt, bejahend *DPR*, Tätigkeitsbericht für den Zeitraum vom 1. Juli bis 31. Dezember 2005, S. 19; *Bräutigam/Heyer*, AG 2006, 188, 191 ff.; *Mock* in KölnKomm. WpHG, § 37p WpHG Rz. 18; ablehnend *Gelhausen/Hönsch*, AG 2005, 511, 521; differenzierend *Schmidt-Versteyl*, Durchsetzung ordnungsgemäßer Rechnungslegung in Deutschland, S. 114.
[2] *Mock* in KölnKomm. WpHG, § 37p WpHG Rz. 14; a.A. *Heinz*, Das Enforcement-Verfahren in Deutschland, S. 102.
[3] *Heinz*, Das Enforcement-Verfahren in Deutschland, S. 103; *Mock* in KölnKomm. WpHG, § 37p WpHG Rz. 26.
[4] *DPR*, Tätigkeitsbericht für den Zeitraum vom 1. Januar bis 31. Dezember 2006, S. 7.
[5] BaFin, Emittentenleitfaden 2018 (Konsultationsfassunf Juni 2018), I.3.2.1.2; ebenso *Ch. Müller*, AG 2008, 438, 439 und *Kumm/Ch. Müller*, IRZ 2009, 77, 78.
[6] Begr. RegE BilKoG, BT-Drucks. 15/3421 v. 24.6.2004, 18.
[7] Begr. RegE BilKoG, BT-Drucks. 15/3421 v. 24.6.2004, 12; *Mock* in KölnKomm. WpHG, § 37p WpHG Rz. 12.
[8] BT-Drucks. 15/4055 v. 27.10.2004, 22.

BaFin konkrete Anhaltspunkte für Rechnungslegungsverstöße vorliegen und eine Prüfung im öffentlichen Interesse ist. Die Prüfung selbst wird dann von der DPR in eigener Regie und in eigenem Namen, nicht als Verwaltungshelferin der BaFin i.S.v. § 108 Abs. 3 WpHG durchgeführt, wenn das Unternehmen sich zur Mitwirkung bereit erklärt[1]. Andernfalls ist wiederum die BaFin nach § 108 Abs. 1 Satz 2 Nr. 1 Alt. 1 WpHG für das Verfahren zuständig.

Die BaFin kann von der DPR eine Verfahrenseinleitung „verlangen". Folglich steht der DPR kein Entscheidungsermessen dahingehend zu, ob die Anhaltspunkte konkret genug sind und ob ein öffentliches Interesse an der Prüfung besteht[2]. 17

IV. Information über Verfahrenshemmnisse (§ 108 Abs. 3 WpHG). Mit § 108 Abs. 3 WpHG soll im Hinblick auf die Verfahrenshemmnisse des § 342b Abs. 3 HGB bzw. § 107 Abs. 2 WpHG für einen Informationsaustausch zwischen der BaFin und der Prüfstelle gesorgt werden. Beabsichtigt die DPR eine Prüfung einzuleiten – hiervon wird die BaFin nach § 342b Abs. 6 Satz 1 Nr. 1 HGB unterrichtet – oder hat sie dies bereits getan, setzt die DPR die BaFin von Prüfungshemmnissen in Kenntnis. Daraufhin kann die DPR ihre Tätigkeit einstellen. Die Kenntnis der BaFin über Prüfungshemmnisse ist wiederum mittels gesetzlicher Normen gesichert, die ebenfalls mit dem Bilanzkontrollgesetz geschaffen wurden (§ 142 Abs. 7 AktG und § 261a AktG für die Bestellung von Sonderprüfern sowie § 256 Abs. 7 Satz 2 AktG für Nichtigkeitsklagen)[3]. 18

§ 109 Ergebnis der Prüfung von Bundesanstalt oder Prüfstelle

(1) Ergibt die Prüfung durch die Bundesanstalt, dass die Rechnungslegung fehlerhaft ist, so stellt die Bundesanstalt den Fehler fest.

(2) Die Bundesanstalt ordnet an, dass das Unternehmen den von der Bundesanstalt oder den von der Prüfstelle im Einvernehmen mit dem Unternehmen festgestellten Fehler samt den wesentlichen Teilen der Begründung der Feststellung bekannt zu machen hat. Die Bundesanstalt sieht von einer Anordnung nach Satz 1 ab, wenn kein öffentliches Interesse an der Veröffentlichung besteht. Auf Antrag des Unternehmens kann die Bundesanstalt von einer Anordnung nach Satz 1 absehen, wenn die Veröffentlichung geeignet ist, den berechtigten Interessen des Unternehmens zu schaden. Die Bekanntmachung hat unverzüglich im Bundesanzeiger sowie entweder in einem überregionalen Börsenpflichtblatt oder über ein elektronisch betriebenes Informationsverbreitungssystem, das bei Kreditinstituten, nach § 53 Abs. 1 Satz 1 des Kreditwesengesetzes tätigen Unternehmen, anderen Unternehmen, die ihren Sitz im Inland haben und die an einer inländischen Börse zur Teilnahme am Handel zugelassen sind, und Versicherungsunternehmen weit verbreitet ist, zu erfolgen.

(3) Ergibt die Prüfung durch die Bundesanstalt keine Beanstandungen, so teilt die Bundesanstalt dies dem Unternehmen mit.

In der Fassung des 2. FiMaNoG vom 23.6.2017 (BGBl. I 2017, 1693).

Schrifttum: s. Vor §§ 106 ff. WpHG.

I. Fehlerfeststellung (§ 109 Abs. 1 WpHG)	1	2. Ausnahmen (§ 109 Abs. 2 Satz 2 und 3 WpHG)	23
II. Folgen eines Fehlers für die Rechnungslegung	8	3. Art der Veröffentlichung (§ 109 Abs. 2 Satz 4 WpHG)	29
1. Wirksamkeit	9		
2. Berichtigung der Rechnungslegung	15		
III. Fehlerbekanntmachung (§ 109 Abs. 2 WpHG)	18	IV. Keine Beanstandungen (§ 109 Abs. 3 WpHG)	31
1. Anordnung (§ 109 Abs. 2 Satz 1 WpHG)	18		

I. Fehlerfeststellung (§ 109 Abs. 1 WpHG). Ergibt die Prüfung der BaFin, dass die Rechnungslegung des Unternehmens fehlerhaft ist, stellt die BaFin den Fehler gem. § 109 Abs. 1 WpHG (§ 37q Abs. 1 WpHG a.F.) fest. Fehlerhaft ist die Rechnungslegung, wenn sie nicht den gesetzlichen Vorschriften einschließlich der Grundsätze ordnungsgemäßer Buchführung oder den sonstigen durch Gesetz zugelassenen Rechnungslegungsstandards entspricht (vgl. § 106 WpHG Rz. 19 ff.). Die Entscheidung, ob ein Rechnungslegungsfehler vorliegt, ist häufig schwierig zu treffen. Denn die Rechnungslegungsstandards müssen auf vielfältige Sachverhalte angewandt werden und sind oft mit Ermessensentscheidungen des Aufstellers verbunden. Aufgabe der BaFin ist es in diesem Zusammenhang, diejenigen Bilanzierungsweisen als fehlerhaft herauszufiltern, die auf einer sachfremden Aus- 1

---

[1] Vgl. auch Begr. RegE BilKoG, BT-Drucks. 15/3421 v. 24.6.2004, 14.
[2] *Gelhausen/Hönsch*, AG 2005, 511, 516; *Mock* in KölnKomm. WpHG, § 37p WpHG Rz. 39.
[3] Art. 5 des Gesetzes zur Kontrolle von Unternehmensabschlüssen (Bilanzkontrollgesetz – BilKoG) vom 15.12.2004, BGBl. I 2004, 3408, 3414.

legung der gesetzlichen Vorgaben oder der Rechnungslegungsstandards beruhen oder bei denen die Grenzen einer sachgerechten Ermessensausübung überschritten wurden[1].

2 Darüber hinaus ist im Rahmen von Feststellungen von Fehlern von Abschlüssen zu bedenken, dass mit dem Enforcement-Verfahren das Vertrauen der Anleger in die Rechnungslegung gestärkt werden soll. Dieser Zielrichtung entsprechend darf die BaFin nur dann einen Fehler feststellen, wenn der Verstoß gegen Rechnungslegungsvorschriften für den Kapitalmarkt überhaupt von Interesse sein kann, also eine gewisse **Wesentlichkeit**sschwelle überschritten ist[2]. Diese Voraussetzung korrespondiert mit der Zielrichtung der Abschlussprüfung, Unrichtigkeiten und Verstöße aufzudecken, die sich wesentlich auf das durch die Rechnungslegung gezeichnete Bild der Vermögens-, Finanz- und Ertragslage des Unternehmens auswirken (§ 317 Abs. 1 Satz 3 HGB). Ansatzpunkte zur Konkretisierung des Wesentlichkeitsbegriffs können sich weiterhin aus den IFRS ergeben[3].

3 Die Wesentlichkeit eines Verstoßes gegen Rechnungslegungsvorschriften kann sich insbesondere aus seinem Einfluss auf das Ergebnis des Unternehmens ergeben. Auch kann der zu hohe oder zu niedrige Ausweis eines Bilanzpostens ohne Auswirkung auf die Gewinn- und Verlustrechnung wesentlich sein. Alleingültige absolute oder relative quantitative Grenzen gibt es insoweit nicht. Vielmehr kann sich die Wesentlichkeit bei einer geringen quantitativen Auswirkung auch aus qualitativen Umständen ergeben[4]. Ein zu hoher Eigenkapitalausweis ist in aller Regel bedeutsamer als eine Bilanzverkürzung mit reinem Fremdkapitalbezug. Das Weglassen einer Angabe in dem Anhang/den Notes oder dem Lagebericht kann ebenso wesentlich sein wie eine fehlerhafte Angabe in diesen Teilen der Rechnungslegung[5]. Selbst die unrichtige Bezeichnung eines Postens kann dann wesentlich sein, wenn die falsche Bezeichnung auf Entscheidungen der Kapitalmarktteilnehmer Einfluss haben kann. Weist ein Posten zu Lasten eines anderen eine fehlerhafte Höhe aus, wurde etwa eine kurzfristige Verbindlichkeit unter den langfristigen Verbindlichkeiten ausgewiesen, kann dies ebenfalls wesentlich sein, z.B. dann, wenn der Verstoß gegen Rechnungslegungsvorschriften dazu führt, dass bewertungsrelevante Kennzahlen falsch berechnet werden. Wird eine Angabe am falschen Ort, etwa im Anhang, anstelle des Lageberichts, gemacht, müssen besondere Umstände für die Wesentlichkeit des Verstoßes sprechen. Mehrere für sich genommen unwesentliche Verstöße gegen Rechnungslegungsvorschriften können in der Summe wesentlich sein[6].

4 Es ist davon auszugehen, dass auch die Feststellung eines Fehlers eines (Konzern-)Zahlungsberichts wegen Verstoßes gegen die §§ 341s ff. HGB eine gewisse Wesentlichkeit voraussetzt. Denn auch hier macht eine Fehlerfeststellung nur Sinn, wenn der Fehler für den Adressatenkreis tatsächlich relevant sein kann (vgl. dazu auch § 107 WpHG Rz. 14).

5 Die Fehlerfeststellung erfolgt in Form eines **Verwaltungsakts**[7]. Nach Auffassung der BaFin handelt es sich auch dann um einen Fehler im Rechtssinn, wenn mehrere Verstöße gegen Rechnungslegungsvorschriften vorliegen[8]. Die Fehlerfeststellung ist hinreichend zu begründen (§ 39 VwVfG) und dem betroffenen Unternehmen bekannt zu machen (§ 41 VwVfG). Mit der Fehlerfeststellung ist die Prüfung der BaFin mit Wirkung gegenüber dem Unternehmen abgeschlossen. Eine Bindungswirkung gegenüber Dritten oder für anschließende zivil- oder strafrechtliche Verfahren entfaltet die Feststellung nicht[9].

6 Auch wenn die DPR zu der Überzeugung gekommen ist, dass ein Fehler vorliegt, das Unternehmen dieses Prüfungsergebnis jedoch nicht akzeptiert, kann sich die BaFin nicht einfach darauf beschränken, das Prüfungsergebnis der DPR festzustellen. Vielmehr muss der Fehlerfeststellung auch in diesen Fällen eine **eigenständige Prüfung** der BaFin zugrunde liegen. Dabei greift die BaFin allerdings auf die Unterlagen der DPR zurück. Da-

---

1 Vgl. dazu *Scheffler*, BB-Special 4/2006, 2 ff.
2 OLG Frankfurt v. 22.1.2009 – WpÜG 1/08, WpÜG 3/08, DB 2009, 333, 334 = AG 2009, 328; OLG Frankfurt v. 24.11.2009 – WpÜG 11/09, WpÜG 12/09, DB 2009, 2773, 2775 = AG 2010, 79; OLG Frankfurt v. 31.5.2012 – WpÜG 2/12, WpÜG 3/13, DB 2012, 1978, 1980 = AG 2013, 50; *Boxberger*, DStR 2007, 1362, 1364; *Gelhausen/Hönsch*, AG 2007, 308, 313 f.; *Hecht/Gräfe/Jehke*, DB 2008, 1251, 1254; *Hennrichs*, DStR 2009, 1446, 1449 f.; *Mock* in KölnKomm. WpHG, § 37q WpHG Rz. 21; *Kumm*, DB 2009, 1635, 1636 f.; *Mayer-Wegelin*, BB-Special 4/2006, 8, 12; *Paul*, WPg 2011, 9, 11, 14; *Scheffler*, Der Konzern 2007, 589, 595.
3 *Küting/Weber/Keßler/Metz*, DB-Beilage 7/2007, 1 ff.; *Mayer-Wegelin*, BB-Special 4/2006, 8 ff.; *von Keitz/Stolle*, KoR 2008, 213, 214 f.
4 Vgl. OLG Frankfurt v. 22.1.2009 – WpÜG 1/08, WpÜG 3/08, DB 2009, 333, 335 f. = AG 2009, 328; OLG Frankfurt v. 31.5.2012 – WpÜG 2/12, WpÜG 3/13, DB 2012, 1978, 1981 = AG 2013, 50; *Küting/Weber/Keßler/Metz*, DB-Beilage 7/2007, 1 ff.; *Mayer-Wegelin*, BB-Special 4/2006, 8 ff.; *Mock* in KölnKomm. WpHG, § 37q WpHG Rz. 21 ff.; *Scheffler*, Der Konzern 2007, 589, 591; IDW PS 250, IDW Fachnachrichten 2013, 4 ff.
5 OLG Frankfurt v. 14.6.2007 – WpÜG 1/07, AG 2007, 675, 677 = BB 2007, 2060, 2062; OLG Frankfurt v. 24.11.2009 – WpÜG 11/09, WpÜG 12/09, DB 2009, 2773, 2776 = AG 2010, 79.
6 OLG Frankfurt v. 22.1.2009 – WpÜG 1/08, WpÜG 3/08, DB 2009, 333, 336 = AG 2009, 328.
7 Begr. RegE BilKoG, BT-Drucks. 15/3421 v. 24.6.2004, 18; OLG Frankfurt v. 9.8.2016 – WpÜG 1/16 und WpÜG 2/16, abrufbar unter http://www.lareda.hessenrecht.hessen.de.
8 BaFin, Emittentenleitfaden 2018 (Konsultationsfassung Juni 2018), I.3.2.2.3; a.A. *Gelhausen/Hönsch*, AG 2007, 308, 314 f.
9 *Gelhausen/Hönsch*, AG 2005, 511, 525; *Gelhausen/Hönsch*, AG 2007, 308, 315; *Hennrichs*, DStR 2009, 1446, 1450 f.; *Mock* in KölnKomm. WpHG, § 37q WpHG Rz. 44 ff.; *Schmidt-Versteyl*, Durchsetzung ordnungsgemäßer Rechnungslegung in Deutschland, S. 164 f.; a.A. *Hecht/Gräfe/Jehke*, DB 2008, 1251, 1252; *Mattheus/Schwab*, DB 2004, 1099, 1103.

rüber hinaus hat sie dem Unternehmen (erneut) Gelegenheit zur Stellungnahme zu geben[1]. Die Prüfung ist von der BaFin mit einer eigenständigen Meinungsbildung abzuschließen.

Einer **förmlichen Feststellung** des Fehlers durch die BaFin bedarf es nicht, wenn die Prüfung von der DPR durchgeführt wird und sich das Unternehmen mit dem von der DPR festgestellten Fehler einverstanden erklärt. Diese Einverständniserklärung bindet das Unternehmen. Sollte das Unternehmen nach seiner Einverständniserklärung ausnahmsweise neue Tatsachen vorlegen können, welche die ursprüngliche Bilanzierung doch rechtfertigen, ist die BaFin nach § 108 Abs. 1 Satz 2 Nr. 2 Alt. 1 WpHG zur Fortführung der Prüfung verpflichtet, wenn sich aus den neuen Tatsachen tatsächlich erhebliche Zweifel an der Richtigkeit des Prüfungsergebnisses der DPR ergeben[2]. Dies dürfte selbst dann gelten, wenn der Fehler bereits veröffentlicht wurde, um einen sich gegebenenfalls in den Folgeabschlüssen oder den Folgeberichten fortsetzenden Fehler und damit eine Fehlinformation der Berichtsadressaten zu vermeiden.

II. Folgen eines Fehlers für die Rechnungslegung. Das BilKoG hat keine Regelungen dazu aufgestellt, welche Konsequenzen aus einer Fehlerfeststellung zu ziehen sind. Es ist auch nicht Aufgabe der Enforcement-Stellen zu entscheiden, ob der Fehler Auswirkungen auf die Wirksamkeit des Abschlusses oder des Zahlungsberichts hat. Ebenso wenig geben die Enforcement-Stellen vor, wie richtigerweise zu bilanzieren gewesen wäre oder ob und ggf. wie der Fehler zu berichten ist. Somit entfaltet die Fehlerfeststellung auch keine Bindungswirkung im Sinne eines vollstreckbaren Titels[3]. Zur Klärung der Konsequenzen eines festgestellten Fehlers ist vielmehr auf die allgemeinen gesellschafts- und bilanzrechtlichen Bestimmungen zurückzugreifen.

1. Wirksamkeit. Zur Klärung der Frage, ob der handelsrechtliche Jahresabschluss einer AG oder der einer KGaA nichtig ist, ist auf **§ 256 AktG** abzustellen. Die Vorschrift ist auf die GmbH weitgehend entsprechend anwendbar[4]. Konsequenz einer Nichtigkeit des Jahresabschlusses ist, dass er nicht Grundlage einer rechtmäßigen Gewinnverwendung sein kann. Wurde bereits ein Gewinnverwendungsbeschluss gefasst, ist dieser nach § 253 Abs. 1 AktG nichtig. Wurden auf der Grundlage des nichtigen Gewinnverwendungsbeschlusses Dividenden gezahlt, sind sie grundsätzlich zurückzugewähren (§ 62 Abs. 1 Satz 1 AktG). Dies gilt jedoch nur, wenn die Empfänger wussten oder infolge von Fahrlässigkeit nicht wussten, dass sie zum Bezug der Dividende nicht berechtigt waren (§ 62 Abs. 1 Satz 2 AktG).

Enthält ein zwischenzeitlich festgestellter **Folgeabschluss** denselben zur Nichtigkeit führenden Fehler, ist auch der Folgeabschluss nichtig. Allein aus der Nichtigkeit des vorausgegangenen Jahresabschlusses kann jedoch nicht auf die Nichtigkeit des Folgeabschlusses geschlossen werden[5].

Liegt ein Fehler **unterhalb der Nichtigkeitsschwelle**, kann die Feststellung des Abschlusses und damit auch ein darauf beruhender Gewinnverwendungsbeschluss nicht angegriffen werden (vgl. § 257 Abs. 1 Satz 2 AktG)[6]. Der festgestellte Jahresabschluss bleibt wirksam. Wurde auf der Grundlage des fehlerhaften, aber nicht nichtigen Jahresabschlusses Gewinn ausgeschüttet, ist und bleibt die Gewinnverwendung rechtmäßig.

§ 256 AktG erstreckt sich nicht auf **Konzernabschlüsse**[7]. Der Abschluss kann demnach nicht nichtig sein. Grund hierfür ist, dass der Konzernabschluss anders als der Jahresabschluss nicht Grundlage gesonderter Rechte und Pflichten ist. Die Fehlerhaftigkeit des Konzernabschlusses kann daher zumeist auch nicht im Wege einer allgemeinen Feststellungsklage geltend gemacht werden, weil es regelmäßig an einem Feststellungsinteresse fehlt[8].

Bei **Gesellschaften mit Sitz im Ausland** richtet sich die Klärung der Frage, welche Konsequenzen eine fehlerhafte Rechnungslegung hat, nach dem Recht des Staats, in dem die ausländische Gesellschaft ihren Sitz hat[9].

Eine gesetzliche Regelung für die Bedeutung eines Fehlers für einen (Konzern-)Zahlungsbericht gibt es nicht. In Parallele zum Konzernabschluss ist davon auszugehen, dass auch ein (Konzern-)Zahlungsbericht nicht nichtig sein kann.

2. Berichtigung der Rechnungslegung. Es ist nicht Aufgabe der Enforcement-Stellen, den Unternehmen in Ergänzung zur Fehlerfeststellung vorzugeben, wie sie bilanzieren bzw. berichten sollen. Dies mag sich in Einzel-

---

1 Gelhausen/Hönsch, AG 2007, 308, 310.
2 Boxberger, DStR 2007, 1362, 1365.
3 Vgl. Gelhausen/Hönsch, AG 2005, 511, 525; Mock in KölnKomm. WpHG, § 37q WpHG Rz. 44; Mattheus/Schwab, DB 2004, 1099, 1103.
4 Vgl. dazu Adler/Düring/Schmaltz, § 256 AktG Rz. 96 ff. m.w.N.
5 Adler/Düring/Schmaltz, § 256 AktG Rz. 80.
6 Vgl. auch W. Müller, ZHR 168 (2004), 414, 421 f.
7 Vgl. Paal in MünchKomm. HGB, Band 4, 3. Aufl. 2013, § 342b HGB Rz. 41; Hüffer/Koch, § 256 AktG Rz. 3; Hennrichs, ZHR 168 (2004), 383, 397 f.; Koch in MünchKomm. AktG, 4. Aufl. 2016, § 256 AktG Rz. 7; Hennrichs/Pöschke in Münch-Komm. AktG, 4. Aufl. 2018, § 172 AktG Rz. 110 ff.
8 Vgl. WP-Handbuch 2017 Bd. I, B Rz. 276.
9 Zu der Frage, ob insoweit an den Gründungs- oder den Verwaltungssitz anzuknüpfen ist, vgl. Kindler in MünchKomm. BGB, 7. Aufl. 2018, IntHandelsGesR Rz. 277 ff.; Westhoff in Hirte/Bücker, Grenzüberschreitende Gesellschaften, 2. Aufl. 2006, § 18 Rz. 19 ff.; jeweils m.w.N.

fällen zwar aus der Begründung der Fehlerhaftigkeit der angewandten Bilanzierungs- bzw. Berichtsweise ergeben. Grundsätzlich erschöpft sich die Aufgabe der Enforcement-Stellen jedoch darin, festzustellen, ob eine angewandte Bilanzierungs- oder Berichtsweise ordnungsgemäß war oder nicht.

16 Die Fehlerfeststellung ist auch **nicht** mit einer **durchsetzbaren Rechtspflicht** zur Korrektur des Fehlers verbunden[1]. So gibt die Enforcement-Stelle, anders als zunächst im ersten Referentenentwurf des BilKoG vom 8.12. 2003 vorgesehen, den Unternehmen denn auch nicht vor, ob und in welchem Verfahren ein festgestellter Fehler zu berichtigen ist. Vielmehr wird in der Gesetzesbegründung insoweit auf die jeweils einschlägigen Rechnungslegungsstandards verwiesen[2]. Auch im Hinblick auf das nach der Berichtigung eines bereits festgestellten und offen gelegten Abschlusses einzuhaltende Verfahren sind die bereits bestehenden Regelungen anzuwenden.

17 Auch wenn die Korrektur eines Fehlers nicht Gegenstand des Enforcement-Verfahrens ist, gibt eine Fehlerfeststellung **Anlass, über die Rechnungslegung neu zu entscheiden** und festzulegen, auf welchem Wege die Rechnungslegung zu berichten ist. Sollte sich die fehlerhafte Rechnungslegung hingegen unverändert im Folgeabschluss niederschlagen, müsste das Unternehmen damit rechnen, dass auch der Folgeabschluss bzw. -bericht zum Gegenstand eines Enforcement-Verfahrens gemacht wird und es erneut zur Bekanntmachung eines Fehlers verpflichtet wird[3]. Ist die erste Fehlerfeststellung bestandskräftig, ist die BaFin an deren zugrunde gelegten Rechtslage sogar gebunden, wenn der Sachverhalt unverändert ist[4]. Die Erwägungen zur Fehlerkorrektur sind nicht auf den Abschluss zu beschränken, der konkret Gegenstand des Enforcement-Verfahrens war. Wurde etwa nur der Konzernabschluss überprüft, sollte das Unternehmen ebenso erwägen, ob sich der festgestellte Fehler auch im Jahresabschluss niedergeschlagen hat und welche Konsequenzen sich hieraus ergeben. Möglich ist sogar, dass ein Fehler im Abschluss sich auch auf den Zahlungsbericht und umgekehrt auswirkt, beispielsweise weil der Wert einer Sachleistung i.S.v. § 341t Abs. 5 HGB unzutreffend angesetzt wurde.

18 **III. Fehlerbekanntmachung (§ 109 Abs. 2 WpHG). 1. Anordnung (§ 109 Abs. 2 Satz 1 WpHG).** Hat die BaFin festgestellt, dass die überprüfte Rechnungslegung fehlerhaft ist, ordnet sie anschließend (in einem gesonderten Verfahrensschritt) an, dass das Unternehmen den Fehler bekannt zu machen hat. Dasselbe gilt, wenn die DPR einen Fehler ermittelt hat und das Unternehmen das Prüfungsergebnis akzeptiert. Damit wird sichergestellt, dass die Veröffentlichungsadressaten über die Fehlerhaftigkeit der Rechnungslegung informiert werden. Auch die **Bekanntmachungsanordnung** stellt einen **Verwaltungsakt** dar.

19 Eine **gesonderte Unterrichtung Dritter**, etwa desjenigen, der die Prüfung durch einen Hinweis veranlasst hat, über das Prüfungsergebnis ist ohne Zustimmung des Unternehmens unzulässig[5]. Auch insoweit sind die Mitarbeiter der DPR und der BaFin zur Verschwiegenheit verpflichtet (§ 342c Abs. 1 Satz 1 HGB, § 21 Abs. 1 Satz 1 WpHG, vgl. auch § 107 WpHG Rz. 9)[6].

20 Die Bekanntmachungsanordnung erstreckt sich auch auf die **wesentlichen Teile der Begründung der Fehlerfeststellung**. In den Schreiben der DPR sind die Fehlerfeststellungen und die wesentlichen Teile der Begründung in einem Abschnitt zusammengefasst. Bei den Verfügungen der BaFin sind die Fehlerfeststellung und die wesentlichen Teile der Begründung im Tenor des Bescheids enthalten[7]. Hingegen kann die BaFin nicht verlangen, dass Angaben zu der Art (Stichprobe oder Anlass) und dem Umfang der Prüfung veröffentlicht werden[8].

21 Letztlich ist sicherzustellen, dass die Adressaten der Veröffentlichung unzweifelhaft entnehmen können, worin der Rechnungslegungsfehler liegt und weshalb die Rechnungslegung für fehlerhaft erachtet wurde. Der Formulierung des § 109 Abs. 2 Satz 1 WpHG ist zu entnehmen, dass die BaFin aber nicht berechtigt ist, den konkreten **Wortlaut** der vorzunehmenden Veröffentlichung vorzugeben[9]. Damit besteht für die Unternehmen ein gewisser Formulierungsspielraum, der jedoch nicht dazu genutzt werden darf, die Fehlerfeststellung zu verharmlosen. Daher darf die Fehlerfeststellung bei der Veröffentlichung weder in den Konjunktiv gesetzt werden noch darf ergänzt werden, dass Widerspruch gegen die Fehlerfeststellung eingelegt wurde[10]. Da die Enforcement-Stelle nicht vorgibt, wie richtigerweise zu bilanzieren ist, ist das Unternehmen nicht verpflichtet, in der Fehlerbekanntmachung darauf einzugehen, auf welchem Wege der Fehler berichtigt wird und ob und ggf. in welcher

---

1 Vgl. *Gelhausen/Hönsch*, AG 2005, 511, 525; *Mock* in KölnKomm. WpHG, § 37q WpHG Rz. 26 f.; *Mock*, DB 2005, 987, 988; a.A. *Mattheus/Schwab*, DB 2004, 1099, 1103.
2 Vgl. Begr. RegE BilKoG, BT-Drucks. 15/3421 v. 24.6.2004, 18 und zur Berichtigung *Gelhausen/Hönsch*, AG 2005, 511, 527 ff.; *Hennrichs*, ZHR 168 (2004), 383, 409 ff.; *W. Müller*, ZHR 168 (2004), 414, 421 ff.; jeweils m.w.N.
3 *Oser/Harzheim* in Küting/Pfitzer/Weber (Hrsg.), Bilanz als Informations- und Kontrollinstrument, 2008, S. 94.
4 OLG Frankfurt v. 9.8.2016 – WpÜG 1/16 und WpÜG 2/16, abrufbar unter http://www.lareda.hessenrecht.hessen.de/
5 Vgl. Begr. RegE BilKoG, BT-Drucks. 15/3421 v. 24.6.2004, 15.
6 Begr. RegE BilKoG, BT-Drucks. 15/3421 v. 24.6.2004, 16.
7 BaFin, Emittentenleitfaden 2018 (Konsultationsfassung Juni 2018), I.3.3.5; ebenso *Ch. Müller*, AG 2008, 438, 444 und *Kumm/Ch. Müller*, IRZ 2009, 77, 81.
8 OLG Frankfurt v. 14.6.2007 – WpÜG 1/07, AG 2007, 675 = BB 2007, 2060; dazu *Paul*, WPg 2011, 11, 13.
9 OLG Frankfurt v. 14.6.2007 – WpÜG 1/07, AG 2007, 675, 678 = BB 2007, 2060, 2064; *Gelhausen/Hönsch*, AG 2005, 511, 525.
10 OLG Frankfurt v. 31.8.2010 – WpÜG 3/10, DB 2010, 2274, 2276 = AG 2011, 45, 47; *Paul*, WPg 2011, 11, 15.

Höhe die Fehlerkorrektur ertragswirksam wird. Allerdings kann es diese Angaben freiwillig machen. Denn mit sachgerechten Ausführungen zu der Bedeutung der festgestellten Fehler trägt das Unternehmen zur Verständlichkeit der Fehlerfeststellung bei[1]. Wurden mehrere Fehler festgestellt, sind auch dann alle Fehler zu veröffentlichen, wenn einzelne oder gar alle Fehler für sich zwar unwesentlich waren, sich in der Gesamtbetrachtung aber eine wesentlich fehlerhafte Rechnungslegung ergab[2].

Befolgt ein Unternehmen die Bekanntmachungsanordnung nicht, kann die BaFin dies mit einer **Geldbuße** von bis zu 50.000 Euro belegen (§ 120 Abs. 12 Nr. 1 lit. d und Abs. 24 WpHG). Des Weiteren stehen ihr die Zwangsmittel des VwVG zur Verfügung[3]. 22

2. Ausnahmen (§ 109 Abs. 2 Satz 2 und 3 WpHG). Eine Anordnung zur Fehlerbekanntmachung ist unzulässig, wenn an ihr **kein öffentliches Interesse** besteht (zum Begriff öffentliches Interesse vgl. § 107 WpHG Rz. 8 ff.). Eine Fehlerbekanntmachung soll etwa in **Bagatellfällen**, also bei offensichtlich unwesentlichen Rechnungslegungsverstößen, nicht von öffentlichem Interesse sein[4]. In Bagatellfällen wird sich allerdings zumeist schon im Vorfeld einer Bekanntmachungsanordnung die Frage stellen, ob der Verstoß gegen Rechnungslegungsvorschriften die Fehlerschwelle erreicht und somit ob er überhaupt einer Fehlerfeststellung i.S.d. § 109 Abs. 1 WpHG zugänglich ist (vgl. Rz. 2). An einem öffentlichen Interesse an der Fehlerveröffentlichung könnte es beispielsweise auch dann fehlen, wenn sich das Unternehmen zwischenzeitlich in einem Insolvenzverfahren befindet und seine Wertpapiere daher nicht mehr am organisierten Markt gehandelt werden. Das OLG Frankfurt vertritt zumindest in Fällen, in denen die Börsennotierung des Unternehmens nach Fehlerfeststellung und Bekanntmachungsanordnung entfallen ist, allerdings die Ansicht, dass eine Fehlerfeststellung aus präventiven Gründen bekannt gemacht werden muss, wenn die Fehlerfeststellung über den konkreten Fall hinaus von Interesse ist[5]. 23

Fraglich ist, ob ein öffentliches Interesse an einer Bekanntmachung vorliegt, wenn der Kapitalmarkt bzw. die Adressaten der in § 109 Abs. 2 WpHG genannten Veröffentlichungsformen bereits über Informationen verfügt bzw. verfügen, aus denen sich die Fehlerhaftigkeit des Abschlusses bzw. des Berichts ergibt. In Betracht kommt insoweit insbesondere die **Veröffentlichung einer Fehlerkorrektur**, sei es durch Korrektur des fehlerhaften Abschluss bzw. des Berichts, sei es durch Korrektur des nächsten offenen Folgeabschlusses bzw. -berichts. Nach Ansicht der BaFin entfällt das öffentliche Interesse aus der Fehlerbekanntmachung in diesen Fällen regelmäßig nicht[6]. Die Behörde beruft sich in diesem Zusammenhang auf das OLG Frankfurt. Es hatte in einer Eilentscheidung festgestellt, dass es nicht ausreichend ist, wenn das Unternehmen vor der Bekanntmachung eines Fehlers andere Informationen veröffentlicht hat, aus denen der Kapitalmarkt indirekt auf die Fehlerhaftigkeit des Abschlusses schließen kann[7]. Der Entscheidung lag ein Fall zugrunde, in dem ein Unternehmen in seinem Konzernlagebericht nicht auf zum Zeitpunkt der Abschlusserstellung erkennbare Risiken hingewiesen hatte, die sich im Nachhinein verwirklichten. Die Risikoverwirklichung ergab sich jedoch aus Informationen, die das Unternehmen dem Kapitalmarkt gegenüber veröffentlichte. Die Veröffentlichung der Folgeinformationen genügte nach Ansicht des OLG Frankfurt nicht, weil ihnen die Fehlerhaftigkeit der Lageberichterstattung nicht unmittelbar entnommen werden konnte, sondern nur indirekt durch eine Gegenüberstellung mit dem Inhalt des zuvor veröffentlichten Konzernabschlusses. Das Gericht begründet seine Entscheidung auch damit, dass die Fehlerbekanntmachung deshalb erforderlich sei, weil sie Anlass zur kritischen Würdigung der Tätigkeit der an der Rechnungslegung beteiligten Gesellschaftsorgane sowie der Verlässlichkeit der aktuellen Rechnungslegung geben könne. 24

Ist aus der Korrektur hingegen klar ersichtlich, dass die korrigierte Bilanzierungsweise fehlerhaft war, ist ein öffentliches Interesse an einer Bekanntmachung des Fehlers entgegen der Ansicht der BaFin regelmäßig zumindest dann nicht mehr gegeben, wenn die Veröffentlichung der Korrektur einen mit § 109 Abs. 2 WpHG vergleichbaren Verbreitungsgrad hat[8]. Denn der Zweck des Enforcement-Verfahrens, die Versorgung des Kapitalmarkts mit verlässlichen Informationen sicherzustellen, ist erfüllt. Auch kann ein öffentliches Interesse nicht 25

---

1 Für einen höheren Detaillierungsgrad der Fehlerbekanntmachungen *von Keitz/Stolle*, KoR 2008, 231, 221 f.
2 OLG Frankfurt v. 24.11.2009 – WpÜG 11/09, WpÜG 12/09, DB 2009, 2773, 2777 = AG 2010, 79, 84.
3 Vgl. dazu BaFin, Emittentenleitfaden 2018 (Konsultationsfassung Juni 2018), I.3.3.7; *Ch. Müller*, AG 2008, 438, 445 f.
4 Begr. RegE BilKoG, BT-Drucks. 15/3421 v. 24.6.2004, 18.
5 OLG Frankfurt v. 31.5.2012 – WpÜG 2/12, WpÜG 3/12, DB 2012, 1978, 1980 = AG 2013, 50; vgl. dazu *Favoccia/Stoll*, NZG 2012, 1093 ff.
6 BaFin, Emittentenleitfaden 2018 (Konsultationsfassung Juni 2018), I.3.3.3; ebenso *Ch. Müller*, AG 2008, 438, 441 ff. Nach *Favoccia/Stoll* ist die Bekanntmachungsanordnung sogar „faktisch die zwingende Folge" einer Fehlerfeststellung, *Favoccia/Stoll*, NZG 2010, 125, 126.
7 OLG Frankfurt v. 14.6.2007 – WpÜG 1/07, AG 2007, 675 ff. = BB 2007, 2060 ff.
8 *Gahlen/Schäfer*, BB 2006, 1619, 1621; *Gelhausen/Hönsch*, AG 2007, 308, 311; *Hecht/Gräfe/Jehke*, DB 2008, 1251, 1254; *Mock* in KölnKomm. WpHG, § 37q WpHG Rz. 40; *Scheffler*, Der Konzern 2007, 589, 597; vgl. auch OLG Frankfurt v. 14.6.2007 – WpÜG 1/07, AG 2007, 675, 678 = BB 2007, 2060, 2063 und OLG Frankfurt v. 22.1.2009 – WpÜG 1/08, WpÜG 3/08, DB 2009, 333, 338 = AG 2009, 328. In der letztgenannten Entscheidung ließ das OLG Frankfurt offen, ob der hier vertretenen Ansicht zu folgen sei, da im zu entscheidenden Fall „der Folgeabschluss zwar inhaltlich die Beanstandungen berücksichtigt, aber keinerlei Hinweis auf die vorausgegangene Fehlerfeststellung im Enforcement-Verfahren enthält". Vgl. auch *Oser/Harzheim* in Küting/Pfitzer/Weber (Hrsg.), Bilanz als Informations- und Kontrollinstrument, 2008, S. 92 f. Für eine entsprechende Regelung de lege ferenda *von Keitz/Stolle*, KoR 2008, 213, 221.

ausschließlich mit dem Hinweis auf die generell erstrebte Präventivwirkung des Enforcement-Verfahrens begründet werden[1]. Denn diese wird durch die Untersuchungen selbst und nicht erst durch die Bekanntmachung einer Fehlerfeststellung im Wege des § 109 Abs. 2 Satz 1 WpHG erzielt. Auch tragen die Tätigkeitsberichte der DPR und der BaFin, in denen anonymisiert über Fehlerfeststellungen berichtet wird bzw. werden kann, hinreichend zu einer präventiven Wirkung des Enforcement-Verfahrens bei, zumal Adressat der Veröffentlichung einer Fehlerfeststellung nach § 109 Abs. 2 WpHG in erster Linie die Investoren und nicht die rechnungslegenden Unternehmen sind. Die Bekanntmachungsanordnung darf in diesen Fällen auch nicht als Sanktion des Verstoßes gegen Rechnungslegungsvorschriften „verhängt" werden[2]. Zwar ist in der Regierungsbegründung zum BilKoG ausgeführt, dass die „Veröffentlichung des festgestellten Fehlers […] als Sanktion ausreichend" erscheint. Mit diesen Ausführungen begründet der Gesetzgeber jedoch lediglich, weshalb er darauf verzichtet hat, eine Rechtsgrundlage dafür zu schaffen, den Unternehmen die Korrektur von Fehlern vorzugeben. Zudem ist in der Begründung weiter ausgeführt[3]: „Entscheidend ist, dass die Information des Kapitalmarkts sichergestellt ist." Schließlich ist zu bedenken, dass eine wiederholte Veröffentlichung bereits bekannter Informationen dazu führen kann, dass wichtigen Bekanntmachungen nicht mehr die gebotene Aufmerksamkeit gewidmet wird.

26 Auch (gegenläufige) **Kompensationseffekte**, die sich bei richtiger Bilanzierung ergeben würden, sind in die Würdigung einzubeziehen, ob ein öffentliches Interesse an einer Bekanntmachungsanordnung besteht. Denn diese Effekte können dagegen sprechen, dass die festgestellten Fehler für die Bewertung des Unternehmens durch die Anleger tatsächlich relevant sind[4]. Auch der **Grad des Verschuldens** der Organmitglieder an dem Rechnungslegungsfehler kann für die Frage relevant sein, ob ein öffentliches Interesse an der Bekanntmachung besteht. Liegen beispielsweise Anzeichen dafür vor, dass die Geschäftsführung ihrer Pflicht zur ordnungsgemäßen Organisation des Rechnungswesens nicht nachgekommen ist, kann dies gegen die Zuverlässigkeit der Rechnungslegung sprechen[5]. Dies bedeutet im Umkehrschluss aber nicht, dass eine Bekanntmachungsanordnung nur dann rechtmäßig wäre, wenn überhaupt ein Verschulden der Organmitglieder vorliegt. Ebenso wenig muss der Text der Bekanntmachungsanordnung Rückschlüsse auf den Grad des Organverschuldens ermöglichen.

27 Weiterhin kann auf Antrag des Unternehmens von einer Bekanntmachungsanordnung abgesehen werden, wenn die Veröffentlichung geeignet ist, den berechtigten **Unternehmensinteressen zu schaden** (§ 109 Abs. 2 Satz 3 WpHG). Bei der Entscheidung hat die BaFin die Geheimhaltungsinteressen des Unternehmens gegen die Informationsinteressen der Veröffentlichungsadressaten abzuwägen[6]. Das Informationsinteresse des Kapitalmarkts bzw. ggf. der Öffentlichkeit als Adressat der (Konzern)Zahlungsberichte ist dabei nach den gleichen Kriterien zu bestimmen wie das öffentliche Interesse i.S.d. § 109 Abs. 2 Satz 2 WpHG (vgl. Rz. 23). Lediglich atypische, d.h. nicht üblicherweise mit der Fehlerveröffentlichung verbundene Folgen der Bekanntmachung für das Unternehmen können das Informationsinteresse der Veröffentlichungsadressaten überwiegen. Denkbar ist dies etwa, wenn eine existentielle Bedrohung des Unternehmens zu erwarten ist[7].

28 Sollte das Interesse des Unternehmens überwiegen, dürfte der BaFin bei ihrer Entscheidung trotz des Wortlauts der Bestimmung („kann") regelmäßig kein Entscheidungsermessen zustehen, da kaum denkbar ist, dass eine Entscheidung für eine Bekanntmachungsanordnung in diesem Fall pflichtgemäß wäre[8]. Möglich scheint auch, dass die BaFin dem Unternehmen lediglich einen befristeten Veröffentlichungsaufschub gewährt, wenn der Grund für das Geheimhaltungsinteresse des Unternehmens später entfällt[9]. Ein zeitweiser Aufschub kommt etwa in Betracht, wenn weitergehende interne Untersuchungen des Unternehmens durch eine frühzeitige Veröffentlichung der Fehlerfeststellung gefährdet würden[10].

29 **3. Art der Veröffentlichung (§ 109 Abs. 2 Satz 4 WpHG).** Zum einen ordnet § 109 Abs. 2 Satz 4 WpHG an, dass die Bekanntmachung des Fehlers **unverzüglich**, d.h. entsprechend § 121 Abs. 1 Satz 1 BGB ohne schuldhaftes Zögern, nach Zugang der Fehlerfeststellung zu erfolgen hat. Als Obergrenze wird man regelmäßig eine Frist von zwei Wochen ansehen können[11].

---

1 So aber wohl OLG Frankfurt v. 31.5.2012 – WpÜG 2/12, WpÜG 3/12, DB 2012, 1978 = AG 2013, 50.
2 A.A. offenbar *Böcking/Gros* in Ebenroth/Boujong/Joost/Strohn, Band 1, 3. Aufl. 2014, § 342b HGB Rz. 21.
3 Begr. RegE BilKoG, BT-Drucks. 15/3421 v. 24.6.2004, 18.
4 Kritisch zur Relevanz von Kompensationseffekten *Mock* in KölnKomm. WpHG, § 37q WpHG Rz. 57; zur Bedeutung von Kompensationseffekten für die Nichtigkeit eines Jahresabschlusses vgl. *Adler/Düring/Schmaltz*, § 256 AktG Rz. 41 ff.
5 Vgl. OLG Frankfurt v. 14.6.2007 – WpÜG 1/07, AG 2007, 675 ff. = BB 2007, 2060 ff.
6 Begr. RegE BilKoG, BT-Drucks. 15/3421 v. 24.6.2004, 18; vgl. dazu auch BaFin, Emittentenleitfaden 2018 (Konsultationsfassung Juni 2018), I.3.3.4; *Ch. Müller*, AG 2008, 438 (443 f.).
7 OLG Frankfurt v. 22.1.2009 – WpÜG 1/08, WpÜG 3/08, DB 2009, 333, 339 = AG 2009, 328.
8 *Mock* in KölnKomm. WpHG, § 37q WpHG Rz. 75; vgl. zu der gleich lautenden Regelung des § 15 Abs. 1 Satz 5 a.F. WpHG (d.h. vor dem Anlegerschutzverbesserungsgesetz vom 28.10.2004) *Kümpel/Assmann*, hier in der 3. Aufl. 2003, § 15 WpHG Rz. 136 m.w.N.; a.A. BaFin, Emittentenleitfaden 2009, S. 210 f.
9 Vgl. zu der gleich lautenden Regelung des § 15 Abs. 1 Satz 5 a.F. WpHG (d.h. vor dem Anlegerschutzverbesserungsgesetz vom 28.10.2004) *Kümpel/Assmann*, hier in der 3. Aufl. 2003, § 15 WpHG Rz. 136 m.w.N.
10 *Gelhausen/Hönsch*, AG 2007, 308, 311.
11 *Müller*, AG 2008, 438, 444 f.; restriktiver *Mock* in KölnKomm. WpHG, § 37p WpHG Rz. 87.

Zum anderen nennt § 109 Abs. 2 Satz 4 WpHG die **Medien**, in denen der Fehler samt den wesentlichen Teilen der Begründung der Fehlerfeststellung bekannt zu machen ist. Als Medium ist jedenfalls der Bundesanzeiger zu nutzen. Daneben hat das Unternehmen die Wahl zwischen einem überregionalen Börsenpflichtblatt (vgl. § 32 Abs. 5 Satz 1 BörsG) oder einem elektronisch betriebenen Informationsverbreitungssystem. Die zuletzt genannten zwei Veröffentlichungsalternativen knüpfen an die Regelung für die Veröffentlichung von Ad-hoc-Mitteilungen des § 15 Abs. 3 Satz 1 a.F. WpHG, d.h. in der Fassung vor dem Anlegerschutzverbesserungsgesetz vom 28.10.2004, an[1].   30

IV. Keine Beanstandungen (§ 109 Abs. 3 WpHG). Ergibt die Prüfung, dass keine Fehler vorliegen, teilt die BaFin dies dem Unternehmen mit. Dasselbe gilt nach § 342b Abs. 5 Satz 1 HGB für die DPR. Ausweislich der Gesetzesbegründung fehlt es der Mitteilung an einer Regelungswirkung[2]. Damit ist sie nicht als Verwaltungsakt einzustufen. Eine Mitteilung an einen eventuellen Hinweisgeber ist nicht vorgesehen[3]. Eine freiwillige Unterrichtung wäre unzulässig (vgl. Rz. 19). Damit werden Entscheidungen der BaFin bzw. DPR, welche die Rechnungslegung des Unternehmens bestätigen, nicht publik, es sei denn das Unternehmen informiert die Öffentlichkeit über den Ausgang des Enforcement-Verfahrens[4].   31

§ 110 Mitteilungen an andere Stellen

(1) Die Bundesanstalt hat Tatsachen, die den Verdacht einer Straftat im Zusammenhang mit der Rechnungslegung eines Unternehmens begründen, der für die Verfolgung zuständigen Behörde anzuzeigen. Sie darf diesen Behörden personenbezogene Daten der Betroffenen, gegen die sich der Verdacht richtet oder die als Zeugen in Betracht kommen, übermitteln.
(2) Tatsachen, die auf das Vorliegen einer Berufspflichtverletzung durch den Abschlussprüfer schließen lassen, übermittelt die Bundesanstalt der Abschlussprüferaufsichtsstelle beim Bundesamt für Wirtschaft und Ausfuhrkontrolle. Tatsachen, die auf das Vorliegen eines Verstoßes des Unternehmens gegen börsenrechtliche Vorschriften schließen lassen, übermittelt sie der zuständigen Börsenaufsichtsbehörde. Absatz 1 Satz 2 gilt entsprechend.

In der Fassung des 2. FiMaNoG vom 23.6.2017 (BGBl. I 2017, 1693).

Schrifttum: S. Vor §§ 106 ff. WpHG und *Baetge/Lienau*, Änderungen der Berufsaufsicht der Wirtschaftsprüfer, DB 2004, 2277.

I. Unterrichtung der Staatsanwaltschaft (§ 110 Abs. 1 WpHG) 1	III. Unterrichtung der Börsenaufsichtsbehörden (§ 110 Abs. 2 Satz 2 und 3 WpHG) 15
II. Unterrichtung der Abschlussprüferaufsichtsstelle (§ 110 Abs. 2 Satz 1 und 3 WpHG) 10	

I. Unterrichtung der Staatsanwaltschaft (§ 110 Abs. 1 WpHG). Werden der BaFin im Rahmen ihrer Tätigkeit als Enforcement-Behörde Tatsachen bekannt, die den **Verdacht einer Straftat** im Zusammenhang mit der Rechnungslegung eines Unternehmens begründen, hat sie diese nach § 110 Abs. 1 Satz 1 WpHG (§ 37r Abs. 1 Satz 1 WpHG a.F.) der zuständigen Staatsanwaltschaft anzuzeigen. Eine vergleichbare Regelung enthält § 342b Abs. 8 Satz 1 HGB für die DPR.   1

§ 110 Abs. 1 Satz 1 WpHG greift nur dann, wenn der Verdacht einer Straftat vorliegt, die **im Zusammenhang mit der Rechnungslegung** des Unternehmens steht. Zu denken ist insoweit in erster Linie an § 331 HGB und § 400 AktG. Die Mitteilungspflicht dürfte sich aber auch auf die Verdachtsmomente für Straftaten erstrecken, für die eine verfälschte Rechnungslegung das notwendige Mittel ist[5]. Somit wären auch Verdachtsmomente weiterzugeben, die auf die Erschleichung eines Kredits mittels einer geschönten Bilanz hindeuten. Für Bilanzverfälschungen im Zusammenhang mit Insolvenzstraftaten gilt das Gleiche.   2

Ausweislich des Wortlauts („Straftat im Zusammenhang mit der Rechnungslegung eines Unternehmens") findet § 110 Abs. 1 Satz 1 WpHG generell keine Anwendung, wenn sich die Folgen einer Straftat **lediglich mittelbar** in der Rechnungslegung widerspiegeln. Dies wäre etwa der Fall bei Unterschlagungen von Mitarbeitern ei-   3

---

1 Vgl. Begr. RegE BilKoG, BT-Drucks. 15/3421 v. 24.6.2004, 18. Zu § 15 Abs. 3 a.F. WpHG vgl. *Kümpel/Assmann*, hier in der 3. Aufl. 2003, § 15 WpHG Rz. 220.
2 Vgl. Begr. RegE BilKoG, BT-Drucks. 15/3421 v. 24.6.2004, 19.
3 Vgl. Begr. RegE BilKoG, BT-Drucks. 15/3421 v. 24.6.2004, 19.
4 Hierzu kritisch *Claussen*, DB 2007, 1421, 1423 ff.
5 Vgl. *Altenhain* in KölnKomm. WpHG, § 37r WpHG Rz. 3; BaFin, Emittentenleitfaden 2018 (Konsultationsfassung Juni 2018), II.1.

nes Unternehmens, die aufgrund der Manipulation von Buchungsbelegen zu einem bilanziellen Fehlausweis führen. Denn es ist nicht Aufgabe der BaFin, im Zuge des Enforcement-Verfahrens zur Aufdeckung allgemeiner Straftaten beizutragen[1].

4 Die BaFin ist ebenso wenig berechtigt, Verdachtsmomente für eine **Straftat des Abschlussprüfers** i.S.d. § 332 HGB oder § 333 HGB an die Staatsanwaltschaft zu übermitteln[2]. In diesen Fällen greift vielmehr die Mitteilungspflicht des § 110 Abs. 2 Satz 1 WpHG.

5 Voraussetzung der Mitteilungspflicht ist der **Verdacht einer Straftat**. Somit darf die BaFin keine Verdachtsmomente für Ordnungswidrigkeiten, für deren Ahndung sie nicht selbst zuständig ist, an andere Behörden weitergeben.

6 In Anlehnung an die §§ 152 Abs. 2, 160 StPO muss der Verdacht **zureichend konkret** sein und sich **auf Tatsachen stützen**. Reine Spekulationen oder bloße Vermutungen genügen nicht. Nicht erforderlich ist, dass sich der Verdacht bereits gegen **eine bestimmte Person** richtet. Zwar handelt es sich bei der Frage, ob hinreichende Verdachtsmomente bestehen, nicht um eine Ermessensentscheidung, jedoch muss der BaFin in Anlehnung an die Situation bei der Staatsanwaltschaft ein gewisser Beurteilungsspielraum zugestanden werden[3].

7 Die BaFin hat die Verdachtsmomente weiterzugeben, sobald sie sich hinreichend konkretisiert haben. Dabei muss es ihr allerdings möglich sein, zuvor auch **entlastenden Hinweisen** nachzugehen. Unerheblich ist, ob bereits formell gegenüber dem Unternehmen ein Enforcement-Verfahren eingeleitet wurde.

8 Hat die BaFin der Staatsanwaltschaft Verdachtsmomente einer rechnungslegungsbezogenen Straftat angezeigt, folgt hieraus **nicht**, dass sie ihre **Tätigkeit einzustellen** hätte[4]. Vielmehr zielen die Prüfungen der BaFin von Abschlüssen darauf ab, eine ordnungsgemäße Information des Kapitalmarkts zu sichern. Diese Aufgabe ist auch dann noch zu erfüllen, wenn gleichzeitig strafrechtliche Ermittlungen laufen. Darüber hinaus kann sich die BaFin anders als in den Fällen des § 119 WpHG nicht auf Ermittlungen der Staatsanwaltschaft verlassen, weil sie mangels einer mit § 122 WpHG vergleichbaren Rechtsgrundlage von der Staatsanwaltschaft nicht über deren Ermittlungsfortschritt und -ergebnis informiert werden kann[5].

9 § 110 Abs. 1 Satz 2 WpHG stellt klar, dass die BaFin der Staatsanwaltschaft auch personenbezogene Daten von denjenigen, gegen die sich der Verdacht einer Straftat richtet, oder von Zeugen übermitteln darf. Die Regelung geht den Bestimmungen zum Datenschutz vor.

10 **II. Unterrichtung der Abschlussprüferaufsichtsstelle (§ 110 Abs. 2 Satz 1 und 3 WpHG).** Werden der BaFin im Zuge ihrer Enforcement-Tätigkeit Tatsachen bekannt, die auf eine **Berufspflichtverletzung des Abschlussprüfers** schließen lassen, gibt sie diese Tatsachen an die Abschlussprüferaufsichtsstelle beim Bundesamt für Wirtschaft und Ausfuhrkontrolle weiter. Eine entsprechende Regelung gilt für die DPR (§ 342b Abs. 8 Satz 2 HGB).

11 Zwar ist die Arbeit des Abschlussprüfers nicht Gegenstand des Enforcement-Verfahrens. Dennoch wird seine Tätigkeit insofern **mittelbar überprüft**, als ein Rechnungslegungsfehler darauf hindeuten kann, dass die Abschlussprüfung nicht ordnungsgemäß durchgeführt wurde, da der Fehler nicht entdeckt worden ist, unbeanstandet oder zumindest unkorrigiert blieb. Mit der Meldung an die Abschlussprüferaufsichtsstelle erhält diese die Möglichkeit, in einem gesonderten Verfahren zu überprüfen, ob die Abschlussprüfung tatsächlich unsachgemäß durchgeführt wurde und ggf. entsprechende berufsrechtliche Konsequenzen zu ziehen. Liegen sogar Verdachtsmomente für eine schuldhafte Pflichtverletzung vor, die eine Geldbuße, ein befristetes Verbot bestimmter Tätigkeiten, ein befristetes Berufsverbot oder die Ausschließung aus dem Beruf rechtfertigen würde, oder ist gar von einer Straftat auszugehen, teilt die Abschlussprüferaufsichtsstelle diese der zuständigen Staatsanwaltschaft mit (§ 65 Abs. 1 WPO).

12 Nach Ansicht des Gesetzgebers liegen bereits immer dann Tatsachen vor, die für eine Berufspflichtverletzung des Abschlussprüfers sprechen, wenn das Enforcement-Verfahren mit einer **Fehlerfeststellung** endet und der Abschlussprüfer (dennoch) einen **uneingeschränkten Bestätigungsvermerk** erteilt hat[6]. Hieraus kann jedoch nicht geschlossen werden, dass die Mitteilung nur ergehen kann, wenn anzunehmen ist, dass die vermeidliche Pflichtverletzung für die fehlerhafte Rechnungslegung kausal war. Es ist nicht einmal erforderlich, dass es überhaupt zu einer Fehlerfeststellung kommt. Stellt die BaFin im Zuge der Enforcement-Prüfung etwa fest, dass wesentliche Teilbereiche der Rechnungslegung nicht Gegenstand der Abschlussprüfung waren, hätte sie eine Mitteilung an die Abschlussprüferaufsichtsstelle auch dann abzugeben, wenn die Rechnungslegung in diesen Berei-

---

1 Vgl. *Altenhain* in KölnKomm. WpHG, § 37r WpHG Rz. 3; zweifelnd *Schmidt-Versteyl*, Durchsetzung ordnungsgemäßer Rechnungslegung in Deutschland, S. 200.
2 *Altenhain* in KölnKomm. WpHG, § 37r WpHG Rz. 3.
3 Vgl. *Schmitt* in Meyer-Goßner/Schmitt, 61. Aufl. 2018, § 152 StPO Rz. 4; a.A. *Altenhain* in KölnKomm. WpHG, § 37r WpHG Rz. 4.
4 BaFin, Emittentenleitfaden 2018 (Konsultationsfassung Juni 2018), II.1.
5 *Altenhain* in KölnKomm. WpHG, § 37r WpHG Rz. 5.
6 Vgl. Begr. RegE BilKoG, BT-Drucks. 15/3421 v. 24.6.2004, 16.

chen ordnungsgemäß ist. Andererseits verdeutlicht der Hinweis des Gesetzgebers, dass die BaFin die Prüfung in der Regel zu Ende führen muss, bevor sie entscheiden kann, ob eine Mitteilung an die Abschlussprüferaufsichtsstelle abzugeben ist[1].

Die BaFin darf auch an die Abschlussprüferaufsichtsstelle personenbezogene Daten weitergeben. § 110 Abs. 1 Satz 2 WpHG gilt insofern entsprechend (§ 110 Abs. 2 Satz 3 WpHG).   13

Die Enforcement-Stellen arbeiten auch in anderer Richtung mit der Abschlussprüferaufsichtsstelle zusammen. Denn die Abschlussprüferaufsichtsstelle kann die DPR und die BaFin, soweit es zur Erfüllung deren Aufgabe erforderlich ist, vertrauliche Informationen übermitteln (§ 66 Abs. 1 Satz 1 Nr. 1 und 2 WPO). Das Mitteilungsrecht gilt gegenüber der DPR allerdings nur, soweit konkrete Anhaltspunkte für einen Verstoß gegen Rechnungslegungsvorschriften vorliegen (§ 66 Abs. 1 Satz 2 WPO).   14

III. Unterrichtung der Börsenaufsichtsbehörden (§ 110 Abs. 2 Satz 2 und 3 WpHG). Sofern die BaFin im Zuge des Enforcement-Verfahrens Tatsachen feststellt, die auf Verstöße gegen börsenrechtliche Bestimmungen hinweisen, teilt sie diese der zuständigen Börsenaufsichtsbehörde i.S.v. § 3 Abs. 1 Satz 1 BörsG mit. Diese kann dann im Rahmen ihrer Aufgabe i.S.d. § 3 Abs. 1 BörsG eigene Untersuchungen nach § 3 Abs. 2 BörsG durchführen und ggf. Konsequenzen für den Handel der betroffenen Wertpapiere ziehen[2].   15

Die BaFin darf auch an die Börsenaufsichtsbehörde personenbezogene Daten weitergeben. § 110 Abs. 1 Satz 2 WpHG gilt insofern entsprechend (§ 110 Abs. 2 Satz 3 WpHG).   16

§ 111 Internationale Zusammenarbeit

(1) Der Bundesanstalt obliegt die Zusammenarbeit mit den Stellen im Ausland, die zuständig sind für die Untersuchung möglicher Verstöße gegen Rechnungslegungsvorschriften durch Unternehmen, deren Wertpapiere zum Handel an einem organisierten Markt zugelassen sind. Sie kann diesen Stellen zur Erfüllung dieser Aufgabe Informationen nach Maßgabe des § 18 Absatz 2 Satz 1 und 2, auch in Verbindung mit Absatz 10 übermitteln. § 107 Absatz 5 und 6 findet mit der Maßgabe entsprechende Anwendung, dass die dort geregelten Befugnisse sich auf alle Unternehmen, die von der Zusammenarbeit nach Satz 1 umfasst sind, sowie auf alle Unternehmen, die in den Konzernabschluss eines solchen Unternehmens einbezogen sind, erstrecken.

(2) Die Bundesanstalt kann mit den zuständigen Stellen von Mitgliedstaaten der Europäischen Union oder von Vertragsstaaten des Abkommens über den Europäischen Wirtschaftsraum zusammenarbeiten, um eine einheitliche Durchsetzung internationaler Rechnungslegungsvorschriften grenzüberschreitend gewährleisten zu können. Dazu kann sie diesen Stellen auch den Wortlaut von Entscheidungen zur Verfügung stellen, die sie oder die Prüfstelle in Einzelfällen getroffen haben. Der Wortlaut der Entscheidungen darf nur in anonymisierter Form zur Verfügung gestellt werden.

(3) Die internationale Zusammenarbeit durch die Bundesanstalt nach den Absätzen 1 und 2 erfolgt im Benehmen mit der Prüfstelle.

In der Fassung des 2. FiMaNoG vom 23.6.2017 (BGBl. I 2017, 1693).

Schrifttum: S. Vor §§ 106 ff. WpHG.

I. Zusammenarbeit in konkreten Einzelfällen (§ 111 Abs. 1 WpHG) 1	II. Koordinierung bei Anwendungsfragen (§ 111 Abs. 2 WpHG) 3
	III. Rolle der Prüfstelle (§ 111 Abs. 3 WpHG) 5

I. Zusammenarbeit in konkreten Einzelfällen (§ 111 Abs. 1 WpHG). § 111 Abs. 1 Satz 1 WpHG (§ 37s   1 WpHG a.F.) ermöglicht es der BaFin, **mit ausländischen Stellen** zusammenzuarbeiten. Dabei kann die BaFin zum einen eine ausländische Stelle um Unterstützung einer ihrer Enforcement-Prüfungen ersuchen. Zum anderen kann die BaFin auf der Grundlage des § 111 Abs. 1 Satz 1 WpHG aber auch zum Zwecke der Prüfung durch eine ausländische Behörde eingeschaltet werden, wenn ein Auslandsbezug vorliegt[3]. Für die Informationsübermittlung verweist § 111 Abs. 1 Satz 2 WpHG auf § 18 Abs. 2 Satz 1 und 2 WpHG, auch in Verbindung mit dessen Abs. 10.

---

1 Vgl. auch BaFin, Emittentenleitfaden 2018 (Konsultationsfassung Juni 2018), II.2.
2 Vgl. hierzu und zur Zusammenarbeit mit der Bundesbank, dem BKartA, der Gewerbeaufsicht und anderen Stellen BaFin, Emittentenleitfaden 2018 (Konsultationsfassung Juni 2018), II.3 und II.4.
3 Vgl. Begr. RegE BilKoG, BT-Drucks. 15/3421 v. 24.6.2004, 19.

2 § 111 Abs. 1 Satz 3 WpHG stellt sicher, dass der BaFin das Recht auf Auskunft und Vorlage von Unterlagen (§ 107 Abs. 5 WpHG) sowie die Befugnis zum Betreten von Grundstücken und Geschäftsräumen (§ 107 Abs. 6 WpHG) auch in Fällen zusteht, in denen **nach deutschem Recht kein Enforcement-Verfahren** durchzuführen wäre, weil es sich nicht um ein Unternehmen handelt, für das als Emittenten von zugelassenen Wertpapieren die Bundesrepublik Deutschland der Herkunftsstaat ist. Somit ist gesichert, dass die BaFin die zuständigen Behörden bei Untersuchungen mit Auslandsbezug auch tatsächlich unterstützen kann[1].

3 **II. Koordinierung bei Anwendungsfragen (§ 111 Abs. 2 WpHG).** § 111 Abs. 2 Satz 1 WpHG soll eine einheitliche **Durchsetzung der IFRS** in Europa ermöglichen. Mit der Bestimmung wird der BaFin die Befugnis eingeräumt, problematische Anwendungsfälle mit den zuständigen Behörden anderer Staaten Europas zu erörtern und einheitliche Positionen zu finden. Die Grundlinien dieser Kooperationsform sind in den *guidelines on enforcement of financial information* der ESMA vom 28.10.2014 beschrieben[2]. Hierzu organisiert die ESMA sog. *European Enforcers Coordination Sessions (EECS)*, auf denen die nationalen Enforcement-Behörden Entscheidungen besprechen und ihre Erfahrungen austauschen. Darüber hinaus werden jährlich gemeinsame Prüfungsschwerpunkte festgelegt[3].

4 Zur Koordinierung kann die BaFin den anderen zuständigen Stellen in anonymisierter Form auch den **Wortlaut von Entscheidungen zur Verfügung stellen**, die sie oder die DPR getroffen haben (§ 111 Abs. 2 Satz 2 und 3 WpHG). Die Entscheidung hierüber trifft die BaFin nach pflichtgemäßem Ermessen[4]. So ist es möglich, Fälle in die Datenbank der *European Enforcers Coordination Sessions* einzustellen[5], aus der wiederholt extrahierte Übersichten veröffentlicht werden[6].

5 **III. Rolle der Prüfstelle (§ 111 Abs. 3 WpHG).** Mit § 111 Abs. 3 WpHG wird sichergestellt, dass die DPR in die Koordinierung des Verfahrens zur Durchsetzung ordnungsgemäßer Rechnungslegung eingebunden ist. Grundsätzlich ist zwar die BaFin für die Zusammenarbeit mit ausländischen Behörden zuständig. Es steht ihr jedoch frei, sich nach § 4 Abs. 3 FinDAG zu diesem Zweck der DPR zu bedienen[7].

§ 112 Widerspruchsverfahren

(1) Vor Einlegung der Beschwerde sind Rechtmäßigkeit und Zweckmäßigkeit der Verfügungen, welche die Bundesanstalt nach den Vorschriften dieses Abschnitts erlässt, in einem Widerspruchsverfahren nachzuprüfen. Einer solchen Nachprüfung bedarf es nicht, wenn der Abhilfebescheid oder der Widerspruchsbescheid erstmalig eine Beschwer enthält. Für das Widerspruchsverfahren gelten die §§ 68 bis 73 und 80 Abs. 1 der Verwaltungsgerichtsordnung entsprechend, soweit in diesem Abschnitt nichts Abweichendes geregelt ist.

(2) Der Widerspruch gegen Maßnahmen der Bundesanstalt nach § 107 Absatz 1 Satz 1, 3 und 6 sowie Absatz 5 und 6, § 108 Absatz 1 Satz 3 und 4, Absatz 2 und § 109 Absatz 1 und 2 Satz 1 hat keine aufschiebende Wirkung.

In der Fassung des 2. FiMaNoG vom 23.6.2017 (BGBl. I 2017, 1693).

Schrifttum: S. Vor §§ 106 ff. WpHG.

I. Widerspruchsverfahren (§ 112 Abs. 1 Satz 1 und 2 WpHG) 1	1. Frist, Form und Zuständigkeit (§ 112 Abs. 1 Satz 3 WpHG i.V.m. §§ 70 Abs. 1 Satz 1, 73 VwGO) 13
1. Statthaftigkeit 3	2. Widerspruchsentscheidung (§ 112 Abs. 1 Satz 3 WpHG i.V.m. § 73 VwGO) 14
2. Widerspruchsbefugnis 8	
3. Beteiligte 11	
II. Verweis auf VwGO (§ 112 Abs. 1 Satz 3 WpHG) 12	III. Wirkung des Widerspruchs (§ 112 Abs. 2 WpHG) 16

1 **I. Widerspruchsverfahren (§ 112 Abs. 1 Satz 1 und 2 WpHG).** Bevor ein gerichtliches Verfahren zur Überprüfung einer Verfügung der BaFin, die im Rahmen eines Enforcement-Verfahrens erlassen wurde, eingeleitet wird, ist die Verfügung in einem **Widerspruchsverfahren** nachzuprüfen. § 112 Abs. 1 WpHG (§ 37t Abs. 1

---

1 Zur internationalen Zusammenarbeit vgl. BaFin, Emittentenleitfaden 2018 (Konsultationsfassung Juni 2018), V.
2 Abrufbar unter www.esma.europa.eu/convergence/guidelines-and-technical-standards.
3 Abrufbar unter www.esma.europa.eu/convergence/ifrs-supervisory-convergence.
4 Vgl. Begr. RegE BilKoG, BT-Drucks. 15/3421 v. 24.6.2004, 19.
5 Vgl. Begr. RegE BilKoG, BT-Drucks. 15/3421 v. 24.6.2004, 19.
6 Abrufbar unter www.esma.europa.eu/convergence/ifrs-supervisory-convergence.
7 Vgl. Begr. RegE BilKoG, BT-Drucks. 15/3421 v. 24.6.2004, 19.

WpHG a.F.) findet in § 41 Abs. 1 WpÜG seine Entsprechung. Insgesamt ist der Rechtsschutz im Enforcement-Verfahren in weiten Teilen mit dem des WpÜG vergleichbar[1].

Gegen **Maßnahmen der DPR** kann das Unternehmen die in §§ 112 f. WpHG niedergelegten Rechtsbehelfe nicht einlegen (vgl. auch § 342b Abs. 6 Satz 2 HGB). Dies ist auch nicht erforderlich. Denn die DPR ist als privatrechtliche Einrichtung nicht befugt, in die Rechte der Unternehmen einzugreifen. Sie ist vielmehr auf die freiwillige Mitwirkung der Unternehmen angewiesen. Die Unternehmen sind somit nicht verpflichtet, Anordnungen der DPR Folge zu leisten. Hält ein Unternehmen die Verfahrensweise der DPR für rechtswidrig, kann es die Mitwirkung an der Prüfung verweigern. Leitet die BaFin in Reaktion auf die Verweigerung der Kooperation ein Prüfverfahren ein, kann sich das Unternehmen gegen deren Entscheidungen wiederum mittels Widerspruch und anschließender Beschwerde zur Wehr setzen. 2

1. Statthaftigkeit. Der Widerspruch ist gegen alle „**Verfügungen**" der BaFin statthaft. Verfügungen der BaFin liegen zumindest dann vor, wenn die BaFin Verwaltungsakte i.S.d. § 35 Satz 1 VwVfG erlässt[2]. 3

Folgende Verwaltungsakte kommen etwa in Betracht:
- Anordnung der Prüfung (§ 107 Abs. 1 Satz 1 WpHG)
- Auskunftsverlangen (§ 107 Abs. 5 Satz 1 WpHG)
- Verlangen nach Vorlage von Unterlagen (§ 107 Abs. 5 Satz 1 WpHG)
- Fehlerfeststellung (§ 109 Abs. 1 WpHG)
- Anordnung zur Fehlerbekanntmachung (§ 109 Abs. 2 Satz 1 WpHG)

Diese Aufzählung wichtiger Verfügungen der BaFin macht deutlich, dass es im Widerspruchsverfahren regelmäßig um die Beseitigung eines **belastenden Verwaltungsakts** geht. In der Praxis spielen insbesondere Fehlerfeststellungen und Anordnungen zur Bekanntmachung festgestellter Fehler eine Rolle. Richtigerweise ist die Beseitigung der Bekanntmachungsanordnung auch dann das Ziel des Widerspruchs, wenn das Unternehmen der Ansicht ist, dass die BaFin seinem Antrag auf Verzicht auf eine Bekanntmachungsanordnung nach § 109 Abs. 2 Satz 3 WpHG hätte stattgeben müssen[3].

Nach Ansicht der BaFin handelt es sich auch dann um eine Fehlerfeststellung im Rechtssinn, wenn **mehrere Verstöße** gegen Rechnungslegungsvorschriften vorliegen (vgl. § 109 WpHG Rz. 5)[4]. Der Adressat einer Fehlerfeststellung kann seinen Widerspruch aber auf einen Teil der festgestellten Verstöße gegen Rechnungslegungsvorschriften beschränken[5]. 4

Die Verfügungen der BaFin müssen sich nicht unbedingt an das Unternehmen richten. Vielmehr ist es etwa denkbar, dass die BaFin Auskünfte von Organmitgliedern verlangt. Auch wäre die Entscheidung der BaFin, von der Prüfstelle die Vorlage eines Prüfberichts i.S.v. § 109 Abs. 1 Satz 3 WpHG zu verlangen, in einem Widerspruchsverfahren zu überprüfen, bevor sie einer Beschwerde zugänglich ist (vgl. § 112 Abs. 2 WpHG). 5

Erledigt sich eine Verfügung der BaFin, hat die BaFin beispielsweise die Einleitung einer Prüfung nach § 107 Abs. 1 Satz 5 WpHG schon bekannt gemacht, ist nach herrschender Ansicht ein Widerspruch nicht mehr statthaft[6]. In diesen Fällen kann vielmehr sofort eine Fortsetzungsfeststellungsbeschwerde eingereicht werden (vgl. § 113 Abs. 2 WpHG i.V.m. § 56 Abs. 2 Satz 2 WpÜG). 6

Nach § 112 Abs. 1 Satz 2 WpHG bedarf es einer (erneuten) Nachprüfung nicht, wenn der Abhilfebeschied oder der Widerspruchsbescheid **erstmalig eine Beschwer** enthält[7]. Denkbar ist dies etwa, wenn in einem Widerspruchsverfahren gegen eine Fehlerfeststellung ein weiterer Verstoß gegen Rechnungslegungsvorschriften festgestellt wird. Dieser Fall ist durchaus möglich, weil der Widerspruchsführer nach herrschender Ansicht das Risiko einer Verschlechterung seiner Position (reformatio in peius) trägt[8]. 7

2. Widerspruchsbefugnis. Die Zulässigkeit eines Widerspruchs setzt auch im Enforcement-Verfahren voraus, dass derjenige, der den Widerspruch einlegt, die **Beeinträchtigung eigener Rechte** geltend machen kann[9]. Der Adressat einer belastenden Verfügung der BaFin ist demnach grundsätzlich widerspruchsbefugt. 8

Fraglich ist hingegen, ob auch **Dritte** Widerspruch gegen Verfügungen der BaFin einlegen können. Denkbar ist etwa, dass Aktionäre oder Mitglieder der Geschäftsleitung bzw. des Aufsichtsrats gegen das Ergebnis einer Prüfung Widerspruch einlegen wollen. Zulässig ist ein Drittwiderspruch allerdings nur dann, wenn der Dritte eine 9

---
1 Begr. RegE BilKoG, BT-Drucks. 15/3421 v. 24.6.2004, 20.
2 *Gelhausen/Hönsch*, AG 2007, 308, 310 m.w.N. zu § 41 WpÜG; *Giesberts* in KölnKomm. WpHG, § 37t WpHG Rz. 21.
3 *Gelhausen/Hönsch*, AG 2007, 308, 311. A.A. *Heinz*, Das Enforcement-Verfahren in Deutschland, S. 239 ff.
4 BaFin, Emittentenleitfaden 2018 (Konsultationsfassung Juni 2018), I.3.2.2.3.
5 Zum Teilwiderspruch vgl. *Kopp/Schenke*, 23. Aufl. 2017, § 69 VwGO Rz. 3.
6 BVerwG v. 20.1.1989 – 8 C 30/87, BVerwGE 81, 226 ff.; BaFin, Emittentenleitfaden 2018 (Konsultationsfassung Juni 2018), III.2.1; *Giesberts* in KölnKomm. WpHG, § 37t WpHG Rz. 23.
7 Vgl. dazu *Kopp/Schenke*, 23. Aufl. 2017, § 68 VwGO Rz. 20.
8 *Giesberts* in KölnKomm. WpHG, § 37t WpHG Rz. 12 m.w.N.
9 *Gelhausen/Hönsch*, AG 2007, 308, 312; *Giesberts* in KölnKomm. WpHG, § 37t WpHG Rz. 24, jeweils m.w.N.

§ 112 | Überwachung von Unternehmensabschlüssen

Beeinträchtigung einer Rechtsposition geltend machen kann, die nicht nur dem Schutz der Allgemeinheit, sondern zumindest auch seinem individuellen Schutz dient[1]. Gegen eine Widerspruchsbefugnis Dritter spricht jedoch, dass die Enforcement-Verfahren allein im öffentlichen Interesse und nicht im Interesse Dritter, etwa eines Hinweisgebers, durchgeführt werden (vgl. § 4 Abs. 4 FinDAG). Auch kommt den Verfügungen der BaFin, insbesondere einer Fehlerfeststellung, keine Bindungswirkung gegenüber Dritten zu. Demgemäß ist Dritten allenfalls in besonderen Ausnahmefällen eine Widerspruchsbefugnis zuzubilligen. Dies gilt auch für die Aktionäre einer Gesellschaft. Ihr Interesse an einer ordnungsgemäßen Rechnungslegung ist von der Geschäftsleitung zu wahren. Sollte diese eine rechtswidrige Fehlerfeststellung oder Bekanntmachungsanordnung hinnehmen, ohne die zur Verfügung stehenden Rechtsbehelfe zu nutzen, machen sich die Geschäftsleiter schadensersatzpflichtig[2].

10 Keinem Widerspruch zugänglich ist die Entscheidung der BaFin, dass ein **Fehler nicht vorliegt**. Die Rechte des Unternehmens sind nicht beeinträchtigt[3] und die Prüfstelle ist nicht an dem Verfahren beteiligt[4]. Ein Widerspruch eines Aktionärs kommt aus den zuvor genannten Gründen nicht in Betracht.

11 **3. Beteiligte.** Legt der Adressat einer Verfügung gegen diese Widerspruch ein, ist er nach § 13 Abs. 1 Nr. 1 VwVfG an dem Widerspruchsverfahren beteiligt[5]. Darüber hinaus kann die BaFin nach § 13 Abs. 2 Satz 1 VwVfG diejenigen zu dem Widerspruchsverfahren hinzuziehen, deren rechtlichen Interessen durch den Ausgang des Verfahrens berührt werden. Eine notwendige **Hinzuziehung** nach § 13 Abs. 2 Satz 2 VwVfG eines Dritten, für den die Widerspruchsentscheidung rechtsgestaltende Wirkung hat, kommt in aller Regel nicht in Betracht, da die Verfügungen der BaFin nach Abschnitt 16 Unterabschnitt 1 des WpHG regelmäßig keine derartige Wirkung zugunsten bzw. zu Lasten Dritter entfalten (vgl. Rz. 9)[6].

12 **II. Verweis auf VwGO (§ 112 Abs. 1 Satz 3 WpHG).** § 112 Abs. 1 Satz 3 WpHG erklärt die §§ 68 bis 73 sowie § 80 Abs. 1 VwGO auch für das Widerspruchsverfahren gegen Verfügungen für anwendbar, welche die BaFin nach Abschnitt 16 Unterabschnitt 1 des WpHG erlässt.

13 **1. Frist, Form und Zuständigkeit (§ 112 Abs. 1 Satz 3 WpHG i.V.m. §§ 70 Abs. 1 Satz 1, 73 VwGO).** Die **Widerspruchsfrist** beträgt einen Monat, nach dem die Verfügung der BaFin dem Beschwerten bekannt gegeben wurde (§ 70 Abs. 1 Satz 1 VwGO). Die Frist ist nach § 57 VwGO i.V.m. § 222 ZPO, §§ 187 f. BGB zu berechnen[7]. Bei schuldloser Fristversäumnis ist nach § 70 Abs. 2 VwGO i.V.m. § 60 Abs. 1 VwGO Wiedereinsetzung in den vorherigen Stand zu gewähren. Nach § 70 Abs. 1 Satz 1 VwGO ist der Widerspruch **schriftlich oder zur Niederschrift** bei der BaFin zu erheben[8]. Nach § 73 Abs. 1 Nr. 2 VwGO ist die **BaFin** selbst für die Entscheidung über den Widerspruch **zuständig**. Dabei wird der Widerspruch nicht im Referat Bilanzkontrolle, sondern in einem anderen Referat bearbeitet.

14 **2. Widerspruchsentscheidung (§ 112 Abs. 1 Satz 3 WpHG i.V.m. § 73 VwGO).** Die BaFin überprüft im Widerspruchsverfahren den jeweils angegriffenen Verwaltungsakt auf seine **Recht- und Zweckmäßigkeit** hin. Sie hat den Sachverhalt von Amts wegen zu ermitteln (§ 24 Abs. 1 Satz 1 VwVfG) und dem Antragsteller rechtliches Gehör zu gewähren. Die Entscheidungsbefugnis der Widerspruchsbehörde entspricht der der Ausgangsbehörde[9] und sie bezieht sich auf die jeweils angegriffene Verfügung[10]. Dies bedeutet im Zusammenhang mit der Trennung der Fehlerfeststellung von der Anordnung ihrer Bekanntmachung, dass gegen die Anordnung zur Fehlerbekanntmachung grundsätzlich nicht mit Erfolg eingewandt werden kann, sie beziehe sich auf eine wegen Rechtswidrigkeit anfechtbare Fehlerfeststellung. Hält das Unternehmen die Fehlerfeststellung für anfechtbar, muss es vielmehr gegen diese Widerspruch einlegen. Demnach ist der Einwand, eine Fehlerfeststellung sei mangels Wesentlichkeit des Verstoßes gegen Rechnungslegungsvorschriften unzulässig gewesen, im Verfahren gegen die Fehlerfeststellung geltend zu machen (vgl. dazu § 109 WpHG Rz. 2).

15 Wird dem Widerspruch nicht abgeholfen, ergeht ein **Widerspruchsbescheid** (§ 73 Abs. 1 Satz 1 VwGO). Der Bescheid ist zu begründen und mit einer Entscheidung über die Kosten zu versehen (§ 73 Abs. 3 VwGO). Für

---

1 *Gelhausen/Hönsch*, AG 2007, 308, 312; *Giesberts* in KölnKomm. WpHG, § 37t WpHG Rz. 30, jeweils m.w.N.
2 Zur Drittwiderspruchsbefugnis vgl. BaFin, Emittentenleitfaden 2018 (Konsultationsfassung Juni 2018), III.2.1.2; *Gelhausen/Hönsch*, AG 2005, 511, 524; *Gelhausen/Hönsch*, AG 2007, 308, 312 m.w.N.; *Giesberts* in KölnKomm. WpHG, § 37t WpHG Rz. 24 m.w.N.; *Mock*, DB 2005, 987, 988; a.A. *Hecht/Gräfe/Jehke*, DB 2008, 1251, 1252; *Mattheus/Schwab*, DB 2004, 1975, 1979.
3 Vgl. Begr. RegE BilKoG, BT-Drucks. 15/3421 v. 24.6.2004, 19.
4 Vgl. *Gelhausen/Hönsch*, AG 2005, 511, 524.
5 Zur Anwendbarkeit des VwVfG OLG Frankfurt v. 29.11.2007 – WpÜG 2/07, AG 2008, 125, 127.
6 Vgl. *Gelhausen/Hönsch*, AG 2007, 308, 312 f.; *Giesberts* in KölnKomm. WpHG, § 37t WpHG Rz. 30; *Heinz*, Das Enforcement-Verfahren in Deutschland, S. 211; a.A. *Hecht/Gräfe/Jehke*, DB 2008, 1251, 1252.
7 BaFin, Emittentenleitfaden 2018 (Konsultationsfassung Juni 2018), III.2.1.3; *Kopp/Schenke*, 23. Aufl. 2017, § 70 VwGO Rz. 8; *Rennert* in Eyermann, 14. Aufl. 2014, § 70 VwGO Rz. 4.
8 Vgl. dazu BaFin, Emittentenleitfaden 2018 (Konsultationsfassung Juni 2018), III.2.1.4.
9 *Kopp/Schenke*, 23. Aufl. 2017, § 68 VwGO Rz. 9; *Rennert* in Eyermann, 14. Aufl. 2014, § 68 VwGO Rz. 16a.
10 BaFin, Emittentenleitfaden 2018 (Konsultationsfassung Juni 2018), III.2.1.5.

die Entscheidung der BaFin über den Widerspruch ist die Sach- und Rechtslage im Zeitpunkt der Widerspruchsentscheidung maßgeblich[1]. Das Unternehmen kann daher den jeweils aktuellen Entwicklungsstand in das Widerspruchsverfahren einbeziehen. Ist die angegriffene Verfügung rechtswidrig, ist sie grundsätzlich aufzuheben. Besonderheiten können sich entsprechend der §§ 43 ff. VwVfG bei Nichtigkeit oder reinen Formfehlern ergeben[2]. Mit der Aufhebung der Verfügung ist das Verfahren rechtskräftig abgeschlossen. Sollte der Widerspruch keinen Erfolg haben, kann das Unternehmen Beschwerde einlegen (§ 113 Abs. 1 Satz 1 WpHG). Der Widerspruchsbescheid bindet die BaFin, das Unternehmen und eventuelle sonstige Beteiligte. Dritte (z.B. Aktionäre) sind durch den Widerspruchsbescheid nicht gebunden.

III. Wirkung des Widerspruchs (§ 112 Abs. 2 WpHG). Grundsätzlich haben Widersprüche gegen Verfügungen der BaFin aufschiebende Wirkung (§ 112 Abs. 1 Satz 3 WpHG i.V.m. § 80 Abs. 1 Satz 1 VwGO). Dies gilt nach § 112 Abs. 2 WpHG jedoch nicht für Verfügungen in folgenden Fällen, wobei der Gesetzgeber den Satz nach dem Semikolon in § 107 Abs. 1 Satz 1 WpHG als eigenständigen Satz gezählt hat:

16

- Anordnung einer Prüfung (§ 107 Abs. 1 Satz 1 und 3 WpHG)
- Bekanntmachung der Prüfungsanordnung (§ 107 Abs. 1 Satz 6 WpHG)
- Auskunftsverlangen (§ 107 Abs. 5 WpHG)
- Verlangen nach Vorlage von Unterlagen (§ 107 Abs. 5 WpHG)
- Betreten von Grundstücken und Geschäftsräumen (§ 107 Abs. 6 WpHG)
- Verlangen von Prüfungserläuterungen oder eines Prüfberichts (§ 108 Abs. 1 Satz 3 WpHG)
- Übernahme einer Prüfung (§ 108 Abs. 1 Satz 4 WpHG)
- Verlangen der Einleitung einer Prüfung (§ 108 Abs. 2 WpHG)
- Fehlerfeststellung (§ 109 Abs. 1 WpHG)
- Fehlerbekanntmachung (§ 109 Abs. 2 Satz 1 WpHG)

Mit der sofortigen Vollziehbarkeit der vorgenannten Maßnahmen soll verhindert werden, dass ihr Zweck durch eine zeitliche Verzögerung gefährdet wird. Andernfalls wäre nach Ansicht des Gesetzgebers eine nicht hinnehmbare Verzögerung der Sachverhaltsaufklärung zu befürchten[3]. Dieser Leitgedanke ist auch auf eine etwaige Durchsetzung im Verwaltungsvollstreckungsverfahren anwendbar, weshalb beispielsweise auch die Anordnung der sofortigen Vollziehbarkeit einer Zwangsgeldandrohung zur Durchsetzung einer Fehlerbekanntmachungsanordnung in der Regel rechtmäßig ist[4]. Auch Widersprüche gegen die Fehlerfeststellung sowie gegen die Anordnung zur Bekanntmachung haben keine aufschiebende Wirkung[5]. Die damit verbundene frühzeitige negative Publizität hat der Gesetzgeber in Kauf genommen. Solange ein Widerspruch gegen eine Fehlerfeststellung keine aufschiebende Wirkung hat, darf nach der Rechtsprechung des OLG Frankfurt auch die Fehlerhaftigkeit der nachfolgenden Rechnungslegungen erneut festgestellt werden, wenn der ursprünglich festgestellte Fehler in den nachfolgenden Rechnungslegungen bei sonst unveränderter Sachlage fortgesetzt wird und nachfolgend die Fehlerfeststellung bestandskräftig geworden ist[6]. Die BaFin ist jedoch nicht in allen Fällen dazu verpflichtet, die sofortige Vollziehbarkeit der Verfügungen auch durchzusetzen[7]. Zum **einstweiligen Rechtsschutz** vgl. § 113 WpHG Rz. 1 ff.

17

§ 113 Beschwerde

(1) Gegen Verfügungen der Bundesanstalt nach diesem Abschnitt ist die Beschwerde statthaft. Die Beschwerde hat keine aufschiebende Wirkung.
(2) Die §§ 43 und 48 Abs. 2 bis 4, § 50 Abs. 3 bis 5 sowie die §§ 51 bis 58 des Wertpapiererwerbs- und Übernahmegesetzes gelten entsprechend.

In der Fassung des 2. FiMaNoG vom 23.6.2017 (BGBl. I 2017, 1693).

Schrifttum: S. Vor §§ 106 ff. WpHG.

---

1 BVerwG v. 3.11.2006 – 10 B 19/06, NVwZ-RR 2007, 89; BaFin, Emittentenleitfaden 2018 (Konsultationsfassung Juni 2018), III.2.1.5; *Giesberts* in KölnKomm. WpHG, § 37t WpHG Rz. 13; *Kopp/Schenke*, 23. Aufl. 2017, § 68 VwGO Rz. 15.
2 *Gelhausen/Hönsch*, AG 2007, 308, 315; vgl. auch *Giesberts* in KölnKomm. WpHG, § 37t WpHG Rz. 14.
3 Begr. RegE BilKoG, BT-Drucks. 15/3421 v. 24.6.2004, 20.
4 Vgl. OLG Frankfurt v. 31.8.2010 – WpÜG 3/10, DB 2010, 2274, 2275 = AG 2011, 45.
5 Zur Bedeutung der sofortigen Vollziehbarkeit einer Fehlerfeststellung und zur Wechselwirkung von Fehlerfeststellung und Bekanntmachungsanordnung vgl. *Favoccia/Stoll*, NZG 2010, 125, 128; *Krause*, BB 2011, 299, 301 f.
6 OLG Frankfurt v. 9.8.2016 – WpÜG 1/16 und WpÜG 2/16, abrufbar unter http://www.lareda.hessenrecht.hessen.de.
7 So auch OLG Frankfurt v. 14.6.2007 – WpÜG 1/07, AG 2007, 675, 676; *Hecht/Gräfe/Jehke*, DB 2008, 1251, 1256.

I. Beschwerde (§ 113 Abs. 1 WpHG) 1
1. Statthaftigkeit 2
2. Beschwerdebefugnis 3
3. Wirkung der Beschwerde (§ 113 Abs. 1 Satz 2 WpHG) 5
II. Verweis auf WpÜG (§ 113 Abs. 2 WpHG) ... 6
1. Beteiligte, Frist, Form und Zuständigkeit (§ 113 Abs. 2 WpHG i.V.m. §§ 48 Abs. 4, 51, 52 WpÜG) 7
2. Beschwerdeentscheidung (§ 113 Abs. 2 WpHG i.V.m. § 56 WpÜG) 9
3. Einstweiliger Rechtsschutz (§ 113 Abs. 2 WpHG i.V.m. § 50 WpÜG) 13

1 **I. Beschwerde (§ 113 Abs. 1 WpHG).** Bleibt der Widerspruch erfolglos, ist gegen Verfügungen der BaFin nach § 113 Abs. 1 Satz 1 WpHG (§ 37u Abs. 1 Satz 1 WpHG a.F.) die Beschwerde statthaft. Der gerichtliche Rechtsbehelf des Enforcement-Verfahrens ist dem des WpÜG nachgebildet[1], welcher wiederum in Anlehnung an die kartellrechtlichen Regelungen entstanden ist[2]. Ein Rechtsmittel gegen die Beschwerdeentscheidung ist nicht eröffnet.

2 **1. Statthaftigkeit.** Nach § 113 Abs. 1 WpHG ist die Beschwerde gegen **Verfügungen** der BaFin statthaft, die sie im Rahmen der ihr nach Abschnitt 16 Unterabschnitt 1 des WpHG zustehenden Befugnisse erlässt. Als Verfügungen sind jedenfalls Verwaltungsakte anzusehen (vgl. dazu § 112 WpHG Rz. 3). In Parallele zur Beschwerde im Kartellrecht sowie der nach WpÜG ist die Beschwerde aber auch gegen Realakte zulässig, wenn nur so ein lückenloser Rechtsschutz gewährleistet ist. Denkbar ist etwa, dass sich ein Unternehmen mit einer vorbeugenden Unterlassungsbeschwerde gegen öffentliche Äußerungen eines BaFin-Mitarbeiters zu seiner Enforcement-Prüfung wendet[3].

3 **2. Beschwerdebefugnis.** Nach § 113 Abs. 2 WpHG i.V.m. § 48 Abs. 2 WpÜG steht die Beschwerde den am Verfahren vor der BaFin **Beteiligten** zu. Soll eine belastende Verfügung angefochten werden, ist umstritten, ob neben der rein formalen Stellung als Beteiligter am BaFin-Verfahren für die Zulässigkeit einer Beschwerde erforderlich ist, dass der Antragsteller auch eine materielle Beschwer in dem Sinne der Möglichkeit einer Verletzung der Rechte des Antragstellers vortragen kann[4]. Soweit es um die Beschwerde des Adressaten einer belastenden Verfügung der BaFin geht, kommt dieser Rechtsfrage allerdings regelmäßig keine Bedeutung zu, weil der Adressat grundsätzlich die Möglichkeit einer Beeinträchtigung seiner Rechte durch die an ihn gerichtete belastende Verfügung geltend machen kann. **Dritte** sind allenfalls in besonderen Ausnahmefällen beschwerdebefugt (vgl. § 112 WpHG Rz. 9)[5].

4 § 113 Abs. 2 WpHG verweist auch auf § 48 Abs. 3 WpÜG. Demnach ist auch die Beschwerde gegen die Unterlassung einer beantragten Verfügung zulässig, wenn der Antragsteller ein Recht auf Vornahme der Verfügung behaupten kann. Als Unterlassung gilt es auch, wenn die BaFin einen Antrag auf Vornahme einer Verfügung ohne zureichenden Grund in angemessener Frist nicht beschieden hat. Praktische Relevanz dürfte die Verpflichtungsbeschwerde im Enforcement-Verfahren, insbesondere mangels Beschwerdebefugnis Dritter, jedoch kaum erlangen (vgl. § 112 WpHG Rz. 9).

5 **3. Wirkung der Beschwerde (§ 113 Abs. 1 Satz 2 WpHG).** Unabhängig von der Art der angegriffenen Verfügung, hat die Beschwerde **keine aufschiebende Wirkung** (§ 113 Abs. 1 Satz 2 WpHG). Zum vorläufigen Rechtsschutz vgl. Rz. 13 ff.

6 **II. Verweis auf WpÜG (§ 113 Abs. 2 WpHG).** § 113 Abs. 2 WpHG erklärt für die Beschwerde gegen Verfügungen der BaFin nach Abschnitt 16 des WpHG einige Vorschriften der WpÜG für anwendbar.

7 **1. Beteiligte, Frist, Form und Zuständigkeit (§ 113 Abs. 2 WpHG i.V.m. §§ 48 Abs. 4, 51, 52 WpÜG).** Am Verfahren **beteiligt** sind der Beschwerdeführer und die BaFin (§ 52 WpÜG)[6]. Die Beschwerde ist innerhalb von **einem Monat** bei dem Beschwerdegericht **schriftlich** einzureichen (§ 51 Abs. 1 Satz 1 WpÜG). Die Frist beginnt mit der Bekanntgabe oder der Zustellung des Widerspruchsbescheids der BaFin (§ 51 Abs. 1 Satz 2 WpÜG). Es handelt sich um eine Notfrist, die weder verkürzt noch verlängert werden kann (vgl. § 224 ZPO). Die Begründung der Beschwerde kann bis zu einem Monat nach Einlegung der Beschwerde nachgereicht werden (§ 51 Abs. 3 Satz 2 WpÜG). Das Gericht muss der Beschwerdebegründung entnehmen können, inwieweit die Verfügung der BaFin angefochten und ihre Abänderung oder Aufhebung beantragt wird (§ 51 Abs. 4 Nr. 1 WpÜG). Hierbei ist es möglich, die Beschwerde auf einen Teil mehrerer festgestellter Verstöße gegen Rech-

---

1 Begr. RegE BilKoG, BT-Drucks. 15/3421 v. 24.6.2004, 20.
2 Vgl. *Pohlmann* in KölnKomm. WpÜG, § 48 WpÜG Rz. 3.
3 Vgl. *Gelhausen/Hönsch*, AG 2007, 308, 315; *Pohlmann* in KölnKomm. WpHG, § 37u WpHG Rz. 8; zum Kartellrecht BGH v. 18.2.1992 – KVR 4/91, BGHZ 117, 209 = ZIP 1992, 578; zum WpÜG vgl. *Kreße* in MünchKomm. AktG, 4. Aufl., Bd. 6, § 48 WpÜG Rz. 26; *Pohlmann* in KölnKomm. WpÜG, § 48 WpÜG Rz. 25.
4 Vgl. dazu *Pohlmann* in KölnKomm. WpHG, § 37u WpHG Rz. 14 m.w.N.
5 BaFin, Emittentenleitfaden 2018 (Konsultationsfassung Juni 2018), III.2.2.2; *Gelhausen/Hönsch*, AG 2005, 511, 524; *Gelhausen/Hönsch*, AG 2007, 308, 316 m.w.N.; *Pohlmann* in KölnKomm. WpHG, § 37u WpHG Rz. 17 ff. m.w.N.; *Mock*, DB 2005, 987, 988; a.A. *Mattheus/Schwab*, DB 2004, 1975, 1979.
6 Zur Beteiligung Dritter vgl. *Pohlmann* in KölnKomm. WpHG, § 37u WpHG Rz. 32.

nungslegungsnormen zu beschränken (vgl. § 112 WpHG Rz. 4). Auch sind die Tatsachen und Beweismittel anzugeben, auf die sich die Beschwerde stützt (§ 51 Abs. 4 Nr. 2 WpÜG).

Gegen Verfügungen der BaFin wäre eigentlich der Verwaltungsrechtsweg eröffnet (§ 40 Abs. 1 Satz 1 VwGO). Wegen der größeren Sachnähe der Zivilgerichte hat der Gesetzgeber jedoch das **OLG Frankfurt** für allein zuständig erklärt (§ 113 Abs. 2 WpHG i.V.m. § 48 Abs. 4 WpÜG). Dabei beschränkt sich dessen alleinige gerichtliche Zuständigkeit nicht auf die von der BaFin im Rahmen des Enforcement-Verfahrens erlassene Grundverwaltungsakte, sondern umfasst nach Auffassung des Gerichts auch die Überprüfung behördlicher Zwangsmaßnahmen, die zur Umsetzung des Grundverwaltungsakts ergriffen werden[1].

2. Beschwerdeentscheidung (§ 113 Abs. 2 WpHG i.V.m. § 56 WpÜG). Das OLG Frankfurt als Beschwerdegericht erforscht im Beschwerdeverfahren den Sachverhalt von Amts wegen (§ 55 Abs. 1 WpÜG). Es darf nicht über das Klagebegehren des Beschwerdeführers hinausgehen (vgl. § 88 VwGO). Das Beschwerdegericht entscheidet durch Beschluss nach seiner freien, aus dem Gesamtergebnis des Verfahrens gewonnenen Überzeugung (§ 56 Abs. 1 Satz 1 WpÜG). Der **Beschluss** darf dabei nur auf solche Tatsachen und Beweismittel gestützt werden, zu denen sich die Beteiligten äußern konnten (§ 56 Abs. 1 Satz 2 WpÜG). Bei Bedarf kann das Gericht Sachverständige hinzuziehen (§ 58 WpÜG i.V.m. §§ 402 ff. ZPO).

Hat die Beschwerde Erfolg und das OLG Frankfurt kommt zu dem Ergebnis, dass die angefochtene Verfügung der BaFin unzulässig oder unbegründet ist, so wird diese Verfügung aufgehoben (§ 56 Abs. 2 Satz 1 WpÜG). Hat sich die rechtswidrige Verfügung vorher erledigt, kann das Gericht bei berechtigtem Interesse des Beschwerdeführers auf Antrag gleichwohl die Rechtswidrigkeit der Verfügung feststellen (§ 56 Abs. 2 Satz 2 WpÜG)[2]. Ein denkbarer Fall der Erledigung einer Verfügung im Enforcement-Verfahren ist etwa die Verschmelzung des von der BaFin geprüften Unternehmens[3]. Sollte der Beschwerdeführer einen Anspruch auf eine Verfügung der BaFin haben, verpflichtet das Gericht die BaFin, die beantragte Verfügung vorzunehmen (§ 56 Abs. 3 WpÜG). § 56 Abs. 4 WpÜG ist zu entnehmen, dass eine Ermessensentscheidung der BaFin auch dann rechtswidrig ist, wenn die Behörde von ihrem Ermessen fehlerhaft Gebrauch gemacht hat. Erachtet das OLG Frankfurt die angegriffene Verfügung der BaFin für rechtmäßig, so wird die Beschwerde zurückgewiesen[4].

Mit der Entscheidung des Beschwerdegerichts ist das Verfahren rechtskräftig abgeschlossen. Die Entscheidung **bindet** die BaFin und das Unternehmen als Verfahrensbeteiligte[5]. Dritte (z.B. Aktionäre) werden durch die Beschwerdeentscheidung nicht gebunden (vgl. § 109 WpHG Rz. 5).

Das OLG Frankfurt entscheidet über die Beschwerde auf Grund mündlicher Verhandlung. Wenn die Beteiligten einverstanden sind, kann auch ohne mündliche Verhandlung entschieden werden (§ 54 Abs. 1 WpÜG). Die mündliche Verhandlung und die Urteilsverkündung sind grundsätzlich öffentlich (§ 58 Nr. 1 WpÜG i.V.m. § 169 GVG). Damit ist für das Unternehmen die Gefahr verbunden, dass auch das Enforcement-Verfahren öffentlich bekannt wird. Nach § 172 Nr. 2 GVG kann das Gericht die **Öffentlichkeit** allerdings von der Verhandlung ausschließen, wenn durch die öffentliche Erörterung eines wichtigen Geschäftsgeheimnisses überwiegend schutzwürdige Interessen des Unternehmens verletzt werden. Diese Regelung muss im Beschwerdeverfahren im Rahmen des Enforcements insbesondere dann greifen, wenn sich das Unternehmen gegen eine bisher unbekannte Fehlerfeststellung oder die Anordnung ihrer Bekanntmachung wendet[6]. Andernfalls würde der Rechtsschutz gegen Bekanntmachungsanordnungen ins Leere laufen. Denn mit dem Bekanntwerden einer Fehlerfeststellung ist für das Unternehmen regelmäßig ein Imageschaden verbunden ist, der sich im Nachhinein nur noch schwer beheben lässt.

3. Einstweiliger Rechtsschutz (§ 113 Abs. 2 WpHG i.V.m. § 50 WpÜG). Zwar hat die Beschwerde nach § 113 Abs. 1 Satz 2 WpHG grundsätzlich keine aufschiebende Wirkung. Allerdings wird in § 113 Abs. 2 WpHG auch auf § 50 Abs. 3 WpÜG Bezug genommen, wonach das OLG Frankfurt unter bestimmten Voraussetzungen eine aufschiebende Wirkung anordnen kann.

Nach § 50 Abs. 4 Satz 1 WpÜG kann der **Eilantrag** nicht erst nach Einlegung der Beschwerde, sondern schon davor gestellt werden. Der Wortlaut der Bestimmung spricht dafür, dass ein Antrag auf Anordnung der aufschiebenden Wirkung sogar schon vor Einlegung des Widerspruchs gestellt werden kann[7]. Sollte das Unternehmen innerhalb der Widerspruchsfrist allerdings keinen Widerspruch einlegen, wäre der Eilantrag nach § 50

---

1 OLG Frankfurt v. 31.8.2010 – WpÜG 3/10, DB 2010, 2274, 2275 = AG 2011, 45, 46; *Paul*, WPg 2011, 11, 15.
2 Zur Fortsetzungsfeststellungsbeschwerde vgl. OLG Frankfurt v. 29.11.2007 – WpÜG 2/07, AG 2008, 125, 126.
3 Denn mit der Verschmelzung erlischt der Rechtsträger, über dessen Rechnungslegung der Kapitalmarkt informiert werden könnte. Zum Untergang der Rechnungslegungspflicht des übertragenden Unternehmens bei Verschmelzung vgl. *Lanfermann* in Kallmeyer, 6. Aufl. 2017, § 17 UmwG Rz. 21. Zu den öffentlich-rechtlichen Rechtsverhältnissen des übertragenden Unternehmens bei Verschmelzung vgl. *Grunewald* in Lutter, 5. Aufl. 2014, § 20 UmwG Rz. 13.
4 Zur Terminologie vgl. *Pohlmann* in KölnKomm. WpHG, § 37u WpHG Rz. 33.
5 Vgl. dazu auch *Gelhausen/Hönsch*, AG 2007, 308, 317.
6 Vgl. BaFin, Emittentenleitfaden 2018 (Konsultationsfassung Juni 2018), III.2.2.4.
7 *Gelhausen/Hönsch*, AG 2007, 308, 319; *Hecht/Gräfe/Jehke*, DB 2008, 1251, 1256.

Abs. 3 WpÜG zurückzuweisen. Ebenso wäre das Eilverfahren zu beenden, wenn das Unternehmen nach Zurückweisung seines Widerspruchs nicht innerhalb der Rechtsbehelfsfrist eine Beschwerde einreicht. Ein Antrag auf Aussetzung der sofortigen Vollziehbarkeit durch die BaFin muss dem einstweiligen Rechtsschutzverfahren nicht vorgeschaltet werden[1].

15 In der Praxis haben die Fehlerfeststellung und die Bekanntmachungsanordnung für die Unternehmen besondere Bedeutung. Beide Verwaltungsakte sind zwar juristisch voneinander zu trennen. Andererseits setzt eine Bekanntmachungsanordnung eine Fehlerfeststellung voraus, und sie ist ihre regelmäßige Folge. Die Trennung der beiden Verwaltungsakte führt dazu, dass gegen die Bekanntmachungsanordnung regelmäßig nicht mit Erfolg eingewandt werden kann, die Fehlerfeststellung sei rechtswidrig (vgl. § 112 WpHG Rz. 14). Lediglich eine nach § 44 VwVfG nichtige Fehlerfeststellung kann nicht Grundlage einer rechtmäßigen Bekanntmachungsanordnung sein. Andererseits fehlt dem Antrag auf einstweiligen Rechtsschutz zur Herstellung der aufschiebenden Wirkung von Rechtsbehelfen gegen eine Fehlerfeststellung nicht das Rechtsschutzbedürfnis, nur weil die BaFin noch keine Bekanntmachungsanordnung erlassen hat. Vielmehr muss es der Bafin verwehrt sein, eine Bekanntmachungsanordnung zu erlassen, soweit Rechtsbehelfe gegen eine Fehlerfeststellung aufschiebende Wirkung haben[2]. Jedenfalls besteht aber spätestens dann ein Rechtsschutzbedürfnis, wenn die Bekanntmachungsanordnung erlassen wurde und zwar nicht nur mit Blick auf diese, sondern auch auf die ihr vorausgegangene Fehlerfeststellung. Beide Verfahren werden dann regelmäßig zur gemeinsamen Entscheidung verbunden[3].

16 Zuständig für das Verfahren im einstweiligen Rechtsschutz gegen Verfügungen der BaFin im Enforcement-Verfahren (inkl. etwaiger Zwangsmaßnahmen zu ihrer Durchsetzung) ist das **OLG Frankfurt**. Das Gericht kann unter folgenden Voraussetzungen die aufschiebende Wirkung von Widerspruch und Beschwerde ganz oder teilweise anordnen (§ 50 Abs. 3 WpÜG):

– Es bestehen ernstliche Zweifel an der Rechtmäßigkeit der angefochtenen Verfügung (§ 50 Abs. 3 Nr. 2 WpÜG).
– Die Vollziehung hätte für den Betroffenen eine unbillige, nicht durch überwiegende öffentliche Interessen gebotene Härte zur Folge (§ 50 Abs. 3 Nr. 3 WpÜG)[4].

17 Grundsätzlich verweist § 113 Abs. 2 WpHG auch auf § 50 Abs. 3 Nr. 1 WpÜG, wonach die aufschiebende Wirkung auch dann anzuordnen ist, wenn eine Anordnung der sofortigen Vollziehbarkeit nicht im **öffentlichen Interesse** lag. Nach Ansicht des OLG Frankfurt scheidet eine (entsprechende) Anwendbarkeit von § 50 Abs. 3 Nr. 1 WpÜG jedoch aus, soweit die sofortige Vollziehbarkeit – wie im Enforcement-Verfahren regelmäßig – gesetzlich angeordnet ist[5].

18 **Ernstliche Zweifel** an der Rechtmäßigkeit eines Fehlerfeststellungsbescheides oder einer Veröffentlichungsanordnung i.S.d. § 113 Abs. 2 WpHG i.V.m. § 50 Abs. 3 Nr. 2 WpÜG können verfahrensrechtlicher, tatsächlicher oder materiell-rechtlicher Art sein. An das Tatbestandsmerkmal der ernstlichen Zweifel sind dabei erhebliche Anforderungen zu stellen. Sie sind nur anzunehmen, wenn nach der Einschätzung des Gerichts im Rahmen einer nur summarischen, das heißt einer geringeren Kontrolldichte unterliegenden, Prüfung die Aufhebung der Verfügung im Ausgangsverfahren überwiegend wahrscheinlich ist. Jedenfalls nicht ausreichend ist es, wenn die Rechtslage „nur" offen ist[6].

19 Die typischen Folgen der Veröffentlichung eines Fehlers allein kann weder bei der Würdigung nach § 50 Abs. 3 Nr. 2 noch nach dessen Nr. 3 WpÜG ein Argument dafür sein, die aufschiebende Wirkung herzustellen. Denn diese sind gerade übliche Konsequenz der mangelnden aufschiebenden Wirkung der Beschwerde. Auch ein relativ langes Prüfverfahren und ein mit Zeitablauf sinkendes Interesse des Kapitalmarkts lässt das OLG Frankfurt nicht als Argument für eine aufschiebende Wirkung gelten, um den Unternehmen keinen Anreiz für bewusste Verzögerungen zu geben[7].

20 Das OLG Frankfurt kann über den Eilantrag wiederum nach **mündlicher Verhandlung** entscheiden, verzichtet jedoch häufig auf diese[8]. Auch hier wäre die mündliche Verhandlung und die Urteilsverkündung grundsätzlich öffentlich (§ 58 Nr. 1 WpÜG i.V.m. § 169 GVG), mit dem damit für das Unternehmen verbundenen Risiko, dass die Öffentlichkeit von dem Enforcement-Verfahren Kenntnis erlangt. Für den Ausschluss der Öffentlichkeit im Eilverfahren gilt das unter Rz. 12 Gesagte entsprechend.

---

1 *Favoccia/Stoll*, NZG 2010, 125, 126 m.w.N.
2 *Favoccia/Stoll*, NZG 2010, 125, 126 f.; *Krause*, BB 2011, 299, 301.
3 OLG Frankfurt v. 7.1.2016 – WpüG 1/15 und WpÜG 2/15, abrufbar unter http://www.lareda.hessenrecht.hessen.de.
4 Vgl. dazu BaFin, Emittentenleitfaden 2018 (Konsultationsfassung Juni 2018), III.2.3.
5 OLG Frankfurt v. 14.6.2007 – WpÜG 1/07, AG 2007, 675, 676; OLG Frankfurt v. 7.1.2016 – WpüG 1/15 und WpÜG 2/15, abrufbar unter http://www.lareda.hessenrecht.hessen.de; *Hecht/Gräfe/Jehke*, DB 2008, 1251, 1255.
6 OLG Frankfurt v. 7.1.2016 – WpüG 1/15 und WpÜG 2/15, abrufbar unter http://www.lareda.hessenrecht.hessen.de.
7 OLG Frankfurt v. 7.1.2016 – WpüG 1/15 und WpÜG 2/15, abrufbar unter http://www.lareda.hessenrecht.hessen.de.
8 Vgl. OLG Frankfurt v. 14.6.2007 – WpÜG 1/07, AG 2007, 675, 676; OLG Frankfurt v. 7.1.2016 – WpüG 1/15 und WpÜG 2/15, abrufbar unter http://www.lareda.hessenrecht.hessen.de.

Unterabschnitt 2
Veröffentlichung und Übermittlung von Finanzberichten an das Unternehmensregister

§ 114 Jahresfinanzbericht; Verordnungsermächtigung

(1) Ein Unternehmen, das als Inlandsemittent Wertpapiere begibt, hat für den Schluss eines jeden Geschäftsjahrs einen Jahresfinanzbericht zu erstellen und spätestens vier Monate nach Ablauf eines jeden Geschäftsjahrs der Öffentlichkeit zur Verfügung zu stellen, wenn es nicht nach den handelsrechtlichen Vorschriften zur Offenlegung der in Absatz 2 genannten Rechnungslegungsunterlagen verpflichtet ist. Außerdem muss jedes Unternehmen, das als Inlandsemittent Wertpapiere begibt, spätestens vier Monate nach Ablauf eines jeden Geschäftsjahres und vor dem Zeitpunkt, zu dem die in Absatz 2 genannten Rechnungslegungsunterlagen erstmals der Öffentlichkeit zur Verfügung stehen, eine Bekanntmachung darüber veröffentlichen, ab welchem Zeitpunkt und unter welcher Internetadresse die in Absatz 2 genannten Rechnungslegungsunterlagen zusätzlich zu ihrer Verfügbarkeit im Unternehmensregister öffentlich zugänglich sind. Das Unternehmen teilt die Bekanntmachung gleichzeitig mit ihrer Veröffentlichung der Bundesanstalt mit und übermittelt sie unverzüglich, jedoch nicht vor ihrer Veröffentlichung dem Unternehmensregister im Sinne des § 8b des Handelsgesetzbuchs zur Speicherung. Es hat außerdem unverzüglich, jedoch nicht vor Veröffentlichung der Bekanntmachung nach Satz 2 die in Absatz 2 genannten Rechnungslegungsunterlagen an das Unternehmensregister zur Speicherung zu übermitteln, es sei denn, die Übermittlung erfolgt nach § 8b Abs. 2 Nr. 4 in Verbindung mit Abs. 3 Satz 1 Nr. 1 des Handelsgesetzbuchs.

(2) Der Jahresfinanzbericht hat mindestens zu enthalten
1. den Jahresabschluss, der
    a) im Falle eines Unternehmens, das seinen Sitz in einem Mitgliedstaat der Europäischen Union oder einem Vertragsstaat des Abkommens über den Europäischen Wirtschaftsraum hat, gemäß dem nationalen Recht des Sitzstaats des Unternehmens aufgestellt und geprüft wurde oder
    b) im Falle eines Unternehmens, das seinen Sitz in einem Drittstaat hat, nach den Vorgaben des Handelsgesetzbuchs aufgestellt und geprüft wurde und mit dem Bestätigungsvermerk oder dem Vermerk über dessen Versagung versehen ist,
2. den Lagebericht, der
    a) im Falle eines Unternehmens, das seinen Sitz in einem Mitgliedstaat der Europäischen Union oder einem Vertragsstaat des Abkommens über den Europäischen Wirtschaftsraum hat, gemäß dem nationalen Recht des Sitzstaats des Unternehmens aufgestellt und geprüft wurde oder
    b) im Falle eines Unternehmens, das seinen Sitz in einem Drittstaat hat, nach den Vorgaben des Handelsgesetzbuchs aufgestellt und geprüft wurde,
3. eine den Vorgaben des § 264 Absatz 2 Satz 3, § 289 Absatz 1 Satz 5 des Handelsgesetzbuchs entsprechende Erklärung und
4. eine Bescheinigung der Wirtschaftsprüferkammer gemäß § 134 Absatz 2a der Wirtschaftsprüferordnung über die Eintragung des Abschlussprüfers oder eine Bestätigung der Wirtschaftsprüferkammer gemäß § 134 Absatz 4 Satz 8 der Wirtschaftsprüferordnung über die Befreiung von der Eintragungspflicht.

(3) Das Bundesministerium der Finanzen kann im Einvernehmen mit dem Bundesministerium der Justiz und für Verbraucherschutz durch Rechtsverordnung, die nicht der Zustimmung des Bundesrates bedarf, nähere Bestimmungen erlassen über
1. den Mindestinhalt, die Art, die Sprache, den Umfang und die Form der Veröffentlichung nach Absatz 1 Satz 2,
2. den Mindestinhalt, die Art, die Sprache, den Umfang und die Form der Mitteilung nach Absatz 1 Satz 3,
3. die Sprache, in der die Informationen nach Absatz 2 abzufassen sind, sowie den Zeitraum, für den diese Informationen im Unternehmensregister allgemein zugänglich bleiben müssen und den Zeitpunkt, zu dem diese Informationen zu löschen sind.

In der Fassung des 2. FiMaNoG vom 23.6.2017 (BGBl. I 2017, 1693).

§ 114 | Veröffentlichung von Finanzberichten

Schrifttum: *Beiersdorf/Buchheim*, Entwurf des Gesetzes zur Umsetzung der EU-Transparenzrichtlinie: Ausweitung der Publizitätspflichten, BB 2006, 1674; *Beiersdorf/Rahe*, Verabschiedung des Gesetzes zur Umsetzung der EU-Transparenzrichtlinie (TUG) – Update zu BB 2006, 1674 ff., BB 2007, 99; *Bosse*, Wesentliche Neuregelungen ab 2007 aufgrund des Transparenzrichtlinie-Umsetzungsgesetzes für börsennotierte Unternehmen, DB 2007, 39; *Fuchs*, Prüfung und Überwachung der unterjährigen Finanzberichte durch den Aufsichtsrat, NZG 2016, 1015; *Göres*, Kapitalmarktrechtliche Pflichten nach dem Transparenzrichtlinie-Umsetzungsgesetz (TUG), Der Konzern 2007, 16; *Hutter/Kaulamo*, Transparenzrichtlinie-Umsetzungsgesetz: Änderungen der Regelpublizität und das neue Veröffentlichungsregime für Kapitalmarktinformationen, NJW 2007, 550; *Kumm*, Praxisfragen bei der Regelpublizität nach Inkrafttreten des TUG, BB 2009, 1118; *Matyschok*, Finanzberichterstattung bei Aufnahme und Beendigung der Börsennotierung, BB 2009, 1494; *Mock*, Finanzberichterstattung und Enforcement-Verfahren beim Going Public und Going Private, Der Konzern 2011, 337; *Nießen*, Die Harmonisierung der kapitalmarktrechtlichen Transparenzregeln durch das TUG, NZG 2007, 41; *Noack*, Neue Publizitätspflichten und Publizitätsmedien für Unternehmen – eine Bestandsaufnahme nach EHUG und TUG, WM 2007, 377; *Pirner/Lebherz*, Wie nach dem Transparenzrichtlinie-Umsetzungsgesetz publiziert werden muss, AG 2007, 19; *Rodewald/Unger*, Zusätzliche Transparenz für die europäischen Kapitalmärkte – die Umsetzung der EU-Transparenzrichtlinie in Deutschland, BB 2006, 1917; *Seibert/Decker*, Das Gesetz über elektronische Handelsregister und Genossenschaftsregister sowie das Unternehmensregister (EHUG) – Der „Big Bang" im Recht der Unternehmenspublizität, DB 2006, 2446; *Velte*, Fortentwicklung der kapitalmarktorientierten Rechnungslegung durch das Transparenzrichtlinie-Umsetzungsgesetz (TUG), StuB 2007, 102.

I. Überblick über die §§ 114 ff. WpHG 1	c) Übermittlung an das Unternehmensregister 31
II. Erstellung und Veröffentlichung eines Jahresfinanzberichts (§ 114 Abs. 1 WpHG) 7	6. Übermittlung der Rechnungslegungsunterlagen (§ 114 Abs. 1 Satz 4 WpHG) 35
1. Normadressat (§ 114 Abs. 1 Satz 1 WpHG) 8	7. Sanktion 37
2. Art der Veröffentlichung (§ 114 Abs. 1 Satz 1 WpHG) 11	III. Inhalt des Jahresfinanzberichts (§ 114 Abs. 2 WpHG) 38
3. Vorrang des Handelsrechts (§ 114 Abs. 1 Satz 1 WpHG) 13	1. Jahresabschluss (§ 114 Abs. 2 Nr. 1 WpHG) 40
4. Veröffentlichungsfrist (§ 114 Abs. 1 Satz 1 WpHG) 17	2. Lagebericht (§ 114 Abs. 2 Nr. 2 WpHG) 45
5. Hinweisbekanntmachung (§ 114 Abs. 1 Satz 2 und 3 WpHG) 20	3. Bilanzeid (§ 114 Abs. 2 Nr. 3 WpHG) 46
a) Normadressat, Inhalt und Zeitpunkt 20	4. Bescheinigung bzw. Bestätigung der Wirtschaftsprüferkammer (§ 114 Abs. 2 Nr. 4 WpHG) 48
b) Übermittlung an die BaFin 27	IV. WpAV (§ 114 Abs. 3 WpHG) 50

1 I. Überblick über die §§ 114 ff. WpHG. Die §§ 114 bis 118 WpHG (§§ 37v bis 37z WpHG a.F.) gehen auf die **europäische Transparenzrichtlinie** aus dem Jahr 2004 zurück[1]. Mit der Richtlinie sollen effiziente, transparente und integrierte Wertpapiermärkte auf dem europäischen Binnenmarkt gefördert werden. Zum Schutz der Anleger sollen hohe Transparenzstandards gelten. Gleichzeitig soll die Kapitalallokation erleichtert und dadurch die Markteffizienz gesteigert werden[2]. Diese Ziele sollen insbesondere dadurch erreicht werden, dass wichtige Unternehmensinformationen (einschließlich der Finanzberichte) europaweit bekannt gegeben und in Datenbanken verfügbar gehalten werden[3]. Der europäische Gesetzgeber hatte im Jahr 2007 zudem mit einer gesonderten Richtlinie Durchführungsbestimmungen zu einzelnen Regelungen der Transparenzrichtlinie erlassen[4]. Im Jahr 2009 startete dann ein Prozess zur Anpassung der Regelungen, der in der Transparenzrichtlinie-Änderungsrichtlinie von 2013 mündete[5]. In diesem Zusammenhang wurde u.a. die Verpflichtung zur Vorlage von Zwischenmitteilungen der Geschäftsführung abgeschafft (ehemals umgesetzt in § 37x WpHG a.F.). Gleichzeitig wurden Regelungen zur Veröffentlichung eines Zahlungsberichts durch Unternehmen der mineralgewinnenden Industrie oder der Industrie des Holzeinschlags in Primärwäldern (umgesetzt in § 37x WpHG a.F.; jetzt § 116 WpHG) erlassen.

---

1 Richtlinie 2004/109/EG des Europäischen Parlaments und des Rates vom 15.12.2004 zur Harmonisierung der Transparenzanforderungen in Bezug auf Informationen über Emittenten, deren Wertpapiere zum Handel auf einem geregelten Markt zugelassen sind, und zur Änderung der Richtlinie 2001/34/EG, ABl. EG Nr. L 390 v. 31.12.2004, S. 38 ff. http://ec.europa.eu/internal_market/securities/transparency/index_de.htm.
2 Rz. 1 der Erwägungsgründe der Transparenzrichtlinie, ABl. EG Nr. L 390 v. 31.12.2004, S. 38.
3 Begr. RegE zum TUG, BT-Drucks. 16/2498 v. 4.9.2006, 26.
4 Richtlinie 2007/14/EG der Kommission vom 8.3.2007 mit Durchführungsbestimmungen zu bestimmten Vorschriften der Richtlinie 2004/109/EG zur Harmonisierung der Transparenzanforderungen in Bezug auf Informationen über Emittenten, deren Wertpapiere zum Handel an einem geregelten Markt zugelassen sind, ABl. EG Nr. L 69 v. 9.3.2007, S. 27 ff.
5 Richtlinie 2013/50/EU vom 22.10.2013 zur Änderung der Richtlinie 2004/109/EG des Europäischen Parlaments und des Rates zur Harmonisierung der Transparenzanforderungen in Bezug auf Informationen über Emittenten, deren Wertpapiere zum Handel auf einem geregelten Markt zugelassen sind, der Richtlinie 2003/71/EG des Europäischen Parlaments und des Rates betreffend den Prospekt, der beim öffentlichen Angebot von Wertpapieren oder bei deren Zulassung zum Handel zu veröffentlichen ist, sowie der Richtlinie 2007/14/EG der Kommission mit Durchführungsbestimmungen zu bestimmten Vorschriften der Richtlinie 2004/109/EG, ABl. EU Nr. L 294 v. 6.11.2013, S. 13.

Die europäischen Regelungen wurden zunächst durch das **Transparenzrichtlinie-Umsetzungsgesetz** in deutsches Recht umgesetzt[1]. Der deutsche Gesetzgeber wies dabei darauf hin, dass die rechtzeitige Veröffentlichung zutreffender und vollständiger Informationen von Emittenten den Anlegern eine hinreichende Grundlage für ihre Investitionsentscheidungen geben, das Vertrauen der Anleger in das Funktionieren des Kapitalmarkts stärken und ihre Investitionsbereitschaft am Kapitalmarkt fördern soll[2]. Die Neuerungen der Transparenzrichtlinie-Änderungsrichtlinie sind dann mit Gesetz vom 25.11.2015 in deutsches Recht transformiert worden[3].

Darüber hinaus hat das Bundesministerium der Finanzen die auf europäischer Ebene erlassenen Durchführungsbestimmungen zur Transparenzrichtlinie in einer **Transparenzrichtlinie-Durchführungsverordnung** (TranspRLDV) umgesetzt[4]. Sie enthält Regelungen zum Inhalt des Halbjahresfinanzberichts und zur Gleichwertigkeit von Regeln eines Drittstaats i.S.d. § 118 Abs. 4 Satz 5 WpHG. Schließlich enthält die – ebenfalls vom Bundesministerium der Finanzen erlassene – **WpAV** Vorgaben zur Veröffentlichung der Finanzberichte.

Abschnitt 16 Unterabschnitt 2 des WpHG enthält in den §§ 114 ff. WpHG Pflichten zur Erstellung und Veröffentlichung von Finanzberichten durch Inlandsemittenten. Bei den zu veröffentlichenden Unterlagen handelt es sich um den Jahresfinanzbericht (§ 114 WpHG), den Halbjahresfinanzbericht (§ 115 WpHG) sowie Zahlungsberichte (§ 116 WpHG). Einen **Überblick** über die gesetzlichen Berichtspflichten gibt die folgende Abbildung:

Berichtsform	Berichtspflichtige	Berichtsfrist	Berichtsinhalt
Jahresfinanzbericht	Inlandsemittenten von Wertpapieren	Spätestens vier Monate nach Schluss des Geschäftsjahrs	Geprüfter Konzern- und Jahresabschluss, (Konzern-)Lagebericht, „Bilanzeid", Bescheinigung bzw. Bestätigung der WPK
Halbjahresfinanzbericht	Inlandsemittenten von Aktien oder Schuldtiteln gem. § 2 Abs. 1 WpHG	Spätestens drei Monate nach Abschluss des ersten Halbjahrs	Verkürzter (Konzern-)Abschluss, (Konzern-)Zwischenlagebericht, „Bilanzeid"
Zahlungsbericht	Inlandsemittenten von Wertpapieren, die in der mineralgewinnenden Industrie tätig sind oder Holzeinschlag in Primärwäldern betreiben	Spätestens sechs Monate nach Ablauf des Berichtszeitraums	S. §§ 341r, 341t bis 341v HGB

Die Bestimmungen des WpHG ergänzen die rechnungslegungsbezogenen Publikationspflichten des HGB. Soweit das HGB bereits Regelungen enthält, werden die Bestimmungen des WpHG an mehreren Stellen verdrängt (z.B. § 114 Abs. 1 Satz 1 a.E. und Satz 4 a.E. WpHG).

Die Bestimmungen zur europaweiten Verbreitung der Rechnungslegungsinformationen sehen nicht vor, dass die Unterlagen jedem europäischen Bürger in seiner **Sprache** zur Verfügung gestellt werden müssen. Allerdings verweist § 18 WpAV für die Veröffentlichung der Bekanntmachungen i.S.v. §§ 114 Abs. 1 Satz 2, 115 Abs. 1 Satz 2 und 116 Abs. 2 Satz 1 WpHG sowie für die Unterlagen i.S.d. §§ 114 Abs. 2, 115 Abs. 2, 116 WpHG auf die Sprachregelung in § 3b WpAV. Danach sind Informationen regelmäßig in Englisch und/oder Deutsch zu erstellen. In diesem Zusammenhang ist allerdings zu bedenken, dass § 114 Abs. 2 WpHG nicht für Unternehmen gilt, die nach den handelsrechtlichen Vorschriften zur Offenlegung der in Abs. 2 genannten Rechnungslegungsunterlagen verpflichtet sind. Für diese bleiben insoweit die Sprachregelungen des HGB maßgeblich. Danach haben Unternehmen mit Sitz in Deutschland ihre Jahres- und Konzernabschlüsse in deutscher Sprache zu erstellen (§§ 244, 298 Abs. 1 HGB). Ob sie die Unterlagen in weitere Amtssprachen der Europäischen Union übersetzen lassen und sie beim Betreiber des Bundesanzeigers zur Bekanntmachung einreichen, bleibt ihnen überlassen (vgl. §§ 325 Abs. 6 Satz 1, 11 Abs. 1 Satz 1 HGB). Aktienemittenten mit Zulassung zum Prime Standard der Frankfurter Wertpapierbörse sind nach § 51 Abs. 1 Satz 2 f. der Börsenordnung der Frankfurter Wertpapierbörse (Stand: 11.6.2018) zudem verpflichtet, den Jahresfinanzbericht (auch) in englischer Sprache abzufassen.

---

1 Gesetz zur Umsetzung der Richtlinie 2004/109/EG des europäischen Parlaments und des Rates vom 15.12.2004 zur Harmonisierung der Transparenzanforderungen in Bezug auf Informationen über Emittenten, deren Wertpapiere zum Handel an einem geregelten Markt zugelassen sind, und zur Änderung der Richtlinie 2001/34/EG (Transparenzrichtlinie-Umsetzungsgesetz – TUG) vom 5.1.2007, BGBl. I 2007, 10 ff.
2 Begr. RegE zum TUG, BT-Drucks. 16/2498 v. 4.9.2006, 26.
3 Gesetz zur Umsetzung der Transparenzrichtlinie-Änderungsrichtlinie vom 25.11.2015, BGBl. I 2015, 2029.
4 Verordnung zur Umsetzung der Richtlinie 2007/14/EG der Kommission vom 8.3.2007 mit Durchführungsbestimmungen zu bestimmten Vorschriften der Richtlinie 2004/109/EG zur Harmonisierung der Transparenzanforderungen in Bezug auf Informationen über Emittenten, deren Wertpapiere zum Handel an einem geregelten Markt zugelassen sind (Transparenzrichtlinie-Durchführungsverordnung – TranspRLDV) vom 13.3.2008, BGBl. I 2008, 408 ff.

7 **II. Erstellung und Veröffentlichung eines Jahresfinanzberichts (§ 114 Abs. 1 WpHG).** Nach § 114 Abs. 1 Satz 1 WpHG (§ 37v Abs. 1 Satz 1 WpHG a.F.) hat ein Unternehmen, das als Inlandsemittent Wertpapiere begibt, für den Schluss eines jeden Geschäftsjahrs einen Jahresfinanzbericht zu erstellen und spätestens vier Monate nach Ablauf eines jeden Geschäftsjahrs der Öffentlichkeit zur Verfügung zu stellen. Diese Pflicht besteht allerdings nicht, wenn das Unternehmen die in § 114 Abs. 2 WpHG genannten Rechnungsunterlagen nach den handelsrechtlichen Vorschriften offen legen muss. Besteht die Verpflichtung zur Aufstellung eines Konzernabschlusses und Konzernlageberichts, so hat der Jahresfinanzbericht gem. § 117 Nr. 1 WpHG auch diese Unterlagen zu umfassen.

8 **1. Normadressat (§ 114 Abs. 1 Satz 1 WpHG).** § 114 Abs. 1 Satz 1 WpHG richtet sich an **Unternehmen**, die als Inlandsemittent Wertpapiere begeben. Der Begriff „Unternehmen" ist nicht über alle Rechtsgebiete hinweg einheitlich definiert. Vielmehr hat sich die Auslegung des Begriffs an der Zweckbestimmung der jeweiligen Normen auszurichten[1]. In Umsetzung der Vorgaben der Transparenzrichtlinie, deren Pflichten unmittelbar an die Eigenschaft als Emittent von Wertpapieren anknüpfen, ohne eine gesonderte Unternehmenseigenschaft vorauszusetzen, liegt es nahe, den Unternehmensbegriff in § 114 Abs. 1 Satz 1 WpHG weit zu verstehen und grundsätzlich alle Einheiten, die Wertpapiere emittieren können, als Unternehmen einzustufen[2]. Vor dem Hintergrund des Art. 8 Abs. 1 RL 2004/109/EG (Transparenzrichtlinie) ordnet die BaFin Bund und Ländern sowie die EZB allerdings nicht als Unternehmen ein[3].

9 Die Unternehmen müssen als **Inlandsemittent Wertpapiere** begeben haben. Der Begriff des Inlandsemittenten ist in § 2 Abs. 14 WpHG (vgl. § 2 WpHG Rz. 229 ff.), der Wertpapierbegriff ist in § 2 Abs. 1 WpHG (vgl. § 2 WpHG Rz. 8 ff.) definiert[4]. Von der Verpflichtung aus § 114 Abs. 1 Satz 1 WpHG ausgenommen sind die in § 118 Abs. 1 WpHG genannten Unternehmen (s. § 118 WpHG Rz. 3 f.).

10 Für die Anwendung des § 114 WpHG ist – auch mangels einer § 264d Alt. 2 HGB entsprechenden Regelung – die **Zulassung der Wertpapiere**, nicht der Antrag auf Zulassung maßgeblich. Erfolgt die Zulassung im Laufe eines Geschäftsjahrs, ist nach Ende der laufenden Berichtsperiode ein Jahresfinanzbericht zu veröffentlichen. Nach Ansicht der BaFin gilt dies auch für eine vorangegangene Berichtsperiode, soweit die Veröffentlichungsfrist des § 114 Abs. 1 Satz 1 WpHG zum Zeitpunkt der Zulassung noch nicht abgelaufen ist[5]. Mit Wirksamwerden des Widerrufs der Zulassung endet die Veröffentlichungspflicht. Steht zu diesem Zeitpunkt allerdings noch die Veröffentlichung eines Jahresfinanzberichts für ein Geschäftsjahr aus, das vor Wirksamwerden des Zulassungswiderrufs endete, hält die BaFin § 114 WpHG für das abgelaufene Geschäftsjahr für anwendbar[6]. Fraglich ist weiterhin, ob die Veröffentlichungspflicht aus § 114 Abs. 1 Satz 1 WpHG (bzw. § 115 Abs. 1 Satz 1 WpHG oder § 116 Abs. 1 Satz 1 WpHG) des übertragenden Rechtsträgers im Fall der **Verschmelzung** auf den übernehmenden Rechtsträger übergeht. Da jedoch schon die Rechnungslegungspflicht des übertragenden Rechtsträgers aufgrund seines Untergangs mit Wirksamkeit der Verschmelzung erlischt[7], dürfte die Veröffentlichungspflicht erst recht untergehen. Diesem Schluss kann auch nicht ein gegenüber dem HGB etwaig höher einzustufender Informationszweck des WpHG entgegenstehen. Denn die Informationen des übertragenden Rechtsträgers gehen bei der Verschmelzung nicht verloren, sondern in die Rechnungslegung des übernehmenden Rechtsträgers über.

11 **2. Art der Veröffentlichung (§ 114 Abs. 1 Satz 1 WpHG).** Das Unternehmen hat laut § 114 Abs. 1 Satz 1 WpHG einen Jahresfinanzbericht zu erstellen und ihn der Öffentlichkeit zur Verfügung zu stellen. In § 114 Abs. 1 Satz 1 WpHG ist nicht konkretisiert, welche Veröffentlichungshandlung im Einzelnen gefordert ist. Auch die Begründung des Regierungsentwurfs stellt lediglich klar, dass das Unternehmen den gesamten Bericht öffentlich zugänglich zu machen hat[8]. § 114 Abs. 1 Satz 2 WpHG ist jedoch zu entnehmen, dass der Jahresfinanzbericht (zusätzlich zur Veröffentlichung im **Unternehmensregister**) über eine für alle zugängliche **Homepage**, zumeist eine unternehmenseigene Website, zugänglich sein soll. Setzt das Unternehmen diese Vorgaben um, steht der Jahresfinanzbericht auch der Öffentlichkeit i.S.v. § 114 Abs. 1 Satz 1 WpHG zur Verfügung[9].

---

1 Vgl. WP-Handbuch 2017 Bd. I, C Rz. 330 m.w.N.
2 Vgl. Art. 2 Abs. 1 lit. d RL 2004/109/EG.
3 BaFin, Emittentenleitfaden 2018 (Konsultationsfassung Juni 2018), IV.2; ebenso *Mock* in KölnKomm. WpHG, § 37v WpHG Rz. 53.
4 Zur Veröffentlichungspflicht bei Neuzulassung von Wertpapieren und Delisting vgl. BaFin, Emittentenleitfaden 2018 (Konsultationsfassung Juni 2018), IV.2; kritisch dazu *Matyschok*, BB 2009, 1494 ff.
5 BaFin, Emittentenleitfaden 2018 (Konsultationsfassung Juni 2018), IV.2; ebenso *Matyschok*, BB 2009, 1494, 1495 f.; a.A. *Mock*, Der Konzern 2011, 337, 342 f.; *Mock* in KölnKomm. WpHG, § 37v WpHG Rz. 64.
6 BaFin, Emittentenleitfaden 2018 (Konsultationsfassung Juni 2018), IV.2; a.A. *Matyschok*, BB 2009, 1494, 1495 sowie *Mock*, Der Konzern 2011, 337, 342; *Mock* in KölnKomm. WpHG, § 37v WpHG Rz. 65.
7 Vgl. IDW RS HFA 42, Tz. 22, IDW Fachnachrichten 2012, 701; *Lanfermann* in Kallmeyer, 6. Aufl. 2017, § 5 UmwG Rz. 33; *Gassner* in FS Widmann, 2000, S. 355; *Mock* in KölnKomm. WpHG, § 37v WpHG Rz. 67.
8 Begr. RegE zum TUG, BT-Drucks. 16/2498 v. 4.9.2006, 43.
9 BaFin, Emittentenleitfaden 2018 (Konsultationsfassung Juni 2018), IV.3.1.1; *Mock* in KölnKomm. WpHG, § 37v WpHG Rz. 73; *Noack*, WM 2007, 377, 381.

Aktienemittenten mit Zulassung zum Prime Standard sind nach § 51 Abs. 2 Satz 1 der Börsenordnung für die Frankfurter Wertpapierbörse (Stand: 11.6.2018) verpflichtet, den Jahresfinanzbericht spätestens vier Monate nach Geschäftsjahresende der Geschäftsführung der Frankfurter Wertpapierbörse in elektronischer Form zu übermitteln. Die Geschäftsführung stellt den Jahresfinanzbericht dann dem Publikum elektronisch oder in anderer geeigneter Weise zur Verfügung (§ 51 Abs. 2 Satz 3 der Börsenordnung für die Frankfurter Wertpapierbörse, Stand: 11.6.2018). Stellt die Frankfurter Wertpapierbörse den Abschluss über eine für alle zugängliche Homepage zur Verfügung, kann dies für die Veröffentlichung i.S.d. § 114 Abs. 1 Satz 1 WpHG genügen. 12

3. Vorrang des Handelsrechts (§ 114 Abs. 1 Satz 1 WpHG). § 114 Abs. 1 Satz 1 WpHG gilt nur für Emittenten, die nicht nach handelsrechtlichen Vorschriften zur Offenlegung der gem. § 114 Abs. 2 WpHG in den Jahresfinanzbericht zu integrierenden Rechnungslegungsunterlagen verpflichtet sind. In diesem Zusammenhang ist insbesondere § 325 HGB bedeutsam, aber etwa auch § 340l HGB. Mit § 114 Abs. 1 Satz 1 a.E. WpHG soll eine Doppelbelastung der betroffenen Unternehmen vermieden werden[1]. 13

Damit unterliegen insbesondere alle Kapitalgesellschaften, die ihren **Sitz in der Bundesrepublik Deutschland** haben[2], nicht der Pflicht aus § 114 Abs. 1 Satz 1 WpHG, einen Jahresfinanzbericht zu erstellen und ihn der Öffentlichkeit zur Verfügung zu stellen, da sie nach § 325 HGB zur Offenlegung eines Jahres- und ggf. auch eines Konzernabschlusses verpflichtet sind[3]. Inlandsemittenten mit **Sitz außerhalb der Bundesrepublik** haben die Pflicht aus § 114 Abs. 1 WpHG allerdings zu erfüllen, und zwar unabhängig davon, ob sie in ihrem Herkunftsland einer § 325 HGB vergleichbaren Regelung unterliegen oder nicht[4]. 14

Die Subsidiaritätsbestimmung greift bereits dann, wenn die Unternehmen zur Offenlegung von Rechnungslegungsunterlagen „**verpflichtet**" sind. Die Befreiung setzt nicht voraus, dass sie dieser Pflicht auch nachkommen[5]. Demnach kann einem Inlandsemittenten, der § 325 HGB zwar unterliegt, seine Pflicht zur Offenlegung jedoch nicht erfüllt, nicht nach § 39 Abs. 3 Nr. 12 WpHG (zusätzlich zur Festsetzung eines Ordnungsgelds nach § 335 HGB) eine Geldbuße auferlegt werden. 15

Die **Subsidiaritätsbestimmung** des § 114 Abs. 1 Satz 1 a.E. WpHG **erstreckt sich** nur auf § 114 Abs. 1 Satz 1 WpHG, **nicht** hingegen **auf § 114 Abs. 1 Satz 2 und 3 WpHG**. Dies ist insofern bedeutsam, als Inlandsemittenten, die ihre Abschlüsse nach § 325 HGB offen legen, folglich verpflichtet sind, den Abschluss nach § 114 Abs. 1 Satz 2 WpHG auf einer gesonderten Internetseite verfügbar zu machen[6]. Auch unterliegen sie der Pflicht, eine Hinweisbekanntmachung i.S.v. § 114 Abs. 1 Satz 2 WpHG abzugeben und sie der BaFin und dem Unternehmensregister nach § 114 Abs. 1 Satz 3 WpHG zu übermitteln. Dass lediglich § 114 Abs. 1 Satz 1 WpHG von der Offenlegung nach Handelsrecht verdrängt wird, ergibt sich bereits aus dem Wortlaut des § 114 Abs. 1 Satz 2 WpHG, wonach „jedes" Unternehmen der Pflicht des § 114 Abs. 1 Satz 2 WpHG unterliegt. Zum anderen ist die Auslegung vor dem Hintergrund der Transparenzrichtlinie geboten. Ohne Hinweisbekanntmachung der Inlandsemittenten mit Sitz in Deutschland wäre nicht sichergestellt, dass ihre Rechnungslegungsunterlagen europaweit verbreitet werden[7]. Zu beachten ist dabei, dass § 114 Abs. 1 Satz 2 WpHG die Unternehmen nicht dazu verpflichtet, die Rechnungslegungsunterlagen (zusätzlich zur Veröffentlichung im Unternehmensregister) unter einer unternehmenseigenen Internetadresse zu veröffentlichen[8]. Demnach könnten die Unternehmen mit Sitz in Deutschland zumindest theoretisch auch die Offenlegung im Bundesanzeiger als zusätzliche Internetpublizität nutzen (vgl. aber auch Rz. 21 und 23). 16

4. Veröffentlichungsfrist (§ 114 Abs. 1 Satz 1 WpHG). Der Jahresfinanzbericht muss innerhalb von **vier Monaten** nach Ablauf des jeweiligen Geschäftsjahres für die Öffentlichkeit zugänglich sein. Die Frist des § 114 Abs. 1 Satz 1 WpHG entspricht dem maximalen Zeitraum zur Einreichung des Jahresabschlusses beim Bundesanzeiger für kapitalmarktorientierte Unternehmen nach § 325 Abs. 4 Satz 1 HGB[9]. Vor Ablauf der Frist ist der Jahresfinanzbericht also unter der gesonderten Adresse im Internet einzustellen. Entspricht das Geschäftsjahr des Emittenten dem Kalenderjahr, ist die Veröffentlichungspflicht somit bis zum Ablauf des Monats April zu erfüllen. 17

§ 114 Abs. 1 WpHG enthält anders als § 115 Abs. 1 Satz 1 WpHG keine explizite Regelung dahingehend, dass der Jahresfinanzbericht unverzüglich (in Anlehnung an die Definition aus § 121 Abs. 1 Satz 1 BGB ohne 18

---

1 Begr. RegE zum TUG, BT-Drucks. 16/2498 v. 4.9.2006, 43.
2 Zu der Frage, ob an den Gründungs- oder den Verwaltungssitz anzuknüpfen ist, vgl. *Kindler* in MünchKomm. BGB, 7. Aufl. 2018, IntHandelsGesR Rz. 277 ff.; *Westhoff* in Hirte/Bücker, Grenzüberschreitende Gesellschaften, 2. Aufl. 2006, § 18 Rz. 19 ff. und 55 ff.; jeweils m.w.N.
3 Begr. RegE zum TUG, BT-Drucks. 16/2498 v. 4.9.2006, 43.
4 *Mock* in KölnKomm. WpHG, § 37v WpHG Rz. 58.
5 Vgl. *Mock* in KölnKomm. WpHG, § 37v WpHG Rz. 57.
6 Teilweise wir daher die Ansicht vertreten, auch Inlandsemittenten, die der handelsrechtlichen Offenlegungspflicht unterliegen, seien nach § 114 Abs. 1 Satz 1 WpHG faktisch verpflichtet, den Jahresfinanzbericht der Öffentlichkeit zur Verfügung zu stellen, *Mock* in KölnKomm. WpHG, § 37v WpHG Rz. 72.
7 Vgl. *Bosse*, DB 2007, 39, 44; *Rodewald/Unger*, BB 2006, 1917, 1919.
8 BaFin, Emittentenleitfaden 2018 (Konsultationsfassung Juni 2018), IV.3.1.1.
9 Allerdings soll der Konzernabschluss von börsennotierten Gesellschaften nach Ziff. 7.1.2 des Deutschen Corporate Governance Kodex bereits binnen 90 Tagen nach Geschäftsjahresende öffentlich zugänglich sein.

schuldhaftes Zögern) nach seiner Erstellung der Öffentlichkeit zur Verfügung zu stellen ist. Inlandsemittenten, die nicht § 325 HGB unterliegen, können die Frist von vier Monaten also auch dann voll ausschöpfen, wenn sie den Jahresfinanzbericht früher fertig gestellt haben[1]. § 114 Abs. 2 Nr. 1 WpHG ist zu entnehmen, dass der im Jahresfinanzbericht enthaltene Jahresabschluss – eine entsprechende Pflicht vorausgesetzt – geprüft sein muss. Folglich kommen eine Veröffentlichung des Jahresfinanzberichts im Internet und seine Übersendung an das Unternehmensregister grundsätzlich erst **nach Beendigung der gesetzlichen Abschlussprüfung** in Betracht.

19 Fraglich ist, für welche **Dauer** der Jahresfinanzbericht der **Öffentlichkeit** unter der zusätzlichen Internetadresse **zur Verfügung stehen** muss, damit § 114 Abs. 1 Satz 1 WpHG genügt wird. Im Unternehmensregister wird der Jahresfinanzbericht mindestens für zehn Jahre gespeichert (§ 20 WpAV). Diese Frist entspricht Art. 4 Abs. 1 der Transparenzrichtlinie, wonach der Emittent sicherstellen soll, dass der Jahresfinanzbericht zehn Jahre lang öffentlich zugänglich bleibt. Demnach liegt es in richtlinienkonformer Auslegung nahe, dass der Emittent den Jahresfinanzbericht auch auf der zusätzlichen, zumeist unternehmenseigenen Internetadresse zehn Jahre lang verfügbar halten muss[2]. Ausdrücklich gesetzlich vorgeschrieben ist dies in Deutschland jedoch nicht, weshalb die Rechtmäßigkeit einer Geldbuße zweifelhaft wäre, die auf der Grundlage von § 120 Abs. 12 Nr. 5 WpHG deswegen verhängt wird, weil der Jahresfinanzbericht weniger als zehn Jahre über die zusätzliche Internetadresse zugänglich war. In der Praxis sollten dennoch zukünftig zehn Jahresberichte unter der Internetseite verfügbar sein. Unabhängig vom genauen Fristverlauf wären die gesetzlichen Anforderungen auch dann erfüllt, wenn der älteste Jahresfinanzbericht jeweils mit Einstellung des aktuellen, elften Jahresberichts gelöscht wird.

20 **5. Hinweisbekanntmachung (§ 114 Abs. 1 Satz 2 und 3 WpHG). a) Normadressat, Inhalt und Zeitpunkt.**
§ 114 Abs. 1 Satz 2 WpHG verpflichtet jedes Unternehmen, das als Inlandsemittent Wertpapiere begibt, zur europaweiten Veröffentlichung einer Bekanntmachung zur Veröffentlichung der Rechnungslegungsunterlagen. Von dieser Pflicht erfasst sind **alle Inlandsemittenten von Wertpapieren**, also auch jene, die nicht zur Erstellung und Veröffentlichung eines Jahresfinanzberichts gem. § 114 Abs. 1 Satz 1 WpHG verpflichtet sind (vgl. Rz. 16). Bei ihnen bezieht sich die Bekanntmachung i.S.v. § 114 Abs. 1 Satz 2 WpHG allerdings nicht auf einen Jahresfinanzbericht i.S.v. § 114 Abs. 1 Satz 1 WpHG, sondern auf die Veröffentlichung des Jahresabschlusses, des Lageberichts und der Versicherung i.S.v. §§ 264 Abs. 2 Satz 3, 289 Abs. 1 Satz 5 HGB sowie ggf. des Konzernabschlusses, des Konzernlageberichts und der Versicherung i.S.v. §§ 297 Abs. 2 Satz 4, 315 Abs. 1 Satz 6 HGB. Werden der Jahresabschluss und der Konzernabschluss zeitversetzt veröffentlicht, sind beide Veröffentlichungszeitpunkte bekannt zu machen. Hierzu können zwei Bekanntmachungen notwendig sein. Denkbar ist aber auch, dass die beiden Veröffentlichungen in einer Hinweisbekanntmachung zusammengefasst werden.

21 Das Unternehmen muss angeben, **ab welchem Zeitpunkt und unter welcher Internetadresse** die in § 114 Abs. 2 WpHG genannten Unterlagen zusätzlich zur Veröffentlichung im Unternehmensregister zugänglich sind. Eine Bekanntmachung der Unterlagen selbst ist also nicht erforderlich. Allerdings muss der Bekanntmachung zu entnehmen sein, auf welche Rechnungslegungsunterlagen inklusive des Geschäftsjahrs sie sich bezieht[3]. Der Zugang zur zusätzlichen Internetadresse muss öffentlich, das heißt jedermann per Internet möglich, sein. In der Praxis stellen die Unternehmen ihren Jahresfinanzbericht bzw. ihre Abschlüsse regelmäßig unter einer unternehmenseigenen Adresse ins Internet ein. Die Bekanntmachung i.S.v. § 114 Abs. 1 Satz 2 WpHG muss den genauen Pfad enthalten, unter dem die Unterlagen zugänglich sind. Es genügt nicht, wenn lediglich eine Seite angegeben wird, von der aus erst noch eine weitere Suche des Dokuments erforderlich ist[4]. Nach Ansicht der BaFin genügt es, wenn der Pfad auf eine Seite führt, von der aus der Anleger ohne weitere Suche durch einen einzigen „Klick" den jeweiligen Bericht auswählen kann[5]. Sollte ein Unternehmen ausnahmsweise auf die Einstellung im Bundesanzeiger verweisen wollen (vgl. Rz. 16), ist die Pfadvorgabe problematisch[6].

22 Nach § 18 Satz 1 **WpAV** müssen die Unternehmen bei der Bekanntmachung darüber hinaus die Anforderungen von § 3a WpAV erfüllen. Danach muss die Bekanntmachung an Medien gesandt werden, die ihre – möglichst zeitgleiche – Verbreitung in der gesamten Europäischen Union und in den übrigen Vertragsstaaten des Abkommens über den Europäischen Wirtschaftsraum sicherstellen können (§ 3a Abs. 1 WpAV). Der Emittent muss dabei ein Bündel unterschiedlicher Medien nutzen. Dessen Ausgestaltung bestimmt sich nach den Besonderheiten des Einzelfalls, zu denen insbesondere die Aktionärsstruktur des Emittenten sowie Zahl und Ort seiner Börsenzulassungen gehören. Regelmäßig hat der Emittent mindestens ein elektronisch betriebenes Verbreitungssystem i.S.v. § 109 Abs. 2 Satz 4 WpHG, News Provider, Nachrichtenagenturen, die jeweils wichtigsten Printmedien auf nationaler und europäischer Ebene sowie Internetseiten für den Finanzmarkt zu nutzen[7]. Dass die Medien die Bekanntmachung auch tatsächlich aufgreifen und der Öffentlichkeit darüber berichten, liegt nicht in der Verantwortung des Unternehmens. Die Sprache der Bekanntmachung ist in § 3b WpAV geregelt.

---

1 *Mock* in KölnKomm. WpHG, § 37v WpHG Rz. 76.
2 *Mock* in KölnKomm. WpHG, § 37v WpHG Rz. 74.
3 *Kumm*, BB 2009, 1118, 1120.
4 Begr. RegE zum TUG, BT-Drucks. 16/2498 v. 4.9.2006, 43.
5 BaFin, Emittentenleitfaden 2018 (Konsultationsfassung Juni 2018), IV.3.2; ebenso *Kumm*, BB 2009, 1118, 1120.
6 Vgl. *Kumm*, BB 2009, 1118, 1119 m.w.N.
7 Begr. RegE zum TUG, BT-Drucks. 16/2498 v. 4.9.2006, 49; kritisch dazu *Noack*, WM 2007, 377, 380.

Nach § 114 Abs. 1 Satz 2 WpHG sind die Unternehmen verpflichtet, die Bekanntmachung „[…] spätestens vier Monate nach Ablauf eines jeden Geschäftsjahres und vor dem **Zeitpunkt**, zu dem die [...] Rechnungslegungsunterlagen erstmals der Öffentlichkeit zur Verfügung stehen" zu veröffentlichen. Der Öffentlichkeit zur Verfügung stehen die Unterlagen jedenfalls dann, wenn sie erstmals in vollem Umfang in das Internet eingestellt werden. Hingegen dürften die Rechnungslegungsunterlagen der Öffentlichkeit nicht schon dann zur Verfügung stehen, wenn sie einer beschränkten Personengruppe (etwa ausgewählten Investoren oder entsprechend § 325 Abs. 1 Satz 2 HGB allen Anteilseignern) übergeben bzw. an diese versandt wurden. Schon gar nicht genügt es, wenn Auszüge, etwa das Jahresergebnis und andere wichtige Kennzahlen, einer ausgewählten Gruppe mitgeteilt werden. 23

Die Bekanntmachung muss **nicht in unmittelbarem zeitlichen Zusammenhang** mit der erstmaligen Veröffentlichung der Rechnungslegungsunterlagen erfolgen. Vielmehr kann das Unternehmen die Bekanntmachung auch bereits einige Zeit vor der Einstellung in das Internet versenden. In der Praxis akzeptiert die BaFin Sammelmitteilungen für die entsprechenden Finanzberichte für bis zu 12 Monate im Voraus[1]. Andererseits muss die Bekanntmachung so rechtzeitig an die Medien versandt werden, dass diese sie noch europaweit verteilen können, bevor die Rechnungslegungsunterlagen über das Internet zugänglich sind. Ein Vorlauf von wenigen Arbeitstagen ist diesbezüglich aber ausreichend. Die BaFin empfiehlt eine Vorlauffrist von einer Woche[2]. 24

Werden **Abschlüsse**, die bereits der Öffentlichkeit zur Verfügung gestellt wurden, **geändert**, ist das in § 114 Abs. 1 WpHG niedergelegte Verfahren erneut zu durchlaufen[3]. Dies gilt unabhängig davon, ob der Abschluss vor oder nach seiner Feststellung bzw. Billigung geändert wird. 25

Zum Nachweis, dass das Unternehmen seine Pflichten aus § 114 Abs. 1 Satz 2 WpHG erfüllt hat, hat das Unternehmen die in § 3a Abs. 3 WpAV genannten **Dokumentationserfordernisse** zu erfüllen (§ 18 WpAV). 26

b) Übermittlung an die BaFin. Gemäß § 114 Abs. 1 Satz 3 WpHG hat jedes Unternehmen, das als Inlandsemittent Wertpapiere begibt, die Bekanntmachung i.S.v. § 114 Abs. 1 Satz 2 WpHG der BaFin zu übermitteln. Damit wird es der BaFin erleichtert, die Erfüllung der Pflichten aus § 114 Abs. 1 Satz 1 und 2 WpHG zu überwachen. Eine Übermittlung des Jahresfinanzberichts an die Bundesanstalt ist entbehrlich, da diese Zugang zur in der Bekanntmachung genannten Internetadresse und zum Unternehmensregister hat[4]. 27

Der **Inhalt** der Mitteilung an die BaFin wird in § 19 WpAV i.V.m. § 3c WpAV konkretisiert. Danach sind der Text der Bekanntmachung, die Medien, an die die Bekanntmachung versandt wurde, sowie der genaue Zeitpunkt der Versendung an die Medien mitzuteilen. 28

Die Mitteilung an die BaFin hat **gleichzeitig mit der Veröffentlichung der Bekanntmachung** i.S.v. § 114 Abs. 1 Satz 2 WpHG zu erfolgen. Da das Unternehmen seine Verpflichtung aus § 114 Abs. 1 Satz 2 WpHG durch Versendung der Bekanntmachung an die Medien i.S.v. § 3a Abs. 1 WpAV erfüllt, ist es zulässig, die Mitteilung an die BaFin zu diesem Zeitpunkt zu verschicken. Auf den Zugang bei den Medien oder gar die Veröffentlichung der Bekanntmachung durch sie muss für den Zeitpunkt der Versendung der Bekanntmachung an die BaFin also nicht abgestellt werden. Auch nicht erforderlich ist, dass die Unterlagen den Medien und der BaFin gleichzeitig zugehen. Erfolgen die Versendungen innerhalb eines Tages ist jedenfalls von einer gleichzeitigen Unterrichtung der BaFin auszugehen[5]. 29

Das Unternehmen sollte den Zeitpunkt der Versendung der Mitteilung an die BaFin und deren Inhalt zu Nachweiszwecken **dokumentieren**. 30

c) Übermittlung an das Unternehmensregister. § 114 Abs. 1 Satz 3 WpHG sieht auch vor, dass die Unternehmen die Bekanntmachung i.S.v. § 114 Abs. 1 Satz 2 WpHG dem Unternehmensregister zur dortigen Speicherung übermitteln. Eine Pflicht zur Übersendung der Bekanntmachung an das Unternehmensregister findet sich auch in § 8b Abs. 2 Nr. 9, Abs. 3 Satz 1 Nr. 2 HGB[6]. 31

Es reicht aus, wenn das Unternehmen lediglich den **Text der Bekanntmachung** an das Unternehmensregister **übermittelt**. Hingegen ist es nicht erforderlich, dass das Unternehmen dem Unternehmensregister auch mitteilt, an welche Medien die Bekanntmachung versandt wurde und zu welchem Zeitpunkt die Versendung erfolgte. Denn das Unternehmensregister hat anders als die BaFin nicht die Aufgabe, die Erfüllung der Pflichten aus § 114 Abs. 1 Satz 2 und 3 WpHG zu überwachen. 32

Die Hinweisbekanntmachung ist gem. § 114 Abs. 1 Satz 3 WpHG **unverzüglich, nicht jedoch vor ihrer Veröffentlichung** dem Unternehmensregister zur Speicherung zuzuleiten. Die Bekanntmachung ist veröffentlicht, 33

---

1 BaFin, Emittentenleitfaden 2018 (Konsultationsfassung Juni 2018), IV.3.2; ebenso *Kumm*, BB 2009, 1118, 1120.
2 BaFin, Emittentenleitfaden 2018 (Konsultationsfassung Juni 2018), IV.3.2; ebenso *Kumm*, BB 2009, 1118, 1120.
3 Vgl. dazu *Mock* in KölnKomm. WpHG, § 37v WpHG Rz. 80; sowie *Mock* in KölnKomm. WpHG, § 37v WpHG Rz. 88, zur Änderung von Zugangsmodalitäten (z.B. neuer Internetadresse) im Zeitraum der Veröffentlichungsdauer.
4 Vgl. Begr. RegE zum TUG, BT-Drucks. 16/2498 v. 4.9.2006, 43.
5 Nach Ansicht der BaFin genügt eine Versendung unmittelbar nacheinander, BaFin, Emittentenleitfaden 2018 (Konsultationsfassung Juni 2018), IV.3.3; ebenso *Kumm*, BB 2009, 1118, 1120; *Mock* in KölnKomm. WpHG, § 37v WpHG Rz. 90.
6 Die Übermittlung nach § 8b Abs. 2 Nr. 9, Abs. 3 Satz 1 Nr. 2 HGB wird durch die Bestimmungen der URV konkretisiert.

wenn das Unternehmen seinen Pflichten aus § 114 Abs. 1 Satz 2 WpHG genügt hat, also sobald es die Bekanntmachung an die Medien i.S.v. § 3a Abs. 1 WpAV versandt hat. Danach muss das Unternehmen die Bekanntmachung unverzüglich, d.h. ohne schuldhaftes Zögern und damit innerhalb weniger Tage, an das Unternehmensregister versenden[1]. Die Übersendung muss nicht (auch) innerhalb des in § 114 Abs. 1 Satz 1 WpHG genannten Zeitraums von vier Monaten erfolgen. Somit kann bei Ausschöpfung des gesamten Viermonatszeitraums die Übermittlung der Hinweisbekanntmachung auch außerhalb dieses Zeitraums erfolgen.

34 Da das Unternehmen die Bekanntmachung nur nicht „vor" ihrer Veröffentlichung i.S.v. § 114 Abs. 1 Satz 2 WpHG an das Unternehmensregister versenden darf, ist es auch zulässig, die Bekanntmachung **gleichzeitig** mit der Übermittlung an die in § 3a Abs. 1 WpAV genannten Medien an das Unternehmensregister zu versenden. Zwar ist fraglich, ob diese Handhabung dem Gesetzeszweck entspricht. Denn mit der Bestimmung sollte vermutlich sichergestellt werden, dass die Bekanntmachung i.S.v. § 114 Abs. 1 Satz 2 WpHG auf dem in § 114 Abs. 1 Satz 2 WpHG i.V.m. §§ 3a Abs. 1, 18 WpAV angelegten Wege europaweit erfolgen kann, bevor die Bekanntmachung über das Unternehmensregister zugänglich ist. Dies erfordert eigentlich, dass nach Versendung der Bekanntmachung eine gewisse Zeit verstreicht, damit die Bekanntmachung auch tatsächlich europaweit publik gemacht werden kann. Der unklare Wortlaut der Bestimmung darf jedoch nicht zu Lasten der Unternehmen gehen.

35 **6. Übermittlung der Rechnungslegungsunterlagen (§ 114 Abs. 1 Satz 4 WpHG).** Das Unternehmen hat nach § 114 Abs. 1 Satz 4 WpHG die Rechnungslegungsunterlagen des Jahresfinanzberichts an das Unternehmensregister zur Speicherung zu übermitteln. Die Verpflichtung findet – allerdings ohne zeitliche Verknüpfung mit der Bekanntmachung i.S.v. § 114 Abs. 1 Satz 2 WpHG – ihre Entsprechung in § 8b Abs. 2 Nr. 9, Abs. 3 Satz 1 Nr. 2 HGB. Nach § 114 Abs. 1 Satz 4 a.E. WpHG gilt die Bestimmung nicht für Unternehmen, deren Abschlüsse nach den handelsrechtlichen Vorgaben im Bundesanzeiger offengelegt werden. Denn dann werden die Unterlagen ohnehin aufgrund von § 8b Abs. 2 Nr. 4, Abs. 3 Satz 1 Nr. 1 HGB vom Bundesanzeiger an das Unternehmensregister zur Speicherung übermittelt. Demnach richtet sich die Bestimmung an die **Inlandsemittenten mit Sitz im Ausland**[2].

36 Inlandsemittenten, die nicht § 325 HGB unterliegen, müssen die Unterlagen **unverzüglich, nicht jedoch vor der Veröffentlichung der Bekanntmachung** i.S.v. § 114 Abs. 1 Satz 2 WpHG an das Unternehmensregister übersenden. Der Wortlaut der Bestimmung lässt es aber auch zu, dass das Unternehmen die Rechnungslegungsunterlagen dem Unternehmensregister gleichzeitig mit der Übersendung der Bekanntmachung an die Medien i.S.v. § 3a Abs. 1 WpAV übermittelt.

37 **7. Sanktion.** Verstößt ein Unternehmen gegen seine Pflichten aus § 114 Abs. 1 Satz 1, 2, 3 oder 4 WpHG, stellt dies nach § 120 Abs. 12 Nr. 5, Abs. 2 Nr. 4 lit. e, Abs. 2 Nr. 2 lit. k oder Nr. 10 bzw. Abs. 2 Nr. 15 WpHG eine Ordnungswidrigkeit dar, wobei für einen Verstoß gegen § 114 Abs. 1 Satz 1 Fahrlässigkeit genügt, während in den anderen Fällen zumindest leichtfertig gehandelt werden muss. Bei Verstößen gegen § 114 Abs. 1 Satz 1 und 2 WpHG kann eine Geldbuße bis zu 2.000.000 Euro oder bei juristischen Personen sogar mit einer höheren Geldbuße, bei Verstößen gegen Satz 3 entweder bis zu 200.000 Euro oder wie bei Satz 4 sogar bis zu 500.000 Euro verhängt werden (§ 120 Abs. 17, Abs. 24 WpHG). Sinn und Zweck dieser Staffelung der Höchstbeträge ist dabei zumindest teilweise unklar. Beispielsweise wird bei einem Verstoß gegen § 114 Abs. 1 Satz 3 WpHG danach differenziert, ob die Mitteilung an die BaFin über die Bekanntmachung nicht, nicht richtig, nicht vollständig, nicht in der vorgeschriebenen Weise oder nicht rechtzeitig gemacht worden ist (§ 120 Abs. 2 Nr. 2 lit. k WpHG mit einer Maximalgeldbuße von 200.000 Euro) oder ob die Bekanntmachung selbst nicht oder nicht rechtzeitig übermittelt wurde (§ 120 Abs. 2 Nr. 10 WpHG mit einer Maximalgeldbuße von 500.000 Euro).

38 **III. Inhalt des Jahresfinanzberichts (§ 114 Abs. 2 WpHG).** § 114 Abs. 2 WpHG gibt vor, welche Bestandteile der Jahresfinanzbericht mindestens zu enthalten hat. Die Verwendung des Begriffs „mindestens" indiziert, dass die Unternehmen den Finanzbericht freiwillig um weitere Angaben ergänzen können[3]. Die Ergänzungen sind dann Bestandteile des Jahresfinanzberichts und müssen daher konsequenterweise auch nach § 114 Abs. 1 Satz 4 WpHG dem Unternehmensregister übermittelt werden. Eine Differenzierung nach der Publizierung unter einer zusätzlichen Internetadresse und der Veröffentlichung im Unternehmensregister erscheint demnach unzulässig. Stellen die Unternehmen unter der Internetadresse, unter der sie den Jahresfinanzbericht veröffentlichen, für den Adressaten klar erkennbar neben dem Jahresfinanzbericht **zusätzliche Informationen** ein, unterliegen diese jedoch nicht der Veröffentlichung im Unternehmensregister.

39 Ist das Unternehmen auch zur Aufstellung eines **Konzernabschlusses und Konzernlageberichts** verpflichtet, ist dieser nebst den entsprechenden Versicherungen in den Jahresfinanzbericht aufzunehmen (§ 117 Nr. 1 WpHG).

---

1 *Kumm*, BB 2009, 1118, 1120; *Mock* in KölnKomm. WpHG, § 37v WpHG Rz. 91.
2 Zu der Frage, ob für die Rechnungslegungs- und Publizitätspflichten an den Gründungs- oder den Verwaltungssitz anzuknüpfen ist, vgl. *Kindler* in MünchKomm. BGB, 7. Aufl. 2018, IntHandelsGesR Rz. 277 ff.; *Westhoff* in Hirte/Bücker, Grenzüberschreitende Gesellschaften, 2. Aufl. 2006, § 18 Rz. 19 ff. und 55 ff.; jeweils m.w.N.
3 Vgl. auch BaFin, Emittentenleitfaden 2018 (Konsultationsfassung Juni 2018), IV.3.1.1.1.

1. Jahresabschluss (§ 114 Abs. 2 Nr. 1 WpHG). Der Jahresfinanzbericht hat gem. § 114 Abs. 2 Nr. 1 WpHG 40
den Jahresabschluss zu enthalten. Für die Frage, nach welchen Rechtsnormen dieser aufzustellen und prüfen zu lassen ist, ist nach dem **Sitz des Unternehmens** zu unterscheiden[1]. Hat das Unternehmen seinen Sitz in einem Mitgliedstaat der Europäischen Union oder einem Vertragsstaat des Abkommens über den Europäischen Wirtschaftsraum, muss der Jahresabschluss gemäß dem nationalen Recht des Sitzstaats des Unternehmens aufgestellt und geprüft worden sein (§ 114 Abs. 2 Nr. 1 lit. a WpHG). Hat das Unternehmen seinen Sitz in einem Drittstaat, muss es bei Aufstellung und Prüfung des Jahresabschlusses den Vorgaben des Handelsgesetzbuchs folgen (§ 114 Abs. 2 Nr. 1 lit. b WpHG).

Diese Zweiteilung wurde mit dem Gesetz zur Umsetzung der Transparenzrichtlinie-Änderungsrichtlinie vom 41
25.11.2015 eingeführt. Die Regelung in lit. a entspricht dabei Art. 4 Abs. 3 Unterabs. 2 RL 2004/109/EG (Transparenzrichtlinie). Lit. b fußt auf Art. 23 RL 2004/109/EG (Transparenzrichtlinie). Zugleich soll damit klargestellt werden, dass die TranspRLDV lediglich nähere Regeln für die Prüfung der BaFin nach § 118 Abs. 4 WpHG enthält, aber keine materielle Regelung zum anwendbaren Recht[2].

Inlandsemittenten mit **Sitz in Deutschland** unterliegen dem HGB und sie haben ihren Jahresabschluss nach 42
dessen Vorgaben aufzustellen und prüfen zu lassen. § 114 Abs. 2 Nr. 2 lit. a WpHG ist nach § 114 Abs. 1 Satz 1 a.E. WpHG auf sie nicht anwendbar. Inlandsemittenten mit **Sitz in einem anderen EU-Mitgliedstaat oder einem Land des EWR** unterliegen aufgrund der Harmonisierung der Rechnungslegungsbestimmungen in Europa vergleichbaren Rechnungslegungs- und Prüfungspflichten wie Gesellschaften mit Sitz in Deutschland.

Dass auch Inlandsemittenten mit **Sitz in einem Drittstaat** vergleichbare Unterlagen wie Inlandsemittenten mit 43
Sitz in der EU bzw. dem EWR offenlegen müssen, sichert § 114 Abs. 2 Nr. 1 lit. b WpHG. Die Vorschrift greift im Ergebnis aber nur, wenn sie in ihrem Sitzstaat nicht gleichwertigen Regeln zur Aufstellung und Prüfung von Jahresabschlüssen unterliegen. Ansonsten können sie von der BaFin nach § 118 Abs. 4 Satz 1 WpHG von der Pflicht aus § 114 Abs. 1 Satz 1 i.V.m. Abs. 2 WpHG befreit werden. Auch in diesem Fall greift aber die Pflicht zur Veröffentlichung der Unterlagen nach § 114 Abs. 1 Satz 1 und 2 WpHG (§ 118 Abs. 4 Satz 3 WpHG).

Art. 4 Abs. 4 Unterabs. 2 der Transparenzrichtlinie sieht vor, dass der vom Abschlussprüfer erteilte **Bestäti-** 44
gungsvermerk in vollem Umfang zusammen mit dem Jahresfinanzbericht veröffentlicht werden soll. Der Kapitalmarkt soll also auch über das Ergebnis der Prüfung unterrichtet werden, und zwar sachgerechterweise auch dann, wenn der Bestätigungsvermerk versagt wird (vgl. § 322 Abs. 2 Nr. 3 und 4 HGB). In § 114 Abs. 2 WpHG ist das Ergebnis der Abschlussprüfung nicht ausdrücklich angesprochen. Zum Schutz der Anleger und in richtlinienkonformer Auslegung dürfte es – wie bei der Offenlegung nach § 325 Abs. 1 Satz 1 HGB – dennoch Pflichtbestandteil des Jahresfinanzberichts sein. Angeknüpft werden kann insoweit an den Wortlaut des § 114 Abs. 2 Nr. 1 WpHG, wonach der „geprüfte" Jahresabschluss Bestandteil des Jahresfinanzberichts sein soll. Folglich muss dem Kapitalmarkt auch das Ergebnis der Prüfung mitgeteilt werden[3].

2. Lagebericht (§ 114 Abs. 2 Nr. 2 WpHG). Nach § 114 Abs. 2 Nr. 2 WpHG muss der Jahresfinanzbericht 45
auch den Lagebericht umfassen. Nach welchen Normen dieser aufgestellt und geprüft worden sein muss, ist wie beim Jahresabschluss nach dem Sitz des Inlandsemittenten zu bestimmen (vgl. Rz. 40). Auf Unternehmen mit **Sitz in Deutschland**[4] ist § 114 Abs. 2 Nr. 2 lit. a WpHG wegen § 114 Abs. 1 Satz 1 a.E. WpHG nicht anwendbar. Sie unterliegen ohnehin dem HGB. Bei Inlandsemittenten mit Sitz in einem anderen EU-Mitgliedstaat oder einem Land des EWR gewährleistet das europäische Recht eine hinreichende Harmonisierung. Für Inlandsemittenten mit Sitz in einem Drittstaat ist wiederum über § 114 Abs. 2 Nr. 2 lit. b WpHG oder § 118 Abs. 4 WpHG eine vergleichbare Information gesichert. Ausweislich des neuen Wortlauts von § 114 Abs. 2 Nr. 2 WpHG muss der Lagebericht geprüft sein[5].

3. Bilanzeid (§ 114 Abs. 2 Nr. 3 WpHG). Nach § 114 Abs. 2 Nr. 3 WpHG hat der Jahresfinanzbericht auch 46
eine den Vorgaben des § 264 Abs. 2 Satz 3, § 289 Abs. 1 Satz 5 HGB entsprechende Erklärung zu enthalten. Nach § 264 Abs. 2 Satz 3 HGB haben die gesetzlichen Vertreter einer Kapitalgesellschaft, die Inlandsemittent i.S.d. § 2 Abs. 14 WpHG ist, bei der Unterzeichnung des Jahresabschlusses zu versichern, dass der Jahresabschluss ein den tatsächlichen Verhältnissen entsprechendes Bild i.S.v. § 264 Abs. 2 Satz 1 HGB vermittelt. Eine entsprechende Vorschrift für den Lagebericht findet sich in § 289 Abs. 1 Satz 5 HGB. Danach haben die gesetzlichen Vertreter einer Kapitalgesellschaft i.S.d. § 264 Abs. 2 Satz 3 HGB zu versichern, dass im Lagebe-

---

1 Zu der Frage, ob für die Rechnungslegungspflichten an den Gründungs- oder den Verwaltungssitz anzuknüpfen ist, vgl. *Kindler* in MünchKomm. BGB, 7. Aufl. 2018, IntHandelsGesR Rz. 277 ff.; *Westhoff* in Hirte/Bücker, Grenzüberschreitende Gesellschaften, 2. Aufl. 2006, § 18 Rz. 19 ff.; jeweils m.w.N.
2 Begr. RegE Gesetz zur Umsetzung der Transparenzrichtlinie-Änderungsrichtlinie, BT-Drucks. 18/5010, 51.
3 Im Ergebnis ebenso *Mock* in KölnKomm. WpHG, § 37v WpHG Rz. 126.
4 Zu der Frage, ob für die Rechnungslegungspflichten an den Gründungs- oder den Verwaltungssitz anzuknüpfen ist, vgl. *Kindler* in MünchKomm. BGB, 7. Aufl. 2018, IntHandelsGesR Rz. 277 ff.; *Westhoff* in Hirte/Bücker, Grenzüberschreitende Gesellschaften, 2. Aufl. 2006, § 18 Rz. 19 ff.; jeweils m.w.N.
5 Zur Rechtslage vor dem Gesetz zur Umsetzung der Transparenzrichtlinie-Änderungsrichtlinie vom 25.11.2015 vgl. *Hönsch* in 6. Aufl., § 37v WpHG Rz. 46.

richt der Geschäftsverlauf einschließlich des Geschäftsergebnisses und die Lage der Gesellschaft so dargestellt sind, dass ein den tatsächlichen Verhältnissen entsprechendes Bild der Vermögens-, Finanz- und Ertragslage vermittelt wird, und dass die wesentlichen Chancen und Risiken gem. § 289 Abs. 1 Satz 4 HGB beschrieben sind. Für Unternehmen mit Konzernabschluss hat das Deutsche Rechnungslegungs Standards Committee eine Empfehlung für den Wortlaut der Erklärung abgegeben[1].

47 Bei Inlandsemittenten mit **Sitz in Deutschland**[2] sind die Erklärungen gesonderter Bestandteil der nach § 325 HGB offen zu legenden Unterlagen. § 114 Abs. 2 Nr. 3 WpHG ist auf sie nicht anwendbar (§ 114 Abs. 1 Satz 1 a.E. WpHG). § 114 Abs. 2 Nr. 3 WpHG enthält anders als die Nrn. 1 und 2 keine Differenzierung nach dem Sitz innerhalb und außerhalb der EU bzw. des EWR. Da die Versicherung nach § 264 Abs. 2 Satz 3 HGB und § 289 Abs. 1 Satz 5 HGB jedoch auf Art. 4 Abs. 2 lit. c RL 2004/109/EG (Transparenzrichtlinie) beruht, erscheint es ausreichend, dass Inlandsemittenten mit **Sitz innerhalb der EU bzw. des EWR** eine Erklärung abgeben, die der Umsetzung der entsprechenden Vorgabe der Transparenzrichtlinie in ihr nationales Recht entspricht. Inlandsemittenten mit **Sitz außerhalb der EU bzw. des EWR** müssen sich hingegen an den handelsrechtlichen Vorgaben zu der Erklärung ausrichten, es sei denn, die BaFin macht von § 118 Abs. 4 Satz 1 WpHG Gebrauch.

48 **4. Bescheinigung bzw. Bestätigung der Wirtschaftsprüferkammer (§ 114 Abs. 2 Nr. 4 WpHG).** Mit dem Bilanzrechtsmodernisierungsgesetz vom 25.5.2009[3] wurde § 114 Abs. 2 WpHG (§ 37v Abs. 2 WpHG a.F.) um die Nr. 4 ergänzt. Danach müssen auch die Bescheinigung gem. § 134 Abs. 2a WPO über die Eintragung nach § 134 Abs. 1 WPO oder die Bestätigung der Wirtschaftsprüferkammer gem. § 134 Abs. 4 Satz 8 WPO über die Befreiung von der Eintragungspflicht in den Jahresfinanzbericht aufgenommen werden.

49 § 134 Abs. 1 WPO verpflichtet **Abschlussprüfungsgesellschaften aus Drittstaaten** (i.S.d. § 3 Abs. 1 Satz 1 WPO), sich entsprechend der §§ 37 bis 40 WPO in das von der Wirtschaftsprüferkammer geführte Berufsregister für Wirtschaftsprüfer und Wirtschaftsprüfungsgesellschaften eintragen zu lassen, wenn sie beabsichtigen, einen Bestätigungsvermerk zu einem gesetzlich vorgeschriebenen Jahres- oder Konzernabschluss eines Unternehmens mit Sitz außerhalb der Europäischen Gemeinschaft zu erteilen, dessen Wertpapiere zum Handel im organisierten Markt i.S.v. § 2 Abs. 11 WpHG in Deutschland zugelassen sind. Einer Eintragung i.S.v. § 134 Abs. 1 WPO bedarf es nach § 134 Abs. 4 WPO nicht, wenn die Wirtschaftsprüfungsgesellschaft in ihrem Drittstaat einer öffentlichen Aufsicht, einer Qualitätskontrolle und einer Berufsaufsicht unterliegt, die vergleichbare Anforderungen wie die deutschen Einrichtungen erfüllen. Hierauf geht die zweite Alternative des § 114 Abs. 2 Nr. 4 WpHG zurück. Mit der Verpflichtung zur Integration der Bescheinigung in den Jahresfinanzbericht soll der Verpflichtung aus § 134 Abs. 1 WPO Nachdruck verliehen werden[4]. Damit werden die betroffenen Inlandsemittenten mittelbar zum Durchsetzungsorgan der deutschen Wirtschaftsprüferkammer.

50 **IV. WpAV (§ 114 Abs. 3 WpHG).** § 114 Abs. 3 WpHG ermächtigt das Bundesministerium der Finanzen im Einvernehmen mit dem Bundesministerium der Justiz und für Verbraucherschutz durch Rechtsverordnung, die nicht der Zustimmung des Bundesrats bedarf, nähere Bestimmungen über Mindestinhalt, Art, Sprache, Umfang und Form der Hinweisbekanntmachung (§ 114 Abs. 3 Nr. 1 WpHG) und der Mitteilung an die BaFin (§ 114 Abs. 3 Nr. 2 WpHG), sowie über die Sprache, in der die Bestandteile des Jahresfinanzberichts abzufassen sind, und den Zeitraum, für den diese Informationen im Unternehmensregister allgemein zugänglich bleiben müssen und zu dem diese Informationen zu löschen sind (§ 114 Abs. 3 Nr. 3 WpHG), zu erlassen. § 114 Abs. 3 Nr. 3 WpHG wurde mit dem Gesetz zur Umsetzung der Transparenzrichtlinie-Änderungsrichtlinie vom 25.11.2015 ergänzt, um weitere Vorgaben zur Sprache der Veröffentlichungen nach § 18 WpAV und § 114 Abs. 2 WpHG machen zu können[5].

51 Auf dieser Grundlage basiert die Wertpapierhandelsanzeigeverordnung (WpAV). Relevant im Hinblick auf die §§ 114 bis 118 WpHG sind die §§ 3a, 3b, 3c, 18, 19, 20 WpAV.

§ 115 Halbjahresfinanzbericht; Verordnungsermächtigung

(1) Ein Unternehmen, das als Inlandsemittent Aktien oder Schuldtitel im Sinne des § 2 Absatz 1 begibt, hat für die ersten sechs Monate eines jeden Geschäftsjahrs einen Halbjahresfinanzbericht zu erstellen und diesen unverzüglich, spätestens drei Monate nach Ablauf des Berichtszeitraums der Öffentlichkeit zur Verfügung zu stellen, es sei denn, es handelt sich bei den zugelassenen Wertpapieren um Schuldtitel, die unter § 2 Absatz 1 Nummer 2 fallen oder die ein zumindest bedingtes Recht auf den Erwerb

---

1 Abgedruckt in ZCG 2008, 44.
2 Zu der Frage, ob für die Rechnungslegungspflichten an den Gründungs- oder den Verwaltungssitz anzuknüpfen ist, vgl. *Kindler* in MünchKomm. BGB, 7. Aufl. 2018, IntHandelsGesR Rz. 277 ff.; *Westhoff* in Hirte/Bücker, Grenzüberschreitende Gesellschaften, 2. Aufl. 2006, § 18 Rz. 19 ff.; jeweils m.w.N.
3 BGBl. I 2009, 1102 ff.
4 Begr. RegE zum BilMoG, BR-Drucks. 344/08, 246.
5 Begr. RegE Gesetz zur Umsetzung der Transparenzrichtlinie-Änderungsrichtlinie, BT-Drucks. 18/5010, 51.

von Wertpapieren nach § 2 Absatz 1 Nummer 1 oder 2 begründen. Außerdem muss das Unternehmen spätestens drei Monate nach Ablauf des Berichtszeitraums und vor dem Zeitpunkt, zu dem der Halbjahresfinanzbericht erstmals der Öffentlichkeit zur Verfügung steht, eine Bekanntmachung darüber veröffentlichen, ab welchem Zeitpunkt und unter welcher Internetadresse der Bericht zusätzlich zu seiner Verfügbarkeit im Unternehmensregister öffentlich zugänglich ist. Das Unternehmen teilt die Bekanntmachung gleichzeitig mit ihrer Veröffentlichung der Bundesanstalt mit und übermittelt sie unverzüglich, jedoch nicht vor ihrer Veröffentlichung dem Unternehmensregister im Sinne des § 8b des Handelsgesetzbuchs zur Speicherung. Es hat außerdem unverzüglich, jedoch nicht vor Veröffentlichung der Bekanntmachung nach Satz 2 den Halbjahresfinanzbericht an das Unternehmensregister zur Speicherung zu übermitteln.

(2) Der Halbjahresfinanzbericht hat mindestens
1. einen verkürzten Abschluss,
2. einen Zwischenlagebericht und
3. eine den Vorgaben des § 264 Abs. 2 Satz 3, § 289 Abs. 1 Satz 5 des Handelsgesetzbuchs entsprechende Erklärung

zu enthalten.

(3) Der verkürzte Abschluss hat mindestens eine verkürzte Bilanz, eine verkürzte Gewinn- und Verlustrechnung und einen Anhang zu enthalten. Auf den verkürzten Abschluss sind die für den Jahresabschluss geltenden Rechnungslegungsgrundsätze anzuwenden. Tritt bei der Offenlegung an die Stelle des Jahresabschlusses ein Einzelabschluss im Sinne des § 325 Abs. 2a des Handelsgesetzbuchs, sind auf den verkürzten Abschluss die in § 315e Absatz 1 des Handelsgesetzbuchs bezeichneten internationalen Rechnungslegungsstandards und Vorschriften anzuwenden.

(4) Im Zwischenlagebericht sind mindestens die wichtigen Ereignisse des Berichtszeitraums im Unternehmen des Emittenten und ihre Auswirkungen auf den verkürzten Abschluss anzugeben sowie die wesentlichen Chancen und Risiken für die dem Berichtszeitraum folgenden sechs Monate des Geschäftsjahrs zu beschreiben. Ferner sind bei einem Unternehmen, das als Inlandsemittent Aktien begibt, die wesentlichen Geschäfte des Emittenten mit nahe stehenden Personen anzugeben; die Angaben können stattdessen im Anhang des Halbjahresfinanzberichts gemacht werden.

(5) Der verkürzte Abschluss und der Zwischenlagebericht kann einer prüferischen Durchsicht durch einen Abschlussprüfer unterzogen werden. Die Vorschriften über die Bestellung des Abschlussprüfers sind auf die prüferische Durchsicht entsprechend anzuwenden. Die prüferische Durchsicht ist so anzulegen, dass bei gewissenhafter Berufsausübung ausgeschlossen werden kann, dass der verkürzte Abschluss und der Zwischenlagebericht in wesentlichen Belangen den anzuwendenden Rechnungslegungsgrundsätzen widersprechen. Der Abschlussprüfer hat das Ergebnis der prüferischen Durchsicht in einer Bescheinigung zum Halbjahresfinanzbericht zusammenzufassen, die mit dem Halbjahresfinanzbericht zu veröffentlichen ist. Sind der verkürzte Abschluss und der Zwischenlagebericht entsprechend § 317 des Handelsgesetzbuchs geprüft worden, ist der Bestätigungsvermerk oder der Vermerk über seine Versagung vollständig wiederzugeben und mit dem Halbjahresfinanzbericht zu veröffentlichen. Sind der verkürzte Abschluss und der Zwischenlagebericht weder einer prüferischen Durchsicht unterzogen noch entsprechend § 317 des Handelsgesetzbuchs geprüft worden, ist dies im Halbjahresfinanzbericht anzugeben. § 320 und § 323 des Handelsgesetzbuchs gelten entsprechend.

(6) Das Bundesministerium der Finanzen kann im Einvernehmen mit dem Bundesministerium der Justiz und für Verbraucherschutz durch Rechtsverordnung, die nicht der Zustimmung des Bundesrates bedarf, nähere Bestimmungen erlassen über
1. den Inhalt und die prüferische Durchsicht des Halbjahresfinanzberichts,
2. den Mindestinhalt, die Art, die Sprache, den Umfang und die Form der Veröffentlichung nach Absatz 1 Satz 2,
3. den Mindestinhalt, die Art, die Sprache, den Umfang und die Form der Mitteilung nach Absatz 1 Satz 3 und
4. die Sprache, in der der Halbjahresfinanzbericht abzufassen ist, sowie der Zeitraum für den der Halbjahresfinanzbericht im Unternehmensregister allgemein zugänglich bleiben muss, und den Zeitpunkt, zu dem er zu löschen ist.

(7) Erstellt und veröffentlicht ein Unternehmen zusätzliche unterjährige Finanzinformationen, die den Vorgaben des Absatzes 2 Nummer 1 und 2 und der Absätze 3 und 4 entsprechen, gilt für die Prüfung oder prüferische Durchsicht dieser Finanzinformationen durch einen Abschlussprüfer Absatz 5 entsprechend.

In der Fassung des 2. FiMaNoG vom 23.6.2017 (BGBl. I 2017, 1693).

§ 115 | Veröffentlichung von Finanzberichten

Schrifttum: S. § 114 WpHG und *d'Arcy/Meyer*, Neue Anforderungen an die Zwischenberichterstattung durch die Transparenzrichtlinie, Der Konzern 2005, 151; *Baetge/Haenelt*, Die Qualität der Halbjahresfinanzberichterstattung in Deutschland, IRZ 2009, 545; *Baetge/Haenelt*, Anforderungen des Kapitalmarkts an die IFRS-Zwischenberichterstattung und empirische Befunde zur derzeitigen Qualität publizierter IFRS-Zwischenberichte, DB 2009, 2501; *Böcking/Kiehne*, Zur Verantwortlichkeit des Aufsichtsrats im Rahmen der Zwischenberichterstattung, Der Konzern 2010, 296; *Ernstberger/Pfauntsch*, Die Qualität von Zwischenberichten börsennotierter Unternehmen in Deuschland, IRZ 2008, 195; *Häcker*, Die prüferische Durchsicht von Halbjahresfinanzberichten nach § 115 WpHG – eine Analyse der Inanspruchnahme einer freiwilligen Prüfungsdienstleistung, WPg 2011, 269; *Haenelt*, Die Zwischenberichterstattung nach IFRS, in Baetge/Kirsch/Thiel (Hrsg.), Reihe: Rechnunglegung und Wirtschaftsprüfung, Band 17, 2009, S. 15; *Hebestreit/Rahe*, Die Zwischenberichterstattung nach dem Transparenzrichtlinie-Umsetzungsgesetz (TUG), IRZ 2007, 111; *Henkel/Schmidt/Ott*, Änderungen in der Zwischenberichterstattung kapitalmarktorientierter Unternehmen: Die TUG-Umsetzung in der Praxis, KoR 2008, 36 und 110; *Höhn*, Theorie und Praxis der Zwischenberichterstattung im Prime Standard, KoR 2011, 530; *Kajüter/Barth/Meyer*, Zwischenlageberichterstattung nach § 115 WpHG und DRS 16 – Eine empirische Analyse der HDAX-Unternehmen, WPg 2009, 462; *Philipps*, Halbjahresfinanzberichterstattung nach dem WpHG, DB 2007, 2326; *Strieder/Ammedick*, Der Zwischenlagebericht als neues Instrument der Zwischenberichterstattung, DB 2007, 1368; *Strieder/Ammedick*, Die periodische unterjährige externe Rechnungslegung nach dem TUG und dem künftigen DRS 16, KoR 2007, 285; *Wiederhold/Pukallus*, Zwischenberichterstattung nach dem Transparenzrichtlinie-Umsetzungsgesetz – Neue Anforderungen an kapitalmarktorientierte Unternehmen aus Sicht der Corporate Governance, Der Konzern 2007, 264; *Winkeljohann/Küster*, Zwischenabschluss und Zwischenlagebericht, in Winkeljohann/Förschle/Deubert, Sonderbilanzen, 5. Aufl. 2016, Abschnitt G.

I. Erstellung und Veröffentlichung eines Halbjahresfinanzberichts (§ 115 Abs. 1 WpHG) . . 1	2. Zwischenlagebericht (§ 115 Abs. 2 Nr. 2 und Abs. 4 WpHG) 24
1. Normadressat (§ 115 Abs. 1 Satz 1 WpHG) . . . 5	3. Bilanzeid (§ 115 Abs. 2 Nr. 3 WpHG) 34
2. Art der Veröffentlichung (§ 115 Abs. 1 Satz 1 WpHG) 7	**III. Prüferische Durchsicht und Abschlussprüfung (§ 115 Abs. 5 WpHG)** 36
3. Veröffentlichungsfrist (§ 115 Abs. 1 Satz 1 WpHG) 9	1. Bestellung des Abschlussprüfers (§ 115 Abs. 5 Satz 2 WpHG) 39
4. Hinweisbekanntmachung (§ 115 Abs. 1 Satz 2 und 3 WpHG) 11	2. Prüfungsmaßstab (§ 115 Abs. 5 Satz 3 WpHG) . . 44
5. Übermittlung der Rechnungslegungsunterlagen (§ 115 Abs. 1 Satz 4 WpHG) 12	3. Ergebnis der Durchsicht bzw. Prüfung (§ 115 Abs. 5 Satz 4 bis 6 WpHG) 46
6. Sanktion 13	4. Verweis auf HGB (§ 115 Abs. 5 Satz 7 WpHG) . 47
II. Inhalt des Halbjahresfinanzberichts (§ 115 Abs. 2 WpHG) 14	**IV. WpAV und TranspRLDV (§ 115 Abs. 6 WpHG)** 48
1. Verkürzter Abschluss (§ 115 Abs. 2 Nr. 1 und Abs. 3 WpHG) 16	**V. Zusätzliche unterjährige Finanzinformationen (§ 115 Abs. 7 WpHG)** 50

1 **I. Erstellung und Veröffentlichung eines Halbjahresfinanzberichts (§ 115 Abs. 1 WpHG).** § 115 WpHG (§ 37w WpHG a.F.) ist durch das **Transparenzrichtlinie-Umsetzungsgesetz** in das deutsche Recht eingefügt worden[1]. Im Hinblick auf den Inhalt des Halbjahresfinanzberichts wird die Bestimmung partiell durch die §§ 10 ff. der Transparenzrichtlinie-Durchführungsverordnung (TranspRLDV) konkretisiert. Weitere Regelungen zur Veröffentlichung des Halbjahresfinanzberichts enthalten die §§ 18 ff. WpAV. Die Bestimmungen gehen auf europäisches Recht zurück (vgl. § 114 WpHG Rz. 1 f.). Für Aktienemittenten mit Zulassung zum Prime Standard enthält § 52 der Börsenordnung für die Frankfurter Wertpapierbörse (Stand: 11.6.2018) weitere Regelungen.

2 Anders als bei der Erstellung und Offenlegung von Abschlüssen und Lageberichten zum Geschäftsjahresende enthält das HGB keine Regelungen, die Unternehmen zur Erstellung und Veröffentlichung von Zwischenabschlüssen und Zwischenlageberichten verpflichten würden. Dementsprechend erübrigt sich eine § 114 Abs. 1 Satz 1 letzter Halbsatz WpHG entsprechende Regelung.

3 Zudem ist es – anders als für den Jahresabschluss und Lagebericht sowie für den Konzernabschluss und Konzernlagebericht – nicht gesetzlich vorgeschrieben, dass der verkürzte Abschluss und der Zwischenlagebericht des Halbjahresfinanzberichts vor Veröffentlichung vom **Aufsichtsrat** geprüft und festgestellt bzw. gebilligt werden müssen[2].

4 Allerdings empfiehlt die Regierungskommission Deutscher Corporate Governance Kodex börsennotierten Gesellschaften, dass der Aufsichtsrat oder der Prüfungsausschuss den Halbjahresfinanzbericht vor dessen Veröffentlichung mit dem Vorstand erörtert (vgl. Ziff. 7.1.2 Satz 2 DCGK). Diese Vorgehensweise erscheint für alle kapitalmarktorientierten Unternehmen sinnvoll.

---

1 Gesetz zur Umsetzung der Richtlinie 2004/109/EG des europäischen Parlaments und des Rates vom 15.12.2004 zur Harmonisierung der Transparenzanforderungen in Bezug auf Informationen über Emittenten, deren Wertpapiere zum Handel auf einem geregelten Markt zugelassen sind, und zur Änderung der Richtlinie 2001/34/EG (Transparenzrichtlinie-Umsetzungsgesetz – TUG) vom 5.1.2007, BGBl. I 2007, 10 ff.
2 *Zum Teil* wird eine ungeschriebene Pflicht zur Prüfung durch den Aufsichtsrat angenommen; vgl. *Böcking/Kiehne*, Der Konzern 2010, 296, 301.

1. **Normadressat (§ 115 Abs. 1 Satz 1 WpHG).** Zur Erstellung und Veröffentlichung eines Halbjahresfinanzberichts verpflichtet sind alle **Unternehmen**, die als **Inlandsemittenten** Aktien oder Schuldtitel i.S.d. § 2 Abs. 1 WpHG begeben. Zum Unternehmensbegriff s. § 114 WpHG Rz. 8, zum Inlandsemittentenbegriff nach § 2 Abs. 14 WpHG s. § 2 WpHG Rz. 229 ff. Der Adressatenkreis von § 115 Abs. 1 Satz 1 WpHG ist somit enger als der der Pflicht zur Erstellung und Veröffentlichung eines Jahresfinanzberichts nach § 114 Abs. 1 Satz 1 WpHG. Denn es werden im Einklang mit Art. 5 Abs. 1 der Transparenzrichtlinie nicht alle Emittenten von Wertpapieren zur Erstellung und Veröffentlichung eines Halbjahresfinanzberichts verpflichtet, sondern nur diejenigen von **Aktien** oder **Schuldtiteln** i.S.d. § 2 Abs. 1 WpHG. In der Konsequenz sind Emittenten von Wertpapieren i.S.d. § 2 Abs. 1 Nr. 2 WpHG nicht von § 115 Abs. 1 Satz 1 WpHG erfasst[1].

Zudem wird der Anwendungsbereich von § 115 Abs. 1 WpHG durch den letzten Halbsatz seines ersten Satzes eingegrenzt. Danach werden Emittenten von Schuldtiteln, die unter § 2 Abs. 1 Nr. 2 WpHG zu subsumieren sind oder die ein zumindest bedingtes Recht auf den Erwerb von Wertpapieren i.S.d. § 2 Abs. 1 Nr. 1 oder 2 WpHG begründen, ebenfalls vom Anwendungsbereich der Bestimmung ausgenommen. Die Ausnahmen gehen auf die Definition des Begriffs „Schuldtitel" in Art. 2 Abs. 1 lit. b RL 2004/109/EG (Transparenzrichtlinie) zurück[2]. Danach handelt es sich bei Schuldtiteln um „Schuldverschreibungen oder andere übertragbare Forderungen in verbriefter Form, mit Ausnahme von Wertpapieren, die Aktien gleichzustellen sind oder die bei Umwandlung oder Ausübung der durch sie verbrieften Rechte zum Erwerb von Aktien oder Aktien gleichzustellenden Wertpapieren berechtigen". Ausgenommen sind also etwa Wandelschuldverschreibungen[3]. Weitere Ausnahmen für Emittenten von Schuldtiteln enthält § 118 Abs. 1 WpHG.

2. **Art der Veröffentlichung (§ 115 Abs. 1 Satz 1 WpHG).** Das Unternehmen hat nach § 115 Abs. 1 Satz 1 WpHG einen Halbjahresfinanzbericht zu erstellen und ihn der Öffentlichkeit zur Verfügung zu stellen. Stellt das Unternehmen den Halbjahresfinanzbericht auf einer allgemein zugänglichen (unternehmenseigenen) **Homepage** ein und ist er über das **Unternehmensregister** zugänglich, ist den Veröffentlichungspflichten des § 115 Abs. 1 Satz 1 WpHG genügt (vgl. § 114 WpHG Rz. 11).

Aktienemittenten mit Zulassung zum **Prime Standard** sind nach § 52 Abs. 4 Satz 1 der Börsenordnung für die Frankfurter Wertpapierbörse (Stand: 11.6.2018) zusätzlich verpflichtet, den Halbjahresfinanzbericht innerhalb von drei Monaten nach Ende des Berichtszeitraums der Geschäftsführung der Frankfurter Wertpapierbörse in elektronischer Form zu übermitteln. Die Geschäftsführung stellt den Halbjahresfinanzbericht dann dem Publikum elektronisch oder in anderer geeigneter Weise zur Verfügung (§ 52 Abs. 4 Satz 3 der Börsenordnung für die Frankfurter Wertpapierbörse, Stand: 11.6.2018).

3. **Veröffentlichungsfrist (§ 115 Abs. 1 Satz 1 WpHG).** Gemäß § 115 Abs. 1 Satz 1 WpHG ist der Halbjahresfinanzbericht unverzüglich, d.h. ohne schuldhaftes Zögern (§ 121 Abs. 1 Satz 1 BGB)[4], spätestens aber **drei Monate** nach Ablauf des Berichtszeitraums zu veröffentlichen. Die Frist wurde mit dem Gesetz zur Umsetzung der Transparenzrichtlinie-Änderungsrichtlinie vom 25.11.2015 von zwei auf drei Monate verlängert. Mit der entsprechenden Änderung von Art. 5 Abs. 1 RL 2004/109/EG (Transparenzrichtlinie) durch die Transparenzrichtlinie-Änderungsrichtlinie vom 22.10.2013 wollte der europäische Gesetzgeber für mehr Flexibilität sorgen und dadurch den Verwaltungsaufwand verringern. Gleichzeitig sollte dadurch der den Emittenten für die Veröffentlichung ihrer Halbjahresfinanzberichte zur Verfügung stehende Zeitraum verlängert werden, wodurch die Berichte der kleinen und mittleren Emittenten mehr Aufmerksamkeit bei den Marktteilnehmern finden sollten, so dass diese Emittenten stärker ins Blickfeld rücken[5]. Eine andere Frist beinhaltet Ziff. 7.1.2 Satz 3 DCGK. Danach sollen börsennotierte Gesellschaften den Halbjahresfinanzbericht – unverändert – innerhalb von 45 Tagen nach Ende des Berichtszeitraums öffentlich zugänglich machen.

Die Pflicht zur „unverzüglichen" Veröffentlichung des Halbjahresfinanzberichts nach § 115 Abs. 1 Satz 1 WpHG kann **frühestens nach seiner Erstellung** einsetzen. Beauftragt das Unternehmen einen Abschlussprüfer mit der prüferischen Durchsicht des verkürzten Abschlusses und des Zwischenlageberichts, kann es das Ergebnis der Prüfung vor der Veröffentlichung des Berichts abwarten. Ebenso wenig zögert das Unternehmen die

---

1 Mock in KölnKomm. WpHG, § 37w WpHG Rz. 43. Die Bedeutung von § 118 Abs. 1 Satz 2 WpHG ist in diesem Zusammenhang unklar.
2 Vgl. Begr. RegE zum TUG, BT-Drucks. 16/2498 v. 4.9.2006, 44. Die Regelung ist insofern unklar, als § 2 Abs. 1 Nr. 2 WpHG Wertpapiere erfasst, die Aktien ähnlich sind und daher gerade nicht als Schuldtitel einzustufen sein dürften.
3 Vgl. Begr. RegE zum TUG, BT-Drucks. 16/2498 v. 4.9.2006, 44; a.A. offenbar Mock in KölnKomm. WpHG, § 37w WpHG Rz. 42.
4 Vgl. Grottel in Beck'scher Bilanz-Kommentar, 11. Aufl. 2018, § 325 HGB Rz. 38; a.A. Mock in KölnKomm. WpHG, § 37w WpHG Rz. 57.
5 Erwägungsgrund 6 der Richtlinie 2013/50/EU vom 22.10.2013 zur Änderung der Richtlinie 2004/109/EG des Europäischen Parlaments und des Rates zur Harmonisierung der Transparenzanforderungen in Bezug auf Informationen über Emittenten, deren Wertpapiere zum Handel auf einem geregelten Markt zugelassen sind, der Richtlinie 2003/71/EG des Europäischen Parlaments und des Rates betreffend den Prospekt, der beim öffentlichen Angebot von Wertpapieren oder bei deren Zulassung zum Handel zu veröffentlichen ist, sowie der Richtlinie 2007/14/EG der Kommission mit Durchführungsbestimmungen zu bestimmten Vorschriften der Richtlinie 2004/109/EG, ABl. EU Nr. L 294 v. 6.11.2013, S. 13, 14.

Veröffentlichung schuldhaft heraus, wenn sich zuvor der Aufsichtsrat mit dem Bericht befasst. Spätestens ist der Halbjahresfinanzbericht drei Monate nach Ablauf des Berichtszeitraums der Öffentlichkeit zur Verfügung zu stellen. Der Berichtszeitraum umfasst die ersten sechs Monate des Geschäftsjahrs des Emittenten (§ 115 Abs. 1 Satz 1 WpHG). Entspricht das Geschäftsjahr dem Kalenderjahr, läuft die Frist also Ende des Monats September ab. Zur **Dauer der Veröffentlichung** vgl. § 114 WpHG Rz. 19.

11 **4. Hinweisbekanntmachung (§ 115 Abs. 1 Satz 2 und 3 WpHG).** Spätestens drei Monate nach Ablauf des Berichtszeitraums und vor der erstmaligen Veröffentlichung des Halbjahresfinanzberichts muss das Unternehmen gem. § 115 Abs. 1 Satz 2 WpHG eine Hinweisbekanntmachung veröffentlichen. Diese muss Angaben dazu enthalten, ab wann und unter welcher Internetadresse der Bericht zusätzlich zu seiner Verfügbarkeit im Unternehmensregister öffentlich zugänglich ist (vgl. dazu § 114 WpHG Rz. 20 ff.). Die Hinweisbekanntmachung ist nach § 115 Abs. 1 Satz 3 WpHG gleichzeitig mit ihrer Veröffentlichung der BaFin mitzuteilen (vgl. hierzu § 114 WpHG Rz. 27 ff.). Auch hat das Unternehmen die Bekanntmachung unverzüglich, jedoch nicht vor ihrer Veröffentlichung dem Unternehmensregister i.S.d. § 8b HGB zur Speicherung zuzuleiten (vgl. dazu § 114 WpHG Rz. 31 ff.).

12 **5. Übermittlung der Rechnungslegungsunterlagen (§ 115 Abs. 1 Satz 4 WpHG).** Jedes Unternehmen, das zur Erstellung und Veröffentlichung eines Halbjahresfinanzberichts verpflichtet ist, hat diesen gem. § 115 Abs. 1 Satz 4 WpHG unverzüglich, jedoch nicht vor Veröffentlichung der Hinweisbekanntmachung, an das Unternehmensregister zu übermitteln (vgl. dazu § 114 WpHG Rz. 35 f.). Eine § 114 WpHG Abs. 1 Satz 4 letzter Halbsatz WpHG entsprechende Subsidiaritätsregel enthält § 115 Abs. 1 Satz 4 WpHG nicht, da es mangels gesonderter handelsrechtlicher Pflicht zur Offenlegung eines Halbjahresfinanzberichts auch keine Regelung zu seiner Übermittlung an das Unternehmensregister im HGB gibt.

13 **6. Sanktion.** Verstößt ein Unternehmen gegen seine Pflichten aus § 115 Abs. 1 Satz 1, 2, 3 oder 4 WpHG, stellt dies nach § 120 Abs. 12 Nr. 5, Abs. 2 Nr. 4 lit. f, Abs. 2 Nr. 2 lit. l oder Nr. 10 bzw. Abs. 2 Nr. 15 WpHG eine Ordnungswidrigkeit dar, wobei bei einem Verstoß gegen § 115 Abs. 1 Satz 1 WpHG Fahrlässigkeit genügt, während in den anderen Fällen zumindest leichtfertig gehandelt werden muss. Bei Verstößen gegen § 115 Abs. 1 Satz 1 und 2 WpHG kann eine Geldbuße bis zu 2.000.000 Euro, bei Verstößen gegen Satz 3 entweder bis zu 200.000 Euro oder wie bei Satz 4 sogar bis zu 500.000 Euro verhängt werden (§ 120 Abs. 17, Abs. 24 WpHG).

14 **II. Inhalt des Halbjahresfinanzberichts (§ 115 Abs. 2 WpHG).** In § 115 Abs. 2 WpHG sind die Bestandteile niedergelegt, die der Halbjahresfinanzbericht mindestens enthalten muss (zur freiwilligen Ausweitung des Inhalts des Halbjahresfinanzberichts vgl. § 114 WpHG Rz. 38).

15 Ist das betroffene Unternehmen verpflichtet, einen **Konzernabschluss** aufzustellen, sind die Tochterunternehmen in den Halbjahresfinanzbericht einzubeziehen (§ 117 Nr. 2 Satz 1 WpHG). Ein gesonderter Halbjahresfinanzbericht, der sich allein auf den Emittenten als Mutterunternehmen bezieht, ist dann nicht gefordert[1]. Hat das Unternehmen hingegen keine Tochtergesellschaften, ist der Halbjahresfinanzbericht auf Jahresabschlussebene zu erstellen.

16 **1. Verkürzter Abschluss (§ 115 Abs. 2 Nr. 1 und Abs. 3 WpHG).** Gemäß § 115 Abs. 3 Satz 1 WpHG hat ein verkürzter Abschluss mindestens eine **verkürzte Bilanz, eine verkürzte Gewinn- und Verlustrechnung und einen Anhang** zu enthalten. Die verkürzte Bilanz ist auf den Stichtag des Halbjahresfinanzberichts, also den letzten Tag des Berichtszeitraums, aufzustellen. Berichtszeitraum sind die ersten sechs Monate des Geschäftsjahrs (§ 115 Abs. 1 Satz 1 WpHG). Dies gilt auch dann, wenn das Unternehmen für das erste Quartal des Geschäftsjahrs einen Quartalsfinanzbericht i.S.d. § 115 Abs. 7 Satz 1 WpHG veröffentlicht[2].

17 Der Halbjahresfinanzbericht muss auch **Vergleichszahlen** enthalten, d.h. den Zahlen der verkürzten Bilanz sind die Daten zum Stichtag des letzten Geschäftsjahrs und den Zahlen der verkürzten Gewinn- und Verlustrechnung die des entsprechenden Berichtszeitraums des vorangegangenen Geschäftsjahrs gegenüberzustellen[3]. Bei Unternehmen mit IFRS-Konzernabschluss, die quartalsweise Zwischenberichte erstellen, hat der verkürzte Abschluss des ersten Halbjahrs zusätzlich die Zahlen der Gewinn- und Verlustrechnung für das aktuelle zweite Quartal und das des vorangegangenen Geschäftsjahrs zu enthalten (IAS 34.20).

18 Bei einem „verkürzten" Abschluss genügt es grundsätzlich, die Bilanz und die Gewinn- und Verlustrechnung in die **wesentlichen Überschriften/Posten und Zwischensummen** zu gliedern, die im letzten Konzern- bzw. Jahresabschluss enthalten waren. Jedoch sind dann **zusätzliche Posten** einzufügen, wenn der verkürzte Abschluss ohne sie ein irreführendes Bild der Vermögens-, Finanz- und Ertragslage vermitteln würde[4].

---

1 Vgl. Begr. RegE zum TUG, BT-Drucks. 16/2498 v. 4.9.2006, 46.
2 Vgl. *Winkeljohann/Küster* in Winkeljohann/Förschle/Deubert, Sonderbilanzen, G Rz. 21; a.A. *Strieder/Ammerdick*, KoR 2007, 285, 287.
3 Für Unternehmen mit IFRS-Konzernabschluss IAS 34.20; für Unternehmen mit HGB-Konzernabschluss vgl. DRS 16 Tz. 31; für Unternehmen, die nicht die in § 315a Abs. 1 HGB bezeichneten internationalen Rechnungslegungsstandards anwenden, § 10 Nr. 1 Satz 3 TranspRLDV. IAS 34 ist im Internet abrufbar unter www.ifrs.org.
4 Vgl. Begr. RegE zum TUG, BT-Drucks. 16/2498 v. 4.9.2006, 44; für Unternehmen mit IFRS-Konzernabschluss IAS 34.10; für Unternehmen mit HGB-Konzernabschluss DRS 16, Tz. 17; für Unternehmen, die nicht die in § 315a Abs. 1 HGB bezeichneten internationalen Rechnungslegungsstandards anwenden, § 10 Nr. 1 Satz 1 f. TranspRLDV.

Zwar schreibt § 115 Abs. 3 Satz 1 WpHG vor, dass der verkürzte Abschluss „einen Anhang" zu enthalten hat. Das Adjektiv „verkürzt" hat der Gesetzgeber insoweit nicht verwendet. Dies bedeutet jedoch nicht, dass die Anhangangaben des Jahres- bzw. des Konzernabschlusses auch vollständig im Halbjahresfinanzbericht zu machen sind. Denn im Anhang werden insbesondere die Posten der Bilanz und der Gewinn- und Verlustrechnung erläutert (vgl. § 284 HGB). Ist es zulässig, die Aufgliederung der Bilanz und der Gewinn- und Verlustrechnung zu verkürzen, muss dies konsequenterweise auch zu einer Verkürzung des Anhangs führen[1]. Dementsprechend sieht DRS 16[2] Tz. 31 für Unternehmen, die zur Konzernrechnungslegung verpflichtet sind, eine **deutlich verkürzte Anhangberichterstattung** vor. § 10 Nr. 2 TranspRLDV präzisiert die Berichterstattungspflicht im Anhang für Unternehmen, die nicht die in § 315a Abs. 1 HGB bezeichneten internationalen Rechnungslegungsstandards anwenden, dahingehend, dass die Angaben die Vergleichbarkeit des verkürzten Abschlusses mit dem Jahresabschluss zu gewährleisten und die Beurteilung der wesentlichen Änderungen und Entwicklungen der einzelnen Posten in der verkürzten Bilanz und der verkürzten Gewinn- und Verlustrechnung in dem Berichtszeitraum zu ermöglichen hat. Mit Beachtung der Vorgaben von DRS 16 Tz. 31 ist § 10 Nr. 2 TranspRLDV genügt.

19

Unternehmen, die die IFRS anzuwenden haben, haben dem Halbjahresfinanzbericht nach IAS 34.8 zusätzlich eine Aufstellung der **Veränderung des Eigenkapitals** und eine **verkürzte Kapitalflussrechnung** hinzuzufügen. Auch ist zu beachten, dass die Anhangangaben nach IAS 34.16 A (g) Segmentinformationen vorschreiben. Derartige Bestandteile sind nach § 115 Abs. 3 Satz 1 WpHG nicht gefordert. Allerdings wird Unternehmen, die keiner Konzernrechnungslegung nach IFRS unterliegen, empfohlen, derartige Bestandteile in den Halbjahresfinanzbericht aufzunehmen (DRS 16 Tz. 16 und 33). Nach IAS 34.11 haben IFRS-Bilanzierer weiterhin das Ergebnis je Aktie anzugeben.

20

Auf den verkürzten Abschluss sind die **für den Jahresabschluss geltenden Rechnungslegungsgrundsätze** anzuwenden (§ 115 Abs. 3 Satz 2 WpHG). Unternehmen mit Sitz in Deutschland haben also grundsätzlich auch im Halbjahresfinanzbericht die Rechnungslegungsnormen des HGB zu beachten. Praktisch relevant wird dies aber nur für wenige Unternehmen. Denn § 117 Nr. 2 Satz 2 WpHG bestimmt, dass Mutterunternehmen, die ihren **Konzernabschluss nach den IFRS**, wie sie in der EU anzuwenden haben, aufstellen, die IFRS auch für ihren – konsolidierten – verkürzten Abschluss des Halbjahresfinanzberichts beachten müssen. Nach Art. 4 der IAS-Verordnung fallen hierunter alle Unternehmen, deren Wertpapiere an einem organisierten Markt in einem EU-Mitgliedstaat gehandelt werden, wenn sie verpflichtet sind, einen Konzernabschluss aufzustellen. Ein nach **handelsrechtlichen Grundsätzen** aufgestellter verkürzter Abschluss kommt also noch für Unternehmen mit Sitz in Deutschland in Betracht, die nicht zur Aufstellung eines Konzernabschlusses verpflichtet sind. Sollten diese Unternehmen entsprechend § 325 Abs. 2a HGB aber ausnahmsweise freiwillig einen Einzelabschluss unter Beachtung der IFRS aufstellen, hat der verkürzte Abschluss ebenfalls den IFRS zu entsprechen (§ 115 Abs. 3 Satz 3 WpHG).

21

§ 115 Abs. 3 Satz 2 WpHG legt nicht nur fest, welche Rechnungslegungsstandards auf den verkürzten Abschluss des Halbjahresfinanzberichts anzuwenden sind. Vielmehr kommt in der Bestimmung auch der **Stetigkeitsgrundsatz** zum Ausdruck. Im verkürzten Abschluss sind danach die Ansatz- und Bewertungsgrundsätze beizubehalten, die bei Aufstellung des vorangegangenen Jahresabschlusses angewandt wurden[3].

22

Mit § 115 Abs. 3 Satz 2 WpHG werden die Möglichkeiten, im Rahmen der regulatorischen Vorgaben zukünftig andere Rechnungslegungsstandards anzuwenden, nicht beschränkt. Folglich kann ein Unternehmen seinen verkürzten Abschluss des Halbjahresfinanzberichts **auf IFRS umstellen**, wenn es zukünftig beabsichtigt, einen IFRS-Einzelabschluss i.S.v. § 325 Abs. 2a HGB offen zu legen. Denkbar ist aber auch, den verkürzten Abschluss des Halbjahresfinanzberichts noch unter Beachtung der Rechnungslegungsgrundsätze des HGB aufzustellen und erstmals zum Geschäftsjahresende einen IFRS-Einzelabschluss zu veröffentlichen[4]. Auch ist es – bei Vorliegen eines sachlichen Grunds und unter Beachtung der Vorgaben der Rechnungslegungsstandards – zulässig, die **Ansatz- und Bewertungsgrundsätze** des verkürzten Abschlusses des Halbjahresfinanzberichts im Vergleich zu den Grundsätzen des Jahres- bzw. Konzernabschlusses **zu ändern** (vgl. IAS 34.28 bzw. DRS 16 Tz. 20).

23

2. Zwischenlagebericht (§ 115 Abs. 2 Nr. 2 und Abs. 4 WpHG). Nach § 115 Abs. 2 Nr. 2 WpHG hat der Halbjahresfinanzbericht einen Zwischenlagebericht zu umfassen[5]. Dieser Bericht ist auch von Unternehmen zu erstellen, die ihren Konzernabschluss unter Beachtung der IFRS aufstellen. Im Zwischenlagebericht sind gem.

24

---

1 Vgl. *Strieder/Ammerdick*, KoR 2007, 285, 288, und IAS 34.16 f.
2 Deutscher Rechnungslegungs Standard Nr. 16 (DRS 16), Halbjahresfinanzberichterstattung, verabschiedet am 2.11.2012 und bekannt gemacht durch das Bundesministerium der Justiz am 4.12.2012, geändert durch Deutschen Rechnungslegungs Änderungsstandard Nr. 7 (DRÄS 7) vom 21.4.2016, bekannt gemacht durch das Bundesministerium der Justiz und für Verbraucherschutz am 21.6.2016, sowie geändert durch Deutschen Rechnungslegungsstandard Nr. 8 (DRÄS 8) vom 22.7.2017, bekannt gemacht durch das Bundesministerium der Justiz und für Verbraucherschutz am 4.12.2017.
3 Vgl. Begr. RegE zum TUG, BT-Drucks. 16/2498 v. 4.9.2006, 44 und DRS 16 Tz. 20.
4 A.A. *Winkeljohann/Küster* in Winkeljohann/Förschle/Deubert, Sonderbilanzen, G Rz. 812.
5 Vgl. dazu die empirische Analyse von *Kajüter/Barth/Meyer*, WPg 2009, 462 ff.

§ 115 Abs. 4 Satz 1 WpHG mindestens die **wichtigen Ereignisse des Berichtszeitraums** im Unternehmen des Emittenten und ihre Auswirkungen auf den verkürzten Abschluss anzugeben sowie die **wesentlichen Chancen und Risiken** für die dem Berichtszeitraum folgenden Monate des Geschäftsjahrs zu beschreiben (zum Berichtszeitraum vgl. Rz. 16). Die Berichterstattung konzernrechnungslegungspflichtiger Unternehmen wird durch DRS 16 konkretisiert (vgl. § 342 Abs. 2 HGB). Auch Unternehmen, die keinen Konzernabschluss aufzustellen haben, können sich an den in DRS 16 niedergelegten Grundsätzen orientieren (DRS 16 Tz. 9).

25 Die anzugebenden Ereignisse können sowohl intern als auch extern veranlasst sein (vgl. DRS 16 Tz. 41). Die Formulierung „im Unternehmen" in § 115 Abs. 4 Satz 1 WpHG ist insofern missverständlich. Anzugeben sind nur wichtige Ereignisse, d.h. sie müssen aus Sicht der **Informationsempfänger** wesentlich sein (DRS 16 Tz. 35). Auch in diesem Zusammenhang gibt es keine allgemein gültigen absoluten Wertgrenzen. Beispielsweise kann der Einstieg in ein neues, strategisch bedeutsames Marktsegment auch dann ein wichtiges Ereignis sein, wenn seine Auswirkungen auf die Bilanz oder die Gewinn- und Verlustrechnung im Berichtszeitraum gering war[1]. Die Auswirkungen der wichtigen Ereignisse auf die Vermögens-, Finanz- und Ertragslage sind anzugeben. Soweit möglich sollten die Angaben quantifiziert werden.

26 Die Beschreibung der wesentlichen Chancen und Risiken kann an die des **vorangegangenen Lageberichts anknüpfen** und wesentliche Änderungen erläutern. Bestandsgefährdende Risiken sind nach DRS 16 Tz. 49, immer ausdrücklich zu nennen. Ausweislich des Gesetzeswortlauts sind nur die Chancen und Risiken des auf den Berichtszeitraum folgenden Halbjahrs zu beschreiben. Allerdings empfiehlt DRS 16 Tz. 36, wesentliche Aussagen, die im letzten Konzernlagebericht gemacht wurden und die über das laufende Geschäftsjahr hinausgehen, bei Änderungen ebenfalls anzupassen. Die Berichtspflicht umfasst Chancen und Risiken, die sich nach Ablauf des Berichtszeitraums, aber vor Veröffentlichung des Halbjahresfinanzberichts bereits verwirklicht haben.

27 Nach DRS 16 Tz. 35 ist auch über wesentliche Änderungen der Prognosen und sonstigen Aussagen zur voraussichtlichen Entwicklung zu berichten, die im letzten Konzernlagebericht enthalten sind. Sind dem Unternehmen keine Veränderungen bekannt, ist dies anzugeben (DRS 16 Tz. 45). Auch hierin kommt zum Ausdruck, dass der Zwischenlagebericht an den letzten Konzernlagebericht anknüpft und diesen um wesentliche Änderungen ergänzt.

28 Ist der Emittent **konzernrechnungslegungspflichtig**, ist auch die Zwischenlageberichterstattung auf den Konzern zu beziehen. Folglich sind auch Ereignisse des Berichtszeitraums mit Wirkung auf ein Tochterunternehmen anzugeben, wenn diese für den Konzern wesentlich waren.

29 Nach § 115 Abs. 4 Satz 2 WpHG haben Unternehmen, die als Inlandsemittenten Aktien begeben, zusätzlich die wesentlichen Geschäfte des Emittenten mit **nahestehenden Personen** anzugeben (zum Unternehmensbegriff s. § 114 WpHG Rz. 8; zum Inlandsemittentenbegriff s. § 2 WpHG Rz. 229 ff.; zum Aktienbegriff vgl. § 2 WpHG Rz. 18 und zum Wesentlichkeitsbegriff vgl. Rz. 25)[2].

30 Die Pflicht zur Angabe von Geschäften mit nahestehenden Personen wird für Unternehmen, die zur Aufstellung eines Konzernabschlusses verpflichtet sind, in § 11 Abs. 1 **TranspRLDV** konkretisiert. Dem Wortlaut nach verpflichtet § 11 Abs. 1 Nr. 1 TranspRLDV die Unternehmen lediglich, die Geschäfte anzugeben, die im Berichtszeitraum abgeschlossen wurden und die Finanzlage oder das Geschäftsergebnis in diesem Zeitraum wesentlich beeinflusst haben. DRS 16 Tz. 50 stellt in diesem Zusammenhang klar, dass auch Geschäfte mit wesentlichem Einfluss auf die Vermögenslage zu berichten sind. Nach § 11 Abs. 1 Nr. 2 TranspRLDV und DRS 16 Tz. 50 ist auch auf Veränderungen von Geschäften mit nahestehenden Unternehmen oder Personen im Vergleich zu den Geschäften einzugehen, die im letzten Konzernabschluss angegeben wurden. Zu denken ist insofern beispielsweise an die Kündigung eines Kreditvertrags oder die Beendigung einer langfristigen Abnehmer- oder Lieferantenbeziehung.

31 Anzugeben sind die Geschäfte des Emittenten. Bei konzernrechnungslegungspflichtigen Emittenten erstreckt sich die Angabepflicht auf Geschäfte des Konzerns mit nahestehenden Unternehmen oder natürlichen Personen (§ 117 Nr. 2 WpHG; vgl. auch § 314 Abs. 1 Nr. 13 HGB). Zur **Definition** des Begriffs der „nahestehenden Person" kann auf **IAS 24.9** zurückgegriffen werden (DRS 16 Tz. 54).

32 Für Aktienemittenten, die **keinen Konzernabschluss** aufzustellen haben, enthält § 11 Abs. 2 TranspRLDV Vorgaben zur Berichterstattung über Geschäfte mit nahestehenden Personen. Die Bestimmung findet in § 285 Nr. 21 HGB weitgehend ihre Entsprechung. Die Mindestangabepflicht ist insofern im Vergleich zu der Unternehmen mit Konzernabschluss beschränkt, als Unternehmen ohne Konzernabschluss nur Geschäfte anzugeben haben, die nicht zu **marktüblichen Bedingungen** zustande gekommen sind. Die Angabepflicht dieser Geschäfte wird weiter beschränkt, indem Geschäfte zwischen mittel- oder unmittelbar in **hundertprozentigem Anteilsbesitz** stehenden konzernangehörigen Unternehmen ausgenommen sind. Diese Beschränkung dürfte aber kaum praktisch relevant sein, weil § 11 Abs. 2 TranspRLDV gerade für Unternehmen gilt, die nicht zur

---

1 Weitere Beispiele für wichtige Ereignisse finden sich in DRS 16 Tz. 41.
2 Kritisch zur Begrenzung der Angabepflicht auf Aktienemittenten *Kajüter/Barth/Meyer*, WPg 2009, 462, 469.

Aufstellung eines Konzernabschlusses verpflichtet sind, die Emittenten also regelmäßig keine wesentlichen Tochterunternehmen haben. Darüber hinaus scheinen Geschäfte des Emittenten mit **hundertprozentigen Tochterunternehmen** anders als von der nahezu identischen Formulierung des § 285 Nr. 21 HGB nicht erfasst. Geschäfte zwischen Tochterunternehmen dürften im Zusammenhang mit einem Einzelabschluss aber ohnehin nicht angabepflichtig sein. § 11 Abs. 2 TranspRLDV gewährt weiterhin die Möglichkeit, die Geschäfte nach ihrer Art zusammenzufassen, sofern eine getrennte Berichterstattung nicht notwendig ist, um die Auswirkungen der Geschäfte auf die Finanz- und richtigerweise auch die Vermögens- und Ertragslage zu beurteilen. Soweit Geschäfte berichtspflichtig sind, müssen ihre Art, der Wert sowie weitere zu ihrer Einschätzung notwendigen Angaben gemacht werden.

Die Angaben zu den Geschäften mit nahestehenden Unternehmen und Personen können **alternativ auch im Anhang** des Halbjahresfinanzberichts gemacht werden. Damit kann IAS 34.15B entsprochen werden, wonach die Angaben zu Geschäften mit nahestehenden Personen und Unternehmen im Anhang zu machen sind.

3. Bilanzeid (§ 115 Abs. 2 Nr. 3 WpHG). Der Halbjahresfinanzbericht hat gem. § 115 Abs. 2 Nr. 3 WpHG eine den Vorgaben der §§ 264 Abs. 2 Satz 3, 289 Abs. 1 Satz 5 HGB entsprechende Erklärung der gesetzlichen Vertreter zu enthalten. Die Erklärungen der gesetzlichen Vertreter des Emittenten beziehen sich auf den verkürzten Abschluss und den Zwischenlagebericht des Halbjahresfinanzberichts, bei Unternehmen mit Konzernabschluss gem. § 117 Nr. 2 i.V.m. § 115 Abs. 2 Nr. 3 WpHG auf den verkürzten Konzernabschluss und den Konzernzwischenlagebericht.

Für vorgenannte Unternehmen hat das Deutsche Rechnungslegungs Standards Committee eine Empfehlung zum Erklärungswortlaut abgegeben (DRS 16 Tz. 56).

III. Prüferische Durchsicht und Abschlussprüfung (§ 115 Abs. 5 WpHG). Der verkürzte Abschluss und der Zwischenlagebericht des Halbjahresfinanzberichts können einer prüferischen Durchsicht unterzogen werden[1]. Diese prüferische Durchsicht kann den Regelungen des § 115 Abs. 5 WpHG unterworfen werden. Dies ist jedoch **nicht zwingend**. Vielmehr ist auch denkbar, dass die Geschäftsleitung eines Emittenten einen Wirtschaftsprüfer bzw. eine Wirtschaftsprüfungsgesellschaft mit der – rein freiwilligen – prüferischen Durchsicht des verkürzten Abschlusses und des Zwischenlageberichts beauftragt, ohne das Verfahren des § 115 Abs. 5 WpHG einzuhalten[2]. Die prüferische Durchsicht dient dann lediglich internen Zwecken und verfolgt nicht das Ziel, das Vertrauen des Kapitalmarkts in die Rechnungslegung des Unternehmens zu stärken. In der Folge soll und darf das Ergebnis dann nicht entsprechend § 115 Abs. 5 Satz 4 WpHG veröffentlicht werden. Gemäß § 115 Abs. 5 Satz 6 WpHG ist in diesem Fall anzugeben, dass der verkürzte Abschluss und der Zwischenlagebericht weder geprüft noch prüferisch durchgesehen worden sind.

Der Regierungsentwurf zum TUG enthielt zunächst eine Pflicht zur prüferischen Durchsicht[3]. Im Zuge des weiteren Gesetzgebungsverfahrens hat der Gesetzgeber hiervon jedoch Abstand genommen und sich auf eine **Eins-zu-eins-Umsetzung** der EU-Transparenzrichtlinie beschränkt[4].

Denkbar ist auch, dass der verkürzte Abschluss und der Zwischenlagebericht freiwillig einer vollständigen Abschlussprüfung unterzogen werden (vgl. § 115 Abs. 5 Satz 5 WpHG).

1. Bestellung des Abschlussprüfers (§ 115 Abs. 5 Satz 2 WpHG). Auf die Bestellung des Abschlussprüfers zur prüferischen Durchsicht i.S.v. § 115 Abs. 5 Satz 1 WpHG sind die Vorschriften zur Bestellung des gesetzlichen Jahresabschlussprüfers entsprechend anzuwenden (§ 115 Abs. 5 Satz 2 WpHG). Der Abschlussprüfer des Halbjahresfinanzberichts und des Jahres- bzw. Konzernabschlusses sind in der Praxis zumeist personenidentisch, wenngleich dies nicht zwingend vorgegeben ist[5]. Der Abschlussprüfer des Halbjahresfinanzberichts einerseits und der des Jahresabschlusses und des Konzernabschlusses desselben Geschäftsjahrs andererseits werden regelmäßig auf derselben Hauptversammlung gewählt. Für den Fall, dass die Wahl der Abschlussprüfer als ein Tagesordnungspunkt auf der Hauptversammlungseinladung erscheint, handelt es sich rechtstechnisch dennoch um zwei getrennte Beschlüsse.

Aufgrund des Verweises in § 115 Abs. 5 Satz 2 WpHG gelten die Bestimmungen des § 318 HGB zur Wahl und Beauftragung des Abschlussprüfers sowie zur gerichtlichen (Ersatz-)Bestellung und zur Beendigung des Auftragsverhältnisses entsprechend. Unklar ist die Reichweite dieser Verweisung. Teilweise wird die Ansicht vertreten, der Verweis schließe Rechtsformspezifika – und konsequenterweise dann wohl auch Branchenbesonderheiten – aus, da es sich um eine Kapitalmarktregelung handele und eine Differenzierung auch nicht in den europäischen Grundlagen enthalten sei[6]. Angesichts des Wortlauts der Regelung erscheint jedoch wahrscheinlicher,

---

1 Vgl. dazu die empirische Analyse von *Häcker*, WPg 2011, 269 ff.
2 A.A. offenbar *Mock* in KölnKomm. WpHG, § 37w WpHG Rz. 113.
3 Vgl. BT-Drucks. 16/2498 v. 4.9.2006, 14.
4 Gegen eine Pflicht zur prüferischen Durchsicht s. Beschlussempfehlung und Bericht des Finanzausschusses, BT-Drucks. 16/3644 v. 29.11.2006, 57.
5 Vgl. *Mock* in KölnKomm. WpHG, § 37w WpHG Rz. 118.
6 Vgl. *Fuchs* in Fuchs, § 37w WpHG Rz. 24; *Mock* in KölnKomm. WpHG, § 37w WpHG Rz. 117.

dass der Gesetzgeber insgesamt auf das – jeweils einschlägige – Bestellverfahren verweisen wollte. Somit sind rechtsform- und branchenspezifische Normen anwendbar[1]. Beispielsweise haben Aktiengesellschaften die §§ 111 Abs. 2 Satz 3, 119 Abs. 1 Nr. 4, 124 Abs. 3 Satz 1, 2 und 4, 127 AktG zu beachten und bei Versicherungen bestellt der Aufsichtsrat den Abschlussprüfer zur prüferischen Durchsicht (§ 341k Abs. 2 Satz 1 HGB).

41 Der Wortlaut und die in der Praxis übliche enge Verzahnung der gesetzlichen Prüfung von Jahres- und Konzernabschlüssen mit der prüferischen Durchsicht von Zwischenabschlüssen spricht auch dafür, dass selbst die in der Verordnung Nr. 537/2014[2] verankerte **Rotations- und Ausschreibungspflichten** nebst ihrer handelsrechtlichen Konkretisierung (z.B. in § 318 Abs. 1a HGB) auf die prüferische Durchsicht i.S.d. § 115 Abs. 4 WpHG anzuwenden sind[3]. Mit der Verordnung Nr. 537/2014 wurden nämlich die Vorgaben zur Bestellung des gesetzlichen Prüfers von Jahres- und Konzernabschlüssen von Unternehmen von öffentlichem Interesse weitreichend verändert. Zu den Unternehmen von öffentlichem Interesse zählen ausweislich von Art. 2 Abs. 1 und Art. 3 VO Nr. 537/2014 insbesondere Wertpapieremittenten i.S.v. Art. 2 Nr. 13 RL 2006/43/EG (Abschlussprüferrichtlinie)[4]. Sie haben ihren Abschlussprüfer grundsätzlich nach zehn Jahren zu wechseln (Art. 17 Abs. 1 Unterabs. 2 VO Nr. 537/2014). Die Frist kann unter den Voraussetzungen des § 318 Abs. 1a HGB auf zwanzig Jahre verlängert werden. Sowohl dem Wechsel als auch der Fristverlängerung müssen Ausschreibungen der Abschlussprüfung i.S.v. Art. 16 VO Nr. 537/2014 vorangehen. Andererseits ist zu bedenken, dass die Verordnung Nr. 537/2014 nach Art. 1 nur „die Prüfung von Jahresabschlüssen und konsolidierten Abschlüssen bei Unternehmen von öffentlichem Interesse" zum Gegenstand hat. Nach Art. 1 Nr. 1 RL 2006/43/EG (Abschlussprüferrichtlinie) ist „Abschlussprüfung" eine Prüfung des Jahresabschlusses oder des konsolidierten Abschlusses, die nach Gemeinschaftsrecht vorgeschrieben ist. Demnach sind – zumal freiwillige – prüferische Durchsichten nicht von der Verordnung Nr. 537/2014 erfasst. Zudem verweist die Transparenzrichtlinie für die prüferische Durchsicht nicht auf die Vorgaben zur gesetzlichen Abschlussprüfung. Eine Anwendung der Verordnung Nr. 537/2014 unterstellt also eine weitgehende dynamische Verweisung auch auf europäische Regelungen, obwohl der deutsche Gesetzgeber bei Einführung des § 115 Abs. 4 Satz 2 WpHG grundsätzlich eine „Eins-zu-Eins-Umsetzung" im Sinn hatte[5].

42 Die Frage der Anwendung der Bestimmungen der Verordnung Nr. 537/2014 auf die prüferische Durchsicht von Halbjahresfinanzberichten gewinnt zusätzlich an Bedeutung, wenn man berücksichtigt, dass mit § 115 Abs. 5 Satz 2 WpHG auch auf die Bestimmungen zur **Unabhängigkeit** des gesetzlichen Abschlussprüfers verwiesen wird[6]. Denn die Verordnung enthält insbesondere in Art. 5 VO Nr. 537/2014 neue Unabhängigkeitsvorgaben. Vor deren Hintergrund wurde § 319a HGB mit dem Abschlussprüfungsreformgesetz vom 10.5.2016 überarbeitet. Dies hatte u.a. zur Folge, dass das Verbot einer Mitwirkung an der Entwicklung, Einrichtung und Einführung von Rechnungslegungsinformationssystemen (§ 319a Abs. 1 Nr. 3 HGB a.F.) unter Verweis auf eine ähnliche Bestimmung in Art. 5 Abs. 1 Unterabs. 2 lit. e VO Nr. 537/2014 gestrichen wurde[7]. Geht man davon aus, dass eine Absenkung des Unabhängigkeitsstandards nicht im Interesse des deutschen Gesetzgebers war, spricht dies dafür, dass neben den §§ 319 ff. HGB und den §§ 43, 49 WPO inklusive ihrer Konkretisierung in der Berufssatzung für Wirtschaftsprüfer/vereidigte Buchprüfer auch die Unabhängigkeitsbestimmungen der VO Nr. 537/2014 bei der prüferischen Durchsicht i.S.d. § 115 Abs. 5 WpHG zu beachten sind. Hierin liegt dann auch ein zusätzliches Argument für eine dynamische Verweisung auch auf die dort niedergelegten Bestimmungen zur Rotation und zur Ausschreibung (s. Rz. 41). Insgesamt wäre es allerdings wünschenswert, dass der Gesetzgeber die Reichweite der Verweisung klarstellt.

43 § 115 Abs. 5 Satz 2 WpHG erstreckt sich nur auf die prüferische Durchsicht. Fraglich ist daher, welche Vorschriften für die Bestellung als Abschlussprüfer des verkürzten Abschlusses und des Zwischenlageberichts des Halbjahresfinanzberichts gelten, wenn die Unterlagen einer **vollständigen Abschlussprüfung** unterzogen werden sollen. § 317 HGB gilt nicht unmittelbar, weil es hierbei nicht um die gesetzliche Prüfung des Jahres- bzw. Konzernabschlusses geht. Wenn die Regelungen zur Bestellung des gesetzlichen Abschlussprüfers aber schon auf die Bestellung des Abschlussprüfers für eine prüferische Durchsicht des Halbjahresfinanzberichts anwendbar sein sollen, muss dies erst recht für die Bestellung als Abschlussprüfer für eine vollständige Prüfung des Halbjahresfinanzberichts gelten.

---

1 *Becker* in Heidel, § 37w WpHG Rz. 39; *Häcker*, WPg 2011, 269, 274; *Heidelbach/Doleczik* in Schwark/Zimmer, § 37w WpHG Rz. 43 f.; a.A. *Fuchs* in Fuchs, § 37w WpHG Rz. 24; a.A. *Mock* in KölnKomm. WpHG, § 37w WpHG Rz. 117.
2 Verordnung (EU) Nr. 537/2014 vom 16.4.2014 über spezifische Anforderungen an die Abschlussprüfung bei Unternehmen von öffentlichem Interesse und zur Aufhebung des Beschlusses 2005/909/EG der Kommission, ABl. EU Nr. L 158 v. 27.5.2014, S. 77.
3 Vgl. IDW, EU-Regulierung der Abschlussprüfung, Stand: 23.5.2018, Ziff. 3.5.2.
4 Richtlinie 2006/43/EG vom 17.5.2006 über Abschlussprüfungen von Jahresabschlüssen und konsolidierten Abschlüssen, zur Änderung der Richtlinien 78/660/EWG und 83/349/EWG des Rates und zur Aufhebung der Richtlinie 84/253/EWG des Rates, ABl. EU Nr. L 157 v. 9.6.2006, S. 87, 92.
5 Begr. RegE zum TUG, BT-Drucks. 16/2498 v. 4.8.2006, 26.
6 Begr. RegE zum TUG, BT-Drucks. 16/2498 v. 4.9.2006, 44.
7 Begr. RegE zum AReG, BT-Drucks. 18/7219 v. 11.1.2016, 42.

2. Prüfungsmaßstab (§ 115 Abs. 5 Satz 3 WpHG). Nach § 115 Abs. 5 Satz 3 WpHG ist die **prüferische Durchsicht** so anzulegen, dass bei gewissenhafter Berufsausübung ausgeschlossen werden kann, dass der verkürzte Abschluss und Zwischenlagebericht in wesentlichen Belangen den jeweils anzuwendenden Rechnungslegungsgrundsätzen widersprechen. Dieses im Vergleich zur vollständigen Prüfung beschränkte Prüfungsziel mit negativ formuliertem Prüfungsurteil resultiert aus der begrenzten Prüfungsintensität einer prüferischen Durchsicht[1]. Beauftragung, Prüfungsvorgehen und Berichterstattung sind in dem Prüfungsstandard 900 des IDW konkretisiert[2]. International kann ergänzend der *International Standard on Review Engagements* 2400 bzw. 2410 des *International Auditing and Assurance Standards Board* angewandt werden[3]. 44

Der Prüfungsmaßstab einer vollständigen **Abschlussprüfung** ergibt sich aus § 317 HGB. 45

3. Ergebnis der Durchsicht bzw. Prüfung (§ 115 Abs. 5 Satz 4 bis 6 WpHG). Wird eine prüferische Durchsicht durchgeführt, so hat der Abschlussprüfer deren Ergebnis in einer **Bescheinigung** zum Halbjahresfinanzbericht zusammenzufassen, die – vollständig – mit dem Halbjahresfinanzbericht zu veröffentlichen ist (§ 115 Abs. 5 Satz 4 WpHG)[4]. Bei Durchführung einer Abschlussprüfung im Hinblick auf den verkürzten Abschluss und den Zwischenlagebericht des Halbjahresfinanzberichts ist der Bestätigungsvermerk oder der Vermerk über dessen Versagung (vgl. § 322 Abs. 2 HGB) vollständig wiederzugeben und mit dem Halbjahresfinanzbericht zu veröffentlichen (§ 115 Abs. 5 Satz 5 WpHG). Sind der verkürzte Abschluss und der Zwischenlagebericht weder einer prüferischen Durchsicht noch einer Abschlussprüfung unterzogen worden, so ist dies im Halbjahresfinanzbericht anzugeben (§ 115 Abs. 5 Satz 6 WpHG). 46

4. Verweis auf HGB (§ 115 Abs. 5 Satz 7 WpHG). Nach § 115 Abs. 5 Satz 7 WpHG gelten die §§ 320, 323 HGB für die prüferische Durchsicht bzw. die Abschlussprüfung i.S.v. § 115 Abs. 5 WpHG entsprechend. Demnach hat der Abschlussprüfer gegenüber den gesetzlichen Vertretern des Emittenten Anspruch auf Vorlage von Unterlagen und auf Auskunft. Auch sind die in § 323 HGB niedergelegten Maßstäbe der haftungsrechtlichen Verantwortlichkeit des Abschlussprüfers anwendbar. 47

IV. WpAV und TranspRLDV (§ 115 Abs. 6 WpHG). § 115 Abs. 6 Nr. 1 WpHG befugt das Bundesministerium der Finanzen im Einvernehmen mit dem Bundesministerium der Justiz und für Verbraucherschutz u.a. durch Rechtsverordnung, die nicht der Zustimmung des Bundesrats bedarf, nähere Bestimmungen zum Inhalt des Halbjahresfinanzberichts zu machen. Von dieser Befugnis hat das Bundesministerium der Finanzen mittels der §§ 10 und 11 der TranspRLDV Gebrauch gemacht. 48

Darüber hinaus wurde das Bundesministerium der Finanzen in Parallele zu § 114 Abs. 3 Nr. 1 bis 3 WpHG befugt, im Einvernehmen mit dem Bundesministerium der Justiz und für Verbraucherschutz durch eine Rechtsverordnung, die nicht der Zustimmung des Bundesrats bedarf, nähere Bestimmungen zum Mindestinhalt, zur Art, zur Sprache, zum Umfang und zur Form der Hinweisbekanntmachung und der Mitteilung an die BaFin sowie zur Sprache, in der der Halbjahresfinanzbericht abzufassen ist, zum Zeitraum für den der Halbjahresfinanzbericht im Unternehmensregister allgemein zugänglich bleiben muss, und zu dem Zeitpunkt, zu dem er zu löschen ist, zu erlassen (§ 115 Abs. 6 Nr. 2 bis 4 WpHG). 49

V. Zusätzliche unterjährige Finanzinformationen (§ 115 Abs. 7 WpHG). Für den Fall, dass ein Unternehmen zusätzlich unterjährig Finanzinformationen veröffentlicht, verweist § 115 Abs. 7 WpHG für die prüferische Durchsicht auf § 115 Abs. 5 WpHG (vgl. Rz. 36 ff.). Praxisrelevant kann hier die Prüfung von **Quartalsfinanzberichten** sein. Mit diesem Verweis wollte der Gesetzgeber zum Schutze des Kapitalmarkts dazu beitragen, dass prüferische Durchsichten von Quartalsfinanzberichten die gleiche Qualität haben wie die von Halbjahresfinanzberichten[5]. Die Anwendung von § 115 Abs. 7 WpHG setzt voraus, dass ein Zwischenabschluss aufgestellt wird, der den Vorgaben des § 115 Abs. 2 Nr. 1 und 2 und der Abs. 3 und 4 entspricht. Liegt diese Voraussetzung nicht vor, greift § 115 Abs. 5 WpHG nicht. 50

Wendet man wegen § 115 Abs. 5 Satz 2 WpHG auf die prüferische Durchsicht die Bestimmungen der Verordnung Nr. 537/2014 über die Rotationspflicht an (vgl. Rz. 41), folgt daraus, dass der Abschlussprüfer, der die Abschlüsse des Unternehmens bereits zehn Jahre lang prüft, (ohne vorherige Ausschreibung) nicht mehr die prüferische Durchsicht des ersten Quartalsfinanzberichts nach Ablauf der zehn Jahre durchführen darf. Dies führt in der Praxis dazu, dass der neue Abschlussprüfer nicht erst auf der Hauptversammlung des ersten Geschäftsjahrs erfolgen kann, das er prüfen soll. Denn dann ist das erste Quartal regelmäßig bereits abgelaufen. Daher erfolgt die Wahl des Abschlussprüfers für die prüferische Durchsicht des ersten Quartalsfinanzberichts nach Ab- 51

---

1 Vgl. *Winkeljohann/Küster* in Winkeljohann/Förschle/Deubert, Sonderbilanzen, G Rz. 97 f.
2 Abgedruckt in WPg 2001, 1078 ff.
3 Abgedruckt in *International Federation of Accountants (IFAC)*, Handbook of International Quality Control, Auditing, Review, Other Assurance, and Related Services Pronouncements 2010 Part II, S. 230 ff.
4 Zum Wortlaut der Bescheinigung vgl. den Anhang des IDW PS 900, abgedruckt in FN 2007, 262, 264 f., und die Formulierungen in ISRE 2400 bzw. 2410.
5 Beschlussempfehlung und Bericht des Finanzausschusses (7. Ausschuss) zum Gesetz zur Umsetzung der Transparenzrichtlinie-Änderungsrichtlinie vom 30.9.2015, BT-Drucks. 18/6220, 82.

lauf der zehn Jahre bereits in der Hauptversammlung des Jahres zuvor. Konsequenterweise muss dann die Ausschreibung für die Abschlussprüfung zu diesem Zeitpunkt vollständig abgeschlossen sein, da es in der Praxis nicht möglich ist, die Ausschreibung für die prüferische Durchsicht des ersten Quartalsfinanzberichts von der für die Prüfung der folgenden Abschlüsse zu trennen.

§ 116 Zahlungsbericht; Verordnungsermächtigung

(1) Ein Unternehmen, das als Inlandsemittent Wertpapiere begibt, hat unter entsprechender Anwendung der §§ 341r bis 341v des Handelsgesetzbuchs einen Zahlungsbericht beziehungsweise Konzernzahlungsbericht zu erstellen und diesen spätestens sechs Monate nach Ablauf des Berichtszeitraums der Öffentlichkeit zur Verfügung zu stellen, wenn

1. das Unternehmen oder eines seiner Tochterunternehmen im Sinne des § 341r Nummer 1 des Handelsgesetzbuchs in der mineralgewinnenden Industrie tätig ist oder Holzeinschlag in Primärwäldern im Sinne des § 341r Nummer 2 des Handelsgesetzbuchs betreibt und
2. auf das Unternehmen § 341q des Handelsgesetzbuchs nicht anzuwenden ist.

Im Falle eines Unternehmens im Sinne des Satzes 1 mit Sitz in einem anderen Mitgliedstaat der Europäischen Union oder in einem anderen Vertragsstaat des Abkommens über den Europäischen Wirtschaftsraum treten anstelle der entsprechenden Anwendung der §§ 341s bis 341v des Handelsgesetzbuchs die in Umsetzung von Kapitel 10 der Richtlinie 2013/34/EU des Europäischen Parlaments und des Rates vom 26. Juni 2013 über den Jahresabschluss, den konsolidierten Abschluss und damit verbundene Berichte von Unternehmen bestimmter Rechtsformen und zur Änderung der Richtlinie 2006/43/EG des Europäischen Parlaments und des Rates und zur Aufhebung der Richtlinien 78/660/EWG und 83/349/EWG des Rates (ABl. L 182 vom 29.6.2013, S. 19) erlassenen nationalen Rechtsvorschriften des Sitzstaats.

(2) Außerdem muss jedes Unternehmen im Sinne des Absatzes 1 Satz 1 Nummer 1 spätestens sechs Monate nach Ablauf des Berichtszeitraums und vor dem Zeitpunkt, zu dem der Zahlungsbericht oder Konzernzahlungsbericht erstmals der Öffentlichkeit zur Verfügung steht, eine Bekanntmachung darüber veröffentlichen, ab welchem Zeitpunkt und unter welcher Internetadresse der Zahlungsbericht oder Konzernzahlungsbericht zusätzlich zu seiner Verfügbarkeit im Unternehmensregister öffentlich zugänglich ist. Das Unternehmen teilt die Bekanntmachung gleichzeitig mit ihrer Veröffentlichung der Bundesanstalt mit und übermittelt sie unverzüglich, jedoch nicht vor ihrer Veröffentlichung dem Unternehmensregister im Sinne des § 8b des Handelsgesetzbuchs zur Speicherung. Ein Unternehmen im Sinne von Satz 1 hat außerdem unverzüglich, jedoch nicht vor Veröffentlichung der Bekanntmachung nach Satz 2 den Zahlungsbericht oder Konzernzahlungsbericht an das Unternehmensregister zur Speicherung zu übermitteln, es sei denn, die Übermittlung erfolgt nach § 8b Absatz 2 Nummer 4 in Verbindung mit Absatz 3 Satz 1 Nummer 1 des Handelsgesetzbuchs.

(3) Die Bundesanstalt kann ein Unternehmen zur Erklärung auffordern, ob es im Sinne des § 341r des Handelsgesetzbuchs in der mineralgewinnenden Industrie tätig ist oder Holzeinschlag in Primärwäldern betreibt, und eine angemessene Frist setzen. Die Aufforderung ist zu begründen. Gibt das Unternehmen innerhalb der Frist keine Erklärung ab, so wird vermutet, dass das Unternehmen in den Anwendungsbereich des Absatzes 1 Satz 1 Nummer 1 fällt. Die Sätze 1 und 2 sind entsprechend anzuwenden, wenn die Bundesanstalt Anlass zur Annahme hat, dass ein Tochterunternehmen des Unternehmens in der mineralgewinnenden Industrie tätig ist oder Holzeinschlag in Primärwäldern betreibt.

(4) Das Bundesministerium der Finanzen kann im Einvernehmen mit dem Bundesministerium der Justiz und für Verbraucherschutz durch Rechtsverordnung, die nicht der Zustimmung des Bundesrates bedarf, nähere Bestimmungen erlassen über

1. den Mindestinhalt, die Art, die Sprache, den Umfang und die Form der Veröffentlichung nach Absatz 2 Satz 1 und
2. den Mindestinhalt, die Art, die Sprache, den Umfang und die Form der Bekanntmachung nach Absatz 2 Satz 2,
3. die Sprache, in der der Zahlungsbericht oder Konzernzahlungsbericht abzufassen ist, sowie den Zeitraum, für den der Zahlungsbericht oder Konzernzahlungsbericht im Unternehmensregister allgemein zugänglich bleiben muss, und den Zeitpunkt, zu dem er zu löschen ist.

In der Fassung des 2. FiMaNoG vom 23.6.2017 (BGBl. I 2017, 1693).

Schrifttum: S. § 114 WpHG und § 115 WpHG sowie *Eppinger/Münstermann*, Rohstoffgewinnende Industrie: Transparenz durch Zahlungsbericht?, WPg 2015, 1120; *Havers/Siegel*, Diskussion ausgewählter Auslegungsfragen und Vorschläge zur Anpassung von Reporting und Kontrollsystemen, WPg 2016, 341; *Kajüter/Reisloh*, Zwischenmitteilung der

Geschäftsführung nach § 116 WpHG, KoR 2007, 620; *Rohleder*, Anforderungen durch das BilRUG und Vorschlag für einen Musterbericht, KoR 2016, 17.

I. Erstellung und Veröffentlichung eines Zahlungsberichts (§ 116 Abs. 1 WpHG)	1	III. Erklärung zur Unternehmenstätigkeit (§ 116 Abs. 3 WpHG)	8
1. Normadressat (§ 116 Abs. 1 Satz 1 WpHG)	4	IV. WpAV (§ 116 Abs. 4 WpHG)	11
2. Veröffentlichung (§ 116 Abs. 1 Satz 1 WpHG)	5	V. Sanktionen	12
II. Hinweisbekanntmachung und ihre Übermittlung (§ 116 Abs. 2 WpHG)	7		

I. Erstellung und Veröffentlichung eines Zahlungsberichts (§ 116 Abs. 1 WpHG). Mit dem **Gesetz zur Umsetzung der Transparenzrichtlinie-Änderungsrichtlinie** vom 20.11.2015 ist die bis dahin in § 116 WpHG (§ 37x WpHG a.F.) geregelte Pflicht zur Veröffentlichung von Zwischenmitteilungen gestrichen worden. Damit folgte der deutsche Gesetzgeber der Aufhebung der entsprechenden Vorgabe auf europäischer Ebene. Begründet wurde die Streichung auf europäischer Ebene damit, dass Quartalsberichte zu einem kurzfristig orientierten Gewinnstreben beitragen und langfristigen Investitionen entgegenwirken würden. Zudem sollte die Streichung zur Entlastung kleinerer und mittlerer Emittenten beitragen[1]. Gleichzeitig wurden bestimmte Inlandsemittenten von Wertpapieren mit der Neufassung des § 116 WpHG (§ 37x WpHG a.F.) zur Veröffentlichung eines Zahlungsberichts i.S.d. §§ 341r ff. HGB verpflichtet. Auch diese Verpflichtung geht auf die Änderung der Transparenzrichtlinie im Jahr 2013 zurück. Mit den **Zahlungsberichten** der mineralgewinnenden Industrie und der Industrie des Holzeinschlags in Primärwäldern sollen der Zivilgesellschaft und den Anlegern Informationen verfügbar gemacht werden, „anhand derer die staatlichen Stellen ressourcenreicher Länder für ihre Einnahmen aus der Ausbeutung von Naturressourcen zur Rechenschaft gezogen werden könnten"[2].

Trotz der Neufassung des § 116 WpHG sieht die Börsenordnung der Frankfurter Wertpapierbörse (Stand: 11.6.2018) in § 53 Abs. 1 weiterhin vor, dass Aktienemittenten mit Zulassung zum Prime Standard zum Stichtag des ersten und des dritten Quartals eines jeden Geschäftsjahres eine **Quartalsmitteilung** erstellen. Die Mitteilungen haben nach § 53 Abs. 2 Satz 2 Börsenordnung der Frankfurter Wertpapierbörse (Stand: 11.6.2018) die Beurteilung zu ermöglichen, wie sich die Geschäftstätigkeit des Emittenten im jeweiligen Mitteilungszeitraum entwickelt hat. In der Quartalsmitteilung sind nach § 53 Abs. 2 Satz 3 Börsenordnung der Frankfurter Wertpapierbörse (Stand: 11.6.2018) die wesentlichen Ereignisse und Geschäfte des Mitteilungszeitraums im Unternehmen des Emittenten und ihre Auswirkungen auf die Finanzlage des Emittenten zu erläutern sowie die Finanzlage und das Geschäftsergebnis des Emittenten im Mitteilungszeitraum zu beschreiben. Sofern eine börsennotierte Gesellschaft (mangels Notierung im Prime Standard der Frankfurter Wertpapierbörse) nicht verpflichtet ist, Quartalsmitteilungen zu veröffentlichen, empfiehlt ihr die Regierungskommission Deutscher Corporate Governance Kodex, die Aktionäre unterjährig neben dem Halbjahresfinanzbericht in geeigneter Form über die Geschäftsentwicklung, insbesondere über wesentliche Veränderungen der Geschäftsaussichten sowie der Risikosituation, zu informieren (Ziff. 7.1.1 Satz 2 DCGK). Zudem wird börsennotierten Gesellschaften in Ziff. 7.1.2 Satz 2 DCGK empfohlen, dass der Vorstand mit dem Aufsichtsrat oder seinem Prüfungsausschuss unterjährige Finanzinformationen vor deren Veröffentlichung erörtert. Mit diesen Regelungen wollte die Regierungskommission Deutscher Corporate Governance Kodex einen Kompromiss finden zwischen dem Wegfall der Verpflichtung zur Veröffentlichung von Quartalsmitteilungen einerseits und dem Mehrwert andererseits, den unterjährige Informationen für die Aktionäre haben können[3].

Anders als für den Jahresabschluss und Lagebericht sowie für den Konzernabschluss und Konzernlagebericht ist es gesetzlich nicht vorgeschrieben, dass die Zahlungsberichte vor Veröffentlichung vom **Aufsichtsrat** geprüft und festgestellt bzw. gebilligt werden müssen[4]. Auch die Regierungskommission Deutscher Corporate Gover-

---

[1] Erwägungsgrund 4 der Richtlinie 2013/50/EU vom 22.10.2013 zur Änderung der Richtlinie 2004/109/EG des Europäischen Parlaments und des Rates zur Harmonisierung der Transparenzanforderungen in Bezug auf Informationen über Emittenten, deren Wertpapiere zum Handel auf einem geregelten Markt zugelassen sind, der Richtlinie 2003/71/EG des Europäischen Parlaments und des Rates betreffend den Prospekt, der beim öffentlichen Angebot von Wertpapieren oder bei deren Zulassung zum Handel zu veröffentlichen ist, sowie der Richtlinie 2007/14/EG der Kommission mit Durchführungsbestimmungen zu bestimmten Vorschriften der Richtlinie 2004/109/EG, ABl. EU Nr. L 294 v. 6.11.2013, S. 13.
[2] Erwägungsgrund 7 der Richtlinie 2013/50/EU vom 22.10.2013 zur Änderung der Richtlinie 2004/109/EG des Europäischen Parlaments und des Rates zur Harmonisierung der Transparenzanforderungen in Bezug auf Informationen über Emittenten, deren Wertpapiere zum Handel auf einem geregelten Markt zugelassen sind, der Richtlinie 2003/71/EG des Europäischen Parlaments und des Rates betreffend den Prospekt, der beim öffentlichen Angebot von Wertpapieren oder bei deren Zulassung zum Handel zu veröffentlichen ist, sowie der Richtlinie 2007/14/EG der Kommission mit Durchführungsbestimmungen zu bestimmten Vorschriften der Richtlinie 2004/109/EG, ABl. EU Nr. L 294 v. 6.11.2013, S. 13, 14; vgl. zum Zweck der Einführung der Zahlungsberichte auch *Eppinger/Münstermann*, WPg 2015, 1120, 1122.
[3] Regierungskommission Deutsche Corporate Governance Kodex, Erläuterungen der Änderungsvorschläge der Regierungskommission Deutscher Corporate Governance Kodex aus der Plenarsitzung vom 13.10.2016, S. 11.
[4] Vgl. *Eppinger/Münstermann*, WPg 2015, 1120, 1126; *Havers/Siegel*, WPg 2016, 341, 342; *Rohleder/Freiberg*, KoR 2016, 17, 19.

nance Kodex spricht keine entsprechende Empfehlung aus. Allerdings unterliegt der Zahlungsbericht als eine Maßnahme der Geschäftsführung i.S.v. § 111 Abs. 1 AktG der generellen Überwachung des Vorstands durch den Aufsichtsrat. So erfasst der Bußgeldtatbestand des § 341x HGB denn grundsätzlich auch Aufsichtsräte von Kapitalgesellschaften.

4 **1. Normadressat (§ 116 Abs. 1 Satz 1 WpHG).** Zur Erstellung und Veröffentlichung von Zahlungsberichten entsprechend der §§ 341r ff. HGB verpflichtet sind nach § 116 Abs. 1 Satz 1 WpHG **Unternehmen**, die als **Inlandsemittenten** Wertpapiere begeben. Zum Unternehmensbegriff s. § 114 WpHG Rz. 8, zum Inlandsemittentenbegriff s. § 2 WpHG Rz. 229 ff. und zum Wertpapierbegriff s. § 2 WpHG Rz. 8 ff. Damit entspricht der Adressatenkreis zunächst § 114 Abs. 1 Satz 1 WpHG (vgl. dazu § 114 WpHG Rz. 8 ff.). Weitere Voraussetzung ist nach § 116 Abs. 1 Satz 1 Nr. 1 WpHG allerdings, dass diese Unternehmen oder eines ihrer Tochterunternehmen i.S.d. § 341r Nr. 1 HGB in der mineralgewinnenden Industrie tätig sind oder Holzeinschlag in Primärwäldern i.S.d. § 341r Nr. 2 HGB betreiben[1]. Zudem greift die Pflicht nach § 116 Abs. 1 Satz 1 Nr. 2 WpHG dann nicht, wenn es sich um eine Gesellschaft handelt, die § 341q HGB unterliegt und daher nach den §§ 341r ff. HGB ohnehin einen entsprechenden Bericht zu erstellen und offenzulegen hat[2]. Da § 341q HGB einen Sitz im Inland voraussetzt, greift § 116 Abs. 1 Satz 1 WpHG etwa, wenn ein Unternehmen zwar seinen Sitz im Ausland hat, aber dennoch nach § 2 Abs. 14 WpHG zu den Inlandsemittenten zählt. Da diese Inlandsemittenten ihren Sitz in einem anderen Mitgliedstaat der Europäischen Union oder in einem anderen Vertragsstaat des Abkommens über den Europäischen Wirtschaftsraum haben, treten nach § 116 Abs. 1 Satz 2 WpHG anstelle der entsprechenden Anwendung der §§ 341s bis 341w HGB die in Umsetzung von Kapitel 10 der Richtlinie 2013/34/EU des Europäischen Parlaments und des Rates vom 26.6.2013 über den Jahresabschluss, den konsolidierten Abschluss und damit verbundene Berichte von Unternehmen bestimmter Rechtsformen und zur Änderung der Richtlinie 2006/43/EG des Europäischen Parlaments und des Rates und zur Aufhebung der Richtlinien 78/660/EWG und 83/349/EWG des Rates (ABl. EU Nr. L 182 v. 29.6.2013, S. 19) erlassenen nationalen Rechtsvorschriften des Sitzstaats.

5 **2. Veröffentlichung (§ 116 Abs. 1 Satz 1 WpHG).** Der Zahlungsbericht ist nach § 116 Abs. 1 Satz 1 WpHG spätestens sechs Monate nach Ablauf des Berichtszeitraums der Öffentlichkeit zur Verfügung zu stellen. Der Berichtszeitraum ist nach § 341r Nr. 8 HGB das Geschäftsjahr des Unternehmens, das den Zahlungsbericht oder Konzernzahlungsbericht zu erstellen hat. Das Unternehmen genügt der Veröffentlichungspflicht des § 116 Abs. 1 Satz 1 WpHG, wenn es den Zahlungsbericht auf einer allgemein zugänglichen (unternehmenseigenen) **Homepage** einstellt und er über das **Unternehmensregister** zugänglich ist (vgl. § 114 WpHG Rz. 11).

6 Anders als in § 114 Abs. 1 Satz 1 WpHG und in § 115 Abs. 1 Satz 1 WpHG differenziert § 116 Abs. 1 Satz 1 WpHG nicht zwischen der Erstellung und der Veröffentlichung des Zahlungsberichts. Vielmehr sind die Zahlungsberichte innerhalb des genannten Zeitraums zu erstellen und zu veröffentlichen. Nach § 20 WpAV müssen die Zahlungsberichte im Unternehmensregister mindestens für 10 Jahre verfügbar sein (zur Dauer der Verfügbarkeit auf der unternehmenseigenen Homepage vgl. § 114 WpHG Rz. 19).

7 **II. Hinweisbekanntmachung und ihre Übermittlung (§ 116 Abs. 2 WpHG).** Vor der Veröffentlichung des jeweiligen Zahlungsberichts muss das Unternehmen gem. § 116 Abs. 2 Satz 1 WpHG eine Hinweisbekanntmachung veröffentlichen. Diese muss Angaben dazu enthalten, ab wann und unter welcher Internetadresse der Zahlungsbericht zusätzlich zu seiner Verfügbarkeit im Unternehmensregister öffentlich zugänglich ist (vgl. dazu § 114 WpHG Rz. 20 ff.). Die Hinweisbekanntmachung ist nach § 116 Abs. 2 WpHG gleichzeitig mit ihrer Veröffentlichung der BaFin mitzuteilen (vgl. hierzu § 114 WpHG Rz. 27 ff.). Auch hat das Unternehmen nach § 116 Abs. 2 Satz 3 WpHG die Bekanntmachung unverzüglich, jedoch nicht vor ihrer Veröffentlichung dem Unternehmensregister i.S.d. § 8b HGB zur Speicherung zuzuleiten (vgl. dazu § 114 WpHG Rz. 31 ff.). Diese Pflichten treffen nach § 116 Abs. 2 Satz 1 WpHG jedes Unternehmen i.S.v. § 116 Abs. 1 Satz 1 Nr. 1 WpHG. Da § 116 Abs. 1 Satz 1 Nr. 2 WpHG bewusst nicht in Bezug genommen wurde[3], haben also auch die Unternehmen § 116 Abs. 2 WpHG umzusetzen, die aufgrund von § 341q HGB einen Bericht nach den §§ 341r ff. HGB erstellen und offenlegen.

8 **III. Erklärung zur Unternehmenstätigkeit (§ 116 Abs. 3 WpHG).** In Parallele zu § 341y Abs. 2 HGB berechtigt § 116 Abs. 3 WpHG die BaFin, ein Unternehmen unter Setzung einer angemessenen Antwortfrist zur Erklärung aufzufordern, ob es i.S.d. § 341r HGB in der mineralgewinnenden Industrie tätig ist oder Holzeinschlag in Primärwäldern betreibt[4]. Bei der Aufforderung handelt es sich um einen Verwaltungsakt, der dem VwVfG unterliegt. Sie ist nach § 116 Abs. 3 Satz 2 WpHG zu begründen. Nach § 116 Abs. 3 Satz 4 WpHG kann die BaFin das Unternehmen auch dann zu einer entsprechenden Erklärung auffordern, wenn sie Anlass zur Annahme hat, dass es nicht selbst, sondern eines seiner Tochterunternehmen in der mineralgewinnenden Industrie tätig ist oder Holzeinschlag in Primärwäldern betreibt.

---

1 Vgl. dazu Begr. RegE, BT-Drucks. 18/5010, 51.
2 Zum Inhalt des Berichts vgl. IDW Praxishinweis 1/2017; IDW Life 2/2017, S. 259 ff.
3 Vgl. Begr. RegE, BT-Drucks. 18/5010, 51.
4 Vgl. zur Rechtslage unter HGB *Eppinger/Münstermann*, WPg 2015, 1120, 1126.

§ 116 Abs. 3 WpHG ist sehr weit gefasst. Denn dem Wortlaut nach kann die BaFin jedes Unternehmen zu einer entsprechenden Erklärung auffordern. Eine Anfrage macht aber natürlich nur Sinn, wenn es sich um ein Unternehmen handelt, dass als Inlandsemittent Wertpapiere begeben hat. Zudem stellt sich die Frage, ob der BaFin das Recht auf Auskunft nach § 116 Abs. 3 WpHG auch gegenüber Unternehmen zusteht, die nach § 341q HGB der Berichtspflicht gem. §§ 341r ff. HGB unterliegen. Denn diese Unternehmen unterliegen nach § 116 Abs. 1 Satz 1 Nr. 2 WpHG nicht der Berichtspflicht aus § 116 Abs. 1 WpHG und sie können bereits vom Bundesamt für Justiz eine entsprechende Anfrage erhalten. Für ein Recht zur Aufforderung nach § 116 Abs. 3 WpHG auch gegenüber diesen Unternehmen spricht allerdings, dass sie Adressat der Pflichten aus § 116 Abs. 2 WpHG sind und die BaFin klären können muss, ob eine bestimmtes Unternehmen diesen Pflichten unterliegt oder nicht.

Gibt das Unternehmen innerhalb der von der BaFin gesetzten Frist keine Erklärung ab, wird nach § 116 Abs. 3 Satz 3 WpHG vermutet, dass das Unternehmen in den Anwendungsbereich des § 116 Abs. 1 Satz 1 Nr. 1 WpHG fällt. Da es sich lediglich um eine Vermutung handelt, ist anzunehmen, dass diese auch nach Ablauf der von der BaFin gesetzten Antwortfrist durch das Unternehmen korrigiert werden kann.

IV. WpAV (§ 116 Abs. 4 WpHG). Das Bundesministerium der Finanzen wurde in Parallele zu § 114 Abs. 3 Nr. 1 und 2 WpHG befugt, im Einvernehmen mit dem Bundesministerium der Justiz und für Verbraucherschutz durch eine Rechtsverordnung, die nicht der Zustimmung des Bundesrats bedarf, nähere Bestimmungen zum Mindestinhalt, zur Art, zur Sprache, zum Umfang und zur Form der Hinweisbekanntmachung und der Bekanntmachung an die BaFin sowie zur Sprache, in der der Zahlungsbericht zu erstellen ist, und zur Dauer seiner Veröffentlichung im Unternehmensregister zu erlassen (§ 116 Abs. 4 Nr. 1 bis 3 WpHG).

V. Sanktionen. Verstößt ein Unternehmen vorsätzlich oder leichtfertig gegen seine Pflichten aus § 116 Abs. 2 Satz 1 oder 2 WpHG, stellt dies nach § 120 Abs. 2 Nr. 4 lit. g bzw. Nr. 2 lit. m oder Nr. 10 WpHG eine Ordnungswidrigkeit dar, wegen der eine Geldbuße im Fall des § 120 Abs. 2 Nr. 4 lit. g WpHG gem. § 120 Abs. 17 Satz 1 WpHG von bis zu 2 Mio. Euro (gegenüber Unternehmen und Personenvereinigungen sogar noch mehr) sowie nach § 120 Abs. 24 WpHG im Fall des § 120 Abs. 2 Nr. 2 lit. m i.H.v. 200.000 Euro und im Fall der § 120 Abs. 2 Nr. 10a von 500.000 Euro verhängt werden kann.

§ 117 Konzernabschluss

Ist ein Mutterunternehmen verpflichtet, einen Konzernabschluss und einen Konzernlagebericht aufzustellen, gelten die §§ 114 und 115 mit der folgenden Maßgabe:
1. Der Jahresfinanzbericht hat auch den geprüften, im Einklang mit der Verordnung (EG) Nr. 1606/2002 des Europäischen Parlaments und des Rates vom 19. Juli 2002 betreffend die Anwendung internationaler Rechnungslegungsstandards (ABl. EG Nr. L 243 S. 1) aufgestellten Konzernabschluss, den Konzernlagebericht, eine den Vorgaben des § 297 Absatz 2 Satz 4, § 315 Absatz 1 Satz 5 des Handelsgesetzbuchs entsprechende Erklärung und eine Bescheinigung der Wirtschaftsprüferkammer gemäß § 134 Abs. 2a der Wirtschaftsprüferordnung über die Eintragung des Abschlussprüfers oder eine Bestätigung der Wirtschaftsprüferkammer gemäß § 134 Abs. 4 Satz 8 der Wirtschaftsprüferordnung über die Befreiung von der Eintragungspflicht zu enthalten.
2. Die gesetzlichen Vertreter des Mutterunternehmens haben den Halbjahresfinanzbericht für das Mutterunternehmen und die Gesamtheit der einzubeziehenden Tochterunternehmen zu erstellen und zu veröffentlichen. § 115 Absatz 3 gilt entsprechend, wenn das Mutterunternehmen verpflichtet ist, den Konzernabschluss nach den in § 315e Absatz 1 des Handelsgesetzbuchs bezeichneten internationalen Rechnungslegungsstandards und Vorschriften aufzustellen.

In der Fassung des 2. FiMaNoG vom 23.6.2017 (BGBl. I 2017, 1693).

Schrifttum: S. § 114 WpHG, § 115 WpHG.

I. Adressatenkreis 1	III. Halbjahresfinanzbericht eines Konzerns
II. Konzernabschluss (§ 117 Nr. 1 WpHG) 3	(§ 117 Nr. 2 WpHG) 6

I. Adressatenkreis. Mit der Streichung der Pflicht zur Veröffentlichung von Zwischenmitteilungen in § 116 WpHG (§ 37x WpHG a.F.) mit dem **Gesetz zur Umsetzung der Transparenzrichtlinie-Änderungsrichtlinie** vom 20.11.2015 erfasst § 117 WpHG (§ 37y WpHG a.F.) nur noch die §§ 114 und 115 WpHG. Diese Bestimmungen beziehen sich auf den Jahresabschluss. § 117 WpHG ergänzt die Bestimmungen für Unternehmen, die zur Aufstellung eines Konzernabschlusses und Konzernlageberichts verpflichtet sind. Ausweislich der Gesetzesbegründung erfasst § 117 WpHG die Unternehmen, die nach §§ 290 bis 293 HGB einen **Konzernabschluss**

und Konzernlagebericht aufzustellen haben[1]. Die Anwendbarkeit der §§ 290 bis 293 HGB setzt allerdings voraus, dass die Unternehmen ihren Sitz in Deutschland haben[2]. Hingegen richten sich die §§ 114 und 115 WpHG an Inlandsemittenten. Hierunter fallen auch Unternehmen mit Sitz im Ausland. Dass auch Inlandsemittenten mit Sitz im Ausland von § 117 WpHG erfasst sein sollen, ergibt sich schon aus § 118 Abs. 4 WpHG[3]. Denn diese Vorschrift befugt die BaFin, Unternehmen mit Sitz in einem Drittstaat unter bestimmten Voraussetzungen von den Anforderungen der §§ 114, 115 und 117 WpHG freizustellen. Die Erwähnung von § 117 WpHG wäre überflüssig, wenn § 117 WpHG nur Unternehmen mit Sitz in Deutschland erfassen sollte. Richtigerweise muss es für die Anwendbarkeit von Unternehmen mit Sitz im Ausland allerdings genügen, dass sie nach dem Recht ihres Sitzstaats zur Aufstellung eines Konzernabschlusses verpflichtet sind. Die Pflicht, einen Konzernlagebericht aufzustellen, muss nicht hinzutreten, da eine solche Pflicht nicht auch in Staaten außerhalb der Europäischen Union bestehen muss.

2 Der Wortlaut des § 117 WpHG verdeutlicht, dass die Bestimmung eine **Pflicht zur Aufstellung** eines Konzernabschlusses voraussetzt, sie hingegen **nicht begründet**. Damit werden Inlandsemittenten, deren Sitzstaat sie nicht zur Aufstellung eines Konzernabschlusses verpflichtet, nicht von § 117 WpHG erfasst.

3 **II. Konzernabschluss (§ 117 Nr. 1 WpHG).** Bei Unternehmen, die zur Aufstellung eines Konzernabschlusses verpflichtet sind, hat der Jahresfinanzbericht den geprüften, im Einklang mit der IAS-Verordnung[4] aufgestellten Konzernabschluss, den Konzernlagebericht und eine den Vorgaben der § 297 Abs. 2 Satz 4, § 315 Abs. 1 Satz 5 HGB entsprechende Erklärung zu enthalten. Inlandsemittenten mit Sitz in Deutschland haben ihren Konzernabschluss und Konzernlagebericht allerdings ohnehin nach § 325 Abs. 3 HGB offen zu legen und nach § 8b Abs. 2 Nr. 4 HGB dem Unternehmensregister zu übermitteln. Daher ist für sie § 117 Nr. 1 WpHG nur insofern relevant, als dass sie auch im Hinblick auf den Konzernabschluss und Konzernlagebericht das in § 114 Abs. 1 Satz 2 bis 4 WpHG niedergelegte Veröffentlichungsverfahren einzuhalten haben.

4 Für Unternehmen mit Sitz im Ausland, die nach dem Recht ihres Sitzstaats verpflichtet sind, einen Konzernabschluss aufzustellen, soll § 117 Nr. 1 WpHG offenbar auch im Hinblick auf die zu veröffentlichenden Unterlagen (mit Ausnahme der Konzernrechnungslegungspflicht dem Grunde nach, vgl. Rz. 2) **konstitutive Wirkung** entfalten. Ansonsten liefe die Regelung des § 118 Abs. 4 WpHG weitgehend leer. Demnach ist ein konzernrechnungslegungspflichtiges Unternehmen mit Sitz im Ausland verpflichtet, seinen Konzernabschluss unter Beachtung der IFRS und einen Konzernlagebericht aufzustellen sowie eine Versicherung i.S.d. § 297 Abs. 2 Satz 4, § 315 Abs. 1 Satz 5 HGB abzugeben. Dies ist insbesondere für Unternehmen mit Sitz in einem Drittstaat, also außerhalb der Europäischen Union oder eines anderen Vertragsstaats des Abkommens über den Europäischen Wirtschaftsraum bedeutsam, weil diese nicht der europäischen Harmonisierung der Rechnungslegungsanforderungen unterliegen[5]. Allerdings kommt die Wirkung des § 117 Nr. 1 WpHG nur dann zur Entfaltung, wenn die Rechnungslegung nach nationalen Regeln nicht als gleichwertig i.S.d. § 118 Abs. 4 WpHG anerkannt wird.

5 Mit dem Bilanzrechtsmodernisierungsgesetz vom 25.5.2009[6] wurde eine Verpflichtung eingeführt, den Jahresfinanzbericht um eine Bescheinigung nach § 134 Abs. 2a WPO oder § 134 Abs. 4 Satz 8 WPO zu ergänzen. Diese Verpflichtung richtet sich nur an Inlandsemittenten mit Sitz in einem Drittstaat i.S.v. § 3 Abs. 1 Satz 1 WPO, soweit diese von einem Wirtschaftsprüfer mit Sitz in einem Drittstaat geprüft werden.

6 **III. Halbjahresfinanzbericht eines Konzerns (§ 117 Nr. 2 WpHG).** Gemäß § 117 Nr. 2 Satz 1 WpHG haben konzernrechnungslegungspflichtige Unternehmen, die § 115 Abs. 1 Satz 1 WpHG unterliegen, den Halbjahresfinanzbericht für das Unternehmen sowie die Gesamtheit der gem. §§ 294, 296 HGB einzubeziehenden Tochterunternehmen zu erstellen und zu veröffentlichen[7]. Anders als beim Jahresfinanzbericht führt die Bestimmung nicht dazu, dass der Halbjahresfinanzbericht um einen auf den Konzern bezogenen verkürzten Abschluss und Zwischenlagebericht erweitert werden muss. Vielmehr tritt der auf den Konzern bezogene Halbjahresfinanzbericht an die Stelle des auf Einzelabschlussebene erstellten Halbjahresfinanzberichts[8].

7 Nach § 117 Nr. 2 Satz 2 WpHG gilt § 115 Abs. 3 WpHG entsprechend, wenn das Mutterunternehmen verpflichtet ist, den Konzernabschluss unter Beachtung der IFRS aufzustellen. Mit der Regelung soll erreicht werden, dass Unternehmen mit IFRS-Konzernabschluss auch den verkürzten Abschluss des Halbjahresfinanz-

---

1 Begr. RegE zum TUG, BT-Drucks. 16/2498 v. 4.9.2006, 46.
2 *Grottel/Kreher* in Beck'scher BilKomm., 11. Aufl. 2018, § 290 HGB Rz. 1. Zu der Frage, ob für die Rechnungslegungspflichten an den Gründungs- oder den Verwaltungssitz anzuknüpfen ist, vgl. *Kindler* in MünchKomm. BGB, 5. Aufl. 2010, IntGesR Rz. 273 ff.; *Westhoff* in Hirte/Bücker, Grenzüberschreitende Gesellschaften, 2. Aufl. 2006, § 18 Rz. 19 ff.; jeweils m.w.N.
3 Vgl. *Mock* in KölnKomm. WpHG, § 37y WpHG Rz. 26.
4 Verordnung (EG) Nr. 1606/2002 des Europäischen Parlaments und des Rates vom 19.7.2002 betreffend die Anwendung internationaler Rechnungslegungsstandards, ABl. EG Nr. L 243 v. 11.9.2002, S. 1.
5 Gegen eine Anwendung der Regelungen auf Unternehmen mit Sitz in einem Drittstaat *Kumm*, BB 2009, 1118.
6 BGBl. I 2009, 1102 ff.
7 Begr. RegE zum TUG, BT-Drucks. 16/2498 v. 4.9.2006, 46.
8 Begr. RegE zum TUG, BT-Drucks. 16/2498 v. 4.9.2006, 46.

berichts unter Beachtung der IFRS aufstellen[1]. Zur Bedeutung der Regelung für Unternehmen mit Sitz in einem Drittstaat vgl. Rz. 4.

§ 118 Ausnahmen; Verordnungsermächtigung

(1) Die §§ 114, 115 und 117 sind nicht anzuwenden auf Unternehmen, die ausschließlich
1. zum Handel an einem organisierten Markt zugelassene Schuldtitel mit einer Mindeststückelung von 100 000 Euro oder dem am Ausgabetag entsprechenden Gegenwert einer anderen Währung begeben oder
2. noch ausstehende bereits vor dem 31. Dezember 2010 zum Handel an einem organisierten Markt im Inland oder in einem anderen Mitgliedstaat der Europäischen Union oder einem anderen Vertragsstaat des Abkommens über den Europäischen Wirtschaftsraum zugelassene Schuldtitel mit einer Mindeststückelung von 50 000 Euro oder dem am Ausgabetag entsprechenden Gegenwert einer anderen Währung begeben haben.

Die Ausnahmen nach Satz 1 sind auf Emittenten von Wertpapieren im Sinne des § 2 Absatz 1 Nummer 2 nicht anzuwenden.

(2) § 115 findet keine Anwendung auf Kreditinstitute, die als Inlandsemittenten Wertpapiere begeben, wenn ihre Aktien nicht an einem organisierten Markt zugelassen sind und sie dauernd oder wiederholt ausschließlich Schuldtitel begeben haben, deren Gesamtnennbetrag 100 Millionen Euro nicht erreicht und für die kein Prospekt nach dem Wertpapierprospektgesetz veröffentlicht wurde.

(3) § 115 findet ebenfalls keine Anwendung auf Unternehmen, die als Inlandsemittenten Wertpapiere begeben, wenn sie zum 31. Dezember 2003 bereits existiert haben und ausschließlich zum Handel an einem organisierten Markt zugelassene Schuldtitel begeben, die vom Bund, von einem Land oder von einer seiner Gebietskörperschaften unbedingt und unwiderruflich garantiert werden.

(4) Die Bundesanstalt kann ein Unternehmen mit Sitz in einem Drittstaat, das als Inlandsemittent Wertpapiere begibt, von den Anforderungen der §§ 114, 115 bis 117, auch in Verbindung mit einer Rechtsverordnung nach § 114 Absatz 3 oder § 115 Absatz 6, ausnehmen, soweit diese Emittenten gleichwertigen Regeln eines Drittstaates unterliegen oder sich solchen Regeln unterwerfen. Die Bundesanstalt unterrichtet die Europäische Wertpapier- und Marktaufsichtsbehörde über die erteilte Freistellung. Die nach den Vorschriften des Drittstaates zu erstellenden Informationen sind jedoch in der in § 114 Absatz 1 Satz 1 und 2 und § 115 Absatz 1 Satz 1 und 2, jeweils auch in Verbindung mit einer Rechtsverordnung nach § 114 Absatz 3 oder § 115 Absatz 6, geregelten Weise der Öffentlichkeit zur Verfügung zu stellen, zu veröffentlichen und gleichzeitig der Bundesanstalt mitzuteilen. Die Informationen sind außerdem unverzüglich, jedoch nicht vor ihrer Veröffentlichung dem Unternehmensregister im Sinne des § 8b des Handelsgesetzbuchs zur Speicherung zu übermitteln. Das Bundesministerium der Finanzen kann durch Rechtsverordnung, die nicht der Zustimmung des Bundesrates bedarf, nähere Bestimmungen über die Gleichwertigkeit von Regeln eines Drittstaates und die Freistellung von Unternehmen nach Satz 1 erlassen.

In der Fassung des 2. FiMaNoG vom 23.6.2017 (BGBl. I 2017, 1693).

Schrifttum: S. § 114 WpHG, § 115 WpHG.

I. Überblick 1	IV. Von Bund, Land oder einer Gebietskörperschaft garantierte Schuldtitel (§ 118 Abs. 3 WpHG) . . 8
II. Schuldtitel mit bestimmter Mindeststückelung (§ 118 Abs. 1 WpHG) 3	V. Befreiungsbefugnis der BaFin für Unternehmen aus Drittstaaten (§ 118 Abs. 4 WpHG) 9
III. Schuldtitel emittierende Kreditinstitute (§ 118 Abs. 2 WpHG) 5	

I. Überblick. Nach § 118 WpHG (§ 37z WpHG a.F.) sind bestimmte Unternehmen von der Anwendbarkeit der §§ 114, 115 und 117 WpHG ausgenommen. Mit der Bestimmung wurde Art. 8 RL 2004/109/EG (Transparenzrichtlinie) in deutsches Recht umgesetzt. Während die in § 118 Abs. 1 WpHG genannten Unternehmen vollständig von den Pflichten der §§ 114, 115 und 117 WpHG befreit sind, beziehen sich die Ausnahmeregelungen der Abs. 2 und 3 nur auf die Erstellung und Veröffentlichung eines Halbjahresfinanzberichts. Abs. 4 enthält Regelungen für Inlandsemittenten mit Sitz in einem Drittstaat. 1

Durch das Gesetz zur Umsetzung der Richtlinie 2010/73/EU und zur Änderung des Börsengesetzes vom 26.6.2012 wurde § 118 Abs. 1 WpHG (§ 37x Abs. 1 WpHG a.F.) ergänzt. So wurde die von § 118 Abs. 1 WpHG er- 2

---
[1] Begr. RegE zum TUG, BT-Drucks. 16/2498 v. 4.9.2006, 46.

fasste Mindeststückelung für nach dem 30.12.2010 begebene Schuldtitel im Einklang mit den europäischen Vorgaben auf 100.000 Euro erhöht. Zudem wurde § 118 Abs. 1 Satz 2 WpHG (§ 37x Abs. 1 Satz 2 WpHG a.F.) eingefügt. Weiterhin wurde mit dem Gesetz zur Umsetzung der Transparenzrichtlinie-Änderungsrichtlinie vom 20.11.2015 die Streichung der Pflicht zur Erstellung und Veröffentlichung einer Quartalsmitteilung auch in § 118 WpHG (§ 37x WpHG a.F.) nachvollzogen. Schließlich wurde § 37x Abs. 5 WpHG a.F., der sich auf Geschäftsjahre mit Beginn vor dem 1.1.2007 bezog, mit dem Gesetz wegen Zeitablaufs aufgehoben.

3 **II. Schuldtitel mit bestimmter Mindeststückelung (§ 118 Abs. 1 WpHG).** Ausgenommen von den in §§ 114, 115 und 117 WpHG geregelten Pflichten sind nach § 118 Abs. 1 Satz 1 Nr. 1 WpHG zunächst solche Emittenten, die zum Handel an einem organisierten Markt ausschließlich Schuldtitel begeben, die eine Mindeststückelung von 100.000 Euro oder den entsprechenden Gegenwert in einer anderen Währung aufweisen, wobei in letztem Fall der Ausgabetag für die Berechnung des Gegenwerts maßgeblich ist. Damit wird der Handel von Einzelstückellungen von mindestens 100.000 Euro im Einklang mit Art. 3 Abs. 2 lit. d RL 2003/71/EG (Prospektrichtlinie) begünstigt. Die Mindeststückelung von 100.000 Euro gilt allerdings nur für nach dem 30.12.2010 begebene Schuldtitel. Für Schuldtitel, die vor dem 31.12.2010 zum Handel an einem organisierten Markt im Inland oder einem anderen Mitgliedstaat der Europäischen Union oder einem anderen Vertragsstaat des Abkommens über den Europäischen Wirtschaftsraum zugelassen wurden, gilt weiterhin die alte, so auch damals in der Prospektrichtlinie verankerte, Mindeststückelung von 50.000 Euro (§ 118 Abs. 1 Satz 1 Nr. 2 WpHG)[1].

4 Der Schuldtitelbegriff ist in § 2 Abs. 1 Nr. 3 WpHG und der Begriff des organisierten Markts in § 2 Abs. 11 WpHG definiert. Emittenten von Wertpapieren, die unter § 2 Abs. 1 Nr. 2 WpHG fallen, sind von der Ausnahmevorschrift des § 118 Abs. 1 WpHG nicht erfasst. Dies ist in § 118 Abs. 1 Satz 2 WpHG ausdrücklich festgehalten. Dieser Satz wurde mit dem Gesetz zur Umsetzung der Richtlinie 2010/73/EU und zur Änderung des Börsengesetzes vom 26.6.2012 eingefügt. Dadurch sollte klargestellt werden, „dass im Einklang mit der Begründung zum Regierungsentwurf des Transparenzrichtlinie-Umsetzungsgesetzes (BT-Drucks. 16/2498 – dort Seite 46, zu § 118 Abs. 1) Emittenten von Wertpapieren i.S.d. § 2 Abs. 1 Satz 1 Nr. 2 des Wertpapierhandelsgesetzes von der Ausnahmeregelung auszunehmen sind"[2]. Ausweislich der in Bezug genommenen Begründung zum TUG und im Einklang mit Art. 8 Abs. 1 lit. b sowie der Definition des Schuldtitelbegriffs in Art. 2 Abs. 1 lit. b RL 2004/109/EG (Transparenzrichtlinie) wollte der Gesetzgeber auch die Emittenten von Schuldtiteln aus der Befreiungsvorschrift des § 118 Abs. 1 WpHG ausgenommen wissen, „die […] bei Umwandlung oder Ausübung der durch sie verbrieften Rechte zum Erwerb von Aktien oder Aktien gleichzustellenden Wertpapieren berechtigen, also etwa Wandelschuldverschreibungen"[3]. Allerdings hat der Gesetzgeber den Wertpapierbegriff mit dem **Finanzmarktrichtlinie-Umsetzungsgesetz** vom 16.7.2007 verändert und derartige Wertpapiere nach § 2 Abs. 1 Nr. 3 lit. b WpHG den „normalen" Schuldtiteln zugeordnet. Insofern ändert die „Klarstellung" nichts daran, dass Emittenten von Wandelschuldverschreibungen mit einer Mindeststückelung von 100.000 Euro nach § 118 Abs. 1 WpHG nicht den §§ 114, 115 und 117 WpHG unterliegen[4].

5 **III. Schuldtitel emittierende Kreditinstitute (§ 118 Abs. 2 WpHG).** Gemäß § 118 Abs. 2 WpHG sind Kreditinstitute, die als Inlandsemittenten Wertpapiere begeben, wenn ihre Aktien nicht an einem organisierten Markt zugelassen sind und sie dauernd oder wiederholt ausschließlich Schuldtitel begeben haben, deren Gesamtnennbetrag 100 Mio. Euro nicht erreicht und für die kein Prospekt nach dem Wertpapierprospektgesetz veröffentlicht wurde, von der Pflicht zur Erstellung und Veröffentlichung eines Halbjahresfinanzberichts ausgenommen.

6 Der Begriff Kreditinstitut ist in § 1 Abs. 1 KWG, der Inlandsemittentenbegriff in § 2 Abs. 14 WpHG, der Schuldtitelbegriff in § 2 Abs. 1 Nr. 3 WpHG und der Begriff organisierter Markt in § 2 Abs. 11 WpHG definiert. Was unter dauernd oder wiederholt ausgegebenen Schuldtiteln zu verstehen ist, ergibt sich aus Art. 2 Abs. 1 lit. p RL 2004/109/EG. Danach sind Daueremissionen ein und desselben Emittenten oder mindestens zwei getrennte Emissionen von Wertpapieren ähnlicher Gattung oder Art erfasst[5].

7 Da zusätzlich zur Höchstgrenze für den Gesamtnennbetrag i.H.v. 100 Mio. Euro für die Befreiung Voraussetzung ist, dass kein Prospekt nach dem Wertpapierprospektgesetz veröffentlicht wurde, müssen laut Gesetzesbegründung die **Voraussetzungen gem. § 1 Abs. 2 Nr. 5 WpPG** vorliegen. Danach muss beispielsweise der Verkaufspreis aller angebotenen Wertpapiere für einen Zeitraum von zwölf Monaten unter 75 Mio. Euro liegen[6].

---

1 Vgl. Nr. 15 der Erwägungsgründe der Richtlinie 2004/109/EG des Europäischen Parlaments und des Rates vom 15.12.2004 zur Harmonisierung der Transparenzanforderungen in Bezug auf Informationen über Emittenten, deren Wertpapiere zum Handel auf einem geregelten Markt zugelassen sind, und zur Änderung der Richtlinie 2001/34/EG, ABl. EU Nr. L 390 v. 31.12.2004, S. 39.
2 Begr. RegE, BT-Drucks. 17/8684 v. 15.2.2012, 22.
3 Begr. RegE zum TUG, BT-Drucks. 16/2498 v. 4.9.2006, 46.
4 A.A. *Mock* in KölnKomm. WpHG, § 37z WpHG Rz. 12.
5 Vgl. Begr. RegE zum TUG, BT-Drucks. 16/2498 v. 4.9.2006, 46.
6 Begr. RegE zum TUG, BT-Drucks. 16/2498 v. 4.9.2006, 46. Zum damaligen Zeitpunkt lag die Grenze noch bei 50 Mio. Euro. Die Erhöhung erfolgte mit dem Gesetz zur Umsetzung der Richtlinie 2010/73/EU und zur Änderung des Börsengesetzes 26.6.2012, BGBl. I 2012, 1375 ff.

IV. Von Bund, Land oder einer Gebietskörperschaft garantierte Schuldtitel (§ 118 Abs. 3 WpHG).

Gemäß § 118 Abs. 3 WpHG sind die Unternehmen, die als Inlandsemittent i.S.d. § 2 Abs. 14 WpHG ausschließlich Schuldtitel i.S.d. § 2 Abs. 1 Nr. 3 WpHG begeben, die vom Bund, einem Bundesland oder einer Gebietskörperschaft (z.B. Gemeinden und Gemeindeverbände) garantiert werden, von der Pflicht zur Erstellung und Veröffentlichung eines Halbjahresfinanzberichts ausgenommen. Diese Befreiung gilt jedoch nur für den Fall, dass der Emittent bereits vor dem Stichtag 31.12.2003 existiert hat. Zu denken ist in diesem Zusammenhang etwa an die **Kreditanstalt für Wiederaufbau** (vgl. §§ 1a, 4 Abs. 1 des Gesetzes über die Kreditanstalt für Wiederaufbau).

8

V. Befreiungsbefugnis der BaFin für Unternehmen aus Drittstaaten (§ 118 Abs. 4 WpHG).

Die BaFin kann Unternehmen mit Sitz in einem Drittstaat i.S.d. § 2 Abs. 12 WpHG, die Inlandsemittenten i.S.d. § 2 Abs. 14 WpHG sind, von den Berichtspflichten der §§ 114, 115 und 117 WpHG befreien. Voraussetzung dafür ist, dass die Unternehmen in dem jeweiligen Drittstaat Anforderungen unterliegen oder diesen sich freiwillig unterwerfen, die mit denen der §§ 114, 115 und 117 WpHG gleichwertig sind. Weitere Voraussetzung einer Befreiung ist, dass die Unternehmen ihre nach dem Recht des Drittstaats zu erstellenden Informationen in derselben Weise veröffentlichen, wie sie in § 114 Abs. 1 Satz 1 und 2 und in § 115 Abs. 1 Satz 1 und 2 WpHG in Verbindung mit der WpAV niedergelegt ist. Die Unterlagen sind also der Öffentlichkeit im Internet zur Verfügung zu stellen (§ 118 Abs. 4 Satz 3 WpHG). Auch haben die Unternehmen eine Hinweisbekanntmachung zu veröffentlichen und diese der BaFin zu übermitteln (§ 118 Abs. 4 Satz 3 WpHG). Schließlich sind die Informationen dem Unternehmensregister zu übermitteln (§ 118 Abs. 4 Satz 4 WpHG). Die BaFin hat ihrerseits die Europäische Wertpapier- und Marktaufsichtsbehörde über die erteilte Freistellung zu informieren (§ 118 Abs. 4 Satz 2 WpHG).

9

Nach § 118 Abs. 4 Satz 5 WpHG ist das Bundesministerium der Finanzen befugt, durch Rechtsverordnung nähere Bestimmungen über die Gleichwertigkeit von Regeln eines Drittstaats und die Freistellung von Unternehmen nach § 118 Abs. 4 Satz 1 WpHG zu erlassen. Diese Vorschrift hat den Zweck, den Durchführungsbestimmungen der EU zur Transparenzrichtlinie[1] zu rechtlicher Gültigkeit zu verhelfen, ohne dafür eine Gesetzesänderung zu benötigen[2]. Das Bundesministerium der Finanzen hat mit der **TranspRLDV** von seiner Befugnis Gebrauch gemacht. Die einschlägigen Regelungen sind die §§ 12–17 TranspRLDV.

10

---

[1] Richtlinie 2007/14/EG der Kommission vom 8.3.2007 mit Durchführungsbestimmungen zu bestimmten Vorschriften der Richtlinie 2004/109/EG zur Harmonisierung der Transparenzanforderungen in Bezug auf Informationen über Emittenten, deren Wertpapiere zum Handel an einem geregelten Markt zugelassen sind, ABl. EU Nr. L 69 v. 9.3.2007, S. 27 ff.
[2] Begr. RegE zum TUG, BT-Drucks. 16/2498 v. 4.9.2006, 46 f.

Abschnitt 17
Straf- und Bußgeldvorschriften

Vorbemerkungen zu §§ 119–126 WpHG

Schrifttum: S. die bei § 119 WpHG, § 120 WpHG und § 137 WpHG aufgeführte Literatur und *Cahn*, Grenzen des Markt- und Anlegerschutzes durch das WpHG, ZHR 162 (1998), 1; *Ceffinato*, Akzessorietät des Strafrechts zwischen Rechtspolitik und Strafrechtsdogmatik, NK 2017, 75; *Cornelius*, Verweisungsbedingte Akzessorietät bei Straftatbeständen, 2016; *Dannecker*, Grundrechte im Europäischen Straf- und Strafverfahrensrecht im Lichte der Rechtsprechung des EuGH, in FS Fuchs, 2014, S. 111; *Diversy/Köpferl* in Graf/Jäger/Wittig (Hrsg.), Wirtschafts- und Steuerstrafrecht, 2. Aufl. 2017, § 39; *Eichelberger*, Das Verbot der Marktmanipulation, 2006; *Esser/Hecker* in Schönke/Schröder (Begr.), Strafgesetzbuch, 29. Aufl. 2014; *Esser*, Europäisches und Internationales Strafrecht, 1. Aufl. 2013; *Frisch*, Voraussetzungen und Grenzen staatlichen Strafens, NStZ 2016, 16; *Esser/Rübenstahl/Saliger/Tsambikakis* (Hrsg.), Wirtschaftsstrafrecht, 1. Aufl. 2017; *Göhler*, Europäische Reform der Insiderstrafrechts, ZIS 2016, 266; *Haouache*, Börsenaufsicht durch Strafrecht, 1996; *Hassemer*, Produktverantwortung im modernen Strafrecht, 2. Aufl. 1996; *Hecker*, Europäisches Strafrecht, 5. Aufl. 2015; *Heger*, Die Beeinflussung des deutschen Strafrechts durch EU-Recht und der Gedanke des Rechtsmissbrauchs, ZIS 2013, 289; *Heise*, Der Insiderhandel an der Börse und dessen strafrechtliche Bedeutung, 2000; *Jahn/Brodowski*, Das Ultima Ratio-Prinzip als strafverfassungsrechtliche Vorgabe zur Frage der Entbehrlichkeit von Straftatbeständen, ZStW 129 (2017), 363; *Klöhn*, Ad-hoc-Publizität und Insiderverbot im neuen Marktmissbrauchsrecht, AG 2016, 423; *Kohlmann*, Das Strafrecht – wirksame Waffe gegen den Insider-Handel? Skeptische Bemerkungen zu einer „unendlichen Geschichte", in FS Vieregge, 1995, S. 443; *Kutzner*, Das Verbot der Kurs- und Marktmanipulation nach § 20a WpHG – Modernes Strafrecht?, WM 2005, 1401; *Landheld*, Vielsprachige Normenbestimmtheit im Europäischen Strafrecht, 2016; *Ledermann* in Schäfer (Hrsg.), Kapitalmarktgesetze, 1. Aufl. (Stand Januar 2013), Vor § 38 WpHG; *Luchtman/Vervaele*, Enforcing the market abuse regime: towards an integrated model of criminal and administrative law enforcement in the European union?, NJECL 5, 192; *Mennicke*, Sanktionen gegen Insiderhandel, 1996; *Meyer*, Die praktische Bedeutung des Europäischen Rechts für das geltende Wirtschaftsstrafrecht (Teil 2), wistra 2017, 249; *Meyer* in von der Groeben/Schwarze/Hatje (Hrsg.), Europäisches Unionsrecht, 7. Aufl. 2015, Art. 82 AEUV; *Möllers*, Europäische Gesetzgebungslehre 2.0: Die dynamische Rechtsharmonisierung im Kapitalmarktrecht am Beispiel von MiFID II und PRIIP, ZEuP 2016, 325; *Moosmayer*, Straf- und bußgeldrechtliche Regelungen im Entwurf eines Vierten Finanzmarktförderungsgesetzes, wistra 2002, 161; *Nestler*, Bank- und Kapitalmarktstrafrecht, 2017; *Öberg*, The definition of criminal sanctions in the EU, EuCLR 2013, 273; *Petzsche*, Die Verweisung auf EU-Rechtsakte im Umweltstrafrecht des StGB, NZWiSt 2015, 210; *Poelzig*, Insider- und Marktmanipulationsverbot im neuen Marktmissbrauchsrecht, NZG 2016, 528; *Satzger*, Internationales und Europäisches Strafrecht, 7. Aufl. 2016; *Satzger* in Sieber/Satzger/von Heintschel-Heinegg (Hrsg.), Europäisches Strafrecht, 2. Aufl. 2014, § 9; *Schneider*, Gesetzgebung, 3. Aufl. 2002; *Schröder*, Handbuch Kapitalmarktstrafrecht, 3. Aufl. 2015; *Schroeder* in Streinz (Hrsg.), EUV/AEUV, 2. Aufl. 2012, Art. 288 AEUV; *Segna*, Die sog. gespaltene Rechtsanwendung im Kapitalmarktrecht, ZGR 2015, 84; *Seibt/Wollenschläger*, Revision des Marktmissbrauchsrechts durch Marktmissbrauchsverordnung und Richtlinie über strafrechtliche Sanktionen für Marktmanipulation, AG 2014, 593; *Söhner*, Praxis-Update Marktmissbrauchsverordnung: Neue Leitlinien und alte Probleme, BB 2017, 259; *Sorgenfrei/Saliger* in Park, Kapitalmarktstrafrecht, 4. Aufl. 2017; *Spindler*, Kapitalmarktreform in Permanenz – Das Anlegerschutzverbesserungsgesetz, NJW 2004, 3449; *Strudler/Orts*, Moral Principle in the Law of Insider Trading, Texas Law Review 78 (1999); *Suhr* in Calliess/Ruffert (Hrsg.), EUV/AEUV, 5. Aufl. 2016, Art. 82 AEUV; *Trüg* in Leitner/Rosenau (Hrsg.), Wirtschafts- und Steuerstrafrecht, 1. Aufl. 2017, § 38; *Veil*, Europäisches Insiderrecht 2,0 – Konzeption und Grundsatzfragen der Reform durch MAR und CRIM-MAD, ZBB 2014, 85; *Veil*, Europäische Kapitalmarktunion – Verordnungsgesetzgebung, Instrumente der europäischen Marktaufsicht und die Idee eines „Single Rulebook", ZGR 2014, 544; *Vogel*, Scalping als Kurs- und Marktpreismanipulation, NStZ 2004, 252; *Vogel*, Wertpapierhandelsstrafrecht – Vorschein eines neuen Strafrechtsmodells?, in FS Jakobs, 2007, S. 731; *Wilson*, The new Market Abuse Regulation and Directive on Criminal Sanctions for Market Abuse: European capital markets law and new global trends in financial crime enforcement, ERA Forum (2015) 16, 427.

I. Überblick über den 17. Abschnitt 1	3. Harmonisierungsgrad der EU-Rechtsakte 28
1. Straf- und Bußgeldvorschriften im Mehrebenen-Regelungsgefüge 1	4. Blankettcharakter der §§ 119, 120 WpHG 29
2. Typische Problemlagen: Überblick über die Darstellung 5	5. Verfassungsrechtliche Fragen: Bestimmtheit des Straf- und Bußgeldrechts 33
II. Entstehungsgeschichte des Wertpapierstrafrechts im internationalen Trend 8	V. Auslegungsfragen zusammengesetzter Tatbestände und maßgebliches höherrangiges Recht 42
III. Kriminalpolitischer Hintergrund 14	1. Strafrechtlicher und primärer Systemzusammenhang 43
IV. Übergreifende Rechtsfragen 20	2. Nationale versus europäische Auslegung 46
1. Unionsrechtlicher Hintergrund: Die beiden Rechtsakte zum Marktmissbrauch 20	3. Maßgebliches höherrangiges Recht 48
2. Folgerungen der EU-Regelungssystematik für die nationale Umsetzungsstrategie 25	4. Domaine réservé des nationalen Rechts: Tatsachenfeststellung und Schuldnachweis 50

I. Überblick über den 17. Abschnitt. 1. Straf- und Bußgeldvorschriften im Mehrebenen-Regelungsgefüge. 1
§ 119 WpHG enthält die Strafvorschriften gegen Insidergeschäfte und Marktmanipulation, § 120 WpHG die wesentlichen Bußgeldvorschriften des WpHG. § 121 WpHG weist der Bundesanstalt die Zuständigkeit zur Verfolgung und Ahndung von Ordnungswidrigkeiten nach § 120 WpHG zu: die verwaltungsrechtlichen Befugnisse

und Ermittlungsbefugnisse sind andernorts geregelt (§ 6 WpHG Rz. 43 ff.). § 122 WpHG regelt die Beteiligung der Bundesanstalt an Strafverfahren und die Mitteilungen in Strafsachen, d.h. die Übermittlung von Daten aus Strafverfahren an die Bundesanstalt. Die §§ 123 ff. WpHG verlangen die öffentliche Bekanntgabe von Maßnahmen und Sanktionen, die die Bundesanstalt wegen WpHG-Verstößen getroffen hat, und damit auch Sekundärfolgen von Verwaltungsentscheidungen, die weder Straf- noch Bußgeldcharakter haben können.

Weitere Bußgeldbestimmungen finden sich in § 127 Abs. 12, 13 WpHG in Bezug auf die erstmalige Mitteilungs- und Veröffentlichungspflicht, die in Umsetzung der Transparenzrichtlinie statuiert worden war. 2

Gesetzessystematisch unterliegen dem zwei Grundentscheidungen: Erstens fasst das WpHG das **Wertpapierstrafrecht** mit dem **Ordnungswidrigkeitenrecht** zusammen – und verkoppelt es zudem tatbestandlich. Zweitens bleibt der Gesetzgeber dabei, das Wertpapierstrafrecht nicht in das Strafgesetzbuch einzugliedern, sondern es als nebenstrafrechtlichen Tatbestand im wirtschaftsaufsichtlichen Fachgesetz zu verankern. Das trägt seinem ausgeprägt **fachrechtsakzessorischen**[1] **Charakter** Rechnung, ist aber heute alles andere als zwingend, da es sich längst nicht mehr um Sonderrecht für bestimmte Fachkreise handelt, sondern um Jedermannsrecht. Gerade beim Insiderstrafrecht ist dieser Bedeutungswandel evident (§ 119 WpHG Rz. 57). 3

Auch die Zusammenfassung von Straf- und Bußgeldrecht ist nicht selbstverständlich: Im europäischen Recht, das heute auch den Sanktionenteil des WpHG umfassend prägt, sind die Rechtsfolgen von Ordnungswidrigkeiten als **verwaltungsrechtliche Sanktionen** verankert, die vielfältiger Ausgestaltung im nationalen Recht zugänglich sind, aber – so beispielsweise im Kartellrecht – schon lange auch ein Rechtsinstitut des Eigenvollzugsrecht der Gemeinschaften sind. Die europäischen Grundlagen der Bußgeldvorschriften reichen weit über die Marktmissbrauchsverordnung hinaus und teilen die Rechtsnatur des jeweiligen materiellen Rechtsakts, d.h. es handelt sich teilweise um Richtlinienrecht, teilweise um Verordnungsrecht. Der Harmonisierungsgrad korreliert damit nicht notwendig. Auch soweit Verordnungen die Grundlage sind, schafft der europäische Gesetzgeber lediglich rahmenrechtliche Regelungen, die dem nationalen Gesetzgeber einen breiten Ausgestaltungsspielraum lassen. Das Strafrecht ist demgegenüber nur richtlinienrechtlich europäisch geregelt; paradoxer Weise hat allerdings die Marktmissbrauchsrichtlinie RL 2014/57/EU (CSMAD) einen teilweise deutlich höheren Harmonisierungsgrad als die europäische, teilweise verordnungsrechtliche Harmonisierung des Bußgeldrechts. So regelt die Marktmissbrauchsrichtlinie RL 2014/57/EU (CSMAD) auch einige Fragen des Allgemeinen Teils des Strafrechts, die im Verwaltungssanktions-, d.h. Bußgeldrecht, weitgehend dem nationalen Recht überlassen bleiben. 4

2. Typische Problemlagen: Überblick über die Darstellung. Strafrecht ist im gemeineuropäischen ius commune das intensivste Sanktions- und Eingriffsinstrument, das die Rechtsordnung kennt. Daraus ergeben sich besondere materielle und verfahrensrechtliche Anforderungen, die von Rechtsordnung zu Rechtsordnung im Detail unterschiedlich, aber mehr oder weniger überall verankert sind. Diese Anforderungen stehen vor einer Herausforderung, wenn Strafrecht nicht mehr in einem abgeschlossenen nationalen Regelungssystem autonom geregelt ist, sondern – wie im Wertpapierrecht – ausgeprägt akzessorisch zu außerstrafrechtlichem Fachrecht. Diese Herausforderungen werden intensiviert, wenn mit der Verweisung auf außerstrafrechtliches materielles Recht zugleich ein Ebenenwechsel, etwa vom nationalen auf das europäische Recht einhergeht. 5

Gerade an dieser Linie hat die Rechtsprechung des EuGH in der Vergangenheit für ausgeprägte vorübergehende Irritationen gesorgt (§ 119 WpHG Rz. 22). Mit Inkrafttreten der Europäischen Grundrechtecharta und einer zunehmenden Berücksichtigung des konventionsrechtlichen Mindeststandards, der gerade im Strafrecht ausgeprägte Wirkungsmacht zeigte[2], hat die EuGH-Rechtsprechung im Verfahren zunehmende Sensibilität entwickelt[3]. Damit ist zu hoffen, dass „platte" Irritationen wie das Photo-Spector-Urteil künftig der Vergangenheit angehören. Angesichts der Beschränkung von Strafrecht auf Richtlinienrecht wird die künftige Auslegungsarbeit bei Strafrechtsnormen und ihre Anwendung im Gesamtgefüge des weiterhin nationalen Strafrechts und im dreigliedrigen höherrangigem oder jedenfalls maßstäblichen Recht (EU-Grundrechte, nationales Verfassungsrecht, Konventionsrecht in den nationalen Rechtsordnungen) zunehmend komplex im Detail (§ 119 WpHG Rz. 38). 6

Im Bußgeldrecht stellen sich die Herausforderungen wiederum auf andere Weise. Hier gibt es auf europäischer Ebene keine vergleichbare gemeineuropäische Systembildung. Ob es sich um ein „kleines" Strafrecht handelt, auf das die materiellen und verfahrensmäßigen Sicherungen, die für Strafrecht gelten, unmittelbar anwendbar sind, oder um ein Aliud, das lediglich den für nichtstrafrechtliche Verfahren geltenden Vorgaben entsprechen muss, wird in den europäischen Mitgliedstaaten sehr unterschiedlich beurteilt[4]. Der EGMR hat zur Bewältigung 7

---

1 Zur Akzessorietät von Strafrecht systematisch jüngst *Ceffinato*, NK 2017, 75, 79 ff.
2 Zuletzt und für ein duales Sanktionsrecht besonders wichtig EGMR v. 4.3.2014, Req 18640/10 u.a., Grande Stevens/Italien; im Ergebnis anders für eine andere Konstellation EGMR v. 15.11.2016, Reg. 24130/11, Z9758/11, A und B/Norwegen.
3 Zu denken ist an die Rechtsprechung zu Art. 54 SDÜ und Art. 50 GRCh: EuGH v. 6.9.2016 – Rs. C-182/15 – Aleksei Petruhhin; EuGH v. 5.4.2016 – Rs. C-414/15; C-659/15 – Aranyosi und Caldararu; zusammenfassend *Dannecker* in FS Fuchs, 2014, S. 111 ff.
4 Dazu etwa *Cruz Villalón* in EuGH v. 26.2.2013 – Rs. C-617/10 Rz. 70 ff. Åkerberg Fransson; systematisch *Öberg*, EuCLR 2013, 273 ff.

dieser Thematik eine differenzierte Rechtsprechung entwickelt, die zumindest zeitweilig in leichter Spannung zur Rechtsentwicklung in den Europäischen Gemeinschaften bzw. der Europäischen Union steht, die – nicht zuletzt durch klare kompetentielle Unterschiede – stärker an der Aliud-Theorie orientiert war[1]. Für die weitere Rechtskonkretisierung im WpHG-Bußgeldrecht werden sich auch im Übrigen Fragen etwa dergestalt stellen, ob eine Orientierung am EuGH-Fallrecht zum Eigenbußgeldrecht, etwa im Kartellrecht, oder eine konsequente Einordnung in das nationale Recht geboten ist.

8 **II. Entstehungsgeschichte des Wertpapierstrafrechts im internationalen Trend.** Das heute umfassend im WpHG kodifizierte, weitgehend europäisch harmonisierte Wertpapierhandelsstraf- und -ordnungswidrigkeitenrecht war von Anfang an auch das Ergebnis europäischer Rechtssetzung. Die europäische Rechtsentwicklung entspricht damit auch internationalen Trends. In den **Vereinigten Staaten von Amerika** sind Insidergeschäfte und Marktmanipulation nach Sec. 32 (a) Securities Exchange Act 1934 (United States Code Titel 15 § 78 ff. [a]) mit Freiheitsstrafe bis zu 20 Jahren, Geldstrafe bis 5 Mio US-$ oder beidem bedroht[2]; vor allem Insidergeschäfte werden seit einigen Jahren unnachsichtig verfolgt und lange Freiheitsstrafen sind keine Seltenheit. Der **Vorläufer** des WpHG-Kapitalmarktstrafrechts war das Börsenstraf- und -ordnungswidrigkeitenrecht, das bis ins 19. Jahrhundert zurückreicht (s. heute §§ 49, 50 BörsG), namentlich die Strafvorschrift gegen Kursbetrug gem. § 88 BörsG a.F. (hierzu 5. Aufl., Vor § 20a WpHG Rz. 1 ff.). Das Börsenstrafrecht erwies sich freilich als wenig wirksam (s. noch Rz. 16). Insidergeschäfte waren weder straf- noch ahndbar und wurden im Wesentlichen nur im Wege der freiwilligen Selbstkontrolle über die Insiderhandels-Richtlinien (IHR) reguliert[3], die als „Sanktion" freilich nur die Pflicht zur Vorteilsabführung vorsahen[4]. Auch anderweitige arbeits- und zivilrechtliche Sanktionen waren wenig wirksam[5].

9 Der vormaligen Rechtslage ist mit Ablauf der Umsetzungsfrist für die Insiderrichtlinie[6] am 31.5.1992 ein Umsetzungsdefizit zugeschrieben worden. Unabhängig davon war der deutsche Gesetzgeber bei den Vorarbeiten zum Zweiten Finanzmarktförderungsgesetz zu dem Schluss gekommen, dass Verstöße gegen das Kapitalmarktrecht, insbesondere Insiderhandelsverstöße, straf- und bußgeldrechtlich nur unzureichend erfasst würden[7]. Daher enthielt das als Art. 1 des Zweiten Finanzmarktförderungsgesetzes eingeführte **WpHG** in seinem am 1.1.1995 in Kraft getretenen Abschnitt 6 von Anfang an neuartige Straf- und Bußgeldvorschriften zur straf- und bußgeldrechtlichen Bewehrung wertpapierhandelsrechtlicher Verhaltensnormen und insbesondere Strafvorschriften bei Zuwiderhandlungen gegen das Verbot des Insiderhandels (§ 38 WpHG a.F.). S. zu alledem die Kommentierung in der 1. und 2. Aufl. (*Cramer*).

10 Wesentlich verschärft wurde das Wertpapierhandelsstraf- und -ordnungswidrigkeitenrecht durch das **Vierte Finanzmarktförderungsgesetz** (2002) und das **Anlegerschutzverbesserungsgesetz** (2004), das die europäische Marktmissbrauchsrichtlinie[8] umsetzte. Mit dem Vierten Finanzmarktförderungsgesetz wurde der frühere Kursbetrug (hierzu 5. Aufl., Vor § 38 WpHG Rz. 1b) als Kurs- und Marktpreismanipulation ins Wertpapierhandelsstraf- und -ordnungswidrigkeitenrecht überführt und unter Strafe gestellt, sofern es zu einer vorsätzlich bewirkten Einwirkung auf den Kurs- oder Marktpreis kam. Die Bußgeldvorschriften des § 39 WpHG a.F. wurden erweitert und neu gefasst. Durch das Anlegerschutzverbesserungsgesetz wurde die Strafbarkeit des Insiderhandels und der Marktmanipulation in bestimmten Fällen auf bloße Leichtfertigkeit erweitert. In der Folge wurde vor allem der Bußgeldtatbestand des § 39 WpHG a.F. nachhaltig erweitert, um eine Vielzahl von wertpapierhandelsrechtlichen Regulierungen beispielsweise betreffend Verhaltens-, Organisations- und Transparenzpflichten von Wertpapierdienstleistungsunternehmen, Betreibern multilateraler Handelssysteme und systematischen Internalisierern, ungedeckte Leerverkäufe, bestimmte Kreditderivate oder Ratingagenturen flächendeckend mit Bußgelddrohung abzusichern. S. zu alledem die Kommentierung in der 6. Aufl. (*Vogel*).

11 Die Marktmissbrauchsrichtlinie (RL 2014/57/EU[9], CSMAD) vom 16.4.2014 sieht eine detaillierte unionsrechtliche Pflicht zur Schaffung von Straftatbeständen für Fälle des Insiderhandels und der Marktmanipulation vor (eingehend § 119 WpHG Rz. 7 ff.). Dies wurde durch das **Erste Finanzmarktnovellierungsgesetz** vom 30.6.2016 umgesetzt. Zugleich wurden die Strafvorschriften materiell an die Marktmissbrauchsverordnung Nr. 596/2014 vom 16.4.2014 angepasst, die weite Teile des Insiderhandels- und Marktmanipulationsrechts unmittelbar

---

1 Kritisch *Öberg*, EuCLR 2013, 273, 280.
2 Näher *Altenhain* in KölnKomm. WpHG, § 38 WpHG Rz. 32 f. (Vorauflage).
3 S. *Heise*, S. 20 ff.; *Mennicke*, S. 184 ff.
4 Näher *Altenhain* in KölnKomm. WpHG, § 38 WpHG Rz. 7 f.
5 S. *Mennicke*, S. 207 ff. Die IHR beruhten auf den Empfehlungen zur Lösung der sog. Insider-Probleme der Börsensachverständigenkommission beim Bundeswirtschaftsministerium (1970, Neufassungen 1976 und 1988, BAnz. S. 2883).
6 Richtlinie 89/592/EWG des Rates vom 13.11.1989 zur Koordinierung der Vorschriften betreffend Insider-Geschäfte, ABl. EG Nr. L 344 v. 18.11.1989, S. 30.
7 S. BT-Drucks. 12/6679, 34 f., (S = RegE 2. FiMaNoG); *Ledermann* in Schäfer, 1. Aufl., Vor § 38 WpHG Rz. 3.
8 Richtlinie 2003/6/EG des Europäischen Parlaments und des Rates vom 28.1.2003 über Insider-Geschäfte und Marktmanipulation (Marktmissbrauch), ABl. EG Nr. L 96 v. 12.4.2003, S. 16.
9 Richtlinie 2014/57/EU des Europäischen Parlaments und des Rates vom 16.4.2014 über strafrechtliche Sanktionen bei Marktmanipulation (Marktmissbrauchsrichtlinie), ABl. EU Nr. L 173 v. 12.6.2014, S. 179.

unionsrechtlich regelt. Das Erste Finanzmarktnovellierungsgesetz hat sowohl eine Verschärfung als auch eine Einschränkung der Strafbarkeit mit sich gebracht. So wurde in § 38 Abs. 5 WpHG a.F. erstmals ein **Verbrechenstatbestand** für gewerbs- und bandenmäßige Marktmanipulation sowie für solche Taten unter Missbrauch einer Position in Aufsichtsbehörden oder Wertpapierhandelsunternehmen geschaffen. Auf der anderen Seite wurde die Strafandrohung für leichtfertiges Handeln auf gebotsbezogene Taten bei Treibhausgasemissionszertifikaten beschränkt (§ 38 Abs. 2 Nr. 1, 6 WpHG a.F.).

In Umsetzung der Marktmissbrauchsverordnung wurde der **Bußgeldrahmen** der Ordnungswidrigkeiten in § 39 WpHG a.F. drastisch ausgeweitet. Insbesondere ist nunmehr eine Überschreitung des Bußgeldrahmens nach § 39 Abs. 4a Satz 3 WpHG a.F. bis zum Dreifachen des erzielten wirtschaftlichen Vorteils möglich. Statt Geldbußen bis zu einer Million Euro können nun Geldbußen bis zu fünfzehn Millionen Euro verhängt werden. Zudem wurde vor dem Hintergrund von Art. 3 Abs. 3 Unterabs. 2 RL 2014/57/EU die bis dahin für die Abgrenzung von strafbarem und lediglich ordnungswidrigem Verhalten entscheidende Differenzierung von Primär- und Sekundärinsidern beseitigt. 12

Die heutige Gestalt des Wertpapierhandelsstraf- und -ordnungswidrigkeitenrechts beruht auf dem **Zweiten Finanzmarktnovellierungsgesetz**, welches die deutschen Vorschriften weiter den europäischen Vorgaben angepasst, insbesondere der MiFID II (RL 2014/65/EU), und vor allem die Bußgeldvorschriften wesentlich erweitert hat. Die Straf- und Bußgeldvorschriften sind von nun an nicht mehr in den §§ 38ff. WpHG a.F. geregelt, sondern befinden sich jetzt im Abschnitt 17 in den §§ 119ff. WpHG n.F. Die Änderungen des Zweiten Finanzmarktnovellierungsgesetzes treten stufenweise in Kraft. So sind Teile des Gesetzes, die der Anpassung des Aufsichtsrechts an die VO 2015/2365 (SFTR)[1] dienten, schon am Tag nach der Verkündung in Kraft getreten. Inhalt dieser Verordnung sind Regelungen zur Verbesserung der Transparenz und der Kontrolle von Wertpapiergeschäften. Weiterhin passt das Zweite Finanzmarktnovellierungsgesetz die deutschen Regelungen an die VO 2016/1011 (Benchmark-VO)[2] an, welche genaue Vorgaben über die Bereitstellung, die Verwendung und das Beitragen zu Referenzwerten enthält. Diese Änderungen sind mit Anwendungsbeginn der Verordnung zum 1.1.2018 in Kraft getreten. Im Übrigen sind alle weiteren Änderungen, die insbesondere der Umsetzung der neuen Finanzmarktrichtlinie MiFID II (RL 2014/65/EU)[3] und der Anpassung an die Finanzmarktverordnung MiFIR (VO Nr. 600/2014)[4] dienen, am 3.1.2018 in Kraft getreten, nachdem die dort vorgesehenen Termine um ein Jahr verschoben worden waren. Die Bußgeldtatbestände wurden weiter vermehrt. Das Gesetz zur Ausübung von Optionen der EU-Prospektverordnung und zur Anpassung weiterer Finanzmarktgesetze bringt kleinere Änderungen der Bußgeldtatbestände. 13

III. Kriminalpolitischer Hintergrund. Hinter §§ 119ff. WpHG steht die **kriminalpolitische Entscheidung** des demokratisch legitimierten Gesetzgebers, den Wertpapierhandel auch mit straf- und bußgeldrechtlichen Mitteln zu regulieren. Das Geschehen auf bestimmten Märkten wird vor Handlungen geschützt, die die wirtschaftliche Funktionsweise solcher Märkte unterlaufen, um strategisch-manipulativ handelnden Marktteilnehmern individuelle Sondervorteile zu sichern. Strukturiert organisierte Märkte – wie jenseits der Kapitalmärkte etwa auch Online-Versteigerungsplattformen wie eBay – sind anfällig für Verhaltensweisen, die ihre Funktionsbedingungen zweckwidrig ausnutzen. 14

EBay und andere Online-Plattformen müssen dem wie die Börsen in der Frühzeit durch autonome Regelwerke nichtstaatlicher Natur begegnen. Demgegenüber hat es auf den Kapital- und Finanzmärkten sowie auf Warenbörsen eine starke **Verstaatlichung der Governance** gegeben. Diese ist in ihren Grundentscheidungen auch strafrechtlich gesichert. Diese Entscheidung für ein nicht nur hoch reguliertes, sondern auch strafrechtliches *Enforcement*-Konzept kann sowohl unter Legitimitäts- als auch unter Effektivitätsvorzeichen hinterfragt werden. **Legitimitätszweifel** können sich auf die Argumentation von *Haouache*[5] stützen, durch das Kapitalmarkt- und insbesondere Insiderstrafrecht werde die Entmaterialisierung des strafrechtlichen Rechtsgutsbegriffs forciert[6]. Mit dem vagen, überindividuellen Rechtsgut der Funktionsfähigkeit der Kapitalmärkte löse sich das Strafrecht von den Grundwerten der Rechtsklarheit und Bestimmtheit und sein Orientierungswert, klar zwischen Recht und Unrecht zu trennen, schwinde. Weiterhin kann – in Übertragung anderweitig geübter Kritik an „modernem", „symbolischem", „Risiko-" oder „Gefährdungs-Strafrecht"[7] – gegen § 119 WpHG eingewendet werden, 15

---

1 Verordnung (EU) 2015/2365 des Europäischen Parlaments und des Rates vom 25.11.2015 über die Transparenz von Wertpapierfinanzierungsgeschäften (…), ABl. EU Nr. L 337 v. 23.12.2015, S. 1.
2 Verordnung (EU) 2016/1011 des Europäischen Parlaments und des Rates vom 8.6.2016 über Indizes, die bei Finanzinstrumenten und Finanzkontrakten als Referenzwert oder zur Messung der Wertentwicklung eines Investmentfonds verwendet werde (…), ABl. EU Nr. L 171 v. 29.6.2016, S. 1.
3 Richtlinie 2014/65/EU des Europäischen Parlaments und des Rates vom 15.5.2014 über Märkte für Finanzinstrumente (…), ABl. EU Nr. L 173 v. 12.6.2014, S. 349.
4 Verordnung (EU) Nr. 600/2014 des Europäischen Parlaments und des Rates vom 15.5.2014 über Märkte für Finanzinstrumente (…), ABl. EU Nr. L 173 v. 12.6.2014, S. 84.
5 *Haouache*, S. 19ff.
6 Die kritische Diskussion wird auch anderorts – unter etwas anderen begrifflichen Vorzeichen, aber zu denselben Problemlagen – geführt, vgl. etwa *Strudler/Orts*, Texas Law Review 78 (1999), 375ff.
7 S. nur *Hassemer*, Produktverantwortung im modernen Strafrecht, 2. Aufl. 1996, S. 3ff.

der Schutz überindividueller Rechtsgüter vor bloßen Gefährdungen entferne sich vom Leitbild des Individuen vor Schäden schützenden klassisch-liberalen Strafrechts. Herkömmliche Zurechnungsvoraussetzungen wie Kausalität und Verletzungsvorsatz verlieren ihre Begrenzungswirkung. Eine Ökonomisierung des Schutzguts verstärkt die Zweifel eher noch. Andererseits verliere das so gestaltete Strafrecht seine Dignität, was sich in Vollzugsdefiziten (geringen Verurteilungszahlen, hohen Einstellungsquoten, hohen Dunkelfeldern) auswirken könne. Zu einer wirklichen Problemlösung tauge so gestaltetes Strafrecht nicht, sondern es verbleibe im Bereich des bloß Symbolischen oder Zufälligen. Noch problematischer wird es, wenn Strafrecht mehr und mehr durch vage Tatbestände legitimes wirtschaftliches Handeln unter Risiko stellt. Ein sonderbares Beispiel war etwa das Strafverfahren gegen Vorstände einer Aktiengesellschaft in Stuttgart-Zuffenhausen, deren Erwerbsaktivitäten für eine Unternehmensbeteiligung zum Nachteil höchst spekulativ, gegen das Zielunternehmen wettender Hedgefonds-Leerverkäufer marktmanipulativ gewesen sein sollen. Wenn damit darauf abgezielt wird, über ein „Oberschichtenstrafrecht" für soziale Gerechtigkeit zu sorgen, so scheitert die erhoffte Legitimierungswirkung spätestens bei den dann fälligen Freisprüchen, die dann wiederum nicht als Überdehnung strafrechtlicher Verfolgung, sondern oft im Gegenteil als Beleg für soziale Ungleichgewichte verstanden werden, weil gut situierte Beschuldigte über erhebliche Verteidigungschancen verfügen, die ihnen gute Verteidigungsresultate ermöglichten.

16 Ungeachtet dieser Argumente dürfte die rechts- und kriminalpolitische **Legitimität**, Erforderlichkeit und Zweckmäßigkeit des Wertpapierhandelsstrafrechts kaum zu bezweifeln sein[1]: Mit der zunehmenden gesamtwirtschaftlichen und -gesellschaftlichen Bedeutung der Kapitalmärkte sind neue Schutzbedürfnisse entstanden, z.B. auch betreffend privater Altersvorsorge[2], vor allem aber bezogen auf effiziente Kapitalmärkte im Interesse der Volkswirtschaft und der Unternehmen. Die Funktionsfähigkeit der Kapitalmärkte und das hierfür notwendige Vertrauen der Anleger sind – auch unabhängig von den durch Insiderhandel oder Marktmanipulation bewirkten echten Vermögensschäden – strafschutzwürdige und -bedürftige Rechtsgüter. Hierbei geht es um beide Seiten der Märkte, die Kapitalbeschaffung der Emittenten ebenso wie die Anleger. Alternativen in Gestalt freiwilliger Selbstkontrolle und zivilrechtlicher „Sanktionen" sind hier ersichtlich unzureichend (s. bereits Rz. 8). Verwaltungsrechtliche Kontrollmechanismen wie die Insider- oder Marktmanipulationsüberwachung einschließlich der regulierungsinduzierten privaten Überwachungs- und Kontrollsysteme sind wirksam allenfalls bei regulierten Marktteilnehmern, nicht aber bei unregulierten, und stoßen an ihre Grenzen bei systematischer Umgehungs- und Missbrauchsabsicht. In der Tat verdeutlichen beispielsweise die Missstände am sog. Neuen Markt, die zu dessen Zusammenbruch nach 2000 beigetragen haben und die Unregelmäßigkeiten, die derzeit im Zusammenhang mit der Weltfinanzkrise und der Euroschuldenkrise ans Tageslicht kommen, dass schwerwiegende Verstöße gegen Wertpapierhandelsrecht, insbesondere Insidergeschäfte und Marktmanipulation, ebenso sozial schwer schädliches, nicht bloß unmoralisches oder sonst anstößiges Verhalten sind wie organisierte Unverantwortlichkeit bei Staaten, Gebietskörperschaften und Europäischen Institutionen in Haushaltsfragen. Es nicht nur zu verbieten, sondern auch bei Geldbuße und, in schwerwiegenden Fällen, bei Strafe zu sanktionieren, ist eine kriminalpolitisch nicht nur vertretbare, sondern nahe liegende Entscheidung.

17 Auf einem anderen Blatt steht die Frage nach **Effektivitätszweifeln** am Straf- und Ordnungswidrigkeitenrecht des Wertpapierhandels. Trotz einer in den letzten Jahren zunehmenden Tendenz und einer sehr effektiven, IT-gestützten Überwachung der Marktteilnehmer bewegen sich die von der BaFin auf Marktmissbrauch analysierten Sachverhalte lediglich auf einem dreistelligen Niveau[3]. Zu Verurteilungen wegen Marktmissbrauch kommt es bundesweit in jedem Jahr nur in einer zu vernachlässigenden Anzahl an Fällen, die die Anzahl der juristischen Fachveröffentlichungen im deutschen Sprachraum systematisch weit unterschreitet. 2015 wurden einschließlich Strafbefehlen 16 Personen wegen Marktmissbrauchs verurteilt und nur eine Person wegen Insiderhandels[4]. 2016 waren es ein paar Verurteilungen mehr: einschließlich Strafbefehlen 23 Verurteilungen in Marktmanipulationsverfahren; wegen Insiderhandels ist allerdings wieder nur ein Strafbefehl ergangen[5]. Manche gehen infolge dessen von einem hohen *Dunkelfeld* und gezielten Vermeidungsstrategien aus, beispielsweise indem Insidergeschäfte durch Strohfirmen oder -personen in Drittstaaten getätigt oder Marktmanipulationen durch OTC-Geschäfte bewirkt werden[6]. Abgesehen davon sind diskutable Gründe für mögliche Effektivitätsdefizite die hohe tatsächliche und rechtliche Komplexität des Wertpapierhandels, die Schwierigkeit, noch legale und schon illegale Handelsformen voneinander abzugrenzen und Nachweisschwierigkeiten insbesondere betreffend die subjektive Tatseite. Weniger überzeugend ist es, wenn pauschal auf Ressourcenbeschränkungen als Ursache verwiesen wird, auch bei der Bundesanstalt und den Schwerpunktstaatsanwaltschaften[7].

18 Damit noch nicht vollständig erklärt ist allerdings die Diskrepanz zwischen dem Übermaß an anekdotischen und journalistischen Hinweisen, dass es geradezu Netzwerke aus Experten, Investmentbanken, Hedgefonds

---

1 S. *Eichelberger*, S. 74 ff.; *Heise*, S. 41 ff.; *Mennicke*, S. 479 ff.; *Waßmer* in Fuchs, Vor §§ 38–40b WpHG Rz. 7 ff.
2 *Schröder*, Handbuch Kapitalmarktstrafrecht, 3. Aufl. 2015, Rz. 373.
3 S. BaFin, Jahresbericht 2015, S. 228 f.; BaFin, Jahresbericht 2016, S. 175.
4 S. BaFin, Jahresbericht 2015, S. 232, 235.
5 BaFin, Jahresbericht 2016, S. 178, 181.
6 Näher *Waßmer* in Fuchs, Vor §§ 38–40b WpHG Rz. 13, 16.
7 Zutr. *Waßmer* in Fuchs, Vor §§ 38–40b WpHG Rz. 16 a.E.

und Börsenhändlern geben soll, die banden-, gewohnheits- und gewerbsmäßig Insiderinformationen austauschen und nutzen sollen und dem – soweit ersichtlich – weitgehenden Fehlen diesbezüglicher Untersuchungen[1] oder die Diskrepanz zwischen dem geradezu sprichwörtlichen börslichen „Hexensabbat" zu den großen Verfallsdaten von Futures und Optionen, deren Referenzpreise angeblich manipuliert werden und dem auch hier – soweit ersichtlich – weitgehenden Fehlen diesbezüglicher Untersuchungen[2]. Zusammenfassend lässt sich feststellen, dass der kriminalpolitische Aufwand und das Ausmaß an flächendeckender Überwachung, der auf nationaler und europäischer Ebene bei Marktmanipulationen und Insiderhandel betrieben wird, in einem gewissen Missverhältnis zur praktischen Bedeutung der Vorschriften steht.

Im Übrigen kann kriminalpolitisch durchaus über die **konkrete Gestalt** des heutigen Wertpapierhandelsstraf- und -ordnungswidrigkeitenrechts diskutiert werden[3]: Zweifelhaft ist insbesondere, ob der zumeist europäisch angetriebenen Kriminalisierungslogik, die nach immer weiteren Tatbeständen und immer drastischeren Sanktionen verlangt, irgendein greifbarer Nutzen gegenübersteht. Dabei ist zu beobachten, dass das Bestreben, eine die Eigenheiten des Strafrechts respektierende *Strafrechtspolitik* zu betreiben hinter eine neue Rhetorik der Rechtsdurchsetzung (enforcement) zurücktritt, die sich nicht in die klassischen Straf(zweck)theorien einfügt. Die Grenze zwischen Prävention und Repression, zwischen Überwachung und Verfolgung von Straftaten oder Ordnungswidrigkeiten, wird institutionell und verfahrensrechtlich verschliffen. Die starke Betonung des Abschreckungscharakters von Bußgeldsanktionen („Verwaltungssanktionen") und die grundrechtsintensiven Eingriffsbefugnisse der Wertpapieraufsicht sind beispielhaft. Hinzu kommt, dass flächendeckend Private, nämlich Wertpapierdienstleistungsunternehmen, zur Mitwirkung an Überwachung und Verfolgung, Vorsorge und Verhütung verpflichtet werden. Alles das kann durchaus als Ausprägung eines neuen und problematischen Strafrechtsmodells begriffen werden. Verstärkt werden solche Entwicklungen einer Verselbstständigung von strafrechtlichen Subsystemen, wenn der nationale Gesetzgeber durch die auf europäischer Ebene erfolgende Harmonisierung des Strafrechts den Einfluss auf die nationale Strafgesetzgebung im Kapitalmarktstrafrecht zu einem großen Teil verliert. 19

IV. Übergreifende Rechtsfragen. 1. Unionsrechtlicher Hintergrund: Die beiden Rechtsakte zum Marktmissbrauch. Seit dem Inkrafttreten der Marktmissbrauchsverordnung ist das **materielle** Insiderhandels- und Marktmanipulationsrecht, das schon zuvor **weitgehend unionsrechtlich geprägt** war (s. hierzu die Kommentierung in der 6. Aufl. (*Vogel*)), unmittelbar unionsrechtlich geregelt. Dies gilt aber **nicht** für die **Rechtsdurchsetzungs- und Sanktionsseite**. 20

Die Verordnungsform und die Inhalte sind weitgehend auf eine unmittelbare Anwendung angelegt. So können einheitliche Bedingungen gewährleistet und infolge der Umsetzung einer Richtlinie voneinander abweichende nationale Vorschriften verhindert werden (s. Erwägungsgrund 5 Satz 3 VO Nr. 596/2014). Die europäischen Marktmissbrauchsregelungen gelten damit unmittelbar (Art. 288 Abs. 2 Satz 2 AEUV) in jedem Mitgliedstaat. Parallel dazu wurde mit der Marktmissbrauchsrichtlinie erstmals eine detaillierte Pflicht zur Kriminalisierung bestimmter Insiderhandels- und Marktmanipulationspraktiken geschaffen[4], die auch Einzelheiten des Marktmissbrauchs-Strafrecht in erheblichen Teilen harmonisiert. Nachdem die Marktmissbrauchsrichtlinie RL 2003/6/EG (aufgehoben zum 3.7.2016, Art. 37 Satz 1 VO Nr. 596/2014) nach Ansicht der Kommission nicht homogen und teilweise nur insuffizient in den Mitgliedstaaten „umgesetzt" wurde[5] (der Begriff der „Umsetzung" ist für Sanktionen nach nationalem Recht, die richtlinienrechtlich nicht vorgegeben sind, ungenau), erließ die Europäische Union eine Richtlinie zu strafrechtlichen Sanktionen, die RL 2014/57/EU (zu deren Einzelheiten § 119 WpHG Rz. 7 ff.), und gab für die verwaltungsrechtlichen Sanktionen in Art. 30 ff. VO Nr. 596/2014 ebenfalls einige detaillierte Vorgaben. Im Gegensatz zur neuen RL 2014/57/EU statuierte die RL 2003/6/EG noch keine zwingende strafrechtliche Sanktion der genannten Verhaltensweisen. Art. 14 RL 2003/6/EG schrieb den Mitgliedstaaten lediglich die Errichtung wirksamer, verhältnismäßiger und abschreckender Maßnahmen vor. Mit der RL 2014/57/EU wird dies zwar weiterhin verlangt (Art. 7 Abs. 1 RL 2014/57/EU), extendierend wird nun sogar ein strafrechtliches Regelungsregime mit Mindeststrafen (Art. 7 RL 2014/57/EU) festgelegt. 21

Hintergrund der Aufteilung in Verordnung und Richtlinie ist: Die Europäische Union hat im Kapitalmarktstrafrecht keine Kompetenz zur Schaffung supranationaler Straftatbestände gem. Art. 83 Abs. 1 AEUV, sie kann die Mitgliedstaaten lediglich gem. Art. 83 Abs. 2 AEUV in Richtlinienform zur Schaffung nationaler Strafnormen verpflichten (näher § 119 WpHG Rz. 13 ff.). Die Verordnung regelt die einzelnen Verbotstatbestände (s. Art. 14 und 15 VO Nr. 596/2014). Um Verstöße gegen diese Verbotsnormen auf nationaler Ebene strafrecht- 22

---

1 S. aber SEC, Spotlight on Insider Trading, http://www.sec.gov/spotlight/insidertrading.shtml (zuletzt abgerufen am 13.4. 2018). – Die dort mitgeteilten Fälle bestätigen für die Vereinigten Staaten das journalistische und anekdotische Bild endemischer Insidergeschäfte in Netzwerken.
2 Zutreffend skeptisch auch *Nestler*, Bank- und Kapitalmarktstrafrecht, Rz. 594, S. 24.
3 S. zum Folgenden *Vogel* in FS Jakobs, S. 731 ff.
4 Kritisch hierzu: *Göhler*, ZIS 2016, 266, 279; offen *Wilson*, ERA Forum (2015) 16, 427 ff.; für noch stärkere Integration und Vereinheitlichung auf der Vollzugsseite *Luchtman/Vervaele*, New Journal of European Criminal Law 5 (2014), 192 ff.
5 Erwägungsgrund 5 und 7 RL 2003/6/EG; kritisch dazu *Trüg* in Leitner/Rosenau, Wirtschafts- und Steuerstrafrecht, 1. Aufl. 2017, § 38 WpHG Rz. 23.

lich zu ahnden, ist die EU darauf angewiesen, dass die Mitgliedstaaten die aufgrund der inkongruenten Kompetenzverteilung entstandene Lücke mit ihrem Kriminalstrafrecht schließen[1].

23 Durch die Blankettgesetzgebungstechnik des deutschen Gesetzgebers werden nunmehr die Vorschriften der Marktmissbrauchsverordnung in das deutsche Straf- und Ordnungswidrigkeitenrecht inkorporiert.

24 Flankiert werden die Vorschriften zur Strafrechtssetzung der Marktmissbrauchsrichtlinie RL 2014/57/EU durch die Art. 30 ff. VO Nr. 596/2014, in der die Mitgliedstaaten zur Schaffung verwaltungsrechtlicher Sanktionen verpflichtet werden. Seit jeher bestanden keine grundsätzlichen kompetentiellen Bedenken gegen Unionsrechtssetzung betreffend **Verwaltungssanktionen**, also im Ordnungswidrigkeiten- und Bußgeldbereich; solche Vorgaben waren schon in den Vorgängervorschriften der Marktmissbrauchsverordnung enthalten. Während die EU im Bereich des Kriminalstrafrechts grundsätzlich keine Rechtssetzungskompetenz hat (s. Rz. 29), bejaht die ganz h.M. auch der EuGH[2] eine Rechtssetzungskompetenz für Verwaltungssanktionen, auch wenn diese einen verwaltungsstrafrechtlichen Charakter besitzen. Neu in Art. 30 VO Nr. 596/2014 ist, dass sich der Verordnungsgeber nicht mit der üblichen Anforderungstrias der Wirksamkeit, Verhältnismäßigkeit und der Abschreckung zufrieden gibt, sondern in Art. 30 Abs. 2 VO Nr. 596/2014 detaillierte Vorgaben zum vorzusehenden Sanktionsrahmen schafft. Inwiefern die verwaltungsrechtlichen Sanktionen des EU-Eigensanktionsrechts und unionsrechtlich induzierte nationale Vorschriften den Charakter eines „Verwaltungsstrafrechts" oder Strafrechts im weiteren Sinne haben, für das strafrechtstypische Garantien gelten, ist eine der lösungsbedürftigen zentralen Themen (§ 120 WpHG Rz. 4 f.).

25 **2. Folgerungen der EU-Regelungssystematik für die nationale Umsetzungsstrategie.** Das außerstrafrechtliche Marktmissbrauchsrecht wird damit heute nicht mehr durch einzelstaatliche Gesetze geregelt, sondern durch die unmittelbar anwendbare Marktmissbrauchsverordnung. Die Straf- und Bußgeldtatbestände haben sich somit von einem horizontalen Blankett vom Strafrecht ins materielle Ordnungsrecht auch zu einer **vertikalen Blankettnorm** entwickelt, indem §§ 119, 120 WpHG unmittelbar auf die Verbote der Marktmissbrauchsverordnung verweisen. Diese Regelungstechnik wird mitunter für notwendig gehalten, da es den Mitgliedstaaten bei unmittelbar anwendbarem Unionsrecht, wie hier bei der Marktmissbrauchsverordnung, verwehrt sei, diese unionsrechtlichen Regelungen in nationale Vorschriften zu transformieren und dann unter Strafe zu stellen[3]. Nach der EuGH-Rechtsprechung kann eine „Umsetzung" von Verordnungsrecht sogar unionsrechtswidrig sein, da die Mitgliedstaaten keine Maßnahmen treffen dürfen, die geeignet sind, die Zuständigkeit des Gerichtshofs zur Entscheidung über Fragen und Auslegung des Unionsrechts zu beschneiden. Eine Aufnahme unionsrechtlicher Verordnungsvorschriften in innerstaatliches Recht könnte den Normadressaten über den europäischen Charakter im Unklaren lassen und ist dann unzulässig[4].

26 Dies trifft aber für das WpHG-Strafrecht nicht zu. Hier ist es dem nationalen Gesetzgeber zwar untersagt, die materiellen Verbote der Marktmissbrauchsverordnung im außerstrafrechtlichen Kontext zu duplizieren. Aber es wäre dem nationalen Gesetzgeber nicht verwehrt, für das **Strafrecht eigene abgeschlossene Tatbestände** zu bilden, so wie der *Unions*gesetzgeber selbst in seiner Marktmissbrauchsrichtlinie die Definitionen von Marktmanipulation und Insiderhandel interessanter Weise auch eigenständig definiert hat, statt schlicht auf die Definitionen und Verbote der Marktmissbrauchsverordnung aufzubauen (Art. 3–5 RL 2014/57/EU) (näher unter § 119 WpHG Rz. 10). Angesichts der eigenständigen Natur der Marktmissbrauchsrichtlinie auch im Hinblick auf die materiellen Straftatbestände ist festzuhalten: Die Vorschriften der Marktmissbrauchsverordnung zu Insiderverboten und dem Verbot der Marktmanipulation (Art. 14 und 15 VO Nr. 596/2014) geben den Mitgliedstaaten zwar keine Befugnis, *außer*strafrechtlich abweichende oder auch nur inhaltsgleiche Regelungen zu treffen. Im strafrechtlichen Kontext wären aber eigenständige Formulierungen in dem Rahmen, den die Art. 3–5 RL 2014/57/EU ziehen, durchaus zulässig. Hier besteht keine Bindung an die Marktmissbrauchsverordnung und schon gar kein Umsetzungsverbot. Erst recht gilt das für die zusätzlichen, strafrechtsspezifischen Voraussetzungen der Strafbarkeit. Die grundsätzliche Volleuropäisierung des § 119 WpHG auf der Tatbestandsseite ist eine Entscheidung des nationalen Gesetzgebers, die unionsrechtlich nicht zwingend war.

27 Zu Recht hat der Gesetzgeber des WpHG davon abgesehen, die teilweise hochfrequenten Detailänderungen des EU-Rechts durch **Verordnungsermächtigungen** in den Straf- und Bußgeldtatbestand ins nationale Recht umzusetzen. Bei Verweisen auf Rechtsverordnungen im innerstaatlichen Bereich müssen die Voraussetzungen der Strafbarkeit und die Art der Strafe schon aufgrund des verweisenden Gesetzes und nicht erst aufgrund der darauf gestützten Rechtsverordnung *vorhersehbar* sein. Dem Verordnungsgeber darf lediglich die *Konkretisierung* des Straftatbestandes überlassen sein, nicht aber die Entscheidung darüber, welches Verhalten strafbar ist[5]. Die

---

1 *Satzger* in Sieber/Satzger/von Heintschel-Heinegg, Europäisches Strafrecht, 2. Aufl. 2014, § 9 Rz. 20.
2 EuGH v. 27.10.1992 – Rs. C-240/90, NJW 1993, 47 ff., wonach der EuGH der damaligen EG eine verwaltungsstrafrechtliche Annexkompetenz in den ihr übertragenen Politikbereichen zugestand.
3 *Satzger* in Sieber/Satzger/von Heintschel-Heinegg, Europäisches Strafrecht, 2. Aufl. 2014, § 9 Rz. 21.
4 EuGH v. 10.10.1973 – Rs. 34/73 (Variola) Rz. 11, Slg. 1973, 981 ff.; EuGH v. 2.2.1977 – Rs. 50/76 (Amsterdam Bulb) Rz. 4, Slg. 1977, 137 ff.; im Einzelnen ist allerdings nicht jede Normwiederholung kategorisch unzulässig, vgl. EuGH v. 28.3.1985 – Rs. 272/83, EuGHE 1985, 1052 Rz. 26 f. – Kommission/Italien.
5 BVerfG v. 22.6.1988 – 2 BvR 234/87, 2 BvR 1154/86, BVerfGE 78, 374, 382 f.

untergesetzlichen Rechtsakte dürfen nur Spezifizierungen der gesetzlichen Regelungsbegriffe enthalten[1]. Diese Anforderungen lassen sich sinngemäß auf den Fall übertragen, dass Blankettstrafgesetze auf Unionsrecht verweisen[2], wobei delegierte Rechtsakte und Durchführungsrechtsakte funktional Rechtsverordnungen i.S.d. Art. 80 GG gleichkommen dürften. Dies ist, da der nationale Gesetzgeber sich die delegierten und durchführenden Rechtsakte in § 119 WpHG (anders teilweise in § 120 WpHG) nicht qua Verweisung zu Eigen gemacht hat, insbesondere bei der Anwendung der Straf- und Bußgeldtatbestände zu beachten (Rz. 39).

3. Harmonisierungsgrad der EU-Rechtsakte. Die Handlungsform der Richtlinie kann sowohl mindest- wie vollharmonisierend sein[3]. Speziell bei auf Art. 83 AEUV gestützten Richtlinien ist nach Art. 83 Abs. 2 AEUV von einer **Mindestharmonisierung** auszugehen und nicht von einer Vollharmonisierung[4]. Verordnungen gelten gem. Art. 288 Abs. 2 Satz 2 AEUV unmittelbar in den Mitgliedstaaten. Dies spricht grundsätzlich für eine Vollharmonisierung, da Verordnungen der Rechtsvereinheitlichung dienen sollen. So stützt sich die Verordnung auf die Binnenmarktkompetenz des Art. 114 AEUV, welcher eine Vollharmonisierung gestattet. Aber die Rechtsform der Verordnung hat bei der Beurteilung des Harmonisierungsgrades nur eine indizielle Bedeutung[5], es muss vielmehr für jede Vorschrift einzeln beurteilt werden, ob eine Mindest- bzw. eine Vollharmonisierung erreicht werden soll[6]. Grundsätzlich ist jedoch der Wille des europäischen Gesetzgebers zu beachten, wonach durch die Verordnung ein einheitlicher Rechtsrahmen geschaffen werden soll (Erwägungsgrund 3 Satz 1 VO Nr. 596/2014) und voneinander abweichende nationale Vorschriften infolge der Richtlinienumsetzung verhindert werden sollen (Erwägungsgrund 4 Satz 3 VO Nr. 596/2014)[7]. Es soll eine einheitliche Auslegung des Regelwerks der Union zum Marktmissbrauch erreicht werden (s. Erwägungsgrund 5 Satz 1 VO Nr. 596/2014). Diese Erwägungsgründe sprechen jedenfalls im materiellen Pflichtenbereich für eine Vollharmonisierung, es sei denn, einzelne Normen der Verordnung erkennen explizit die Befugnis der Mitgliedstaaten an, weitergehende Regelungen zu treffen[8]. So legen z.B. einzelne Regelungen der Marktmissbrauchsverordnung fest, dass Mitgliedstaaten den zuständigen Behörden weitere Befugnisse einräumen und höhere Sanktionen festlegen können (Art. 30 Abs. 3 VO Nr. 596/2014 für Verwaltungssanktionen) oder z.B. dass die Mitgliedstaaten abweichende Regelungen erlassen dürfen (Art. 19 Abs. 3 Unterabs. 3 VO Nr. 596/2014). Daher ist für den Sanktionenbereich zutreffend, dass die Marktmissbrauchsverordnung nur für Verbotstatbestände und materielle Verhaltenspflichten vollharmonisierend ist, im Bereich der Sanktionen jedoch nur mindestharmonisierend ist (s. Art. 30 Abs. 3 VO Nr. 596/2014)[9].

4. Blankettcharakter der §§ 119, 120 WpHG. Die Verbotsmaterie der Straf- und Bußgeldvorschriften des Abschnitts 17 ist im Wesentlichen in den außerstrafrechtlichen Ver- und Gebotsbestimmungen der EU-Verordnungen enthalten. Gesetzestechnisch schlägt sich dies darin nieder, dass §§ 119, 120 WpHG unmittelbar auf die Ver- und Gebotsnormen der europäischen Verordnungen verweisen. §§ 119, 120 WpHG sind deshalb **Blanketttatbestände**. Die Normen stellen lediglich die Strafandrohung auf und verweisen zur näheren Umschreibung des strafbaren Verhaltens auf sog. „Ausfüllungsnormen", wobei eine EU-Verordnung unproblematisch eine solche Ausfüllungsnorm darstellen kann[10]. Das Bedürfnis für die Schaffung solcher Blankettnormen folgt aus der Kompetenzverteilung zwischen der EU und den Mitgliedstaaten[11]. Im Kapitalmarktstrafrecht hat die EU zwar eine sachrechtliche Regelungskompetenz (s. Rz. 22), jedoch ist sie zur Schaffung supranationaler Straftatbestände nicht befugt. Um kapitalmarktrechtliche Verstöße zu ahnden, ist die EU demnach darauf angewiesen, dass die Mitgliedstaaten ihr eigenes Kriminalstrafrecht so ausgestalten, dass Verstöße gegen unmittelbar geltendes Unionsrecht sanktioniert werden. Es handelt sich bei Verweisungen auf EU-Recht um sog. Außenverweisungen, da Verweisungsobjekt und verweisende Norm nicht von demselben Gesetzgeber stammen, es wird sogar zwischen zwei autonomen Rechtsordnungen verwiesen[12]. Solche Verweisungen sind von einer Inkorporation[13] zu unterscheiden, wie sie im WpHG in § 120 Abs. 2 Nr. 3 WpHG i.V.m. § 25 WpHG durch die Bezugnahmen auf die Manipulationsverbote der Marktmissbrauchsverordnung jenseits von deren Geltungsbereich bestehen.

---

1 *Tiedemann*, Tatbestandsfunktionen im Nebenstrafrecht, 1969, S. 271.
2 BVerfG v. 21.9.2016 – 2 BvL 1/15 Rz. 47.
3 S. ausführlich zum Thema der Mindest- und Vollharmonisierung durch europäisches Recht im Bereich des Kapitalmarktrechts *Möllers*, ZEuP 2016, 325 ff.
4 *Satzger*, Internationales und Europäisches Strafrecht, 7. Aufl. 2016, § 9 Rz. 41 ff., S. 143 ff.
5 So *Veil*, ZBB 2014, 85, 87; *Seibt/Wollenschläger*, AG 2014, 593, 595; allgemein *Streinz/Schroeder*, EUV/AEUV, Art. 288 AEUV Rz. 10 von den „unvollständigen" oder „hinkenden" Verordnungen sprechen.
6 *Veil*, ZBB 2014, 85, 87; so auch: *Seibt/Wollenschläger*, AG 2014, 593, 595; *Möllers*, ZEuP 2016, 325, 351.
7 S. dazu auch: Vorschlag der Kommission für Verordnung des Europäischen Parlaments und des Rates über Insidergeschäfte und Marktmanipulation, KOM(2011) 651 endgültig, S. 3, wonach die Wirksamkeit der Richtlinie durch zahlreiche Optionen und Ermessensspielräume in der Richtlinie untergraben wird.
8 So *Veil*, ZBB 2014, 85, 87; *Seibt/Wollenschläger*, AG 2014, 593, 595.
9 So auch *Klöhn*, AG 2016, 423, 425; *Veil*, ZGR 2014, 544, 569; a.M. *Mennicke* in Fuchs, Vor §§ 12–14 WpHG Rz. 40h.
10 S. dazu *Eser/Hecker* in Schönke/Schröder, Vor § 1 StGB Rz. 3.
11 Vgl. *Petzsche*, NZWiSt 2015, 210 ff.
12 *Satzger* in Sieber/Satzger/von Heintschel-Heinegg, Europäisches Strafrecht, 2. Aufl. 2014, § 9 Rz. 21, 22.
13 Die Begrifflichkeit ist nicht einheitlich; teilweise geht man bei jeder Form von Verweisungsnorm von einer Inkorporation aus, etwa *Satzger*, Internationales und Europäisches Strafrecht, 7. Aufl. 2016, § 9 Rz. 63, S. 154.

30 Differenzierend zu beantworten ist die Frage, ob die Verweise auf europäisches Recht statisch oder dynamisch sind (vgl. § 120 WpHG Rz. 61). Die Verweise auf konkret bezeichnete Verordnungen sind im Zweifel als statische Verweisungen auszulegen, um die Anforderungen an das Bestimmtheitsgebot nach Art. 103 Abs. 2 GG und § 3 OWiG zu wahren (vgl. § 120 WpHG Rz. 61). Ist danach auf Level 1 das Unrecht hinreichend vertypt, sind ergänzende dynamische Verweisungen auf europäisches Recht zulässig[1] (vgl. § 120 WpHG Rz. 62).

31 Den Normadressaten bzw. den Rechtsanwender zwingt die Blanketttechnik zu einem „Zusammenlesen" der in §§ 119, 120 WpHG enthaltenen Sanktionsnormen mit den jeweils in Bezug genommenen Verhaltensnormen der EU-Verordnungen. Auf diese Weise entsteht ein hybrider Straftatbestand, der sich aus deutschem Blankettstraftatbestand und europäischer Blankettausfüllung zusammensetzt, wobei die unionsrechtliche Bestimmung im strafrechtlichen Anwendungszusammenhang formal Bestandteil der nationalen Norm wird[2]. Dies hat zur Folge, dass die Interpretation der in den Anwendungsbereich von §§ 119, 120 WpHG einbezogenen europäischen Verordnungen im Ausgangspunkt durch unionsrechtliche Auslegungssätze bestimmt ist, während der restliche Teil der Normen national auszulegen ist[3]. Die unmittelbar anwendbaren Vorschriften der Verordnung sind demnach autonom nach den vom EuGH entwickelten Grundsätzen auszulegen, womit die Frage, ob dies auch für deren Inkorporation nach dem alleinigen Willen des *nationalen* Gesetzgebers gilt, noch nicht beantwortet ist (näher § 119 WpHG Rz. 38).

32 Diese „zusammengelesene" Norm ist der gesetzliche Tatbestand, auf dessen einzelne Sachverhaltsmerkmale – nicht auf die in Bezug genommene Verhaltensnorm als solche – sich der **Vorsatz** beziehen muss.

33 **5. Verfassungsrechtliche Fragen: Bestimmtheit des Straf- und Bußgeldrechts.** Zum alten Rechtsstand der §§ 38, 39 a.F. WpHG wurden **verfassungsrechtliche Bedenken** gegen die Straf- und Bußgeldbewehrung der Verhaltensnormen des WpHG – ursprünglich vor allem im Hinblick auf die Strafbewehrung des Verbots der Marktmanipulation (hierzu eingehend 6. Aufl., Vor § 20a WpHG Rz. 26ff.) – geltend gemacht. Insbesondere wurde der *Blankettcharakter* der §§ 119, 120 WpHG, damit zusammenhängend die Verweisungstechnik der Tatbestände und die hiermit verbundene Notwendigkeit, Vorschriften des WpHG stufenweise zusammenzulesen, kritisiert („Tatbestandskaskaden"[4]), aber auch die materielle Unbestimmtheit der Begriffe.

34 Die allgemeine Kritik in Bezug auf den früheren Rechtsstand war nicht überzeugend (s. auch 5. Aufl., Vor § 38 WpHG Rz. 9)[5]. So hat der BGH[6] bereits in der Vergangenheit zu § 39 Abs. 1 Nr. 1 WpHG a.F. entschieden, dass die in der Norm enthaltenen blankettartigen Verweise auf verschiedene Rechtsverordnungen trotz der unübersichtlichen Regelungstechnik verfassungsgemäß sind und dem Bestimmtheitsgrundsatz genügen. Der Bestimmtheitsgrundsatz darf dabei nicht übersteigert werden, da ein Gesetz auch nicht zu starr und kasuistisch sein darf. Insbesondere im Kapitalmarktrecht bestünde bei der Verwendung präziser, enger Formulierungen die Gefahr, dass die Norm ihren Zweck (Funktionsfähigkeit des Marktes) aufgrund sich schnell ändernder manipulativer Praktiken nicht mehr erfüllen könnte[7].

35 Nach dem neuen Recht ergibt sich die zusätzliche Besonderheit, dass sich die Bezugtatbestände, auf die §§ 119, 120 WpHG verweisen, nicht mehr in ein und demselben Gesetz befinden, sondern Teile des EU-Rechts darstellen. Die Inhalte der Verbote ergeben sich demnach nicht mehr aus demselben Gesetz, was für den Rechtsanwender ein erhöhtes Maß an Anstrengung bedeutet, um sich Klarheit über den Inhalt der Norm zu verschaffen. Die Frage nach der hinreichenden Bestimmtheit der Normen muss also neu gestellt werden.

36 Es ist indes anerkannt, dass der Gesetzgeber auch auf Vorschriften desselben Rechtsakts oder eines anderen Normgebers verweisen darf. Die allgemeine Kritik an Verweisungen ist ein spezifisch deutsches Phänomen, das mit verfassungs*rechtlichen* Bestimmtheitsanforderungen nichts zu tun hat, sondern – allenfalls – als Postulat „guter" Gesetzessprache anzuerkennen ist[8]. Normenbestimmtheit ist nicht mit Einfachheit gleich zu setzen. Gerade klare und eindeutige Verweisungsketten können sogar umgekehrt ein besonders hohes Maß an tatbestandlicher Normenbestimmtheit gewährleisten. Die Verweisung auf außerstrafrechtliche Normen sichert, verglichen mit autonom strafrechtlicher Vollregelungen, eine Identität der Vorgaben und entspricht somit auch dem Ziel rechtsstaatlicher Bestimmtheit und Normenverständlichkeit. Es ist noch nicht einmal beanstandet worden – aber ungleich problematischer – wenn ohne klare Verweisung zur *Auslegung* eines Tatbestandes auf andere Ge-

---

1 Vgl. *Diversy/Köpferl* in Graf/Jäger/Wittig, Wirtschafts- und Steuerstrafrecht, 2. Aufl. 2017, § 39 WpHG Rz. 8; *Köpferl*, ZIS 2017, 201, 208ff.; „zumindest bedenklich": *Rönnau/Wegner* in Meyer/Veil/Rönnau, Handbuch zum Marktmissbrauchsrecht, 2018, § 29 Rz. 10.
2 Zutreffend *Satzger* in Sieber/Satzger/von Heintschel-Heinegg, Europäisches Strafrecht, 2. Aufl. 2014, § 9 Rz. 29ff.
3 So *Satzger*, Internationales und europäisches Strafrecht, 7. Aufl. 2016, § 9 Rz. 64; *Esser*, Europäisches und Internationales Strafrecht, 1. Aufl. 2014, § 2 Rz. 106.
4 *Moosmayer*, wistra 2002, 161, 168; vgl. auch *Kohlmann* in FS Vieregge, S. 443, 446, 454.
5 Vgl. auch *Altenhain* in KölnKomm. WpHG, § 38 WpHG Rz. 20-22, 26.
6 BGH v. 27.11.2013 – 3 StR 5/13, AG 2014, 252 = NJW 2014, 1399ff.
7 BGH v. 27.11.2013 – 3 StR 5/13 Rz. 8, 9, AG 2014, 252 = NJW 2014, 1399, 1400.
8 S. die bekannte Aussage von *Hans Schneider*, Gesetzgebung, § 12 Rz. 284, differenzierend *Cornelius*, Verweisungsbedingte Akzessorietät, S. 36f. m.w.N. auf die schon auf *Otto von Gierke* zurückgehende Verweisungsfeindlichkeit.

setze zurückgegriffen werden muss, solange durch diese die gesetzliche Regelung nur spezifiziert und keine neue Strafbarkeit begründet wird[1].

Auch im Strafrecht sind **Blankettnormen** im Hinblick auf das verfassungsrechtliche **Bestimmtheitsgebot gem. Art. 103 Abs. 2 GG**, bei Freiheitsstrafe i.V.m. Art. 104 Abs. 1 GG nicht aus sich heraus problematisch[2]; es ist aber darauf zu achten, dass die spezifisch strafrechtlichen Bestimmtheitsanforderungen auch bei den Verweisungsnormen eingehalten werden. Eine solche Verweisung bedeutet allerdings lediglich den Verzicht, den Text der in Bezug genommenen Norm in vollem Wortlaut in die Verweisungsnorm aufzunehmen[3]. Diese Argumentation setzt allerdings voraus, dass die Verweisung statischer Natur ist; dies entspricht jedenfalls bei § 119 WpHG dem WpHG[4]. Statische Verweisungen sind nach dem BVerfG grundsätzlich verfassungsrechtlich unbedenklich, da sich der Gesetzgeber lediglich den Inhalt der Verordnung zu Eigen macht, wie er bei Erlass des Gesetzesbeschlusses vorlag[5]. Nach dem BVerfG ist dabei lediglich erforderlich, dass die Voraussetzungen der Strafbarkeit sowie Art und Maß der Strafe im Blankettgesetz selbst oder in einem anderen in Bezug genommenen Vorschrift hinreichend deutlich umschrieben werden, d.h. dass sowohl das verweisende Gesetz als auch das Ausfüllungsobjekt hinreichend bestimmt sind[6]. „Außenverweisungen" auf andere Gesetze, auch solche der EU, sind im Wirtschafts(straf)recht alles andere als ungewöhnlich und verfassungsrechtlich im Grundsatz nicht zu beanstanden. EU-Recht und nationales Recht sind zwar verschiedene Teilrechtsordnungen, greifen jedoch ineinander über. Hierbei gelten bezüglich der Anforderungen an den Bestimmtheitsgrundsatz dieselben Maßstäbe wie bei Verweisungen auf innerstaatliches Recht[7]. Da dem nationalen Gesetzgeber nach der Marktmissbrauchsrichtlinie stets die Alternative zustand, den materiellen Straftatbestand eigenständig und präziser zu umschreiben, gelten für die als Verweisungsobjekt in Bezug genommenen Vorschriften der VO Nr. 596/2014 nicht nur die gemeinschaftsrechtlichen[8] Bestimmtheitsanforderungen, sondern auch die grundgesetzlichen. 37

Des Weiteren rügte die Kritik, dass die von §§ 38, 39 WpHG a.F. in Bezug genommenen Verhaltensnormen des WpHG zahlreiche unbestimmte Rechtsbegriffe enthalten, so dass im Hinblick auf die Straf- bzw. Ahndbarkeit der **Bestimmtheitsgrundsatz des Art. 103 Abs. 2 GG** berührt ist. Noch gesteigert sind die Bestimmtheitsanforderungen nach Art. 104 Abs. 1 GG, wenn die Strafvorschrift – wie § 38 WpHG – Freiheitsstrafe androht[9]. Der Gesetzgeber muss aber auch im Strafrecht in der Lage bleiben, der Vielgestaltigkeit des Lebens Herr zu werden; deshalb sind generalklauselartige Tatbestände nicht zu beanstanden[10]. 38

Diese Bedenken fußen nicht allein auf Vagheiten und Unbestimmtheiten im Wortlaut, sondern auch – und vielleicht umso mehr – auf einem **diffusen, entindividualisiertem Schutzgut** und einem mitunter ebenso vagen Konzept der **Schutzgutbeeinträchtigung** (Rz. 15). Solche Unschärfen verstärken sich wechselseitig, weil bei unscharf konturierten Schutzgütern die üblichen Auslegungsmethoden, namentlich die teleologische Auslegung, zur Erhellung von Dunkelheiten der Wortlautgrenze nur noch beschränkt weiterhelfen. Als strafrechtlich zu unbestimmt angegriffen wurden insbesondere die Strafbarkeit der Marktmanipulation durch „sonstige Täuschungshandlungen" (§ 38 Abs. 2 WpHG a.F. i.V.m. § 39 Abs. 1 Nr. 2 WpHG a.F. i.V.m. § 20a Abs. 1 Satz 1 Nr. 3 WpHG a.F.)[11], aber auch die „Außenverweisung" des strafbewehrten Marktmanipulationsverbots auf Entscheidungen der Bundesanstalt, zulässige Marktpraktiken anzuerkennen[12]. Für die strafbare Kurs- und Marktpreismanipulation wegen „sonstiger Täuschungshandlungen" nach § 38 Abs. 1 Nr. 4 WpHG a.F. i.V.m. § 20a Abs. 1 Satz 1 Nr. 3 WpHG a.F. hat der BGH[13] diese Einwände zunächst mit der Erwägung zurückgewiesen, das Verbot „sonstiger Täuschungshandlungen" könne durch den Bezug auf § 20a Abs. 1 Satz 1 Nr. 1 WpHG a.F. sowie durch andere Strafgesetze, die eine Täuschung verlangen, wozu in der Rechtsprechung klare Kriterien entwickelt worden seien, konkretisiert werden. Methodisch eher problematischer hat der 39

---

1 BGH v. 25.2.2016 – 3 StR 142/15 Rz. 15, NJW 2016, 3459, 3459 = AG 2016, 547.
2 BVerfG v. 15.7.1969 – 2 BvF 1/64, BVerfGE 26, 338, 367; zur Rechtsprechung des BVerfG Enderle, Blankettstrafgesetze, 2000, S. 174 ff.
3 BVerfG v. 1.3.1978 – 1 BvR 786, 793/70, 168/71 und 95/73, BVerfGE 47, 285, 311 f.
4 Zu § 119 WpHG: BGH v. 10.1.2017, Beck RS 2017, 100305 Rz. 16; LG Frankfurt, Beschl. v. 31.10.2016 – 5/12 Khs 9115 u.a. – Juris Rz. 29, *Söhner*, BB 2017, 259, 265; *Köpferl/Wegner*, WM 2017, 1924 ff.; a.M. *Köpferl*, ZIS 2017, 201, 208 f.; *Sorgenfrei/Saliger* in Park, Kapitalmarktstrafrecht, 4. Aufl. 2017, Kap. 6.1, Rz. 24; *Poelzig*, NZG 2016, 528, 537; *Diversy/Köpferl* in Graf/Jäger/Wittig, Wirtschafts- und Steuerstrafrecht, 2. Aufl. 2017, Vor §§ 38, 39 WpHG Rz. 8.
5 BVerfG v. 15.7.1969 – 2 BvF 1/64, BVerfGE 26, 338, 366; BVerfG v. 21.9.2016 – 2 BvL 1/16 Rz. 43.
6 BVerfG v. 7.5.1968 – BvR 702/65, BVerfGE 23, 265, 270; BVerfG v. 21.9.2016 – 2 BvL 1/16 Rz. 46.
7 BVerfG v. 13.10.1970 – BvR 618/86, BVerfGE 29, 198, 209 f.; BVerfG v. 21.9.2016 – 2 BvL 1/16 Rz. 45.
8 Zur Geltung der GRCh bei nationalem Sanktionsrecht zum Unionsrecht grundlegend EuGH v. 26.2.2013 – Rs. C-617/10 Rz. 70 ff. – Åkerberg Fransson dazu *Dannecker* in FS Fuchs, 2014, S. 111 ff.; systematisch *Öberg*, EuCLR 2013, 273 ff.; zu den Bestimmtheitsanforderungen jetzt EuGH v. 28.3.2017 – Rs. C-72/15 Rz. 162 – Rosneft.
9 BVerfG v. 25.7.1962, BVerfGE 14, 245, 251; BVerfG v. 22.6.1988 – 2 BvR 234/87, 2 BvR 1154/86, BVerfGE 78, 374, 383; BVerfG v. 21.9.2016 – 2 BvL 1/16 Rz. 40.
10 BVerfG v. 21.9.2016 – 2 BvL 1/16 Rz. 40 f. m.w.N.
11 *Altenhain* in KölnKomm. WpHG, § 38 WpHG Rz. 24 mit umfangreichen Nachw. zum Meinungsstand.
12 *Altenhain* in KölnKomm. WpHG, § 38 WpHG Rz. 25; *Kutzner*, WM 2005, 1401, 1406; *Spindler*, NJW 2004, 3449, 3453.
13 BGH v. 6.11.2003 – 1 StR 24/03, BGHSt 48, 374, 383 f. = AG 2004, 144; s. hierzu *Vogel*, NStZ 2004, 252, 255 f.

BGH dann in jüngerer Vergangenheit durch richtlinienkonforme Auslegung, die der EU-Richtlinie Regelbeispiele z.B. für strafbare Marktmanipulationen entnimmt, eine hinreichende Bestimmtheit der Auslegung hergestellt[1]. Die Regelung des § 38 Abs. 2 WpHG a.F. i.V.m. § 39 Abs. 1 Nr. 2 WpHG a.F. i.V.m. § 20a Abs. 1 Satz 1 Nr. 3 WpHG a.F., und hier namentlich die „sonstigen Täuschungshandlungen" erlangten die erforderliche Bestimmtheit durch die RL 2003/6/EG und einer an Art. 5, Art. 1 Nr. 2 lit. b RL 2003/6/EG orientierten Auslegung, wobei Art. 1 Nr. 2 der RL 2003/6/EG und Art. 5 der Durchführungsrichtlinie RL 2003/124/EG die unbestimmten Rechtsbegriffe ausfüllten.

40 Ansatzpunkt verfassungsrechtlicher Prüfung, vor allem in der Rechtsanwendung, muss sein, dass §§ 119, 120 WpHG die Funktionsfähigkeit der Kapitalmärkte schützen. Für den strafrechtlichen Anwendungszusammenhang muss eine konkrete Schutzgutverletzung des jeweiligen Verhaltens durch die Auslegung der generalklauselartigen Begriffe sichergestellt werden. Auch dürfen – als Ausprägung des Gesetzlichkeitsprinzips und der strikten Gesetzesbindung – unterschiedliche Tatbestandsmerkmale nicht zur Unkenntlichkeit verschliffen werden[2].

41 Eine wiederum andere Frage ist, ob der Schutz von mitunter wenig konturierten, überindividuellen Rechtsgütern bereits im Vorfeld konkreter Gefahren oder Schäden den verfassungsrechtlichen **Grundsätzen des Rechtsgüterschutzes und des schuldangemessenen Strafens**, daneben **der Verhältnismäßigkeit und des ultima-ratio-Grundsatzes**[3] gerecht wird. Zu beachten ist allerdings, dass der Prüfungsmaßstab, soweit der deutsche Gesetzgeber durch die Marktmissbrauchsrichtlinie zur Schaffung von Strafvorschriften verpflichtet ist, nach Maßgabe der Lissabon-Entscheidung des BVerfG[4] reduziert ist. Insoweit ist unmittelbar am Maßstab der Verfassung nur das „Wie" der Strafbarkeit zu prüfen, soweit nationale Spielräume bestehen, nicht aber deren „Ob". Letzteres kann nur anhand der Identitäts- und Ultra-Vires-Kontrolle überprüft werden. Dass die §§ 119, 120 WpHG dieser Prüfung nicht standhielten, ist indes fernliegend. Auch wenn man einen materiellen Ultima-Ratio-Test für Strafrecht als Ausprägung einer Verhältnismäßigkeitsschranke[5] verfassungsrechtlich verlangt, genügt das Kapitalmarktstrafrecht den Anforderungen: Auf Kapitalmärkten lassen sich immer wieder durch manipulative oder täuschende Verhaltensweisen leistungslos hohe Gewinne letztlich auf Kosten anderer Marktteilnehmer erzielen; die darin liegenden Verhaltensweisen sind in einer Gesellschaft, die auf funktionierende Kapitalmärkte angewiesen ist und die den Märkten die Allokation von Gütern und individuellen Chancen überlässt, sozial in höchstem Maße schädlich. Im Übrigen ist daran zu erinnern, dass im Straf- und Bußgeldverfahrensrecht die Möglichkeit besteht, Bagatellfälle im prozessualen Wege zu erledigen, nämlich Strafverfahren nach §§ 153, 153a StPO einzustellen und von der Verfolgung von Ordnungswidrigkeiten gem. § 47 Abs. 1 OWiG abzusehen[6].

42 **V. Auslegungsfragen zusammengesetzter Tatbestände und maßgebliches höherrangiges Recht.** Das im Mehrebenensystem zusammengesetzte Blankett wirft schwierige Fragen auf. Es ist zum einen zu klären, ob der primäre, außerstrafrechtliche Systemzusammenhang und der strafrechtliche Systemzusammenhang der Norm zu unterschiedlichen Bedeutungsgehalten („Normspaltung") führen kann. Stets stellt sich die Frage nach den nationalen bzw. europäischen Auslegungsmethoden und ihrem Verhältnis zueinander. Schließlich ist in vielen Fällen angesichts des erreichten pluralen Grundrechtsschutzes in Europa maßgeblich, welche Rechtsordnung als höherrangiges oder jedenfalls maßstäbliches Recht Prüfungsmaßstab ist.

43 **1. Strafrechtlicher und primärer Systemzusammenhang.** Nach älterer Rechtsprechung des EuGH sind europäische Normen sowohl im außerstrafrechtlichen Bereich als auch im Rahmen des Strafrechts in der Regel gleich auszulegen[7]. Dahinter dürfte die Überlegung gestanden haben, die Wirksamkeit und Einheitlichkeit des Europarechts nicht auf der damals allein nationalen Sanktionsebene zu unterlaufen. Eine Normspaltung ist damit europarechtlich unerwünscht. Aber nicht durchgehend entspricht bislang die freiere, oft stark auf effet utile und weniger auf Wortlautgrenzen (zumal diese durch die Pluralität der Sprachfassungen ebenfalls beweglich sind) ausgelegte Auslegungsmethodik des europäischen Rechts der strafrechtsspezifischen des nationalen Rechts[8]. Dies hat gerade im Kapitalmarktstrafrecht zu ausgeprägten Irritationen an der Begegnung der Rechtsordnungen geführt.

44 Inzwischen hat der EuGH in bahnbrechenden Urteilen in anderen Zusammenhängen rechtsstaatlichen Strafrechtsvorstellungen zum Durchbruch verholfen[9], so dass das Gemeinschaftsrecht auch hier seine Entwicklungs-

---
1 BGH v. 25.2.2016 – 3 StR 142/15 Rz. 17, NJW 2016, 3459, 3459 = AG 2016, 547.
2 BVerfG v. 23.6.2010 – 2 BvR 2559/08 u.a., BVerfGE 126, 170, 198.
3 Dazu etwa *Jahn/Brodowski*, ZStW 2017, 363 ff.
4 BVerfG v. 30.6.2009 – 2 BvE 2/08, BVerfGE 123, 267.
5 Vgl. BVerfG v. 25.2.2008 – 2 BvR 392/07, BVerfGE 120, 224, 240 und *Engländer*, ZStW 2015, 616 ff.; *Kudlich*, ZStW 2015, 635 ff.; *Frisch*, NStZ 2016, 16, 22 f.
6 Auf diese Möglichkeit weist auch *Waßmer* in Fuchs, Vor §§ 38–40b WpHG Rz. 12 hin.
7 EuGH v. 10.7.1990 – C-217/88, Slg. 1986, 805 ff.
8 So aber *Schröder*, Handbuch Kapitalmarktstrafrecht, 3. Aufl. 2015, Rz. 108.
9 Zu denken ist an die Rechtsprechung zu Art. 54 SDÜ und Art. 50 GRCh: EuGH v. 6.9.2016 – Rs. C-182/15 – Aleksei Petruhhin; EuGH v. 5.4.2016 – Rs. C-414/15; C-659/15 – Aranyosi und Caldararu.

offenheit und Dynamik unter Beweis gestellt hat. Doch findet sich in der EuGH-Rechtsprechung nach wie vor ein vom deutschen Vorstellungsbild abweichendes Verständnis des Bestimmtheitsgebots, das unionsrechtlich in Art. 49 Abs. 1 GRCh niedergelegt ist. So kommt es nach der Rechtsprechung des EuGH weniger auf den Bezug der umstrittenen strafbarkeitsbegründenden Auslegung zum Normtext an, sondern ob die gefundene Auslegung anhand des Fallrechts des EuGH noch vorhersehbar war[1]. Damit wird dem Normunterworfenen noch mehr als bei einer wortlautbezogenen Auslegung die Möglichkeit abgeschnitten, sich ohne qualifizierten Rechtsrat Klarheit über die Grenze zwischen Erlaubten und Verbotenen zu verschaffen. Immerhin hat der EuGH auch schon länger anerkannt, dass auch die europarechtskonforme Auslegung ihre Grenzen in den allgemeinen Rechtsgrundsätzen, also auch dem Grundsatz der Rechtssicherheit und dem Rückwirkungsverbot findet[2].

Etwaige Verwerfungen können durch ein einheitliches Verständnis der verwaltungsrechtlichen Blankettvorschriften auch umgekehrt aufgelöst werden, indem die strafrechtskonforme Auslegung im verwaltungsrechtlichen Anwendungszusammenhang respektiert wird (so ausgeprägt die 6. Aufl.). Dies kann aber dann in Grenzfällen auf Kosten der praktischen Wirksamkeit von EU-Recht gehen, wozu die bisherige Rechtsprechung des EuGH im Kapitalmarktrecht wenig Neigungen gezeigt hat. Eine **Normspaltung** ist aber nicht stets ein Normwiderspruch, weil nicht jedes rechtswidrige Verhalten auch bestraft werden[3] muss (befürwortend jetzt Vor Art. 12, 13, 15 und 16 VO Nr. 596/2014 Rz. 46). Speziell beim Insider- und Marktmanipulationsverbot gibt es aber jenseits des Bußgeld- und Strafrechts wenig Rechtsdurchsetzungsmöglichkeiten. 45

2. Nationale versus europäische Auslegung. Das Kapitalmarktstrafrecht ist ausgeprägt europarechtlich veranlasstes Strafrecht. Im unmittelbar europarechtlich geregelten materiellen Verordnungsrecht der Marktmissbrauchsverordnung handelt es sich nicht um eine richtlinien- oder gemeinschaftsrechtskonforme Auslegung des nationalen Rechts, sondern um eine autonom gemeinschaftsrechtliche. Demgegenüber handelt es sich bei der Auslegung von richtlinienumsetzendem Recht – beispielsweise der Versuchsstrafbarkeit – lediglich um eine richtlinienkonforme Auslegung[4] nationalen Rechts, die nur ergänzend heranzuziehen ist, insbesondere um Widersprüche zwischen Richtlinie und nationalem Recht zu vermeiden. Angesichts des Konzepts der Marktmissbrauchsrichtlinie RL 2014/57/EU (CSMAD), die nationalen Rechtsordnungen zu schonen, dürfte hier auch eine indirekte Vollharmonisierung durch Begriffsvollharmonisierung (etwa durch Europäisierung der Details der Versuchsstrafbarkeit) ausscheiden. Eine integrationsorientierte Auslegung würde hier den europäischen Tatbestandsanteil rein europäisch auslegen; die Gegenthese stellt auf den maßgeblich und primär nationalen Funktionszusammenhang ab und lässt eine begrenzt nationale Auslegung auch des europäischen Inkorporationsobjekts zu. Dies ist eine Fortsetzung der Normspaltungsfrage, nunmehr über die Ebenen der Rechtsordnungen hinweg (s. im Einzelnen § 119 WpHG Rz. 20 ff.). 46

Probleme ergeben sich hier nicht mehr – wie in der Anfangszeit der **richtlinienkonformen Auslegung** –, wenn das nationale Recht mit dem Ziel von europäischen Rechtsakten in einen erkennbaren Widerspruch gerät, der nur durch richtlinienkonforme Auslegung ausgeräumt werden kann. Vielmehr ist die Problemlage gerade umgekehrt, dass europäische Auslegungsgrundsätze, typischer Weise in außerstrafrechtlichem Kontext entwickelt, Probleme in die nationale Normauslegung hineintragen. Beispielsweise stellt sich bei zusammengesetzten Blanketten die Frage, ob die von Art. 103 Abs. 2 GG gezogenen **Auslegungsgrenzen** gelten (Rz. 37)[5]. Bei der Entscheidung dieser Frage darf der Wille des europäischen Richtliniengebers, die Geschlossenheit und Autonomie der mitgliedstaatlichen Rechtsordnungen zu wahren, nicht außer Betracht gelassen werden. Zutreffend ist angesichts des klaren Willens des europäischen Verordnungs- und Richtliniengebers im Kapitalmarktrecht für die Einfügung des strafrechtlichen Sanktionensystems in das nationale Recht, nicht mehr allein von einer Geltung der Parallelgewährleistungen in der GRCh und ihre Auslegung durch den EuGH auszugehen, soweit das europäische Blankett betroffen ist, zu dem sich – ohne hierzu unionsrechtlich gezwungen zu sein – der deutsche Gesetzgeber entschieden hat[6]. Soweit es hier Divergenzen gibt, kann dies zu einer Normspaltung zwischen zivil- und verwaltungsrechtlicher Rechtsanwendung und strafrechtlicher Rechtsanwendung führen (so auch Vor 47

---

1 In diese Richtung verstanden wird teilweise EuGH v. 22.10.2015 – Rs. C-194/14 P Rz. 40 f., EuZW 2016, 19 ff. – AC Treuhand zum EU-Kartellbußgeldrecht, allerdings unter Bezugnahme auf „Strafrecht"; die Rechtsprechung wird aber in einer „und"-Verknüpfung mit dem Wortlaut genannt. S. andererseits jetzt EuGH v. 28.3.2017 – Rs. C-72/15 Rz. 162 – Rosneft.
2 EuGH v. 8.10.1987 – Rs. C-80/86, Slg. 1987, 3986; EuGH v. 12.12.1996 – Rs. C-74/95, 129/95, Slg. 1996, 6609, 6637 Rz. 25; EuGH v. 16.7.2009 – Rs. C-12/08, Slg. 2009 I-6653 Rz. 61.
3 *Hecker*, Europäisches Strafrecht, S. 355; vgl. *Cahn*, ZHR 162 (1998), 1, 8 ff.; *Segna*, ZGR 2015, 84, 98 ff.; zur Rechtsprechung: abl. BGH v. 19.7.2011 – II ZR 246/09, BGHZ 190, 291, 298 Rz. 33 = AG 2011, 786; bejahend BVerfG v. 15.3.1978 – 2 BvR 927/76, BVerfGE 48, 48, 60 ff.; BVerwG v. 22.9.2004 – 6 C 29/03, BVerwGE 122, 29; BVerfG v. 5.4.2006 – 1 BvR 2780/04, NZG 2006, 499, 500.
4 S. allgemein dazu EuGH v. 16.6.2005 – Rs. C-105/03, Slg. 2005, I-5285 Rz. 47 ff.; EuGH v. 16.7.2009 – Rs. C-12/08, Slg. 2009, I-6653 Rz. 60 ff.: Es besteht eine Verpflichtung zur gemeinschafsrechtskonformen Auslegung, welche jedoch nicht zu einer Auslegung contra legem führen darf.
5 Ausführlich *Cornelius*, Verweisungsbedingte Akzessorietät, S. 379 ff.; vgl. im bußgeldrechtlichen Zusammenhang BGH v. 16.12.2014 – KRB 47/13 Rz. 20, NJW 2015, 2198 ff. Vgl. *Landheld*, Vielsprachige Normenbestimmtheit im Europäischen Strafrecht, 2016.
6 So für den Regelfall *Cornelius*, Verweisungsbedingte Akzessorietät, S. 388 f.

Art. 12 ff. VO Nr. 596/2014 Rz. 45). Insbesondere sind bei der Auslegung der Tatbestände das Analogieverbot und der Bestimmtheitsgrundsatz zu beachten, und zwar im strafrechtlichen Zusammenhang auch in ihrer Ausprägung nach nationalem Recht (s. Bestimmtheitsgrundsatz bei Blankettnormen Rz. 38 f.). Zudem kann ein gegen den deutschen Verordnungswortlaut aus **anderen Amtssprachen** gewonnenes Auslegungsergebnis eine Strafbarkeit nach deutschem Recht nicht begründen[1].

48   **3. Maßgebliches höherrangiges Recht.** Damit wird auf die letztlich dahinter stehende Frage verwiesen, welches höherrangige Recht und welche Jurisdiktion für Rechts*anwendungs*akte bei den Blankett-Tatbeständen gilt. Diese Frage ist nicht damit beantwortet, dass eine Normverwerfungskompetenz für europäisches Recht jenseits der Identitätskontrolle allein beim EuGH liegt. Denn die Anwendung des Blankett-Tatbestandes ist Anwendung nationalen Rechts, das Europarecht inkorporiert. Auf diesen nachgelagerten Ebenen wird die Geltung nationalen höherrangigen Verfassungsrechts oder maßstäblichen Konventionsrechts durch das Unionsrecht, namentlich die GRCh nicht gesperrt. So dürfte es unstreitig sein, dass bei Vollzug der Blankett-Tatbestände des Kapitalmarkt-Sanktionsrechts die nationalen Justizgrundrechte uneingeschränkt gelten. Dies dürfte auch für die – nicht ohne Grund in diesem Zusammenhang im Grundgesetz systematisch eingeordneten – strafrechtsspezifischen materiellen Gewährleistungen gelten und zwar nicht erst dann, wenn die Identitätsgrenzen des Grundgesetzes erreicht sind.

49   Die umgekehrte Frage stellt sich freilich auch: Ist bei nationalem Strafrecht, das Unionsrecht richtlinienübersteigend umsetzt, die Grundrechtecharta anwendbar? Der EuGH hat diese Frage bejaht[2].

50   **4. Domaine réservé des nationalen Rechts: Tatsachenfeststellung und Schuldnachweis.** Nicht europäisiert sind bislang in weiten Teilen das Prozessrecht und insbesondere die Grundsätze des nationalen Rechts über Beweiserhebung und Beweismaß im strafrechtlichen Kontext, auch wenn Art. 82 Abs. 2 AEUV eine Mindestharmonisierung zulässt, allerdings nur in eng umgrenzten Fällen[3]. Soweit die materielle Verbotstatbestände der Marktmissbrauchsverordnung, die – wie für regulatorische Zwecke sachgerecht – unscharfe Verbote teilweise durch eine umgekehrte Regelungstechnik der präzisen Definition erlaubter Verhaltensweisen (safe harbours) konkretisieren, lassen sich daraus keine Schlüsse für Tat- und Schuldnachweis in strafrechtlichen Verfahren ziehen. Auch ein auf effet utile gestütztes EuGH-Fallrecht auf dem Gebiet der Kapitalmarktregulierung kann kein Substitut sein, um an Art. 82 Abs. 2 AEUV vorbei[4] das nationale Strafverfahrensrecht zu harmonisieren.

§ 119 Strafvorschriften

(1) Mit Freiheitsstrafe bis zu fünf Jahren oder mit Geldstrafe wird bestraft, wer eine in § 120 Absatz 2 Nummer 3 oder Absatz 15 Nummer 2 bezeichnete vorsätzliche Handlung begeht und dadurch einwirkt auf

1. den inländischen Börsen- oder Marktpreis eines Finanzinstruments, eines damit verbundenen Waren-Spot-Kontrakts, einer Ware im Sinne des § 2 Absatz 5 oder eines ausländischen Zahlungsmittels im Sinne des § 51 des Börsengesetzes,

2. den Preis eines Finanzinstruments oder eines damit verbundenen Waren-Spot-Kontrakts an einem organisierten Markt, einem multilateralen oder organisierten Handelssystem in einem anderen Mitgliedstaat oder in einem anderen Vertragsstaat des Abkommens über den Europäischen Wirtschaftsraum,

3. den Preis einer Ware im Sinne des § 2 Absatz 5 oder eines ausländischen Zahlungsmittels im Sinne des § 51 des Börsengesetzes an einem mit einer inländischen Börse vergleichbaren Markt in einem anderen Mitgliedstaat oder in einem anderen Vertragsstaat des Abkommens über den Europäischen Wirtschaftsraum oder

4. die Berechnung eines Referenzwertes im Inland oder in einem anderen Mitgliedstaat oder in einem anderen Vertragsstaat des Abkommens über den Europäischen Wirtschaftsraum.

**(2) Ebenso wird bestraft, wer gegen die Verordnung (EU) Nr. 1031/2010 der Kommission vom 12. November 2010 über den zeitlichen und administrativen Ablauf sowie sonstige Aspekte der Versteigerung von Treibhausgasemissionszertifikaten gemäß der Richtlinie 2003/87/EG des Europäischen Parlaments

---

1 *Cornelius*, Verweisungsbedingte Akzessorietät, S. 389 ff.
2 EuGH v. 26.2.2013 – Rs. C-617/10 Rz. 70 ff. – Åkerberg Fransson; dazu *Heger*, ZIS 2013, 289, 293; *Cornelius*, Verweisungsbedingte Akzessorietät, S. 382 f.; *Satzger*, Internationales und Europäisches Strafrecht, 7. Aufl. 2016, S. 107 f.
3 Überblick bei *Satzger*, Internationales und Europäisches Strafrecht, 7. Aufl. 2016, S. 79 ff.; *Suhr* in Calliess/Ruffert, EUV/AEUV, Art. 82 AEUV Rz. 34 ff. und *Öberg*, EuCLR 2013, 273. Tendenziell skeptisch zur Begrenzungswirkung von Art. 82 AEUV *Meyer*, wistra 2017, 249, 252.
4 Zur inneren Systematik des Art. 82 AEUV, insb. des Abs. 2 lit. d: *Meyer* in von der Groeben et. al, Europäisches Unionsrecht, Art. 82 AEUV Rz. 48.

und des Rates über ein System für den Handel mit Treibhausgasemissionszertifikaten in der Gemeinschaft (ABl. L 302 vom 18.11.2010, S. 1), die zuletzt durch die Verordnung (EU) Nr. 176/2014 (ABl. L 56 vom 26.2.2014, S. 11) geändert worden ist, verstößt, indem er

1. entgegen Artikel 38 Absatz 1 Unterabsatz 1, auch in Verbindung mit Absatz 2 oder Artikel 40, ein Gebot einstellt, ändert oder zurückzieht oder
2. als Person nach Artikel 38 Absatz 1 Unterabsatz 2, auch in Verbindung mit Absatz 2,
   a) entgegen Artikel 39 Buchstabe a eine Insiderinformation weitergibt oder
   b) entgegen Artikel 39 Buchstabe b die Einstellung, Änderung oder Zurückziehung eines Gebotes empfiehlt oder eine andere Person hierzu verleitet.

(3) Ebenso wird bestraft, wer gegen die Verordnung (EU) Nr. 596/2014 des Europäischen Parlaments und des Rates vom 16. April 2014 über Marktmissbrauch (Marktmissbrauchsverordnung) und zur Aufhebung der Richtlinie 2003/6/EG des Europäischen Parlaments und des Rates und der Richtlinien 2003/124/EG, 2003/125/EG und 2004/72/EG der Kommission (ABl. L 173 vom 12.6.2014, S. 1; L 287 vom 21.10.2016, S. 320; L 306 vom 15.11.2016, S. 43; L 348 vom 21.12.2016, S. 83), die zuletzt durch die Verordnung (EU) 2016/1033 (ABl. L 175 vom 30.6.2016, S. 1) geändert worden ist, verstößt, indem er

1. entgegen Artikel 14 Buchstabe a ein Insidergeschäft tätigt,
2. entgegen Artikel 14 Buchstabe b einem Dritten empfiehlt, ein Insidergeschäft zu tätigen, oder einen Dritten dazu verleitet oder
3. entgegen Artikel 14 Buchstabe c eine Insiderinformation offenlegt.

(4) Der Versuch ist strafbar.

(5) Mit Freiheitsstrafe von einem Jahr bis zu zehn Jahren wird bestraft, wer in den Fällen des Absatzes 1

1. gewerbsmäßig oder als Mitglied einer Bande, die sich zur fortgesetzten Begehung solcher Taten verbunden hat, handelt oder
2. in Ausübung seiner Tätigkeit für eine inländische Finanzaufsichtsbehörde, ein Wertpapierdienstleistungsunternehmen, eine Börse oder einen Betreiber eines Handelsplatzes handelt.

(6) In minder schweren Fällen des Absatzes 5 Nummer 2 ist die Strafe Freiheitsstrafe von sechs Monaten bis zu fünf Jahren.

(7) Handelt der Täter in den Fällen des Absatzes 2 Nummer 1 leichtfertig, so ist die Strafe Freiheitsstrafe bis zu einem Jahr oder Geldstrafe.

In der Fassung des 2. FiMaNoG vom 23.6.2017 (BGBl. I 2017, 1693).

Schrifttum: S. die Vor §§ 119 ff. WpHG und bei § 120 WpHG aufgeführte Literatur und *Ambos* in Joecks/Miebach (Hrsg.), Münchener Kommentar zum StGB, 3. Aufl. 2017, § 9 StGB; *Arlt*, Der strafrechtliche Anlegerschutz vor Kursmanipulation, 2004; *Bäcker*, Das Grundgesetz als Implementationsgarant der Unionsgrundrechte, EuR 2015, 389; *Baedorff*, Das Merkmal der Verwendung von Insiderinformationen, 2011; *Bator*, Die Marktmanipulation im Entwurf zum Finanzmarktnovellierungsgesetz – unionsrechtskonform?, BKR 2016, 1; *Bayram/Meier*, Marktmanipulation durch Leerverkaufsattacken, BKR 2018, 55; *Begemeier*, Zur Reichweite des unionsrechtskonformen Auslegung im deutschen Straf- und Strafverfahrensrecht am Beispiel „Spector Photo Group" Entscheidung des EuGH, HRRS 2013, 179; *Bernsmann*, Kursmanipulation durch Unterlassen? – Anmerkung zu einem Babylonischen Turm des Strafrechts, in FS Christian Richter II, 2006, S. 51; *Bleckmann*, Die Überlagerung des nationalen Strafrechts durch das Europäische Gemeinschaftsrecht, in FS Wessels/Stree, 1993, S. 107; *Böse* in Schwarze, EU-Kommentar, 3. Aufl. 2012, Art. 83; *Börner*, Kryptowährungen und strafbarer Marktmissbrauch, NZWiSt 2018, 48; *Craig*, The Lisbon Treaty: Law, Politics and Treaty Reform, S. 365; *Dannecker*, Grundrechte im Europäischen Strafverfahrensrecht im Lichte der Rechtsprechung des EuGH, in FS Fuchs, 2014, S. 111; *Dougan* in Cremona, Compliance and Enforcement of EU Law; *Fischer*, Strafgesetzbuch, 65. Aufl. 2018, §§ 25, 73b–78a, 264a StGB; *Fischer*, Strafgesetzbuch, 64. Aufl. 2017, § 73 StGB; *Fleischer/Bueren*, Die Libor-Manipulation zwischen Kapitalmarkt- und Kartellrecht, DB 2012, 2561; *Gehrmann*, Anmerkungen zum strafbewehrten Verbot der handelsgestützten Marktmanipulation, WM 2016, 542; *Gehrmann*, Ausnutzen einer Insidertatsache durch den Vorstand einer börsennotierten Aktiengesellschaft, wistra 2010, 345; *Gehrmann* in Schork/Groß, Bankstrafrecht, 2013, § 5; *Giering*, Das neue Kapitalmarktmissbrauchsrecht für Emittenten, CCZ 2016, 214; *Göhler*, Europäische Reform des Insiderstrafrechts, ZIS 2016, 266; *Greco*, Strafbarkeit der berufsbedingten bzw. neutralen Beihilfe erst bei hoher Wahrscheinlichkeit der Haupttat?, wistra 2015, 1; *Grünwald*, Zur Frage eines europäischen Allgemeinen Teils des Strafrechts, JZ 2011, 972; *Hecker*, Europäisches Strafrecht, 5. Aufl. 2015; *Heger*, Perspektiven des Europäischen Strafrechts nach dem Vertrag von Lissabon, ZIS 2009, 406; *Heine/Weißer* in Schönke/Schröder (Begr.), Strafgesetzbuch, 29. Aufl. 2014, Vorb. §§ 25–27 StGB; *von Heintschel-Heinegg*, Strafgesetzbuch, 2. Aufl. 2015, § 27 StGB; *Heise*, Der Insiderhandel an der Börse und dessen strafrechtliche Bedeutung, 2000; *Herfs*, Weiter im Blindflug – Zur Ad-hoc-Pflicht bei gestreckten Geschehensabläufen aus Sicht der Praxis, DB 2013, 1650; *Hilgendorf/Krusche* in Park (Hrsg.), Kapitalmarktstrafrecht, 4. Aufl. 2017; *Hilgendorf* in Park (Hrsg.), Kapitalmarktstrafrecht, 3. Aufl. 2013; *Hippeli*, Verbotsirrtum über die Erlaubnispflicht von Bankgeschäft oder Finanzierungsleistung bei Auskunft der Aufsichtsbehörde, WM 2018, 253; *Hohn*, Die Bestimmung des erlangten Etwas i.S.d. § 73 StGB durch den BGH, wistra 2003, 321; *Jeßberger*, Der transnationale Geltungsbereich des deutschen Strafrechts, 2011; *Jescheck/Weigend*, Lehrbuch des Strafrechts, AT, 5. Aufl. 1996; *Joecks* in Joecks/Miebach (Hrsg.), Münchener Kommentar zum StGB, 3. Aufl. 2017, § 27 StGB; *Kaiafa-Gbandi*, The Importance of Core Principles of Substantive Criminal Law for a European Criminal Policy Respecting Fundamental Rights and the Rule of Law, EUCLR 2015, 7; *Killmann* in Sieber/Satzger/von Heintschel-Heinegg (Hrsg.), Europäisches Strafrecht, 2. Aufl. 2014; *Klöhn*, Ad-hoc Publizität und Insiderverbot nach „Lafonta", NZG 2015, 809; *Klöhn*, Ad-hoc-Publizität und Insiderverbot im neuen Marktmissbrauchsrecht, AG 2016, 423; *Klöhn*, Das deutsche und europäische Insiderrecht nach dem Geltl-Urteil des EuGH, ZIP 2012, 1885; *Klöhn*, Die Spector-Vermutung und deren Widerlegung im neuen Insiderrecht, WM 2017, 2085; *Klöhn*, Insiderhandel vor deutschen Strafgerichten – Impliationen des freenet-Beschlusses des BGH, DB 2010, 769; *Klöhn* in Hirte/Möllers (Hrsg.), Kölner Kommentar zum WpHG, 2. Aufl. 2014, § 13 WpHG; *Koch* in Sieber/Satzger/von Heintschel-Heinegg (Hrsg.), Europäisches Strafrecht, 2. Aufl. 2014; *Köpferl/Wegner*, Marktmissbrauch durch einen Sprengstoffanschlag?, WM 2017, 1924; *Krause*, Kapitalmarktrechtliche Compliance: neue Pflichten und drastisch verschärfte Sanktionen nach der EU-Marktmissbrauchsverordnung, CCZ 2014, 248; *Kudlich*, Zur Frage des erforderlichen Einwirkungserfolgs bei handelsgestützten Marktpreismanipulationen, wistra 2011, 361; *Kudlich* in Beck OK StGB, § 16 StGB; *Kudlich/Noltensmeier*, Die Anordnung des Verfalls (§§ 73 ff. StGB) bei verbotenem Insiderhandel nach § 38 i.V.m. § 14 WpHG, wistra 2007, 121; *Lenckner/Eisele* in Schönke/Schröder (Begr.), Strafgesetzbuch, 29. Aufl. 2014, § 204 StGB; *Lenzen*, Unerlaubte Eingriffe in die Börsenkursbildung, 2000; *Loesche*, Die Eignung zur erheblichen Kursbeeinflussung in den Insiderhandelsverboten des Wertpapierhandelsgesetzes, 1998; *Lücker*, Der Straftatbestand des Missbrauchs von Insoderinformationen nach dem WpHG, 1998; *Maurach/Gössel/Zipf*, Strafrecht Allgemeiner Teil, Teilband 2, 8. Aufl. 2014; *Merz* in Graf/Jäger/Wittig (Hrsg.), Wirtschafts- und Steuerstrafrecht, 2. Aufl. 2017, § 13 StGB; *Meyer*, Die praktische Bedeutung des Europäischen Rechts für das geltende Wirtschaftsstrafrecht (Teil 1), wistra 2017, 209; *Möllers*, Marktmanipulationen durch Leerverkaufsattacken und irreführende Finanzanalysen, NZG 2018, 649; *Möllers/Seidenschwann*, Anlegerfreundliche Auslegung des Insiderrechts durch den EuGH, NJW 2012, 2762; *Öberg*, Do we really need criminal sanctions for the enforcement of EU law, NJECL 5, 370; *Ohler*, Grundrechtliche Bindungen der Mitgliedstaaten nach Art. 51 GRCh, NVwZ 2013, 1433; *Panani* in Joecks/Miebach (Hrsg.), Münchener Kommentar StGB, 2. Aufl. 2015, § 38 WpHG; *Pauka/Link/Armenat*, Eine vergebene Chance – Die strafrechtlichen Neuregelungen durch das 2. FiMaNoG, WM 2017, 2092; *S. Perron* in Schönke/Schröder (Begr.), Strafgesetzbuch, 29. Aufl. 2014, § 34 StGB; *Poller*, Der Verbrechenstatbestand der Marktmanipulation in § 119 Abs. 5 WpHG n.F. – erhöhtes Strafbarkeitsrisiko für Kapitalmarktteilnehmer durch die gerechtfertigte Aufwertung bestimmter Begehungsformen zum Verbrechen, NZWiSt 2017, 430; *Puppe* in Kindhäuser et al. (Hrsg.), Strafgesetzbuch, 4. Aufl. 2013, § 16 StGB; *Renz/Leibold*, Die neuen strafrechtlichen Sanktionsregelungen im Kapitalmarktrecht, CCZ 2016, 157; *Richter*, Straftat der Marktmanipulation durch Unterlassen, WM 2017, 1636; *Roxin*, Strafrecht Allgemeiner Teil, Bd. I, 4. Aufl. 2006; *Roxin* in Laufhütte/Rissing-van Saan/Tiedemann (Hrsg.), Leipziger Kommentar StGB, 11. Aufl. 1994, § 27 StGB; *Sajnovits/Wagner*, Marktmanipulation durch Unterlassen? – Untersuchung der Rechtslage unter MAR und FiMaNoG sowie deren Konsequenz für Alt-Taten, WM 2017, 1189; *Satzger*, Die Zukunft des Allgemeinen Teils des Strafrechts vor dem Hintergrund der zunehmenden Europäisierung des Strafrechts, ZIS 2016, 771; *Satzger* in Streinz (Hrsg.), EUV/AEUV, 2. Aufl. 2012, Art. 83 AEUV; *Schmitz*, Der strafrechtliche Schutz des Kapitalmarkts in Europa, ZStW 115, 501; *Scholz*, Nationale und europäische Grundrechte: Umgekehrte „Solange"-Regel?, DVBl. 2014, 197; *Schönhöft*, Die Strafbarkeit der Marktmanipulation gemäß § 20a WpHG, 2006; *Schröder*, Aktienhandel und Strafrecht, 1994; *Schröder*, Die Europäisierung des Strafrechts nach Art. 83 Abs. 2 AEUV am Beispiel des Marktmissbrauchsrechts – Anmerkungen zu einem Fehlstart, HRRS 2013, 283; *Schröder* in Achenbach/Ransiek/Rönnau (Hrsg.), Handbuch Wirtschaftsstrafrecht, 4. Aufl. 2015; *Schünemann*, Ein Gespenst geht um in Europa – Brüsseler „Strafrechtspflege" intra muros, GA 2002, 501; *Schwarze* in Schwarze (Hrsg.), EU-Kommentar, 3. Aufl. 2012, Art. 267 AEUV; *Sinn*, Die Vermeidung von strafrechtlichen Jurisdiktionskonflikten in der Europäischen Union – Gegenwart und Zukunft, ZIS 2013, 1; *Sorgenfrei*, Zum Verbot der Kurs- oder Marktpreismanipulation nach dem 4. Finanzmarktförderungsgesetz, wistra 2002, 321; *Sorgenfrei/Saliger* in Park, Kapitalmarktstrafrecht, 4. Aufl. 2017; *Spoerr*, Der Einfluss ökonomischer Modellbildung auf rechtliche Maßstäbe der Regulierung, in Trute et al, Allgemeines Verwaltungsrecht – zur Tragfähigkeit eines Konzeptes, 2008, S. 613; *Spoerr/Gäde*, Strafrechtliche Verantwortlichkeit von Compliance-Mitarbeitern von Banken und Zahlungsdienstleistern bei der Abwicklung und Kontrolle von Zahlungsverkehr und anderen Finanzdienstleistungen für Kunden der Bank – am Beispiel der Bereitstellungsverbote, CCZ 2016, 77; *Sternberg-Lieben/Schuster* in Schönke/Schröder (Begr.), Strafgesetzbuch, 29. Aufl. 2014, § 17 StGB; *Stree/Bosch* in Schönke/Schröder (Begr.), Strafgesetzbuch, 29. Aufl. 2014, § 13 StGB; *Suhr* in Calliess/Ruffert (Hrsg.), EUV/AEUV, 5. Aufl. 2016, Art. 83 AEUV; *Teigelack/Dolff*, Kapitalmarktrechtliche Sanktionen nach dem Regulierungsentwurf eines Ersten Finanzmarktnovellierungsgesetzes, BB 2016, 387; *Tiedemann*, Tatbestandsfunktionen im Nebenstrafrecht, 1969; *Tiedemann* in Laufhütte/Rissing-van Saan/Tiedemann (Hrsg.), Leipziger Kommentar StGB, 11. Aufl. 2011; *Tissen*, Die Investorensuche im Lichte der EU-Marktmissbrauchsverordnung, NZG 2015, 1254; *Theile* in Esser/Rübenstahl/Saliger/Tsambikakis (Hrsg.), Wirtschaftsstrafrecht, 1. Aufl. 2017, § 38 WpHG; *Trüg*, Konzeption und Struktur des Insiderstrafrechts, 2014; *Trüstedt*, Das Verbot von Börsenkursmanipulationen, 2004; *Veil*, Sanktionsrisiken für Emittenten und Geschäftsleiter im Kapitalmarktrecht, ZGR 2016, 305; *Verse*, Organhaftung bei unklarer Rechtslage – Raum für eine Legal Judgement Rule?, ZGR 2017, 174; *Vogel*, Verbot von Insidergeschäften durch Aktienverkauf seitens der Vorstände, die diese als Sondervergütung erhalten haben, JZ 2010, 372; *Vogel* in Assmann/Uwe H. Schneider (Hrsg.), WpHG, 6. Aufl. 2012, Vor § 38 WpHG; *Vogel*, Vergabestrafrecht: Zur straf- und bußgeldrechtlichen Verantwortlichkeit öffentlicher Auftraggeber bei Verletzung des Vergaberechts, in FS Tiedemann, 2008, S. 817; *Vogel/Eisele* in Grabitz/Hilf/Nettesheim (Hrsg.), Das Recht der Europäischen Union, Stand: Juli 2017 Ergänzungslieferung 62, Art. 83; *Walter*, Betrugsstrafrecht in Frankreich und Deutschland, 1999; *Wegner* in Calliess/Ruffert (Hrsg.), EUV/AEUV, 5. Aufl. 2016, Art. 267 AEUV; *Wilsing/Goslar*, Ad-hoc-Publizität bei gestreckten Sachverhalten – Die Entscheidung des EuGH vom 28.6.2012, C-19/11, „Geltl", DStR 2012, 1709; *Winkelbauer*, Maß und Übermaß im Strafrecht – Zum Anwendungsbereich und den Rechtsfolgen der Marktpreismanipulation gemäß §§ 38 II, 39 I Nr. 1, 20a I 1 Nr. 2 WpHG, in FS Schiller, 2014, S. 684; *Wohlers*, Insiderhandel und Kursmanipulation – Prüfstein der Frage, inwieweit sich Strafrechtsnormen an den Realitäten des Marktes zu orientieren haben, ZStW 2013, 125, 443; *Zetzsche*, Normaler Geschäftsgang und Verschwiegenheit als Kriterien für die Weitergabe transaktionsbezogener Insiderinformationen an Arbeitnehmer, NZG 2015, 817; *Ziouvas*, Das neue Recht gegen Kurs- und Marktpreismanipulation im 4. Finanzmarktförderungsgesetz, ZGR 2003, 113.

I. Allgemeines und Überblick zur Gesetzesgeschichte 1
1. Grundlagen und Gesetzesentwicklung . . 1
2. Übergreifende Fragen: Rechtsgüter und Tatbestandsstruktur 4

II. Richtlinienrechtliche Grundlage der Strafbarkeit im Geltungsbereich der MAR: Die Marktmissbrauchsrichtlinie 2014/57/EU (CSMAD) 7
1. Regelungsinhalte der CSMAD und Umsetzungserfordernisse 8
2. Kompetenzgrundlage der CSMAD 13
3. Keine Harmonisierung von Folgefragen des Allgemeinen Teils des Strafrechts 17

III. Auslegung der Tatbestandsmerkmale des Straftatbestandes der §§ 119, 120 Abs. 2 Nr. 3 i.V.m. § 25 bzw. § 120 Abs. 2 Nr. 15 WpHG i.V.m. Art. 15 VO Nr. 596/2014 und § 119 Abs. 3 WpHG i.V.m. Art. 15 VO Nr. 596/2014 20
1. Inkorporierte Tatbestandsmerkmale der MAR 23
2. Nationale Tatbestandsmerkmale des WpHG . 30
3. Fragen des Allgemeinen Teils des StGB 34

IV. Strafbare Marktmanipulation, § 119 Abs. 1 WpHG 35
1. Geltungsbereich des Marktmanipulationsverbots auf der Handlungsseite und Bezugsobjekte der Marktmanipulation 40
   a) Finanzinstrumente im Geltungsbereich der Marktmissbrauchsverordnung und verbundene Instrumente 41
   b) Referenzwerte 46
   c) Im Geltungsbereich von § 25 WpHG 47
2. Tathandlungen der Marktmanipulation und legaldefinierte Tatbestandsausnahmen 49
   a) Überblick zur Regelungssystematik und Bedeutung von Level 2 und Level 3-Rechtsakten 49
   b) Art. 12 Abs. 1 lit. a VO Nr. 596/2014: handelsgestützte Marktmanipulation 50
   c) Informationsgestützte Marktmanipulation, Art. 12 Abs. 1 lit. c und d VO Nr. 596/2014 57
   d) Art. 12 Abs. 1 lit. b VO Nr. 596/2014: Auffangtatbestand 65
   e) Manipulative Einwirkung auf Referenzwerte, Art. 12 Abs. 1 lit. d VO Nr. 596/2014 . . . 70
3. Taterfolg der Marktmanipulation: verursachte Preiseinwirkung 71
   a) Bei Finanzinstrumenten und verbundenen Instrumenten im Anwendungsbereich der Marktmissbrauchsverordnung und bei § 25 WpHG 71
   b) Bei Referenzwerten 74
   c) Tatbestand und Nachweis der Preiseinwirkung 75
   d) Kausalitätsfeststellung 78
4. Vorsatzerfordernis 85

V. Strafbewehrung des Verbots von Insidergeschäften (§ 119 Abs. 3 WpHG) 87
1. Der Begriff der Insiderinformation 89
   a) Präzise Information (erstes Tatbestandselement) 92
   b) Betreffend Emittenten oder Finanzinstrumente (zweites Tatbestandselement) 99
   c) Nicht öffentlich bekannt (drittes Tatbestandselement) 100
   d) Kurserheblichkeit (viertes Tatbestandselement) 101
2. Strafbewehrung des Verbots des Tätigens eines Insidergeschäftes (§ 119 Abs. 3 Nr. 1 WpHG) . 102
   a) Tathandlung: Art. 8 VO Nr. 596/2014 103
   b) Tatbestandsausnahme, Art. 9 VO Nr. 596/2014 108
3. Strafbewehrung des Verbots der Empfehlung eines Insidergeschäftes oder der Verleitung hierzu (§ 119 Abs. 3 Nr. 2 WpHG) und des Verbots der Offenlegung von Insiderinformationen (§ 119 Abs. 3 Nr. 3 WpHG) 111
   a) Empfehlung 113
   b) Verleiten 115
   c) Offenlegung 116
   d) Bedeutung des Ausnahmetatbestands des Art. 10 Abs. 1 Halbsatz 2, Art. 11 VO Nr. 596/2014 bei der Offenlegung 119
4. Ausnahmen für Rückkaufprogramme und Stabilisierungsmaßnahmen, Art. 5 VO Nr. 596/2014 124
5. Subjektiver Tatbestand: Vorsatz 125

VI. Strafbarkeit des Versuchs (§ 119 Abs. 4 WpHG) 127

VII. Besondere Strafbewehrung des Verbots von Insidergeschäften im Zusammenhang mit der Versteigerung von Treibhausgasemissionszertifikaten (§ 119 Abs. 2, 4, 7 WpHG) . 136
1. Systematische Bedeutung 136
2. Unionsrechtlicher Hintergrund und Gesetzesentwicklung 137
3. Strafbewehrung des Verbots, ein Gebot einzustellen, zu ändern oder zurückzuziehen (§ 119 Abs. 2 Nr. 1 WpHG) 145
4. Strafbewehrung des Verbots der Weitergabe, des Empfehlens oder Verleitens (§ 119 Abs. 2 Nr. 2 WpHG) 149

VIII. Qualifikation der gewerbs- oder bandenmäßigen oder unter Missbrauchs einer Tätigkeit im Wertpapierhandelssektor begangenen Marktmanipulation (§ 119 Abs. 5 WpHG) . . 151

IX. Minder schwerer Fall nach § 119 Abs. 6 WpHG 155

X. Allgemeine Fragen: Anwendbarkeit des Allgemeinen Teils im Marktmissbrauchsstrafrecht 156
1. Täterschaft und Teilnahme (§§ 25 ff. StGB) im Kapitalmarktstrafrecht 157
2. Begehen durch Unterlassen (§ 13 StGB) im Kapitalmarktstrafrecht 168
   a) Marktmanipulation durch Unterlassen . . . 168
   b) Insiderhandel durch Unterlassen 173
3. Allgemeine Fragen von Vorsatz und Irrtum, Leichtfertigkeit (§§ 15 ff. StGB) 175
4. Rechtfertigung und Entschuldigung im Kapitalmarktstrafrecht 178
5. Verfolgungsverjährung im Kapitalmarktstrafrecht 179
6. Rechtsfolgen kapitalmarktrechtlicher Straftaten 181
   a) Freiheits- oder Geldstrafe 181
   b) Einziehung von Tatertrag (§§ 73 ff. StGB) im Kapitalmarktstrafrecht 184
   c) Strafrechtliches Berufsverbot (§§ 70 ff. StGB) 200
   d) Börsenrechtliche Sanktionen bzw. Rechtsfolgen 201
   e) Geldbuße gegen das Unternehmen, Aufsichtspflichtverletzung (§§ 30, 130 OWiG) . 202

XI. Räumlicher Anwendungsbereich und Doppeltsanktionierungsthemen 203

XII. Übergangsrechtliche Themen: Geltung des Rückwirkungsverbots und des milderen nachträglichen Gesetzes 209

XIII. Andere in Betracht kommende Straf- und Bußgeldvorschriften und Konkurrenzen . . . 211

§ 119 | Straf- und Bußgeldvorschriften

1 I. Allgemeines und Überblick zur Gesetzesgeschichte. 1. Grundlagen und Gesetzesentwicklung. Es ist international üblich, die aufsichtlichen Verbote von Marktmissbrauch durch Strafrecht zu flankieren. Das europäische Kapitalmarktrecht vereinheitlicht diese Grundentscheidung, lässt aber den Mitgliedstaaten deutlich größere Freiheit bei der Ausgestaltung des Straftatbestandes als bei den materiellen Verboten, die verordnungsrechtlich vereinheitlicht sind, und den Verwaltungssanktionen, die nahezu vollharmonisiert sind und in ihrer Ausgestaltung, namentlich der Sanktionsschwere, auch strafrechtlicher Natur sind. Es entspricht somit den Weichenstellungen des europäischen Kapitalmarktrechts, dass die Straftatbestände enger und auf nationaler Ebene auch mit erhöhter Autonomie gestaltet, ausgelegt und angewendet werden können als das materielle Kapitalmarktrecht. Der deutsche Gesetzgeber hat die damit verbundenen Spielräume, strafwürdiges von sonstigem Unrecht gestaltend abzugrenzen, nur teilweise genutzt, indem er partielle Blankett-Tatbestände aus nationalem Straftatbestand und europäischem Bezugstatbestand geschaffen hat.

2 In Deutschland ist der Straftatbestand des § 38 WpHG a.F. (jetzt § 119 WpHG) **mehrfach ausgeweitet** worden (allgemein zur historischen Entwicklung Vor §§ 119 ff. WpHG Rz. 8 ff.). Ursprünglich erfasste er nur den vollendeten vorsätzlichen Insiderhandel. Durch das Vierte Finanzmarktförderungsgesetz ist zum 1.7.2002 die Marktmanipulation einbezogen worden (§ 38 Abs. 1 Nr. 4 WpHG a.F.). Das Anlegerschutzverbesserungsgesetz hat mit Wirkung vom 30.10.2004 die Marktmanipulation in § 38 Abs. 2 WpHG a.F. überführt und die Strafbarkeit *versuchter* und *leichtfertiger* Insidergeschäfte eingeführt. Durch Art. 5 Nr. 4 des Gesetzes zur Änderung des Einlagensicherungs- und Anlegerentschädigungsgesetzes (EAEGÄndG)[1] ist das strafrechtliche Marktmanipulationsverbot mit Wirkung vom 30.6.2009 um die Manipulation der Preise von Waren, Emissionsberechtigungen und ausländischen Zahlungsmitteln erweitert worden[2].

3 Grundlegend umgestaltet wurde die Vorschrift durch das Erste Finanzmarktnovellierungsgesetz (1. FiMaNoG) vom 30.6.2016, durch das unmittelbar (bzw. im Fall der Marktmanipulation über den Umweg des § 39 WpHG a.F.) die seit Juli 2016 geltenden Vorschriften der Marktmissbrauchsverordnung in Bezug genommen wurden; die Aufhebung der Beschränkung auf echte „Insider" (Primärinsider) führt nun zu erheblichen Schwierigkeiten, ein Schutzgut adäquat zu bestimmen, weil die für das Insiderrecht überzeugenden Theorien der *misappropriation* (Zweckentfremdung) von Informationen entgegen einer treuhänderisch-organschaftlichen Bindung nicht mehr als besonderes persönliches Merkmal abgebildet sind, was allerdings ihre Berücksichtigung bei der Definition der Insidertatsache nicht ausschließt (Rz. 87). § 38 WpHG a.F. setzte die Vorgaben der Art. 3 bis 7 RL 2014/57/EU (CSMAD) um, die für schwerwiegende vorsätzliche Verstöße zwingend strafrechtliche Sanktionen vorsehen. Zudem wurde die Absatzfolge verändert, indem die Marktmanipulation an die Spitze gestellt und der Insiderhandel Abs. 3 wurde. Neu ist der Verbrechenstatbestand der schweren Marktmanipulation (Abs. 5). Unverändert belassen wurden die Vorschriften zu Insiderdelikten bei Auktionen von Treibhausemissionszertifikaten. Mit dem Zweiten Finanzmarktnovellierungsgesetz (2. FiMaNoG) erhielt die Vorschrift als § 119 WpHG einen neuen Platz im 17. Abschnitt des WpHG mit hauptsächlich redaktionellen Folgeänderungen. Zusätzlich wurde nun in § 119 Abs. 4 WpHG eine Versuchsstrafbarkeit für Marktmanipulation bei Waren und ausländischen Zahlungsmitteln nach § 25 WpHG eingeführt, um ein einheitliches Sanktionsregime der Marktmanipulation auch dort zu schaffen, wo sie nicht Finanzinstrumente, aber andere Börsenmärkte betrifft. Die Änderungen in § 119 WpHG traten am 3.1.2018 in Kraft, bis auf die Änderung in Abs. 3, der als Anpassung an die Verordnung (EU) 2016/1011[3] am 1.1.2018 in Kraft trat (zu den übergangsrechtlichen Problemen Rz. 209 ff.).

4 2. Übergreifende Fragen: Rechtsgüter und Tatbestandsstruktur. Eine der theoretisch zentralen Fragen ist, ob § 119 WpHG **ein im Verhältnis zu den Schutzzwecken der Marktmissbrauchsverordnung eigenständiges Schutzgut hat**. Dies ist auf der abstrakt-generellen Seite zu verneinen. Schon die tatbestandliche Verkoppelung im Blankett ist auch heute noch, trotz der eingeschränkten Verwaltungsrechtsakzessorietät auf europäischer und nationaler Ebene, ein Indiz, dass im Kapitalmarktrecht eine eigenständige strafrechtliche Rechtsgutslehre, die sich von der allgemeinen Schutzzwecklehre des Marktmissbrauchsverbotes unterscheidet, nicht sinnvoll ist. Eine solche Schutzgutsidentität von Aufsichtsrecht und Strafrecht, die die Kriminalisierung nur nach der Schwere abgrenzt, ist nicht aus sich heraus problematisch: Nach der grundgesetzlichen Ordnung ist es Sache des demokratisch legitimierten Gesetzgebers, die mit den Mitteln des Strafrechts zu schützenden Güter festzulegen[4]. Auf europäischer Ebene wird diese Schutzgutsidentität in parallelen Erwägungsgründen in der Marktmissbrauchsrichtlinie und Marktmissbrauchsverordnung verankert: Ausweislich des Erwägungsgrundes 2 VO Nr. 596/2014 und – allerdings ohne gesonderte Nennung der Transparenz – Erwägungsgrund 1 RL 2014/57 – sollen diese zum **Schutz der Marktintegrität** beitragen und die **Transparenz, Effizienz und Integrität der Fi-**

---

[1] Vom 25.6.2009, BGBl. I 2009, 1529. Das Gesetz zur Anpassung der Rechtsgrundlagen für die Fortentwicklung des Emissionshandels hat nur eine redaktionelle Änderung gebracht.
[2] Art. 3 Nr. 7 Gesetz zur Novellierung des Finanzanlagenvermittler- und Vermögensanlagenrechts – VermAnlGEG vom 6.12.2011, BGBl. I 2011, 2481; § 38 Abs. 2a WpHG a.F.
[3] *Verordnung (EU) 2016/1011* des Europäischen Parlaments und des Rates vom 8.6.2016 über Indizes, die bei Finanzinstrumenten und Finanzkontrakten als Referenzwert oder zur Messung der Wertentwicklung eines Investmentfonds verwendet werden (…), ABl. EU Nr. L 171 v. 29.6.2016, S. 1.
[4] BVerfG v. 26.2.2008 – 2 BvR 392/07, BVerfGE 120, 224, 242; näher Vor §§ 119 ff. WpHG Rz. 14 ff.

nanzmärkte stärken. Letztendlich soll also die **Funktionsfähigkeit der Märkte** verbessert werden (näher Art. 12 VO Nr. 596/2014 Rz. 21 ff.)[1]. Allerdings schließt es diese Schutzgutsidentität nicht aus, dass die strafrechtliche Auslegung der gesetzlichen Tatbestandsmerkmale in concreto deutlich exakter an den Schutzgütern und an verletzten Rechtsgütern ausgerichtet werden muss. Ausweitenden Auslegungen, die nicht auf Rechtsgutsverletzungen gestützt werden, sondern allein darauf, dass andernfalls schwierige Abgrenzungsprobleme zu lösen sind[2], tragen für das Strafrecht jedenfalls nicht. Niemand darf im Rechtsstaat dafür bestraft werden, dass es den Gerichten schwerfällt, bei unklaren Straftatbeständen das rechtsgutsverletzende Unrecht von rechtsgutsneutralem Verhalten zu unterscheiden.

Das somit auf die höchste Abstraktionsebene gehobene Rechtsgut ist als Grundlage von Strafrecht problematisch, da Kapitalmärkte (wie die meisten Märkte) zahlreiche Funktionsdefizite aufweisen, so dass sich die Frage stellt, warum dem Einzelnen strafbewehrte Verhaltenspflichten auferlegt werden, damit er solche Funktionsdefizite nicht ausnutzt oder vertieft[3]. Bei ungleicher Informationsverteilung ist sogar streitig, ob es um ein Funktionsdefizit handelt oder umgekehrt sogar um eine systemadäquate und funktionsgerechte Funktionsvoraussetzung. Zu besserer Tatbestandskonturierung dürfte es führen, wenn man den Schutz der Chancengleichheit der Marktteilnehmer als Schutzgut sieht, das zugleich wichtiges Element des Vertrauens der Marktteilnehmer in die Integrität der Märkte ist, und damit essentiell der Funktionsfähigkeit der Märkte und somit deren allokativer Effizienz dient. Des Weiteren soll das Vertrauen der Öffentlichkeit in Wertpapiere und Derivate gesteigert werden. Angesichts dieser eindeutigen Positionierung des europäischen Gesetzgebers ist die Gegenauffassung (zum alten Recht) überholt, wonach das Marktmissbrauchsstrafrecht ausschließlich und unmittelbar dem *Schutz des Vermögens der Marktteilnehmer* dient[4]. Zwar trifft es zu, dass auch der europäische Gesetzgeber zunehmend den Anlegerschutz betont. Dieser ist jedoch nicht mit Anlegervermögensschutz gleichzusetzen, wie sich insbesondere bei der Marktmanipulation zeigt, da Anleger „auf der Seite" des Manipulators gewinnen, nicht verlieren (Art. 12 VO Nr. 596/2014 Rz. 19 ff.). Weder die Richtlinie noch die Verordnung stellen den individuellen Anlegerschutz in den Mittelpunkt. Der Schutz des individuellen Anlegervermögens soll daher lediglich ein Reflex sein[5], wobei sich die Frage, ob etwa deliktsrechtliche Folgeansprüche aus § 823 Abs. 2 BGB i.V.m. § 119 WpHG oder § 826 WpHG bestehen, nach nationalem Recht richtet[6].

§ 119 Abs. 1 WpHG ist ein **Erfolgsdelikt**, da das Gesetz einen vom Handlungsvollzug getrennten Erfolg, die tatsächliche Einwirkung auf den Börsen- oder Marktpreis, verlangt. Zugleich handelt es sich um ein **Verletzungsdelikt**[7] – tritt der Erfolg einer Einwirkung auf den Börsen- oder Marktpreis ein, ist zugleich das Rechtsgut der Wahrheit und Zuverlässigkeit der Preisbildung wirklich beeinträchtigt[8]. Demgegenüber enthalten § 119 Abs. 2 und 3 WpHG bloße **Tätigkeitsdelikte**, bei denen sich das tatbestandsmäßige Verhalten in einem Handlungsvollzug erschöpft. Bezogen auf das *Rechtsgut*[9] (s. Rz. 4) handelt es sich bei § 119 Abs. 2 und 3 WpHG um **abstrakte Gefährdungsdelikte**, da das Gesetz nicht verlangt, dass die Funktionsfähigkeit des jeweiligen Kapitalmarkts auch nur konkret gefährdet worden ist (was bei vereinzelten Insiderhandelsverstößen kaum je der Fall sein wird).

II. Richtlinienrechtliche Grundlage der Strafbarkeit im Geltungsbereich der MAR: Die Marktmissbrauchsrichtlinie 2014/57/EU (CSMAD).

Bis zum Ersten Finanzmarktnovellierungsgesetz war das nationale Wertpapierhandelsstrafrecht (§ 38 WpHG a.F.) nur durch das Gebot angemessener und wirksamer Sanktionen im nationalen Recht für Verstöße gegen richtlinienumsetzendes nationales Recht europäisch vorgegeben[10]. Heute verlangt die CSMAD strafrechtliche Sanktionen, dies allerdings im Gegensatz zu den materiellen Verhaltenspflichten der MAR nur richtlinienrechtlich, und gibt zugleich Details für die Ausgestaltung des nationalen Strafrechts vor.

---

1 Ausführlich zum Rechtsgut im Strafrecht nach § 38 i.V.m. § 14 WpHG *Trüg*, Konzeption und Struktur des Insiderstrafrechts, 2014, S. 81 ff.
2 *Krause* in Meyer/Veil/Rönnau, Handbuch zum Marktmissbrauchsrecht, 2018, § 6 Rz. 93 ff. zu Tatsachen ohne Emittentenbezug als Insidertatsachen.
3 Plastisch *Schröder* in Achenbach/Ransiek/Rönnau, Handbuch Wirtschaftsstrafrecht, 4. Aufl. 2015, Kap. 10 Rz. 99: Der Börsenmakler in Hong Kong ist dem Zeitung lesenden Kleinanleger in Deutschland weit voraus.
4 Eindrücklich *Altenhain* in KölnKomm. WpHG, § 38 WpHG Rz. 3 ff. m.N.
5 So bereits zum alten Recht *Koch* in Sieber/Satzger/von Heintschel-Heinegg, Europäisches Strafrecht, 2. Aufl. 2014, § 17 Rz. 6; a.A. *Altenhain* in KölnKomm. WpHG, § 38 WpHG Rz. 3 ff. m.w.N.
6 Vgl. zuletzt EuGH v. 16.2.2017 – Rs. C-219/15, MedR 2017, 539 ff., näher Art. 15 VO Nr. 596/2014 Rz. 45 ff.
7 Vgl. *Jescheck/Weigand*, Lehrbuch des Strafrechts, AT, S. 263 f. Anders (und nach seiner Rechtsgutsbestimmung konsequent) bezeichnet *Altenhain* in KölnKomm. WpHG, § 38 WpHG Rz. 104, die Marktmanipulation als abstraktes (Vermögens-)Gefährdungsdelikt. Erfolgsdelikt bleibt die Marktmanipulation trotzdem, da der Erfolg (Preisbeeinflussung als vom Handlungsvollzug getrennte Veränderung in der Welt) begrifflich und sachlich von der (Rechtsguts-)Verletzung zu unterscheiden ist.
8 Zur Fragwürdigkeit der Abgrenzung zwischen (abstraktem) Gefährdungs- und Verletzungsdelikt bei Straftaten gegen überindividuellen Rechtsgütern s. nur *Tiedemann* in Leipziger Komm. StGB, 11. Aufl. (Stand: 1.10.1996), § 264a StGB Rz. 16.
9 Allerdings wird herkömmlich diese Deliktstypisierung auf das Handlungsobjekt, nicht auf das hiervon zu unterscheidende Schutzgut bezogen, vgl. *Jescheck/Weigend*, Lehrbuch des Strafrechts, AT, S. 263 f.
10 Ausführlich *Schmitz*, ZStW 115 (2003), 501, 513 ff.

8 **1. Regelungsinhalte der CSMAD und Umsetzungserfordernisse.** Die CSMAD sieht drei verschiedene Bereiche vor, in denen die Mitgliedstaaten zur **Schaffung von Straftatbeständen** verpflichtet sind. Art. 3 RL 2014/57/EU betrifft den Kerntatbestand des Insiderstrafrechts, das Insidergeschäft, und erfasst das *Verbot des Tätigens eines Insidergeschäfts und das Verbot der Empfehlung eines Insidergeschäfts oder das Verleiten hierzu*. Im Unterschied zum bisherigen deutschen Insiderstrafrecht behandelt Art. 3 Abs. 3 Unterabs. 2 RL 2014/57/EU den Sekundärinsider wie einen Primärinsider. Art. 4 RL 2014/57/EU ordnet an, dass die *unbefugte Weitergabe von Insiderinformationen* strafbar ist. Auch hier wird nicht zwischen Primär- und Sekundärinsidern unterschieden. Art. 5 RL 2014/57/EU soll die umfassende Strafbarkeit von *Marktmanipulationen* sicherstellen.

9 In allen Fällen ist die Verpflichtung zur Strafbewehrung auf „schwere und vorsätzliche" Fälle beschränkt. Welche Verstöße dabei als **schwerwiegend** angesehen werden, obliegt einer **Gestaltungsentscheidung** des **nationalen Gesetzgebers**. In diesem Rahmen dürfte es auch zulässig sein, auf nationaler Ebene bei der Strafbarkeit zwischen Primär- und Sekundärinsidern zu unterscheiden. Ermessenskriterien für den nationalen Gesetzgeber ergeben sich aus den Erwägungsgründen 11 und 12 RL 2014/57/EU. Ein schwerwiegender Fall eines Insider-Geschäfts liegt demnach vor, wenn „die Auswirkungen auf die Integrität des Markts, der tatsächlich oder potentiell erzielte Gewinn oder vermiedene Verlust, das Ausmaß des für den Markt entstandenen Schadens oder der Gesamtwert der gehandelten Finanzinstrumente hoch sind"[1]. Ein schwerwiegender Fall der Marktmanipulation ist „u.a." gegeben, wenn die Auswirkungen auf die Integrität des Marktes, der Gewinn oder der Schaden oder die Marktwirkung hoch sind oder wenn die Tat von einer Person begangen wird, die im Finanzsektor oder in einer Aufsichtsbehörde angestellt ist (Erwägungsgrund 12 RL 2014/57/EU). § 119 Abs. 1 und 3 WpHG erfassen jedoch nicht nur schwerwiegende Verstöße, sondern jeden vorsätzlichen Verstoß, unabhängig von der Schwere, bei der **Marktmanipulation** soweit ein **Einwirkungserfolg** auf einem Börsenmarkt oder einem Handelssystem eintritt. Damit ist der deutsche Gesetzgeber tendenziell über die Mindestanforderungen der Richtlinie hinausgegangen; eines der nach den Erwägungsgründen der Richtlinie beispielhaft genannten Merkmale für eine Kriminalisierung wurde im WpHG sogar konstitutiv für einen besonders schweren Fall eingeordnet.

10 Die strafrechtlichen Sanktionen müssen **wirksam, verhältnismäßig und abschreckend** sein (Art. 7 Abs. 1 RL 2014/57/EU; zu diesen Begriffen Art. 30 VO Nr. 596/2014 Rz. 23 ff.). Der Strafrahmen für Verstöße gegen das Insiderhandelsverbot, das Empfehlungs- und Verleitungsverbot und das Verbot der Marktmanipulation muss gem. Art. 7 Abs. 2 RL 2014/57/EU im Höchstmaß eine Freiheitsstrafe von mindestens vier Jahren vorsehen. Der Strafrahmen für Verstöße gegen das Weitergabeverbot muss im Höchstmaß mindestens zwei Jahre Freiheitsstrafe betragen (Art. 7 Abs. 3 RL 2014/57/EU). Es steht den Mitgliedstaaten nach Art. 1 Abs. 1 RL 2014/57/EU jedoch frei, strengere strafrechtliche Sanktionen zu erlassen (s. auch Erwägungsgrund 16 RL 2014/57/EU), da die Richtlinie lediglich Mindestvorschriften für die Festlegung strafrechtlicher Sanktionen enthält (Art. 1 Abs. 1 RL 2014/57/EU). § 119 Abs. 1, 3 und 4 WpHG setzen diese Regelungen um. Eine weitergehende Kriminalisierung, beispielsweise der Art. 17 ff. VO Nr. 596/2014, durch Strafrecht steht den Mitgliedstaaten frei – sie ist aber nicht obligatorisch (vgl. Art. 30 Abs. 1 VO Nr. 596/2014).

11 Gemäß Art. 8 RL 2014/57/EU müssen die Mitgliedstaaten des Weiteren sicherstellen, dass **juristische Personen** für Verstöße in der in Art. 3–6 RL 2014/57/EU genannten Straftaten zur Verantwortung gezogen werden können. Solche Vorgaben sind zulässig, wenn den Mitgliedstaaten dabei ein Umsetzungsspielraum verbleibt, der auch den Erlass nichtstrafrechtlicher Sanktionen zulässt[2]. Nach Art. 9 RL 2014/57/EU müssen abschreckende Sanktionen verhängt werden, die Geldstrafen oder nichtstrafrechtliche Geldbußen umfassen können. Ein eigenständiges Unternehmensstrafrecht muss demnach in Umsetzung der Vorgaben nicht eingeführt werden[3]. Die Richtlinie hält in Art. 9 RL 2014/57/EU weitere Sanktionsmöglichkeiten bereit, wie den Ausschluss von öffentlichen Zuwendungen oder Hilfen (lit. a), die Unterstellung unter richterliche Aufsicht (lit. c), etc. Davon hat der deutsche Gesetzgeber jedoch keinen Gebrauch gemacht. Die Vorgaben aus Art. 8 RL 2014/57/EU zur Verantwortlichkeit juristischer Personen werden durch das Zusammenspiel von § 14 StGB und § 30 OWiG (i.V.m. § 130 OWiG) umgesetzt. Dies gilt ebenso für die zwingende Vorgabe aus Art. 9 RL 2014/57/EU, bei Straftaten finanzielle Sanktionen für juristische Personen vorzusehen[4] (s. zur Haftung juristischer Personen nach bisherigem derzeit zur Reform anstehendem Recht § 120 WpHG Rz. 403 ff.).

12 Weiterhin sieht die CSMAD die Strafbarkeit von **Versuch und Teilnahme** vor (s. Rz. 127 ff.). Eine Umsetzung von Art. 10 RL 2014/57/EU ist im deutschen Recht nicht erforderlich, da bereits eine ausreichende Zuständigkeit deutscher Gerichte durch die §§ 3 ff. StGB sowie §§ 7 ff. StPO begründet ist.

13 **2. Kompetenzgrundlage der CSMAD.** Mit der CSMAD hat der europäische Gesetzgeber im Kapitalmarktrecht kompetentiell Neuland betreten. Erstmals stützt er sich auf die **strafrechtliche Zuständigkeit** der Europäischen Union aus Art. 83 Abs. 2 AEUV. Während bis zum Inkrafttreten des Vertrags von Lissabon am 1.12.

---

1 Erwägungsgrund 11 Satz 1 RL 2014/57/EU.
2 So *Hecker*, Europäisches Strafrecht, 5. Aufl. 2015, § 11 Rz. 6.
3 So auch *Giering*, CCZ 2016, 214, 219.
4 Vgl. Entwurf eines Gesetzes zur Novellierung von Finanzmarktvorschriften auf Grund europäischer Rechtsakte, Begr. RegE, BT-Drucks. 18/7482, 65.

2009 nicht abschließend geklärt war, ob und unter welchen Voraussetzungen die damalige Europäische Gemeinschaft nach dem EG-Vertrag befugt war, den Mitgliedstaaten durch Richtlinien vorzugeben, Kriminalstrafen einzuführen[1], kann sich die Europäische Union nunmehr auf die ausdrückliche Richtlinienzuständigkeit aus Art. 83 Abs. 2 AEUV[2] stützen. Diese gibt der EU jedoch keine Kompetenz, das Strafrecht sektoral vollständig zu vereinheitlichen, sondern erlaubt dem europäischen Gesetzgeber lediglich die Festlegung von „Mindestvorschriften"[3]. Mit Art. 83 Abs. 2 AEUV wurde somit die schon vor Inkrafttreten des Vertrages von Lissabon angenommene Annexkompetenz der EU für Straftatbestände ausdrücklich verankert. Zuvor hatte der EuGH im Umweltstrafrechts-Urteil aus 2005 eine Strafrechtsanweisungskompetenz für zulässig erklärt, sofern strafrechtliche Maßnahmen erforderlich sind, um die volle Wirksamkeit der von der damaligen EG erlassenen Rechtsnormen zu gewährleisten[4]. Art. 83 Abs. 2 AEUV gibt diese vom EuGH aufgestellten Grundsätze wieder, geht jedoch sprachlich etwas weiter als das bis dahin geltende Europarecht[5].

Es ist nicht abschließend geklärt, ob Art. 83 Abs. 2 AEUV von den Rechtsprechungsgrundsätzen zur Annexkompetenz materiell abweicht[6], ob die ungeschriebene Annexkompetenz weiter gilt[7] oder ob umgekehrt die Strafrechtskompetenz aus Art. 83 Abs. 2 AEUV lediglich eine Annexkompetenz zum materiellen Harmonisierungsrecht ist[8]. Eine Angleichung strafrechtlicher Vorschriften ist nur dann möglich, wenn diese für die wirksame Durchführung der Politik der Union **unerlässlich** ist[9]. Eine davon gelöste Harmonisierung des Strafrechts lässt Art. 83 AEUV nicht zu[10]. Das ist keine unnötige Wiederholung des allgemeinen Subsidiaritätsprinzips (Art. 5 Abs. 3 EUV), wonach die Union nur tätig wird, sofern und soweit die Ziele der EU auf den Ebenen der Mitgliedstaaten nicht ausreichend erreicht werden können, sondern eine bereichsspezifisch deutlich erhöhte und strengere Voraussetzung für unionales Handeln. Indem die Unerlässlichkeit der Maßnahme und nicht bloß ihre Erforderlichkeit verlangt wird, verlangt das Primärrecht eine gesteigerte Nachweisdichte für europäisches Handeln, die sich in entsprechend intensivierter richterlicher Kontrolle spiegeln muss[11]. Als gesichert dürfte insoweit jedenfalls gelten, dass die Tatbestandsmerkmale des Art. 83 Abs. 2 AEUV ernst zu nehmen sind, gerichtlich prüfbar sein müssen und nicht durch übermäßig breite, legislative Einschätzungsprärogativen ihrer begrenzenden Wirkung beraubt werden dürfen[12]. Die Erforderlichkeit i.S.d. Art. 83 Abs. 2 AEUV besteht daher nur, wenn nachweisbar feststeht, dass ein gravierendes Vollzugsdefizit tatsächlich besteht und nur durch Strafrechtsandrohung beseitigt werden kann[13].

Für das Kapitalmarktrecht sind die Voraussetzungen bejaht worden, was allerdings durchaus grenzwertig ist, da das Insiderrecht auch vor der CSMAD mitgliedstaatlich pönalisiert war; lediglich im Marktmanipulationsrecht gab es eine Kriminalisierung nur in einigen Mitgliedstaaten[14]. Zur Begründung des Bedarfs an unionsrechtlicher Strafrechtssetzung verweisen die Erwägungsgründe 4 bis 8 RL 2014/57/EU insbesondere auf eine angeblich fehlende oder unzureichende Kriminalisierung von Insiderhandel und Marktmanipulation und die angebliche Gefahr der Verlagerung solcher Delikte in diese Mitgliedstaaten und den Libor-Skandal[15].

Allgemein stellte die Europäische Kommission in einer Mitteilung fest, dass für Sanktionsregelungen im Finanzdienstleistungssektor, bei denen Schwächen festgestellt werden, ein gemeinsamer Standard auf europäi-

---

1 Insbesondere EuGH v. 13.9.2005 – Rs. C-176/03, Kommission gegen Rat (Umweltdelikte), Slg. 2005, I-7879; hierzu *Schmitz*, ZStW 115 (2003), 501, 514 ff. m.w.N.; *Öberg*, NJECL 5 (2014), 370 ff.
2 Hierzu *Vogel/Eisele* in Grabitz/Hilf/Nettesheim, Das Recht der Europäischen Union, Stand: Juli 2017 Ergänzungslieferung 62, Art. 83 AEUV Rz. 71 ff.; s. allgemein zur Gestaltung der EU-Strafrechts Politik: Mitteilung der Europäischen Kommission an das Europäische Parlament, den Rat, den europäischen Wirtschafts- und Sozialausschuss und den Ausschuss der Regionen – Auf dem Weg zu einer europäischen Strafrechtspolitik (…), KOM(2011) 573 endgültig.
3 Dazu *Veil*, ZBB 2014, 85, 87.
4 EuGH v. 13.9.2005 – Rs. C-176/03 Rz. 48, Slg. 2005, I-7879 ff.; EuGH v. 23.10.2007 – Rs. C-440/05, Rz. 66, Slg. 2007, I-09097 – Kommission/Rat (Meeresverschmutzung); s. dazu auch: Mitteilung der Kommission an das Europäische Parlament und den Rat über die Folgen des Urteils des Gerichtshofs vom 13.9.2005, KOM(2005) 283 endgültig.
5 So auch *Suhr* in Calliess/Ruffert, EUV/AEUV, 5. Aufl. 2016, Art. 83 AEUV Rz. 24.
6 Vgl. *Heger*, ZIS 2009, 406, 413.
7 Dazu etwa *Dougan* in Cremona, Compliance and Enforcement of EU Law, S. 111; ablehnend *Satzger* in Streinz, EUV/AEUV, 2. Aufl. 2012, Art. 83 AEUV Rz. 23.
8 BVerfG v. 30.6.2009 – 2 BvE 2/08, BVerfGE 123, 267; *Heger*, ZIS 2009, 406, 412 f.; *Hecker*, Europäisches Strafrecht, 5. Aufl. 2015, § 8 Rz. 5; *Öberg*, NJECL 5 (2014), 370 ff.
9 *Kaiafa-Gbandi*, EuCLR 2015, 7, 18.
10 *Heger*, ZIS 2009, 406, 412; a.A. z.B. *Bleckmann* in FS Wessels/Stree, S. 107 ff., lediglich tatbestandsspezifische AT-Regelungen, *Heger*, a.a.O., *Grünwald*, JZ 2011, 972, 975 ff.; *Böse* in Schwarze, EU-Kommentar, 3. Aufl. 2012, Art. 83 AEUV Rz. 181; *Vogel/Eisele* in Grabitz/Hilf/Nettesheim, Das Recht der Europäischen Union, Stand: Juli 2017 Ergänzungslieferung 62 Art. 83 AEUV Rz. 36.
11 A.A. etwa *Craig*, The Lisbon Treaty: Law, Politics and Treaty Reform, Oxford 2011, S. 365; *Suhr* in Calliess/Ruffert, EUV/AEUV, 5. Aufl. 2016, Art. 83 AEUV Rz. 29; *Satzger* in Streinz, EUV/AEUV, 2. Aufl. 2012, Art. 83 AEUV Rz. 27.
12 BVerfG v. 30.6.2009 – 2 BvE 2/08, 5/08, 2 BvR 1010, 1022, 1259/08, 182/09, BVerfGE 123, 267 – Lissabon.
13 BVerfG v. 30.6.2009 – 2 BvE 2/08 Rz. 361, 362, BVerfGE 123, 267 – Lissabon.
14 *Vogel* in 6. Aufl., Vor § 38 WpHG Rz. 8.
15 Zu Recht kritisch bereits *Schmitz*, ZStW 115 (2003), 501, 537 f.; *Schünemann*, GA 2002, 501, 512.

scher Ebene festgelegt werden könne, z.B. durch eine Legislativinitiative zur Förderung strengerer nationaler Sanktionsvorschriften[1]. Charakteristisch für Marktmissbrauch sind oftmals grenzüberschreitende Begehungshandlungen und jedenfalls grenzüberschreitende Wirkungen. Es liegt in der Natur zunehmend globaler und integrierter Finanz- und Kapitalmärkte, dass Normübertretungen grenzüberschreitende Wirkung haben. Demgegenüber kaum von hinreichender Evidenz, sondern eher von allgemeiner, stets zutreffender Natur ist die Überlegung, unterschiedliche Sanktionen in den Mitgliedstaaten könnten dazu führen, dass Verstöße nur dort begangen werden, wo die Strafen am niedrigsten sind. Dies könne zu einer Beeinträchtigung der Durchsetzung des EU-Rechtsrahmens zur Bekämpfung von Marktmissbrauch führen[2]. Es darf bezweifelt werden, dass etwa die geringfügigen Erweiterungen beim Insider-Strafrecht, die die CSMAD im deutschen Recht veranlasst hat, ein zusätzliches Strafrechts-Harmonisierungsbedürfnis begründen können[3]. Schon, dass die CSMAD im Vereinigten Königreich nicht gilt (Erwägungsgrund 29 RL 2014/57/EU), stellt **Zweckeignung in Frage**, wenn man einen Maßstab **innerer Kohärenz** der Gründe anwenden würde, wie es der EuGH für nationale Einschränkungen von Grundfreiheiten mitunter tut[4]. Sowohl der Bundesrat[5] als auch der Bundestag[6] erachteten die Begründung der „Unerlässlichkeit" der Angleichung als unzureichend.

17 **3. Keine Harmonisierung von Folgefragen des Allgemeinen Teils des Strafrechts.** Die CSMAD verlangt auch die tatbestandsspezifische Anwendung von Figuren des allgemeinen Strafrechts wie die Strafbarkeit von Teilnahme und Versuch, und eine Verbandsverantwortung. Solche Folgeregelungen sind kompetentiell besonders problematisch. Sie stehen inhaltlich im Widerspruch zum Zweck der Beschränkung auf die Richtlinienform: Hierbei geht es darum, die Einordnung der unionsrechtlich vorgegebenen Straftatbestände in die nationale Rechtsordnung zu gewährleisten. Je mehr der europäische Richtliniengeber in den Allgemeinen Teil übergreift, desto weniger ist davon – jedenfalls im materiellen Recht – noch übrig. Solche Regelungen eines fachspezifischen Allgemeinen Teils sind auch rechtspolitisch hoch problematisch, weil sie die Lösungskompetenz der nationalen Rechtsordnungen zur Bewältigung von Detailproblemen in der tagtäglichen Rechtsanwendung unterwandern. Kompetentiell dürfte der Unerlässlichkeitsnachweis, den Art. 83 Abs. 2 AEUV verlangt, für eine Detailharmonisierung auch kaum gelingen, weil die Wirksamkeit von Strafrecht beispielsweise sehr selten davon abhängen dürfte, wie Beihilfe, Anstiftung und Täterschaft *en detail* abgegrenzt werden und welche Sanktionen ein Teilnehmer an fremder Straftat zu befürchten hat. Gleichwohl wird vertreten, dass es dem EU-Gesetzgeber im Rahmen seiner Rechtsangleichungskompetenz gem. Art. 83 Abs. 2 AEUV nicht verwehrt sei, Vorgaben zu treffen, die sich auf **Bestimmungen des Allgemeinen Teils** des Strafrechts beziehen, solange hierdurch nicht in die Grundstruktur nationaler Strafrechtssysteme eingegriffen wird und es für die jeweiligen Kriminalitätsbereiche erforderlich ist. So soll es als unproblematisch anzusehen sein, wenn der EU-Gesetzgeber Bestimmungen erlässt, durch welche bereichsspezifisch sichergestellt werden soll, dass der Versuch einer Straftat unter Strafe gestellt ist[7]. Schon für die Teilnahme ist das allerdings kaum mehr überzeugend, weil die Wirksamkeit von Straftatbeständen hiervon nicht kategorial abhängt, denn die abschreckende Wirkung ist schon über die Bestrafung der Täter sichergestellt.

18 Zudem gibt es auf europäischer Ebene bisher keine einheitlichen Regelungen über Konzepte wie „Versuch" oder „Teilnahme". Zwar hat der Europäische Rat Musterbestimmungen für legislatorische Zwecke im Bereich des Strafrechts[8] entwickelt, die auch Ausführungen zu Anstiftung, Beihilfe und Versuch enthalten. Jedoch sind diese Bestimmungen sehr allgemein gefasst und treffen keine Begriffsbestimmungen, so dass diese Regelungsvorstellungen nicht wirklich weiterführen, sondern allenfalls einer Pseudo-Europäisierung Vorschub leisten[9], in Wirklichkeit aber inhaltsleer sind und nur der **präzeptoralen richterlichen Rechtsschöpfung** ein Vakuum eröffnen. Zutreffend ist daher, dass Begriffe des **allgemeinen Teils** in umgesetzten Harmonisierungsrichtlinien nach Art. 83 Abs. 2 AEUV weiterhin **national auszufüllen** sind[10]. Damit hängt deren Anwendung und Auslegung somit von den nationalen Rechtsordnungen ab[11]; sie würde indessen in ihrer Einheitlichkeit, Berechen-

---

1   Mitteilung der Kommission an das Europäische Parlament, den Rat, den Europäischen Wirtschafts- und Sozialausschuss und den Ausschuss der Regionen zur Stärkung der Sanktionsregelungen im Finanzsektor, KOM(2010) 716 endgültig.
2   Vorschlag für eine Richtlinie des Europäischen Parlaments und des Rates über strafrechtliche Sanktionen für Insider-Geschäfte und Marktmanipulation, KOM(2011) 654 endgültig, S. 5.
3   So auch *Schröder*, HRRS 2013, 283, 254 f.; *Trüg* in Leitner/Rosenau, Wirtschafts- und Steuerstrafrecht, 1. Aufl. 2017, § 38 WpHG Rz. 24; *Diversy/Köpferl* in Graf/Jäger/Wittig, Wirtschafts- und Steuerstrafrecht, 2. Aufl. 2017, Vor §§ 38, 39 WpHG Rz. 15.
4   Kritisch im Ergebnis auch *Luchtman/Vervaele*, NJECL 5 (2014), 192 ff.
5   BR-Drucks. 646/1/11, 3.
6   BT-Drucks. 17/9770, 4 f.
7   *Hecker*, Europäisches Strafrecht, 5. Aufl. 2015, § 11 Rz. 6; s. dazu auch: *Böse* in Schwarze, EU-Kommentar, 3. Aufl. 2012, Art. 83 AEUV Rz. 18, *Meyer* in von der Groeben/Schwarze/Hatje, Europäisches Unionsrecht, 7. Aufl. 2015, Art. 83 AEUV Rz. 21.
8   Ratsdokument 16542/09 REV 1 v. 27.11.2009.
9   Kritisch auch *Satzger*, ZIS 2016, 771, 775.
10 Hierzu *Meyer* in von der Groeben/Schwarze/Hatje, Europäisches Unionsrecht, 7. Aufl. 2015, Art. 83 AEUV Rz. 21.
11 So *Satzger*, Internationales und Europäisches Strafrecht, 7. Aufl. 2016, § 9 Rz. 44.

barkeit und Rechtsstaatlichkeit sichernden Wirkung zur Disposition gestellt durch die Öffnung für eine kaum berechenbare fallrechtliche und bereichsspezifische Durchbrechung durch den EuGH in Vorlageverfahren[1].

Eine **materielle** Schranke der Regelungskompetenz der EU ergibt sich aus dem unionsrechtlich und verfassungsrechtlich verankerten **Schuldprinzip**. Nach dem Lissabon-Urteil des BVerfG ist eine Abkehr vom Schuldprinzip verfassungswidrig. Eine rein objektive, verschuldensunabhängige Haftung wäre nicht zulässig[2]. Eine solche soll jedoch auch nach den Vorstellungen des Rates der EU auf europäischer Ebene ausgeschlossen sein[3]. Eine auf nationaler Ebene existierende objektive strafrechtliche Verantwortlichkeit *widerspricht* jedoch nach älterer (heute möglicherweise in dieser Allgemeinheit nicht mehr zutreffender Rechtsprechung) *nicht* generell dem Europarecht[4].

III. Auslegung der Tatbestandsmerkmale des Straftatbestandes der §§ 119, 120 Abs. 2 Nr. 3 i.V.m. § 25 bzw. § 120 Abs. 2 Nr. 15 WpHG i.V.m. Art. 15 VO Nr. 596/2014 und § 119 Abs. 3 WpHG i.V.m. Art. 15 VO Nr. 596/2014. Als partieller Blanketttatbestand (Vor §§ 119ff. WpHG Rz. 25) enthält § 119 WpHG im Ausgangspunkt keine strafrechtlich-autonome Unrechtsmaterie, sondern bewehrt bestimmte, qualifizierte Verstöße gegen die in Art. 7ff. VO Nr. 596/2014 statuierten Verbote von Insidergeschäften und der Marktmanipulation sowie parallel Verstöße nach § 25 WpHG mit Strafe. Das strafrechtliche Marktmanipulationsverbot des § 119 Abs. 1 WpHG ist nur auf der Handlungsseite mit dem aufsichtsrechtlichen der Art. 12, 15 VO Nr. 596/2014 teil-identisch; auf der **Erfolgs**seite setzt es eine **Preiseinwirkung** voraus, die im nationalen Recht eigenständig definiert ist. Folge einer konsequenten Akzessorietät wäre, dass auch in nichtstrafrechtlichen Zusammenhängen die vom Straf- und Bußgeldrecht in Bezug genommenen Ge- und Verbote des WpHG so wie im strafrechtlichen Zusammenhang, nämlich restriktiv und unter strikter Beachtung der Wortlautgrenze, ausgelegt werden müssen (Vor §§ 119ff. WpHG Rz. 47)[5]. Das würde dann auch für die in Bezug genommenen europäischen Regelungen gelten, obwohl diese europäisch und somit gemeinschaftsrechtsautonom auszulegen sind. Dies hat in der Vergangenheit zu umfänglichen Diskussionen geführt, weil im strafrechtlichen Anwendungszusammenhang erhöhte Voraussetzungen an die Vorhersehbarkeit der Tatbestandsauslegung gelten; entgegen dem Verständnis Mancher von vereinzelten Aussagen des EuGH reicht es hier nicht, dass ein Fachjurist das Ergehen einer entsprechenden fallrechtlichen Rechtsprechung bei Analyse des bisherigen Fallrechts hätte vorher sagen können. Umgekehrt setzt hinreichende tatbestandliche Bestimmtheit auch nicht voraus, dass jeder Grenzfall acte clair und dem Vorlageerfordernis entzogen ist. Die Bestimmtheit und Wortlautgrenze muss sich aus der Norm selbst ergeben; es reicht nicht, dass das Fallrecht des EuGH oder anderer Gerichte durch erweiternde Auslegung für hinreichende Klarheit sorgt. Aus rechtsstaatlichen Gründen muss zudem jedenfalls bei strafrechtlichen Sanktionen die Wortlautgrenze der Sprachfassung des jeweiligen Normunterworfenen gelten (Vor §§ 119ff. WpHG Rz. 47).

Diese methodischen Probleme haben sich allerdings durch die nunmehr auch europäisch gewollte Eigenständigkeit der Straftatbestände erheblich relativiert. Nur soweit die Verbote von Insidergeschäften und der Marktmanipulation unmittelbar der VO Nr. 596/2014 zu entnehmen sind, und durch Verweisung einbezogen sind, wird die Auslegung des § 119 WpHG noch unmittelbar von der europäischen Auslegung europäischen Rechts dominiert. Diese bezieht sich damit von vornherein lediglich auf die Auslegung von Teilelementen des objektiven Tatbestandes, während bei anderen Elementen des objektiven Tatbestandes und insbesondere der subjektiven Seite, insgesamt bei richterlicher Tatsachenfeststellung und Schuldnachweis (Vor §§ 119ff. WpHG Rz. 50) und den genuin strafrechtlichen Aspekten, insbesondere des Allgemeinen Teils, die Rechtskonkretisierungsbefugnis der nationalen Gerichte eigenes Gewicht hat und schon auf Auslegungs-, und nicht erst auf Subsumtionsebene in den Vordergrund tritt. Nationale Gerichtsbarkeit und EuGH stehen hier in einem sehr ausgeprägten Kooperationsverhältnis, das nicht von hierarchischer Über- und Unterordnung geprägt ist (Vor §§ 119ff. WpHG Rz. 46f.). Die Verbote des § 119 WpHG sind nicht nur formal, sondern auch materiell Bestandteil der deutschen Strafrechtsordnung, bei denen zwar einzelne Tatbestandsmerkmale europäisch harmonisiert sind, so dass deren Auslegung im Ausgangspunkt nach europäischen Auslegungsmethoden zu erfolgen hat, diese aber zugleich als Bestandteil des nationalen Rechtssatzes in der Auslegung und Anwendung auch an die maßgeblichen nationalen höherrangigen strafrechtsspezifischen Gewährleistungen zu binden sind[6].

Damit lassen sich die Herausforderungen, die mit EuGH v. 23.12.2009 – Rs. C-45/08 – Spector Photo Group NV[7] offenbar geworden sind, künftig unschwer lösen, ohne zu sehr in methodischer Hinsicht auf die Fallrechtsnatur der EuGH-Rechtsprechung zu insistieren. Aus dem Fallrechtscharakter folgt, dass rechtliche Aussagen in den Urteilsgründen stets sachverhaltsbezogen zu interpretieren sind: Es wäre eine schwerwiegende Überinter-

---

1 Vor den Unsicherheiten warnt auch *Meyer*, wistra 2017, 209, 212.
2 So *Böse* in Schwarze, EU-Kommentar, 3. Aufl. 2012, Art. 83 AEUV Rz. 18, 19.
3 Schlussfolgerungen über „Musterbestimmungen als Orientierungspunkte für die Verhandlungen des Rates im Bereich des Strafrechts", Ratsdokument 16542/09 REV 1 v. 27.11.2009.
4 EuGH v. 10.7.1990 – Rs. C-326/88 Rz. 15-19, Slg. 1990, I-02911ff.
5 Dafür dezidiert *Assmann* in 6. Aufl., Einl. Rz. 73 und § 14 WpHG Rz. 61a. Wie hier *Segna*, ZGR 2015, 84ff.
6 Vgl. 6. Aufl. WpHG Rz. 49. Vgl. *Satzger*, Internationales und Europäisches Strafrecht, 7. Aufl. 2016, § 9 Rz. 64.
7 Hierzu eingehend *Assmann* in 6. Aufl., § 14 WpHG Rz. 26, 61a m. umf. N. zu der lebhaften Diskussion, s. auch EuGH v. 23.12.2009 – Rs. C-45/08, AG 2010, 74 = BB 2010, 329ff. mit Anm. *Voß*.

pretation von „Spector", der EuGH sehe die Mitgliedstaaten verpflichtet, Strafvorschriften gegen Insidergeschäfte zu erlassen, in denen der subjektive Tatbestand vermutet werde[1]. In dem „Spector" zugrunde liegenden Fall spricht alles dafür, dass die Betroffenen über eine als solche erkannte Insiderinformation verfügten, und das beanstandete Geschäft wich derart auffällig von den vorherigen im Rahmen des publizierten Aktienrückkaufprogramms von „Spector" getätigten Geschäften ab, dass eine „Verwendung" oder „Nutzung" der Insiderinformation mehr als nahe liegt[2]. Weder hat der EuGH dem Erfordernis eine Absage erteilt, dass die Insiderinformation in das Insidergeschäft „einfließen" muss, noch hat er ausgesprochen, dass bei Insidern vermutet werde, dass sie über Insiderinformationen verfügten. Vielmehr hat der EuGH darauf aufmerksam gemacht, dass bei einer Person *vorhandene* Insiderinformationen in der Regel, aber nicht stets in die Vornahme von Insidergeschäften „einfließen". Für das deutsche Strafrecht hat „Spector" keine Bedeutung; das vom EuGH geforderte Ergebnis folgt schon aus dem Grundsatz des Nachweises physischer Kausalität[3]; für eine Europäisierung der strafrichterlichen Tatsachenfeststellung gibt das Spector-Urteil allerdings keinerlei Grundlage.

23 **1. Inkorporierte Tatbestandsmerkmale der MAR.** Somit ergibt sich für die Auslegungsarbeit zu dem zusammengesetzten Blankett aus § 119 WpHG und den MAR-Verweisungsnormen für die in Bezug genommene MAR-Norm folgende Prüfungsreihenfolge:

24 (1) Erster Prüfungsschritt: Auslegung von § 119 WpHG und der MAR-Verweisungsnormen als strafrechtliche Normen nach *nationalen* Auslegungsgrundsätzen für Straftatbestände, insbesondere unter Berücksichtigung der gesteigerten Bestimmtheitsanforderungen.

25 (2) Zweiter Prüfungsschritt: Soweit die MAR in Bezug genommen worden ist: Auslegung der Mar-Norm nach europäischen Grundsätzen. Eine Vorlage zum EuGH ist unter den Voraussetzungen des Art. 268 AEUV zulässig, dürfte aber nicht zwingend sein, weil Geltungsgrund der inkorporierten Normen der MAR im Straftatbestand ausschließlich die Geltungsanordnung des nationalen Gesetzgebers ist (anders bei den Bußgeldtatbeständen des § 120 WpHG). Die europäische Auslegung ist hier am Maßstab der CSMAD auszurichten (Schritt 4) und nicht an der MAR.

26 (3) Dritter Prüfungsschritt: Das Auslegungsergebnis ist am höherrangigen Recht zu messen bzw. es ist bei der Auslegung zu berücksichtigen: (3a) Zum einen sind, da es sich um nationales Recht handelt, auch bezogen auf die Bezugsnorm das Grundgesetz und für die konventionskonforme Auslegung die EMRK heranzuziehen. (3b) Zum zweiten ist, da es sich um die Umsetzung von Richtlinienrecht (CSMAD) und Sanktionierung von Gemeinschaftsrecht handelt, die Grundrechtecharta als höherrangiges Recht heranzuziehen nach Åkerberg-Fransson-Grundsätzen[4], wobei im Einzelnen streitig ist, wie weit dies in den nicht gemeinschaftsrechtlich determinierten Bereich der Richtlinienumsetzung hineinreicht[5].

27 (4) Vierter Prüfungsschritt: Das Auslegungsergebnis ist auf eine richtlinienkonforme Auslegung anhand der CSMAD zu prüfen.

28 (5) Gegebenenfalls fünfter Prüfungsschritt: Soweit die Richtlinie keinen Umsetzungsspielraum lässt und das nationale Recht dem Grundgesetz widerspricht, Prüfung, ob das Ergebnis gegen Identitätsvorgaben nach dem Lissabon-Urteil verstoßen wird.

29 Das rechtskonkretisierende Level 2-Recht und Level 3-Maßnahmen sind bei der Auslegung nicht als verbindliche Konkretisierung heranzuziehen. Das ergibt sich aus Art. 104 GG, der Strafbarkeitsbegründungen durch exekutivische Rechtsakte bei angedrohter Freiheitsstrafe verbietet. Sie können lediglich sicher als unverbindliche Argumentationsmuster und evtl. als Indizien für die richterliche Tatsachenfeststellung vorsichtig herangezogen werden, aber stets ohne die Grenzen der eigentlichen Auslegung nach den oben geschilderten Schritten zu erweitern.

30 **2. Nationale Tatbestandsmerkmale des WpHG.** Für die eigenständig nationalen Tatbestandsmerkmale des WpHG (z.B. das Erfolgskriterium der Marktmanipulation) erfordert die Auslegung folgende Prüfungsschritte:

31 (1) Erster Prüfungsschritt: Auslegung nach nationalen Auslegungsgrundsätzen.

---

1 Im Strafrecht i.e.S. wäre das verfassungswidrig; das Schuldprinzip gehört zu den Identitätsmerkmalen der rechtsstaatlichen Ordnung, s. nur BVerfG v. 30.6.2009 – 2 BvE 2/08 u.a., BVerfGE 123, 267, 413. Dies schließt allerdings nicht aus, dass der Gesetzgeber die Schuldanforderungen abstuft (von Absicht bis einfacher Fahrlässigkeit); und materielle Straftatbestände können weit in das Vorfeld einer Rechtsgutverletzung ausgedehnt werden, etwa beim abstrakten Gefährdungsdelikt. Zudem kann der Gesetzgeber objektive Bedingungen der Strafbarkeit normieren, die keine subjektive Tatseite verlangen.
2 *Theile* in Esser/Rübenstahl/Saliger/Tsambikakis, 1. Aufl. 2017, § 38 WpHG a.F. Rz. 24 m.w.N; vgl. auch *Assmann* in 6. Aufl., § 14 WpHG Rz. 39: „Wird der Zeitpunkt des Erwerbs eigener Aktien (…) vom Wissen der Vorstände um eine den Emittenten betreffende Insiderinformation bestimmt, so liegt eine Verwendung von Insiderwissen vor."
3 *Baedorff*, Das Merkmal der Verwendung von Insiderinformationen, 2011, S. 156 f.
4 EuGH v. 26.2.2013 – Rs. C-617/10, EuGHE 2013, 90 – Åkerberg Fransson.
5 Dazu BVerfG v. 24.4.2013 – 1 BvR 1215/07, BVerfGE 133, 277, 315; vgl. zum Streitstand auch *Ohler*, NVwZ 2013, 1433, 1438; *Bäcker*, EuR 2015, 389, 398; *Scholz*, DVBl. 2014, 197, 201, s. auch hier Art. 30 VO Nr. 596/2014 Rz. 11 ff.

(2) Zweiter Prüfungsschritt: Richtlinienkonforme Auslegung am Maßstab der CSMAD, die allerdings die nationalen Auslegungsgrenzen, namentlich die Bestimmtheitsgrenze und das Analogieverbot, nicht überschreiten kann[1]. 32

(3) Dritter Prüfungsschritt: Prüfung, ob das Auslegungsergebnis eine wirksame und gleichwertige Sanktionierung von Unionsrecht sicherstellt am Maßstab der Griechischer Mais-Rechtsprechung[2]. Hierbei kommt es allerdings nicht auf den Einzelfall, sondern auf die Wirksamkeit und Äquivalenz des Sanktionensystems insgesamt an[3]. 33

3. Fragen des Allgemeinen Teils des StGB. Die Anwendung und Auslegung der nationalen Vorschriften des Allgemeinen Teils des StGB richtet sich weiterhin nach nationalen Grundsätzen (s. dazu Rz. 17 f.) Durch die Regelungstechnik von Blankettnormen will der Gesetzgeber die Regelungssystematik des deutschen Strafrechts weitest möglich aufrechterhalten; und durch die Wahl der Richtlinienform für die CSMAD soll gerade diese Einfügung in die nationale Rechtsordnung erhalten bleiben. Weitere Prüfungsschritte entsprechen denen der nationalen Tatbestandsmerkmale des WpHG. 34

IV. Strafbare Marktmanipulation, § 119 Abs. 1 WpHG. Der Straftatbestand der Marktmanipulation ist schon im formalen Aufbau komplex. Voraussetzung ist auf der Handlungsseite, dass der Täter eine **in § 120 Abs. 2 Nr. 3 oder Abs. 15 Nr. 2 WpHG bezeichnete Handlung vorsätzlich begeht und dadurch einwirkt auf einen der in § 119 Abs. 1 WpHG konkret benannten Märkte.** Auf der Handlungsseite ist Voraussetzung, dass der Täter entgegen Art. 15 (bzw. § 25 WpHG i.V.m. Art. 15) VO Nr. 596/2014 eine Marktmanipulation begeht. Aus dem Begriff „entgegen" ergibt sich, dass der Gesetzgeber eine Zuwiderhandlung gegen Art. 15 VO Nr. 596/2014 voraussetzt. Voraussetzung ist – jedenfalls nach der Gesetzesformulierung – zusätzlich, dass er dadurch eine Marktmanipulation begeht. Hierin liegt ein eigenständiges Tatbestandsmerkmal, dessen Erfüllung nach strafrechtlichen Maßstäben festgestellt werden muss. Hieraus ergibt sich schon auf Handlungsebene ein weiteres Potential, die Auslegung und Anwendung des Straftatbestandes vom Aufsichtsrecht zu differenzieren. Beispielsweise mag es ein aufsichtlicher Verstoß sein, eine Marktmanipulation zu unternehmen, oder gar mutmaßlich oder vermutet marktmanipulativ zu handeln; in solchen Fällen könnte der Tatrichter allerdings nicht feststellen, dass der Täter eine Marktmanipulation begangen hat. Art. 15 VO Nr. 596/2014 wiederum ist weitgehend inhaltsleer, so dass auch die Definitions- und Ausnahmenormen Art. 12 und Art. 13 VO Nr. 596/2014 zum inkorporierten Normenbestand auf Tatbestandsseite gehören. Diese wiederum werden in ihrem Geltungsbereich wesentlich durch Art. 2 VO Nr. 596/2014 bestimmt. 35

Die beiden Alternativen auf der Handlungsseite erfassen in der zweiten Alternative die europäische Marktmanipulation und in der ersten Alternative den nationalen Überhang. Die Bezugsobjekte der ersten Alternative sind seit 3.1.2018 in der **Finanzmarktrichtlinie MiFID II** (RL 2014/65/EU) definiert. Lediglich für Waren- und Devisen (bis 2.1.2018 auch TEHG-Emissionsberechtigungen) als Bezugsobjekte ist die außerstrafrechtliche Verhaltensnorm der Strafvorschrift weiterhin im **nationalen Recht autonom** geregelt (§ 12 WpHG i.d.F. des 1. FiMaNoG, heute § 25 WpHG). Die Verhaltensweisen, die marktmanipulativ sind, ergeben sich im Ergebnis in objektiver Hinsicht nunmehr für alle Bezugsobjekte der Marktmanipulation aus Art. 15 i.V.m. Art. 12, 13 VO Nr. 596/2014, weil in § 25 WpHG auf der Handlungsseite die entsprechende Geltung der Art. 15, 12 Abs. 1–4 VO Nr. 596/2014 angeordnet wird, so dass die Verweisungskette ebenfalls in der MAR endet. Insoweit handelt es sich schon bei der außerstrafrechtlichen Verhaltensnorm um Recht, das allein aufgrund des nationalen Geltungsbefehls gilt und als solches rein nach nationalen Grundsätzen auszulegen ist. Dies schließt es nicht von vornherein aus, im Sinne überschießender Unionsrechtskonformität auch insoweit die europäischen Auslegungsmaßstäbe zu übertragen, um dem Rechtsvereinheitlichungsziel des nationalen Gesetzgebers Rechnung zu tragen[4]. 36

Vor der Umgestaltung durch die beiden Finanzmarktneuordnungsgesetze verwies der in § 38 Abs. 2 WpHG a.F. enthaltene Straftatbestand auf § 20a WpHG a.F., der als blankettausfüllende Norm den Unrechtstatbestand der Marktmanipulation umschrieb (s. 6. Aufl., § 20a WpHG Rz. 2 ff.) und durch eine auf § 20a Abs. 5 WpHG a.F. gestützte Rechtsverordnung, die **Marktmanipulations-Konkretisierungsverordnung**, näher umschrieben wurde. Diese Regelungstechnik hat sich bereits mit dem 1. FiMaNoG zum 2.7.2016 grundlegend geändert, weil der Unrechtstatbestand der Marktmanipulation bei Finanzinstrumenten seit 3.7.2016 auf europäischer Ebene in der Marktmissbrauchsverordnung (EU) Nr. 596/2014 (MAR) definiert war, die Bezugsmärkte aber noch nicht in der RL 2014/65/EU, was § 135 Satz 2 WpHG befristet auflöste. Soweit sich keine inhaltlichen Änderungen ergeben haben, kann die Rechtsprechung und Literatur zu §§ 38 Abs. 2, 39 Abs. 1 Nr. 1, 2, Abs. 2 Nr. 11, 20a WpHG a.F. weiterhin herangezogen werden, was allerdings – gerade im strafrechtlichen 37

---

1 Schröder in Achenbach/Ransiek/Rönnau, Handbuch Wirtschaftsstrafrecht, 4. Aufl. 2015, Kap. 10 Rz. 6.
2 EuGH v. 21.9.1989 – Rs. C-68/88 Rz. 24 ff., Slg. 1989 I, 2965 – Kommission/Griechenland.
3 EuGH v. 8.9.2015 – Rs. C-105/14, UR 2016, 367 = wistra 2016, 65 – Taricco: maßgebend ist, ob es „in einer beträchtlichen Anzahl von Fällen" zu Vollzugsdefiziten kommt.
4 Dazu Schwarze in Schwarze, EU-Kommentar, 3. Aufl. 2012, Art. 267 AEUV Rz. 17 m.w.N.; Wegner in Calliess/Ruffert, EUV/AEUV, 5. Aufl. 2016, Art. 267 AEUV Rz. 5; zur Auslegung s. auch Vor §§ 119 ff. WpHG Rz. 42 f.

Kontext – eine exakte tatbestandliche Auslegungsarbeit und Rechtskonkretisierung am geltenden Recht nicht ersetzen darf.

38 Diese komplexe Kombination von eigenständiger Unrechtsdefinition mit normativen Tatbestandsmerkmalen einerseits und mehrstufigen **Blankett-Inkorporationen** führt zu einem nicht unkomplizierten „Zusammenlesen" (s. Vor §§ 119 ff. WpHG Rz. 29 ff.), bei der nicht nur das in § 119 Abs. 1 WpHG selbst enthaltene, genuin nationales Recht bildende Erfolgsmerkmal, sondern auch das eigenständige Handlungselement der Marktmanipulation von zentraler Bedeutung sind. Zwar wird diese komplexe Verweisungstechnik von einer nationalen Norm auf eine andere, welche dann wiederum auf eine EU-Verordnung und eine weitere nationale Norm verweist, mitunter unter Bestimmtheitsgrundsätzen kritisiert. Diese Kritik ist aber nicht zutreffend. Normenbestimmtheit ist nicht mit Einfachheit gleich zu setzen. Gerade klare und eindeutige Verweisungsketten können sogar umgekehrt ein besonders hohes Maß an tatbestandlicher Normenbestimmtheit gewährleisten. Die Verweisung auf außerstrafrechtliche Normen sichert, verglichen mit autonom strafrechtlichen Vollregelungen, eine Identität der Vorgaben und entspricht somit auch dem Ziel rechtsstaatlicher Bestimmtheit und Normenverständlichkeit. Es ist noch nicht einmal beanstandet worden – aber ungleich problematischer – wenn ohne klare Verweisung zur *Auslegung* eines Tatbestandes auf andere bestimmtheitssichernden Rechtsakte zurückgegriffen werden muss, solange durch diese die gesetzliche Regelung nur spezifiziert und keine neue Strafbarkeit begründet wird[1]. Da sich aus der Verweisungstechnik mithin keine Bedenken ergeben, ist Dreh- und Angelpunkt vielmehr die Frage, ob die in Art. 12 VO Nr. 596/2014 enthaltenen Tatbestände ihrerseits hinreichend bestimmt sind, was im strafrechtlichen Kontext maßgeblich auch deren Auslegung prägt[2].

39 Die Bezugsobjekte des strafbaren Marktmissbrauchs sind erstens durch einen bestimmten **Transaktionsgegenstand** und zweitens durch bestimmte **Märkte** definiert. Zu unterscheiden ist dabei die mit dem wirtschaftsaufsichtlichen Tatbestand der MAR bzw. des § 25 WpHG identische *Handlungs*seite von der in § 119 Abs. 1 WpHG autonom geregelten *Erfolgs*seite. Ausgangspunkt war der Wertpapierhandel im geregelten Markt an **Börsen**, was im Zuge einer historischen Entwicklung auf andere Transaktionsgüter und auf andere Handelsplätze ausgedehnt worden ist. Immer noch schützen die Straftatbestände der Marktmanipulation nur den Handel mit **bestimmten Vermögensgütern** an **bestimmten Marktplätzen**. Manipulative Verhaltensweisen an anderen Marktplätzen, beispielsweise beim Warenhandel auf Online-Plattformen wie eBay, werden bislang nicht kriminalisiert. Dies erklärt sich damit, dass es um den Schutz der Kapitalmärkte geht, der vom deutschen Gesetzgeber auf bestimmte Instrumente in Bezug auf Waren ausgedehnt wird, soweit diese an Börsen gehandelt werden.

40 **1. Geltungsbereich des Marktmanipulationsverbots auf der Handlungsseite und Bezugsobjekte der Marktmanipulation.** Der Anwendungsbereich des Marktmanipulationsverbotes wird durch Art. 2 VO Nr. 596/2014 definiert, die Handlungs- und Bezugsobjekte in Art. 12 VO Nr. 596/2014. Da die europäischen Ausweitungen auf indirekte Wirkungen sich von Finanzinstrumenten weitgehend gelöst haben, bilden die regulatorisch definierten Finanzinstrumente nur noch eine von diversen tatbestandlichen Handlungsobjekten. Konzeptionell separat erfasst sind die Referenzwerte:

41 **a) Finanzinstrumente im Geltungsbereich der Marktmissbrauchsverordnung und verbundene Instrumente.** Die Schutzobjekte der Marktmanipulation im europäisch normierten Bereich (§ 120 Abs. 15 Nr. 2 WpHG) ergeben sich aus Art. 2 VO Nr. 596/2014: Maßgebend ist der Begriff des **Finanzinstruments**, was sich nach der Definition in Art. 4 Abs. 1 Nr. 15 i.V.m. Anhang I Abschnitt C RL 2014/65/EU ergibt; bis zu deren Inkrafttreten am 3.1.2018 nach Art. 4 Abs. 1 Nr. 17 RL 2004/39 EG, Art. 39 Abs. 4 VO Nr. 596/2014. Nach der MiFID II (Anhang I Abschnitt C Nr. 11 RL 2014/65/EU) sind auch **Emissionsberechtigungen** Finanzinstrumente. Daher ergibt sich die Strafbarkeit von Marktmanipulationen an diesen vom 3.1.2018 an auf der Handlungsseite ganz wesentlich auch aus § 119 Abs. 1 WpHG i.V.m. Art. 15, 12, Art. 2 Abs. 1 lit. a–c VO Nr. 596/2014, soweit sie an einem geregelten Markt, multilateralen Handelssystem oder einem organisierten Handelssystem gehandelt werden.

42 Generell müssen die Finanzinstrumente, die Schutzobjekt sind, zum Handel zugelassen, gehandelt oder für sie muss ein Antrag gestellt werden, und zwar auf einem geregelten Markt (einer Wertpapierbörse), einem multilateralen Handelssystem oder – vom 3.1.2018 an (Art. 39 Abs. 4 VO Nr. 596/2014) – auf einem organisierten Handelssystem. Hierfür wiederum sind die Definitionen in Art. 4 Nr. 21, 22 und 23 RL 2014/65/EU (MiFID II) maßgebend, bis 2.1.2018 Art. 4 Abs. 1 Nr. 14 und 15 RL 2004/39/EG (§ 135 Satz 2 Nr. 1 WpHG).

43 Die *Handlungs*objekte marktmanipulativer Handlungen können auch solche Instrumente sein, die ihrerseits **keine Schutzobjekte** sind. Der Anwendungsbereich des Marktmissbrauchsrechts wird hierzu (Art. 2 Abs. 1 lit. d VO Nr. 596/2014) ausgedehnt auf Finanzinstrumente, die auf keinem der genannten geregelten Märkte oder Handelssysteme gehandelt werden, aber deren Kurs oder Wert von dem Kurs oder Wert eines gehandelten Finanzinstruments **abhängt oder sich darauf auswirkt**. (Dies war nach dem alten Recht anders, denn nach Art. 9 Abs. 2 RL 2003/6/EG waren Derivate, die nicht an einem geregelten Markt gehandelt wurden, nur vom

---

1 BGH v. 25.2.2016 – 3 StR 142/15 Rz. 15, NJW 2016, 3459, 3459 = AG 2016, 547.
2 *Sorgenfrei/Saliger* in Park, Kapitalmarktstrafrecht, 4. Aufl. 2017, Kap. 6.1, Rz. 28.

Insiderverbot erfasst, nicht aber vom Verbot der Marktmanipulation.) Als Beispiele werden Kreditausfall-Swaps oder Differenzkontrakte genannt. Handlungsobjekt können also auch mit den Finanzinstrumenten verbundene Finanzinstrumente wie Derivate sein, die an einem anderen Handelsplatz oder außerbörslich gehandelt werden[1]. Nicht erfasst sind schuldrechtliche Regelungen, die keine Finanzinstrumente sind, wie z.B. Bonuszusagen, die nach Aktienkursen bemessen sind (Phantom Stocks) u.Ä. (Art. 2 VO Nr. 596/2014 Rz. 15 m.w.N.). Demgegenüber sind Derivate auf Instrumente, die keine Finanzinstrumente sind, durchaus als Finanzinstrument ein Schutzobjekt, so z.B. auf Bitcoins[2].

Speziell das Marktmanipulationsverbot wird weiter ausgedehnt (Art. 2 Abs. 2 VO Nr. 596/2014) auf zwei Bereiche neben den gesondert dazu stehenden Referenzwerten: Erstens auf Waren-Spot-Kontrakte, soweit sie keine Energiegroßhandelsprodukte sind, die eine **Auswirkung** auf den **Kurs oder den Wert** eines **geschützten Finanzinstruments** haben. Zweitens auf Finanzinstrumente wie Derivatekontrakte und andere derivative Finanzinstrumente für die **Übertragung von Kreditrisiken**, die eine Auswirkung auf den Kurs oder den Wert eines Waren-Spot-Kontrakts haben oder voraussichtlich haben werden oder deren Kurs oder Wert vom Kurs oder Wert dieses Finanzinstruments abhängen. 44

Erfasst bei Finanzinstrumenten und damit verbundenen Waren-Spot-Kontrakten ist die Manipulation des inländischen Börsen- oder Marktpreises und des Preises an einem organisierten Markt oder einem multilateralen Handelssystem in der EU oder im EWR. **Territorial** ergibt sich damit künftig ein von deutschen Behörden im Inland zu überwachender Inlandsschutz, der in Art. 2 Abs. 4 VO Nr. 596/2014 **fachrechtlich** auf einen weltweit geltenden (i.S.d. jurisdiction to prescribe) erweitert wird (Art. 12 VO Nr. 596/2014 Rz. 41 ff.), für sämtliche geregelten Märkte, multilaterale Handelssysteme und organisierte Handelssysteme in der EU und im EWR. Diese Erweiterungen tragen der zunehmenden Bedeutung außerbörslicher, insbesondere algorithmischer Handelssysteme und der Europäisierung und Internationalisierung der Kapitalmärkte Rechnung. Für die **strafrechtliche** Seite muss Art. 2 Abs. 4 VO Nr. 596/2014 zusammen mit §§ 3 ff. StGB gelesen werden. Danach gilt das deutsche Strafrecht für Taten, die im Inland begangen werden (§ 3 StGB)[3]. Der Begehungsort ist nicht nur der Handlungsort, sondern auch der Erfolgsort („an dem der zum Straftatbestand gehörende Erfolg eingetreten ist oder nach der Vorstellung des Täters eintreten sollte", § 9 Abs. 1 StGB). Demnach gilt das deutsche Strafrecht auch für Auslandshandlungen, soweit der Einwirkungserfolg auf einer inländischen Börse oder einem inländischen geregelten oder organisierten Markt eintritt. Streitig ist, ob das erfolgsbezogene Wirkungsprinzip des § 9 StGB auch das EU-Ausland einbezieht[4]. Dagegen dürfte weniger das Völkerrecht[5] als die Wortlautgrenze von § 9 StGB sprechen. Erweiterungen ergeben sich für deutsche Staatsbürger aus § 7 Abs. 2 StGB (aktives Personalstatusprinzip). Für einen inländischen Erfolgsort i.S.d. § 7 Abs. 1 StGB (passives Personalstatusprinzip) reicht eine indirekte Wirkung (Preisimport) aus, nicht aber die Betroffenheit eines inländischen Anlegers, der auf einen ausländischen Markt handelt[6]. Dann liegt auch keine Tat „gegen einen Deutschen" i.S.d. § 7 Abs. 1 StGB vor, da Schutzgut nicht der einzelne Anleger bzw. dessen Rechtsgüter sind[7]. 45

b) Referenzwerte. Diese sind definiert als „Kurs, Index oder Wert, der der Öffentlichkeit zugänglich gemacht oder veröffentlicht wird und periodisch oder regelmäßig durch die Anwendung einer Formel auf den Wert eines oder mehrerer Basiswerte oder -preise, einschließlich geschätzter Preise, tatsächlicher oder geschätzter Zinssätze oder sonstiger Werte, oder auf Erhebungsdaten ermittelt bzw. auf der Grundlage dieser Werte bestimmt wird und auf den bei der Festsetzung des für ein Finanzinstrument zu entrichtenden Betrags oder des Werts eines Finanzinstruments Bezug genommen wird", Art. 3 Abs. 1 Nr. 29 VO Nr. 596/2014. Erstmals ist nun die **Einwirkung auf Referenzwerte** strafbewehrt. Hintergrund dieser Erweiterung der Bezugsobjekte war die nur unzureichende Erfassung der Libor-Manipulationen durch das vorherige Marktmissbrauchsrecht[8]. Dabei gilt die Vorschrift für alle veröffentlichten Referenzwerte und auch für unentgeltlich oder gegen Entgelt über das Internet abrufbare Referenzwerte, z.B. für Kreditausfall-Swaps oder Indizes von Indizes[9]. Der Schutz von Referenzwerten war im Hinblick auf den Schutzzweck (= Wahrung der Integrität der Finanzmärkte) erforderlich, da der Preis vieler Finanzinstrumente und andere Transaktionen in der Finanz- und Realwirtschaft durch Bezugnahme auf Referenzwerte festgesetzt wird und eine Manipulation solcher das Marktvertrauen erheblich beeinträchtigen kann. Erfasst werden dabei alle veröffentlichen Referenzwerte. 46

c) Im Geltungsbereich von § 25 WpHG. Über das europäische Recht hinausgehend sind zum anderen auch Warenmärkte, soweit sie Börsenmärkte sind, geschützt. § 25 WpHG fügt (über § 119 Abs. 1 i.V.m. § 120 Abs. 2 47

---

1 Vgl. Erwägungsgrund 43, Art. 2 Abs. 2 VO Nr. 596/2014.
2 Dazu *Börner*, NZWiSt 2018, 48.
3 *Rönnau/Wegner* in Meyer/Veil/Rönnau, Handbuch zum Marktmissbrauchsrecht, 2018, § 28 Rz. 26 ff.
4 Befürwortend *Waßmer* in Fuchs, § 38 WpHG Rz. 175; dagegen *Rönnau/Wegner* in Meyer/Veil/Rönnau, Handbuch zum Marktmissbrauchsrecht, 2018, § 28 Rz. 26.
5 Zurückhaltend aber *Jeßberger*, Der transnationale Geltungsbereich des deutschen Strafrechts, 2011, S. 239.
6 *Sorgenfrei/Saliger* in Park, Kapitalmarktstrafrecht, 4. Aufl. 2017, Kap. 6.1, Rz. 311.
7 *Rönnau/Wegner* in Meyer/Veil/Rönnau, Handbuch zum Marktmissbrauchsrecht, 2018, § 28 Rz. 30.
8 Vgl. *Fleischer/Bueren*, DB 2012, 2561 ff.; *Renz/Leibold*, CCZ 2016, 157, 166.
9 Erwägungsgrund 44 VO Nr. 596/2014.

Nr. 3 WpHG) unabhängig vom Unionsrecht Waren i.S.v. § 2 Abs. 11 WpHG (s. 6. Aufl., § 20a WpHG Rz. 43, § 2 WpHG Rz. 61 ff.) und ausländische Zahlungsmittel (s. 6. Aufl., § 20a WpHG Rz. 43c) als Bezugsobjekte der Marktmanipulationshandlung hinzu; bis 2.1.2018 auch Emissionsberechtigungen. Erfasst ist hier sowohl im Hinblick auf die Handlungsseite wie auf die Erfolgsseite lediglich die Manipulation des inländischen Börsenpreises sowie in der EU und im EWR die Manipulation des Preises an einem einer inländischen Börse vergleichbaren Markt.

48 Wiederum ist nach §§ 3, 9 StGB ein Handlungs- oder Erfolgsort im Inland *zusätzliche* strafrechtliche Voraussetzung für die Anwendung des Straftatbestandes. Beispielsweise bei Handlungen in Spanien, die sich an einer spanischen Börse auswirken, ist deutsches Strafrecht nicht anwendbar (Ausnahmefälle sog. stellvertretenden Strafrechtspflege oder des auf das Personalstatusprinzip gestützten Schutzprinzips in § 7 Abs. 1 StGB).

49 **2. Tathandlungen der Marktmanipulation und legaldefinierte Tatbestandsausnahmen. a) Überblick zur Regelungssystematik und Bedeutung von Level 2 und Level 3-Rechtsakten.** Im künftigen Recht sind die marktmanipulativen Verhaltensweisen abschließend in Art. 12 VO Nr. 596/2014 definiert, wobei vorgelagert der – allerdings weite – Anwendungsbereich des Art. 2 Abs. 3 VO Nr. 596/2014 zu prüfen ist (Art. 2 VO Nr. 596/2014 Rz. 1 ff.). Die Systematik aus Definitionsnorm (Art. 12 Abs. 1 VO Nr. 596/2014), Definition von **tatbestandlichen Regelbeispielen** in Art. 12 Abs. 2 VO Nr. 596/2014 („Formen von Handlungen", Art. 12 Abs. 3 VO Nr. 596/2014) und „Indikatoren" (Art. 12 Abs. 3 VO Nr. 596/2014) für transaktions- und sonstige Marktmanipulation in Anhang I VO Nr. 596/2014 und der DelVO 2016/522 ist komplex. Für den strafrechtlichen Anwendungszusammenhang darf sich der vom Tatrichter anzuwendende Unrechtstatbestand nicht aus einer delegierten Verordnung ergeben, schon gar nicht aus einer, die vom deutschen parlamentarischen Gesetzgeber, der den Straftatbestand schafft, noch nicht einmal in Bezug genommen worden ist (Vor §§ 119 ff. WpHG Rz. 27). Noch weniger zulässig ist es, die Auslegungs- und Anwendungsarbeit mit dem gesetzlichen Tatbestand durch eine pseudorationale Begriffsjurisprudenz mit englischen, teilweise hohlen Schlagwörtern aus der Brokersprache zu ersetzen. Weitere Festlegungen in delegierten Rechtsakten haben daher ebenso wie Anhang I VO Nr. 596/2014 lediglich die Bedeutung von „Indikatoren"; als solche betreffen sie im strafrechtlichen Zusammenhang nicht den eigentlichen Unrechtstatbestand, sondern lediglich Aufgreif- oder Beweisanzeichen. Deshalb sind diese „Indikatoren" nicht subsumtionsfähig, sondern lediglich ihrerseits in der Beweiswürdigung des strafrechtlichen Tatrichters einfließende Gesichtspunkte **ohne** jeden **festen Beweiswert** in der erforderlichen freien richterlichen Überzeugungsbildung (§ 261 StPO). Die „safe harbour"-Bestimmungen etwa des **Art. 13 VO Nr. 596/ 2014** sind, wenn in ihrem Anwendungsfall tatbestandlich überhaupt ein Manipulationsverhalten vorliegt, jedenfalls tatbestandliche Ausnahme und keine Rechtfertigungsgründe.

50 **b) Art. 12 Abs. 1 lit. a VO Nr. 596/2014: handelsgestützte Marktmanipulation.** Die gemeinhin als handelsgestützte Marktmanipulation charakterisierten Verhaltensweisen (früher § 20a Abs. 1 Nr. 1 – WpHG a.F.) sind heute in Art. 12 Abs. 1 lit. a VO Nr. 596/2014 erfasst. Verbotene Verhaltensweise und damit Unrechtstatbestand ist es, ein **Geschäft** (dazu Art. 12 VO Nr. 596/2014 Rz. 52) abzuschließen (Art. 12 VO Nr. 596/2014 Rz. 53 ff.), einen Handelsauftrag zu erteilen oder „jede" andere Handlung,

– die **falsche oder irreführende Signale** hinsichtlich des Angebots, der Nachfrage oder des Preises **gibt** oder bei der dies wahrscheinlich ist, **oder**
– ein **anormales oder künstliches Kursniveau** sichert oder bei der dies wahrscheinlich ist.

Unrechtskonstituierend sind mithin das *„falsche oder irreführende"* Signal oder das *„anormale oder künstliche"* Kursniveau, auf das sich die *marktbezogene* Handlung richtet. Die Tatbestandsvariante „jeder anderen Handlung" ist im Hinblick auf Bestimmtheit nur akzeptabel, wenn sie marktbezogen und mit Geschäften und Handelsaufträgen vergleichbar verstanden wird (Art. 12 VO Nr. 596/2014 Rz. 59), zudem ist sie im Hinblick auf Art. 12 Abs. 1 lit. b VO Nr. 596/2014 überflüssig[1]. Diesem Tatbestand liegen zum einen die Handelsregeln des jeweiligen Marktes zugrunde, zum anderen die Vorstellung, dass es ein „normales" und „natürliches" Kursniveau gibt[2]. Ein Beispiel für den Präsenzhandel: der Eröffnungs- und Schlusskurs soll hier kein systematisch höherer oder niedriger Kurs sein als sonst, sondern lediglich den zufälligen jeweiligen Kurs an dem durch die Handelszeit vorgegebenen Beginn oder Ende des Handels wiedergeben. Insoweit dürfte bei Art. 12 Abs. 1 lit. a VO Nr. 596/2014 zutreffen, dass es typisch um die formelle Preiswahrheit geht[3], in der formellen Preiswahrheit erschöpft sich aber der Schutzweck der Marktmanipulationsverbote nicht.

51 Damit wird auf die ökonomische Modellvorstellung des perfekten polipolistischen Marktes rekurriert, bei dem sich in freiem Spiel von Angebot und Nachfrage der normale und natürliche Gleichgewichtspreis bildet[4]. Der einzelne Marktteilnehmer ist auf einem solchen Markt unerheblich; da es eine unendliche oder jedenfalls hinreichend große Anzahl von Marktteilnehmern gibt, kann der einzelne Teilnehmer das Marktergebnis nicht be-

---

1 *Rönnau/Wegner* in Meyer/Veil/Rönnau, Handbuch zum Marktmissbrauchsrecht, 2018, § 28 Rz. 50 bei Fn. 143.
2 Zur Bewertung eines Kursniveaus als falsch Art. 12 VO Nr. 596/2014 Rz. 67 ff.
3 *Sorgenfrei/Saliger* in Park, Kapitalmarktstrafrecht, 4. Aufl. 2017, Kap. 6.1, Rz. 174 ff.
4 Systematisch dazu *Spoerr*, Der Einfluss ökonomischer Modellbildung auf rechtliche Maßstäbe der Regulierung, in Trute et al, Allgemeines Verwaltungsrecht – zur Tragfähigkeit eines Konzeptes, 2008, S. 613 ff.

einflussen. Er hat keinerlei eigene Preissetzungsmacht, sondern ist der Macht des Marktes, das sich als Ergebnis des Verhaltens einer unbestimmten Allgemeinheit ergibt, hilflos ausgeliefert. Auf einem solchen Markt kann der einzelne Marktteilnehmer auch keine Signale aussenden, die das Preisniveau beeinflussen. Auf Kapitalmärkten gibt es durchaus Marktbedingungen, die diesem Ideal entsprechen. Bei breiten DAX30-Werten beispielsweise senden typische Orders von Privatanleger weder ein relevantes Signal, noch beeinflussen sie das Kursniveau.

Der Tatbestand der handelsgestützten Marktmanipulation hat seinen Anwendungsbereich vor allem dort, wo Märkte diesem Modellideal nicht entsprechen und insoweit imperfekt sind, als das Verhalten eines Marktteilnehmers ein Signal gibt oder das Kursniveau beeinflussen kann. In besonderem Maße ist das bei engen Märkten mit nur wenig Marktteilnehmern oder Handelsvolumen der Fall. Funktion des Tatbestandsmerkmals eines „falschen oder irreführenden" Signals oder eines „abnormalen oder künstlichen Kursniveaus" ist es nun, unzulässiges strategisches Verhalten eines Marktteilnehmers von zulässigem Marktverhalten zu unterscheiden. 52

Falsch ist ein Signal, das in **objektiver Hinsicht unzutreffend** ist, also nicht den wahren wirtschaftlichen Verhältnissen entspricht (Art. 12 VO Nr. 596/2014 Rz. 63). Daher ist der Fall einer gewollten Transaktion durch simultane und abgesprochene Geschäfte[1] zweier Marktteilnehmer nach geltendem Recht keine Marktmanipulation, weil in diesem Fall das Signal einer entsprechenden Nachfrage richtig ist[2]; seine Unrichtigkeit kann sich allenfalls daraus ergeben, dass ein willkürlicher, marktfremder Kurs gewählt wird, um ein falsches Preissignal zu geben[3]. Es trifft auch nicht zu, dass es per se verboten wäre, abgestimmte Kauf- und Verkaufsorders zu erteilen. Etwas anderes gilt dann, wenn die Zuordnungsänderung nicht gewollt ist, sondern der Umsatz lediglich vorgetäuscht wird (Art. 12 VO Nr. 596/2014 Rz. 102 ff.). *Irreführend* ist ein Signal, das eine *Fehlvorstellung* bei *anderen Marktteilnehmern erzeugt* und darauf angelegt ist, woran es bei gewollten Geschäften mit legitimem, nicht kursbezogenem Ziel fehlt. Von den Regelbeispielen des Art. 12 Abs. 2 VO Nr. 596/2014 sind besonders die Regelbeispiele lit. b und lit. c Abs. 1 lit. a zuzuordnen. Beispiele für ein falsches und irreführendes Signal können ausweislich der Indiktaoren des Anhang I Teil A VO Nr. 596/2014 sind Orders, die mit dem Ziel abgegeben werden, auf die Marktlage einzuwirken, dann vor Ausführung aber zurückgenommen werden (Anhang I A lit. f VO Nr. 596/2014), oder Aufträge, die abgegeben werden, aber nicht zu einer Änderung des wirtschaftlichen Eigentums oder des Marktrisikos führen (Anhang I A lit. c VO Nr. 596/2014) oder durch gegenläufige Aufträge neutralisiert werden. Diese Indikatoren, die auch schon bereits in der alten Marktmissbrauchsrichtlinie enthalten waren (Art. 4 und 5 RL 2003/123/EG), können gem. Art. 12 Abs. 3 VO Nr. 596/2014 nur als Beweisanzeichen erleichternde, aber nicht die eigenständige und vollständige tatrichterliche Subsumtion unter den eigentlichen Unrechtstatbestand ersetzende Wirkung haben (Rz. 49; zur Konkretisierung durch § 3 MaKonV zur vorherigen Regelung, *Vogel* in 6. Aufl., § 20a WpHG Rz. 153 ff.). Die **Wahrscheinlichkeit** eines falschen Signals reicht; dies ist bei Signalen, die sich an Marktteilnehmer richten, aus der ex ante Sicht eines verständigen Marktteilnehmers zu beurteilen (Art. 12 VO Nr. 596/2014 Rz. 61). 53

Damit wird gegenüber dem früheren Rechtszustand **ein höheres Maß an gesetzlicher Bestimmtheit** erreicht, da die Anlage I unmittelbar Level 1-Rang hat. Diese Gesetzgebungstechnik vermeidet die Probleme, die mit der MaKonV verbunden waren, weil durch diese die Auslegung eines Strafgesetzes in weiten Teilen einer untergesetzlichen Norm überlassen wurde. Jedoch verweist auch der Art. 12 Abs. 5 VO Nr. 596/2014 zur Präzisierung der in Anhang I festgelegten Indikatoren auf delegierte Rechtsakte der Kommission. Auch diese Verweisungstechnik könnte verfassungsrechtliche Bedenken hervorrufen in Bezug auf die Anforderungen an den Bestimmtheitsgrundsatz und den Gesetzesvorbehalt, da sich die Verbote der Norm erst aus einem tertiärem Rechtsakt ergeben und nicht aus der Marktmissbrauchsverordnung selbst und ein solcher eben keinen legislativen Akt darstellt[4]. Die Verordnung selbst trifft jedoch in Art. 12 VO Nr. 596/2014 und in Anhang I VO Nr. 596/2014 bereits so detaillierte Vorgaben in Bezug auf den Tatbestand der Marktmanipulation, so dass sich die Voraussetzungen der Strafbarkeit in einem ausreichend bestimmten Maße aus den gesetzlichen Regelungen ergeben[5]. 54

Das Verbot der transaktionellen Marktmanipulation gilt für die Handlungen in Art. 12 Abs. 1 lit. a VO Nr. 596/2014 dann nicht, wenn ein **legitimer Grund** dafür vorliegt und diese im Einklang mit der *zulässigen Marktpraxis* stehen (s. Art. 12 Abs. 1 letzter Unterabs., Art. 13 Abs. 1 VO Nr. 596/2014). Hierbei handelt es sich um eine **Tatbestandsausnahme** und nicht um Rechtfertigungsgründe, was besonders in Irrtumsfällen wichtig ist. Für die strafrechtliche Beweislast gelten die allgemeinen Regeln (Unschuldsvermutung). Art. 13 VO Nr. 596/2014 55

---

1 Dazu *Winkelbauer* in FS Schiller, 2014, S. 684.
2 Entgegen OLG Stuttgart v. 4.10.2011 – 2 Ss 65/11 Rz. 16 ff., NJW 2011, 3667.
3 Daher dürften die Feststellungen, die BGH v. 27.11.2013 – 3 StR 5/13, BGHSt 59, 80 = AG 2014, 252 tragen, zu schmal sein für die Feststellung einer Marktmanipulation. Auf die Frage, ob es sich um eine zulässige Marktpraxis handelt, kommt es erst an, wenn ein falsches Signal gesendet wird.
4 Kritisch dazu *Veil*, ZGR 2016, 305, 312 f.
5 A.A. *Bergmann/Vogt*, wistra 2016, 347, 350, wonach der allgemeine Marktmanipulationstatbestand des § 39 Abs. 3d Nr. 2 WpHG a.F. zu unbestimmt sei; dazu auch *Sorgenfrei/Saliger* in Park, Kapitalmarktstrafrecht, 4. Aufl. 2017, Kap. 6.1, Rz. 64, wonach auch die Indikatoren in Anhang I VO Nr. 596/2014 Raum für zahlreiche Interpretationsspielräume lassen.

gibt im strafrechtlichen Kontext **keine Beweislastumkehr** her[1]. Eine solche Ausnahme gab es bereits im alten Recht in § 20a Abs. 2 WpHG a.F. (s. 6. Aufl., § 20a WpHG Rz. 239 ff.). Was eine zulässige Marktpraxis ist, wird von den Aufsichtsbehörden der Mitgliedstaaten gem. Art. 13 Abs. 2 VO Nr. 596/2014 nach den dort genannten Kriterien festgelegt. Dabei gilt eine Marktpraxis, die von einer zuständigen Behörde auf einem bestimmten Markt als zulässig anerkannt wurde, in einem anderen Mitgliedstaat nicht automatisch als zulässig, sondern muss vielmehr von der dort zuständigen Behörde als zulässige Marktpraxis anerkannt werden. Eine Marktpraxis, die bereits vor Inkrafttreten der Marktmissbrauchsverordnung bestand und von den zuständigen Behörden anerkannt wurde, kann weitergeführt werden, bis die zuständige Behörde einen Beschluss über ihre Anerkennung gefasst hat, sofern diese Marktpraxis von der ESMA innerhalb eines vorgeschriebenen Zeitraums notifiziert wird[2]. Die ESMA erarbeitet zur durchgängigen Harmonisierung der Auslegung und Anwendung des Art. 13 VO Nr. 596/2014 gem. Art. 13 Abs. 7 VO Nr. 596/2014 technische Regulierungsstandards, um zu gewährleisten, dass für eine zulässige Marktpraxis einheitliche Kriterien, Verfahren und Anforderungen festgelegt werden[3].

56   Weiterhin sind die in Art. 5 VO Nr. 596/2014 normierten **Bereichsausnahmen** (Rückkaufprogramme bezüglich eigener Aktien und Stabilisierungsmaßnahmen) vom Tatbestand der Marktmanipulation ausgenommen. Die Vorschrift ersetzt damit die bisherigen Tatbestandsausschlussgründe des § 20a Abs. 3 WpHG a.F., der Art. 8 RL 2003/6/EG umsetzte (s. dazu 6. Aufl., § 20a WpHG Rz. 239 ff.).

57   **c) Informationsgestützte Marktmanipulation, Art. 12 Abs. 1 lit. c und d VO Nr. 596/2014.** Beim Verbot der **informationsgestützten Marktmanipulation** besteht nunmehr in Abs. 12 Abs. 1 lit. c VO Nr. 596/2014 ein präziser Tatbestand auf der Handlungsseite; lediglich im Ergebnis dürfte zutreffen, dass sich nur wenige Änderungen im Vergleich zur Vorgängerregelung des § 20a Abs. 1 Nr. 1 WpHG a.F: (s. dazu *Vogel* in 6. Aufl., § 20a WpHG Rz. 57 ff.) ergeben. Für die Marktmanipulation des **Verbreitens von Informationen** oder **Übermittelns falscher Angaben** (§ 119 Abs. 1 WpHG i.V.m. § 120 Abs. 15 Nr. 2 WpHG i.V.m. Art. 15, Art. 12 Abs. 1 lit. c und d VO Nr. 596/2014) gilt: **Täter** des Verbreitens von Information und Übermittelns falscher Angaben kann im Grundsatz jeder sein (näher 6. Aufl., § 20a WpHG Rz. 55 f.). Eine Einschränkung des Täterkreises entspricht weder dem Wortlaut noch dem Schutzzweck[4]. Die Marktmanipulation ist kein Sonderdelikt[5]. Andernfalls ließe sich das Verbot der Marktmanipulation möglicherweise durch eine arbeitsteilige Vorgehensweise umgehen[6]. Wer Kurse objektiv beeinflusst, indem er z.B. ein Unternehmen schlechtredet, wird aber oft keinen Manipulationsvorsatz haben, wenn er selbst den Börsenwert überhaupt nicht in den Blick nimmt. Zudem kommt dann die Meinungs- und ggf. Pressefreiheit ausgeprägt als Abwägungselement auf Tatbestandsseite ins Spiel[7].

58   **Tathandlung** ist die **Verbreitung** von Informationen (zum Informationsbegriff Art. 12 VO Nr. 596/2014 Rz. 177) über die Medien oder auf anderem Wege. Die Bezugnahme auf die Medien und das Internet zeigen, dass der Gesetzgeber Verbreitungshandlungen an die Allgemeinheit oder jedenfalls eine unbestimmte oder sehr große Personenzahl im Auge hatte. Dies muss bei der Auslegung des Auffangtatbestandes „auf anderem Wege" berücksichtigt werden (a.M. im aufsichtlichen Kontext *Mülbert*, Art. 12 VO Nr. 596/2014 Rz. 176 ff.). Äußerungen im persönlichen Umfeld sind nicht (mehr) erfasst, es sei denn, sie sind darauf gerichtet, weiterverbreitet zu werden[8]. Die Verbreitungshandlung ist mit der Kundgabe an die Allgemeinheit abgeschlossen; auf die Kenntnisnahme kommt es nicht an. Die Verbreitung falscher Ad-hoc-Mitteilungen kann eine informationelle Marktmanipulation sein[9]. Bei einzelnen Unrichtigkeiten zu einem umfassenden Komplex ist der Kausalitäts- bzw. Pflichtwidrigkeitszusammenhang zwischen der partiellen Unrichtigkeit und der Einwirkungseignung sowie der tatsächlichen Einwirkung besonders sorgfältig zu prüfen[10].

59   Die Informationen müssen ein „falsches oder irreführendes" Signal über das Angebot, die Nachfrage oder den Kurs geben oder dies muss zumindest wahrscheinlich sein, oder sie müssen ein „anormales oder künstliches" Kursniveau herbeiführen oder dies muss **wahrscheinlich** sein. Dieser Tatbestand wirft etliche Auslegungsfragen auf. Im Hinblick auf das „falsche" Signal ist dies noch relativ einfach: Falsch ist ein Signal, das in objektiver

---

1   *Rönnau/Wegner* in Meyer/Veil/Rönnau, Handbuch zum Marktmissbrauchsrecht, § 28 Rz. 51; *Sorgenfrei/Saliger* in Park, Kapitalmarktstrafrecht, 4. Aufl. 2017, Kap. 6.1, Rz. 129.
2   Erwägungsgrund 76 VO Nr. 596/2014.
3   ESMA, Final Report – Draft Technical Standards on the Market Abuse Regulation v. 28.9.2015 – ESMA/2015/1455, Rz. 109 ff., Annex X.
4   BGH v. 4.12.2013 – 1 StR 106/13 Rz. 26, BGHSt 59, 105 ff. = AG 2014, 448 ausdrücklich verneinend, den Täterkreis auf Personen zu beschränken, die bei Kundgabe der Empfehlung eigene Positionen des betreffenden Finanzinstruments halten.
5   BGH v. 4.12.2013 – 1 StR 106/13 Rz. 26 ff., BGHSt 59, 105 ff. = AG 2014, 448; ebenso BGH v. 25.2.2016 – 3 StR 142/15 Rz. 20, NJW 2016, 3459 f. = AG 2016, 547.
6   OLG München v. 3.3.2011 – 2 Ws 87/11, NJW 2011, 3664 ff.
7   Art. 21 VO Nr. 596/2014, Art. 5 Abs. 1 Satz 1, Satz 2 GG, Art. 11 GRCh; Art. 10 EMRK; *Sorgenfrei/Saliger* in Park, Kapitalmarktstrafrecht, 4. Aufl. 2017, Kap. 6.1, Rz. 238; *Nossol*, S. 61 ff.; dogmatisch anders (Rechtfertigungsgrund) *Rönnau/Wegner* in Meyer/Veil/Rönnau, Handbuch zum Marktmissbrauchsrecht, 2018, § 28 Rz. 49.
8   *Sorgenfrei/Saliger* in Park, Kapitalmarktstrafrecht, 4. Aufl. 2017, Kap. 6.1, Rz. 199.
9   LG Düsseldorf v. 14.7.2010 – 14 KLs - 130 Js 54/07 - 6/09 Rz. 343 ff., AG 2011, 722.
10 LG Düsseldorf v. 14.7.2010 – 14 KLs - 130 Js 54/07 - 6/09 Rz. 361 ff., AG 2011, 722.

Hinsicht unrichtig ist, und das vom verständigen Anleger (Art. 12 VO Nr. 596/2014 Rz. 183 ff.) als kurserheblich eingeschätzt wird[1]. Zutreffende, also wahre Informationen, können nie ein falsches Signal geben, wohl aber zielgerichtet falsche Verdachtsmomente[2]. Sehr fraglich ist aber, wie das mit einem oder verknüpfte „irreführende" Signal vom „falschen" Signal abgegrenzt werden kann. Für eine „Irreführung" ist bei an strafrechtlichen Erfordernissen ausgerichteter Auslegung jedenfalls dort kein Raum, wo das Signal richtig ist. Somit dürfte für eine „Irreführung" jenseits „falscher" Signale vor allem dort Platz sein, wo nicht nachweislich falsche, aber auch nicht belegte Werturteile und Spekulationen kursmanipulativ eingesetzt werden. Dieses Merkmal bedarf aber – nicht nur mit Blick auf die Presse-, sondern auch mit Blick auf die Meinungsfreiheit – einer restriktiven Handhabung. Ein Beispiel für eine Irreführung jenseits objektiv falscher Tatsacheninformationen dürfte im Wesentlichen in den Scalping-Fällen und vergleichbaren Fällen gegeben sein, in denen der Empfehlende eine Kaufempfehlung gibt und diese nutzt, um selbst zuvor eingedeckte Aktien zu verkaufen. Die Offenlegung des Interessenskonflikts entlastet hier nur dann, wenn sie eindeutig und unmissverständlich ist; ein genereller Hinweis auf die Möglichkeit von Interessenskonflikten reicht nicht[3].

Ein „falsches" Signal über den Kurs geben nicht nur unmittelbar angebots- oder nachfragebezogene Aussagen, sondern auch solche Aussagen, die über den Wert eines Finanzinstruments gemacht werden, wobei dieses Merkmal wiederum restriktiv ausgelegt und angewendet werden muss, um nicht in Konflikt mit der Meinungs- und Pressefreiheit (Art. 21 VO Nr. 596/2014, Art. 11 GRCh, Art. 10 EMRK, Art. 5 Abs. 1 Satz 1, 2 GG) zu geraten. Ein Beispiel für eine entsprechende falsche Aussage ist die Bekanntmachung einer Investition in das Unternehmen durch Aktienerwerb, wenn die Aktien nicht wirklich erworben worden sind oder sogleich nach Kursbewegung wieder verkauft werden sollen[4]. Die Verbreitung gegenstandsloser Mutmaßungen kann falsch sein. Von der Meinungsfreiheit geschützt sind unwahre Tatsachenbehauptungen und schmähende Wertaussagen nur dann, wenn sie nicht als Bestandteil einer trash and cash-Strategie eingesetzt werden[5]. 60

Fraglich ist der Bezugspunkt der Wahrscheinlichkeit. Zutreffend ist dieses nicht auf die Falschheit oder Irreführungseignung zu beziehen – diese muss feststehen; sondern auf die Wirkung bei den Rezipienten. Hier kommt es auch auf die konkrete Marktsituation an, und die Wahrscheinlichkeit verlangt mehr als eine bloß abstrakte Eignung, ein falsches Signal zu setzen[6]. 61

Klar ist bei der informationsgestützten Marktmanipulation, dass ein Finanzinstrument durch außerhalb des Handelsplatzes erfolgende Handlungen manipuliert werden kann[7]. Umfasst von der Verbreitung falscher oder irreführender Informationen ist dabei das Erfinden offensichtlich falscher Informationen, die wissentliche Unterschlagung wesentlicher Sachverhalte sowie die wissentliche Angabe unrichtiger Informationen. Dabei kann das Verbreiten falscher Information in relativ kurzer Zeit erhebliche Auswirkungen auf die Kurse von Finanzinstrumenten haben. Dies kann zu erheblichen Schäden bei den Anlegern und Emittenten führen, weil Anleger ihre Anlageentscheidung auf unrichtige und verzerrte Informationen stützen und bei Emittenten das Vertrauen in die betreffende Information untergraben wird. 62

Art. 12 Abs. 1 lit. c VO Nr. 596/2014 erweitert die Kommunikationsmedien, indem ausdrücklich die Verbreitung über das **Internet** erfasst ist. Dies schließt auch die Verbreitung über Websites **sozialer Medien** oder über **anonyme Blogs** mit ein[8]. 63

Während im alten Recht nach § 20a Abs. 1 Nr. 1 WpHG a.F. als Tathandlung entweder unrichtige Angaben über für die Bewertung von Finanzinstrumenten i.S.v. § 20a Abs. 1 Satz 2, 3 WpHG a.F., erhebliche Umstände (s. 6. Aufl., § 20a WpHG Rz. 73 ff.) oder das Verschweigen solcher Umstände entgegen bestehenden Rechtsvorschriften (s. 6. Aufl., § 20a WpHG Rz. 98 ff.) aufgeführt wurden, benennt Art. 12 Abs. 1 lit. c und d VO Nr. 596/2014 nur das aktive Verbreiten von Informationen als Tathandlungen. Entfallen ist damit die Tathandlung des „Verschweigens" (s. dazu 6. Aufl., § 20a WpHG Rz. 98 ff.). Diese rechtspolitisch überzeugende Entscheidung des Unionsrechts kann auch nicht durch Rückgriff auf § 13 StGB überspielt werden (Rz. 170 ff.). 64

d) Art. 12 Abs. 1 lit. b VO Nr. 596/2014: Auffangtatbestand. Art. 12 Abs. 1 lit. b VO Nr. 596/2014 stellt im Sinne der traditionellen Typologie von handelsgestützter, informationsgestützter und sonstiger Marktmanipulation eine Art **Auffangtatbestand** dar[9] und regelt alle sonstigen handels- und handlungsgestützten Markt- 65

---

1 *Köpferl/Wegner*, WM 2017, 1924, 1929; zum früheren Recht LG Düsseldorf v. 14.7.2010 – 14 KLs - 130 Js 54/07 - 6/09 Rz. 357 ff., AG 2011, 722.
2 *Diversy/Köpferl* in Graf/Jäger/Wittig, Wirtschafts- und Steuerstrafrecht, 2. Aufl. 2017, § 38 WpHG Rz. 49; *Rönnau/Wegner* in Meyer/Veil/Rönnau, Handbuch zum Marktmissbrauchsrecht, 2018, § 28 Rz. 48; a.A. unter Berufung auf das alte Recht *Sorgenfrei/Saliger* in Park, Kapitalmarktstrafrecht, 4. Aufl. 2017, Kap. 6.1, Rz. 200.
3 OLG München v. 3.3.2011 – 2 Ws 87/11, NJW 2011, 3664 Rz. 16; BGH v. 4.12.2013 – 1 StR 193/13, BGHSt 59, 105 Rz. 40.
4 LG Berlin v. 8.3.2005 – 505 3 Wi Js 82/04 u.a., wistra 2005, 277 ff.
5 *Möllers*, NZG 2018, 649, 651 ff.
6 *Diversy/Köpferl* in Graf/Jäger/Wittig, Wirtschafts- und Steuerstrafrecht, 2. Aufl. 2017, § 38 WpHG Rz. 64 f.
7 Erwägungsgrund 46 VO Nr. 596/2014.
8 Erwägungsgrund 48 VO Nr. 596/2014.
9 *Diversy/Köpferl* in Graf/Jäger/Wittig, Wirtschafts- und Steuerstrafrecht, 2. Aufl. 2017, § 38 WpHG Rz. 91.

manipulationen unter Verwendung falscher Tatsachen, sonstiger Kunstgriffe oder durch Täuschung. Wegen der Weite der beiden Grundtypen der handels- und informationsgestützten Manipulation in der Marktmissbrauchsverordnung ist allerdings unklar, ob für den Auffangtatbestand noch ein wesentlicher Anwendungsbereich bleibt; ins Auge fällt lediglich die Verwendung von „sonstigen Kunstgriffen". Dies hängt auch davon ab, ob die Täuschungshandlung betrugsanalog verstanden wird[1], oder umgekehrt auch Realakte ohne Kommunikationscharakter einbezogen werden[2]. Wiederum muss Art. 12 Abs. 1 lit. b zusammen mit Art. 2 Abs. 3 VO Nr. 596/2014 gelesen werden, wodurch sich das Erfordernis eines Transaktionsbezuges ergibt. Ein Sprengstoffanschlag auf das Hauptquartier eines Emittenten dürfte daher keine Marktmanipulation sein.

66 In seiner Ergänzungsfunktion ähnelt der Tatbestand inhaltlich der Vorgängerregelung in § 20a Abs. 1 Nr. 3 WpHG a.F. (s. dazu 6. Aufl., § 20a WpHG Rz. 206 ff.). Bereits im Hinblick auf die Vorgängerregelung bestanden in der Literatur Bedenken in Bezug auf die hinreichende Bestimmtheit dieser Tatbestandalternative[3]. Der BGH ist diesen Bedenken nicht gefolgt[4]. Die erforderliche Bestimmtheit könne durch einen Vergleich mit den übrigen Alternativen des § 20a Abs. 1 Satz 1 WpHG a.F. bzw. durch die Auslegung des Begriffs der Täuschung i.S.v. § 263 Abs. 1 StGB erreicht werden. Welcher der beiden Ansätze zu verfolgen sei, könne jedoch dahinstehen, da die Vorschrift zumindest durch eine am Inhalt der RL 2003/6/EG orientierte Auslegung hinreiche Klarheit erhalte. Eine richtlinienkonforme Auslegung setze nämlich nicht zwingend eine hinreichend klare nationale Norm voraus – deren Unbestimmtheit könne gerade durch anerkannte Auslegungsmethoden wie die an den europarechtlichen Vorgaben orientierte Auslegung auf ein hinnehmbares Maß reduziert werden[5].

67 Tatsächlich dürfe die tatbestandliche Konturierung von Art. 12 Abs. 1 lit. b VO Nr. 596/2014 in weiten Teilen durchaus hoch sein. Es muss sich um den Abschluss eines Geschäfts, die Erteilung einer Order oder eine sonstige Tätigkeit oder Handlung „**an Finanzmärkten**" handeln. Damit dürfte klar sein, dass etwa die in der Literatur häufig genannten Sabotageakte, die zu einem Produktionsausfall führen, allenfalls dann marktmanipulativ sind, wenn sie mit Handelsaktivitäten einhergehen[6]. Zusätzlich erforderlich ist die Preisbeeinflussungseignung (Art. 12 VO Nr. 596/2014 Rz. 145 ff.).

68 Unrechtskonstitutiv sind das Vorspiegeln falscher Tatsachen, „sonstige Kunstgriffe" oder „Formen der Täuschung". Hierbei ist das Vorspiegeln falscher Tatsachen im Unrechtsgehalt klar vertypt und konturiert. Erst Recht dürfte dies für die sonstigen Formen der Täuschung zutreffen: Zur Tatbestandsverwirklichung ist eine Täuschungshandlung erforderlich, die allerdings bei Art. 12 Abs. 1 lit. b VO Nr. 596/2014 nicht kommunikativ vermittelt sein muss[7]. Sofern man den Fokus des tatbestandlichen Verhaltens auf die Täuschungshandlung legt, würde Art. 12 Abs. 1 lit. b VO Nr. 596/2014 an Bestimmtheit gewinnen. Erforderlich ist demnach eine Täuschungshandlung (irrelevant, ob kommunikativ oder nonverbal), die den Preis eines Tatobjekts beeinflusst oder bei der dies zumindest wahrscheinlich ist. Gegen diese Voraussetzungen dürften im Ergebnis keine verfassungsrechtlichen Bedenken bestehen[8].

69 Somit bleibt vor allem bei den „**Kunstgriffen**" die Bestimmtheit zweifelhaft. Diese dürften letztlich nur dann einen Anwendungsbereich haben, wenn Marktteilnehmer die formalen Regeln eines Marktes mit Tricksereien unterlaufen. Dies zeigen die Konkretisierungen des Tatbestandes durch die Regelbeispiele in Art. 12 Abs. 2 VO Nr. 596/2014 sowie die Indikatoren des Anhang I VO Nr. 596/2014. Dabei bezieht sich Teil B des Anhang I VO Nr. 596/2014 (Indikatoren für manipulatives Handeln durch Vorspiegelung falscher Tatsachen sowie durch sonstige Kunstgriffe oder Formen der Täuschung) auf die Begehungsvariante des Art. 12 Abs. 1 lit. b VO Nr. 596/2014 (s. zur Konkretisierung in § 4 MaKonV 6. Aufl., § 20a WpHG Rz. 224 ff.). Die Aufnahme der Regelbeispiele in Abs. 2 sowie der Fallgruppen des Anhang I sind dem Umstand geschuldet, dass der Handel mit Finanzinstrumenten zunehmend automatisiert wurde. Das Marktmissbrauchsrecht muss an neue Formen des Handels angepasst werden. Daraus entstand das Bedürfnis, in der Begriffsbestimmung der Marktmanipulation Beispiele bestimmter missbräuchlicher Strategien aufzunehmen, wobei die Aufzählung jedoch nicht abschließend ist[9]. Darüber hinaus kann die Kommission gem. Art. 15 Abs. 5 VO Nr. 596/2014 diese Indikatoren durch den Erlass delegierter Rechtsakte weiter konkretisieren (s. bereits Vor §§ 119 ff. WpHG Rz. 35 ff. zu den Anforderungen an den Bestimmtheitsgrundsatz).

70 e) **Manipulative Einwirkung auf Referenzwerte, Art. 12 Abs. 1 lit. d VO Nr. 596/2014.** Art. 12 Abs. 1 lit. d VO Nr. 596/2014 schafft einen neuen Manipulationstatbestand und ergänzt damit das allgemeine Verbot der

---

1 BGH v. 6.11.2003 – 1 StR 24/03, BGHSt 48, 373, 384 = AG 2004, 144.
2 Köpferl/Wegner, WM 2017, 1924, 1927 m.w.N.
3 S. nur Moosmayer, wistra 2002, 161, 169.
4 BGH v. 25.2.2016 – 3 StR 142/15 Rz. 15, NJW 2016, 3459, 3459 = AG 2016, 547.
5 BGH v. 25.2.2016 – 3 StR 142/15 Rz. 17, NJW 2016, 3459, 3459 = AG 2016, 547; ebenso Pananis in MünchKomm. StGB, 2. Aufl. 2015, § 38 WpHG Rz. 223.
6 So zutreffend Köpferl/Wegner, WM 2017, 1924, 1929.
7 Diversy/Köpferl in Graf/Jäger/Wittig, Wirtschafts- und Steuerstrafrecht, 2. Aufl. 2017, § 38 WpHG Rz. 91.
8 Diversy/Köpferl in Graf/Jäger/Wittig, Wirtschafts- und Steuerstrafrecht, 2. Aufl. 2017, § 38 WpHG Rz. 91.
9 Erwägungsgrund 38 VO Nr. 596/2014.

Marktmanipulation. Art. 12 Abs. 1 lit. d VO Nr. 596/2014 verbietet die Manipulation des Referenzwertes selbst sowie die Übermittlung falscher oder irreführender Ausgangsdaten oder sonstiger Handlungen, durch die die Berechnung des Referenzwertes manipuliert wird (im Einzelnen Art. 12 VO Nr. 596/2014 Rz. 201 ff.). Die Bestimmung des Begriffs „Berechnung" ist dabei weit gefasst[1]. „Übermittlung" meint an den Administrator oder eine zwischengeschaltete Stelle (Art. 12 VO Nr. 596/2014 Rz. 206).

3. Tatererfolg der Marktmanipulation: verursachte Preiseinwirkung. a) Bei Finanzinstrumenten und verbundenen Instrumenten im Anwendungsbereich der Marktmissbrauchsverordnung und bei § 25 WpHG. 71
Der Tatererfolg der strafbaren Marktmanipulation ist autonom im nationalen Recht geregelt, das hier den Richtlinienauftrag des Art. 5 Abs. 1 RL 2014/57/EU, „schwere Fälle" zu umgrenzen, in einer tatbestandlichen Erfolgsvoraussetzung umsetzt[2]. Während § 120 Abs. 15 Nr. 2 WpHG i.V.m. Art. 12 Abs. 1 lit. a bis d VO Nr. 596/2014 ein Verhalten verbietet, das *geeignet* ist, auf den Preis einzuwirken (s. Art. 12 VO Nr. 596/2014 Rz. 148) bzw. bei dem eine Manipulation wahrscheinlich ist, bedarf es für die strafbare Marktmanipulation eines Verhaltens, das tatsächlich auf einen maßgeblichen Preis einwirkt. Hierbei werden in aller Regel auch die genauen **Preisbildungsmechanismen der betroffenen Märkte** in den Blick zu nehmen sein. Der Straftatbestand ist also als *Erfolgsdelikt* ausgestaltet[3]. Der Erfolg der Preiseinwirkung ist objektives Tatbestandsmerkmal (nicht bloß objektive Strafbarkeitsbedingung[4]) und muss subjektiv vom Vorsatz umfasst sein (§ 15 StGB, s. noch Rz. 86). Das Verbot der Marktmanipulation ist ausweislich seines Schutzzweckes aber kein Vermögensdelikt, bei dem ein Vermögensschaden oder -zugewinn entstehen muss[5].

Die maßgeblichen Werte, auf denen der Einwirkungserfolg festgestellt werden muss, sind die für die Bezugsobjekte maßgeblichen, geschützten Märkte und nicht auch die Vorfeldmärkte, auf denen sich Tathandlungen ebenfalls abspielen können. Die maßgeblichen Märkte benennt § 119 Abs. 1 Nr. 1–3 WpHG und fügt in Nr. 4 die Referenzwerte hinzu. Hier weicht die Gesetzessystematik auf der Erfolgsseite deutlich von der Handlungsseite ab, indem danach unterschieden wird, ob der Markt im Inland (Nr. 1) oder im EU-/EUR-Ausland liegt (Nr. 2, 3), so dass Nr. 1 beide Begehungsalternativen, Nr. 2 der zweiten und Nr. 3 nur der ersten zuzuordnen ist. Mithin muss es sich **um einen inländischen Börsen- oder Marktpreis, den Preis an einem organisierten Markt oder einem multilateralen Handelssystem im EU- oder EWiR-Raum oder die Berechnung eines Referenzwertes im Inland oder im EU- oder EWiR-Raum** handeln. „Finanzinstrument" in § 119 Abs. 1 Nr. 1–2 WpHG ist in § 2 Abs. 4 Nr. 5 WpHG definiert, **nicht** in Art. 3 Abs. 1 Nr. 1 VO Nr. 596/2014 i.V.m. der RL 2014/65/EU. 72

Für den **Begriff des Börsenpreises** ist auf die geltende Definition in § 24 BörsG zurückzugreifen. Vor Inkrafttreten der Marktmissbrauchsverordnung ging die Rechtsprechung von einer Begriffsidentität mit § 24 BörsG aus. **Marktpreise** sind Durchschnittspreise, die sich auf einen anderen der geschützten Märkte, soweit rechtlich nicht Börse, als Ergebnis eines Marktgeschehens, d.h. von tatsächlichen Transaktionen bilden, und von der entsprechenden Stelle festgestellt worden sind. Keine Börsen- oder Marktpreise sind außerhalb der erfassten Märkte z.B. bilateral vereinbarte Preise[6]. Da der Begriff weiter national autonom ist, bleibt es hierbei. 73

b) Bei Referenzwerten. Zurückzugreifen ist auf Art. 3 Abs. 1 Nr. 29 VO Nr. 596/2014, wonach es sich um veröffentlichte rechnerische Größen handelt, die für Wert- oder Betragsberechnungen für Finanzinstrumente relevant sind. 74

c) Tatbestand und Nachweis der Preiseinwirkung. Eine **Preiseinwirkung** setzt ein *künstliches*, d.h. gegen die wahren wirtschaftlichen Verhältnisse am Markt erfolgendes *Erhöhen* oder *Erniedrigen* oder auch nur *Stabilisieren* des Preises voraus – eine Preis*änderung* ist also nicht zwingend erforderlich. Das Einwirken auf einen Börsenpreis setzt aber voraus, dass bereits ein Börsen- oder Marktpreis existierte. Ausreichend für ein Einwirken ist nicht, dass ein neuer Börsen- oder Marktpreis erstmals bewirkt wird[7]. Wird ein Finanzinstrument an verschiedenen Börsen oder Märkten gehandelt, so kann jeder einzelne der dort enthaltenen Preise ein tauglicher Erfolg sein[8] – zutreffend ist das nur, soweit der an einem Handelsplatz bestehende Preis abweicht – sonst ist es schon kein „künstliches" Preisniveau. Das gilt auch selbstverständlich dann nicht, wenn lediglich ein liquider Markt an einer Börse entstanden ist, der dem „richtigen" Preis entspricht, der an anderen Handelsplätzen galt. Heute sind die Handelsplätze durch Computerprogramme verbunden, und – schon seit 2002 – lässt das Bör- 75

---

1 Erwägungsgrund 44 VO Nr. 596/2014.
2 *Rönnau/Wegner* in Meyer/Veil/Rönnau, Handbuch zum Marktmissbrauchsrecht, 2018, § 28 Rz. 59; *Sorgenfrei/Saliger* in Park, Kapitalmarktstrafrecht, 4. Aufl. 2017 Kap. 6.1, Rz. 45; unrichtig deshalb *Bator*, BKR 2016, 1.
3 Was nichts mit der Frage zu tun hat, ob es sich rechtsgutsbezogen um ein Verletzungs-, konkretes oder abstraktes Gefährdungsdelikt handelt, missverständlich *Altenhain* in KölnKomm. WpHG, § 38 WpHG Rz. 104.
4 Zutr. *Trüstedt*, Das Verbot von Börsenkursmanipulationen, 2004, S. 124.
5 So *Renz/Leibold*, CCZ 2016, 157, 165.
6 *Sorgenfrei/Saliger* in Park, Kapitalmarktstrafrecht, 4. Aufl. 2017, Kap. 6.1, Rz. 77; BGH v. 27.11.2013 – 3 StR 5/13 Rz. 18, BGHSt 59, 80 ff. = AG 2014, 252 etwas ausführlicher zum Begriff des Börsenpreises.
7 BGH v. 27.11.2013 – 3 StR 5/13 Rz. 21, BGHSt 59, 80 ff. = AG 2014, 252.
8 OLG Stuttgart v. 4.10.2011 – 2 Ss 65/11 Rz. 23, NJW 2011, 3667 ff.

senrecht die Berücksichtigung anderer Handelsplätze zu (§ 24 Abs. 2 Satz 3 BörsG). Umstritten ist, ob der notwendige Einwirkungserfolg voraussetzt, dass nach dem konkreten Geschäft oder der anderweitigen Tathandlung durch Dritte weitere Geschäfte getätigt werden, bei denen die Preise kausal gerade auf dem durch die manipulativen Geschäfte hervorgerufenen Kursniveau beruhen. Bei einem Preis, der zu keinerlei Markttransaktionen geführt hat, dürfte ein Einwirkungserfolg jedenfalls beim Schutzobjekt „Marktpreis" fehlen, da es sich nicht um einen Marktpreis handelt; demgegenüber setzt die Referenzpreismanipulation nicht den Nachweis voraus, dass der Referenzpreis in konkrete Geschäfte eingegangen ist.

76 Es ist nach dem EuGH nicht notwendig, dass der Kurs über einen gewissen Zeitraum hinaus auf einem anormalen oder künstlichen Kursniveau verbleibt[1]. Diese Rechtsprechung betrifft aber in heutiger Systematik lediglich die fachrechtlich und bußgeldsanktionierte Handlungsseite und nicht die weitergehenden strafrechtlichen Voraussetzungen der Marktmanipulation. Daher dürfte es an einer zuzurechnenden Kurseinwirkung, wie sie § 119 WpHG anders als Art. 12 VO Nr. 596/2014 verlangt, dann fehlen, wenn sicher auszuschließen ist, dass der Preis jenseits der Tattransaktion auf einem veränderten Niveau geblieben ist[2].

77 § 119 Abs. 1 WpHG setzt *nicht* voraus, dass die Preiseinwirkung *erheblich* ist. Bei wörtlicher Handhabung des § 119 Abs. 1 WpHG besteht die Gefahr, dass das Erfolgserfordernis jede Begrenzungsfunktion verliert[3] und die Gefährlichkeit des Verhaltens so weit absinkt, dass die Strafandrohung verfassungsrechtlich fragwürdig wird (Schuldangemessenheit und Verhältnismäßigkeit der Strafe). Schon in der 4. Aufl. des Kommentars ist deshalb in § 38 WpHG Rz. 21 vorgeschlagen worden, dass im Wege der teleologischen Restriktion jedenfalls völlig unerhebliche, bagatellhafte Preisbeeinflussungen ausgenommen werden, wie dies bei generalklauselartigen Unrechtsbeschreibungen materiell geboten ist[4]. Demgegenüber will die h.M. ein materiell-rechtliches Bagatellprinzip im Bereich des § 119 Abs. 1 WpHG nicht anerkennen, sondern verweist auf in Bagatellfällen regelmäßig auftretende Nachweisprobleme und im Übrigen auf eine prozessuale Lösung über §§ 153, 153a StPO, die allerdings im Anwendungsbereich der Qualifikation nicht mehr anwendbar ist.

78 **d) Kausalitätsfeststellung.** Nach den allgemeinen Regeln muss die **Kausalität** zwischen dem Manipulationsverhalten und der Preiseinwirkung zur Überzeugung des Gerichts festgestellt werden. Darüber hinaus ist die *objektive Zurechenbarkeit* zu verlangen. An ihr kann es z.B. fehlen, wenn der Markt die Manipulation durchschaut und gleichwohl – in rationalem Herdenverhalten – auf den manipulierten Trend setzt[5]. Daran fehlt es weiterhin, wenn auch ohne das täuschende oder manipulative Verhalten eine Preiswirkung eingetreten wäre. Löst hingegen eine an sich geringfügige Preismanipulation infolge massenhaft im Markt liegender stopp-loss-orders einen starken Kursverfall aus, so ist dies zumindest dann objektiv zurechenbar, wenn es der Manipulator darauf anlegte[6]. Stets muss festgestellt werden, dass sich der Preis, wird das *Manipulations*verhalten weggedacht, nachweislich (und dies schließt ein: nicht bloß völlig unerheblich (str., Rz. 77) anders entwickelt hätte als wirklich geschehen[7], und in der tatsächlichen Preisentwicklung muss sich gerade das durch das Manipulationsverhalten gesetzte unerlaubte Preiseinwirkungsrisiko verwirklicht haben. Kann diese Feststellung getroffen werden, so steht denknotwendig fest, dass das Manipulationsverhalten objektiv preiseinwirkungsgeeignet war (Gefahr als denknotwendiges Zwischenstadium der Verletzung); das Eignungserfordernis oder Wahrscheinlichkeitserfordernis nach Art. 12 Abs. 1 VO Nr. 596/2014 verliert also bei § 119 Abs. 1 WpHG im Ergebnis seine praktische Bedeutung. Nicht erforderlich ist, dass das manipulierte Kursniveau längere Zeit gehalten wird oder dass gar der *Schluss*kurs manipuliert wurde. Ausreichend ist vielmehr jedes, auch nur vorübergehende Kursverhalten[8].

79 **Materiell-rechtlich** ist nicht erforderlich, dass das Manipulationsverhalten *alleinige* Ursache der Preiseinwirkung gewesen ist; vielmehr genügt nach allgemeinen Grundsätzen eine *Mitverursachung*, und es reicht aus, dass die Tathandlung den Preis als einen von mehreren mitwirkenden Faktoren nachweisbar mit beeinflusst hat. Nach allgemeinen Regeln bleiben tatsächlich nicht wirksam gewordene, sog. *hypothetische Reserveursachen*, außer Betracht. Der Umstand, dass, hätte der Täter den Preis nicht manipuliert, dies andere getan hätten, berührt die Kausalität nicht.

80 Der **prozessuale Nachweis** der (mindestens: Mit-)Verursachung setzt *volle richterliche Überzeugung* voraus. Es muss also feststehen, dass sich der Preis ohne die Manipulationshandlung anders als tatsächlich geschehen entwickelt hätte; die bloße Möglichkeit oder Wahrscheinlichkeit einer solchen Entwicklung genügen nicht. Aller-

---

1 EuGH v. 7.7.2011 – Rs. C-445/09 Rz. 31 – IMC Securities, Slg. 2011, I-05917 = AG 2011, 588; a.A. *Kudlich*, wistra 2011, 361, 363 f., wonach für den Einwirkungserfolg die Vornahme von Folgegeschäften Dritter erforderlich ist, die in ihrem Kurs gerade auf den manipulativ erwirkten Preisfeststellungen beruhen.
2 *Kudlich*, wistra 2011, 361, 363 f.; a.A. BGH v. 27.11.2013 – 3 StR 5/13, BGHSt 59, 80, 91 = AG 2014, 252; *Diversy/Köpferl* in Graf/Jäger/Wittig, Wirtschafts- und Steuerstrafrecht, 2. Aufl. 2017, § 38 WpHG Rz. 103; *Gehrmann*, WM 2016, 542, 544 ff.
3 Insoweit zutr. *Sorgenfrei*, wistra 2002, 327.
4 *Tiedemann*, Tatbestandsfunktionen im Nebenstrafrecht, S. 210 f.
5 Vgl. *Altenhain* in KölnKomm. WpHG, § 38 WpHG Rz. 119.
6 Zu eng *Schröder*, Handbuch Kapitalmarktstrafrecht, 3. Aufl. 2015, Rz. 575 f.
7 Kritisch zur Rechtsprechung *Wohlers*, ZStW 2013, 443, 452 ff. m.w.N.
8 EuGH v. 7.7.2011 – Rs. C-445/09 Rz. 29 f. – IMC Securites, Slg. 2011, I-05917 = AG 2011, 588.

dings kann man kaum je zum Kausalitätsnachweis kommen, wenn man mit einer in der Literatur vertretenen Auffassung[1] für Kausalitätsfeststellungen verlangt, dass deterministische Gesetzmäßigkeiten nach Art physikalischer Naturgesetze festgestellt werden; solche Gesetze sind für die Preisbildung an Kapitalmärkten (noch) nicht anerkannt. Demgegenüber lassen es praktische Vernunft und die Rechtsprechung[2] genügen, dass der Richter nach einer *Gesamtbewertung der vorliegenden wissenschaftlichen Erkenntnisse und anderer Indiztatsachen* zur Überzeugung der (mindestens: Mit-)Ursächlichkeit gelangt. Dafür ist es nicht erforderlich, dass die Wirkungsweise der (mindestens: Mit-)Ursache wissenschaftlich nachgewiesen wird. Vielmehr genügt es, dass andere mögliche (Mit-)Ursachen für denselben Erfolg ausgeschlossen werden können, wobei deren vollständige Aufzählung nicht verlangt wird. Rechtsgrundsätzlich hat der BGH[3] ausgeführt, dass an die Kausalitätsfeststellung *keine überspannten Anforderungen* gestellt werden dürfen[4]. Eine Preiseinwirkung könne hinreichend belegt werden durch
– einen Vergleich des Preisverlaufs und des Umsatzes vor und nach der Manipulationshandlung;
– eine Analyse der Preis- und Umsatzentwicklung an dem Börsentag, in den die Manipulationshandlung fällt;
– eine Analyse des Volumens der Order, die der Manipulator im Zusammenhang mit der Manipulation tätigt.

Diese zutreffenden Kriterien können u.a. ergänzt werden durch 81
– den Zeitabstand zwischen Manipulationsverhalten und Preiseinwirkung. Je zeitnäher der Markt auf eine Manipulation reagiert, desto näher liegt die Feststellung der Kausalität;
– bei nach dem Manipulationsverhalten eingetretenen Preisänderungen deren Verhältnis zu der marktüblichen Volatilität des Finanzinstruments. Je mehr sie überschritten wird, desto näher liegt die Kausalitätsfeststellung;
– bei nach dem Manipulationsverhalten eingetretener Preisstabilisierung die vorherige Preisentwicklung und/ oder Marktentwicklung. Je mehr die Stabilisierung hiervon abweicht, desto näher liegt die Kausalitätsfeststellung; und
– Erfahrungssätze über das Preisbeeinflussungspotential bestimmter Manipulationen bei vergleichbaren Finanzinstrumenten.

Derartige Indizien tragen nach allgemeinen Grundsätzen eine Kausalitätsfeststellung auch dann, wenn sie keinen schlechterdings zwingenden (logischen oder mathematischen) Schluss auf die Kausalität zulassen. Es gelten insoweit keine von der allgemeinen Kontrolle der tatrichterlichen Überzeugungsbildung gem. § 261 StPO abweichenden Grundsätze, so dass revisionsrechtlich eine Verurteilung bereits dann vom Revisionsgericht hinzunehmen ist, wenn sie auf hinreichender Tatsachengrundlage erfolgt und der zugrunde gelegte Sachverhalt möglich erscheint[5]. Beispielsweise darf auf eine kausale Preiseinwirkung geschlossen werden, wenn der Täter, der um 11:42 Uhr 100.000 Aktien zu 16,70 Euro gekauft hat und um 11:43 Uhr die Aktie einem Fonds zum Kauf empfiehlt, ohne das vorherige Eigengeschäft zu offenbaren (s. Art. 12 Abs. 2 lit. d VO Nr. 596/2014), woraufhin der Fonds um 12:07 Uhr in großem Volumen Kauforder erteilt, deren Ausführung in den folgenden Minuten zu einem Preisanstieg auf 18,50 Euro führt, zu dem der Täter um 12:53 Uhr unter Realisierung eines rechnerischen Gewinnes von 180.000 Euro verkauft, was noch an demselben Börsentag zum Absinken des Preises auf das Ausgangsniveau führt[6]. Allerdings muss die Überzeugungsbildung nachvollziehbar sein, und der Tatrichter darf sich nicht über Zweifel hinwegsetzen, die ihm verbleiben und die über den abstrakten Zweifel hinausgehen (*in dubio pro reo*). 82

Ähnlich wie der Nachweis der Einwirkungseignung (s. 6. Aufl., § 20a WpHG Rz. 124) setzt der Kausalitätsnachweis häufig **Sachkunde** voraus, so dass Strafgerichte oft Sachverständigengutachten einholen müssen. Nach der Rechtsprechung können *Mitarbeiter der Bundesanstalt* als Sachverständige gehört werden, vorausgesetzt, sie waren nicht mit dem konkreten Sachverhalt vorbefasst[7]. Dies ist angesichts des institutionellen Überwachungs- und Verfolgungsauftrages der Bundesanstalt angebracht. Die Amtsaufklärungspflicht kann gebieten, auch solche Sachverständige zu hören, die noch nicht allgemein anerkannte („Außenseiter-")Methoden und Verfahren anwenden[8]. Kommt es zum *Gutachterstreit*, so ist eine Literaturauffassung der Ansicht, dass in dubio pro reo freizusprechen sei, weil der Richter weder imstande noch befugt sei, einen Streit zu entscheiden, den die Wissenschaft nicht entscheiden könne[9]. Demgegenüber ist die Rechtsprechung[10] der Meinung, dass der Richter 83

---
1 S. nur *Roxin*, Strafrecht Allgemeiner Teil, Bd. I, 4. Aufl. 2006, § 11 Rz. 16 m.w.N.
2 BGH v. 6.7.1990 – 2 StR 549/89, BGHSt 37, 106, 111 ff.; BGH v. 2.8.1995 – 2 StR 221/94, BGHSt 41, 206, 216.
3 BGH v. 6.11.2003 – 1 StR 24/03, BGHSt 48, 374, 384 = AG 2004, 144.
4 BGH v 27.11.2013 – 3 StR 5/13, BGHSt 59, 80, 87 f. = AG 2014, 252; BGH v. 25.2.2016 – 3 StR 142/15 Rz. 24 ff., NJW 2016, 3459, 3461 = AG 2016, 547.
5 BGH v. 25.2.2016 – 3 StR 142/15 Rz. 24 ff., NJW 2016, 3459, 3461 = AG 2016, 547.
6 S. die Fallschilderung in BGH v. 6.11.2003 – 1 StR 24/03, BGHSt 48, 374, 376 = AG 2004, 144.
7 BGH v. 25.2.2016 – 3 StR 142/15, juris Rz. 10, insoweit nicht abgedruckt in NJW 2016, 3459.
8 BGH v. 2.8.1995 – 2 StR 221/94, BGHSt 41, 206, 215.
9 S. nur *Roxin*, Strafrecht Allgemeiner Teil, Bd. I, 4. Aufl. 2006, § 11 Rz. 16.
10 BGH v. 2.8.1995 – 2 StR 221/94, BGHSt 41, 206, 215.

nach Anhörung von Sachverständigen nicht gehindert sei, sich auf Untersuchungsergebnisse zu stützen, die Gegenstand eines wissenschaftlichen Meinungsstreits seien. Er könne vielmehr im Wege der Gesamtwürdigung zu einem Ergebnis kommen, das die Vertreter der maßgeblichen wissenschaftlichen Fachrichtungen mit ihren Methoden allein nicht belegen könnten. Dem ist jedenfalls dann zu widersprechen, wenn ein ernst zu nehmender Wissenschaftler ernst zu nehmende Zweifel äußert. Anderes gilt für den – in der wirtschaftsstrafrechtlichen Praxis nicht seltenen – Fall, dass ein Gutachter, dessen Gutachten von einseitiger Interessenwahrnehmung geprägt sind, ein Ergebnis, das sich nach gesundem Menschenverstand aufdrängt, mit bloß theoretischen Erwägungen in Zweifel zu ziehen versucht. Eine Befragung von Marktteilnehmern (als Zeugen) ist hingegen i.d.R. nicht veranlasst[1].

84 In der Literatur wird all dies **kritisch** gesehen. Teils wird behauptet, angesichts der Komplexität der Preisbildung auf Kapitalmärkten könne der Kausalitätsnachweis praktisch nie oder nur in ohnehin evidenten Fällen gelingen[2]. Weniger weitgehend werden „Theorien des Pi mal Daumen"[3] verworfen, und es wird die strikte Beachtung der Unschuldsvermutung angemahnt[4]. Auch wenn das ein wenig pauschal erscheint, haben sich in der literarischen Diskussion doch wertvolle Hinweise ergeben[5]. „Den" Börsen- oder Marktpreis gibt es nicht, sondern nur konkrete Börsen- oder Marktpreise auf den jeweiligen konkreten Börsen oder Märkten oder auch nur ihren Segmenten (z.B. dem elektronischen Handel wie etwa bei XETRA). Deshalb setzt die Feststellung einer Einwirkung auf den konkreten Börsen- oder Marktpreis eine Auseinandersetzung mit dem jeweiligen konkreten Preisbildungs- bzw. Feststellungsmechanismus voraus. Bei Börsenpreisen ist dabei auf § 24 BörsG i.V.m. den jeweiligen Börsenordnungen einzugehen. Erforderlich sein wird häufig eine Analyse der konkreten Orderlage und -entwicklung. So können Käufe von getäuschten Anlegern zufälligerweise auf eine gegenläufige Verkaufsorder eines institutionellen Anlegers treffen, was dazu führen kann, dass der Kurs zufälligerweise unverändert bleibt; dann liegt gleichwohl eine „stumme" Manipulation des Börsenpreises vor[6]. Methodisch gesehen ist die tatsächliche Orderlage um die täuschungsbedingte Order zu bereinigen, sodann der jeweils konkret anzuwendende Preisfeststellungsmechanismus anzuwenden und zu fragen, ob sich der Preis geändert hätte. Die Vielfalt der auch nur möglicherweise auf den Preis einwirkenden Umstände ist zu berücksichtigen, beispielsweise wenn den Markt ohnehin eine „Übernahmefantasie" erfasst hat und es möglicherweise des im Umlauf gesetzten konkreten unrichtigen Übernahmegerüchts nicht bedurft hätte, um den konkreten Kursanstieg auszulösen[7]. Die Einwirkungsfeststellung ist je schwieriger, desto volatiler die Kurse waren; sie ist je einfacher, desto weniger liquide der betroffene Markt war. Zuweilen mag die durch Abs. 4 angeordnete Versuchsstrafbarkeit „überbleiben", falls sich eine Kausalität zwar nicht erweisen lässt, wohl aber dahingehender Vorsatz.

85 **4. Vorsatzerfordernis.** Strafbar ist nur **vorsätzliches** Handeln (§ 15 StGB). Wissen und Wollen muss sich auf alle Tatbestandsmerkmale beziehen. Bei normativen Tatbestandsmerkmalen ist Bedeutungskenntnis ausreichend, eine präzise Subsumtion ist nicht erforderlich. Auch dort, wo der aufsichtsrechtliche Tatbestand der unionsrechtlichen Marktmanipulation auf der Handlungsseite ein „wissen müssen" ausreichen lässt (Art. 12 Abs. 1 lit. c und d VO Nr. 596/2014 bei der informationsgestützten Manipulation), ist für die Strafbarkeit Kenntnis erforderlich[8]. Beim Scalping ist der enge Zusammenhang von Empfehlung und nachfolgenden eigenen gewinnbringenden Verkauf ein Vorsatzindiz[9]. **Leichtfertiges** Handeln stellt dabei in der Begehungsvariante des § 120 Abs. 2 Nr. 3 und Abs. 15 Nr. 2 WpHG eine Ordnungswidrigkeit dar.

86 Auch muss zumindest bedingter Vorsatz in Bezug auf die Preiseinwirkung vorliegen, eine Manipulationsabsicht ist im Allgemeinen nicht erforderlich[10]; umstritten ist das aber bei Art. 12 Abs. 1 lit. c VO Nr. 596/2014: Der Wortlaut von Art. 12 Abs. 1 lit. a Ziff. ii VO Nr. 596/2014 spricht vom „Sichern" eines künstlichen Kursniveaus, während Art. 12 Abs. 1 lit. c VO Nr. 596/2014 das Wort „Herbeiführen" verwendet. Dabei ist jedoch lediglich von einer Übersetzungsungenauigkeit auszugehen und nicht von der Begründung eines eigenen Absichtsmerk-

---

1 BGH v. 6.11.2003 – 1 StR 24/03, BGHSt 48, 374, 384 = AG 2004, 144.
2 Statt aller *Trüstedt*, Das Verbot von Börsenkursmanipulationen, 2004, S. 125 ff.
3 *Schröder*, Handbuch Kapitalmarktstrafrecht, 3. Aufl. 2015, Rz. 567.
4 *Altenhain* in KölnKomm. WpHG, § 38 WpHG Rz. 118.
5 S. zum Folgenden *Altenhain* in KölnKomm. WpHG, § 38 WpHG Rz. 116 ff.; *Schröder*, Handbuch Kapitalmarktstrafrecht, 3. Aufl. 2015, Rz. 564 ff.; *Sorgenfrei/Saliger* in Park, Kapitalmarktstrafrecht, 3. Aufl. 2013, §§ 20a, 38 II, 39 I Nr. 1–2, II Nr. 11, IV WpHG Rz. 269.
6 *Schröder*, Handbuch Kapitalmarktstrafrecht, 3. Aufl. 2015, Rz. 566.
7 *Schröder*, Handbuch Kapitalmarktstrafrecht, 3. Aufl. 2015, Rz. 566.
8 *Diversy/Köpferl* in Graf/Jäger/Wittig, Wirtschafts- und Steuerstrafrecht, 2. Aufl. 2017, § 38 WpHG Rz. 111; *Rönnau/Wegner* in Meyer/Veil/Rönnau, Handbuch zum Marktmissbrauchsrecht, 2018, § 28 Rz. 81.
9 BGH v. 6.11.2003 – 1 StR 24/03, BGHSt 48, 373, 381 = AG 2004, 144; *Schröder*, Handbuch Kapitalmarktstrafrecht, 3. Aufl. 2015, Rz. 599.
10 BGH v. 27.11.2013 – 3 StR 5/13, BGHSt 59, 80, 91 = AG 2014, 252; OLG Stuttgart v. 4.10.2011 – 2 Ss 65/11, NJW 2011, 3667, 3669; anders zuvor LG Stuttgart v. 30.8.2002 – 6 KLs 150 Js 77452/00 Rz. 99, ZIP 2003, 259; *Diversy/Köpferl* in Graf/Jäger/Wittig, Wirtschafts- und Steuerstrafrecht, 2. Aufl. 2017, § 38 WpHG Rz. 111; *Gehrmann* in Schork/Groß, Bankstrafrecht, 2013, § 5, Rz. 593; *Pananis* in MünchKomm. StGB, 2. Aufl. 2015, § 38 WpHG Rz. 243; *Sorgenfrei/Saliger* in Park, Kapitalmarktstrafrecht, 4. Aufl. 2017, Kap. 6.1, Rz. 193, 316.

mals[1], da z.B. die englische Sprachfassung der Verordnung an beiden Stellen das Wort „*secure*" verwendet. Im Übrigen gibt es Handelsaktivitäten, bei denen die materielle Verbotswidrigkeit i.S.d. Art. 12 Abs. 1 lit. a VO Nr. 596/2014) erst aus der Absicht folgt; hier wird häufig bedingter „Vorsatz" nicht ausreichen[2].

V. Strafbewehrung des Verbots von Insidergeschäften (§ 119 Abs. 3 WpHG). § 119 Abs. 3 WpHG regelt die Straftaten des Insiderhandels. Unrechtsprägend für Insidergeschäfte ist nach geltendem Recht, dass der Täter sich einen ungerechtfertigten Vorteil verschafft, der mittels einer Insiderinformation zum Nachteil Dritter erzielt wird, die diese Information nicht kennen. Normzweck ist demzufolge zwar nicht der Schutz der nicht durch monopolisierte Insiderinformationen privilegierten „Outsider-Marktteilnehmer", aber die Erhaltung ihres Anreizes, am Kapitalmarkt teilzunehmen[3]. Dabei kommt es nach geltendem Recht auch im Strafrecht nicht mehr darauf an, ob der Täter selbst Insider ist, mithin in einer bestimmten Pflichtenstellung steht, aufgrund derer er institutionell Zugang zu Sonderinformationen hat, die er für Sondervorteile am Markt zweckentfremdet. Das europäische Kapitalmarktrecht sieht damit die problematische Vorstellung gleichen Informationszugangs als Bestandteil der Funktionsfähigkeit von Kapitalmärkten[4]. Diese Vorstellung ist schon deshalb abwegig, weil der Informationszugang auch im Hinblick auf öffentlich verfügbare Informationen höchst ungleich ist und im Übrigen Gegenstand eigener ökonomischer Entscheidung ist. Die Informationsbeschaffung ist ihrerseits Gegenstand des Einsatzes ökonomischer Ressourcen der Wirtschaftssubjekte; Märkte basieren darauf, dass die Marktteilnehmer unterschiedliche Informationen haben und unterschiedlich stark in Informationsbeschaffung und Informationsbeschaffung investieren.

87

Die tatbestandlichen Voraussetzungen des verbotenen Insiderhandels ergeben sich dabei über die Verweisung in § 119 Abs. 3 WpHG direkt aus **Art. 14 VO Nr. 596/2014**. § 119 Abs. 3 WpHG setzt damit die Vorgaben der Art. 3 und 4 RL 2014/57/EU (s. auch Vor §§ 119 ff. WpHG Rz. 22) um und stellt *sämtliche* Verstöße gegen das Insiderverbot aus Art. 14 VO Nr. 596/2014 unter Strafe. Da § 119 Abs. 3 WpHG abstraktes Gefährdungsdelikt ist, fragt sich, wie Fälle **konkreter Ungefährlichkeit** zu behandeln sind[5]. Es ist z.B. an völlig geringfügige Veräußerungen bzw. Erwerbe unter Nutzung von peripheren Insiderinformationen zu denken. Häufig wird sich in solchen Fällen die Strafrichterin nicht die erforderliche Überzeugung von der Kausalität zwischen Sonderwissen und Transaktion bilden können. Bagatellfälle wegen Geringfügigkeit von der Strafdrohung auszunehmen, liefe auf ein materiellrechtliches Bagatellprinzip hinaus, das bei breiten, generalklauselartigen Tatbeständen unverzichtbar ist[6]. Mit seiner Vollkriminalisierung des Insiderhandels geht der nationale Gesetzgeber, was Art. 1 Abs. 1 RL 2014/57/EU zulässt, bedenklich weit über die Richtlinienvorgaben hinaus (dazu Rz. 128). Jedenfalls ist in derartigen Fällen eine prozessuale Lösung geboten (Einstellung wegen geringer bzw. nicht schwerer Schuld, §§ 153, 153a StPO).

88

1. Der Begriff der Insiderinformation. Zentrales Tatbestandsmerkmal der Insiderdelikte ist die Insiderinformation, welche nun in **Art. 7 VO Nr. 596/2014** geregelt ist. Dabei entspricht Art. 7 Abs. 1 lit. a VO Nr. 596/2014 fast inhaltsgleich der alten Regelung des § 13 Abs. 1 Satz 1 WpHG a.F. (s. dazu 6. Aufl., § 13 WpHG Rz. 1 ff.). Die Marktmissbrauchsverordnung will durch eine genauere Bestimmung der zwei wesentlichen Merkmale der Insiderinformation, nämlich der präzisen Natur der Information und ihre Eignung zur Kursbeeinflussung, für mehr Rechtssicherheit sorgen[7]. Im Wesentlichen waren diese zwei Merkmale jedoch auch bereits so im alten Recht geregelt, so dass sich inhaltlich nicht viel geändert hat[8].

89

Der Begriff der Insiderinformation wurde in der Rechtsprechung des EuGH zum früheren Recht zunehmend ausgeweitet, so dass er heute strafrechtlich erheblichen Bestimmtheitszweifeln unterliegt. Wesentliche Unsicherheitsfaktoren sind der Insiderinformationscharakter von Zwischenschritten nach der Geltl-Rechtsprechung sowie die Lafonta-Rechtsprechung, wonach es für die Kursrelevanz nicht darauf ankommen soll, in welche Richtung eine Kursbewegung wahrscheinlich ist. Drittens trägt die Abschaffung der Differenzierung zwischen Primär- und Sekundärinsidern weiter zur Unsicherheit bei. Es ist heute nach wohl h.A. nicht erforderlich, dass es sich um eine Information handeln muss, die vom Emittenten stammt. Ein Beispiel: Die EU-Kommission plant eine erhebliche Verschärfung der Abgas-Emissionsvorschriften bei Autos. Handelt es sich hier um eine Insider-Information in Bezug auf Aktien von Autoherstellern und Zulieferern?[9] Oder: Der Automobilhersteller

90

---

1 So auch *Renz/Leibold*, CCZ 2016, 157, 167; *Rönnau/Wegner* in Meyer/Veil/Rönnau, Handbuch zum Marktmissbrauchsrecht, 2018, § 28 Rz. 80.
2 *Trüg* in Leitner/Rosenau, Wirtschafts- und Steuerstrafrecht, 1. Aufl. 2017, § 38 WpHG Rz. 183.
3 *Klöhn*, WM 2017, 2085 unter Bezugnahme auf *Grossman/Stiglitz*, 70 (1980) American Economic Review 393.
4 Positiv *Seibt*, ZHR 177 (2013), 388, 394 ff. m.w.N.; kritisch *Hilgendorf/Kusche* in Park, Kapitalmarktstrafrecht, 4. Aufl. 2017, Kap. 5.1, Rz. 19 ff.
5 S. hierzu *Roxin*, Strafrecht Allgemeiner Teil, Bd. I, 4. Aufl. 2006, § 11 Rz. 153 ff.
6 *Tiedemann*, Tatbestandsfunktionen im Nebenstrafrecht, S. 210 f.
7 Erwägungsgrund 18 VO Nr. 596/2014.
8 S dazu EuGH v. 28.6.2012 – Rs. C-19/11 Rz. 25, AG 2012, 555 = NJW 2012, 2787 – Geltl: Es ist davon auszugehen, dass diese Grundsätze weiterhin gelten, da sich der Begriff der Insiderinformation der Marktmissbrauchsverordnung mit dem Begriff in der Durchführungsrichtlinie 2003/124/EG zur ehemaligen Marktmissbrauchsrichtlinie 2003/6/EG weitestgehend deckt.
9 Bejahend *Schröder*, Handbuch Kapitalmarktstrafrecht, 3. Aufl. 2015, Rz. 171 ff.

A hat ein Auto mit einem Antrieb entwickelt, der 20 % weniger verbraucht als der vergleichbare Antrieb des Herstellers B. Liegt hier eine Insiderinformation bezogen auf den Hersteller B vor? Die Beantwortung dieser Fragen hängt auch davon ab, ob man einen funktionalen **Zusammenhang** zwischen **Insiderhandelsverbot** und **Ad-hoc-Publizitätspflicht** anerkennt.

91 Nach **Art. 7 VO Nr. 596/2014** besteht die Definition der Insiderinformation aus *vier wesentlichen Tatbestandsmerkmalen*.

92 **a) Präzise Information (erstes Tatbestandselement).** Erstens handelt es sich um eine **präzise Information**. Der § 13 Abs. 1 Satz 1 WpHG a.F. verwendete den Begriff der „konkreten Information", während die Marktmissbrauchsverordnung von einer „präzisen Information" spricht. Bereits § 13 Abs. 1 Satz 1 WpHG a.F. ging auf die Definition der Insiderinformation in Art. 1 Abs. 1 Nr. 1 Satz 1 RL 2003/124/EG zurück. Auch diese verwendete bereits den Begriff der „präzisen Information". Den Begriffen kam schon im alten Recht keine andere Bedeutung zu, da der Begriff der „konkreten Information" lediglich die Transformation des Begriffs der „präzisen Information" ins deutsche Recht darstellte, beide Begriffe jedoch synonym verwendet wurden. Wann genau eine Information „präzise" ist, ergibt sich dabei aus Art. 7 Abs. 2 VO Nr. 596/2014. Auch diese Regelung ähnelt im Wortlaut sehr stark der Definition der „präzisen Information" in Art. 1 Abs. 1 Nr. 1 RL 2003/124/EG (s. dazu 6. Aufl., § 13 WpHG Rz. 8ff.). Der EuGH hat in seiner *Lafonta*-Entscheidung aus dem Jahr 2015 entschieden, dass für die Einstufung einer Insiderinformation als „präzise" nicht verlangt wird, dass aus der Information mit hinreichendem Maß an Wahrscheinlichkeit abgeleitet werden kann, dass sich ihr potentieller Einfluss auf die Kurse der betreffenden Finanzinstrumente in eine bestimmte Richtung auswirken wird, wenn diese öffentlich bekannt wird[1].

93 Nach einer BGH-Entscheidung[2] zur Auslegung des Begriffs der Insiderinformation werden davon nur Informationen mit **Drittbezug** erfasst (s. dazu 6. Aufl., § 13 WpHG Rz. 10). Dahinter steckt der Gedanke, dass eine von einer Person selbst geschaffene Tatsache für sie selbst keine Information sein könne. Relevant wird dies in den sog. *Scalping*-Fällen, d.h. bei dem Erwerb von Wertpapieren in der Absicht, sie anschließend einem anderen zum Erwerb zu empfehlen und selbst zu verkaufen. Aus dem Wortlaut von Art. 9 Abs. 5 VO Nr. 596/2014 ergibt sich jedoch, dass an dieser Rechtsprechung nicht festgehalten werden kann[3]. Zwar ist es keine *Nutzung* einer Insiderinformation, wenn eine Person ihr Wissen darüber, dass sie beschlossen hat, Finanzinstrumente zu erwerben oder veräußern, bei dem Erwerb oder der Veräußerung dieser Finanzinstrumente nutzt. Aber im Rückschluss ist der Tatbestand der Insiderinformation durchaus erfüllt. Folge ist, dass es strafbarer Insiderhandel sein kann, wenn andere auf den Zug der Erwerbsabsicht aufspringen[4]. Dies zu bestrafen ist bedenklich, weil hier kein Informationsvorsprung des Folgers gegenüber dem ersten Erwerber vorliegt. Die Folgen der Änderung durch Art. 9 Abs. 5 VO Nr. 596/2014 sind jedoch gering, da das bloße Handeln in Kenntnis eigener Handelsabsicht nach Art. 9 Abs. 5 VO Nr. 596/2014 keine Nutzung darstellt und in den klassischen *Scalping*-Fällen kursrelevante Informationen nicht genutzt werden, sondern der Markt getäuscht und manipuliert wird[5].

94 Gemäß Art. 7 Abs. 2 Satz 1 VO Nr. 596/2014 sind Informationen auch dann als präzise anzusehen, wenn es sich nicht um derzeitige, sondern um künftige Tatsachen handelt, ihr Eintritt aber *„vernünftigerweise erwartet"* werden kann. Art. 7 Abs. 2 Satz 1 VO Nr. 596/2014 erweitert den Anwendungsbereich der Insiderinformation somit auf *zukunftsbezogene Informationen*. Eine ähnliche Regelung befand sich bereits in § 13 Abs. 1 Satz 3 WpHG a.F., wonach Informationen über zukünftige Umstände oder Ereignisse dann erfasst waren, wenn ihr Eintritt „hinreichend wahrscheinlich" war. Dieses Tatbestandsmerkmal war genau besehen tatbestandlich unterdeterminiert, mithin nicht ausreichend bestimmt, weil ihm keine Anhaltspunkte dafür zu entnehmen waren, welcher Wahrscheinlichkeitsgrad denn hinreicht und welcher nicht[6]. Symptomatisch für eine im strafrechtlichen Kontext verstörende Unbestimmtheit der Ausdehnung auf Zwischenschritte und Vorüberlegungen war, wenn im Geltl-Fall auch nach nicht weniger als sieben Gerichtsentscheidungen noch keine Klarheit über die Subsumtion des Sachverhalts bestand und sowohl der Einzelfall wie sonst generell die Praxis nahezu in einem „Blindflug" unterwegs sind[7].

95 Die Marktmissbrauchsverordnung ersetzt den Begriff der „hinreichenden Wahrscheinlichkeit" (der auch im Wortlaut der deutschen Sprachfassung der Richtlinie 2003/124/EG verwendet wurde) mit der Formulierung „vernünftigerweise erwartet werden kann". Damit dürfte die Frage nach der Quantifizierung der hinreichenden

---

1 EuGH v. 11.3.2015 – Rs. C-628/13 Rz. 38 – Lafonta, ZIP 2015, 627 = NZG 2015, 432 = AG 2015, 388; s. dazu auch *Klöhn*, NZG 2015, 809ff.
2 BGH v. 6.11.2003 – 1 StR 24/03, BGHSt 48, 373, 374 = AG 2004, 144.
3 So *Klöhn*, AG 2016, 423, 426.
4 Kritisch bereits zum Erfordernis des Drittbezugs *Assmann* in 6. Aufl., § 13 WpHG Rz. 10.
5 BGH v. 6.11.2003 – 1 StR 24/03, BGHSt 48, 373, 374f.; *Klöhn*, AG 2016, 423, 426.
6 Vgl. etwa *Möllers/Seidenschwanz*, NJW 2012, 2762, 2763 einerseits und *Wilsing/Goslar*, DStR 2012, 1709, 1711 f. andererseits.
7 S. dazu auch *Herfs*, DB 2013, 1650ff.

Wahrscheinlichkeit im Sinne eines **hohen Wahrscheinlichkeitsmaßstabs** zu beantworten sein. Dieser Wahrscheinlichkeitstest darf jedenfalls im strafrechtlichen Kontext nicht mit dem Erheblichkeitstest verschliffen werden, so dass der probability/magnitude-Test nicht heranzuziehen ist. In jeden Fall ist erforderlich, dass der Eintritt bei unsicheren Geschehensabläufen wahrscheinlicher ist als nicht. Eher zweifelhaft ist, ob die deutlich präzisere Bestimmung wirklich keine inhaltliche Änderung bringen wird; dafür spricht, dass andere Sprachfassungen nicht verändert wurden[1]. So wurde, mit Ausnahme der deutschen Sprachfassung, in den anderen Fassungen der Richtlinie 2003/124/EG das Adverb „vernünftigerweise" verwendet[2]. Die deutsche Sprachfassung der Marktmissbrauchsverordnung passt den Wortlaut der Regelung demnach nur an die europaweite Formulierung an. Die deutsche Fassung des Verordnungsentwurfs[3] beinhaltete in Art. 6 Abs. 2 Marktmissbrauchsverordnung-E noch den Begriff „hinreichende Wahrscheinlichkeit".

Zusätzlich legt Art. 7 Abs. 2 Satz 2 VO Nr. 596/2014 fest, dass auch im Falle eines *zeitlich gestreckten Vorgangs*, welcher ein bestimmtes Ereignis herbeiführen soll, nicht nur das zukünftige Ereignis selbst, sondern auch lediglich Zwischenschritte innerhalb dieses Vorgangs, eine präzise Information darstellen können. Die Marktmissbrauchsverordnung kodifiziert damit die *„Geltl"*-Entscheidung des EuGH. Der Erwägungsgrund 17 VO Nr. 596/2014 führt Beispiele für derartige Insiderinformationen auf. So können sich solche Informationen beispielsweise auf den Stand von Vertragsverhandlungen, die Möglichkeit der Platzierung von Finanzinstrumenten, etc. beziehen[4]. Eine Änderung der Rechtslage tritt dadurch nicht ein, da die Verordnung lediglich die Rechtsprechung des EuGH wiedergibt[5]. Da sich der Verordnungstext sehr stark an den Formulierungen der EuGH-Rechtsprechung anlehnt, gelten im Rahmen des Art. 7 Abs. 2 Satz 2 VO Nr. 596/2014 auch die übrigen Aussagen der *„Geltl"*-Entscheidung fort[6]. 96

Was genau unter dem Begriff der „hinreichenden Wahrscheinlichkeit" bei zeitlich gestreckten Vorgängen zu verstehen ist, konkretisierte der EuGH zum alten Recht nicht. Jedenfalls ist nach der EuGH-Rechtsprechung wohl eine hohe Wahrscheinlichkeit nicht erforderlich[7]. In der Literatur werden dazu verschiedene Bestimmungsansätze diskutiert[8]. Für die Fälle der mehrstufigen Geschehensabläufe führt Erwägungsgrund 16 VO Nr. 596/2014 aus, dass bezüglich der Eintrittswahrscheinlichkeit eine realistische Wahrscheinlichkeit vorliegen muss. Dies bestätigt, dass weiterhin eine Wahrscheinlichkeitsbetrachtung vorgenommen werden muss. Der EuGH führte in *Geltl* aus, dass eine hinreichende Wahrscheinlichkeit dann gegeben ist, wenn aufgrund umfassender Würdigung bereits vorliegender Umstände tatsächlich erwartet werden kann, dass diese eintreten[9]. **Eine überwiegende Wahrscheinlichkeit** reicht demnach aus. Nach dem wohl herrschenden deutschen Verständnis ist eine überwiegende Wahrscheinlichkeit bei „50 % plus x" gegeben[10]. Der BGH führte dazu aus, dass eine hinreichende Wahrscheinlichkeit dann vorliegt, wenn eher mit dem Eintreten des künftigen Ereignisses als mit seinem Ausbleiben zu rechnen sei. Höher müsse eine Wahrscheinlichkeit aber nicht sein. Bei der Beurteilung ist nicht ausschließlich auf eine Wahrscheinlichkeitsbeurteilung, sondern eher auf die **Regeln der allgemeinen Erfahrung** abzustellen[11]. Das ist auch deshalb zutreffend, weil quantifizierte Wahrscheinlichkeitsbetrachtungen in individuellen, keiner probabilistischen Regelhaftigkeit zugänglichen Vorgängen meist ohnehin lediglich eher fragwürdige Pseudorationalisierungen durch mathematische Scheingenauigkeiten sind. 97

Nach dem EuGH muss das Ausmaß dieser Umstände jedoch nicht den Kurs beeinträchtigen[12]. Dies stellt eine Ablehnung des *„probability/magnitude-tests"* dar[13]. Erwägungsgrund 16 Satz 3 VO Nr. 596/2014 übernimmt das, so dass der *„probability/magnitude-test"* zur Feststellung der Wahrscheinlichkeit im Zusammenhang mit künftigen Zwischenschritten ausgeschlossen ist[14]. Ob jedoch der *„probability/magnitude-test"* bei der Prüfung der Kursrelevanz bei bereits eingetretenen (Zwischen-)schritten eine Rolle spielt, ist weiterhin offen. Die Frage 98

---

1 So *Poelzig*, NZG 2016, 528, 532.
2 EuGH v. 28.6.2012 – Rs. C-19/11 Rz. 44, AG 2012, 555, 556 f. = NJW 2012, 2787, 2789 – Geltl; s. dazu ausführlich *Klöhn*, ZIP 2012, 1885 ff.
3 Vorschlag für eine Verordnung des Europäischen Parlaments und des Rates über Insider-Geschäfte und Marktmanipulation, KOM(2011) 651 endgültig.
4 Der BGH sieht in richtlinienkonformer Auslegung unter Berücksichtigung der Rechtsprechung des EuGH im Fall *Geltl* bei einem zeitlich gestreckten Vorgang wie der Herbeiführung eines Aufsichtsratsbeschlusses über den Wechsel im Amt des Vorstandsvorsitzenden in jedem Zwischenschritt, auch bereits in der Kundgabe der Absicht des amtierenden Vorstandsvorsitzenden, vor Ablauf der Amtszeit aus dem Amt zu scheiden, eine Insiderinformation: BGH v. 23.4.2013 – II ZB 7/09 Rz. 15, NJW 2013, 2114 ff.
5 So auch *Klöhn*, AG 2016, 423, 426.
6 So *Veil*, ZBB 2014, 85, 90; *Krause*, CCZ 2014, 248, 251.
7 EuGH v. 28.6.2012 – Rs. C-19/11 Rz. 46, AG 2012, 555, 557 = NJW 2012, 2787, 2789 – Geltl.
8 S. dazu: *Möllers/Seidenschwann*, NJW 2012, 2762, 2763 ff.; *Wilsing/Goslar*, DStR 2012, 1709, 1710 f.
9 EuGH v. 28.6.2012 – Rs. C-19/11 Rz. 49, AG 2012, 555, 557 = NJW 2012, 2787, 2789 – Geltl.
10 S. dazu *Klöhn*, AG 2016, 423, 428 m.w.N.
11 BGH v. 23.4.2013 – II ZB 7/09, NJW 2013, 2114 Rz. 29.
12 EuGH v. 28.6.2012 – Rs. C-19/11 Rz. 50, AG 2012, 555, 557 = NJW 2012, 2787, 2789 – Geltl.
13 S. nur *Wilsing/Goslar*, DStR 2012, 1709, 1711.
14 So *Veil*, ZBB 2014, 85, 90; *Krause*, CCZ 2014, 248, 251.

ist in der Literatur umstritten[1]. Die Rechtsprechung des EuGH bezieht sich nur auf die Bestimmung der Eintrittswahrscheinlichkeit eines künftigen Ereignisses. Vereinzelt wird Erwägungsgrund 16 VO Nr. 596/2014 auch als Ablehnung des *„probability/magnitude-tests"* für Zwecke der Kursrelevanz verstanden werden[2]. Für das Strafrecht würde der probability/magnitude-Test bei der Beurteilung der Frage nach einer hinreichend präzisen Information gegen das Verbot des Verschleifens von Tatbestandsmerkmalen verstoßen[3].

99 **b) Betreffend Emittenten oder Finanzinstrumente (zweites Tatbestandselement).** Das zweite Tatbestandsmerkmal besteht darin, dass die Insiderinformation direkt oder indirekt **ein oder mehrere Finanzinstrumente** oder deren Emittenten betrifft. Zusätzlich werden in Art. 7 Abs. 1 lit. b und c VO Nr. 596/2014 ausdrücklich Warenderivate und Emissionszertifikate und darauf beruhende Auktionsobjekte insoweit mit in den Anwendungsbereich gezogen, als sich die Information auch auf diese beziehen kann. Die Ausweitung des Anwendungsbereiches soll dabei bezwecken, dass auch neue „innovative" Finanzinstrumente, welche dem technischen Fortschritt und der Weiterentwicklung des Finanzmarkts geschuldet sind, ausdrücklich miterfasst sind[4]. Teilweise werden allgemein marktbezogene Informationen, mögen sie sich auch auf ein Unternehmen besonders auswirken, an dieser Stelle tatbestandlich ausgeklammert[5].

100 **c) Nicht öffentlich bekannt (drittes Tatbestandselement).** Eine Insiderinformation kann nur dann eine Insiderinformation sein, wenn sie **nicht öffentlich bekannt** ist (s. Art. 7 Abs. 1 lit. a bis c VO Nr. 596/2014. (s. dazu 6. Aufl., § 13 WpHG Rz. 31 ff.) Öffentlich bekannt ist eine Information demnach dann, wenn eine unbestimmt Anzahl von Personen von ihr Kenntnis erlangt hat. Durchgesetzt hat sich dabei der Begriff der Bereichsöffentlichkeit, d.h. eine Information gilt dann als öffentlich bekannt, wenn es einer unbestimmten Anzahl von Personen aus dem Kreis der Marktteilnehmer möglich ist, von ihr Kenntnis zu nehmen[6]. Diese Grundsätze gelten auch im neuen Recht fort. Damit sind auch Informationen, die einer Teilöffentlichkeit systematisch bekannt und für andere jedenfalls bei entsprechendem Interesse zugänglich sind, keine Insiderinformationen mehr.

101 **d) Kurserheblichkeit (viertes Tatbestandselement).** Wesentliche Voraussetzung einer Insiderinformation ist die **Kurserheblichkeit** dieser Information, d.h. ihre Eignung, im Falle eines Bekanntwerdens den „Kurs" d.h. den Börsen – oder Marktpreis der Insiderpapiere erheblich zu beeinflussen (s. dazu Art. 7 VO Nr. 596/2014 Rz. 78 ff.). Art. 7 Abs. 4 VO Nr. 596/2014 regelt die Voraussetzung der Kurserheblichkeit und übernimmt dabei die Formulierung des Art. 1 Abs. 2 RL 2003/124/EG. Eine Änderung der Rechtslage ist diesbezüglich also nicht eingetreten. Hier ist es wiederum die Rechtsprechung des EuGH, die jedenfalls in strafrechtlicher Sicht beunruhigt. Da es für die Kurserheblichkeit zwingend auf eine objektivierte ex-ante-Sicht und nicht auf die nachträglichen Geschehensabläufe ankommt, würde man vermuten, dass kurserheblich nur eine solche Information ist, bei der man ex ante davon ausgehen kann, dass sie den Kurs bewegt; und in aller Regel wird das einschließen, dass man die Richtung der Bewegung angeben kann. Zutreffend ist es, dass die Information jedenfalls solcher Natur sein muss, dass sie einen Handelsanreiz setzt, d.h. einen Sondervorteil gegenüber anderen Marktteilnehmern verschafft, die die Information nicht haben[7]. Tatsächlich dürfte die insiderrechtliche Überwachungs- und Verfolgungspraxis maßgebend auf einer Perfektionierung, Systematisierung und Institutionalisierung eines hindsight bias basieren: In der algorithmischen Marktüberwachung fallen Transaktionen auf, die in eine reale Kursbewegung hinein abgeschlossen wurden. Umgekehrt fallen Transaktionen, die auf der Grundlage von Insiderinformationen abgeschlossen worden sind, die keine Kurswirkungen hatten, auch nicht auf und werden nicht strafrechtlich verfolgt.

102 **2. Strafbewehrung des Verbots des Tätigens eines Insidergeschäftes (§ 119 Abs. 3 Nr. 1 WpHG).** Das durch die Verweisung auf **Art. 14 lit. a VO Nr. 596/2014** erforderliche „Zusammenlesen" (Vor §§ 119 ff. WpHG Rz. 29 ff.) ergibt, dass bestraft wird, wer ein Insidergeschäft vorsätzlich *tätigt*. Was ein Insidergeschäft im Sinne dieser Vorschrift ist, ergibt sich aus Art. 8 Abs. 1 VO Nr. 596/2014. Die Verbotsmaterie, d.h. das straftatbestandsmäßige Verhalten, ist deckungsgleich mit der des Art. 14 lit. a VO Nr. 596/2014; insbesondere erfasst § 119 Abs. 3 Nr. 1 WpHG auch ausdrücklich gem. Art. 8 Abs. 1 VO Nr. 596/2014 den Erwerb oder die Veräußerung *für fremde Rechnung* oder *für einen anderen*.

103 **a) Tathandlung: Art. 8 VO Nr. 596/2014. Täter** kann gem. Art. 8 Abs. 4 VO Nr. 596/2014 *jeder sein, der über eine Insiderinformation* i.S.v. Art. 7 VO Nr. 596/2014 *verfügt* und dies weiß bzw. damit rechnet und es billigend in Kauf nimmt, und dann ein Insidergeschäft tätigt. Ein schuldrechtliches Verpflichtungsgeschäft reicht, wenn

---

1 Dafür: *Langenbucher*, NZG 2013, 1401, 1404; *Klöhn*, ZIP 2012, 1885, 1891; *Schall*, ZIP 2012, 1286, 1288, wonach der *„probability/magnitude-test"* im Rahmen der Kurserheblichkeit nicht bei der Wahrscheinlichkeit zur Anwendung kommt; dagegen: *Krause/Brellochs*, AG 2013, 309, 314.
2 So *Krause*, CCZ 2014, 248, 251.
3 Dazu BVerfG v. 20.10.1992 – 1 BvR 698/89, BVerfGE 87, 209, 229; BVerfG v. 10.1.1995 – 1 BvR 718/89, 719/89, 722/89, 723/89, BVerfGE 92, 1, 16 f.; BVerfG v. 23.6.2010 – 2 BvR 2559/08, BVerfGE 126, 170, 198.
4 So *Renz/Leibold*, CCZ 2016, 157, 159.
5 Dagegen *Diversy/Köpferl* in Graf/Jäger/Wittig, Wirtschafts- und Steuerstrafrecht, 2. Aufl. 2017, § 38 WpHG Rz. 133.
6 S. dazu Ausführungen *Assmann* in 6. Aufl., § 13 WpHG Rz. 31 ff.; krit. dazu *Klöhn* in KölnKomm. WpHG, § 13 WpHG Rz. 176; *Klöhn*, AG 2016, 423, 426, der den Begriff der Bereichsöffentlichkeit als europarechtswidrig hält und auf die breite Öffentlichkeit abstellt.
7 *Klöhn*, NZG 2015, 809, 815 f.

es dem Erwerber eine gesicherte Position an dem Papier gibt, die die wirtschaftliche Wirkung, insbesondere den Übergang von Nutzen und Lasten, eintreten lässt (Art. 8 VO Nr. 596/2014 Rz. 18)[1]. Die im früheren Insiderrecht vorhandene Unterscheidung zwischen Primär- oder Sekundärinsider ist durch das 1. FiMaNoG für die Strafbarkeit dem Grunde nach hinfällig geworden[2]. Entgegen dem Wortlaut des Art. 8 Abs. 4 VO Nr. 596/2014 muss der Täter im strafrechtlichen Kontext die Eigenschaft als Insiderinformation kennen; Kennenmüssen reicht nicht. Der Täter muss mithin wissen oder billigend in Kauf nehmen, dass die Tatsache ihm einen Sondervorteil verschafft, weil sie am Maßstab des verständigen Anlegers geeignet ist, den Kurs zu bewegen. Besonders bei Sekundärinsidern bedarf es dafür qualifizierter Vorsatzanzeichen[3].

Tathandlung ist gem. Art. 8 Abs. 1 VO Nr. 596/2014 der direkte oder indirekte Erwerb oder die Veräußerung eines Finanzinstruments für eigene oder fremde Rechnung (hierzu 6. Aufl., § 14 WpHG Rz. 21 ff.) unter Nutzung einer Insiderinformation. Insoweit entspricht Art. 8 VO Nr. 596/2014 der bisher geltenden Rechtslage. Der in § 14 Abs. 1 Satz 1 WpHG a.F. vorkommende Begriff „Verwendung" wurde durch den Begriff der „Nutzung" ersetzt, welcher auch bereits in der alten Fassung der Marktmissbrauchsrichtlinie (Art. 2 Abs. 1 RL 2003/6/EG) und in ihrer aktuellen Fassung in Art. 3 Abs. 2 RL 2014/57/EU verwendet wird. Durch die Wortlautänderung sollte also lediglich eine begriffliche Anpassung vorgenommen werden, eine inhaltliche Änderung ist damit nicht verbunden. Es ist dabei nicht erforderlich, dass der Täter sein Insiderwissen in dem Sinne *ausnutzt*, dass er darauf abzielend aus dem Zweck verwertet, hierdurch einen wirtschaftlichen Sondervorteil zu erzielen. Vielmehr genügt jedes *Nutzen* der Insiderinformation, was psychische Mitkausalität einschließt[4] (eingehend 6. Aufl., § 14 WpHG Rz. 23 ff.). Für die Ursächlichkeit genügt, dass der Täter die Insiderinformation in sein Handeln „mit einfließen" lässt[5]. Erwägungsgrund 24 VO Nr. 596/2014, der die Spector-Rechtsprechung aufgreift, hat im Strafrecht keine Bedeutung. Hier kann nicht „unterstellt" werden, dass eine Person, die im Besitz einer Insiderinformation ist, diese auch genutzt hat. Gemäß Erwägungsgrund 24 Satz 2 VO Nr. 596/2014 bleiben die Verteidigungsrechte unberührt, was bedeutet, dass es sich dabei um eine als solche unverbindliche, lediglich die Auslegung der MAR beeinflussende Aussage handelt, die die Tatsachenfeststellung durch den Tatrichter in Strafsachen unberührt lässt[6]. Da das deutsche Beweisrecht in Strafsachen vom Amtsermittlungsgrundsatz geprägt ist und keine Umkehr der Beweislast kennt[7], bedeutet das Unberührtbleiben der Verteidigungsrechte i.S.d. Erwägungsgrundes 24 Satz 2 VO Nr. 596/2014 nicht mehr und nicht weniger, dass das Nutzen kein Ausnutzen im Sinne eines qualifizierten Vorsatzerfordernisses wie bei Absicht ist oder gar eine motivationsbestimmende, sondern jedwede Kausalität und jegliche Vorsatzform diesbezüglich ausreicht, umgekehrt aber keinesfalls eine „widerlegliche Vermutung" des Nutzens besteht[8].

Hierbei geht es nicht nur um die schlichte Vorsatzfrage, sondern um eine umfassende Wertung nach Maßgabe der Normzwecke des Insiderrechts[9]. An einem Nutzen fehlt es beispielsweise, wenn der Erwerb oder die Veräußerung auf der Erfüllung einer vor Erlangung der Insiderinformation begründeten Verbindlichkeit beruht[10], da der Täter bereits vor Erlangung der Insiderinformation zum Handel entschlossen war und es in diesem Fall an einem Kausalzusammenhang fehlt[11]; oder wenn jemand unabhängig von der Insiderinformation über ein Bezugsrecht verfügt, das er nun ausübt[12]. An einem Nutzen kann es auch Fehlen, wenn jemand unabhängig von den bei ihm vorhandenen Informationen über ein Wertpapier handelt, beispielsweise in einem Portfolio eine Vielzahl gleichartiger Transaktionen vornimmt, die nicht durch Insiderinformationen geprägt sind, oder jemand gegen die Insiderinformation handelt[13].

Es ist zudem erforderlich, dass derjenige, der die Insiderinformation nutzt, aus der **Nutzung einen Vorteil** gegenüber einem anderen Marktbeteiligten zieht. Ist dies nicht der Fall, so stellen die auf Grundlage der Information vorgenommenen Geschäfte keine Nutzung der Insiderinformation dar. Verfügen also beispielsweise alle Vertragspartner über dieselbe Information, so sind sie gleichgestellt und die Information hat für sie bei der

---

1 OLG Karlsruhe v. 4.2.2004 – 3 Ws 195/03 Rz. 13, NJW-RR 2004, 984, 986 = AG 2004, 512.
2 Für die Variante des Tätigens eines Insidergeschäftes galt dies allerdings auch schon vor dem 1. FiMaNoG. So war bereits nach § 38 Abs. 1 Nr. 1 WpHG i.d.F. des Vierten Finanzmarktförderungsgesetzes das Erwerbs- und Veräußerungsverbot gleichermaßen für Primär- wie für Sekundärinsider strafbewehrt, da in der Nummer sowohl auf § 14 Abs. 1 Nr. 1 WpHG als auch auf § 14 Abs. 2 WpHG damaliger Fassung verwiesen wurde; vgl. auch RegE AnSVG, BT-Drucks. 15/3174, 40.
3 Vgl. LG Stuttgart v. 30.8.2002 – 6 KLs 150 Js. 77452/00 Rz. 103 ff., ZIP 2003, 259.
4 *Baedorff*, Das Merkmal der Verwendung von Insiderinformationen, 2011, S. 73 ff.
5 Begr. RegE, BT-Drucks. 15/3174, 34.
6 Die Gegenauffassung entnimmt dem europäischen Marktmissbrauchsrecht eine Aussage für die Beweislastverteilung auch in der strafrichterlichen Tatsachenfeststellung.
7 Zutreffend *Begemeier*, HRRS 2013, 179, 184 ff. m.w.N.
8 Str., wie hier (tatsächliche Vermutung des Nutzens bei Kenntnis, aber keine Beweislastumkehr: *Klöhn*, WM 2017, 2085, 2091; a.A. etwa *Veil*, ZBB 2014, 85, 91; *Poelzig*, NZG 2016, 528, 533.
9 *Klöhn*, WM 2017, 2085, 2089 ff.
10 Begr. RegE, BT-Drucks. 15/3174, 34.
11 *Koch* in Sieber/Satzger/von Heintschel-Heinegg, Europäisches Strafrecht, 2. Aufl. 2014, § 17, Rz. 23.
12 *Schröder*, Aktienhandel und Strafrecht, 1994, S. 140 f.
13 *Poelzig*, NZG 2016, 528, 533 m.w.N.

Ausführung der in der Gruppe getroffenen Entscheidungen keinen Insidercharakter. Geschäfte zwischen Mitgliedern der Gruppe, die aufgrund dieser Information vorgenommen werden, stellen keine Ausnutzung einer Insiderinformation dar[1].

107 Art. 8 Abs. 1 Satz 2 VO Nr. 596/2014 hat einen weiteren neuen Tatbestand eingefügt. So gilt die Nutzung von Insiderinformation in Form der *Änderung oder Stornierung eines Auftrags in Bezug auf ein Finanzinstrument*, auf das sich die Insiderinformation bezieht, auch als Insidergeschäft, wenn der Auftrag vor Erlangen der Insiderinformation erteilt wurde. Die Regelung schließt damit eine Regelungslücke. Die Stornierung eines Auftrags war bisher mangels Erwerbs bzw. Veräußerung nicht vom Verbot umfasst. Jedoch wurde auch in diesen Fällen die Insiderinformation genutzt. Diese Rechtslage war mit dem Schutzzweck der Norm nicht vereinbar[2]. Anwendung finden könnte diese Regelung z.B. im Vorfeld eines Übernahmeangebots, wenn der Bieter einer Bank den Auftrag erteilt, Aktien der Zielgesellschaft zu erwerben und der Bieter während der Due Diligence Kenntnis von einer Insiderinformation erlangt. Der Auftrag darf dann, solange er noch nicht erfüllt ist, unter Nutzung dieser Insiderinformation nicht abgeändert oder storniert werden[3].

108 **b) Tatbestandsausnahme, Art. 9 VO Nr. 596/2014.** Als Ausnahmen vom Verbot des Insiderhandels legt Art. 9 VO Nr. 596/2014 legitime Handlungen fest.

109 Die Regelungstechnik von Art. 9 VO Nr. 596/2014 erklärt sich mit der „Spector Photo Group"-Entscheidung des EuGH. Dem EuGH zufolge besteht eine widerlegliche Vermutung dahingehend, dass ein Primärinsider, der Insiderinformationen besitzt und Finanzinstrumente erwirbt oder veräußert, Insiderinformationen nutzt[4] (s. dazu bereits Rz. 22). Der europäische Gesetzgeber hat diese Rechtsprechung mit Art. 9 VO Nr. 596/2014 unter Übernahme und Erweiterung der von der EuGH genannten Fallgruppen[5] kodifiziert. So gibt Art. 9 Abs. 2 VO Nr. 596/2014 den Erwägungsgrund 18; Art. 9 Abs. 4 VO Nr. 596/2014 Erwägungsgrund 29 RL 2003/6/EG wieder; Art. 9 Abs. 1 VO Nr. 596/2014 ist neu. Sind die Voraussetzungen des Ausnahmetatbestandes erfüllt, liegt keine Nutzung i.S.v. Art. 8 Abs. 1 VO Nr. 596/2014 vor und der Tatbestand des Insiderhandelsverbot ist nicht erfüllt[6]. Da es strafrechtlich im deutschen Recht keine „Vermutung" des Nutzens gibt, allenfalls einen gewissen Erfahrungssatz, der die richterliche Beweiswürdigung beeinflusst[7], hat Art. 9 VO Nr. 596/2014 im Strafrecht die Bedeutung einer Tatbestandsausnahme vom Verbot[8].

110 Nach Art. 9 Abs. 6 VO Nr. 596/2014 kann die zuständige Aufsichtsbehörde jedoch unbeschadet der Abs. 1 bis 5 die Rechtswidrigkeit der Geschäfte feststellen und somit kann in diesem Falle auch dann ein Verstoß gegen das Insiderverbot in Art. 14 VO Nr. 596/2014 vorliegen. Es handelt sich bei Art. 9 Abs. 6 VO Nr. 596/2014 also um eine *Widerlegung der Vermutung des Nutzens*. Demnach stellen die „legitimen Handlungen" auch keine Bereichsausnahmen („*Safe Harbours*") wie in Art. 5 VO Nr. 596/2014 (§ 14 Abs. 2 WpHG a.F. und § 20a Abs. 3 WpHG a.F.) enthalten, dar[9]. Da **Art. 9 Abs. 6 VO Nr. 596/2014** eine Feststellung der zuständigen Behörde voraussetzt, kann dies die **Strafbarkeit nicht begründen**.

111 **3. Strafbewehrung des Verbots der Empfehlung eines Insidergeschäftes oder der Verleitung hierzu (§ 119 Abs. 3 Nr. 2 WpHG) und des Verbots der Offenlegung von Insiderinformationen (§ 119 Abs. 3 Nr. 3 WpHG).** § 119 Abs. 3 Nr. 2 und 3 WpHG verweisen hinsichtlich der Tathandlungen auf **Art. 14 lit. b und c VO Nr. 596/2014**, die wiederum Art. 8 ff. VO Nr. 596/2014 in Bezug nehmen. Das insoweit erforderliche, gestufte „Zusammenlesen" (Vor §§ 119 ff. WpHG Rz. 33) ergibt, dass bestraft wird, wer einen anderen auf der Grundlage einer Insiderinformation den Erwerb oder die Veräußerung von Insiderpapieren empfiehlt oder einen anderen dazu verleitet oder wer einem anderen eine Insiderinformation offenlegt. Es handelt sich durchweg um Vorfeldtatbestände, die Vorbereitungshandlungen zum eigentlichen Insiderhandel erfassen, was eine weite **Vorverlagerung des Rechtsgüterschutzes** beinhaltet und die insoweit zusätzlich angeordnete Versuchsstrafbarkeit (§ 119 Abs. 4 WpHG) fragwürdig macht (s. Rz. 129 ff.). Sinn und Zweck dieser Vorfeldtatbestände ist es, die Umgehung des Handelsverbots zu verhindern[10].

112 Tauglicher **Täter kann** beim Empfehlungs-, Verleitungs- und Offenlegungsverbot jede Person sein, die Insiderinformationen hat (Art. 8 Abs. 4 VO Nr. 596/2014).

---

1 EuGH v. 10.5.2007 – Rs. C-391/04 Rz. 39, Slg. 2007, I-03741 = AG 2007, 542 – Georgakis, s. zur Nutzung auch Anm. von *Voß*, BB 2010, 329 ff. zu EuGH v. 23.12.2009 – Rs. C-45/08, AG 2010, 74 – Spector Photo Group.
2 S. dazu *Giering*, CCZ 2016, 214, 215.
3 So aufgeführt von *Krause*, CCZ 2014, 248, 251.
4 EuGH v. 23.12.2009 – Rs. C-45/08 Rz. 54, 62, Slg. 2009, I-12073 = AG 2010, 74 – Spector Photo Group.
5 EuGH v. 23.12.2009 – Rs. C-45/08 Rz. 56 ff., Slg. 2009, I-12073 = AG 2010, 74 – Spector Photo Group.
6 So *Klöhn*, AG 2016, 423, 433; *Poelzig*, NZG 2016, 528, 532; *Veil*, ZBB 2014, 85, 91; *Seibt/Wollenschläger*, AG 2014, 593, 597.
7 *Rönnau/Wegner* in Meyer/Veil/Rönnau, Handbuch zum Marktmissbrauchsrecht, 2018, § 28 Rz. 105; *Diversy/Köpferl* in Graf/Jäger/Wittig, Wirtschafts- und Steuerstrafrecht, 2. Aufl. 2017, § 38 WpHG Rz. 172.
8 Zum bisherigen Recht *Theile* in Esser/Rübenstahl/Saliger/Tsambikakis, 1. Aufl. 2017, § 38 WpHG a.F. Rz. 31.
9 So *Renz/Leibhold*, CCZ 2016, 157, 161 f.; *Poelzig*, NZG 2016, 528, 533.
10 So *Koch* in Sieber/Satzger/von Heintschel-Heinegg, Europäisches Strafrecht, 2. Aufl. 2014, § 17 Rz. 8.

a) **Empfehlung. Tathandlung** ist einerseits die unbefugte *Empfehlung* eines Insidergeschäftes i.S.v. Art. 8 Abs. 2 Alt. 1 VO Nr. 596/2014. Empfehlung (s. dazu bereits 6. Aufl., § 14 WpHG Rz. 118 ff.) ist insbesondere der „Tip" (sog. „tipping"). Gegenstand der Empfehlung muss gem. Art. 8 Abs. 2 VO Nr. 596/2014 der Bezug, Erwerb oder die Veräußerung (für sich oder einen anderen, s. 6. Aufl., § 14 WpHG Rz. 124) von Finanzinstrumenten oder die Stornierung oder Änderung einer solchen Order sein; der Rat, Insiderpapiere *nicht* zu veräußern bzw. zu erwerben, ist vom möglichen Wortsinn nicht mehr erfasst (6. Aufl., § 14 WpHG Rz. 123). Vollendet ist die Tat, wenn der Empfehlende die Empfehlung zur Kenntnis genommen hat; nicht erforderlich ist, dass der Adressat wie empfohlen handelt[1]. Eine Empfehlung setzt auch keine Weitergabe der Information voraus, da die Empfehlung sonst zum Unterfall der Offenlegung werden würde. Durch das Empfehlungsverbot sollen aber gerade die Fälle erfasst werden, in denen der Insider die Information nicht weitergibt, sondern das Offenlegungsverbot umgeht und nur die Bewertung weitergibt[2]. Die Rechtslage entspricht insoweit der vorherigen Regelung des § 14 Abs. 1 Nr. 3 WpHG a.F.

113

Tathandlung gem. Art. 8 Abs. 2 Alt. 2 VO Nr. 596/2014 ist weiterhin das Verleiten Dritter zum Tätigen eines Insidergeschäfts (s. zum Begriff des „Verleitens" 6. Aufl., § 14 WpHG Rz. 126 ff.). Neu ist Art. 8 Abs. 3 VO Nr. 596/2014, der das Verbot statuiert, eine Empfehlung zu nutzen oder einer Anstiftung zu folgen, wenn die handelnde Person weiß oder hätte wissen müssen, dass diese auf einer Insiderinformation beruht. Fahrlässiges Handeln („hätte wissen müssen") begründet dabei jedoch keine Strafbarkeit nach § 119 Abs. 3 Nr. 2 WpHG, sondern ist lediglich gem. § 120 Abs. 14 WpHG eine Ordnungswidrigkeit.

114

b) **Verleiten.** Der im alten Recht in § 14 Abs. 1 Nr. 3 WpHG a.F., Art. 3 lit. b RL 2003/6/EG verwendete Begriff des *„Verleitens"* wurde zunächst durch den Begriff der *„Anstiftung"* (Art. 8 Abs. 2 Alt. 2 und 3, Art. 14 lit. b VO Nr. 596/2014) ersetzt. Der Begriff der Anstiftung, den die Marktmissbrauchsverordnung zunächst verwendet hat, war dabei europäisch autonom, d.h. nicht unter Rückgriff auf § 26 StGB auszulegen[3]. Inzwischen ist der deutsche Wortlaut der MAR korrigiert worden. Daher verwendet der deutsche Gesetzgeber nunmehr in § 119 Abs. 3 Nr. 2 WpHG nicht mehr das Wort „anstiften", wie noch im Referentenentwurf vorgesehen war, sondern das Wort „verleiten"[4]. Hiermit wird, wie die anderen Sprachfassungen zeigen, der europäische Verordnungsgehalt zutreffender zum Ausdruck gebracht als durch den ursprünglichen deutschen Text[5]. Allerdings schweigt die Gesetzesbegründung hierzu. Nach dem deutschen Verständnis erfordert die Anstiftung zum Tätigen eines Insidergeschäfts das Vorliegen einer vorsätzlichen rechtswidrigen Haupttat. Die tatbestandlichen Anforderungen wären demnach höher als bei einem bloßen „Verleiten", welches bereits bei dem bloßen Bestimmen eines anderen durch Willensbeeinflussung vorläge. Andere Sprachfassungen der MAR (so z.B. die englische) haben den Wortlaut der Vorgängerrichtlinie 2003/6/EG jedoch ohne inhaltliche Änderungen übernommen[6]. Gemeint mit dem Begriff „Anstiftung" ist demnach das englische *„to induce"*, also das Verleiten und nicht etwa die Anstiftung gem. § 26 StGB[7]. Der europäische Gesetzgeber will mit dem Begriff der „Anstiftung" lediglich eine Bestimmungstäterschaft umschreiben[8], so dass auch im Rahmen des § 119 Abs. 3 Nr. 2 WpHG das bloße „Bestimmen" eines anderen ausreicht. Erforderlich ist, dass der Täter bei dem Dritten den Entschluss zum Insidergeschäft hervorruft und dass der Dritte – anders als beim Empfehlen – das Geschäft auch tatsächlich tätigt. Der Sache nach handelt es sich um eine – rechtspolitisch nicht besonders sinnvolle – als Tatbestandsvariante verselbstständigte Teilnahme- oder Tathandlung. Vorausgesetzt ist in jedem Fall die Vornahme eines Insidergeschäfts durch den Verleiteten[9]. Viele Fälle dürften eher der mittelbaren Täterschaft gleichen[10].

115

c) **Offenlegung.** Offenlegen bedeutet Weitergeben (s. 6. Aufl., § 14 WpHG Rz. 65 ff.), bzw. Ermöglichen der Kenntnisnahme durch einen anderen (s. 6. Aufl., § 14 WpHG Rz. 66). Gemäß Art. 10 Abs. 1 VO Nr. 596/2014 liegt eine unrechtmäßige Offenlegung dann vor, wenn eine Person, die über eine Insiderinformation verfügt, diese einer anderen Personen offenlegt. Eine sachliche Änderung gegenüber dem alten Recht, das die Merkmale des „Mitteilens" und „Zugänglichmachens" vorsah, ist mit der terminologischen Anpassung an die Marktmissbrauchsverordnung nicht verbunden. Wie auch im alten Recht ist für die Vollendungsstrafbarkeit stets die Kenntnisnahme durch den anderen erforderlich.

116

Die in Art. 14 lit. c VO Nr. 596/2014 vorausgesetzte „Unrechtmäßigkeit" der Offenlegung ist ein echtes (negatives) Tatbestandsmerkmal, das vorliegt, soweit kein Tatbestandsausschluss nach der Marktmissbrauchsverordnung eingreift.

117

---

1 *Göhler*, ZIS 2016, 266, 269 f.
2 *Mennicke* in Fuchs, § 14 WpHG Rz. 369.
3 S. ausführlich dazu *Göhler*, ZIS 2016, 266, 272 ff. zustimmend zu europäisch autonomer Auslegung.
4 Begr. RegE, BT-Drucks. 18/10936, 92.
5 *Klöhn*, AG 2016, 423, 424 f.
6 So dazu *Poelzig*, NZG 2016, 528, 533.
7 So auch *Klöhn*, AG 2016, 423, 424.
8 *Killmann* in Sieber/Satzger/von Heintschel-Heinegg, Europäisches Strafrecht, 2. Aufl. 2014, § 11 Rz. 23.
9 *Göhler*, ZIS 2016, 266, 272 ff.
10 *Göhler*, ZIS 2016, 266, 275.

118 Die Offenlegung gem. Art. 10 Abs. 1 VO Nr. 596/2014 ist dann nicht unrechtmäßig, wenn sie im Zuge der normalen Ausübung der Beschäftigung oder eines Berufes oder zur normalen Erfüllung von Aufgaben geschieht[1]. Das sind hochgradig wertungsoffene Tatbestandselemente. Das hat zur Konsequenz, dass tatsächliche Fehlvorstellungen über das Vorliegen von Tatbestandsausschlussgründen nach der Marktmissbrauchsverordnung zu einem Tatbestandsirrtum nach § 16 StGB führen. Hier handelt es sich um ein normatives Tatbestandsmerkmal[2].

119 **d) Bedeutung des Ausnahmetatbestands des Art. 10 Abs. 1 Halbsatz 2, Art. 11 VO Nr. 596/2014 bei der Offenlegung.** Die Frage nach der Auslegung des Ausnahmetatbestandes des Art. 10 Abs. 1 Halbsatz 2 VO Nr. 596/2014 bleibt jedoch weiterhin bestehen. So hat der EuGH in seiner *Grongaard & Bang*-Entscheidung[3] zur Auslegung des Ausnahmetatbestandes in Art. 3 RL 1989/592/EG (Insiderrichtlinie)[4] entschieden, dass die Offenlegung im engen Zusammenhang mit der Ausübung der Arbeit oder der Erfüllung der Aufgaben stehen muss und hierfür unerlässlich sowie verhältnismäßig sein muss[5] (s. 6. Aufl., § 14 WpHG Rz. 74a ff.). Die Regelung stellte demnach also eine eng auszulegende Ausnahmevorschrift dar. Mit der Neufassung des Art. 10 Abs. 1 Halbsatz 2 VO Nr. 596/2014 hätte der europäische Gesetzgeber Unklarheiten beseitigen können und das Kriterium der „Unerlässlichkeit" und der „Erforderlichkeit" als weitere Voraussetzung der Ausnahme festschreiben können. Fraglich ist, ob der europäische Gesetzgeber mit der Beibehaltung des Wortlautes (Art. 10 Abs. 1 Halbsatz 2 VO Nr. 596/2014 entspricht dem Wortlaut von Art. 3 RL 2003/6/EG und Art. 3 RL 1989/592/EG) bewusst der EuGH-Rechtsprechung eine Absage erteilen wollte[6]. Auch die Erwägungsgründe der Verordnung geben darüber keinen Aufschluss, da Erwägungsrund (35) Satz 1 VO Nr. 596/2014 lediglich die Voraussetzungen des Art. 10 Abs. 1 VO Nr. 596/2014 wiederholt, ohne auf das Kriterium der Unerlässlichkeit einzugehen. Allein durch ein Unterlassen der Änderung dieser Regelung kann nicht auf den Willen des europäischen Gesetzgebers geschlossen werden, dass nach dem neuen Recht das Unerlässlichkeitskriterium des EuGH keine Anwendung mehr finden soll[7]. Gleichwohl erlaubt es der strafrechtliche Bestimmtheitsgrundsatz nicht, die Strafbarkeit durch ungeschriebene Voraussetzungen der Tatbestandausnahme auszudehnen. Zutreffend wird weiter dagegen angeführt, dass bei Anwendung der EuGH-Rechtsprechung im Rahmen von Art. 11 VO Nr. 596/2014 die Regelungen über die Marktsondierung insbesondere bei Übernahmeangeboten (Art. 11 Abs. 2 VO Nr. 596/2014) keinen Anwendungsbereich mehr hätten und eine Marktsondierung de facto unmöglich wäre[8]. Die technischen Regulierungsstandards der ESMA sehen allerdings vor, dass offenlegende Marktteilnehmer feststellen sollen, dass die Offenlegung erforderlich und angemessen ist (*„necessary and appropriate"*) im Hinblick auf das Interesse der Investoren an dem konkreten Geschäft. Üblicherweise sind dies Informationen, die sich auf die Charakteristika der beabsichtigten Transaktion beziehen. Außerdem soll die Offenlegung von Informationen vermieden werden, die gerade nicht erforderlich ist[9]. Mängel in diesem Bereich sind aber **nicht strafbegründend**.

120 Auf der Grundlage der Kenntnis von einer Insidertatsache wird die Empfehlung abgegeben, wenn die Kenntnis mindestens **mitursächlich** für die Empfehlung ist.

121 Neu eingeführt durch **Art. 11 VO Nr. 596/2014** wurde eine spezielle **Ausnahmeregelung** für **Marktsondierungen**. Sind die Voraussetzungen des Art. 11 VO Nr. 596/2014 erfüllt, ist eine Offenlegung von Informationen im Rahmen einer Marktsondierung rechtmäßig. Privilegiert werden *Emittenten, Zweitanbieter eines Finanzinstruments, Teilnehmer am Markt für Emissionszertifikate* sowie *Dritte*, die im Auftrag oder für Rechnung dieser Personen handeln (Art. 11 Abs. 1 lit. a–d VO Nr. 596/2014). Das *Handeln eines Dritten* im Auftrag ist dann anzunehmen, wenn dieser an einem vom Empfänger der Marktsondierung in Auftrag gegebenen Geschäft beteiligt ist. Das Geschäft muss dabei von dem Dritten zusammen mit dem Empfänger oder zumindest in dessen Auftrag initiiert worden sein. Die Anweisung dazu kann jedoch in schriftlicher oder mündlicher Form erfolgen, da Marktsondierungen oft in einem Verhandlungsstadium stattfinden, in welchem es noch keine schriftlichen Vereinbarungen gibt. Wird ein offenlegender Marktteilnehmer i.S.d. Art. 11 Abs. 1 VO Nr. 596/2014 auf eigene Initiative tätig, ohne von dem Empfänger beauftragt zu sein, so ist dies keine Marktsondierung i.S.d. Art. 11 VO Nr. 596/2014[10]. Art. 11 Abs. 2 VO Nr. 596/2014 privilegiert *Erwerbsinteressenten*, wenn sie ein

---

1 S. dazu *Klöhn* in KölnKomm. WpHG, § 14 WpHG Rz. 286 ff.
2 *Rönnau/Wegner* in Meyer/Veil/Rönnau, Handbuch zum Marktmissbrauchsrecht, 2018, § 28 Rz. 116; *Theile* in Esser/Rübenstahl/Saliger/Tsambikakis, 1. Aufl. 2017, § 38 WpHG Rz. 137.
3 EuGH v. 22.11.2005 – Rs. C-384/02, NZG 2006, 60 ff.
4 Richtlinie 1989/592/EWG des Rates vom 13.11.1989 zur Koordinierung der Vorschriften betreffend Insider-Geschäfte, ABl. EG Nr. L 334 v. 18.11.1989, S. 30.
5 EuGH v. 22.11.2005 – Rs. C-384/02, NZG 2006, 60 ff.: umstritten ist dabei, wie das Kriterium der Unerlässlichkeit zu verstehen ist, und ob dafür die Erforderlichkeit genügt.
6 So *Zetzsche*, NZG 2015, 817, 819 f., welcher in der Wiederholung des Erwägungsgrundes 35 in Art. 10 Abs. 1 VO Nr. 596/2014 die Ablehnung des Unerlässlichkeitskriteriums liest.
7 So auch *Poelzig*, NZG 2016, 528, 533; *Veil*, ZBB 2014, 85, 91.
8 So *Krause*, CCZ 2014, 248, 254; *Tissen*, NZG 2015, 1254, 1255; *Poelzig*, NZG 2016, 528, 535; *Veil*, ZBB 2014, 85, 92.
9 ESMA, Final Report – Draft Technical Standards on the Market Abuse Regulation, Rz. 76.
10 ESMA, Final Report – Draft Technical Standards on the Market Abuse Regulation v. 28.9.2015 – ESMA/2015/1455, Rz. 66, 67.

Übernahmeangebot für Anteile eines Unternehmens oder für einen Unternehmenszusammenschluss Dritten gegenüber abgeben möchten, die Anspruch auf die Anteile des Unternehmens haben. Die Verordnung definiert den Begriff des Übernahmeangebots nicht, es ist jedoch davon auszugehen, dass diesbezüglich auf die Übernahmerichtlinie zurückgegriffen werden kann und Übernahmeangebote i.S.d. Art. 2 Abs. 1 lit. a RL 2004/25/EG (Übernahmerichtlinie)[1] gemeint sind und einfache Erwerbsangebote nicht erfasst sind. Dafür spricht, dass der Begriff des Übernahmeangebots im Erwägungsgrund 27 VO Nr. 596/2014 im Zusammenhang mit der Übernahmerichtlinie erwähnt wird[2].

Offenlegungen im Verlauf von Marktsondierungen gelten dann als im Zuge der normalen Ausübung der Beschäftigung vorgenommen, wenn der offenlegende Marktteilnehmer die **Dokumentations- und Informationspflichten** gem. Art. 11 Abs. 3 und 5 VO Nr. 596/2014 erfüllt. Die von den offenlegenden Marktteilnehmern angefertigten Ausführungen sind mindestens 5 Jahre lang aufzubewahren (Art. 11 Abs. 8 VO Nr. 596/2014). Sollten nach Ansicht der offenlegenden Marktteilnehmer offengelegte Information während der Marktsondierung ihre Eigenschaft als Insiderinformation verlieren, so sind die Empfänger schnellstens davon in Kenntnis zu setzen (Art. 11 Abs. 6 VO Nr. 596/2014, sog. *Cleansing*). Ein Verstoß gegen Art. 11 Abs. 6 VO Nr. 596/2014 bleibt jedoch folgenlos, da die Vorschrift weder im Bußgeldkatalog des § 120 WpHG enthalten ist, noch als Bedingung für eine rechtmäßige Offenlegung in Art. 11 Abs. 4 VO Nr. 596/2014 genannt ist, so dass die Offenlegung auch nicht im Nachhinein unrechtmäßig wird[3]. Unbeschadet dieser Bestimmungen nimmt die Person, welche die Marktsondierung erhält, jedoch auch selbst eine Einschätzung vor, ob bzw. wenn sie nicht mehr im Besitz einer Insiderinformation ist (Art. 11 Abs. 7 VO Nr. 596/2014). **Empfänger von Marktsondierungen** unterliegen auch dem allgemeinen Insiderverbot gem. Art. 14 VO Nr. 596/2014.

Um die Vorgaben des Art. 11 VO Nr. 596/2014 zu konkretisieren und seine Harmonisierung sicherzustellen, wurden auf Grundlage von Art. 9 und 10 VO Nr. 596/2014 von der ESMA technische Regulierungsstandards erlassen[4]. Auf Grundlage des Art. 11 Abs. 11 VO Nr. 596/2014 hat die ESMA rechtlich unverbindliche Leitlinien[5] für zuständige Behörden und Personen, die Marktsondierungen erhalten in Bezug auf Faktoren, Schritte und Aufzeichnungen, die von diesen zu beachten sind, erlassen. Die Leitlinien sind am 10.1.2017 in Kraft getreten.

4. Ausnahmen für Rückkaufprogramme und Stabilisierungsmaßnahmen, Art. 5 VO Nr. 596/2014. Die Bereichsausnahmen des Art. 5 VO Nr. 596/2014 gelten auch für das Verbot von Insidergeschäften (s. dazu Rz. 56) und ersetzen die alte Regelung des § 14 Abs. 2 WpHG a.F. (s. dazu 6. Aufl., § 14 WpHG Rz. 212 ff.).

5. Subjektiver Tatbestand: Vorsatz. Nach der Neuregelung des § 119 Abs. 3 WpHG ist entgegen der vorherigen Regelung des § 38 Abs. 4 WpHG a.F., welcher auch leichtfertiges Handeln unter Strafe stellte, nur noch **vorsätzliches** Handeln vom Tatbestand erfasst. § 119 Abs. 3 WpHG sieht zwar im Gegensatz zu § 119 Abs. 1 WpHG ein Vorsatzerfordernis nicht ausdrücklich im Wortlaut vor, mit Rücksicht auf Art. 3 Abs. 1 RL 2014/57/EU, § 15 StGB und § 120 Abs. 14 WpHG ist jedoch nur vorsätzliches Verhalten strafbar. Der Vorsatz (zumindest ein bedingter Vorsatz) muss sich dabei auch auf die Verwirklichung des normativen Tatbestandsmerkmals der Kurserheblichkeit[6] beziehen.

Auch im Rahmen der § 119 Abs. 3 Nr. 2 und 3 WpHG ist im Einklang mit Art. 3 Abs. 1 und 4 Abs. 1 RL 2014/57/EU (s. dazu bereits Rz. 9) und § 15 StGB nur **vorsätzliches** Handeln strafbar. Es gelten hier auch die besonderen Anforderungen beim Vorsatz von Sekundärinsidern (Rz. 103 und Art. 8 Abs. 4 Unterabs. 2 bzw. Art. 10 Abs. 1 Unterabs. 2 i.V.m. Art. 8 Abs. 4 Unterabs. 2 VO Nr. 596/2014). Gleiches gilt auch für die Tatbestandsvariante des Art. 8 Abs. 3 Alt. 2 VO Nr. 596/2014. Fahrlässiges Handeln stellt auch hier nur (bei Leichtfertigkeit) eine Ordnungswidrigkeit gem. § 120 Abs. 14 WpHG dar. Art. 8 Abs. 3, Art. 8, Abs. 4 Unterabs. 2, Art. 10 Abs. 2 VO Nr. 596/2014 lassen zwar bezüglich des Verbots von Insidergeschäften bei Sekundärinsidern fahrlässiges Verhalten („hätte wissen müssen") für die Erfüllung des Tatbestandes ausreichen, zwingen den nationalen Gesetzgeber jedoch nicht, eine Fahrlässigkeitsstrafbarkeit einzuführen.

VI. Strafbarkeit des Versuchs (§ 119 Abs. 4 WpHG). Der *Versuch* verbotener Insidergeschäfte war bereits nach der alten Rechtslage seit dem 30.10.2004 in Bezug auf verbotene Insidergeschäfte strafbar (§ 38 Abs. 3 i.V.m. Abs. 1 WpHG a.F.)[7]. Der Gesetzgeber sah sich hierzu gem. Art. 2 Abs. 1 Satz 1 i.V.m. Art. 14 RL 2003/6/EG gezwungen, weil hiernach auch der Versuch zu verbieten und sanktionieren sei (RegE AnsVG, BT-Drucks. 15/3174, 40) – dies muss aber nicht zwingend auf eine *straf*rechtliche Sanktionierung hinauslaufen (s. 6. Aufl., Vor Abschnitt 12 Rz. 5).

---

1 Richtlinie 2004/25/EG des Europäischen Parlaments und des Rates vom 21.4.2004 betreffend Übernahmeangebote, ABl. EU Nr. L 142 v. 30.4.2004, S. 12.
2 So *Poelzig*, NZG 2016, 528, 534.
3 S. *Poelzig*, NZG 2016, 528, 535.
4 ESMA, Final Report – Draft Technical Standards on the Market Abuse Regulation v. 28.9.2015 – ESMA/2015/1455, Rz. 61 ff., Annex VIII und IX.
5 ESMA MAR-Leitlinien, Personen, die Marktsondierung erhalten, v. 10.11.2016 – ESMA/2016/1477 DE.
6 Im Einzelnen *Schröder*, Handbuch Kapitalmarktstrafrecht, 3. Aufl. 2015, Rz. 235.
7 S. hierzu *Gehrmann* in Schork/Groß, Bankstrafrecht, 2013, § 5, Rz. 537 ff.

128 Die CSMAD verpflichtet nun die Mitgliedstaaten gem. Art. 6 Abs. 2 RL 2014/57/EU zur Einführung einer Versuchsstrafbarkeit für das Tätigen eines Insidergeschäfts bzw. für die Empfehlung an Dritte oder die Anstiftung Dritter Insidergeschäfte zu tätigen. Da es sich bei den Straftaten nach § 119 Abs. 1, 3 laut § 12 Abs. 2 StGB lediglich um Vergehen handelt und der Versuch eines Vergehens gem. § 23 Abs. 1 StGB nur bei ausdrücklicher Anordnung strafbar ist, war hier eine ausdrücklich gesondert geregelte Versuchsstrafbarkeit erforderlich. Der deutsche Gesetzgeber hat diese Anforderungen mit dem § 119 Abs. 4 WpHG umgesetzt und geht dabei sogar über die unionsrechtlichen Vorgaben hinaus. So ist nach deutschem Recht auch der Versuch der unrechtmäßigen Offenlegung einer Insiderinformation (§ 119 Abs. 4 i.V.m. Abs. 3 Nr. 3 WpHG) strafbar. Da die Vorschriften der Richtlinie lediglich eine Mindestharmonisierung darstellen, ist es dem deutschen Gesetzgeber möglich, strengere nationale Vorschriften einzuführen (s. dazu bereits Vor §§ 119 ff. WpHG Rz. 28). Sachliche Bedenken, dass § 119 Abs. 3 WpHG ohnehin ein Verhalten im Vorfeld von Schäden und sogar (§ 119 Abs. 2 und 3 WpHG) Vorbereitungs- bzw. Beteiligungshandlungen unter Strafe stellt[1], bestehen gegenüber dem heutigen Recht in noch verstärkter Weise.

129 Neu ist die Versuchsstrafbarkeit der Marktmanipulation. Nach dem 1. FiMaNoG regelte der deutsche Gesetzgeber die Versuchsstrafbarkeit lediglich in den Fällen des § 38 Abs. 1 Nr. 2 i.V.m. § 39 Abs. 3d Nr. 2 WpHG a.F. (bei unmittelbar durch die MAR geregelten Bezugsnormen), wozu der nationale Gesetzgeber auch gem. Art. 6 Abs. 2 RL 2014/57/EU verpflichtet war. Nach der Neuregelung durch das 2. FiMaNoG wurde die Versuchsstrafbarkeit der Marktmanipulation jedoch auf alle Fälle der Marktmanipulation ausgeweitet, d.h. strafbar ist nun also gem. § 119 Abs. 4 WpHG die Marktmanipulation gem. § 119 Abs. 1 WpHG in allen Begehungsvarianten. Zweck dieser Änderung ist die Schaffung eines einheitlichen Sanktionsregimes zu Marktmanipulationen bei Finanzinstrumenten[2].

130 Zur Ausgestaltung der Versuchsstrafbarkeit finden uneingeschränkt die nationalen Regelungen der §§ 23, 24 StGB Anwendung (s. Vor §§ 119 ff. WpHG Rz. 46). Auf europäischer Ebene gibt es keine einheitlichen Regelungen über die Versuchsstrafbarkeit, so dass die nationalen Regelungen über die Versuchsstrafbarkeit zur Anwendung kommen[3]. Mithin richtet sich die Frage, wann ein Versuch vorliegt, weiterhin nach nationalem Recht. Eine Europäisierung des kapitalmarktrechtlichen Versuchsbegriffs hätte eine Normspaltung im nationalen Recht zur Folge, die dem Rücksichtnahme- und Einfügenszweck der Mindestharmonisierung widerspräche.

131 Parallel zur Strafbarkeit des Versuchs erstreckt Art. 14 lit. a VO Nr. 596/2014 das materielle Verbot ebenfalls auf den Versuch, ein Insidergeschäft zu tätigen. Das materielle Verbot von versuchtem Insiderhandel (und versuchter Marktmanipulation) ist erforderlich, um den zuständigen Behörden die Möglichkeit zu geben, schon bei entsprechenden Versuchen mit Maßnahmen einzuschreiten[4]. Hierauf verweist § 119 Abs. 3 Nr. 1 WpHG jedoch nicht, so dass sich die strafrechtliche Versuchsregelung allein aus § 119 Abs. 4 WpHG i.V.m. §§ 23, 24 StGB ergibt. Somit ist der Versuchsbegriff des § 119 Abs. 4 WpHG ein anderer als der des Art. 14 lit. a VO Nr. 596/2014. Es spielt daher hier keine Rolle, dass sich die Auslegung von Bestimmungen der Marktmissbrauchsverordnung allein nach europäischen Grundsätzen richtet.

132 Regelungsstrukturell vergleichbar erstreckt auch Art. 15 VO Nr. 596/2014 das materiell nichtstrafrechtliche Verbot von Marktmanipulation auf Versuche hierzu. Auch dies wird im Straftatbestand zunächst nur für die vollendete Begehung (§ 120 Abs. 2 Nr. 3 WpHG) mit Einwirkungserfolg (§ 119 Abs. 1 WpHG) beschränkt und dann strafrechtsautonom auf den strafrechtlich nach nationalem Recht ausgestalteten Versuch auf Marktmanipulationen bei Waren und ausländischen Zahlungsmitteln nach § 25 WpHG i.V.m. Art. 15 VO Nr. 596/2014 erstreckt.

133 Die Versuchsstrafbarkeit setzt die **Nichtvollendung** der Tat voraus. Weiterhin ist dem Täter der **Tatentschluss**, gegen das Verbot von Insidergeschäften bzw. der Marktmanipulation verstoßen, nachzuweisen. Uneingeschränkt nach nationalem Recht richten sich auch die Milderungen beim Versuch und die Strafaufhebung beim **Rücktritt vom Versuch**[5].

134 Da der Tatentschluss rein subjektiv zu bestimmen ist, kann auch der *untaugliche Versuch des Verstoßes gegen das Insiderhandelsverbot* strafbar sein, z.B. wenn es objektiv an einem Insiderpapier oder einer Insiderinformation fehlt, der Täter aber Umstände annimmt, die wären sie gegeben, das Papier zu einem Insiderpapier oder die Information zu einer Insiderinformation gemacht hätten. Da *dolus eventualis* nach allgemeinen Regeln genügt, kann die Versuchsstrafbarkeit z.B. eingreifen, wenn die Eignung der Information, den Preis erheblich zu

---

1 Näher *Heise*, Der Insiderhandel an der Börse und dessen strafrechtliche Bedeutung, 2000, S. 165 f. m.N. zu den vorherigen Versuchen, im Gesetz eine Versuchsstrafbarkeit zu verankern.
2 Entwurf eines Zweiten Gesetzes zur Novellierung von Finanzmarktvorschriften auf Grund europäischer Rechtsakte (2. FiMaNoG), RegE BT-Drucks. 18/10936, 251.
3 S. dazu auch: Schlussfolgerungen über „Musterbestimmungen als Orientierungspunkte für die Verhandlungen des Rates im Bereich des Strafrecht", Ratsdokument 16542/09 REV 1 v. 27.11.2009 Nr. 9, wonach bezüglich der Versuchsstrafbarkeit die verschiedenen nationalen Regelungen berücksichtigt werden sollen.
4 Erwägungsgrund 41 VO Nr. 596/2014.
5 Näher z.B. *Jescheck/Weigend*, Lehrbuch des Strafrechts, AT, S. 536 ff.; *Theile* in Esser/Rübenstahl/Saliger/Tsambikakis, 1. Aufl. 2017, § 38 WpHG a.F. Rz. 79.

beeinflussen, zwar nicht objektiv festgestellt werden kann, jedoch der Tatrichter zur Überzeugung gelangt, der Täter habe es mindestens für möglich gehalten und billigend in Kauf genommen, dass die Information zur erheblichen Preisbeeinflussung geeignet sei. Gemäß § 22 StGB muss der Täter zum verbotenen Insiderhandel **unmittelbar angesetzt** haben[1]. Bei § 119 Abs. 3 Nr. 1 WpHG genügt die Vorbereitung der Erwerbs- oder Veräußerungsorder nicht, wohl aber deren Erteilung; bei § 119 Abs. 3 Nr. 2 und 3 WpHG genügt jedenfalls die Abgabe der jeweiligen Erklärung, mit der eine Insiderinformation offengelegt oder eine Empfehlung ausgesprochen oder jemand verleitet werden soll.

Der Versuch der *Marktmanipulation* kann sich z.B. auf solche Situation erstrecken, in denen die Aktivität bereits begonnen hat, aber eben nicht vollendet wurde, z.B. aufgrund technischen Versagens oder eines Handelsauftrags, der nicht ausgeführt wird. Eine versuchte Marktmanipulation muss jedoch von Handlungen unterschieden werden, bei denen lediglich davon auszugehen ist, dass sie zu einer Marktmanipulation führen werden (Handlungen im Vorfeld). 135

VII. Besondere Strafbewehrung des Verbots von Insidergeschäften im Zusammenhang mit der Versteigerung von Treibhausgasemissionszertifikaten (§ 119 Abs. 2, 4, 7 WpHG). 1. Systematische Bedeutung. Für Energiegroßhandelsmärkte gibt es – strafbewehrte – Integritätsregeln in der **VO Nr. 1227/2011 (Art. 3), § 95a EnWG**. Da und soweit mit vollständigem Inkrafttreten der MAR am 3.1.2018 136

- Emissionszertifikate generell Finanzinstrumente sind (Art. 4 Abs. 1 Nr. 15 i.V.m. Anhang I Abschnitt C Nr. 11 RL 2014/65/EU [MiFID II]),
- Versteigerungsplattformen geregelte Märkte i.S.d. Titels III RL 2014/65/EU sind (Art. 4 Abs. 1 Nr. 21 RL 2014/65/EU) sein können,
- auf die die MAR generell anwendbar ist, selbst wenn die Zertifikate keine Finanzinstrumente sind (Art. 2 Abs. 1 Satz 2 VO Nr. 596/2014),

ist das sich aus Art. 7 VO Nr. 596/2014 ergebende Insiderhandelsverbot seitdem auch nach § 119 Abs. 3 WpHG strafbar. § 119 Abs. 2 WpHG (§ 38 Abs. 2 WpHG i.d.F. des 1. FiMaNoG) hat einen eigenständigen Anwendungsbereich bis 2.1.2018 und danach nur noch insoweit, als die Art. 38–40 VO Nr. 1031/2010 inhaltlich von Art. 7–11 VO Nr. 596/2014 abweichen, oder bei Primärversteigerungen auf einer Auktionsplattform, die nicht als geregelter Markt zugelassen ist[2].

2. Unionsrechtlicher Hintergrund und Gesetzesentwicklung. Schon mit dem EAEGÄndG hatte der deutsche Gesetzgeber mit Wirkung vom 30.6.2009 das innerstaatliche deutsche Marktmanipulationsverbot generell auf Emissionsberechtigungen erstreckt (s. Rz. 2). Da und soweit Emissionsberechtigungen und diesbezügliche Spots, Forwards oder Futures keine Finanzinstrumente darstellen (s. noch Rz. 41), bestand eine Schutzlücke, die der Gesetzgeber mit Wirkung vom 13.12.2011 mit § 38 Abs. 2a WpHG a.F. geschlossen hat, ohne dass hierfür eine „harte" unionsrechtliche Verpflichtung bestanden hätte[3]. Der Tatbestand verweist blankettartig auf Unionsverordnungsrecht, weshalb der unionsrechtliche Hintergrund zu erläutern ist: 137

Mit der RL 2003/87/EG[4] hat die damalige Europäische Gemeinschaft ein **Emissionshandelssystem** (Emissions Trading System, ETS) geschaffen, mit dem der Ausstoß von Treibhausgasen, namentlich CO_2, dadurch verringert werden soll, dass Emittenten Gase nur dann emittieren dürfen, wenn sie zuvor entsprechende Berechtigungen (European Union Allowances, EUAs) erworben haben, deren Höchstmenge, die sich um einen linearen Faktor von jährlich 1,74 % verringert, beschränkt ist und die gehandelt werden dürfen („cap and trade"). Ursprünglich – in der ersten (2005–2007) und zweiten (2008–2012) Handelsperiode des ETS – sind EUAs den Emittenten durch die Mitgliedstaaten im Wesentlichen kostenlos nach Maßgabe nationaler Allokationspläne zugeteilt worden, die dem Prinzip des „grandfathering" folgten, sich also an historischen Daten über Emissionen orientierten. Mit der RL 2009/29/EG[5] sind die Weichen dafür gestellt worden, dass die Zuteilung in der dritten Handelsperiode des ETS (2013–2020) schrittweise auf das Verfahren der Versteigerung umgestellt wird, „weil sie das ein- 138

---

1 Dazu *Jescheck/Weigend*, Lehrbuch des Strafrechts, AT, S. 536 ff.
2 A.A. *Rönnau/Wegner* in Meyer/Veil/Rönnau, Handbuch zum Marktmissbrauchsrecht, 2018, § 28 Rz. 94, die davon ausgehen, dass § 119 Abs. 3 WpHG alle Fälle des § 119 Abs. 2 WpHG erfasse.
3 In dem den Marktmissbrauch betreffenden Kapitel X der VO Nr. 1031/2010 ist nicht bestimmt, dass die Mitgliedstaaten Marktmissbrauch betreffend EUAs mit (Kriminal-) Strafe bedrohen müssen. Eine derartige Kriminalisierungsverpflichtung hätte im Rahmen des Art. 83 Abs. 2 AEUV nur durch Richtlinie und nur unter der Voraussetzung statuiert werden dürfen, dass die Harmonisierung „unerlässlich" ist. Vielmehr war der deutsche Gesetzgeber lediglich der allgemeinen Verpflichtung unterworfen, wirksame, verhältnismäßige und abschreckende Sanktionen gegen Marktmissbrauch betreffend EUAs einzuführen, Art. 16 Abs. 1 RL 2003/87/EG i.d.F. der RL 2009/29/EG.
4 Richtlinie 2003/87/EG des Europäischen Parlaments und des Rates vom 13.10.2003 über ein System für den Handel mit Treibhausgasemissionszertifikaten in der Gemeinschaft (…), ABl. EG Nr. L 275 v. 25.10.2003, S. 32. – Die deutsche Umsetzung erfolgte mit dem TEHG vom 8.7.2004, BGBl. I 2004, 1578.
5 Richtlinie 2009/29/EG des Europäischen Parlaments und des Rates vom 23.4.2009 zur Änderung der Richtlinie 2003/87/EG zwecks Verbesserung und Ausweitung des Gemeinschaftssystems für den Handel mit Treibhausgasemissionszertifikaten, ABl. EG Nr. L 140 v. 5.6.2009, S. 63. – Die deutsche Umsetzung erfolgte mit der TEHG-Novelle 2011 (Gesetz zur Anpassung der Rechtsgrundlagen für die Fortentwicklung des Emissionshandels vom 28.7.2011, BGBl. I 2011, 1475).

fachste und (...) wirtschaftlich effizienteste System ist. Die Effizienz des Emissionshandelssystems bedarf eines eindeutigen CO_2-Preissignals, damit die Verringerung von Treibhausgasemissionen zu den geringsten Kosten erreicht wird. Versteigerungen sollten ein solches CO_2-Preissignal unterstützen und stärken."[1] Es geht also bei der Internalisierung der externen Kosten von Treibhausgasemissionen bei den Emittenten (die sie freilich ggf. an Verbraucher weitergeben) darum, wirtschaftliche Anreize zur Emissionsvermeidung zu schaffen.

139 Das **Versteigerungsverfahren** ist unionsweit einheitlich in der Kommissionsverordnung Nr. 1031/2010 (VO Nr. 1031/2010)[2] geregelt. *Auktionsobjekte* (Art. 4 VO Nr. 1013/2010) sind Zwei-Tage-Spots oder Fünf-Tage-Futures, d.h. standardisierte elektronische Kontrakte, die zur Lieferung von Treibhausgasemissionszertifikaten spätestens am zweiten oder fünften Tag nach dem Auktionstag verpflichten. Das *Auktionsformat* (Art. 5 VO Nr. 1031/2010) ist die Versteigerung in einem Durchgang, d.h. in einem Zeitfenster eines Handelstages von mindestens zwei Stunden, mit verdeckten Geboten und einem Einheitspreis, dem Auktionsclearingpreis, den jeder erfolgreiche Bieter unabhängig von seinem Preisgebot bezahlt. Dieser Preis bestimmt sich in der Weise, dass beginnend mit dem höchsten Preisgebot die jeweiligen Gebotsmengen aufsummiert werden, bis die versteigerte Zertifikatmenge erreicht ist; der Preis des Gebots, bei dem dies geschieht, ist der Auktionsclearingpreis (Art. 7 Abs. 2 VO Nr. 1031/2010). Die Bieter unterliegen einem Zulassungsverfahren (Art. 15ff. VO Nr. 1031/2010); zugelassen werden dürfen nicht nur Anlagen- oder Luftfahrzeugbetreiber, die EUAs benötigen, sondern auch Wertpapierfirmen und Kreditinstitute (Art. 18 Abs. 1 VO Nr. 1031/2010) als Intermediäre, und zwar auch, wenn sie auf eigene Rechnung handeln; das öffnet Auktionen nicht nur (sinnvollerweise) für Intermediäre, sondern auch (problematischerweise) für Spekulanten. Durchgeführt werden die Versteigerungen nach einem Auktionskalender (Art. 8ff. VO Nr. 1031/2010) durch einen *Auktionator* (Art. 22ff. VO Nr. 1031/2010) auf einer *Auktionsplattform* (Art. 26ff. VO Nr. 1031/2010), die grundsätzlich nach einem gemeinsamen Vergabeverfahren bestellt wird; die Bundesrepublik Deutschland hat allerdings von der opt-out-Möglichkeit nach Art. 30 Abs. 4 VO Nr. 1031/2010 Gebrauch gemacht und wird – wie bisher – die auf sie entfallenden nicht kostenlos zugeteilten Zertifikate über die Leipziger European Energy Exchange (EEX) versteigern.

140 Kapitel X VO Nr. 1031/2010 enthält eine **Marktmissbrauchsregelung für Auktionsobjekte**, mit der die Kommission den in Art. 12 Abs. 1a RL 2003/87/EG i.d.F. der RL 2009/29/EG enthaltenen Prüfauftrag erfüllt, den Schutz des Markts für Emissionszertifikate vor Marktmissbrauch durch geeignete Anpassungen der Marktmissbrauchsrichtlinie zu gewährleisten. Das Regime gilt freilich nur insoweit, als die Auktionsobjekte (Zwei-Tage-Spots oder Fünf-Tage-Futures, soeben Rz. 141) nicht bereits Finanzinstrumente i.S.v. Art. 1 Nr. 3 RL 2003/6/EG (Art. 36 VO Nr. 1031/2010). Nach Erwägungsgrund 14 Satz 6 VO Nr. 1031/2010 sollen Zwei-Tage-Spots keine Finanzinstrumente sein, wohl aber Fünf-Tage-Futures. Demgegenüber bestimmte § 15 TEHG i.d.F. des Art. 13b FRUG bis 27.7.2011, dass Berechtigungen nach dem TEHG keine Finanzinstrumente i.S.d. § 1 Abs. 11 KWG oder des § 2 Abs. 2b WpHG waren. Seitdem richtet sich die Abgrenzung zwischen Auktionsobjekten, die Finanzinstrumente sind und solchen, die es nicht sind, nach allgemeinen unionsrechtlichen Vorgaben, vom 3.1.2018 an (Art. 39 Abs. 4 VO Nr. 596/2014) der MiFID II, die Emissionsberechtigungen als Finanzinstrumente erfasst, und nach § 2 Abs. 4 Nr. 5 WpHG.

141 Im Einzelnen enthält Art. 37 VO Nr. 1031/2010 Begriffsbestimmungen für die „Insider-Information" in Bezug auf Auktionsobjekte und für „Marktmanipulation"; die Definition weicht leicht ab[3]. Art. 38–40 VO Nr. 1031/2010 enthalten das **unionsrechtliche Verbot von Insidergeschäften** bei Auktionen, wobei Art. 38 VO Nr. 1031/2010 das für Primärinsider geltende Verbot der Einstellung, Änderung oder Zurückziehung von Geboten und Art. 39 VO Nr. 1031/2010 das gleichfalls für Primärinsider geltende Weitergabe-, Empfehlungs- und Verleitungsverbot enthält. Da Art. 40 VO Nr. 1031/2010 die Geltung der Art. 38 und 39 VO Nr. 1031/2010 auf jede Person erstreckt, die über eine Insider-Information verfügt und weiß oder wissen müsste, dass es sich um eine Insiderinformation handelt, sind Sekundärinsider in das aufsichtliche Verbot einbezogen. Art. 41 VO Nr. 1031/2010 untersagt jedermann die **Marktmanipulation**, sei es betreffend der Auktion von EUAs, also den Primärmarkt, oder sei es betreffend den Sekundärmarkt für EUAs. Der Marktmanipulation bei EUA ist aber nicht in § 119 Abs. 2 WpHG geregelt, sondern richtet sich nach § 119 Abs. 1 WpHG, wobei dies nicht ausschließt, dass Insiderhandel zugleich marktmanipulativ ist.

142 Ob es der Weisheit letzter Schluss ist, die Märkte für Treibhausgasemissionszertifikate durch eine Art „copy and paste" der für Finanzinstrumente geltenden Marktmissbrauchsvorschriften zu regulieren, lässt sich diskutieren. Vor allem der „Primärmarkt" von EUAs in Gestalt ihrer Auktion unterscheidet sich wesentlich von der Emission von Finanzinstrumenten. Die Auktionierung von hoheitlichen Konzessionen ist von vornherein

---

1 Erwägungsgrund 1 Verordnung (EU) Nr. 1031/2010 der Kommission vom 12.11.2010 über den zeitlichen und administrativen Ablauf sowie sonstige Aspekte der Versteigerung von Treibhausgasemissionszertifikaten (...), ABl. EU Nr. L 302 v. 18.11.2010, S. 1.
2 S. *Krause*, CCZ 2014, 248, 254; *Tissen*, NZG 2015, 1254, 1255; *Poelzig*, NZG 2016, 528, 535; *Veil*, ZBB 2014, 85, 92: Die Verordnung beruht auf Art. 3d Abs. 3, 10 Abs. 4 und 12 Abs. 1a RL 2003/87/EG i.d.F. der RL 2009/29/EG. Vgl. hierzu *Hartmann*, Zuteilung, Auktionierung und Transfer von Emissionszertifikaten, ZUR 2011, 246ff.
3 *Trüg* in Leitner/Rosenau, Wirtschafts- und Steuerstrafrecht, 1. Aufl. 2017, § 38 WpHG Rz. 372.

nur ein marktanaloges Phänomen. Während es für die Preisbildung im Primärmarkt emittierter Finanzinstrumente entscheidend auf den Emittenten ankommt, der deshalb Publizitäts- und Transparenzpflichten unterliegt, spielen die Europäische Union und ihre Mitgliedstaaten für deren Preisbildung im Grundsatz keine Rolle. Das wesentliche Missbrauchsrisiko bei Auktionsverfahren besteht – ähnlich wie bei Vergabeverfahren – darin, dass sich die Bieter untereinander absprechen oder in anderer Weise die Grundbedingung verletzen, dass kein Bieter etwas über andere Bieter und Gebote weiß, und so – umgekehrt wie bei Vergabeverfahren, wo es um ein möglichst hohes Preisniveau geht – den Zuschlag zu einem Preis bekommen, der unter dem liegt, der ohne Absprache bzw. Wissen um andere Bieter und Gebote erzielt worden wäre. Ein (Straf-) Rechtsregime, das passgenau auf dieses Missbrauchsrisiko zugeschnitten wäre, müsste dem Vergabe(straf)recht[1], nicht aber dem Marktmissbrauchs(straf)recht nachgebildet werden.

Einleuchtender und systemkonform ist es demgegenüber, die für Finanzinstrumente geltende Regulierung des Marktmissbrauchsrechtsregimes auf den **Sekundärmarkt** von EUAs zu erstrecken, der nicht mehr Züge eines hoheitlichen Zuteilungssystems aufweist. Akteure auf diesem Markt sind keineswegs nur Emittenten von Treibhausgasen, die EUAs benötigen („compliance buyers"), sondern überwiegend auch Banken und Brokerfirmen, die auf die künftige Wertentwicklung der Emissionsrechte spekulieren („financial investors"), weshalb am Sekundärmarkt überwiegend Derivate, Futures, Swaps usw. gehandelt werden und die Spot-Sekundärmärkte erst in neuerer Zeit Bedeutung gewonnen haben. Bereits de lege lata handelt es sich weitgehend um einen Markt für Finanzinstrumente, auf dem Marktmissbrauch theoretisch möglich ist und praktisch vorkommt. 143

Verlässliche Studien zur **Rechtswirklichkeit** des Marktmissbrauchs im Emissionsrechtehandel liegen bislang – soweit ersichtlich – nicht vor. Anekdotisch hat die Europäische Kommission von Umsatzsteuerkarussellen mit EUAs[2] und betrügerischen Praktiken auf den EUA-Spotmärkten[3] berichtet, und Anfang 2010 haben „Diebstähle" von EUAs aus nationalen Emissionshandelsregistern kurzfristig ein unionsweites Handelsverbot ausgelöst. Die Preisentwicklung 2011, namentlich der drastische Anstieg der EUA-Preise nach der Atomkatastrophe von Fukushima und der anschließende dramatische Preisverfall vor dem Hintergrund der Finanzkrise im Euroraum[4], verdeutlicht freilich, dass auf dem Emissionszertifikatemarkt Spekulanten zu finden sind, was erfahrungsgemäß auch auf ein gewisses Niveau an Marktmissbrauch hinweist[5]. 144

3. Strafbewehrung des Verbots, ein Gebot einzustellen, zu ändern oder zurückzuziehen (§ 119 Abs. 2 Nr. 1 WpHG). § 119 Abs. 2 Nr. 1 WpHG ist das Gegenstück zum strafbewehrten Erwerbs- oder Veräußerungsverbot nach Abs. 3 Nr. 1. Wegen Art. 36 VO Nr. 1031/2010 betrifft die Strafvorschrift nur Insidergeschäfte betreffend Auktionsobjekte, die **keine Finanzinstrumente** sind, andernfalls liegt schon kein Verstoß gegen die VO Nr. 1031/2010 vor und es bleibt bei der Anwendung des § 119 Abs. 3 Nr. 1 WpHG. 145

Der **Täterkreis** ist nicht auf die Primärinsider i.S.v. Art. 38 Abs. 1 Unterabs. 2 VO Nr. 1031/2010 beschränkt, sondern umfasst (anders als § 119 Abs. 2 Nr. 2 und 3 WpHG) auch Sekundärinsider i.S.v. Art. 40 VO Nr. 1031/2010, also jede Person, die über Insiderinformationen verfügt und weiß oder wissen müsste, dass es sich um Insiderinformationen handelt. Nach deutschem Strafrecht können sich nur natürliche Personen (Menschen) strafbar machen, weshalb die in § 119 Abs. 2 Nr. 1 WpHG aufgenommene Wendung „auch i.V.m. Art. 38 Abs. 2"[6] VO Nr. 1031/2010 an sich etwas Selbstverständliches zum Ausdruck bringt. Allenfalls ließe sich erwägen, dass die Verweisung auf Art. 38 Abs. 2 VO Nr. 1031/2010 dazu führen könnte, dass jeder, der sich innerhalb einer juristischen Person an dem Beschluss beteiligt, ein Gebot der juristischen Person insiderverbotswidrig einzustellen, zu ändern oder zurückzuziehen, als Täter eines strafbaren Verbots von Insidergeschäften anzusehen wäre. Das würde auf eine europarechtliche Einführung des Einheitstäterbegriffs und auf eine Derogation der §§ 14, 25 ff. StGB hinauslaufen. Dass das vom Unionsverordnungsgeber und vom deutschen Gesetzgeber bezweckt wäre, ist aber nicht anzunehmen; es stieße auch auf Bedenken bzgl. der dahingehenden Kompetenz (vgl. Art. 83 Abs. 2 AEUV). 146

Für den Begriff der **Insiderinformation** ist Art. 37 lit. a i.V.m. Art. 3 Nr. 29 VO Nr. 1031/2010 maßgeblich[7]. Das ergibt sich daraus, dass § 119 Abs. 2 Nr. 1 WpHG als europarechtsakzessorische Vorschrift und Blankett 147

---

1 Hierzu *Vogel*, „Vergabestrafrecht", in FS Tiedemann, 2008, S. 817 ff.
2 Pressemitteilung vom 29.9.2009 – IP/09/1376 S. 2.
3 KOM(2011) 652, S. 14.
4 Der Preis einer EUA, zu Jahresbeginn 2011 deutlich unter 15 Euro, stieg von März bis Ende Mai 2011 auf knapp 18 Euro, um seitdem auf deutlich unter 10 Euro (Stand: 29.12.2011) abzusinken.
5 Instruktiv *Leconte/Pagano*, Carbon Derivatives: A Destabilizing or a Virtuous Mechanism (…), USAEE/IAEE Working Paper 10-058, November 2010, wo nach ökonometrischer Analyse des europäischen CO_2-Derivatemarkts 2008/2009 das Ergebnis festgehalten wird (S. 5), dieser Markt halte derzeit dem „economic purpose test" nicht stand und in der Marktwahrnehmung hätten zu viele Marktteilnehmer überlegenes (Insider-) Wissen und handelten spekulativ (manipulativ). Anscheinend gingen zu viele Marktteilnehmer spekulativ und/oder aufgrund Sonderwissens vor.
6 Die Vorschrift lautet: „Handelt es sich bei der in Absatz 1 genannten Person um eine juristische Person, so gilt das dort niedergelegte Verbot auch für die natürlichen Personen, die an dem Beschluss beteiligt sind, das Gebot auf Rechnung der betreffenden juristischen Person einzustellen, zu ändern oder zurückzuziehen."
7 *Trüg* in Leitner/Rosenau, Wirtschafts- und Steuerstrafrecht, 1. Aufl. 2017, § 38 WpHG Rz. 172.

konzipiert ist, das auf Art. 38 Abs. 1, Abs. 2 und Art. 40 VO Nr. 1031/2010 verweist, die wiederum durch die Legaldefinition in Art. 37 lit. a VO Nr. 1031/2010 ergänzt werden. Diese Legaldefinition erfasst einerseits nur nicht öffentlich bekannte präzise Informationen, die die Auktionsobjekte betreffen; damit sind Informationen, die die „Emittenten" (Europäische Union, Mitgliedstaaten) als solche betreffen, ausgenommen, was folgerichtig erscheint, da diese nicht Marktteilnehmer sind, sondern aus hoheitlicher Position und den Märkten vorgelagert handeln. Andererseits genügt nach Art. 37 lit. a VO Nr. 1031/2010 jede Eignung, die Preisgebote zu beeinflussen; mit anderen Worten muss die Beeinflussung nicht erheblich sein. In der Sache dürften Informationen über das Verhalten anderer Bieter im Vordergrund stehen. Allerdings geht die VO Nr. 1031/2010 in Art. 37 lit. b Ziff. i zweiter Spiegelstrich davon aus, dass Bieterabsprachen als Marktmanipulation erfasst werden, was – ähnlich wie beim scalping – dazu führen dürfte, dass Bieterabsprachen nicht als verbotene Insidergeschäfte eingeordnet werden. Im Übrigen stellt sich die Frage, inwieweit markt-, politik- und sonstige umfeldbezogene Informationen direkt oder zumindest indirekt Auktionsobjekte betreffen. Der Markt für EUAs ist ein politisch gewollter Markt, und die Preise beruhen maßgeblich auf politischen Entscheidungen, seien sie grundsätzlicher Natur (z.B. Beibehaltung des ETS, Ausbau von oder Ausstieg aus der Atomkraft, Förderung regenerativer Energien), seien sie betreffend Einzelheiten (Modalitäten der Primärallokation, Zuteilungsmengen, Ausgestaltung der Handelbarkeit); daneben sind Daten und Prognosen über die allgemeine Wirtschaftsentwicklung von maßgeblicher Bedeutung, weil Treibhausgase nur emittiert werden, wenn die Schornsteine rauchen. Nach h.A. zu § 13 WpHG a.F. (s. 6. Aufl., § 13 WpHG Rz. 49 m.N.) sind solche markt-, politik- und umfeldbezogene Informationen nicht spezifisch genug auf Insiderpapiere bezogen; es liegt nahe, dies auf Art. 38 lit. a VO Nr. 1031/2010 zu übertragen.

148 **Tathandlung** ist das Einstellen, Ändern oder Zurückziehen von Geboten für ein Auktionsobjekt, auf die sich die Insiderinformation bezieht, unter Nutzung dieser Information. Gebote können nur im vorgegebenen Zeitfenster eingestellt, geändert oder zurückgenommen werden (Art. 6 Abs. 3 VO Nr. 1031/2010); geht der Täter irrig davon aus, das Zeitfenster laufe noch, kommt ein (untauglicher) Versuch in Betracht. Die Nutzung von Insiderinformationen in der Gestalt, dass der Insider davon absieht, sich an einer Auktion zu beteiligen, also gar keine Angebote macht, ist nicht verboten und nicht strafbar; anders als bei § 14 WpHG (s. 6. Aufl., § 14 WpHG Rz. 17) ist aber insbesondere das Zurückziehen eines eingestellten Angebots erfasst. Ob der Täter für eigene oder fremde Rechnung handelt, ist unerheblich, desgleichen, ob er das Gebot direkt (selbst) oder indirekt (über Intermediäre) einstellt, ändert oder zurückzieht. Ein Handeln in Erfüllung fällig gewordener Verpflichtungen ist aus dem Tatbestand ausgenommen (Art. 38 Abs. 3 VO Nr. 1031/2010). – § 119 Abs. 2 Nr. 1 WpHG ist nur bei **vorsätzlichem** Handeln erfüllt (§ 15 StGB, s. noch Rz. 175 ff.); nach § 119 Abs. 7 WpHG ist freilich auch **leichtfertiges** Handeln mit (geringerer) Strafe bedroht (zur Leichtfertigkeit § 120 WpHG Rz. 362) – Der **Versuch** ist auch hier strafbar (§ 119 Abs. 4 WpHG).

149 **4. Strafbewehrung des Verbots der Weitergabe, des Empfehlens oder Verleitens (§ 119 Abs. 2 Nr. 2 WpHG).** § 119 Abs. 2 Nr. 2 WpHG ist das Gegenstück zum strafbewehrten Verbot der Empfehlung von und Anstiftung zu Insidergeschäften und der Offenlegung von Insiderinformationen bei Finanzinstrumenten nach § 119 Abs. 3 Nr. 2 und 3 WpHG. Anders als dort ist der **Täterkreis** auf Primärinsider i.S.v. Art. 38 Abs. 1 Unterabs. 2 VO Nr. 1031/2010 beschränkt, die freilich nicht durch ihre Emittentennähe, sondern durch ihre Nähe zu den mit Auktionen befassten Institutionen gekennzeichnet sind. Dies entspricht der Einsicht, dass die für Auktionspreise erheblichen Insiderinformationen im Wesentlichen das Bieterverhalten betreffen, welches den in Art. 38 Abs. 1 Unterabs. 2 lit. a–c VO Nr. 1031/2010 genannten Personen leichter als anderen zugänglich ist. Im Einzelnen sind erfasst

- Mitglieder eines Verwaltungs-, Leitungs- oder Aufsichtsorgans der Auktionsplattform, des Auktionators oder der Auktionsaufsicht (lit. a);
- am Kapital der Auktionsplattform, des Auktionators oder der Auktionsaufsicht Beteiligte (lit. b);
- Personen, die aufgrund ihrer Arbeit, ihres Berufs oder ihrer Aufgaben Zugang zu der betreffenden Information haben (lit. c). Das betrifft insbesondere mit Auktionen befasste Mitarbeiter der Auktionsplattform oder des Auktionators, aber auch Mitarbeiter von Bietern, die Insiderinformationen zu Geboten an Konkurrenten weitergeben bzw. verkaufen; und
- Personen, die aufgrund von kriminellen Tätigkeiten über Insider-Informationen verfügen (lit. d). Hier ist insbesondere an Tatbestände der Angestelltenbestechung, aber auch des (Verleitens zu) Geheimnisverrat(s), darüber hinaus an Tatbestände des Cyberstrafrechts zu denken, wenn sich jemand durch Hacking, Phishing u. dgl. Einblicke in das Bieterverhalten einer Auktion verschafft und das so gewonnene Wissen an (Mit-)Bieter weitergibt.

150 Die **Tathandlungen** entsprechen denen nach § 119 Abs. 3 Nr. 2 und 3 WpHG. Erfasst ist zum einen die Weitergabe von Insider-Informationen, soweit dies nicht im normalen Rahmen der Ausübung der jeweiligen Arbeit *oder des jeweiligen Berufs oder bei der Erfüllung der jeweiligen Aufgaben geschieht* (Art. 39 lit. a VO Nr. 1031/2010, Art. 38 Abs. 1 Unterabs. 2 lit. a–c VO Nr. 1031/2010), zum anderen die Empfehlung oder das Verleiten anderer Personen dazu, Gebote einzustellen, zu ändern oder zurückzuziehen (je lit. b). Es handelt sich um Tat-

bestände im Vorfeld verbotener Insider-Geschäfte, die nicht in gleichem Maße strafwürdig und -bedürftig sind wie diese. – § 119 Abs. 2 Nr. 2 WpHG ist nur bei **vorsätzlichem** Handeln erfüllt (§ 15 StGB, s. noch Rz. 175 ff.); leichtfertiges Handeln nach dem WpHG ist weder straf- noch ahndbar, weil § 120 Abs. 14 WpHG nur Verstöße gegen § 119 Abs. 3 Nr. 1 bis 3 WpHG, nicht aber gegen Art. 39 VO Nr. 1031/2010 erfasst. – Demgegenüber ist der **Versuch** auch bei § 38 Abs. 2 Nr. 2 WpHG strafbar (§ 119 Abs. 4 WpHG).

VIII. Qualifikation der gewerbs- oder bandenmäßigen oder unter Missbrauchs einer Tätigkeit im Wertpapierhandelssektor begangenen Marktmanipulation (§ 119 Abs. 5 WpHG). Durch das 1. FiMaNoG wurde erstmals ein **Verbrechenstatbestand** der gewerbs- oder bandenmäßigen Marktmanipulation oder von Marktmanipulationen, die unter Missbrauch besonderer Stellungen begangen wurden, geschaffen. Der Strafrahmen für diese besonders schweren Fälle der Marktmanipulation liegt bei einer Freiheitsstrafe von einem Jahr bis zu zehn Jahren. Aus Sicht des nationalen Gesetzgebers ist die Auswirkung auf die Integrität der Finanzmärkte bei diesen Fällen der Marktmanipulation sehr hoch und in besonderem Maße strafwürdig[1]. Ein praktisches Bedürfnis für die drastische Verschärfung des Strafmaßes ist angesichts der geringen Relevanz der Vorschriften nicht erkennbar[2]. Bei den besonders schweren Fällen des § 119 Abs. 5 WpHG handelt es sich nicht um schwerwiegende Fälle i.S.d. Art. 3 Abs. 1, Art. 4 Abs. 1 und Art. 5 Abs. 1 RL 2014/57/EU, die eine Strafbarkeit erst begründen. Allerdings hat der deutsche Gesetzgeber eine der richtlinienrechtlichen Fallgruppen, die überhaupt erst beispielhaft die strafwürdige Schwere definieren kann, nicht als strafbegründend, sondern als Verbrechensqualifikation eingeführt. Es handelt sich um strafverschärfende Merkmale (Qualifikationen)[3]. Praktische Konsequenz – neben dem erhöhten Strafrahmen – ist u.a. materiell-rechtlich, dass gem. § 30 StGB bereits die Verabredung zur schweren Marktmanipulation strafbar ist und dass prozessual eine Einstellung nach §§ 153, 153a StPO in diesen Fällen ausgeschlossen ist. Der Versuch des Verbrechenstatbestands ist gem. §§ 23 Abs. 1, 12 Abs. 1 StGB, § 119 Abs. 5 WpHG strafbar. Das ist rechtspolitisch höchstproblematisch und es erschwert eine tat- und schuldangemessene Sanktionierung in Grenz- und Minderfällen. 151

Auch die Ausgestaltung ist wenig überzeugend. Insbesondere die in § 119 Abs. 5 Nr. 1 WpHG vorgesehene Verbrechensstrafe für die gewerbsmäßige Begehung lässt bei einer Vielzahl von Taten die Verwirklichung der Qualifikation möglich erscheinen. Als problematisch erweist sich, dass die Gesetzesbegründung auf eine Übernahme vergleichbarer Regelungen beim Betrug hinweist, obwohl dort grundlegend anders nur Regelbeispiele gelten[4]. Da die Marktmanipulation stets aus finanziellen Motiven, häufig im Zusammenwirken mehrerer und nicht selten mehrfach begangen wird, droht die Qualifikation zum Regelfall zu werden. Das ist besonders gravierend, weil § 119 Abs. 5 WpHG für die Qualifikationen nach § 120 Abs. 5 Nr. 1 WpHG anders als klassische Verbrechenstatbestände des Kernstrafrechts, wie z.B. Raub (§ 249 Abs. 2 StGB), sexuelle Nötigung (§ 177 Abs. 5 StGB) oder Brandstiftung (§ 306 Abs. 2 StGB), aus unerfindlichen Gründen keinen minder schweren Fall vorsieht. Trotz der gewichtigen rechtspolitischen Einwände gegen die Überkriminalisierung, stellt sich diese nach der Rechtsprechung des BVerfG gleichwohl als wahrscheinlich verfassungsrechtlich nicht zu beanstanden dar, solange und soweit es zu keiner Unverhältnismäßigkeit einer Mindeststrafe im Einzelfall kommt. Dann muss § 119 Abs. 6 WpHG erweiternd angewendet werden (Rz. 155)[5]. 152

Ausgangspunkt der Definition der **Gewerbsmäßigkeit** in § 119 Abs. 5 Nr. 1 WpHG ist die bereits in der reichsgerichtlichen Rechtsprechung zur gewerbsmäßigen Hehlerei entwickelte Formel, dass der Täter die Absicht haben müsse, sich aus der wiederholten Tatbegehung eine Einnahmequelle von einigem Umfang und Dauer zu verschaffen[6]. Um zu verhindern, dass die Qualifikation von der Ausnahme zur Regel wird, ist aber insbesondere das Merkmal der gewissen Dauer der beabsichtigten Tatserie restriktiv zu handhaben und sorgfältig zu prüfen, ob tatsächlich ein derart verfestigter Wille zur andauernden Straftatbegehung vorhanden ist, der den Sprung zum Verbrechenstatbestand rechtfertigt. Auch hinsichtlich der **„Bandenmäßigkeit"** ist auf die Definition im Kernstrafrecht zurückzugreifen, so dass im Anschluss an die Entscheidung des Großen Senats in Strafsachen unter Bande ein Zusammenschluss von wenigstens drei Personen zu verstehen ist, die sich zur *fortgesetzten* Begehung von Marktmanipulationsdelikten zusammengeschlossen haben[7]. 153

§ 119 Abs. 5 Nr. 2 WpHG wird das Ausnutzen einer besonderen Tatgelegenheit, nämlich die Tätigkeit für eine (inländische) Finanzaufsichtsbehörde, ein Wertpapierdienstleistungsunternehmen, eine Börse oder den Betreiber eines Handelsplatzes mit höherer Strafe bedroht. Als Begründung für den Sanktionensprung wird angege- 154

---

1 Entwurf eines Ersten Gesetzes zur Novellierung von Finanzmarktvorschriften auf Grund europäischer Rechtsakte, RegE BT-Drucks. 18/7482, 65.
2 Kritisch auch *Gehrmann*, WM 2016, 542, 548; *Teigelack/Dolff*, BB 2016, 387, 393; *Trüg* in Leitner/Rosenau, Wirtschafts- und Steuerstrafrecht, 1. Aufl. 2017, § 38 WpHG Rz. 29; *Theile* in Esser/Rübenstahl/Saliger/Tsambikakis, 1. Aufl. 2017, § 38 WpHG Rz. 79; *Poller*, NZWiSt 2017, 430.
3 Entwurf eines Ersten Gesetzes zur Novellierung von Finanzmarktvorschriften auf Grund europäischer Rechtsakte, RegE BT-Drucks. 18/7482, 64.
4 *Poller*, NZWiSt 2017, 430.
5 Vgl. zur Prüfungsdichte des BVerfG bei Qualifikationstatbeständen: BVerfG v. 16.10.2010 – 2 BvL 12/09, juris.
6 Vgl. etwa RG v. 27.11.1923 – IV 398/23, RGSt 58, 19, 20; RG v. 5.5.1930 – II 331/30, RGSt 64, 151, 153.
7 Vgl. BGH v. 22.3.2001 – GSSt 1/00, BGHSt 46, 321, 326; näher *Szesny*, WiJ 2016, 215, 216.

ben, dass solche Taten im hohen Maße geeignet seien, die Integrität der Finanzmärkte zu beeinträchtigen[1]. Inländische Finanzaufsichtsbehörden sind die Bundesanstalt für Finanzdienstleistungen (BaFin) und die Bundesbank. Das „Wertpapierdienstleistungsunternehmen" richtet sich nach der Definition des § 2 Abs. 4 WpHG und umfasst damit alle Kreditinstitute und Finanzdienstleistungsinstitute. Das Merkmal der „Börse" ist in § 2 Abs. 1 BörsG definiert. „Handelsplatz" ist in Art. 3 Abs. 1 Nr. 10 VO Nr. 596/2014 bestimmt. Stets erforderlich ist, dass die Marktmanipulation nicht nur gelegentlich der Tätigkeit für eine der genannten Organisationen und Institutionen begangen wurde, sondern dass gerade ein Missbrauch der besonderen Möglichkeiten, in einer solchen Tätigkeit Marktmanipulationen vorliegt. Nicht ausreichend ist es etwa, wenn der Täter lediglich seine späteren Mittäter aufgrund seiner beruflichen Stellung kennenlernt oder dass die Tat unter Ausnutzung von Kenntnisse und Fertigkeiten begangen wurde, die der Täter in seiner beruflichen Tätigkeit erworben hatte.

155 **IX. Minder schwerer Fall nach § 119 Abs. 6 WpHG.** § 119 Abs. 6 WpHG geht auf die Beschlussempfehlung des Finanzausschusses vom 29.3.2017 zurück[2]. Dieser sieht einen Ausnahmestrafrahmen von sechs Monaten bis zu fünf Jahren Freiheitsstrafe für minder schwere Fälle der Marktmanipulation nach § 119 Abs. 5 Nr. 2 WpHG vor. § 119 Abs. 6 WpHG soll besonders gelagerten Fallgestaltungen der Marktmanipulation Rechnung getragen, in denen der Täter zwar in Ausübung seiner Tätigkeit für eine inländische Finanzaufsichtsbehörde, ein Wertpapierdienstleistungsunternehmen, eine Börse oder einen Betreiber eines Handelsplatzes handelt, jedoch das gesamte Tatbild vom Durchschnitt der gewöhnlich vorkommenden Fälle in **einem so erheblichen Maße abweicht**, dass eine Anwendung des Strafrahmens des Abs. 5 unverhältnismäßig wäre[3]. Das sind Fälle, in denen beispielsweise die ausgenutzte Stellung nur wenig oder keinen zusätzlichen Unrechtsgehalt gegenüber dem Regeltatbestand einer Marktmanipulation beiträgt. Willkürlich erscheint es, den minder schweren Fall nicht für beide Alternativen des § 119 Abs. 6 WpHG anzuerkennen; dem ist in **verfassungskonformer Auslegung** durch **analoge Anwendung** des § 119 Abs. 6 WpHG auf § 119 Abs. 5 Nr. 1 WpHG Rechnung zu tragen.

156 **X. Allgemeine Fragen: Anwendbarkeit des Allgemeinen Teils im Marktmissbrauchsstrafrecht.** Gemäß Art. 1 Abs. 1 EGStGB ist der Allgemeine Teil des StGB auch auf die bundesrechtliche Strafvorschrift des § 119 WpHG anwendbar. Von besonderer Bedeutung für § 119 WpHG sind
- das *Rückwirkungsverbot* des § 2 StGB. Hinsichtlich der am 30.10.2004, am 3.7.2016 und 23.6.2017 in Kraft getretenen Erweiterungen bzw. Einschränkungen der Insiderstrafbarkeit und bei Veränderungen der außerstrafrechtlichen Blankett-Bestandteile ist deshalb zu beachten, ob der jeweilige Verstoß zum Tatzeitpunkt strafbar war (s. Rz. 209 ff.);
- das sog. *internationale Strafrecht* der §§ 3–7, 9 StGB. Taten mit Auslandsbezug werden angesichts der Internationalisierung der Kapitalmärkte sowie der Schutzgüter sowohl auf der Handlungs-, insbesondere aber auf der Erfolgsseite eher die Regel denn die Ausnahme sein;
- die Vorschrift des § 13 StGB über *Begehen durch Unterlassen*, s. Rz. 168 ff.;
- die Vorschriften über *Vorsatz und Irrtum* der §§ 15 ff. StGB, s. Rz. 175 ff.;
- die Vorschriften über *Beteiligung* nach §§ 14, 25 ff. StGB, s. Rz. 157 ff.

157 **1. Täterschaft und Teilnahme (§§ 25 ff. StGB) im Kapitalmarktstrafrecht.** Gemäß Art. 6 Abs. 1 RL 2014/57/EU sollen die Mitgliedstaaten die erforderlichen Maßnahmen treffen, um zu gewährleisten, dass **Anstiftung und Beihilfe** zu den in Art. 3–5 RL 2014/57/EU genannten Straftaten ebenfalls bestraft werden. In Deutschland ist dafür keine explizite Regelung wegen der in §§ 26, 27 StGB geregelten Teilnahmestrafbarkeit notwendig, die gem. Art. 1 Abs. 1 EGStGB auch im WpHG Anwendung findet. Auf die Anstiftung und Beihilfe finden die nationalen Regelungen Anwendung[4]. Die CSMAD verpflichtet nicht dazu, Konzepte des nationalen Strafrechts wie Anstiftung und Beihilfe europäisch zu vereinheitlichen (Rz. 17 f.).

158 Da es sich bei dem Tatbestand der **Marktmanipulation** nicht um ein Sonder-, sondern um ein *Jedermannsdelikt* handelt, finden von jeher die **allgemeinen Regeln** über Täterschaft und Teilnahme Anwendung[5]. Handeln also mehrere Personen gemeinschaftlich, so kann es ausreichen, wenn eine Person Positionen an dem Finanzinstrument hält und eine andere eine Stellungnahme oder ein Gerücht zu diesem Finanzinstrument abgibt[6]. Bevor Anstiftung oder Beihilfe zu prüfen sind, muss Mittäterschaft ausgeschlossen werden.

159 Tauglicher **Täter** des verbotenen Insiderhandels kann nunmehr auch jedermann sein, der über eine Insiderinformation verfügt (Art. 8 Abs. 4 VO Nr. 596/2014). Nachdem Art. 8 Abs. 4 Unterabs. 2 VO Nr. 596/2014 es für die Insidereigenschaft bereits ausreichen lässt, dass der Insider erkennt oder hätte erkennen können, über

---
1 Begr. BT-Drucks. 18/7482, 64 f. Kritisch *Pauka/Link/Armenat*, WM 2017, 2092.
2 BT-Drucks. 18/11775, 18.
3 So die Begr., BT-Drucks. 18/11775, 647.
4 S. auch Ratsdokument 16542/09 REV 1 v. 23.11.2009 Nr. 9.
5 S. zum Tatbestand der Marktmanipulation BGH v. 25.2.2016 – 3 StR 142/15 Rz. 17, NJW 2016, 3459, 3459 = AG 2016, 547, wonach der Schutzzweck des Tatbestandes ohne die Möglichkeit einer Zurechnung leerliefe.
6 BGH v. 4.12.2013 – 1 StR 106/13 Rz. 29, BGHSt 59, 105 ff. = AG 2014, 448.

eine Insiderinformation zu verfügen, ist für die Annahme, Insiderhandel sei ein Sonderdelikt, kein Raum mehr. Somit stellt jedenfalls nach der neuen Regelung der Insiderhandel auch ein *Jedermannsdelikt* dar, so dass auch hier die allgemeinen Regelungen über Täterschaft und Teilnahme Anwendung finden. Da das Insiderverbot auch die fremdnützige Begehungsweise erfasst, ist bereits der Täter, wer Insiderpapiere für andere erwirbt oder veräußert[1].

Mittelbare Täterschaft kommt insbesondere in Betracht, wenn sich der Täter eines gutgläubigen Werkzeugs, z.B. für das Tätigen von Insidergeschäften, bedient. Nach deutscher strafrechtlicher Dogmatik dürften bestimmte Fälle des Verleitungsverbots aufgrund der fehlenden Insidereigenschaft des Vordermanns, wenn dieser nicht weiß oder nicht hätte wissen können, dass es sich um eine Insiderinformation handelt, auch als Fälle einer mittelbaren Täterschaft zu erfassen sein[2]. 160

Mittäterschaft kann insbesondere bei einverständlicher[3] Beschlussfassung in Kollegialorganen vorliegen[4]. 161

Die **Teilnahmestrafbarkeit** wird unionsrechtlich nur für das Verbot des Tätigens eines Insidergeschäfts und für das Offenlegungsverbot vorgeschrieben (Art. 6 Abs. 1 i.V.m. Art. 3 Abs. 2 bis 5, Art. 4 VO Nr. 596/2014). Für das Empfehlungs- und Anstiftungsverbot ist die Teilnahmestrafbarkeit unionsrechtlich nicht angeordnet. Es finden auch hier grundsätzlich die nationalen Regelungen zur Anstiftung und Beihilfe Anwendung. Im Unterschied zur Anstiftung reicht für das Verleiten das bloße Bestimmen eines anderen durch Willensentschluss (s. ausführlich dazu Rz. 115). 162

Teilnehmer sind nach geltendem Recht jene Tatbeteiligten, die mangels Tatherrschaft nicht täterschaftlich beteiligt sind. Anstifter ist, wer vorsätzlich einen anderen zu vorsätzlicher Tat bestimmt, § 26 StGB. Beihilfe leistet, wer vorsätzlich zu fremder rechtswidriger Tat Hilfe leistet, § 27 StGB. Hierfür reicht jede Unterstützungshandlung, die die Tat fördert[5]. 163

Bei Unterstützungshandlungen durch **Alltagshandlungen** oder **berufsneutrale** Handlungen ist die hiermit aufgerufene Kausalitätsbewertung bei der Beihilfe weiter durch die objektive Zurechenbarkeit begrenzt, was Teile der Literatur und Rechtsprechung aber auch allein innerhalb des subjektiven Tatbestandes prüfen[6]. Hat der Helfer keinen direkten Vorsatz, sondern nimmt er allenfalls billigend in Kauf, dass seine Unterstützung für Straftaten verwendet werden könnte, so fehlt es an der objektiven Zurechenbarkeit, wenn der Gehilfe bei einer Handlung mit Alltagscharakter die Begehung einer Straftat lediglich für möglich hält[7]. Hiervon gibt es aber Ausnahmen, deren Verhältnis zueinander nicht abschließend geklärt ist: wenn sich die Hilfeleistung ihrem sozialen Sinngehalt nach als Solidarisierung mit dem Täter darstellt und damit ihren Alltagscharakter verliert[8]; wenn das erkannte Risiko strafbaren Verhaltens des von ihm Unterstützten derart hoch ist, dass der Gehilfe sich mit seiner Hilfeleistung „die Förderung eines *erkennbar tatgeneigten Täters* angelegen sein" lässt[9]; oder wenn der Gehilfe es für **sehr wahrscheinlich**[10] und nicht nur möglich hält, dass der Haupttäter mit seinem Tun die Begehung einer Straftat verfolgt[11]. 164

Diese Grenzen der Teilnehmerverantwortlichkeit sind insbesondere für einen Bankmitarbeiter relevant, der eine **Kundenorder ausführt**, mit der, wie er für möglich hält und billigend in Kauf nimmt, die Kenntnis einer Insidertatsache ausgenutzt wird[12]. Zutreffend ist hier zunächst auf der Ebene der objektiven Tatbestandsverwirklichung zu prüfen, ob sich das Handeln des Bankmitarbeiters als sozial inadäquat dargestellt hat und ob es so **seinen Alltagscharakter** verloren hat, beispielsweise indem der Bankmitarbeiter sich selbst über **interne Vorsorgevorkehrungen** bewusst hinweg gesetzt hat oder indem er besondere **Vorteile aus ungewöhnlichem eigenen Handeln** gezogen hat. In solchen Fällen kann das Verhalten des Mitarbeiters seinen Alltagscharakter 165

---

1 *Hilgendorf* in Park, Kapitalmarktrecht, 3. Aufl., Kap. 3, Rz. 259.
2 *Koch* in Sieber/Satzger/von Heintschel-Heinegg, Europäisches Strafrecht, 2. Aufl. 2014, § 17 Rz. 8.
3 Str., vgl. *Heine/Weißer* in Schönke/Schröder, 29. Aufl. 2014, § 25 StGB Rz. 81.
4 Dazu *Heine/Weißer* in Schönke/Schröder, 29. Aufl. 2014, § 25 StGB Rz. 77 ff.; BGH v. 6.7.1990 – 2 StR 549/89, BGHSt 37, 106, 129; BGH v. 6.4.2000 – 1 StR 280/99, BGHSt 46, 30, 35.
5 RG v. 18.3.1924 – I 50/24, RGSt 58, 113; BGH v. 21.12.1951, BGHSt 2, 130; BGH v. 2.9.2009 – 5 StR 266/09, BGHSt 54, 140; eingehend von *Heintschel-Heinegg*, 2. Aufl. 2015, § 27 Rz. 13; kritisch die Literatur, etwa *Jescheck/Weigend*, Lehrbuch des Strafrechts: Allgemeiner Teil, 5. Aufl. 1996, S. 693 ff.
6 Zusammenfassend *Maurach/Gössel/Zipf/Renzikowski*, Strafrecht AT, § 52 Rz. 30 ff.
7 BGH v. 1.8.2000 – 5 StR 624/99, BGHSt 46, 107, 113 Beihilfe zur Steuerhinterziehung durch Mitarbeiter von Geldinstituten in Form von Geldransfers ins Ausland; *Heine/Weißer* in Schönke/Schröder, 29. Aufl. 2014, § 27 StGB Rz. 10 f.; im Deliktsrecht z.B. die Kontoführung durch eine Bank, LG Frankfurt/M. v. 15.11.2007 – 2-18 O 172/07, ZIP 2008, 1112 Rz. 36 ff., die Teilnahme an einer deliktischen Handlung wird bei § 830 BGB nach strafrechtlichen Grundsätzen behandelt.
8 BGH v. 1.8.2000 – 5 StR 624/99, BGHSt 46, 107, 113; *Roxin* in Leipziger Komm. StGB, 11. Aufl. 1994, § 27 StGB Rz. 2a; *Joecks* in MünchKomm. StGB, 3. Aufl. 2017, § 27 StGB Rz. 54-58.
9 Vgl. BGHR StGB, § 266 Abs. 1 Beihilfe 3.
10 BGH v. 22.1.2014 – 5 StR 468/12, StV 2014, 474, Rz. 32.
11 Zu alledem etwa *Greco*, wistra 2015, 1 ff.
12 S. auch *Heise*, Der Insiderhandel an der Börse und dessen strafrechtliche Bedeutung, 2000, S. 175 ff.

verloren haben. Hat der Bankmitarbeiter selbst in atypischer Weise den Täter gefördert, kann sein Verhalten sich als Solidarisierung mit dem Täter darstellen. Liegen solche Besonderheiten nicht vor, so ist Wissen oder nach anderer Auffassung jedenfalls eine für „sehr wahrscheinlich"-Halten der Haupttatverwirklichung nötig.

166 Auch bei der Teilnehmerstrafbarkeit kommt es auf die **Abgrenzung von Tun und Unterlassen** an. Sie erfolgt gerade in komplexen Handlungszusammenhängen nicht naturalistisch, sondern dem **sozialen Sinngehalt**, dem Schwerpunkt der Vorwerfbarkeit nach[1]. Das ist relevant für Mitarbeiter von Finanzdienstleistern, die zur Überwachung ungewöhnlicher Handelsaktivitäten aufgerufen sind und Freigabeentscheidungen treffen müssen. Dem sozialen Sinngehalt nach stellt sich hier Verhalten in der Regel als Unterlassen dar, die Ausführung zu verhindern, auch dann, wenn die Programmierung der Computersysteme beispielsweise eine Freigabe von Treffern im Screening und nicht umgekehrt ein Anhalten vorsieht.

167 Eine **strafrechtliche Garantenpflicht** entsteht aus der präventiven Handels- und **Marktüberwachung** nicht[2].

168 **2. Begehen durch Unterlassen (§ 13 StGB) im Kapitalmarktstrafrecht. a) Marktmanipulation durch Unterlassen.** Außer in Bezug auf § 20 Abs. 1 Nr. 1 Alt. 2 WpHG a.F., welcher ein formal echtes, materiell unechtes bzw. ihm ähnliches Unterlassungsdelikt enthielt und in der neuen Regelung entfallen ist (s. dazu bereits Rz. 64), war auch schon zum alten Recht umstritten[3], ob und inwieweit eine Marktmanipulation durch Unterlassen begangen werden konnte (s. dazu 6. Aufl., § 20a WpHG Rz. 57 ff., Rz. 67). Der Wegfall der alten Regelung des § 20 Abs. 1 Nr. 1 Alt. 2 WpHG a.F., wonach eine Marktmanipulation durch Verschweigen von Umständen möglich war, könnte dafür sprechen, dass im neuen Recht eine Unterlassensstrafbarkeit gerade nicht mehr bestehen soll bzw. bestehen darf. Die Gesetzesbegründung führt dazu lediglich aus, dass im Einklang mit Art. 2 Abs. 4 VO Nr. 596/2014 und entsprechend § 13 StGB – wie schon bisher – ein Unterlassen den Tatbestand einer Marktmanipulation erfüllen kann[4].

169 Das materiell pflichtwidrige Verhalten, das der strafbaren Marktmanipulation zugrunde liegt, wird jedoch **abschließend** durch die **Marktmissbrauchsverordnung** geregelt. Diese enthält ausschließlich **Begehungsvarianten** durch positives Tun und keine Vorgaben, dass pflichtwidriges Unterlassen auch ein materiell marktmanipulatives Verhalten sein könnte[5], vielmehr regelt sie die im alten deutschen Recht enthaltene Begehungsmöglichkeit des Verschweigens von Umständen gerade ausdrücklich nicht. Da die Marktmissbrauchsverordnung in Verbindung mit der Marktmissbrauchsrichtlinie sonst genaue Vorgaben z.B. sogar bezüglich der Regelungen zur Anstiftung und Vorsatz enthält, ist davon auszugehen, dass der europäische Gesetzgeber ein Unterlassen gerade nicht als Marktmanipulation würdigen wollte (s. dazu bereits Rz. 64). Damit fehlt es für Kurseinwirkungen, die nicht aktiv herbeigeführt worden sind, sondern bei pflichtgemäßem Handeln des Täters durch Ad-hoc-Mitteilungen verhindert worden wären, an der erforderlichen sozialethischen Gleichwertigkeit[6]. Es ist nicht die Herbeiführung des „Erfolgs" für sich allein, sondern nur die Herbeiführung *auf eine bestimmte Art und Weise* tatbestandsmäßig[7]. Nur so lässt sich der im Marktmanipulationstatbestand verwirklichte Unrechtstypus sinnvoll abgrenzen von den vielfältigen Verhaltensweisen, in denen z.B. verspätete bekannt gemachte Tatsachen Kurswirkungen verzögern. Wer dies weiß und in einer solchen Situation mit Aktien handelt, macht sich des Insiderhandels strafbar, aber nicht einer Marktmanipulation durch Verzögerung der Bekanntgabe.

170 Insofern fehlt es beim *bloßen Zurückhalten* von Informationen, etwa durch pflichtwidrig unterlassene Ad-hoc-Meldungen oder Leerverkaufs-Offenlegungen (Art. 6 VO Nr. 236/2012)[8] an der in § 13 StGB vorausgesetzten Modalitätenäquivalenz (vgl. näher Rz. 168 ff. und Art. 12 VO Nr. 596/2014 Rz. 169 ff.)[9]. – Insofern ist die im RegE zum 1. FiMoNaG geäußerte Ansicht, es bleibe bei der zuvor bestehenden *Unterlassungsstrafbarkeit*, nur für andere Unterlassensvarianten – wie etwa das Nichteinschreiten eines Überwachungsverantwortlichen – richtig, weil der Gesetzgeber hinsichtlich des Verschweigens von Informationen die entsprechende Tatbestandsvariante

---

1 S. *Stree/Bosch* in Schönke/Schröder, 29. Aufl. 2014, § 13 StGB Rz. 158 ff.
2 Für die vergleichbare Thematik bei der computergestützten Überwachung des Auslandszahlungsverkehrs *Spoerr/Gäde*, Strafrechtliche Verantwortlichkeit von Compliance-Mitarbeitern von Banken und Zahlungsdienstleistern bei der Abwicklung und Kontrolle von Zahlungsverkehr und anderen Finanzdienstleistungen für Kunden der Bank – am Beispiel der Bereitstellungsverbote, CCZ 2016, 77; für § 10 WpHG a.F. zu Recht auch *Theile* in Esser/Rübenstahl/Saliger/Tsambikakis, 1. Aufl. 2017, § 38 WpHG a.F. Rz. 22.
3 S. dazu *Altenhain* in KölnKomm. WpHG, § 38 WpHG Rz. 107, 108.
4 Entwurf eines Ersten Gesetzes zur Novellierung von Finanzmarktvorschriften auf Grund europäischer Rechtsakte, RegE BT-Drucks. 18/7482, 64.
5 S. ausführlich zur Unterlassensstrafbarkeit und dem Verhältnis Verordnung/Richtlinie und nationales Recht *Bator*, BKR 2016, 1, 3; *Saliger*, WM 2017, 2329 ff.
6 Wie hier *Saliger*, WM 2017, 2329, 2334 f.; a.A. *H. Richter*, WM 2017, 1636.
7 So die Formel zur Entsprechensklausel bei *Jescheck/Weigend*, Lehrbuch des Strafrechts, AT, S. 629. Allgemein dazu *Schrägle*, Das begehungsgleiche Unterlassungsdelikt, 2017.
8 Dazu *Bayram/Meier*, BKR 2018, 55, 60 ff.
9 Vgl. *Sorgenfrei/Saliger* in Park, Kapitalmarktstrafrecht, 4. Aufl. 2017, Kap. 6.1, Rz. 202 und Kap. 6.1, Rz. 333; differenzierend wie hier *Rönnau/Wegner* in Meyer/Veil/Rönnau, Handbuch zum Marktmissbrauchsrecht, 2018, § 28 Rz. 77; *Sajnovits/Wagner*, WM 2017, 1189.

gerade aufgehoben hat[1] und die **Unrechtstypik** und **Tatbestandskonturierung** der Marktmanipulation gerade aus dem **aktiven Irreführen** folgt. Fehl geht insoweit die Berufung auf Art. 2 Abs. 4, Art. 8 Abs. 2 VO Nr. 596/2014, die allein den räumlichen Anwendungsbereich der Verordnung regeln, aber keine Aussage zur Reichweite der Unterlassungsstrafbarkeit der Marktmanipulation trifft[2]. Wesentliches Weglassen von Informationen im Kontext von konkretem und aktivem Informationshandeln kann aber das Verbreiten einer aktiv falschen Information sein. Dies trifft aber nur dann zu, wenn der weggelassene Gehalt den Informationswert der getroffenen Angaben nicht nur unvollständig, sondern in positiver Hinsicht falsch macht. Für eine Unterlassungsstrafbarkeit verbleiben noch die Fälle, in denen der Täter vorsätzlich nicht eingreift, wenn eine Person, für die er Überwachergarant ist, Marktmanipulationen vornimmt (Rz. 169 f.); diskutabel ist auch eine Unterlassungsstrafbarkeit aus Ingerenz bei zuvor aktiv verbreiteter Falschinformation[3].

Davon zu trennen ist die Frage, ob § 13 StGB auch in Bezug auf Taten nach § 119 Abs. 1 WpHG eine sog. **Geschäftsherrenhaftung** begründen kann, wenn es in einem (z.B. Wertpapierdienstleistungs-) Unternehmen zu strafbarem Insiderhandel durch Mitarbeiter kommt und die Unternehmensverantwortlichen dies erkennen, aber nicht verhindern. Die Frage, ob sich im Rahmen des § 13 StGB eine derartige Straftatverhinderungspflicht begründen lässt, ist umstritten; eine vordringende Auffassung neigt dazu, sie für „betriebsbezogene Straftaten" oder „Verbandstaten" zu bejahen[4]. Pflichtwidrig unterlassene Straftatverhinderung dürfte freilich i.d.R. nur eine *Beihilfeverantwortlichkeit* nach §§ 13, 27 StGB auslösen[5]; die Garantenpflicht führt nicht zwangsläufig und automatisch zur Tatherrschaft bezüglich des verantwortlich strafbar handelnden untergeordneten Täters. 171

Wiederum andere Fragen stellen sich bei **arbeitsteiligem Zusammenwirken innerhalb einer Organisation**. Problematisch kann beispielsweise die Frage sein, ob eine interne Zuständigkeitsaufteilung innerhalb der Geschäftsleitung zu einer Aufhebung der strafrechtlichen Verantwortung für diejenigen Geschäftsführer führt, in deren Geschäftsressort die Aufgabe nicht fällt. Grundsätzlich bestehen konkrete Handlungspflichten nur innerhalb des eigenen Zuständigkeitsbereichs. Parallel dazu besteht indes eine allgemeine Handlungspflicht in Form einer Überwachungspflicht für die anderen Geschäftsbereiche[6]. Auch wenn einem Geschäftsführer ein Arbeitsgebiet zugewiesen worden ist, besteht für die übrigen Geschäftsführer zumindest eine Überwachungspflicht, „die sie zwingt einzugreifen, wenn sich Anhaltspunkte ergeben, dass der zuständige Geschäftsführer in seinem Arbeitsbereich die Geschäfte nicht ordnungsgemäß führt"[7]. Folglich führt die arbeitsteilige Zusammenarbeit innerhalb einer Organisation lediglich zur Verengung des Pflichtenprogramms, nicht aber zu einer vollständigen Aufhebung jeglicher strafrechtlicher Verantwortung. Gleiches gilt für die Delegation unternehmerischer Aufgaben durch die Geschäftsleitung an untergeordnete Mitarbeiter. Auch hier sind geeignete organisatorische Maßnahmen notwendig, um die Erfüllung der Pflichten sicherzustellen. Nach einer angemessenen und erfolgreichen Einarbeitungszeit darf sich der delegierende Geschäftsführer grundsätzliche auf die ordnungsgemäße Aufgabenerfüllung verlassen, sofern nicht gegenteilige Anhaltspunkte Zweifel begründen[8]. Werden Zuständigkeiten zwischen Personen auf derselben Ebene im Rahmen einer einheitlichen Aufgabe verteilt, bestehen zwischen den involvierten Personen Informations- und Abstimmungspflichten zur Vermeidung von Risiken[9]. Diese begründen aber nicht stets auch strafrechtliche Garantenpflichten, und für eine Unterlassensstrafbarkeit ist dann vor allem der Vorsatz der Filter. 172

b) Insiderhandel durch Unterlassen. Dass verbotener Insiderhandel ein bloßes Tätigkeitsdelikt ist (Rz. 6), steht der Anwendung des § 13 StGB nicht entgegen, da Erfolg i.S. dieser Vorschrift das tatbestandsmäßige Geschehen als solches ist[10]. Grenzen für die Anwendbarkeit des § 13 StGB auf § 119 Abs. 3 WpHG werden jedoch durch diesen selbst gesetzt: Da § 119 Abs. 3 Nr. 1 WpHG verlangt, dass der Täter *das Insidergeschäft tätigt*, kann das bloße Unterlassen des Tätigens eines Geschäftes nicht – auch nicht über § 13 StGB – erfasst werden[11]. 173

Denkbar ist indes eine **Geschäftsherrenhaftung** nach den soeben in Rz. 169 dargelegten Grundsätzen. 174

3. Allgemeine Fragen von Vorsatz und Irrtum, Leichtfertigkeit (§§ 15 ff. StGB). Gemäß § 15 StGB ist nach § 119 Abs. 1, 2 Nr. 2 und 3 WpHG nur strafbar, wer **Vorsatz** in Bezug auf alle Merkmale des gesetzlichen Tat- 175

---

1 BT-Drucks. 18/7428, 64.
2 A.A. *Renz/Leibhold*, CCZ 2016, 157, 166, die eine Unterlassensstrafbarkeit im Einklang mit der Gesetzesbegründung weiterhin für gegeben ansehen. Kritisch schon nach altem Recht: *Bernsmann* in FS Christian Richter II, 2006, S. 51 ff.
3 *Diversy/Köpferl* in Graf/Jäger/Wittig, Wirtschafts- und Steuerstrafrecht, 2. Aufl. 2017, § 38 WpHG Rz. 116.
4 S. *Stree/Bosch* in Schönke/Schröder, 29. Aufl. 2014, § 13 StGB Rz. 53; für § 38 WpHG ebenso *Lücker*, Der Straftatbestand des Missbrauchs von Insoderinformationen nach dem WpHG, 1998, S. 142; abl. *Heise*, Der Insiderhandel an der Börse und dessen strafrechtliche Bedeutung, 2000, S. 168 f.; je m.N.; allgemein etwa *Roxin* in FS Wolter, 2014, S. 451 ff.
5 S. *Heine/Weißer* in Schönke/Schröder, 29. Aufl. 2014, Vorbem. §§ 25 ff. StGB Rz. 106 m.w.N.
6 So auch *Merz* in Graf/Jäger/Wittig, Wirtschafts- und Steuerstrafrecht, 2. Aufl. 2017, § 13 StGB Rz. 57.
7 BGH v. 8.7.1985 – II ZR 198/84, NJW 1986, 54, 55.
8 BGH v. 15.10.1996 – VI ZR 319/95, BGHZ 133, 370 = AG 1997, 37.
9 *Merz* in Graf/Jäger/Wittig, Wirtschafts- und Steuerstrafrecht, 2. Aufl. 2017, § 13 StGB Rz. 63.
10 *Stree/Bosch* in Schönke/Schröder, 29. Aufl. 2014, § 13 StGB Rz. 3 m.N.
11 S. *Assmann* in 6. Aufl., § 14 WpHG Rz. 16 f. m.w.N.; ebenso zum alten Recht: *Altenhain* in KölnKomm. WpHG, § 38 WpHG Rz. 38; *Waßmer* in Fuchs, § 38 WpHG Rz. 192.

bestandes hat; nur im Rahmen von § 119 Abs. 2 Nr. 1 WpHG genügt **Leichtfertigkeit** (s. Rz. 148, zur Definition § 120 WpHG Rz. 362). Bezugspunkt des Vorsatzes sind, da es sich um ein Blankett und nicht um ein normatives Tatbestandsmerkmale handelt, nicht die Verbote der Art. 14f. VO Nr. 596/2014 (bzw. der Verordnung Nr. 1031/2010) als solche[1]; vielmehr genügt es, wenn der Täter Vorsatz bezüglich der einzelnen, in Art. 14f. VO Nr. 596/2014 und den dort in Bezug genommenen Vorschriften aufgeführten Tatbestandsmerkmalen hat[2]. Das gilt auch für jene Tatbestandsmerkmale, die im außerstrafrechtlichen Tatbestand Kennenmüssen und damit Fahrlässigkeit ausreichen lassen. Die schlichte Annahme, nicht verboten zu handeln, ist ein bloßer Verbotsirrtum, der nach § 17 Satz 1 StGB die Schuld (nicht den Vorsatz als solchen) ausschließt, wenn der Irrtum unvermeidbar war. Im Grundsatz ausreichend ist *bedingter Vorsatz*, d.h., dass der Täter Umstände für möglich halten und billigend in Kauf nehmen muss, die den Tatbestand des § 119 Abs. 1, 2 und 3 WpHG erfüllen. Bei Umständen, die normative Tatbestandsmerkmale ausfüllen, muss der Täter – mindestens in Art einer „Parallelwertung in der Laiensphäre" – auch den normativen Gehalt, die dem Tatbestandsmerkmal immanente rechtliche Wertung erfasst haben (näher § 120 WpHG Rz. 362 ff. m.w.N.)[3].

176   Nach § 16 Abs. 1 StGB **vorsatzausschließende Irrtümer** sind bei § 119 Abs. 3 WpHG u.a. in folgender Weise denkbar[4].
– Wer annimmt oder ernsthaft darauf vertraut, ein Umstand sei bereits öffentlich bekannt, irrt über das Vorliegen einer Insiderinformation. Allerdings muss er sich Tatsachen vorstellen, die dazu führen würden, dass von Rechts wegen hinreichende Öffentlichkeit vorläge (s. 6. Aufl., § 13 WpHG Rz. 31 ff.); der Irrtum über den Rechtsbegriff der Öffentlichkeit ist bloßer Subsumtionsirrtum[5].
– Wer annimmt oder ernsthaft darauf vertraut, dass es unwahrscheinlich sei, dass das Bekanntwerden der Insiderinformation den Preis oberhalb der Erheblichkeitsschwelle beeinflussen werde, irrt über die Preisbeeinflussungseignung[6]. Der Irrtum über den Rechtsbegriff der Erheblichkeit ist hingegen bloßer Subsumtionsirrtum.
– Wer annimmt oder ernsthaft darauf vertraut, die Offenlegung einer Insiderinformation sei rechtmäßig, handelt, sofern der Irrtum bezüglich der tatsächlichen Grundlagen besteht, unvorsätzlich gem. § 16 Abs. 1 StGB. Irrt derjenige hingegen über die rechtlichen Grenzen der Tatbestandsausschlussnormen der Marktmissbrauchsverordnung, liegt lediglich ein Verbotsirrtum gem. § 17 StGB vor.

177   **Verbotsirrtümer** nach § 17 StGB sind bei vorsätzlichem Insiderhandel vor allem im Grenzbereich des Verwendens einer Insiderinformation denkbar (s. hierzu 6. Aufl., § 14 WpHG Rz. 33 ff.: Marketmaking, Hedging, Erwerb eigener Aktien, Pakethandel, Scalping, Kurspflege, Orderausführung), wenn hier volle Tatsachenkenntnis vorliegt, auch in Hinblick auf die negativen Tatbestandsmerkmale der Tatbestandsausnahme. Häufigster Fall wird die Einhaltung von Level 3-Vorgaben auf europäischer Ebene oder vergleichbarer Verlautbarungen der BaFin sein, etwa von Merkblättern und Q+A[7]. Bei vorsätzlicher Marktmanipulation ist vor allem an den Grenzbereich zwischen erlaubtem Handel und verbotenen sonstigen Täuschungshandlungen zu denken (s. hierzu 6. Aufl., § 20a WpHG Rz. 217). Dann stellt sich die Frage der *Vermeidbarkeit* des Verbotsirrtums[8]. Bei Delikten, die für einen bestimmten Berufskreis bedeutsam sind, stellt die Rechtsprechung hohe Anforderungen: Berufsangehörige müssen sich ständig mit den rechtlichen Grenzen ihrer Berufstätigkeit befassen und in **Zweifelsfällen kompetenten Rechtsrat** einholen; das Vermeidbarkeitsurteil ist bereits begründet, wenn der Täter Unrechtszweifel hätte haben müssen, wäre er seiner Erkundigungspflicht nachgekommen[9]. Dies bedeutet aber nicht, dass es ohne Einholung von Rechtsrat niemals einen vermeidbaren Verbotsirrtum geben könnte. Auf **Behördenauskunft** darf allerdings **vertraut** werden[10], was im Rahmen des § 119 WpHG bei Auskünften der Bundesanstalt bedeutsam sein kann. Dabei kommt es aber bei Einzelfallauskünften darauf an, ob der die Konstellation, die der Behörde präsentiert worden ist, mit dem tatsächlichen Fall identisch ist. Ein besonders relevanter Fall ist die Orientierung an einer generalisierten Behördenauskunft in Form von Q+A und Level 3-Verlautbarungen. Bei unklarer und ungeklärter Rechtslage kann sich die Unvermeidbarkeit auch daraus ergeben, dass

---

1 Ganz h.A., s. nur *Altenhain* in KölnKomm. WpHG, § 38 WpHG Rz. 146.
2 Ausführlich *Puppe* in Kindhäuser et al, 4. Aufl. 2013, § 16 StGB Rz. 60 ff.
3 Dazu etwa *Kudlich* in Beck OK StGB, § 16 StGB Rz. 15 m.w.N.; *Roxin*, Strafrecht Allgemeiner Teil, Bd. I, § 12 Rz. 96.
4 S. hierzu auch *Loesche*, Die Eignung zur erheblichen Kursbeeinflussung in den Insiderhandelsverboten des Wertpapierhandelsgesetzes, 1998, S. 232 ff.
5 Zutr. *Kohlmann* in FS Vieregge, S. 443, 452 f.
6 S. hierzu *Loesche*, Die Eignung zur erheblichen Kursbeeinflussung in den Insiderhandelsverboten des Wertpapierhandelsgesetzes, 1998, S. 239 f.; *Schröder*, Handbuch Kapitalmarktstrafrecht, 3. Aufl. 2015, Rz. 237 meint freilich, dass die Rechtsprechung bei professionellen Marktteilnehmern diesbezügliche Irrtümer kaum anzuerkennen geneigt sei.
7 *Pauka/Link/Armenat*, WM 2017, 2092, 2094; *Hippeli*, WM 2018, 253, 257.
8 S. hierzu auch *Heise*, Der Insiderhandel an der Börse und dessen strafrechtliche Bedeutung, 2000 S. 164 f.; *Waßmer* in Fuchs, § 38 WpHG Rz. 78 mit dem Fazit, dass für professionelle Marktteilnehmer ein strenger Standard gelte. BGH v. 18.7.2018 – 2 StR 416/16.
9 S. nur *Sternberg-Lieben/Schuster* in Schönke/Schröder, 29. Aufl. 2014, § 17 StGB Rz. 17 ff.
10 BGH v. 2.2.2000 – 1 StR 597/99, NStZ 2000, 364.

Gerichte ebenso zum Ergebnis gekommen sind, es liege kein Verstoß vor[1]. Bei einer objektiv ernsthaft ungewissen Rechtslage kann ein unvermeidbarer Verbotsirrtum auch vorliegen – wenn schon wegen normativer Tatbestandsmerkmale kein Tatbestandsirrtum vorliegt –, wenn die gewählte Verhaltensweise nicht vorwerfbar war, was jedenfalls der Fall ist, wenn die Orientierung an der Verbotsvariante nicht zumutbar war[2].

4. Rechtfertigung und Entschuldigung im Kapitalmarktstrafrecht. Straftaten nach § 119 WpHG sollen **im Grundsatz nicht der Rechtfertigung oder (ausgenommen Verbotsirrtümer) Entschuldigung zugänglich** sein[3]. Einerseits sind die geschützten Rechtsgüter nicht disponibel; andererseits wird die Grenze zwischen erlaubtem und verbotenem Verhalten bereits auf der Ebene des Tatbestandes gezogen. Diese Aussage ist aber dann nicht mehr tragfähig, wenn etwa die berechtigte Meinungsäußerung der Rechtfertigungsebene zugeordnet wird. Natürlich sind *wirtschaftliche Notlagen* im Grundsatz nicht geeignet, Insiderhandel oder Marktmanipulationen zu rechtfertigen oder zu entschuldigen[4]. Gleichwohl erscheint die Aussage, es könne generell keine Entschuldigung geben, auf abstrakter Ebene viel zu generell zu sein. Insbesondere der vermeidbare Verbotsirrtum ist gerade in Grenzfällen sorgfältig zu prüfen.

178

5. Verfolgungsverjährung im Kapitalmarktstrafrecht. Die Verfolgung von Taten nach § 119 Abs. 1, 2 und 3 WpHG verjährt in **fünf Jahren** (§ 78 Abs. 3 Nr. 4 StGB), die von Taten nach § 119 Abs. 6 WpHG in **drei Jahren** (Nr. 5). Das Verbrechen der schweren Marktmanipulation gem. § 119 Abs. 5 WpHG verjährt innerhalb von zehn Jahren (§ 78 Abs. 3 Nr. 3 StGB). Die Verjährungsfrist beginnt mit der Beendung der Tat (§ 78a Satz 1 StGB). Strafbare Marktmanipulation (§ 119 Abs. 1 WpHG) ist mit dem Erfolgseintritt, der Einwirkung auf den Börsen- oder Marktpreis, beendet; bleibt der Börsen- oder Marktpreis ggf. über längere Zeit beeinflusst, so begründet das nach den Regeln über das Zustandsdelikt keinen späteren Beendigungszeitpunkt[5]. Zur Strafbarkeit des verbotenen Insiderhandels (§ 119 Abs. 3 WpHG) ist mit dem Tätigen des Insidergeschäftes, der Offenlegung der Insiderinformation oder der Empfehlung beendet. Die Anstiftung zum Tätigen eines Insidergeschäftes ist mit dem Tätigen des Geschäftes durch den Dritten beendet. Zum Ruhen und zur Unterbrechung der Verfolgungsverjährung s. §§ 78b, c StGB.

179

Der Bundesrat sah die Gefahr, dass bei Marktmanipulationen, die über Börsenpflichtblätter oder elektronische Informationsdienstleister begangen oder sonst über Medien vervielfaltigt werden, die sechsmonatige **landespresserechtliche Verjährungsfrist** eingreift[6]. Allerdings hat BGH v. 21.12.1994 – 2 StR 628/94, BGHSt 40, 385, 388 entschieden, dass Prospekte i.S.v. § 264a StGB als reine Werbedrucksachen nicht der kurzen presserechtlichen Verjährung unterliegen, weil mit ihnen unmittelbar und ausschließlich gewerbliche Zwecke verfolgt werden. Auch ist anerkannt, dass bei Pflichtveröffentlichungen ein hinreichender Zusammenhang mit der Pressefreiheit fehlt, der die Anwendung der kurzen presserechtlichen Verjährung rechtfertigen könnte[7]. Weiterhin kann der Landesgesetzgeber Taten nach § 119 WpHG von der kurzen presserechtlichen Verjährung ausnehmen (vgl. § 14 Abs. 1 Satz 2 Nr. 3 BayPrG). Schließlich ist fragwürdig, ob ein Presseinhaltsdelikt, nämlich ein Druckwerk „strafbaren Inhalts", vorliegt, wenn sich der Marktmanipulator der (unabhängigen) Presse nur als (gutgläubiges) Medium seiner unrichtigen Angaben bedient. Zuzugeben ist allenfalls, dass bei einem von dem Marktmanipulator selbst betriebenen Börseninformationsdienst, der an sich harmlose und auch nicht nur auf Werbung angelegte redaktionelle Inhalte hat, die kurze landespresserechtliche Verjährungsfrist eingreifen kann, wenn – nur – über den Börseninformationsdienst unrichtige marktmanipulative Angaben verbreitet werden. In den Fällen des Scalping dürfte sie allerdings nicht greifen, weil es sich hier nicht um ein Presseinhaltsdelikt handelt, denn wesentliche Teile des Unrechtstatbestandes realisieren sich handlungsbezogen außerhalb der Presseverlautbarung[8].

180

6. Rechtsfolgen kapitalmarktrechtlicher Straftaten. a) Freiheits- oder Geldstrafe. § 119 Abs. 1–3 WpHG droht Freiheitsstrafe bis zu fünf Jahren oder Geldstrafe, § 119 Abs. 5 WpHG Freiheitsstrafe von einem Jahr bis zu zehn Jahren (!), § 119 Abs. 6 WpHG Freiheitsstrafe bis zu einem Jahr oder Geldstrafe an. Für die Strafzumessung sind nach § 46 Abs. 2 Satz 2 StGB zu berücksichtigen:

181

---

1 Zutreffend AG Frankfurt/M. v. 15.8.2008 – 943 OWi 7411 Js 233764/07 Rz. 15, ZIP 2008, 2313, 2314, während OLG Frankfurt v. 12.2.2009 – 2 Ss-Owi 514/08 Rz. 4, NStZ 2009, 646, 647 die Anforderungen an einen unvermeidbaren Verbotsirrtum überspannt.
2 *Verse*, ZGR 2017, 174, 183 f. m.w.N.
3 *Altenhain* in KölnKomm. WpHG, § 38 WpHG Rz. 156; *Hilgendorf* in Park, Kapitalmarktstrafrecht, 3. Aufl. 2013, §§ 38 I Nr. 1–3, 12, 13, 14 WpHG Rz. 272; *Waßmer* in Fuchs, § 38 WpHG Rz. 205 ff.; s. auch *Heise*, Der Insiderhandel an der Börse und dessen strafrechtliche Bedeutung, 2000, S. 159 ff.
4 S. *Perron* in Schönke/Schröder, 29. Aufl. 2014, § 34 StGB Rz. 41.
5 BGH v. 4.12.2013 – 1 StR 106/13, BGHSt 59, 105, 106 = AG 2014, 448; *Fischer*, 65. Aufl. 2018, § 78a StGB Rz. 12; *Waßmer* in Fuchs, § 38 WpHG Rz. 89.
6 S. BT-Drucks. 14/8017, 161; weiterhin *Altenhain* in KölnKomm. WpHG, § 38 WpHG Rz. 140, *Waßmer* in Fuchs, § 38 WpHG Rz. 88.
7 *Fischer*, 65. Aufl. 2018, § 78 StGB Rz. 8.
8 Noch weitergehend BGH v. 4.12.2013 – 1 StR 106/13, BGHSt 59, 105, 106 = AG 2014, 448: es reicht aus, dass der Erfolg außerhalb der Presse eintritt.

- die Beweggründe und die Ziele des Täters, namentlich die (für § 119 Abs. 1 und 3 WpHG tatbestandlich nicht erforderliche, aber regelmäßig gegebene) Bereicherungsabsicht,
- das Maß der Pflichtwidrigkeit, auch nach Abschaffung der Differenzierung zwischen Primär- und Sekundärinsidern kann es strafschärfend zu berücksichtigen sein, wenn Primärinsider Insiderhandel oder Marktmanipulation[1] betrieben haben;
- die verschuldeten Auswirkungen der Tat, namentlich das Ausmaß der Beeinflussung von Märkten, das Ausmaß des Umgehungsvorsatzes, gegebenenfalls Vermögensschäden bei Anlegern, die Geschäfte vor Bekanntwerden der Insidertatsache oder zu einem manipulierten Börsen- oder Marktpreis getätigt haben[2],
- das Vorleben des Täters, namentlich einschlägige Vorstrafen;
- ob die Taten in einem mit Akribie eingerichteten, auf Verschleierung angelegten System begangen wurden oder ob es sich um eine Gelegenheitstat eines Anlegers handelt[3];
- die außerprozessualen Folgen der Tat für den Täter[4].

182 In der Praxis wird es bei Ersttätern häufig mit Geldstrafen sein Bewenden haben. Im Fall des Verbrechenstatbestandes des § 119 Abs. 5 WpHG dürften sich die zu verhängenden Strafen typischerweise im unteren Bereich des Strafrahmens befinden.

183 In den nicht seltenen Fällen mehrfacher bzw. wiederholter Insidergeschäfte und Marktmanipulationen ist die Frage, ob die Handlungen zueinander in **Tateinheit oder Tatmehrheit** stehen (§§ 52, 53 StGB), was für die Strafzumessung von großer praktischer Bedeutung ist. Das LG Augsburg[5] hat die Veräußerung von Insiderpapieren in mehreren Tranchen an mehreren Tagen aufgrund einheitlichen Willensentschlusses zutreffend als eine Handlung i.S.v. § 52 StGB angesehen[6]. Demgegenüber ist das LG Bonn sehr weitgehend von mehreren Taten (§ 53 StGB) ausgegangen, etwa weil die Banken Orders bei unterschiedlichen Kursen gesondert erfasst haben oder über separate Banken agiert wurde, was den einheitlichen Willensentschluss sehr gering gewichtet[7].

184 **b) Einziehung von Taterträgen (§§ 73 ff. StGB) im Kapitalmarktstrafrecht.** Da und soweit Insidergeschäfte und Marktmanipulation den Tätern Gewinne bringen, ist die **Gewinnabschöpfung** nach §§ 73 ff. StGB ein aktueller kriminalpolitischer und strafrechtsdogmatischer Schwerpunkt des Wertpapierhandelsstrafrechts. Liegen die Voraussetzungen hierfür vor, so *muss* die Einziehung im Strafurteil angeordnet werden. Bereits im Ermittlungsverfahren *können* einziehungsbefangene Gegenstände, z.B. Depots oder Konten, gem. § 111b StPO i.V.m. §§ 111c, d StPO durch Beschlagnahme oder durch die Anordnung von Vermögensarrest gem. § 111e StPO (zuvor bezeichnet als „dinglicher Arrest") sichergestellt werden.

185 Mit der seit dem 1.7.2017 gültigen Neuregelung der §§ 73 ff. StGB durch das Gesetz zur Reform der strafrechtlichen Vermögensabschöpfung vom 13.4.2017 (BGBl. I 2017, 872), gehen einige gravierende Änderungen einher. Sie gelten nach Art. 316h EGStGB für noch nicht abgeschlossene Verfahren rückwirkend; § 2 Abs. 5 StGB gilt insoweit nicht. Damit hat die sehr differenzierte BGH-Rechtsprechung zum alten Recht nur noch rechtshistorische Bedeutung. Sie war weniger von einer einheitlichen Systematik und Wertung gekennzeichnet als davon, welcher BGH-Strafsenat die jeweilige Konstellation zuerst beurteilt hat. Angesichts des grundlegenden Reformansatzes des Gesetzes ist die bisherige Rechtsprechung nur noch sehr zurückhaltend heranzuziehen.

186 Bis zum 30.6.2017 lautete der Begriff statt Einziehung „Verfall". Durch diese terminologische Veränderung soll das deutsche Recht an den europarechtlichen Begriff „confiscation" angenähert werden. Das soll auch Verständnisschwierigkeiten bei „grenzüberschreitenden Vermögensabschöpfungen im internationalen Rechtshilfeverkehr" beseitigen[8]. Insgesamt soll die Reform der Einziehungsregelungen eine klare Leitlinie für die Praxis darstellen[9]. Das „Kernstück"[10] der Reform ist die Opferentschädigung. Durch die Streichung des § 73 Abs. 1 Satz 2 StGB soll die Entschädigung des Geschädigten in das Vollstreckungsverfahren (§ 459h StPO) bzw. in das Insolvenzverfahren (§ 111i StPO) verlagert werden. Die Einziehung soll nur in Ausnahmefällen wie § 73e Abs. 1 StGB ausgeschlossen sein.

187 Bei Fremdgeschäften richtet sich die Einziehungsanordnung gegen den anderen (§ 73b StGB), ggf. auch gegen juristische Personen[11]. Sind die erworbenen Papiere bereits wieder veräußert oder ist das eingenommene Geld

---

1 Strafschärfend: LG Düsseldorf v. 14.7.2010 – 14 KLs - 130 Js 54/07 - 6/09 u.a. Rz. 368, AG 2011, 722, 723.
2 Auch EuGH v. 23.12.2009 – Rs. C-45/08, Slg. 2009, I-12073 = AG 2010, 74 – Spector Photo Group hat ausdrücklich anerkannt, dass die Sanktionshöhe (dort: Geldbuße) hiervon abhängen darf.
3 Vgl. etwa OLG München v. 3.3.2011 – 2 Ws 87/11 Rz. 20, NJW 2011, 3664, 3667.
4 LG Bonn v. 27.3.2009 – 27 KLs 11/08 Rz. 211, juris.
5 LG Augsburg v. 27.11.2003 – 3 KLs 502, NStZ 2005, 109, 110 f.
6 Zust. *Altenhain* in KölnKomm. WpHG, § 38 WpHG Rz. 164.
7 LG Bonn v. 27.3.2009 – 27 KLs 11/08 Rz. 185, juris.
8 BT-Drucks. 418/16, 50.
9 BT-Drucks. 418/16, 59.
10 BT-Drucks. 418/16, 51.
11 Ebenso *Waßmer* in Fuchs, § 20a WpHG Rz. 83; näher *Fischer*, 65. Aufl. 2018, § 73b StGB Rz. 4.

bereits wieder angelegt worden, so ist Wertersatz zu leisten (§ 73c StGB). Eine Schätzung ist möglich (§ 73d Abs. 2 StGB).

Insbesondere sollen Abschöpfungslücken geschlossen werden, wo Ansprüche der Geschädigten bestehen. Gemäß § 73 Abs. 1 Satz 2 StGB a.F. war die Einziehungsanordnung insoweit nicht möglich, als dem Verletzten aus der Tat ein Anspruch erwachsen ist, dessen Erfüllung dem Täter oder Teilnehmer den Wert des aus der Tat Erlangten entziehen würde. Dabei kam es auf das *rechtliche* Bestehen des Anspruchs, nicht auf dessen *tatsächliche* Geltendmachung oder Durchsetzung an; hatte allerdings der Verletzte auf seinen Anspruch verzichtet oder war der Anspruch verjährt, kam eine Einziehungsanordnung in Betracht[1]. Für Insidergeschäfte und Marktmanipulationen war § 73 Abs. 1 Satz 2 StGB a.F. nicht bereits deshalb unanwendbar, weil § 119 WpHG nach h.A. das überindividuelle Rechtsgut der Funktionsfähigkeit der Kapitalmärkte schützt; vielmehr kam es darauf an, ob Personen als Folge der Tat individuell geschädigt worden sind und deshalb einen zivilrechtlichen Schadensersatzanspruch hatten[2]. Daher hat der BGH vom 27.1.2010 – 5 StR 254/09[3] die Erwerber als „Verletzte" i.S.v. § 73 Abs. 1 Satz 2 StGB a.F. angesehen, sofern es sich um ein Verhalten handelte, das tateinheitlich als Insidergeschäft und als Marktmanipulation strafbar und „manipulativ unmittelbar auf eine Schädigung der Erwerber der Wertpapiere gerichtet" war, die zu manipulativ überhöhten Preisen gekauft hatten. Der Grund dafür liegt in dem Schadensersatzanspruch aus § 826 BGB, der den Erwerbern zusteht. Dieser leitet sich aus demselben historischen Sachverhalt her, der auch der Verwirklichung der Strafnorm zugrunde lag. Auf dieser Grundlage war stets sorgfältig zu prüfen, ob gegen den Insider bzw. Marktmanipulator zivilrechtliche Ansprüche z.B. aus §§ 97, 98 WpHG (§§ 37b, 37c WpHG a.F.), vor allem aber auch aus Prospekthaftung und Delikt, insbesondere gemäß der sog. Infomatec-Rechtsprechung des BGH aus § 826 BGB, bestehen; war das der Fall, schied eine Einziehungsanordnung aus.

188

Ein weiteres Ziel der Reform ist die Verbreiterung der Basis und die Konkretisierung und sogar Stärkung des Bruttoprinzips. Nach dem Bruttoprinzip erstreckt sich die Einziehung nicht nur auf Tatgewinne, sondern auf alles Erlangte, und zweitens sollen Aufwendungen, die der Täter zur Tatbegehung gemacht hat, nicht in Abzug gebracht werden können[4]. Hier wird es allerdings sehr darauf ankommen, wie die Rechtsprechung die wertungsoffenen Anrechnungsausschluss des § 73d StGB versteht:

189

Anstelle von „aus" der Tat soll dem Täter das Erlangte „durch" die Tat zugeflossen sein. Dadurch soll in einer ersten Stufe jeder Vermögenswert, den der Täter durch die rechtswidrige Tat erlangt hat, in die Bestimmung des erlangten Etwas einbezogen werden. Durch diese Änderung sollte auf das durch den BGH entwickelte Merkmal der „Unmittelbarkeit"[5] reagiert werden[6]. „Aus der Tat erlangt" waren nur die Vorteile, die dem Täter unmittelbar aus der Verwirklichung des Tatbestands selbst in irgendeiner Phase des Tatablaufs zugeflossen sind[7]. Jedoch gibt es kritische Stimmen in der Literatur darauf hin, dass auch durch die Wortlautänderung das Erfordernis einer engen Beziehung zum Tatgeschehen nicht aufgegeben wird[8]. Insbesondere wird bei komplexen wirtschaftlichen Geschehensabläufen, bei denen nicht – wie im Drogenhandel – das wirtschaftliche Geschehen insgesamt illegal ist, eine wertende-normzweckorientierte Betrachtung künftig unerlässlich sein.

190

In der zweiten Stufe gewährt § 73d Abs. 1 StGB nunmehr jedoch grundsätzlich die Abzugsfähigkeit von Aufwendungen, allerdings begrenzt auf gutgläubige Aufwendungen, d.h. nicht solche, die ihrerseits deliktisch bemakelt sind. § 73d Abs. 1 StGB ist als eine Konkretisierung des Rechtsgedankens von § 817 Satz 2 BGB konzipiert – die „Investitionen" (wirtschaftlich: Aufwendungen oder Anschaffungs- und Herstellungskosten), die ihrerseits in ein beanstandetes Geschäft getätigt wurden, sollen verloren sein.

191

Nach diesen Grundsätzen lassen sich generalisierende, für die Tatbestände der strafbaren Marktmanipulation verallgemeinernde Aussagen kaum treffen, weil es stets auf eine präzise Bestimmung ankommt, ob Aufwendungen gutgläubig und deliktisch bemakelt waren.

192

Bei strafbaren **Insidergeschäften** i.e.S. von § 119 Abs. 3 Nr. 1 WpHG[9] griff nach früher h.A. die Ausschlussregel des § 73 Abs. 1 Satz 2 StGB a.F. nie ein, weil das Verbot von Insidergeschäften die Funktionsfähigkeit der organisierten Börsen schütze und somit geschädigte Anleger nicht Verletzte der Tat seien[10]. Diese Auffassung

193

---

1 S. nur *Fischer*, 64. Aufl. 2017, § 73 StGB Rz. 18 f. m. umf. N.
2 Vgl. nur *Fischer*, 64. Aufl. 2017, § 73 StGB Rz. 22 einerseits und Rz. 21 andererseits, jeweils m.N.
3 BGH v. 27.1.2010 – 5 StR 254/09, NStZ 2010, 356.
4 S. nur *Fischer*, 65. Aufl. 2018, § 73 StGB Rz. 10 ff. m.w.N. (auch zum Streit, ob die Einziehung hierdurch Strafcharakter erhält).
5 Vgl. BGH v. 21.3.2002 – 5 StR 138/01, BGHSt 47, 260; BGH v. 2.12.2005 – 5 StR 119/05, BGHSt 50, 299.
6 BT-Drucks. 418/16, 58.
7 Vgl. BGH v. 21.3.2002 – 5 StR 138/01, BGHSt 47, 260; BGH v. 2.12.2005 – 5 StR 119/05, BGHSt 50, 299.
8 *Burghart* in Satzger/Schluckebier/Widmaier, 3. Aufl. 2017, § 73 StGB Rz. 11.
9 Bei Insidergeschäften i.S.v. § 38 Abs. 2 Nr. 2 WpHG a.F. kommt die Einziehung (nur) in Betracht, wenn der Primärinsider etwas als Gegenleistung „für" die Mitteilung bzw. Empfehlung erlangt hat, zutr. *Waßmer* in Fuchs, § 38 WpHG Rz. 84.
10 LG München I v. 21.1.2002 – 6 Kls 305, wistra 2003, 277, 280; LG Augsburg v. 27.11.2003 – 3 Kls 502, NStZ 2005, 109, 111; LG Berlin v. 8.3.2005 – 505-11/04, wistra 2005, 277, 278; *Arlt*, Der strafrechtliche Anlegerschutz vor Kursmanipulation, 2004, S. 366 f.; *Trüstedt*, Das Verbot von Börsenkursmanipulationen, 2004, S. 108; konsequenterweise, da ein Vermögensgefährdungsdelikt annehmend, a.A. *Altenhain* in KölnKomm. WpHG, § 38 WpHG Rz. 162.

dürfte durch den BGH vom 27.1.2010 – 5 StR 254/09 überholt gewesen sein; vielmehr kam es entscheidend darauf an, ob Anleger zivilrechtliche Ansprüche gegen den Insider geltend machen konnten, weil sie infolge der Unkenntnis von Insiderinformationen ungünstige Geschäfte getätigt haben; derartige Ansprüche kamen aber nur ausnahmsweise – namentlich, wenn das Insiderverhalten manipulativ unmittelbar auf eine Schädigung der Erwerber der Insiderpapiere gerichtet war – in Betracht.

194 Künftig gilt: Aus der Tat erlangt der Täter beim Erwerb Insiderpapiere und bei der Veräußerung Geld. Nach einer früher vertretenen Ansicht handelte es sich dabei um das erlangte „Etwas", ohne dass der für den Erwerb aufgewendete Kaufpreis oder der Wert der veräußerten Insiderpapiere abgesetzt werden konnte[1]; es war lediglich möglich, die Aufwendungen und ggf. einen zwischenzeitlichen Wertverfall der erworbenen Insiderpapiere im Rahmen der Härteregelung des § 73c StGB a.F.[2] zu berücksichtigen[3]. Demgegenüber war in der Literatur seit geraumer Zeit vertreten worden, das von dem Insider erlangte „Etwas" beschränke sich auf den „insiderspezifischen Sondervorteil" in Gestalt der Differenz, zu welcher der Insider „zu teuer" veräußert bzw. „zu billig" erworben habe[4]. Dieser Auffassung schloss sich für den Verkauf der BGH vom 27.1.2010 – 5 StR 224/09[5] an; das OLG Stuttgart folgte dem zu Recht für den Erwerb[6]: Diese Rechtsprechung band zutreffend die Bestimmung des erlangten Sondervorteils an den Zweck des Straftatbestandes; erst danach war die Frage des Bruttoprinzips relevant. Soweit dieser nicht – wie beispielsweise beim Drogenhandel – das Geschäft als solches, sondern nur den Sondervorteil pönalisiert, waren eigene Gegenleistungen und Aufwendungen des Täters von dem Bruttovermögenszuwachs abgezogen, so dass sich die Einziehung bzw. damals noch der Verfall auf den verbleibenden Nettowert erstreckte[7]. Die Rechtsprechung des 1. Strafsenats des BGH wies in eine andere Richtung. Gleichwohl ist die Entscheidung des 5. Strafsenats auch im strafrechtlichen Schrifttum auf Zustimmung gestoßen[8].

195 Die **Gesetzesbegründung** der Neuregelung geht davon aus, dass der Kaufpreis der Aktien bei einem strafbaren Insidererwerb nicht mehr nach § 73d Abs. 1 StGB abzugsfähig ist[9]. Hierin liegt allerdings ein gewisser **Wertungswiderspruch** zu den Fällen, in denen betrügerisch erworben wird; hier soll der Erwerbspreis abzugsfähig sein, weil der Täter eine Verbindlichkeit gegenüber dem Opfer erfüllt. Die These von der Nichtberücksichtigung des legalen Erwerbsaufwandes beim Insiderverkauf dürfte allerdings angesichts des Gesetzeswortlauts des § 73d Abs. 1 StGB nur zutreffen, wenn sie bereits zum Zwecke der Vorbereitung der Straftat erworben worden sind. Bei legitim erworbenen Aktien dürfte bei der Erwerbsaufwand für den Erwerb, der Anknüpfung an das Bereicherungsrecht und die Kondiktionssperre des § 817 BGB folgend, in Höhe des den Insidervorteil ausklammernden Werts nach § 73d Abs. 1 StGB abzugsfähig sein.

196 Bei der **informationsgestützten Marktmanipulation** (Art. 12 Abs. 1 lit. c VO Nr. 596/2014) stand die bislang h.L. auf dem Standpunkt, der Täter erlange aus der Tat selbst nichts, jedenfalls nicht unmittelbar etwas, und das spätere Ausnutzen des manipulierten Börsen- oder Marktpreises sei für sich genommen keine Marktmanipulation und könne keine Verfallsanordnung begründen[10]. Gegen die herrschende Literaturmeinung lässt sich vorbringen, es sei der manipulierte Preis bzw. die in ihm enthaltene Gewinnaussicht das erlangte „Etwas"[11], besonders deutlich, wenn der Manipulator bereits vor der Marktmanipulation Positionen eingegangen ist, die infolge der manipulativen Empfehlung wertvoller werden[12]. Nach einer Entscheidung des LG Berlin unterliegen die erzielten Erträge der Scalping-Geschäfte in voller Höhe dem Verfall[13]. Der BGH (3. Strafsenat) hat zum Scalping schließlich eine vermittelnde Linie eingeschlagen. Soweit die Preiseinwirkung mit eigenen Transaktionen des Täters zusammenhängt, unterliegt der Erlös, soweit durch die Tat beeinflusst, dem Verfall. Bei Preis-

---

1 S. LG Augsburg v. 27.11.2003 – 3 Kls 502, NStZ 2005, 109, 111; *Altenhain* in KölnKomm. WpHG, § 38 WpHG Rz. 162; *Hilgendorf* in Park, 3. Aufl. 2013, § 38 I Nr. 1–3, 12, 13, 14 WpHG Rz. 165.
2 Eine solche Härteregelung existiert seit dem Gesetz zur Reform der strafrechtlichen Vermögensabschöpfung nicht mehr. In § 74b StGB n.F. wird lediglich geregelt, dass eine Entschädigung gewährt werden kann, wenn es eine unbillige Härte darstellen würde, sie zu versagen.
3 LG Augsburg v. 27.11.2003 – 3 Kls 502, NStZ 2005, 109, 111.
4 *Hohn*, wistra 2003, 321, 323; *Kudlich/Noltensmeier*, wistra 2007, 121; *Waßmer* in Fuchs, § 38 WpHG Rz. 221.
5 BGH v. 27.1.2010 – 5 StR 224/09, AG 2010, 249 = NJW 2010, 883 mit Anm. *Vogel* = WM 2010, 399; weit. Anm. von *Gehrmann*, wistra 2010, 345; *Klöhn*, DB 2010, 769; *Nietsch*, WuB IX § 38 WpHG 1.10. Auch das OLG Stuttgart folgt dieser Rechtsprechung v. 3.9.2015 – 4 Ws 283/15, NStZ 2016, 28, 29 f. = AG 2016, 46). Kritisch *Vogel*, JZ 2010, 372.
6 OLG Stuttgart v. 3.9.2015 – 4 Ws 283/15, NZWiSt 2016, 107, 108 ff. = AG 2016, 46; zust. *Trüg*, NZG 2016, 469.
7 BGH v. 28.3.1979 – 2 StR 700/78, BGHSt 28, 369.
8 *Fischer*, 65. Aufl. 2018, § 73 StGB Rz. 18.
9 Vgl. teilweise nicht ganz widerspruchsfrei und der Konstellation des Urteils des 5. Strafsenats nicht entsprechend BT-Drucks. 418/16, 74.
10 *Arlt*, Der strafrechtliche Anlegerschutz vor Kursmanipulation, 2004, S. 266 f.; *Schönhöft*, Die Strafbarkeit der Marktmanipulation gem. § 20a WpHG, 2006, S. 179 ff.; *Sorgenfrei* in Park, Kapitalmarktstrafrecht, 3. Aufl. 2013, §§ 20a, 38 II, 39 I Nr. 1–2, II Nr. 11, IV WpHG Rz. 300.
11 A.A. – der manipulierte Börsen- oder Marktpreis selbst sei der Vorteil – *Altenhain* in KölnKomm. WpHG, § 38 WpHG Rz. 162.
12 In diesem Sinne dürfte LG Berlin v. 14.4.2011 – (519) 3 Wi Js 1665/07 KLs (03/09) (zitiert nach juris) zu verstehen sein.
13 LG Berlin v. 14.4.2011 – 519 3 Wi Js 1665/07 KLs Rz. 124 ff., juris.

einwirkungen, die erst durch Drittgeschäfte eintreten, sind zwar spätere Transaktionen des Täters nicht mehr Teil der Tatbestandserfüllung; es liegt aber in Höhe der scalpingbedingten Wertsteigerung ein Einziehungsgegenstand vor[1]. Das OLG Frankfurt nahm für das Scalping noch nach altem Recht an, dass die dem Täter während der Tat zugeflossenen Vermögenswerte in ihrer Gesamtheit abzuschöpfen sind – es seien keinerlei Gründe ersichtlich, in diesen Fällen vom Bruttoprinzip abzuweichen[2]. Auch in anderem Zusammenhang ließ es der BGH für das erlangte Etwas auch Vermögensmehrungen genügen, die erst durch weitere Rechtsgeschäfte entstehen, wenn nur zwischen der Tat und dem Zufluss ein finaler „Bereicherungszusammenhang" besteht[3].

Bei der Marktmanipulation durch Geschäfte und Transaktionen, die sonstige Täuschungshandlungen beinhalten, kommt auch nach bislang h.L. ein erlangtes Etwas in Betracht, wenn sich die Manipulation durch effektive Geschäfte vollzieht; bei lediglich fiktiven Transaktionen soll hingegen nichts erlangt werden[4]. Die Rechtsprechung zum alten Recht nahm bei der handelsgestützten Marktmanipulation als erlangtes Etwas den gesamten Verkaufserlös des bemakelten Geschäftes an[5]. Begeht der Täter eine Marktmanipulation durch Kauf- und Rückkauforder, so setzt die bisherige Rechtsprechung – dogmatisch auf der Grundlage der h.M. allenfalls über die Härtefallregelung begründbar – nur den einfachen Preis für die Aktien an, weil es andernfalls zu einer nicht gerechtfertigten Verdoppelung des Einziehungsgegenstandes käme[6]. 197

Nach der Neuregelung dürften auch bei informationsgestützten Marktmanipulationen Einziehungsanordnungen der Regelfall sein, da es nicht mehr auf den engen und unmittelbaren Zusammenhang ankommt. Eine andere Frage wiederum ist, ob der Erwerbsaufwand einziehungsmindernd zu berücksichtigen ist. In Verkaufsfällen spricht der Wortlaut des § 73d Abs. 1 StGB zwanglos dafür[7]. Wertungsmäßig überzeugend ist es allein, dies in allen Fällen zu bejahen, alles andere führt zu Folgen, die dem abschöpfenden und restitutiven, nicht strafenden Zweck der Einziehung nicht (mehr) entsprechen. 198

Zutreffend und der vom Gesetzgeber gewollten grundsätzlichen Ausrichtung an § 817 Abs. 2 BGB entsprechend dürfte es daher – gegen einzelne Subsumtionsversuche der Begründung des Regierungsentwurfs – sein, bei **allen** Formen der Marktmanipulation den Eigenaufwand in Höhe des nicht durch das deliktische Handeln verfälschten Wertes des Erwerbsaufwandes nach § 73d Abs. 1 StGB gegenzurechnen. Das Geschäft als solches ist nicht bemakelt, sondern wirksam (Art. 15 VO Nr. 596/2014 Rz. 52). Damit wird 199

– ein überschießender, vom Gesetzesziel nicht gedeckter und mit der rückwirkenden Geltungsanordnung des Art. 316 EGStGB unvereinbarer Strafcharakter der Einziehung vermieden,
– Wertungskongruenz mit Fällen hergestellt, in denen der Täter die Gegenparteien auch noch sittenwidrig schädigt,
– der Anschluss an die internationale Entwicklung gefunden und
– der Tatsache Rechnung getragen, dass es keine Billigkeitskorrektur mehr gibt.

Eine engere Auslegung vor § 73d Abs. 1 StGB führt zudem dazu, dass Kauf- und Verkaufsvorgänge grundlegend unterschiedlich beurteilt werden, was zufällig erscheint.

c) **Strafrechtliches Berufsverbot (§§ 70 ff. StGB).** Theoretisch ist es möglich, gegen (natürliche) Personen, die wegen verbotenen Insiderhandels oder Marktmanipulation verurteilt sind, gem. § 70 StGB ein Berufsverbot anzuordnen. Es handelt sich um eine Maßregel der Besserung und Sicherung, die Wiederholungsgefahr voraussetzt (zu den Einzelheiten § 70 Abs. 1 Satz 1 StGB) und den Grundsatz der Verhältnismäßigkeit beachten muss (§ 62 StGB). Bei Ersttätern dürfte ein Berufsverbot kaum je in Betracht kommen. Auch im Übrigen sind §§ 70 ff. StGB in der Praxis nahezu bedeutungslos. 200

d) **Börsenrechtliche Sanktionen bzw. Rechtsfolgen.** § 22 Abs. 2 BörsG ermöglicht die Verhängung von **börsenrechtlichen Sanktionen** durch den Sanktionenausschuss[8] bei vorsätzlichen oder fahrlässigen Verstößen gegen börsenrechtliche Vorschriften. Die Sanktion kann in einem Verweis, Ordnungsgeld bis 250.000 Euro oder dem Ausschluss von der Börse für bis zu 30 Sitzungstagen bestehen. Da es sich nicht um eine Strafe i.e.S. handelt, kann sie unabhängig von einem laufenden Strafverfahren verhängt werden. Art. 103 Abs. 3 GG (ne bis in idem) gilt nur für Kriminalstrafen[9]. Angesichts des konventionsrechtlichen Doppelbestrafungsverbots nach 201

---

1 BGH v. 25.2.2016 – 3 StR 142/15 Rz. 32 ff., NJW 2016, 3459, 3462 = AG 2016, 547.
2 OLG Frankfurt v. 12.1.2017 – 3 Ws 901/16, NStZ-RR 2017, 144, 144 f.
3 BGH v. 30.5.2008 – 1 StR 166/07 Rz. 76, BGHSt 52, 227, 242 zur irreführenden Werbung.
4 Vgl. *Schönhöft*, Die Strafbarkeit der Marktmanipulation gem. § 20a WpHG, 2006, S. 179 ff.; *Waßmer* in Fuchs, § 38 WpHG Rz. 227.
5 BGH v. 27.11.2013 – 3 StR 5/13 Rz. 29 ff., BGHSt 59, 80 = AG 2014, 252; vgl. LG Berlin v. 14.4.2011 – (519) 3 Wi Js. 1665/07 KLs (03/09), juris; s. auch BGH v. 29.6.2010 – 1 StR 245/09, NStZ 2011, 83, 85 mit Anm. *Bauer*, NStZ 2011, 241.
6 OLG Stuttgart v. 6.6.2014 – 2 Ss 541/13, AG 2015, 45, 45 f. begründet dies mit einer Einheitsbetrachtung der Geschäfte.
7 *Rönnau/Wegner* in Meyer/Veil/Rönnau, Handbuch zum Marktmissbrauchsrecht, 2018, § 28 Rz. 155.
8 S. hierzu §§ 22 ff. hess. BörsVO v. 16.12.2008, GVBl. I 2008, 1016; s. auch *Sorgenfrei* in Park, 3. Aufl. 2013, §§ 20a, 38 II, 39 I Nr. 1–2, II Nr. 11, IV WpHG Rz. 250 ff. (zur von der BörsVO abgelösten Sanktionsausschussverordnung vom 19.8.2003, GVBl. I 2003, 234).
9 BVerfG v. 2.5.1967 – 2 BvR 391/64, 263/66, BVerfGE 21, 378, 388.

Art. 4 des 7. Zusatzprotokolls zur EMRK, dem ein weitergehendes Verständnis von Strafe zugrunde liegt[1], ist dies in Anlehnung an die berufs- und beamtenrechtliche Rechtsprechung des BVerfG allerdings nur zur Erfassung eines sonderpflichtspezifischen (berufsrechtlichen) Überhangs zulässig. Die Sanktionen nach beiden Regelungssystemen sind in der Zumessung zu berücksichtigen[2]. So ist es auch nach der Entscheidung des EGMR *A und B v. Norwegen* den Konventionsstaaten grundsätzlich nicht verwehrt, strafrechtliche und verwaltungsrechtliche Maßnahmen zu kombinieren[3]. Voraussetzung dafür ist, dass für die zweigleisige Ahndung eines Verstoßes im Straf- und Verwaltungsrecht ein angemessener Zweck sprechen muss, wie die Verhinderung eines gesellschaftlich unerwünschten Verhaltens, das z.B. in der Nichterfüllung von Steuerverbindlichkeiten oder der Nichtbefolgung von Straßenverkehrsvorschriften bestehen kann. Hinzukommt, dass die kumulativen Sanktionen für den Betroffenen vorhersehbar sein müssen und beide Verfahren hinreichend miteinander verbunden sind. Im strafrechtlichen Verfahren ist die Verwaltungssanktion bei der Strafzumessung dann miteinzubeziehen. Sind diese Voraussetzungen erfüllt, erleidet der Betroffene keine „unverhältnismäßige Ungerechtigkeit"[4]. Da Insiderhandel bzw. Marktmanipulationen die börsenrechtliche Zuverlässigkeit des Täters berührt, kommen bei begründetem Verdacht eine Anordnung des Ruhens der Zulassung zur Börse für bis zu sechs Monaten (§ 19 Abs. 8 Satz 1 BörsG) und bei Feststellung des Verstoßes der **Widerruf der Börsenzulassung** in Betracht.

202 **e) Geldbuße gegen das Unternehmen, Aufsichtspflichtverletzung (§§ 30, 130 OWiG).** Hat ein **Vertreter** i.S.v. § 30 Abs. 1 OWiG eines Wertpapierdienstleistungsunternehmens eine Tat gem. § 119 WpHG begangen, so kommt, da Insiderhandel sowie Marktmanipulation Pflichten verletzen, die ein Wertpapierdienstleistungsunternehmen als solches treffen, eine Geldbuße gegen das Unternehmen gem. § 30 OWiG in Betracht; s. hierzu § 120 WpHG Rz. 403 ff. Die umgekehrte Zurechnung des Handelns der juristischen Personen zu Tätern regeln Art. 8 Abs. 5, Art. 12 Abs. 4 VO Nr. 596/2014, der Strafrecht die allgemeine Dogmatik von Organisationsdelikten[5], für strafbarkeitsbegründende besondere Merkmale § 14 StGB. – Kommt es in einem Wertpapierdienstleistungsunternehmen zu einer Tat gem. § 119 WpHG, die bei gehöriger Aufsicht hätte verhindert oder wesentlich erschwert werden können, so kommt eine Bußgeldverantwortlichkeit der Aufsichtspflichtigen wegen Aufsichtspflichtverletzung gem. § 130 OWiG in Betracht; s. hierzu § 120 WpHG Rz. 411. Geplant ist eine umfassende Novellierung des „Unternehmensstrafrechts"[6], deren exakte Konturen bei Redaktionsschluss jedoch noch nicht absehbar sind.

203 **XI. Räumlicher Anwendungsbereich und Doppeltsanktionierungsthemen.** Die Strafvorschriften des § 119 WpHG sind in Deutschland unmittelbar bindendes Recht. Jedoch können sie ebenso auf Sachverhalte im Ausland Anwendung finden, sofern die Voraussetzungen der §§ 3–9 StGB vorliegen. Gemäß § 3 StGB (Territorialitätsprinzip) gilt das deutsche Strafrecht für im Inland begangene Taten. Der Ort, an dem die Tat begangen wurde, bemisst sich wiederum nach § 9 Abs. 1 StGB. Demnach gilt die Tat am Ort des Handels bzw. des Nichthandelns oder des Erfolgseintritts als begangen. Des Weiteren kann deutsches Strafrecht über § 7 StGB (aktives und passives Personalitätsprinzip) Anwendung finden.

204 Bei Marktmanipulation ist ein Tatererfolg oder eine Tathandlung im Inland erforderlich (Rz. 45). Es trifft nicht zu, dass Auslandstaten, die sich auf ausländischen Märkten auswirken, unabhängig von den strafrechtlichen Anwendungsvoraussetzungen des StGB deutschem Strafrecht unterliegen[7]. Beim Insiderhandel nach § 119 Abs. 3 WpHG handelt es sich um ein Gefährdungsdelikt. Hier findet das deutsche Strafrecht zumindest dann Anwendung, wenn der Täter im Inland handelt, § 9 Abs. 1 StGB. Dafür ist jedenfalls erforderlich, dass der Täter eine auf die Tatbestandsverwirklichung gerichtete Handlung vornimmt oder versucht[8]. Der Erfolgsort bei Gefährdungsdelikten ist streitig; insbesondere ob ein Eintritt der Gefährdung im Inland bei Auslandshandlungen reicht[9].

205 Fraglich kann auch sein, welche von mehreren konkurrierenden nationalen Strafrechtsordnungen auf eine Tat anwendbar ist, beispielsweise wenn sich eine Manipulationshandlung auf geregelte Märkte in mehreren Mitgliedstaaten auswirkt. Dabei ist zu beachten, dass internationales Strafrecht kein „Kollisionsrecht"[10] ist. Das be-

---

1 In EGMR v. 4.3.2014 – 18640/10, 18647/10, 18663/10, 18668/10, 18698/10, Grande Stevens u.a. ./. Italien hat der EGMR die Verhängung von Geldbußen durch die italienische Börsenaufsicht als Strafe i.S.v. Art. 4 des 7. Zusatzprotokolls zur EMRK eingeordnet.
2 Zu Art. 103 Abs. 3 GG und dem einschlägigen Rechtsstaatsprinzip BVerfG v. 2.5.1967 – 2 BvR 391/64, 263/66, BVerfGE 21, 378, 388; BVerfG v. 29.10.1969 – 2 BvR 545/68, BVerfGE 27, 180; BVerfG v. 26.5.1970 – 1 BvR 668, 710/68, 337/69, BVerfGE 28, 264, 276.
3 EGMR v. 15.11.2016 – 24130/11, 29758/11, A and B v. NORWAY (Steuerhinterziehung), Rz. 121.
4 EGMR v. 15.11.2016 – 24130/11, 29758/11, A and B v. NORWAY, Rz. 146 f.
5 Dazu etwa *Fischer*, 65. Aufl. 2018, § 25 StGB Rz. 13 ff. m.w.N.
6 Aus der Literatur *Heger*, JöR 65 (2017), 213 ff.; *Vogel* in Kempf u.a., Unternehmensstrafrecht, 2010 S. 205 ff.; *Rübenstahl/Brauns*, 16 German Law Journal 871 ff.
7 *Diversy/Köpferl* in Graf/Jäger/Wittig, Wirtschafts- und Steuerstrafrecht, 2. Aufl. 2017, § 38 WpHG Rz. 227; a.M. *Waßmer* in Fuchs, § 38 WpHG Rz. 175.
8 *Ambos* in MünchKomm. StGB, 3. Aufl. 2017, § 9 StGB Rz. 8.
9 Dafür BGH v. 12.12.2000 – 1 StR 184/00, BGHSt 46, 212; näher *Rönnau/Wegner* in Meyer/Veil/Rönnau, Handbuch zum Marktmissbrauchsrecht, 2018, § 28 Rz. 29.
10 *Altenhain* in KölnKomm. WpHG, 2. Aufl. 2014, § 38 WpHG Rz. 138.

deutet, dass durch das Strafrecht nicht geregelt wird, welche nationale Strafrechtsordnung im Zweifelsfall Anwendung findet. Durch das deutsche Strafrecht wird nur bestimmt, ob eine Tat der deutschen Strafgerichtsbarkeit und damit dem deutschen Strafrecht unterliegen soll oder nicht. Ist deutsches Strafrecht anwendbar, ist damit nicht grundsätzlich die Bestrafung nach anderen nationalen Strafrechtsordnungen ausgeschlossen – eine Mehrfachbestrafung des Täters für dieselbe Tat ist also generell möglich. Darin ist nach herkömmlicher Auffassung auch kein Verstoß gegen den Grundsatz ne bis in idem zu sehen. Dieser Grundsatz gilt nur für den Staat selbst und betrifft nicht die Strafbewehrung in anderen Ländern[1]. Im deutschen Recht ist allerdings die Anrechnung von im Ausland vollstreckten Straftaten nach § 51 Abs. 3 StGB, § 153c Abs. 2 StPO vorgesehen[2].

Im Kontext der europäischen Union, die in wesentlichen Teilen harmonisierte Straftatbestände gerade für grenzüberschreitende Sachverhalte vorsieht, ist diese herkömmliche Auffassung nicht mehr haltbar. Der europäische Gesetzgeber hat das Problem in Art. 54 SDÜ – jetzt auch Art. 50 GRCh – erkannt und einer partiellen Regelung zugeführt, die allerdings mannigfaltige Anwendungsprobleme aufwirft. Insbesondere führt sie zu einem Sanktionierungswettlauf, da das erste abgeschlossene Strafverfahren spätere ausschließt. Der zugrunde liegende Tatbegriff ist autonom europäisch definiert und nicht mit dem materiellen Tatbegriff des § 52 StGB identisch[3].

Um schon einer doppelten Verfolgung im Vorfeld der Verurteilung entgegenzuwirken, nahm der Rat am 30.11.2009 auf der Grundlage des ex-Art. 31 Abs. 1 lit. c, d EUV den Rahmenbeschluss 2009/948/JI zur Vermeidung und Beilegung von Kompetenzkonflikten in Strafverfahren[4] an. Er verfolgt den Zweck, durch frühzeitige Konsultationen der Mitgliedstaaten parallel laufende Strafverfahren zu vermeiden[5]. Dieser Zweck soll (allein) dadurch erreicht werden, dass Bestimmungen über den Informationsaustausch und die direkte Unterredung zwischen den zuständigen Behörden festgelegt werden (Erwägungsgrund 17). Die zuständigen Behörden sollen dadurch versuchen, Einvernehmen über eine effiziente Lösung zu erreichen, „bei der die nachteiligen Folgen von parallel geführten Verfahren vermieden werden, und um unnötigen Aufwand an Zeit und Ressourcen der betroffenen zuständigen Behörden zu vermeiden."

Über Art. 54 SDÜ hinausgehend ist das Doppelbestrafungsverbot als materieller rechtsstaatlicher Grundsatz jedenfalls auf der Sanktionsseite zu berücksichtigen. Das gilt insbesondere dort, wo bei zusammen hängenden Sachverhalten mehrere Taten i.S.d. Art. 54 SDÜ vorliegen, die in unterschiedlichen Mitgliedstaaten sanktioniert werden, oder bei einem Zusammentreffen von Ordnungswidrigkeiten (Verwaltungssanktionen) und strafrechtlicher Sanktionierung, da Art. 54 SDÜ für Verwaltungssanktionen nicht gilt[6], wohl aber die materielle Verbürgung des Art. 50 GrCH (Art. 31 VO Nr. 596/2014 Rz. 10f.; § 120 WpHG Rz. 426 m.w.N. aus der Rechtsprechung EGMR und EuGH).

XII. Übergangsrechtliche Themen: Geltung des Rückwirkungsverbots und des milderen nachträglichen Gesetzes.
Strikt gilt das strafrechtliche Rückwirkungsverbot. Daher ist bei Taten, die vor dem 3.7.2016 begangen worden sind, Insiderhandeln von Sekundärinsidern nicht strafbar. Eine andere Frage ist, ob nach früherem Recht strafbarer *leichtfertiger* Insiderhandel heute wegen § 137 Abs. 1 WpHG noch bestraft werden kann (§ 137 WpHG Rz. 5); hierfür spricht zwar der Gesetzeswortlaut, nicht aber der Regelungszweck.

Schwierigere Probleme stellen sich dort, wo sich in Bezug auf zuvor strafbares Handeln der Rechtszustand geändert hat. Da es sich bei § 38 WpHG a.F. und § 119 WpHG n.F. um Blankett-Tatbestände handelt, führt die Regel in § 2 Abs. 3 StGB (Anwendung milderen neueren Rechts) mitunter zu intrikaten Rechtsanwendungsproblemen; nur auf dem 3.7.2017 enthält § 137 Abs. 1 WpHG hierzu eine Sonderregelung. Die Änderung der blankettausfüllenden Normen ist im Ausgangspunkt eine nach § 2 Abs. 3 StGB zu berücksichtigende Gesetzesänderung; § 2 Abs. 3 StGB ist im Ausgangspunkt auf den gesamten Rechtszustand bezogen, nicht lediglich auf die technisch im Strafrecht geregelte Materie[7]. Zur Anwendung des milderen, insbesondere strafbefreienden neueren Rechts führt dies aber nur dann, wenn sich der materielle Unrechtsgehalt geändert hat, mithin eine schutzgutrelevante Änderung vorliegt[8]. Auch ist § 2 Abs. 3 StGB, soweit er die rückwirkende Geltung milderen Rechts anordnet, nicht vom verfassungsrechtlichen Rückwirkungsverbot aus Art. 103 Abs. 2 GG gefordert[9]. Dies ist

---

1 *Hömig* in Hömig/Wolff, Grundgesetz für die Bundesrepublik Deutschland, 11. Aufl. 2016, Art. 103 GG Rz. 21.
2 *Altenhain* in KölnKomm. WpHG, 2. Aufl. 2014, § 38 WpHG Rz. 138.
3 S. EuGH v. 11.2.2003 – Rs. C-187/01 u.a., Slg. 2003, I-01345 – Gözütok und Brügge; EuGH v. 9.3.2006 – Rs. C-436/04 – von Esbroek; EuGH v. 28.9.2006 – Rs. C-150/05 – van Straaten; *Bolt*, NJW 2014, 1025; BGH v. 9.6.2017 – 1 StR 39/17, wistra 2018, 86.
4 Rahmenbeschluss 2009/948/JI des Rates vom 30.11.2009 zur Vermeidung und Beilegung von Kompetenzkonflikten in Strafverfahren, L 328/42, 15.12.2009; dazu Ratsdokument v. 2.6.2015, 9474/15, EUROJUST 114, Prevention and Resolution of Conficts of Jurisdiction.
5 Vgl. *Sinn*, ZIS 2013, 1, 3.
6 A.M. *Satzger*, Internationales und Europäisches Strafrecht, 7. Aufl. 2016, § 10 Rz. 65; näher § 120 WpHG Rz. 425f.
7 BGH v. 8.1.1965 – 2 StR 49/64, BGHSt 20, 177; *Eser/Hecker* in Schönke/Schröder, 29. Aufl. 2014, § 2 StGB Rz. 24.
8 *Eser/Hecker* in Schönke/Schröder, 29. Aufl. 2014, § 2 StGB Rz. 25.
9 BVerfG v. 29.11.1989 – 2 BvR 1491/87, 2 BvR 1492/87, BVerfGE 81, 132, 136; BVerfG v. 18.9.2008 – 2 BvR 1817/08, NJW 2008, 3769, 3779.

beispielsweise dann der Fall, wenn ein bestimmtes Verhalten entkriminalisiert wird, so dass das geltende Recht des § 119 WpHG regelmäßig die Obergrenze der Strafbarkeit ist; bei Taten vor dem 3.1.2018 ist vorbehaltlich § 137 Abs. 1 WpHG dann aber sorgfältig zu prüfen, ob die zum Tatzeitraum geltende Gesetzesfassung schon die Strafbarkeit begründete, was gerade in den Randbereichen des Tatbestandes, beispielsweise bei Emissionsberechtigungen, zu komplizierten Prüfungen veranlassen kann.

211 **XIII. Andere in Betracht kommende Straf- und Bußgeldvorschriften und Konkurrenzen.** Ein strafbares Insidergeschäft nach § 119 Abs. 2, 3 WpHG kann im Einzelfall auch andere Straftatbestände erfüllen. Allerdings ist es schwierig, verbotene Insidergeschäfte i.e.S. (§ 119 Abs. 3 Nr. 1 WpHG) als Betrug (§ 263 StGB) zum Nachteil des „ahnungslosen" Geschäftspartners zu erfassen[1]. An einer ausdrücklichen oder konkludenten Täuschung über die Insiderkenntnis wird es häufig fehlen[2]. Die unterlassene Aufklärung über die Insiderkenntnis wäre nur dann tatbestandsmäßig, wenn eine Aufklärungspflicht gem. § 13 StGB zu begründen wäre[3]. Näher liegt es, eine Täuschung durch unterlassene Aufklärung über die Insiderinformation anzunehmen, da Art. 17 VO Nr. 596/2014 insoweit eine Publizitäts- und Aufklärungspflicht begründet[4]. Dann stellen sich freilich noch Probleme des Schadensnachweises[5] und der sog. Stoffgleichheit zwischen Schaden und (angestrebter) Bereicherung. – Auch Untreue (§ 266 StGB) kommt nicht ohne weiteres in Betracht[6]. Zwar kann die hierfür erforderliche Vermögensbetreuungspflicht bei Primärinsidern gegenüber dem Unternehmen, dessen Organ sie sind, vorliegen; jedoch wird dem Unternehmen typischerweise kein Vermögensnachteil entstehen, wenn der Primärinsider eine Insiderinformation nutzt, um sich rechtswidrig zu bereichern. Anders kann es liegen, wenn ein Trader, der seinen Kunden vermögensbetreuungspflichtig ist, unter Nutzung von Insiderinformationen „frontrunning" betreibt und so den Kunden schädigt[7]. – Bei einer unrechtmäßigen Offenlegung einer Insiderinformation (§ 119 Abs. 3 Nr. 3 WpHG) kann eine Strafbarkeit wegen Verletzung der Geheimhaltungspflicht nach § 404 AktG, § 85 GmbHG, § 151 GenG und sonstiger Geheimnisverletzungen nach §§ 203, 204[8] StGB, § 17 UWG in Betracht kommen[9].

212 Tateinheit liegt bei mehreren Verstößen gegen § 119 Abs. 3 WpHG vor, wenn sie infolge eines einheitlichen Willensentschluss auch als einheitliche Handlung betrachtet werden können – andernfalls ist von Tatmehrheit auszugehen[10].

213 Auch eine strafbare Marktmanipulation gem. **§ 119 Abs. 1 WpHG** kann im Einzelfall noch weitere Straftatbestände erfüllen. Dazu zählt auch der Insidertatbestand des § 119 Abs. 3 WpHG. Zwar sind Insidergeschäfte und Marktmanipulationen in ökonomischer Sicht an sich alia: Während der Insider auf Grund von Insiderinformationen weiß, dass der Kurs nicht „richtig" ist, und durch das Insidergeschäft die Differenz zwischen tatsächlichem und „richtigen" Kurs ausnutzen will, führt der Manipulator erst einen „falschen" Kurs herbei und nutzt dann die Differenz aus[11]. Gleichwohl gibt es Überschneidungsbereiche[12]. So weist das sog. Scalping sowohl insider- als auch marktmanipulationsrechtliche Aspekte auf, hatte auch der BGH zum alten Recht entschieden, dass die Einordnung als Marktmanipulation vorrangig ist (s. 6. Aufl., § 20a WpHG Rz. 236 ff.). Ähnliche Überschneidungsbereiche können bei unzulässiger Kurspflege entstehen (s. 6. Aufl., § 14 WpHG Rz. 50 ff. m.N.). In derartigen Fällen liegt Idealkonkurrenz (§ 52 StGB) vor, da sich der auf die Preisbildung zielende Schutzzweck des Marktmanipulationsverbots (s. 6. Aufl., § 20a WpHG Rz. 26 ff.) nicht mit dem des Insiderhandelsverbots deckt. Fallweise kann es auch zu Überschneidungen zwischen dem Anwendungsbereich des § 119 Abs. 1 WpHG einerseits und strafbewehrten bilanz- sowie gesellschaftsrechtlichen Wahrheitsgeboten kommen, jedenfalls soweit es um publizitätspflichtige Bilanzen bzw. Erklärungen geht (s. § 331 HGB, §§ 399, 400 AktG, § 82 Abs. 2 GmbHG, § 313 UmwG)[13]. Auch hier ist Idealkonkurrenz (§ 52 StGB) anzunehmen, da sich wiederum die Publizitätszwecke einerseits und der Schutzzweck des Marktmanipulationsverbots andererseits nicht

---

1 Ausf. *Trüg*, Konzeption und Struktur des Insiderstrafrechts, 2014, S. 147 ff.
2 Näher *Heise*, Der Insiderhandel an der Börse und dessen strafrechtliche Bedeutung, 2000, S. 56 ff.; a.A. *Walter*, Betrugsstrafrecht in Frankreich und Deutschland, 1999, S. 475: aus dem Insiderhandelsverbot selbst folge, dass jeder am Kapitalmarkt Handelnde erkläre, nicht Insider zu sein.
3 Zutr. abl. *Dingeldey*, Insider-Handel und Strafrecht, 1983, S. 20 ff.
4 Schief *Walter*, Betrugsstrafrecht in Frankreich und Deutschland, 1999, S. 475: die Mitteilung der Insiderinformation sei verboten.
5 S. hierzu *Walter*, Betrugsstrafrecht in Frankreich und Deutschland, 1999, S. 475 f.
6 Abwegig *Heise*, Der Insiderhandel an der Börse und dessen strafrechtliche Bedeutung, 2000, S. 68: die Untreuestrafbarkeit scheitere, weil der Insider eigennützig handele und § 266 StGB fremdnütziges Handeln voraussetze.
7 *Schröder* in Achenbach/Ransiek/Rönnau, Handbuch Wirtschaftsstrafrecht, 4. Aufl. 2015, Teil X 2 Rz. 205.
8 Ob, ist die Insiderinformation Geschäfts- oder Betriebsgeheimnis, das Insidergeschäft ein „Verwerten" des Geheimnisses darstellt, ist freilich nicht unbestritten, s. *Lenckner/Eisele* in Schönke/Schröder, 29. Aufl. 2014, § 204 StGB Rz. 5/6 m.w.N.
9 Näher *Heise*, Der Insiderhandel an der Börse und dessen strafrechtliche Bedeutung, 2000, S. 63 ff.
10 *Waßmer* in Fuchs, § 38 WpHG Rz. 209.
11 Treffend *Lenzen*, Unerlaubte Eingriffe in die Börsenkursbildung, 2000, S. 160 f.
12 Zutreffend RegE 4. FFG, BT-Drucks. 14/8017, 98; nicht überzeugend für Exklusivität *Ziouvas*, ZGR 2003, 113, 130.
13 *Lenzen*, Unerlaubte Eingriffe in die Börsenkursbildung, 2000, S. 160 f.

decken. Schließlich kann ein dem § 119 Abs. 1 WpHG unterfallendes Marktmanipulationsverhalten fallweise auch als Betrug nach § 263 StGB oder Computerbetrug, § 263a StGB erfasst werden[1], als Kapitalanlagebetrug nach § 264a StGB (jedenfalls für Zweitemissionen) und auch als strafbare Werbung nach § 16 UWG[2]. Schließlich ist Tateinheit mit § 49 BörsG denkbar. In diesen Fällen kommt es wiederum zu Idealkonkurrenz (§ 52 StGB), da Vermögensschutz und Schutz der Dispositionsfreiheit einerseits und Schutz der Preisbildung andererseits nicht deckungsgleich sind[3].

Wird neben den Verstößen gegen § 119 WpHG eine Ordnungswidrigkeit – dazu kann auch eine Kartellordnungswidrigkeit wegen verbotener Absprachen gehören – begangen, tritt die Ordnungswidrigkeit nach nationalem Recht gem. § 21 Abs. 1 Satz 1 OWiG hinter der Straftat zurück. Etwas anderes gilt nur im Fall von § 21 Abs. 2 OWiG, wenn die Strafe nicht verhängt wird. Ebenso unberührt bleiben kartellrechtliche Verwaltungssanktionen nach Unionsrecht, die sich allerdings nur gegen Unternehmen richten können, was allerdings nicht unbedingt juristische Personen sein müssen. Eine andere Frage ist, in welchem Verhältnis eine bußgeldrechtliche Verantwortung des Unternehmens oder eine strafrechtliche Einziehung wegen einer Straftat zu einer tateinheitlich begangenen Kartellordnungswidrigkeit und deren Sanktionen nach nationalem Recht stehen.

214

§ 120 Bußgeldvorschriften

(1) Ordnungswidrig handelt, wer
1. einer vollziehbaren Anordnung nach § 8 Absatz 2 Satz 1 oder Satz 2 zuwiderhandelt,
2. eine Information entgegen § 26 Absatz 1 oder Absatz 2 nicht oder nicht rechtzeitig übermittelt,
3. eine Mitteilung entgegen § 26 Absatz 1 nicht, nicht richtig, nicht vollständig oder nicht rechtzeitig macht,
4. eine Mitteilung entgegen § 26 Absatz 2 nicht oder nicht rechtzeitig macht oder
5. entgegen § 30 Absatz 3 Clearing-Dienste nutzt.

(2) Ordnungswidrig handelt, wer vorsätzlich oder leichtfertig
1. eine Information entgegen § 5 Absatz 1 Satz 2 nicht oder nicht rechtzeitig übermittelt,
2. entgegen
   a) § 5 Absatz 1 Satz 2,
   b) § 22 Absatz 3
   c) § 23 Absatz 1 Satz 1, auch in Verbindung mit einer Rechtsverordnung nach Absatz 4 Satz 1,
   d) § 33 Absatz 1 Satz 1 oder 2 oder Absatz 2, jeweils auch in Verbindung mit einer Rechtsverordnung nach § 33 Absatz 5,
   e) § 38 Absatz 1 Satz 1, auch in Verbindung mit einer Rechtsverordnung nach § 38 Absatz 5, oder § 39 Absatz 1, auch in Verbindung mit einer Rechtsverordnung nach § 39 Absatz 2,
   f) § 40 Absatz 2, auch in Verbindung mit einer Rechtsverordnung nach § 40 Absatz 3 Nummer 2,
   g) § 41 Absatz 1 Satz 2, auch in Verbindung mit § 41 Absatz 2,
   h) § 46 Absatz 2 Satz 1,
   i) § 50 Absatz 1 Satz 1, auch in Verbindung mit einer Rechtsverordnung nach § 50 Absatz 2,
   j) § 51 Absatz 2,
   k) § 114 Absatz 1 Satz 3, auch in Verbindung mit § 117, jeweils auch in Verbindung mit einer Rechtsverordnung nach § 114 Absatz 3 Nummer 2,
   l) § 115 Absatz 1 Satz 3, auch in Verbindung mit § 117, jeweils auch in Verbindung mit einer Rechtsverordnung nach § 115 Absatz 6 Nummer 3,
   m) § 116 Absatz 2 Satz 2, auch in Verbindung mit einer Rechtsverordnung nach § 116 Absatz 4 Nummer 2 oder
   n) § 118 Absatz 4 Satz 3
   eine Mitteilung nicht, nicht richtig, nicht vollständig, nicht in der vorgeschriebenen Weise oder nicht rechtzeitig macht,
2a. entgegen § 12 oder § 23 Absatz 1 Satz 2 eine Person über eine Anzeige, eine eingeleitete Untersuchung oder eine Maßnahme in Kenntnis setzt,

---

1 Eingehend hierzu *Schröder*, Handbuch Kapitalmarktstrafrecht, 3. Aufl. 2015, Rz. 621 ff.
2 Näher *Lenzen*, Unerlaubte Eingriffe in die Börsenkursbildung, 2000, S. 159 f., 161 f., 163 f.
3 Ganz h.A.; so auch *Fischer*, 65. Aufl. 2018, § 264a StGB Rz. 24.

2b. einer vollziehbaren Anordnung nach § 15 Absatz 1 zuwiderhandelt,
3. entgegen § 25 in Verbindung mit Artikel 15 der Verordnung (EU) Nr. 596/2014 eine Marktmanipulation begeht,
4. entgegen
    a) § 40 Absatz 1 Satz 1, auch in Verbindung mit einer Rechtsverordnung nach § 40 Absatz 3 Nummer 1, oder entgegen § 41 Absatz 1 Satz 1, auch in Verbindung mit § 41 Absatz 2, oder § 46 Absatz 2 Satz 1,
    b) § 40 Absatz 1 Satz 2, in Verbindung mit § 40 Absatz 1 Satz 1, auch in Verbindung mit einer Rechtsverordnung nach § 40 Absatz 3,
    c) § 49 Absatz 1 oder 2,
    d) § 50 Absatz 1 Satz 1 in Verbindung mit einer Rechtsverordnung nach § 50 Absatz 2 oder entgegen § 51 Absatz 1,
    e) § 114 Absatz 1 Satz 2 in Verbindung mit einer Rechtsverordnung nach § 114 Absatz 3 Nummer 1, jeweils auch in Verbindung mit § 117, oder entgegen § 118 Absatz 4 Satz 3,
    f) § 115 Absatz 1 Satz 2 in Verbindung mit einer Rechtsverordnung nach § 115 Absatz 6 Nummer 2, jeweils auch in Verbindung mit § 117, oder
    g) § 116 Absatz 2 Satz 1 in Verbindung mit einer Rechtsverordnung nach § 116 Absatz 4 Nummer 1
    eine Veröffentlichung nicht, nicht richtig, nicht vollständig, nicht in der vorgeschriebenen Weise oder nicht rechtzeitig vornimmt oder nicht oder nicht rechtzeitig nachholt,
5. entgegen § 27 Satz 1 eine Aufzeichnung nicht, nicht richtig, nicht vollständig oder nicht rechtzeitig erstellt,
6. entgegen § 29 Absatz 5 Satz 1 der Stellung eines Billigungsantrags nicht eine dort genannte Erklärung beifügt,
7. entgegen § 31 Absatz 2 eine Mitteilung nicht oder nicht rechtzeitig macht,
8. entgegen § 32 Absatz 1 Satz 1 die dort genannten Tatsachen nicht oder nicht rechtzeitig prüfen und bescheinigen lässt,
9. entgegen § 32 Absatz 4 Satz 1 eine Bescheinigung nicht oder nicht rechtzeitig übermittelt,
10. entgegen § 40 Absatz 1 Satz 1, § 41 Absatz 1 Satz 3, § 46 Absatz 2 Satz 2, § 50 Absatz 1 Satz 2, § 51 Absatz 2, § 114 Absatz 1 Satz 3, § 115 Absatz 1 Satz 3, § 116 Absatz 2 Satz 2 oder § 118 Absatz 4 Satz 3 eine Information oder eine Bekanntmachung nicht oder nicht rechtzeitig übermittelt,
11. entgegen § 48 Absatz 1 Nummer 2, auch in Verbindung mit § 48 Absatz 3, nicht sicherstellt, dass Einrichtungen und Informationen im Inland öffentlich zur Verfügung stehen,
12. entgegen § 48 Absatz 1 Nummer 3, auch in Verbindung mit § 48 Absatz 3, nicht sicherstellt, dass Daten vor der Kenntnisnahme durch Unbefugte geschützt sind,
13. entgegen § 48 Absatz 1 Nummer 4, auch in Verbindung mit § 48 Absatz 3, nicht sicherstellt, dass eine dort genannte Stelle bestimmt ist,
14. entgegen § 86 Satz 1, 2 oder 4 eine Anzeige nicht, nicht richtig, nicht vollständig oder nicht rechtzeitig erstattet,
15. entgegen § 114 Absatz 1 Satz 4, § 115 Absatz 1 Satz 4, jeweils auch in Verbindung mit § 117, einen Jahresfinanzbericht einschließlich der Erklärung gemäß § 114 Absatz 2 Nummer 3 und der Eintragungsbescheinigung oder Bestätigung gemäß § 114 Absatz 2 Nummer 4 oder einen Halbjahresfinanzbericht einschließlich der Erklärung gemäß § 115 Absatz 2 Nummer 3 oder entgegen § 116 Absatz 2 Satz 3 einen Zahlungs- oder Konzernzahlungsbericht nicht oder nicht rechtzeitig übermittelt oder
16. einer unmittelbar geltenden Vorschrift in delegierten Rechtsakten der Europäischen Union, die die Verordnung (EG) Nr. 1060/2009 des Europäischen Parlaments und des Rates vom 16. September 2009 über Ratingagenturen (ABl. L 302 vom 17.11.2009, S. 1; L 350 vom 29.12.2009, S. 59, L 145 vom 31.5.2011, S. 57, L 267 vom 6.9.2014, S. 30), die zuletzt durch die Richtlinie 2014/51/EU (ABl. L 153 vom 22.5.2014, S. 1) geändert worden ist, ergänzen, im Anwendungsbereich dieses Gesetzes zuwiderhandelt, soweit eine Rechtsverordnung nach Absatz 28 für einen bestimmten Tatbestand auf diese Bußgeldvorschrift verweist.

(3) Ordnungswidrig handelt, wer vorsätzlich oder leichtfertig entgegen Artikel 74 oder Artikel 75 der Delegierten Verordnung (EU) 2017/565 der Kommission vom 25. April 2016 zur Ergänzung der Richtlinie 2014/65/EU des Europäischen Parlaments und des Rates in Bezug auf die organisatorischen Anfor-

derungen an Wertpapierfirmen und die Bedingungen für die Ausübung ihrer Tätigkeit sowie in Bezug auf die Definition bestimmter Begriffe für die Zwecke der genannten Richtlinie (ABl. L 87 vom 31.3. 2017, S. 1) eine Aufzeichnung nicht, nicht richtig, nicht vollständig oder nicht rechtzeitig erstellt.

(4) Ordnungswidrig handelt, wer als Person, die für ein Wertpapierdienstleistungsunternehmen handelt, gegen die Verordnung (EG) Nr. 1060/2009 verstößt, indem er vorsätzlich oder leichtfertig

1. entgegen Artikel 4 Absatz 1 Unterabsatz 1 ein Rating verwendet,
2. entgegen Artikel 5a Absatz 1 nicht dafür Sorge trägt, dass das Wertpapierdienstleistungsunternehmen eigene Kreditrisikobewertungen vornimmt,
3. entgegen Artikel 8c Absatz 1 einen Auftrag nicht richtig erteilt,
4. entgegen Artikel 8c Absatz 2 nicht dafür Sorge trägt, dass die beauftragten Ratingagenturen die dort genannten Voraussetzungen erfüllen oder
5. entgegen Artikel 8d Absatz 1 Satz 2 eine dort genannte Dokumentation nicht richtig vornimmt.

(5) Ordnungswidrig handelt, wer gegen die Verordnung (EU) Nr. 1031/2010 verstößt, indem er vorsätzlich oder leichtfertig

1. als Person nach Artikel 40
   a) entgegen Artikel 39 Buchstabe a eine Insiderinformation weitergibt oder
   b) entgegen Artikel 39 Buchstabe b die Einstellung, Änderung oder Zurückziehung eines Gebotes empfiehlt oder eine andere Person hierzu verleitet,
2. entgegen Artikel 42 Absatz 1 Satz 2 oder Satz 3 das Verzeichnis nicht, nicht richtig, nicht vollständig oder nicht rechtzeitig übermittelt,
3. entgegen Artikel 42 Absatz 2 eine Unterrichtung nicht, nicht richtig oder nicht innerhalb von fünf Werktagen vornimmt oder
4. entgegen Artikel 42 Absatz 5 die Behörde nicht, nicht richtig, nicht vollständig oder nicht rechtzeitig informiert.

(6) Ordnungswidrig handelt, wer gegen die Verordnung (EU) Nr. 236/2012 des Europäischen Parlaments und des Rates vom 14. März 2012 über Leerverkäufe und bestimmte Aspekte von Credit Default Swaps (ABl. L 86 vom 24.3.2012, S. 1), die durch die Verordnung (EU) Nr. 909/2014 (ABl. L 257 vom 28.8.2014, S. 1) geändert worden ist, verstößt, indem er vorsätzlich oder leichtfertig

1. entgegen Artikel 5 Absatz 1, Artikel 7 Absatz 1 oder Artikel 8 Absatz 1, jeweils auch in Verbindung mit Artikel 9 Absatz 1 Unterabsatz 1 oder Artikel 10, eine Meldung nicht, nicht richtig, nicht vollständig oder nicht rechtzeitig macht,
2. entgegen Artikel 6 Absatz 1, auch in Verbindung mit Artikel 9 Absatz 1 Unterabsatz 1 oder Artikel 10, eine Einzelheit nicht, nicht richtig, nicht vollständig oder nicht rechtzeitig offenlegt,
3. entgegen Artikel 12 Absatz 1 oder Artikel 13 Absatz 1 eine Aktie oder einen öffentlichen Schuldtitel leer verkauft,
4. entgegen Artikel 14 Absatz 1 eine Transaktion vornimmt, oder
5. entgegen Artikel 15 Absatz 1 nicht sicherstellt, dass er über ein dort genanntes Verfahren verfügt.

(7) Ordnungswidrig handelt, wer gegen die Verordnung (EU) Nr. 648/2012 des Europäischen Parlaments und des Rates vom 4. Juli 2012 über OTC-Derivate, zentrale Gegenparteien und Transaktionsregister (ABl. L 201 vom 27.7.2012, S. 1; L 321 vom 30.11.2013, S. 6), die zuletzt durch die Verordnung (EU) 2015/2365 (ABl. L 337 vom 23.12.2015, S.1) geändert worden ist, verstößt, indem er vorsätzlich oder leichtfertig

1. entgegen Artikel 4 Absatz 1 und 3 einen OTC-Derivatekontrakt nicht oder nicht in der vorgeschriebenen Weise cleart,
2. als Betreiber eines multilateralen Handelssystems im Sinne des § 72 Absatz 1 entgegen Artikel 8 Absatz 1 in Verbindung mit Absatz 4 Unterabsatz 1 Handelsdaten nicht, nicht richtig, nicht vollständig, nicht in der vorgeschriebenen Weise oder nicht rechtzeitig zur Verfügung stellt,
3. entgegen Artikel 9 Absatz 1 Satz 2 eine Meldung nicht, nicht richtig, nicht vollständig oder nicht rechtzeitig macht,
4. entgegen Artikel 9 Absatz 2 eine Aufzeichnung nicht oder nicht mindestens fünf Jahre aufbewahrt,
5. entgegen Artikel 10 Absatz 1 Buchstabe a eine Mitteilung nicht oder nicht rechtzeitig macht,
6. entgegen Artikel 11 Absatz 1 nicht gewährleistet, dass ein dort genanntes Verfahren oder eine dort genannte Vorkehrung besteht,
7. entgegen Artikel 11 Absatz 2 Satz 1 den Wert ausstehender Kontrakte nicht, nicht richtig oder nicht rechtzeitig ermittelt,

§ 120 | Straf- und Bußgeldvorschriften

8. entgegen Artikel 11 Absatz 3 kein dort beschriebenes Risikomanagement betreibt,
9. entgegen Artikel 11 Absatz 4 nicht gewährleistet, dass zur Abdeckung der dort genannten Risiken eine geeignete und angemessene Eigenkapitalausstattung vorgehalten wird, oder
10. entgegen Artikel 11 Absatz 11 Satz 1 die Information über eine Befreiung von den Anforderungen des Artikels 11 Absatz 3 nicht oder nicht richtig veröffentlicht.

(8) Ordnungswidrig handelt, wer vorsätzlich oder leichtfertig

1. im Zusammenhang mit einer Untersuchung betreffend die Einhaltung der Pflichten nach den Abschnitten 9 bis 11 einer vollziehbaren Anordnung der Bundesanstalt nach §§ 6 bis 9 zuwiderhandelt.
2. einer vollziehbaren Anordnung der Bundesanstalt nach § 9 Absatz 2 zuwiderhandelt, auch wenn im Ausland gehandelt wird,
3. als Betreiber eines inländischen Handelsplatzes, der im Namen eines Wertpapierdienstleistungsunternehmens Meldungen nach Artikel 26 Absatz 1 der Verordnung (EU) Nr. 600/2014 des Europäischen Parlaments und des Rates vom 15. Mai 2014 über Märkte für Finanzinstrumente und zur Änderung der Verordnung (EU) Nr. 648/2012 (ABl. L 173 vom 12.6.2014, S. 84; L 6 vom 10.1.2015, S. 6; L 270 vom 15.10.2015, S. 4), die zuletzt durch die Verordnung (EU) 2016/1033 (ABl. L 175 vom 30.6.2016, S. 1) geändert worden ist, vornimmt,
    a) entgegen § 22 Absatz 2 Satz 1 dort genannte Sicherheitsmaßnahmen nicht einrichtet oder
    b) entgegen § 22 Absatz 2 Satz 2 dort genannte Mittel nicht vorhält oder dort genannte Notfallsysteme nicht einrichtet,
4. ein von der Bundesanstalt für ein Warenderivat gemäß § 54 Absatz 1, 3, 5 festgelegtes Positionslimit überschreitet,
5. ein von einer ausländischen zuständigen Behörde eines Mitgliedstaates für ein Warenderivat festgelegtes Positionslimit überschreitet,
6. entgegen § 54 Absatz 6 Satz 1 nicht über angemessene Kontrollverfahren zur Überwachung des Positionsmanagements verfügt,
7. entgegen § 54 Absatz 6 Satz 4 eine Unterrichtung nicht, nicht richtig oder nicht vollständig vornimmt,
8. entgegen § 57 Absatz 2, 3 und 4 eine Übermittlung nicht, nicht richtig oder nicht vollständig vornimmt,
9. entgegen § 57 Absatz 1 eine Meldung nicht, nicht richtig, nicht vollständig oder nicht rechtzeitig vornimmt,
10. entgegen § 58 Absatz 1 Satz 1 nicht über die dort genannten Grundsätze und Vorkehrungen verfügt,
11. entgegen § 58 Absatz 2 Satz 1 eine Information nicht, nicht richtig, nicht vollständig, nicht in der vorgeschriebenen Weise oder nicht rechtzeitig zur Verfügung stellt,
12. entgegen § 58 Absatz 2 Satz 2 nicht in der Lage ist, Informationen in der vorgeschriebenen Weise zu verbreiten,
13. entgegen § 58 Absatz 3 Satz 1 nicht die dort genannten Vorkehrungen trifft,
14. entgegen § 58 Absatz 3 Satz 2, § 59 Absatz 3 Satz 2 oder § 60 Absatz 2 Satz 2 Informationen in diskriminierender Weise behandelt oder keine geeigneten Vorkehrungen zur Trennung unterschiedlicher Unternehmensfunktionen trifft,
15. entgegen § 58 Absatz 4 Satz 1 oder § 60 Absatz 3 Satz 1 dort genannte Mechanismen nicht einrichtet,
16. entgegen § 58 Absatz 4 Satz 2 oder § 60 Absatz 3 Satz 2 nicht über dort genannte Mittel und Notfallsysteme verfügt,
17. entgegen § 58 Absatz 5 nicht über dort genannte Systeme verfügt,
18. entgegen § 59 Absatz 1 Satz 2 nicht über dort genannte Grundsätze oder Vorkehrungen verfügt,
19. entgegen § 59 Absatz 1 Satz 2 nicht die genannten Grundsätze und Vorkehrungen trifft,
20. entgegen § 59 Absatz 1 Satz 3 nicht in der Lage ist, Informationen in der vorgeschriebenen Weise zur Verfügung zu stellen,
21. *entgegen § 59 Absatz 2 Informationen nicht in der vorgeschriebenen Weise verbreitet,*
22. entgegen § 59 Absatz 3 Satz 1 dort genannte Vorkehrungen nicht trifft,
23. entgegen § 59 Absatz 4 Satz 1 dort genannte Mechanismen nicht einrichtet,

24. entgegen § 59 Absatz 4 Satz 2 nicht über die dort genannten Mittel und Notfallsysteme verfügt,
25. entgegen § 60 Absatz 1 Satz 1 nicht über die dort genannten Grundsätze und Vorkehrungen verfügt,
26. entgegen § 60 Absatz 2 Satz 1 oder Absatz 4 keine Vorkehrungen trifft,
27. entgegen § 63 Absatz 2 Satz 1 in Verbindung mit Satz 2, auch in Verbindung mit dem auf Grundlage von Artikel 23 Absatz 4 in Verbindung mit Artikel 89 der Richtlinie 2014/65/EU des Europäischen Parlaments und des Rates vom 15. Mai 2014 über Märkte für Finanzinstrumente sowie zur Änderung der Richtlinien 2002/92/EG und 2011/61/EU (ABl. L 173 vom 12.6.2014, S. 349; L 74 vom 18.3.2015, S. 38; L 188 vom 13.7.2016, S. 28; L 273 vom 8.10.2016, S. 35; L 64 vom 10.3. 2017, S. 116), die zuletzt durch die Richtlinie (EU) 2016/1034 (ABl. L 175 vom 30.6.2016, S. 8) geändert worden ist, erlassenen delegierten Rechtsakt der Europäischen Kommission, eine Darlegung nicht, nicht richtig, nicht vollständig, nicht in der vorgeschriebenen Weise oder nicht rechtzeitig vornimmt,
28. als Wertpapierdienstleistungsunternehmen entgegen § 63 Absatz 3 Satz 1, auch in Verbindung mit dem auf Grundlage von Artikel 24 Absatz 13 in Verbindung mit Artikel 89 der Richtlinie 2014/65/ EU erlassenen delegierten Rechtsakt der Europäischen Kommission, keine Sicherstellung trifft,
29. als Wertpapierdienstleistungsunternehmen entgegen § 63 Absatz 3 Satz 2, auch in Verbindung mit dem auf Grundlage von Artikel 24 Absatz 13 in Verbindung mit Artikel 89 der Richtlinie 2014/65/EU erlassenen delegierten Rechtsakt der Europäischen Kommission, einen Anreiz setzt,
30. als Wertpapierdienstleistungsunternehmen ein Finanzinstrument vertreibt, das nicht gemäß den Anforderungen des § 63 Absatz 4, auch in Verbindung mit einer Rechtsverordnung nach § 80 Absatz 14 sowie dem auf Grundlage von Artikel 24 Absatz 13 in Verbindung mit Artikel 89 der Richtlinie 2014/65/EU erlassenen delegierten Rechtsakt der Europäischen Kommission, konzipiert wurde,
31. als Wertpapierdienstleistungsunternehmen entgegen § 63 Absatz 6 Satz 1, auch in Verbindung mit dem auf Grundlage von Artikel 24 Absatz 13 in Verbindung mit Artikel 89 der Richtlinie 2014/65/EU erlassenen delegierten Rechtsakt der Europäischen Kommission, Informationen zugänglich macht, die nicht redlich, nicht eindeutig oder irreführend sind,
32. als Wertpapierdienstleistungsunternehmen einer anderen Person eine Marketingmitteilung zugänglich macht, die entgegen § 63 Absatz 6 Satz 2 nicht eindeutig als solche erkennbar ist,
33. entgegen § 63 Absatz 7 Satz 1 in Verbindung mit den Sätzen 3 und 4, auch in Verbindung mit Satz 11, auch in Verbindung mit einer Rechtsverordnung nach Absatz 14 und auch in Verbindung mit dem auf Grundlage von Artikel 24 Absatz 13 in Verbindung mit Artikel 89 der Richtlinie 2014/65/EU erlassenen delegierten Rechtsakt der Europäischen Kommission, Informationen nicht, nicht richtig, nicht vollständig, nicht in der vorgeschriebenen Weise oder nicht rechtzeitig zur Verfügung stellt,
34. entgegen § 63 Absatz 7 Satz 5, auch in Verbindung mit dem auf Grundlage von Artikel 24 Absatz 13 in Verbindung mit Artikel 89 der Richtlinie 2014/65/EU erlassenen delegierten Rechtsakt der Europäischen Kommission, eine Aufstellung nicht, nicht richtig oder nicht vollständig zur Verfügung stellt,
35. entgegen § 64 Absatz 1, auch in Verbindung mit dem auf Grundlage von Artikel 24 Absatz 3 in Verbindung mit Artikel 89 der Richtlinie 2014/65/EU erlassenen delegierten Rechtsakt der Europäischen Kommission, einen Kunden nicht, nicht richtig, nicht vollständig, nicht in der vorgeschriebenen Weise oder nicht rechtzeitig informiert,
36. entgegen § 63 Absatz 9 Satz 1, auch in Verbindung mit dem auf Grundlage von Artikel 24 Absatz 3 in Verbindung mit Artikel 89 der Richtlinie 2014/65/EU erlassenen delegierten Rechtsakt der Europäischen Kommission, einen Kunden nicht oder nicht richtig informiert oder ihm nicht für jeden Bestandteil getrennt Kosten und Gebühren nachweist,
37. entgegen § 63 Absatz 9 Satz 2, auch in Verbindung mit dem auf Grundlage von Artikel 24 Absatz 3 in Verbindung mit Artikel 89 der Richtlinie 2014/65/EU erlassenen delegierten Rechtsakt der Europäischen Kommission, einen Privatkunden nicht oder nicht in angemessener Weise informiert,
38. entgegen § 64 Absatz 2 Satz 1 in Verbindung mit einer Rechtsverordnung nach § 64 Absatz 10 Satz 1 Nummer 1 ein dort genanntes Dokument nicht, nicht richtig, nicht vollständig oder nicht rechtzeitig zur Verfügung stellt,
39. entgegen § 64 Absatz 3 Satz 1, auch in Verbindung mit dem auf Grundlage von Artikel 25 Absatz 8 in Verbindung mit Artikel 89 der Richtlinie 2014/65/EU erlassenen delegierten Rechtsakt

§ 120 | Straf- und Bußgeldvorschriften

der Europäischen Kommission, die dort genannten Informationen nicht oder nicht vollständig einholt,

40. entgegen § 64 Absatz 3 Satz 2 bis 4 ein Finanzinstrument oder eine Wertpapierdienstleistung empfiehlt oder ein Geschäft tätigt,

41. entgegen § 64 Absatz 4 Satz 1 in Verbindung mit Satz 2, auch in Verbindung mit dem auf Grundlage von Artikel 25 Absatz 8 in Verbindung mit Artikel 89 der Richtlinie 2014/65/EU erlassenen delegierten Rechtsakt der Europäischen Kommission, eine Geeignetheitserklärung nicht, nicht richtig, nicht vollständig, nicht in der vorgeschriebenen Weise oder nicht rechtzeitig zur Verfügung stellt,

42. als Wertpapierdienstleistungsunternehmen, das einem Kunden im Verlauf einer Anlageberatung mitgeteilt hat, dass eine Unabhängige Honorar-Anlageberatung erbracht wird, dem Kunden gegenüber eine Empfehlung eines Finanzinstruments ausspricht, der nicht eine im Sinne von § 64 Absatz 5 Nummer 1, auch in Verbindung mit dem auf Grundlage von Artikel 24 Absatz 3 in Verbindung mit Artikel 89 der Richtlinie 2014/65/EU erlassenen delegierten Rechtsakt der Europäischen Kommission, ausreichende Palette von Finanzinstrumenten zugrunde liegt,

43. entgegen § 64 Absatz 6 Satz 1, auch in Verbindung mit einer Rechtsverordnung nach § 64 Absatz 10 Nummer 2, eine Information nicht, nicht richtig oder nicht vollständig oder nicht rechtzeitig gibt,

44. entgegen § 64 Absatz 6 Satz 2 einen Vertragsschluss als Festpreisgeschäft ausführt,

45. entgegen § 64 Absatz 7, auch in Verbindung mit einer Rechtsverordnung nach § 64 Absatz 10 Nummer 3, eine Zuwendung annimmt oder behält,

45a. entgegen § 65 Absatz 1 Satz 3 oder § 65a Absatz 1 Satz 3 einen Vertragsschluss vermittelt,

46. entgegen § 63 Absatz 10 Satz 1, auch in Verbindung mit Satz 2, jeweils auch in Verbindung mit dem auf Grundlage von Artikel 25 Absatz 8 in Verbindung mit Artikel 89 der Richtlinie 2014/65/EU erlassenen delegierten Rechtsakt der Europäischen Kommission, die dort genannten Informationen nicht oder nicht vollständig einholt,

47. entgegen § 63 Absatz 10 Satz 3 oder 4, auch in Verbindung mit dem auf Grundlage von Artikel 25 Absatz 8 in Verbindung mit Artikel 89 der Richtlinie 2014/65/EU erlassenen delegierten Rechtsakt der Europäischen Kommission, einen Hinweis oder eine Information nicht oder nicht rechtzeitig gibt,

48. entgegen § 63 Absatz 12 Satz 1 in Verbindung mit Satz 2, auch in Verbindung mit § 64 Absatz 8, jeweils auch in Verbindung mit dem auf Grundlage von Artikel 25 Absatz 8 in Verbindung mit Artikel 89 der Richtlinie 2014/65/EU erlassenen delegierten Rechtsakt der Europäischen Kommission, einem Kunden nicht regelmäßig berichtet oder nicht den Ausführungsort eines Auftrags mitteilt,

49. entgegen § 68 Absatz 1 Satz 2 mit einer geeigneten Gegenpartei nicht in der dort beschriebenen Weise kommuniziert,

50. entgegen § 69 Absatz 1 Nummer 1 oder Nummer 2, auch in Verbindung mit dem auf Grundlage von Artikel 28 Absatz 3 in Verbindung mit Artikel 89 der Richtlinie 2014/65/EU erlassenen delegierten Rechtsakt der Europäischen Kommission, keine geeigneten Vorkehrungen in Bezug auf die Ausführung und Weiterleitung von Kundenaufträgen trifft,

51. entgegen § 69 Absatz 2 Satz 1, auch in Verbindung mit dem auf Grundlage von Artikel 28 Absatz 3 in Verbindung mit Artikel 89 der Richtlinie 2014/65/EU erlassenen delegierten Rechtsakt der Europäischen Kommission, einen Auftrag nicht, nicht in der vorgeschriebenen Weise oder nicht rechtzeitig bekannt macht,

52. entgegen § 70 Absatz 1 Satz 1, auch in Verbindung mit einer Rechtsverordnung nach § 70 Absatz 9 Nummer 1, eine Zuwendung annimmt oder gewährt,

53. entgegen § 70 Absatz 5, auch in Verbindung mit dem auf Grundlage von Artikel 24 Absatz 13 in Verbindung mit Artikel 89 der Richtlinie 2014/65/EU erlassenen delegierten Rechtsakt der Europäischen Kommission, einen Kunden nicht über Verfahren betreffend die Auskehrung von Zuwendungen an Kunden informiert,

54. entgegen § 72 Absatz 1 Nummer 1 die dort genannten Regelungen nicht oder nicht im vorgeschriebenen Umfang festlegt,

55. *entgegen § 72 Absatz 1 Nummer 2* die dort genannten Regelungen nicht oder nicht im vorgeschriebenen Umfang festlegt,

56. entgegen § 72 Absatz 1 Nummer 3 nicht über angemessene Verfahren verfügt,

57. entgegen § 72 Absatz 1 Nummer 4 eine Veröffentlichung nicht, nicht richtig oder nicht vollständig vornimmt,
58. entgegen § 72 Absatz 1 Nummer 5 Entgelte nicht oder nicht im vorgeschriebenem Umfang verlangt,
59. entgegen § 72 Absatz 1 Nummer 6 die dort benannten Vorkehrungen nicht oder nicht im vorgeschriebenen Umfang trifft,
60. entgegen § 72 Absatz 1 Nummer 7 kein angemessenes Order-Transaktions-Verhältnis sicherstellt,
61. entgegen § 72 Absatz 1 Nummer 8 keine Festlegung über die angemessene Größe der kleinstmöglichen Preisänderung trifft,
62. entgegen § 72 Absatz 1 Nummer 9 die dort genannten Risikokontrollen, Schwellen und Regelungen nicht festlegt,
63. entgegen § 72 Absatz 1 Nummer 10 die dort genannten Regelungen nicht festlegt,
64. entgegen § 72 Absatz 1 Nummer 11 keine zuverlässige Verwaltung der technischen Abläufe des Handelssystems sicherstellt,
65. entgegen § 72 Absatz 1 Nummer 12 die dort genannten Vorkehrungen nicht trifft,
66. entgegen § 72 Absatz 1 Nummer 13 ein multilaterales oder organisiertes Handelssystem betreibt, ohne über mindestens drei Nutzer zu verfügen, die mit allen übrigen Nutzern zum Zwecke der Preisbildung in Verbindung treten können,
67. ein multilaterales oder organisiertes Handelssystem betreibt, ohne über die Systeme im Sinne von § 5 Absatz 4a des Börsengesetzes in Verbindung mit § 72 Absatz 1 zu verfügen,
68. als Betreiber eines multilateralen oder eines organisierten Handelssystems entgegen § 26c Absatz 2 Satz 1 des Börsengesetzes in Verbindung mit § 72 Absatz 1 nicht eine ausreichende Teilnehmerzahl sicherstellt,
69. als Betreiber eines multilateralen oder organisierten Handelssystems einen Vertrag im Sinne des § 26c Absatz 1 des Börsengesetzes in Verbindung mit § 72 Absatz 1 schließt, der nicht sämtliche in § 26c Absatz 3 des Börsengesetzes genannten Bestandteile enthält,
70. entgegen § 72 Absatz 2 Gebührenstrukturen nicht gemäß den dort genannten Anforderungen gestaltet,
71. entgegen § 72 Absatz 3 eine Beschreibung nicht, nicht richtig oder nicht vollständig vorlegt,
72. entgegen § 72 Absatz 6 Satz 1 eine Mitteilung an die Bundesanstalt über schwerwiegende Verstöße gegen Handelsregeln, über Störungen der Marktintegrität und über Anhaltspunkte für einen Verstoß gegen die Vorschriften der Verordnung (EU) Nr. 596/2014, nicht oder nicht rechtzeitig macht,
73. entgegen § 73 Absatz 1 Satz 2 den Handel mit einem Finanzinstrument nicht aussetzt oder einstellt,
74. entgegen § 73 Absatz 1 Satz 4 eine Entscheidung nicht oder nicht richtig veröffentlicht oder die Bundesanstalt über eine Veröffentlichung nicht oder nicht rechtzeitig informiert,
74a. einer vollziehbaren Anordnung nach § 73 Absatz 2 Satz 1 oder Absatz 3 Satz 3 zuwiderhandelt,
75. entgegen § 74 Absatz 1 und 2 als Betreiber eines multilateralen Systems nicht dort genannte Regeln vorhält,
76. entgegen § 74 Absatz 3 die dort genannten Vorkehrungen nicht oder nicht im vorgeschriebenen Umfang trifft,
77. entgegen § 74 Absatz 5 einen Kundenauftrag unter Einsatz des Eigenkapitals ausführt,
78. entgegen § 75 Absatz 1 die dort genannten Vorkehrungen nicht trifft,
79. entgegen § 75 Absatz 2 Satz 1 ohne Zustimmung des Kunden auf die Zusammenführung sich deckender Kundenaufträge zurückgreift,
80. entgegen § 75 Absatz 2 Satz 2 Kundenaufträge zusammenführt,
81. entgegen § 75 Absatz 2 Satz 3 bei der Ausführung eines Geschäfts nicht sicherstellt, dass
    a) er während der gesamten Ausführung eines Geschäfts zu keiner Zeit einem Marktrisiko ausgesetzt ist,
    b) beide Vorgänge gleichzeitig ausgeführt werden oder
    c) das Geschäft zu einem Preis abgeschlossen wird, bei dem er, abgesehen von einer vorab offengelegten Provision, Gebühr oder sonstigen Vergütung, weder Gewinn noch Verlust macht,
82. entgegen § 75 Absatz 3 als Betreiber eines organisierten Handelssystems bei dessen Betrieb ein Geschäft für eigene Rechnung abschließt, das nicht in der Zusammenführung von Kundenaufträgen besteht und das ein Finanzinstrument zum Gegenstand hat, bei dem es sich nicht um einen öffentlichen Schuldtitel handelt, für den es keinen liquiden Markt gibt,

83. entgegen § 75 Absatz 4 Satz 1 innerhalb derselben rechtlichen Einheit ein organisiertes Handelssystem und die systematische Internalisierung betreibt,
84. entgegen § 75 Absatz 4 Satz 2 ein organisiertes Handelssystem betreibt, das eine Verbindung zu einem systematischen Internalisierer in einer Weise herstellt, dass die Interaktion von Aufträgen in dem organisierten Handelssystem und Aufträgen oder Offerten in dem systematischen Internalisierer ermöglicht wird,
85. als Betreiber eines organisierten Handelssystems beim Umgang mit Aufträgen in anderen als den in § 75 Absatz 6 Satz 2 genannten Fällen ein Ermessen ausübt,
86. einem vollziehbaren Erklärungsverlangen nach § 75 Absatz 7 Satz 1 zuwiderhandelt,
87. entgegen § 75 Absatz 7 Satz 3 die dort genannten Informationen nicht, nicht richtig oder nicht vollständig zur Verfügung stellt,
88. entgegen § 77 Absatz 1 einen direkten elektronischen Zugang zu einem Handelsplatz anbietet, ohne über die dort genannten Systeme und Kontrollen zu verfügen,
89. entgegen § 77 Absatz 1 nicht sicherstellt, dass seine Kunden die dort genannten Anforderungen erfüllen oder die dort genannten Vorschriften einhalten,
90. entgegen § 77 Absatz 1 Nummer 4 Buchstabe c Geschäfte nicht überwacht, um Verstöße gegen die Regeln des Handelsplatzes, marktstörende Handelsbedingungen oder auf Marktmissbrauch hindeutende Verhaltensweisen zu erkennen,
91. als Wertpapierdienstleistungsunternehmen einem Kunden einen direkten elektronischen Zugang zu einem Handelsplatz anbietet, ohne zuvor einen schriftlichen Vertrag mit dem Kunden geschlossen zu haben, der den inhaltlichen Anforderungen des § 77 Absatz 1 Nummer 2 entspricht,
92. entgegen § 77 Absatz 2 Satz 1 eine Mitteilung nicht oder nicht richtig macht,
93. einer vollziehbaren Anordnung nach § 77 Absatz 2 Satz 2 zuwiderhandelt,
94. entgegen § 77 Absatz 3 nicht für die Aufbewahrung von Aufzeichnungen sorgt oder nicht sicherstellt, dass die Aufzeichnungen ausreichend sind,
95. als Wertpapierdienstleistungsunternehmen als allgemeines Clearing-Mitglied für andere Personen handelt, ohne über die in § 78 Satz 1 genannten Systeme und Kontrollen zu verfügen,
96. als Wertpapierdienstleistungsunternehmen als allgemeines Clearing-Mitglied für eine andere Person handelt, ohne zuvor mit dieser Person eine nach § 78 Satz 3 erforderliche schriftliche Vereinbarung hinsichtlich der wesentlichen Rechte und Pflichten geschlossen zu haben,
97. entgegen § 80 Absatz 1 Satz 2 Nummer 1, auch in Verbindung mit dem auf Grundlage von Artikel 23 Absatz 4 in Verbindung mit Artikel 89 der Richtlinie 2014/65/EU erlassenen delegierten Rechtsakt der Europäischen Kommission, keine Vorkehrungen trifft,
98. als Wertpapierdienstleistungsunternehmen algorithmischen Handel betreibt, ohne über die in § 80 Absatz 2 Satz 3 genannten Systeme und Risikokontrollen zu verfügen,
99. als Wertpapierdienstleistungsunternehmen algorithmischen Handel betreibt, ohne über die in § 80 Absatz 2 Satz 4 genannten Notfallvorkehrungen zu verfügen,
100. entgegen § 80 Absatz 2 Satz 5 eine Anzeige nicht macht,
101. einer vollziehbaren Anordnung nach § 80 Absatz 3 Satz 3 zuwiderhandelt,
102. entgegen § 80 Absatz 3 Satz 1 in Verbindung mit Satz 2 eine Aufzeichnung nicht, nicht richtig, nicht vollständig oder nicht in der vorgeschriebenen Weise macht oder nicht für die Dauer von fünf Jahren aufbewahrt,
103. entgegen § 80 Absatz 4 Nummer 1 das Market-Making nicht im dort vorgeschriebenen Umfang betreibt,
104. als Wertpapierdienstleistungsunternehmen algorithmischen Handel unter Verfolgung einer Market-Making-Strategie im Sinne des § 80 Absatz 5 betreibt, ohne zuvor einen schriftlichen Vertrag mit dem Handelsplatz geschlossen zu haben, der zumindest die Verpflichtungen im Sinne des § 80 Absatz 4 Nummer 1 beinhaltet,
105. als Wertpapierdienstleistungsunternehmen algorithmischen Handel unter Verfolgung einer Market-Making-Strategie im Sinne des § 80 Absatz 5 betreibt, ohne über die in § 80 Absatz 4 Nummer 3 genannten Systeme und Kontrollen zu verfügen,
106. entgegen § 80 Absatz 9 Satz 1, auch in Verbindung mit einer Rechtsverordnung nach § 80 Absatz 14 Satz 1, ein Produktfreigabeverfahren nicht oder nicht in der vorgeschriebenen Weise unterhält oder betreibt oder nicht regelmäßig überprüft,

107. entgegen § 80 Absatz 10 Satz 1, auch in Verbindung mit einer Rechtsverordnung nach § 80 Absatz 14 Satz 1, die Festlegung eines Zielmarkts nicht regelmäßig überprüft,
108. entgegen § 80 Absatz 11 Satz 1, auch in Verbindung mit einer Rechtsverordnung nach § 80 Absatz 14 Satz 1, die dort genannten Informationen nicht, nicht richtig, nicht vollständig oder nicht in der vorgeschriebenen Weise zur Verfügung stellt,
109. entgegen § 80 Absatz 11 Satz 2, auch in Verbindung mit einer Rechtsverordnung nach § 80 Absatz 14 Satz 1, nicht über angemessene Vorkehrungen verfügt, um sich die in § 80 Absatz 11 Satz 1 genannten Informationen vom konzipierenden Wertpapierdienstleistungsunternehmen oder vom Emittenten zu verschaffen und die Merkmale und den Zielmarkt des Finanzinstruments zu verstehen,
110. entgegen § 81 Absatz 1 nicht die Organisation, Eignung des Personals, Mittel und Regelungen zur Erbringung von Wertpapierdienstleistungen und Wertpapiernebendienstleistungen, die Firmenpolitik und die Vergütungspolitik festlegt, umsetzt und überwacht,
111. entgegen § 81 Absatz 2 nicht die Eignung und die Umsetzung der strategischen Ziele des Wertpapierdienstleistungsunternehmens, die Wirksamkeit der Unternehmensführungsregelungen und die Angemessenheit der Firmenpolitik überwacht und überprüft oder nicht unverzüglich Schritte einleitet, um bestehende Mängel zu beseitigen,
112. entgegen § 81 Absatz 3 keinen angemessenen Zugang sicherstellt,
113. entgegen § 82 Absatz 1, auch in Verbindung mit dem auf Grundlage von Artikel 27 Absatz 9 in Verbindung mit Artikel 89 der Richtlinie 2014/65/EU erlassenen delegierten Rechtsakt der Europäischen Kommission, nicht sicherstellt, dass ein Kundenauftrag nach den dort benannten Grundsätzen ausgeführt wird,
114. entgegen § 82 Absatz 1 Nummer 1, auch in Verbindung mit dem auf Grundlage von Artikel 27 Absatz 9 in Verbindung mit Artikel 89 der Richtlinie 2014/65/EU erlassenen delegierten Rechtsakt der Europäischen Kommission, keine regelmäßige Überprüfung vornimmt,
115. entgegen § 82 Absatz 5 Satz 2, auch in Verbindung mit dem auf Grundlage von Artikel 27 Absatz 9 in Verbindung mit Artikel 89 der Richtlinie 2014/65/EU erlassenen delegierten Rechtsakt der Europäischen Kommission, einen dort genannten Hinweis nicht oder nicht rechtzeitig gibt oder eine dort genannte Einwilligung nicht oder nicht rechtzeitig einholt,
116. entgegen § 82 Absatz 6 Nummer 1, auch in Verbindung mit dem auf Grundlage von Artikel 27 Absatz 9 in Verbindung mit Artikel 89 der Richtlinie 2014/65/EU erlassenen delegierten Rechtsakt der Europäischen Kommission, einen Kunden nicht, nicht richtig, nicht in der vorgeschriebenen Weise oder nicht rechtzeitig informiert,
117. entgegen § 82 Absatz 6 Nummer 1 eine dort genannte Zustimmung nicht oder nicht rechtzeitig einholt,
118. entgegen § 82 Absatz 6 Nummer 2, auch in Verbindung mit dem auf Grundlage von Artikel 27 Absatz 9 in Verbindung mit Artikel 89 der Richtlinie 2014/65/EU erlassenen delegierten Rechtsakt der Europäischen Kommission, eine dort genannte Mitteilung nicht, nicht richtig, nicht in der vorgeschriebenen Weise oder nicht rechtzeitig macht,
119. entgegen § 82 Absatz 8 eine Vergütung, einen Rabatt oder einen nicht monetären Vorteil annimmt,
120. entgegen § 82 Absatz 9, auch in Verbindung mit einem technischen Regulierungsstandard nach Artikel 27 Absatz 10 Buchstabe b der Richtlinie 2014/65/EU, eine dort genannte Veröffentlichung nicht mindestens einmal jährlich vornimmt,
121. als Betreiber eines Handelsplatzes oder als systematischer Internalisierer, vorbehaltlich der Regelung zu § 26e des Börsengesetzes, entgegen § 82 Absatz 10, auch in Verbindung mit einer delegierten Verordnung nach Artikel 27 Absatz 9 sowie einem technischen Regulierungsstandard nach Artikel 27 Absatz 10 Buchstabe a der Richtlinie 2014/65/EU, eine dort genannte Veröffentlichung nicht mindestens einmal jährlich vornimmt,
122. als Betreiber eines Ausführungsplatzes, vorbehaltlich der Regelung zu § 26e des Börsengesetzes, entgegen § 82 Absatz 11, auch in Verbindung mit einer delegierten Verordnung nach Artikel 27 Absatz 9 sowie einem technischen Regulierungsstandard nach Artikel 27 Absatz 10 Buchstabe a der Richtlinie 2014/65/EU, eine Veröffentlichung nicht mindestens einmal jährlich vornimmt,
123. entgegen § 83 Absatz 1 oder Absatz 2 Satz 1, auch in Verbindung mit einer Rechtsverordnung nach § 83 Absatz 10 Satz 1 und den Artikeln 58 sowie 72 bis 74 der Delegierten Verordnung (EU) 2017/565, eine dort genannte Aufzeichnung nicht, nicht richtig oder nicht vollständig erstellt,

124. entgegen § 83 Absatz 3 Satz 1, auch in Verbindung mit einer Rechtsverordnung nach § 83 Absatz 10 Satz 1 und Artikel 76 der Delegierten Verordnung (EU) 2017/565, ein Telefongespräch oder eine elektronische Kommunikation nicht, nicht richtig, nicht vollständig oder nicht in der vorgeschriebenen Weise aufzeichnet,
125. entgegen § 83 Absatz 4 Satz 1, auch in Verbindung mit einer Rechtsverordnung nach § 83 Absatz 10 Satz 1, nicht alle angemessenen Maßnahmen ergreift, um einschlägige Telefongespräche und elektronische Kommunikation aufzuzeichnen,
126. entgegen § 83 Absatz 5, auch in Verbindung mit einer Rechtsverordnung nach § 83 Absatz 10 Satz 1 und Artikel 76 Absatz 8 der Delegierten Verordnung (EU) 2017/565, einen Kunden nicht oder nicht rechtzeitig vorab in geeigneter Weise über die Aufzeichnung von Telefongesprächen nach § 83 Absatz 3 Satz 1 informiert,
127. entgegen § 84 Absatz 1 Satz 1 oder Absatz 4 Satz 1 keine geeigneten Vorkehrungen trifft, um die Rechte der Kunden an ihnen gehörenden Finanzinstrumenten oder Geldern zu schützen und zu verhindern, dass diese ohne ausdrückliche Zustimmung für eigene Rechnung verwendet werden,
128. entgegen § 84 Absatz 2 Satz 3 die Zustimmung des Kunden zur Verwahrung seiner Vermögensgegenstände bei einem qualifizierten Geldmarktfonds nicht oder nicht rechtzeitig einholt,
129. entgegen § 84 Absatz 2 Satz 5 eine treuhänderische Einlage nicht offenlegt,
130. entgegen § 84 Absatz 2 Satz 6 den Kunden nicht, nicht richtig oder nicht rechtzeitig darüber unterrichtet, bei welchem Institut und auf welchem Konto seine Gelder verwahrt werden,
131. entgegen § 84 Absatz 5 Satz 1 ein Wertpapier nicht oder nicht rechtzeitig zur Verwahrung weiterleitet,
132. entgegen § 84 Absatz 7 mit einem Privatkunden eine Finanzsicherheit in Form einer Vollrechtsübertragung nach Artikel 2 Absatz 1 Buchstabe b der Richtlinie 2002/47/EG abschließt,
133. entgegen § 84 Absatz 6 Satz 1, auch in Verbindung mit § 84 Absatz 6 Satz 2, ein Wertpapier für eigene Rechnung oder für Rechnung eines anderen Kunden nutzt,
134. entgegen § 87 Absatz 1 Satz 1, Absatz 2, 3, 4 Satz 1 oder Absatz 5 Satz 1, jeweils auch in Verbindung mit einer Rechtsverordnung nach § 87 Absatz 9 Satz 1 Nummer 2, einen Mitarbeiter mit einer dort genannten Tätigkeit betraut,
135. entgegen
    a) § 87 Absatz 1 Satz 2 oder Satz 3, Absatz 4 Satz 2 oder Satz 3 oder Absatz 5 Satz 2 oder Satz 3, jeweils auch in Verbindung mit einer Rechtsverordnung nach § 87 Absatz 9 Satz 1 Nummer 1, oder
    b) § 87 Absatz 1 Satz 4 in Verbindung mit einer Rechtsverordnung nach § 87 Absatz 9 Satz 1 Nummer 1
    eine Anzeige nicht, nicht richtig, nicht vollständig oder nicht rechtzeitig erstattet,
136. einer vollziehbaren Anordnung nach § 87 Absatz 6 Satz 1 Nummer 1 oder Nummer 2 Buchstabe b zuwiderhandelt oder
137. entgegen § 94 Absatz 1 eine dort genannte Bezeichnung führt.

(9) Ordnungswidrig handelt, wer gegen die Verordnung (EU) Nr. 600/2014 des Europäischen Parlaments und des Rates vom 15. Mai 2014 über Märkte für Finanzinstrumente und zur Änderung der Verordnung (EU) Nr. 648/2012 (ABl. L 173 vom 12.6.2014, S. 84) verstößt, indem er vorsätzlich oder leichtfertig

1. als Wertpapierdienstleistungsunternehmen im Sinne dieses Gesetzes entgegen
    a) Artikel 3 Absatz 1,
    b) Artikel 6 Absatz 1,
    c) Artikel 8 Absatz 1 Satz 2,
    d) Artikel 8 Absatz 4 Satz 2,
    e) Artikel 10 Absatz 1,
    f) Artikel 11 Absatz 3 Unterabsatz 3 in Verbindung mit Artikel 10 Absatz 1,
    g) Artikel 31 Absatz 2
    eine Veröffentlichung nicht, nicht richtig, nicht vollständig, nicht in der vorgeschriebenen Weise oder nicht rechtzeitig vornimmt,
2. als Wertpapierdienstleistungsunternehmen im Sinne dieses Gesetzes entgegen
    a) *Artikel 3 Absatz 3,*
    b) *Artikel 6 Absatz 2*
    nicht in der dort beschriebenen Weise Zugang zu den betreffenden Systemen gewährt,

3. als Wertpapierdienstleistungsunternehmen im Sinne dieses Gesetzes entgegen
   a) Artikel 8 Absatz 3
   b) Artikel 10 Absatz 2
   nicht in der dort beschriebenen Weise Zugang zu den betreffenden Einrichtungen gewährt,
4. als Wertpapierdienstleistungsunternehmen im Sinne dieses Gesetzes entgegen
   a) Artikel 7 Absatz 1 Unterabsatz 3 Satz 1 eine Genehmigung nicht rechtzeitig einholt oder auf geplante Regelungen für eine Veröffentlichung nicht, nicht richtig, nicht vollständig, nicht in der vorgeschriebenen Weise oder nicht rechtzeitig hinweist,
   b) Artikel 11 Absatz 1 Unterabsatz 3 Satz 1 auf geplante Regelungen für eine Veröffentlichung nicht, nicht richtig, nicht vollständig, nicht in der vorgeschriebenen Weise oder nicht rechtzeitig hinweist,
   c) Artikel 12 Absatz 1 eine Information nicht, nicht richtig, nicht vollständig, nicht in der vorgeschriebenen Weise oder nicht rechtzeitig offenlegt,
   d) Artikel 13 Absatz 1 Satz 1 in Verbindung mit Satz 2 eine Angabe oder Information nicht, nicht richtig, nicht in der vorgeschriebenen Weise oder nicht rechtzeitig offenlegt oder bereitstellt oder keinen diskriminierungsfreien Zugang zu den Informationen sicherstellt,
   e) Artikel 14 Absatz 1 Unterabsatz 1 in Verbindung mit Artikel 14 Absatz 3, 4, 5 und Artikel 15 Absatz 1 Unterabsatz 1 eine Kursofferte nicht, nicht vollständig, nicht in der vorgeschriebenen Weise, nicht rechtzeitig oder nicht im vorgeschriebenen Umfang offenlegt,
   f) Artikel 25 Absatz 2 Satz 1 die betreffenden Daten eines Auftrags nicht, nicht richtig, nicht vollständig oder nicht in der vorgeschriebenen Weise aufzeichnet oder die aufgezeichneten Daten nicht für mindestens fünf Jahre zur Verfügung der zuständigen Behörde hält,
   g) Artikel 26 Absatz 5 eine Meldung nicht, nicht richtig, nicht vollständig, nicht in der vorgeschriebenen Weise oder nicht rechtzeitig vornimmt,
   h) Artikel 31 Absatz 3 Satz 1 eine Aufzeichnung nicht, nicht richtig, nicht vollständig oder nicht in der vorgeschriebenen Weise führt,
   i) Artikel 31 Absatz 3 Satz 2 der Europäischen Wertpapier- und Marktaufsichtsbehörde eine Aufzeichnung nicht, nicht vollständig oder nicht rechtzeitig zur Verfügung stellt,
   j) Artikel 35 Absatz 1 Unterabsatz 1 Satz 1 das Clearen nicht oder nicht auf nichtdiskriminierender und transparenter Basis übernimmt,
   k) Artikel 35 Absatz 2 Satz 1 einen Antrag nicht in der vorgeschriebenen Form übermittelt,
   l) Artikel 35 Absatz 3 Satz 1 dem Handelsplatz nicht, nicht in der vorgeschriebenen Weise oder nicht rechtzeitig antwortet,
   m) Artikel 35 Absatz 3 Satz 2 einen Antrag ablehnt,
   n) Artikel 35 Absatz 3 Satz 3, auch in Verbindung mit Satz 4, eine Untersagung nicht ausführlich begründet oder eine Unterrichtung oder Mitteilung nicht oder nicht in der vorgeschriebenen Weise vornimmt,
   o) Artikel 35 Absatz 3 Satz 5 einen Zugang nicht oder nicht rechtzeitig ermöglicht,
   p) Artikel 36 Absatz 1 Unterabsatz 1 Satz 1 Handelsdaten nicht auf nichtdiskriminierender und transparenter Basis bereitstellt,
   q) Artikel 36 Absatz 3 Satz 1 einer zentralen Gegenpartei nicht, nicht in der vorgeschriebenen Weise oder nicht rechtzeitig antwortet,
   r) Artikel 36 Absatz 3 Satz 2 einen Zugang verweigert, ohne dass die dort genannten Voraussetzungen für eine Zugangsverweigerung vorliegen,
   s) Artikel 36 Absatz 3 Satz 5 einen Zugang nicht oder nicht rechtzeitig ermöglicht,
5. als Wertpapierdienstleistungsunternehmen im Sinne dieses Gesetzes im Zuge des Betriebs eines multilateralen Handelssystems oder eines organisierten Handelssystems ein System zur Formalisierung ausgehandelter Geschäfte betreibt, das nicht oder nicht vollständig den in Artikel 4 Absatz 3 Unterabsatz 1 beschriebenen Anforderungen entspricht,
6. entgegen Artikel 14 Absatz 1 Unterabsatz 2 in Verbindung mit Artikel 14 Absatz 3, 4 und 5 eine Kursofferte nicht, nicht vollständig, nicht in der vorgeschriebenen Weise oder nicht im vorgeschriebenen Umfang macht,
7. entgegen Artikel 15 Absatz 4 Satz 2 einen Auftrag nicht in der vorgeschriebenen Weise ausführt,
8. als systematischer Internalisierer entgegen Artikel 17 Absatz 1 Satz 2 in Verbindung mit Artikel 17 Absatz 1 Satz 1 nicht über eindeutige Standards für den Zugang zu Kursofferten verfügt,

9. entgegen Artikel 18 Absatz 1 in Verbindung mit Artikel 18 Absatz 9 eine dort genannte Kursofferte nicht veröffentlicht,
10. entgegen Artikel 18 Absatz 2 Satz 1 in Verbindung mit Artikel 18 Absatz 9 keine Kursofferte macht,
11. entgegen Artikel 18 Absatz 5 Satz 1 eine Kursofferte nicht zugänglich macht,
12. entgegen Artikel 18 Absatz 6 Unterabsatz 1 nicht eine Verpflichtung zum Abschluss eines Geschäfts mit einem anderen Kunden eingeht,
13. als systematischer Internalisierer entgegen Artikel 18 Absatz 8 die dort vorgeschriebene Bekanntmachung nicht oder nicht in der dort vorgeschriebenen Weise vornimmt,
14. entgegen
    a) Artikel 20 Absatz 1 Satz 1 in Verbindung mit Artikel 20 Absatz 1 Satz 2 und Absatz 2,
    b) Artikel 21 Absatz 1 Satz 1 in Verbindung mit Artikel 21 Absatz 1 Satz 2, Absatz 2, 3 und Artikel 10
    eine dort vorgeschriebene Veröffentlichung nicht, nicht richtig, nicht vollständig, nicht rechtzeitig oder nicht in der vorgeschriebenen Weise vornimmt,
15. als Wertpapierdienstleistungsunternehmen, als genehmigtes Veröffentlichungssystem oder als Bereitsteller konsolidierter Datenträger entgegen Artikel 22 Absatz 2 erforderliche Daten nicht während eines ausreichenden Zeitraums speichert,
16. entgegen Artikel 23 Absatz 1 ein Handelsgeschäft außerhalb der dort genannten Handelssysteme tätigt,
17. entgegen Artikel 25 Absatz 1 Satz 1 die betreffenden Daten eines Auftrags oder eines Geschäfts nicht, nicht richtig, nicht vollständig oder nicht in der vorgeschriebenen Weise aufzeichnet oder aufgezeichnete Daten nicht für mindestens fünf Jahre zur Verfügung der zuständigen Behörde hält,
18. entgegen Artikel 26 Absatz 1 Unterabsatz 1, auch in Verbindung mit Artikel 26 Absatz 4 Satz 2, eine Meldung nicht, nicht richtig, nicht vollständig, nicht in der vorgeschriebenen Weise oder nicht rechtzeitig vornimmt,
19. entgegen Artikel 26 Absatz 4 Satz 1 einem übermittelten Auftrag nicht sämtliche Einzelheiten beifügt,
20. als genehmigter Meldemechanismus oder als Betreiber eines Handelsplatzes entgegen Artikel 26 Absatz 7 Unterabsatz 1 eine Meldung nicht, nicht richtig oder nicht vollständig übermittelt,
21. als Betreiber eines Handelsplatzes im Sinne des Artikels 4 Absatz 1 Nummer 24 entgegen Artikel 26 Absatz 5 eine Meldung nicht, nicht richtig, nicht vollständig, nicht in der vorgeschriebenen Weise oder nicht rechtzeitig vornimmt,
22. als Wertpapierdienstleistungsunternehmen, systematischer Internalisierer oder Betreiber eines Handelsplatzes entgegen Artikel 27 Absatz 1 Unterabsatz 1, 2 oder 3 Satz 2 identifizierende Referenzdaten in Bezug auf ein Finanzinstrument nicht, nicht richtig, nicht vollständig, nicht in der vorgeschriebenen Weise oder nicht rechtzeitig zur Verfügung stellt oder aktualisiert,
23. entgegen Artikel 28 Absatz 1, auch in Verbindung mit Artikel 28 Absatz 2 Unterabsatz 1, ein Geschäft an einem anderen als den dort bezeichneten Plätzen abschließt,
24. als zentrale Gegenpartei im Sinne des Artikels 2 Absatz 1 der Verordnung (EU) Nr. 648/2012 oder als Wertpapierdienstleistungsunternehmen im Sinne dieses Gesetzes entgegen Artikel 29 Absatz 2 Unterabsatz 1 nicht über die dort bezeichneten Systeme, Verfahren und Vorkehrungen verfügt,
25. entgegen Artikel 36 Absatz 2 einen Antrag nicht oder nicht in der vorgeschriebenen Weise übermittelt,
26. entgegen Artikel 37 Absatz 1 einen Zugang nicht, nicht in der vorgeschriebenen Weise oder nicht rechtzeitig gewährt,
27. als zentrale Gegenpartei im Sinne des Artikels 2 Absatz 1 der Verordnung (EU) Nr. 648/2012 oder als Wertpapierdienstleistungsunternehmen im Sinne dieses Gesetzes oder als mit einem der beiden Erstgenannten verbundenes Unternehmen entgegen Artikel 37 Absatz 3 eine dort genannte Vereinbarung trifft,
28. einem vollziehbaren Beschluss der Europäischen Wertpapier- und Marktaufsichtsbehörde nach Artikel 40 Absatz 1 zuwiderhandelt,
29. *einem vollziehbaren Beschluss* der Europäischen Bankenaufsichtsbehörde nach Artikel 41 Absatz 1 zuwiderhandelt oder
30. einer vollziehbaren Anordnung der Bundesanstalt nach Artikel 42 Absatz 1 zuwiderhandelt.

(10) Ordnungswidrig handelt, wer gegen die Verordnung (EU) 2015/2365 des Europäischen Parlaments und des Rates vom 25. November 2015 über die Transparenz von Wertpapierfinanzierungsgeschäften und der Weiterverwendung sowie zur Änderung der Verordnung (EU) Nr. 648/2012 (ABl. L 337 vom 23.12.2015, S. 1) verstößt, indem er vorsätzlich oder leichtfertig

1. entgegen Artikel 4 Absatz 1 eine Meldung nicht, nicht richtig, nicht vollständig, nicht in der vorgeschriebenen Weise oder nicht rechtzeitig vornimmt,
2. entgegen Artikel 4 Absatz 4 Aufzeichnungen nicht, nicht vollständig oder nicht mindestens für die vorgeschriebene Dauer aufbewahrt,
3. entgegen Artikel 15 Absatz 1 Finanzinstrumente weiterverwendet, ohne dass die dort genannten Voraussetzungen erfüllt sind oder
4. entgegen Artikel 15 Absatz 2 ein Recht auf Weiterverwendung ausübt, ohne dass die dort genannten Voraussetzungen erfüllt sind.

(11) Ordnungswidrig handelt, wer gegen die Verordnung (EU) 2016/1011 des Europäischen Parlaments und des Rates vom 8. Juni 2016 über Indizes, die bei Finanzinstrumenten und Finanzkontrakten als Referenzwert oder zur Messung der Wertentwicklung eines Investmentfonds verwendet werden, und zur Änderung der Richtlinien 2008/48/EG und 2014/17/EU sowie der Verordnung (EU) Nr. 596/2014 (ABl. L 171 vom 29.6.2016, S. 1) verstößt, indem er vorsätzlich oder leichtfertig

1. als Administrator entgegen Artikel 4 Absatz 1 Unterabsatz 1 über keine Regelungen für die Unternehmensführung verfügt oder nur über solche, die nicht den dort genannten Anforderungen entsprechen,
2. als Administrator entgegen Artikel 4 Absatz 1 Unterabsatz 2 keine angemessenen Schritte unternimmt, um Interessenskonflikte zu erkennen, zu vermeiden oder zu regeln,
3. als Administrator entgegen Artikel 4 Absatz 1 Unterabsatz 2 nicht dafür sorgt, dass Beurteilungs- oder Ermessensspielräume unabhängig und redlich ausgeübt werden,
4. als Administrator einen Referenzwert entgegen Artikel 4 Absatz 2 nicht organisatorisch getrennt von den übrigen Geschäftsbereichen bereitstellt,
5. als Administrator einer vollziehbaren Anordnung der Bundesanstalt nach Artikel 4 Absatz 3 oder Absatz 4 zuwiderhandelt,
6. als Administrator Interessenkonflikte entgegen Artikel 4 Absatz 5 nicht, nicht richtig, nicht vollständig oder nicht unverzüglich veröffentlicht oder offenlegt, nachdem er von deren Bestehen Kenntnis erlangt hat,
7. als Administrator entgegen Artikel 4 Absatz 6 die dort genannten Maßnahmen nicht festlegt, nicht anwendet oder nicht regelmäßig überprüft oder aktualisiert,
8. als Administrator entgegen Artikel 4 Absatz 7 nicht dafür sorgt, dass Mitarbeiter und die dort genannten anderen natürlichen Personen die in Artikel 4 Absatz 7 Buchstabe a bis e genannten Anforderungen erfüllen,
9. als Administrator entgegen Artikel 4 Absatz 8 keine spezifischen Verfahren der internen Kontrolle zur Sicherstellung der Integrität und Zuverlässigkeit der Mitarbeiter oder Personen, die den Referenzwert bestimmen, festlegt oder den Referenzwert vor seiner Verbreitung nicht durch die Geschäftsleitung abzeichnen lässt,
10. als Administrator entgegen Artikel 5 Absatz 1 keine ständige und wirksame Aufsichtsfunktion schafft und unterhält,
11. als Administrator entgegen Artikel 5 Absatz 2 keine soliden Verfahren zur Sicherung der Aufsichtsfunktion entwickelt und unterhält oder diese der Bundesanstalt nicht, nicht richtig, nicht vollständig oder nicht unverzüglich nach Fertigstellung der Entwicklung zur Verfügung stellt,
12. als Administrator die Aufsichtsfunktion entgegen Artikel 5 Absatz 3 nicht mit den dort genannten Zuständigkeiten ausstattet oder diese nicht an die Komplexität, Verwendung und Anfälligkeit des Referenzwerts anpasst,
13. als Administrator entgegen Artikel 5 Absatz 4 die Aufsichtsfunktion nicht einem gesonderten Ausschuss überträgt oder durch andere geeignete Regelungen zur Unternehmensführung die Integrität der Funktion sicherstellt und das Auftreten von Interessenkonflikten verhindert,
14. als Administrator entgegen Artikel 6 Absatz 1, 2 oder 3 keinen oder keinen den dort genannten Anforderungen genügenden Kontrollrahmen vorhält,
15. als Administrator entgegen Artikel 6 Absatz 4 die dort genannten Maßnahmen nicht, nicht vollständig oder nicht wirksam trifft,

16. als Administrator entgegen Artikel 6 Absatz 5 den Kontrollrahmen nicht oder nicht vollständig dokumentiert, überprüft oder aktualisiert oder der Bundesanstalt oder seinen Nutzern nicht, nicht richtig, nicht vollständig oder nicht rechtzeitig zur Verfügung stellt,
17. als Administrator entgegen Artikel 7 Absatz 1 nicht über einen den dort genannten Anforderungen genügenden Rahmen für die Rechenschaftslegung verfügt,
18. als Administrator entgegen Artikel 7 Absatz 2 keine interne Stelle benennt, die ausreichend befähigt ist, die Einhaltung der Referenzwert-Methodik und dieser Verordnung durch den Administrator zu überprüfen und darüber Bericht zu erstatten,
19. als Administrator entgegen Artikel 7 Absatz 3 keinen unabhängigen externen Prüfer benennt,
20. als Administrator entgegen Artikel 7 Absatz 4 die dort bestimmten Informationen nicht, nicht richtig, nicht vollständig oder nicht rechtzeitig zur Verfügung stellt oder veröffentlicht,
21. als Administrator entgegen Artikel 8 Absatz 1 eine dort genannte Aufzeichnungen nicht oder nicht vollständig führt,
22. als Administrator entgegen Artikel 8 Absatz 2 Satz 1 eine dort genannte Aufzeichnung nicht, nicht vollständig oder nicht mindestens für die Dauer von fünf Jahren aufbewahrt,
23. als Administrator entgegen Artikel 8 Absatz 2 Satz 2 eine dort genannte Aufzeichnung nicht, nicht richtig, nicht vollständig oder nicht rechtzeitig zur Verfügung stellt, oder nicht mindestens für die Dauer von drei Jahren aufbewahrt,
24. als Administrator entgegen Artikel 9 Absatz 1 keine geeigneten Beschwerdeverfahren unterhält und diese nicht unverzüglich nach ihrer Bereitstellung veröffentlicht,
25. als Administrator entgegen Artikel 10 Absatz 1 Aufgaben in einer Weise auslagert, die seine Kontrolle über die Bereitstellung des Referenzwerts oder die Möglichkeit der zuständigen Behörde zur Beaufsichtigung des Referenzwertes wesentlich beeinträchtigt.
26. als Administrator entgegen Artikel 10 Absatz 3 Aufgaben auslagert, ohne dafür zu sorgen, dass die in Artikel 10 Absatz 3 Buchstabe a bis h genannten Bedingungen erfüllt sind,
27. als Administrator entgegen Artikel 11 Absatz 1 einen Referenzwert bereitstellt, ohne dass die in Artikel 11 Absatz 1 Buchstaben a bis c und e genannten Anforderungen erfüllt sind,
28. als Administrator entgegen Artikel 11 Absatz 1 einen Referenzwert bereitstellt, ohne dass die in Artikel 11 Absatz 1 Buchstabe d genannten Anforderungen erfüllt sind,
29. als Administrator entgegen Artikel 11 Absatz 2 nicht für Kontrollen im dort genannten Umfang sorgt,
30. als Administrator entgegen Artikel 11 Absatz 3 nicht auch aus anderen Quellen Daten einholt oder die Einrichtung von Aufsichts- und Verifizierungsverfahren bei den Kontributoren nicht sicherstellt,
31. als Administrator entgegen Artikel 11 Absatz 4 die nach seiner Ansicht erforderlichen Änderungen der Eingabedaten oder der Methoden zur Abbildung des Marktes oder der wirtschaftlichen Realität vornimmt oder die Bereitstellung des Referenzwertes nicht einstellt,
32. als Administrator bei der Bestimmung eines Referenzwertes entgegen Artikel 12 Absatz 1 eine Methodik anwendet, die die dort genannten Anforderungen nicht erfüllt,
33. als Administrator bei der Entwicklung einer Referenzwert-Methodik entgegen Artikel 12 Absatz 2 die dort genannten Anforderungen nicht erfüllt,
34. als Administrator entgegen Artikel 12 Absatz 3 nicht über eindeutige, veröffentlichte Regelungen verfügt, die festlegen, wann Menge oder Qualität der Eingabedaten nicht mehr den festgelegten Standards entspricht und keine zuverlässige Bestimmung des Referenzwertes mehr zulässt,
35. als Administrator entgegen Artikel 13 Absatz 1 Satz 2 oder Absatz 2 die dort genannten Informationen zur Entwicklung, Verwendung, Verwaltung und Änderung des Referenzwertes und der Referenzwert-Methodik nicht, nicht richtig, nicht vollständig oder nicht rechtzeitig veröffentlicht oder zur Verfügung stellt,
36. als Administrator entgegen Artikel 14 Absatz 1 keine angemessenen Systeme und wirksamen Kontrollen zur Sicherstellung der Integrität der Eingabedaten schafft,
37. als Administrator Eingabedaten und Kontributoren entgegen Artikel 14 Absatz 2 Unterabsatz 1 nicht oder nicht wirksam überwacht, damit er die zuständige Behörde benachrichtigen und ihr alle relevanten Informationen mitteilen kann,
38. *als Administrator der Bundesanstalt* entgegen Artikel 14 Absatz 2 Unterabsatz 1 die dort genannten Informationen nicht, nicht richtig, nicht vollständig oder nicht unverzüglich nach dem Auftreten eines Manipulationsverdachts mitteilt,

39. als Administrator entgegen Artikel 14 Absatz 3 nicht über Verfahren verfügt, um Verstöße seiner Führungskräfte, Mitarbeiter sowie aller anderen natürlichen Personen, von denen er Leistungen in Anspruch nehmen kann, gegen die Verordnung (EU) 2016/1011 intern zu melden,
40. als Administrator einen Verhaltenskodex für auf Eingabedaten von Kontributoren beruhende Referenzwerte entgegen Artikel 15 Absatz 1 Satz 1 in Verbindung mit Absatz 2 nicht oder nicht den dort genannten Anforderungen genügend ausarbeitet,
41. als Administrator die Einhaltung eines Verhaltenskodex entgegen Artikel 15 Absatz 1 Satz 2 nicht oder nicht ausreichend überprüft,
42. als Administrator einen Verhaltenskodex entgegen Artikel 15 Absatz 4 Satz 2 oder Absatz 5 Satz 3 in Verbindung mit Absatz 4 nicht rechtzeitig anpasst,
43. als Administrator die Bundesanstalt entgegen Artikel 15 Absatz 5 Satz 1 nicht, nicht richtig, nicht vollständig oder nicht rechtzeitig von dem Verhaltenskodex in Kenntnis setzt,
44. als beaufsichtigter Kontributor entgegen Artikel 16 Absatz 1 die dort genannten Anforderungen an die Unternehmensführung und Kontrolle nicht erfüllt,
45. als beaufsichtigter Kontributor entgegen Artikel 16 Absatz 2 oder Absatz 3 nicht über wirksame Systeme, Kontrollen und Strategien zur Wahrung der Integrität und Zuverlässigkeit aller Beiträge von Eingabedaten oder Expertenschätzungen nach Absatz 3 für den Administrator verfügt,
46. als beaufsichtigter Kontributor entgegen Artikel 16 Absatz 3 Satz 1 Aufzeichnungen nicht, nicht richtig, nicht vollständig oder nicht für die vorgeschriebene Dauer aufbewahrt,
47. als beaufsichtigter Kontributor entgegen Artikel 16 Absatz 4 bei der Prüfung und Beaufsichtigung der Bereitstellung eines Referenzwertes Informationen oder Aufzeichnungen nicht, nicht richtig oder nicht vollständig zur Verfügung stellt oder nicht uneingeschränkt mit dem Administrator und der Bundesanstalt zusammenarbeitet,
48. als Administrator die Bundesanstalt entgegen Artikel 21 Absatz 1 Unterabsatz 1 Buchstabe a nicht oder nicht rechtzeitig über die Absicht der Einstellung eines kritischen Referenzwertes benachrichtigt oder nicht oder nicht rechtzeitig eine in Buchstabe b genannte Einschätzung vorlegt,
49. als Administrator entgegen Artikel 21 Absatz 1 Unterabsatz 2 in dem dort genannten Zeitraum die Bereitstellung des Referenzwertes einstellt,
50. als Administrator einer vollziehbaren Anordnung der Bundesanstalt nach Artikel 21 Absatz 3 zuwiderhandelt,
51. als Administrator entgegen Artikel 23 Absatz 2 eine Einschätzung nicht, nicht richtig, nicht in der vorgeschriebenen Weise oder nicht rechtzeitig bei der Bundesanstalt einreicht,
52. als beaufsichtigter Kontributor dem Administrator eine Benachrichtigung entgegen Artikel 23 Absatz 3 Satz 1 nicht, nicht richtig, nicht in der vorgeschriebenen Weise oder nicht rechtzeitig mitteilt,
53. als Administrator die Bundesanstalt entgegen Artikel 23 Absatz 3 Satz 1 nicht oder nicht rechtzeitig unterrichtet,
54. als Administrator der Bundesanstalt entgegen Artikel 23 Absatz 3 Satz 3 eine dort bestimmte Einschätzung nicht oder nicht rechtzeitig unterbreitet,
55. als Kontributor einer vollziehbaren Anordnung der Bundesanstalt nach Artikel 23 Absatz 5, als beaufsichtigtes Unternehmen nach Artikel 23 Absatz 6 oder als beaufsichtigter Kontributor nach Artikel 23 Absatz 10 zuwiderhandelt,
56. als Kontributor eine Benachrichtigung entgegen Artikel 23 Absatz 11 nicht oder nicht rechtzeitig vornimmt,
57. als Administrator eine Benachrichtigung entgegen Artikel 24 Absatz 3 nicht oder nicht rechtzeitig vornimmt,
58. als Administrator der Bundesanstalt entgegen Artikel 25 Absatz 2 eine Entscheidung oder Informationen nicht, nicht richtig, nicht vollständig oder nicht rechtzeitig mitteilt,
59. als Administrator einer vollziehbaren Anordnung der Bundesanstalt nach Artikel 25 Absatz 3 Satz 1 zuwiderhandelt,
60. als Administrator eine Konformitätserklärung entgegen Artikel 25 Absatz 7 nicht, nicht richtig, nicht vollständig, nicht in der vorgeschriebenen Weise oder nicht rechtzeitig veröffentlicht oder diese nicht aktualisiert,
61. als Administrator entgegen Artikel 26 Absatz 2 Satz 1 die Bundesanstalt nicht, nicht richtig, nicht vollständig oder nicht rechtzeitig von der Überschreitung des in Artikel 24 Absatz 1 Buchstabe a genannten Schwellenwertes unterrichtet oder die in Satz 2 genannte Frist nicht einhält,

§ 120 | Straf- und Bußgeldvorschriften

62. als Administrator eine Konformitätserklärung entgegen Artikel 26 Absatz 3
    a) nach der Entscheidung, eine oder mehrere in Artikel 26 Absatz 1 genannte Bestimmungen nicht anzuwenden, nicht, nicht richtig, nicht vollständig oder nicht unverzüglich veröffentlicht oder
    b) nach der Entscheidung, eine oder mehrere in Artikel 26 Absatz 1 genannte Bestimmungen nicht anzuwenden, der Bundesanstalt nicht, nicht vollständig oder nicht unverzüglich vorlegt oder diese nicht aktualisiert,
63. als Administrator einer vollziehbaren Anordnung der Bundesanstalt nach Artikel 26 Absatz 4 zuwiderhandelt,
64. als Administrator eine Referenzwert-Erklärung entgegen Artikel 27 Absatz 1 nicht, nicht richtig, nicht vollständig, nicht in der vorgeschriebenen Weise oder nicht rechtzeitig veröffentlicht,
65. als Administrator eine Referenzwert-Erklärung entgegen Artikel 27 Absatz 1 Unterabsatz 3 nicht oder nicht rechtzeitig überprüft und aktualisiert,
66. als Administrator entgegen Artikel 28 Absatz 1 dort genannte Maßnahmen nicht, nicht richtig, nicht vollständig, nicht in der vorgeschriebenen Weise oder nicht rechtzeitig veröffentlicht oder nicht oder nicht rechtzeitig aktualisiert,
67. als beaufsichtigtes Unternehmen entgegen Artikel 28 Absatz 2 einen den dort genannten Anforderungen genügenden Plan nicht, nicht richtig, nicht vollständig oder nicht in der vorgeschriebenen Weise aufstellt, nicht aktualisiert, ihn der Bundesanstalt nicht, nicht vollständig oder nicht rechtzeitig vorlegt oder sich daran nicht orientiert,
68. als beaufsichtigtes Unternehmen entgegen Artikel 29 Absatz 1 einen Referenzwert verwendet, der die dort genannten Anforderungen nicht erfüllt,
69. als Emittent, Anbieter oder Person, die die Zulassung eines Wertpapiers zum Handel an einem geregelten Markt beantragt, entgegen Artikel 29 Absatz 2 nicht sicherstellt, dass ein Prospekt Informationen enthält, aus denen hervorgeht, ob der Referenzwert von einem in das Register nach Artikel 36 eingetragenen Administrator bereitgestellt wird,
70. als Administrator entgegen Artikel 34 Absatz 1 tätig wird, ohne zuvor eine Zulassung oder Registrierung nach Absatz 6 erhalten zu haben,
71. als Administrator entgegen Artikel 34 Absatz 2 weiterhin tätig ist, obwohl die Zulassungsvoraussetzungen der Verordnung (EU) 2016/1011 nicht mehr erfüllt sind,
72. als Administrator der Bundesanstalt entgegen Artikel 34 Absatz 2 wesentliche Änderungen nicht, nicht richtig, nicht vollständig oder nicht unverzüglich nach ihrem Auftreten mitteilt,
73. einen Antrag entgegen Artikel 34 Absatz 3 nicht oder nicht rechtzeitig stellt,
74. entgegen Artikel 34 Absatz 4 unrichtige Angaben zu den zum Nachweis der Einhaltung der Anforderungen der Verordnung (EU) 2016/1011 erforderlichen Informationen macht oder
75. im Zusammenhang mit einer Untersuchung hinsichtlich der Einhaltung der Pflichten nach der Verordnung (EU) 2016/1011 einer vollziehbaren Anordnung der Bundesanstalt nach §§ 6 bis 10 zuwiderhandelt.

(12) Ordnungswidrig handelt, wer vorsätzlich oder fahrlässig
1. einer vollziehbaren Anordnung nach
   a) § 6 Absatz 3 Satz 1,
   b) § 87 Absatz 6 Satz 1 Nummer 1 oder Nummer 2 Buchstabe b,
   c) § 92 Absatz 1,
   d) § 107 Absatz 5 Satz 1 oder § 109 Absatz 2 Satz 1
   zuwiderhandelt,
2. entgegen § 6 Absatz 11 Satz 1 oder 2 oder § 107 Absatz 6 Satz 1 ein Betreten nicht gestattet oder nicht duldet,
3. entgegen § 89 Absatz 1 Satz 4 einen Prüfer nicht oder nicht rechtzeitig bestellt,
4. entgegen § 89 Absatz 3 Satz 1 eine Anzeige nicht, nicht richtig, nicht vollständig oder nicht rechtzeitig erstattet oder
5. entgegen § 114 Absatz 1 Satz 1, § 115 Absatz 1 Satz 1, jeweils auch in Verbindung mit § 117, einen Jahresfinanzbericht, einen Halbjahresfinanzbericht oder entgegen § 116 Absatz 1 in Verbindung mit § 341w des Handelsgesetzbuchs einen Zahlungs- oder Konzernzahlungsbericht nicht oder nicht *rechtzeitig zur Verfügung stellt.*

(13) Ordnungswidrig handelt, wer gegen die Verordnung (EU) Nr. 236/2012 des Europäischen Parlaments und des Rates vom 14. März 2012 über Leerverkäufe und bestimmte Aspekte von Credit

Default Swaps (ABl. L 86 vom 24.3.2012, S. 1), die zuletzt durch die Verordnung (EU) Nr. 909/2014 des Europäischen Parlaments und des Rates vom 23. Juli 2014 zur Verbesserung der Wertpapierlieferungen und -abrechnungen in der Europäischen Union und über Zentralverwahrer sowie zur Änderung der Richtlinien 98/26/EG und 2014/65/EU und der Verordnung (EU) Nr. 236/2012 (ABl. L 257 vom 28.8. 2014, S. 1) geändert worden ist, verstößt, indem er vorsätzlich oder fahrlässig einer vollziehbaren Anordnung nach Artikel 18 Absatz 2 Satz 2 oder Satz 3, Artikel 19 Absatz 2, Artikel 20 Absatz 2 oder Artikel 21 Absatz 1 oder Artikel 23 Absatz 1 zuwiderhandelt.

(14) Ordnungswidrig handelt, wer eine in § 119 Absatz 3 Nummer 1 bis 3 bezeichnete Handlung leichtfertig begeht.

(15) Ordnungswidrig handelt, wer gegen die Verordnung (EU) Nr. 596/2014 verstößt, indem er vorsätzlich oder leichtfertig

1. als Handelsplatzbetreiber entgegen Artikel 4 identifizierende Referenzdaten in Bezug auf ein Finanzinstrument nicht, nicht richtig, nicht vollständig, nicht in der vorgeschriebenen Weise oder nicht rechtzeitig zur Verfügung stellt oder aktualisiert,
2. entgegen Artikel 15 eine Marktmanipulation begeht,
3. entgegen Artikel 16 Absatz 1 Unterabsatz 1 oder Absatz 2 Satz 1 wirksame Regelungen, Systeme und Verfahren nicht schafft oder nicht aufrechterhält,
4. entgegen Artikel 16 Absatz 1 Unterabsatz 2 eine Meldung nicht, nicht richtig, nicht vollständig, nicht in der vorgeschriebenen Weise oder nicht rechtzeitig vornimmt,
5. entgegen Artikel 16 Absatz 2 Satz 2 eine Unterrichtung nicht, nicht richtig, nicht vollständig, nicht in der vorgeschriebenen Weise oder nicht rechtzeitig vornimmt,
6. entgegen Artikel 17 Absatz 1 Unterabsatz 1 oder Artikel 17 Absatz 2 Unterabsatz 1 Satz 1 eine Insiderinformation nicht, nicht richtig, nicht vollständig, nicht in der vorgeschriebenen Weise oder nicht rechtzeitig bekannt gibt,
7. entgegen Artikel 17 Absatz 1 Unterabsatz 2 Satz 1 eine Veröffentlichung nicht sicherstellt,
8. entgegen Artikel 17 Absatz 1 Unterabsatz 2 Satz 2 die Veröffentlichung einer Insiderinformation mit einer Vermarktung seiner Tätigkeiten verbindet,
9. entgegen Artikel 17 Absatz 1 Unterabsatz 2 Satz 3 eine Insiderinformation nicht, nicht richtig, nicht vollständig, nicht in der vorgeschriebenen Weise oder nicht rechtzeitig veröffentlicht oder nicht mindestens fünf Jahre lang auf der betreffenden Website anzeigt,
10. entgegen Artikel 17 Absatz 4 Unterabsatz 3 Satz 1 die zuständige Behörde nicht, nicht richtig, nicht vollständig, nicht in der vorgeschriebenen Weise oder nicht rechtzeitig über den Aufschub einer Offenlegung informiert oder den Aufschub einer Offenlegung nicht, nicht richtig, nicht vollständig, nicht in der vorgeschriebenen Weise oder nicht rechtzeitig erläutert,
11. entgegen Artikel 17 Absatz 8 Satz 1 eine Insiderinformation nicht, nicht richtig, nicht vollständig, nicht in der vorgeschriebenen Weise oder nicht rechtzeitig veröffentlicht,
12. entgegen Artikel 18 Absatz 1 Buchstabe a eine Liste nicht, nicht richtig, nicht vollständig, nicht in der vorgeschriebenen Weise oder nicht rechtzeitig aufstellt,
13. entgegen Artikel 18 Absatz 1 Buchstabe b in Verbindung mit Artikel 18 Absatz 4 eine Insiderliste nicht, nicht richtig, nicht vollständig, nicht in der vorgeschriebenen Weise oder nicht rechtzeitig aktualisiert,
14. entgegen Artikel 18 Absatz 1 Buchstabe c eine Insiderliste nicht, nicht richtig, nicht vollständig, nicht in der vorgeschriebenen Weise oder nicht rechtzeitig zur Verfügung stellt,
15. entgegen Artikel 18 Absatz 2 Unterabsatz 1 nicht die dort genannten Vorkehrungen trifft,
16. entgegen Artikel 18 Absatz 5 eine Insiderliste nach einer Erstellung oder Aktualisierung nicht oder nicht mindestens fünf Jahre aufbewahrt,
17. entgegen Artikel 19 Absatz 1 Unterabsatz 1, auch in Verbindung mit Artikel 19 Absatz 7 Unterabsatz 1, jeweils auch in Verbindung mit einem technischen Durchführungsstandard nach Artikel 19 Absatz 15, eine Meldung nicht, nicht richtig, nicht vollständig, nicht in der vorgeschriebenen Weise oder nicht rechtzeitig vornimmt,
18. entgegen Artikel 19 Absatz 3 Unterabsatz 1 in Verbindung mit Artikel 19 Absatz 4, auch in Verbindung mit einem technischen Durchführungsstandard nach Artikel 19 Absatz 15, eine Veröffentlichung nicht, nicht richtig, nicht vollständig, nicht in der vorgeschriebenen Weise oder nicht rechtzeitig sicherstellt,
19. entgegen Artikel 19 Absatz 5 Unterabsatz 1 Satz 1 oder Unterabsatz 2 eine dort genannte Person nicht, nicht richtig, nicht vollständig oder nicht in der vorgeschriebenen Weise in Kenntnis setzt,

20. entgegen Artikel 19 Absatz 5 Unterabsatz 1 Satz 2 eine Liste nicht, nicht richtig oder nicht vollständig erstellt,
21. entgegen Artikel 19 Absatz 5 Unterabsatz 2 eine Kopie nicht oder nicht mindestens fünf Jahre aufbewahrt,
22. entgegen Artikel 19 Absatz 11 ein Eigengeschäft oder ein Geschäft für Dritte tätigt oder
23. entgegen Artikel 20 Absatz 1, auch in Verbindung mit einem technischen Regulierungsstandard nach Artikel 20 Absatz 3, nicht oder nicht in der vorgeschriebenen Weise dafür Sorge trägt, dass Informationen objektiv dargestellt oder Interessen oder Interessenkonflikte offengelegt werden.

(15a) Ordnungswidrig handelt, wer vorsätzlich oder leichtfertig entgegen Artikel 5 Absatz 5 der Delegierten Verordnung (EU) 2016/957 der Kommission vom 9. März 2016 zur Ergänzung der Verordnung (EU) Nr. 596/2014 des Europäischen Parlaments und des Rates im Hinblick auf technische Regulierungsstandards für die geeigneten Regelungen, Systeme und Verfahren sowie Mitteilungsmuster zur Vorbeugung, Aufdeckung und Meldung von Missbrauchspraktiken oder verdächtigen Aufträgen oder Geschäften (ABl. L 160 vom 17.6.2016, S. 1) eine Verdachtsmeldung nicht richtig ausfüllt.

(16) Ordnungswidrig handelt, wer gegen die Verordnung (EU) Nr. 1286/2014 des Europäischen Parlaments und des Rates vom 26. November 2014 über Basisinformationsblätter für verpackte Anlageprodukte für Kleinanleger und Versicherungsanlageprodukte (PRIIP) (ABl. L 352 vom 9.12.2014, S. 1; L 358 vom 13.12.2014, S. 50) verstößt, indem er vorsätzlich oder leichtfertig

1. entgegen
   a) Artikel 5 Absatz 1,
   b) Artikel 5 Absatz 1 in Verbindung mit Artikel 6,
   c) Artikel 5 Absatz 1 in Verbindung mit Artikel 7 Absatz 2,
   d) Artikel 5 Absatz 1 in Verbindung mit Artikel 8 Absatz 1 bis 3

   ein Basisinformationsblatt nicht, nicht richtig, nicht vollständig, nicht rechtzeitig oder nicht in der vorgeschriebenen Weise abfasst oder veröffentlicht,
2. entgegen Artikel 5 Absatz 1 in Verbindung mit Artikel 7 Absatz 1 ein Basisinformationsblatt nicht in der vorgeschriebenen Weise abfasst oder übersetzt,
3. entgegen Artikel 10 Absatz 1 Satz 1 ein Basisinformationsblatt nicht oder nicht rechtzeitig überprüft,
4. entgegen Artikel 10 Absatz 1 Satz 1 ein Basisinformationsblatt nicht oder nicht vollständig überarbeitet,
5. entgegen Artikel 10 Absatz 1 Satz 2 ein Basisinformationsblatt nicht oder nicht rechtzeitig zur Verfügung stellt,
6. entgegen Artikel 9 Satz 1 in Werbematerialien Aussagen trifft, die im Widerspruch zu den Informationen des Basisinformationsblattes stehen oder dessen Bedeutung herabstufen,
7. entgegen Artikel 9 Satz 2 die erforderlichen Hinweise in Werbematerialien nicht, nicht richtig oder nicht vollständig aufnimmt,
8. entgegen
   a) Artikel 13 Absatz 1, 3 und 4 oder
   b) Artikel 14

   ein Basisinformationsblatt nicht oder nicht rechtzeitig oder nicht in der vorgeschriebenen Weise zur Verfügung stellt,
9. entgegen Artikel 19 Buchstabe a und b nicht oder nicht in der vorgeschriebenen Weise geeignete Verfahren und Vorkehrungen zur Einreichung und Beantwortung von Beschwerden vorsieht oder
10. entgegen Artikel 19 Buchstabe c nicht oder nicht in der vorgeschriebenen Weise geeignete Verfahren und Vorkehrungen vorsieht, durch die gewährleistet wird, dass Kleinanlegern wirksame Beschwerdeverfahren im Fall von grenzüberschreitenden Streitigkeiten zur Verfügung stehen.

(17) Die Ordnungswidrigkeit kann in den Fällen des Absatzes 2 Nummer 2 Buchstabe d und e, Nummer 4 Buchstabe a, b und e bis g und des Absatzes 12 Nummer 5 mit einer Geldbuße bis zu zwei Millionen Euro geahndet werden. Gegenüber einer juristischen Person oder Personenvereinigung kann über Satz 1 hinaus eine höhere Geldbuße verhängt werden; die Geldbuße darf den höheren der folgenden Beträge nicht übersteigen:

1. zehn Millionen Euro oder
2. 5 Prozent des Gesamtumsatzes, den die juristische Person oder Personenvereinigung im der Behördenentscheidung vorangegangenen Geschäftsjahr erzielt hat.

Über die in den Sätzen 1 und 2 genannten Beträge hinaus kann die Ordnungswidrigkeit mit einer Geldbuße bis zum Zweifachen des aus dem Verstoß gezogenen wirtschaftlichen Vorteils geahndet werden. Der wirtschaftliche Vorteil umfasst erzielte Gewinne und vermiedene Verluste und kann geschätzt werden.

(18) Die Ordnungswidrigkeit kann in den Fällen der Absätze 14 und 15 Nummer 2 mit einer Geldbuße bis zu fünf Millionen Euro, in den Fällen des Absatzes 2 Nummer 3, des Absatzes 15 Nummer 3 bis 11 sowie des Absatzes 15a mit einer Geldbuße bis zu einer Million Euro und in den Fällen des Absatzes 15 Nummer 1 und 12 bis 23 mit einer Geldbuße bis zu fünfhunderttausend Euro geahndet werden. Gegenüber einer juristischen Person oder Personenvereinigung kann über Satz 1 hinaus eine höhere Geldbuße verhängt werden; diese darf

1. in den Fällen der Absätze 14 und 15 Nummer 2 den höheren der Beträge von fünfzehn Millionen Euro und 15 Prozent des Gesamtumsatzes, den die juristische Person oder Personenvereinigung im der Behördenentscheidung vorangegangenen Geschäftsjahr erzielt hat,
2. in den Fällen des Absatzes 15 Nummer 3 bis 11 und des Absatzes 15a den höheren der Beträge von zweieinhalb Millionen Euro und 2 Prozent des Gesamtumsatzes, den die juristische Person oder Personenvereinigung im der Behördenentscheidung vorangegangenen Geschäftsjahr erzielt hat und
3. in den Fällen des Absatzes 15 Nummer 1 und 12 bis 23 eine Million Euro

nicht überschreiten. Über die in den Sätzen 1 und 2 genannten Beträge hinaus kann die Ordnungswidrigkeit mit einer Geldbuße bis zum Dreifachen des aus dem Verstoß gezogenen wirtschaftlichen Vorteils geahndet werden. Der wirtschaftliche Vorteil umfasst erzielte Gewinne und vermiedene Verluste und kann geschätzt werden.

(19) Die Ordnungswidrigkeit kann in den Fällen des Absatzes 16 mit einer Geldbuße von bis zu siebenhunderttausend Euro geahndet werden. Gegenüber einer juristischen Person oder einer Personenvereinigung kann über Satz 1 hinaus eine höhere Geldbuße verhängt werden; diese darf den höheren der Beträge von fünf Millionen Euro und 3 Prozent des Gesamtumsatzes, den die juristische Person oder Personenvereinigung im der Behördenentscheidung vorangegangenen Geschäftsjahr erzielt hat, nicht überschreiten. Über die in den Sätzen 1 und 2 genannten Beträge hinaus kann die Ordnungswidrigkeit mit einer Geldbuße bis zum Zweifachen des aus dem Verstoß gezogenen wirtschaftlichen Vorteils geahndet werden. Der wirtschaftliche Vorteil umfasst erzielte Gewinne und vermiedene Verluste und kann geschätzt werden.

(20) Die Ordnungswidrigkeit kann in den Fällen der Absätze 8 und 9 mit einer Geldbuße bis zu fünf Millionen Euro geahndet werden. Gegenüber einer juristischen Person oder Personenvereinigung kann über Satz 1 hinaus eine höhere Geldbuße in Höhe von bis zu 10 Prozent des Gesamtumsatzes, den die juristische Person oder Personenvereinigung im der Behördenentscheidung vorangegangenen Geschäftsjahr erzielt hat, verhängt werden. Über die in den Sätzen 1 und 2 genannten Beträge hinaus kann die Ordnungswidrigkeit mit einer Geldbuße bis zum Zweifachen des aus dem Verstoß gezogenen wirtschaftlichen Vorteils geahndet werden. Der wirtschaftliche Vorteil umfasst erzielte Gewinne und vermiedene Verluste und kann geschätzt werden.

(21) Die Ordnungswidrigkeit kann in den Fällen des Absatzes 10 mit einer Geldbuße bis zu fünf Millionen Euro geahndet werden. Gegenüber einer juristischen Person oder Personenvereinigung kann über Satz 1 hinaus eine höhere Geldbuße verhängt werden; diese darf

1. in den Fällen des Absatzes 10 Satz 1 Nummer 1 und 2 den höheren der Beträge von fünf Millionen Euro und 10 Prozent des Gesamtumsatzes, den die juristische Person oder Personenvereinigung im der Behördenentscheidung vorangegangenen Geschäftsjahr erzielt hat,
2. in den Fällen des Absatzes 10 Satz 1 Nummer 3 und 4 den höheren der Beträge von fünfzehn Millionen Euro und 10 Prozent des Gesamtumsatzes, den die juristische Person oder Personenvereinigung im der Behördenentscheidung vorangegangenen Geschäftsjahr erzielt hat,

nicht überschreiten. Über die in den Sätzen 1 und 2 genannten Beträge hinaus kann die Ordnungswidrigkeit mit einer Geldbuße bis zum Dreifachen des aus dem Verstoß gezogenen wirtschaftlichen Vorteils geahndet werden. Der wirtschaftliche Vorteil umfasst erzielte Gewinne und vermiedene Verluste und kann geschätzt werden.

(22) Die Ordnungswidrigkeit kann in den Fällen des Absatzes 11 Satz 1 Nummer 1 bis 27, 29, 30 und 32 bis 74 mit einer Geldbuße bis zu fünfhunderttausend Euro und in den Fällen des Absatzes 11 Satz 1 Nummer 28, 31 und 75 mit einer Geldbuße bis zu einhunderttausend Euro geahndet werden. Gegenüber einer juristischen Person oder Personenvereinigung kann über Satz 1 hinaus eine höhere Geldbuße verhängt werden; diese darf

1. in den Fällen des Absatzes 11 Satz 1 Nummer 27, 29, 30 und 32 bis 74 den höheren der Beträge von einer Million Euro und 10 Prozent des Gesamtumsatzes, den die juristische Person oder Personenvereinigung im der Behördenentscheidung vorangegangenen Geschäftsjahr erzielt hat,

2. in den Fällen des Absatzes 11 Satz 1 Nummer 28, 31 und 75 den höheren der Beträge von zweihundertfünfzigtausend Euro und 2 Prozent des Gesamtumsatzes, den die juristische Person oder Personenvereinigung im der Behördenentscheidung vorangegangenen Geschäftsjahr erzielt hat,

nicht überschreiten. Über die in den Sätzen 1 und 2 genannten Beträge hinaus kann die Ordnungswidrigkeit mit einer Geldbuße bis zum Dreifachen des aus dem Verstoß gezogenen wirtschaftlichen Vorteils geahndet werden. Der wirtschaftliche Vorteil umfasst erzielte Gewinne und vermiedene Verluste und kann geschätzt werden. Die Sätze 1 bis 4 gelten für sonstige Vereinigungen entsprechend mit der Maßgabe, dass der maßgebliche Gesamtumsatz zehn Prozent des aggregierten Umsatzes der Anteilseigner beträgt, wenn es sich bei der sonstigen Vereinigung um ein Mutterunternehmen oder ein Tochterunternehmen handelt.

(23) Gesamtumsatz im Sinne des Absatzes 17 Satz 2 Nummer 2 und des Absatzes 18 Satz 2 Nummer 1 und 2, des Absatzes 19 Satz 2, des Absatzes 20 Satz 2, des Absatzes 21 Satz 2 und des Absatzes 22 Satz 2 ist

1. im Falle von Kreditinstituten, Zahlungsinstituten und Finanzdienstleistungsinstituten im Sinne des § 340 des Handelsgesetzbuchs der sich aus dem auf das Institut anwendbaren nationalen Recht im Einklang mit Artikel 27 Nummer 1, 3, 4, 6 und 7 oder Artikel 28 Nummer B1, B2, B3, B4 und B7 der Richtlinie 86/635/EWG des Rates vom 8. Dezember 1986 über den Jahresabschluss und den konsolidierten Abschluss von Banken und anderen Finanzinstituten (ABl. L 372 vom 31.12.1986, S. 1) ergebende Gesamtbetrag, abzüglich der Umsatzsteuer und sonstiger direkt auf diese Erträge erhobener Steuern,

2. im Falle von Versicherungsunternehmen der sich aus dem auf das Versicherungsunternehmen anwendbaren nationalen Recht im Einklang mit Artikel 63 der Richtlinie 91/674/EWG des Rates vom 19. Dezember 1991 über den Jahresabschluss und den konsolidierten Abschluss von Versicherungsunternehmen (ABl. L 374 vom 31.12.1991, S. 7) ergebende Gesamtbetrag, abzüglich der Umsatzsteuer und sonstiger direkt auf diese Erträge erhobener Steuern,

3. im Übrigen der Betrag der Nettoumsatzerlöse nach Maßgabe des auf das Unternehmen anwendbaren nationalen Rechts im Einklang mit Artikel 2 Nummer 5 der Richtlinie 2013/34/EU.

Handelt es sich bei der juristischen Person oder Personenvereinigung um ein Mutterunternehmen oder um eine Tochtergesellschaft, so ist anstelle des Gesamtumsatzes der juristischen Person oder Personenvereinigung der jeweilige Gesamtbetrag in dem Konzernabschluss des Mutterunternehmens maßgeblich, der für den größten Kreis von Unternehmen aufgestellt wird. Wird der Konzernabschluss für den größten Kreis von Unternehmen nicht nach den in Satz 1 genannten Vorschriften aufgestellt, ist der Gesamtumsatz nach Maßgabe der den in Satz 1 Nummer 1 bis 3 vergleichbaren Posten des Konzernabschlusses zu ermitteln. Ist ein Jahresabschluss oder Konzernabschluss für das maßgebliche Geschäftsjahr nicht verfügbar, ist der Jahres- oder Konzernabschluss für das unmittelbar vorausgehende Geschäftsjahr maßgeblich; ist auch dieser nicht verfügbar, kann der Gesamtumsatz geschätzt werden.

(24) Die Ordnungswidrigkeit kann in den Fällen des Absatzes 2 Nummer 2 Buchstabe f bis h, Nummer 2b und 4 Buchstabe c, Nummer 10 und 15 sowie des Absatzes 6 Nummer 3 bis 5 sowie des Absatzes 7 Nummer 5, 8 und 9 mit einer Geldbuße bis zu fünfhunderttausend Euro, in den Fällen des Absatzes 1 Nummer 2 und 3, des Absatzes 2 Nummer 1, 2 Buchstabe a, b und k bis n, Nummer 2a, und 16, des Absatzes 4 Nummer 5, des Absatzes 6 Nummer 1 und 2, des Absatzes 7 Nummer 1, 3 und 4 und des Absatzes 12 Nummer 1 Buchstabe b mit einer Geldbuße bis zu zweihunderttausend Euro, in den Fällen des Absatzes 1 Nummer 4, des Absatzes 2 Nummer 6 bis 8, 11 bis 13, des Absatzes 7 Nummer 2, 6 und 7 und des Absatzes 12 Nummer 1 Buchstabe c mit einer Geldbuße bis zu hunderttausend Euro, in den übrigen Fällen mit einer Geldbuße bis zu fünfzigtausend Euro geahndet werden.

(25) § 17 Absatz 2 des Gesetzes über Ordnungswidrigkeiten ist nicht anzuwenden bei Verstößen gegen Gebote und Verbote, die in den Absätzen 17 bis 22 in Bezug genommen werden. Dies gilt nicht für Ordnungswidrigkeiten nach Absatz 2 Nummer 4 Buchstabe a, Absatz 8 Nummer 43 und 44, 134 bis 137 und Absatz 15 Nummer 1. § 30 des Gesetzes über Ordnungswidrigkeiten gilt auch für juristische Personen oder Personenvereinigungen, die über eine Zweigniederlassung oder im Wege des grenzüberschreitenden Dienstleistungsverkehrs im Inland tätig sind.

(26) Die Verfolgung der Ordnungswidrigkeiten nach den Absätzen 17 bis 22 verjährt in drei Jahren.

(27) Absatz 2 Nummer 5 und 14, Absatz 3 sowie Absatz 12 Nummer 1 Buchstabe c, Nummer 3 und 4, jeweils in Verbindung mit Absatz 24, gelten auch für die erlaubnispflichtige Anlageverwaltung im Sinne des § 2 Absatz 13 Satz 3. Absatz 8 Nummer 27 bis 37, 39 bis 53, 97 bis 100, 103 bis 112 und 123, jeweils in Verbindung mit Absatz 20, gilt auch für Wertpapierdienstleistungsunternehmen und Kreditinstitute, wenn sie im Sinne des § 96 strukturierte Einlagen verkaufen oder über diese beraten. Absatz 8 Nummer 88 bis 96 und 98 bis 102, jeweils in Verbindung mit Absatz 20, gilt auch für Unternehmen im Sinne des § 3 Satz 1. Absatz 8 Nummer 2, 27 bis 126 und 134 bis 136, jeweils in Verbindung mit Absatz 20, gilt auch für Unternehmen im Sinne des § 3 Absatz 3 Satz 1 und 2.

(28) Das Bundesministerium der Finanzen wird ermächtigt, soweit dies zur Durchsetzung der Rechtsakte der Europäischen Union erforderlich ist, durch Rechtsverordnung ohne Zustimmung des Bundesrates die Tatbestände zu bezeichnen, die als Ordnungswidrigkeit nach Absatz 2 Nummer 16 geahndet werden können.

In der Fassung des 2. FiMaNoG vom 23.6.2017 (BGBl. I 2017, 1693), geändert durch Gesetz zur Ausübung von Optionen der EU-Prospektverordnung und zur Anpassung weiterer Finanzmarktgesetze vom 10.7.2018 (BGBl. I 2018, 1102).

Schrifttum: *Achenbach*, Neue Sanktionen im Finanzmarktrecht – alte und neue Zweifelsfragen, wistra 2018, 13; *Altenhain* in Kölner Kommentar zum WpHG, 2. Aufl. 2014, § 39 WpHG; *Augsberg*, Hybride Regulierungsinstrumente im Finanzmarktrecht, Verw 49 (2016), 369; *Bayram/Meier*, Marktmanipulation durch Leerverkaufsattacken, BKR 2018, 55; *Becker/Rodde*, Auswirkungen europäischer Rechtsakte auf das Kapitalmarktsanktionsrecht. Neuerungen durch das Finanzmarktnovellierungsgesetz, ZBB 2016, 11; *Binder*, „Prozeduralisierung" und Corporate Governance, ZGR 2007, 745; *Binder*, Organisationspflichten und das Finanzdienstleistungs-Unternehmensrecht: Bestandsaufnahme, Probleme, Konsequenzen, ZGR 2015, 667, 691; *Birnbaum*, Die Leichtfertigkeit. Zwischen Fahrlässigkeit und Vorsatz, 2000; *Bley*, Anwendungsbereich der Product Governance gemäß § 80 Abs 9-11 WpHG neuer Fassung, WM 2018, 162; *Blome*, Rechtsträgerprinzip und wirtschaftliche Einheit, 2016; *Blum* in Blum/Gassner/Seith (Hrsg.), Ordnungswidrigkeitengesetz, 2016, § 3 OWiG; *Bohnert* in Bohnert/Krenberger/Krumm, Ordnungswidrigkeitengesetz, 4. Aufl. 2016, §§ 13, 130 OWiG; *Bosch*, Verantwortung der Konzernobergesellschaft im Kartellrecht, ZHR 177 (2013), 454; *Buck-Heeb/Poelzig*, Die Verhaltenspflichten (§§ 63 ff. WpHG n.F.) nach dem 2. FiMaNoG – Inhalt und Durchsetzung, BKR 2017, 485; *Bülte*, Anmerkung zu einem Beschluss des LG Berlin vom 16.4. 2015 (572) 242 AR 27/12 Ns (82/12). Zur Frage der Verfassungswidrigkeit von Rückweisungsklauseln auf Unionsrechtsakte in Strafgesetzen, NZWiSt 2016, 117; *Bülte*, Das Datenschutzbußgeldrecht als originäres Strafrecht der Europäischen Union?, StV 2017, 460; *Bülte*, Der Irrtum über das Verbot im Wirtschaftsstrafrecht, NStZ 2013, 65; *Bülte*, Weitreichende Sanktionslücken im Wirtschaftsstrafrecht durch die Entscheidung des BVerfG zu § 10 RiFlEtikettG?, BB 2016, 3075; *Canzler/Hammermaier*, Die Verfolgung und Ahndung wertpapierrechtlicher Delinquenz durch die Wertpapieraufsicht der BaFin: Das kapitalmarktrechtliche Bußgeldverfahren, AG 2014, 57; *Caracas*, Verantwortlichkeit in internationalen Konzernstrukturen nach § 130 OWiG, 2014; *Cordes/Reichling*, Verbandsgeldbuße trotz Verfahrenseinstellung gegenüber Leitungspersonen, NJW 2016, 3209; *Cortez/Schön*, Die neue EU-Verordnung über Ratingagenturen, ZfK 2010, 226; *Dannecker/Rathke*, Lebensmittelrecht, 169. Aufl. 2018, Vorb § 58 LFBG; *Dannecker/Dannecker*, Europäische und verfassungsrechtliche Vorgaben für das materielle und formelle Unternehmensstrafrecht, NZWiSt 2016, 162; *Dannecker/Müller*, Täterschaft und Teilnahme im europäischen Kartellordnungswidrigkeitenrecht, KSzW 2015, 281; *Deipenbrock*, Was ihr wollt oder der Widerspenstigen Zähmung? Aktuelle Entwicklungen der Regulierung von Ratingagenturen im Wertpapierbereich, BB 2009, 2085; *Diversy/Köpferl* in Graf/Jäger/Wittig, Wirtschafts- und Steuerstrafrecht, 2. Aufl. 2017, § 39; *Eggers*, Die Bußgeldleitlinien der BaFin – großer Wurf oder Stolperstein?, BB 2015, 651; *Engelhart* in Esser/Rübenstahl/Saliger/Tsambikakis, Wirtschaftsstrafrecht, 2017, Vor § 1, § 3 OWiG; *Eser* in Schönke/Schröder, Strafgesetzbuch Kommentar, 29. Aufl. 2014, § 113 StGB; *Fischer zu Cramburg*, EU-Finanzaufsicht: Verschärfte Vorschriften und neue Behörden, NZG 2009, 1179; *Fischer zu Cramburg*, Neue europäische Behörde zur Überwachung von Ratingagenturen, NZG 2010, 699; *Fischer zu Cramburg*, Ratingagenturen: EU-Parlament verabschiedet Verordnung, NZG 2009, 580; *Frank*, Die Level-3-Verlautbarungen der ESMA – ein sicherer Hafen für den Rechtsanwender?, ZBB 2015, 213; *Freund*, Verfassungswidrige Dopingstrafbarkeit nach § 95 Abs. 1 Nr. 2a AMG: ein Beitrag zum Gesetzlichkeitsgrundsatz (Art. 103 Abs. 2 GG), in Bannenberg/Brettel/Freund/Meier/Remschmidt/Safferling, Über allem: Menschlichkeit, FS Dieter Rössner, 2015, S. 579; *Fromm*, Auf dem Weg zur strafrechtlichen Verantwortlichkeit von Unternehmen/Unternehmensvereinigungen in Europa?, ZIS 2007, 279; *Graßl*, Die neue Marktmissbrauchsverordnung der EU. Neuregelung des gesamten europäischen Marktmissbrauchsrechts, DB 2015, 2066; *Grundmann*, Das grundlegend reformierte Wertpapierhandelsgesetz. Umsetzung von MiFID II (Conduct of Business im Kundenverhältnis), ZBB 2018, 1; *Grundmann* in Staub, Handelsgesetzbuch, Band 11: Bankvertragsrecht 2, 5. Aufl. 2017, § 1 ff. WpHG; *Gürtler* in Göhler, Gesetz über Ordnungswidrigkeiten, 17. Aufl. 2017, Vor § 1, §§ 1, 9, 11, 17, 30 OWiG; *Haar*, Das deutsche Ausführungsgesetz zur EU-Rating-Verordnung. Zwischenetappe auf dem Weg zu einer europäischen Finanzmarktarchitektur, ZBB 2010, 185; *Hackel*, Konzerndimensionales Kartellrecht, 2012; *Häcker* in Müller-Gugenberger, Wirtschaftsstrafrecht, 6. Aufl. 2015, § 95; *Hecker*, Anmerkung zu BVerfG v. 21.9.2016 – 2 BvL 1/15, BVerfGE 143, 38 (RiFlEtG), NJW 2016, 3648; *Hecker*, Europäisches Strafrecht, 2015; *Heine* in Graf/Jäger/Wittig, Wirtschafts- und Steuerstrafrecht, 2. Aufl. 2017, § 381 AO; *Heine/Hecker* in Schönke/Schröder, Strafgesetzbuch Kommentar, 29. Aufl. 2014, Vorb. §§ 324 ff. StGB; *Hodges*, Law and Corporate Behaviour, 2016; *Hoops*, Das neue Regime für die systematische Internalisierung nach MiFID II: Auswirkungen auf den deutschen Zertifikatehandel, WM 2017, 319; *Hoops*, Die Regulierung von Marktdaten nach der MiFID II, WM 2018, 205; *Jäger* in Klein, Abgabenordnung, 13. Aufl. 2016, § 381 AO; *Jahn/Brodowski*, Das Ultima-Ratio-Prinzip als strafverfassungsrechtliche Vorgabe zur Frage der Entbehrlichkeit von Straftatbeständen, ZStW 129 (2017), 363; *Jarass* in Jarass, Charta der Grundrechte der Europäischen Union, 3. Aufl. 2016, Art. 20; *Jescheck/Weigend*, Lehrbuch des Strafrechts. Allgemeiner Teil, 5. Aufl. 1996; *Kaufmann*, Einige Anmerkungen zu Irrtümern und dem Irrtum, in Küper/Puppe/Tenckhoff, FS Karl Lackner, 1987, S. 185; *Kiesewetter/Parmentier*, Verschärfung des Marktmissbrauchsrechts. Ein Überblick über die neue EU-Verordnung über Insidergeschäfte und Marktmanipulation, BB 2013, 2371; *Klöhn*, Die private Durchsetzung des Marktmanipulationsverbots. Europarechtliche Vorgaben und rechtsökonomische Erkenntnisse, in Kalss/Fleischer/Vogt, Gesellschafts- und Kapitalmarktrecht in Deutschland, Österreich und der Schweiz 2013, 2014, S. 229; *Köpferl*, Die Referenzierung nicht geltenden Unionsrechts in Blanketttatbeständen exemplifiziert anhand der jüngsten Änderung der §§ 38, 39 WpHG. Zugleich Besprechung des Beschlusses des Bundesgerichtshofs vom 10.1.2017 – 5 StR 532/16, ZIS 2017, 201; *Korte*, Aus der Rechtsprechung zum Gesetz über Ordnungswidrigkeiten – 1997 –, NStZ 1998, 450; *Kubiciel*, Die deutschen Unternehmensgeldbußen. Ein nicht wettbewerbsfähiges Modell und seine Alternativen, NZWiSt 2016, 178; *Kudlich* in BeckOK, 37. Edition 2018, § 16 StGB; *Kumpan/Müller-Lankow*, Ein-Market-Maker-Systeme in der Kapitalmarktregulierung. Abgrenzung von multilateralen und bilateralen Systemen, WM 2017, 1777; *Lange*, Der Strafgesetzgeber und die Schuldlehre, JZ 1956, 73; *Mäger/von Schreitter*, Die kartellrechtliche Bußgeldhaftung nach der 9. GWB-Novelle. Überblick und Kritik, NZKart 2017, 264; *Mäger/von Schreitter*, Die Nachfolgehaftung für Kartellbußgelder nach deutschem Recht. Eine Bestandsaufnahme zum Haftungsregime des § 30 OWiG, KSzW 2015, 243; *Minkoff*, Sanktionsbewehrte Aufsichtspflichten, 2016; *Mitsch* in Karlsruher Kommentar zum Gesetz über Ordnungswidrigkeiten, 5. Aufl. 2018, Einleitung, §§ 17, 19 OWiG; *Möllers*, Auf dem Weg zu einer neuen europäischen Finanzmarktaufsichtsstruktur. Ein systematischer Vergleich der Rating-VO (EG) Nr 1060/2009 mit der geplanten ESMA-VO, NZG 2010, 285; *Möllers* in Kölner Kommentar zum WpHG, 2. Aufl. 2014, §§ 31, 34d WpHG; *Möllers*, Regulierung von Ratingagenturen. Das neue europäische und amerikanische Recht – Wichtige Schritte oder viel Lärm und Nichts?, JZ 2009, 861; *Müller-Lankow*, Abgrenzung des Eigenhandels durch Market-Maker, WM 2017, 2335; *Nartowska/Walla*, Die WpHG-Bußgeldleitlinien der BaFin. Anmerkungen und Fortentwicklungsbedarf aus Sicht der Praxis, NZG 2015, 977; *Nettesheim*, Verfassungsrecht und Unternehmenshaftung, 2018; *Ost/Kallfass/Roesen*, Einführung einer Unternehmensverantwortlichkeit im deutschen Kartellsanktionenrecht – Anmerkungen zum Entwurf der 9. GWB-Novelle, NZKart 2016, 447; *Papachristou*, Sanktionen gegen ausländische juristische Personen, Personenvereinigungen und Handelsgesellschaften, Diss. jur. Gießen 1998; *Perron* in Schönke/Schröder, Strafgesetzbuch Kommentar, 29. Aufl. 2014, § 14 StGB; *Petzsche*, Die Verweisung auf EU-Rechtsakte im Umweltstrafrecht des StGB, NZWiSt 2015, 210; *Philipp*, Kontrolle für Ratingagenturen, EuZW 2009, 437; *Poelzig*, Die Neuregelung der Offenlegungsvorschriften durch die Marktmissbrauchsverordnung, NZG 2016, 761; *Puppe* in Kindhäuser/Neumann/Paeffgen, 5. Aufl. 2017, § 16 StGB; *Raum* in Langen/Bunte, Kartellrecht, 12. Aufl. 2014, Band 1, § 81 GWB; *Rebmann/Roth/Hermann*, Gesetz über Ordnungswidrigkeiten, 3. Aufl. 2017, § 11 OWiG; *Remmert* in Maunz/Dürig, Grundgesetz Kommentar, 81. EL 2017, Art. 103 Abs. 2 GG; *Rengier* in Karlsruher Kommentar zum Gesetz über Ordnungswidrigkeiten, 5. Aufl. 2018, §§ 8, 10, 11, 13, 130 OWiG; *Richter*, Straftat der Marktmanipulation durch Unterlassen. Das „Verschweigen bewertungsrelevanter Umstände" (§ 20a Abs. 1 Nr. 1 Alt. 2 WpHG a.F.) nach dem 1. FiMaNoG vom 30.6.2016, WM 2017, 1636; *Roellecke*, Der kommunikative Gegendemonstrant, NJW 1995, 3101; *Roesen*, Mehrfache Sanktionen im internationalen und europäischen Kartellrecht, 2009; *Rogall*, Dogmatische und kriminalpolitische Probleme der Aufsichtspflichtverletzung in Betrieben und Unternehmen (§ 130 OWiG), ZStW 98 (1986), 573; *Rogall* in Karlsruher Kommentar zum Gesetz über Ordnungswidrigkeiten, 5. Aufl. 2018, §§ 1, 3, 7, 9, 30, 130 OWiG; *Rönnau/Wegner* in Meyer/Veil/Rönnau, Handbuch zum Marktmissbrauchsrecht, 2018, § 27; *Rossi* in Calliess/Ruffert, EUV/AEUV, 5. Aufl. 2016, Art. 20 GRCh; *Sajnovits/Weick-Ludewig*, Europäische Leerverkaufsregulierung in der praktischen Anwendung: Anforderungen an die Deckung von Leerverkäufen von Aktien nach Artikel 12 und 13 der Verordnung (EU) Nr. 236/2012 (EU-LVVO), WM 2015, 2226; *Schäfer/Ott*, Lehrbuch der ökonomischen Analyse des Zivilrechts, 5. Aufl. 2012; *Schlette/Bouchon* in Fuchs, Wertpapierhandelsgesetz, 2. Aufl. 2016, §§ 4, 10 WpHG; *Schmidt-Husson* in Hauschka/Moosmayer/Lösler, Corporate Compliance, 3. Aufl. 2016, § 6; *Schmitz* in Münchener Kommentar zum StGB, 3. Aufl. 2017, § 2 StGB; *Schneider*, Der transnationale Geltungsbereich des deutschen Verbandsstrafrechts – de lege lata und de lege ferenda, ZIS 2013, 488; *Seibt*, 20 Thesen zur Binnenverantwortung im Unternehmen im Lichte des reformierten Kapitalmarktsanktionsrechts, NZG 2015, 1097; *Simons*, Die Insiderliste (Art. 18 MMVO), CCZ 2016, 221; *Sinn*, Die Vermeidung von strafrechtlichen Jurisdiktionskonflikten in der Europäischen Union – Gegenwart und Zukunft, ZIS 2013, 1; *Streinz* in Streinz, EUV/AEUV, 2. Aufl. 2012, Art. 20 GRCh; *Stüber*, Directors' Dealings nach der Marktmissbrauchsverordnung, DStR 2016, 1221; *Szesny*, Das Sanktionsregime im neuen Marktmissbrauchsrecht, DB 2016, 1420; *Teigelack/Dolff*, Kapitalmarktrechtliche Sanktionen nach dem Regulierungsentwurf eines Ersten Finanzmarktnovellierungsgesetzes – 1. FiMaNOG, BB 2016, 387; *Theile* in Berndt/Theile, Unternehmensstrafrecht und Unternehmensverteidigung, 2016, Teil 2; *Tiedemann*, Zur legislatorischen Behandlung des Verbotsirrtums im Ordnungswidrigkeiten- und Steuerstrafrecht, ZStW 81 (1969), 869; *Többens*, Die Bekämpfung der Wirtschaftskriminalität durch die Troika der §§ 9, 130 und 30 des Gesetzes über Ordnungswidrigkeiten, NStZ 1999, 1; *Veil*, Sanktionsrisiken für Emittenten und Geschäftsleiter im Kapitalmarktrecht, ZGR 2016, 305; *Veil/Brüggemeier*, Kapitalmarktrecht zwischen öffentlich-rechtlicher und privatrechtlicher Normdurchsetzung, in Fleischer/Kalss/Vogt, Enforcement im Gesellschafts- und Kapitalmarktrecht, 2015, S. 277; *Vollmer* in Münchener Kommentar zum Kartellrecht, 2. Aufl. 2015, § 81 GWB; *von Buttlar/Hammermaier*, Non semper temeritas est felix: Was bedeutet Leichtfertigkeit im Kapitalmarktrecht?, ZBB 2017, 1; *von Schreitter*, Die kartellordnungswidrigkeitenrechtliche Haftung nach § 130 OWiG – ein Risiko für Konzernobergesellschaften?, NZKart 2016, 253; *Waßmer* in Fuchs, Wertpapierhandelsgesetz, 2. Aufl. 2016, § 39 WpHG; *Weck*, Sanktionen für Unternehmen: Theorie und Praxis, wistra 2017, 169; *Wegscheider*, Zum Begriff der Leichtfertigkeit, ZStW 98 (1986), 624; *Weller*, Wissenszurechnung in internationalen Unternehmensstrafverfahren, ZGR 2016, 384; *Werner*, Bebußung der Konzernobergesellschaft für ein Fehlverhalten der Tochtergesellschaft nach § 130 OWiG, CB 2016, 167; *Wirtz*, Die Aufsichtspflichten des Vorstandes nach OWiG und KonTraG, WuW 2001, 342; *Wojcik* in von der Groeben/Schwarze/Hatje, Europäisches Unionsrecht, 7. Aufl. 2015, Art. 63 AEUV; *Wundenberg*, Compliance und die prinzipiengeleitete Aufsicht über Bankengruppen, 2012, S. 15 ff.

I. Überblick und Grundsätze 1	2. Verbotenes individuelles Verhalten unterhalb der Schwelle des Strafwürdigen 23
1. Die Vielfalt der Unrechtstatbestände und Einordnung des Bußgeldrechts in die Architektur der kapitalmarktrechtlichen Rechtsdurchsetzung . . 1	3. Bußgeldbewehrung im privatrechtlichen Horizontalverhältnis 24
2. Bleibende Eigenständigkeit des Bußgeldrechts . 6	4. Organisatorische und technologische Anforderungen bzw. Unzulänglichkeiten 26
3. Umfassende Tatbestände: Sanktionierungsbreite . 9	5. Systematik der Bußgeldrahmen und Verhältnismäßigkeit der Bußgelder 45
4. Entwicklung des kapitalmarktrechtlichen Bußgeldrechts bis zum 2. FiMaNoG 11	6. Horizontale Fragen der Differenzierung der Bußgeldrahmen: Vereinbarkeit mit dem Gleichheitssatz 52
5. Verhältnismäßigkeit der kapitalmarktrechtlichen Hyperinflation der Bußgelddrohungen . . 14	
II. Tatbestandsstrukturen und typische Tatbestandsmerkmale: Übergreifende Fragen der Einzelbußgeldtatbestände des Kapitalmarktrechts 17	**III. Struktur der Verweisungen: § 120 WpHG als Blankett-Tatbestände und die Gebote von Normenklarheit und Normenbestimmtheit** . . . 54
1. Verwaltungsungehorsam 18	1. Verfassungsrechtliche Anforderungen der Normenklarheit und Normenbestimmtheit 54
a) Verwaltungsaktungehorsam 19	2. Verweisungsstrukturen in Bußgeldtatbeständen 58
b) Verstoß gegen gesetzliche Pflichten gegenüber der Behörde 22	

a) Blankett-Tatbestände, normative Tatbestandsmerkmale und ergänzende Erläuterungen .. 58
b) Dynamische, statische und offene Verweisungen 61
c) Implizite Konkretisierungen 64

IV. Tatbestandsspezifische Fragen der Anwendung des OWiG auf § 120 WpHG: Allgemeiner Teil des Bußgeldrechts im Kapitalmarktrecht 65
1. Versuchsstrafbarkeit im Kapitalmarktbußgeldrecht 66
2. Intertemporale Fragen im Kapitalmarktbußgeldrecht: Zeitliche Geltung (§ 4 OWiG) 67
3. Räumliche Geltung (§§ 5, 7 OWiG) im Kapitalmarktrecht 73
4. Beteiligung (§ 14 OWiG) und Handeln für einen anderen (§ 9 OWiG) im Kapitalmarktbußgeldrecht 77
5. Begehen durch Unterlassen (§ 8 OWiG) im Kapitalmarktbußgeldrecht 84
6. Verfolgungs- und Vollstreckungsverjährung (§§ 31, 34 OWiG) 85

V. Ordnungswidrigkeiten gem. § 120 Abs. 1 WpHG 86
1. Zuwiderhandlung gegen eine vollziehbare Anordnung auf Auskunftserteilung gem. § 8 Abs. 2 Satz 1 oder Satz 2 WpHG (§ 120 Abs. 1 Nr. 1 WpHG) 87
2. Verstöße gegen Übermittlungspflichten von Inlands-, MTF- und OTF-Emittenten gem. § 26 Abs. 1 Halbsatz 2, Abs. 2 Halbsatz 1 WpHG (§ 120 Abs. 1 Nr. 2 WpHG) 90
3. Verstöße gegen Mitteilungspflichten von Inlands-, MTF- und OTF-Emittenten gem. § 26 Abs. 1 Halbsatz 1, Abs. 2 Halbsatz 2 WpHG (§ 120 Abs. 1 Nr. 3, 4 WpHG) 92
4. Nutzung eines nicht zugelassenen Clearingdienstes entgegen § 30 Abs. 3 WpHG/EMIR (§ 120 Abs. 1 Nr. 5 WpHG) 93

VI. Ordnungswidrigkeiten gem. § 120 Abs. 2 WpHG 94
1. Verstoß gegen die Pflicht zur Übermittelung der Information über den Herkunftsstaat an das Unternehmensregister (§ 120 Abs. 2 Nr. 1 WpHG) ... 95
2. Verstöße gegen Mitteilungspflichten (§ 120 Abs. 2 Nr. 2 WpHG) 96
3. Verstöße gegen Verschwiegenheitspflichten (§ 120 Abs. 2 Nr. 2a WpHG) 102
4. Verstoß gegen vollziehbare Anordnungen gem. § 15 Abs. 1 WpHG (§ 120 Abs. 2 Nr. 2b WpHG) 105
5. Marktmanipulation von Bezugsobjekten nach § 25 WpHG (§ 120 Abs. 2 Nr. 3 WpHG) 107
6. Verstöße gegen Veröffentlichungspflichten (§ 120 Abs. 2 Nr. 4 WpHG) 109
7. Verstöße gegen Aufzeichnungspflichten (§ 120 Abs. 2 Nr. 5 WpHG) 113
8. Fehlende Erklärungen entgegen § 29 Abs. 5 Satz 1 WpHG (§ 120 Abs. 2 Nr. 6 WpHG) 115
9. Unterlassene oder nicht rechtzeitige Mitteilung entgegen § 31 Abs. 2 WpHG (§ 120 Abs. 2 Nr. 7 WpHG) 116
10. Unterlassene oder verspätete Prüfung bzw. Bescheinigung von Tatsachen nach § 32 Abs. 1 Satz 1 WpHG und unterlassene oder verspätete Übermittlung einer Bescheinigung nach § 32 Abs. 4 Satz 1 WpHG (§ 120 Abs. 2 Nr. 8, 9 WpHG) 117

11. Verstöße gegen Übermittlungspflichten (§ 120 Abs. 2 Nr. 10 WpHG) 118
12. Verstöße gegen Grundpflichten der Emittenten gegenüber Wertpapierinhabern (§ 120 Abs. 2 Nr. 11–13 WpHG) 121
13. Verstöße gegen Anzeigepflichten aus § 86 Satz 1, 2, 4 WpHG (§ 120 Abs. 2 Nr. 14 WpHG) 125
14. Verstöße gegen die Pflicht zur Übermittlung von Jahresfinanzberichten, Halbjahresfinanzberichten und Zahlungsberichten sowie des sog. Bilanzeids (§ 120 Abs. 2 Nr. 15 WpHG) .. 127
15. Verstöße gegen Level-2-Ratingvorschriften der EU: Blankettvorschrift mit Rückverweisungsklausel (§ 120 Abs. 2 Nr. 16, Abs. 28 WpHG) . 128

VII. Ordnungswidrigkeiten wegen Verstößen gegen Level-II-Bestimmungen zur MiFID II (§ 120 Abs. 3 WpHG) 139

VIII. Ergänzende nationale Ordnungswidrigkeiten im Zusammenhang mit Ratings (§ 120 Abs. 4 WpHG) 140

IX. Ordnungswidrigkeiten im Zusammenhang mit Treibhausgas-Emissionszertifikaten (§ 120 Abs. 5 WpHG) 150

X. Ordnungswidrigkeiten wegen Verstößen gegen die Leerverkaufs-VO Nr. 236/2012 (§ 120 Abs. 6 WpHG) 152
1. Verwendete Definitionen 154
2. Verstoß gegen Meldepflichten (§ 120 Abs. 6 Nr. 1 WpHG) 157
a) Meldepflichten nach Art. 5 Abs. 1 VO Nr. 236/2012 158
b) Meldepflichten nach Art. 7 Abs. 1 VO Nr. 236/2012 159
c) Meldepflichten nach Art. 8 Abs. 1 VO Nr. 236/2012 160
d) Erreichen oder Unterschreiten der Schwellenwerte 161
e) Das tatbestandliche Verhalten 164
3. Verstoß gegen die Offenlegungspflicht nach § 120 Abs. 6 Nr. 2 WpHG 165
4. Verstoß gegen Leerverkaufsverbote nach § 120 Abs. 6 Nr. 3 WpHG 166
5. Verstoß gegen Beschränkungen bei Credit Default Swaps nach § 120 Abs. 6 Nr. 4 WpHG 167
6. Obsoleter Tatbestand des Verstoßes beim Eindeckungsverfahren gem. § 120 Abs. 6 Nr. 5 WpHG 168

XI. Ordnungswidrigkeiten wegen Verstößen gegen die EMIR (VO Nr. 648/2012) (§ 120 Abs. 7 WpHG) 169

XII. Ordnungswidrigkeiten wegen Verstößen gegen umgesetzte MiFID II-Vorgaben (§ 120 Abs. 8 WpHG) 176
1. Spezialvorschriften für Verstöße gegen BaFin-Anordnungen zum Vollzug umgesetzten MiFID II-Rechts (§ 120 Abs. 8 Nr. 1, 2, 74a, 110 und 136 WpHG) 179
2. Vorfeldpflichten für Betreiber inländischer Handelsplätze zur Gewährleistung der Meldungen gem. § 22 WpHG (§ 120 Abs. 8 Nr. 3 WpHG) 184
3. Bußgeldvorschriften im Hinblick auf das Positionsmanagement bei Warenderivaten gem. §§ 55–58 WpHG (§ 120 Abs. 8 Nr. 4–9 WpHG) 186
4. Anforderungen an Datenbereitstellungsdienste gem. §§ 59–62 WpHG (§ 120 Abs. 8 Nr. 10–26 WpHG) 187

5. Allgemeine Verhaltensregeln für Wertpapierdienstleistungsunternehmen gegenüber ihren Kunden gem. §§ 63–70 WpHG (§ 120 Abs. 8 Nr. 27–46 WpHG) 191
6. Pflichten der Betreiber von Handelssystemen gem. §§ 72–75 WpHG (§ 120 Abs. 8 Nr. 54–87 WpHG) 213
7. Überwachungs- und Kontrollpflichten für Handelsintermediäre, Gewährung des direkten elektronischen Zugangs zu Handelsplätzen gem. § 77 WpHG (§ 120 Abs. 8 Nr. 88–94 WpHG) 224
8. Pflichten von Allgemeinen Clearing-Mitgliedern gem. § 78 WpHG (§ 120 Abs. 8 Nr. 95–96 WpHG) 226
9. Organisationspflichten der Wertpapierdienstleistungsunternehmen und der Geschäftsleiter gem. §§ 80, 81 WpHG (§ 120 Abs. 8 Nr. 97–112 WpHG) 227
10. Pflichten für die Ausführung von Kundenaufträgen gem. § 82 WpHG (§ 120 Abs. 8 Nr. 113–122 WpHG) 235
11. Aufzeichnungs- und Aufbewahrungspflichten gem. § 83 WpHG (§ 120 Abs. 8 Nr. 123–126 WpHG) 240
12. Vermögensverwahrung und Finanzsicherheiten gem. § 84 WpHG (§ 120 Abs. 8 Nr. 127–133 WpHG) 244
13. Einsatz ungeeigneten Personals gem. § 87 WpHG (§ 120 Abs. 8 Nr. 134–135 WpHG) . . 245
14. Verstoß gegen den Bezeichnungsschutz für Unabhängige Honorar-Anlageberater gem. § 94 WpHG (§ 120 Abs. 8 Nr. 137 WpHG) . . 251
XIII. Ordnungswidrigkeiten wegen Verstößen gegen die MiFIR (§ 120 Abs. 9 WpHG) 252
XIV. Ordnungswidrigkeiten wegen Verstößen gegen die SFTR (VO 2015/2365) (§ 120 Abs. 10 WpHG) 278
XV. Ordnungswidrigkeiten wegen Verstößen gegen die Benchmark-VO (§ 120 Abs. 11 WpHG) 282
XVI. Ordnungswidrigkeiten gem. § 120 Abs. 12 WpHG 312
 1. Zuwiderhandlung gegen vollziehbare Anordnungen der BaFin (§ 120 Abs. 12 Nr. 1 WpHG) 313
 2. Vereiteln der Betretensbefugnis der BaFin (§ 120 Abs. 12 Nr. 2 WpHG) 327
 3. Verstöße betreffend Prüfer (§ 120 Abs. 12 Nr. 3, 4 WpHG) 330
 4. Verstöße gegen die Pflicht zur Veröffentlichung von Jahresfinanzberichten, Halbjahresfinanzberichten und Zahlungsberichten sowie des sog. Bilanzeids (§ 120 Abs. 12 Nr. 5 WpHG) 332
XVII. Ordnungswidrigkeiten wegen Verstößen gegen vollziehbare Anordnungen auf Grundlage der Leerverkaufs-VO (§ 120 Abs. 13 WpHG) 333
XVIII. Ordnungswidrigkeiten gem. § 120 Abs. 14 WpHG: Leichtfertige Insiderverstöße 337

XIX. Ordnungswidrigkeiten gem. § 120 Abs. 15 WpHG: Bußgeldbewehrte Marktmanipulation und andere Verstöße gegen die Marktmissbrauchsverordnung 339
 1. Verstoß gegen das Gebot der Bereitstellung von Referenzdaten (§ 120 Abs. 15 Nr. 1 WpHG) 341
 2. Verstoß gegen das Verbot der Marktmanipulation (§ 120 Abs. 15 Nr. 2 WpHG) 342
 3. Verstoß gegen die Vorschriften zur Verhinderung von Marktmissbrauch (§ 120 Abs. 15 Nr. 3–5 WpHG) 343
 4. Verstöße gegen die Pflicht zur Veröffentlichung von Insiderinformationen (§ 120 Abs. 15 Nr. 6–11 WpHG) 345
 5. Verstöße beim Führen einer Insiderliste (§ 120 Abs. 15 Nr. 12–16 WpHG) 347
 6. Verstöße gegen die Pflicht zur Meldung von Directors' Dealings (§ 120 Abs. 15 Nr. 17–22 WpHG) 349
 7. Verstoß gegen das Gebot objektiver Informationsdarstellung (§ 120 Abs. 15 Nr. 23 WpHG) 350
XX. Verstoß gegen das Verbot der Weitergabe von Informationen über erstattete Verdachtsanzeigen und über Meldungen (§ 120 Abs. 15a WpHG) 352
XXI. Ordnungswidrigkeiten wegen Verstößen gegen die PRIIP-VO (§ 120 Abs. 16 WpHG) . 353
XXII. Bußgeldrechtliche Gleichstellung erlaubnispflichtiger Anlageverwaltung sowie andere Erweiterungen gem. § 120 Abs. 27 WpHG . 359
XXIII. Subjektiver Tatbestand: Vorsatz, Fahrlässigkeit und Irrtum (§§ 10, 11 OWiG) im Kapitalmarktbußgeldrecht 362
XXIV. Bußgeldbemessung (§ 120 Abs. 17–24 WpHG i.V.m. § 17 OWiG) 376
XXV. Juristische Personen und Personenvereinigungen als Sanktionsadressaten (§ 120 Abs. 17–24 WpHG, § 30 OWiG) sowie Geschäftsherrenhaftung wegen Aufsichtspflichtverletzung (§ 130 OWiG) 403
 1. Juristische Personen und Personengesellschaften als Sanktionsadressaten (§ 30 OWiG) 403
 2. Ausländische juristische Personen 410
 3. Verletzung von Aufsichtspflichten, § 130 OWiG 411
 4. Konzerndimensionalität von § 130 OWiG? . 415
 5. Das internationale Unternehmen und Konzerndimensionalität im internationalen Konzern 421
 6. Verhältnis zwischen Sanktion der natürlichen Person und der juristischen Person . . 423
XXVI. Zusammentreffen von Straftat und Ordnungswidrigkeit (§ 21 OWiG) und internationale Mehrfachverfolgung 424
XXVII. Konkurrenzen 427

1 I. Überblick und Grundsätze. 1. Die Vielfalt der Unrechtstatbestände und Einordnung des Bußgeldrechts in die Architektur der kapitalmarktrechtlichen Rechtsdurchsetzung. Mit § 120 WpHG bedroht der Gesetzgeber Verstöße gegen Ge- und Verbote des WpHG und gegen die europäischen Verordnungen im Kapitalmarktrecht nahezu **flächendeckend** mit Geldbußen. Schon auf europäischer, aber auch nationaler Ebene ist das Zusammenspiel der bankaufsichtlichen, börsenrechtlichen und kapitalmarktrechtlichen Normen – und damit auch der Bußgeldtatbestände – kompliziert, denn das KWG und das BörsG enthalten eigene Bußgeldkataloge. § 120 WpHG ist ausgeprägt europäisch determiniert. Die europäischen Rechtsakte sehen überwiegend vor, dass Verstöße unbeschadet strafrechtlicher Sanktionen mit angemessenen verwaltungsrechtlichen Sanktionen geahndet werden müssen bzw. den Behörden jedenfalls Bußgeldsanktionen an die Hand gegeben werden müssen. Sehr hohe Geldbußen gegen Unternehmen, damit meist gegen juristische Personen, sind seit den 1980er Jahren[1] namentlich im Kartellrecht gängige Praxis auf europäischer Ebene. Der EuGH billigte diese Praxis[2] und räumt der Kommission bei der Beurteilung der Höhe der Geldbuße einen weiten Ermessensspielraum ein[3].

Das Verwaltungssanktionsrecht hat in den meisten Rechtsordnungen eine Zwischenstellung[4] zwischen dem Strafrecht und dem sonstigen einfachen Recht, die je nach Regelungskomplex und Rechtsordnung eine mal strafrechtsnähere, mal strafrechtsfernere Einordnung bewirkt[5]. In höchstem Maße zu begrüßen ist die hiermit verbundene strafrechtliche Abrüstung, mit der das **Ultima-Ratio-Prinzip**[6] verwirklicht wird.

Allerdings sind auch die kapitalmarktrechtlichen Bußgeldtatbestände des § 120 WpHG unter **Verhältnismäßigkeits- und Rechtsstaatsgesichtspunkten** nicht unproblematisch. Dies liegt an drei Charakteristika:
1. an der Sanktionierungsbreite: Fast alle materiellen Verstöße gegen verwaltungsrechtliche oder sogar horizontale Pflichten sind bußgeldbewehrt (hierzu sogleich Rz. 9);
2. an der möglichen Sanktionshöhe, also den Bußgeldrahmen; die Bußgeldandrohungen sind im Kapitalmarktrecht teilweise drakonisch; sie weichen in der ermöglichten Sanktionshöhe vom Geldstrafrahmen kaum ab und lassen auf der Sanktionsseite mit Ausnahme der fehlenden Freiheitsstrafe keinen Abstand mehr zum Strafrecht erkennen (§ 120 Abs. 17–25 WpHG, s. Rz. 376 ff.) und
3. an der starken Hervorhebung der „Abschreckung" als Leitprinzip.

Bei den sehr differenzierten und weit aufgespannten Bußgeldrahmen des § 120 WpHG ist eine sinnhafte innere Systematik nach Rechtsgut und Verletzungsintensität nicht ohne weiteres zu erkennen (dazu Rz. 45 ff.).

Die Annäherungen des europäisch induzierten Verwaltungssanktionsrechts an klassische **strafrechtliche Strukturen** werfen die Frage auf, ob es sich der Sache nach um echtes Strafrecht der Europäischen Union handelt[7]. Blickt man auf die klassischen typologischen Abgrenzungsmerkmale, so fallen auch sonst immer mehr Verschleifungen auf: Zwar soll im Unterschied zur (Geld-) Strafe die Geldbuße kein sozialethisches Unwerturteil über den Beteiligten enthalten, wie sie wird nicht in das Bundeszentralregister eingetragen. Aber dies wird durch die Naming-and-Shaming-Vorschriften im Kapitalmarktrecht weitgehend sektoral ausgehebelt. Durch das 2. FiMaNoG wurde der Bußgeldrahmen im Vergleich zu den Vorgängerregelungen weiter angehoben. Dabei orientiert sich die Höhe der Geldbuße zum einen an einem Höchstbetrag oder an den Parametern Umsatz bzw. an dem aus dem Verstoß gezogenen wirtschaftlichen Vorteil. Es bleibt, dass die hohen Bußgeldrahmen in erster Linie auf juristische Personen zielen. Für die Bußgeldhöhe wird im Kapitalmarktbußgeldrecht zwischen natürlichen und juristischen Personen oder Personenvereinigungen unterschieden; den Weg einer konsequenten Unternehmensorientierung – die dann auch wieder natürliche Personen als Unternehmensträger trifft – ist der Gesetzgeber des OWiG und des WpHG bislang nicht gegangen, im Unterschied zum EU-Eigenbußgeldrecht im Wettbewerbsrecht[8].

Ein weiteres prägendes Prinzip, mit dem Bußgeldrecht von Strafrecht unterschieden werden kann, ist das **Opportunitätsprinzip**. Während Strafrecht den Kernbestand an Sozialnormen kennzeichnet, auf deren Einhaltung die Rechtsordnung schlechthin nicht verzichten kann, lässt Bußgeldrecht den zuständigen staatlichen Organen einen breiteren Spielraum, ob, wann und in welchem Umfang rechtliche Vorgaben mit Sanktionen durchgesetzt werden. Im deutschen Recht ist das im Opportunitätsprinzip (§ 47 OWiG) normiert. Aufweichungstendenzen des europäischen Gesetzgebers sind hier schon mit Blick auf das auch gemeinschaftsrechtliche Verhältnismäßigkeitsprinzip entgegen zu treten[9].

2. Bleibende Eigenständigkeit des Bußgeldrechts. Trotz dieser Merkmalsverschiebungen namentlich des Unternehmens-Bußgeldrechts bleibt es dabei, dass sich die Bußgeldsanktionen kategorial von Strafrecht unterscheiden. Das gilt zumal kompetentiell; sie unterliegen nicht den Bindungen an Art. 82, 83 AEUV. Hieraus folgen allerdings auch **inhaltliche Grenzen einer Annäherung des Bußgeldrechts an das Strafrecht**, die bislang noch nicht fest konturiert, aber im Kapitalmarktstrafrecht derzeit noch gewahrt sind.

---

1 S. die Pioneer-Entscheidung der Kommission v. 14.12.1979 – ABl. EU Nr. L 60 v. 5.3.1980, S. 21.
2 EuGH v. 7.6.1983 – Rs. C-100/80, Slg. 1983 01825 Rz. 108 f.
3 EuGH v. 28.6.2005 – Rs. C-189/02 P, Slg. 2005 I-05425 Rz. 204 f.
4 Zur keinesfalls linear und bruchlos verlaufenden historischen Entwicklung in Deutschland *Mitsch* in KK-OWiG, Einleitung Rz. 50 ff. Auch heute noch differenziert das BVerfG zwischen den einzelnen Grundrechten und Gewährleistungen *Mitsch* in KK-OWiG Rz. 120 ff. m.w.N.
5 Zur europäischen Rechtsentwicklung, insbesondere der EuGH-Rechtsprechung, prägnant *Bülte*, StV 2017, 460 f.
6 Die Literatur und das Meinungsspektrum hierzu sind nahezu unüberschaubar, vgl. zuletzt etwa *Jahn/Brodowski*, ZStW 129 (2017), 363 ff.
7 Für die parallele Entwicklung in der DSGVO *Bülte*, StV 2017, 460 ff.
8 Dazu etwa *Weck*, wistra 2017, 169 ff.; *Blome*, Rechtsträgerprinzip und wirtschaftliche Einheit, 2016.
9 *Bülte*, StV 2017, 460, 463.

7 Mit der Eigenständigkeit des Verwaltungssanktions- gegenüber dem Strafrecht ist noch nichts darüber gesagt, ob und inwieweit strafrechtsspezifische **grundrechtliche und rechtsstaatliche Garantien** gelten. Dies lässt sich nur mit Blick auf die jeweilige verfassungs-, grund- oder konventionsrechtliche Gewährleistung beantworten. Der EuGH fasst diese Fälle jüngst treffend in die Kategorie der **Verwaltungssanktion strafrechtlicher Natur** und fragt maßgeblich nach repressivem Charakter und Schwere[1], wobei mit verfolgte präventive Ziele den repressiven Charakter nicht ausschließen.

8 Der Bundesgesetzgeber des **OWiG** hat diese dogmatischen Fragen mit dem rechtsstaatlich-genialen Zug beantwortet, die wesentlichen materiellen und prozeduralen strafrechtsspezifischen Verfassungsgewährleistungen durch einfaches Gesetzesrecht für anwendbar zu erklären, insbesondere mit § 3 OWiG. Aber auch nach dem konventionsrechtlichen Verständnis der Engel-Kriterien des EGMR handelt es sich bei den Bußgeldtatbeständen des Kapitalmarktrechts mit Grundlagen einer strafrechtlichen Anklage i.S.d. Art. 6 EMRK (vgl. auch Art. 30 VO Nr. 596/2014 Rz. 35). Es gibt keine unionsrechtlichen Gründe, an diesen verfassungs- und konventionsrechtlichen Grundsätzen bei der Umsetzung des europäischen Kapitalmarktrechts Minderungen hinzunehmen[2].

9 **3. Umfassende Tatbestände: Sanktionierungsbreite.** § 120 WpHG reflektiert damit zugleich die **Ausweitung der Regulierungsbreite und -dichte** im Kapitalmarktrecht. In der 2. Aufl. dieses Kommentares wies § 39 WpHG a.F. noch 13 Nummern und 5 Buchstaben auf, in der 3. Aufl. 16 Nummern und 9 Buchstaben, in der 4. Aufl. 23 Nummern und 10 Buchstaben, in der 5. Aufl. 34 Nummern und 27 Buchstaben. In der 6. Aufl. umfasste die Vorschrift (nach einem kurzen Spitzenstand von 97 Nummern und 34 Buchstaben) 58 Nummern und 37 Buchstaben. Durch das 2. FiMaNoG wuchs § 120 WpHG auf 28 Absätze mit insgesamt weit über 300 Nummern und mehr als 70 Buchstaben an, so dass materiell weit über 300 Einzeltatbestände bußgeldbewehrt sind.

10 Diese beruhen auf vielen Änderungen mit vielen Daten des Inkrafttretens. Auch professionelle Datenbanken und Kommentatoren haben **Schwierigkeiten**, für einen bestimmten Stichtag eine zuverlässige konsolidierte gültige Fassung herzustellen. Auch unterlaufen dem Gesetzgeber immer wieder Redaktionsfehler, die nachträglich ausgebessert werden müssen[3]. Die Fassung des 2. FiMaNoG wurde mit dem Gesetz zur Ausübung von Optionen der EU-Prospektverordnung und zur Anpassung weiterer Finanzmarktgesetze nicht nur an Änderungen des Prospektrechts angepasst; es wurden auch einige Umsetzungslücken geschlossen, insbesondere in § 120 Abs. 8 WpHG (umgesetzte MiFIR II-Anforderungen). Die BaFin, die § 120 WpHG anwenden und durchsetzen muss (vgl. § 121 WpHG Rz. 2), steht vor entsprechenden Schwierigkeiten.

11 **4. Entwicklung des kapitalmarktrechtlichen Bußgeldrechts bis zum 2. FiMaNoG.** Zuwiderhandlungen gegen Ge- und Verbote des WpHG waren **von Anfang an in § 39 WpHG a.F.** unter Bußgelddrohung gestellt[4]. Die **Bußgeldvorschrift** wurde durch das Vierte Finanzmarktförderungsgesetz mit Wirkung vom 1.7.2002 wesentlich erweitert und insgesamt neu gefasst. Unter abermaliger Ausweitung, freilich tendenzieller Abmilderung des Bußgeldrahmens, erfolgte eine erneute Neufassung mit Wirkung vom 30.10.2004 durch das Anlegerschutzverbesserungsgesetz. Weitere erhebliche Änderungen und Ausweitungen sind durch das Transparenzrichtlinie-Umsetzungsgesetz (TUG) mit Wirkung vom 20.1.2007 und durch das Finanzmarktrichtlinie-Umsetzungsgesetz (FRUG) mit Wirkung vom 1.11.2007 bewirkt worden, mit dem in Umsetzung der Finanzmarktrichtlinie[5] Zuwiderhandlungen gegen bestimmte Verhaltens-, Organisations- und Transparenzpflichten von Wertpapierdienstleistungsunternehmen, Betreibern multilateraler Handelssysteme und systematischen Internalisierern mit Geldbuße bedroht worden sind[6]. Unter den **zahlreichen Folgeänderungen** ist die vorübergehende umfassende Bußgeldbewehrung der EU-Ratingverordnung[7] durch das Ausführungsgesetz zur EU-Ratingverordnung mit Wirkung vom 19.6.2010 hervorzuheben. Nachdem die Bußgeldgewalt 2011 weitgehend auf die Europäische Wertpapier- und Marktaufsichtsbehörde ESMA übergegangen ist, sind von den vorübergehend 46 Nummern umfassenden Bußgeldtatbeständen nur noch wenige verblieben (heute § 120 Abs. 4 WpHG). Die Bußgeldbewehrung des Verbots ungedeckter Leerverkäufe und bestimmter Kreditderivate durch das Gesetz zur Vorbeugung gegen missbräuchliche Wertpapier- und Derivategeschäfte mit Wirkung vom 27.7.2010 wurde mit Wirkung zum 16.11.2012 aus dem WpHG gestrichen.

12 Das Erste Finanzmarktnovellierungsgesetz (1. FiMaNoG)[8] vom 30.6.2016 passte die Bußgeldtatbestände in mehreren Stufen insbesondere an das europäische Marktmissbrauchsrecht an: Mit Art. 1 Nr. 36 wurde § 39 WpHG a.F. an etlichen Stellen an die Marktmissbrauchsverordnung Nr. 596/2014 und das ergänzende natio-

---

1 EuGH v. 20.3.2018 – Rs. 524/16 – Menzi; Rs. 537/16 – Garrlson; Rs. 596/16 – Di Puma.
2 In diese Richtung jetzt auch EuGH v. 20.3.2018 – Rs. 524/16 – Menzi; Rs. 537/16 – Garrlson; Rs. 596/16 – Di Puma.
3 S. bereits zum alten Recht *Waßmer* in Fuchs, § 39 WpHG Rz. 15.
4 S. zum Folgenden auch *Waßmer* in Fuchs, § 39 WpHG Rz. 4 ff.
5 Richtlinie 2004/39/EG des Europäischen Parlaments und des Rates vom 21.4.2004 über Märkte für Finanzinstrumente, ABl. EU Nr. L 145 v. 30.4.2004, S. 1.
6 Begr. RegE, BT-Drucks. 16/4028, 78 f.
7 Verordnung (EG) Nr. 1060/2009 des Europäischen Parlaments und des Rates vom 16.9.2009 über Ratingagenturen, ABl. EU Nr. L 302 v. 17.11.2009, S. 1.
8 BGBl. I 2016, 1514.

nale Recht sowie an die Entkriminalisierung leichtfertiger Insiderverstöße angepasst. Auf diese Änderung zurück gehen insbesondere § 120 Abs. 14 und 15 WpHG (§ 39 Abs. 3b, 3c und 3d WpHG a.F.) und die Änderung des Rechtsfolgenkonzepts; dies trat gem. Art. 17 Abs. 1 am 2.7.2016 in Kraft, also einen Tag vor der Marktmissbrauchsverordnung Nr. 596/2014, was zu intensiven Diskussionen über eine vermeintliche Strafbarkeitslücke geführt hat (§ 137 WpHG Rz. 1). Eine weitere Änderung des 1. FiMaNoG fügte § 39 Abs. 3e WpHG a.F., heute § 120 Abs. 16 WpHG an (Bußgeldbewehrung von Verstößen gegen PRIIP-VO Nr. 1286/2014), was am 31.12. 2016 in Kraft trat (Art. 17 Abs. 2 1. FiMaNoG). Zusätzlich brachte das 1. FiMaNoG die Übergangsvorschrift § 50 WpHG a.F., die heute – mit seitherigen Anpassungen – § 135 WpHG ist; namhafteste Übergangsvorschrift ist die befristete Nichtanwendung von § 39 Abs. 3d WpHG a.F. (heute § 120 Abs. 15 WpHG).

Die Unübersichtlichkeit der zeitlichen Anwendungsschichten hat sich durch das Zweite Finanzmarktnovellierungsgesetz vom 24.6.2017 (2. FiMaNoG) erhöht, indem dieses die Übergangsvorschrift § 52 WpHG a.F., in Kraft getreten am 25.6.2017 (seit 3.1.2018 § 137 WpHG), eingefügt hat. Diese sieht abweichend von § 4 Abs. 3 OWiG vor, dass Ordnungswidrigkeiten nach § 39 WpHG a.F. in der bis zum Ablauf des 1.7.2016 geltenden Fassung weiter nach dem Tatzeitrecht geahndet werden können (§ 137 WpHG Rz. 1). Zum 3.1.2018 wurde § 39 WpHG a.F. als § 120 WpHG umfassend redaktionell konsolidiert, insbesondere neu nummeriert, und erneut wesentlich erweitert. Zuvor waren neu eingefügt worden § 39 Abs. 2f WpHG a.F. (heute § 120 Abs. 10 WpHG), in Kraft getreten gem. Art. 26 Abs. 1 2. FiMaNoG am 25.6.2017, und § 39 Abs. 2g WpHG a.F., heute § 120 Abs. 11 WpHG, in Kraft getreten gem. Art. 26 Abs 3 FiMaNoG am 1.1.2018. Das gesamte WpHG ist mit dem 2. FiMaNoG neu nummeriert worden – so befinden sich die Bußgeldvorschriften von nun an in § 120 WpHG im 17. Abschnitt des WpHG. Das Bußgeldregime des früheren § 39 WpHG a.F. ist dabei vor allem in Umsetzung der MiFID II[1] umgestaltet worden. Weiterhin wurden die Bußgeldtatbestände an das Inkrafttreten der MiFIR[2], der Benchmark-VO[3], der SFTR[4] sowie der PRIIP-VO[5] angepasst. Zur weiteren Ausgestaltung der MiFIR und der MiFID II hat die Europäische Kommission zudem die Delegierte Richtlinie (EU) 2017/593[6] sowie eine Reihe Europäischer Verordnungen (als sog. Level 2-Regelungen) erlassen, welche die technischen Einzelheiten zu den Vorgaben näher bestimmen. Mit dem Gesetz zur Ausübung von Optionen der EU-Prospektverordnung und zur Anpassung weiterer Finanzmarktgesetze wurden einige kleinere Sanktionslücken geschlossen, insbesondere in § 120 Abs. 8 WpHG und bei der Sanktionierung von Verstößen gegen die Vertraulichkeit von Verdachtsanzeigen (§ 120 Abs. 15a WpHG).

5. Verhältnismäßigkeit der kapitalmarktrechtlichen Hyperinflation der Bußgelddrohungen. Unter Verhältnismäßigkeitsgesichtspunkten stellt sich die Frage, ob die kapitalmarktrechtliche Hyperinflation der Bußgelddrohungen in Breite und Höhe die Grenzen des rechtsstaatlich und grundrechtlich Zulässigen überschreitet[7]. Die **Verhältnismäßigkeit** ist Richtschnur nicht erst für die Bußgeldbemessung im Einzelfall, sondern auch schon für die Bußgelddrohung[8], dort allerdings mit einer reduzierten Prüfungsdichte, da der einzelfallbezogene Verhältnismäßigkeit bei der Zumessung Rechnung getragen werden kann. Bußgeldtatbestände als solche müssen bereits der Verhältnismäßigkeit entsprechen. Dabei ist in den Blick zu nehmen, ob neben privatrechtlichem Enforcement (im Horizontalverhältnis)[9], verwaltungsbehördlicher Aufsicht und Rechtsdurchsetzung eine dritte Säule einer repressiven Sanktionierung überhaupt erforderlich[10] ist. Soweit die Bußgeldtatbestände europäisch induziert sind, muss die Diskussion hierüber auf europäischer Ebene geführt werden. Von zentraler Bedeutung ist, dass die Blankette punktgenau ausgelegt und nicht durch ausufernde Auslegung einzelner Bezugstatbestände („Lückenschließung") betrieben wird.

Rechtspolitisch – im Sinne der Frage nach *good regulation* – ist längst erwiesen, dass ein massiv auf Repression setzendes Konzept wie der derzeitige wirtschaftsverwaltungsrechtliche europäische Regulierungsstil nicht ohne

---

1 Richtlinie 2014/65/EU des Europäischen Parlaments und des Rates vom 15.5.2014 über Märkte für Finanzinstrumente sowie zur Änderung der Richtlinien 2002/92/EG und 2011/61/EU, ABl. EU Nr. L 173 v. 15.5.2014, S. 349.
2 Verordnung (EU) Nr. 600/2014 des Europäischen Parlaments und des Rates vom 15.5.2014 über Märkte für Finanzinstrumente und zur Änderung der Verordnung (EU) Nr. 648/2012, ABl. EU Nr. L 173 v. 12.6.2014, S. 84.
3 Verordnung (EU) 2016/1011 des Europäischen Parlaments und des Rates vom 8.6.2016 über Indizes, die bei Finanzinstrumenten und Finanzkontrakten als Referenzwert oder zur Messung der Wertentwicklung eines Investmentfonds verwendet werden, ABl. EU Nr. L 171 v. 29.6.2016, S. 1.
4 Verordnung (EU) 2015/2365 des Europäischen Parlaments und des Rates vom 25.11.2015 über die Transparenz von Wertpapierfinanzierungsgeschäften und der Weiterverwendung, ABl. EU Nr. L 337 v. 23.12.2015, S. 1.
5 Verordnung (EU) Nr. 1286/2014 des Europäischen Parlaments und des Rates vom 26.11.2014 über Basisinformationsblätter für verpackte Anlageprodukte für Kleinanleger und Versicherungsanlageprodukte (PRIIP), ABl. EU Nr. L 352 v. 9.12.2014, S. 1.
6 Delegierte Richtlinie (EU) 2017/593 der Kommission vom 7.4.2016 zur Ergänzung der Richtlinie 2014/65/EU des Europäischen Parlaments und des Rates im Hinblick auf den Schutz der Finanzinstrumente und Gelder von Kunden, Produktüberwachungspflichten, ABl. EU Nr. L 87 v. 31.3.2017, S. 500.
7 Allgemein zu den verfassungsrechtlichen Maßstäben an Unternehmenssanktionen *Nettesheim*, S. 51 ff.
8 Grundlegend EuGH v. 16.7.2015 – Rs. C-255/14, EuGRZ 2015, 497 Rz. 22 ff., insb. Rz. 28.
9 Dazu *Hellgardt*, Regulierung und Privatrecht, 2016, passim; *Einsele*, ZHR 180 (2016), 233; *Maume*, ZHR 180 (2016), 358 ff.
10 Dazu *Hellgardt*, Regulierung und Privatrecht, 2016, S. 605 ff.

trade-offs ist: Er kann einen kooperativen und produktiven Aufsichtsstil und ein lernendes System stark beeinträchtigen, wenn er die Aufsichtsunterworfenen in eine Abwehr- und Verteidigungshaltung drängt. Dass die Komplexität der Finanzmärkte lediglich in einem hybriden, koregulierenden gemeinsamen Handlungsverbund zwischen privaten Akteuren und staatlicher Rahmen- und Gewährleistungsverantwortung zu bewältigen ist[1], steht zu einem hauptsächlich repressiv-abschreckend gedachten Regulierungskonzept in einem Spannungsfeld. Das weltweit wahrscheinlich erfolgreichste Regulierungssystem überhaupt – die Luftverkehrssicherheit – basiert auf einem bewusst weitgehend repressionsfreien Regulierungsstil[2]. Zwar dürften gegen Bußgeldsanktionen als Bestandteil der dritten Säule auf globaler Ebene grundsätzliche Bedenken nicht bestehen. Je tiefer man aber in die einzelnen Bußgeldtatbestände und ihr Verhältnis zum aufsichtlichen Rechtsdurchsetzungskonzept hineinblickt, desto differenzierter wird das Bild:

16 Tatsächlich enthält § 120 WpHG sehr unterschiedlich strukturierte Unrechtstatbestände (Rz. 54). Dieser Heterogenität entsprechen unterschiedlich starke Erforderlichkeitsstufen. Maßgebend für die Erforderlichkeit von Bußgeldsanktionen im Aufsichtsrecht ist, ob neben aufsichtlichem Vollzug und privat-horizontaler Rechtsgewährleistung noch zusätzlich eine dritte Schicht eines Sanktionsrechts erforderlich ist:

- Bei den Tatbeständen mit Verwaltungsungehorsam handelt es sich um nicht substituierbares Ordnungswidrigkeitenrecht. Diese Tatbestände dienen in der Regel dazu, das Aufsichtsrecht zu effektuieren. So wenn Zuwiderhandlungen gegen vollziehbare Anordnungen der BaFin oder gegen einen vollziehbaren Beschluss der Europäischen Wertpapier- und Marktaufsichtsbehörde (ESMA) bußgeldbewehrt sind (Rz. 244f.). Dasselbe gilt für die unzulässigen Bußgelddrohungen zur Sicherung der zahllosen Melde- und Mitteilungspflichten gegenüber der BaFin oder europäischen Aufsichtsbehörden (Rz. 87ff.).
- Auch für den Unrechtstypus des verbotenen individuellen unerwünschten und deshalb verbotenen und bußgeldbewehrten Verhaltens (Rz. 23) sind geeignetere und mildere Lösungen kaum denkbar.
- Bei den Verhaltenspflichten im privaten Horizontalverhältnis (Rz. 24) besteht ein hohes Deregulierungspotential. Die Gesetzgeber des Kapitalmarktrechts sollten sich wieder mehr darauf besinnen, dass nicht alles, was rechtlich nicht erlaubt ist, auch staatlich mit Bußgeld bewehrt werden muss.
- Bei den organisatorischen und informationstechnischen Unzulänglichkeiten erweist sich die Bußgeldsanktionierung eher als echter Fehlgriff, zumal in einem dicht beaufsichtigten Sektor. Das Mittel der Wahl wäre hier die Aufsichtsverfügung, gerichtet auf Abhilfe und Anpassung an das behördlich für erforderlich Gehaltene, bei deren Nichtbefolgung dann Bußgeld im Unrechtstypus 1 (Verwaltungsungehorsam) oder weitergehende Aufsichtsmaßnahmen. Dies würde auch die hier besonders virulenten Bestimmtheitsbedenken ausräumen.

17 **II. Tatbestandsstrukturen und typische Tatbestandsmerkmale: Übergreifende Fragen der Einzelbußgeldtatbestände des Kapitalmarktrechts.** Die nahezu unüberschaubare Vielfalt der Einzeltatbestände lässt sich systematisch einer überschaubaren Anzahl von Unrechtstypologien zuordnen:

18 **1. Verwaltungsungehorsam.** Eine erste Fallgruppe bilden die zahlreichen Fälle des **Verwaltungsungehorsams mit zwei Unterfällen:** erstens die Nichtbefolgung von vollziehbaren Anordnungen im Einzelfall als **echter Verwaltungsaktungehorsam** und zweitens der **Verstoß gegen gesetzliche Pflichten**, die gegenüber der BaFin oder z.B. der ESMA bestehen.

19 **a) Verwaltungsaktungehorsam.** Verwaltungsaktungehorsam ist dadurch gekennzeichnet, dass der Aufsichtsunterworfene behördliche Anordnungen im Einzelfall nicht befolgt. Hier handelt es sich meist um verbindliches Handeln mit Entscheidungscharakter oder um die unmittelbare Ausführung von tatsächlichem Verwaltungshandeln, etwa des Betretens von Geschäftsräumen. § 120 WpHG enthält eine Reihe solcher Tatbestände, deren Systematik sich eher an der europäischen Level 1-Systematik orientiert als an einer inneren Zusammenfassung. Teilweise erschließen sich die Unterschiede erst auf der Rechtsfolgenseite. Dies bedingt komplexe Fragen der Gesetzeskonkurrenz. Eine mögliche Vereinfachung der Gesetzgebungstechnik wäre es, hier stärker auf Tatbestandsseite zusammen zu fassen; folgende Ermächtigungsgrundlagen sind bußgeldflankiert:

- § 6 Abs. 3 Satz 1 WpHG in § 120 Abs. 12 Nr. 1a WpHG.
- § 8 Abs. 2 Nr. 1, 2 WpHG in § 120 Abs. 1 Nr. 1 WpHG.
- § 9 Abs. 2 WpHG in § 120 Abs. 8 Nr. 2 WpHG.
- §§ 6–9 WpHG, soweit den 9.–11. Abschnitt des WpHG betreffend (MiFID II-Umsetzung), in § 120 Abs. 8 Nr. 1 WpHG.
- §§ 6–9 WpHG, soweit die VO 2015/2035 betreffend, in § 120 Abs. 11 Nr. 75 WpHG.
- § 87 Abs. 6 WpHG in § 120 Abs. 8 Nr. 136 WpHG.
- § 87 Abs. 6 Satz 1 Nr. 1, 2b WpHG in § 120 Abs. 12 Nr. 1b WpHG, was schwierige Konkurrenzfragen zum Tatbestand des § 120 Abs. 8 Nr. 136 WpHG aufwirft (Rz. 323).

---

1 *Augsberg*, Verw 49 (2016), 369, 374ff.
2 *Hodges*, Law and Corporate Behaviour, S. 576ff., 598.

- § 92 Abs. 1 WpHG in § 120 Abs. 12 Nr. 1c WpHG.
- § 107 Abs. 5 Satz 1 WpHG in § 120 Abs. 12 Nr. 1d WpHG.
- § 109 Abs. 2 Satz 1 WpHG in § 120 Abs. 12 Nr. 1d WpHG.

Daneben flankiert der nationale Bußgeldgesetzgeber auch Nichtbefolgungen von Anordnungen der BaFin oder europäischer Aufsichtsbehörden, die unmittelbar auf Unionsrecht gestützt sind: 20
- Art. 40–42 VO 600/2014 (MiFIR) in § 120 Abs. 9 Nr. 28–30 WpHG.
- Art. 18 Abs. 2 Satz 2 und 3; Art. 19 Abs. 2; Art. 20 Abs. 2, Art. 21 Abs. 1, Art. 23 Abs. 1 VO Nr. 236/2012 in § 120 Abs. 13 WpHG.
- Art. 4 Abs. 3 und 4, Art. 21, Art. 26 Abs. 4 VO 2016/1011 in § 120 Abs. 10 Nr. 5, 50, 63 WpHG.

Hier dürfte es sich je nach Struktur der behördlichen Anordnung um ein Begehungs- oder Unterlassungsdelikt 21
handeln. Die behördliche Anordnung gehört zum Tatbestand, so dass die Kenntnis von ihr Vorsatzelement ist[1]. Beim fahrlässigen Verstoß muss zumindest fahrlässige (bzw. tatbestandsspezifisch oft leichtfertige) Unkenntnis vorliegen. Die für diese Unrechtstypologie charakteristischen Fragen, wie der Primärrechtsschutz gegen möglicherweise oder tatsächlich rechtswidrige Anordnungen mit Bußgeldbewehrungen, die schon an die Vollziehbarkeit anknüpfen, sind in Rz. 88 ausführlich kommentiert.

b) Verstoß gegen gesetzliche Pflichten gegenüber der Behörde. Noch viel zahlreicher sind die Tatbestände, 22
die gesetzliche Pflichten gegenüber der Aufsichtsbehörde mit Bußgeld bewehren. Grundmodell ist es, behördliche Anzeigepflichten für bestimmte Tätigkeiten nicht oder nicht allein mit einem präventiven Verbot mit Anzeigevorbehalt, sondern ausschließlich oder zusätzlich mit Bußgeld zu bewehren. Dies ist aber eher die Ausnahme, da die präventive Eröffnungskontrolle des Kapitalmarktrechts eher die behördliche Erlaubnis ist. Es bestehen aber unzählige Anzeige-, Melde-, Mitteilungs- und Informationspflichten innerhalb des Aufsichtsverhältnisses. Sanktioniert ist in der Regel nicht nur die gänzlich unterlassene, sondern auch die verspätete, unvollständige oder unrichtige Anzeige (Rz. 91, 92, 100). Es handelt sich jedenfalls bei der unterlassenen, verspäteten oder unvollständigen Anzeige um ein echtes Unterlassungsdelikt. Vorsatz setzt die Kenntnis auch der Handlungspflicht[2] und damit rechtlicher Umstände voraus (Rz. 362 ff.); Fahrlässigkeit und Leichtfertigkeit die fahrlässige oder leichtfertige Unkenntnis.

2. Verbotenes individuelles Verhalten unterhalb der Schwelle des Strafwürdigen. Eine weitere Fallgruppe 23
bilden Fälle **verbotenen individuellen Verhaltens** unterhalb der Schwelle des Strafwürdigen. Beispiele sind etwa die Marktmanipulationshandlung, die keinen Manipulationserfolg zeitigt (§ 120 Abs. 15 Nr. 2 WpHG) und die zahlreichen Tatbestände, die die Verletzung kapitalmarktrechtlicher Publizitätspflichten unter Bußgelddrohung stellen. Hier muss der Unrechtsgehalt jeweils sehr tatbestandsspezifisch herausgearbeitet werden. Teilweise handelt es sich um echte Unterlassungsdelikte, andere Tatbestände weisen die Struktur des Begehungsdelikts auf. Mitunter stellen sich intrikate Fragen der materiellen oder formellen Bestimmtheit des Tatbestandes, etwa wenn dieser aus komplexen Verweisungsketten besteht.

3. Bußgeldbewehrung im privatrechtlichen Horizontalverhältnis. Eine dritte Fallgruppe betrifft Verhaltens- 24
pflichten im **privatrechtlichen Horizontalverhältnis**. Hierher gehören beispielsweise die Bußgeldtatbestände, die entsprechende PRIIP- (§ 120 Abs. 16 Nr. 2, 5, 8 WpHG) und MiFID II-Verstöße (wie in § 120 Abs. 8 Nr. 33 bis 39 WpHG) sanktionieren. Im Einzelnen variiert die Unrechtstypologie: Es gibt bestimmte Anforderungen an die Vertragsgestaltung und Vertragsinhalte (etwa § 120 Abs. 8 WpHG), vielfältig aber vor allem an das vorvertragliche, vertragsbegleitende und vertragsvollziehende Verhalten. Beides ließe sich durch konsequente Anwendung des privatrechtlichen Instrumentariums der Rechtsgeschäftslehre (§ 134 BGB) sowie des vertraglichen[3] und deliktsrechtlichen Schadensersatzrecht ebenso sanktionieren. Kaum mehr konsequent ist es, solche Verstöße mit drakonischen Bußgeldern zu bewehren und auf der vertrags- und deliktsrechtlichen Seite zu privatrechtlich irrelevantem Verwaltungsrecht zu bagatellisieren[4].

Ebenfalls das privatrechtliche Horizontalverhältnis betreffen **Zugangsgewährungs- und Nichtdiskriminie-** 25
rungspflichten und **vertragsferne Anforderungen an das Marktverhalten**, die Ähnlichkeiten mit einem **besonderen Lauterkeitsrecht** tragen, aber ein ganz anderes Schutzanliegen haben: die Verlässlichkeit der Anforderungen an den Zugang zur Handelsinfrastruktur als Bestandteil der Voraussetzungen für sichere und belastbare Marktstrukturen *insgesamt*[5], mithin also systemische Voraussetzungen. Hier erweist sich das Zivilrecht

---

1 Differenzierende Darstellung des dogmatischen Meinungsstandes bei *Tiedemann*, Tatbestandsfunktionen im Nebenstrafrecht, S. 355 ff.
2 Grdl. *Tiedemann*, Tatbestandsfunktionen im Nebenstrafrecht, S. 354.
3 Zu den kundenbezogenen Verhaltens-, Organisations- und Transparenzpflichten *Grundmann* in Staub, HGB, Bd. 11/2, 8. Teil, Rz. 224 ff. m.w.N.
4 Kritisch zur lange sehr restriktiven Tendenz auch *Grundmann*, ZBB 2018, 1, 3 f. m.w.N. zur Rechtsprechung und Diskussion.
5 *Binder* in Staub, HGB, Bd. 11/2, 7. Teil, Rz. 185; Committee on Payment and Settlement Systems/Technical Committee of the International Organisation of Securities Commission, Principles for financial market infrastructures, 2012, S. 101 ff.

häufig als weniger leistungsfähig; die Anwendung des Kartellrechts ist meist deshalb nicht vorzugswürdig, weil sich das Schutzanliegen nicht deckt, das Kapitalmarktrecht hier sehr zielgerichtete Einzeltatbestände anstelle breiter allgemeiner Generalklauseln wie im Kartellrecht aufweist und es auf eine marktbeherrschende Stellung nicht ankommt; schließlich sind die Kapitalmarkt-Aufsichtsbehörden sachnäher.

26 **4. Organisatorische und technologische Anforderungen bzw. Unzulänglichkeiten.** Die rechtsstrukturell interessanteste und quantitativ gewichtige Fallgruppe ist der vierte Unrechtstypus: Hier geht es in aller Regel, auch wenn der Tatbestand oft verhaltensbezogen formuliert ist, nicht um individuelles Fehlverhalten einer Person, sondern um **organisatorische** (z.B. in § 120 Abs. 2 Nr. 5, Abs. 3, Abs. 8 Nr. 6 WpHG) oder mehr noch **IT-technische Unzulänglichkeiten** eines Unternehmens (z.B. in § 120 Abs. 8 Nr. 125 WpHG).

27 Die tatbestandlichen Ausprägungen sind jedenfalls begrifflich heterogen; im Einzelnen muss der Sinngehalt unter genauer Analyse des fachrechtlichen Bezugstatbestandes herausgearbeitet werden. Die Begriffsvielfalt in § 120 WpHG, überwiegend abgeleitet aus dem europäischen Recht, für ähnliche Lebenssachverhalte ist beträchtlich. Es gibt eine Reihe von Grundbegriffen, die in unterschiedlichsten Kombinationen untereinander und mit Prädikaten verwendet werden. Dabei erschließt sich der jeweilige exakte Bedeutungszusammenhang häufig erst aus dem fachrechtlichen Bezugsteil des Blanketts und seinem Regelungsumfeld. Schon wegen der Wortsinngrenze im Bußgeldrecht muss aber auch der Alltagssprachgebrauch mit einbezogen werden. Im Folgenden werden punktuell auch die zugrunde liegenden Rechtsbegriffe der europäischen Rechtsakte in deutscher, englischer und französischer Sprache einbezogen; die englischen Begriffserläuterungen entstammen dem Oxford Dictionary, die französischen dem Larousse dictionnaires de francais.

28 **Mechanismen** (§ 120 Abs. 8 Nr. 15 WpHG, Rz. 188): Als Mechanismus definiert der Duden eine „Kopplung von Bauelementen (einer Maschine, einer technischen Vorrichtung, eines technischen Geräts, Instruments o.Ä.), die so konstruiert ist, dass jede Bewegung eines Elements eine Bewegung anderer Elemente bewirkt" oder (bildungssprachlich) „ein in sich selbsttätig, zwangsläufig funktionierendes System oder ein automatisches, selbsttätiges, zwangsläufiges Funktionieren [als System], einen automatischen Ablauf". § 58 WpHG setzt Art. 64 und Art. 73 Abs. 2 RL 2014/65/EU sowie Art. 32 Abs. 3 VO Nr. 596/2014 und Art. 28 Abs. 4 VO Nr. 1286/2014 um. § 60 WpHG setzt Art. 66 und Art. 73 Abs. 2 RL 2014/65/EU sowie Art. 32 Abs. 3 VO Nr. 596/2014 und Art. 28 Abs. 4 VO Nr. 1286/2014 um. Dort findet sich der Begriff der Sicherheitsmechanismen (security mechanisms, mécanismes de sécurité). Die Oxford Dictionary-Definitionen „a system of parts working together in a machine; a piece of machinery" und „a natural or established process by which something takes place or is brought about" treffen das Gemeinte wohl etwas besser, weil sie im Unterschied zur deutschen Definition das Element der Zwangsläufigkeit nicht enthalten. Das dürfte auch auf die französische Sprachfassung zutreffen (Larousse: „Dispositif constitué par des pièces assemblées ou reliées les unes aux autres et remplissant une fonction déterminée (entraînement, freinage, verrouillage, etc.; enchaînement des opérations propres à une fonction; processus: Mécanisme du langage. Les mécanismes bancaires").

29 **Regelungen** (§ 120 Abs. 8 Nr. 54, 55, 63 WpHG, Rz. 215): Alltagssprachlich ist die Regelung im Duden definiert als „das Regeln, in bestimmter Form festgelegte Vereinbarung, Vorschrift oder in der Kybernetik als Vorgang in einem Regelkreis, bei dem durch ständige Kontrolle und Korrektur eine physikalische, technische o.ä. Größe auf einem konstanten Wert gehalten wird". § 72 WpHG setzt Art. 32 Abs. 1 und 2 RL 2014/65/EU um. Dort ist der Begriff Regelungen nicht zu finden, im Übrigen findet er sich aber häufig in der RL 2014/65/EU. Regelungen dürften interne Verhaltensanweisungen und Verhaltensvorgaben (etwa auch durch die Einstellung von IT-Systemen) sein. Der französische Begriff des „règlement" („action de fixer ce qui doit être dans un domaine legal; ensemble des mesures auxquelles sont soumis les membres d'une société, d'un groupe, etc.") trifft das Gewollte genau.

30 **Risikomanagement** (§ 120 Abs. 7 Nr. 8 WpHG, Rz. 175): Hier hat das Bußgeldrecht einen komplexen Begriff aus der Regulierungsentwicklung bei Finanzdienstleistungen[1] der Betriebswirtschaftslehre rezipiert, der im Duden noch farblos mit „Risikopolitik" umschrieben wird. Art. 11 Abs. 3 VO 2012/648 spricht von risk management procedures/procédures de gestion des risques. Das Oxford Dictionary definiert risk management in der Betriebswirtschaft als „the forecasting and evaluation of financial risks together with the identification of procedures to avoid or minimize their impact". **Mit anderen Worten ist Risikomanagement ein systematischer innerbetrieblicher Prozess zur Erkennung und Bewertung von Risiken und zur Definition von Risikomitigationsmaßnahmen.** Risiko wird gemeinhin als ungewisses künftiges Ereignis mit negativer Wirkung definiert (französisch risque: „possibilité, probabilité d'un fait, d'un événement considéré comme un mal ou un dommage").

31 **Systeme** (§ 120 Abs. 8 Nr. 17 WpHG, Rz. 187 f.): Bemerkenswert ist, dass das WpHG-Bußgeldrecht den Systembegriff zum Anknüpfungspunkt für Bußgelder macht. Hierbei handelt es sich um eine Entlehnung, die nicht an einen gefestigten alltagssprachlichen Gebrauch anknüpft. Der Duden definiert ein System sehr vielgestaltig u.a. als wissenschaftliches Schema, Lehrgebäude; Prinzip, nach dem etwas gegliedert, geordnet wird;

---

[1] Dazu *Binder*, ZGR 2015, 667, 682 ff. m.w.N.; zu allgemein etablierten Standards für das Risikomanagement *Romeike* in Paetzmann/Schöning, Corporate Governance in Kreditinstituten, S. 357 ff.

Form der staatlichen, wirtschaftlichen, gesellschaftlichen Organisation; Regierungsform, Regime; für die Naturwissenschaften darüber hinaus als Gesamtheit von Objekten, die sich in einem ganzheitlichen Zusammenhang befinden und durch die Wechselbeziehungen untereinander gegenüber ihrer Umgebung abzugrenzen sind; in der Technik als „Einheit aus technischen Anlagen, Bauelementen, die eine gemeinsame Funktion haben" in der Sprachwissenschaft als „Menge von Elementen, zwischen denen bestimmte Beziehungen bestehen". Eher passender ist die englische Grunddefinition „a set of things working together as parts of a mechanism or an interconnecting network; a complex whole". Das „System" unterscheidet sich von Vorkehrungen vor allem durch seinen höheren Komplexitätsgrad und daraus, dass es aus mehreren Elementen besteht. Diese können aus Organisation, Informationstechnik und Regelungen bestehen. Besonders anschaulich wird der in jeder Fachwissenschaft spezifische Systembegriff im Larousse, wo ein übergeordneter Begriff „ensemble organisé de principes coordonnés de façon à former un tout scientifique ou un corps de doctrine" vor die Klammer gezogen wird und ein pragmatischer Systembegriff wie folgt beschrieben wird: „ensemble de procédés, de pratiques organisées, destinés à assurer une fonction définié"; moyen, plan employé pour obtenir un résultat.

Vorkehrungen (§ 120 Abs. 8 Nrn. 13, 59, 65, 76, 78, 127; § 120 Abs. 15 Nr. 15 i.V.m. Art. 18 Abs. 2 RL 2014/57/EU, Rz. 187, Rz. 215, Rz. 222, Rz. 223, Rz. 244, Rz. 347), auch als „Notfallvorkehrungen": Die Vorkehrung definiert der Duden als Maßnahme zum Schutz, zur Sicherung von etwas. Die Notfallvorkehrungen des Art. 17 Abs. 1 RL 2014/65/EU sind etwas konkreter mit „business continuity arrangements"/„plans de continuité des activités" übersetzt; in Art. 18 Abs. 1 RL 2014/65/EU mit „contingency arrangements"/„procédures d'urgence". „Arrangement" definiert das Oxford Dictionary als „plan or preparation for a future event." 32

Daneben gibt es Grundbegriffe, die lediglich in und/oder Verknüpfungen vorkommen: 33

Grundsätze (§ 120 Abs. 8 Nr. 19 WpHG, zusammen mit Vorkehrungen): Grundsätze sind im Duden definiert als feste Regeln, die jemand zur Richtschnur seines Handelns macht oder als allgemeingültiges Prinzip, das einer Sache zugrunde liegt, nach dem sie ausgerichtet ist, das sie kennzeichnet; Grundprinzip. Im juristischen Sprachgebrauch bringt der Begriff „Grundsätze" mitunter eine abgeschwächte Geltungsintensität gegenüber Regelungen und/oder einen hohen Abstraktionsgrad zum Ausdruck. Der kapitalmarktrechtliche Begriff von Grundsätzen dürfte am genausten durch den englischen, auch als Anglizismus verwendeten Begriff der „policies" umschrieben werden. Art. 64 RL 2014/65/EU verwendet englischsprachig den Begriff „policies" („a course or principle of action adopted or proposed by an organization or individual; archaic mass noun prudent or expedient conduct or action") und französisch „politiques" als „ensemble des options prises collectivement ou individuellement par les gouvernants d'un État dans quelque domaine que s'exerce leur autorité (domaine législatif, économique ou social, relations extérieures)". 34

Mittel (§ 120 Abs. 8 Nr. 110 WpHG, Rz. 233), zusammen mit Organisation und Regelungen) sind im Duden definiert als etwas, was zur Erreichung eines Zieles dient, was dazu geeignet ist, etwas Bestimmtes zu bekommen, zu erreichen, aber auch als [zur Verfügung stehende] Gelder, Kapital, Geldmittel. Das europäische Kapitalmarktrecht verwendet mitunter in etwas anderen Zusammenhängen (Art. 19 RL 2014/65/EU) den Begriff der financial resources/ressources financières bzw. „Geldmittel". Der Begriff in § 120 Abs. 8 Nr. 110 WpHG dürfte nicht auf finanzielle Resourcen eingeengt zu verstehen sein, sondern auch andere Mittel (wie personelle Resourcen, Weisungsbefugnisse, interne Regelwerke) umfassen, entsprechend der weiteren deutschen Definition und der englischen Definition von resources (usually resources „a stock or supply of money, materials, staff, and other assets that can be drawn on by a person or organization in order to function effectively"). 35

Organisation (§ 120 Abs. 8 Nr. 110 WpHG, zusammen mit Mitteln und Regelungen, Rz. 233) bezeichnet laut Duden u.a. das Organisieren; der Funktionstüchtigkeit einer Institution o.Ä. dienende [planmäßige] Zusammensetzung, Struktur, Beschaffenheit. Wertneutral kann man Organisation als System sozialer Interaktionen zwischen Personen in bestimmten Funktionen beschreiben. Jede Organisation hat formelle ebenso wie informelle Elemente; Anknüpfungspunkt für Bußgeldsanktionen sind regelmäßig die formale Organisation und ihre Wirksamkeit. Die Funktionstüchtigkeit ist kontextspezifisch als die Erreichung des Zwecks der jeweiligen kapitalmarktrechtlichen Vorgaben zu verstehen. § 81 Abs. 1 WpHG dient der Umsetzung von Art. 9 Abs. 3 RL 2014/65/EU, dort taucht das Wort nur einmal als „Firmenorganisation", in der englischen Fassung dann als „organisation of the firm" bzw. l'organisation de l'entreprise in der französischen. 36

Schwellen (§ 120 Abs. 8 Nr. 62 WpHG, zusammen mit Regelungen und Risikokontrollen, Rz. 216) sind im Duden definiert als (am Boden) in den Türrahmen eingepasster, etwas erhöht liegender Balken als unterer Abschluss einer Türöffnung; Türschwelle; aus Holz, Stahl oder Stahlbeton bestehender Teil einer Gleisanlage, auf dem die Schienen befestigt sind; Bahnschwelle; (Geografie) flache, keine deutlichen Ränder aufweisende submarine oder kontinentale Aufwölbung der Erdoberfläche; (Physiologie, Psychologie) Reizschwelle; (Bauwesen) (beim Fachwerkbau) unterer waagerechter Balken einer Wand mit Riegeln. Die Gesetzesfassung scheint hier den Begriff „Schwellenwert" zu „Schwelle" verkürzt zu haben. Der europäische Gesetzgeber war hier näher am herkömmlichen lexigraphischen deutschen Sprachgebrauch: der RL 2014/65/EU wird der Begriff Schwelle nicht, der der Schwellenwerte allerdings öfters benutzt. Z.B. in Erwägungsgrund 128, hier wird threshold/seuils übersetzt. Threshold hat die selben Bedeutungen wie Schwelle, aber auch wie Schwellenwert („the magnitude or in- 37 tensity that must be exceeded for a certain reaction, phenomenon, result, or condition to occur or be manifested; the maximum level of radiation or a concentration of a substance considered to be acceptable or safe; the level at which one starts to feel or react to something; a level, rate, or amount at which something comes into effect."); französisch seuils u.a. „limite, point, moment au-delà desquels commence un état, se manifeste un phénomène".

38 **Kontrollen** (§ 120 Abs. 8 Nr. 98 WpHG, Rz. 228): Kontrolle definiert der Duden mit „dauernder Überwachung, Aufsicht, der jemand, etwas untersteht", oder „Überprüfung, der jemand, etwas unterzogen wird", aber auch „Herrschaft, Gewalt, die man über jemanden, sich, etwas hat". Art. 17 Abs. 3 lit. c RL 2014/65/EU übersetzt Kontrollen mit controls/contrôle. „Controls" hat laut Oxford Dictionary zahlreiche Bedeutungen, die über die des deutschen Worts „Kontrolle" hinausgehen. Naheliegend sind die Bedeutungen (mass noun) „the power to influence or direct people's behaviour or the course of events", „the restriction of an activity, tendency, or phenomenon" oder „a means of limiting or regulating something." Ebenso bedeutungsvariant ist das französische Wort contrôle, u.a. „action de contrôler quelque chose, quelqu'un, de vérifier leur état ou leur situation au regard d'une norme: Contrôle des touristes à la douane. Tour de contrôle d'un aérodrome. Contrôle medical"; „action, fait de contrôler quelque chose, un groupe, d'avoir le pouvoir de les diriger: Perdre le contrôle de son véhicule. Avoir le contrôle d'un territoire"; „(cybernétique) ensemble d'opérations humaines ou automatiques visant à surveiller l'état d'un système conduit en vue d'élaborer les actions de commande". Kontrollen können im Kapitalmarktrecht sowohl algorithmisch wie manuell sein; sie können laufend-präventiv ebenso wie punktuell sein.

39 **Verfahren** (§ 120 Abs. 7 Nr. 6 WpHG, Rz. 175, zusammen mit Vorkehrungen, als „geeignete" zusammen mit Vorkehrungen § 120 Abs. 16 Nr. 9 WpHG; Rz. 353, § 120 Abs. 15 Nr. 3 WpHG i.V.m. Art. 16 VO Nr. 596/2014). Verfahren (Duden) hat im Deutschen und Französischen einen spezifisch juristischen Begriffsinhalt und bedeutet hier eine Folge von Rechtshandlungen oder definierten Schritten, die der Erledigung einer Rechtssache dienen; alltagssprachlich darüber hinaus die „Art und Weise der Durch-, Ausführung von etwas; Methode". In Art. 11 Abs. 1 VO Nr. 648/2012 wird procedures/procédures mit Verfahren übersetzt. Procedures bedeutet schlicht „an established or official way of doing something; a series of actions conducted in a certain order or manner". Differenziert sind die französischen Bedeutungsschichten, u.a. „forme suivant laquelle les procès sont conduits"; „ensemble des règles qui doivent être respectées pour la reconnaissance de certains droits ou le règlement de certaines situations juridiques (successions, partages, licitations, etc.)"; „marche à suivre, ensemble de formalités, de démarches à accomplir pour obtenir tel ou tel résultat: Procédure à suivre pour obtenir un passeport"; „(d'après l'anglais procedure) Processus suivi pour conduire une expérience, succession d'opérations à exécuter pour accomplir une tâche déterminée: procédure d'approche". „Verfahren" zielt, vor allem neben „Vorstellungen", seither auf die menschlich-beurteilende Seite ab.

40 Als Prädikate finden sich:
angemessene (Vorkehrungen, § 120 Abs. 8 Nr. 109 WpHG, Rz. 230; Kontrollverfahren, § 120 Abs. 8 Nr. 6 WpHG, Rz. 186): Hierunter versteht der Duden „richtig bemessen; adäquat". § 80 Abs. 9 bis 11 WpHG setzt Art. 16 Abs. 3 Unterabs. 2 – 6 RL 2014/65/EU um. Die Umsetzung der Vorschriften zum Produktfreigabeverfahren (Product Governance) orientiert sich eng am Wortlaut der RL 2014/65/EU. In Art. 16 Abs. 3 Unterabs. 6 RL 2014/65/EU wird angemessen mit adequate/appropriés übersetzt. Adequate ist definiert als „satisfactory or acceptable in quality or quantity"; approprié mit „adapter quelque chose à un emploi, à une destination". Hier kommt deutlich zum Ausdruck, dass „angemessen" deutlich im Sinne einer Proportionalität und nicht im Sinne einer Optimierung oder gar Maximierung zu verstehen ist (vgl. Art. 16 VO Nr. 596/2014 Rz. 20 ff.).

41 **geeignete** (Verfahren und Vorkehrungen, § 120 Abs. 16 Nr. 9 WpHG, Rz. 358) definiert der Duden allgemein als „einem bestimmten Zweck, bestimmten Anforderungen entsprechend, voll genügend; passend, tauglich". Art. 19 VO Nr. 1286/2014 (PRIIP-VO) übersetzt geeignet mit appropriate/appropriées mit geeignet. Appropriate bedeutet „suitable or proper in the circumstances".

42 Besonders vielfältig sind die Und-Verknüpfungen:
    – Mittel und Notfallsysteme (§ 120 Abs. 8 Nr. 16 WpHG, Rz. 188)
    – Regelungen, Systeme und Verfahren (§ 120 Abs. 15 Nr. 3 WpHG i.V.m. Art. 16 VO Nr. 596/2014, Rz. 343 f.)
    – Organisation, Mittel und Regelungen (§ 120 Abs. 8 Nr. 110 WpHG, Rz. 233)
    – Risikokontrollen, Schwellen und Regelungen (§ 120 Abs. 8 Nr. 62 WpHG, Rz. 216):
    – Systeme und Kontrollen (§ 120 Abs. 8 Nr. 88, 95 WpHG, Rz. 225, 226)
    – Systeme und Risikokontrollen (§ 120 Abs. 8 Nr. 98 WpHG, Rz. 228)
    – Systeme, Verfahren und Vorkehrungen (§ 120 Abs. 9 Nr. 2 WpHG, Rz. 257)
    – Verfahren und Vorkehrungen (§ 120 Abs. 8 Nr. 18, 19 WpHG; geeignete, Rz. 188, § 120 Abs. 16 Nr. 9 WpHG, Rz. 358).

43 Die **Technikgestaltung** als Gegenstand eines Bußgeldtatbestandes liegt im Trend einer Gesellschaft, in der mehr und mehr Algorithmen und nicht mehr individuelles menschliches Verhalten die Ergebnisse bestimmen. Gegenstand des Vorsatz- oder Fahrlässigkeitsvorwurf kann aber nicht der unzureichenden Algorithmus als sol-

cher sein, sondern lediglich das menschliche Unterlassen, einen ausreichende Software (und im Einzelfall Hardware) bereit zu stellen. Um Vorsatz oder Leichtfertigkeit festzustellen, reicht es nicht aus, den fehlerhaften oder unzulänglichen Algorithmus festzustellen. Vielmehr bedarf es konkreter Feststellungen, an welcher Stelle menschliches Verhalten innerhalb des aufsichtsunterworfenen Unternehmens objektiv pflichtwidrig, vorhersehbar und vorwerfbar (Rz. 369 ff.) Fehlentscheidungen oder Unterlassungen begangen hat. Hierzu reicht es auch weder aus, dass in vorherigen **Audits** allgemein **Verbesserungspotentiale** aufgezeigt werden – dies ist der Zweck eines Audits –, noch dass zuvor Fehlfunktionen aufgetreten sind – jedes komplexe technische System hat Störungen und Fehlfunktionen.

Noch komplexer ist es, wenn **organisatorische** Unzulänglichkeiten Gegenstand eines Bußgeldvorwurfs sind. Bei den organisatorischen Governance-Vorgaben für die interne Unternehmensorganisation spiegelt sich die rechtspolitische Fragwürdigkeit des Regulierungsausbaus[1] in mangelnder systematischer Abstimmung von Kapitalmarkt- und Aufsichtsrecht[2] und beträchtlicher Unschärfe der Vorgaben[3]. Organisationen bestehen nicht aus dem menschlichen Verhalten eines Einzelnen, vielmehr handelt es sich um soziale Interaktionen zwischen einer Vielzahl von Individuen. Soweit die Regeln einer Organisation dokumentiert sind (etwa durch Zuständigkeitsregelungen, Dienstpläne etc), ist eine Beurteilung ex post und von außerhalb der Dokumentation möglich. Es ist aber das kleine Einmaleins der Organisationssoziologie, dass die reale Organisation einer Unternehmens oder einer Institution fast immer weit abweicht von dem dokumentierten Sollzustand. Schon im Ausgangspunkt handelt es sich um ein prozedurales Regulierungskonzept, das auf die organisatorischen Rahmenbedingungen einwirkt und nicht konkrete materielle Lösungen vorgibt, sondern die Selbstanalyse und die darauf gestützte Selbstorganisation aktivieren will[4]. Die hohe Unschärfe der Vorgaben muss als Flexibilisierung der Regulierung verstanden werden, die primär nicht den sanktionierenden staatlichen Stellen, sondern mehr den Regulierungsadressaten selbst Spielräume ermöglicht[5]. Dem ist gerade bei der Anwendung der Bußgeldtatbestände Rechnung zu tragen. 44

5. Systematik der Bußgeldrahmen und Verhältnismäßigkeit der Bußgelder. Einen Blick wert ist in diesem Zusammenhang die **Korrelation** zwischen angedrohter Bußgeldhöchstgrenze und Unrechtsgehalt des in Bezug genommenen Tatbestandes. In folgender Tabelle findet sich dazu eine Übersicht geordnet nach Unrechtsgehalt des bußgeldbewehrten Verhaltens. 45

Der Bußgeldrahmen ist in der Tabelle nach folgenden fünf vereinfachten Stufen evaluiert: 46

sehr niedrig	bis 50.000 Euro
niedrig	bis 1 Mio. Euro
mittel	bis 3 % Umsatz
hoch	bis 5 % Umsatz
sehr hoch	bis 10 %/15 % Umsatz

Norm in § 120 WpHG	Leichtfertigkeit ausreichend	Unrechtskategorie	Rechtsakt (EU)	Bußgeldrahmen
Abs. 1 Nr. 1	Nein	Verwaltungsaktungehorsam	MAR	sehr niedrig
Abs. 12 Nr. 1 lit. a	Fahrlässigkeit ausreichend	Verwaltungsaktungehorsam	MAR, MiFIR, Benchmark-VO, PRIIP-VO, SFTR	sehr niedrig
Abs. 12 Nr. 1 lit. d	Fahrlässigkeit ausreichend	Verwaltungsaktungehorsam	Nein	sehr niedrig
Abs. 13	Fahrlässigkeit ausreichend	Verwaltungsaktungehorsam	Leerverkaufs-VO	sehr niedrig
Abs. 2 Nr. 2b	Ja	Verwaltungsaktungehorsam	Nein	niedrig
Abs. 11 Nr. 5	Ja	Verwaltungsaktungehorsam	Benchmark-VO	niedrig
Abs. 12 Nr. 1 lit. b	Fahrlässigkeit ausreichend	Verwaltungsaktungehorsam	nein (bzw. auch MiFID II)	niedrig
Abs. 12 Nr. 1 lit. c	Fahrlässigkeit ausreichend	Verwaltungsaktungehorsam	nein	niedrig

---

1 *Binder* in Staub, HGB, Bd. 11/2, 7. Teil, Rz. 34.
2 *Binder* in Staub, HGB, Bd. 11/2, 7. Teil, Rz. 35, 44.
3 Dazu etwa *Wundenberg*, Compliance und die prinzipiengeleitete Aufsicht über Bankengruppen, S. 15 ff., *Binder*, ZGR 2015, 667, 691.
4 *Binder* in Staub, HGB, Bd 11/2, 7. Teil, Rz. 39; allgemein *Binder*, ZGR 2007, 745, 783 ff.
5 In diese Richtung auch *Binder* in Staub, HGB, Bd. 11/2, 7. Teil, Rz. 38.

Norm in § 120 WpHG	Leichtfertigkeit ausreichend	Unrechtskategorie	Rechtsakt (EU)	Bußgeldrahmen
Abs. 11 Nr. 75	Ja	Verwaltungsaktungehorsam	Benchmark-VO	mittel
Abs. 8 Nr. 1–5, 86, 93, 101, 136	Ja	Verwaltungsaktungehorsam	MiFID II	sehr hoch
Abs. 9 Nr. 28–30	Ja	Verwaltungsaktungehorsam	MiFIR	sehr hoch
Abs. 11 Nr. 50, 55, 59, 63	Ja	Verwaltungsaktungehorsam	Benchmark-VO	sehr hoch
Abs. 2 Nr. 2 lit. c	Ja	Verstoß gegen gesetzliche Pflichten gegenüber Behörde	Leerverkaufs-VO	sehr niedrig
Abs. 2 Nr. 2 lit. i, j	Ja	Verstoß gegen gesetzliche Pflichten gegenüber Behörde	Transparenz-RL	sehr niedrig
Abs. 2 Nr. 9	Ja	Verstoß gegen gesetzliche Pflichten gegenüber Behörde	EMIR/MiFIR	sehr niedrig
Abs. 2 Nr. 14	Ja	Verstoß gegen gesetzliche Pflichten gegenüber Behörde	MAR	sehr niedrig
Abs. 5 Nr. 2–4	Ja	Verstoß gegen gesetzliche Pflichten gegenüber Behörde	Treibhausgasemissionszertifikats-VO	sehr niedrig
Abs. 12 Nr. 4	Fahrlässigkeit ausreichend	Verstoß gegen gesetzliche Pflichten gegenüber Behörde	nein	sehr niedrig
Abs. 1 Nr. 2, 3	Nein	Verstoß gegen gesetzliche Pflichten gegenüber Behörde	Transparenz-RL	niedrig
Abs. 2 Nr. 1	Ja	Verstoß gegen gesetzliche Pflichten gegenüber Behörde	nein	niedrig
Abs. 2 Nr. 2 lit. a, f–h, k–n, Nr. 10, 15	Ja	Verstoß gegen gesetzliche Pflichten gegenüber Behörde	Transparenz-RL	niedrig
Abs. 2 Nr. 2 lit. b	Ja	Verstoß gegen gesetzliche Pflichten gegenüber Behörde	EMIR/MiFIR	niedrig
Abs. 2 Nr. 6	Ja	Verstoß gegen gesetzliche Pflichten gegenüber Behörde	Rating-VO	niedrig
Abs. 2 Nr. 7	Ja	Verstoß gegen gesetzliche Pflichten gegenüber Behörde	nein	niedrig
Abs. 7 Nr. 5	Ja	Verstoß gegen gesetzliche Pflichten gegenüber Behörde	EMIR	niedrig
Abs. 6 Nr. 1	Ja	Verstoß gegen gesetzliche Pflichten gegenüber Behörde	Leerverkaufs-VO	niedrig
Abs. 11 Nr. 11 Fall 2, Nr. 16 Fall 1 und 2, Nr. 19, Nr. 20 Fall 1	Ja	Verstoß gegen gesetzliche Pflichten gegenüber Behörde	Benchmark-VO	niedrig
Abs. 12 Nr. 2	Fahrlässigkeit ausreichend	Verstoß gegen gesetzliche Pflichten gegenüber Behörde	nein	niedrig
Abs. 15 Nr. 1, Nr. 14, Nr. 17 Fall 1	Ja	Verstoß gegen gesetzliche Pflichten gegenüber Behörde	MAR	niedrig
Abs. 15 Nr. 4, 5, 10	Ja	Verstoß gegen gesetzliche Pflichten gegenüber Behörde	MAR	mittel
Abs. 2 Nr. 2 lit. d	Ja	Verstoß gegen gesetzliche Pflichten gegenüber Behörde/Emittent	TransparenzRL	sehr hoch
Abs. 2 Nr. 2 lit. e	Ja	Verstoß gegen gesetzliche Pflichten gegenüber Behörde/Emittent	Transparenz-RL	sehr hoch
Abs. 8 Nr. 7, 8, 71, 73, 74 Fall 2, 87, 92, 100	Ja	Verstoß gegen gesetzliche Pflichten gegenüber Behörde	MiFID II	sehr hoch
Abs. 8 Nr. 72	Ja	Verstoß gegen gesetzliche Pflichten gegenüber Behörde	MAR/MiFID II	sehr hoch

Bußgeldvorschriften | § 120

Norm in § 120 WpHG	Leichtfertigkeit ausreichend	Unrechtskategorie	Rechtsakt (EU)	Bußgeldrahmen
Abs. 8 Nr. 135	Ja	Verstoß gegen gesetzliche Pflichten gegenüber Behörde	auch MiFID II	sehr hoch
Abs. 9 Nr. 4 lit. a, g, i, f, k, Nr. 17–22, 25	Ja	Verstoß gegen gesetzliche Pflichten gegenüber Behörde	MiFIR	sehr hoch
Abs. 11 Nr. 38, 43, 47, 48, 51, 53, 54, 56–58, 61, 62 lit. b Fall 1 und 2, Nr. 67 Fall 2, Nr. 72–74	Ja	Verstoß gegen gesetzliche Pflichten gegenüber Behörde	Benchmark-VO	sehr hoch
Abs. 2 Nr. 4 lit. d	Ja	Verstoß gegen Veröffentlichungspflichten	Transparenz-RL	sehr niedrig
Abs. 7 Nr. 10	Ja	Verstoß gegen Veröffentlichungspflichten	EMIR	sehr niedrig
Abs. 2 Nr. 4 lit. c, Nr. 11	Ja	Verstoß gegen Veröffentlichungspflichten	Transparenz-RL	niedrig
Abs. 11 Nr. 6, 20 Nr. 24 Fall 2	Ja	Verstoß gegen Veröffentlichungspflichten	Benchmark-VO	niedrig
Abs. 15 Nr. 6, 9, 11	Ja	Verstoß gegen Veröffentlichungspflichten	MAR	mittel
Abs. 16 Nr. 1 lit. a bis d Fall 2	Ja	Verstoß gegen Veröffentlichungspflichten	PRIIP-VO	mittel
Abs. 2 Nr. 4 lit. a, b, e, f, g, Abs. 12 Nr. 5	Ja	Verstoß gegen Veröffentlichungspflichten	Transparenz-RL	hoch
Abs. 8 Nr. 11, 57, 74 Fall 1, 120–122	Ja	Verstoß gegen Veröffentlichungspflichten	MiFID II	sehr hoch
Abs. 9 Nr. 1, 9, 14	Ja	Verstoß gegen Veröffentlichungspflichten	MiFIR	sehr hoch
Abs. 11 Nr. 35, 60, 62 lit. a, Nr. 64, 66	Ja	Verstoß gegen Veröffentlichungspflichten	Benchmark-VO	sehr hoch
Abs. 1 Nr. 5	Nein	Verbotenes individuelles Verhalten unterhalb des Strafwürdigen	EMIR	sehr niedrig
Abs. 4 Nr. 1–4	Ja	Verbotenes individuelles Verhalten unterhalb des Strafwürdigen	Rating-VO	sehr niedrig
Abs. 5 Nr. 1 lit. a, b	Ja	Verbotenes individuelles Verhalten unterhalb des Strafwürdigen	Treibhausgasemissionszertifikats-VO	sehr niedrig
Abs. 1 Nr. 4	Nein	Verbotenes individuelles Verhalten unterhalb des Strafwürdigen	nein	niedrig
Abs. 2 Nr. 2a	Ja	Verbotenes individuelles Verhalten unterhalb des Strafwürdigen	MAR/Leerverkaufs-VO	niedrig
Abs. 2 Nr. 3	Ja	Verbotenes individuelles Verhalten unterhalb des Strafwürdigen	nein	niedrig
Abs. 2 Nr. 12	Ja	Verbotenes individuelles Verhalten unterhalb des Strafwürdigen	TransparenzRL	niedrig
Abs. 6 Nr. 2, 3, 4	Ja	Verbotenes individuelles Verhalten unterhalb des Strafwürdigen	Leerverkaufs-VO	niedrig
Abs. 7 Nr. 1, 3, 8, 9	Ja	Verbotenes individuelles Verhalten unterhalb des Strafwürdigen	EMIR	niedrig
Abs. 11 Nr. 2, 3, 26	Ja	Verbotenes individuelles Verhalten unterhalb des Strafwürdigen	Benchmark-VO	niedrig
Abs. 12 Nr. 3	Fahrlässigkeit ausreichend	Verbotenes individuelles Verhalten unterhalb des Strafwürdigen	nein	niedrig
Abs. 15 Nr. 22, 23	Ja	Verbotenes individuelles Verhalten unterhalb des Strafwürdigen	MAR	niedrig

Norm in § 120 WpHG	Leichtfertigkeit ausreichend	Unrechtskategorie	Rechtsakt (EU)	Bußgeldrahmen
Abs. 10 Nr. 3, 4	Ja	Verbotenes individuelles Verhalten unterhalb des Strafwürdigen	SFTR	mittel
Abs. 15 Nr. 8	Ja	Verbotenes individuelles Verhalten unterhalb des Strafwürdigen	MAR	mittel
Abs. 16 Nr. 6, 7	Ja	Verbotenes individuelles Verhalten unterhalb des Strafwürdigen	PRIIP-VO	mittel
Abs. 8 Nr. 3 lit. a, Nr. 14, 27–32, 40, 44, 45, 52, 54, 69, 70, 77, 80, 81 lit. a–c, 82–85, 89, 95, 98, 99, 103–105, 107, 114, 119, 127, 131, 133, 134, 137	Ja	Verbotenes individuelles Verhalten unterhalb des Strafwürdigen	MiFID II	sehr hoch
Abs. 9 Nr. 4 lit. b–e, j, l–s, Nr. 5–7, 10, 11, 13, 16, 23, 26, 27	Ja	Verbotenes individuelles Verhalten unterhalb des Strafwürdigen	MiFIR	sehr hoch
Abs. 10 Nr. 1	Ja	Verbotenes individuelles Verhalten unterhalb des Strafwürdigen	SFTR	sehr hoch
Abs. 11 Nr. 27, 29, 33, 41, 49, 52, 67 Fall 3, Nr. 68, 70, 71	Ja	Verbotenes individuelles Verhalten unterhalb des Strafwürdigen	Benchmark-VO	sehr hoch
Abs. 14	nur Leichtfertigkeit	Verbotenes individuelles Verhalten unterhalb des Strafwürdigen	MAR	sehr hoch
Abs. 15 Nr. 2	Ja	Verbotenes individuelles Verhalten unterhalb des Strafwürdigen	MAR	sehr hoch
Abs. 15 Nr. 17 Fall 2, 19	Ja	Verbotenes individuelles Verhalten unterhalb des Strafwürdigen	MAR	niedrig
Abs. 16 Nr. 2, 5, Nr. 8 (Kundeninformation)	Ja	Verstoß gegen Verhaltenspflichten im privatrechtlichen Horizontalverhältnis	PRIIP-VO	mittel
Abs. 8 Nr. 9, 33–39, 41, 42, 43, 46–49, 53, 58, 61, 79, 91, 96, 108, 115–118, 126 (Kundeninformation) 128–130, 132	Ja	Verstoß gegen Verhaltenspflichten im privatrechtlichen Horizontalverhältnis	MiFID II	sehr hoch
Abs. 9 Nr. 12	Ja	Verstoß gegen Verhaltenspflichten im privatrechtlichen Horizontalverhältnis	MiFIR	sehr hoch
Abs. 11 Nr. 69 (Prospektinformation)	Ja	Verstoß gegen Verhaltenspflichten im privatrechtlichen Horizontalverhältnis	Benchmark-VO	sehr hoch
Abs. 3	Ja	organisatorische Unzulänglichkeiten	MiFID II	sehr niedrig
Abs. 2 Nr. 5	Ja	organisatorische Unzulänglichkeiten	nein	sehr niedrig
Abs. 2 Nr. 8	Ja	organisatorische Unzulänglichkeiten	EMIR/MiFIR	niedrig
Abs. 2 Nr. 13	Ja	organisatorische Unzulänglichkeiten	TransparenzRL	niedrig
Abs. 4 Nr. 5	Ja	organisatorische Unzulänglichkeiten	Rating-VO	niedrig
Abs. 6 Nr. 5	Ja	organisatorische Unzulänglichkeiten	Leerverkaufs-VO	niedrig
Abs. 7 Nr. 2, 4, 6, 7	Ja	organisatorische Unzulänglichkeiten	EMIR	niedrig

Norm in § 120 WpHG	Leichtfertigkeit ausreichend	Unrechtskategorie	Rechtsakt (EU)	Bußgeldrahmen
Abs. 11 Nr. 1, 4, 7–10, 11 Fall 1, Nr. 12–15, 16 Fall 3, Nr. 17–18, 21–23, 24 Fall 1, Nr. 25, 28	Ja	organisatorische Unzulänglichkeiten	Benchmark-VO	niedrig
Abs. 15 Nr. 12, 13, 15, 16, 18, 20, 21	Ja	organisatorische Unzulänglichkeiten	MAR	niedrig
Abs. 11 Nr. 28, 31	Ja	organisatorische Unzulänglichkeiten	Benchmark-VO	mittel
Abs. 15 Nr. 3, 7	Ja	organisatorische Unzulänglichkeiten	MAR	mittel
Abs. 16 Nr. 1 lit. a bis d Fall 1, Nr. 3, 4, 9, 10	Ja	organisatorische Unzulänglichkeiten	PRIIP-VO	mittel
Abs. 8 Nr. 3 lit. b, Nr. 6, 10, 50, 51, 55, 56, 59, 60, 62–68, 75, 76, 78, 88, 90, 94, 97, 102, 106, 109, 110–113, 123–125	Ja	organisatorische Unzulänglichkeiten	MiFID II	sehr hoch
Abs. 8 Nr. 12, 13, 15–26	Ja	organisatorische Unzulänglichkeiten	MiFID II, MAR, PRIIP-VO	sehr hoch
Abs. 9 Nr. 2, 3, 4 lit. h, Nr. 8, 15, 24	Ja	organisatorische Unzulänglichkeiten	MiFIR	sehr hoch
Abs. 10 Nr. 2	Ja	organisatorische Unzulänglichkeiten	SFTR	sehr hoch
Abs. 11 Nr. 30, 32, 34, 36, 37, 39, 40, 42, 44–46, 65, 67 Fall 1	Ja	organisatorische Unzulänglichkeiten	Benchmark-VO	sehr hoch
Abs. 2 Nr. 16	Ja		Rating-VO	sehr niedrig

Ein Zusammenhang dahingehend, dass ein bestimmtes Unrecht stets rechtsaktübergreifend einer höheren Buß- 47 gelddrohung unterliegt als ein anderes, ist nicht durchgängig erkennbar. Auffällig und die These von der Inflation bestätigend ist, dass der Gesetzgeber die höchsten Bußgelddrohungen bei Verstößen gegen die jüngsten Rechtsakte (**MAR, MiFIR, MiFID II und SFTR**) vorgesehen hat.

Konzeptionell schlüssig ist, dass die **höchsten Bußgelddrohungen** bei leichtfertigen Verstößen gegen Art. 14 48 VO Nr. 596/2014 (Insiderhandel) sowie bei vorsätzlichen oder leichtfertigen Verstößen gegen Art. 15 VO Nr. 596/2014 (Marktmanipulation) bestehen: bis zu 15 Mio. Euro bzw. 15 % des Gesamtjahresumsatzes mit einer möglichen Erhöhung bis zum Dreifachen des aus dem Verstoß erlangten wirtschaftlichen Vorteils (§ 120 Abs. 14, 15 Nr. 2, Abs. 18 WpHG) bei Fehlverhalten juristischer Personen oder Personenvereinigungen durch zurechenbares Fehlverhalten Einzelner.

Sehr hohe Bußgeldrahmen sind bei etlichen **MiFID-II-Verstößen** angeordnet, etwa nach § 120 Abs. 8 Nr. 1, 93, 49 101 WpHG (Verwaltungsaktungehorsam), nach § 120 Abs. 8 Nr. 14, 27 bis 32 WpHG (individuelles verbotenes Verhalten unterhalb des Strafwürdigen) sowie nach § 120 Abs. 8 Nr. 9, 33–39, 46–49 WpHG (Verstoß gegen Verhaltenspflichten im privatrechtlichen Horizontalverhältnis) mit bis zu 10 % des Behördenentscheidung vorangegangenen Gesamtjahresumsatzes mit einer möglichen Erhöhung bis zum Zweifachen des aus dem Verstoß erlangten wirtschaftlichen Vorteils. Bei Verstößen gegen die SFTR sind Geldbußen bis 5 Mio. Euro bzw. bei juristischen Personen oder Personenvereinigung der höhere Betrag von 5 Mio. Euro und 10 % des letzten Gesamtjahresumsatzes mit einer Erhöhung bis zum Dreifachen des aus dem Verstoß erzielten wirtschaftlichen Vorteils (§ 120 Abs. 10 Nr. 1 – Verstoß gegen gesetzliche Pflichten gegenüber einer Behörde – und Nr. 2 – organisatorische Unzulänglichkeiten – i.V.m. Abs. 21 WpHG) möglich.

Rechtsaktübergreifend fallen sehr hohe Bußgelddrohungen mit bis zu 10 % des Umsatzes mit möglicher Erhö- 50 hung bis zum Zwei- oder Dreifachen des aus dem Verstoß erzielten wirtschaftlichen Vorteils für Verstöße gegen Verhaltenspflichten im privatrechtlichen Horizontalverhältnis nach der **Benchmark-VO** (§ 120 Abs. 11 Nr. 69 WpHG, Kundeninformation) und der **MiFID II** (§ 120 Abs. 8 Nr. 126 WpHG, Prospektinformation) sowie nach der **MiFIR** (§ 120 Abs. 9 Nr. 12 WpHG, Kontrahierungszwang) auf. An dieser Stelle dürfte die Erforderlichkeit solcher sehr hohen Bußgelddrohungen zur Erzielung eines rechtskonformen Verhaltens der betreffenden Finanzmarktakteure stark bezweifelt werden, gerade im Hinblick auf vorhandene Mittel der privat-horizontalen Rechtsgewährleistung einerseits und dem denkbaren Erlass behördlicher Verfügungen andererseits.

Auch eine Reihe organisatorischer Unzulänglichkeiten wird mit entsprechenden sehr hohen Geldbußen bedroht wie etwa in § 120 Abs. 8 Nr. 6, 10, 50, 51, 55, 56, 102, 106, 109 WpHG (MiFID II); in § 120 Abs. 9 Nr. 2, 3, 4 lit. g bis h, Nr. 15, 17 Fall 1, 24 WpHG (MiFIR) oder in § 120 Abs. 11 Nr. 30–32, 34, 36, 39, 40, 42, 44–46, 65, 67 Fall 1 WpHG (Benchmark-VO). Hier ergeben sich ebenfalls Bedenken hinsichtlich der Erforderlichkeit solcher Sanktionen. Ein milderes, nicht nur gleich wirksames, sondern eher sogar wirksameres Mittel zur Zweckerreichung könnte in diesen Fällen eine befehlende behördliche Verfügung sein.

51 Eher geringere Bußgelddrohungen bestehen bei Verstößen gegen die etwas älteren europäischen Rechtsakte wie gegen die **Leerverkaufs-VO**[1] z.B. nach § 120 Abs. 6 Nr. 3–5, Abs. 24 WpHG (bis 500.000 Euro), gegen die **Rating-VO** z.B. nach § 120 Abs. 4 Nr. 5, Abs. 24 WpHG (bis 200.000 Euro) sowie gegen die **EMIR**[2] nach Abs. 7 bis maximal 500.000 Euro bei § 120 Abs. 7 Nr. 5, 8, 9, Abs. 24 WpHG. Bußgeldrahmen im mittleren Bereich sind bei Verstößen gegen die PRIIP-VO zu verzeichnen (bis 700.000 Euro bzw. bis zum jeweils höheren Betrag von 5 Mio. Euro und 3 % des letzten Gesamtjahresumsatzes mit einer möglichen Erhöhung bis zum Zweifachen des aus dem Verstoß gezogenen wirtschaftlichen Vorteils und zwar bei Verstößen gegen Veröffentlichungspflichten und gegen Verhaltenspflichten im privatrechtlichen Horizontalverhältnis, bei organisatorischen Unzulänglichkeiten sowie verbotenem individuellen Verhalten unterhalb des Strafwürdigen).

52 **6. Horizontale Fragen der Differenzierung der Bußgeldrahmen: Vereinbarkeit mit dem Gleichheitssatz.**
Da das wesentliche „Konzept" hinter den ausufernden Bußgeldrahmen eher eine innere Hyperinflation – je jünger der Rechtsakt, desto höher die Drohung – als durchgehend ein Versuch einer Zuordnung nach Schutzwürdigkeit des Rechtsgutes, Intensität der Beeinträchtigung und Präventionsbedürfnis ist, stellt sich die Frage nach der Vereinbarkeit mit der Gleichheitsgarantie. Sofern ähnliches Unrecht auf Grundlage verschiedener EU-Rechtsakte mit unterschiedlich hohen Bußgeldrahmen bewehrt wird, lässt sich die Vereinbarkeit mit dem allgemeinen Gleichheitssatz nach Art. 20 GRCh nicht allein damit beantworten, dass es sich schon wegen der Regelung in unterschiedlichen Rechtsakten um unterschiedliche Sachverhalte handelt. Art. 20 GRCh umfasst trotz der Formulierung „vor dem Gesetz" neben dem Gebot der Rechtsanwendungsgleichheit auch das Gebot der Rechtssetzungsgleichheit, denn diese ist auf abstrakter Ebene Voraussetzung für eine gleiche Rechtsanwendung im Konkreten[3].

53 Nach der Rechtsprechung des EuGH verlangt der allgemeine Gleichheitssatz vom Normgeber, dass „vergleichbare Sachverhalte nicht unterschiedlich und unterschiedliche Sachverhalte nicht gleichbehandelt werden, es sei denn, dass eine solche Behandlung objektiv gerechtfertigt ist"[4]. Eine Vergleichbarkeit der Sachverhalte wird allerdings nur in besonderen Einzelfällen vorliegen. Ein Grenzfall ist es aber, wenn einerseits bei Verstößen gegen vollziehbare Anordnungen auf Grundlage der MiFID II (Verwaltungsaktungenorsam) nach § 120 Abs. N Nr. 1, 93 sowie Nr. 101, Abs. 20 WpHG eine Geldbuße bis zu 10 % des Gesamtjahresumsatzes droht, andererseits Verstöße gegen vollziehbare Anordnungen auf Grundlage der Leerverkaufs-VO hingegen gem. § 120 Abs. 13, Abs. 24 WpHG einer sehr niedrigen Bußgeldandrohung ausgesetzt sind mit lediglich bis zu 50.000 Euro bei vorsätzlichem Handeln und mit bis zu 25.000 Euro bei Fahrlässigkeit (§ 120 Abs. 24 a.E. i.V.m. § 17 Abs. 2 OWiG). In beiden Fällen geht es um Verwaltungsungehorsam. Ob es zur Begründung der Unterschiedlichkeit von Sachverhalten ausreicht, dass die Leerverkaufs-VO 2012 erlassen wurde und das sog. *Short Selling* regelt, bei dem auf fallende Kurse von Finanztiteln spekuliert wird[5], während die MiFID II erst 2014 kam und die Finanzmärkte allgemein regelt und dafür zusammen mit der MiFIR verschiedene Transparenz-, Verhaltens- und Organisationspflichten für Wertpapierdienstleistungsunternehmen aufstellt[6], darf hinterfragt werden. So ist beispielsweise in § 120 Abs. 8 Nr. 93 i.V.m. § 77 Abs. 2 Satz 2 WpHG eine Zuwiderhandlung gegen eine behördliche Anordnung zur Beschreibung von Systemen und Kontrollen bei Wertpapierdienstleistungsunternehmen, die einen direkten elektronischen Zugang zu einem Handelsplatz anbieten (Art. 17 Abs. 5 RL 2014/65/EU), bußgeldbewehrt. In § 120 Abs. 13 WpHG dagegen sind Zuwiderhandlungen gegen vollziehbare Anordnungen nach Art. 19 Abs. 2 VO Nr. 236/2012 bußgeldbewehrt, wonach die zuständige Behörde natürliche oder juristische Personen, die ein bestimmtes Finanzinstrument halten oder eine Kategorie von Finanzinstrumenten leihweise zur Verfügung stellen, dazu auffordern kann, jede erhebliche Änderung der Gebühren zu melden, die für ein solches Verleihen zu zahlen sind. Geht man – wohl zutreffend – hier eher von einer Vergleichbarkeit der Sachverhalte aus, so wäre die Frage zu beantworten, ob die Unterschiede zwischen Leerverkaufs-VO und MiFID II von solchem Gewicht sind, dass sie die Unterschiede im Bußgeldrahmen rechtfertigen. Hier dürfte deutlich sein, dass differenzierte Rahmen bei lediglich ähnlicher Unrechtstypologie nicht zu beanstanden sind; das Aus-

---

1 Verordnung (EU) Nr. 236/2012 des Europäischen Parlaments und des Rates vom 14.3.2012 über Leerverkäufe und bestimmte Aspekte von Credit Default Swaps, ABl. EU Nr. L 86 v. 24.3.2012, S. 1.
2 Verordnung (EU) Nr. 648/2012 des Europäischen Parlaments und des Rates vom 4.7.2012 über OTC-Derivate, zentrale Gegenparteien und Transaktionsregister, ABl. EU Nr. L 201 v. 27.7.2012, S. 1.
3 Dazu *Rossi* in Calliess/Ruffert, EUV/AEUV, Art. 20 GRCh Rz. 8; *Jarass*, Art. 20 GRCh Rz. 3; *Streinz* in Streinz, EUV/AEUV, Art. 20 GRCh Rz. 7.
4 S. nur EuGH v. 21.7.2011 – Rs. C-21/10, Slg.2011, I-6769 – Károly Nagy, Rz. 47 m.w.N.
5 *Wojcik* in von der Groeben/Schwarze/Hatje, Art. 63 AEUV Rz. 114.
6 Dazu unter https://www.esma.europa.eu/policy-rules/mifid-ii-and-mifir (zuletzt abgerufen am 3.7.2018 um 10.30 h).

maß der Ungleichbehandlung etwa bei dem gleichartigen Unrechtstatbestand des Verwaltungsaktungehorsams dürfte allerdings die Grenzen eines willkürfreien Sanktionsrahmenkonzepts ausloten oder gar überschreiten.

III. Struktur der Verweisungen: § 120 WpHG als Blankett-Tatbestände und die Gebote von Normenklarheit und Normenbestimmtheit. 1. Verfassungsrechtliche Anforderungen der Normenklarheit und Normenbestimmtheit. § 120 WpHG wirft wegen der unübersichtlichen Struktur mit 28 Absätzen und über 300 Nummern gerade zusammen mit seinen Bezugstatbeständen Fragen der Normenklarheit und Normenbestimmtheit auf. Auch die Ordnungswidrigkeitentatbestände müssen sich an dem **Bestimmtheitsgrundsatz** aus Art. 103 Abs. 2 GG und § 3 OWiG messen lassen, d.h. die Voraussetzungen des ahndbaren Verhaltens müssen wie bei den Straftatbeständen des § 119 WpHG so konkret umschrieben sein, dass der Anwendungsbereich des Bußgeldtatbestands und dessen Tragweite zu erkennen sind bzw. sich durch Auslegung ermitteln lassen[1]. Die jüngere Rechtsprechung lässt mitunter zielgruppenspezifisch abgestufte Bestimmtheitsanforderungen zu. 54

Mit seinen komplizierten Verweisungsketten und zahlreichen Absätzen und Unternummerierungen ist § 120 WpHG symptomatisch dafür, dass gerade die hohen Bestimmtheitsanforderungen bei Bußgeldtatbeständen ihrerseits wieder die Übersichtlichkeit und Nutzerfreundlichkeit beeinträchtigen können. An manchen Stellen führt dies zu intrikaten inneren Kohärenzthemen, bei denen man die Frage stellen kann, ob der Gesetzgeber hier punktuell den Überblick verloren hat und die als mangelnde Bestimmtheit auffallen, wenn man sie nicht wohlwollend und geltungserhaltend mit der Konkurrenzlehre löste (Rz. 427 ff.): Der Tatbestand in § 120 Abs. 8 Nr. 136 WpHG ist mit § 120 Abs. 12 Nr. 1 lit. b WpHG im Wortlaut identisch mit Ausnahme des vorausgesetzten (Mindest-) Fahrlässigkeitsgrades. In § 120 Abs. 8 Nr. 136 WpHG ist zumindest leichtfertiges Handeln Voraussetzung. In § 120 Abs. 12 Nr. 1 lit. b WpHG reicht bereits einfache Fahrlässigkeit. Letztere Vorschrift erfasst damit (zumindest nach dem Wortlaut) auch die Verstöße nach § 120 Abs. 8 Nr. 136 WpHG. Die sich aus dem Normtext ergebenen Rechtsfolgen gehen allerdings weit auseinander. Verstöße nach § 120 Abs. 8 Nr. 136 WpHG sind mit maximal 200.000 Euro bußgeldbewehrt (§ 124 Abs. 24 WpHG). Verstöße nach § 120 Abs. 12 Nr. 2 lit. b sind mit bis zu 5 Mio. Euro bzw. bis zu 10 % des letzten Gesamtjahresumsatzes mit einer möglichen Erhöhung auf das Zweifache des aus dem Verstoß erlangten wirtschaftlichen Vorteils (§ 120 Abs. 20 WpHG) bußgeldbewehrt. 55

Darüber hinaus kann allgemein eine **Verweisungstechnik, die unübersichtlich ist**, im Hinblick auf die Normenklarheit unzulässig sein[2]. Andererseits dienen die Verweise auf andere Normen des WpHG und auf Normen in EU-Verordnungen sowie auf Regelungen in ergänzenden delegierten EU-Rechtsakten dem Bestimmtheitsgrundsatz, indem sie dem Normadressaten detaillierter verdeutlichen, welches Verhalten konkret von ihm gefordert wird bzw. welcher Verstoß bußgeldbewehrt ist (s. dazu Vor §§ 119 ff. WpHG Rz. 33 ff.). Man kann nicht einerseits hohe Bestimmtheit im Sinne von Detaillierung verlangen (anstelle breiter Generalklauseln), und dann dem Gesetzgeber Unübersichtlichkeit vorwerfen. Dass die (standardisierten) Verhaltenspflichten nach dem WpHG sehr komplex sind, liegt in der Natur der Sache und begründet für sich genommen keine Verfassungswidrigkeit[3]. Die Kritik kann somit in diesem Punkt allenfalls rechtspolitisch an der überzogenen materiellen Regulierungsdichte ausgerichtet sein, und diese Diskussion wird in Zukunft zu führen sein. 56

In einer Mehrebenen-Rechtsordnung kommen Komplexitäten hinzu, wenn zwischen mehreren Rechtsakten auf verschiedenen Ebenen verwiesen wird. So verweisen die Tatbestände des § 120 WpHG nicht nur auf Vorschriften des WpHG bzw. auf EU-Verordnungen, sondern auch auf von der Europäischen Kommission erlassene konkrete Rechtsakte (DelV) mit mitunter zusätzlich nach technische Regulierungs- und Durchführungsstandards, die nur der Rechtsgrundlage nach beschrieben sind. Nach der Entscheidung des BVerfG zur Verfassungswidrigkeit von § 10 Abs. 1, 3 RiFlEtG[4] ist in diesem Zusammenhang vor allem die zu § 10 Abs. 1, 3 RiFlEtG nahezu identisch aufgebaute Blankettnorm mit Rückverweisungsklausel in § 120 Abs. 2 Nr. 16 i.V.m. Abs. 28 WpHG verfassungsrechtlichen Bedenken ausgesetzt, wobei das BVerfG es offen gelassen hat, ob seine Anforderungen im Bußgeldrecht gelten (dazu eingehend Rz. 130). 57

2. Verweisungsstrukturen in Bußgeldtatbeständen. a) Blankett-Tatbestände, normative Tatbestandsmerkmale und ergänzende Erläuterungen. Die meisten Bußgeldtatbestände in § 120 WpHG sind **Blankett-Tatbestände**. Solche liegen vor, wenn der Bußgeldtatbestand das Unrecht nicht selbständig, sondern erst zusammen mit den Verhaltensvorgaben beschreibt, auf die verwiesen wird, m.a.W. die verweisende Norm so lückenhaft ist, dass das tatbestandliche Ge- oder Verbot erst mit Hilfe der Norm, auf die verwiesen wird, ermittelt werden kann. Der Bußgeldtatbestand ergibt sich dann aus einem Zusammenlesen der jeweiligen Bestimmung in § 120 WpHG mit dem in Bezug genommenen außerbußgeldrechtlichen Tatbestand. In der Regel wird es 58

---

1 BVerfG v. 23.10.1985 – 1 BvR 1053/82, BVerfGE 71, 108, 114; BVerfG v. 17.11.2009 – 1 BvR 2717/08 Rz. 16, NJW 2010, 754, 755; *Remmert* in Maunz/Dürig, Art. 103 Abs. 2 GG Rz. 87 ff.; *Blum* in Blum/Gassner/Seith, § 3 OWiG Rz. 10; eingehend dazu Rz. 54 ff.
2 Systematisch am Beispiel des Umweltstrafrechts als Referenzgebiet *Petzsche*, NZWiSt 2015, 210.
3 So bereits zum alten Recht *Waßmer* in Fuchs, § 39 WpHG Rz. 12.
4 BVerfG v. 21.9.2016 – 2 BvL 1/15, BVerfGE 143, 38 – RiFlEtG.

sich dabei um eine Inkorporation des außerbußgeldrechtlichen Tatbestandes in den bußgeldrechtlichen handeln. Dies *kann* im Einzelfall sogar dazu führen, dass der bußgeldrechtliche Tatbestand beispielsweise in zeitlicher oder sachlicher Hinsicht einen weiteren Anwendungsbereich hat als der außerbußgeldrechtliche. Bei jenen Bußgeldtatbeständen, die eine Zuwiderhandlung gegen den außerbußgeldrechtlichen verlangen („zuwiderhandelt, indem..." oder „entgegen...") ist der erklärte Wille des Normgebers allerdings darauf gerichtet, einen konkreten verwaltungsrechtlichen Verstoß zu verlangen, was die zeitliche und sachliche Geltung des Bezugstatbestandes voraussetzt.

59 Von Blankett-Tatbeständen abzugrenzen sind **normative Tatbestandsmerkmale**. Nach h.A.[1] liegt ein normatives Tatbestandsmerkmal vor, wenn die verweisende Norm eine in sich geschlossene Tatbestandsbeschreibung enthält. Sie umschreiben das tatbestandliche Unrecht selbst abschließend, sind aber unter Rückgriff auf außerbußgeldrechtliche Wertungen auszufüllen. Wiederum abzugrenzen sind ergänzende Bezugnahmen auf Gemeinschaftsrecht, die lediglich Auslegungsrichtlinie für den vollständig und abschließend definierten Tatbestand liefern[2].

60 Die verschiedenen Tatbestandsstrukturen treten in § 120 WpHG häufig kombiniert auf. So kann ein Bußgeldtatbestand zunächst (erstens) Blankett-Charakter tragen, weil er nur zusammen mit dem verwaltungsrechtlichen komplett ist, an anderer Stelle (auch in der Bezugsvorschrift) (zweitens) auch normative Tatbestandsmerkmale – etwa die besonderen persönlichen Merkmale regulierter Akteure (Rz. 80f., Rz. 285) enthalten, und (drittens) zusätzlich qua gesetzlicher Anordnung auch sekundäres Auslegungsmaterial beigestellt bekommen.

61 **b) Dynamische, statische und offene Verweisungen.** Differenzierend zu beantworten ist die Frage, ob die Verweisungen auf europäisches Recht in § 120 WpHG statisch oder dynamisch sind. Im Zweifel sind die Verweisungen in § 120 WpHG als statische Verweisungen auszulegen[3]. Dies schließt es nicht aus, punktuellen dynamischen Verweisungen – etwa bei der Definition des Anwendungsbereichs in § 1 Nr. 8 WpHG und bei Begriffsbestimmungen in § 2 WpHG – auch im Bußgeldrecht anzuerkennen, solange sich hierdurch bewirkte Änderungen nicht grundlegend auf das vertypte Unrecht auswirken oder die Wortlautgrenze des nationalen Bußgeldtatbestandes sprengen. Hierdurch wird das vom Gesetzgeber definierte Unrecht nicht verändert.

62 Wenn das Unrecht in statischen Bezugsnormen (des WpHG, des Level 1 oder des Level 2) hinreichend vertypt ist, dürften auch ergänzende *dynamische* oder sogar *offene* Verweisungen auf europäische Rechtsakte verfassungsrechtlich zulässig sein[4]. Eine dynamische Verweisung liegt vor, wenn das Gesetz auf den Rechtsakt „in der jeweils geltenden Fassung" verweist. Eine offene Verweisung liegt vor, wenn z.B. auf „nach Art. 28 erlassene technische Regulierungsstandards" verwiesen wird. Denn die technischen Regulierungs- und Durchführungsstandards dürfen nur „technischer Art" sein und „keine strategischen oder politischen Entscheidungen" beinhalten; ihr Inhalt muss „durch die Gesetzgebungsakte, auf denen sie beruhen, beschränkt" sein (Art. 10 VO Nr. 1095/2010 für technische Regulierungsstandards; ähnlich Art. 15 Abs. 1 Satz 2 VO Nr. 1095/2010 für technische Durchführungsstandards). Die Einhaltung dieser Grenzen zu prüfen und die Anforderungen nach nationalem Verfassungsrecht an die Bestimmtheit des gesamten Blanketts (d.h. einschließlich der Bezugsnormen[5], auch des Level-2-Durchführungsrechtsakts) zu prüfen, ist Sache des Bußgeldrichters. Auf der ersten Ebene der Vereinbarkeit mit der unionsrechtlichen Ermächtigung muss er bei Zweifeln dem EuGH vorlegen.

63 Nicht mehr Bestandteil der gerichtlichen Maßstabsbildung, sondern umgekehrt Gegenstand der richterlichen Kontrolle sind die „Leitlinien und Empfehlungen" der zuständigen Behörde auf europäischer (Art. 16 VO Nr. 1095/2010) und nationaler Ebene. Sie eingehalten zu haben, kann aber auf der Ebene der objektiven, jedenfalls der subjektiven Pflichtwidrigkeit entlastende Wirkung („safe harbour") haben[6]. Ein besonderes Bestimmtheitsproblem stellt sich dann, wenn Leitlinien und Empfehlungen erst einen auf gesetzlicher Ebene zu weit und zu allgemein geratenenen Tatbestand durch zahlreiche safe harbours anwendungsreif machen. In solchen Fällen ist zu prüfen, ob das Unrecht hinreichend vom Gesetzgeber festgelegt ist: Es genügt den Bestimmtheitsgebot nicht, wenn der Gesetzgeber erst einmal sozusagen alles Verhalten in einem Gebiet verbietet und es der Exekutive überlässt, im Wege von nichtrechtsförmlichen Wohltaten „safe harbours" zu umschreiben.

64 **c) Implizite Konkretisierungen.** Implizite Konkretisierungen sind außerstrafrechtliche Normen, die *ohne* ausdrückliche Verweisung als maßgeblich außerstrafrechtliche Vorgabe gelten. Hier handelt es sich i.d.R. um normative Tatbestandsmerkmale (Rz. 59f.). Die Bestimmtheitsanforderungen muss dann der Bußgeldtatbestand allein erfüllen.

---

1 S. *Rengier* in KK-OWiG, § 11 OWiG Rz. 28 m.N.
2 BGH v. 23.1.2018 – 5 StR 554/17, NJW 2008, 801 Rz. 10, zu § 143a MarkenG.
3 Dazu BVerfG v. 21.9.2016 – 2 BvL 1/15, BVerfGE 143, 38 Rz. 43 – RiFlEtG m.w.N.; vgl. *Mitsch* in KK-OWiG, Einleitung Rz. 247 m.w.N., der darauf hinweist, dass dynamische Verweisungen „im Lichte des verfassungsrechtlichen Bestimmtheitsgebots (Art. 103 Abs. 2 GG) eine bedenkliche Gesetzgebungstechnik" seien.
4 Vgl. *Diversy/Köperl*, § 39 Rz. 8; *Köpferl*, ZIS 2017, 201, 208ff.; „zumindest bedenklich": *Rönnau/Wegner* in Meyer/Veil/ Rönnau, § 27 Rz. 10.
5 BGH v. 10.10.2017 – 1 StR 447/14, NJW 2018, 480 Rz. 59.
6 *Frank*, ZBB 2015, 213.

IV. Tatbestandsspezifische Fragen der Anwendung des OWiG auf § 120 WpHG: Allgemeiner Teil des Bußgeldrechts im Kapitalmarktrecht. Gemäß § 2 OWiG gilt das **OWiG** für alle Ordnungswidrigkeiten nach Bundes- und Landesrecht, also auch nach § 120 WpHG. Dies gilt vor allem für die allgemeinen Vorschriften (1. Teil) und für das Bußgeldverfahren (2. Teil), für dessen Durchführung die BaFin gem. § 121 WpHG i.V.m. §§ 36 Abs. 1 Nr. 1, 35 OWiG zuständig ist, näher § 121 WpHG Rz. 2 ff. Zudem kann von den im 3. Teil des OWiG geregelten Einzeltatbeständen § 130 OWiG eine Rolle spielen (dazu Rz. 403 ff.). 65

1. Ahndbarkeit des Versuchs im Kapitalmarktbußgeldrecht. Der Versuch einer Ordnungswidrigkeit nach § 120 WpHG ist mangels ausdrücklicher Anordnung *nicht allgemein ahndbar*, § 13 Abs. 2 OWiG. Allerdings enthalten teilweise die Bezugstatbestände des § 120 WpHG ein eigenständiges materielles Verbot von Handlungen mit Versuchscharakter (Art. 14 lit. a VO Nr. 596/2014 und Art. 15 VO Nr. 596/2014), die dann auch nach § 120 WpHG bußgeldbewehrt sind (so § 120 Abs. 2 Nr. 3, Abs. 15 Nr. 2 WpHG für die Marktmanipulation gem. Art. 15 VO Nr. 596/2014), wenn nicht der Bußgeldtatbestand des § 120 WpHG den Erfolgseintritt vom aufsichtlichen Verbot entkoppelt, so § 120 Abs. 14 WpHG für den leichtfertigen Insiderhandel. Die nach § 13 WpHG erforderliche ausdrückliche Anordnung muss sich nicht im eigentlichen Bußgeldtatbestand, sondern kann sich auch in der Bezugsnorm des Blanketts befinden[1]. Dies steht auch im Einklang mit dem Umsetzungserfordernis aus Art. 39 Abs. 3 i.V.m. Art. 30 Abs. 1 lit. a, Abs. 2 lit. h, i, j VO Nr. 596/2014[2]. Ein fahrlässiger Versuch ist auch dem Ordnungswidrigkeitenrecht fremd[3]. 66

2. Intertemporale Fragen im Kapitalmarktbußgeldrecht: Zeitliche Geltung (§ 4 OWiG). Gemäß § 4 Abs. 1 OWiG, durchbrochen von § 137 Abs. 2 WpHG, gilt der Grundsatz der **Tatzeitahndbarkeit**. Wesentlich ist, dass im Allgemeinen – auf den 2.7.2016 gilt wegen der abweichenden Regelungssituation etwas anderes – die zeitliche Geltung eines Blankett-Tatbestandes das Inkrafttreten des § 120 WpHG und ebenso das Inkrafttreten des in Bezug genommenen Level 1-Rechtsakts voraussetzt, wenn eine Zuwiderhandlung gegen das verwaltungsrechtliche, außerbußgeldrechtliche Verbot Tatbestandsmerkmal ist. Demgegenüber kann bei vorweggenommener oder vorgezogener Richtlinienumsetzung eine Ahndung schon vor Inkrafttreten der europäischen Ausgangsrichtlinie in Betracht kommen. 67

Die nachträgliche Begründung oder Schärfung der Ahndbarkeit ist ausgeschlossen. Deshalb sind die durch das Bilanzkontrollgesetz, das Transparenzrichtlinie-Umsetzungsgesetz, das Finanzmarktrichtlinie-Umsetzungsgesetz und das Erste und Zweite Finanzmarktnovellierungsgesetz neu geschaffenen oder inhaltlich umgestalteten Ordnungswidrigkeiten, die vor dem Inkrafttreten dieser Gesetze begangen worden sind, nur dann ahndbar, wenn sie **bereits zuvor ahndbar** waren und **Unrechtskontinuität** besteht. 68

Bei Blanketten setzt ein sanktionierter Verstoß voraus, dass sowohl der Bußgeldtatbestand wie auch die Bezugsnorm, die Bestandteil des Bußgeldtatbestandes sind, bereits in Kraft getreten sind. Lediglich bei nicht unrechtskonstitutiven, sondern nur tatbestandsergänzenden Level 2-Rechtsakten kann eine Ordnungswidrigkeit vorliegen, obwohl der ergänzende Level 2-Rechtsakt noch fehlt. Bloß tatbestandsergänzende und nicht tatbestandskonstitutive Wirkung hat ein Level 2-Rechtsakt insbesondere dort, wo er durch ein „auch in Verbindung mit" Bestandteil des Bußgeldtatbestandes ist. 69

Auf keinen Fall dürfen erhöhte Bußgeldrahmen rückwirkend angewendet werden. Dies wäre ein Verstoß gegen das einfachgesetzlich normierte Rückwirkungsverbot in § 4 OWiG sowie das verfassungsrechtlich verankerte Rückwirkungsverbot in Art. 103 Abs. 2 GG, das auch für Bußgeldsanktionen gilt[4]. Dazu gehört auch der lex-mitior-Grundsatz (§ 4 Abs. 3 OWiG), wobei sich auch hier die Frage stellt, ob zwischenzeitliche Rechtszustände ebenfalls gelten. Unabhängig davon wird die Unrechtskontinuität in der Regel durchbrochen, wenn es eine – tatsächliche, nicht nur vermeintliche – zeitliche Lücke zwischen früherer Ahndung und neuer Ahndbarkeit gibt wie beispielsweise zwischen § 39 Abs. 2 Nr. 1 WpHG a.F. und § 120 Abs. 15a WpHG i.d.F. des Gesetzes zur Ausübung von Optionen der EU-Prospektverordnung und zur Anpassung weiterer Finanzmarktgesetze. Besonderer Diskussionsbedarf besteht im Hinblick auf den 2.7.2017 (§ 137 WpHG Rz. 4) sowie auf die bußgeldrechtliche Flankierung der PRIIP-VO (§ 120 Abs. 16 WpHG), während Verstöße gegen den außer Kraft getretenen Art. 15 Nr. 236/2012 (Leerverkaufs-VO) in Tatzeiten nach der Aufhebung nicht mehr ahndbar sind (Rz. 168)[5], da die Nachfolgevorschrift einen abweichenden Regulierungsansatz verfolgt. 70

Wiederum andere Probleme stellen sich, wenn der Bezugstatbestand aufgehoben worden ist, aber der Tatzeitraum vor der Aufhebung lag. Zutreffend dürfte es auch hier darauf ankommen, ob Unrechtskontinuität zu einer heute noch geltenden Vorschrift im geltenden Recht besteht oder ob es sich sachstrukturell um zeitlich be- 71

---

1 Im Ergebnis auch *Rönnau/Wegner* in Meyer/Veil/Rönnau, § 27 Rz. 18, die dies auch für den Versuch des Insiderhandels bejahen, was m.E. gegen die Tatbestandsgrenze verstößt.
2 Vgl. auch Erwägungsgrund 41 Satz 4 VO Nr. 596/2014, wonach das Verbot der versuchten Marktmanipulation erforderlich sei, um die zuständigen Behörden in die Lage zu versetzen, entsprechende Versuche mit Sanktionen zu belegen.
3 *Rengier* in KK-OWiG, § 13 OWiG Rz. 14; *Bohnert/Krenberger/Krumm*, § 13 OWiG Rz. 6.
4 Vgl. nur BVerfG v. 29.11.1989 – 2 BvR 1491/87, 2 BvR 1492/87, NStZ 1990, 238 f.
5 *Rönnau/Wegner* in Meyer/Veil/Rönnau, § 27 Rz. 28, *Köpferl*, ZIS 2017, 201 ff.

grenzte Vorschriften handelt. Eine Sonderregelung enthält § 137 Abs. 2 WpHG, nachdem auf Altfälle bis zum ersten Inkrafttretenstag des 1. FiMaNoG (d.h. dem 2.7.2016) das bis einschließlich 1.7.2016 geltende Recht weiter ahndungsbegründend ist. Das weicht von § 4 Abs. 3 OWiG ab, ist aber verfassungsrechtlich zulässig, da die Geltung einer nachträglichen lex mitior nicht verfassungsrechtlich garantiert ist (zu den europäischen Grundrechtsfragen § 137 WpHG Rz. 1 m.w.N.).

72 Bei **Unterlassungsdelikten** ist maßgeblich, wann der Täter hätte tätig werden müssen, ohne dass es auf den Zeitpunkt des Erfolgseintritts ankommt[1].

73 **3. Räumliche Geltung (§§ 5, 7 OWiG) im Kapitalmarktrecht.** Gemäß § 5 OWiG sind Ordnungswidrigkeiten nur ahndbar, wenn sie im **Inland** (bzw. auf Schiffen oder Luftfahrzeugen, die berechtigt sind, die Bundesflagge [usw.] zu führen) begangen sind, sog. **Territorialitätsprinzip** (bzw. Flaggenprinzip). Hier ist wiederum – wie bei § 119 WpHG – eine zweistufige Prüfung nötig. Zuerst kommt es auf die räumliche Anwendung der verwaltungsrechtlichen deutschen oder europäischen Verhaltensvorschrift an. Von besonderer Bedeutung sind somit die Konsequenzen, die sich aus der sekundärrechtlich umgesetzten Dienstleistungsfreiheit ergeben und in komplexer Weise in § 1 Abs. 2 WpHG geregelt sind. Insbesondere bei Organisationsvorschriften sind regelmäßig allein die Vorschriften des Herkunftsmitgliedstaates anwendbar[2]; bei verhaltensbezogenen Vorschriften ist streitig, ob Inlandsrecht nach dem Marktortprinzip gilt (§ 1 Abs. 2 Nr. 3 WpHG). Wer dies für EU-Mitgliedstaaten ablehnt[3], erzeugt im Bußgeldzusammenhang erhebliche Sanktions- und Bußgeldlücken, weil das dann allein anwendbare EU-ausländische aufsichtliche Sachrecht für den deutschen Inlandssachverhalt nicht gilt, aber unter Umständen im Ausland territorial nicht mit Bußgeld durchsetzbar ist, wenn allein in Deutschland gehandelt wurde. Auf der zweiten Stufe sind dann die Voraussetzungen des § 5 OWiG zu prüfen[4].

74 Eine Ausnahme zu § 5 OWiG scheint in § 120 Abs. 8 Nr. 2 WpHG enthalten zu sein: Dort genügt es, wenn eine Verfügung im Ausland nicht befolgt wurde. Aber schon nach allgemeinen Grundsätzen ist für eine Inlandstat ein Handeln im Inland nicht zwingend erforderlich (§ 7 Abs. 1 OWiG). Vielmehr genügt zum einen, dass im Inland hätte gehandelt werden müssen; deshalb sind alle Ordnungswidrigkeiten nach § 120 WpHG, welche die Nichterfüllung von im Inland bestehenden Veröffentlichungs-, Mitteilungs- oder Bekanntmachungspflichten mit Geldbuße bedrohen, ahndbar[5]. Selbstverständlich sind schon nach § 5 OWiG auch ausländische Verbände ahndbar, wenn sie im Inland gehandelt haben[6]. Zum anderen genügt es, dass der zum Tatbestand gehörende Erfolg im Inland eingetreten ist, sog. **Ubiquitätsprinzip**. Zu weit gehen dürfte es allerdings, wenn nach § 120 Abs. 8 Nr. 2 WpHG weltweit alle Normverstöße mit einer Verbandsgeldbuße sanktioniert werden, die eine Leitungsperson i.S.v. § 30 OWiG eines Verbandes begeht, der in Deutschland zweigniedergelassen oder tätig ist[7].

75 Allgemein umstritten ist, ob bei Eignungs- bzw. abstrakten Gefährdungsdelikten die potentielle bzw. abstrakte Gefahr für einen zum Tatbestand gehörenden Erfolg i.S.d. gleichlautenden Wendung in § 9 Abs. 1 StGB genügt[8] (vgl. § 119 WpHG Rz. 203 ff.). Wird das bejaht, kann eine im Ausland begangene Marktmanipulation nach § 120 Abs. 2 Nr. 3, Abs. 15 Nr. 2 WpHG eine ahndbare Inlandstat sein, wenn sie auf einen inländischen Börsen- oder Marktpreis einzuwirken geeignet ist bzw. einwirken soll[9]. Jedenfalls im Normbereich des § 120 Abs. 8 Nr. 2 WpHG dürfte eine Gefahr im Inland ausreichen; dann bestehen wegen der Gefährlichkeit auch keine völkerrechtlichen Bedenken; die Gefahr begründet einen ausreichenden genuine link.

76 Wichtig ist die Ausweitung der Zuständigkeit bei arbeitsteiligen Vorgängen: Die Beteiligung an einer Ordnungswidrigkeit nach § 120 WpHG ist unabhängig vom Ort der Beteiligungshandlung ahndbar, wenn der Ordnungswidrigkeitentatbestand im Inland erfüllt wird (§ 7 Abs. 2 OWiG).

77 **4. Beteiligung (§ 14 OWiG) und Handeln für einen anderen (§ 9 OWiG) im Kapitalmarktbußgeldrecht.** Gemäß § 14 Abs. 1 Satz 1 OWiG gilt im Ordnungswidrigkeitenrecht das sog. Einheitstätersystem: **Jeder**, der sich – sei es auch bloß als Anstifter oder Gehilfe – an einer Ordnungswidrigkeit beteiligt, handelt selbst ordnungswidrig. Unerheblich ist, ob der Beteiligte selbst die ggf. für die Ahndbarkeit erforderlichen besonderen persönlichen Merkmale i.S.v. § 9 Abs. 1 OWiG aufweist (hierzu sogleich Rz. 80); es genügt vielmehr, dass diese Merkmale nur bei einem Beteiligten vorliegen. Dies ist für das minder sanktionsintensive, traditionelle deutsche

---

1 *Rönnau/Wegner* in Meyer/Veil/Rönnau, § 27 Rz. 27.
2 Dazu an der Schnittstelle von Verbands- und Strafrecht, *Weller*, ZGR 2016, 389, 391 ff.
3 In diese Richtung *Grundmann* in Staub, HGB, Bd. 11/2, 8. Teil, Rz. 56.
4 *Rönnau/Wegner* in Meyer/Veil/Rönnau, § 27 Rz. 30.
5 Zutr. *Altenhain* in KölnKomm. WpHG, § 39 WpHG Rz. 76.
6 *Rogall* in KK-OWiG, § 30 OWiG Rz. 22; *Schneider*, ZIS 2013, 488.
7 Kritisch auch *Rönnau/Wegner* in Meyer/Veil/Rönnau, § 27 Rz. 32.
8 BGH v. 12.12.2000 – 1 StR 184/00, BGHSt 46, 212, 220 ff. Abl. *Rogall* in KK-OWiG, § 7 OWiG Rz. 13; § 121 WpHG Rz. 6 m.w.N.
9 A.A. *Altenhain* in KölnKomm. WpHG, § 39 WpHG Rz. 76, der aber zugibt, dass die hier vertretene Auffassung auf Grundlage von BGH v. 12.12.2000 – 1 StR 184/00, BGHSt 46, 212, 220 ff. folgerichtig ist. S. jetzt aber BGH v. 19.8.2014 – 3 StR 88/14, NStZ 2015, 81, BGH v. 3.5.2016 – 3 StR 449/15, NStZ 2017, 146 und differenzierend zwischen konkreten und rein abstrakten Gefährdungsdelikten *Rönnau/Wegner* in Meyer/Veil/Rönnau, § 27 Rz. 30.

Bußgeldrecht überzeugend, kann aber im hochinvasiv-repressiven europäischen Wirtschaftsordnungswidrigkeitenrecht neuen Typs zu erheblichen Verwerfungen führen[1].

Aus dem Einheitstätersystem folgt insbesondere, dass sich *unternehmensexterne Berater*, die sich vorsätzlich an einer Ordnungswidrigkeit nach § 120 WpHG beteiligen, etwa Rat oder Hilfe leisten, als Täter ahndbar sein können (s. auch 6. Aufl., § 15 WpHG Rz. 302 ff.). Allerdings ist in derartigen Fällen sorgfältig zu prüfen, ob der Berater die Begehung einer Ordnungswidrigkeit billigend in Kauf genommen hat; bloße Auskunft über die Rechtslage genügt hierfür i.d.R. nicht[2]. Im Übrigen ist zu beachten, dass § 14 OWiG nur bei *vorsätzlicher* Beteiligung anwendbar ist. Eine *leichtfertige oder fahrlässige* Beteiligung kann zwar als (Neben-)Täterschaft ahndbar sein, setzt dann jedoch voraus, dass der nur leichtfertig oder fahrlässig Beteiligte selbst oder über § 9 OWiG (Rz. 80) die ggf. erforderlichen besonderen persönlichen Merkmale aufweist[3]. 78

Zahlreiche Bußgeldtatbestände des § 120 WpHG haben Pflichten zum Gegenstand, die nach dem Gesetz nur oder zumindest im Regelfall juristische Personen oder sonstige Personenvereinigungen treffen, z.B. *Kreditinstitute, Emittenten, Wertpapierdienstleistungsunternehmen* oder börsennotierte *Gesellschaften*. Mit anderen Worten begründet erst die Eigenschaft, Kreditinstitut usw. zu sein, die Pflichtenstellung und – bußgeldrechtlich gesprochen – die Täterqualität. Das führt dazu, dass andere, die diese Eigenschaft nicht aufweisen, insbesondere natürliche Personen, die für das Kreditinstitut usw. handeln, auch dann, wenn es in ihrer Verantwortlichkeit steht, dass die Pflicht erfüllt wird, nicht selbst Verpflichtete sind und nicht Täter sein können. Die hier drohende Ahndungslücke schließt die dem § 14 StGB entsprechende Vorschrift des § 9 OWiG zum **Handeln für einen anderen**[4]. 79

§ 9 OWiG lässt es zu, **besondere persönliche Merkmale**, welche die Möglichkeit der Ahndung erst begründen, aber nur in der Person eines Vertretenen (§ 9 Abs. 1 OWiG) bzw. Betriebsinhabers (§ 9 Abs. 2 OWiG) vorliegen, auf den für den Vertretenen bzw. Betriebsinhaber handelnden Vertreter bzw. Beauftragten anzuwenden („zu überwälzen"). Es kommt also zu einer „Merkmalsüberwälzung", der eine „Pflichtenüberwälzung" korrespondiert. Die dogmatischen Einzelheiten und die allgemeine Definition der (straf- und) ahndungsbegründenden besonderen persönlichen Merkmale (Eigenschaften, Verhältnisse oder Umstände) sind umstritten. Eindeutig ist aber, dass solche „täterbezogenen" Merkmale dazu gehören, welche durch Beschreibung einer sozialen Rolle ihres Trägers den Bereich abstecken, in dem ein Rechtsgut geschützt sein soll. Aus rechtsschutzbezogenen Erwägungen wird damit der Täterkreis eingeschränkt, weil das Rechtsgut nur innerhalb dieser sozialen Beziehung überhaupt verletzt werden kann bzw. es innerhalb solcher Beziehungen besonders anfällig ist[5]. Sie werden auch als „statusbezogene" Merkmale bezeichnet, bei denen der Status zugleich (Sonder-)Pflichten begründet[6]. So liegt es, wenn der Gesetzgeber *Unternehmen* bestimmten (Sonder-)Pflichten unterwirft. Die Statusbeschreibung als Unternehmen beispielsweise fällt dabei unter die der besonderen persönlichen Verhältnisse[7]. Im WpHG ist deshalb die Eigenschaft, Wertpapierfirma, Betreiber eines Handelsplatzes, Betreiber eines multilateralen oder organisierten Handelssystems, Wertpapierdienstleistungsunternehmen, Leitungsorgan, systematischer Internalisierer, zentrale Gegenpartei, Administrator, beaufsichtigtes Unternehmen, Kontributor usw. (s. soeben Rz. 79) zu sein, ein ahndungsbegründendes besonderes persönliches Merkmal i.S.v. § 9 OWiG. Die Regelungen in § 9 OWiG sowie § 14 StGB setzen dabei eine vertretungsspezifische Pflichtenlage voraus, d.h., dass der Vertreter zu der Übernahme des Pflichten- oder Aufgabenkreises rechtlich verpflichtet sein und diesen Kreis auch tatsächlich übernommen haben muss[8]. Besondere persönliche Merkmale können sich aus dem Tatbestand in § 120 WpHG ebenso ergeben wie aus dem Bezugstatbestand, der Bestandteil des zusammengesetzten Blankett-Tatbestandes ist. 80

Ahndungsbegründende besondere persönliche Merkmale und (Sonder-)Pflichten können nur auf die in § 9 Abs. 1, 2 OWiG genannten Personen „überwälzt" werden, nämlich auf 81

– **Vertreter** i.S.v. § 9 Abs. 1 OWiG, entweder Organvertreter einer juristischen Person (Nr. 1), vertretungsberechtigte Gesellschafter einer Personenhandelsgesellschaft (Nr. 2) oder andere gesetzliche Vertreter (Nr. 3), oder

– **Beauftragte** i.S.v. § 9 Abs. 2 OWiG, entweder mit der Leitung eines Betriebes Beauftragte (Nr. 1) oder Beauftragte, denen eigenverantwortliche Aufgabenwahrnehmung (Nr. 2) obliegt.

Auf die Rechtswirksamkeit der Begründung der Vertretungsbefugnis bzw. des Auftragsverhältnisses kommt es nicht an (§ 9 Abs. 3 OWiG), so dass auch *faktische Vertreter bzw. Beauftragte* erfasst werden[9]. 82

---
1 Zutreffend *Dannecker/Müller*, KSzW 2015, 281 ff.
2 S. zum Problem *Häcker* in Müller-Gugenberger, Wirtschaftsstrafrecht, 6. Aufl., §§ 95, 96.
3 Ebenso *Altenhain* in KölnKomm. WpHG, § 39 WpHG Rz. 77.
4 S. nur *Gürtler* in Göhler, § 9 OWiG Rz. 2.
5 *Perron* in Schönke/Schröder, § 14 StGB Rz. 8 m.w.N.
6 Dazu *Theile* in Berndt/Theile, Unternehmensstrafrecht und Unternehmensverteidigung, 2016, Teil 2 Rz. 181.
7 *Rogall* in KK-OWiG, § 9 OWiG Rz. 29.
8 *Rogall* in KK-OWiG, § 9 OWiG Rz. 33.
9 *Rönnau/Wegner* in Meyer/Veil/Rönnau, § 27 Rz. 14; *Rogall* in KK-OWiG, § 9 OWiG Rz. 46 ff.

83 § 9 OWiG ist **nicht anwendbar**, wenn das Gesetz Personen, die für einen anderen handeln, ausdrücklich als Normadressaten nennt; für eine Täterschaft müssen dann die Voraussetzungen des § 9 OWiG nicht erfüllt sein. So liegt es z.B. bei der Publizität von „directors' dealings" (s. § 120 Abs. 15 Nr. 17ff. WpHG oder bei der Eigenverantwortung von Leitungsorganen gem. § 120 Abs. 8 Nr. 110–112 i.V.m. § 81 WpHG).

84 **5. Begehen durch Unterlassen (§ 8 OWiG) im Kapitalmarktbußgeldrecht.** Zahlreiche Bußgeldtatbestände des § 120 WpHG (z.B. § 120 Abs. 2 WpHG) bedrohen die unzureichende Erfüllung von Handlungspflichten mit Geldbuße und stellen im formellen Sinne *echte Unterlassungsdelikte* dar. Dies hat rechtsdogmatische Folgen etwa bei der Bestimmung des Handlungsorts (Rz. 254) und bei der Vorsatzfeststellung. Auch wenn hinter ihnen ggf. materielle Sonderpflichten stehen, ist auf sie die dem § 13 StGB entsprechende Vorschrift des § 8 OWiG über **Begehen durch Unterlassen** *nicht anwendbar*[1]. Auch im Übrigen muss stets sorgfältig geprüft werden, ob es historisch, systematisch und teleologisch möglich erscheint, den Bußgeldtatbestand durch garantenpflichtwidriges Unterlassen i.s.v. § 8 OWiG zu erfüllen: Grundsätzlich ist es möglich, § 8 OWiG auf solche Bußgeldtatbestände anzuwenden, die bloße Tätigkeitsdelikte enthalten[2]. Insbesondere kann über § 8 OWiG eine sog. **Geschäftsherrenhaftung** begründet werden[3], wenn ein Betriebsinhaber es pflichtwidrig nicht verhindert, dass Betriebsangehörige Ordnungswidrigkeiten nach § 120 WpHG begehen.

85 **6. Verfolgungs- und Vollstreckungsverjährung (§§ 31, 34 OWiG).** Gemäß § 31 Abs. 2 Nr. 1 OWiG verjährt die **Verfolgung** aller Ordnungswidrigkeiten nach § 120 WpHG in **drei Jahren**. Überflüssig ist deshalb die Bestimmung in § 120 Abs. 26 WpHG, der für einige Ordnungswidrigkeiten ebenfalls eine Verjährungsfrist von drei Jahren festsetzt[4]. Die Frist beginnt mit Beendigung der Handlung bzw. mit dem (späteren) Eintritt des zum Tatbestand gehörenden Erfolges (§ 31 Abs. 3 OWiG). Bei Verstößen gegen Mitteilungs-, Veröffentlichungs- oder Übermittlungspflichten (echte Unterlassungsdelikte) beginnt die Verjährung erst mit Wegfall der Pflicht[5], sei es, dass die Pflicht nachträglich erfüllt wird, sei es, dass die Mitteilung, Veröffentlichung oder Übermittlung anderweitig erfolgt, sei es, dass die Pflichterfüllung sonst nicht mehr notwendig ist. Das gilt auch bei befristeten Pflichten[6] wie z.B. bei § 40 Abs. 1 Satz 1 WpHG (spätestens drei Handelstage nach Zugang der Mitteilung). Zum Ruhen und zur Unterbrechung der Verfolgungsverjährung s. §§ 32, 33 OWiG. Die **Vollstreckungsverjährungsfrist** richtet sich nach § 34 OWiG und beträgt in der Regel **fünf Jahre** ab Rechtskraft des Bußgeldbescheids (§ 34 Abs. 2 Nr. 1, Abs. 3 OWiG), da im Kapitalmarktrecht Geldbußen (gerade nach Inkrafttreten des 2. FiMaNoG) verhängt werden dürften, die den Grenzbetrag von 1.000 Euro weit überschreiten.

86 **V. Ordnungswidrigkeiten gem. § 120 Abs. 1 WpHG.** § 120 Abs. 1 WpHG fasst Verstöße gegen das WpHG zusammen, bei denen lediglich ein **vorsätzlicher** Verstoß bußgeldbewehrt ist. Es handelt sich überwiegend um Fälle von Verwaltungsungehorsam und mangelhafter Erbringung von Mitwirkungs- und Kontrollleistungen sowie um die Nutzung von Clearingdiensten entgegen § 30 Abs. 3 WpHG. Teilweise gilt der Regelbußgeldrahmen nach dem OWiG (bis 50.000 Euro, § 120 Abs. 24 WpHG a.E. bei Nr. 1 und Nr. 5), für Verstöße gegen Nr. 2 und 3 ein erhöhter von bis zu 200.000 Euro, bei Nr. 4 von bis zu 100.000 Euro.

87 **1. Zuwiderhandlung gegen eine vollziehbare Anordnung auf Auskunftserteilung gem. § 8 Abs. 2 Satz 1 oder Satz 2 WpHG (§ 120 Abs. 1 Nr. 1 WpHG).** § 120 Abs. 1 Nr. 1 WpHG ahndet die vorsätzliche Zuwiderhandlung gegen eine gem. § 8 Abs. 2 Satz 1 oder Satz 2 WpHG ergangene Anordnung der BaFin an Marktteilnehmer, die an Spotmärkten i.S.d. Art. 3 Abs. 1 Nr. 16 VO Nr. 596/2014 tätig sind, **Auskünfte** und **Mitteilungen** zu machen oder **Zugriff** auf ein Handelssystem zu gewähren. Die Vorschrift wurde inhaltlich identisch noch als § 39 Abs. 1 Nr. 1 WpHG zum 2.7.2016 in Kraft gesetzt (Art. 1 Nr. 36 1. FiMaNoG). Europarechtliche Ausgangsnorm ist Art. 30 Abs. 1 lit. b i.V.m. Art. 23 Abs. 2 lit. c VO Nr. 596/2014 (vgl. Art. 30 VO Nr. 596/2014 Rz. 18). Ziel des Bußgeldtatbestandes ist, die Mitwirkungspflichten von Marktteilnehmern bei der Marktmissbrauchsüberwachung durch Bußgeldandrohungen zu stärken. Der Bußgeldrahmen reicht bis 50.000 Euro, § 120 Abs. 24 a.E. WpHG.

88 Dass noch anfechtbare, aber sofort vollziehbare Anordnungen mit Geldbuße bewehrt werden, ist verfassungsrechtlich nicht unbedenklich – es wird u.U. bloßer Verwaltungsungehorsam geahndet. Das BVerfG[7] hält dies mit Blick auf die Möglichkeit, im Wege des einstweiligen Rechtsschutzes gegen die Vollziehbarkeit vorzugehen, noch für verfassungsmäßig. Problematisch bleibt, ob die Ahndbarkeit nach § 120 Abs. 1 Nr. 1 WpHG voraussetzt, dass die Anordnung **rechtmäßig** ist. Die Frage ist aus dem verwaltungsakzessorischen Strafrecht, namentlich dem Umweltstrafrecht, bekannt[8], wo die bislang h.A. auf dem Standpunkt steht, dass zwar i.s.v. § 44 VwVfG *nichtige* Verwaltungsakte auch strafrechtlich unbeachtlich sind, jedoch vollziehbare *rechtswidrige* und

---

1 S. *Rengier* in KK-OWiG, § 8 OWiG Rz. 8 m.N.
2 S. nur *Rengier* in KK-OWiG, § 8 OWiG Rz. 9ff. m.N. zu der – überholten – Gegenauffassung.
3 S. für das Ordnungswidrigkeitenrecht *Rengier* in KK-OWiG, § 8 OWiG Rz. 47ff. m.N.
4 So auch *Rönnau/Wegner* in Meyer/Veil/Rönnau, § 27 Rz. 32.
5 Zutr. *Altenhain* in KölnKomm. WpHG, § 39 WpHG Rz. 86.
6 BGH v. 4.4.1979 – 3 StR 488/78, BGHSt 28, 371, 380.
7 BVerfG v. 15.6.1989 – 2 BvL 4/87, BVerfGE 80, 244.
8 S. *Heine/Hecker* in Schönke/Schröder, Vorb. §§ 324ff. StGB Rz. 16a, 21 m.w.N.

der Bestandskraft fähige Verwaltungsakte selbst dann, wenn sie später aufgehoben werden, strafrechtlich anerkannt werden müssen[1]. Demgegenüber will eine vordringende Auffassung jedenfalls dann, wenn Widerspruch oder Anfechtungsklage aus sachlichen Gründen Erfolg haben, einen objektiven Strafaufhebungsgrund anerkennen[2]. Noch weitergehend hat das BVerfG[3] für den Bußgeldtatbestand der falschen Namensangabe (§ 111 OWiG) verlangt, die Rechtmäßigkeit des Auskunftsverlangens im Bußgeldverfahren *in vollem Umfange* zu prüfen, da zu diesem Zeitpunkt sowohl die Notwendigkeit umgehenden Einschreitens als auch die Unaufklärbarkeit der Rechtmäßigkeitsvoraussetzungen entfallen sind. Vermittelnd wird insbesondere zu § 111 OWiG[4] vertreten, es seien die zu § 113 StGB entwickelten Grundsätze des sog. strafrechtlichen Rechtmäßigkeitsbegriffs maßgeblich. Hiernach ist eine Anordnung nur dann strafrechtlich unbeachtlich, wenn es an der sachlichen und örtlichen Zuständigkeit des Anordnenden fehlt, gesetzliche Förmlichkeiten missachtet werden, einer Weisung zuwidergehandelt wird oder es an jeder ordnungsgemäßen Ermessensausübung mangelt[5].

Unabhängig davon, wie sich die Rechtslage im übrigen verwaltungsakzessorischen Strafrecht darstellt, deutet der Wortlaut des § 120 Abs. 1 Nr. 1 WpHG zwar darauf hin, dass der Gesetzgeber die Rechtmäßigkeit der Anordnung nicht als Voraussetzung der Ahndung vorsah, denn es wird explizit nur auf eine „vollziehbare Anordnung" abgestellt. Aber vom Normzweck her ist es kaum vorstellbar, dass es § 120 Abs. 1 Nr. 1 WpHG darum geht, rechtswidrigen Anordnungen der Aufsicht Geltung zu verleihen. Nach der Gegenauffassung liegt es jedenfalls nahe, solche Bußgeldverfahren im Wege der Opportunitätseinstellung nach § 47 OWiG zu beenden, wenn sich nachträglich die Rechtswidrigkeit der Anordnung erweist; andernfalls müsste der materiellen Illegalität der Anordnung auf der Ebene der Zumessung Rechnung getragen werden. Die Ordnungswidrigkeit kann mit einem Bußgeld von bis zu 50.000 Euro geahndet werden (§ 120 Abs. 24 a.E. WpHG). Zumindest unter Verhältnismäßigkeitsgesichtspunkten und wegen der Garantie wirksamen gerichtlichen Rechtsschutzes (Art. 19 Abs. 4 GG) im Regelfall nicht sanktionierbar ist eine Nichtbefolgung bis zur **verwaltungsgerichtlichen Eilentscheidung**, wenn der Adressat einen gerichtlichen Antrag auf Anordnung bzw. Wiederherstellung der aufschiebenden Wirkung stellt (vgl. auch Rz. 106). 89

2. Verstöße gegen Übermittlungspflichten von Inlands-, MTF- und OTF-Emittenten gem. § 26 Abs. 1 Halbsatz 2, Abs. 2 Halbsatz 1 WpHG (§ 120 Abs. 1 Nr. 2 WpHG). Das WpHG sieht in § 26 Abs. 1 Halbsatz 2, Abs. 2 Halbsatz 2 WpHG vor, dass Inlands-, MTF- und OTF-Emittenten verpflichtet sind, Informationen und Bekanntmachungen an das **Unternehmensregister** i.S.v. § 8b HGB[6] zu übermitteln. Dort sind sie über die Internetseite des Unternehmensregisters (http://www.unternehmensregister.de) zugänglich (§ 8b Abs. 2 Nr. 9 HGB). Der vorsätzliche Verstoß gegen diese Übermittlungspflichten ist durch § 120 Abs. 1 Nr. 2 WpHG mit Geldbuße bis zu 200.000 Euro bedroht (§ 120 Abs. 24 WpHG). Die Vorschrift wurde inhaltlich identisch noch als § 39 Abs. 1 Nr. 2 WpHG zum 2.7.2016 in Kraft gesetzt (Art. 1 Nr. 36 1. FiMaNoG). Europarechtliche Grundlage ist Art. 28 Abs. 1 i.V.m. Art. 21 Abs. 1 und 2 RL 2004/109/EG (Transparenzrichtlinie). Im Einzelnen sind Verstöße gegen Übermittlungspflichten mit folgendem Inhalt bußgeldbewehrt: 90

– Insiderinformationen, die nach Art. 17 Abs. 1, 7 oder 8 VO Nr. 596/2014 (MAR) ad-hoc-publizitätspflichtig sind (§ 26 Abs. 1 WpHG).
– Informationen über „directors' dealings" nach Art. 19 Abs. 3 VO Nr. 596/2014 (MAR) (§ 26 Abs. 2 WpHG).

Ahndbar ist die *unterlassene*, aber auch die *verspätete* Übermittlung. Insoweit sehen alle der in § 120 Abs. 1 Nr. 2 WpHG in Bezug genommenen Vorschriften vor, dass die Übermittlung unverzüglich erfolgen muss, aber nicht vor der Veröffentlichung erfolgen darf. Die verfrühte Übermittlung ist aber nicht vom Bußgeldtatbestand des § 120 Abs. 1 Nr. 2 WpHG erfasst. 91

3. Verstöße gegen Mitteilungspflichten von Inlands-, MTF- und OTF-Emittenten gem. § 26 Abs. 1 Halbsatz 1, Abs. 2 Halbsatz 2 WpHG (§ 120 Abs. 1 Nr. 3, 4 WpHG). § 26 Abs. 1 Halbsatz 1 WpHG verpflichtet Inlands-, MTF- und OTF-Emittenten, der BaFin vor der von Art. 17 Abs. 1, 7 oder 8 VO Nr. 596/2014 geforderten Veröffentlichung von Insiderinformationen eine entsprechende **Mitteilung** zu machen und beruht im Wesentlichen auf Art. 19 Abs. 1 RL 2004/109/EG. § 26 Abs. 2 Halbsatz 2 WpHG verpflichtet Inlandsemittenten, MTF- und OTF-Emittenten dazu, der BaFin die nach Art. 19 Abs. 3 VO Nr. 596/2014 erfolgte Veröffentlichung von Informationen zu Eigengeschäften von Führungskräften im Nachhinein ebenfalls mitzuteilen. § 120 Abs. 1 Nr. 3 und 4 WpHG sanktionieren damit Verwaltungsungehorsam (Verletzung gesetzlicher Mitteilungspflichten gegenüber einer Behörde). Bußgeldbewehrt ist die fehlende, unrichtige, unvollständige oder verspätete Mitteilung (im Wesentlich in Umsetzung von Art. 28 Abs. 1 RL 2004/109/EG). Die Vorschriften wur- 92

---

1 S. auch BGH v. 23.7.1969 – 4 StR 371/68, BGHSt 23, 86, 93 ff. für Verkehrszeichen. Vertiefend *Schenke* in FS Wolter, 2013, S. 215 ff.
2 S. *Heine/Hecker* in Schönke/Schröder, Vorb. §§ 324 ff. StGB Rz. 22.
3 BVerfG v. 7.3.1995 – 1 BvR 1564/92, BVerfGE 92, 191; kritisch *Roellecke*, NJW 1995, 3101.
4 S. nur *Gürtler* in Göhler, § 111 OWiG Rz. 2 m.N.
5 S. nur *Eser* in Schönke/Schröder, § 113 StGB Rz. 21 m.N.
6 Mit Wirkung vom 1.1.2007 eingeführt durch Art. 1 Nr. 2 des Gesetzes über elektronische Handelsregister und Genossenschaftsregister sowie das Unternehmensregister vom 10.11.2006 (BGBl. I 2006, 2553).

den inhaltlich identisch noch als § 39 Abs. 1 Nr. 2a und 2b WpHG zum 2.7.2016 in Kraft gesetzt (Art. 1 Nr. 36 1. FiMaNoG). Dabei kann die Ordnungswidrigkeit in den Fällen des § 120 Abs. 1 Nr. 3 WpHG mit einer Geldbuße bis zu 200.000 Euro, und im Falle des § 120 Abs. 1 Nr. 4 WpHG mit einer Geldbuße bis zu 100.000 Euro geahndet werden (§ 120 Abs. 24 WpHG).

93 **4. Nutzung eines nicht zugelassenen Clearingdienstes entgegen § 30 Abs. 3 WpHG/EMIR (§ 120 Abs. 1 Nr. 5 WpHG).** § 30 Abs. 3 WpHG erlaubt die Nutzung von Clearingdiensten einer in einem Drittstaat ansässigen zentralen Gegenpartei i.S.v. Art. 25 Abs. 1 VO Nr. 648/2012 (EMIR) nur, sofern zuvor eine **Anerkennung** durch die Europäische Wertpapier- und Marktaufsichtsbehörde (ESMA) erfolgt ist. *Vorsätzliche* Verstöße hiergegen werden nach § 120 Abs. 1 Nr. 5 WpHG als Ordnungswidrigkeit geahndet. Der Tatbestand erfasst damit einen Fall verbotenen individuellen Verhaltens unterhalb des Strafwürdigen. Vorsatz setzt hier voraus, dass der Adressat weiß, dass es sich um einen Clearingdienst handelt – bei diesem normativen Tatbestandsmerkmal reicht Bedeutungskenntnis – und dass dieser nicht anerkannt ist. Fraglich ist, ob auch eine Kenntnis der Anerkennungspflicht erforderlich ist oder ob dies der Ebene des Verbotsirrtums zuzuordnen ist (dazu allgemein Rz. 363 ff.). Die Vorschrift wurde inhaltlich identisch noch als § 39 Abs. 1 Nr. 2c WpHG zum 2.7.2016 in Kraft gesetzt (Art. 1 Nr. 36 1. FiMaNoG). Der Gesetzgeber sieht hier eine Geldbuße von bis zu 50.000 Euro vor (§ 120 Abs. 24 WpHG a.E.).

94 **VI. Ordnungswidrigkeiten gem. § 120 Abs. 2 WpHG.** § 120 Abs. 2 WpHG fasst Verstöße gegen zahlreiche Bestimmungen des WpHG zusammen, die Informations-, Aufzeichnungs- und Mitteilungspflichten regeln. Neben Vorsatz ist hier Leichtfertigkeit bußgeldbewehrt. Der maßgebende Bußgeldrahmen ergibt sich aus § 120 Abs. 17, 18 und 24 WpHG. Dabei ist zu berücksichtigen, dass § 17 Abs. 2 OWiG (halber Bußgeldrahmen bei Fahrlässigkeit/Leichtfertigkeit) nur bei Abs. 24 gilt.

95 **1. Verstoß gegen die Pflicht zur Übermittelung der Information über den Herkunftsstaat an das Unternehmensregister (§ 120 Abs. 2 Nr. 1 WpHG).** Erfasst von § 120 Abs. 2 Nr. 1 WpHG wird das vorsätzliche oder leichtfertige Unterlassen der (rechtzeitigen) Informationsübermittlung entgegen § 5 Abs. 1 Satz 2 Nr. 1 WpHG. Die Vorschrift wurde noch als § 39 Abs. 2 Nr. 1 WpHG vom 26.11.2015 in Kraft gesetzt (Art. 1 Nr. 30 Gesetz vom 20.11.2015, BGBl. I 2015, 2029). Nach dieser Vorschrift sind Emittenten, deren (gewählter) Herkunftsstaat die Bundesrepublik Deutschland ist, zur unverzüglichen **Übermittlung** einer entsprechenden Information an das Unternehmensregister (§ 8b HGB) zur Speicherung verpflichtet. Nach § 120 Abs. 24 WpHG ist die Ordnungswidrigkeit mit einem Bußgeld bis zu 200.000 Euro bei Vorsatz und bis zu 100.000 Euro bei Fahrlässigkeit (§ 120 Abs. 24 WpHG, § 17 Abs. 2 OWiG) bewehrt.

96 **2. Verstöße gegen Mitteilungspflichten (§ 120 Abs. 2 Nr. 2 WpHG).** Damit die BaFin ihre Überwachungsaufgabe erfüllen kann, verpflichtet das WpHG Kapitalmarktintermediäre zu einer Fülle von **Mitteilungen an die BaFin bzw. an andere Aufsichtsbehörden.**

97 § 120 Abs. 2 Nr. 2 WpHG droht bei vorsätzlichen oder leichtfertigen Verstößen gegen praktisch alle dieser Mitteilungspflichten Geldbußen an. Dabei verweist der § 120 Abs. 2 Nr. 2 lit. a–n WpHG blankettartig auf Mitteilungs- und Meldepflichten des WpHG. Zu den Einzelheiten wird auf die Kommentierung der einschlägigen WpHG-Normen verwiesen. Die Vorschrift ahndet damit Verwaltungsungehorsam im Unterfall als Verletzung gesetzlicher Pflichten gegenüber einer Behörde. § 120 Abs. 2 Nr. 2 lit. a, f–n, Abs. 24 WpHG beruht auf Art. 28 RL 2004/109/EG (Transparenzrichtlinie i.d.F. RL 2013/50/EU) und § 120 Abs. 2 Nr. 2 lit. d und e, Abs. 17 WpHG mit dem höheren Bußgeldrahmen auf Art. 28 b Abs. 1 lit. c Ziff.i, ii RL 2013/50/EU. Eine der heutigen Norm größtenteils entsprechende Regelung fand sich zuvor in § 39 Abs. 2 Nr. 2 WpHG a.F., wie er zum 20.1. 2007 durch Art. 1 Nr. 25 Transparenzrichtlinie-Umsetzungsgesetz in Kraft gesetzt wurde. § 120 Abs. 2 Nr. 2 lit. c WpHG stärkt auch die Durchsetzung einer Ahndung nach § 120 Abs. 6 Nr. 3 bis 4 WpHG, da bereits im Vorfeld die Verletzung von Verdachtsanzeigepflichten der Kapitalmarktintermediäre im Hinblick auf Verstöße gegen Art. 12 bis 14 VO Nr. 236/2012 sanktioniert werden.

98 Die einzelnen Tatbestände sind wie folgt mit Geldbuße bedroht (§ 120 Abs. 17, 24 WpHG): Buchstaben d und e mit Geldbuße bis zu 2 Mio. Euro (bei juristischen Personen bis zu 10 Mio. Euro bzw. 5 % des Gesamtumsatzes (§ 120 Abs. 23 WpHG), wobei über diese Beträge hinaus die Geldbuße auch eine maximale Höhe bis zum Zweifachen des aus dem Verstoß gezogenen wirtschaftlichen Vorteils betragen kann; Buchstaben f bis h bei Vorsatz bis zu 500.000 Euro, bei Leichtfertigkeit (§ 17 Abs. 2 OWiG) bis zu 200.000 Euro; Buchstaben a, b und k bis n bis zu 200.000 Euro bei Vorsatz, bei Leichtfertigkeit bis zu 100.000 Euro (§ 17 Abs. 2 OWiG); im Übrigen bei Vorsatz bis zu 50.000 Euro, bei Leichtfertigkeit bis zu 25.000 Euro. Der wirtschaftliche Vorteil im Rahmen der möglichen Anhebung der Geldbuße umfasst erzielte Gewinne und Verluste und kann geschätzt werden (§ 120 Abs. 17 Satz 4 WpHG).

99 Im Einzelnen erfasst
- § 120 Abs. 2 Nr. 2 lit. a WpHG Verstöße gegen die in § 5 Abs. 1 Satz 2 WpHG enthaltene Pflicht zur Mitteilung an die BaFin oder eine andere zuständige Aufsichtsbehörde, dass die Bundesrepublik Deutschland Herkunftsstaat ist (§ 2 Abs. 11 Nr. 1 lit. a, § 4 Abs. 1, 2 WpHG);
- § 120 Abs. 2 Nr. 2 lit. b WpHG die Pflicht von zentralen Gegenparteien i.S.v. § 1 Abs. 31 KWG, die Geschäfte mit Finanzinstrumenten tätigen, der BaFin (§ 22 Abs. 1 WpHG) gem. § 22 Abs. 3 WpHG i.V.m.

Art. 26 Abs. 1–3 sowie Abs. 6–7 der VO Nr. 600/2014 alle Wertpapiergeschäfte vollständig und zutreffend zu melden. Die Meldung hat dabei so schnell wie möglich zu erfolgen, spätestens jedoch am Ende des folgenden Arbeitstages. Dabei enthält Art. 26 Abs. 3 VO Nr. 600/2014 genaue Vorgaben über den erforderlichen Inhalt der Meldungen. Die Verpflichtung gilt gem. Art. 26 Abs. 2 VO Nr. 600/2014 für Finanzinstrumente, die zum Handel zugelassen sind oder die an einem Handelsplatz gehandelt werden oder für die ein Antrag auf Zulassung zum Handel gestellt wurde sowie für Finanzinstrumente, deren Basiswert ein an einem Handelsplatz gehandeltes Finanzinstrument ist oder Finanzinstrumente, deren Basiswert ein aus an einem Handelsplatz gehandelten Finanzinstrumenten zusammengesetzter Index oder Korb von Finanzinstrumenten ist (Art. 26 Abs. 2 lit. a–c VO Nr. 600/2014). Dabei gilt die Meldepflicht unabhängig davon, ob die Geschäfte an einem Handelsplatz abgeschlossen werden oder nicht. Um diese Meldepflicht zu vereinheitlichen und zu präzisieren, arbeitet die ESMA gem. Art. 26 Abs. 9 VO Nr. 600/2014 Entwürfe technischer Regulierungsstandards aus, welche Datenstandards und -formate der zu meldenden Informationen festlegen. Eine Meldung unter vereinheitlichten Standards und Formaten dient dabei der wirkungsvollen Datenanalyse der zuständigen Behörden. Die in Bezug genommene DelVO 2017/590 präzisiert dabei, welche Aufträge und Geschäfte meldepflichtig sind und legt Einzelheiten fest, die der zuständigen Behörde zu melden sind[1]. Art. 2 DelVO 2017/590 definiert ausführlich, was unter einem „Geschäft" i.S.d. Art. 26 VO Nr. 600/2014 zu verstehen ist. Zu Verstößen gegen § 22 Abs. 2 WpHG vgl. Rz. 184 f.

- § 120 Abs. 2 Nr. 2 lit. c WpHG die Pflicht von Wertpapierdienstleistungsunternehmen, anderen Kreditinstituten, Kapitalanlagegesellschaften und Betreibern von außerbörslichen Märkten, der BaFin gem. § 23 Abs. 1 Satz 1 WpHG i.V.m. der WpAV Verdachtsanzeige zu erstatten[2]. Die marktmissbrauchsrechtliche Verdachtsanzeigepflicht ist in § 120 Abs. 15 Nr. 4 WpHG bußgeldbewehrt (Rz. 343).
- § 120 Abs. 2 Nr. 2 lit. d WpHG die Pflicht von stimmberechtigten Aktionären, der Gesellschaft und der BaFin gem. § 33 Abs. 1 Satz 1 oder 2, Abs. 2 WpHG beim Erreichen, Über- oder Unterschreiten bestimmter Schwellenwerte die Höhe des Stimmrechtsanteils usw. mitzuteilen. S. weiterhin die Übergangsregelung in § 127 Abs. 5 WpHG und die eigenständige Bußgeldbewehrung in § 127 Abs. 12 Nr. 1 WpHG.
- § 120 Abs. 2 Nr. 2 lit. e WpHG die Pflicht der Halter von Finanzinstrumenten, die zum Aktienerwerb berechtigen, gem. § 38 Abs. 1 Satz 1 WpHG beim Erreichen, Über- oder Unterschreiten bestimmter Schwellenwerte dem Emittenten und der BaFin Mitteilung zu machen, wobei auch § 39 WpHG zu berücksichtigen ist. S. weiterhin die Übergangsregelung in § 127 Abs. 6 WpHG, die in der gesonderten Bußgeldvorschrift nach § 127 Abs. 12, 13 WpHG keine Erwähnung findet (vgl. § 127 WpHG Rz. 2).
- § 120 Abs. 2 Nr. 2 lit. f WpHG die Pflicht von Inlandsemittenten, der BaFin gem. § 40 Abs. 2 WpHG die nach § 47 Abs. 1 WpHG i.V.m. §§ 33 Abs. 1 Satz 1 oder 2, Abs. 2, 38 Abs. 1 Satz 1 und § 39 WpHG gebotene Veröffentlichung des Überschreitens von Schwellenwerten mitzuteilen. Der Verstoß gegen die eigentliche Veröffentlichungspflicht ist nicht hier, sondern in § 120 Abs. 2 Nr. 4 lit. a WpHG mit Geldbuße bedroht (vgl. Rz. 99 f.);
- § 120 Abs. 2 Nr. 2 lit. g WpHG die Pflicht von Inlandsemittenten, der BaFin gem. § 41 Abs. 1 Satz 2 i.V.m. Abs. 2 WpHG die Veröffentlichung der Gesamtzahl der Stimmrechte etc. mitzuteilen. Der Verstoß gegen die eigentliche Veröffentlichungspflicht ist nicht hier, sondern in § 120 Abs. 2 Nr. 4 lit. a WpHG mit Geldbuße bedroht;
- § 120 Abs. 2 Nr. 2 lit. h WpHG die Pflicht von Inlandsemittenten mit Sitz in einem Drittstaat, im Falle der Befreiung von den Pflichten nach § 46 Abs. 2 Satz 1 Fall 2 WpHG der BaFin die dann nach § 46 Abs. 2 Satz 1 Fall 1 WpHG gebotene Veröffentlichung mitzuteilen. Erneut ist der Verstoß gegen die eigentliche Veröffentlichungspflicht erst nach § 120 Abs. 2 Nr. 4 lit. a WpHG mit Geldbuße bedroht;
- § 120 Abs. 2 Nr. 2 lit. i WpHG die Pflicht von Inlandsemittenten, der BaFin die gem. § 50 Abs. 1 Satz 1 WpHG gebotene Veröffentlichung betreffend Änderungen der mit den zugelassenen Wertpapieren verbundenen Rechte usw. mitzuteilen. Der Verstoß gegen die eigentliche Veröffentlichungspflicht ist in § 120 Abs. 2 Nr. 4 lit. d WpHG mit Geldbuße bedroht (vgl. Rz. 99 f.);
- § 120 Abs. 2 Nr. 2 lit. j WpHG die Pflicht von Inlandsemittenten mit Sitz in einem Drittstaat, der BaFin gem. § 51 Abs. 2 WpHG die im Falle der Befreiung von den Pflichten nach §§ 48, 49 und 50 Abs. 1 Satz 1 Nr. 1–2 WpHG gebotene Veröffentlichung mitzuteilen. Erneut ist der Verstoß gegen die eigentliche Veröffentlichungspflicht erst nach § 120 Abs. 2 Nr. 4d WpHG mit Geldbuße bedroht.
- § 120 Abs. 2 Nr. 2 lit. k WpHG die Pflicht von Unternehmen oder Mutterunternehmen (vgl. § 106 WpHG), die als Inlandsemittent Wertpapiere ausgeben, der BaFin gem. § 114 Abs. 1 Satz 3 WpHG die gem. § 114 Abs. 1 Satz 2 WpHG erforderliche Bekanntmachung der Veröffentlichung des Jahresfinanzberichts mitzuteilen. Demgegenüber ist die Pflicht zur Veröffentlichung der entsprechenden Bekanntmachung in § 120

---

[1] Delegierte Verordnung (EU) 2017/590 der Kommission vom 28.7.2016 zur Ergänzung der Verordnung (EU) Nr. 600/2014 des Europäischen Parlaments und des Rates durch technische Regulierungsstandards für die Meldung von Geschäften an die zuständigen Behörden, ABl. EU Nr. L 87 v. 31.3.2017, S. 449.

[2] Kritisch *Altenhain* in KölnKomm. WpHG, § 39 WpHG Rz. 15: „verfassungsrechtlich bedenklich".

§ 120 | Straf- und Bußgeldvorschriften

Abs. 2 Nr. 4 lit. e WpHG, diejenige zur Übermittlung des Jahresfinanzberichts an das Unternehmensregister zur Speicherung selbst in § 120 Abs. 2 Nr. 15 WpHG mit Geldbuße bewehrt.
- § 120 Abs. 2 Nr. 2 lit. l WpHG die Pflicht von Inlandsemittenten von Aktien oder Schuldtiteln i.S.v. § 2 Abs. 1 Satz 1 WpHG bzw. Mutterunternehmen (§ 117 WpHG), gem. § 115 Abs. 1 Satz 3 WpHG der BaFin die Veröffentlichung der Bekanntmachung zum Halbjahresfinanzbericht mitzuteilen. Auch hier findet sich das soeben erwähnte Drei-Ebenen-Bußgeldmodell (vgl. § 120 Abs. 2 Nr. 4 lit. f, Nr. 15 WpHG);
- § 120 Abs. 2 Nr. 2 lit. m WpHG die Pflicht von Inlandsemittenten von Wertpapieren, gem. § 116 Abs. 2 Satz 2 WpHG der BaFin die Veröffentlichung der Bekanntmachung zum Zahlungsbericht etc. mitzuteilen. Abermals kommt das dreistufige Bußgeldmodell zum Einsatz (vgl. § 120 Abs. 2 Nr. 4 lit. g, Nr. 15 WpHG) und
- § 120 Abs. 2 Nr. 2 lit. n WpHG die Pflicht von Inlandsemittenten mit Sitz in einem Drittstaat, der BaFin gem. § 118 Abs. 4 Satz 3 WpHG die im Falle der Befreiung von den Anforderungen der §§ 114. 115 und 117 WpHG erforderlichen Informationen zusammen mit ihrer Veröffentlichung mitzuteilen. Die Veröffentlichungspflicht nach § 118 Abs. 4 Satz 2 WpHG selbst ist nach § 120 Abs. 2 Nr. 4 lit. e WpHG eine eigene Ordnungswidrigkeit.

100 Ahndbar sind
- unterlassene, d.h. gar nicht gemachte Mitteilungen.
- unrichtige, d.h. unwahre Mitteilungen, soweit sich die Unrichtigkeit auf die der jeweiligen Mitteilungspflicht unterliegenden Umstände bezieht.
- unvollständige Mitteilungen, d.h. solche, die nicht alle nach der jeweiligen Mitteilungspflicht vorgeschriebenen Angaben enthalten.
- nicht in der vorgeschriebenen Weise gemachte Mitteilungen. Das ist insbesondere für § 23 WpHG i.V.m. § 2 WpAV relevant.
- verspätete Mitteilungen. Bei § 22 Abs. 3 WpHG i.V.m. Art. 26 Abs. 1–3 sowie 6–7 VO Nr. 600/2014 endet die Frist mit Ablauf des Werktags, der auf den Tag des Geschäftsabschlusses folgt.

101 *Unerhebliche (bagatellhafte)* Unrichtigkeiten, Unvollständigkeiten, Formfehler oder Verspätungen dürften mit Blick auf die erhebliche Bußgelddrohung bereits nicht tatbestandsmäßig sein[1]; oder es fehlt an der subjektiven Tatseite; andernfalls geben sie jedenfalls Anlass, das der BaFin zustehende Verfolgungsermessen im Sinne der Nichtverfolgung auszuüben.

102 **3. Verstöße gegen Verschwiegenheitspflichten (§ 120 Abs. 2 Nr. 2a WpHG).** § 120 Abs. 2 Nr. 2a WpHG sanktioniert Verstöße gegen Verschwiegenheitspflichten und umfasst damit den Unrechtstypus eines vom Gesetzgeber festgelegten verbotenen individuellen Verhaltens unterhalb des Strafwürdigen. Eine entsprechende Regelung fand sich zuvor in § 39 Abs. 2 Nr. 2a WpHG a.F., der zum 2.7.2016 in Kraft gesetzt wurde (Art. 1 Nr. 36 1. FiMaNoG). § 12 WpHG und § 23 Abs. 1 Satz 2 WpHG sehen Verschwiegenheitspflichten bestimmter Privater vor. § 23 WpHG ist – anders als die Vorgängervorschrift § 10 WpHG a.F. – nur noch auf Verstöße gegen die Leerverkaufsverordnung anwendbar. Diese Lücke schließt Art. 5 Abs. 5 DelVO 2016/957, bußgeldbewehrt in § 15 Abs. 15a WpHG i.d.F. des Gesetzes zur Ausübung von Optionen der EU-Prospektverordnung und zur Anpassung weiterer Finanzmarktgesetze. Die Verschwiegenheitspflicht soll verhindern, dass Überwachungs- und Bußgeldverfahren der BaFin sowie Ermittlungs- oder Strafverfahren der zuständigen Strafverfolgungsbehörden wegen Verstößen gegen die Marktmissbrauchsverordnung dadurch beeinträchtigt werden, dass insbesondere die Betroffenen hiervon vorzeitig Kenntnis erlangen und sich dem Verfahren entziehen oder Verdunkelungsmaßnahmen treffen. Darüber hinaus stehen auch der Persönlichkeitsschutz der Betroffenen im Fokus sowie das Anliegen, eine Verunsicherung des Anlegerpublikums zu vermeiden. Eine vorsätzliche oder leichtfertige Verletzung dieser Verschwiegenheitspflichten ist mit Geldbuße bis zu 200.000 Euro bzw. 100.000 Euro (§ 120 Abs. 24 WpHG, § 17 Abs. 2 OWiG) bedroht. Im Einzelnen geht es um die Verschwiegenheitspflicht
- der Adressaten von (Überwachungs-) Maßnahmen der BaFin nach § 6 Abs. 2 bis 13, §§ 7 bis 9 WpHG, die sie wegen eines möglichen Verstoßes gegen Art. 14 oder 15 VO Nr. 596/2014 ergreift. Die Verschwiegenheitspflicht besteht nicht gegenüber staatlichen Stellen und Berufsgeheimnisträgern.
- der Wertpapierdienstleistungsunternehmen, Kreditinstitute, Kapitalverwaltungsgesellschaften und Betreiber außerbörslicher Märkte, die eine Verdachtsanzeige nach § 23 Abs. 1 Satz 1 WpHG erstattet haben. Die Verschwiegenheitspflicht besteht ebenfalls nicht gegenüber staatlichen Stellen und Berufsgeheimnisträgern.

103 Keine verbotene Mitteilung stellt es nach dem Normzweck dar, wenn der Verschwiegenheitsverpflichtete zur Vermeidung eigener Beihilfehandlungen nicht mitwirkt. §§ 12, 23 und § 120 Abs. 2 Nr. 2a WpHG sehen keine Pflicht zu rechtswidrigem Verhalten vor.

104 Selbst wenn es zuträfe, dass die Befreiung von der Verschwiegenheitspflicht gegenüber Berufsgeheimnisträgern zu weit geraten ist (näher 6. Aufl., § 10 *WpHG* Rz. 58)[2], hat es jedenfalls bußgeldrechtlich damit sein Bewen-

---

[1] A.A. *Altenhain* in KölnKomm. WpHG, § 39 WpHG Rz. 91 mit Hinweis auf das Mindestmaß der Geldbuße von 5 Euro.
[2] So auch *Schlette/Bouchon* in Fuchs, § 10 WpHG Rz. 13.

den, so dass jede Preisgabe der Information an einen Berufsgeheimnisträger vom Tatbestand ausgeschlossen ist, selbst wenn dieser gegenüber der Person, vor der das Geheimnis bewahrt werden soll, keiner Verschwiegenheitspflicht unterliegt. Denn eine teleologische Reduktion des Tatbestandsausschlusses verstieße gegen das Analogieverbot des Art. 103 Abs. 2 GG.

4. Verstoß gegen vollziehbare Anordnungen gem. § 15 Abs. 1 WpHG (§ 120 Abs. 2 Nr. 2b WpHG). § 15 Abs. 1 WpHG erklärt Art. 42 VO Nr. 600/2014 mit Ausnahme der Voraussetzungen nach Abs. 3 und 4 auf Vermögensanlagen i.S.v. § 1 Abs. 2 des Vermögensanlagegesetzes für entsprechend anwendbar. Im Anwendungsbereich der unmittelbaren Anwendung der MiFIR finden sich die Bußgeldtatbestände in § 120 Abs. 9 WpHG. Die Vorgängerregelung zu § 15 Abs. 1 WpHG, § 4b WpHG a.F., hat der Gesetzgeber mit dem Kleinanlegerschutzgesetz vom 3.7.2016 eingefügt. § 15 Abs. 1 WpHG i.V.m. Art. 42 Abs. 1 und 2 VO Nr. 600/2014 erlaubt es der BaFin, mittels einer **Produktintervention**, u.a. bestimmte Vermarktungs- und Vertriebsformen (Art. 42 Abs. 1 VO Nr. 600/2014) durch Verwaltungsakt zu verbieten oder zu beschränken. Die Verbots- bzw. Beschränkungsgründe sind in Art. 42 Abs. 2 VO Nr. 600/2014 geregelt. 105

Gemäß § 15 Abs. 2 WpHG haben Widerspruch und Anfechtungsklage gegen eine solche Anordnung der BaFin keine aufschiebende Wirkung. Die vorsätzliche und leichtfertige Zuwiderhandlung gegen eine solche vollziehbare Anordnung ist durch § 120 Abs. 2 Nr. 2b WpHG bußgeldbewehrt mit einem Bußgeld bis zu 500.000 Euro bei Vorsatz und bis zu 250.000 Euro bei Leichtfertigkeit, § 120 Abs. 24 WpHG. Eine entsprechende Regelung fand sich zuvor in § 39 Abs. 2 Nr. 2b WpHG a.F., der zum 2.7.2016 in Kraft gesetzt wurde (Art. 1 Nr. 36 1. FiMaNoG). Damit wird echter Verwaltungsaktungehorsam bußgeldbewehrt. Ebenso wie sonst bei verwaltungsaktsakzessorischen Bußgeldtatbeständen ist nach umstrittener, aber zutreffender Ansicht der Verstoß gegen eine materiell rechtswidrige, später gerichtlich aufgehobene Anordnung nicht bußgeldbewehrt (Rz. 88). An der Vollziehbarkeit i.S.d. Bußgeldbewehrung fehlt es wegen Art. 19 Abs. 4 GG, solange ein gerichtlicher Eilantrag auf Anordnung der aufschiebenden Wirkung anhängig ist (vorausgesetzt, dass der Eilantrag nicht offensichtlich aussichtslos ist). Zudem ist dann oftmals der Erlass eines entsprechenden Hängebeschlusses als Zwischenentscheidung angezeigt, mit der, befristet bis zur gerichtlichen Eilentscheidung, die aufschiebende Wirkung von Widerspruch bzw. Anfechtungsklage angeordnet wird[1]. 106

5. Marktmanipulation von Bezugsobjekten nach § 25 WpHG (§ 120 Abs. 2 Nr. 3 WpHG). § 120 Abs. 2 Nr. 3 WpHG erfasst Verhaltensweisen außerhalb des Anwendungsbereichs der VO Nr. 596/2014 (MAR), die bei einem Einwirkungserfolg nach § 119 Abs. 1 Nr. 1 WpHG strafbar wären und umfasst als Ordnungswidrigkeitentatbestand einen Fall materiellen Unrechts unterhalb des Strafwürdigen. Diese inhaltlich neu gefasste Vorschrift ersetzt § 39 Abs. 1 Nr. 3 WpHG a.F., der zum 2.7.2016 in Kraft gesetzt wurde (Art. 1 Nr. 36 1. FiMaNoG). Bei direkter MAR-Anwendung gilt § 120 Abs. 15 Nr. 2 WpHG: § 25 WpHG erklärt das Marktmanipulationsverbot nach Art. 15 WpHG für Waren i.S.v. § 2 Abs. 5 WpHG (Nr. 1) und ausländische Zahlungsmittel i.S.v. § 51 BörsG (Nr. 2) entsprechend anwendbar. Damit ist auch eine ausdrückliche Anordnung einer Versuchsahndung i.d.S. § 13 OWiG inbegriffen (Rz. 66). Neben vorsätzlichem wird auch leichtfertiges Handeln (ggf. auch mit Einwirkungserfolg) mit Bußgeld bedroht. Die bisherige unterschiedliche Bewehrung von *handelsgestützter und informationsgestützter Marktmanipulation* nach § 18 WpHG i.V.m. Art. 15 VO Nr. 596/2014 im Rahmen des § 39 WpHG a.F. wurde aufgegeben. So war nach der alten Regelung nur im Falle der informationsgestützten Marktmanipulation leichtfertiges Handeln bußgeldbewehrt (§ 39 Abs. 2 Nr. 3 WpHG a.F.). Die handelsgestützte Marktmanipulation stellte nur bei vorsätzlicher Zuwiderhandlung eine Ordnungswidrigkeit dar (§ 39 Abs. 3c WpHG a.F.). Um ein einheitliches Sanktionsregime zu schaffen, wurde diese Unterscheidung aufgegeben[2]. 107

Eine Zuwiderhandlung kann mit einer Geldbuße von bis zu 1 Mio. Euro geahndet werden (§ 120 Abs. 18 Satz 1 WpHG); eine Erhöhung bei Verbänden gem. § 120 Abs. 18 Satz 2 WpHG ist lediglich für die Abs. 14, 15 und 15a, nicht aber für § 120 Abs. 2 Nr. 3 WpHG vorgesehen. Damit wird die verbandsbezogene Erhöhung nur im Normbereich des gemeinschaftsrechtlich zwingenden § 120 Abs. 14, 15 und 15a WpHG und nicht in der überschießenden Umsetzung in § 120 Abs. 2 Nr. 3 WpHG vorgesehen. Eine Erhöhung bis zum Dreifachen des aus dem Verstoß gezogenen wirtschaftlichen Vorteils (§ 120 Abs. 18 Satz 3 WpHG) bleibt davon unberührt. 108

6. Verstöße gegen Veröffentlichungspflichten (§ 120 Abs. 2 Nr. 4 WpHG). Zum Schutz des Anlegerpublikums errichtet das WpHG ein **kapitalmarktrechtliches Publizitätssystem**, das der Transparenz der Märkte, der weitestmöglichen Vermeidung von Informationsdefiziten und Informationsasymmetrien bei den Marktteilnehmern und hierdurch der Funktionsfähigkeit und Effizienz der Kapitalmärkte dient und insbesondere mit dem TUG in Umsetzung der Transparenz-Änderungsrichtlinie wesentlich ausgebaut worden ist. § 120 Abs. 2 Nr. 4 lit. a, b, e, f und g, Abs. 17 WpHG haben ihre europarechtliche Grundlage in Art. 28b Abs. 1 lit. c Ziff. i, ii RL 2013/50/EU. § 120 Abs. 2 Nr. 4 WpHG bedroht vorsätzliche oder leichtfertige Verstöße gegen wesentliche Publizitätspflichten mit Geldbuße, die bei Buchstabe a, b und e bis g bis zu 2 Mio. Euro bzw. bei juristischen 109

---

1 Zum Hängebeschluss vgl. nur VGH Mannheim v. 26.9.2017 – 2 S 1916/17, NVwZ-RR 2017, 951.
2 Begr. RegE, BT-Drucks. 18/10936, 251.

Personen gem. § 120 Abs. 17 Satz 2 WpHG bis zu 10 Mio. Euro oder 5 % des letztjährigen Gesamtumsatzes[1] betragen kann (oder darüber hinaus auch maximal das Zweifache des aus dem Verstoß gezogenen wirtschaftlichen Vorteils, wobei dieser erzielte Gewinne und vermiedene Verluste erfasst und geschätzt werden kann), bei Buchstabe c bis zu 500.000 Euro bei Vorsatz bzw. 250.000 Euro bei Fahrlässigkeit (§ 17 Abs. 2 OWiG) und bei Buchstabe d bis zu 50.000 Euro bei Vorsatz bzw. 25.000 Euro bei Fahrlässigkeit (§ 120 Abs. 24 WpHG). Die Vorschrift entspricht inhaltlich § 39 Abs. 2 Nr. 5 WpHG a.F. in der zum 2.7.2016 in Kraft gesetzten Fassung (Art. 1 Nr. 36 1. FiMaNoG). Gemäß § 120 Abs. 25 Satz 2 WpHG findet auf § 120 Abs. 2 Nr. 4 lit. a WpHG die Regelung des § 17 Abs. 2 OWiG Anwendung, nicht jedoch auf die anderen Bußgeldtatbestände des § 120 Abs. 17 WpHG.

110 Im Einzelnen erfasst
- § 120 Abs. 2 Nr. 4 lit. a WpHG die Pflicht eines Inlandsemittenten zur Veröffentlichung von Informationen über das Erreichen, Über- oder Unterschreiten bestimmter Schwellenwerte, die ihm gem. §§ 33 Abs. 1 Satz 1 oder 2, Abs. 2, 38 Abs. 1 Satz 1 und § 39 WpHG mitgeteilt worden sind, zur Veröffentlichung der Gesamtzahl der Stimmrechte nach § 41 Abs. 1 Satz 1, Abs. 2 WpHG und die Pflicht eines Inlandsemittenten mit Sitz in einem Drittstaat, der zwar von §§ 40 Abs. 1, 41 WpHG freigestellt ist, aber gleichwohl diese Informationen nach § 46 Abs. 2 Satz 1 WpHG veröffentlichen muss. Der Publizitätspflicht unterliegen nur mitgeteilte Veränderungen der Stimmrechtsverhältnisse. Erlangt die Gesellschaft anderweitig Kenntnis hiervon, so kann eine Insiderinformation vorliegen, deren mangelnde Veröffentlichung § 120 Abs. 15 Nr. 9 WpHG ahndbar sein kann. Zu den Einzelheiten s. die Kommentierungen zu §§ 33, 38–41 und 46 WpHG;
- § 120 Abs. 2 Nr. 4 lit. b WpHG bewehrt auch die Pflicht zur Veröffentlichung von Informationen über das Erreichen, Über- und Unterschreiten von Schwellenwerten in Bezug auf eigene Anteile gem. § 40 Abs. 1 Satz 2 WpHG mit einer Bußgeldandrohung;
- § 120 Abs. 2 Nr. 4 lit. c WpHG legt die Pflicht von deutschen Emittenten fest, die Einberufung der Haupt- oder Gläubigerversammlung und die weiteren nach § 49 Abs. 1, 2 WpHG gebotenen Mitteilungen im elektronischen Bundesanzeiger zu veröffentlichen. Zu den Einzelheiten s. die Kommentierung zu § 49 WpHG;
- § 120 Abs. 2 Nr. 4 lit. d WpHG statuiert die Pflicht von Inlandsemittenten bzw. befreiten Inlandsemittenten mit Sitz in einem Drittstaat, die in § 50 Abs. 1 Satz 1, 51 Abs. 2 WpHG genannten Informationen zu veröffentlichen. Zu den Einzelheiten s. die Kommentierung zu §§ 50, 51 WpHG;
- § 120 Abs. 2 Nr. 4 lit. e WpHG benennt die Pflicht von Inlandsemittenten bzw. Mutterunternehmen, die Bekanntmachung über die Veröffentlichung des Jahresfinanzberichts zu veröffentlichen, und die Pflicht des befreiten Inlandsemittenten mit Sitz in einem Drittstaat, die entsprechenden Informationen zu veröffentlichen. Zu den Einzelheiten s. die Kommentierung der §§ 114, 117 und 118 WpHG;
- § 120 Abs. 2 Nr. 4 lit. f WpHG legt die Pflicht von Inlandsemittenten bzw. Mutterunternehmen fest, die Bekanntmachung über die Veröffentlichung des Halbjahresfinanzberichts zu veröffentlichen. Zu den Einzelheiten s. die Kommentierung des § 115 WpHG;
- § 120 Abs. 2 Nr. 4 lit. g WpHG statuiert die Pflicht von Inlandsemittenten bzw. Mutterunternehmen, die Bekanntmachung über die Veröffentlichung des Zahlungsberichts etc. zu veröffentlichen. Zu den Einzelheiten s. die Kommentierung des § 116 WpHG.

111 Ahndbar sind
- unterlassene, d.h. gar nicht gemachte Veröffentlichungen,
- unrichtige, d.h. unwahre Veröffentlichungen.
- unvollständige Veröffentlichungen, d.h. solche, die nicht alle nach der jeweiligen Publizitätspflicht vorgeschriebenen Angaben enthalten. Bei § 120 Abs. 2 Nr. 4 lit. a WpHG bezieht sich die Unvollständigkeit zunächst (nur) darauf, ob die Veröffentlichung die Mitteilung vollständig wiedergibt.
- nicht in der vorgeschriebenen Weise gemachte Veröffentlichungen.
- verspätete Veröffentlichungen.
- nicht oder nicht rechtzeitig nachgeholte Veröffentlichungen.

112 Zu *unerheblichen (bagatellhaften)* Unrichtigkeiten, Unvollständigkeiten, Formfehler oder Verspätungen s. Rz. 101.

113 **7. Verstöße gegen Aufzeichnungspflichten (§ 120 Abs. 2 Nr. 5 WpHG).** Um eine flächendeckende Überwachung der Kapitalmärkte zu ermöglichen, sind Wertpapierdienstleistungsunternehmen verpflichtet, von ihnen durchgeführte Aufträge umfassend zu dokumentieren. Im Einzelnen müssen gem. § 27 Satz 1 WpHG vor der Durchführung von Aufträgen, die Insiderpapiere zum Gegenstand haben, bei natürlichen Personen der Name, das Geburtsdatum und die Anschrift, bei Unternehmen die Firma und die Anschrift der Auftraggeber und der berechtigten oder verpflichteten Personen oder Unternehmen aufgezeichnet werden.

---

[1] S. zur Definition „*Gesamtumsatz*" § 120 Abs. 23 WpHG.

§ 120 Abs. 2 Nr. 5 WpHG bedroht vorsätzliche bzw. leichtfertige Verstöße gegen diese organisatorischen Pflichten mit Geldbuße bis zu 50.000 Euro bzw. 25.000 Euro (§ 120 Abs. 24 a.E. WpHG § 17 Abs. 2 OWiG). Die Norm entspricht der ursprünglichen Regelung des § 39 Abs. 2 Nr. 10 WpHG a.F. Tathandlungen sind, dass Aufzeichnungen

- nicht gefertigt werden,
- nicht richtig gefertigt, d.h. inhaltlich unwahr erstellt werden, jedenfalls soweit die Unrichtigkeit sich auf der jeweiligen Aufzeichnungspflicht unterliegende Umstände bezieht,
- unvollständig gefertigt werden, d.h. nicht alle aufzuzeichnenden Umstände enthalten, und
- verspätet gefertigt werden, also erst bei oder nach Durchführung des Auftrages.

Nach § 27 Satz 1 WpHG gefertigte Aufzeichnungen müssen mindestens sechs Jahre lang aufbewahrt werden (§ 27 Satz 2 WpHG); für die Aufbewahrung gilt § 257 Abs. 3, 5 HGB entsprechend (§ 27 Satz 3 WpHG). Diese Pflicht ist jedoch nicht bußgeldbewehrt.

8. Fehlende Erklärungen entgegen § 29 Abs. 5 Satz 1 WpHG (§ 120 Abs. 2 Nr. 6 WpHG). § 29 Abs. 5 Satz 1 WpHG verlangt von Zulassungsantragstellern und Anbietern i.S.v. § 2 Nr. 10 und 11 WpPG, die einen Antrag bei der BaFin auf Billigung eines Prospekts nach dem Wertpapierprospektgesetz für ein öffentliches Angebot oder die Zulassung zum Handel von strukturierten Finanzinstrumenten bzw. bei einer Emission i.S.d. Rating-VO stellen und zugleich Emittenten sind, zusätzlich eine Erklärung mit dem Inhalt, die entsprechenden **Pflichten nach Art. 8b, 8c oder 8d VO Nr. 1060/2009** zu erfüllen. Unterbleibt die Erklärung vorsätzlich oder leichtfertig, stellt dies eine Ordnungswidrigkeit nach § 120 Abs. 2 Nr. 6 WpHG dar. Die Vorschrift wurde inhaltlich entsprechend noch als § 39 Abs. 2 Nr. 10a WpHG a.F. zum 19.12.2014 in Kraft gesetzt (Art. 1 Nr. 5 Gesetz vom 10.12.2014, BGBl. I 2014, 2085). Damit erfasst die Vorschrift Verwaltungsungehorsam. Wegen des klaren Wortlautes und im Umkehrschluss zu anderen detaillierten Formulierungen wie beispielsweise in § 120 Abs. 2 Nr. 2 WpHG ("nicht richtig, nicht vollständig") sind bloß unzureichende oder unvollständige Erklärungen von § 120 Abs. 2 Nr. 6 WpHG nicht erfasst. Eine Zuwiderhandlung wird mit einer Geldbuße bis zu 100.000 Euro bei Vorsatz und bis zu 50.000 Euro bei Leichtfertigkeit (§ 120 Abs. 24 WpHG i.V.m. § 17 Abs. 2 OWiG) geahndet.

9. Unterlassene oder nicht rechtzeitige Mitteilung entgegen § 31 Abs. 2 WpHG (§ 120 Abs. 2 Nr. 7 WpHG). § 31 Abs. 2 WpHG verpflichtet nichtfinanzielle Gegenparteien[1], die nach Art. 10 Abs. 1 lit. b VO Nr. 648/2012 clearingpflichtig werden[2], zur unverzüglichen schriftlichen Mitteilung an die BaFin. Unterbleibt die Mitteilung oder erfolgt sie zu spät, liegt eine Ordnungswidrigkeit nach § 120 Abs. 2 Nr. 7 WpHG wegen Verwaltungsungehorsams in Form der Verletzung einer gesetzlichen Mitteilungspflicht gegenüber einer Behörde vor. Die Norm entspricht der bisherigen Regelung des § 39 Abs. 2 Nr. 10b WpHG a.F., der zum 16.2.2013 durch Art. 2 Nr. 4 EMIR-Ausführungsgesetz vom 13.2.2013 (BGBl. I 2013, 174) in Kraft gesetzt wurde. Nicht erfasst ist die unrichtige oder unvollständige Mitteilung. Dies ergibt sich bereits aus dem Wortlaut der Vorschrift. Der Verstoß gegen die unmittelbar aus **Art. 10 Abs. 1 lit. a VO Nr. 648/2012** folgende Meldepflicht ist eigens bußgeldbewehrt in § 120 Abs. 7 Nr. 5 WpHG. § 31 Abs. 2 WpHG enthält nicht nur eine Formvorgabe, sondern eine zusätzliche Mitteilungspflicht. § 120 Abs. 2 Nr. 7 WpHG gilt nur für die unterlassene oder verspätete Mitteilung. Ein bloßer Mangel in der Schriftform erfüllt den Tatbestand nicht, denn sonst hätte der Gesetzgeber die Formulierung „in der vorgeschriebenen Weise" ergänzt. Eine vorsätzliche bzw. leichtfertige Zuwiderhandlung wird mit einer Geldbuße von bis zu 100.000 Euro bzw. 50.000 Euro (§ 120 Abs. 24 WpHG) geahndet.

10. Unterlassene oder verspätete Prüfung bzw. Bescheinigung von Tatsachen nach § 32 Abs. 1 Satz 1 WpHG und unterlassene oder verspätete Übermittlung einer Bescheinigung nach § 32 Abs. 4 Satz 1 WpHG (§ 120 Abs. 2 Nr. 8, 9 WpHG). § 32 WpHG soll sicherstellen, dass Kapitalgesellschaften, die in einem gewissen Umfang außerbörslich mit Derivaten handeln, den EMIR-Pflichten genügen können. Hierzu wird in § 32 Abs. 1 WpHG eine Pflicht zur Prüfung und Bescheinigung und in § 32 Abs. 4 WpHG eine Pflicht zur Übermittlung der Prüfungsbescheinigung an die BaFin vorgesehen. Wird die Prüfung, Bescheinigung oder Übermittlung unterlassen oder erfolgt sie verspätet, liegt eine Ordnungswidrigkeit nach § 120 Abs. 2 Nr. 8, 9 WpHG vor. § 120 Abs. 2 Nr. 8 WpHG entspricht den bisherigen Regelungen des § 39 Abs. 2 Nr. 10c, 10d WpHG a.F., die zum 16.2.2013 durch Art. 2 Nr. 4 EMIR-Ausführungsgesetz vom 13.2.2013 (BGBl. I 2013, 174) in Kraft gesetzt wurden. Damit sind zum einen Verstöße gegen organisatorische Vorgaben (Nr. 8) und zum anderen Verwaltungsungehorsam (Nr. 9) erfasst. Inhaltliche Unzulänglichkeiten der Prüfung oder Bescheinigung hingegen sind nicht erfasst. Eine vorsätzliche bzw. leichtfertige Zuwiderhandlung wird in den Fällen des § 120 Abs. 2 Nr. 8 WpHG mit einer Geldbuße von bis zu 100.000 Euro bzw. 50.000 Euro bei Leichtfertigkeit geahndet, in den Fällen des § 120 Abs. 2 Nr. 9 WpHG mit 50.000 Euro bzw. 25.000 Euro bei Leichtfertigkeit (§ 120 Abs. 24 WpHG, § 17 Abs. 2 OWiG).

11. Verstöße gegen Übermittlungspflichten (§ 120 Abs. 2 Nr. 10 WpHG). Das WpHG sieht an zahlreichen Stellen vor, dass Emittenten usw. verpflichtet sind, Informationen und Bekanntmachungen an das Unterneh-

---

1 Zum Begriff *Grundmann* in Staub, HGB, Bd. 11/2, 6. Teil, Rz. 690.
2 Eingehend zu Art. 10 VO Nr. 648/2012 (EMIR) *Grundmann* in Staub, HGB, Bd. 11/2, 6. Teil, Rz. 727 ff.

mensregister i.S.v. § 8b HGB[1] zu übermitteln. Die Informationen sind über die Internetseite des Unternehmensregisters (http://www.unternehmensregister.de) zugänglich (§ 8b Abs. 2 Nr. 9 HGB). Der vorsätzliche bzw. leichtfertige Verstoß gegen diese Übermittlungspflichten ist durch § 120 Abs. 2 Nr. 10 WpHG mit Geldbuße bis zu 200.000 Euro bzw. 100.000 Euro bedroht (§ 120 Abs. 24 WpHG, § 17 Abs. 2 OWiG). Die Vorschrift wurde noch als § 39 Abs. 2 Nr. 11a WpHG zum 26.11.2015 in Kraft gesetzt (Art. 1 Nr. 30 Gesetz vom 20.11. 2015, BGBl. I 2015, 2029).

119 Im Einzelnen sind Übermittlungspflichten zu folgenden Informationen und Bekanntmachungen bußgeldbewehrt:
– Informationen betreffend Schwellenwerte nach §§ 33 Abs. 1, Abs. 2, 38 Abs. 1 Satz 1 sowie § 39 Abs. 1 Satz 1 WpHG (§ 40 Abs. 1 Satz 1 WpHG) sowie betreffend Gesamtzahlen der Stimmrechte (§ 41 Abs. 1 Satz 3 WpHG) und auch entsprechende Informationen befreiter Inlandsemittenten mit Sitz in einem Drittstaat (§ 120 Abs. 2 Satz 2 WpHG);
– zusätzliche Angaben i.S.v. § 50 Abs. 1 Satz 1 WpHG (§ 50 Abs. 1 Satz 2 WpHG) und entsprechende Angaben befreiter Inlandsemittenten mit Sitz in einem Drittstaat (§ 51 Abs. 2 WpHG);
– die Bekanntmachung über die Veröffentlichung des Jahresfinanzberichts (§ 114 Abs. 1 Satz 3 WpHG), des Halbjahresfinanzberichts (§ 115 Abs. 1 Satz 3 WpHG), des Zahlungsberichts etc. (§ 116 Abs. 2 Satz 2 WpHG), oder der entsprechenden Informationen befreiter Inlandsemittenten mit Sitz in einem Drittstaat (§ 118 Abs. 4 Satz 3 WpHG).

120 Ahndbar ist die *unterlassene*, aber auch die *verspätete* Übermittlung. Insoweit sehen alle der in § 120 Abs. 2 Nr. 10 WpHG in Bezug genommenen Vorschriften vor, dass die Übermittlung unverzüglich erfolgen muss, aber nicht vor der Veröffentlichung erfolgen darf. Die verfrühte Übermittlung ist aber nicht vom Bußgeldtatbestand des § 120 Abs. 2 Nr. 10 WpHG erfasst.

121 **12. Verstöße gegen Grundpflichten der Emittenten gegenüber Wertpapierinhabern (§ 120 Abs. 2 Nr. 11–13 WpHG).** In Umsetzung von Art. 16–18 RL 2004/109/EG, geändert durch RL 2013/50/EU ist mit Art. 1 Nr. 19 TUG mit Wirkung vom 20.1.2007 ein neuer Abschnitt über „Notwendige Informationen für die Wahrnehmung von Rechten aus Wertpapieren" ins WpHG aufgenommen worden. Die Transparenzrichtlinie-Änderungsrichtlinie 2013/50/EU ist bereits mit dem Gesetz zur Umsetzung der Transparenzrichtlinie-Änderungsrichtlinie vom 20.11.2015[2] umgesetzt worden, so dass die Regelungen inhaltlich durch das 2. FinMaNoG nur wenig geändert wurden, sondern lediglich einen neuen Platz bekommen haben und nun von nun an nicht mehr im Abschnitt 5a, sondern im Abschnitt 7 sind. Innerhalb des Abschnitts statuiert § 48 WpHG die **Grundpflichten des Emittenten gegenüber Wertpapierinhabern** und Inhabern Aktien vertretender Hinterlegungsscheine (§ 48 Abs. 3 WpHG). Diese Pflichten gehen über bloße Informationspflichten hinaus. Verstöße gegen drei von ihnen werden in § 120 Abs. 2 Nr. 11–13 WpHG mit Geldbuße bei Vorsatz bis zu 100.000 Euro, bei Leichtfertigkeit bis zu 50.000 Euro bedroht (§ 120 Abs. 24 WpHG). Die Normen entsprechen den bisherigen Regelungen des § 39 Abs. 2 Nr. 12–14 WpHG a.F., die zum 20.1.2007 durch Art. 1 Nr. 25 Transparenzrichtlinie-Umsetzungsgesetz vom 5.1.2007, BGBl. I 2007, 10, in Kraft gesetzt wurden.

122 Nach § 120 Abs. 2 Nr. 11 WpHG i.V.m. § 48 Abs. 1 Nr. 2 WpHG müssen Emittenten, für die die Bundesrepublik Deutschland Herkunftsstaat ist, bei Bußgelddrohung sicherstellen, dass alle **Einrichtungen und Informationen**, die der Inhaber der Wertpapiere bzw. Hinterlegungsscheine für die Wahrnehmung ihrer Rechte benötigen, **im Inland öffentlich zur Verfügung stehen**. Zu den Einzelheiten s. Kommentierung zu § 48 WpHG. Es handelt sich um eine generalklauselartige Bußgeldvorschrift, die im Hinblick auf Art. 103 Abs. 2 GG Bedenken erweckt und deren Verletzung nur in eindeutigen Fällen zu einer Ahndung führen kann.

123 Nach § 120 Abs. 2 Nr. 12 WpHG i.V.m. § 48 Abs. 1 Nr. 3 WpHG müssen die genannten Emittenten bei Bußgelddrohung sicherstellen, dass **Daten zu Inhabern der Wertpapiere bzw. Hinterlegungsscheine vor der Kenntnisnahme durch Unbefugte geschützt** sind. Zu den Einzelheiten s. Kommentierung zu § 48 WpHG. Die Bußgeldvorschrift ist datenschutzrechtlicher Natur; ihr Verhältnis zum allgemeinen Datenschutzrecht ist ungeklärt. Soweit es sich um personenbezogene Daten handelt, dürfte ein tateinheitlicher Verstoß gegen ideal konkurrierende Vorschriften vorliegen. Soweit nicht personenbezogene Daten betroffen sind – z.B. über eine Kapitalgesellschaft als Inhaberin – gilt allein § 12 Abs. 2 Nr. 12 WpHG.

124 Nach § 120 Abs. 2 Nr. 13 WpHG i.V.m. § 48 Abs. 1 Nr. 4 WpHG müssen die genannten Emittenten bei Bußgelddrohung sicherstellen, dass für die gesamte Dauer der Zulassung der Wertpapiere mindestens ein **Finanzinstitut als Zahlstelle im Inland bestimmt** ist, das alle erforderlichen Maßnahmen hinsichtlich der Wertpapiere bewirkt werden können. Damit handelt es sich um eine Ordnungswidrigkeit in Form einer organisatorischen Unzulänglichkeit. Im Falle der Vorlegung der Wertpapiere erfolgt es bei dieser Stelle kostenfrei. Zu den Einzelheiten vgl. Kommentierung zu § 48 WpHG.

---

1 Mit Wirkung vom 1.1.2007 eingeführt durch Art. 1 Nr. 2 des Gesetzes über elektronische Handelsregister und Genossenschaftsregister sowie das Unternehmensregister vom 10.11.2006 (BGBl. I 2006, 2553).
2 BGBl. I 2015, 2029.

13. Verstöße gegen Anzeigepflichten aus § 86 Satz 1, 2, 4 WpHG (§ 120 Abs. 2 Nr. 14 WpHG). § 120 Abs. 2 Nr. 14 WpHG bedroht vorsätzliche oder leichtfertige **Verstöße gegen die Anzeigepflichten aus § 86 Satz 1, 2 oder 4 WpHG** (Verwaltungsungehorsam durch Verletzung gesetzlicher Anzeigepflichten gegenüber der BaFin) mit Geldbuße bis zu 50.000 Euro bzw. bei Leichtfertigkeit mit bis zu 25.000 Euro (§ 120 Abs. 24 a.E. WpHG, § 17 Abs. 2 OWiG). Die Norm entspricht der ursprünglichen, zuletzt als § 39 Abs. 2 Nr. 21 WpHG a.F. bestehenden Regelung. Die Alternative ist ebenso wie § 34c WpHG a.F. (jetzt § 86 WpHG) mit Wirkung vom 30.10.2004 durch das Anlegerschutzverbesserungsgesetz eingeführt worden und geht auf Art. 6 Abs. 5, 14 Abs. 1 RL 2003/6/EG (Marktmissbrauchsrichtlinie)[1] zurück. In der Sache geht es darum, der BaFin die Überwachung *aller* Personen, die in Ausübung ihres Berufs oder im Rahmen ihrer Geschäftstätigkeit Finanzanalysen erstellen oder weitergeben, dadurch zu ermöglichen, dass diese Tatsache und Tatsachen, die Interessenkonflikte begründen können, der BaFin angezeigt werden müssen (zu den Einzelheiten s. die Kommentierung des § 86 WpHG). Nach dem eindeutigen Wortlaut des § 120 Abs. 2 Nr. 14 WpHG sind Verstöße gegen § 86 Satz 3 (Pflicht, Namen oder Firma und Anschrift des Anzeigepflichtigen mitzuteilen) und Satz 5 WpHG (Pflicht, nachträgliche Veränderungen anzuzeigen) **nicht ahndbar**. Daran hat der Gesetzgeber auch nach der Neuregelung durch das 2. FiMaNoG nichts geändert. Wer die Regelungsdichte von § 120 WpHG beklagt, sollte dies nicht kritisieren.

Ahndbar sind
– unterlassene Anzeigen;
– inhaltlich unrichtige oder unvollständige Anzeigen, insbesondere wenn entgegen § 86 Satz 4 WpHG nicht alle Tatsachen angezeigt werden, die Interessenkonflikte begründen;
– verspätete Anzeigen, d.h. solche, die nicht unverzüglich (§ 86 Satz 1 WpHG) erstattet worden sind.

14. Verstöße gegen die Pflicht zur Übermittlung von Jahresfinanzberichten, Halbjahresfinanzberichten und Zahlungsberichten sowie des sog. Bilanzeids (§ 120 Abs. 2 Nr. 15 WpHG). Die früher im BörsG und in der BörsZulV geregelten Transparenzpflichten von Emittenten sind mit Art. 1 Nr. 24 TUG in Umsetzung der Vorgaben der Transparenz-Richtlinie in §§ 37v ff. WpHG a.F. überführt und konsolidiert worden. Nach Inkrafttreten des 2. FiMaNoG befinden sich diese Regelungen nun in den §§ 114 ff. WpHG (Abschnitt 16, Unterabschnitt 2). Hiernach müssen **Jahresfinanzberichte, Halbjahresfinanzberichte und Zahlungsberichte sowie der sog. Bilanzeid** (§§ 264 Abs. 2 Satz 3, 289 Abs. 1 Satz 5 HGB) der Öffentlichkeit zur Verfügung gestellt und zudem unverzüglich nach Veröffentlichung **dem Unternehmensregister (§ 8b HGB) zur Speicherung übermittelt** werden (§§ 114 Abs. 1 Satz 4, 115 Abs. 1 Satz 4, § 116 Abs. 2 Satz 3 WpHG). Die unterlassene oder verspätete Übermittlung wird in § 120 Abs. 2 Nr. 15 WpHG mit Geldbuße bis zu 500.000 Euro, bei Leichtfertigkeit mit Geldbuße bis zu 250.000 Euro bedroht (§ 120 Abs. 24 WpHG, § 17 Abs. 2 OWiG). Die Norm entspricht der bisherigen Regelung des § 39 Abs. 2 Nr. 24 WpHG a.F., der zum 20.1.2007 durch Art. 1 Nr. 25 Transparenzrichtlinie-Umsetzungsgesetz vom 5.1.2007, BGBl. I 2007, 10, in Kraft gesetzt wurde. Verstöße gegen die Pflicht zur Veröffentlichung sind in § 120 Abs. 12 Nr. 5 WpHG geregelt (Rz. 332).

15. Verstöße gegen Level-2-Ratingvorschriften der EU: Blankettvorschrift mit Rückverweisungsklausel (§ 120 Abs. 2 Nr. 16, Abs. 28 WpHG). Nach § 120 Abs. 2 Nr. 16 i.V.m. Abs. 28 WpHG handelt ordnungswidrig, wer vorsätzlich oder leichtfertig einer unmittelbar geltenden Vorschrift in delegierten Rechtsakten der Europäischen Union, die die Rating-VO ergänzen, im Anwendungsbereich des WpHG zuwiderhandelt, soweit eine Rechtsverordnung des Bundesministeriums der Finanzen (BMF) nach § 120 Abs. 28 WpHG für einen bestimmten Tatbestand auf die Bußgeldvorschrift in § 120 Abs. 2 Nr. 16 WpHG verweist. Die Vorgängernorm zu § 120 Abs. 2 Nr. 16 WpHG (§ 39 Abs. 2 Nr. 25 WpHG a.F.) hat der Gesetzgeber zusammen mit § 39 Abs. 6 WpHG a.F. (jetzt § 120 Abs. 24 WpHG) durch das RatingG vom 10.12.2014 in das WpHG eingefügt[2].

Gesetzgebungstechnisch handelt es sich um eine Blankettnorm mit einer Rückverweisungsklausel. Rückverweisungsklauseln sind in Straf- oder Bußgeldvorschriften enthaltene Regelungsbestandteile, mit denen der Gesetzgeber die Rechtssetzungsbefugnis über ein sanktionswürdiges Verhalten auf den nationalen Verordnungsgeber delegiert mit der Maßgabe, dass dieser bei Bestimmung der sanktionswürdigen Verstöße wiederum auf die delegierende Blankettvorschrift zurückverweist. Diese Gesetzgebungstechnik soll der Vermeidung „zeitaufwendiger Gesetzgebungsverfahren" dienen, wenn sich in Bezug genommene unionsrechtliche Regelungen ändern[3]. Die parlamentsgesetzliche Normenvorhersehbarkeit ergibt sich aus dem Hybrid von § 120 Abs. 2 Nr. 16, Abs. 28 WpHG einerseits und der Rating-VO andererseits; die tatbestandliche Bestimmtheit dann aus dem Normenquadrat des nationalen WpHG nebst einer implementierenden Verordnung und der Rating-VO nebst dem Level-2-Rechtsakt. Die Problematik lässt sich allerdings nicht anhand der Gesetzestechnik Rückverweisungsklausel lösen. Maßgebend ist vielmehr der Blick darauf, ob die gesetzliche Ermächtigung hinreichend be-

---

1 Vgl. Begr. RegE, BT-Drucks. 15/3174, 39 ff., 41.
2 BGBl. I 2014, 2085; Begr. RegE, BT-Drucks. 18/1774, 22; s. auch *Waßmer* in Fuchs, § 39 WpHG Rz. 181 f.
3 Zu vergleichbaren Regelungen im Lebensmittelrecht *Dannecker* in Zipfel/Rathke, Lebensmittelrecht, Vorb § 58 LFBG Rz. 57.

stimmte Vorgaben macht und ob für straf- und bußgeldrechtliche Anforderungen die gleichen Anforderungen gelten[1].

130 Das BVerfG hat mit Beschluss vom 21.9.2016 die nahezu identisch aufgebaute strafrechtliche Blankettnorm mit Rückverweisungsklausel in § 10 Abs. 1, 3 Rindfleischetikettierungsgesetz[2] (RiFlEtG) wegen Verstoßes gegen Art. 103 Abs. 2, 104 Abs. 1 Satz 1 GG sowie gegen Art. 80 Abs. 1 Satz 1 GG für verfassungswidrig erklärt[3]. Zu ordnungswidrigkeitenrechtlichen Rückverweisungsklauseln hat sich das BVerfG in dieser Entscheidung hingegen nur im Zusammenhang mit Art. 80 Abs. 1 Satz 2 GG verhalten, indem es einen Verstoß gegen das Bestimmtheitsgebot nach Art. 80 Abs. 1 Satz 2 GG ausdrücklich offen gelassen hat mit der Tendenz, hier weniger strenge Maßstäbe an die Bestimmtheit der Ermächtigungsnorm anzulegen als bei entsprechenden strafrechtlichen Regelungen[4].

131 Maßgebend für die Entscheidung zum RiFlEtG war ein wortlautübersteigend dem Art. 103 Abs. 2 GG entnommener rechtsstaatlicher Parlamentsvorbehalt: Das Bestimmtheitsgebot des Art. 103 Abs. 2 GG werde nur dann gewahrt, wenn sich die möglichen Fälle der Strafbarkeit schon aufgrund des Gesetzes selbst voraussehen lassen, d.h. die Voraussetzungen der Strafbarkeit und die Art der Strafe entweder in der Blankettstrafnorm selbst oder in einem in Bezug genommenen Gesetz hinreichend deutlich umschrieben seien[5]. Wenn dies erst durch eine Rechtsverordnung erfolge, sei dies unzulässig, denn der Grundsatz der Gewaltenteilung gebiete es, dem Verordnungsgeber lediglich die Konkretisierung des Straftatbestandes zu überlassen, nicht aber die Entscheidung darüber, welches Verhalten als Straftat geahndet werden soll[6]. Die Stellungnahme des DAV hatte dasselbe Unbehagen etwas deutlicher auch darin verortet, dass der Kern des Unbehagens bei nur rudimentären Tatbeständen eine dynamische Verweisung auf das Unionsrecht sei[7]. Bei § 120 Abs. 2 Nr. 16, Abs. 28 WpHG stellt sich gerade dieses Problem besonders deutlich, da die unionsrechtliche Bezugsnorm auch noch ein Level-2-Rechtsakt ist.

132 Bis zu der Entscheidung des BVerfG zu § 10 Abs. 1, 3 RiFlEtG sind Rückverweisungsklauseln von der höchstrichterlichen Rechtsprechung nicht als verfassungswidrig angesehen worden[8]. So hat das BVerfG Anfang der 90er Jahre die Rückverweisungstechnik im damaligen Außenwirtschaftsstraf- und -bußgeldrecht gebilligt[9]. Auch der BGH hat in einer Entscheidung zu § 52 Abs. 2 Nr. 1 VTabakG a.F. die dort enthaltene Rückverweisungsklausel als verfassungsgemäß angesehen mit dem Argument, dass die Ermächtigungsnorm (§ 21 Abs. 1 Nr. 1 lit. g VTabakG a.F.) bereits umfassende inhaltliche Vorgaben bereithalte, der Gesetzgeber damit die wesentlichen Voraussetzungen der Strafbarkeit selbst geregelt habe und es sich bei § 52 VTabakG a.F. insofern um eine rein deklaratorische Rückverweisungsklausel handele[10]. Für rein deklaratorische Rückverweisungsklauseln ist das Problem der Wahrung des Parlamentsvorbehalts damit nicht aufgeworfen. Für den Fall einer inhaltsleeren Rückverweisungsklausel wurde die Bestimmtheit schon vor der Entscheidung des BVerfG zu § 10 Abs. 1, 3 RiFlEtG überwiegend verneint[11].

---

1 Allgemein dazu auch *Rönnau/Wegner* in Meyer/Veil/Rönnau, § 27 Rz. 10; zur Problematik der hinreichenden Bestimmtheit bei Blankettnormen allgemein s. *Rogall* in KK-OWiG, § 3 OWiG Rz. 16, *Gürtler* in Göhler, Vor § 1 OWiG Rz. 12; *Engelhart* in Esser/Rübenstahl/Saliger/Tsambikakis, Vor § 1 OWiG Rz. 12, § 3 OWiG Rz. 3.
2 Nach § 10 Abs. 1 RiFlEtG wird mit Freiheitsstrafe bis zu einem Jahr oder mit Geldstrafe bestraft, wer einer unmittelbar geltenden Vorschrift in Rechtsakten der Europäischen Gemeinschaft oder der Europäischen Union im Anwendungsbereich des § 1 Abs. 1 RiFlEtG zuwiderhandelt, soweit eine Rechtsverordnung nach Abs. 3 für einen bestimmten Tatbestand auf diese Strafvorschrift verweist.
3 BVerfG v. 21.9.2016 – 2 BvL 1/15, BVerfGE 143, 38 RiFlEtG, anders noch zu § 51 Abs. 1 Nr. 2 LMBG BVerfG v. 21.8.2001 – 2 BvR 1941/00, NStZ-RR 2002, 22.
4 BVerfG v. 21.9.2016 – 2 BvL 1/15, BVerfGE 143, 38, 61 RiFlEtG.
5 BVerfG v. 21.9.2016 – 2 BvL 1/15, BVerfGE 143, 38, 57 RiFlEtG m.w.N.
6 BVerfG v. 21.9.2016 – 2 BvL 1/15; BVerfGE 143, 38, 57 RiFlEtG.
7 Stellungnahme des Deutschen Anwaltvereins durch den Strafrechtsausschuss und den Verfassungsrechtsausschuss gegenüber dem BVerfG zu dem Aussetzungs- und Vorlagebeschluss des LG Berlin v. 16.4.2015 – 2 BvL 1/15, S. 13 ff., abrufbar unter https://anwaltverein.de/de/newsroom/sn-9-2016-zu-dem-aussetzungs-und-vorlagebeschluss-des-lg-ber lin-vom-16-april-2915-2-bvl-1-15 (zuletzt abgerufen am 3.7.2018 um 11 h). Kritisch äußert sich der DAV dabei gegenüber BVerfG v. 21.8.2001 – 2 BvR 1941/00, NStZ-RR 2002, 22.
8 BVerfG v. 21.8.2001 – 2 BvR 1941/00, NStZ-RR 2002, 22; bei § 52 VTabakG a.F. sah BGH v. 23.12.2015 – 2 StR 525/13, BGHSt 61, 110 keine verfassungsrechtlichen Probleme, denn die dortige Rückverweisungsklausel führte nicht dazu, „dass der Gesetzgeber in einer mit Art. 103 Abs. 2 GG unvereinbaren Weise seine Bestimmungsgewalt auf den Verordnungsgeber übertragen hätte"; vielmehr habe er „die wesentlichen Voraussetzungen der Strafbarkeit bereits in § 52 Abs. 2 Nr. 1 i.V.m. § 21 Abs. 1 Nr. 1 lit. g VTabakG selbst geregelt". In diesem Fall gab es damit eine ausdrückliche Regelung in § 21 Abs. 1 Nr. 1 lit. g VTabakG über das „Ob" der Strafbarkeit, womit es sich um eine rein deklaratorische Rückverweisungsklausel handelt, der verfassungsrechtlich unbedenklich ist. Die Regelung in § 10 Abs. 1, 3 RiFlEtG überlässt hingegen die Entscheidung über das „Ob" der Strafbarkeit ausschließlich der Exekutive. Dem BVerfG folgend nun LG Stade v. 15.3.2017 – 600 KLs 1100 Js 7647/10, wistra 2017, 451.
9 BVerfG v. 25.10.1991 – 2 BvR 374/90, NJW 1992, 2624 ff.; BVerfG v. 24.2.1993 – 2 BvR 1959/92, NJW 1993, 1909, 1910 ff.
10 BGH v. 23.12.2015 – 2 StR 525/13, NJW 2016, 1251, 1256, s. auch vergleichbare Regelungen im Lebensmittelrecht *Dannecker* in Zipfel/Rathke, Lebensmittelrecht, Vorb § 58 LFBG Rz. 57.
11 Dazu *Rogall* in KK-OWiG, § 3 OWiG Rz. 16; *Freund* in FS Rössner, 2015, S. 579 f.; *Hecker*, Europäisches Strafrecht, § 7, 98 ff.; *Bülte*, NZWiSt 2016, 117, 118 f.

Zweifelhaft ist, ob vor diesem Hintergrund die gesetzestechnisch vergleichbare ordnungswidrigkeitenrechtliche Regelung in § 120 Abs. 2 Nr. 16 i.V.m. Abs. 28 WpHG mit Art. 103 Abs. 2 GG vereinbar ist. Nach der Rechtsprechung des BVerfG ist Art. 103 Abs. 2 GG auch auf Ordnungswidrigkeiten anwendbar[1]. Daneben ist in § 3 OWiG ein entsprechendes Bestimmtheitsgebot auch auf einfachgesetzlicher Ebene für das Ordnungswidrigkeitenrecht normiert[2]. Art. 103 Abs. 2 GG regelt, dass eine Tat nur bestraft werden kann, wenn die Strafbarkeit gesetzlich bestimmt war, bevor die Tat begangen wurde. Der Wortlaut nennt Ordnungswidrigkeiten nicht. Eine Auslegung nach dem Sinn und Zweck der Vorschrift legt jedoch die Einbeziehung von Ordnungswidrigkeiten nahe. Eine Geldbuße hat neben ihrer präventiven Wirkung und ihrer der Gewinnabschöpfung dienenden Funktion auch repressiven Charakter[3]. Die Geldbuße ist aus der Sicht des Normadressaten faktisch in ihrer Sanktionswirkung ähnlich zu einer Geldstrafe. In beiden Fällen steht der punitive Charakter der Sanktion im Vordergrund. Daneben gilt Art. 103 Abs. 2 GG über seinen Wortlaut hinaus nach der Rechtsprechung des BVerfG auch für Sanktionen, die keine Strafen sind, aber wie solche wirken[4]. Dies steht auch im Einklang mit der Auslegung in Art. 74 Nr. 1 GG, wonach die Gesetzgebungskompetenz für das „Strafrecht" nicht nur Strafrecht im herkömmlichen Sinne, sondern auch das Ordnungswidrigkeitenrecht umfasse[5].

133

Gesetze i.S.v. Art. 103 Abs. 2 GG können neben formellen Gesetzen zwar auch Rechtsverordnungen sein, die auf Grundlage von Ermächtigungen ergangen sind, die die Voraussetzungen von Art. 80 Abs. 1 GG wahren[6]. Konkretisiert die Norm selbst aber keine Tatbestandsmerkmale des sanktionsbewehrten Verhaltens, sondern verweist insoweit auf eine andere Norm, so gelten die Bestimmtheitsanforderungen sowohl für die verweisende als auch für die in Bezug genommene Norm[7].

134

Jenseits von Art. 103 Abs. 2 GG, dem eine hinreichend bestimmte Verordnung nach § 120 Abs. 2 Nr. 16, Abs. 28 WpHG Rechnung tragen würde, hat das BVerfG die Anforderungen bei Straf- und Ordnungswidrigkeitentatbeständen um Aspekte der parlamentszentrierten Wesentlichkeitslehre ergänzt: Der *formelle* Gesetzgeber habe die Voraussetzungen der Strafbarkeit bzw. Bußgeldbewehrung so konkret zu umschreiben, dass Anwendungsbereich und Tragweite der Straf- und Ordnungswidrigkeitentatbestände zu erkennen sind bzw. sich durch Auslegung ermitteln lassen[8]. Dadurch soll gewährleistet werden, dass der Gesetzgeber über die Sanktionsvoraussetzungen selbst entscheidet[9]. Art. 103 Abs. 2 GG beinhaltet damit nach der Rechtsprechung des BVerfG auch für das Ordnungswidrigkeitenrecht einen strengen Gesetzesvorbehalt, der es der Exekutive und Judikative verwehre, die Voraussetzungen einer Bestrafung oder einer Verhängung von Geldbußen festzulegen[10]. Die Entscheidung über das „Ob" der Straf- oder Ahndbarkeit eines Verhaltens muss damit der demokratisch legitimierte Gesetzgeber treffen, wohingegen die Konkretisierung von Tatbestandsmerkmalen auch in einer von der Exekutive erlassenen Rechtsverordnung erfolgen kann.

135

Diesen, den Wortlaut des Art. 103 Abs. 2 GG übersteigenden Anforderungen würde § 120 Abs. 2 Nr. 16, Abs. 28 WpHG nicht genügen[11]. In § 120 Abs. 2 Nr. 16, Abs. 28 WpHG wird die Entscheidung über das „Ob" eines bußgeldbewehrten Verhaltens auf die Exekutive verlagert. Nach dieser Vorschrift kann das BMF durch Rechtsverordnung entscheiden, welche Verstöße gegen welche konkreten Ge- oder Verbote aus delegierten Rechtsakten der Europäischen Union zur Rating-VO bußgeldbewehrt sein sollen. Andererseits ist unter Berücksichtigung des Wesentlichkeitsgrundsatzes eine Lockerung dieser strengen Vorgaben denkbar, denn die Geldbuße hat andererseits gerade nicht rein repressiven Charakter und ist anders als die Kriminalstrafe nicht mit einem sozialethischen Unwerturteil verbunden, sondern stellt nach Auffassung des BVerfG nur eine Pflichtenmahnung dar[12]. Stellt man diesen Bußgeldzweck in den Vordergrund, so dürfte der Geldbuße im Vergleich zu einer Kriminalstrafe eine wesentlich geringere Eingriffsintensität zukommen, auch wenn zumindest bei ho-

136

---

1 BVerfG v. 4.2.1975 – 2 BvL 5/74, BVerfGE 38, 348, 371 f.; BVerfG v. 23.10.1985 – 1 BvR 1053/82, BVerfGE 71, 108, 114; BVerfG v. 17.11.2009 – 1 BvR 2717/08, NJW 2010, 754 Rz. 16; auch VGH München v. 24.11.1986 – 19 B 82 A. 1089, BeckRS 1986, 06323, Rz. 16. In BVerfG v. 3.2.1959 – 2 BvL 10/56, BVerfGE 9, 137, 144 sieht das BVerfG sowohl die Kriminalstrafe als auch die „Verwaltungsstrafe" als ein Übel an, das wegen eines rechtswidrigen Verhaltens verhängt werde und daher „Strafe" sei.
2 Der Vorschrift in § 3 OWiG dürfte vor allem klarstellende Bedeutung beizumessen sein, dazu *Rogall* in KK-OWiG, § 3 OWiG Rz. 2.
3 *Rogall* in KK-OWiG, § 1 OWiG Rz. 10.
4 BVerfG v. 19.12.2012 – 1 BvL 18/11, BVerfGE 133, 1, 32 f.
5 BVerfG v. 16.7.1969 – 2 BvL 2/69, BVerfGE 27, 18.
6 BVerfG v. 3.7.1962 – 2 BvR 15/62, BVerfGE 14, 174, 185; BVerfG v. 12.2.1972 – 1 BvR 92 und 96/71, BVerfGE 32, 346, 362.
7 BVerfG v. 21.9.2016 – 2 BvL 1/15; BVerfGE 143, 38 (RiFlEtG) Rz. 42 m.w.N. mit Anm. *Bülte*, NZWiSt 2016, 117, 118 f.
8 BVerfG v. 23.10.1985 – 1 BvR 1053/82, BVerfGE 71, 108, 114; BVerfG v. 17.11.2009 – 1 BvR 2717/08 Rz. 16, NJW 2010, 754, 755.
9 BVerfG v. 17.11.2009 – 1 BvR 2717/08, NJW 2010, 754, 755 m.w.N.
10 BVerfG v. 17.11.2009 – 1 BvR 2717/08 Rz. 16, NJW 2010, 754, 755 m.w.N.; BVerfG v. 19.6.2007 – 1 BvR 1290/05, BVerfGK 11, 337, 349.
11 In diese Richtung auch *Hecker*, Anmerkung zu BVerfG v. 21.9.2016 – 2 BvL 1/15, BVerfGE 143, 38 (RiFlEtG), NJW 2016, 3648, 3653; *Bülte*, BB 2016, 3075, 3081.
12 BVerfG v. 16.7.1969 – 2 BvL 2/69, BVerfGE 27, 18, 33 m.w.N.

hen Geldbußen und Geldstrafen die faktische Wirkung beim Normadressaten dieselbe sein wird. Auch arg e contrario Art. 104 Abs. 1 Satz 1 GG wird deutlich, dass der Verfassungsgeber bei der Freiheitsstrafe als intensivstem staatlichen Eingriff einen eigenen formellen Gesetzesvorbehalt normiert hat. Für Geldbußen hingegen besteht auf verfassungsrechtlicher Ebene eine ausdrückliche Anordnung gerade nicht.

137 Soweit im Ordnungswidrigkeitenrecht in der Literatur geringere Anforderungen an den Bestimmtheitsgrundsatz gestellt werden[1], ist allerdings wiederum zu beachten, dass die bisherigen Stellungnahmen teilweise zu Normen erfolgten, die wie z.B. § 381 AO bereits auf Gesetzesebene weitaus detaillierter ausgestaltet sind als § 120 Abs. 2 Nr. 16 WpHG. Bei der Verbrauchsteuergefährdung nach § 381 AO bleiben im Gegensatz zu § 120 Abs. 2 Nr. 16 WpHG den in Bezug genommen Verbrauchsteuergesetzen und Rechtsverordnungen nur noch verfassungsrechtlich zulässige Spezifizierungen der Tatbestände überlassen, so dass es sich hierbei wiederum um zulässige rein deklaratorische Rückverweisungen handelt.

138 Bislang hat das BMF auf Grundlage von § 120 Abs. 2 Nr. 16, Abs. 28 WpHG noch keine Rechtsverordnung erlassen.

139 **VII. Ordnungswidrigkeiten wegen Verstößen gegen Level-II-Bestimmungen zur MiFID II (§ 120 Abs. 3 WpHG).** § 120 Abs. 3 WpHG hat systematisch eine Nähe zu § 120 Abs. 8 WPHG, wo Verstöße gegen umgesetztes Richtlinienrecht der RL 2014/57/EU geregelt sind, und dort besonders zu § 120 Abs. 8 Nr. 123–126 WpHG. Die Bußgelddrohung ist aber vergleichsweise moderat. Bestimmtheitsbedenken bestehen bei einem zusammengesetzten Blankett aus tertiärem EU-Rechtsakt und nationaler, spezifisch verweisender parlamentsgesetzlicher Bußgeldandrohung nicht. Die Vorgängervorschrift zu § 120 Abs. 3 WpHG, § 39 Abs. 2a WpHG a.F., ist durch Art. 3 Nr. 2b Gesetz zur Fortentwicklung des Pfandbriefrechts vom 20.3.2009 mit Wirkung vom 26.3.2009 eingeführt worden. Die Ergänzung beruhte auf der Beschlussempfehlung des Finanzausschusses[2] und diente der Umsetzung der zur Finanzmarktrichtlinie 2004/39/EG erlassenen Kommissionsverordnung (EG) Nr. 1287/2006[3]. Im Zuge der Umsetzung der MiFID II, welche die Regelungen der Richtlinie 2004/39/EG und ihrer Ausführungsakte ablöst, erfuhr die Vorschrift durch das 2. FiMaNoG jedoch weitere Änderungen, da die entsprechenden Aufzeichnungspflichten nunmehr an anderer Stelle geregelt werden[4]. Art. 74 DelVO 2017/565 verpflichtet Wertpapierfirmen zu detaillierten Aufzeichnungen bei Kundenaufträgen und Handelsentscheidungen. Art. 75 DelVO 2017/565 normiert detaillierte Aufzeichnungspflichten bei ausgeführten Geschäften und Auftragsabwicklungen. § 120 Abs. 3 WpHG erfasst organisatorische Unzulänglichkeiten und bedroht konkret vorsätzlich oder leichtfertig unterlassene, unrichtige, unvollständige oder verspätete Aufzeichnungen entgegen Art. 74, 75 DelVO 2017/565 mit der Regelgeldbuße bis 50.000 Euro bzw. 25.000 Euro (§ 120 Abs. 24 a.E. WpHG, § 17 Abs. 2 OWiG).

140 **VIII. Ergänzende nationale Ordnungswidrigkeiten im Zusammenhang mit Ratings (§ 120 Abs. 4 WpHG).** Mit der am 7.12.2009 in Kraft getretenen Rating-VO hat die EU Konsequenzen aus dem in der Weltfinanzkrise 2008 auffällig gewordenen Regulierungsdefizit betreffend **Ratingagenturen** gezogen[5]. Die Rating-VO will die Unabhängigkeit von Ratingagenturen gewährleisten und Interessenkonflikte verhindern, stellt hierfür Verhaltens- und Transparenzregeln für Ratingagenturen auf und etabliert ein System der Registrierung von Ratingagenturen. Art. 36 Abs. 1 VO Nr. 1060/2009 in der bis zum 31.5.2011 geltenden Fassung bestimmte, dass die Mitgliedstaaten festlegen, welche Sanktionen bei Verstößen gegen diese Verordnung zu verhängen sind, und alle zu ihrer Durchsetzung erforderlichen Maßnahmen ergreifen, wobei die Sanktionen wirksam, verhältnismäßig und abschreckend sein müssen. In Umsetzung hiervon fügte der deutsche Gesetzgeber mit Art. 1 Nr. 4 des am 19.6.2010 in Kraft getretenen Ausführungsgesetzes zur Rating-VO[6] in § 39 WpHG a.F. die Abs. 2b und 3a (nun Abs. 4 und 13) ein. § 39 Abs. 2b WpHG a.F. enthielt einen 42 Nummern langen Tatbestandskatalog, aus dem vier Tatbestände herausragten, die im Vorsatzfall mit Geldbuße bis zu 1 Mio. Euro zu ahnden waren und besonders schwer wogen, weil sie die Integrität des Ratings durch auf der Hand liegende Interessenkonflikte oder schlicht unseriöse Methoden beeinträchtigten[7]: Abgabe eines Ratings über ein Unternehmen, an dem die Ratingagentur beteiligt ist (Nr. 11 a.F.); Abgabe eines Ratings über ein Unternehmen, für das die Ratingagentur Beratungsleistungen erbringt (Nr. 12 a.F.); Nichterneuerung eines Ratings trotz geänderter Ratingmethoden (Nr. 35 a.F.); Rating auf unzureichender Grundlage (Nr. 38 a.F.). § 39 Abs. 3a WpHG a.F. enthielt dem § 39 Abs. 3 Nr. 1 und 2 WpHG a.F. vergleichbare Bußgeldtatbestände, nämlich Zuwiderhandlungen gegen vollziehbare Anordnungen der BaFin gegen Ratingagenturen.

---

1 *Jäger* in Klein, 13. Aufl. 2016, § 381 AO Rz. 20; *Heine* in Graf/Jäger/Wittig, § 381 AO Rz. 5, zur Problematik s. auch *Bülte*, BB 2016, 3075, 3080 f.
2 BT-Drucks. 16/11886, 31.
3 BT-Drucks. 16/11929, 7.
4 Begr. RegE, BT-Drucks. 18/10936, 253.
5 Ausgewählte Literatur hierzu: *Cortez/Schön*, ZfK 2010, 226; *Deipenbrock*, BB 2005, 2085; *Fischer zu Cramburg*, NZG 2009, 580; *Fischer zu Cramburg*, NZG 2009, 1179 sowie *Fischer zu Cramburg*, NZG 2010, 699; *Haar*, ZBB 2010, 185 ff.; *Möllers*, JZ 2009, 861; *Möllers*, NZG 2010, 285; *Philipp*, EuZW 2009, 437.
6 BGBl. I 2010, 786; RegE BT-Drucks. 17/716.
7 Ähnlich *Haar*, ZBB 2010, 185, 192.

Die Rating-VO ist mit Wirkung vom 1.6.2011 durch die VO Nr. 513/2011[1] wesentlich geändert worden, und zwar auch und gerade im Sanktionenbereich: Gemäß Art. 36 Abs. 1 VO Nr. 1060/2009 i.d.F. der VO (EU) Nr. 513/2011 erlassen die Mitgliedstaaten nunmehr Vorschriften über Sanktionen, die bei Verstößen gegen Art. 4 VO Nr. 1060/2009 anwendbar sind. Im Übrigen enthält die Rating-VO seit dem 1.6.2011 selbst in Art. 36a i.V.m. Anhängen III und IV Bußgeldtatbestände und Bestimmungen über die Bußgeldbemessung. Weiterhin ist die Ahndungszuständigkeit auf die Europäische Wertpapier- und Marktaufsichtsbehörde ESMA übergegangen. Dies ist alles ausdrücklich politisch gewollt (s. Erwägungsgründe 18 und vor allem 21 VO Nr. 513/2011). Danach waren § 39 Abs. 2b, 3a WpHG a.F. bereits am 1.6.2011 kraft **Vorranges des Unionsrechts** weitgehend unanwendbar geworden. Gemäß Erwägungsgrund 21 i.V.m. Art. 36 Abs. 1 VO Nr. 1060/2009 i.d.F. der VO Nr. 513/2011 galten lediglich § 39 Abs. 2a Nr. 5–8 WpHG a.F. fort. Allerdings ist das Bußgeldrecht der RatingVO – ähnlich wie das Bußgeldrecht im Wettbewerbsbereich – als *Unternehmens*ordnungswidrigkeitenrecht ausgestaltet und Geldbußen können nur gegen Ratingagenturen als solche, also Unternehmen bzw. juristische Personen, nicht aber gegen *natürliche Personen, die nicht Unternehmensinhaber sind*, verhängt werden, und zwar auch, wenn es sich um Mitglieder der Organe oder sonst persönlich verantwortliche Mitarbeiter handelt. Es ist eine durchaus offene Frage, ob insoweit noch ein Regelungs- und Anwendungsspielraum für die Mitgliedstaaten besteht.

141

Ungeachtet dessen hatte sich der Gesetzgeber entschlossen, in § 39 Abs. 2b WpHG a.F. alle Nummern bis auf Nr. 5 und 6 aufzuheben und § 39 Abs. 3a WpHG a.F. mit Wirkung vom 13.12.2011 zu streichen. Damit war die Möglichkeit, zwischen dem 19.6.2010 und dem 12.12.2011 begangene **Alttaten** nach § 39 Abs. 2b Nr. 1–4 und 7–42 sowie Abs. 3a WpHG a.F. durch die BaFin bzw. die zuständigen deutschen Gerichte zu ahnden, entfallen (§ 4 Abs. 3 OWiG)[2]. Durch das Gesetz zur Verringerung der Abhängigkeit von Ratings vom 10.12.2014[3] wurden allerdings vier weitere Bußgeldtatbestände als § 39 Abs. 2b Nr. 2–5 a.F. eingefügt, die bisherige Nr. 5 wurde zur Nr. 1 und die bisherige Nr. 6 ist entfallen. Die aktuelle Regelung des § 120 Abs. 4 WpHG entspricht dabei der Vorgängerregelung des § 39 Abs. 2b WpHG a.F., der Wortlaut der Vorschrift wurde durch das 2. FiMaNoG nicht verändert.

142

§ 120 Abs. 4 Nr. 1 WpHG erfasst wie auch Nr. 2–4 verbotenes individuelles Verhalten unterhalb des Strafwürdigen. Nach **§ 120 Abs. 4 Nr. 1, Abs. 24 WpHG** ist es mit Geldbuße bis zu 50.000 Euro (bei Leichtfertigkeit bis zu 25.000 Euro) bedroht, entgegen Art. 4 Abs. 1 Unterabs. 1 VO Nr. 1060/2009 ein Rating für aufsichtsrechtliche Zwecke zu verwenden. Art. 4 Abs. 1 Unterabs. 1 VO Nr. 1060/2009 bestimmt, dass Kreditinstitute, Wertpapierfirmen, Versicherungsunternehmen, Rückversicherungsunternehmen, Einrichtungen der betrieblichen Altersversorgung, Verwaltungs- und Investmentgesellschaften, Verwalter alternativer Investmentfonds und zentrale Gegenparteien für aufsichtsrechtliche Zwecke nur Ratings von Ratingagenturen verwenden dürfen, die ihren Sitz in der Gemeinschaft haben und gemäß dieser Verordnung registriert sind. Gemäß Art. 3 Abs. 1 lit. g VO Nr. 1060/2009 liegt eine Verwendung von Ratings zu aufsichtsrechtlichen Zwecken vor, wenn die Ratings zur Einhaltung von Rechtsvorschriften der Gemeinschaft, wie sie im nationalen Recht der Mitgliedstaaten umgesetzt sind, verwendet werden, insbesondere im Rahmen der Berechnung der gesetzlichen Eigenkapitalanforderungen[4] und der Risiken von Anlagegeschäften. In diesen Zusammenhängen dürfen Kreditinstitute usw. Ratings von in der Union registrierten Ratingagenturen mit Sitz in der Union verwenden[5]. Allerdings können Ratings von Ratingagenturen, die ihren Sitz in Drittstaaten haben bzw. nicht in der Union registriert sind, unter den Voraussetzungen des Art. 4 Abs. 3 VO Nr. 1060/2009 weiterhin übernommen werden, so dass die Verwendung von Ratings der drei Großen der Branche (Fitch, Moody's und Standard & Poor's) weiterhin möglich ist, die sich im Übrigen mittlerweile mit ihren europäischen Filialen haben registrieren lassen.

143

Für andere als aufsichtsrechtliche Zwecke dürfen Ratings nicht registrierter Ratingagenturen mit Sitz in Drittstaaten weiterhin verwendet werden, insbesondere im Zusammenhang mit internem Risikomanagement, aber auch mit externen Informationen und insbesondere bei der Werbung für Kapitalanlagen. Freilich bestimmt Art. 4 Abs. 1 Unterabs. 2 VO Nr. 1060/2009, dass Emittenten, Anbieter oder Personen, die die Zulassung zum Handel an einem geregelten Markt beantragen, gewährleisten, dass zu Ratings, auf die der zu veröffentlichende Prospekt verweist, angegeben wird, ob das jeweilige Rating von einer Ratingagentur mit Sitz in der Union abgegeben wurde, die im Einklang mit dieser Verordnung registriert wurde. Damit soll das Anlegerpublikum vor Ratings, die die europäischen Standards nicht zwingend erfüllen müssen, gewarnt werden. Täter der Ordnungswidrigkeit können nur Emittenten, Anbieter oder Zulassungsantragsteller bzw. für sie handelnde Personen i.S.v. § 9 OWiG sein.

144

Die § 120 Abs. 4 Nr. 2–5 WpHG flankieren die Vorschriften der Rating-VO, die Emittenten verpflichten, bei Inanspruchnahme eines Ratings mindestens zwei Ratingagenturen zu beauftragen, von denen eines einen gerin-

145

---

1 ABl. EU Nr. L 145 v. 31.5.2011, S. 30.
2 Zur lex mitior im Ordnungswidrigkeitenrecht *Gürtler* in Göhler, § 4 OWiG Rz. 4 m.N.
3 BGBl. I 2014, 2085.
4 Vgl. im deutschen Recht die Solvabilitätsverordnung vom 14.12.2006, BGBl. I 2006, 2926.
5 ESMA und BaFin veröffentlichen auf ihren Internetseiten regelmäßig Listen der registrierten Ratingagenturen.

gen Marktanteil haben soll. Hintergrund dieser Regelungen ist das Ziel, eine größere Diversität bei Risikobewertungen sicherzustellen und die Abhängigkeit von einzelnen Unternehmen im Ratingmarkt zu verringern. Dabei werden Verstöße gegen diese Pflichten mit einer Geldbuße von bis zu 50.000 Euro (bei Leichtfertigkeit 25.000 Euro) bedroht (§ 120 Abs. 24 WpHG, § 17 Abs. 2 OWiG). Lediglich im Fall des § 120 Abs. 4 Nr. 5 WpHG droht eine Geldbuße von bis zu 200.000 Euro, bei Leichtfertigkeit 100.000 Euro (§ 120 Abs. 24 a.E. WpHG, § 17 Abs. 2 OWiG).

146 Gemäß **§ 120 Abs. 4 Nr. 2 WpHG** handelt ein Täter ordnungswidrig, wenn er entgegen Art. 5a VO Nr. 1060/2009 „nicht dafür Sorge trägt", dass ein Wertpapierdienstleistungsunternehmen eine eigene Kreditrisikobewertung vornimmt. Aus der engen Formulierung des Bußgeldtatbestandes folgt, dass nur ein Teil des in Art. 5a Abs. 1 VO Nr. 1060/2009 enthaltenen Gebotes bußgeldbewehrt ist. So ist ausschließlich das Unterlassen der eigenen Risikobewertung erfasst; nicht ordnungswidrig handelt, wer zwar eine eigene Risikobewertung erstellt, sich aber dennoch entgegen Art. 5a Abs. 1 VO Nr. 1060/2009 ausschließlich oder automatisch auf Ratings stützt.

147 **§ 120 Abs. 4 Nr. 3 WpHG** soll Verstöße gegen Art. 8c Abs. 1 VO Nr. 1060/2009 erfassen, er verpflichtet Emittenten bei der Inauftraggabe eines Ratings zur Beauftragung mindestens zweier Ratingagenturen. Ordnungswidrig handelt also, wer ein Rating in Auftrag gibt, damit aber nur eine Ratingagentur betraut[1].

148 **§ 120 Abs. 4 Nr. 4 WpHG** steht im Zusammenhang mit § 120 Abs. 4 Nr. 3 WpHG und bestimmt es als ordnungswidrig, Ratingagenturen als Emittent zu beauftragen, bei denen die in Art. 8c Abs. 2 VO Nr. 1060/2009 genannten Voraussetzungen, die die Unabhängigkeit der Ratingagenturen sicherstellen sollen, nicht gegeben sind.

149 **§ 120 Abs. 4 Nr. 5 WpHG** erfasst ein organisatorisches Defizit. Bußgeldbewehrt sind Verstöße gegen die Dokumentationsverpflichtung nach Art. 8d Abs. 1 Satz 2 VO Nr. 1060/2009, wonach Emittenten in dem Fall, dass nicht mindestens eine nach Art. 8c VO Nr. 1060/2009 beauftragte Ratingagentur einen Marktanteil von höchstens 10 % hat, zur Dokumentation dieser Tatsache verpflichtet sind.

150 **IX. Ordnungswidrigkeiten im Zusammenhang mit Treibhausgasemissionszertifikaten (§ 120 Abs. 5 WpHG).** § 39 Abs. 2c WpHG a.F., die Vorgängervorschrift zu § 120 Abs. 5 WpHG, ist durch Art. 3 Nr. 8 lit. d Gesetz zur Novellierung des Finanzanlagenvermittler- und Vermögensanlagenrechts mit Wirkung vom 13.12.2011 eingefügt worden. **Die Vorschrift ergänzt die Insiderstrafvorschriften des § 119 Abs. 2 WpHG** (s. dort Rz. 147 ff.) und enthält das **Insiderordnungswidrigkeitenrecht betreffend die Versteigerung von Treibhausgasemissionszertifikaten** gemäß der VO Nr. 1031/2010[2]. § 120 Abs. 5 WpHG entspricht der Vorgängerregelung des § 39 Abs. 2c WpHG a.F, deren Wortlaut durch das 2. FiMaNoG nicht geändert wurde.

151 Im Einzelnen bedroht **§ 120 Abs. 5 Nr. 1 WpHG** vorsätzliche oder leichtfertige Verstöße von *Sekundärinsidern*, also von Personen, die nicht zu dem Art. 38 Abs. 1 Unterabs. 2 VO Nr. 1031/2010, § 119 Abs. 2 Nr. 2 WpHG beschriebenen Primärinsiderkreis gehören, aber über Insiderinformationen verfügen und wissen bzw. wissen müssten, dass es sich um Insiderinformationen handelt, gegen das Weitergabe- (lit. a), Empfehlungs- und Verleitungsverbot (lit. b) mit Geldbuße bis zu 50.000 Euro (bzw. bei Leichtfertigkeit bis zu 25.000 Euro). Die Norm erfasst individuelles materielles Unrecht unterhalb des Strafwürdigen. Mit gleicher Geldbuße bedroht **§ 120 Abs. 5 Nr. 2 WpHG** die vorsätzlich oder leichtfertig unterlassene, unrichtige, unvollständige oder verspätete Übermittlung von *Insiderverzeichnissen* nach Art. 42 Abs. 1 Sätze 2 oder 3 VO Nr. 1031/2010, die sich auf Personen beziehen, die für eine Auktionsplattform, einen Auktionator oder die Auktionsaufsicht tätig sind und Zugang zu Insiderinformationen insbesondere über das Bieterverhalten haben. **§ 120 Abs. 5 Nr. 3 WpHG** betrifft „*directors' dealings*" von Personen, die bei einer Auktionsplattform, einem Auktionator oder der Auktionsaufsicht Führungsaufgaben wahrnehmen. Diese Personen müssen die zuständige einzelstaatliche Behörde über Gebote unterrichten, die sie auf eigene Rechnung für Auktionsobjekte, deren Derivate oder andere damit verbundene Finanzinstrumente eingestellt, geändert oder zurückgezogen haben, Art. 42 Abs. 2 VO Nr. 1031/2010. Die vorsätzlich oder leichtfertig unterlassene, unrichtige oder verspätete, nämlich nicht binnen fünf Werktagen vorgenommene Unterrichtung, ist mit gleicher Geldbuße bedroht. Art. 42 Abs. 5 VO Nr. 1031/2010 begründet für zur Gebotseinstellung zugelassene Personen bzw. Wertpapierfirmen und Kreditinstitute i.S.v. Art. 59 Abs. 1 VO Nr. 1031/2010 eine *Verdachtsanzeigepflicht*, wenn die Person usw. den begründeten Verdacht hat, dass eine Transaktion ein Insidergeschäft oder eine Marktmanipulation darstellen könnte. Die vorsätzlich oder leichtfertig unterlassene oder verspätete Erfüllung dieser Pflicht und die Schlechterfüllung durch unrichtige oder unvollständige Informationen sind in **§ 120 Abs. 5 Nr. 4 WpHG** mit gleicher Geldbuße bedroht. Nr. 2–4 erfassen Verwaltungsungehorsam in Form der Verletzung gesetzlicher Übermittlungs-, Unterrichtungs- und Informationspflichten gegenüber einer Behörde.

---

1 Anders ohne nähere Begründung: *Waßmer* in Fuchs, § 39 WpHG Rz. 198.
2 Verordnung (EU) Nr. 1031/2010 der Kommission vom 12.11.2010 über den zeitlichen und administrativen Ablauf sowie sonstige Aspekte der Versteigerung von Treibhausgasemissionszertifikaten gemäß der Richtlinie 2003/87/EG des Europäischen Parlaments und des Rates über eine System für den Handel mit Treibhausgasemissionszertifikaten in der Gemeinschaft, ABl. EU Nr. L 302 v. 18.11.2010, S. 1.

X. Ordnungswidrigkeiten wegen Verstößen gegen die Leerverkaufs-VO Nr. 236/2012 (§ 120 Abs. 6 WpHG)

§ 120 Abs. 6 WpHG, zuvor § 39 Abs. 2d WpHG a.F. (eingeführt durch Art. 1 Nr. 9 EU-Leerverkaufs-Ausführungsgesetz vom 6.11.2012, BGBl. I 2012, 2286), erfasst vorsätzliche und leichtfertige Verstöße gegen die Leerverkaufs-VO, welche die zuvor kurzzeitig im WpHG geregelten Leerverkaufsverbote in §§ 30h–30j WpHG a.F. ersetzte[1]. Ergänzend gilt § 120 Abs. 13 WpHG (Rz. 333 ff.). Die Neuregelung war notwendig, weil die Mitgliedstaaten auf der Höhe der Finanzkrise zunächst eigene Regelungen geschaffen hatten, bevor die europäischen Institutionen die Verordnung als gemeinsamen Regelungsrahmen verabschiedeten[2]. Zur VO Nr. 236/2012 existieren mittlerweile zusätzlich vier Ausführungsvorschriften, die die Bestimmungen der Verordnung konkretisieren[3]. Der Tatbestand des § 120 Abs. 6 WpHG verweist jedoch lediglich auf die VO Nr. 236/2012. Als tatbestandliche implizite Konkretisierungen, insbesondere normative Tatbestandsmerkmale (Rz. 59, Rz. 365), sind sie gleichwohl auch für ordnungswidrigkeitenrechtliche Zusammenhänge erheblich.

Die europarechtliche Ausgangsnorm für die Ordnungswidrigkeiten nach § 120 Abs. 6 WpHG befindet sich in Art. 41 Abs. 1 VO Nr. 236/2012, wonach die Mitgliedstaaten wirksame, verhältnismäßige und abschreckende Sanktionen und verwaltungsrechtliche Maßnahmen für Verstöße gegen die Leerverkaufs-VO festlegen und ergreifen sollen. Die Verstöße sind nach § 120 Abs. 24 WpHG im Falle gem. § 120 Abs. 6 Nr. 1 und 2 mit einer Geldbuße von bis zu 200.000 Euro bewehrt und in den Fällen gem. § 120 Abs. 6 Nr. 3–5 WpHG bis zu 500.000 Euro. Bei Leichtfertigkeit kann nach § 17 Abs. 2 OWiG nur maximal die Hälfte des angedrohten Bußgeldes verhängt werden.

1. Verwendete Definitionen. In den Art. 5 Abs. 1, 7 Abs. 1, 8 Abs. 1 VO Nr. 236/2012 werden die Begriffe des Leerverkaufs und des Credit Default Swaps verwendet. Diese sind ebenso wie zahlreiche weitere wesentliche Tatbestandsmerkmale der VO Nr. 236/2012[4] in Art. 2 Abs. 1 lit. b, c VO Nr. 236/2012 legal definiert[5]. Art. 2 Abs. 2 VO Nr. 236/2012 delegiert die weitere Präzisierung der Begrifflichkeiten auf die Kommission, die hierzu die DelVO Nr. 918/2012 erlassen hat. Zwar verweist § 120 Abs. 6 WpHG nicht ausdrücklich auf Art. 2 Abs. 1 lit. b, c VO Nr. 236/2012. Dem Bestimmtheitsgrundsatz ist in diesem Fall jedoch Genüge getan. Nach der Rechtsprechung ist der Bestimmtheitsgrundsatz gewahrt, wenn sich die genauen Voraussetzungen auch durch Auslegung im Wege der Heranziehung anderer Vorschriften desselben Gesetzes ermitteln lassen[6]. Da an die Verweisung auf das Unionsrecht keine strengeren verfassungsrechtlichen Anforderungen zu stellen sind, als an solche auf das innerstaatliche Recht[7], muss auch eine Auslegung mithilfe der Verordnung selbst erlaubt sein. Dafür spricht auch das grundsätzliche Verbot, den Verordnungstext durch den nationalen Gesetzgeber wiederholen zu lassen. Insofern sind die im Tatbestand verwendeten Begriffe durch die unmittelbar geltenden Definitionen in Art. 2 Abs. 1 lit. b, c VO Nr. 236/2012 hinreichend bestimmt.

Als Leerverkauf wird nach Art. 2 Abs. 1 lit. b VO Nr. 236/2012 ein Verkauf von Aktien oder Schuldinstrumenten bezeichnet, bei dem sich zum Zeitpunkt des Eingehens der Verkaufsvereinbarung die Aktien oder Schuldinstrumente nicht im Eigentum des Verkäufers befinden, einschließlich eines Verkaufs, bei dem der Verkäufer zum Zeitpunkt des Eingehens der Verkaufsvereinbarung die Aktien oder Schuldinstrumente geliehen hat oder eine Vereinbarung getroffen hat, diese zu leihen, um sie bei der Abwicklung zu liefern. Eigentum ist ein normatives Tatbestandsmerkmal, im Einzelnen richtet es sich nach dem – ggfs. kollisionsrechtlich – jeweils anwendbaren nationalen Recht[8]. Art. 2 Abs. 1 lit. b VO Nr. 236/2012 enthält dabei auch Negativabgrenzungen (Ziff. i–iii), die das Ziel haben, als Leerverkauf nur solche Transaktionen zu erfassen, bei denen der Verkäufer von fallenden Kursen profitiert[9].

Ein Credit Default Swap ist nach Art. 2 Abs. 1 lit. c VO Nr. 236/2012 ein Derivatekontrakt, bei dem eine Partei einer anderen Partei eine Prämie zahlt als Gegenleistung für eine Zahlung oder einen anderen Vorteil im Falle eines Kreditereignisses mit Bezug auf einen Referenzschuldner oder bei jedem anderen Zahlungsausfall im Zusammenhang mit diesem Derivatkontrakt, der eine vergleichbare wirtschaftliche Wirkung hat.

2. Verstoß gegen Meldepflichten (§ 120 Abs. 6 Nr. 1 WpHG). § 120 Abs. 6 Nr. 1, Abs. 24 WpHG bewehrt den Verstoß gegen Meldepflichten nach Art. 5, 7 und 8 VO Nr. 236/2012 mit Bußgelddrohung. Nach diesen Vorschriften müssen Personen, die Leerverkaufspositionen in Aktien oder öffentlichen Schuldtiteln oder ungedeckte Positionen in Credit Default Swaps auf öffentliche Schuldtitel halten, bei Erreichen oder Unterschreiten bestimmter Schwellenwerte eine Meldung an die zuständige Aufsichtsbehörde vornehmen[10]. Wird dies nicht,

---

1 Vgl. zum europäischen Leerverkaufsregime allgemein: *Sajnovits/Weick-Ludewig*, WM 2015, 2226; *Grundmann* in Staub, HGB, Bd. 11/2l, 6. Teil, Rz. 552 ff.
2 Vgl. Präambel 1 der Verordnung (EU) Nr. 236/2012.
3 Drei DelVO und eine DurchfVO: *Grundmann* in Staub, HGB, Bd. 11/2, 6. Teil, Rz. 560 m.w.N.
4 *Grundmann* in Staub, HGB, Bd. 11/2 6. Teil, Rz. 583 f.
5 Zu den Begriffsdefinitionen *Grundmann* in Staub, HGB, Bd. 11/2, 6. Teil, Rz. 573 ff. m.w.N.
6 BVerfG v. 21.6.1977 – 2 BvR 308/77, BVerfGE 45, 363.
7 BVerfG v. 21.9.2016 – 2 BvL 1/15, Rz. 45; BVerfG v. 13.10.1970 – 2 BvR 618/68, BVerfGE 29, 198.
8 *Grundmann* in Staub, HGB, Bd. 11/2, 6. Teil, Rz. 577.
9 *Grundmann* in Staub, HGB, Bd. 11/2, 6. Teil, Rz. 578.
10 Einzelkommentierung der Meldepflichten bei *Grundmann* in Staub, HGB, Bd. 11/2, 6. Teil, Rz. 594 ff.

nicht richtig, nicht vollständig oder nicht rechtzeitig getan, ist der Bußgeldtatbestand verwirklicht, der damit Verwaltungsungehorsam (Verletzung gesetzlicher Meldepflichten gegenüber einer Behörde) erfasst.

158 **a) Meldepflichten nach Art. 5 Abs. 1 VO Nr. 236/2012.** Die Mitteilungs- und Veröffentlichungspflichten für Inhaber von Netto-Leerverkaufspositionen in Aktien gelten grundsätzlich für alle Aktien eines Unternehmens, die zum Handel an einem Handelsplatz zugelassen sind. Davon ausgenommen sind nach Art. 16 Abs. 1 VO Nr. 236/2012 Aktien, die zwar zum Handel an einem Handelsplatz in der Union zugelassen sind, deren Haupthandelsplatz sich aber in einem Drittland befindet. Eine Liste mit Ausnahmen, welche Aktien nicht unter Art. 5 VO Nr. 236/2012 fallen, wird von der ESMA veröffentlicht[1].

159 **b) Meldepflichten nach Art. 7 Abs. 1 VO Nr. 236/2012.** Die Mitteilungspflichten für Positionsinhaber von Netto-Leerverkaufspositionen in öffentlichen Schuldtiteln gelten gem. Art. 7 Abs. 1 VO Nr. 236/2012 für alle öffentlichen Emittenten. Öffentliche Emittenten sind in Art. 2 Abs. 1. lit. d VO Nr. 236/2012 legal definiert.

160 **c) Meldepflichten nach Art. 8 Abs. 1 VO Nr. 236/2012.** Bei ungedeckten Positionen in einem Credit Default Swap auf Staatsanleihen gelten ebenfalls Meldepflichten, sobald die jeweilige Meldeschwelle des Art. 7 VO Nr. 236/2012 erreicht oder unterschritten ist. Hier sind nur ungedeckte Positionen einzubeziehen, die allerdings grundsätzlich ohnehin gem. Art. 14 VO Nr. 236/2012 verboten sind. Die Meldepflicht gilt also hier tatbestandlich gem. Art. 14 Abs. 2 VO Nr. 236/2012 nur für erlaubte und nicht für verbotene Leerverkäufe.

161 **d) Erreichen oder Unterschreiten der Schwellenwerte.** Bei Erreichen oder Unterschreiten der Schwellenwerte muss die jeweils zuständige Behörde informiert werden. Das Erreichen liegt dann vor, wenn die Netto-Leerverkaufsposition den genauen Wert erreicht oder diesen übersteigt und im Bereich bis zum nächsten Schwellenwert liegt[2].

162 Die Meldeschwelle bei Netto-Leerverkäufen in Aktien liegt nach Art. 5 Abs. 2 VO Nr. 236/2012 bei 0,2 % und danach jeweils in Intervallen von 0,1 % des ausgegebenen Aktienkapitals des betreffenden Unternehmens. Die Meldeschwellen für Netto-Leerverkaufspositionen in öffentlichen Schuldtiteln werden für die einzelnen Mitgliedstaaten von der ESMA auf ihrer Website veröffentlicht, Art. 7 Abs. 2 VO Nr. 236/2012. Gleiches gilt auch für die Meldung ungedeckter Positionen in Credit Default Swaps auf öffentliche Schuldtitel. Die zuständige Behörde wird in Art. 2 Abs. 1 lit. j VO Nr. 236/2012 definiert. Nach § 53 WpHG ist die Bundesanstalt für Finanzdienstleistungen (BaFin) zuständige Behörde im Sinne der VO Nr. 236/2012.

163 Mitteilungen oder Veröffentlichungen über Netto-Leerverkaufspositionen können nur elektronisch erfolgen. Netto-Leerverkaufspositionen in Aktien, die den Wert 0,5 % erreichen oder unterschreiten, sind zusätzlich zu der Mitteilung an die BaFin im Bundesanzeiger zu veröffentlichen[3].

164 **e) Das tatbestandliche Verhalten.** Der Tatbestand des § 120 Abs. 6 Nr. 1 WpHG ist erfüllt, wenn die Meldepflichten nicht, nicht richtig, nicht vollständig oder nicht rechtzeitig gemacht werden. Eine nicht gemachte Meldung liegt bei einer vollständig unterlassenen Meldung vor[4]. Die unrichtige Anzeige bezieht sich auf eine inhaltlich falsche Angabe. Bei der unvollständigen Anzeige sind die Angaben richtig, aber nicht lückenlos. Dazu enthält Art. 9 Abs. 1 VO Nr. 236/2012 die Vorgabe, dass jede Meldung oder Offenlegung Angaben zur Identität der natürlichen oder juristischen Person, die die betreffende Position hält, zum Umfang der betreffenden Position, dem Emittenten, dessen Papiere in der betreffenden Position gehalten werden, und dem Datum, zu dem die betreffende Position eröffnet, geändert oder geschlossen wurde, enthalten muss. Fehlt eine dieser Vorgaben, ist die Anzeige nicht vollständig. Eine verspätete Meldung liegt vor, wenn sie nicht nach Art. 9 Abs. 2 VO Nr. 236/2012 bis spätestens am folgenden Handelstag um 15.30 Uhr bei der BaFin erfolgt ist.

165 **3. Verstoß gegen die Offenlegungspflicht nach § 120 Abs. 6 Nr. 2 WpHG.** Der Tatbestand des **§ 120 Abs. 6 Nr. 2 WpHG** ahndet Verstöße von Personen gegen ihre Pflicht zur Offenlegung ihrer Leerverkaufspositionen, wenn sie die in Art. 6 Abs. 2 VO Nr. 236/2012 geregelte Offenlegungsschwelle erreichen oder unterschreiten. Die Offenlegungspflicht gilt dabei für natürliche oder juristische Personen, die eine Netto-Leerverkaufsposition im ausgegebenen Aktienkapital eines Unternehmens halten, dessen Aktien zum Handel an einem Handelsplatz zugelassen sind und die die Offenlegungsschwelle erreichen oder unterschreiten. Die Schwelle liegt bei 0,5 % und danach jeweils in Intervallen von 0,1 % des ausgegebenen Aktienkapitals, Art. 6 Abs. 2 VO Nr. 236/2012.

---

1 Vgl. Liste der ESMA https://registers.esma.europa.eu/publication/searchRegister?core=esma_registers_mifid_shsexs (zuletzt abgerufen am 3.7.2018 um 11.04 Uhr).
2 S. auch den Fragenkatalog der BaFin: Häufige Fragen zu den Mitteilungs- und Veröffentlichungspflichten gem. Art. 5 ff. der Verordnung (EU) Nr. 236/2012 über Leerverkäufe und bestimmte Aspekte von Credit Default Swaps (EU-LeerverkaufsVO) der BaFin vom 11.10.2012, geändert am 11.2.2016 S. 7, abrufbar unter: https://www.bafin.de/SharedDocs/Veroeffentlichungen/DE/FAQ/faq_leerverkaufsVO_mitteilungspflichten.html (zuletzt abgerufen am 3.7.2018 um 11.04 Uhr).
3 Fragenkatalog der BaFin: Häufige Fragen zu den Mitteilungs-und Veröffentlichungspflichten gem. Art. 5 ff. der Verordnung (EU) Nr. 236/2012 über Leerverkäufe und bestimmte Aspekte von Credit Default Swaps (EU-LeerverkaufsVO) der BaFin vom 11.10.2012, geändert am 11.2.2016 S. 7, abrufbar unter: https://www.bafin.de/SharedDocs/Veroeffentlichungen/DE/FAQ/faq_leerverkaufsVO_mitteilungspflichten.html, S. 15.
4 Vgl. *Waßmer* in Fuchs, § 39 WpHG Rz. 220.

Die unterlassene, unrichtige, unvollständige oder verspätete Offenlegung ist nach dieser Vorschrift mit Bußgeld bedroht. Bezüglich der Begriffe sind die Ausführungen zu § 120 Abs. 6 Nr. 1 WpHG übertragbar (Rz. 157 ff.).

4. Verstoß gegen Leerverkaufsverbote nach § 120 Abs. 6 Nr. 3 WpHG. § 120 Abs. 6 Nr. 3 WpHG erfasst Verstöße gegen die in Art. 12, 13 VO Nr. 236/2012 vorgesehenen Leerverkaufsverbote und belegt damit materielles Unrecht unterhalb des Strafwürdigen mit einer Bußgelddrohung. Leerverkäufe sind somit grundsätzlich erlaubt und können nur nach Maßgabe der Art. 12, 13 VO Nr. 236/2012 einem Absicherungs- und Beschränkungsregime unterworfen werden. Zu den zwingenden Absicherungskauteln gehört, dass der Leerverkauf gedeckt ist, beispielsweise durch eine Wertpapierleihe, was in der DurchfVO Nr. 827/2012 näher konkretisiert ist. Instrument zur Deckung kann sein, dass der Leerverkäufer eine Wertpapierleihe abgeschlossen hat oder einen vertragsrechtlich oder eigentumsrechtlich unbedingt durchsetzbaren Anspruch auf Übertragung des Eigentums hat. Ebenfalls darf die Netto-Position leer verkauft werden, wenn die Person von einem Dritten die Zusage erhalten hat, dass die Aktie lokalisiert wurde und Maßnahmen ergriffen wurden, dass das Geschäft bei Fälligkeit abgewickelt werden kann. Die Voraussetzungen gelten für den Leerverkauf von öffentlichen Schuldtiteln nach Art. 13 Abs. 1 VO Nr. 236/2012 entsprechend. Der Tatbestand der Ordnungswidrigkeit ist nach § 120 Abs. 6 Nr. 3 WpHG erfüllt, wenn eine Aktie oder ein öffentlicher Schuldtitel entgegen dieser Bestimmungen leer verkauft wird. Zu weit dürfte es gehen, in jedem Verstoß gegen die VO Nr. 236/2012 eine verbotene Marktmanipulation zu sehen[1].

5. Verstoß gegen Beschränkungen bei Credit Default Swaps nach § 120 Abs. 6 Nr. 4 WpHG. § 120 Abs. 6 Nr. 4 WpHG sichert die Beschränkungen in Bezug auf Credit-Default-Swaps nach Art. 14 VO Nr. 236/2012 durch Bußgelddrohung ab. Tatbestandsmäßig ist es, Transaktionen mit Credit-Default-Swaps vorzunehmen, die zu offenen Positionen i.S.v. Art. 4 VO Nr. 236/2012 in Bezug auf öffentlich-rechtliche Schuldtitel führen. Das ist regelmäßig dann der Fall, wenn der Credit Default Swap keinen Sicherungszwecken dient, sondern als spekulative Anlage gezeichnet wird. Der Bußgeldtatbestand erfasst insofern verbotenes individuelles Verhalten unterhalb des Strafwürdigen.

6. Obsoleter Tatbestand des Verstoßes beim Eindeckungsverfahren gem. § 120 Abs. 6 Nr. 5 WpHG. § 120 Abs. 6 Nr. 5, 24 WpHG ist gegenstandslos, seitdem die in Bezug genommene Vorschrift des Art. 15 VO 236/2012 aufgehoben und durch Art. 7 VO Nr. 909/2014 (EU-Zentralverwahrer-VO – CSDR)[2] ersetzt worden ist[3]. Auch wenn es sich um eine statische Verweisung auf Unionsrecht handelt, bei der es denkbar wäre, dass – wie im Falle des Art. 140 GG – lediglich der Text der in Bezug genommenen Normen ungeachtet ihrer Fortgeltung inkorporiert wird, ist nicht anzunehmen, dass der deutsche Gesetzgeber eine endgültig weggefallene Verhaltensnorm aus dem Unionsrecht mit Bußgeld bewehren wollte.

XI. Ordnungswidrigkeiten wegen Verstößen gegen die EMIR (VO Nr. 648/2012) (§ 120 Abs. 7 WpHG). Durch § 120 Abs. 7 WpHG, der die seit 16.2.2013 geltenden Bußgeldtatbestände des § 39 Abs. 2e WpHG a.F. fortführt, werden bestimmte **vorsätzliche oder leichtfertige** Zuwiderhandlungen gegen die VO Nr. 648/2012 (**EMIR**), die den außerbörslichen Handel (OTC) mit Derivaten stärker reguliert, zu Ordnungswidrigkeiten erhoben. Die organisatorischen Anforderungen an CCP sind in Deutschland im KWG verankert (§ 53e ff. KWG). Die Zugangspflichten nach der EMIR sind in § 56 Abs. 4c KWG bußgeldbewehrt.

Europarechtliche Grundlage ist Art. 12 Abs. 1 VO Nr. 648/2012. § 120 Abs. 7 Nr. 1, 3, 8 und 9 WpHG erfassen verbotenes individuelles Verhalten; Nr. 2, 4, 6 und 7 Fälle organisatorischer Unzulänglichkeiten; Nr. 5 Verwaltungsungehorsam (Verletzung einer gesetzlichen Mitteilungspflicht gegenüber einer Behörde) und Nr. 10 der Verletzung von Veröffentlichungspflichten. Die einzelnen Zuwiderhandlungen sind wie folgt mit Geldbuße bedroht (§ 120 Abs. 24 WpHG): Verstöße gegen Nr. 5, 8 und 9 können mit einer Geldbuße bis zu 500.000 Euro (250.000 Euro bei Leichtfertigkeit, § 17 Abs. 2 OWiG) geahndet werden, Verstöße gegen Nr. 1, 3 und 4 mit einer Geldbuße von bis zu 200.000 Euro bei Vorsatz (100.000 Euro bei Leichtfertigkeit). Bei Verstößen gegen Nr. 2, 6 und 7 kann ein Bußgeld von bis zu 100.000 Euro verhängt werden (50.000 Euro bei leichtfertigem Verstoß). Lediglich im Falle von Nr. 10 beträgt die Geldbuße maximal 50.000 Euro bei Vorsatz und 25.000 Euro bei Leichtfertigkeit.

§ 120 Abs. 7 Nr. 1 WpHG nimmt Bezug auf Art. 4 VO Nr. 648/2012. Nach dieser Vorschrift sind bestimmte OTC-Derivatekontrakte clearingpflichtig, d.h. dass sie über eine zentrale Gegenpartei abgewickelt werden müssen. Wer das „Clearing" unterlässt, handelt ordnungswidrig.

§ 120 Abs. 7 Nr. 2 WpHG erfasst das – entgegen Art. 8 Abs. 1 VO Nr. 648/2012 – unterlassene, unrichtige, unvollständige, vorschriftswidrige oder verspätete Zurverfügungstellen von Handelsdaten durch multilaterale Handelssysteme für zentrale Gegenparteien. Aus dem Bezug auf Art. 8 Abs. 4 Unterabs. 1 VO Nr. 648/2012 folgt, dass ein verspätetes Zurverfügungstellen erst drei Monate nach Zulassung der zentralen Gegenpartei angenommen werden kann.

---

1 So *Grundmann* in Staub, HGB, Bd. 11/2, 6. Teil, Rz. 649; zutr. differenzierend *Bayram/Meier*, BKR 2018, 51, 60 f.
2 Dazu *Grundmann* in Staub, HGB, Bd. 11/2, 6. Teil, Rz. 619 f.
3 Vgl. Art. 72 VO Nr. 909/2014.

§ 120 | Straf- und Bußgeldvorschriften

173 **§ 120 Abs. 7 Nr. 3 und 4 WpHG** sichern die Melde- und Aufbewahrungspflichten des Art. 9 VO Nr. 648/2012 für Gegenparteien und zentrale Gegenparteien mit Bußgelddrohungen ab.

174 **§ 120 Abs. 7 Nr. 5 WpHG** betrifft nichtfinanzielle Gegenparteien (d.h. Unternehmen außerhalb des Finanzsektors). Handelt eine nichtfinanzielle Gegenpartei in einem Umfang mit OTC-Derivaten, der einen von der ESMA festgelegten Schwellenwert überschreitet, muss sie dies gem. Art. 10 Abs. 1 lit. a VO Nr. 648/2012 der ESMA und der zuständigen Behörde mitteilen. Die unterlassene oder verspätete Mitteilung ist nach dieser Vorschrift eine Ordnungswidrigkeit.

175 **§ 120 Abs. 7 Nr. 6-10 WpHG** sollen sicherstellen, dass die Risikominderungspflichten beim Handel von OTC-Derivaten außerhalb der Clearingpflicht nach Art. 11 VO Nr. 648/2012 eingehalten werden.

176 **XII. Ordnungswidrigkeiten wegen Verstößen gegen umgesetzte MiFID II-Vorgaben (§ 120 Abs. 8 WpHG).**
§ 120 Abs. 8 WpHG enthält die Bußgeldtatbestände, die sich auf Verstöße gegen Ge- und Verbote des WpHG beziehen, die der Umsetzung der Vorgaben der RL 2014/65/EU (MiFID II) dienen. § 120 Abs. 8 WpHG trat am 3.1. 2018 in Kraft; teilweise ergibt sich aus dem fachrechtlichen Bezugstatbestand ein späterer Stichtag. Die in Bezug genommenen Vorschriften sind weitgehend solche der Abschnitte 9–11; manche der dortigen Vorschriften sind aber auch andernorts bußgeldbewehrt, insbesondere wenn sie nicht die MiFID II umsetzen oder keine Bußgeldbewehrung angewiesen ist (etwa § 120 Abs. 2 Nr. 14 WpHG zur Anzeigepflicht nach § 86 WpHG). Es handelt sich um den europäischen grundlegenden Regulierungsrahmen für Handelsplätze und andere Wertpapierdienstleistungen. Damit steht § 120 Abs. 8 WpHG in einem komplexen Komplementaritätsverhältnis zu § 56 KWG.

177 Art. 70 Abs. 6 lit. f, g und h i.V.m. Abs. 3 RL 2014/65/EU (MiFID II) weist an, dass eine Vielzahl europäischer Vorgaben mit Bußgeldtatbeständen zu bewehren sind. § 120 Abs. 8 WpHG setzt diese Vorgaben um, soweit die MiFID II im WpHG umgesetzt ist. Soweit sie im KWG umgesetzt wird, sind die Bußgelddrohungen in § 56 KWG geregelt. Im Ergebnis ist ein Bußgeldkatalog entstanden, der insgesamt 137 Nummern umfasst und aufgrund seiner Länge für den Rechtsanwender eine Herausforderung darstellt. Dabei verweisen die meisten Bestimmungen als *Blanketttatbestände* auf Verhaltensnormen des WpHG und bewehren diese mit Bußgeld.

178 § 120 Abs. 8 WpHG sanktioniert die vorsätzliche und leichtfertige Zuwiderhandlung. Dabei kann eine Zuwiderhandlung mit einer Geldbuße bis zu 5 Mio. Euro geahndet werden. Gegenüber einer juristischen Person kann jedoch eine höhere Geldbuße verhängt werden, die bis zu 10 % des Gesamtumsatzes (s. § 120 Abs. 23 WpHG) betragen kann. Dabei wird auf den Umsatz der juristischen Person in dem Geschäftsjahr abgestellt, das der Behördenentscheidung vorausging. Darüber hinaus kann eine Geldbuße auch das Zweifache des aus dem Verstoß gezogenen wirtschaftlichen Vorteils betragen, wobei dieser Vorteil erzielte Gewinne und vermiedene Verluste umfasst und auch geschätzt werden kann (§ 120 Abs. 20 WpHG). Dabei wird die Bußgeldhöhe von Art. 70 Abs. 6 lit. f, g und h RL 2014/65/EU vorgeschrieben. Gemäß § 120 Abs. 25 Satz 2 WpHG findet § 17 Abs. 2 OWiG lediglich auf § 120 Abs. 8 Nr. 43 und 44 sowie auf Nr. 133–137 WpHG Anwendung.

179 **1. Spezialvorschriften bei Verstößen gegen BaFin-Anordnungen zum Vollzug umgesetzten MiFID II-Rechts (§ 120 Abs. 8 Nr. 1, 2, 74a, 110 und 136 WpHG).** Die Vorschriften sind lex specialis zu § 120 Abs. 12 Nr. 1 lit. a, b, Nr. 2 WpHG. Es handelt sich um die Sanktionierung von Verwaltungsungehorsam. § 120 Abs. 8 Nr. 1, 2 und 136 WpHG werden durch speziellere Vorschriften jeweils in Bezug auf spezielle Eingriffsgrundlagen ergänzt, z.B. § 120 Abs. 8 Nr. 74a, 93 und 101 WpHG. Angesichts der Normstruktur gelten die allgemeinen Grundsätze für die Rechtsschutzmöglichkeiten (Rz. 88ff.) und für den regelmäßigen Ausschluss einer Sanktionierung, wenn die vollziehbare Anordnung rechtswidrig ist und später aufgehoben wird. Ein bußgeldbewehrter Verstoß setzt voraus, dass die Verfügung (mindestens) die **Bestimmtheitsanforderungen** erfüllt, die für eine gesetzliche Regelung gelten würden.

180 § 120 Abs. 8 Nr. 1 WpHG regelt den Verstoß gegen vollziehbare Anordnungen der BaFin im Zusammenhang mit MiFID II-Verstößen. § 120 Abs. 8 Nr. 2 WpHG regelt den Verstoß gegen eine vollziehbare Anordnung gem. § 9 Abs. 2 WpHG. Er regelt ausdrücklich, dass ein Handeln im Ausland ausreicht. Diese extraterritoriale Anknüpfung ist völkerrechtlich zulässig, da sich der genuine link aus dem Marktbezug im Inland ergibt.

181 Eine Ordnungswidrigkeit nach § 120 Abs. 8 Nr. 136 WpHG ist es, wenn ein Wertpapierdienstleistungsunternehmen einer vollziehbaren Anordnung nach § 6 WpHG der BaFin zuwiderhandelt, welche im Zusammenhang mit einer Untersuchung betreffend der Einhaltung der Pflichten nach den Abschnitten 9–11 ergangen ist. Für untersuchungsbezogene Anordnungen ist § 120 Abs. 8 Nr. 136 WpHG lex specialis zu § 120 Abs. 8 Nr. 1 WpHG, was wichtig ist, weil § 17 Abs. 2 OWiG auf § 120 Abs. 8 Nr. 138 WpHG anwendbar ist.

182 Problematisch ist das Verhältnis von § 120 Abs. 8 Nr. 136 WpHG zu § 120 Abs. 12 Nr. 1 lit. b WpHG. Nach jener Vorschrift handelt ordnungswidrig, wer vorsätzlich oder fahrlässig einer Untersagungsverfügung der BaFin nach § 87 Abs. 6 Satz 1 Nr. 1 oder Nr. 2 lit. b WpHG zuwiderhandelt. Die Bußgelddrohung liegt hier lediglich bei bis zu 200.000 Euro (vorsätzlich) und 100.000 Euro (fahrlässig) (§ 120 Abs. 24 WpHG i.V.m. § 17 Abs. 2 OWiG). *Unterschied im Tatbestand* ist damit lediglich der Fahrlässigkeitsgrad: § 120 Abs. 12 Nr. 1 lit. b WpHG ist weiter, indem er auch die einfache Fahrlässigkeit erfasst. Für den Normadressaten ist aus dem Wortlaut nicht klar, wonach das Verhalten mit welcher Geldbuße bewehrt ist. Aus der Gesetzesbegründung ergibt

sich, dass es sich in Abs. 12 um Regelungen der Vorgängernorm in § 39 WpHG handelt und vieles davon gestrichen werden musste, da nunmehr entsprechende Vorgaben aus der MiFID II umgesetzt seien (Begr. RegE 2.FiMaNoG BT-Drucks. 18/10963, 254). Die MiFID II wird in § 120 Abs. 8 WpHG umgesetzt. Dies könnte dafür sprechen, dass möglicherweise die Vorgängernorm zu § 120 Abs. 12 Nr. 1 lit. b WpHG hätte gestrichen werden müssen und der hohe Bußgeldrahmen gewollt ist. Dies ergibt sich allerdings nicht aus dem Wortlaut der Norm(en). Es könnte sich um ein redaktionelles Versehen des Gesetzgebers handeln, das Rechtsanwendungsschwierigkeiten zur Folge haben dürfte, die aber mit einer Normsubsidiarität des § 120 Abs. 12 Nr. 1 lit. b WpHG im Verhältnis zu § 120 Abs. 8 Nr. 136 WpHG zu lösen wäre: § 120 Abs. 12 Nr. 1 lit. b WpHG ist maßgebend, wenn § 120 Abs. 8 Nr. 136 WpHG nicht anwendbar ist, d.h. (bereits) bei einfacher Fahrlässigkeit. Liegt umgekehrt ein leichtfertiger Verstoß nach § 120 Abs. 8 Nr. 136 WpHG vor, dürfte insofern auch § 120 Abs. 12 Nr. 1 lit. b WpHG miterfüllt sein, denn wer leichtfertig handelt, handelt auch einfach fahrlässig.

§ 120 Art. 12 Nr. 1 lit. b WpHG dürfte dann allerdings im Wege der Gesetzeskonkurrenz zurücktreten, so dass nur die Rechtsfolge von § 120 Abs. 8 Nr. 136, Abs. 20 WpHG greift. Dies trägt der Tatsache Rechnung, dass der Gesetzgeber mit dem hohen Bußgeldrahmen für Verstöße nach Maßgabe von § 120 Abs. 8 Nr. 136 WpHG die unionsrechtlichen Vorgaben nach Art. 70 RL 2014/65/EU (MiFID II) umsetzen wollte. Insofern liegt es darüber hinaus in teleologischer Auslegung nahe, diese Vorschrift nur dann als vorrangig anzusehen, soweit die Bezugsnorm in § 87 Abs. 6 WpHG Rechtsgrundlage für eine Untersagungsverfügung auf Grundlage eines MiFID-II-Gebots ist. Dies wäre der Fall bei Untersagungsverfügungen, die wegen Verstößen gegen das Gebot der Sachkunde und Zuverlässigkeit bei Mitarbeitern in der Anlageberatung als Vertriebsmitarbeiter (§ 87 Abs. 2 WpHG) ergangen sind. Für vorsätzliche und fahrlässige Zuwiderhandlungen gegen Untersagungsverfügungen, die auf Grundlage von beispielsweise § 87 Abs. 6 i.V.m. Abs. 4 (Vertriebsbeauftragter) oder Abs. 5 (Compliance-Beauftragte) WpHG ergangen sind und die damit nicht auf Vorschriften beruhen, die der Umsetzung von MiFID II dienen, sondern genuin nationales Recht sind, wäre dann auch bei Leichtfertigkeit oder Vorsatz allein § 120 Abs. 12 Nr. 1 lit. b, 24 WpHG mit dem niedrigeren Bußgeldrahmen anwendbar. Dass der Gesetzgeber insofern überschießend die MiFID-II-Vorgaben auch für Verstöße gegen Untersagungsverfügungen, die auf rein nationalen Rechtsgrundlagen basieren, umsetzen wollte, ergibt sich weder aus der Gesetzesbegründung noch aus dem Normkontext. Vielmehr spricht die Gesetzesbegründung eher für das Gegenteil, denn nach § 120 Abs. 12 Nr. 1 WpHG sollen laut der Gesetzesbegründung die Verstöße sanktioniert werden, die noch von nationalen Vorgängernormen übrig geblieben sind und nicht aufgrund korrespondierender unionsrechtlicher Vorgaben gestrichen werden mussten.

2. Vorfeldpflichten für Betreiber inländischer Handelsplätze zur Gewährleistung der Meldungen gem. § 22 WpHG (§ 120 Abs. 8 Nr. 3 WpHG). § 120 Abs. 8 Nr. 3 WpHG statuiert einen Ordnungswidrigkeitentatbestand für Betreiber inländischer Handelsplätze, die nach Art. 26 Abs. 1 VO Nr. 600/2014 meldepflichtig sind, soweit diese die nach § 22 Abs. 2 WpHG verlangten Sicherheitsmaßnahmen, Notfallsysteme und Vorkehrungen nicht eingerichtet haben bzw. vorhalten. Es handelt sich um ein Sonderdelikt, das nur Betreiber von Handelsplätzen erfasst, die im Namen eines Wertpapierdienstleistungsunternehmens Meldungen nach Art. 26 VO Nr. 600/2014 vornimmt. „Im Namen" werden Meldungen dann vorgenommen, wenn der Betreiber hiermit wirksam beauftragt und bevollmächtigt worden ist. Die im alten Recht in § 9 WpHG a.F. enthaltene Pflicht zur Mitteilung von Geschäften an die BaFin wird nun in Art. 26 VO Nr. 600/2014 umfassend geregelt. Dazu verweist der § 22 WpHG („Meldepflichten") auf die europäische Vorschrift des Art. 26 VO Nr. 600/2014, die in § 120 Abs. 9 Nr. 18–21 WpHG bußgeldbewehrt ist. Im nationalen Recht verbleiben lediglich Zuständigkeitsbestimmungen und einzelne Ausführungsbestimmungen. So ordnet § 22 Abs. 2 Satz 1 WpHG die Einrichtung bestimmter Sicherheitsmaßnahmen an, die bei der Vornahme von Meldungen an die BaFin eingehalten werden müssen.

Weiterhin verpflichtet § 22 Abs. 2 Satz 2 WpHG zur Vorhaltung ausreichender Ressourcen und zur Einrichtung von „**Notfallsystemen**", damit der Handelsplatz seine Dienste jederzeit anbieten und aufrechterhalten kann. Die Unrechtstypologie ist die der organisatorischen und informationstechnischen Unzulänglichkeiten, die nicht zuletzt wegen Bestimmtheitsfragen eher ungeeignet für eine repressive Sanktionierung sind. Ein **Notfall** ist alltagssprachlich definiert als Situation, in der dringend Hilfe benötigt wird, oder Lage, Situation, in der etwas Bestimmtes nötig ist, gebraucht oder notwendig wird. Der englische Parallelbegriff *contingency* kann „a future event or circumstance which is possible but cannot be predicted with certainty"; der französische *urgence* eine Eigenschaft „de ce qui est urgent, de ce qui ne souffre aucun retard: L'urgence d'une solution à la crise" bzw. eine „nécessité d'agir vite: Des mesures d'urgence" oder eine „situation qui peut entraîner un préjudice irréparable s'il n'y est porté remède à bref délai et qui permet au juge de prendre certaines mesures par une procédure rapide (référé, assignation à jour fixe); la procédure elle-même" bezeichnen. Die Situationen, für die Notfallsysteme gebraucht werden, können sowohl endogene wie exogene Systemstörungen sein, letztere beispielsweise durch Störungen öffentlicher Kommunikationsnetze oder durch Systemattacken. Gerade im letzten Fall eignet sich der Bußgeldtatbestand, das Opfer kriminellen Unrechts zum Täter eines unzureichenden Selbstschutzes zu machen.

3. Bußgeldvorschriften im Hinblick auf das Positionsmanagement bei Warenderivaten gem. §§ 55–58 WpHG (§ 120 Abs. 8 Nr. 4–9 WpHG). Die Richtlinie 2014/65/EU macht erstmals auf europäischer Ebene Vorgaben zur Überwachung von Positionslimits und zu Positionsmeldungen in **Warenderivaten**, die im Ab-

183

184

185

186

schnitt 9 des WpHG in enger Anlehnung an den Wortlaut des europäischen Rechts umgesetzt sind und in § 120 Abs. 8 Nr. 4–9 WpHG mit Bußgeld bewehrt sind. Hierbei handelt es sich teilweise um eigenständige materielle Pflichtverstöße (Überschreitung von behördlich festgelegten Positionslimits, Nr. 4 und 5), teilweise wiederum um die Unrechtstypologie organisatorischer Unzulänglichkeiten (Nr. 6), teilweise um Pflichtverstöße bei Meldungen (Nr. 8, 9). **§ 120 Abs. 8 Nr. 4 WpHG** erfasst die *Überschreitung* eines von der BaFin gem. § 54 Abs. 1, 3, 5 WpHG festgelegten Positionslimits für ein Warenderivat. § 54 WpHG setzt Art. 57 Abs. 1–7 und 11–14 RL 2014/65/EU um und verleiht der BaFin als Folge der handelsplatzübergreifenden und internationalen Dimension der neuen Überwachungsaufgaben¹ die Zuständigkeit zur Festlegung der Positionslimits. Dies gilt jedoch nur dann, wenn keine zentrale Behörde eines anderen Mitgliedstaates zuständig ist. Auch die Überschreitung des für ein Warenderivat von einer ausländischen zuständigen Behörde eines Mitgliedstaates festgelegten Positionslimits stellt gem. **§ 120 Abs. 8 Nr. 5 WpHG** eine Ordnungswidrigkeit dar. § 9 WpHG ermächtigt die BaFin zum Erlass von *Anordnungen*, um die Einhaltung von Positionslimits zu sichern. Die Anordnung kann den Inhalt haben, die Größe einer Position oder offenen Forderung zu verringern bzw. eine Position nur in beschränktem Umfang einzugehen. Eine Zuwiderhandlung gegen eine solche Anordnung ist in **§ 120 Abs. 8 Nr. 2 WpHG** mit einem Bußgeld bewehrt und kann auch geahndet werden, wenn sie im Ausland begangen wird (§ 120 Abs. 8 Nr. 2 WpHG).

187 **4. Anforderungen an Datenbereitstellungsdienste gem. §§ 59–62 WpHG (§ 120 Abs. 8 Nr. 10–26 WpHG).** Sicherungen der informationellen Infrastruktur der Finanzmärkte sind ein innovatives Element des europäischen Rechts (Art. 64–66 RL 2014/65 EU), das der zunehmenden eigenständigen Bedeutung des Zugangs zu Marktdaten Rechnung trägt, der bei Wertpapierdienstleistungsunternehmen ausgeprägt verordnungsrechtlich geregelt und in § 120 Abs. 9 WpHG bußgeldbewehrt ist. Damit wird die **informationelle Infrastruktur** gestärkt; zu diesen Zwecken werden **Informationsintermediäre** eigenständig geregelt; ihre materielle Eigenständigkeit ist auch daran erkennbar, dass sie kein Auslagerungsverhältnis zu einem Wertpapierdienstleistungsverhältnis haben bzw. haben müssen². Die hierfür im 10. Abschnitt des WpHG umgesetzten Vorgaben, die in komplexer Weise mit der MiFIR, dem KWG und der DelVO 2017/571 zusammen spielen (Vor §§ 58 ff. WpHG Rz. 3 f.) sind in § 120 Abs. 8 Nr. 10-26 WpHG bußgeldbewehrt. Datenbereitstellungsdienste sind genehmigte Veröffentlichungssysteme, Bereitsteller konsolidierter Datenticker und genehmigte Meldemechanismen. Diese haben neben den im Kreditwesengesetz geregelten Zulassungsvoraussetzungen (Vor §§ 58 ff. WpHG Rz. 10) fachrechtliche Organisationspflichten zu beachten, die wegen ihrer Sachnähe zu den Transparenzpflichten von Handelsplätzen und Wertpapierdienstleistungsunternehmen in einem eigenen, neuen Abschnitt im WpHG (Abschnitt 10) geregelt wurden³. Der Aufbau der § 120 Abs. 8–26 WpHG ist teilweise repetitiv, weil die gleichen Pflichten für die drei Typen der Datenbereitstellungsdienste jeweils separat in einem eigenen Paragraphen geregelt sind.

188 § 120 Abs. 8 Nr. 10–17 WpHG erfassen Verstöße gegen die in § 58 WpHG normierten Organisationspflichten für *genehmigte Veröffentlichungssysteme*, § 120 Abs. 8 Nr. 18–24 WpHG Verstöße gegen die in Organisationspflichten aus § 59 WpHG für *Bereitsteller konsolidierter Datenticker*, § 120 Abs. 8 Nr. 25 und 26 WpHG Verstöße gegen Organisationspflichten aus § 60 WpHG für *genehmigte Meldemechanismen*. Die Vorschriften setzen Art. 64 und Art. 73 Abs. 2 RL 2014/65/EU sowie Art. 32 Abs. 3 VO Nr. 596/2014 und Art. 28 Abs. 4 VO Nr. 1286/2014 um. Daneben ist § 120 Abs. 9 Nr. 25 WpHG einschlägig. Ergänzende, unmittelbar geltende Regelungen des Gemeinschaftsrechts enthält die DelVO 2017/571; sie ist in § 58 Abs. 7, § 59 Abs. 6 und § 60 Abs. 6 WpHG ausdrücklich in Bezug genommen worden. In § 58 Abs. 7 WpHG ist dies ausdrücklich als dynamische Verweisung geregelt. Die Geltungsanordnung für eine Verordnung der EU im nationalen Recht widerspricht vordergründig ihrem Verordnungscharakter, ist aber im Kontext eines Blanketts sinnvoll, weil sie die DelVO zum Bestandteil des nationalrechtlichen Blankett-Bußgeldtatbestand macht (§ 58 WpHG Rz. 3).

189 Insgesamt handelt es sich hier weitgehend um äußerst unbestimmte und konkretisierungsbedürftige Organisationsvorgaben, die sich nur in Fällen klarer und eindeutiger Verfehlung als Anknüpfungstatbestand einer bußgeldrechtlichen Sanktion eignen (Rz. 54 ff.). Das gilt besonders dort, wo es um „angemessene" Vorkehrungen geht (z.B. § 58 Abs. 1 WpHG) oder um die Minimierung des Risikos der unbefugten Datenveränderung und des unberechtigten Zugriffs (§ 58 Abs. 4 WpHG). Die „Angemessenheit" der aufzustellenden Grundsätze bezieht sich dabei zum einen auf den Detaillierungsgrad, mithin die formelle Seite, zum anderen auf die inhaltliche Seite. Das Gesetz erkennt mit der Grundaussage, dass das Veröffentlichungssystem die Grundsätze aufzustellen hat, ausdrücklich die Eigenverantwortung und Autonomie an.

190 Einen von allgemeinen Organisationsvorgaben an „policies" abweichenden Regulierungsansatz ist die Anforderung, dass Informationen effizient und konsistent in einer Weise verbreitet werden müssen, die einen raschen diskriminierungsfreien Zugang sicherstellt (§ 58 Abs. 2 WpHG, § 120 Abs. 8 Nr. 1 WpHG). Dies wird in Art. 10, 14 und 19 DelVO 2017/571 befugniskonform konkretisiert (vgl. § 58 WpHG Rz. 18 ff.). Die Themen der Markttransparenz sind daneben bußgeldbewehrt in § 120 Abs. 9 Nr. 4 lit. d WpHG.

---

1 Begr. RegE 2. FiMaNoG, BT-Drucks. 18/10963, 306.
2 Hoops, WM 2018, 205, 209.
3 Begr. RegE 2. FiMaNoG, BT-Drucks. 18/10963, 306.

5. Allgemeine Verhaltensregeln für Wertpapierdienstleistungsunternehmen gegenüber ihren Kunden gem. §§ 63–70 WpHG (§ 120 Abs. 8 Nr. 27–46 WpHG).

§ 120 Abs. 8 Nr. 27–34, 36, 37 sowie 46–48 WpHG bewehren Verstöße gegen die in § 63 WpHG enthaltenen allgemeinen Verhaltensregeln für Wertpapierdienstleistungsunternehmen zum Kundenschutz mit einer Geldbuße. Dies wird in andere Abschnitten durch spezielle Organisationsanforderungen an Handelsformen und – insbesondere – durch Organisationsanforderungen an Wertpapierdienstleister als Intermediäre ergänzt, namentlich in den §§ 80 ff. WpHG, bußgeldbewehrt in den § 120 Abs. 8 Nr. 106-109 WpHG. Nicht bußgeldbewehrt ist zwar § 63 Abs. 1 WpHG, aber sein Regelungsgehalt wird weitgehend in dem bußgeldbewehrten § 63 Abs. 6 WpHG aufgegriffen.

Die Pflichten der Wertpapierdienstleistungsunternehmen aus § 63 WpHG haben einen aufsichtsrechtlichen Charakter, betreffen aber direkt oder indirekt das Horizontalverhältnis zwischen Wertpapierdienstleistungsunternehmen und Kunden und wirken auf das Zivilrecht zumindest indirekt ein (§ 63 WpHG Rz. 9)[1]. § 63 WpHG ersetzt den bisherigen § 31 WpHG a.F. und setzt im Wesentlichen die Art. 23–25 RL 2014/65/EU um. Diese beinhalten Vorschriften über *Interessenskonflikte* (Art. 23 RL 2014/65/EU), statuieren *allgemeine Grundsätze* und treffen *Regelungen bezüglich notwendiger Kundeninformationen* (Art. 24 RL 2014/65/EU). Art. 25 RL 2014/65/EU legt Regelungen fest in Bezug auf die Beurteilung der *Eignung und Zweckmäßigkeit* und der *Berichtspflicht gegenüber Kunden*.

Die § 120 Abs. 8 Nr. 27–31, 33–34, 36–37 sowie 46–48 WpHG verweisen dabei für die Umschreibung des bußgeldbewehrten Verhaltens nicht nur auf eine Anforderung aus § 63 WpHG, sondern optional zusätzlich („auch in Verbindung mit") auf einen delegierten Rechtsakt der Europäischen Kommission auf Grundlage von Art. 24 Abs. 3, Art. 25 Abs. 8 RL 2014/65/EU[2]. Vereinzelt wird auch auf eine nach § 80 Abs. 14 WpHG erlassene Rechtsverordnung verwiesen (§ 120 Abs. 8 Nr. 30 WpHG), die ihrerseits auch eine DelRL (2017/593) umsetzt, die WpDVerOV[3]. Maßgebend für den Unrechtstatbestand ist bei dieser Regelungstechnik das Blankett aus § 120 WpHG und § 63 WpHG, lediglich zur Konkretisierung der materiellen Anforderungen kann auf den europäischen tertiären Rechtsakt zurückgegriffen werden. Hierbei ist die jeweils gültige Fassung maßgeblich; begreift man die Regelungstechnik als Verweisung, so handelt es sich um eine dynamische. Die weiterhin bestehende Verordnungsermächtigung des § 63 Abs. 14 WpHG beschränkt sich auf Fälle, in denen es einer nationalen Rechtsverordnung noch bedarf.

Diese komplexe und vielschichtige Verweisungstechnik auf § 63 WpHG, auf delegierte Rechtsakte der EU und auf nationale Rechtsverordnungen, die wiederum delegierte Richtlinien umsetzen, macht es dem Rechtsanwender nicht immer leicht, das bußgeldbewehrte Verhalten anhand der Norm eindeutig zu ermitteln. Es ist demnach durchaus zweifelhaft, ob diese Tatbestände, insbesondere in ihrer Peripherie der Verweisungen auf delegierte Rechtsakte, dem Bestimmtheitsgrundsatz noch genügen. Sie tun dies nur dann, wenn die Verhaltenspflicht, die sich aus einem delegierten Rechtsakt ergibt, klar und eindeutig innerhalb des sekundärrechtlichen Programmrahmens für den delegierten Rechtsakt bewegt.

§ 120 Abs. 8 Nr. 27 WpHG sanktioniert die Pflichten zur Aufklärung über die allgemeine Art und Herkunft von Interessenskonflikten und die zur Risikobegrenzung getroffenen Maßnahmen. Diese Pflicht besteht nach § 64 Abs. 2 Satz 2 WpHG nur, soweit die organisatorischen Vorkehrungen nach § 80 Abs. 1 Satz 2 Nr. 2 WpHG nicht ausreichen, um nach vernünftigem Ermessen zu gewährleisten, dass das Risiko der Beeinträchtigung von Kundeninteressen „vermieden" – gemeint ist wohl ausgeschlossen – wird (zum Maßstab § 63 WpHG Rz. 38). Schon die Bezugnahme auf das Ermessen – gemeint ist das des Wertpapierdienstleistungsunternehmens, nicht das der Aufsichtsbehörde – zeigt, dass ein Pflichtverstoß nur bei handgreiflichen Verstößen angenommen werden kann. § 120 Abs. 8 Nr. 28 WpHG i.V.m. § 63 Abs. 3 WpHG sanktioniert die nicht minder unbestimmten Anforderungen an Vergütungssysteme.

§ 120 Abs. 8 Nr. 30 WpHG i.V.m. § 63 Abs. 4 WpHG sanktioniert Verstöße gegen die Produktgestaltungspflichten; hier liegen Überlappungen mit § 120 Abs. 8 Nr. 106–109 WpHG nahe.

In § 120 Abs. 8 Nr. 31 WpHG geht es um die Pflicht aus § 63 Abs. 6, 8 WpHG, Kundeninformationen redlich, eindeutig und frei von Irreführungen zu erteilen. Einen greifbaren Unrechtskern hat das Verbot von Irreführungen. Demgegenüber ist die Redlichkeit relativ unbestimmt. Maßgebend ist nicht die innere Einstellung, sondern ihre Manifestation in prüfbarem Verhalten. Im Bußgeldzusammenhang ist die Redlichkeit restriktiv auszulegen (a.M. *Koller*, § 63 WpHG Rz. 63: Erfordernis, die Interessen der Kunden angemessen im Auge zu behalten)[4]. Redlichkeit bedeutet englisch Fairness und nicht mehr und nicht weniger, als dass der Wertpapier-

---
1 Systematisch *Grundmann*, ZBB 2018, 1 ff.
2 Art. 36 Abs. 2 Delegierte Verordnung (EU) 2017/565 der Kommission zur Ergänzung der Richtlinie 2014/65/EU des Europäischen Parlaments und des Rates in Bezug auf die organisatorischen Anforderungen an Wertpapierfirmen und die Bedingungen für die Ausübung ihrer Tätigkeit sowie in Bezug auf die Definition bestimmter Begriffe für die Zwecke der genannten Richtlinie v. 25.4.2016, C(2016) 2398 final, abrufbar unter, http://ec.europa.eu/finance/securities/docs/isd/mifid/160425-delegated-regulation_de.pdf.
3 Zur Systematik und zu den Level 3-Akten *Buck-Heeb/Poelzig*, BKR 2017, 485, 486 f.
4 So zu § 31 WpHG a.F. *Möllers* in KölnKomm. WpHG, § 31 WpHG Rz. 196.

dienstleister alle Vorteile, die er aus der Befolgung der Empfehlungen haben kann und die gewichtiger sind als bei einer alternativen Information offenlegen muss[1]. Die „Irreführung" ist der Grundtatbestand. Irreführend ist, was täuschend ist, mithin was objektiv falsch ist und auch zur Täuschung bestimmt oder zumindest geeignet ist. Bestimmtheitsbedenken bestehen beim irreführenden Kommunikationsverhalten nicht. Schwieriger ist das „uneindeutige" bzw. „unredliche" Informationsverhalten. Im Bußgeldzusammenhang setzt die Unredlichkeit ein objektiv unzutreffendes Bild, als falsches Bild vermittelndes Erklärungsverhalten in einer entsprechenden subjektiven Einstellung voraus; entgegen dem Wortlautanschein ist die „Redlichkeit" nicht allein auf die innere Einstellung bezogen, sondern zusätzlich auch am Kommunikationsverhalten selbst festzumachen. „Unredlichkeit" ist ohne Vorsatz nicht denkbar; hier reicht Leichtfertigkeit nicht.

198 Noch mehr fraglich ist das „zweideutige" bzw. „uneindeutige" Kommunikationsverhalten. Hiervon erfasst sein dürfte lediglich ein Kommunikationsverhalten, bei dem zutreffende Aussagen durch gegenläufige Aussagen in ihrem Erklärungsgehalt aufgehoben werden, so dass sich der Irreführungscharakter lediglich wegen widersprüchlicher Aussagen bezogen auf die Gesamtaussage nicht feststellen lässt. Nicht bußgeldbewehrt sind schwer verständliche Aussagen, solange sie nicht missverständlich sind im Sinne eines möglichen irreführenden Erklärungsgehalts. Was genau unter eine redlichen und eindeutigen Kommunizierweise zu verstehen ist, ergibt sich weder aus § 63 Abs. 1, 6 WpHG noch aus der Richtlinie.

199 Die Einordnung, wann genau das Verhalten eines Wertpapierdienstleistungsunternehmens als „unredlich" und „uneindeutig" einzustufen ist, kann nur in konsequenter Bindung an die Wortlautgrenze in der in Bezug genommenen DelVO konkretisiert werden; im Übrigen bleibt es der späteren Rechtskonkretisierung überlassen. Zuständig hierfür im Bußgeldzusammenhang ist allein die Rechtsprechung; sie darf sich hier nicht auf exekutivische Verlautbarungen ohne Rechtsnormcharakter stützen, namentlich nicht auf Level 3-Akte. Die Einhaltung solcher Akte und anderer vergleichbarer Leitlinien europäischer und deutscher Aufsichtsbehörden hat aber zugunsten des Beschuldigten eine zumindest die subjektive, möglicherweise auch die objektive Pflichtwidrigkeit ausschließende Wirkung.

200 § 120 Abs. 8 Nr. 35, 38–45 WpHG sind § 64 WpHG zuzuordnen, die besonderen und zusätzlichen Pflichten für die Anlageberatung. Hier bestehen regelungstechnische Berührungspunkte zu § 120 Abs. 16 WpHG i.V.m. der VO Nr. 1286/2014[2]. Auch hier findet sich eine nachrangige Bezugnahme auf delegierte Verordnungen der Europäischen Kommission, in § 64 WpHG konkretisiert auf die DelVO 2017/565. Ergänzend sind auch nationale Rechtsverordnungen möglich bei Informationspflichten in der Honorar-Anlageberatung nach § 64 Abs. 6 WpHG (§ 120 Abs. 8 Nr. 43 WpHG), der näheren Ausgestaltung der Informationsblätter nach § 64 Abs. 2 WpHG (§ 120 Abs. 8 Nr. 38 WpHG) und den Kriterien für kleinere nichtmonetäre Vorteile nach § 64 Abs. 7 WpHG (§ 120 Abs. 8 Nr. 45 WpHG)[3]. Seit 1.1.2018 gelten nationale Regelungen über Beipackzettel nur noch dort, wo die PRIIP-VO Nr. 1286/2014 nicht gilt (§ 64 Abs. 2, § 51 WpHG). Die nationale Regelung gilt für alle Finanzinstitute, nicht nur – wie die PRIIP-VO – für verpackte[4]. § 120 Abs. 8 Nr. 35 und Nr. 38 WpHG sind der Unrechtstypologie des selbständigen Verhaltensunrechts zuzuordnen. Sie regeln Fälle einer nicht pflichtgemäßen Kundeninformation bei der Tätigkeit eines Wertpapierdienstleistungsunternehmens. Es handelt sich nicht um ein Sonderdelikt; vielmehr ist jeder Verantwortliche, der eine regulierte Tätigkeit nach § 64 WpHG erbringt, selbständig Pflichtadressat. Neben der vollständig unterlassenen Information sind auch die unvollständige und die nicht rechtzeitige Information bußgeldbewehrt. Gänzlich unerhebliche, für den Informationszweck unwesentliche Unvollständigkeiten dürften aber nicht tatbestandsmäßig sein.

201 § 120 Abs. 8 Nr. 39 WpHG i.V.m. § 64 Abs. 3 Satz 1 WpHG regelt den Informationsfluss in die umgekehrte Richtung. Das Wertpapierdienstleistungsunternehmen muss vom Kunden vor der Anlageberatung bestimmte Informationen einholen, die erforderlich sind, um das Risikoprofil zu bestimmen. Hierbei ist ein standardisiertes Vorgehen unerlässlich. Dass die marktüblichen Standardisierungen teilweise Stereotypen zugrunde legen (z.B. die Aussage, dass festverzinsliche Staatsanleihen generell weniger riskant seien als Aktien), führt nicht zu einer unzulänglichen Informationseinholung. Die Kunden sind nicht verpflichtet, Auskünfte zu geben (§ 64 WpHG Rz. 39). Das Wertpapierdienstleistungsunternehmen darf aber insoweit keine Empfehlungen erteilen, als die Auskünfte erforderlich sind.

202 § 120 Abs. 8 Nr. 40 WpHG sanktioniert Empfehlungen, die entgegen § 64 Abs. 3, 4 WpHG erteilt worden sind. Das Postulat „geeigneter" Empfehlungen ist von erheblicher Unbestimmtheit (vgl. § 64 WpHG Rz. 68 ff.), so dass sich fragt, ob derartige positive Verhaltenspflichten nicht besser mit den Mitteln des privaten Haftungs- und Vertragsrechts umzusetzen sind als mit dem repressiven Bußgeldrecht. § 120 Abs. 8 Nr. 41 WpHG i.V.m. § 64 Abs. 4 WpHG sanktioniert die unterlassene Dokumentation der Empfehlung durch die sog. Geeignetheitserklärung.

203 § 120 Abs. 8 Nr. 42–44 WpHG sanktionieren Verstöße bei der unabhängigen Honorar-Anlageberatung: Nr. 42 i.V.m. § 64 Abs. 5 WpHG, wenn keine „ausreichende Palette" an Finanzinstrumenten zugrunde liegt; Nr. 43

---

1 *Grundmann* in Staub, HGB, Bd. 11/2, 8. Teil, Rz. 166.
2 Dazu *Grundmann* in Staub, HGB, Bd. 11/2, 8. Teil, Rz. 181.
3 Begr. RegE 2. FiMaNoG, BT-Drucks. 18/10963, 320.
4 *Grundmann* in Staub, HGB, Bd. 11/2, 8. Teil, Rz. 82.

i.V.m. § 64 Abs. 6 Satz 1 WpHG die unterlassene Information über bestimmte Umstände, die Interessenkonflikte begründen können, und Nr. 44 i.V.m. § 64 Abs. 6 Satz 2 WpHG die Ausführung eines Festpreisgeschäfts.

§ 120 Abs. 8 Nr. 45 WpHG i.V.m. § 64 Abs. 7 WpHG sanktioniert die Annahme von Zuwendungen bei der Finanzportfolioverwaltung. Das bußgeldrechtliche Zuwendungsverbot ist daneben in § 120 Abs. 8 Nr. 52 WpHG geregelt (zu den Einzelheiten Rz. 210.).

Gemäß § 120 Abs. 8 Nr. 45a WpHG i.V.m. § 65 Abs. 1 Satz 3 WpHG und § 65a Abs. 1 Satz 3 WpHG ist nunmehr auch die Vermittlung eines Vertragsabschlusses ohne vorherige Prüfung des Gesamtbetrags der Vermögensanlagen respektive der Wertpapiere, die von einem Kunden erworben werden, der keine Kapitalgesellschaft respektive kein qualifizierter Anleger ist, bußgeldbewehrt. Diese Bußgeldbewehrung gilt seit dem Inkrafttreten des Gesetzes zur Ausübung von Optionen der EU-Prospektverordnung und zur Anpassung weiterer Finanzmarktgesetze.

§ 120 Abs. 8 Nr. 49 WpHG erfasst Verstöße gegen die in § 68 Abs. 1 Satz 2 WpHG enthaltene Pflicht für Wertpapierdienstleistungsunternehmen, in ihrer Beziehung mit geeigneten Gegenparteien **redlich, eindeutig** und **nicht irreführend zu kommunizieren** (dazu Rz. 197 ff.). Die Vorschrift setzt Art. 30 Abs. 1 RL 2014/65/EU um. Zweck der Regelung ist es, für bestimmte professionelle Gegenparteien ein weniger differenziertes Schutzniveau als für sonstige Kunden, insbesondere Private vorzusehen, wie dies auch in § 120 Abs. 8 Nr. 31 WpHG i.V.m. § 63 Abs. 3 WpHG nahezu wortlautgleich ist. Daher ordnet § 68 Abs. 1 Satz 1 WpHG die Nichtgeltung zahlreicher Einzelvorschriften des WpHG an (§ 68 WpHG Rz. 3). Dem ist bei der Auslegung des § 68 WpHG Rechnung zu tragen.

§ 120 Abs. 8 Nr. 50 WpHG sanktioniert das Fehlen geeigneter Vorkehrungen, die **den Anforderungen des § 69 Abs. 1 WpHG entsprechend die Bearbeitung von Kundenaufträgen** sicherstellen. § 69 Abs. 1 WpHG verlangt, die Aufträge unverzüglich, redlich im Verhältnis zu anderen Kundenaufträgen und den Eigenhandelsinteressen und in Gleichbehandlung nach Auftragseingang zu bearbeiten, also auszuführen oder weiterzuleiten. Dabei wurde die Norm durch das 2. FiMaNoG an den Wortlaut des Art. 28 Abs. 1 Unterabs. 2 RL 2014/65/EU angepasst. Sanktioniert ist in § 120 Abs. 8 Nr. 50 WpHG nicht der Verstoß im Einzelfall, sondern das Fehlen geeigneter Vorkehrungen. Wiederum handelt es sich um eine Anforderung an Organisation und informationstechnische Systeme. Werden diese Vorkehrungen nicht getroffen, so stellt dies gem. § 120 Abs. 8 Nr. 50 WpHG eine Ordnungswidrigkeit dar. Nähere Vorgaben für die Bearbeitung von Kundenaufträgen ergeben sich nunmehr unmittelbar aus der delegierten Verordnung, auf welche sowohl die § 120 Abs. 8 Nr. 50 und 51 WpHG als auch der § 69 Abs. 3 WpHG verweisen[1]. Auch hier erfordert das Bestimmtheitsgebot eine einschränkende Auslegung. Nicht alles, was einer „best practice" *optimaler* Bearbeitung oder irgendwelchen Anforderungen eines Level 2- oder Level 3-Rechtsakts widerspricht, widerspricht schon per se der Pflicht zur unverzüglichen oder redlichen Bearbeitung.

Können bestimmte in § 69 Abs. 2 Satz 1 WpHG definierte Kundenaufträge aufgrund der Marktbedingungen nicht innerhalb des Limits unverzüglich ausgeführt werden, so müssen die Aufträge unverzüglich bekanntgegeben werden, andernfalls liegt eine Ordnungswidrigkeit vor (§ 120 Abs. 8 Nr. 50 WpHG).

§ 120 Abs. 8 Nr. 52 WpHG sanktioniert die **Annahme bzw. Gewährung einer Zuwendung von Dritten bzw. an Dritte durch ein Wertpapierdienstleistungsunternehmen**, wenn diese nicht Kunden der Dienstleistung sind oder nicht im Auftrag des Kunden tätig werden (§ 70 Abs. 1 Satz 1 WpHG). Bestimmte Tätigkeiten sind gesetzlich ausgenommen (§ 70 WpHG Rz. 1). Recht unbestimmt ist die Legalausnahme für Zuwendungen, die der Qualitätsverbesserung dienen, § 70 Abs. 1 Satz 2 WpHG[2]. Da sich die Bestimmtheit eines Verbotstatbestandes erst aus der Summe von Verbot und gesetzlichen Ausnahmen ergibt, werden hier die Grenzen des bußgeldrechtlichen Bestimmtheitsgebots herausgefordert, zumal die Ausnahmen wiederum eher durch institutionell-organisatorische Kautelen als durch materielle Grenzen bestimmt sind[3]. Für die Finanzportfolioverwaltung gilt die vorrangige Sondervorschrift § 120 Abs. 8 Nr. 45 WpHG. Während § 120 Abs. 8 Nr. 52 WpHG für ein Jedermannsdelikt spricht, beschränken sich die Pflichten des § 70 WpHG dem Wortlaut nach auf Wertpapierdienstleistungsunternehmen. Gleichwohl sprechen gute Gründe dafür, bei § 120 Abs. 8 Nr. 52 WpHG nicht von einem Sonderdelikt auszugehen und auch Zuwendungen an Mitarbeiter des Wertpapierdienstleistungsunternehmens zu erfassen (a.M. *Gebauer*, § 70 WpHG Rz. 12, für den Fall, dass das Letztere die Zuwendung nicht billigt).

Der phänomenologische Grundtatbestand des § 120 Abs. 8 Nr. 52 WpHG weist Elemente eines korruptiven Verhaltens und eines Bruchs einer privatrechtlichen Loyalitätserwartung (Vertrauens- bzw. Treuebruch) auf. Bei einer etwaigen Strafbarkeit nach § 299 StGB (Bestechlichkeit im Geschäftsverkehr) tritt § 120 Abs. 8 Nr. 52 WpHG zurück. Die erfolgten Änderungen der Norm (s. Vorgängerregelung § 31d WpHG a.F.) dienen der Umsetzung von Art. 24 Abs. 9 RL 2014/65/EU, welche fast wortgleich den Art. 26 DurchfRL 2006/73/EG wieder-

---

1 Art. 67–70 DelVO 2017/565.
2 *Buck-Heeb/Poelzig*, BKR 2017, 485, 488.
3 Vgl. *Grundmann*, ZBB 2018, 1, 18.

gibt, auf welchen die Zuwendungsregelungen bislang beruhen. Die nähere Bestimmung der Zuwendungsregelungen erfolgt durch eine gem. § 70 Abs. 9 Nr. 1 WpHG erlassene Rechtsverordnung, auf die der Ordnungswidrigkeitentatbestand des § 120 Abs. 8 Nr. 52 WpHG dynamisch und in der formellgesetzlich gesteckten Wortlautgrenze verweist, die WpDVerOV vom 17.10.2017[1]. § 70 Abs. 8 WpHG bestimmt ebenfalls, dass sich nähere Regelungen betreffend die Annahme von Zuwendungen nach Abs. 1 aus Art. 40 DelVO 2017/565 (Art. 24 Abs. 13 RL 2014/65/EU) ergeben[2]. § 120 Abs. 8 Nr. 52 WpHG verweist jedoch nicht auf die delegierte Verordnung; lediglich § 120 Abs. 8 Nr. 53 WpHG nimmt einen Verweis auf die delegierte Verordnung in seinen Wortlaut auf. Es ist davon auszugehen, dass dies ein Redaktionsversehen ist, denn der Bußgeldtatbestand des § 120 Abs. 8 Nr. 53 WpHG bezieht sich auf die Informationspflichten des § 70 Abs. 5 WpHG, für welche die Bestimmungen der delegierten Verordnung gerade nicht gelten. Die delegierte Verordnung trifft lediglich Bestimmungen über die Annahme von Zuwendungen nach § 70 Abs. 1 WpHG, so dass der § 120 Abs. 8 Nr. 52 WpHG in seinem Wortlaut auf diese verweisen müsste, nicht jedoch der § 120 Abs. 8 Nr. 53 WpHG.

211 § 120 Abs. 8 Nr. 53 WpHG erfasst den Fall, dass ein Wertpapierdienstleistungsunternehmen einen Kunden nicht über zugehörige Verfahren informiert, wenn dieses verpflichtet ist, **Zuwendungen** an den Kunden **auszukehren** (§ 70 Abs. 5 WpHG). Der § 70 Abs. 5 WpHG wurde durch das 2. FiMaNoG neu eingeführt und dient der Umsetzung von Art. 24 Abs. 9 Unterabs. 2 RL 2014/65/EU. Wie bereits eben angesprochen (Rz. 210), verweist der § 120 Abs. 8 Nr. 53 WpHG auf die delegierte Verordnung, welche auf Grundlage von Art. 24 Abs. 13 RL 2014/65/EU erlassen wurde. Dies stellt wohl ein Redaktionsversehen dar, da die delegierte Verordnung lediglich nähere Bestimmungen betreffend die Annahme von Zuwendungen nach § 70 Abs. 1 WpHG trifft.

212 § 120 Abs. 8 Nr. 52, 53 i.V.m. § 70 WpHG haben komplexe Überschneidungen der Anwendungsbereiche mit § 63 WpHG und § 80 WpHG (näher § 70 WpHG Rz. 2).

213 **6. Pflichten der Betreiber von Handelssystemen gem. §§ 72–75 WpHG (§ 120 Abs. 8 Nr. 54–87 WpHG).** Die §§ 72–75 WpHG regeln die Pflichten der Betreiber von Handelssystemen, die keine Börsen („organisierte Märkte") sind, welche im BörsG geregelt sind. Solche Handelssysteme sind MTF und OTF (§ 72 WpHG Rz. 5). Die aufsichtliche Seite des Marktzugangs regelt das KWG (§ 72 WpHG Rz. 8), wenn es sich nicht um einen Börsenträger handelt. Die materiellen Pflichten der Betreiber aus den §§ 72–75 WpHG sind umfassend und nahezu komplett bußgeldbewehrt. Materiell überlappen sich die Pflichten bei Börsenträgern und Börsen in erheblichem Umfang mit dem BörsG, insbesondere § 48 BörsG[3]. Daneben können Bußgeldtatbestände aus § 56 KWG, bei Börsenträgern als MTF- oder OTF-Betreibern aus § 50 BörsG und insbesondere aus § 120 Abs. 9 WpHG i.V.m. der VO Nr. 600/2014 (MiFIR) verwirklicht sein. Des Weiteren ordnet § 120 Abs. 8 Nr. 54 WpHG im Wege einer Rechtsfolgenverweisung an, dass bestimmte Vorschriften des Börsengesetzes (§§ 5 Abs. 4a, 22a, 26c und 26d BörsG) entsprechend gelten. Ein Teil dieser Vorschriften des BörsG inkorporiert Regelungen der benannten DelVO, was angesichts deren Verordnungscharakters verwaltungsrechtlich lediglich deklaratorisch bzw. sogar überflüssig ist (§ 72 WpHG Rz. 82), aber den bußgeldrechtlichen Bestimmtheitsanforderungen entspricht. Diese Bußgeldtatbestände sind gegenüber etwaigen parallelen Bußgeldtatbeständen des Börsengesetzes, die sich auf die gleichen Bezugsnormen beziehen, bei MTF und OTF abschließende Sonderregelungen auch dann, wenn das MTF oder OTF von einem Börsenträger betrieben wird.

214 So handelt gem. **§ 120 Abs. 8 Nr. 67 WpHG** auch ordnungswidrig, wer ein multilaterales oder organisiertes Handelssystem betreibt, ohne über wirksame Systeme i.S.v. § 5 Abs. 4a BörsG zu verfügen. Das überlagert sich in opaquer Weise mit § 120 Abs. 8 Nr. 64 WpHG i.V.m. § 72 Abs. 1 Nr. 11 WpHG (§ 72 WpHG Rz. 83). Weiterhin stellt es gem. **§ 120 Abs. 8 Nr. 68 WpHG** eine Ordnungswidrigkeit dar, wenn ein Betreiber eines multilateralen oder organisierten Handelssystem entgegen § 26c Abs. 2 Satz 1 BörsG nicht eine ausreichende Teilnehmerzahl sicherstellt. Schließt ein Betreiber eines multilateralen oder organisierten Handelssystems einen Vertrag i.S.d. § 26c Abs. 1 BörsG i.V.m. § 72 Abs. 1 Satz 2 WpHG, so muss dieser Vertrag sämtliche in § 26c Abs. 3 BörsG genannte Bestandteile enthalten. Tut er dies nicht, so stellt dies ebenfalls gem. **§ 120 Abs. 8 Nr. 69 WpHG** eine Ordnungswidrigkeit dar. Die „entsprechende" Geltung des § 26c BörsG zwingt dazu, bestimmte Tatbestandsmerkmale entgegen ihrem Wortlaut zu lesen (§ 72 WpHG Rz. 88). Das ist angesichts der Wortlautgrenze nicht ganz unproblematisch, aber wohl noch hinreichend bestimmt. Das sanktionsbewehrte Verbot wird durch fachrechtliche Ausnahmen, die sich aus § 26c Abs. 2 BörsG i.V.m. der DelVO 2017/576 ergeben, beschränkt.

215 § 120 Abs. 8 Nr. 54–55, 57–66 WpHG betrifft die **Spielregeln** des (multilateraler oder organisierten) Handelssystems: Es geht um den Zugang für Handelsteilnehmer (§ 120 Abs. 8 Nr. 54 WpHG i.V.m. § 72 Abs. 1 Nr. 1 WpHG) und die Einbeziehung von Finanzinstrumenten sowie die Regelungen zur vertragsgemäßen Abwicklung (§ 120 Abs. 8 Nr. 55 WpHG i.V.m. § 72 Abs. 1 Nr. 2 WpHG) sowie weitere Vorgaben, die eine regelentsprechende Einrichtung des Handelssystems sicherstellen sollen und somit das prinzipiell privatautonome Verhalten des Betreibers öffentlich-rechtlich einhegen, um die institutionellen Funktionsbedingungen der Kapital-

---

[1] BGBl. I 2017, 3566.
[2] Art. 40 DelVO 2017/565.
[3] *Binder* in Staub, HGB, Bd. 11/2, 7. Teil, Rz. 167.

märkte zu sichern und dazu den einzelnen Anleger als direkten oder indirekten Teilnehmer zu schützen. § 72 Abs. 1 WpHG setzt Art. 18 Abs. 5–7 i.V.m. Art. 48 und 49 RL 2014/65/EU um. Dabei geht es um die Einhaltung der selbst gesetzten Handelsregeln, soweit sie den Marktmechanismus, insbesondere die Preisbildung betreffen einschließlich der **Transparenz** (§ 120 Abs. 8 Nr. 57 WpHG i.V.m. § 72 Abs. 1 Nr. 3 WpHG). Hier ergeben sich insbesondere bei Nr. 3 und 9 Berührungspunkte[1] mit den Pflichten aus § 25a KWG, den börsenrechtlichen Pflichten, Art. 16 VO Nr. 596/ 2014 (MAR) sowie mit § 80 WpHG i.V.m. Art. 22 DelVO 2017565 (§ 72 WpHG Rz. 32). Angemessen (§ 120 Abs. 8 Nr. 56, 62 WpHG) ist nur, was verhältnismäßig ist (§ 72 WpHG Rz. 33). Die verlangten Zugangsregeln sind der Rechtsform nach privatrechtliche Allgemeine Geschäftsbedingungen (§ 72 WpHG Rz. 15). § 120 Abs. 8 Nr. 54 WpHG betrifft die Systemseite, nicht den Einzelfall. Art. 16 VO Nr. 596/2014 ist in § 120 Abs. 15 Nr. 3 WpHG separat bußgeldbewehrt.

216 Eine besondere Schutzrichtung hat § 120 Abs. 8 Nr. 56, 62 WpHG i.V.m. § 72 Abs. 1 Nr. 3, 9 WpHG: Hier geht es (einmal mehr) um angemessene Regeln zum Schutz des Preisbildungsmechanismus gegen externe Störungen durch Marktteilnehmer, insbesondere zur Prävention von Marktmissbrauch und damit um die Überwachung der Handelsteilnehmer. Damit ist allerdings vor dem Hintergrund der besonderen Bestimmtheitsanforderungen an staatliche präventive Überwachungspflichten keine personenbezogene Präventivkontrolle gemeint (§ 72 WpHG Rz. 32). Was das angemessene und wirksame System ist, erweist sich weitgehend als Frage der Organisation, **Risikogewichtung und Technikgestaltung**. Verwaltungsvorschriften wie die MAComp II und die ESMA-Leitlinien über Systeme und Kontrollen für Handelsplattformen, Wertpapierformen und zuständige Behörden in einem automatisierten Handelsumfeld (dazu § 72 WpHG Rz. 33) haben bußgeldrechtlich wegen ihrer (mangelnden) Rechtsqualität nur eine ganz eingeschränkte Bedeutung. Sie sind nicht gerichtlicher Beurteilungsmaßstab, um einen Gesetzesverstoß abzuleiten; ein Leitlinienverstoß ist lediglich in der richterlichen Tatsachen- und Beweiswürdigung nach Art eines antizipierten Sachverständigengutachtens zu würdigen. Die Einhaltung solcher behördlicher Verlautbarungen kann aber auf der Verschuldensebene Fahrlässigkeit, zumal die hier erforderliche Leichtfertigkeit ausschließen.

217 „Angemessen" bedeutet nicht bestmöglich, sondern verhältnismäßig (allgemein Rz. 14; § 72 WpHG Rz. 33); „wirksam" bedeutet nicht unüberwindbar. Feste Grenzen gibt es aber auch unterhalb dieser nicht maßgeblichen Schwellen nicht. Jeder Algorithmus, jedes Überwachungssystem kann immer noch besser gemacht werden. Das gilt umso eher dort, wo solche Überwachungssysteme auf die Erkennung von vorsätzlichen Rechtsverstößen ausgerichtet sind. Hier lösen sie gerade bei „professionellen" Tätern Ausweichreaktionen aus, die dann in der nächsten Runde wiederum zu erweiterten Kontrollalgorithmen und Aufgreifkriterien veranlassen, an die sich rational und kundig handelnde Täter wiederum anpassen. Die Anforderungen an die Technikgestaltung lassen sich daher weitgehend nur anhand von nicht rechtsförmigen Leitlinien von staatlicher Seite, gesellschaftlich-autonomer Selbstkoordinierung, etwa in Verbänden oder – schlechtestenfalls – anhand der Angebote interessierter privatwirtschaftlicher *vendors* aus dem institutionellen Umfeld der *crime control industry* beurteilen. Mit der erforderlichen gesetzlichen Bestimmtheit geraten solche sehr detaillierten und insoweit oft durchaus – aber eben nicht gesetzlich – bestimmten Anforderungskataloge rasch in Konflikt. Das Verhältnismäßigkeitsprinzip gebietet hier, dass die Aufsicht primär beratend und durch Aufsichtsverfügungen und anderen aufsichtliche – auch nicht rechtsförmliche Vorgaben – gestaltend agiert und Bußgeldsanktionen nur nachrangig genutzt werden.

218 In § 120 Abs. 8 Nr. 64 WpHG i.V.m. § 72 Abs. 1 Nr. 11 WpHG geht es wiederum um ein ganz anderes Schutzanliegen, namentlich die technische Robustheit und Resilienz des Systems, das bereits im Aufsichtsrecht angelegt ist (§ 25a Abs. 1 Satz 3 Nr. 4 und 5 KWG, § 72 WpHG Rz. 69), aber im WpHG deutlich bestimmter und damit eher als Grundlage eines Bußgeldtatbestandes aufgegriffen ist.

219 In § 72 Abs. 8 Nr. 70 WpHG i.V.m. § 72 Abs. 2 WpHG sind Gebührenstrukturen, die diskriminierende oder manipulative Praktiken inzentivieren, bußgeldbewehrt. Auch hier geht es wiederum um die Systemseite, nicht den Einzelfall, auch wenn ein diskriminierendes oder unzulässig rabattiertes Entgelt eine solche Struktur indizieren mag.

220 § 73 WpHG regelt die Handelsaussetzung und ist teilweise in § 120 Abs. 8 Nr. 73–74a WpHG bußgeldbewehrt: § 120 Abs. 8 Nr. 73 WpHG verweist auf § 73 Abs. 1 Satz 2 WpHG. Die tatbestandlichen Voraussetzungen der Handelsaussetzung stehen in § 73 Abs. 1 Satz 1 WpHG, abweichend von § 73 Abs. 1 Satz 1 WpHG sieht § 73 Abs. 1 Satz 2 WpHG die Erforderlichkeit der Handelsaussetzung vor. Nach § 73 Abs. 1 Satz 4 WpHG ist die Handelsaussetzung zu veröffentlichen und der Aufsicht mitzuteilen, was in § 120 Abs. 8 Nr. 74 WpHG bußgeldbewehrt ist.

221 Gemäß § 120 Abs. 8 Nr. 74a WpHG ist seit dem Inkrafttreten des Gesetzes zur Ausübung von Optionen der EU-Prospektverordnung und zur Anpassung weiterer Finanzmarktgesetze (Beschlussempfehlung und Bericht des Finanzausschusses: BT-Drucks. 19/3036) die Zuwiderhandlung gegen eine vollziehbare Anordnung nach § 73 Abs. 2 Satz 1 WpHG oder § 73 Abs. 3 Satz 3 WpHG ebenfalls bußgeldbewehrt.

---

[1] *Binder* in Staub, HGB, Bd. 11/2, 7. Teil, Rz. 66

222 Besondere Anforderungen, die spezifisch für Betreiber multilateraler Handelssysteme gelten, sind in § 74 WpHG enthalten. Eine Zuwiderhandlung gegen die in § 74 WpHG enthaltenen Verhaltenspflichten ist gem. § 120 Abs. 8 Nr. 75–77 WpHG mit Geldbuße bewehrt. Der § 74 WpHG stellt die Neufassung des früheren § 31g WpHG a.F. dar und setzt Art. 19 Richtlinie 2014/65/EU um. Für Börsenträger ist § 25 Abs. 1, 1b BörsG vorrangig. Die bis dahin in dem § 31g WpHG a.F. enthaltenen Pflichten zur Vor – und Nachhandelstransparenz für multilaterale Handelssysteme sind nun unmittelbar in Art. 3–13 VO Nr. 600/2014 geregelt und in § 120 Abs. 9 WpHG bußgeldbewehrt (Rz. 252).

223 § 120 Abs. 8 Nr. 77–88 WpHG ist die Parallelvorschrift für organisierte Handelssysteme gem. § 75 WpHG, der Art. 20 RL 2014/65/EU umsetzt. Die Anforderungen an den Betrieb eines multilateralen Handelssystems werden zu weiten Teilen auch auf den Betrieb eines organisierten Handelssystems ausgedehnt und inhaltlich gegenüber den Vorgaben der Finanzmarktrichtlinie 2004/39/EG modifiziert[1]. Der Betrieb eines organisierten Handelssystems wurde durch die Richtlinie 2014/57/EU als neuartige Handelsplatzkategorie eingeführt.

224 **7. Überwachungs- und Kontrollpflichten für Handelsintermediäre, Gewährung des direkten elektronischen Zugangs zu Handelsplätzen gem. § 77 WpHG (§ 120 Abs. 8 Nr. 88–94 WpHG).** § 77 WpHG, welcher Art. 17 Abs. 5 RL 2014/65/EU umsetzt, regelt Überwachungs- und Kontrollpflichten für die Gewährung eines direkten **elektronischen Zugangs zu Handelsplätzen** für Dritte durch Wertpapierdienstleistungsunternehmen. Diese Regelung soll dabei die Risiken minimieren, die durch die Gewährung des direkten elektronischen Zugangs für alle unmittelbar Beteiligten und die Marktintegrität insgesamt entstehen können[2]. So darf z.B. ein Wertpapierdienstleistungsunternehmen einen solchen direkten elektronischen Zugang nur anbieten, wenn es dabei über wirksame Systeme und Kontrollen verfügt, die die Anforderungen des § 77 Abs. 1 WpHG erfüllen, zu der auch die „Eignung" der Kunden gehört. Der § 77 WpHG ordnet dabei weitere Überwachungs- und Kontrollpflichten an. Verstöße gegen diese werden in den **§ 120 Abs. 8 Nr. 88–94 WpHG** mit einer Geldbuße bewehrt.

225 Bedenklich ist, dass der in § 120 Abs. 8 Nr. 88 WpHG i.V.m. § 77 Abs. 1 WpHG bußgeldbewehrte Tatbestand erstens sehr unbestimmt ist, zweitens in aller Regel nicht auf individuelles Verhalten zielt, sondern auf die Vorhaltung von IT-Systemen und drittens auf eine relativ konturenlose staatlich induzierte Überwachung im Horizontalverhältnis trifft. Vor diesem Hintergrund muss der Begriff der Eignung des Kunden präzise ausgelegt werden. Erforderlich ist eine Eignungsbeurteilung und deren regelmäßige Überprüfung. Die Ausgestaltung im Einzelnen liegt in der Verantwortung des Wertpapierdienstleistungsunternehmens.

226 **8. Pflichten von Allgemeinen Clearing-Mitgliedern gem. § 78 WpHG (§ 120 Abs. 8 Nr. 95–96 WpHG).** Ein Wertpapierdienstleistungsunternehmen, das als **Allgemeines Clearing-Mitglied** für andere Personen handelt, muss bei der Überprüfung und Kontrolle seiner Kunden die in § 78 WpHG enthaltenen Verpflichtungen erfüllen. Ein Allgemeines Clearing-Mitglied ist ein Mitglied eines Handelsplatzes, das die Berechtigung zum Clearing der eigenen Geschäfte sowie der der Börsenteilnehmer ohne Clearing-Lizenz besitzt. Die Verpflichtungen zur Überprüfung und Kontrolle seiner Kunden, d.h. der Personen ohne Clearing-Lizenz, dient dabei auch hier wieder der Reduzierung von Risiken für die Beteiligten und den Markt[3]. An diesem Beispiel zeigt sich deutlich der teilweise überbordende Kontrollansatz, der mit einem entsprechend üppigen Sanktionsansatz bewehrt wird. Die **§ 120 Abs. 8 Nr. 95–96 WpHG** sanktionieren Verstöße gegen die in § 78 WpHG angeordneten Verpflichtungen.

227 **9. Organisationspflichten der Wertpapierdienstleistungsunternehmen und der Geschäftsleiter gem. §§ 80, 81 WpHG (§ 120 Abs. 8 Nr. 97–112 WpHG).** § 120 Abs. 8 Nr. 97–109 WpHG bewehren Verstöße gegen die in § 80 WpHG enthaltenen Pflichten für Wertpapierdienstleistungsunternehmen mit einer Geldbuße. Der § 80 WpHG ersetzt § 33 WpHG a.F., welcher durch das 2. FiMaNoG zu einem großen Teil umgestaltet wurde[4]. Dabei regeln § 120 Abs. 8 Nr. 100, 101 WpHG als Spezialvorschriften zu den sonstigen Bußgeldvorschriften für Verwaltungsungehorsam die unterlassene Anzeige von algorithmischem Handel (§ 80 Abs. 2 WpHG) und die Nichtbefolgung von BaFin-Herausgabeverlangen in Bezug auf Aufzeichnungen über den algorithmischen Handel (§ 80 Abs. 3 WpHG). Die neue Anzeigepflicht in § 80 Abs. 2 Satz 5 WpHG setzt Art. 17 Abs. 2 Satz 1 RL 2014/65/EU um und soll sicherstellen, dass die BaFin die Unternehmen kennt, die algorithmischen Handel betreiben. Ein Verstoß gegen diese Anzeigepflicht stellt gem. § 120 Abs. 8 Nr. 100 WpHG eine Ordnungswidrigkeit dar. Die früher in Satz 5 enthaltene Dokumentationspflicht wurde aufgehoben, da der Art. 17 RL 2014/65/EU eine solche nicht mehr vorsieht. § 120 Abs. 8 Nr. 102 WpHG regelt den Verstoß gegen spezielle Aufzeichnungspflichten beim algorithmischen Handel aus § 80 Abs. 3 WpHG, der Art. 17 Abs. 2 Unterabs. 5 und 6 RL 2014/65/EU umsetzt. Diese Regelung dient der erleichterten Überwachung der Unternehmen.

228 Im Übrigen liegt der Schwerpunkt der Bußgelddrohungen auf den Sonderpflichten (teilweise wiederum organisatorischer bzw. systemtechnischer Natur) für den algorithmischen Handel (§ 120 Abs. 8 Nr. 98–99 WpHG) und das Market-Making (§ 120 Abs. 8 Nr. 102–105 WpHG) sowie den Organisationspflichten für die Umset-

---

1 Begr. RegE 2. FiMaNoG, BT-Drucks. 18/10963, 282.
2 Begr. RegE 2. FiMaNoG, BT-Drucks. 18/10963, 290 f.
3 Begr. RegE 2. FiMaNoG, BT-Drucks. 18/10963, 290 f.
4 S. zu den Einzelheiten Begr. RegE 2. FiMaNoG, BT-Drucks. 18/10963, 290 ff.

zung der vertriebsbezogenen Pflichten (§ 120 Abs. 8 Nr. 106–109 WpHG). Die Bußgeldbewehrung für algorithmischen Handel betreffen nur Pflichtverstöße bei dem algorithmischen Handel eines Wertpapierdienstleistungsunternehmens, nicht den eines sonstigen Marktteilnehmers. Maßgebend für die Bußgeldbewehrung von Market-Makern ist allein die aufsichtliche (§ 2 Abs. 8 Satz 1 Nr. 2 lit. a WpHG, § 1 Abs. 1a Satz 2 Nr. 4 lit. a KWG, nicht die ökonomische Definition[1].

Von dem umfassenden allgemeinen Organisationspflichtenkatalog des § 80 Abs. 1, 6 WpHG ist nur die Pflicht aus § 80 Abs. 1 Satz 2 Nr. 1 WpHG bußgeldbewehrt, wonach ein Wertpapierdienstleistungsunternehmen angemessene Vorkehrungen treffen muss, um die Kontinuität und Regelmäßigkeit der Wertpapierdienstleistungen und Wertpapiernebendienstleistungen zu gewährleisten (§ 120 Abs. 8 Nr. 97 WpHG). Die übrigen Organisationspflichten des § 80 Abs. 1, 6 i.V.m. der DelVO 2017/565 sind nicht der eindeutigen Regelungssystematik und dem eindeutigen Wortlaut der §§ 120 Abs. 8 Nr. 97, 80 Abs. 1 Satz 2 Nr. 1 WpHG jedenfalls nach dem WpHG auf Seiten des Wertpapierdienstleistungsunternehmens nicht bußgeldbewehrt, und sie dürfen im Bußgeldzusammenhang[2] auch nicht entgegen Wortlaut und Systematik in die angemessenen Vorkehrungen zur Kontinuität und Regelmäßigkeit der Dienstleistungen hineingelesen werden. Teile des Pflichtenkataloges aus § 80 WpHG sind aber auch in § 72 WpHG geregelt und dort bußgeldbewehrt, Doppelungen und Überschneidungen bestehen zudem zum bankaufsichtlichen Regime nach §§ 25a, 25e KWG i.V.m. der MAComp[3]. Die bei § 80 WpHG geübte Zurücknahme des bußgeldrechtlichen Sanktionskonzepts bei sehr unbestimmten Organisationsvorgaben ist zu begrüßen; aus gutem Grund hat auch der KWG-Gesetzgeber die Organisationsvorschriften aus § 25a KWG nur verwaltungsaktakzessorisch mit Bußgeld bewehrt (§ 56 Abs. 3 KWG). Eine Regelungslücke besteht insoweit nicht, da der BaFin verwaltungsrechtliche Eingriffsmöglichkeiten zur Verfügung stehen und auf der Ebene der Leitungsverantwortung insoweit § 81 Abs. 1 WpHG i.V.m. § 120 Abs. 1 Nr. 110 WpHG ergänzend greift. Kontinuität und Regelmäßigkeit meint, dass durch Organisation und Technikgestaltung vorhersehbare Systemstörungen und sonstige Störungen des Geschäftsbetriebs nur möglichst geringe Verzögerungen der Auftragsausführung bewirken (§ 80 WpHG Rz. 13). Damit kann der technische Störfall bei Wertpapierdienstleistungsunternehmen zum rechtlichen Compliance-Fall einer Ordnungswidrigkeit werden.

§ 120 Abs. 8 Nr. 101–109 WpHG sanktionieren Verstöße gegen die Verpflichtungen aus § 80 Abs. 3, 4, 5, 9–11 WpHG, beispielsweise Nr. 106–109 die Pflichten aus § 80 Abs. 9-11 WpHG zu einem angemessenen **Produktfreigabeverfahren** („product governance")[4]. Die product governance trifft in abgestufter Intensität die Wertpapierdienstleistungsunternehmen, die Produkte für den Verkauf konzipieren[5], und solche, die solche Produkte anbieten (§ 80 Abs. 10 WpHG). Als „Konzipieren" soll es unter Rückgriff auf Erwägungsgrund 15 Satz 2 DelRL 2017/593 (MiFID II) ausreichen, wenn das Wertpapierdienstleistungsunternehmen einen Emittenten berät[6] – eine im Bußgeldkontext zweifelhafte erweiternde Auslegung. Der mit den unbestimmten Rechtsbegriffen verbundene Spielraum darf bußgeldrechtlich nicht durch eine angenommene Quasi-Verbindlichkeit von nichtrechtssatzförmlichen Guidelines on Product Governance der EMSA[7] verengt werden.

§ 80 Abs. 4 WpHG setzt Art. 17 Abs. 3 RL 2014/65/EU um und verpflichtet Wertpapierdienstleistungsunternehmen, die **algorithmischen Handel** im Wege einer **Market-Making**-Strategie betreiben, zu einer grundsätzlich kontinuierlichen Tätigkeit, einer schriftlichen Vereinbarung mit dem Marktbetreiber und der internen Kontrolle dieser Vereinbarung. Damit soll die Liquiditätsverbesserung durch diese Handelsteilnehmer sichergestellt werden.

Im Unterschied zu dem ebenfalls auf die gleichen Schutzanliegen zielenden § 63 WpHG regelt § 80 WpHG im Grundansatz die infrastrukturelle Seite; da indes auch § 63 WpHG Organisationsanforderungen enthält (Rz. 191), dürfte es bei Verstößen mitunter zu einem Nebeneinander kommen, das mit Konkurrenzregeln aufzulösen ist (Rz. 427 ff.).

§ 120 Abs. 8 Nr. 110–112 WpHG sanktionieren Verstöße von **Geschäftsleitern** (Nr. 110, 111) bzw. des Wertpapierdienstleistungsunternehmens (Nr. 112) gegen die ihnen in § 81 Abs. 1–3 WpHG auferlegten Pflichten, soweit nicht die Ausnahme des § 91 WpHG greift. § 81 Abs. 1–3 WpHG dienen dabei der Umsetzung der Richtlinie 2014/65/EU. Diese Vorgaben sind aber aufgrund von § 2 Abs. 10 WpHG nicht auf inländische Zweigniederlassungen von Unternehmen im Anwendungsbereich des Unionsrechts anwendbar[8]. Es handelt sich hier um Delikte, die von vornherein nur natürliche Personen in der besonderen Pflichtenstellung als Geschäftsleiter ansprechen; hier dürfte es auf eine Zurechnung der Merkmale nach § 9 OWiG nicht ankommen. § 120 Abs. 8 Nr. 110 WpHG i.V.m. § 25c Abs. 3 KWG verlangt, im Rahmen der Pflichten aus § 25c Abs. 3 KWG, Organisation, Personal, Geschäftspolitik und Vergütungspolitik im Einklang mit den in § 81 Abs. 1

---

1 Dazu näher *Müller-Lankow*, WM 2017, 2335, 2336; *Kumpan/Müller-Lankow*, WM 2017, 1777.
2 Anders im aufsichtlichen Zusammenhang: *Grundmann* in Staub, HGB, Bd. 11/2, 7. Teil, Rz. 30.
3 *Grundmann* in Staub, HGB, Bd. 11/2, 7. Teil, Rz. 32, 35, 44.
4 Dazu *Bley*, WM 2018, 162; *Buck-Heeb*, ZHR 179 (2015), 782 ff.
5 Vertiefend zur Betreuung des „manufacturer", *Buck-Heeb*, ZHR 179 (2015), 782, 758 ff.
6 *Bley*, WM 2018, 162, 168.
7 V. 2.6.2017, ESMA35-43-620.
8 Begr. RegE 2. FiMaNoG, BT-Drucks. 18/10963, 293.

WpHG genannten Zielvorgaben einzurichten. Es handelt sich hier um eine *finale* Programmierung privatautonom-unternehmerischer Betätigung von nahezu maximalem Unbestimmtheitsgrad, die noch erhöht wird, wenn es nicht nur um Wahrung der Integrität des Marktes geht, sondern auch noch um die „Förderung" von „Interessen" der Kunden (§ 80 Abs. 1 Satz 1 WpHG). Aus guten Gründen ist der Verstoß gegen § 25c Abs. 3 KWG allgemein – d.h. im KWG – nicht bußgeldbewehrt. Da der Bußgeldtatbestand eine bewusste oder leichtfertige Zuwiderhandlung („entgegen") verlangt (Rz. 362 ff.), kann ein Verstoß allenfalls dann angenommen werden, wenn es an einer Ausrichtung auf die in § 80 Abs. 1 WpHG genannten Ziele bei der Wahrnehmung der Pflichten aus § 25c Abs. 3 KWG schlechthin fehlt. Zur Festlegung soll auch die Kontrolle gehören; hieraus wird abgeleitet, dass die Geschäftsleitung von der Compliance-Funktion, der Risikomanagement-Funktion und der Innenrevision mindestens einmal jährlich schriftliche Berichte bekommt (§ 81 WpHG Rz. 5 m.w.N.).

234 § 120 Abs. 8 Nr. 111 WpHG i.V.m. § 81 Abs. 2 WpHG regelt die Überwachung und Überprüfung, und § 120 Abs. 8 Nr. 112 WpHG i.V.m. § 81 Abs. 3 WpHG verlangt vom Wertpapierdienstleistungsunternehmen, den angemessenen Zugang zu Informationen und Dokumenten für die Geschäftsleitung sicher zu stellen. Dies ist insbesondere bei der Errichtung ausländischer Niederlassungen zu beachten. Dies ist nur zulässig, wenn lokales Recht keine Hürden, etwa aus Bankgeheimnis oder Datenschutz setzt, die den Informationszugang unangemessen beschränken.

235 **10. Pflichten für die Ausführung von Kundenaufträgen gem. § 82 WpHG (§ 120 Abs. 8 Nr. 113–122 WpHG).** § 82 WpHG trifft Verfahrens- und Organisationsregelungen für die bestmögliche **Ausführung von Kundenaufträgen**, die in § 120 Abs. 8 Nr. 113–122 WpHG bußgeldbewehrt sind. Hier weisen drei Tatbestände die relativ singuläre Besonderheit auf, nicht nur auf DelVO, sondern auch auf einen technischen Regulierungsstandard zu verweisen.

236 § 120 Abs. 8 Nr. 113 WpHG regelt den Verstoß gegen die Pflicht, hinreichende Vorkehrungen zu treffen. Den Bußgeldtatbestand verwirklicht also nicht schon jeder, der die bestmögliche Auftragsausführung nicht „sicherstellt", sondern nur derjenige, der hierfür nicht die hinreichenden Vorkehrungen getroffen hat. Hiermit meint der Gesetzgeber die *Grundsätze* der Auftragsausführung. Mit anderen Worten geht es um die **Regelwerke und die Organisation**[1], nicht um den Einzelfall (§ 82 WpHG Rz. 1, 6); der Einzelfall ist § 63 WpHG zuzuordnen; allerdings ist dort die allgemeine Sorgfalts- und Interessenwahrungspflicht (§ 63 Abs. 1 WpHG) nicht bußgeldbewehrt, es bleibt bei der vertraglichen Haftung. „Hinreichend" soll mehr als „angemessen" sein und alle denkbaren Vorkehrungen verlangen (§ 82 WpHG Rz. 6). Die Einhaltung der so getroffenen Vorkehrungen ist regelmäßig zu prüfen, § 82 Abs. 1 Nr. 1 WpHG, was wiederum Gegenstand eines eigenen Bußgeldtatbestandes ist (§ 120 Abs. 8 Nr. 114 WpHG). Regelmäßig ist als mindestens einmal jährlich zu verstehen (§ 82 WpHG Rz. 43). § 82 Abs. 1 Nr. 1 WpHG verlangt nicht nur eine regelmäßige, sondern auch anlassbezogene Prüfung (Art. 66 DelVO 2017/565; § 82 WpHG Rz. 44); dieser Überhang gegenüber der regelmäßigen Prüfung ist aber wegen der Wortlautgrenze des § 120 Abs. 8 Nr. 114 WpHG nicht bußgeldbewehrt.

237 § 120 Abs. 8 Nr. 115–118 WpHG sanktionieren Verstöße von Wertpapierdienstleistungsunternehmen gegen Pflichten im privaten Horizontalverhältnis zum Kunden, namentlich Informationspflichten und Einwilligungsvorbehalte. Diese setzen Art. 27 RL 2014/65/EU um. Anders als § 120 Abs. 8 Nr. 113–114 betrifft die Bußgeldbewehrung der Nrn. 115–118 nicht allein die Organisationsseite, sondern auch den Einzelfall. Anders als früher gilt § 82 Abs. 5 Satz 2 WpHG in Umsetzung von Art. 27 Abs. 5 Unterabs. 3 RL 2014/65/EU nunmehr allgemein für Handelsplätze i.S.d. § 2 Abs. 22 WpHG. Das Wertpapierdienstleistungsunternehmen ist verpflichtet, seine Kunden vor erstmaliger Erbringung von Wertpapierdienstleistungen über seine Ausführungsgrundsätze zu informieren und die Zustimmung des Kunden dazu einzuholen (§ 82 Abs. 6 Nr. 1 WpHG), sowie ihnen wesentliche Änderungen in Bezug auf ihre Auftragsausführung mitzuteilen (§ 82 Abs. 6 Nr. 2 WpHG). Die vorherige Nr. 2 des § 33a Abs. 6 WpHG a.F. zu Kundenweisungen wurde aufgehoben, da sich die Regelung von nun an in der unmittelbar geltenden delegierten Verordnung (Art. 66 Abs. 3 lit. f DelVO 2017/565) wiederfindet.

238 Die Neufassung des § 82 Abs. 8 WpHG, bußgeldbewehrt in **§ 120 Abs. 8 Nr. 119 WpHG**, setzt die Vorgaben aus Art. 27 Abs. 2 RL 2014/65/EU um und verbietet es den Wertpapierdienstleistungsunternehmen entgegen der Vorschrift eine Vergütung, einen Rabatt oder einen nicht monetären Vorteil anzunehmen, *wenn* dies einen Verstoß gegen die in § 82 Abs. 8 WpHG aufgezählten Anforderungen zu Interessenkonflikten oder Anreizen darstellen würde. Die deutsche Sprachfassung der Richtlinie verwendet jedoch einen anderen Wortlaut. So darf nach Art. 27 Abs. 2 RL 2014/65/EU keine Vergütung, kein Rabatt oder nicht monetärer Vorteil für die Weiterleitung erhalten werden, *da* dies einen Verstoß gegen die Vorgaben zu Interessenkonflikten oder Anreizen darstellt. Eines solchen Hinweises bedürfte es dennoch nicht, wenn ein Verstoß unabhängig von den Voraussetzungen vorliegen würde. Außerdem verweisen auch die englische („*which would infringe the requirements*") sowie die französische Sprachfassung („*qui serait en violation*") deutlich auf die maßgeblichen Anforderungen betreffend die Interessenkonflikte und Anreize[2], so dass der Gesetzeswortlaut der deutschen Umsetzungsnorm

---

1 So auch *Binder* in Staub, HGB, Bd. 11/2, 7. Teil, Rz. 93 ff.
2 So auch Begr. RegE 2. FiMaNoG, BT-Drucks. 18/10963, 294.

des § 82 Abs. 8 WpHG wohl maßgeblich ist und die Formulierung der deutschen Sprachfassung der Richtlinie lediglich einen Übersetzungsfehler darstellt. Hier handelt es sich wiederum um ein Verhalten, das Züge korruptiven und treuepflichtverletzenden Verhaltens trägt (Rz. 210) und genau besehen mitunter auch Straftatbestände aus § 266 und 299 StGB erfüllen kann.

§ 120 Abs. 8 Nr. 120–122 WpHG sanktionieren Verstöße gegen die in § 82 Abs. 9–11 WpHG enthaltenen **Veröffentlichungspflichten**. Sie treten neben die Vor- und Nachhandelstransparenz nach Art. 3 ff. VO Nr. 600/2014, bußgeldbewehrt in § 120 Abs. 9 WpHG. § 82 Abs. 9 WpHG setzt Art. 27 Abs. 6 RL 2014/65/EU um. Demnach sind Wertpapierdienstleistungsunternehmen verpflichtet, einmal jährlich Informationen über die erreichte Ausführungsqualität zusammenzufassen und zu veröffentlichen. Das soll der wettbewerblichen Transparenz dienen[1]. Dies gilt für jede Gattung von Finanzinstrumenten für die fünf Ausführungsplätze, die ausgehend vom Handelsvolumen am wichtigsten sind und auf denen es Kundenaufträge im Vorjahr ausgeführt hat. Diese Verpflichtungen werden durch die DelVO 2017/576 nach Art. 27 Abs. 10 lit. b RL 2014/65/EU konkretisiert, der zur Konkretisierung der Veröffentlichungspflicht unmittelbar zu berücksichtigen ist. Hier weicht der Wortlaut der deutschen Umsetzungsvorschrift von der deutschen Sprachfassung der Richtlinie ab, welche statt einer Veröffentlichung der wichtigsten fünf *Ausführungsplätze* eine Veröffentlichung der wichtigsten fünf *Handelsplätze* vorsieht (so auch die englische („*execution venues*") und französische Sprachfassung („*plates-formes d'éxecution*")). Bei den in § 82 Abs. 9 WpHG genannten Ausführungsplätzen handelt es sich jedoch gerade nicht um Handelsplätze i.S.v. Art. 4 Abs. 1 Nr. 24 RL 2014/65/EU. Der Begriff „Ausführungsplatz" wird jedoch von der Richtlinie selbst nicht definiert, allerdings im Regelungskontext an anderer Stelle genannt. So definiert Art. 64 Abs. 1 DelVO 2017/565 den Begriff dort mit einem im Vergleich zum Handelsplatz weiteren Anwendungsbereich. Erwägungsgrund 97 RL 2014/65/EU verwendet zwar auch den Begriff „Handelsplatz", jedoch lässt sich aus dem im Erwägungsgrund aufgeführten Zweck ableiten, dass es gerade auf die Veröffentlichung der wichtigsten Ausführungsplätze ankommt. Der Zweck ist die Festlegung von Informationen, die veröffentlicht werden sollen, um einen besseren Anlegerschutz zu gewährleisten. Dabei wäre es kontraproduktiv, die Veröffentlichung auf die wichtigsten fünf *Handels*plätze zu beschränken[2]. § 82 Abs. 10 und 11 WpHG setzen die in Art. 27 Abs. 3 RL 2014/65/EU enthaltenen Informationspflichten für Wertpapierdienstleistungsunternehmen um. Hier werden die Verpflichtungen durch die DelVO 2017/565 als technischer Regulierungsstandard nach Art. 27 Abs. 10 lit. a RL 2014/65/EU konkretisiert. Dabei ist strikt die Wortlautgrenze des WpHG zu beachten.

11. Aufzeichnungs- und Aufbewahrungspflichten gem. § 83 WpHG (§ 120 Abs. 8 Nr. 123–126 WpHG).
§ 120 Abs. 8 Nr. 123–126 WpHG ahnden Verstöße gegen die in § 83 WpHG normierten, extrem umfassenden **Aufzeichnungs- und Aufbewahrungspflichten**. So müssen Wertpapierdienstleistungsunternehmen gem. § 83 Abs. 1 WpHG über die von ihnen erbrachten Wertpapierleistungen (bzw. Wertpapiernebendienstleistungen) sowie die von ihnen getätigten Geschäfte Aufzeichnungen erstellen. Dies dient der BaFin zur Überprüfung und Durchsetzung der Einhaltung der in Abschnitt 11 WpHG, in der Verordnung Nr. 600/2014 und der Verordnung Nr. 569/2014 geregelten Pflichten. Die Änderungen in § 83 Abs. 1 WpHG, welcher den alten § 34 Abs. 1 WpHG a.F. ersetzt, dienen der Umsetzung von Art. 16 Abs. 6 RL 2014/65/EU. Dabei werden die Aufzeichnungs- und Aufbewahrungspflichten sowohl durch eine Rechtsverordnung nach § 83 Abs. 10 Satz 1 WpHG als auch durch Art. 35 und Art. 72, 74 und 75 DelVO 2017/565 konkretisiert; letztere sind in § 120 Abs. 3 WpHG bußgeldbewehrt. Ein Verstoß gegen die Verpflichtung zur Aufzeichnungserstellung gem. § 83 Abs. 1 bzw. Abs. 2 Satz 1 WpHG stellt gem. **§ 120 Abs. 8 Nr. 123 WpHG** eine Ordnungswidrigkeit dar.

In § 120 Abs. 8 Nr. 124–126 WpHG geht es um die **Speicherung elektronischer Kommunikation**. Dabei betrifft § 120 Abs. 8 Nr. 124 WpHG das pflichtwidrige Unterlassen im Einzelfall, Nr. 125 die Systemseite. § 120 Abs. 8 Nr. 124 WpHG sanktioniert Verstöße gegen die nach § 83 Abs. 3 WpHG vorgegebenen Aufzeichnungspflichten zum Zwecke der Beweissicherung. Diese setzen Art. 16 Abs. 6 und 7 RL 2014/65/EU um. Sinn und Zweck der Aufzeichnungspflicht ist die Stärkung des Anlegerschutzes, die Verbesserung der Marktüberwachung sowie die Schaffung von Rechtssicherheit. Durch die Aufzeichnung kann gewährleistet werden, dass die Bedingungen aller von den Kunden erteilten Aufträge und deren Übereinstimmung mit den von den Wertpapierfirmen ausgeführten Geschäften nachgewiesen werden können[3]. Fraglich ist jedoch, welche Inhalte genau aufzuzeichnen sind. Während der Dauer eines Telefongesprächs oder einer elektronischen Kommunikation kann es auch zu einer Aufzeichnung von Inhalten kommen, welche sich nicht auf den von der Richtlinie erfassten Anwendungsbereich beziehen. Insbesondere im Hinblick auf die verfassungsrechtlichen Vorgaben zur **informationellen Selbstbestimmung** der Betroffenen ist eine Klärung dieser Frage von Bedeutung. Die Neufassung des § 83 Abs. 3 Satz 1 WpHG enthält jedoch eine Einschränkung in Bezug auf die Aufzeichnungspflicht und stellt klar, dass eine Aufzeichnung nur zum Zwecke der Beweissicherung erfolgen darf. Dadurch werden die Rechte, insbesondere des betroffenen Kunden, gestärkt und dieser geschützt. Aus der Gesetzesbegründung geht jedoch weiterhin hervor, dass zur Klärung der Frage nach der Notwendigkeit der Aufzeichnung eine wei-

---

1 *Binder* in Staub, HGB, Bd. 11/2, Teil 7, Rz. 105.
2 S. Begr. RegE 2. FiMaNoG, BT-Drucks. 18/10963, 294 f.
3 Begr. RegE 2. FiMaNoG, BT-Drucks. 18/10963, 296.

tere zeitliche und personenbezogene Differenzierung zu erfolgen hat. So soll z.B. bei einem Gespräch mit Instituten, die ausschließlich Wertpapierdienstleistungen anbieten, eine Aufzeichnungspflicht ab Gesprächsbeginn bestehen, da nicht zu erwarten sei, dass noch andere Dienstleistungen angeboten werden. Bei Gesprächen mit Instituten, die neben Wertpapierdienstleistungen noch andere, nicht von der Richtlinie vorgesehene Dienstleistungen anbieten, lässt sich jedoch eine genauer Zeitpunkt des Aufzeichnungsbeginns nicht bestimmen, da im Verlaufe der Kommunikation verschiedene Dienstleistungen Gegenstand des Gesprächs sein können. Hier kollidiert die Pflicht zur Aufzeichnung zum Zwecke der Beweissicherung mit den allgemeinen Grundsätzen, dass nur solche Daten aufgezeichnet werden dürfen, die auch tatsächlich für den festgelegten Zweck benötigt werden. Es wird wohl im konkreten Fall zu entscheiden sein, wann genau eine Aufzeichnung erforderlich ist. Im Hinblick auf die Beweissicherung, welche letztendlich dem Anlegerschutz dient, ist jedoch frühzeitig mit den Aufzeichnungen zu beginnen. Insbesondere ist die Aufzeichnungspflicht im Hinblick auf die mit dem Finanzprodukt für den Anleger verbundenen Risiken auszuführen. So muss die Dauer der Aufzeichnungen in Abhängigkeit von den mit dem Finanzprodukt verbundenen Risiken, vom Zielmarkt und der Zielgruppe des Finanzinstruments bestimmt werden. Verlangt der Kunde keine Beratung und erteilt eine Order in eigener Verantwortung, ist zumindest der Teil des Gespräches aufzuzeichnen, in welchem die Order zusammengefasst wird mit dem Hinweis darauf, dass sie ohne Beratung erfolgt ist[1].

242 Gemäß § 83 Abs. 4 WpHG sind die Wertpapierdienstleistungsunternehmen zur Sicherung der Aufzeichnungspflicht dazu verpflichtet, angemessene Maßnahmen zu treffen, um die technischen Aufzeichnungen der Kommunikation zu ermöglichen. Werden diese Maßnahmen nicht getroffen, so stellt dies gem. **§ 120 Abs. 8 Nr. 125 WpHG** eine Ordnungswidrigkeit dar. Die Verpflichtung gilt sowohl für die den Mitarbeitern vom Institut zur Verfügung gestellten Geräte als auch für die privaten Geräte und die private elektronische Kommunikation. Ermöglichen private Geräte keine entsprechende Aufzeichnung, dürfen derartige Geräte nicht genutzt werden[2].

243 Zum Schutze der Kunden schreibt § 83 Abs. 5 Satz 1 WpHG vor, dass Kunden sowie die Mitarbeiter der Wertpapierdienstleistungsunternehmen über die Aufzeichnungen der Telefongespräche zu informieren sind. Dabei genügt eine einmalige Information vor erstmaliger Erbringung der Wertpapierdienstleistung[3]. Erfolgt eine solche Information nicht bzw. widerspricht der Kunde der Aufzeichnung, so darf das Wertpapierdienstleistungsunternehmen gem. § 83 Abs. 5 Satz 2 WpHG für den Kunden keine telefonisch oder mittels elektronischer Kommunikation veranlasste Wertpapierdienstleistung erbringen, wenn sich diese auf die Annahme, Übermittlung und Ausführung von Kundenaufträgen bezieht. Ein Verstoß gegen die Informationspflicht ist gem. **§ 120 Abs. 8 Nr. 126 WpHG** mit Bußgeld bewehrt. Dabei ist auffällig, dass § 83 Abs. 5 Satz 1 WpHG nur Bezug auf die Aufzeichnung von Telefongesprächen nimmt, so dass nach dem Wortlaut der Norm davon auszugehen ist, dass eine Informationspflicht nur bei telefonischen Aufzeichnungen besteht, nicht aber bei elektronischer Kommunikation. Satz 2 der Vorschrift führt jedoch sowohl die telefonische als auch die elektronische Kommunikation auf, so dass davon auszugehen ist, dass der Satz 1 lediglich ein Redaktionsversehen darstellt und eine Informationspflicht auch im Vorfeld der elektronischen Kommunikation besteht. Es gibt auch keinen Grund, hier zu differenzieren (§ 83 WpHG Rz. 16). Bußgeldbewehrt ist allerdings lediglich die unterlassene Information bei der fernmündlichen Kommunikation.

244 **12. Vermögensverwahrung und Finanzsicherheiten gem. § 84 WpHG (§ 120 Abs. 8 Nr. 127–133 WpHG).** Die **§ 120 Abs. 8 Nr. 127–133 WpHG** sanktionieren Verstöße gegen die Vorschriften über die **Vermögensverwahrung und Finanzsicherheiten** gem. § 84 WpHG. Die Vorschriften in § 84 WpHG dienen dabei der Umsetzung der Art. 16 Abs. 8 und 9 (s. § 73 Abs. 1 WpHG), sowie Abs. 10 RL 2014/65/EU (s. § 84 Abs. 5 WpHG) und der delegierten Richtlinie 2017/593 (§ 84 WpHG Rz. 1)[4]. Die Verpflichtungen des § 73 WpHG können weiterhin gem. § 84 Abs. 10 WpHG durch eine Rechtsverordnung des Bundesministeriums der Finanzen, welche nicht der Zustimmung des Bundes bedarf, konkretisiert werden. Diese ist somit durch die Blankettverweise in den § 120 Abs. 8 Nr. 127–133 WpHG Teil des Ordnungswidrigkeitentatbestands. Hier handelt es sich durchweg um Vorschriften, die unmittelbar das Kundenvermögen schützen. Bei vorsätzlichen Verstößen wird mitunter auch eine Untreuestrafbarkeit (§ 266 StGB) naheliegen. Teilweise gelten die Vorschriften auch nur subsidiär für Unternehmen, die bankaufsichtlich keine Einlagengeschäfte betreiben.

245 **13. Einsatz ungeeigneten Personals gem. § 87 WpHG (§ 120 Abs. 8 Nr. 134–135 WpHG).** In § 120 Abs. 8 Nr. 134–135 WpHG sind Ordnungswidrigkeitentatbestände enthalten bei Einsatz von Mitarbeitern, denen es an der für ihr Beratungsfeld erforderlichen Sachkunde fehlt und die hinsichtlich ihrer Tätigkeit unzuverlässig

---

1 S. zu alldem: RegE 2. FiMaNoG, BT-Drucks. 18/10963, 296.
2 Begr. RegE 2. FiMaNoG, BT-Drucks. 18/10963, 297.
3 Begr. RegE 2. FiMaNoG, BT-Drucks. 18/10963, 297.
4 Delegierte Richtlinie (EU) 2017/593 der Kommission zur Ergänzung der Richtlinie 2014/65/EU des Europäischen Parlaments und des Rates im Hinblick auf den Schutz der Finanzinstrumente und Gelder von Kunden, Produktüberwachungspflichten und Vorschriften für die Entrichtung bzw. Gewährung oder Entgegennahem von Gebühren, Provisionen oder anderen monetären oder nicht-monetären Vorteilen v. 7.4.2016, C(2016) 2031 final, abrufbar unter: http://ec.europa.eu/finance/securities/docs/isd/mifid/160407-delegated-directive_de.pdf.

sind. Die in Bezug genommenen Gebote ergeben sich aus § 87 WpHG. Die Vorschrift enthält Vorgaben für den **Einsatz von Mitarbeitern in der Anlageberatung, als Vertriebsmitarbeiter und in der Finanzportfolioverwaltung** (vgl. § 87 WpHG Rz. 2). Einzelheiten zu den Anforderungen an die Sachkunde der Mitarbeiter sind in der WpHGMaAnzV[1] geregelt, die das BMF auf Grundlage von § 87 Abs. 9 WpHG erlassen hat.

Wird ein Mitarbeiter entgegen § 87 Abs. 1 Satz 1, Abs. 2, 3, 4 Satz 2 oder Satz 3 oder Abs. 5 Satz 2 oder Satz 3 WpHG, jeweils auch i.V.m. mit der WpHGMaAnzV mit einer dort genannten Tätigkeit betraut, stellt dies gem. **§ 120 Abs. 8 Nr. 134 WpHG** eine Ordnungswidrigkeit dar. Dabei hat der Gesetzgeber im Vergleich zur Vorgängerregelung des § 34d WpHG a.F. die Abs. 2 und 3 neu eingefügt. § 87 Abs. 2 WpHG setzt Art. 25 Abs. 1 RL 2014/65/EU um. Nach § 87 Abs. 2 WpHG darf ein Wertpapierdienstleistungsunternehmen einen Mitarbeiter nur dann damit betrauen, Kunden über Finanzinstrumente, strukturierte Einlagen, Wertpapierdienstleistungen oder Wertpapiernebendienstleistungen zu informieren (Vertriebsmitarbeiter), wenn er sachkundig ist und über die für die Tätigkeit erforderliche Zuverlässigkeit verfügt. 246

Mit § 87 Abs. 3 WpHG erstreckt der Gesetzgeber das Sachkunde- und Zuverlässigkeitserfordernis zudem auf Mitarbeiter, die mit der Finanzportfolioverwaltung betraut sind. Aus Sicht des Gesetzgebers ist eine solche Regelung zum Schutz der Anleger erforderlich, da gerade diese Mitarbeiter besonderen Zugang zu Kundendaten haben. Es soll dadurch der Schutz der Kundengelder vor einem Zugriff unzuverlässiger Mitarbeiter und unzureichender persönlicher Eignung der Mitarbeiter sichergestellt werden. Auch den Finanzportfolioverwaltern ist die Verfügung über Vermögenswerte der Kunden anvertraut. In der Vergangenheit haben Finanzinstitute, nach Einführung der erhöhten Sachkunde- und Zuverlässigkeitserfordernisse an Anlageberater, verstärkt ihr Angebot der Anlageberatung durch das der Finanzportfolioverwaltung ersetzt[2]. 247

Weiterhin trifft die Wertpapierdienstleistungsunternehmen gegenüber der BaFin eine **Anzeigepflicht** in Bezug auf die von ihnen betrauten Mitarbeiter (§ 87 Abs. 1 Satz 2 oder Satz 3, Abs. 4 Satz 2, Abs. 5 Satz 2 oder Satz 3 WpHG). Zusätzlich sind die Wertpapierdienstleistungsunternehmen verpflichtet, der BaFin anzuzeigen, wenn aufgrund der Tätigkeit eines Mitarbeiters eine oder mehrere Beschwerden gem. Art. 26 DelVO 2017/565 gegenüber dem Wertpapierdienstleistungsunternehmen erhoben werden (§ 87 Abs. 1 Satz 4 WpHG). Die näheren Anforderungen an die Anzeigepflicht sind ebenfalls in der WphGMaAnzV geregelt. Eine Verletzung der Anzeigepflicht, sanktioniert **§ 120 Abs. 8 Nr. 135 WpHG** mit einer Geldbuße. 248

Erfüllt ein Mitarbeiter die in § 87 WpHG vorgeschriebenen Sachkunde- und Zuverlässigkeitsanforderungen **nicht**, so kann die BaFin, unbeschadet ihrer Befugnisse nach § 6 WpHG, dem Wertpapierdienstleistungsunternehmen untersagen, den Mitarbeiter in der angezeigten Tätigkeit einzusetzen (§ 87 Abs. 6 Satz 1 Nr. 1 WpHG). 249

Verstößt ein Mitarbeiter gegen diese Anforderungen aus § 87 WpHG, so kann die BaFin dem Wertpapierdienstleistungsunternehmen für eine Dauer von bis zu 2 Jahren untersagen, den betroffenen Mitarbeiter in der angezeigten Tätigkeit einzusetzen (§ 87 Abs. 6 Satz 1 Nr. 2 lit. b WpHG). So kann insbesondere bei Finanzportfolioverwaltern, die wegen Straftaten i.S.v. § 6 WpHGMaAnzV verurteilt wurden, eine Tätigkeitsuntersagung ausgesprochen werden[3]. 250

14. Verstoß gegen den Bezeichnungsschutz für Unabhängige Honorar-Anlageberater gem. § 94 WpHG (§ 120 Abs. 8 Nr. 137 WpHG). Ordnungswidrig handelt, wer entgegen § 94 Abs. 1 WpHG eine dort genannte Bezeichnung führt (§ **120 Abs. 8 Nr. 137 WpHG**). Damit wird der Bezeichnungsschutz für Unabhängige Honorar-Anlageberater mit den Mitteln des Bußgeldrechts effektuiert. 251

XIII. Ordnungswidrigkeiten wegen Verstößen gegen die MiFIR (§ 120 Abs. 9 WpHG). § 120 Abs. 9 WpHG enthält die Bußgeldtatbestände, die der Bewehrung von Vorschriften der **Verordnung (EU) Nr. 600/2014 (MiFIR)** dienen. Wie bei § 120 Abs. 8 WpHG bestehen erhebliche Überschneidungen zu den Bußgeldtatbeständen in § 50 BörsG. Die Regelungen setzen dabei Art. 70 Abs. 3 lit. b RL 2014/65/EU um und sanktionieren vorsätzliche und leichtfertige Verstöße gegen die Verordnung. Der Verstoß gegen § 120 Abs. 9 WpHG kann mit dem hohen Bußgeldrahmen für MiFID II-Verstöße geahndet werden, § 120 Abs. 20 WpHG. Der Erlass insbesondere von **Transparenzvorschriften** im Wege einer unmittelbar anwendbaren Verordnung trägt zur besseren Verwirklichung der Regulierungsziele und zur Schaffung einheitlicher Rahmenbedingungen bei, da die Existenz divergierender nationaler Vorschriften im Zuge einer Richtlinienumsetzung verhindert wird (s. Erwägungsgrund 5 VO Nr. 600/2014). Dazu verweist der § 120 Abs. 9 WpHG als Blanketttatbestand auf einzelne Artikel der Verordnung und bewehrt Verstöße gegen diese mit einem Bußgeld (s. allgemein zu Blankettnormen Rz. 58; Vor §§ 119 ff. WpHG Rz. 25 ff., 31). Aus dem Blankettcharakter folgt, dass die in Bezug genommenen Vorschriften des Unionsrechts im Einklang mit den Bestimmtheitsanforderungen ausgelegt und angewendet 252

---

1 Verordnung über den Einsatz von Mitarbeitern in der Anlageberatung, als Vertriebsmitarbeiter, in der Finanzportfolioverwaltung, als Vertriebsbeauftragte oder als Compliance- Beauftragte und über die Anzeigepflichten nach § 87 des Wertpapierhandelsgesetzes (WpHG-Mitarbeiteranzeigeverordnung – WpHGMaAnzV) vom 21.12.2011 (BGBl. I 2011, 3116), die zuletzt durch Art. 1 der Verordnung vom 24.11.2017 (BGBl. I 2017, 3810) geändert worden ist.
2 Begr. RegE 2. FiMaNoG, BT-Drucks. 18/10963, 301.
3 Begr. RegE 2. FiMaNoG, BT-Drucks. 18/10963, 301.

werden müssen, soweit sie Bestandteil des Bußgeldtatbestandes sind (Vor §§ 119 ff. WpHG Rz. 37). Eine Normspaltung ist deshalb in Grenzbereichen nicht von vornherein auszuschließen.

253 Eine Reihe der Tatbestände des § 120 Abs. 9 WpHG sind schon hier als **Sonderdelikt von Wertpapierdienstleistungsunternehmen** ausgestaltet (Nrn. 1–5, 15, 22), andere treffen auf der Ebene des Bußgeldtatbestandes ausschließlich **systematische Internalisierer** (§ 120 Abs. 9 Nr. 8, 13 WpHG); wiederum andere nehmen **zentrale Gegenparteien** in den Blick (§ 120 Abs. 9 Nr. 24, 27 WpHG) und Betreiber von Handelsplätzen (§ 120 Abs. 9 Nr. 20, 22 WpHG). Zusätzlich kann sich eine Beschränkung auf bestimmte Akteure auch aus dem jeweiligen **Bezugstatbestand** der MiFIR ergeben.

254 Überwiegend sanktionieren die Bußgeldtatbestände die Verletzung materieller kapitalmarktrechtlicher Pflichten. § 120 Abs. 9 Nr. 28–30 WpHG sanktionieren Verwaltungsungehorsam, und zwar sowohl gegenüber der BaFin wie gegenüber der ESMA und der EBA, die nach der MiFIR unmittelbare Vollzugsbefugnisse haben. Die Sanktionszuständigkeit der BaFin ergibt sich hier aus dem Handlungsort im Inland. Maßgebend ist, wo die aufsichtliche Anordnung von ESMA oder EBA hätte erfüllt werden müssen (vgl. Rz. 424 ff.). Die Wirksamkeit und Vollziehbarkeit richtet sich nach Gemeinschaftsrecht.

255 **§ 120 Abs. 9 Nr. 1 WpHG** regelt Verstöße gegen **Veröffentlichungspflichten**. Adressat der Pflicht sind nicht generell Wertpapierdienstleistungsunternehmen, sondern nur solche, die **Marktbetreiber** oder Wertpapierfirmen sind, und einen **Handelsplatz** betreiben. Die Wertpapierfirma ist in Art. 2 Abs. 1 Nr. 1 VO Nr. 600/2014 i.V.m. Art. 4 Abs. 1 Nr. 1 RL 2014/65/EU definiert, der Marktbetreiber in Art. 2 Abs. 1 Nr. 10 VO Nr. 600/2014 i.V.m. Art. 4 Abs. 1 Nr. 18 RL 2014/65/EU und der Handelsplatz in Art. 2 Abs. 1 Nr. 16 VO Nr. 600/2014 i.V.m. Art. 4 Abs. 1 Nr. 24 RL 2014/55/EU. Hierbei bezieht sich § 120 Abs. 9 Nr. 1 lit. a WpHG i.V.m. Art. 3 VO Nr. 600/2014 auf die Vorhandelstransparenz, lit. b i.V.m. Art. 6 auf die Nachhandelstransparenz bei Eigenkapitalinstrumenten; lit. c, d und e i.V.m. Art. 8 und lit. e i.V.m. Art. 10 auf bestimmte, in Art. 8 VO Nr. 600/2014 definierte Nichteigenkapitalinstrumente.

256 § 120 Abs. 9 Nr. 1 lit. f WpHG i.V.m. Art. 11 Abs. 3 Unterabs. 3 VO Nr. 600/2014 erfasst die Nachveröffentlichung nach behördlicher Ausnahme und § 120 Abs. 9 Nr. 1 lit. g WpHG i.V.m. Art. 31 Abs. 2 VO Nr. 600/2014 die besondere Veröffentlichungspflicht bei der **Portfoliokomprimierung** durch Wertpapierfirmen und Marktbetreiber. Die ist definiert in Art. 2 Abs. 1 Nr. 47 VO Nr. 600/2014 als Dienst zur Risikoverringerung, bei dem zwei oder mehr Gegenparteien einige oder alle in die Portfoliokomprimierung einzubeziehenden Derivatepositionen ganz oder teilweise beenden und diese durch andere Derivatepositionen ersetzen, deren Gesamtnennwert geringer ist als der der beendeten Derivatpositionen.

257 § 120 Abs. 9 Nr. 2 WpHG: Eine mehrgliedrige Blankettkette ruft § 120 Abs. 9 Nr. 2 WpHG auf, wenn ein Wertpapierdienstleistungsunternehmen den „Zugang" nicht in der in Art. 3 Abs. 3 bzw. Art. 6 Abs. 2 VO Nr. 600/2014 beschriebenen Weise gewährt. Der auf erster Stufe in Bezug genommene Tatbestand spricht Marktbetreiber und Wertpapierfirmen an, die einen Handelsplatz betreiben. Sie sind zugangsverpflichtet. Zugangsberechtigt sind auf der zweiten Verweisungsebene jene, die Offenlegungspflichten gem. Art. 14 und Art. 20 VO Nr. 600/2014 haben. Das sind die Wertpapierfirmen, die systematische Internalisierung (Rz. 264) betreiben, wobei Art. 14 VO Nr. 600/2014 die Vorhandels- und Art. 20 VO Nr. 600/2014 die Nachhandelstransparenz regeln. Der Verstoß kann in einer kompletten Zugangsverweigerung bestehen, aber auch im Verlangen unangemessener kaufmännischer Bedingungen oder in diskriminierenden Bedingungen. „Systeme" sind im Regelfall informationstechnische Systeme. Der Zugang ist in einer Weise zu gewähren, die den systematischen Internalisierern die Erfüllung ihrer eigenen aufsichtsrechtlichen Pflichten ermöglicht. Der Zugang setzt nicht nur die explizit angesprochenen kaufmännischen Bedingungen, sondern auch angemessene technische Schnittstellen voraus. Damit ist der Bußgeldtatbestand des § 120 Abs. 9 Nr. 2 WpHG komplex; er zielt sowohl auf Technikgestaltung wie auf kommerzielle Bedingungen und ein spezifisches Marktverhalten (Rz. 25).

258 § 120 Abs. 9 Nr. 3 WpHG: Die Parallelvorschrift zu Offenlegungspflichten gem. Art. 18 und Art. 21 VO Nr. 600/2014 (Rz. 268 f.) ist die Pflicht aus Art. 8 Abs. 3 und Art. 10 Abs. 2 VO Nr. 600/2014, diskriminierungsfreien **Zugang** unter angemessenen kaufmännischen Bedingungen **zu den Regelungen** zu gewähren, die sie für die Veröffentlichung der Information nach Art. 8 Abs. 1 bzw. Art. 10 Abs. 1 VO Nr. 600/2014 anwenden. Wiederum sind Verpflichtete Marktbetreiber und andere Wertpapierfirmen, die einen Handelsplatz betreiben, auf der Ebene des Bußgeldtatbestandes die Wertpapierdienstleistungsunternehmen.

259 Die innere Systematik der diversen Einzeltatbestände, die unter eigenen Buchstaben unter § 120 Abs. 9 **Nr. 4** WpHG zusammengefasst sind, ist nur schwer nachvollziehbar:

260 Die BaFin kann Marktbetreibern und Wertpapierfirmen, die einen Handelsplatz betreiben, gestatten, Einzelheiten zu Geschäften zu einem **späteren Zeitpunkt zu veröffentlichen**. In diesem Fall sind die Wertpapierdienstleistungsunternehmen jedoch verpflichtet, sich von der BaFin vorab die Genehmigung zu geplanten Regelungen für eine spätere Veröffentlichung abzuholen und die Marktteilnehmer sowie die Öffentlichkeit auf diese Regelungen deutlich hinzuweisen. Dies gilt sowohl für *Eigenkapital - sowie auch für Nichteigenkapitalinstrumente* (Art. 7 Abs. 1 bzw. Art. 11 Abs. 1 VO Nr. 600/2014). Ein Verstoß gegen diese Verpflichtung aus Art. 7

Abs. 1 Unterabs. 3 Satz 1 bzw. Art. 11 Abs. 1 Unterabs. 3 Satz 1 stellt gem. **§ 120 Abs. 9 Nr. 4 lit. a und lit. b WpHG** eine Ordnungswidrigkeit dar.

Weiterhin sind Wertpapierhandelsunternehmen verpflichtet, Handelsdaten gesondert und zu *angemessenen kaufmännischen Bedingungen* anzubieten. So haben diese bei der Offenlegung von Informationen gem. Art. 3, 4 und 6 bis 11 VO Nr. 600/2014 die **Vorhandels – und Nachhandelstransparenzdaten** gesondert auszuweisen (Art. 12 Abs. 1 VO Nr. 600/2014). Dazu erarbeitet die ESMA gem. Art. 12 Abs. 2 VO Nr. 600/2014 Entwürfe technischer Regulierungsstandards, in denen die zu veröffentlichenden Vorhandels – und Nachhandelstransparenzdaten festgelegt werden. Nach Vorlage dieser technischen Regulierungsstandards wird die Kommission gem. Art. 12 Abs. 2 VO Nr. 600/2014 ermächtigt, eine delegierte Verordnung mit den Vorgaben über die Vorhandels – und Nachhandelstransparenzdaten zu erlassen[1]. Der Verstoß gegen diese Veröffentlichungspflichten ist gem. **§ 120 Abs. 9 Nr. 4 lit. c WpHG** bußgeldbewehrt. Weiterhin hat die Offenlegung dieser Daten und Informationen gem. Art. 13 Abs. 1 VO Nr. 600/2014 zu *angemessenen kaufmännischen* Bedingungen zu erfolgen. Was genau unter *angemessenen kaufmännischen* Bedingungen zu verstehen ist, wird in einer von der Kommission gem. Art. 13 Abs. 2 VO Nr. 600/2014 erlassenen delegierten Verordnung konkretisiert[2]. Es muss ein diskriminierungsfreier Zugang zu den Informationen sichergestellt werden und die Informationen müssen kostenlos binnen 15 Minuten nach der Veröffentlichung bereitgestellt werden. Ein Verstoß hiergegen ist gem. **§ 120 Abs. 9 Nr. 4 lit. d WpHG** eine Ordnungswidrigkeit.

Wertpapierunternehmen treffen weiterhin eine Reihe von **Meldepflichten** (Art. 24 ff. VO Nr. 600/2014) und **Aufzeichnungspflichten**. So haben die Wertpapierdienstleistungsunternehmen die Daten über sämtliche Aufträge für Finanzinstrumente, die über das jeweilige System mitgeteilt werden, mindestens fünf Jahre für die BaFin zur Verfügung zu halten (Art. 25 Abs. 2 VO Nr. 600/2014). Kommen sie den Melde- und Aufzeichnungspflichten nicht, nicht richtig, nicht in der vorgeschriebenen Weise oder für die vorgeschriebene Dauer nach, so handeln sie gem. **§ 120 Abs. 9 Nr. 4 lit. f WpHG** ordnungswidrig. Art. 25 Abs. 2 Satz 2 VO Nr. 600/2014 trifft genauere Vorgaben in Bezug auf den Inhalt der Aufzeichnungen. Art. 26 trifft detaillierte Vorgaben zu den Meldepflichten. Ein Verstoß gegen diese Meldepflichten ist an verschiedenen Stellen des § 120 Abs. 9 WpHG (s. § 120 Abs. 9 Nr. 18 und 19 WpHG) bußgeldbewehrt. **§ 120 Abs. 9 Nr. 4 lit. g WpHG** erfasst den Fall, dass der Betreiber eines Handelsplatzes eine Meldung gem. Art. 26 Abs. 1 und 3 VO Nr. 600/2014 zu Geschäften mit über seine Plattform gehandelten Finanzinstrumenten, die eine nicht der Verordnung unterliegende Wertpapierfirma über sein System abgewickelt hat, nicht, nicht richtig, nicht vollständig, nicht in der vorgeschriebenen Weise oder nicht rechtzeitig vornimmt. Lit. e betrifft allein systematische Internalisierer und lit. h–i die Portfoliokomprimierung.

Die lit. j–q sanktionieren Verstöße im Zusammenhang mit der **Clearingpflicht** nach Art. 35, 36 VO Nr. 600/ 2014, und zwar sowohl seitens des Clearers wie des Nutzers. Dies wird durch § 120 Abs. 1 Nr. 25 WpHG ergänzt.

Art. 14–21 VO Nr. 600/2014 regelt die Pflichten der **systematischen Internalisierer**[3]; der dazu gehörende Bußgeldkatalog ist § 120 Abs. 9 Nr. 6–10 WpHG auf jeweils einzelne Pflichten begrenzt; daneben gilt § 120 Abs. 9 Nr. 4 lit. e WpHG. Die systematische Internalisierung ist definiert in Art. 1 Abs. 1 Nr. 12 VO Nr. 600/2014 i.V.m. Art. 4 Abs. 1 Nr. 20 RL 2014/65/EU.

§ 120 Abs. 9 Nr. 6 WpHG bewehrt Art. 14 Abs. 1 Unterabs. 2 VO Nr. 600/2014 und damit die Pflicht, bei illiquiden Märkten auf Anfrage Kursofferten anzubieten, mit Bußgeld. Durch § 120 Abs. 9 Nr. 4 lit. e WpHG ist auch die Pflicht aus Art. 14 Abs. 1 Unterabs. 1 VO Nr. 600/2014, bei liquiden Märkten verbindliche Kursofferten offenzulegen, bußgeldbewehrt. Die Pflicht gilt lediglich bei Aufträgen bis zur Standardmarktgröße, Art. 14 Abs. 2 VO Nr. 600/2014. Näher ausgestaltet ist die Pflicht in Art. 14 Abs. 3–5 VO Nr. 600/2014; bestimmte anwendungsrelevante Parameter kann die Aufsicht einzelfallbezogen festlegen, Art. 14 Abs. 6 VO Nr. 600/2014. Die zahlreichen unbestimmten Rechtsbegriffe sind in technischen Regulierungsstandards der ESMA, die von der Kommission erlassen werden, festzulegen (Art. 14 Abs. 7 VO Nr. 600/2014)[4]. Diese bilden indirekt Bestandteil des Blanketts, insoweit ist die Verweisung dynamisch, können aber nur konkretisierende Ausgestaltung regeln (Rz. 62).

---

1 Delegierte Verordnung (EU) 2017/572 der Kommission zur Ergänzung der Verordnung (EU) Nr. 600/2014 des Europäischen Parlaments und des Rates im Hinblick auf technische Regulierungsstandards für die Festlegung der angebotenen Vor – und Nachhandelsdaten und des Disaggregationsniveaus der Daten v. 2.6.2016, C(2016) 3206 final, abrufbar unter: http://ec.europa.eu/finance/securities/docs/isd/mifid/rts/160602-rts-14_de.pdf.
2 Delegierte Verordnung (EU) 2017/567 der Kommission zur Ergänzung der Verordnung (EU) Nr. 600/2014 des Europäischen Parlaments und des Rates im Hinblick auf Begriffsbestimmungen, Transparenz, Portfoliokomprimierung und Aufsichtsmaßnahmen zur Produktintervention und zu den Positionen v. 18.5.2016, C(2016) 2860 final, abrufbar unter: http://ec.europa.eu/finance/securities/docs/isd/mifid/160518-delegated-regulation_de.pdf.
3 Dazu *Hoops*, WM 2017, 319.
4 Für eine Übersicht über bereits in Kraft getretene technische Regulierungsstandards der ESMA s. https://www.esma.europa.eu/convergence/guidelines-and-technical-standards, zuletzt abgerufen am 3.7.2018 um 12 h.

266 § 120 Abs. 9 Nr. 7 WpHG bewehrt die Pflicht aus Art. 15 Abs. 4 Satz 2 VO Nr. 600/2014 mit Bußgeld, die regelt, wenn der systematische Internalisierer Kursofferten in unterschiedlicher Höhe angibt und einen Auftrag erhält, den er ausführen will und der zwischen diesen Volumina liegt.

267 § 120 Abs. 9 Nr. 8 WpHG belegt Art. 17 Abs. 4 Satz 2 VO Nr. 600/2014 mit Bußgeld, der von systematischen Internalisierern verlangt, dass sie eindeutige **Standards** für den Zugang zu ihren Kursofferten festlegen. Die Pflicht zur Zugangsgewährung als solche ist hier nicht bußgeldbewehrt.

268 § 120 Abs. 9 Nr. 9–14 WpHG: Unter bestimmten Voraussetzungen müssen systematische Internalisierer Kursofferten veröffentlichen, Art. 18 VO Nr. 600/2014. Diese Pflichten sind in § 120 Abs. 9 Nr. 9–14 WpHG bußgeldbewehrt. Alle Pflichten und Bußgeldbewehrungen treffen lediglich Wertpapierfirmen, die systematische Internalisierung betreiben. Überwiegend ergibt sich das aus der Bezugsnorm, bei § 120 Abs. 9 Nr. 13 WpHG aus dem Bußgeldtatbestand.

269 § 120 Abs. 9 Nr. 10 WpHG sanktioniert einzelne Pflichtverstöße aus Art. 20 und 21 VO Nr. 600/2014 mit Bußgeld. Beide Bestimmungen betreffen die Nachhandelstransparenz von Wertpapierfirmen, die Geschäfte mit Aktien, Aktienzertifikaten, börsengehandelten Fonds, Zertifikaten und anderen vergleichbaren Finanzinstrumenten (Art. 20 VO Nr. 600/2014) und Schuldverschreibungen, strukturierten Finanzprodukten, Emissionszertifikaten und Derivaten (Art. 21 VO Nr. 600/2014). Die Pflichten im Einzelnen sind intensiv in technischen Regulierungsstandards zu konkretisieren, die von der ESMA erarbeitet und von der Kommission erlassen werden[1].

270 § 120 Abs. 9 Nr. 15 WpHG: In Art. 22 Abs. 1 VO Nr. 600/2014 ist eine Pflicht von Handelsplätzen, APA und CTP vorgesehen, den zuständigen Behörden bestimmte Informationen zu übermitteln. Hierzu müssen sie bestimmte, in technischen Regulierungsstandards festzulegende Informationen speichern, Art. 22 Abs. 2 VO Nr. 600/2014. Diese Speicherungspflicht ist in § 120 Abs. 9 Nr. 15 WpHG bußgeldbewehrt.

271 § 120 Abs. 9 Nr. 16, 23 WpHG: Art. 23 VO Nr. 600/2014 ist eine zentrale Vorschrift der europäischen Kapitalmarktregulierung. Sie schreibt für Wertpapierfirmen unter den dort genannten Voraussetzungen einen Benutzungszwang vor, die Geschäfte an geregelten Märkten, MTF, OTF oder über systematische Internalisierer oder über gleichwertige Dritthandelsplätze zu regeln. Verstöße hiergegen sind in § 120 Abs. 9 Nr. 16 WpHG bußgeldbewehrt. Für Derivate findet sich eine entsprechende Pflicht, die finanzielle Gegenparteien trifft, in Art. 28 Abs. 1, 2 Unterabs. 1 VO Nr. 600/2014 i.V.m. § 120 Abs. 9 Nr. 23 WpHG.

272 § 120 Abs. 9 Nr. 17 WpHG: Art. 25 VO Nr. 600/2014 regelt die Aufzeichnungspflichten von Wertpapierfirmen. Die näheren Bestimmungen für die Aufzeichnungen gem. Art. 25 Abs. 1 Satz 2 VO Nr. 600/2014 sind Element der (bußgeldbewehrten) „vorgeschriebenen Weise".

273 § 120 Abs. 9 Nr. 20 WpHG: Art. 26 Abs. 1, 4 VO Nr. 600/2014 regelt die Pflichten von Wertpapierfirmen, bestimmte Geschäfte mit Finanzinstrumenten den zuständigen Behörden zu melden. Enger umgrenzt sind die ebenfalls bußgeldbewehrten Pflichten des Art. 26 Abs. 5 VO Nr. 600/2014, die „Betreiber eines Handelsplatzes" treffen. Die Wertpapierfirma kann die Meldepflichten an ein in ihrem Namen handelnden ARM oder einen Handelsplatz, über dessen System das Geschäft abgewickelt wurde, übertragen. Diese sind dann gem. § 120 Abs. 9 Nr. 20 unmittelbar bußgeldbewehrt verpflichtet, wenn die Mängel ihnen zuzuschreiben sind. Die Wertpapierfirma muss dennoch angemessene Schritte unternehmen, um die Vollständigkeit, Richtigkeit und rechtzeitige Übermittlung der Geschäftsmeldungen zu überprüfen, die in ihrem Namen übermittelt wurden, Art. 26 Abs. 7 Unterabs. 4 VO Nr. 600/2014. Die Verletzung dieser Überwachungspflicht ist aber nicht bußgeldbewehrt.

274 § 120 Abs. 9 Nr. 22 WpHG: Die Pflicht zur **Bereitstellung von Referenzdaten** regelt Art. 27 VO Nr. 600/2014 und legt sie Handelsplätzen und systematischen Internalisierern auf. Andere Wertpapierdienstleistungsunternehmen sind zwar in § 120 Abs. 9 Nr. 22 WpHG genannt, dies dürfte angesichts der Konkretisierung in Art. 27 Abs. 1 VO Nr. 600/2014 keinen eigenständigen Anwendungsbereich haben.

275 § 120 Abs. 9 Nr. 24 WpHG: Art. 29 Abs. 2 Unterabs. 1 verlangt von Zentralen Gegenparteien, Handelsplätzen und Wertpapierfirmen, die gem. Art. 2 Abs. 14 VO Nr. 236/2012 als **Clearingmitglieder** auftreten, **wirksame Systeme, Verfahren und Vorkehrungen** zur Gewährleistung, dass Geschäfte mit geclearten Derivaten so schnell wie mit automatisierten System technisch möglich zum Clearing eingereicht und angenommen werden. Sonstige Pflichten von allgemeinen Clearing-Mitgliedern regelt § 78 WpHG, bußgeldbewehrt in § 120 Abs. 8 Nr. 95–96 WpHG.

276 § 120 Abs. 9 Nr. 25 WpHG: Nur ganz punktuell bußgeldbewehrt sind die Pflichten im Zusammenhang mit dem **diskriminierungsfreien Zugang zu einem Handelsplatz**. Hier ist bußgeldbewehrt die Pflicht aus Art. 37 Abs. 2 VO Nr. 600/2014, den Antrag einer zentralen Gegenpartei auf Zugang dem Handelsplatz, der für diesen zuständigen Behörde und der zuständigen Behörde der zentralen Gegenpartei förmlich zu übermitteln.

---

1 DelVO 2017/587 und DelVO 2017/583.

§ 120 Abs. 9 Nr. 27 WpHG: Art. 37 Abs. 1 VO Nr. 600/2014 regelt die Pflichten der Personen, die über Eigentumsrechte an einem Referenzwert verfügen, auf den bei der Wertberechnung eines Finanzinstruments Bezug genommen wird. Solche Personen müssen zentralen Gegenparteien und Handelsplätzen einen diskriminierungsfreien Zugang zu den einschlägigen Kurs- und Handelsdaten sowie Angaben zur Zusammensetzung, zur Methode und zur Kursbildung dieses Referenzwertes und zu Lizenzen gewähren. Die Lizenz muss zu fairen, angemessen und nichtdiskriminierenden Bedingungen binnen drei Monaten nach dem Antrag gewährt werden. Das Kartellrecht einschließlich der kartellrechtlichen Sanktionsbefugnisse bleiben unberührt (Art. 37 Abs. 2 Unterabs. 2 VO Nr. 600/2014). Art. 37 Abs. 3 VO Nr. 600/2014 regelt ergänzend, dass Vereinbarungen mit Dritten den Zugang aus Art. 34 Abs. 1 VO Nr. 600/2014 nicht beschränken dürfen. 277

XIV. Ordnungswidrigkeiten wegen Verstößen gegen die SFTR (VO 2015/2365) (§ 120 Abs. 10 WpHG).
§ 120 Abs. 10 WpHG regelt Bußgeldtatbestände betreffend Verstöße gegen die **SFTR (VO 2015/2365 über die Transparenz von Wertpapierfinanzierungsgeschäften)**. Die Vorschrift wurde zum 25.6.2017 noch als § 39 Abs. 2f WpHG a.F. in Kraft gesetzt (Art. 26 Abs. 1 i.V.m. Art. 1 Nr. 9 2. FiMaNoG). Art. 22 VO 2015/2365 verpflichtet die Mitgliedstaaten dazu, bei Verstößen gegen Art. 4 und Art. 15 VO 2015/2365 verwaltungsrechtliche Sanktionen oder andere Verwaltungsmaßnahmen zu verhängen. Die Verordnung regelt dabei Pflichten im Hinblick auf Wertpapierfinanzierungsgeschäfte und trifft insbesondere Regelungen zu Meldepflichten und Weiterverwendung von als Sicherheit erhaltenen Finanzinstrumenten. § 120 Abs. 10 Nr. 1, 3 und 4 WpHG erfassen verbotenes individuelles Verhalten und Nr. 2 organisatorische Unzulänglichkeiten. Dabei werden vorsätzliche und leichtfertige Verstöße mit einem Bußgeld von bis zu 5 Mio. Euro (§ 120 Abs. 21 Satz 1 WpHG) bewehrt. Gegenüber juristischen Personen oder Personenvereinigungen kann gem. § 120 Abs. 21 Satz 2 WpHG eine höhere Geldbuße verhängt werden. Bezüglich der maximalen Höhe differenziert § 120 Abs. 21 Satz 2 WpHG zwischen Verstößen nach § 120 Abs. 10 Satz 1 Nr. 1 und 2 WpHG (Nr. 1: höherer Betrag von 5 Mio. Euro und 10 % des letzten Gesamtjahresumsatzes) und Verstößen nach § 120 Abs. 10 Satz 1 Nr. 3 WpHG (Nr. 2: höherer Betrag von 15 Mio. Euro und 10 % des letzten Gesamtjahresumsatzes). Darüber hinaus kann eine Geldbuße auch das Dreifache des aus dem Verstoß gezogenen wirtschaftlichen Vorteils betragen (§ 120 Abs. 21 Satz 3 WpHG). Der Vorteil umfasst die erzielten Gewinne und vermiedenen Verluste und kann auch geschätzt werden (§ 120 Abs. 21 Satz 4 WpHG). 278

Art. 4 VO 2015/2365 trifft genaue Regelungen über **Meldepflichten und Sicherheitsvorkehrungen** für Wertpapierfinanzierungsgeschäfte. Dies soll zur verstärkten Transparenz der Finanzmärkte beitragen. So sind gem. Art. 4 Abs. 1 VO 2015/2365 Gegenparteien von Wertpapierfinanzierungsgeschäften dazu verpflichtet, jedes von ihnen abgeschlossene Wertpapierfinanzierungsgeschäft sowie jede Änderung oder Beendigung eines solchen Geschäfts einem nach Art. 5 VO 2015/2365 registrierten oder nach Art. 19 VO 2015/2365 anerkannten Transaktionsregister zu melden. Konkretisiert wird die Meldepflicht durch Art. 4 Abs. 2, 3 und 5 VO 2015/2365 sowie durch auf Grundlage von Art. 4 Abs. 9 VO 2015/2365 von der ESMA erlassene technische Regulierungsstandards bzw. nach Art. 4 Abs. 10 VO 2015/2365 erlassene technische Durchführungsstandards. Durch den Erlass technischer Standards soll eine kohärente Harmonisierung erreicht werden. Es ist sinnvoll, der ESMA diese Aufgabe zu überlassen, da diese über hoch spezialisierte Fachkräfte verfügt und somit technische Konkretisierungen vornehmen kann, vgl. Erwägungsgrund 29 VO 2015/2365. Wird eine solche Meldung nicht, nicht richtig, nicht vollständig, nicht in der vorgeschriebenen Weise bzw. nicht rechtzeitig vorgenommen, ist dies nach **§ 120 Abs. 10 Nr. 1 WpHG** ordnungswidrig. 279

Art. 4 Abs. 4 VO 2015/2365 verpflichtet die Gegenpartei zur **Aufbewahrung** der Aufzeichnungen über abgeschlossene, geänderte oder beendete Wertpapierfinanzierungsgeschäfte für mindestens fünf Jahre nach Beendigung des Geschäfts. Geschieht dies nicht, handeln die Wertpapierdienstleistungsunternehmen gem. **§ 120 Abs. 10 Nr. 2 WpHG** ordnungswidrig. Die Bußgeldvorschrift erfasst damit organisatorische Unzulänglichkeiten. 280

Art. 15 VO 2015/2365 regelt die **Weiterverwendung von als Sicherheit erhaltenen Finanzinstrumenten**. So kann eine Gegenpartei als Sicherheit erhaltene Finanzinstrumente nur unter den in Art. 15 Abs. 1 VO 2015/2365 umschriebenen Voraussetzungen weiterverwenden. Das Recht zur Weiterverwendung kann sie nur unter den in Art. 15 Abs. 2 VO 2015/2365 genannten Voraussetzungen ausüben. Verstöße dagegen sind nach **§ 120 Abs. 10 Nr. 3, 4 WpHG** ordnungswidrig. 281

XV. Ordnungswidrigkeiten wegen Verstößen gegen die Benchmark-VO (§ 120 Abs. 11 WpHG).
§ 120 Abs. 11 WpHG enthält die Bußgeldtatbestände bei Verstößen gegen die **Benchmark-VO (VO 2016/1011)**. Die Vorschrift wurde pflichtgemäß am 1.1.2018 noch als § 39 Abs. 2g WpHG a.F. in Kraft gesetzt (Art. 26 Abs. 3 i.V.m. Art. 2 Nr. 4 2. FiMaNoG). Europarechtliche Grundlage ist Art. 42 VO 2016/1011. Die Benchmark-VO legt auf Unionsebene einen Regulierungsrahmen für **Referenzwerte** fest. Dadurch soll sichergestellt werden, dass in der EU hergestellte und verwendete Referenzwerte zuverlässig und repräsentativ für den Einsatzzweck sind. Es ist notwendig, Regelungen über Referenzwerte unionsweit einheitlich zu treffen, da bei zahlreichen Finanzinstrumenten die Genauigkeit der Preisbildung von bestimmten Referenzwerten abhängt (vgl. Erwägungsgrund 1 und 7 VO 2016/1011). Stets vorrangig zu prüfen ist der Anwendungsbereich der VO 2016/1011, wie insbesondere in deren Art. 2 VO 2016/1011 geregelt. Die Verordnung gilt seit dem 1.1.2018 (Art. 59 Satz 2 VO 2016/1011). Wesentliche Vorgaben gelten aber bis 1.1.2020 nur nach Maßgabe gesonderter Übergangsvor- 282

schriften (Art. 51 VO 2016/1011). Bislang gilt ergänzend die DurchfVO 2016/1368; weitere Rechtsakte sind zu erwarten[1].

283 Geahndet werden vorsätzliche und leichtfertige Verstöße gegen die von § 120 Abs. 11 WpHG in Bezug genommenen Ge- und Verbote der Benchmark-VO. § 120 Abs. 11 Nr. 5, 50, 55, 59, 63 und 75 WpHG erfassen Verwaltungsaktungehorsam. § 120 Abs. 11 Nr. 11 Fall 2, Nr. 16 Fall 1 und 2, Nr. 19, Nr. 20 Fall 1 WpHG bewehren Verwaltungsungehorsam in Form der Verletzung einer gesetzlichen Pflicht gegenüber einer Behörde mit Geldbuße; Nr. 35, 60, 62 lit. a, Nr. 64, 66 die Verletzung von Veröffentlichungspflichten. § 120 Abs. 11 Nr. 27, 29, 33, 41, 49, 52, 67 Fall 3, Nr. 68, 71 und 71 betreffen Fälle verbotenen individuellen Verhaltens und Nr. 1, 4, 7–10, 11 Fall 1, Nr. 12–15, 16 Fall 3, Nr. 17, 18, 21–23, 24 Fall 1, Nr. 25, 28, 30–32, 34, 36, 37, 39, 40, 42, 44–46, 65, 67 Fall 1 organisatorische Unzulänglichkeiten.

284 Dabei kann ein Verstoß in den Fällen des § 120 Abs. 11 Nr. 1–27, 29, 30 und 32–74 WpHG gem. § 120 Abs. 22 WpHG mit einer Geldbuße von bis zu 500.000 Euro geahndet werden, in den Fällen des § 120 Abs. 11 Nr. 28, 31 und 75 WpHG von bis zu 100.000 Euro. Auch hier kann gegenüber einer juristischen Person eine höhere Geldbuße verhängt werden. § 120 Abs. 22 Satz 2 WpHG trifft dabei hinsichtlich der maximalen Höhe eine entsprechende Anpassung (Nr. 1: höherer Betrag von 1 Mio. Euro und 10 % des letzten Gesamtjahresumsatzes und Nr. 2 höherer Betrag von 250.000 Euro und 2 % des letzten Gesamtjahresumsatzes). Darüber hinaus kann eine Geldbuße auch das Dreifache des aus dem Verstoß gezogenen wirtschaftlichen Vorteils betragen, wobei dieser erzielte Gewinne und vermiedene Verluste umfasst und auch geschätzt werden kann (§ 120 Abs. 22 Satz 3, 4 WpHG). Die Vorgaben gelten auch für sonstige Vereinigungen entsprechend mit der Maßgabe, dass der maßgebliche Gesamtumsatz 10 % des aggregierten Umsatzes der Anteilseigner beträgt, wenn es sich bei der sonstigen Vereinigung um ein Mutterunternehmen oder Tochterunternehmen handelt (§ 120 Abs. 22 Satz 5 WpHG).

285 Zentralbegriffe sind der des Administrators und des beaufsichtigten Kontributors und – vereinzelt – des beaufsichtigten Unternehmens, allesamt sind es besondere persönliche Merkmale. Der Administrator ist gem. Art. 3 Abs. 1 Nr. 6 VO 2016/1011 eine natürliche oder juristische Person, die die Kontrolle über die Bereitstellung eines Referenzwerts ausübt. Kontributor ist, wer Eingabedaten einträgt (Art. 3 Abs. 1 Nr. 9 VO 2016/2011); der beaufsichtigte Kontributor (Art. 3 Abs. 1 Nr. 10 VO 2016/1011) ist ein beaufsichtigtes Unternehmen (einschließlich eines Administrators) wie in Art. 3 Abs. 1 Nr. 17 VO 2016/1011 definiert.

286 Art. 4 VO 2016/1011 trifft detaillierte Anforderungen für Administratoren mit Blick auf die **Unternehmensführung und Interessenkonflikte**. Zum Teil sind die Formulierungen und Anforderungen in Art. 4 VO 2016/1011 jedoch sehr allgemein und unbestimmt gehalten, so dass man sich fragen muss, ob dies den Anforderungen an den straf- und ordnungswidrigkeitenrechtlichen Bestimmtheitsgrundsatz (s. dazu bereits Rz. 54 ff., 131 ff.) genügt. Zudem weisen sie ein äußerst unübersichtliches Verhältnis zu den allgemeinen aufsichts- und kapitalmarktrechtlichen Organisationspflichten auf, die meist unternehmensbezogen parallel gelten[2]. So muss gem. Art. 4 Abs. 1 VO 2016/1011 ein Administrator über *solide* Regelungen für die Unternehmensführung verfügen oder ein Administrator gem. Art. 4 Abs. 1 Unterabs. 2 VO 2016/1011 *angemessene* Schritte unternehmen, um Interessenskonflikte zu vermeiden. Ähnliche Formulierungen sind in Art. 4 VO 2016/1011 an verschiedenen Stellen zu finden (*geeignete* Strategien, etc.). Ein Verstoß gegen die Pflichten stellt gem. **§ 120 Abs. 11 Nr. 1–9 WpHG** eine Ordnungswidrigkeit dar. Um dem Bestimmtheitsgrundsatz zu genügen, muss allein aus dem Wortlaut der Norm klar zu erkennen sein, welches Verhalten genau bußgeldbewehrt ist. Dies ist bei solch generalklauselartigen Formulierungen zweifelhaft; die Rechtsunsicherheit ist hier besonders ausgeprägt[3]. Sowohl in Art. 4 Abs. 1 VO 2016/1011, als auch in Art. 4 Abs. 1 Unterabs. 2 VO 2016/1011 wird im weiteren Normtext jedoch eine Spezifizierung vorgenommen, was unter soliden Regelungen bzw. unter angemessenen Schritten zu verstehen ist, so dass der Bestimmtheitsgrundsatz dadurch gewahrt werden kann. Auflösen lässt sich dieses Spannungsfeld wohl nur, wenn man im Normbereich dieser Generalklauseln die Ausfüllung des Spielraums, die solche Vorgaben denklogisch lassen, den Normunterworfenen (und nicht der Bußgeldbehörde) überlässt.

287 Art. 5 VO 2016/1011 verpflichtet die Administratoren zum einen zur Schaffung und Unterhaltung ständiger und wirksamer interner **Aufsichtsfunktionen** zur Überwachung aller Aspekte der Bereitstellung der Referenzwerte (Abs. 1) sowie zum anderen zur Entwicklung und Unterhaltung solider Verfahren in Bezug auf diese Aufsichtsfunktion, welche sie den zuständigen Behörden zur Verfügung zu stellen haben (Abs. 2). Dabei schreibt Art. 5 Abs. 3 VO 2016/1011 genaue Zuständigkeiten vor, die von der Aufsichtsfunktion umfasst sein müssen. Die Aufsichtsfunktion muss weiterhin von einem gesonderten Ausschuss wahrgenommen werden oder durch andere geeignete Regelungen zur Unternehmensführung sichergestellt werden (Abs. 4). Werden die Anforderungen an die Aufsichtsfunktionen nicht erfüllt, handelt der Administrator gem. **§ 120 Abs. 11 Nr. 10–13 WpHG** ordnungswidrig. Dabei werden die internen Aufsichtsfunktionen in auf Grundlage von Art. 5 Abs. 5 VO 2016/1011 von der ESMA erlassenen technischen Regulierungsstandards und in Leitlinien der ESMA konkretisiert, die auf Grundlage von Art. 5 Abs. 6 VO 2016/1011 erlassen werden können. Auf diese Le-

---

1 Grundmann in Staub, HGB, Bd. 11/2, 6. Teil, Rz. 777.
2 Binder in Staub, HGB, Bd. 11/2, 7. Teil, Rz. 124 ff.
3 Binder in Staub, HGB, Bd. 11/2, 7. Teil, Rz. 125.

vel-3-Rechtsakte verweist das bußgeldrechtliche Blankett nicht direkt, sondern – wenn man so will – allenfalls indirekt. Die reinem Exekutivhandeln ohne förmliche Rechtsqualität zuzuordnenden Level-3-Rechtsakte können allenfalls entlastend und nicht unrechtsbegründend herangezogen werden (Rz. 63).

Art. 6 VO 2016/1011 regelt die Anforderungen an den **Kontrollrahmen**, welchen die Administratoren gem. Art. 6 Abs. 1 VO 2016/1011 vorhalten müssen, um sicherzustellen, dass seine Referenzwerte im Einklang mit der Benchmark-VO bereitgestellt und veröffentlicht oder zugänglich gemacht werden. Art. 6 VO 2016/1011 legt dabei in detaillierter Weise fest, wie ein solcher Kontrollrahmen ausgestaltet sein muss. Verstöße gegen diese Vorschriften sind nach **§ 120 Abs. 11 Nr. 14–16 WpHG** ordnungswidrig. 288

Art. 7 VO 2016/2011 regelt Anforderungen an den Rahmen für die Rechenschaftslegung, über den der Administrator verfügen muss. Verstöße gegen diese Anforderungen sind nach **§ 120 Abs. 11 Nr. 17–20 WpHG** ordnungswidrig. 289

Art. 8 Abs. 1 VO Nr. 2016/1011 benennt den Inhalt erforderlicher Aufzeichnungen, die der Administrator für fünf Jahre besonders aufbewahren (Art. 8 Abs. 2 Satz 1 VO 2016/1011) und auf Anfrage den an Telefongesprächen oder elektronischen Mitteilungen in Bezug auf einen Referenzwert beteiligten Beschäftigten des Administrators bzw. Kontributoren oder Submittenten zur Verfügung stellen bzw. mindestens drei Jahre aufbewahren muss (Art. 8 Abs. 2 Satz 2 VO 2016/1011). Verstöße gegen diese organisatorischen (IT-)Vorgaben sind nach **§ 120 Abs. 11 Nr. 21–23 WpHG** ordnungswidrig. 290

Art. 9 Abs. 1 VO 2016/1011 sieht die Pflicht des Administrators vor, Beschwerdeverfahren zu unterhalten und nach ihrer Bereitstellung zu veröffentlichen. Verstöße dagegen sind in **§ 120 Abs. 1 Nr. 24 WpHG** bußgeldbewehrt. 291

Art. 10 VO 2016/1011 sieht eine Reihe von Anforderungen an die sog. Auslagerung von Aufgaben vor. Verstöße gegen die Anforderungen in Art. 10 Abs. 1 und 3 VO 2016/2011 können nach **§ 120 Abs. 1 Nr. 25, 26 WpHG** sanktioniert werden. 292

Art. 11 VO 2016/1011 stellt Anforderungen an die Eingabedaten bei der Bereitstellung von Referenzwerten, die der Administrator durch die Festlegung von Leitlinien ausgestalten muss[1]. Verstöße dagegen sind gem. **§ 120 Abs. 1 Nr. 27–31 WpHG** ordnungswidrig. 293

Art. 12 VO 2016/1011 nennt Voraussetzungen für eine Methodik, die der Administrator bei der Bestimmung eines Referenzwerts verwenden darf. **§ 120 Abs. 1 Nr. 32–34 WpHG** sieht bei Verstößen insoweit Ordnungswidrigkeitentatbestände vor. 294

Art. 13 VO 2016/1011 nennt Transparenzvorgaben in Bezug auf die Entwicklung, Verwendung und Verwaltung des Referenzwerts und der Referenzwert-Methodik. **§ 120 Abs. 35 WpHG** erklärt Verstöße dagegen zu Ordnungswidrigkeiten. 295

Art. 14 Abs. 1 VO 2016/1011 verpflichtet den Administrator zur Schaffung angemessener Meldesysteme und wirksamer Kontrollen, um für die Integrität der Eingabedaten zu sorgen, damit er Verhaltensweisen, die mit Manipulation oder versuchter Manipulation eines Referenzwerts i.S.d. VO Nr. 596/2014 verbunden sein könnten, ermitteln und der zuständigen Behörde melden kann. Nach Art. 14 Abs. 2 VO 2016/1011 ist der Administrator zur Überwachung der Eingabedaten und Kontributoren verpflichtet, damit er im Falle eines entsprechenden Verdachts die zuständige Behörde benachrichtigen und ihr alle relevanten Informationen mitteilen kann. Nach Art. 14 Abs. 3 VO 2016/1011 besteht die Pflicht, interne Meldesysteme zu unterhalten für seine Führungskräfte, Mitarbeiter und alle anderen natürlichen Personen, deren Leistungen von ihm in Anspruch genommen werden können oder seiner Kontrolle unterliegen. Verstöße gegen die Pflichten sind ordnungswidrig nach Maßgabe von **§ 120 Abs. 11 Nr. 36–39 WpHG**. 296

Art. 15 VO 2016/1011 enthält Vorgaben für einen Verhaltenskodex, den der Administrator in Fällen, in denen ein Referenzwert auf Eingabedaten von Kontributoren beruht, ausarbeiten, regelmäßig überprüfen und gegebenenfalls nach behördlicher Mitteilung innerhalb von 30 Tagen anpassen muss. Daneben besteht die Pflicht, im Falle eines Beschlusses über die Aufnahme eines kritischen Referenzwertes in die Liste nach Art. 20 VO 2016/1011 die zuständige Behörde innerhalb von 15 Tagen von dem Verhaltenskodex in Kenntnis zu setzen. Verstöße dagegen sind gem. **§ 120 Abs. 11 Nr. 40–43 WpHG** ordnungswidrig. 297

Art. 16 VO 2016/1011 enthält Anforderungen an die Unternehmensführung und Kontrolle beaufsichtigter Kontributoren. Verstöße gegen diese Anforderungen sind ordnungswidrig nach Maßgabe von **§ 120 Abs. 11 Nr. 44–47 WpHG**. 298

Art. 21 VO 2016/1011 regelt die Verwaltung eines kritischen Referenzwertes, wenn der Administrator die Bereitstellung einzustellen beabsichtigt. Insbesondere hat er dabei gem. Art. 21 Abs. 1 Unterabs. 1 lit. a VO 2016/1011 die BaFin als zuständige Behörde über seine Absicht zu informieren. Daneben darf er während eines Ka- 299

---

1 Näher *Binder* in Staub, HGB, Bd. 11/2, 7. Teil, Rz. 131.

renzzeitraums von vier Wochen, während er seine Einschätzung nach Art. 21 Abs. 1 Unterabs. 1 lit. b VO 2016/1011 vorlegt, die Bereitstellung des Referenzwertes nicht einstellen. Die BaFin kann (nach erfolgter eigener Einschätzung) nach Maßgabe von Art. 21 Abs. 3 VO 2016/1011 (höchstens 12 Monate) den Administrator dazu verpflichten, die Veröffentlichung des Referenzwerts fortzusetzen, bis die Bereitstellung des Referenzwerts auf einen neuen Administrator übertragen worden ist (lit. a), die Bereitstellung des Referenzwerts auf geordnete Weise eingestellt werden kann (lit. b) oder der Referenzwert kein kritischer Referenzwert mehr ist (lit. c). Verstöße gegen die Vorgaben nach Art. 21 Abs. 1 Unterabs. 1 lit. a, Unterabs. 2 VO 2016/1011 sind ordnungswidrig gem. **§ 120 Abs. 11 Nr. 48 und 49 WpHG** und Zuwiderhandlungen gegen eine vollziehbare Anordnung nach Art. 21 Abs. 3 VO 2016/1011 sind in **§ 120 Abs. 11 Nr. 50 WpHG** erfasst.

300   Art. 23 VO 2016/1011 stellt bestimmte Anforderungen an die Pflicht zu Beiträgen zu einem kritischen Referenzwert auf, insbesondere Unterrichtungs- und Mitteilungspflichten gegenüber der BaFin als zuständige Behörde. Daneben kann die BaFin auf Grundlage von Art. 23 Abs. 5, 6 und Abs. 10 VO 2016/1011 vollziehbare Anordnungen gegenüber einem Kontributor, einem beaufsichtigtem Unternehmen und einem beaufsichtigten Kontributor erlassen. Zuwiderhandlungen dagegen sind nach **§ 120 Abs. 11 Nr. 55 WpHG** und Verstöße gegen die aus Art. 23 VO 2016/1011 resultierenden Pflichten nach **§ 120 Abs. 11 Nr. 51–54, 56 WpHG** ordnungswidrig.

301   Nach **§ 120 Abs. 11 Nr. 57 WpHG** handelt ein Administrator ordnungswidrig, wenn er entgegen Art. 24 Abs. 3 VO 2016/1011 die BaFin nicht umgehend benachrichtigt, wenn sein signifikanter Referenzwert unter den in Art. 24 Abs. 3 1 lit. a VO 2016/1011genannten Schwellenwert (Gesamtdurchschnittswert 50 Mrd. Euro) fällt.

302   Art. 25 VO 2016/1011 regelt Ausnahmen von den spezifischen Anforderungen für signifikante Referenzwerte. Sofern der Administrator sich dafür entscheidet, von einer solchen Ausnahme Gebrauch zu machen, hat er nach Maßgabe von Art. 25 Abs. 2 VO 2016/1011 die BaFin zu informieren. Verstöße dagegen sind nach **§ 120 Abs. 11 Nr. 58 WpHG** ordnungswidrig. Die BaFin kann auf Grundlage von Art. 25 Abs. 3 Satz 1 VO 2016/1011 allerdings in besonderen Fällen dennoch die Anwendung erforderlicher Anforderungen anordnen. Bei Zuwiderhandlung gegen eine entsprechende vollziehbare Anordnung, handelt der Administrator nach **§ 120 Abs. 11 Nr. 59 WpHG** ordnungswidrig.

303   Nach **§ 120 Abs. 11 Nr. 61 WpHG** handelt ein Administrator ordnungswidrig, wenn er bei nicht signifikanten Referenzwerten die BaFin nicht nach Maßgabe von Art. 26 Abs. 2 Satz 1 VO 2016/1011 darüber informiert, wenn der Schwellenwert nach Art. 24 Abs. 1 lit. a VO 2016/1010 überstiegen wird oder wenn er in diesem Fall die Frist von drei Monaten (Art. 26 Abs. 2 Satz 2 VO 2016/1011) zur Erfüllung der Anforderungen für signifikante Referenzwerte, die dann gelten, nicht einhält.

304   **§ 120 Abs. 11 Nr. 60** (signifikante Referenzwerte) **und Nr. 62** (nicht signifikante Referenzwerte) **WpHG** legt Sanktionen für Verstöße gegen Pflichten im Hinblick auf Konformitätserklärungen nach Art. 25 Abs. 7 VO 2016/1011 sowie Art. 26 Abs. 3 VO 2016/1011 fest.

305   Die BaFin überprüft gem. Art. 26 Abs. 4 VO 2016/1011 die Konformitätserklärung (Art. 26 Abs. 3 VO 2016/1011) und kann vom Administrator zusätzliche Informationen in Bezug auf seine nicht signifikanten Referenzwerte gem. Art. 41 VO 2016/1011 anfordern und kann Änderungen verlangen, um die Einhaltung der Benchmark-VO sicherzustellen. Zuwiderhandlungen gegen entsprechende vollziehbare Anordnungen der BaFin sind nach Maßgabe von **§ 120 Abs. 11 Nr. 63 WpHG** ordnungswidrig.

306   Art. 27 Abs. 1 VO 2016/1011 regelt Veröffentlichungs-, Überprüfungs- und Aktualisierungspflichten des Administrators im Hinblick auf seine Referenzwert-Erklärung. Verstöße dagegen sind bußgeldbewehrt in **§ 120 Abs. 11 Nr. 64, 65 WpHG**.

307   Gemäß **§ 120 Abs. 11 Nr. 66 WpHG** handelt ein Administrator ordnungswidrig, wenn er gegen die Veröffentlichungs- und Aktualisierungspflichten nach Art. 28 Abs. 1 VO 2016/1011 verstößt im Hinblick auf Maßnahmen, die er bei Änderung oder Einstellung eines Referenzwerts, der gem. Art. 29 Abs. 1 VO 2016/1011 in der Union verwendet werden darf, zu ergreifen hat. Gemäß **§ 120 Abs. 11 Nr. 67 WpHG** handelt ein beaufsichtigtes Unternehmen ordnungswidrig, wenn es entgegen Art. 28 Abs. 2 VO 2016/1011 keine robusten schriftlichen Pläne aufstellt bzw. pflegt, in denen es die Maßnahmen darlegt, die es ergreifen würde, wenn ein Referenzwert sich wesentlich ändert oder nicht mehr bereitgestellt wird, diese Pläne nicht oder nicht rechtzeitig der BaFin vorlegt oder sich nicht in der Vertragsbeziehung mit ihren Kunden an ihnen orientiert.

308   **§ 120 Abs. 11 Nr. 68 WpHG** sanktioniert das Verwenden eines Referenzwerts durch ein beaufsichtigtes Unternehmen, das die Anforderungen des Art. 29 Abs. 1 VO 2016/1011 nicht erfüllt. Danach darf ein beaufsichtigtes Unternehmen einen Referenzwert oder eine Kombination von Referenzwerten in der Union nur verwenden, wenn der Referenzwert von einem Administrator bereitgestellt wird, der in der Union angesiedelt und in das Register nach Art. 36 VO 2016/1011 eingetragen ist oder wenn es ein Referenzwert ist, der selbst in das Register nach Art. 36 VO 2016/1011 eingetragen ist.

309   **§ 120 Abs. 11 Nr. 69 WpHG** sanktioniert Verstöße von Emittenten, Anbietern oder den Personen, die die Zulassung zum Handel an einem geregelten Markt beantragt haben, gegen die Pflicht nach Art. 29 Abs. 2 VO

2016/1011 bei übertragbaren Wertpapieren oder sonstigen Investmentprodukten, bei denen ein Referenzwert als Bezugsgrundlage dient, zu klaren und gut sichtbaren Informationen in Prospekten, die nach RL 2003/71/EG oder RL 2009/65/EG zu veröffentlichen sind.

Nach § 120 Abs. 11 Nr. 70 WpHG handelt ein Administrator ordnungswidrig, der tätig wird, obwohl er noch keine Zulassung oder Registrierung nach Maßgabe von Art. 34 Abs. 1, Abs. 6 VO 2016/1011 erhalten hat. § 120 Abs. 11 Nr. 71 WpHG sanktioniert die fortgesetzte Tätigkeit des Administrators entgegen Art. 34 Abs. 2 VO 2016/1011 trotz Wegfalls der Zulassungsvoraussetzungen nach der Benchmark-VO. § 120 Abs. 11 Nr. 72 WpHG erfasst die Verletzung gesetzlicher Mitteilungspflichten des Administrators gegenüber der BaFin bei wesentlichen Änderungen entgegen Art. 34 Abs. 2 VO 2016/1011. Der Antrag zur Zulassung/Registrierung muss nach Art. 34 Abs. 1, 3 VO 2016/1011 innerhalb von 30 Arbeitstagen nach einer Vereinbarung mit einem beaufsichtigten Unternehmen, einen vom Antragsteller bereitgestellten Index als Bezugsgrundlage für ein Finanzinstrument oder einen Finanzkontrakt oder zur Messung der Wertentwicklung eines Investmentfonds zu verwenden, gestellt werden. Wird der Antrag nicht oder nicht rechtzeitig gestellt, liegt eine Ordnungswidrigkeit nach § 120 Abs. 11 Nr. 73 WpHG vor. Unrichtige Angaben zu den zum Nachweis der Einhaltung der Anforderungen der Benchmark-VO erforderlichen Informationen entgegen Art. 34 Abs. 4 VO 2016/2011 sind schließlich in § 120 Abs. 11 Nr. 74 WpHG erfasst.

§ 120 Abs. 11 Nr. 75 WpHG erfasst Verwaltungsaktungehorsam, indem Zuwiderhandlungen gegen vollziehbare Anordnungen der BaFin ordnungswidrig sind, die diese auf Grundlage von §§ 6–10 WpHG im Zusammenhang mit einer Untersuchung hinsichtlich der Einhaltung der Anforderungen aus der Benchmark-VO erlassen hat. Andere Vollzugsbefugnisse sind in § 120 Abs. 11 Nr. 5, 50, 59 und 63 WpHG sanktionsbewehrt.

XVI. Ordnungswidrigkeiten gem. § 120 Abs. 12 WpHG. § 120 Abs. 12 WpHG regelt typische Fälle von Verwaltungsungehorsam. Damit tritt eine ordnungswidrigkeitenrechtliche Sanktionierung neben die Möglichkeiten der BaFin, sich des Verwaltungszwangs zu bedienen. Erfasst sind sowohl vorsätzliche als auch fahrlässige Verstöße. Der Bußgeldrahmen ergibt sich für § 120 Abs. 12 Nr. 1–4 WpHG aus § 120 Abs. 24 WpHG, so dass die jüngeren unionsrechtlichen Verschärfungen nicht gelten. § 17 Abs. 2 OWiG findet dagegen Anwendung. § 120 Abs. 12 Nr. 5 WpHG ist systematisch ein Fremdkörper in Abs. 12; nicht nur tatbestandlich, sondern auch von der Sanktionsseite her. Hier geht es nicht um Verwaltungsungehorsam, sondern um Pflichten der Finanzberichterstattung.

1. Zuwiderhandlung gegen vollziehbare Anordnungen der BaFin (§ 120 Abs. 12 Nr. 1 WpHG). § 120 Abs. 12 Nr. 1 WpHG ist die Nachfolgenorm der ursprünglichen Regelung des § 39 Abs. 3 Nr. 1 WpHG a.F. § 120 Abs. 12 Nr. 1a WpHG bedroht die vorsätzliche oder (einfach) fahrlässige **Zuwiderhandlung gegen vollziehbare Anordnungen der BaFin** nach § 6 Abs. 3 Satz 1 WpHG mit Geldbuße bis zu 50.000 Euro und erfasst damit Verwaltungsaktungehorsam neben zahlreichen anderen gleich strukturierten Bußgeldtatbeständen in § 120 WpHG. Nach § 6 Abs. 3 Satz 1 WpHG kann die BaFin, soweit dies für die Überwachung der Einhaltung eines Verbots oder Gebots des WpHG oder der in Bezug genommenen EU-Verordnungen erforderlich ist, verlangen, dass
- Auskünfte erteilt werden;
- Unterlagen oder sonstige Daten vorgelegt und ggf. Kopien überlassen werden. Zu den sonstigen Daten zählen dabei beispielsweise auch E-Mails und Chatprotokolle. Die Neuregelung durch das 2. FiMaNoG dient der Klarstellung sowie Anpassung an den Wortlaut von Art. 69 Abs. 2 lit. a RL 2014/65/EU, denn elektronische Unterlagen konnten bislang auch auf Grundlage der Vorgängerregelung gem. § 4 Abs. 3 Satz 1 WpHG a.F. eingesehen werden[1].

Die BaFin darf weiterhin
- Personen als Zeugen oder Sachverständige laden und vernehmen.

Anders als nach früherem Recht (s. 3. Aufl., § 20b WpHG Rz. 15 ff.) können bereits seit Inkrafttreten des Anlegerschutzverbesserungsgesetzes am 30.10.2004 Anordnungen gem. § 6 Abs. 3 Satz 1 WpHG (§ 4 Abs. 4 Satz 1 WpHG a.F.) gegenüber *jedermann* ergehen. Gleichwohl bleiben typische Adressaten
- an möglichen Insidergeschäften Beteiligte im Rahmen der Überwachung des Insiderhandelsverbots nach Art. 14 VO Nr. 596/2014;
- Emittenten im Rahmen der Überwachung der Veröffentlichungspflichten aus Art. 17, 19 VO Nr. 596/2014 („Ad-hoc-Publizität", „directors' dealings");
- an möglichen Marktmanipulationen Beteiligte im Rahmen der Überwachung des Marktmanipulationsverbots nach Art. 15 VO Nr. 596/2014.

Ahndbar ist nur die Zuwiderhandlung gegen **vollziehbare** Anordnungen gem. § 6 Abs. 3 Satz 1 WpHG. Die Anordnungen sind Verwaltungsakte i.S.v. § 35 Abs. 1 VwVfG. Da § 13 WpHG die aufschiebende Wirkung des

---
1 Begr. RegE, BT-Drucks.18/10936, 225 f.

Widerspruchs oder der Anfechtungsklage gegen Maßnahmen nach § 6 Abs. 3 WpHG ausschließt, sind Anordnungen gem. § 6 Abs. 3 Satz 1 WpHG von Gesetzes wegen sofort vollziehbar.

317 Die vollziehbare Anordnung ist ein **Tatbestandsmerkmal**, auf das sich *Vorsatz oder Fahrlässigkeit* beziehen müssen. Hat der Adressat schuldlos keine Kenntnis von der Anordnung oder irrt er über deren Reichweite[1], so kommt eine Ahndung ebenso wenig in Betracht, wie wenn er schuldlos von der fehlenden Vollziehbarkeit ausgeht. Wegen Art. 19 Abs. 4 GG ist während der Anhängigkeit eines (zulässigen) verwaltungsgerichtlichen Eilantrages auf Anordnung der aufschiebenden Wirkung nicht von einer Vollziehbarkeit auszugehen (s. Rz. 106), gerade wenn die sofortige Vollziehung irreparable Folgen hätte. In einem solchen Fall ist auch ein gerichtlicher Hängebeschluss angezeigt (dazu Rz. 106).

318 Zur umstrittenen Frage, ob die Rechtmäßigkeit der Anordnung Tatbestandsmerkmal ist, s. Rz. 88 f.

319 Ahndbar sind *Zuwiderhandlungen* gegen vollziehbare Anordnungen der BaFin. Bei § 120 Abs. 12 Nr. 1 lit. a WpHG können diese Zuwiderhandlungen bestehen
- bei Auskunftsverlangen in der unberechtigten (s. § 6 Abs. 15 WpHG) Verweigerung der Auskunft, in unrichtiger oder unvollständiger Auskunft oder auch nur in schuldhaft verzögerter Auskunft;
- bei Vorlage- bzw. Überlassungsverlangen in der unberechtigten Verweigerung der Vorlage bzw. Überlassung, in der Vorlage ge- oder verfälschter Unterlagen (dann ist auch an Urkundsdelikte zu denken), in der unvollständigen Vorlage bzw. Überlassung oder auch nur in der schuldhaft verzögerten Vorlage bzw. Überlassung;
- bei Ladungen in deren Nichtbefolgung ohne ausreichende Entschuldigung;
- bei Vernehmungen in der grundlosen Zeugnis- oder Auskunftsverweigerung. Unrichtige oder unvollständige Angaben in Vernehmungen über § 120 Abs. 12 Nr. 1 lit. a WpHG zu erfassen, erscheint problematisch, da solche Angaben nach allgemeinen Grundsätzen strafrechtlich nur ggf. gem. §§ 164, 258 StGB relevant, den §§ 153 ff. StGB, aber entzogen wären, da die BaFin nicht vereidigungsbefugt ist.

320 Eine Zuwiderhandlung ist mit einer Geldbuße bis zu 50.000 Euro bei Vorsatz bzw. 25.000 Euro bei Fahrlässigkeit (§ 120 Abs. 24 WpHG, § 17 Abs. 2 OWiG) bewehrt.

321 § 120 Abs. 12 Nr. 1 lit. b WpHG erfasst nach § 87 Abs. 6 Satz 1 Nr. 1, Nr. 2b WpHG ergangene vollziehbare Untersagungsverfügungen der BaFin bei Einsatz nicht sachkundiger und unzuverlässiger Mitarbeiter. Eine Zuwiderhandlung ist mit einer Geldbuße bis zu 200.000 Euro bei Vorsatz bzw. 100.000 Euro bei Fahrlässigkeit (§ 120 Abs. 24 WpHG, § 17 Abs. 2 OWiG) bewehrt.

322 § 87 WpHG legt Anforderungen für Mitarbeiter in der Anlageberatung (Abs. 1) im Vertrieb (Abs. 2), in der Finanzportfolioverwaltung (Abs. 3) und für Vertriebs- (Abs. 4) sowie Compliancebeauftragte (Abs. 5) fest (vgl. Kommentierung zu § 87 WpHG). § 87 Abs. 2 WpHG geht dabei auf Art. 25 Abs. 1 RL 2014/65/EU zurück[2]. § 87 Abs. 2 und Abs. 4, 5 WpHG beruhen auf dem Anlegerschutz- und Funktionsverbesserungsgesetz vom 5.4.2011[3]. Abs. 3 hat der Gesetzgeber mit dem 2. FiMaNoG eingefügt, um auch in der Finanzportfolioverwaltung den Einsatz entsprechend geschulter und zuverlässiger Mitarbeiter zum Schutz der Kunden zu gewährleisten[4].

323 Die Regelung ist im Anwendungsbereich identisch mit § 120 Abs. 8 Nr. 136 WpHG, allerdings mit einem niedrigeren (Mindest-)Fahrlässigkeitsgrad (Leichtfertigkeit bei § 120 Abs. 8 Nr. 136 WpHG und bereits einfache Fahrlässigkeit bei § 120 Abs. 12 Nr. 1 lit. b WpHG). § 120 Abs. 8 Nr. 136 WpHG setzt laut der Gesetzesbegründung MiFID-II-Vorgaben um[5] und sieht daher einen wesentlich höheren Bußgeldrahmen (bis 5 Mio. Euro bzw. 10 % Umsatz) vor. Diese Überlappung führt zu Bestimmtheitsproblemen, die sich allerdings im Wege einer Normsubsidiarität von § 120 Abs. 12 Nr. 1 lit. b WpHG lösen lassen (vgl. ausführlich dazu Rz. 182 f.). § 120 Abs. 12 Nr. 1 lit. b WpHG ist nur dann anwendbar, sofern § 120 Abs. 8 Nr. 136 WpHG nicht greift. Sofern ein leichtfertiger Verstoß gegen eine MiFID-II-Verfügung nach § 87 Abs. 6 Satz 1 Nr. 1, Abs. 2 WpHG vorliegt, ist § 120 Abs. 8 Nr. 136 WpHG vorrangig. Gleichzeitig wäre zwar nach dem Wortlaut in Tateinheit auch ein fahrlässiger Verstoß nach § 120 Abs. 12 Nr. 1 lit. b WpHG verwirklicht. Dieser dürfte aber jedenfalls im Wege der Gesetzeskonkurrenz (in Form stillschweigender Subsidiarität)[6] hinter § 120 Abs. 8 Nr. 136 WpHG zurücktreten, auch wenn bereits auf Tatbestandsebene unter Berücksichtigung der Gesetzesbegründung zum 2. FiMaNoG Zweifel aufkommen könnten, dass § 120 Abs. 12 Nr. 1 lit. b WpHG nach dem Willen des Gesetzgebers überhaupt MiFID-II-Verstöße erfassen soll.

324 Im umgekehrten Fall des leichtfertigen Verstoßes gegen eine nach § 87 Abs. 6 WpHG erlassene Verfügung, die eine materielle Pflicht sanktioniert, die nicht die MiFID II umsetzt, ist eine teleologische Reduktion von § 120

---

1 S. hierzu *Rengier* in KK-OWiG, § 11 OWiG Rz. 27.
2 Begr. RegE, BT-Drucks. 18/10936, 248.
3 Dazu auch *Möllers* in KölnKomm. WpHG, § 34d WpHG Rz. 11 ff.
4 Begr. RegE, BT-Drucks. 18/10936, 248.
5 Begr. RegE, BT-Drucks. 18/10936, 252.
6 Dazu *Mitsch* in KK-OWiG, § 19 OWiG Rz. 59.

Abs. 8 Nr. 136 WpHG zu erwägen mit der Konsequenz, dass dort § 120 Abs. 12 Nr. 1 lit. b WpHG vorrangig wäre. Dies entspricht wohl der inneren Systematik der Absätze des § 120 WpHG am besten, ist aber im Wortlaut nicht erkennbar. Da es zugunsten der Betroffenen ist, stehen Analogieverbot und Wortlautgrenze nicht entgegen[1]. Dies dürfte z.B. für Zuwiderhandlungen gegen Untersagungsverfügungen auf Grundlage von § 87 Abs. 6, Abs. 4 (Vertriebsbeauftragter) und Abs. 5 (Compliance-Beauftragter) WpHG der Fall sein.

§ 120 Abs. 12 Nr. 1 lit. c WpHG erfasst Zuwiderhandlungen gegen **vollziehbare Untersagungen bestimmter Arten von Werbung** durch Wertpapierdienstleistungsunternehmen gem. § 92 Abs. 1 WpHG (vgl. § 92 WpHG Rz. 1 ff.). Derartige Untersagungen sind nur vollziehbar, wenn sie unanfechtbar geworden sind oder die BaFin ihre sofortige Vollziehbarkeit anordnet. Die Zuwiderhandlung besteht darin, dass das Unternehmen in einer Art und Weise wirbt, die untersagt worden ist. Seit dem Anlegerschutzverbesserungsgesetz geht der Bußgeldrahmen bei Vorsatz bis 100.000 Euro und bei Fahrlässigkeit bis 50.000 Euro (§ 120 Abs. 24 WpHG, § 17 Abs. 2 OWiG). 325

Die Regelung in § 120 Abs. 12 Nr. 1 lit. d WpHG wurde durch Art. 3 Nr. 4 Bilanzkontrollgesetz eingefügt (§ 39 Abs. 3 Nr. 1 lit. d WpHG a.F.) und erfasst Zuwiderhandlungen gegen **vollziehbare Anordnungen über die Erteilung von Auskünften und die Vorlage von Unterlagen**, soweit dies zu einer **Prüfung der Rechnungslegung** eines Emittenten erforderlich ist (§ 107 Abs. 5 Satz 1 WpHG). Weiterhin erfasst sind Zuwiderhandlungen gegen vollziehbare Anordnungen **zur Bekanntmachung von Fehlern**, welche die BaFin oder die Prüfstelle im Einvernehmen mit dem Unternehmen festgestellt hat (§ 109 Abs. 2 Satz 1 WpHG). Die Bekanntmachung soll dabei auch wesentliche Teile der Begründung zur Fehlerfeststellung umfassen. Die Anordnungen nach § 107 Abs. 5 Satz 1 WpHG können gegenüber Unternehmen (i.S.v. § 106 WpHG), Mitgliedern seiner Organe, Beschäftigten und Abschlussprüfern ergehen; tauglicher Täter ist jeweils nur der Anordnungsadressat. Eine Zuwiderhandlung ist mit einer Geldbuße bis zu 50.000 Euro bei Vorsatz bzw. 25.000 Euro bei Leichtfertigkeit (§ 120 Abs. 24 WpHG, § 17 Abs. 2 OWiG) bewehrt. 326

2. Vereiteln der Betretensbefugnis der BaFin (§ 120 Abs. 12 Nr. 2 WpHG). § 120 Abs. 12 Nr. 2 WpHG als Nachfolger der ursprünglichen Regelung des § 39 Abs. 3 Nr. 2 WpHG a.F. bewehrt das vorsätzliche oder fahrlässige **Vereiteln der Betretensbefugnis der BaFin gem. § 6 Abs. 11 Satz 1 oder 2 WpHG oder § 107 Abs. 6 Satz 1 WpHG** mit Geldbuße bis zu 50.000 Euro bzw. bei bloßer Fahrlässigkeit 25.000 Euro (§ 120 Abs. 24 a.E. WpHG, § 17 Abs. 2 OWiG). Dadurch sollen der BaFin „Vor-Ort-Kontrollen" ermöglicht werden, bei denen z.B. Unterlagen gesucht und eingesehen werden können. Das Anlegerschutzverbesserungsgesetz hat die zuvor nicht einheitlich geregelten Betretungsbefugnisse in Überwachungsverfahren zusammengeführt und verpflichtet seither den jeweiligen Inhaber des Hausrechts – sei er Eigentümer oder nur Besitzer (Mieter) – dazu, Bediensteten der BaFin und von ihnen beauftragten Personen das Betreten der Grundstücke und Geschäftsräume nach § 6 Abs. 3 WpHG auskunftspflichtiger Personen – es kann sich um jedermann handeln (s. Rz. 315) – zu gestatten. Das Einverständnis des Hausrechtsinhabers darf nicht versagt werden, wenn das Betreten während der üblichen Arbeitszeiten erfolgt und sich die Geschäftsräume nicht in einer (Privat-)Wohnung befinden (§ 6 Abs. 11 Satz 1 WpHG). Andernfalls bedarf es des Einverständnisses, es sei denn, dass das Betreten zur Verhütung von dringenden Gefahren für die öffentliche Sicherheit oder Ordnung erforderlich ist und Anhaltspunkte vorliegen, dass die auskunftspflichtige Person gegen ein Ver- oder Gebot des WpHG verstoßen hat (§ 6 Abs. 11 Satz 2 WpHG). 327

Nach dem Wortlaut des § 120 Abs. 12 Nr. 2 WpHG setzt die Ahndbarkeit nicht voraus, dass eine *vollziehbare Anordnung* seitens der BaFin ergangen ist, wonach das Betreten zu gestatten sei. Gleichwohl handelt es sich bei dem Betretensverlangen nicht (nur) um einen Realakt, sondern (auch) um einen (mindestens konkludent erlassenen und bekannt gegebenen) Verwaltungsakt, wie sich auch aus § 13 WpHG ergibt, wonach Widerspruch und Anfechtungsklage gegen Maßnahmen nach § 6 Abs. 1 bis 14 WpHG keine aufschiebende Wirkung haben. Daraus folgt schließlich auch die sofortige Vollziehbarkeit. 328

Ahndbar ist, wer das Betreten vorsätzlich oder fahrlässig **nicht gestattet bzw. duldet** (s. § 6 Abs. 11 Satz 2 WpHG). Der Hausrechtsinhaber muss den Bediensteten der BaFin und den von ihnen beauftragten Personen das Betreten der Räumlichkeiten sowie das Verweilen in ihnen erlauben und ihnen auch tatsächlich Zugang verschaffen, z.B. verschlossene Räume aufschließen. Die angeordnete Betretung kann in diesem Fall – unabhängig von der Bußgeldbestimmung – im Wege des Verwaltungszwangs durchgesetzt werden[2]. 329

3. Verstöße betreffend Prüfer (§ 120 Abs. 12 Nr. 3, 4 WpHG). § 89 Abs. 1 Satz 1 WpHG sieht vor, dass die Einhaltung wesentlicher Meldepflichten und Verhaltensregeln, insbesondere auch nach der MiFIR und MAR sowie dazu erlassener technischer Regulierungsstandards, jährlich durch einen geeigneten Prüfer zu prüfen ist. Hierzu müssen Wertpapierdienstleistungsunternehmen gem. § 89 Abs. 1 Satz 4 WpHG spätestens zum Ablauf des Geschäftsjahres, auf das sich die Prüfung erstreckt, einen Prüfer bestellen. Vorsätzliche oder fahrlässige Verstöße hiergegen, d.h. die **unterlassene oder verspätete, d.h. erst nach Ablauf des Geschäftsjahrs erfolgte** 330

---

1 Dies liegt auf der Linie der Erwägung in Begr. RegE, BT-Drucks. 18/10936, 252, wonach § 120 Abs. 12 WpHG im Wesentlichen den bisherigen Inhalt von § 39 Abs. 3 WpHG a.F. enthalte und einige Tatbestände gestrichen worden seien, die in den Regelungsbereich der MiFID II fallen und anderweitig erfasst werden.
2 Vgl. *Schlette/Bouchon* in Fuchs, § 4 WpHG Rz. 86.

Prüferbestellung, sind in § 120 Abs. 12 Nr. 3 WpHG mit Geldbuße bis zu 50.000 Euro bzw. bei bloßer Fahrlässigkeit mit bis zu 25.000 Euro (§ 17 Abs. 2 OWiG) bedroht. Die Vorschrift wurde inhaltlich identisch noch als § 39 Abs. 3 Nr. 10 WpHG a.F. zum 8.4.2011 in Kraft gesetzt (Art. 1 Nr. 12 1. Anlegerschutz- und Funktionsverbesserungsgesetz).

331　Vor Erteilung des Prüfauftrags muss das Wertpapierdienstleistungsunternehmen der BaFin den (in Aussicht genommenen) Prüfer anzeigen, so dass mögliche Interessenkonflikte aufgedeckt werden können. § 120 Abs. 12 Nr. 4 WpHG bedroht die unterlassene, unrichtige, unvollständige oder verspätete Anzeige ebenfalls mit der Regelgeldbuße. Die Vorschrift wurde inhaltlich identisch noch als § 39 Abs. 3 Nr. 11 WpHG a.F. zum 8.4.2011 in Kraft gesetzt (Art. 1 Nr. 12 1. Anlegerschutz- und Funktionsverbesserungsgesetz).

332　**4. Verstöße gegen die Pflicht zur Veröffentlichung von Jahresfinanzberichten, Halbjahresfinanzberichten und Zahlungsberichten sowie des sog. Bilanzeids (§ 120 Abs. 12 Nr. 5 WpHG).** Jahresfinanzberichte müssen spätestens vier Monate nach Ablauf des Geschäftsjahres (§ 114 Abs. 1 WpHG) und Halbjahresberichte unverzüglich, spätestens jedoch drei Monate nach Ablauf der ersten sechs Monate des Geschäftsjahres veröffentlicht werden (§ 115 Abs. 1 WpHG). Zahlungs- oder Konzernzahlungsberichte müssen spätestens sechs Monate nach Ablauf des Berichtszeitraums der Öffentlichkeit zur Verfügung gestellt werden (§ 116 Abs. 1 WpHG). § 120 Abs. 12 Nr. 5 WpHG bedroht die unterlassene oder verspätete Veröffentlichung bei Vorsatz und Fahrlässigkeit mit Geldbuße bis zu 2 Mio. Euro. Die Vorschrift wurde inhaltlich identisch noch als § 39 Abs. 3 Nr. 12 WpHG a.F. zum 8.4.2011 in Kraft gesetzt (Art. 1 Nr. 12 1. Anlegerschutz- und Funktionsverbesserungsgesetz). Gegenüber juristischen Personen kann die Geldbuße sogar bis zu 10 Mio. Euro oder 5 % des letzten Gesamtjahresumsatzes (§ 120 Abs. 17, 23 WpHG) betragen. Darüber hinaus kann die Geldbuße bis auf das Zweifache des aus dem Verstoß gezogenen wirtschaftlichen Vorteils erhöht werden (§ 120 Abs. 17 Satz 3 WpHG). Die Ahndbarkeit der verantwortlichen Personen bestimmt sich nach § 9 OWiG (s. Rz. 77 ff.). Gelingt es dem Emittenten nicht, rechtzeitig den Jahresfinanzbericht usw. fertig zu stellen, so können sich diese Personen nicht auf den Grundsatz „ad impossibilium nulla obligatio" berufen; vielmehr kann zumindest Fahrlässigkeitsahndbarkeit in Betracht kommen, wenn versäumt worden ist, auf der Hand liegende Vorsorgemaßnahmen für die rechtzeitige Veröffentlichung zu treffen.

333　**XVII. Ordnungswidrigkeiten wegen Verstößen gegen vollziehbare Anordnungen auf Grundlage der Leerverkaufs-VO (§ 120 Abs. 13 WpHG).** § 120 Abs. 13 WpHG erfasst Verwaltungsungehorsam der Normunterworfenen. Nach § 120 Abs. 13 WpHG sind vorsätzliche und fahrlässige Zuwiderhandlungen gegen vollziehbare Anordnungen der BaFin gem. Art. 18 Abs. 2, 19 Abs. 2, 20 Abs. 2, 21 Abs. 1 und 23 Abs. 1 VO Nr. 236/2012 ordnungswidrig. § 120 Abs. 13 WpHG (bzw. die Vorgängerregelung des § 39 Abs. 3a WpHG a.F.) ist bereits 2012 durch das EU-Leerverkaufs-Ausführungsgesetz[1] in die Vorschrift eingefügt worden. § 120 Abs. 13 WpHG ergänzt § 120 Abs. 6 WpHG, der ebenfalls der Ausführung der Leerverkaufs-VO dient (vgl. dazu Rz. 152). Europarechtliche Grundlage für die Bußgeldvorschrift ist auch insoweit Art. 41 VO Nr. 236/2012. Der Bußgeldrahmen liegt bis zu 50.000 Euro bei Vorsatz und bis zu 25.000 Euro bei Fahrlässigkeit (§ 120 Abs. 24 a.E. WpHG, § 17 Abs. 2 OWiG).

334　Gemäß Art. 18 Abs. 2 Satz 2, 3 i.V.m. Abs. 1 VO Nr. 236/2012 kann die BaFin in Ausnahmesituationen wie bei ungünstigen Ereignissen oder Entwicklungen, die eine ernstzunehmende Bedrohung für die Finanzstabilität oder das Marktvertrauen darstellen, gegenüber natürlichen oder juristischen Personen Anordnungen treffen, bei Erreichen oder Unterschreiten einer von der Behörde festgelegten Meldeschwelle von ihnen gehaltene Netto-Leerverkaufspositionen in bestimmten Finanzinstrumenten zu melden oder der Öffentlichkeit offenzulegen, sofern dies erforderlich ist. Ausnahmen können dabei insbesondere für Market-Making oder Primärmarkt-Aktivitäten festgelegt werden. Nach Art. 19 Abs. 2 VO Nr. 236/2012 können natürliche oder juristische Personen, die bestimmte Finanzinstrumente leihweise zur Verfügung stellen, aufgefordert werden, jede erhebliche Änderung der Gebühren zu melden. Nach Art. 20 Abs. 2 VO Nr. 236/2012 kann die BaFin ein Verbot oder Bedingungen gegenüber natürlichen oder juristischen Personen verhängen, die einen Leerverkauf oder bestimmte Transaktionen (Art. 20 Abs. 2 lit. b VO Nr. 236/2012) tätigen. Nach Art. 21 Abs. 1 VO Nr. 236/2012 kann die BaFin in Ausnahmesituationen (wie bei Art. 18 VO Nr. 236/2012) die Befugnis natürlicher oder juristischer Personen, in Transaktionen mit Credit Default Swaps auf öffentliche Schuldtitel einzutreten, Beschränkungen unterwerfen oder den Wert von Positionen in Credit Default Swaps auf öffentliche Schuldtitel, die diese natürlichen oder juristischen Personen eingehen dürfen, beschränken. Bei signifikantem Kursverfall kann die zuständige Behörde gem. Art. 23 Abs. 1 VO Nr. 236/2012 nach einer entsprechenden Prüfung, den Leerverkauf verbieten oder im Falle von Aktien oder Schuldinstrumenten beschränken bzw. im Falle anderer Arten von Finanzinstrumenten Transaktionen mit dem betreffenden Finanzinstrument am jeweiligen Handelsplatz beschränken, um einen ungeordneten Kursverfall des Finanzinstruments zu verhindern.

335　§ 120 Abs. 13 WpHG sieht vor, dass derjenige ordnungswidrig handelt, der einer entsprechenden vollziehbaren Anordnung der BaFin vorsätzlich oder fahrlässig zuwiderhandelt. Die Zuständigkeit der BaFin für Maßnahmen *nach der Leerverkaufs-VO ist* explizit in § 53 Abs. 1 Satz 1 WpHG angeordnet. Widerspruch und Anfechtungs-

---

1 BGBl. I 2012, 2286.

klage gegen diese Maßnahmen haben nach § 53 Abs. 3 WpHG, der §§ 13, 14 Abs. 4 Satz 4 WpHG nachgebildet ist, keine aufschiebende Wirkung. Die Vorschrift stellt somit ein gesetzlich angeordnetes Entfallen der aufschiebenden Wirkung i.S.v. § 80 Abs. 2 Nr. 3 VwGO dar. Dadurch soll auch die effektive Durchsetzung des Unionsrechts gewährleistet werden.

Im Gegensatz zu § 120 Abs. 6 WpHG reicht auf der subjektiven Tatbestandsseite bereits einfache Fahrlässigkeit aus. 336

XVIII. Ordnungswidrigkeiten gem. § 120 Abs. 14 WpHG: Leichtfertige Insiderverstöße. § 119 Abs. 3 WpHG 337 verlangt für die Strafbarkeit bei **Insiderdelikten** Vorsatz, § 15 StGB (vgl. Kommentierung zu § 119 WpHG Rz. 89 ff.). In § 120 Abs. 14 WpHG, ursprünglich § 39 Abs. 3b WpHG a.F. i.d.F. von Art. 1 Nr. 39 1. FiMaNoG wird die Strafbarkeit mit Wirkung zum 2.7.2016 (Art. 17 Abs. 1 1. FiMaNoG) durch eine Bußgeldandrohung bei leichtfertiger Begehung ergänzt. Die spätere Geltungsanordnung in § 137 Abs. 1 WpHG durch das 2. FiMaNoG zielte ihrer entstehungsgeschichtlichen Intention nach nicht darauf, die Strafbarkeit des leichtfertigen Insiderhandels aufrecht zu halten, sondern auf die Schließung der vermeintlichen Strafbarkeitslücke am 3.7.2016 und die Folgen, die Teile der Literatur aus ihr in Verbindung mit § 2 Abs. 3 StGB zogen. Die besseren Gründe sprechen dafür, auch für Altfälle keine Strafbarkeit von leichtfertigem Insiderhandel mehr anzunehmen (§ 137 WpHG Rz. 1).

Mit dem Bußgeldtatbestand wird verbotenes individuelles Verhalten unterhalb des Strafwürdigen erfasst. Die 338 Höhe der Geldbuße kann gem. § 120 Abs. 18 WpHG bis zu 5 Mio. € betragen. Für juristische Personen können höhere Geldbußen vorgesehen werden. Dabei darf die Geldbuße gem. § 120 Abs. 18 Satz 2 Nr. 1 WpHG den höheren der Beträge von 15 Mio. Euro und 15 % des Gesamtumsatzes (gem. § 120 Abs. 23 WpHG), den die juristische Person oder Personenvereinigung im der Behördenentscheidung vorausgegangen Geschäftsjahr erzielt hat, nicht überschreiten. Europarechtliche Grundlage ist Art. 30 Abs. 1 lit. a, Abs. 2 lit. h, i Ziff. i, lit. j Ziff. i VO Nr. 596/2014. Der Tatbestand ist gegenüber dem Vorsatzdelikt subsidiär. Denkbar ist es allerdings, dass ein Beteiligter vorsätzlich und an anderer leichtfertig gehandelt hat. Wenn beide Delikte Anknüpfungstatbestände für eine Verbandssanktionierung sind, tritt der subsidiäre Leichtfertigkeitstatbestand zurück.

XIX. Ordnungswidrigkeiten gem. § 120 Abs. 15 WpHG: Bußgeldbewehrte Marktmanipulation und andere 339 **Verstöße gegen die Marktmissbrauchsverordnung.** In § 120 Abs. 15 WpHG sind weitere Bußgeldtatbestände aufgeführt, die vorsätzliche oder leichtfertige Verstöße gegen die **MAR (VO Nr. 596/2014)** erfassen. Europarechtliche Grundlage ist Art. 30 Abs. 1 lit. a, Abs. 2 lit. h, i, j VO Nr. 596/2014 (vgl. Art. 30 VO Nr. 596/2014 Rz. 17 f.). Auf nationaler Ebene geht § 120 Abs. 15 WpHG zurück auf § 39 Abs. 3d WpHG a.F. i.d.F. von Art. 1 Nr. 36c 1. FiMaNoG. Das 1. FiMaNoG sah das Inkrafttreten am 2.7.2016 vor (Art. 17 Abs. 1 1. FiMaNoG), das allerdings für § 120 Abs. 15 Nr. 1 WpHG durch § 50 Satz 1 WpHG a.F. (§ 135 Satz 1 WpHG) bis zum Inkrafttreten der MiFID II 2014/65/EU hinausgeschoben war.

§ 120 Abs. 15 WpHG enthält sowohl die nicht strafbare Marktmanipulation wie eine Reihe von Delikten, die 340 marktmissbrauchsrechtliche Sekundärpflichten sanktionieren. Solche Sekundärpflichten schützen wie die Ad-Hoc-Pflicht und die Director's Dealing-Pflichten unmittelbar die Integrität des Marktgeschehens, andere sind präventiv, indem sie der Vorbeugung und Überwachung von Insidern und Leitungspersonen sowie von Marktteilnehmern dienen. Das spiegelt sich in einem sehr unterschiedlichen Unwertgehalt, der durch den differenzierenden Bußgeldrahmen auch gespiegelt wird. Geahndet werden vorsätzliche sowie leichtfertige Verstöße gegen die Verordnungsvorschriften. Die Maximalhöhe der Bußgelder, die für Verstöße gegen diese Vorschriften verhängt werden können, richtet sich nach § 120 Abs. 18 WpHG. So kann in den Fällen von Nr. 2 (Verstöße gegen das Verbot der Marktmanipulation) eine Geldbuße bis zu 5 Mio. Euro verhängt werden. Für die in § 120 Abs. 15 Nr. 3 bis 11 WpHG und § 120 Abs. 15a WpHG geregelten Verbote gilt ein Höchstmaß von 1 Mio. Euro und für die Fälle des § 120 Abs. 15 Nr. 1 und 12 bis 23 WpHG eine maximale Geldbuße von 500.000 Euro. Nach § 120 Abs. 18 Satz 2 WpHG können gegenüber juristischen Personen noch höhere Geldbußen verhängt werden. Dabei nehmen die Nr. 1 bis 3 des § 120 Abs. 18 Satz 2 WpHG auch hier höhenmäßige Begrenzungen vor (Nr. 1: höherer Betrag von 15 Mio. Euro und 15 % des letzten Gesamtjahresumsatzes, Nr. 2: höherer Betrag von 2,5 Mio. Euro und 2 % des Umsatzes, Nr. 3: 1 Mio. Euro). Lediglich für den Fall von § 120 Abs. 15 Nr. 1 WpHG (Verstöße gegen das Gebot der Bereitstellung von Referenzdaten) findet gem. § 120 Abs. 25 Satz 2 WpHG der § 17 Abs. 2 OWiG (halber Bußgeldrahmen bei Leichtfertigkeit) Anwendung.

1. Verstoß gegen das Gebot der Bereitstellung von Referenzdaten (§ 120 Abs. 15 Nr. 1 WpHG). Art. 4 VO 341 Nr. 596/2014 verpflichtet Betreiber von Handelsplätzen, jedes Finanzinstrument, für das ein Antrag auf Zulassung zum Handel auf ihrem Handelsplatz gestellt wird, zum Handel zugelassen wird oder erstmalig gehandelt worden ist, unverzüglich der BaFin zu melden (Abs. 1 Unterabs. 1). Daneben müssen die Betreiber die BaFin auch darüber informieren, wenn ein Finanzinstrument nicht mehr gehandelt wird oder seine Zulassung zum Handel erlischt, außer wenn das Datum, von dem an das betreffende Finanzinstrument nicht mehr gehandelt wird oder mit dem seine Zulassung zum Handel erlischt, bekannt ist und in der vorigen Meldung genannt wurde (Abs. 1 Unterabs. 2). Nach § 135 Satz 1 WpHG tritt die Vorschrift abweichend von Art. 17 Abs. 1 WpHG nicht am 2.7.2016, sondern erst mit Inkrafttreten der MiFID II 2014/65/EU am 3.1.2018 in Kraft. Die

Meldungen sollen dabei die Bezeichnungen und Kennung der betreffenden Finanzinstrumente sowie Datum und Uhrzeit des Antrags auf Zulassung zum Handel, Datum und Uhrzeit der Zulassung zum Handel sowie Datum und Uhrzeit des ersten Handelsabschlusses enthalten (Abs. 1 Unterabs. 3). Der Handelsplatzbetreiber, der die identifizierenden Referenzdaten nach Art. 4 VO Nr. 596/2014 in Bezug auf ein Finanzinstrument nicht, nicht richtig, nicht vollständig, nicht in der vorgeschriebenen Weise oder nicht rechtzeitig der BaFin zur Verfügung stellt oder aktualisiert, handelt ordnungswidrig. Erfasst wird damit Verwaltungsungehorsam in Form der Verletzung gesetzlicher Pflichten gegenüber einer Behörde.

342 **2. Verstoß gegen das Verbot der Marktmanipulation (§ 120 Abs. 15 Nr. 2 WpHG).** Ergänzend zur Strafvorschrift des **§ 119 Abs. 1 WpHG** erfasst der Bußgeldtatbestand des § 120 Abs. 15 Nr. 2 WpHG solche Verstöße gegen Art. 15 VO 596/2014, die auch leichtfertig begangen wurden und/oder bei denen kein Manipulationserfolg eingetreten ist. Hierfür ist der höchste Bußgeldrahmen innerhalb des § 120 WpHG vorgesehen. Dies liegt daran, dass es sich um ein vom Verordnungsgeber wegen der damit verbundenen Gefahren für die Integrität der Finanzmärkte besonders unerwünschtes verbotenes individuelles Verhalten handelt. Tatbestandsstrukturell hat der hier verwendete Begriff der Marktmanipulation den ersten Anschein eines normativen Tatbestandsmerkmals. Dies wird aber dadurch überlagert, dass zugleich ein Verstoß gegen Art. 15 VO 596/2014 verlangt wird, und diese Vorschrift enthält über Weiterverweisungen einen vollständigen Unrechtstatbestand der Marktmanipulation. Zu den Einzelheiten s. § 119 WpHG Rz. 35 ff.

343 **3. Verstoß gegen die Vorschriften zur Verhinderung von Marktmissbrauch (§ 120 Abs. 15 Nr. 3–5 WpHG).** Art. 16 VO Nr. 596/2014 sieht eine Reihe von Präventionspflichten gegen Marktmissbrauch vor, deren Verletzung § 120 Abs. 15 Nr. 3–5 WpHG als Ordnungswidrigkeit erfasst. Im Einzelnen sind dies:

- in Art. 16 Abs. 1 Unterabs. 1, Abs. 2 Satz 1 VO Nr. 596/2014 das Gebot für Betreiber von Märkten und Handelsplatzbetreibern sowie für Personen, die gewerbsmäßig Geschäfte vermitteln oder ausführen, zur Schaffung und Aufrechterhaltung wirksamer Regelungen, Systeme und Verfahren zur Vorbeugung, Aufdeckung und Meldung von Marktmissbrauch und dem Versuch dazu. Einzelheiten zur Ausgestaltung der Systeme können von der ESMA gem. Art. 16 Abs. 5 VO Nr. 596/2012 in technischen Regulierungsstandards geregelt werden.
- in Art. 16 Abs. 1 Unterabs. 2 VO Nr. 596/2014 die Pflicht für Handelsplatzbetreiber, Verdachtsfälle von Marktmanipulation und Insiderhandel an die Aufsichtsbehörde zu melden, ergänzend gilt § 120 Abs. 2 Nr. 2 lit. c WpHG (Rz. 99)
- in Art. 16 Abs. 2 Satz 2 VO Nr. 596/2014 wird auch die Pflicht zur Meldung von Verdachtsfällen zu Marktmanipulationen und Insiderhandel auf Personen, die gewerbsmäßig Geschäfte vermitteln oder ausführen, erstreckt.

344 Systeme (Rz. 31) meint informationstechnische Systeme (Art. 16 VO Nr. 596/2014 Rz. 27), Verfahren (Rz. 39) personelle Untersuchungen und Beurteilungen (Art. 3, Abs. 4 DelVO 2016/957, Art. 16 VO Nr. 596/2014 Rz. 28). Bei § 120 Abs. 15 Nr. 3 WpHG gelten die Grundsätze über die alleinige Bußgeldbegründung durch das Gesetz. Die Tatrichterin muss also prüfen, ob das System nicht „wirksam" ist und darf sich nicht auf die Feststellung eines Verstoßes gegen technische Regulierungsstandards, namentlich die DelVO 2016/957 (Art. 16 VO 596/2014 Rz. 27 f.), oder gar Level 3-Verlautbarungen stützen. „Wirksam" bedeutet auch hier nicht lückenlos (s. auch Rz. 217).

345 **4. Verstöße gegen die Pflicht zur Veröffentlichung von Insiderinformationen (§ 120 Abs. 15 Nr. 6–11 WpHG).** Art. 17 VO Nr. 596/2014 sieht vor, dass Insiderinformationen vom betreffenden Emittenten zur Beseitigung von Informationsasymmetrien unverzüglich zu veröffentlichen sind. Es handelt sich um Sonderpflichten, die an das besondere persönliche Merkmal „Emittent" anknüpfen. In § 120 Abs. 15 Nr. 6–11 WpHG werden zahlreiche Verstöße gegen Veröffentlichungspflichten mit Bußgelddrohung versehen.
Im Einzelnen:

- Zentrale Bußgeldnorm ist § 120 Abs. 15 Nr. 6 WpHG, der die Bekanntmachungspflicht für Insiderinformationen nach Art. 17 Abs. 1 Unterabs. 1, Abs. 2 Unterabs. 1 Satz 1 VO Nr. 596/2014 mit einer Bußgeldandrohung versieht. Danach handelt ordnungswidrig, wer als Emittent oder als Marktteilnehmer in Bezug auf eigene Emissionszertifikate Insiderinformationen nicht, nicht richtig, unvollständig, vorschriftswidrig oder verspätet bekannt gibt. Die Pflicht ist ein präventives Korrelat zum Verbot von Insidergeschäften. Sie zielt nämlich darauf ab, Insiderwissen unverzüglich der Öffentlichkeit zugänglich zu machen und so Missbrauch zu verhindern.
- Auch wenn der Wortlaut des § 120 Abs. 15 Nr. 7 WpHG etwas missverständlich ist, erfasst die Norm nur die unzureichende Veröffentlichung einer Insiderinformation, d.h. eine Veröffentlichung, die der Öffentlichkeit nicht erlaubt, schnell auf die Information zuzugreifen, sie zu verarbeiten und zu bewerten[1]. Die vollständig unterlassene Veröffentlichung fällt hingegen bereits unter § 120 Abs. 15 Nr. 6 WpHG.

---

1 Vgl. zu diesen Anforderungen *Poelzig*, NZG 2016, 761, 766.

- Wenn Emittenten die Veröffentlichung von Insiderinformationen mit der Vermarktung ihrer Tätigkeiten entgegen Art. 17 Abs. 1 Unterabs. 2 Satz 2 VO Nr. 596/2014 verbinden, handeln sie nach § 120 Abs. 15 Nr. 8 WpHG ordnungswidrig.
- Nach § 120 Abs. 15 Nr. 9 WpHG handelt ordnungswidrig, der eine Insiderinformation nicht, nicht richtig, nicht vollständig, nicht in der vorgeschriebenen Weise oder nicht rechtzeitig veröffentlicht oder nicht mindestens fünf Jahre auf seiner Website anzeigt (entgegen Art. 17 Abs. 1 Unterabs. 2 Satz 3 VO Nr. 596/2014).
- Nach § 120 Abs. 15 Nr. 10 WpHG handelt ordnungswidrig, wer gegen die Informations- und Erläuterungspflichten über den Aufschub einer Offenlegung entgegen Art. 17 Abs. 4 Unterabs. 3 Satz 1 VO Nr. 596/2014 verstößt.
- Legt ein Emittent oder ein Teilnehmer am Markt für Emissionszertifikate oder eine in ihrem Auftrag oder für ihre Rechnung handelnde Person im Zuge der normalen Ausübung ihrer Arbeit oder ihres Berufs oder der normalen Erfüllung ihrer Aufgaben gem. Art. 10 Abs. 1 VO Nr. 596/2014 Insiderinformationen gegenüber einem Dritten offen, so ist er nach Art. 17 Abs. 8 Satz 1 VO Nr. 596/2014 dazu verpflichtet, diese Informationen vollständig und wirksam zu veröffentlichen, und zwar zeitgleich bei absichtlicher Offenlegung und unverzüglich im Fall einer nicht absichtlichen Offenlegung. Ein Verstoß gegen diese Veröffentlichungspflichten ist nach § 120 Abs. 15 Nr. 11 WpHG ordnungswidrig.

Bei diesen Pflichten ist besonders umstritten, ob sie eine Garantenpflicht i.S.d. § 13 StGB begründen, deren Verletzung den Straftatbestand der Marktmanipulation durch Unterlassen (§ 119 Abs. 1 WpHG, § 13 StGB) begründet. Die Verfechter dieser Auffassung geben dem Bußgeldtatbestand des vorsätzlichen Ad-hoc-Verstoßes regelhaft ein normatives Upgrade zur Straftat der Marktmanipulation (abl. § 119 WpHG Rz. 168 ff.). Normsystematisch wäre der Tatbestand der vorsätzlich unterlassenen Veröffentlichung dann praktisch obsolet.

5. Verstöße beim Führen einer Insiderliste (§ 120 Abs. 15 Nr. 12–16 WpHG). Art. 18 VO Nr. 596/2014 sieht die Verpflichtung zum Führen einer Insiderliste für Emittenten und in deren Auftrag handelnde Personen vor und gestaltet Umfang und Reichweite dieser Verpflichtung aus. Auch hier ist die Stellung als Emittent im Sinne eines besonderen persönlichen Merkmals pflichtbegründend. Im Auftrag des Emittenten handelt nur, wer spezifisch in seinem Pflichtenkreis (als Emittent, nicht als Listenführer) handelt und dafür, d.h. für die Erfüllung seines Auftrages, Zugang zu Insider-Informationen hat. In das Verzeichnis aufzunehmen sind nur solche Mitarbeiter, auf die dies zutrifft; IT-Mitarbeiter, die nur bei Gelegenheit ihrer Aufgaben oder gar durch Verstöße Zugang zu Insiderinformationen haben, gehören nicht in die Verzeichnisse. Näheres zum Format der Listen regelt die DurchfVO 2016/347. § 120 Abs. 15 Nr. 12–16 WpHG sehen Ordnungswidrigkeiten vor, die Verstöße gegen Pflichten bei der Führung von Insiderverzeichnissen umfassend als Bußgeldtatbestand erfassen. Auch die Befürworter des normativen Upgrade der MAR-Sekundärpflichten zu Garantenpflichten der Marktmanipulation erkennen an, dass dies für die Pflichten der Insiderliste nicht gilt[1]. Die BaFin hat wichtige Anwendungsfragen norminterpretierend in einem FAQ geklärt.

- § 120 Abs. 15 Nr. 12 WpHG betrifft die in Art. 18 Abs. 1 lit. a VO Nr. 596/2014 geregelte grundsätzliche Verpflichtung zur Aufstellung von Insiderlisten. Wer dieser Pflicht nicht, nicht richtig, nicht vollständig, vorschriftswidrig oder verspätet nachkommt, handelt ordnungswidrig. Erfasst ist, wie § 120 Abs. 15 Nr. 13 WpHG i.V.m. Art. 18 Abs. 1 lit. b VO Nr. 596/2014 zeigen, nur die Zuwiderhandlung beim erstmaligen Aufstellen der Liste. Wird die Liste später unrichtig oder unvollständig, fällt dies allein unter § 120 Abs. 15 Nr. 13 WpHG.
- Art. 18 Abs. 1 lit. b VO Nr. 596/2014 soll sicherstellen, dass die einmal aufgestellte Insiderliste fortgeschrieben wird. Verstöße gegen die Aktualisierungspflicht sind eine Ordnungswidrigkeit nach § 120 Abs. 15 Nr. 13 WpHG. Taugliches Tatobjekt ist dabei auch eine ursprünglich falsche Insiderliste, sofern diese nicht (oder nicht richtig) aktualisiert wird und damit an Wahrheitsgehalt noch verliert.
- Art. 18 Abs. 1 lit. c VO Nr. 596/2014 verpflichtet zur Übermittlung der Insiderliste an die BaFin, sofern diese die Übermittlung verlangt. § 120 Abs. 15 Nr. 14 WpHG erfasst die unterlassene, unrichtige, unvollständige, vorschriftswidrige oder verspätete Übermittlung.
- § 120 Abs. 15 Nr. 15 WpHG betrifft Art. 18 Abs. 2 Unterabs. 1 VO Nr. 596/2014, der vorschreibt, dass insiderlistenpflichtige Personen zur schriftlichen Anerkennung der Verpflichtungen aus der MAR bewegt werden. Dieser Pflicht, die einen nicht unerheblichen bürokratischen Aufwand bedeutet, genügen die Emittenten nur, wenn sie die (arbeits-)vertragsrechtlichen Möglichkeiten ausschöpfen[2] und notfalls – im Rahmen des arbeitsrechtlich Zulässigen – die Zusammenarbeit mit Personen beenden, die die Anerkennung des Pflichtenprogramms verweigern.
- § 120 Abs. 15 Nr. 16 WpHG bezieht sich auf Art. 18 Abs. 5 VO Nr. 596/2014. Dieser regelt die Aufbewahrungspflicht dergestalt, dass die Erstellung und jede Aktualisierung eine Aufbewahrungsfrist von (weiteren) fünf Jahren auslöst. Nach dem klaren Wortlaut der Norm führen nur tatsächlich durchgeführte Aktualisie-

---
1 *Hans Richter*, WM 2017, 1636, 1639.
2 Vgl. auch *Simons*, CCZ 2016, 221, 228.

rungen zu einer Verlängerung der Aktualisierung, nicht aber Aktualisierungen, die hätten durchgeführt werden müssen.

348 Der Bußgeldtatbestand setzt voraus, dass es sich *objektiv* um eine Insidertatsache handelt und der Täter dies wusste oder leichtfertig verkannte. Die vielen bei Emittenten und ihren Dienstleistern vorsorglich geführten Listen können eine Ordnungswidrigkeit nur dann begründen, wenn die Personen tatsächlich Zugang zu Insiderinformationen hatten. Der Versuch ist nicht bußgeldbewehrt. Die vielen Fälle, in denen – etwa bei der Tätigkeit größerer Teams – eine Liste unvollständig ist, weil es versäumt wurde, einen zusätzlich noch mitarbeitenden Mitarbeiter aufzunehmen, begründen nur dann eine Ordnungswidrigkeit, wenn dem ein vorsätzlicher Verstoß – was selten der Fall sein dürfte – oder jedenfalls Leichtfertigkeit einer bestimmten Person zugrunde liegt. Einzelne Versehen in größeren arbeitsteiligen Organisationen bei der Befolgung formaler und präventiver Ordnungsvorschriften werden häufig nicht über den Grad einfacher Fahrlässigkeit hinaus reichen. Der Unwertgehalt liegt bei formal-präventiven Ordnungsvorschriften auch regelmäßig weit niedriger als bei solchen marktmissbrauchsrechtlichen Pflichten, die unmittelbar die Integrität von Märkten schützen, wie Art. 16 und Art. 18 VO Nr. 596/2014, was im Bußgeldrahmen sachgerecht differenziert wird.

349 **6. Verstöße gegen die Pflicht zur Meldung von Directors' Dealings (§ 120 Abs. 15 Nr. 17–22 WpHG).** Art. 19 VO Nr. 596/2014 soll sicherstellen, dass Eigengeschäfte von Organmitgliedern oder persönlich haftenden Gesellschaftern von Emittenten der zuständigen Aufsichtsbehörde mitgeteilt werden. Zur Absicherung dieses Pflichtenprogramms werden in den § 120 Abs. 15 Nr. 17–22 WpHG verschiedene Bußgeldtatbestände vorgehalten. Für die Befürworter der (abzulehnenden, § 119 WpHG Rz. 170) Garantenpflichttheorie bei marktmissbrauchsrechtlichen Sekundärpflichten begründen diese Pflichten eine Garantenstellung der Emittenten[1] bzw. Leitungspersonen.

- Art. 19 Abs. 1 Unterabs. 1 VO Nr. 596/2014 regelt die Pflicht zur Meldung von Eigengeschäften für Personen mit Führungsaufgaben sowie ihnen nahestehende Personen (jeweils näher definiert in Art. 3 Abs. 1 Nr. 25, 26 VO Nr. 596/2014). Unterbleibt dies oder geschieht es nur unzureichend (unvollständig, verspätet, unrichtig, vorschriftswidrig), so stellt dies eine Ordnungswidrigkeit (Verwaltungsungehorsam) nach § 120 Abs. 15 Nr. 17 WpHG dar.
- Durch § 120 Abs. 15 Nr. 18 WpHG werden Verstöße gegen die Veröffentlichungspflicht nach Art. 19 Abs. 3 Unterabs. 1 VO Nr. 596/2014 bußgeldbewehrt. Hier handelt es sich um Pflichten, die unmittelbar das Marktgeschehen schützen.
- Art. 19 Abs. 5 VO Nr. 596/2014 verlangt, dass der Emittent oder Marktteilnehmer seine Führungskräfte von den Verpflichtungen in Bezug auf *Directors' Dealings* in Kenntnis setzt und dass die Führungskräfte ihre nahestehenden Personen entsprechend informieren und die Unterrichtung jeweils dokumentieren. Anders als die Personen, die auf Insiderlisten erfasst sind, müssen die Führungskräfte und die nahestehenden Personen jedoch die Verpflichtungen nicht schriftlich anerkennen. Da bei einer schriftlichen Mitteilung die tatsächliche Kenntnisnahme in der Hand des Empfängers liegt, dürfte ein Schreiben, das die Kenntnisnahme ermöglicht, genügen. Der Verstoß gegen diese Informationspflichten ist in § 120 Abs. 15 Nr. 19 WpHG erfasst.
- § 120 Abs. 15 Nr. 20 WpHG erfasst Verstöße gegen die Pflicht zur Führung einer Liste von Führungskräften und ihnen nahestehenden Personen nach Art. 19 Abs. 5 Unterabs. 1 Satz 2 VO Nr. 596/2014. Fraglich ist, ob auch die Pflicht umfasst ist, die Liste bei Veränderungen zu aktualisieren. Da in Art. 19 Abs. 5 Unterabs. 1 VO Nr. 596/2014 eine Vorschrift wie in Art. 18 Abs. 1 lit. b VO Nr. 596/2014 gerade fehlt, ist dies jedenfalls bußgeldrechtlich zu verneinen. Es ist nicht Aufgabe des Anwenders von Bußgeldnormen, die dort geregelten Ordnungswidrigkeiten im Wege der Auslegung mit weiteren, möglicherweise sinnvollen, Ordnungswidrigkeitentatbeständen zu vervollständigen[2].
- § 120 Abs. 15 Nr. 21 WpHG betrifft die in Art. 19 Abs. 5 Unterabs. 2 VO Nr. 596/2014 geregelte Aufbewahrungspflicht hinsichtlich der Kopie des Dokuments über die Verpflichtungen von Personen, die Führungsaufgaben wahrnehmen, welches an diesen nahestehende Personen zugeht. Ordnungswidrigkeitenrechtlich erfasst sind damit organisatorische Unzulänglichkeiten.
- In § 120 Abs. 15 Nr. 22 WpHG werden Eigengeschäfte sowie Geschäfte für Dritte während der Closed-Down-Period gem. Art. 19 Abs. 11 VO Nr. 596/2014 als Ordnungswidrigkeit erfasst (verbotenes individuelles Verhalten unterhalb des Strafwürdigen).

350 **7. Verstoß gegen das Gebot objektiver Informationsdarstellung (§ 120 Abs. 15 Nr. 23 WpHG).** Art. 20 Abs. 1 VO Nr. 596/2014 enthält zwei Gebote: Erstens müssen Personen, die Anlageempfehlungen oder andere Informationen, durch die eine Anlagestrategie empfohlen oder vorgeschlagen wird, erstellen oder verbreiten, die Informationen „objektiv" darstellen und zweitens ihre Interessen oder Interessenkonflikte hinsichtlich der Finanzinstrumente, auf die diese Informationen sich beziehen, offenlegen. Unter Bestimmtheitsgesichtspunkten

---

1 *H. Richter*, WM 2017, 1636, 1639.
2 Anders offenbar *Stüber*, DStR 2016, 1221, 1225. Ablehnend wohl auch *Kiesewetter/Parmentier*, BB 2013, 2371, 2377.

bereitet bei dieser von § 120 Abs. 15 Nr. 23 WpHG in Bezug genommenen Norm insbesondere das Merkmal der „Objektivität" Schwierigkeiten, denn ob eine Information objektiv dargestellt wird, ist in erster Linie ein Wertungsakt und damit denkbar ungeeignet als Anknüpfungspunkt für ein bußgeldbedrohtes Verhalten.

Jedenfalls im Rahmen des Ordnungswidrigkeitenrechts ist daher eine eingrenzende Auslegung geboten, nach 351 der Informationen erst dann nicht mehr objektiv dargestellt werden, wenn sie die Vor- oder Nachteile einer Anlage so einseitig präsentieren, dass die Mitteilung völlig ungeeignet ist, als Grundlage einer Anlageentscheidung zu dienen und sich letztlich im reklamehaften Anpreisen einer Anlagemöglichkeit erschöpft. Vom Wortlaut der Bußgelddrohung wäre es auch erfasst, wenn eine Anlageempfehlung das Ziel der Objektivität dadurch verfehlt, dass sie die Risiken der Anlage übertreibt und deren Chancen zu gering wertet. Allerdings ist das Ziel der Bußgeldnorm nur, den Anleger vor nicht objektiven positiven Empfehlungen zu schützen, nicht aber, ihn vor entgangenen lukrativen Anlagechancen zu bewahren. Deshalb fällt die zu pessimistische Einschätzung nicht unter die Bußgeldnorm.

XX. Verstoß gegen das Verbot der Weitergabe von Informationen über erstattete Verdachtsanzeigen und über Meldungen (§ 120 Abs. 15a WpHG). 352
Bis zum Gesetz zur Ausübung von Optionen der EU-Prospektverordnung und zur Anpassung weiterer Finanzmarktgesetze war seit dem 3.1.2018 lediglich für den Bereich der Leerverkaufsverbote in § 23 Abs. 1 Satz 2 WpHG i.V.m. § 120 Abs. 2 Nr. 2a WpHG die Weitergabe von Informationen über erstattete Verdachtsanzeigen an unbefugte Personen bußgeldbewehrt. Natürlich besteht das Risiko auch im Marktmissbrauchsrecht, und nach dem WpHG a.F. waren Verstöße gegen § 10 WpHG a.F. nach § 39 Abs. 2 Nr. 1 Alt. 2 WpHG a.F. bußgeldbewehrt. Diese – echte – Sanktionslücke sucht § 120 Abs. 15a WpHG zu schließen, der gem. Art. 4 Nr. 8c Gesetz zur Ausübung von Optionen der EU-Prospektverordnung und zur Anpassung weiterer Finanzmarktgesetze vom 10.7.2018 mit dem 14.7.2018 in Kraft tritt. Der in Bezug genommene Art. 5 Abs. 5 DelVO 2016/957 lautet: „Die in Absatz 1 genannten Personen füllen die Verdachtsmeldung aus, ohne die Person, auf die sich die Verdachtsmeldung bezieht, und andere Personen, die nicht von der bevorstehenden Übermittlung einer Verdachtsmeldung Kenntnis haben müssen, darüber zu unterrichten, was für Auskunftsersuchen in Bezug auf die Person, auf die sich die Verdachtsmeldung bezieht, zum Zweck des Ausfüllens bestimmter Felder gilt." Allerdings ist der Bußgeldtatbestand eigenartig formuliert, denn es geht nicht wirklich um das „unrichtige Ausfüllen" des Formulars, sondern um das begleitende Verhalten. Der Wortlaut des Verweisungstatbestandes weist gewissermaßen in die falsche Richtung; erst durch das Zusammenlesen mit dem europäischen Bezugstatbestand wird das Gemeinte deutlich. Die Bestimmtheitsgrenze dürfte gleichwohl gerade noch gewahrt sein.

XXI. Ordnungswidrigkeiten wegen Verstößen gegen die PRIIP-VO (§ 120 Abs. 16 WpHG). 353
§ 120 Abs. 16 WpHG dient der Umsetzung der Vorgaben der **PRIIP-VO (VO Nr. 1286/2014)** über verpackte Anlageprodukte für Kleinanleger und Versicherungsanlageprodukte (**PRIIP**) und bewehrt insbesondere die Verletzung von Verhaltenspflichten im privatrechtlichen Horizontalverhältnis mit Bußgeld. Auf nationaler Ebene geht § 120 Abs. 16 WpHG zurück auf § 39 Abs. 3e WpHG a.F. i.d.F. von Art. 2 Nr. 6a 1. FiMaNoG, wofür gem. Art. 17 Abs. 2 1. FiMaNoG auf nationaler Ebene ein Inkrafttreten zum 31.12.2016 vorgesehen war. Die PRIIP-VO hält dabei einheitliche Vorschriften für das Format und den Inhalt des Basisinformationsblatts bereit, welches von Herstellern von verpackten Anlageprodukten für Kleinanleger und Versicherungsanlageprodukten abzufassen ist (Art. 1 VO Nr. 1286/2014). Dies dient dem Schutz der Kleinanleger und soll ihnen ermöglichen, die Merkmale und Risiken der Finanzprodukte zu verstehen und zu vergleichen. Innerhalb des europäischen Kapitalmarktrechts weist die PRIIP-VO eine ausgeprägt verbraucherschützende Tendenz auf, so dass sich hier die Frage stellt, ob nicht privatrechtsnähere Durchsetzungsmechanismen gereicht hätten. Allerdings bleibt dem nationalen Gesetzgeber keine Wahl: Art. 22 VO Nr. 1286/2014 verpflichtet die Mitgliedstaaten zur Einführung verwaltungsrechtlicher Sanktionen und Maßnahmen für Verstöße gegen die Verordnung (vgl. Art. 22 VO Nr. 1286/2014 Rz. 1 ff.). Art. 24 VO Nr. 1286/2014 legt dabei für die dort aufgezählten Vorschriften einzelne verwaltungsrechtliche Sanktionen fest und regelt in Art. 24 Abs. 2 lit. e VO Nr. 1286/2014 die erforderlichen maximalen Bußgeldhöhen. In § 120 Abs. 19 WpHG sind die entsprechenden Bußgeldrahmen umgesetzt. Dabei ahndet § 120 Abs. 16 WpHG vorsätzliche und leichtfertige Verstöße gegen Regelungen der PRIIP-VO, auf welche die Norm als Blanketttatbestand verweist. Ein Verstoß kann mit einem Bußgeld von bis zu 700.000 Euro geahndet werden. Gegenüber juristischen Personen kann gem. § 120 Abs. 19 Satz 2 WpHG eine höhere Geldbuße verhängt werden. Diese darf dabei den höheren Betrag von 5 Mio. Euro und 3 % des Gesamtumsatzes (§ 120 Abs. 23 WpHG), den die juristische Person im der Behördenentscheidung vorausgegangenen Geschäftsjahr erzielt hat, nicht überschreiten. Darüber hinaus kann eine Geldbuße auch das Zweifache des aus dem Verstoß gezogenen wirtschaftlichen Vorteils betragen, wobei dieser die erzielten Gewinne und vermiedenen Verluste umfasst und auch geschätzt werden kann (§ 120 Abs. 19 Satz 3 und 4 WpHG).

Zentraler Regelungsgegenstand der VO Nr. 1286/2014 ist die richtige **Abfassung und Veröffentlichung von** 354 **Basisinformationsblättern.** Art. 5 Abs. 1 VO Nr. 1286/2014 regelt insofern, dass der PRIIP-Hersteller, bevor er Kleinanlegern ein PRIIP anbietet, ein Basisinformationsblatt abzufassen hat und dies auf seiner Website zu veröffentlichen ist. Tut er dies nicht, nicht richtig, nicht vollständig, nicht rechtzeitig oder nicht in der vorgeschriebenen Weise, so handelt er gem. **§ 120 Abs. 16 Nr. 1 lit. a WpHG** ordnungswidrig. Art. 6, Art. 7 Abs. 2 und

§ 120 | Straf- und Bußgeldvorschriften

Art. 8 Abs. 1–3 VO Nr. 1286/2014 treffen genauere Regelungen über Form und Inhalt des Basisinformationsblatts. Auch ein Verstoß gegen diese Vorschriften ist gem. **§ 120 Abs. 16 Nr. 1 lit. b–d WpHG** bußgeldbewehrt. Zur Sicherung einer umfassenden Verständlichkeit hält Art. 7 Abs. 1 VO Nr. 1286/2014 eine Regelung über die Sprachfassung der Basisinformationsblätter bereit. Wird ein Basisinformationsblatt nicht in der dort vorgeschriebenen Weise abgefasst oder übersetzt, handelt der PRIIP-Hersteller ebenfalls ordnungswidrig (**§ 120 Abs. 16 Nr. 2 WpHG**). Gegenüber den PRIIP-Bußgeldbewehrungen sind die allgemeinen kundenschützenden Bußgeldbewehrungen des § 120 Abs. 8 (z.B. Nr. 35, 38–45) WpHG subsidiär.

355 Der PRIIP-Hersteller unterliegt gem. Art. 10 Abs. 1 VO Nr. 1286/2014 **Überprüfungs- sowie Überarbeitungspflichten** und ist verpflichtet, die überarbeitete Version zur Verfügung zu stellen. Kommt er diesen Verpflichtungen nicht nach, handelt er ordnungswidrig gem. **§ 120 Abs. 16 Nr. 3–5 WpHG**.

356 Kleinanleger sind vielfach mit **Werbematerialien** über Finanzprodukte konfrontiert. Zum Schutz der Anleger trifft Art. 9 VO Nr. 1286/2014 eine Regelung über die Ausgestaltung und Abfassung von Werbematerialien. So darf deren Inhalt nicht im Widerspruch zum Basisinformationsblatt stehen oder dessen Inhalt herabstufen, Art. 9 Satz 1 VO Nr. 1286/2014. Außerdem ist darauf hinzuweisen, dass es ein Basisinformationsblatt gibt und wie und wo es erhältlich ist (mit Angabe der Website), Art. 9 Satz 2 VO Nr. 1286/2014. Verstöße dagegen sind gem. **§ 120 Abs. 16 Nr. 6–7 WpHG** bußgeldbewehrt.

357 Art. 13 und Art. 14 VO Nr. 1286/2014 treffen detaillierte Regelungen über die **Bereitstellung** von Basisinformationsblättern. Art. 13 VO Nr. 1286/2014 trifft dabei Regelungen in Bezug auf den *Zeitpunkt* der Bereitstellung. So hat ein PRIIP-Hersteller dem Kleinanleger das Basisinformationsblatt grundsätzlich vor Vertragsschluss zur Verfügung zu stellen bzw. bevor er durch ein Angebot gebunden wird (Art. 13 Abs. 1 VO Nr. 1286/2014). Sind die Voraussetzungen des Art. 13 Abs. 3 VO Nr. 1286/2014 erfüllt, so ist eine Bereitstellung auch nach Abschluss der Transaktion möglich. Dabei sind die Voraussetzungen des Art. 13 Abs. 3 lit. a–d VO Nr. 1286/2014 kumulativ zu lesen. Art. 14 VO Nr. 1286/2014 regelt die *Art und Weise* der Bereitstellung. Wird ein Basisinformationsblatt von dem PRIIP-Hersteller nicht, nicht rechtzeitig oder nicht in der vorgeschriebenen Weise zur Verfügung gestellt, so handelt dieser ordnungswidrig gem. **§ 120 Abs. 16 Nr. 8 WpHG**.

358 Um den Schutz der Kleinanleger weiterhin zu erhöhen, schreibt Art. 19 VO Nr. 1286/2014 die Einführung geeigneter **Beschwerde – und Rechtsbehelfsverfahren** vor. PRIIP-Hersteller sind gem. Art. 19 VO Nr. 1286/2014 zur Einführung geeigneter Verfahren und Vorkehrungen verpflichtet. Gemäß Art. 19 lit. a VO Nr. 1286/2014 müssen Kleinanleger dazu in der Lage sein, auf wirksame Weise Beschwerde gegen einen PRIIP-Hersteller einreichen zu können. Sie haben Anspruch auf eine zeitige und sachdienliche Antwort, welche in angemessener Form zu erfolgen hat, Art. 19 lit. b VO Nr. 1286/2014. Die PRIIP-Hersteller sollten also Anforderungen an angemessene interne Verfahren aufstellen, um zu gewährleisten, dass Kleinanleger bei Beschwerden eine sachdienliche Antwort erhalten. Tun sie dies nicht, so stellt ein Verstoß gegen Art. 19 lit. a und b VO Nr. 1286/2014 gem. **§ 120 Abs. 16 Nr. 9 WpHG** eine Ordnungswidrigkeit dar. Zusätzlich schreibt Art. 19 lit. c VO Nr. 1286/2014 vor, dass Kleinanlegern auch im Fall grenzüberschreitender Streitigkeiten wirksame Rechtsbehelfsverfahren zur Verfügung stehen sollen. Dies gilt dann, wenn der PRIIP-Hersteller in einem anderen Mitgliedstaat oder einem Drittstaat ansässig ist. Auch ein Verstoß gegen diese Vorschrift ist nach **§ 120 Abs. 16 Nr. 10 WpHG** ordnungswidrig.

359 XXII. **Bußgeldrechtliche Gleichstellung erlaubnispflichtiger Anlageverwaltung sowie andere Erweiterungen gem. § 120 Abs. 27 WpHG.** § 120 Abs. 27 WpHG (zuvor § 39 Abs. 7 WpHG) steht u.a. in Zusammenhang mit § 120 Abs. 3 WpHG, und der Vorläufer im WpHG a.F. ist wie dieser durch das Gesetz zur Fortentwicklung des Pfandbriefrechts mit Wirkung vom 26.3.2009 eingefügt worden, das u.a. das Ziel hatte, die Anlageverwaltung erlaubnispflichtig zu machen und gewissen wertpapierhandelsrechtlichen Regeln zu unterwerfen. Das geschieht in § 2 Abs. 8 Satz 7 WpHG, der bestimmt, dass **erlaubnispflichtige Anlageverwaltung** i.S.v. § 1 Abs. 1a Satz 2 Nr. 11 KWG der Finanzportfolioverwaltung[1] hinsichtlich der §§ 22, 63 bis 83 und 85 bis 92 WpHG sowie des Art. 20 Abs. 1 VO Nr. 596/2014 und der Art. 72 bis 76 DelVO 2017/565 gleichgestellt ist. Hieraus zieht § 120 Abs. 27 WpHG die Konsequenz, dass ordnungswidrige Verstöße gegen Ge- oder Verbote der genannten Vorschriften auch bei erlaubnispflichtiger Anlageverwaltung ordnungswidrig sind. Insofern ist der in § 120 Abs. 27 WpHG enthaltene Verweis auf § 2 Abs. 13 Satz 3 WpHG als redaktionelles Versehen zu werden, denn die erlaubnispflichtige Anlageverwaltung ist Gegenstand von § 2 Abs. 8 Satz 7 WpHG. Die Gleichstellung betrifft

- § 120 Abs. 2 Nr. 5 und 14,
- Abs. 3,
- Abs. 12 Nr. 1 lit. c und Nr. 3 und 4,

jeweils i.V.m. Abs. 24 WpHG.

---

[1] S. hierzu BaFin, Merkblatt – Hinweise zum Tatbestand der Anlageverwaltung (Stand: Dezember 2009), abrufbar unter http://www.bafin.de.

Der Anwendungsbereich von § 120 Abs. 15 Nr. 23 WpHG wird allerdings nicht auf die erlaubnispflichtige Anlageverwaltung i.S.d. KWG erstreckt, obwohl eine Gleichstellung in § 2 Abs. 8 Satz 7 WpHG auch hinsichtlich der Pflicht nach Art. 20 Abs. 1 VO Nr. 596/2014 erfolgt. Dass dies auch einem redaktionellen Versehen des Gesetzgebers geschuldet ist, kann zwar vermutet werden. Eine entsprechende Anwendung insofern verbietet sich jedoch wegen des ausdrücklichen Wortlauts der Vorschrift, der einer Analogie wegen Art. 103 Abs. 2 GG, § 3 OWiG Grenzen setzt. 360

Zudem ist nach § 120 Abs. 27 Satz 2 WpHG die entsprechende Anwendung von Abs. 8 Nr. 27–37, 39–53, 97–100, 103–112 und 123, jeweils i.V.m. Abs. 20 auf Wertpapierdienstleistungsunternehmen und Kreditinstitute vorgesehen, wenn sie i.S.d. § 96 WpHG strukturierte Einlagen verkaufen oder über diese beraten. Die Gleichstellung erfolgt, da die in Bezug genommenen Ge- und Verbote gem. § 96 WpHG für solche Unternehmen entsprechend gelten. Schließlich ist § 120 Abs. 8 Nr. 88–96 und 98–102, jeweils i.V.m. Abs. 20 WpHG, auch für Unternehmen i.S.d. Ausnahmevorschrift in § 3 Satz 1 WpHG und § 2 Abs. 8 Nr. 2, 27–126 und 134–136, jeweils i.V.m. Abs. 20 WpHG auch für Unternehmen i.S.d. § 3 Abs. 3 Satz 1 und 2 WpHG anwendbar. 361

XXIII. Subjektiver Tatbestand: Vorsatz, Fahrlässigkeit und Irrtum (§§ 10, 11 OWiG) im Kapitalmarktbußgeldrecht. Ordnungswidrigkeiten nach § 120 WpHG sind stets ahndbar, wenn sie vorsätzlich begangen worden sind. Die meisten kapitalmarktrechtlichen Ordnungswidrigkeiten sind allerdings auch dann bußgeldbewehrt, wenn sie leichtfertig begangen werden. Nur wenige Bußgeldtatbestände sanktionieren auch (einfache) Fahrlässigkeit. Der Vorsatz betrifft die subjektive Tatseite, während die Fahrlässigkeit jeweils sowohl den objektiven Sorgfaltspflichtverstoß wie die innere Einstellung des Täters (subjektive Tatseite) betrifft. Deswegen ist Leichtfertigkeit[1] nicht lediglich durch eine bestimmte innere Einstellung des Täters gekennzeichnet, sondern charakterisiert auch eine bestimmte Qualität des *objektiven* Pflichtverstoßes[2]. Die Leichtfertigkeit gehört damit zum objektiven Tatbestand des Verstoßes ebenso wie zur subjektiven Tatseite[3]. 362

Aus §§ 10, 11 Abs. 1 Satz 1 OWiG ergibt sich, dass der Vorsatzbegriff des Ordnungswidrigkeitenrechts mit dem des Strafrechts übereinstimmt. Der Gesetzgeber hat sich auch für das Bußgeldrecht für die Schuldtheorie entschieden, die das Bewusstsein der Rechtswidrigkeit nicht als Vorsatzelement sieht, sondern nur als nach Vermeidbarkeitskriterien zu beurteilende Schuldfrage[4]. Allerdings ist die Abgrenzung zwischen einem vorsatzausschließenden Tatbestandsirrtum nach § 11 Abs. 1 OWiG und einem Verbotsirrtum nach § 11 Abs. 2 OWiG im Ordnungswidrigkeitenrecht ebenso wenig mit der Unterscheidung zwischen Tatsachenirrtum und Rechtsirrtum identisch wie im Strafrecht. 363

Dazu kommt noch, dass bestimmte Wertungsgründe, die für die Schuldtheorie im Strafrecht, zumal im Kernstrafrecht, sprechen, für das filigrane Bußgeldrecht, das keine grundlegenden Sozialnormen des Zusammenlebens ordnet, kaum tragen: Bloße Umstandskenntnis gibt im Bußgeldrecht nicht stets Anlass, über das Verbotensein des Verhaltens (Tun oder Unterlassen) zu reflektieren[5]. Mitunter wird die „pragmatische Empfehlung"[6] erteilt, in Zweifelsfällen bloße Fahrlässigkeit anzunehmen[7] und so die Vorsatztheorie in der Praxis teilweise weiterzuleben – was u.a. wegen der gewichtigen Rechtsfolge, dass sich bei Fahrlässigkeit die Höchstgeldbuße auf die Hälfte ermäßigt (§ 17 Abs. 2 OWiG), kritisiert worden ist. Jedenfalls im Ergebnis ist im Verhältnis zwischen Vorsatz- und Fahrlässigkeitstat *in dubio pro reo* wegen Fahrlässigkeit zu sanktionieren[8]. Im Kapitalmarktbußgeldrecht ist § 17 Abs. 2 OWiG weitgehend spezialgesetzlich ausgeschlossen. Auf der anderen Seite kann der Umstand, dass bereits Fahrlässigkeit oder jedenfalls ihr Unterfall der Leichtfertigkeit ahndbar gestellt ist, einen Hinweis darauf enthalten, dass der Gesetzgeber hierdurch (auch) die *Rechts*fahrlässigkeit erfassen wollte, so dass *Rechts*irrtümer durchaus vorsatzausschließend wirken können. 364

Tatsächlich aber erledigt sich das Problem weitgehend, wenn man zutreffend darauf abstellt, was Bestandteil des gesetzlichen Tatbestandes ist. Handelt es sich um rechtlich geprägte Umstände (**normative Tatbestandsmerkmale**), die Voraussetzung des gesetzlichen Tatbestandes sind, so ist der Irrtum des Täters über diese Tatbestandsmerkmale ein Tatbestands-, kein Verbotsirrtum. Die Linie zwischen Tatbestandsirrtum und Verbotsirrtum verläuft also keinesfalls entlang der allgemeinen Unterscheidung Tatsache/Recht, sondern ist tatbestandsspezifisch zu bestimmen: Maßgebend ist ein exakter Blick auf die Tatbestandsstruktur. Viele der Bußgeldtatbestände in § 120 WpHG oder seiner Bezugsnormen haben ausgeprägt normative Tatbestandselemente. Verweist ein Blankettmerkmal nicht auf ein anderes allgemeines Gesetz, sondern auf eine spezifische 365

---

1 S. allgemein *Birnbaum*, Die Leichtfertigkeit, 2000.
2 *Von Buttlar/Hammermaier*, ZBB 2017, 1, 9 ff.
3 *Von Buttlar/Hammermaier*, ZBB 2017, 1, 9 ff.
4 RegE OWiG, BT-Drucks. V/1269, 46; zur Diskussion *Tiedemann*, ZStW 81 (1969), 869 ff. und *Lange*, JZ 1956, 73 ff.
5 *Kaufmann* in FS Lackner, 1987, S. 185 ff.; vgl. die umfassende Darstellung des Meinungsstandes in *Rengier* in KK-OWiG, § 11 OWiG Rz. 6, 8.
6 *Rengier* in KK-OWiG, § 11 OWiG Rz. 9.
7 *Rebmann/Roth/Hermann*, § 11 OWiG Rz. 19.
8 BGH v. 17.4.1962 – 1 StR 132/62, BGHSt 17, 210; BGH v. 28.10.1982 – 4 StR 480/82, BGHSt 31, 136; *Rengier* in KK-OWiG, § 11 OWiG Rz. 54 m.w.N.

Einzelanordnung – wie viele Tatbestände in § 120 WpHG – so muss der Täter nicht nur den Tatbestand der einzelnen Anordnung kennen, sondern auch um ihren Erlass und ihre Wirksamkeit wissen[1]. Wer „den Pflichten einer vollziehbaren Anordnung zuwiderhandelt" (§ 120 Abs. 8 Nr. 1 WpHG), der muss auf der Ebene der Tatumstände wissen, dass eine „Anordnung" vorliegt und dass diese „vollziehbar" ist.

366 Verweist der Bußgeldtatbestand auf ein *allgemeines* Gesetz, so ist je nach Tatbestandsstruktur zwischen h.A. und m.M. zu differenzieren, wobei unterschiedliche Ansätze zur Differenzierung denkbar sind: Ist das Verbot nur gesetzgebungstechnisch zwischen Straftatbestand und außerstrafrechtlichem Tatbestand aufgeteilt, so kann man von der Schuldtheorie ausgehen und die Kenntnis vom Verbot ist dann nicht Vorsatzerfordernis. So liegt es bei dem Insiderhandels- und Marktmanipulationsverbot. Dies ist dann anders, wenn der Bußgeldtatbestand einen Verstoß gegen umfassende außerbußgeldrechtliche Regelungssysteme voraussetzt. Dann setzt der Vorsatz im Bußgeldrecht – entgegen der h.A. für das Strafrecht – auch das Wissen um die Existenz und die Wirksamkeit einer blankettausfüllenden allgemeinen rechtlichen Verhaltensanforderung voraus[2]: Nur die Normen des Kernstrafrechts markieren die elementaren rechtsethisch begründeten Regeln des Zusammenlebens; hierbei geht es nicht um bloß rechtstechnische Unterschiede. Das Marktmanipulations- und das Insiderhandelsverbot können in diesem Sinne materiell zum Kernstrafrecht zählen, auch wenn sie nicht in das StGB eingegliedert sind. Ein anderer Differenzierungsansatz folgt noch stärker der Wortlautstruktur. Ein in diesem Sinne „normatives" Tatbestandsmerkmal ist bei den vielen Blankett-Tatbeständen in § 120 WpHG auch das Tatbestandsmerkmal „entgegen"[3]. Unter Beachtung der Wortlautgrenze erhebt dieses die Zuwiderhandlung zu den Umständen, die tatrichterlich festgestellt werden müssen und auf die sich der Vorsatz beziehen muss, wenn eine Vorsatztat festgestellt werden soll.

367 Damit ebnet sich der Unterschied zwischen normativen Tatbestandsmerkmalen und Blankett-Tatbeständen (Rz. 59) bei den Vorsatz- und Irrtumsfragen[4] in § 120 WpHG weitgehend ein, was eine wertungsmäßige Inkonsistenz ausräumt. Die Unterscheidung bleibt von Bedeutung für Fragen der Normenbestimmtheit und des Rückwirkungsverbotes mit teilweise gegenläufigen Wirkungen[5].

368 Dieselben Ergebnisse wie aus der tatbestandsstrukturellen Analyse folgen bei etlichen Einzeltatbeständen in § 120 WpHG auch aus der speziellen Vorsatzdogmatik bei **Unterlassungsdelikten:** Bei den (echten) Unterlassungsdelikten stellt sich die Frage, ob der Täter die Pflicht als solche erkannt haben muss oder ob es genügt, dass er die pflichtauslösenden Umstände kennt[6]. Die Verantwortlichen eines Wertpapierdienstleistungsunternehmens unterlassen es, der BaFin vor Erteilung des Prüfauftrages den Prüfer anzuzeigen, weil ihnen die Anzeigepflicht aus § 89 Abs. 3 Satz 1 WpHG nicht bekannt ist – erstatten sie dann vorsätzlich „entgegen § 89 Abs. 3 Satz 1" eine Anzeige nicht (§ 120 Abs. 12 Nr. 4 WpHG)? Nach h.A. muss „dem Unterlassenden wenigstens am Rande bewusst sein, was geschieht und was er tun sollte"[7]; das ist nicht der Fall, wenn er (wie im Beispiel) nur das allgemeine Bewusstsein hat, nichts zu tun. Deshalb muss mindestens die abstrakte Gebotskenntnis vorhanden sein, mögen auch – quod non – Irrtümer über die konkrete Sollenspflicht als bloße Verbotsirrtümer zu behandeln sein.

369 Ordnungswidrigkeiten nach § 120 Abs. 12 und 13 WpHG sind auch bei einfacher **Fahrlässigkeit** ahndbar. Fahrlässig handelt, wer die Sorgfalt außer Acht lässt, zu der er nach den Umständen verkehrsüblich und – dies im Unterschied zum objektiven Maßstab des § 276 Abs. 2 BGB – auch nach seinen persönlichen Kenntnissen und Fähigkeiten verpflichtet und imstande ist, und wer deshalb die Möglichkeit der Tatbestandsverwirklichung nicht erkennt, aber erkennen kann (unbewusste Fahrlässigkeit) oder aber erkennt und darauf vertraut, dass sie nicht eintreten werde (bewusste Fahrlässigkeit)[8]. Die Fahrlässigkeitsahndung setzt neben einem objektiven Pflichtverstoß bzw. **objektiver Sorgfaltswidrigkeit**[9] beim Erfolgsdelikt die (generelle) **Voraussehbarkeit** des Erfolgseintritts[10], die **Unvermeidbarkeit** des Erfolgseintritts im Sinne einer Kausalität[11] und den **Sorgfaltspflichtwidrigkeitszusammenhang** nach dem Schutzbereich der verletzten Norm voraus. Die Voraussehbarkeit

---

1 *Puppe* in Kindhäuser/Neumann/Paeffgen, § 16 StGB Rz. 63.
2 *Puppe* in Kindhäuser/Neumann/Paeffgen, § 16 StGB Rz. 64.
3 *Bülte*, NStZ 2013, 65, 74; *Rengier* in KK-OWiG, § 11 OWiG Rz. 25.
4 Bei Blankett-Tatbeständen müsse der Täter im Strafrecht nur die tatsächlichen Umstände kennen, welche die blankettausfüllende Norm erfüllen, deren Existenz oder Inhalt braucht er für die Sanktionierung nicht zu kennen, und zwar selbst für eine Vorsatzsanktionierung, es sei denn, es liegt ein entschuldbarer Verbotsirrtum vor. Demgegenüber ist bei normativen Tatbestandsmerkmalen unstreitig Voraussetzung der Ahndung für Vorsatz, dass der Täter auch die normative Bewertung nachvollzogen hat.
5 Dort ist das Blankett typischer Weise für den Beschuldigten günstiger, vgl. etwa *Schmitz* in MünchKomm. StGB, 3. Aufl. 2017, § 2 StGB Rz. 36 zum Rückwirkungsverbot, das für außerstrafrechtliche Bezugsnormen normativer Tatbestandsmerkmale nicht gilt, vgl. *Kudlich* in BeckOK, § 16 StGB Rz. 16.
6 S. hierzu *Rengier* in KK-OWiG, 5. Aufl., § 11 OWiG Rz. 31 ff.
7 Nachweise bei *Rengier* in KK-OWiG, § 11 OWiG Rz. 34.
8 *Rengier* in KK-OWiG, § 10 OWiG Rz. 15 ff.
9 Zur Grundlage der Sorgfaltspflichten *Kudlich*, § 15 Rz. 39 ff.
10 BGH v. 10.7.1958 – 4 StR 180/58 BGHSt 12, 75, 77 f.; BGH v. 9.10.2002 – 5 StR 42/02, BGHSt 48, 34, 39.
11 BGH v. 25.9.1957 – 4 StR 354/57, BGHSt 11, 1.

muss sich auf den konkreten Kausalverlauf in seinen wesentlichen Zügen erstrecken[1]. Grob fahrlässiges oder erst recht vorsätzliches Verhalten des Opfers oder Dritter kann der Voraussehbarkeit oder dem Pflichtwidrigkeitszusammenhang entgegenstehen[2]. Im Kapitalmarktbußgeldrecht gilt das für jene Sorgfaltspflichten nicht, die gerade der Prävention vorsätzlicher Pflichtverstöße dienen, wie beispielsweise die systemischen Compliance-Pflichten.

Praktische Bedeutung hat die Fahrlässigkeitsahndbarkeit bei § 120 Abs. 12 Nr. 1 WpHG, vor allem, wenn der Täter über Inhalt und Reichweite einer vollziehbaren Anordnung irrt; ein derartiger Irrtum ist nicht bloß ein Ver- bzw. Gebotsirrtum nach § 11 Abs. 2 OWiG[3]. Bei § 120 Abs. 12 Nr. 2 WpHG ist es schwierig vorstellbar, dass der Hausrechtsinhaber das Betreten bloß fahrlässig nicht gestattet oder nicht duldet. Hier ist die Fahrlässigkeitsahndbarkeit ein Hinweis darauf, dass der Gesetzgeber den Irrtum über das Bestehen des Betretungsrechts nicht als Ver- bzw. Gebotsirrtum, sondern als vorsatzausschließenden Irrtum bewertet wissen will (s. Rz. 318). 370

Ordnungswidrigkeiten nach § 120 Abs. 2–11 und 14–16 WpHG sind außer bei Vorsatz auch ahndbar, wenn sie **leichtfertig** begangen worden sind. Leichtfertigkeit ist graduell gesteigerte, insoweit grobe Fahrlässigkeit[4] und setzt auch im Bußgeldrecht (s. § 119 WpHG Rz. 53) **objektiv** einen besonders schweren Sorgfaltspflichtverstoß einschließlich einer qualifizierten Voraussehbarkeit[5] sowie **subjektiv** besonderen Leichtsinn oder besondere Gleichgültigkeit voraus. Vorsatznahes Verhalten wird häufig objektiv und subjektiv leichtfertig sein, nicht hingegen setzt Leichtfertigkeit ein solches vorsatznahes Verhalten voraus[6]. Dies hat Folgen für die tatrichterlich erforderlichen Feststellungen wie auf der Ebene eines Aufsichtspflichtverstoßes nach § 130 OWiG. Für diesen reicht zwar *einfache* Fahrlässigkeit aus und die Anknüpfungstat muss nicht vorwerfbar sein. Es ist aber der volle objektive Tatbestand der Anknüpfungstat erforderlich[7] - und zu diesem gehört bei den meisten Bußgeldtatbeständen in § 120 WpHG auch die objektive Feststellung des besonders qualifizierten Pflichtenverstoßes[8]. 371

Die Einhaltung nichtrechtlicher „Vorgaben" wie Verwaltungsrichtlinien, Q+A etc. indiziert nicht nur das Fehlen von Leichtfertigkeit, sondern von jeder Fahrlässigkeit überhaupt[9]. Unzulässig wäre aber der umgekehrte Schluss, dass jede Abweichung von behördlichen Q+A oder Richtlinien einfache Fahrlässigkeit oder gar Leichtfertigkeit indiziert[10]. Selbst bei einer Verletzung einzelner *rechtlicher* Regeln folgt daraus nicht automatisch eine objektive Sorgfaltswidrigkeit. Vielmehr muss bei konfligierenden Sorgfaltsregelungen und -anforderungen unter Beachtung ihres Sinns und Zwecks abgewogen werden, woraus sich der letzten Endes entscheidende Sorgfaltsmaßstab ergibt[11]. Das gilt auch bei schlichten Tätigkeitsdelikten, bei denen der Regelverstoß selbst unabhängig von einem davon gesonderten Erfolg bußgeldbewehrt ist; auch hier ist verkehrsrichtiges und **sozialadäquates** Verhalten schon nicht tatbestandsmäßig[12]. Mit einer Transformation von nichtrechtlichen Anforderungen zu generellen Sorgfaltspflichten würden Erstere zu einer außenrechtlich bindenden Verhaltensvorgabe überhöht, was rechtsstaatlich nicht möglich ist, schon gar nicht mittels Bußgeldrecht. Beim echten Erfolgsdelikt mit einem von der Sorgfaltswidrigkeit getrennten Tatererfolg kann die Indizwirkung eines solchen Verstoßes gegen Nichtrecht stärker sein als bei einem Unterlassungsdelikt oder einem Tatbestand, dessen Unrechtsgehalt sich im Sorgfaltsverstoß erschöpft. Die gesteigerte Sorgfaltspflichtverletzung kann sich entweder aus einem einzelnen gesteigerten Sorgfaltsverstoß oder einer Summe von kontributiven, d.h. kausalen kleineren Einzelsorgfaltswidrigkeiten ergeben[13]. Demgegenüber kann es eine Übernahmesorgfaltswidrigkeit nur bei reinen Erfolgsdelikten, nicht aber bei reinen Handlungsdelikten geben[14]. 372

Rechtsirrtümer können, wenn sie nicht pflichtwidrig sind, ebenso wie beim Vorsatz (§ 119 WpHG Rz. 177 insbesondere zu Fällen ungewisser Rechtslage) dazu führen, dass die Fahrlässigkeit entfällt. 373

Bewusst situativ fahrlässiges Verhalten ist weder erforderlich noch ausreichend. Grob fahrlässiges Verhalten im zivilrechtlichen Sinne genügt andererseits für sich nicht, weil die Leichtfertigkeit im Straf- und Bußgeldrecht auch an den persönlichen Fähigkeiten des Täters zu messen ist. Bekannte Rechtsprechungswendungen sind, 374

---

1 *Rengier* in KK-OWiG, § 10 OWiG Rz. 4; *Jescheck/Weigend*, § 55 II 3.
2 *Rengier* in KK-OWiG, § 10 OWiG Rz. 30.
3 *Rengier* in KK-OWiG, § 11 OWiG Rz. 27.
4 BGH v. 13.4.1960 – 2 StR 593/59, BGHSt 14, 240, 255; BGH v. 17.7.1997 – 1 StR 791/96, BGHSt 43, 158, 168; *Rengier* in KK-OWiG § 11 OWiG Rz. 49.
5 *Rengier* in KK-OWiG, § 11 OWiG Rz. 49.
6 *Von Buttlar/Hammermaier*, ZBB 2017, 1, 14.
7 *Rengier* in KK-OWiG, § 130 OWiG Rz. 20 m.w.N.
8 S. hierzu *Rengier* in KK-OWiG, § 11 OWiG Rz. 24 ff., 28 ff. Vertiefend zur – fragwürdigen – Entscheidung des Gesetzgebers zugunsten der sog. Schuldtheorie auch im Ordnungswidrigkeitenrecht *Rengier* in KK-OWiG, § 11 OWiG Rz. 4 ff.
9 Dazu vertiefend *Franke*, ZBB 2015, 213 ff.
10 Vorsichtig auch, eher umgekehrt argumentierend, was in der Schlussrichtung nicht umgekehrt werden kann: *Von Buttlar/Hammermaier*, ZBB 2017, 1, 9.
11 *Rengier* in KK-OWiG, § 10 OWiG Rz. 20 f.
12 *Rengier* in KK-OWiG, § 10 OWiG Rz. 21.
13 *Von Buttlar/Hammermaier*, ZBB 2017, 1, 9; *Wegscheider* ZStW 98 (1986), 624, 653.
14 *Rengier* in KK-OWiG, § 10 OWiG Rz. 25.

dass der Täter die gebotene Sorgfalt „in ungewöhnlich großem Maß"[1] verletzt, „einfachste ganz nahe liegende Überlegungen" nicht anstellt oder nicht beachtet, „was im gegebenen Fall jedem hätte einleuchten müssen"[2]. In der Literatur wird teilweise ein „vorsatznahes" Verhalten verlangt[3]. Das ist eine Richtschnur vor allem bei echten Unterlassungsdelikten und Blankettvorschriften.

375 *Praktische Bedeutung* hat die Ahndbarkeit der Leichtfertigkeit vor allem bei unrichtigen oder unvollständigen Mitteilungen, Veröffentlichungen oder Aufzeichnungen, wenn sich der Täter unwiderlegbar dahingehend einlässt, er habe die Unrichtigkeit oder Unvollständigkeit nicht erkannt, es sich aber aufdrängt, dass die Mitteilung usw. unrichtig oder unvollständig war. Ebenso kommt es oft auf die Leichtfertigkeit an, wenn eine Mitteilungspflicht o.Ä. *übersehen* worden ist. Hier gelten die Grundsätze für die Pflichterkennung beim echten Unterlassungsdelikt, so dass es hier auf die Frage, ob es sich um ein Blankett oder ein normatives Tatbestandsmerkmal handelt, nicht mehr ankommt (s. Rz. 367). Bei den materiellen eigenständigen Unrechtstypen (Rz. 22) wie Insiderverstößen gem. § 120 Abs. 14 WpHG ist ein relevanter Fall beispielsweise, wenn der Insider sich einlässt, er sei davon ausgegangen, die Insiderinformation sei bereits öffentlich, bei ahndbaren Marktmanipulationen nach § 120 Abs. 2 Nr. 3 bzw. Abs. 15 Nr. 2 WpHG, wenn der Manipulator sich einlässt, er sei von der Richtigkeit der Angabe ausgegangen.

376 **XXIV. Bußgeldbemessung (§ 120 Abs. 17–24 WpHG i.V.m. § 17 OWiG).** Die § 120 Abs. 17–24 WpHG regeln die **Maximalhöhen der Bußgelder**, welche für die Ordnungswidrigkeiten des § 120 WpHG verhängt werden können; § 120 Abs. 18–22 WpHG ergeben sich aus europäischen Rechtsakten[4]. Die Bußgeldrahmen wurden, insbesondere aufgrund der europäischen Vorgaben, kontinuierlich erhöht. Der eigentliche Bußgeldbemessungstatbestand ergibt sich dann erst aus dem Zusammenlesen der Rahmenvorschrift in § 120 Abs. 17–22 mit § 17 OWiG als allgemeine Bestimmung und etwaigen zusätzlichen verordnungsrechtlichen Vorgaben wie etwa Art. 31 VO Nr. 596/2014 (MAR). Die Ordnungsbehörde und der Tatrichter haben hier die herausfordernde Aufgabe, eine kohärente Vorgabe für einen einheitlichen Zumessungsakt aus drei Gesetzeswerken herauszulesen. Von besonderer Bedeutung sind dabei die allgemeinen Prinzipien des Bußgeldrechts, namentlich die Rechtsprechung zu § 17 OWiG.

377 So kann die BaFin z.B. bei juristischen Personen, die gegen das Marktmanipulationsverbot verstoßen, eine Maximalgeldbuße von bis zu 15 Mio. Euro (§ 120 Abs. 18 Satz 2 Nr. 1 WpHG) verhängen. Im Laufe der Zeit hat sich eine zunehmende Differenziertheit ergeben. So befassten sich vorher lediglich vier Absätze mit der Bußgeldbemessung (§ 39 Abs. 4, 4a, 4b und 6 WpHG a.F.). Im aktuellen § 120 WpHG sind es nun 8 Absätze, die allein die Bußgeldrahmen-Obergrenzen regeln. Diese Fülle an Regelungen verkompliziert die Suche nach der Rechtsfolge eines Verstoßes und verstärkt dadurch die Unübersichtlichkeit der Norm. Die Rahmenregelungen weisen zahlreiche Überdifferenziertheiten auf, die nur mit der auf europäischer Ebene in unterschiedlichen Rechtsakten verankerten und zu unterschiedlicher Zeit ausgeübten politischen Dezision erklärbar sind. Bei Bußgeld- und Strafrahmenregelungen hat der Gesetzgeber ein hohes Maß an politischer Dezision. Er wird vertikal durch das Verhältnismäßigkeitsprinzip[5] und nur bei evident unsachgemäßer, durch keinerlei Gründe getragener Behandlung unterschiedlicher, aber vergleichbarer Sachverhalte durch Kohärenzanforderungen begrenzt (Rz. 54 ff.).

Übersicht: Bußgeldtatbestände des WpHG geordnet nach Bußgeldrahmen

Bußgeldrahmen in Euro	Grundlage	§ 17 Abs. 2 OWiG anwendbar)	Besonderheiten	Tatbestände
50.000	§ 120 Abs. 24 Fall 4	Ja		alle unten in der Tabelle nicht gelisteten, d.h.: § 120 Abs. 1 Nr. 1, 5 § 120 Abs. 2 Nr. 2 lit. c, i, j, Nr. 2a, 4 lit. d, Nr. 5, 9, 14, 16 § 120 Abs. 3–5 § 120 Abs. 7 Nr. 10 § 120 Abs. 12 Nr. 1 lit. a, d, Nr. 2–4 § 120 Abs. 13

---

1 BGH v. 9.5.1955 – II ZR 31/54, BGHZ 17, 191, 199 zur groben Fahrlässigkeit.
2 BGH v. 11.5.1953 – IV ZR 170/52, BGHZ 10, 14, 16.
3 Näher 3. Aufl. des Kommentars, § 39 WpHG Rz. 12; *Rengier* in KK-OWiG, § 10 OWiG Rz. 48 ff.; je m.w.N.
4 Art. 30 Abs. 2 lit. i und j VO Nr. 596/2014 (s. § 120 Abs. 18 WpHG), Art. 24 Abs. 2 lit. e VO Nr. 1286/2014 (s. § 120 Abs. 19 WpHG), Art. 70 Abs. 6 lit. f und g RL 2014/65/EU (s. § 120 Abs. 20 WpHG), Art. 22 Abs. 4 lit. f und g VO Nr. 2015/2365 (s. § 120 Abs. 21 WpHG) und Art. 42 Abs. 2 lit. g und h VO Nr. 2016/1011 (s. § 120 Abs. 22 WpHG).
5 Grundlegend EuGH v. 16.7.2015 – Rs. C-255/14 Rz. 20 ff., EuGRZ 2015, 497.

Bußgeldrahmen in Euro	Grundlage	§ 17 Abs. 2 OWiG anwendbar)	Besonderheiten	Tatbestände
100.000	§ 120 Abs. 24 Fall 3	Ja		§ 120 Abs. 1 Nr. 4 § 120 Abs. 2 Nr. 6–8, 11–13 § 120 Abs. 7 Nr. 2, 6 und 7 § 120 Abs. 12 Nr. 1 lit. c
100.000; bei Verbänden 250.000/2 % des Gesamtumsatzes; bis zum Dreifachen des wirtschaftlichen Vorteils	§ 120 Abs. 22 Satz 1 Fall 2 europarechtliche Grundlage: Art. 42 Abs. 2 lit. g und h VO Nr. 2016/1011 (Benchmark-VO)	Nein	Für sonstige Vereinigungen gelten die Sätze 1 bis 4 entsprechend mit der Maßgabe, dass der maßgebliche Gesamtumsatz 10 % des aggregierten Umsatzes der Anteilseigner beträgt, wenn es sich bei der sonstigen Vereinigung um ein Mutterunternehmen oder ein Tochterunternehmen handelt, § 120 Abs. 22 S. 5	§ 120 Abs. 11 Satz 1 Nr. 28, 31, 75
200.000	§ 120 Abs. 24 Fall 2	Ja		§ 120 Abs. 1 Nr. 2 und 3 § 120 Abs. 2 Nr. 1, 2 lit. a, b und k bis n, Nr. 2a und 16 § 120 Abs. 4 Nr. 5 § 120 Abs. 6 Nr. 1 und 2 § 120 Abs. 7 Nr. 1, 3 und 4 § 120 Abs. 12 Nr. 1 lit. b
500.000	§ 120 Abs. 24 Fall 1	Ja		§ 120 Abs. 2 Nr. 2 lit. f–h, Nr. 2b und 4 lit. c, Nr. 10 und 15 § 120 Abs. 6 Nr. 3–5 § 120 Abs. 7 Nr. 5, 8 und 9
500.000; bei Verbänden 1 Mio.; bis zum Dreifachen des wirtschaftlichen Vorteils	§ 120 Abs. 18 Satz 1 Fall 3 europarechtliche Grundlage: MAR (Art. 30 Abs. 2 lit. i und j VO Nr. 596/2014)	nur auf § 120 Abs. 15 Nr. 1 anwendbar		§ 120 Abs. 15 Nr. 1 und 12–23
500.000; bei Verbänden 1 Mio./10 % des Gesamtumsatzes; bis zum Dreifachen des wirtschaftlichen Vorteils	§ 120 Abs. 22 Satz 1 Fall 1 europarechtliche Grundlage: Art. 42 Abs. 2 lit. g und h VO 2016/1011 (Benchmark-VO)	Nein	Für sonstige Vereinigungen gelten die Sätze 1 bis 4 entsprechend mit der Maßgabe, dass der maßgebliche Gesamtumsatz 10 % des aggregierten Umsatzes der Anteilseigner beträgt, wenn es sich bei der sonstigen Vereinigung um ein Mutterunternehmen oder ein Tochterunternehmen handelt, § 120 Abs. 22 Satz 5	§ 120 Abs. 11 Satz 1 Nr. 1–27, 29, 30 und 32–74
700.000; bei Verbänden 5 Mio./3 % des Gesamtumsatzes; bis zum Zweifachen des wirtschaftlichen Vorteils	§ 120 Abs. 19 Satz 1 europarechtliche Grundlage: PRIIP (Art. 24 Abs. 2 lit. e VO Nr. 1286/2014)	Nein		§ 120 Abs. 16
1 Mio.; bei Verbänden 2 ½ Mio./2 % des Gesamtumsatzes; bis zum Dreifachen des wirtschaftlichen Vorteils	§ 120 Abs. 18 Satz 1 Fall 2 europarechtliche Grundlage: MAR (Art. 30 Abs. 2 lit. i und j VO Nr. 496/2014)	Nein		§ 120 Abs. 2 Nr. 3 § 120 Abs. 15 Nr. 3–11 § 120 Abs. 15a

§ 120 | Straf- und Bußgeldvorschriften

Bußgeldrahmen in Euro	Grundlage	§ 17 Abs. 2 OWiG anwendbar)	Besonderheiten	Tatbestände
2 Mio.; bei Verbänden 10 Mio./5 % des Gesamtumsatzes; bis zum Zweifachen des wirtschaftlichen Vorteils	§ 120 Abs. 17 Satz 1	nur auf § 120 Abs. 2 Nr. 4 lit. a anwendbar		§ 120 Abs. 2 Nr. 2 lit. d und e, Nr. 4 lit. a, b und e–g § 120 Abs. 12 Nr. 5
5 Mio.; bei Verbänden bis 10 % des Gesamtumsatzes; bis zum Zweifachen des wirtschaftlichen Vorteils	§ 120 Abs. 20 Satz 1 europarechtliche Grundlage: MiFID II (Art. 70 Abs. 6 lit. f, g und h)	nur auf § 120 Abs. 8 Nr. 43, 44, 134 bis 137 anwendbar		§ 120 Abs. 8 § 120 Abs. 9
5 Mio.; bei Verbänden bis 10 % des Gesamtumsatzes, in den Fällen von § 120 Abs. 10 Satz 1 Nr. 3 und 4 15 Mio.; § 120 Abs. 21 Satz 3: bis zum Dreifachen des Vorteils.	§ 120 Abs. 21 Satz 1 europarechtliche Grundlage: SFTR (Art. 22 Abs. 4 lit. f und g)	Nein		§ 120 Abs. 10
5 Mio.; bei Verbänden 15 Mio./15 % des Gesamtumsatzes; bis zum Dreifachen des Vorteils	§ 120 Abs. 18 Satz 1 Fall 1 europarechtliche Grundlage: MAR (Art. 30 Abs. 2 lit. i und j VO Nr. 596/2014)	Nein		§ 120 Abs. 14 § 120 Abs. 15 Nr. 2

378 Das WpHG unterscheidet bei der Bemessung der Bußgeldhöhe grundsätzlich zwischen natürlichen und juristischen Personen (nicht: Unternehmen!), wobei für letztere teilweise weit höhere Obergrenzen gelten. In beiden Fällen kann die Obergrenze des Rahmens durch eine vorteilsbezogene Komponente verschoben werden; diese hat – anders als § 17 Abs. 4 OWiG – nicht einen primär bereicherungsausgleichenden Charakter, sondern wegen der Multiplikation des Vorteils auf das Zwei- oder Dreifache eine zusätzliche ausgeprägt strafende Komponente[1].

379 Ungeachtet des nicht ganz eindeutigen Wortlauts sind auch die Rahmenregelungen in § 120 WpHG für juristische Personen als Höchstbeträge (**gesetzliche Höchstbeträge**), zu verstehen, die die Obergrenze des Bußgeldrahmens markieren. So kann z.B. für Marktmanipulation die Geldbuße bei natürlichen Personen bis zu 5 Mio. Euro betragen, bei juristischen Personen jedoch bis zu 15 Mio. Euro (§ 120 Abs. 18 WpHG), den umsatzbezogenen Höchstbetrag oder das Dreifache des Vorteils. Die Obergrenze des jeweiligen Bußgeldrahmens ist der höhere der maßgeblichen Rahmenbeträge, wobei ungeklärt ist, ob auch die Vorteilsgrenze eine weitere Obergrenze bildet oder ob sie als tatrichterlichem Ermessen unterliegende zusätzliche Komponente davon gesondert zu betrachten ist. Die vorteilsbezogene Komponenten im WpHG hat eine deutlich andere Wirkungsweise und Zwecksetzung als § 17 Abs. 4 OWiG ist (dazu Rz. 397 ff.).

380 Die anderen Bußgeldrahmennormen des § 120 WpHG folgen überwiegend einem ähnlichen Aufbau, liegen aber bei einzelnen der drei Parameter niedriger.

381 Die Parameter sind vom deutschen Umsetzungsgesetzgeber als (Alternative, s. unten) **Obergrenzen des Bußgeldrahmens** konzipiert. Die im Einzelfall aktive Obergrenze des abstrakten Rahmens bildet dann der höchste der zwei (bei Einbeziehung der vorteilsbezogenen Komponente[2]: drei) Werte. Keiner der Werte hat die Funktion einer bloßen Kappungsgrenze[3]. Für ähnliche Vorschriften im europäischen Recht (Art. 23 Abs. 2 Satz 2 VO Nr. 1/1003) und ihm nachgebildete[4] deutsche Vorschriften (§ 81 Abs. 4 Satz 2 GWB) war dies umstritten. Der EuGH und die Europäische Kommission legten den Art. 23 Abs. 2 Satz 2 VO Nr. 1/1003 als Kappungsgrenze aus, so dass in Berechnungsschritten der Höchstbetrag zunächst überschritten werden durfte[5]. Eine Kappungsgrenze soll das Unternehmen **vor einer Gefährdung seiner Existenz** durch eine zu hohe Geldbuße schüt-

---

1 Kritisch *Achenbach*, wistra 2018, 13, 18.
2 So BaFin Bußgeldleitlinien II, Februar 2017, S. 6.
3 So auch *Achenbach*, wistra 2018, 13, 15 f.
4 BT-Drucks. 15/5049, 50.
5 Vgl. nur EuGH v. 15.10.2002 – Rs. C-238/99 – Limburgse Vinyl Maatschappij, Slg. 2002, I-8375 Rz. 592 f.

zen. Ein zunächst isoliert von der Umsatzkraft bemessener Bußgeldbetrag wird letzten Endes durch das Gesetz „gekappt". Der BGH stellte hingegen in seiner Grauzementkartell-Entscheidung klar, dass § 81 Abs. 4 Satz 2 GWB eine Obergrenze des Bußgeldrahmens festlegt[1]. Damit ist der Umsatzbetrag das **höchste Bußgeld für die schwerwiegendsten Verstöße**[2].

Das europäische Kapitalmarktrecht (so z.B. Art. 30 Abs. 2 lit. j Ziff. i und ii VO Nr. 596/2014) enthält hierfür keine eindeutige Vorgabe. Die Normen definieren eine Grenze, treffen aber keine Aussage zur Methode der Bußgeldzumessung[3]. Die bleibt – unter Beachtung der Kriterien des Art. 31 VO Nr. 596/2014 – dem nationalen Gesetzgeber und den nationalen Gerichten überlassen. Es bleibt damit bei den vom allgemeinen Ordnungswidrigkeitenrecht (namentlich § 17 OWiG) vorgegebenen System, das auch deutschen verfassungsrechtlichen Bestimmtheitsanforderungen entspricht. Je schwerer die angedrohte Sanktion ist, umso dringender ist der Gesetzgeber verpflichtet, Leitlinien zu formulieren, die die künftige Sanktion vorhersehbar machen[4]. Einer solchen Vorhersehbarkeit entspricht allein das Verständnis, das die Höchstbeträge als wirkliche Obergrenze des Rahmens, d.h. als Sanktion des schwersten denkbaren Verstoßes ansieht.

Das WpHG konzipiert den absoluten und den umsatzbezogenen Höchstbetrag als zwei Obergrenzen, zwischen denen nicht in tatrichterlichem Ermessen zu wählen ist, sondern von denen die jeweils höhere die Obergrenze des konkreten Rahmens bildet. Dies wurde kritisiert: der Gesetzgeber setze damit die Verordnung überschießend um[5]. Teilweise geht man davon aus, der Verordnungsgeber habe den Mitgliedstaaten ein Wahlrecht eingeräumt, umsatzabhängige Geldbußen oder Fixbeträge zu verwenden (Art. 30 VO Nr. 596/2014 Rz. 28 ff.)[6]. Ob die exorbitanten Bußgeldrahmen, die sich vor allem aus dem Umsatz- und Vorteilsbezug ergeben, rechtspolitisch zweckmäßig sind, kann man durchaus bezweifeln, ist aber eine Frage des Regulierungsstils. Die hohen Sanktionsrahmen werden damit gerechtfertigt, der mögliche Schaden durch Kapitalmarktverstöße sei enorm und könne europaweite und internationale Auswirkungen nach sich ziehen. Dies trifft aber für viele Bußgeldtatbestände evident nicht zu. Verwiesen wird darauf, potentiellen Verstößen einen eindeutigen Anreiz entgegen zu setzen, das Gewinnstreben in legitime Bahnen zu lenken. Verwiesen wird darauf, dass der Gesetzgeber bei der Ausgestaltung von Sanktionsnormen nicht nur Bedeutung und Schwere der Tat ins Auge fassen, sondern auch unter **generalpräventiven Aspekten** die **Aufdeckungs- und Verfolgungswahrscheinlichkeit** berücksichtigen dürfe. Den potentiellen Delinquenten gehe es bei den typischen Verstößen um einen finanziellen Vorteil. Der so berechnende Akteur wird seine Handlungen im Wesentlichen an der Maxime der individuellen Nutzenmaximierung orientieren und folglich **Kosten und Nutzen** in Relation setzen[7]. Die Kosten setzen sich aus der **Höhe der in Aussicht gestellten Sanktion** sowie aus der **Wahrscheinlichkeit der Ahndung** zusammen[8]. Bezüglich der Ahndungswahrscheinlichkeit muss man sich einerseits der umfassenden Nachvollziehbarkeit der IT-Vorgänge besehen, die eine Aufdeckung und Ahndung wahrscheinlicher machen. Andererseits wird aber auf die eingeschränkten Möglichkeiten bei nur dezentral verfügbaren Informationen insbesondere bei handelsbasierten Marktmanipulationen hingewiesen[9].

Verfassungsrechtlich ist gegen hohe Bußgeldrahmen im deutschen Recht wenig zu erinnern[10], da sie lediglich die Funktion einer Obergrenze für den schwerwiegendsten denkbaren Verstoß haben und deshalb die Ordnungsbehörde und das Gericht in keiner Weise hindern, durch eine Rahmenunterschreitung die Verhältnismäßigkeit im Einzelfall sicher zu stellen. Nach der Rechtsprechung des BVerfG muss auch bei Ordnungswidrigkeiten das Schuldprinzip beachtet werden[11]. Die Strafe muss in einem gerechten Verhältnis zur Schwere der Tat und dem Verschulden des Täters stehen[12]. Die neuen höheren Verwaltungssanktionen wurden mitunter teilweise kritisiert und als „drakonisch"[13] bezeichnet. Indes wird eine Strafe als „drakonisch" angesehen, wenn sie

---

1 BGH v. 26.2.2013 – KRB 20/12, NJW 2013, 1972.
2 *Vollmer* in MünchKomm. GWB, 2. Aufl. 2015, § 81 GWB Rz. 109. Kritisch unter Verhältnismäßigkeits- und Bestimmtheitsanforderungen *Achenbach*, wistra 2018, 13, 16.
3 Vgl. Art. 30 VO Nr. 596/2014 Rz. 23 ff.
4 BVerfG v. 20.3.2002 – 2 BvR 794/95, NJW 2002, 1779, 1780.
5 *Teigelack/Dolff*, BB 2016, 387, 390 mit identischer Argumentation wie in der Stellungnahme des DAI zum Referentenentwurf zum FinMaNoG v. 18.11.2015, S. 13 f., abrufbar unter https://www.dai.de/files/dai_usercontent/dokumente/positionspapiere/2015-11-18%20DAI-Stellungnahme%20FimanoG.pdf (zuletzt abgerufen am 3.7.2018 um 14 h).
6 Stellungnahme des DAI zum Referentenentwurf zum FinMaNoG v. 18.11.2015, S. 13 f., abrufbar unter https://www.dai.de/files/dai_usercontent/dokumente/positionspapiere/2015-11-18%20DAI-Stellungnahme%20FimanoG.pdf (zuletzt abgerufen am 3.7.2018 um 14 h); *Teigelack/Dolff*, BB 2016, 387, 390.
7 *Schäfer/Ott*, Ökonomische Analyse des Rechts, 5. Aufl. 2013, S. 95 f.
8 *Veil/Brüggemeier* in Fleischer/Kalss/Vogt, Enforcement im Gesellschafts- und Kapitalmarktrecht, 2015, S. 277, 280.
9 *Klöhn* in Kalss/Fleischer/Vogt, Gesellschafts- und Kapitalmarktrecht in Deutschland, Österreich und der Schweiz 2013, S. 229, 237 f.; *Veil/Brüggemeier* in Fleischer/Kalss/Vogt, Enforcement im Gesellschafts- und Kapitalmarktrecht, 2015, S. 277, 285.
10 Kritisch *Achenbach*, wistra 2018, 13, 16 f.
11 BVerfG v. 4.2.1959 – 1 BvR 197/53, BVerfGE 9, 167, 169.
12 BVerfG v. 20.12.2007 – 2 BvR 1050/07, wistra 2008, 179.
13 *Seibt*, NZG 2015, 1097, 1098; *Veil*, ZGR 2016, 305, 327; „drastische Erhöhung" *Szesny*, DB 2016, 1420, 1423; *Graßl*, DB 2015, 2066, 2071 m.w.N.

im Vergleich zur Tat unangemessen hart erscheint. Die Sanktion ist dabei schuld- und tatangemessen zu gestalten. Dies stellt eine Anforderung des Verhältnismäßigkeitsgebots dar. Auch der EuGH verlangt die Verhältnismäßigkeit von Bußgeldsanktionen sowohl auf der Androhungs- wie auf der Bemessungsebene[1].

385 Diese Erwägungen, die maßgeblich zu den hohen Bußgeldrahmen geführt haben, dürfen bei der Sanktionsbemessung im Einzelfall nicht aus dem Blick geraten. Nur dort, wo diese vom Gesetzgeber generell angestellten Überlegungen für hohe Sanktionsrahmen gelten, darf sich die Zumessung im Einzelfall an den Obergrenzen orientieren. Beispielsweise in den vielen Fällen verspäteter Offenlegungen und Anzeigen trägt das Argument geringer Entdeckungswahrscheinlichkeit nicht. Bei den allermeisten Verstößen, die § 120 WpHG definiert, greift auch nicht das Argument hoher Gewinne bzw. Nutzen aus dem Verstoß. Deshalb ist daran zu erinnern, dass die gesetzlichen Bußgeldrahmen eine Vielzahl unterschiedlicher Fallgestaltungen erfassen sollen und sich deshalb jede schematisierende Ausrichtung am gesetzlichen Bußgeldrahmen verbietet[2].

386 Die eigentliche Bußgeldbemessung („Bußgeldbemessung im engeren Sinne"[3]) richtet sich nach § 17 Abs. 3 OWiG[4] und gegebenenfalls ergänzend geltenden Regelungen in EU-Verordnungen. Bei EU-Richtlinien könnte dies allenfalls über eine richtlinienkonforme Auslegung erwogen werden, so dass hier im Ausgangspunkt allein von § 17 OWiG auszugehen ist. Obwohl § 30 Abs. 3 OWiG nicht auf § 17 Abs. 3 OWiG verweist, gilt er auch für Verbandsgeldbußen[5]. Nach § 17 Abs. 3 OWiG verlangt die Einzelfallzumessung durch Gericht oder Behörde zunächst die richtige Bemessung des Sanktionsrahmens. Hierzu muss die Obergrenze konkret bestimmt werden[6]. Bei wahlweisen Obergrenzen (Festbetrag und Umsatzbezug) sind beide konkret zu ermitteln, es sei denn, es liegt auf der Hand, dass der Festbetrag höher ist. Der Umsatz kann notfalls auch geschätzt werden. In der Regel wird die vorteilsbezogene Größe die Funktion einer dritten Rahmenobergrenze hat[7] oder ob sie – wofür der Wortlaut spricht – im Sinne einer Erhöhungsmöglichkeit zu verstehen ist, die nach tatrichterlichem Ermessen zusätzlich zu den beiden ersten Obergrenzen herangezogen werden *kann*, aber nicht muss. Anders als bei § 17 Abs. 4 OWiG gibt der Gesetzgeber jedenfalls keine Ermessensrichtung vor, so dass die Leitfunktion der umsatzbezogenen Obergrenze jedenfalls nicht *stärker* ist als die einer Rahmenobergrenze. Anders als § 17 Abs. 4 OWiG beziehen sich die vorteilsbezogenen Rahmenerweiterungen auch nicht auf die Untergrenze des Bußgeldrahmens. Auch die BaFin behält sich in ihren Bußgeldleitlinien II lediglich vor, den Vorteil abzuschöpfen[8]. Dies mag aber auch damit zusammenhängen, dass es für die Delikte im Anwendungsbereich der Bußgeldleitlinien häufig kaum einen relevanten bezifferbaren Vorteil gibt.

387 Mindestbußgeld sind 5 Euro (§ 17 Abs. 1 OWiG). Innerhalb des behördlich bzw. richterlich präzise bestimmten Rahmens ist dann die Tat nach den Kriterien in § 17 Abs. 3 OWiG einzuordnen, was bei gerichtlicher Zumessung in den Begründungserwägungen wiederzugeben ist, soweit nicht § 72 Abs. 6 OWiG greift[9]. Mathematische Ermittlungen sind für richterliche Zumessungen unzulässig[10]. Dabei sind die Bedeutung der Tat und der Vorwurf, der den Täter trifft, in einem ersten Schritt bezogen auf die Anknüpfungstat zu bestimmen (tatbezogene Kriterien). Die Bedeutung der Ordnungswidrigkeit bemisst sich vorrangig nach dem Gewicht der Tat, der Schwere der Rechtsverletzung und den verschuldeten Auswirkungen.

388 In einem zweiten Schritt sind zudem persönliche bzw. *unternehmensbezogene Umstände* zu berücksichtigen, soweit sie schuldrelevant sind. Die wirtschaftlichen Verhältnisse sind dies i.d.R. nicht. Die tatbezogenen Kriterien können bei einer Unternehmensgeldbuße sowohl individuell wie institutionell betrachtet werden, während die persönlichen Umstände stets die persönlichen Umstände des Sanktionierten sind. Mit dem „Vorwurf, der den Täter trifft" ist, auch wenn das OWiG diesen Begriff bewusst vermeidet das Ausmaß des persönlichen Verschuldens gemeint.

389 Bei berufsspezifischen Ordnungswidrigkeiten wie denen nach § 120 WpHG darf die berufliche Stellung als solche nicht bußgeldschärfend verwertet werden, ebenso wenig zulässiges Verteidigungsverhalten, insbesondere schlichtes Leugnen der Ordnungswidrigkeit.

Geständnis und Reue wirken i.d.R. bußgeldmildernd, (einschlägige) Vorbelastungen i.d.R. bußgeldschärfend[11]. Schadensverursachung kann bußgelderhöhend zu berücksichtigen sein, falls sie vorwerfbar und nicht Tatbestandsmerkmal ist[12].

---

1 EuGH v. 16.7.2015 – Rs. C-255/14 Rz. 21 ff., EuGRZ 2015, 497.
2 S. z.B. Erwägungsgrund 57 VO 2016/1011, wonach die Obergrenze nur bei schweren Verstößen erreicht werden soll.
3 *Canzler/Hammermaier*, AG 2014, 57, 68 ff.
4 *Canzler/Hammermaier*, AG 2014, 57, 68 ff.
5 *Rogall* in KK-OWiG, § 30 OWiG Rz. 134 m.w.N.
6 *Mitsch* in KK-OWiG, § 17 OWiG Rz. 22; OLG Saarbrücken v. 8.4.1988 – Ss (B) 205/88, NStZ 1988, 368.
7 So BaFin, Bußgeldleitlinien II, Februar 2017, S. 6.
8 BaFin, Bußgeldleitlinien II, Februar 2017, S. 9.
9 *Mitsch* in KK-OWiG, § 17 OWiG Rz. 31.
10 *Mitsch* in KK-OWiG, § 17 OWiG Rz. 44 m.w.N.
11 Zu den Einzelheiten s. *Gürtler* in Göhler, § 17 OWiG Rz. 17 ff.; *Mitsch* in KK-OWiG, § 17 OWiG Rz. 51 ff. Für das wertpapierrechtliche Bußgeldverfahren *Canzler/Hammermaier*, AG 2014, 57, 68.
12 *Mitsch* in KK-OWiG, § 17 OWiG Rz. 46.

Compliance-Systeme und Organisationsmängel haben häufig eine Doppelstellung. Wenn sie die Anknüpfungstat gefördert haben, sind sie als tatbezogene Kriterien bußgeldschärfend, soweit sie sich nicht im verwirklichten Tatbestand erschöpfen. Compliance-Programme, soweit sie über aufsichtliche Anforderungen hinausgehen, sind bußgeldmindernd zu berücksichtigen. Das Nachtatverhalten, etwa besondere Bemühungen des Unternehmens oder der Person um Aufklärung und Offenlegung von Verstößen und Compliance-Maßnahmen (organisatorische Abhilfen) sind in der Regel sanktionsmindernd zu berücksichtigen.

390

Nur nachrangig sind die wirtschaftlichen Verhältnisse zu berücksichtigen, § 17 Abs. 3 Satz 2 OWiG. Sie bilden ein Kriterium, das weder auf Tat- noch auf Täterebene einen Bezug zum Ausmaß der verwirklichten Schuld hat, sondern die Sanktionsempfindlichkeit berücksichtigt. Bei geringfügigen Ordnungswidrigkeiten bleiben diese in der Regel unberücksichtigt (§ 17 Abs. 3 Satz 2 OWiG)[1]. Für die wirtschaftlichen Verhältnisse maßgeblich sind die Verhältnisse zur Zeit der Entscheidung[2].

391

Fraglich ist, ob in dieses gesetzlich vorgegebene Raster die Generalprävention als Zumessungserwägung eingebracht werden kann[3]. Dagegen spricht schon, dass der Präventionsgedanke sehr ausgeprägt in die hohen und flexiblen Obergrenzen eingeflossen ist, so dass eine zusätzliche Berücksichtigung in der Einzelfallentscheidung Züge einer konzeptionell widersprüchlichen Doppelverwertung von Erwägungen trägt[4]. Daher ist die Generalprävention allenfalls bei konkret gesteigertem Bedürfnis (etwa einer generellen Häufung bestimmter Verstöße in einem Bereich oder bei einer spezifisch reduzierten Entdeckungswahrscheinlichkeit in einem bestimmten Bereich) eine legitime sanktionserhöhende Zumessungserwägung[5].

392

Diese Dogmatik steht mit den Zielvorgaben der europäischen Verordnungen im Einklang (vgl. Art. 31 VO Nr. 596/2014; Art. 25 VO Nr. 1286/2012).

393

Liegt bei § 120 Abs. 2–16 WpHG nur leichtfertiges bzw. fahrlässiges Verhalten vor, so ist das Bußgeldhöchstmaß auf die Hälfte zu ermäßigen (§ 17 Abs. 2 OWiG). Dies gilt jedoch – mit Rückausnahmen des § 120 Abs. 2 Nr. 4 lit. a, Abs. 8 Nr. 43 und 44, 134–137 und Abs. 15 Nr. 1 WpHG – nicht für die Ordnungswidrigkeitentatbestände, die in § 120 Abs. 17–22 WpHG aufgeführt sind[6].

394

Teilweise wird versucht, den außergewöhnlich hohen Bußgeldrahmen von bis zu 5 Mio. Euro bei natürlichen Personen für ordnungswidrige Marktpreismanipulationen und Insiderverstöße daraus zu erklären, dass Verstöße nicht ohne weiteres Schadensersatzansprüche auslösen, weil die jeweiligen Vorschriften keine Schutzgesetze i.S.v. § 823 Abs. 2 BGB seien. Dies überzeugt indes unabhängig davon, ob die deliktsrechtliche Prämisse stimmt nicht, da der Bußgeldrahmen europäisch vorgegeben ist und das Unionsrecht zum Schutzgesetzcharakter der Vorschriften (bestenfalls) neutral ist. Es bleibt, dass die Anhebung des Bußgeldrahmens die gewünschte abschreckende Wirkung sicherstellen sowie den Aufsichtsbehörden ausreichend Spielraum geben soll, schwere Gesetzesverstöße adäquat zu sanktionieren[7]. Angesichts der Strafbarkeit vorsätzlicher Marktmanipulation und vorsätzlichen Insiderhandels fragt man sich, worauf die besondere Schwere gestützt werden kann: Da diese wegen der Strafbarkeit vorsätzlichen Insiderhandels und vorsätzlicher Marktmanipulation nicht auf dem Verschuldensgrad fußen kann, dienen die hohen Bußgelder in erster Linie dazu, die Abschreckung bei sehr hohen Handelssummen sicherzustellen. Zum anderen richtet sich die Bußgelddrohung auch gegen Emittenten und Wertpapierdienstleistungsunternehmen (usw.), die als vermögende Unternehmen nur durch entsprechend hohe Geldbußen zur Beachtung der Vorschriften angehalten werden können[8]. Vor diesem Hintergrund dürfte es nur bei extrem hochvolumigen Fällen in Betracht kommen, die Bußgeldrahmen gegenüber *natürlichen* Personen auszuschöpfen, was auch nur möglich wäre, wenn es sich um die denkbar schwerste Zuwiderhandlung handeln würde, insbesondere sehr große Handelsvolumina im Spiel sind.

395

Zusätzlich zum Ahndungsteil des Bußgelds sieht das OWiG eine Einziehung von Taterträgen vor. Wird kein Bußgeld verhängt, ist dies in § 29a OWiG geregelt. Der häufigere Fall der Einziehung von Taterträgen ist der einer in der Buße integrierten Abschöpfung gem. § 17 Abs. 4 OWiG, der nach § 30 Abs. 3 OWiG für die Verbandsgeldbuße entsprechend gilt.

396

Nach § 17 Abs. 4 OWiG soll die Geldbuße den wirtschaftlichen Vorteil, den der Täter aus der Tat gezogen hat, übersteigen. Diese Aussage bezieht sich nicht lediglich auf den oberen Bußgeldrahmen, sondern auf das festgesetzte Bußgeld. Insoweit wirkt sie auf die untere Rahmengrenze ebenso wie auf die Obergrenze. Zur Vorteilsabschöpfung darf auch das gesetzliche Höchstmaß der Geldbuße überschritten werden. Zum Verhältnis zwi-

397

---

1 Näher *Gürtler* in Göhler, § 30 OWiG Rz. 36a.
2 Zu den Einzelheiten s. *Gürtler* in Göhler, § 17 OWiG Rz. 21 ff.; *Mitsch* in KK-OWiG, § 17 OWiG Rz. 84 ff.
3 Zu den Einzelheiten s. *Gürtler* in Göhler, § 17 OWiG Rz. 16; *Mitsch* in KK-OWiG, § 17 OWiG Rz. 35 ff.
4 Zum Doppelverwertungsverbot im Bußgeldrecht: *Mitsch* in KK-OWiG, § 17 OWiG Rz. 32.
5 BGH v. 20.3.1986 – 4 StR 87/86, NStZ 1986, 358 zu § 46 StGB; vgl. OLG Düsseldorf v. 3.8.1994 – 2 Ss OWi 223/94-OWi 78/94 II, wistra 1995, 75; *Mitsch* in KK-OWiG, § 17 OWiG Rz. 42; vgl. dazu Art. 30 VO Nr. 596/2014 Rz. 22.
6 Hintergrund der Nichtanwendung des § 17 Abs. 2 StGB ist, dass die VO Nr. 596/2014 keine Absenkung des dort vorgeschriebenen Sanktionsrahmens für einzelne Bußgeldtatbestände erlaubt (BT-Drucks. 18/7482, 66).
7 So *Becker/Rodde*, ZBB 2016, 11, 16.
8 Bericht des Finanzausschusses zum 2. FiMaNoG, BT-Drucks. 12/7918, 96.

schen § 17 Abs. 4 OWiG und den spezifischen vorteilsbezogenen, rahmenerhöhenden Vorgaben in § 120 WpHG lassen sich verschiedene Sichtweisen vertreten: Denkbar ist es, die vorteilsbezogenen Regelungen in § 120 WpHG als abschließende lex specialis zu sehen, hinter der der Normbefehl des § 17 Abs. 4 OWiG zurücktritt. Denkbar ist aber auch eine harmonisierende Auslegung, die beide Normbefehle nebeneinander anwendet. Dann kommt man zu einer Kombination von intendiertem Ermessen auf der Dimension des Vorteils und einem freien tatrichterlichen Ermessen darüber hinaus bis zum Zwei- bzw. Dreifachen.

398 Das gesetzlich richtungsgeleitete (intendierte) tatrichterliche Ermessen in § 17 Abs. 4 OWiG bedeutet nicht, dass der Tatrichter stets den Vorteil abschöpfen muss, wenn keine einzelfallbezogenen Gründe dagegen sprechen. Andererseits bedeuten mögliche Ansprüche Dritter aus der Anknüpfungstat bei § 17 Abs. 4 OWiG nicht, dass von einer Abschöpfung abgesehen werden soll sondern lediglich dann, wenn die Abschöpfung durch den Verletzten bereits durchgeführt oder unmittelbar eingeleitet ist[1].

399 Daran schließt sich die Frage nach der Auslegung des **Vorteilsbegriffs** an. In § 120 WpHG ist er unionsrechtlich geprägt, in § 17 Abs. 4 OWiG nicht. Trotzdem spricht angesichts des identischen Wortlauts der erste Anschein für eine identische Auslegung. Bei § 120 WpHG ist viel diskutiert worden, ob der Vorteil unmittelbar aus der Ordnungswidrigkeit gezogen sein muss[2]; nur wer auch mittelbare Vorteile genügen lässt, kann z.B. Gewinne aus Geschäften, bei denen eine ordnungswidrige Marktmanipulation ausgenutzt wird, erfassen[3]. Zutreffend ist der Vorteilsbegriff konsequent am Maßstab der Kausalität und des (tatbestandsspezifischen)[4] Pflichtwidrigkeitszusammenhangs zu bestimmen. Maßgebend ist der Vergleich der Vermögenslagen mit der Vermögenslage, die den Verstoß hinwegdenkt. Gerade bei unterlassenen Nebenpflichten ist dabei in aller Regel nicht der „Gewinn" des Unternehmens, sondern vielmehr der Vorteil, der gerade unmittelbar mit der verbotenen Tat zusammenhängt, maßgeblich. So ist beispielsweise bei mangelhaften Aufklärungsblättern der Vorteil nicht ohne weiteres, das Umsatz erzielt wurden, sondern eher der ersparte Aufwand, gegebenenfalls der nachweislich zusätzlich erzielte Ertrag. Bei unterlassener Prüferbestellung ist der Vorteil das ersparte Prüferentgelt und nicht der Ertrag des Rechtsträgers. Generell gilt, anders als bei der von falschem begrifflichem Ballast des alten Verfalls von per se bemakelten Vermögenswerten belasteten strafrechtlichen Einziehung (s. § 119 WpHG Rz. 61) bei § 17 Abs. 4 OWiG das **Nettoprinzip**; Eigenaufwendungen sind also vorteilsmindernd abzuziehen[5]. Der Vorteil ist nicht auf den Inlandsvorteil begrenzt. Auslandsabschöpfungen sind aber bei der Ausübung des Ermessens zu berücksichtigen[6] bzw. später im Vollstreckungsverfahren analog § 99 Abs. 2 OWiG auszugleichen[7]. Da eine Vorteilsabschöpfung also in der Regelfall bereits durch die Geldbuße selbst bewirkt wird, schließt § 30 Abs. 5 OWiG die gesonderte Anordnung der Einziehung von Taterträgen gegenüber der juristischen Person bzw. Personenvereinigung aus, wenn gegen sie eine Geldbuße festgesetzt worden ist.

400 2013 hat die BaFin auf ihrer Internetseite in antizipierter Ausübung ihres Rechtsfolgeermessens (§ 47 Abs. 1 Satz 1 OWiG, § 120 Abs. 17–24 WpHG) Bußgeldleitlinien zur Festsetzung von Geldbußen bei Verstößen gegen bestimmte Vorschriften des WpHG[8] veröffentlicht, namentlich gegen Publizitätspflichten. Sie wurden im Februar 2017 überarbeitet und fortgeschrieben[9].

401 Diese Bußgeldleitlinien dienen dazu, die Höhe der verwaltungsbehördlichen Geldbuße für bestimmte, häufig und regelmäßig auftretende Ordnungswidrigkeiten, namentlich die wichtigsten Publizitätspflichten der Finanzberichterstattung, im Rahmen des gesetzlichen Bußgeldrahmens (§ 120 Abs. 17–24 WpHG) zu bestimmen und die Zumessung zu leiten. Sie geben die umfangreichen Erfahrungen der zuständigen BaFin-Organisationseinheit wieder, sollen die Transparenz erhöhen und die Gleichbehandlung durch die Verwaltung leiten und damit zugleich den Marktteilnehmern eine Orientierungshilfe geben, was auch der Rechtssicherheit dienen kann[10]. Die Leitlinien gehen dabei von Regelfällen aus, aber sowohl Umstände des Einzelfalls als auch die Notwendigkeit einer ausreichenden Abschreckungswirkung können ein Abweichen davon rechtfertigen. Die Bußgeldleitlinien sollen die Gleichbehandlung und Transparenz bei der Bußgeldzumessung fördern. Auch wenn diese Transparenz im Grundsatz zu begrüßen ist und die Arbeit des mit der Bußgeldbemessung betrauten Rechtsanwenders sicherlich erleichtert, besteht doch die Gefahr, dass diese eigentlich behördeninternen Richtlinien durch ständige Übung eine der BKatV vergleichbare Bedeutung erhalten, die ihnen als bloße Verwaltungsvor-

---

1 BGH v. 19.6.2007 – KRB 12/07, BGHSt 52, 1; BGH v. 18.5.2017 – 3 StR 103/17, NJW 2017, 2565, 2568.
2 Eine „unmittelbare Kausalbeziehung" fordert BGH v. 10.4.2017 – 4 StR 299/16, NJW 2017, 2292 Rz. 20 f.
3 So *Altenhain* in KölnKomm. WpHG, § 39 WpHG Rz. 93.
4 BGH v. 10.4.2017 – 4 StR 299/16, NJW 2017, 2292 zum Verfall nach § 29a OWiG.
5 BGH v. 8.12.2016 – 5 StR 424/15, wistra 2017, 242.
6 BGH v. 10.4.2017 – 4 StR 299/16, NJW 2017, 2292, 2293.
7 BGH v. 18.5.2017 – 3 StR 103/17, NJW 2017, 2565, 2568 (Rz. 41 für private Drittansprüche).
8 WpHG-Bußgeldleitlinien, abrufbar unter: https://www.bafin.de/SharedDocs/Downloads/DE/Leitfaden/WA/dl_bussgeld leitlinien_2013.pdf?__blob=publicationFile&v=1, (zuletzt abgerufen am 3.7.2018 um 14 h); s. dazu auch *Nartowska/Walla*, NZG 2015, 977 ff.
9 Bußgeldleitlinien II. abrufbar unter: https://www.bafin.de/SharedDocs/Downloads/DE/Leitfaden/WA/dl_bussgeldleit linien_2016.html (zuletzt abgerufen am 3.7. um 14 h).
10 *Canzler/Hammermaier*, AG 2014, 57.

schrift nicht zukommt. Hinzu kommen konzeptionelle Diskussionspunkte, zu denen die starke standardisierte Einbeziehung der Marktkapitalisierung des Emittenten sowie die Verschiebungen der gesetzlichen Relationen gehören, während die Verzerrungen der gesetzlichen Relationen der Leitlinien 2013 inzwischen behoben sind[1]. Es bleibt aber auch die De-Facto-Schaffung hoher Mindestsätze, die das Gesetz nicht vorsieht.

Die mitunter behauptete Selbstbindung ist jedenfalls lediglich eine verwaltungsinterne und im Allgemeinen schon deshalb nicht justiziabel, weil das zur gerichtlichen „Kontrolle" aufgerufene Gericht bei der Bußgeldfestsetzung keine Kontrolle vornimmt, sondern eine gänzlich eigenständige Bemessung. Ohnehin ist der Grundsatz der Gleichbehandlung bei der Sanktionsbemessung[2] kaum steuernd, weil er durch die gebotene individualisierende Festlegung weitgehend unerheblich wird. Hier, wie sonst, gilt, dass Verwaltungsvorschriften vielleicht Gegenstand gerichtlicher Kontrolle sein können, aber nicht ihr Maßstab. 402

XXV. Juristische Personen und Personenvereinigungen als Sanktionsadressaten (§ 120 Abs. 17–24 WpHG, § 30 OWiG) sowie Geschäftsherrenhaftung wegen Aufsichtspflichtverletzung (§ 130 OWiG). 1. Juristische Personen und Personengesellschaften als Sanktionsadressaten (§ 30 OWiG). Anders als das personal ausgerichtete deutsche **straf**rechtliche Sanktionskonzept[3] sieht das Bußgeldrecht mit § 30 OWiG eine bußgeldrechtliche Verantwortung juristischer Personen mit deren Sanktionierung vor. Gemäß § 30 OWiG können Ordnungswidrigkeiten und Straftaten mit **Geldbußen gegen juristische Personen und Personenvereinigungen** geahndet werden, soweit eine zurechenbare Anknüpfungstat einer natürlichen Person vorliegt[4]. Die Zurechnung regelt der Katalog des § 30 Abs. 1 Nr. 1–5 OWiG. Tatrichterlich ist für die Bebußung einer juristischen Person lediglich die Feststellung erforderlich, dass einer der in § 30 Abs. 1 Nr. 1–5 OWiG genannten Verantwortlichen die Zuwiderhandlung vorwerfbar begangen hat (sog. anonyme Geldbuße)[5]. Im Kapitalmarktrecht führt das vor allem i.V.m. § 130 OWiG wie auch sonst bei vielen Verstößen im Unternehmen – aufgrund von zwei Faktoren zu einer niedrigen Verurteilungshürde: erstens kann die Zuwiderhandlung an sich oft gut nachgewiesen werden; zweitens gibt es zu den meisten materiellen sanktionsbewehrten Pflichten umfangreiche flankierende Kontroll- und Präventionspflichten, die erstens selbstständig sanktionsbewehrt sind und zweitens wiederum Grundlage eines Aufsichtspflichtverstoßes des Unternehmens gem. § 130 OWiG sein können, wobei die Erfüllung dieser unternehmensbezogenen kapitalmarktrechtlichen Pflichten gem. § 9 OWiG originär dem Vorstand obliegt, so dass Anknüpfungstat meist ein Verhalten des Vorstands ist[6]. Deshalb ist die Bußgeldpraxis im Kapitalmarktrecht in Umkehrung der gesetzlichen Systematik überwiegend unternehmensbezogen: die selbstständige Verbandsgeldbuße ist der Regelfall[7]. Dies gilt besonders ausgeprägt dort, wo die materielle Pflicht unternehmensbezogen ist. 403

Ahndbar gem. § 30 OWiG sind **juristische Personen**, namentlich Kapitalgesellschaften (AG, GmbH), und **Personenvereinigungen**, insbesondere die Personenhandelsgesellschaften (OHG, KG) sowie **nichtrechtsfähige Vereine**. Voraussetzung ist bei den Personengesellschaften eine zumindest teilweise Rechtsfähigkeit[8]. Bei der GbR ist lediglich die Außen-GbR erfasst[9], die nachhaltig und **unternehmenstragend** (arg. e. § 30 Abs. 1 Nr. 5 OWiG) am Geschäftsverkehr teilnimmt. Gelegenheitsgesellschaften sind nicht erfasst. Ein punktueller, über den Rechtsträger hinausgehender Unternehmensbezug wird durch die Rechtsnachfolgehaftung (§ 30 Abs. 2a OWiG) hergestellt, die allerdings nicht grenzenlos ist. Für die Fälle der Gesamtrechtsnachfolge folgt die Erhaltung der Haftung aus der Identität[10]. 404

Voraussetzung ist eine Anknüpfungstat eines **Vertretungsorgans**, eines **Generalbevollmächtigten** oder in **leitender Stellung** handelnden Prokuristen und Handlungsbevollmächtigten (§ 30 Abs. 1 Nr. 4 OWiG) oder einer sonstigen Person, die für die **Leitung** des Betriebes[11] oder Unternehmens einer juristischen Person oder Personenvereinigung verantwortlich ist und **Kontrollbefugnisse** ausübt. Faktische Organe sind wegen der Wortlautgrenze nach § 30 Abs. 1 Nr. 1–4 OWiG nicht erfasst; lediglich § 30 Abs. 1 Nr. 5 OWiG lässt sich im Sinne einer faktischen Betrachtungsweise interpretieren[12]. Erforderlich ist, dass der Täter „als" Organ usw. gehandelt hat. Dies bedeutet, dass mit der Tat **Interessen der juristischen Person bzw. Personenvereinigung** verfolgt worden sein müssen[13]. Mit anderen Worten sind eigennützige Taten („**roque employee**") unabhängig 405

---

1 Zu diesen zutreffend *Eggers*, BB 2015 651.
2 Vgl. auf europäischer Ebene EuGH v. 26.1.2017 – Rs. C-618/13 P, NZKart 2017, 130.
3 Zur Diskussion über eine auch strafrechtliche Verbandsverantwortung etwa *Kubiciel*, NZWiSt 2016, 178; *Dannecker/Dannecker*, NZWiSt 2016, 162.
4 Dies betonen zu Recht auch *Rönnau/Wegner* in Meyer/Veil/Rönnau, § 27 Rz. 42.
5 BGH v. 8.2.1994 – KRB 25/93, NStZ 1994, 346 f.
6 *Canzler/Hammermaier*, AG 2014, 57, 65.
7 *Canzler/Hammermaier*, AG 2014, 57, 64.
8 *Rogall* in KK-OWiG, § 30 OWiG Rz. 40 f.
9 *Rogall* in KK-OWiG, § 30 OWiG Rz. 78 m.w.N.
10 BGH v 27.1.2015 – KRB 39/14 – Kaffeeröster, NStZ 2015, 523; kritisch *Mäger/von Schreitter*, KSzW 2015, 243, 249 f.
11 Zur Unterscheidung von Betrieb und Unternehmen im Bußgeldrecht *Rogall* in KK-OWiG, § 9 OWiG Rz. 75 f.; *Wirtz*, WuW 2001, 342, 346 f.
12 *Rogall* in KK-OWiG, § 30 OWiG Rz. 86.
13 S. nur *Rogall* in KK-OWiG, § 30 OWiG Rz. 95 ff.

von der Frage der Verletzung betriebsbezogener Pflichten nicht geeignet, eine bußgeldrechtliche Verantwortlichkeit der juristischen Person bzw. Personenvereinigung auszulösen.

406 Durch die Anknüpfungstat müssen entweder Pflichten verletzt werden, die die juristische Person oder Personenvereinigung treffen oder diese muss bereichert worden sein oder eine Bereicherung wenigstens beabsichtigt haben. Damit ist eine Einschränkung auf betriebsbezogene Pflichten beabsichtigt – unter Ausklammerung von Jedermannpflichten. Streitig ist, ob diese Einschränkung gleich wie bei § 130 OWiG auszulegen ist. Richtig dürfte es sein, dass der Inhaber des Unternehmens nur für deliktische Pflichtverletzungen einzustehen hat, die sich als Realisierung der von ihm zu beherrschenden Personalgefahren darstellt und nicht etwa als eine Folge allgemeiner Lebensrisiken gedeutet werden kann[1]. Nach diesem Maßstab sind viele *Ordnungswidrigkeiten nach § 120 WpHG* geeignete Anknüpfungstaten, da sie weitestgehend Zuwiderhandlungen gegen betriebsbezogene Pflichten von regulierten Unternehmen usw. enthalten. Hingegen dürfte seit der Umgestaltung der Insiderstrafbarkeit zum Jedermannsdelikt die Gesellschaft für weisungswidrige Insiderstraftaten von einzelnen Personen, die persönlich Insiderhandel im eigenen Interesse betrieben haben, nicht einstehen müssen. Eine andere Frage ist in solchen Fällen, ob eine Aufsichtspflichtverletzung oder eine Verletzung kapitalmarktrechtlicher Compliance-Pflichten vorliegt. Naturgemäß anders liegt der Fall bei Insiderhandel oder Marktmanipulation auf dem Buch der Gesellschaft. Anknüpfungstat können etwaige korrespondierende Verletzungen von organisatorischen oder systemischen Kapitalmarkt-Compliancepflichten sein. Die treffen personal nicht notwendig den Insiderhändler, so dass der Schluss von einem Insiderhandel innerhalb einer Organisation auf den Verstoß gegen eine betriebsbezogene Compliance-Pflicht ein Fehlschluss wäre.

407 Besonders relevant sind Pflichten, die fachrechtlich den Rechtsträger, mithin also die juristische Person treffen. Hier regelt § 9 OWiG die Zurechnung des Pflichtenkatalogs zu den Organmitgliedern. §§ 9, 30 und 130 OWiG sind damit ein in sich kohärentes, verhältnismäßiges und sachgerechtes Sanktionskonzept sowohl für Straftaten im Unternehmen als auch für Verwaltungsrecht (Ordnungswidrigkeiten)[2].

408 Damit genügt das deutsche Kapitalmarktsanktionsrecht dem EU-Recht. Zwar sind die Zurechnungen im EU-Eigenbußgeldrecht und vor allem im Kartellrecht noch weiter. Hier ist ausreichend für eine Verantwortlichkeit des Unternehmens nach der Rechtsprechung des EuGH die Handlung einer Person, die berechtigt ist, für das Unternehmen tätig zu werden[3]. Nach dem europäischen Recht können somit die Handlungen sämtlicher Bediensteter zugerechnet werden, soweit diese innerhalb ihrer innerbetrieblichen Kompetenzen handeln[4]. Ist also die Kommission selbst ermächtigt, Geldbußen gegen Unternehmen festzusetzen (s. z.B. Art. 23 VO Nr. 1/2003), so ist eine gegenüber den deutschen Regelungen erweiterte Haftung vorgesehen[5]. Umgekehrt kennt das EU-Kartellrecht keine Verantwortlichkeit natürlicher Personen, soweit sie nicht Unternehmensträger sind. Im EU-Kartellrecht gilt zudem eine grundsätzliche Konzerndimensionalität mit einer Verhaltenszurechnung über die Grenze der Rechtsträger hinweg, die nur nahezu diabolische Entlastungsbeweismöglichkeiten kennt[6]. Eine Vorbildwirkung für die allgemeine bußgeldrechtliche Unternehmensverantwortlichkeit haben diese Grundsätze nicht[7].

409 Bei § 120 WpHG sind aber allein die Grundsätze des nationalen Rechts aus § 30 OWiG maßgeblich. Eine Erweiterung dieser Ahndungsmöglichkeit ist nur innerhalb der Grenzen des Art. 103 Abs. 2 GG möglich[8]. So führte der BGH zur Regelung des § 81 Abs. 2 Satz 2 GWB a.F., welcher im Wortlaut mit den Bußgeldzumessungsregelungen des § 120 WpHG identisch ist, aus, dass die Frage, ob eine juristische Person überhaupt durch das Handeln ihrer Leitungsperson mit einem Bußgeld belegt werden darf, abschließend durch § 30 OWiG bestimmt wird. Der Bezug der Regelung auf das „Unternehmen" und die Bestimmung seines Umsatzes betrifft lediglich die Rechtsfolgenseite[9]. Das hat zur Folge, dass der Wortlaut des *§ 30 OWiG die absolute Grenze für die Bußgeldzumessung* darstellt. Der EuGH hat dazu ausgeführt, dass eine gesetzlich nicht vorgesehene strafrechtliche Verantwortlichkeit selbst dann nicht auf eine unionsrechtskonforme Auslegung gestützt werden kann, wenn die in Rede stehende nationale Regelung sich andernfalls als unionsrechtswidrig erweisen würde[10]. Das gilt auch für das unmittelbar anwendbare Verordnungsrecht, welches auf der Rechtsfolgenseite lediglich mindestharmonisierend wirkt. Den Mitgliedstaaten steht allgemein – und auch bei der Umsetzung von Unionsrecht – eine Einschätzungsprärogative bei der Sanktionierung von Verbänden zu[11].

---

1 *Rogall* in KK-OWiG, § 30 OWiG Rz. 108.
2 *Többens*, NStZ 1999, 1.
3 EuGH v. 28.6.2005 – Rs. C-189/02 P, Slg. 2005, S. I-5425 Rz. 97; EuGH v. 16.2.2017 – Rs. C-95/15 P Rz. 33 f. – Paraffinwachs, WuW 2017, 275.
4 S. dazu *Fromm*, ZIS 2007, 279, 285 f.
5 *Rogall* in KK-OWiG, § 30 OWiG Rz. 279.
6 So EuGH v. 16.6.2016 – C 155/14 P Rz. 40 f. – Calciumcarbid, NZKart 2016, 325. Kritisch zum Grundkonzept zu Recht *Nettesheim*, Verfassungsrecht und Unternehmenshaftung, 2018, S. 67 ff.
7 *Dannecker/Dannecker*, NZWiSt 2016, 162, 168.
8 BGH v. 10.8.2011 – KRB 55/10, BGHSt 57, 193.
9 BGH v. 16.12.2014 – KRB 47/13, BGHSt 60, 121.
10 EuGH v. 28.6.2012 – Rs. C-7/11, Slg. 2005 I-3565 Rz. 74.
11 *Dannecker/Dannecker*, NZWiSt 2016, 162, 168 f.

2. Ausländische juristische Personen. Unter den Voraussetzungen der örtlich-territorialen und sachlichen Anwendbarkeit des OWiG[1] auf den Sachverhalt und der § 30, § 120 Abs. 25 Satz 3 WpHG ist auch die Bebußung **ausländischer** juristischer Personen bzw. Personenvereinigungen möglich[2]. Die Frage stellt sich insbesondere, wenn die Anknüpfungstat (sogleich Rz. 421 f.) nach deutschem Recht straf- oder ahndbar, namentlich eine Inlandstat ist, der Täter aber für eine ausländische juristische Person bzw. Personenvereinigung – für eine juristische Person bzw. Personenvereinigung mit Sitz im Ausland bzw. für eine juristische Person bzw. Personenvereinigung mit einem anderen Herkunftsstaat als die Bundesrepublik Deutschland – handelt. Für eine Begrenzung auf inländische juristische Personen bzw. Personenvereinigungen bietet der Wortlaut des § 30 Abs. 1 Nr. 1 („juristische Person", „Organ") und Nr. 3 OWiG („Personenhandelsgesellschaft", „vertretungsberechtigter Gesellschafter") keine Grundlage[3]. Für die Fälle einer Niederlassung oder einer dienstleistenden Tätigkeit im Inland ist die Frage in **§ 120 Abs. 25 Satz 3 WpHG** entschieden, so dass es auf allgemeine Grundsätze zu § 30 OWiG nur noch in den weniger praktischen Fällen ankommt, in denen im Inland gehandelt wird, ohne dass Dienstleistungen im Inland erbracht werden und ohne dass eine Niederlassung besteht. Denkbar sind beispielsweise Marktmissbrauchshandlungen im Bundesgebiet für eine ausländische juristische Person, die weder eine Niederlassung noch eine Hauptstelle in Deutschland hat noch hier Dienstleistungen erbringt. In jedem Fall richten sich die Fragen, ob eine juristische Person, ein Organ usw. vorliegt, nach dem jeweils anwendbaren ausländischen (Gesellschafts-)Recht, soweit sich aus dem Tätigkeits- oder Niederlassungsstatut keine spezielle inländische Sonderregelung ergibt[4]. 410

3. Verletzung von Aufsichtspflichten, § 130 OWiG. Von der unmittelbaren Sanktionierung von Unternehmen für Verstöße gegen §§ 119, 120 WpHG im Unternehmen zu trennen ist § 130 OWiG, der eine selbständige Ordnungswidrigkeit der **Verletzung der Aufsichtspflicht in Betrieben und Unternehmen** enthält. Faktisch können damit auch Taten **anderer Personen als Organe, insbesondere Angestellter**, erfasst werden. Dies wird dadurch ermöglicht, dass die gem. § 130 OWiG ordnungswidrige Aufsichtspflichtverletzung (s. hierzu Rz. 403) nach allg. M. taugliche Anknüpfungstat für § 30 OWiG ist, weil die Aufsichtspflicht betriebsbezogen ist. § 130 OWiG enthält einen *subsidiären Auffangtatbestand*, der nur dann in Betracht kommt, wenn dem Aufsichtspflichtigen nicht eine straf- oder ahndbare Beteiligung nach §§ 13, 25 ff. StGB, §§ 8, 9, 14 OWiG nachgewiesen werden kann[5]. *Täter* einer Ordnungswidrigkeit nach § 130 OWiG können nur Inhaber[6] eines Betriebes oder Unternehmens, zu denen selbstverständlich auch Wertpapierdienstleistungsunternehmen zählen, sein. Da die Inhabereigenschaft ahndbarkeitsbegründendes besonderes persönliches Merkmal i.S.v. § 9 OWiG ist, kommen zudem und vor allem die in § 9 OWiG genannten (Leitungs-)Personen als Täter in Betracht (s. Rz. 80 ff.). *Tathandlung* ist das Unterlassen der Aufsichtsmaßnahmen, die erforderlich sind, um in dem Betrieb oder Unternehmen Zuwiderhandlungen gegen Pflichten zu verhindern, die den Inhaber als solchen treffen und deren Verletzung mit Strafe oder Geldbuße bedroht ist. Zum Pflichtenprogramm des § 130 OWiG können auch fachrechtliche bußgeldbewehrte Pflichten treten. In diesen Fällen konkurriert der entsprechende Verstoß gegen § 120 WpHG und gegen § 130 OWiG ideal. Darüber hinaus sind allgemein organisatorische Maßnahmen erforderlich, um vorhersehbare Verstöße gegen die Verhaltenspflichten des WpHG zu unterbinden, beispielsweise Meldeverfahren und sog. Compliance-Programme. Ahndbar ist *vorsätzliches oder fahrlässiges Unterlassen* der erforderlichen Aufsichtsmaßnahmen. 411

Lediglich *objektive Strafbarkeitsbedingung*, auf die sich Vorsatz und Fahrlässigkeit nicht beziehen müssen, ist es, dass eine der genannten Zuwiderhandlungen – vorliegend namentlich Straftaten nach § 119 WpHG oder Ordnungswidrigkeiten nach § 120 WpHG – begangen wird, die durch gehörige Aufsicht verhindert oder wesentlich erschwert worden wäre. Zum objektiven Tatbestand der Fahrlässigkeitstat gehört aber auch die objektive Pflichtwidrigkeit; diese unterscheidet sich bei Leichtfertigkeit. Deshalb ist es nicht ohne weiteres möglich, eine Haupttat bei einfach-fahrlässigem Verstoß gegen einen Leichtfertigkeitstatbestand anzunehmen, weil dann nicht erst die Vorwerfbarkeit, sondern schon die objektive Tatseite fehlt. Die Feststellung eines bestimmten Täters, der die Zuwiderhandlung begangen hat, ist nicht notwendig[7]. 412

Der (kaum je zu leistende) Nachweis der Kausalität zwischen Aufsichtspflichtverletzung und Zuwiderhandlung ist nicht erforderlich; vielmehr macht sich das Gesetz die sog. Risikoerhöhungslehre zu Eigen. Es lässt genügen, dass die Zuwiderhandlung bei gehöriger Aufsicht wesentlich erschwert worden wäre. 413

Die *Rechtsfolge* ist eine Geldbuße bis zu 1 Mio. Euro, bei bloß fahrlässiger Aufsichtspflichtverletzung (§ 17 Abs. 2 OWiG) bis zu 500.000 Euro, wenn die Zuwiderhandlung („Pflichtverletzung") eine Straftat, insb. nach 414

---

1 Dazu etwa *Grundmann* in Staub, HGB, Bd. 11/2, 8. Teil, Rz. 52 ff., 90 ff.
2 S. hierzu 2. Aufl. des Kommentars, Vor § 38 WpHG Rz. 80 ff.; *Papachristou*, Sanktionen gegen ausländische juristische Personen, Personenvereinigungen und Handelsgesellschaften, Diss. jur. Gießen 1998.
3 H.A., s. nur *Gürtler* in Göhler, § 30 OWiG Rz. 1.
4 Vertiefend zu den Folgefragen *Weller*, ZGR 2016, 384, 392 ff.
5 S. nur *Rogall* in KK-OWiG, § 130 OWiG Rz. 124 f.
6 Zum Inhaberbegriff Rz. 415 ff.
7 S. nur *Rogall* in KK-OWiG, § 130 OWiG Rz. 108 ff.

§ 119 WpHG, darstellt (§ 130 Abs. 3 Satz 1 OWiG). Ist die Zuwiderhandlung („Pflichtverletzung") nur eine Ordnungswidrigkeit, insb. nach § 120 WpHG, so ist das hierfür angedrohte Höchstmaß der Geldbuße maßgeblich (§ 130 Abs. 3 Satz 2 OWiG).

415 **4. Konzerndimensionalität von § 130 OWiG?** Fraglich ist jedoch, ob über §§ 130, 30 OWiG auch eine Verantwortung der **Konzernmutter für Verstöße möglich ist, die bei Tochterunternehmen auftreten**. Es handelt sich dabei nicht um eine Haftung für das Delikt der Tochter, sondern um eine eigene **Verantwortlichkeit** wegen einer Aufsichtspflichtverletzung. Ob es eine derartige **Konzernreichweite** der Aufsicht im deutschen Ordnungswidrigkeitenrecht gibt, ist **umstritten** und bisher höchstrichterlich nicht entschieden[1]. Allerdings vertritt das BKartA diese Sichtweise für das Kartellrecht[2], ganz im Gegenteil zu weiten Teilen der vor allem kartell- und gesellschaftsrechtlichen Literatur[3], was wiederum den Gesetzgeber zu einem fachspezifischen Federstrich[4] veranlasste (§ 81 Abs. 3a GWB i.d.F. der 9. GWB-Novelle), der ganze Aufsatzbibliotheken zur Makulatur werden ließ[5], aber keine e contrario-Schlüsse auf die Auslegung von § 130 OWiG zulässt. Andere befürworten eine Aufsichtspflicht[6]. Die Skepsis der Literatur ist im Grundsatz berechtigt; über § 130 OWiG lässt sich eine Verantwortlichkeit der Konzernmutter **nur in bestimmten Fällen** annehmen.

416 Gegen eine Aufsichtspflicht der Konzernmutter spricht schon, dass § 130 OWiG generell von dem *„Inhaber eines Betriebs oder Unternehmens"* spricht. Die dem Konzern implizite Lösung eines sozial-empirischen Substrats von der Zurechnungseinheit einer juristischen Person könnte sprachlich über eine von der rechtsformalen Stellung des **Inhabers** und beim Begriff des **Unternehmens** ansetzen[7]. Die verfassungsrechtliche Bestimmtheitsgrenze des natürlichen Wortsinns lässt eine Lösung von dem formalen Rechtsträgerprinzip zu. Gleichwohl ist ein materialisierter, auf „wirtschaftliches" Eigentum gerichteter Inhaberbegriff abzulehnen[8]. Ebenfalls bedenklich ist es, als Inhaber denjenigen anzunehmen, dem die Aufsichtspflichten oblägen[9]: dies ist zirkulär und verschleift die Tatbestandsmerkmale des § 130 OWiG. Nicht ohne weiteres folgt ein formal auf den Rechtsträger bezogener Begriff aus der Verwendung des Singulars wie in § 30 OWiG, weil dieser eine Pluralität von Inhabern ebenso wenig ausschließt. Er muss nicht als Zahlenbestimmung verstanden werden. Dennoch ist der Inhaberbegriff im Ausgangspunkt formal; er zielt auf die Einheit von Recht und Pflichtenstellung; daher ist Inhaber eines Geschäftsbetriebes der Gesellschaft im Regelfall die Gesellschaft, mithin das rechtliche Zuordnungssubjekt (der „Eigentümer") und nicht ihre Gesellschafter[10].

417 Im konzernrechtlichen Sprachgebrauch (und anderen terminologischen Konventionen) können konzernierte Gesellschaften als ein Unternehmen verstanden werden. Überträgt man diesen Sprachgebrauch auf § 130 OWiG, so würde jeder Konzern § 130 OWiG unterfallen. Dies erscheint aber zu weitgehend und vom Normzweck des § 130 OWiG nicht geboten: Zweck des § 130 OWiG ist es, Sanktionslücken zu schließen[11]. Es soll materiell dafür gesorgt werden, dass die Delegation von Aufsichtspflichten nicht zu einer Verschlechterung der Legalitätskontrolle führt[12]. Gemessen an diesem Normzweck fällt auf, dass es bei Konzerngesellschaften ein in rechtlicher Hinsicht voll verantwortliches Vertretungsorgan gibt. Ein echtes Sanktions*vakuum* im Sinne einer rechtlichen Verantwortungslücke besteht mithin nicht. Nicht überzeugen kann auch ein Transfer unionsrechtlich geprägter Begriffe ins OWiG[13]. Die Verantwortlichkeit der Obergesellschaft wird dort durch den eigenständig kartellrechtlichen Unternehmensbegriff erreicht, der § 130 OWiG gerade nicht zugrunde liegt.

418 Somit bleiben zwei differenzierende Ansätze, jeweils ausgehend vom Normzweck und von einem eigenständigen Unternehmensbegriff des § 130 OWiG. Der erste blickt auf das unternehmerische Geschehen: Wenn die herrschende Gesellschaft die beherrschte Gesellschaft so führt, dass faktisch ein einziges Unternehmen vorliegt,

---

1 Zweifelhaft BGH v. 1.12.1981 – KRB 3/79 – Mixbeton, GRUR 1982, 244.
2 BKartA, Fallbericht v. 12.4.2012 – Az. B1-200/06-P2 und B1-200/06-U13, Tondachziegel.
3 *Von Schreitter*, NZKart 2016, 253, 264 m.w.N. vor allem in Fn. 40.
4 Kritisch *Mäger/von Schreitter*, NZKart 2017, 264 ff.
5 Zu den Motiven des Gesetzgebers *Ost/Kallfass/Roesen*, NZKart 2016, 447.
6 *Bohnert* in Bohnert/Krenberger/Krumm, § 130 OWiG Rz. 7; *Rogall* in KK-OWiG, § 130 OWiG Rz. 27; *Raum* in Langen/Bunte, § 81 GWB Rz. 25; *Bosch*, ZHR 177 (2013), 454, 466.
7 Grundlegend und abgewogen die Darstellung des Meinungsstandes bei *Minkoff*, Sanktionsbewehrte Aufsichtspflichten, Rz. 240 ff.
8 *Werner*, CB 2016, 167, 168 f., der eine Ausnahme für den von eigenständigen Garantenpflichten des Leitungsorgans der Konzernmutter vorschlägt, die er allerdings auf organisationsrechtlicher Grundlage ablehnt; so auch *Minkoff*, Sanktionsbewehrte Aufsichtspflichten, Rz. 299 ff., der dann aber mit der „organisationsbasierten Inhaberschaft" die Erstreckung auf einen aufsichtspflichtorientierten Unternehmensbegriff begründet (Rz. 302 f. aus der Auslegung des Unternehmensbegriffs).
9 So aber *Rogall* in KK-OWiG, § 130 OWiG Rz. 25.
10 Für eine formale Betrachtung im Ergebnis zutreffend für den umgekehrten Fall, indem sich der Strohmann unter Berufung auf einen materiellen Inhaberbegriff erfolglos zu entlasten versuchte OLG Hamm v. 13.6.1996 – 2 Ss OWi 667/96, NStZ-RR 1997, 21, dazu *Korte*, NStZ 1998, 450.
11 BGH v. 13.4.1994 – II ZR 16/93, DNotZ 1994, 638, 642; *Rogall* in KK-OWiG, § 130 OWiG Rz. 4.
12 Ähnlich *Bosch*, ZHR 177 (2013), 454, 465.
13 *Hackel*, Konzerndimensionales Kartellrecht, 2012, S. 362 f. zur „wirtschaftlichen Einheit".

muss § 130 OWiG zur Anwendung gelangen. Der Unternehmensbegriff in § 130 OWiG ist dementsprechend eigenständig[1] und enger auszulegen als mitunter im Konzernrecht, macht aber nicht notwendig Halt an den Grenzen eines Rechtsträgers. Ein zweiter Ansatz stellt darauf ab, ob die beherrschte Gesellschaft funktional Vollfunktionsunternehmen ist und ob sie insbesondere die Aufsichts-, Rechts-, Überwachungs- und Compliance-Funktionen eigenständig wahrnimmt. Dies ist bei vielen nachgeordneten Konzernunternehmen nicht der Fall.

Um dem Bestimmtheitsgebot in der besonderen Ausprägung des Verschleifungsverbots gerecht zu werden, sollte nicht jede Art der Konzernierung für die Begründung „eines" Unternehmens ausreichen. Beide Ansätze stehen nicht in linearer Abhängigkeit zum Konzernierungsmittel (faktischer Konzern; Beherrschungs- und Gewinnabführungsvertrag; Eingliederung nach § 322 AktG genügen[2]). Maßgebend sind die Umstände des Einzelfalles[3]. Tatbestandlich ist der Unternehmensbegriff relativ offen, während der Inhaberbegriff wegen des Verschleifungsverbots zusätzliche Konturierung bringen muss. Diese ist zutreffend darin zu suchen, dass die Beherrschung rechtlich gesichert sein muss[4]. Rein faktische, dem Gesellschaftsrecht vielleicht gar widersprechende Einflussnahmen und erst recht Einflussmöglichkeiten, reichen nicht. 419

Wer hingegen eine generelle Konzerndimensionalität des Inhaber- und Unternehmensbegriffs in § 130 OWiG annimmt, der muss dann auf der Ebene der konkreten Aufsichtspflichten zu ganz ähnlichen Ergebnissen kommen. Anders als die umfassende Rechtsgewährleistungspflicht des Leitungsorgans einer juristischen Person besteht eine solche allgemeine Rechtsgewährleistungspflicht nicht für beherrschte, einheitlicher unternehmerischer Leitung unterstellte Gesellschaften. Als Orientierung kann hier vielmehr der Vertrauensgrundsatz[5] dienen, wonach man sich solange darauf verlassen kann, dass die Leitungsorgane einer Konzerngesellschaft ihre Verantwortung wahrnehmen, als dieser nicht die hierfür erforderlichen Ressourcen durch die Konzernorganisation genommen werden oder bis Anhaltspunkte für das Gegenteil aufkommen. 420

5. Das internationale Unternehmen und Konzerndimensionalität im internationalen Konzern. Institutionelle Kapitalmarktakteure sind oft transnationale Akteure. Das Phänomen des internationalen Konzerns spielt hier eine wichtige Rolle. Soweit die Konzernmutter in Deutschland sitzt und Verstöße im Ausland begangen werden, sind Auslandsverstöße geeignete Anknüpfungstaten eines Aufsichtspflichtverstoßes[6]. Wie weit die Aufsichtspflichten der inländischen Konzernmutter reichen, ist Gegenstand intensiver Diskussion. Maßgebend als Grundlage einer Ahndung ist insoweit jedenfalls lediglich allein das deutsche Recht[7]. Das Aufsichtsrecht verlangt von der inländischen Muttergesellschaft, dass sie Ingerenzhürden aus dem ausländischen Sitzstatut der Tochtergesellschaft überwindet. Dass die Auslandstat geeignete Anknüpfungstat eines inländischen Aufsichtsverstoßes ist, gilt aber jedenfalls nur, soweit die im Ausland strafbare Tat wertungsidentisch auch im Inland strafbar wäre. Beispielsweise nicht zur Ahndung nach § 130 OWiG führt es, wenn die deutsche Konzernmutter Verstöße gegen die sozialistische Moral oder gegen religionsstaatliche Blasphemievorschriften geschehen lässt. Noch enger wird der Kreis gezogen, wenn man einen Anküpfungsverstoß im Ausland nur dann annimmt, wenn dieser gegen inländisches Straf- oder Bußgeldrecht verstößt[8]. Jedenfalls im gemeineuropäischen Rechtsraum eines einheitlichen, weitgehend vollharmonisierten Pflichtenregimes mit weitgehend harmonisiertem Sanktionsregime dürfte eine Auslandstat im Geltungsbereich des europäischen Sanktionsrechts als Anknüpfungstat für eine sanktionsbewehrte inländische Aufsichtspflichtverletzung nach § 130 OWiG jedenfalls reichen: hier ist es nicht mehr wirklich treffend, von einer echten „Fremdrechtsanwendung" auszugehen[9]. 421

In der umgekehrten Situation gilt mehr oder weniger dasselbe. Soweit eine ausländische Muttergesellschaft eine deutsche Gesellschaft konzerniert führt, muss sie die in Deutschland geltenden Verhaltensregeln ordnungsgemäßer Konzernorganisation einhalten. Der Erfolg dieses Verstoßes (für das deutsche Bußgeldrecht ahndungsbegründend nach § 7 Abs. 1 Alt. 3 OWiG) ist bei objektiven Verstößen bei der Tochtergesellschaft in Gestalt der **konkreten inländischen Zuwiderhandlungsgefahr** (die sich objektiv ahndungsbegründend auch realisiert hat)[10] gegeben, so dass die ausländische Gesellschaft nicht anders als eine deutsche Muttergesellschaft 422

---

1 Überzeugend *Minkoff*, Sanktionsbewehrte Aufsichtspflichten, Rz. 291 ff.
2 So *Bosch*, ZHR 177 (2013), 454, 466.
3 OLG München v. 23.9.2014 – 3 Ws 599, 600/14, BB 2015, 2004; *Rogall* in KK-OWiG, § 130 OWiG Rz. 28.
4 Anders – sowohl beim Unternehmen wie beim Inhaber rein faktische Betrachtungsweise (Inhaber als „Betreiber der organisatorischen Einheit" bzw. „Träger" des Unternehmens) *Caracas*, Verantwortlichkeit in internationalen Konzernstrukturen, S. 84 ff.
5 Vgl. dazu *Schmidt-Husson* in Hauschka/Moosmayer/Lösler, Corporate Compliance, § 6 Rz. 13.
6 Str., ausführlich mit eingehender Begründung *Caracas*, Verantwortlichkeit in internationalen Konzernstrukturen, S. 228 ff.
7 *Caracas*, Verantwortlichkeit in internationalen Konzernstrukturen, S. 174 ff.
8 So mit eingehender Begründung *Minkoff*, Sanktionsbewehrte Aufsichtspflichten, Rz. 402 ff.
9 Was für *Minkoff*, Sanktionsbewehrte Aufsichtspflichten, Rz. 430 ff., entscheidend ist.
10 *Caracas*, Verantwortlichkeit in internationalen Konzernstrukturen, S. 94 ff. Im Einklang mit der zutreffenden, von *Rogall*, ZStW 98 (1986), 573, 599 gegen die h.A. (dazu die Nachweise *Rogall* in KK-OWiG, § 130 OWiG Rz. 18) begründeten Deutung des § 130 OWiG als konkretes Gefährdungsdelikt (und nicht als abstraktes Gefährdungsdelikt).

einstehen muss¹. Ihr Unterlassen hat einen Erfolgsort in Deutschland, weil die Gefährdung dort eingetreten ist². Andere kommen zum selben Ergebnis, wenn sie objektive Bedingungen der Ahndbarkeit als Erfolgsort i.S.d. § 7 Abs. 1 OWiG ansehen³.

423 **6. Verhältnis zwischen Sanktion der natürlichen Person und der juristischen Person.** Geldbußen nach § 30 OWiG können **kumulativ** (einheitliches Verfahren) – neben Strafen oder Geldbußen gegen die verantwortlichen natürlichen Personen⁴ – oder **isoliert** (selbstständiges Verfahren) verhängt werden (s. § 30 Abs. 4 OWiG). Letzteres kommt nicht nur dann in Betracht, wenn der Täter der Anknüpfungstat nicht ermittelt werden kann⁵ oder gem. §§ 153, 153a StPO eingestellt worden ist⁶, sondern gerade auch dann, wenn eine Ermittlung und Bebußung der verantwortlichen natürlichen Personen nach Ermessensgesichtspunkten der Verfolgungsbehörde nicht geboten erscheint. Dies kann der Fall sein bei Verstößen gegen Pflichten, die den Verband als solchen treffen, wenn der Schwerpunkt des Verstoßes weniger in individuellem, sondern mehr in organisatorischem Versagen liegt. Bei unternehmensbezogenen Ordnungswidrigkeiten werden die Geldbußen in der Regel im Wege des selbstständigen Verfahrens gem. § 30 Abs. 1, 4 OWiG festgesetzt. Selten wird im Wege des einheitlichen Verfahrens gegen die handelnde Leitungsperson als auch gegen die juristische Person vorgegangen. Gegen natürliche Personen werden Geldbußen dann verhängt, wenn diese wiederholt und vorsätzlich Pflichtverletzungen begehen, bzw. diese einen erheblichen Unrechtsgehalt aufweisen⁷.

424 **XXVI. Zusammentreffen von Straftat und Ordnungswidrigkeit (§ 21 OWiG) und internationale Mehrfachverfolgung.** Das tateinheitliche **Zusammentreffen von Straftaten nach § 119 WpHG und Ordnungswidrigkeiten nach § 120 WpHG** – praktischer Hauptfall dürfte das Zusammentreffen von § 119 Abs. 1 WpHG und § 120 Abs. 2 Nr. 3, Abs. 15 Nr. 2 WpHG sein – beurteilt sich nach § 21 OWiG: Im Grundsatz tritt die Ordnungswidrigkeit zurück (Subsidiarität, § 21 Abs. 1 Satz 1 OWiG). Sie lebt jedoch auf, wenn eine Strafe nicht verhängt wird (§ 21 Abs. 2 OWiG), namentlich wenn das Strafverfahren, z.B. nach §§ 153, 154a, 170 Abs. 2 StPO, eingestellt wird⁸. Zu den Einzelheiten s. die Kommentierungen zu § 21 OWiG.

425 Das deutsche Recht geht damit für das Verhältnis zwischen Strafe und Bußgeld über das gemeinschafts- und konventionsrechtliche Minimum der **double jeopardy** protection hinaus. Danach steht es den Mitgliedstaaten frei, für ein und dieselben Verstöße Vorschriften für verwaltungsrechtliche und strafrechtliche Sanktionen festzulegen, solange diese Bestandteil eines kohärenten, aufeinander abgestimmten Sanktionskonzepts sind⁹. Die Verhängung strafrechtlicher Sanktionen aufgrund der Marktmissbrauchsrichtlinie und die Verhängung verwaltungsrechtlicher Sanktionen aufgrund der Marktmissbrauchsverordnung darf damit nicht zu einem Verstoß gegen den Grundsatz ne bis in idem führen¹⁰. Allerdings ist hier vieles offen, u.a. schon die Frage, wie, ob und inwieweit ne bis in idem bei Unternehmenssanktionen überhaupt gilt¹¹. Der EGMR verlangte hierfür jüngst lediglich ein aufeinander abgestimmtes Sanktionskonzept¹²; und geht dann nicht von einem „Eingriff" in ne bis in idem aus¹³. Der EuGH sieht es als Grundrechtseinschränkung in Bezug auf ne bis in idem an, die er mit sachlicher Rechtfertigung zulässt¹⁴. Damit spielen der Entwicklungsstand des Unionsrechts im Sachbereich und die sachliche Rechtfertigung eine entscheidende Rolle, was einen Blick auch auf die zeitliche Abfolge zulässt (Straftat verbraucht Verwaltungssanktionen, aber Verwaltungssanktion nicht unbedingt Straftat). Der EuGH ist tendenziell jüngst sogar eher strenger; er ordnet nunmehr die Verwaltungssanktionen eindeutig als „Verwaltungssanktionen mit strafrechtlichem Charakter" den Grundrechtsverbürgungen des Art. 50 (und wohl auch Art. 48–49) GRCh zu und lässt eine Bußgeldverfolgung nach strafrechtlichem Freispruch nicht zu¹⁵.

---

1 So auch mit eingehender Begründung *Minkoff*, Sanktionsbewehrte Aufsichtspflichten, Rz. 445 ff.
2 Allgemein zur streitigen Frage, ob das abstrakte Gefährdungsdelikt einen vom Unterlassungsort zu unterscheidenden Erfolgsort haben kann BGH v. 23.4.2013 – 2 AR 91/13 und 2 AR 56/13, NStZ-RR 2013, 253; BGH v. 19.8.2014 – 3 StR 88/14, NStZ 2015, 81; *Rogall* in KK-OWiG, § 130 OWiG Rz. 13.
3 So BGH v. 12.12.2000 – 1 StR 184/00, BGHSt 46, 212, 221; OLG Stuttgart. v 30.10.2003 – 1 Ws 288/03, NStZ 2004, 402, 403; anders nun BGH v. 3.5.2016 – 3 StR 449/15, NStZ 2017, 146, 147; dazu eingehend m.w.N. *Rogall* in KK-OWiG, § 7 OWiG Rz. 14 f.
4 S. Art. 8 Abs. 3 RL 2014/57/EU zur Möglichkeit der Verhängung von Geldbußen gegenüber der handelnden Person selbst.
5 Näher *Rogall* in KK-OWiG, § 30 OWiG Rz. 119 ff.
6 Dazu ausführlich *Cordes/Reichling*, NJW 2016, 3209.
7 *Canzler/Hammermaier*, AG 2014, 57, 64.
8 BGH v. 19.12.1995 – KRB 33/95, BGHSt 41, 385, 390 f.
9 Erwägungsgrund 72 VO (EU) Nr. 596/2014.
10 Erwägungsgrund 23 RL 2014/57/EU.
11 Zur Geltung strafrechtstypischer Garantien bei Verbandssanktionen EGMR v. 28.6.2018 – 1828/06 u.a. – G.I.E.M.S.r.l. and Others v. Italy.
12 EGMR v. 15.11.2016 – 24130/11 und 29758/11 – A und B/Norwegen.
13 S. die Bestandsaufnahme des älteren Diskussionsstands bei *Roesen*, Mehrfache Sanktionen, S. 135 ff.
14 EuGH v. 20.3.2018 – C 537/16 – Garlsson Real Estate/Consob, Rz. 40 ff.
15 EuGH v. 20.3.2018 – Rs. C-596, 597/16 – Di Puma, Zecci/Consob.

Der Grundsatz des „ne bis in idem" findet traditionell seine Grenzen bei Verurteilungen durch ausländische Gerichte (Mehrfachjurisdiktion). Kompetenzkonflikte (= Jurisdiktions- bzw. Strafgewaltkonflikte) resultieren daraus, dass verschiedene Strafgewalten nebeneinander bestehen und hinsichtlich derselben Tat eines Täters die Strafgewalt für sich beanspruchen. Somit setzt die Kumulation nationaler Strafgewalten die verdächtige Person dem Risiko aus, von mehreren Staaten wegen derselben Tat strafrechtlich verfolgt oder sogar gegebenenfalls mehrfach bestraft zu werden[1]. Für das Kriminalstrafrecht schießt Art. 54 SDÜ i.V.m. Art. 50 GRCh dies in der EU aus[2]; verbietet aber lediglich die doppelte Bestrafung und nicht die doppelte Verfolgung. Der darüber hinausgehende RB 2009/948/JI gilt für das Verwaltungssanktionsrecht nicht. Aus Art. 31 Abs. 2 VO Nr. 596/2014 und seinen Parallelvorschriften ist aber zu entnehmen, dass für die Bußgeldverfolgung die Behörden auf dasselbe Ziel verpflichtet sind (Art. 31 VO Nr. 596/2014 Rz. 2, 11), und die grundrechtliche Verbürgung des Art. 50 GRCh lässt, nachdem ihre Geltung für Verwaltungssanktionen mit strafrechtlicher Natur geklärt ist, mehrfache Sanktionen mehrerer Souveräne für ein und dieselbe Tat nur bei einer inneren Abstimmung der verhängten Sanktionen aufeinander zu, etwa indem für ein und dasselbe Verhalten mehrere Sanktionen nur bezogen auf unterscheidbare Erfolge bzw. Tatfolgen verhängt werden. Dies dürfte der aus Art. 31 Abs. 2 VO Nr. 596/2014 folgende Entwicklungsstand des Unionsrechts i.S.d. Garlsonte.a.-Rechtsprechung sein. 426

XXVII. Konkurrenzen. Neben **§ 120 WpHG** kommen Bußgeldtatbestände nach § 50 BörsG, § 405 AktG, §§ 29, 30 VermAnlG, §§ 56, 59 KWG, § 172 SAG, § 332 VAG, § 60 WpÜG, § 35 WpPG und § 130 OWiG in Betracht. Die Konkurrenzfragen zwischen den börsen- und bankrechtlichen Bußgeldtatbeständen und § 120 WpHG können wegen der äußerst zerklüfteten EU-Rechtsetzung im Aufsichts- und Kapitalmarktrecht intrikat sein. Daneben gibt es vielfältige Konkurrenzfragen innerhalb der Bußgeldtatbestände des § 120 WpHG. 427

Im Verhältnis zur selbständigen Ahndung der fachrechtlichen Aufsichtspflichtverletzung nach § 130 OWiG stellt sich die Frage, ob § 130 OWiG lediglich subsidiär bzw. als ein „Auffangtatbestand" im Einzelfall dann nicht anwendbar ist, sondern ideal konkurriert[3]; andernfalls müsste man die Aufsichts- und Organisationspflichten des § 120 WpHG als im Einzelfall vorrangige **Vorschriften** ansehen[4]. Damit könnte sich einmal mehr die normstrukturell interessante Frage aufdrängen, welches Rechtsgut § 130 OWiG zusätzlich gegenüber der Bußgeldbewehrung einer speziell gesetzlich geregelten Aufsichtspflichtverletzung schützt. 428

Gegenüber den Straftatbeständen des § 119 WpHG sind die das gleiche Rechtsgut schützenden Bußgeldtatbestände subsidiär, was in § 21 OWiG ausdrücklich allgemein geregelt ist. 429

Vielen Konkurrenzfragen wird der Rechtsanwender bei den Tatbeständen innerhalb des § 120 WpHG und auch im Verhältnis zu Paralleltatbeständen im KWG und im BörsG ausgesetzt sein. Soweit verschiedene Tatbestände durch ein und dasselbe reale Verhalten (Handlungseinheit)[5] verwirklicht sind, gilt § 19 OWiG. Dies ist nicht nur bei natürlicher Handlungseinheit, sondern auch bei wiederholten gleichartigen Verwirklichungen (aber wohl nicht mehr bei einem Fortsetzungszusammenhang) und bei Dauer- und Zustandsdelikten gegeben. Es ist dann zunächst zu bestimmen, in welchem Verhältnis die Normtatbestände zueinander stehen. Liegt kein Fall der Gesetzeskonkurrenz vor, bei dem einzelne Tatbestände zurücktreten, so ist wegen sämtlicher verwirklichter Tatbestände zu verurteilen; für die Rechtsfolgenbemessung maßgebend ist indes allein die Geldbuße nach der höchsten Sanktionsdrohung. Die mit verwirklichten Tatbestände können bei der Zumessung berücksichtigt werden. 430

Bei mehreren Verstößen (Tatmehrheit, mehrere Handlungen) regelt § 20 OWiG, dass jede Geldbuße gesondert festgesetzt wird; eine Gesamtstrafenbildung ist nicht vorgesehen. Aus Verhältnismäßigkeitsgründen muss die Kumulation bei der Zumessung berücksichtigt werden. 431

§ 121 Zuständige Verwaltungsbehörde

Verwaltungsbehörde im Sinne des § 36 Abs. 1 Nr. 1 des Gesetzes über Ordnungswidrigkeiten ist die Bundesanstalt.

In der Fassung des 2. FiMaNoG vom 23.6.2017 (BGBl. I 2017, 1693).

Schrifttum: S. das Vor §§ 119 ff. WpHG und zu § 120 WpHG angegebene Schrifttum; *Bährlein/Pananis/Rehmsmeier*, Spannungsverhältnis zwischen der Aussagefreiheit im Strafverfahren und den Mitwirkungspflichten im Verwaltungsverfahren, NJW 2002, 1825; *Canzler/Hammermaier*, Die Verfolgung und Ahndung wertpapierrechtlicher Delinquenz durch die Wertpapieraufsicht der BaFin: Das kapitalmarktrechtliche Bußgeldverfahren, AG 2014, 57. *Himmelreich*, Insiderstrafverfolgung durch die Bundesanstalt für Finanzdienstleistungsaufsicht, 2013; *Schröder/Hansen*, Die Ermittlungsbefugnisse der BaFin nach § 44 KWG und ihr Verhältnis zum Strafprozessrecht, ZBB 2003, 113.

---

1 Vgl. *Sinn*, ZIS 2013, 1.
2 Zum Tatbegriff des Art. 54 SDÜ: BGH v. 9.6.2017 – 1 StR 39/17, wistra 2018, 86.
3 Zu Konkurrenzen im Übrigen *Rogall* in KK-OWiG, § 130 OWiG Rz. 124 m.w.N.
4 In diese Richtung wohl („strenge Subsidiarität") *Canzler/Hammermaier*, AG 2014, 57, 66.
5 Ausführlich dazu *Mitsch* in KK-OWiG, § 19 OWiG Rz. 6 ff.

§ 121 | Straf- und Bußgeldvorschriften

I. Verfolgungs- und Ahndungszuständigkeit der BaFin 1
II. Bußgeldverfahren 9
III. Verhältnis des Bußgeldverfahrens zum Überwachungsverfahren nach § 6 Abs. 2 WpHG ... 16

I. Verfolgungs- und Ahndungszuständigkeit der BaFin. Im Gegensatz zum früheren Recht (s. 6. Aufl., § 40 WpHG Rz. 1) ist die Zuständigkeitsregelung des § 121 WpHG nun jedenfalls im Geltungsbereich des Marktmissbrauchsrechts (aber nicht der PRIIP) unionsrechtlich geboten, da Art. 22 VO Nr. 596/2014 vorschreibt, dass eine einzige Behörde „für die Zwecke dieser Verordnung", also auch die verwaltungsrechtliche Ahndung von Verstößen, zuständig sein soll.

Die Vorschrift weist der BaFin die **sachliche Zuständigkeit** i.S.v. § 36 Abs. 1 Nr. 1 OWiG für die Verfolgung und Ahndung von Ordnungswidrigkeiten nach dem WpHG (§ 120 WpHG und auch § 127 Abs. 12 und 13 WpHG) zu. Bei Erlass des WpHG war die sachliche Zuständigkeit dem früheren Bundesaufsichtsamt für den Wertpapierhandel zugewiesen worden. Im Zuge der Schaffung der integrierten Finanzdienstleistungsaufsicht durch das FinDAG ist die Zuständigkeit mit Wirkung vom 1.5.2002 auf die BaFin übergegangen. Innerhalb der BaFin ist deren „dritte Säule" Wertpapieraufsicht/Asset-Management mit Sitz in Frankfurt am Main zuständig[1].

Die sachliche Zuständigkeit der BaFin erstreckt sich gem. § 35 Abs. 1 OWiG auf die **Verfolgung**, d.h. die selbständige und eigenverantwortliche Ermittlung, sowie die Mitwirkung an einer etwaigen gerichtlichen Entscheidung. Des Weiteren ist die BaFin gem. § 35 Abs. 2 OWiG zuständig für die **Ahndung**, d.h. die Entscheidung über die dem Betroffenen zur Last gelegte Tat, durch Erlass eines Bußgeldbescheids oder Einstellung des Bußgeldverfahrens, von Ordnungswidrigkeiten nach §§ 120, 127 Abs. 12 und 13 WpHG. Hierzu ist die **BaFin vorrangig vor Staatsanwaltschaften und Gerichten** berufen. **Ausnahmen** sind in §§ 40 ff. OWiG und in § 38 OWiG geregelt: Kommt tateinheitlich i.S.v. § 52 StGB, §§ 19, 21 OWiG auch eine Straftat insbesondere nach § 119 WpHG in Betracht *und* führt die **Staatsanwaltschaft** deshalb ein strafrechtliches Ermittlungsverfahren, so ist sie für die Verfolgung der Tat auch unter dem rechtlichen Gesichtspunkt einer Ordnungswidrigkeit nach § 120 WpHG zuständig (§ 40 OWiG). Dies gilt dann auch für die Verbandssanktion.

Hiermit korrespondierend muss die BaFin ein von ihr geführtes Bußgeldverfahren an die Staatsanwaltschaft abgeben, wenn Anhaltspunkte für eine tateinheitlich begangene Straftat insbesondere nach § 119 WpHG vorliegen (§ 41 OWiG; s. auch § 11 WpHG). Bis zum Erlass eines Bußgeldbescheids durch die BaFin kann die Staatsanwaltschaft die Verfolgung von Ordnungswidrigkeiten nach § 120 WpHG übernehmen, wenn sie eine hiermit äußerlich zusammenhängende[2] Straftat insbesondere nach § 119 WpHG verfolgt und die Übernahme sachdienlich erscheint (§ 42 OWiG)[3]. Die Staatsanwaltschaft kann das Verfahren einstellen (§ 47 OWiG), die Ordnungswidrigkeit in die Anklage einbeziehen, die Sache bis zur Anklage an die BaFin zurückgeben oder, soweit sie Verwaltungsbehörde i.S.d. OWiG ist[4], einen Bußgeldbescheid erlassen. Soweit die Staatsanwaltschaft nicht nach Landesrecht für die jeweilige Ordnungswidrigkeit – z.B. § 130 OWiG – zuständige Verwaltungsbehörde ist, geht die Ahndungszuständigkeit mit der Übernahme durch die StA auf das **Gericht** über (§ 45 OWiG), und zwar das für die Straftat zuständige Gericht[5]. Umgekehrt gibt die Staatsanwaltschaft das Verfahren zur Verfolgung von Ordnungswidrigkeiten nach § 120 WpHG an die **BaFin** ab, wenn sich ein Straftatverdacht im gesamten Tatkomplex nicht erhärtet, aber der Verdacht einer verfolgbaren Ordnungswidrigkeit besteht (§ 43 Abs. 1 OWiG), z.B. wenn sich in einem Ermittlungsverfahren wegen strafbarer Marktmanipulation nach § 119 Abs. 1 WpHG ergibt, dass eine Preiseinwirkung nicht nachweisbar ist, aber der auf hinreichende tatsächliche Anhaltspunkte gestützte Verdacht einer verfolgbaren Ordnungswidrigkeit nach § 120 Abs. 1 Nr. 1 oder 2 WpHG bestehen bleibt. Eine selbstständige Ahndung durch die Staatsanwaltschaft unabhängig von einer strafrechtlichen Anklage ist ausgeschlossen, es sei denn, die Staatsanwaltschaft ist funktional Verwaltungsbehörde für eine tateinheitlich begangene oder zusammenhängende (§ 38 OWiG) Ordnungswidrigkeit. Eine Zuständigkeitskonkurrenz der Staatsanwaltschaft als Verwaltungsbehörde und der BaFin ist nach § 39 OWiG zu lösen.

Örtlich ist die BaFin für das gesamte Gebiet der Bundesrepublik Deutschland **zuständig**. Ihre örtliche Zuständigkeit deckt sich damit mit dem räumlichen Geltungsbereich des OWiG-Sachrechts (dazu § 120 WpHG Rz. 73 ff.): Zur Ermittlung des räumlichen Geltungsbereich des Sachrechts bei Sachverhalten mit Auslandsberührung ist eine zweistufige Prüfung erforderlich[6]. Zunächst muss geprüft werden, ob der aufsichtsrechtliche Blanketttatbestand auf den Sachverhalt anwendbar ist. Erst wenn diese Frage bejaht ist, muss gesondert geprüft werden, ob das deutsche Bußgeldrecht nach § 5 OWiG anwendbar ist; ein gegebenenfalls weiterer Anwendungsbereich des aufsichtlichen Sachrechts ist insoweit keine die §§ 5 ff. OWiG verdrängende Spezialvorschrift.

---

1 Dort das Referat WA 17 Ordnungswidrigkeitenverfahren, s. Organisationsplan der Bundesanstalt für Finanzdienstleistungsaufsicht – Stand 1.4.2017.
2 Hierzu eingehend *Gürtler* in Göhler, § 42 OWiG Rz. 2 ff.
3 Hierzu *Gürtler* in Göhler, § 42 OWiG Rz. 13 ff.
4 Nach jeweiligem Landesrecht, s. *Gürtler* in Göhler, § 35 OWiG Rz. 3.
5 Zur Doppelfunktion des § 45 OWiG *Lampe* in KK-OWiG, § 45 OWiG Rz. 1.
6 *Köpferl*, ZIS 2017, 201 ff.; *Altenhain* in KölnKomm. WpHG, § 39 WpHG Rz. 76.

Wenn die BaFin Anhaltspunkte für einen Verstoß gegen Kapitalmarktrecht erlangt, für den sie nicht verfolgungszuständig ist, muss sie den Vorgang an die zuständige andere europäische Aufsichtsbehörde zur Verfolgung abgeben.

Nach § 5 OWiG können nur die Ordnungswidrigkeiten geahndet werden, die **auf dem Gebiet der Bundesrepublik Deutschland** begangen wurden. § 7 OWiG legt wiederum fest, wo eine Ordnungswidrigkeit als begangen gilt. Dies ist nicht nur dann der Fall, wenn die Tathandlung in Deutschland begangen wurde (bei gemeinschaftlichem Zusammenwirken: die Tathandlung eines Täters), sondern auch dann, wenn bei einer Tathandlung im Ausland der Taterfolg im Inland eingetreten ist. Hier stellt sich – wie im StGB – die Frage, ob Gefährdungsdelikte einen Erfolgsort im Inland haben können (§ 120 WpHG Rz. 75). Die Frage ist, ob dies für „konkret-abstrakte" Gefährdungsdelikte[1] zu bejahen ist[2]. Jedenfalls für „rein abstrakte Gefährdungsdelikte" ist es zu verneinen[3]. 6

Besondere Schwierigkeiten kann dies verursachen, wenn Tathandlungen in mehreren Ländern begangen wurden bzw. der tatbestandliche Erfolg länderübergreifend eingetreten ist. Dafür finden sich bislang keine eindeutigen Abgrenzungskriterien. Die nach Art. 31 Abs. 2 VO Nr. 596/2014 und Art. 22 Abs. 2 VO Nr. 1286/2014 verlangte Koordination zwischen den mitgliedstaatlichen Behörden soll hier einer gemeinsamen und wirksamen Aufklärung dienen und – in den Grenzen des anwendbaren Rechts – ebenso Sanktionslücken wie Doppelsanktionierungen (Überschneidungen) vermeiden (Art. 31 VO Nr. 596/2014 Rz. 10 ff.). 7

Seit dem 1.6.2011 ist die BaFin nicht mehr für die Verfolgung von Ordnungswidrigkeiten der Ratingagenturen nach Art. 36a i.V.m. Anhängen III und IV VO Nr. 1060/2009 i.d.F. der VO Nr. 462/2013 zuständig (s. hierzu bereits § 120 WpHG Rz. 141 ff.). Ebenso wenig ist sie zuständig für die Verhängung von Verwaltungssanktionen nach Art. 69 ff. VO Nr. 648/2012. Diese Zuständigkeit obliegt vielmehr dem **Untersuchungsbeauftragten und dem Rat der Aufseher der ESMA** (European Securities and Markets Authority, Europäische Wertpapier- und Marktaufsichtsbehörde). Das eigentliche Bußgeldverfahren ist – rudimentär – in Art. 36c VO Nr. 1060/2009 i.d.F. der VO Nr. 513/2011 geregelt. Hiernach müssen rechtliches Gehör und Akteneinsicht gewährt und die Verteidigungsrechte gewahrt werden. Im Übrigen gehen die Verfahrensvorschriften der Art. 23a ff. VO Nr. 1060/2009 i.d.F. der VO Nr. 513/2011 von einem im Grunde einheitlichen Untersuchungsverfahren mit weitreichenden Mitwirkungspflichten der Betroffenen aus. Entsteht in diesem Verfahren ein qualifizierter Verdacht auf Verstöße gegen die Bußgeldtatbestände des Anhanges III zur VO Nr. 1060/2009 i.d.F. der VO Nr. 462/2013, so wird es – unter Verwertung der bisherigen Erkenntnisse und Beweise – als ein im Grunde einheitliches Verfahren zur Ergreifung von (präventiven) Aufsichtsmaßnahmen und zur (repressiven) Verhängung von Geldbußen fortgesetzt (vgl. Art. 23e VO Nr. 1060/2009 i.d.F. der VO Nr. 513/2011). In diesem Verfahrensabschnitt müssen zwar die Verteidigungsrechte gewahrt werden; doch stehen dem Untersuchungsbeauftragten weiterhin alle Befugnisse aus dem allgemeinen Untersuchungsverfahren zur Verfügung. Rechtsschutz wird hier nur auf Unionsebene durch den Beschwerdeausschuss der ESMA (Art. 60 VO Nr. 1095/2009) und den EuGH gewährt. 8

II. Bußgeldverfahren. Ein von der BaFin geführtes Bußgeldverfahren wegen einer Ordnungswidrigkeit nach §§ 120, 127 Abs. 12, 13 WpHG unterliegt den Verfahrensvorschriften der §§ 46 ff. OWiG[4]. Gemäß § 46 Abs. 1 OWiG gelten die Vorschriften der StPO, soweit das OWiG nichts Abweichendes anordnet. 9

Eine wichtige Abweichung von der StPO besteht darin, dass im Bußgeldverfahren das **Opportunitätsprinzip** gilt (§ 47 Abs. 1 OWiG): Die BaFin entscheidet nach pflichtgemäßem Ermessen, ob sie eine Ordnungswidrigkeit nach §§ 120, 127 Abs. 12, 13 WpHG verfolgt. Dafür sind nach h.A. **Zweckmäßigkeitserwägungen** maßgeblich[5]. Die Verfolgung kann in folgenden Fällen unzweckmäßig sein: 10

– bei Bagatell- oder bloßen Formalverstößen,
– bei unklarer Sachlage, wenn der Ermittlungsaufwand nicht im Verhältnis zur Sanktionserwartung steht,
– bei unklarer Rechtslage, wenn infolgedessen die Vorwerfbarkeit gering erscheint,
– bei Kooperation des Betroffenen, insbesondere wenn er sich als „Kronzeuge" für die Verfolgung von Taten nach §§ 119, 120 WpHG zur Verfügung stellt,
– bei Schadenswiedergutmachung,
– bei einer Verfolgung von grenzüberschreitenden Taten vorrangig durch ausländische Aufsichtsbehörden.

---

1 Zum StGB s. § 119 WpHG Rz. 204.
2 *Altenhain* in KölnKomm. WpHG, § 39 WpHG Rz. 76; *Rogall* in KK-OWiG, § 7 OWiG Rz. 15; befürwortend 6. Aufl., § 39 WpHG Rz. 52; *Valerius* in BeckOK OWiG, § 7 OWiG Rz. 12 ff.
3 Zum StGB BGH v. 19.8.2014 – 3 StR 88/14, NStZ 2015, 81.
4 Hierzu ausführlich *Waßmer* in Fuchs, § 40 WpHG Rz. 15 ff.; die folgende Kommentierung beschränkt sich darauf, einige Besonderheiten des Bußgeldverfahrens vor der BaFin hervorzuheben.
5 *Mitsch* in KK-OWiG, Einl. Rz. 152 ff.; *Seitz* in Göhler, § 47 OWiG Rz. 3; grundsätzlich a.A. *Bohnert* in KK-OWiG, 3. Aufl. 2006, Einl. Rz. 143 ff. sowie § 47 OWiG Rz. 98 ff.: Verfolgung müsse Regelfall, Nichtverfolgung Ausnahme sein, die im Wesentlichen nur analog §§ 153 ff. StPO bei geringer Schuld oder fehlendem öffentlichen Interesse an der Verfolgung unterbleiben dürfe.

11 Selbstverständlich darf die BaFin **nicht willkürlich**, z.B. mit Rücksicht auf Stellung oder Ansehen des Betroffenen, von der Verfolgung absehen. Auch im Übrigen ist der **Gleichheitsgrundsatz** und sind insbesondere Richtlinien und Weisungen über die (Nicht-)Verfolgung von Ordnungswidrigkeiten zu beachten[1].

12 Entscheidet sich die BaFin die Ordnungswidrigkeit zu verfolgen, findet zunächst ein **Vorverfahren** statt. Dieses richtet sich nach den allgemeinen Verfahrensvorschriften der §§ 46 ff. OWiG – die wiederum, soweit nichts Abweichendes geregelt ist, auf die StPO verweisen, insbesondere auf §§ 158 ff. StPO verweisen – und nach den Vorschriften der §§ 53 ff. OWiG über das Vorverfahren. Im Vorverfahren ermittelt die BaFin den Sachverhalt **von Amts wegen**. Dazu kann sie die Polizei um Ermittlungsmaßnahmen ersuchen (§ 53 OWiG), aber auch selbst Zeugen oder Sachverständige laden und vernehmen, die, wenn sie der Ladung schuldhaft nicht Folge leisten, von der BaFin mit Ordnungsgeld belegt werden können (§ 46 Abs. 1, 2 OWiG i.V.m. §§ 161a Abs. 2 Satz 1, 51 Abs. 1 Satz 2, Abs. 2 StPO).

13 Erwägt die BaFin, einen **Bußgeldbescheid** zu erlassen, so muss dem Betroffenen Gelegenheit gegeben werden, sich zu der Beschuldigung zu äußern (§ 55 Abs. 1 OWiG). Dabei ist er auf sein Schweigerecht, nicht aber auf das Recht hinzuweisen, auch schon vor seiner Vernehmung einen von ihm zu wählenden Verteidiger befragen zu können (s. § 55 Abs. 2 OWiG). Der Betroffene kann sich in jeder Lage des Verfahrens des Beistandes eines (Wahl-)Verteidigers bedienen. In den Fällen des § 140 Abs. 2 Satz 1 StPO, d.h. bei den bei § 120 WpHG nicht seltenen Fällen, dass wegen der Schwere der Tat oder der Schwierigkeit der Sach- oder Rechtslage die Mitwirkung eines Verteidigers geboten erscheint oder wenn ersichtlich ist, dass sich der Betroffene nicht selbst verteidigen kann – muss die BaFin dem unverteidigten Betroffenen einen („notwendigen") Verteidiger bestellen (§ 60 Satz 1 OWiG). Die BaFin hat dem Betroffenen und der Verteidigung **Akteneinsicht** (dazu jetzt § 32f StPO i.V.m. § 46 Abs. 1 OWiG) zu gewähren, wenn nicht überwiegende schutzwürdige Interessen Dritter entgegenstehen (§ 49 Abs. 1 OWiG).

14 Ordnungswidrigkeiten nach §§ 120, 127 Abs. 12, 13 WpHG werden durch **Bußgeldbescheid** der BaFin geahndet (§ 65 OWiG). Der Inhalt des Bußgeldbescheides muss den Anforderungen des § 66 OWiG entsprechen. Gegen den Bußgeldbescheid kann gem. § 67 Abs. 1 OWiG binnen zwei Wochen nach Zustellung **Einspruch** eingelegt werden, der, wenn er wirksam ist, zum **gerichtlichen Verfahren** nach §§ 68 ff. OWiG führt. Für die Entscheidung über Einsprüche gegen Bußgeldbescheide der BaFin ist das **Amtsgericht Frankfurt am Main** – dort der Richter am Amtsgericht (§ 68 Abs. 1 Satz 2 OWiG) – zuständig (§ 1 Abs. 3 Satz 2 FinDAG). Diese Zuständigkeitszuweisung ist rechtspolitisch nicht unproblematisch. Angesichts der erheblichen – und durch das 1. FiMaNoG abermals verschärften – Bußgeldrahmen und der Schwierigkeiten, die mit der Ermittlung von Marktmissbrauchsverstößen typischerweise verbunden sind, erscheint es kaum sachgerecht, über potenziell existenzvernichtende Bußgelder einen einzelnen Richter am Amtsgericht entscheiden zu lassen, dessen Urteil mit Rechtsmitteln nur eingeschränkt angreifbar ist. Rechtspolitisch wünschenswert wäre vielmehr eine § 83 GWB oder § 62 WpÜG nachgebildete Vorschrift, die – jedenfalls bei gravierenden Bußgeldtatbeständen – die gerichtliche Zuständigkeit dem Oberlandesgericht Frankfurt am Main zuweist.

15 Gegen die Entscheidung des Amtsgerichts ist gem. §§ 79 ff. OWiG **Rechtsbeschwerde** statthaft, über die das **Oberlandesgericht Frankfurt am Main** – dort der Bußgeldsenat (§ 80a OWiG) – entscheidet (§ 79 Abs. 3 Satz 1 OWiG i.V.m. § 121 Abs. 1 Nr. 1 lit. a GVG). Da das Oberlandesgericht Frankfurt am Main allein zuständig ist, kommt eine Divergenzvorlage zum Bundesgerichtshof nach § 79 Abs. 3 Satz 1 OWiG i.V.m. § 121 Abs. 2 GVG grundsätzlich nicht in Betracht. Ausnahmen sind denkbar, wenn das Oberlandesgericht Frankfurt am Main im Rahmen des § 120 WpHG (v.a. § 120 Abs. 1 Nr. 1, 2, Abs. 2 Nr. 3, 4, 11 WpHG) eine Rechtsfrage, zu der Entscheidungen anderer Oberlandesgerichte oder des Bundesgerichtshofs betreffend § 119 WpHG (v.a. § 119 Abs. 1, 2 WpHG) vorliegen, abweichend entscheiden will. Sollte das Oberlandesgericht Frankfurt am Main bei seiner Entscheidung spezifisches Verfassungsrecht verletzen, kommt schließlich eine **Verfassungsbeschwerde** zum Bundesverfassungsgericht in Betracht.

16 **III. Verhältnis des Bußgeldverfahrens zum Überwachungsverfahren nach § 6 Abs. 2 WpHG.** Eine facettenreiche und weder im WpHG noch im OWiG ausdrücklich geregelte Frage ist, wie sich **Überwachungsverfahren** wegen Insiderhandels oder Marktmanipulation nach § 6 Abs. 2 WpHG zu möglichen **Bußgeldverfahren** der BaFin **verhalten**. Problematisch ist vor allem, dass zwar die Zuständigkeit für beide Verfahren in einer Hand liegt (wobei innerhalb der BaFin klar getrennte Untergliederungen befasst sind), jedoch Überwachungsverfahren im Grundsatz Verwaltungsverfahren sind und verwaltungsrechtlichen Regeln folgen, während Bußgeldverfahren im Wesentlichen strafverfahrensrechtlichen Regeln unterliegen. Erhärtet sich in einem Überwachungsverfahren der Verdacht eines als Ordnungswidrigkeit ahndbaren Insiderverstoßes (s. § 120 Abs. 2 Nr. 3, 4 WpHG) oder einer als Ordnungswidrigkeit ahndbaren Marktmanipulation (s. § 120 Abs. 1 Nr. 1, 2, Abs. 2 Nr. 11 WpHG) ist fraglich, ob die BaFin parallel nach § 6 Abs. 2, 5, 6, 7, § 7 Abs. 1, 2, § 8 Abs. 1, 2 § 9

---

1 Zu den Formalien einer Einstellungsentscheidung nach § 47 Abs. 1 OWiG s. *Bohnert* in KK-OWiG, § 47 OWiG Rz. 78 ff.; zur Nichtanfechtbarkeit dort Rz. 118; dazu, dass bei Einstellung durch die Verwaltungsbehörde vor Erlass eines Bußgeldbescheids keine Kostenentscheidung ergeht, dort Rz. 125.

Abs. 1 WpHG und nach §§ 35ff. OWiG vorgehen kann oder ob eines der Regimes den Vorrang genießt (zur Lösung nach europäischem Recht Rz. 5).

Im Ausgangspunkt ist festzuhalten, dass eine Behörde, der verwaltungs- und ordnungswidrigkeitenrechtliche Aufgaben zugewiesen sind, beide Aufgaben nebeneinander wahrnehmen können muss und grundsätzlich nicht an der Wahrnehmung der einen durch die Erfüllung der anderen gehindert sein darf[1]. Im Rahmen des WpHG findet das in § 11 Satz 4 WpHG seinen Ausdruck, der a maiore ad minus auf das Verhältnis des Überwachungs- zum Bußgeldverfahren angewendet werden kann (s. auch § 6 WpHG Rz. 45). Trotzdem muss die BaFin, wenn sie beide Verfahren parallel führt, ggf. unter Schwerpunktgesichtspunkten klarmachen, welchem Verfahren die jeweilige Maßnahme zugeordnet wird. Zudem darf sie nicht eine aufsichtsrechtliche Qualifikation straf- und bußgeldrechtliche Rechte und Rechtsgrundsätze aushebeln[2].

17

Das Bemühen um eine Alternativität von aufsichtlichen und bußgeldrechtlichen Ermittlungsbefugnissen, das in den Vorauflagen zu einem Verbot der Rollenvertauschung[3] veranlasst hat, wonach niemand mit dem Ziel, spezifisch strafverfahrensrechtliche Schutzrechte zu umgehen, als nicht strafrechtlich Verfolgter behandelt werden darf, hat angesichts der europäisch induzierten intensiven Ermittlungs- und Zwangsbefugnisse keine wesentlichen Steuerungsleistung mehr[4]. Der rechtsstaatliche *pain point* sind hier auch nicht nur die konkreten Eingriffsbefugnisse des Aufsichtsrechts wie die Durchsuchungsbefugnis und der Zugriff auf Telekommunikationsdaten und -inhalte sowie auf Kommunikationsdaten (E-Mails)[5] in § 6 WpHG, da diese immerhin an besondere Voraussetzungen gekoppelt sind, ähnlich wie die strafprozessualen als Bußgeldbehörde, auch wenn viele Folgefragen der Ausgestaltung ungelöst sind, insbesondere die Beschlagnahmeverbote. Mindestens so sehr ist es die anlasslose Vorfeldüberwachung, deren rechtsstaatliche Umhegung lösungsbedürftig erscheint[6]. Mit seinen breiten Befugnissen zu weitgehend anlassloser präventiver Überwachung (insbesondere die präventive Marktüberwachung nach § 6 Abs. 2 WpHG), enorm verstärkt noch durch Überwachungssystem-Pflichten privater Akteure (z.B. Art. 16 Abs. 1 Satz 1 VO Nr. 596/2014), kontrastiert das Finanzaufsichtsrecht in immer stärkerem Maße gegen die Entwicklung im allgemeinen Sicherheitsrecht, in der das Bundesverfassungsgericht **präventiv-sicherheitsrechtliche** und **strafverfolgend-repressive Befugnisse klar abgrenzt** und **sehr unterschiedliche Anforderungen** stellt[7]. Ob dies langfristig als Ausprägung einer geringeren Schutzintensität der informationellen Selbstbestimmung im finanziell relevanten Bereich[8] oder wegen einer angeblich aus sich heraus nicht bestehenden Verdachtsrelevanz einzelner Daten[9] unproblematisch bleibt, ist eine offene Frage[10]. Selbst im Steuerverfahrensrecht bestehen deutlich höhere Anforderungen an eine präventiv begründete, aber repressiv-verfolgendem Ziel dienende Vorfeldüberwachung[11].

18

Erforderlich ist damit umso mehr die damit bezweckte **materielle Gewährleistung** der bußgeldrechtlich-rechtsstaatlichen Garantien, gegebenenfalls auch vorgelagert im Aufsichtsverfahren[12]. Spätestens wenn der BaFin (konkrete) Tatsachen für einen (hinreichenden) Verdacht eines ordnungswidrigen Verhaltens vorliegen, darf das Überwachungsverfahren nur unter Berücksichtigung des bußgeldverfahrensrechtlichen Grenzen fortgeführt werden. Bei eingriffsintensiven Befugnissen wie Durchsuchung und Beschlagnahme müssen die Schutzgewährleistungen unabhängig von der Bejahung eines hinreichenden Verdachts angewendet werden. Insbesondere sind Betroffene über ihre bußgeld-, d.h. strafverfahrensrechtlichen Rechte zu belehren. Ohne Beachtung dieser Grenzen kann allenfalls vorgegangen werden, wenn und soweit das Verfahren verbindlich abgeschlossen ist. Hierzu reicht es allerdings nicht aus, dass die BaFin gem. § 47 Abs. 1 OWiG von einer Verfolgung der Ordnungswidrigkeit absieht. Werden diese Grenzen nicht von vornherein eingehalten, gilt der Grundsatz **des hypothetischen Ersatzeingriffs**[13]. Die gewonnenen Erkenntnisse dürfen für die eventuelle spätere Verfolgung der Ordnungswidrigkeit nicht verwertet werden, sofern sie im Rahmen eines Bußgeldverfahrens nicht hätten ge-

19

---

1. Ebenso *Altenhain* in KölnKomm. WpHG, § 40 WpHG Rz. 10.
2. Ebenso *Altenhain* in KölnKomm. WpHG, § 40 WpHG Rz. 10; ähnlich *Schröder* in Schäfer/Hamann, § 40 WpHG Rz. 20; *Zimmer/Cloppenburg* in Schwark/Zimmer, § 40 WpHG Rz. 2.
3. S. nur *Peters*, Strafprozess, 4. Aufl. 1985, S. 297, 318, 344 f., 370; Hessischer Verwaltungsgerichtshof v. 7.8.2013 – B 583/13, Rz. 24 f.
4. Kritisch auch *Eggers/Gehrmann/Szesny*, WiJ 2016, 123; *Theile* in Esser/Rübenstahl/Saliger/Tsambikakis, § 38 WpHG Rz. 88 ff.
5. VGH Kassel v. 19.5.2009 – 6 A 2672/08.Z, NJW 2009, 2470; kritisch *Schantz*, WM 2009, 2112 ff.
6. S. etwa *Himmelreich*, Insiderstrafverfolgung durch die Bundesanstalt für Finanzdienstleistungsaufsicht, 2013, S. 160 ff.
7. BVerfG v. 3.3.2004 – 1 BvF 3/92; BVerfG v. 27.7.2005 – 1 BvR 668/04; BVerfG v. 4.4.2006 – 1 BvR 518/02; BVerfG 4.11.2010 – 1 BvR 3389/08; BVerfG v. 20.4.2016 – 1 BvR 966/09, 1 BvR 1140/09.
8. Das BVerfG hat eine solche Bereichsausnahme bislang nicht anerkannt, vgl. BVerfG v. 6.4.1989 – 1 BvR 33/87, NJW 1990, 701 (AO); BVerfG v. 13.6.2007 – 1 BvR 1550/03 (§ 24c KWG).
9. In diese Richtung BVerfG v. 13.6.2007 – 1 BvR 1550/03 (§ 24c KWG).
10. Der EuGH hat im Geldwäscherecht die Frage bereits gestellt und die Beantwortung einstweilen den Mitgliedstaaten aufgegeben, vgl. EuGH v. 10.3.2016 – V 235/14, Rz. 108.
11. Systematisch *Himmelreich*, Insiderstrafverfolgung durch die Bundesanstalt für Finanzdienstleistungsaufsicht, 2013, S. 140 ff.
12. Dafür auch *Theile* in Esser/Rübenstahl/Saliger/Tsambikakis, § 38 WpHG Rz. 90.
13. Vgl. zum Gedanken des hypothetischen Ersatzeingriffs *Waßmer* in Fuchs, § 40 WpHG Rz. 31 f.

wonnen werden können. Somit ist zwischen zeitgleich und zeitversetzt laufenden Überwachungs- und Bußgeldverfahren zu unterscheiden[1].

20 Bei **zeitgleichen Verfahren** gilt im Ausgangspunkt, dass gesetzliche Auskunfts- oder Aussageverweigerungsrechte sowie gesetzliche Verschwiegenheitspflichten im Überwachungsverfahren unberührt bleiben (§ 6 Abs. 3 Satz 3 WpHG). Da ein Bußgeldverfahren aber eben solche Auskunfts- und Aussageverweigerungsrechte auslöst (§§ 46, 55 OWiG i.V.m. §§ 52, 53, 55, 136 StPO), die auch gegenüber Vorlageverlangen in Ansatz gebracht werden können (§ 46 OWiG i.V.m. § 97 StPO), stellt § 6 Abs. 3 Satz 3 WpHG weitgehend sicher, dass es nicht zu einer „Rollenvertauschung" kommen kann. Soweit sich das Überwachungsverfahren allerdings – wie regelmäßig – gegen Unternehmen richtet, besteht eine erhebliche **Schutzlücke**, da juristischen Personen nach BVerfG v. 26.2.1997 – 1 BvR 2172/96, BVerfGE 95, 220, 242[2] das in der Menschenwürdegarantie (Art. 2 Abs. 1 GG i.V.m. Art. 1 Abs. 1 GG) wurzelnde Recht auf Freiheit vom Zwang, sich selbst zu belasten („nemo tenetur"), nicht zugutekommen soll[3]. Diese Lücke wird durch das Organen und Organvertretern ggf. zustehende Aussageverweigerungsrecht[4] nicht hinreichend geschlossen, da eine Vielzahl von Mitarbeitern eines Unternehmens auskunftspflichtig bleibt und im Übrigen das Unternehmen zur Vorlage von Urkunden usw. verpflichtet ist, auch wenn es sich damit selbst (und einzelne Betroffene) belastet[5]. Die Selbstbelastungsfreiheit folge auch aus dem Rechtsstaatsprinzip, der allgemeinen Handlungsfreiheit, dem allgemeinen Persönlichkeitsrecht und aus Art. 6 Abs. 1 EMRK. Diese Rechte stehen auch juristischen Personen zu[6].

21 Bei **zeitversetzten Verfahren** – zuerst das Überwachungs- und anschließend das Bußgeldverfahren – hilft § 6 Abs. 5 Satz 3 WpHG hingegen nicht, weil die bußgeldrechtlichen Auskunfts- und Aussageverweigerungsrechte erst mit Einleitung des Bußgeldverfahrens oder frühestens mit Bestehen eines Ordnungswidrigkeitenverdachts entstehen. Auch § 6 Abs. 15 WpHG hilft nicht, da und soweit im Überwachungsverfahren nicht – auch – ein Straftatverdacht besteht. Ob hier im Anschluss an BVerfG v. 16.1.1981 – 1 BvR 116/77, BVerfGE 56, 37 verfassungsrechtlich ein Verbot der Verwertung von im Überwachungsverfahren durch Auskunfts- und Vorlageverlangen erlangten Beweismitteln im Bußgeld- (und erst recht Straf-)verfahren angenommen werden muss, ist **umstritten**[7], sollte aber jedenfalls für Beweismittel bejaht werden, die durch Auskunftsverlangen gegenüber natürlichen Personen ohne Belehrung nach § 6 Abs. 15 Satz 2 WpHG erlangt worden sind.

§ 122 Beteiligung der Bundesanstalt und Mitteilungen in Strafsachen

(1) Die Staatsanwaltschaft informiert die Bundesanstalt über die Einleitung eines Ermittlungsverfahrens, welches Straftaten nach § 119 betrifft. Werden im Ermittlungsverfahren Sachverständige benötigt, können fachkundige Angehörige der Bundesanstalt herangezogen werden. Der Bundesanstalt sind die Anklageschrift, der Antrag auf Erlass eines Strafbefehls und die Einstellung des Verfahrens mitzuteilen. Erwägt die Staatsanwaltschaft, das Verfahren einzustellen, so hat sie die Bundesanstalt zu hören.

(2) Das Gericht teilt der Bundesanstalt in einem Verfahren, welches Straftaten nach § 119 betrifft, den Termin zur Hauptverhandlung und die Entscheidung, mit der das Verfahren abgeschlossen wird, mit.

(3) Der Bundesanstalt ist auf Antrag Akteneinsicht zu gewähren, sofern nicht schutzwürdige Interessen des Betroffenen entgegenstehen oder der Untersuchungserfolg der Ermittlungen gefährdet wird.

(4) In Strafverfahren gegen Inhaber oder Geschäftsleiter von Wertpapierdienstleistungsunternehmen oder deren gesetzliche Vertreter oder persönlich haftende Gesellschafter wegen Straftaten zum Nachteil von Kunden bei oder im Zusammenhang mit dem Betrieb des Wertpapierdienstleistungsunternehmens, ferner in Strafverfahren, die Straftaten nach § 119 zum Gegenstand haben, sind im Falle der Erhebung der öffentlichen Klage der Bundesanstalt

1. die Anklageschrift oder eine an ihre Stelle tretende Antragsschrift,
2. der Antrag auf Erlass eines Strafbefehls und
3. die das Verfahren abschließende Entscheidung mit Begründung

---

1 *Schröder* in Schäfer/Hamann, § 40 WpHG Rz. 21 ff.; s. auch *Schröder*, Handbuch Kapitalmarktstrafrecht, Rz. 727 ff., v.a. Rz. 735 f.
2 Krit. *Böse*, 166 ff. m.N. zu der verfassungs- und strafrechtlichen Diskussion.
3 Systematisch hierzu *Wimmer*, NZWiSt 2017, 252; eher weiter entwickelt hier die unionsrechtliche Dogmatik EuGH v. 18.10.1989 – C-374/87, Orkem/Kommission, Slg. 1989, 3283, Rz. 34 f.; EuGH v. 20.1.2001 – T-112/98, Mannesmann-Röhrenwerke AG/Kommission, Slg. 2001, II-729, Rz. 65.
4 Hierzu *Schröder* in Schäfer/Hamann, § 40 WpHG Rz. 24.
5 *Schröder* in Achenbach/Ransiek/Rönnau, Handbuch Wirtschaftsstrafrecht, S. 1195 f.
6 *Waßmer* in Fuchs, § 40 WpHG Rz. 33; *Szeny*, BB 2010, 1995, 1999.
7 Zurückhaltend *Schröder* in Schäfer/Hamann, § 40 WpHG Rz. 29; für ein Beweisverwertungsverbot unter Beachtung des Gedankens des hypothetischen Ersatzeingriffs: Hessischer Verwaltungsgerichtshof v. 7.8.2013 – B 583/13, Rz. 25. Bei *zulässiger* gefahrenabwehrrechtlicher Erhebung ablehnend BGH v. 8.12.2015 – 3 StR 406/15, StV 2017, 435 m. Anm. *Voigt*.

zu übermitteln; ist gegen die Entscheidung ein Rechtsmittel eingelegt worden, ist die Entscheidung unter Hinweis auf das eingelegte Rechtsmittel zu übermitteln. In Verfahren wegen fahrlässig begangener Straftaten werden die in den Nummern 1 und 2 bestimmten Übermittlungen nur vorgenommen, wenn aus der Sicht der übermittelnden Stelle unverzüglich Entscheidungen oder andere Maßnahmen der Bundesanstalt geboten sind.

(5) Werden sonst in einem Strafverfahren Tatsachen bekannt, die auf Missstände in dem Geschäftsbetrieb eines Wertpapierdienstleistungsunternehmens hindeuten, und ist deren Kenntnis aus der Sicht der übermittelnden Stelle für Maßnahmen der Bundesanstalt nach diesem Gesetz erforderlich, soll das Gericht, die Strafverfolgungs- oder die Strafvollstreckungsbehörde diese Tatsachen ebenfalls mitteilen, soweit nicht für die übermittelnde Stelle erkennbar ist, dass schutzwürdige Interessen des Betroffenen überwiegen. Dabei ist zu berücksichtigen, wie gesichert die zu übermittelnden Erkenntnisse sind.

In der Fassung des 2. FiMaNoG vom 23.6.2017 (BGBl. I 2017, 1693).

I. Grundlagen 1	IV. Akteneinsicht (§ 122 Abs. 3 WpHG) 17
1. Entstehung und europarechtliche Anbindung . . 1	V. Mitteilungen an die BaFin aus Strafverfahren 19
2. Zweck der Regelung sowie systematischer Zusammenhang 3	1. Pflichtmitteilung bei Anklageerhebung in „Kapitalmarktstrafsachen" (§ 122 Abs. 4 WpHG) 21
II. Beteiligung der BaFin an Strafverfahren 8	
1. Beteiligung der BaFin im Ermittlungsverfahren (§ 122 Abs. 1 WpHG) 9	2. Sollmitteilung in sonstigen Strafverfahren (§ 122 Abs. 5 WpHG) 27
2. Beteiligung im Zwischen- und Hauptverfahren (§ 122 Abs. 2 WpHG) 15	3. Datenschutzrecht, insbesondere Informationspflichten gegenüber dem Betroffenen 31
III. Grundrechtliche Dimension der informationellen Befugnisse aus § 122 Abs. 3–5 WpHG . 16	

I. Grundlagen. 1. Entstehung und europarechtliche Anbindung. Ursprünglich enthielt das WpHG nur eine kurze Bestimmung, wonach das damalige Bundesaufsichtsamt für den Wertpapierhandel über den weiteren Fortgang von ihm selbst in Gang gesetzter Entwicklungen, insbesondere Strafverfahren wegen Insiderstraftaten, zu informieren war (§ 18 Abs. 2 WpHG a.F.). Mit Art. 16 des am 1.6.1998 in Kraft getretenen Justizmitteilungsgesetzes und Gesetzes zur Änderung kostenrechtlicher Vorschriften und anderer Gesetze vom 18.6.1997 (BGBl. I 1997, 1430 – JuMiG) wurde § 18 Abs. 2 WpHG a.F. aufgehoben und als § 40a WpHG eine Vorschrift über „**Mitteilungen in Strafsachen**" eingefügt, die dem heutigen § 122 Abs. 4 und 5 WpHG entsprach. Mit dem insoweit am 30.10.2004 in Kraft getretenen Anlegerschutzverbesserungsgesetz ist sie um die heutigen § 122 Abs. 1–3 WpHG enthaltenen Regelungen über die **Beteiligung der BaFin an Strafverfahren** erweitert worden, mit der zugleich Art. 12 Abs. 1d, Abs. 2 RL 2014/57/EU (Marktmissbrauchsrichtlinie) umgesetzt worden sind[1]. Das Erste Finanzmarktnovellierungsgesetz hat § 122 Abs. 1 WpHG um die Pflicht der Staatsanwaltschaft zur Mitteilung über die Einstellung des Verfahrens, sowie § 122 Abs. 2 WpHG um die Pflicht des Gerichts zur Übermittlung der verfahrensabschließenden Entscheidung an die BaFin ergänzt. 1

Systematisch überlagert und ergänzt § 122 WpHG bestehende allgemeine Vorschriften, etwa die §§ 472 ff. StPO über die Amtshilfe und die Vorschriften im OWiG über die Verschränkungen von Staatsanwaltschaft und Bußgeldbehörde, ohne diese als abschließende lex specialis zu verdrängen. 2

2. Zweck der Regelung sowie systematischer Zusammenhang. Ziel ist es, einen besonders intensiven, fachspezifischen Rechtsdurchsetzungsverbund zu schaffen. Die Regelung löst zur Wirksamkeit der Kapitalmarktaufsicht Themen, die sich aus **der Selbständigkeit und Unabhängigkeit** der BaFin und ihrer (Überwachungs-) Tätigkeit einerseits und der Strafverfolgungsstellen (Staatsanwaltschaften, Gerichte) und ihrer (Verfolgungs-) Tätigkeit andererseits ergeben. Die BaFin ist eine der Exekutive zuzuordnende Verwaltungsbehörde, ihre Tätigkeit ist Verwaltung, die dem Verwaltungsverfahrensrecht unterliegt. Demgegenüber üben Strafverfolgungsstellen Strafrechtspflege nach Strafverfahrensrecht aus, wobei Strafgerichte der Judikative zuzuordnen sind und Staatsanwaltschaften, obwohl sie im Sinne der Gewaltenteilung der Exekutive zuzurechnen sind und keine Rechtsprechung im materiellen Sinne ausüben, gleichwohl in der Sache nicht als Verwaltungsbehörden, sondern als der Strafrechtsprechung zugeordnete Organe der Strafrechtspflege anzusehen sind[2]. Beide dürfen und müssen unabhängig voneinander tätig werden; im Kapitalmarktrecht sind sie aber dem gleichen Normdurchsetzungsziel verpflichtet. Daher ist es im Ausgangspunkt ohne weiteres möglich, dass ein und dasselbe Verhalten zugleich und unabhängig voneinander Gegenstand *paralleler* (Überwachungs-) Verfahren der BaFin und (Straf-) Verfahren der Staatsanwaltschaften und Strafgerichte ist, mag sich auch aus § 11 WpHG entnehmen lassen, dass dem Gesetzgeber das Leitbild einander zeitlich nachfolgender, *sukzessiver* Verfahren vorschwebe, indem zunächst die BaFin im Überwachungsverfahren Tatsachen ermittelt, die sodann der zuständigen Staats- 3

---

1 RegE AnSVG, BT-Drucks. 15/3174, 41.
2 *Mayer* in Kissel/Mayer, 8. Aufl. 2015, § 141 GVG Rz. 8f. m.umf.N.

anwaltschaft als Grundlage der Strafverfolgung übermittelt werden. Der Effizienz dient es, parallele oder sukzessive Verfahren miteinander zu vernetzen, auch um Doppelaufwand zu vermeiden („Synergieeffekte")[1]. Der Effektivität der Rechtsdurchsetzung dient, dass sich die BaFin einerseits und Strafverfolgungsstellen andererseits in ihren jeweiligen Aufgabengebieten wechselseitig unterstützen, um eine effektive Aufsicht zu gewährleisten[2]. Dem dienen einerseits die Verdachtsanzeigepflicht und das Datenübermittlungsrecht der BaFin nach § 11 Satz 1 und 2 WpHG und andererseits die in § 122 WpHG enthaltenen Beteiligungsrechte der BaFin und Mitteilungspflichten der Strafverfolgungsstellen.

4   Insoweit ist § 122 WpHG ein wichtiger Baustein des vom Gesetzgeber intendierten „**Verfolgungsverbundes**"[3] zwischen der BaFin einerseits und Strafverfolgungsstellen (Staatsanwaltschaften, Strafgerichten) andererseits. Die Stellung der BaFin wird immer stärker der einer Verfolgungsbehörde angenähert und ihre Beteiligungsrechte im Strafverfahren werden ausgebaut. Allerdings beschränkt sich die Überwachungstätigkeit der BaFin ohnehin nicht auf präventive Gefahrenabwehr und Störungsbeseitigung. Sie ist gem. § 121 WpHG **Bußgeldbehörde** und für Ordnungswidrigkeiten ermittlungs-, verfolgungs- und ahndungszuständig. Insoweit wird § 122 WpHG um die Abgabepflichten der Staatsanwaltschaft nach dem OWiG ergänzt (§ 43 OWiG). Auch ihre Aufsichtstätigkeit wird zunehmend mit eingriffsintensiven Befugnissen angereichert. Ihre verwaltungsrechtlichen Ermittlungsbefugnisse werden immer weiter ausgedehnt und nähern sich vergleichbaren strafprozessualen Befugnissen an (vgl. § 6 Abs. 3, 11 WpHG einerseits und die strafprozessuale Durchsuchung, Beschlagnahme, Zeugen- und Sachverständigenvernehmung andererseits).

5   Der bestehende Rechtszustand gestaltet dies sachgerecht aus. Wenn die BaFin zu starke, staatsanwaltschafts- oder nebenklägerähnliche Beteiligungsrechte im Strafverfahren erhielte, könnte die prozessuale Gewaltenteilung aus dem Gleichgewicht geraten. Zum anderen – und vielleicht noch gewichtiger – schränken formalisierte Beteiligungsrechte, wie namentlich § 122 Abs. 1 Satz 4 WpHG, die institutionelle Funktionsfähigkeit der Staatsanwaltschaften in ihrer eigenständigen Funktionsausübung ein. Ingerenz- und Einwirkungsrechte sind nur in so geringem Umfang zulässig, dass sie die Eigenständigkeit und Eigenverantwortlichkeit der Staatsanwaltschaft des Landes nicht beeinträchtigen. Es wäre auch verfassungsrechtlich unzulässig, der BaFin – einer Bundesbehörde – echte Einwirkungsrechte auf das Handeln der Staatsanwaltschaften zu gewähren, die der organisierten Staatlichkeit der Länder zuzuordnen sind. Ein weiteres kommt hinzu: Die Rolle der BaFin als Fachbehörde ist nicht atypisch, sondern in regulatorisch geprägten Verfahren typisch. Nicht anders ist die Rolle der Umweltbehörden im Umweltstrafrecht. Sonderrecht für einzelne Behörden im Normbereich einzelner, sektoraler Verwaltungsagenden bedarf einer besonderen Legitimation. Zutreffend ist im Gesetzgebungsverfahren zum Anlegerschutzverbesserungsgesetz deutliche Kritik an einer möglichen Beeinträchtigung der „Systemintegrität des Strafprozessrechts"[4] geäußert worden.

6   Ein zu weitgehender „Verfolgungsverbund" würde auch kaum mehr lösbare Folgeprobleme wegen unterschiedlicher grundlegender System- und Rechtsgewährleistungen in den **verschiedenen Verfahrensordnungen** verursachen, wie es z.B. aus dem Verhältnis zwischen Besteuerungs- und Steuerstrafverfahren bekannt und in § 393 (Abs. 1 Satz 2) AO geregelt ist. Während in dem verwaltungsrechtlichen (Überwachungs-) Verfahren der BaFin Auskunfts- und Vorlage-, also Mitwirkungspflichten bestehen, die nur durch wenige Auskunftsverweigerungsrechte begrenzt sind (vgl. § 6 Abs. 3 Satz 3, Abs. 15 WpHG), gibt es im Strafverfahren derartige Pflichten von vornherein nicht und der Beschuldigte hat ein umfassendes Schweigerecht. Das Problem wird durch § 11 Satz 4 WpHG verschärft, wonach die Befugnisse der BaFin u.a. für die Vornahme von Verwaltungsmaßnahmen auch bei einem laufenden Strafverfahren unberührt bleiben sollen. Bei einem zu engen „Verfolgungsverbund" besteht dann die Gefahr, dass Beweise, die im Strafverfahren nicht oder nicht so erhoben hätten werden können, verwaltungsrechtlich erhoben werden dürfen und dann gem. § 11 Satz 1 WpHG ins Strafverfahren übermittelt werden („Beweistransfer").

7   Demgegenüber ist erneut (§ 121 WpHG Rz. 18 ff.) an das **Verbot der Rollenvertauschung** und an die erforderliche Erstreckung rechtsstaatlicher Garantien zu erinnern[5]. Nur solange noch keine (konkreten) Tatsachen i.S.v. § 11 Satz 1 WpHG vorliegen, die den (zureichenden) Verdacht eines strafbaren Verstoßes begründen, ist die BaFin uneingeschränkt nach § 6 Abs. 2–11 WpHG zuständig. Daneben kann die Staatsanwaltschaft ein mitunter missverständliches sog. Vorermittlungsverfahren durchführen, mit dem sie prüft, ob ein Anfangsverdacht vorliegt. In diesem Verfahrensstadium hat die Staatsanwaltschaft (noch) nicht die Eingriffsbefugnisse aus der StPO innerhalb des Ermittlungsverfahrens, während die strafprozessualen Rechte potentiell Beschuldigter differenziert zu betrachten sind. Sobald derartige Tatsachen vorliegen, muss die BaFin unverzüglich Anzeige bei der zuständigen Staatsanwaltschaft erstatten. Leitet die Staatsanwaltschaft dann ein Ermittlungsverfahren ein, so

---

1   *Waßmer* in Fuchs, § 40a WpHG Rz. 3.
2   Vgl. auch BT-Drucks. 13/7489, 52 f. = Bericht des Rechtsausschusses zum Justizmitteilungsgesetz.
3   Zust. zu diesem in der 3. Aufl. dieses Kommentars unter § 20b WpHG Rz. 57 geprägten Begriffs *Waßmer* in Fuchs, § 40a WpHG Rz. 3; vertiefend *Vogel* in FS Jakobs, 2007, S. 731, 741.
4   BT-Drucks. 15/3493, 66.
5   S. nur *Peters*, Strafprozess, 4. Aufl. 1985, S. 297, 318, 344 f., 370.

muss auch die BaFin den dann Beschuldigten als solchen behandeln. Daher muss sie im Überwachungsverfahren – das als solches parallel fortgeführt werden kann – auf die zwangsweise Durchsetzung der gem. § 11 Satz 4 WpHG unberührt bleibenden Befugnisse verzichten (vgl. § 6 Abs. 3 Satz 3 WpHG) und den Beschuldigten darauf hinweisen, dass die zwangsweise Durchsetzung ausgeschlossen ist. Weigert sich der Beschuldigte, so muss die Staatsanwaltschaft um Beschuldigten- und Zeugenvernehmungen, Durchsuchungen und Beschlagnahmen ersucht werden, bei denen die strafverfahrensrechtlichen Vorschriften, Rechte und Formen gewahrt werden müssen. – Unzulässig ist es, Beweise, die in dem laufenden Strafverfahren nicht hätten gewonnen werden dürfen, aber verwaltungsrechtlich ohne Einhaltung anwendbarer strafverfahrensrechtlicher Rechte und Formen gewonnen wurden, im Strafverfahren zu verwerten (vgl. hierzu § 121 WpHG Rz. 19).

II. Beteiligung der BaFin an Strafverfahren. § 122 Abs. 1–3 WpHG enthält Vorschriften über die Beteiligung der BaFin an Strafverfahren, die Straftaten nach § 119 WpHG betreffen, d.h. deren Verfahrensgegenstand zumindest auch eine Beteiligung an einer Straftat nach § 119 WpHG ist. Diese Vorschriften begründen ein öffentlich-rechtliches Kooperationsverhältnis, das zu loyaler Zusammenarbeit verpflichtet. Die Gesetz gewordene Regelung ist deutlich weniger weitgehend als die im RegE AnSVG vorgesehene, wonach die BaFin eine Art „Nebenstaatsanwaltschaft" sein sollte, die im Ermittlungsverfahren bei jeder Ermittlungshandlung ein Anwesenheits- und Teilnahme- sowie Fragerecht haben und deren Stellung im Hauptverfahren nebenklägerähnlich ausgestaltet sein sollte. Im RegE AnSVG, BT-Drucks. 15/3174, 41, war das mit einer angeblichen Umsetzungspflicht aus Art. 12 RL 2014/57/EU (Marktmissbrauchsrichtlinie) begründet worden. Dem ist im Gesetzgebungsverfahren mit Recht widersprochen worden[1]. Der geltend gemachten Parallele zu der in der Tat starken Stellung der Finanzbehörde im Steuerstrafverfahren (vgl. §§ 386, 399 ff. AO) ist entgegenzuhalten, dass im WpHG eine § 393 AO entsprechende, die Rechtsstaatlichkeit einer solchen Stellung sichernde Vorschrift fehlt. Insoweit galt es in der Tat, „Kollisionen mit dem geltenden Strafverfahrensrecht zu vermeiden" und die „Systemintegrität des Strafprozessrechts" zu schützen[2]. Dies gilt auch aus verfassungsrechtlichen Gründen, weil nur so ein Einbruch von bundesbehördlichen Einwirkungen in die verfassungsfeste eigenständige Aufgabenwahrnehmung der Länder vermieden wird.

1. Beteiligung der BaFin im Ermittlungsverfahren (§ 122 Abs. 1 WpHG). Nach § 122 Abs. 1 Satz 1 WpHG müssen Staatsanwaltschaften die BaFin **über die Einleitung eines Ermittlungsverfahrens informieren**, wenn es Straftaten nach § 119 WpHG betrifft, d.h. wenn deren Verfahrensgegenstand zumindest auch eine Beteiligung an einer solchen Straftat ist. Die Informationspflicht besteht *nicht*, wenn *kein* Ermittlungsverfahren eingeleitet wird, z.B. wenn einer offensichtlich haltlosen Anzeige keine Folge geleistet wird oder die Einleitung eines Ermittlungsverfahrens geprüft wird (sog. Beobachtungsvorgang mit AR-Aktenzeichen). Die Informationspflicht gilt also nicht für die Vorphase, in der die Staatsanwaltschaft einen Vorgang daraufhin prüft – und mitunter auch dahingehend beobachtet-, ob ein Anfangsverdacht besteht. Das Gesetz lässt offen, wann, mit welchem Inhalt und in welcher Form informiert werden muss. Nach dem eindeutigen Wortlaut muss die Informationspflicht *nicht unverzüglich* erfüllt werden. Vielmehr obliegt es der Staatsanwaltschaft als Herrin des Ermittlungsverfahren (vgl. auch § 11 Satz 3 WpHG), einen Zeitpunkt zu wählen, der einerseits den Anforderungen der Ermittlungen und andererseits den Beteiligungsinteressen der BaFin gerecht wird. Aus der Gesetzessystematik folgt allerdings, dass die Mitteilung vor Abschluss des Ermittlungsverfahrens erfolgen muss[3]. Informiert werden muss darüber, *dass* ein Ermittlungsverfahren, das Straftaten nach § 119 WpHG betrifft, eingeleitet worden ist, wobei es geboten erscheint, dass auch das Aktenzeichen mitgeteilt wird, damit die BaFin ihr Akteneinsichtsrecht wahrnehmen kann. Welche weitergehenden Informationen die Staatsanwaltschaft mitteilt, muss sie unter Berücksichtigung der Anforderungen der Ermittlungen einerseits und der Beteiligungsinteressen der BaFin andererseits entscheiden. Bei Verfahren wegen Marktmanipulation muss der BaFin ermöglicht werden, über eine mögliche zulässige Marktpraxis zu entscheiden[4]. Das Gesetz verlangt keine Schriftform. Es stellt sich daher die Frage, ob eine **mündliche (telefonische) oder elektronische (E-Mail) Information** genügt. Geordneter Verwaltungspraxis entspricht, im Regelfall textlich zu informieren. Aus der organschaftlichen Treue- und Loyalitätspflicht folgt auch eine Pflicht der Staatsanwaltschaften, die sachdienlichen Angaben zur Einstellung/Beendigung, welche die BaFin zur wirksamen Wahrnehmung ihrer Aufgaben braucht, in angemessenem, ggf. mit der BaFin abzustimmenden Format bereitzustellen.

§ 122 Abs. 1 Satz 1 WpHG dürfte teleologisch zu reduzieren sein für Fälle, in denen das Ermittlungsverfahren **Dienstangehörige** oder Beauftragte der **BaFin** betrifft.

---

1 S. BT-Drucks. 15/3493, 59: „deutlich über die Vorgaben der Richtlinie hinaus". – Art. 12 Abs. 2 RL 2014/57/EU meint verwaltungsrechtliche Befugnisse, wie sie in § 4 Abs. 2–4 WpHG umgesetzt wurden, Art. 12 Abs. 1d RL 2014/57/EU Anträge an die zuständigen Justizbehörden bei einem Richtervorbehalt unterliegenden Maßnahmen. Ob die Marktmissbrauchsrichtlinie überhaupt Vorgaben für die Stellung der zuständigen Behörde in nationalen Strafprozessen geben kann, erscheint kompetenzrechtlich durchaus zweifelhaft.
2 BT-Drucks. 15/3493, 57, 66; zust. auch *Waßmer* in Fuchs, § 40a WpHG Rz. 4.
3 Zutr. *Altenhain* in KölnKomm. WpHG, § 40a WpHG Rz. 5; für eine „möglichst frühe" Information *Waßmer* in Fuchs, § 20a WpHG Rz. 5.
4 BR-Drucks. 18/05, 20.

11 Werden im Ermittlungsverfahren **Sachverständige** benötigt, so können gem. § 122 Abs. 1 Satz 2 WpHG auch fachkundige Angehörige der BaFin herangezogen werden. Diese Vorschrift wirft im Hinblick auf ihren Bedeutungsgehalt die Frage auf, ob es sich bei den „herangezogenen" Angehörigen der BaFin um Sachverständige nach den §§ 74, 75 StPO (Rechtsgrundverweisung) oder um ein eigenständiges Rechtsinstitut handelt. Im ersten Fall wäre § 122 Abs. 1 Satz 2 WpHG weitgehend ohne wirklichen rechtlichen Gehalt, da auch schon nach der StPO Bedienstete einer Fachbehörde zum Sachverständigen bestellt werden können. Gewiss ist jedenfalls nach dem eindeutigen Gesetzeswortlaut, dass § 122 Abs. 1 Satz 2 WpHG nur für das Ermittlungs-, und nicht für Gerichte im Zwischenverfahren und der Hauptverhandlung gilt. Die Vorschrift enthält zugleich einen Amtsauftrag an die BaFin, die Staatsanwaltschaften sachkundig auf Anforderung zu unterstützen. Nach §§ 73, 74 StPO darf der Sachverständige nicht als Bearbeiter eines Überwachungs- oder gar Bußgeldverfahrens mit der Sache befasst (gewesen) sein, und er muss das Gutachten eigenverantwortlich und frei von jeder Beeinflussung, d.h. weisungsfrei und frei von Vorlegungs-, Genehmigungs- oder Berichtspflichten erstatten[1], was angesichts der allgemeinen Einbindung von Bediensteten in die Diensthierarchie und ihrer generellen Weisungsunterworfenheit nicht selbstverständlich ist.

12 Rechtspolitisch ebenso wie in der staatsanwaltlichen Praxis liegt die Heranziehung eines Angehörigen der BaFin zwar im Hinblick auf deren Sachkunde nahe (vgl. auch Nr. 70 Abs. 2 RiStBV). Im Hinblick auf die institutionelle Ausrichtung der BaFin auf Durchsetzungs- und Verfolgungsinteressen ist das keinesfalls unproblematisch[2]. § 122 Abs. 1 Satz 2 WpHG ist inhaltlich ein gewisses Zugeständnis an das im RegE AnSVG vorgesehene umfassende Teilnahme-, Anwesenheits- und Fragerecht der BaFin, da Sachverständige nach § 80 StPO verlangen können, dass ihnen zur Vorbereitung des Gutachtens weitere Aufklärung durch Zeugen- oder Beschuldigtenvernehmungen verschafft wird, wobei ihnen gestattet werden kann, bei der Vernehmung anwesend zu sein und unmittelbar Fragen zu stellen[3]. Auf all das hat der Sachverständige aber *keinen Anspruch* und *eigene* Vernehmungen sind ihm nach h.A. verwehrt[4]. *Ob* im Ermittlungsverfahren fachkundige Angehörige der BaFin herangezogen werden, entscheidet die Staatsanwaltschaft (vgl. auch § 11 Satz 3 WpHG) am Maßstab der Amtsermittlungspflicht[5] nach ihrem Ermessen.

13 Im Übrigen können fachkundige Angehörige der BaFin auf der Grundlage und in den Grenzen der §§ 73, 74 StPO als Sachverständige herangezogen werden.

14 § 122 Abs. 1 Satz 3 WpHG ordnet an, dass der BaFin **die Anklageschrift und der Antrag auf Erlass eines Strafbefehls** und eine Einstellung des Verfahrens mitzuteilen sind. Die § 403 Abs. 3 AO nachgebildete Vorschrift überschneidet sich mit § 122 Abs. 4 Satz 1 Nr. 1, 2 WpHG (s. Rz. 25). § 122 Abs. 1 Satz 4 WpHG verpflichtet Staatsanwaltschaften dazu, die BaFin **vor einer Einstellung des Verfahrens zu hören**, d.h. ihr Gelegenheit zur Stellungnahme (insbesondere zu den gegen eine Einstellung sprechenden Gesichtspunkten) zu geben. Die gleichwohl – oder sogar ohne Anhörung – erfolgte Einstellung ist aber wirksam und kann von der BaFin nicht angefochten werden.

15 **2. Beteiligung im Zwischen- und Hauptverfahren (§ 122 Abs. 2 WpHG).** § 122 Abs. 2 WpHG regelt die Beteiligung der BaFin im strafgerichtlichen Verfahren. Das Gericht muss der BaFin den **Termin zur Hauptverhandlung** und die verfahrensabschließende Entscheidung mitteilen. Dadurch wird es der BaFin erstens ermöglicht, die Hauptverhandlung, soweit sie öffentlich ist, als Teil der Öffentlichkeit mit zu verfolgen[6]. Zweitens erfährt sie durch die Mitteilungspflicht automatisch vom Ausgang des Verfahrens wegen einer Wertpapierhandelsstraftat. Ergeht eine verfahrensabschließende Entscheidung wegen mehrerer Taten, die nur teilweise in § 119 WpHG erfasst sind, genügt die Mitteilung der Entscheidungsabschnitte, die sich auf die nach § 119 WpHG strafbaren Handlungen beziehen.

16 **III. Grundrechtliche Dimension der informationellen Befugnisse aus § 122 Abs. 3–5 WpHG.** Die Übermittlung von personenbezogenen Daten aus Strafverfahren ist ein **Eingriff in das Grundrecht auf informationelle Selbstbestimmung** (Art. 2 Abs. 1, Art. 1 Abs. 1 GG), der einer hinreichend bestimmten gesetzlichen Ermächtigung bedarf[7]; Verwaltungsvorschriften wie die Anordnungen über Mitteilungen in Strafsachen (MiStra) genügen für sich genommen nicht (s. noch Rz. 20). In diesem Sinne enthält der mit dem JuMiG (s. Rz. 1) eingeführte § 122 Abs. 3, 4, 5 WpHG die gesetzliche Ermächtigung, Daten aus Strafverfahren an die BaFin zu übermitteln. Auf der anderen Seite muss der Einzelne Einschränkungen des Grundrechts auf informationelle Selbstbestimmung im überwiegenden öffentlichen Interesse hinnehmen. Derartige überwiegende öffentliche Interessen bestehen insbesondere bei Straftaten, die Belange der Allgemeinheit besonders berühren. In diesem

---

1 S. nur *Meyer-Goßner/Schmitt*, § 73 StPO Rz. 9 m.N.
2 Aus § 122 Abs. 1 Satz 2 WpHG folgt jedoch, dass allein wegen der Einbindung in die Bundesanstalt die Bestellung als Sachverständiger nicht abgelehnt werden darf.
3 S. BT-Drucks. 15/3493, 66.
4 S. nur *Meyer-Goßner/Schmitt*, § 80 StPO Rz. 2.
5 Zutr. BT-Drucks. 15/3493, 66.
6 Darüber hinaus kommt eine Beteiligung fachkundiger Angehöriger der Bundesanstalt als Sachverständige auch in der Hauptverhandlung in Betracht (Rz. 7).
7 BVerfG v. 15.12.1983 – 1 BvR 209 u.a./83, BVerfGE 65, 1.

Sinne stellt § 122 Abs. 3, 4, 5 WpHG sicher, dass die BaFin im **Interesse einer effektiven Überwachung der Kapitalmärkte** von Strafverfahren in kapitalmarktrelevanten Strafsachen Kenntnis erhält[1]. Dies dient sogleich der Rolle der BaFin im europäischen Vollzugs-, Behörden- und Rechtsdurchsetzungsverbund. So wird einerseits vermieden, dass die BaFin Fälle untersucht, in denen bereits öffentliche Klage erhoben worden ist. Andererseits wird die Unterrichtung der BaFin über aus Anlass eines Strafverfahrens aufgedeckte Missstände i.S.v. § 6 Abs. 1 Satz 2 WpHG gewährleistet und die BaFin so in den Stand gesetzt, aufsichtsrechtliche Maßnahmen zu ergreifen[2]. Insbesondere hat die BaFin zu prüfen, ob die mitgeteilten Straftaten durch Mängel in der Organisation des Wertpapierdienstleistungsunternehmens oder durch mangelhafte Befolgung der allgemeinen Verhaltensregeln nach § 55 WpHG oder der Organisationspflichten nach § 69 WpHG begünstigt wurden, selbst wenn diese Mängel für sich nicht strafrechtlich relevant sein sollten[3].

IV. Akteneinsicht (§ 122 Abs. 3 WpHG). Nach § 122 Abs. 3 WpHG ist der BaFin **auf Antrag** – d.h. nicht von Amts wegen – Akteneinsicht zu gewähren, sofern nicht schutzwürdige Interessen des Betroffenen entgegenstehen oder der Untersuchungserfolg der Ermittlungen gefährdet wird. Die Formulierung ist an § 168c Abs. 5 Satz 2 StPO, § 60a Abs. 3 KWG angeglichen[4]. Gegenstand des Rechts ist die Akte des jeweiligen Ermittlungsverfahrens. Die BaFin hat nach § 122 Abs. 3 WpHG keinen Anspruch auf Einsicht in sachlich zusammenhängende Akten; insoweit stehen ihr aber die allgemeinen strafprozessualen Möglichkeiten zu (§§ 474 ff. StPO). Auf ein berechtigtes Interesse der BaFin kommt es bei § 122 Abs. 3 WpHG nicht an. Als zu prüfende Gegengründe erheblich sind nicht allein die schutzwürdigen Interessen des Verdächtigen, sondern ebenso – und nun mehr – die schutzwürdigen Interessen Dritter. „Betroffen" i.S.d. § 122 Abs. 3 WpHG ist jeder Rechtsträger, gleich ob Verdächtiger, Zeuge oder Dritter, der informationell betroffen ist. Bei natürlichen Personen schützt das insbesondere die informationelle Selbstbestimmung und damit das allgemeine Persönlichkeitsrecht (Art. 2 Abs. 1 GG), bei juristischen Personen die Betriebs- und Geschäftsgeheimnisse sowie die Reputation im Geschäftsverkehr (Art. 12 Abs. 1 GG).

In der Sache dürfte es eine seltene Ausnahme sein, der BaFin die Akteneinsicht gänzlich und auf Dauer zu versagen[5]. Schutzwürdige Interessen des Betroffenen, die die Informationsinteressen der BaFin überwiegen, kommen insbesondere dann in Betracht, wenn sich der Tatverdacht im Laufe der Ermittlungen zerstreut hat oder ein Betroffener oder das Unternehmen an der Aufklärung gegenüber der Staatsanwaltschaft mitwirkt. In diesen Fällen ist zu prüfen, ob die Kooperation und freiwillige Offenlegung von Sachverhalten gegenüber den Ermittlungsbehörden eine Einschränkung der Akteneinsichtsrechte gebietet, indem bestimmte offengelegte Unterlagen nicht zugänglich gemacht werden oder indem die Akteneinsicht zeitlich aufgeschoben ist. Besonders im Hinblick auf den Zeitpunkt der Akteneinsicht spielt der Versagungsgrund, dass der Untersuchungserfolg der Ermittlungen nicht gefährdet werden darf, eine wichtige Rolle. Dies kann – ungeachtet der Verschwiegenheitspflicht (§ 8 WpHG) der BaFin – insbesondere bei höchst vertraulichen Ermittlungsvorgängen zu einem Aufschub der Akteneinsicht führen. Der Umfang des Akteneinsichtsrechts entspricht dem des Verteidigers (§ 147 Abs. 1 StPO)[6]. Die Akteneinsicht gibt kein direktes Recht auf Übersendung der Akte; der Staatsanwaltschaft steht hier Ermessen zu.

V. Mitteilungen an die BaFin aus Strafverfahren. Die aus § 14 Abs. 1 Nr. 5 EGGVG folgende Mitteilungsermächtigung in Bezug auf Strafverfahren, die für (u.a.) gewerbe- oder wirtschaftsrechtliche Entscheidungen relevant sind, erschien dem Gesetzgeber nicht als ausreichend, weil sie nur Gewerbetreibende, deren Vertretungsberechtigte oder mit der Leitung von Gewerbebetrieben Beauftragte erfasst (näher 2. Aufl. des Kommentars, § 40a WpHG Rz. 3).

Gemäß § 12 Abs. 1 Satz 2 EGGVG hat § 122 WpHG **Vorrang** vor den Mitteilungspflichten nach §§ 12 ff. EGGVG. Mit anderen Worten kann nicht auf §§ 12 ff. EGGVG zurückgegriffen werden, wenn die Voraussetzungen für eine Mitteilung nach § 122 WpHG nicht gegeben sind. – § 122 WpHG ist eine gesetzliche Ermächtigung, die auch die Erfordernisse nach allgemeinem Datenschutzrecht (JI-DSRL und BDSG) ausfüllt[7]. Gleiches gilt für §§ 474 ff. StPO. – Ergänzend sind die **Anordnungen über Mitteilungen in Strafsachen (MiStra)** des Bundes und der Länder[8] zu beachten. Es handelt sich um Verwaltungsvorschriften, die innen- und dienstrechtlich verpflichtend sind. Nr. 25a MiStra[9] setzt § 122 Abs. 1 WpHG um; Nr. 1–10 enthalten allgemeine Vorschriften.

1. Pflichtmitteilung bei Anklageerhebung in „Kapitalmarktstrafsachen" (§ 122 Abs. 4 WpHG). Im Gegensatz zu §§ 12 ff. EGGVG, die nur Mitteilungsrechte bzw. -ermächtigungen enthalten, und zu § 122 Abs. 5

---

[1] S. 3. Aufl. des Kommentars, § 40a WpHG Rz. 2 f.; auch *Ledermann* in Schäfer, 1. Aufl., § 40a WpHG Rz. 4.
[2] BT-Drucks. 13/7489, 52 f. (Bericht des Rechtsausschusses über das Justizmitteilungsgesetz).
[3] BT-Drucks. 13/7489, 53 (Bericht des Rechtsausschusses über das Justizmitteilungsgesetz).
[4] BT-Drucks. 15/3493, 67.
[5] Zutr. *Altenhain* in KölnKomm. WpHG, § 40a WpHG Rz. 16; *Waßmer* in Fuchs, § 40a WpHG Rz. 10; *Zimmer/Cloppenburg* in Schwark/Zimmer, § 40a WpHG Rz. 2.
[6] *Altenhain* in KölnKomm. WpHG, § 40a WpHG Rz. 16.
[7] *Meyer-Goßner/Schmitt*, Vorbem. §§ 12 ff. EGGVG Rz. 1 m.N.
[8] Abgedruckt bei *Meyer-Goßner/Schmitt*, Anhang A 13.
[9] Die Änderungen des § 122 Abs. 1 und 2 WpHG sind in Nr. 25a Abs. 1 Satz 2 MiStra noch nicht rezipiert.

WpHG statuiert § 122 Abs. 4 WpHG eine **Mitteilungspflicht**. Deren Verletzung ist nicht straf- oder bußgeldbewehrt, kann aber disziplinarrechtlich geahndet werden.

22 Anders als § 40a Abs. 1 WpHG a.F. schreibt § 122 Abs. 4 WpHG nicht mehr ausdrücklich vor, wer **mitteilungspflichtig** ist. Da eine sachliche Änderung nicht beabsichtigt war[1], bleibt es dabei, dass nur (Straf-) **Gerichte**, **Strafverfolgungsbehörden**, d.h. Staatsanwaltschaften und mit Strafverfolgung betraute Polizeibehörden, sowie **Strafvollstreckungsbehörden**, d.h. wiederum Staatsanwaltschaften (§ 451 StPO), mitteilungspflichtig und -berechtigt sind. Nach Nr. 4 Abs. 1 Satz 1 MiStra sind Staatsanwaltschaften bis zur Erhebung der öffentlichen Klage, Gerichte nach Erhebung der öffentlichen Klage oder Privatklage bis zur Rechtskraft der Entscheidung und Vollstreckungsbehörden nach Rechtskraft der Entscheidung mitteilungspflichtig. Nr. 4 Abs. 2, 3 MiStra bestimmt die jeweils konkret zuständigen Amtsträger.

23 Die Mitteilungspflicht besteht **nur in bestimmten Strafverfahren**, die „Kapitalmarktstrafsachen" zum Gegenstand haben, nämlich
– Strafverfahren gegen Inhaber oder Geschäftsleiter von Wertpapierdienstleistungsunternehmen oder deren gesetzliche Vertreter oder persönlich haftende Gesellschafter wegen Straftaten zum Nachteil von Kunden bei oder im Zusammenhang mit dem Betrieb des Wertpapierdienstleistungsunternehmens. Zu denken ist insbesondere an Strafverfahren wegen Betrugs (§ 263 StGB), Kapitalanlagebetrugs (§ 264a StGB) und Untreue (§ 266 StGB), Insolvenzstraftaten (§§ 283 ff. StGB), aber auch wegen Verleitens zu Börsenspekulationsgeschäften (§ 49 BörsG) oder Straftaten nach dem DepotG (§§ 33–37 DepotG), und
– Strafverfahren, die – zumindest auch – Straftaten nach § 119 WpHG (Insidergeschäfte sowie Marktmanipulation) zum Gegenstand haben, selbst wenn sie nicht von Inhabern usw. von Wertpapierdienstleistungsunternehmen begangen worden sind.

24 Ausgelöst wird die Mitteilungspflicht durch die **Erhebung der öffentlichen Klage**, d.h. durch die Einreichung der Anklageschrift bei dem zuständigen Gericht (§ 170 Abs. 1 StPO). Wegen Nr. 4 Abs. 1 Satz 1 Nr. 1, 2 MiStra muss die Staatsanwaltschaft mit Erhebung der Anklage der BaFin eine Abschrift übersenden. Die **Einreichung einer an die Stelle einer Anklage tretenden Antragsschrift** – zu denken ist insbesondere an Antragsschriften in Sicherungsverfahren (§§ 413 ff. StPO) und in selbstständigen Verfall- und Einziehungsverfahren (§§ 430 ff. StPO) – und **eines Antrages auf Erlass eines Strafbefehls** muss gleichfalls mitgeteilt werden, da andernfalls § 122 Abs. 1 Satz 1 Nr. 1 Alt. 2, Nr. 2 WpHG leerlaufen würde. Die Erhebung der Privatklage genügt hingegen nicht, gleichfalls nicht die in Wirtschaftsstrafsachen häufige Einstellung nach § 153a StPO bereits im Ermittlungsverfahren, auch wenn sie der Zustimmung des Gerichts bedarf (s. aber zur Anwendung des § 153a StPO in der Hauptverhandlung sogleich Rz. 25).

25 Im Einzelnen müssen übermittelt werden
– nach § 122 Abs. 4 Satz 1 Nr. 1 WpHG die **Anklageschrift** bzw. die an ihre Stelle tretende Antragsschrift (s. soeben Rz. 24),
– nach § 122 Abs. 4 Satz 1 Nr. 2 WpHG der **Strafbefehlsantrag** und
– nach § 122 Abs. 4 Satz 1 Nr. 3 WpHG die **verfahrensabschließende Entscheidung**. Es muss sich nicht notwendig um ein Urteil handeln. Wird das Verfahren in der Hauptverhandlung durch Beschluss (z.B. nach § 153a StPO, s. aber zur Einstellung nach § 153a StPO bereits im Ermittlungsverfahren soeben Rz. 24) eingestellt, so ist auch diese Entscheidung mitzuteilen. Entscheidungen, gegen die ein Rechtsmittel eingelegt worden ist, sind unter Hinweis hierauf mitzuteilen.

26 Gemäß § 122 Abs. 1 Satz 2 WpHG besteht bei Strafverfahren wegen bloß fahrlässiger Straftaten – zu denken ist etwa an fahrlässige Insolvenzdelikte (z.B. § 283 Abs. 5 StGB), sofern davon ausgegangen werden kann, dass es sich um Straftaten „zum Nachteil von Kunden" handelt – eine Mitteilungspflicht hinsichtlich der Anklageschrift bzw. des Strafbefehlsantrags nur, wenn aus der Sicht der übermittelnden Stelle unverzügliche Entscheidungen oder andere Maßnahmen der BaFin geboten sind.

27 **2. Sollmitteilung in sonstigen Strafverfahren (§ 122 Abs. 5 WpHG).** Im Unterschied zu § 122 Abs. 4 WpHG enthält § 122 Abs. 5 WpHG nur eine **Sollvorschrift**, von der in begründeten Ausnahmefällen abgewichen werden kann. Im Übrigen begründet § 122 Abs. 5 WpHG ein Mitteilungsrecht, nämlich die Ermächtigung für (Straf-)Gerichte, Strafverfolgungs- und Strafvollstreckungsbehörden, der BaFin Tatsachen mitzuteilen.

28 Das Mitteilungsrecht besteht in **Strafverfahren aller Art**. Voraussetzung ist lediglich, dass Tatsachen bekannt werden, die auf Missstände in dem Geschäftsbetrieb eines Wertpapierdienstleistungsunternehmens hindeuten und deren Kenntnis aus Sicht der übermittelnden Stelle für Maßnahmen der BaFin nach dem WpHG erforderlich ist. So kann es etwa bei Strafverfahren gegen nachgeordnete Mitarbeiter von Wertpapierdienstleistungsunternehmen wegen Betrugs oder Untreue liegen[2].

---

1 RegE AnSVG, BT-Drucks. 15/3174, 41.
2 Zutr. *Waßmer* in Fuchs, § 40a WpHG Rz. 18.

Das Mitteilungsrecht darf nur wahrgenommen werden, wenn eine nach den Erkenntnismöglichkeiten der übermittelnden Stelle vorgenommene **Abwägung** ergibt, dass nicht schutzwürdige Interessen des Betroffenen überwiegen. Bei der Abwägung ist zu berücksichtigen, wie gesichert die zu übermittelnden Erkenntnisse sind (§ 122 Abs. 5 Satz 2 WpHG); ungesicherte Erkenntnisse zu Beginn eines Ermittlungsverfahrens (z.B. Vorwürfe, die in einer noch nicht ermittelten Strafanzeige enthalten sind), dürfen i.d.R. nicht übermittelt werden. 29

Inhalt der Mitteilung dürfen nur diejenigen **Tatsachen** sein, welche die Voraussetzungen des § 122 Abs. 5 WpHG erfüllen (s. Rz. 28). Im Unterschied zu § 122 Abs. 1 WpHG dürfen vollständige Anklageschriften, Entscheidungen usw. nicht übermittelt werden[1]. 30

3. Datenschutzrecht, insbesondere Informationspflichten gegenüber dem Betroffenen. Bei der Übermittlung von personenbezogenen Daten ist die Datenschutzgrundverordnung (DSGVO, VO 2016/679) oder die JI-DSRL 680/2018, jeweils in Verbindung mit dem BDSG zu beachten. In Strafakten befinden sich stets personenbezogene Daten über den Betroffenen. Die Rechtsprechung des EuGH zu Art. 2 lit. a RL 95/46/EG[2], dass es sich bei solchen Daten um „Informationen über eine bestimmte oder bestimmbare natürliche Person" handelt, ist auf die VO 2016/679 und die RL 680/2016 übertragbar[3]. Eine Übermittlung solcher Daten von einer staatlichen Stelle an eine diese verarbeitende andere staatliche Stelle stellt eine „Verarbeitung personenbezogener Daten" dar[4]. Gemäß Art. 2 Abs. 2 lit. d DSGVO 2016/679 ist für die Staatsanwaltschaften nicht die DSGVO 2016/679, sondern die JI-RL 680/2016 i.V.m. §§ 45 ff. BDSG anwendbar[5]. § 122 Abs. 3–5 WpHG sind gesetzliche Verarbeitungsermächtigungen und steuern auch die Modalitäten der Übermittlung durch Rechtsvorschriften[6], so dass die Norm den datenschutzrechtlichen Anforderungen genügt. 31

§ 123 Bekanntmachung von Maßnahmen

(1) Die Bundesanstalt kann unanfechtbare Maßnahmen, die sie wegen Verstößen gegen Verbote oder Gebote dieses Gesetzes getroffen hat, auf ihrer Internetseite öffentlich bekannt machen, soweit dies zur Beseitigung oder Verhinderung von Missständen nach § 6 Absatz 1 Satz 2 geeignet und erforderlich ist, es sei denn, diese Veröffentlichung würde die Finanzmärkte erheblich gefährden oder zu einem unverhältnismäßigen Schaden bei den Beteiligten führen. Anordnungen nach § 6 Absatz 2 Satz 4 hat die Bundesanstalt unverzüglich auf ihrer Internetseite zu veröffentlichen.

(2) Zeitgleich mit der Veröffentlichung nach Absatz 1 Satz 1 oder Satz 2 hat die Bundesanstalt die Europäische Wertpapier- und Marktaufsichtsbehörde über die Veröffentlichung zu unterrichten.

(3) Die Bundesanstalt hat unanfechtbare Maßnahmen, die sie wegen Verstößen gegen Artikel 4 Absatz 1 der Verordnung (EG) Nr. 1060/2009 getroffen hat, unverzüglich auf ihrer Internetseite öffentlich bekannt zu machen, es sei denn, diese Veröffentlichung würde die Finanzmärkte erheblich gefährden oder zu einem unverhältnismäßigen Schaden bei den Beteiligten führen.

(4) Die Bundesanstalt hat jede unanfechtbar gewordene Bußgeldentscheidung nach § 120 Absatz 7 unverzüglich auf ihrer Internetseite öffentlich bekannt zu machen, es sei denn, diese Veröffentlichung würde die Finanzmärkte erheblich gefährden oder zu einem unverhältnismäßigen Schaden bei den Beteiligten führen. Die Bekanntmachung darf keine personenbezogenen Daten enthalten.

(5) Eine Bekanntmachung nach den Absätzen 1, 3 und 4 ist fünf Jahre nach ihrer Veröffentlichung zu löschen. Abweichend von Satz 1 sind personenbezogene Daten zu löschen, sobald ihre Bekanntmachung nicht mehr erforderlich ist.

In der Fassung des 2. FiMaNoG vom 23.6.2017 (BGBl. I 2017, 1693).

Schrifttum zu §§ 123–126 WpHG: *Brellochs*, Die Neuregelung der kapitalmarktrechtlichen Beteiligungspublizität – Anmerkungen aus Sicht der M&A- und Kapitalmarktpraxis, AG 2016, 157; *von Buttlar*, Die Stärkung der Aufsichts- und Sanktionsbefugnisse im EU-Kapitalmarktrecht: ein neues „field of dreams" für Regulierer?, BB 2014, 451; *von Buttlar*, Bußgeld: Unternehmenspersönlichkeitsrechte bei der Veröffentlichung von Entscheidungen durch die Aufsicht, BaFin-Journal 5/2015, 27; *Canzler/Hammermeier*, Die Verfolgung und Ahndung wertpapierrechtlicher Delinquenz durch die Wertpapieraufsicht der BaFin: Das kapitalmarktrechtliche Bußgeldverfahren, AG 2014, 57; *Fleischer*, Erweiterte Außenhaf-

---

1 Zust. *Altenhain* in KölnKomm. WpHG, § 20a WpHG Rz. 12; *Waßmer* in Fuchs, § 40a WpHG Rz. 20.
2 U.a. EuGH v. 16.12.2008 – Rs. C-73/07 Rz. 35.
3 Hierbei kann speziell der Umfang der personenbezogenen Daten kritisch sein, v.a. unter der Wertpapierfirmen treffenden Aufzeichnungspflicht nach Art. 16 Abs. 6, 7 RL 2014/65/EU, vgl. hierzu auch den Appendix der Artikel-29-Gruppe aus dem Schreiben von Chairwoman Isabelle Falque-Pierrotin an Maria Teresa Fabregas-Fernandez vom 7.7.2015.
4 So zu Art. 2 lit. b RL 95/46/EG – vergleichbar Art. 4 Nr. 2 DSGVO: EuGH v. 1.10.2015 – Rs. C-201/14 Rz. 29.
5 vgl. auch *Ernst* in Paal/Pauly, 2. Aufl. 2018, Art. 2 DSGVO Rz. 22.
6 Vgl. EuGH v. 1.10.2015 – Rs. C-201/14 Rz. 31.

tung der Organmitglieder im Europäischen Gesellschafts- und Kapitalmarktrecht, ZGR 2004, 437; *Kubiciel*, Shame sanctions – Ehrenstrafen im Lichte der Straftheorien, ZStW 118 (2006), 44; *Nartowska/Knierbein*, Ausgewählte Aspekte des „Naming and Shaming" nach § 40c WpHG, NZG 2016, 256; *Pfaeltzer*, Naming and Shaming in Financial Market Regulations: A Violation of the Presumption of Innocence, Utrecht Law Review 10 (2014), 134; *Reimer*, Adverse Publizität: Der Pranger im Verwaltungsrecht, JöR 58 (2010), 275; *Schmieszek/Langner*, Der Pranger: Instrument moderner Finanz- und Wirtschaftsregulierung?, WM 2014, 1893; *Seibt/Wollenschläger*, Revision des Europäischen Transparenzregimes: Regelungsinhalte der TRL 2013 und Umsetzungsbedarf, ZIP 2014, 545; *Uwer/Rademacher*, Das verfassungsrechtliche Rückwirkungsverbot bei der Bekanntmachung bankaufsichtlicher Maßnahmen nach § 60b KWG, BKR 2015, 145; *Veil*, Sanktionsrisiken für Emittenten und Geschäftsleiter im Kapitalmarktrecht, ZGR 2016, 305; *Wendt*, „Naming and Shaming" im Privatversicherungsrecht, VersR 2016, 1277.

I. Grundlagen 1	V. Öffentliche Bekanntmachung von unanfechtbaren Maßnahmen wegen verbotener Verwendung von Ratings (§ 123 Abs. 3 WpHG) . 44
II. Öffentliche Bekanntmachung von unanfechtbaren Maßnahmen wegen Verstößen gegen Verbote oder Gebote des WpHG (§ 123 Abs. 1 Satz 1 WpHG) 15	1. Tatbestand 45
1. Tatbestand 15	2. Rechtsfolge 49
2. Rechtsfolge 28	3. Rechtsschutz 52
3. Rechtsschutz 33	VI. Öffentliche Bekanntmachung von unanfechtbar gewordenen Bußgeldentscheidungen wegen Verstößen gegen die VO Nr. 648/2012 (EMIR) (§ 123 Abs. 4 WpHG) 54
III. Veröffentlichung von Anordnungen nach § 6 Abs. 2 Satz 4 WpHG (§ 123 Abs. 1 Satz 2 WpHG) 35	1. Tatbestand 54
1. Tatbestand 35	2. Rechtsfolge 57
2. Rechtsfolge 37	3. Rechtsschutz 59
IV. Unterrichtung der Europäischen Wertpapier- und Marktaufsichtsbehörde (§ 123 Abs. 2 WpHG) 42	VII. Löschung von Bekanntmachungen (§ 123 Abs. 5 WpHG) 60

1 **I. Grundlagen.** § 123 WpHG enthält verschiedene Veröffentlichungstatbestände (teilweise **naming and shaming**), die neben den spezielleren Veröffentlichungstatbeständen in §§ 124–126 WpHG und in Art. 29 VO Nr. 1286/2014 stehen. Die verschiedenen Veröffentlichungstatbestände unterscheiden sich in ihrer europarechtlichen Grundierung, in den Voraussetzungen und in den Rechtsfolgen. § 123 WpHG wurde – zunächst als § 40b WpHG a.F. nur mit dem Inhalt des heutigen Abs. 1 Satz 1 – durch das Anlegerschutzverbesserungsgesetz (BGBl. I 2004, 2630) eingeführt und in der Folge stetig erweitert. Im Kapitalmarktrecht (und auch sonst[1]) wird die Veröffentlichung gezielt als Regulierungs-, Präventions- und Sanktionsinstrument eingesetzt[2].

2 § 123 WpHG enthält sowohl Ermächtigungen als auch Verpflichtungen der BaFin zur Bekanntmachung näher bestimmter Maßnahmen und Bußgeldentscheidungen. Die Norm ist Ermächtigungsgrundlage für staatliches Informationshandeln, welches in das Grundrecht auf informationelle Selbstbestimmung eingreift[3]. Die Vorschrift durchbricht den Grundsatz des Amtsgeheimnisses und insbesondere die Verschwiegenheitspflicht nach § 21 WpHG und nach § 23 Abs. 2 Satz 2 WpHG, vgl. auch Satz 3 (s. § 23 WpHG Rz. 60 ff.). Insoweit handelt es sich rechtstechnisch um einen **Rechtfertigungsgrund**, der sich auch auf strafrechtliche Geheimnisverratstatbestände bezieht[4]. Soweit die öffentliche Bekanntgabe bzw. Veröffentlichung personenbezogene oder unternehmensbezogene Daten betrifft, ist das Recht auf informationelle Selbstbestimmung (Art. 2 Abs. 1 GG, Art. 1 Abs. 1 GG), das Persönlichkeitsrecht und der Datenschutz betroffen. Daher ist auf eine **strikt verhältnismäßige Handhabung** der Vorschrift zu achten.

3 § 123 **Abs. 1 Satz 1** WpHG setzte Art. 14 Abs. 4 RL 2003/6/EG (Marktmissbrauchsrichtlinie) um, wonach die Mitgliedstaaten vorsehen müssen, dass die zuständige Behörde Maßnahmen oder Sanktionen wegen Verstößen öffentlich bekannt geben kann, es sei denn, die Bekanntgabe würde die Finanzmärkte erheblich gefährden oder zu einem unverhältnismäßigen Schaden bei den Beteiligten führen. Ergänzt wurde § 40b WpHG 2007 durch das Finanzmarktrichtlinie-Umsetzungsgesetz (BGBl. I 2007, 1330, FRUG) um den **Satz 2** a.F. als deutsche Umsetzung von Art. 41 Abs. 2 Satz 1 RL 2004/39/EG (Finanzmarktrichtlinie), die auf Basis von Art. 47 Abs. 2 EG-Vertrag erlassen wurde. Art. 41 Abs. 2 Satz 1 RL 2004/39/EG bestimmt, dass eine zuständige Behörde, die für ein Finanzinstrument an einem oder mehreren geregelten Märkten die Aussetzung des Handels oder den Ausschluss vom Handel verlangt, ihre Entscheidung unverzüglich veröffentlicht. Ursprünglich hatte der deutsche Gesetzgeber diese Vorgabe mit dem durch Art. 1 Nr. 41 FRUG eingefügten § 40b Satz 2 WpHG a.F. umgesetzt,

---

1 Zu Regulierungsvorbildern außerhalb des Kapitalmarktrechts z.B. im Kartellrecht: Art. 20 Verordnung (EG) Nr. 139/2004 des Rates vom 20.1.2004 über die Kontrolle von Unternehmenszusammenschlüssen („EG-Fusionskontrollverordnung"). – Eine weitere Variante findet sich in § 30 Abs. 4 Treibhausgas-Emissionshandelsgesetz vom 21.7.2011, BGBl. I 2011, 1475, wonach den Namen der Verantwortlichen für einen bestimmten Verstoß im Bundesanzeiger veröffentlicht werden.
2 Instruktiver Überblick bei *Altenhain* in KölnKomm. WpHG, § 40b WpHG Rz. 4 ff.
3 *Waßmer* in Fuchs, § 40b WpHG Rz. 2.
4 *Waßmer* in Fuchs, § 40b WpHG Rz. 2.

wonach die BaFin alle nach § 4 Abs. 2 WpHG a.F. getroffenen Anordnungen unverzüglich auf ihrer Internetseite veröffentlichen musste[1]. Diese Veröffentlichungspflicht umfasste nicht nur Handelsuntersagungen oder -aussetzungen nach § 4 Abs. 2 *Satz 2* WpHG a.F. (heute § 6 Abs. 2 Satz 4 WpHG), sondern dem eindeutigen Wortlaut nach auch Anordnungen, die die BaFin nach § 4 Abs. 2 *Satz 1* WpHG a.F. zur Durchsetzung der Verbote und Gebote des WpHG traf, und zwar unabhängig von den in § 123 Abs. 1 Satz 1 WpHG – damals § 40b Satz 1 WpHG a.F. – statuierten Voraussetzungen und ohne das dort eingeräumte Ermessen. Insoweit handelte es sich zum einen um überschießende Richtlinienumsetzung und zum anderen um eine wenig sinnvolle Regelung, die wohl ein Redaktionsfehler war und in der Literatur deutliche Kritik erfahren hat[2]. Der Gesetzgeber hat ein Einsehen gehabt (BGBl. I 2011, 2427) und begrenzt nunmehr die Veröffentlichungspflicht auf **Anordnungen der Handelsuntersagung oder -aussetzung** nach § 6 Abs. 2 Satz 4 WpHG (§ 4 Abs. 2 Satz 2 WpHG a.F.; s. § 6 WpHG Rz. 76 ff.).

§ 123 **Abs. 2** WpHG wurde 2011 als § 40b Abs. 2 WpHG a.F. eingefügt (BGBl. I 2011, 2427) und setzt Art. 3 Nr. 4 Unterabs. 2 und Art. 6 Nr. 18 Unterabs. 2 RL 2010/78/EU um[3]. – Mit dem durch Art. 3 Nr. 9 des Gesetzes zur Novellierung des Finanzanlagenvermittler- und Vermögensanlagenrechts (BGBl. I 2011, 2481) im Jahr 2011 in § 40b WpHG a.F. (heute § 123 WpHG) eingefügten § 123 **Abs. 3** WpHG setzt der deutsche Gesetzgeber die Vorgabe des Art. 36 Abs. 2 VO Nr. 1060/2009 (EU-Ratingverordnung) um. Hiernach müssen die Mitgliedstaaten sicherstellen, dass wegen **Verstößen gegen Art. 4 Abs. 1 VO Nr. 1060/2009** verhängte Sanktionen öffentlich bekannt gegeben werden. Der deutsche Gesetzgeber hat dies einerseits auf alle (auch präventive) Maßnahmen erstreckt und andererseits deren Unanfechtbarkeit verlangt, was sich im Rahmen des unionsrechtlichen Umsetzungsspielraums bewegen dürfte. Die Ergänzung von Abs. 3 war zur Umsetzung der EU-Ratingverordnung erforderlich, da die allgemeine Vorschrift des § 123 Abs. 1 Satz 1 WpHG mit dieser nicht vereinbar war. Denn § 123 Abs. 1 Satz 1 WpHG räumt zum einen der BaFin Ermessen ein, zum anderen fordert er zusätzlich, dass die Veröffentlichung zur Beseitigung oder Verhinderung von Missständen erforderlich ist, während die europarechtliche Vorgabe für Maßnahmen wegen Verstößen gegen die EU-Ratingverordnung ohne weitere Voraussetzungen eine gebundene Entscheidung vorsieht[4].

§ 123 **Abs. 4** WpHG beruht auf Art. 12 Abs. 2 Unterabs. 1 VO Nr. 648/2012 (EMIR). Er wurde durch das EMIR-Ausführungsgesetz (BGBl. I 2013, 174) eingefügt. Die EMIR wurde gestützt auf Art. 114 AEUV erlassen. § 123 **Abs. 5** WpHG wurde eingefügt durch das Zweite Finanzmarktnovellierungsgesetz.

Allen entsprechenden Vorschriften ist die Frage gemein, ob sie als rein präventive Regelungen anzusehen sind[5] oder ob sie Sanktionswirkung entfalten und Element einer Bestrafung sind[6] (vgl. im Einzelnen Rz. 8 ff.; Art. 34 VO Nr. 596/2014 Rz. 2). Die Frage ist je nach Ausgestaltung der Vorschrift differenziert zu beantworten. Je mehr die Bekanntmachung dazu dient, Gefahren oder Beeinträchtigungen auf den Märkten spezialpräventiv zu begegnen oder eingetretene Störungen zu beseitigen, desto eher handelt es sich um eine präventive Regelung. Je mehr sie als Sanktionsbestandteil an festgestelltes Fehlverhalten anknüpft, desto eher handelt es sich um eine Nebenfolge einer Strafe.

Das Instrument ist **Kritik** ausgesetzt. Es greift in das Recht auf Privatleben in Gestalt des Rechts auf Selbstdarstellung (Art. 7 GRCh) und das Recht auf Datenschutz (Art. 8 GRCh) ein (vgl. Art. 68 VO Nr. 648/2012 Rz. 5 zur Eröffnung des Schutzbereichs von Art. 8 GRCh für juristische Personen). Die Anforderungen an die Verhältnismäßigkeit solcher Eingriffe sind bei Art. 8 GRCh hoch[7]. Die Veröffentlichung kann auch einen Eingriff in die Freiheit unternehmerischer Tätigkeit aus Art. 16 GRCh darstellen (§ 124 WpHG Rz. 14)[8]. Die mit der Veröffentlichung der Sanktion erreichte Wirkung ist für die anwendende Behörde nicht kalkulierbar[9]. Wenn der Behörde kein Entschließungsermessen eingeräumt sei, habe die Behörde keinen Einfluss auf die erzeugte Wirkung[10].

Soweit ein **eigenständiger Sanktionscharakter** des naming and shaming anzunehmen ist, ergeben sich Folgeprobleme. Es stellt sich die Frage, ob es sich um eine *strafrechtliche* Sanktion handelt, auf die die Verfahrensvorschriften des Art. 6 EMRK anwendbar sind[11]. Dies ist anhand der sog. **Engel-Kriterien** zu beantworten: (a) der Natur des Vergehens nach dem innerstaatlichen Recht, (b) der Art des Delikts und (c) der Art und Schwere der angedrohten Sanktion[12]. Der europäische Gesetzgeber selbst ordnet die naming and shaming-Tatbestände

---

1 Begr. RegE, BT-Drucks. 16/4028, 79.
2 S. 5. Aufl., § 40b WpHG Rz. 10, 14; *Waßmer* in Fuchs, § 40b WpHG Rz. 23; *Zimmer/Cloppenburg* in Schwark/Zimmer, § 40b WpHG Rz. 7.
3 Begr. RegE, BT-Drucks. 17/6255, 30.
4 Beschlussempfehlung und Bericht des Finanzausschusses zum RegE, BT-Drucks. 17/7453, 74.
5 So z.B. *Poelzig*, NZG 2016, 492, 499 f.
6 *Fleischer*, ZGR 2004, 437, 476; *Veil*, ZGR 2016, 305, 318 f.
7 EuGH v. 9.11.2010 – Rs. C-92/09, C-93/09 – Schecke, EuZW 2010, 939, 943.
8 Dazu ausführlicher: *Schmieszek/Langner*, WM 2014, 1893, 1895.
9 *Wendt*, VersR 2016, 1277, 1278; *Schmieszek/Langner*, WM 2014, 1893, 1893.
10 *Wendt*, VersR 2016, 1277, 1278.
11 Dies bejaht *Schmieszek/Langner*, WM 2014, 1893, 1896.
12 EGMR v. 8.6.1976 – 5100/71 – Engel u.a. v. Niederlande, Rz. 82.

eher als *präventive* Maßnahmen ein, auch wenn er auf Abschreckung und damit einen typischen Strafzweck Bezug nimmt (Art. 34 VO Nr. 596/2014 Rz. 2; § 124 WpHG Rz. 9, § 125 WpHG Rz. 4)[1]. Prävention ist aber nur dann ein tragfähiges Abgrenzungskriterium von strafrechtlichen Sanktionen, wenn es sich um Spezial- und nicht Generalprävention handelt. Bei der Abschreckungswirkung gegenüber anderen Rechtsbrechern, die ebenfalls „präventiv" ist, handelt es sich um einen klassischen Strafzweck und nicht um einen Zweck, der legitimerweise der verwaltungsrechtlichen Gefahrenabwehr zuzuordnen ist.

9 Soweit die Veröffentlichung auch **personenbezogene Daten** umfasst bzw. einen Rückschluss auf beteiligte Personen ermöglicht, spricht der eintretende Reputationsschaden jedenfalls objektiv für einen repressiven Charakter. Indiz gegen eine strafrechtliche Natur des Vergehens kann hingegen sein, dass es um die Effektuierung einer störungsbeseitigenden Maßnahme geht wie beispielsweise bei der Handelsuntersagung. Auch die Betrachtung des zweiten Kriteriums spricht gegen eine Einordnung als strafrechtliche Sanktion, soweit es sich um die Veröffentlichung verwaltungsrechtlicher Sanktionen handelt, wenn also der Verstoß kein strafrechtlicher war.

10 Schließlich ist die **Art und Schwere der Sanktion** zu betrachten. Nach diesem Kriterium liegt laut Rechtsprechung des EGMR eine strafrechtliche Sanktion vor, wenn die Sanktion „abschreckend und strafend" ist[2]. Die Veröffentlichung und Verursachung eines Reputationsverlustes ist zwar keine typisch strafrechtliche Sanktion, sie zielt aber bei bestimmten Fällen auf eine abschreckende Wirkung. Sie greift insbesondere bei natürlichen Personen erheblich in deren Rechtssphäre ein, indem sie den sozialen Geltungsanspruch tangiert. Die Konsequenzen, die sich aus einer Veröffentlichung von Fehlverhalten für den Einzelnen ergeben, können im Einzelfall schwer sein und nachhaltige Folgen für den Einzelnen haben, sowohl in persönlicher als auch in beruflicher Hinsicht. Hier ist nach dem Inhalt der Veröffentlichung zu unterscheiden. Wird eine bloße verwaltungsrechtliche Anordnung veröffentlicht, so ist diese typischerweise weniger relevant für die Reputation des Betroffenen als die Veröffentlichung eines Bußgeldes oder gar einer strafrechtlichen Sanktion. In letzterem Fall geht von der Veröffentlichung eine abschreckende Wirkung sowohl gegenüber dem Betroffenen als auch gegenüber Dritten aus. Die Folgen der Veröffentlichung dauern für den Betroffenen länger an als der geahndete Verstoß selbst, was die Annahme eines strafenden Charakters stützt[3].

11 Unabhängig davon, ob es sich um eine strafrechtliche oder eine verwaltungsrechtliche Sanktion handelt, finden bei Annahme eines Sanktionscharakters die **Verteidigungsrechte** aus Art. 41 und 48 Abs. 2 GRCh sowie die **Unschuldsvermutung** aus Art. 48 Abs. 1 GRCh Anwendung[4]. Auch wenn man den Charakter der Veröffentlichung als strafrechtliche Sanktion i.S.d. Art. 6 EMRK bejaht, bedeutet dies nicht, dass die Kompetenz des europäischen Gesetzgebers allein aus Art. 83 Abs. 2 AEUV abgeleitet werden kann. Die Strafe im kompetenzrechtlichen Sinne ist enger zu definieren als nach Art. 6 EMRK[5].

12 An diesen Maßstäben gemessen, fallen die Unterschiede – teleologisch und systematisch – der **unterschiedlichen Regelungen** in § 123 WpHG ins Auge: § 123 Abs. 1 Satz 1 WpHG dient aus Sicht der Europäischen Kommission dem Investorenschutz und auch der Abschreckung – somit standen bei Erlass der Vorschrift **präventive Aspekte** im Vordergrund[6]. Teilweise wird dennoch jedenfalls eine Doppelfunktionalität der Norm[7], teilweise ein Schwerpunkt in der Sanktionierung angenommen[8]. Dem ist zuzugeben, dass für die Feststellung der gesetzgeberischen Intention nicht allein die Gesetzesbegründung ausschlaggebend ist, sondern auch aus der konkreten Ausgestaltung Schlüsse gezogen werden können[9]. Für § 123 Abs. 1 Satz 1 WpHG folgt der präventive Charakter der Vorschrift jedoch auch aus dem Wortlaut, der als explizite Voraussetzung für eine Bekanntmachung fordert, dass diese zur Beseitigung oder Verhinderung von Missständen geeignet und erforderlich ist. Dass sie nur oder vor allem als „shaming" oder „Pranger" oder gar als Auslöser „staatlich gesponserter (sic!) Lynchjustiz" fungiere[10], wäre eine Verzeichnung; eine so begründete öffentliche Bekanntmachung wäre nach § 123 Abs. 1 WpHG rechtswidrig. Trotz des äußerlich-systematischen Zusammenhanges mit Abschnitt 17 („Straf- und Bußgeldvorschriften") handelt es sich *nicht* um eine repressive Sanktion des Straf- oder Ordnungswidrigkeitenrechts und auch *nicht* um eine Genugtuungsmaßnahme, wie z.B. die Veröffentlichung bestimmter

---

1 Einen strafrechtlichen Charakter bejahen im Ergebnis auch *Schmieszek/Langner*, WM 2014, 1893, 1896.
2 EGMR v. 8.6.1976 – 5100/71 – Engel u.a. v. Niederlande, Rz. 82; EGMR v. 21.2.1984 – 8544/79 – Öztürk v. Deutschland, Rz. 50, 53 f.; EGMR v. 25.8.1987 – 9912/82 – Lutz v. Deutschland, Rz. 55.
3 *Pfaeltzer*, Utrecht Law Review 10 (2014), 134, 146 m.w.N. auf niederländischsprachige Literatur.
4 EuGH v. 14.9.2010 – Rs. C-550/07, Slg. 2010, I-08301 Rz. 92 = EuZW 2010, 778; EuGH v. 12.10.2007 – Rs. T-474/04, Rz. 75, EuR 2008, 703.
5 *Öberg*, EuCLR 2013, 273, 275; *Pfaeltzer*, Utrecht Law Review 10 (2014), 134, 146 m.w.N. auf niederländischsprachige Literatur; *Schmieszek/Langner*, WM 2014, 1893, 1896.
6 Europäische Kommission, Vorschlag für eine Richtlinie des Europäischen Parlaments und des Rates über Insider-Geschäfte und Marktmanipulation (Marktmissbrauch), ABl. EU Nr. C 240 E v. 28.8.2001, S. 265; Veröffentlichung von Sanktionen immer rein präventiv: *von Buttlar*, BB 2014, 451, 457.
7 *Reimer*, JöR 58 (2010), 275, 278.
8 *Fleischer*, ZGR 2004, 437, 476 f.
9 *Nartowska/Knierbein*, NZG 2016, 256, 260.
10 So *Fleischer*, ZGR 2004, 437, 476 f.

Strafurteile (§§ 165, 200 StGB)[1]. Die mit jeder Veröffentlichung unvermeidlich einhergehende repressive Wirkung ist ein nicht angestrebter, aber hingenommener Reflex[2]. Daraus ergeben sich jedoch Folgen für die Handhabung der Norm.

Die Veröffentlichungen nach § 123 Abs. 1 Satz 2 WpHG dienen der **Information der Marktteilnehmer**[3]. Bei Handelsuntersagungen oder -aussetzungen wie den viel beachteten Allgemeinverfügungen der BaFin vom 19. und 21.9.2008, in denen Transaktionen (Leerverkäufe) untersagt worden sind, die zu einer Short-Position oder zur Vergrößerung einer Short-Position in Aktien bestimmter Unternehmen der Finanzbranche führen[4], ist die von § 123 Abs. 1 Satz 2 WpHG geforderte Veröffentlichung zugleich die Bekanntgabe der Allgemeinverfügung nach § 41 Abs. 3 Satz 2 VwVfG[5]. Denn es gibt unbestimmt viele Beteiligte, so dass die Bekanntgabe an einzelne Beteiligte untunlich, letztlich unmöglich ist. Erfolgt die Untersagung hingegen gegenüber einem bestimmten Unternehmen oder einer bestimmten Person[6], so ist die Veröffentlichung ein von der Bekanntgabe verschiedener Akt.

13

Unklar ist, ob § 123 Abs. 3 und Abs. 4 WpHG noch als rein präventive Instrumente einzuordnen sind[7] oder ob der **Sanktionscharakter** der Vorschriften überwiegt. Strafe ist die mit Repressionsabsicht erfolgende staatliche, missbilligende Reaktion auf ein schuldhaftes Verhalten[8]. Indiz ohne zwingende Aussagekraft ist die Lokalisation im Abschnitt „Straf- und Bußgeldvorschriften". Anders als bei § 123 Abs. 1 WpHG wird auf die Voraussetzung, dass die Veröffentlichung zur Beseitigung der Verhinderung von Missständen geeignet und erforderlich ist, verzichtet. Damit stehen § 123 Abs. 3 und 4 WpHG ihrer Ausgestaltung nach wie § 124 WpHG einer repressiven Funktion näher als § 123 Abs. 1 Satz 1 WpHG[9]. Gegen einen Repressionscharakter von § 123 Abs. 4 WpHG spricht, dass § 123 Abs. 4 Satz 2 WpHG ausdrücklich die Bekanntmachung personenbezogener Daten verbietet[10]. Darin unterscheidet sich § 123 Abs. 4 WpHG von § 124 WpHG, der grundsätzlich die Bekanntmachung personenbezogener Daten vorsieht (s. § 124 WpHG Rz. 30). Bei § 123 Abs. 3 WpHG fehlt jedoch ein solches Verbot der Bekanntmachung personenbezogener Daten. Daraus wird zum Teil der Schluss gezogen, es handele sich bei § 123 Abs. 3 WpHG um eine Sanktionsvorschrift[11]. Zu der sich damit ergebenden Frage der Zulässigkeit eines Blankettstraftatbestandes wird auf die Kommentierung vor §§ 119 ff. WpHG verwiesen (vgl. Vor §§ 119 ff. WpHG Rz. 29 ff.).

14

II. Öffentliche Bekanntmachung von unanfechtbaren Maßnahmen wegen Verstößen gegen Verbote oder Gebote des WpHG (§ 123 Abs. 1 Satz 1 WpHG). 1. Tatbestand. § 123 Abs. 1 Satz 1 WpHG ermöglicht unter bestimmten Voraussetzungen die öffentliche Bekanntmachung von unanfechtbaren Maßnahmen, welche die BaFin wegen Verstößen gegen Verbote oder Gebote des WpHG getroffen hat. Die **praktische Bedeutung** dieser Vorschrift ist gering. Bis 2012 hatte die BaFin keine Veröffentlichung von Fehlverhalten nach § 123 Abs. 1 Satz 1 WpHG vorgenommen[12]. Auch für die Zeit danach sind keine Veröffentlichungen nach § 123 WpHG (vormals § 40b WpHG) ersichtlich.

15

Maßnahmen sind Verwaltungs- und Realakte in Überwachungsverfahren, aber nicht Bußgeldbescheide[13]. Als Maßnahmen kommen alle Maßnahmen der BaFin in Betracht, die diese wegen Verstoßes gegen Verbote oder Gebote des WpHG treffen darf. Dies sind vor allem Anordnungen aufgrund der Ermächtigungsgrundlage in § 6 Abs. 1 Satz 3 WpHG[14]. Als Verbote und Gebote des § 123 Abs. 1 Satz 1 WpHG kommen insbesondere die allgemeinen Verhaltensregeln oder die Organisationspflichten nach dem WpHG in Betracht. Nicht zur Veröffentlichung nach § 123 Abs. 1 Satz 1 WpHG geeignet sind Strafurteile, die aufgrund von § 119 WpHG ergehen, da es sich hierbei nicht um Akte der BaFin, sondern der Strafgerichte handelt[15].

16

---

1 Zutreffend *Altenhain* in KölnKomm. WpHG, § 40b WpHG Rz. 9; *Waßmer* in Fuchs, § 40b WpHG Rz. 4.
2 So auch *Walla*, Die Konzeption der Kapitalmarktaufsicht in Deutschland, 1. Aufl. 2012, S. 105; *Waßmer* in Fuchs, § 40b WpHG Rz. 4.
3 *Waßmer* in Fuchs, § 40b WpHG Rz. 24.
4 Verlängert durch Allgemeinverfügungen vom 17.12.2008, 30.3. und 29.5.2009; s. sodann die Allgemeinverfügungen vom 18.5.2010 betreffend ungedeckte Leerverkäufe und Kreditderivate, die mit Inkrafttreten der §§ 30h, 30j WpHG am 27.7.2011 widerrufen worden und in diesen Vorschriften aufgegangen sind.
5 *Altenhain* in KölnKomm. WpHG, § 40b WpHG Rz. 2.
6 Vgl. RegE, BT-Drucks. 16/4028, 60.
7 So *Altenhain* in KölnKomm. WpHG, § 40b WpHG Rz. 2; *Waßmer* in Fuchs, § 40b WpHG Rz. 5.
8 BVerfG v. 11.6.1969 – 2 BvR 518/66, NJW 1969, 2192; BVerfG v. 25.10.1966 – 2 BvR 506/63, NJW 1967, 195; BVerfG v. 5.2.2004 – 2 BvR 2029/01, NJW 2004, 739.
9 Vgl. *Nartowska/Knierbein*, NZG 2016, 256, 260; a.A. *Altenhain* in KölnKomm. WpHG, § 40b WpHG Rz. 24.
10 *Waßmer* in Fuchs, § 40b WpHG Rz. 5; *Altenhain* in KölnKomm. WpHG, § 40b WpHG Rz. 24.
11 Vgl. *Uwer/Rademacher*, BKR 2015, 145, 147 Fn. 29.
12 *Walla*, Die Konzeption der Kapitalmarktaufsicht in Deutschland, 1. Aufl. 2012, S. 124.
13 A.M. zum alten Recht noch *Altenhain* in KölnKomm. WpHG, § 40b WpHG Rz. 11.
14 *Waßmer* in Fuchs, § 40b WpHG Rz. 10.
15 S. aber RegE AnSVG, BT-Drucks. 15/3174, 41: „Link zu einer anderen Internet-Adresse ..., unter welcher ... ein Gericht seine Entscheidung veröffentlicht hat"; das ist aber nur denkbar, soweit ein (Verwaltungs-) Gericht eine Maßnahme der Bundesanstalt bestätigt. Wie hier *Altenhain* in KölnKomm. WpHG, § 40b WpHG Rz. 10; *Waßmer* in Fuchs, § 40b WpHG Rz. 5.

17 Die systematische Auslegung verlangt jedoch, Maßnahmen nach § 6 Abs. 1 Satz 3 WpHG, Maßnahmen wegen Verstößen gegen Art. 4 Abs. 1 VO Nr. 1060/2009 und Bußgeldentscheidungen nach § 120 Abs. 7 WpHG sowie Maßnahmen und Sanktionen wegen Verstößen gegen Ver- oder Gebote nach den Abschnitten 6, 7 und 16 Unterabschnitt 2 von der Ermächtigung in § 123 Abs. 1 Satz 1 WpHG auszunehmen. Denn insoweit sind § 123 Abs. 1 Satz 2 WpHG, § 123 Abs. 3 und Abs. 4 WpHG sowie § 124 WpHG Spezialregelungen, die § 123 Abs. 1 Satz 1 WpHG vorgehen. **Nicht erfasst** sind ferner Verstöße gegen die Marktmissbrauchsverordnung, da § 123 Abs. 1 Satz 1 WpHG ausdrücklich nur von „diesem Gesetz" spricht. Die Veröffentlichung von Maßnahmen und Sanktionen wegen Verstößen gegen die Marktmissbrauchsverordnung richtet sich deshalb nach § 125 WpHG. Die Bekanntmachung von Verstößen gegen die Ver- oder Gebote der Abschnitte 9 bis 11 des WpHG und gegen die Ver- oder Gebote der Titel II bis VI der VO Nr. 600/2014 richtet sich nach § 126 WpHG.

18 Mögliche **Adressaten** der Maßnahmen sind sowohl natürliche als auch juristische Personen[1]. Die Maßnahme muss als Reaktion auf einen Verstoß, also eine Zuwiderhandlung gegen ein Verbot oder Gebot des WpHG ergangen sein. Die Maßnahme muss **unanfechtbar**, also bestandskräftig sein. Bestandskräftig ist eine Maßnahme, wenn sie durch einen Rechtsbehelf nicht mehr angegriffen werden kann, sei es aufgrund des Ablaufs der Rechtsbehelfsfrist, eines Rechtsbehelfsverzichts oder Erschöpfung des Rechtswegs. Diese Voraussetzung dient dem Schutz der Maßnahmenadressaten. Denn eine Veröffentlichung führt zu einer gegenüber der verwaltungsrechtlichen Maßnahme verselbständigten Wirkung. Erfolgte die Veröffentlichung vor Bestandskraft der veröffentlichten Maßnahme und würde die Maßnahme sodann im behördlichen oder gerichtlichen Verfahren aufgehoben, so würde durch die bereits erfolgte Veröffentlichung ein nicht gerechtfertigter Reputationsschaden eintreten, dessen faktische Wirkung kaum vollständig beseitigt werden könnte.

19 Die Veröffentlichung muss **zur Beseitigung oder Verhinderung** von Missständen nach § 6 Abs. 1 Satz 2 WpHG geeignet und erforderlich sein. Zum Teil wird es für ausreichend erachtet, wenn der Missstand unmittelbar bevorsteht[2]. Jedenfalls nicht ausreichend ist die bloße Vermutung künftiger Verstöße[3]. Missstände nach § 6 Abs. 1 Satz 2 WpHG (s. hierzu auch § 6 WpHG Rz. 34 ff.) sind ausweislich des dortigen Wortlautes Missstände, welche die ordnungsgemäße Durchführung des Handels mit Finanzinstrumenten oder von Wertpapierdienstleistungen oder Wertpapiernebendienstleistungen beeinträchtigen oder erhebliche Nachteile für den Finanzmarkt bewirken können. Im Einzelnen ist der Begriff umstritten (vgl. § 6 WpHG Rz. 36 ff.)[4].

20 Die BaFin hat eine **Güterabwägung** in Form einer Verhältnismäßigkeitsprüfung vorzunehmen[5]. Hier hat insbesondere auch das Grundrecht auf informelle Selbstbestimmung Berücksichtigung zu finden[6]. **Geeignet** ist grundsätzlich jedes Mittel, das die Beseitigung oder Verhinderung der genannten Missstände wenigstens fördert. Die *Eignung* der öffentlichen Bekanntgabe zur Missbrauchsbeseitigung oder -verhinderung kann sich insbesondere aus ihrer Informationswirkung im Einzelfall ergeben. Demgegenüber rechtfertigen allgemeine Abschreckungswirkungen allein die Zweckeignung im Hinblick auf individuelle, personen- oder unternehmensbezogene Daten nicht. **Erforderlich** ist ein Mittel, welches unter den zur Verfügung stehenden gleich geeigneten Mitteln das mildeste und angemessenste ist. Als milderes Mittel kommt insbesondere die Maßnahme selbst in Betracht. Eine Veröffentlichung ist erst dann erforderlich, wenn die Verfolgung von Verstößen an sich nicht ausreichend abschreckend wirkt[7]. Wurden Maßnahmen gegen ein Unternehmen und zugleich gegen Personen ergriffen, die für das Unternehmen handeln, so kann es genügen, nur die gegen das Unternehmen verhängte Maßnahme bekannt zu machen[8].

21 Auch eine Angabe **personen- oder unternehmensbezogener Daten** in der Bekanntmachung scheidet im Rahmen der Erforderlichkeitsprüfung aus, wenn eine anonyme Veröffentlichung ebenso geeignet ist[9]. Dies ist etwa möglich, wenn allein der Umstand, dass Verstöße nicht unentdeckt bleiben, sondern verfolgt werden, ausreichend Abschreckungswirkung entfaltet[10]. Hier ist insbesondere auch die zwangsläufig mitverursachte Sanktionswirkung einer namentlichen Veröffentlichung zu berücksichtigen (vgl. Rz. 9 ff.).

22 Die öffentliche Bekanntmachung darf nicht erfolgen, wenn sie zu einer erheblichen Gefährdung der Finanzmärkte oder zu einem unverhältnismäßigen Schaden bei den Beteiligten führen würde. Unter diesem Tat-

---

1 *Altenhain* in KölnKomm. WpHG, § 40b WpHG Rz. 11.
2 *Altenhain* in KölnKomm. WpHG, § 40b WpHG Rz. 12; *Waßmer* in Fuchs, § 40b WpHG Rz. 12.
3 *Altenhain* in KölnKomm. WpHG, § 40b WpHG Rz. 12.
4 *Altenhain* in KölnKomm. WpHG, § 40b WpHG Rz. 12: „jeder Verstoß"; 6. Aufl., § 40b WpHG Rz. 6: „verbreitete Verstöße und nicht unerhebliche Nachteile für die Märkte"; *Walla*, Die Konzeption der Kapitalmarktaufsicht in Deutschland, 1. Aufl. 2012, S. 91 ff. „Gesetzesverstoß kein Tatbestandsmerkmal eines ‚Missstandes'".
5 RegE AnSVG, BT-Drucks. 15/3174, 41.
6 RegE AnSVG, BT-Drucks. 15/3174, 41.
7 *Altenhain* in KölnKomm. WpHG, § 40b WpHG Rz. 14.
8 *Waßmer* in Fuchs, § 40b WpHG Rz. 21; dies nehmen *Schmieszek/Langner*, WM 2014, 1893, 1895, sogar als Regel an.
9 *Altenhain* in KölnKomm. WpHG, § 40b WpHG Rz. 14; *Zimmer/Cloppenburg* in Schwark/Zimmer, § 40b WpHG Rz. 3; *Walla*, Die Konzeption der Kapitalmarktaufsicht in Deutschland, 1. Aufl. 2012, S. 109 f.
10 *Altenhain* in KölnKomm. WpHG, § 40b WpHG Rz. 14.

bestandsmerkmal ist die **Angemessenheit** der Veröffentlichung zu prüfen. Dabei hat eine umfassende Güterabwägung stattzufinden[1]. Zum einen sind die Interessen der betroffenen Person, insbesondere ihr Recht auf informationelle Selbstbestimmung, zum anderen die Interessen der Allgemeinheit und des Kapitalmarkts abzuwägen[2]. Eine restriktive Handhabung ist im Hinblick auf den erheblichen Eingriff in das Grundrecht auf informationelle Selbstbestimmung geboten[3]. Eine erhebliche Gefährdung der Finanzmärkte ist etwa anzunehmen, wenn das Bekanntwerden der Maßnahme geeignet ist, **irrationale Panikreaktionen** auszulösen[4].

Der Begriff des **Schadens** bei den Beteiligten ist weit auszulegen. Er umfasst sowohl materielle als auch immaterielle Nachteile. So kann dem Betroffenen, insbesondere einem betroffenen Unternehmen, etwa ein unverhältnismäßiger Schaden drohen, wenn die Veröffentlichung zu einer durch die Fundamentaldaten nicht gerechtfertigten Refinanzierungskrise führen würde, die zu einer Insolvenz führen könnte. Andererseits kann ein Schaden aber auch im Hinblick auf das Grundrecht auf informationelle Selbstbestimmung auftreten[5]. Unverhältnismäßig ist der Schaden bei den Beteiligten, wenn er außer Verhältnis steht zu dem Schaden, der den Finanzmärkten durch den Missstand droht[6].

Insbesondere ist die **Irreversibilität** einer einmal erfolgten Veröffentlichung zu beachten. Ist eine Information erst einmal im Internet veröffentlicht, verliert der Urheber der Veröffentlichung in der Regel alsbald die tatsächliche Herrschaft über diese Information[7]. Aufgrund digitaler Vervielfältigung der Information kann auch eine spätere Löschung der Bekanntmachung auf der Internetseite der BaFin die öffentliche Verfügbarkeit der Information nicht zuverlässig rückgängig machen. Durch Sekundärquellen und die Indexierung von Suchmaschinen wird die Veröffentlichung perpetuiert. Hierdurch ist das allgemeine Persönlichkeitsrecht aufgrund der Bekanntmachung identifizierbarer Personen betroffen. Nach der Rechtsprechung des BVerfG schützt das allgemeine Persönlichkeitsrecht vor einer zeitlich unbegrenzten Befassung der Medien mit der „Person eines Straftäters und seiner Privatsphäre"[8]. Im Hinblick hierauf sei insbesondere eine Namensnennung oder sonstige Identifikation des Täters nicht immer zulässig[9]. Zwar beruht die Lebach-Rechtsprechung ausdrücklich auf der besonderen persönlichkeitsbestimmenden Bedeutung einer Verurteilung wegen Mordes und der Gefährdung der Resozialisierung durch eine stetige öffentliche Befassung mit der Person des Täters[10]; die von einer Veröffentlichung nach § 123 WpHG betroffenen Verstöße treten hier in ihrem Gewicht nach stark zurück. Jedoch ist auch das Interesse an einer Veröffentlichung weniger gewichtig. Das BVerfG hat in einer Kammerentscheidung die Veröffentlichung berufsgerichtlicher Urteile auf der Grundlage von § 60 Abs. 3 HeilBerG NW gebilligt, solange eine Einzelfallabwägung stattfindet und die Veröffentlichung sich auf „einzelne, herausgehobene Fälle" beschränkt[11].

Zwischen natürlichen und **juristischen Personen** bzw. zwischen Unternehmen und Einzelpersonen besteht ein Schutzgefälle. Juristische Personen haben über Art. 19 Abs. 3 GG das Recht auf informationelle Selbstbestimmung und wohl aus Art. 12 Abs. 1, 2 Abs. 1 GG einen grundrechtlichen sozialen Geltungsanspruch im Geschäftsverkehr, wenn sie in ihrem sozialen Geltungsbereich als Wirtschaftsunternehmen betroffen sind. Letzteres ist der Fall, wenn die Aufmerksamkeit der Öffentlichkeit auf Unternehmensinterna gelenkt wird, die zu kritischen Wertungen Anlass geben können[12]. Ihr Schutzniveau ist jedoch gegenüber dem natürlicher Personen abgesenkt[13]. Bei Einzelunternehmen und Personengesellschaften können beide Schutzdimensionen parallel einschlägig sein.

Das OLG Düsseldorf hat für den Fall der Veröffentlichung von Bußgeldentscheidungen wegen Kartellrechtsverstößen unter Namhaftmachung der betroffenen Unternehmen durch die Kartellbehörde in einer Pressemitteilung vor Bestandskraft der Bußgeldentscheidungen die namentliche Nennung der Unternehmen nicht beanstandet. Das Geheimhaltungsinteresse der Unternehmen trete hinter die berechtigten Informationsinteressen der Öffentlichkeit zurück, denen die Amtsmitteilung diene[14]. Dies folgert das Gericht aus dem Grundsatz, dass wahre Äußerungen jedenfalls dann hinzunehmen sind, wenn sie nicht die Intim-, Privat- oder Vertraulichkeitssphäre, sondern die **Sozialsphäre**, namentlich die wirtschaftliche Betätigung des Persönlichkeitsrechtsträgers,

---

1 *Waßmer* in Fuchs, § 40b WpHG Rz. 15.
2 *Altenhain* in KölnKomm. WpHG, § 40b WpHG Rz. 15.
3 *Waßmer* in Fuchs, § 40b WpHG Rz. 15.
4 *Waßmer* in Fuchs, § 40b WpHG Rz. 15; *Zimmer/Cloppenburg* in Schwark/Zimmer, § 40b WpHG Rz. 3.
5 *Altenhain* in KölnKomm. WpHG, § 40b WpHG Rz. 15.
6 *Waßmer* in Fuchs, § 40b WpHG Rz. 17.
7 *Schmieszek/Langner*, WM 2014, 1893, 1894.
8 BVerfG v. 5.6.1973 – 1 BvR 536/72 – Lebach-Urteil, BVerfGE 35, 202; BVerfG v. 25.11.1999 – 1 BvR 348/98, 1 BvR 755/98 – Lebach-Beschluss, NJW 2000, 1859, 1860.
9 BVerfG v. 5.6.1973 – 1 BvR 536/72 – Lebach-Urteil, BVerfGE 35, 202.
10 BVerfG v. 25.11.1999 – 1 BvR 348/98, 1 BvR 755/98 Rz. 38 – Lebach-Beschluss, NJW 2000, 1859, 1860.
11 BVerfG v. 3.3.2014 – 1 BvR 1128/13, NJW 2014, 2019.
12 BGH v. 19.4.2005 – X ZR 15/04, NJW 2005, 2766, 2769.
13 *Di Fabio* in Maunz/Dürig, 77. EL Juli 2016, Art. 2 GG Rz. 224.
14 OLG Düsseldorf v. 9.10.2014 – VI – Kart 5/14, NZKart 2015, 57 = WuW/E DE-R 4537-4543.

betreffen[1]. Da auch an der Information von Anlegern und einem ordnungsgemäß funktionierenden Kapitalmarkt ein öffentliches Interesse besteht, könnte für Bekanntmachungen nach § 123 WpHG eine Orientierung an dieser Rechtsprechung zu erwarten sein[2].

27 Die Erforderlichkeit einer Veröffentlichung personenbezogener Daten ist nicht nur punktuell für den Zeitpunkt der Veröffentlichung zu überprüfen. Vielmehr ergibt sich aus § 123 Abs. 5 Satz 2 WpHG eine **andauernde Kontrollpflicht** hinsichtlich eines Fortbestehens der Erforderlichkeit. Sobald die Veröffentlichung personenbezogener Daten nachträglich nicht mehr erforderlich ist, sind diese ungeachtet des Ablaufs eines bestimmten Zeitraums zu löschen.

28 **2. Rechtsfolge.** § 123 Abs. 1 Satz 1 WpHG räumt der BaFin Entschließungs**ermessen** ein. Auswahlermessen besteht hinsichtlich des Umfangs der Bekanntmachung.

29 Bevor die BaFin eine Veröffentlichung vornimmt, muss der Betroffene **angehört** werden. Nimmt man angesichts der Abwägungs- und Ermessensentscheidung einen der Veröffentlichung vorgelagerten Verwaltungsakt an (dazu Rz. 40f., 52), so folgt dies unmittelbar aus § 28 VwVfG. Aber auch wenn man in der Veröffentlichung nur einen Realakt erblickt, ist eine Anhörung geboten, weil die Veröffentlichung unmittelbar und irreversibel in die Rechtsstellung des Betroffenen eingreift und dies in der Belastung einem eingreifenden Verwaltungsakt gleichsteht[3]. Die Anhörung kann mit der Anhörung verbunden werden, die vor der Entscheidung ergeht, die veröffentlicht werden soll.

30 Bei ihrer Ermessensabwägung muss die BaFin das **Persönlichkeitsrecht der Betroffenen** in die Abwägung einstellen. Auch wenn in § 123 Abs. 1 WpHG eine Beschränkung der Veröffentlichung auf „besondere Fälle" nicht im Gesetz angelegt ist, wird das öffentliche Interesse an der Veröffentlichung bei bloß technischen, bagatellhaften oder vereinzelten Verstößen das Persönlichkeitsrecht der Betroffenen typischerweise nicht überwiegen. Freilich dürfte in diesen Fällen nur selten eine Veröffentlichung zur Beseitigung oder Verhinderung von Missständen geboten sein, so dass es schon an den tatbestandlichen Voraussetzungen der Veröffentlichungsbefugnis fehlt. Aus der reflexartig mitauftretenden Sanktionswirkung einer personalisierten Veröffentlichung ergibt sich, dass die BaFin ihr Ermessen restriktiv ausüben sollte (vgl. Rz. 21)[4].

31 Die öffentliche Bekanntmachung erfolgt auf der **Internetseite** der BaFin (www.bafin.de). Sie kann auch mithilfe eines Links zu einer anderen Internetadresse geschehen, unter welcher etwa ein Gericht seine Entscheidung veröffentlicht hat[5]. Hiergegen werden zum Teil Bedenken geäußert, da die BaFin nur eigene Maßnahmen veröffentlichen dürfe[6]. Eine solche Verlinkung kann jedoch dann in Betracht kommen, wenn eine durch die BaFin getroffene Maßnahme erst nach Beschreiten des Rechtsweges Bestandskraft erlangt hat[7].

32 Die Löschung von Bekanntmachungen ist in § 123 Abs. 5 WpHG geregelt (s. hierzu Rz. 60ff.).

33 **3. Rechtsschutz.** Zum Rechtsschutz gegenüber der BaFin allgemein vgl. Vor § 13 WpHG Rz. 13ff. Vor allem bei nicht anonymisierten öffentlichen Bekanntmachungen von Sanktionen kann der Betroffene ein **Rechtsschutzinteresse** haben. Die Rechtsschutzbefugnis ergibt sich aus dem Persönlichkeitsrecht des Betroffenen. Hier ist unstrittig, dass der unmittelbar Betroffene nach § 123 Abs. 1 Satz 1 WpHG rechtsschutzbefugt ist. Dafür spricht nicht nur die unmittelbare Adressatenstellung, sondern auch, dass in § 123 Abs. 1 Satz 1 WpHG ausdrücklich der „Schaden bei den Beteiligten" berücksichtigt wird. Umstritten ist die statthafte Rechtsschutzform: Teils wird die der Veröffentlichung vorgelagerte Entscheidung über die Veröffentlichung als Verwaltungsakt angesehen, so dass Widerspruch einzulegen und Anfechtungsklage zu erheben ist[8]; teilweise wird die öffentliche Bekanntmachung insgesamt als Realakt angesehen, so dass vorbeugende Unterlassungsklage oder nachträgliche Feststellungs- bzw. Beseitigungsklage zu erheben ist[9]. Für die Annahme eines Verwaltungsaktes spricht, dass eine Abwägungsentscheidung erfolgen muss und der BaFin Ermessen eingeräumt ist[10]. Für die Praxis empfiehlt es sich, Widerspruch zu erheben, um eine Verfristung des Rechtsschutzes zu vermeiden und der BaFin die Möglichkeit zu geben, ihre Entscheidung zu überdenken. Widerspruch und Anfechtungsklage haben aufschiebende Wirkung (§ 80 Abs. 1 Satz 1 VwGO), denn § 13 WpHG ist nicht einschlägig[11].

---

1 OLG Düsseldorf v. 9.10.2014 – VI – Kart 5/14 (V), NZKart 2015, 57.
2 Vgl. *von Buttlar*, BaFin Journal 5/2015, 27, 29.
3 *Kallerhoff* in Stelkens/Bonk/Sachs, 9. Aufl. 2018, § 28 VwVfG Rz. 25.
4 So auch *Waßmer* in Fuchs, § 40b WpHG Rz. 4.
5 RegE AnSVG, BT-Drucks. 15/3174, 41.
6 *Zimmer/Cloppenburg* in Schwark/Zimmer, § 40b WpHG Rz. 4.
7 *Altenhain* in KölnKomm. WpHG, § 40b WpHG Rz. 16; *Waßmer* in Fuchs, § 40b WpHG, Rz. 19.
8 *Altenhain* in KölnKomm. WpHG, § 40b WpHG Rz. 17; *Waßmer* in Fuchs, § 40b WpHG Rz. 7.
9 *Zimmer/Cloppenburg* in Schwark/Zimmer, § 40b WpHG Rz. 5 mit Verweis auf § 18 Abs. 4 TEHG und BVerwG v. 23.5.1989 – 7 C 2/87 (Warnungen der Bundesregierung); 6. Aufl., § 4 WpHG Rz. 75.
10 *Altenhain* in KölnKomm. WpHG, § 40b WpHG Rz. 17; vgl. allgemein zur Abgrenzung von Realakt und Verwaltungsakt bei staatlichem Informationshandeln BVerwG v. 28.11.2007 – 6 A 2/07, BVerwGE 130, 29; *Ehlers/Schneider* in Schoch/Schneider/Bier, 31. EL Juni 2016, § 40 VwGO Rz. 1791 m.w.N.
11 *Altenhain* in KölnKomm. WpHG, § 40b WpHG Rz. 16.

Zu denken ist auch an **vorbeugenden Rechtsschutz**, da ein Reputationsschaden bereits mit Veröffentlichung 34
eintritt und nur bedingt durch spätere Löschung beseitigt werden kann (vgl. Rz. 18)[1]. Statthaft wäre insoweit
eine vorbeugende Unterlassungsklage.

III. Veröffentlichung von Anordnungen nach § 6 Abs. 2 Satz 4 WpHG (§ 123 Abs. 1 Satz 2 WpHG). 35
1. Tatbestand. § 123 Abs. 1 Satz 2 WpHG regelt die **Veröffentlichung von Anordnungen** nach § 6 Abs. 2
Satz 4 WpHG. Dabei handelt es sich um auf einzelne oder mehrere Finanzinstrumente bezogene Handelsuntersagungen oder Handelsaussetzungen. Anordnungen nach § 6 Abs. 1 Satz 3 WpHG hingegen können nur nach
§ 123 Abs. 1 Satz 1 WpHG veröffentlicht werden. Bei dieser Veröffentlichung steht die unmittelbar auf Effektuierung des Primärzwecks gerichtete Prävention im Vordergrund.

Die Veröffentlichung ist an keine weiteren Voraussetzungen geknüpft – insbesondere erfordert die Veröffent- 36
lichung **keine Unanfechtbarkeit der Anordnung**. Dies ist folgerichtig, da die Veröffentlichung, soweit es sich
bei der Anordnung um eine Allgemeinverfügung handelt (s. Rz. 13), Wirksamkeitsvoraussetzung der Allgemeinverfügung ist[2] und somit ohne die Veröffentlichung Unanfechtbarkeit nicht eintreten kann.

2. Rechtsfolge. Aufbauend auf dem Charakter der Veröffentlichung als Bekanntgabe und damit als Wirksamkeits- 37
voraussetzung der Allgemeinverfügung ist es folgerichtig, dass § 123 Abs. 1 Satz 2 WpHG eine Pflicht der BaFin zur
Veröffentlichung **ohne Ermessensspielraum** und ohne Rücksicht darauf begründet, ob die Veröffentlichung die
Finanzmärkte erheblich gefährden oder zu einem unverhältnismäßigen Schaden bei den Beteiligten führen würde.

Der Wortlaut legt nahe, dass die Anordnung so, wie sie getroffen worden ist, veröffentlicht werden muss, und 38
bietet keine Handhabe dafür, bloße Zusammenfassungen genügen zu lassen oder bei möglichen unternehmens-
oder personenbezogenen Anordnungen eine Anonymisierung vorzunehmen[3]. Eine einschränkende Auslegung
erscheint allenfalls insoweit möglich, als die Anordnung (Regelung, Tenor) einerseits und die Begründung andererseits getrennt werden können und nur jene, nicht aber diese veröffentlicht wird, wie es bei Allgemeinverfügungen in der Tat verwaltungsverfahrensrechtlich zulässig ist (§ 39 Abs. 2 Nr. 5 VwVfG).

Die Veröffentlichung hat **unverzüglich**, also ohne schuldhaftes Zögern (§ 121 Abs. 1 Satz 1 BGB), zu erfolgen. 39
Zur **zeitlichen Begrenzung** s. Rz. 27.

Wird **Rechtsschutz** gegen die Veröffentlichung einer Handelsaussetzung oder Handelsuntersagung begehrt, so 40
stellt sich die Frage, was Gegenstand des Rechtsschutzbegehrens ist. Hierbei ist danach zu unterscheiden, ob die
Veröffentlichung nach § 123 Abs. 1 Satz 2 WpHG zugleich Bekanntgabe i.S.d. § 41 Abs. 3 Satz 2 VwVfG ist
oder nicht (s. dazu Rz. 13). Ist ersteres der Fall, weil die Anordnung eine Allgemeinverfügung ist, so ist Gegenstand des Rechtsschutzbegehrens die Allgemeinverfügung selbst, die mit Widerspruch bzw. einer Anfechtungsklage anzugreifen ist[4]. Widerspruch und Anfechtungsklage haben aufschiebende Wirkung (§ 80 Abs. 1 Satz 1
VwGO), denn § 13 WpHG ist nicht einschlägig[5].

Betrifft die Veröffentlichung hingegen einen Verwaltungsakt, der **nicht Allgemeinverfügung** ist, so ist die Ver- 41
öffentlichung selbst anzugreifen. Die Rechtsschutzbefugnis folgt auch hier aus dem Persönlichkeitsrecht. Die
statthafte Rechtsschutzform hängt davon ab, ob man die Veröffentlichung als Realakt oder als Verwaltungsakt
einordnet. Gegen einen Realakt wäre Feststellungsklage bzw. Beseitigungsklage zu erheben. Hingegen wäre ein
Verwaltungsakt anzufechten bzw. zunächst Widerspruch zu erheben. Für eine Einordnung als Realakt spricht,
dass § 123 Abs. 1 Satz 2 WpHG die Veröffentlichung weder an Voraussetzungen knüpft noch der BaFin Ermessen einräumt[6]. In Betracht kommt auch vorbeugender Rechtsschutz.

IV. Unterrichtung der Europäischen Wertpapier- und Marktaufsichtsbehörde (§ 123 Abs. 2 WpHG). § 123 42
Abs. 2 WpHG dient der **Zusammenarbeit** zwischen der BaFin und der Europäischen Wertpapier- und Marktaufsichtsbehörde (European Securities and Markets Authority – ESMA)[7]. Die Unterrichtungspflicht nach § 123
Abs. 2 WpHG wird durch jedwede **Veröffentlichung nach § 123 Abs. 1 Satz 1 oder Satz 2 WpHG** ausgelöst,
nicht aber durch Veröffentlichungen nach § 123 Abs. 3 oder Abs. 4 WpHG[8]. Die Unterrichtung hat **zeitgleich**
mit der Veröffentlichung zu erfolgen, um der ESMA ein abgestimmtes weiteres Vorgehen in Bezug auf mögliche (Folge-) Reaktionen auf den europäischen Kapitalmärkten zu ermöglichen.

Zweck der Unterrichtung ist es, der ESMA die Erfüllung ihrer Pflichten aus Art. 71 Abs. 6 RL 2014/65/EU und 43
Art. 33 Abs. 4 VO Nr. 596/2014 zu ermöglichen[9]. Sie hat in dem von ihr nach Art. 5 Abs. 3 Unterabs. 2 RL

---

1 Zu § 40c WpHG: *Brellochs*, AG 2016, 157, 170.
2 *Altenhain* in KölnKomm. WpHG, § 40b WpHG Rz. 18.
3 *Altenhain* in KölnKomm. WpHG, § 40b WpHG Rz. 19; *Waßmer* in Fuchs, § 40b WpHG Rz. 26.
4 So, jedoch nicht differenzierend, *Waßmer* in Fuchs, § 40b WpHG Rz. 7.
5 *Altenhain* in KölnKomm. WpHG, § 40b WpHG Rz. 16.
6 Vgl. zur Abgrenzung von Realakt und Verwaltungsakt bei staatlichem Informationshandeln BVerwG v. 28.11.2007 – 6 A 2.07, BVerwGE 130, 29; *Ehlers/Schneider* in Schoch/Schneider/Bier, 31. EL Juni 2016, § 40 VwGO Rz. 1791 m.w.N.
7 Begr. RegE, BT-Drucks. 17/6255, 30.
8 *Altenhain* in KölnKomm. WpHG, § 40b WpHG Rz. 21.
9 *Altenhain* in KölnKomm. WpHG, § 40b WpHG Rz. 20.

2014/65/EU zu führenden Verzeichnis aller Wertpapierfirmen in der EU alle von den nationalen Behörden gegen diese Firmen getroffenen und auf deren Internetseiten veröffentlichten Sanktionsentscheidungen zu vermerken.

44 **V. Öffentliche Bekanntmachung von unanfechtbaren Maßnahmen wegen verbotener Verwendung von Ratings (§ 123 Abs. 3 WpHG).** § 123 Abs. 3 WpHG verlangt grundsätzlich die Veröffentlichung von unanfechtbar gewordenen Maßnahmen, die wegen Verstößen gegen **Art. 4 Abs. 1 VO Nr. 1060/2009** getroffen wurden. Auch hier steht der unmittelbar auf Wirksamkeit der Primärmaßnahme gerichtete Zweck eindeutig im Vordergrund, so dass es sich hier nicht um eine Maßnahme mit Strafcharakter handelt. Ratings wirken als informationelle Marktdaten. Insoweit ist es folgerichtig, dass bei Verbot der Verwendung eines Ratings auch dies, gleichsam als *actus contrarius*, veröffentlicht werden muss, um marktwirksam zu werden.

45 **1. Tatbestand.** Der Begriff **Maßnahme** ist durch den deutschen Gesetzgeber gewählt worden. Im Verordnungstext hingegen ist von Sanktionen die Rede[1]. Dabei handelt es sich um eine zulässige Umsetzung, da der europäische Gesetzgeber zwischen Maßnahmen und Sanktionen nicht eindeutig unterscheidet[2]. Der deutsche Gesetzgeber geht hier davon aus, dass der Begriff „Maßnahme" als Oberbegriff auch „Sanktionen" umfasst[3].

46 **Art. 4 Abs. 1 Unterabs. 1 VO Nr. 1060/2009** gibt vor, dass näher benannte Finanzintermediäre (bestimmte Kreditinstitute, Wertpapierfirmen, Versicherungsunternehmen, Rückversicherungsunternehmen, Organismen für gemeinsame Anlagen in Wertpapieren und Einrichtungen der betrieblichen Altersvorsorge) für aufsichtsrechtliche Zwecke nur Ratings von Ratingagenturen verwenden dürfen, die ihren Sitz in der Union haben und gemäß dieser Verordnung registriert sind. Für andere als aufsichtsrechtliche Zwecke dürfen nach Art. 4 Abs. 1 Unterabs. 2 VO Nr. 1060/2009 zwar weiterhin auch Ratings anderer Ratingagenturen verwendet werden. Hierauf muss jedoch im Prospekt klar und unmissverständlich hingewiesen werden. Vorsätzliche und leichtfertige Verstöße gegen Art. 4 Abs. 1 Unterabs. 1 VO Nr. 1060/2009 sind Ordnungswidrigkeiten, die nach § 120 Abs. 4 WpHG i.V.m. § 120 Abs. 24 WpHG mit einer Geldbuße von bis zu 50.000 Euro geahndet werden können. Verstöße gegen Art. 4 Abs. 1 Unterabs. 2 VO Nr. 1060/2009 sind im Ordnungswidrigkeitenkatalog nicht enthalten.

47 Eine Bekanntmachung nach § 123 Abs. 3 WpHG darf erst mit **Unanfechtbarkeit** der bekannt zu machenden Maßnahmen erfolgen, also mit Eintritt der Bestandskraft (vgl. Rz. 18). Diese Voraussetzung ist im Verordnungstext nicht enthalten[4]. *Altenhain* hält dies für eine zulässige Präzisierung, da die Veröffentlichung noch anfechtbarer Maßnahmen immer unverhältnismäßig sei[5]. Hiergegen spricht, dass eine Veröffentlichung noch anfechtbarer Maßnahmen unter Umständen unter Wahrung der Verhältnismäßigkeit erfolgen kann, etwa wenn ein Hinweis auf die Anfechtbarkeit erfolgt.

48 Die **Ausschlusstatbestände** entsprechen wortgleich den Ausschlusstatbeständen in § 123 Abs. 1 Satz 1 WpHG (vgl. daher Rz. 22 ff.). Der Wortlaut des § 123 Abs. 3 WpHG weicht von dem Verordnungstext insofern ab, als die Verordnung eine Ausnahme von der Veröffentlichungspflicht im Falle einer erheblichen Gefährdung der Stabilität der Finanzmärkte vorsieht, während die deutsche Umsetzungsnorm von einer erheblichen Gefährdung der Finanzmärkte spricht. Es ist jedoch davon auszugehen, dass es sich insofern um ein redaktionelles Versehen bei der deutschen Fassung des Verordnungstextes handelt, da Art. 36 Abs. 2 VO Nr. 1060/2009, auf den Abs. 3 zurückgeht, und Art. 14 Abs. 4 RL 2003/6/EG, auf den § 13 Abs. 1 Satz 1 WpHG a.F. zurückgeht, sich zwar in der deutschen Fassung unterscheiden, in der englischen Fassung jedoch gleichlauten.

49 **2. Rechtsfolge.** Die Vorschrift sieht eine **gebundene Entscheidung** der BaFin vor („hat"). Vorgaben zum **Inhalt** der Bekanntmachung enthält die Vorschrift nicht. Insofern kann auf die Ausführungen zum Inhalt der Bekanntmachung nach § 123 Abs. 1 Satz 2 WpHG verwiesen werden (s. Rz. 38). Die Veröffentlichung erfolgt auf der **Internetseite** der BaFin (www.bafin.de). Die Bekanntmachung muss **unverzüglich**, also ohne schuldhaftes Zögern (§ 121 Abs. 1 Satz 1 BGB), erfolgen.

50 Problematisch ist jedoch, inwiefern die Bekanntmachung zu anonymisieren ist. Gegen eine **Anonymisierung** spricht, dass ein Äquivalent zu § 123 Abs. 4 Satz 2 WpHG fehlt. Für eine Anonymisierung hingegen spricht die Betroffenheit des Rechts auf informationelle Selbstbestimmung. Auch ist aus dem Fehlen einer ausdrücklichen Anonymisierungspflicht entsprechend § 40b Abs. 4 Satz 2 WpHG a.F. nicht zwingend ein Umkehrschluss zu ziehen. Denn Abs. 4 wurde nachträglich eingefügt, eine Befassung des Gesetzgebers mit § 123 Abs. 3 WpHG fand zu diesem Zeitpunkt gar nicht mehr statt. Daher könnte aus der Ergänzung des § 123 Abs. 4 WpHG um

---

1 Art. 36 Abs. 2 VO Nr. 1060/2009 i.d.F. von Art. 1 Nr. 17 VO Nr. 513/2011 des Europäischen Parlaments und der Rates vom 11.5.2011 zur Änderung der VO Nr. 1060/2009 über Ratingagenturen, ABl. EU Nr. L 145 v. 31.5.2011, S. 30.
2 Mitteilung der Kommission an das Europäische Parlament, den Rat, den Europäischen Wirtschafts- und Sozialausschuss und den Ausschuss der Regionen, KOM(2010) 716 endgültig, S. 5.
3 *Altenhain* in KölnKomm. WpHG, § 40b WpHG Rz. 23; *Petow* in Heidel, Aktienrecht und Kapitalmarktrecht, § 40b WpHG Rz. 3, die „Maßnahme" als den Oberbegriff zu „Sanktion" ansehen.
4 Art. 36 Abs. 2 VO Nr. 1060/2009 i.d.F. von Art. 1 Nr. 17 VO Nr. 513/2011 des Europäischen Parlaments und der Rates vom 11.5.2011 zur Änderung der VO Nr. 1060/2009 über Ratingagenturen, ABl. EU Nr. L 145 v. 31.5.2011, S. 30.
5 So auch *Altenhain* in KölnKomm. WpHG, § 40b WpHG Rz. 23; im Ergebnis gleich *Petow* in Heidel, Aktienrecht und Kapitalmarktrecht, § 40b WpHG Rz. 3.

den Satz 2 auch darauf geschlossen werden, dass der Gesetzgeber – hätte er sich mit § 123 Abs. 3 WpHG befasst – auch dort eine entsprechende – klarstellende – Einschränkung vorgenommen hätte. Für die letztgenannte Auslegung spricht auch, dass § 123 Abs. 5 WpHG vorsieht, dass personenbezogene Daten in den Bekanntmachungen nach § 123 Abs. 1, 3 und 4 WpHG zu löschen sind, sobald ihre Bekanntmachung nicht mehr erforderlich ist. Hierin werden die § 123 Abs. 1, 3 und 4 WpHG hinsichtlich der Anonymisierung gleich behandelt. Es ist nicht davon auszugehen, dass nur bei der nachträglichen Löschung, nicht aber bei der ursprünglichen Bekanntmachung ein Gleichlauf gewollt ist.

Hinsichtlich der **Löschung** der Veröffentlichung gilt das oben zu § 123 Abs. 1 Satz 1 WpHG Erörterte (s. Rz. 32, 60 ff.). 51

3. Rechtsschutz. Zum Rechtsschutz gegen die BaFin allgemein Vor § 13 WpHG Rz. 1 ff. Hinsichtlich der Frage nach der statthaften **Rechtsschutzform** stellt sich wie zu § 123 Abs. 1 WpHG die Frage, ob die Veröffentlichung ein Realakt oder ein Verwaltungsakt ist (Rz. 40 f.). Da § 123 Abs. 3 WpHG in den Ausnahmetatbeständen Abwägungen verlangt, ist die Entscheidung über die Veröffentlichung als Verwaltungsakt einzuordnen, gegen den Widerspruch und Anfechtungsklage statthaft sind[1]. Widerspruch und Anfechtungsklage haben aufschiebende Wirkung (§ 80 Abs. 1 Satz 1 VwGO), denn § 13 WpHG ist nicht einschlägig[2]. 52

Zu denken ist auch an vorbeugenden Rechtsschutz, da ein Reputationsschaden bereits mit Veröffentlichung eintritt und nur bedingt durch spätere Löschung beseitigt werden kann (vgl. Rz. 18, 34)[3]. Statthaft wäre insoweit eine vorbeugende Unterlassungsklage. 53

VI. Öffentliche Bekanntmachung von unanfechtbar gewordenen Bußgeldentscheidungen wegen Verstößen gegen die VO Nr. 648/2012 (EMIR) (§ 123 Abs. 4 WpHG). 1. Tatbestand. Nach § 123 Abs. 4 WpHG sind nur solche **Bußgeldentscheidungen** öffentlich bekannt zu machen, die nach § 120 Abs. 7 WpHG, zuvor § 39 Abs. 2e WpHG ergangen sind. § 120 Abs. 7 WpHG ist der Bußgeldtatbestand für Verstöße gegen die VO Nr. 648/2012 (EMIR) (s. dazu im Einzelnen bei § 120 WpHG Rz. 169 ff.). 54

Die Bußgeldentscheidung muss vor ihrer Veröffentlichung **unanfechtbar**, also bestandskräftig geworden sein (vgl. dazu Rz. 18). 55

Auch nach § 123 Abs. 4 WpHG hat eine Bekanntmachung **ausnahmsweise** dann nicht zu erfolgen, wenn die Veröffentlichung die Finanzmärkte erheblich gefährden oder zu einem unverhältnismäßigen Schaden bei den Beteiligten führen würde (s. dazu Rz. 22 ff.). Im Hinblick darauf, dass die in § 123 Abs. 4 Satz 2 WpHG vorgesehene Anonymisierungspflicht bei juristischen Personen und Personenvereinigungen nicht greift (s. dazu Rz. 58), ist vor der öffentlichen Bekanntmachung von Bußgeldentscheidungen gegen solche Personen sorgfältig zu prüfen, ob die Veröffentlichung nicht zu unverhältnismäßigen Schäden bei der juristischen Person oder Personenvereinigung führt[4]. 56

2. Rechtsfolge. Die BaFin hat hinsichtlich einer Bekanntmachung nach § 123 Abs. 4 WpHG **kein Ermessen**. Die Veröffentlichung muss auch hier auf der Internetseite der BaFin (www.bafin.de), und zwar unverzüglich, d.h. ohne schuldhaftes Zögern, erfolgen. 57

Über den **Inhalt** der Bekanntmachung enthält § 123 Abs. 4 WpHG nur die Angabe, dass personenbezogene Daten nicht enthalten sein dürfen (§ 123 Abs. 4 Satz 2 WpHG). Gemäß Art. 12 Abs. 2 VO Nr. 648/2012 ist für den Begriff der personenbezogenen Daten hier die Definition in Art. 2 lit. a RL 95/46/EG maßgeblich. Danach sind personenbezogene Daten alle Informationen über eine bestimmte oder bestimmbare natürliche Person („betroffene Person"). Als bestimmbar wird danach eine Person angesehen, die direkt oder indirekt identifiziert werden kann, insbesondere auch Zuordnung zu einer Kennnummer oder zu einem oder mehreren spezifischen Elementen, die Ausdruck ihrer physischen, physiologischen, psychischen, wirtschaftlichen, kulturellen oder sozialen Identität sind. Daraus ergibt sich, dass die Anonymisierungspflicht nicht für juristische Personen und Personenvereinigungen gilt[5]. Zum Inhalt im Übrigen Rz. 38. 58

3. Rechtsschutz. Da § 123 Abs. 4 WpHG ebenfalls in den Ausnahmetatbeständen Abwägungsentscheidungen vorsieht, ist die Entscheidung über die Veröffentlichung als Verwaltungsakt einzuordnen, gegen den Widerspruch und Anfechtungsklage statthaft sind[6]. Widerspruch und Anfechtungsklage haben aufschiebende Wirkung (§ 80 Abs. 1 Satz 1 VwGO), denn § 13 WpHG ist nicht einschlägig[7]. 59

VII. Löschung von Bekanntmachungen (§ 123 Abs. 5 WpHG). Gemäß § 123 Abs. 5 WpHG ist eine Bekanntmachung, die nach § 123 Abs. 1, 3 oder 4 WpHG erfolgte, spätestens **fünf Jahre** nach ihrer Bekanntmachung 60

---

1 So auch *Waßmer* in Fuchs, § 40b WpHG Rz. 7; a.A. 6. Aufl., § 4 WpHG Rz. 75.
2 *Altenhain* in KölnKomm. WpHG, § 40b WpHG Rz. 16.
3 Zu § 40c WpHG: *Brellochs*, AG 2016, 157, 170.
4 *Altenhain* in KölnKomm. WpHG, § 40b WpHG Rz. 24.
5 So auch *Waßmer* in Fuchs, § 40b WpHG Rz. 39; *Altenhain* in KölnKomm. WpHG, § 40b WpHG Rz. 24.
6 So auch *Waßmer* in Fuchs, § 40b WpHG Rz. 7; a.A. 6. Aufl., § 4 WpHG Rz. 75.
7 *Altenhain* in KölnKomm. WpHG, § 40b WpHG Rz. 16.

zu löschen. Personenbezogene Daten sind aus einer Bekanntmachung bereits früher zu löschen, sobald ihre Bekanntmachung für den Zweck der Bekanntmachung nicht mehr erforderlich ist. Zum Begriff der Erforderlichkeit s. Rz. 20.

61 § 123 Abs. 5 Satz 1 und Satz 2 WpHG enthalten **subjektive öffentliche Rechte** desjenigen, dessen personen- oder unternehmensbezogene Daten in der Bekanntmachung veröffentlicht sind. Hinsichtlich des statthaften Rechtsschutzes zur Durchsetzung eines Anspruchs auf Löschung dieser Daten ist entscheidend, ob die Löschung ein Realakt oder ein Verwaltungsakt ist (vgl. Rz. 40 f., 52). Während Satz 2 nur natürliche Personen betrifft (vgl. Rz. 58), können sich auf Satz 1 auch juristische Personen berufen.

62 Im Hinblick auf Handlungsform und Rechtsschutz ist zu **unterscheiden**: **(1)** Erfolgt das Löschungsbegehren vor Ablauf der fünf Jahre nach Bekanntmachung, so kann Löschung allenfalls nach § 123 Abs. 5 Satz 2 WpHG verlangt werden. Hiernach steht der BaFin zwar kein Ermessen zu. Da Voraussetzung der Löschung jedoch das Entfallen der Erforderlichkeit ist und die Entscheidung über die Erforderlichkeit eine Bewertung durch die BaFin voraussetzt, spricht viel dafür, in diesem Fall von einem der Löschung vorgeschalteten Verwaltungsakt auszugehen. Gegen eine die Löschung ablehnende Entscheidung wäre daher Widerspruch und dann Verpflichtungsklage zu erheben. **(2)** Erfolgt das Löschungsbegehren hingegen nach Ablauf von fünf Jahren ab Bekanntmachung, so besteht weder ein unbestimmter Rechtsbegriff, unter den die BaFin subsumieren müsste, noch ist der BaFin Ermessen eingeräumt. In diesem Fall ist die Löschung daher als bloßer Realakt anzusehen. Rechtsschutz ist daher im Wege der allgemeinen Leistungsklage auf Löschung zu verlangen.

63 **Inhalt des Löschungsanspruches** ist die Löschung von der Internetseite der BaFin. Soweit eine Mitteilung an die ESMA nach § 123 Abs. 2 WpHG über die Veröffentlichung ergangen ist, ist entsprechend auch eine Mitteilung über die Löschung zu machen. Dies geht zwar nicht ausdrücklich aus dem Wortlaut des § 123 Abs. 5 oder Abs. 2 WpHG hervor, ist aber im Wege der teleologischen Auslegung abzuleiten. Denn der Zweck des § 123 Abs. 5 WpHG, die Verhältnismäßigkeit der Bekanntmachung zu wahren, würde nicht erreicht, wenn die Veröffentlichung auch nach der Löschung durch die BaFin durch die fortdauernde Veröffentlichung auf der Internetseite der ESMA perpetuiert würde.

64 Problematisch ist, ob die BaFin aus § 123 Abs. 5 WpHG auch dazu verpflichtet ist, auf die Löschung anderer **Vervielfältigungen** ihrer eigenen Bekanntmachung hinzuwirken. Hierfür spricht, dass ohne die Löschung aller Vervielfältigungen und insbesondere Indexierungen in Suchmaschinen, die Veröffentlichung im Internet weiterbesteht. Dagegen spricht, dass die Indexierungen und Vervielfältigungen durch Dritte geringeres Gewicht haben als die Veröffentlichung auf den offiziellen Internetseiten der BaFin oder der ESMA. Ferner dürfte es der BaFin aus rechtlichen Gründen unmöglich sein, die Löschung aller Vervielfältigungen herbeizuführen. Ein aus dem Persönlichkeitsrecht folgender Löschungsanspruch gegen Dritte steht ohnehin nur dem jeweils selbst in seinem Persönlichkeitsrecht Betroffenen zu. Verwaltungsrechtlich ist dort das Institut des Folgenbeseitigungsanspruchs einschlägig, der nicht nur dann greift, wenn die ursprüngliche Maßnahme rechtswidrig war, sondern auch dann, wenn ihre Fortdauer und Fortwirkung rechtswidrig ist. Der Anspruch ist allerdings durch die rechtmäßigen Handlungsmöglichkeiten der Behörde beschränkt. Bei einer Speicherung von überholten Inhalten der Behörde dürfte diese berechtigt und unter dem Gesichtspunkt der Folgenbeseitigungslast auch verpflichtet sein, nach einer angemessenen Überhangdauer die Löschung der überholten Inhalte zu verlangen. Nicht mehr verlangt werden dürfte allerdings regelmäßig die klageweise Geltendmachung des Löschungsanspruchs gegen Dritte.

§ 124 Bekanntmachung von Maßnahmen und Sanktionen wegen Verstößen gegen Transparenzpflichten

(1) Die Bundesanstalt macht Entscheidungen über Maßnahmen und Sanktionen, die wegen Verstößen gegen Verbote oder Gebote nach den Abschnitten 6, 7 und 16 Unterabschnitt 2 dieses Gesetzes erlassen oder der Bundesanstalt gemäß § 335 Absatz 1d des Handelsgesetzbuchs mitgeteilt wurden, auf ihrer Internetseite unverzüglich bekannt.
(2) In der Bekanntmachung benennt die Bundesanstalt die Vorschrift, gegen die verstoßen wurde, und die für den Verstoß verantwortliche natürliche oder juristische Person oder Personenvereinigung. Bei nicht bestands- oder nicht rechtskräftigen Entscheidungen fügt sie einen Hinweis darauf, dass die Entscheidung noch nicht bestandskräftig oder nicht rechtskräftig ist, hinzu. Die Bundesanstalt ergänzt die Bekanntmachung unverzüglich um einen Hinweis auf die Einlegung eines Rechtsbehelfes gegen die Maßnahme oder Sanktion sowie auf das Ergebnis des Rechtsbehelfsverfahrens.
(3) Die Bundesanstalt macht die Entscheidung ohne Nennung personenbezogener Daten bekannt oder schiebt die Bekanntmachung der Entscheidung auf, wenn

1. die Bekanntmachung der personenbezogenen Daten unverhältnismäßig wäre,
2. die Bekanntmachung die Stabilität des Finanzsystems ernsthaft gefährden würde,

3. die Bekanntmachung eine laufende Ermittlung ernsthaft gefährden würde oder
4. die Bekanntmachung den Beteiligten einen unverhältnismäßigen Schaden zufügen würde.

(4) Eine Bekanntmachung nach Absatz 1 ist fünf Jahre nach ihrer Veröffentlichung zu löschen. Abweichend von Satz 1 sind personenbezogene Daten zu löschen, sobald ihre Bekanntmachung nicht mehr erforderlich ist.

In der Fassung des 2. FiMaNoG vom 23.6.2017 (BGBl. I 2017, 1693).

Schrifttum: S. § 123 WpHG.

I. Grundlagen 1	3. Rechtsschutz 33
II. Grundrechtliche Garantien (materielle Grundrechte) und § 124 WpHG 10	IV. Nicht rechts- oder bestandskräftige Entscheidungen und Rechtsbehelfsverfahren (§ 124 Abs. 2 Satz 2 und Satz 3 WpHG) 34
1. Unions- und Konventionsrecht 10	
2. Grundgesetz 17	V. Modifizierte Veröffentlichung (§ 124 Abs. 3 WpHG) 35
III. Bekanntmachung von Sanktionen und Maßnahmen gem. § 124 Abs. 1, Abs. 2 Satz 1 WpHG 20	1. Tatbestand 36
	2. Rechtsfolge 37
1. Tatbestand 20	VI. Löschung der Veröffentlichung 41
2. Rechtsfolge 28	

I. Grundlagen. § 124 WpHG regelt die **Bekanntmachung** von Entscheidungen über Maßnahmen und Sanktionen durch die BaFin für Finanzdienstleistung, die wegen Verstößen gegen Verbote oder Gebote nach den Abschnitten 6, 7 und 16 Unterabschnitt 2 des WpHG, mithin gegen die Transparenzvorschriften, erlassen oder der Bundesanstalt gem. § 335 Abs. 1d HGB mitgeteilt wurden. 1

§ 124 WpHG wurde durch Art. 3 Nr. 127 des 2. FiMaNoG[1] (BGBl. I 2017, 1770) eingefügt und nummeriert § 40c WpHG a.F. um[2]. § 40c WpHG a.F. wurde durch das Gesetz zur Umsetzung der Transparenzrichtlinie-Änderungsrichtlinie eingefügt und setzte die Einfügung der Art. 29 und Art. 28b Abs. 1 lit. a in die Transparenzrichtlinie durch die RL 2013/50/EU[3] um[4]. Die Vorschrift führte mit speziellen Bekanntmachungspflichten das **naming and shaming** für die besagten Verstöße ein. § 124 WpHG nimmt in Folge der Neunummerierung Folgeänderungen vor und fügt eine Regelung zur Löschung personenbezogener Daten hinzu[5]. 2

Der europäische Gesetzgeber setzt das naming and shaming gerade im Kapitalmarktrecht, mehr und mehr aber auch darüber hinaus, als regelhaftes Stilmittel zur Verbesserung der Compliance-Kultur ein[6]. Dabei ist es nicht so sehr die Öffentlichkeit der staatlichen Sanktionierung als solche, die neu ist: Bei gerichtlichen Sanktionen war sie schon von jeher gleichsam automatisch, unintendierte Folge der Öffentlichkeit des Gerichtsverfahrens. Innovativ ist die **Verselbständigung** der Veröffentlichung gegenüber der notwendigen Publizität des Gerichtsverfahrens und ihre Anknüpfung schon an eine behördliche Sanktionierung. Damit tritt zugleich ein Strukturwandel der Öffentlichkeit ein; die traditionell allenfalls dezentral und gefiltert durch Medien und damit auf Fälle eines öffentlichen Interesses beschränkte breitere Öffentlichkeit wird durch eine schon **primär umfassende Öffentlichkeit** ersetzt, die nicht erst durch gesellschaftliche Intermediäre wie die Medien und die Öffentlichkeit hergestellt, sondern schon primär und zielgerichtet staatlich bewirkt wird und angesichts der neuen Öffentlichkeit der Informationsgesellschaft auch nicht mehr eingefangen werden kann[7]. 3

Dieser Einsatz staatlicher Öffentlichkeitsarbeit als Vollzugs- und/oder Sanktionsinstrument wirft eine Reihe rechtsgrundsätzlicher Fragen auf: Schon auf der **gesetzlichen Ebene** stellt sich die Frage, ob die gesetzliche Anordnung des Instruments sachbereichsspezifisch mit höherrangigem Recht im Einklang steht. Da und soweit § 124 WpHG umgesetztes Richtlinienrecht ohne Spielraum des nationalen Gesetzgebers ist, sind die gemeinschaftsrechtlichen Grundrechtsverbürgungen maßstäblich. Hierbei ist nicht nur das Ob in den Blick zu nehmen, sondern auch die Ausgestaltung einschließlich der Ausnahme- und Befreiungsregelungen. 4

---

1 Zweites Gesetz zur Novellierung von Finanzmarktvorschriften auf Grund europäischer Rechtsakte (Zweites Finanzmarktnovellierungsgesetz – 2. FiMaNoG) vom 23.6.2017, BGBl. I 2017, 1693.
2 Vgl. BT-Drucks. 18/10936, 254.
3 Richtlinie 2013/50/EU des Europäischen Parlaments und des Rates vom 22.10.2013 zur Änderung der Richtlinie 2004/109/EG des Europäischen Parlaments und des Rates zur Harmonisierung der Transparenzanforderungen in Bezug auf Informationen über Emittenten, deren Wertpapiere zum Handel an einem geregelten Markt zugelassen sind, und der Richtlinie 2003/71/EG des Europäischen Parlaments und des Rates betreffend den Prospekt, der beim öffentlichen Angebot von Wertpapieren oder bei deren Zulassung zum Handel zu veröffentlichen ist, sowie der Richtlinie 2007/14/EG der Kommission mit Durchführungsbestimmungen zu bestimmten Vorschriften der Richtlinie 2004/109/EG.
4 Vgl. BT-Drucks. 18/5010, 54.
5 Vgl. BT-Drucks. 18/10936, 254.
6 Kritisch *Schmieszek/Langner*, WM 2014, 1893 ff.
7 *Schmieszek/Langner*, WM 2014, 1893, 1894.

5 Auf der zweiten Ebene kommen der **Vollzug** und die **Rechtsanwendung** ins Spiel. Hierbei geht es zum einen um die Handhabung des jeweils maßgeblichen Normprogramms, auch unter der Ausstrahlungswirkung der Grundrechte. Zum anderen – und dies ist ein weitgehend im einzelnen auszubalancierendes System – wird zu klären sein, ob angesichts des kaum verhüllten Sanktions-, ja sogar Abschreckungscharakters strafrechtliche verfahrensrechtliche Garantien auf naming and shaming anwendbar sind (dazu § 123 WpHG Rz. 8 ff.). Dies ist nicht anhand eines A priori-Begriffs von „Strafe" zu beurteilen, sondern normspezifisch. § 124 WpHG schreibt für jeden Einzelfall die Prüfung der Verhältnismäßigkeit der Nennung personenbezogener Daten sowie die Prüfung der Verhältnismäßigkeit des entstehenden Schadens für die Beteiligten vor. Dadurch lassen sich die grundrechtlichen Vorgaben auf der Anwendungsebene erschöpfend berücksichtigen; auf der Gesetzesebene ist der Preis hierfür eine niedrigere Bestimmtheit und Vorhersehbarkeit des Ergebnisses[1].

6 Eine dritte Ebene schließlich betrifft die **Folgenverantwortung**. Die erhöhte staatliche Interventionsintensität bei der Herstellung von Öffentlichkeit kann nicht ohne Folgen bleiben wenn es darum geht, wie die Folgen solcher Öffentlichkeit grundrechtsgewährleistend auch wieder begrenzt werden.

7 Eine immer wieder relevante Vorfrage zielt auf den **Zweck** der Veröffentlichung. Maßgebend kommt es darauf an, ob ein präventiver oder restitutiver Zweck oder mehr ein repressiv-sanktionierender Zweck im Vordergrund steht. Dies kann entscheidend dafür sein, ob es sich um eine Sanktion mit Strafcharakter handelt, was grundrechtliche Garantien auslöst.

8 Zur Beurteilung des repressiven und präventiven Charakters der Vorschrift ist zunächst nach dem Inhalt der Bekanntmachung zu differenzieren (vgl. § 123 WpHG Rz. 8 ff.). Die Bekanntmachung muss im **Kontext der bekannt zu machenden Entscheidung** betrachtet werden. Wird eine verwaltungsrechtliche Maßnahme bekannt gemacht, die der Beseitigung einer Störung oder Gefahr dient, so ist dies ein Indiz für das Überwiegen einer präventiven Funktion der Bekanntmachung selbst. Soweit die Bekanntmachung Wirksamkeitsvoraussetzung beispielsweise einer Allgemeinverfügung ist, steht die unmittelbar auf Effektuierung des Primärzwecks gerichtete Prävention im Vordergrund. Bei der Bußgeldverhängung handelt es sich um die Sanktionierung eines Verstoßes. Sie verfolgt repressive und präventive Funktionen und teilt dann den überwiegend sanktionierenden Zweck[2]; die entsprechenden Due Process-Garantien gelten[3]. Die Bekanntmachung der Bußgeldverhängung verstärkt die Sanktionswirkung des Bußgeldes. Zwangsgelder sind hingegen ein Beugemittel und keine repressive Unrechtsfolge wie die Geldbuße[4]. Das Ordnungsgeld nach § 335 HGB ist ebenfalls weniger als repressive Unrechtsfolge und mehr als Beugemittel einzuordnen[5]. Mitunter werden Maßnahmen nicht eindeutig zuordenbar sein. Deshalb sind doppelfunktionale Maßnahmen keine Anomalie[6].

9 Die Bekanntmachung gem. § 124 WpHG ist hierfür ein gutes Beispiel. Auf der einen Seite knüpft sie an verfehlte Publizität an, so dass ihr ein restitutiver Zweck kaum abgesprochen werden kann[7]. Andererseits verfolgt der Richtliniengeber damit auch typische Straf- bzw. Sanktionszwecke, namentlich Generalprävention und sogar Abschreckung. Ausweislich des Erwägungsgrundes 17 RL 2013/50/EU soll die öffentliche Bekanntmachung der Entscheidungen gewährleisten, dass die Entscheidungen über die Verhängung einer Maßnahme oder Sanktion **abschreckend** wirken. Die Bekanntmachung soll nach Erwägungsgrund 17 RL 2013/50/EU auch als ein wichtiges Instrument zur Unterrichtung der Marktteilnehmer darüber, welches Verhalten als Verstoß gegen die RL 2004/109/EG betrachtet wird, sowie zur Förderung eines einwandfreien Verhaltens zwischen den Marktteilnehmern auf breiter Basis dienen. Aus Sicht des europäischen Gesetzgebers handelt es sich also um eine generalpräventive, aber wegen des Abschreckungszwecks auch um eine repressive Vorschrift. Ein weiteres Indiz ohne zwingende Aussagekraft ist die Lokalisation von § 124 WpHG im Abschnitt „Straf- und Bußgeldvorschriften". Dies zeigt, dass die Bekanntmachung personenbezogener Daten in der Veröffentlichung einen Reputationsverlust (und möglicherweise auch Vermögensschaden) nicht lediglich als ungewollten Reflex bewirkt, sondern eine eigene Sanktionswirkung auch intendiert ist (s. hierzu auch § 123 WpHG Rz. 8 ff., 16 ff., Art. 34 VO Nr. 596/2014 Rz. 2, Art. 29 VO Nr. 1286/2014 Rz. 1 f.).

10 **II. Grundrechtliche Garantien (materielle Grundrechte) und § 124 WpHG. 1. Unions- und Konventionsrecht.** Soweit die Bekanntmachung als überwiegend sanktionierend eingestuft wird, stellt sich die Frage nach dem strafrechtlichen Charakter der Vorschrift sowie den strafrechtlichen bzw. verfahrensrechtlichen Garantien nach Art. 6 EMRK, Art. 48, 49 GRCh (dazu § 123 WpHG Rz. 8 ff.) und Art. 103 GG. Die Anwendbarkeit der Verfahrensvorschriften des Art. 6 EMRK ist anhand der Engel-Kriterien zu beantworten, also der Zuordnung im nationalen Recht, der Natur des Vergehens und der Art und Schwere der angedrohten Sanktion (vgl. hierzu § 123 WpHG Rz. 8 ff.)[8].

---

1 Kritisch *Schmieszek/Langner*, WM 2014, 1893, 1898.
2 So für die niederländische Umsetzung *Pfaeltzer*, Utrecht Law Review 10 (2014), 134 ff.
3 Dazu *Mitsch* in KK-OWiG, § 17 OWiG Rz. 3 ff.
4 *Rogall* in KK-OWiG, § 1 OWiG Rz. 14.
5 *Quedenfeld* in MünchKomm. HGB, § 335 HGB Rz. 16.
6 *Reimer*, JÖR 58 (2010), 273, 278 f.
7 *Reimer*, JÖR 58 (2010), 273, 278 f. ordnet den „Schwerpunkt" bei § 40b WpHG der Prävention zu.
8 EGMR v. 8.6.1976 – 5100/71 – Engel, Rz. 82.

Eine Einordnung als „strafrechtlich" ist nur Ausgangspunkt einer Bewertung nach den genannten Kriterien[1]. Im Rahmen der Beurteilung der Natur des Vergehens ist auf die Art des Vergehens bzw. der Zuwiderhandlung einzugehen[2]. Dies ist nach dem repressiven und präventiven Charakter zu beurteilen (vgl. § 123 WpHG Rz. 9)[3]. Eine Sanktion ist letztlich nach Art und Schwere strafrechtlich, wenn sie „**abschreckend und strafend**" ist. Bei der Beurteilung der abschreckenden und strafenden Wirkung einer Veröffentlichung und eines Reputationsverlustes ist ebenfalls nach dem Inhalt und Zweck der Veröffentlichung zu differenzieren (vgl. § 123 WpHG Rz. 10).

§ 124 WpHG führt Unionsrecht i.S.d. Art. 51 Abs. 1 Alt. 2 GRCh durch und unterfällt daher dem Anwendungsbereich der **GRCh**, soweit die Vorgaben der RL 2013/50/EU keinen Umsetzungsspielraum lassen[4].

Eine namentliche Veröffentlichung, aber auch eine anonyme Veröffentlichung, die Rückschlüsse auf die Identität einer natürlichen Person erlaubt, können als Eingriff in die Schutzbereiche der **Art. 7 und 8 GRCh** zu qualifizieren sein. Art. 7 GRCh gewährleistet das Recht auf Achtung des Privatlebens, Art. 8 GRCh das Recht auf Schutz personenbezogener Daten. Der EuGH prüft Art. 7 und 8 GRCh gemeinsam[5]. Der Schutz von Art. 7 und Art. 8 GRCh umfasst personenbezogene Daten, also alle Informationen, die eine bestimmte oder bestimmbare natürliche Person betreffen[6]. Juristische Personen sind im Rahmen von Art. 7, 8 GRCh zumindest insofern geschützt, als deren Name eine oder mehrere natürlichen Personen bestimmt[7]. Die Veröffentlichung von Informationen, die den sozialen Geltungsanspruch beeinträchtigen, ist per se ein Eingriff in den Schutzbereich[8]. Ausnahmen und Einschränkungen des Rechts auf Schutz von auf natürliche Personen bezogener Daten sind auf das absolut Notwendige zu beschränken[9]. Die Einschränkungen genügen dem Grundsatz der Verhältnismäßigkeit, soweit sie geeignet und erforderlich sind[10]. Im Rahmen von Veröffentlichungen von Daten natürlicher Personen ist besonderes Augenmerk auf die Prüfung der Erforderlichkeit zu richten[11]. Das Ausreichen eines Aufschiebens oder einer Anonymisierung ist zu prüfen. Die Eingriffe müssen „in einem angemessenen Verhältnis zu dem verfolgten berechtigten Zweck"[12] stehen, es hat eine einzelfallbezogene Interessenabwägung stattzufinden, die beteiligten Interessen sind ausgewogen zu gewichten[13].

Soweit mangels Bezuges auf natürliche Personen die Persönlichkeitskomponente fehlt, kommen die Gewährleistungen des **Art. 16 GRCh** ins Spiel. Hier ist der Schutzbereich deutlich weniger breitflächig konturiert; er gewährt keinen Per-se-Schutz vor unerwünschter Publizität[14]. Art. 16 GRCh schützt die Wirtschafts- oder Geschäftstätigkeit, die Vertragsfreiheit und den freien Wettbewerb[15]. Voraussetzung ist eine unternehmerische Betätigung[16]. Geschützt werden natürliche und juristische Personen[17]. Neben dem beim Rechtsverstoß i.d.R. nicht einschlägigen Schutz von Betriebs- und Geschäftsgeheimnissen[18] sind auch finale Einwirkungen auf den Wettbewerb ein Eingriff in die unternehmerische Betätigung[19]. Rechtsverstöße haben damit nicht den Schutz wie Geschäfts- und Betriebsgeheimnisse; sie sind aber auch nicht „vogelfrei": Eine Sanktionierung unternehmerischen Verhaltens ist ein Eingriff i.S.d. Art. 16 GRCh. Behördliche Informationen und Warnungen haben europäisch Eingriffscharakter[20]. Auch die Einschränkungen des Art. 16 GRCh müssen den Anforderungen des Art. 52 Abs. 1 GRCh entsprechen und insbesondere den Grundsatz der Verhältnismäßigkeit wahren. Nach Art. 52 Abs. 1 GRCh muss eine Einschränkung der Rechte und Freiheiten der Charta gesetzlich vorgesehen sein, den Wesensgehalt dieser Rechte und Freiheiten sowie die **Verhältnismäßigkeit** wahren.

Auf der einen Seite steht das öffentliche Interesse an einer Veröffentlichung. Eine Berufung auf den guten Ruf aus Art. 8 EMRK ist nach der Rechtsprechung des EGMR bei einer Schädigung des Rufes nicht möglich, soweit

---

1 EGMR v. 8.6.1976 – 5100/71 – Engel, Rz. 82.
2 EGMR v. 8.6.1976 – 5100/71 – Engel, Rz. 82.
3 *Satzger* in Satzger/Schluckebier/Widmaier, StPO, 3. Aufl. 2018, Art. 6 EMRK Rz. 9 ff.
4 BVerfG v. 13.3.2007 – 1BvF 1/05 Rz. 69.
5 A.M. *Meyer* in Charta der Grundrechte der Europäischen Union, Art. 8 Rz. 13: Art. 8 ist lex specialis.
6 EuGH v. 9.11.2010 – Rs. C-92/09 und C-93/09 Rz. 52; EuGH v. 24.11.2011 – Rs. C-468/10 und C-469/10.
7 EuGH v. 9.11.2010 – Rs. C-92/09 und C-93/09 Rz. 53; eine solche Differenzierung ablehnend *Kingreen* in Calliess/Ruffert, EUV/AEUV, 5. Aufl. 2016, Art. 8 GRCh Rz. 11.
8 Für die Veröffentlichung im Internet EuGH v. 13.5.2014 – Rs. C-131/12 Rz. 80.
9 EuGH v. 9.11.2010 – Rs. C-92/09 und C-93/09 Rz. 77.
10 EuGH v. 17.1.2008 – Rs. C-37, 58/06 Rz. 35.
11 BT-Drucks. 18/10936, 254.
12 EuGH v. 9.11.2010 – Rs. C-92/09 und C-93/09 Rz. 72.
13 EuGH v. 9.11.2010 – Rs. C-92/09 und C-93/09 Rz. 83.
14 *Schmieszek/Langner*, WM 2014, 1893, 1895 m.w.N.
15 EuGH v. 22.1.2013 – Rs. C-283/11 Rz. 42.
16 *Jarass*, GRCh, 3. Aufl. 2016, Art. 16 GRCh Rz. 9.
17 *Ruffert* in Calliess/Ruffert, EUV/AEUV, 5. Aufl. 2016, Art. 16 GRCh Rz. 3.
18 EuGH v. 23.9.2004 – Rs. C-435/02 und C-103/03 Rz. 49; *Jarass*, GRCh, 3. Aufl. 2016, Art. 16 GRCh Rz. 9. Der EuGH verlangt für Betriebs- und Geschäftsgeheimnissen den Nachweis eines konkreten Geheimhaltungsinteresse, das nach Ablauf von fünf Jahren widerleglich vermutet fehlt, vgl. EuGH v. 14.3.2017 – Rs. C-162/15 P – Wasserstoffperoxid und Perborat.
19 EuGH v. 5.10.1994 – Rs. C-280/93 Rz. 81.
20 *Gundel*, ZHR 180 (2016), 323, 338.

diese vorhersehbare Konsequenz eigener Handlungen ist[1]. Unter Heranziehung dieser Rechtsprechung stellte der EuGH zu einer Veröffentlichung gem. Art. 30 VO Nr. 1/2003[2] fest, dass die Gewährleistungen von Art. 8 EMRK und Art. 7 GRCh der Bekanntmachung von Informationen, die eine von der Kommission in einer Entscheidung auf Grundlage des Art. 23 VO Nr. 1/2003 festgestellten Beteiligung eines Unternehmens an einem Verstoß gegen das Kartellrecht beträfen, nicht entgegenstehe[3]. Teilweise wird auch auf den unionsrechtlichen **Transparenzgrundsatz** aus Art. 1, 10 EUV, Art. 15 AEUV hingewiesen und ein Bezug zum Normzweck der Information der Marktteilnehmer hergestellt. Zur behördlichen Aufgabe gehört jedenfalls die Störungs- und Gefahrenbeseitigung. Ausgeschriebenes Ziel der RL 2013/50/EU ist die Unterrichtung bzw. Information der Marktteilnehmer sowie die Sicherstellung der **Abschreckung** zur Förderung der Markttransparenz. So ist Transparenz für Marktteilnehmer hier ein originärer Zweck. Soweit die nachträgliche Veröffentlichung sich darauf beschränkt, die primär versäumte Publizität herzustellen, kann es als unerlässlich bewertet werden, die Wirtschaftsteilnehmer durch die Veröffentlichung der Entscheidungen über Maßnahmen zu unterrichten[4]. Anders dann, wenn die Veröffentlichung der Maßnahme über den restitutiven Zweck hinausgeht.

16   Dem gilt es die betroffen privaten Interessen bzw. Unternehmensinteressen gegenüberzustellen. Die namentliche Veröffentlichung von Sanktionen greift regelmäßig gewichtig in die Grundrechte ein, bei natürlichen Personen schwer. **Reputations- und Vermögensschäden** stehen im Raum. Bei juristischen Personen kommt dem Eingriff typischerweise ein geringeres Gewicht zu, eine Differenzierung ist hier also angebracht[5]. Mögliche Konsequenzen sind Schadensersatzklagen und Umsatzeinbußen. Bedenken begegnen insbesondere Veröffentlichungen vor Bestandskraft der Entscheidung, die auch nicht wesentlich durch einen Hinweis auf die fehlende Bestandskraft oder die Einlegung eines Rechtsbehelfes ausgeräumt werden können.

17   **2. Grundgesetz.** Die Regelung muss sich auch an den nationalen Grundrechten messen, soweit dem deutschen Gesetzgeber und der vollziehenden Behörde ein Gestaltungsspielraum bei der Umsetzung der europäischen Vorgaben zukommt[6]. Das Grundgesetz unterscheidet hier auf Schutzbereichsebene zwischen einem Personenbezug (auf natürliche Personen) und reinem Unternehmensbezug. Die öffentliche Darstellung der verhängten Maßnahmen und Sanktionen kann auf den freien Wettbewerb einwirken. **Art. 12 GG** gewährleistet die Wettbewerbsfreiheit und schützt vor Wettbewerbsverzerrungen[7]. Jedenfalls beeinträchtigt sie den durch Art. 12 Abs. 1 GG, Art. 2 Abs. 1 GG geschützten sozialen Geltungsanspruch des Unternehmens bzw. der juristischen Person[8]. Diese Gewährleistungen sind nach Art. 19 Abs. 3 GG auf juristische Personen anwendbar[9]. Vom Schutz der Berufsausübungsfreiheit ist dabei die auf Förderung des beruflichen Erfolgs eines Unternehmens gerichtete Außendarstellung umfasst[10]. Art. 12 GG schützt auch den Unternehmensruf[11]. Dieser Schutz des geschäftlichen Rufes wird teilweise auch Art. 14 GG zugeordnet[12].

18   Eine staatliche Publikumsinformation soll allerdings die Gewährleistung des Art. 12 Abs. 1 GG nicht beschränken, wenn sie sich darauf beschränkt, den Marktteilnehmern marktrelevante Informationen bereitzustellen und die Herstellung von Markttransparenz bezweckt[13]. Die **Öffentlichkeitsarbeit** muss dafür eine staatliche Aufgabe und Kompetenz vorweisen können, unter Beachtung der Gebote der Richtigkeit und Sachlichkeit erfolgen sowie das Übermaßverbot wahren[14]. Zur Ablehnung einer Beeinträchtigung darf der Einfluss auf wettbewerbserhebliche Faktoren die Marktverhältnisse nicht verzerren und muss die rechtlichen Vorgaben für staatliches Informationshandeln einhalten[15]. Allerdings greift das Informationshandeln in die Gewährleistung des Art. 12 Abs. 1 GG ein, wenn es als funktionales Äquivalent eines Eingriffs „in der Zielsetzung und ihren Wirkungen Ersatz für eine staatliche Maßnahme ist, die als Grundrechtseingriff zu qualifizieren wäre"[16]. Eingriffsqualität

---

1   EGMR v. 27.7.2004 – 55480/00 und 59330/00 – Sidabras und Dziautas v. Litauen, Rz. 49; EGMR v. 16.10.2008 – 39627/05 und 39631/05 – Taliadouou u. Stylianou v. Zypern, Rz. 56.
2   Verordnung (EG) Nr. 1/2003 des Rates vom 16.12.2002 zur Durchführung der in den Art. 81 und 82 des Vertrags niedergelegten Wettbewerbsregeln.
3   EuGH v. 14.3.2017 – Rs. C-162/15 P Rz. 117 f.
4   EuGH v. 30.5.2006 – Rs. T-198/03 Rz. 57.
5   EuGH v. 9.11.2010 – Rs. C-92/09 und C-93/09 Rz. 87.
6   BVerfG v. 2.3.2010 – 1 BvR 256/08 Rz. 182. Ausführlich jetzt BVerfG v. 21.3.2018 – 1 BvF 1/13, NJW 2018, 2109 ff.; *Hamm*, NJW 2018, 2099.
7   BVerfG v. 26.6.2002 – 1 BvR 558/91 und 1 BvR 1428/91 Rz. 47.
8   BVerfG v. 13.6.2007 – 1 BvR 1550/03, 2357/04, 603/05 Rz. 150 ff.
9   Vgl. BVerfG v. 12.1.2016 – 1 BvR 3102/13 Rz. 34.
10 BVerfG v. 26.6.2002 – 1 BvR 558/91 und 1 BvR 1428/91 Rz. 42.
11 BVerfG v. 28.7.2004 – 1 BvR 2566/95 Rz. 26 f.
12 BVerfG v. 26.6.2002 – 1 BvR 558/91 und 1 BvR 1428/91 Rz. 80.
13 BVerfG v. 26.6.2002 – 1 BvR 558/91 und 1 BvR 1428/91 Rz. 60; kritisch hinsichtlich der Anwendung der Grundsätze zum rein informatorischen staatlichen Informationshandeln im Rahmen von möglicherweise gezielt sanktionierender Publizität: *Reimer*, JÖR 58 (2010), 275, 293 f.; *Möstl*, LMuR 2015, 185, 189 ff.
14 BVerfG v. 26.6.2002 – 1 BvR 558/91 und 1 BvR 1428/91 Rz. 47, 59.
15 BVerfG v. 26.6.2002 – 1 BvR 558/91 und 1 BvR 1428/91 Rz. 47.
16 BVerfG v. 26.6.2002 – 1 BvR 558/91 und 1 BvR 1428/91 Rz. 60.

i.S.d. Art. 12 GG dürfte die Bekanntmachung nach § 124 WpHG damit nur haben, wenn sie über die bloße Nachholung der verabsäumten primären Information hinausgeht, also z.B. an Sanktionen anknüpft.

Was die Bekanntmachung personenbezogener Daten anbelangt, wird das Recht auf **informationelle Selbstbestimmung** sowie der Schutz von Ehre und Ruf tangiert. Ebendiese Gewährleistungen wurzeln im Allgemeinen Persönlichkeitsrecht aus Art. 2 Abs. 1 GG i.V.m. Art. 1 Abs. 1 GG. Auch hier kann marktrelevante Informationstätigkeit bei Wahrung der Zuständigkeit sowie der Gebote der Richtigkeit, Sachlichkeit sowie Verhältnismäßigkeit zulässig sein. Die Verhältnismäßigkeit setzt hier aber engere Grenzen. Die Eingriffsqualität wird wiederum angenommen, wenn die Bekanntmachung als funktionales Äquivalent eines Eingriffs „in der Zielsetzung und ihren Wirkungen Ersatz für eine staatliche Maßnahme ist, die als Grundrechtseingriff zu qualifizieren wäre"[1], insbesondere herabsetzende Äußerungen beeinträchtigen den Schutzbereich[2]. Die Veröffentlichung von verhängten Sanktionen ist herabsetzend und damit schutzbereichsrelevant. Im Rahmen der verfassungsrechtlichen Rechtfertigung ist wiederum insbesondere der Verhältnismäßigkeitsgrundsatz zu beachten[3]. 19

III. Bekanntmachung von Sanktionen und Maßnahmen gem. § 124 Abs. 1, Abs. 2 Satz 1 WpHG. 1. Tatbestand. Zuständig für die Bekanntmachung ist die BaFin für Finanzdienstleistungsaufsicht (BaFin), § 124 Abs. 1 WpHG. 20

Im Unterschied zu den Bekanntmachungen nach §§ 125, 126 WpHG, Art. 29 VO Nr. 1286/2014 und Art. 34 VO Nr. 596/2014, sieht § 124 WpHG wie § 123 WpHG nicht vor, dass die Bekanntmachung erst erfolgen darf, nachdem der Adressat der veröffentlichten Entscheidung darüber unterrichtet wurde. Der § 124 WpHG zugrunde liegende Art. 29 RL 2013/50/EU sieht dies ebenfalls nicht vor. Aufgrund eines durch die Abwägungsentscheidung der Veröffentlichung vorgelagerten Verwaltungsaktes und aufgrund der einem Verwaltungsakt gleichstehenden Belastung des Eingriffs durch die Bekanntmachung, muss der Betroffene vor der Bekanntmachung **angehört** werden (vgl. § 123 WpHG Rz. 40 f.). 21

Eine Bekanntmachungspflicht besteht nur, soweit der Gegenstand der Entscheidung eine Maßnahme und Sanktion ist. Erfasst sind sowohl **Sanktionen und Maßnahmen**, die von der BaFin gemäß den Vorgaben des WpHG getroffen werden, als auch solche, die das Bundesamt für Justiz nach § 335 Abs. 1c HGB der BaFin mitteilt[4]. Maßnahmen sind Verwaltungs- und Realakte in Überwachungsverfahren. Sanktionen weisen hingegen eine punitive Wirkung auf. Hierzu zählen die von der BaFin verhängten Geldbußen[5]. 22

Die Vorschrift verlangt **keine Unanfechtbarkeit** der veröffentlichten Entscheidung. Die Verhältnismäßigkeit einer Bekanntmachung nicht rechtskräftiger Entscheidungen ist einzelfallbezogen zu prüfen und steht in einem Spannungsverhältnis zur Unschuldsvermutung (vgl. Art. 34 VO Nr. 596/2014 Rz. 7). Dieses Spannungsverhältnis wird nur sehr eingeschränkt durch die Vorgaben nach § 124 Abs. 2 Satz 2 WpHG, einen Hinweis auf nicht bestandskräftige oder nicht rechtskräftige Entscheidungen hinzuzufügen, und Satz 3, Informationen über eingelegte Rechtsbehelfe und alle weiteren Informationen über das Ergebnis des Rechtsbehelfsverfahrens bekannt zu machen, entschärft. Dem ist durch eine einzelfallbezogene Verhältnismäßigkeitsprüfung nach § 124 Abs. 3 WpHG Rechnung zu tragen. Insbesondere wenn die Bekanntmachung maßgebend von repressiv-sanktionierenden Gründen getragen wird, bedarf es im Regelfall einer rechtskräftigen Entscheidung (zur Problematik der Veröffentlichung vor Bestandskraft vgl. § 123 WpHG Rz. 18, Art. 34 VO Nr. 596/2014 Rz. 7). 23

§ 124 Abs. 1 WpHG verlangt die Bekanntmachung von Entscheidungen über Maßnahmen und Sanktionen gegen Verbote oder Gebote nach den Abschnitten 6, 7 und 16 Unterabschnitt 2 des WpHG sowie der BaFin gem. § 335 Abs. 1d HGB mitgeteilte Maßnahmen und Sanktionen. Gegenstand der Veröffentlichung sind also Verstöße gegen die **Pflichten der Transparenzrichtlinie**[6]. Dies umfasst Verstöße gegen die in Abschnitt 6 des WpHG geregelten Pflichten zur Mitteilung, Veröffentlichung und Übermittlung von Veränderungen des Stimmrechtsanteils an das Unternehmensregister, gegen die in Abschnitt 7 geregelten Pflichten im Zusammenhang mit den notwendigen Informationen für die Wahrnehmung von Rechten aus Wertpapieren sowie gegen die in Abschnitt 16 Unterabschnitt 2 geregelten Pflichten zur Veröffentlichung von Finanzberichten und deren Übermittlung an das Unternehmensregister. 24

Bei den nach § 335 Abs. 1d HGB mitgeteilten Maßnahmen und Sanktionen handelt es sich um **Ordnungsgelder**, die gem. § 335 Abs. 1 HGB gegen eine Kapitalgesellschaft i.S.d. § 264d HGB oder gegen ein Mitglied ihrer Vertretungsorgane festgesetzt werden. § 335 Abs. 1 HGB behandelt Verstöße gegen § 325 HGB über die Pflicht zur Offenlegung des Jahresabschlusses, des Lageberichts, des Konzernabschlusses, des Konzernlageberichts und anderer Unterlagen der Rechnungslegung (Nr. 1) und gegen § 325a HGB über die Pflicht zur Offenlegung der Rechnungsunterlagen der Hauptniederlassung (Nr. 2). 25

---

1 BVerfG v. 26.6.2002 – 1 BvR 558/91 und 1 BvR 1428/91 Rz. 60.
2 BVerfG v. 17.8.2010 – 1 BvR 2585/06 Rz. 17 f.; vgl. *Schoch*, NVwZ 2011, 193, 195.
3 BVerfG v. 17.8.2010 – 1 BvR 2585/06 Rz. 19.
4 BT-Drucks. 18/5010, 54.
5 So der differenzierende Sprachgebrauch, der dem Unionsrecht überwiegend – wenn auch nicht ganz einhellig – zugrunde liegt, vgl. § 123 WpHG Rz. 45.
6 BT-Drucks. 18/5010, 54.

26 Die Bekanntmachungspflicht entfällt nach § 124 Abs. 3 WpHG, wenn einer der Ausnahmegründe vorliegt. **Ausnahmegründe** sind die Unverhältnismäßigkeit der Bekanntmachung der personenbezogenen Daten (Nr. 1), eine ernsthafte Gefährdung der Stabilität des Finanzsystems (Nr. 2), eine ernsthafte Gefährdung laufender Ermittlungen (Nr. 3) und ein unverhältnismäßiger Schaden der Beteiligten (Nr. 4). Vgl. zu den Ausnahmegründen § 123 WpHG Rz. 22 ff. und Art. 34 VO Nr. 596/2014 Rz. 9 ff. Der Ausnahmegrund des unverhältnismäßigen Schadens der Beteiligten (Nr. 4) wird in den Bekanntmachungspflichten nach §§ 125 und 126 WpHG nicht aufgeführt, Art. 29 RL 2013/50/EU sieht dies aber ausdrücklich vor. Unverhältnismäßig ist der Schaden, wenn er außer Verhältnis zum Nutzen der Bekanntmachung steht. Damit sind die Gründe, die für die Bekanntmachung streiten, in einer tatbestandlichen Abwägung den Nachteilen für den Betroffenen gegenüber zu stellen. Auch § 124 Abs. 3 WpHG sieht kein Ermessen vor. Dafür wäre auch kein Raum, weil die maßgeblichen öffentlichen und privaten Interessen vollständig auf Tatbestandsseite abgearbeitet werden.

27 Im Unterschied zu den weiteren speziellen Bekanntmachungspflichten der §§ 125 und 126 WpHG wird die Bekanntmachungspflicht des § 124 Abs. 1 WpHG nicht ausdrücklich bei Entscheidungen über Ermittlungsmaßnahmen oder **Maßnahmen mit Ermittlungscharakter** ausgeschlossen; sinngemäß gilt dies auch hier: reine Ermittlungsmaßnahmen sind keine „Maßnahmen" i.S.d. § 124 WpHG.

28 **2. Rechtsfolge.** § 124 Abs. 1 WpHG sieht eine **gebundene Entscheidung** der BaFin vor. Ihr kommt weder Entschließungs- noch Auswahlermessen zu. Liegen die Voraussetzungen und kein Ausnahmegrund nach § 124 Abs. 3 WpHG vor, so muss die zuständige Behörde die Entscheidung öffentlich bekannt machen. Allerdings zwingt § 124 Abs. 3 WpHG die BaFin dazu, vor einer Veröffentlichung die Ausnahmegründe zu prüfen. Damit handelt es sich bei der Veröffentlichungsentscheidung nicht um einen gesetzlichen Automatismus, sondern um eine behördliche **Entscheidung im Einzelfall**, in der das gesamte Entscheidungsprogramm des § 124 Abs. 1–3 WpHG abzuarbeiten ist. Diese behördliche Entscheidung ist auf Rechtsfolgen im Außenverhältnis der Über-/Unterordnung gerichtet, mithin ein Verwaltungsakt (§ 35 VwVfG). Damit setzt sie eine Anhörung voraus (§ 28 VwVfG), soweit nicht gem. § 124 WpHG maximal abgemildert wird.

29 Die Bekanntmachung muss **unverzüglich**, also ohne schuldhaftes Zögern (§ 121 Abs. 1 Satz 1 BGB) erfolgen. Die Bekanntmachung erfolgt auf der Internetseite der BaFin (www.bafin.de).

30 § 124 Abs. 2 Satz 1 WpHG sieht Mindestvorgaben für den **Inhalt der Bekanntmachung** vor. Die BaFin hat in der Bekanntmachung die Vorschrift, gegen die verstoßen wurde, und die für den Verstoß verantwortliche natürliche oder juristische Person oder Personenvereinigung zu benennen. Richtet sich die Maßnahme gegen eine juristische Person oder eine Personenvereinigung, so muss in der Bekanntmachung lediglich die sanktionierte juristische Person oder Personenvereinigung, nicht aber auch das für diese handelnde Organ oder sonstige natürliche Personen benannt werden[1]. Eine Nennung des handelnden Organs oder sonstiger natürlicher Personen kommt dabei nur in Betracht, wenn auch gegen diese eine eigenständige Maßnahme oder Sanktion verhängt wurde[2]. Aus der Vorgabe von Mindestangaben ergibt sich im Umkehrschluss, dass die BaFin nicht verpflichtet ist, ihre Entscheidung im Wortlaut zu veröffentlichen. Auch die Veröffentlichung von Zusammenfassungen, die den Mindestinhalt wiedergeben, ist von § 124 Abs. 2 WpHG gedeckt.

31 Unter den Voraussetzungen des § 124 Abs. 3 WpHG kann die Bekanntmachung **anonymisiert** erfolgen. Bei Kapitalgesellschaften mit Firma, die personenbezogene Daten enthält, reicht es nicht, keine natürlichen Personen zu benennen; vielmehr kann schon die Firma der Kapitalgesellschaft ein personenbezogenes Datum sein. Nach § 124 Abs. 4 Satz 2 WpHG besteht eine fortlaufende Kontrollpflicht, ob von der Veröffentlichung personenbezogener Daten abgesehen werden kann (vgl. § 123 WpHG Rz. 27).

32 § 124 Abs. 2 Satz 3 WpHG erweitert den notwendigen Inhalt der Veröffentlichung um gegen die Veröffentlichung eingelegte Rechtsbehelfe sowie das Ergebnis des Rechtsbehelfsverfahrens. Nach § 124 Abs. 2 Satz 2 WpHG ist bei nicht bestands- oder nicht rechtskräftigen Entscheidungen ein Hinweis darauf, dass die Entscheidung noch nicht bestandskräftig oder nicht rechtskräftig ist, hinzuzufügen. Satz 2 geht dabei über die Vorgaben des Art. 29 RL 2013/50/EU hinaus.

33 **3. Rechtsschutz.** Rechtsschutz gegen die Bekanntmachung ist im Wege der **Anfechtungsklage** zu erheben, denn durch die zu treffende tatbestandliche Abwägung bei der zwingender Prüfung der Ausnahmetatbestände geht der Veröffentlichung ein Verwaltungsakt voraus (vgl. § 123 WpHG Rz. 40 f., 52). Da ein Reputationsschaden bereits mit Veröffentlichung eintritt und nur bedingt durch spätere Löschung beseitigt werden kann, ist auch an vorbeugenden Rechtsschutz zu denken. Statthaft wäre insoweit eine **vorbeugende Unterlassungsklage**.

34 **IV. Nicht rechts- oder bestandskräftige Entscheidungen und Rechtsbehelfsverfahren (§ 124 Abs. 2 Satz 2 und Satz 3 WpHG).** Nach § 124 Abs. 2 Satz 2 und Satz 3 WpHG wird der **Mindestinhalt** der Bekanntmachung erweitert (vgl. hierzu Rz. 32 sowie zur Veröffentlichung nicht rechts- oder bestandskräftiger Entscheidungen Rz. 23). Die Ergänzung nach Satz 3 hat unverzüglich zu erfolgen.

---

1 BT-Drucks. 18/5010, 54.
2 BT-Drucks. 18/5010, 54.

V. Modifizierte Veröffentlichung (§ 124 Abs. 3 WpHG). § 124 Abs. 3 WpHG verpflichtet die BaFin, ohne Nennung personenbezogener Daten bekannt zu machen oder die Bekanntmachung aufzuschieben, wenn die Voraussetzungen des § 124 Abs. 1 und 2 WpHG erfüllt sind, zugleich aber mindestens einer der Ausnahmegründe aus § 124 Abs. 3 Nr. 1 bis 4 WpHG gegeben ist.

1. Tatbestand. Die formellen und materiellen Voraussetzungen der Bekanntmachungspflicht nach § 124 Abs. 1 WpHG (vgl. hierzu Rz. 20 ff.) und mindestens einer der Ausnahmegründe aus § 124 Abs. 3 WpHG müssen vorliegen.

2. Rechtsfolge. Art. 29 Abs. 1 Unterabs. 2 RL 2004/109/EG[1] in der geänderten Fassung durch die RL 2013/50/EU stellt das Aufschieben der Bekanntmachung bzw. die anonymisierte Bekanntmachung in das Ermessen der zuständigen Behörden. § 124 Abs. 3 WpHG räumt der BaFin hingegen **kein Entschließungsermessen** ein. Liegt einer der Ausnahmegründe vor, so muss die zuständige Behörde die Bekanntmachung ohne Nennung personenbezogener Daten vornehmen oder die Bekanntmachung aufschieben.

Fraglich ist, ob zwischen den Handlungsoptionen ein **Auswahlermessen** besteht. Die BaFin hat die Art und Weise der Ausnahme nach pflichtgemäßem Ermessen zu wählen und ist dabei insbesondere an den Verhältnismäßigkeitsgrundsatz gebunden. Das spricht dafür, dass ein Auswahlermessen nur in seltenen Ausnahmefällen besteht, weil die BaFin hier das mildeste geeignete Mittel anwenden muss. Bei mehreren Gegengründen setzt sich der stärkste durch. Sie muss also diejenige Handlungsoption wählen, die zur Abhilfe des Ausnahmegrundes geeignet, erforderlich und angemessen ist (vgl. hierzu Art. 34 VO Nr. 596/2014 Rz. 15 ff.). Allenfalls im Ergebnis – konsequente Beachtung des gesetzlichen Prüfungsprogramms nach Maßgabe der Grundrechte und des Verhältnismäßigkeitsprinzips – ist es richtig, dass eine „großzügige Handhabung" von § 124 Abs. 3 Nr. 1–4 WpHG geboten sei, vor allem wenn ein Informationsinteresse der Öffentlichkeit erkennbar sei[2].

§ 124 Abs. 3 WpHG fehlt eine den §§ 125 und 126 WpHG vergleichbare Regelung, die ein **Absehen** von der Bekanntmachung ermöglicht, wenn ein Aufschieben oder Anonymisieren nicht ausreichend wäre, um sicherzustellen, dass die Stabilität der Finanzmärkte nicht gefährdet wird oder die Verhältnismäßigkeit der Bekanntmachung gewahrt bleibt. Dies ist durchaus sachgerecht, da es bei § 124 WpHG um kapitalmarktrechtliche Veröffentlichungspflichten geht. Ein funktionaler Widerspruch zwischen Finanzmarktstabilität und Veröffentlichung kann hier sachlogisch nicht mehr auf der Sanktionsseite gelöst werden, vielmehr muss dies auf der Ebene des Primärrechts bearbeitet werden. Eine gänzliche Unverhältnismäßigkeit jedweder Bekanntmachung ist hier kaum denkbar, denn die verletzte Primärpflicht ist gerade eine Publizitätspflicht. Ebenso fehlt eine vergleichbare Regelung, die im Falle einer anonymisierten Bekanntmachung ein **Nachholen** der Bekanntmachung der Identität oder der personenbezogenen Daten vorsieht, wenn die Gründe für die anonymisierte Bekanntmachung entfallen sind. Beides ist nicht in Art. 29 RL 2013/50/EU vorgesehen. Eine solche Nachholung ist somit auch nicht geboten.

Nicht vorgesehen ist in § 124 Abs. 3 WpHG ein endgültiger und vollständiger **Verzicht** auf die Veröffentlichung[3]. Aus gutem Grund: Es geht bei § 124 WpHG gerade auch darum, die primär versäumte Veröffentlichung substitutiv nachzuholen. Gleichwohl kann es Ergebnis der tatbestandlichen Abwägung in besonderen Ausnahmefällen sein, dass jede Veröffentlichung außer Verhältnis zu den mit ihr verfolgten Zwecken steht.

VI. Löschung der Veröffentlichung. Gemäß § 124 Abs. 4 Satz 1 WpHG ist eine Bekanntmachung **fünf Jahre** nach ihrer Veröffentlichung zu löschen. Personenbezogene Daten sind nach Satz 2 zu löschen, sobald ihre Bekanntmachung nicht mehr erforderlich ist. Im Unterschied zu § 40d Abs. 5 WpHG enthielt § 40c WpHG a.F. keine Regelung zur Veröffentlichungsdauer. Art. 29 RL 2004/109/EG in der geänderten Fassung durch die RL 2013/50/EU lässt sich keine Frist entnehmen. Mit dem 2. FiMaNoG und der Einfügung von § 124 Abs. 4 WpHG wurde dies geändert. Dies erscheint aus datenschutzrechtlichen Erwägungen geboten[4].

§ 124 Abs. 4 Satz 1 und Satz 2 WpHG enthalten **subjektive öffentliche Rechte** desjenigen, dessen personen- oder unternehmensbezogenen Daten in der Bekanntmachung veröffentlicht sind. Hinsichtlich des statthaften Rechtsschutzes zur Durchsetzung eines Anspruches auf Löschung dieser Daten ist entscheidend, ob die Löschung ein Realakt oder ein Verwaltungsakt ist. Statthafte Klageart für ein Löschungsbegehren nach § 124 Abs. 4 Satz 2 WpHG ist eine Verpflichtungsklage, da die Bewertung der Erforderlichkeit durch die BaFin für eine Einordnung als Verwaltungsakt spricht. Für ein Löschungsbegehren nach § 124 Abs. 4 Satz 1 WpHG ist hingegen die allgemeine Leistungsklage statthaft (vgl. zum Rechtsschutz sowie zum Inhalt des Löschungsanspruches § 123 WpHG Rz. 60 ff.).

---

1 Richtlinie 2004/109/EG des Europäischen Parlaments und des Rates vom 15.12.2004 zur Harmonisierung der Transparenzanforderungen in Bezug auf Informationen über Emittenten, deren Wertpapiere zum Handel auf einem geregelten Markt zugelassen sind, und zur Änderung der Richtlinie 2001/34/EG, in der konsolidierten Fassung.
2 So *Seibt/Wollenschläger*, ZIP 2014, 545, 553.
3 *Canzler/Hammermeier*, AG 2014, 57, 73; a.M. *Brellochs*, AG 2016, 157, 170; *Seibt/Wollenschläger*, ZIP 2014, 545, 553.
4 BT-Drucks. 18/10936, 254.

§ 125 Bekanntmachung von Maßnahmen und Sanktionen wegen Verstößen gegen die Verordnung (EU) Nr. 596/2014, die Verordnung (EU) 2015/2365 und die Verordnung (EU) 2016/1011

(1) Die Bundesanstalt macht Entscheidungen über Maßnahmen und Sanktionen, die wegen Verstößen nach den Artikeln 14, 15, 16 Absatz 1 und 2, Artikel 17 Absatz 1, 2, 4, 5 und 8, Artikel 18 Absatz 1 bis 6, Artikel 19 Absatz 1, 2, 3, 5, 6, 7 und 11 und Artikel 20 Absatz 1 der Verordnung (EU) Nr. 596/2014 sowie den Artikeln 4 und 15 der Verordnung (EU) 2015/2365 erlassen wurden, unverzüglich nach Unterrichtung der natürlichen oder juristischen Person, gegen die die Maßnahme oder Sanktion verhängt wurde, auf ihrer Internetseite bekannt. Dies gilt nicht für Entscheidungen über Ermittlungsmaßnahmen.

(2) In der Bekanntmachung benennt die Bundesanstalt die Vorschrift, gegen die verstoßen wurde, und die für den Verstoß verantwortliche natürliche oder juristische Person oder Personenvereinigung.

(3) Ist die Bekanntmachung der Identität einer von der Entscheidung betroffenen juristischen Person oder der personenbezogenen Daten einer natürlichen Person unverhältnismäßig oder würde die Bekanntmachung laufende Ermittlungen oder die Stabilität der Finanzmärkte gefährden, so
1. schiebt die Bundesanstalt die Bekanntmachung der Entscheidung auf, bis die Gründe für das Aufschieben weggefallen sind,
2. macht die Bundesanstalt die Entscheidung ohne Nennung der Identität oder der personenbezogenen Daten bekannt, wenn hierdurch ein wirksamer Schutz der Identität oder der betreffenden personenbezogenen Daten gewährleistet ist oder
3. macht die Bundesanstalt die Entscheidung nicht bekannt, wenn eine Bekanntmachung gemäß den Nummern 1 und 2 nicht ausreichend wäre, um sicherzustellen, dass
   a) die Stabilität der Finanzmärkte nicht gefährdet wird oder
   b) die Verhältnismäßigkeit der Bekanntmachung gewahrt bleibt.

Im Falle des Satzes 1 Nummer 2 kann die Bundesanstalt die Bekanntmachung der Identität oder der personenbezogenen Daten nachholen, wenn die Gründe für die anonymisierte Bekanntmachung entfallen sind.

(4) Bei nicht bestands- oder nicht rechtskräftigen Entscheidungen fügt die Bundesanstalt einen entsprechenden Hinweis hinzu. Wird gegen die bekanntzumachende Entscheidung ein Rechtsbehelf eingelegt, so ergänzt die Bundesanstalt die Bekanntmachung unverzüglich um einen Hinweis auf den Rechtsbehelf sowie um alle weiteren Informationen über das Ergebnis des Rechtsbehelfsverfahrens.

(5) Eine Bekanntmachung nach Absatz 1 ist fünf Jahre nach ihrer Bekanntmachung zu löschen. Abweichend von Satz 1 sind personenbezogene Daten zu löschen, sobald ihre Bekanntmachung nicht mehr erforderlich ist.

(6) Bei Entscheidungen über Maßnahmen und Sanktionen, die erlassen wurden wegen eines Verstoßes gegen die Artikel 4 bis 16, 21, 23 bis 29 und 34 der Verordnung (EU) 2016/1011 oder wegen eines Verstoßes gegen eine vollziehbare Anordnung, die die Bundesanstalt im Zusammenhang mit einer Untersuchung betreffend die Pflichten nach dieser Verordnung gemäß § 6 Absatz 3 Satz 4 und Absatz 6, 8, 11 bis 13, § 7 Absatz 2, § 10 Absatz 2 Satz 2 Nummer 1 oder 2 erlassen hat, gelten die Absätze 1 bis 5 entsprechend mit der Maßgabe, dass die Aufhebung einer Entscheidung auch dann veröffentlicht wird, wenn sie nicht auf Grund eines Rechtsbehelfs erfolgt ist.

In der Fassung des 2. FiMaNoG vom 23.6.2017 (BGBl. I 2017, 1693).

Schrifttum: S. § 123 WpHG.

I. Grundlagen 1	III. Modifizierte Veröffentlichung (§ 125 Abs. 3 WpHG) 13
II. Bekanntmachung von Sanktionen und Maßnahmen gem. § 125 Abs. 1, Abs. 2 WpHG ... 6	IV. Löschung der Veröffentlichung (§ 125 Abs. 5 WpHG) 16
1. Tatbestand 6	V. Bekanntmachung von Maßnahmen und Sanktionen gem. § 125 Abs. 6 WpHG 17
2. Rechtsfolge 10	

1 **I. Grundlagen.** § 125 WpHG regelt die Bekanntmachung von Entscheidungen über Maßnahmen und Sanktionen, die wegen Verstößen nach den Art. 14, 15, 16 Abs. 1 und 2, Art. 17 Abs. 1, 2, 4, 5 und 8, Art. 18 Abs. 1 bis 6, Art. 19 Abs. 1, 2, 3, 5, 6, 7 und 11 und Art. 20 Abs. 1 VO Nr. 596/2014[1], den Art. 4 und 15 VO Nr. 2015/

---

[1] Verordnung (EU) Nr. 596/2014 des Europäischen Parlaments und des Rates vom 16.4.2014 über Marktmissbrauch (Marktmissbrauchsverordnung) und zur Aufhebung der Richtlinie 2003/6/EG des Europäischen Parlaments und des Rates und der Richtlinien 2003/124/EG, 2003/125/EG und 2004/72/EG der Kommission, ABl. EU Nr. L 173 v. 12.6.2014, S. 1.

2365[1] sowie den Art. 4 bis 16, 21, 23 bis 29 und 34 VO 2016/1011[2] erlassen wurden oder wegen eines Verstoßes gegen eine vollziehbare Anordnung, die die BaFin in Zusammenhang mit einer Untersuchung betreffend die Pflichten der VO 2016/1011 erlassen hat.

§ 125 WpHG wurde durch Art. 3 Nr. 128 des 2. FiMaNoG[3] (BGBl. I 2017, 1770) eingefügt und entspricht § 40d WpHG a.F.[4] § 40d WpHG a.F. diente der Umsetzung der Vorgaben aus Art. 34 VO Nr. 596/2014. Art. 34 VO Nr. 596/2014 regelt die Veröffentlichung von Entscheidungen über die Verhängung von Sanktionen und Maßnahmen in Bezug auf einen Verstoß gegen die Marktmissbrauchsverordnung. Die Neufassung setzt weiterhin Art. 26 VO 2015/2365 sowie Art. 45 VO 2016/1011 um, die ebenfalls jeweils Bekanntmachungspflichten für Verstöße regeln.

Die Bekanntmachung kann präventive oder restitutive und repressiv-sanktionierende Zwecke verfolgen (vgl. § 124 WpHG Rz. 7 ff.). Zur Klärung der vordergründigen Zwecke ist zunächst nach dem Inhalt der Entscheidung zu differenzieren (vgl. § 124 WpHG Rz. 8 f.). So kann die Entscheidung selbst der Gefahrenabwehr oder Störungsbeseitigung dienen und die Bekanntmachung eine Effektuierung derselben darstellen. Demgegenüber stehen Bekanntmachungen von Maßnahmen und Sanktionen, die von repressiv-sanktionierenden Zielen getragen werden und deren punitive Wirkung durch die Bekanntmachung verstärkt wird. Veröffentlichungen von Bußgeldern bewirken einen intensiveren Reputationsverlust als die Veröffentlichung einer bloßen verwaltungsrechtlichen Anordnung.

Der europäische Gesetzgeber stellt bei Bekanntmachungen nach § 125 WpHG die generalpräventive Abschreckung sowie die verhaltenslenkende Prävention durch Information in den Vordergrund. Aus Sicht des europäischen Gesetzgebers soll die Bekanntmachung von Verstößen gegen die VO Nr. 596/2014 und die VO 2016/1011 der Abschreckung dienen und ein wichtiges Instrument für die zuständigen Behörden zu Unterrichtung der Marktteilnehmer darüber, welches Verhalten als Verstoß gegen diese Verordnung betrachtet wird, sowie zur Förderung eines einwandfreien Verhaltens darstellen[5]. Somit verfolgt die Bekanntmachung nach § 125 WpHG wie jene nach § 124 WpHG und § 126 WpHG neben restitutiven Zwecken auch typische Straf- bzw. Sanktionszwecke.

Soweit ein Sanktionscharakter nach den Engel-Kriterien der Rechtsprechung des EGMR angenommen wird, finden die **Gewährleistungen des Art. 6 EMRK** Anwendung (vgl. § 123 WpHG Rz. 8). Die Annahme eines Sanktionscharakters führt auch zur Anwendung der Verteidigungsrechte und der Unschuldsvermutung der GRCh (vgl. § 123 WpHG Rz. 11). Bei § 125 WpHG handelt es sich um eine Durchführungsvorschrift i.S.d. Art. 51 Abs. 1 Alt. 2 GRCh. So gelten die **Gewährleistungen der GRCh** im Rahmen der zwingenden unionsrechtlichen Vorgaben, bei darüber hinausgehenden Regelungen finden die nationalen Grundrechte und die Rechte der EMRK Anwendung (vgl. § 124 WpHG Rz. 12 ff.).

II. Bekanntmachung von Sanktionen und Maßnahmen gem. § 125 Abs. 1, Abs. 2 WpHG. 1. Tatbestand.

Gemäß § 125 Abs. 1 WpHG darf die Bekanntmachung erst nach der Unterrichtung der natürlichen oder juristischen Person erfolgen. Ob die Bekanntmachung nach der Unterrichtung über die Entscheidung oder der Unterrichtung über die geplante Bekanntmachung selbst erfolgen muss, gibt der Wortlaut des § 125 Abs. 1 WpHG nicht eindeutig vor. Nach den englischen Fassungen von Art. 34 VO Nr. 596/2014, Art. 26 VO 2015/2365 und Art. 45 VO 2016/1011 soll die Bekanntmachung nach der Unterrichtung über diese Entscheidung erfolgen. Die Gesetzesbegründung zu § 40d WpHG führte hierzu aus, dass die entsprechende Entscheidung unverzüglich nach ihrer Bekanntgabe zu veröffentlichen sei[6]. Zur **Anhörung** vor der Bekanntmachung vgl. § 124 WpHG Rz. 28 und § 123 WpHG Rz. 29.

Eine Bekanntmachungspflicht besteht nur, soweit der Gegenstand der Entscheidung eine Maßnahme und Sanktion ist (vgl. dazu § 124 WpHG Rz. 22). § 125 Abs. 1 WpHG verlangt wie § 124 WpHG keine Unanfechtbarkeit der veröffentlichten Entscheidung, allerdings sollen die fehlende Rechts- oder Bestandskraft sowie Informationen über Rechtsbehelfsverfahren bekannt gemacht werden. Eine einzelfallbezogene Prüfung der Verhältnismäßigkeit der Bekanntmachung ist im Hinblick auf das Spannungsverhältnis einer Veröffentlichung vor Bestandskraft zur Unschuldsvermutung angezeigt (vgl. zur Bekanntmachung vor Bestandskraft § 124 WpHG

---

1 Verordnung (EU) 2015/2365 des Europäischen Parlaments und des Rates vom 25.11.2015 über die Transparenz von Wertpapierfinanzierungsgeschäften und der Weiterverwendung sowie zur Änderung der Verordnung (EU) Nr. 648/2012, ABl. EU Nr. L 337 v. 23.12.2015, S. 1.
2 Verordnung (EU) 2016/1011 des Europäischen Parlaments und des Rates vom 8.6.2016 über Indizes, die bei Finanzinstrumenten und Finanzkontrakten als Referenzwert oder zur Messung der Wertentwicklung eines Investmentfonds verwendet werden, und zur Änderung der Richtlinien 2008/48/EG und 2014/17/EU sowie der Verordnung (EU) Nr. 596/2014, ABl. EU Nr. L 171 v. 29.6.2016, S. 1.
3 Zweites Gesetz zur Novellierung von Finanzmarktvorschriften auf Grund europäischer Rechtsakte (Zweites Finanzmarktnovellierungsgesetz – 2. FiMaNoG) vom 23.6.2017, BGBl. I 2017, 1693.
4 BT-Drucks. 18/10936, 254.
5 Erwägungsgrund 73 VO Nr. 596/2014, Erwägungsgrund 61 VO 2016/1011.
6 BT-Drucks. 18/5010, 54.

Rz. 23). Die Veröffentlichung vor Bestandskraft begegnet erheblichen Bedenken, die besonders bei repressiv-sanktionierenden Bekanntmachungsgründen nicht durch einen Hinweis der fehlenden Bestandskraft ausgeräumt werden können.

8 § 125 Abs. 1 WpHG verlangt die Bekanntmachung von Verstößen gegen das Verbot von Insidergeschäften (Art. 14 VO Nr. 596/2014), das Verbot der Marktmanipulation (Art. 15 VO Nr. 596/2014), Vorschriften zur Vorbeugung und Aufdeckung von Marktmissbrauch (Art. 16 Abs. 1 und 2 VO Nr. 596/2014), Vorschriften zur Veröffentlichung von Insiderinformationen (Art. 17 Abs. 1, 2, 4, 5 und 8 VO Nr. 596/2014), Vorschriften zu Insiderlisten (Art. 18 Abs. 1 bis 6 VO Nr. 596/2014), Vorschriften zu Eigengeschäften von Führungskräften (Art. 19 Abs. 1, 2, 3, 5, 6, 7 und 11 VO Nr. 596/2014) und Vorschriften zur Anlageempfehlung und Statistik (Art. 20 Abs. 1 VO Nr. 596/2014). Nach § 125 Abs. 1 WpHG sind auch Entscheidungen über die Verstöße gegen die Bestimmungen zur Meldepflicht und Sicherheitsvorkehrungen für Wertpapierfinanzierungsgeschäfte nach Art. 4 VO 2015/2365 und Bestimmungen über die Weiterverwendung von als Sicherheit erhaltenen Finanzinstrumenten nach Art. 15 VO 2015/2365 bekannt zu machen. Ausgenommen von der Bekanntmachungspflicht sind gem. § 125 Abs. 1 Satz 2 WpHG Entscheidungen über Ermittlungsmaßnahmen (vgl. Art. 34 VO Nr. 596/2014 Rz. 9).

9 Die Bekanntmachungspflicht entfällt gem. § 125 Abs. 3 Satz 1 WpHG, wenn die Bekanntmachung der Identität einer von der Entscheidung betroffenen juristischen Person oder der personenbezogenen Daten einer natürlichen Person **unverhältnismäßig** ist oder die Bekanntmachung laufende Ermittlungen oder die Stabilität der Finanzmärkte gefährdet (vgl. Art. 34 VO Nr. 596/2014 Rz. 8 ff.).

10 **2. Rechtsfolge.** § 125 Abs. 1 WpHG sieht eine gebundene Entscheidung der BaFin vor. Ihr kommt weder Entschließungs- noch Auswahlermessen zu. Liegen die Voraussetzungen und kein Ausnahmegrund nach § 125 Abs. 3 WpHG vor, so muss die BaFin die Entscheidung öffentlich bekannt machen. Die Behörde hat in jedem Einzelfall das Entscheidungsprogramm des § 125 Abs. 1-3 WpHG abzuarbeiten, es handelt sich daher nicht um einen gesetzlichen Automatismus, sondern um eine behördliche Entscheidung im Einzelfall (vgl. § 124 WpHG Rz. 28). Zum **Rechtsschutz** § 124 WpHG Rz. 33.

11 Die Bekanntmachung muss **unverzüglich**, also ohne schuldhaftes Zögern (§ 121 Abs. 1 Satz 1 BGB), und auf der Internetseite der BaFin (www.bafin.de) erfolgen. § 125 Abs. 2 WpHG sieht Mindestvorgaben für den Inhalt der Bekanntmachung vor. Die BaFin hat in der Bekanntmachung die Vorschrift, gegen die verstoßen wurde, und die für den Verstoß verantwortliche natürliche oder juristische Person oder Personenvereinigung zu benennen (vgl. hierzu auch Art. 34 VO Nr. 596/2014 Rz. 13). Aus der Vorgabe von Mindestangaben ergibt sich im Umkehrschluss, dass die BaFin nicht verpflichtet ist, ihre Entscheidungen im Wortlaut zu veröffentlichen. Auch die Veröffentlichung von Zusammenfassungen, die den Mindestinhalt wiedergeben, ist von § 125 Abs. 2 WpHG gedeckt. Unter den Voraussetzungen des Abs. 3 kann eine Veröffentlichung anonymisiert erfolgen. Nach Abs. 5 Satz 2 besteht eine fortlaufende Kontrollpflicht, ob von der Veröffentlichung abgesehen werden kann (vgl. § 123 WpHG Rz. 27).

12 § 125 Abs. 4 Satz 1 WpHG erweitert den notwendigen Inhalt der Veröffentlichung um einen Hinweis auf fehlende Bestands- oder Rechtskraft, soweit die Entscheidung nicht bestands- oder rechtskräftig ist. Nach § 125 Abs. 4 Satz 2 WpHG hat die BaFin die Bekanntmachung bei eingelegten Rechtsbehelfen unverzüglich um einen Hinweis über den eingelegten Rechtsbehelf sowie um alle weiteren Informationen über das Ergebnis des Rechtsbehelfsverfahrens zu ergänzen.

13 **III. Modifizierte Veröffentlichung (§ 125 Abs. 3 WpHG).** § 125 Abs. 3 WpHG verpflichtet die BaFin, die Bekanntmachung aufzuschieben, anonymisiert vorzunehmen oder gänzlich von der Bekanntmachung abzusehen, wenn die Voraussetzungen des § 125 Abs. 1 WpHG erfüllt sind (vgl. Rz. 6 ff.), zugleich aber mindestens einer der Ausnahmegründe des § 125 Abs. 3 Satz 1 WpHG vorliegt. § 125 Abs. 3 Satz 1 WpHG räumt der BaFin **kein Entschließungsermessen** ein. Liegt einer der Ausnahmegründe vor, so muss die Behörde zwingend eine Entscheidung über Art und Umfang der Ausnahme von der Bekanntmachungspflicht nach Abs. 1 treffen. Zwischen den Handlungsoptionen besteht nach den Gesetzesmaterialien ein **Auswahlermessen**, dass die BaFin ausweislich der Gesetzesbegründung in jedem Einzelfall sehr sorgfältig auszuüben hat[1]. Aber die BaFin muss diejenige Handlungsoption wählen, die zur Abhilfe des Ausnahmegrundes geeignet, erforderlich und angemessen ist (vgl. Art. 34 VO Nr. 596/2014 Rz. 15 ff.). Da sie das mildeste geeignete Mittel anwenden muss, kommt der BaFin ein Ermessen bei der Auswahl nur in seltenen Ausnahmefällen zu (vgl. hierzu auch § 124 WpHG Rz. 38).

14 Als Handlungsoptionen kommen Aufschieben, Anonymisieren und ein gänzliches Absehen von der Bekanntmachung in Betracht. Die BaFin schiebt die Bekanntmachung nach § 125 Abs. 3 Satz 1 Nr. 1 WpHG auf, bis die Gründe für das Aufschieben weggefallen sind oder macht die Entscheidung nach § 125 Abs. 3 Satz 1 Nr. 2 WpHG ohne Nennung der Identität oder der personenbezogenen Daten bekannt, wenn hierdurch ein wirksamer Schutz der Identität oder der betreffenden personenbezogenen Daten gewährleistet ist. Dabei kann auch die Firma einer Kapitalgesellschaft ein personenbezogenes Datum sein. Gemäß § 125 Abs. 3 Satz 1 Nr. 3

---

1 BT-Drucks. 18/10936, 217.

WpHG macht die BaFin die Entscheidung nicht bekannt, wenn eine Bekanntmachung gemäß den Nr. 1 und 2 nicht ausreichend wäre, um sicherzustellen, dass die Stabilität der Finanzmärkte nicht gefährdet wird oder die Verhältnismäßigkeit der Bekanntmachung gewahrt bleibt. § 125 Abs. 3 Satz 1 Nr. 3 lit. b WpHG fordert weitergehend als Art. 34 Abs. 1 Unterabs. 3 lit. c VO Nr. 596/2014 nicht nur die Verhältnismäßigkeit der Bekanntmachung in Bezug auf unerhebliche Maßnahmen.

§ 125 Abs. 3 Satz 2 WpHG ermöglicht der BaFin im Falle des § 125 Abs. 3 Satz 1 Nr. 2 WpHG die Bekanntmachung der Identität oder der personenbezogenen Daten nachzuholen, wenn die Gründe für die anonymisierte Bekanntmachung entfallen sind. Die Entscheidung nach Satz 2 steht im Ermessen der BaFin.

IV. Löschung der Veröffentlichung (§ 125 Abs. 5 WpHG). Gemäß § 125 Abs. 5 Satz 1 WpHG ist eine Bekanntmachung fünf Jahre nach ihrer Veröffentlichung zu löschen. Personenbezogene Daten sind nach Satz 2 zu löschen, sobald ihre Bekanntmachung nicht mehr erforderlich ist. Ausweislich der Gesetzesbegründung von § 40d WpHG a.F. wird die nach EU-Recht vorgegebene Mindestdauer von fünf Jahren im nationalen Recht als Höchstdauer ausgestaltet, um dem Datenschutz ausreichend Rechnung zu tragen[1]. § 125 Abs. 5 Satz 1 und Satz 2 WpHG begründen **subjektive öffentliche Rechte** desjenigen, dessen personen- oder unternehmensbezogene Daten in der Bekanntmachung veröffentlicht sind (vgl. § 123 WpHG Rz. 61 ff.). Die vorgeschriebene Prüfung der Erforderlichkeit durch die BaFin spricht für eine Einordnung als Verwaltungsakt, die statthafte Klageart für ein Löschungsbegehren nach § 125 Abs. 5 Satz 2 WpHG ist also eine Verpflichtungsklage. Für das Löschungsbegehren nach § 124 Abs. 4 Satz 1 WpHG ist die allgemeine Leistungsklage statthaft (vgl. zum Rechtsschutz sowie zum Inhalt des Löschungsanspruchs § 123 WpHG Rz. 62 ff.).

V. Bekanntmachung von Maßnahmen und Sanktionen gem. § 125 Abs. 6 WpHG. § 125 Abs. 6 WpHG ordnet eine entsprechende Anwendung der Abs. 1 bis 5 bei Verstößen gegen die in Abs. 6 genannten Vorschriften der VO 2016/1011 an. Umfasst werden Verstöße gegen Bestimmungen der VO 2016/1011 zur Unternehmensführung und Kontrolle durch Administratoren, zu Eingabedaten, Methodik sowie Meldung von Verstößen, Verhaltenskodex und Anforderungen an Kontributoren, kritische, signifikante und nicht signifikante Referenzwerte, Transparenz und Verbraucherschutz, Verwendung eines Referenzwertes und Zulassung und Registrierung eines Administrators (Art. 4 bis 16, 21, 23 bis 29 und 34 VO 2016/1011).

Abs. 1 bis 5 gelten gem. § 125 Abs. 6 WpHG auch entsprechend für die Verstöße gegen vollziehbare Anordnungen nach § 6 Abs. 3 Satz 4 und Abs. 6, 8, 11 bis 13, § 7 Abs. 2, § 10 Abs. 2 Satz 2 Nr. 1 oder 2 WpHG. Jene muss die BaFin im Zusammenhang mit einer Untersuchung betreffend die Pflichten nach der VO 2016/1011 erlassen haben. Die entsprechende Anwendung muss jeweils unter der Maßgabe erfolgen, dass die Aufhebung einer Entscheidung auch dann veröffentlicht wird, wenn sie nicht auf Grund eines Rechtsbehelfs erfolgt ist. Dies ist dem Umstand geschuldet, dass Art. 45 Abs. 3 Satz 2 VO 2016/1011 eine Bekanntmachung von Aufhebungen in größerem Umfang als Abs. 4 Satz 2 vorsieht[2].

§ 126 Bekanntmachung von Maßnahmen und Sanktionen wegen Verstößen gegen Vorschriften der Abschnitte 9 bis 11 und gegen die Verordnung (EU) Nr. 600/2014

(1) Die Bundesanstalt macht Entscheidungen über Maßnahmen und Sanktionen, die erlassen wurden wegen Verstößen gegen
1. die Verbote oder Gebote der Abschnitte 9 bis 11 dieses Gesetzes,
2. die Rechtsverordnungen, die zur Durchführung dieser Vorschriften erlassen wurden, oder
3. die Verbote oder Gebote der in den Titeln II bis VI enthaltenen Artikel der Verordnung (EU) Nr. 600/2014

auf ihrer Internetseite unverzüglich nach Unterrichtung der natürlichen oder juristischen Person, gegen die die Maßnahme oder Sanktion verhängt wurde, bekannt. Dies gilt nicht für
1. Entscheidungen über Maßnahmen und Sanktionen, die wegen Verstößen gegen § 64 Absatz 6, die §§ 86, 87, 89 oder § 94 verhängt wurden,
2. Entscheidungen, mit denen Maßnahmen mit Ermittlungscharakter verhängt werden sowie
3. Entscheidungen, die gemäß § 50a des Börsengesetzes von den Börsenaufsichtsbehörden bekannt zu machen sind.

(2) Die Bundesanstalt hat in der Bekanntmachung die Vorschrift, gegen die verstoßen wurde, und die für den Verstoß verantwortliche natürliche oder juristische Person oder Personenvereinigung zu benennen.

---
1 BT-Drucks. 18/7482, 67.
2 BT-Drucks. 18/10936, 217.

(3) Ist die Bekanntmachung der Identität der juristischen Person oder der personenbezogenen Daten der natürlichen Person unverhältnismäßig oder gefährdet die Bekanntmachung die Stabilität der Finanzmärkte oder laufende Ermittlungen, so kann die Bundesanstalt
1. die Entscheidung, mit der die Maßnahme oder Sanktion verhängt wird, erst dann bekannt machen, wenn die Gründe für einen Verzicht auf ihre Bekanntmachung nicht mehr bestehen, oder
2. die Entscheidung, mit der die Maßnahme oder Sanktion verhängt wird, ohne Nennung personenbezogener Daten bekannt machen, wenn eine anonymisierte Bekanntmachung einen wirksamen Schutz der betreffenden personenbezogenen Daten gewährleistet, oder
3. gänzlich von der Bekanntmachung der Entscheidung, mit der die Maßnahme oder Sanktion verhängt wird, absehen, wenn die in den Nummern 1 und 2 genannten Möglichkeiten nicht ausreichend gewährleisten, dass
    a) die Stabilität der Finanzmärkte nicht gefährdet wird,
    b) die Bekanntmachung von Entscheidungen über Maßnahmen oder Sanktionen, die als geringfügiger eingestuft werden, verhältnismäßig ist.

Liegen die Voraussetzungen vor, unter denen eine Bekanntmachung nur auf anonymisierter Basis zulässig wäre, kann die Bundesanstalt die Bekanntmachung der einschlägigen Daten auch um einen angemessenen Zeitraum aufschieben, wenn vorhersehbar ist, dass die Gründe für die anonyme Bekanntmachung innerhalb dieses Zeitraums wegfallen werden.

(4) Wird gegen die Entscheidung, mit der die Maßnahme oder Sanktion verhängt wird, ein Rechtsbehelf eingelegt, so macht die Bundesanstalt auch diesen Sachverhalt und alle weiteren Informationen über das Ergebnis des Rechtsbehelfsverfahrens umgehend auf ihrer Internetseite bekannt. Ferner wird jede Entscheidung, mit der eine frühere Entscheidung über die Verhängung einer Sanktion oder Maßnahme aufgehoben oder geändert wird, ebenfalls bekannt gemacht.

(5) Eine Bekanntmachung nach Absatz 1 ist fünf Jahre nach ihrer Veröffentlichung zu löschen. Abweichend von Satz 1 sind personenbezogene Daten zu löschen, sobald ihre Bekanntmachung nicht mehr erforderlich ist.

(6) Die Bundesanstalt unterrichtet die Europäische Wertpapier- und Marktaufsichtsbehörde über alle Maßnahmen und Sanktionen, die nach Absatz 3 Satz 1 Nummer 3 nicht bekannt gemacht wurden, sowie über alle Rechtsbehelfsmittel in Verbindung mit diesen Maßnahmen und Sanktionen und über die Ergebnisse der Rechtsmittelverfahren. Hat die Bundesanstalt eine Maßnahme oder Sanktion bekannt gemacht, so unterrichtet sie die Europäische Wertpapier- und Marktaufsichtsbehörde gleichzeitig darüber.

In der Fassung des 2. FiMaNoG vom 23.6.2017 (BGBl. I 2017, 1693).

Schrifttum: S. § 123 WpHG.

I. Grundlagen: Bekanntmachung bei MiFIR und MiFID II 1	III. Modifizierte Veröffentlichung (§ 126 Abs. 3 WpHG) 17
II. Bekanntmachung gem. § 126 Abs. 1, Abs. 2 WpHG 4	IV. Löschung von Bekanntmachungen (§ 126 Abs. 5 WpHG) 20
1. Tatbestand/Voraussetzungen 4	V. Unterrichtung der ESMA (§ 126 Abs. 6 WpHG) 22
2. Rechtsfolge 13	

1 **I. Grundlagen: Bekanntmachung bei MiFIR und MiFID II.** § 126 WpHG regelt die Bekanntmachung von Entscheidungen über Maßnahmen und Sanktionen, die wegen Verstößen gegen die Verbote oder Gebote der Abschnitte 9 bis 11 des WpHG (§ 126 Abs. 1 Satz 1 Nr. 1 WpHG), gegen die Rechtsverordnungen, die zur Durchführung dieser Vorschriften erlassen wurden (§ 126 Abs. 1 Satz 1 Nr. 2 WpHG) oder gegen die Verbote oder Gebote der in den Titeln II bis VI enthaltenen Artikel der VO Nr. 600/2014[1] (§ 126 Abs. 1 Satz 1 Nr. 3 WpHG) erlassen wurden.

2 § 126 WpHG wurde durch Art. 3 Nr. 129 des 2. FiMaNoG[2] (BGBl. I 2017, 1770) eingefügt. § 126 WpHG enthält spezielle Bekanntmachungspflichten, die das naming and shaming für Verstöße gegen die Abschnitte 9 bis 11 des WpHG, welche auch die Vorgaben der RL 2014/65/EU[3] umsetzen, und gegen Vorschriften der VO

---

[1] Verordnung (EU) Nr. 600/2014 des Europäischen Parlaments und des Rates vom 15.5.2014 über Märkte für Finanzinstrumente und zur Änderung der Verordnung (EU) Nr. 648/2012, ABl. EU Nr. L 173 v. 12.6.2014, S. 84.
[2] Zweites Gesetz zur Novellierung von Finanzmarktvorschriften auf Grund europäischer Rechtsakte (Zweites Finanzmarktnovellierungsgesetz – 2. FiMaNoG) vom 23.6.2017, BGBl. I 2017, 1693.
[3] Richtlinie 2014/65/EU des Europäischen Parlaments und des Rates vom 15.5.2014 über Märkte für Finanzinstrumente sowie zur Änderung der Richtlinien 2002/92/EG und 2011/61/EU, ABl. EU Nr. L 173 v. 12.6.2014, S. 349.

Nr. 600/2014 einführen. § 126 WpHG dient der Umsetzung der Vorgaben zur öffentlichen Bekanntmachung von Maßnahme- und Sanktionsentscheidungen sowie zur Unterrichtung der ESMA aus Art. 71 RL 2014/65/EU[1].

Zur Beurteilung der präventiven oder restitutiven und repressiv-sanktionierenden Zwecke ist zunächst nach dem Inhalt der Bekanntmachung zu differenzieren (vgl. § 124 WpHG Rz. 8 f.). Die Entscheidung kann der Gefahrenabwehr oder Störungsbeseitigung dienen und die Bekanntmachung eine Effektuierung derselben darstellen. Bekanntmachungen von Maßnahmen und Sanktionen, die von repressiv-sanktionierenden Zielen getragen werden, verstärken deren punitive Wirkung. Veröffentlichungen von Bußgeldern bewirken mitunter einen intensiveren Reputationsverlust als die Veröffentlichung einer bloßen verwaltungsrechtlichen Anordnung. Ausweislich des Erwägungsgrundes 98 des Vorschlags der Kommission für die MIFID II[2] soll die Bekanntmachung eine abschreckende Wirkung auf breite Kreise gewährleisten. Die Bekanntmachung nach § 126 WpHG verfolgt also wie jene nach § 124 WpHG und § 125 WpHG neben restitutiven Zwecken auch typische Straf- und Sanktionszwecke (vgl. § 124 WpHG Rz. 9). Vgl. zur Anwendbarkeit strafrechtlicher bzw. verfahrensrechtlicher Garantien sowie zu grundrechtlichen Garantien des Unions- und Konventionsrechts und des Grundgesetzes § 124 WpHG Rz. 10 ff. Zum Rechtsschutz § 124 WpHG Rz. 33.

II. Bekanntmachung gem. § 126 Abs. 1, Abs. 2 WpHG. 1. Tatbestand/Voraussetzungen. Zuständig für die Bekanntmachung ist die Bundesanstalt für Finanzdienstleistungsaufsicht (BaFin), § 126 Abs. 1 Satz 1 WpHG.

Gemäß § 126 Abs. 1 Satz 1 a.E. WpHG darf die Bekanntmachung erst nach der Unterrichtung der natürlichen oder juristischen Person erfolgen. Ob die Bekanntmachung nach der Unterrichtung über die Entscheidung oder nach der Unterrichtung über die geplante Bekanntmachung selbst erfolgen muss, gibt der Wortlaut des § 126 Abs. 1 Satz 1 a.E. WpHG sowie der Wortlaut der deutschen Fassung des Art. 71 Abs. 1 RL 2014/65/EU nicht eindeutig vor. Nach der englischen Fassung des Art. 71 Abs. 1 RL 2014/65/EU soll die Bekanntmachung nach der Unterrichtung über diese Entscheidung erfolgen. Die Gesetzesbegründung zu § 126 WpHG führt aus, dass die Veröffentlichung unverzüglich nach der Bekanntgabe der Entscheidung vorzunehmen sei[3]. Zur Anhörung vor der Bekanntmachung vgl. § 124 WpHG Rz. 28 und § 123 WpHG Rz. 29.

§ 126 Abs. 1 WpHG verpflichtet die BaFin zur Bekanntmachung der Entscheidungen über Maßnahmen und Sanktionen, die wegen Verstößen gegen die Verbote oder Gebote der Abschnitte 9 bis 11 des WpHG (§ 126 Abs. 1 Satz 1 Nr. 1 WpHG), gegen die Rechtsverordnungen, die zur Durchführung dieser Vorschriften erlassen wurden (§ 126 Abs. 1 Satz 1 Nr. 2 WpHG) oder gegen die Verbote oder Gebote der in den Titeln II bis VI enthaltenen Artikel der Verordnung (EU) Nr. 600/2014 (§ 126 Abs. 1 Satz 1 Nr. 3 WpHG) erlassen wurden.

Eine Bekanntmachungspflicht besteht nur, soweit der Gegenstand der Entscheidung eine Sanktion oder Maßnahme ist (vgl. hierzu § 124 WpHG Rz. 22). Die Vorschrift verlangt keine Unanfechtbarkeit der veröffentlichten Entscheidung (vgl. dazu § 124 WpHG Rz. 23). Die Verhältnismäßigkeit der Bekanntmachung nicht rechtskräftiger Entscheidungen ist einzelfallbezogen zu prüfen. Wie bei § 124 WpHG und § 125 WpHG muss auch nach § 126 Abs. 4 WpHG die Information über eingelegte Rechtsbehelfe und alle weiteren Informationen über das Ergebnis des Rechtsbehelfsverfahrens bekannt gemacht werden. § 126 Abs. 4 WpHG enthält allerdings keinen Zusatz, der die Bekanntmachung der fehlenden Rechts- oder Bestandskraft durch einen Hinweis vorschreibt. Insbesondere die Bekanntmachung, die maßgebend von repressiv-sanktionierenden Gründen getragen wird, bedarf im Regelfall einer rechtskräftigen Entscheidung (vgl. § 124 WpHG Rz. 23).

Gemäß § 126 Abs. 1 Satz 1 Nr. 1 WpHG sind Entscheidungen über Maßnahmen und Sanktionen, die wegen Verstößen gegen die Verbote und Gebote der Abschnitte 9 bis 11 des WpHG erlassen wurden, bekannt zu machen. Die Abschnitte 9 bis 11 des WpHG dienen der Umsetzung der RL 2014/65/EU und der Anpassung an die Vorgaben dieser Richtlinie. Durch den Abschnitt 9 werden die Vorgaben der Richtlinie zur Überwachung von Positionslimits und zur Positionsmeldung in Warenderivaten in nationales Recht umgesetzt[4]. Abschnitt 10 setzt die Vorgaben der RL 2014/65/EU zu Organisationspflichten von Datenbereitstellungsdiensten um[5]. Abschnitt 11 beruht auf dem ehemaligen Abschnitt 6 und wird an einigen Stellen an die Vorgaben der RL 2014/65/EU angepasst. Abschnitt 11 behandelt Verhaltenspflichten, Organisationspflichten und Transparenzpflichten.

Die BaFin hat gem. § 126 Abs. 1 Satz 1 Nr. 2 WpHG auch die Entscheidungen über Maßnahmen und Sanktionen, die wegen Verstößen gegen die Rechtsverordnungen, die zur Durchführung der Verbote oder Gebote der Abschnitte 9 bis 11 des WpHG erlassen wurden, bekannt zu machen.

Nach § 126 Abs. 1 Satz 1 Nr. 3 WpHG hat die BaFin die Entscheidungen über Maßnahmen und Sanktionen, die wegen Verstößen gegen die Verbote oder Gebote der in den Titeln II bis VI enthaltenen Artikel der VO Nr. 600/2014 erlassen wurden, bekannt zu machen. Titel II enthält Vorschriften zur Transparenz für Handels-

---

1 Vgl. BT-Drucks. 18/10936, 254.
2 KOM(2011) 0656 endgültig.
3 Vgl. BT-Drucks. 18/10936, 254.
4 Vgl. BT-Drucks. 18/10936, 232.
5 Vgl. BT-Drucks. 18/10936, 232.

§ 126 | Straf- und Bußgeldvorschriften

plätze, Titel III zur Transparenz für systematische Internalisierer und Wertpapierfirmen, die mit OTC handeln, Titel IV zur Meldung von Geschäften, Titel V zu Derivaten und Titel VI zum diskriminierungsfreien Zugang zum Clearing für Finanzinstrumente.

11 Nicht unter die Bekanntmachungspflicht fallen Entscheidungen über Maßnahmen und Sanktionen, die wegen Verstößen gegen § 64 Abs. 6, die §§ 86, 87, 89 oder § 94 WpHG verhängt wurden (§ 126 Abs. 1 Satz 2 Nr. 1 WpHG). § 87 Abs. 6 Satz 2 WpHG beinhaltet dabei eine eigenständige Bekanntmachungsvorschrift für unanfechtbar gewordene Anordnungen nach § 86 Abs. 6 Satz 1 WpHG. Ausgenommen von der Bekanntmachungspflicht sind gem. § 126 Abs. 1 Satz 2 Nr. 2 WpHG auch Entscheidungen, mit denen Maßnahmen mit Ermittlungscharakter verhängt werden (vgl. § 124 WpHG Rz. 27) sowie nach § 126 Abs. 1 Satz 2 Nr. 3 WpHG Entscheidungen, die gem. § 50a BörsG von den Börsenaufsichtsbehörden bekannt zu machen sind.

12 Liegt einer der **Ausnahmegründe des § 126 Abs. 3 WpHG** vor, so kann die BaFin von der Bekanntmachungspflicht abweichen. Ist gem. § 126 Abs. 3 Satz 1 WpHG die Bekanntmachung der Identität der juristischen Person oder der personenbezogenen Daten der natürlichen Person unverhältnismäßig oder gefährdet die Bekanntmachung die Stabilität der Finanzmärkte oder laufende Ermittlungen, kann die BaFin von der Bekanntmachungspflicht nach § 126 Abs. 1, 2 WpHG abweichen und eine modifizierte Veröffentlichung nach § 126 Abs. 3 Satz 1 Nr. 1–2 und Satz 2 WpHG vornehmen oder unter den Voraussetzungen der Nr. 3 gänzlich von der Bekanntmachung der Entscheidung absehen (vgl. zu den Ausnahmegründen § 123 WpHG Rz. 22 ff., § 124 WpHG Rz. 26, Art. 34 VO Nr. 596/2014 Rz. 14 ff.).

13 **2. Rechtsfolge.** § 126 Abs. 1 Satz 1 WpHG sieht eine gebundene Entscheidung der zuständigen Behörde vor. Ihr kommt weder Entschließungs- noch Auswahlermessen zu. Liegen die Voraussetzungen und kein Ausnahmegrund nach § 126 Abs. 3 WpHG vor, so muss die zuständige Behörde die Entscheidung öffentlich bekannt machen. § 126 Abs. 3 WpHG zwingt die BaFin dazu, vor einer Veröffentlichung die Ausnahmegründe zu prüfen. Bei der Veröffentlichungsentscheidung handelt es sich nicht um einen gesetzlichen Automatismus, sondern um eine behördliche Entscheidung im Einzelfall (vgl. § 124 WpHG Rz. 28).

14 Die Bekanntmachung muss **unverzüglich**, also ohne schuldhaftes Zögern (§ 121 Abs. 1 Satz 1 BGB) erfolgen. Die Bekanntmachung erfolgt auf der Internetseite der BaFin (www.bafin.de).

15 § 126 Abs. 2 WpHG sieht **Mindestvorgaben für den Inhalt** der Bekanntmachung vor. Die BaFin hat in der Bekanntmachung die Vorschrift, gegen die verstoßen wurde, und die für den Verstoß verantwortliche natürliche oder juristische Person oder Personenvereinigung zu benennen. Aus der Vorgabe zum Mindestangaben ergibt sich im Umkehrschluss, dass die BaFin nicht verpflichtet ist, ihre Entscheidungen im Wortlaut zu veröffentlichen. Auch die Veröffentlichung von Zusammenfassungen, die den Mindestinhalt wiedergeben, ist von § 126 Abs. 2 WpHG gedeckt. Unter den Voraussetzungen des § 126 Abs. 3 Satz 1 Nr. 2 WpHG kann die Bekanntmachung anonymisiert erfolgen. Bei Kapitalgesellschaftsfirmen, die personenbezogene Daten enthalten, reicht es nicht, keine natürliche Personen zu benennen; vielmehr kann schon die Firma der Kapitalgesellschaft ein personenbezogenes Datum sein. Nach § 123 Abs. 5 Satz 2 WpHG besteht eine fortlaufende Kontrollpflicht, ob von der Veröffentlichung personenbezogener Daten abgesehen werden kann (§ 123 WpHG Rz. 27).

16 § 126 Abs. 4 WpHG erweitert den notwendigen Inhalt der Veröffentlichung. Nach § 126 Abs. 4 Satz 1 WpHG hat die BaFin auch die Einlegung eines Rechtsbehelfes sowie alle weiteren Informationen über das Ergebnis des Rechtsbehelfsverfahrens umgehend auf Ihrer Internetseite bekannt zu machen. Die BaFin muss auch jede Entscheidung, mit der eine frühere Entscheidung über die Verhängung einer Sanktion oder Maßnahme aufgehoben oder geändert wird, bekannt machen. Ferner soll nach § 126 Abs. 4 Satz 2 WpHG jede Entscheidung, mit der eine frühere Entscheidung über die Verhängung einer Sanktion aufgehoben oder geändert wird, ebenfalls bekannt gemacht werden. Eine Satz 2 vergleichbare Regelung fehlt in §§ 124 und 125 WpHG und folgt der Vorgabe des Art. 71 RL 2014/65/EU. Im Unterschied zu § 124 Abs. 2 Satz 2 und § 125 Abs. 4 Satz 1 WpHG enthält § 126 WpHG keinen Zusatz, dass die BaFin bei nicht bestands- oder nicht rechtskräftigen Entscheidungen einen entsprechenden Hinweis hinzufügen muss. Auch in Art. 71 RL 2014/65/EU und Art. 34 VO Nr. 596/2014 ist ein solcher Zusatz nicht zu finden.

17 **III. Modifizierte Veröffentlichung (§ 126 Abs. 3 WpHG).** § 126 Abs. 3 WpHG ermöglicht der BaFin die Bekanntmachung aufzuschieben, anonymisiert vorzunehmen oder gänzlich von der Bekanntmachung abzusehen, wenn die Voraussetzungen des § 126 Abs. 1 WpHG erfüllt sind, zugleich aber mindestens einer der Ausnahmegründe des § 126 Abs. 3 Satz 1 WpHG vorliegt.

18 § 126 Abs. 3 Satz 1 WpHG räumt der BaFin ein Entschließungs- und Auswahlermessen ein. Der Gesetzgeber lässt der BaFin also im Unterschied zu den §§ 124 und 125 WpHG ein Ermessen bei der Frage, ob sie überhaupt eine modifizierte Bekanntmachung vornimmt. Die BaFin muss die Entscheidung und Auswahl nach pflichtgemäßem Ermessen sowie unter Wahrung des Verhältnismäßigkeitsgrundsatzes treffen. Die BaFin hat das Ermessen *in jedem Einzelfall sehr sorgfältig auszuüben*[1]. Dies ergibt sich auch aus der reflexartig mitauftre-

---

[1] Vgl. BT-Drucks. 18/10936, 254.

tenden Sanktionswirkung einer personalisierten Veröffentlichung. Eine weite Auslegung der Ausnahmetatbestände kann im Hinblick auf eine fehlende Bestands- bzw. Rechtskraft angezeigt sein[1]. Bei der Ermessensausübung ist eine Ermessensreduzierung zu beachten. Da das mildeste geeignete Mittel angewendet werden muss, besteht das Ermessen also nur in seltenen Ausnahmefällen. Bei mehreren Gegengründen setzt sich der stärkste durch. Art. 71 Abs. 1 Unterabs. 2 RL 2014/65/EU gibt vor, dass die Mitgliedstaaten die Vornahme einer modifizierten Bekanntmachung sicherstellen sollen, soweit die zuständige Behörde nach einer fallbezogenen Bewertung der Verhältnismäßigkeit der Bekanntmachung der betreffenden Daten zu der Ansicht gelangt, dass die Bekanntmachung der Identität der juristischen Person oder der personenbezogenen Daten der natürlichen Personen unverhältnismäßig wäre, oder soweit die Bekanntmachung die Stabilität der Finanzmärkte oder laufende Ermittlungen gefährdet.

Die BaFin kann bei Vorliegen eines Ausnahmegrundes nach § 126 Abs. 3 Satz 1 WpHG die Entscheidung, mit der die Maßnahme oder Sanktion verhängt wird, erst dann bekannt machen, wenn die Gründe für einen Verzicht auf ihre Bekanntmachung nicht mehr bestehen (§ 126 Abs. 3 Satz 1 Nr. 1 WpHG), die Bekanntmachung also aufschieben. Sie kann die Entscheidung auch ohne Nennung personenbezogener Daten bekannt machen, wenn eine anonymisierte Bekanntmachung einen wirksamen Schutz der betreffenden personenbezogenen Daten gewährleistet (§ 126 Abs. 3 Satz 1 Nr. 2 WpHG). Nach § 126 Abs. 3 Satz 1 Nr. 3 WpHG kann die BaFin gänzlich von der Bekanntmachung der Entscheidung absehen, wenn die in den Nr. 1 und 2 genannten Möglichkeiten nicht ausreichend gewährleisten, dass die Stabilität der Finanzmärkte nicht gefährdet wird (Nr. 3 lit. a) oder die Bekanntmachung von Entscheidungen über Maßnahmen oder Sanktionen, die als geringfügiger eingestuft werden, verhältnismäßig ist (Nr. 3 lit. b). Schließlich kann die BaFin bei Vorliegen der Voraussetzungen, unter denen eine Bekanntmachung nur auf anonymisierter Basis zulässig wäre, die Bekanntmachung der einschlägigen Daten auch um einen angemessenen Zeitraum aufschieben, wenn vorhersehbar ist, dass die Gründe für eine anonyme Bekanntmachung innerhalb dieses Zeitraums wegfallen werden (§ 126 Abs. 3 Satz 2 WpHG). Die Kataloge der Ausnahmetatbestände des § 126 WpHG und des § 125 WpHG sind zwar unterschiedlich formuliert, gleichen sich aber inhaltlich. Die unterschiedlichen Fassungen decken sich jeweils mit den zugrunde liegenden europäischen Rechtsakten.

IV. Löschung von Bekanntmachungen (§ 126 Abs. 5 WpHG). Gemäß § 126 Abs. 5 Satz 1 WpHG ist eine Bekanntmachung nach § 126 Abs. 1 WpHG fünf Jahre nach ihrer Veröffentlichung zu löschen. Personenbezogene Daten sind nach § 126 Abs. 5 Satz 2 WpHG zu löschen, sobald ihre Bekanntmachung nicht mehr erforderlich ist. Die Regelung steht in einem Spannungsverhältnis zum Datenschutz. Die europäische Vorgabe einer Mindestveröffentlichungsdauer ist national als Höchstdauer ausgestaltet worden.

§ 126 Abs. 5 Satz 1 und Satz 2 WpHG begründen **subjektive öffentliche Rechte** desjenigen, dessen personen- oder unternehmensbezogene Daten in der Bekanntmachung veröffentlicht sind (vgl. § 124 WpHG Rz. 42). Hinsichtlich des statthaften Rechtsschutzes zur Durchsetzung eines Anspruches auf Löschung dieser Daten ist entscheidend, ob die Löschung ein Realakt oder ein Verwaltungsakt ist. Statthafte Klageart für ein Löschungsbegehren nach § 124 Abs. 4 Satz 2 WpHG ist eine Verpflichtungsklage, da die Bewertung der Erforderlichkeit durch die BaFin für eine Einordnung als Verwaltungsakt spricht. Für ein Löschungsbegehren nach § 124 Abs. 4 Satz 1 WpHG ist hingegen die allgemeine Leistungsklage statthaft (vgl. zum Rechtsschutz sowie zum Inhalt des Löschungsanspruches § 123 WpHG Rz. 62 ff.).

V. Unterrichtung der ESMA (§ 126 Abs. 6 WpHG). Die BaFin unterrichtet die ESMA über bekannt gemachte Maßnahmen oder Sanktionen, § 126 Abs. 6 Satz 2 WpHG. Die Unterrichtung hat zeitgleich zu der Bekanntmachung zu erfolgen. Die Unterrichtungspflicht wird nach § 126 Abs. 6 Satz 1 WpHG auch durch gem. § 126 Abs. 3 Satz 1 Nr. 3 WpHG nicht bekannt gemachte Maßnahmen und Sanktionen, die Rechtsbehelfsmittel in Verbindung mit diesen Maßnahmen und Sanktionen und über die Ergebnisse der Rechtsmittelverfahren ausgelöst. Vgl. zum Zweck der Unterrichtung § 123 WpHG Rz. 43.

---

1 *Nartowska/Knierbein*, NZG 2016, 256, 259.

Abschnitt 18
Übergangsbestimmungen

§ 127 Erstmalige Mitteilungs- und Veröffentlichungspflichten

(1) Ein Unternehmen im Sinne des § 9 Absatz 1 Satz 1 in der Fassung dieses Gesetzes vom 26. Juli 1994 (BGBl. I S. 1749), das am 1. August 1997 besteht und nicht bereits vor diesem Zeitpunkt der Meldepflicht nach § 9 Absatz 1 in der Fassung dieses Gesetzes vom 26. Juli 1994 (BGBl. I S. 1749) unterlag, muss Mitteilungen nach § 9 Absatz 1 in der Fassung dieses Gesetzes vom 22. Oktober 1997 (BGBl. I S. 2518) erstmals am 1. Februar 1998 abgeben.

(2) Wem am 1. April 2002 unter Berücksichtigung des § 22 Absatz 1 und 2 in der Fassung dieses Gesetzes vom 20. Dezember 2001 (BGBl. I S. 3822) 5 Prozent oder mehr der Stimmrechte einer börsennotierten Gesellschaft zustehen, hat der Gesellschaft und der Bundesanstalt unverzüglich, spätestens innerhalb von sieben Kalendertagen, die Höhe seines Stimmrechtsanteils unter Angabe seiner Anschrift schriftlich mitzuteilen; in der Mitteilung sind die zuzurechnenden Stimmrechte für jeden Zurechnungstatbestand getrennt anzugeben. Eine Verpflichtung nach Satz 1 besteht nicht, sofern nach dem 1. Januar 2002 und vor dem 1. April 2002 bereits eine Mitteilung gemäß § 21 Absatz 1 oder 1a in der Fassung dieses Gesetzes vom 24. März 1998 (BGBl. I S. 529) abgegeben worden ist.

(3) Die Gesellschaft hat Mitteilungen nach Absatz 2 innerhalb von einem Monat nach Zugang nach Maßgabe des § 25 Absatz 1 Satz 1 in der Fassung dieses Gesetzes vom 24. März 1998 (BGBl. I S. 529) und Satz 2 in der Fassung dieses Gesetzes vom 22. Oktober 1997 (BGBl. I S. 2518) sowie Absatz 2 in der Fassung dieses Gesetzes vom 20. Dezember 2001 (BGBl. I S. 3822) zu veröffentlichen und der Bundesanstalt unverzüglich einen Beleg über die Veröffentlichung zu übersenden.

(4) Auf die Pflichten nach den Absätzen 2 und 3 sind die §§ 23 und 24 in der Fassung dieses Gesetzes vom 24. März 1998 (BGBl. I S. 529), § 25 Absatz 3 Satz 2 und Absatz 4 in der Fassung dieses Gesetzes vom 26. Juli 1994 (BGBl. I S. 1749), § 27 in der Fassung dieses Gesetzes vom 24. März 1998 (BGBl. I S. 529) und § 28 in der Fassung dieses Gesetzes vom 20. Dezember 2001 (BGBl. I S. 3822) sowie die §§ 29 und 30 in der Fassung dieses Gesetzes vom 26. Juli 1994 (BGBl. I S. 1749) entsprechend anzuwenden.

(5) Wer am 20. Januar 2007, auch unter Berücksichtigung des § 22 in der Fassung dieses Gesetzes vom 5. Januar 2007 (BGBl. I S. 10), einen mit Aktien verbundenen Stimmrechtsanteil hält, der die Schwelle von 15, 20 oder 30 Prozent erreicht, überschreitet oder unterschreitet, hat dem Emittenten, für den die Bundesrepublik Deutschland der Herkunftsstaat ist, spätestens am 20. März 2007 seinen Stimmrechtsanteil mitzuteilen. Das gilt nicht, wenn er bereits vor dem 20. Januar 2007 eine Mitteilung mit gleichwertigen Informationen an diesen Emittenten gerichtet hat; der Inhalt der Mitteilung richtet sich nach § 21 Absatz 1 in der Fassung dieses Gesetzes vom 5. Januar 2007 (BGBl. I S. 10), auch in Verbindung mit einer Rechtsverordnung nach § 21 Absatz 2. Wem am 20. Januar 2007 auf Grund einer Zurechnung nach § 22 Absatz 1 Satz 1 Nummer 6 in der Fassung dieses Gesetzes vom 5. Januar 2007 (BGBl. I S. 10) ein Stimmrechtsanteil an einem Emittenten, für den die Bundesrepublik Deutschland der Herkunftsstaat ist, von 5 Prozent oder mehr zusteht, muss diesen dem Emittenten spätestens am 20. März 2007 mitteilen. Dies gilt nicht, wenn er bereits vor dem 20. Januar 2007 eine Mitteilung mit gleichwertigen Informationen an diesen Emittenten gerichtet hat und ihm die Stimmrechtsanteile nicht bereits nach § 22 Absatz 1 Satz 1 Nummer 6 in der Fassung dieses Gesetzes vom 20. Dezember 2001 (BGBl. I S. 3822) zugerechnet werden konnten; der Inhalt der Mitteilung richtet sich nach § 21 Absatz 1 in der Fassung dieses Gesetzes vom 5. Januar 2007 (BGBl. I S. 10), auch in Verbindung mit einer Rechtsverordnung nach § 21 Absatz 2. Wer am 20. Januar 2007 Finanzinstrumente im Sinne des § 25 in der Fassung dieses Gesetzes vom 5. Januar 2007 (BGBl. I S. 10) hält, muss dem Emittenten, für den die Bundesrepublik Deutschland der Herkunftsstaat ist, spätestens am 20. März 2007 mitteilen, wie hoch sein Stimmrechtsanteil wäre, wenn er statt der Finanzinstrumente die Aktien hielte, die auf Grund der rechtlich bindenden Vereinbarung erworben werden können, es sei denn, sein Stimmrechtsanteil läge unter 5 Prozent. Dies gilt nicht, wenn er bereits vor dem 20. Januar 2007 eine Mitteilung mit gleichwertigen Informationen an diesen Emittenten gerichtet hat; der Inhalt der Mitteilung richtet sich nach § 25 Absatz 1 in der Fassung dieses Gesetzes vom 5. Januar 2007 (BGBl. I S. 10), auch in Verbindung mit den §§ 17 und 18 der Wertpapierhandelsanzeige- und Insiderverzeichnisverordnung in der Fassung vom 5. Januar 2007 (BGBl. I S. 10). Erhält ein Inlandsemittent eine Mitteilung nach Satz 1, 3 oder 5, so muss er diese bis spätestens zum 20. April 2007 nach § 26 Absatz 1 Satz 1 in der Fassung dieses Gesetzes vom 5. Januar 2007 (BGBl. I S. 10), auch in Verbindung mit einer Rechtsverordnung nach § 26 Absatz 3, veröffentlichen. Er übermittelt die Information außerdem unverzüglich, jedoch nicht vor ihrer Veröffentlichung dem Unternehmensregister im Sinne des § 8b des Handelsgesetzbuchs zur Speicherung. Er hat gleich-

zeitig mit der Veröffentlichung nach Satz 7 diese der Bundesanstalt nach § 26 Absatz 2 in der Fassung dieses Gesetzes vom 5. Januar 2007 (BGBl. I S. 10), auch in Verbindung mit einer Rechtsverordnung nach § 26 Absatz 3 Nummer 2, mitzuteilen. Auf die Pflichten nach den Sätzen 1 bis 9 sind § 23 in der Fassung dieses Gesetzes vom 5. Januar 2007 (BGBl. I S. 10), § 24 in der Fassung dieses Gesetzes vom 24. März 1998 (BGBl. I S. 529), § 27 in der Fassung dieses Gesetzes vom 5. Januar 2007 (BGBl. I S. 10), § 28 in der Fassung dieses Gesetzes vom 20. Dezember 2001 (BGBl. I S. 3822), § 29 in der Fassung dieses Gesetzes vom 28. Oktober 2004 (BGBl. I S. 2630) und § 29a Absatz 3 in der Fassung dieses Gesetzes vom 5. Januar 2007 (BGBl. I S. 10) entsprechend anzuwenden. Auf die Pflichten nach Satz 4 ist § 29a Absatz 1 und 2 in der Fassung dieses Gesetzes vom 5. Januar 2007 (BGBl. I S. 10) entsprechend anzuwenden.

(6) Wer, auch unter Berücksichtigung des § 22 in der Fassung dieses Gesetzes vom 12. August 2008 (BGBl. I S. 1666), einen mit Aktien verbundenen Stimmrechtsanteil sowie Finanzinstrumente im Sinne des § 25 in der Fassung dieses Gesetzes vom 12. August 2008 (BGBl. I S. 1666) hält, muss das Erreichen oder Überschreiten der für § 25 in der Fassung dieses Gesetzes vom 12. August 2008 (BGBl. I S. 1666) geltenden Schwellen, die er am 1. März 2009 ausschließlich auf Grund der Änderung des § 25 in der Fassung dieses Gesetzes vom 12. August 2008 (BGBl. I S. 1666) mit Wirkung vom 1. März 2009 durch Zusammenrechnung nach § 25 Absatz 1 Satz 3 in der Fassung dieses Gesetzes vom 12. August 2008 (BGBl. I S. 1666) erreicht oder überschreitet, nicht mitteilen. Eine solche Mitteilung ist erst dann abzugeben, wenn erneut eine der für § 25 in der Fassung dieses Gesetzes vom 12. August 2008 (BGBl. I S. 1666) geltenden Schwellen erreicht, überschritten oder unterschritten wird. Mitteilungspflichten nach § 25 in der Fassung dieses Gesetzes vom 5. Januar 2007 (BGBl. I S. 10), die nicht richtig, nicht vollständig oder nicht in der vorgeschriebenen Weise erfüllt wurden, sind unter Berücksichtigung von § 25 Absatz 1 Satz 3 in der Fassung dieses Gesetzes vom 12. August 2008 (BGBl. I S. 1666) zu erfüllen.

(7) Wer, auch unter Berücksichtigung des § 22 in der Fassung dieses Gesetzes vom 12. August 2008 (BGBl. I S. 1666), einen mit Aktien verbundenen Stimmrechtsanteil hält, muss das Erreichen oder Überschreiten der für § 21 in der Fassung dieses Gesetzes vom 21. Dezember 2007 (BGBl. I S. 3089) geltenden Schwellen, die er am 19. August 2008 ausschließlich durch Zurechnung von Stimmrechten auf Grund der Neufassung des § 22 Absatz 2 in der Fassung dieses Gesetzes vom 12. August 2008 (BGBl. I S. 1666) mit Wirkung vom 19. August 2008 erreicht oder überschreitet, nicht mitteilen. Eine solche Mitteilung ist erst dann abzugeben, wenn erneut eine der für § 21 in der Fassung dieses Gesetzes vom 21. Dezember 2007 (BGBl. I S. 3089) geltenden Schwellen erreicht, überschritten oder unterschritten wird. 3Die Sätze 1 und 2 gelten für die Mitteilungspflicht nach § 25 in der Fassung dieses Gesetzes vom 12. August 2008 (BGBl. I S. 1666) entsprechend mit der Maßgabe, dass die für § 25 in der Fassung dieses Gesetzes vom 12. August 2008 (BGBl. I S. 1666) geltenden Schwellen maßgebend sind.

(8) Wer am 1. Februar 2012 Finanzinstrumente oder sonstige Instrumente im Sinne des § 25a Absatz 1 in der Fassung dieses Gesetzes vom 5. April 2011 (BGBl. I S. 538) hält, die es ihrem Inhaber auf Grund ihrer Ausgestaltung ermöglichen, 5 Prozent oder mehr der mit Stimmrechten verbundenen und bereits ausgegebenen Aktien eines Emittenten, für den die Bundesrepublik Deutschland der Herkunftsstaat ist, zu erwerben, hat dem Emittenten und gleichzeitig der Bundesanstalt unverzüglich, spätestens jedoch innerhalb von 30 Handelstagen, die Höhe seines Stimmrechtsanteils nach § 25a Absatz 2 entsprechend § 25a Absatz 1, auch in Verbindung mit einer Rechtsverordnung nach § 25a Absatz 4, jeweils in der Fassung dieses Gesetzes vom 5. April 2011 (BGBl. I S. 538), mitzuteilen. § 24 in der Fassung dieses Gesetzes vom 24. März 1998 (BGBl. I S. 529) gilt entsprechend. 3Eine Zusammenrechnung mit den Beteiligungen nach § 21 in der Fassung dieses Gesetzes vom 21. Dezember 2007 (BGBl. I S. 3089), § 22 in der Fassung dieses Gesetzes vom 12. August 2008 (BGBl. I S. 1666) und § 25 in der Fassung dieses Gesetzes vom 5. April 2011 (BGBl. I S. 538) findet statt.

(9) Der Inlandsemittent hat die Informationen nach Absatz 8 unverzüglich, spätestens jedoch drei Handelstage nach ihrem Zugang gemäß § 26 Absatz 1 Satz 1 Halbsatz 1 in der Fassung dieses Gesetzes vom 5. April 2011 (BGBl. I S. 538) zu veröffentlichen und dem Unternehmensregister im Sinne des § 8b des Handelsgesetzbuchs unverzüglich, jedoch nicht vor ihrer Veröffentlichung zur Speicherung zu übermitteln. Gleichzeitig mit der Veröffentlichung hat der Inlandsemittent diese der Bundesanstalt mitzuteilen.

(10) Wer, auch unter Berücksichtigung des § 22 in der Fassung dieses Gesetzes vom 20. November 2015 (BGBl. I S. 2029), am 26. November 2015 Stimmrechte im Sinne des § 21 in der Fassung dieses Gesetzes vom 20. November 2015 (BGBl. I S. 2029) hält und ausschließlich auf Grund der Änderung des § 21 mit Wirkung zum 26. November 2015 an einem Emittenten, für den die Bundesrepublik Deutschland der Herkunftsstaat ist, eine der für § 21 in der Fassung dieses Gesetzes vom 20. November 2015 (BGBl. I S. 2029) geltenden Schwellen erreicht, überschreitet oder unterschreitet, hat dies bis zum 15. Januar 2016 nach Maßgabe des § 21 in der Fassung dieses Gesetzes vom 20. November 2015 (BGBl. I S. 2029) mitzuteilen. Wer am 26. November 2015 Instrumente im Sinne des § 25 in der Fassung dieses Gesetzes vom 20. November 2015 (BGBl. I S. 2029) hält, die sich nach Maßgabe des § 25 Absatz 3 und 4 in der

§ 128 Übergangsbestimmungen

Fassung dieses Gesetzes vom 20. November 2015 (BGBl. I S. 2029) auf mindestens 5 Prozent der Stimmrechte an einem Emittenten, für den die Bundesrepublik Deutschland der Herkunftsstaat ist, beziehen, hat dies bis zum 15. Januar 2016 nach Maßgabe des § 25 in der Fassung dieses Gesetzes vom 20. November 2015 (BGBl. I S. 2029) mitzuteilen. Wer eine der für § 25a in der Fassung dieses Gesetzes vom 20. November 2015 (BGBl. I S. 2029) geltenden Schwellen ausschließlich auf Grund der Änderung des § 25a mit Wirkung zum 26. November 2015 erreicht, überschreitet oder unterschreitet, hat dies bis zum 15. Januar 2016 nach Maßgabe des § 25a in der Fassung dieses Gesetzes vom 20. November 2015 (BGBl. I S. 2029) mitzuteilen. Absatz 9 gilt entsprechend.

(11) Wer an einem Emittenten, für den die Bundesrepublik Deutschland der Herkunftsstaat ist, eine der für die §§ 21, 25 oder 25a, jeweils in der Fassung dieses Gesetzes vom 20. November 2015 (BGBl. I S. 2029), geltenden Schwellen ausschließlich auf Grund der Änderung des § 1 Absatz 3 mit Wirkung zum 2. Juli 2016 erreicht, überschreitet oder unterschreitet, hat dies bis zum 23. Juli 2016 nach Maßgabe der §§ 21, 25 und 25a, jeweils in der Fassung dieses Gesetzes vom 20. November 2015 (BGBl. I S. 2029), mitzuteilen. Absatz 10 gilt entsprechend.

(12) Ordnungswidrig handelt, wer vorsätzlich oder leichtfertig
1. entgegen Absatz 5 Satz 7 eine Veröffentlichung nicht, nicht richtig, nicht vollständig, nicht in der vorgeschriebenen Weise oder nicht rechtzeitig vornimmt,
2. entgegen Absatz 5 Satz 8 eine Information nicht oder nicht rechtzeitig übermittelt,
3. entgegen Absatz 5 Satz 1, 3, 5 oder 9, Absatz 8 Satz 1 oder Absatz 10 Satz 1, 2 oder Satz 3 eine Mitteilung nicht, nicht richtig, nicht vollständig, nicht in der vorgeschriebenen Weise oder nicht rechtzeitig macht,
4. entgegen Absatz 9 Satz 1 eine Veröffentlichung nicht, nicht richtig, nicht vollständig, nicht in der vorgeschriebenen Weise oder nicht rechtzeitig vornimmt.

(13) Die Ordnungswidrigkeit kann in den Fällen des Absatzes 12 mit einer Geldbuße bis zu zweihunderttausend Euro geahndet werden.

In der Fassung des 2. FiMaNoG vom 23.6.2017 (BGBl. I 2017, 1693).

I. Die Entstehung der Vorschrift 1	III. Stichtag: 26.11.2015 (§ 127 Abs. 10 WpHG) ... 3
II. Stichtagsbezogene Übergangsregelungen 2	IV. Stichtag: 2.7.2016 (§ 127 Abs. 11 WpHG) 4

1 **I. Die Entstehung der Vorschrift.** Das Zweite Gesetz zur Novellierung von Finanzmarktvorschriften auf Grund europäischer Rechtsakte (Zweites Finanzmarktnovellierungsgesetz) vom 23.6.2017 (BGBl. I 2017, 1693) hat das WpHG neu nummeriert und ergänzt. Auf Grund hiervon wurde aus § 41 WpHG jetzt § 127 WpHG.

2 **II. Stichtagsbezogene Übergangsregelungen.** § 127 WpHG enthält eine größere Zahl von stichtagsbezogenen Übergangsregelungen zu den Meldepflichten gem. §§ 22 ff. WpHG und zu den Mitteilungs- und Veröffentlichungspflichten gem. §§ 33 ff. WpHG. Die hierdurch begründeten aufsichtsrechtlichen Pflichten werden bei ihrer schuldhaften Verletzung zu einer Ordnungswidrigkeit nach § 127 Abs. 12 WpHG. Maßgebend für den Stichtag ist der Zeitpunkt der jeweiligen Schwellenberührung. Damit beginnt die Meldepflicht.

3 **III. Stichtag: 26.11.2015 (§ 127 Abs. 10 WpHG).** § 127 Abs. 10 WpHG begründet für Meldepflichtige, die am 26.11.2015 eine Meldeschwelle berühren, eine Meldepflicht „bis zum 15.1.2016". Das Entsprechende gilt für Halter von Instrumenten i.S.d. § 25 WpHG i.d.F. des WpHG vom 20.11.2015, wenn sie sich auf mindestens 5 % der Stimmrechte beziehen.

4 **IV. Stichtag: 2.7.2016 (§ 127 Abs. 11 WpHG).** § 127 Abs. 11 WpHG enthält eine Übergangsregelung für Emittenten, die aufgrund der Änderung des § 1 Abs. 3 WpHG eine Schwellenberührung mit Wirkung zum 2.7. 2016 erreichen. Entsprechende Emittenten haben dies zum 23.7.2016 nach Maßgabe der §§ 21, 25 und 25a WpHG (jetzt §§ 33 und 38 WpHG) mitzuteilen. Nach § 1 Abs. 3 WpHG bleiben Anteile und Aktien an offenem Investmentvermögen i.S.d. § 1 Abs. 4 des Kapitalanlagegesetzbuches bei Anwendung der Vorschriften der Abschnitte 6, 7 und 16 unberücksichtigt.

§ 128 Übergangsregelung für die Mitteilungs- und Veröffentlichungspflichten zur Wahl des Herkunftsstaats

Auf einen Emittenten im Sinne des § 2 Absatz 11 Satz 1 [richtig Absatz 13] Nummer 1 Buchstabe b oder Nummer 2, für den die Bundesrepublik Deutschland am 27. November 2015 Herkunftsstaat ist und der seine Wahl der Bundesanstalt mitgeteilt hat, ist § 5 nicht anzuwenden.

In der Fassung des 2. FiMaNoG vom 23.6.2017 (BGBl. I 2017, 1693).

§ 128 WpHG übernimmt § 41a WpHG a.F. in neuer, durch Art. 3 des Zweiten Finanzmarktnovellierungsgesetzes (2. FiMaNoG) vom 23.6.2017[1] veranlasster Zählweise der Vorschriften des WpHG. Im Gesetzestext muss es statt „§ 2 Absatz 11 Satz 1" richtig „§ 2 Absatz 13" heißen.

Auch in ihrer ursprünglichen Fassung, die auf Änderungen des WpHG zum Zwecke der Umsetzung der Richtlinie 2010/73/EU zur Änderung der Prospektrichtlinie 2003/71/EU durch das Gesetz zur Umsetzung der Richtlinie 2010/73/EU und zur Änderung des Börsengesetzes vom 26.6.2012[2] zurückgeht, enthielt die Bestimmung in ihren seinerzeit zwei Absätzen Übergangsregelungen: Da nach dem durch das vorstehend angeführte Änderungsgesetz geänderten § 2 Abs. 6 WpHG a.F. über „Emittenten, für die die Bundesrepublik Deutschland der Herkunftsstaat ist", keine Veröffentlichung, Speicherung und Mitteilung des Herkunftsstaates an die BaFin erfolgen musste, bestimmte § 41a Abs. 1 WpHG in seiner ursprünglichen Fassung, ein Emittent habe diese Tatsache unverzüglich nach dem 30.6.2012 zu veröffentlichen, unverzüglich dem Unternehmensregister gem. § 8b HGB zur Speicherung zu übermitteln und gleichzeitig mit der Veröffentlichung der BaFin mitzuteilen. Darüber hinaus sah § 41a Abs. 2 WpHG in seiner ursprünglichen Fassung vor, ein Emittent, der die Bundesrepublik Deutschland aufgrund des § 2b Abs. 1 WpHG in der vor dem 1.7.2012 – dem Tag des Inkrafttretens der angeführten Änderungen des WpHG – geltenden Fassung als Herkunftsstaat gewählt und die Wahl gemäß dieser Vorschrift veröffentlicht hat, habe die Veröffentlichung – was nach der Vorschrift nicht erforderlich war – unverzüglich nach dem 30.6.2012 der BaFin mitzuteilen.

Die Transparenz-Änderungsrichtlinie vom 22.10.2013[3] mit ihrer Überarbeitung der Vorschriften der Transparenzrichtlinie zur Umsetzung des Herkunftsstaatsprinzips einerseits und das Gesetz zur Umsetzung der Transparenzrichtlinie-Änderungsrichtlinie vom 20.11.2015[4] andererseits haben zu einer Neuordnung der Pflichten eines Emittenten in Bezug auf die Veröffentlichung des Herkunftsstaats bzw. der Wahl desselben sowie damit zusammenhängender Übermittlungs- und Mitteilungspflichten geführt: „Der neu in das WpHG eingefügte § 2c WpHG a.F. (heute § 5 WpHG) setzte Art. 2 Abs. 1 lit. i Unterabs. 2 der geänderten Transparenzrichtlinie um und regelte nun einheitlich die vorher in § 2b Abs. 1 und 2 [in der vor dem 26.11.2016 geltenden Fassung] jeweils separat geregelten Pflichten zur Veröffentlichung, Übermittlung an das Unternehmensregister und Mitteilung an die Bundesanstalt und andere zuständige Behörden"[5]. Bezogen auf diese Neuordnung wurde in § 41a WpHG a.F. (heute § 128 WpHG) die Übergangsregelung getroffen, dass auf Emittenten i.S.d. § 2 Abs. 6 Satz 1 Nr. 1 lit. b oder Nr. 2 WpHG a.F. (heute § 2 Abs. 13 Nr. 1 lit. b oder Nr. 2 WpHG), für den nach entsprechender Wahl am 27.11.2015 – die Änderungen durch das oben angeführte Umsetzungsgesetz sind zum 26.11.2015 in Kraft getreten – die Bundesrepublik Deutschland Herkunftsstaat ist und der seine Wahl der BaFin mitgeteilt hat, die Neuregelung des § 2c WpHG a.F. (heute § 5 WpHG) nicht anzuwenden, also keine neuerliche Veröffentlichung mitsamt Übermittlungs- und Mitteilungspflichten vorzunehmen ist.

§ 129 Übergangsregelung für die Kostenerstattungspflicht nach § 11 der bis zum 2. Januar 2018 gültigen Fassung dieses Gesetzes

(1) Die nach § 11 Abs. 1 Satz 1 in der Fassung des Gesetzes vom 26. Juli 1994 (BGBl. I S. 1749) zur Erstattung der Kosten der Bundesanstalt Verpflichteten können für die Zeit bis Ende 1996 den Nachweis über den Umfang der Geschäfte in Wertpapieren und Derivaten auch anhand der im Jahre 1996 und für 1997 anhand der Zahl der im Jahre 1997 gemäß § 9 mitgeteilten Geschäfte führen.

(2) § 11 ist für den Zeitraum bis zum 30. April 2002 in der bis zum Tag vor dem Inkrafttreten des Gesetzes über die integrierte Finanzdienstleistungsaufsicht vom 22. April 2002 (BGBl. I S. 1310) geltenden Fassung auf die angefallenen Kosten des Bundesaufsichtsamtes für den Wertpapierhandel anzuwenden.

In der Fassung des 2. FiMaNoG vom 23.6.2017 (BGBl. I 2017, 1693).

Die Norm enthält Regelungen zur Berechnung der Umlage der Marktteilnehmer für die Erstattung der Kosten für die Beaufsichtigung dieser durch das frühere Bundesaufsichtsamt für die Wertpapieraufsicht, das im Jahr 2002 Teil der integrieren Finanzdienstleistungsaufsicht durch die heutige Bundesanstalt wurde. Diese Umlageerhebung zur Finanzierung der Aufsichtstätigkeit folgt rein nationalen Regelungen, ist also nicht europarechtlich vorgezeichnet. Vor Inkrafttreten des FinDAG waren die Regelungen in § 11 WpHG in der bis zum 22.4.2002 gültigen Fassung normiert. Insoweit ist es im Rahmen des 2. FiMaNoG in Bezug auf die Bezeichnung der

---
1 BGBl. I 2017, 1693.
2 BGBl. I 2012, 1375.
3 Richtlinie 2013/50/EU des Europäischen Parlaments und des Rates vom 22.10.2013, ABl. EU Nr. L 294 v. 6.11.2013, S. 13.
4 BGBl. I 2015, 2029.
5 RegE eines Gesetzes zur Umsetzung der Transparenzrichtlinie-Umsetzungsrichtlinie, BT-Drucks. 18/5010 v. 26.5.2015, 1, 43.

Norm zu einem Versehen gekommen. § 11 der bis zum 2.1.2018 gültigen Fassung des WpHG enthielt die Regelungen über die Unterstützungspflichten des Insolvenzverwalters. Dieses Versehen ist ohne Relevanz, da die Normierung in Absatz 1 und 2 die zutreffende Gesetzesfassung in Bezug nimmt. Die Regelungen für die heutige Erhebung und Berechnung der Umlage der Kosten für die aufsichtliche Tätigkeit der Bundesanstalt befinden sich in §§ 16 ff. FinDAG.

2 § 129 Abs. 1 WpHG hat heute keine praktische Bedeutung mehr, da die Aufsichtskosten für die betroffenen Haushaltsjahre bestandskräftig abgerechnet sind.

3 § 129 Abs. 2 WpHG trägt dem Umstand Rechnung, dass mit Ablauf des 30.4.2002 das ehemalige Bundesaufsichtsamt für den Wertpapierhandel mit den Schwesterbehörden zur Bundesanstalt für Finanzdienstleistungsaufsicht zusammengelegt wurden. Der Zeitraum bis zum 30.4.2002 ist auch nach Aufhebung des § 11 WpHG a.F. zur Kostenumlage nach altem Kostenrecht unter Anwendung des § 11 WpHG der bis zum 2.1.2016 gültigen Fassung des WpHG i.V.m. der UmlageVO/Wertpapierhandel abzurechnen. Die Abrechnung der Kostenumlage für den Zeitraum bis zum 30.4.2002 ist gleichfalls abgeschlossen. Daher hat diese Norm in der Zukunft auch keine praktische Relevanz mehr. Zugleich ist diese Regelung der Rechtsgrund für das Behaltendürfen ggf. noch nicht bestandskräftiger Bescheide über die Umlage zu diesem Abrechnungszeitraum. Seit 1.5.2002 erfolgt die Abrechnung entsprechend der im FinDAG vorgegebenen Regularien, die heute umfassend in §§ 16 ff. FinDAG enthalten sind. Hinsichtlich näherer Ausführungen zur Kostenerstattungspflicht kann auf die Kommentierung Vor §§ 6 ff. WpHG Rz. 81 ff. verwiesen werden.

§ 130 Übergangsregelung für die Mitteilungs- und Veröffentlichungspflichten für Inhaber von Netto-Leerverkaufspositionen nach § 30i in der Fassung dieses Gesetzes vom 6. Dezember 2011 (BGBl. I S. 2481)

(1) Wer am 26. März 2012 Inhaber einer Netto-Leerverkaufsposition nach § 30i Absatz 1 Satz 1 in der Fassung dieses Gesetzes vom 6. Dezember 2011 (BGBl. I S. 2481) in Höhe von 0,2 Prozent oder mehr ist, hat diese zum Ablauf des nächsten Handelstages der Bundesanstalt nach § 30i Absatz 3 der vorgenannten Fassung dieses Gesetzes, auch in Verbindung mit einer Rechtsverordnung nach § 30i Absatz 5 der vorgenannten Fassung dieses Gesetzes, mitzuteilen. Der Inhaber einer Netto-Leerverkaufsposition nach § 30i Absatz 1 Satz 2 der vorgenannten Fassung dieses Gesetzes in Höhe von 0,5 Prozent oder mehr hat diese zusätzlich zu ihrer Mitteilung nach Satz 1 innerhalb der Frist des Satzes 1 nach § 30i Absatz 3 der vorgenannten Fassung dieses Gesetzes, auch in Verbindung mit einer Rechtsverordnung nach § 30i Absatz 5 der vorgenannten Fassung dieses Gesetzes, im Bundesanzeiger zu veröffentlichen; eine solche Verpflichtung besteht nicht, sofern vor dem 26. März 2012 bereits eine gleichartige Mitteilung abgegeben worden ist.

(2) Ordnungswidrig handelt, wer vorsätzlich oder leichtfertig
1. entgegen Absatz 1 Satz 1 eine Mitteilung nicht, nicht richtig, nicht vollständig, nicht in der vorgeschriebenen Weise oder nicht rechtzeitig macht oder
2. entgegen Absatz 1 Satz 2 erster Halbsatz eine Veröffentlichung nicht, nicht richtig, nicht vollständig, nicht in der vorgeschriebenen Weise oder nicht rechtzeitig vornimmt.

(3) Die Ordnungswidrigkeit kann in den Fällen des Absatzes 2 mit einer Geldbuße bis zu zweihunderttausend Euro geahndet werden.

In der Fassung des 2. FiMaNoG vom 23.6.2017 (BGBl. I 2017, 1693).

1 § 130 WpHG wurde als § 42b WpHG a.F. durch das Gesetz zur Vorbeugung gegen missbräuchliche Wertpapier- und Derivategeschäfte vom 21.7.2010 mit Wirkung zum 27.7.2010 in das WpHG eingefügt[1] und geringfügig durch das Gesetz zur Änderung von Vorschriften über Verkündung und Bekanntmachungen sowie der Zivilprozessordnung, das Gesetz betreffend die Einführung der Zivilprozessordnung und der Abgabenordnung angepasst[2]. Im Zuge der **Neuordnung des WpHG durch das 2. Finanzmarktnovellierungsgesetz** vom 23.6.2017[3] findet sich die Vorschrift nunmehr unverändert als § 130 im WpHG.

2 Sowohl die Bestandsmitteilungspflicht nach § 130 Abs. 1 Satz 1 WpHG, als auch die Bestandsveröffentlichungspflicht nach § 130 Abs. 1 Satz 2 WpHG **bezwecken**, innerhalb kurzer Zeit nach dem Inkrafttreten des § 30i

---

1 BGBl. I 2010, 945.
2 BGBl. I 2011, 3044.
3 BGBl. I 2017, 1693.

WpHG a.F. am 26.3.2012 einen **Gesamtüberblick über die damals bestehenden Netto-Leerverkaufspositionen** herzustellen. Die Vorschriften werden flankiert durch die Bußgeldvorschriften des § 130 Abs. 2 WpHG. Näher zur Vorschrift s. die **Kommentierung zu § 42b WpHG** in der **6. Auflage**.

§ 131 Übergangsregelung für die Verjährung von Ersatzansprüchen nach § 37a der bis zum 4. August 2009 gültigen Fassung dieses Gesetzes

§ 37a in der bis zum 4. August 2009 geltenden Fassung ist auf Ansprüche anzuwenden, die in der Zeit vom 1. April 1998 bis zum Ablauf des 4. August 2009 entstanden sind.

In der Fassung des 2. FiMaNoG vom 23.6.2017 (BGBl. I 2017, 1693).

Zu § 37a WpHG in der bis zum 4.8.2009 geltenden Fassung s. die 5. Aufl. des Kommentars.

§ 132 Anwendungsbestimmung für das Transparenzrichtlinie-Umsetzungsgesetz

(1) § 37n und § 37o Abs. 1 Satz 4 sowie die Bestimmungen des Abschnitts 11 Unterabschnitt 2 in der Fassung des Gesetzes vom 5. Januar 2007 (BGBl. I S. 10) finden erstmals auf Finanzberichte des Geschäftsjahrs Anwendung, das nach dem 31. Dezember 2006 beginnt.

(2) Auf Emittenten, von denen lediglich Schuldtitel zum Handel an einem organisierten Markt im Sinne des Artikels 4 Abs. 1 Nr. 14 der Richtlinie 2004/39/EG des Europäischen Parlaments und des Rates vom 21. April 2004 über Märkte für Finanzinstrumente (ABl. EU Nr. L 145 S. 1) in einem Mitgliedstaat der Europäischen Union oder in einem anderen Vertragsstaat des Abkommens über den Europäischen Wirtschaftsraum zugelassen sind, sowie auf Emittenten, deren Wertpapiere zum Handel in einem Drittstaat zugelassen sind und die zu diesem Zweck seit dem Geschäftsjahr, das vor dem 11. September 2002 begann, international anerkannte Rechnungslegungsstandards anwenden, finden § 37w Abs. 3 Satz 2 und § 37y Nr. 2 in der Fassung des Gesetzes vom 5. Januar 2007 (BGBl. I S. 10) mit der Maßgabe Anwendung, dass der Emittent für vor dem 31. Dezember 2007 beginnende Geschäftsjahre die Rechnungslegungsgrundsätze des jeweiligen Vorjahresabschlusses anwenden kann.

(3) § 30b Abs. 3 Nr. 1 Buchstabe a in der Fassung des Gesetzes vom 5. Januar 2007 (BGBl. I S. 10) findet erstmals auf Informationen Anwendung, die nach dem 31. Dezember 2007 übermittelt werden.

(4) (weggefallen)

In der Fassung des 2. FiMaNoG vom 23.6.2017 (BGBl. I 2017, 1693).

Schrifttum: S. Vor §§ 106 ff. WpHG.

Die Regelungen in § 136 WpHG (§ 46 WpHG a.F.) sind zeitlich überholt. § 46 Abs. 4 WpHG a.F. wurde mit dem Gesetz zur Änderung von Vorschriften über Verkündung und Bekanntmachungen sowie der Zivilprozessordnung, des Gesetzes betreffend die Einführung der Zivilprozessordnung und der Abgabenordnung vom 22.12.2011 aufgehoben.

§ 133 Anwendungsbestimmung für § 34 der bis zum 2. Januar 2018 gültigen Fassung dieses Gesetzes

Auf Ansprüche auf Herausgabe einer Ausfertigung des Protokolls nach § 34 Absatz 2a der bis zum 2. Januar 2018 gültigen Fassung dieses Gesetzes, die bis zum Ablauf des 2. Januar 2018 entstanden sind, findet § 34 Absatz 2b in der bis zum 2. Januar 2018 gültigen Fassung dieses Gesetzes weiterhin Anwendung.

In der Fassung des 2. FiMaNoG vom 23.6.2017 (BGBl. I 2017, 1693).

Zu § 34 WpHG in der bis zum 2.1.2018 geltenden Fassung s. die 6. Aufl. des Kommentars.

§ 134 Anwendungsbestimmung für das Gesetz zur Umsetzung der Transparenzrichtlinie-Änderungsrichtlinie

(1) Die §§ 37n, 37o und 37p in der Fassung des Gesetzes vom 20. November 2015 (BGBl. S. 2029) sind ab dem 1. Januar 2016 anzuwenden.

(2) § 37x in der Fassung des Gesetzes vom 20. November 2015 (BGBl. S. 2029) ist erstmals auf Zahlungsberichte und Konzernzahlungsberichte für ein nach dem 26. November 2015 beginnendes Geschäftsjahr anzuwenden.

In der Fassung des 2. FiMaNoG vom 23.6.2017 (BGBl. I 2017, 1693).

Schrifttum: S. Vor §§ 106 ff. WpHG.

I. Überwachung von Unternehmensabschlüssen (§ 134 Abs. 1 WpHG) 1	II. Zahlungsberichte (§ 134 Abs. 2 WpHG) 2

1 **I. Überwachung von Unternehmensabschlüssen (§ 134 Abs. 1 WpHG).** § 134 Abs. 1 WpHG (§ 49 WpHG a.F.) enthält eine Übergangsvorschrift für die Regelungen, die mit dem Gesetz zur Umsetzung der Transparenzrichtlinie-Änderungsrichtlinie vom 20.11.2015 in das WpHG eingeführt wurden. Sie entspricht der handelsrechtlichen Übergangsvorschrift für die gleichzeitigen Änderungen des § 324b HGB (Art. 77 EGHGB). Mit den Regelungen wollte der Gesetzgeber den betroffenen Unternehmen einen hinreichenden Umstellungszeitraum gewähren[1]. Anders als § 134 Abs. 2 WpHG bezieht sich § 134 Abs. 1 WpHG allerdings nicht auf bestimmte Geschäftsjahre. Somit konnte die BaFin in den nachfolgend aufgeführten Fällen ab dem 1.1.2016 Anlassprüfungen auch von Abschlüssen und Berichten eröffnen, die sich auf Geschäftsjahre mit Beginn vor dem 1.1.2016 bezogen:
- Umstellung der von den Bilanzkontrollen betroffenen Unternehmen auf das Herkunftsstaatenprinzip
- Einführung der Zahlungsberichte
- Zeitliche Erweiterung des Verfahrens auf Vorabschlüsse und -berichte i.S.d. § 107 Abs. 2 WpHG

2 **II. Zahlungsberichte (§ 134 Abs. 2 WpHG).** § 37x WpHG (jetzt: § 116 WpHG) in seiner Fassung des Gesetzes zur Umsetzung der Transparenzrichtlinie-Änderungsrichtlinie war erstmals für Geschäftsjahre anzuwenden, die nach dem 26.11.2015 begannen. Die Bestimmung weicht insofern von dem durch Bilanzrichtlinie-Umsetzungsgesetz eingeführten Art. 75 Abs. 3 EGHGB, der die Erstanwendung der Bestimmungen des HGB zum Zahlungsbericht (§§ 341q ff. HGB) regelt, ab, als dort an Geschäftsjahre angeknüpft wird, die nach dem 23.7.2015 begonnen haben. Eine börsennotierte Aktiengesellschaft mit Geschäftsjahresbeginn zum 1. Oktober, die in der mineralgewinnenden Industrie tätig war oder Holzeinschlag in Primärwäldern betrieb, hatte für das Geschäftsjahr mit Beginn zum 1.10.2015 also einen Zahlungsbericht zu erstellen, musste für diesen Zahlungsbericht aber noch keine Hinweisbekanntmachung i.S.v. § 37x Abs. 2 WpHG a.F. veröffentlichen.

§ 135 Übergangsvorschriften zur Verordnung (EU) Nr. 596/2014

§ 39 Absatz 3d Nummer 1 in der Fassung dieses Gesetzes vom 30. Juni 2016 (BGBl. I S. 1514) ist bis zu dem Tag, ab dem die Richtlinie 2014/65/EU des Europäischen Parlaments und des Rates vom 15. Mai 2014 über Märkte für Finanzinstrumente sowie zur Änderung der Richtlinien 2002/92/EG und 2011/61/EU (ABl. L 173 vom 12.6.2014, S. 349, L 74 vom 18.3.2015, S. 38), die durch die Verordnung (EU) Nr. 909/2014 (ABl. L 257 vom 28.8.2014, S. 1) geändert worden ist, nach ihrem Artikel 93 angewendet wird, nicht anzuwenden. Bis zum Ablauf des 2. Januar 2018 ist für die Vorschriften dieses Gesetzes die Verordnung (EU) Nr. 596/2014 mit folgender Maßgabe anwendbar:
1. Handelsplatz im Sinne des Artikels 3 Absatz 1 Nummer 10 dieser Verordnung ist ein geregelter Markt im Sinne des Artikels 4 Absatz 1 Nummer 14 der Richtlinie 2004/39/EG sowie ein multilaterales Handelssystem im Sinne des Artikels 4 Absatz 1 Nummer 15 der Richtlinie 2004/39/EG;
2. algorithmischer Handel im Sinne des Artikels 3 Absatz 1 Nummer 18 dieser Verordnung ist der Handel mit Finanzinstrumenten in der Weise, dass ein Computeralgorithmus die einzelnen Auftragsparameter automatisch bestimmt, ohne dass es sich um ein System handelt, das nur zur Weiterleitung von Aufträgen zu einem oder mehreren Handelsplätzen oder zur Bestätigung von Aufträgen verwendet wird;
3. Hochfrequenzhandel im Sinne des Artikels 3 Absatz 1 Nummer 33 dieser Verordnung ist eine hoch-*frequente algorithmische Handelstechnik*, die gekennzeichnet ist durch die Nutzung von Infrastruk-

---

[1] Begr. RegE Gesetz zur Umsetzung der Transparenzrichtlinie-Änderungsrichtlinie, BT-Drucks. 80/5010, 55.

turen, die darauf abzielen, Latenzzeiten zu minimieren, durch die Entscheidung des Systems über die Einleitung, das Erzeugen, das Weiterleiten oder die Ausführung eines Auftrags ohne menschliche Intervention für einzelne Geschäfte oder Aufträge und durch ein hohes untertägiges Mitteilungsaufkommen in Form von Aufträgen, Quotes oder Stornierungen.

In der Fassung des 2. FiMaNoG vom 23.6.2017 (BGBl. I 2017, 1693).

Die Übergangsvorschrift des § 135 WpHG zur Verordnung (EU) Nr. 596/2014[1] ist durch Art. 1 Nr. 40 1. FiMaNoG[2] als seinerzeitiger § 50 WpHG a.F. in das Gesetz gelangt[3] und erhielt seine aktuelle Fassung durch Art. 3 Nr. 145 2. FiMaNoG[4]. 1

§ 135 Satz 1 WpHG bestimmt, dass § 39 Abs. 3d Nr. 1 in der Fassung des WpHG vom 30.6.2016[5] bis zu dem Tag, ab dem die Richtlinie 2014/65/EU vom 15.5.2014[6] nach ihrem Art. 93 angewendet wird, nicht anzuwenden ist. § 39 Abs. 3d Nr. 1 in der Fassung des WpHG vom 30.6.2016 lautete: „(3d) Ordnungswidrig handelt, wer gegen die Verordnung (EU) Nr. 596/2014 verstößt, indem er vorsätzlich oder leichtfertig 1. als Handelsplatzbetreiber entgegen Artikel 4 identifizierende Referenzdaten in Bezug auf ein Finanzinstrument nicht, nicht richtig, nicht vollständig, nicht in der vorgeschriebenen Weise oder nicht rechtzeitig zur Verfügung stellt oder aktualisiert." Nach Art. 93 Abs. 1 Unterabs. 2 RL 2014/65/EU wenden die Mitgliedstaaten die nach Unterabs. 1 dieser Richtlinienbestimmung bis zum 3.7.2016 zu erlassenden und zu veröffentlichenden Rechts- und Verwaltungsvorschriften zur Umsetzung der Richtlinie (mit einer in der in der Bestimmung genannten Ausnahme) ab dem 3.1.2017 an. Daraus folgt, dass § 39 Abs. 3d Nr. 1 in der Fassung des WpHG vom 30.6. 2016 bis zum Ablauf des 2.2.2017 nicht anzuwenden war. 2

Nach § 135 Satz 2 WpHG sind bis „zum Ablauf des 2. Januar 2018" für die Anwendung von Vorschriften des WpHG die Verordnung (EU) Nr. 596/2014 unter Verwendung der in § 135 Satz 2 Nr. 1 bis 3 WpHG niedergelegten Definitionen der Begriffe „Handelsplatz", „algorithmischer Handel" und „algorithmischer Handel" i.S.v. Art. 3 Abs. 1 Nr. 10, Nr. 18 bzw. Nr. 33 VO Nr. 596/2014 maßgeblich. Das in der Vorschrift genannte Datum des „2. Januar 2018" ersetzt die bisherige Bezugnahme auf den Tag, an dem die Richtlinie 2014/65/EU „nach ihrem Artikel 93 [Richtlinie 2014/65/EU, s. Rz. 2] angewendet wird"[7]. 3

§ 136 Übergangsregelungen zum CSR-Richtlinie-Umsetzungsgesetz

Die §§ 37w und 37y in der Fassung des CSR-Richtlinie-Umsetzungsgesetzes vom 11. April 2017 (BGBl. I S. 802) sind erstmals auf Lageberichte und Konzernlageberichte anzuwenden, die sich auf ein nach dem 31. Dezember 2016 beginnendes Geschäftsjahr beziehen. Auf Lage- und Konzernlageberichte, die sich auf vor dem 1. Januar 2017 beginnende Geschäftsjahre beziehen, bleiben die §§ 37w und 37y in der bis zum 18. April 2017 geltenden Fassung anwendbar.

In der Fassung des 2. FiMaNoG vom 23.6.2017 (BGBl. I 2017, 1693), bzw. des Gesetzes zur Umsetzung der Zweiten Zahlungsdiensterichtlinie vom 17.7.2017 (BGBl. I 2017, 2446).

Schrifttum: S. § 115 WpHG.

Die Bestimmung steht im Einklang mit Art. 80 EGHGB, der den Übergang auf die Neuerungen der Paragraphen des HGB enthält, die ebenfalls mit dem CSR-Richtlinie-Umsetzungsgesetz vom 11.4.2017 (BGBl. I 2017, 802) geändert wurden. Art. 3 Nr. 146 des 2. FiMaNoG enthielt redaktionelle Fehler, die durch Art. 12 Nr. 1 des Gesetzes zur Umsetzung der Zweiten Zahlungsdiensterichtlinie vom 17.7.2017 (BGBl. I 2017, 2446) korrigiert wurden. 1

---

1 Verordnung (EU) Nr. 596/2014 vom 16.4.2014 über Marktmissbrauch (Marktmissbrauchsverordnung) und zur Aufhebung der Richtlinie 2003/6/EG des Europäischen Parlaments und des Rates und der Richtlinien 2003/124/EG, 2003/125/EG und 2004/72/EG der Kommission, ABl. EU Nr. L 173 v. 12.6.2014, S. 1.
2 BGBl. I 2016, 1514.
3 Als Begründung des seinerzeitigen § 50 WpHG (a.F.) wird im RegE eines Ersten Gesetzes zur Novellierung von Finanzmarktvorschriften auf Grund europäischer Rechtsakte (Erstes Finanzmarktnovellierungsgesetz – 1. FiMaNoG), BT-Drucks. 18/748 v. 8.2.2016, 1, 67 angeführt: „Die Übergangsregelung zur Verordnung (EU) Nr. 596/2014 enthält Klarstellungen für Definitionen, die für die Anwendbarkeit der Marktmissbrauchsbestimmungen benötigt werden. Wegen der Regelung in Artikel 39 Absatz 4 der Verordnung (EU) Nr. 596/2014 besteht für eine Übergangsphase für die in § 49 [WpHG in der bei Abfassung des RegE geltenden Fassung] enthaltenen Begriffe keine eindeutige Regelung in den europäischen Rechtsvorschriften."
4 BGBl. I 2017, 1693.
5 BGBl. I 2016, 1514.
6 ABl. EU Nr. L 173 v. 12.6.2014, S. 349, berichtigt in ABl. EU Nr. L 74 v. 18.3.2015, S. 38.
7 RegE eines Zweiten Gesetzes zur Novellierung von Finanzmarktvorschriften auf Grund europäischer Rechtsakte (Zweites Finanzmarktnovellierungsgesetz – 2. FiMaNoG), BT-Drucks. 18/10936 v. 23.1.2017, 1, 254.

§ 137 Übergangsvorschrift für Verstöße gegen die §§ 38 und 39 in der bis zum Ablauf des 1. Juli 2016 geltenden Fassung dieses Gesetzes

(1) Straftaten nach § 38 in der bis zum Ablauf des 1. Juli 2016 geltenden Fassung werden abweichend von § 2 Absatz 3 des Strafgesetzbuches nach den zum Zeitpunkt der Tat geltenden Bestimmungen geahndet.

(2) Ordnungswidrigkeiten nach § 39 in der bis zum Ablauf des 1. Juli 2016 geltenden Fassung können abweichend von § 4 Absatz 3 des Gesetzes über Ordnungswidrigkeiten nach den zum Zeitpunkt der Tat geltenden Bestimmungen geahndet werden.

In der Fassung des 2. FiMaNoG vom 23.6.2017 (BGBl. I 2017, 1693).

Schrifttum: *Bergmann/Vogt*, Lücken im Kapitalmarktstrafrecht – sind seit dem 1. FiMaNoG alle Altfälle straflos?, wistra 2016, 347; *Gaede*, Zeitgesetze im Wirtschaftsstrafrecht und rückwirkend geschlossene Ahndungslücken – Auslaufmodelle infolge des Meistbegünstigungsprinzips der EU-Grundrechtecharta?, wistra 2011, 365; *Gaede*, Zur Existenz einer Ahndungslücke im Kapitalmarktstrafrecht infolge einer Bezugnahme auf noch nicht in Kraft getretene Vorschriften der EUV 596/2014 („MAR"), wistra 2017, 163; *Gaede*, Gebotene Sorgfalt bei der europäisierten Strafgesetzgebung – unvermeidliche Ahndungslücke im WpHG?, wistra 2017, 41; *Jahn/Brodowski*, Knapp daneben ist auch vorbei. Die zeitliche Geltung von Strafvorschriften und das Meistbegünstigungsprinzip des § 2 Abs. 3 StGB im europäisierten Kapitalmarktstrafrecht, in FS Neumann, 2017, S. 883; *Klöhn/Büttner*, Generalamnestie im Kapitalmarktrecht, ZIP 2016, 1801; *Köpferl*, Die Referenzierung nicht geltenden Unionsrechts in Blanketttatbeständen, exemplifiziert anhand der jüngsten Änderung der §§ 38, 29 WpHG, ZIS 2017, 201; *Rothenfußer/Jäger*, Generalamnestie im Kapitalmarktrecht durch das Erste Finanzmarktnovellierungsgesetz, NJW 2016, 2689; *Saliger*, Straflosigkeit unterlassener Ad-hoc Veröffentlichungen nach dem 1. FiMaNoG? Teil I, WM 2017, 2329; *Saliger*, Straflosigkeit unterlassener Ad-hoc Veröffentlichungen nach dem 1. FiMaNoG? Teil II, WM 2017, 2365.

1 § 137 WpHG ist als § 52 WpHG a.F. im 2. FiMaNoG erlassen worden. Die Vorschrift soll die Anwendung des früher geltenden Rechts auf Altfälle entgegen der allgemeinen lex mitior-Regeln in § 2 Abs. 3 StGB und § 4 Abs. 3 OWiG ermöglichen. Dies ist nach dem Grundgesetz zulässig; die einfachrechtliche lex-mitior-Regel nimmt nicht teil am verfassungsrechtlichen Gewährleistungsgehalt des Rückwirkungsverbots.

Art. 17 Abs. 3 des 1. FiMaNoG sah vor, dass die Änderungen der §§ 38, 39 WpHG a.F. am 2.7.2016 in Kraft treten[1]. Zu diesem Zeitpunkt war aber die Marktmissbrauchsverordnung, auf die §§ 38, 39 WpHG a.F. in weiten Teilen verweisen, noch nicht in Kraft. Hieraus ist eine „Strafbarkeitslücke" bzw. Generalamnestie abgeleitet worden: Die Verweisung am 2.7.2016 ging deshalb „ins Leere" und nach dem Meistbegünstigungsprinzip des § 2 Abs. 3 StGB sei deshalb eine Generalamnestie für die meisten Delikte vor dem 2.7.2016 eingetreten[2]. Der Gesetzgeber sei durch Art. 49 Abs. 1 Satz 3 GRCh gehindert, das Versehen nachträglich zu korrigieren[3]. Es war durchaus fraglich, ob die am 2.7.2016 geltende Fassung ohne Überschreitung der Wortlautgrenze so ausgelegt werden könne, dass die §§ 38, 39 WpHG a.F. die verkündeten, aber noch nicht in Kraft befindlichen Vorschriften der Marktmissbrauchsverordnung in deutsches Recht inkorporieren. Die von der BaFin vertretene Unterscheidung zwischen „Geltung" und „Inkrafttreten"[4] dürfte kaum geeignet sein, zu einer Lückenschließung zu kommen.

2 Die Klärung der hierdurch aufgeworfenen Rechtsfragen ging vor allem darum, ob aus der Wendung „gegen" oder „entgegen" abzuleiten ist, dass die in Bezug genommene Vorschrift in Kraft sein muss, denn gegen einen Verhaltensbefehl kann man auch verstoßen, wenn dieser selbst nicht rechtsverbindlich ist. Im Kernstrafrecht muss eine Verhaltensvorgabe, die mit „entgegen" in Bezug genommen wird, jedenfalls nicht zwingend selbst Rechtsnormcharakter haben: Der von § 319 Abs. 1 StGB vorausgesetzte Verstoß „gegen" die anerkannten Regeln der Technik setzt nicht voraus, dass die Regeln der Technik selbst Gesetzeskraft hätten. Dieses Verständnis ist auch einer aktuellen Entscheidung des BVerfG zu entnehmen, wonach der Gesetzgeber bei Blankettstrafgesetzen die Beschreibung des Straftatbestandes durch Verweisung auf eine Ergänzung in demselben oder in anderen – auch zukünftigen – Gesetzen ersetzt[5]. Nach dem Verständnis des BVerfG reicht also für die hinreichende Bestimmtheit der Norm auch der Verweis auf ein noch nicht in Kraft getretenes Gesetz aus. Auch nach *Klöhn/Büttner* verstößt der Verweis nicht gegen die Wortlautgrenze (Art. 103 Abs. 2 GG), weil die §§ 38, 39 WpHG a.F. nicht auf die MAR in ihrer jeweils geltenden Fassung verweisen, sondern eine starre Verweisung auf einen eindeutig identifizierbaren europäischen Rechtsakt seien[6]. Die teilweise vorzufindende Formulierung,

---

1 BGBl. I 2016, 1543 f.
2 *Rothenfußer/Jäger*, NJW 2016, 2689 ff.
3 *Rothenfußer/Jäger*, NJW 2016, 2689, 2694; ebenso *Jahn/Brodowski* in FS Neumann, S. 883 ff.
4 S. BaFin, Pressemitteilung vom 8.7.2016, „Keine Strafbarkeitslücke im Kapitalmarktrecht".
5 BVerfG v. 21.9.2016 – 2 BvL 1/15 Rz. 44, BVerfGE 143, 38.
6 *Klöhn/Büttner*, ZIP 2016, 1801, 1807. Dem zustimmend *Bergmann/Vogt*, wistra 2016, 347: Der nationale Gesetzgeber erklärt durch den Verweis in § 39 WpHG a.F. auf bestimmte Artikel der Marktmissbrauchsverordnung nur diese bereits am 2.7.2016 für anwendbar.

wer „gegen" die Verordnung verstößt, nehme nicht die gesamte Verordnung in Bezug, sondern nur den konkret genannten Artikel. Diese Artikel waren als suspendiertes Recht bereits rechtlich existent und konnten im Amtsblatt mit gleichem Aufwand wie ab Zeitpunkt der Geltung nachgelesen werden[1]. Ausschlaggebend sei allein, dass die Verweise dem Bestimmtheitsgrundsatz genügen[2]. Wäre demnach eine strafbarkeitserhaltende Auslegung ohne Verstoß gegen das Analogieverbot möglich, so wäre diese Auslegung zu wählen[3], denn dass der Gesetzgeber eine versteckte Generalamnestie erlassen wollte, erscheint fernliegend.

Der 5. Strafsenat des BGH sah in seinem Urteil vom 10.2.2017 keine Strafbarkeitslücke für Insiderdelikte und Markmanipulationen[4]. Die Verweisungen der §§ 38, 39 WpHG a.F. auf die Marktmissbrauchsverordnung gingen auch am 2.7.2016 nicht „ins Leere" – die Verweise führten vielmehr dazu, dass die Vorschriften der MAR bereits vor ihrer unmittelbaren Anwendbarkeit schon ab dem 2.7.2016 durch den Bundesgesetzgeber für (mit)anwendbar erklärt wurden[5]. Da es sich um **statische** Verweisungen auf die Marktmissbrauchsverordnung handele, stehen diesen im Hinblick auf das Bestimmtheitsgebot keine verfassungsrechtlichen Bedenken entgegen[6]. Damit geht der BGH davon aus, dass es sich am 2.7.2016 um eine entsprechende Geltung handelte, wie sie in § 25 WpHG dauerhaft für Warenbörsen angeordnet ist. Das Bundesverfassungsgericht hat dies nicht beanstandet[7]. 3

Die zwischenzeitlichen Reparaturversuche des Gesetzgebers in § 137 Abs. 1 WpHG (zunächst § 52 Abs. 1 WpHG a.F.) i.d.F. des 2. FiMaNoG mit dessen Redaktionsvorgaben haben zu weiteren Komplexitäten[8] geführt. § 137 WpHG ordnet die Fortgeltung des bis 1.7.2016 geltenden Rechts an, was nach dem Grundgesetz zulässig ist, weil § 2 Abs. 2 StGB keinen Verfassungsrang hat[9]. Sollte es auf die Reparaturen überhaupt ankommen, müsste die Vereinbarkeit mit Art. 49 Abs. 1 Satz 3 GRCh, soweit man die unionsrechtliche Gewährleistung auf Altfälle anwendet, vom EuGH geklärt werden[10]. Die Anwendung der GRCh setzt ein weites, dem BVerfG widersprechendes Verständnis der Åkerberg Fransson-Rechtsprechung des EuGH voraus, denn die Strafbarkeit am 1.7.2016 war nicht gemeinschaftsrechtlich zwingend. 4

Motivation dieser Regelung war es lediglich, die damals befürchtete (oder erhoffte) Strafbarkeitslücke zum 1.7. 2016 zu schließen, indem die Geltung nachträglichen milderen Rechts einfachgesetzlich ausgeschlossen wird. Es bleibt die Frage, ob die Norm einen darüber hinausgehenden Anwendungsbereich hat und beispielsweise die Strafbarkeit von entkriminalisiertem Verhalten aufrechterhält, namentlich des früher strafbaren leichtfertigen Insiderhandels. Dafür spricht der Wortlaut, dagegen – und wohl maßgeblich – die Regelungsintention des Gesetzgebers. 5

§ 138 Übergangsvorschrift zur Richtlinie 2014/65/EU über Märkte für Finanzinstrumente

(1) C.6-Energiederivatkontrakte, die von einer nichtfinanziellen Gegenpartei im Sinne von Artikel 10 Absatz 1 der Verordnung (EU) Nr. 648/2012 oder von nichtfinanziellen Gegenparteien, die nach dem 3. Januar 2018 erstmals als Wertpapierdienstleistungsunternehmen zugelassen worden sind, eingegangen werden, unterliegen bis zum 3. Januar 2021 weder der Clearing-Pflicht nach Artikel 4 der Verordnung (EU) Nr. 648/ 2012 noch den Risikominderungstechniken nach Artikel 11 Absatz 3 der vorgenannten Verordnung.

(2) C.6-Energiederivatkontrakte gelten bis zum 3. Januar 2021 nicht als OTC-Derivatkontrakte für die Zwecke des Clearing-Schwellenwerts nach Artikel 10 Absatz 1 der Verordnung (EU) Nr. 648/2012.

(3) C.6-Energiederivatkontrakte unterliegen allen übrigen Anforderungen der Verordnung (EU) Nr. 648/2012.

(4) C.6-Energiederivatkontrakt im Sinne dieser Vorschrift ist eine Option, ein Terminkontrakt (Future), ein Swap oder ein anderer in Anhang I Abschnitt C Nummer 6 der Richtlinie 2014/65/EU, in der jeweils geltenden Fassung, genannter Derivatkontrakt in Bezug auf Kohle oder Öl, der an einem organisierten Handelssystem gehandelt werden und effektiv geliefert werden muss.

---

1 *Bergmann/Vogt*, wistra 2016, 347, 349.
2 *Klöhn/Büttner*, ZIP 2016, 1801, 1807, 1808.
3 S. ausführlich zur Auslegung einzelner Tatbestände und deren Anforderungen an das Bestimmtheitsgebot *Bergmann/Vogt*, wistra 2016, 347, 349 ff.
4 BGH v. 10.1.2017 – 5 StR 532/16 Rz. 6, NJW 2017, 966, 967 = AG 2017, 153.
5 BGH v. 10.1.2017 – 5 StR 532/16 Rz. 8 ff., NJW 2017, 966, 967 = AG 2017, 153.
6 BGH v. 10.1.2017 – 5 StR 532/16 Rz. 16 f., NJW 2017, 966, 968 = AG 2017, 153.
7 BVerfG v. 3.5.2018 – 2 BvR 463/17, ZIP 2018, 1126.
8 Art. 12 ZAG v. 17.7.2017, BGBl. I 2017, 2446. Dazu *Saliger*, WM 2017, 2365, 2366 ff.
9 BVerfG v. 29.11.1989 – 2 BvR 1491/87, 2 BvR 1492/87, BVerfGE 81, 132, 135 ff.; BVerfG v. 18.9.2008 – 2 BvR 1817/08, NJW 2008, 3769.
10 *Rönnau/Wegner* in Meyer/Veil/Rönnau, Handbuch zum Marktmissbrauchsrecht, 2018, § 28 Rz. 22; *Gaede*, wistra 2017, 163 ff.; *Möllers/Herz*, JZ 2017, 445 ff. Allgemein zum Abgleich der grundgesetzlichen mit der konventionsrechtlichen Dogmatik *Gaede*, wistra 2011, 365.

§ 138 | Übergangsbestimmungen

(5) Die Ausnahmen nach den Absätzen 1 und 2 sind bei der Bundesanstalt zu beantragen. Die Bundesanstalt teilt der Europäischen Wertpapier- und Marktaufsichtsbehörde mit, für welche C.6-Energiederivatkontrakte Ausnahmen nach den Absätzen 1 und 2 gewährt worden sind.

In der Fassung des 2. FiMaNoG vom 23.6.2017 (BGBl. I 2017, 1693), geändert durch Gesetz zur Umsetzung der Zweiten Zahlungsdiensterichtlinie vom 17.7.2017 (BGBl. I 2017, 2446).

I. Überblick über die Norm	1	III. Anwendungsbereich (§ 138 Abs. 1 WpHG)	7
II. Begriff C.6-Energiederivatkontrakte (§ 138 Abs. 4 WpHG)	4	IV. Freistellung von den EMIR-Pflichten (§ 138 Abs. 1 bis 3 und 5 WpHG)	10

1 **I. Überblick über die Norm.** § 138 WpHG ist durch Art. 3 Nr. 147 des Zweiten Finanzmarktnovellierungsgesetzes (2. FiMaNoG) vom 23.6.2017 (BGBl. I 2017, 1693) als § 137 WpHG eingeführt worden. Er ist durch Art. 12 Nr. 1 lit. d des Gesetzes zur Umsetzung der Zweiten Zahlungsdiensterichtlinie vom 17.7.2017 (BGBl. I 2017, 2446) zu § 138 WpHG geworden. § 138 WpHG dient der **Umsetzung** der Übergangsregelung in Art. 95 Abs. 1 RL 2014/65/EU (MiFID II)[1]. Danach sind C.6-Energiederivatkontrakte bis zum 3.1.2021[2] auf Antrag von der Clearingpflicht, der Risikominderungspflicht des Art. 11 Abs. 3 VO Nr. 648/2012 sowie der Anrechnung auf die Clearingschwelle nach Art. 10 VO Nr. 648/2012 befreit. Die Ausnahme wird nach Art. 95 Abs. 2 RL 2014/65/EU von der jeweils zuständigen Behörde gewährt. Diese entscheidet auch, welche Kontrakte ausgenommen sind.

2 **Zweck** des Art. 95 Abs. 1 RL 2014/65/EU ist die Minderung der mit der Erweiterung des Derivatebegriffs verbundenen Auswirkungen auf den europäischen Energiehandel. Nach dem bis 3.1.2018 geltenden, durch Anhang I Abschnitt C Nrn. 4 bis 10 RL 2004/39/EG und Art. 38 und 39 der DurchfVO Nr. 1287/2006 definierten Derivatebegriff waren die auf Waren bezogenen Geschäfte, die ausschließlich durch effektive Lieferung des Basiswertes zu erfüllen waren und die nichtkommerziellen Zwecken dienten, weil sie weder an einem geregelten Markt noch über ein multilaterales Handelssystem (multilateral trading facilities, MTF) gehandelt wurden, noch Merkmale anderer derivativer Finanzinstrumente aufweisen, vom Derivatebegriff ausgenommen. Mit der RL 2014/65/EU und dem neu gefassten Anhang I Abschnitt C sind auf Waren bezogene Geschäfte auch dann Derivate, wenn sie über ein **organisiertes Handelssystem** (organised trading facilites, OTF) i.S.d. Art. 4 Abs. 1 Nrn. 22 und 23 RL 2014/65/EU abgeschlossen werden.

3 Um die möglichen Auswirkungen auf den europäischen Energiehandel zu vermindern, sieht Anhang I Abschnitt C Nr. 6 RL 2014/65/EU bereits vor, dass die der VO Nr. 1227/2011[3] unterliegenden Energiegroßhandelsprodukte[4] über Strom und Erdgas mit effektiver Lieferung auch dann nicht vom Begriff Finanzinstrumente erfasst sind, wenn sie an einem OTF gehandelt werden (sog. „**REMIT-Ausnahme**"). Diese dauerhafte Ausnahme vom Derivatebegriff wird durch die in Art. 95 Abs. 1 RL 2014/65/EU vorgesehene befristete Ausnahme für die übrigen in Anhang I Abschnitt C Nr. 6 RL 2014/65/EU genannten Energiederivate – daher die Bezeichnung C.6-Energiederivatkontrakte – ergänzt.

4 **II. Begriff C.6-Energiederivatkontrakte (§ 138 Abs. 4 WpHG).** Nach § 138 Abs. 4 WpHG umfasst der Begriff C.6-Derivate sämtliche Optionen, Terminkontrakte (Futures), Swaps oder andere in Anhang I Abschnitt C Nr. 6 RL 2004/39/EG (MiFID II) genannte Derivatekontrakte in Bezug auf **Kohle oder Öl**, die über ein OTF gehandelt werden und effektiv geliefert werden müssen. § 138 Abs. 4 WpHG entspricht nahezu wörtlich Art. 4 Abs. 1 Nr. 16 RL 2014/65/EU.

5 Art. 6 DelVO 2017/565 konkretisiert den Begriff C.6-Energiederivatkontrakte dahin gehend, dass der Begriff **Öl** Erdöl jeder Art einschließlich der aus Erdöl gewonnenen Produkte, Komponenten und Erdölderivate, wie z.B. Kraftstoffe, umfasst, und zwar auch soweit ihnen Biokraftstoffe beigemischt sind. Ebenfalls definiert wird der Begriff **Kohle** (schwarzes oder dunkelbraunes karbonisiertes Pflanzenmaterial).

6 Die Voraussetzungen, unter denen ein Energiegroßhandelsprodukt als „**effektiv zu liefern**" gilt, werden in Art. 5 Abs. 2 DelVO 2017/565 definiert. Danach muss das Derivat unbedingte, unbeschränkte und durchsetzbare Pflichten der Vertragsparteien zur Lieferung und Abnahme der dem Derivat zugrunde liegenden Ware begründen. Auch darf keiner Vertragspartei gestattet sein, die Lieferung durch einen Barausgleich zu ersetzen. Klargestellt wird auch, dass die Saldierung von Lieferpflichten (**operatives Netting**) oder ein für den Fall der **Nichterfüllung**

---

1 RegE 2. FiMaNoG, BT-Drucks. 18/10936, 254.
2 Die ursprüngliche Frist bis 3.7.2020 ist durch Art. 1 Abs. 9 RL 2016/1034 verlängert worden. S. Richtlinie (EU) 2016/1034 des Europäischen Parlaments und des Rates vom 23.6.2016 zur Änderung der Richtlinie 2014/65/EU über Märkte für Finanzinstrumente, ABl. EU Nr. L 175 v. 30.6.2016, S. 8.
3 Verordnung (EU) Nr. 1227/2011 des Europäischen Parlaments und des Rates vom 25.10.2011 über die Integrität und Transparenz des Energiegroßhandelsmarkts, ABl. EU Nr. L 326 v. 8.12.2011, S. 1 („VO Nr. 1227/2011" oder „REMIT").
4 Energiegroßhandelsprodukte sind nach Art. 2 Nr. 4 VO Nr. 1227/2011 u.a. Derivate, die Strom oder Erdgas betreffen, das oder der in der Union erzeugt, gehandelt oder geliefert wurde und Derivate, die den Transport von Strom oder Erdgas in der Union betreffen. Verträge über die Lieferung und die Verteilung von Strom oder Erdgas an Endverbraucher gelten nur dann als Energiegroßhandelsprodukte, wenn sie den Schwellenwert von 600 GWh pro Jahr erreichen oder überschreiten.

der Lieferverpflichtung oder bei Ausfall geschuldeter Barausgleich die effektive Lieferung nicht einschränkt. Gleiches gilt für sog. **Take-or-Pay-Verträge**[1], bei denen sich der Käufer verpflichtet, eine festgelegte Menge an Rohwaren abzunehmen und diese auch dann zu bezahlen, wenn er sie tatsächlich nicht abgenommen hat.

III. Anwendungsbereich (§ 138 Abs. 1 WpHG). Der persönliche **Anwendungsbereich** des § 138 WpHG beschränkt sich auf nichtfinanzielle Gegenparteien i.S.d. Art. 2 Nr. 9 VO Nr. 648/2012 sowie auf die nichtfinanziellen Gegenparteien, die nach dem 3.1.2018 erstmals als Wertpapierdienstleistungsunternehmen zugelassen worden sind und deshalb als finanzielle Gegenparteien i.S.d. Art. 2 Nr. 8 VO Nr. 648/2012 der Clearingpflicht auch dann unterliegen, wenn ihre nicht der Absicherung dienenden C.6-Energiederivatkontrakte unterhalb der Clearingschwelle des Art. 10 VO Nr. 648/2012 liegen. 7

Grund für die Ausnahme der neu zugelassenen Wertpapierdienstleistungsunternehmen ist die **Neufassung der Bereichsausnahmen** für Rohwarenhändler durch die RL 2014/65/EU. Bis zum 3.1.2018 bedurften Rohwarenhändler, die hauptsächlich für eigene Rechnung handelten oder Wertpapierdienstleistungen in Waren-Derivaten nur für die Abnehmer ihrer Waren erbrachten, keiner Zulassung als Wertpapierdienstleistungsunternehmen; sie waren nach Art. 4 Abs. 1 Nr. 2 lit. i und k RL 2004/39/EG (MiFID) von der Zulassungspflicht ausgenommen. Art. 64 Abs. 3 RL 2004/39/EG hatte die Bereichsausnahmen für Rohwarenhändler unter einen Prüfvorbehalt gestellt. Sie sind im Rahmen der Überarbeitung der MiFID in Art. 2 Abs. 1 lit. j RL 2014/65/EU nur teilweise fortgeführt worden. Ausgenommen sind danach nur noch solche Wertpapierdienstleistungen, die auf individueller und aggregierter Basis auf der Ebene der Unternehmensgruppe nachweislich nur eine Nebentätigkeit zur Haupttätigkeit darstellen (sog. „**Nebentätigkeitstests**"). Rohwarenhändler, denen der für den Nebentätigkeitstest erforderliche Nachweis misslingt, unterliegen der Zulassungspflicht und gelten mit erteilter Zulassung als finanzielle Gegenpartei[2]. 8

Der Grund für die Ausnahme von neu zugelassenen Wertpapierdienstleistungsunternehmen wirkt sich auch auf den persönlichen Anwendungsbereich des § 138 WpHG aus. So können nur solche neu zugelassenen Wertpapierdienstleistungsunternehmen die Freistellung von den durch Art. 4 und 11 Abs. 11 VO Nr. 648/2012 begründeten Clearing und Risikominderungspflichten beantragen, die bereits **vor dem 3.1.2018 als Energiehändler tätig waren** und zu diesem Zeitpunkt aufgrund der damals anwendbaren Bereichsausnahmen von der Zulassungspflicht ausgenommen waren. 9

IV. Freistellung von den EMIR-Pflichten (§ 138 Abs. 1 bis 3 und 5 WpHG). Nach § 138 Abs. 1 und 2 WpHG können C.6-Energiederivatkontrakte bis zum 3.1.2021 auf Antrag von der **Clearingpflicht**, der **Risikominderungspflicht des Art. 11 Abs. 3 VO Nr. 648/2012** sowie der **Anrechnung auf die Clearingschwelle** nach Art. 10 VO Nr. 648/2012 befreit werden. Die Freistellung von der Anrechnung auf die Clearingschwelle ist nur für nichtfinanzielle Gegenparteien, nicht jedoch für die erstmals als Wertpapierdienstleistungsunternehmen zugelassenen Energiehändler von Bedeutung. 10

Die Freistellung beschränkt sich auf die durch Art. 4 und 11 Abs. 3 VO Nr. 648/2012 begründeten Pflichten. § 138 Abs. 3 WpHG stellt klar, dass C.6-Energiederivatkontrakte allen **übrigen Anforderungen der EMIR** unterliegen. Dies sind insbesondere die Meldepflicht nach Art. 9 VO Nr. 648/2012 und die Risikominderungspflichten des Art. 11 Abs. 1 VO Nr. 648/2012. Neu zugelassene Wertpapierdienstleistungsunternehmen müssen auch die Anforderung des Art. 11 Abs. 2 VO Nr. 648/2012 erfüllen, d.h. an jedem Geschäftstag die Werte ihrer ausstehenden C.6-Energiederivatkontrakte ermitteln. Für nichtfinanzielle Gegenparteien, die ihre C.6-Energiederivatkontrakte zulässigerweise von der Anrechnung auf die Clearingschwelle ausnehmen, und deshalb nicht clearingpflichtig sind, bleiben von den Anforderungen des Art. 11 Abs. 2 VO Nr. 648/2012 bereits deshalb befreit, weil sie nicht als „*nichtfinanzielle Gegenpartei gem. Art. 10*" gelten. Insoweit stellt Art. 11 Abs. 2 VO Nr. 648/2012 an sie keine Anforderung, die nach § 138 Abs. 3 WpHG fortgelten könnte. 11

Die Freistellung nach § 138 Abs. 1 und 2 WpHG ist nach § 138 Abs. 5 Satz 1 WpHG bei der BaFin als der nach § 30 Abs. 1 WpHG zuständigen Behörde zu beantragen. Die BaFin entscheidet nach Art. 95 Abs. 2 RL 2014/65/EU auch, in welchem Umfang sie die Ausnahme gewährt. Die Freistellung und deren Umfang ist nach § 138 Abs. 5 Satz 2 WpHG der Europäischen Wertpapier- und Marktaufsichtsbehörde (ESMA) mitzuteilen. Grund für die Mitteilung ist die Pflicht der ESMA, auf ihrer Website ein Verzeichnis der befreiten C.6-Energiederivatkontrakte zu veröffentlichen. 12

---

1 S. auch BaFin, Häufige Fragen und Antworten der BaFin zur EMIR, Stand: 20.2.2015, abrufbar über: https://www.bafin.de/SharedDocs/Veroeffentlichungen/DE/FAQ/faq_emir.html;jsessionid=49FAFE220B13AD4EDFE6C04AB1BE512B.2_cid290, Nr. 3.

2 Die Kommission geht davon aus, dass die Einführung des sog. „Nebentätigkeitstests" für Rohwarenhändler durch Art. 2 Abs. 1 lit. j RL 2014/65/EU zu einer Erweiterung des Anwendungsbereichs der Lizenzierungspflicht auf Rohwarenhändler führen wird. S. Kommission, Vorschlag für eine Verordnung des Europäischen Parlaments und des Rates zur Änderung der Verordnung (EU) Nr. 648/2012 in Bezug auf die Clearingpflicht, die Aussetzung der Clearingpflicht, die Meldepflichten, die Risikominderungstechniken für nicht durch eine zentrale Gegenpartei geclearte OTC- Derivatekontrakte, die Registrierung und Beaufsichtigung von Transaktionsregistern und die Anforderungen an Transaktionsregister, COM(2017) 208 final vom 4.5.2017, abrufbar über: http://ec.europa.eu/transparency/regdoc/rep/1/2017/DE/COM-2017-208-F1-DE-MAIN-PART-1.PDF, S. 5.

Verordnung (EU) Nr. 596/2014
des Europäischen Parlaments und des Rates
vom 16. April 2014 über Marktmissbrauch (Marktmissbrauchsverordnung) und zur Aufhebung der Richtlinie 2003/125/EG des Europäischen Parlaments und des Rates und der Richtlinien 2003/124/EG, 2003/125/EG und 2004/72/EG der Kommission (MAR)

Kapitel 1
Allgemeine Bestimmungen

Art. 1 Gegenstand

Mit dieser Verordnung wird ein gemeinsamer Rechtsrahmen für Insidergeschäfte, die unrechtmäßige Offenlegung von Insiderinformationen und Marktmanipulation (Marktmissbrauch) sowie für Maßnahmen zur Verhinderung von Marktmissbrauch geschaffen, um die Integrität der Finanzmärkte in der Union sicherzustellen und den Anlegerschutz und das Vertrauen der Anleger in diese Märkte zu stärken.

In der Fassung vom 16.4.2014 (ABl. EU Nr. L 173 v. 12.6.2014, S. 1).

Schrifttum: *Assmann/Pötzsch/Uwe H. Schneider* (Hrsg.), Wertpapiererwerbs- und Übernahmegesetz, 2. Aufl. 2013; *Assmann/Schlitt/von Kopp-Colomb* (Hrsg.), Wertpapierprospektgesetz/Vermögensanlagengesetz, 3. Aufl. 2017; *Assmann/Schütze* (Hrsg.), Handbuch des Kapitalanlagerechts, 4. Aufl. 2015; *Kiesewetter/Parmentier*, Verschärfung des Marktmissbrauchsrechts – ein Überblick über die neue EU-Verordnung über Insidergeschäfte und Marktmanipulation, BB 2013, 2371; *Krause*, Kapitalmarktrechtliche Compliance: neue Pflichten und drastisch verschärfte Sanktionen nach der EU-Marktmissbrauchsverordnung CCZ 2014, 249; *Seibt*, Europäische Finanzmarktregulierung zu Insiderrecht und Ad-hoc-Publizität, ZHR 177 (2013), 388; *Seibt/Wollenschläger*, Revision des Marktmissbrauchsrechts durch Marktmissbrauchsverordnung und Richtlinie über strafrechtliche Sanktionen für Marktmanipulation, AG 2014, 593; *Veil*, Europäisches Insiderrecht 2.0 – Konzeption und Grundsatzfragen der Reform durch MAR und CRIM-MAD, ZBB 2014, 85. S. im Übrigen das Allgemeine Schrifttumsverzeichnis.

- I. Regelungsgegenstand 1
- 1. Einheitlicher Rechtsrahmen 2
- 2. Regelungsbereiche 4
- II. Regelungszweck 6

I. Regelungsgegenstand. Die Vorschrift bezeichnet den **Regelungsgegenstand** und den **Regelungszweck** der Marktmissbrauchsverordnung (Market Abuse Regulation – MAR). Im Hinblick auf den Regelungsgegenstand und damit auch den Anwendungsbereich der Verordnung (zu diesem detailliert Art. 2 VO Nr. 596/2014) umreißt sie zugleich, was der Marktmissbrauchsverordnung als Marktmissbrauch gilt: die unrechtmäßige Offenlegung von Insiderinformationen und Marktmanipulation. Sie ist dabei insoweit (in der Sache unschädlich, aber für die unzähligen Mängel der Verordnung symbolisch) unvollständig, als sie gerade den Kern des Marktmissbrauchs – d.h. die Nutzung von Insiderinformationen für Insidergeschäfte sowie die Empfehlung von Insidergeschäften und das Verleiten zu solchen Geschäften – unerwähnt lässt. Als Regelungszweck führt sie die Verhinderung des Marktmissbrauchs an, um die Integrität der Finanzmärkte in der Union sicherzustellen und um den Anlegerschutz und das Vertrauen der Anleger in diese Märkte zu stärken. 1

1. Einheitlicher Rechtsrahmen. Die Ausführungen der Vorschrift zum Regelungsgegenstand sind *narrativer* Art. Wenn davon die Rede ist, mit der Verordnung werde ein **gemeinsamer Rechtsrahmen** für die im Weiteren angeführten Regelungsbereiche geschaffen, so wird damit der sich aus Art. 288 Abs. 2 AEUV (zuvor Art. 249 Abs. 2 EGV) angesprochen, demzufolge eine Verordnung allgemeine Geltung hat, in sämtlichen ihren Teilen verbindlich ist und unmittelbar in jedem Mitgliedstaat gilt[1]. 2

Tatsächlich schafft die Marktmissbrauchsverordnung für die in Art. 1 VO Nr. 596/2014 angeführten Regelungsfelder erstmals einen einheitlichen, d.h. **in allen Mitgliedstaaten unmittelbar geltenden** Regelungsrahmen. Sie tritt an die Stelle der Richtlinie 2003/6/EG des Europäischen Parlaments und des Rates vom 28. Januar 2003 über Insider-Geschäfte und Marktmanipulation (Marktmissbrauch)[2], die ihrerseits die Richtlinie 89/592/ 3

---

1 Dementsprechend heißt es in Erwägungsgrund 5 VO Nr. 596/2014: „Diese Verordnung wird zur Folge haben, dass in der gesamten Union alle natürlichen und juristischen Personen die gleichen Regeln zu befolgen haben. Eine Verordnung dürfte auch die rechtliche Komplexität und insbesondere für grenzüberschreitend tätige Gesellschaften die Compliance-Kosten reduzieren sowie zur Beseitigung von Wettbewerbsverzerrungen beitragen."
2 ABl. EU Nr. L 96 v. 12.4.2003, S. 16.

EWG des Rates vom 13. November 1989 zur Koordinierung der Vorschriften betreffend Insider-Geschäfte ersetzte[1] und durch Art. 37 Satz 1 VO Nr. 596/2014 mitsamt der zu ihr ergangenen Durchführungsmaßnahmen aufgehoben wird. Beiden Rechtsakten war gemeinsam, dass sie für die Mitgliedstaaten nur „hinsichtlich des zu erreichenden Ziels verbindlich" waren, die Wahl der Form und der Mittel zur Umsetzung der Richtlinien entsprechend Art. 288 Abs. 3 AEUV aber den Mitgliedstaaten überließ. Ungeachtet des Umstands, dass die MAR auch die von diesen Richtlinien erfassten Regelungsbereiche erweitert und ihre Regelungen an rechtliche, kommerzielle und technologischen Entwicklungen anpasst[2], wird neben der Reformbedürftigkeit der Richtlinienregelungen auch die unterschiedliche Umsetzung derselben und deren uneinheitliche Auslegung als Grund für den neuen, in den Mitgliedstaaten unmittelbar geltenden Regelungsrahmen angeführt[3].

4 **2. Regelungsbereiche.** Als **Regelungsgegenstände**, für die durch die MAR ein gemeinsamer Rechtsrahmen geschaffen werden soll, führt die Vorschrift Insidergeschäfte, die unrechtmäßige Offenlegung von Insiderinformationen, Marktmanipulation (**Marktmissbrauch**[4]) und Maßnahmen zur Verhinderung von Marktmissbrauch an. Dabei handelt es sich um Bereiche, die bislang im WpHG geregelt waren und nunmehr der Ausgestaltung durch den nationalen Gesetzgeber entzogen sind. Mit ihrer zum 3.7.2016 vollzogenen Überführung in die MAR verbindet sich aber auch eine **Ausweitung** und nahezu durchweg **Verschärfung** der jeweiligen Regelungen sowie eine Ausweitung des Anwendungsbereichs der einschlägigen Vorschriften. Erfasst werden nunmehr auch Emissionszertifikate und indirekt auch die Regelung durch das WpHG einbezogene Handelssysteme wie bestimmte Formen des Freiverkehrs oder multilaterale Handelssysteme.

5 Die Regelung von **Sanktionen** für Verstöße gegen die durch die MAR begründeten Verhaltenspflichten liegt weitgehend außerhalb der Kompetenz der EU. Sie ist deshalb – wie bisher – einer Richtlinie in Gestalt der komplementär zur Verordnung ergangenen Richtlinie 2014/57/EU des Europäischen Parlaments und des Rates vom 16. April 2014 über strafrechtliche Sanktionen bei Marktmanipulation (Marktmissbrauchsrichtlinie)[5] überlassen worden, deren Ausgestaltung allerdings eine effektivere Sanktionierung von Marktmanipulationen gewährleisten soll[6].

6 **II. Regelungszweck.** Keineswegs nur narrativ ist die Vorschrift, wenn sie bestimmt, der gemeinsame Rechtsrahmen für die von der MAR erfassten Regelungsbereiche werde geschaffen, „um die Integrität der Finanzmärkte in der Union sicherzustellen und den Anlegerschutz und das Vertrauen der Anleger in diese Märkte zu stärken". Auch wenn es sich dabei nur um eine **grobe**[7] Beschreibung des Zwecks der Vorschiften der MAR handelt, der noch auf die einzelnen Vorschriften in den verschiedenen Regelungsbereichen der MAR herunterzubrechen ist, ist dieser doch – konkretisiert durch Umschreibungen in den Erwägungsgründen der Verordnung und in der Begründung des Verordnungsvorschlags (dazu Rz. 7) – von nicht zu unterschätzender Bedeutung für die Auslegung der Bestimmungen der Marktmissbrauchsverordnung. Schon bei der Auslegung der Vorschriften der der MAR vorausgegangenen Marktmissbrauchsrichtlinie (Rz. 3) hat der EuGH, dem die oberste Deutungshoheit zu den Bestimmungen der MAR zukommt, der Auslegung nach dem Grundsatz des „effet utile" eine alle andere Auslegungsmethoden verdrängende Priorität eingeräumt. Nach diesem – aus dem Völkerrecht übernommenen – Grundsatz ist eine Norm so auszulegen, dass ihr Ziel am besten und einfachsten erreicht werden kann. Näher hierzu Vor Art. 7 ff. VO Nr. 596/2014 Rz. 29.

7 Die Beschreibung des Zwecks der Marktmissbrauchsverordnung und ihrer Vorschriften in Art. 1 VO Nr. 596/2014 lässt sich unter Heranziehung der Erwägungsgründe der Verordnung und in der Begründung des Verord-

---

1 ABl. EG Nr. L 334 v. 18.11.1989, S. 30.
2 S. Erwägungsgrund 3 VO Nr. 596/2014; Vorschlag für Verordnung des Europäischen Parlaments und des Rates über Insider-Geschäfte und Marktmanipulation (Marktmissbrauch) vom 20.10.2011, KOM(2011) 0651 endgültig – 2011/0295 (COD), http://eur-lex.europa.eu/legal-content/DE/TXT/?uri=CELEX:52011PC0651, S. 3.
3 S. Vorschlag für Verordnung des Europäischen Parlaments und des Rates über Insider-Geschäfte und Marktmanipulation (Marktmissbrauch) vom 20.10.2011, KOM(2011) 0651 endgültig – 2011/0295 (COD), S. 3 – http://eur-lex.europa.eu/legal-content/DE/TXT/?uri=CELEX:52011PC0651 – i.V.m. mit ESME, Report Market abuse EU legal framework and its implementation by Member States: a first evaluation, zusammenfassend zum „lack of harmonisation" S. 1 f. – http://ec.europa.eu/internal_market/securities/docs/esme/mad_070706_en.pdf. S. auch Erwägungsgründe 4 und 5 VO Nr. 596/2014. Kritisch zum Befund einer uneinheitlichen Umsetzung der Marktmissbrauchsrichtlinie und einer darauf zurückzuführenden Regelungs- und Aufsichtsarbitrage Veil, ZBB 2014, 85, 86.
4 Nach Erwägungsgrund 7 VO Nr. 596/2014 ist Marktmissbrauch der „Oberbegriff für unrechtmäßige Handlungen an den Finanzmärkten und sollte für die Zwecke dieser Verordnung Insidergeschäfte oder die unrechtmäßige Offenlegung von Insiderinformationen und Marktmanipulation umfassen."
5 ABl. EU Nr. L 173 v. 12.6.2014, S. 179.
6 KOM/2011/0654 endgültig – 2011/0297 (COD), http://eur-lex.europa.eu/legal-content/DE/TXT/?uri=CELEX:52011PC0654. Die Mindestharmonisierung strafrechtlicher Vorschriften ist von zahlreichen Mitgliedstaaten heftig kritisiert worden. Der Bundesrat hat eine Verletzung des Subsidiaritätsgrundsatzes gerügt; BR-Drucks. 646/11 (Beschluss) (2) v. 16.12.2011. Dazu zur Subsidiaritätsproblematik ausführlich Beschlussempfehlung und Bericht des Rechtsausschusses zum Vorschlag einer Richtlinie des Europäischen Parlaments und des Rates über strafrechtliche Sanktionen für Insider-Geschäfte und Marktmanipulation, BT-Drucks. 17/9770 v. 23.5.2012, 1, 3 ff.
7 Nach Grundmann in Staub, Bd. 11/1, 5. Aufl. 2017, 6. Teil Rz. 272, auch „unvollständig(e) und jedenfalls missverständlich eng(e)".

nungsvorschlags[1] **konkretisieren**. Zum Regelungszweck „Sicherung der Integrität der Finanzmärkte" heißt es in Erwägungsgrund 1 VO Nr. 596/2014, die Schaffung eines „echte[n] Binnenmarkt[s] für Finanzdienstleistungen" sei Voraussetzung für „das Wirtschaftswachstum und die Schaffung von Arbeitsplätzen in der Union". Voraussetzung eines integrierten, effizienten und transparenten Finanzbinnenmarkts wiederum sei „Marktintegrität", d.h. das „reibungslose Funktionieren der Wertpapiermärkte und das Vertrauen der Öffentlichkeit in die Märkte". Die Verbindung von Marktintegrität und Vertrauen als Voraussetzung für das Funktionieren der Finanzmärkte bringt Erwägungsgrund 2 VO Nr. 596/2014 auf den Punkt: „Marktmissbrauch verletzt die Integrität der Finanzmärkte und untergräbt das Vertrauen der Öffentlichkeit in Wertpapiere und Derivate".

Der Konkretisierung des Zwecks der MAR weiterhin dienlich sind die Ausführungen zum Verordnungsvorschlag[2], mit denen die Ablösung einer Regelung des Marktmissbrauchs durch Rechtsharmonisierung mittels Richtlinie durch eine unmittelbar anwendbare Verordnung begründet wird. Sie gibt den Wechsel und die mit diesem einhergehende Ausweitung und Verschärfung der Marktmissbrauchsvorschriften als Reaktion auf die „derzeitige" **Wirtschafts- und Finanzkrise** zu erkennen, die 2007 als sog. Subprimekrise ihren Anfang nahm und deren Wirkfaktoren und Erscheinungsformen seitdem mehrfach gewechselt haben: „Die derzeitige weltweite Wirtschafts- und Finanzkrise", so heißt es dort, „hat die Bedeutung der Marktintegrität deutlich gemacht. In diesem Zusammenhang hat sich die Gruppe der Zwanzig (G20) auf eine Verschärfung der Finanzaufsicht und Regulierung sowie den Aufbau eines Rahmens international vereinbarter hoher Standards verständigt". Vor diesem Hintergrund und einer Reihe weiterer Probleme bei der Anwendung der bisherigen Marktmissbrauchsrichtlinie, die sich nachteilig auf die Marktintegrität und den Anlegerschutz auswirkten, bezwecke der Verordnungsvorschlag zum einen „eine Verbesserung der Marktintegrität und des Anlegerschutzes"; zum andere solle mit dem Vorschlag „ein einheitlicher Satz von Regeln und gleiche Rahmenbedingungen für alle Akteure gewährleistet und die Attraktivität der Wertpapiermärkte für die Kapitalbeschaffung gesteigert werden". 8

Ein für die Normauslegung bedeutungsloses, aber für die Überarbeitung und Fortentwicklung des europäischen Finanzmarktrechts bedeutsames Ziel, zu dessen Verwirklichung die MAR beitragen soll, ist dasjenige der **Schaffung einer „Europäischen Kapitalmarktunion"** und eines und in den Mitgliedstaaten unmittelbar verbindlichen **zentralen Regelwerks** („Single Rulebook") zu deren Regulierung[3]. 9

Zu einer der zentralen Fragen der Anwendung der Marktmissbrauchsverordnung – der Frage des Verhältnisses der beiden Regelungszwecke der Verordnung in Gestalt der Verhinderung des Marktmissbrauchs zur Sicherung der Finanzmärkte in der Union (Markt- und Funktionenschutz) einerseits und der Stärkung des Vertrauens der Anleger in diese Märkte (Anlegerschutz i.S.d. Schutzes der Integritätsinteressen der Anleger) andererseits – finden sich in der Bestimmung keine Hinweise[4]. Das ist wenig verwunderlich und gut nachvollziehbar, lässt sich diese Frage in einer Bestimmung, die der Marktmissbrauchsverordnung wie eine Präambel vorangestellt ist, in dieser Abstraktheit doch nur schwerlich brauchbar beantworten. 10

Art. 2 Anwendungsbereich

(1) Diese Verordnung gilt für
a) **Finanzinstrumente, die zum Handel auf einem geregelten Markt zugelassen sind oder für die ein Antrag auf Zulassung zum Handel auf einem geregelten Markt gestellt wurde;**
b) **Finanzinstrumente, die in einem multilateralen Handelssystem gehandelt werden, zum Handel in einem multilateralen Handelssystem zugelassen sind oder für die ein Antrag auf Zulassung zum Handel in einem multilateralen Handelssystem gestellt wurde;**

---

1 Vorschlag für Verordnung des Europäischen Parlaments und des Rates über Insider-Geschäfte und Marktmanipulation (Marktmissbrauch) vom 20.10.2011, KOM(2011) 0651 endgültig – 2011/0295 (COD), http://eur-lex.europa.eu/legal-content/DE/TXT/?uri=CELEX:52011PC0651.
2 Vorschlag für Verordnung des Europäischen Parlaments und des Rates über Insider-Geschäfte und Marktmanipulation (Marktmissbrauch) vom 20.10.2011, KOM(2011) 0651 endgültig – 2011/0295 (COD), http://eur-lex.europa.eu/legal-content/DE/TXT/?uri=CELEX:52011PC0651; alle nachfolgenden Zitate S. 3 des Vorschlags.
3 Dazu etwa *Seibt*, ZHR 177 (2013), 388, 390 f.; *Seibt/Wollenschläger*, AG 2014, 593. Das Konzept eines *Single Rulebook* ist 2009 im Zusammenhang mit der Harmonisierung der europäischen Bankenregulierung entstanden (s. *Assmann* in Assmann/Schütze, § 1 Rz. 67 f.), umfasst – im Interesse der Vermeidung von Regelungswettbewerb und Aufsichtsarbitrage – aber alle Bereiche der Finanzmarktregulierung und des Anlegerschutzes und beschränkt sich nicht mehr auf die Setzung technischer Standards. Entsprechend heißt es im „2015 Work Programme" der ESMA v. 30.9.2014, ESMA/2014/1200, https://www.esma.europa.eu/sites/default/files/library/2015/11/2014-1200_-_esma_2015_work_programme.pdf, S. 17: „In 2015 ESMA's single rulebook work will be focused, amongst others, on the revision of the Markets in Financial Instruments (MiFID) and Market Abuse Directives (MAD), legislation related to European investment funds and to transparency and prospectus, and the implementation of the CRA III legislation." Zum aktuellen Arbeitsprogramm „Completing a single rulebook for EU financial markets" s. „2017 Work Programme" v. 30.9.2016 – ESMA/2016/1419, https://www.esma.europa.eu/sites/default/files/library/esma-2016-1419_-_esma_2017_work_programme.pdf.
4 Kritisch *Klöhn* in Klöhn, Art. 1 MAR Rz. 6 ff.

Art. 2 VO Nr. 596/2014 | Anwendungsbereich

c) Finanzinstrumente, die in einem organisierten Handelssystem gehandelt werden;

d) Finanzinstrumente, die nicht unter die Buchstaben a, b oder c fallen, deren Kurs oder Wert jedoch von dem Kurs oder Wert eines unter diesen Buchstaben genannten Finanzinstruments abhängt oder sich darauf auswirkt; sie umfassen Kreditausfall-Swaps oder Differenzkontrakte, sind jedoch nicht darauf beschränkt.

Diese Verordnung gilt außerdem für Handlungen und Geschäfte, darunter Gebote, bezüglich Versteigerungen von Treibhausgasemissionszertifikaten und anderen darauf beruhenden Auktionsobjekten auf einer als geregelten Markt zugelassenen Versteigerungsplattform gemäß der Verordnung (EU) Nr. 1031/2010, selbst wenn die versteigerten Produkte keine Finanzinstrumente sind. Sämtliche Vorschriften und Verbote dieser Verordnung in Bezug auf Handelsaufträge gelten unbeschadet etwaiger besonderer Bestimmungen zu den im Rahmen einer Versteigerung abgegebenen Geboten für diese Gebote.

(2) Die Artikel 12 und 15 gelten auch für

a) Waren-Spot-Kontrakte, die keine Energiegroßhandelsprodukte sind, bei denen die Transaktion, der Auftrag oder die Handlung eine Auswirkung auf den Kurs oder den Wert eines Finanzinstruments gemäß Absatz 1 hat, oder eine solche Auswirkung wahrscheinlich oder beabsichtigt ist;

b) Arten von Finanzinstrumenten, darunter Derivatekontrakte und derivative Finanzinstrumente für die Übertragung von Kreditrisiken, bei denen das Geschäft, der Auftrag, das Gebot oder das Verhalten eine Auswirkung auf den Kurs oder Wert eines Waren-Spot-Kontrakts hat oder voraussichtlich haben wird, dessen Kurs oder Wert vom Kurs oder Wert dieser Finanzinstrumente abhängen, und

c) Handlungen in Bezug auf Referenzwerte.

(3) Diese Verordnung gilt für alle Geschäfte, Aufträge und Handlungen, die eines der in den Absätzen 1 und 2 genannten Finanzinstrumente betreffen, unabhängig davon, ob ein solches Geschäft, ein solcher Auftrag oder eine solche Handlung auf einem Handelsplatz getätigt wurden.

(4) Die Verbote und Anforderungen dieser Verordnung gelten für Handlungen und Unterlassungen in der Union und in Drittländern in Bezug auf die in den Absätzen 1 und 2 genannten Instrumente.

In der Fassung vom 16.4.2014 (ABl. EU Nr. L 173 v. 12.6.2014, S. 1), geändert durch Berichtigung vom 21.10.2016 (ABl. EU Nr. L 287 v. 21.10.2016, S. 320).

Schrifttum: *BaFin*, Art. 17 MAR – Veröffentlichung von Insiderinformationen (FAQs), abrufbar unter https://www.bafin.de/SharedDocs/Downloads/DE/FAQ/dl_faq_mar_art_17_Ad-hoc.html. S. im Übrigen Art. 1 VO Nr. 596/2014 und das Allgemeine Schrifttumsverzeichnis.

I. Regelungsgegenstand 1	e) Nicht in einem multilateralen Handelssystem gehandelte Finanzinstrumente des Art. 2 Abs. 1 (Art. 2 Abs. 1 Unterabs. 1 lit. d VO Nr. 596/2014) 15
II. Geschäfte, Aufträge und Handlungen betreffend Finanzinstrumente (Art. 2 Abs. 1, 3 und 4 VO Nr. 596/2014) 5	f) Emissionszertifikate (Art. 2 Abs. 1 Unterabs. 2 VO Nr. 596/2014) 17
1. Geschäfte, Aufträge und Handlungen betreffend Finanzinstrumente (Art. 2 Abs. 3 und 4 VO Nr. 596/2014) 5	3. Anwendung der Marktmanipulationsvorschriften auf nicht von Art. 2 Abs. 1, 3 und 4 VO Nr. 596/2014 erfasste Fälle 19
2. Uneingeschränkte Anwendung der Marktmissbrauchsverordnung betreffend Finanzinstrumente nach Art. 2 Abs. 1 VO Nr. 596/2014 . . . 7	a) Waren-Spot-Kontrakte (Art. 2 Abs. 2 lit. a VO Nr. 596/2014) 20
a) In multilateralen Systemen gehandelte Finanzinstrumente (Art. 2 Abs. 1 VO Nr. 596/2014) 7	b) Arten von Finanzinstrumenten mit Auswirkungen auf Waren-Spot-Kontrakte (Art. 2 Abs. 2 lit. b VO Nr. 596/2014) 21
b) Finanzinstrumente geregelter Märkte (Art. 2 Abs. 1 Unterabs. 1 lit. a VO Nr. 596/2014) . . . 10	c) Handlungen in Bezug auf Referenzwerte (Art. 2 Abs. 2 lit. c VO Nr. 596/2014) 22
c) Finanzinstrumente multilateraler Handelssysteme (Art. 2 Abs. 1 Unterabs. 1 lit. b VO Nr. 596/2014) 12	4. Geschäfte, Aufträge und Handlungen (Art. 2 Abs. 3 VO Nr. 596/2014) 24
d) Finanzinstrumente organisierter Handelssysteme (Art. 2 Abs. 1 Unterabs. 1 lit. c VO Nr. 596/2014) 14	5. Extraterritoriale Geltung der Verbote und Anforderungen der Marktmissbrauchsverordnung (Art. 2 Abs. 4 VO Nr. 596/2014) 25

1 **I. Regelungsgegenstand.** Die Vorschrift bestimmt den **Anwendungsbereich** der Marktmissbrauchsverordnung (MAR). Diese gilt nach den Art. 2 Abs. 3 und 4 VO Nr. 596/2014 „für alle Geschäfte, Aufträge und Handlungen, die eines der in den Art. 2 Abs. 1 und 2 VO Nr. 596/2014 genannten Finanzinstrumente betreffen, *unabhängig davon, ob ein solches Geschäft, ein solcher Auftrag oder eine solche Handlung auf einem Handelsplatz getätigt wurden*" und in welchem Land eine diesbezügliche Handlung oder ein diesbezügliches Unterlassen vorgenommen wurde (näher Rz. 5).

Der maßgeblich durch die erfassten Finanzinstrumente und Handelsplätze umrissene Anwendungsbereich ist 2 in zweierlei Hinsicht **umfangreicher** als derjenige der von der MAR abgelösten Marktmissbrauchsrichtlinie 2003/6/EG[1]. Zum einen wird der Kreis der **Finanzinstrumente** erweitert, die Gegenstand eines marktmissbräuchlichen Verhaltens sein können. So erfasst die Marktmissbrauchsverordnung nunmehr auch Treibhausgasemissionszertifikate und andere auf diesen beruhende Auktionsobjekte (Art. 2 Abs. 1 Unterabs. 2 Satz 1 VO Nr. 596/2014) sowie – obschon beschränkt auf die Anwendung der Bestimmungen in Art. 12 und 15 VO Nr. 596/2014 über Marktmanipulation – gewisse Waren-Spot-Kontrakte, bestimmte Arten von Finanzinstrumenten mit Auswirkungen auf Waren-Spot-Kontrakte und Handlungen in Bezug auf Referenzwerte, die für den Preis von Finanzinstrumenten oder Waren-Spot-Kontrakte von Bedeutung sind (Art. 2 Abs. 2 VO Nr. 596/2014). Zum anderen werden die **Handelsplätze**, auf denen solche Instrumente gehandelt werden und die vor marktmissbräuchlichem Verhalten geschützt werden sollen, erweitert. Das gilt namentlich für die Märkte für Finanzinstrumente (Art. 2 Abs. 1 Unterabs. 1 VO Nr. 596/2014), zu denen nunmehr nach Art. 2 Abs. 1 Unterabs. 1 lit. b bzw. c VO Nr. 596/2014 auch multilaterale Handelssysteme (MTF) bzw. organisierte Handelssysteme (OTF) i.S.v. Art. 3 Abs. 1 Nr. 7 bzw. Nr. 8 VO Nr. 596/2014 i.V.m. Art. 4 Abs. 1 Nr. 22 bzw. Nr. 23 RL 2014/65/EU[2] gehören.

Die **Ausweitung des Geltungsbereichs** der Marktmissbrauchsverordnung gegenüber demjenigen der durch die 3 Verordnung aufgehobenen Marktmissbrauchsrichtlinie 2003/6/EG (Rz. 2) beruht auf der Erwägung, dass sich Letztere auf Finanzinstrumente konzentrierte, die zum Handel auf einem geregelten Markt zugelassen waren oder für die ein Antrag auf Zulassung zum Handel auf einem solchen Markt gestellt worden war, was sich „in den letzten Jahren" als zu eng erwiesen habe: Zum einen seien Finanzinstrumente zunehmend auf multilateralen Handelssystemen gehandelt worden und zum anderen gebe es weitere Finanzinstrumente, die ausschließlich auf anderen Arten von organisierten Handelssystemen oder nur außerbörslich gehandelt würden. Deshalb schließe der Anwendungsbereich der Marktmissbrauchsverordnung alle auf einem geregelten Markt, einem multilateralen oder organisierten Handelssystem gehandelten Finanzinstrumente ebenso ein wie jede andere Handlung oder Maßnahme, die sich auf ein solches Finanzinstrument auswirken kann, aus, gleich ob sie auf einem Handelsplatz durchgeführt werde oder nicht (Erwägungsgrund 8 Satz 4 VO Nr. 596/2014).

Art. 2 Abs. 1 lit. a bzw. lit. d VO Nr. 596/2014 bauen auf Art. 9 Abs. 1 bzw. Abs. 2 RL 2003/6/EG vom 28.1.2003 4 (Rz. 2) auf und Art. 2 Abs. 3 bzw. Abs. 4 VO Nr. 596/2014 entsprechen Art. 9 Abs. 1 bzw. Art. 10 lit. a RL 2003/ 6/EG[3].

II. **Geschäfte, Aufträge und Handlungen betreffend Finanzinstrumente (Art. 2 Abs. 1, 3 und 4 VO** 5 **Nr. 596/2014). 1. Geschäfte, Aufträge und Handlungen betreffend Finanzinstrumente (Art. 2 Abs. 3 und 4 VO Nr. 596/2014).** Die Marktmissbrauchsverordnung gilt nach Art. 2 Abs. 3 VO Nr. 596/2014 „für alle **Geschäfte, Aufträge und Handlungen**, die eines der in den Absätzen 1 und 2 genannten Finanzinstrumente betreffen, unabhängig davon, ob ein solches Geschäft, ein solcher Auftrag oder eine solche Handlung auf einem Handelsplatz getätigt wurden". Zwar erfasst Art. 2 Abs. 1 VO Nr. 596/2014 nur auf bestimmten Märkten gehandelte Finanzinstrumente, doch ist es nach dieser Vorschrift nicht erforderlich, dass die fraglichen Geschäfte, Aufträge und Handlungen in Bezug auf diese Instrumente auf den jeweiligen Märkten vorgenommen wurden, solange sie nur die Finanzinstrumente betreffen und sich damit auf diese **auswirken können** (vgl. Erwägungsgrund 8 Satz 4 VO Nr. 596/2014).

Weiterhin findet nach dem die **extraterritoriale Anwendung der Marktmissbrauchsverordnung** anordnen- 6 den Art. 2 Abs. 4 VO Nr. 596/2014 die Verordnung auch auf solche Handlungen und Unterlassungen in Bezug auf die in Art. 2 Abs. 1 und 2 VO Nr. 596/2014 genannten Instrumente Anwendung, die sich außerhalb Deutschlands in Mitgliedstaaten der Europäischen Union oder in Drittländern ereignet haben.

2. Uneingeschränkte Anwendung der Marktmissbrauchsverordnung betreffend Finanzinstrumente nach 7 **Art. 2 Abs. 1 VO Nr. 596/2014. a) In multilateralen Systemen gehandelte Finanzinstrumente (Art. 2 Abs. 1 VO Nr. 596/2014).** Die Marktmissbrauchsverordnung gilt uneingeschränkt für die in Art. 2 Abs. 1 VO Nr. 596/2014 angeführten und in **multilateralen Systemen** i.S.v. Art. 4 Nr. 19 RL 2014/65/EU (Rz. 2) gehandelten Finanzinstrumente.

Finanzinstrumente i.S.d. Art. 2 Abs. 1 VO Nr. 596/2014 sind nach Art. 3 Abs. 1 Nr. 1 VO Nr. 596/2014 die in 8 Art. 4 Abs. 1 RL 2014/65/EU (Rz. 2) i.V.m. deren Anhang I Abschnitt C angeführten Instrumente, nämlich:
„(1) Übertragbare Wertpapiere;
(2) Geldmarktinstrumente;

---

1 Richtlinie 2003/6/EG des Europäischen Parlaments und des Rates vom 28.1.2003 über Insider-Geschäfte und Marktmanipulation (Marktmissbrauch), ABl. EU Nr. L 96 v. 12.4.2003, S. 16.
2 Richtlinie 2014/65/EU des Europäischen Parlaments und des Rates vom 14.5.2014 über Märkte für Finanzinstrumente sowie zur Änderung der Richtlinien 2002/92/EG und 2011/61/EU (Neufassung), ABl. EU Nr. L 173 v. 12.6.2014, S. 349 (sog. MiFID II).
3 S. dazu die Entsprechungstabelle in Anhang II der RL 2003/6/EG vom 28.1.2003.

(3) Anteile an Organismen für gemeinsame Anlagen;

(4) Optionen, Terminkontrakte (Futures), Swaps, außerbörsliche Zinstermingeschäfte (Forward Rate Agreements) und alle anderen Derivatkontrakte in Bezug auf Wertpapiere, Währungen, Zinssätze oder -erträge, Emissionszertifikate oder andere Derivat-Instrumente, finanzielle Indizes oder Messgrößen, die effektiv geliefert oder bar abgerechnet werden können;

(5) Optionen, Terminkontrakte (Futures), Swaps, Termingeschäfte (Forwards) und alle anderen Derivatkontrakte in Bezug auf Waren, die bar abgerechnet werden müssen oder auf Wunsch einer der Parteien bar abgerechnet werden können, ohne dass ein Ausfall oder ein anderes Beendigungsereignis vorliegt;

(6) Optionen, Terminkontrakte (Futures), Swaps und alle anderen Derivatkontrakte in Bezug auf Waren, die effektiv geliefert werden können, vorausgesetzt, sie werden an einem geregelten Markt, über ein MTF oder über ein OTF gehandelt; ausgenommen davon sind über ein OTF gehandelte Energiegroßhandelsprodukte, die effektiv geliefert werden müssen;

(7) Optionen, Terminkontrakte (Futures), Swaps, Termingeschäfte (Forwards) und alle anderen Derivatkontrakte in Bezug auf Waren, die effektiv geliefert werden können, die sonst nicht in Nummer 6 dieses Abschnitts genannt sind und nicht kommerziellen Zwecken dienen, die die Merkmale anderer derivativer Finanzinstrumente aufweisen;

(8) Derivative Instrumente für den Transfer von Kreditrisiken;

(9) Finanzielle Differenzgeschäfte;

(10) Optionen, Terminkontrakte (Futures), Swaps, außerbörsliche Zinstermingeschäfte (Forward Rate Agreements) und alle anderen Derivatkontrakte in Bezug auf Klimavariablen, Frachtsätze, Inflationsraten oder andere offizielle Wirtschaftsstatistiken, die bar abgerechnet werden müssen oder auf Wunsch einer der Parteien bar abgerechnet werden können, ohne dass ein Ausfall oder ein anderes Beendigungsereignis vorliegt, sowie alle anderen Derivatkontrakte in Bezug auf Vermögenswerte, Rechte, Obligationen, Indizes und Messwerte, die sonst nicht im vorliegenden Abschnitt C genannt sind und die die Merkmale anderer derivativer Finanzinstrumente aufweisen, wobei unter anderem berücksichtigt wird, ob sie auf einem geregelten Markt, einem OTF oder einem MTF gehandelt werden;

(11) Emissionszertifikate, die aus Anteilen bestehen, deren Übereinstimmung mit den Anforderungen der Richtlinie 2003/87/EG (Emissionshandelssystem) anerkannt ist."

Zu Einzelheiten zu den vorstehend aufgeführten Finanzinstrumenten ist auf die Erläuterungen zu Art. 3 VO Nr. 596/2014 Rz. 3 ff. zu verweisen.

9 Für diese Finanzinstrumente gilt die Marktmissbrauchsverordnung nach Art. 2 Abs. 1 Unterabs. 1 VO Nr. 596/2014 allerdings nur, wenn sie in **multilateralen Systemen** i.S.v. Art. 4 Nr. 19 RL 2014/65/EU (Rz. 2) gehandelt werden oder die Voraussetzungen des Art. 2 Abs. 1 Unterabs. 1 lit. d VO Nr. 596/2014 erfüllen. Bei den in Art. 2 Abs. 1 Unterabs. 1 VO Nr. 596/2014 erfassten multilateralen Systeme handelt es sich um deren Ausprägungen in Gestalt geregelter Märkte (Art. 2 Abs. 1 lit. a VO Nr. 596/2014; Rz. 10 f.), multilateraler Handelssysteme (MTF; Art. 2 Abs. 1 lit. b VO Nr. 596/2014; Rz. 12 f.) und – als wesentliche Neuerung u.a. dieser Richtlinie – organisierter Handelssysteme (OTF; Art. 2 Abs. 1 lit. c VO Nr. 596/2014; Rz. 14). Dabei folgt die Untergliederung der multilateralen Systeme Unterschieden der jeweiligen Untersysteme in Bezug auf den Handel mit Finanzinstrumenten und die Marktstruktur.

10 **b) Finanzinstrumente geregelter Märkte (Art. 2 Abs. 1 Unterabs. 1 lit. a VO Nr. 596/2014).** Finanzinstrumente geregelter Märkte sind nach Art. 2 Abs. 1 Unterabs. 1 lit. a VO Nr. 596/2014 zunächst alle Finanzinstrumente, die zum Handel auf einem geregelten Markt **zugelassen** sind oder – im Hinblick auf den sog. Handel per Erscheinen – für die ein **Antrag** auf Zulassung zum Handel auf einem geregelten Markt gestellt wurde. Ein **geregelter Markt** i.S. dieser Bestimmung ist nach Art. 3 Abs. 1 Nr. 6 VO Nr. 596/2014 i.V.m. Art. 4 Abs. 1 Nr. 21 RL 2014/65/EU (Rz. 2) ein von einem Marktbetreiber betriebenes und/oder verwaltetes multilaterales System, das die Interessen einer Vielzahl Dritter am Kauf und Verkauf von Finanzinstrumenten innerhalb des Systems und nach seinen nichtdiskretionären Regeln in einer Weise zusammenführt oder das Zusammenführen fördert, die zu einem Vertrag in Bezug auf Finanzinstrumente führt, die gemäß den Regeln und/oder den Systemen des Marktes zum Handel zugelassen wurden, sowie nach Art. 44 RL 2014/65/EU (Rz. 2) eine **Zulassung durch einen Mitgliedstaat der EU erhalten hat** und im Übrigen ordnungsgemäß und gemäß den Vorschriften des Titel III (Art. 44–56) der RL 2014/65/EU (Rz. 2) funktioniert.

11 In **Deutschland** ist der einzige diesen Anforderungen genügende Markt der **regulierte Markt** der **Börsen** i.S. von § 32 BörsG, der zugleich ein organisierter Markt i.S.d. WpHG (§ 2 Abs. 11 WpHG) und unterschiedliche Marktsegmente aufweisen kann[1]. Der Freiverkehr ist kein geregelter Markt, erfüllt aber die Voraussetzungen eines mutlilateralen Handelssystems (Rz. 13).

---

1 Eine Liste deutschen Börsen mit Reguliertem Markt und der in anderen Ländern zugelassenen Regulierten Märkte findet sich auf der Website der ESMA unter https://registers.esma.europa.eu/publication/searchRegister?core=esma_registers_mifid_rma bei Wahl des Registers „Regulated Markets" unter der Rubrik „Basic information - Register".

c) **Finanzinstrumente multilateraler Handelssysteme (Art. 2 Abs. 1 Unterabs. 1 lit. b VO Nr. 596/2014).** 12
Weiter gilt die Marktmissbrauchsverordnung nach Art. 2 Abs. 1 Unterabs. 1 lit. b VO Nr. 596/2014 für Finanzinstrumente, die in einem multilateralen Handelssystem gehandelt werden, zum Handel in einem multilateralen Handelssystem **zugelassen** sind oder – wiederum im Hinblick auf den sog. Handel per Erscheinen – für die ein **Antrag** auf Zulassung zum Handel in einem multilateralen Handelssystem gestellt wurde. Ein **multilaterales Handelssystem (MTF** – *Multilateral Trading Facility*) ist nach Art. 3 Abs. 1 Nr. 7 VO Nr. 596/2014 i.V.m. Art. 4 Abs. 1 Nr. 22 RL 2014/65/EU (Rz. 2) ein von einer Wertpapierfirma oder einem Marktbetreiber betriebenes, nach Art. 5 RL 2014/65/EU zulassungsbedürftiges multilaterales System, das die Interessen einer Vielzahl Dritter am Kauf und Verkauf von Finanzinstrumenten innerhalb des Systems und nach nichtdiskretionären Regeln in einer Weise zusammenführt, die zu einem Vertrag gemäß Titel II (Art. 5–43, darunter vor allem Art. 18) der RL 2014/65/EU (Rz. 2) führt.

In **Deutschland** sind **multilaterale Handelssysteme** i.S.v. Art. 2 Abs. 1 Unterabs. 1 lit. b VO Nr. 596/2014 ganz 13
überwiegend die an deutschen Börsen eingerichteten Freiverkehrssegmente[1] sowie die Handelssysteme Eurex Bonds und Eurex Repo[2]. Da im **Freiverkehr** auch Finanzinstrumente gehandelt werden, die nicht auf Antrag des Emittenten zum Handel zugelassen wurden, stellt sich die Frage, ob dies zu einer Einschränkung der Anwendung der Marktmissbrauchsverordnung in Bezug auf Emittenten führt, die weder einen Antrag auf Zulassung zum Handel in einem multilateralen Handelssystem gestellt noch an einem solchen mitgewirkt haben. Das lässt sich nicht generell verneinen, doch löst sich das Problem, dass Emittenten auf diese Weise Verpflichtungen unterliegen könnten, deren Entstehen sie nicht durch eigenes Tun in Gestalt eines Zulassungsantrags veranlasst haben, auf der Ebene der einzelnen Normen der Marktmissbrauchsverordnung und der von ihr statuierten Verhaltenspflichten. Das gilt namentlich für die **Pflicht zur Veröffentlichung von Insiderinformationen** (sog. Ad-hoc-Publizität) **nach Art. 17 VO Nr. 596/2014**. Eine solche Pflicht schied unter der aufgehobenen Marktmissbrauchsrichtlinie 2003/6/EG (Rz. 2) und des auf diesem beruhenden § 15 Abs. 1 Satz WpHG a.F. schon deshalb aus, weil letztere Vorschrift sich nur an Emittenten wandte, deren Finanzinstrumente an einem organisierten Markt i.S.v. § 2 Abs. 11 WpHG zugelassen waren, was bei Freiverkehr nicht der Fall war[3]. Art. 17 Abs. 1 VO Nr. 596/2014, der sich ebenfalls an „Emittenten" wendet, enthält eine solche Einschränkung nicht, weil nach Art. 3 Abs. 1 Nr. 21 als Emittent jede juristische Person des privaten oder öffentlichen Rechts gilt, die Finanzinstrumente emittiert oder deren Emission vorschlägt. Jedoch bestimmt Art. 17 Abs. 1 Unterabs. 3 VO Nr. 596/2014, dass Art. 17 im Hinblick auf Finanzinstrumente, die nur auf einem multilateralen oder organisierten Handelssystem gehandelt werden, nur für solche Emittenten gilt, „die für ihre Finanzinstrumente eine Zulassung zum Handel auf einem multilateralen oder organisierten Handelssystem in einem Mitgliedstaat erhalten haben oder die für ihre Finanzinstrumente eine Zulassung zum Handel auf einem multilateralen Handelssystem in einem Mitgliedstaat beantragt haben", d.h. einen **Zulassungsantrag gestellt** haben oder an einem solchen **aktiv beteiligt** waren. Für den Freiverkehr bedeutet dies, dass der Emittent die Einbeziehung der Finanzinstrumente in den Freiverkehr beantragt hat (was nach § 16 AGB FWB für die Einbeziehung in das Marktsegment *Scale* unter gleichzeitiger Einbeziehung in das *Basic Board* möglich ist) oder die von ihm emittierten Finanzinstrumente mit seiner Zustimmung in den Handel einbezogen wurden[4].

d) **Finanzinstrumente organisierter Handelssysteme (Art. 2 Abs. 1 Unterabs. 1 lit. c VO Nr. 596/2014).** 14
Nach Art. 2 Abs. 1 Unterabs. 1 lit. c VO Nr. 596/2014 gilt die Marktmissbrauchsverordnung darüber hinaus für Finanzinstrumente, die in einem organisierten Handelssystem gehandelt werden. Ein **organisiertes Handelssystem (OTF** – *Organised Trading Facility*) ist nach Art. 3 Abs. 1 Nr. 8 VO Nr. 596/2014 i.V.m. Art. 4 Abs. 1 Nr. 23 RL 2014/65/EU (Rz. 2) ein nach Art. 5 RL 2014/65/EU zulassungsbedürftiges multilaterales System, bei dem es sich nicht um einen geregelten Markt oder ein MTF handelt und das die Interessen einer Vielzahl Dritter am Kauf und Verkauf von Schuldverschreibungen, strukturierten Finanzprodukten, Emissionszertifikaten oder Derivaten innerhalb des Systems in einer Weise zusammenführt, die zu einem Vertrag gemäß Titel II die-

---

1 Auch *Klöhn* in Klöhn, Art. 2 MAR Rz. 94.
2 Eine Liste von multilateralen Handelssystemen in Deutschland und in anderen Ländern findet sich auf der Website der ESMA unter https://registers.esma.europa.eu/publication/searchRegister?core=esma_registers_mifid_rma bei Wahl des Registers „Multilateral Trading Facilities" unter der Rubrik „Basic information – Register".
3 *Assmann* in 6. Aufl., § 2 WpHG Rz. 161. Zur Nichtanwendbarkeit des § 15 Abs. 1 Unterabs. 1 WpHG a.F. auf Emittenten von Wertpapieren, die im Freiverkehr gehandelt werden, s. *Assmann* in 6. Aufl., § 2 WpHG Rz. 7 und § 15 WpHG Rz. 43 m.w.N.
4 Erwägungsgrund 49 Satz 5 VO Nr. 596/2014: „Der Emittent ist nur verpflichtet, Insiderinformationen offenzulegen, wenn er die Zulassung des Finanzinstruments zum Handel beantragt oder genehmigt hat". Sich hierauf berufend auch *BaFin*, Art. 17 MAR (FAQs), S. 2 (II.1.): „Neben den bereits verpflichteten Emittenten an organisierten (=regulierten=geregelten) Markt sind zunächst lediglich Emittenten am MTF (s. insoweit Art. 39 Abs. 4 MAR) veröffentlichungspflichtig, sofern ihre Finanzinstrumente mit ihrer Zustimmung zum Handel zugelassen oder in den Handel einbezogen sind. Die Zustimmung zum Handel bzw. die Genehmigung (s. Erwägungsgrund 49, letzter Satz der MAR sowie Corrigendum zur MAR) beinhaltet dabei mehr als ein bloßes zur Kenntnisnehmen. Der Emittent muss wissentlich und willentlich dem Handel zugestimmt haben. Dabei ist aber unerheblich, ob er den aktuellen Folgepflichten der MAR auch zustimmen wollte oder will." So i.E. auch *Seibt/Wollenschläger*, AG 2014, 596; *Kiesewetter/Parmentier*, BB 2013, 2375.

ser Richtlinie führt. Organisierte Handelssysteme definieren sich im Wesentlichen über die in solchen Systemen gehandelten, vorstehend aufgeführten Finanzinstrumente. Weil unter diesen Aktien nicht genannt sind, ist der Aktienhandel in einem OTF ausgeschlossen[1]. Die aufgeführten Finanzinstrumente unterliegen keinem Zulassungsverfahren, weshalb es hier keiner besonderen Regelung bedarf, welche den Antrag auf Zulassung der Finanzinstrumente ausreichen lässt, um die Anwendbarkeit der Marktmissbrauchsverordnung zu begründen. Darüber hinaus kennen organisierte Handelssysteme keine Handelsteilnehmer, sondern nur Kunden, deren Aufträge im OTF ausgeführt werden (Art. 20 Abs. 1 RL 2014/65/EU). Schließlich unterliegen OTF keinen nichtdiskretionären Zusammenführungsregeln (Art. 20 Abs. 6, Art. 27 RL 2014/65/EU).

15 **e) Nicht in einem multilateralen Handelssystem gehandelte Finanzinstrumente des Art. 2 Abs. 1 (Art. 2 Abs. 1 Unterabs. 1 lit. d VO Nr. 596/2014).** Auch mit Finanzinstrumenten i.S. von Art. 2 Abs. 1 i.V.m. Art. 3 Abs. 1 Nr. 1 VO Nr. 596/2014 (Rz. 8), die nicht – wie diejenigen nach Art. 2 Abs. 1 Unterabs. 1 lit. a–c VO Nr. 596/2014 – an einem multilateralen Handelssystem gehandelt werden, kann Marktmissbrauch betrieben werden. Die Marktmissbrauchsverordnung ist auf solche Finanzinstrumente und auf diese bezogenen Handlungen aber nur dann anwendbar, wenn deren Kurs oder Wert entweder von dem Kurs oder Wert eines der von Art. 2 Abs. 1 Unterabs. 1 lit. a–c VO Nr. 596/2014 erfassten Finanzinstrumente *abhängt* oder sich auf diese *auswirkt*. Als **Beispiele** für solche Finanzinstrumente nennt Art. 2 Abs. 1 Unterabs. 1 lit. d Halbsatz 2 VO Nr. 596/2014 Kreditausfall-Swaps (Credit Default Swaps – CDS, etwa zur Absicherung gegen einen Ausfall des Schuldners von Schuldverschreibungen, die in einem multilateralen Handelssystem gehandelt werden) und Differenzkontrakte (Contracts for Difference – CFD, d.h. über einer CFD-Broker abgeschlossene Kontrakte, mit denen auf steigende oder sinkende Kurse eines Basiswerts gewettet wird, den keine der Parteien hält). Erfasst sind aber auch Aktienoptionsprogramme[2] und sog. Clickoptions, d.h. bei verschiedenen Anbietern außerbörslich – über das Internet – vereinbarte standardisierte Derivateverträge auf Insiderpapiere[3]. Selbst über Art. 2 Abs. 1 Unterabs. 1 lit. d VO Nr. 596/2014 sollen Wertsteigerungsrechte, Stock Appreciation Rights und Phantom Stocks auch weiterhin nicht zu den Finanzinstrumenten gehören[4], was hinsichtlich der Stock Appreciation Rights zu bezweifeln ist[5].

16 Als weitere Beispiele für marktmissbräuchliches Verhalten in Bezug auf Finanzinstrumente, die nicht auf einem Handelsplatz gehandelt werden, führt Erwägungsgrund 10 VO Nr. 596/2014 an: „Informationen in Bezug auf eine Aktie oder Schuldverschreibung, mit denen ein Derivat dieser Aktie oder Schuldverschreibung gekauft werden kann, oder ein Index, dessen Wert von dieser Aktie oder Schuldverschreibung abhängt." Weiter heißt es dort: „Wenn ein Finanzinstrument als Referenzkurs genutzt wird, kann mit einem außerbörslich gehandelten Derivat von manipulierten Kursen profitiert werden oder der Kurs eines Finanzinstruments, das auf einem Handelsplatz gehandelt wird, manipuliert werden." Schließlich wird als Beispiel ist die geplante Ausgabe eines neuen Pakets von Wertpapieren angeführt, „die an sich nicht in den Anwendungsbereich dieser Verordnung fallen, wobei jedoch der Handel mit diesen Wertpapieren den Kurs oder Wert bestehender notierter Wertpapiere beeinflussen könnte, die in den Anwendungsbereich dieser Verordnung fallen."

17 **f) Emissionszertifikate (Art. 2 Abs. 1 Unterabs. 2 VO Nr. 596/2014).** Die Marktmissbrauchsverordnung gilt nach **Art. 2 Abs. 1 Unterabs. 2 Satz 1 VO Nr. 596/2014** auch für Handlungen und Geschäfte, darunter Gebote (Rz. 18), bezüglich Versteigerungen von **Treibhausgasemissionszertifikaten** und anderen auf solchen Emissionszertifikaten beruhenden Auktionsobjekten auf einem als geregelter Markt zugelassenen Versteigerungsplattform gemäß der Verordnung (EU) Nr. 1031/2010[6], selbst wenn die versteigerten Produkte keine Finanzinstrumente sind. **Emissionszertifikate und deren Derivate** werden damit als Finanzinstrumente behandelt,

---

1 Auch *Klöhn* in Klöhn, Art. 2 MAR Rz. 95.
2 *Assmann* in 6. Aufl., § 12 WpHG Rz. 14; *BaFin*, Emittentenleitfaden 2013, S. 32, *Sethe* in Assmann/Schütze, Kapitalanlagerecht, § 8 Rz. 22.
3 *Assmann* in 6. Aufl., § 12 WpHG Rz. 15; *BaFin*, Emittentenleitfaden 2013, S. 32; *Hopt/Kumpan* in Schimansky/Bunte/Lwowski, Bankrechts-Handbuch, § 107 Rz. 27.
4 *BaFin*, Emittentenleitfaden 2013, S. 32, und die ihr folgende h.M., etwa: *Assmann* in 6. Aufl., § 12 WpHG Rz. 16 Fn. 6; *Hopt/Kumpan* in Schimansky/Bunte/Lwowski, Bankrechts-Handbuch, § 107 Rz. 28.
5 S. dazu näher *Assmann* in 6. Aufl., § 12 WpHG Rz. 16; *Sethe* in Assmann/Schütze, Kapitalanlagerecht, § 8 Rz. 22.
6 Verordnung (EU) Nr. 1031/2010 der Kommission vom 12. November 2010 über den zeitlichen und administrativen Ablauf sowie sonstige Aspekte der Versteigerung von Treibhausgasemissionszertifikaten gemäß der Richtlinie 2003/87/EG des Europäischen Parlaments und des Rates über ein System für den Handel mit Treibhausgasemissionszertifikaten in der Gemeinschaft, ABl. EU Nr. L 302 v. 18.11.2010, S. 1. Zur Anwendung dieser Verordnung im Marktmissbrauchsrecht führt Erwägungsgrund 37 VO Nr. 596/2014 aus: „Die Verordnung (EU) Nr. 1031/2010 sieht für die Versteigerung von Emissionszertifikaten zwei parallele Regelungen in Bezug auf Marktmissbrauch vor. Da Emissionszertifikate als Finanzinstrumente eingestuft werden, sollte diese Verordnung allerdings ein einheitliches, für den gesamten Primär- und Sekundärmarkt für Emissionszertifikate gültiges Regelwerk in Bezug auf Marktmissbrauch darstellen. Die Verordnung sollte auch für *Handlungen oder Geschäfte*, darunter Gebote, bezüglich der Versteigerung von Emissionszertifikaten und anderen auf ihnen beruhenden Auktionsobjekten auf einem als Auktionsplattform zugelassenen geregelten Markt gemäß der Verordnung (EU) Nr. 1031/2010 gelten, selbst, wenn die versteigerten Produkte keine Finanzinstrumente sind."

die der Marktmissbrauchsverordnung unterliegen. Die Bedeutung dieser Ausweitung des Anwendungsbereichs der Marktmissbrauchsverordnung liegt vor allem im Bereich der Nutzung von Insiderinformationen im Handel mit Emissionszertifikaten und Derivaten derselben.

Darüber bestimmt **Art. 2 Abs. 1 Unterabs. 2 Satz 2 VO Nr. 596/2014**, dass sämtliche Vorschriften und Verbote der Marktmissbrauchsverordnung in Bezug auf Handelsaufträge, unbeschadet etwaiger besonderer Bestimmungen der Verordnung (EU) Nr. 1031/201 zu den im Rahmen einer Versteigerung abgegebenen Geboten, auch für **Gebote** gelten. Das ist etwa für die Anwendung von Art. 9 Abs. 6, Art. 12 Abs. 1 lit. a und b sowie Art. 13 Abs. 1 i.V.m. Art. 15 VO Nr. 596/2014 von Belang, die „Handelsaufträge" zum Gegenstand haben. 18

3. Anwendung der Marktmanipulationsvorschriften auf nicht von Art. 2 Abs. 1, 3 und 4 VO Nr. 596/2014 erfasste Fälle. Bestimmte Waren-Spot-Kontrakte, Arten von Finanzinstrumenten mit Auswirkungen auf Waren-Spot-Kontrakte und Handlungen in Bezug auf Referenzwerte, die nicht bereits kraft der Bestimmungen in Art. 2 Abs. 1, 3 und 4 VO Nr. 596/2014 unterfallen, unterliegen kraft der Regelung in Art. 2 Abs. 2 zumindest den Bestimmungen der Art. 12 und 15 VO Nr. 596/2014 über Marktmanipulation. 19

a) **Waren-Spot-Kontrakte (Art. 2 Abs. 2 lit. a VO Nr. 596/2014)**. „Waren-Spot-Kontrakt" sind nach Art. 3 Abs. 1 Nr. 15 VO Nr. 596/2014 Kontrakte über die Lieferung einer an einem Spotmarkt gehandelten Ware, die bei Abwicklung des Geschäfts unverzüglich geliefert wird, sowie Kontrakte über die Lieferung einer Ware, die kein Finanzinstrument ist, einschließlich physisch abzuwickelnde Terminkontrakte. Waren-Spot-Kontrakte sind damit keine Finanzinstrumente i.S. von Art. 2 Abs. 1 und Art. 3 Abs. 1 Nr. 1 VO Nr. 596/2014 (Rz. 2) und fallen mithin nicht unter Art. 2 Abs. 1 VO Nr. 596/2014 und die MAR. Aufgrund ausdrücklicher Regelung in **Art. 2 Abs. 2 lit. a VO Nr. 596/2014** sind die Vorschriften der Marktmissbrauchsverordnung über die Marktmanipulation in Art. 12 und 15 VO Nr. 596/2014 aber auf solche Waren-Spot-Kontrakte anwendbar, die keine Energiegroßhandelsprodukte (i.S. von Art. 3 Abs. 1 Nr. 22 VO Nr. 596/2014, s. Art. 3 VO Nr. 596/2014 Rz. 13 ff.) sind und bei denen die Transaktion, der Auftrag oder die Handlung eine Auswirkung auf den Kurs oder den Wert eines der in Abs. 1 aufgeführten Finanzinstrumente hat oder eine solche Auswirkung wahrscheinlich oder beabsichtigt ist. Ein Energiegroßhandelsprodukt ist nach Art. 3 Abs. 1 Nr. 22 VO Nr. 596/2014 ein Energiegroßhandelsprodukt i.S. von Art. 2 Nr. 4 VO Nr. 1227/2011 (s. dazu näher Art. 3 VO Nr. 596/2014 Rz. 31 ff.). 20

b) **Arten von Finanzinstrumenten mit Auswirkungen auf Waren-Spot-Kontrakte (Art. 2 Abs. 2 lit. b VO Nr. 596/2014).** Entsprechend erklärt **Art. 2 Abs. 2 lit. b VO Nr. 596/2014** die Art. 12 und 15 VO Nr. 596/2014 auch auf bestimmte Arten von Finanzinstrumente für anwendbar, von deren Kurs oder Wert der Kurs oder Wert ein Waren-Spot-Kontrakten abhängt, vorausgesetzt das Geschäft, der Auftrag, das Gebot oder das Verhalten in Bezug auf die fragliche Art von Finanzgeschäft hat eine Auswirkung auf den Kurs oder Wert des Waren-Spot-Kontrakts oder wird voraussichtlich eine solche haben. Erfasst sind auch hier – wie in Art. 2 Abs. 2 lit. a VO Nr. 596/2014 – nur Waren-Spot-Kontrakte, die keine Energiegroßhandelsprodukte sind. Als Beispiele für solche Arten von Finanzinstrumenten führt Art. 2 Abs. 2 lit. b VO Nr. 596/2014 Derivatekontrakte und derivative Finanzinstrumente für die Übertragung von Kreditrisiken an. 21

c) **Handlungen in Bezug auf Referenzwerte (Art. 2 Abs. 2 lit. c VO Nr. 596/2014).** Der Preis vieler Finanzinstrumente und Kontrakte, die der Marktmissbrauchsverordnung unterfallen, wird durch „Bezugnahme auf Referenzwerte" festgesetzt. **Referenzwert** ist nach Art. 3 Nr. 29 VO Nr. 596/2014 ein „Kurs, Index oder Wert, der der Öffentlichkeit zugänglich gemacht oder veröffentlicht wird und periodisch oder regelmäßig durch die Anwendung einer Formel auf den Wert eines oder mehrerer Basiswerte oder -preise, einschließlich geschätzter Preise, tatsächlicher oder geschätzter Zinssätze oder sonstiger Werte, oder auf Erhebungsdaten ermittelt bzw. auf der Grundlage dieser Werte bestimmt wird und auf den bei der Festsetzung des für ein Finanzinstrument zu entrichtenden Betrags oder des Wertes eines Finanzinstruments Bezug genommen wird". Die tatsächliche oder versuchte Manipulation eines Referenzwerts ist damit zugleich eine tatsächliche oder versuchte Manipulation sowohl des Finanzinstruments bzw. Kontrakts, das bzw. der sich auf den fraglichen Referenzwert bezieht, als auch der Märkte, auf denen diese gehandelt bzw. abgeschlossen werden[1]. Dementsprechend werden durch Art. 2 Abs. 2 lit. c VO Nr. 596/2014 die Vorschriften der Art. 12 und 15 VO Nr. 596/2014 über die Marktmanipulation auf Handlungen in Bezug auf Referenzwerte für anwendbar erklärt. 22

Erwägungsgrund 44 VO Nr. 596/2014 folgend, werden **alle versuchten oder tatsächlichen Handlungen** in Bezug auf alle veröffentlichten sowie unentgeltlichen oder gegen Entgelt über das Internet abrufbare Referenzwerte erfasst. Als Handlungen in Bezug auf Referenzwerte kommen auch die Übermittlung falscher oder irreführender Angaben, die Bereitstellung falscher oder irreführender Ausgangsdaten oder Maßnahmen in Be- 23

---

[1] Dazu heißt es in Erwägungsgrund 44 VO Nr. 596/2014: „Eine tatsächliche oder versuchte Manipulation von Referenzwerte, einschließlich der Angebotssätze im Interbankengeschäft, kann das Marktvertrauen erheblich beeinträchtigen und zu beträchtlichen Verlusten für die Anleger wie auch zu realwirtschaftlichen Verzerrungen führen. Daher sind spezielle Vorschriften für Referenzwerte erforderlich, um die Integrität der Märkte zu wahren und sicherzustellen, dass die zuständigen Behörden ein klares Verbot der Manipulation von Referenzwerten durchsetzen können."

tracht, „durch die die Berechnung eines Referenzwerts manipuliert wird, wobei die Bestimmung des Begriffs Berechnung weit gefasst ist, so dass sie sich auch auf die Entgegennahme und Bewertung sämtlicher Daten erstreckt, die in Zusammenhang mit der Berechnung des betreffenden Referenzwerts stehen und insbesondere getrimmte Daten einschließen, und auf vollständige algorithmische oder urteilsgestützte Referenzwert-Methoden oder auf Teile davon."

24 **4. Geschäfte, Aufträge und Handlungen (Art. 2 Abs. 3 VO Nr. 596/2014).** Die Marktmissbrauchsverordnung ist nicht nur für die in Art. 2 Abs. 1 und 2 VO Nr. 596/2014 aufgeführten Finanzinstrumente bzw. Kontrakte anwendbar, sondern gilt für alle Geschäfte, Aufträge und Handlungen, die eines der in Art. 2 Abs. 1 und 2 VO Nr. 596/2014 genannten Finanzinstrumente betreffen. Dabei ist es kraft ausdrücklicher Bestimmung des Art. 2 Abs. 3 VO Nr. 596/2014 unerheblich, ob ein solches Geschäft, ein solcher Auftrag oder eine solche Handlung auf einem Handelsplatz getätigt wurde oder nicht, so dass auch außerhalb solcher Plätze telefonisch oder *face-to-face*[1] zustande gekommene Geschäfte, erteilte Aufträge oder Handlungen erfasst werden.

25 **5. Extraterritoriale Geltung der Verbote und Anforderungen der Marktmissbrauchsverordnung (Art. 2 Abs. 4 VO Nr. 596/2014).** Nach Art. 2 Abs. 4 VO Nr. 596/2014 gelten die Verbote und Anforderungen der Marktmissbrauchsverordnung nicht nur für Handlungen und Unterlassungen in Bezug auf die in den Art. 2 Abs. 1 und 2 VO Nr. 596/2014 genannten Instrumente in der Europäischen Union, sondern auch für solche in Drittländern. Drittländer sind Länder, die nicht der Europäischen Union angehören[2]. Ob das Drittland Verbote oder Anforderungen kennt, die der Marktmissbrauchsverordnung vergleichbar sind, ist unerheblich. Die Regelung des Abs. 4 etabliert damit internationalrechtlich für die Regelungsbereiche der Marktmissbrauchsverordnung das **Auswirkungsprinzip**[3], d.h. in grenzüberschreitenden Vorgängen findet die Marktmissbrauchsverordnung auch auf Handlungen und Unterlassungen in anderen Unionsländern oder Drittländern Anwendung, die sich auf die in einem Unionsland gehandelten Instrumente i.S. von Art. 2 Abs. 1 und 2 VO Nr. 596/2014 und die diesbezüglichen Märkte auswirken.

Art. 3 Begriffsbestimmungen

(1) Für die Zwecke dieser Verordnung gelten folgende Begriffsbestimmungen:
1. „Finanzinstrument" bezeichnet ein Finanzinstrument im Sinne von Artikel 4 Absatz 1 Nummer 15 der Richtlinie 2014/65/EU;
2. „Wertpapierfirma" bezeichnet eine Wertpapierfirma im Sinne von Artikel 4 Absatz 1 Nummer 1 der Richtlinie 2014/65/EU;
3. „Kreditinstitut" bezeichnet ein Kreditinstitut oder im Sinne des Artikels 4 Absatz 1 Nummer 1 der Verordnung (EU) Nr. 575/2013 des Europäischen Parlaments und des Rates;
4. „Finanzinstitut" bezeichnet ein Finanzinstitut im Sinne von Artikel 4 Absatz 1 Nummer 26 der Verordnung (EU) Nr. 575/2013;
5. „Marktbetreiber" bezeichnet einen Marktbetreiber im Sinne von Artikel 4 Absatz 1 Nummer 18 der Richtlinie 2014/65/EU;
6. „geregelter Markt" bezeichnet einen geregelten Markt im Sinne von Artikel 4 Absatz 1 Nummer 21 der Richtlinie 2014/65/EU;
7. „multilaterales Handelssystem" bezeichnet ein multilaterales System in der Union im Sinne von Artikel 4 Absatz 1 Nummer 22 der Richtlinie 2014/65/EU;
8. „organisiertes Handelssystem" bezeichnet ein System oder eine Fazilität in der Union im Sinne von Artikel 4 Absatz 1 Nummer 23 der Richtlinie 2014/65/EU;
9. „zulässige Marktpraxis" bezeichnet eine bestimmte Marktpraxis, die von einer zuständigen Behörde gemäß Artikel 13 anerkannt wurde;
10. „Handelsplatz" bezeichnet einen Handelsplatz im Sinne von Artikel 4 Absatz 1 Nummer 24 der Richtlinie 2014/65/EU;
11. „KMU-Wachstumsmarkt" bezeichnet einen KMU-Wachstumsmarkt im Sinne von Artikel 4 Absatz 1 Nummer 12 der Richtlinie 2014/65/EU;
12. „zuständige Behörde" bezeichnet eine gemäß Artikel 22 benannte zuständige Behörde, sofern nicht in dieser Verordnung etwas anderes bestimmt ist;

---

1 *Grundmann* in Staub, Bd. 11/1, 5. Aufl. 2017, 6. Teil Rz. 297.
2 Auch *Klöhn* in Klöhn, Art. 2 MAR Rz. 104.
3 *Grundmann* in Staub, Bd. 11/1, 5. Aufl. 2017, 6. Teil Rz. 300; *Klöhn* in Klöhn, Art. 2 MAR Rz. 104; *Schäfer* in Marsch-Barner/Schäfer, Handbuch börsennotierte AG, Rz. 14.10; *Zetzsche* in Gebauer/Teichmann, § 7 C. Rz. 43.

13. „Person" bezeichnet eine natürliche oder juristische Person;
14. „Ware" bezeichnet eine Ware im Sinne von Artikel 2 Nummer 1 der Verordnung (EG) Nr. 1287/2006 der Kommission;
15. „Waren-Spot-Kontrakt" bezeichnet einen Kontrakt über die Lieferung einer an einem Spotmarkt gehandelten Ware, die bei Abwicklung des Geschäfts unverzüglich geliefert wird, sowie einen Kontrakt über die Lieferung einer Ware, die kein Finanzinstrument ist, einschließlich physisch abzuwickelnde Terminkontrakte;
16. „Spotmarkt" bezeichnet einen Warenmarkt, an dem Waren gegen bar verkauft und bei Abwicklung des Geschäfts unverzüglich geliefert werden, und andere Märkte, die keine Finanzmärkte sind, beispielsweise Warenterminmärkte;
17. „Rückkaufprogramm" bezeichnet den Handel mit eigenen Aktien gemäß den Artikeln 21 bis 27 der Richtlinie 2012/30/EU des Europäischen Parlaments und des Rates;
18. „algorithmischer Handel" bezeichnet den algorithmischen Handel mit [s. Rz. 27 mit Fn. 3] im Sinne von Artikel 4 Absatz 1 Nummer 39 der Richtlinie 2014/65/EU;
19. „Emissionszertifikat" bezeichnet ein Emissionszertifikat im Sinne von Anhang I Abschnitt C Nummer 11 der Richtlinie 2014/65/EU;
20. „Teilnehmer am Markt für Emissionszertifikate" bezeichnet eine Person, die Geschäfte einschließlich der Erteilung von Handelsaufträgen, mit Emissionszertifikaten und anderen darauf beruhenden Auktionsobjekten oder Derivaten betreibt, und die nicht unter die Ausnahme von Artikel 17 Absatz 2 Unterabsatz 2 fällt;
21. „Emittent" bezeichnet eine juristische Person des privaten oder öffentlichen Rechts, die Finanzinstrumente emittiert oder deren Emission vorschlägt, wobei der Emittent im Fall von Hinterlegungsscheinen, die Finanzinstrumente repräsentieren, der Emittent des repräsentierten Finanzinstruments ist;
22. „Energiegroßhandelsprodukt" bezeichnet ein Energiegroßhandelsprodukt im Sinne von Artikel 2 Nummer 4 der Verordnung (EU) Nr. 1227/2011;
23. „nationale Regulierungsbehörde" bezeichnet eine nationale Regulierungsbehörde im Sinne von Artikel 2 Nummer 10 der Verordnung (EU) Nr. 1227/2011;
24. „Warenderivate" bezeichnet Warenderivate im Sinne von Artikel 2 Absatz 1 Nummer 30 der Verordnung (EU) Nr. 600/2014 des Europäischen Parlaments und des Rates;
25. eine „Person, die Führungsaufgaben wahrnimmt", bezeichnet eine Person innerhalb eines Emittenten, eines Teilnehmers am Markt für Emissionszertifikate oder eines anderen in Artikel 19 Absatz 10 genannten Unternehmens,
    a) die einem Verwaltungs-, Leitungs- oder Aufsichtsorgan dieses Unternehmens angehört oder
    b) die als höhere Führungskraft zwar keinem der unter Buchstabe a genannten Organe angehört, aber regelmäßig Zugang zu Insiderinformationen mit direktem oder indirektem Bezug zu diesem Unternehmen hat und befugt ist, unternehmerische Entscheidungen über zukünftige Entwicklungen und Geschäftsperspektiven dieses Unternehmens zu treffen;
26. „eng verbundene Person" bezeichnet
    a) den Ehepartner oder einen Partner dieser Person, der nach nationalem Recht einem Ehepartner gleichgestellt ist;
    b) ein unterhaltsberechtigtes Kind entsprechend dem nationalen Recht;
    c) einen Verwandten, der zum Zeitpunkt der Tätigung des betreffenden Geschäfts seit mindestens einem Jahr demselben Haushalt angehört oder
    d) eine juristische Person, Treuhand oder Personengesellschaft, deren Führungsaufgaben durch eine Person, die Führungsaufgaben wahrnimmt, oder durch eine in den Buchstaben a, b oder c genannte Person wahrgenommen werden, oder die direkt oder indirekt von einer solchen Person kontrolliert wird, oder die zugunsten einer solchen Person gegründet wurde oder deren wirtschaftliche Interessen weitgehend denen einer solchen Person entsprechen;
27. „Datenverkehrsaufzeichnungen" bezeichnet die Aufzeichnungen von Verkehrsdaten im Sinne von Artikel 2 Buchstabe b Unterabsatz 2 der Richtlinie 2002/58/EG des Europäischen Parlaments und des Rates;
28. „Person, die beruflich Geschäfte vermittelt oder ausführt" bezeichnet eine Person, die beruflich mit der Entgegennahme und Übermittlung von Aufträgen oder der Ausführung von Geschäften mit Finanzinstrumenten befasst ist;
29. „Referenzwert" bezeichnet einen Kurs, Index oder Wert, der der Öffentlichkeit zugänglich gemacht oder veröffentlicht wird und periodisch oder regelmäßig durch die Anwendung einer Formel auf den

Wert eines oder mehrerer Basiswerte oder -preise, einschließlich geschätzter Preise, tatsächlicher oder geschätzter Zinssätze oder sonstiger Werte, oder auf Erhebungsdaten ermittelt bzw. auf der Grundlage dieser Werte bestimmt wird und auf den bei der Festsetzung des für ein Finanzinstrument zu entrichtenden Betrags oder des Wertes eines Finanzinstruments Bezug genommen wird;

30. „Market-Maker" bezeichnet einen Market-Maker im Sinne von Artikel 4 Absatz 1 Nummer 7 der Richtlinie 2014/65/EU;
31. „Beteiligungsaufbau" bezeichnet den Erwerb von Anteilen an einem Unternehmen, durch den keine rechtliche oder regulatorische Verpflichtung entsteht, in Bezug auf das Unternehmen ein öffentliches Übernahmeangebot abzugeben;
32. „offenlegender Marktteilnehmer" bezeichnet eine natürliche oder juristische Person, die zu einer der Kategorien gemäß Artikel 11 Absatz 1 Buchstaben a bis d sowie Artikel 11 Absatz 2 gehört und im Zuge einer Marktsondierung Informationen offenlegt;
33. „Hochfrequenzhandel" bezeichnet die Methode des algorithmischen Hochfrequenzhandels im Sinne des Artikels 4 Absatz 1 Nummer 40 der Richtlinie 2014/65/EU;
34. „Empfehlung oder Vorschlag einer Anlagestrategie" bezeichnet
    i) eine von einem unabhängigen Analysten, einer Wertpapierfirma, einem Kreditinstitut oder einer sonstigen Person, deren Haupttätigkeit in der Erstellung von Anlageempfehlungen besteht, oder einer bei den genannten Einrichtungen im Rahmen eines Arbeitsvertrags oder anderweitig tätigen natürlichen Person erstellte Information, die direkt oder indirekt einen bestimmten Anlagevorschlag zu einem Finanzinstrument oder einem Emittenten darstellt;
    ii) eine von anderen als den in Ziffer i genannten Personen erstellte Information, die direkt eine bestimmte Anlageentscheidung zu einem Finanzinstrument vorschlägt;
35. „Anlageempfehlungen" bezeichnet Informationen mit expliziten oder impliziten Empfehlungen oder Vorschlägen zu Anlagestrategien in Bezug auf ein oder mehrere Finanzinstrumente oder Emittenten, die für Verbreitungskanäle oder die Öffentlichkeit vorgesehen sind, einschließlich einer Beurteilung des aktuellen oder künftigen Wertes oder Kurses solcher Instrumente.

(2) Für die Anwendung des Artikels 5 gelten folgende Begriffsbestimmungen

a) „Wertpapiere" bezeichnet:
    i) Aktien und andere Wertpapiere, die Aktien entsprechen;
    ii) Schuldverschreibungen und sonstige verbriefte Schuldtitel oder
    iii) verbriefte Schuldtitel, die in Aktien oder andere Wertpapiere, die Aktien entsprechen, umgewandelt bzw. gegen diese eingetauscht werden können.
b) „verbundene Instrumente" bezeichnet die nachstehend genannten Finanzinstrumente selbst wenn sie nicht zum Handel auf einem Handelsplatz zugelassen sind, gehandelt werden oder für sie kein Antrag auf Zulassung zum Handel auf einem solchen Handelsplatz gestellt wurde:
    i) Verträge über bzw. Rechte auf Zeichnung, Kauf oder Verkauf von Wertpapieren,
    ii) Finanzderivate auf Wertpapiere,
    iii) bei wandel- oder austauschbaren Schuldtiteln die Wertpapiere, in die diese wandel- oder austauschbaren Titel umgewandelt bzw. gegen die sie eingetauscht werden können,
    iv) Instrumente, die vom Emittenten oder Garantiegeber der Wertpapiere ausgegeben werden bzw. besichert sind und deren Marktkurs den Kurs der Wertpapiere erheblich beeinflussen könnte oder umgekehrt,
    v) in Fällen, in denen die Wertpapiere Aktien entsprechen, die von diesen vertretenen Aktien bzw. die von diesen vertretenen anderen Wertpapiere, die Aktien entsprechen;
c) „signifikantes Zeichnungsangebot" bezeichnet eine Erst- oder Zweitplatzierung von Wertpapieren, die sich sowohl hinsichtlich des Werts der angebotenen Wertpapiere als auch hinsichtlich der Verkaufsmethoden vom üblichen Handel unterscheidet;
d) „Kursstabilisierung" ist jeder Kauf bzw. jedes Angebot zum Kauf von Wertpapieren oder eine Transaktion mit vergleichbaren verbundenen Instrumenten, die ein Kreditinstitut oder eine Wertpapierfirma im Rahmen eines signifikanten Zeichnungsangebots für diese Wertpapiere mit dem alleinigen Ziel tätigen, den Marktkurs dieser Wertpapiere für einen im Voraus bestimmten Zeitraum zu stützen, wenn auf diese Wertpapiere Verkaufsdruck besteht.

In der Fassung vom 16.4.2014 (ABl. EU Nr. L 173 v. 12.6.2014, S. 1), geändert durch Berichtigungen vom 21.10.2016 (ABl. EU Nr. L 287 v. 21.10.2016, S. 320) und vom 21.12.2016 (ABl. EU Nr. L 348 v. 21.12.2016, S. 83).

Begriffsbestimmungen | Art. 3 VO Nr. 596/2014

Schrifttum: *ESMA*, Questions and Answers On the Market Abuse Regulation (VO Nr. 596/2014), ESMA70-145-11 Version 11, Last updated on 23 March 2018, abrufbar unter https://www.esma.europa.eu/sites/default/files/library/esma70-145-111_qa_on_mar.pdf. S. im Übrigen Art. 1 VO Nr. 596/2014 und das Allgemeine Schrifttumsverzeichnis.

I. Regelungsgegenstand und Normentwicklung 1	21. Emittent (Art. 3 Abs. 1 Nr. 21 VO Nr. 596/2014) 30
II. Begriffsbestimmungen für die Anwendung der Bestimmungen der Marktmissbrauchsverordnung (Art. 3 Abs. 1 Nr. 1–35 VO Nr. 596/2014) 2	22. Energiegroßhandelsprodukt (Art. 3 Abs. 1 Nr. 22 VO Nr. 596/2014) 31
1. Finanzinstrument (Art. 3 Abs. 1 Nr. 1 VO Nr. 596/2014) 2	23. Nationale Regulierungsbehörde (Art. 3 Abs. 1 Nr. 23 VO Nr. 596/2014) 34
2. Wertpapierfirma (Art. 3 Abs. 1 Nr. 2 VO Nr. 596/2014) 8	24. Warenderivate (Art. 3 Abs. 1 Nr. 24 VO Nr. 596/2014) 35
3. Kreditinstitut (Art. 3 Abs. 1 Nr. 3 VO Nr. 596/2014) 10	25. Führungsaufgaben wahrnehmende Person (Art. 3 Abs. 1 Nr. 25 VO Nr. 596/2014) 38
4. Finanzinstitut (Art. 3 Abs. 1 Nr. 4 VO Nr. 596/2014) 11	26. Eng verbundene Person (Art. 3 Abs. 1 Nr. 26 VO Nr. 596/2014) 39
5. Marktbetreiber (Art. 3 Abs. 1 Nr. 5 VO Nr. 596/2014) 12	27. Datenverkehrsaufzeichnungen (Art. 3 Abs. 1 Nr. 27 VO Nr. 596/2014) 41
6. Geregelter Markt (Art. 3 Abs. 1 Nr. 6 VO Nr. 596/2014) 13	28. Person, die beruflich Geschäfte vermittelt oder ausführt (Art. 3 Abs. 1 Nr. 28 VO Nr. 596/2014) 42
7. Multilaterales Handelssystem – MTF (Art. 3 Abs. 1 Nr. 7 VO Nr. 596/2014) 15	29. Referenzwert (Art. 3 Abs. 1 Nr. 29 VO Nr. 596/2014) 44
8. Organisiertes Handelssystem – OTF (Art. 3 Abs. 1 Nr. 8 VO Nr. 596/2014) 17	30. Market-Maker (Art. 3 Abs. 1 Nr. 30 VO Nr. 596/2014) 45
9. Zulässige Marktpraxis (Art. 3 Abs. 1 Nr. 9 VO Nr. 596/2014) 18	31. Beteiligungsaufbau (Art. 3 Abs. 1 Nr. 31 VO Nr. 596/2014) 46
10. Handelsplatz (Art. 3 Abs. 1 Nr. 10 VO Nr. 596/2014) 19	32. Offenlegender Marktteilnehmer (Art. 3 Abs. 1 Nr. 32 VO Nr. 596/2014) 47
11. KMU-Wachstumsmarkt (Art. 3 Abs. 1 Nr. 11 VO Nr. 596/2014) 20	33. Hochfrequenzhandel (Art. 3 Abs. 1 Nr. 33 VO Nr. 596/2014) 48
12. Zuständige Behörde (Art. 3 Abs. 1 Nr. 12 VO Nr. 596/2014) 21	34. Empfehlung oder Vorschlag einer Anlagestrategie (Art. 3 Abs. 1 Nr. 34 VO Nr. 596/2014) 49
13. Person (Art. 3 Abs. 1 Nr. 13 VO Nr. 596/2014) . 22	35. Anlageempfehlungen (Art. 3 Abs. 1 Nr. 35 VO Nr. 596/2014) 50
14. Ware (Art. 3 Abs. 1 Nr. 14 VO Nr. 596/2014) . . 23	III. Begriffsbestimmungen für die Anwendung von Art. 5 VO Nr. 596/2014 (Art. 3 Abs. 2 lit. a–d VO Nr. 596/2014) 51
15. Waren-Spot-Kontrakt (Art. 3 Abs. 1 Nr. 15 VO Nr. 596/2014) 24	1. Wertpapiere (Art. 3 Abs. 2 lit. a VO Nr. 596/2014) 52
16. Spotmarkt (Art. 3 Abs. 1 Nr. 16 VO Nr. 596/2014) 25	2. Verbundene Instrumente (Art. 3 Abs. 2 lit. b VO Nr. 596/2014) 53
17. Rückkaufprogramm (Art. 3 Abs. 1 Nr. 17 VO Nr. 596/2014) 26	3. Signifikantes Zeichnungsangebot (Art. 3 Abs. 2 lit. c VO Nr. 596/2014) 54
18. Algorithmischer Handel (Art. 3 Abs. 1 Nr. 18 VO Nr. 596/2014) 27	4. Kursstabilisierung (Art. 3 Abs. 2 lit. d VO Nr. 596/2014) 55
19. Emissionszertifikat (Art. 3 Abs. 1 Nr. 19 VO Nr. 596/2014) 28	
20. Teilnehmer am Markt für Emissionszertifikate (Art. 3 Abs. 1 Nr. 20 VO Nr. 596/2014) 29	

I. Regelungsgegenstand und Normentwicklung. Art. 3 Abs. 1 VO Nr. 596/2014 enthält die Bestimmung verschiedener der in Marktmissbrauchsverordnung verwandten Begriffe. Eine Reihe der in Art. 3 Abs. 3 VO Nr. 596/2014 zu findenden Begriffsbestimmungen baut auf denjenigen auf, wie sie auch in der Marktmissbrauchsrichtlinie 2003/6/EG vom 28.1.2003[1] verwandt wurden[2]. Darüber hinaus finden sich in Art. 3 Abs. 2 VO Nr. 596/2014 spezielle Begriffsbestimmungen für in Art. 5 VO Nr. 596/2014 verwandte Begriffe.

II. Begriffsbestimmungen für die Anwendung der Bestimmungen der Marktmissbrauchsverordnung (Art. 3 Abs. 1 Nr. 1–35 VO Nr. 596/2014). 1. Finanzinstrument (Art. 3 Abs. 1 Nr. 1 VO Nr. 596/2014). Ein „Finanzinstrument" i.S.d. Marktmissbrauchsverordnung ist nach Art. 3 Abs. 1 Nr. 1 VO Nr. 596/2014 ein **Finanzinstrument i.S.v. Art. 4 Abs. 1 Nr. 15 der Richtlinie 2014/65/EU** des Europäischen Parlaments und des Rates vom 15.5.2014 über Märkte für Finanzinstrumente sowie zur Änderung der Richtlinien 2002/92/EG und 2011/61/EU[3] (MiFID II). Dieser verweist zur Bestimmung des Begriffs „Finanzinstrumente" seinerseits auf die in Anhang I Abschnitt C der Richtlinie genannten Instrumente, nämlich:

---
[1] Richtlinie 2003/6/EG vom 28. Januar 2003 über Insider-Geschäfte und Marktmanipulation (Marktmissbrauch), ABl. EU Nr. L 96 v. 12.4.2003, S. 16.
[2] S. dazu die Entsprechungstabelle in Anhang II der RL 2003/6/EG vom 28.1.2003.
[3] ABl. EU Nr. L 173 v. 12.6.2014, S. 349.

Art. 3 VO Nr. 596/2014 | Begriffsbestimmungen

„(1) Übertragbare Wertpapiere;

(2) Geldmarktinstrumente;

(3) Anteile an Organismen für gemeinsame Anlagen;

(4) Optionen, Terminkontrakte (Futures), Swaps, außerbörsliche Zinstermingeschäfte (Forward Rate Agreements) und alle anderen Derivatkontrakte in Bezug auf Wertpapiere, Währungen, Zinssätze oder -erträge, Emissionszertifikate oder andere Derivat-Instrumente, finanzielle Indizes oder Messgrößen, die effektiv geliefert oder bar abgerechnet werden können;

(5) Optionen, Terminkontrakte (Futures), Swaps, Termingeschäfte (Forwards) und alle anderen Derivatkontrakte in Bezug auf Waren, die bar abgerechnet werden müssen oder auf Wunsch einer der Parteien bar abgerechnet werden können, ohne dass ein Ausfall oder ein anderes Beendigungsereignis vorliegt;

(6) Optionen, Terminkontrakte (Futures), Swaps und alle anderen Derivatkontrakte in Bezug auf Waren, die effektiv geliefert werden können, vorausgesetzt, sie werden an einem geregelten Markt, über ein MTF oder über ein OTF gehandelt; ausgenommen davon sind über ein OTF gehandelte Energiegroßhandelsprodukte, die effektiv geliefert werden müssen;

(7) Optionen, Terminkontrakte (Futures), Swaps, Termingeschäfte (Forwards) und alle anderen Derivatkontrakte in Bezug auf Waren, die effektiv geliefert werden können, die sonst nicht in Nummer 6 dieses Abschnitts genannt sind und nicht kommerziellen Zwecken dienen, die die Merkmale anderer derivativer Finanzinstrumente aufweisen;

(8) Derivative Instrumente für den Transfer von Kreditrisiken;

(9) Finanzielle Differenzgeschäfte;

(10) Optionen, Terminkontrakte (Futures), Swaps, außerbörsliche Zinstermingeschäfte (Forward Rate Agreements) und alle anderen Derivatkontrakte in Bezug auf Klimavariablen, Frachtsätze, Inflationsraten oder andere offizielle Wirtschaftsstatistiken, die bar abgerechnet werden müssen oder auf Wunsch einer der Parteien bar abgerechnet werden können, ohne dass ein Ausfall oder ein anderes Beendigungsereignis vorliegt, sowie alle anderen Derivatkontrakte in Bezug auf Vermögenswerte, Rechte, Obligationen, Indizes und Messwerte, die sonst nicht im vorliegenden Abschnitt C genannt sind und die die Merkmale anderer derivativer Finanzinstrumente aufweisen, wobei unter anderem berücksichtigt wird, ob sie auf einem geregelten Markt, einem OTF oder einem MTF gehandelt werden;

(11) Emissionszertifikate, die aus Anteilen bestehen, deren Übereinstimmung mit den Anforderungen der Richtlinie 2003/87/EG (Emissionshandelssystem) anerkannt ist."

3 Die praktisch bedeutsamste Art von Finanzinstrumenten – **übertragbare Wertpapiere** – umfasst nach Art. 4 Abs. 1 Nr. 44 RL 2014/65/EU (Rz. 2) „Kategorien von Wertpapieren, die auf dem Kapitalmarkt **gehandelt werden können**, mit Ausnahme von Zahlungsinstrumenten", wie: „a) Aktien und andere, Aktien oder Anteilen an Gesellschaften, Personengesellschaften oder anderen Rechtspersönlichkeiten gleichzustellende Wertpapiere sowie Aktienzertifikate; b) Schuldverschreibungen oder andere verbriefte Schuldtitel, einschließlich Zertifikaten (Hinterlegungsscheinen) für solche Wertpapiere; c) alle sonstigen Wertpapiere, die zum Kauf oder Verkauf solcher Wertpapiere berechtigen oder zu einer Barzahlung führen, die anhand von übertragbaren Wertpapieren, Währungen, Zinssätzen oder -erträgen, Waren oder anderen Indizes oder Messgrößen bestimmt wird". Die Vorschrift ist – mit Ausnahme des sachlich folgenlosen Austauschs der Begriffe „Gattungen" und „auf den Finanzmärkten handelbar bar" durch die Begriffe „Kategorien" bzw. „auf dem Kapitalmarkt gehandelt werden können" – identisch mit Art. 4 Abs. 1 Nr. 18 der Richtlinie 2004/39/EG des Europäischen Parlaments und des Rates vom 21. April 2004 über Märkte für Finanzinstrumente, zur Änderung der Richtlinien 85/611/EWG und 93/6/EWG des Rates und der Richtlinie 2000/12/EG des Europäischen Parlaments und zur Aufhebung der Richtlinie 93/22/EWG des Rates[1] (MiFID I), der in dem unverändert gebliebenen § 2 Abs. 1 WpHG umgesetzt wurde. **Kategorien von Wertpapieren** sind verbriefte oder unverbriefte Papiere, die gattungsmäßig ausgestaltete (standardisierte) und handelbare private Rechte zum Gegenstand haben. **Auf dem Kapitalmarkt zu handeln** sind Wertpapiere, die bei Abschluss des Übertragungsgeschäfts nach Art und Zahl der Stücke bestimmt werden können. Dabei stimmt der **Wertpapierbegriff** des Art. 3 Abs. 1 Nr. 1 VO Nr. 596/2014 i.V.m. Art. 4 Abs. 1 Nr. 15 der RL 2014/65/EU mit dem der RL 2004/39/EG (MiFID I) überein[2]. Zu Einzelheiten kann auf die Erläuterungen zu § 2 WpHG Rz. 11 ff. verwiesen werden. Bei den nach Art. 3 Abs. 1 Nr. 1 VO Nr. 596/2014 i.V.m. Art. 4 Abs. 1 Nr. 44 RL 2014/65/EU ausdrücklich von den Wertpapieren i.S.d. Marktmissbrauchsverordnung ausgenommenen **Zahlungsinstrumenten** handelt es sich etwa um Bargeld, Schecks oder andere liquide Mittel, die üblicherweise als Zahlungsmittel verwendet werden[3]. Nicht ausgenommen sind damit Wechsel, weil es sich bei diesen, obschon sie auch eine Zahlungsfunktion haben, nicht um liquide Zahlungsmittel handelt (§ 2 WpHG Rz. 16).

---

1 ABl. EU Nr. L 145 v. 30.4.2004, S. 145.
2 Ebenso *Veil* in Meyer/Veil/Rönnau, Handbuch zum Marktmissbrauchsrecht, § 4 Rz. 51.
3 Auch *Grundmann* in Staub, Bd. 11/1, 5. Aufl. 2017, 5. Teil Rz. 85; *Veil* in Meyer/Veil/Rönnau, Handbuch zum Marktmissbrauchsrecht, § 4 Rz. 51.

Geldmarktinstrumente sind nach Art. 4 Abs. 1 Nr. 17 RL 2014/65/EU (Rz. 2) „die üblicherweise auf dem Geldmarkt gehandelten Gattungen von Instrumenten, wie Schatzanweisungen, Einlagenzertifikate und Commercial Papers, mit Ausnahme von Zahlungsinstrumenten". Zu diesen Geldmarktinstrumenten gehören nach Art. 11 Delegierte Verordnung (EU) 2017/565 der Kommission v. 25.4.2016[1] auch „Schatzanweisungen, Einlagenzertifikate, Commercial Papers und sonstige Instrumente mit im Wesentlichen den gleichen Merkmalen, soweit sie die folgenden Eigenschaften aufweisen: a) ihr Wert kann jederzeit bestimmt werden; b) es handelt sich nicht um Derivate; c) ihre Fälligkeit bei der Emission beträgt maximal 397 Tage". Art. 4 Abs. 1 Nr. 17 RL 2014/65/EU entspricht Art. 4 Abs. 1 Nr. 19 RL 2004/39/EG (Rz. 3), der in dem inhaltlich unverändert gebliebenen § 2 Abs. 2 WpHG umgesetzt wurde. Auf die diesbezüglichen Erläuterungen in § 2 WpHG Rz. 38 ff. kann deshalb verwiesen werden. Zu den von den Geldmarkinstrumenten ausgenommenen **Zahlungsinstrumenten** s. Rz. 3 a.E. 4

Anteile an Organismen für gemeinsame Anlagen in Wertpapiere sind Anteile an Organismen für gemeinsame Anlagen in Wertpapiere i.S.v. Art. 1 Abs. 2 RL 2009/65/EG[2] (sog. OGAW-IV-Richtlinie), im deutschen Recht in § 1 Abs. 2 i.V.m. Abs. 1 KAGB als Anteile an **Investmentvermögen** bezeichnet, die die Anforderungen der RL 2009/65/EG erfüllen. Aktien von OGAW gelten nach Art. 1 Abs. 2 RL 2009/65/EG als Anteile von OGAW. OGAW sind von **Alternativen Investmentfonds** abzugrenzen, die § 1 Abs. 3 KAGB in negativer Abgrenzung als Investmentvermögen definiert, die keine OGAW sind, d.h. nach § 1 Abs. 1 Satz 1 KAGB und auf der Grundlage der RL 2011/61/EU vom 8.6.2011 (AIFM-Richtlinie)[3] als Organismus für gemeinsame Anlagen, der von einer Anzahl von Anlegern Kapital einsammelt, um es gemäß einer festgelegten Anlagestrategie zum Nutzen dieser Anleger zu investieren und der kein operativ tätiges Unternehmen außerhalb des Finanzsektors ist. Zu diesen – und nicht zu den OGAW – gehören vor allem Anteile an geschlossenen Immobilienfonds in Gestalt von Publikumskommanditgesellschaften oder Gesellschaften bürgerlichen Rechts. 5

Bei den in **Anhang I Abschnitt C Nr. (3)–(10) der RL 2014/65/EU** (Rz. 2) **aufgeführten Finanzinstrumenten** handelt es sich um **Derivate**, die identisch sind mit den in § 2 Abs. 3 WpHG – in lediglich anderer Gliederung und Terminologie – aufgeführten Derivaten. Deshalb und weil dort die in Nr. (3)–(10) angeführten Finanzinstrumente nicht nur artmäßig aufgeführt, sondern im Detail umschrieben werden, kann auch hier auf die Erläuterungen in § 2 WpHG Rz. 45 ff. verwiesen werden. Zudem setzen die Vorschriften des § 2 Abs. 3 WpHG die Vorgaben der RL 2014/65/EU (Rz. 2) um, die in Art. 4 Abs. 1 Nr. 49 RL 2014/65/EU bestimmt, Derivate seien „Finanzinstrumente, die in Artikel 2 Absatz 1 Nummer 29 der Verordnung (EU) Nr. 600/2014 definiert" sind. Dort wiederum werden Derivate definiert als „Finanzinstrumente, die in Artikel 4 Absatz 1 Nummer 44 Buchstabe c der Richtlinie 2014/65/EU [d.h. „übertragbare Wertpapiere"] definiert sind und auf die in Anhang I Abschnitt C Absätze 4–10 jener Richtlinie [s. Rz. 2] verwiesen wird". 6

Emissionszertifikate sind die unten zur diesbezüglichen Definition in Nr. 19 (Rz. 28) beschriebenen Instrumente. 7

2. Wertpapierfirma (Art. 3 Abs. 1 Nr. 2 VO Nr. 596/2014). Eine „Wertpapierfirma" i.S.d. Marktmissbrauchsverordnung ist nach Art. 3 Abs. 1 Nr. 2 VO Nr. 596/2014 eine Wertpapierfirma i.S.v. Art. 4 Abs. 1 Nr. 1 RL 2014/65/EU (Rz. 2). Nach diesem bezeichnet der Ausdruck „jede juristische Person, die im Rahmen ihrer üblichen beruflichen oder gewerblichen Tätigkeit gewerbsmäßig eine oder mehrere Wertpapierdienstleistungen für Dritte erbringt und/oder eine oder mehrere Anlagetätigkeiten ausübt". Im deutschen Recht entspricht der Begriff dem des Wertpapierdienstleistungsunternehmens i.S.v. § 2 Abs. 10 WpHG, wobei der Begriff der Wertpapierdienstleistung in § 2 Abs. 8 WpHG bestimmt ist. Auf die Erläuterungen zu diesen Bestimmungen in § 2 WpHG Rz. 198 ff. bzw. Rz. 92 ff. kann verwiesen werden. 8

Weiter führt Art. 4 Abs. 1 Nr. 1 Unterabs. 3 RL 2014/65/EU zur Bestimmung des Kreises von Wertpapierfirmen aus: 9

„Erbringt eine natürliche Person jedoch Dienstleistungen, die das Halten von Geldern oder übertragbaren Wertpapieren Dritter umfassen, so kann diese Person nur dann als Wertpapierfirma im Sinne dieser Richtlinie und der Verordnung (EU) Nr. 600/2014 gelten, wenn sie unbeschadet der sonstigen Anforderungen dieser Richtlinie, der Verordnung (EU) Nr. 600/2014 und der Richtlinie 2013/36/EU folgende Bedingungen erfüllt:

---

1 ABl. EU Nr. L 87 v. 31.3.2017, S. 1.
2 Art. 1 Abs. 2 der Richtlinie 2009/65/EG des Europäischen Parlaments und des Rates vom 13. Juli 2009 zur Koordinierung der Rechts- und Verwaltungsvorschriften betreffend bestimmte Organismen für gemeinsame Anlagen in Wertpapieren (OGAW), ABl. EU Nr. L 302 v. 17.11.2009, S. 1, zuletzt geändert durch Richtlinie 2014/91/EU, ABl. EU Nr. L 257 v. 28.8. 2014, S. 186), definiert OGAW als „Organismen, a) deren ausschließlicher Zweck es ist, beim Publikum beschaffte Gelder für gemeinsame Rechnung nach dem Grundsatz der Risikostreuung in Wertpapieren und/oder anderen in Artikel 50 Absatz 1 genannten liquiden Finanzanlagen zu investieren, und b) deren Anteile auf Verlangen der Anteilinhaber unmittelbar oder mittelbar zu Lasten des Vermögens dieser Organismen zurückgenommen oder ausgezahlt werden. Diesen Rücknahmen oder Auszahlungen gleichgestellt sind Handlungen, mit denen ein OGAW sicherstellen will, dass der Kurs seiner Anteile nicht erheblich von deren Nettoinventarwert abweicht".
3 Richtlinie 2011/61/EU vom 8. Juni 2011 über die Verwalter alternativer Investmentfonds und zur Änderung der Richtlinie 2003/41/EG und 2009/65/EG und der Verordnung (EG) Nr. 1060/2009 und (EU) Nr. 1095/2010 (AIFM-Richtlinie), ABl. EU Nr. L 174 v. 1.7.2011, S. 1.

Art. 3 VO Nr. 596/2014 | Begriffsbestimmungen

a) Die Eigentumsrechte Dritter an Wertpapieren und Geldern müssen insbesondere im Falle der Insolvenz der Firma oder ihrer Eigentümer, einer Pfändung, einer Aufrechnung oder anderer von den Gläubigern der Firma oder ihrer Eigentümer geltend gemachter Ansprüche gewahrt werden;
b) die Firma muss Vorschriften zur Überwachung ihrer Solvenz einschließlich der ihrer Eigentümer unterworfen sein;
c) der Jahresabschluss der Firma muss von einer oder mehreren nach nationalem Recht zur Rechnungsprüfung befugten Personen geprüft werden;
d) hat eine Firma nur einen Eigentümer, so muss diese Person entsprechende Vorkehrungen zum Schutz der Anleger für den Fall treffen, dass die Firma ihre Geschäftstätigkeit aufgrund seines Ablebens, seiner Geschäftsunfähigkeit oder einer vergleichbaren Gegebenheit einstellt".

10 **3. Kreditinstitut (Art. 3 Abs. 1 Nr. 3 VO Nr. 596/2014).** Nach Art. 3 Abs. 1 Nr. 3 VO Nr. 596/2014 bezeichnet „Kreditinstitut" ein Kreditinstitut[1] i.S.d. Art. 4 Abs. 1 Nr. 1 VO Nr. 575/2013[2]. Nach dieser Vorschrift ist Kreditinstitut „ein Unternehmen, dessen Tätigkeit darin besteht, Einlagen oder andere rückzahlbare Gelder des Publikums entgegenzunehmen und Kredite für eigene Rechnung zu gewähren". Kreditinstitute i.S.v. Art. 3 Abs. 1 Nr. 3 VO Nr. 596/2014 sind mithin CRR-Kreditinstitute – früher als Einlagekreditinstitute bezeichnet – i.S.v. § 1 Abs. 3d Satz 1 KWG[3].

11 **4. Finanzinstitut (Art. 3 Abs. 1 Nr. 4 VO Nr. 596/2014).** Nach Art. 3 Abs. 1 Nr. 4 VO Nr. 596/2014 bezeichnet „Finanzinstitut" ein Finanzinstitut i.S.d. Art. 4 Abs. 1 Nr. 26 VO Nr. 575/2013[4]. Nach dieser Vorschrift ist Finanzinstitut „ein Unternehmen, das kein Institut" – d.h. kein Kreditinstitut und keine Wertpapierfirma (Art. 4 Abs. 1 Nr. 26 VO Nr. 575/2013, Rz. 10) – „ist und dessen Haupttätigkeit darin besteht, Beteiligungen zu erwerben oder eines oder mehrere der in Anhang I Nr. 2–12 und 15 der Richtlinie 2013/36/EU genannten Geschäfte zu betreiben; diese Definition schließt Finanzholdinggesellschaften, gemischte Finanzholdinggesellschaften, Zahlungsinstitute im Sinne der Richtlinie 2007/64/EG des Europäischen Parlaments und des Rates vom 13.11.2007 über Zahlungsdienste im Binnenmarkt ... [ABl. Nr. L 319 vom 5.12.2007, S. 1] und Vermögensverwaltungsgesellschaften ein, jedoch nicht Versicherungsholdinggesellschaften oder gemischte Versicherungsholdinggesellschaften gemäß der Definition in Art. 212 Abs. 1 Buchstabe f beziehungsweise Buchstabe g der Richtlinie 2009/138/EG".

12 **5. Marktbetreiber (Art. 3 Abs. 1 Nr. 5 VO Nr. 596/2014).** „Marktbetreiber" ist nach Art. 3 Abs. 1 Nr. 5 VO Nr. 596/2014[5] ein Marktbetreiber i.S.v. Art. 4 Abs. 1 Nr. 18 RL 2014/65/EU (Rz. 2). Nach dieser Vorschrift ist Marktbetreiber eine Person oder Personen, die das Geschäft eines geregelten Marktes verwaltet bzw. verwalten und/oder betreibt bzw. betreiben. Eine solche Person kann der geregelte Markt selbst sein. Der Begriff des „geregelten Marktes" ist in Art. 4 Abs. 1 Nr. 21 RL 2014/65/EU definiert. Auf ihn verweist auch die Begriffsbestimmung des „geregelten Marktes" in Art. 3 Abs. 1 Nr. 6 VO Nr. 596/2014 (Rz. 13), auf die deshalb verwiesen werden kann.

13 **6. Geregelter Markt (Art. 3 Abs. 1 Nr. 6 VO Nr. 596/2014).** „Geregelter Markt" bezeichnet nach Art. 3 Abs. 1 Nr. 6 VO Nr. 596/2014 einen geregelten Markt i.S.v. Art. 4 Abs. 1 Nr. 21 RL 2014/65/EU (Rz. 2). Nach dieser Vorschrift ist ein geregelter Markt **ein von einem Marktbetreiber i.S.v. Art. 3 Abs. 1 Nr. 5 VO Nr. 596/2014** (Rz. 12) **„betriebenes und/oder verwaltetes multilaterales System** [Rz. 15], das die Interessen einer Vielzahl Dritter am Kauf und Verkauf von Finanzinstrumenten innerhalb des Systems und nach seinen nichtdiskretionären Regeln in einer Weise zusammenführt oder das Zusammenführen fördert, die zu einem Vertrag in Bezug auf Finanzinstrumente führt, die gemäß den Regeln und/oder den Systemen des Marktes zum Handel zugelassen wurden, sowie eine Zulassung erhalten hat und ordnungsgemäß und gemäß Titel III dieser Richtlinie funktioniert". Titel III RL 2014/65/EU (Rz. 2), auf den hier verwiesen wird, sieht in Art. 44 Abs. 1 RL 2014/65/EU als der ersten Vorschrift unter diesem Titel vor, dass geregelte Märkte der Zulassung durch die Mitgliedstaaten bedürfen, und unterwirft geregelte Märkte der Aufsicht nach Maßgabe von Art. 54 RL 2014/65/EU. Darin unterscheiden sich geregelte Märkte von multilateralen Handelssystemen (MTF, Art. 3 Abs. 1 Nr. 7 VO Nr. 596/2014, Rz. 15) und organisierten Handelssystemen (OTF, Art. 3 Abs. 1 Nr. 8 VO Nr. 596/2014, Rz. 17). Ein **multilaterales System** ist nach Art. 4 Abs. 1 Nr. 19 RL 2014/65/EU „ein System oder Mechanismus, der die Interessen einer Vielzahl Dritter am Kauf und Verkauf von Finanzinstrumenten innerhalb des Systems zusammenführt" (s. auch Rz. 15). Nach Art. 56 Satz 1 RL 2014/65/EU erstellt jeder Mitgliedstaat ein Verzeichnis der

---

1 Bei dem diesem Wort in der deutschen Verordnungsfassung folgenden Wort „oder" handelt es sich um ein offenkundiges und durch den Vergleich mit der englischen Fassung der VO Nr. 596/2014 belegbares, bislang nicht korrigiertes Redaktionsversehen.
2 Verordnung (EU) Nr. 575/2013 des Europäischen Parlaments und des Rates vom 26. Juni 2013 über Aufsichtsanforderungen an Kreditinstitute und Wertpapierfirmen und zur Änderung der Verordnung (EU) Nr. 648/2012, ABl. EU Nr. L 176 v. 27.6.2013, S. 1.
3 Zu diesen *Schäfer* in Boos/Fischer/Schulte-Mattler, § 1 KWG Rz. 243 ff.
4 S. Rz. 10, berichtigte Fassung ABl. EU Nr. 321 v. 30.11.2013, S. 6.
5 Vorschrift in der Fassung der Berichtigung ABl. EU Nr. L 287 v. 21.10.2016, S. 320.

geregelten Märkte, für die er der Herkunftsmitgliedstaat ist, und übermittelt dieses Verzeichnis den übrigen Mitgliedstaaten und der ESMA.

In Deutschland, wo geregelte Märkte i.S.d. Europarechts (zur Vermeidung von Verwechslungen mit einem früher geregelter Markt genannten regulierten Markt) als organisierte Märkte bezeichnet werden, finden sich geregelte Märkte nur in Form der Regulierten Märkte der Börsen, die mehrere Marktsegmente aufweisen können (Art. 2 VO Nr. 596/2014 Rz. 11, § 2 WpHG Rz. 223). Der an einer Börse eingerichtete Freiverkehr i.S.d. § 48 BörsG ist kein geregelter Markt.

7. Multilaterales Handelssystem – MTF (Art. 3 Abs. 1 Nr. 7 VO Nr. 596/2014). „Multilaterales Handelssystem" i.S.d. Marktmissbrauchsverordnung ist nach Art. 3 Abs. 1 Nr. 7 VO Nr. 596/2014 ein multilaterales Handelssystem i.S.v. Art. 4 Abs. 1 Nr. 22 RL 2014/65/EU (Rz. 2). Nach dieser Vorschrift ist ein multilaterales Handelssystem (Multilateral Trading Facility – MTF) ein von einer Wertpapierfirma (Rz. 8) oder einem Marktbetreiber (Rz. 12) betriebenes „multilaterales System, das die Interessen einer Vielzahl Dritter am Kauf und Verkauf von Finanzinstrumenten innerhalb des Systems und nach nichtdiskretionären Regeln in einer Weise zusammenführt, die zu einem Vertrag gemäß Titel II dieser Richtlinie führt". In diese Begriffsbestimmung eingebaut ist die Definition eines **multilateralen Systems** in Art. 4 Abs. 1 Nr. 19 RL 2014/65/EU (Rz. 2) als „ein System oder Mechanismus, der die Interessen einer Vielzahl Dritter am Kauf und Verkauf von Finanzinstrumenten innerhalb des Systems zusammenführt". Ein **System** umfasst nach Erwägungsgrund 6 Satz 3 der (in dieser Hinsicht auch noch hier heranzuziehenden) RL 2004/39/EG (MiFID I, Rz. 3) „sowohl die Märkte, die aus einem Regelwerk und einer Handelsplattform bestehen, als auch solche, die ausschließlich auf der Grundlage eines Regelwerks funktionieren." Weiter heißt es hierzu in Erwägungsgrund 6 Sätze 4 und 5 Halbsatz 1 RL 2004/39/EG: „Geregelte Märkte und MTF müssen keine ‚technischen' Systeme für das Zusammenführen von Aufträgen betreiben. Ein Markt, der nur aus einem Regelwerk besteht, das Fragen in Bezug auf die Mitgliedschaft, die Zulassung von Finanzinstrumenten zum Handel, den Handel zwischen Mitgliedern, die Meldung von Geschäften und gegebenenfalls die Transparenzpflichten regelt, ist ein geregelter Markt oder ein MTF im Sinne dieser Richtlinie..." Die Voraussetzung, dass die Interessen „**innerhalb des Systems** und nach nichtdiskretionären Regeln" zusammengeführt werden müssen, bedeutet nach Erwägungsgrund 6 Satz 7 RL 2004/39/EG, „dass die Zusammenführung nach den Regeln des Systems oder mit Hilfe der Protokolle oder internen Betriebsverfahren des Systems (einschließlich der in Computersoftware enthaltenen Verfahren) erfolgt". Wenn dies nach „**nichtdiskretionären Regeln**" erfolgen muss, so ist damit gemeint, „dass diese Regeln der Wertpapierfirma, die ein MTF betreibt, keinerlei Ermessensspielraum im Hinblick auf die möglichen Wechselwirkungen zwischen Interessen einräumen". Demzufolge müssen, wie es in Erwägungsgrund 6 Satz 8 RL 2004/39/EG heißt, „die Interessen in einer Weise zusammengeführt werden, die zu einem Vertrag führt", d.h. die Ausführung muss nach den Regeln des Systems oder über dessen Protokolle oder interne Betriebsverfahren erfolgen. Multilaterale Handelssysteme bedürfen – anders als geregelte Märkte (Rz. 13) – nicht der Zulassung durch die Mitgliedstaaten, unterliegen aber der Missbrauchsaufsicht (Art. 19 i.V.m. Art. 16 und 18 RL 2014/65/E, Rz. 2).

In Deutschland stellt der zumeist an einer Börse eingerichtete **Freiverkehr** i.S.d. § 48 BörsG ein multilaterales Handelssystem dar (Art. 2 VO Nr. 596/2014 Rz. 13). Eine Liste der in Deutschland zugelassenen MTF ist über die Website der ESMA http://registers.esma.europa.eu/publication/unter „Mulitilateral Trading Facilities" in der *List of Registers* abrufbar.

8. Organisiertes Handelssystem – OTF (Art. 3 Abs. 1 Nr. 8 VO Nr. 596/2014). Ein „organisiertes Handelssystem" ist nach Art. 3 Abs. 1 Nr. 8 VO Nr. 596/2014 ein System oder eine Fazilität in der Union i.S.v. Art. 4 Abs. 1 Nr. 23 RL 2014/65/EU (Rz. 2). Nach dieser Vorschrift ist ein organisiertes Handelssystem (Organised Trading Facility – OTF) „ein multilaterales System, bei dem es sich nicht um einen geregelten Markt [Rz. 13] oder ein MTF [Rz. 15] handelt und das die Interessen einer Vielzahl Dritter am Kauf und Verkauf von Schuldverschreibungen, strukturierten Finanzprodukten, Emissionszertifikaten oder Derivaten innerhalb des Systems in einer Weise zusammenführt, die zu einem Vertrag gemäß Titel II dieser Richtlinie führt". S. im Übrigen Art. 2 VO Nr. 596/2014 Rz. 14. In der in der Begriffsbestimmung enthaltenen abschließenden Liste von Instrumenten, die in einem organisierten Handelssystem gehandelt werden können, sind Aktien nicht erwähnt. Sie dürfen folglich nicht in einem OTF gehandelt werden. Zu den Begriffen des Systems und des multilateralen Systems s. Rz. 13. Im Gegensatz zu multilateralen Handelssystemen i.S.v. Art. 3 Abs. 1 Nr. 7 VO Nr. 596/2014 (Rz. 15) muss die Zusammenführung von Interessen einer Vielzahl Dritter am Kauf und Verkauf der in Art. 3 Abs. 1 Nr. 8 VO Nr. 596/2014 genannten Instrumente nicht nach nichtdiskretionären Regeln erfolgen. Die Zusammenführung liegt vielmehr im Ermessen des Betreibers des jeweiligen OTF[1].

9. Zulässige Marktpraxis (Art. 3 Abs. 1 Nr. 9 VO Nr. 596/2014). Nach Art. 3 Abs. 1 Nr. 9 VO Nr. 596/2014 bezeichnet „zulässige Marktpraxis" eine bestimmte Marktpraxis, die von einer zuständigen Behörde gem.

---

[1] Zu den möglichen Formen der Ermessensausübung s. *Veil* in Meyer/Veil/Rönnau, Handbuch zum Marktmissbrauchsrecht, § 4 Rz. 32.

Art. 13 VO Nr. 596/2014 anerkannt wurde. Die hierbei von der Behörde zu berücksichtigenden Kriterien sind Art. 13 Abs. 2 VO Nr. 596/2014 und – diese konkretisierend – Art. 3–9 DelVO 2016/908[1] zu entnehmen.

19 **10. Handelsplatz (Art. 3 Abs. 1 Nr. 10 VO Nr. 596/2014).** Ein „Handelsplatz" ist nach Art. 3 Abs. 1 Nr. 10 VO Nr. 596/2014[2] ein Handelsplatz i.S.v. Art. 4 Abs. 1 Nr. 24 RL 2014/65/EU (Rz. 2). Nach dieser Vorschrift ist ein Handelsplatz ein geregelter Markt (Rz. 13), ein MTF (Rz. 15) oder ein OTF (Rz. 17). Der Betrieb von MTF- und OTF-Handelssystemen ist nach Art. 5 Abs. 2 RL 2014/65/EU genehmigungspflichtig. Ein Handelsplatz i.S.d. Art. 3 Abs. 1 Nr. 10 VO Nr. 596/2014 zeichnet sich u.a. dadurch aus, dass er der Zusammenführung von Geschäftsinteressenten dient und sein Betreiber über die von ihm betriebenen Plattformen keinen Handel für eigene Rechnung betreiben darf.

20 **11. KMU-Wachstumsmarkt (Art. 3 Abs. 1 Nr. 11 VO Nr. 596/2014).** Ein „KMU-Wachstumsmarkt" ist nach Art. 3 Abs. 1 Nr. 11 VO Nr. 596/2014 ein KMU-Wachstumsmarkt i.S.v. Art. 4 Abs. 1 Nr. 12 RL 2014/65/EU (Rz. 2). Nach dieser Vorschrift ist ein KMU-Wachstumsmarkt – d.h. ein **Wachstumsmarkt für kleine und mittlere Unternehmen** – ein in Einklang mit Art. 33 dieser Richtlinie als KMU-Wachstumsmarkt bei der zuständigen Behörde seines Herkunftsmitgliedstaats registriertes MTF (Rz. 15). In der Sache handelt es sich bei KMU-Wachstumsmärkten um als multilaterale Handelssysteme i.S.v. Art. 3 Abs. 1 Nr. 7 VO Nr. 596/2014 (MTF, Rz. 15) ausgestaltete Märkte, die auf die Bedürfnisse kleinerer und mittlerer Unternehmen (KMU) zugeschnitten sind, um diesen den Zugang zu Kapital erleichtern[3]. Kleine und mittlere Unternehmen sind nach Art. 4 Abs. 1 Nr. 13 RL 2014/65/EU (Rz. 2) Unternehmen, deren durchschnittliche Marktkapitalisierung auf der Grundlage der Notierungen zum Jahresende in den letzten drei Kalenderjahren weniger als 200 Mio. Euro betrug. „Durch die Schaffung einer neuen Unterkategorie des ‚KMU-Wachstumsmarkts' innerhalb der MTF-Kategorie und die Registrierung dieser Märkte", heißt es in Erwägungsgrund 132 RL 2014/65/EU, soll „ihr Bekanntheitsgrad und ihr Ansehen erhöht sowie zur Entwicklung gemeinsamer unionsweiter Regulierungsstandards für solche Märkte beigetragen werden". Dementsprechend sind in einigen Regelungen der VO Nr. 596/2014 Erleichterungen und Ausnahmen für kleine und mittlere Unternehmen („KMU") vorgesehen, deren Finanzinstrumente zum Handel auf einem KMU-Wachstumsmarkt zugelassen sind. Dies betrifft unter bestimmten Voraussetzungen etwa die Pflicht zur Erstellung einer Insiderliste oder zur Veröffentlichung von Ad-hoc Mitteilungen auf der Website des Emittenten. Mit dem **neuen Marktsegment „Scale"** ist an der Deutschen Börse AG innerhalb des „Open Market" ein Markt für KMU geschaffen worden[4].

21 **12. Zuständige Behörde (Art. 3 Abs. 1 Nr. 12 VO Nr. 596/2014).** „Zuständige Behörde" bezeichnet nach Art. 3 Abs. 1 Nr. 12 VO Nr. 596/2014 eine gem. Art. 22 VO Nr. 596/2014 benannte zuständige Behörde, sofern nicht in dieser Verordnung etwas anderes bestimmt ist.

22 **13. Person (Art. 3 Abs. 1 Nr. 13 VO Nr. 596/2014).** Nach Art. 3 Abs. 1 Nr. 13 VO Nr. 596/2014 bezeichnet der Begriff „Person" eine natürliche oder eine juristische Person. **Natürliche Person** i.S.d. Marktmissbrauchsverordnung ist jeder Mensch[5]. **Juristische Personen** i.S. dieser Bestimmung sind nicht nur die nach deutschem Recht als juristische Personen geltenden GmbH, AG, KGaA, eingetragene Vereine und Genossenschaften sowie die diesen entsprechende ausländischen Rechtsformen, sondern in verordnungsautonomer teleologischer Auslegung alle rechtlich verselbstständigten Personenvereinigungen und Körperschaften des Privatrechts und öffentlichen Rechts, die selbstständige **Träger von Rechten und Pflichten sein können**[6]. Erfasst sind damit auch die deutschen Rechtsformen OHG, KG, Partnerschaftsgesellschaft, Gesellschaft bürgerlichen Rechts (soweit sie nach außen in Erscheinung tritt, d.h. als Außengesellschaft) und nicht rechtsfähiger Verein sowie entsprechende ausländische Rechtsformen. Dem steht nicht entgegen, dass im Rahmen der Definition „eng verbundene Person" in Art. 3 Abs. 1 Nr. 26 lit. d VO Nr. 596/2014 neben der juristischen Person die Personengesellschaft Erwähnung findet. Die Erwähnung der Personengesellschaft erfolgt hier lediglich klarstellend und nicht abgrenzend und ist dem Umstand der mitunter mangelnden begrifflichen Stringenz der VO Nr. 596/2014 geschuldet[7].

23 **14. Ware (Art. 3 Abs. 1 Nr. 14 VO Nr. 596/2014).** Der Begriff „Ware" bezeichnet nach Art. 3 Abs. 1 Nr. 14 VO Nr. 596/2014 eine Ware i.S.v. Art. 2 Nr. 1 VO Nr. 1287/2006[8]. Nach dieser Vorschrift bezeichnet „„Ware'

---

1 Delegierte Verordnung (EU) 2016/908 der Kommission vom 26. Februar 2016 zur Ergänzung der Verordnung (EU) Nr. 596/2014 des Europäischen Parlaments und des Rates durch technische Regulierungsstandards für die Kriterien, das Verfahren und die Anforderungen für die Festlegung einer zulässigen Marktpraxis und die Anforderungen an ihre Beibehaltung, Beendigung oder Änderung der Bedingungen für ihre Zulässigkeit, ABl. EU Nr. L 152 v. 10.6.2016, S. 3.
2 Vorschrift in der Fassung der Berichtigung ABl. EU Nr. L 287 v. 21.10.2016, S. 320.
3 Näher *Veil*, KMU-Wachstumsmärkte nach MiFID Insiderinformationen: Alter Wein in neuen Schläuchen, in FS Baums, 2017, S. 1267 ff.; *Veil* in Meyer/Veil/Rönnau, Handbuch zum Marktmissbrauchsrecht, § 4 Rz. 34 ff.
4 *Rubner/Pospiech*, „Scale" – das neue Marktsegment der Deutsche Börse AG für KMU, NJW-Spezial 2017, 143.
5 Ebenso *Veil* in Meyer/Veil/Rönnau, Handbuch zum Marktmissbrauchsrecht, § 4 Rz. 3.
6 Auch *Klöhn* in Klöhn, Art. 8 MAR Rz. 12, 14; *Veil* in Meyer/Veil/Rönnau, Handbuch zum Marktmissbrauchsrecht, § 4 Rz. 4 ff.
7 Ebenso *Klöhn* in Klöhn, Art. 8 MAR Rz. 13.
8 ABl. EU Nr. L 241 v. 2.9.2006, S. 1.

... Güter fungibler Art, die geliefert werden können". Zu diesen zählen nach Art. 2 Nr. 1 VO Nr. 1287/2006 auch „Metalle sowie ihre Erze und Legierungen, landwirtschaftliche Produkte und Energien wie Strom".

15. Waren-Spot-Kontrakt (Art. 3 Abs. 1 Nr. 15 VO Nr. 596/2014). Nach Art. 3 Abs. 1 Nr. 15 VO Nr. 596/2014 bezeichnet der Begriff „Waren-Spot-Kontrakt" sowohl einen Kontrakt über die Lieferung einer an einem Spotmarkt i.S.v. Art. 3 Abs. 1 Nr. 16 VO Nr. 596/2014 (Rz. 25) gehandelten Ware i.S.v. Art. 3 Abs. 1 Nr. 14 VO Nr. 596/2014 (Rz. 23), die bei Abwicklung des Geschäfts unverzüglich geliefert wird, als auch einen Kontrakt über die Lieferung einer Ware, die kein Finanzinstrument ist, einschließlich physisch abzuwickelnde Terminkontrakte. 24

16. Spotmarkt (Art. 3 Abs. 1 Nr. 16 VO Nr. 596/2014). Der Begriff „Spotmarkt" bezeichnet nach Art. 3 Abs. 1 Nr. 16 VO Nr. 596/2014 einen Warenmarkt, an dem Waren i.S.v. Art. 3 Abs. 1 Nr. 14 VO Nr. 596/2014 (Rz. 23) gegen bar verkauft und bei Abwicklung des Geschäfts unverzüglich geliefert werden, und andere Märkte, die keine Finanzmärkte sind, beispielsweise Warenterminmärkte. 25

17. Rückkaufprogramm (Art. 3 Abs. 1 Nr. 17 VO Nr. 596/2014). Nach Art. 3 Abs. 1 Nr. 17 VO Nr. 596/2014 bezeichnet der Begriff „Rückkaufprogramm" den Handel mit eigenen Aktien gem. Art. 21–27 RL 2012/30/EU[1]. Diese Bestimmungen umfassen den Erwerb (Art. 21, 22, 25 und 26 RL 2012/30/EU) das Halten (Art. 24 RL 2012/30/EU), die Veräußerung (Art. 23 RL 2012/30/EU) und die Inpfandnahme (Art. 27 RL 2012/30/EU) eigener Aktien. Erfasst ist darüber hinaus nur der Handel mit eigenen Aktien, der den Vorgaben an den Rückerwerb eigener Aktien der Art. 21–27 Kapitalschutz-Richtlinie (RL 2012/30/EU[2]) entspricht (Art. 5 VO Nr. 596/2014 Rz. 15, 33, 40). Kein Rückerwerb eigener Aktien liegt bei einem Erwerb von Aktien konzernangehöriger Unternehmen vor (Art. 5 VO Nr. 596/2014 Rz. 35). 26

18. Algorithmischer Handel (Art. 3 Abs. 1 Nr. 18 VO Nr. 596/2014). „Algorithmischer Handel" bezeichnet nach Art. 3 Abs. 1 Nr. 18 VO Nr. 596/2014[3] den algorithmischen Handel i.S.v. Art. 4 Abs. 1 Nr. 39 RL 2014/65/EU (Rz. 2). Nach dieser Vorschrift ist algorithmischer Handel der Handel mit einem Finanzinstrument, bei dem ein Computeralgorithmus (d.h. programmierte problembezogene Verarbeitungsvorschriften in Bezug auf Daten und Informationen) die einzelnen Auftragsparameter automatisch bestimmt, z.B. ob der Auftrag eingeleitet werden soll, Zeitpunkt, Preis bzw. Quantität des Auftrags oder wie der Auftrag nach seiner Einreichung mit eingeschränkter oder gar keiner menschlichen Beteiligung bearbeitet werden soll, unter Ausschluss von Systemen, die nur zur Weiterleitung von Aufträgen zu einem oder mehreren Handelsplätzen, zur Bearbeitung von Aufträgen ohne Bestimmung von Auftragsparametern, zur Bestätigung von Aufträgen oder zur Nachhandelsbearbeitung ausgeführter Aufträge verwendet werden. 27

19. Emissionszertifikat (Art. 3 Abs. 1 Nr. 19 VO Nr. 596/2014). Nach Art. 3 Abs. 1 Nr. 19 VO Nr. 596/2014 bezeichnet der Begriff „Emissionszertifikat" ein Emissionszertifikat i.S.v. Anhang I Abschnitt C Nr. 11 der RL 2014/65/EU (Rz. 2). Bei diesem handelt es sich nach Art. 3 lit. a RL 2003/87/EG[4] um ein Zertifikat, das zur Emission – d.h. der Freisetzung von Treibhausgasen (Art. 3 lit. c RL 2003/87/EG) in die Atmosphäre aus Quellen einer Anlage (Art. 3 lit. e RL 2003/87/EG) – von einer Tonne Kohlendioxidäquivalent (Art. 3 lit. j RL 2003/87/EG) in einem bestimmten Zeitraum berechtigt. Emissionszertifikate sind Finanzinstrumente i.S.v. Art. 3 Abs. 1 Nr. 1 VO Nr. 596/2014 (Rz. 2, 7). Sie und ihr Handel unterliegen damit den für diese geltenden Bestimmungen der Marktmissbrauchsverordnung. 28

20. Teilnehmer am Markt für Emissionszertifikate (Art. 3 Abs. 1 Nr. 20 VO Nr. 596/2014). „Teilnehmer am Markt für Emissionszertifikate" ist nach Art. 3 Abs. 1 Nr. 20 VO Nr. 596/2014 eine Person, die Geschäfte einschließlich der Erteilung von Handelsaufträgen, mit Emissionszertifikaten und anderen darauf beruhenden Auktionsobjekten oder Derivaten betreibt, und die nicht unter die Ausnahme von Art. 17 Abs. 2 Unterabs. 2 VO Nr. 596/2014 fällt. Näher zum Begriff in Art. 17 VO Nr. 596/2014 Rz. 256. 29

21. Emittent (Art. 3 Abs. 1 Nr. 21 VO Nr. 596/2014). Unter „Emittent" ist nach Art. 3 Abs. 1 Nr. 21 VO Nr. 596/2014 eine juristische Person des privaten oder öffentlichen Rechts zu verstehen, die Finanzinstrumente emittiert oder deren Emission vorschlägt, wobei der Emittent im Fall von Hinterlegungsscheinen, die Finanzinstrumente repräsentieren, der Emittent des repräsentierten Finanzinstruments ist. Emittent von Hinterlegungsscheinen, die Finanzinstrumente repräsentieren, ist der Emittent der repräsentierten Finanzinstrumente (Art. 5 VO Nr. 596/2014 Rz. 36). 30

---

1 ABl. EU Nr. L 315 v. 14.11.2012, S. 74.
2 Richtlinie 2012/30/EU des Europäischen Parlaments und des Rates vom 25. Oktober 2012 zur Koordinierung der Schutzbestimmungen, die in den Mitgliedstaaten den Gesellschaften im Sinne des Artikels 54 Absatz 2 des Vertrags über die Arbeitsweise der Europäischen Union im Interesse der Gesellschafter sowie Dritter für die Gründung der Aktiengesellschaft sowie für die Erhaltung und Änderung ihres Kapitals vorgeschrieben sind, um diese Bestimmungen gleichwertig zu gestalten, ABl. EU Nr. L 315 v. 14.11.2012, S. 74.
3 Im Text der Vorschrift „... algorithmischen Handel mit im Sinne von ..." ist das Wort „mit" entweder zu streichen oder um das Wort „Finanzinstrumenten" zu ergänzen.
4 Richtlinie 2003/87/EG des Europäischen Parlaments und des Rates vom 13. Oktober 2003 über ein System für den Handel mit Treibhausgasemissionszertifikaten in der Gemeinschaft [...], ABl. EU Nr. L 275 v. 25.10.2003, S. 32.

Art. 3 VO Nr. 596/2014 | Begriffsbestimmungen

31 **22. Energiegroßhandelsprodukt (Art. 3 Abs. 1 Nr. 22 VO Nr. 596/2014).** Ein „Energiegroßhandelsprodukt" ist nach Art. 3 Abs. 1 Nr. 22 VO Nr. 596/2014 ein Energiegroßhandelsprodukt i.S.v. Art. 2 Nr. 4 VO Nr. 1227/2011 über die Integrität und Transparenz des Energiegroßhandelsmarkts[1].

32 Nach Art. 2 Nr. 4 Unterabs. 1 VO Nr. 1227/2011 sind Energiegroßhandelsprodukte „die folgenden Verträge und Derivate unabhängig davon, wo und wie sie gehandelt werden:
 a) Verträge für die Versorgung mit Strom oder Erdgas, deren Lieferung in der Union erfolgt;
 b) Derivate, die Strom oder Erdgas betreffen, das/der in der Union erzeugt, gehandelt oder geliefert wurde;
 c) Verträge, die den Transport von Strom oder Erdgas in der Union betreffen;
 d) Derivate, die den Transport von Strom oder Erdgas in der Union betreffen."

33 Dagegen sind nach Art. 2 Nr. 4 Unterabs. 1 Satz 1 VO Nr. 1227/2011 Verträge über die Lieferung und die Verteilung von Strom oder Erdgas zur Nutzung durch Endverbraucher keine Energiegroßhandelsprodukte. Verträge über die Lieferung und die Verteilung von Strom oder Erdgas an Endverbraucher mit einer höheren Verbrauchskapazität als dem in Nr. 5 Abs. 2 aufgeführten Schwellenwert gelten jedoch nach Art. 2 Nr. 4 Unterabs. 1 Satz 2 VO Nr. 1227/2011 als Energiegroßhandelsprodukte.

34 **23. Nationale Regulierungsbehörde (Art. 3 Abs. 1 Nr. 23 VO Nr. 596/2014).** Nach Art. 3 Abs. 1 Nr. 23 VO Nr. 596/2014 ist eine „nationale Regulierungsbehörde" eine nationale Regulierungsbehörde i.S.v. Art. 2 Nr. 10 VO Nr. 1227/2011 (Rz. 31), d.h. eine Behörde, „die gemäß Artikel 35 Absatz 1 der Richtlinie 2009/72/EG des Europäischen Parlaments und des Rates vom 13. Juli 2009 über gemeinsame Vorschriften für den Elektrizitätsbinnenmarkt oder gemäß Artikel 39 Absatz 1 der Richtlinie 2009/73/EG des Europäischen Parlaments und des Rates vom 13. Juli 2009 über gemeinsame Vorschriften für den Erdgasbinnenmarkt benannt wird".

35 **24. Warenderivate (Art. 3 Abs. 1 Nr. 24 VO Nr. 596/2014).** Der Begriff „Warenderivate" bezeichnet nach Art. 3 Abs. 1 Nr. 24 VO Nr. 596/2014 Warenderivate i.S.v. Art. 2 Abs. 1 Nr. 30 VO Nr. 600/2014 vom 15.5.2014 über Märkte für Finanzinstrumente (MiFIR)[2]. Nach dieser Bestimmung sind Warenderivate **Finanzinstrumente**, die in Art. 4 Abs. 1 Nr. 44 lit. c RL 2014/65/EU (Rz. 2) in Bezug auf eine **Ware oder einen Basiswert** definiert sind, wie sie in Anhang I Abschnitt C Nr. 10 dieser Richtlinie oder in Anhang I Abschnitt C Ziff. 5, 6, 7 und 10 derselben genannt werden. Zum allgemeinen Begriff der Ware („Güter fungibler Art, die geliefert werden können") s. Art. 3 Abs. 1 Nr. 14 VO Nr. 596/2014 und Rz. 23.

36 **Finanzinstrumente** i.S.v. Art. 4 Abs. 1 Nr. 44 lit. c RL 2014/65/EU sind Kategorien von Wertpapieren (mit Ausnahme von Zahlungsinstrumenten), die auf dem Kapitalmarkt gehandelt werden können, namentlich „alle sonstigen Wertpapiere" – d.h. alle nicht in lit. a bzw. lit. b angeführten Wertpapieren in Gestalt von „Aktien und andere, Aktien oder Anteilen an Gesellschaften, Personengesellschaften oder anderen Rechtspersönlichkeiten gleichzustellende Wertpapiere sowie Aktienzertifikate" bzw. „Schuldverschreibungen oder andere verbriefte Schuldtitel, einschließlich Zertifikaten (Hinterlegungsscheinen) für solche Wertpapiere –, „die zum Kauf oder Verkauf solcher Wertpapiere berechtigen oder zu einer Barzahlung führen, die anhand von übertragbaren Wertpapieren, Währungen, Zinssätzen oder -erträgen, Waren oder anderen Indizes oder Messgrößen bestimmt wird".

37 **Waren oder einen Basiswerte** wie sie in Zusammenhang mit den in Anhang I Abschnitt C Ziff. 5, 6, 7 und 10 der RL 2014/65/EU angeführt werden sind
 – nach Ziff. 5 – betreffend Optionen, Terminkontrakte (Futures), Swaps, Termingeschäfte (Forwards) und alle anderen Derivatkontrakte – Waren, die bar abgerechnet werden müssen oder auf Wunsch einer der Parteien bar abgerechnet werden können, ohne dass ein Ausfall oder ein anderes Beendigungsereignis vorliegt;
 – nach Ziff. 6 – betreffend Optionen, Terminkontrakte (Futures), Swaps und alle anderen Derivatkontrakte – Waren, die effektiv geliefert werden können, vorausgesetzt, sie werden an einem geregelten Markt, über ein MTF oder über ein OTF gehandelt, ausgenommen über ein OTF gehandelte Energiegroßhandelsprodukte, die effektiv geliefert werden müssen;
 – nach Ziff. 7 – betreffend Optionen, Terminkontrakte (Futures), Swaps, Termingeschäfte (Forwards) und alle anderen Derivatkontrakte – Waren, die effektiv geliefert werden können, und nicht in Ziff. 6 genannt sind;
 – nach Ziff. 10 – betreffend Optionen, Terminkontrakte (Futures), Swaps, außerbörsliche Zinstermingeschäfte (Forward Rate Agreements) und alle anderen Derivatkontrakte – „Klimavariablen, Frachtsätze, Inflationsraten oder andere offizielle Wirtschaftsstatistiken, die bar abgerechnet werden müssen oder auf Wunsch einer der Parteien bar abgerechnet werden können, ohne dass ein Ausfall oder ein anderes Beendigungsereignis vorliegt, sowie alle anderen Derivatkontrakte in Bezug auf Vermögenswerte, Rechte, Obligationen, Indizes und Messwerte, die sonst nicht im vorliegenden Abschnitt C genannt sind und die die Merkmale

---

1 ABl. EU Nr. L 326 v. 8.12.2011, S. 12.
2 ABl. EU Nr. L 173 v. 12.6.2014, S. 84.

anderer derivativer Finanzinstrumente aufweisen, wobei u.a. berücksichtigt wird, ob sie auf einem geregelten Markt, einem OTF oder einem MTF gehandelt werden".

25. Führungsaufgaben wahrnehmende Person (Art. 3 Abs. 1 Nr. 25 VO Nr. 596/2014). Eine „Person, die Führungsaufgaben wahrnimmt" ist nach Art. 3 Abs. 1 Nr. 25 VO Nr. 596/2014 eine Person innerhalb eines Emittenten, eines Teilnehmers am Markt für Emissionszertifikate oder eines anderen in Art. 19 Abs. 10 VO Nr. 596/2014 genannten Unternehmens, die a) einem Verwaltungs-, Leitungs- oder Aufsichtsorgan dieses Unternehmens angehört oder b) als höhere Führungskraft zwar keinem der unter Buchstabe a genannten Organe angehört, aber regelmäßig Zugang zu Insiderinformationen mit direktem oder indirektem Bezug zu diesem Unternehmen hat und befugt ist, unternehmerische Entscheidungen über zukünftige Entwicklungen und Geschäftsperspektiven dieses Unternehmens zu treffen. 38

26. Eng verbundene Person (Art. 3 Abs. 1 Nr. 26 VO Nr. 596/2014). Eine „eng verbundene Person" bezeichnet nach Art. 3 Abs. 1 Nr. 26 VO Nr. 596/2014 39

a) den Ehepartner oder einen Partner dieser Person, der nach nationalem Recht einem Ehepartner gleichgestellt ist;

b) ein unterhaltsberechtigtes Kind entsprechend dem nationalen Recht;

c) einen Verwandten, der zum Zeitpunkt der Tätigung des betreffenden Geschäfts seit mindestens einem Jahr demselben Haushalt angehört oder

d) eine juristische Person, Treuhand oder Personengesellschaft, deren Führungsaufgaben durch eine Person, die Führungsaufgaben wahrnimmt, oder durch eine in den Buchstaben a, b oder c genannte Person wahrgenommen werden, oder die direkt oder indirekt von einer solchen Person kontrolliert wird, oder die zugunsten einer solchen Person gegründet wurde oder deren wirtschaftliche Interessen weitgehend denen einer solchen Person entsprechen.

Wenn in Art. 3 Abs. 1 Nr. 26 lit. d VO Nr. 596/2014 von einer juristische Person, Treuhand oder Personengesellschaft, deren Führungsaufgaben durch eine „Person, die Führungsaufgaben wahrnimmt", die Rede ist, so ist damit nicht eine solche i.S.v. Art. 3 Abs. 1 Nr. 25 VO Nr. 596/2014 gemeint. Nach Erläuterungen der ESMA sollen damit – ganz unabhängig von der Begriffsbestimmung in Art. 3 Abs. 1 Nr. 25 VO Nr. 596/2014 – solche Fälle erfasst werden, in denen eine Person mit Führungsaufgaben bei einem Emittenten oder eine mit diesem eng verbundene natürliche Person (i.S.v. Art. 3 Abs. 1 Nr. 26 lit. a–c VO Nr. 596/2014) an Entscheidungen einer anderen juristischen Person, Treuhand oder Personengesellschaft teilnimmt oder diese beeinflusst[1]. Zum Begriff des juristischen Person s. Art. 3 Abs. 1 Nr. 13 VO Nr. 596/2014 und Rz. 22. 40

27. Datenverkehrsaufzeichnungen (Art. 3 Abs. 1 Nr. 27 VO Nr. 596/2014). „Datenverkehrsaufzeichnung" ist nach Art. 3 Abs. 1 Nr. 27 VO Nr. 596/2014 die Aufzeichnungen von Verkehrsdaten i.S.v. Art. 2 lit. b Unterabs. 2 RL 2002/58/EG vom 12.7.2002[2], d.h. die Aufzeichnung von Daten, die zum Zwecke der Weiterleitung einer Nachricht an ein elektronisches Kommunikationsnetz oder zum Zwecke der Fakturierung dieses Vorgangs verarbeitet werden. 41

28. Person, die beruflich Geschäfte vermittelt oder ausführt (Art. 3 Abs. 1 Nr. 28 VO Nr. 596/2014). Mit „Person, die beruflich Geschäfte vermittelt oder ausführt", ist nach Art. 3 Abs. 1 Nr. 28 VO Nr. 596/2014 eine Person gemeint, die beruflich mit der Entgegennahme und Übermittlung von Aufträgen oder der Ausführung von Geschäften mit Finanzinstrumenten befasst ist[3]. 42

Die Definition ist **tätigkeitsbezogen** und nicht auf bestimmte Personen oder Unternehmen zugeschnitten und beschränkt, die – wie etwa Wertpapierfirmen oder Verwalter alternativer Investmentfonds – im Mittelpunkt anderer finanzmarktrechtlichen Regulierungen durch die EU – wie etwa der MiFID, der MiFIR oder der AIFM-Richtlinie – stehen. Dementsprechend hat auch die ESMA die Frage, ob die sich aus Art. 16 Abs. 2 VO Nr. 596/2014 ergebende Verpflichtung desjenigen, der „beruflich Geschäfte vermittelt oder ausführt", Maßnahmen zur Aufdeckung und Meldung verdächtiger Aufträge und Geschäfte zu schaffen, auf bestimmte Personen oder Unternehmen beschränkt sei, mit dem Hinweis verneint, dass die Begriffsbestimmung des Art. 3 Abs. 1 43

---

1 *ESMA*, Questions and Answers On the Market Abuse Regulation (MAR), A7.7, S. 19. Die ESMA führt dazu als Beispiel an „For example, in the case of mere cross board membership, where a person sits in the administrative, management or supervisory body of an issuer and also in the board of another legal entity where they exercise executive or non-executive functions, without however taking part nor influencing the decisions of that legal entity to carry out transactions in financial instruments of the issuer, then that person should not be considered discharging managerial responsibilities within that legal entity for the purposes of Article 3(1)(26)(d) of MAR. Therefore, that legal entity should not be subject to the notification obligations under Article 19(1) of MAR, unless it is directly or indirectly controlled by, is set up for the benefit of, or its economic interests are substantially equivalent to those of that person."

2 Richtlinie 2002/58/EG des Europäischen Parlaments und des Rates vom 12. Juli 2002 über die Verarbeitung personenbezogener Daten und den Schutz der Privatsphäre in der elektronischen Kommunikation (Datenschutzrichtlinie für elektronische Kommunikation), ABl. EG Nr. L 201 v. 31.7.2002, S. 37.

3 Berichtigte Fassung ABl. EU Nr. L 348 v. 21.12.2016, S. 83.

Art. 3 VO Nr. 596/2014 | Begriffsbestimmungen

Nr. 28 VO Nr. 596/2014 keinerlei Bezugnahme auf andere Vorschriften oder Rechtsakte enthalte, die ihre Reichweite einschränke[1].

44   **29. Referenzwert (Art. 3 Abs. 1 Nr. 29 VO Nr. 596/2014).** Der Begriff „Referenzwert" bezeichnet nach Art. 3 Abs. 1 Nr. 29 VO Nr. 596/2014 einen **Kurs, Index oder Wert**, der der Öffentlichkeit zugänglich gemacht oder veröffentlicht wird und periodisch oder regelmäßig durch die Anwendung einer Formel auf den Wert eines oder mehrerer Basiswerte oder -preise, einschließlich geschätzter Preise, tatsächlicher oder geschätzter Zinssätze oder sonstiger Werte, oder auf Erhebungsdaten ermittelt bzw. auf der Grundlage dieser Werte bestimmt wird und auf den bei der Festsetzung des für ein Finanzinstrument zu entrichtenden Betrags oder des Wertes eines Finanzinstruments Bezug genommen wird. Index i.S.d. Definition des Referenzwerts ist nach der hier ohne weiteres heranzuziehenden Begriffsbestimmung in Art. 3 Abs. 1 Nr. 1 VO Nr. 596/2014 Nr. 2016/2011[2] „jede Zahl, a) die veröffentlicht oder der Öffentlichkeit zugänglich gemacht wird; b) die regelmäßig, i) ganz oder teilweise, durch Anwendung einer Formel oder einer anderen Berechnungsmethode oder durch Bewertung bestimmt wird und ii) auf der Grundlage des Werts eines oder mehrerer Basisvermögenswerte oder Basispreise, einschließlich geschätzter Preise, tatsächlicher oder geschätzter Zinssätze, Quotierungen und verbindlicher Quotierungen oder sonstiger Werte oder Erhebungen erfolgt".

45   **30. Market-Maker (Art. 3 Abs. 1 Nr. 30 VO Nr. 596/2014).** Der Begriff „Market-Maker" bezeichnet nach Art. 3 Abs. 1 Nr. 30 VO Nr. 596/2014 einen Market-Maker i.S.v. Art. 4 Abs. 1 Nr. 7 RL 2014/65/EU (Rz. 2), d.h. eine Person, die an den Finanzmärkten auf kontinuierlicher Basis ihre Bereitschaft anzeigt, durch den An- und Verkauf von Finanzinstrumenten unter Einsatz des eigenen Kapitals Handel für eigene Rechnung zu von ihr gestellten Kursen zu betreiben.

46   **31. Beteiligungsaufbau (Art. 3 Abs. 1 Nr. 31 VO Nr. 596/2014).** Nach Art. 3 Abs. 1 Nr. 31 VO Nr. 596/2014 bezeichnet der Begriff „Beteiligungsaufbau" den Erwerb von Anteilen an einem Unternehmen, durch den keine rechtliche oder regulatorische Verpflichtung entsteht, in Bezug auf das Unternehmen ein öffentliches Übernahmeangebot abzugeben. Eine Verpflichtung zur Abgabe eines öffentlichen Übernahmeangebots ist nach Art. 5 Abs. 1 i.V.m. Art. 1 Abs. 1 RL 2004/25/EG (Übernahmeangebotsrichtlinie)[3] für den Fall vorgesehen, dass eine Person die Kontrolle über eine Gesellschaft erlangt, deren Wertpapiere zum Handel auf einem geregelten Markt in einem oder mehreren Mitgliedstaaten zugelassen sind, wobei sich nach Art. 5 Abs. 3 RL 2004/25/EG der prozentuale Anteil der Stimmrechte, der eine Kontrolle i.S.v. Art. 5 Abs. 1 RL 2004/25/EG begründet, und die Art der Berechnung dieses Anteils nach den Vorschriften des Mitgliedstaats, in dem die Gesellschaft ihren Sitz hat, bestimmen. Deutschland hat diese Vorgabe in § 35 Abs. 1 WpÜG umgesetzt und in § 29 Abs. 2 WpÜG als Kontrolle „das Halten von mindestens 30 Prozent der Stimmrechte an der Zielgesellschaft aus dem Bieter gehörenden Aktien der Zielgesellschaft oder dem Bieter nach § 30 [WpÜG] zugerechneten Stimmrechten an der Zielgesellschaft" festgelegt.

47   **32. Offenlegender Marktteilnehmer (Art. 3 Abs. 1 Nr. 32 VO Nr. 596/2014).** „Offenlegender Marktteilnehmer" ist nach Art. 3 Abs. 1 Nr. 32 VO Nr. 596/2014 eine natürliche oder juristische Person, die zu einer der Kategorien gem. Art. 11 Abs. 1 lit. a–d VO Nr. 596/2014 sowie Art. 11 Abs. 2 VO Nr. 596/2014 gehört und im Zuge einer Marktsondierung Informationen offenlegt. Zu den Begriffen natürliche und juristische Person s. Art. 3 Abs. 1 Nr. 13 VO Nr. 596/2014 und Rz. 22.

48   **33. Hochfrequenzhandel (Art. 3 Abs. 1 Nr. 33 VO Nr. 596/2014).** „Hochfrequenzhandel" bezeichnet nach Art. 3 Abs. 1 Nr. 33 VO Nr. 596/2014 die Methode des algorithmischen Hochfrequenzhandels i.S.d. Art. 4 Abs. 1 Nr. 40 RL 2014/65/EU (Rz. 2). Gemeint ist die „hochfrequente algorithmische Handelstechnik", welche die letztgenannte Vorschrift als eine algorithmische Handelstechnik bezeichnet, die gekennzeichnet ist durch

a)   eine Infrastruktur zur Minimierung von Netzwerklatenzen und anderen Verzögerungen bei der Orderübertragung (Latenzen), die mindestens eine der folgenden Vorrichtungen für die Eingabe algorithmischer Aufträge aufweist: Kollokation, Proximity Hosting oder direkter elektronischer Hochgeschwindigkeitszugang,

---

1   *ESMA*, Questions and Answers On the Market Abuse Regulation (MAR), https://www.esma.europa.eu/sites/default/files/library/esma70-145-111_qa_on_mar.pdf, A.6.1, S. 13: „The definition of ,person professionally arranging or executing transactions' laid down in point (28) of Article 3(1) of MAR is activity based, does not cross refer to definitions under MiFID and is independent from the latter, leading thus to consider that the scope of Article 16(2) of MAR is not only limited to firms or entities providing investment services under MiFID. In the absence of any reference in the definition that would limit the scope and exclude particular categories of persons regulated by other financial European legislation, ESMA considers that the obligation to detect and identify market abuse or attempted market abuse under Article 16(2) of MAR applies broadly, and ,persons professionally arranging or executing transactions' thus includes buy side firms, such as investment management firms (AIFs and UCITS managers), as well as firms professionally engaged in trading on own account (proprietary traders)."
2   Verordnung (EU) 2016/1011 des Europäischen Parlaments und des Rates vom 8. Juni 2016 über Indizes, die bei Finanzinstrumenten und Finanzkontrakten als Referenzwert oder zur Messung der Wertentwicklung eines Investmentfonds verwendet werden, und zur Änderung der Richtlinien 2008/48/EG und 2014/17/EU sowie der Verordnung (EU) Nr. 596/2014, ABl. EU Nr. L 171 v. 29.6.2016, S. 1.
3   Richtlinie 2004/25/EG des Europäischen Parlaments und des Rates vom 21. April 2004 betreffend Übernahmeangebote, ABl. EU Nr. L 142 v. 30.4.2004, S. 12.

b) die Entscheidung des Systems über die Einleitung, das Erzeugen, das Weiterleiten oder die Ausführung eines Auftrags ohne menschliche Intervention, und

c) ein hohes untertägiges Mitteilungsaufkommen in Form von Aufträgen, Quotes oder Stornierungen.

34. Empfehlung oder Vorschlag einer Anlagestrategie (Art. 3 Abs. 1 Nr. 34 VO Nr. 596/2014). „Empfehlung oder Vorschlag einer Anlagestrategie" bezeichnet nach Art. 3 Abs. 1 Nr. 34 VO Nr. 596/2014 *zum einen* (i) eine von einem unabhängigen Analysten, einer Wertpapierfirma, einem Kreditinstitut oder einer sonstigen Person, deren Haupttätigkeit in der Erstellung von Anlageempfehlungen besteht, oder einer bei den genannten Einrichtungen im Rahmen eines Arbeitsvertrags oder anderweitig tätigen natürlichen Person erstellte Information, die direkt oder indirekt einen bestimmten Anlagevorschlag zu einem Finanzinstrument oder einem Emittenten darstellt, und *zum anderen* (ii) eine von anderen als den in Ziffer i genannten Personen erstellte Information, die direkt eine bestimmte Anlageentscheidung zu einem Finanzinstrument vorschlägt. Zur Auslegung dieser Begriffsbestimmungen ist auf die Ausführungen in Art. 20 VO Nr. 596/2014 Rz. 2 ff. zu verweisen.

49

35. Anlageempfehlungen (Art. 3 Abs. 1 Nr. 35 VO Nr. 596/2014). „Anlageempfehlungen" sind nach Art. 3 Abs. 1 Nr. 35 VO Nr. 596/2014 Informationen mit expliziten oder impliziten Empfehlungen oder Vorschlägen zu Anlagestrategien in Bezug auf ein oder mehrere Finanzinstrumente oder Emittenten, die für Verbreitungskanäle oder die Öffentlichkeit vorgesehen sind, einschließlich einer Beurteilung des aktuellen oder künftigen Wertes oder Kurses solcher Instrumente. Zur Auslegung dieser Begriffsbestimmung ist auf die Ausführungen in Art. 20 VO Nr. 596/2014 Rz. 2 ff. zu verweisen.

50

III. Begriffsbestimmungen für die Anwendung von Art. 5 VO Nr. 596/2014 (Art. 3 Abs. 2 lit. a–d VO Nr. 596/2014). In Art. 3 Abs. 2 VO Nr. 596/2014 finden sich Begriffsbestimmungen speziell für die Anwendung des Art. 5 VO Nr. 596/2014 über Ausnahmen für Rückkaufprogramm und Stabilisierungsmaßnahmen.

51

1. Wertpapiere (Art. 3 Abs. 2 lit. a VO Nr. 596/2014). Für die Anwendung von Art. 5 VO Nr. 596/2014 sind nach Art. 3 Abs. 2 lit. a VO Nr. 596/2014 „Wertpapiere" (i) Aktien und andere Wertpapiere, die Aktien entsprechen, (ii) Schuldverschreibungen und sonstige verbriefte Schuldtitel oder (iii) verbriefte Schuldtitel, die in Aktien oder andere Wertpapiere, die Aktien entsprechen, umgewandelt bzw. gegen diese eingetauscht werden können. Zur Erläuterung der Begriffe „Aktien und andere Wertpapiere" kann auf die Ausführungen in § 2 WpHG Rz. 18 und 19 ff., zur Erläuterung der Begriffe „Schuldverschreibungen und sonstige verbriefte Schuldtitel" auf die Ausführungen in § 2 WpHG Rz. 25 ff. verwiesen werden. Als verbriefte Schuldtitel, die in Aktien oder andere Wertpapiere, die Aktien entsprechen, umgewandelt bzw. gegen diese eingetauscht werden können, gehören insbesondere Wandelschuldverschreibungen (§ 221 AktG), Optionsanleihen und Umtauschanleihen.

52

2. Verbundene Instrumente (Art. 3 Abs. 2 lit. b VO Nr. 596/2014). Für die Anwendung von Art. 5 VO Nr. 596/2014 sind nach Art. 3 Abs. 2 lit. b VO Nr. 596/2014 „verbundene Instrumente" die nachstehend genannten Finanzinstrumente selbst wenn sie nicht zum Handel auf einem Handelsplatz zugelassen sind, gehandelt werden oder für sie kein Antrag auf Zulassung zum Handel auf einem solchen Handelsplatz gestellt wurde: (i) Verträge über bzw. Rechte auf Zeichnung, Kauf oder Verkauf von Wertpapieren, (ii) Finanzderivate auf Wertpapiere, (iii) bei wandel- oder austauschbaren Schuldtiteln die Wertpapiere, in die diese wandel- oder austauschbaren Titel umgewandelt bzw. gegen die sie eingetauscht werden können, (iv) Instrumente, die vom Emittenten oder Garantiegeber der Wertpapiere ausgegeben werden bzw. besichert sind und deren Marktkurs den Kurs der Wertpapiere erheblich beeinflussen könnte oder umgekehrt, sowie (v) in Fällen, in denen die Wertpapiere Aktien entsprechen, die von diesen vertretenen Aktien bzw. die von diesen vertretenen anderen Wertpapiere, die Aktien entsprechen.

53

3. Signifikantes Zeichnungsangebot (Art. 3 Abs. 2 lit. c VO Nr. 596/2014). Für die Anwendung von Art. 5 VO Nr. 596/2014 ist nach Art. 3 Abs. 2 lit. c VO Nr. 596/2014 ein „signifikantes Zeichnungsangebot" eine Erst- oder Zweitplatzierung von Wertpapieren, die sich sowohl hinsichtlich des Werts der angebotenen Wertpapiere als auch hinsichtlich der Verkaufsmethoden vom üblichen Handel unterscheidet. Die **Erstplatzierung** von Wertpapieren ist das erstmalige öffentliche Angebot von Wertpapieren. Die **Zweitplatzierung** von Wertpapiere ist das öffentliche Angebot von Wertpapieren, die bereits Gegenstand eines öffentliches Angebots waren und bei einem Dritten platziert wurden. Privatplatzierungen ohne öffentliches Angebot sowie Privattransaktionen platzierter Aktien und der Handel mit Wertpapierblöcken stellen keine signifikanten Zeichnungsangebote dar[1].

54

4. Kursstabilisierung (Art. 3 Abs. 2 lit. d VO Nr. 596/2014). Für die Anwendung von Art. 5 VO Nr. 596/ 2014 ist nach Art. 3 Abs. 2 lit. d VO Nr. 596/2014 „Kursstabilisierung" jeder Kauf bzw. jedes Angebot zum Kauf von Wertpapieren oder eine Transaktion mit vergleichbaren verbundenen Instrumenten, die ein Kreditinstitut oder eine Wertpapierfirma im Rahmen eines signifikanten Zeichnungsangebots für diese Wertpapiere mit dem alleinigen Ziel tätigen, den Marktkurs dieser Wertpapiere für einen im Voraus bestimmten Zeitraum

55

---

1 Erwägungsgrund 6 Satz 3 Delegierte Verordnung (EU) 2016/1052 der Kommission vom 8. März 2016 zur Ergänzung der Verordnung (EU) Nr. 596/2014 des Europäischen Parlaments und des Rates durch technische Regulierungsstandards für die auf Rückkaufprogramme und Stabilisierungsmaßnahmen anwendbaren Bedingungen, ABl. EU Nr. L 173 v. 30.6. 2016, S. 34. Auch *Klöhn* in Klöhn, Art. 5 MAR Rz. 95. S. Art. 5 VO Nr. 596/2014 Rz. 78.

Art. 4 VO Nr. 596/2014 | Meldungen und Liste der Finanzinstrumente

zu stützen, wenn auf diese Wertpapiere Verkaufsdruck besteht. Hervorzuheben ist, dass hierbei nur Kursstabilisierungsmaßnahmen im Rahmen eines signifikanten Zeichnungsangebots i.S.d. Art. 3 Abs. 2 lit. c VO Nr. 596/2014 (Rz. 54) erfasst werden und der Erwerb oder die Veräußerung von Wertpapieren außerhalb eines solchen Angebots – etwa zur Kursstabilisierung, Kursstützung oder Kurspflege – nicht unter den Begriff der „Kursstabilisierung" i.S.d. Art. 3 Abs. 2 lit. d VO Nr. 596/2014 fallen. Auch dürfen neben dem Ziel, den Marktkurs dieser Wertpapiere für einen im Voraus bestimmten Zeitraum zu stützen, mit den Maßnahmen keine anderen Zwecke verfolgt werden (dazu Art. 5 VO Nr. 596/2014 Rz. 89, 102).

Art. 4 Meldungen und Liste der Finanzinstrumente

(1) Die Betreiber von geregelten Märkten sowie Wertpapierfirmen und Betreiber eines multilateralen oder organisierten Handelssystems melden der zuständigen Behörde des Handelsplatzes unverzüglich jedes Finanzinstrument, für das ein Antrag auf Zulassung zum Handel auf ihrem Handelsplatz gestellt wird, zum Handel zugelassen wird oder erstmalig gehandelt worden ist.

Sie informieren auch die zuständige Behörde des Handelsplatzes, wenn ein Finanzinstrument nicht mehr gehandelt wird oder seine Zulassung zum Handel erlischt, außer wenn das Datum, von dem an das betreffende Finanzinstrument nicht mehr gehandelt wird oder mit dem seine Zulassung zum Handel erlischt, bekannt ist und in der Meldung gemäß Unterabsatz 1 genannt wurde.

Die in diesem Absatz genannten Meldungen enthalten gegebenenfalls die Bezeichnungen und Kennung der betreffenden Finanzinstrumente sowie Datum und Uhrzeit des Antrags auf Zulassung zum Handel, Datum und Uhrzeit der Zulassung zum Handel sowie Datum und Uhrzeit des ersten Handelsabschlusses.

Die Marktbetreiber und die Wertpapierfirmen übermitteln der zuständigen Behörde des Handelsplatzes außerdem die in Unterabsatz 3 festgelegten Informationen zu den Finanzinstrumenten, für die ein Antrag auf Zulassung zum Handel auf ihrem Handelsplatz gestellt wurde bzw. die vor dem 2. Juli 2014 auf ihrem Handelsplatz zum Handel zugelassen waren und die an diesem Tag immer noch zum Handel zugelassen waren oder gehandelt haben.

(2) Die zuständigen Behörden des Handelsplatzes leiten die Meldungen, die sie gemäß Absatz 1 erhalten, unverzüglich an die ESMA weiter. Die ESMA veröffentlicht diese Meldungen sofort nach Erhalt in Form einer Liste auf ihrer Website. Die ESMA aktualisiert diese Liste unverzüglich bei Eingang einer Meldung von einer zuständigen Behörde des Handelsplatzes. Durch die Liste wird der Anwendungsbereich dieser Verordnung nicht eingeschränkt.

(3) Die Liste enthält folgende Informationen:

a) die Bezeichnungen und Kennung der Finanzinstrumente, für die die Zulassung zum Handel auf geregelten Märkten, multilateralen und organisierten Handelssystemen beantragt wurde, die dort zum Handel zugelassen wurden oder dort erstmalig gehandelt wurden;

b) Datum und Uhrzeit der Beantragung der Zulassung zum Handel, der Erteilung der Zulassung oder des erstmaligen Handels;

c) ausführliche Informationen zu den Handelsplätzen, auf denen die Zulassung zum Handel für die Finanzinstrumente beantragt wurde, auf denen sie zum Handel zugelassen wurden oder auf denen sie erstmalig gehandelt wurden, und

d) Datum und Uhrzeit, zu dem/der der Handel mit dem Finanzinstrument eingestellt wird bzw. zu dem/der seine Zulassung zum Handel erlischt.

(4) Zur Sicherstellung der durchgehenden Harmonisierung dieses Artikels arbeitet die ESMA Entwürfe technischer Regulierungsstandards aus, um Folgendes festzulegen:

a) den Inhalt der Meldungen gemäß Absatz 1 und

b) die Art und Weise und die Bedingungen der Zusammenstellung, Veröffentlichung und Pflege der in Absatz 3 genannten Liste.

Die ESMA übermittelt der Kommission diese Entwürfe technischer Regulierungsstandards bis zum 3. Juli 2015.

Der Kommission wird die Befugnis übertragen, die in Unterabsatz 1 dieses Absatzes genannten technischen Regulierungsstandards nach Artikel 10 bis 14 der Verordnung (EU) Nr. 1095/2010 des Europäischen Parlaments und des Rates[1] zu erlassen.

(5) Zur Sicherstellung der durchgehenden Harmonisierung dieses Artikels arbeitet die ESMA Entwürfe technischer Durchführungsstandards aus, um den Zeitplan, das Format und Muster für die Übermittlung der Meldungen gemäß den Absätzen 1 und 2 festzulegen.

Die ESMA übermittelt der Kommission diese Entwürfe technischer Regulierungsstandards bis zum 3. Juli 2015.

Der Kommission wird die Befugnis übertragen, die in Unterabsatz 1 genannten technischen Durchführungsstandards nach Artikel 15 der Verordnung (EU) Nr. 1095/2010 zu erlassen.

[1]Verordnung (EU) Nr. 1095/2010 des Europäischen Parlaments und des Rates vom 24. November 2010 zur Errichtung einer Europäischen Aufsichtsbehörde (Europäische Wertpapier- und Marktaufsichtsbehörde), zur Änderung des Beschlusses Nr. 716/2009/EG und zur Aufhebung des Beschlusses 2009/77/EG der Kommission (ABl. L 331 vom 15.12.2010, S. 84).

In der Fassung vom 16.4.2014 (ABl. EU Nr. L 173 v. 12.6.2014, S. 1), geändert durch Berichtigung vom 21.10.2016 (ABl. EU Nr. L 287 v. 21.10.2016, S. 320).

Delegierte Verordnung (EU) 2016/909 der Kommission vom 1. März 2016
zur Ergänzung der Verordnung (EU) Nr. 596/2014 des Europäischen Parlaments und des Rates im Hinblick auf technische Regulierungsstandards für den Inhalt der Meldungen, die den zuständigen Behörden zu übermitteln sind, sowie für die Zusammenstellung, Veröffentlichung und Pflege der Liste der Meldungen

Art. 1

Die Meldungen zu den Finanzinstrumenten gemäß Artikel 4 Absatz 1 der Verordnung (EU) Nr. 596/2014 beinhalten alle in Tabelle 2 des Anhangs der vorliegenden Verordnung genannten Angaben zu den betreffenden Finanzinstrumenten.

In der Fassung vom 1.3.2016 (ABl. EU Nr. L 153 v. 10.6.2016, S. 13).

Art. 2

(1) Die zuständigen Behörden überprüfen und beurteilen mithilfe automatisierter Verfahren, ob die gemäß Artikel 4 Absatz 1 der Verordnung (EU) Nr. 596/2014 übermittelten Meldungen den Anforderungen von Artikel 1 der vorliegenden Verordnung und Artikel 2 der Durchführungsverordnung (EU) 2016/378 der Kommission1 entsprechen.

(2) Die Handelsplatzbetreiber werden mithilfe automatisierter Verfahren unverzüglich über unvollständige Angaben bei eingegangenen Meldungen und über eine etwaige Nichteinhaltung der in Artikel 1 der Durchführungsverordnung (EU) 2016/378 genannten Meldefrist in Kenntnis gesetzt.

(3) Die zuständigen Behörden übermitteln der ESMA gemäß Artikel 1 mithilfe automatisierter Verfahren vollständige und genaue Meldungen zu den Finanzinstrumenten.

Am Tag nach dem Eingang der Meldungen zu den Finanzinstrumenten gemäß Artikel 4 Absatz 2 der Verordnung (EU) Nr. 596/2014 konsolidiert die ESMA mithilfe automatisierter Verfahren die von allen zuständigen Behörden übermittelten Meldungen.

(4) Die ESMA überprüft und beurteilt mithilfe automatisierter Verfahren, ob die eingegangenen Meldungen der zuständigen Behörden vollständig und genau sind und dem in Tabelle 3 des Anhangs zur Durchführungsverordnung (EU) 2016/378 vorgegebenen Format sowie den dort angegebenen Normen entsprechen.

(5) Die ESMA setzt die zuständigen Behörden mithilfe automatisierter Verfahren unverzüglich über unvollständige Angaben bei eingegangenen Meldungen und über eine etwaige Nichteinhaltung der in Artikel 1 Absatz 3 der Durchführungsverordnung (EU) 2016/378 genannten Meldefrist in Kenntnis.

(6) Die ESMA veröffentlicht mithilfe automatisierter Verfahren die vollständige Liste der Meldungen in elektronischer, herunterladbarer und maschinenlesbarer Form auf ihrer Website.

In der Fassung vom 1.3.2016 (ABl. EU Nr. L 153 v. 10.6.2016, S. 13).

Art. 3

Diese Verordnung tritt am Tag nach ihrer Veröffentlichung im *Amtsblatt der Europäischen Union* in Kraft.
Sie gilt ab dem 3. Juli 2016.

In der Fassung vom 1.3.2016 (ABl. EU Nr. L 153 v. 10.6.2016, S. 13).

Anhang
(nicht abgedruckt)

Durchführungsverordnung (EU) 2016/378 der Kommission vom 11. März 2016
zur Festlegung technischer Durchführungsstandards in Bezug auf den Zeitplan, das Format und Muster für die Übermittlung der Meldungen an die zuständigen Behörden gemäß Verordnung (EU) Nr. 596/2014 des Europäischen Parlaments und des Rates

Art. 1

1. Ein Handelsplatz meldet der für ihn zuständigen Behörde gemäß Artikel 4 Absatz 1 der Verordnung (EU) Nr. 596/2014 an jedem Handelstag bis spätestens 21.00 Uhr MEZ mithilfe automatisierter Prozesse alle Finanzinstrumente, die auf diesem Handelsplatz vor 18.00 Uhr MEZ an dem betreffenden Tag erstmals Gegenstand eines Antrags auf Zulassung zum Handel waren oder zum Handel zugelassen oder gehandelt wurden (einschließlich der über sein System eingegangenen

Aufträge oder Offerten) bzw. deren Handel eingestellt wurde oder deren Zulassung zum Handel auf diesem Handelsplatz erloschen ist.

2. Der Handelsplatz meldet die Finanzinstrumente, die nach 18.00 Uhr MEZ auf diesem Handelsplatz erstmals Gegenstand eines Antrags auf Zulassung zum Handel waren oder zum Handel zugelassen oder erstmals gehandelt wurden (einschließlich der über sein System eingegangenen Aufträge oder Offerten) bzw. deren Handel eingestellt wurde oder deren Zulassung zum Handel an diesem Handelsplatz erloschen ist, bis spätestens 21.00 Uhr MEZ des nächsten Handelstags mithilfe automatisierter Prozesse an die zuständige Behörde.

3. Die zuständigen Behörden übermitteln der ESMA die in Absatz 1 und 2 genannten Meldungen nach Artikel 4 Absatz 2 der Verordnung (EU) Nr. 596/2014 täglich bis spätestens 23.59 Uhr MEZ mithilfe automatisierter Verfahren und über sichere elektronische Kommunikationskanäle zwischen ihnen und der ESMA.

In der Fassung vom 11.3.2016 (ABl. EU Nr. L 72 v. 17.3.2016, S. 1).

Art. 2

Alle Detailangaben, die die Meldungen gemäß Artikel 4 Absatz 1 und 2 der Verordnung (EU) Nr. 596/2014 enthalten müssen, sind in dem im Anhang dieser Verordnung angegebenen Format und nach den dort genannten Normen in elektronischer und maschinenlesbarer Form sowie in einer einheitlichen XML-Vorlage nach der Methodik von ISO 20022 zu übermitteln.

In der Fassung vom 11.3.2016 (ABl. EU Nr. L 72 v. 17.3.2016, S. 1).

Art. 3

Diese Verordnung tritt am Tag nach ihrer Veröffentlichung im Amtsblatt der Europäischen Union in Kraft.
Sie gilt ab dem 3. Juli 2016.

In der Fassung vom 11.3.2016 (ABl. EU Nr. L 72 v. 17.3.2016, S. 1).

Anhang
(nicht abgedruckt)

Schrifttum: S. Art. 1 VO Nr. 596/2014 und das Allgemeine Schrifttumsverzeichnis.

I. Regelungsgegenstand und Übersicht 1	III. Aufgaben der ESMA (Art. 4 Abs. 2–4 VO Nr. 596/2014) 15
II. Meldepflichten und Meldungen – Aufgaben der BaFin (Art. 4 Abs. 1 und 2 VO Nr. 596/2014) 4	1. Weiterleitung der Meldungen und Veröffentlichung einer Liste von Finanzinstrumenten (Art. 4 Abs. 2 und 3 VO Nr. 596/2014) 15
1. Meldepflichten (Art. 4 Abs. 1 Unterabs. 1, 2 und 4 VO Nr. 596/2014) 4	2. Auftrag an die ESMA und Ermächtigung der Kommission nach Art. 4 Abs. 4 VO Nr. 596/2014 19
2. Meldungen und Meldeverfahren (Art. 4 Abs. 1 Unterabs. 3 VO Nr. 596/2014) 11	

1 **I. Regelungsgegenstand und Übersicht.** Zu Zwecken sowohl einer effektiven Marktaufsicht als auch der Markttransparenz[1] sieht die Vorschrift **Meldepflichten** gegenüber der zuständigen Behörde des jeweils betroffenen Handelsplatzes (Abs. 1), Übermittlungspflichten der gemeldeten Daten an die ESMA (Abs. 2) und die Führung einer aus den übermittelten Daten zusammengestellten Liste (Abs. 3) vor.

2 Von der ESMA nach **Art. 4 Abs. 4 und 5 VO Nr. 596/2014 (MAR)** zur Sicherstellung der durchgehenden Harmonisierung dieses Artikels ausgearbeitete technische Regulierungsstandards sind von der Kommission entsprechend der Ermächtigung in Art. 4 Abs. 4 Unterabs. 3 und Abs. 5 Unterabs. 1 VO Nr. 596/2014 im Wege der **Delegierte Verordnung (EU) 2016/909** der Kommission vom 1.3.2016[2] bzw. der **Durchführungsverordnung (EU) 2016/378** der Kommission vom 11.3.2016[3] erlassen worden. Dabei nehmen die Delegierte Verordnung und die Durchführungsverordnung zugleich eine Angleichung der nach Art. 27 VO Nr. 600/2014 (MiFIR – Markets in Financial Instruments Regulation) vorzunehmenden fortlaufenden Übermittlung von Referenzdaten und der nach Art. 4 VO Nr. 596/2014 meldepflichtigen Daten vor, um den Verwaltungsaufwand der von

---

1 Erwägungsgrund 9 VO Nr. 596/2014. S. auch *Grundmann* in Staub, Bd. 11/1, 5. Aufl. 2017, 6. Teil Rz. 316; *Zetzsche* in Gebauer/Teichmann, Europäisches Privat- und Unternehmensrecht, § 7 C. Rz. 31.
2 Delegierte Verordnung (EU) 2016/909 der Kommission vom 1. März 2016 zur Ergänzung der Verordnung (EU) Nr. 596/2014 des Europäischen Parlaments und des Rates im Hinblick auf technische Regulierungsstandards für den Inhalt der Meldungen, die den zuständigen Behörden zu übermitteln sind, sowie für die Zusammenstellung, Veröffentlichung und Pflege der Liste der Meldungen, ABl. EU Nr. L 153 v. 10.6.2016, S. 13.
3 Durchführungsverordnung (EU) 2016/378 der Kommission vom 11. März 2016 zur Festlegung technischer Durchführungsstandards in Bezug auf den Zeitplan, das Format und Muster für die Übermittlung der Meldungen an die zuständigen Behörden gemäß Verordnung (EU) Nr. 596/2014 des Europäischen Parlaments und des Rates, ABl. EU Nr. L 72 v. 17.3.2016, S. 1.

diesen Pflichten betroffenen Unternehmen zu verringern[1]. Die Vorschriften der Delegierten Verordnung (EU) 2016/909 sind oben nach den Bestimmungen von Art. 4 VO Nr. 596/2014 wiedergegeben[2]. Gleiches gilt für die Bestimmungen der Durchführungsverordnung[3].

Für **Mitteilungen an die BaFin** als zuständiger Behörde von Handelsplätzen in Deutschland nach Art. 4 VO Nr. 596/2014 (MAR) und Art. 27 VO Nr. 600/2014 (MiFIR) hat die BaFin das Portal der Melde- und Veröffentlichungsplattform (MVP Portal) eingerichtet.

II. Meldepflichten und Meldungen – Aufgaben der BaFin (Art. 4 Abs. 1 und 2 VO Nr. 596/2014). 1. Meldepflichten (Art. 4 Abs. 1 Unterabs. 1, 2 und 4 VO Nr. 596/2014). Für die nach Art. 4 Abs. 1 VO Nr. 596/2014 meldepflichtigen Betreiber von geregelten Märkten sowie Wertpapierfirmen und Betreiber eines multilateralen oder organisierten Handelssystems begründet Art. 4 Abs. 1 VO Nr. 596/2014 eine **zweiteilige Meldepflicht**:

– Eine **Erstmeldepflicht** nach Art. 4 Abs. 1 Unterabs. 1 VO Nr. 596/2014 verpflichtet die Meldepflichtigen der zuständigen Behörde des Handelsplatzes unverzüglich jedes Finanzinstrument zu melden, für das ein Antrag auf Zulassung zum Handel auf ihrem Handelsplatz gestellt wird, an diesem zum Handel zugelassen wird oder an diesem erstmalig gehandelt worden ist. Nach Art. 4 Abs. 1 Unterabs. 4 VO Nr. 596/2014 entstand – gleichsam als Übergangsregelung – eine solche Meldepflicht auch für Finanzinstrumente, „für die ein Antrag auf Zulassung zum Handel auf ihrem Handelsplatz gestellt wurde bzw. die vor dem 2. Juli 2014 auf ihrem Handelsplatz zum Handel zugelassen waren und die an diesem Tag immer noch zum Handel zugelassen waren oder gehandelt haben".

– Eine **Folgemeldepflicht** nach Art. 4 Abs. 1 Unterabs. 2 VO Nr. 596/2014 verpflichtet die Meldepflichtigen, auch die Beendigung des Handels mit einem Finanzinstrument oder das Erlöschen seiner Zulassung zum Handel gegenüber der zuständigen Behörde zu melden. Eine solche Meldung ist nur dann entbehrlich, wenn sich das Datum, von dem an das betreffende Finanzinstrument nicht mehr gehandelt wird oder mit dem seine Zulassung zum Handel erlischt, bereits bei der Erstmeldung bekannt ist und in dieser genannt wurde.

Da die Meldepflicht auch den Betreiber eines multilateralen Handelssystems betrifft, das in Deutschland in erster Linie in Gestalt des Freiverkehrs vorkommt (Rz. 8), der nur die Einbeziehung in den Handel kennt, ist unter **Zulassung** und dem Antrag auf Zulassung auch die **Einbeziehung** und der Antrag auf Einbeziehung in das jeweilige Marktsegment des Freiverkehrs zu verstehen. Betreiber des Freiverkehrs ist der jeweilige Träger der Börse, an dem dieser außerbörsliche Handel eingerichtet ist.

Meldepflichtig sind Betreiber von geregelten Märkten sowie Wertpapierfirmen und Betreiber eines multilateralen oder organisierten Handelssystems. In Deutschland sind **geregelte Märkte** – eine Definition der geregelten Märkte findet sich in Art. 3 Abs. 1 VO Nr. 596/2014 (s. Art. 3 VO Nr. 596/2014 Rz. 13) – die regulierten Märkte der Börsen mit ihren jeweiligen Marktsegmenten (Art. 2 VO Nr. 596/2014 Rz. 11, Art. 3 VO Nr. 596/2014 Rz. 14). **Wertpapierfirmen** sind juristische Personen, die im Rahmen ihrer üblichen beruflichen oder gewerblichen Tätigkeit gewerbsmäßig eine oder mehrere Wertpapierdienstleistungen für Dritte erbringen oder eine oder mehrere Anlagetätigkeiten ausüben (Art. 3 Abs. 1 Nr. 2 VO Nr. 596/2014 i.V.m. Art. 4 Abs. 1 Nr. 1 RL 2014/65/EU, s. Art. 3 VO Nr. 596/2014 Rz. 8). **Multilaterale Handelssysteme** (Multilateral Trading Facilities – MTF) sind von Wertpapierfirmen oder Marktbetreibern (Art. 3 VO Nr. 596/2014 Rz. 12) betriebene multilaterale Systeme, die die Interessen einer Vielzahl Dritter am Kauf und Verkauf von Finanzinstrumenten innerhalb des Systems und nach nichtdiskretionären Regeln in einer Weise zusammenführen, die zu einem Vertrag gemäß Titel II dieser Richtlinie führt (Art. 3 Abs. 1 Nr. 7 VO Nr. 596/2014 i.V.m. Art. 4 Abs. 1 Nr. 22 RL 2014/65/EU, s. Art. 3 VO Nr. 596/2014 Rz. 15). Der meist an den Börsen eingerichtete Freiverkehr ist ein solches multilaterales Handelssystem (Art. 2 VO Nr. 596/2014 Rz. 13, Art. 3 VO Nr. 596/2014 Rz. 16). **Organisierte Handelssysteme** sind multilaterales Systeme, bei denen es sich nicht um geregelte Märkte oder multilaterale Handelssysteme handelt und die die Interessen einer Vielzahl Dritter am Kauf und Verkauf von Schuldverschreibungen, strukturierten Finanzprodukten, Emissionszertifikaten oder Derivaten innerhalb des Systems in einer Weise zusammenführt, die zu einem Vertrag gemäß Titel II dieser Richtlinie führt (Art. 3 Abs. 1 Nr. 8 VO Nr. 596/2014 i.V.m. Art. 4 Abs. 1 Nr. 23 RL 2014/65/EU, s. Art. 3 VO Nr. 596/2014 Rz. 17).

Gegenstand der Meldung sind **Finanzinstrumente**, wie sie auch Gegenstand der Bestimmung des Anwendungsbereichs der Marktmissbrauchsverordnung in Art. 2 Abs. 1 VO Nr. 596/2014 sind. Finanzinstrumente

---

1 Vgl. Erwägungsgrund 1 (a.E.) zur DelVO 2016/909, ABl. EU Nr. L 153 v. 10.6.2016, S. 13, und Erwägungsgrund 1 DurchfVO 2016/378, ABl. EU Nr. L 72 v. 17.3.2016, S. 1.
2 Auf eine Wiedergabe der Erwägungsgründe und die im Anhang der DelVO 2016/909 enthaltenen Tabellen, die – vor allem Tabelle 2 des Anhangs – für den Inhalt der Meldungen an die BaFin und mittelbar an die ESMA von Bedeutung sind, wird verzichtet.
3 Auch hier wird von einer Wiedergabe der Erwägungsgründe und des umfangreichen Anhangs, der wegen der Befassung seiner Tabellen mit Normen und Format der Übermittlung der Meldungen an die zuständigen Behörden und an die ESMA von Bedeutung ist, abgesehen.

sind nach Art. 3 Abs. 1 Nr. 1 VO Nr. 596/2014 die in Art. 4 Abs. 1 i.V.m. Anhang I Abschnitt C der RL 2014/65/EU und in Art. 3 VO Nr. 596/2014 Rz. 2 aufgeführten Instrumente.

10 Die Meldung an die zuständigen Behörden muss nach Art. 4 Abs. 1 Unterabs. 1 VO Nr. 596/2014 **unverzüglich** erfolgen. Art. 1 Nr. 1 DurchfVO 2016/378 (Rz. 2) konkretisiert die Meldefrist allerdings (abweichend von der auch im Kapitalmarktrecht üblichen Auslegung des Begriffs unter Rückgriff auf § 121 Abs. 1 Satz 1 BGB im Sinne einer Meldung „ohne schuldhaftes Zögern") dahingehend, dass „an jedem Handelstag bis spätestens 21.00 Uhr MEZ mithilfe automatisierter Prozesse alle **Finanzinstrumente**, die auf diesem Handelsplatz **vor 18.00 Uhr MEZ** an dem betreffenden Tag erstmals Gegenstand eines Antrags auf Zulassung zum Handel waren oder zum Handel zugelassen oder gehandelt wurden (einschließlich der über sein System eingegangenen Aufträge oder Offerten) bzw. deren Handel eingestellt wurde oder deren Zulassung zum Handel auf diesem Handelsplatz erloschen ist", gemeldet werden müssen. Für Finanzinstrumente, die **nach 18:00 Uhr MEZ** erstmals Gegenstand eines Antrags auf Zulassung zum Handel waren oder zum Handel zugelassen oder erstmals gehandelt wurden (einschließlich der über sein System eingegangenen Aufträge oder Offerten) bzw. deren Handel eingestellt wurde oder deren Zulassung zum Handel an diesem Handelsplatz erloschen ist, bestimmt Art. 1 Nr. 2 DurchfVO 2016/378, dass diese Finanzinstrumente bis spätestens 21.00 Uhr MEZ des nächsten Handelstags mithilfe automatisierter Prozesse an die zuständige Behörde zu melden sind.

11 **2. Meldungen und Meldeverfahren (Art. 4 Abs. 1 Unterabs. 3 VO Nr. 596/2014).** Die in Art. 4 Abs. 1 Unterabs. 1, 2 und 4 VO Nr. 596/2014 **verlangten Meldungen** enthalten nach Art. 4 Abs. 1 Unterabs. 3 – je nach Anlass der Meldung – zum einen die Bezeichnung und Kennung der betreffenden Finanzinstrumente sowie zum anderen Datum und Uhrzeit des Antrags auf Zulassung zum Handel bzw. Datum und Uhrzeit der Zulassung zum Handel bzw. Datum und Uhrzeit des ersten Handelsabschlusses.

12 Entsprechend der Ermächtigung in Art. 4 Abs. 4 Unterabs. 3 VO Nr. 596/2014 **konkretisiert** die **DelVO 2016/909** (Rz. 2) die **zu meldenden Angaben**. Nach Art. 1 der Delegierten Verordnung beinhalten die „Meldungen zu den Finanzinstrumenten gemäß Art. 4 Absatz 1 der Verordnung (EU) Nr. 596/2014 ... alle in Tabelle 2 des Anhangs der vorliegenden Verordnung genannten Angaben zu den betreffenden Finanzinstrumenten". Alle Detailangaben, die die Meldungen enthalten müssen, sind nach Art. 2 DurchfVO 2016/378 (Rz. 2) in dem in deren Anhang angegebenen Format und nach den dort genannten Normen in elektronischer und maschinenlesbarer Form sowie in einer einheitlichen XML-Vorlage nach der Methodik von ISO 20022 zu übermitteln.

13 Darum müssen sich die Meldepflichtigen allerdings nur bedingt sorgen: Sie haben die Möglichkeit, ihre Meldungen über das Portal der **Melde- und Veröffentlichungsplattform (MVP Portal) der BaFin**, das den vorstehend angeführten Anforderungen Rechnung trägt, bei dieser **elektronisch einzureichen**. Dazu führt die BaFin in ihren diesbezüglichen Mitteilungen[1] aus: „Um der Verpflichtung zur Mitteilung von Referenzdaten für Finanzinstrumente sowie der Bereitstellung von Informationen zur Transparenzberechnung nachkommen zu können, müssen diese Mitteilungen und Informationen der BaFin im Wege der Datenfernübertragung im Standardformat ISO 20022 übermittelt werden. Die Meldepflichtigen sind verpflichtet, entweder selbst oder vertretend durch einen geeigneten Dritten, diese Meldepflichten bzw. Bereitstellungen zu erfüllen. Die BaFin hat eigens hierfür das elektronische Fachverfahren ‚Mitteilungen und Informationen zum Referenzsystem für Finanzinstrumente und Transparenzberechnungen (Title II MiFIR/Art. 22 + 27 MiFIR/Art. 4 MAR)' entwickelt und stellt dieses über das MVP Portal zur Verfügung. Dadurch ist es möglich, die unterschiedlichen Mitteilungen und Informationen mittels einem Verfahren einzureichen". Zum vorstehend angesprochenen **Fachverfahren** und die zu dessen Nutzung vorzunehmende Selbstregistrierung am MVP-Portal ist auf die ausführlichen Informationen im Informationsblatt zum Fachverfahren der BaFin[2] zu verweisen. Fachliche und inhaltliche **Fragen** können an die Adresse firds@bafin.de und technische Fragen zum Verfahren an die Adresse mvp-support@bafin.de gerichtet werden.

14 Die zuständige Behörde – das ist die **BaFin** – hat nach Art. 2 Abs. 1 DelVO 2016/909 (Rz. 2) mittels automatisierter Verfahren zu **überprüfen** und zu **beurteilen**, ob die gem. Art. 4 Abs. 1 VO Nr. 596/2014 übermittelten Meldungen den Anforderungen nach Art. 1 DelVO 2016/909 und Art. 2 DurchfVO 2016/378 (Rz. 2) entsprechen: Nach der letztgenannten Bestimmung sind „[a]lle Detailangaben, die die Meldungen gemäß Artikel 4 Absätze 1 und 2 der Verordnung (EU) Nr. 596/2014 enthalten müssen", in dem im Anhang zur DurchfVO 2016/378 angegebenen Format und nach den dort genannten Normen in elektronischer und maschinenlesbarer Form sowie in einer einheitlichen XML-Vorlage nach der Methodik von ISO 20022 zu übermitteln.

15 **III. Aufgaben der ESMA (Art. 4 Abs. 2–4 VO Nr. 596/2014). 1. Weiterleitung der Meldungen und Veröffentlichung einer Liste von Finanzinstrumenten (Art. 4 Abs. 2 und 3 VO Nr. 596/2014).** Nach **Art. 4 Abs. 2 Satz 1 VO Nr. 596/2014** i.V.m. Art. 2 Abs. 3 Unterabs. 1 DelVO 2016/909 (Rz. 2) leiten die zuständigen

---

[1] Mitteilungen und Informationen zum Referenzsystem für Finanzinstrumente und Transparenzberechnungen (Title II MiFIR/Art. 22 + 27 MiFIR/Art. 4 MAR), https://www.bafin.de/DE/DieBaFin/Service/MVPportal/LFI/lfi_artikel.html.
[2] Abrufbar unter https://www.bafin.de/SharedDocs/Downloads/DE/Infoblatt_zum_fachverfahren_firds_de.pdf?__blob=publicationFile&v=7.

Behörden des Handelsplatzes die empfangenen Meldungen i.S.v. Art. 4 Abs. 1 VO Nr. 596/2014 unverzüglich mithilfe automatisierter Verfahren an die ESMA weiter. Auch hier enthält die DurchfVO 2016/378 (Rz. 2) eine eigene Bestimmung der **Frist**, in der die Weiterleitung an die ESMA zu erfolgen hat. Nach Abs. 1 Nr. 3 DurchfVO 2016/378 übermitteln die zuständigen Behörden der ESMA die ihnen zugegangenen Meldungen täglich bis spätestens 23.59 Uhr MEZ mithilfe automatisierter Verfahren und über sichere elektronische Kommunikationskanäle an die ESMA.

Die ESMA veröffentlicht nach **Art. 4 Abs. 2 Satz 2 VO Nr. 596/2014** i.V.m. Art. 2 Unterabs. 6 DelVO 2016/909 (Rz. 2) diese Meldungen sofort nach Erhalt in elektronischer, herunterladbarer und maschinenlesbarer Form als **Liste** auf ihrer Website. Nach **Art. 4 Abs. 2 Satz 3 VO Nr. 596/2014** hat die ESMA diese Liste unverzüglich bei Eingang einer Meldung von einer zuständigen Behörde des Handelsplatzes zu **aktualisieren**. Nach Art. 2 Unterabs. 4 DelVO 2016/909 **überprüft und beurteilt** die ESMA mithilfe automatisierter Verfahren, ob die eingegangenen Meldungen der zuständigen Behörden vollständig und genau sind und dem in Tabelle 3 des Anhangs zur DurchfVO 2016/378 (Rz. 2) vorgegebenen Format sowie den dort angegebenen Normen entsprechen. Stellen sich die übermittelten Angaben als **unvollständig** heraus oder wurden die **Meldefristen** nach Art. 1 Abs. 3 DurchfVO 2016/378 nicht eingehalten, so setzt die ESMA die zuständigen Behörden mithilfe automatisierter Verfahren unverzüglich darüber in Kenntnis. Art. 2 Abs. 3 Unterabs. 2 DelVO 2016/909 verlangt darüber hinaus, dass die ESMA am Tag nach dem Eingang der Meldungen zu den Finanzinstrumenten gem. Art. 4 Abs. 2 VO Nr. 596/2014 die von allen zuständigen Behörden übermittelten Meldungen mithilfe eines automatisierten Verfahrens **konsolidiert**. 16

Wenn **Art. 4 Abs. 1 Satz 4 VO Nr. 596/2014** bestimmt, durch die Liste werde der Anwendungsbereich dieser Verordnung nicht eingeschränkt, so heißt dies, dass die MAR auf alle Finanzinstrumente i.S.v. und nach Art. 1 i.V.m. Art. 3 Abs. 1 Nr. 1 DurchfVO 2016/378 (Rz. 2) anwendbar bleibt, auch wenn ein unter diese Vorschriften fallendes Finanzinstrument nicht in der ESMA-Liste aufgeführt ist[1]. 17

Art. 4 Abs. 3 lit. a–d VO Nr. 596/2014 führt auf, **welche Informationen** die Liste enthalten muss. Abs. 3 lit. b war Gegenstand einer Berichtigung in ABl. EU Nr. L 287 v. 21.10.2016, S. 320, 321. 18

2. Auftrag an die ESMA und Ermächtigung der Kommission nach Art. 4 Abs. 4 VO Nr. 596/2014. Der in Art. 4 Abs. 4 Unterabs. 1 und 2 sowie Abs. 5 Unterabs. 1 und 2 VO Nr. 596/2014 erteilte Auftrag an die ESMA ist erfüllt worden und die Kommission hat von der ihr in Art. 4 Abs. 4 Unterabs. 3 und Abs. 5 Unterabs. 3 VO Nr. 596/2014 erteilten Ermächtigung Gebrauch gemacht. S. dazu die Hinweise in Rz. 2. 19

Art. 5 Ausnahmen für Rückkaufprogramme und Stabilisierungsmaßnahmen

(1) Die in den Artikeln 14 und 15 dieser Verordnung festgeschriebenen Verbote gelten nicht für den Handel mit eigenen Aktien im Rahmen von Rückkaufprogrammen, wenn
a) die Einzelheiten des Programms vor dem Beginn des Handels vollständig offengelegt werden,
b) Abschlüsse der zuständigen Behörde des Handelsplatzes gemäß Absatz 3 als Teil des Rückkaufprogramms gemeldet und anschließend öffentlich bekanntgegeben werden,
c) in Bezug auf Kurs und Volumen angemessene Grenzen eingehalten werden und
d) er im Einklang mit den in Absatz 2 genannten Zielen und den in dem vorliegenden Artikel festgelegten Bedingungen und den in Absatz 6 genannten technischen Regulierungsstandards durchgeführt wird.
(2) Um in den Genuss der in Absatz 1 vorgesehenen Ausnahme zu gelangen, muss ein Rückkaufprogramm als seinen einzigen Zweck haben:
a) das Kapital eines Emittenten zu reduzieren,
b) die aus einem Schuldtitel entstehenden Verpflichtungen zu erfüllen, die in Beteiligungskapital umgewandelt werden können, oder
c) die aus einem Belegschaftsaktienprogramm oder anderen Formen der Zuteilung von Aktien an Mitarbeiter oder Angehörige der Verwaltungs-, Leitungs- oder Aufsichtsorgane des Emittenten oder einem verbundenen Unternehmen entstehenden Verpflichtungen zu erfüllen.
(3) Um in den Genuss der in Absatz 1 vorgesehenen Ausnahme zu gelangen, muss der Emittent der für den Handelsplatz, auf dem seine Aktien zum Handel zugelassen wurden bzw. gehandelt werden, zuständigen Behörde des Handelsplatzes jedes mit Rückkaufprogrammen zusammenhängender Geschäft, ein-

---
1 Erwägungsgrund 9 VO Nr. 596/2014 (a.E.). Auch *Grundmann* in Staub, Bd. 11/1, 5. Aufl. 2017, 6. Teil Rz. 316.

Art. 5 VO Nr. 596/2014 | Ausnahmen für Rückkaufprogramme/Stabilisierungsmaßnahmen

schließlich der in Artikel 25 Absätze 1 und 2 und Artikel 26 Absätze 1, 2 und 3 der Verordnung (EU) Nr. 600/2014 genannten Informationen, melden.

(4) Die in den Artikeln 14 und 15 dieser Verordnung festgeschriebenen Verbote gelten nicht für den Handel mit Wertpapieren oder verbundenen Instrumenten zur Stabilisierung des Kurses von Wertpapieren, wenn

a) die Dauer der Stabilisierungsmaßnahme begrenzt ist,
b) relevante Informationen zur Stabilisierung offengelegt und der zuständigen Behörde des Handelsplatzes gemäß Absatz 5 gemeldet werden,
c) in Bezug auf den Kurs angemessene Grenzen eingehalten werden und
d) ein solcher Handel den Bedingungen für die Stabilisierung gemäß den technischen Regulierungsstandards gemäß Absatz 6 entspricht.

(5) Unbeschadet des Artikels 23 Absatz 1 teilen Emittenten, Bieter oder Unternehmen, die die Stabilisierungsmaßnahme durchführen, unabhängig davon, ob sie im Namen Ersterer handeln oder nicht, der zuständigen Behörde des Handelsplatzes spätestens am Ende des siebten Handelstags nach dem Tag der Ausführung dieser Maßnahmen die Einzelheiten sämtlicher Stabilisierungsmaßnahmen mit.

(6) Zur durchgängigen Harmonisierung dieses Artikels arbeitet die ESMA Entwürfe technischer Regulierungsstandards aus, in denen die bei den Rückkaufprogrammen und Stabilisierungsmaßnahmen nach Absatz 1 und 4 einzuhaltenden Bedingungen präzisiert werden, darunter Handelsbedingungen, Beschränkungen der Dauer und des Volumens, Bekanntgabe- und Meldepflichten sowie Kursbedingungen.

Die ESMA legt der Kommission diese Entwürfe technischer Regulierungsstandards bis zum 3. Juli 2015 vor.

Der Kommission wird die Befugnis übertragen, die in Unterabsatz 1 genannten technischen Regulierungsstandards nach Artikel 10 bis 14 der Verordnung (EU) Nr. 1095/2010 zu erlassen.

In der Fassung vom 16.4.2014 (ABl. EU Nr. L 173 v. 12.6.2014, S. 1).

Delegierte Verordnung (EU) 2016/1052 der Kommission vom 8. März 2016
zur Ergänzung der Verordnung (EU) Nr. 596/2014 des Europäischen Parlaments und des Rates durch technische Regulierungsstandards für die auf Rückkaufprogramme und Stabilisierungsmaßnahmen anwendbaren Bedingungen

Art. 1

Für die Zwecke dieser Verordnung gelten folgende Begriffsbestimmungen:

a) „programmiertes Rückkaufprogramm" ist ein Rückkaufprogramm, bei dessen Bekanntgabe Termine und Volumen der Aktien, die während der Laufzeit des Programms gehandelt werden sollen, festgelegt werden;
b) „angemessene Bekanntgabe" ist die Veröffentlichung von Informationen in einer Art und Weise, die der Öffentlichkeit einen schnellen Zugriff darauf und eine vollständige, korrekte und rechtzeitige Bewertung dieser Informationen nach Maßgabe der Durchführungsverordnung (EU) 2016/1055 der Kommission ermöglicht, und gegebenenfalls unter Verwendung des amtlich bestellten Systems gemäß Artikel 21 der Richtlinie 2004/109/EG des Europäischen Parlaments und des Rates;
c) „Bieter" ist der Vorbesitzer oder Emittent der Wertpapiere;
d) „Zuteilung" ist das Verfahren oder die Menge der Verfahren, in dem bzw. denen festgelegt wird, wie viele relevante Wertpapiere jeder Anleger, der diese zuvor gezeichnet oder beantragt hat, erhält;
e) „ergänzende Kursstabilisierungsmaßnahme" ist eine Überzeichnung oder die Ausübung einer Greenshoe-Option durch ein Wertpapierhaus oder Kreditinstitut, die im Rahmen eines signifikanten Zeichnungsangebots von Wertpapieren ausschließlich der Vereinfachung der eigentlichen Kursstabilisierungsmaßnahme dient;
f) „Überzeichnung" ist eine Klausel im Emissions- bzw. Garantievertrag, die es erlaubt, Zeichnungs- oder Kaufangebote für Wertpapiere über die ursprünglich geplante Menge hinaus anzunehmen;
g) „Greenshoe-Option" ist eine Überzeichnungsreserve, die der Bieter einem Wertpapierhaus bzw. den Wertpapierhäusern oder einem Kreditinstitut bzw. den Kreditinstituten im Rahmen des Zeichnungsangebots zugesteht, bei der diese Häuser bzw. Institute innerhalb eines bestimmten Zeitraums nach der Emission der Wertpapiere eine bestimmte Menge dieser Wertpapiere zum Ausgabekurs erwerben können.

In der Fassung vom 8.3.2016 (ABl. EU Nr. L 173 v. 30.6.2016, S. 34).

Art. 2 Bekanntgabe- und Meldepflichten

(1) Um in den Genuss der Ausnahme nach Artikel 5 Absatz 1 der Verordnung (EU) Nr. 596/2014 zu kommen, sorgt der Emittent vor Beginn des Handels im Rahmen eines nach Artikel 21 Absatz 1 der Richtlinie 2012/30/EU des Europäischen Parlaments und des Rates zulässigen Rückkaufprogramms für eine angemessene Bekanntgabe folgender Informationen:

a) Zweck des Programms gemäß Artikel 5 Absatz 2 der Verordnung (EU) Nr. 596/2014;
b) größtmöglicher Geldbetrag, der für das Programm zugewiesen wird;

c) Höchstzahl der zu erwerbenden Aktien;
d) Zeitraum, für den das Programm genehmigt wurde (im Folgenden „Dauer des Programms").

Der Emittent gewährleistet eine angemessene Bekanntgabe nachfolgender Änderungen beim Programm und bei den Informationen, die bereits entsprechend Unterabsatz 1 veröffentlicht wurden.

(2) Der Emittent verfügt über Mechanismen, die ihm die Erfüllung der Meldepflichten gegenüber der zuständigen Behörde und die Erfassung aller mit einem Rückkaufprogramm zusammenhängenden Geschäfte ermöglichen, wozu auch die in Artikel 5 Absatz 3 der Verordnung (EU) Nr. 596/2014 genannten Informationen gehören. Der Emittent meldet der zuständigen Behörde jedes Handelsplatzes, auf dem die Aktien zum Handel zugelassen sind bzw. gehandelt werden, spätestens am Ende des siebten Handelstags nach dem Tag der Ausführung des Geschäfts alle mit einem Rückkaufprogramm zusammenhängenden Geschäfte in detaillierter Form sowie in aggregierter Form. Bei der aggregierten Form werden das aggregierte Volumen und der gewichtete Durchschnittskurs pro Tag und pro Handelsplatz angegeben.

(3) Der Emittent gewährleistet, dass die in Absatz 2 genannten Informationen zu den mit Rückkaufprogrammen zusammenhängenden Geschäften spätestens am Ende des siebten Handelstags nach dem Tag der Ausführung solcher Geschäfte angemessen bekanntgegeben werden. Darüber hinaus veröffentlicht der Emittent die bekanntgegebenen Geschäfte auf seiner Website und sorgt dafür, dass die Informationen ab dem Tag der angemessenen Bekanntgabe mindestens fünf Jahre öffentlich zugänglich bleiben.

In der Fassung vom 8.3.2016 (ABl. EU Nr. L 173 v. 30.6.2016, S. 34).

Art. 3 Handelsbedingungen

(1) Um in den Genuss der Ausnahme nach Artikel 5 Absatz 1 der Verordnung (EU) Nr. 596/2014 zu kommen, müssen Geschäfte im Zusammenhang mit Rückkaufprogrammen folgende Bedingungen erfüllen:
a) Die Aktien werden vom Emittenten auf einem Handelsplatz gekauft, auf dem sie zum Handel zugelassen sind oder gehandelt werden;
b) im Falle von Aktien, die auf einem Handelsplatz kontinuierlich gehandelt werden, erfolgt keine Auftragserteilung während einer Auktionsphase, und die vor Beginn einer Auktionsphase erteilten Aufträge werden während dieser Phase nicht geändert;
c) im Falle von Aktien, die auf einem Handelsplatz ausschließlich durch Auktionen gehandelt werden, werden die Aufträge vom Emittenten während der Auktion erteilt und geändert, sofern die anderen Marktteilnehmer ausreichend Zeit haben, darauf zu reagieren.

(2) Um in den Genuss der Ausnahme nach Artikel 5 Absatz 1 der Verordnung (EU) Nr. 596/2014 zu kommen, dürfen Emittenten, wenn sie Geschäfte im Rahmen eines Rückkaufprogramms tätigen, Aktien nicht zu einem Kurs erwerben, der über dem des letzten unabhängig getätigten Abschlusses oder (sollte dieser höher sein) über dem des derzeit höchsten unabhängigen Angebots auf dem Handelsplatz, auf dem der Kauf stattfindet, liegt, was auch dann gilt, wenn die Aktien auf unterschiedlichen Handelsplätzen gehandelt werden.

(3) Um in den Genuss der Ausnahme nach Artikel 5 Absatz 1 der Verordnung (EU) Nr. 596/2014 zu kommen, dürfen Emittenten, wenn sie Geschäfte im Rahmen eines Rückkaufprogramms tätigen, an einem Handelstag nicht mehr als 25 % des durchschnittlichen täglichen Aktienumsatzes auf dem Handelsplatz, auf dem der Kauf erfolgt, erwerben.

Für die Zwecke von Unterabsatz 1 beruht der durchschnittliche Tagesumsatz auf dem durchschnittlichen täglichen Handelsvolumen in einem der beiden folgenden Zeiträume:
a) dem Monat vor dem Monat, in dem die laut Artikel 2 Absatz 1 geforderte Bekanntgabe erfolgt; der so festgelegte Wert wird im Rückkaufprogramm angeführt und gilt für die Dauer des Programms;
b) den 20 Börsentagen vor dem Kauftermin, wenn im Programm nicht auf diesen Wert Bezug genommen wird.

In der Fassung vom 8.3.2016 (ABl. EU Nr. L 173 v. 30.6.2016, S. 34).

Art. 4 Handelsbeschränkungen

(1) Um in den Genuss der Ausnahme nach Artikel 5 Absatz 1 der Verordnung (EU) Nr. 596/2014 zu kommen, sieht der Emittent während der Dauer von Rückkaufprogrammen von Folgendem ab:
a) dem Verkauf eigener Aktien;
b) dem Handel während des geschlossenen Zeitraums, der in Artikel 19 Absatz 11 der Verordnung (EU) Nr. 596/2014 genannt wird;
c) dem Handel, soweit der Emittent beschlossen hat, die Bekanntgabe von Insiderinformationen gemäß Artikel 17 Absatz 4 oder 5 der Verordnung (EU) Nr. 596/2014 aufzuschieben.

(2) Absatz 1 findet keine Anwendung, wenn
a) der Emittent ein programmiertes Rückkaufprogramm durchführt oder
b) das Rückkaufprogramm unter Führung eines Wertpapierhauses oder Kreditinstituts durchgeführt wird, das seine Entscheidungen über den Zeitpunkt des Erwerbs von Aktien des Emittenten unabhängig von diesem trifft.

(3) Absatz 1 Buchstabe a findet keine Anwendung, wenn der Emittent ein Wertpapierhaus oder Kreditinstitut ist und für den Handel mit eigenen Aktien angemessene und wirksame, der Aufsicht der zuständigen Behörde unterliegende interne Regelungen und Verfahren eingeführt, umgesetzt und aufrechterhalten hat, um gegenüber Personen, die für Entscheidungen über den Handel mit eigenen Aktien zuständig sind, im Falle des Handels mit eigenen Aktien auf der Grundlage einer solchen Entscheidung die unrechtmäßige Offenlegung von Insiderinformationen durch Personen zu verhindern, die Zugang zu direkt oder indirekt den Emittenten betreffende Insiderinformationen haben.

Art. 5 VO Nr. 596/2014 | Ausnahmen für Rückkaufprogramme/Stabilisierungsmaßnahmen

(4) Absatz 1 Buchstaben b und c finden keine Anwendung, wenn der Emittent ein Wertpapierhaus oder Kreditinstitut ist und für den Handel mit eigenen Aktien angemessene und wirksame, der Aufsicht der zuständigen Behörde unterliegende interne Regelungen und Verfahren eingeführt, umgesetzt und aufrechterhalten hat, um gegenüber Personen, die für den Handel mit eigenen Aktien im Namen von Kunden zuständig sind, im Falle des Handels mit eigenen Aktien im Namen jener Kunden die unrechtmäßige Offenlegung von Insiderinformationen durch Personen zu verhindern, die Zugang zu direkt oder indirekt den Emittenten betreffende Insiderinformationen (einschließlich Erwerbsentscheidungen im Rahmen des Rückkaufprogramms) haben.

In der Fassung vom 8.3.2016 (ABl. EU Nr. L 173 v. 30.6.2016, S. 34).

Art. 5 *Bedingungen hinsichtlich des Stabilisierungszeitraums*

(1) Bei Aktien und Aktien entsprechenden Wertpapieren beginnt der in Artikel 5 Absatz 4 Buchstabe a der Verordnung (EU) Nr. 596/2014 genannte begrenzte Zeitraum (im Folgenden „Stabilisierungszeitraum")

a) im Falle eines signifikanten Zeichnungsangebots in Form einer öffentlich angekündigten Erstplatzierung an dem Tag, an dem der Handel mit den Wertpapieren auf dem betreffenden Handelsplatz aufgenommen wird, und endet spätestens nach 30 Kalendertagen;

b) im Falle eines signifikanten Zeichnungsangebots in Form einer Zweitplatzierung an dem Tag, an dem der Schlusskurs der Wertpapiere angemessen bekannt gegeben wird, und endet spätestens 30 Kalendertage nach dem Zuteilungsdatum.

(2) Für die Zwecke von Absatz 1 Buchstabe a gilt Folgendes: Findet die öffentlich angekündigte Erstplatzierung in einem Mitgliedstaat statt, in dem das Wertpapier bereits vor Aufnahme des Handels auf einem Handelsplatz gehandelt werden darf, beginnt der Stabilisierungszeitraum an dem Tag, an dem der Schlusskurs der Wertpapiere angemessen bekannt gegeben wird, und endet spätestens nach 30 Kalendertagen. Dieser Handel erfolgt unter Einhaltung der geltenden Vorschriften des Handelsplatzes, auf dem die Wertpapiere zum Handel zugelassen werden sollen, einschließlich etwaiger Bekanntgabe- und Meldevorschriften.

(3) Bei Schuldverschreibungen und anderen verbrieften Schuldtiteln einschließlich verbrieften Schuldtiteln, die in Aktien oder andere Wertpapiere, die Aktien entsprechen, umgewandelt oder umgetauscht werden können, beginnt der Stabilisierungszeitraum an dem Tag, an dem die Konditionen des Angebots der Wertpapiere angemessen bekannt gegeben wurden, und endet spätestens 30 Kalendertage nach dem Tag, an dem der Emittent der Titel den Emissionserlös erhalten hat, oder – sollte dies früher eintreten – spätestens 60 Kalendertage nach der Zuteilung der Wertpapiere.

In der Fassung vom 8.3.2016 (ABl. EU Nr. L 173 v. 30.6.2016, S. 34).

Art. 6 *Bekanntgabe- und Meldepflichten*

(1) Vor Beginn der Erst- oder Zweitplatzierung der Wertpapiere gibt die gemäß Absatz 5 ernannte Person in angemessener Weise bekannt,

a) dass eine Kursstabilisierungsmaßnahme nicht zwingend erfolgen muss und dass sie jederzeit beendet werden kann;

b) dass Stabilisierungsmaßnahmen auf die Stützung des Marktkurses der Wertpapiere während des Stabilisierungszeitraums abzielen;

c) wann der Zeitraum, innerhalb dessen die Stabilisierungsmaßnahme durchgeführt werden könnte, beginnt und endet;

d) welches Unternehmen für die Durchführung der Stabilisierungsmaßnahme zuständig ist – sollte dies zum Zeitpunkt der Bekanntgabe noch nicht feststehen, so ist diese Information vor Beginn der Stabilisierungsmaßnahme angemessen bekannt zu geben;

e) ob die Möglichkeit einer Überzeichnung oder Greenshoe-Option besteht und wie viele Wertpapiere von dieser Überzeichnung oder Option maximal abgedeckt werden, in welchem Zeitraum die Greenshoe-Option ausgeübt werden kann und welche Voraussetzungen gegebenenfalls für eine Überzeichnung oder die Ausübung der Greenshoe-Option erfüllt sein müssen; und

f) an welchem Ort die Stabilisierungsmaßnahme durchgeführt werden kann, wobei gegebenenfalls auch der Name des Handelsplatzes bzw. die Namen der Handelsplätze anzugeben sind.

(2) Während des Stabilisierungszeitraums gewährleisten die gemäß Absatz 5 ernannten Personen die angemessene Bekanntgabe der Einzelheiten sämtlicher Stabilisierungsmaßnahmen spätestens am Ende des siebten Handelstags nach dem Tag der Ausführung dieser Maßnahmen.

(3) Innerhalb einer Woche nach Ablauf des Stabilisierungszeitraums gibt die nach Absatz 5 ernannte Person in angemessener Weise bekannt,

a) ob eine Stabilisierungsmaßnahme durchgeführt wurde oder nicht;

b) zu welchem Termin mit der Kursstabilisierung begonnen wurde;

c) zu welchem Termin die letzte Kursstabilisierungsmaßnahme erfolgte;

d) innerhalb welcher Kursspanne die Stabilisierung erfolgte (für jeden Termin, zu dem eine Kursstabilisierungsmaßnahme durchgeführt wurde);

e) an welchem Handelsplatz bzw. welchen Handelsplätzen die Kursstabilisierungsmaßnahmen erfolgten, sofern zutreffend.

(4) Um der Mitteilungspflicht nach Artikel 5 Absatz 5 der Verordnung (EU) Nr. 596/2014 nachzukommen, zeichnen die Unternehmen, die die Stabilisierungsmaßnahme durchführen, unabhängig davon, ob sie im Namen des Emittenten oder des Bieters handeln oder nicht, alle Kursstabilisierungsaufträge und -transaktionen bei Wertpapieren und verbunden

Instrumenten entsprechend Artikel 25 Absatz 1 sowie Artikel 26 Absatz 1, 2 und 3 der Verordnung (EU) Nr. 600/2014 des Europäischen Parlaments und des Rates (7) auf. Die Unternehmen, die die Stabilisierungsmaßnahme durchführen, melden unabhängig davon, ob sie im Namen des Emittenten oder des Bieters handeln oder nicht, alle durchgeführten Kursstabilisierungstransaktionen bei Wertpapieren und verbundenen Instrumenten

a) der zuständigen Behörde an jedem Handelsplatz, an dem die unter die Stabilisierungsmaßnahme fallenden Wertpapiere zum Handel zugelassen sind oder gehandelt werden;

b) der zuständigen Behörde an jedem Handelsplatz, an dem Transaktionen bei verbundenen Instrumenten zur Stabilisierung von Wertpapieren durchgeführt werden.

(5) Der Emittent, der Bieter und alle Unternehmen, die die Stabilisierungsmaßnahme durchführen, sowie in ihrem Auftrag handelnde Personen, ernennen einen von ihnen als zentrale Stelle, die verantwortlich ist für

a) die Bekanntgabepflichten nach den Absätzen 1, 2 und 3; und

b) die Bearbeitung von Ersuchen der in Absatz 4 genannten zuständigen Behörden.

In der Fassung vom 8.3.2016 (ABl. EU Nr. L 173 v. 30.6.2016, S. 34).

Art. 7 Kursbedingungen

(1) Im Falle eines Zeichnungsangebots für Aktien oder Aktien entsprechende Wertpapiere darf die Kursstabilisierung der Wertpapiere unter keinen Umständen zu einem höheren Kurs als dem Emissionskurs erfolgen.

(2) Im Falle eines Zeichnungsangebots für verbriefte Schuldtitel, die in Aktien oder andere Wertpapiere, die Aktien entsprechen, umgewandelt oder umgetauscht werden können, darf die Stabilisierung dieser Schuldtitel unter keinen Umständen zu einem höheren Kurs erfolgen als dem Marktkurs dieser Instrumente zum Zeitpunkt der Bekanntgabe der endgültigen Modalitäten des neuen Angebots.

In der Fassung vom 8.3.2016 (ABl. EU Nr. L 173 v. 30.6.2016, S. 34).

Art. 8 Bedingungen für ergänzende Kursstabilisierungsmaßnahmen

Ergänzende Kursstabilisierungsmaßnahmen werden nach Maßgabe der Artikel 6 und 7 vorgenommen und entsprechen den folgenden Bedingungen:

a) eine Überzeichnung von Wertpapieren erfolgt nur innerhalb der Zeichnungsfrist und zum Emissionskurs;

b) eine aus einer Überzeichnung resultierende und nicht durch die Greenshoe-Option abgedeckte Position eines Wertpapierhauses oder eines Kreditinstituts überschreitet nicht 5 % des ursprünglichen Angebots;

c) die Greenshoe-Option wird von den Begünstigten einer solchen Option nur im Rahmen einer Überzeichnung der Wertpapiere ausgeübt;

d) die Greenshoe-Option überschreitet nicht 15 % des ursprünglichen Angebots;

e) der Zeitraum, in dem die Greenshoe-Option ausgeübt werden darf, deckt sich mit dem Kursstabilisierungszeitraum nach Artikel 5;

f) die Öffentlichkeit wird unverzüglich und in allen angemessenen Einzelheiten über die Ausübung der Greenshoe-Option unterrichtet, insbesondere über den Zeitpunkt der Ausübung und die Zahl und Art der relevanten Wertpapiere.

In der Fassung vom 8.3.2016 (ABl. EU Nr. L 173 v. 30.6.2016, S. 34).

Art. 9 Inkrafttreten

Diese Verordnung tritt am Tag nach ihrer Veröffentlichung im *Amtsblatt der Europäischen Union* in Kraft.

Sie gilt ab dem 3. Juli 2016.

In der Fassung vom 8.3.2016 (ABl. EU Nr. L 173 v. 30.6.2016, S. 34).

Schrifttum: Juristisches Schrifttum: *Bayer/Hoffmann/Weinmann*, Kapitalmarktreaktionen bei Ankündigung des Rückerwerbs eigener Aktien über die Börse, ZGR 2007, 457; *Bezzenberger*, Erwerb eigener Aktien durch die AG, 2002; *Bingel*, Rechtliche Grenzen der Kursstabilisierung nach Aktienplatzierungen, 2007; *Bisson/Kunz*, Die Kurs- und Marktpreismanipulation nach In-Kraft-Treten des Gesetzes zur Verbesserung des Anlegerschutzes vom 18.10.2004 und der Verordnung zur Konkretisierung des Verbots der Marktmanipulation vom 1.3.2005, BKR 2005, 186; *Bredow/Sickinger/Weinand-Härer/Liebscher*, Rückkauf von Mittelstandsanleihen, BB 2012, 2134; *Bueren*, Kopplung und Kursstabilisierung bei Neuemissionen zwischen Kapitalmarkt- und Kartellrecht, WM 2013, 585; *Busch*, Refreshing the Shoe, in FS Hoffmann-Becking, 2013, S. 211; *Caspari*, Das geplante Insiderrecht in der Praxis, ZGR 1994, 530; *Dier/Fürhoff*, Die geplante europäische Marktmissbrauchsrichtlinie, AG 2002, 604; *Ekkenga*, Kurspflege und Kursmanipulation nach geltendem und künftigem Recht, WM 2002, 317; *Ekkenga/Maas*, Das Recht der Wertpapieremissionen, 2006; *Fida*, Mehrzuteilung und Greenshoe-Option aus gesellschafts- und kapitalmarktrechtlicher Sicht, ÖBA 2005, 43; *Fleischer*, Statthaftigkeit und Grenzen der Kursstabilisierung, ZIP 2003, 2045; *Gebauer/Teichmann*, Europäisches Privat- und Unternehmensrecht, 2016; *Geber/zur Megede*, Aktienrückkauf – Theorie und Kapitalmarktpraxis unter Beachtung der 'Safe-harbor-Verordnung' (EG Nr. 2273/2003), BB 2005, 1861; *Groß*, Kursstabilisierung – Zur Reichweite der Safe Harbour-Regeln der §§ 14 Abs. 2 und 20a Abs. 3 WpHG, in GS Bosch, 2006, S. 49; *Grüger*, Kurspflege – Zulässige Kurspflegemaßnahmen oder verbotene Kursmanipulation, 2006; *Grüger*, Kurspflegemaßnahmen durch Banken – Zulässige Marktpraxis oder Verstoß gegen das Verbot der Marktmanipulation nach § 20a Abs. 1 WpHG, BKR 2007, 437; *Habersack/Verse*, Europäisches Gesellschaftsrecht, 4. Aufl. 2011; *Hansen*, EBLR 15 (2004), 183; *Holzborn/Israel*, Das Anlegerschutzverbesserungsgesetz – Die Veränderungen im WpHG, VerkProspG und BörsG und ihre Auswirkungen in der Praxis, WM 2004, 1948; *Hopt/Waschkeit*, Stabilisation and Allotment – A European Supervisory Approach – Stellungnahme zum FESCO-Konsultationsdokument vom 15.9. 2000, in FS Lorenz, 2001, S. 147; *Kopp*, Erwerb eigener Aktien, 1996; *Krämer/Hess*, Zulässigkeit und Grenzen der Kursstabilisierung bei Aktienplatzierungen, FG Döser, 1999, S. 171; *Kuthe* in Kuthe/Rückert/Sickinger (Hrsg.), Compliance-Handbuch Kapitalmarktrecht, 2. Aufl. 2008, Kap. 9; *Kümpel/Wittig*, Bank- und Kapitalmarktrecht, 4. Aufl. 2011; *Lenzen*, Unerlaubte Eingriffe in die Börsenkursbildung, 2000; *Lenzen*, Das neue Recht der Kursmanipulation, ZBB 2002, 279; *Leppert/Stürwald*, Aktienrückkauf und Kursstabilisierung – Die Safe Harbour-Regelungen der Verordnung (EG) Nr. 2273/2003 und der KuMaKV, ZBB 2004, 302; *S. Lombardo*, The stabilisation of the share of IPOs in the United States and the European Union, EBOR 2007, 521; *Meissner*, Die Stabilisierung und Pflege von Aktienkursen im Kapitalmarkt- und Aktienrecht, 2005; *Meyer*, Neue Entwicklungen bei der Kursstabilisierung, AG 2004, 289; *Moloney*, EU Securities and Financial Markets Regulation, 3rd edition 2014; *Möller*, Die Neuregelung des Verbots der Kurs- und Marktpreismanipulation im Vierten Finanzmarktförderungsgesetz, WM 2002, 309; *Oechsler*, Das Verbot der Marktmanipulation durch Aktienrückkauf im Licht der neueren Kritik an der klassischen Kapitalmarkttheorie, in GS Wolf, 2011, S. 291; *Park*, Kapitalmarktstrafrecht, 4. Aufl. 2017; *Pfüller/Anders*, Die Verordnung zur Konkretisierung des Verbots der Kurs- und Marktpreismanipulation, WM 2003, 2445; *Rieckers*, Ermächtigung des Vorstands zu Erwerb und Einziehung eigener Aktien, ZIP 2009, 700; *Schäfer*, Zulässigkeit und Grenzen der Kurspflege, WM 1999, 1345; *Schäfer*, Marktpflege im Primär- und Sekundärmarkt und das Recht zur Verhinderung von Börsenkursmanipulationen, in Schwintowski (Hrsg.), Entwicklungen im deutschen und europäischen Wirtschaftsrecht, 2001, S. 63; *Schanze*, Eigene Aktien – Recht und Ökonomik, in FS Nobel, 2005, S. 999; *Schimansky/Bunte/Lwowski* (Hrsg.), Bankrechts-Handbuch, 5. Aufl. 2017; *Schlitt/Schäfer*, Quick to Market – Aktuelle Rechtsfragen im Zusammenhang mit Block-Trade-Transaktionen, AG 2004, 246; *Schlitt/Singhof/Schäfer*, Aktuelle Rechtsfragen und neue Entwicklungen im Zusammenhang mit Börsengängen, BKR 2005, 251; *de Schmidt*, Neufassung des Verbots der Marktmanipulation durch MAR und CRIM-MAD, RdF 2016, 4; *Schockenhoff/Wagner*, Ad-hoc-Publizität beim Aktienrückkauf, AG 1999, 548; *Seibt/Bremkamp*, Erwerb eigener Aktien und Ad-hoc Publizitätspflicht, AG 2008, 469; *Singhof/Weber*, Neue kapitalmarktrechtliche Rahmenbedingungen für den Erwerb eigener Aktien, AG 2005, 549; *Streinz/Ohler*, 20a WpHG in rechtsstaatlicher Perspektive – europa- und verfassungsrechtliche Anforderungen an das Verbot von Kurs- und Marktpreismanipulationen, WM 2004, 1309; *Tountopoulos*, Rückkaufprogramme und Safe-Harbor-Regelungen im Europäischen Kapitalmarktrecht, EWS 2012, 449; *Vogel*, Kurspflege: Zulässige Kurs- und Marktpreisstabilisierung oder straf- bzw. ahndbare Kurs- und Marktpreismanipulation?, WM 2003, 2437; *Waschkeit*, Marktmanipulation am Kapitalmarkt, 2007; *Widder*, Masterpläne, Aktienrückkaufprogramme und das Spector-Urteil des EUGH bei M&A Transaktionen, BB 2010, 515; *Weitzell*, Refreshing the shoe – Strafbare Marktmanipulation?, NZG 2017, 411.

Ökonomisches Schrifttum: Aktienrückkäufe: *Babenko/Tserlukevich/Vedrashko*, The credibility of open market share repurchase signaling, Journal of Financial and Quantitative Analysis 47 (2012), 1059; *Bagwell*, Share repurchase and takeover deterrence, RAND Journal of Economics 22 (1991), 72; *Bessler/Drobetz/Seim*, Motives and valuation effects of share repurchase announcements in Germany: A comparison of established firms and initial public offerings, Justus Liebig University Working Paper 2009; *Chan/Ikenberry/Lee/Wang*, Share Repurchases as a Tool to Mislead Investors, Journal of Corporate Finance 16 (2010), 137; *Cudd/Duggal/Sarkar*, Share repurchase motives and stock market reaction, Quarterly Journal of Business and Economics 111 (1996), 66; *Elton/Gruber*, The effect of share repurchase on the value of the firm, Journal of Finance 23 (1968), 135; *Grullon/Ikenberry*, What do we know about stock repurchases?, Journal of Applied Corporate Finance 13 (2000), 31; *Gay/Kale/Noe*, Share repurchase mechanisms: a comparative analysis of efficacy, shareholder wealth, and corporate control effects, Financial Management 20 (1991), 44; *Grullon/Michaely*, The information content of share repurchase programs, Journal of Finance 59 (2004), 651; *Hackethal/Zdantchouk*, Share Buy-Backs in Germany: Overreaction to Weak Signals, 2004; *Hackethal/Zdantchouk*, Signaling power of open market share repurchases in Germany, Financial Markets and Portfolio Management 20 (2006), 123; *Ikenberry/Lakonishok/Vermaelen*, Market underreaction to open market share repurchases, Journal of Financial Economics 39 (1995), 181; *Jun/Jung/Walkling*, Share repurchase, executive options and wealth changes to stockholders and bondholders, Journal of Corporate Finance 15 (2009), 212; *Lie*, Operating performance following open market share repurchase announcements, Journal of Accounting and Economics 39 (2005), 411; *Miller/McConnell*, Open-market share repurchase programs and bid-ask spreads on the NYSE: Implications for corporate payout policy, Journal of Financial and Quantitative Analysis 30 (1995), 365; *Seifert/Stehle*, Stock performance around share repurchase announcements in Germany, 2005; *Stephens/Weisbach*, Actual share reacquisitions in open-market repurchase programs, Journal of Finance 53 (1998), 313; *Weigand/Baker*, Changing perspectives on distribution policy: The evolution from dividends to share repurchase, Managerial Finance 35 (2009), 479; *Zhang*, Share price performance following actual share repurchases, Journal of Banking & Finance 29 (2005), 1887.

IPOs und Stabilisierungen: *Abrahamson/Jenkinson/Jones*, Why don't US issuers demand European fees in IPOs?, Journal of Finance 66(2011), 2055; *Aggarwal*, Stabilization Activities by Underwriters after Initial Public Offerings, Journal of Finance 55 (2000), 1075; *Aggarwal/Conroy*, Price discovery in initial public offerings and the role of the lead underwriter, Journal of Finance 55 (2000), 2903; *Allen/Faulhaber*, Signaling by underpricing in the IPO market, Journal of Financial Economics 23 (1989), 303; *Asquith/Jones/Kieschnick*, Evidence on price stabilization and underpricing in early IPO returns, Journal of Finance 53 (1998), 1759; *Benveniste/Busaba*, 1997, Bookbuilding vs. fixed price: An analysis of competing strategies for marketing IPOs, Journal of Financial and Quantitative Analysis 32 (1997), 383; *Benveniste/Busaba/Wilhelm*, Price stabilization as a bonding mechanism in new equity issues, Journal of Financial Economics 42 (1996), 223; *Brau/Fawcett*, Evidence on What CFOs Think About the IPO Process: Practice, Theory, and Managerial Implications, Journal of Applied Corporate Finance 18 (2006), 107; *Chowdhry/Nanda*, Stabilization, syndication, and pricing of IPOs, Journal of Financial and Quantitative Analysis 31 (1996), 25; *Cornelli/Goldreich*, Bookbuilding and strategic allocation, Journal of Finance 56 (2001), 2337; *Ellis/Michaely/O'hara*, When the underwriter is the market maker: An examination of trading in the IPO aftermarket, Journal of Finance 55 (2000), 1039; *Fishe*, How stock flippers affect IPO pricing and stabilization, Journal of Financial and Quantitative Analysis 37 (2002), 319; *Hanley/Kumar/Seguin*, Price stabilization in the market for new issues, Journal of Financial Economics 34 (1993), 177; *Jenkinson/Jones*, Bids and Allocations in European IPO Bookbuilding, Journal of Finance 59 (2004), 2309; *Jenkinson/Jones*, The economics of IPO stabilization, syndicates and naked shorts, European Financial Management 13 (2007), 616; *Jenkinson/Jones*, IPO pricing and allocation: a survey of the views of institutional investors, Review of Financial Studies 22 (2009), 2009; *Lewellen*, Risk, reputation, and IPO price support, Journal of

Finance 61 (2006), 613; *Mazouz/Agyei-Ampomah/Saadouni/Yin*, Stabilization and the aftermarket prices of initial public offerings, Review of Quantitative Finance and Accounting 41 (2013), 417; *Morrison/Wilhelm*, Investment Banking: Institutions, Politics and Law, 2007; *Pagano/Panetta/Zingales*, Why Do Companies Go Public? An Empirical Analysis, Journal of Finance 53 (1998), 27; *Pukthuanthong-Le/Varaiya*, IPO Pricing, Block Sales, and Long-Term Performance, Financial Review 42 (2007), 319; *Ritter/Welch*, A review of IPO activity, pricing, and allocations, Journal of Finance 57 (2002), 1795; *Ruud*, Underwriter price support and the IPO underpricing puzzle, Journal of Financial Economics 34 (1993), 135; *Schremper*, Aktienrückkauf und Kapitalmarkt: Eine theoretische und empirische Analyse deutscher Aktienrückkaufprogramme, 2002; *Sherman*, Global Trends in IPO Methods: Book Building versus Auctions with Endogenous Entry, Journal of Financial Economics 78 (2005), 615; *Signori/Meoli/Vismara*, Short covering and price stabilization of IPOs, Applied Economics Letters 20 (2013), 931; *Thießen*, Sekundärmarktaktivitäten von Investmentbanken, WiSt 2002, 523; *Wilhelm*, Secondary market stabilization of IPOs, Journal of Applied Corporate Finance 12 (1999), 78; *Zhang*, Why do IPO underwriters allocate extra shares when they expect to buy them back?, Journal of Financial and Quantitative Analysis 39 (2004), 571.

I. Regelungsgegenstand	1
II. Entstehungsgeschichte	5
III. Regelungssystematik	8
1. Systematik auf Verordnungsebene – Verhältnis zu Art. 14 und 15 VO Nr. 596/2014	8
2. Konkretisierende Rechtsakte auf Tertiärebene	10
3. Verhältnis der safe harbour zueinander	11
4. Verhältnis zur zulässigen Marktpraxis	12
5. Verhältnis zu anderen Regelungsmaterien	13
a) Rückkaufprogramme	14
b) Stabilisierungsmaßnahmen	18
IV. Regelungszweck	21
1. Rückkaufprogramme	22
2. Stabilisierungsmaßnahmen	26
V. Dogmatische Einordnung der safe harbour	28
VI. Rückkaufprogramme (Art. 5 Abs. 1–3 VO Nr. 596/2014)	31
1. Überblick	31
2. Anwendungsbereich des safe harbour für Rückkaufprogramme	33
a) Sachlicher Anwendungsbereich	33
b) Persönlicher Anwendungsbereich	36
c) Räumlicher Anwendungsbereich	37
d) Zeitlicher Anwendungsbereich	38
3. Voraussetzungen des safe harbour für Rückkaufprogramme	39
a) Einklang des Rückkaufprogramms mit den Art. 60 Abs. 1 RL 2017/1132	40
b) Allgemeine Voraussetzungen an den safe harbour (Art. 5 Abs. 1 und 3 VO Nr. 596/2014)	42
aa) Offenlegung der Einzelheiten des Programms vor dem Beginn des Handels (Art. 5 Abs. 1 lit. a VO Nr. 596/2014)	43
bb) Meldung und öffentliche Bekanntgabe der Abschlüsse (Art. 5 Abs. 1 lit. b, Abs. 3 VO Nr. 596/2014)	48
cc) Einhaltung angemessener Grenzen beim Handel (Art. 5 Abs. 1 lit. c VO Nr. 596/2014)	52
c) Legitime Zwecke des Rückkaufprogramms (Art. 5 Abs. 1 lit. d, Abs. 2 VO Nr. 596/2014)	56
aa) Reduzierung des Kapitals eines Emittenten	58
bb) Erfüllung der aus einem Schuldtitel entstehenden Verpflichtungen, die in Eigenkapital umgewandelt werden können	59
cc) Erfüllung der Verbindlichkeiten, die aus einem Belegschaftsaktienprogramm oder einer anderen Form der Zuteilung von Aktien an Mitarbeiter oder Angehörige der Verwaltungs-, Leitungs- oder Aufsichtsorgane des Emittenten oder einem verbundenen Unternehmen erwachsen	61
d) Weitere Handelsbedingungen und Handelsbeschränkungen (Art. 5 Abs. 1 lit. d VO Nr. 596/2014)	63
VII. Stabilisierungsmaßnahmen (Art. 5 Abs. 4 und 5 VO Nr. 596/2014)	72
1. Überblick	72
2. Anwendungsbereich des safe harbour für Stabilisierungsmaßnahmen	74
a) Sachlicher Anwendungsbereich	74
b) Persönlicher Anwendungsbereich	79
c) Räumlicher Anwendungsbereich	81
d) Zeitlicher Anwendungsbereich	82
3. Voraussetzungen an allgemeine Stabilisierungsmaßnahmen (Art. 5 Abs. 4 und 5 VO Nr. 596/2014)	83
a) Stabilisierungszeitraum (Art. 5 Abs. 4 lit. a VO Nr. 596/2014)	84
b) Zweck der Kursstützung (Art. 5 Abs. 4, Art. 3 Abs. 2 lit. d VO Nr. 596/2014)	89
c) Publizitäts-, Dokumentations- und Organisationspflichten (Art. 5 Abs. 4 lit. b, Abs. 5 VO Nr. 596/2014)	90
d) Einhaltung angemessener Grenzen hinsichtlich des Kurses	97
4. Voraussetzungen ergänzender Stabilisierungsmaßnahmen (Mehrzuteilung und Greenshoe)	99
VIII. Jenseits der safe harbour liegende Fallgruppen	108
1. Umgang mit außerhalb des Art. 5 VO Nr. 596/2014 liegenden Fallgruppen	108
2. Rückkaufprogramme jenseits des Art. 5 Abs. 1–3 VO Nr. 596/2014	110
3. Stabilisierungsmaßnahmen jenseits des Art. 5 Abs. 4 VO Nr. 596/2014	112
4. Weitere Fallgruppen	118
IX. Konkretisierungsbefugnis (Art. 5 Abs. 6 VO Nr. 596/2014)	120

I. Regelungsgegenstand. Der Handel mit Wertpapieren oder verbundenen Instrumenten zur Kursstabilisierung von Wertpapieren ebenso wie der Handel mit eigenen Aktien im Rahmen von Rückkaufprogrammen kann aus **wirtschaftlichen Gründen gerechtfertigt** sein und soll nach dem Willen des europäischen Gesetzgebers innerhalb enger Grenzen von den Marktmissbrauchsverboten ausgenommen sein, sofern die Maßnahmen hinreichend transparent durchgeführt werden (Erwägungsgrund 12 VO Nr. 596/2014). In diesem Sinne ist Art. 5 VO Nr. 596/2014 eine Ausnahmebestimmung (**safe harbour**) für Rückkaufprogramme und Stabilisierungsmaßnahmen und bestimmt die Voraussetzungen, unter denen bestimmte Verhaltensweisen nicht von den Verboten der Art. 14 und 15 VO Nr. 596/2014 erfasst werden.

2   Die Art. 5 Abs. 1–3 VO Nr. 596/2014 legen die Anforderungen des *safe harbour* für **Rückkaufprogramme** fest. Art. 5 Abs. 1 VO Nr. 596/2014 als die eigentliche Ausnahmebestimmung wird durch Art. 5 Abs. 2 VO Nr. 596/2014 und die nach Art. 5 Abs. 6 VO Nr. 596/2014 durch die Europäische Kommission erlassenen technischen Regulierungsstandards in der Delegierten Verordnung (EU) 2016/1052 (**DelVO 2016/1052**) weiter präzisiert. Nach Art. 5 Abs. 1 VO Nr. 596/2014 gelten die Verbote der Art. 14 und 15 VO Nr. 596/2014 nicht für den Handel mit eigenen Aktien im Rahmen von Rückkaufprogrammen, bei denen die **Einzelheiten** des Programms vor dem Beginn des Handels vollständig **offengelegt** werden (Abs. 1 lit. a), **Abschlüsse** der zuständigen Behörde des Handelsplatzes gem. Art. 5 Abs. 3 VO Nr. 596/2014 als Teil des Rückkaufprogramms **gemeldet** und anschließend öffentlich bekanntgegeben werden (Abs. 1 lit. b), in Bezug auf Kurs und Volumen **angemessene** – durch die technischen Regulierungsstandards konkretisierte – **Grenzen** eingehalten werden (Abs. 1 lit. c) und das Rückkaufprogramm im Einklang mit den in Art. 5 Abs. 2 VO Nr. 596/2014 genannten Zielen und den in Art. 5 Abs. 6 VO Nr. 596/2014 genannten technischen Regulierungsstandards steht (Abs. 1 lit. d). Art. 5 Abs. 2 VO Nr. 596/2014 legt die von Art. 4 Abs. 1 lit. d VO Nr. 596/2014 in Bezug genommenen **legitimen Zwecke** fest. Danach muss der einzige Zweck eines Rückkaufprogramms entweder sein, (i) das Kapital eines Emittenten zu reduzieren (Abs. 2 lit. a), (ii) die aus einem Schuldtitel entstehenden Verpflichtungen, die in Beteiligungskapital umgewandelt werden können, zu erfüllen (Abs. 2 lit. b) oder (iii) die aus einem Belegschaftsaktienprogramm oder anderen Formen der Zuteilung von Aktien an Mitarbeiter oder Angehörige der Verwaltungs-, Leitungs- oder Aufsichtsorgane des Emittenten oder einem verbundenen Unternehmen entstehenden Verpflichtungen zu erfüllen (Abs. 2 lit. c). Art. 5 Abs. 3 VO Nr. 596/2014 konkretisiert die Pflicht zur Meldung an die zuständige Behörde nach Art. 5 Abs. 1 lit. b Alt. 1 VO Nr. 596/2014.

3   Art. 5 Abs. 4 und 5 VO Nr. 596/2014 bestimmen die Anforderungen des *safe harbour* für **Stabilisierungsmaßnahmen**. Art. 5 Abs. 4 VO Nr. 596/2014 als die eigentliche Ausnahmebestimmung wird durch Art. 5 Abs. 5 VO Nr. 596/2014 und die nach Art. 5 Abs. 6 VO Nr. 596/2014 durch die Europäische Kommission erlassenen technischen Regulierungsstandards in der DelVO 2016/1052 weiter konkretisiert. Nach Art. 5 Abs. 4 VO Nr. 596/ 2014 gelten die Verbote der Art. 14 und 15 VO Nr. 596/2014 nicht für den **Handel mit Wertpapieren oder verbundenen Instrumenten** zur Stabilisierung des Kurses von Wertpapieren, wenn die **Dauer** der Stabilisierungsmaßnahme **begrenzt** ist (Art. 5 Abs. 4 lit. a VO Nr. 596/2014), relevante **Informationen** zur Stabilisierung **offengelegt** und der zuständigen Behörde des Handelsplatzes gem. Art. 5 Abs. 5 VO Nr. 596/2014 **gemeldet** werden (Art. 5 Abs. 4 lit. b VO Nr. 596/2014), in Bezug auf den Kurs **angemessene** – durch die technischen Regulierungsstandards konkretisierte – **Grenzen** eingehalten werden (Art. 5 Abs. 4 lit. c VO Nr. 596/2014) und ein solcher Handel den Bedingungen für die Stabilisierung gemäß den technischen Regulierungsstandards nach Art. 5 Abs. 6 VO Nr. 596/2014 entspricht (Art. 5 Abs. 4 lit. d VO Nr. 596/2014). Art. 5 Abs. 5 VO Nr. 596/2014 konkretisiert die Pflicht zur Meldung an die zuständige Behörde nach Art. 5 Abs. 4 lit. b Alt. 2 VO Nr. 596/2014.

4   *Safe harbour* als Bestimmungen des objektiven Rechts sind **verbindlich** und zwingend in dem Sinne, dass sie einen Verstoß gegen Art. 14 und 15 VO Nr. 596/2014 selbst dann ausschließen, wenn ein Rechtsanwender meinen sollte, es liege ein nach allgemeiner Gesetzesauslegung tatbestandsmäßiges Verhalten vor. Auf der anderen Seite sind sie **nicht** in dem Sinne **abschließend**, dass ihren Anforderungen nicht genügende Marktverhaltensweisen *per se* eine verbotene Marktmanipulation darstellen würden[1]. Erwägungsgrund 11 VO Nr. 596/2014 formuliert eindeutig, dass der Handel mit eigenen Aktien im Rahmen von Rückkaufprogrammen und Maßnahmen zur Stabilisierung des Kurses von Finanzinstrumenten, für die die Ausnahmen nach Art. 5 VO Nr. 596/ 2014 nicht gelten, **nicht bereits als solcher** als Marktmissbrauch gewertet werden sollen. In derartigen Fällen kommt freilich den Marktteilnehmern, die sich außerhalb eines anerkannten *safe harbour* bewegen, dessen tatbestandsausschließende Wirkung nicht zugute, und sie laufen damit Gefahr, dass die jeweils zuständige Behörde oder Gerichte einen verbotenen und ggf. straf- oder sonst ahndbaren Verstoß gegen das Insiderhandels- bzw. das Marktmanipulationsverbot feststellen.

5   **II. Entstehungsgeschichte.** Die Zulässigkeit von Kursstabilisierungsmaßnahmen wurde bereits vor der erstmaligen ausdrücklichen Statuierung eines *safe harbour* im Zusammenhang mit dem Verbot des Kursbetrugs gem. § 88 BörsG a.F. und später auch vor dem Hintergrund des Insiderhandelsverbots[2] diskutiert. Zu § 88 BörsG wurde einhellig vertreten, dass es sich bei Kurspflegemaßnahmen, wozu auch der Rückerwerb eigener Aktien gerechnet wurde, um ein zulässiges Vorgehen handeln müsse, da es sich um eine gängige Marktpraxis

---

[1] *Feuring/Berrar* in Habersack/Mülbert/Schlitt, Unternehmensfinanzierung am Kapitalmarkt, Rz. 39.12; *Grundmann* in Staub, HGB, Bankvertragsrecht 2, 5. Aufl. 2017, 6. Teil, 3. Abschnitt, B Rz. 319; *Klöhn* in Klöhn, Art. 5 MAR Rz. 8; *Haupt* in Meyer/Veil/Rönnau, Handbuch zum Marktmissbrauchsrecht, § 17 Rz. 3; *Zetzsche* in Gebauer/Teichmann, Europäisches Privat- und Unternehmensrecht, § 7 C. Rz. 206.

[2] S. etwa *Schäfer*, WM 1999, 1345, 1350 f.; *Caspari*, ZGR 1994, 530, 544.

handele[1]. Der historische Gesetzgeber war bereits von ihrer Legitimität ausgegangen[2] und zahlreiche Rechtsvorschriften setzten die Zulässigkeit jedenfalls implizit voraus[3]. Rechtssicherheit für die Durchführung bestimmter Stabilisierungsmaßnahmen brachte jedoch erst die Verordnungsermächtigung zum Erlass von *Safe-harbour*-Bestimmungen in § 20a Abs. 2 Nr. 3 WpHG i.d.F. des 4. FFG (Vor Art. 12 ff. VO Nr. 596/2014 Rz. 12)[4]. Ausweislich der Regierungsbegründung zum 4. FFG wollte man „den Marktteilnehmern konkrete Leitlinien an die Hand [...] geben, mit Hilfe derer deutlich wird, welche Handlungen marktkonform sind und damit keinen Verstoß gegen das Verbot des Absatzes 1 darstellen." Ein solches Bedürfnis ergebe sich „insbesondere bei der Kursstabilisierung als Maßnahme zur Glättung von Kursschwankungen bei der Emission von Wertpapieren"[5]. Von der entsprechenden Ermächtigung in § 20a Abs. 2 Satz 1 Nr. 2 WpHG i.d.F. des 4. FFG machte der Verordnungsgeber zunächst mit §§ 4–13 KuMaKV Gebrauch, wobei er sich weitgehend, aber nicht durchweg, bereits an den europäischen Vorgaben (Rz. 11) orientierte[6]. Eine parallele Bestimmung für das Insiderhandelsverbot war noch nicht vorgesehen. Diese kam erst mit der Umsetzung der europäischen Vorgaben der RL 2003/6/EG vom 28.1.2003 über Insider-Geschäfte und Marktmanipulation (Marktmissbrauch) (**MAD I**) (Rz. 6)[7].

Auf europäischer Ebene ermächtigte Art. 8 RL 2003/6/EG die Europäische Kommission dazu, im Komitologieverfahren nach Art. 17 Abs. 2 RL 2003/6/EG Durchführungsmaßnahmen zu erlassen, um Anforderungen an den Handel mit eigenen Aktien im Rahmen von Rückkaufprogrammen und an Kursstabilisierungsmaßnahmen für Finanzinstrumente zu bestimmen. Von der Ermächtigung machte die Europäische Kommission mit der **DurchfVO Nr. 2273/2003** Gebrauch, die ihrerseits auf diesbezüglichen Empfehlungen von CESR[8] beruhte. Der § 20a Abs. 3 Satz 1 WpHG i.d.F. des AnSVG (Vor Art. 12 ff. VO Nr. 596/2014 Rz. 14) enthielt eine statische Verweisung auf die DurchfVO Nr. 2273/2003, die in § 5 MaKonV wiederholt wurde. § 20a Abs. 3 Satz 2 WpHG a.F. ordnete die entsprechende Anwendung der DurchfVO Nr. 2273/2003 für in den Freiverkehr oder in den geregelten Markt einbezogene Finanzinstrumente an, und § 6 MaKonV regelte die Anerkennung ausländischer Stabilisierungsregeln. Das deutsche Recht stellte einen grundsätzlichen Gleichlauf der europäischen und deutschen *safe harbour* sicher, der auch dem Umstand geschuldet war, dass die DurchfVO Nr. 2273/2003 als EG-Verordnung unmittelbar in jedem Mitgliedstaat galt (Art. 288 Abs. 2 Satz 2 AEUV, zuvor Art. 249 Abs. 2 Satz 2 EG-Vertrag)[9], und in ihrem Regelungsbereich Vorrang vor abweichendem nationalen Recht genoss, so dass dem nationalen Gesetz- und Verordnungsgeber insoweit kein Gestaltungsspielraum mehr verblieb[10].

Die Regelungen der DurchfVO Nr. 2273/2003 sind im Wesentlichen unverändert in **Art. 5 VO Nr. 596/2014** und die **DelVO 2016/1052** aufgegangen[11]. Bei der Ausarbeitung der Level 2-Maßnahmen durch die ESMA war es ein erklärtes Ziel, Kontinuität zum Vorgängerregime zu wahren[12]. Die DurchfVO 2273/2003 trat am 3.7.2016 zusammen mit der RL 2003/6/EG (MAD I) außer Kraft (Art. 37 VO Nr. 596/2014). Regelungstechnisch wurden die *safe harbour* für Rückkaufprogramme und Stabilisierungsmaßnahmen von der Level 2- auf die Level 1-Ebene hochgezogen[13] (zu den Regulierungsebenen des Marktmissbrauchsrechts s. Vor Art. 12 ff. VO Nr. 596/2014 Rz. 21 ff.). Die Detailregelungen, die sich zuvor ebenfalls in der DurchfVO Nr. 2273/2003 fanden, sind unter dem MAR-Regime als Level 2-Maßnahme in dem gem. Art. 5 Abs. 6 VO Nr. 596/2014 erlassenen Tertiärrechtsakt eingegangen.

III. Regelungssystematik. 1. Systematik auf Verordnungsebene – Verhältnis zu Art. 14 und 15 VO Nr. 596/2014. Die Art. 14 und 15 VO Nr. 596/2014 enthalten die zentralen Verbotsvorschriften der MAR für Insiderhandel (Art. 14 VO Nr. 596/2014) und Marktmanipulation (Art. 15 VO Nr. 596/2014). Art. 14 VO Nr. 596/

---

1 *Fleischer* in Fuchs, § 20a WpHG Rz. 112 m.N. zum älteren Schrifttum.
2 *Fleischer* in Fuchs, § 20a WpHG Rz. 112 m.N. zum älteren Schrifttum.
3 S. nur *Groß*, Kapitalmarktrecht, 1. Aufl. 2000, § 88 BörsG Rz. 7 ff. m.w.N.; aus der Rechtsprechung etwa BGH v. 5.7.1993 – II ZR 194/92, AG 1994, 32 = WM 1993, 1787, 1789; OLG Frankfurt v. 30.1.1992 – 16 U 120/90, AG 1992, 194 = WM 1992, 572.
4 *Klöhn* in Klöhn, Art. 5 MAR Rz. 18.
5 RegBegr. BT-Drucks. 14/8017, 90.
6 S. 3. Aufl. des Kommentars Rz. 125 ff. sowie BR-Drucks. 639/03, 13.
7 *Klöhn* in Klöhn, Art. 5 MAR Rz. 19.
8 Dok. CESR/02-020b, April 2002 „Stabilisation and Allotment – A European Supervisory Approach"; Dok. CESR/02.089d, Dezember 2002 „Advice on Level 2 Implementing Measures for the proposed Market Abuse Directive"; beide abrufbar unter www.esma.europa.eu.
9 Ob dies bereits vor Umsetzung der Marktmissbrauchsrichtlinie bzw. Ablauf der Umsetzungsfrist anzunehmen war, war umstritten, bejahend *Streinz/Ohler*, WM 2004, 1309.
10 Zutr. BR-Drucks. 18/05, 18.
11 *Feuring/Berrar* in Habersack/Mülbert/Schlitt, Unternehmensfinanzierung am Kapitalmarkt, Rz. 39.13; *Klöhn* in Klöhn, Art. 5 MAR Rz. 20; *Grundmann* in Staub, HGB, Bankvertragsrecht 2, 5. Aufl. 2017, 6. Teil, 3. Abschnitt, B Rz. 319; *de Schmidt*, RdF 2016, 4, 8; *Zetzsche* in Gebauer/Teichmann, Europäisches Privat- und Unternehmensrecht, § 7 C. Rz. 205 mit Fn. 1333; zum Kommissionsvorschlag *Moloney*, EU Securities and Financial Markets Regulation, S. 753; *Tountopoulos*, EWS 2012, 449, 455.
12 ESMA, Final Report, Draft technical standards on the Market Abuse Regulation, 28 September 2015, ESMA/2015/1455, S. 13.
13 *Grundmann* in Staub, HGB, Bankvertragsrecht 2, 5. Aufl. 2017, 6. Teil, 3. Abschnitt, B Rz. 319.

Art. 5 VO Nr. 596/2014 | Ausnahmen für Rückkaufprogramme/Stabilisierungsmaßnahmen

2014 verbietet das Tätigen von Insidergeschäften sowie den Versuch hierzu (Art. 14 lit. a VO Nr. 596/2014), Dritten zu empfehlen, Insidergeschäfte zu tätigen, oder Dritte anzustiften, Insidergeschäfte zu tätigen (Art. 14 lit. b VO Nr. 596/2014) sowie die unrechtmäßige Offenlegung von Insiderinformationen (Art. 14 lit. c VO Nr. 596/2014). Art. 15 VO Nr. 596/2014 verbietet Marktmanipulation und den Versuch hierzu (ausführlich die Kommentierung zu Art. 15 VO Nr. 596/2014). Was i.S.d. Art. 14 und 15 VO Nr. 596/2014 konkret verboten ist, wird näher durch die übrigen Vorschriften des 2. Kapitels, insbesondere die Art. 7–13 VO Nr. 596/2014 bestimmt. Diese legen fest, was ein Insidergeschäft ist (Art. 8 VO Nr. 596/2014), was eine Insiderinformation ist (Art. 7 VO Nr. 596/2014), sowie was unter einer unrechtmäßigen Offenlegung von Insiderinformationen (Art. 10 VO Nr. 596/2014) und was unter einer Marktmanipulation (Art. 12 VO Nr. 596/2014) zu verstehen ist.

9   Unter den allgemeinen Bestimmungen (Art. 1–6 VO Nr. 596/2014) der MAR und damit vor die Klammer der besonderen Vorschriften der Art. 7 ff. VO Nr. 596/2014 gezogen, finden sich die *Safe-harbour*-Bestimmungen zu Rückkaufprogrammen und Stabilisierungsmaßnahmen, die gleichermaßen für die Insiderverbote und das Marktmanipulationsverbot gelten.

10 **2. Konkretisierende Rechtsakte auf Tertiärebene.** Art. 5 Abs. 6 Unterabs. 1 VO Nr. 596/2014 überträgt der ESMA zur durchgängigen Harmonisierung des Art. 5 VO Nr. 596/2014 die Aufgabe der Ausarbeitung technischer Regulierungsstandards, in denen die bei den Rückkaufprogrammen und Stabilisierungsmaßnahmen nach Art. 5 Abs. 1 und 4 VO Nr. 596/2014 einzuhaltenden Bedingungen präzisiert werden. Art. 5 Abs. 6 Unterabs. 3 VO Nr. 596/2014 ermächtigt die Europäische Kommission auf der Grundlage dieser Entwürfe, technische Regulierungsstandards nach Art. 10–14 der VO Nr. 1095/2010 zu erlassen. Von dieser Ermächtigung hat die Europäische Kommission durch Erlass der Delegierten Verordnung (EU) 2016/1052 vom 8.3.2016 (**DelVO 2016/1052**) Gebrauch gemacht (Rz. 120)[1].

11 **3. Verhältnis der safe harbour zueinander.** Der *safe harbour* für Stabilisierungsmaßnahmen kann sich mit demjenigen für Rückkaufprogramme **überschneiden**, wenn der Emittent selbst Stabilisierungsmaßnahmen in Gestalt des Rückkaufs eigener Aktien tätigt. In solchen Fällen sollte nach teilweise zu Art. 8 RL 2003/6/EG (MAD I), Art. 7–11 DurchfVO Nr. 2273/2003 vertretener Auffassung der *safe harbour* für Rückkaufprogramme *lex specialis* und deshalb vorrangig anwendbar sein[2]. Das erschien bereits zum alten Recht zweifelhaft und kann für das Regime der MAR ebenfalls nicht überzeugen[3]. Die beiden *safe harbour* sind *alia* und stehen nicht in einem logischen Spezialitätsverhältnis zueinander. Eine bestimmte Handlung kann mithin nach den beiden Ausnahmetatbeständen in Art. 5 VO Nr. 596/2014 zulässig sein. Erforderlich ist aber stets, dass alle Voraussetzungen zumindest eines *safe harbour* voll erfüllt sind. Die Ausnahme kann nicht bei einer Erfüllung nur einzelner Tatbestandsmerkmale der Art. 5 Abs. 1 VO Nr. 596/2014 oder der Art. 5 Abs. 4 VO Nr. 596/2014 eingreifen. Praktisch wird eine Überschneidung selten sein, weil die zulässigen Zwecksetzungen für die Durchführung von Rückkaufprogrammen (Rz. 56 ff.) sich kaum mit dem Zweck der Kursstabilisierung nach Art. 5 Abs. 4 VO Nr. 596/2014 (Rz. 89) überschneiden werden. Hinzu kommt, dass Stabilisierungsmaßnahmen nach Art. 5 Abs. 4 VO Nr. 596/2014 nur durch Wertpapierfirmen und Kreditinstitute durchgeführt werden können (Rz. 79), während der Rückerwerb eigener Aktien gerade durch den Emittenten selbst erfolgt (Rz. 36).

12 **4. Verhältnis zur zulässigen Marktpraxis.** Für das Verhältnis der *Safe-harbour*-Bestimmungen des Art. 5 VO Nr. 596/2014 zu den zulässigen Marktpraktiken (Art. 13 VO Nr. 596/2014) wurde vor Inkrafttreten der MAR teilweise vertreten, bei ersteren handele es sich um speziell geregelte Fälle zulässiger Marktpraxis[4]. In der Tat können sich die Anwendungsbereiche der beiden Figuren überschneiden und es erscheint nicht ausgeschlossen, Handlungen, die tatbestandlich einer *Safe-harbour*-Gestaltung (sehr) nahekommen, als zulässige Marktpraxis anzuerkennen. In diesem Fall stehen Art. 5 VO Nr. 596/2014 und die zulässige Marktpraxis nach Art. 13 VO Nr. 596/2014 in Idealkonkurrenz zueinander[5]. Im Übrigen ist festzuhalten, dass *safe harbour* im Unterschied zu zulässigen Marktpraktiken zwingend durch den europäischen Gesetzgeber festgelegt werden, damit unionsweit gelten und keiner – weiteren – Anerkennung durch eine zuständige Behörde bedürfen.

13 **5. Verhältnis zu anderen Regelungsmaterien.** Bei der Vornahme von Rückkaufprogrammen und Stabilisierungsmaßnahmen hat die Erfüllung der Voraussetzungen des Art. 5 VO Nr. 596/2014 lediglich zur Folge, dass die Handlung keinen Verstoß gegen Art. 14 und 15 VO Nr. 596/2014 darstellt. Im Verhältnis zu anderen Rechtsbereichen besteht **kein verdrängendes Konkurrenzverhältnis**[6]. Soweit andere Rechtsvorschriften für

---

1 Delegierte Verordnung (EU) 2016/1052 der Kommission vom 8. März 2016 zur Ergänzung der Verordnung (EU) Nr. 596/2014 des Europäischen Parlaments und des Rates durch technische Regulierungsstandards für die auf Rückkaufprogramme und Stabilisierungsmaßnahmen anwendbaren Bedingungen, ABl. EU Nr. L 173 v. 30.6.2016, S. 34. Dazu auch *Feuring/Berrar* in Habersack/Mülbert/Schlitt, Unternehmensfinanzierung am Kapitalmarkt, Rz. 39.13 f.; *Hopt/Kumpan* in Schimansky/Bunte/Lwowski, Bankrechts-Handbuch, § 107 Rz. 38.
2 *Mock* in KölnKomm. WpHG, § 20a WpHG Rz. 333.
3 *Grundmann* in Staub, HGB, Bankvertragsrecht 2, 5. Aufl. 2017, 6. Teil, 3. Abschnitt, B Rz. 319.
4 So namentlich *Schönhöft*, S. 102; zur Rechtslage vor Inkrafttreten der MAR.
5 *Klöhn* in Klöhn, Art. 5 MAR Rz. 15.
6 Vgl. zu § 20a WpHG a.F. *de Schmidt* in Just/Voß/Ritz/Becker, § 20a WpHG Rz. 263.

Rückkaufprogramme oder für die Vornahme von Stabilisierungsmaßnahmen eigene Vorgaben machen, sind diese ebenfalls voll einzuhalten. Ein Verstoß gegen solche Bestimmungen hat andererseits aber nicht zur Folge, dass damit zugleich auch ein Verstoß gegen Art. 15, 12 bzw. 14 VO Nr. 596/2014 vorläge.

a) Rückkaufprogramme. Dem *safe harbour* des Art. 5 Abs. 1 VO Nr. 596/2014 unterfallende Rückkaufprogramme müssen sich auch am **sonstigen Kapitalmarktrecht** messen lassen. So entbindet ein Vorgehen nach Art. 5 VO Nr. 596/2014 nicht von der Pflicht zur *Ad-hoc*-Publizität nach Art. 17 VO Nr. 596/2014[1]. Dies ergibt sich auch aus Art. 4 Abs. 1 lit. c DelVO 2016/1052, der die Möglichkeit des Bestehens einer Ad-hoc-Mitteilungspflicht voraussetzt[2]. Insbesondere muss der Beschluss des Vorstands, von der Ermächtigung zum Erwerb eigener Aktien Gebrauch zu machen, *ad hoc* publiziert werden, wenn er – wie regelmäßig[3] – kurserheblich ist[4]. Führt der Rückerwerb eigener Aktien dazu, dass ein oder mehrere Schwellenwerte der §§ 33 Abs. 1, 38 Abs. 1 WpHG überschritten werden, müssen die entsprechenden Mitteilungen erfolgen (§ 33 WpHG Rz. 24 ff.)[5]. In Übernahmesituationen sind zudem die Vorgaben des WpÜG zu berücksichtigen, da der Rückerwerb eigener Aktien gegen das Verhinderungsverbot des § 33 Abs. 1 WpÜG verstoßen kann[6]. 14

Was die **gesellschaftsrechtlichen Vorgaben zum Rückerwerb eigener Aktien** anbelangt, liegt nach Art. 3 Abs. 1 Nr. 17 VO Nr. 596/2014 ein Rückkaufprogramm im Sinne der MAR nur bei einem Handel mit eigenen Aktien vor, der den Vorgaben an den Rückerwerb eigener Aktien der Art. 21–27 RL 2012/30/EU[7] (Kapitalschutz-Richtlinie) entspricht. Die RL 2012/30/EU ist gem. Art. 166 Unterabs. 1 RL 2017/1132[8] aufgehoben und Verweise auf die RL 2012/30/EU gelten gem. Art. 166 Unterabs. 2 i.V.m. Anhang IV RL 2017/1132 als solche auf die RL 2017/1132. Die Art. 21–27 RL 2012/30/EU entsprechen nunmehr den Art. 60–66 RL 2017/1132. Im Folgenden werden daher die Artikel der neuen Gesellschaftsrechts-Richtlinie zugrunde gelegt. Demgemäß spricht Art. 2 DelVO 2016/1052 davon, dass „der Emittent vor Beginn des Handels im Rahmen eines nach Artikel 21 Absatz 1 der Richtlinie 2012/30/EU [Art. 60 Abs. 1 RL 2017/1132] des Europäischen Parlaments und des Rates zulässigen Rückkaufprogramms" bestimmte Transparenzpflichten erfüllen muss. Die Konformität des Rückkaufprogramms jedenfalls mit Art. 60 Abs. 1 RL 2017/1132 ist mithin eine Voraussetzung des kapitalmarktrechtlichen *safe harbour* für Rückkaufprogramme (Rz. 40 ff.). Diese Verknüpfung ist nicht selbstverständlich: Zum einen stimmen die Zwecksetzungen der RL 2017/1132 bzw. der ehemaligen RL 2012/30/EU und der MAR in weiten Teilen nicht überein[9]. Zum anderen gelten die Vorgaben der Art. 60 ff. RL 2017/1132 bei Anknüpfung an das Gesellschaftsstatut[10] nur für Aktiengesellschaften mit Sitz innerhalb der Europäischen Union, wogegen Gesellschaften mit Sitz in einem Drittstaat keinen entsprechenden Vorgaben unterliegen, gleichwohl aber den Verboten der MAR unterworfen sind (vgl. Art. 12 VO Nr. 596/2014 Rz. 35 ff.). 15

Neben den gesellschaftsrechtlichen Bestimmungen zum Rückerwerb eigener Aktien sind bei Rückkaufprogrammen auch die **übrigen gesellschaftsrechtlichen Vorgaben** zu beachten. In Deutschland sind dies insbesondere die aktienrechtlichen Vorgaben der §§ 53a, 57, 71 ff. AktG[11]. So muss die Aktiengesellschaft beim Rückerwerb eigener Aktien den Gleichbehandlungsgrundsatz wahren und darf nicht durch einen überteuerten Erwerb gegen das Verbot der Einlagenrückgewähr verstoßen. Eine Verletzung der aktienrechtlichen Bestimmungen lässt aber – anders als ein Verstoß gegen Art. 60 Abs. 1 RL 2017/1132 (Rz. 40 f.) – die freistellende Wirkung des kapitalmarktrechtlichen *safe harbour* des Art. 5 Abs. 1 VO Nr. 596/2014 nicht entfallen (Rz. 40). 16

Rückkaufprogramme von CRR-Kreditinstituten müssen sich ebenfalls an den Art. 14, 15 VO Nr. 596/2014 messen lassen und unterfallen nur dann dem *safe harbour* des Art. 5 VO Nr. 596/2014, wenn sie dessen Voraus- 17

---

1 *Klöhn* in Klöhn, Art. 5 MAR Rz. 16; *Mock* in Ventoruzzo/Mock, Market Abuse Regulation, Article 5 Rz. B.5.30; vgl. zu § 20a WpHG a.F. *Mock* in KölnKomm. WpHG, § 20a WpHG Rz. 328; *Rieckers*, ZIP 2009, 700, 704; *Seibt/Bremkamp*, AG 2008, 469, 471 ff.
2 *Klöhn* in Klöhn, Art. 5 MAR Rz. 16.
3 *Feuring/Berrar* in Habersack/Mülbert/Schlitt, Unternehmensfinanzierung am Kapitalmarkt, Rz. 39.2.
4 *Feuring/Berrar* in Habersack/Mülbert/Schlitt, Unternehmensfinanzierung am Kapitalmarkt, Rz. 39.2; *Schäfer* in Marsch-Barner/Schäfer, Hdb. börsennotierte AG, Rz. 14.94; vgl. *Mock* in KölnKomm. WpHG, § 20a WpHG Rz. 329; *van Aerssen*, WM 2000, 391, 402.
5 *Klöhn* in Klöhn, Art. 5 MAR Rz. 17.
6 *Grunewald* in Baums/Thoma/Verse, 8. Lfg. 3/15, § 33 WpÜG Rz. 36 ff.
7 Richtlinie 2012/30/EU des Europäischen Parlaments und des Rates vom 25. Oktober 2012 zur Koordinierung der Schutzbestimmungen, die in den Mitgliedstaaten den Gesellschaften i.S.d. Art. 54 Abs. 2 des Vertrags über die Arbeitsweise der Europäischen Union im Interesse der Gesellschafter sowie Dritter für die Gründung der Aktiengesellschaft sowie für die Erhaltung und Änderung ihres Kapitals vorgeschrieben sind, um diese Bestimmungen gleichwertig zu gestalten (ABl. EU Nr. L 315 v. 14.11.2012, S. 74).
8 Richtlinie (EU) 2017/1132 des Europäischen Parlaments und des Rates vom 14. Juni 2017 über bestimmte Aspekte des Gesellschaftsrechts (ABl. EU Nr. L 169 v. 30.6.2017, S. 46).
9 Vgl. zu § 20a WpHG a.F. *Mock* in KölnKomm. WpHG, § 20a WpHG Rz. 321.
10 Vgl. zu § 20a WpHG a.F. *Mock* in KölnKomm. WpHG, § 20a WpHG Rz. 321.
11 *Mock* in Ventoruzzo/Mock, Market Abuse Regulation, Article 5 Rz. B.5.28; vgl. auch *Mock* in KölnKomm. WpHG, § 20a WpHG Rz. 319, 322 gegen *Geber/zur Megede*, BB 2005, 1861.

setzungen voll erfüllen[1]. Nach **Art. 77 VO Nr. 575/2013 (CRR)** darf ein CRR-Kreditinstitut eigene Aktien nur zurückerwerben, wenn es sich zuvor eine aufsichtsbehördliche Genehmigung eingeholt hat. Die Erteilung dieser Genehmigung ist nach Art. 78 VO Nr. 575/2013 an bestimmte Voraussetzungen geknüpft[2], die ganz auf die Schutzzwecke des Bankaufsichtsrechts ausgerichtet sind. Da das Marktmissbrauchsrecht andere Schutzzwecke verfolgt, besteht **kein *Lex-specialis*-Verhältnis**. Der Rückerwerb eigener Aktien durch ein CRR-Kreditinstitut muss sich daher an beiden Regimen, dem Marktmissbrauchsrecht und dem Bankaufsichtsrecht, messen lassen.

18 **b) Stabilisierungsmaßnahmen.** Ein Handeln im *safe harbour* des Art. 5 Abs. 4 VO Nr. 596/2014 schließt die Verbotsvorschriften der Art. 14 und 15 VO Nr. 596/2014 aus, lässt aber im Übrigen **konkurrierende kapitalmarktrechtliche Pflichten** bestehen[3]. Insbesondere betrifft dies die *Ad-hoc*-Publizitätspflicht (Art. 17 VO Nr. 596/2014), prospektrechtliche Pflichten (§ 7 WpPG) und innerhalb des Emissionskonsortiums die allgemeinen Verhaltensregeln, namentlich die Vermeidung von Interessenkonflikten (§ 63 Abs. 1, Abs. 2 Nr. 2 WpHG), wenn bestimmte Kunden am Unterbleiben von Stabilisierungsmaßnahmen interessiert sind, weil sie auf Kurseinbrüche spekulieren.

19 **Gesellschaftsrechtliche Grenzen** sind bei Stabilisierungsmaßnahmen weniger bedeutsam als bei Rückkaufprogrammen, da Stabilisierungsmaßnahmen nicht vom Emittenten selbst, sondern von einem Kreditinstitut oder einer Wertpapierfirma bzw. einem Emissionskonsortium durchgeführt werden (Rz. 79). Erfolgt die Stabilisierung durch den Erwerb von Anteilen an dem Emittenten, müsste sich dieser zwar selbst an die Vorgaben der §§ 53a, 57 und 71 AktG halten. Für die Stabilisierung durch den Emissionsbegleiter gelten die Vorschriften aber nicht. Zwar erstreckt § 71d Satz 1 AktG das Erwerbsverbot des § 71 Abs. 1 Satz 1 AktG auch auf einen im eigenen Namen, jedoch für Rechnung der Gesellschaft handelnden Dritten. Die Stabilisierungsvereinbarungen sind aber regelmäßig gerade nicht so ausgestaltet, dass der Dritte (Emissionsbegleiter, Stabilisierungsmanager) für Rechnung des Emittenten handelt. Eine derartige Vereinbarung wäre im Übrigen schon nach § 71a Abs. 2 AktG nichtig.

20 Im Rahmen von Emissionen stimmen sich Banken ganz regelmäßig ab, um durch Stabilisierungsmaßnahmen einen Kursrückgang emittierter Papiere zu verhindern[4]. Zum einen sprechen sie sich über ihr Marktverhalten ab und koordinieren dieses, zum anderen machen sie die Zuteilung der Emission gegenüber den Abnehmern von bestimmten zusätzlichen Bedingungen abhängig. **Kartellrechtlich** können diese Absprachen oft unzulässige Kopplungen darstellen[5]. Da das Kartellrecht selbständig neben dem Kapitalmarktrecht steht und seinerseits vollständig beachtet werden muss (vgl. Art. 12 VO Nr. 596/2014 Rz. 12), kann ein Verhalten, das dem kapitalmarktrechtlichen *safe harbour* des Art. 5 Abs. 4 VO Nr. 596/2014 unterfällt, gleichwohl einen Kartellrechtsverstoß darstellen[6].

21 **IV. Regelungszweck.** Die Weite der durch Art. 14 und 15 VO Nr. 596/2014 erfassten Handlungsweisen führt dazu, dass die Verbote auch Handlungen erfassen können, die rechtlich nicht zu beanstanden[7] oder geradezu positiv zu bewerten sind[8]. Insbesondere ist man sich seit jeher einig, dass Geschäfte, die auf den Kurs eines Wertpapiers einwirken sollen, um Kursfehlentwicklungen zu vermeiden, die ihren Grund weder in der Lage des Emittenten noch der Marktlage haben, vom Vorwurf des Marktmissbrauchs auszunehmen sind und daher auch nicht nach Art. 14 und/oder 15 VO Nr. 596/2014 verboten sein dürfen. Eine dogmatische Begründung ergibt sich aus der **Professionsadäquanz** derartiger Handlungen[9]. Allerdings darf Professionsadäquanz als Unterfall der Sozialadäquanz nicht auf das an Kapitalmärkten faktisch Übliche und Akzeptierte reduziert werden, da auch übliche und akzeptierte Missstände keine rechtliche Billigung verdienen. Vielmehr geht es um ein normatives Urteil des Inhalts, dass die Handlung, gemessen am gesamten Kapitalmarktrecht, nicht zu beanstanden und in jeder Hinsicht billigenswert ist. Ein solches normatives Urteil ist freilich mit großen Unsicherheiten behaftet. Für die Marktteilnehmer würde jedenfalls bis zu einer Konsolidierung durch Judikate, Aufsichtspraxis und Lehre erhebliche Rechtsunsicherheit herrschen, was legitime Marktaktivität beeinträchtigen könnte. Deshalb greift der europäische Gesetzgeber zu der aus dem angloamerikanischen Recht herrührenden Regelungstechnik[10], im Verordnungswege sog. *safe harbour* zu schaffen, also Verhaltensweisen festzulegen, die „auf keinen Fall" einen Verstoß gegen die Marktmissbrauchsverbote darstellen.

---

1 A.A. *Mock* in Ventoruzzo/Mock, Market Abuse Regulation, Article 5 Rz. B.5.13. Kreditinstituten war es nach § 10 Abs. 5 Satz 6, Abs. 5a Satz 6, Abs. 7 Satz 5 KWG a.F. gestattet, bis zu 3 % einer Emission eigener Genussrechte oder eigener nachrangiger Verbindlichkeiten im Rahmen einer Marktpflege zu erwerben (*Schäfer*, ZHR 175 [2011], 319). Bereits diese Vorschrift wurde teilweise als *lex specialis* gegenüber § 20a WpHG a.F. angesehen (*Mock* in KölnKomm. WpHG, § 20a WpHG Rz. 318), was schon zum alten Recht nicht überzeugt.
2 Dazu etwa *Konesny/Glaser* in Boos/Fischer/Schulte-Mattler, KWG, CRR-VO, Art. 78 CRR Rz. 2 ff.
3 *Mock* in Ventoruzzo/Mock, Market Abuse Regulation, Article 5 Rz. B.5.43; vgl. auch *Mock* in KölnKomm. WpHG, § 20a WpHG Rz. 358 ff.
4 *Bueren*, WM 2013, 585, 585.
5 *Bueren*, WM 2013, 585, 585.
6 Ausführlich *Bueren*, WM 2013, 585 ff.
7 *Ledermann* in Schäfer, 1. Aufl., § 88 BörsG Rz. 12 zu § 88 BörsG a.F.
8 *Klöhn* in Klöhn, Art. 5 MAR Rz. 5; *Sorgenfrei/Saliger* in Park, Kapitalmarktstrafrecht, Kap. 6.1. Rz. 258; *Zetzsche* in Gebauer/Teichmann, Europäisches Privat- und Unternehmensrecht, § 7 C. Rz. 203; *Tountopoulos*, EWS 2012, 449, 449 f.
9 *Mock* in KölnKomm. WpHG, § 20a WpHG Rz. 306.
10 *Feuring/Berrar* in Habersack/Mülbert/Schlitt, Unternehmensfinanzierung am Kapitalmarkt, Rz. 39.15.

1. Rückkaufprogramme.
Rückkaufprogramme haben für Aktiengesellschaften eine große **wirtschaftliche Bedeutung**[1], und seit der Lockerung des Erwerbsverbots in Deutschland durch das KonTraG 1998 lassen sich viele Aktiengesellschaften routinemäßig von der Hauptversammlung ermächtigen, eigene Aktien zu erwerben (§ 71 Abs. 1 Nr. 8 AktG)[2]. Dementsprechend ist es auch in Deutschland in den letzten Jahren zu zahlreichen Aktienrückkäufen gekommen[3]. Der Erwerb eigener Aktien dient häufig dazu, Verpflichtungen aus Mitarbeiteroptionsprogrammen zu bedienen[4], mit eigenen Aktien bezahlte Akquisitionen vorzubereiten[5], die Eigenkapitalrendite zu erhöhen[6], die Beteiligungsstruktur zu verändern[7] oder Dividendenausschüttungen zu ersetzen[8]. Zudem sind Rückkaufprogramme ein klassisches Mittel der sog. Kurspflege (Rz. 72). Gleichwohl wirken sich Rückkaufprogramme ungeachtet all dieser ökonomisch nachvollziehbaren Zwecksetzungen[9] auf die Marktpreisbildung aus[10], da sie zu einer Verknappung der Zahl handelbarer Aktien führen[11] und zudem einen Einfluss auf die Eigenkapitalrendite der übrigen Aktien haben[12].

22

Werden Rückkaufprogramme **ohne die Herstellung angemessener Markttransparenz** durchgeführt, sind sie dazu geeignet, dem Markt falsche Signale über die Nachfrage nach einem Finanzinstrument zu geben[13]. Bei Unkenntnis des Marktes über die Person des Käufers könnten Marktteilnehmer davon ausgehen, dass die gesteigerte Nachfrage auf Informationen über eine Unterbewertung der Aktien beruht, worauf sie mit weiteren kurssteigernden Zukäufen reagieren[14]. Hat der Emittent überhaupt keine Informationen über eine Unterbewertung, sendet er ein falsches Signal an den Markt aus, dass zur Kursbeeinflussung geeignet ist. Und selbst wenn er über entsprechende Informationen verfügt, ist es im Falle eines Rückerwerbs eigener Aktien für den Markt wesentlich, wer konkret die Aktien erwirbt[15]. Ein Rückerwerb durch den Emittenten, bei dem der Markt davon ausgehen kann, dass die Entscheidung auf einem Informationsvorsprung beruht, hat – ähnlich wie der Erwerb durch das Unternehmensmanagement – häufig eine besonders starke Signalwirkung (Rz. 24).

23

---

1 *Feuring/Berrar* in Habersack/Mülbert/Schlitt, Unternehmensfinanzierung am Kapitalmarkt, Rz. 39.1; *Klöhn* in Klöhn, Art. 5 MAR Rz. 5; *Haupt* in Meyer/Veil/Rönnau, Handbuch zum Marktmissbrauchsrecht, § 17 Rz. 25; *Fleischer* in Fuchs, § 20a WpHG Rz. 93 f.; *Mock* in KölnKomm. WpHG, § 20a WpHG Rz. 314 ff.; *de Schmidt* in Just/Voß/Ritz/Becker, § 20a WpHG Rz. 263; *Singhof/Weber*, AG 2005, 549; *Merkt* in Großkomm. AktG, 4. Aufl. 2005, § 71 AktG Rz. 17 ff.; vgl. zur Schweiz *Maurenbrecher* in Watter/Bahar, Basler Kommentar, Finanzmarktaufsichtsgesetz/Finanzmarktinfrastrukturgesetz: FINMAG/FinfraG, Nach Art. 142 f. FinfraG Rz. 6; aus dem ökonomischen Schrifttum *Cudd/Duggal/Sarkar*, Quarterly Journal of Business and Economics 35 (1996), 66; *Elton/Gruber*, Journal of Finance 23 (1968), 135; *Bessler/Drobetz/Seim*, Motives and valuation effects of share repurchase announcements in Germany: A comparison of established firms and initial public offerings, Justus Liebig University Working Paper 2009.
2 *Bayer/Hoffmann/Weinmann*, ZGR 2007, 457, 458 f.; *Fleischer* in Fuchs, § 20a WpHG Rz. 93.
3 *Feuring/Berrar* in Habersack/Mülbert/Schlitt, Unternehmensfinanzierung am Kapitalmarkt, Rz. 39.2 unter Verweis auf die Aktienrückkäufe von Fresenius Medical Care AG & Co. KGaA (Veröffentlichung v. 8.12.2017), Deutsche Börse AG (Ad-hoc-Mitteilung v. 26.4.2017), Allianz SE (Ad-hoc-Mitteilung v. 16.2. 2017) und Münchener Rückversicherungs-Gesellschaft AG (Ad-hoc Mitteilung v. 15.3.2017).
4 *Bayer/Hoffmann/Weinmann*, ZGR 2007, 457, 459 f.; *Mock* in KölnKomm. WpHG, § 20a WpHG Rz. 314; *de Schmidt* in Just/Voß/Ritz/Becker, § 20a WpHG Rz. 264.
5 *Mock* in KölnKomm. WpHG, § 20a WpHG Rz. 314; *Bayer/Hoffmann/Weinmann*, ZGR 2007, 457, 460; *Oechsler* in MünchKomm. AktG, 4. Aufl. 2016, § 71 AktG Rz. 12.
6 *Feuring/Berrar* in Habersack/Mülbert/Schlitt, Unternehmensfinanzierung am Kapitalmarkt, Rz. 39.2; *Bayer/Hoffmann/Weinmann*, ZGR 2007, 457, 460; *Oechsler* in MünchKomm. AktG, 4. Aufl. 2016, § 71 AKtG Rz. 5 ff.; *Fleischer* in Fuchs, § 20a WpHG Rz. 94.
7 *Oechsler* in MünchKomm. AktG, 4. Aufl. 2016, § 71 AktG Rz. 9 f.
8 *Feuring/Berrar* in Habersack/Mülbert/Schlitt, Unternehmensfinanzierung am Kapitalmarkt, Rz. 39.2; *Bayer/Hoffmann/Weinmann*, ZGR 2007, 457, 460; *Mock* in KölnKomm. WpHG, § 20a WpHG Rz. 314; *Oechsler* in MünchKomm. AktG, 4. Aufl. 2016, § 71 Rz. 8; *Fleischer* in Fuchs, § 20a WpHG Rz. 94; *Zetzsche* in Gebauer/Teichmann, Europäisches Privat- und Unternehmensrecht, § 7 C. Rz. 204.
9 *Bayer/Hoffmann/Weinmann*, ZGR 2007, 457, 460 ff.; *Fleischer* in Fuchs, § 20a WpHG Rz. 94.
10 IOSCO, Report on Stock Repurchase Programs, S. 12 f. (abrufbar unter: https://www.iosco.org/library/pubdocs/pdf/IOS COPD161.pdf); *Elton/Gruber*, Journal of Finance 23 (1968), 135; *Hackethal/Zdantchouk*, Financial Markets and Portfolio Management 20 (2006), 123; *Feuring/Berrar* in Habersack/Mülbert/Schlitt, Unternehmensfinanzierung am Kapitalmarkt, Rz. 39.3; *Zhang*, Journal of Banking & Finance 29 (2005), 1887.
11 *Fleischer* in Fuchs, § 20a WpHG Rz. 94; *Oechsler* in MünchKomm. AktG, 4. Aufl. 2016, § 71 AktG Rz. 345.
12 *Mock* in KölnKomm. WpHG, § 20a WpHG Rz. 315; *Mock* in Ventoruzzo/Mock, Market Abuse Regulation, Article 5 Rz. B.5.06; *Maurenbrecher* in Watter/Bahar, Basler Kommentar, Finanzmarktaufsichtsgesetz/Finanzmarktinfrastrukturgesetz: FINMAG/FinfraG, Nach Art. 142 f. FinfraG Rz. 6.
13 *Feuring/Berrar* in Habersack/Mülbert/Schlitt, Unternehmensfinanzierung am Kapitalmarkt, Rz. 39.3; *Kopp*, Erwerb eigener Aktien, 1996, S. 46; *Bayer/Hoffmann/Weinmann*, ZGR 2007, 457, 463; *Oechsler* in GS Wolf, 2011, S. 291, 296; *Mock* in KölnKomm. WpHG, § 20a WpHG Rz. 315; *Zetzsche* in Gebauer/Teichmann, Europäisches Privat- und Unternehmensrecht, § 7 C. Rz. 205; *Maurenbrecher* in Watter/Bahar, Basler Kommentar, Finanzmarktaufsichtsgesetz/Finanzmarktinfrastrukturgesetz: FINMAG/FinfraG, Nach Art. 142 f. FinfraG Rz. 7. Zum Signaling-Effekt von Aktienrückkäufen aus ökonomischer Sicht *Babenko/Tserlukevich/Vedrashko*, Journal of Financial and Quantitative Analysis 47 (2012), 1059; *Grullon/Michaely*, Journal of Finance 59 (2004), 651.
14 Vgl. *Chan/Ikenberry/Lee/Wang*, Journal of Corporate Finance 16 (2010), 137.
15 *Oechsler* in MünchKomm. AktG, 4. Aufl. 2016, § 71 AktG Rz. 345.

24 **Bei Herstellung angemessener Markttransparenz** können Rückkaufprogramme einen Einfluss auf den Kurs haben, weil sie das Signal an den Markt aussenden, dass das Unternehmen – möglicherweise aufgrund eines Informationsvorsprungs – die eigenen Aktien für unterbewertet hält (*Signaling*-Hypothese)[1]. Empirisch nachgewiesen ist auch für Deutschland, dass bereits die Ankündigung, von einem Ermächtigungsbeschluss nach § 71 Abs. 1 Nr. 8 Satz 1 AktG Gebrauch zu machen, einen positiven Kurseffekt hat[2]. In allen diesen Fällen kann der Rückerwerb deshalb insbesondere einen Verstoß gegen das Marktmanipulationsverbot der Art. 15, 12 VO Nr. 596/2014 bedeuten. Zudem besteht im zeitlichen Umfeld von Rückkaufprogrammen die Gefahr von Insiderverstößen sowohl durch die Gesellschaft als auch durch Dritte, insbesondere Mitglieder des Managements[3]. Soweit die Insiderinformation nur in dem Entschluss der Ausnutzung einer Ermächtigung zum Rückerwerb eigener Aktien besteht, kommt ein Insiderverstoß der Gesellschaft zwar nicht in Betracht, da diese die Aktien nur in Umsetzung ihrer eigenen Entschlüsse erwirbt, und keine Insiderinformation ausnutzt[4]. Anders kann es liegen, wenn die Gesellschaft Insiderinformationen über die Unterbewertung der eigenen Aktien ausnutzt und aufgrund dieser Informationen eigene Aktien erwirbt[5].

25 **Bestimmten Zwecksetzungen** (Rz. 56 ff.), die mit der Durchführung von Rückkaufprogrammen verfolgt werden, misst der europäische Gesetzgeber eine **besondere Wichtigkeit** zu, so dass – unter der Maßgabe der Herstellung angemessener Markttransparenz (Rz. 43 ff.) – bei ihrer Verfolgung durch Art. 5 VO Nr. 596/2014 ein Dispens vom Verbot der Marktmanipulation und vom Insiderhandelsverbot erteilt wird. Freilich sind von den *safe harbour* nicht alle eben genannten Zwecke erfasst. Dies bedeutet aber nicht, dass außerhalb des *safe harbour* liegende Rückkaufprogramme *per se* als Marktmanipulation anzusehen wären (Rz. 108 ff.).

26 **2. Stabilisierungsmaßnahmen.** Wirtschaftlicher Hintergrund des *safe harbour* für Stabilisierungsmaßnahmen ist der Umstand, dass es bei (Primär- oder auch Sekundär-)Emissionen von Finanzinstrumenten nicht selten zu Kurseinbrüchen in der (unmittelbaren) Nachemissionsphase kommt, vor allem, weil Anleger zugeteilte Finanzinstrumente kurzfristig veräußern, um nach einem vorangegangenen *underpricing*[6] Zeichnungsgewinne zu realisieren (sog. **flipping**)[7]. Bei (stark) überzeichneten Angeboten besteht in der unmittelbaren Nachemissionsphase oft noch ein Nachfrageüberhang, sodass der Kurs unmittelbar noch nicht unter Druck steht[8]. Bei Zweitemissionen kommt *flipping* vor allem vor, wenn es sich um eine bezugsrechtsfreie Emission handelt. Bei Bezugsemissionen haben die bezugsberechtigten (Alt-)Aktionäre häufig ein Interesse daran, die neuen Aktien zu beziehen und zu halten, damit ihr Anteil an der Gesellschaft nicht verwässert wird, wobei es auch dort zu einem Bezugsrechtshandel kommen kann[9]. Die Kurseinbrüche im zeitlichen Umfeld von Emissionen werden vom Kapitalmarkt(recht) als unerwünscht bewertet[10], und es wird als professionsadäquat angesehen, ihnen durch Stabilisierungsmaßnahmen entgegenzuwirken[11]. Ein auch gesamtvolkswirtschaftliches Interesse an der

---

1 *Schremper*, Aktienrückkauf und Kapitalmarkt: Eine theoretische und empirische Analyse deutscher Aktienrückkaufprogramme, 2002, S. 89 ff.; *Bayer/Hoffmann/Weinmann*, ZGR 2007, 457, 460; *Oechsler* in MünchKomm. AktG, 4. Aufl. 2016, § 71 AktG Rz. 1. Aus dem ökonomischen Schrifttum etwa *Babenko/Tserlukevich/Vedrashko*, Journal of Financial and Quantitative Analysis 47 (2012), 1059; *Grullon/Michaely*, Journal of Finance 59 (2004), 651.
2 *Hackethal/Zdantchouk*, Share Buy-Backs in Germany: Overreaction to Weak Signals, 2004; *Bayer/Hoffmann/Weinmann*, ZGR 2007, 457, 459 ff.; *Feuring/Berrar* in Habersack/Mülbert/Schlitt, Unternehmensfinanzierung am Kapitalmarkt, Rz. 39.3; *Oechsler* in MünchKomm. AktG, 4. Aufl. 2016, § 71 AktG Rz. 4 m.w.N.
3 *Schäfer* in Marsch-Barner/Schäfer, Hdb. börsennotierte AG, Rz. 14.94; vgl. zum Schweizer Recht *Maurenbrecher* in Watter/Bahar, Basler Kommentar, Finanzmarktaufsichtsgesetz/Finanzmarktinfrastrukturgesetz: FINMAG/FinfraG, Nach Art. 142 f. FinfraG Rz. 9.
4 *Cahn* in Spindler/Stilz, § 71 AktG Rz. 160.
5 *Cahn* in Spindler/Stilz, § 71 AktG Rz. 161.
6 Zum *underpricing* von IPOs bereits *Welch*, Journal of Finance 44 (1989), 421; *Allen/Faulhaber*, Journal of Financial Economics 23 (1989), 303; ferner *Asquith/Jones/Kieschnick*, Journal of Finance 53 (1998), 1759.
7 *Aggarwal*, Journal of Finance 55 (2000), 1075, 1080; *Fishe*, Journal of Financial and Quantitative Analysis 37 (2002), 319; *Feuring/Berrar* in Habersack/Mülbert/Schlitt, Unternehmensfinanzierung am Kapitalmarkt, Rz. 39.1; *Klöhn* in Klöhn, Art. 5 MAR Rz. 11; *Sorgenfrei/Saliger* in Park, Kapitalmarktstrafrecht, Kap. 6.1. Rz. 259; *Schäfer* in Marsch-Barner/Schäfer, Hdb. börsennotierte AG, Rz. 14.96.
8 Instruktiv *Feuring/Berrar* in Habersack/Mülbert/Schlitt, Unternehmensfinanzierung am Kapitalmarkt, Rz. 39.1 mit Fn. 2.
9 *Mock* in KölnKomm. WpHG, § 20a WpHG Rz. 313.
10 Die Securities and Exchange Commission (SEC) hat bereits am 18.3.1940 in ihrem Release 2446 anerkannt, dass Stabilisierungsmaßnahmen im Rahmen von Börsengängen zwar eine Marktmanipulation darstellen, gleichwohl aber erwünscht sind. Dazu *Aggarwal*, Journal of Finance 55 (2000), 1075 1078; ferner *Benveniste/Busaba/Wilhelm*, Journal of Financial Economics 42 (1996), 223 mit teils kritischen Anmerkungen. Aus Sicht des deutschen Rechts *Hopt*, Die Verantwortlichkeit der Banken bei Emissionen, 1991, S. 37 ff.
11 *Aggarwal*, Journal of Finance 55 (2000), 1075, 1078; *Klöhn* in Klöhn, Art. 5 MAR Rz. 11; *Feuring/Berrar* in Habersack/Mülbert/Schlitt, Unternehmensfinanzierung am Kapitalmarkt, Rz. 39.1; *Fleischer* in Fuchs, § 20a WpHG Rz. 112 ff.; *Singhof* in Habersack/Mülbert/Schlitt, Hdb. der Kapitalmarktinformation, § 22 Rz. 1; *Thießen*, WiSt 2002, 523, 524; *Zetzsche* in Gebauer/Teichmann, Europäisches Privat- und Unternehmensrecht, § 7 C. Rz. 207. Vgl. auch ESMA, Final Report, Draft technical standards on the Market Abuse Regulation, 28 September 2015, ESMA/2015/1455, Rn. 8, die auf den Verkaufsdruck durch *short termism* hinweist.

Kursstabilisierung besteht, weil die Volatilität unmittelbar nach der Platzierung oftmals nicht durch tatsächliche Informationen gerechtfertigt ist und der Kurs daher deutlich vom Fundamentalwert abweichen kann[1]. Zudem sind die unerwünschten Marktreaktionen geeignet, die Kapitalkosten der Emittenten zu erhöhen und das Vertrauen der Anleger in den Kapitalmarkt zu schwächen. Erwägungsgrund 6 DelVO 2016/1052 führt insoweit aus: „Die Kursstabilisierung von Wertpapieren soll eine vorübergehende Stützung des Kurses im Rahmen einer Erst- oder Zweitplatzierung von Wertpapieren bewirken, wenn die Wertpapiere unter Verkaufsdruck geraten, und so den durch kurzfristige Anleger verursachten Verkaufsdruck mindern und für diese Wertpapiere geordnete Marktverhältnisse aufrechterhalten. Auf diese Weise kann sie das Vertrauen der Anleger und der Emittenten in die Finanzmärkte stärken."

Die Durchführung von Stabilisierungsmaßnahmen kann allerdings falsche Signale für die Kursentwicklung aussenden und auch im Übrigen ein künstliches Kursniveau herbeiführen und damit im Ausgangspunkt einen Verstoß gegen Art. 15 VO Nr. 596/2014 darstellen[2]. Zudem kann der Umstand einer bevorstehenden Kursstabilisierung für Insiderverstöße ausgenutzt werden[3]. Deshalb ist ihre Zulassung an strenge Voraussetzungen insbesondere hinsichtlich der Transparenz, des Zeitraums ihrer zulässigen Vornahme und des Volumens zu knüpfen. Außerhalb des **engen Emissionszeitraums** unterfallen Kursstabilisierungen nicht dem *safe harbour* des Art. 5 VO Nr. 596/2014. Aber auch innerhalb des engen zeitlichen Umfeld von Emissionen bewertet der europäische Gesetzgeber das nachvollziehbare Interesse an einer Kursstabilisierung aus marktmissbrauchsrechtlicher Sicht nur für den Fall als legitim und dispensiert Marktteilnehmer für entsprechende Stabilisierungsmaßnahmen von den Verboten der Art. 14 und 15 VO Nr. 596/2014, wenn die **engen Voraussetzungen des Art. 5 Abs. 4** VO Nr. 596/2014 erfüllt sind und dabei insbesondere für **angemessene Markttransparenz** gesorgt wurde (Rz. 90 ff.). Wie auch schon beim *safe harbour* für Rückkaufprogramme bedeutet die Enge des Tatbestandsausschlusses nach Art. 5 Abs. 4 VO Nr. 596/2014 aber nicht, dass außerhalb des *safe harbour* liegende Maßnahmen *per se* als Marktmanipulation oder Insiderverstoß anzusehen wären (Rz. 112 ff.).

V. Dogmatische Einordnung der safe harbour. Die Ausnahmebestimmungen des Art. 5 VO Nr. 596/2014 für bestimmte Rückkaufprogramme und Stabilisierungsmaßnahmen sind dogmatisch – wie es auch schon der herrschenden Meinung zu § 20a Abs. 2 WpHG a.F. entsprach[4] – als **Tatbestandsausschlussgründe** einzuordnen[5]. Diese Qualifikation ist weiterhin insbesondere auch auf Sanktionsebene von Bedeutung. In Erwägungsgrund 12 VO Nr. 596/2014 heißt es zwar, dass der Handel mit Wertpapieren oder verbundenen Instrumenten zur Kursstabilisierung von Wertpapieren oder der Handel mit eigenen Aktien im Rahmen von Rückkaufprogrammen aus wirtschaftlichen Gründen „gerechtfertigt" sein können. Art. 5 VO Nr. 596/2014 spricht allerdings von „gelten nicht" und „Ausnahme" und auch Erwägungsgrund 12 VO Nr. 596/2014 benutzt im Weiteren die Formulierung, dass bestimmte Handlungen vom Verbot des Marktmissbrauchs „befreit" sein sollen.

Die Einordnung als Tatbestandsausschluss bereitet auf der Sanktionsebene insoweit keine Probleme, als die *safe harbour* des Art. 5 VO Nr. 596/2014 an Voraussetzungen anknüpfen, die vor oder spätestens bei der Handlung, die Gegenstand des *safe harbour* ist, erfüllt sein müssen. Schwierigkeiten ergeben sich allerdings hinsichtlich der von Art. 5 VO Nr. 596/2014 statuierten **nachwirkenden Pflichten** (Rz. 47 und Rz. 95 f.). Straf- und bußgeldrechtlich kommt eine nachträgliche Straf- oder Ahndbarkeitsbegründung im Grundsatz nicht in Betracht[6]. Unter dem Gesichtspunkt des Rechtsmissbrauchs kommt allenfalls eine Ausnahme in den Fällen in Betracht, in denen von Anfang an die Absicht bestand, die nachwirkenden Pflichten nicht zu erfüllen. Kapitalmarktrechtlich kann es durchaus relevant sein und Anlass für ein Überwachungsverfahren und aufsichtsrechtliche Maß-

---

1 *Klöhn* in Klöhn, Art. 5 MAR Rz. 11; vgl. auch *Feuring/Berrar* in Habersack/Mülbert/Schlitt, Unternehmensfinanzierung am Kapitalmarkt, Rz. 39.1.
2 *Zetzsche* in Gebauer/Teichmann, Europäisches Privat- und Unternehmensrecht, § 7 C. Rz. 207; vgl. zum Schweizer Recht *Maurenbrecher* in Watter/Bahar, Basler Kommentar, Finanzmarktaufsichtsgesetz/Finanzmarktinfrastrukturgesetz: FINMAG/FinfraG, Nach Art. 142 f. FinfraG Rz. 36.
3 *Schäfer* in Marsch-Barner/Schäfer, Hdb. börsennotierte AG, Rz. 14.96; vgl. zum Schweizer Recht *Maurenbrecher* in Watter/Bahar, Basler Kommentar, Finanzmarktaufsichtsgesetz/Finanzmarktinfrastrukturgesetz: FINMAG/FinfraG, Nach Art. 142 f. FinfraG Rz. 36.
4 *de Schmidt* in Just/Voß/Ritz/Becker, § 20a WpHG Rz. 261; *Haouache/Mülbert* in Habersack/Mülbert/Schlitt, Hdb. der Kapitalmarktinformation, § 27 Rz. 56; *Bingel*, S. 161; *Bisson/Kunz*, BKR 2005, 186, 189; *Fleischer* in Fuchs, § 20a WpHG Rz. 92; *Holzborn/Israel*, WM 2004, 1948, 1954; *Mock* in KölnKomm. WpHG, § 20a WpHG Rz. 305; *Schröder*, Handbuch Kapitalmarktstrafrecht, Rz. 448; *Singhof* in Habersack/Mülbert/Schlitt, Hdb. der Kapitalmarktinformation, § 22 Rz. 8; *Tountopoulos*, EWS 2012, 449, 451; *Waschkeit*, S. 297; a.A. (Rechtfertigungsgründe) *Grüger*, S. 98, 250; s. auch *Dier/Fürhoff*, AG 2002, 604, 605; (persönliche Straf- bzw. Ahndbarkeitsausnahmen oder negative objektive Straf- bzw. Ahndbarkeitsbedingungen) *Waschkeit*, S. 296.
5 *Klöhn* in Klöhn, Art. 5 MAR Rz. 7; *Diversy/Köpferl* in Graf/Jäger/Wittig, Wirtschafts- und Steuerstrafrecht, 2. Aufl. 2017, § 38 WpHG Rz. 84; Vgl. zum Schweizer Recht *Maurenbrecher* in Watter/Bahar, Basler Kommentar, Finanzmarktaufsichtsgesetz/Finanzmarktinfrastrukturgesetz: FINMAG/FinfraG, Nach Art. 142 f. FinfraG Rz. 2.
6 *Feuring/Berrar* in Habersack/Mülbert/Schlitt, Unternehmensfinanzierung am Kapitalmarkt, Rz. 39.56; *Klöhn* in Klöhn, Art. 5 MAR Rz. 44; *Sorgenfrei/Saliger* in Park, Kapitalmarktstrafrecht, Kap. 6.1. Rz. 285; vgl. *Mock* in KölnKomm. WpHG, § 20a WpHG Rz. 369.

nahmen geben, wenn nachwirkende Pflichten eines *safe harbour* nicht erfüllt werden[1], wobei insofern die nachträgliche Pflichtverletzung im Mittelpunkt zu stehen hat und der Vorwurf einer Marktmanipulation schwerlich zu begründen ist.

30 Soweit man – entgegen der Qualifikation als Tatbestandsausschluss (Rz. 29) – der Auffassung folgt, dass es sich bei den *safe harbour* um unwiderlegbare gesetzliche Vermutungen handele[2], bedeutet dies jedenfalls im Ergebnis keinen Unterschied. Die Auffassung stützt sich auf die durchaus plausible Erwägung, dass ein Verhalten, dass allen Vorgaben des Art. 5 VO Nr. 596/2014 entspricht auch für sich keinen Verstoß gegen Art. 14 und 15 VO Nr. 596/2014 darstellen würde und damit dem *safe harbour* eher eine deklaratorische Bedeutung beizumessen sei[3]. Die Bedeutung des Art. 5 VO Nr. 596/2014 erschöpft sich dann in einer Gewährleistung einer rechtssicheren Handlungsanleitung. Im Ergebnis führt aber auch die Einordnung als unwiderlegbare Vermutung ebenfalls dazu, dass der Tatbestand der Art. 14 und 15 VO Nr. 596/2014 nicht erfüllt ist und damit ein entsprechender Verstoß bereits auf der Tatbestandsebene entfällt, was wiederum Auswirkungen auf der Sanktionsebene haben kann. Die Einordnung als unwiderlegbare Vermutung der fehlenden Tatbestandsmäßigkeit ist deshalb eine im Ergebnis gleichwertige alternative dogmatische Einordnung zum Tatbestandsausschluss.

31 **VI. Rückkaufprogramme (Art. 5 Abs. 1–3 VO Nr. 596/2014). 1. Überblick.** Ein Rückkaufprogramm ist nach Art. 3 Abs. 1 Nr. 17 VO Nr. 596/2014 der Handel mit eigenen Aktien gemäß den Art. 60–66 RL 2017/1132[4] (vgl. Rz. 15). Rückkaufprogramme haben für Aktiengesellschaften eine große wirtschaftliche Bedeutung und werden zu ganz unterschiedlichen Zwecken durchgeführt (Rz. 22). Zugleich verbinden sich mit ihnen sowohl aus gesellschaftsrechtlicher als auch aus kapitalmarktrechtlicher Perspektive einige Risiken. Da der europäische Gesetzgeber den Nutzen bestimmter Rückkaufprogramme unter der Maßgabe ihrer transparenten Durchführung ein höheres Gewicht beimisst, werden bestimmte Rückkaufprogramme dem *safe harbour* des Art. 5 Abs. 1 VO Nr. 596/2014 zugeordnet und damit von den Verboten der Art. 14 und 15 VO Nr. 596/2014 ausgenommen.

32 Rückkaufprogramme können auf ganz **unterschiedliche Arten** durchgeführt werden. In Betracht kommen etwa ein Rückerwerb über die Börse (*open market repurchase*), öffentliche Rückkaufangebote (*tender offer* oder *dutch auction offer*), die Emission übertragbarer Verkaufsrechte (*transferable put rights*) oder individuell ausgehandelte Kaufverträge (*privately negotiated repurchase*)[5]. Im Rahmen eines Rückkaufprogramms nach Art. 5 Abs. 1 VO Nr. 596/2014 sind aber nicht alle diese Erwerbsgestaltungen zulässig, da die Aktien grundsätzlich an einem Handelsplatz erworben werden müssen (Rz. 65).

33 **2. Anwendungsbereich des *safe harbour* für Rückkaufprogramme. a) Sachlicher Anwendungsbereich.** Art. 5 Abs. 1 VO Nr. 596/2014 beschränkt den Anwendungsbereich des *safe harbour* für Rückkaufprogramme auf den Handel mit **eigenen Aktien**. Dementsprechend stellt auch die Legaldefinition eines Rückkaufprogramms in Art. 3 Abs. 1 Nr. 17 VO Nr. 596/2014 nur auf den Handel mit eigenen Aktien ab. Die „verbundenen Instrumente" werden lediglich im Zusammenhang mit der Ausnahme für Stabilisierungsmaßnahmen genannt (Rz. 76). **Rückkaufprogramme mit verbundenen Instrumenten**, etwa Derivate, **unterfallen** daher **nicht der Safe-harbour-Regelung** des Art. 5 Abs. 1 VO Nr. 596/2014[6]. Erwägungsgrund 2 DelVO 2016/1052 bestätigt dies ausdrücklich, wenn es heißt: „Obwohl die Verordnung (EU) Nr. 596/2014 eine Stabilisierung durch verbundene Instrumente zulässt, sollte die Ausnahme für Transaktionen, die mit Rückkaufprogrammen zusammenhängen, auf den tatsächlichen Handel mit eigenen Aktien des Emittenten beschränkt sein und nicht für Transaktionen mit Finanzderivaten gelten." Die Ausklammerung insbesondere von Derivaten hängt mit der Schwierigkeit zusammen, Preis und Volumina im Derivatehandel hinreichend zu überwachen[7]. Obwohl Derivate an sich für den Rückkauf von Aktien genutzt werden können, lassen ihre Komplexität und die ihnen innewohnenden Eigenschaften sie aus Sicht des europäischen Gesetzgebers nicht als geeignetes Instrument für Rückkaufprogramme erscheinen[8]. Zahlreiche ihrer Eigenschaften laufen insbesondere den Transparenzanfor-

---

1 Ebenso *Mock* in KölnKomm. WpHG, § 20a WpHG Rz. 368.
2 *Tountopoulos*, EWS 2012, 449, 451 unter Verweis auf die Diskussion im französischen Schrifttum.
3 *Tountopoulos*, EWS 2012, 449, 451 unter Verweis auf die Diskussion im französischen Schrifttum.
4 Zuvor Art. 21–27 RL 2012/30/EU (Kapitalschutz-Richtlinie), s. Rz. 15.
5 Zu diesen Erwerbsmethoden ausführlich *Oechsler* in MünchKomm. AktG, 4. Aufl. 2016, § 71 AktG Rz. 13 ff.; *Merkt* in Großkomm. AktG, 4. Aufl. 2005, § 71 AktG Rz. 29 ff.; zu weiteren Methoden nur *Lutter/Drygala* in KölnKomm. AktG, 3. Aufl. 2011, § 71 AktG Rz. 32 ff.
6 ESMA, Final Report, Draft technical standards on the Market Abuse Regulation, 28 September 2015, ESMA/2015/1455, S. 13 Rz. 16; *Klöhn* in Klöhn, Art. 5 MAR Rz. 23; *Haupt* in Meyer/Veil/Rönnau, Handbuch zum Marktmissbrauchsrecht, § 17 Rz. 28 f.; *Mock* in Ventoruzzo/Mock, Market Abuse Regulation, Article 5 Rz. B.5.12. Unter dem Regime der RL 2003/6/EG (MAD I) und deren Umsetzung in Deutschland war auch der Handel mit eigenen Aktien in Form derivativer Finanzinstrumente („Derivative-Based Share Repurchase", vgl. Erwägungsgrund 8 DurchfVO Nr. 2273/2016), z.B. durch den Erwerb von Kaufoptionen, erfasst. S. *Sorgenfrei/Saliger* in Park, Kapitalmarktstrafrecht, Kap. 6.1. Rz. 261.
7 ESMA, Final Report, Draft technical standards on the Market Abuse Regulation, 28 September 2015, ESMA/2015/1455, S. 13 Rz. 16.
8 ESMA, Final Report, Draft technical standards on the Market Abuse Regulation, 28 September 2015, ESMA/2015/1455, S. 13 Rz. 16.

derungen an Rückkaufprogramme zuwider[1]. **Kein Erwerb eigener Aktien** ist grundsätzlich auch der Erwerb anderer eigener Instrumente wie **(Inhaber-)Schuldverschreibungen**[2], **Gewinnschuldverschreibungen** oder **Genussscheine**[3]. Die MAR bzw. die DelVO 2016/1052 verweisen für die Begriffsbestimmung des Rückerwerbs eigener Aktien auf die RL 2017/1132 (Gesellschaftsrechts-Richtlinie, vgl. Rz. 15), weshalb auch nur der Erwerb von Aktien im Sinne des europäischen Gesellschaftsrechts unter die kapitalmarktrechtliche *safe harbour*-Bestimmung fallen kann[4]. Für eine Ausklammerung des Erwerbs entsprechender Instrumente sprechen zudem die Erwägungen, die den europäischen Gesetzgeber dazu bewogen haben, den Rückerwerb über verbundene Instrumente nicht einzubeziehen (soeben).

Art. 5 Abs. 1 VO Nr. 596/2014 spricht vom Handel mit eigenen Aktien, meint damit aber lediglich Formen des **Erwerbs** eigener Aktien, **nicht der Veräußerung**[5]. Dies bestätigt zum einen die Bezugnahme auf die Art. 60–66 RL 2017/1132 (zuvor Art. 21–27 RL 2012/30/EU, vgl. Rz. 15), die Vorgaben für den Erwerb eigener Aktien machen[6]. Zum anderen bestätigt dies Art. 4 Abs. 1 lit. a DelVO 2016/1052, der während der Durchführung eines Rückkaufprogramms den Verkauf eigener Aktien verbietet (Rz. 66). Das Erwerbsgeschäft muss sich **unmittelbar** auf eigene Aktien beziehen, da der Handel mit verbundenen Instrumenten als Erwerbsform ausgeschlossen ist (Rz. 33). Ein Erwerb **eigener Aktien** ist grundsätzlich nur beim Erwerb durch den Emittenten gegeben, doch kann auch der Erwerb eigener Aktien durch andere Personen, die für Rechnung des Emittenten handeln (vgl. Art. 60 Abs. 1 Satz 1 RL 2017/1132) genügen[7]. Bei letzterem Vorgehen ist auf die vollständige Erfüllung der Transparenzanforderungen besonderes Augenmerk zu legen. Daher ist bei einem Erwerb der eigenen Aktien durch einen Dritten für Rechnung des Emittenten das zugrunde liegende Rechtsverhältnis offenzulegen. Der Markt muss erkennen können, dass kein gewöhnliches Erwerbsgeschäft, sondern ein Rückerwerb eigener Aktien vorliegt (vgl. Rz. 23). Gleiches gilt für die Inpfandnahme eigener Aktien (vgl. Art. 66 RL 2017/1132)[8]. Vorbereitende Handlungen, insbesondere die Gewährung von Vorschüssen oder Darlehen oder die Leistung von Sicherheiten durch den Emittenten an einen Dritten zum Zweck des Aktienerwerbes durch diesen stellen noch **keinen Rückerwerb eigener Aktien** dar[9]. Erst die nachfolgende Markttransaktion, nicht aber schon die vorbereitenden Handlungen haben einen Einfluss auf die Marktpreisbildung und sind damit aus Sicht des Marktmissbrauchsrechts regelungsbedürftig.

Kein Rückerwerb eigener Aktien liegt bei einem **Erwerb von Aktien konzernangehöriger Unternehmen** vor[10]. Dies wird durch den fehlenden Verweis in Art. 3 Abs. 1 Nr. 17 VO Nr. 596/2014 auf Art. 67 RL 2017/1132 (vgl. Rz. 15) deutlich, der seinerseits Regelungen zum Erwerb eigener Aktien im Konzern enthält. Demgegenüber nennt etwa Art. 5 Abs. 2 lit. c VO Nr. 596/2014 als zulässigen Zweck ausdrücklich auch die aus einem Belegschaftsaktienprogramm einem verbundenen Unternehmen entstehenden Verpflichtungen (Rz. 61 f.). Die ausdrückliche Inbezugnahme nur der Art. 60–66 RL 2017/1132 muss als bewusste Entscheidung des europäischen Gesetzgebers zum Ausschluss des Erwerbs von Aktien konzernangehöriger Unternehmen aus dem *safe harbour* des Art. 5 Abs. 1 VO Nr. 596/2014 betrachtet werden[11].

b) Persönlicher Anwendungsbereich. Der persönliche Anwendungsbereich des *safe harbour* für Rückkaufprogramme wird wesentlich durch den sachlichen Anwendungsbereich bestimmt. Der Erwerb eigener Aktien kann zunächst durch den **Emittenten** dieser Aktien erfolgen. Ein Emittent ist nach Art. 3 Abs. 1 Nr. 21 VO Nr. 596/2014 jede juristische Person des privaten oder öffentlichen Rechts, die Finanzinstrumente emittiert oder deren Emission vorschlägt, wobei der Emittent im Fall von Hinterlegungsscheinen, die Finanzinstrumente repräsentieren, der Emittent der repräsentierten Finanzinstrumente ist. Daneben fallen unter den persönlichen Anwen-

---

1 ESMA, Final Report, Draft technical standards on the Market Abuse Regulation, 28 September 2015, ESMA/2015/1455, S. 13 Rz. 16.
2 Vgl. zur DurchfVO Nr. 2273/2003 CESR, Advice on Level 2 Implementing Measures for the Proposed Market Abuse Directive (CESR/02-089d), Rz. 112; *Mock* in KölnKomm. WpHG, § 20a WpHG Anh. II – Art. 2 VO Nr. 2273/2003 Rz. 19; *Bredow/Sickinger/Weinand-Härer/Liebscher*, BB 2012, 2134, 2136 f.; kritisch *Hansen*, EBLR 15 (2004), 183, 213.
3 Vgl. zur DurchfVO Nr. 2273/2003 *Mock* in KölnKomm. WpHG, § 20a WpHG Anh. II – Art. 2 VO Nr. 2273/2003 Rz. 19; a.A. *Hirte* in Großkomm. AktG, 4. Aufl. 2012, § 221 AktG Rz. 452.
4 *Klöhn* in Klöhn, Art. 5 MAR Rz. 22. Zum Begriff allgemein etwa *Habersack/Verse*, Europäisches Gesellschaftsrecht, 4. Aufl. 2011, § 6 Rz. 23.
5 *Klöhn* in Klöhn, Art. 5 MAR Rz. 26; *Sorgenfrei/Saliger* in Park, Kapitalmarktstrafrecht, Kap. 6.1. Rz. 261; vgl. zu Art. 2 Nr. 3 DurchfVO Nr. 2273/2003 *Fleischer* in Fuchs, § 20a WpHG Rz. 93; *Singhof/Weber*, AG 2005, 545, 549, 554; *Mock* in KölnKomm. WpHG, § 20a WpHG Anh. II – Art. 2 VO Nr. 2273/2003 Rz. 15; *Geber/zur Megede*, BB 2005, 1861, 1861 f.; *Leppert/Stürwald*, ZBB 2004, 302, 305 f.; *Sorgenfrei* in Park, Kapitalmarktstrafrecht, 3. Aufl. 2013, § 39 WpHG Rz. 226.
6 Dazu *Habersack/Verse*, Europäisches Gesellschaftsrecht, 4. Aufl. 2011, § 6 Rz. 55 ff. (zu Art. 18 ff. RL 77/91/EWG).
7 *Klöhn* in Klöhn, Art. 5 MAR Rz. 24; *Sorgenfrei/Saliger* in Park, Kapitalmarktstrafrecht, Kap. 6.1. Rz. 261.
8 *Sorgenfrei/Saliger* in Park, Kapitalmarktstrafrecht, Kap. 6.1. Rz. 261; vgl. *Mock* in KölnKomm. WpHG, § 20a WpHG Anh. II – Art. 2 VO Nr. 2273/2003 Rz. 8.
9 A.A. *Sorgenfrei/Saliger* in Park, Kapitalmarktstrafrecht, Kap. 6.1. Rz. 261; zur DurchfVO Nr. 2273/2003 *Mock* in KölnKomm. WpHG, § 20a WpHG Anh. II – Art. 2 VO Nr. 2273/2003 Rz. 8.
10 *Klöhn* in Klöhn, Art. 5 MAR Rz. 25; vgl. *Cahn* in Spindler/Stilz, § 71 AktG Rz. 169; *Mock* in KölnKomm. WpHG, § 20a WpHG Anh. II – Art. 2 VO Nr. 2273/2003 Rz. 18.
11 Vgl. *Mock* in KölnKomm. WpHG, § 20a WpHG Anh. II – Art. 2 VO Nr. 2273/2003 Rz. 18.

dungsbereich aber auch alle Personen, die für Rechnung des Emittenten handeln (vgl. Art. 60 Abs. 1 RL 2017/1132), weshalb **grundsätzlich Jedermann** dem persönlichen Anwendungsbereich unterfallen kann, soweit er eine Handlung vornimmt, die materiell als Erwerb eigener Aktien durch den Emittenten zu qualifizieren ist[1].

37 **c) Räumlicher Anwendungsbereich.** Vgl. hierzu die Kommentierung zu Art. 12 VO Nr. 596/2014 Rz. 35 ff.

38 **d) Zeitlicher Anwendungsbereich.** Allgemein gilt der zeitliche Anwendungsbereich der MAR und der DelVO 2016/1052, so dass unter die Bestimmung nur Rückkaufprogramme fallen, die ab dem 3.7.2016 begonnen wurden (vgl. dazu Art. 12 VO Nr. 596/2014 Rz. 40).

39 **3. Voraussetzungen des *safe harbour* für Rückkaufprogramme.** Damit der Erwerb eigener Aktien i.S.d. Art. 5 VO Nr. 596/2014 in den *safe harbour* des Art. 5 Abs. 1 VO Nr. 596/2014 fällt, muss das Rückkaufprogramm, und damit jeder Erwerb im Rahmen des Rückkaufs, (i) im Einklang mit den Art. 60–66 RL 2017/1132 (vgl. Rz. 15) stehen, (ii) ausschließlich den in Art. 5 Abs. 2 VO Nr. 596/2014 genannten Zwecken dienen und (iii) müssen angemessene Kurs und Volumengrenzen beim Rückkauf beachtet werden. Zudem müssen (iv) bestimmte Handelsbedingungen und Handelsbeschränkungen beim Erwerb eigener Aktien berücksichtigt werden und schließlich (v) die Publizitäts- und Meldepflichten nach Art. 5 Abs. 1 und 3 VO Nr. 596/2014 nebst deren Konkretisierung durch Art. 2 DelVO 2016/1052, vor, während und nach der Durchführung eines Rückkaufprogramms beachtet werden.

40 **a) Einklang des Rückkaufprogramms mit den Art. 60 Abs. 1 RL 2017/1132.** Nach der Legaldefinition des Art. 3 Abs. 1 Nr. 17 VO Nr. 596/2014 ist ein Rückkaufprogramm im Sinne der MAR und damit i.S.d. Art. 5 Abs. 1 VO Nr. 596/2014 nur der Handel mit eigenen Aktien gemäß den Art. 60–66 RL 2017/1132 (vgl. Rz. 15). Damit macht Art. 5 Abs. 1 VO Nr. 596/2014 den **Einklang des Rückkaufprogramms mit den zwingenden Vorgaben der Gesellschaftsrechts-Richtlinie (früher Kapital-Richtlinie) zum Rückerwerb eigener Aktien**, nicht aber mit deren nationaler Umsetzung (in Deutschland §§ 71 ff. AktG), zur Voraussetzung des *safe harbour* für Rückkaufprogramme[2]. Darin liegt insofern eine Besonderheit, als die Bestimmungen der RL 2017/1132 für den Bürger keine unmittelbare Wirkung entfalten, sondern nur die Mitgliedstaaten zu einer entsprechenden Umsetzung ins nationale Recht verpflichten. Durch den Verweis in der unmittelbar geltenden MAR werden die Vorgaben der Art. 60–66 RL 2017/1132 im Rahmen der *Safe-harbour*-Bestimmungen für bestimmte Formen von Rückkaufprogrammen für die Marktteilnehmer jedoch unmittelbar verbindlich, soweit sich diese bei ihrem Marktverhalten auf Art. 5 Abs. 1 VO Nr. 596/2014 stützen wollen. Der Rückgriff unmittelbar auf die Vorgaben der RL 2017/1132 statt auf deren nationale Umsetzung hat den Vorzug, dass so Aufsichtsarbitrage, die aus einer unterschiedlichen Umsetzung der Gesellschaftsrechts-Richtlinie zwischen den Mitgliedstaaten resultieren könnte, weitgehend vermieden wird[3].

41 Maßgeblich für das Rückkaufprogramm sind die zwingenden mindestharmonisierenden Vorgaben der Gesellschaftsrechts-Richtlinie zum Rückerwerb eigener Aktien insoweit, als diese den Erwerbsvorgang bzw. seine Vorbereitung betreffen, was für die Bestimmungen in Art. 60 Abs. 1 RL 2017/1132 gilt[4]. Art. 2 Abs. 1 DelVO 2016/1052 stellt dies mit der Festlegung klar, dass der „Emittent vor Beginn des Handels im Rahmen eines nach Artikel 21 Absatz 1 der Richtlinie 2012/30/EU … zulässigen Rückkaufprogramms" die dort spezifizierten Informationen bekanntgeben muss (Rz. 44). Nach Art. 60 Abs. 1 RL 2017/1132 kann ein Mitgliedstaat einer Gesellschaft unbeschadet des Grundsatzes der Gleichbehandlung aller Aktionäre, die sich in denselben Verhältnissen befinden und unbeschadet der VO Nr. 596/2014, nur gestatten eigene Aktien entweder selbst oder durch eine im eigenen Namen, aber für Rechnung der Gesellschaft handelnde Person, zu erwerben, wenn

(a) die Genehmigung für den Erwerb von der Hauptversammlung erteilt wird, welche die Einzelheiten des vorgesehenen Erwerbs und insbesondere die Höchstzahl der zu erwerbenden Aktien, die Geltungsdauer der Genehmigung, die sich nach den nationalen Rechtsvorschriften richtet, dabei aber fünf Jahre nicht überschreiten darf, und bei entgeltlichem Erwerb den niedrigsten und höchsten Gegenwert festlegt[5]. Die Mitglieder des Verwaltungs- oder Leitungsorgans müssen sich davon überzeugen, dass im Zeitpunkt jedes genehmigten Erwerbs die unter den Buchstaben b und c genannten Bedingungen beachtet werden;

---

1 *Klöhn* in Klöhn, Art. 5 MAR Rz. 30.
2 *Mock* in Ventoruzzo/Mock, Market Abuse Regulation, Article 5 Rz. B.5.27; wohl auch *Haupt* in Meyer/Veil/Rönnau, Handbuch zum Marktmissbrauchsrecht, § 17 Rz. 31; unklar *Klöhn* in Klöhn, Art. 5 MAR Rz. 27.
3 A.A. *Fleischer* in Fuchs, § 20a WpHG Rz. 97, der für eine deutsche AG auf die §§ 71 ff. AktG verweist.
4 *Sorgenfrei/Saliger* in Park, Kapitalmarktstrafrecht, Kap. 6.1. Rz. 264; vgl. *Mock* in KölnKomm. WpHG, § 20a WpHG Anh. II – Art. 4 VO Nr. 2273/2003 Rz. 3, a.A. *Cahn* in Spindler/Stilz, § 71 AktG Rz. 170 (zu Art. 4 VO Nr. 2273/2003), der auch die Beachtung des allgemeine Gleichbehandlungsgebot für erforderlich hält.
5 Gem. Art. 60 Abs. 2 RL 2017/1132 können die Rechtsvorschriften eines Mitgliedstaats von den in Art. 21 Abs. 1 lit. a Satz 1 gemachten Vorgaben abweichen, sofern der Erwerb eigener Aktien notwendig ist, um einen schweren unmittelbar bevorstehenden Schaden von der Gesellschaft abzuwenden. In diesem Fall muss die nächste Hauptversammlung durch *das Verwaltungs- oder Leitungsorgan* über die Gründe und den Zweck der getätigten Ankäufe, über die Zahl und den Nennbetrag oder, wenn ein Nennbetrag nicht vorhanden ist, den rechnerischen Wert der erworbenen Aktien, über deren Anteil am gezeichneten Kapital sowie über den Gegenwert der Aktien unterrichtet werden.

(b) der Erwerb von Aktien einschließlich der Aktien, welche die Gesellschaft früher erworben hat und noch hält, sowie der Aktien, die eine Person im eigenen Namen, jedoch für Rechnung der Gesellschaft erworben hat, nicht dazu führt, dass das Nettoaktivvermögen den in Artikel 56 Absätze 1 und 2 [RL 2017/1132] genannten Betrag unterschreitet; und

(c) der Vorgang nur voll eingezahlte Aktien betrifft.

Die sonstigen Vorschriften der Art. 61–66 RL 2017/1132 betreffen im Wesentlichen Fragen der zwingenden Wiederveräußerung der rückerworbenen Aktien (Art. 61 Abs. 2, 62 RL 2017/1132), der Nichtigerklärung (Art. 61 Abs. 3 RL 2017/1132) sowie zum Umfang der Rechte aus den erworbenen Aktien (Art. 63 RL 2017/1132) und sind damit nicht maßgeblich für die Beurteilung im Rahmen des Art. 5 Abs. 1 VO Nr. 596/2014.

b) Allgemeine Voraussetzungen an den *safe harbour* (Art. 5 Abs. 1 und 3 VO Nr. 596/2014). Die Verbote der Art. 14 und 15 VO Nr. 596/2014 gelten nach Art. 5 Abs. 1 VO Nr. 596/2014 nicht, wenn dessen Voraussetzungen an das Rückkaufprogramm erfüllt sind. Dies erfordert eine vor dem Beginn des Handels vorzunehmende öffentliche Bekanntgabe der Einzelheiten des Rückkaufprogramms, die Meldung und anschließende öffentliche Bekanntgabe aller Abschlüsse im Rahmen des Rückkaufprogramms, die Einhaltung angemessener Grenzen in Bezug auf Kurs und Volumen, die ausschließliche Verfolgung eines zulässigen Zwecks i.S.d. Art. 5 Abs. 2 VO Nr. 596/2014 sowie die Einhaltung aller übrigen Vorgaben der DelVO 2016/1052.   42

aa) Offenlegung der Einzelheiten des Programms vor dem Beginn des Handels (Art. 5 Abs. 1 lit. a VO Nr. 596/2014). Nach Art. 5 Abs. 1 lit. a VO Nr. 596/2014 gelten die Verbote der Art. 14 und 15 VO Nr. 596/2014 nur dann nicht, wenn die Einzelheiten des Rückkaufprogramms vor dem Beginn des Handels vollständig offengelegt werden. Die Vorschrift dient der Herstellung angemessener Kapitalmarkttransparenz[1]. Nur durch angemessene Markttransparenz wird sichergestellt, dass die Durchführung des Rückkaufprogramms nicht störend in den Preisbildungsprozess eingreift (Rz. 23). Eine Konkretisierung der Vorgaben des Art. 5 Abs. 1 lit. a VO Nr. 596/2014 findet sich in Art. 2 DelVO 2016/1052.   43

Art. 5 Abs. 1 lit. a VO Nr. 596/2014 verlangt eine Offenlegung **vor Beginn des Handels**. Der Begriff „Handel" ist insoweit unpräzise, als es einzig um den Ankauf der eigenen Aktien im Rahmen eines Rückkaufprogramms geht (Rz. 34). Dieser Rückkauf wird begonnen, wenn ein entsprechendes **Erwerbsgeschäft** (Verpflichtungsgeschäft) **verbindlich abgeschlossen** wird oder durch das Unternehmen bereits **verbindliche Angebote** zum Abschluss eines Geschäfts abgegeben werden, nicht hingegen, wenn lediglich mit Verhandlungen über einen potentiellen Abschluss begonnen wird. Eine zusätzliche Wartefrist zwischen Offenlegung und Beginn des Rückkaufs ist nicht einzuhalten[2].   44

Nach Art. 2 Abs. 1 DelVO 2016/1052 erfordert die Offenlegung nach Art. 5 Abs. 1 VO Nr. 596/2014 zumindest die Bekanntgabe[3]:   45

(a) des Zwecks des Programms gem. Art. 5 Abs. 2 VO Nr. 596/2014 (Rz. 56 ff.),

(b) des größtmöglichen Geldbetrags, der für das Programm zugewiesen wird,

(c) der Höchstzahl der zu erwerbenden Aktien, sowie

(d) des Zeitraums, für den das Programm genehmigt wurde („Dauer des Programms").

Die **Aufzählung** der bekanntzugebenden Informationen ist **nicht abschließend**. Zu den bekanntzugebenden „Einzelheiten des Programms" zählen daneben auch der Hauptversammlungsbeschluss und ggf. der Beschluss des Vorstandes und des Aufsichtsrats über die Ausnutzung der Ermächtigung[4].

Eine **angemessene Bekanntgabe** setzt nach Art. 1 lit. a DelVO 2016/1052 die Veröffentlichung von Informationen in einer Art und Weise voraus, die der Öffentlichkeit einen schnellen Zugriff darauf und eine vollständige, korrekte und rechtzeitige Bewertung dieser Informationen nach Maßgabe der DurchfVO 2016/1055 (ausführlich Art. 17 VO Nr. 596/2014 Rz. 153 ff.)[5] ermöglicht[6]. Erforderlich ist damit die Veröffentlichung in Medien, bei denen vernünftigerweise davon ausgegangen werden kann, dass die Informationen tatsächlich an die Öffentlichkeit in der gesamten Europäischen Union weitergeleitet werden („Anlegerpublizität"[7]). Zudem ist die   46

---

1 *Klöhn* in Klöhn, Art. 5 MAR Rz. 36.
2 *Klöhn* in Klöhn, Art. 5 MAR Rz. 40.
3 Dazu auch *Klöhn* in Klöhn, Art. 5 MAR Rz. 37; *Haupt* in Meyer/Veil/Rönnau, Handbuch zum Marktmissbrauchsrecht, § 17 Rz. 32 f.; *Sorgenfrei/Saliger* in Park, Kapitalmarktstrafrecht, Kap. 6.1. Rz. 265.
4 *Klöhn* in Klöhn, Art. 5 MAR Rz. 368; vgl. *Mock* in KölnKomm. WpHG, § 20a WpHG Anh. II – Art. 4 VO Nr. 2273/2003 Rz. 10.
5 Unter dem Regime der MAD I waren die §§ 3a ff. WpAIV direkt maßgeblich, dazu *de Schmidt* in Just/Voß/Ritz/Becker, § 20a WpHG Rz. 271.
6 *Haupt* in Meyer/Veil/Rönnau, Handbuch zum Marktmissbrauchsrecht, § 17 Rz. 34 ff.; *Klöhn* in Klöhn, Art. 5 MAR Rz. 41; zur entsprechenden Norm bei den Stabilisierungsmaßnahmen *Feuring/Berrar* in Habersack/Mülbert/Schlitt, Unternehmensfinanzierung am Kapitalmarkt, Rz. 39.42 ff.
7 Entgegen des dortigen Erwägungsgrund (7) ist die Öffentlichkeit also nicht bloß „erforderlichenfalls" zu unterrichten, sondern stets.

Unterrichtung der zuständigen staatlichen Stellen („Behördenpublizität") erforderlich[1]. Die Bekanntgabe muss wo möglich unter Verwendung des amtlich bestellten Systems gem. Art. 21 RL 2004/109/EG (Transparenz-Richtlinie) erfolgen[2]. „Amtlich bestelltes System" ist in Deutschland das **Unternehmensregister (§ 8b HGB)**[3], dem die entsprechenden Informationen ebenfalls zuzuleiten sind. Eine Bekanntgabe auf der Website des Emittenten ist nicht zwingend erforderlich[4], kann aber freiwillig erfolgen. Zur Sprachenfrage s. Art. 20 RL 2004/109/EG bzw. § 3b WpAIV[5]. Hinsichtlich der angemessenen Bekanntgabe besteht ebenfalls weitestgehend Kontinuität zu der Rechtslage vor Inkrafttreten der MAR. Zwar musste ursprünglich gem. Art. 2 Nr. 5 DurchfVO Nr. 2273/2003 eine angemessene Bekanntgabe den Anforderungen der Art. 102 Abs. 1 und 103 RL 2001/34/EG (Kapitalmarktpublizitäts-Richtlinie)[6] genügen. An deren Stelle war aber bereits vor Inkrafttreten der MAR die Transparenz-Richtlinie[7] (RL 2004/109/EG) getreten[8].

47 Nach Art. 2 Abs. 1 Unterabs. 2 DelVO 2016/1052 hat der Emittent zudem eine angemessene Bekanntgabe **nachfolgender Änderungen** beim Programm und bei den Informationen, die bereits gem. Art. 2 Abs. 1 Unterabs. 1 DelVO 2016/1052 veröffentlicht wurden (Rz. 45), zu gewährleisten[9]. Spätere Änderungen müssen damit ebenfalls öffentlich bekannt gemacht werden. Solche sind insbesondere der Abbruch oder die Aussetzung eines Rückkaufprogrammes, nicht hingegen das planmäßige Auslaufen. Die Präzisierung nach Art. 2 Abs. 1 Unterabs. 2 DelVO 2016/1052 ist insofern problematisch, als Art. 5 Abs. 1 lit. a VO Nr. 596/2014 ausdrücklich von Offenlegungen *vor* dem Beginn des Handels spricht und die Auferlegung nachfolgender Pflichten daher keine Präzisierung oder Konkretisierung der entsprechenden Vorschrift mehr darstellt.

48 **bb) Meldung und öffentliche Bekanntgabe der Abschlüsse (Art. 5 Abs. 1 lit. b, Abs. 3 VO Nr. 596/2014).** Weitere Voraussetzung dafür, um in den Genuss der Ausnahme für Rückkaufprogramme zu kommen, ist die **Meldung der Abschlüsse an die zuständige Behörde** des Handelsplatzes gem. Art. 5 Abs. 3 VO Nr. 596/2014 als Teil des Rückkaufprogramms und deren anschließende öffentliche Bekanntgabe[10]. Nach Art. 5 Abs. 3 VO Nr. 596/2014 muss der Emittent der zuständigen Behörde des Handelsplatzes, an dem seine Aktien zum Handel zugelassen wurden bzw. gehandelt werden, jedes mit Rückkaufprogrammen zusammenhängende Geschäft, einschließlich der in Art. 25 Abs. 1 und Abs. 2 und Art. 26 Abs. 1, 2 und 3 VO Nr. 600/2014 (**MiFIR**) genannten Informationen, melden[11]. Die Meldung muss gegenüber allen zuständigen Behörden aller Handelsplätze erfolgen, an denen die Aktien des Emittenten zum Handel zugelassen sind[12]. Meldepflichtige sehen sich insofern ggf. mit Unterschieden in der jeweiligen Aufsichtspraxis konfrontiert[13]. Hinsichtlich Art und Zeitpunkt der Meldung sieht Art. 2 Abs. 2 Satz 2 DelVO 2016/1052 weitere Präzisierungen vor. So müssen spätestens am **Ende des siebten Handelstags** nach dem Tag der Ausführung des Geschäfts alle mit dem Rückkaufprogramm zusammenhängenden Geschäfte in **detaillierter Form** sowie in **aggregierter Form gemeldet** werden[14]. Diese zusammenfassende Meldung dient einer besseren Verständlichkeit der Informationen[15]. Die Vorschrift bezieht sich auf „alle"

---

1 *Haupt* in Meyer/Veil/Rönnau, Handbuch zum Marktmissbrauchsrecht, § 17 Rz. 44.
2 *Klöhn* in Klöhn, Art. 5 MAR Rz. 41; weniger streng *Haupt* in Meyer/Veil/Rönnau, Handbuch zum Marktmissbrauchsrecht, § 17 Rz. 39 („kann"). Um dem erweiterten Anwendungsbereich der MAR gegenüber der MAD mit Blick auf Aktien, die auf alternativen Handelsplattformen gehandelt werden, gerecht zu werden, verweist die ESMA im Übrigen auf Art. 17 Abs. 1 VO Nr. 596/2014 und die dazu zu entwickelnden Technischen Durchführungsstandards nach Art. 17 Abs. 10 MAR (ESMA, Final Report, Draft technical standards on the Market Abuse Regulation, 28 September 2015, ESMA/2015/1455, S. 13, S. 13 f.).
3 Dazu nur *Hopt* in Baumbach/Hopt, § 8b HGB Rz. 1.
4 *Klöhn* in Klöhn, Art. 5 MAR Rz. 41; zu Stabilisierungsmaßnahmen *Feuring/Berrar* in Habersack/Mülbert/Schlitt, Unternehmensfinanzierung am Kapitalmarkt, Rz. 39.44.
5 So auch *Haupt* in Meyer/Veil/Rönnau, Handbuch zum Marktmissbrauchsrecht, § 17 Rz. 43; *Klöhn* in Klöhn, Art. 5 MAR Rz. 42.
6 Richtlinie 2001/34/EG des Europäischen Parlaments und des Rates vom 28. Mai 2001 über die Zulassung von Wertpapieren zur amtlichen Börsennotierung und über die hinsichtlich dieser Wertpapiere zu veröffentlichenden Informationen, ABl. EG Nr. L 184 v. 6.7.2001, S. 1.
7 Richtlinie 2004/109/EG des Europäischen Parlaments und des Rates vom 15. Dezember 2004 zur Harmonisierung der Transparenzanforderungen in Bezug auf Informationen über Emittenten (…), ABl. EG Nr. L 390 v. 31.12.2004, S. 38.
8 *de Schmidt* in Just/Voß/Ritz/Becker, § 20a WpHG Rz. 271.
9 *Klöhn* in Klöhn, Art. 5 MAR Rz. 39.
10 *Klöhn* in Klöhn, Art. 5 MAR Rz. 43 ff.; *Haupt* in Meyer/Veil/Rönnau, Handbuch zum Marktmissbrauchsrecht, § 17 Rz. 45 ff.
11 *Klöhn* in Klöhn, Art. 5 MAR Rz. 46; *Haupt* in Meyer/Veil/Rönnau, Handbuch zum Marktmissbrauchsrecht, § 17 Rz. 57 ff. *Haupt* weist zutreffend darauf hin, dass der Verweis auf die MiFIR bis zum 3.1.2018 als solcher auf die MiFID I zu lesen war (Art. 39 Abs. 4 VO Nr. 596/2014).
12 *Klöhn* in Klöhn, Art. 5 MAR Rz. 49.
13 *Haupt* in Meyer/Veil/Rönnau, Handbuch zum Marktmissbrauchsrecht, § 17 Rz. 68 f., der allerdings lediglich von unterschiedlicher Terminologie spricht.
14 *Haupt* in Meyer/Veil/Rönnau, Handbuch zum Marktmissbrauchsrecht, § 17 Rz. 62 ff.; *Hopt/Kumpan* in Schimansky/Bunte/Lwowski, Bankrechts-Handbuch, § 107 Rz. 38; *Klöhn* in Klöhn, Art. 5 MAR Rz. 47 f.
15 ESMA, Final Report, Draft technical standards on the Market Abuse Regulation, 28 September 2015, ESMA/2015/1455, S. 14.

in Ausführung des Rückkaufprogrammes getätigten Transaktionen. Das bedeutet aber nicht, dass die Siebentagesfrist erst mit Ausführung der letzten Transaktion zu laufen beginnt. Nach Sinn und Zweck des Transparenzerfordernisses müssen die an einem Handelstag jeweils getätigten Transaktionen spätestens am Ende des siebten Handelstages danach bekannt gegeben werden[1]. Entscheidend für die erste erforderliche Meldung ist deshalb der Zeitpunkt des ersten Geschäfts, das in Ausführung des Rückkaufprogramms vorgenommen wird. In der Folge müssen ggf. weitere Meldungen vorgenommen werden[2]. Bei der zusammenfassenden Meldung sind das aggregierte Volumen und der gewichtete Durchschnittskurs pro Tag und pro Handelsplatz anzugeben (Art. 2 Abs. 2 Satz 3 DelVO 2016/1052). Die BaFin stellt auf ihrer Website ein Formular in Form einer Excel-Datei für die Meldung der laufenden Abschlüsse bereit[3]. Die Meldung als solche kann dann über das **MVP-Portal der BaFin** über das „Fachverfahren für Aktienrückkaufprogramme (und Stabilisierungsmaßnahmen)" erfolgen[4].

Nach Art. 2 Abs. 2 Satz 1 DelVO 2016/1052 muss der Emittent über **Mechanismen** verfügt, die ihm die **Erfüllung der Meldepflichten** gegenüber der zuständigen Behörde und die Erfassung aller mit einem Rückkaufprogramm zusammenhängenden Geschäfte **ermöglichen**, wozu auch die in Art. 5 Abs. 3 VO Nr. 596/2014 genannten Informationen (Rz. 48) gehören[5]. Die Meldepflichten sind also, ebenso wie die entsprechenden Compliancepflichten, **unmittelbar an die Emittenten** selbst **adressiert**[6]. Dass es in der Praxis zumeist Wertpapierfirmen sind, die die Meldungen für den jeweiligen Emittenten vornehmen, ändert nichts daran, dass die MAR und die DelVO 2016/1052 den Emittenten selbst verpflichten. Jedoch kann der Emittent seiner Pflicht auch nachkommen, indem er die entsprechenden Meldungen durch eine Wertpapierfirma vornehmen lässt[7]. Ein Verstoß gegen diese Compliancepflichten führt bei einer gleichwohl ordnungsgemäßen Meldung nicht zum Wegfall des *safe harbour* des Art. 5 Abs. 1 VO Nr. 596/2014, was schon daraus folgt, dass die DelVO 2016/1052 als technischer Regulierungsstandard keine zusätzlichen Voraussetzungen aufstellen kann, die über eine Normkonkretisierung hinausgehen[8]. 49

Neben der Meldung an die zuständige Behörde muss der Emittent für eine anschließende **öffentliche Bekanntgabe der Abschlüsse** im Rahmen eines Rückkaufprogramms sorgen. Art. 2 Abs. 3 DelVO 2016/1052 präzisiert, dass der Emittent gewährleisten muss, dass die in Art. 2 Abs. 2 DelVO 2016/1052 genannten Informationen (Rz. 48) zu den mit Rückkaufprogrammen zusammenhängenden Geschäften spätestens am **Ende des siebten Handelstags** nach dem Tag der Ausführung solcher Geschäfte **angemessen bekanntgegeben** werden[9]. Im Gegensatz zur Rechtslage vor Inkrafttreten der MAR verlangt Art. 2 Abs. 2 DelVO 2016/1052 jetzt ausdrücklich eine „angemessene Bekanntmachung". Art. 4 Abs. 4 DurchfVO Nr. 2273/2003 sah dies nicht ausdrücklich vor, was ein Redaktionsversehen gewesen sein dürfte[10]. Für die Anforderungen an eine angemessene Bekanntgabe s. Rz. 46. Darüber hinaus muss der Emittent die bekanntgegebenen Geschäfte auf seiner **Website veröffentlichen** und dafür sorgen, dass die Informationen ab dem Tag der angemessenen Bekanntgabe mindestens fünf Jahre öffentlich zugänglich bleiben[11]. Sowohl die zuständigen Behörden als auch die Öffentlichkeit sollen mit denselben Informationen in Bezug auf die Transaktionen, die während des Rückkaufprogramms durchgeführt werden, versorgt werden[12]. Dies soll die Transparenz steigern und die Investoren mit einem vollständigeren Bild über die ausgeführten Transaktionen versorgen[13]. 50

---

1 So auch (zur Rechtslage vor der MAR) *de Schmidt* in Just/Voß/Ritz/Becker, § 20a WpHG Rz. 274; *Schwark* in Schwark/Zimmer, § 20a WpHG Rz. 90.
2 Vgl. *de Schmidt* in Just/Voß/Ritz/Becker, § 20a WpHG Rz. 274.
3 Abrufbar unter: https://www.bafin.de/SharedDocs/Downloads/DE/Merkblatt/WA/dl_wa_Vorlage_fuer_Transaktionsmeldungen_Rueckkaufprogramm_WA23.html; dazu *Haupt* in Meyer/Veil/Rönnau, Handbuch zum Marktmissbrauchsrecht, § 17 Rz. 65.
4 *Haupt* in Meyer/Veil/Rönnau, Handbuch zum Marktmissbrauchsrecht, § 17 Rz. 73.
5 *Hopt/Kumpan* in Schimansky/Bunte/Lwowski, Bankrechts-Handbuch, § 107 Rz. 38; *Klöhn* in Klöhn, Art. 5 MAR Rz. 51; *Sorgenfrei/Saliger* in Park, Kapitalmarktstrafrecht, Kap. 6.1. Rz. 267. Zuvor bereits Art. 4 Abs. 3 DurchfVO Nr. 2273/2003. S. dazu nur *de Schmidt* in Just/Voß/Ritz/Becker, § 20a WpHG Rz. 272.
6 Zur Rechtslage unter der DurchfVO Nr. 2273/2003 war demgegenüber anerkannt, dass die parallelen Vorschriften unmittelbar Wertpapierfirmen betrafen, nicht aber Emittenten als solche. Die h.A. ging davon aus, dass den Emittenten nur eine Aufzeichnungspflicht traf, während die eigentliche Meldepflicht nur einer ggf. mit der Durchführung des Rückkaufprogrammes betrauten Wertpapierfirma oblag. Dazu *Leppert/Stürwald*, ZBB 2004, 302, 307; *Mock* in Köln-Komm. WpHG, § 20a WpHG Anh. II – Art. 4 VO Nr. 2273/2003 Rz. 17; *Singhof/Weber*, AG 2005, 549, 557; **a.A.** *de Schmidt* in Just/Voß/Ritz/Becker, § 20a WpHG Rz. 272 der von einer Meldepflicht des Emittenten ausgeht, der dieser aber auch durch eine Übertragung auf die Wertpapierfirma nachkommen kann.
7 Vgl. *de Schmidt* in Just/Voß/Ritz/Becker, § 20a WpHG Rz. 272.
8 *Klöhn* in Klöhn, Art. 5 MAR Rz. 51.
9 *Haupt* in Meyer/Veil/Rönnau, Handbuch zum Marktmissbrauchsrecht, § 17 Rz. 74 f.; *Klöhn* in Klöhn, Art. 5 MAR Rz. 50.
10 *Leppert/Stürwald*, ZBB 2004, 302, 306 f.; *Singhof/Weber*, AG 2005, 549, 558.
11 *Hopt/Kumpan* in Schimansky/Bunte/Lwowski, Bankrechts-Handbuch, § 107 Rz. 38.
12 ESMA, Final Report, Draft technical standards on the Market Abuse Regulation, 28 September 2015, ESMA/2015/1455, S. 14.
13 ESMA, Final Report, Draft technical standards on the Market Abuse Regulation, 28 September 2015, ESMA/2015/1455, S. 14.

51 Art. 5 Abs. 3 VO Nr. 596/2014 spricht davon, dass der Emittent der für den Handelsplatz zuständigen Behörde jedes mit Rückkaufprogrammen zusammenhängende Geschäft, einschließlich der in **Art. 25 Abs. 1 und 2 und Art. 26 Abs. 1, 2 und 3 VO Nr. 600/2014 (MiFIR)** genannten Informationen melden muss. Ob den Emittenten auch die entsprechend in Bezug genommene Aufzeichnungspflicht trifft[1], bleibt insoweit unklar. Deutlicher in dieser Hinsicht ist Art. 6 Abs. 4 Satz 1 DelVO 2016/1052 für Stabilisierungsmaßnahmen (Rz. 94). Danach müssen Unternehmen, die Stabilisierungsmaßnahme durchführen, um der Mitteilungspflicht nach Art. 5 Abs. 5 VO Nr. 596/2014 nachzukommen, alle Kursstabilisierungsaufträge und -transaktionen bei Wertpapieren und verbundenen Instrumenten entsprechend Art. 25 Abs. 1 sowie Art. 26 Abs. 1, 2 und 3 VO Nr. 600/2014 aufzeichnen. Richtigerweise trifft den Emittenten auch vorliegend eine Pflicht zur Aufzeichnung entsprechend Art. 25 VO Nr. 600/2014. Andernfalls wäre nicht gewährleistet, dass die entsprechenden Informationen auch gemeldet werden.

52 cc) **Einhaltung angemessener Grenzen beim Handel (Art. 5 Abs. 1 lit. c VO Nr. 596/2014).** Gem. Art. 5 Abs. 1 lit. c VO Nr. 596/2014 sind beim Handel mit eigenen Aktien im Rahmen von Rückkaufprogrammen in Bezug auf den Kurs und das Volumen angemessene Grenzen einzuhalten. Präzisiert werden die Anforderungen an angemessene Grenzen für den Kurs durch Art. 3 Abs. 2 DelVO 2016/1052 und an diejenigen für das Volumen durch Art. 3 Abs. 3 DelVO 2016/1052. Diese Vorgaben sollen verhindern, dass durch den Erwerb eigener Aktien deren Preis künstlich nach oben getrieben wird, sei es durch über dem Marktpreis liegende Rückkauforders oder durch erhebliche Rückkaufvolumina, die das Angebot verknappen und so den Preis treiben[2]. Mit einer einmaligen Überschreitung fällt allerdings nicht etwa das gesamte Rückkaufprogramm aus dem Anwendungsbereich des *safe harbour* heraus. Vielmehr hat eine solche lediglich zur Folge, dass die jeweilige Rückerwerbstransaktion einen Verstoß gegen Art. 14 bzw. Art. 15 VO Nr. 596/2014 bedeuten kann[3].

53 Die **angemessene Grenze in Bezug auf den Kurs** präzisiert Art. 3 Abs. 2 DelVO 2016/1052 dahingehend, dass ein Emittent bei Geschäften im Rahmen eines Rückkaufprogramms die Aktien nicht zu einem Kurs erwerben darf, der über dem des letzten unabhängig getätigten Abschlusses oder (sollte dieser höher sein) über dem des derzeit höchsten unabhängigen Angebots – gemeint ist Kaufangebot[4] – auf dem Handelsplatz, auf dem der Kauf stattfindet, liegt[5]. Letzteres ist dann bedeutsam, wenn die Aktien auf unterschiedlichen Handelsplätzen gehandelt werden. Maßgeblicher Bezugspunkt ist dann immer derjenige Handelsplatz, auf dem die entsprechende Transaktion stattfindet[6]. Der deutsche Wortlaut wirft die Frage auf, ob sich das Wort „dieser" in der Klammer auf den Abschluss oder das Angebot bezieht und ist wie schon die parallele Frage zum früheren Art. 5 DurchfVO Nr. 2273/2003[7] im zuerst genannten Sinne zu entscheiden[8]: Liegt z.B. der letzte Abschluss bei 100, das derzeit höchste Kaufangebot aber bei 90, weil mittlerweile negativ kursbeeinflussende Informationen bekannt geworden sind, würde es dem Sinn und Zweck des Art. 5 VO Nr. 596/2014 widersprechen, einen Rückkauf zu 100 zuzulassen; der Rückkauf darf mithin 90 nicht überschreiten. Soweit man der Auffassung ist, dass der Wortlaut – auch anderer Sprachfassungen – dieser Auslegung entgegensteht[9], ist zumindest eine teleologische Reduktion der Norm angezeigt. Abschlüsse und Angebote sind dann unabhängig, wenn an ihnen weder der Emittent noch für seine Rechnung handelnde Personen unmittelbar oder mittelbar beteiligt sind, wobei lediglich unabhängige Kauforders, nicht hingegen unabhängige Verkaufsorders maßgeblich sind[10].

54 Hinsichtlich der Einhaltung **angemessener Grenzen in Bezug auf das Volumen** präzisiert Art. 3 Abs. 3 Satz 1 DelVO 2016/1052, dass Emittenten, wenn sie Geschäfte im Rahmen eines Rückkaufprogramms tätigen, an einem Handelstag nicht mehr als **25 % des durchschnittlichen täglichen Aktienumsatzes** auf dem Handelsplatz, auf dem der Kauf erfolgt, erwerben dürfen. Durch das Abstellen auf den durchschnittlichen Tagesumsatz, statt auf die Gesamtmenge der verfügbaren Aktien, besteht die Möglichkeit, dass die zulässige Höchstgrenze bei sehr liquiden Aktien sogar über der Gesamtmenge aller verfügbaren Aktien liegen kann[11]. Diese theoretische Möglichkeit ist aber in der Berechnungsgrundlage angelegt und daher hinzunehmen. Für die Berechnung des durchschnittlichen Tagesumsatzes auf Basis durchschnittlichen täglichen Handelsvolumen stellt Art. 3 Abs. 3 Satz 2 DelVO 2016/1052 zwei alternative Beurteilungszeiträume zur Wahl[12]. Der Emittent kann den Beurteilungszeitraum bei

---

1 So *Grundmann* in Staub, HGB, Bankvertragsrecht 2, 5. Aufl. 2017, 6. Teil, 3. Abschnitt, B Rz. 322.
2 Vgl. *Mock* in KölnKomm. WpHG, § 20a WpHG Anh. II – Art. 5 VO Nr. 2273/2003 Rz. 1; *de Schmidt* in Just/Voß/Ritz/Becker, § 20a WpHG Rz. 275.
3 Vgl. *Tountopoulos*, EWS 2012, 499, 455 in Auseinandersetzung mit der gegenteiligen Auffassung der griechischen Kapitalmarktkommission.
4 Vgl. zur alten Rechtslage: *Singhof/Weber*, AG 2005, 549, 558.
5 *Haupt* in Meyer/Veil/Rönnau, Handbuch zum Marktmissbrauchsrecht, § 17 Rz. 88; *Klöhn* in Klöhn, Art. 5 MAR Rz. 53.
6 Vgl. *de Schmidt* in Just/Voß/Ritz/Becker, § 20a WpHG Rz. 276.
7 Zutreffend *Mock* in KölnKomm. WpHG, § 20a WpHG Anh. II – Art. 5 VO Nr. 2273/2003 Rz. 2; a.A. *Singhof/Weber*, AG 2005, 549, 558.
8 A.A. *Klöhn* in Klöhn, Art. 5 MAR Rz. 56.
9 *Klöhn* in Klöhn, Art. 5 MAR Rz. 56 unter Verweis auf die englische und die französische Sprachfassung.
10 Vgl. *Fleischer* in Fuchs, § 20a WpHG Rz. 103.
11 *Klöhn* in Klöhn, Art. 5 MAR Rz. 58.
12 *Haupt* in Meyer/Veil/Rönnau, Handbuch zum Marktmissbrauchsrecht, § 17 Rz. 91 ff.

Bekanntgabe („Veröffentlichung") des Rückkaufprogrammes für dessen genehmigte Dauer auf den Monat vor dem Monat, in dem die laut Art. 2 Abs. 1 DelVO 2016/1052 geforderte Bekanntgabe erfolgt, festlegen (Art. 3 Abs. 3 Unterabs. 2 lit. a DelVO 2016/1052). Trifft er keine entsprechende vorhergehende Festlegung, ist für jeden Kauf das durchschnittliche tägliche Handelsvolumen der letzten 20 Börsentage (Handelstage) vor dem Kaufertermin maßgeblich (Art. 3 Abs. 3 Unterabs. 2 lit. b DelVO 2016/1052). Der erste Modus ist weniger aufwendig, weil das Volumen nur einmal berechnet werden muss, und kann sich empfehlen, wenn der Emittent damit rechnet, dass die Tagesvolumina während der Laufzeit des Rückkaufprogrammes sinken; der zweite Modus ist aufwendiger, weil das Volumen von Tag zu Tag neu berechnet werden muss, kann sich aber empfehlen, wenn der Emittent mit steigenden Tagesvolumina rechnet und/oder sich mehr Flexibilität bewahren will[1]. Zudem kann sich die Berechnungsmethode bei illiquiden Wertpapieren anbieten[2]. Der außerbörsliche Rückkauf eigener Aktien insbesondere von einzelnen Aktionären (sog. *negotiated repurchase*) ist von der Volumenbegrenzung nicht erfasst[3].

Nach neuem Recht gibt es **keine Ausnahme von der 25 %-Schwelle**[4]. Zur Begründung führt die ESMA in ihrem finalen Report zur DelVO 2016/1052 aus, dass die vormalige 50 %-Ausnahme bei außerordentlich niedriger Liquidität auf dem betreffenden Markt[5] nur in sehr wenigen Fällen Anwendung gefunden habe[6]. Lediglich eine zuständige Behörde habe Fälle extrem niedriger Liquidität gemeldet, die eine Anwendung der Ausnahmeregelung gerechtfertigt hatten[7].

c) **Legitime Zwecke des Rückkaufprogramms (Art. 5 Abs. 1 lit. d, Abs. 2 VO Nr. 596/2014).** In den Schutzbereich des *safe harbour* fallen gem. **Art. 5 Abs. 2 VO Nr. 596/2014** nur solche Rückkaufprogramme, die **ausschließlich** einem in Art. 5 Abs. 2 VO Nr. 596/2014 abschließend[8] aufgezählten **Zweck dienen**[9]. Über den Wortlaut hinaus ist es auch zulässig, dass ein Rückkaufprogramm zwei oder gar allen drei genannten Zwecken gleichzeitig dient. Die Anforderungen an den **Nachweis** einer Zwecksetzung wird durch die MAR und die DelVO 2016/1052 nicht ausdrücklich vorgegeben. Bei den zulässigen Zwecken im Rahmen des Art. 5 Abs. 2 VO Nr. 596/2014 werden sich insoweit aber regelmäßig keine Probleme ergeben[10]. So können etwa die Beschlüsse des zuständigen Gesellschaftsorgans und die Verträge über die Mitarbeiterbeteiligungsprogramme oder die Schuldtitel oder aber der Beschluss über die Einziehung der eigenen Aktien vorgelegt werden. Die Dokumentation darüber ist zwar von der MAR nicht ausdrücklich gefordert. Den Marktteilnehmern ist zu einer solchen aber dringend zu raten, damit sie einen zweifelsfreien Nachweis für die Erfüllung der Voraussetzungen erbringen zu können. Werden die legitimen Zwecke in betrügerischer Absicht vorgeschoben, können sich Marktteilnehmer freilich nicht auf die formelle Zweckverfolgung berufen[11].

Nicht in den Schutzbereich des *safe harbour* einbezogen sind Rückkaufprogramme, die nur oder jedenfalls auch anderen Zwecken dienen[12], etwa Schaden von der Gesellschaft abzuwenden (vgl. § 71 Abs. 1 Satz 1 Nr. 1 AktG), einem Kreditinstitut oder Finanzdienstleistungsunternehmen Wertpapierhandel zu ermöglichen (vgl. § 71 Abs. 1 Satz 1 Nr. 7 AktG), anlassbezogene Kurspflege zu betreiben (vgl. § 71 Abs. 1 Satz 1 Nr. 8 AktG), oder

---

1 Deshalb empfohlen von *Fleischer* in Fuchs, § 20a WpHG Rz. 104; *Geber/zur Megede*, BB 2005, 1861, 1864; *Singhof/Weber*, AG 2005, 549, 558 f.
2 Vgl. *de Schmidt* in Just/Voß/Ritz/Becker, § 20a WpHG Rz. 278.
3 Vgl. *Mock* in KölnKomm. WpHG, § 20a WpHG Anh. II – Art. 5 VO Nr. 2273/2003 Rz. 15.
4 *Sorgenfrei/Saliger* in Park, Kapitalmarktstrafrecht, Kap. 6.1. Rz. 270.
5 Unter der Geltung des Art. 5 Abs. 3 DurchfVO Nr. 2273/2003 konnte der Emittent bei außerordentlich niedriger Liquidität auf dem betreffenden Markt die 25 %-Schwelle bis zu einem Volumen von 50 % des – entsprechend Art. 5 Abs. 2 Satz 2, 3 DurchfVO Nr. 2273/2003/EG zu berechnenden – durchschnittlichen Tagesvolumens überschreiten, vorausgesetzt, er teilte die diesbezügliche Absicht der zuständigen Behörde (Bundesanstalt) vorab mit und gab in angemessener Weise dem Publikum bekannt, dass er die 25 %-Schwelle unter Umständen überschreiten werde (Art. 5 Abs. 3 DurchfVO Nr. 2273/2003).
6 ESMA, Final Report, Draft technical standards on the Market Abuse Regulation, 28 September 2015, ESMA/2015/1455, S. 16.
7 ESMA, Final Report, Draft technical standards on the Market Abuse Regulation, 28 September 2015, ESMA/2015/1455, S. 16.
8 *Haupt* in Meyer/Veil/Rönnau, Handbuch zum Marktmissbrauchsrecht, § 17 Rz. 96; *Klöhn* in Klöhn, Art. 5 MAR Rz. 31; vgl. zum alten Recht *Fleischer* in Fuchs, § 20a WpHG Rz. 96; *de Schmidt* in Just/Voß/Ritz/Becker, § 20a WpHG Rz. 266; *Sorgenfrei* in Park, Kapitalmarktstrafrecht, 3. Aufl. 2013, § 39 WpHG Rz. 227, jeweils zu Art. 3 DurchfVO Nr. 2273/2003.
9 *Klöhn* in Klöhn, Art. 5 MAR Rz. 31 f.; *Grundmann* in Staub, HGB, Bankvertragsrecht 2, 5. Aufl. 2017, 6. Teil, 3. Abschnitt, B Rz. 323; *Hopt/Kumpan* in Schimansky/Bunte/Lwowski, Bankrechts-Handbuch, § 107 Rz. 38; *Sorgenfrei/Saliger* in Park, Kapitalmarktstrafrecht, Kap. 6.1. Rz. 262; *Mock* in Ventoruzzo/Mock, Market Abuse Regulation, Article 5 Rz. B.5.25; vgl. *Fleischer* in Fuchs, § 20a WpHG Rz. 96; *de Schmidt* in Just/Voß/Ritz/Becker, § 20a WpHG Rz. 267, jeweils zu Art. 3 DurchfVO Nr. 2273/2003. Kritisch zu der Begrenzung *Mock* in KölnKomm. WpHG, § 20a WpHG Anh. II – Art. 3 VO Nr. 2273/2003 Rz. 10 ff.
10 Vgl. *Mock* in KölnKomm. WpHG, § 20a WpHG Anh. II – Art. 3 VO Nr. 2273/2003 Rz. 16.
11 *Tountopoulos*, EWS 2012, 449, 453 f.; unter zutreffendem Verweis auf die ständige Rechtsprechung des EuGH, wonach die betrügerische oder missbräuchliche Berufung auf die Normen des Unionsrechts nicht gestattet ist.
12 *Klöhn* in Klöhn, Art. 5 MAR Rz. 35; *Sorgenfrei/Saliger* in Park, Kapitalmarktstrafrecht, Kap. 6.1. Rz. 262.

eine Übernahme abzuwenden (vgl. § 33 WpÜG). Auch **verbietet sich** eine **analoge Anwendung** auf andere Zwecke, da keine planwidrige Regelungslücke besteht[1]. Freilich ist in derartigen Fällen zugleich zu bedenken, dass das Verlassen des *safe harbour* nicht *per se* bedeutet, dass eine Marktmanipulation vorliegt. Vielmehr ist dann – unabhängig von einer Erfüllung aller Verfahrensvorgaben der DelVO 2016/1052 – im Einzelfall zu prüfen, ob ein Verstoß gegen Art. 14 oder 15 VO Nr. 596/2014 gegeben ist. Für den Marktteilnehmer ist ein entsprechendes Vorgehen deshalb mit erheblichen Rechtsunsicherheiten verbunden. Dazu noch Rz. 108 ff.

58 aa) **Reduzierung des Kapitals eines Emittenten.** Bei der **Kapitalherabsetzung** handelt es sich um einen anerkannten Zweck für ein Rückkaufprogramm. Unbeachtlich ist dabei, ob die Kapitalherabsetzung durch Herabsetzung der Zahl oder des Werts der Aktien erfolgt. Aktienrechtlich richtet sich eine Kapitalherabsetzung in Deutschland nach den Vorgaben der §§ 222 ff. AktG. Im Zusammenhang mit dem Rückerwerb eigener Aktien ist nur die Kapitalherabsetzung durch Reduzierung der Zahl der Aktien im Wege der **Einziehung nach § 237 Abs. 1 Satz 1 AktG** relevant (der Erwerb zwecks Einziehung ist gem. § 71 Abs. 1 Nr. 6 AktG zulässig)[2], was einen entsprechenden Hauptversammlungsbeschluss voraussetzt (§ 237 Abs. 2 Satz 1, Abs. 4 AktG)[3]. Eine Kapitalherabsetzung durch Herabsetzung des Nennbetrags und damit durch Reduzierung des Werts der Aktie im Rahmen einer ordentlichen oder vereinfachten Kapitalherabsetzung spielt im Zusammenhang mit dem Rückerwerb eigener Aktien demgegenüber keine Rolle.

59 bb) **Erfüllung der aus einem Schuldtitel entstehenden Verpflichtungen, die in Eigenkapital umgewandelt werden können.** Das Rückkaufprogramm kann auch dem Zweck dienen, die aus einem Schuldtitel entstehenden Verpflichtung zu erfüllen, die in Beteiligungskapital umgewandelt werden können (Art. 5 Abs. 2 lit. b VO Nr. 596/2014). Der Begriff der Schuldtitel (*debt financial instruments*) ist weder in der MAR noch in der DelVO 2016/1052 legal definiert. Allgemein werden unter Schuldtiteln alle standardisierten und an den Finanzmärkten handelbaren schuldrechtlichen Ansprüche mit vermögensrechtlichem Inhalt verstanden[4]. Nach § 2 Abs. 1 Nr. 3 WpHG fallen unter den Begriff des Schuldtitels insbesondere Genussscheine, Inhaberschuldverschreibungen, Orderschuldverschreibungen sowie Zertifikate, die Schuldtitel vertreten, sowie sonstige Wertpapiere, die zum Erwerb oder zur Veräußerung von Wertpapieren nach den § 2 Abs. 1 Nr. 1 und 2 WpHG berechtigen oder zu einer Barzahlung führen, die in Abhängigkeit von Wertpapieren, von Währungen, Zinssätzen oder anderen Erträgen, von Waren, Indices oder Messgrößen bestimmt wird (näher § 2 WpHG Rz. 25 ff.). Der Schuldtitel muss nach Art. 5 Abs. 2 lit. b VO Nr. 596/2014 gerade in Beteiligungskapital umgewandelt werden können. Beteiligungskapital meint die Aktien des konkreten Unternehmens, das das Rückkaufprogramm durchführt[5]. In Deutschland kommen als entsprechende Schuldtitel insbesondere **Wandel- und Optionsanleihen** nach § 221 Abs. 1 AktG[6] sowie Wandlungs- und Optionsgewinnschuldverschreibungen in Betracht[7]. Die Bedienung von Wandel- und Optionsanleihen mit eigenen Aktien ist gesellschaftsrechtlich zulässig und eine praktikable Möglichkeit der Absicherung entsprechender Ansprüche[8]. Die Bedienung von Wandel- und Optionsanleihen ist auch ein zulässiger Erwerbszweck im Rahmen einer Ermächtigung nach § 71 Abs. 1 Nr. 8 AktG[9]. Sie erfordert aber notwendigerweise einen Ausschluss des Bezugsrechts der Aktionäre[10], der schon im Ermächtigungsbeschluss zum Rückerwerb eigener Aktien durch die Hauptversammlung vorgesehen werden sollte[11].

60 **Nicht genügend** ist zum einen die Bedienung von Verpflichtungen, die nicht aus Schuldtiteln herrühren. Das betrifft insbesondere sog. *naked warrants*, mithin Optionsrechte, die nicht mit einer Anleihe verbunden werden[12]. Gleiches gilt für Schuldtitel, die kein unmittelbares Recht auf Beteiligungskapital, sondern nur ein Bezugsrecht oder einen Zahlungsanspruch gewähren[13]. Nicht erfasst sind deshalb auch sog. Huckepack-Emissionen[14].

---

1 *Klöhn* in Klöhn, Art. 5 MAR Rz. 35; vgl. Zum alten Recht BaFin, Emittentenleitfaden 2013, S. 39; *Mock* in KölnKomm. WpHG, § 20a WpHG Anh. II – Art. 3 VO Nr. 2273/2003 Rz. 10; **a.A.** *Singhof* in Habersack/Mülbert/Schlitt, Hdb. der Kapitalmarktinformation, § 21 Rz. 17; *Schanze* in FS Nobel, 2005, S. 999, 1025; tendenziell auch *Vogel* in 6. Aufl., § 20a WpHG Rz. 252; *Oechsler* in GS Wolf, 2011, S. 291, 297 f.
2 *Klöhn* in Klöhn, Art. 5 MAR Rz. 32; vgl. *Mock* in KölnKomm. WpHG, § 20a WpHG Anh. II – Art. 3 VO Nr. 2273/2003 Rz. 3;.
3 Dazu nur *Hüffer/Koch*, § 237 AktG Rz. 2.
4 *Kumpan* in Schwark/Zimmer, § 2 WpHG Rz. 23.
5 Vgl. *Mock* in KölnKomm. WpHG, § 20a WpHG Anh. II – Art. 3 VO Nr. 2273/2003 Rz. 7.
6 Vgl. *Mock* in KölnKomm. WpHG, § 20a WpHG Anh. II – Art. 3 VO Nr. 2273/2003 Rz. 6.
7 Vgl. *Mock* in KölnKomm. WpHG, § 20a WpHG Anh. II – Art. 3 VO Nr. 2273/2003 Rz. 6. Zu Wandlungs- und Optionsgewinnschuldverschreibungen bzw. Wandlungs- und Optionsgenussrechte nur *Habersack* in MünchKomm. AktG, 4. Aufl. 2016, § 221 AktG Rz. 59.
8 *Seiler* in Spindler/Stilz, § 221 AktG Rz. 79 f.; *Hüffer/Koch*, § 221 AktG Rz. 59; *Hirte* in Großkomm. AktG, 4. Aufl. 2012, § 221 AktG Rz. 162.
9 *Hüffer/Koch*, § 221 AktG Rz. 59.
10 *Seiler* in Spindler/Stilz, § 221 AktG Rz. 80.
11 *Seiler* in Spindler/Stilz, § 221 AktG Rz. 80.
12 *Klöhn* in Klöhn, Art. 5 MAR Rz. 33; zu diesen Instrumenten nur *Hüffer/Koch*, § 221 AktG Rz. 75.
13 Vgl. *Mock* in KölnKomm. WpHG, § 20a AktG Anh. II – Art. 3 VO Nr. 2273/2003 Rz. 5; **a.A.** *Vogel* in 6. Aufl., § 20a WpHG Rz. 252, der auch Bezugsrechte genügen lässt, die in Beteiligungskapital umgewandelt werden können.
14 Vgl. *Mock* in KölnKomm. WpHG, § 20a WpHG Anh. II – Art. 3 VO Nr. 2273/2003 Rz. 6.

cc) **Erfüllung der Verbindlichkeiten, die aus einem Belegschaftsaktienprogramm oder einer anderen Form der Zuteilung von Aktien an Mitarbeiter oder Angehörige der Verwaltungs-, Leitungs- oder Aufsichtsorgane des Emittenten oder einem verbundenen Unternehmen erwachsen.** Weiterer anerkannter Zweck eines Rückkaufprogramms ist die Erfüllung von Verbindlichkeiten, die aus einem **Belegschaftsaktienprogramm** oder einer **anderen Form der Zuteilung von Aktien** an Mitarbeiter oder Angehörige der Verwaltungs-, Leitungs- oder Aufsichtsorgane des Emittenten oder einem verbundenen Unternehmen erwachsen. Diese Zwecksetzung ist tatbestandlich weiter als diejenige der DurchfVO Nr. 2273/2003, die nur von „Belegschaftsaktienprogramme und anderen Formen der Zuteilung von Aktien an Mitarbeiter des Emittenten oder einer Tochtergesellschaft" sprach, da nunmehr ausdrücklich auch die **Zuteilung an Organmitglieder** genannt ist[1]. In der Sache dürfte allerdings keine wesentliche Erweiterung gegeben sein. Bereits zur DurchfVO Nr. 2273/2003 war anerkannt, dass unter die anderen Formen der Zuteilung von Aktien an Mitarbeiter auch die Zuteilung von Aktien an Organmitglieder fiel[2]. 61

Belegschaftsaktienprogramme dienen der Mitarbeiterbeteiligung, die die Möglichkeit erhalten, eine i.d.R. limitierte Zahl von Unternehmensaktien zu i.d.R. begünstigten Bedingungen, i.d.R. verbunden mit einer Sperrfrist für die Wiederveräußerung, zu erwerben. Andere Aktienzuteilungsformen sind insbesondere als erfolgsabhängige Gehaltsbestandteile eingeräumte Optionsrechte (vgl. aber auch § 71 Abs. 1 Satz 1 Nr. 1 AktG, wonach aktienrechtlich der Erwerb eigener Aktien nur zugunsten von Arbeitnehmern – nicht auch Organmitgliedern – zulässig ist)[3]. 62

d) **Weitere Handelsbedingungen und Handelsbeschränkungen (Art. 5 Abs. 1 lit. d VO Nr. 596/2014).** Gem. Art. 5 Abs. 1 lit. d VO Nr. 596/2014 muss das Rückkaufprogramm im Einklang mit den sonstigen in Art. 5 VO Nr. 596/2014 festgelegten Bedingungen und den in Art. 5 Abs. 6 VO Nr. 596/2014 genannten technischen Regulierungsstandards durchgeführt werden[4]. Hierunter fallen die Anforderungen an die Handelsbedingungen nach Art. 3 Abs. 1 DelVO 2016/1052 sowie die Handelsbeschränkungen nach Art. 4 DelVO 2016/1052. 63

Gem. **Art. 3 Abs. 1 DelVO 2016/1052** müssen Geschäfte im Zusammenhang mit Rückkaufbedingungen die folgenden Bedingungen erfüllen: 64
(a) Die Aktien müssen vom Emittenten auf einem Handelsplatz gekauft werden, auf dem sie zum Handel zugelassen sind oder gehandelt werden;
(b) im Falle von Aktien, die auf einem Handelsplatz kontinuierlich gehandelt werden, darf keine Auftragserteilung während einer Auktionsphase erfolgen, und die vor Beginn einer Auktionsphase erteilten Aufträge dürfen während dieser Phase nicht geändert werden;
(c) im Falle von Aktien, die auf einem Handelsplatz ausschließlich durch Auktionen gehandelt werden, dürfen die Aufträge vom Emittenten während der Auktion nur erteilt und geändert werden, sofern die anderen Marktteilnehmer ausreichend Zeit haben, darauf zu reagieren.

Rückkäufe im Rahmen einer Rückkaufprogramms i.S.d. Art. 5 VO Nr. 596/2014 müssen einen Handelsplatzbezug aufweisen. Für den Begriff des **Handelsplatzes** gilt auch insoweit die Definition des Art. 3 Abs. 1 Nr. 10 VO Nr. 596/2014 und dessen Verweis auf Art. 4 Abs. 1 Nr. 24 RL 2014/65/EU (MiFID II), wonach ein Handelsplatz ein geregelter Markt[5], ein multilaterales Handelssystem[6] oder ein organisiertes Handelssystem[7] ist (näher Art. 3 VO Nr. 596/2014 Rz. 15 ff.). Der Emittent muss die Aktien auf einem Handelsplatz kaufen, also erwerben, auf dem sie zugelassen sind oder sonst gehandelt werden[8]. Mithin dürfen **Rückkaufprogramme nicht** 65

---

1 *Klöhn* in Klöhn, Art. 5 MAR Rz. 34.
2 *Cahn* in Spindler/Stilz, § 71 AktG Rz. 172 mit Fn. 575; *Singhof/Weber*, AG 2005, 549, 555; *Mock* in KölnKomm. WpHG, § 20a WpHG Anh. II – Art. 3 VO Nr. 2273/2003 Rz. 8.
3 *Mock* in KölnKomm. WpHG, § 20a WpHG Anh. II – Art. 3 VO Nr. 2273/2003 Rz. 8.
4 Zu diesen auch *Hopt/Kumpan* in Schimansky/Bunte/Lwowski, Bankrechts-Handbuch, § 107 Rz. 38; *Sorgenfrei/Saliger* in Park, Kapitalmarktstrafrecht, Kap. 6.1. Rz. 268 ff.; *Schäfer* in Marsch-Barner/Schäfer, Hdb. börsennotierte AG, Rz. 14.95.
5 Art. 4 Abs. 1 Nr. 21 RL 2014/65/EU: „ein von einem Marktbetreiber betriebenes und/oder verwaltetes multilaterales System, das die Interessen einer Vielzahl Dritter am Kauf und Verkauf von Finanzinstrumenten innerhalb des Systems und nach seinen nichtdiskretionären Regeln in einer Weise zusammenführt oder das Zusammenführen fördert, die zu einem Vertrag in Bezug auf Finanzinstrumente führt, die gemäß den Regeln und/oder den Systemen des Marktes zum Handel zugelassen wurden, sowie eine Zulassung erhalten hat und ordnungsgemäß und gemäß Titel III dieser Richtlinie funktioniert."
6 Art. 4 Abs. 1 Nr. 22 RL 2014/65/EU: „(MTF) ein von einer Wertpapierfirma oder einem Marktbetreiber betriebenes multilaterales System, das die Interessen einer Vielzahl Dritter am Kauf und Verkauf von Finanzinstrumenten innerhalb des Systems und nach nichtdiskretionären Regeln in einer Weise zusammenführt, die zu einem Vertrag gemäß Titel II dieser Richtlinie führt."
7 Art. 4 Abs. 1 Nr. 23 RL 2014/65/EU: „(OTF) ein multilaterales System, bei dem es sich nicht um einen geregelten Markt oder ein MTF handelt und das die Interessen einer Vielzahl Dritter am Kauf und Verkauf von Schuldverschreibungen, strukturierten Finanzprodukten, Emissionszertifikaten oder Derivaten innerhalb des Systems in einer Weise zusammenführt, die zu einem Vertrag gemäß Titel II dieser Richtlinie führt."
8 *Klöhn* in Klöhn, Art. 5 MAR Rz. 29; *Grundmann* in Staub, HGB, Bankvertragsrecht 2, 5. Aufl. 2017, 6. Teil, 3. Abschnitt, B Rz. 323.

OTC durchgeführt werden[1]. Werden Aktien auf einem Handelsplatz kontinuierlich gehandelt, darf keine Auftragserteilung während einer Auktion stattfinden (Art. 3 Abs. 1 lit. b DelVO 2016/1052). Bedeutung hat diese Beschränkung für alle Handelsplätze, die mit ergänzenden Auktionsmechanismen arbeiten, wie etwa der Xetra-Handel[2]. Die Handelsbeschränkung rechtfertigt sich aus der besonderen Manipulationsanfälligkeit der Kursbildung in diesen Auktionsphasen[3]. Eine Ausnahme gilt nur dann, wenn Aktien an *keinem* Handelsplatz in der EU kontinuierlich gehandelt werden. Aber auch dann kommt ein **Erwerb durch Auktion** nur insoweit in Betracht als die Auktion an einem Handelsplatz stattfindet und die Aktien ausschließlich durch Auktion gehandelt werden. Zudem dürfen Aufträge nur während einer laufenden Auktion erteilt werden (Art. 3 Abs. 1 lit. c DelVO 2016/1052). Diese Vorgaben sollen sicherstellen, dass die Einhaltung angemessener Grenzen beim Handel nicht umgangen werden (Erwägungsgrund 4 Satz 2 DelVO 2016/1052). Allerdings können ausgehandelte Geschäfte, die nicht zur Kursbildung beitragen, für die Zwecke eines Rückkaufprogramms genutzt werden und in den Genuss der Ausnahme kommen, sofern alle in der VO Nr. 596/2014 und in der DelVO 2016/1052 genannten Bedingungen erfüllt sind (Erwägungsgrund 4 Satz 3 DelVO 2016/1052).

66 Um den Marktmissbrauchsrisiken während der Durchführung eines Rückkaufprogramms vorzubeugen (Erwägungsgrund 5 Satz 1 DelVO 2016/1052)[4], sieht **Art. 4 Abs. 1 DelVO 2016/1052** bestimmte **Handelsbeschränkungen** (sog. Black-out-Perioden[5]) vor. Nach Art. 4 Abs. 1 lit. a DelVO 2016/1052 ist es dem Emittenten und unmittelbar oder mittelbar für seine Rechnung handelnden Personen **untersagt**, während der Laufzeit des Rückkaufprogrammes **eigene Aktien zu verkaufen** (Art. 4 Abs. 1 lit. a DelVO 2016/1052)[6]. Die Beschränkung gilt nicht nur für den Verkauf zuvor zurückerworbener Aktien, sondern aller Aktien des Emittenten, gleich welcher Gattung[7]. Unerheblich ist, wo der Verkauf stattfindet, sodass auch OTC-Verkäufe nicht vorgenommen werden dürfen[8]. Zudem wird man die Beschränkung teleologisch auch auf derivative Instrumente wie Verkaufsoptionen erstrecken können[9]. Die Ausgabe von Aktien an Mitarbeiter im Rahmen von Belegschaftsaktienprogrammen oder an Inhaber von Wandelschuldverschreibungen ist allerdings kein Verkauf im Sinne dieser Vorschrift[10]. Andernfalls würde der Regelungszweck des *safe harbour* für Rückkaufprogramme, der diese Form der Ausgabe gerade zulassen will (Rz. 61 f.), konterkariert.

67 Nach Art. 4 Abs. 1 lit. b DelVO 2016/1052 muss der Emittent während eines geschlossenen Zeitraums i.S.d. Art. 19 Abs. 11 VO Nr. 596/2014 von jedem Handel mit Aktien absehen. Handel meint den Ankauf und Verkauf eigener Aktien[11]. Ein **geschlossener Zeitraum** ist ein Zeitraum von 30 Kalendertagen **vor Ankündigung eines Zwischenberichts oder eines Jahresabschlussberichts**, zu deren Veröffentlichung der Emittent (a) gemäß den Vorschriften des Handelsplatzes, auf dem die Anteile des Emittenten zum Handel zugelassen sind, oder (b) gemäß nationalem Recht verpflichtet ist. Die Handelsbeschränkung dient der Vorbeugung von Insiderhandel in dieser besonders sensiblen Phase.

68 Schließlich muss der Emittent von jedem Handel mit eigenen Aktien für den Zeitraum absehen, für den er einen **Aufschub** der **Bekanntgabe von Insiderinformationen** gem. Art. 17 Abs. 4 oder 5 VO Nr. 596/2014[12] beschlossen hat (Art. 4 Abs. 1 lit. c DelVO 2016/1052)[13]. Ausführlich dazu Art. 17 VO Nr. 596/2014 Rz. 88 ff. Die Ausnahme vermeidet in Phasen einer Zurückhaltung kurserheblicher Informationen eine zu starke Beeinträchtigung der Kapitalmarktpublizität und damit der Preisbildung.

69 Für die Durchführung eines programmierten Rückkaufprogramms gelten diese durchaus einschneidenden Handelsbeschränkungen nicht. Ein **programmiertes Rückkaufprogramm** ist gem. Art. 1 lit. b DelVO 2016/

---

1 *Haupt* in Meyer/Veil/Rönnau, Handbuch zum Marktmissbrauchsrecht, § 17 Rz. 83; *Klöhn* in Klöhn, Art. 5 MAR Rz. 29; *Sorgenfrei/Saliger* in Park, Kapitalmarktstrafrecht, Kap. 6.1. Rz. 261; vgl. auch *Grundmann* in Staub, HGB, Bankvertragsrecht 2, 5. Aufl. 2017, 6. Teil, 3. Abschnitt, B Rz. 323; *Schäfer* in Marsch-Barner/Schäfer, Hdb. börsennotierte AG, Rz. 14.95.
2 *Klöhn* in Klöhn, Art. 5 MAR Rz. 64.
3 ESMA, Final Report, Draft technical standards on the Market Abuse Regulation, 28 September 2015, ESMA/2015/1455, Rz. 30; *Klöhn* in Klöhn, Art. 5 MAR Rz. 49.
4 *Grundmann* in Staub, HGB, Bankvertragsrecht 2, 5. Aufl. 2017, 6. Teil, 3. Abschnitt, B Rz. 323.
5 Vgl. zum Begriff *Maurenbrecher* in Watter/Bahar, Basler Kommentar, Finanzmarktaufsichtsgesetz/Finanzmarktinfrastrukturgesetz: FINMAG/FinfraG, Nach Art. 142f. FinfraG Rz. 19 zu Art. 124 FinfraV.
6 *Haupt* in Meyer/Veil/Rönnau, Handbuch zum Marktmissbrauchsrecht, § 17 Rz. 98; *Klöhn* in Klöhn, Art. 5 MAR Rz. 6; *Sorgenfrei/Saliger* in Park, Kapitalmarktstrafrecht, Kap. 6.1. Rz. 271.
7 *Klöhn* in Klöhn, Art. 5 MAR Rz. 66.
8 *Klöhn* in Klöhn, Art. 5 MAR Rz. 66.
9 *Haupt* in Meyer/Veil/Rönnau, Handbuch zum Marktmissbrauchsrecht, § 17 Rz. 99.
10 Vgl. *Mock* in KölnKomm. WpHG, § 20a WpHG Anh. II – Art. 6 VO Nr. 2273/2003 Rz. 3; *de Schmidt* in Just/Voß/Ritz/Becker, § 20a WpHG Rz. 279.
11 *Haupt* in Meyer/Veil/Rönnau, Handbuch zum Marktmissbrauchsrecht, § 17 Rz. 100 ff.; *Klöhn* in Klöhn, Art. 5 MAR Rz. 71.
12 Zum Aufschub der Ad-hoc-Publizitätspflicht nach Art. 17 Abs. 4 VO Nr. 596/2014 *Mülbert/Sajnovits*, WM 2017, 2001 (Teil I) und WM 2017, 2043 (Teil II). Zum Aufschub nach Art. 17 Abs. 5 VO Nr. 596/2014 *Klöhn*, ZHR 181 (2017), 746.
13 *Haupt* in Meyer/Veil/Rönnau, Handbuch zum Marktmissbrauchsrecht, § 17 Rz. 104f.; *Klöhn* in Klöhn, Art. 5 MAR Rz. 72.

1052 ein Rückkaufprogramm, bei dessen Bekanntgabe Termine und Volumen der Aktien, die während der Laufzeit des Programms gehandelt werden, bereits festgelegt werden. Indem der Emittent bereits Vorfestlegungen getroffen hat, kann er aus den andernfalls verbotenen Handlungsweisen regelmäßig keine Vorteile mehr ziehen und es drohen auch sonst keine Verletzungen der Marktintegrität[1]. Freilich hat eine entsprechende Vorfestlegung den Nachteil, dass der Emittent nicht mehr flexibel auf Marktveränderungen reagieren kann.

Die Handelsbeschränkungen des Art. 4 Abs. 1 DelVO 2016/1052 finden ferner keine Anwendung, wenn das Rückkaufprogramm unter **Führung eines Wertpapierhauses (Wertpapierfirma) oder Kreditinstituts** durchgeführt wird, das seine Entscheidungen über den Zeitpunkt des Erwerbs von Aktien des Emittenten unabhängig von diesem trifft[2]. Für den Begriff des Kreditinstituts verweist in Art. 3 Abs. 1 Nr. 3 VO Nr. 596/2014 auf Art. 4 Abs. 1 Nr. 1 VO Nr. 575/2013 (CRR), wobei diese Begriffsbestimmung auch für die auf Basis der MAR erlassenen delegierten Rechtsakte verbindlich ist. Der Begriff des Wertpapierhauses wird hingegen weder in der MAR noch in der DelVO 2016/1052 definiert. Es findet sich vielmehr nur noch der Begriff der Wertpapierfirma, für den in Art. 3 Abs. 1 Nr. 2 VO Nr. 596/2014 auf Art. 4 Abs. 1 Nr. 1 RL 2014/65/EU (MiFID II) verwiesen wird. Art. 2 Nr. 1 DurchfVO Nr. 2273/2003 hatte für den Begriff des Wertpapierhauses noch auf Art. 1 Nr. 2 RL 93/22/EWG (Wertpapierdienstleistungsrichtlinie) verwiesen. Diese wurde aber bereits 2007 durch die RL 2004/39/EG (MiFID I) abgelöst, die ihrerseits nur noch den Begriff der Wertpapierfirma kannte[3]. Dass die DelVO 2016/1052 noch immer auf Wertpapierhäuser abstellt beruht damit auf einer unreflektierten Übertragung aus der DurchfVO Nr. 2273/2003. Richtigerweise ist auf den Begriff der Wertpapierfirma im Sinne der MiFID II abzustellen. Die **Unabhängigkeit der Entscheidungsfindung** muss im Vertragsverhältnis ausdrücklich festgehalten werden[4].

Für Emittenten, die selbst Wertpapierfirmen (Rz. 70) oder Kreditinstitute sind, sehen Art. 4 Abs. 3 und 4 DelVO 2016/1052 **weitere Ausnahmen** vor[5]. Das Verkaufsverbot (Art. 4 Abs. 1 lit. a DelVO 2016/1052) gilt nicht, wenn der Emittent eine Wertpapierfirma oder ein Kreditinstitut ist und für den Handel mit eigenen Aktien angemessene und wirksame, der Aufsicht der zuständigen Behörde unterliegende interne Regelungen und Verfahren eingeführt, umgesetzt und aufrechterhalten hat. Diese müssen gegenüber Personen, die für Entscheidungen über den Handel mit eigenen Aktien zuständig sind, im Falle des Handels mit eigenen Aktien auf der Grundlage einer solchen Entscheidung die unrechtmäßige Offenlegung von Insiderinformationen durch Personen verhindern, die Zugang zu direkt oder indirekt den Emittenten betreffenden Insiderinformationen haben (Art. 4 Abs. 3 DelVO 2016/1052). Erforderlich ist also die aufsichtsbehördlich überwachte **Einrichtung von *chinese walls*** zwischen den über Insiderinformationen verfügenden Personen einerseits und den mit eigenen Aktien (sei es auch im Namen von Kunden) handelnden Personen andererseits[6]. Das Verbot des Erwerbs während geschlossener Zeiträume (Art. 4 Abs. 1 lit. b DelVO 2016/1052) und das Verbot des Erwerbs während des Aufschubs einer *Ad-hoc*-Mitteilung (Art. 4 Abs. 1 lit. c DelVO 2016/1052)[7] gelten nicht, wenn gleichfalls aufsichtsbehördlich überwachte *chinese walls* zwischen den über Insiderinformationen (einschließlich Handelsentscheidungen im Rahmen des Rückkaufprogrammes) verfügenden Personen einerseits und den für Handel mit eigenen Aktien im Namen von Kunden andererseits zuständigen Personen bestehen (Art. 4 Abs. 4 DelVO 2016/1052)[8].

VII. Stabilisierungsmaßnahmen (Art. 5 Abs. 4 und 5 VO Nr. 596/2014). 1. Überblick. Art. 5 Abs. 4 VO Nr. 596/2014 nimmt Stabilisierungsmaßnahmen von den Verboten der Art. 14 und 15 VO Nr. 596/2014 aus. Der Anwendungsbereich des *safe harbour* für **den Handel mit Wertpapieren oder verbundenen Instrumenten zur Stabilisierung des Kurses von Wertpapieren** ist wesentlich enger und technischer gezogen als es dem üblichen Verständnis von Kursstabilisierung, Kursstützung, aber auch Kursdämpfung oder Kurspflege entspricht: Es geht nicht allgemein darum, Marktverzerrungen zu vermeiden bzw. abzufedern, Preiskontinuität herzustellen oder Transaktionen kursschonend durchzuführen, und erst recht nicht darum, bestimmte Kursziele zu erreichen, die z.B. im Zusammenhang mit einer Übernahme, mit Bewertungsstichtagen, aber auch einer möglichen Gewährung von kursabhängigen Boni bedeutsam sind. Vielmehr handelt es sich bei dem *safe harbour* um eine begrenzte Ausnahme vom Insiderhandel- und Marktmanipulationsverbot, die preisstützende Stabilisierungsmaßnahmen in einem engen sachlichen und zeitlichen Zusammenhang mit (Primär- oder auch Sekundärmarkt-) Emissionen von Finanzinstrumenten zum Gegenstand hat[9]. Entsprechende Maßnahmen werden in der

---

1 Klöhn in Klöhn, Art. 5 MAR Rz. 73; vgl. Mock in KölnKomm. WpHG, § 20a WpHG Anh. II – Art. 6 VO Nr. 2273/2003 Rz. 10; Widder, BB 2010, 515, 518.
2 Hopt/Kumpan in Schimansky/Bunte/Lwowski, Bankrechts-Handbuch, § 107 Rz. 38; Klöhn in Klöhn, Art. 5 MAR Rz. 74 ff.
3 Vgl. Mock in KölnKomm. WpHG, § 20a WpHG Anh. II – Art. 2 VO Nr. 2273/2003 Rz. 2.
4 Vgl. Mock in KölnKomm. WpHG, § 20a WpHG Anh. II – Art. 2 VO Nr. 2273/2003 Rz. 11, der von „sollte" spricht.
5 Die Norm entspricht dabei weitgehend der Fassung des Art. 6 Abs. 2 DurchfVO Nr. 2273/2003.
6 Haupt in Meyer/Veil/Rönnau, Handbuch zum Marktmissbrauchsrecht, § 17 Rz. 111 ff.; Klöhn in Klöhn, Art. 5 MAR Rz. 77; vgl. de Schmidt in Just/Voß/Ritz/Becker, § 20a WpHG Rz. 280.
7 Zum Aufschub ausführlich Mülbert/Sajnovits, WM 2017, 2001 (Teil I) und WM 2017, 2041 (Teil II).
8 Hopt/Kumpan in Schimansky/Bunte/Lwowski, Bankrechts-Handbuch, § 107 Rz. 38; Klöhn in Klöhn, Art. 5 MAR Rz 76 f.
9 Klöhn in Klöhn, Art. 5 MAR Rz. 92 ff. S. auch die „Price Stabilising Rules" der FCA; „Regulation M" der amerikanischen Securities and Exchange Commission (SEC).

Kapitalmarktpraxis regelmäßig durch das die Emission begleitende Konsortium (Emissionskonsortium) durchgeführt[1]. Das Emissionskonsortium wird üblicherweise durch einen Stabilisierungsmanager geführt (Rz. 91). Je nach Lage der Dinge tragen der Emittent, die führende Bank oder das Emissionskonsortium die Kosten der Stabilisierungsmaßnahmen.

73 In der **Kapitalmarktpraxis**[2] beschränken sich Stabilisierungsmaßnahmen nicht auf die unmittelbare Nachemissionsphase. Vielmehr werden solche auch im Vorfeld von Emissionen, namentlich im Handel per Erscheinen, und auch außerhalb von Emissionen, z.B. bei der Platzierung von Wertpapierblöcken, vorgenommen. Man spricht allgemein von Kurs- bzw. Marktpflege oder Kursstützung[3]. Soweit Stabilisierungsmaßnahmen jenseits des Anwendungsbereichs des *safe harbour* nach Art. 5 Abs. 4 VO Nr. 596/2014 liegen, besteht kein rechtssicherer Tatbestandsausschluss (Rz. 28) von den Verboten der Art. 14 und 15 VO Nr. 596/2014. Das bedeutet aber auch bei Stabilisierungsmaßnahmen nicht, dass damit ohne weiteres ein Verstoß gegen die Art. 14 oder 15 VO Nr. 596/2014 vorliegt[4]. Vielmehr kommt auch bei außerhalb des Anwendungsbereichs des Art. 5 Abs. 4 VO Nr. 596/2014 liegenden Stabilisierungsmaßnahmen in Betracht, dass diese nicht gegen die Marktmissbrauchsverbote verstoßen und jedenfalls insoweit kapitalmarktrechtlich zulässiges Verhalten darstellen (Rz. 108 f., 112 ff.).

74 **2. Anwendungsbereich des *safe harbour* für Stabilisierungsmaßnahmen. a) Sachlicher Anwendungsbereich.** Der sachliche Anwendungsbereich des *safe harbour* für Stabilisierungsmaßnahmen ergibt sich aus Art. 5 Abs. 4 VO Nr. 596/2014, wonach die in den Art. 14 und 15 VO Nr. 596/2014 festgeschriebenen Verbote nicht für den Handel mit Wertpapieren oder verbundenen Instrumenten zur *Kursstabilisierung* gelten. Nach Art. 3 Abs. 2 lit. d VO Nr. 596/2014 ist eine **Kursstabilisierung** „jeder Kauf bzw. jedes Angebot zum Kauf von Wertpapieren oder eine Transaktion mit vergleichbaren verbundenen Instrumenten, die ein Kreditinstitut oder eine Wertpapierfirma im Rahmen eines signifikanten Zeichnungsangebots für diese Wertpapiere mit dem alleinigen Ziel tätigen, den Marktkurs dieser Wertpapiere für einen im Voraus bestimmten Zeitraum zu stützen, wenn auf diese Wertpapiere Verkaufsdruck besteht"[5]. Das stabilisierte Instrument muss ein Wertpapier i.S.d. Art. 3 Abs. 2 lit. a VO Nr. 596/2014 sein[6].

75 Der Kreis der **zulässigen Stabilisierungsmaßnahmen** ist vom europäischen Gesetzgeber weit gezogen[7]. Art. 5 Abs. 4 VO Nr. 596/2014 spricht vom **Handel mit Wertpapieren oder verbundenen Instrumenten** und meint damit sowohl den Kauf der zu stabilisierenden Wertpapiere oder mit ihnen verbundener Instrumente, die Abgabe von Kaufangeboten in Bezug auf sie, als auch andere Transaktionen[8]. Der Kreis der Instrumente, mit denen zulässige Stabilisierungsmaßnahmen durchgeführt werden dürfen, ist damit deutlich weiter gezogen als derjenige, auf die sich eine Stabilisierungsmaßnahme beziehen darf (die stabilisierten Instrumente). Soweit es um das Wertpapier selbst geht, ist selbstverständlich nur ein Kauf zur Stabilisierung geeignet[9]. Die anderen Transaktionen haben daher nur für die verbundenen Instrumente Relevanz. **Transaktionen** müssen nicht Käufe, sondern können auch Verkäufe verbundener Instrumente (Art. 3 Abs. 2 lit. c VO Nr. 596/2014) sein, soweit sie zur Preisstützung geeignet sind, etwa beim Verkauf von Kaufoptionen[10]. Eine Transaktion kann zudem auch in der Ausübung einer entsprechenden Option bestehen[11]. Unter einem **Kauf** ist jede Form des direkten Erwerbs im Kassamarkt[12]; unter einem **Kaufangebot** ist ein verbindliches Angebot und dessen Zugang bei einem Adressaten zu

---

1 *Feuring/Berrar* in Habersack/Mülbert/Schlitt, Unternehmensfinanzierung am Kapitalmarkt, Rz. 39.30.
2 Überblick bei *Feuring/Berrar* in Habersack/Mülbert/Schlitt, Unternehmensfinanzierung am Kapitalmarkt, Rz. 39.3 f.; *Mock* in KölnKomm. WpHG, § 20a WpHG Rz. 338 ff.; knapp auch *Sorgenfrei/Saliger* in Park, Kapitalmarktstrafrecht, Kap. 6.1. Rz. 272.
3 *Feuring/Berrar* in Habersack/Mülbert/Schlitt, Unternehmensfinanzierung am Kapitalmarkt, Rz. 39.3; *Klöhn* in Klöhn, Art. 5 MAR Rz. 91; *Mock* in KölnKomm. WpHG, § 20a WpHG Rz. 338.
4 *Feuring/Berrar* in Habersack/Mülbert/Schlitt, Unternehmensfinanzierung am Kapitalmarkt, Rz. 39.15.
5 Zum Begriff auch *Feuring/Berrar* in Habersack/Mülbert/Schlitt, Unternehmensfinanzierung am Kapitalmarkt, Rz. 39.17; *Klöhn* in Klöhn, Art. 5 MAR Rz. 81 ff.; *Sorgenfrei/Saliger* in Park, Kapitalmarktstrafrecht, Kap. 6.1. Rz. 273.
6 *Klöhn* in Klöhn, Art. 5 MAR Rz. 90.
7 *Feuring/Berrar* in Habersack/Mülbert/Schlitt, Unternehmensfinanzierung am Kapitalmarkt, Rz. 39.25; *Mock* in Ventoruzzo/Mock, Market Abuse Regulation, Article 5 Rz. B.5.34; *Sorgenfrei/Saliger* in Park, Kapitalmarktstrafrecht, Kap. 6.1. Rz. 277.
8 *Feuring/Berrar* in Habersack/Mülbert/Schlitt, Unternehmensfinanzierung am Kapitalmarkt, Rz. 39.25; *Klöhn* in Klöhn, Art. 5 MAR Rz. 86, der zutreffend darauf hinweist, dass soweit es um das Wertpapier selbst geht, selbstverständlich nur ein Kauf zur Stabilisierung geeignet ist. Die anderen Transaktionen haben daher nur für die verbundenen Instrumente Relevanz.
9 *Klöhn* in Klöhn, Art. 5 MAR Rz. 86.
10 *Feuring/Berrar* in Habersack/Mülbert/Schlitt, Unternehmensfinanzierung am Kapitalmarkt, Rz. 39.25; *Sorgenfrei/Saliger* in Park, Kapitalmarktstrafrecht, Kap. 6.1. Rz. 277; vgl. *Singhof* in Habersack/Mülbert/Schlitt, Hdb. der Kapitalmarktinformation, § 21 Rz. 15; *Mock* in KölnKomm. WpHG, § 20a WpHG Anh. II – Art. 2 VO Nr. 2273/2003 Rz. 31.
11 *Sorgenfrei/Saliger* in Park, Kapitalmarktstrafrecht, Kap. 6.1. Rz. 277; vgl. *Groß* in GS Bosch, 2005, 49, 62; a.A. *Mock* in KölnKomm. WpHG, § 20a WpHG Anh. II – Art. 2 VO Nr. 2273/2003 Rz. 32.
12 Vgl. *Singhof* in Habersack/Mülbert/Schlitt, Hdb. der Kapitalmarktinformation, 2. Aufl. 2013, § 22 Rz. 14, der ausführt, dass sich die in der Praxis stattfindenden Stabilisierungsmaßnahmen fast ausschließlich auf diese Form beschränken.

verstehen, wobei es auf die Annahme des Angebots nicht ankommt[1]. **Nicht erfasst** sind dagegen Stabilisierungsmaßnahmen durch **Marktschutzvereinbarungen** (*Lock-up-Agreements*)[2] oder Verwässerungsschutzvereinbarungen[3], da es sich insoweit weder um den Kauf der zu stabilisierenden Wertpapiere noch um die Erteilung von Kaufangeboten in Bezug auf sie oder um Transaktionen mit verbundenen Instrumenten handelt[4]. Entsprechende Maßnahmen können daher nicht vom Schutz des *safe harbour* nach Art. 5 Abs. 4 VO Nr. 596/2014 profitieren. Keinesfalls bedeuten sie aber deshalb einen Verstoß gegen die Marktmissbrauchsverbote (Rz. 114).

Die Stabilisierungsmaßnahmen müssen sich auf Wertpapiere oder verbundene Instrumente beziehen[5]. „**Wertpapiere**" meint nach Art. 3 Abs. 2 lit. a VO Nr. 596/2014 (i) Aktien und andere Wertpapiere, die Aktien entsprechen; (ii) Schuldverschreibungen und sonstige verbriefte Schuldtitel und (iii) verbriefte Schuldtitel, die in Aktien oder andere Wertpapiere, die Aktien entsprechen, umgewandelt bzw. gegen diese eingetauscht werden können. „**Verbundene Instrumente**" sind nach Art. 3 Abs. 2 lit. b VO Nr. 596/2014 die nachstehend genannten Finanzinstrumente, selbst wenn sie nicht zum Handel auf einem Handelsplatz zugelassen sind, gehandelt werden oder für sie kein Antrag auf Zulassung zum Handel auf einem solchen Handelsplatz gestellt wurde[6]: (i) Verträge über bzw. Rechte auf Zeichnung, Kauf oder Verkauf von Wertpapieren, (ii) Finanzderivate auf Wertpapiere, (iii) bei wandel- oder austauschbaren Schuldtiteln die Wertpapiere, in die diese wandel- oder austauschbaren Titel umgewandelt bzw. gegen die sie eingetauscht werden können, (iv) Instrumente, die vom Emittenten oder Garantiegeber der Wertpapiere ausgegeben werden bzw. besichert sind und deren Marktkurs den Kurs der Wertpapiere erheblich beeinflussen könnte oder umgekehrt, (v) in Fällen, in denen die Wertpapiere Aktien entsprechen, die von diesen vertretenen Aktien bzw. die von diesen vertretenen anderen Wertpapiere, die Aktien entsprechen. Näher Art. 3 VO Nr. 596/2014 Rz. 2 ff.

Bei alledem kommt es nicht darauf an, ob die Stabilisierungsmaßnahme **auf oder außerhalb eines Handelsplatzes** erfolgt. Wenn ein Mitgliedstaat bei einer Erstplatzierung den Handel bereits vor Beginn des offiziellen Handels auf einem geregelten Markt zulässt („Handel per Erscheinen")[7], sind Stabilisierungsmaßnahmen auch davor möglich (Erwägungsgrund 7 DelVO 2016/1052).

Den Begriff **signifikantes Zeichnungsgebot** definiert Art. 3 Abs. 2 lit. c VO Nr. 596/2014 als „eine Erst- oder Zweitplatzierung von Wertpapieren, die sich sowohl hinsichtlich des Werts der angebotenen Wertpapiere als auch hinsichtlich der Verkaufsmethoden vom üblichen Handel unterscheidet". Dem sachlichen Anwendungsbereich unterfallen damit jedenfalls Erst- oder Zweitemissionen im Sinne von formalisierten *„initial"* oder *„secondary public offerings"* (IPOs, SPOs)[8]. Daneben können aber auch Kapitalerhöhungen – ob mit oder unter Ausschluss des Bezugsrechts – unter den Begriff des signifikanten Zeichnungsgebots fallen[9]. Die Maßnahmen müssen – auch wenn sich dies nicht mehr ausdrücklich aus der Norm ergibt[10] – öffentlich angekündigt sein, was aber über den engeren Begriff des „öffentlichen Angebots" hinausgeht[11], so dass sich die Frage stellt, inwieweit Stabilisierungsmaßnahmen bei öffentlich angekündigte Privatplatzierungen (etwa Pakethandel, *blocktrades*) dem Anwendungsbereich des *safe harbour* unterfallen können. Richtigerweise wird man sie bei einer den Publizitätsvorgaben eines öffentlichen Angebots entsprechenden Ankündigung aber auch bei einer Platzierung bei mehreren Investoren und der gleichzeitigen Eröffnung eines Orderbuchs für möglich halten, da so eine „Marktberührung" stattfindet[12]. **Keine Erst- oder Zweitplatzierung von Wertpapieren** im Sinne des *safe harbour* ist aber der Handel mit Wertpapierblöcken, der sich als reine Privattransaktion (fehlende öffentliche Ankündigung und Platzierung bei einem Investor) darstellt (Erwägungsgrund 6 Satz 3 DelVO 2016/1052)[13]. Stabilisierungsmaß-

---

1 *Feuring/Berrar* in Habersack/Mülbert/Schlitt, Unternehmensfinanzierung am Kapitalmarkt, Rz. 39.26; vgl. *Bingel*, Rechtliche Grenzen der Kursstabilisierung nach Aktienplatzierungen, 2007, S. 163; *Mock* in KölnKomm. WpHG, § 20a WpHG Anh. II – Art. 2 VO Nr. 2273/2003 Rz. 31.
2 *Klöhn* in Klöhn, Art. 5 MAR Rz. 88; vgl. *Mock* in KölnKomm. WpHG, § 20a WpHG Rz. 352.
3 *Klöhn* in Klöhn, Art. 5 MAR Rz. 88; vgl. *Mock* in KölnKomm. WpHG, § 20a WpHG Rz. 353.
4 Vgl. *Mock* in KölnKomm. WpHG, § 20a WpHG Rz. 403.
5 Dazu auch *Feuring/Berrar* in Habersack/Mülbert/Schlitt, Unternehmensfinanzierung am Kapitalmarkt, Rz. 39.17.
6 *Feuring/Berrar* in Habersack/Mülbert/Schlitt, Unternehmensfinanzierung am Kapitalmarkt, Rz. 39.17.
7 S. zur alten Rechtslage *Vogel*, WM 2003, 2437 m.N.
8 ESMA, Final Report, Draft technical standards on the Market Abuse Regulation, 28 September 2015, ESMA/2015/1455, Rz. 58 ff.; *Feuring/Berrar* in Habersack/Mülbert/Schlitt, Unternehmensfinanzierung am Kapitalmarkt, Rz. 39.18; *Klöhn* in Klöhn, Art. 5 MAR Rz. 93; *Sorgenfrei/Saliger* in Park, Kapitalmarktstrafrecht, Kap. 6.1. Rz. 275.
9 *Feuring/Berrar* in Habersack/Mülbert/Schlitt, Unternehmensfinanzierung am Kapitalmarkt, Rz. 39.34.
10 *Feuring/Berrar* in Habersack/Mülbert/Schlitt, Unternehmensfinanzierung am Kapitalmarkt, Rz. 39.18.
11 *Feuring/Berrar* in Habersack/Mülbert/Schlitt, Unternehmensfinanzierung am Kapitalmarkt, Rz. 39.18; *Klöhn* in Klöhn, Art. 5 MAR Rz. 94; vgl. zu den insoweit parallelen Normen der DurchfVO Nr. 2273/2003 *Singhof* in Habersack/Mülbert/Schlitt, Hdb. der Unternehmensfinanzierung, § 22 Rz. 13.
12 *Feuring/Berrar* in Habersack/Mülbert/Schlitt, Unternehmensfinanzierung am Kapitalmarkt, Rz. 39.18 ff.; *Klöhn* in Klöhn, Art. 5 MAR Rz. 94; vgl. *Singhof* in Habersack/Mülbert/Schlitt, Hdb. der Kapitalmarktinformation, § 22 Rz. 13; *Brandt* in Kümpel/Wittig, Bank- und Kapitalmarktrecht, Rz. 15.530.
13 ESMA, Final Report, Draft technical standards on the Market Abuse Regulation, 28 September 2015, ESMA/2015/1455, Rz. 60; *Feuring/Berrar* in Habersack/Mülbert/Schlitt, Unternehmensfinanzierung am Kapitalmarkt, Rz. 39.21; *Klöhn* in Klöhn, Art. 5 MAR Rz. 95; *Sorgenfrei/Saliger* in Park, Kapitalmarktstrafrecht, Kap. 6.1. Rz. 275.

Art. 5 VO Nr. 596/2014 | Ausnahmen für Rückkaufprogramme/Stabilisierungsmaßnahmen

nahmen bei derartigen Privatplatzierungen sind gleichwohl nicht *per se* als Marktmanipulation oder als Verstoß gegen das Insiderhandelsverbot zu betrachten (vgl. Rz. 108, 115)[1]. Insbesondere für den Fall, dass die Vorgaben des *safe harbour* entsprechend berücksichtigt werden und die Maßnahmen einzig der Kursstützung dienen, wird man nicht von einem Verstoß gegen die Verbote der Art. 14, 15 VO Nr. 596/2014 ausgehen können[2]. Für die Praxis überaus hilfreiche wäre die Festlegung einer zulässigen Marktpraxis durch die BaFin[3].

79 **b) Persönlicher Anwendungsbereich.** Der persönliche Anwendungsbereich des *safe harbour* für Kursstabilisierungen erfährt eine weitgehende Einschränkung durch die Definition einer Kursstabilisierung in Art. 3 Abs. 2 lit. d VO Nr. 596/2014[4]. Danach ist der *safe harbour* nämlich auf Stabilisierungsmaßnahmen beschränkt, die ein **Kreditinstitut** (Art. 3 Abs. 1 Nr. 3 VO Nr. 596/2014) oder eine **Wertpapierfirma** (Art. 3 Abs. 1 Nr. 2 VO Nr. 596/2014) vornimmt. Zu diesen Begriffen Rz. 70. Zudem muss es sich um Wertpapierfirmen bzw. Kreditinstitute handeln, die an der Emission beteiligt sind, mithin um ein Mitglied des Emissionskonsortiums[5]. Regelmäßig werden die Stabilisierungsmaßnahmen zwar vom Stabilisierungsmanager (Rz. 91) vorgenommen, im Konsortialvertrag zwischen den Konsortialbanken (*agreement among underwriters*) sind aber in der Praxis zumeist alle Konsortialmitglieder zu Stabilisierungsmaßnahmen berechtigt[6]. Art. 6 Abs. 5 DelVO 2016/1052 spricht demgegenüber von Emittenten (Art. 3 Abs. 1 Nr. 21 VO Nr. 596/2014), Bietern (Art. 1 lit. c DelVO 2016/1052) und Unternehmen, die die Stabilisierungsmaßnahmen durchführen[7]. Die insoweit in Bezug genommene „Durchführung der Stabilisierungsmaßnahme" ist aber weiter als die konkrete Stabilisierungsmaßnahme, mithin der Handel mit Wertpapieren oder verbundenen Instrumenten (dazu Rz. 75) i.S.d. Art. 5 Abs. 4 VO Nr. 596/2014. An der Durchführung sind neben der Person, die Stabilisierungshandlung vornimmt, weitere Personen wie insbesondere der Emittent, aber auch etwaige Bieter beteiligt. Im Rahmen von Stabilisierungsmaßnahmen als *safe harbour* müssen auch diese Personen unter Umständen bestimmten Vorgaben entsprechen. Insoweit sind sie in den Stabilisierungsvorgang eingebunden.

80 Die **Stabilisierungsmaßnahmen** können grundsätzlich auch von den im Emissionskonsortium vertretenen Wertpapierfirmen oder Kreditinstituten, bzw. vom Stabilisierungsmanager auf Dritte **delegiert** werden[8], solange die Maßnahmen dann im Namen des Dritten durchgeführt werden. Dabei muss freilich darauf geachtet werden, dass auch diese Delegation hinreichend transparent gemacht wird[9]. Aufsichtsrechtlich bleiben die jeweils delegierenden Wertpapierfirmen bzw. Kreditinstitute voll verantwortlich[10].

81 **c) Räumlicher Anwendungsbereich.** Die Stabilisierung eines dem Anwendungsbereich der MAR unterfallenden Wertpapiers kann auch in einem Drittstaat erfolgen. Da gegen die Verbote der Art. 14 und 15 VO Nr. 596/2014 grundsätzlich weltweit verstoßen werden kann (Art. 12 VO Nr. 596/2014 Rz. 35 ff.), können den Emittenten bzw. den für sie handelnden Personen auch die Safe-Harbour-Bestimmungen des Art. 5 VO Nr. 596/2014 zu Gute kommen. Allerdings sehen die MAR und die DelVO 2016/1052 **kein Verfahren zur Anerkennung gleichwertiger ausländischer Stabilisierungsregeln** vor, die von der Befolgung der Vorgaben des Art. 5 VO Nr. 596/2014 dispensieren würden[11]. Eine Stabilisierungsmaßnahme, die in einem Drittstaat nach dessen Stabi-

---

1 *Feuring/Berrar* in Habersack/Mülbert/Schlitt, Unternehmensfinanzierung am Kapitalmarkt, Rz. 39.22.
2 *Feuring/Berrar* in Habersack/Mülbert/Schlitt, Unternehmensfinanzierung am Kapitalmarkt, Rz. 39.22.
3 *Feuring/Berrar* in Habersack/Mülbert/Schlitt, Unternehmensfinanzierung am Kapitalmarkt, Rz. 39.22.
4 *Klöhn* in Klöhn, Art. 5 MAR Rz. 97; *Sorgenfrei/Saliger* in Park, Kapitalmarktstrafrecht, Kap. 6.1. Rz. 274; *Feuring/Berrar* in Habersack/Mülbert/Schlitt, Unternehmensfinanzierung am Kapitalmarkt, Rz. 39.29 f.
5 *Feuring/Berrar* in Habersack/Mülbert/Schlitt, Unternehmensfinanzierung am Kapitalmarkt, Rz. 39.30; *Klöhn* in Klöhn, Art. 5 MAR Rz. 99; *Sorgenfrei/Saliger* in Park, Kapitalmarktstrafrecht, Kap. 6.1. Rz. 274; vgl. *Singhof* in Habersack/Mülbert/Schlitt, Hdb. der Kapitalmarktinformation, § 22 Rz. 9.
6 *Feuring/Berrar* in Habersack/Mülbert/Schlitt, Unternehmensfinanzierung am Kapitalmarkt, Rz. 39.22.
7 *Feuring/Berrar* in Habersack/Mülbert/Schlitt, Unternehmensfinanzierung am Kapitalmarkt, Rz. 39.29 f., die insoweit von einer unklaren Regelung sprechen; vgl. auch *Mock* in KölnKomm. WpHG, § 20a WpHG Anh. II – Art. 2 VO Nr. 2273/2003 Rz. 46.
8 Vgl. *Feuring/Berrar* in Habersack/Mülbert/Schlitt, Unternehmensfinanzierung am Kapitalmarkt, Rz. 39.31; **a.A.** zur alten Rechtslage *Mock* in KölnKomm. WpHG, § 20a WpHG Anh. II – Art. 2 VO Nr. 2273/2003 Rz. 46.
9 *Feuring/Berrar* in Habersack/Mülbert/Schlitt, Unternehmensfinanzierung am Kapitalmarkt, Rz. 39.31 unter Verweis auf die Wertpapierprospekte der Delivery Hero AG v. 19.6.2017 („*or its affiliates*"), S. 45; der Vapiano SE v. 14.6.2017 („*or persons acting on its behalf*"), S. 116; der Deutsche Bank AG v. 20.3.2017 („*or one of its affiliates*"), S. 106; der Aumann AG v. 10.3.2017 („*or persons acting on its behalf*"), S. 99; der innogy SE v. 23.9.2016 („*or persons acting on its behalf*"), S. 199; der Tele Columbus AG v. 19.10.2015 („*or its affiliates*"), S. 100 und der Deutsche Annington Immobilien SE (nunmehr Vonovia SE) v. 16.6.2015 („*also through its affiliates*"), S. 44.
10 *Feuring/Berrar* in Habersack/Mülbert/Schlitt, Unternehmensfinanzierung am Kapitalmarkt, Rz. 39.31.
11 *Feuring/Berrar* in Habersack/Mülbert/Schlitt, Unternehmensfinanzierung am Kapitalmarkt, Rz. 39.80 f.; *Sorgenfrei/Saliger* in Park, Kapitalmarktstrafrecht, Kap. 6.1. Rz. 293. § 6 MaKonV traf demgegenüber Regelungen für ausländische Stabilisierungsmaßnahmen. Die Vorschrift setzte zunächst eine im Ausland getätigte Stabilisierungsmaßnahme voraus. Diese musste sich auf ein Finanzinstrument beziehen, das im EU- bzw. EWiR-Raum nicht zugelassen ist und für das auch keine Zulassung beantragt ist und das damit nicht dem Anwendungsbereich der MAD I unterfiel. In diesen Fällen war der *safe harbour* der Stabilisierungsmaßnahme eröffnet, wenn die im Ausland getätigte Stabilisierungsmaßnahme entweder in der Sache den Anforderungen der Art. 7–11 DurchfVO Nr. 2273/2003 entsprach oder wenn die an den

lisierungsregeln vorgenommen wird und sich auf ein der MAR unterfallendes Instrument bezieht, muss sich deshalb vollumfänglich an den Art. 14 und 15 VO Nr. 596/2014 messen lassen. Liegen die Voraussetzungen des Art. 5 VO Nr. 596/2014 nicht vor, kommt gleichwohl noch in Betracht, dass eine ausländischem Recht genügende Stabilisierungsmaßnahme nicht gegen die Art. 14 und 15 VO Nr. 596/2014 verstößt (vgl. Rz. 108 ff.). Das liegt besonders nahe, wenn die ausländischen Standards den europäischen sachlich gleichwertig sind, was etwa für die amerikanischen Stabilisierungsregeln (**Regulation M**) gelten dürfte[1].

d) **Zeitlicher Anwendungsbereich.** Der zeitliche Anwendungsbereich des *safe harbour* für Stabilisierungsmaßnahmen ist – insoweit wie bei Rückkaufprogrammen (Rz. 38) – nur für Stabilisierungsmaßnahmen eröffnet, die ab dem 3.7.2016 begonnen wurden (vgl. Art. 12 VO Nr. 596/2014 Rz. 40). 82

3. **Voraussetzungen an allgemeine Stabilisierungsmaßnahmen (Art. 5 Abs. 4 und 5 VO Nr. 596/2014).** Stabilisierungsmaßnahmen nach Art. 5 Abs. 4 VO Nr. 596/2014 unterfallen nur dann dem *safe harbour* des Art. 5 VO Nr. 596/2014, wenn sie innerhalb eines bestimmten Stabilisierungszeitraums stattfinden, einzig eine Kursstützung in diesem Stabilisierungszeitraum bezwecken und wenn sie angemessene Grenzen hinsichtlich des Kurses der Wertpapiere einhalten. Zudem müssen vor, während und nach dem Stabilisierungszeitraum bestimmte Publizitäts- bzw. Meldepflichten erfüllt werden. Die Anforderungen nach Art. 5 Abs. 4 und 5 VO Nr. 596/2014 werden durch die Art. 6 ff. DelVO 2016/1052 präzisiert. 83

a) **Stabilisierungszeitraum (Art. 5 Abs. 4 lit. a VO Nr. 596/2014).** Das Erfordernis einer zeitlich begrenzten Dauer von Stabilisierungsmaßnahmen folgt aus der Definition des Art. 3 Abs. 2 lit. d VO Nr. 596/2014, wonach eine Kursstabilisierung nur die zeitlich befristete Stützung des Marktkurses ist. Art. 5 DelVO 2016/1052 präzisiert den zulässigen **Stabilisierungszeitraum**[2]. Dabei unterscheidet Art. 5 Abs. 1 DelVO 2016/1052 zwischen signifikanten Zeichnungsangeboten in Form einer öffentlich angekündigten Erstplatzierung und signifikanten Zeichnungsangeboten in Form einer Zweitplatzierung[3]. 84

Bei **öffentlich angekündigten Erstplatzierungen von Aktien** und ihnen entsprechenden Wertpapieren (v.a. American Depositary Receipts, ADR[4]) **beginnt** die Frist mit dem Tag der Aufnahme des Handels an dem betreffenden Handelsplatz, d.h. mit dem Tag der Notierungsaufnahme, und **endet spätestens nach 30 Kalendertagen** (Art. 5 Abs. 1 lit. a DelVO 2016/1052)[5]. Bei der Frist handelt es sich um eine Höchstfrist, die selbstverständlich nicht ausgenutzt werden muss[6]. Erstplatzierung meint, dass das Unternehmen erstmals Aktien oder ihnen entsprechende Wertpapiere platziert (*going public*)[7]. In Mitgliedstaaten, in denen das Wertpapier bereits davor gehandelt werden darf (*when issued trading*), beginnt die Frist bereits an dem Tag, an dem der Schlusskurs, d.h. der endgültige Platzierungspreis[8], angemessen bekannt gegeben wird (s. Art. 5 Abs. 2 Satz 1 DelVO 2016/1052)[9], sofern ein solcher Handel allen Vorschriften des betreffenden Handelsplatzes einschließlich Bekanntgabe- und Meldevorschriften entspricht (Art. 5 Abs. 2 Satz 2 DelVO 2016/1052). An Börsen in der Bundesrepublik Deutschland gibt es einen so geregelten **Handel per Erscheinen** nicht[10], sodass die Bereichsausnahme in Deutschland insofern keine Rolle spielt[11]. **Nicht** in den *safe harbour* fallen in Deutschland deshalb Stabilisierungsmaßnahmen, die noch **vor und während der Bookbuilding-Phase** vorgenommen werden[12]. 85

---

betreffenden ausländischen Märkten bestehenden Regeln über zulässige Stabilisierungsmaßnahmen eingehalten werden und diese Regeln denen der DurchfVO gleichwertig waren.
1 Vgl. *Bingel*, S. 194.
2 *Feuring/Berrar* in Habersack/Mülbert/Schlitt, Unternehmensfinanzierung am Kapitalmarkt, Rz. 39.32 ff.; *Haupt* in Meyer/Veil/Rönnau, Handbuch zum Marktmissbrauchsrecht, § 17 Rz. 125 ff.; *Hopt/Kumpan* in Schimansky/Bunte/Lwowski, Bankrechts-Handbuch, § 107 Rz. 39; *Klöhn* in Klöhn, Art. 5 MAR Rz. 100. Zur Befristung auch *Sorgenfrei/Saliger* in Park, Kapitalmarktstrafrecht, Kap. 6.1. Rz. 279 f.
3 *Feuring/Berrar* in Habersack/Mülbert/Schlitt, Unternehmensfinanzierung am Kapitalmarkt, Rz. 39.33; *Klöhn* in Klöhn, Art. 5 MAR Rz. 100; *Sorgenfrei/Saliger* in Park, Kapitalmarktstrafrecht, Kap. 6.1. Rz. 279. Entsprechende Regelungen fanden sich früher in Art. 8 DurchfVO Nr. 2273/2003. Dazu ausführlich *Mock* in KölnKomm. WpHG, § 20a WpHG Anh. II – Art. 8 VO Nr. 2273/2003.
4 Vgl. *Mock* in KölnKomm. WpHG, § 20a WpHG Anh. II – Art. 8 VO Nr. 2273/2003 Rz. 2.
5 Für die Fristberechnung kann nicht direkt auf § 187 BGB zurückgegriffen werden. So aber *Haupt* in Meyer/Veil/Rönnau, Handbuch zum Marktmissbrauchsrecht, § 17 Rz. 132. Im Ergebnis wird sich aber bei einer Berechnung nach Maßgabe des Art. 5 Abs. 1 lit. a DelVO 2016/1052 nichts anderes ergeben.
6 *Feuring/Berrar* in Habersack/Mülbert/Schlitt, Unternehmensfinanzierung am Kapitalmarkt, Rz. 39.40.
7 *Feuring/Berrar* in Habersack/Mülbert/Schlitt, Unternehmensfinanzierung am Kapitalmarkt, Rz. 39.34.
8 *Klöhn* in Klöhn, Art. 5 MAR Rz. 103.
9 *Hopt/Kumpan* in Schimansky/Bunte/Lwowski, Bankrechts-Handbuch, § 107 Rz. 39; *Sorgenfrei/Saliger* in Park, Kapitalmarktstrafrecht, Kap. 6.1. Rz. 279.
10 *Leppert/Stürwald*, ZBB 2004, 302, 310; *Mock* in KölnKomm. WpHG, § 20a WpHG Anh. II – Art. 8 VO Nr. 2273/2003 Rz. 6.
11 *Klöhn* in Klöhn, Art. 5 MAR Rz. 104.
12 *Klöhn* in Klöhn, Art. 5 MAR Rz. 106; *Sorgenfrei/Saliger* in Park, Kapitalmarktstrafrecht, Kap. 6.1. Rz. 273, 278; vgl. *Mock* in KölnKomm. WpHG, § 20a WpHG Anh. II – Art. 8 VO Nr. 2273/2003 Rz. 5; *Fleischer* in Fuchs, § 20a WpHG Rz. 116; differenzierend *Feuring/Berrar* in Habersack/Mülbert/Schlitt, Unternehmensfinanzierung am Kapitalmarkt, Rz. 39.36 ff. Zur Preisfindung bei IPOs im Rahmen eines Bookbuilding-Verfahrens *Aggarwal/Conroy*, Journal of Finance 55 (2000),

Während dieser Phase kann eine Aktie nach deutschem Recht nur im sog. grauen Markt gehandelt werden, und die gezielte Beeinflussung von Graumarktpreisen kann gerade bei Privatanlegern Erwartungen wecken, die mit den eigentlichen Daten der Emission und dem Emissionskurs nicht übereinstimmen. Ein so weit vorverlagerter Handel per Erscheinen ist in hohem Maße manipulationsanfällig und auch nicht hinreichend transparent.

86 Bei der **Zweitplatzierung von Aktien** und ihnen entsprechenden Wertpapieren beginnt der Stabilisierungszeitraum gem. Art. 5 Abs. 1 lit. b DelVO 2016/1052 bereits am Tag der Veröffentlichung des Schlusskurses, gemeint ist der Platzierungskurs[1], und endet spätestens 30 Kalendertage nach dem Datum der Zuteilung, d.h. an dem Tag, an dem festgelegt wird, wie viele Aktien jeder Anleger, der sie zuvor gezeichnet oder beantragt hat, erhält[2]. Unter den Begriff der Zweitplatzierung von Aktien fallen nicht nur SPOs, sondern insbesondere auch Kapitalerhöhungen bereits börsennotierter Gesellschaften[3]. Bei **Bezugsemissionen** kann der Bezugspreis (Ausgabebetrag) vor Beginn der Bezugsfrist bekannt gemacht werden (§ 186 Abs. 2 Satz 1 Alt. 1 AktG). Bereits ab dann können Stabilisierungsmaßnahmen getätigt werden. Obwohl entsprechende Stabilisierungsmaßnahmen im Vorfeld stattfinden, haben sie sich in der Praxis etabliert[4]. Beim Bezugspreis wird regelmäßig ein Abschlag von 15–20 % auf den aktuellen Börsenkurs vorgesehen[5]. Deswegen kommt es bei Bezugsemissionen nur selten zur tatsächlichen Durchführung von Stabilisierungsmaßnahmen, da der Aktienkurs regelmäßig nicht so tief fällt, dass er den Bezugspreis erreicht bzw. unterschreitet[6]. Werden gem. § 186 Abs. 2 Satz 1 Alt. 2 AktG zunächst nur die Grundlagen des Bezugspreises (Ausgabebetrags) bekannt gemacht, genügt das aber nicht[7]. Der Stabilisierungszeitraum endet bei Bezugsemissionen ebenfalls spätestens 30 Kalendertage nach dem Datum der Zuteilung, wobei es insofern nicht auf die Einbuchung der Bezugsrechte, sondern auf den Zeitpunkt der Einbuchung der Aktie selbst ankommt[8].

87 Bei **Schuldverschreibungen** und anderen verbrieften Schuldtiteln, einschließlich solchen, die in Aktien oder andere Aktien entsprechenden Wertpapiere umgewandelt oder umgetauscht werden können[9], beginnt der Stabilisierungszeitraum nach Art. 5 Abs. 3 DelVO 2016/1052 an dem Tag, an dem die Konditionen des Angebots der Wertpapiere angemessen bekannt gegeben wurden, und endet spätestens 30 Kalendertage nach dem Tag, an dem der Emittent der Titel den Emissionserlös erhalten hat, oder – sollte dies früher eintreten – spätestens 60 Kalendertage nach der Zuteilung der Wertpapiere. Das trägt dem Umstand Rechnung, dass bei Schuldverschreibungen die Notierung meist nicht unmittelbar nach der Platzierung aufgenommen wird[10].

88 Werden zugleich Aktien und Anleihen ausgegeben (sog. **kombinierte Angebote**), ist der Stabilisierungszeitraum je gesondert zu bestimmen[11]. Auswirkungen der Stabilisierung des einen auf das jeweils andere Instrument sind lediglich ein Reflex der je gesondert auf ihre Zulässigkeit zu überprüfenden Stabilisierungsmaßnahmen[12].

2903; *Benveniste/Busaba*, Journal of Financial and Quantitative Analysis 32 (1997), 383; *Chowdhry/Nanda*, Journal of Financial and Quantitative Analysis 31 (1996), 25; *Cornelli/Goldreich*, Journal of Finance 56 (2001), 2337; *Lewellen*, Journal of Finance 61 (2006), 613; *Pukthuanthong-Le/Varaiya*, Financial Review 42 (2007), 319; *Ritter/Welch*, Journal of Finance 57 (2002), 1795. Zu den in der Kapitalmarktpraxis sehr seltenen Auktionsverfahren *Sherman*, Journal of Financial Economics 78 (2005), 615–649

1 *Feuring/Berrar* in Habersack/Mülbert/Schlitt, Unternehmensfinanzierung am Kapitalmarkt, Rz. 39.35; vgl. *Mock* in KölnKomm. WpHG, § 20a WpHG Anh. II – Art. 8 VO Nr. 2273/2003 Rz. 7.
2 *Sorgenfrei/Saliger* in Park, Kapitalmarktstrafrecht, Kap. 6.1. Rz. 280.
3 *Klöhn* in Klöhn, Art. 5 MAR Rz. 108; vgl. *Mock* in KölnKomm. WpHG, § 20a WpHG Anh. II – Art. 8 VO Nr. 2273/2003 Rz. 7; *Singhof* in Habersack/Mülbert/Schlitt, Hdb. der Kapitalmarktinformation, § 22 Rz. 22.
4 *Feuring/Berrar* in Habersack/Mülbert/Schlitt, Unternehmensfinanzierung am Kapitalmarkt, Rz. 39.39 unter Verweis auf den Wertpapierprospekt der Deutsche Bank Aktiengesellschaft v. 20.3.2017, S. 106; der Tele Columbus AG v. 19.10.2015, S. 100; der Deutsche Annington Immobilien SE (nunmehr Vonovia SE) v. 16.6.2015, S. 44; der COMMERZBANK Aktiengesellschaft v. 14.5.2013, S. 11/12; der Deutsche Wohnen AG (nunmehr Deutsche Wohnen SE) v. 11.6.2012, S. 73; der IVG Immobilien AG v. 30.11.2011, S. 82; der Merck KGaA v. 22.1.2007, S. 43/44; der Linde Aktiengesellschaft v. 23.6.2006, S. 35/36; der Fresenius AG (nunmehr Fresenius SE & Co. KGaA) v. 15.11.2005, S. 32.
5 *Feuring/Berrar* in Habersack/Mülbert/Schlitt, Unternehmensfinanzierung am Kapitalmarkt, Rz. 39.39.
6 *Feuring/Berrar* in Habersack/Mülbert/Schlitt, Unternehmensfinanzierung am Kapitalmarkt, Rz. 39.39 unter Verweis auf sog. *at market rights offerings*, bei denen Stabilisierungsmaßnahmen doch auch einmal in der Praxis stattfinden.
7 *Klöhn* in Klöhn, Art. 5 MAR Rz. 108; vgl. zum Ganzen auf Basis der DurchfVO Nr. 2273/2003 *Groß* in GS Bosch, 2005, S. 49, 60 f.; *Mock* in KölnKomm. WpHG, § 20a WpHG Anh. II – Art. 8 VO Nr. 2273/2003 Rz. 17 ff.
8 *Feuring/Berrar* in Habersack/Mülbert/Schlitt, Unternehmensfinanzierung am Kapitalmarkt, Rz. 39.40.
9 *Haupt* in Meyer/Veil/Rönnau, Handbuch zum Marktmissbrauchsrecht, § 17 Rz. 131; *Sorgenfrei/Saliger* in Park, Kapitalmarktstrafrecht, Kap. 6.1. Rz. 280.
10 *Klöhn* in Klöhn, Art. 5 MAR Rz. 105; vgl. *Groß* in GS Bosch, 2005, 49, 54; *Meyer*, AG 2004, 289, 293; *Singhof* in Habersack/Mülbert/Schlitt, Hdb. der Kapitalmarktinformation, § 22 Rz. 23.
11 *Feuring/Berrar* in Habersack/Mülbert/Schlitt, Unternehmensfinanzierung am Kapitalmarkt, Rz. 39.41; *Klöhn* in Klöhn, Art. 5 MAR Rz. 107; *Sorgenfrei/Saliger* in Park, Kapitalmarktstrafrecht, Kap. 6.1. Rz. 280. Zur alten Rechtslage vgl. *Singhof* in Habersack/Mülbert/Schlitt, Hdb. der Kapitalmarktinformation, § 22 Rz. 24; *Mock* in KölnKomm. WpHG, § 20a WpHG Anh. II – Art. 8 VO Nr. 2273/2003 Rz. 15 f.; *Fleischer* in Fuchs, § 20a WpHG Rz. 116.
12 *Feuring/Berrar* in Habersack/Mülbert/Schlitt, Unternehmensfinanzierung am Kapitalmarkt, Rz. 39.41 a.E.

b) **Zweck der Kursstützung (Art. 5 Abs. 4, Art. 3 Abs. 2 lit. d VO Nr. 596/2014).** Die Stabilisierungsmaßnahme im *safe harbour* des Art. 5 Abs. 4 VO Nr. 596/2014 ist – ebenso wie ein Rückkaufprogramm (Rz. 56 ff.) – nur zweckgebunden zulässig[1]. Art. 3 Abs. 2 lit. d VO Nr. 596/2014 definiert die Kursstabilisierung als Maßnahme eines Kreditinstituts oder einer Wertpapierfirma mit dem „**alleinigen Ziel**", den Marktkurs der Wertpapiere für einen im Voraus bestimmten Zeitraum zu stützen. Darauf aufbauend heißt es in Art. 5 Abs. 4 VO Nr. 596/2014, dass die Verbote der Art. 14 und 15 VO Nr. 596/2014 nicht für den Handel mit Wertpapieren oder verbundenen Instrumenten „zur Stabilisierung des Kurses von Wertpapieren" gelten[2]. Mithin darf es ausschließlich um die **Stützung des Marktkurses** bei emissionsbedingtem Verkaufsdruck gehen, also um den Ausgleich kurzfristig sinkender Preisbewegungen, wie sie typischerweise im Zusammenhang mit öffentlich angekündigten Platzierungen auftreten[3]. Demgegenüber sind Preissenkungen, die ihren Grund in der aktuellen Geschäftslage des Emittenten oder im allgemeinen Markttrend haben, nicht stabilisierungsfähig („keine Stabilisierung gegen den Markttrend")[4]. Erst recht fallen Maßnahmen nicht in den *safe harbour*, die über die Preisstützung hinaus auf eine Preis*erhöhung* abzielen[5]. Ebenso wenig fallen Maßnahmen der Preis*dämpfung* in den *safe harbour*. Erst recht unterfallen Maßnahmen, die andere als kursbezogene Zwecke verfolgen, nicht dem *safe harbour*. Dies gilt etwa für Maßnahmen des Koordinators eines Bezugsangebots, für das Handeln als Designated Sponsor oder als Market Maker (unten Rz. 118) oder für die Ausführung von Kundenorders[6]. Auch diese Maßnahmen sind aber freilich deshalb nicht gleich als Verstöße gegen das Marktmissbrauchsregime zu werten, sondern umfassend anhand der Verbotsvorschriften der Art. 14 bzw. 15 VO Nr. 596/2014 zu beurteilen[7].

89

c) **Publizitäts-, Dokumentations- und Organisationspflichten (Art. 5 Abs. 4 lit. b, Abs. 5 VO Nr. 596/2014).** Gem. Art. 5 Abs. 4 lit. b VO Nr. 596/2014 müssen bei einer dem *safe harbour* unterfallenden Stabilisierungsmaßnahme relevante Informationen zur Stabilisierung offengelegt und der zuständigen Behörde des Handelsplatzes gem. Art. 5 Abs. 5 VO Nr. 596/2014 gemeldet werden[8]. Nach dieser Bestimmung gilt unbeschadet des Art. 23 Abs. 1 VO Nr. 596/2014, dass die Emittenten, Bieter oder Unternehmen, die eine Stabilisierungsmaßnahme durchführen, unabhängig davon, ob sie im Namen Ersterer handeln oder nicht, der zuständigen Behörde des Handelsplatzes spätestens am Ende des siebten Handelstags nach dem Tag der Ausführung dieser Maßnahmen die Einzelheiten sämtlicher Stabilisierungsmaßnahmen mitteilen. Die **Bekanntgabe- und Meldepflichten** dienen dem Schutz der Marktintegrität und sind zudem erforderlich, um Anlegerschutz sicherzustellen und den zuständigen Behörden die Überwachung von Stabilisierungsmaßnahmen zu ermöglichen (Erwägungsgrund 8 Satz 1 und 2 DelVO 2016/1052)[9]. Näher präzisiert werden die Bekanntgabe- und Meldepflichten durch Art. 6 DelVO 2016/1052[10]. Um Anlegern und Marktteilnehmern einen leichten Zugriff zu ermöglichen sind die Transparenzvorschriften neben denjenigen der RL 2003/71/EG (Prospektrichtlinie)[11] anwendbar und dispensieren sich nicht wechselseitig (Erwägungsgrund 8 DelVO 2016/1052).

90

Adressaten der Bekanntgabe- und Meldepflichten sind im Ausgangspunkt die Emittenten (Art. 3 Abs. 1 Nr. 21 VO Nr. 596/2014) und Bieter (d.h. Vorbesitzer oder Emittenten, s. Art. 2 lit. c DelVO 2016/1052) und Unternehmen, die Stabilisierungsmaßnahmen durchführen[12]. Die Bekanntgabe- und Meldepflichten müssen aber nicht von allen an der Durchführung beteiligen Personen parallel erfüllt werden. Nach Art. 6 Abs. 5 DelVO 2016/1052 müssen der Emittent, der Bieter und alle Unternehmen, die die Stabilisierungsmaßnahme durchfüh-

91

---

1 *Feuring/Berrar* in Habersack/Mülbert/Schlitt, Unternehmensfinanzierung am Kapitalmarkt, Rz. 39.23.
2 Vgl. *Mock* in KölnKomm. WpHG, § 20a WpHG Anh. II – Art. 2 VO Nr. 2273/2003 Rz. 35.
3 *Feuring/Berrar* in Habersack/Mülbert/Schlitt, Unternehmensfinanzierung am Kapitalmarkt, Rz. 39.23; *Sorgenfrei/Saliger* in Park, Kapitalmarktstrafrecht, Kap. 6.1. Rz. 276. Ebenso früher § 4 Abs. 2 KuMaKV: „Maßnahmen zur Stützung des Börsen- oder Marktpreises im Rahmen einer Wertpapieremission, um kurzfristig sinkende Kursbewegungen auszugleichen, welche typischerweise im Zusammenhang mit einer solchen Wertpapieremission auftreten".
4 *Sorgenfrei/Saliger* in Park, Kapitalmarktstrafrecht, Kap. 6.1. Rz. 276.
5 *Sorgenfrei/Saliger* in Park, Kapitalmarktstrafrecht, Kap. 6.1. Rz. 276; vgl. *Mock* in KölnKomm. WpHG, § 20a WpHG Anh. II – Art. 2 VO Nr. 2273/2003 Rz. 35.
6 *Feuring/Berrar* in Habersack/Mülbert/Schlitt, Unternehmensfinanzierung am Kapitalmarkt, Rz. 39.23 f.; vgl. *Singhof* in Habersack/Mülbert/Schlitt, Hdb. der Kapitalmarktinformation, § 22 Rz. 50 ff.
7 *Feuring/Berrar* in Habersack/Mülbert/Schlitt, Unternehmensfinanzierung am Kapitalmarkt, Rz. 39.23.
8 *Hopt/Kumpan* in Schimansky/Bunte/Lwowski, Bankrechts-Handbuch, § 107 Rz. 39; *Klöhn* in Klöhn, Art. 5 MAR Rz. 109 ff.; *Sorgenfrei/Saliger* in Park, Kapitalmarktstrafrecht, Kap. 6.1. Rz. 281 ff.
9 Zum Zweck auch *Sorgenfrei/Saliger* in Park, Kapitalmarktstrafrecht, Kap. 6.1. Rz. 281.
10 Parallele Vorgaben waren früher in Art. 9 DurchfVO Nr. 2273/2003 enthalten. Die dort noch vorgesehene Aussetzung bestimmter Angaben bei prospektpflichtigen Angeboten (Art. 9 Abs. 1 DurchfVO Nr. 2273/2003) (dazu *Feuring/Berrar* in Habersack/Mülbert/Schlitt, Unternehmensfinanzierung am Kapitalmarkt, Rz. 39.42; *Singhof* in Habersack/Mülbert/Schlitt, Hdb. der Kapitalmarktinformation, § 22 Rz. 31 ff.) findet sich im neuen Recht nicht mehr.
11 Ab dem 21.7.2019 tritt die VO (EU) 2017/1129 vom 14. Juni 2017 über den Prospekt, der beim öffentlichen Angebot von Wertpapieren oder bei deren Zulassung zum Handel an einem geregelten Markt zu veröffentlichen ist und zur Aufhebung der Richtlinie 2003/71/EG (Prospekt-VO) an die Stelle der Prospektrichtlinie bzw. der sie umsetzenden nationalen Rechtsakte.
12 *Sorgenfrei/Saliger* in Park, Kapitalmarktstrafrecht, Kap. 6.1. Rz. 281.

ren, sowie in ihrem Auftrag handelnde Personen, einen von ihnen als **zentrale Stelle** benennen[1]. Die Aufgabe wird in der Regel vom **Stabilisierungsmanager** durchgeführt, wobei theoretisch jede andere an der Stabilisierung beteiligte Person als zentrale Stelle benannt werden kann[2]. Regelmäßig wird aber der Konsortialführer (*lead bank, leading manager*) die Funktion des Stabilisierungsmanagers übernehmen und dann auch als zentrale Stelle benannt[3]. Der so Benannte ist gem. Art. 6 Abs. 5 lit. a und b DelVO 2016/1052 verantwortlich für die Erfüllung der Bekanntgabepflichten nach Art. 6 Abs. 1, 2 und 3 DelVO 2016/1052 (Rz. 92 ff.) und die Bearbeitung von Ersuchen der zuständigen Behörden i.S.v. Art. 6 Abs. 4 DelVO 2016/1052 (Rz. 94)[4]. Zur rechtssicheren Ausgestaltung sollte die Rolle ausdrücklich dem Konsortialführer zugewiesen werden[5]. Erfüllt die zentrale Stelle ihre Pflichten nicht bzw. nicht ordnungsgemäß, liegt die Stabilisierungsmaßnahme auch für die übrigen an ihrer Durchführung beteiligten Personen außerhalb des *safe harbour*. Die zentrale Stelle ist aber nicht die einzige Person, die zur Kommunikation berechtigt ist. Vielmehr können die Bekanntgabe- und Meldepflichten auch von anderen an der Stabilisierung beteiligten Personen vorgenommen werden[6].

92 Nach **Art. 6 Abs. 1 DelVO 2016/1052** hat der Stabilisierungsmanager (Rz. 91) **vor Beginn der Erst- oder Zweitplatzierung** der Wertpapiere in angemessener Weise Folgendes bekanntzugeben[7]:
(a) dass eine Kursstabilisierungsmaßnahme nicht zwingend erfolgen muss und dass sie jederzeit beendet werden kann[8];
(b) dass Stabilisierungsmaßnahmen auf die Stützung des Marktkurses der Wertpapiere während des Stabilisierungszeitraums abzielen;
(c) wann der Zeitraum, innerhalb dessen die Stabilisierungsmaßnahme durchgeführt werden könnte, beginnt und endet (vgl. Rz. 84 ff.);
(d) welches Unternehmen für die Durchführung der Stabilisierungsmaßnahme zuständig ist – sollte dies zum Zeitpunkt der Bekanntgabe noch nicht feststehen, so ist diese Information vor Beginn der Stabilisierungsmaßnahme angemessen bekannt zu geben;
(e) ob die Möglichkeit einer Überzeichnung (Mehrzuteilung)[9] oder Greenshoe-Option (Rz. 99 ff.) besteht und wie viele Wertpapiere von dieser Überzeichnung oder Option maximal abgedeckt werden, in welchem Zeitraum die Greenshoe-Option ausgeübt werden kann und welche Voraussetzungen gegebenenfalls für eine Überzeichnung oder die Ausübung der Greenshoe-Option erfüllt sein müssen; und
(f) an welchem Ort die Stabilisierungsmaßnahme durchgeführt werden kann, wobei gegebenenfalls auch der Name des Handelsplatzes bzw. die Namen der Handelsplätze anzugeben sind[10].

Vor Beginn der Erst- oder Zweitplatzierung meint vor Beginn der Angebotsfrist bzw. Zeichnungsfrist[11]. Für den Begriff der **angemessenen Weise** gelten die Ausführungen oben Rz. 46 zur angemessenen Bekanntgabe i.S.d. Art. 1 lit. b DelVO 2016/1052 entsprechend[12]. Wo eine dem amtlich bestellten Systems gem. Art. 21 RL 2004/109/EG (Rz. 46) entsprechende Veröffentlichung nicht möglich ist (*Accelerated Bookbuilding Offering*[13]), genügt eine hinreichende Kommunikation über die Fachpresse[14].

---

1 *Feuring/Berrar* in Habersack/Mülbert/Schlitt, Unternehmensfinanzierung am Kapitalmarkt, Rz. 39.27 f.; *Klöhn* in Klöhn, Art. 5 MAR Rz. 111.
2 *Haupt* in Meyer/Veil/Rönnau, Handbuch zum Marktmissbrauchsrecht, § 17 Rz. 133 ff.; *Klöhn* in Klöhn, Art. 5 MAR Rz. 111.
3 *Feuring/Berrar* in Habersack/Mülbert/Schlitt, Unternehmensfinanzierung am Kapitalmarkt, Rz. 39.28.
4 *Sorgenfrei/Saliger* in Park, Kapitalmarktstrafrecht, Kap. 6.1. Rz. 281.
5 *Feuring/Berrar* in Habersack/Mülbert/Schlitt, Unternehmensfinanzierung am Kapitalmarkt, Rz. 39.28.
6 *Feuring/Berrar* in Habersack/Mülbert/Schlitt, Unternehmensfinanzierung am Kapitalmarkt, Rz. 39.28.
7 *Feuring/Berrar* in Habersack/Mülbert/Schlitt, Unternehmensfinanzierung am Kapitalmarkt, Rz. 39.47 ff.; *Haupt* in Meyer/Veil/Rönnau, Handbuch zum Marktmissbrauchsrecht, § 17 Rz. 137 ff.
8 Zur Frage der rechtlichen Zulässigkeit einer Verpflichtung zur Vornahme von Stabilisierungsmaßnahmen *Feuring/Berrar* in Habersack/Mülbert/Schlitt, Unternehmensfinanzierung am Kapitalmarkt, Rz. 39.52; *Schlitt/Schäfer*, AG 2004, 346, 357; *Fleischer*, ZIP 2003, 2045, 2046; *Busch* in FS Hoffmann-Becking, 2013, S. 211, 217.
9 *Klöhn* in Klöhn, Art. 5 MAR Rz. 112; vgl. *Mock* in KölnKomm. WpHG, § 20a WpHG Anh. II – Art. 9 VO Nr. 2273/2003 Rz. 4.
10 Insofern liegt eine Neuerung gegenüber der alten Rechtslage vor, s. *Feuring/Berrar* in Habersack/Mülbert/Schlitt, Unternehmensfinanzierung am Kapitalmarkt, Rz. 39.52 a.E.
11 Offengelassen von *Feuring/Berrar* in Habersack/Mülbert/Schlitt, Unternehmensfinanzierung am Kapitalmarkt, Rz. 39.50, die auf die seit Inkrafttreten der MAR noch uneinheitliche Praxis verweisen. Zur alten Rechtslage wie hier *Mock* in KölnKomm. WpHG, § 20a WpHG Anh. II – Art. 9 VO Nr. 2273/2003 Rz. 6.
12 *Haupt* in Meyer/Veil/Rönnau, Handbuch zum Marktmissbrauchsrecht, § 17 Rz. 136; *Klöhn* in Klöhn, Art. 5 MAR Rz. 113; *Sorgenfrei/Saliger* in Park, Kapitalmarktstrafrecht, Kap. 6.1. Rz. 282. Zu den Voraussetzungen bei Stabilisierungsmaßnahmen *Feuring/Berrar* in Habersack/Mülbert/Schlitt, Unternehmensfinanzierung am Kapitalmarkt, Rz. 39.42 f.
13 *Feuring/Berrar* in Habersack/Mülbert/Schlitt, Unternehmensfinanzierung am Kapitalmarkt, Rz. 39.18.
14 *Feuring/Berrar* in Habersack/Mülbert/Schlitt, Unternehmensfinanzierung am Kapitalmarkt, Rz. 39.44; vgl. *Singhof* in Habersack/Mülbert/Schlitt, Hdb. der Kapitalmarktinformation, § 22 Rz. 30.

Insoweit **verbietet sich** auch eine **Ausnahme** für Angebote, die in den Anwendungsbereich der RL 2003/71/EG (Prospektrichtlinie) fallen[1]. Gleiches gilt für eine teleologische Reduktion, da der europäische Gesetzgeber eine dem Art. 9 Abs. 1 Unterabs. 2 DurchfVO Nr. 2273/2003 entsprechende Ausnahme wohl bewusst nicht in die MAR oder die DelVO 2016/1052 übertragen hat[2]. Das Gleiche gilt für kurzfristige Transaktionen, wie sie bei sog. *accelerated bookbuild offerings* vorkommen[3]. 93

Während eines Stabilisierungszeitraums bestehen weitere Bekanntgabe und auch Meldepflichten. Nach **Art. 6 Abs. 2 DelVO 2016/1052** muss der Stabilisierungsmanager (Rz. 91) die **angemessene Bekanntgabe** der Einzelheiten sämtlicher Stabilisierungsmaßnahmen gewährleisten[4]. Die Bekanntgabe muss dabei spätestens am Ende des siebten Handelstags nach dem Tag der Ausführung der jeweiligen Maßnahmen stattfinden. Sieben Tage nach der Vornahme der ersten Stabilisierungsmaßnahme kann die Bekanntgabe auch in aggregierter Form erfolgen (vgl. Rz. 48). Inhaltlich geht die Bekanntgabe nach Art. 6 Abs. 2 DelVO 2016/1052 nicht über die Meldung nach Art. 6 Abs. 4 DelVO 2016/1052 hinaus, insbesondere ist etwa das Geburtsdatum keine bekanntzugebende Information[5]. **Zusätzlich** bestimmt Art. 5 Abs. 5 VO Nr. 596/2014, dass die an der Durchführung beteiligten Personen, mithin Emittenten, Bieter oder Unternehmen, die die Stabilisierungsmaßnahme durchführen, unabhängig davon, ob sie im Namen der Emittenten handeln oder nicht, der **zuständigen Behörde des Handelsplatzes** spätestens am Ende des siebten Handelstags nach dem Tag der Ausführung dieser Maßnahmen die Einzelheiten sämtlicher Stabilisierungsmaßnahmen **mitteilen**. Die Mitteilungen sind fortlaufend vorzunehmen[6]. Stabilisierungsmaßnahmen vornehmen dürfen nur Kreditinstitute und Wertpapierfirmen (Rz. 79). Die Überlegung insoweit eine zentrale Stelle zu schaffen, bei der Informationen gebündelt werden, hat die ESMA in ihrem finalen Report verworfen[7]. Sie begründet ihre Entscheidung u.a. damit, dass hierdurch die Etablierung komplexer und vermutlich langwieriger Mechanismen zum Informationsaustausch vermieden wird[8]. Zur Mitteilung ist deshalb jedes Unternehmen verpflichtet, dass Stabilisierungsmaßnahmen vornimmt. Der **Inhalt der Mitteilung** an die zuständige Behörde lässt sich aus **Art. 6 Abs. 4 DelVO 2016/1052** herleiten. Danach haben Stabilisierungsmaßnahmen durchführende Unternehmen, unabhängig davon, ob sie im Namen des Emittenten oder des Bieters handeln oder nicht, alle Kursstabilisierungsaufträge und -transaktionen bei Wertpapieren und verbundenen Instrumenten entsprechend Art. 25 Abs. 1 VO Nr. 600/2014 (MiFIR)[9] aufzuzeichnen (**Dokumentationspflicht**)[10]. Die Unternehmen, die die Stabilisierungsmaßnahme durchführen, melden unabhängig davon, ob sie im Namen des Emittenten oder des Bieters handeln oder nicht, alle durchgeführten Kursstabilisierungstransaktionen bei Wertpapieren und verbundenen Instrumenten: 94

(a) der zuständigen Behörde an jedem Handelsplatz, an dem die unter die Stabilisierungsmaßnahme fallenden Wertpapiere zum Handel zugelassen sind oder gehandelt werden;

(b) der zuständigen Behörde an jedem Handelsplatz, an dem Transaktionen bei verbundenen Instrumenten zur Stabilisierung von Wertpapieren durchgeführt werden.

Diese Verpflichtung soll unbeschadet des Art. 23 Abs. 1 VO Nr. 596/2014 bestehen (Art. 5 Abs. 5 VO Nr. 596/2014). Die BaFin hat auch insofern auf ihrer Website ein Excel-Dokument für die Meldung bereitgestellt[11]. Zur Übermittlung an die BaFin kann auch hier das MVP-Portal genutzt werden (vgl. Rz. 48)[12].

---

1 *Feuring/Berrar* in Habersack/Mülbert/Schlitt, Unternehmensfinanzierung am Kapitalmarkt, Rz. 39.50; *Klöhn* in Klöhn, Art. 5 MAR Rz. 112. Anders noch Art. 9 Abs. 1 Unterabs. 2 DurchfVO Nr. 2273/2003. Dazu *Mock* in KölnKomm. WpHG, § 20a WpHG Anh. II – Art. 9 VO Nr. 2273/2003 Rz. 7 f.
2 Im Ergebnis auch *Sorgenfrei/Saliger* in Park, Kapitalmarktstrafrecht, Kap. 6.1. Rz. 283.
3 Vgl. *Mock* in KölnKomm. WpHG, § 20a WpHG Anh. II – Art. 9 VO Nr. 2273/2003 Rz. 9; a.A. *Singhof* in Habersack/Mülbert/Schlitt, Hdb. der Kapitalmarktinformation, § 22 Rz. 30.
4 *Feuring/Berrar* in Habersack/Mülbert/Schlitt, Unternehmensfinanzierung am Kapitalmarkt, Rz. 39.58; *Haupt* in Meyer/Veil/Rönnau, Handbuch zum Marktmissbrauchsrecht, § 17 Rz. 142 ff.
5 *Feuring/Berrar* in Habersack/Mülbert/Schlitt, Unternehmensfinanzierung am Kapitalmarkt, Rz. 39.58.
6 Vgl. *Feuring/Berrar* in Habersack/Mülbert/Schlitt, Unternehmensfinanzierung am Kapitalmarkt, Rz. 39.59, die sich zu Recht kritisch hinsichtlich der durch die zahlreichen laufenden Transparenz- und Meldepflichten entstehenden kosten äußert.
7 ESMA, Final Report, Draft technical standards on the Market Abuse Regulation, 28 September 2015, ESMA/2015/1455, Rz. 50.
8 ESMA, Final Report, Draft technical standards on the Market Abuse Regulation, 28 September 2015, ESMA/2015/1455, Rz. 50 (mit weiteren Gründen).
9 Art. 25 Abs. 1 VO Nr. 600/2014 (MiFIR): „Wertpapierfirmen halten die einschlägigen Daten über sämtliche Aufträge und sämtliche Geschäfte mit Finanzinstrumenten, die sie entweder für eigene Rechnung oder im Namen ihrer Kunden getätigt haben, fünf Jahre zur Verfügung der zuständigen Behörden. Im Fall von im Namen von Kunden ausgeführten Geschäften enthalten die Aufzeichnungen sämtliche Angaben zur Identität des Kunden sowie die gemäß der Richtlinie 2005/60/EG des Europäischen Parlaments und des Rates geforderten Angaben. Die ESMA kann nach dem Verfahren und unter den in Artikel 35 der Verordnung (EU) Nr. 1095/2010 festgelegten Bedingungen den Zugang zu diesen Informationen beantragen."
10 *Klöhn* in Klöhn, Art. 5 MAR Rz. 122; *Sorgenfrei/Saliger* in Park, Kapitalmarktstrafrecht, Kap. 6.1. Rz. 286.
11 Abrufbar unter: https://www.bafin.de/Shared-Docs/Downloads/DE/Merkblatt/WA/dl_wa_Vorlage_fuer_Transaktionsmeldungen_Stabilisierungsmassnahmen_WA23.html. Dazu *Haupt* in Meyer/Veil/Rönnau, Handbuch zum Marktmissbrauchsrecht, § 17 Rz. 150 f.
12 *Haupt* in Meyer/Veil/Rönnau, Handbuch zum Marktmissbrauchsrecht, § 17 Rz. 157.

95 Nach Ablauf des **Stabilisierungszeitraums** (Rz. 84 ff.) muss der Stabilisierungsmanager (Rz. 91) nach **Art. 6 Abs. 3 DelVO 2016/1052** innerhalb einer Woche in angemessener Weise bekanntgeben:
   (a) ob eine Stabilisierungsmaßnahme durchgeführt wurde oder nicht;
   (b) zu welchem Termin mit der Kursstabilisierung begonnen wurde;
   (c) zu welchem Termin die letzte Kursstabilisierungsmaßnahme erfolgte;
   (d) innerhalb welcher Kursspanne die Stabilisierung erfolgte (für jeden Termin[1], zu dem eine Kursstabilisierungsmaßnahme durchgeführt wurde);
   (e) an welchem Handelsplatz bzw. welchen Handelsplätzen die Kursstabilisierungsmaßnahmen erfolgten.

Die Bekanntgabe muss auch hier in angemessener Weise (Art. 1 lit. b DelVO 2016/1052) erfolgen (vgl. Rz. 48). Erforderlich ist auch eine Negativerklärung, falls keine Stabilisierungsmaßnahmen vorgenommen wurden[2]. **Nicht** erforderlich ist die Bekanntgabe des Gesamtvolumens aller Stabilisierungsmaßnahmen innerhalb des Stabilisierungszeitraums[3]. Die Veröffentlichung nach Art. 6 Abs. 3 DelVO 2016/1052 wird in der Praxis häufig mit der Bekanntgabe über die Ausübung der Greenshoe-Option verbunden[4].

96 Rechtspolitisch lässt sich gegen diese nachträgliche Publizität einwenden, dass sie einen Stabilisierungserfolg zunichtemachen kann, wenn eine starke Stützung bekannt wird[5]. Auf der anderen Seite ist zu bedenken, dass vorherige Bekanntgaben nicht bindend sind und der Markt über erhebliche Abweichungen informiert werden muss[6].

97 **d) Einhaltung angemessener Grenzen hinsichtlich des Kurses.** Im Falle eines **Zeichnungsangebots für Aktien oder Aktien entsprechende Wertpapiere** darf die Kursstabilisierung der Wertpapiere unter keinen Umständen zu einem höheren Kurs als dem Emissionskurs erfolgen (Art. 7 Abs. 1 DelVO 2016/1052)[7]. Dies soll verhindern, dass Stabilisierungsmaßnahmen dazu genutzt werden, um den Preis zu erhöhen[8]. Der **Emissionskurs** ist als Angebotspreis, nicht als Zeichnungspreis im aktienrechtlichen Sinne zu verstehen[9].

98 Im Falle eines **Zeichnungsangebots für verbriefte Schuldtitel**, die in Aktien oder andere Wertpapiere, die Aktien entsprechen, umgewandelt oder umgetauscht werden können, darf die Stabilisierung dieser Schuldtitel unter keinen Umständen zu einem höheren Kurs erfolgen als dem **Marktkurs** dieser Instrumente zum Zeitpunkt der Bekanntgabe der endgültigen Modalitäten des neuen Angebots (Art. 7 Abs. 2 DelVO 2016/1052)[10]. **Nicht zulässig** sind die Bereinigung der Preisobergrenze um Auswirkungen von Zins- und Dividendenberechtigungen, die Ausgaben von Berichtigungsaktien (bei Kapitalerhöhung aus Gesellschaftsmitteln) und die Durchführungen von Aktiensplitts (Neustückelung von Aktien durch den Emittenten)[11].

99 **4. Voraussetzungen ergänzender Stabilisierungsmaßnahmen (Mehrzuteilung und Greenshoe).** Art. 8 DelVO 2016/1052 eröffnet die Möglichkeit der Vornahme **ergänzender Stabilisierungsmaßnahmen** im *safe harbour* des Art. 5 Abs. 4 VO Nr. 596/2014. Hierbei handelt es sich gem. Art. 1 lit. e DelVO 2016/1052 um eine Überzeichnung oder die Ausübung einer Greenshoe-Option durch ein Wertpapierhaus (Wertpapierfirma, vgl. Rz. 70) oder Kreditinstitut (Rz. 70), die im Rahmen eines signifikanten Zeichnungsangebots von Wertpapieren ausschließlich der Vereinfachung der eigentlichen Kursstabilisierungsmaßnahme dient[12]. Bei der Vornahme dieser Maßnahmen müssen zunächst alle in Art. 6 und 7 DelVO 2016/1052 aufgestellten Maßgaben beachtet werden (Rz. 90 ff.)[13]. Zusätzlich enthält Art. 8 lit. a–f DelVO 2016/1052 ergänzende Bestimmungen.

---

1 Richtigerweise ist für jeden Tag (englische Fassung: *date*) an dem Stabilisierungsmaßnahmen durchgeführt wurden eine Bekanntmachung vorzunehmen. S. *Feuring/Berrar* in Habersack/Mülbert/Schlitt, Unternehmensfinanzierung am Kapitalmarkt, Rz. 39.50.
2 *Feuring/Berrar* in Habersack/Mülbert/Schlitt, Unternehmensfinanzierung am Kapitalmarkt, Rz. 39.49.
3 *Feuring/Berrar* in Habersack/Mülbert/Schlitt, Unternehmensfinanzierung am Kapitalmarkt, Rz. 39.49; *Klöhn* in Klöhn, Art. 5 MAR Rz. 116; vgl. *Mock* in KölnKomm. WpHG, § 20a WpHG Anh. II – Art. 9 VO Nr. 2273/2003 Rz. 14.
4 *Feuring/Berrar* in Habersack/Mülbert/Schlitt, Unternehmensfinanzierung am Kapitalmarkt, Rz. 39.51.
5 Zutr. zur alten Rechtslage (Art. 9 Abs. 3 DurchfVO Nr. 2273/2003) *Pfüller/Anders*, WM 2003, 2445, 2452 f.
6 Zur alten Rechtslage *Mock* in KölnKomm. WpHG, § 20a WpHG Anh. II – Art. 9 VO Nr. 2273/2003 Rz. 10.
7 *Haupt* in Meyer/Veil/Rönnau, Handbuch zum Marktmissbrauchsrecht, § 17 Rz. 170; *Hopt/Kumpan* in Schimansky/Bunte/Lwowski, Bankrechts-Handbuch, § 107 Rz. 39; *Klöhn* in Klöhn, Art. 5 MAR Rz. 123. Die Vorschrift entspricht dem alten Art. 10 Abs. 1 DurchfVO Nr. 2273/2003.
8 ESMA, Final Report, Draft technical standards on the Market Abuse Regulation, 28 September 2015, ESMA/2015/1455, Rz. 51; *Klöhn* in Klöhn, Art. 5 MAR Rz. 124.
9 *Sorgenfrei/Saliger* in Park, Kapitalmarktstrafrecht, Kap. 6.1. Rz. 287; vgl. *Pfüller/Anders* WM 2003, 2445, 2452; *Singhof* in Habersack/Mülbert/Schlitt, Hdb. der Kapitalmarktinformation, § 22 Rz. 14.
10 *Klöhn* in Klöhn, Art. 5 MAR Rz. 125. Auch insoweit stimmt die neue Rechtslage mit der alten Rechtslage nach Art. 10 Abs. 2 DurchfVO Nr. 2273/2003 überein.
11 *Sorgenfrei/Saliger* in Park, Kapitalmarktstrafrecht, Kap. 6.1. Rz. 287; vgl. *Mock* in KölnKomm. WpHG, § 20a WpHG Anh. II – Art. 10 VO Nr. 2273/2003 Rz. 4; tendenziell auch *Vogel* in 6. Aufl., § 20a WpHG Rz. 288.
12 *Klöhn* in Klöhn, Art. 5 MAR Rz. 127 ff.; *Sorgenfrei/Saliger* in Park, Kapitalmarktstrafrecht, Kap. 6.1. Rz. 288 ff. Insoweit entspricht der Wortlaut demjenigen des alten Art. 2 Nr. 12 DurchfVO Nr. 2273/2003.
13 *Hopt/Kumpan* in Schimansky/Bunte/Lwowski, Bankrechts-Handbuch, § 107 Rz. 39.

Eine **Überzeichnung** definiert Art. 1 lit. f DelVO 2016/1052 als eine Klausel im Emissions- bzw. Garantievertrag, die es erlaubt, Zeichnungs- oder Kaufangebote für Wertpapiere über die ursprünglich geplante Menge hinaus anzunehmen[1]. Die Kapitalmarktpraxis spricht terminologisch überzeugend von einer **Mehrzuteilung**, da nicht eine Überzeichnung von Seiten der Anleger, sondern eine Mehrzuteilung von Seiten des Emissionskonsortiums gemeint ist[2]. Bei der Mehrzuteilung handelt es sich um eine gängige Praxis[3], die der Abfederung eines bei einer Emission erwarteten Nachfrageüberhanges dient, indem mehr Wertpapiere zum Emissionspreis zugeteilt als eigentlich emittiert werden[4]. Die dafür benötigten Wertpapiere werden meistens durch das Konsortium mittels einer Wertpapierleihe (Wertpapierdarlehen) vom Emittenten oder anderen Wertpapierinhabern (Altaktionären) übernommen[5]. In diesem Zuge gehen das Konsortium bzw. denen entsprechende Personen eine gedeckte *Short*-Position ein. Kauft das Konsortium bzw. dessen Mitglieder bei **fallendem Kurs** Wertpapiere zur Stabilisierung zurück, kann das Wertpapierdarlehen hieraus bedient werden[6]. 100

Für den Fall, dass eine Stabilisierung nicht notwendig ist oder der Kurs steigt, wird die Darlehensverpflichtung durch eine Greenshoe-Option abgesichert[7]. Durch deren Ausübung kann das Konsortium, meist der Stabilisierungsmanager[8], die geliehenen Wertpapiere im Stabilisierungszeitraum zum Emissionspreis erwerben (und dann seine Short-Position aus der Wertpapierleihe – i.d.R. durch Verrechnung – schließen[9]). In diesem Sinne definiert Art. 1 lit. g DelVO 2016/1052 eine **Greenshoe-Option** als eine Überzeichnungsreserve[10], die der Bieter einem Wertpapierhaus bzw. den Wertpapierhäusern oder einem Kreditinstitut bzw. den Kreditinstituten im Rahmen des Zeichnungsangebots zugesteht, bei der diese Häuser bzw. Institute innerhalb eines bestimmten Zeitraums nach der Emission der Wertpapiere eine bestimmte Menge dieser Wertpapiere zum Ausgabekurs erwerben können[11]. Durch die Kombination von Mehrzuteilung und Greenshoe-Option ist das Konsortium zu einer weitgehend risikolosen Stabilisierung der Wertpapiere in der Lage[12]. Die Europäische Kommission erkennt in Erwägungsgrund 10 Satz 1 DelVO 2016/1052 ausdrücklich an, dass zwecks Bereitstellung von Ressourcen und Absicherung von Kursstabilisierungsmaßnahmen Greenshoe-Optionen gestattet werden sollten. Eine zulässige ergänzende Stabilisierungsmaßnahme setzt aber freilich keine Greenshoe-Option bzw. deren Ausübung voraus[13]. 101

Bei der Vornahme ergänzender Stabilisierungsmaßnahmen sind zunächst alle Anforderungen der Art. 6 und 7 DelVO 2016/1052 zu beachten (Rz. 90 ff.)[14]. Dazu zählen insbesondere die Publizitäts- und Meldepflichten des Art. 6 DelVO 2016/1052. Zudem ist zu berücksichtigen, dass es sich auch bei den ergänzenden Stabilisierungsmaßnahmen um Kursstabilisierungen i.S.v. Art. 3 Abs. 2 lit. d VO Nr. 596/2014 handelt, diese also dem **alleinigen Ziel** dienen müssen, den Marktkurs der Wertpapiere im Stabilisierungszeitraum (Rz. 84 ff.) zu stützen. 102

Darüber hinaus sieht **Art. 8 DelVO 2016/1052** zusätzliche **Anforderungen** speziell für Mehrzuteilungen und Greenshoe-Optionen vor[15]. Diese müssen – um dem *safe harbour* des Art. 5 VO Nr. 596/2014 zu unterfallen – folgende Bedingungen erfüllen: 103

(a) eine „Überzeichnung von Wertpapieren" darf nur innerhalb der Zeichnungsfrist und zum Emissionskurs erfolgen;

(b) eine aus einer „Überzeichnung" resultierende und nicht durch die Greenshoe-Option abgedeckte Position eines Wertpapierhauses oder eines Kreditinstituts darf 5 % des ursprünglichen Angebots nicht überschreiten;

---

1 Die Definition deckt sich mit derjenigen nach Art. 2 Nr. 13 DurchfVO Nr. 2273/2003.
2 *Feuring/Berrar* in Habersack/Mülbert/Schlitt, Unternehmensfinanzierung am Kapitalmarkt, Rz. 39.60; *Klöhn* in Klöhn, Art. 5 MAR Rz. 129 ff.
3 S. zur alten Rechtslage *Vogel*, WM 2003, 2437, 2437 f. m.N.
4 *Klöhn* in Klöhn, Art. 5 MAR Rz. 127.
5 *Feuring/Berrar* in Habersack/Mülbert/Schlitt, Unternehmensfinanzierung am Kapitalmarkt, Rz. 39.60; *Klöhn* in Klöhn, Art. 5 MAR Rz. 128; *Busch* in FS Hoffmann-Becking, 2013, S. 211, 212;.
6 *Busch* in FS Hoffmann-Becking, 2013, S. 211, 212; *Weitzell*, NZG 2017, 411, 412.
7 *Aggarwal*, Journal of Finance 55 (2000), 1075, 1079 f.; *Klöhn* in Klöhn, Art. 5 MAR Rz. 128; *Sorgenfrei/Saliger* in Park, Kapitalmarktstrafrecht, Kap. 6.1. Rz. 289.
8 *Busch* in FS Hoffmann-Becking, 2013, S. 211, 212.
9 *Weitzell*, NZG 2017, 411, 412.
10 *Kritisch zur deutschen Übersetzung* des englischen Begriffs „option" in „Überzeichnungsreserve" *Klöhn* in Klöhn, Art. 5 MAR Rz. 131.
11 Auch insoweit wurden lediglich marginale Änderungen am Wortlaut des Art. 2 Nr. 14 DurchfVO Nr. 2273/2003 vorgenommen.
12 *Busch* in FS Hoffmann-Becking, 2013, S. 211, 212; *Singhof* in Habersack/Mülbert/Schlitt, Hdb. der Kapitalmarktinformation, § 22 Rz. 17; *Klöhn* in Klöhn, Art. 5 MAR Rz. 128, der terminologisch überzeugend von der Greenshoe-Option als Hedging-Instrument spricht.
13 *Feuring/Berrar* in Habersack/Mülbert/Schlitt, Unternehmensfinanzierung am Kapitalmarkt, Rz. 39.67 unter Verweis auf die Ad-hoc-Mitteilung der Grammer AG v. 13.7.2005, bei deren Angebot keine Greenshoe-Option eingeräumt war.
14 *Sorgenfrei/Saliger* in Park, Kapitalmarktstrafrecht, Kap. 6.1. Rz. 291.
15 Zu diesen auch *Sorgenfrei/Saliger* in Park, Kapitalmarktstrafrecht, Kap. 6.1. Rz. 289.

(c) die Greenshoe-Option darf von den Begünstigten einer solchen Option nur im Rahmen einer „Überzeichnung" der Wertpapiere ausgeübt werden;
(d) die Greenshoe-Option darf 15 % des ursprünglichen Angebots nicht überschreiten;
(e) der Zeitraum, in dem die Greenshoe-Option ausgeübt werden darf, muss sich mit dem Kursstabilisierungszeitraum nach Art. 5 VO Nr. 596/2014 decken (Rz. 84 ff.);
(f) die Öffentlichkeit muss unverzüglich und in allen angemessenen Einzelheiten über die Ausübung der Greenshoe-Option unterrichtet werden, insbesondere über den Zeitpunkt der Ausübung und die Zahl und Art der relevanten Wertpapiere.

104 Die Anforderungen des Art. 8 lit. a DelVO 2016/1052, wonach eine „Überzeichnung von Wertpapieren" nur innerhalb der **Zeichnungsfrist** (Rz. 92) und zum **Emissionskurs** (Rz. 97) erfolgen darf, unterstreicht den Konnex zwischen den ergänzenden Stabilisierungsmaßnahmen und der allgemeinen Kursstabilisierung. Selbstverständlich wird der *safe harbour* verlassen, wenn Maßnahmen außerhalb des Stabilisierungszeitraums stattfinden. Gleichfalls müssen auch die ergänzenden Stabilisierungsmaßnahmen kursschonend abgewickelt werden um einen übermäßigen Eingriff in den Preismechanismus zu verhindern. Deshalb darf der Emissionskurs auch insoweit nicht überschritten werden (vgl. Rz. 97).

105 Art. 8 lit. b DelVO 2016/1052 sieht ausdrücklich eine **volumenmäßig (5 %) begrenzte Nutzung** von Mehrzuteilungen ohne eine Absicherung durch eine Greenshoe-Option (sog. *naked shorts*) vor[1]. Innerhalb der Volumengrenzen sind zwar auch ungedeckte Leerverkäufe zur Kursstabilisierung denkbar[2]. In der Praxis finden insoweit aber keine ungedeckten Leerverkäufe i.S.d. Art. 12 VO Nr. 236/2012 statt. Der gegenüber dem Markt stattfindende Verkauf der Aktien ist nämlich in aller Regel voll durch das Wertpapierdarlehen (Rz. 100) gedeckt und nur die Rückzahlung des Darlehens gegenüber dem Sachdarlehensgeber ist mitunter nicht (vollständig) durch die Greenshoe-Option abgesichert[3]. Ein solcher Fall stellt aber keinen ungedeckten Leerverkauf i.S.d. Art. 12 VO Nr. 236/2012 dar, weshalb der Begriff des *naked short* durchaus missverständlich ist[4]. Art. 17 Abs. 4 VO Nr. 236/2012 sieht ausdrücklich eine Ausnahme für im *safe harbour* des Art. 5 VO Nr. 596/2014 liegende Stabilisierungsmaßnahmen vor (dazu Art. 17 VO Nr. 236/2012 Rz. 39 f.)[5]. Diese ist aber nicht mit Blick auf die Verbotstatbestände der VO Nr. 236/2012, sondern mit Blick auf die Transparenzvorschriften (Art. 5 ff. VO Nr. 236/2012) von Bedeutung[6].

106 Die Ausübung der Greenshoe-Option ist ferner nur im Rahmen einer Mehrzuteilung (Rz. 100) zulässig (Art. 8 lit. c DelVO 2016/1052). Die Praxis des sog. *refreshing the shoe* unterfällt damit nicht dem *safe harbour* des Art. 5 VO Nr. 596/2014[7]. Beim **refreshing the shoe** handelt es sich um die Ausübung einer Greenshoe-Option in Fällen, in denen diese nicht erforderlich ist, um Überzeichnungen zu bedienen, sondern nur dazu dient, den entstandenen Aktienüberschuss durch weitere Zuteilungen oder nach und nach abzubauen und sich so Mittel zu verschaffen, um ggf. wieder Aktien zu kaufen[8]. Damit ist aber – wie stets bei Maßnahmen, die nicht die Voraussetzungen der *safe harbours* des Art. 5 VO Nr. 596/2014 erfüllen – noch keine Aussage dazu verbunden, ob ein Verstoß gegen die Art. 14 und/oder 15 VO Nr. 596/2014 vorliegt[9]. Der Praxis ist aber anzuraten, einen ausdrücklichen Hinweis auf die Möglichkeit eines *refreshing the shoe* in die Bekanntmachungen (Rz. 92) aufzunehmen[10]. Gleiches gilt für einen sog. **Reverse Greenshoe**, bei dem der Emittent dem Emissionskonsortium zur Stabilisierung eine Put-Option zum Emissionspreis auf die im Rahmen der Stabilisierung erworbenen Wertpapiere einräumt[11]. Auch solche Maßnahmen sind an den allgemeinen Verbotsnormen zu messen[12].

---

1 So auch schon Art. 11 DurchfVO Nr. 2273/2003.
2 *Sorgenfrei/Saliger* in Park, Kapitalmarktstrafrecht, Kap. 6.1. Rz. 290.
3 *Feuring/Berrar* in Habersack/Mülbert/Schlitt, Unternehmensfinanzierung am Kapitalmarkt, Rz. 39.65; ungenau *Klöhn* in Klöhn, Art. 5 MAR Rz. 128; *Sorgenfrei/Saliger* in Park, Kapitalmarktstrafrecht, Kap. 6.1. Rz. 290.
4 *Feuring/Berrar* in Habersack/Mülbert/Schlitt, Unternehmensfinanzierung am Kapitalmarkt, Rz. 39.65.
5 Vgl. *Sorgenfrei/Saliger* in Park, Kapitalmarktstrafrecht, Kap. 6.1. Rz. 290 die von einer gebotenen teleologischen Reduktion des Art. 13 (gemeint: 12) Leerverkaufs-VO sprechen.
6 *Feuring/Berrar* in Habersack/Mülbert/Schlitt, Unternehmensfinanzierung am Kapitalmarkt, Rz. 39.65.
7 ESMA, Final Report, Draft technical standards on the Market Abuse Regulation, 28. September 2015, ESMA/2015/1455: „[…] ‚refreshing the Greenshoe', selling securities acquired through stabilisation transactions to undertake further purchases for stabilisation purposes, falls outside the scope of the safe harbour and is not covered by the exemption provided by Article 5(1) of MAR." So auch *Klöhn* in Klöhn, Art. 5 MAR Rz. 135. Zum alten Recht war noch umstritten, ob entsprechendes Verhalten unter den *safe harbour* fällt, s. nur *Bingel*, S. 190 ff.; *Hopt/Waschkeit* in FS Lorenz, 2001, S. 147, 161; *Busch* in FS Hoffmann-Becking, 2013, S. 211.
8 *Feuring/Berrar* in Habersack/Mülbert/Schlitt, Unternehmensfinanzierung am Kapitalmarkt, Rz. 39.71; *Weitzell*, NZG 2017, 411, 412.
9 Ausführlich *Feuring/Berrar* in Habersack/Mülbert/Schlitt, Unternehmensfinanzierung am Kapitalmarkt, Rz. 39.67 ff.; *Weitzell*, NZG 2017, 411, 412 f.; vgl. ferner *Brandt* in Kümpel/Wittig, Ban- und Kapitalmarktrecht, Rz. 15.542; *Busch* in FS Hoffmann-Becking, 2013, S. 211, 216 ff.
10 *Feuring/Berrar* in Habersack/Mülbert/Schlitt, Unternehmensfinanzierung am Kapitalmarkt, Rz. 39.75.
11 *Klöhn* in Klöhn, Art. 5 MAR Rz. 139.
12 *Klöhn* in Klöhn, Art. 5 MAR Rz. 139.

Die Greenshoe-Option darf nach Art. 8 lit. d DelVO 2016/1052 nicht die **Schwelle von 15 %** des ursprüng- 107
lichen Angebots überschreiten. Zudem muss auch sie innerhalb des Stabilisierungszeitraums (Rz. 84 ff.) ausgeübt werden (Art. 8 lit. e DelVO 2016/1052). Schließlich muss bei der Ausübung der Greenshoe-Option nach
Art. 8 lit. f DelVO 2016/1052 die Öffentlichkeit unverzüglich und in allen angemessenen Einzelheiten über die
Ausübung, insbesondere über den Zeitpunkt der Ausübung und die Zahl und Art der relevanten Wertpapiere
unterrichtet werden[1]. Man mag freilich zweifeln, ob insbesondere die nachträgliche Publizität bei Ausübung
der Greenshoe-Option sinnvoll ist (Rz. 96)[2].

VIII. Jenseits der *safe harbour* liegende Fallgruppen. 1. Umgang mit außerhalb des Art. 5 VO Nr. 596/ 108
2014 liegenden Fallgruppen. Angesichts der Enge und Formalisierung des Art. 5 VO Nr. 596/2014 ist die
Frage umso dringlicher, ob es **jenseits der *safe harbour* liegende Fallgruppen** gibt, die marktmanipulations-
und insiderrechtlich unbedenklich sind. *De lege lata* ist zu erinnern, dass Marktverhalten, das keinem *safe harbour* unterfällt, nicht *per se* i.S.d. Art. 14 und 15 VO Nr. 596/2014 verboten ist (Rz. 4)[3]. Die Anerkennung einer
anderen Tätigkeit als einem weiteren *safe harbour* im technischen Sinne für Handlungen, die „auf keinen Fall"
Marktmanipulation oder Insiderhandel darstellen, bleibt allerdings dem europäischen Gesetzgeber vorbehalten.
Hier kann es daher nur darum gehen, im Wege der Interpretation der Insider- und Marktmanipulationsverbote
der Art. 14 und 15 VO Nr. 596/2014 bestimmte Fallgruppen als regelmäßig unverboten zu identifizieren.

De lege ferenda ist daran zu denken, im Verordnungswege **weitere *safe harbour* anzuerkennen**. Insoweit ist auf 109
Art. 38 VO Nr. 596/2014 hinzuweisen, wonach die Europäische Kommission dem Europäischen Parlament
und dem Rat der EU bis zum 3.7.2019 Bericht über die Anwendung der MAR und gegebenenfalls über die Erforderlichkeit einer Überarbeitung zu berichten hat. Sollte sich das Erfordernis nach weiteren *Safe-harbour*-Tat-
beständen auftun, wäre ein entsprechender Hinweis in diesem Bericht geboten.

2. Rückkaufprogramme jenseits des Art. 5 Abs. 1–3 VO Nr. 596/2014. Rückkaufprogramme sind geeignet, 110
irreführende Signale für die Nachfrage nach einem Finanzinstrument zu geben (Rz. 22 ff.). Deshalb erfasst der
safe harbour des Art. 5 VO Nr. 596/2014 nur bestimmte Rückkaufprogramme. Außerhalb des *safe harbour* liegende Rückkaufprogramme verstoßen dann nicht gegen Art. 15 VO Nr. 596/2014, wenn ihnen die Eignung
fehlt, ein künstliches Preisniveau herbeizuführen (Rz. 23). Dies kann der Fall sein, wenn die **Volumenbegrenzungen** des Art. 3 DelVO 2016/1052 (Rz. 63 ff.) eingehalten werden und/oder das Rückkaufprogramm programmiert bzw. das Wertpapierhaus bzw. Kreditinstitut angewiesen ist, Preisbeeinflussungen zu vermeiden. Sofern ein Rückkauf von eigenen Aktien der **Kursstützung** dient und die Voraussetzungen des Art. 5 Abs. 4 VO
Nr. 596/2014 erfüllt, kommt sogar ein **Tatbestandsausschluss nach Art. 5 Abs. 4** VO Nr. 596/2014 in Betracht.

Von den Verboten der Art. 14 und 15 VO Nr. 596/2014 nicht erfasste **Rückkaufprogramme** außerhalb des *safe* 111
harbour sind im Wesentlichen denkbar bei Rückkaufprogrammen, die **anderen** – insbesondere den übrigen
nach § 71 Abs. 1 AktG oder § 33 Abs. 2 WpÜG gesellschaftsrechtlich zulässigen – **Zwecken dienen**. Dies gilt jedenfalls, wenn bei deren Durchführung die Transparenzanforderungen und die Volumen- und Handelsbeschränkungen des Art. 5 Abs. 1 und 3 VO Nr. 596/2014 sowie der DelVO 2016/1052 (Rz. 42 ff. und 63 ff.) beachtet werden[4]. Der Erwerb eigener Aktien zur Abwendung eines Schadens oder einer Übernahme oder der Ermöglichung des Wertpapierhandels für ein Kreditinstitut oder Finanzdienstleistungsunternehmen, der auf
einem Hauptversammlungsbeschluss beruht und dessen Durchführung hinreichend transparent gemacht wird,
wird regelmäßig kein irreführendes Signal aussenden[5]. Zudem kann ein Rückkaufprogramm unverboten sein,
wenn es unter der Voraussetzung der Transparenz und marktschonenden Ausführung dazu dient, eigene Aktien als Akquisitionswährung für eine Übernahme zu erwerben[6]. Die französische *Autorité des Marchés Financiers* hatte solche Rückkaufprogramme ausdrücklich als zulässige Marktpraxis anerkannt (dazu Art. 13 VO
Nr. 596/2014 Rz. 101). Weiterhin kann die Abwehr gezielter Baisseangriffe oder sonst gezielter Schädigungen
des Unternehmens den Rückkauf eigener Aktien rechtfertigen[7], sofern die Transparenz- und Volumenanfor-
derungen gewahrt sind. Aber auch ein nicht von § 71 AktG gedeckter und damit nach § 57 Abs. 1 Satz 1 AktG
verbotener[8] Erwerb eigener Aktien stellt unter dem Regime der MAR nicht notwendigerweise eine verbotene
Marktmanipulation oder einen Insiderverstoß dar, solange angemessene Transparenz hergestellt wird und kein
künstliches Kursniveau erzeugt wird.

---

1 Dazu näher *Feuring/Berrar* in Habersack/Mülbert/Schlitt, Unternehmensfinanzierung am Kapitalmarkt, Rz. 39.72 ff.
2 Zu Art. 11 DurchfVO Nr. 2273/2003 krit. *Pfüller/Anders*, WM 2003, 2445, 2453.
3 *Hopt/Kumpan* in Schimansky/Bunte/Lwowski, Bankrechts-Handbuch, § 107 Rz. 40; vgl. zum Schweizer Recht *Maurenbrecher* in Watter/Bahar, Basler Kommentar, Finanzmarktaufsichtsgesetz/Finanzmarktinfrastrukturgesetz: FINMAG/
FinfraG, Nach Art. 142 f. FinfraG Rz. 8, 42.
4 *Feuring/Berrar* in Habersack/Mülbert/Schlitt, Unternehmensfinanzierung am Kapitalmarkt, Rz. 39.84. Zutr. zur alten
Rechtslage unter dem Regime der DurchfVO Nr. 2273/2003: *Mock* in KölnKomm. WpHG, § 20a WpHG Anh. II VO
Nr. 2273/2003 Rz. 10 ff.
5 *Lenzen*, S. 213.
6 *Hopt/Kumpan* in Schimansky/Bunte/Lwowski, Bankrechts-Handbuch, § 107 Rz. 40.
7 Zutr. zur alten Rechtslage: *Schwark* in Schwark/Zimmer, § 20a WpHG Rz. 97.
8 *Oechsler* in MünchKomm. AktG, 4. Aufl. 2016, § 71 AktG Rz. 66 ff. m.N.

112 **3. Stabilisierungsmaßnahmen jenseits des Art. 5 Abs. 4 VO Nr. 596/2014.** Stabilisierungsmaßnahmen dienen zwar – wenn sie nicht in Wahrheit „Kurskosmetik" bezwecken, was ohne weiteres eine Marktmanipulation darstellt – typischerweise der Abwendung von Marktverzerrungen und der Glättung von Zufallsschwankungen. Gleichwohl ist ihnen die Eignung, ein künstliches Preisniveau i.S.v. Art. 12 Abs. 1 lit. a Ziff. ii) VO Nr. 596/2014 (Art. 12 VO Nr. 596/2014 Rz. 61 ff.) herbeizuführen, regelmäßig inhärent[1]. Gerade vor dem Hintergrund des Verbots der Marktmanipulation ist entsprechendes Vorgehen außerhalb des *safe harbour* daher besonders kritisch zu beurteilen.

113 Jenseits des Art. 5 Abs. 4 VO Nr. 596/2014 liegende Fallgruppen für nicht marktmanipulative und insiderrechtlich relevante Stabilisierungsmaßnahmen im Zusammenhang mit einer Emission sind gleichwohl vor allem für den Zeitraum **vor Aufnahme des Handels und während der sog. Bookbuilding-Phase** diskutabel. Zur früheren Rechtslage wurde vertreten, dass solche Maßnahmen zulässig seien, wenn die Liquidität des jeweiligen Finanzinstruments gering ist, nachweislich Eingriffe Dritter nicht zu befürchten sind und eine ausreichende Transparenz gewährleistet werde[2]. Die wohl h.A. war zurückhaltender und verlangte namentlich für den Handel per Erscheinen, dass die Vorgaben der Art. 7 ff. DurchfVO Nr. 2273/2003 im Wesentlichen entsprechend beachtet werden[3]. Richtigerweise wird man letzteres als Mindestvoraussetzung auch nach neuem Recht verlangen müssen.

114 **Marktschutzvereinbarungen** sind von Art. 5 VO Nr. 596/2014 nicht erfasste Maßnahmen zur Stabilisierung bei Emissionen (Rz. 75). Sie kommen insbesondere als sog. *lock-up-agreements* vor, mit denen sich Inhaber von Finanzinstrumenten (z.B. Altaktionäre oder institutionelle Anleger) verpflichten, diese nicht zu veräußern. Es handelt sich um eine übliche, zumindest nach der Rechtslage vor Inkrafttreten der MAR weithin für zulässig gehaltene Marktpraxis[4]. Unter dem Regime des Art. 15 VO Nr. 596/2014 ist eine Marktschutzvereinbarung schon deshalb regelmäßig unproblematisch, weil die aufgrund einer Marktschutzvereinbarung unterlassene Veräußerung nicht dem Marktmanipulationsverbot unterfällt (Art. 12 VO Nr. 596/2014 Rz. 51). Allerdings kann es im Zusammenhang mit Marktschutzvereinbarungen zu Insiderverstößen kommen.

115 Der **Handel mit Wertpapierblöcken**[5] kann, wenn er öffentlich angekündigt ist, im Einzelfall eine Sekundäremission i.S.d. Art. 5 Abs. 4 VO Nr. 596/2014 sein (Rz. 78). Nur der Handel mit Wertpapierblöcken, bei dem es sich ausschließlich um eine Privattransaktion handelt, lässt sich nicht als signifikantes Zeichnungsangebot betrachten (Erwägungsgrund 6 DelVO 2016/1052) und in diesem Rahmen stattfindende Stabilisierungsmaßnahmen können deshalb auch nicht dem *safe harbour* unterfallen. Vielmehr müssen sie sich an den Verboten der Art. 14 und 15 VO Nr. 596/2014 messen lassen. In Betracht kommt eine Marktmanipulation vor allem, wenn im Vorfeld der Platzierung des Blocks Kurse beeinflusst werden. Begleitende Stabilisierungsmaßnahmen (einschließlich des Rückkaufs von Teilen des Blockes) sind jedenfalls bei hinreichender Transparenz hingegen unbedenklich. Das gilt erst recht für den sog. Pakethandel, d.h. dem über einen längeren Zeitraum verteilten Kauf oder Verkauf von Finanzinstrumenten. Er ist auch dann nicht marktmanipulativ, wenn es wirtschaftlich gesehen um eine einheitliche Transaktion geht[6].

116 Ob es noch weitere Bereiche zulässiger **Kurspflege** im Sinne von Maßnahmen gibt, die darauf abzielen, Zufallsschwankungen eines Preises zu vermeiden und eine Glättung unregelmäßiger Preisentwicklungen zu erreichen, ist eine schwierige Frage. Die früher h.A. hielt Kurspflege für grundsätzlich zulässig. Sie sei vom Gesetzgeber vielfach bestätigt worden[7] und werde auch von der Rechtsprechung akzeptiert[8], möge auch nicht schrankenlos erlaubt sein. Insoweit wurde auf Grenzen aus dem Prospektrecht[9], in gewissem Umfange auch dem Insiderhandelsverbot[10] und ggf. die *Ad-hoc*-Publizität[11] sowie auf Aktien- und Gesellschaftsrecht hingewiesen. Gegenläufig wurde zunehmend vertreten, nach der Rechtslage seit Inkrafttreten der DurchfVO Nr. 2273/2003 sei jede Kurspflege grundsätzlich unzulässig geworden, es sei denn, es liege der technische *safe harbour* bei Stabilisierungsmaßnahmen vor[12]. Die Wahrheit liegt in der Mitte:

---

1 Zur alten Rechtslage: *Mock* in KölnKomm. WpHG, § 20a WpHG Rz. 392; **a.A.** *Groß* in GS Bosch, 2005, S. 49, 65.
2 Vgl. zu Art. 7 ff. DurchfVO Nr. 2273/2003: *Schlitt/Schäfer*, AG 2004, 346, 357 und BKR 2005, 251, 263; weiterhin *Fleischer*, ZIP 2003, 2045, 2048.
3 Zu Art. 7 ff. DurchfVO Nr. 2273/2003: *Mock* in KölnKomm. WpHG, § 20a Rz. 392 ff.
4 Zur alten Rechtslage unter Geltung der DurchfVO Nr. 2273/2003: *Mock* in KölnKomm. WpHG, § 20a Rz. 403 ff.; *Pfüller/Anders*, WM 2003, 2445, 2449 m.N.
5 *Sorgenfrei/Saliger* in Park, Kapitalmarktstrafrecht, Kap. 6.1. Rz. 297; zur Rechtslage vor Geltung der MAR *Schlitt/Schäfer*, AG 2004, 346, 356 f.; zum Schweizer Recht *Maurenbrecher* in Watter/Bahar, Basler Kommentar, Finanzmarktaufsichtsgesetz/Finanzmarktinfrastrukturgesetz: FINMAG/FinfraG, Nach Art. 142 f. FinfraG Rz. 46.
6 Zur Rechtslage vor Inkrafttreten der MAR und zum Pakethandel allgemein: S. *Groß*, Kapitalmarktrecht, 2. Aufl., § 88 BörsG Rz. 6; *Schwark*, 2. Aufl., § 88 BörsG Rz. 8; s. hierzu auch (freilich in erster Linie in insiderhandelsrechtlicher Sicht) *Hammen*, Pakethandel und Insiderhandelsverbot, WM 2004, 1753.
7 Nachw. bei *Groß*, Kapitalmarktrecht, 2. Aufl., § 88 BörsG Rz. 9.
8 S. nur BGH v. 5.7.1993 – II ZR 194/92, WM 1993, 1787, 1789 = AG 1994, 32.
9 Hierzu *Groß*, Kapitalmarktrecht, 2. Aufl., § 88 BörsG Rz. 7; *Schäfer*, WM 1999, 1345, 1348 f.
10 Weiterhin *Schäfer*, WM 1999, 1345, 1350 f.
11 Hierzu *Schäfer*, WM 1999, 1345, 1349 f.
12 S. nur *Ekkenga*, WM 2002, 317, 318.

Kurspflegemaßnahmen erfüllen nicht ohne weiteres die Voraussetzungen an eine verbotene Marktmanipulation nach Art. 15, 12 VO Nr. 596/2014 bzw. an einen Verstoß gegen das Insiderhandelsverbot nach Art. 14 VO Nr. 596/2014[1]. Insbesondere sind Kurspflegemaßnahmen im Regelfall keine fiktiven Transaktionen (Vor Art. 12 ff. VO Nr. 596/2014 Rz. 59), sondern rechtsverbindliche und effektive Geschäfte, da andernfalls der Kurs nicht – oder nicht nachhaltig – stabilisiert werden kann[2].

4. Weitere Fallgruppen. Die Tätigkeit von **Designated Sponsors** und **Market Makers** kann durchaus in die Nähe der Art. 15, 12 VO Nr. 596/2014 geraten[3]. Für das Insiderhandelsverbot schafft Art. 9 VO Nr. 596/2014 einen Sonderausnahmetatbestand für Market Maker, zentrale Gegenparteien und bestimmte andere Personen (näher Art. 9 VO Nr. 596/2014 Rz. 11 ff.)[4]. Ein Designated Sponsor stellt zwar verbindliche oder indikative Quotes, um Liquidität zu schaffen, jedoch liegt dem weder ein reales Angebot noch reale Nachfrage zugrunde, und es erfolgen keine wirtschaftlich begründeten Umsätze[5]. Gleichwohl ist seine Tätigkeit in Börsenordnungen (z.B. §§ 23 ff. Börsenordnung der Frankfurter Wertpapierbörse) als sinnvoll und notwendig anerkannt und zugleich börsenordnungsrechtlich begrenzt. Nur auf vertraglicher Grundlage tätig ist der Market Maker. Die MAR definiert den Begriff des Market Maker nicht selbst, sondern verweist auf Art. 4 Abs. 1 Nr. 7 RL 2014/65/EU (MiFID II). Danach ist ein Market Maker eine Person, die an den Finanzmärkten auf kontinuierlicher Basis ihre Bereitschaft anzeigt, durch den An- und Verkauf von Finanzinstrumenten unter Einsatz des eigenen Kapitals Handel für eigene Rechnung zu von ihr gestellten Kursen zu betreiben[6]. Beide Konstellationen sollten *de lege lata* im Auslegungsweg, *de lege ferenda* durch **Schaffung eines safe harbour** oder durch Anerkennung als zulässige Marktpraxis, von der Anwendung des Marktmanipulationsverbots ausgenommen werden (Art. 13 VO Nr. 596/2014 Rz. 106)[7]. Entsprechende Ausnahmen finden sich etwa auch von den Verboten der VO Nr. 236/2012 (Leerverkaufs-VO). In der Tat hatten einige ausländische zuständige Behörden sog. *liquidity enhancement contracts* und auch die Anpassung des Börsenpreises von Schuldverschreibungen durch *wash sales* als zulässige Marktpraxis anerkannt (Art. 13 VO Nr. 596/2014 Rz. 101). Der europäische Gesetzgeber hat bislang davon abgesehen, entsprechende Tatbestandsausschlüsse gesetzlich zu definieren. In Erwägungsgrund 29 VO Nr. 596/2014 stellt er aber klar, dass die Rolle der Market Maker anzuerkennen ist, wenn diese in ihrer legitimen Eigenschaft als Bereitsteller von Marktliquidität tätig sind. Explizite Sonderregelungen für Market Maker wurden letztlich allerdings nur im Bereich der Insiderinformationen festgesetzt (vgl. auch Erwägungsgrund 30 VO Nr. 596/2014).

Der **Skontroführer** hat gem. § 28 Abs. 1 Satz 1 BörsG auf einen geordneten Marktverlauf hinzuwirken und darf hierzu auch Eigen- und Aufgabegeschäfte durchführen, solange sie nicht tendenzverstärkend wirken. Derartige Geschäfte bringen kein reales Angebot bzw. keine reale Nachfrage zum Ausdruck und stellen keine wirtschaftlich begründeten Umsätze dar, müssen aber gleichwohl auch marktmanipulationsrechtlich als unverboten anerkannt werden[8].

IX. Konkretisierungsbefugnis (Art. 5 Abs. 6 VO Nr. 596/2014). Nach Art. 5 Abs. 6 VO Nr. 596/2014 soll die ESMA zur durchgängigen Harmonisierung Entwürfe technischer Regelungsstandards ausarbeiten, in denen die bei den Rückkaufprogrammen und Stabilisierungsmaßnahmen nach Abs. 1 und 4 einzuhaltenden Bedingungen präzisiert werden, darunter Handelsbedingungen, Beschränkungen der Dauer und des Volumens, Bekanntgabe- und Meldepflichten sowie Kursbedingungen. Dies ist durch die Vorlage eines finalen Reports durch die ESMA am 28.9.2015 geschehen[9]. Die Europäische Kommission hatte sodann gem. Art. 5 Abs. 6 Unterabs. 2 VO Nr. 596/2014 die Befugnis, technische Regulierungsstandards nach Art. 10–14 VO Nr. 1095/2010 zu erlassen. Dem ist sie durch Erlass der DelVO 2016/1052 nachgekommen.

---

1 *Feuring/Berrar* in Habersack/Mülbert/Schlitt, Unternehmensfinanzierung am Kapitalmarkt, Rz. 39.23 f.
2 Zutr. *Groß*, Kapitalmarktrecht, 2. Aufl., § 88 BörsG Rz. 8.
3 *Feuring/Berrar* in Habersack/Mülbert/Schlitt, Unternehmensfinanzierung am Kapitalmarkt, Rz. 39.23; *Sorgenfrei/Saliger* in Park, Kapitalmarktstrafrecht, Kap. 6.1. Rz. 296; vgl. *Pfüller/Anders*, WM 2003, 2445, 2448; *Schwark* in Schwark/Zimmer, § 20a WpHG Rz. 94.
4 Näher *Klöhn*, ZBB 2017, 261.
5 *Feuring/Berrar* in Habersack/Mülbert/Schlitt, Unternehmensfinanzierung am Kapitalmarkt, Rz. 39.23.
6 Dazu auch *Klöhn*, ZBB 2017, 261, 266.
7 *Feuring/Berrar* in Habersack/Mülbert/Schlitt, Unternehmensfinanzierung am Kapitalmarkt, Rz. 39.24; *Sorgenfrei/Saliger* in Park, Kapitalmarktstrafrecht, Kap. 6.1. Rz. 296.
8 *Sorgenfrei/Saliger* in Park, Kapitalmarktstrafrecht, Kap. 6.1. Rz. 296. Zur Rechtslage vor Inkrafttreten der MAR: *Pfüller/Anders*, WM 2003, 2445, 2448.
9 Abrufbar unter: https://www.esma.europa.eu/sites/default/files/library/2015/11/2015-esma-1455_-_final_report_mar_ts.pdf.

Art. 6 Ausnahme für Maßnahmen im Rahmen der Geldpolitik, der Staatsschuldenverwaltung und der Klimapolitik

(1) Diese Verordnung gilt nicht für Geschäfte, Aufträge oder Handlungen, die aus geld- oder wechselkurspolitischen Gründen oder im Rahmen der Staatsschuldenverwaltung von

a) einem Mitgliedstaat,

b) den Mitgliedern des Europäischen Systems der Zentralbanken,

c) einem Ministerium, einer anderen Einrichtung oder Zweckgesellschaft eines oder mehrerer Mitgliedstaaten oder einer in deren Auftrag handelnden Person sowie –

d) im Fall eines Mitgliedstaats mit der Form eines Bundesstaats – von einem Mitglied des Bundes getätigt werden.

(2) Diese Verordnung gilt nicht für solche Geschäfte, Aufträge oder Handlungen, die von der Kommission, einer anderen offiziell benannten Stelle oder einer anderen Person, die in deren Auftrag handelt, im Rahmen der Staatsschuldenverwaltung getätigt werden.

Diese Verordnung gilt nicht für Geschäfte, Aufträge oder Handlungen, die getätigt werden

a) von der Union,

b) einer Zweckgesellschaft eines oder mehrerer Mitgliedstaaten,

c) der Europäischen Investitionsbank,

d) der Europäischen Finanzstabilisierungsfazilität,

e) dem Europäischen Stabilitätsmechanismus,

f) einem internationalen Finanzinstitut, das zwei oder mehrere Mitgliedstaaten zu dem Zweck errichtet haben, Mittel zu mobilisieren und diejenigen seiner Mitglieder, die von schwerwiegenden Finanzierungsproblemen betroffen oder bedroht sind, finanziell zu unterstützen.

(3) Diese Verordnung gilt nicht für Tätigkeiten eines Mitgliedstaats, der Kommission oder einer anderen offiziell benannten Stelle oder einer in deren Auftrag handelnden Person, die Emissionszertifikate betreffen und im Rahmen der Klimapolitik der Union im Einklang mit der Richtlinie 2003/87/EG unternommen werden.

(4) Diese Verordnung gilt nicht für Tätigkeiten eines Mitgliedstaats, der Kommission oder einer anderen offiziell benannten Stelle oder einer in deren Auftrag handelnden Person, die zur Umsetzung der Gemeinsamen Agrarpolitik der Union oder der Gemeinsamen Fischereipolitik der Union im Einklang mit angenommenen Rechtsakten oder gemäß dem AEUV geschlossenen internationalen Übereinkünften ausgeführt werden.

(5) Der Kommission wird die Befugnis übertragen, delegierte Rechtsakte gemäß Artikel 35 zu erlassen, um die in Ausnahme nach Absatz 1 auf bestimmte öffentliche Stellen und die Zentralbanken von Drittstaaten auszuweiten.

Dazu erstellt die Kommission bis zum 3. Januar 2016 einen Bericht, in dem beurteilt wird, wie öffentliche Einrichtungen, die für die Staatsschuldenverwaltung zuständig oder daran beteiligt sind, und die Zentralbanken von Drittstaaten international behandelt werden, und legt ihn dem Europäischen Parlament und dem Rat vor.

Der Bericht enthält eine vergleichende Untersuchung der Behandlung dieser Stellen und Zentralbanken im Rechtsrahmen von Drittstaaten sowie die Risikomanagementstandards, die für die von diesen Stellen und den Zentralbanken in diesen Rechtsordnungen getätigten Geschäfte gelten. Wenn das Fazit dieses Berichts – vor allem angesichts der vergleichenden Untersuchung – lautet, dass es erforderlich ist, die Zentralbanken dieser Drittstaaten im Hinblick auf ihre währungspolitischen Verpflichtungen von den in dieser Verordnung festgelegten Verpflichtungen und Verboten auszunehmen, weitet die Kommission die Ausnahme nach Absatz 1 auch auf die Zentralbanken dieser Drittstaaten aus.

(6) Der Kommission wird auch die Befugnis übertragen, gemäß Artikel 35 delegierte Rechtsakte zu erlassen, um die Ausnahmen gemäß Absatz 3 auf bestimmte benannte öffentliche Stellen von Drittstaaten auszuweiten, die ein Abkommen mit der Union im Sinne von Artikel 25 der Richtlinie 2003/87/EG geschlossen haben.

(7) Dieser Artikel gilt nicht für Personen, die im Rahmen eines Arbeitsvertrags oder anderweitig für die in diesem Artikel genannten Unternehmen tätig sind, wenn diese Personen unmittelbar oder mittelbar, für eigene Rechnung Geschäfte, Aufträge oder Handlungen tätigen.

In der Fassung vom 16.4.2014 (ABl. EU Nr. L 173 v. 12.6.2014, S. 1).

**Delegierte Verordnung (EU) 2016/522 der Kommission vom 17. Dezember 2015
zur Ergänzung der Verordnung (EU) Nr. 596/2014 des Europäischen Parlaments und des Rates im Hinblick auf eine
Ausnahme für bestimmte öffentliche Stellen und Zentralbanken von Drittstaaten, die Indikatoren für
Marktmanipulation, die Schwellenwerte für die Offenlegung, die zuständige Behörde, der ein Aufschub zu melden ist,
die Erlaubnis zum Handel während eines geschlossenen Zeitraums und die Arten meldepflichtiger Eigengeschäfte
von Führungskräften (ABl. EU Nr. L 88 v. 5.4.2016, S. 1)**

(Auszug)

Art. 3

Die Verordnung (EU) Nr. 596/2014 gilt nicht für Geschäfte, Aufträge oder Handlungen, die aus geld- oder wechselkurspolitischen Gründen oder im Rahmen der Staatsschuldenverwaltung getätigt werden, wenn diese im öffentlichen Interesse liegen und von den in Anhang I der vorliegenden Verordnung aufgeführten öffentlichen Stellen und Zentralbanken von Drittstaaten ausschließlich aus den genannten Gründen vorgenommen werden.

In der Fassung vom 17.12.2015 (ABl. EU Nr. L 88 v. 5.4.2016, S. 1).

Schrifttum: S. Art. 1 VO Nr. 596/2014 und das Allgemeine Schrifttumsverzeichnis.

I. Regelungsgegenstand und Normentwicklung . 1	c) Maßnahmen der Klimapolitik (Art. 6 Abs. 3 VO Nr. 596/2014) 8
II. Ausgenommene Maßnahmen und Akteure (Art. 6 Abs. 1–4, 7 VO Nr. 596/2014) 3	d) Maßnahmen der Gemeinsamen Agrar- und Fischereipolitik (Art. 6 Abs. 4 VO Nr. 596/2014) 9
1. Generalausnahme (Art. 6 Abs. 2 Unterabs. 2 VO Nr. 596/2014) 3	3. Mitarbeiter ausgenommener Unternehmen (Art. 6 Abs. 7 VO Nr. 596/2014) 10
2. Politikfeldbezogene Ausnahmen 4	III. Ermächtigungen (Art. 6 Abs. 5 und 6 VO Nr. 596/2014) 11
a) Maßnahmen der Geld- oder Wechselkurspolitik und der Staatsschuldenverwaltung (Art. 6 Abs. 1 VO Nr. 596/2014) 5	
b) Maßnahmen im Rahmen der Staatsschuldenverwaltung (Art. 6 Abs. 2 Unterabs. 1 VO Nr. 596/2014) 7	

I. Regelungsgegenstand und Normentwicklung. Die Vorschrift nimmt bestimmte Träger hoheitlicher Gewalt 1 in Bezug auf bestimmte Maßnahmen von vornherein aus dem **Anwendungsbereich** der Marktmissbrauchsverordnung aus. Eine entsprechende, aber weitaus weniger umfangreiche Bestimmung fand sich in Art. 7 in der durch die Marktmissbrauchsverordnung aufgehobenen RL 2003/6/EG des Europäischen Parlaments und des Rates vom 28.1.2003 über Insider-Geschäfte und Marktmanipulation (Marktmissbrauch)[1], umgesetzt in § 1 Abs. 3 WpHG a.F.[2] Lediglich Art. 6 Abs. 1 VO Nr. 596/2014 findet eine Entsprechung in der Marktmissbrauchsrichtlinie 2003/6/EG[3].

Gestützt auf Art. 6 Abs. 5 VO Nr. 596/2014 ist zur Ergänzung der Marktmissbrauchsverordnung im Hinblick 2 auf eine Ausnahme für bestimmte öffentliche Stellen und Zentralbanken von Drittstaaten die **Delegierte Verordnung (EU) 2016/522** der Kommission vom 17.12.2015[4] erlassen worden.

II. Ausgenommene Maßnahmen und Akteure (Art. 6 Abs. 1–4, 7 VO Nr. 596/2014). 1. Generalausnahme 3 **(Art. 6 Abs. 2 Unterabs. 2 VO Nr. 596/2014).** Die Bestimmungen der Marktmissbrauchsverordnung gelten nach Art. 6 Abs. 2 VO Nr. 596/2014 nicht für Geschäfte, Aufträge oder Handlungen der **Europäischen Union** und von **Einrichtungen der Mitgliedstaaten**. Im Einzelnen sind ausgenommen Maßnahmen a) der Europäischen Union, b) einer Zweckgesellschaft eines oder mehrerer Mitgliedstaaten, c) der Europäischen Investitionsbank, d) der Europäischen Finanzstabilisierungsfazilität, e) dem Europäischen Stabilitätsmechanismus sowie f) einem internationalen Finanzinstitut, das zwei oder mehrere Mitgliedstaaten zu dem Zweck errichtet haben, Mittel zu mobilisieren und diejenigen seiner Mitglieder, die von schwerwiegenden Finanzierungsproblemen betroffen oder bedroht sind, finanziell zu unterstützen. Auch wenn dies für Maßnahmen der vorgenannten Akteure eine weitgehende Generalausnahme darstellt, sollten offenkundig nicht zu deren Aufgabenbereich gehörende Geschäfte, Aufträge oder Handlungen der Marktmissbrauchsverordnung unterfallen.

2. Politikfeldbezogene Ausnahmen. Art. 6 Abs. 1, Abs. 2 Unterabs. 1, Abs. 3 und 4 VO Nr. 596/2014 enthal- 4 ten auf bestimmte Akteure begrenzte politikfeldbezogene Ausnahmen. Dementsprechend gelten die Ausnah-

---

1 ABl. EU Nr. L 96 v. 12.4.2003, S. 16.
2 *Assmann* in 6. Aufl., § 1 WpHG Rz. 5 f.
3 S. dazu die Entsprechungstabelle in Anhang II der RL 2003/6/EG vom 28. Januar 2003.
4 Delegierte Verordnung (EU) 2016/522 der Kommission vom 17. Dezember 2015 zur Ergänzung der Verordnung (EU) Nr. 596/2014 des Europäischen Parlaments und des Rates im Hinblick auf eine Ausnahme für bestimmte öffentliche Stellen und Zentralbanken von Drittstaaten für Marktmanipulation, die Schwellenwerte für die Offenlegung, die zuständige Behörde, der ein Aufschub zu melden ist, die Erlaubnis zum Handel während eines geschlossenen Zeitraums und die Arten meldepflichtiger Eigengeschäfte von Führungskräften, ABl. EU Nr. L 88 v. 5.4.2016, S. 1.

Art. 6 VO Nr. 596/2014 | Ausnahme für bestimmte Maßnahmen

men auch nur in dem Umfang, in dem die jeweiligen Akteure „im öffentlichen Interesse und ausschließlich in Ausübung dieser Politik handeln" (Erwägungsgrund 13 Satz 1 VO Nr. 596/2014).

5 **a) Maßnahmen der Geld- oder Wechselkurspolitik und der Staatsschuldenverwaltung (Art. 6 Abs. 1 VO Nr. 596/2014).** Art. 6 Abs. 1 VO Nr. 596/2014 enthält Ausnahmen für Geschäfte, Aufträge oder Handlungen, die **aus geld- oder wechselkurspolitischen Gründen** oder im Rahmen der Staatsschuldenverwaltung von den in Art. 6 Abs. 1 lit. a–d VO Nr. 596/2014 genannten Trägern öffentlicher Gewalt vorgenommen werden, nämlich a) einem Mitgliedstaat, b) den Mitgliedern des Europäischen Systems der Zentralbanken, c) einem Ministerium, einer anderen Einrichtung oder Zweckgesellschaft eines oder mehrerer Mitgliedstaaten oder einer in deren Auftrag handelnden Person sowie – im Fall eines Mitgliedstaats mit der Form eines Bundesstaats – d) von einem Mitglied des Bundes.

6 Zur **Ausweitung der Ausnahme** nach Art. 6 Abs. 1 VO Nr. 596/2014 auf bestimmte öffentliche Stellen und die Zentralbanken von Drittstaaten aufgrund der in Art. 6 Abs. 5 Unterabs. 1 VO Nr. 596/2014 enthaltenen Ermächtigung durch die Delegierte Verordnung (EU) 2016/522 der Kommission vom 17.12.2015 (Rz. 2) s. Rz. 11.

7 **b) Maßnahmen im Rahmen der Staatsschuldenverwaltung (Art. 6 Abs. 2 Unterabs. 1 VO Nr. 596/2014).** Die Marktmissbrauchsverordnung gilt nach Art. 6 Abs. 2 Unterabs. 1 VO Nr. 596/2014 nicht für solche Geschäfte, Aufträge oder Handlungen, die von der Kommission, einer anderen offiziell benannten Stelle oder einer anderen Person, die in deren Auftrag handelt, im Rahmen der Staatsschuldenverwaltung getätigt werden.

8 **c) Maßnahmen der Klimapolitik (Art. 6 Abs. 3 VO Nr. 596/2014).** Nicht anwendbar ist die Marktmissbrauchsverordnung nach Art. 6 Abs. 3 VO Nr. 596/2014 auch auf Tätigkeiten eines Mitgliedstaats, der Kommission oder einer anderen offiziell benannten Stelle oder einer in deren Auftrag handelnden Person, die Emissionszertifikate betreffen und im Rahmen der Klimapolitik der Union im Einklang mit der RL 2003/87/EG[1] unternommen werden.

9 **d) Maßnahmen der Gemeinsamen Agrar- und Fischereipolitik (Art. 6 Abs. 4 VO Nr. 596/2014).** Die Marktmissbrauchsverordnung gilt schließlich nach Art. 6 Abs. 4 VO Nr. 596/2014 nicht für Tätigkeiten eines Mitgliedstaats, der Kommission oder einer anderen offiziell benannten Stelle oder einer in deren Auftrag handelnden Person, die zur Umsetzung der Gemeinsamen Agrarpolitik der Union oder der Gemeinsamen Fischereipolitik der Union im Einklang mit angenommenen Rechtsakten oder gemäß dem AEUV geschlossenen internationalen Übereinkünften ausgeführt werden.

10 **3. Mitarbeiter ausgenommener Unternehmen (Art. 6 Abs. 7 VO Nr. 596/2014).** Nach Art. 6 Abs. 7 VO Nr. 596/2014 gelten vorstehende Ausnahmen des Art. 6 VO Nr. 596/2014 nicht für Personen, die im Rahmen eines Arbeitsvertrags oder anderweitig für die in diesem Artikel genannten Unternehmen tätig sind, wenn diese Personen nicht für die Unternehmen tätig werden, sondern unmittelbar oder mittelbar, für eigene Rechnung Geschäfte, Aufträge oder Handlungen tätigen.

11 **III. Ermächtigungen (Art. 6 Abs. 5 und 6 VO Nr. 596/2014).** Art. 6 Abs. 5 Unterabs. 1 VO Nr. 596/2014 überträgt der Kommission die Befugnis, delegierte Rechtsakte gem. Art. 35 VO Nr. 596/2014 zu erlassen, um die in Ausnahme nach Art. 6 Abs. 1 VO Nr. 596/2014 auf bestimmte öffentliche Stellen und die Zentralbanken von **Drittstaaten auszuweiten**. Die Kommission hat hiervon Gebrauch gemacht und zur Ausdehnung der Ausnahme von den in der Marktmissbrauchsverordnung festgelegten Verpflichtungen und Verboten auf bestimmte öffentliche Stellen und Zentralbanken von Drittstaaten bei der Ausübung ihrer Geld- und Wechselkurspolitik und Politik zur Staatsschuldenverwaltung nach Art. 6 Abs. 5 VO Nr. 596/2014 die Delegierte Verordnung (EU) 2016/522 der Kommission vom 17.12.2015 (Rz. 2) erlassen. Nach dem oben im Anschluss an die Bestimmungen von Art. 6 VO Nr. 596/2014 wiedergegebenen Art. 3 DelVO 2016/522 gilt die MAR nicht für Geschäfte, Aufträge oder Handlungen, die aus geld- oder wechselkurspolitischen Gründen oder im Rahmen der Staatsschuldenverwaltung getätigt werden, wenn diese im öffentlichen Interesse liegen und von den in Anhang I der DelVO 2016/522 aufgeführten öffentlichen Stellen und Zentralbanken von Drittstaaten ausschließlich aus den genannten Gründen vorgenommen werden.

12 In **Art. 6 Abs. 6 VO Nr. 596/2014** wird der Kommission auch die Befugnis übertragen, gem. Art. 35 VO Nr. 596/2014 delegierte Rechtsakte zu erlassen, um die Ausnahmen gem. Abs. 3 auf bestimmte benannte öffentliche Stellen von Drittstaaten auszuweiten, die ein Abkommen mit der Union i.S.v. Art. 25 RL 2003/87/EG (Rz. 8) geschlossen haben. Die Kommission hat hiervon bislang keinen Gebrauch gemacht.

---

1 *Richtlinie 2003/87/EG* vom 13. Oktober 2003 über ein System für den Handel mit Treibhausgasemissionszertifikaten in der Gemeinschaft und zur Änderung der Richtlinie 96/61/EG des Rates, ABl. EU Nr. L 275 v. 25.10.2003, S. 32.

Kapitel 2
Insiderinformationen, Insidergeschäfte, unrechtmäßige Offenlegung von Insiderinformationen und Marktmanipulation

Vorbemerkungen zu den insiderrechtlichen Regelungen der Art. 7–11 und zum Insiderhandelsverbot nach Art. 14

Europäische Rechtsakte: 1989–2013: Richtlinie 89/592/EWG vom 13.11.1989 zur Koordinierung der Vorschriften betreffend Insidergeschäfte, ABl. EG Nr. 334 v. 18.11.1989, S. 30; Richtlinie 2003/6/EG vom 28.1.2003 über Insider-Geschäfte und Marktmanipulation (Marktmissbrauch), ABl. EU Nr. L 96 v. 12.4.2003, S. 16; Richtlinie 2003/124/EG vom 22.12.2003 zur Durchführung der Richtlinie 2003/6/EG betreffend die Begriffsbestimmung und die Veröffentlichung von Insider-Informationen und die Begriffsbestimmung der Marktmanipulation, ABl. EU Nr. L 339 v. 24.12.2003, S. 70; Richtlinie 2003/125/EG vom 22.12.2003 zur Durchführung der Richtlinie 2003/6/EG in Bezug auf die sachgerechte Darbietung von Anlageempfehlungen und die Offenlegung von Interessenkonflikten, ABl. EU Nr. L 339 v. 24.12.2003, S. 73; Verordnung (EG) Nr. 2273/2003 über Ausnahmeregelungen für Rückkaufprogramme von Wertpapieren und Kursstabilisierungsmaßnahmen der Kommission vom 22.12.2003 zur Durchführung der Marktmissbrauchsrichtlinie 2003/6/EG (Rz. 11), ABl. EU Nr. L 336 v. 23.12.2003, S. 33; Richtlinie 2004/72/EG vom 29.4.2004 zur Durchführung der Richtlinie 2003/6/EG (Zulässige Marktpraktiken, Definition von Insider-Informationen in Bezug auf Warenderivate, Erstellung von Insider-Verzeichnissen, Meldung von Eigengeschäften und Meldung verdächtiger Transaktionen [...]), ABl. EU Nr. L 162 v. 30.4.2004, S. 70; Richtlinie 2004/109/EG vom 15.12.2004 zur Harmonisierung der Transparenzanforderungen in Bezug auf Informationen über Emittenten, deren Wertpapiere zum Handel auf einem geregelten Markt zugelassen sind, und zur Änderung der Richtlinie 2001/35/EG, ABl. EU Nr. L 390 v. 31.12.2004, S. 38; Richtlinie 2007/14/EG vom 8.3.2007 mit Durchführungsbestimmungen zu bestimmten Vorschriften der Richtlinie 2004/109/EG zur Harmonisierung der Transparenzanforderungen in Bezug auf Informationen über Emittenten, deren Wertpapiere zum Handel an einem geregelten Markt zugelassen sind, ABl. EU Nr. L 69 v. 9.3.2007, S. 27; Richtlinie 2004/39/EG vom 21.4.2004 über Märkte für Finanzinstrumente, zur Änderung der Richtlinie 85/611/EWG und 93/6/EWG des Rates und der Richtlinie/EG zur Aufhebung der Richtlinie 93/22/EWG des Rates, ABl. EU Nr. L 145 v. 30.4.2004, S. 1; Richtlinie 2004/109/EG vom 15.12.2004 zur Harmonisierung der Transparenzanforderungen in Bezug auf Informationen über Emittenten, deren Wertpapiere zum Handel auf einem geregelten Markt zugelassen sind, und zur Änderung der Richtlinie 2001/34/EG, ABl. EU Nr. L 390 v. 31.12.2004, S. 38; Richtlinie 2007/14/EG vom 8.3.2007 mit Durchführungsbestimmungen zu bestimmten Vorschriften der Richtlinie 2004/109/EG zur Harmonisierung der Transparenzanforderungen in Bezug auf Informationen über Emittenten, deren Wertpapiere zum Handel an einem geregelten Markt zugelassen sind, ABl. EU Nr. L 69 v. 8.3.2007, S. 27.

2014ff.: Verordnung (EU) Nr. 596/2014 des Europäischen Parlaments und des Rates vom 16.4.2014 über Marktmissbrauch (Marktmissbrauchsverordnung) und zur Aufhebung der Richtlinie 2003/6/EG des Europäischen Parlaments und des Rates und der Richtlinien 2003/124/EG, 2003/125/EG und 2004/72/EG der Kommission, ABl. EU Nr. L 173 v. 12.6.2014, S. 1 (berichtigt in ABl. EU Nr. L 287 v. 21.10.2016, S. 320 und ABl. EU Nr. L 348 v. 21.12.2016, S. 83); Verordnung (EU) Nr. 600/2014 des Europäischen Parlaments und des Rates vom 15.5.2014 über Märkte für Finanzinstrumente und zur Änderung der Verordnung (EU) Nr. 648/2012, ABl. EU Nr. L 173 v. 12.6.2014, S. 84; Richtlinie 2014/57/EU des Europäischen Parlaments und des Rates vom 16.4.2014 über strafrechtliche Sanktionen bei Marktmanipulation (Marktmissbrauchsrichtlinie), ABl. EU Nr. L 173 v. 12.6.2014, S. 179; Richtlinie 2014/65/EU des Europäischen Parlaments und des Rates vom 15.5.2014 über Märkte für Finanzinstrumente sowie zur Änderung der Richtlinien 2002/92/EG und 2011/61/EU, ABl. EU Nr. L 173 v. 12.6.2014, S. 349 (MiFID II); Durchführungsrichtlinie (EU) 2015/2392 der Kommission vom 17.12.2015 zur Verordnung (EU) Nr. 596/2014 des Europäischen Parlaments und des Rates hinsichtlich der Meldung tatsächlicher oder möglicher Verstöße gegen diese Verordnung, ABl. EU Nr. L 332 v. 18.12.2015, S. 128; Delegierte Verordnung (EU) 2016/1052 der Kommission vom 8.3.2016 zur Ergänzung der Verordnung (EU) Nr. 596/2014 des Europäischen Parlaments und des Rates durch technische Regulierungsstandards für die auf Rückkaufprogramme und Stabilisierungsmaßnahmen anwendbaren Bedingungen, ABl. EU Nr. L 173 v. 30.6.2016, S. 34; Delegierte Verordnung (EU) 2016/957 der Kommission vom 9.3.2016 zur Ergänzung der Verordnung (EU) Nr. 596/2014 des Europäischen Parlaments und des Rates im Hinblick auf technische Regulierungsstandards für die geeigneten Regelungen, Systeme und Verfahren sowie Mitteilungsmuster zur Vorbeugung, Aufdeckung und Meldung von Missbrauchspraktiken oder verdächtigen Aufträgen oder Geschäften, ABl. EU Nr. L 160 v. 17.6.2016, S. 1; Durchführungsrichtlinie (EU) 2016/347 der Kommission vom 10.3.2016 zur Festlegung technischer Durchführungsstandards im Hinblick auf das genaue Format der Insiderlisten und für die Aktualisierung von Insiderlisten gemäß der Verordnung (EU) Nr. 596/2014 des Europäischen Parlaments und des Rates, ABl. EU Nr. L 65 v. 11.3.2016, S. 49; Durchführungsverordnung (EU) 2016/959 der Kommission vom 17.5.2016 zur Festlegung technischer Durchführungsstandards für Marktsondierungen in Bezug auf die von offenlegenden Marktteilnehmern zu nutzenden Systeme und Mitteilungsmuster und das Format der Aufzeichnungen gemäß Verordnung (EU) Nr. 596/2014 des Europäischen Parlaments und des Rates, ABl. EU Nr. L 160 v. 17.6.2016, S. 23; Verordnung vom 23.6.2016 zur Änderung der Verordnung (EU) Nr. 600/2014 über Märkte für Finanzinstrumente, der Verordnung (EU) Nr. 596/2014 über Marktmissbrauch und der Verordnung (EU) Nr. 909/2014 zur Verbesserung der Wertpapierlieferungen und -abrechnungen in der Europäischen Union und über Zentralverwahrer, ABl. EU Nr. L 175 v. 30.6.2016, S. 1; Durchführungsverordnung (EU) 2016/1055 der Kommission vom 29.6.2016 zur Festlegung technischer Durchführungsstandards hinsichtlich der technischen Mittel für die angemessene Bekanntgabe von Insiderinformationen und für den Aufschub der Bekanntgabe von Insiderinformationen gemäß Verordnung (EU) Nr. 596/2014 des Europäischen Parlaments und des Rates, ABl. EU Nr. L 173 v. 30.6.2016, S. 47.

Schrifttum: *Assmann*, Das künftige deutsche Insiderrecht, AG 1994, 196 (I), 237 (II); *Assmann*, Das neue deutsche Insiderrecht, ZGR 1994, 494; *Assmann*, Insiderrecht und Kreditwirtschaft, WM 1996, 1337; *Assmann*, Rechtsanwendungsprobleme des Insiderrechts, AG 1997, 50; *Assmann*, Konzernfinanzierung und Kapitalmarktrecht in Lutter/Scheffler/Uwe

H. Schneider (Hrsg.), Handbuch der Konzernfinanzierung, 1998, § 12, S. 332; *Assmann*, Übernahmeangebote im Gefüge des Kapitalmarktrechts, insbesondere im Lichte des Insiderrechts, der Ad hoc-Publizität und des Manipulationsverbots, ZGR 2002, 697; *Assmann*, Unternehmenszusammenschlüsse und Kapitalmarktrecht, ZHR 172 (2008), 635; *Bachmann*, Kapitalmarktrechtliche Probleme bei der Zusammenführung von Unternehmen, ZHR 172 (2008), 597; *Bachmann*, Kapitalmarktpublizität und informationelle Gleichbehandlung, in FS Schwark, 2009, S. 331; *Bachmann*, Ad-hoc-Publizität nach „Geltl", DB 2012, 2206; *Bachmann*, Das europäische Insiderhandelsverbot, 2015; *BaFin*, Emittentenleitfaden 2009, abrufbar unter https://www.bafin.de/SharedDocs/Downloads/DE/Leitfaden/WA/dl_emittentenleitfaden_2009.html; *BaFin*, Emittentenleitfaden 2013, abrufbar unter https://www.bafin.de/SharedDocs/Downloads/DE/Leitfaden/WA/dl_emittentenleitfaden_2013.html; *BaFin*, Art. 17 MAR – Veröffentlichung von Insiderinformationen (FAQs), Stand 20.6.2017, abrufbar unter https://www.bafin.de/SharedDocs/Downloads/DE/FAQ/dl_faq_mar_art_17_Ad-hoc.pdf?__blob=publicationFile&v=12; *BaFin*, Art. 17 Abs. 2 MAR – Veröffentlichung von Insiderinformationen durch Teilnehmer am Markt für Emissionszertifikate (FAQs), Stand 21.12.2017, abrufbar unter https://www.bafin.de/SharedDocs/Downloads/DE/FAQ/dl_faq_mar_art_17_Zertifikateemittenten.pdf?__blob=publicationFile&v=2; *Bartmann*, Ad-hoc-Publizität im Konzern, 2017; *Beck*, Kreditderivate als Insidergeschäft, in Gedächtnisschrift Ulrich Bosch, 2006, S. 17; *Becker*, Das neue Wertpapierhandelsgesetz, 1995; *Benner-Heinacher*, Kollidiert die Auskunftspflicht des Vorstands mit dem Insidergesetz?, DB 1995, 765; *Benzinger*, Zivilrechtliche Haftungsansprüche im Zusammenhang mit Insiderhandelsverbot und Ad-hoc-Publizität, 2008; *Bergmann/Löffler*, Befugte Mitteilung von Insiderinformationen in Presseerzeugnissen, in Schröder/Sethe (Hrsg.), Kapitalmarktrecht und Pressefreiheit, 2011, S. 95; *Bingel*, Rechtliche Grenzen der Kursstabilisierung nach Aktienplatzierung, 2007; *Bonin/Glos*, Die neuere Rechtsprechung der europäischen Gerichte im Bereich des Bank- und Kapitalmarktrechts, WM 2010, 1821; *Brandi/Süßmann*, Neue Insiderregeln und Ad-hoc-Publizität – Folgen für Ablauf und Gestaltung von M&A-Transaktionen, AG 2004, 642; *Bruder*, Die Weitergabe von Insiderinformationen durch Arbeitnehmervertreter, 2008; *Buck-Heeb*, Insiderwissen, Interessenkonflikte und Chinese Walls bei Banken, in FS Hopt, 2010, S. 1647; *Buck-Heeb*, Wissenszurechnung und Verschwiegenheitspflicht von Aufsichtsratsmitgliedern, WM 2016, 1469; *Bühren*, Auswirkungen des Insiderhandelsverbots der EU-Marktmissbrauchsverordnung auf M&A-Transaktionen, NZG 2017, 1172; *Burgard*, Ad-hoc-Publizität bei gestreckten Sachverhalten und mehrstufigen Entscheidungsprozessen, ZHR 162 (1998), 51; *Bussian*, Due Diligence bei Pakettransaktionen, 2008; *Bussian*, Die Verwendung von Insiderinformationen, WM 2011, 8; *von Buttlar/Hammermaier*, Non semper temeritas est felix: Was bedeutet Leichtfertigkeit im Kapitalmarktrecht?, ZBB 2017, 1; *Cahn*, Grenzen des Markt- und Anlegerschutzes durch das WpHG, ZHR 162 (1998), 1; *Cahn*, Das neue Insiderrecht, Der Konzern 2005, 5; *Cascante/Bingel*, Ist „Nutzung" mehr als „Kenntnis"? Das Insiderhandelsverbot vor dem EuGH, AG 2009, 894; *Cascante/Bingel*, Insiderhandel – in Zukunft leichter nachweisbar? – Die Auslegung des Insiderrechts durch den EuGH und Folgen für die M&A-Praxis, NZG 2010, 151; *Cascante/Topf*, „Auf leisen Sohlen"? – Stakebuilding bei der börsennotierten AG, AG 2009, 53; *Caspari*, Die geplante Insiderregelung in der Praxis, ZGR 1994, 530; *Casper*, Insiderverstöße bei Aktienoptionsprogrammen, WM 1999, 363; *Christoph*, Insiderhandel unter besonderer Berücksichtigung von M&A-Transaktionen, 2010; *CESR*, Market Abuse Directive, Level 3 – second set of CESR guidance and information on the common operation of the Directive to the market, CESR/06-562b, July 2007; *Claussen*, Neues zur kommenden Insidergesetzgebung, ZBB 1992, 73 (I), 267 (II); *Claussen*, Das neue Insiderrecht, DB 1994, 27; *Claussen*, Insiderhandelsverbot und Ad-hoc-Publizität, 1996; *Claussen/Florian*, Der Emittentenleitfaden, AG 2005, 745; *Claussen/Schwark* (Hrsg.), Insiderrecht für Finanzanalysten, 1997; *Cloppenburg/Kruse*, Die Weitergabe von Insiderinformationen an und durch Journalisten, WM 2007, 1109; *Cramer*, Strafrechtliche Probleme des Insiderhandelsverbots, insbesondere Beihilfe zur fremden Insider-Straftat, AG 1997, 59; *Derleder/Knops/Bamberger* (Hrsg.), Deutsches und europäisches Bank- und Kapitalmarktrecht, 3. Aufl. 2017; *Diehm*, Strafrechtsrelevante Maßnahmen der Europäischen Union gegen Insidergeschäfte und Kursmanipulationen, 2006; *Diekmann/Sustmann*, Gesetz zur Verbesserung des Anlegerschutzes (Anlegerschutzverbesserungsgesetz – AnSVG), NZG 2004, 929; *Dier/Fürhoff*, Die geplante europäische Missbrauchsrichtlinie, AG 2002, 604; *Dingeldey*, Die Verpflichtung der Banken zur Weitergabe von Insiderinformationen, DB 1982, 685; *Dreyling*, Die Umsetzung der Marktmissbrauchs-Richtlinie über Insider-Geschäfte und Marktmanipulation, Der Konzern 2005, 1; *Dreyling/Schäfer*, Insiderrecht und Ad-hoc-Publizität, 2001; *v. Dryander/Schröder*, Gestaltungsmöglichkeiten für die Gewährung von Aktienoptionen an Vorstandsmitglieder im Lichte des neuen Insiderrechts, WM 2007, 534; *Eichelberger*, Scalping – ein Insiderdelikt?, WM 2003, 2121; *Eichele*, Finanzanalysten und Wirtschaftsjournalisten als Primärinsider, WM 1997, 501; *Eisen*, Haftung und Regulierung internationaler Ratingagenturen, 2007, S. 140; *Ekkenga*, Fragen der deliktischen Haftungsbegründung bei Kursmanipulationen und Insidergeschäften, ZIP 2004, 781; *Ekkenga*, Kapitalmarktrechtliche Aspekte der „Investor Relations", NZG 2001, 1; *Europäische Wirtschaftsgemeinschaft – Kommission*, Der Aufbau eines Europäischen Kapitalmarkts (Segré-Bericht), 1966; *Eichner*, Insiderrecht und Ad-hoc-Publizität nach dem Anlegerschutzverbesserungsgesetz, 2009; *ESMA*, Final Report – Draft technical standards on the Market Abuse Regulation, 28 September 2015, ESMA/2015/1455, abrufbar unter https://www.esma.europa.eu/sites/default/files/library/2015/11/2015-esma-1455_-_final_report_mar_ts.pdf; *ESMA*, MAR-Leitlinien „Personen, die Marktsondierung erhalten", 10.11.2016, Deutsche Fassung ESMA/2016/1477 DE, abrufbar unter https://www.esma.europa.eu/sites/default/files/library/esma-2016-1477_de.docx; *ESMA*, Questions and Answers On the Market Abuse Regulation, ESMA70-145-111, Version 11, Last uptodated on 23 March 2018, abrufbar unter https://www.esma.europa.eu/sites/default/files/library/esma70-145-111_qa_on_mar.pdf; *v. Falkenhausen/Widder*, Die befugte Weitergabe von Insiderinformationen nach dem AnSVG, BB 2005, 225; *Feddersen*, Aktienoptionsprogramme für Führungskräfte aus kapitalmarktrechtlicher und steuerlicher Sicht, ZHR 161 (1997), 269; *Figiel*, Die Weitergabe von Insiderinformationen im Aktienkonzernrecht, 2005; *Fleischer*, Ad-hoc-Publizität beim einvernehmlichen vorzeitigen Ausscheiden des Vorstandsvorsitzenden – Der DaimlerChrysler-Musterentscheid des OLG Stuttgart, NZG 2007, 401; *Fleischer*, Investor Relations und informationelle Gleichbehandlung im Aktien-, Konzern- und Kapitalmarktrecht, ZGR 2009, 505; *Fleischer/Schmolke*, Gerüchte im Kapitalmarktrecht, AG 2007, 841; *Fischer*, Insiderrecht und Kapitalmarktkommunikation unter besonderer Berücksichtigung des Rechtsrahmens für Finanzanalysten, 1999; *Fromm-Russenschuck/Banerjea*, Die Zulässigkeit des Handels mit Insiderpapieren nach Durchführung einer Due Diligence-Prüfung, BB 2004, 2425; *Fürhoff*, Insiderrechtliche Behandlung von Aktienoptionsprogrammen und Management Buy-Outs, AG 1998, 83; *Fürsich*, Probleme des strafbaren Insiderhandels nach Inkrafttreten des Anlegerschutzverbesserungsgesetzes, 2008; *Geber/zur Megede*, Aktienrückkauf – Theorie und Kapitalmarktpraxis unter Beachtung der „Safe-harbor-Verordnung" (EG Nr. 2273/2003), BB 2005, 1861; *Gehrmann*, Das versuchte Insiderdelikt, 2008; *Gehrmann*, Das Spector-Urteil des EuGH – Zur Beweislastumkehr beim Insiderhandel, ZBB 2010, 48; *Giering,* Das neue Kapitalmarktmissbrauchsrecht für Emittenten, CCZ 2016, 215; *Gimnich,* Insiderhandelsverbot und Unternehmensakquisition, Diss. Bonn 2007; *Götz,* Die unbefugte Weitergabe von Insidertatsachen, DB 1995, 1949; *Götze,* Ad-hoc-Publizitätspflicht bei Zulassung einer Due Diligence durch AG-Vorstand?, BB 1998, 2326; *Graßl,* Die neue Marktmissbrauchsverordnung der EU, DB 2015, 2066; *Gracz,* Insiderhandel in Deutschland, 2007; *Grechenig,* Schadensersatz bei Verletzung von § 14 WpHG? Insiderhandel bei positiver und negativer Information, ZBB 2010, 232; *Groß,* Kursstabilisierung, in Gedächtnisschrift Ulrich Bosch, 2006, S. 49; *Grothaus,* Reform des Insiderrechts: Großer Aufwand – viel Rechtsunsicherheit – wenig Nutzen?, ZBB 2005, 62; *Gunßer,* Ad-hoc-Publizität bei Unternehmenskäufen und -übernahmen, 2008; *Gunßer,* Ad-hoc-Veröffentlichungspflicht bei zukunftsbezogenen Sachverhalten, NZG 2008, 855; *Gunßer,* Der Vorlagebeschluss des BGH zum Vorliegen einer „Insiderinformation" in gestreckten Sachverhalten (Fall „Schrempp"), ZBB 2011, 76; *Hammen,* Pakethandel und Insiderhandelsverbot, WM 2004, 1753; *Harbarth,* Ad-hoc-Publizität beim Unternehmenskauf, ZIP 2005, 1898; *Hartmann,* Juristische und ökonomische Regelungsprobleme des Insiderhandels, 1999; *Hasselbach,* Die Weitergabe von Insiderinformationen bei M&A-Transaktionen mit börsennotierten Aktiengesellschaften, NZG 2004, 1087; *Heinsius,* Anlageberatung durch Kreditinstitute, ZHR 145 (1981), 177; *Heise,* Der Insiderhandel an der Börse und dessen strafrechtliche Bedeutung, 2000; *Hellgardt,* Europarechtliche Vorgaben für die Kapitalmarktinformationshaftung de lege lata und nach Inkrafttreten der Marktmissbrauchsverordnung AG 2012, 154; *Hemeling,* Gesellschaftsrechtliche Fragen der Due Diligence beim Unternehmenskauf, ZHR 169 (2005), 274; *Herbold,* Das Verwendungsmerkmal im Insiderhandelsverbot – unter besonderer Berücksichtigung des Pakethandels und der Due Diligence, 2009; *Hess/Krämer,* Zulässigkeit und Grenzen der Kursstabilisierung bei Aktienplazierungen in FS Döser, 1999, S. 171; *Hienzsch,* Das deutsche Insiderhandelsverbot in der Rechtswirklichkeit, 2006; *Hopt,* Europäisches und deutsches Insiderrecht, ZGR 1991, 17; *Himmelreich,* Insiderstrafverfolgung durch die Bundesanstalt für Finanzdienstleistungsaufsicht, 2013; *Hopt,* Insiderwissen und Interessenkonflikte im europäischen und deutschen Bankrecht, in FS Heinsius, 1991, S. 289; *Hopt,* Auf dem Weg zum deutschen Insidergesetz – Die Vorüberlegungen vom Herbst 1992, in FS Beusch, 1993, S. 393; *Hopt,* Grundsatz- und Praxisprobleme nach dem Wertpapierhandelsgesetz, ZHR 159 (1995), 135; *Hopt,* Ökonomische Theorie und Insiderrecht, AG 1995, 353; *Hopt,* Das neue Insiderrecht nach §§ 12 ff. WpHG – Funktion, Dogmatik, Reichweite, in Das Zweite Finanzmarktförderungsgesetz in der praktischen Umsetzung, Bankrechtstag 1995, 1996, S. 3; *Hopt,* Familien- und Aktienpools unter dem Wertpapierhandelsgesetz, ZGR 1997, 1; *Hopt,* Verhaltenspflichten des Vorstands der Zielgesellschaft bei feindlichen Übernahmen, in FS Lutter, 2000, S. 1361; *Hopt,* Übernahmen, Geheimhaltung und Interessenkonflikte: Probleme für Vorstände, Aufsichtsräte und Banken, ZGR 2002, 333; *Hopt,* 50 Jahre Anlegerschutz und Kapitalmarktrecht: Rückblick und Ausblick, WM 2009, 1873; *Hopt/Kumpan,* Insidergeschäfte und Ad-hoc-Publizität bei M&A – Unternehmenskäufe und Übernahmeangebote und Marktmissbrauchsverordnung (MAR), ZGR 2017, 765; *Hopt/Will,* Europäisches Insiderrecht, 1973; *Hopt/Wymeersch* (eds.), European Insider Dealing, 1991; *Joussen,* Auskunftspflicht des Vorstands nach § 131 AktG und Insiderrecht, DB 1994, 2485; *Kaiser,* Die Sanktionierung von Insiderverstößen und das Problem der Kursmanipulation, WM 1997, 1557; *Kemnitz,* Due Diligence und neues Insiderrecht, 2007; *Kiesewetter/Parmentier,* Verschärfung des Marktmissbrauchsrechts – ein Überblick über die neue EU-Verordnung über Insidergeschäfte und Marktmanipulation, AG 2013, 2371; *Klasen,* Insiderrechtliche Fragen zu aktienorientierten Vergütungsmodellen, AG 2006, 24; *Klie,* Die Zulässigkeit einer Due Diligence im Rahmen des Erwerbs von börsennotierten Gesellschaften nach Inkrafttreten des Anlegerschutzverbesserungsgesetzes (AnSVG), 2008; *Klöhn,* Insiderhandel vor deutschen Strafgerichten – Implikationen des freenet-Beschlusses des BGH, DB 2010, 769; *Klöhn,* Die Regelung selektiver Informationsweitergabe gem. 15 Abs. 1 Satz 4 u. 5 WpHG – eine Belastungsprobe, WM 2010, 1869; *Klöhn,* Grenzen des insiderrechtlichen Verbots selektiver Informationsweitergabe an professionelle Marktteilnehmer, in FS Uwe H. Schneider, 2011, S. 633; *Klöhn,* Der „gestreckte Geschehensablauf" vor dem EuGH, NZG 2011, 166; *Klöhn,* Ad-hoc-Publizität und Insiderverbot nach „Lafonta", NZG 2015, 809; *Klöhn,* Ad-hoc-Publizität und Insiderverbot im neuen Marktmissbrauchsrecht, AG 2016, 423; *Klöhn,* Finanzjournalismus und neues Marktmissbrauchsrecht, WM 2016, 2241; *P. Koch,* Ermittlung und Verfolgung von strafbarem Insiderhandel, 2005; *St. Koch,* Neuerungen im Insiderrecht und der Ad-hoc-Publizität, DB 2005, 267; *Th. Koch,* Due Diligence und Beteiligungserwerb aus Sicht des Insiderrechts, 2006; *Kocher/Widder,* Ad-hoc-Publizität bei M&A-Transaktionen, CFL 2011, 88; *Kondring,* Zur Anwendung deutschen Insiderstrafrechts auf Sachverhalte mit Auslandsberührung, WM 1998, 1369; *Krauel,* Insiderhandel, 2000; *Krause,* Kapitalmarktrechtliche Compliance: neue Pflichten und drastisch verschärfte Sanktionen nach der EU-Marktmissbrauchsverordnung CCZ 2014, 249; *Krause/Brellochs,* Insiderrecht und Ad-hoc-Publizität bei M&A- und Kapitalmarkttransaktionen im europäischen Rechtsvergleich, AG 2013, 309; *Kümpel,* Zum Begriff der Insidertatsache, WM 1994, 2137; *Kümpel/Veil,* Wertpapierhandelsgesetz, 2. Aufl. 2006; *Kuntz,* Informationsweitergabe durch die Geschäftsleiter beim Buyout unter Managementbeteiligung, 2009; *Kuthe,* Änderungen des Insiderrechts durch das Anlegerschutzverbesserungsgesetz, ZIP 2004, 883; *Langenbucher,* In Brüssel nichts Neues? – Der „verständige Anleger" in der Marktmissbrauchsverordnung, AG 2016, 417; *Langenbucher/Brenner/Gellings,* Zur Nutzung von Insiderinformationen nach der Marktmissbrauchsrichtlinie, BKR 2010, 133; *Lenenbach,* Scalping: Insiderdelikt oder Kursmanipulation, ZIP 2003, 243; *Leppert/Stürwald,* Die insiderrechtlichen Regelungen des Vorschlags für eine Marktmissbrauchsrichtlinie und der Stand der Umsetzung im deutschen Wertpapierhandelsrecht, ZBB 2002, 90; *Leuering,* Die Ad-hoc-Pflicht auf Grund der Weitergabe von Insiderinformationen (§ 15 I 3 WpHG), NZG 2005, 12; *Leuering,* Behandlung zukünftiger Umstände im Recht der Ad-hoc-Publizität, DStR 2008, 1287; *Leuering,* Praxisprobleme der Ad-hoc-Mitteilungspflicht, in VGR (Hrsg.), Gesellschaftsrecht in der Diskussion 2008, 2009, S. 171; *Liebscher,* Das Übernahmeverfahren nach dem neuen Übernahmegesetz, ZIP 2001, 853; *Liekefett,* Due diligence bei M&A-Transaktionen, 2005; *Lotze,* Insiderrechtliche Beurteilung von Aktienoptionsplänen, 2005; *Lücker,* Der Straftatbestand des Missbrauchs von Insiderinformationen nach dem Wertpapierhandelsgesetz (WpHG), 1998; *Lutter/Scheffler/Uwe H. Schneider* (Hrsg.), Handbuch der Konzernfinanzierung, 1998; *Meißner,* Die Stabilisierung und Pflege von Aktienkursen in Kapitalmarkt- und Aktienrecht, 2005; *Menke,* Befugnis des Vorstands einer börsennotierten Aktiengesellschaft zur bevorzugten Information einzelner Aktionärspools, NZG 2004, 697; *Merkner/Sustmann,* Reform des Marktmissbrauchsrechts: Die Vorschläge der Europäischen Kommission zur Verschärfung des Insiderrechts, AG 2012, 315; *Meyer/Kiesewetter,* Rechtliche Rahmenbedingungen des Beteiligungsaufbaus im Vorfeld von Unternehmensübernahmen, WM 2009, 340; *Mock,* Gestreckte Verfahrensabläufe im Europäischen Insiderhandelsrecht, ZBB 2012, 286; *Möllers,* Insiderinformation und Befreiung von der Ad-hoc-Publizität nach § 15 Abs. 3 WpHG, WM 2005, 1393; *Mühlbauer,* Zur Einordnung des „Scalping" durch Anlageberater nach dem WpHG, wistra 2003, 169; *Müller,* Gestattung der Due Diligence durch den Vorstand der Aktiengesellschaft, NJW 2000, 3452; *Neumann*, Gerüchte als Kapitalmarktinformationen, 2010; *Nietsch*, Internationales Insiderrecht, Berlin 2004; *Nietsch*, Die Verwendung der Insiderinformation, ZHR 174 (2010), 557; *Nikoleyczik/Gubitz*, Das Insiderhandelsverbot bei M&A-Transaktionen nach der „Spector"-Entscheidung des EuGH, GWR 2010, 159; *Pananis*, Insidertatsache und Primärinsider – Eine Untersuchung zu den Zentralbegriffen des § 13 Abs. 1 WpHG, Berlin, 1998; *Parmentier*, Ad-hoc-Publizität bei Börsengang und Aktienplatzierung, NZG 2007, 407; *Parmentier*, Die Verhandlung eines Rechtssetzungsvorschlags, BKR 2013, 133; *Parmentier*, Insiderinformation nach dem EuGH und vor der Vereinheitlichung, WM 2013, 970; *Poelzig*, Insider- und Marktmanipulationsverbot im neuen Marktmissbrauchsrecht, NZG 2016, 528; *Potacs*, Effet utile als Auslegungsgrundsatz, EuR 2009, 465; *Ransiek*, Die Verwendung von Insiderinformationen, in FS Harro Otto, 2007, S. 715; *Ransiek*, Insiderstrafrecht und Unschuldsvermutung, wistra 2011, 1; *Reichert/Ott*, Unternehmensplanung und Insiderrecht, in FS Hopt, 2010, S. 2385; *Renz/Leibold*, Die neuen strafrechtlichen Sanktionsregelungen im Kapitalmarktrecht, CCZ 2016, 157; *Rodewald/Tüxen*, Neuregelung des Insiderrechts nach dem Anlegerschutzverbesserungsgesetz (AnSVG) (Neue Organisationsanforderungen für Emittenten und ihre Berater), BB 2004, 2249; *Röder/Merten*, Ad-hoc-Publizitätspflicht bei arbeitsrechtlich relevanten Maßnahmen, NZA 2005, 268; *Rubner/Pospiech*, Die EU-Marktmissbrauchsverordnung – verschärfte Anforderungen an die kapitalmarktrechtliche Compliance auch für den Freiverkehr, Vierten Geldwäscherichtlinie 2016, 228; *Schäfer* (Hrsg.), Wertpapierhandelsgesetz, Börsengesetz mit BörsZulV, Verkaufsprospektgesetz mit VerkProspV, 1999; *Schall*, Insiderinformation und zivilrechtliche Aufklärungspflicht – Das Leitbild des Individualvertrags als neue Perspektive, JZ 2010, 392; *Schlitt/Schäfer*, Quick to Market – Aktuelle Rechtsfragen im Zusammenhang mit Block-Trade-Transaktionen, AG 2004, 346; *Schmidt-Diemitz*, Pakethandel und das Weitergabeverbot von Insiderwissen, DB 1996, 1809; *Schmitz*, BGH, 6.11.2003 – 1 StR 24/03. Zur strafrechtlichen Einordnung des „Scalping", JZ 2004, 522; *I. Schneider*, Unternehmenserwerb mit Informationen aus einer Due Diligence kein strafbarer Insiderhandel, DB 2005, 2678; *Sven H. Schneider*, Die Weitergabe von Insiderinformationen, NZG 2005, 702; *Sven H. Schneider*, Informationspflichten und Informationssystemeinrichtungspflichten im Aktienkonzern, 2006; *Uwe H. Schneider*, Aktienoptionen als Bestandteil der Vergütung von Vorstandsmitgliedern, ZIP 1996, 1769; *Uwe H. Schneider*, Die Weitergabe von Insiderinformationen im Konzern, in FS Wiedemann, 2002, S. 1255; *Uwe H. Schneider/Singhof*, Die Weitergabe von Insidertatsachen in der konzernfreien Aktiengesellschaft, insbesondere im Rahmen der Hauptversammlung und an einzelne Aktionäre – Ein Beitrag zum Verhältnis von Gesellschaftsrecht und Kapitalmarktrecht, in FS Kraft, 1998, S. 585; *Schockenhoff*, Geheimhaltung von Compliance-Verstößen, NZG 2015, 409; *Schröder*, Strafrechtliche Risiken für den investigativen Journalismus? – Die Meinungs- und Pressefreiheit und das Wertpapierhandelsgesetz, NJW 2009, 465; *Schröder*, Der Richter als Insider, in FS Nobbe, 2009, S. 755; *Schröder*, Journalistische Unternehmensberichterstattung und Strafrecht, in Schröder/Sethe (Hrsg.), Kapitalmarktrecht und Pressefreiheit, 2011, S. 75; *Schröder/Sethe*, Schnittstellen von Medizinrecht und Kapitalmarktrecht, in FS Fischer, 2010, S. 461; *Schröder/Sethe* (Hrsg.), Kapitalmarktrecht und Pressefreiheit, 2011; *Schroeder*, Darf der Vorstand der Aktiengesellschaft dem Aktienkäufer eine Due Diligence gestatten?, DB 1997, 2161; *Schroeder*, Geschäftsführer, Gesellschafter und Mitarbeiter der GmbH als Insider – Über die strafrechtlichen Risiken des Insiderrechts in der Sphäre der GmbH, GmbHR 2007, 907; *Schulz*, Das Insiderhandelsverbot nach § 14 Abs. 1 Nr. 1 WpHG im Lichte der Spector-Rechtsprechung des EuGH, ZIP 2010, 609; *Schwark*, Ad hoc-Publizität und Insiderrecht bei mehrstufigen Unternehmensentscheidungen in FS Bezzenberger, 2000, S. 771; *Schweizer*, Insiderverbote – Interessenkonflikte und Compliance: Auswirkungen der Insiderregulierung auf deutsche Banken, 1996; *Seibt*, Finanzanalysten im Blickfeld von Aktien- und Kapitalmarktrecht, ZGR 2006, 501; *Seibt*, Europäische Finanzmarktregulierung zu Insiderrecht und Ad hoc-Publizität, ZHR 177 (2013), 388; *Seibt*, 1 Jahr Marktmissbrauchsverordnung (MAR) aus Praxissicht, in Bankrechtstag 2017, 2018, S. 81; *Seibt/Wollenschläger*, Revision des Marktmissbrauchsrechts durch Marktmissbrauchsverordnung und Richtlinie über strafrechtliche Sanktionen für Marktmanipulation, AG 2014, 593; *Sethe*, Die Verschärfung des insiderrechtlichen Weitergabeverbots, ZBB 2006, 243; *Singhof*, Zur Weitergabe von Insiderinformationen im Unterordnungskonzern, ZGR 2001, 146; *Singhof*, „Market Sounding" nach der Marktmissbrauchsverordnung, ZBB 2017, 193; *Singhof/Singhof/Weber*, Neue kapitalmarktrechtliche Rahmenbedingungen für den Erwerb eigener Aktien, AG 2005, 549; *Smid*, Der Journalist als Insider aufgrund öffentlich zugänglicher Informationen?, AfP 2002, 1; *Söhner*, Praxis-Update Marktmissbrauchsverordnung: Neue Leitlinien und alte Probleme, BB 2017, 259; *Soesters*, Die Insiderhandelsverbote des Wertpapierhandelsgesetzes, 2002; *Speier*, Insiderhandel und Ad-hoc-Publizität nach Anlegerschutzverbesserungsgesetz: rechtliche Grundlagen und ausgewählte Fragen in einem veränderten kapitalmarktrechtlichen Gewand, 2009; *Spindler*, Finanzanalyse vs. Finanzberichterstattung: Journalisten und das AnSVG, NZG 2004, 1138; *Spindler*, Kapitalmarktreform in Permanenz – Das Anlegerschutzverbesserungsgesetz, NJW 2004, 3449; *Steinhauer*, Insiderhandelsverbot und Ad-hoc-Publizität, 1999; *Stemper*, Marktmissbrauch durch Ratingagenturen?, WM 2011, 1740; *Stenzel*, Managementbeteiligungen und Marktmissbrauchsverordnung, DStR 2017, 883; *Stoffels*, Grenzen der Informationsweitergabe durch den Vorstand einer Aktiengesellschaft im Rahmen einer „Due Diligence", ZHR 165 (2001), 362; *Streißle*, Insiderrechtliche Aspekte von Pflichtangeboten, BKR 2003, 788; *Sturm*, Die kapitalmarktrechtlichen Grenzen journalistischer Arbeit, ZBB 2010, 20; *Süßmann*, Insiderhandel – Erfahrungen aus der Sicht des Bundesaufsichtsamts für den Wertpapierhandel, AG 1997, 63; *Süßmann*, Die befugte Weitergabe von Insidertatsachen, AG 1999, 162; *Szesny*, Insiderdelikte (§§ 14 Abs. 1, 38 Abs. 1 WpHG), in Böttger (Hrsg.), Wirtschaftsstrafrecht in der Praxis, 2011, Kap. 6 II.; *Szesny*, Das Sanktionsregime im neuen Marktmissbrauchsrecht, DB 2016, 1420; *Tippach*, Das Insider-Handelsverbot und die besonderen Rechtspflichten der Banken, 1995; *Trüg*, Konzeption und Struktur des Insiderstrafrechts, 2014; *Vaupel/Uhl*, Insiderrechtliche Aspekte bei der Übernahme börsennotierter Unternehmen, WM 2003, 2126; *Veil*, Prognosen im Kapitalmarktrecht, AG 2006, 690; *Veil*, Der Schutz des verständigen Anlegers durch Publizität und Haftung im europäischen und nationalen Kapitalmarktrecht, ZBB 2006, 162; *Veil*, Weitergabe von Informationen durch den Aufsichtsrat an Aktionäre und Dritte, ZHR 172 (2008), 239; *Veil*, Europäisches Insiderrecht 2.0 – Konzeption und Grundsatzfragen der Reform durch MAR und CRIM-MAD, ZBB 2014, 85; *Veil/Koch*, Auf dem Weg zu einem Europäischen Kapitalmarktrecht: die Vorschläge der Kommission zur Neuregelung des Marktmissbrauchs, WM 2011, 2297-2306; *Versteegen/Schulz*, Auslegungsfragen des Insiderhandelsverbots gem. § 14 Abs. 1 Nr. 1 WpHG bei Teilnahme an Aktienoptionsprogrammen, ZIP 2009, 110; *Viciano-Gofferje/Cascante*, Neues aus Brüssel zum Insiderrecht – die Marktmissbrauchsverordnung, NZG 2012, 968; *Villeda*, Prävention und Repression von Insiderhandel, 2010; *Vogel*, Scalping als Kurs- und Marktpreismanipulation, NStZ 2004, 252; *Waldhausen*, Die ad-hoc-publizitätspflichtige Tatsache – Eine Untersuchung zu § 15 Abs. 1 Satz 1 WpHG unter Berücksichtigung der Ad-hoc-Publizität im Vereinigten Königreich, 2002; *Walther*, Auf dem Weg zum europäischen Insider-

Recht, in FS Heinsius, 1991, S. 875; *M. Weber*, Scalping – Erfindung und Folgen eines Insiderdelikts, NJW 2000, 562; *Widder*, Gewinnherausgabe bei Insiderstößen, in Liber discipulorum Gerrit Winter, 2002, S. 327; *Widder*, Insiderrisiken und Insider-Compliance bei Aktienoptionsprogrammen für Führungskräfte, WM 2010, 1882; *Widder*, Masterpläne, Aktienrückkaufprogramme und das Spector-Urteil des EuGH bei M&A-Transaktionen, BB 2010, 515; *Widder*, Ad-hoc-Publizität bei gestreckten Sachverhalten – BGH legt Auslegungsfragen dem EuGH vor, GWR 2011, 1; *Widder/Kocher*, Die Zeichnung junger Aktien und das Insiderhandelsverbot, AG 2009, 654; *Wittich*, Erfahrungen mit der Ad hoc-Publizität in Deutschland, AG 1997, 3; *Wölk*, Ad hoc-Publizität - Erfahrungen aus der Sicht des Bundesaufsichtsamts für den Wertpapierhandel, AG 1997, 79; *Wohlers/Mühlbauer*, Finanzanalysten, Wirtschaftsjournalisten und Fondsmanager als Primär- oder Sekundärinsider, wistra 2003, 41; *M. Wolf*, Zivilrechtlicher Anlegerschutz beim Insiderhandel, in FS Döser, 1999, S. 255; *Wüsthoff*, Der Auskunftsanspruch des Aktionärs nach § 131 Aktiengesetz zwischen Insider-Verboten und Ad-hoc-Publizität nach dem Wertpapierhandelsgesetz, 2000; *Zetzsche*, Normaler Geschäftsgang und Verschwiegenheit als Kriterien für die Weitergabe transaktionsbezogener Insiderinformationen an Arbeitnehmer, NZG 2015, 817; *Ziemons*, Die Weitergabe von Unternehmensinterna an Dritte durch den Vorstand einer Aktiengesellschaft, AG 1999, 492; *Ziemons*, Neuerungen im Insiderrecht und bei der Ad-hoc-Publizität durch die Marktmissbrauchsrichtlinie und das Gesetz zur Verbesserung des Anlegerschutzes, NZG 2004, 537; *Ziouvas*, Das neue Kapitalmarktstrafrecht – Europäisierung und Legitimation, 2005; *Zuzak*, Ökonomische Analyse der Regulierung des Insiderhandels, 2008; *zur Megede*, Insidergeschäfte, in Assmann/Schütze (Hrsg.), Handbuch des Kapitalanlagerechts, 2. Aufl. 1997, § 14.

S. im Übrigen das Allgemeine Schrifttumsverzeichnis.

I. Entwicklung des deutschen und europäischen Insiderrechts 1	a) Systematik des neuen Insiderrechts 18
1. Der Weg zu einem europäischen Insiderrecht .. 1	b) Sanktionen bei Verstößen gegen insiderrechtliche Vorschriften 26
a) Die Entwicklung des Insiderrechts in Deutschland 2	c) Regelungszweck des Insiderrechts und Schutzgut 29
b) Die Entwicklung zur Harmonisierung des Insiderrechts in Europa 7	2. Durchführungs- und Delegierte Rechtsakte, ESMA-Leitlinien und Verlautbarungen der BaFin mit Bezug zum Insiderrecht nach der Marktmissbrauchsverordnung 31
2. Von der Harmonisierung des mitgliedstaatlichen Insiderrechts durch Richtlinien zum unmittelbar geltenden Insiderrecht in Gestalt der Marktmissbrauchsverordnung 11	a) Insiderinformation (Art. 7 VO Nr. 596/2014) 32
3. Flankierend: Marktmissbrauchsrichtlinie über strafrechtliche Sanktionen bei Marktmanipulation 15	b) Marktsondierung (Art. 11 VO Nr. 596/2014) 33
	c) Veröffentlichung von Insiderinformationen (Art. 17 VO Nr. 596/2014) 35
II. Die Regelungen der Marktmissbrauchsverordnung zum Insiderrecht 18	d) Insiderlisten (Art. 18 VO Nr. 596/2014) ... 38
1. Systematik der Neuregelung, Sanktionen gegen Verstöße und Zweck des Insiderrechts 18	**III. Marktmissbrauchsverordnung und deutsches Recht** 39

I. Entwicklung des deutschen und europäischen Insiderrechts. 1. Der Weg zu einem europäischen Insiderrecht. Die gesetzliche Regelung des Insiderhandels in Deutschland und durch europäische Rechtsakte ist jung[1]. 1

a) Die Entwicklung des Insiderrechts in Deutschland. In Deutschland wurde der Umgang mit Insiderinformationen in Gestalt von Insidergeschäften mit Finanzinstrumenten erstmals mit dem durch das **Zweite Finanzmarktförderungsgesetz**[2] eingeführten WpHG einer gesetzlichen Regelung unterworfen. Bis dahin gehörte Deutschland zu den wenigen (europäischen und außereuropäischen) Staaten mit einem entwickelten Kapitalmarkt, die über kein gesetzliches Insiderrecht verfügten. Auch der *Segré*-**Bericht** über den Aufbau eines Europäischen Kapitalmarkts von 1966, hat keine gesetzliche Regelung des Insiderhandels nach sich zu ziehen vermocht: Er erwähnte das Problem der rechtlichen Regelung des Insiderhandels zwar nur am Rande, wies ihm indes bereits eine bedeutende Rolle bei der Schaffung der Bedingungen für einen funktionsfähigen europäischen Wertpapiermarkt zu[3]. Das hatte, im Zuge der Vorhaben des Bundeswirtschaftsministeriums zur **Reform des Börsenrechts**[4], auch entsprechende Überlegungen zur Regelung des Insiderhandels nach sich gezogen, doch wurden diese von den Börsen und den betroffenen Wirtschaftskreisen nachdrücklich abgelehnt und in die Bahnen der Selbstregulierung auf Freiwilligkeitsbasis überführt. 2

Zweifellos mit dem Ziel der Verhinderung entsprechender gesetzlicher Maßnahmen[5] verabschiedete die seinerzeit beim Bundeswirtschaftsministerium angesiedelte **Börsensachverständigenkommission** im November 1970 „Empfehlungen zur Lösung der sog. Insider-Probleme". Sie enthielten **Insiderhandels-Richtlinien** sowie Händler- und Beraterregeln, die 1971 durch Erläuterungen und eine Verfahrensordnung für die bei den Bör- 3

---

1 Zur Entwicklungsgeschichte des Insiderrecht in Deutschland und Europa s., jeweils m.w.N., *Assmann* in 6. Aufl., Vor § 12 WpHG Rz. 1 ff.; *Sethe* in Assmann/Schütze, Kapitalanlagerecht, § 8 Rz. 1 ff.
2 BGBl. I 1994, 1749.
3 *Europäische Wirtschaftsgemeinschaft – Kommission*, S. 32, 263 f.
4 Der einschlägige Entwurf von 1967 ist abgedruckt in *Beyer-Fehling/Bock*, Die deutsche Börsenreform und Kommentar zur Börsengesetznovelle, 1975, S. 159; vgl. *Schwark*, BörsG, 2. Aufl. 1994, Einl. Rz. 11.
5 Ebenso *Walther* in FS Werner, 1984, S. 941.

sen zu bildenden Prüfungskommissionen ergänzt wurden[1]. Die eingeschlagene Strategie erwies sich als erfolgreich: Nachdem die Reform des Börsengesetzes 1975 ohne gesetzliche Regelung des „Insider-Problems" passierte, wurden die seit 1972 geltenden „Empfehlungen" 1976 unter Berücksichtigung der bisherigen Erfahrungen und der teils heftigen Kritik[2] an denselben neu gefasst[3]. Sie stellten, 1988 noch einmal modifiziert[4], bis zur endgültigen Verabschiedung des 2. FFG den deutschen Weg zur rechtlichen Erfassung des Insiderhandels dar[5]. Ihrem rechtlichen Status nach waren sie weder Rechtsnorm noch Handelsbrauch[6] und erlangten Geltung nur durch vertraglich begründete Anerkennung[7]. Dementsprechend erfasste dieses System der Selbstregulierung den Insiderhandel nur sehr lückenhaft und verfügte zudem über keinen Erkennungs-und Überwachungsapparat.

4 Versuche, die als ineffektiv kritisierten Insiderempfehlungen durch gesetzliche Maßnahmen abzulösen, kamen über entsprechende Gesetzgebungsvorschläge aus dem Lager der **Rechtswissenschaft** nie hinaus. Die von *Hopt/Will* in ihrer Studie zum europäischen Insiderrecht unterbreiteten Regelungsvorschläge in Gestalt von zwei Regelungsmodellen wollten ein deutsches Insiderrecht indes in den europäischen Kontext eingebettet wissen und zielten deshalb in der Sache mehr auf eine Rechtsangleichungsinitiative der EG. Gleichwohl hat diese Arbeit auch die Diskussion über die Notwendigkeit und die mögliche Gestalt eines *deutschen* Gesetzes zur Regelung des Insiderhandels nachhaltig belebt. In ihrem Gefolge unterbreitete der **Arbeitskreis Gesellschaftsrecht** 1976 einen rechtspolitisch ausführlich begründeten und in 41 Paragraphen ausformulierten Vorschlag eines Insiderhandels-Gesetzes, welches er – nicht ganz ohne Informationswert für die konzeptionelle Grundlage des Entwurfs – als „Gesetz gegen unlautere Börsengeschäfte in Wertpapieren" titulierte.

5 Doch weder solche Vorstöße noch die erst gegen Ende der siebziger Jahre des letzten Jahrhunderts abflaufende breite und kritische Auseinandersetzung mit der seinerzeitigen Sach- und Regelungslage konnten den **Widerstand gegen eine gesetzliche Regelung** brechen und die Aufgabe des Selbstregulierungsansatzes bewirken. Angesichts weitaus offenkundigerer Problemdrucks und Modernisierungsbedarfs im deutschen Verbands- und Kapitalmarktrecht kann es deshalb nicht verwundern, dass Insiderhandelsfragen als „Nebenkriegsschauplatz" in der „Schlacht um den Anleger"[8] betrachtet wurden.

6 Spektakuläre und gravierende **Fälle von Insidergeschäften**, die allein durch eine gesetzliche Statuierung eines Insiderhandelsverbots hätten angemessen erfasst werden können, wurden in Deutschland bis zur Einführung des WpHG nicht aufgedeckt. Nicht innerer, sondern äußerer Druck war es dementsprechend, der den deutschen Gesetzgeber dazu zwang und es ihm auch letztlich erst ermöglichte, ohne Widerstand der langjährigen Befürworter der Selbstregulierungs-Lösung eine gesetzliche Regelung des Insiderhandels auf den Weg zu bringen. Der entscheidende Dammbruch vollzog sich auf der **Ebene der Gemeinschaftspolitik**, doch musste sich hierzu erst reichlich Wasser aus der EG-Quelle ansammeln.

7 **b) Die Entwicklung zur Harmonisierung des Insiderrechts in Europa.** Seinen ersten gemeinschaftsrechtlich relevanten Niederschlag fand der im *Segré-Bericht* geäußerte Standpunkt von der Bedeutung einer Regelung des Insiderhandels für einen funktionsfähigen europäischen Wertpapiermarkt bereits in dem 1970 unterbreiteten Vorschlag über das **Statut der Europäischen Aktiengesellschaft**[9], in dessen Art. 82[10] sich schon Bestimmungen über den Insiderhandel fanden. Weitergehende Bemühungen zur Schaffung eines gemeinschaftsweit einheitlichen Insiderrechts kamen jedoch über einige unverbindliche Empfehlungen (nach Art. 189 Abs. 5 EWGV, heute Art. 288 Abs. 5 AEUV) an die Mitgliedstaaten in Gestalt der „**Europäischen Wohlverhaltensregeln für Wertpapiertransaktionen**"[11] zunächst nicht hinaus. Einfluss auf die deutsche Rechtslage haben die Wohlverhaltensregeln nicht einmal indirekt ausgeübt: In einigen Punkten umgearbeitet, reichte sie das Bundesfinanzministerium, ebenfalls als Empfehlung, an die „beteiligten Wirtschaftskreise" weiter[12].

8 Doch waren die EG-Wohlverhaltensregeln nur eine Plattform bei der Verwirklichung des seit 1976 verstärkt vorangetriebenen, allerdings schon wegen der erheblichen Divergenzen in den einschlägigen mitgliedstaatli-

---

1 Sämtliche abgedruckt in *Hopt/Will*, S. M-100; auch in ZfK 1970, Beil. zu Heft 24.
2 S. die Nachw. bei *Assmann*, AG 1994, 197 Fn. 18.
3 Abgedruckt etwa bei *Schwark*, BörsG, 1. Aufl. 1976, Anhang II, S. 481 ff.; Nachweise zum Schrifttum bei *Assmann*, AG 1994, 197 Fn. 19.
4 BAnz. 1988, 2883 = WM 1988, 1105 = ZIP 1988, 873 = *Baumbach/Hopt*, HGB, 29. Aufl. 1995, (16).
5 Zur Bedeutung der Empfehlungen, namentlich der Insiderhandels-Richtlinien, nach dem Inkrafttreten des WpHG s. *Hopt* in Bankrechts-Handbuch, 1. Aufl. 1997, § 107 Rz. 6 f. und *zur Megede*, § 14 Rz. 6 ff.
6 *Baumbach/Hopt*, HGB, 29. Aufl. 1995 (16), Einl. Rz. 3.; *zur Megede*, § 14 Rz. 14.
7 *Baumbach/Hopt*, HGB, 29. Aufl. 1995 (16), Einl. Rz. 4 und (17), Rz. 1; *zur Megede*, Insidergeschäfte, in Assmann/Schütze (Hrsg.), Handbuch des Kapitalanlagerechts, 1. Aufl. 1990, § 14 Rz. 15.
8 *Mertens*, ZHR 138 (1974), 269, 270.
9 ABl. EG Nr. C 124 v. 10.10.1970, S. 1.
10 Abgedruckt und erläutert bei *Hopt/Will*, S. M-118 ff. bzw. S. 140 ff.
11 ABl. EG Nr. L 212 v. 20.8.1977, S. 37; Textberichtigung ABl. EG Nr. L 294 v. 18.11.1977, S. 28.
12 Text bei *Lutter*, Europäisches Gesellschaftsrecht, 2. Aufl. 1984, S. 307, in Gegenüberstellung zu den Kommissionsempfehlungen; näher dazu *Lutter*, Europäisches Gesellschaftsrecht, 2. Aufl. 1984, S. 56.

chen Rechten nicht eben leicht zu verwirklichenden Plans zur **Entwicklung und Verabschiedung einer Insiderrichtlinie**. Die Kommission brauchte immerhin bis zum Mai 1987, um den ersten Vorschlag einer Richtlinie betreffend Insidergeschäfte vorzulegen[1], dem im Oktober 1988, nach Stellungnahmen des Europäischen Parlaments[2] und des Wirtschafts- und Sozialausschusses[3], ein geänderter Vorschlag[4] folgte. Nachdem der Rat am 18.7.1989 seinen gemeinsamen Standpunkt formuliert hatte, wurde die Richtlinie am 13.11.1989 verabschiedet[5]. Dass dies überhaupt (und zudem in der Kürze der seit dem ersten Vorschlag verstrichenen Zeit) realisiert werden konnte, war im Wesentlichen drei Faktoren zu verdanken: Zunächst dem vom Programm zur Vollendung des Binnenmarktes[6] ausgehenden Sog, der auch dieses Richtlinienprojekt erfasste; sodann dem Schachzug, das Vorhaben der Rechtsangleichung mitgliedstaatlichen Insiderrechts mit dem geänderten Richtlinienvorschlag denjenigen Maßnahmen zuzuschlagen, die (als der Vollendung des Binnenmarktes dienend) durch Mehrheitsentscheidung verabschiedet werden konnten; und schließlich dem Umstand, dass der deutsche Finanzplatz wegen angeblich zu laxer Kontrolle auf der Grundlage vermeintlich unzureichender gesetzlicher Kontrollen international zunehmend ins Zwielicht geriet.

Deutschland hatte sich lange Zeit gegen eine Richtlinie zur Harmonisierung des Insiderrechts in der Europäischen Gemeinschaft gestemmt, die für das Land vorhersehbar zu einer ersten gesetzlichen Regelung des Insiderhandels führen musste. Die Sorge um die Reputation des Finanzplatzes Deutschland brach aber nicht nur den Widerstand der Befürworter einer auf Selbstregulierung und Freiwilligkeit beruhenden Insiderregelung, sondern ließ sogar aus ihren Reihen den Ruf nach einer gesetzlichen Regelung immer stärker werden. Diese Sinnesänderung hatte freilich rein pragmatische Gründe: Deutsche Kapitalanlageprodukte und Emittenten stießen bei ihren Versuchen, den amerikanischen Kapitalmarkt in Anspruch zu nehmen, auf den Widerspruch der amerikanischen Aufsichtsbehörde SEC und der Börsen des Landes[7]; im Wettbewerb um die Ansiedlung einer europäischen Zentralbank wurde den Deutschen ein zurückgebliebenes Kapitalmarktregelungs- und -aufsichtssystem vorgehalten; und schließlich drohte unter dem Druck vergleichbarer Argumente der deutsche Finanzplatz seine Konkurrenzfähigkeit auch international aufs Spiel zu setzen. Neben dem Vorwurf der fehlenden staatlichen Marktaufsicht und der gesetzlichen Regelung einzelner Kapitalmarkttransaktionen (wie etwa Übernahmeangebote) spielte dabei auch immer wieder die Behauptung einer unzureichenden Insiderhandelskontrolle eine Rolle.

Die 1989 verabschiedete Richtlinie 89/592/EWG vom 13.11.1989 zur Koordinierung der Vorschriften betreffend Insidergeschäfte[8] war bis zum 1.6.1992 in nationales Recht umzusetzen. Dass dies in der gesetzten Frist nicht gelang, war im Wesentlichen darauf zurückzuführen, dass die Insiderregelung Bestandteil einer Reihe zusätzlicher Maßnahmen zur Umsetzung weiterer EG-Richtlinien[9] und zur Modernisierung des Finanzplatzes Deutschland[10] sein sollte. Vor allem war die Insiderrechtsfrage eng mit der konfliktbehafteten Neuordnung der Börsenaufsicht weg von der bestehenden Rechtsaufsicht über die Börsen hin zu einer zentralen Marktaufsicht über den gesamten Wertpapierhandel verbunden. Die gesetzgeberischen Schwierigkeiten, die mit der Schaffung (nicht nur) des neuen Insiderrechts einhergingen, lassen sich auch daraus ermessen, dass – rechnet man einen der interessierten Öffentlichkeit nicht bekannt gemachten Entwurf („Vorentwurf") einer Insiderregelung vom Herbst 1992 hinzu[11] – erst die vierte Entwurfsfassung eines Zweiten Finanzmarktförderungsgesetzes ins Bundeskabinett gelangte und dort verabschiedet wurde.

2. Von der Harmonisierung des mitgliedstaatlichen Insiderrechts durch Richtlinien zum unmittelbar geltenden Insiderrecht in Gestalt der Marktmissbrauchsverordnung. Die Grundlagen der Harmonisierung des mitgliedstaatlichen Insiderrechts durch Richtlinie 89/592/EWG vom 13.11.1989 zur Koordinierung der Vorschriften betreffend Insidergeschäfte (Rz. 10) blieben bis 2003 unverändert. Dementsprechend hat sich die Regelung des Insiderrechts im WpHG in diesem Zeitraum nur geringfügig geändert. Wo es Änderungen gab, haben das Insiderrecht in seinem materiell-rechtlichen Regelungsgehalt unberührt gelassen und lediglich die Effektivierung der Insiderüberwachung zum Gegenstand gehabt. Erst die Verabschiedung der **Marktmiss-**

---

1 ABl. EG Nr. C 153 v. 11.6.1987, S. 8.
2 ABl. EG Nr. C 187 v. 18.7.1987, S. 93.
3 ABl. EG Nr. C 35 v. 8.2.1989, S. 22.
4 ABl. EG Nr. C 277 v. 27.10.1988, S. 13.
5 ABl. EG Nr. L 334 v. 18.11.1989, S. 30.
6 *Kommission der Europäischen Gemeinschaften*, Vollendung des Binnenmarktes, Weißbuch der Kommission an den Europäischen Rat, 1985.
7 Vgl. *Hopt* in FS Beusch, S. 395.
8 ABl. EG Nr. 334 v. 18.11.1989, S. 30.
9 Hinzu kam, dass die Wertpapierdienstleistungsrichtlinie (ABl. EG Nr. L 141 v. 11.6.1993, S. 27), welche im 2. FFG nach anfänglichen Plänen mit umgesetzt werden sollte, ihrerseits erst später als erwartet verabschiedet werden konnte.
10 Vgl. die Anfang 1992 veröffentlichte Verlautbarung des Bundesministers der Finanzen „Konzept Finanzplatz Deutschland" (abgedruckt in WM 1992, 420), in welcher erstmals auch die groben Umrisse der zukünftigen deutschen Insiderregelung erkennbar wurden (WM 1992, 423).
11 *Assmann* in 5. Aufl. 2009, Einl. Rz. 16 a.E.

brauchsrichtlinie 2003/6/EG vom 28.1.2003[1] sowie der zu dieser ergangenen **Durchführungsrechtsakte**[2] – allen voran der Richtlinie 2003/124/EG zur Durchführung der Marktmissbrauchsrichtlinie 2003/6/EG[3] – hat Bewegung in das europäisch-mitgliedstaatliche Insiderrecht gebracht. Es hat, ohne den Ansatz des Harmonisierungskonzepts der Insiderrichtlinie 89/592/EWG vom 13.11.1989 grundlegend zu verändern, zu gleichwohl weitreichenden Änderungen des Systems des Insiderhandelsrechts geführt und es noch stärker als zuvor mit den Vorschriften zur Veröffentlichung von Insiderinformationen in Gestalt der sog. Ad-hoc-Publizität nach verwoben. In Deutschland wurden die Richtlinien durch das Anlegerschutzverbesserungsgesetz vom 28.10.2004 (AnSVG)[4] umgesetzt[5].

12 Zur richtlinienkonformen Auslegung angeglichenen Insiderrechts sind verschiedene **Entscheidungen des EuGH** ergangen: In der *Grøngaard und Bang*-Entscheidung[6] war zu beurteilen, unter welchen Voraussetzungen die Weitergabe einer Insiderinformation unter Art. 3 lit. a der Insiderrichtlinie 89/592/EWG (Rz. 10) als befugt anzusehen war. Die weiteren insiderrechtlichen Entscheidungen bezogen sich auf die RL 2003/6/EG vom 28.1.2003 (Rz. 11) und ihre Umsetzung in mitgliedstaatliches Recht. Dabei war in der *Georgakis*-Entscheidung[7] zunächst die Frage zu beantworten, inwieweit eine Person im Hinblick auf von ihr selbst geschaffene Insiderinformationen Insider sein kann. Im Mittelpunkt der umstrittenen *Spector Photo Group*-Entscheidung des EuGH[8] stand die Auslegung des Terminus der „Nutzung" einer Insiderinformation, dem im deutschen angeglichenen Recht der Begriff der „Verwendung" einer solchen entsprach. Auf einen Vorlagebeschluss des BGH im *Daimler Chrysler*-Fall[9] zurückgehend, hat der EuGH in der *Geltl*-Entscheidung[10] dargelegt, dass jeder Zwischenschritt eines mehrstufigen Entscheidungsvorgangs ein für sich genommen konkretes Ereignis und damit eine potentielle Insiderinformation darstellt. Das war indes nie ernsthaft bestritten. Neu dagegen war die Aussage, ein solcher Zwischenschritt sei eine konkrete Information nicht nur dann, wenn er die Eintrittswahrscheinlichkeit des letzten Schritts und damit des mit der Entscheidung angestrebten Ziels hinreichend groß werden lasse, sondern auch dann, wenn er als solcher und aus welchen Gründen auch immer kurserheblich sei. Sämtliche dieser Entscheidungen sind, wie auch eine Vielzahl der diesen zugrunde liegenden Regelungen der RL 2003/6/EG (oben Rz. 11)[11], **in die neue Marktmissbrauchsverordnung eingegangen**, doch gilt dies in besonderem Maße für die *Geltl*-Entscheidung zur insider- und ad-hoc-publizitätsrechtlichen Behandlung mehrstufiger Entscheidungsvorgänge, die ihren Niederschlag in Art. 7 Abs. 2 Unterabs. 2 Satz 2 und Abs. 3 VO Nr. 596/2014 und den dazu gehörigen Erwägungsgrund 16 VO Nr. 596/2014 gefunden hat. Schließlich hat der EuGH in dem *Lafonta*-Urteil[12], das zwar noch in Bezug auf die RL 2003/6/EG und die RL 2003/124/EG (Rz. 11), aber erst nach der Verabschiedung der Marktmissbrauchsverordnung erging, den Begriff der präzisen Information in einer auch für das Insiderrecht der Marktmissbrauchsverordnung maßgeblichen Weise ausgelegt. Nach der Entscheidung verlangt die Einstufung einer Information als präzise nicht, dass aus ihr mit einem hinreichenden Maß an Wahrscheinlichkeit abgeleitet werden kann, ihr potentieller Einfluss auf die Kurse der betreffenden Finanzinstrumente werde sich im Falle ihres öffentlichen Bekanntwerdens in eine bestimmte Richtung auswirken[13].

---

1 Richtlinie 2003/6/EG vom 28. Januar 2003 über Insider-Geschäfte und Marktmanipulation (Marktmissbrauch), ABl. EU Nr. L 96 v. 12.4.2003, S. 16.
2 Richtlinie 2003/125/EG vom 22. Dezember 2003 zur Durchführung der Richtlinie 2003/6/EG in Bezug auf die sachgerechte Darbietung von Anlageempfehlungen und die Offenlegung von Interessenkonflikten, ABl. EU Nr. L 339 v. 24.12.2003, S. 73; Verordnung (EG) Nr. 2273/2003 über Ausnahmeregelungen für Rückkaufprogramme von Wertpapieren und Kursstabilisierungsmaßnahmen der Kommission vom 22. Dezember 2003 zur Durchführung der Marktmissbrauchsrichtlinie 2003/6/EG (Rz. 11), ABl. EU Nr. L 336 v. 23.12.2003, S. 33; Richtlinie 2004/72/EG vom 29. April 4.2004 zur Durchführung der Richtlinie 2003/6/EG (Zulässige Marktpraktiken, Definition von Insider-Informationen in Bezug auf Warenderivate, Erstellung von Insider-Verzeichnissen, Meldung von Eigengeschäften und Meldung verdächtiger Transaktionen [...]), ABl. EU Nr. L 162 v. 30.4.2004, S. 70.
3 Richtlinie 2003/124/EG vom 22. Dezember 2003 zur Durchführung der Richtlinie 2003/6/EG betreffend die Begriffsbestimmung und die Veröffentlichung von Insider-Informationen und die Begriffsbestimmung der Marktmanipulation, ABl. EU Nr. L 339 v. 24.12.2003, S. 70.
4 BGBl. I 2004, 2630.
5 Zur weiteren Entwicklung des WpHG-Insiderrechts einschließlich der Vorschriften zur Ad-hoc-Publizität s. *Assmann* in 6. Aufl., Vor § 12 WpHG Rz. 13 f.
6 EuGH v. 22.11.2005 – C-384/02, ECLI:EU:C:2005:708 – Grøngaard und Bang, NJW 2016, 133.
7 EuGH v. 10.5.2007 – C-391/04, ECLI:EU:C:2007:272 – Georgakis, AG 2007, 542.
8 EuGH v. 23.12.2009 – C-45/08, ECLI:EU:C:2009:806, AG 2010, 74; Schlussanträge der Generalanwältin *Kokott* v. 10.9.2009, Slg. 2009, I-12073.
9 BGH v. 22.11.2010 – II ZB 7/09, AG 2011, 84. Vorausgegangen: BGH v. 25.2.2008 – II ZB 9/07, AG 2008, 380; BGH v. 23.4.2013 – II ZB 7/09, AG 2013, 518; OLG Stuttgart v. 15.2.2007 – 901 Kap. 1/06, AG 2007, 259; OLG Stuttgart v. 22.4.2009 – 20 Kap 1/08, AG 2009, 454; LG Stuttgart v. 3.7.2006 – 21 O 408/05, ZIP 2006, 1731. Nach dem Vorlagebeschluss und der Entscheidung des EuGH v. 28.6.2012 – C-19/11, ECLI:EU:C:2012:397, AG 2012, 555: BGH v. 23.4.2013 – II ZB 7/09, AG 2013, 518.
10 EuGH (2. Kammer) v. 28.6.2012 – *C-19/11*, ECLI:EU:C:2012:397 – Markus Geltl/Daimler AG, AG 2012, 555.
11 Sie dazu die Entsprechungstabelle in Anhang II der RL 2003/6/EG vom 28.1.2003 (Rz. 11).
12 EuGH v. 11.3.2015 – C-628/13, ECLI:EU:C:2015:162 – Lafonta, AG 2015, 388.
13 EuGH v. 11.3.2015 – C-628/13, ECLI:EU:C:2015:162 – Lafonta, AG 2015, 388 Ls., 390 Rz. 34 und 38.

Nach einer über fünfundzwanzigjährigen, eher kontinuierlichen Entwicklung des europäischen Insiderrechts stellt die **Verabschiedung der Marktmissbrauchsverordnung** VO (EU) Nr. 596/2014 vom 16.4.2014[1] und die mit ihr einhergehende Aufhebung der RL 2003/6/EG (Rz. 11) gleich eine dreifache tiefgreifende Veränderung desselben dar: Zum ersten, weil die Vorschriften der Marktmissbrauchsverordnung in den Mitgliedstaaten unmittelbar geltendes Recht darstellen und an Stelle von deren bisherigen angeglichenen Insiderrecht traten; zum zweiten, weil der Anwendungsbereich der Regelungen zu Regelungsfeldern, die auch schon unter der RL 2003/6/EG (Rz. 11) bekannt waren, erheblich ausgeweitet hat (s. Art. 1 VO Nr. 596/2014 Rz. 4, Art. 2 VO Nr. 596/2014 Rz. 5); und zum dritten, weil das Insiderrecht nach der Marktmissbrauchsverordnung drastisch an Detailliertheit, Kompliziertheit und Komplexität gewonnen hat und das angestrebte Ziel, den Marktteilnehmern mit der Marktmissbrauchsverordnung „mehr Rechtssicherheit und unkompliziertere Vorschriften zu bieten"[2], in dem neuen Regelwerk nicht zu erkennen ist. 13

Die Marktmissbrauchsverordnung – zu deren **Gegenstand und Zweck** auch Art. 1 VO Nr. 596/2014 Rz. 6 ff. – stellt eine **Reaktion auf die weltweite Wirtschaftskrise** dar, die sich im Gefolge der 2007 mit dem Zusammenbruch von *Lehman Brothers* einsetzenden Finanzkrise ausbreitete[3]. Zu einem ganz wesentlichen Teil auf einen Mangel an „Marktintegrität" zurückgeführt, sollte diese durch die „Verschärfung der Finanzaufsicht und Regulierung sowie den Aufbau eines Rahmens international vereinbarter hoher Standards" wiederhergestellt und gesichert werden. Dazu und um eine Regelungs- und Aufsichtsarbitrage aufgrund unterschiedlicher Umsetzung der RL 2003/6/EG (Rz. 11) sowie daraus resultierender Wettbewerbsverzerrungen und höherer Compliance-Kosten auszuschließen[4], wurde eine bloße Änderung dieser Richtlinie als nicht mehr ausreichend angesehen und die Schaffung eines „einheitlichen und stärkeren" Rahmens zur Wahrung von Marktintegrität in Gestalt von in den Mitgliedstaaten unmittelbar geltenden Vorschriften für erforderlich erachtet (s. Art. 1 VO Nr. 596/2014 Rz. 8 f.). Erst recht wurde es – im Hinblick auf das in Art. 5 AEUV verankerte Subsidiaritätsprinzip – als nicht ausreichend angesehen, „die Verhütung von Marktmissbrauch in Form von Insidergeschäften, unrechtmäßiger Offenlegung von Insiderinformationen und Marktmanipulation" Maßnahmen der einzelnen Mitgliedstaaten zu überlassen[5]. 14

3. Flankierend: Marktmissbrauchsrichtlinie über strafrechtliche Sanktionen bei Marktmanipulation. Die Regelung des Marktmissbrauchs in der Marktmissbrauchsverordnung flankierend, wurde die **Richtlinie 2014/57/EU** des Europäischen Parlaments und des Rates vom 16.4.2014 über strafrechtliche Sanktionen bei Marktmanipulation (Marktmissbrauchsrichtlinie)[6] verabschiedet. Sie basiert auf der Überlegung, die mit der RL 2003/6/EG vom 28.1.2003 (Rz. 11) verlangten verwaltungsrechtlichen Sanktionen hätten sich nicht als ausreichend erwiesen, um die Einhaltung der Vorschriften zur Verhinderung und Bekämpfung von Marktmissbrauch sicherzustellen[7]. Den Schlussfolgerungen der *Larosière*-Gruppe „Finanzaufsicht in der EU" vom 25.2.2009[8] zufolge sind die Sanktionsregelungen der Mitgliedstaaten jedoch generell schwach und heterogen. 15

Es wurde deshalb „als unverzichtbar angesehen, die Einhaltung der Vorschriften über Marktmissbrauch durch die Einführung von strafrechtlichen Sanktionen zu unterstützen, die die gesellschaftliche Missbilligung in stärkerer Weise deutlich machen als verwaltungsrechtliche Sanktionen"[9]. Daher seien zumindest schwere Formen 16

---

1 Verordnung (EU) Nr. 596/2014 des Europäischen Parlaments und des Rates vom 16. April 2014 über Marktmissbrauch (Marktmissbrauchsverordnung) und zur Aufhebung der Richtlinie 2003/6/EG des Europäischen Parlaments und des Rates und der Richtlinien 2003/124/EG, 2003/125/EG und 2004/72/EG der Kommission, ABl. EU Nr. L 173 v. 12.6.2014, S. 1.
2 Erwägungsgrund 4 VO Nr. 596/2014. Wenn es in Erwägungsgrund 5 Satz 5 VO Nr. 596/2014 heißt, die Verordnung werde die aus der unterschiedlichen Umsetzung der Marktmissbrauchsrichtlinie 2003/6/EG (Rz. 11) folgende rechtliche Komplexität reduzieren, so spricht dies der mit der Marktmissbrauchsverordnung und ihren Durchführungsrechtsakten (Rz. 11) erreichten Komplexität des Marktmissbrauchsrechts Hohn.
3 Vorschlag für eine Verordnung des Europäischen Parlaments und des Rates über Insider-Geschäfte und Marktmanipulation (Marktmissbrauch) vom 20.10.2011, KOM(2011) 0651 endgültig – 2011/0295 (COD), abrufbar unter http://eur-lex.europa.eu/legal-content/DE/TXT/?uri=CELEX:52011PC0651.
4 Dazu heißt es in Erwägungsgrund 5 VO Nr. 596/2014: „Um die noch bestehenden Handelshemmnisse und die aus den Unterschieden zwischen dem jeweiligen nationalen Recht resultierenden erheblichen Wettbewerbsverzerrungen zu beseitigen und dem Entstehen weiterer Handelshemmnisse und erheblicher Wettbewerbsverzerrungen vorzubeugen, muss eine Verordnung erlassen werden, durch die eine einheitlichere Auslegung des Regelwerks der Union zum Marktmissbrauch erreicht wird und in der in allen Mitgliedstaaten geltende Regeln klarer definiert sind. Indem den Vorschriften in Bezug auf Marktmissbrauch die Form einer Verordnung gegeben wird, ist deren unmittelbare Anwendbarkeit sichergestellt. Dadurch werden infolge der Umsetzung einer Richtlinie voneinander abweichende nationale Vorschriften verhindert, so dass einheitliche Bedingungen gewährleistet sind. Diese Verordnung wird zur Folge haben, dass in der gesamten Union *alle* natürlichen und juristischen Personen die gleichen Regeln zu befolgen haben. Eine Verordnung dürfte auch die rechtliche Komplexität und insbesondere für grenzüberschreitend tätige Gesellschaften die Compliance-Kosten reduzieren sowie zur Beseitigung von Wettbewerbsverzerrungen beitragen."
5 Erwägungsgrund 86 VO Nr. 596/2014.
6 ABl. EU Nr. L 173 v. 12.6.2014, S. 179.
7 Erwägungsgrund 5 RL 2014/57/EU, ABl. EU Nr. L 173 v. 12.6.2014, S. 179.
8 The High-Level Group of Financial Supervision in the EU, Report, Brussels 25.2.2009, http://ec.europa.eu/internal_market/finances/docs/de_larosiere_report_en.pdf.
9 Dies und das Folgende Erwägungsgrund 6 RL 2003/6/EG vom 28.1.2003 (Rz. 11).

des Marktmissbrauchs unter Strafe zu stellen, um „klare rechtliche Grenzen für als besonders inakzeptabel angesehenes Verhalten" festzulegen und der Öffentlichkeit und möglichen Tätern zu signalisieren, „dass die zuständigen Behörden ein solches Verhalten sehr ernst" nähmen. Tatsächlich sahen nicht alle Mitgliedstaaten strafrechtliche Sanktionen für schwere Verstöße gegen die nationalen Rechtsvorschriften zur Umsetzung der Marktmissbrauchsrichtlinie 2003/6/EG vor, was durch die Marktmissbrauchsrichtlinie 2014/57/EU korrigiert werden sollte.

17 Mit dem **Ersten Finanzmarktnovellierungsgesetz** (1. FiMaNoG) vom 30.6.2017[1] und dem **Zweiten Finanzmarktnovellierungsgesetz** (2. FiMaNoG) vom 23.6.2017[2] wurde das deutsche Recht, namentlich das WpHG, an die Marktmissbrauchsverordnung angepasst. Neben der Ausführung der Marktmissbrauchsverordnung diente das 1. FiMaNoG darüber hinaus der Umsetzung der Marktmissbrauchsrichtlinie 2014/57/EU (Rz. 15) und das 2. FiMaNoG der Umsetzung der Richtlinie 2014/65/EU (MiFID II)[3]. Stimmen im Schrifttum haben die Auffassung vertreten, durch die Neufassung von § 38 Abs. 3 Nr. 1 WpHG (a.F.) über die Strafbarkeit von nach Art. 14 VO Nr. 596/2014 verbotenen Insidergeschäften und § 39 Abs. 3d Nr. 2 WpHG (a.F.) über die Strafbarkeit einer nach Art. 15 VO Nr. 596/2014 verbotenen Marktmanipulation durch das 1. FiMaNoG zum 2.7.2016 (entsprechend Art. 39 Abs. 1 VO Nr. 596/2014) sei es zu einer **Lücke in der Ahndbarkeit von Insiderhandel und Marktmanipulation** gekommen, weil u.a. Art. 14 und 15 VO Nr. 596/2014 nach Art. 39 VO Nr. 596/2014 erst ab dem 3.7.2016 Geltung erlangt hätten[4]. Dem ist der 5. Strafsenat des BGH in seiner Entscheidung vom 10.1.2017[5] entgegengetreten: Die Abweichung des Inkrafttretens der Änderungen des Wertpapierhandelsgesetzes zum 2.7.2016 vom Beginn der unmittelbaren Anwendbarkeit der maßgeblichen Bezugsnormen der Marktmissbrauchsverordnung in den Mitgliedstaaten der Europäischen Union am 3.7.2016 habe nicht zur Folge, dass die Verweisungen des Gesetzes auf die gemeinschaftsrechtlichen Vorschriften am 2.7.2016 „ins Leere" gegangen und Marktmanipulationen an diesem Tag nicht mit Strafe oder mit Geldbuße bedroht gewesen wären, denn die Bezugnahmen in § 38 Abs. 3 Nr. 1 bzw. § 39 Abs. 3d Nr. 2 WpHG (a.F.) auf Art. 14 bzw. 15 VO Nr. 596/2014 führten vielmehr dazu, dass diese Vorschriften der Verordnung bereits vor ihrer unmittelbaren Anwendbarkeit ab dem 2.7.2016 durch den Bundesgesetzgeber im Inland für (mit)anwendbar erklärt wurden[6].

18 **II. Die Regelungen der Marktmissbrauchsverordnung zum Insiderrecht. 1. Systematik der Neuregelung, Sanktionen gegen Verstöße und Zweck des Insiderrechts. a) Systematik des neuen Insiderrechts.** Wie bisher werden das Insiderhandelsverbot (Art. 14 VO Nr. 596/2014) und die Bestimmungen über Insidergeschäfte (Art. 8 VO Nr. 596/2014) und Insiderinformationen (Art. 7 VO Nr. 596/2014) in getrennten Vorschriften behandelt.

19 Dabei werden die **Insiderhandelsverbote** allerdings, abweichend von der bisherigen Verbotsregelung in § 14 Abs. 1 WpHG a.F. neu gruppiert und formuliert. Das gilt vor allem für das bisherige Verbot in § 14 Abs. 1 lit. b WpHG a.F., einem anderen eine Insiderinformation unbefugt mitzuteilen (Weitergabeverbot) oder zugänglich zu machen. An dessen Stelle ist das Verbot der **unrechtmäßigen Offenlegung von Insiderinformationen** nach Art. 14 lit. c VO Nr. 596/2014 getreten, das auf der in Art. 10 VO Nr. 596/2014 enthaltenen Umschreibung dessen aufbaut, was eine unrechtmäßige Offenlegung von Insiderinformationen darstellt. Darüber hinaus enthält Art. 11 VO Nr. 596/2014 die bislang nicht bekannte Regelung, die bei Marktsondierungen die Offenlegung von Insiderinformationen nach näherer Maßgabe dieser Bestimmung erlaubt. Zum Zweck des Verbots von Insidergeschäften s. Rz. 29 f.

20 Art. 8 VO Nr. 596/2014 über **Insidergeschäfte** wird nunmehr mit Art. 9 VO Nr. 596/2014 eine Vorschrift zur Seite gestellt, die gewisse Handlungen von juristischen und natürlichen Personen, die im Besitz von Insiderinformationen sind, von Insidergeschäften und dem Verbot von Insidergeschäften ausnimmt.

21 Die Bestimmung des Begriffs „**Insiderinformationen**" in Art. 7 Abs. 1 VO Nr. 596/2014 unterscheidet vier „Arten von Informationen". Dabei geht es allerdings weniger um die Beschreibung von Arten von Insiderinformation als darum, einer allgemeinen Begriffsbestimmung in Art. 7 Abs. 1 lit. a VO Nr. 596/2014 in den Buchstaben b–d bestimmte Spezifikationen in Bezug auf bestimmte Instrumente bzw. Informationen hinzuzufügen, die eine mit der Ausführung von Aufträgen in Bezug auf Finanzinstrumente beauftragte Person erlangt hat. In ersterer – instrumentenbezogener – Hinsicht handelt es sich um Insiderinformationen in Bezug auf Warenderivate (Art. 7 Abs. 1 lit. b VO Nr. 596/2014) sowie Emissionszertifikate oder darauf beruhende Auktionsobjekte in (Art. 7

---

[1] BGBl. I 2016, 1514.
[2] BGBl. I 2017, 1693.
[3] Richtlinie 2014/65/EU des Europäischen Parlaments und des Rates vom 15. Mai 2014 über Märkte für Finanzinstrumente sowie zur Änderung der Richtlinien 2002/92/EG und 2011/61/EU, ABl. EU Nr. L 173 v. 12.6.2014, S. 349.
[4] Der BGH zitiert in seiner Entscheidung v. 10.1.2017 – 5 StR 532/16, AG 2017, 153 Rz. 6 „*Rothenfußer/Jäger*, NJW 2016, 2689; *Lorenz/Zierden*, HRRS 2016, 443". Weitere Nachweise zum Schrifttum ebd.
[5] BGH v. 10.1.2017 – 5 StR 532/16, AG 2017, 153 Ls., 153/154 Rz. 7 ff.
[6] BGH v. 10.1.2017 – 5 StR 532/16, AG 2017, 153, 154 Rz. 8. Kritisch zu der Entscheidung etwa *Brand/Hotz*, NZG 2017, 238; *Gaede*, wistra 2017, 163; *Möllers/Herz*, JZ 2017, 445; *Pananis*, NStZ 2017, 236; *Rossi*, NJW 2017, 969; *Rothenfußer*, AG 2017, 149; *Saliger*, Straflosigkeit unterlassener Ad-hoc-Veröffentlichungen nach dem 1. FiMaNoG?, WM 2017, 2329 (I), 2365 (II).

Abs. 1 lit. c VO Nr. 596/2014). In letzterer – informationsbezogener – Hinsicht geht es um bestimmte Informationen, die ein Kunde einer Person mitgeteilt hat, die mit der Ausführung von Aufträgen in Bezug auf Finanzinstrumente beauftragt ist (Art. 7 Abs. 1 lit. d VO Nr. 596/2014) und die für sog. Frontrunning, d.h. für eigene Geschäfte in Kenntnis des Kundenauftrags, missbraucht werden können (s. Art. 7 VO Nr. 596/2014 Rz. 102).

Die dem Insiderrecht in einem weiten Sinne zuzurechnenden bisherigen Regelungen über Insiderverzeichnisse (Art. 6 Abs. 3 Unterabs. 3 RL 2003/6/EG, Rz. 11; § 15b WpHG a.F.) einerseits und die Mitteilung von Geschäften sowie Veröffentlichung und Übermittlung diesbezüglicher Informationen an das Unternehmensregister (der Vorschriften zu „Directors' Dealings" in Art. 6 Abs. 4 RL 2003/6/EG, Rz. 11, und § 15a WpHG a.F.) andererseits finden sich nunmehr, erheblich ausgeweitet und in das Kapitel 3 „Offenlegungsvorschriften" verlagert, in Art. 18 VO Nr. 596/2014 über **Insiderlisten** bzw. Art. 19 VO Nr. 596/2014 über **Eigengeschäfte von Führungskräften**. 22

Die bisher – schon wegen des Bezugs auf Insiderinformationen – in engem Zusammenhang mit dem Insiderhandelsverbot und der Prävention desselben gesehene Regelung über die **Ad-hoc-Publizität** (Art. 6 RL 2003/6/EG, Rz. 11, und § 15 WpHG a.F.) ist, ohne dass sich an dieser Sichtweise etwas geändert hätte, in der Marktmissbrauchsverordnung in einem eigenen Kapitel (Kapitel 3, Art. 17–21 VO Nr. 596/2014) über Offenlegungsvorschriften geregelt. 23

Das bis zum Erlass der Marktmissbrauchsverordnung in Art. 5 i.V.m. Art. 1 Nr. 2 RL 2003/6/EG (Rz. 11) und in § 20a WpHG a.F. in einem eigenen Abschnitt geregelte Verbot der **Marktmanipulation** ist zusammen mit dem Insiderhandelsverbot in Kapitel 2 der Marktmissbrauchsverordnung über Insiderinformationen, Insidergeschäfte, unrechtmäßige Offenlegung von Insiderinformationen und Marktmanipulation erfasst. Dabei enthalten Art. 15 VO Nr. 596/2014 das Verbot der Marktmanipulation und Art. 12 bzw. 13 VO Nr. 596/2014 die Regelung dessen, was eine Marktmanipulation ausmacht (Art. 12 VO Nr. 596/2014) bzw. was als zulässige Marktpraxis vom Verbot der Marktmanipulation ausgenommen ist. Das ist durchaus angebracht, wenn man bedenkt, dass das europäische Konzept des Verbots von Insidergeschäften und der unrechtmäßigen Offenlegung von Insidergeschäften und Marktmanipulation verbotenes Insiderhandeln als einen Unterfall der Letzteren betrachtet, so dass zumindest verbotene Insidergeschäfte in der Regel zugleich gegen das Verbot der Marktmanipulation verstoßen. 24

Neu sind im Übrigen die in **Art. 16 VO Nr. 596/2014** enthaltenen Vorschriften, die bestimmte Marktteilnehmer verpflichten, wirksame Regelungen, Systeme und Verfahren zur **Vorbeugung und Aufdeckung von Marktmissbrauch** in Gestalt von Insidergeschäften, Marktmanipulation und versuchten Insidergeschäften und versuchter Markmanipulation zu schaffen und aufrechtzuerhalten sowie Aufträge und Geschäfte, die gegen die Insiderhandels- und Marktmanipulationsverbote verstoßen könnten, der zuständigen Behörde des jeweiligen Handelsplatzes zu melden. 25

b) Sanktionen bei Verstößen gegen insiderrechtliche Vorschriften. Verstöße gegen das Verbot von Insidergeschäften und unrechtmäßiger Offenlegung von Insiderinformationen nach Art. 14 VO Nr. 596/2014 sowie gegen die Vorschriften zur Veröffentlichung von Insiderinformationen nach Art. 17 Abs. 1, 2, 4, 5 und 8 VO Nr. 596/2014 und zur Führung von Insiderlisten nach Art. 18 Abs. 1–6 VO Nr. 596/2014 unterliegen nach Maßgabe der RL 2014/57/EU vom 16.4.2014 (Rz. 15) ausgestalteten **strafrechtlichen Sanktionen** und den sich aus Art. 30 VO Nr. 596/2014 ergebenden **verwaltungsrechtlichen Maßnahmen und Sanktionen**[1]. 26

Dabei sieht die strafrechtliche und ordnungswidrigkeitsrechtliche Ahndung von **Verstößen gegen die Insiderhandelsverbote des Art. 14 lit. a–c VO Nr. 596/2014** in § 119 Abs. 3 und 4 WpHG bzw. § 120 Abs. 14 und Abs. 15 Nr. 6–11 WpHG – anders als die durch die Marktmissbrauchsverordnung abgelöste Regelung – keine Differenzierung zwischen Primär- und Sekundärinsider mehr vor (Art. 8 VO Nr. 596/2014 Rz. 9). Damit geht das deutsche Recht teilweise über die Vorgaben der RL 2014/57/EU hinaus, sind doch – was nach Erwägungsgrund 20 der RL 2014/57/EU zulässig ist – gem. § 119 Abs. 3 und 4 WpHG alle Verstöße gegen Art. 14 lit. a–c VO Nr. 596/2014, einschließlich des Versuchs (§§ 22–24 StGB)[2], strafbar[3]. **Strafbar** ist ausschließlich die **vorsätzliche Tat**[4]. 27

---

1 Zu den Sanktionen von Verstößen gegen die Insiderhandelsverbote des Art. 14 VO Nr. 596/2014 s. Art. 14 VO Nr. 596/2014 Rz. 5 ff.
2 Die Versuchsstrafbarkeit geht auf Art. 6 Abs. 2 VO Nr. 596/2014 zurück. Kritisch *Theile* in Esser/Rübenstahl/Saliger/Tsambikakis, 7. Kapitel, § 38 WpHG Rz. 149.
3 Art. 3 Abs. 3 Unterabs. 2 RL 2014/57/EU verlangt die Strafbarkeit eines sog. Sekundärinsiders („jede Person, die Insider-Informationen unter anderen Umständen als unter Unterabsatz 1 erlangt hat", dass sie positive „Kenntnis davon hat, dass es sich dabei um Insider-Informationen handelt", während § 119 Abs. 3 Nr. 1 WpHG durch die Bezugnahme auf Art. 14 lit. a VO Nr. 596/2014 und mittelbar auch auf Art. 8 Abs. 4 Unterabs. 2 VO Nr. 596/2014 nicht nur Sekundärinsider erfasst, die positive Kenntnis einer Insiderinformation haben, sondern auch solche, die „wissen müsste[n]", dass sie über eine Insiderinformation verfügen. Dazu RegE 1. FiMaNoG, BT-Drucks. 18/7482 v. 8.2.2016, S. 64: „Im Bereich des Insiderhandels wird in Absatz 3 im Einklang mit den Vorgaben der Richtlinie 2014/57/EU nunmehr vorsätzliches Handeln in sämtlichen Tatbegehungsvarianten unterschiedslos für Primär- und Sekundärinsider unter Strafe gestellt".
4 § 119 Abs. 3 WpHG, der mit der Formulierung „Ebenso wird bestraft ..." auf § 119 Abs. 1 WpHG Bezug nimmt, nach dem nur die „vorsätzliche Handlung" erfasst.

Für **Täterschaft und Teilnahme** gelten die allgemeinen Regeln (§§ 26–31 StGB)[1]. Eine Verletzung der Insiderhandelsverbote nach Art. 14 lit. a–c VO Nr. 596/2014 durch eine leichtfertige Handlung wird nach § 120 Abs. 14 WpHG als **Ordnungswidrigkeit** geahndet. Verstöße gegen die in **§ 120 Abs. 15 Nr. 6–11 WpHG** bezeichneten **Vorschriften zur Veröffentlichung von Insiderinformationen** nach Art. 17 VO Nr. 596/2014 stellen ausschließlich Ordnungswidrigkeiten dar.

28 Zu den **zivilrechtlichen Rechtsfolgen** von Verstößen gegen Art. 14 lit. a–c i.V.m. Art. 8 bzw. Art. 10 VO Nr. 596/2014 s. Art. 14 VO Nr. 596/2014 Rz. 7 ff. und denjenigen gegen Art. 17 VO Nr. 596/2014 s. Art. 17 VO Nr. 596/2014 Rz. 307 ff.

29 c) **Regelungszweck des Insiderrechts und Schutzgut.** Es ist die unausgesprochene methodische Grundhaltung des EuGH, Vorschriften des Gemeinschaftsrechts nach der *effet utile*-Methode, d.h. so auszulegen, dass deren Ziel am effektivsten erreicht wird[2]. Das gilt für die Auslegung von Gemeinschaftsrecht in Gestalt von Richtlinienrecht, das in nationales Recht umzusetzen ist, sowie für die Auslegung des mitgliedstaatlichen angeglichenen Rechts ebenso wie für das sich immer mehr ausweitende und in den Mitgliedstaaten unmittelbar geltende Verordnungsrecht. Damit kommt dem **Zweck einer Regelung** für die Auslegung der einzelnen Vorschriften des Gemeinschaftsrechts und des angeglichenen mitgliedstaatlichen Rechts eine herausragende Bedeutung zu. Das hat sich ausnahmslos auch in den bislang ergangenen Entscheidungen des EuGH zum Insiderrecht (Rz. 12) bestätigt. So hat der EuGH in der auf Grundlage der RL 2003/6/EG und der RL 2003/124/EG zur Durchführung dieser Richtlinie (Rz. 11) ergangenen *Spector Photo Group*-Entscheidung des EuGH[3] ausgeführt, das **Ziel des Insiderrechts** nach der RL 2003/6/EG sei es, „die **Integrität der Finanzmärkte zu schützen** und das **Vertrauen der Investoren zu stärken**, das insbesondere auf der Gewissheit beruht, dass sie einander gleichgestellt und gegen die unrechtmäßige Verwendung einer Insider-Information geschützt sind." Entsprechend und ebenfalls auf das Ziel der **Gewährleistung informationeller Chancengleichheit** auf den Finanzmärkten abstellend, heißt es in Erwägungsgrund 23 VO Nr. 596/2014, das „wesentliche Merkmal von Insidergeschäften [sei] ein ungerechtfertigter Vorteil, der mittels Insiderinformationen zum Nachteil Dritter erzielt [werde], die diese Informationen nicht kennen, und infolgedessen in der Untergrabung der Integrität der Finanzmärkte und des Vertrauens der Investoren". Und schließlich wird in Erwägungsgrund 24 Satz 2 VO Nr. 596/2014 als Zweck der Insiderregelungen der Marktmissbrauchsverordnung angeführt, „die Integrität des Finanzmarkts zu schützen und das Vertrauen der Investoren zu stärken, das wiederum auf der Gewissheit beruht, dass die Investoren gleichbehandelt und vor der missbräuchlichen Verwendung von Insiderinformationen geschützt werden". Das im Schrifttum in den Vordergrund des Zwecks des Insiderhandelsverbots gerückte Ziel, die Erzielung eines **ungerechtfertigten Sondervorteils** durch Insidergeschäfte zu unterbinden[4], ist nur ein Aspekt der Gewährleistung der informationellen Chancengleichheit, zu der auch die Verhinderung von **Nachteilen** aus den Insider-Informationsvorsprüngen anderer gehört[5]. Sondervorteile der einen und Nachteile der anderen zu verhindern sind wiederum Maßnahmen zur Gewährleistung der Integrität der Finanzmärkte des Vertrauens der Investoren in dieselben. Nur in diesem Zusammenhang[6] lässt sich der bei der Anwendung insiderrechtlicher Normen zu berücksichtigende Zweck desselben verordnungskonform bestimmen. Aus Vorstehendem folgt zugleich, dass die Insiderverbote des Art. 14 VO Nr. 596/2014 nur dem Schutz des überindividuellen Rechtsguts der Funktionsfähigkeit der Finanzmärkte und **nicht dem Schutz des individuellen Anlegers** dienen (s. Art. 14 VO Nr. 596/2014 Rz. 12).

30 Im Lichte dieser Zielsetzung und zu ihrer Umsetzung hat der **EuGH** im *Spector Photo Group*-Urteil (Rz. 12 und Rz. 29) entschieden, dass im Falle einer Person, die über eine Insiderinformation verfügt und Wertpapiere erwirbt, auf die sich diese Information bezieht, eine widerlegliche Vermutung dafürspricht, dass bei dem Erwerb die Insiderinformation i.S.v. Art. 2 Abs. 1 der RL 2003/6/EG (Rz. 11) genutzt wurde[7], und hat dies – beispielhaft – mit recht rigorosen **„effet utile"-Erwägungen** gerechtfertigt: „Wie die Generalanwältin in Nr. 55 ihrer Schluss-

---

1 S. *Theile* in Esser/Rübenstahl/Saliger/Tsambikakis, 7. Kapitel, § 38 WpHG Rz. 150 f.
2 Zu dieser Auslegungsmethode des EuGH etwa *Potacs*, EuR 2009, 465.
3 EuGH v. 23.12.2009 – C-45/08, ECLI:EU:C:2009:806, AG 2010, 74 Ls. 1, 76 Rz. 37 (Hervorhebung hinzugefügt). Ebenso EuGH (2. Kammer) v. 28.6.2012 – C-19/11, ECLI:EU:C:2012:397 – Markus Geltl/Daimler AG, AG 2012, 555, 557 Rz. 47; EuGH v. 11.3.2015 – C-628/13, ECLI:EU:C:2015:162 – Lafonta, AG 2015, 388, 389 Rz. 21. Ähnlich auch schon EuGH v. 10.5.2007 – C-391/04, ECLI:EU:C:2007:272 – Georgakis, AG 2007, 542, 544 Rz. 38. Zum Regelungsleitbild der europäischen und des dessen Vorgaben – in Gestalt von §§ 12-14 WpHG a.F. – umsetzenden deutschen Insiderrechts s. *Assmann* in 6. Aufl., Vor § 12 WpHG Rz. 45 ff. Zum Insiderrecht unter der Marktmissbrauchsverordnung auch *Grundmann* in Staub, Bd. 11/1, 5. Aufl. 2017, 6. Teil Rz. 337 ff.
4 *Bachmann*, Insiderhandelsverbot, S. 27, 35, 48/49, 50 ff.
5 EuGH v. 10.5.2007 – C-391/04, ECLI:EU:C:2007:272 – Georgakis, AG 2007, 542, 544 Rz. 38: Insiderhandelsverbot „verhindert, dass einer von ihnen, der über eine Insider-Information verfügt und deshalb einen Vorteil [gegenüber] den anderen Anlegern hat, daraus zum Nachteil des anderen, der dies nicht weiß, einen Nutzen zieht").
6 Diesen Zusammenhang stellt auch die *Georgakis*-Entscheidung des EuGH her, indem sie in Rz. 37 die in Rz. 38 herausgestellte Verhinderung von Vorteilen der einen und von Nachteilen der anderen als Maßnahme zur Gewährleistung des „reibungslose[n] Funktionieren[s] des Sekundärmarktes für Wertpapiere" und zur Erhaltung des „Vertrauen[s] der Anleger" begreift; EuGH v. 10.5.2007 – C-391/04, ECLI:EU:C:2007:272 – Georgakis, AG 2007, 542, 544.
7 EuGH v. 23.12.2009 – C-45/08, ECLI:EU:C:2009:806, AG 2010, 74 Ls. 1, 76 f. Rz. 37 ff.

anträge hervorgehoben hat, kann das Verbot des Insider-Handels nur dann, wenn es eine effektive Ahndung von Verstößen ermöglicht, sich als schlagkräftig erweisen und so nachhaltig die Normtreue aller Marktteilnehmer gewährleisten. Die effektive Durchführung des Verbots der Geschäfte beruht daher auf einer einfachen Struktur, in der die Möglichkeiten der Verteidigung mit subjektiven Elementen begrenzt sind, um Verstöße gegen dieses Verbot nicht nur wirksam zu ahnden, sondern ihnen auch wirksam vorzubeugen."[1] Und im *Geltl*-Urteil (Rz. 12) etwa hat der BGH unter Berufung auf den Zweck des Insiderrechts entschieden, jeder Zwischenschritt eines zeitlich gestreckten Vorgangs könne eine präzise Information sein und für die Frage, wann der Eintritt eines zukünftigen Ereignissen „hinreichend wahrscheinlich sei" komme es lediglich darauf an, ob aufgrund verfügbarer Anhaltspunkte tatsächlich erwartet werden könne, dass sie in Zukunft existieren oder eintreten werden[2]. Das Gericht hat dabei im ersten Punkt allerdings unzutreffend unterstellt, die ihm zur Entscheidung vorgelegte und von ihm abgelehnte Auslegung würde zur einer Schutzlücke führen und ungerechtfertigte Insidergeschäfte erlauben[3].

2. Durchführungs- und Delegierte Rechtsakte, ESMA-Leitlinien und Verlautbarungen der BaFin mit Bezug zum Insiderrecht nach der Marktmissbrauchsverordnung. Zur Marktmissbrauchsverordnung sind zwischenzeitlich Durchführungs- und Delegierte Rechtsakte (*Level 2*-Maßnahmen) sowie ESMA-Leitlinien (*Level 3*-Maßnahmen) mit Bezug zum Insiderrecht ergangen, die bei der Anwendung der einschlägigen Bestimmungen der Marktmissbrauchsverordnung zu berücksichtigen sind. Nach Artikeln und Themenfeldern geordnet, handelt es sich um die folgenden Akte: 31

a) **Insiderinformation (Art. 7 VO Nr. 596/2014).** Nach Art. 7 Abs. 5 VO Nr. 596/2014 gibt die ESMA Leitlinien für die Erstellung einer nicht erschöpfenden indikativen **Liste von Informationen** gem. Art. 7 Abs. 1 lit. b VO Nr. 596/2014 heraus, deren **Offenlegung** nach vernünftigem Ermessen erwartet werden kann oder die nach Rechts- und Verwaltungsvorschriften des Unionsrechts oder des nationalen Rechts, Handelsregeln, Verträgen, Praktiken oder Regeln auf den in Art. 7 Abs. 1 lit. b VO Nr. 596/2014 genannten betreffenden Warenderivate- oder Spotmärkten offengelegt werden müssen. Dabei hat die ESMA den Besonderheiten dieser Märkte gebührend Rechnung zu tragen. Solche Leitlinien hat die ESMA am 17.1.2017 vorgelegt[4]. Mit Schreiben vom 7.3.2017[5] gab die BaFin bekannt, sie habe ESMA – entsprechend ihrer Pflicht nach Ziff. 4.2 (Rz. 6) der Leitlinien – mitgeteilt, diesen Leitlinien nachzukommen; sie ziehe „daher nunmehr im Rahmen ihrer Verwaltungspraxis diese Leitlinien zur Konkretisierung der Voraussetzungen des Art. 7 Abs. 1 Buchstabe b der MAR [VO Nr. 596/2014] heran".   32

b) **Marktsondierung (Art. 11 VO Nr. 596/2014).** Gestützt auf 11 Abs. 9 Unterabs. 3 VO Nr. 596/2014 hat die Kommission die Delegierte Verordnung (EU) 2016/960 vom 17.5.2016 zur Ergänzung der Marktmissbrauchsverordnung durch **technische Regulierungsstandards** für angemessene **Regelungen, Systeme und Verfahren** für offenlegende Marktteilnehmer bei der Durchführung von Marktsondierungen[6] erlassen. Gleichzeitig erging auf der Grundlage von Art. 11 Abs. 10 Unterabs. 3 VO Nr. 596/2014 die Durchführungsverordnung (EU) 2016/959 der Kommission vom 17.5.2016 zur Festlegung technischer Durchführungsstandards für Marktsondierungen in Bezug auf die von offenlegenden Marktteilnehmern zu nutzenden Systeme und Mitteilungsmuster und das Format der Aufzeichnungen nach der Marktmissbrauchsverordnung[7].   33

An die zuständigen Behörden und Personen, die Marktsondierungen erhalten, richten sich die **ESMA-Leitlinien** „Personen, die Marktsondierungen erhalten" vom 11.11.2016[8]. Die Leitlinien gelten in Bezug auf die Faktoren, Schritte und Aufzeichnungen, die von den Personen, die Marktsondierungen erhalten, gem. Art. 11   34

---

1 EuGH v. 23.12.2009 – C-45/08, ECLI:EU:C:2009:806, AG 2010, 74, 76 Rz. 37.
2 EuGH (2. Kammer) v. 28.6.2012 – C-19/11, ECLI:EU:C:2012:397 – Markus Geltl/Daimler AG, AG 2012, 555 Ls. 1 und 2.
3 Zutreffend *Bachmann*, DB 2012, 2206, 2208.
4 *ESMA*, MAR – Leitlinien Informationen über Warenderivatmärkte oder verbundene Spotmärkte im Hinblick auf die Definition von Insiderinformationen über Warenderivate vom 17.1.2017, ESMA/2016/1480, deutsche Sprachfassung: https://www.esma.europa.eu/sites/default/files/library/esma-2016-1480_de.pdf. Zum Anwendungsbereich dieser Leitlinien führt die ESMA S. 3 aus, diese Leitlinien hätten Geltung „für zuständige Behörden und Anleger, Finanzintermediäre, Betreiber von Handelsplätzen und Personen, die gewerbsmäßig Geschäfte mit Warenderivaten vermitteln oder ausführen (gemeinsam bezeichnet als ‚Marktteilnehmer')".
5 GZ: WA 27-Wp 2001-2017/0010, https://www.bafin.de/SharedDocs/Veroeffentlichungen/DE/Anlage/170307_MAR_Leitlinien_Warenderivatemaerkte_Spotmaerkte.html.
6 Delegierte Verordnung (EU) 2016/960 vom 17. Mai 2016 zur Ergänzung der Verordnung (EU) Nr. 596/2014 des Europäischen Parlaments und des Rates durch technische Regulierungsstandards für angemessene Regelungen, Systeme und Verfahren für offenlegende Marktteilnehmer bei der Durchführung von Marktsondierungen, ABl. EU Nr. L 160 v. 17.6.2016, S. 29, http://eur-lex.europa.eu/legal-content/DE/TXT/PDF/?uri=CELEX:32016R0960&from=DE.
7 Durchführungsverordnung (EU) 2016/959 der Kommission vom 17. Mai 2016 zur Festlegung technischer Durchführungsstandards für Marktsondierungen in Bezug auf die von offenlegenden Marktteilnehmern zu nutzenden Systeme und Mitteilungsmuster und das Format der Aufzeichnungen gemäß Verordnung (EU) Nr. 596/2014 des Europäischen Parlaments und des Rates, ABl. EU Nr. L 160 v. 17.6.2016, S. 23, http://eur-lex.europa.eu/legal-content/DE/TXT/PDF/?uri=CELEX:32016R0959&from=DE.
8 *ESMA*, MAR-Leitlinien Personen, die Marktsondierungen erhalten, vom 11.11.2016, ESMA/2016/1477 (Neuherausgabe der Fassung vom 20.10.2016), deutsche Sprachfassung: https://www.esma.europa.eu/sites/default/files/library/esma-2016-1477_de.docx.

Vor Art. 7 VO Nr. 596/2014 | Vorbemerkungen

Abs. 11 VO Nr. 596/2014 zu berücksichtigen und umzusetzen sind. In ihrem Schreiben vom 8.12.2016 (geändert am 31.5.2017)[1], skizziert die **BaFin** den Gegenstand der „MAR Leitlinien" wie folgt (Absätze weggelassen): „Die Leitlinien beziehen sich auf Marktsondierungen, also auf die Kommunikation zwischen einem Verkäufer eines Finanzinstruments und potentiellen Anlegern, die vor Ankündigung des eigentlichen Geschäfts erfolgt. Mit einer Marktsondierung soll das Interesse potentieller Anleger an einem möglichen Geschäft, dessen preislicher Ausgestaltung und dessen Umfang abgeschätzt werden. Da es dabei ggf. zur Weitergabe von Insiderinformationen kommen kann, wird in diesen Leitlinien geregelt, anhand welcher Umstände Personen, die Marktsondierungen erhalten, beurteilen müssen, ob die erhaltenen Informationen als Insiderinformationen anzusehen sind. Zudem enthalten die Leitlinien Regelungen dazu, wie sich die Empfänger dieser Informationen in diesem Fall zu verhalten haben, um die Insiderhandelsverbote, insbesondere das insiderrechtliche Weitergabeverbot zu beachten. Abgerundet werden die Leitlinien durch Vorgaben zur Dokumentation." Darüber hinaus gibt die BaFin in dem Schreiben bekannt, sie habe ESMA mitgeteilt, im Rahmen ihrer Verwaltungspraxis diese Leitlinien heranzuziehen um zu beurteilen, ob die Insiderhandelsverbote, insbesondere das insiderrechtliche Weitergabeverbot, beachtet worden seien.

35 **c) Veröffentlichung von Insiderinformationen (Art. 17 VO Nr. 596/2014).** Art. 17 Abs. 10 Unterabs. 3 VO Nr. 596/2014 überträgt der Kommission die Befugnis, die in dessen Unterabs. 1 genannten technischen **Durchführungsstandards** nach Art. 15 VO Nr. 1095/2010 zu erlassen. Dabei geht es, zum Zwecke der Sicherstellung einheitliche Bedingungen für die Anwendung von Art. 17 VO Nr. 596/2014 über die Veröffentlichung von Insiderinformationen, um technische Durchführungsstandards zur Festlegung der technischen Mittel für die angemessene Bekanntgabe von Insiderinformationen gem. Art. 17 Abs. 1, 2, 8 und 9 VO Nr. 596/2014 und der technischen Mittel für den Aufschub der Bekanntgabe von Insiderinformationen gem. den Abs. 4 und 5. Die Kommission hat von dieser Befugnis Gebrauch gemacht und die Durchführungsverordnung (EU) 2016/1055 vom 29.6.2016 zur Festlegung technischer Durchführungsstandards hinsichtlich der technischen Mittel für die angemessene Bekanntgabe von Insiderinformationen und für den Aufschub der Bekanntgabe von Insiderinformationen gemäß Verordnung (EU) Nr. 596/2014 des Europäischen Parlaments und des Rates[2] erlassen.

36 Nach Art. 17 Abs. 11 VO Nr. 596/2014 gibt ESMA **Leitlinien** für die Erstellung einer nicht abschließenden indikativen Liste der in Art. 17 Abs. 4 lit. a VO Nr. 596/2014 als Voraussetzungen des Aufschubs der Veröffentlichung von Insiderinformationen genannten berechtigten Interessen des Emittenten und von Fällen heraus, in denen die **Aufschiebung der Offenlegung** gem. Art. 17 Abs. 4 lit. b VO Nr. 596/2014 geeignet ist, die Öffentlichkeit irrezuführen. In Ausführung dieses Auftrags hat ESMA entsprechende Leitlinien[3] mit einer nicht abschließenden indikativen Liste der berechtigten Interessen des Emittenten vorgelegt, die von einer unverzüglichen Offenlegung von Insiderinformationen aller Wahrscheinlichkeit nachbeeinträchtigt wären, und von Fällen, in denen der Aufschub der Offenlegung von Insiderinformationengeeignet ist, die Öffentlichkeit irrezuführen. In ihrem Schreiben vom 6.12.2016[4] zur Anwendung der „Leitlinien über die berechtigten Interessen des Emittenten für den Aufschub der Offenlegung von Insiderinformationen und über Fälle, in denen der Aufschub der Offenlegung von Insiderinformationen geeignet ist, die Öffentlichkeit irrezuführen" von ESMA informiert die BaFin über die Verabschiedung dieser Leitlinien und gibt bekannt, sie habe ESMA mitgeteilt, im Rahmen ihrer Verwaltungspraxis diesen Leitlinien nachzukommen und nunmehr im Rahmen ihrer Verwaltungspraxis diese Leitlinien zur Konkretisierung der Voraussetzungen des Art. 17 Abs. 4 VO Nr. 596/2014 heranzuziehen.

37 Am 29.6.2016, geändert am 20.6.2017, hat die **BaFin** das Dokument „Art. 17 MAR [VO Nr. 596/2014] – Veröffentlichung von Insiderinformationen (FAQs)" vorgelegt[5]. In ihm informiert sie anhand von „**häufig gestellten Fragen und Antworten**" über die Rechtsgrundlagen, den Adressatenkreis, inhaltliche Fragen zur Veröffentlichung von Insiderinformationen und die Art und Weise, in der Insiderinformationen zu veröffentlichen sind. Diesem Dokument folgte am 21.12.2017 die Verlautbarung „Ad-hoc-Publizität: Fragen und Antworten zu Veröffentlichungen von **Insiderinformationen zu Emissionszertifikaten**"[6].

38 **d) Insiderlisten (Art. 18 VO Nr. 596/2014).** In Art. 18 Abs. 9 Unterabs. 3 VO Nr. 596/2014 wird der Kommission die Befugnis übertragen, gem. Art. 15 VO Nr. 1095/2010[7] und nach Maßgabe von Art. 18 Abs. 9 Unterabs. 1

---

1 Schreiben der BaFin zur Anwendung der „MAR-Leitlinien Personen, die Marktsondierungen erhalten" von ESMA, GZ: WA 27-Wp 2001–2016/0056.
2 ABl. EU Nr. L 173 v. 30.6.2016, S. 47.
3 ESMA, MAR – Leitlinien Aufschub der Offenlegung von Insiderinformationen, 20.10.2016, ESMA/2016/1478 DE, deutsche Sprachfassung https://www.esma.europa.eu/sites/default/files/library/esma-2016-1478_de.pdf.
4 GZ: WA 27-Wp 2001-2016/0058, https://www.bafin.de/SharedDocs/Veroeffentlichungen/DE/Anlage/161205_Aufschub_Insiderinformationen_ESMA.html.
5 BaFin, Art. 17 MAR – Veröffentlichung von Insiderinformationen (FAQs), Stand 20.6.2017.
6 BaFin, Veröffentlichungen von Insiderinformationen zu Emissionszertifikaten, Stand 21.12.2017.
7 Verordnung (EU) Nr. 1095/2010 des Europäischen Parlaments und des Rates vom 24. November 2010 zur Errichtung einer Europäischen Aufsichtsbehörde (Europäische Wertpapier- und Marktaufsichtsbehörde), zur Änderung des Beschlusses Nr. 716/2009/EG und zur Aufhebung des Beschlusses 2009/77/EG der Kommission, ABl. EU Nr. L 331 v. 15.12.2010, S. 84.

und 2 VO Nr. 596/2014 technische Durchführungsstandards zur Schaffung einheitlicher Bedingungen für die Anwendung von Art. 18 VO Nr. 596/2014 zu erlassen. Die Kommission hat von dieser Ermächtigung Gebrauch gemacht und die Durchführungsverordnung (EU) 2016/347 vom 10.3.2016 zur Festlegung technischer Durchführungsstandards im Hinblick auf das genaue Format der Insiderlisten und für die Aktualisierung von Insiderlisten gemäß der Verordnung (EU) Nr. 596/2014 des Europäischen Parlaments und des Rates erlassen[1].

III. Marktmissbrauchsverordnung und deutsches Recht. Die **Marktmissbrauchsverordnung** sowie die Delegierte Verordnung (EU) 2016/960 vom 17.5.2016 und die Durchführungsverordnung (EU) 2016/959 vom 17.5. 2016 (beide Rz. 33) sind in Deutschland unmittelbar geltendes Recht. Das hat es erforderlich gemacht, **das nationale Recht entsprechend anzupassen:** Teils dadurch, dass Vorschriften, die einen jetzt von den EU-Verordnungen geregelten Bereich regeln oder sich auf diese bezogen, aufgehoben werden mussten; teils dadurch, dass die von den EU-Verordnungen vorgesehenen Voraussetzungen geschaffen wurden, um diese in Kraft zu setzen. Zum Insiderrecht fanden sich solche Vorschriften zunächst in § 15 WpHG der Zählweise vor der Änderung durch Art. 3 des 2. FiMaNoG (Rz. 17) und finden sich heute in § 26 WpHG. Im Hinblick auf die Bestimmungen der die Marktmissbrauchsverordnung komplementierenden **Marktmissbrauchsrichtlinie 2014/57/EU** vom 16.4.2014 über strafrechtliche Sanktionen bei Marktmanipulation (Rz. 15) war ohnehin die Umsetzung in deutsches Recht durch Vorschriften erforderlich, die richtlinienkonform anzuwenden sind. 39

Fragen über die **Fortgeltung des bisherigen Insiderrechts**, das von der Marktmissbrauchsverordnung und den zu dieser ergangenen Verordnungen (Rz. 39) abgelöst wurde, haben sich nur in zweierlei Hinsicht gestellt: 40

– Zum einen im Hinblick auf Fortgeltung der **rechtlichen Grundsätze** wie sie sich im Hinblick auf das bisherige Recht und seine **Auslegung** entwickelt haben. Antworten hierauf sind im Zusammenhang mit der Anwendung der jeweiligen Bestimmungen der EU-Verordnungen zu geben und nehmen in den nachfolgenden Erläuterungen einen breiten Raum ein. Dabei ist zu berücksichtigen, dass das EU-Verordnungsrecht die Regelungszwecke früheren RL 2003/6/EG vom 28.1.2003 (Rz. 11) übernimmt und auch deren Regelungen, die im abgelösten Recht der §§ 12 ff. WpHG a.F. umgesetzt waren, über weite Strecken als unmittelbar geltendes Recht beibehält. Das spricht – wenngleich nicht zwingend, so doch *prima facie* – für die gegebenenfalls im Lichte der Anwendung des Verordnungsrechts in den anderen Mitgliedstaaten zu modifizierende Fortgeltung der Auslegung des abgelösten Rechts. 41

– Zum anderen in Bezug auf die Fortgeltung der vom Bundesministerium der Finanzen erlassenen **Wertpapierhandelsanzeige- und Insiderverzeichnisverordnung (WpAIV)** vom 13.12.2004[2]. Für diese wurde und wird allgemein angenommen, dass sie, die im Hinblick auf die EU-Verordnungen (Rz. 39) unangepasst blieb, weiterhin, aber nur in dem Umfange anwendbar ist, als sie den Regelungen dieser Verordnungen nicht widerspricht[3]. Inwieweit dies jeweils der Fall ist, hat sich – wie die Erläuterungen zu den insiderrechtlichen Bestimmungen, namentlich zur Offenlegung von Insiderinformationen nach Art. 17 VO Nr. 596/ 2014 belegen – nicht immer als so einfach erwiesen wie gedacht. Dass von einer Fortgeltung der WpAIV auszugehen war, hat sich spätestens im Zusammenhang mit den Planungen des 2. FiMaNoG gezeigt. Hier ging der Referentenentwurf von einer Fortgeltung der WpAIV und der Notwendigkeit einer Neufassung derselben aus, um deren Vorschriften an die Änderungen des WpHG aufgrund des Erlasses der EU-Verordnungen und das 1. FiMaNoG anzupassen[4]. Zwar wurden die diesbezüglichen Vorschläge des Referentenentwurfs im Gesetzgebungsverfahren nicht weiterverfolgt, doch wurden sie später im Wege eines eigenständigen Verfahrens zum Erlass einer Dritten Verordnung zur Änderung der Wertpapierhandelsanzeige- und Insiderverzeichnisverordnung durch das Bundesministerium für Finanzen wiederaufgegriffen und haben zu einer **Neufassung der WpAIV** in Gestalt der heutigen „Verordnung zur Konkretisierung von Anzeige- Mitteilungs- und Veröffentlichungspflichten nach dem Wertpapierhandelsgesetz – **WpAV**"[5] geführt. 42

---

1 ABl. EU Nr. L 65 v. 11.3.2016, S. 49. Zum Ganzen auch: Ad-hoc-Publizität – Änderungen durch die neue Marktmissbrauchsverordnung, BaFin-Journal, Ausgabe Juli 2016, S. 28, https://www.bafin.de/SharedDocs/Downloads/DE/BaFin Journal/2016/bj_1607.pdf;jsessionid= 5789649482D385330B528E9B9657192E.2_cid290?__blob=publicationFile&v=6.
2 Verordnung zur Konkretisierung von Anzeige-, Mitteilungs- und Veröffentlichungspflichten sowie der Pflicht zur Führung von Insiderverzeichnissen nach dem Wertpapierhandelsgesetz (Wertpapierhandelsanzeige- und Insiderverzeichnisverordnung – WpAIV), BGBl. I 2004, 3376.
3 *BaFin*, MAR (FAQ), S. 2 zu 3.: „Die WpAIV bleibt bis zur Umsetzung des 2. Finanzmarktnovellierungsgesetzes in ihrer bisherigen Fassung zunächst bestehen, tritt aber hinter der MAR sowie den ausführenden Verordnungen (EU) 2016/522 und (EU) 2016/1055 zurück, soweit sich in diesen entsprechende oder abweichende Regelungen finden." Dabei ging die BaFin noch davon aus, dass die WpAIV, dem Referentenentwurf zum 2. FiMaNoG folgend (dazu im Folgenden) mit dem 2. FiMaNoG den angeführten Verordnungen angepasst würde; *Klöhn*, AG 2016, 423, 431; *Poelzig*, NZG 2016, 761, 764; *Schäfer* in Marsch-Barner/Schäfer, Handbuch börsennotierte AG, Rz. 15.33.
4 Referentenentwurf 2. FiMaNoG vom 30.9.2016, S. 363 zu Art. 15, heute noch abrufbar unter http://www.kapitalmarktrecht-im-internet.eu/de/Rechtsgebiete/Kapitalma/Artikelgesetze/428/2._FimanoG.htm unter III.2. Gesetzgebungsgeschichte.
5 Dritte Verordnung zur Änderung der Wertpapierhandelsanzeige- und Insiderverzeichnisverordnung vom 2.11.2017, BGBl. I 2017. 3727, Hervorhebung hinzugefügt. Die Neubezeichnung beruht auf der Änderung der Überschrift der WpAIV durch Art. 1 Nr. 1 dieser Verordnung.

Art. 7 Insiderinformation

(1) Für die Zwecke dieser Verordnung umfasst der Begriff „Insiderinformationen" folgende Arten von Informationen:

a) nicht öffentlich bekannte präzise Informationen, die direkt oder indirekt einen oder mehrere Emittenten oder ein oder mehrere Finanzinstrumente betreffen und die, wenn sie öffentlich bekannt würden, geeignet wären, den Kurs dieser Finanzinstrumente oder den Kurs damit verbundener derivativer Finanzinstrumente erheblich zu beeinflussen;

b) in Bezug auf Warenderivate nicht öffentlich bekannte präzise Informationen, die direkt oder indirekt ein oder mehrere Derivate dieser Art oder direkt damit verbundene Waren-Spot-Kontrakte betreffen und die, wenn sie öffentlich bekannt würden, geeignet wären, den Kurs dieser Derivate oder damit verbundener Waren-Spot-Kontrakte erheblich zu beeinflussen, und bei denen es sich um solche Informationen handelt, die nach Rechts- und Verwaltungsvorschriften der Union oder der Mitgliedstaaten, Handelsregeln, Verträgen, Praktiken oder Regeln auf dem betreffenden Warenderivate- oder Spotmarkt offengelegt werden müssen bzw. deren Offenlegung nach vernünftigem Ermessen erwartet werden kann;

c) in Bezug auf Emissionszertifikate oder darauf beruhende Auktionsobjekte nicht öffentlich bekannte präzise Informationen, die direkt oder indirekt ein oder mehrere Finanzinstrumente dieser Art betreffen und die, wenn sie öffentlich bekannt würden, geeignet wären, den Kurs dieser Finanzinstrumente oder damit verbundener derivativer Finanzinstrumente erheblich zu beeinflussen;

d) für Personen, die mit der Ausführung von Aufträgen in Bezug auf Finanzinstrumente beauftragt sind, bezeichnet der Begriff auch Informationen, die von einem Kunden mitgeteilt wurden und sich auf die noch nicht ausgeführten Aufträge des Kunden in Bezug auf Finanzinstrumente beziehen, die präzise sind, direkt oder indirekt einen oder mehrere Emittenten oder ein oder mehrere Finanzinstrumente betreffen und die, wenn sie öffentlich bekannt würden, geeignet wären, den Kurs dieser Finanzinstrumente, damit verbundener Waren-Spot-Kontrakte oder zugehöriger derivativer Finanzinstrumente erheblich zu beeinflussen.

(2) Für die Zwecke des Absatzes 1 sind Informationen dann als präzise anzusehen, wenn damit eine Reihe von Umständen gemeint ist, die bereits gegeben sind oder bei denen man vernünftigerweise erwarten kann, dass sie in Zukunft gegeben sein werden, oder ein Ereignis, das bereits eingetreten ist oder von den *[richtigerweise: von dem man]* vernünftigerweise erwarten kann, dass es in Zukunft eintreten wird, und diese Informationen darüber hinaus spezifisch genug sind, um einen Schluss auf die mögliche Auswirkung dieser Reihe von Umständen oder dieses Ereignisses auf die Kurse der Finanzinstrumente oder des damit verbundenen derivativen Finanzinstruments, der damit verbundenen Waren-Spot-Kontrakte oder der auf den Emissionszertifikaten beruhenden Auktionsobjekte zuzulassen. So können im Fall eines zeitlich gestreckten Vorgangs, der einen bestimmten Umstand oder ein bestimmtes Ereignis herbeiführen soll oder hervorbringt, dieser betreffende zukünftige Umstand bzw. das betreffende zukünftige Ereignis und auch die Zwischenschritte in diesem Vorgang, die mit der Herbeiführung oder Hervorbringung dieses zukünftigen Umstandes oder Ereignisses verbunden sind, in dieser Hinsicht als präzise Information betrachtet werden.

(3) Ein Zwischenschritt in einem gestreckten Vorgang wird als eine Insiderinformation betrachtet, falls er für sich genommen die Kriterien für Insiderinformationen gemäß diesem Artikel erfüllt.

(4) Für die Zwecke des Absatzes 1 sind unter „Informationen, die, wenn sie öffentlich bekannt würden, geeignet wären, den Kurs von Finanzinstrumenten, derivativen Finanzinstrumenten, damit verbundenen Waren-Spot-Kontrakten oder auf Emissionszertifikaten beruhenden Auktionsobjekten spürbar zu beeinflussen" Informationen zu verstehen, die ein verständiger Anleger wahrscheinlich als Teil der Grundlage seiner Anlageentscheidungen nutzen würde.

Im Fall von Teilnehmern am Markt für Emissionszertifikate mit aggregierten Emissionen oder einer thermischen Nennleistung in Höhe oder unterhalb des gemäß Artikel 17 Absatz 2 Unterabsatz 2 festgelegten Schwellenwerts wird von den Informationen über die physischen Aktivitäten dieser Teilnehmer angenommen, dass sie keine erheblichen Auswirkungen auf die Preise der Emissionszertifikate und der auf diesen beruhenden Auktionsobjekte oder auf damit verbundene Finanzinstrumente haben.

(5) Die ESMA gibt Leitlinien für die Erstellung einer nicht erschöpfenden indikativen Liste von Informationen gemäß Absatz 1 Buchstabe b heraus, deren Offenlegung nach vernünftigem Ermessen erwartet werden kann oder die nach Rechts- und Verwaltungsvorschriften des Unionsrechts oder des nationalen Rechts, Handelsregeln, Verträgen, Praktiken oder Regeln auf den in Absatz 1 Buchstabe b genannten betreffenden *Warenderivate- oder Spotmärkten* offengelegt werden müssen. Die ESMA trägt den Besonderheiten dieser Märkte gebührend Rechnung.

In der Fassung vom 16.4.2014 (ABl. EU Nr. L 173 v. 12.6.2014, S. 1).

Schrifttum: S. Vor Art. 7 ff. VO Nr. 596/2014 und das Allgemeine Schrifttumsverzeichnis.

I. Regelungsgehalt und Normentwicklung 1	4. Nicht öffentlich bekannte Information 63
II. Insiderinformationen – Begriff und Begriffs-	a) Grundsätzliches 63
elemente 5	b) Einzelheiten 67
1. Bezugspunkte: Emittenten und Finanzinstru-	5. Emittenten oder Finanzinstrumente betreffende
mente 5	Information 72
2. Grunddefinition 6	a) Emittentenbezug 73
3. Präzise Information (Art. 7 Abs. 1 lit. a und	b) Bezug zu Finanzinstrumenten 76
Abs. 2 VO Nr. 596/2014) 8	6. Kurserhebliche Information (Art. 7 Abs. 1 und
a) Allgemeines – Übersicht 8	Abs. 4 VO Nr. 596/2014) 78
b) Umstände und Ereignisse 15	a) Allgemeines – Maßstab des verständigen
aa) Eingetretene Umstände und Ereignisse	Anlegers 78
(Art. 7 Abs. 2 Satz 1 VO Nr. 596/2014) . 15	b) Einzelheiten 88
(1) Unterscheidung zwischen Umständen	aa) Ex-ante-Beurteilung der Kurserheblich-
und Ereignissen 15	keit 88
(2) Äußere und innere Tatsachen und	bb) Zukunftsbezogene Information und
Drittbezug 16	mehrstufige Entscheidungsvorgänge . . . 90
(3) Werturteile, Ansichten und Meinungen 19	cc) Kurserheblichkeit in Bezug auf be-
(4) Pläne, Vorhaben oder Absichten und	stimmte Gattungen von Finanzinstru-
Schritte zu deren Verwirklichung 20	menten 91
(5) Unternehmensplanungen (Plandaten	dd) Kanon kurserheblicher Umstände 94
u.a.) 25	III. Insiderinformationen in Bezug auf spezielle
(6) Prognosen 28	Finanzinstrumente und Kundenaufträge
(7) Tipps, Empfehlungen und Ratschläge . . 31	(Art. 7 Abs. 1 lit. b–d VO Nr. 596/2014) 96
(8) Unternehmensbewertungen und -ana-	1. Insiderinformationen in Bezug auf Waren-
lysen sowie Ratings 32	derivate (Art. 7 Abs. 1 lit. b, Abs. 2, 3 und 4
(9) Gerüchte 35	Unterabs. 1 sowie Abs. 5 VO Nr. 596/2014) . . . 96
(10) Verdacht auf Rechtsverstöße	2. Insiderinformationen in Bezug auf Emissions-
(Compliance-Verstöße) – Interne	zertifikate (Art. 7 Abs. 1 lit. c und Abs. 2, 3
und externe Untersuchungen 37	und 4 VO Nr. 596/2014) 100
(11) Anhängen an fremde Wertpapier-	3. Insiderinformationen im Zusammenhang mit
geschäfte 41	der Ausführung von Aufträgen in Bezug auf
bb) Zukünftige Umstände und Ereignisse	Finanzinstrumente (Art. 7 Abs. 1 lit. d VO
(Art. 7 Abs. 2 VO Nr. 596/2014) 42	Nr. 596/2014) 102
cc) Sonderfall: Mehrstufige Entscheidungs-	IV. Leitlinien für Informationen in Bezug auf
vorgänge und Zwischenschritte (Art. 7	Warenderivate nach Art. 7 Abs. 1 lit. b VO
Abs. 2 Satz 2, Abs. 3 VO Nr. 596/2014) . 49	Nr. 596/2014 (Art. 7 Abs. 5 VO Nr. 596/2014) 105
c) Kursspezifität 60	

I. Regelungsgehalt und Normentwicklung. Nach Art. 14 VO Nr. 596/2014 ist es **verboten,** 1

a) Insidergeschäfte zu tätigen und dies zu versuchen,

b) Dritten zu empfehlen, Insidergeschäfte zu tätigen, oder Dritte dazu zu verleiten, Insidergeschäfte zu tätigen, oder

c) Insiderinformationen unrechtmäßig offenzulegen[1].

Gegenstand dieser Verbote sind **Insiderinformationen.** Das gilt auch für die in Art. 14 lit. a und b VO Nr. 596/2014 angeführten Verbote, denn sowohl Insidergeschäfte als auch Empfehlungen setzen Insiderinformationen voraus: So liegt nach Art. 8 Abs. 1 Satz 1 VO Nr. 596/2014 ein gem. Art. 14 lit. a VO Nr. 596/2014 verbotenes Insidergeschäft vor, wenn eine Person über Insiderinformationen verfügt und unter Nutzung derselben für eigene oder fremde Rechnung direkt oder indirekt Finanzinstrumente, auf die sich die Informationen beziehen, erwirbt oder veräußert. Auch eine nach Art. 14 lit. b VO Nr. 596/2014 verbotene Empfehlung zum Tätigen von Insidergeschäften oder die Verleitung Dritter hierzu liegt nach Art. 8 Abs. 2 VO Nr. 596/2014 nur dann vor, wenn der Empfehlende über Insiderinformationen verfügt und die Empfehlung auf der Grundlage von Insiderinformationen abgibt. Schließlich hat das in Art. 14 lit. c VO Nr. 596/2014 aufgeführte Verbot die unrechtmäßige Offenlegung von Insiderinformationen zum Gegenstand. In diesem Rahmen bestimmt Art. 7 VO Nr. 596/2014, unter welchen Voraussetzungen eine Information als Insiderinformation anzusehen ist.

Der in Art. 7 VO Nr. 596/2014 umschriebene Begriff „Insiderinformationen", **unterscheidet** sich nicht wesentlich von demjenigen, der der aufgehobenen **Marktmissbrauchsrichtlinie 2003/6/EG** vom 28.1.2003[2] und der 2

---

[1] Auch wenn Art. 14 VO Nr. 596/2014 nur in lit. a ein Verbot des Versuchs erwähnt, ist doch nach § 119 Abs. 4 WpHG bei allen der von ihm erwähnten Verbote der Versuch strafbar; *Szesny*, DB 2016, 1420, 1421; s. auch Vor Art. 7 ff. VO Nr. 596/2014 Rz. 27.

[2] Richtlinie 2003/6/EG vom 28.1.2003 über Insider-Geschäfte und Marktmanipulation (Marktmissbrauch), ABl. EG Nr. L 96 v. 12.4.2003, S. 16.

zu dieser ergangenen Durchführungsrechtsakte[1] zugrunde lag und in § 13 WpHG a.F. umgesetzt wurde[2]. Tatsächlich bauen Art. 7 Abs. 1 lit. a, b bzw. d VO Nr. 596/2014 auf Bestimmungen in Art. 1 Nr. 1 Abs. 1, 2 bzw. 3 RL 2003/6/EG auf[3]. Ist der Begriff der Insiderinformationen nach wie vor maßgeblich durch den Begriff der „Finanzinstrumente" bestimmt[4], so wird dieser und damit auch der Anwendungsbereich des Insiderrechts um denjenigen der „Emissionszertifikate" (Art. 7 Abs. 1 lit. c VO Nr. 596/2014 i.V.m. Art. 3 Abs. 1 Nr. 19 VO Nr. 596/2014) erweitert. Darüber hinaus ist der Konkretisierungsgrad, den der Begriff der Insiderinformation und seine Begriffselemente in Art. 7 VO Nr. 596/2014 erfahren haben, erheblich gestiegen. Dabei wurden auch Probleme der Anwendung des Begriffs der Insiderinformationen und dessen Auslegung durch den EuGH teilweise – namentlich durch Art. 7 Abs. 3 VO Nr. 596/2014 über Zwischenschritte (dazu Rz. 25, 51 ff.) – in die Vorschriften über Insiderinformationen überführt.

3 Unverändert geblieben auch, dass dem Verbot von Insidergeschäften und der unrechtmäßigen Offenlegung von Insiderinformationen in Art. 14 VO Nr. 596/2014 auf der einen Seite und der Pflicht zur Veröffentlichung von Insiderinformationen (sog. Ad-hoc-Publizität) nach Art. 17 VO Nr. 596/2014 auf der anderen Seite ein **einheitlicher Insiderbegriff** zugrunde liegt (sog. **einstufiges Modell**). Dagegen suchte der „Vorschlag für eine Verordnung des Europäischen Parlaments und des Rates über Insider-Geschäfte und Marktmanipulation (Marktmissbrauch)" vom 20.10.2011 (im Folgenden: Vorschlag Marktmissbrauchsverordnung)[5] noch ein zweistufiges Modell einzuführen, das die Insiderhandelsverbote auch weiterhin an den Begriff der Insiderinformation anbinden sollte, wie er der RL 2003/6/EG vom 28.1.2003 (Rz. 2) zugrunde lag, für die Veröffentlichungspflicht von Insiderinformationen aber auch nicht präzise Informationen ausreichend lassen wollte, sofern sie nur „einem verständigen Investor verfügbar wären, der regelmäßig an diesem Markt und mit dem betreffenden Finanzinstrument oder einem damit verbundenen Waren-Spot-Kontrakt handelt, von diesem als relevant bei der Entscheidung über die Bedingungen betrachtet würden"[6]. Dieses, mit einer Aufspaltung des Begriffs der Insiderinformation arbeitende regulatorische Konzept begründete der Vorschlag wie folgt: „Insider-Informationen können missbraucht werden, bevor ein Emittent zu deren Offenlegung verpflichtet ist. Der Stand von Vertragsverhandlungen, vorläufig in Vertragsverhandlungen vereinbarte Bedingungen, die Möglichkeit der Platzierung von Finanzinstrumenten, die Umstände, unter denen Finanzinstrumente vermarktet werden, oder vorläufige Bedingungen für die Platzierung von Finanzinstrumenten können für Investoren relevante Informationen sein. Daher sollten derartige Informationen als Insider-Informationen eingestuft werden. Entsprechende Informationen können jedoch mitunter nicht ausreichend präzise sein, um für den Emittenten eine Pflicht zu deren Offenlegung zu begründen. In solchen Fällen sollte das Verbot von Insider-Geschäften gelten, die Pflicht zur Offenlegung der betreffenden Informationen jedoch nicht."[7]

4 Der **Vorschlag eines gespaltenen Begriffs der Insiderinformation** war von der britischen Marktmissbrauchsregulierung und dem die Veröffentlichung von Insiderinformationen auslösenden Begriff der Insiderinformation im Sinne einer „relevant information not generally available" (sog. **RINGA-Konzept**) inspiriert[8]. Letzterer sah sich jedoch wegen seiner begrifflichen Unschärfen, der damit einhergehenden Rechtsunsicherheit und den höheren „Compliance-Kosten", den die Anknüpfung unterschiedlicher Marktmissbrauchsregelungen an unterschiedliche Begriffe der Insiderinformation mit sich gebracht hätte, erheblichen Einwänden ausgesetzt[9] und wurde schließlich im Gesetzgebungsverfahren im Rahmen des Trilogs zwischen Europäischem Parlament, Europäischem Rat und der Europäischen Kommission zum Verordnungsvorschlag fallen gelassen[10].

---

1 S. dazu Vor Art. 7 ff. VO Nr. 596/2014 Rz. 11. Im vorliegenden Zusammenhang von Bedeutung: Richtlinie 2003/124/EG vom 22. Dezember 2003 zur Durchführung der Richtlinie 2003/6/EG betreffend die Begriffsbestimmung und die Veröffentlichung von Insider-Informationen und die Begriffsbestimmung der Marktmanipulation, ABl. EU Nr. L 339 v. 24.12.2003, S. 70; Richtlinie 2004/72/EG vom 29. April 2004 zur Durchführung der Richtlinie 2003/6/EG (Zulässige Marktpraktiken, Definition von Insider-Informationen in Bezug auf Warenderivate, Erstellung von Insider-Verzeichnissen, Meldung von Eigengeschäften und Meldung verdächtiger Transaktionen […]), ABl. EU Nr. L 162 v. 30.4.2004, S. 70.
2 Zu Modifikationen des Begriffs der Insiderinformation, wie er der Insiderrichtlinie 89/592/EWG vom 13.11.1989 (ABl. EG Nr. L 334 v. 18.11.1989, S. 30) zugrunde lag, s. *Assmann* in 6. Aufl., § 13 WpHG Rz. 2.
3 S. dazu die Entsprechungstabelle in Anhang II der Marktmissbrauchsrichtlinie 2003/6/EG vom 28.1.2003.
4 Auch die Definitionen der in Art. 7 Abs. 2 VO Nr. 596/2014 als Bezugspunkt des Begriffs „Insiderinformationen" verwandten Begriffe „Emittent" und „Warenderivate" in Art. 3 Abs. 1 Nr. 21 bzw. Nr. 24 greifen auf den Begriff der „Finanzinstrumente" zurück; s. Art. 3 VO Nr. 596/2014 Rz. 30 und 35 ff.
5 KOM(2011) 651 endgültig, 2011/0295 (COD).
6 Art. 6 Abs. 1 lit. e Vorschlag Marktmissbrauchsverordnung.
7 Vorschlag Marktmissbrauchsverordnung, S. 10.
8 Dazu *Bachmann*, DB 2012, 2206, 2211; *Krause/Brellochs*, AG 2013, 309, 335 f.; *Seibt*, ZHR 177 (2013), 388, 412 f.; *Seibt/Wollenschläger*, AG 2014, 593, 596.
9 *Krause/Brellochs*, AG 2013, 309, 336; *Merkner/Sustmann*, AG 2012, 315, 320 f.; *Mock*, ZBB 2012, 286, 290 f.; *Seibt*, ZHR 177 (2013), 388, 417; *Veil*, ZBB 2014, 85, 89; *Veil/Koch*, WM 2011, 2297, 2299; *Viciano-Gofferje/Cascante*, NZG 2012, 968, 971 f.
10 Dazu *Parmentier*, BKR 2013, 133, 135 f.; *Poelzig*, NZG 2016, 528, 531; *Seibt*, ZHR 177 (2013), 388, 413 ff.; *Veil*, ZBB 2014, 85, 89.

II. Insiderinformationen – Begriff und Begriffselemente.

1. Bezugspunkte: Emittenten und Finanzinstrumente. Insiderinformationen sind Informationen, die sich auf einen Emittenten oder auf Finanzinstrumente beziehen. Dabei ist auch der Begriff des **Emittenten** mit durch denjenigen der Finanzinstrumente definiert: Nach Art. 3 Abs. 1 Nr. 21 VO Nr. 596/2014 bezeichnet „Emittent" eine juristische Person des privaten oder öffentlichen Rechts, die Finanzinstrumente emittiert oder deren Emission vorschlägt, wobei der Emittent im Fall von Hinterlegungsscheinen, die Finanzinstrumente repräsentieren, der Emittent des repräsentierten Finanzinstruments ist. **Finanzinstrumente**, die Gegenstand einer Insiderinformation sein können, sind nach Art. 3 Abs. 1 Nr. 1 VO Nr. 596/2014 solche i.S.v. Art. 14 Abs. 1 Nr. 15 RL 2014/65/EU[1] (aufgeführt in Art. 3 VO Nr. 596/2014 Rz. 2), die auf einem der in Art. 2 Abs. 1 Unterabs. 1 lit. a–c VO Nr. 596/2014 aufgeführten Märkte gehandelt werden (s. Art. 2 VO Nr. 596/2014 Rz. 2 und 9, sowie zu den einzelnen Märkten Art. 2 VO Nr. 596/2014 Rz. 8 f., 12 f. und 14), und die in Art. 2 Abs. 1 Unterabs. 1 lit. d und Unterabs. 2 VO Nr. 596/2014 (Art. 2 VO Nr. 596/2014 Rz. 15 f. bzw. 17 f.) sowie Art. 2 Abs. 2 lit. a und b VO Nr. 596/2014 (Art. 2 VO Nr. 596/2014 Rz. 20 bzw. 21) genannten Finanzinstrumente.

2. Grunddefinition. Art. 7 Abs. 1 lit. a VO Nr. 596/2014 enthält die **Definition von Insiderinformationen**. Alle weiteren Bestimmungen des Art. 7 VO Nr. 596/2014 – mit Ausnahme derer über die Herausgabe von Leitlinien für die Erstellung einer nicht erschöpfenden indikativen Liste von Insiderinformationen in Bezug auf Warenderivate nach Art. 7 Abs. 1 lit. b VO Nr. 596/2014 durch die ESMA – sind Konkretisierungen dieser, im Folgenden als Grunddefinition bezeichneten Definition in Bezug auf bestimmte Finanzinstrumente, bestimmte Tätigkeiten bestimmter Personen in Bezug auf Finanzinstrumente oder spezielle Vorgänge.

Die komplexe **Grunddefinition** der Insiderinformation in Art. 7 Abs. 1 lit. a VO Nr. 596/2014, die sich auf Insiderinformationen über alle Emittenten und alle Arten von Finanzinstrumenten bezieht, lässt sich in vier **Begriffselemente** aufspalten. Danach ist eine Insiderinformation

– eine präzise Information über Ereignisse oder eine Reihe von Umständen,
– die nicht öffentlich bekannt sind,
– die direkt oder indirekt einen oder mehrere Emittenten oder ein oder mehrere Finanzinstrumente betreffen und
– die, wenn sie öffentlich bekannt würden, geeignet wären, den Kurs dieser Finanzinstrumente oder den Kurs damit verbundener derivativer Finanzinstrumente erheblich zu beeinflussen.

3. Präzise Information (Art. 7 Abs. 1 lit. a und Abs. 2 VO Nr. 596/2014). a) Allgemeines – Übersicht. Eine Information kann nur dann eine Insiderinformation sein, wenn sie **präzise** ist. Art. 1 Nr. 1 RL 2003/124/EG vom 22.12.2003 zur Durchführung der RL 2003/6/EG (Marktmissbrauchsrichtlinie 2003)[2] mit geringen sprachlichen Modifikationen folgend und den Wortlaut an die Neuregelungen in Art. 7 Abs. 1 lit. b und c VO Nr. 596/2014 anpassend, bestimmt **Art. 7 Abs. 2 Satz 1 VO Nr. 596/2014**, dass für die Zwecke von Art. 7 Abs. 1 VO Nr. 596/2014 Informationen dann als präzise anzusehen sind, „wenn damit eine Reihe von Umständen gemeint ist, die bereits gegeben sind oder bei denen man vernünftigerweise erwarten kann, dass sie in Zukunft gegeben sein werden, oder ein Ereignis, das bereits eingetreten ist oder von dem man vernünftigerweise erwarten kann, dass es in Zukunft eintreten wird, und diese Informationen darüber hinaus spezifisch genug sind, um einen Schluss auf die mögliche Auswirkung dieser Reihe von Umständen oder dieses Ereignisses auf die Kurse der Finanzinstrumente oder des damit verbundenen derivativen Finanzinstruments, der damit verbundenen Waren-Spot-Kontrakte oder der auf den Emissionszertifikaten beruhenden Auktionsobjekte zuzulassen".

Aufgrund des vergleichbaren Wortlauts von Art. 1 Nr. 1 RL 2003/124/EG (Rz. 8) und Art. 7 Abs. 2 Satz 1 VO Nr. 596/2014 kann deshalb weitgehend auf die Auslegung des Begriffs der „präzisen Information" zurückgegriffen werden, wie sie sich zu Art. 1 Nr. 1 RL 2003/124/EG und § 13 WpHG a.F. herausgebildet hat. Das gilt vor allem deshalb, weil es unbestritten war, dass der in § 13 Abs. 1 Satz 1 WpHG a.F. verwandte Begriff der „konkreten Information" lediglich die Transformation des in Art. 1 Nr. 1 RL 2003/124/EG verwandten Begriffs der „präzisen Information" in das deutsche Recht darstellte[3] und deshalb unter Rückgriff auf die Formulierung in der Richtlinienbestimmung auszulegen war[4]. Eine deutliche sprachliche Abweichung des Wortlauts des Art. 7 Abs. 2 Satz 1 VO Nr. 596/2014 von demjenigen Art. 1 Nr. 1 RL 2003/124/EG liegt allerdings darin, dass der erstere nur solche zukünftigen Umstände bzw. Ereignisse als präzise definiert, von denen „vernünftigerweise erwartet werden kann", dass sie in Zukunft gegeben sein werden bzw. eintreten werden, während Art. 1 Nr. 1 RL 2003/124/EG noch eine „hinreichende Wahrscheinlichkeit" verlangte, dass Umstände bzw. Ereignisse in Zukunft existieren bzw. eintreten werden. Aber in der Sache übernimmt die Neuformulierung lediglich die Auslegung des EuGH, die dieser dem Begriff „hinreichende Wahrscheinlichkeit", im Anschluss an die sprachliche

---

[1] ABl. EU Nr. L 173 v. 12.6.2014, S. 349.
[2] ABl. EU Nr. L 339 v. 24.12.2003, S. 70.
[3] *Assmann* in 6. Aufl., § 13 WpHG Rz. 6.
[4] *Assmann* in 6. Aufl., § 13 WpHG Rz. 7.

Fassung der RL 2003/124/EG durch die ganz überwiegende Mehrheit der Mitgliedstaaten, zuteilwerden ließ (näher Rz. 49)[1].

10 Unverändert aus Art. 1 Nr. 1 RL 2003/124/EG übernommen[2] wurde in Art. 7 Abs. 2 Satz 1 VO Nr. 596/2014 auch die **zweistufige Definition** des Begriffs der präzisen Information, die sich in der Umsetzung der Richtlinie durch § 13 WpHG a.F. nur unzureichend wiederfand, aber im Anschluss an die Definition in der vorgenannten Richtlinienbestimmung doch allgemein als Bestandteil des Begriffs der „konkreten Information" i.S.v. § 13 Abs. 1 WpHG a.F. angesehen wurde:

11 – Dabei geht es auf der **ersten Stufe** darum, ob eine Information gem. Art. 7 Abs. 2 Satz 1 VO Nr. 596/2014 als eine solche über einen existierenden Umstand oder ein eingetretenes Ereignis oder als eine solche über zukünftig existierende Umstände oder eintretende Ereignisse zu qualifizieren ist, wobei zukunftsbezogene Informationen nur dann als Insiderinformationen in Betracht kommen, wenn vernünftigerweise erwartet werden kann, dass der fragliche Umstand zukünftig gegeben bzw. das zukünftige Ereignis eingetreten sein wird. Dazu im Einzelnen Rz. 15ff.

12 – Erfüllt eine Information diese Voraussetzungen, ist auf einer **zweiten Stufe** die **Kursspezifität** dieser Information i.S.v. Art. 7 Abs. 2 Satz 1 VO Nr. 596/2014 zu prüfen. Dabei geht es nicht um die Kurserheblichkeit der Information (d.h. ihre Eignung, im Falle ihres öffentlichen Bekanntwerdens den Kurs des betroffenen Finanzinstruments oder denjenigen der mit diesem verbundenen derivativen Finanzinstrumente erheblich zu beeinflussen), sondern darum, ob sie **spezifisch** genug ist, um eine Aussage über ihre Kursrelevanz für das betroffene Finanzinstrument bzw. der mit diesem verbundenen derivativen Finanzinstrumente zu erlauben[3]. Dazu im Einzelnen Rz. 60ff.

13 Die **Bedeutung der zweiten Prüfungsstufe** erschließt sich, wenn man berücksichtigt, dass die Definition von Insiderinformation in Art. 7 Abs. 1 lit. a VO Nr. 596/2014 – derjenigen in Art. 1 Abs. 1 Nr. 1 Satz 1 RL 2003/6/EG (Rz. 2) in dieser Hinsicht folgend – explizit auch Informationen mit indirektem Bezug zu einem oder mehreren Emittenten und einem oder mehreren Finanzinstrumenten als Insiderinformationen aufführt. Angesichts der Fülle der Informationen über Umstände oder Ereignisse, die den Emittenten oder Insiderpapiere mittelbar berühren können, kommt dem Merkmal der **Spezifität** der Insiderinformation eine Auslesefunktion zu. Zwar weist es eine gewisse Nähe zu dem der Kurserheblichkeit der fraglichen Information auf (Eignung, „den Kurs dieser Finanzinstrumente oder den Kurs damit verbundener derivativer Finanzinstrumente erheblich zu beeinflussen"), doch ist hierbei kein Urteil über die Kurserheblichkeit verlangt, sondern lediglich eine Antwort auf die Frage, ob die Information überhaupt hinreichenden Bezug zu einem oder mehreren Emittenten oder zu einem Finanzinstrument oder mehreren Finanzinstrumenten aufweist, um ein Urteil über die Kurserheblichkeit zu gestatten.

14 Wie der EuGH in der *Lafonta*-Entscheidung[4] hervorhebt, schließt der Begriff der Insiderinformation, wie er in Art. 1 Abs. 1 RL 2003/6/EG (Rz. 2) verwandt wurde, nur vage oder allgemeine Informationen aus, die keine Schlussfolgerung hinsichtlich ihrer möglichen Auswirkung auf den Kurs der betreffenden Finanzinstrumente zulassen. Weder gehe aber aus dem Wortlaut der Bestimmung hervor noch entspreche es der Entstehungsgeschichte, der Systematik und dem Zweck der Richtlinie, „dass ‚präzise' Informationen nur solche sein können, mit denen sich bestimmen lässt, in welche **Richtung sich der Kurs** der betreffenden Finanzinstrumente oder der sich darauf beziehenden derivativen Finanzinstrumente ändern würde"[5]. Über die Frage der Kurserheblichkeit der Information hatte das Gericht nicht zu befinden. Gleichwohl hat die BaFin dem Urteil Aussagen entnommen, die sie zur Anpassung nicht nur ihrer „Verwaltungspraxis zum Tatbestandsmerkmal der ‚Geeignetheit zur erheblichen Kursbeeinflussung'", sondern auch zur Erweiterung des für die Beurteilung der Kurserheblichkeit maßgeblichen Anlegerbildes vom verständigen zu dem auch spekulativ handelnden Anleger veranlassten. Hierzu und zur Kurserheblichkeit bei Unklarheit über negative oder positive Kursentwicklung s. Rz. 87.

---

1 EuGH (2. Kammer) v. 28.6.2012 – C-19/11, ECLI:EU:C:2012:397 – Geltl, AG 2012, 555, 556f. Rz. 44ff.
2 Ebenso *Krause* in Meyer/Veil/Rönnau, Handbuch zum Marktmissbrauchsrecht, § 6 Rz. 28.
3 Zur Regelung aus Art. 13 WpHG a.F. s. *Assmann* in 6. Aufl., § 13 WpHG Rz. 8 m.w.N. Auf diese zweite Stufe weist – ebenfalls noch unter dem Regelungsregime von Art. 1 Nr. 1 der Richtlinie 2003/124/EG – ausdrücklich auch der EuGH in seiner Entscheidung v. 28.6.2012 – C-19/11, ECLI:EU:C:2012:397 – Geltl), AG 2012, 555, 556 Rz. 39 (Hervorhebung im Original) hin: „Wie aus Randnr. 29 des vorliegenden Urteils hervorgeht, ist die Einstufung einer Information als präzise außerdem von der Erfüllung der zweiten in der genannten Bestimmung aufgestellten Voraussetzung abhängig, die darin besteht, dass die Information *spezifisch* genug sein muss, dass sie einen Schluss auf die mögliche Auswirkung der fraglichen Reihe von Umständen oder des fraglichen Ereignisses auf die Kurse von Finanzinstrumenten zulässt."
4 EuGH v. 11.3.2015 – C-628/13, ECLI:EU:C:2015:162 – Lafonta, AG 2015, 388 Ls., 389f. Rz. 30ff.
5 EuGH v. 11.3.2015 – C-628/13, ECLI:EU:C:2015:162 – Lafonta, AG 2015, 388 Ls., 389 Rz. 30. Im Hinblick auf die entschiedene Frage zustimmend, im Hinblick auf die offen gebliebenen Fragen aber kritisch zu der Entscheidung *Klöhn*, NZG 2015, 809; *Krause* in Meyer/Veil/Rönnau, Handbuch zum Marktmissbrauchsrecht, § 6 Rz. 29; *Renz/Rippel* in BuB, Rz. 7/694. Dass die Entscheidung auch für die Auslegung von Art. 7 VO Nr. 596/2014 relevant ist, wird einhellig bejaht: *Klöhn*, ZIP 2014, 945, 952; *Langenbucher*, AG 2016, 417, 421 f.; *Schäfer* in Marsch-Barner/Schäfer, Handbuch börsennotierte AG, Rz. 14.36.

b) **Umstände und Ereignisse. aa) Eingetretene Umstände und Ereignisse (Art. 7 Abs. 2 Satz 1 VO Nr. 596/ 2014). (1) Unterscheidung zwischen Umständen und Ereignissen.** Als präzise Informationen kommen nach Art. 7 Abs. 2 Satz 1 VO Nr. 596/2014 eine Reihe von eingetretenen Umständen oder ein bereits eingetretenes Ereignis in Betracht. Die **Unterscheidung zwischen Umständen und Ereignissen** fand sich schon in Art. 1 Abs. 1 RL 2003/124/EG vom 22.12.2003 (Rz. 8), wurde aber in § 13 WpHG a.F. nicht übernommen. Vielmehr war in dieser Vorschrift nur von konkreten Informationen über „Umstände" die Rede. Das wiederum war darauf zurückzuführen, dass sich im Gesetzgebungsverfahren die im Finanzausschuss aufgekommene Ansicht durchsetzte, der Begriff der „Umstände" umfasse auch „Ereignisse"[1]. Auch in Bezug auf Art. 7 Abs. 2 Satz 1 VO Nr. 596/2014 erscheint die Ansicht berechtigt. Als beobachtbare Geschehen sind Ereignisse auch Umstände im Sinne von dem Beweis zugänglichen Tatsachen. Das schließt zwar Meinungen oder Glaubensvorstellungen als inhaltlich nicht beweisbare Tatsachen aus, nicht aber den Umstand, dass jemand eine bestimmte Meinung hat oder an etwas Bestimmtes glaubt oder bestimmte Ansichten oder Glaubensvorstellungen existieren (Rz. 19). Zur Unterscheidung von inneren und äußeren Tatsachen s. Rz. 16. Deshalb erscheint die Differenzierung nur in der Hinsicht bedeutsam, dass mit der Formulierung „eine **Reihe von Umständen**" auch eine Vielzahl für sich genommen nur mehr oder weniger bedeutsame Tatsachen zusammen eine präzise und kursspezifische Information darstellen können. Das wird gemeinhin aber auch schon für den Begriff der Insiderinformation angenommen[2].

15

(2) Äußere und innere Tatsachen und Drittbezug. Als eingetretene Ereignisse oder Umstände, die Gegenstand einer Insiderinformation sein können, kommen nur **Tatsachen** in Betracht, d.h. der **äußeren Wahrnehmung zugängliche** Geschehnisse oder Zustände der Außenwelt (sog. **äußere Tatsachen**)[3] und des menschlichen Innenlebens (sog. **innere Tatsachen**)[4]. Der äußeren Wahrnehmung zugänglich kann nur das sein, was auch dem Beweis zugänglich ist[5]. Geht es um die Mitteilung von Geschehnissen oder Zuständen, so kommt es allein auf die Verifizierbarkeit – im Sinne der *Möglichkeit* eines Beweises – derselben, nicht aber darauf an, ob der Informant oder der Informationsempfänger in der Lage ist, sie im Einzelfall tatsächlich zu verifizieren[6]. Um eine konkrete Information handelt es sich auch dann, wenn sie mit Geltungsanspruch mitgeteilte und verifizierbare Aussagen über Umstände oder Ereignisse zum Gegenstand hat, die sich im Nachhinein als **unwahr** erweisen[7]. Entscheidend ist allein, ob die Information im Zeitpunkt ihrer Erlangung, wäre sie öffentlich bekannt geworden, als zutreffende Information angesehen und geeignet gewesen wäre, den Kurs der betroffenen Insiderpapiere erheblich zu beeinflussen[8]. An dem Merkmal einer konkreten Information wird es dagegen mangeln, wenn die Aussage – wie Gerüchte (dazu Rz. 35 f.) - zugleich Zweifel an der Wahrheit ihres Inhalts mitliefert.

16

Den Grundsatz, dass auch „innere Tatsachen" präzise Informationen sein können, hat der 1. Strafsenat des BGH in seiner Entscheidung vom 6.11.2003[9] einzuschränken versucht, indem er urteilte, als präzise Informationen kämen nur Informationen mit einem „**Drittbezug**" in Betracht. Gemeint ist damit, dass eine von einer Person selbst geschaffene Tatsache – im konkreten Fall ging es um den Erwerb von Wertpapieren in der Absicht, sie anschließend anderen zum Erwerb zu empfehlen („**Scalping**", s. dazu Art. 8 VO Nr. 596/2014 Rz. 62 ff.) – für sie selbst keine Information sein könne, oder m.a.W., dass für eine Person eine Information nur sein könne, was sich auf etwas anderes als ihre eigene „innere" Sphäre beziehe. Obwohl diese Annahme weder logisch zwin-

17

---

1 S. Beschlussempfehlung und Bericht des Finanzausschusses zum RegE AnSVG, BT-Drucks. 15/3493 v. 1.7.2004, 51. *Assmann* in 6. Aufl., § 13 WpHG Rz. 6.
2 *Hopt/Kumpan* in Schimansky/Bunte/Lwowski, § 107 Rz. 43, unter Berufung auf die Verwendung des Plurals „Insiderinformationen" in Art. 7 Abs. 1 VO Nr. 596/2014. Zum Insiderrecht unter dem WpHG a.F. *BaFin*, Emittentenleitfaden 2013, S. 99; *Klöhn* in KölnKomm. WpHG, § 13 WpHG Rz. 45 (Insiderinformation kann aus mehreren Informationen bestehen).
3 Hess. VGH v. 16.3.1998 – 8 TZ 98/98, AG 1998, 436 mit Anm. *Assmann*. S. auch *BaFin*, Emittentenleitfaden 2013, S. 33; *Hopt/Kumpan* in Schimansky/Bunte/Lwowski, § 107 Rz. 44; *Klöhn* in Klöhn, Art. 7 MAR Rz. 55; *Krause* in Meyer/Veil/Rönnau, Handbuch zum Marktmissbrauchsrecht, § 6 Rz. 32.
4 *BaFin*, Emittentenleitfaden 2013, S. 33, und Emittentenleitfaden 2009, S. 33; *Assmann* in 6. Aufl., § 13 WpHG Rz. 12 Fn. 7; *Hilgendorf/Kusche* in Park, 5.3.II.1.b)dd) Rz. 35; *Hopt/Kumpan* in Schimansky/Bunte/Lwowski, § 107 Rz. 44; *Klöhn* in Klöhn, Art. 7 MAR Rz. 54; *Krause* in Meyer/Veil/Rönnau, Handbuch zum Marktmissbrauchsrecht, § 6 Rz. 32.
5 *Kümpel/Veil*, Wertpapierhandelsgesetz, S. 56; *Mennicke/Jakovou* in Fuchs, § 13 WpHG Rz. 32; *Schwark/Kruse* in Schwark/Zimmer, § 13 WpHG Rz. 8. Für Art. 7 VO Nr. 596/2014 auch *Klöhn* in Klöhn, Art. 7 MAR Rz. 54; *Krause* in Meyer/Veil/Rönnau, Handbuch zum Marktmissbrauchsrecht, § 6 Rz. 32 f.
6 Darum geht es wohl dem Hess. VGH v. 16.3.1998 – 8 TZ 98/98, AG 1998, 436, wenn er – in der Formulierung allerdings nicht vertretbar – behauptet, die Verifizierbarkeit/Beweisbarkeit spiele für den Begriff der Tatsache keine Rolle. Ebenso *Mennicke/Jakovou* in Fuchs, § 13 WpHG Rz. 32.
7 Ebenso *Mennicke/Jakovou* in Fuchs, § 13 WpHG Rz. 35; *Schwark/Kruse* in Schwark/Zimmer, § 13 WpHG Rz. 25; *Sethe* in Assmann/Schütze, Kapitalanlagerecht, § 8 Rz. 47. Auch *Klöhn* in Klöhn, Art. 7 MAR Rz. 63. Zweifelnd *Hilgendorf/Kusche* in Park, 5.3.II.1.b)ff) Rz. 43. A.A. *Dreyling/Schäfer*, Rz. 64; *Wüsthoff*, S. 46 f.
8 Ebenso *Klöhn* in Klöhn, Art. 7 MAR Rz. 64 (keine Insiderinformation, wenn der Anleger „weiß, dass die Tatsache falsch ist").
9 BGH v. 6.11.2003 – 1 StR 24/03, AG 2004, 144.

gend ist noch dem Regelungsziel des Insiderrechts entspricht[1], ist ihr ein großer Teil des Schrifttums gefolgt[2]. Auch wenn nicht tiefer begründet, hat der EuGH jedoch in der *Georgakis*-Entscheidung[3] deutlich gemacht, dass nach einer richtlinienkonformen Auslegung des Begriffs der Insiderinformation von einer Person selbst geschaffene „innere Tatsachen" auch für diese Insiderinformationen sein können[4]. Das gilt umso mehr, wenn die fragliche Person lediglich an einer gemeinschaftlichen Entscheidung beteiligt war[5]. Obschon unter und zu der aufgehobenen RL 2003/6/EG vom 28.1.2003 (Rz. 2) und der RL 2003/124/EG vom 22.12.2003 zur Durchführung der Marktmissbrauchsrichtlinie 2003 (Rz. 8) ergangen, ist diese Entscheidung auf die heutige Regelung in Art. 7 Abs. 1 Satz 1 VO Nr. 596/2014 übertragbar und maßgeblich für die Auslegung des Begriffs der präzisen Information[6].

18 Können Personen damit in Bezug auf ihr Vorhaben, ein Übernahmeangebot abzugeben, Insider sein, so sind sie dadurch allerdings nicht gehindert, ihren Plan wie vorgesehen – durch den sukzessiven Aufkauf von Aktien der Zielgesellschaft – auszuführen: Das folgte nach dem seinerzeitigen Insiderrecht daraus, dass die Ausführung eines Vorhabens nach nahezu einhelliger Auffassung keine **Verwendung** einer Insiderinformation i.S.v. § 14 Abs. 1 Nr. 1 WpHG a.F. darstellte, weil es an der Ursächlichkeit der Insiderinformation für das Handeln des Betreffenden fehlte[7]. Daran hat sich auch unter Art. 8 Abs. 1 Satz 1 VO Nr. 596/2014 – welcher der vorstehend angeführten Bestimmung des WpHG a.F. entspricht und in dem statt von „Verwendung", bei gleichem Bedeutungsgehalt, von „Nutzung" einer Insiderinformation die Rede ist – nichts geändert. Dessen ungeachtet stellte aber auch nach der Ansicht, die eine Insiderinformation nur für den Fall annehmen wollte, dass sie einen „Drittbezug" aufweist, die **Kenntnis von fremden Entschlüssen** eine präzise „konkrete" (heute: „präzise") Information dar[8].

19 **(3) Werturteile, Ansichten und Meinungen.** Nicht der Verifizierung zugänglich ist der *Inhalt* von Werturteilen, Ansichten und Meinungen[9]. Das gilt für **Rechtsauffassungen**[10], d.h. Aussagen über das Ergebnis der Anwendung objektiven Rechts auf objektive Sachverhalte, ebenso wie für **Unternehmensbewertungen**; zur Behandlung der Letzteren als Insiderinformation s. aber näher Rz. 40 ff. Dessen ungeachtet können auch Werturteile, Ansichten und Meinungen einen **Tatsachenkern** haben oder selbst **Tatsacheninformationen mit sich führen**, die als Insiderinformationen zu betrachten sind[11]. Des Weiteren stellt der Umstand, dass eine bestimmte Person, ein Sachverständiger oder eine Ratingagentur eine bestimmte Meinung vertritt, Umstände oder Ereignisse in bestimmter Weise bewertet oder die Meinung oder Bewertung eines anderen teilt oder nicht teilt, eine der Überprüfung zugängliche äußere oder innere Tatsache dar[12]. Darüber hinaus können Werturteile

---

1 Dazu näher *Assmann* in 6. Aufl., § 13 WpHG Rz. 8.
2 S. die Nachweise bei *Assmann* in 6. Aufl., § 13 WpHG Rz. 8 Fn. 3 und 4 (S. 400). Noch immer dieser Ansicht *Theile* in Esser/Rübenstahl/Saliger/Tsambikakis, 7. Kapitel, § 38 WpHG Rz. 83. Zur seinerzeitigen Gegenansicht *Assmann* in 6. Aufl., § 13 WpHG Rz. 8 Fn. 6 (S. 400).
3 EuGH v. 10.5.2007 – C-391/04, ECLI:EU:C:2007:272 – Georgakis, AG 2007, 542.
4 Zur Entscheidung und dieser zustimmend *Sethe* in Assmann/Schütze, Kapitalanlagerecht, § 8 Rz. 43. Ebenso *Grundmann* in Staub, Bd. 11/1, 5. Aufl. 2017, 6. Teil Rz. 346.
5 EuGH v. 10.5.2007 – C-391/04, ECLI:EU:C:2007:272 – Georgakis, AG 2007, 542 Rz. 33, 35.
6 Ebenso *Hopt/Kumpan* in Schimansky/Bunte/Lwowski, § 107 Rz. 44; *Klöhn* in Klöhn, Art. 7 MAR Rz. 26; *Krause* in Meyer/Veil/Rönnau, Handbuch zum Marktmissbrauchsrecht, § 6 Rz. 24.
7 S. *Assmann* in 6. Aufl., § 13 WpHG Rz. 8, § 14 WpHG Rz. 25 ff.; *Hopt/Kumpan*, ZGR 2017, 765, 791 ff.
8 BGH v. 6.11.2003 – 1 StR 24/03, NJW 2004, 302, 303 = AG 2004, 144; *Sethe* in Assmann/Schütze, Kapitalanlagerecht, § 12 Rz. 31.
9 Begr. RegE 2. FFG, BT-Drucks. 12/6679, 46; Hess. VGH v. 16.3.1998 – 8 TZ 98/98, AG 1998, 436; *Buck-Heeb*, Kapitalmarktrecht, Rz. 316; *Hilgendorf/Kusche* in Park, 5.3.II.1.b)bb) Rz. 30; *Hopt/Kumpan* in Schimansky/Bunte/Lwowski, § 107 Rz. 44; *Krause* in Meyer/Veil/Rönnau, Handbuch zum Marktmissbrauchsrecht, § 6 Rz. 35; *Lenenbach*, Kapitalmarktrecht, Rz. 13.115; *Mennicke/Jakovou* in Fuchs, § 13 WpHG Rz. 39; *Schwark/Kruse* in Schwark/Zimmer, § 13 WpHG Rz. 8; *Sethe* in Assmann/Schütze, Kapitalanlagerecht, § 8 Rz. 47. Kryptisch die Ansicht *Klöhns* in KölnKomm. WpHG, § 13 WpHG Rz. 71, „Meinungen, Werturteile, Ansichten und Rechtsauffassungen" seien „Informationen über Umstände".
10 *Krause* in Meyer/Veil/Rönnau, Handbuch zum Marktmissbrauchsrecht, § 6 Rz. 35; *Mennicke/Jakovou* in Fuchs, § 13 WpHG Rz. 44.
11 *Hilgendorf/Kusche* in Park, 5.3.II.1.b)bb) Rz. 30; *Klöhn* in Klöhn, Art. 7 MAR Rz. 74; *Lenenbach*, Kapitalmarktrecht, Rz. 13.116; *Klöhn* in KölnKomm. WpHG, § 13 WpHG Rz. 71; *Krause* in Meyer/Veil/Rönnau, Handbuch zum Marktmissbrauchsrecht, § 6 Rz. 35; *Mennicke/Jakovou* in Fuchs, § 13 WpHG Rz. 39, 41; *Schäfer* in Marsch-Barner/Schäfer, Handbuch börsennotierte AG, Rz. 14.14; *Sethe* in Assmann/Schütze, Kapitalanlagerecht, § 8 Rz. 48. A.A. *Grundmann* in Staub, Bd. 11/1, 5. Aufl. 2017, 6. Teil Rz. 344.
12 *Mennicke/Jakovou* in Fuchs, § 13 WpHG Rz. 43; *Klöhn* in KölnKomm. WpHG, § 13 WpHG Rz. 73; *Klöhn* in Klöhn, Art. 7 MAR Rz. 75; *Krause* in Meyer/Veil/Rönnau, Handbuch zum Marktmissbrauchsrecht, § 6 Rz. 37; *Schäfer* in Marsch-Barner/Schäfer, Handbuch börsennotierte AG, Rz. 14.14; *Schwark/Kruse* in Schwark/Zimmer, § 13 WpHG Rz. 15; *Sethe* in Assmann/Schütze, Kapitalanlagerecht, § 8 Rz. 49; auch *Grundmann* in Staub, Bd. 11/1, 5. Aufl. 2017, 6. Teil Rz. 344. Wohl aus diesem Grund, aber ohne nähere Begründung und zu undifferenziert, erklärt die BaFin im Emittentenleitfaden 2013, S. 33, „überprüfbare Werturteile, Einschätzungen, Absichten, Prognosen und Gerüchte" zu Tatsachen.

auch deshalb als Tatsachen anzusehen sein, weil sie der **Verkehr** – namentlich wegen der Person, die das Werturteil abgegeben hat und/oder den Umständen, unter denen es oder auf deren Grundlage (die letzten Quartalszahlen) kundgegeben wurde – **wie Tatsachen behandelt**[1]. Das kann dann angenommen werden, wenn der Vorstandsvorsitzende oder Finanzvorstand bei einem Analystengespräch vor der Hintergrund der letzten Quartalszahlen mit negativen Ergebnissen äußert, die Ertragslage des Unternehmens habe sich in diesem Quartal im Gegensatz zum letzten gut entwickelt.

(4) Pläne, Vorhaben oder Absichten und Schritte zu deren Verwirklichung. Entsprechend verhält es sich mit Plänen, Vorhaben oder Absichten. Dass jemand bestimmte Pläne, Vorhaben oder Absichten hat und verfolgt ("**innere Tatsache**", Rz. 16), stellt er – unabhängig von der Wahrscheinlichkeit ihrer Realisierung und ihrer Kurserheblichkeit – einen Umstand dar, der **des Beweises zugänglich** ist[2]. So ist bereits die Information über die Absicht eines gerade erst gewählten Vorstandsvorsitzenden, unter gewissen Umständen aus dem Vorstand auszuscheiden, als eine präzise und auch kursspezifische Information anzusehen[3]. Dabei spielt die Realisierungswahrscheinlichkeit von Plänen, Vorhaben oder Absichten, neben möglichen anderen Faktoren, erst im Rahmen der Kurserheblichkeit eine Rolle, wenn die Frage zu beantworten ist, ob die Information, würde sie öffentlich bekannt, geeignet ist, den Kurs von Finanzinstrumenten, derivativen Finanzinstrumenten, damit verbundenen Waren-Spot-Kontrakten oder auf Emissionszertifikaten beruhenden Auktionsobjekten spürbar zu beeinflussen, was wiederum dann der Fall ist, wenn ein verständiger Anleger die Information wahrscheinlich als Teil der Grundlage seiner Anlageentscheidungen nutzen würde (Art. 7 Abs. 4 Unterabs. 1 VO Nr. 596/2014). Das wird er in der Regel nur tun, wenn er – entsprechend der in Art. 7 Abs. 2 Satz 1 VO Nr. 596/2014 enthaltenen Regel zur Beantwortung der Frage, unter welchen Voraussetzungen Informationen über zukünftige Umstände oder Ereignisse präzise Informationen sind – vernünftigerweise erwarten kann, dass sich das Geplante, Beabsichtigte oder Vorgenommene in Zukunft realisieren werde. Aber auch ungeachtet der Realisierungswahrscheinlichkeit eines Plans, eines Vorhabens oder einer Absicht können Umstände gegeben sein, die es als wahrscheinlich erscheinen lassen, dass ein verständiger Anleger das schiere Aufkommen und die bloße Existenz eines Plans, eines Vorhabens oder einer Absicht als Teil der Grundlage seiner Anlageentscheidungen nutzen wird.

Im Hinblick auf die Behandlung von Plänen, Vorhaben oder Absichten eines Individuums als präzise Informationen ist allerdings zu beachten, dass die Rechtsprechung sie als solche erst ab dem Zeitpunkt qualifiziert, in dem sie den Bereich interner Willensbildung verlassen haben. Der BGH begründet dies mit der **fehlenden Kursspezifität** von inneren Tatsachen, die „nicht über den engen persönlichen Bereich hinausgelangt" seien[4] (näher dazu Rz. 62), während das OLG Frankfurt argumentiert, um zu einer insiderrechtlich relevanten „konkreten Tatsache" zu werden, müsse „das Ergebnis dieses Willensbildungsprozesses gegenüber einem Entscheidungsträger des Unternehmens als konkrete Tatsache **objektiv nach außen zu Tage**" treten, beispielsweise durch „Mitteilung gegenüber einem Aufsichtsratsmitglied, das Amt niederlegen zu wollen"[5].

Die Behandlung von Plänen, Vorhaben oder Absichten als Information über eingetretene Umstände oder Ereignisse schließt es freilich nicht aus, diese im Hinblick auf ihren Inhalt auch als **Information über zukünftige Umstände oder Ereignisse** zu betrachten[6], die nach Art. 7 Abs. 2 Satz 1 VO Nr. 596/2014 dann als präzise Information zu qualifizieren ist, wenn vernünftigerweise erwartet kann, dass sich das Geplante, Beabsichtigte oder Vorgenomene in Zukunft realisieren werde. Auch in diesem Falle wäre eine Insiderinformation aller-

---

1 Mennicke/Jakovou in Fuchs, § 13 WpHG Rz. 45, Rz. 46 für Unternehmensbewertungen, weil diese auf Tatsachen beruhten und diese „klar vorgegebenen Regeln" folgten; ebenso für Unternehmensbewertung Hilgendorf/Kusche in Park, 5.3.II.1.b)hh) Rz. 48. Wie hier und in Bezug auf Art. 7 VO Nr. 596/2014 auch Krause in Meyer/Veil/Rönnau, Handbuch zum Marktmissbrauchsrecht, § 6 Rz. 37 („Der Grund für die Einordnung eines Werturteils als Tatsache ... können auch die Umstände sein, unter denen ein Werturteil kundgegeben wurde... Insoweit kommen als insiderrechtlich relevante Umstände insbesondere Werturteile von Funktionsträgern in Betracht, denen der Markt aufgrund ihrer Stellung ein nicht öffentlich bekanntes Sachwissen sowie die Fähigkeit zur Durchsetzbarkeit ihrer Entschlüsse zumisst (zB die Aussage des Vorstandsvorsitzenden eines Emittenten, der sich im Analystengespräch zur Umsetzung seiner Strategie äußert") und Rz. 38 (zu „Analysen und Bewertungen").
2 BGH v. 25.2.2008 – II ZB 9/07, AG 2008, 380, 382; OLG Frankfurt v. 12.2.2009 – 2 Ss-OWi 514/08, AG 2009, 414 Rz. 5; Assmann in 6. Aufl., § 13 WpHG Rz. 20; Hopt/Kumpan in Schimansky/Bunte/Lwowski, § 107 Rz. 44; Lösler in Habersack/Mülbert/Schlitt, Kapitalmarktinformation, § 2 Rz. 26, 28; Mennicke/Jakovou in Fuchs, § 13 WpHG Rz. 57; Sethe in Assmann/Schütze, Kapitalanlagerecht, § 8 Rz. 4. I.E. auch BaFin im Emittentenleitfaden 2013, S. 33.
3 OLG Frankfurt v. 12.2.2009 – 2 Ss-OWi 514/08, AG 2009, 414 Rz. 6.
4 Auch zum Folgenden BGH v. 23.4.2013 – II ZB 7/09, AG 2013, 518, 519/520 Rz. 19. Folgend Schäfer in Marsch-Barner/Schäfer, Handbuch börsennotierte AG, Rz. 14.14.
5 OLG Frankfurt v. 12.2.2009 – 2 Ss-OWi 514/08, AG 2009, 414. In Bezug auf die Frage, ob es sich bei solchem „privat" vorhandenen Wissen um ein dem Emittenten zurechenbares Wissen handelt, und diese verneinend Ihrig, ZHR 181 (2017), 381, 400 f.
6 BGH v. 22.11.2010 – II ZB 7/09, AG 2011, 84, 85 Ls. 2 und Rz. 15. Unstreitig, Klöhn in KölnKomm. WpHG, § 13 Rz. 67 f.; Klöhn in Klöhn, Art. 7 MAR Rz. 69; Mennicke/Jakovou in Fuchs, § 13 WpHG Rz. 65a; Schwark/Kruse in Schwark/Zimmer, § 13 WpHG Rz. 8.

dings nur gegeben, wenn die fragliche Information über einen zukünftigen Umstand oder ein zukünftiges Ereignis darüber hinaus kurserheblich i.S.v. Art. 7 Abs. 4 Unterabs. 1 VO Nr. 596/2014 wäre.

23 Die vorstehende Behandlung von Informationen über Pläne, Vorhaben oder Absichten als Informationen sowohl über eingetretene Umstände oder Ereignisse als auch als solche über zukünftige Umstände oder Ereignisse folgt den vom EuGH im *Geltl*-Urteil[1] dargelegten **Grundsätzen zur Beurteilung einzelner Schritte eines zeitlich gestreckten Vorgangs** im Hinblick auf die Absicht eines Vorstandsvorsitzenden, aus dem Vorstand auszuscheiden, sowie der diese anwendenden Rechtsprechung des BGH[2]. Die Entscheidung des EuGH, jeder „Zwischenschritt eines zeitlich gestreckten Vorgangs" könne „selbst eine Reihe von Umständen oder ein Ereignis in dem diesen Begriffen im Allgemeinen zugeschriebenen Sinn" und damit eine präzise Information darstellen[3], ist in Art. 7 Abs. 2 Satz 2 und Abs. 3 VO Nr. 596/2014 übernommen und in Art. 7 Abs. 2 Satz 2 VO Nr. 596/2014 in der Weise erläutert worden, dass „im Fall eines zeitlich gestreckten Vorgangs, der einen bestimmten Umstand oder ein bestimmtes Ereignis herbeiführen soll oder hervorbringt, dieser betreffende zukünftige Umstand bzw. das betreffende zukünftige Ereignis und auch die Zwischenschritte in diesem Vorgang, die mit der Herbeiführung oder Hervorbringung dieses zukünftigen Umstandes oder Ereignisses verbunden sind, in dieser Hinsicht als präzise Information" zu betrachten sind. Was für Zwischenschritte gilt, muss erst recht für den ersten Schritt gelten, mit dem ein gestreckter Vorgang auf den Weg gebracht wird. Zur Qualifizierung von Informationen über einzelne Schritte zur Umsetzung von Plänen, Vorhaben oder Absichten, deren Realisierung Zwischenschritte verlangt, s. Rz. 49 ff.

24 Wird dem am Erwerb eines Aktienpakets oder dem potenziellen Bieter eines Übernahmeangebots eine **Due Diligence-Prüfung gewährt**, so stellt eine diesbezügliche Information sowohl eine solche über ein zukünftiges Ereignis als auch eine solche über ein eingetretenes Ereignis dar. Diesbezüglich gibt es weder die Regel, nach der allein die Gewährung einer solchen Prüfung den Schluss zulässt, die Transaktion, derentwillen die Prüfung erfolgt, sei dadurch hinreichend wahrscheinlich geworden, noch ist der Schluss gerechtfertigt, die Gewährung der Prüfung sei schon per se kursrelevant im Hinblick auf die Wertpapiere der Zielgesellschaft und gegebenenfalls auch des Erwerbsinteressenten[4]. Das gilt selbst für bloße Vertraulichkeitsvereinbarungen, einen allgemein gehaltenen *letter of intent* und ein entsprechendes *memorandum of understanding* im Zusammenhang mit einer Due-Diligence-Gewährung[5].

25 **(5) Unternehmensplanungen (Plandaten u.a.).** Die vorstehenden Grundsätze zur insiderrechtlichen Behandlung von Plänen, Vorhaben oder Absichten bestimmen auch die insiderrechtliche Behandlung von Unternehmensplanungen (Plandaten, Wirtschaftspläne, Planrechnungen). Im Unterschied zur Information über einen Plan, einen bestimmten Umstand oder ein bestimmtes Ereignis herbeizuführen, stellt die Information über Unternehmensplan bei verständiger Würdigung dieses Instruments der Unternehmensleitung allerdings **keine Information über zukünftige Umstände oder Ereignisse** dar[6], deren Qualifikation als präzise Information nach Art. 7 Abs. 2 Satz 1 VO Nr. 596/2014 davon abhinge, ob vernünftigerweise erwarten kann, dass diese in Zukunft gegeben bzw. eingetreten sein werden, denn Letzteres ist durchweg nicht der Fall.

26 **Unternehmensplanungen** sind nicht mehr als Referenzdaten, Leitlinien oder Benchmarks, an denen sich die im Unternehmen Handelnden orientieren und an denen ihr Erfolg gemessen wird. Planungen müssen zwar realistische Einschätzungen der Entwicklung der Märkte und des Wettbewerbs, der Produktionsfaktoren sowie der Leistungsfähigkeit des Unternehmens enthalten, um von den Unternehmensbeteiligten überhaupt als Grundlage ihres Handelns akzeptiert zu werden, sind aber auch stets strategischer Natur: Sie haben immer auch Steuerungs- und Anreizfunktion für ihre Adressaten und fallen deshalb – je nach den unternehmerischen Überlegungen, die in die Planung eingehen – bewusst einmal zurückhaltend oder ein andermal optimistisch aus. Darüber hinaus steht jeder Unternehmensplan unter dem *Ceteris paribus*-Vorbehalt, d.h. dem Vorbehalt, dass sich die Rahmenbedingungen nicht ändern. Auf jeden Fall erlauben Unternehmenspläne aus sich heraus keine verlässlichen Aussagen über ihre Eintrittswahrscheinlichkeit. Das sieht für „allgemein formulierte Erwartungen oder langfristige Planungen des Emittenten (z.B. Planungen mit einem Zeithorizont von drei oder mehr Jahren oder interne Planungen im Sinne von Zielvorgaben)" auch die BaFin so, weil diese keine hinreichend konkreten Rückschlüsse auf die tatsächliche Unternehmensentwicklung zuließen[7], doch gelten die Vorbehalte der Aufsichtsbehörde nach dem Dargelegten schon für die Planungen für das kommende Geschäftsjahr, die regelmäßig in einem Zeitpunkt erstellt werden, in dem sich nicht einmal sicher sagen lässt, in welchem Umfang

---

1 EuGH (2. Kammer) v. 28.6.2012 – C-19/11, ECLI:EU:C:2012:397 – Geltl, AG 2012, 555.
2 BGH v. 22.11.2010 – II ZB 7/09, AG 2011, 84. Dazu näher Rz. 49 ff.
3 EuGH (2. Kammer) v. 28.6.2012 – C-19/11, ECLI:EU:C:2012:397 – Geltl, AG 2012, 555 Ls. 1, 556 Rz. 31.
4 Unter § 14 WpHG a.F. i.E. ebenso *Assmann* in 6. Aufl., § 14 WpHG Rz. 113; *Eggenberger*, Gesellschaftsrechtliche Voraussetzungen und Folgen einer due-diligence-Prüfung, 2001, S. 338; *Götze*, BB 1998, 2326, 2328 f.; *Gunßer*, S. 113, 143.
5 *Hopt/Kumpan*, ZGR 2017, 765, 797 m.w.N. Zu den Voraussetzungen, unter denen diese eine Insiderinformation darstellen können, s. Art. 17 VO Nr. 596/2014 Rz. 214.
6 I.E. ebenso *Reichert/Ott* in FS Hopt, S. 2396 ff., 2405, ebd. S. 2397: „mangelnde Realisierungswahrscheinlichkeit".
7 *BaFin*, Emittentenleitfaden 2013, S. 48 im Zusammenhang mit Prognosen.

sich die Planungen für das aktuelle Geschäftsjahr realisieren werden[1]. Ganz fraglos sind Planungen deshalb auch keine Prognosen über den Eintritt bestimmter Ereignisse oder Erfolge (dazu Rz. 30), denn sie gehen erkennbar nicht mit der Aussage einher, die Planung oder einzelne Plandaten würden sicher oder mit einer bestimmten Wahrscheinlichkeit eintreten.

Das ändert aber nichts an dem Umstand, dass die Aufstellung von Unternehmensplanungen und Unternehmensplandaten ein **eingetretener Umstand oder ein eingetretenes Ereignis** ist. Ob die Information über die Aufstellung oder einzelne oder Gruppen von Plandaten eine Insiderinformation darstellen, hängt deshalb vor allem von der Kurserheblichkeit der Information und d.h. nach Art. 7 Abs. 4 Unterabs. 1 VO Nr. 596/2014 davon ab, ob ein verständiger Anleger sie „wahrscheinlich als Teil der Grundlage seiner Anlageentscheidungen nutzen würde". Dies im Hinblick auf den vorstehend dargelegten Umstand zu verneinen, dass i.d.R. nicht einmal die Unternehmensplanungen aufstellenden Unternehmen vom Erreichen von Plandaten ausgehen, schließt aber nicht aus, dass den Anleger den Plandaten unter besonderen Rahmenbedingungen – weil sie zu den vorausgegangen signifikant rückläufig ausfallen – Informationen zu entnehmen vermag, die ein verständiger Anleger für seine Anlageentscheidung nutzen würde[2]. Die **Verwaltungspraxis der BaFin** beurteilt dies indes auch im Hinblick auf Art. 7 VO Nr. 596/2014 und vor allem die Veröffentlichungspflicht von Planungen und Planungen einschließenden Prognosen nach Art. 17 VO Nr. 596/2014 anders und vertritt die Ansicht, dass „zunächst für den rein internen Gebrauch erstellte Prognosen insoweit veröffentlichungspflichtig werden können, wenn die sich darin manifestierende Planung hinreichend konkret erwartet wird und diese eine potentielle Eignung zur erheblichen Kursbeeinflussung aufweist"[3].

(6) Prognosen. Prognosen sind **Aussagen über künftige Umstände und Ereignisse**. Dass eine Prognose erstellt oder abgegeben wurde, ist in dem Beweis zugänglicher Vorgang und eine Information darüber eine präzise Information. Die Information über die Erstellung oder die Abgabe einer – von wem auch immer erstellten – Prognose ist aber regelmäßig nicht kurserheblich i.S.v. Art. 7 Abs. 4 Unterabs. 1 VO Nr. 596/2014 und stellt damit in der Regel auch keine Insiderinformation dar. Gleiches gilt dann zwangsläufig auch für Informationen über die Absicht zur Abgabe einer Prognose.

Deshalb kann eine Prognose weitestgehend nur dann eine präzise Information sein, wenn sie unter dem Gesichtspunkt einer **zukunftsbezogenen Information** betrachtet wird und gem. Art. 7 Abs. 2 Satz 1 VO Nr. 596/2014 der Eintritt des prognostizierten Umstands oder Ereignisses vernünftigerweise erwartet werden kann[4]. Das soll nach den Ausführungen der BaFin im Emittentenleitfaden 2013 dann der Fall sein, wenn – das ist der insiderrechtlich interessierende Hauptfall – ein Emittent eine Prognose abgibt und diese „aufgrund konkreter Anhaltspunkte für den weiteren Geschäftsverlauf erstellt"[5]. Daran fehlt es aber bei allgemein formulierte Erwartungen, langfristige Planungen des Emittenten, internen Planungen i.S.v. Zielvorgaben[6] und regelmäßig auch bei Unternehmensplanungen mit Unternehmensplandaten (Rz. 25 ff.). Ist der Eintritt des prognostizierten Umstands oder Ereignisses aufgrund der Umstände der Prognose vernünftigerweise zu erwarten, liegt eine präzise Information vor, die allerdings auch kurserheblich sein muss. Eine „erhebliches Kursbeeinflussungspotential" bescheinigt die BaFin einer Prognose regelmäßig für den Fall, dass diese „von den zurückliegenden Geschäftsergebnissen oder der Markterwartung erheblich abweicht", den Umständen angepasst oder geändert wird[7]. Bei der Beantwortung der Frage, ob der Eintritt der Prognose vernünftigerweise zu erwarten ist, kann es auch eine Rolle spielen, wer die Prognose abgegeben hat[8].

Davon zu unterscheiden ist das Wissen um die bevorstehende und vernünftigerweise zu erwartende **Anpassung oder Änderung (Korrektur) einer Prognose**. Dieser Umstand allein ist schon eine präzise Information, die regelmäßig – worauf auch immer sie gründet und wenn sie nicht belanglos ist – ein erhebliches Kursbeeinflussungspotenzial aufweist[9]. Gleiches gilt für Informationen darüber, dass eine Prognose „von den zurückliegenden Geschäftsergebnissen oder der Markterwartung erheblich abweicht", was zugleich mit einem besonderen

---

1 Anders *Schäfer* in Schäfer/Hamann, § 13 WpHG Rz. 13: „Dies ist insbesondere für Unternehmensplanungen für unmittelbar folgende Jahre von Bedeutung, denen nunmehr kaum noch die Qualität der präzisen Information über Umstände abgesprochen werden kann (anderes kann nur für 5- oder gar 10-Jahresplanungen gelten, da diesen häufiger nur Zielcharakter beizumessen sein wird). Dementsprechend hat Vorsicht zu walten bei der Weitergabe von Unternehmensplanungen vor Durchführung einer Due Diligence".
2 Die Eigenschaft von Unternehmensplanungen im vorstehenden Sinne als präzise Informationen noch generell ablehnend *Assmann* in 6. Aufl., § 13 WpHG Rz. 21.
3 *BaFin*, MAR (FAQ), III.5. S. 6.
4 RegE AnSVG, BT-Drucks. 15/3174, 33; *BaFin* im Emittentenleitfaden 2013, S. 56; *Klöhn* in Klöhn, Art. 7 MAR Rz. 70; *Mennicke/Jakovou* in Fuchs, § 13 WpHG Rz. 39a; *Schwark/Kruse* in Schwark/Zimmer, § 13 WpHG Rz. 56; *Sethe* in Assmann/Schütze, Kapitalanlagerecht, § 8 Rz. 52.
5 *BaFin*, Emittentenleitfaden 2013, S. 56.
6 Zu Vorstehendem BaFin im Emittentenleitfaden 2013, S. 56, langfristige Planungen als solche „mit einem Zeithorizont von drei oder mehr Jahren" verstehend.
7 *BaFin*, Emittentenleitfaden 2013, S. 56.
8 *Klöhn* in Klöhn, Art. 7 MAR Rz. 72.
9 *BaFin*, Emittentenleitfaden 2013, S. 52, 56.

Kursbeeinflussungspotenzial einer solchen Prognose einhergeht[1]. Dies beurteilt die BaFin auch im Hinblick auf interne Prognosen eher hoch (dazu Rz. 27 a.E.). Zur Kreation von Insiderinformationen und die Verpflichtung zur Veröffentlichung derselben durch die Postulierung einer – entgegen eigenem Bekunden fortlaufenden – **Pflicht zur Beobachtung des Marktes und des eigenen Geschäfts im Hinblick auf Prognosen** s. Art. 17 VO Nr. 596/2014 Rz. 114.

31 **(7) Tipps, Empfehlungen und Ratschläge.** Tipps, Empfehlungen und Ratschläge haben regelmäßig keinen Inhalt, der einem Beweis zugänglich ist, und stellen deshalb grundsätzlich keine Insiderinformationen dar[2]. Doch wiederum ist der Umstand, dass jemand Dritten einen Tipp oder einen bestimmten Ratschlag gegeben hat oder zu geben beabsichtigt, eine verifizierbare konkrete äußere bzw. innere Tatsache[3]. Der Umstand, dass der *Inhalt* des Tipps, der Empfehlung oder des Rats als vage zu betrachten ist, ändert daran nichts und wird erst im Hinblick auf die Kursrelevanz der Information relevant. Die Frage, ob Tipps, Empfehlungen und Ratschläge Insiderinformationen darstellen, hat in der Vergangenheit allerdings weniger im Hinblick auf bereits abgegebene Tipps oder Empfehlungen Bedeutung erlangt als in Bezug auf die einer Person bekannt gewordene Absicht von exponierten Marktteilnehmern (wie Kreditinstituten, Börseninformationsdiensten, „Börsengurus" etc.), demnächst einen bestimmten Tipp oder eine Empfehlung gegenüber der Marktöffentlichkeit abzugeben. Schon vor der Marktmissbrauchsverordnung bestand aufgrund des in § 13 Abs. 1 Satz 3 WpHG a.F. umgesetzten Art. 1 Abs. 1 RL 2003/124/EG vom 22.12.2003 (Rz. 8) kein Zweifel daran, dass es sich bei der Absicht zur Abgabe einer Empfehlung, eines Tipps oder eines Rats um eine konkrete Information handelt, wenn mit hinreichender Wahrscheinlichkeit davon ausgegangen werden kann, dass die Abgabe zukünftig erfolgen wird bzw., im Hinblick auf die heutige Formulierung in Art. 7 Abs. 2 Satz 1 VO Nr. 596/2014, wenn vernünftigerweise erwartet werden kann, die Empfehlung werde in Zukunft abgegeben werden. Wie Werturteile, Meinungen, Ansichten, Tipps (Rz. 19) können auch Empfehlungen und Ratschläge einen **Tatsachenkern** aufweisen oder mit der **Mitteilung von Tatsachen einhergehen**, die ihrerseits als konkrete Informationen in Frage kommen[4].

32 **(8) Unternehmensbewertungen und -analysen sowie Ratings. Unternehmensbewertungen** sind, wie bereits an früherer Stelle ausgeführt, grundsätzlich wie Werturteile zu behandeln[5]. Das gilt für sog. **Ratings** nicht anders als für die Unternehmensbewertung oder Unternehmensanalyse **durch Sachverständige**. Unternehmensbewertungen und Ratings stützen sich zwar regelmäßig auf „umfangreiches Tatsachenmaterial", das nach „klar vorgegebenen Regeln", die das „subjektive Element" zurückdrängen[6], ausgewertet wird und werden deshalb im Schrifttum schon deshalb als präzise Informationen oder doch vom Verkehr wie Tatsachen behandelte Informationen angesehen[7], doch ändert dies nichts an dem Umstand, dass vielfach nur das wertende Elemente enthaltende Ergebnis einer Unternehmensbewertung oder eines Ratings auf seine Qualität als Insiderinformation zu beurteilen ist. Allerdings stellen auch als Werturteile qualifizierte Unternehmensbewertungen und Ratings unter den oben angeführten Bedingungen und aufgrund der oben angeführten Umstände regelmäßig präzise Informationen dar.

33 Dass Unternehmensbewertungen und Ratings regelmäßig **präzise Informationen** sind, war auch die Prämisse des § 13 Abs. 2 WpHG a.F., der bestimmte, eine Bewertung, „die ausschließlich auf Grund öffentlich bekannter Umstände erstellt" werde, sei „keine Insiderinformation, selbst wenn sie den Kurs der Insiderpapiere erheblich beeinflussen" könne. Die Vorschrift folgte darin Erwägungsgrund 31 der RL 2003/6/EG vom 28.1.2003 (Rz. 2), nach dem „Analysen und Bewertungen, die aufgrund öffentlicher Angaben erstellt wurden, ... nicht als Insider-Informationen angesehen werden" sollten. Entsprechendes findet sich auch in Erwägungsgrund 28 Satz 1 VO Nr. 596/2014. Diesem zufolge sollen „**Analysen und Bewertungen, die aufgrund öffentlich verfügbarer Angaben erstellt wurden**, ... nicht als Insiderinformationen angesehen werden und die bloße Tatsache, dass Geschäfte auf der Grundlage von Analysen und Bewertungen getätigt werden, [soll] daher nicht als Nutzung von Insiderinformationen gelten." Wären Unternehmensbewertungen und Ratings nicht regelmäßig präzise Informationen, wäre es überflüssig, diese generell aus dem Kreis von Insiderinformationen herauszunehmen. Erwägungsgrund 28 Satz 1 VO Nr. 596/2014 ist deshalb nur in der Weise gerecht zu werden, dass er als eine die Auslegung des Begriffs der Insiderinformation betreffende **Ausnahmeregelung**[8] verstanden wird.

---

1 *BaFin*, Emittentenleitfaden 2013, S. 56.
2 *Assmann*, AG 1994, 241; *Lösler* in Habersack/Mülbert/Schlitt, Kapitalmarktinformation, § 2 Rz. 26; *Mennicke/Jakovou* in Fuchs, § 13 WpHG Rz. 55. Kryptisch auch hier die Ansicht *Klöhn* in KölnKomm. WpHG, § 13 WpHG Rz. 74, „Tipps und Empfehlungen" seien „Informationen über Umstände"; *Klöhn* in Klöhn, Art. 7 MAR Rz. 76; *Krause* in Meyer/Veil/Rönnau, Handbuch zum Marktmissbrauchsrecht, § 6 Rz. 56.
3 *Hopt/Kumpan* in Schimansky/Bunte/Lwowski, § 107 Rz. 44; *Krause* in Meyer/Veil/Rönnau, Handbuch zum Marktmissbrauchsrecht, § 6 Rz. 56; *Mennicke/Jakovou* in Fuchs, § 13 WpHG Rz. 56, 62; *Sethe* in Assmann/Schütze, Kapitalanlagerecht, § 12 Rz. 38.
4 *Lenenbach*, Kapitalmarktrecht, Rz. 13.116; *Mennicke/Jakovou* in Fuchs, § 13 WpHG Rz. 55.
5 *Hopt/Kumpan* in Schimansky/Bunte/Lwowski, § 107 Rz. 44. A.A. *Hilgendorf/Kusche* in Park, 5.3.II.1.b)hh) Rz. 47.
6 *Mennicke/Jakovou* in Fuchs, § 13 WpHG Rz. 46.
7 So *Sethe* in Assmann/Schütze, Kapitalanlagerecht, § 8 Rz. 50. Ähnlich *Mennicke/Jakovou* in Fuchs, § 13 WpHG Rz. 46. S. auch *Assmann* in 6. Aufl., § 13 WpHG Rz. 16.
8 *Klöhn* in Klöhn, Art. 7 MAR Rz. 329 („Bereichsausnahme"); *Krause* in Meyer/Veil/Rönnau, Handbuch zum Marktmissbrauchsrecht, § 6 Rz. 40 ff.

Erwägungsgrund 28 Satz 2 VO Nr. 596/2014 freilich fügt dem eine bislang unbekannte Komplikation in Gestalt einer **Rückausnahme** hinzu[1]: Wird beispielsweise die Veröffentlichung oder Verbreitung der **Analysen und Bewertungen** „vom Markt routinemäßig erwartet und trägt diese Veröffentlichung und Verbreitung zur Preisbildung von Finanzinstrumenten bei oder enthält sie Ansichten eines anerkannten Marktkommentators oder einer Institution, die die Preise verbundener Finanzinstrumente beeinflussen können[,] so können diese Informationen Insiderinformationen darstellen". Um festzustellen, ob sie in Kenntnis solcher Informationen „auf der Grundlage von Insiderinformationen handeln würden, müssen die Marktteilnehmer deshalb" nach Erwägungsgrund 28 Satz 3 VO Nr. 596/2014 „berücksichtigen, in welchem Umfang die Informationen nichtöffentlich sind und welche Auswirkungen auf Finanzinstrumente möglich wären, wenn sie vor der Veröffentlichung oder Verbreitung handeln würden".   34

(9) Gerüchte. Die Frage, ob es sich bei Gerüchten – genauer: bei den Umständen oder Ereignissen, die Inhalt eines Gerüchts sind, nicht die Existenz von Gerüchten – um präzise Informationen handelt, ist zu verneinen[2]. Schon wegen des Zweifels an der Wahrheit von Gerüchten[3] und ihres Verbreitungsgrads, der Gerüchten eigen ist und von Aussagen über eingetretene oder zukünftig eintretende Umstände unterscheidet, enthalten Gerüchte nur vage[4] und alles andere als präzise Informationen. Wenn behauptet wird, Gerüchte seien Informationen über Tatsachen und damit präzise Informationen[5], so wird nicht ernst genommen, dass ein Gerücht – darin unterscheidet es sich von der Mitteilung einer sich später als unwahr darstellendenden Tatsache (Rz. 16) – gerade den Zweifel mit sich trägt, das Mitgeteilte sei eine Tatsache[6]. Deshalb stellt ein Geschäft, das Gerüchte nutzt, ein blankes Spekulationsgeschäft dar, das zu sanktionieren und zu unterbinden nicht Aufgabe des Insiderrechts sein kann. Entsprechend führte schon die Begründung zum Vorschlag der EG-Insiderrichtlinie von 1987[7] aus, bei „typischen Börsengerüchten" handele es sich nicht um eine präzise Information im Sinne der vorgeschlagenen Richtlinie. Auch nach einem Votum des seinerzeitigen Ausschusses der europäischen Wertpapierregulierungsbehörden (CESR), das der RL 2003/124/EG vom 22.12.2003 (Rz. 8) zur Durchführung der RL 2003/6/EG (Rz. 8) zugrunde liegt, fehlt es bei Gerüchten („rumours") am Erfordernis einer präzisen Information[8]. Und weiter findet sich in der Begründung des Regierungsentwurfs des AnSVG, das diese Richtlinien umsetzte[9], der Hinweis, Gerüchte seien nicht als konkrete Tatsachen anzusehen[10].   35

Dem folgt die unter § 15 WpHG a.F. zumindest überwiegende Auffassung im **Schrifttum**[11]. Zunehmend **ablehnende**, in einem scholastischen, praktisch nicht einlösbaren Distinktionsstil vorgetragene Stimmen – namentlich zur Auslegung von Art. 7 VO Nr. 596/2014 – begründen ihre Haltung mit den unterschiedlichsten Argumenten: teils wird ein Gerücht als präzise Information betrachtet, weil es (die Zweifelhaftigkeit der Existenz der Tatsache ignorierend) Informationen über Tatsachen enthalte[12], teils wird es als „unsichere Tatscheninforma-   36

---

1 Ebenso *Schäfer* in Marsch-Barner/Schäfer, Handbuch börsennotierte AG, Rz. 14.27; *Klöhn* in Klöhn, Art. 7 MAR Rz. 329; *Krause* in Meyer/Veil/Rönnau, Handbuch zum Marktmissbrauchsrecht, § 6 Rz. 41 („Die Voraussetzungen der Rückausnahme sind nicht klar definiert").
2 *Assmann* in 6. Aufl., § 13 WpHG Rz. 17 f. m.w.N. Aus dem neueren Schrifttum *Mennicke/Jakovou* in Fuchs, § 13 WpHG Rz. 53; *Renz/Rippel* in BuB, Rz. 7/695.
3 Zu diesem Gerüchte kennzeichnenden zentralen Merkmal ebenso *Krause* in Meyer/Veil/Rönnau, Handbuch zum Marktmissbrauchsrecht, § 6 Rz. 50.
4 Nach *Buck-Heeb*, Kapitalmarktrecht, Rz. 317, gibt es auch „vage" Gerüchte, unter Berufung auf *Grundmann* in Staub, Bd. 11/1, 5. Aufl. 2017, 6. Teil Rz. 344, demzufolge „subjektive Gerüchte" existieren.
5 *Hopt/Kumpan* in Schimansky/Bunte/Lwowski, § 107 Rz. 50. Auch *Hilgendorf/Kusche* in Park, 5.3.II.1.b)cc) Rz. 33 (präzise Information, wenn „das Gerücht einen zumindest einigermaßen präzisen Faktenbezug" aufweist), allerdings (Rz. 34) mit dem Hinweis, in vielen Fällen würden „der Wahrheits- und Geltungsanspruch und damit zusammenhängend die Glaubwürdigkeit eines bloßen Gerüchts aber so gering sein, dass es vom Verkehr nicht als konkrete Information akzeptiert" werde.
6 Das bleibt auch *Klöhn* in Klöhn, Art. 7 MAR Rz. 57, nicht verborgen, weshalb er zu dem logischen Kniff greift, Gerüchte als „*unsichere Tatsacheninformationen* mit einem gewissen Verbreitungsgrad" (Hervorhebung hinzugefügt) zu definieren, um dies noch dadurch zu steigern, dass die Beantwortung der Frage, ob „Gerüchte Art. 7 Abs. 1 lit. a) unterfallen, ... in erster Linie davon [abhängen soll], *ob sie präzise* sind und Kursrelevanz haben". Als Begründung für die Behandlung von Gerüchten als Tatsachen wird (ebd. Rz. 60) angeführt: „Schließlich ginge die Ansicht, Gerüchte seien grundsätzlich keine Insiderinformationen, an der Realität des Wertpapierhandels vorbei, da Informationshändler den weit überwiegenden Teil ihrer Transaktionen auf unsichere Informationen oder Informationen mit unsicherer Tatsachengrundlage stützen". Diese Argumentation ist logisch verfehlt und auch in der Sache nicht haltbar, denn genau dieses Handeln auf der Grundlage unsicherer Informationen – kurz: spekulatives Handeln – soll (von jeher und in jeder Jurisdiktion) vom Insiderhandelsverbot nicht erfasst werden.
7 KOM [87] 111 v. 21.5.1987, S. 5.
8 CESR's Advice on Level 2 Implementing Measures for the proposed Market Abuse Directive, CESR/02–089d, S. 8 (Rz. 20 Spiegelstrich 1).
9 *Assmann* in 6. Aufl., Einl. Rz. 29.
10 RegE AnSVG v. 28.10.2004, BT-Drucks. 15/3174, 34 zu § 13 Abs. 1 Satz 3 WpHG.
11 S. die Nachweise bei *Assmann* in 6. Aufl., § 13 WpHG Rz. 17 Fn. 5 (S. 404) und Fn. 3 (S. 405).
12 *Hopt/Kumpan* in Schimansky/Bunte/Lwowski, § 107 Rz. 50; *Krause* in Meyer/Veil/Rönnau, Handbuch zum Marktmissbrauchsrecht, § 6 Rz. 55 („Ob ein Gerücht als Insiderinformation ... anzusehen ist, hängt entscheidend davon ab, ob es eine Tatsachenbasis besitzt, die als präzise Information eingestuft werden kann"). Dazu schon Rz. 37.

tion" behandelt, deren Qualifikation als präzise Information von ihrer „Verlässlichkeit" (als sei diese einem Gerücht zu entnehmen) abhängen soll[1], teils wird es sogar als ausreichend angesehen, wenn das Gerücht einen Inhalt aufweise, der eine Insiderinformation enthalten *könne* (als sei dies nicht bei allen Gerüchten denkbar)[2]. Die wenige Rechtsprechung, die zur Qualifikation von Gerüchten als Insiderinformationen bekannt wurde, ist weder einheitlich[3] noch erhellend. Auf der Grundlage der alles andere als überzeugenden Entscheidung des Hessischen VGH vom 16.3.1998[4] behandelt die *BaFin* – unter Zustimmung von Teilen des Schrifttums[5] – Gerüchte als konkrete Informationen, sofern sie – so ihr kryptischer Vorbehalt – einen **Tatsachenkern** enthalten[6]. Der Hinweis derer, die Behandlung eines Gerüchts als Insiderinformation habe sich nicht auf der Ebene der Beurteilung eines Gerüchts als präzise Information zu entscheiden, sondern auf derjenigen der **Kurserheblichkeit** des Gerüchts, geht in doppelte Hinsicht fehl: Zum einen ist nur schwer zu bestimmen, welche Umstände gegeben sein müssen, um zu dem Urteil zu gelangen, das Gerücht sei dergestalt gewesen, dass es „ein verständiger Anleger wahrscheinlich als Teil der Grundlage seiner Anlageentscheidungen" genutzt hätte (Art. 7 Abs. 4 Unterabs. 1 VO Nr. 596/2014). Die Zweifelhaftigkeit der Wahrheit von Gerüchten veranlasst allenfalls spekulierende Anleger zu Geschäften in Finanzinstrumenten. Und zum anderen sind die von Gerüchten transportierten und – das ist ein Charakteristikum von Gerüchten – sich diffus verbreitenden Information regelmäßig als öffentlich bekannt[7] und als bereits die Börsenkurse eingepreist anzusehen, die ein verständiger Anleger nicht unberücksichtigt lassen wird. Gegen die Behandlung von Gerüchten als Insiderinformation spricht schließlich vor allem der Umstand, dass es nicht das Telos des Insiderrechts sein kann, Anlageentscheidungen zu sanktionieren, die auf der Grundlage von umlaufenden Gerüchten Anlageentscheidungen getroffen werden und damit auf unsicherer Tatsachengrundlage basieren, keinen zu missbilligenden Sondervorteil aus Wissensvorsprüngen versprechen und in hohem Maße spekulativ und risikoreich sind.

37 **(10) Verdacht auf Rechtsverstöße (Compliance-Verstöße) – Interne und externe Untersuchungen.** Kommt in einem Unternehmen der **Verdacht auf Compliance-Verstöße** auf, stellt sich, namentlich im Hinblick auf die Veröffentlichung einer solchen Information nach Art. 17 Abs. 1 Unterabs. 1 VO Nr. 596/2014, die Frage, ob es sich bei dem Verdacht bereits um eine Insiderinformation handelt. Dabei ist davon auszugehen, dass es sich bei einem Verdacht um eine unsichere Annahme darüber handelt, ob ein bestimmter Umstand – Verstöße gegen Gesetz und Recht – bereits eingetreten ist.

38 Gleich ob als Rechtsmeinung, Tatsache oder – was naheliegt – als **Verbindung von Tatsachen und Rechtsmeinungen** betrachtet, ist die Existenz eines Verdachts eine dem Beweise zugängliche **Tatsache**, die – vergleichbar der insiderrechtlichen Behandlung von Meinungen – je nachdem, wer den Verdacht hegt und welche tatsächlichen Erkenntnisse nach Art und Umfang ihm (in seinem Tatsachenkern) zugrunde liegen, vom Verkehr als präzise Tatsache als Insiderinformation betrachtet wird (Rz. 21). Im Hinblick auf die Kurserheblichkeit eines Verdachts und die Frage, ob ein verständiger Anleger die Information wahrscheinlich als Teil der Grundlage seiner Anlageentscheidungen nutzen würde, kommt es auf die Erwartungen des Anlegers über die Auswirkungen des Verdachts, würde er öffentlich bekannt, auf die Geschäftsentwicklung des Emittenten an.

---

1 *Grundmann* in Staub, Bd. 11/1, 5. Aufl. 2017, 6. Teil Rz. 344 („hinreichender Grad an objektiver Zuverlässigkeit der Aussage" erforderlich; „rein subjektive – nicht durch konkrete Vorgänge unterlegte – Gerüchte" sollen dagegen als präzise Information ausscheiden); diesem folgend *Buck-Heeb*, Kapitalmarktrecht, Rz. 318; *Klöhn* in KölnKomm. WpHG, § 13 WpHG Rz. 56 f.; *Krause* in Meyer/Veil/Rönnau, Handbuch zum Marktmissbrauchsrecht, § 6 Rz. 55: „Ob ein Gerücht den tatbestandlichen Voraussetzungen des Art. 7 Abs. 2 MAR entspricht, richtet sich nach der Verlässlichkeit der Information (sowie im Fall eines zukünftigen Ereignisses nach der Eintrittswahrscheinlichkeit dieses Ereignisses) ... Damit scheiden rein subjektive Gerüchte, dh Gerüchte, die nicht durch konkrete Vorgänge unterlegt sind, aus". Auch die *BaFin* vertritt im Emittentenleitfaden 2013, S. 33, die Auffassung, Kriterien wie die Verlässlichkeit des Gerüchts und seine Quelle seien Aspekte zur Beurteilung der Kurserheblichkeit eines Gerüchts. Übersehen wird allerdings, dass hinreichend verlässliche Informationen keine Gerüchte mehr sind. Zu dem bleibt die Frage ungestellt und unbeantwortet, wer die Verlässlichkeit der Information nach welchen Kriterien feststellen soll und wie mit dem Umstand umzugehen ist, dass danach für den einen aufgrund seines Verlässlichkeitsurteils eine präzise Information sein kann, was für einen anderen nach dessen Urteil eine nicht präzise Information darstellt. Zustimmend *Krause* in Meyer/Veil/Rönnau, Handbuch zum Marktmissbrauchsrecht, § 6 Rz. 55.
2 *Bartmann*, S. 75.
3 Das OLG Frankfurt v. 12.2.2009 – 2 Ss-OWi 514/08, AG 2009, 414 Rz. 5 lehnt in einem bußgeldrechtlichen Verfahren lehnt die Behandlung von Gerüchten als Insiderinformationen ab („Davon sind nicht veröffentlichungspflichtige subjektive Wertungen und Gerüchte abzugrenzen, zumal der Markt durch sie gerade nicht beeinflusst werden soll"); ebenso OLG Stuttgart v. 15.2.2007 – 901 Kap. 1/06, NZG 2007, 352, 357. Anders VGH Hess. v. 16.3.1998 – 8 TZ 98/98, AG 1998, 436 (mit Anm. *Assmann*) mit dem Hinweis, Gerüchte könnten auch Tatsachen enthalten und das WpHG kenne den Begriff des Gerüchts nicht.
4 VGH Hess. v. 16.3.1998 – 8 TZ 98/98, AG 1998, 436 mit Anm. *Assmann*.
5 S. *Assmann* in 6. Aufl., § 13 WpHG Rz. 18 Fn. 4 (S. 405).
6 VGH Hess. v. 16.3.1998 – 8 TZ 98/98, AG 1998, 436 mit Anm. *Assmann*; *BaFin*, Emittentenleitfaden 2013, S. 33, schon *BaFin*, Emittentenleitfaden 2005, S. 20. Dazu ausführlich *Assmann* in 6. Aufl., § 13 WpHG Rz. 18. Aus dem neueren Schrifttum *Renz/Rippel* in BuB, Rz. 7/685.
7 „Gerüchte sind unsichere Tatsacheninformationen *mit einem gewissen Verbreitungsgrad*", *Klöhn* in KölnKomm. WpHG, § 13 WpHG Rz. 53 (Hervorhebung hinzugefügt) m.w.N. Dass „Börsengerüchte" regelmäßig öffentlich bekannt sind, konzedieren auch *Hopt/Kumpan* in Schimansky/Bunte/Lwowski, § 107 Rz. 50.

Darüber hinaus liegt im Verdacht auf einen Compliance-Verstoß aber auch eine **zukunftsbezogene Informa-** 39
tion über die Erhärtung des Verdachts bis hin zu seiner Bestätigung, zu erwartende behördliche Ermittlungen und die Verhängung von Sanktionen und damit letztlich die für den Emittenten zu erwartenden Nachteile[1]. Zur Beantwortung der Frage, ob ein Verdacht im Hinblick auf die mit ihm verbundenen zukunftsbezogenen Informationen eine Insiderinformation darstellt, kommt es deshalb maßgeblich darauf an, ob auf der Grundlage der Tatsachenbasis des Verdachts und der übrigen Umstände vernünftigerweise erwartet kann, dass das noch nicht eingetretene Ereignis – letztlich die zu erwartenden Nachteile für den Emittenten – in Zukunft eintreten wird.

Informationen über die **Einleitung von internen oder externen Untersuchungen** (*Internal* oder *External In-* 40
vestigations) zur Aufdeckung von Compliance-Verstößen bei einem Emittenten stellen, wie auch solche über die späteren Untersuchungen, präzise Informationen über Tatsachen dar und sind, soweit sie öffentlich unbekannt und kurserheblich sind, Insiderinformationen. Als den Emittenten unmittelbar betreffende Informationen sind sie auch nach Art. 17 Abs. 1 Unterabs. 1 VO Nr. 596/2014 veröffentlichungspflichtig.

(11) Anhängen an fremde Wertpapiergeschäfte. Hängt sich eine Person an Wertpapiergeschäfte eines 41
Dritten an, weil sie – aufgrund von dessen Status im Unternehmen, dessen Beruf, dessen Fachkunde oder des Volumens, des Zeitpunkts und/oder der Art der Transaktion – vermutet, die Geschäfte des Dritten basierten auf Insiderinformationen, so handelt sie nicht aufgrund einer präzisen Information. Vielmehr folgt sie, der Befolgung von Tipps und Gerüchten vergleichbar, Informationen mit unsicherem Wahrheitsgehalt[2]. Das ist anders, wenn der Person zusätzliche Umstände bekannt sind, die – mit den fraglichen Wertpapierschäften des Dritten zusammengenommen – den zwingenden Schluss auf Insidergeschäfte nahelegen.

bb) Zukünftige Umstände und Ereignisse (Art. 7 Abs. 2 VO Nr. 596/2014). Auch Informationen über eine 42
Reihe zukünftiger Umstände bzw. über zukünftige Ereignisse können präzise Informationen i.S.v. Art. 7 Abs. 1 VO Nr. 596/2014 sein, wenn man **vernünftigerweise erwarten kann,** dass sie **in Zukunft gegeben sein bzw. eintreten werden** (Art. 7 Abs. 2 Satz 1 VO Nr. 596/2014). Auch hier kommen aber nur solche Informationen in Betracht, die spezifisch genug sind, um einen Schluss auf die mögliche Auswirkung dieser Reihe von Umständen oder dieses Ereignisses auf die Kurse der Finanzinstrumente oder des damit verbundenen derivativen Finanzinstruments, der damit verbundenen Waren-Spot-Kontrakte oder der auf den Emissionszertifikaten beruhenden Auktionsobjekte zuzulassen (Art. 7 Abs. 2 Satz 1 VO Nr. 596/2014).

Diese Regelung in Art. 7 Abs. 2 Satz 1 VO Nr. 596/2014 folgt weitgehend Art. 1 Nr. 1 RL 2003/124/EG vom 43
22.12.2003 (Rz. 8), wie er in § 13 Abs. 1 Satz 3 WpHG a.F. in deutsches Recht umgesetzt wurde. Sie unterscheidet sich von der deutschen Sprachfassung der RL 2003/124/EG, welche die deutsche Umsetzungsvorschrift weitgehend übernahm, nur durch die Ersetzung der Worte „bei denen man mit hinreichender Wahrscheinlichkeit davon ausgehen kann" durch die Wendung „bei denen man" bzw. „von dem man vernünftigerweise erwarten kann". Wie in der *Geltl*-Entscheidung des EuGH[3] herausgestellt wurde, waren die deutsche Sprachfassung der Richtlinie und die deutsche Umsetzungsvorschrift die einzigen, die hinsichtlich des zukünftigen Eintritts von Umständen und Ereignissen „hinreichende Wahrscheinlichkeit" verlangten, während „alle anderen zum Zeitpunkt des Erlasses der Richtlinie 2003/124 existierenden Sprachfassungen ihres Art. 1 Abs. 1 auf ein Adverb wie ‚vernünftigerweise'" zurückgriffen. Art. 7 Abs. 2 Satz 1 VO Nr. 596/2014 steht damit ganz in der Tradition der RL 2003/124/EG.

Die Auslegung, die die *Geltl*-Entscheidung dem Wortlaut „mit hinreichender Wahrscheinlichkeit" von § 13 44
Abs. 1 Satz 3 WpHG a.F. zuteilwerden ließ, orientierte sich an dem in den übrigen Sprachfassungen der RL 2003/124/EG und deren Umsetzung in anderen Mitgliedstaaten zu finden Wortlaut „vernünftigerweise"[4]. Dabei kam das Gericht zu dem Ergebnis, durch „die Verwendung eines derartigen Begriffs" habe „der Unionsgesetzgeber zur Klärung der Frage, ob künftige Umstände und Ereignisse in den Anwendungsbereich dieser Bestimmung fallen, ein auf Regeln der allgemeinen Erfahrung beruhendes Kriterium eingeführt"[5]. Um zu klären, ob vernünftigerweise anzunehmen sei, dass in der Zukunft eine Reihe von Umständen existierten oder ein Ereignis eintreten werde, sei „im jeweiligen Einzelfall eine umfassende Würdigung der bereits verfügbaren Anhaltspunkte vorzunehmen". Daher könne die Verwendung der Worte „mit hinreichender Wahrscheinlichkeit" in Art. 1 Abs. 1 RL 2003/124 *nicht* so verstanden werden, dass der Nachweis einer hohen Wahrscheinlichkeit der in Rede stehenden Umstände oder Ereignisse erforderlich wäre. Vielmehr stelle diese Richtlinienvorschrift durch den Gebrauch der Worte „mit hinreichender Wahrscheinlichkeit" auf künftige Umstände und Ereignisse ab, bei denen eine umfassende Würdigung der bereits verfügbaren Anhaltspunkte ergebe, dass *tatsächlich erwartet* werden könne, sie würden in Zukunft existieren oder eintreten.

---

1 *Schockenhoff*, NZG 2015, 409, 412.
2 *Assmann* in 6. Aufl., § 13 WpHG Rz. 19.
3 EuGH (2. Kammer) v. 28.6.2012 – C-19/11, ECLI:EU:C:2012:397 – Geltl, AG 2012, 555, 556 Rz. 42, 44.
4 EuGH (2. Kammer) v. 28.6.2012 – C-19/11, ECLI:EU:C:2012:397 – Geltl, AG 2012, 555, 556/557 Rz. 43f.
5 Dies und die folgenden Zitate EuGH (2. Kammer) v. 28.6.2012 – C-19/11, ECLI:EU:C:2012:397 – Geltl, AG 2012, 555, 557 Rz. 44ff. und zusammenfassend Rz. 56.

45 Gleichzeitig verneinte die *Geltl*-Entscheidung die Frage, „ob die erforderliche Wahrscheinlichkeit des Eintritts einer Reihe von Umständen oder eines Ereignisses je nach dem Ausmaß der Auswirkung dieser Reihe von Umständen oder dieses Ereignisses auf den Kurs von Finanzinstrumenten variieren" könne und wies damit das im Schrifttum zur Bestimmung der notwendigen Eintrittswahrscheinlichkeit propagierte[1] sog. **Probability-Magnitude-Kriterium** zurück[2]. Wenn der EuGH unter Rückgriff auf Erwägungsgrund 1 der RL 2003/124/EG[3] ausführt, verständige Investoren stützten ihre Anlageentscheidungen auf alle verfügbaren Ex-ante-Informationen und müssten „somit nicht nur die ‚möglichen Auswirkungen' eines Ereignisses auf den Emittenten in Betracht ziehen, sondern auch den Grad der Wahrscheinlichkeit des Eintritts dieses Ereignisses", so führt das Gericht damit lediglich Umstände an, die ein verständiger Anleger bei seiner Anlageentscheidung berücksichtigen würde, verknüpft aber den Grad der Wahrscheinlichkeit des zukünftigen Ereignisses – anders als es das Probability-Magnitude-Kriterium verlangt – in keiner Weise mit den möglichen Auswirkungen, die bei dessen Eintritt zu erwarten wären. Zwar konzediert der EuGH, es könne nicht ausgeschlossen werden, dass eine Information über ein Ereignis, dessen Eintritt wenig wahrscheinlich sei, den Kurs der Titel des betreffenden Emittenten spürbar beeinflusse, da die Folgen dieses Ereignisses für ihn besonders weitreichend wären, weist aber unmissverständlich darauf hin, daraus könne „vernünftigerweise nicht abgeleitet werden, dass dieses Ereignis eintreten" werde[4], und weist damit jeden Versuch zurück, rechtlich erforderliche Wahrscheinlichkeitsurteile mit anderen verbinden zu wollen.

46 Entsprechendes gilt auch für den nachgeschobenen Satz des EuGH, „anhand solcher Erwägungen" – d.h. solchen über die möglichen Auswirkungen eines Ereignisses auf den Emittenten sowie den Grad der Wahrscheinlichkeit des Eintritts dieses Ereignisses – lasse sich jedoch ermitteln, ob eine Information geeignet sei, „den Kurs der Finanzinstrumente des Emittenten spürbar zu beeinflussen", d.h. kurserheblich sei. Zutreffend weist das Gericht damit lediglich auf den Umstand hin, dass ein verständiger Anleger auch die **möglichen Auswirkungen eines möglichen zukünftigen Ereignisses** zur Grundlage seiner Anlageentscheidungen machen wird, verknüpft und gewichtet die hierbei im Übrigen zu berücksichtigenden Parameter, namentlich die Eintrittswahrscheinlichkeit des fraglichen Ereignisses, damit aber weder zu einer beweglichen noch zu einer für die Kurserheblichkeit erforderlichen und genügenden Probability-Magnitude-Größe.

47 Wenn gerügt wird, das Gericht habe die Vorlagefrage, **wie wahrscheinlich** die zukünftige Reihe von Umständen oder das zukünftige Ereignis sein müsse, unbeantwortet gelassen[5], so ist das Fehlen einer solchen Antwort dem Umstand geschuldet, dass Gericht die Auslegung des Wortlauts „hinreichende Wahrscheinlichkeit" in § 13 Abs. 1 Satz 3 WpHG a.F. – aus den bei Rz. 44 dargelegten Gründen – an einem Konzept ausrichtet, welches kein reines Wahrscheinlichkeitsurteil verlangt. Das sieht auch der BGH so, wenn er ausführt, der EuGH stelle bei der Beurteilung der Frage, wann vernünftigerweise erwartet werden könne, dass ein Umstand oder Ereignis in Zukunft gegeben sein werde bzw. eintrete, nicht ausschließlich auf eine Wahrscheinlichkeitsbeurteilung ab, sondern auf Regeln der allgemeinen Erfahrung[6]. Nach diesen müsse zwar „eher mit dem Eintreten des künftigen Ereignisses als mit seinem Ausbleiben zu rechnen sein, aber die Wahrscheinlichkeit" müsse „nicht zusätzlich hoch sein"[7]. Das lässt sich dahingehend übersetzen, dass eine „**überwiegende Wahrscheinlichkeit**" geboten ist, aber auch ausreicht[8].

---

1 *Fleischer*, NZG 2007, 401, 405: „Eintrittswahrscheinlichkeit *und* Auswirkung des zukünftigen Ereignisses [sind] miteinander in Beziehung zu setzen. Diskutabel ist nur, ob man für die Wertrelevanz zukunftsbezogener Informationen eine Mindestwahrscheinlichkeit verlangt, um ‚spekulatives Handeln' auf der Grundlage zukunftsbezogener Informationen auszuklammern"); *Klöhn*, NZG 2011, 166, 168 f.; *Klöhn*, ZIP 2012, 1885, 1886 f. Folgend, auch was das Erfordernis einer Mindestwahrscheinlichkeit (i.S. einer „überwiegende(n) Wahrscheinlichkeit") angeht, *Mennicke/Jakovou* in Fuchs, § 13 WpHG Rz. 68. Kritisch *Gunßer*, ZBB 2011, 80 ff.; *Kocher/Widder*, CFL 2011, 90 ff.; *Widder*, GWR 2011, 2. Kritisch zum Probability-Magnitude-Test als Kurserheblichkeitskriterium ferner *Gunßer*, NZG 2008, 856; *Leuering*, DStR 2008, 1290; *Leuering*, Praxisprobleme, S. 178 f.
2 EuGH (2. Kammer) v. 28.6.2012 – C-19/11, ECLI:EU:C:2012:397 – Geltl, AG 2012, 555, 557 Rz. 50 ff. mit ausführlicher Begründung in Rz. 51–54. Zurückgewiesen wurde damit auch der Entscheidungsvorschlag von Generalanwalt *Mengozzi* (ZIP 2012, 615, 622 f. – Rz. 96 ff., Rz. 86: „Daraus folgt, dass, sofern die Information in hohem Maße geeignet ist, die Aktienkurse zu beeinflussen, es ausreicht, dass der Eintritt des künftigen Umstands oder Ereignisses weder unmöglich noch unwahrscheinlich, wenn auch offen ist"). Das Probability-Magnitude-Kriterium wurde bereits durch den Vorlagebeschluss des BGH v. 22.11.2010 – II ZB 7/09, AG 2011, 84 Rz. 20, ins Spiel gebracht, ohne es freilich als solches zu benennen; s. *Assmann* in 6. Aufl., § 13 WpHG Rz. 25b. Das auch als Probability-Magnitude-Test bezeichnete Kriterium geht zurück auf die Entscheidung des *US Court of Appeals for the Second Circuit* im Falle *SEC vs. Texas Gulf Sulphur Co.* (United States Court of Appeals (Second Circuit) v. 13.8.1968 – No. 296-30882, 401 F.2d, 833, 849), und wurde vom *US Supreme Court* im Falle *Basic vs. Levinson* (Supreme Court v. 7.3.1988 – No. 86-279, 485 U.S. 224, 239) zur Beurteilung der Kursrelevanz („materiality") von Informationen im US-amerikanischen Kapitalmarktrecht herangezogen.
3 Entsprechende Ausführungen finden sich auch in Erwägungsgrund 14 VO Nr. 596/2014.
4 EuGH (2. Kammer) v. 28.6.2012 – C-19/11, ECLI:EU:C:2012:397 – Geltl, AG 2012, 555, 557 Rz. 54.
5 *Klöhn* in KölnKomm. WpHG, § 13 WpHG Rz. 96.
6 BGH v. 23.4.2013 – II ZB 7/09, AG 2013, 518, 521 Rz. 29.
7 BGH v. 23.4.2013 – II ZB 7/09, AG 2013, 518, 521 Rz. 29.
8 So auch *Krause* in Meyer/Veil/Rönnau, Handbuch zum Marktmissbrauchsrecht, § 6 Rz. 62 („größer als 50%"); *Mennicke/Jakovou* in Fuchs, § 13 WpHG Rz. 72a a.E.; *Poelzig*, NZG 2016, 528, 532; *Theile* in Esser/Rübenstahl/Saliger/Tsambikakis,

Dies Konzept – einschließlich seiner Zurückweisung des Probability-Magnitude-Kriteriums[1] – ist mit dem identisch, das der Formulierung des Art. 7 Abs. 2 Satz 1 VO Nr. 596/2014 zugrunde liegt, demzufolge auch Informationen über eine Reihe zukünftiger Umstände bzw. über zukünftige Ereignisse präzise Informationen i.S.v. Art. 7 Abs. 1 VO Nr. 596/2014 sein können, wenn „**man vernünftigerweise erwarten kann**", dass sie in Zukunft gegeben sein bzw. eintreten werden. Für die Auslegung dieser Formulierung gibt das Gericht allerdings nur vage Anhaltspunkte: Um zu klären, ob vernünftigerweise anzunehmen sei, dass in der Zukunft eine Reihe von Umständen existieren oder ein Ereignis eintreten wird, sei „im jeweiligen Einzelfall" eine „umfassende Würdigung der bereits verfügbaren Anhaltspunkte"[2] dahingehend vorzunehmen, ob „*tatsächlich erwartet* werden" könne, „dass sie in Zukunft existieren oder eintreten werden"[3]. Daher könne die Verwendung der Worte „mit hinreichender Wahrscheinlichkeit" in Art. 1 Abs. 1 RL 2003/124 jedenfalls „*nicht* so verstanden werden, dass der Nachweis einer hohen Wahrscheinlichkeit der in Rede stehenden Umstände oder Ereignisse erforderlich wäre"[4]. Darüber hinaus hat das Gericht aber auch klar gemacht, dass es für die Beantwortung der Frage, ob man vernünftigerweise erwarten kann, dass bestimmte Umstände oder Ereignisse in Zukunft vorliegen bzw. eintreten werden, nicht auf deren Gewicht oder Bedeutung ankommen kann.

48

cc) Sonderfall: Mehrstufige Entscheidungsvorgänge und Zwischenschritte (Art. 7 Abs. 2 Satz 2, Abs. 3 VO Nr. 596/2014). Im Hinblick auf die Anwendung von § 13 Abs. 1 Satz 1 und § 3 WpHG a.F. sowie die Auslegung des Begriffs der präzisen Information besonders umstritten waren Vorhaben, deren Verwirklichung nur über **Zwischenschritte** – wie die Billigung durch den Gesamtvorstand, die Zustimmung des Aufsichtsrats oder die Genehmigung der Kartellbehörde[5] – zu erreichen war, kurz: die insiderrechtliche Behandlung **mehrstufiger Entscheidungsvorgänge** (auch als „gestaffelte" oder „zeitlich gestreckte" Vorgänge bezeichnet). Erstmals gerichtlich zu entscheiden war hierüber in Bezug auf die Absicht des Vorsitzenden des Vorstands der seinerzeitigen DaimlerChrysler AG *Schrempp*, unter bestimmten Bedingungen – wie einer einvernehmlichen Regelung seiner Nachfolge durch den Aufsichtsrat des Unternehmens – aus dem Vorstand der Gesellschaft auszuscheiden. Er wurde sowohl hinsichtlich seiner bußgeldrechtlichen[6] als auch seiner zivilrechtlichen Verfahrensvariante[7] zunächst als *DaimlerChrysler*- oder *Schrempp*-Fall bekannt und wird seitdem – im Anschluss an den Namen des Klägers in dem Verfahren vor den deutschen Gerichten – als *Geltl*-Entscheidung bezeichneten Urteil des EuGH über einen Vorlagebeschluss des BGH vom 22.11.2010[8] in dieser Sache auch als *Geltl*-Fall geführt.

49

Das **Spektrum der Auffassungen**, die zur insiderrechtlichen Beurteilung mehrstufiger Entscheidungsvorgänge vor dem Inkrafttreten der Marktmissbrauchsverordnung vertretenen wurden, wurde maßgeblich durch zwei Meinungslager abgesteckt: Auf der einen Seite wurde das Vorhaben selbst und jeder weitere zu seiner Umsetzung erforderliche Zwischenschritt als Information über zukünftige Umstände betrachtet und gem. § 13 Abs. 1 Satz 3 WpHG a.F. erst dann als konkrete/präzise Information angesehen, wenn mit hinreichender Wahrscheinlichkeit davon ausgegangen werden konnte, dass diese Umstände, d.h. die Realisierung des Vorhabens, in Zukunft eintreten werden[9]. Auf der anderen Seite wurden bereits die nach außen getretene Kundgabe eines Vorhabens, wie der Rücktrittsabsicht, sowie jede Zwischenstufe zu einem angestrebten Erfolg (Zwischenziele) – ungeachtet des Zukunftsbezugs einer Information über ein Vorhaben und damit ohne Rücksicht auf die Eintrittswahrscheinlichkeit des Endziels – als solche und „bei isolierter Betrachtung"[10] als konkrete/präzise

50

---

7. Kapitel, § 38 WpHG Rz. 84 („50 % plus x") Schon *CESR*, Market Abuse Directive, S. 6: „The Directive test is ‚likely' so on the one hand the mere possibility that a piece of information will have a significant price effect is not enough to trigger a disclosure requirement but, on the other hand, it is not necessary that there should be a degree of probability close to certainty", d.h. es ist mehr als die bloße Möglichkeit, aber weniger als nahezu Gewissheit erforderlich.
1 Dazu heißt es in Erwägungsgrund 16 Satz 3 VO Nr. 596/2014: „Dieses Konzept sollte jedoch nicht so verstanden werden, dass demgemäß der Umfang der Auswirkungen dieser Reihe von Umständen oder des Ereignisses auf den Kurs der betreffenden Finanzinstrumente berücksichtigt werden muss".
2 EuGH (2. Kammer) v. 28.6.2012 – C-19/11, ECLI:EU:C:2012:397 – Geltl, AG 2012, 555, 557 Rz. 45.
3 EuGH (2. Kammer) v. 28.6.2012 – C-19/11, ECLI:EU:C:2012:397 – Geltl, AG 2012, 555, 557 Rz. 54.
4 EuGH (2. Kammer) v. 28.6.2012 – C-19/11, ECLI:EU:C:2012:397 – Geltl, AG 2012, 555, 557 Rz. 46.
5 Als weitere denkbare Zwischenschritte i.S.v. Art. 7 Abs. 2 Satz 2, Abs. 3 VO Nr. 596/2014 führt Erwägungsgrund 17 an: Informationen über „den Stand von Vertragsverhandlungen, vorläufig in Vertragsverhandlungen vereinbarte Bedingungen, die Möglichkeit der Platzierung von Finanzinstrumenten, die Umstände, unter denen Finanzinstrumente vermarktet werden, vorläufige Bedingungen für die Platzierung von Finanzinstrumenten oder die Prüfung der Aufnahme eines Finanzinstruments in einen wichtigen Index oder die Streichung eines Finanzinstruments aus einem solchen Index".
6 OLG Frankfurt v. 12.2.2009 – 2 Ss-OWi 514/08, AG 2009, 414 Rz. 6.
7 BGH v. 25.2.2008 – II ZB 9/07, AG 2008, 380; BGH v. 23.4.2013 – II ZB 7/09, AG 2013, 518; OLG Stuttgart v. 15.2.2007 – 901 Kap. 1/06, AG 2007, 259; OLG Stuttgart v. 22.4.2009 – 20 Kap. 1/08, AG 2009, 454; LG Stuttgart v. 3.7.2006 – 21 O 408/05, ZIP 2006, 1731. Nach dem Vorlagebeschluss des BGH v. 22.11.2010 – II ZB 7/09, AG 2011, 84, und der Entscheidung des EuGH v. 28.6.2012 – C-19/11, ECLI:EU:C:2012:397, AG 2012, 555 noch: BGH v. 23.4.2013 – II ZB 7/09, AG 2013, 518.
8 BGH v. 22.11.2010 – II ZB 7/09, AG 2011, 84.
9 Namentlich *Assmann* in 6. Aufl., § 13 WpHG Rz. 28, 29 m.w.N.
10 *Mennicke/Jakovou* in Fuchs, § 13 WpHG Rz. 74.

Information behandelt, um auf diese Weise nur noch auf die Kurserheblichkeit des jeweiligen Schritts abzustellen[1].

51 Auf der Grundlage des Vorlagebeschlusses des BGH vom 22.11.2010 (Rz. 49) hat der EuGH im *Geltl*-Urteil entschieden, „dass bei einem zeitlich gestreckten Vorgang, bei dem ein bestimmter Umstand verwirklicht werden soll oder ein bestimmtes Ereignis herbeigeführt werden soll, nicht nur dieser Umstand oder dieses Ereignis präzise Informationen im Sinne der genannten Bestimmungen sein können, sondern auch die mit der Verwirklichung des Umstands oder Ereignisses verknüpften Zwischenschritte dieses Vorgangs" (Ls. 1). Diese Entscheidung ist die Grundlage der in Art. 7 Abs. 2 Satz 2 und Abs. 3 VO Nr. 596/2014 aufgenommenen Regelungen. Im Lichte des *Geltl*-Urteils und des auf diesem beruhenden und dieses teilweise konkretisierenden Urteils des BGH ist den Bestimmungen des Art. 7 Abs. 2 Satz 2 und Abs. 3 VO Nr. 596/2014 im Hinblick auf die insiderrechtliche Behandlung von Zwischenschritten in mehrstufigen Entscheidungsvorgängen das Folgende zu entnehmen:

52 – Absichten, Vorhaben, Pläne sowie – falls zu ihrer Realisierung weitere Schritte erforderlich sind – jeder weitere Zwischenschritt zur Herbeiführung der mit diesen jeweils angestrebten zukünftigen Umstände oder Ereignisse kommen **je für sich als präzise Informationen** in Betracht. Ein jeder Zwischenschritt ist eine Insiderinformation, wenn „er für sich genommen die Kriterien für Insiderinformationen gemäß diesem Artikel erfüllt" (Art. 7 Abs. 3 VO Nr. 596/2014). Gleiches gilt erst recht auch für den ersten Schritt auf dem Weg zur Herbeiführung zukünftiger Umstände oder Ereignisse (Rz. 23).

53 – Jeder erste und jeder Zwischenschritt können die „Kriterien für Insiderinformationen" sowohl als Information über gegebene oder eingetretene Umstände bzw. Ereignisse als auch über zukünftige Umstände oder Ereignisse erfüllen[2]. Erste Schritte und Zwischenschritte werden damit zu präzisen Informationen nicht erst dadurch, dass – wegen ihres Zukunftsbezugs – nach Art. 7 Abs. 2 Satz 1 VO Nr. 596/2014 vernünftigerweise erwartet werden kann, dass die herbeizuführenden Umstände oder Ereignisse in Zukunft gegeben sein bzw. eintreten werden. Sie können vielmehr jeweils auch als beweisbare innere oder äußere Tatsache eine präzise Information darstellen. Dass ein Umstand oder Ereignis nur ein erster Schritt oder Zwischenschritt zu einem zukünftigen Umstand oder Ereignis ist, „sperrt eine Einordnung als Insiderinformation nicht"[3]. Dass im Fall eines „zeitlich gestreckten Vorgangs" sowohl der zukünftige Umstand bzw. das zukünftige Ereignis als auch die Zwischenschritte, die mit der Herbeiführung oder Hervorbringung dieses zukünftigen Umstandes oder Ereignisses verbunden sind, eine präzise Information darstellen können, ist Gegenstand der Regelung in Art. 7 Abs. 2 Satz 2 VO Nr. 596/2014.

54 – Als **Informationen über einen eingetretenen Umstand oder ein eingetretenes Ereignis** sind Informationen über einen ersten Schritt oder einen Zwischenschritt im Rahmen eines mehrstufigen Vorgangs präzise Informationen i.S.d. Art. 7 Abs. 2 Satz 1 VO Nr. 596/2014. Sie sind Insiderinformationen, wenn sie darüber hinaus – als weitere „Kriterien für Insiderinformationen" – nicht öffentlich bekannt und kurserheblich i.S.v. Art. 7 Abs. 1 Satz 1 VO Nr. 596/2014 sind. Letzteres sind sie nach Art. 7 Abs. 4 Unterabs. 1 VO Nr. 596/2014 dann, wenn sie ein verständiger Anleger wahrscheinlich als Teil der Grundlage seiner Anlageentscheidungen nutzen würde. Das wiederum wird regelmäßig nur der Fall sein, wenn Umstände gegeben sind, unter denen ein verständiger Anleger die Information über einen ersten oder weiteren Schritt zur Herbeiführungen zukünftigen Umstands oder Ereignisses ganz unabhängig von deren jeweiligem zukünftigen Eintritt und der Wahrscheinlichkeit desselben als Teil der Grundlage seiner Anlageentscheidungen nützen würde.

55 – Dementsprechend führt der **BGH** in seiner dem *Geltl*-Urteil des EuGH nachfolgenden Entscheidung aus: „Bei der Beurteilung der Kursrelevanz kann nicht allein darauf abgestellt werden, wie wahrscheinlich die beabsichtigte einvernehmliche Beendigung der Bestellung war. Die Information über die Absicht des [Vorstandsvorsitzenden], im Einverständnis mit dem Aufsichtsrat vorzeitig aus dem Amt als Vorstandsvorsitzender auszuscheiden, muss sich für die Bewertung durch einen Anleger nicht im Hinweis auf ein künftiges Ereignis beschränken, sondern kann auch aus anderen Gründen von einem Anleger als Teil der Grundlage seiner Anlageentscheidungen benutzt werden. Schon die Absicht, die personelle Veränderung in der Leitung umzusetzen, kann bedeuten, dass die Musterbeklagte [DaimlerChrysler AG] die vom [Vorstandsvorsitzen-

---

1 *Mennicke/Jakovou* in Fuchs, § 13 WpHG Rz. 74; *Pawlik* in KölnKomm. WpHG, 1. Aufl. 2007, § 13 WpHG Rz. 15 f. Auch OLG Frankfurt v. 12.2.2009 – 2 Ss-OWi 514/08, AG 2009, 414 Ls. 1, 415 = NJW 2009, 1520, 1521, das im Bußgeldverfahren davon ausging, die Verknüpfung mehrerer eigenständiger Umstände zu einer einheitlichen Gesamtentscheidung widerspreche dem Wortlaut von § 13 Abs. 1 Satz 1 WpHG und den Vorgaben der RL 2003/6/EG und 2003/124/EG, weshalb es nicht darauf ankomme, wann der endgültige Aufsichtsratsentscheidung falle. Eine (*ad hoc* publizitätspflichtige) Insiderinformation sei vielmehr bereits dann gegeben, wenn der Bereich interner Willensbildung sich zu einer konkreten Tatsache verdichtet habe und das Ergebnis dieses Willensbildungsprozesses gegenüber einem Entscheidungsträger des Unternehmens als konkrete Tatsache objektiv nach außen zu Tage getreten sei. Ablehnend *Schwark/Kruse* in Schwark/Zimmer, § 13 WpHG Rz. 8a, 19a, 20.
2 Ebenso *Zetzsche* in Gebauer/Teichmann, § 7 C. Rz. 114 f. („Zwei-Kriterien-Prüfung", d.h. zum einen Prüfung des „Zwischenschritt[s] für sich" und zum anderen Prüfung des „gesamten Vorgang[s]").
3 BGH v. 23.4.2013 – II ZB 7/09, AG 2013, 518, 519 Rz. 15.

den] verfolgte Geschäftspolitik nicht oder nicht mit Nachdruck weiterverfolgt."[1] Jedenfalls kann danach die **Kursrelevanz** einer Information über einen ersten Schritt oder einen Zwischenschritt als ein eingetretener Umstand oder ein eingetretenes Ereignis nicht bereits mit dem Argument abgelehnt werden, das erstrebte Endziel sei nicht hinreichend wahrscheinlich in dem Sinne, dass vernünftigerweise des Eintritt des Endziels nicht erwartet werden könne. Dem Merkmal für die Beurteilung einer Information über einen zukünftigen Umstand oder ein zukünftiges Ereignis kommt bei der Beurteilung der Kursrelevanz eingetretener Umstände oder Ereignisse mithin **keine Sperrwirkung** zu[2]. In gleicher Weise hält auch das **OLG Frankfurt** den gegenüber dem Aufsichtsrat geäußerten Rücktrittswillen des Vorstandsvorsitzenden schon für sich genommen – und ohne dass es auf die Wahrscheinlichkeit der Realisierung des Willens ankomme – als geeignet, „im Falle seines Bekanntwerdens, den Aktienkurs eines Unternehmens erheblich zu beeinflussen", so dass es „auf die Frage, ‚wie' der Aufsichtsrat mit der beabsichtigten Amtsniederlegung unternehmerisch (z.B. Zustimmung, Nachfolgeregelung etc.) ... und rechtlich (z.B. Abfindung, Schadensersatz)" umgehe, nicht ankomme[3].

– Als **Information über einen zukünftigen Umstand oder ein zukünftiges Ereignis** ist eine Information 56
über einen ersten Schritt oder einen Zwischenschritt nur dann eine präzise Information, wenn sie die „Kriterien für Insiderinformationen" erfüllt. Das ist dann der Fall, wenn *zum einen* vernünftigerweise erwartet werden kann, dass der Umstand oder das Ereignis in Zukunft gegeben sein bzw. eintreten wird und, sofern dies anzunehmen ist, die Information *zum anderen* geeignet wäre, den Kurs von Finanzinstrumenten spürbar zu beeinflussen, d.h. eine Information gegeben ist, die ein verständiger Anleger wahrscheinlich als Teil der Grundlage seiner Anlageentscheidungen nutzen würde (Art. 7 Abs. 1 Satz 1 lit. a i.V.m. Abs. 4 Unterabs. 1 VO Nr. 596/2014).

Zur Frage, unter welchen Voraussetzungen **vernünftigerweise erwarten kann, dass Umstände oder Ereig-** 57
nisse zukünftig gegeben sein bzw. eingetreten sein werden (Art. 7 Abs. 2 Satz 1 VO Nr. 596/2014), ist auf die durch das *Geltl*-Urteil des EuGH aufgestellten Grundsätze und die diesbezüglichen Erläuterungen in Rz. 44 ff. zu verweisen. Dabei ist beachten, dass sich die diesbezüglichen Ausführungen des EuGH zur Auslegung der „Wendung ‚eine Reihe von Umständen ..., ... bei denen man mit hinreichender Wahrscheinlichkeit davon ausgehen kann, dass sie in Zukunft existieren werden, oder ein Ereignis, das ... mit hinreichender Wahrscheinlichkeit in Zukunft eintreten wird'" ausschließlich auf die Frage beziehen, wann ein Umstand oder ein Ereignis zukünftig gegeben sein bzw. eingetreten sein wird und nichts mit der davon zu unterscheidenden Frage der Kursrelevanz einer präzisen Information über zukünftige Umstände oder Ereignisse zu tun haben. Daran ändert auch die Tatsache nichts, dass sich der EuGH in diesem Zusammenhang auch mit der – von ihm verneinten – Frage befasst, ob die vorstehend zitierte „Wendung" so zu verstehen sei, „dass das Ausmaß der Auswirkung dieser Reihe von Umständen oder dieses Ereignisses auf den Kurs der betreffenden Finanzinstrumente zu berücksichtigen" sei[4].

Kann vernünftigerweise erwartet werden, dass die Umstände oder Ereignisse, auf die sich die fragliche In- 58
formation über einen Zwischenschritt bezieht, zukünftig gegeben sein bzw. eingetreten sein werden, so liegt eine präzise Information vor, die nach Maßgabe von Art. 7 Abs. 1 Satz 1 lit. a i.V.m. Abs. 4 Unterabs. 1 VO Nr. 596/2014 auf ihre **Kurserheblichkeit/Kursrelevanz** zu prüfen ist. Maßgeblich ist dabei, ob ein **verständiger Anleger** die Information über den ersten Schritt und den Zwischenschritt im Hinblick auf den mit diesen angestrebten zukünftigen Umstand oder das zukünftige Ereignis, dessen Vorliegen bzw. Eintritt vernünftigerweise zu erwarten ist, wahrscheinlich als Teil der Grundlage seiner Anlageentscheidungen nutzen würde. In diesem Zusammenhang wird der verständige Anleger fraglos die Erwägungen anstellen, wie sie nach Rz. 47 schon in Bezug auf die Beantwortung der Frage heranzuziehen sind, ob vernünftigerweise erwartet werden kann, ein Umstand bzw. ein Ereignis werde in Zukunft gegeben sein bzw. eintreten[5]. Gleichwohl wird er in diesem Rahmen auch Überlegungen zum Gewicht des zukünftigen Umstands oder Ereignissen anstellen. Neben dem „Grad der Wahrscheinlichkeit des Eintritts dieses Ereignisses" – so formuliert der EuGH, unter Rückgriff auf Erwägungsgrund 1 der RL 2003/124/EG (Rz. 8) im Hinblick auf die Eignung einer Information, über einen Zwischenschritt „den Kurs der Finanzinstrumente eines Emittenten spürbar zu beeinflussen" – werden verständige Anleger auch die „‚möglichen Auswirkungen' eines Ereignisses auf den

---
1 BGH v. 23.4.2013 – II ZB 7/09, AG 2013, 518, 520 Rz. 24.
2 Ebenso *Klöhn* in Klöhn, Art. 7 MAR Rz. 108; *Krause* in Meyer/Veil/Rönnau, Handbuch zum Marktmissbrauchsrecht, § 6 Rz. 70.
3 OLG Frankfurt v. 12.2.2009 – 2 Ss-OWi 514/08, AG 2009, 414 Rz. 6.
4 EuGH (2. Kammer) v. 28.6.2012 – C-19/11, ECLI:EU:C:2012:397 – Geltl, AG 2012, 555, 556 Rz. 41.
5 Entsprechend heißt es in BGH v. 23.4.2013 – II ZB 7/09, AG 2013, 518, 520 Rz. 25: „Im Zusammenhang mit der Kursrelevanz der Information über künftige Umstände hat er [der EuGH] entschieden, dass dann, wenn es sich um eine Information über ein hinreichend wahrscheinliches künftiges Ereignis handelt, davon auszugehen sei, dass ein Anleger auch den Grad der Wahrscheinlichkeit des Eintritts des künftigen Ereignisses in Betracht zieht ... Da ... bei der Kursrelevanz generell davon auszugehen ist, dass ein Anleger den Grad der Wahrscheinlichkeit des Eintritts eines künftigen Ereignisses in Betracht zieht, muss dies auch gelten, wenn eine präzise Information über einen eingetretenen Umstand vorliegt, der auf ein künftiges Ereignis hinweist, und der Anleger insoweit den möglichen künftigen Verlauf abschätzen muss".

Emittenten in Betracht ziehen"[1]. Entsprechend heißt es in der dem *Geltl*-Urteil folgenden Entscheidung des BGH, „bei der Beurteilung der Kursrelevanz" könne „nicht allein darauf abgestellt werden, wie wahrscheinlich die beabsichtigte einvernehmliche Beendigung der Bestellung" gewesen sei[2]. Und schließlich macht auch Erwägungsgrund 14 Satz 3 VO Nr. 596/2014 deutlich, welche Gesichtspunkte nach den Vorstellungen des Verordnungsgebers ein verständiger Anleger Beachtung schenken wird, nämlich „die voraussichtlichen Auswirkungen der Informationen ..., insbesondere unter Berücksichtigung der Gesamttätigkeit des Emittenten, der Verlässlichkeit der Informationsquelle und sonstiger Marktvariablen, die das Finanzinstrument, die damit verbundenen Waren-Spot-Kontrakte oder die auf den Emissionszertifikaten beruhenden Auktionsobjekte unter den gegebenen Umständen beeinflussen dürften".

59 – Klarstellend ist darauf hinzuweisen, dass auch eine **Information über einen bevorstehenden (zukünftigen) Zwischenschritt**, die als Information über ein zukünftiges Ereignis zu behandeln ist, eine Insiderinformation sein kann[3].

60 c) **Kursspezifität.** Nach Art. 7 Abs. 2 Satz 1 VO Nr. 596/2014 sind Informationen dann als **präzise** i.S.v. Art. 7 Abs. 1 VO Nr. 596/2014 anzusehen, wenn diese eingetretene oder bestimmte zukünftige Umstände oder Ereignisse betreffen „und diese Informationen darüber hinaus **spezifisch genug** sind, um einen Schluss auf die mögliche Auswirkung dieser Reihe von Umständen oder dieses Ereignisses auf die Kurse der Finanzinstrumente oder des damit verbundenen derivativen Finanzinstruments, der damit verbundenen Waren-Spot-Kontrakte oder der auf den Emissionszertifikaten beruhenden Auktionsobjekte zuzulassen". Zu der daraus folgenden Zweistufigkeit bei der Prüfung der Frage, ob eine Information präzise ist, s. Rz. 12 ff. Während die *Geltl*-Entscheidung des EuGH das Merkmal der Kursspezifität als Teil der Anforderungen an eine präzise Information herausstellt[4] und auch der BGH sich in seinem nachfolgenden Beschluss[5] mit dem Merkmal befasst, ist ihm im Schrifttum teils eine selbstständige Bedeutung abgesprochen[6], teils eine Vermischung mit dem Merkmal der Kurserheblichkeit[7] vorgeworfen worden. Gleichwohl kommt dem Merkmal eine gewisse Filterfunktion[8] zu, indem es Informationen ohne hinreichenden Bezug zu einem bestimmten Emittenten und den von ihm emittierten Finanzinstrumenten aus dem Kreis möglicher Insiderinformationen aussondert.

61 Zu den Informationen, die zwar eingetretene oder zukünftige Umstände oder Ereignisse zum Gegenstand haben, aber **nicht spezifisch genug** sind, um einen Schluss auf die mögliche Auswirkung dieser Umstände oder Ereignisse auf die Kurse der in Art. 7 Abs. 2 Satz 1 VO Nr. 596/2014 aufgeführten Finanzinstrumente haben, gehören beispielsweise allgemeine **Marktinformationen** (auch „**Marktdaten**"), d.h. Informationen über Marktverhältnisse und Wettbewerbsparameter, die für alle Marktteilnehmer und Finanzinstrumente verbindlich sind[9], auch wenn sie einzelne Branchen, Marktteilnehmer oder Finanzinstrumente mehr betreffen als andere[10]. Erst wenn solche Marktinformationen bestimmbare Auswirkungen auf einzelne Emittenten oder Finanzinstrumente haben, also **indirekt einen oder mehrere Emittenten oder ein oder mehrere Finanzinstrumente betreffen** (Art. 7 Abs. 1 lit. a VO Nr. 596/2014, dazu Rz. 74 f.), sind sie spezifisch genug, um ein Urteil über ihre Auswirkungen auf die Kurse der in Betracht kommenden Finanzinstrumente zu erlauben[11]. Käme es etwa dazu, dass die *Federal Trade Commission* der USA Antidumpingzölle für „golf carts from Europe" verhängen würde, so hätte man dies grundsätzlich als eine Marktinformation im vorstehenden Sinne anzusehen, die nicht hinreichend emittenten- oder finanzinstrumentenspezifisch wäre, um eine Insiderinformation abzugeben. Diese Beurteilung müsste indes anders ausfallen, wenn auf dem europäischen Markt nur wenige Hersteller von „golf carts" mit hoher Ab-

---

1 EuGH (2. Kammer) v. 28.6.2012 – C-19/11, ECLI:EU:C:2012:397 – Geltl, AG 2012, 555, 557 Rz. 55.
2 BGH v. 23.4.2013 – II ZB 7/09, AG 2013, 518, 520 Rz. 24.
3 EuGH (2. Kammer) v. 28.6.2012 – C-19/11, ECLI:EU:C:2012:397 – Geltl, AG 2012, 555, 556 Rz. 38: „Es ist darauf hinzuweisen, dass diese Auslegung nicht nur für Schritte gilt, die bereits existieren oder bereits eingetreten sind, sondern nach Art. 1 Abs. 1 der Richtlinie 2003/124 auch Schritte betrifft, bei denen man mit hinreichender Wahrscheinlichkeit davon ausgehen kann, dass sie in Zukunft existieren oder eintreten werden."
4 EuGH (2. Kammer) v. 28.6.2012 – C-19/11, ECLI:EU:C:2012:397 – Geltl, AG 2012, 555 Rz. 29, 556 Rz. 35 und 39.
5 BGH v. 23.4.2013 – II ZB 7/09, AG 2013, 518, 519 f. Rz. 19 und 21.
6 *Klöhn* in KölnKomm. WpHG, § 13 WpHG Rz. 80, 83. Dagegen spricht *Bartmann*, S. 70 f., dem Kriterium eine eigenständige Bedeutung ab.
7 *Bachmann*, DB 2012, 2206, 2209 m.w.N.
8 *Seibt*, Bankrechtstag 2017, S. 81, 88 („Vorab-Filter").
9 *Lösler* in Habersack/Mülbert/Schlitt, Kapitalmarktinformation, § 2 Rz. 24; *Sethe* in Assmann/Schütze, Kapitalanlagerecht, § 8 Rz. 39, 62. Ähnlich auch *BaFin*, Emittentenleitfaden 2013, S. 34 („Informationen über die Rahmenbedingungen von Märkten oder über die Märkte selbst, die im Einzelfall auch die Verhältnisse von Emittenten und Insiderpapieren berühren können").
10 Das Spektrum solcher Marktinformationen reicht von noch vergleichsweise unternehmens- und kapitalmarktnahen Ereignissen (Zinsbeschlüssen von Notenbanken, Veränderungen von Rohstoffpreisen oder der Bekanntgabe branchen- oder konjunkturbezogener statistischer Daten) bis hin zu unternehmens- und marktfernen politischen Vorkommnissen und Naturereignissen. Vgl. *BaFin*, Emittentenleitfaden 2013, S. 34.
11 RegE AnSVG, BT-Drucks. 15/3174, 34 li. Sp. oben; *Rothenhöfer* in Kümpel/Wittig, Bank- und Kapitalmarktrecht, Rz. 3.481; *Sethe* in Assmann/Schütze, Kapitalanlagerecht, § 8 Rz. 39, 62. Zu Art. 7 VO Nr. 596/2014 auch *Krause* in Meyer/Veil/Rönnau, Handbuch zum Marktmissbrauchsrecht, § 6 Rz. 98.

hängigkeit vom Export solcher „carts" in die USA zu finden wären. Wären Marktdaten nicht mangels Kursspezifität als Insiderinformation auszuscheiden, so könnte dies aber spätestens aufgrund eines unzureichenden Bezugs zu bestimmten Finanzinstrumenten oder aufgrund ihres fehlenden Emittentenbezugs geschehen.

Als **nicht kursspezifisch** hat der BGH in seiner nach dem *Geltl*-Urteil ergangenen Entscheidung in Sachen DaimlerChrysler den „existierenden Umstand" betrachtet, „dass sich der [Vorstandsvorsitzende] mit dem Gedanken trug, vor Ablauf seiner bis 2008 reichenden Bestellung als Vorstandsvorsitzender auszuscheiden, und seine Ehefrau in entsprechende Überlegungen einweihte"[1]. Damit seien die Überlegungen des Betreffenden „nicht über den engen persönlichen Bereich hinausgelangt" und hätten „den Charakter als Überlegungen, denen kein präziser Informationsgehalt zukommt, nicht verloren", so dass sie in diesem Zeitpunkt keinen Schluss auf mögliche Auswirkung auf die Kurse der Emittentin zugelassen hätten. Zu einem ähnlichen Ergebnis gelangt auch das OLG Frankfurt im bußgeldrechtlichen Verfahren gegen die DaimlerChrysler AG gem. § 30 Abs. 1 Nr. 4, Abs. 4 OWiG, begründet dies allerdings damit, dass die vorstehend angesprochenen Überlegungen zum Rücktritt noch dem „Bereich interner Willensbildung" zugehört und erst in dem Moment zu einer „konkreten Tatsache" verdichtet hätten, in dem „das Ergebnis dieses Willensbildungsprozesses gegenüber einem Entscheidungsträger des Unternehmens als konkrete Tatsache objektiv nach außen zu Tage" getreten sei, beispielsweise durch „Mitteilung gegenüber einem Aufsichtsratsmitglied, das Amt niederlegen zu wollen"[2].

4. Nicht öffentlich bekannte Information. a) Grundsätzliches. Wie schon unter der von der Marktmissbrauchsverordnung abgelösten RL 2003/6/EG (Rz. 2) und der RL 2003/124/EG zur Durchführung dieser Richtlinie (Rz. 8) sowie § 13 Abs. 1 Satz 1 WpHG a.F., der die einschlägigen Vorgaben dieser Richtlinien umsetzte, kann eine präzise Information nur dann eine Insiderinformation sein, wenn sie **nicht öffentlich bekannt** ist (Art. 7 Abs. 1 VO Nr. 596/2014). Ist eine präzise Information öffentlich bekannt, entfällt der Informationsvorsprung, der sich mit ihrer Weitergabe oder Verwendung verbindet und dessen Ausnutzung durch das Insiderrecht verhindert werden soll. Dementsprechend enthält Art. 17 VO Nr. 596/2014 die Verpflichtung eines Emittenten, der Öffentlichkeit die diesen unmittelbar betreffenden Insiderinformationen so bald wie möglich bekannt zu geben.

Ob eine Insiderinformation öffentlich bekannt ist, ist eine **objektiv zu beurteilende Frage** und hat weder etwas mit den diesbezüglichen Vorstellungen des Insiders oder mit dem der Insiderinformation zugeschriebenen Charakter als Geheimnis oder vertrauliche Information zu tun[3] noch spielt es eine Rolle, wer die Information bekannt machte[4] oder wie sie Information öffentlich bekannt wurde. Es besteht Einigkeit, dass eine Insiderinformation erst dann öffentlich bekannt ist, wenn eine **unbestimmte Anzahl von Personen von ihr Kenntnis erlangt** hat[5]. Doch darüber, wann dies der Fall ist, wurden schon bei der Auslegung von Art. 1 Abs. 1 der EG-Insiderrichtlinie von 1989[6] unterschiedliche Ansichten vertreten[7]. Schon im Zusammenhang mit der Umsetzung dieser Richtlinie durch Art. 1 des Zweiten Finanzmarktförderungsgesetzes (2. FFG) vom 26.7.1994[8] hieß es in der Regierungsbegründung[9] zu derselben allerdings, eine Information habe bereits dann als öffentlich bekannt zu gelten, „wenn die sog. **Bereichsöffentlichkeit** hergestellt" sei, d.h. „die Marktteilnehmer" von der Information Kenntnis nehmen könnten[10]. Das wiederum sei möglich „bei Verbreitung der Information **über allgemein zugängliche Informationssysteme**". Das Konzept der Bereichsöffentlichkeit blieb auch nach der Änderung des Insiderrechts zur Umsetzung der RL 2003/6/EG (Rz. 2) und der RL 2003/124/EG zur Durchführung dieser Richtlinie (Rz. 8) und weiter bis zum Erlass der Marktmissbrauchsverordnung das vorherrschende. Auch die BaFin hat das Kriterium der Bereichsöffentlichkeit übernommen: Noch im letzten zum WpHG a.F. erschie-

---

1 Auch zum Folgenden BGH v. 23.4.2013 – II ZB 7/09, AG 2013, 518, 519/520 Rz. 19.
2 OLG Frankfurt v. 12.2.2009 – 2 Ss-OWi 514/08, AG 2009, 414 Rz. 6.
3 S., auch für Art. 7 VO Nr. 596/2014 geltend, *Assmann* in 6. Aufl., § 13 WpHG Rz. 33 m.w.N.; *Buck-Heeb*, Kapitalmarktrecht, Rz. 324.
4 *Buck-Heeb*, Kapitalmarktrecht, Rz. 324; *Hopt/Kumpan* in Schimansky/Bunte/Lwowski, § 107 Rz. 53; *Lösler* in Habersack/Mülbert/Schlitt, Kapitalmarktinformation, § 2 Rz. 50.
5 Zu diesem Ausgangspunkt RegE 2. FFG, BT-Drucks. 12/6679, 46; *BaFin*, Emittentenleitfaden 2009, S. 32; *BaFin*, Emittentenleitfaden 2013, S. 34. Ist die als Insiderinformation in Betracht kommende Information als solche veröffentlicht worden, ist es gänzlich unerheblich, ob sie – wie *Hopt/Kumpan* in Schimansky/Bunte/Lwowski, § 107 Rz. 52, unter Berufung auf *Klöhn* in KölnKomm. WpHG, § 13 WpHG Rz. 141, meinen – „zutreffend eingeschätzt werden kann".
6 ABl. EG Nr. L 334 v. 18.11.1989, S. 30.
7 Näher dazu *Assmann* in 6. Aufl., § 13 WpHG Rz. 33.
8 BGBl. I 1994, 1749. Es gibt deshalb keinerlei Anlass (und auch keinen Beleg) für zu der Behauptung, „schon bisher [habe] die BaFin – trotz ihres Bekenntnisses zur Bereichsöffentlichkeit – auf die breite Öffentlichkeit abgestellt", so aber *Hopt/Kumpan* in Schimansky/Bunte/Lwowski, § 107 Rz. 52 a.E.
9 RegE 2. FFG, BT-Drucks. 12/6679, 46.
10 Die mögliche und nicht die tatsächliche Kenntnisnahme wird als entscheidend angesehen. RegE 2. FFG, BT-Drucks. 12/6679, 46; *BaFin*, Emittentenleitfaden 2013, S. 34 („zugänglich gemacht"; Schaffung der „Möglichkeit, von der Insiderinformation Kenntnis zu nehmen"); *Hilgendorf/Kusche* in Park, 5.4.II.1.b)aa)(2) Rz. 54; *Lenenbach*, Kapitalmarktrecht, Rz. 13.120; *Mennicke/Jakovou* in Fuchs, § 13 WpHG Rz. 88, 91; *Rothenhöfer* in Kümpel/Wittig, Bank- und Kapitalmarktrecht, Rz. 3.489; *Schwark/Kruse* in Schwark/Zimmer, § 13 WpHG Rz. 30.

nen Emittentenleitfaden[1] hieß es zwar, wie in den früheren Fassungen, es müsse als ausreichend, aber auch erforderlich angesehen werden, „dass die Insiderinformation einem breiten Anlegerpublikum zeitgleich zugänglich" sei, doch fügt sich zur Erläuterung sogleich der Satz an, dies könne durch ein allgemein zugängliches, elektronisches Informationsverbreitungssystem erfolgen" und verlange „keine Veröffentlichung in den Medien". So könne habe „jeder interessierte Marktteilnehmer ... die Möglichkeit, von der Insiderinformation Kenntnis zu nehmen (Bereichsöffentlichkeit)", ohne „dass die informationelle Chancengleichheit ... beeinträchtigt" werde. Das lässt sich nur so deuten, dass die BaFin die Information der Bereichsöffentlichkeit als eine solche „eine[s] breite[n] Anlegerpublikums und damit einer unbestimmten Zahl von Personen" ansieht[2].

65 Für das Kriterium der **Bereichsöffentlichkeit** zur Beantwortung der Frage, wann eine Information öffentlich bekannt ist, hat es gute **Gründe** gegeben und gibt es sie auch weiter[3]. Vor allem ist es für die Bestimmung der öffentlichen Bekanntheit einer Information präziser und praktikabler als das Kriterium, nach dem eine Information erst dann öffentlich bekannt sei, wenn – ein Zeitpunkt, der nur schwer zu bestimmen ist – ein „breites Anlegerpublikum"[4] von der Information habe Kenntnis nehmen können oder gar Kenntnis genommen hat. Dabei ist es bereits bei Eintritt der Bereichsöffentlichkeit und der mit ihr verbundenen sofortigen Einpreisung der Information ausgeschlossen, dass einzelne Marktteilnehmer mit der Kenntnis der Information einen Informationsvorsprung erlangen und einen ungerechtfertigten Vorteil realisieren können. Die Ansicht, das Konzept der Bereichsöffentlichkeit sei schon nach Recht europarechtswidrig gewesen, weil dieses seit der Börsenzulassungsrichtlinie 1979 auf die „breite Öffentlichkeit" abgestellt habe, ist unzutreffend: Zum einen haben Öffentlichkeitskonzepte von Richtlinien wie der angeführten Börsenzulassungsrichtlinie 1979 nichts mit der Herstellung von Öffentlichkeit als Beseitigung der Eigenschaft einer Information als Insiderinformation zu tun und zum anderen versteht sich das Konzept zu Recht als ein solches, das die Information der Bereichsöffentlichkeit als eine Information des breiten Anlegerpublikums im Sinne der Information einer unbestimmten Zahl von Personen ansieht (s. Rz. 66 a.E.). Dafür spricht auch, dass selbst diejenigen, die „öffentlich bekannt" als einem „breiten Anlegerpublikums bekannt" verstehen, eine solche breite Bekanntheit der Information annehmen wollen, wenn die „Nachricht über den *Börsenticker* gelaufen oder durch einen der großen *Nachrichtendienste* wie Reuters oder DPA oder über ein anderes allgemein zugängliches, elektronisches Informationsverbreitungssystem bekanntgegeben worden ist"[5].

66 Für eine **Aufgabe des Kriteriums der Bereichsöffentlichkeit** gibt es auch **keine triftigen Gründe**[6]. Dass der Marktmissbrauchsverordnung gegenüber der RL 2003/6/EG (Rz. 2) und der RL 2003/124/EG zur Durchführung dieser Richtlinie (Rz. 8) ein neues Konzept zugrunde liege, nach dem sich bestimme, wann eine Information öffentlich bekannt ist und damit keine Insiderinformation sein kann, ist nicht erkennbar. Was dafür als Indizien – mehr gibt es nicht – angeführt wird[7], vermag einen solche Neuausrichtung nicht zu rechtfertigen. Das gilt auch für die Hinweise zur Auslegung des Art. 17 VO Nr. 596/2014 über die Veröffentlichung von Insiderinformationen[8], die zudem verkennen, dass die Anforderungen, die an die ordnungsgemäße Veröffentlichung von Insiderinformationen gestellt werden, von denen unterschieden werden können, die für die Beurteilung der Frage herangezogen werden, ob eine Information – unabhängig davon, wer sie wie, d.h. ordnungsgemäß oder nicht ordnungsgemäß, veröffentlicht hat – als öffentlich bekannt gelten darf[9]. Auch wenn die Ansicht, das

---

1 *BaFin*, Emittentenleitfaden 2013, S. 34.
2 *BaFin*, Emittentenleitfaden 2013, S. 34 zu III.2.1.2 (1. Abs.).
3 Ebenso, mit ausführlicher Begründung, *Steinrück*, S. 37 ff.
4 So *Hopt/Kumpan* in Schimansky/Bunte/Lwowski, § 107 Rz. 52, *Klöhn* in KölnKomm. WpHG, § 13 WpHG Rz. 132; *Klöhn*, AG 2016, 423, 427 („breite Öffentlichkeit") folgend; *Klöhn*, ZHR 180 (2016), 707, 715 f.; *Klöhn* in Klöhn, Art. 7 MAR Rz. 126 („Das breite Anlegerpublikum ist die Gesamtheit aller professionellen und nicht professionellen Anleger, die nach Informationen suchen, um sie am Kapitalmarkt zu verwerten. Zugang zu der Information haben sie, wenn die Information in einer Weise verbreitet wurde, die mit den Anforderungen des Art. 17 Abs. 1 UAbs. 2 [VO Nr. 596/2014] vergleichbar ist"), 130 ff.; *Krause* in Meyer/Veil/Rönnau, Handbuch zum Marktmissbrauchsrecht, § 6 Rz. 78; *Kumpan*, DB 2016, 2039, 2042.
5 *Hopt/Kumpan* in Schimansky/Bunte/Lwowski, § 107 Rz. 53 (Hervorh. im Orig.); ebenso, in seiner nach eigenem Urteil wohl europarechtswidrigen Erläuterung, *Klöhn* in KölnKomm. WpHG, § 13 WpHG Rz. 136.
6 Dafür, dass das Konzept der Bereichsöffentlichkeit auch Marktmissbrauchsverordnung gilt, *Renz/Rippel* in BuB, Rz. 7/ 698; *Theile* in Esser/Rübenstahl/Saliger/Tsambikakis, 2. Kapitel, § 38 WpHG Rz. 87. A.A. *Grundmann* in Staub, Bd. 11/1, 5. Aufl. 2017, 6. Teil Rz. 348; *Hopt/Kumpan* in Schimansky/Bunte/Lwowski, § 107 Rz. 52; *Klöhn*, AG 2016, 423, 426 f.
7 Namentlich bei *Hopt/Kumpan* in Schimansky/Bunte/Lwowski, § 107 Rz. 52.
8 Verfehlt deshalb der Hinweis bei *Hopt/Kumpan* in Schimansky/Bunte/Lwowski, § 107 Rz. 52, die Kommission und die ESMA gingen offensichtlich von einem weiten Verständnis des Begriffs „Öffentlichkeit" aus, weil sie im Zusammenhang mit der öffentlichen Verbreitung von Informationen durch den Emittenten nach Art. 17 VO Nr. 596/2014 von einer „möglichst breite[n] Öffentlichkeit" bzw. von „dissemination to as wide as possible public" sprächen.
9 *Hopt/Kumpan* in Schimansky/Bunte/Lwowski, § 107 Rz. 52, die geltend machen, für weites Verständnis des Begriffs „Öffentlichkeit" spreche der Verweis in Art. 17 Abs. 1 Unterabs. 2 Satz 1 VO Nr. 596/2014 auf Art. 21 RL 2004/109/EG (Transparenzrichtlinie), wo von einer Veröffentlichung „on a non-discriminatory basis" die Rede sei, obschon das Konzept der Bereichsöffentlichkeit keinerlei Anlegerprivilegierung und damit auch keine Anlegerdiskriminierung mit sich bringt.

Konzept der Bereichsöffentlichkeit sei mit der Marktmissbrauchsverordnung nicht vereinbar, zurückzuweisen ist, ist zu konzedieren, dass die **Marktmissbrauchsverordnung ein solches Konzept nicht vorgibt** und deshalb zu überprüfen ist, inwieweit es mit der Auslegung des Begriffs „öffentlich bekannt" in anderen Mitgliedstaaten der EU kompatibel ist[1].

b) Einzelheiten. Im Einzelnen ist davon auszugehen, dass sich eine Information an eine **unbestimmte Zahl von Personen** richtet, wenn nicht aufgrund eines bestimmten Informationsmediums oder den zeitlich-räumlichen Umständen, unter denen die Information abgegeben wird, ein bestimmter Kreis der Bereichsöffentlichkeit ausgeschlossen ist, während – umgekehrt betrachtet – gleichzeitig feststeht, wer die fragliche Information erhalten wird. Dass im Markt „gewisse Vorahnungen" – im Hinblick auf mögliche Umsatzeinbußen und Gewinnverluste eines Emittenten – bestanden haben mögen oder interessierten Kreisen eine bestimmte „wirtschaftliche Tendenz geläufig" gewesen sein mag, macht eine diesbezügliche Insiderinformation noch nicht zu einer öffentlich bekannten[2]. 67

Werden Informationen an Redaktionen, Nachrichtenagenturen, Betreiber der elektronischen Nachrichtenvermittlungssysteme oder sonstige Nachrichtenverteilungsstellen gegeben, so sind sie nicht bereits mit der Weitergabe, sondern erst für den Fall als veröffentlicht zu betrachten, dass sie in den von diesen betreuten bzw. beschickten Printorganen und elektronischen Medien so erscheinen, dass nach dem üblichen Lauf der Dinge davon ausgegangen werden kann, sie seien einer unbestimmten Zahl von Personen zugänglich[3]. Bei elektronischen Informationsverbreitungssystemen ist eine Veröffentlichung bereits für die Zeitpunkt anzunehmen, in dem die fragliche Information versandt[4] wird[5]. Die bloße Übermittlung der Information an die mit der Nachrichtenverbreitung betraute Agentur reicht dagegen nicht aus, um von der Herstellung der Bereichsöffentlichkeit ausgehen zu dürfen[6]. Auf der Grundlage des Konzepts der Bereichsöffentlichkeit (Rz. 64f.) ist es allerdings nicht erforderlich, dass es sich bei den Printorganen oder elektronischen Medien, in denen Informationen veröffentlicht werden, um solche handelt, die Privatanleger auch tatsächlich regelmäßig nutzen[7]. 68

Des Weiteren ist eine Information nicht bereits dann als öffentlich bekannt anzusehen, wenn ein Unternehmen **Analysten** oder **Journalisten** einlädt, um diesen über die fraglichen Umstände zu berichten[8]. Ebenso wenig können die auf einer jedermann zugänglichen **Pressekonferenz** mitgeteilten Informationen bereits mit Kundgabe als öffentlich bekannt gelten[9]. Zwar wird nicht zu verlangen sein, dass die Mitglieder der Bereichsöffentlichkeit von einem Informationsangebot Gebrauch machen, doch handelt es sich bei einer öffentlichen Pressekonferenz nicht um ein allgemein zugängliches Informationsmedium im Sinne des Gedankens der Schaffung von Bereichsöffentlichkeit. Dem steht nicht nur der außergewöhnliche Aufwand zur Teilnahme an einer solchen entgegen, sondern auch der Umstand, dass in dem Moment, in dem die Information kundgegeben wird, nur eine bestimmte Personenzahl die Möglichkeit der Kenntnisnahme besitzt. Was für Pressekonferenzen gilt, gilt auch für anderweitige Kundgaben an einen begrenzten und bestimmten Personenkreis, wie **Festvorträge**[10] oder Vorträge auf Konferenzen und Fortbildungsveranstaltungen. Auch die **Gerichtsöffentlichkeit** genügt den 69

---

1 Ähnlich *Schäfer* in Marsch-Barner/Schäfer, Handbuch börsennotierte AG, Rz. 14.19 mit dem Ruf nach einer Klärung der Frage, wann eine Information öffentlich bekannt sei, durch die BaFin.
2 Vgl. BGH v. 27.1.2010 – 5 StR 224/09 – Freenet, AG 2010, 249 Rz. 14.
3 Ebenso *Mennicke/Jakovou* in Fuchs, § 13 WpHG Rz. 94, 100; *Rothenhöfer* in Kümpel/Wittig, Bank- und Kapitalmarktrecht, Rz. 3.491; *Schwark/Kruse* in Schwark/Zimmer, § 13 WpHG Rz. 37.
4 Früher war (vgl. auch noch 5. Aufl. des Kommentars Rz. 38) diesbezüglich, im Hinblick auf Börsenticker – möglicherweise missverständlich – von „Einspeisen" (im Sinne einer versandfertigen Eingabe) die Rede. *Claussen*, ZBB 1992, 267, 275; *Schäfer* in Schäfer/Hamann, Kapitalmarktgesetze, § 13 WpHG Rz. 36, *Sethe* in Assmann/Schütze, Kapitalanlagerecht, 2. Aufl. 2007, § 12 Rz. 41.
5 *Mennicke/Jakovou* in Fuchs, § 13 WpHG Rz. 92, 94 („über den Börsenticker gelaufen"). Offener: *Lenenbach*, Kapitalmarktrecht, Rz. 13.120 („Möglichkeit der Kenntnisnahme", jedenfalls nicht schon „Eingabe"); *Schwark/Kruse* in Schwark/Zimmer, § 13 WpHG Rz. 37 („veröffentlicht").
6 Ebenso *Lösler* in Habersack/Mülbert/Schlitt, Kapitalmarktinformation, § 2 Rz. 51; *Sethe* in Assmann/Schütze, Kapitalanlagerecht, § 8 Rz. 57.
7 RegE 2. FFG, BT-Drucks. 12/6679, 46; *Assmann*, AG 1994, 237, 242; *Claussen*, ZBB 1992, 267, 276; *Kümpel*, WM 1994, 2137, 2138.
8 *Assmann*, AG 1994, 237, 242; *Assmann*, ZGR 1994, 494, 512; *Buck-Heeb*, Kapitalmarktrecht, Rz. 326; *Claussen*, DB 1994, 27, 29; *Hopt*, ZGR 1991, 17, 30; *Kümpel*, WM 1994, 2137, 2138; *Klöhn* in KölnKomm. WpHG, § 13 WpHG Rz. 138; *Klöhn* in Klöhn, Art. 7 MAR Rz. 139; *Lenenbach*, Kapitalmarktrecht, Rz. 13.121; *Lösler* in Habersack/Mülbert/Schlitt, Kapitalmarktinformation, § 2 Rz. 52; *Mennicke/Jakovou* in Fuchs, § 13 WpHG Rz. 97; *Rothenhöfer* in Kümpel/Wittig, Bank- und Kapitalmarktrecht, Rz. 3.492; *Schäfer* in Schäfer/Hamann, Kapitalmarktgesetze, § 13 WpHG Rz. 36; *Schwark/Kruse* in Schwark/Zimmer, § 13 WpHG Rz. 37.
9 Ebenso *BaFin*, Emittentenleitfaden 2013, S. 34; *Buck-Heeb*, Kapitalmarktrecht, Rz. 326; *Hopt/Kumpan* in Schimansky/Bunte/Lwowski, § 107 Rz. 53; *Klöhn* in KölnKomm. WpHG, § 13 WpHG Rz. 138; *Klöhn* in Klöhn, Art. 7 MAR Rz. 140; *Mennicke/Jakovou* in Fuchs, § 13 WpHG Rz. 97; *Rothenhöfer* in Kümpel/Wittig, Bank- und Kapitalmarktrecht, Rz. 3.492; *Schäfer* in Schäfer/Hamann, Kapitalmarktgesetze, § 13 WpHG Rz. 36; *Sethe* in Assmann/Schütze, Kapitalanlagerecht, § 8 Rz. 57; *Schwark/Kruse* in Schwark/Zimmer, § 13 WpHG Rz. 36.
10 *Hopt/Kumpan* in Schimansky/Bunte/Lwowski, § 107 Rz. 53.

Anforderungen an die Bereichsöffentlichkeit nicht[1]. Öffentlich bekannt sind Informationen schließlich auch dann nicht, wenn sie vom Emittenten in seine **Website** eingestellt werden[2]; der gewachsene Zugang zum Internet bedeutet nicht, dass Vertreter der Bereichsöffentlichkeit sekündlich auf der Homepage eines Emittenten präsent sind, so dass sich die gleichen Probleme ergeben wie bei der Bestimmung der Herstellung der Öffentlichkeit bei der Verbreitung einer Information über Massenmedien. Nichts anderes gilt für die Verbreitung von Informationen über **soziale Medien** welcher Art auch immer[3].

70 Anerkannt ist heute auch, dass eine auf einer **Hauptversammlung** – vom Vorstandsvorsitzenden in seinem Bericht oder in Erfüllung eines Auskunftsersuchens eines Aktionärs gem. § 131 Abs. 1 AktG – erteilte Information nicht dazu führt, dass diese öffentlich bekannt ist[4]. Nichts anderes gilt für den Fall der Übertragung der Hauptversammlung im Internet[5]. Auch wenn hier mit den Aktionären eines Unternehmens eine Gruppe der von solchen Informationen Hauptbetroffenen informiert wird, kann auf der Hauptversammlung nur ein bestimmter Kreis von Aktionären, von Marktteilnehmern und erst recht der Öffentlichkeit unterrichtet werden. Die fragliche Information geht mithin auch nicht an eine unbestimmte Anzahl von Personen; vielmehr ist sie – auch wenn die Hauptversammlung eine große Zahl von Teilnehmern aufweist, die Presse vertreten ist und die Versammlung gar zeitgleich im Internet übertragen wird – nur einem bestimmten Kreis von Personen zugänglich. Davon zu trennen ist die Frage, ob der Vorstand befugt ist, Aktionären im Rahmen einer Hauptversammlung Insiderinformationen mitzuteilen (dazu Art. 10 VO Nr. 596/2014 Rz. 34f.).

71 Ein ganz anderer Themenbereich ist auch betroffen, wenn es um die Beurteilung der Frage geht, ob mit der Veröffentlichung bestimmter primärer Informationen, wie einem Jahresabschluss oder einem Zwischenbericht, auch bestimmte, ihnen nicht unmittelbar zu entnehmende sekundäre Informationen als öffentlich bekannt angesehen werden dürfen. So kann zu beurteilen sein, ob **stille Reserven** bspw. aufgrund der veröffentlichten Rechnungslegung als öffentlich bekannt oder unbekannt zu gelten haben. In diesem und den anderen Fällen wird es entscheidend darauf ankommen, ob zumindest den Angehörigen der Bereichsöffentlichkeit ein Schluss von den fraglichen Primärinformationen auf die fraglichen Sekundärinformationen möglich ist[6], so dass sich die Letzteren im Kurs der Wertpapiere widerspiegeln und verbreiten. Das ist im Hinblick auf die Bildung stiller Reserven jedenfalls im Regelfall zu verneinen[7].

72 **5. Emittenten oder Finanzinstrumente betreffende Information.** Nicht öffentlich bekannte präzise Informationen kommen nach Art. 7 Abs. 1 lit. a VO Nr. 596/2014 nur dann als Insiderinformationen in Betracht, wenn sie **direkt oder indirekt einen oder mehrere Emittenten oder ein oder mehrere Finanzinstrumente betreffen**. Ein entsprechendes Erfordernis findet sich auch im Hinblick auf die in Art. 7 Abs. 1 lit. b–d VO Nr. 596/ 2014 genannten speziellen Finanzinstrumente und Transaktionen. Dieses Merkmal war von Anfang der europäischen und mitgliedstaatlichen Insiderregelung an Bestandteil der Anforderungen an eine Insiderinformation[8]. Von Anfang an bestanden aber auch Zweifel, ob dem Merkmal überhaupt eine Bedeutung zukommt, die über das Erfordernis einer präzisen, namentlich kursspezifischen, und kurserheblichen Information hinausgeht[9]. Diese Zweifel bestehen auch im Hinblick auf Art. 7 Abs. 1 lit. a VO Nr. 596/2014 fort[10]. Die Rechtsunsi-

---

1 *Klöhn* in KölnKomm. WpHG, § 13 WpHG Rz. 139; *Klöhn* in Klöhn, Art. 7 MAR Rz. 141; *Kümpel*, Bank- und Kapitalmarktrecht, 3. Aufl. 2004, Rz. 16.101; *Mennicke/Jakovou* in Fuchs, § 13 WpHG Rz. 99.
2 *BaFin*, Emittentenleitfaden 2013, S. 34; *Buck-Heeb*, Kapitalmarktrecht, Rz. 326; *Klöhn* in KölnKomm. WpHG, § 13 WpHG Rz. 137; *Schäfer* in Schäfer/Hamann, Kapitalmarktgesetze, § 13 WpHG Rz. 36; *Sethe* in Assmann/Schütze, Kapitalanlagerecht, § 8 Rz. 57.
3 *Klöhn* in Klöhn, Art. 7 MAR Rz. 138.
4 *BaFin*, Emittentenleitfaden 2013, S. 34; *Buck-Heeb*, Kapitalmarktrecht, Rz. 326; *Hopt/Kumpan* in Schimansky/Bunte/ Lwowski, § 107 Rz. 53; *Klöhn* in KölnKomm. WpHG, § 13 WpHG Rz. 139; *Kümpel*, WM 1994, 2137, 2138; *Lenenbach*, Kapitalmarktrecht, Rz. 13.121; *Lösler* in Habersack/Mülbert/Schlitt, Kapitalmarktinformation, § 2 Rz. 52; *Mennicke/Jakovou* in Fuchs, § 13 WpHG Rz. 98; *Renz/Rippel* in BuB, Rz. 7/698; *Rothenhöfer* in Kümpel/Wittig, Bank- und Kapitalmarktrecht, Rz. 3.492; *Schäfer* in Schäfer/Hamann, Kapitalmarktgesetze, § 13 WpHG Rz. 36; *Schwark/Kruse* in Schwark/Zimmer, § 13 WpHG Rz. 35; *Sethe* in Assmann/Schütze, Kapitalanlagerecht, § 8 Rz. 57; *Sethe*, ZBB 2006, 243, 251.
5 *BaFin*, Emittentenleitfaden 2013, S. 34; *Buck-Heeb*, Kapitalmarktrecht, Rz. 326; *Hopt/Kumpan* in Schimansky/Bunte/ Lwowski, § 107 Rz. 53; *Mennicke/Jakovou* in Fuchs, § 13 WpHG Rz. 92, 98; *Rothenhöfer* in Kümpel/Wittig, Bank- und Kapitalmarktrecht, Rz. 3.492. A.A. *Sven H. Schneider*, NZG 2005, 702, 706; *Schwark/Kruse* in Schwark/Zimmer, § 13 WpHG Rz. 36.
6 *Kübler*, Vorsichtsprinzip vs. Kapitalmarktinformation, in FS Budde, 1995, S. 361, 374f. Auch *Klöhn* in Klöhn, Art. 7 MAR Rz. 145; *Lösler* in Habersack/Mülbert/Schlitt, Kapitalmarktinformation, § 2 Rz. 52.
7 Vgl. *Kübler*, Vorsichtsprinzip vs. Kapitalmarktinformation, in FS Budde, 1995, S. 361, 374f.; *Lösler* in Habersack/Mülbert/Schlitt, Kapitalmarktinformation, § 2 Rz. 52.
8 S. *Assmann* in 6. Aufl., § 13 WpHG Rz. 42f.
9 S. *Assmann* in 6. Aufl., § 13 WpHG Rz. 46 m.w.N. Aus dem neueren Schrifttum *Klöhn* in KölnKomm. WpHG, § 13 WpHG Rz. 121ff.; *Schäfer* in Marsch-Barner/Schäfer, Handbuch börsennotierte AG, Rz. 14.21; *Sethe* in Assmann/ Schütze, Kapitalanlagerecht, § 8 Rz. 62.
10 *Klöhn* in Klöhn, Art. 7 MAR Rz. 116ff.; *Krause* in Meyer/Veil/Rönnau, Handbuch zum Marktmissbrauchsrecht, § 6 Rz. 94 („Angesichts der engen Verknüpfung zum Tatbestandsmerkmal der Kursrelevanz kommt dem Merkmal des

cherheiten bei der Beantwortung der Frage, wann eine Information – würde sie sie öffentlich bekannt – geeignet ist, den Kurs dieser Finanzinstrumente oder den Kurs damit verbundener derivativer Finanzinstrumente erheblich zu beeinflussen, gibt einem Kriterium, das einer Information die Eigenschaft einer Insiderinformation nimmt, bevor es zur Prüfung ihrer Kurserheblichkeit kommt, wieder Gewicht[1].

a) Emittentenbezug. Unerheblich ist, ob die **Quelle der** direkt oder – anders als im Hinblick auf die Veröffentlichungspflicht von Insiderinformationen nach Art. 17 Abs. 1 Unterabs. 1 VO Nr. 596/2014 – indirekt emittentenbezogenen **Information** innerhalb oder außerhalb des Unternehmens des Emittenten liegt. Sie kann mithin innerhalb desselben liegen und ihn damit unmittelbar berühren, kann aber auch von außerhalb des Emittenten kommen und ihn direkt oder lediglich indirekt betreffen[2]. 73

Dementsprechend ist der **Emittentenbezug** einer Information gegeben, wenn sie aus dem Unternehmen des Emittenten kommt und **unternehmensinterne Verhältnisse** desselben betrifft, d.h. gegenwärtigen oder zukünftige Umstände oder Ereignisse in Gestalt namentlich seiner Organisation, seines Personalwesens (Organe und Angestellte), seiner Geschäftspolitik und seines Geschäftsverlaufs, seiner Vermögens-, Finanz- und Ertragslage, seiner Anteilseignerstruktur sowie seiner (vor allem konzernrechtlichen) Verbindungen zu und mit anderen Unternehmen betrifft[3]. So ist die Ermittlung einer erheblichen Steigerung des Unternehmensgewinns eine Information, welche ihren Ursprung im Unternehmen hat und sich auf den Emittenten bezieht. Gleiches gilt für Informationen über Beschlüsse des Vorstands oder Aufsichtsrats, was auch immer ihr Gegenstand sein mag. Nicht anders ist der Abschluss von Kooperationsverträgen zwischen mehreren Unternehmen – ungeachtet des Umstands, dass er nicht nur den Emittenten betrifft – zumindest auch ein emittenteninterner Vorgang. 74

Darüber hinaus können aber auch Informationen über **unternehmensexterne Vorgänge oder Verhältnisse**, die den Emittenten direkt oder indirekt betreffen, einen Emittentenbezug aufweisen: Ein solcher direkter Emittentenbezug ist Informationen über die Einleitung von Ermittlungen gegen den Emittenten und/oder einzelne seiner Organe oder Mitarbeiter eigen und darüber hinaus etwa Informationen über die Verhängung von Bußgeldern gegen die Vorgenannten, diese betreffende gerichtliche Entscheidungen, die Erteilung oder Versagung einer (kartellrechtlichen) Genehmigung, Probleme bei einem verbundenen Unternehmen, die Insolvenz eines maßgeblichen Geschäftspartners (eines Hauptlieferanten oder eines Hauptabnehmers), die Abgabe eines Übernahmeangebots auf Wertpapiere des Emittenten oder ein Rating des Emittenten durch eine Ratingagentur[4]. Einen Emittentenbezug können auch **Marktinformationen** haben, d.h. Informationen über Marktverhältnisse und Wettbewerbsparamete, die für alle Marktteilnehmer und Finanzinstrumente gelten, wenn sie bestimmbare Auswirkungen auf einzelne Emittenten mit sich bringen und damit zugleich auch kursspezifisch sind (Rz. 61). 75

b) Bezug zu Finanzinstrumenten. Als Finanzinstrumente betreffende Informationen kommen alle Informationen in Betracht, die direkt oder indirekt ein oder mehrere **Finanzinstrumente zum Gegenstand** haben. Auch direkt oder indirekt ein oder mehrere Finanzinstrumente betreffende Informationen können ihre **Quelle in- und außerhalb des Emittenten** haben. Nicht zuletzt deshalb hat der Finanzinstrumentenbezug als Voraussetzung einer Insiderinformation eine eigenständige **Bedeutung** allerdings nur in den Fällen, in denen sich die Information ausschließlich auf Finanzinstrumente und ihre rechtlichen und wirtschaftlichen Verhältnisse (wie Informationen über die rechtliche Qualifikation oder Zulässigkeit von oder den Handel mit Finanzinstrumente) bezieht und nicht zugleich einen Emittentenbezug aufweist, weil es direkt oder indirekt auch um die Finanzinstrumente des Emittenten und seine Finanzierungs- und Beteiligungsverhältnisse geht. So haben alle aus dem Unternehmen des Emittenten stammende Informationen über Finanzinstrumente – insbesondere Daten und Informationen den Handel im jeweiligen Finanzinstrumenten betreffend „(Ordervolumen, Art der Order, Identität des Auftraggebers usw., aber auch Aufnahme oder Ausscheiden aus einem Index)"[5] – auch einen Emitten- 76

Bezugs zu einem Emittenten oder einem Finanzinstrument keine selbständige Funktion zur Abgrenzung zwischen Insiderinformationen und sonstigen, insiderrechtlich irrelevanten Informationen zu").

1 Abgesehen davon ist – weil es Art. 7 Abs. 1 VO Nr. 596/2014 verlangt und wie *Mennicke/Jakovou* (in Fuchs, § 13 WpHG Rz. 87) es zu § 13 WpHG a.F. formulierten – „trotz aller Zweifel an der Bedeutung des Merkmals … an der eigenständigen Prüfung des Emittenten- bzw. Insiderpapierbezugs festzuhalten, auch wenn damit wohl keine substantielle Eingrenzung des Tatbestandsmerkmals der Insiderinformation verbunden ist".

2 *BaFin*, Emittentenleitfaden 2013, S. 34; *Assmann*, AG 1994, 237, 242; *Hopt/Kumpan* in Schimansky/Bunte/Lwowski, § 107 Rz. 51; *Krause* in Meyer/Veil/Rönnau, Handbuch zum Marktmissbrauchsrecht, § 6 Rz. 95 („Die Quelle der Information kann dabei sowohl innerhalb als auch außerhalb des Unternehmens liegen"); *Kümpel*, Bank- und Kapitalmarktrecht, 3. Aufl. 2004, Rz. 16.88; *Lenenbach*, Kapitalmarktrecht, Rz. 13.117; *Mennicke/Jakovou* in Fuchs, § 13 WpHG Rz. 110 f.; *Rothenhöfer* in Kümpel/Wittig, Bank- und Kapitalmarktrecht, Rz. 3.495; *Schwark/Kruse* in Schwark/Zimmer, § 13 WpHG Rz. 38; *Sethe* in Assmann/Schütze, Kapitalanlagerecht, § 8 Rz. 59.

3 In der Sache ebenso *Schwark/Kruse* in Schwark/Zimmer, § 13 WpHG Rz. 41; *Sethe* in Assmann/Schütze, Kapitalanlagerecht, § 8 Rz. 60. Ähnlich *Krause* in Meyer/Veil/Rönnau, Handbuch zum Marktmissbrauchsrecht, § 6 Rz. 95 („Emittentenbezogene Informationen sind solche Informationen, die interne Vorgänge der Unternehmen oder die Beziehungen der Unternehmen zu ihrer Umwelt betreffen, ohne sich au fUmstände zu beziehen, die nur eine bestimmte Art oder Gattung von Finanzinstrumenten berühren, die von dem besagten Unternehmen emittiert wurden").

4 So auch *Sethe* in Assmann/Schütze, Kapitalanlagerecht, § 8 Rz. 60.

5 *BaFin*, Emittentenleitfaden 2013, S. 34.

tenbezug. Das gilt für Beschlüsse über den Ausschluss von Bezugsrechte, die Festlegung einer Dividende oder den Rückkauf von Wertpapieren genauso wie für Informationen über die Ausstattung einer Anleihe oder Genussrechten. Nicht anders verhält es sich für zahlreiche externe Informationen mit Bezug zu Finanzinstrumenten bestimmter Emittenten, wie bspw. die Einführung oder Herausnahme eines Finanzinstruments aus einem Wertpapierindex (dem DAX, MDAX oder TecDAX).

77 Damit bleiben als eigenständiger Anwendungsbereich der Qualifikation einer Information als Insiderinformation kraft Bezug derselben auf Finanzinstrumente im Wesentlichen nur auf Finanzinstrumente bezogene **Marktinformationen**, d.h. für alle Marktteilnehmer und Finanzinstrumente maßgebliche Informationen über Marktverhältnisse und Wettbewerbsparameter (Rz. 61), die keinen Emittentenbezug aufweisen (Rz. 61 und Rz. 75). Eine solche Marktinformation liegt bei einer Information über eine Verlautbarung der BaFin über deren aufsichtsrechtliche Behandlung bestimmter Finanzinstrumente oder bei einer Information über Finanzinstrumente betreffende Gesetzesvorhaben und -änderungen[1] vor. Marktinformationen über Finanzinstrumente sind aber auch gerichtliche Entscheidung über wertpapierrechtliche Fragen, die zwar primär die Parteien des Verfahrens treffen, hinsichtlich ihrer Aussagen aber für alle Finanzinstrumente der fraglichen Art oder Gattung von Bedeutung sind.

78 **6. Kurserhebliche Information (Art. 7 Abs. 1 und Abs. 4 VO Nr. 596/2014). a) Allgemeines – Maßstab des verständigen Anlegers.** Nicht öffentlich bekannte präzise Informationen, die direkt oder indirekt einen oder mehrere Emittenten oder ein oder mehrere Finanzinstrumente betreffen, können gem. Art. 7 Abs. 1 Satz lit. a VO Nr. 596/2014 nur dann Insiderinformationen sein, wenn sie – würden sie öffentlich bekannt – geeignet wären, den Kurs dieser Finanzinstrumente oder den Kurs damit verbundener derivativer Finanzinstrumente erheblich zu beeinflussen. Das ist nach dem in Art. 7 Abs. 4 Unterabs. 1 VO Nr. 596/2014 formulierten **Kurserheblichkeitstest** – dieser fand sich nahezu wortgleich schon in Art. 1 Abs. 2 RL 2003/124/EG (Rz. 8) – bei Informationen der Fall, „die ein **verständiger Anleger** wahrscheinlich als Teil der Grundlage seiner Anlageentscheidungen nutzen würde". Dieses Erfordernis der Kurserheblichkeit gilt auch für die in Art. 7 Abs. 1 lit. b–d VO Nr. 596/2014 genannten speziellen Finanzinstrumente und Transaktionen mit denselben. Der Umstand, dass die deutsche Sprachfassung von Art. 7 Abs. 1 VO Nr. 596/2014 von der Eignung zur Kursbeeinflussung spricht, während andere – namentlich die englische – verlangen, dass die Information wahrscheinlich („likely") erhebliche Auswirkungen auf den Preis der Finanzinstrumente hat[2], vermag sich auf die Auslegung des Merkmals der Kurserheblichkeit einer Insiderinformation schon deshalb nicht auszuwirken, weil die Umschreibung des Eignungskriteriums durch Art. 7 Abs. 4 Unterabs. 1 VO Nr. 596/2014 in den verschiedenen Sprachfassungen übereinstimmt und ein Wahrscheinlichkeitskriterium nur noch in der Form eines wahrscheinlichen Verhaltens eines verständigen Anlegers enthält. De lege lata unterliegt die Beantwortung der Frage, ob die einer Person bekannt gewordene Information eine solche darstellte, die geeignet war, den Kurs dieser Finanzinstrumente oder den Kurs damit verbundener derivativer Finanzinstrumente erheblich zu beeinflussen, **der gerichtlichen Überprüfung**, ohne dass sich der Nutzer der Information – namentlich der Emittent im Hinblick auf seine Pflichten zur Ad-hoc-Veröffentlichung von Insiderinformationen nach Art. 17 Abs. 1 Unterabs. 1 VO Nr. 596/2014 – dabei auf ein Beurteilungsermessen vergleichbar der in § 93 Abs. 1 Satz 2 AktG kodifizierten Business Judgement Rule berufen könnte[3].

79 Unübersehbar **verlagert** Art. 7 Abs. 4 Unterabs. 1 VO Nr. 596/2014 die durch Formulierung des Kurserheblichkeitserfordernisses in Art. 7 Abs. 1 lit. a–d VO Nr. 596/2014 aufgeworfene Frage, welche Kursveränderung als erheblich anzusehen ist und mit welcher Wahrscheinlichkeit gegebenenfalls mit dieser zu rechnen sein muss, hin zur Frage, ob ein verständiger Anleger die fragliche Information wahrscheinlich zur Grundlage seiner Anlageentscheidungen machen würde. Die noch unter dem Eindruck der EG-Insiderrichtlinie von 1989[4] und ihrer Umsetzung in § 13 Abs. 1 WpHG a.F. unternommenen Versuche, die Kurserheblichkeit von Informationen an bestimmten numerischen Grenz- oder Schwellenwerten zu erwartender Kursänderungen zu bestimmen[5], sind mit dem Inkrafttreten der Marktmissbrauchsverordnung endgültig zu verabschieden. Tatsächlich hatten sie schon aufgrund der – mit Art. 7 Abs. 4 Unterabs. 1 VO Nr. 596/2014 im entscheidenden Punkt wortgleichen – Bestimmung in Art. 1 Abs. 2 RL 2003/124/EG (Rz. 8) keine Grundlage mehr[6]. Spätestens mit dieser Richtlinie und den diese umsetzenden Änderungen des § 13 WpHG a.F. war es deshalb herrschende Meinung, die Kurserheblichkeit einer nicht öffentlich bekannten Information danach zu beurteilen, welchen Kauf- oder Verkaufsanreiz diese auf einen rational handelnden Anleger ausüben würde[7]; näher dazu Rz. 82.

---

1 *BaFin*, Emittentenleitfaden 2013, S. 34.
2 Hinweis bei *Langenbucher*, AG 2016, 417, 420.
3 Auch *Seibt*, Bankrechtstag 2017, S. 81, 91.
4 ABl. EG Nr. L 334 v. 18.11.1989, S. 30.
5 S. dazu *Assmann* in 6. Aufl., § 13 WpHG Rz. 63.
6 Zur Ablehnung rein quantitativer Kriterien schon CESR, Market Abuse Directive, S. 6: „CESR is clear that fixed thresholds of price movements or quantitative criteria alone are not a suitable means of determining the significance of a price movement".
7 S. dazu *Assmann* in 6. Aufl., § 13 WpHG Rz. 64.

Einige **allgemeine Hinweise** darauf, **wie ein verständiger Anleger Anlageentscheidungen** trifft und welche Informationen er wahrscheinlich bei einer Anlageentscheidung heranziehen wird, sind Erwägungsgrund 14 VO Nr. 596/2014 zu entnehmen. Dieser geht davon aus, dass verständige Investoren ihre Anlageentscheidungen auf Informationen stützen, die ihnen vorab zur Verfügung stehen (**Ex-ante-Informationen**). Unter diesen berücksichtige er „auch die voraussichtlichen **Auswirkungen der Informationen** …, insbesondere unter Berücksichtigung der Gesamttätigkeit des Emittenten, der Verlässlichkeit der Informationsquelle und sonstiger Marktvariablen, die das Finanzinstrument, die damit verbundenen Waren-Spot-Kontrakte oder die auf den Emissionszertifikaten beruhenden Auktionsobjekte unter den gegebenen Umständen beeinflussen dürften". Im Falle von Information über ein „hinreichend wahrscheinliches **künftiges Ereignis**" soll nach den Ausführungen des BGH „nach *Geltl*" im Hinblick auf die Kursrelevanz einer solchen Information davon auszugehen sei, „dass ein Anleger auch den Grad der Wahrscheinlichkeit des Eintritts des künftigen Ereignisses in Betracht zieht", und auch bei einer „präzise[n] Information über einen eingetretenen Umstand …, der auf ein künftiges Ereignis hinweist, … den möglichen künftigen Verlauf abschätz[t]"[1]. Mit dem **Probability-Magnitude-Test** (Rz. 45) hat all dies nichts zu tun[2], vielmehr sind die in diesem verknüpften Kriterien – Eintrittswahrscheinlichkeit zukünftiger Ereignisse und deren Auswirkungen für den Eintrittsfall – hier nur Teil einer Reihe von Gesichtspunkten, die bei der Beurteilung der Kursrelevanz zu berücksichtigen sind[3]. 80

Wenn es in Erwägungsgrund 14 VO Nr. 596/2014 heißt, ein verständiger Anleger „**sollte**" die vorstehend angeführten Umstände berücksichtigen, so zeigt dies, dass sich der Verordnungsgeber durchaus des Umstands bewusst waren, dass es sich bei dem Standard des „vernünftigen Investors" um einen **normativen Maßstab**[4] und nicht um eine empirisch zu ermittelnde Größe und reales Anlegerverhalten handelt. Vorstehende Anhaltspunkte für die Bestimmung des Verhaltens eines verständigen Investors entsprechen im Übrigen – nahezu wortgleich – denjenigen in Erwägungsgrund 1 der RL 2003/6/EG (Rz. 2), auf die sich auch der EuGH in der *Geltl*-Entscheidung beruft, um konkretisierend hinzuzufügen, dass – sorgsam zu trennen von der Bestimmung der Wahrscheinlichkeit des Eintritts eines zukünftigen Ereignisses (Rz. 45) – der vernünftige Anleger bei seiner Anlageentscheidung nicht nur die möglichen Auswirkungen eines Ereignisses auf den Emittenten in Betracht ziehe, sondern auch den Grad der Wahrscheinlichkeit des Eintritts dieses Ereignisses[5]. 81

Der Kurserheblichkeitstest des Art. 7 Abs. 4 Unterabs. 1 VO Nr. 596/2014 – d.h. die Frage, ob ein verständiger Anleger eine nicht öffentlich bekannte Information wahrscheinlich als Teil der Grundlage seiner Anlageentscheidungen nutzen würde – ist weitgehend identisch mit dem als **Anreiz-Test** zu bezeichnenden Test unter § 13 WpHG a.F., der es für die Kurserheblichkeit einer Information für entscheidend ansah, welchen Kauf- oder Verkaufsanreiz diese auf einen über die Information verfügenden und rational handelnden, d.h. die besonderen Verhältnisse des Marktes und des fraglichen Insiderpapiers mit berücksichtigenden Anleger ausüben würde. Das wurde, in griffiger Formulierung, dergestalt gefasst, dass es sich für die als Insider in Betracht kommende Person „**lohnen müsse**", ihre Kenntnis der öffentlich unbekannten Tatsache in Geschäften mit den Insiderpapier auszunutzen[6]. Das wurde teilweise nur für den Fall angenommen, dass der Kauf- oder Verkaufsanreiz erheblich ist[7], wohingegen andere lediglich verlangten, der Anreiz müsse ausreichend sein, um einen rational handelnden Anleger in Ansehung von Kosten und Risiken der Transaktion zum Erwerb oder zur Veräußerung von Insiderpapieren zu veranlassen[8]. Die BaFin sieht durch das Erfordernis, dass das Geschäft dem verständigen Anleger lohnend erscheinen müsse, jedenfalls solche Fälle als ausgeschieden, „in denen die Verwertung einer nicht öffentlich bekannten Information von vornherein keinen nennenswerten wirtschaftlichen Vorteil verspricht, und damit kein Anreiz besteht, die Information zu verwenden"[9]. 82

Der **Anreiz-Test** stimmt im Ausgangspunkt mit dem Kurserheblichkeitstest des Art. 7 Abs. 4 Unterabs. 1 VO Nr. 596/2014 überein, so dass zur Konkretisierung des Letzteren auf die zu dem Ersteren entwickelten Grundsätze zurückgegriffen werden kann. Die zum Insiderrecht ergangenen Entscheidungen des EuGH (Vor Art. 7 ff. 83

---

1 BGH v. 23.4.2013 – II ZB 7/09, AG 2013, 518, 521 Rz. 29 unter Berufung auf EuGH (2. Kammer) v. 28.6.2012 – C-19/11, ECLI:EU:C:2012:397 – Geltl, AG 2012, 555, 557 Rz. 55.
2 Anders, von Wunschdenken bestimmt, *Klöhn* in Klöhn, Art. 7 MAR Rz. 217. Ablehnend auch *Krause* in Meyer/Veil/Rönnau, Handbuch zum Marktmissbrauchsrecht, § 6 Rz. 110 ff.
3 *Zetzsche* in Gebauer/Teichmann, § 7 C. Rz. 121 beschreibt die Folgen für den Fall, dass dies anders zu beurteilen wäre („sehr missliche Auswirkungen", u.a. fehlende Trennschärfe des Kurserheblichkeitskriteriums, Vorverlagerung der Offenlegungspflicht, Verlagerung der Problematik in die Ausnahmen von Offenlegungspflichten).
4 So auch *Hopt/Kumpan* in Schimansky/Bunte/Lwowski, § 107 Rz. 55; *Klöhn* in KölnKomm. WpHG, § 13 WpHG Rz. 258 f.; *Krause* in Meyer/Veil/Rönnau, Handbuch zum Marktmissbrauchsrecht, § 6 Rz. 117.
5 EuGH (2. Kammer) v. 28.6.2012 – C-19/11, ECLI:EU:C:2012:397 – Geltl, AG 2012, 555, 557 Rz. 55.
6 Maßgeblich *Süßmann*, AG 1997, 64; *Wölk*, AG 1997, 79. Ebenso *BaFin*, Emittentenleitfaden 2013, S. 35; *Cahn*, ZHR 162 (1998), 17; *Hopt/Kumpan* in Schimansky/Bunte/Lwowski, § 107 Rz. 54; *Lösler* in Habersack/Mülbert/Schlitt, Kapitalmarktinformation, § 2 Rz. 38; *Schwark* in Schwark, Kapitalmarktrechts-Kommentar, 3. Aufl. 2004, § 13 WpHG Rz. 57 ff., 59.
7 *Wittich*, AG 1997, 3; ähnlich *Pananis*, S. 113. *Pawlik* in KölnKomm. WpHG, 1. Aufl. 2007, § 13 WpHG Rz. 74.
8 *Soesters*, S. 147.
9 *BaFin*, Emittentenleitfaden 2013, S. 35.

VO Nr. 596/2014 Rz. 12), namentlich die *Geltl*-Entscheidung (Vor Art. 7 ff. VO Nr. 596/2014 Rz. 12 und hier Rz. 23), machen aber deutlich, dass sich das Gericht nicht auf eine Festlegung dahingehend einlassen würde, der Anreiz, die Information für eine Anlageentscheidung zu verwenden, müsse „**erheblich**" sein. Vielmehr hat der EuGH in sämtlichen der vorgenannten Entscheidungen seine *Effet-utile*-Methode der Auslegung von Gemeinschaftsrecht bestätigt und deutlich gemacht, dass jede Information als kurserheblich gelten muss, deren Verwendung das Gebot der informationellen Chancengleichheit in den Finanzmärkten verletzen und einem Anleger einen Sondervorteil gegenüber anderen zu verschaffen vermöchte. Auch wenn das Kurserheblichkeitskriterium als solches zur **Aussonderung von Bagatell-Fällen** von Insidergeschäften betrachtet wird[1], hat insbesondere das *Geltl*-Urteil zur Frage, wann der Eintritt eines zukünftigen Ereignisses als hinreichend wahrscheinlich gelten dürfe (Rz. 44 ff.), gezeigt, dass die Bagatellgrenze[2] jedenfalls nicht an der Grenze zu wahrscheinlich erheblichen Kursausschlägen gesucht werden darf. Vielmehr werden vor dem Hintergrund dieser Rechtsprechung **alle Informationen als kurserheblich** anzusehen sein, die einen Anleger, der durch die Kenntnis einer nicht öffentlich bekannten Information über einen Wissensvorsprung gegenüber dem Publikum verfügt, wahrscheinlich dazu veranlassen werden, sich durch die Verwendung dieser Informationen einen ungerechtfertigten Sondervorteil zu verschaffen.

84 Auf dieser Grundlage ist der verständige Anleger i.S.v. Art. 7 Abs. 4 Unterabs. 1 VO Nr. 596/2014 wie unter der RL 2003/6/EG (Rz. 2) und der RL 2003/124/EG (Rz. 8) und dem diese umsetzenden § 13 Abs. 1 WpHG a.F. als ein „**durchschnittlich verständigen Anleger**" verstehen, d.h. einen „verständigen, mit den Marktgegebenheiten vertrauten" – also börsenkundigen[3] – und mit Kenntnis aller verfügbaren Informationen ausgestatteten[4] und selbst irrationale Reaktionen anderer Marktteilnehmer zu berücksichtigenden[5] Anleger.

85 Bei dem **Standard des verständigen Anlegers** handelt es sich im Übrigen nicht um die Festlegung von Sorgfaltspflichten von Anlegern, sondern um die Konkretisierung eines Standards, der der Abgrenzung von kurserheblichen von nicht kurserheblichen Informationen dient und damit den Anwendungsbereich der Verbote von Insidergeschäften in einer Art und Weise umschreibt, der den Zielen des Insiderrechts der Marktmissbrauchsverordnung gerecht wird wie er zuvor den Zielen der RL 2003/6/EG gerecht wurde. Mit diesen wäre es, wie unter § 13 Abs. 1 WpHG a.F. vorgeschlagen wurde[6], jedenfalls nicht vereinbar, den verständigen Anleger im Kreis derer zu suchen, die die Bereichsöffentlichkeit bilden, d.h. in einem Kreis professioneller oder institutioneller Marktteilnehmer.

86 Art. 7 Abs. 4 Unterabs. 1 VO Nr. 596/2014 lässt es für das Urteil über die Kursrelevanz einer nicht öffentlich bekannten Information genügen, wenn ein verständiger Anleger die Information **wahrscheinlich** als Teil der Grundlage seiner Anlageentscheidungen nutzen würde. Auch sind die Überlegungen maßgeblich, die der EuGH in *Geltl*-Entscheidung (Rz. 21) zur Auslegung des in § 13 Abs. 1 WpHG a.F. verwandten Begriffs der „hinreichenden Wahrscheinlichkeit" des Eintritts eines zukünftigen Ereignisses angestellt hat, um festzustellen, hierbei sei auf das Verhalten eines „vernünftigen Anlegers" und damit auf die Regeln der allgemeinen Erfah-

---

1 S. *Assmann* in 6. Aufl., § 13 WpHG Rz. 66 m.w.N. Aus dem neueren Schrifttum *Frowein* in Habersack/Mülbert/Schlitt, Kapitalmarktinformation, § 10 Rz. 22; *Hopt/Kumpan* in Schimansky/Bunte/Lwowski, § 107 Rz. 54; *Klöhn* in KölnKomm. WpHG, § 13 WpHG Rz. 164; *Mennicke/Jakovou* in Fuchs, § 13 Rz. 131; *Krause* in Meyer/Veil/Rönnau, Handbuch zum Marktmissbrauchsrecht, § 6 Rz. 118; *Sethe* in Assmann/Schütze, Kapitalanlagerecht, § 8 Rz. 63.
2 BaFin, Emittentenleitfaden 2013, S. 35: „Die Voraussetzung der Erheblichkeit soll sicherstellen, dass nicht jeder Umstand, der zu einer geringfügigen Preisbewegung führen kann, als Insiderinformation zu bewerten ist."
3 BGH v. 13.12.2011 – XI ZR 51/10 – IKB, BGHZ 192, 90 = AG 2012, 209, 213 Rz. 41; *BaFin*, Emittentenleitfaden 2009, S. 33; *Lenenbach*, Kapitalmarktrecht, Rz. 13.126 (durchschnittlich börsenkundiger Anleger); *Mennicke/Jakovou* in Fuchs, § 13 WpHG Rz. 141; *Pawlik* in KölnKomm. WpHG, 1. Aufl. 2007, § 13 WpHG Rz. 87 f. (Rz. 88: „börsenkundiger Laie"); *Rothenhöfer* in Kümpel/Wittig, Bank- und Kapitalmarktrecht, Rz. 3.500; *Schwark/Kruse* in Schwark/Zimmer, § 13 WpHG Rz. 47.
4 *BaFin*, Emittentenleitfaden 2013, S. 35: Abzustellen ist auf die „Sicht eines verständigen Anlegers, der zum Zeitpunkt seines Handelns alle verfügbaren Informationen kennt". Ebenso *Langenbucher*, Aktien- und Kapitalmarktrecht, § 15 Rz. 44; *Fleischer*, NZG 2007, 401, 405; *Gunßer*, S. 60 ff.; *Harbarth*, ZIP 2005, 1898, 1901 f.; *Lenenbach*, Kapitalmarktrecht, Rz. 13.126; *Pawlik* in KölnKomm. WpHG, 1. Aufl. 2017, § 13 WpHG Rz. 93; *Sethe* in Assmann/Schütze, Kapitalanlagerecht, § 8 Rz. 66. Ausführlich und differenziert OLG Stuttgart v. 22.4.2009 – 20 Kap. 1/08, OLG Stuttgart v. 22.4.2009 – 20 Kap 1/08, AG 2009, 454 = ZIP 2009, 962: „[Rz. 91] Auch der Senat hält es für richtig, auf die Sicht des verständigen Anlegers abzustellen ..., mithin auf die Anlagerelevanz der Information ... [Rz. 92]. Ein verständiger Anleger handelt rational, er trifft seine Entscheidung auf angemessener, also verlässlicher tatsächlicher Informationsgrundlage (vgl. auch Erwägungsgrund 1 der Durchführungsrichtlinie), aufmerksam und kritisch ... Er ist folglich börsenkundig und kennt die verfügbaren Informationen. Ob es sich um einen Kleinanleger oder einen professionellen Anleger handelt, ist nicht wesentlich ... Rational handelt der verständige Anleger auf dieser Grundlage, wenn er – im Unterschied zu einem spekulativen Anleger – seine Anlageentscheidung an der im Hinblick auf die ihm vorliegenden verlässlichen Informationen zu prognostizierenden künftigen Ertragskraft des Emittenten orientiert."
5 BGH v. 13.12.2011 – XI ZR 51/10 – IKB, BGHZ 192, 90 = AG 2012, 209, 213 Rz. 41; *Mennicke/Jakovou* in Fuchs, § 13 WpHG Rz. 142, 149.
6 *Schäfer* in Schäfer/Hamann, Kapitalmarktgesetze, § 13 WpHG Rz. 50 ff. Ablehnend schon *Assmann* in 6. Aufl., § 13 WpHG Rz. 58.

rung abzustellen[1]. Nach diesen ist davon auszugehen, dass nur solche Informationen kursrelevant sind, von denen – nach den Ausführungen zur Wahrscheinlichkeit zukünftiger Ereignisse auf die Wahrscheinlichkeit der Verwendung von Informationen durch einen verständigen Anleger – „tatsächlich erwartet werden kann, dass dieser die Informationen zur Grundlage einer Anlageentscheidung machen" würde[2]. Nach den Ausführungen des BGH wiederum heißt dies in Bezug auf die Wahrscheinlichkeit des Eintritts zukünftiger Ereignisse, danach müsse eher mit dem Eintreten des künftigen Ereignisses als mit seinem Ausbleiben zu rechnen sein, ohne dass die Wahrscheinlichkeit zusätzlich hoch zu sein habe. Übertragen auf die Wahrscheinlichkeit der Verwendung von Informationen durch einen verständigen Anleger ist deshalb davon auszugehen, dass diese dann gegeben ist, wenn **überwiegend wahrscheinlich** mit der Verwendung einer Information gerechnet werden kann oder, mit anderen Worten, der Anleger diese eher als nicht seiner Anlageentscheidung berücksichtigen würde[3].

Obwohl die *Lafonta*-Entscheidung[4] des EuGH zur Auslegung des Begriffs der Insiderinformationen erging und keine Aussagen über die Kurserheblichkeit einer Insiderinformation enthielt[5], hat die **BaFin** die Ausführungen des Gerichts zum Anlass genommen, ihre ‚Verwaltungspraxis zum Tatbestandsmerkmal der ‚Geeignetheit zur erheblichen Kursbeeinflussung'" der Interpretation des Begriffs der Insiderinformation durch den EuGH anzupassen. Nach dieser geht weder aus dem Wortlaut der Bestimmung noch aus der Entstehungsgeschichte, der Systematik und dem Zweck der Richtlinie hervor, „dass ‚präzise' Informationen nur solche sein können, mit denen sich bestimmen lässt, in welche **Richtung sich der Kurs** der betreffenden Finanzinstrumente oder der sich darauf beziehenden derivativen Finanzinstrumente ändern würde"[6]. Selbst wenn „aus Ex-ante-Sicht keine eindeutig positive oder negative Kursauswirkung prognostiziert werden" könne, „weil sowohl negative als auch positive Effekte aus dem Umstand den Kurs tangieren", wille die BaFin „das Vorliegen einer Insiderinformation auch dann bejahen, wenn zumindest ein erheblicher Kursausschlag zu erwarten war"[7]. Damit verbunden, stellt die BaFin fest, „inhaltlich" habe das Urteil des EuGH zur Folge, dass das Spektrum des verständigen Anlegers zumindest **auch auf den spekulativ handelnden Anleger erweitert** werden müsse, der nur eine kurzfristige Kursbewegung ausnutzen wolle, für die auch unerheblich sein könne, in welche Richtung diese ausschlage. Deshalb solle das **Potenzial zur erheblichen Kursbeeinflussung** im Zweifel eher früher als später angenommen werden.

b) Einzelheiten. aa) Ex-ante-Beurteilung der Kurserheblichkeit. Die Frage, ob eine nicht öffentlich bekannte Information kurserheblich ist, ist **objektiv** – und damit unabhängig davon, ob der Anleger die Information als kurserheblich ansah[8] – in einer **Ex-ante-Sicht**, bezogen auf den Zeitpunkt des Insidergeschäfts, zu beantworten[9]. Das erlaubt es, eine Information als Insiderinformation zu qualifizieren, obwohl es, nachdem die Information entstanden ist oder öffentlich bekannt wurde, zu keinen Kursausschlägen gekommen ist. Der Umstand, dass verständige Investoren, wie es in Erwägungsgrund 15 VO Nr. 596/2014 heißt, ihre Anlageentscheidungen

---

1 EuGH (2. Kammer) v. 28.6.2012 – C-19/11, ECLI:EU:C:2012:397 – Geltl, AG 2012, 555, 556/557 Rz. 44.
2 EuGH (2. Kammer) v. 28.6.2012 – C-19/11, ECLI:EU:C:2012:397 – Geltl, AG 2012, 555 Ls. 2, 557 Rz. 49, 564; BGH v. 23.4.2013 – II ZB 7/09, AG 2013, 518, 521 Rz. 29.
3 So zur ähnlich gelagerten Frage im Zusammenhang mit Prospekthaftungsbestimmungen, welche Angaben ein durchschnittlicher verständiger Anleger als wesentlich oder erheblich für seine Anlageentscheidung berücksichtigen würde, BGH v. 18.9.2012 – XI ZR 344/11, AG 2012, 874, 876 Rz. 24; BGH v. 21.10.2014 – XI ZB 12/12, ZIP 2015, 25, 30 Rz. 74 = BGHZ 203, 1 = AG 2015, 351. Aus dem Schrifttum *Assmann* in 6. Aufl., § 13 WpHG Rz. 60f.; *Assmann* in Assmann/Wallach/Zetzsche, 2018 [im Erscheinen], § 306 KAGB Rz. 47 m.w.N.; *Assmann* in Assmann/Schütze, § 5 Rz. 49; *Assmann* in Assmann/Schlitt/von Kopp-Colomb, §§ 21–23 WpPG Rz. 47, § 20 VermAnlG Rz. 15; *Habersack* in Habersack/Mülbert/Schlitt, Kapitalmarktinformation, § 29 Rz. 17; *Mülbert/Steup* in Habersack/Mülbert/Schlitt, Unternehmensfinanzierung, Rz. 41.52. I.E. für Art. 7 VO Nr. 596/2014 auch *Krause* in Meyer/Veil/Rönnau, Handbuch zum Marktmissbrauchsrecht, § 6 Rz. 109; *Steinrück*, S. 54 f.
4 EuGH v. 11.3.2015 – C-628/13, ECLI:EU:C:2015:162 – Lafonta, AG 2015, 388 Ls., 389f. Rz. 30 ff.
5 Anders *Schäfer* in Marsch-Barner/Schäfer, Handbuch börsennotierte AG, Rz. 14.26, der der Entscheidung Aussagen zur Kurserheblichkeit entnehmen zu können glaubt.
6 EuGH v. 11.3.2015 – C-628/13, ECLI:EU:C:2015:162 – Lafonta, AG 2015, 388 Ls., 389 Rz. 30.
7 Dies und das Folgende *BaFin*, MAR (FAQ), III.6.b) S. 8.
8 Unstreitig, BGH v. 13.12.2011 – XI ZR 51/10 – IKB, BGHZ 192, 90 = AG 2012, 209, 213 Rz. 41: „Maßgeblich ist danach weder, ob der Handelnde die Information für kurserheblich hielt oder nicht, noch, ob der Kurs des betroffenen Papiers nach Bekanntwerden der Information tatsächlich eine Veränderung erfährt".
9 Erwägungsgrund 1 RL 2003/124/EG (Rz. 8); Erwägungsgrund 14 VO Nr. 596/2014. Objektiv-nachträglicher Ex-ante-Prognose: BGH v. 13.12.2011 – XI ZR 51/10 – IKB, BGHZ 192, 90 = AG 2012, 209, 213 Rz. 41; BGH v. 23.4.2013 – II ZB 7/09, AG 2013, 518, 520 Rz. 22; BaFin, Emittentenleitfaden 2013, S. 92 (in Bezug auf die Preiseinwirkung im Zusammenhang mit dem Manipulationsverbot); *Assmann*, AG 1994, 244; *Assmann*, ZGR 1994, 514; *Hopt/Kumpan* in Schimansky/Bunte/Lwowski, § 107 Rz. 54; *Klöhn* in KölnKomm. WpHG, § 13 WpHG Rz. 157; *Klöhn* in Klöhn, Art. 7 MAR Rz. 169, 176; *Lenenbach*, Kapitalmarktrecht, Rz. 13.125; *Krause* in Meyer/Veil/Rönnau, Handbuch zum Marktmissbrauchsrecht, § 6 Rz. 101 ff.; *Mennicke/Jakovou* in Fuchs, § 13 WpHG Rz. 129 ff.; *Panasis*, S. 104; *Renz/Rippel* in BuB, Rz. 7/697; *Rothenhöfer* in Kümpel/Wittig, Bank- und Kapitalmarktrecht, Rz. 3.498; *Schäfer* in Marsch-Barner/Schäfer, Handbuch börsennotierte AG, Rz. 14.24; *Schwark/Kruse* in Schwark/Zimmer, § 13 WpHG Rz. 44; *Sethe* in Assmann/Schütze, Kapitalanlagerecht, § 8 Rz. 66, 68. Zu Art. 7 VO Nr. 596/2014 auch *Grundmann* in Staub, Bd. 11/1, 5. Aufl. 2017, 6. Teil Rz. 353.

auf Informationen stützen, die ihnen vorab zur Verfügung stehen (Rz. 80), soll es – wie in demselben Erwägungsgrund 15 VO Nr. 596/2014 mit Blick auf die Tätigkeit der Aufsichts- und Verfolgungsbehörden ausgeführt wird[1] – allerdings nicht ausschließen, im Nachhinein vorliegende Informationen (Ex-post-Informationen) zur Überprüfung der Annahme zu verwenden, die in Fragen stehenden Informationen seien kurserheblich gewesen[2]. Um der Gefahr vorzubeugen, die Kurserheblichkeit einer Information aus einer Ex-post-Betrachtung vorzunehmen, heißt in dem Erwägungsgrund allerdings auch, Ex-post-Informationen sollten allerdings nicht dazu verwendet werden, Maßnahmen gegen Personen zu ergreifen, die vernünftige Schlussfolgerungen aus den ihnen vorliegenden Ex-ante-Informationen gezogen haben. Deshalb ist es grundsätzlich zulässig, wenn der BGH im *DaimlerChrysler*-Fall auf der Grundlage der *Geltl*-Entscheidung des EuGH ausführt, soweit „von einer hinreichend präzisen Information über einen Aufsichtsratsbeschluss als künftig eintretenden Umstand auszugehen sein sollte, [habe] der nach Veröffentlichung der Ad-hoc-Mitteilung über den Aufsichtsratsbeschluss tatsächlich eingetretene Kursanstieg für die Beurteilung der Kursrelevanz *Indizwirkung*, wenn andere Umstände als das öffentliche Bekanntwerden der Insiderinformation für eine erhebliche Kursänderung praktisch ausgeschlossen werden" könnten[3]. Dem entspricht die Deutung, die der Ex-ante-Betrachtung komplementäre Berücksichtigung ex-post bekannt werdender Umstände gemäß den Ausführungen in Erwägungsgrund 14 VO Nr. 596/2014 betreffe vor allem die Fehleinschätzung einer Information im Hinblick auf ihre Qualifikation als Insiderinformation und führe von der „Nichthaftung für Fehleinschätzung" unter der ausschließlichen Geltung der Ex-ante-Beurteilung „zu einer Verfahrenshaftung mit Nachweislast der Verantwortlichen"[4].

89 Zu den Marktgegebenheiten, mit denen ein durchschnittlich verständiger Anleger vertraut ist (Rz. 58), gehören auch alle aus der Ex-ante-Sicht zu berücksichtigen **Marktverhältnisse**[5]. Diese umfassen den Zustand und die Entwicklung sowohl des Gesamtmarkts als auch der in Betracht kommenden Branchen[6]. Zu den Marktverhältnissen im Einzelnen gehören nicht nur Umstände wie Marktenge und Volatilitäten in Bezug auf das konkrete Insiderpapier sowie allgemeine oder branchenspezifische Kurstrends, sondern auch solche wie der seit dem Eintritt der Tatsache bereits verstrichene und bis zur voraussichtlichen Veröffentlichung derselben noch bevorstehende Zeitraum[7] oder die eventuelle sukzessive und vom Markt jeweils aufgenommene Vorbereitung des Publikums über bestimmte Entwicklungen[8]. Welche Umstände preisrelevant sind, ist eine Frage des Einzelfalls, weshalb die BaFin eine **zweistufige Prüfung der „Preisrelevanz"** von Informationen vorschlägt[9]: Auf der *ersten Stufe* sei „zu prüfen, ob der Umstand für sich allein betrachtet im Zeitpunkt des Handelns des Insiders (ex ante) nach allgemeiner Erfahrung ein erhebliches Preisbeeinflussungspotential haben" könne. Dies könne „z.B. ein Übernahmeangebot sein, ein besonders wichtiger Vertragsschluss oder eine bedeutsame Erfindung, eine Gewinnwarnung oder drohende Insolvenz, eine Kapitalherabsetzung oder der Abschluss eines Beherrschungs- und Gewinnabführungsvertrages, ... Dividendenänderungen ... [und] vor allem Dividendenkürzungen oder -streichungen". Dagegen wiesen Personalnachrichten „nur in Ausnahmefällen ein erhebliches Preisbeeinflussungspotential" auf. Daran fehle es regelmäßig, wenn Nachrichten keine Vorstands- oder Aufsichtsratsmitglieder beträfen, wohingegen dies bei Personen mit besonderer Bedeutung für das Unternehmen – wie Unternehmensgründern – anders sein könne[10]. Sodann seien auf einer *zweiten Stufe* „auch die im Zeitpunkt des Handelns vorliegenden oder absehbaren konkreten Umstände des Einzelfalls zu berücksichtigen, die das Preisbeeinflussungspotential erhöhen oder vermindern" könnten.

90 **bb) Zukunftsbezogene Information und mehrstufige Entscheidungsvorgänge.** Zur Ermittlung der Kurserheblichkeit von **Informationen über zukünftige Umstände oder Ereignisse** i.S.v. Art. 7 Abs. 1 und Abs. 2 Satz 1 VO Nr. 596/2014 ist auf frühere Ausführungen hierzu in Rz. 46 und Rz. 80 zu verweisen. Für **mehrstufige Entscheidungsvorgänge** im Allgemeinen und **Zwischenschritte in einem zeitlich gestreckten Vorgang** im Besonderen s. die Ausführungen Rz. 58.

---

1 So aber auch schon *BaFin*, Emittentenleitfaden 2013, S. 35 („Indiz").
2 Auch BGH v. 13.12.2011 – XI ZR 51/10 – IKB, BGHZ 192, 90 = AG 2012, 209, 213 Rz. 41 m.w.N.: Der „faktische Kursverlauf des Insiderpapiers [kann] nach Veröffentlichung dann Indizwirkung haben, wenn andere Umstände als das öffentliche Bekanntwerden der Insiderinformation für die erhebliche Kursänderung praktisch ausgeschlossen werden können". Indizwirkung bejaht auch *Schäfer* in Marsch-Barner/Schäfer, Handbuch börsennotierte AG, Rz. 14.24.
3 BGH v. 23.4.2013 – II ZB 7/09, AG 2013, 518, 521 Rz. 31 m.w.N.
4 *Zetzsche* in Gebauer/Teichmann, § 7 C. Rz. 122.
5 *BaFin*, Emittentenleitfaden 2009, S. 34; *BaFin*, Emittentenleitfaden 2013, S. 92; *Mennicke/Jakovou* in Fuchs, § 13 WpHG Rz. 132; *Rothenhöfer* in Kümpel/Wittig, Bank- und Kapitalmarktrecht, Rz. 3.499; *Schäfer* in Schäfer/Hamann, Kapitalmarktgesetze, § 13 WpHG Rz. 50 ff.
6 *BaFin*, Emittentenleitfaden 2013, S. 35.
7 *Kümpel*, Bank- und Kapitalmarktrecht, 3. Aufl. 2004, Rz. 16.114; *Lenenbach*, Kapitalmarkt- und Börsenrecht, 2002, Rz. 8.37.
8 *BaFin*, Emittentenleitfaden 2013, S. 35; *Fürhoff/Wölk*, WM 1997, 455; *Panasis*, S. 110 ff.; *Mennicke/Jakovou* in Fuchs, § 13 WpHG Rz. 132.
9 *BaFin*, Emittentenleitfaden 2013, S. 35.
10 Weitere Fallkonstellationen, denen in der Regel ein erhebliches Preisbeeinflussungspotenzial eigen, führt die *BaFin* im Zusammenhang Ad-hoc-Meldepflichten auf; *BaFin*, Emittentenleitfaden 2013, S. 53.

cc) **Kurserheblichkeit in Bezug auf bestimmte Gattungen von Finanzinstrumenten.** Bei der Beurteilung der 91
Kurserheblichkeit einer Information ist zu berücksichtigen, dass unterschiedlichen **Gattungen von Finanzinstrumenten** ein unterschiedliches **Preisbeeinflussungspotenzial** zugeordnet werden kann. Dabei ist das Preisbeeinflussungspotenzial einer Gattung von Finanzinstrumenten umso höher, je mehr die mit der Anlage verbundenen Gewinnchancen des Anlegers von – in Bezug auf den Emittenten – inneren und äußeren Faktoren im Allgemeinen und dem Unternehmenserfolg des Emittenten im Besonderen abhängen.

So kann davon ausgegangen werden, dass **festverzinsliche Wertpapiere** wie die klassischen Schuldverschrei- 92
bungen („Rentenpapiere") ein erheblich geringeres Preisbeeinflussungspotenzial aufweisen als **Dividendenpapiere** (namentlich Aktien)[1], weil das Anlegerrisiko im ersteren Fall auf die Fähigkeit des Emittenten zur Zahlung des fixen Zinsbetrags beschränkt ist, während Dividenden der Höhe nach unbestimmt sind und vom Ausmaß des von zahlreichen Faktoren beeinflussbaren wirtschaftlichen Erfolgs des Emittenten abhängen. Das gilt in besonderem Maße, wenn der Emittent ausschließlich herkömmliche Schuldverschreibungen zum Börsenhandel zugelassen hat: Hier wird in der Regel die Kurserheblichkeit einer Information nur dann anzunehmen sein, „wenn die Erfüllung der mit dem Finanzinstrument verbundenen Verpflichtungen des Emittenten (z.B. Rückzahlung, Zinszahlung) aufgrund der der Information zugrunde liegenden Umstände beeinträchtigt wäre"[2]. Entsprechend gering ist das allgemeine Preisbeeinflussungspotenzial eines **Genussscheins**, wenn die Rendite desselben lediglich davon abhängt, dass der Emittent keinen Bilanzverlust erleidet[3].

Die Beantwortung der Frage, ob eine Insiderinformation geeignet ist, im Falle ihres öffentlichen Bekanntwer- 93
dens den Börsen- oder Marktpreis eines Insiderpapiers erheblich zu beeinflussen, stellt vor Schwierigkeiten, wenn es um ein Insiderpapier geht, für das gem. Art. 2 Abs. 1 Unterabs. 1 lit. a und b VO Nr. 596/2014 **nur ein Antrag auf Zulassung** zum Handel auf einem geregelten Markt oder in einem multilateralen Handelssystem vorliegt. Soweit sich für die fraglichen Finanzinstrumente bereits ein Markt und ein Marktpreis gebildet hat, kann die **Kurserheblichkeit** der Insiderinformation auf der Grundlage der diesbezüglichen Preisinformationen beurteilt werden[4]. Ist dies nicht der Fall, ist auf den zu erwartenden Ausgabepreis oder die diesbezüglich zu erwartende Preisspanne abzustellen. Wurde bereits ein sog. Basisprospekt veröffentlicht und im Rahmen der Zeichnungsfrist eine Preisspanne genannt, so kann sich die Kurserheblichkeit einer Information auch daraus ergeben, dass sie Umstände betrifft, deren Veränderung den Prospekt unrichtig macht, eine Nachtragspflicht auslöst und damit auch eine Änderung der Preisspanne erwarten lässt[5]. In gleicher Weise sollen selbst „Markteinschätzungen für die zu erwartende Preisspanne oder Bewertungen für das Unternehmen" die Grundlage für „eine hypothetische Bewertung des erheblichen Preisbeeinflussungspotentials" des fraglichen Papiers erlauben[6], obwohl sich Markteinschätzungen nicht verlässlich ermitteln und zum Gegenstand einer Aussage über ihre Veränderung machen lassen.

dd) **Kanon kurserheblicher Umstände.** Weder der zur Beurteilung der Kurserheblichkeit einer Information 94
unter Art. 7 Abs. 1 VO Nr. 596/2014 maßgebliche Anreiz-Test (Rz. 82 ff.) noch der Umstand, dass bei der Prognose über den Eintritt eines erheblichen Kursausschlags die Umstände des Einzelfalls – d.h. die Lage des Unternehmens sowie die Verfassung des Gesamtmarkts und der Branche, in der das Unternehmen agiert – zu berücksichtigen sind (Rz. 89), steht der Aufstellung eines **Katalogs von im Allgemeinen kurserheblichen Tatsachen** entgegen. Vielmehr vermag ein Kanon regelmäßig kurserheblicher Umstände und Ereignisse die **Rechtsanwendung** zu systematisieren und zu erleichtern. Sie ist vor allem dann hilfreich, wenn man der schon aus pragmatischen Gründen der Rechtsanwendung sinnvollen **zweistufige Prüfung der „Preisrelevanz"** von Informationen folgt, wie sie die Bafin vorschlägt, denn diese verlangt auf der ersten Stufe „zu prüfen, ob der Umstand für sich allein betrachtet im Zeitpunkt des Handelns des Insiders (ex ante) nach allgemeiner Erfahrung ein erhebliches Preisbeeinflussungspotential haben" könne (dazu Rz. 89).

Ein **Katalog** mit **in der Regel kurserheblichen Vorgängen** findet sich – im Zusammenhang mit der Darstel- 95
lung von nach § 15 Abs. 1 WpHG a.F. veröffentlichungspflichtigen Insiderinformationen – im **Emittentenleitfaden** der BaFin[7]. Dort werden – ohne weiteres übertragbar auf Art. 7 VO Nr. 596/2014, weil dieser gegenüber der RL 2003/6/EG (Rz. 2) und dem umsetzenden § 13 WpHG a.F. insoweit keine Änderungen bringt – in keineswegs abschließender Erfassung als regelmäßig kurserheblich angeführt:
- Veräußerung von Kerngeschäftsfeldern, Rückzug aus oder Aufnahme von neuen Kerngeschäftsfeldern,
- Verschmelzungsverträge, Eingliederungen, Ausgliederungen, Umwandlungen, Spaltungen sowie andere wesentliche Strukturmaßnahmen,
- Beherrschungs- und/oder Gewinnabführungsverträge,

---

1 *BaFin*, Emittentenleitfaden 2013, S. 54.
2 *BaFin*, Emittentenleitfaden 2013, S. 54.
3 *BaFin*, Emittentenleitfaden 2013, S. 54.
4 *BaFin*, Emittentenleitfaden 2013, S. 52.
5 In der Sache wie *BaFin*, Emittentenleitfaden 2013, S. 52.
6 In der Sache wie *BaFin*, Emittentenleitfaden 2013, S. 52.
7 *BaFin*, Emittentenleitfaden 2013, S. 53.

- Erwerb oder Veräußerung von wesentlichen Beteiligungen,
- Übernahme- und Abfindungs-/Kaufangebote,
- Kapitalmaßnahmen (inkl. Kapitalberichtigung),
- wesentliche Änderung der Ergebnisse der Jahresabschlüsse oder Zwischenberichte gegenüber früheren Ergebnissen oder Marktprognosen,
- wesentliche Änderung des Dividendensatzes,
- bevorstehende Zahlungseinstellung/Überschuldung, Verlust nach § 92 AktG/kurzfristige Kündigung wesentlicher Kreditlinien,
- Verdacht auf Bilanzmanipulation, Ankündigung der Verweigerung des Jahresabschlusstestats durch den Wirtschaftsprüfer,
- erhebliche außerordentliche Aufwendungen (z.B. nach Großschäden oder Aufdeckung krimineller Machenschaften) oder erhebliche außerordentliche Erträge,
- Ausfall wesentlicher Schuldner,
- Abschluss, Änderung oder Kündigung besonders bedeutender Vertragsverhältnisse (einschließlich Kooperationsabkommen),
- Restrukturierungsmaßnahmen mit erheblichen Auswirkungen auf die künftige Geschäftstätigkeit,
- bedeutende Erfindungen, Erteilung bedeutender Patente und Gewährung wichtiger (aktiver/passiver) Lizenzen,
- maßgebliche Produkthaftungs- oder Umweltschadensfälle,
- Rechtsstreitigkeiten von besonderer Bedeutung,
- überraschende Veränderungen in Schlüsselpositionen des Unternehmens (z.B. Vorstandsvorsitzender, Aufsichtsratsvorsitzender, überraschender Ausstieg des Unternehmensgründers),
- überraschender Wechsel des Wirtschaftsprüfers,
- Antrag des Emittenten auf Widerruf der Zulassung zum organisierten Markt, wenn nicht noch an einem anderen inländischen organisierten Markt eine Zulassung aufrechterhalten wird,
- Lohnsenkungen oder Lohnerhöhungen, die nur den Emittenten betreffen,
- Beschlussfassung des Vorstandes, von der Ermächtigung der Hauptversammlung zur Durchführung eines Rückkaufprogramms Gebrauch zu machen.

96 **III. Insiderinformationen in Bezug auf spezielle Finanzinstrumente und Kundenaufträge (Art. 7 Abs. 1 lit. b–d VO Nr. 596/2014). 1. Insiderinformationen in Bezug auf Warenderivate (Art. 7 Abs. 1 lit. b, Abs. 2, 3 und 4 Unterabs. 1 sowie Abs. 5 VO Nr. 596/2014).** Art. 7 Abs. 1 lit. b VO Nr. 596/2014 enthält eine **Warenderivate betreffende Sonderregelung**[1] zur Grunddefinition von Insiderinformationen nach Art. 7 Abs. 1 lit. a VO Nr. 596/2014, die weitgehend der Regelung entspricht, wie sie sich aus dem Zusammenwirken von Art. 1 Abs. 1 Nr. 1 Satz 2 RL 2003/6/EG vom 28.1.2003 (Rz. 2) und Art. 4 lit. b der RL 2004/72/EG[2] ergab und in § 13 Abs. 1 Satz 4 Nr. 2 WpHG a.F. umgesetzt wurde. Dabei greift die Bestimmung sämtliche Begriffselemente einer Insiderinformation nach der Grunddefinition auf, schränkt aber den Kreis der als Insiderinformationen in Betracht kommenden Informationen ein. Sie kann deshalb nicht bloß als Regelbeispiel einer bereits nach Art. 7 Abs. 1 lit. a VO Nr. 596/2014 als Insiderinformation zu qualifizierenden Information zu Warenderivaten oder als sich auf diese Vorschrift beziehende, der Rechtssicherheit dienende Klarstellung verstanden werden, in letzterer Hinsicht dergestalt, dass präzise Informationen nicht nur solche sein können, die sich direkt oder indirekt auf Warenderivate beziehen, sondern auch solche, die direkt damit Warenderivaten verbundene Waren-Spot-Kontrakte betreffen. Das bedeutet, dass in Bezug auf Warenderivate nur die in Art. 7 Abs. 1 lit. b VO Nr. 596/2014 bezeichneten Informationen Insiderinformationen sein können und es nicht zulässig ist, Informationen, die nach dieser Bestimmung keine Insiderinformationen sind, über die Grunddefinition des Art. 7 Abs. 1 lit. a VO Nr. 596/2014 als Insiderinformationen zu qualifizieren.

97 Die **Sonderregelung** trägt nach Erwägungsgrund 20 Satz 1 VO Nr. 596/2014 dem Umstand Rechnung, dass Spotmärkte – d.h. nach Art. 3 Abs. 1 Nr. 16 VO Nr. 596/2014 Warenmärkte, an dem Waren auf der Grundlage von Waren-Spot-Kontrakten (Art. 3 Abs. 1 Nr. 15 VO Nr. 596/2014) gegen bar verkauft und bei Abwicklung des Geschäfts unverzüglich geliefert werden, sowie andere Märkte, die keine Finanzmärkte sind, beispielsweise Warenterminmärkte – und die dazugehörigen Derivatemärkte in hohem Maße vernetzt sind. So können, wie es in Erwägungsgrund 20 VO Nr. 596/2014 weiter heißt, „Insiderinformationen von einem Spotmarkt einer Per-

---

1 *Grundmann* in Staub, Bd. 11/1, 5. Aufl. 2017, 6. Teil Rz. 357; *Krause* in Meyer/Veil/Rönnau, Handbuch zum Marktmissbrauchsrecht, § 6 Rz. 183.
2 Richtlinie 2004/72/EG vom 29. April 2004 zur Durchführung der Richtlinie 2003/6/EG – Zulässige Marktpraktiken, Definition von Insider-Informationen in Bezug auf Warenderivate, Erstellung von Insider-Verzeichnissen, Meldung von Eigengeschäften und Meldung verdächtiger Transaktionen […], ABl. EU Nr. L 162 v. 30.4.2004, S. 70.

son nützlich sein, die an einem Finanzmarkt handelt". Deshalb, so wird dort weiter ausgeführt, sollten die Bestimmung des Begriffs Insiderinformationen „in Bezug auf ein Warenderivat … besagen, dass es sich dabei um Informationen handelt, die sowohl der allgemeinen Bestimmung des Begriffs ‚Insiderinformationen' in Bezug auf die Finanzmärkte entsprechen und die im Einklang mit Rechts- und Verwaltungsvorschriften der Union oder der Mitgliedstaaten, Handelsregeln, Verträgen oder Regeln auf dem betreffenden Warenderivat- oder Spotmarkt offengelegt werden müssen". Das ist in Art. 7 Abs. 1 lit. b VO Nr. 596/2014 geschehen, indem *erstens* nicht öffentlich bekannte präzise Informationen, die direkt oder indirekt ein oder mehrere Warenderivate oder direkt damit verbundene Waren-Spot-Kontrakte betreffen und die, wenn sie öffentlich bekannt würden, geeignet wären, den Kurs dieser Derivate oder damit verbundener Waren-Spot-Kontrakte erheblich zu beeinflussen, Insiderinformationen sein können, **vorausgesetzt** *zweitens*, es handelt sich um Informationen, die nach Rechts- und Verwaltungsvorschriften der Union oder der Mitgliedstaaten, Handelsregeln, Verträgen, Praktiken oder Regeln auf dem betreffenden Warenderivate- oder Spotmarkt **offengelegt werden müssen** bzw. deren **Offenlegung nach vernünftigem Ermessen erwartet werden kann**.

Als „wichtige **Beispiele** für solche Regeln" nennt Erwägungsgrund 20 „die Verordnung (EU) Nr. 1227/2011 für den Energiemarkt und die Datenbank der Gemeinsamen Initiative: Daten aus dem Mineralölsektor (Joint Organisations Database Initiative – JODI) für Erdöl". Für Derivate, die Energiegroßhandelsprodukte sind[1], sollen nach Erwägungsgrund 18 Satz 2 VO Nr. 596/2014 insbesondere Informationen, die gemäß der VO Nr. 1227/2011 des Europäischen Parlaments und des Rates offengelegt werden müssen, als Insiderinformationen betrachtet werden. Dessen ungeachtet gibt die ESMA nach **Art. 7 Abs. 5 Satz 1 VO Nr. 596/2014** und nach Maßgabe von dessen Satz 2 Leitlinien für die Erstellung einer „nicht erschöpfenden **indikativen Liste von Informationen gem. Abs. 1 Buchstabe b** heraus, deren Offenlegung nach vernünftigem Ermessen erwartet werden kann oder die nach Rechts- und Verwaltungsvorschriften des Unionsrechts oder des nationalen Rechts, Handelsregeln, Verträgen, Praktiken oder Regeln auf den in Abs. 1 Buchstabe b genannten betreffenden Warenderivate- oder Spotmärkten offengelegt werden müssen".

Auch für Informationen in Bezug auf Warenderivate ist im Hinblick auf die Definition dessen, was eine **präzise Information** darstellt, die Vorschrift des Art. 7 Abs. 2 und Abs. 3 VO Nr. 596/2014 und im Hinblick darauf, wann eine Information **kurserheblich**, d.h. geeignet ist, den Kurs von Warenderivaten und damit verbundenen Waren-Spot-Kontrakten oder auf Emissionszertifikaten beruhenden Auktionsobjekten spürbar zu beeinflussen, die Vorschrift des Art. 7 Abs. 4 Unterabs. 1 VO Nr. 596/2014 anzuwenden.

2. Insiderinformationen in Bezug auf Emissionszertifikate (Art. 7 Abs. 1 lit. c und Abs. 2, 3 und 4 VO Nr. 596/2014). Den Finanzinstrumenten als Bezugspunkt von Insiderinformationen wurden mit der Marktmissbrauchsverordnung Emissionszertifikate hinzugefügt (Rz. 2; Vor Art. 7 ff. VO Nr. 596/2014 Rz. 21). Bei diesen handelt es sich um ein Zertifikat, das aus Anteilen besteht, deren Übereinstimmung mit den Anforderungen der RL 2003/87/EG über ein System für den Handel mit Treibhausgasemissionszertifikaten in der Gemeinschaft anerkannt ist (Art. 3 Abs. 1 Nr. 19 VO Nr. 596/2014; Art. 3 VO Nr. 596/2014 Rz. 28). In Bezug auf Emissionszertifikate und darauf beruhende Auktionsobjekte stellen nach Art. 7 Abs. 1 lit. c VO Nr. 596/2014 solche nicht öffentlich bekannten präzisen Informationen **Insiderinformationen** dar, die direkt oder indirekt ein oder mehrere Finanzinstrumente dieser Art betreffen und die, wenn sie öffentlich bekannt würden, geeignet wären, den Kurs dieser Finanzinstrumente oder damit verbundener derivativer Finanzinstrumente erheblich zu beeinflussen. Abgesehen davon, dass nach der Vorschrift auch Informationen in Bezug auf Auktionsobjekte in vorstehendem Sinne Insiderinformationen sein können, stellt sie im Wesentlichen keine Sonderregelung, sondern lediglich eine Klarstellung zu Art. 7 Abs. 1 lit. a VO Nr. 596/2014 dar.

Auch für Informationen in Bezug auf Emissionszertifikate ist im Hinblick auf die Definition dessen, was eine **präzise Information** ist, die Vorschrift des Art. 7 Abs. 2 und Abs. 3 VO Nr. 596/2014 und im Hinblick darauf, wann eine Information **kurserheblich**, d.h. geeignet ist, den Kurs von auf Emissionszertifikaten beruhenden Auktionsobjekten spürbar zu beeinflussen, die Vorschrift des Art. 7 Abs. 4 Unterabs. 1 VO Nr. 596/2014 anzuwenden. Insbesondere ist auch hier eine Ex-ante-Prognose der Kurserheblichkeit vorzunehmen und die spätere Kursentwicklung allenfalls als Indiz für dieselbe heranzuziehen (Rz. 88). Vor dem Hintergrund der Festlegung von Mindestschwellen, die gegeben sein müssen, damit ein Teilnehmer am Markt für Emissionszertifikate einer Veröffentlichungspflicht von Insiderinformationen in Bezug auf Emissionszertifikate nach Art. 17 Abs. 2 VO Nr. 596/2014 unterliegt (s. dazu Art. 17 VO Nr. 596/2014 Rz. 258), geht die BaFin davon aus, „dass Preisbeeinflussungen derzeit vor dem Hintergrund der aktuellen kostenlosen Zuteilungsquote für bestimmte Teilnehmer ein in der Regel eher höheres CO_2-Volumen voraussetzen"[2]. Für die Bestimmung der **Kurserheblichkeit** von Informationen in Bezug auf Emissionszertifikate oder darauf beruhende Auktionsobjekte kommt die **Sonderregelung in Art. 7 Abs. 4 Unterabs. 2 VO Nr. 596/2014** hinzu, der zufolge im Fall von Teilneh-

---

1 Das sind nach Art. 3 Abs. 1 Nr. 22 i.V.m. Art. 2 Nr. 4 Unterabs. 1 lit. b und d VO Nr. 1227/2011 Derivate, die Strom oder Erdgas betreffen, das/der in der Union erzeugt, gehandelt oder geliefert wurde, bzw. Derivate, die sich auf den Transport von Strom oder Erdgas in der Union beziehen; s. dazu Art. 3 VO Nr. 596/2014 Rz. 31 ff.
2 *BaFin*, Art. 17 Abs. 2 MAR – Emissionszertifikate (FAQs), S. 3.

mern am Markt für Emissionszertifikate mit aggregierten Emissionen oder einer thermischen Nennleistung in Höhe oder unterhalb des gem. Art. 17 Abs. 2 Unterabs. 2 VO Nr. 596/2014 festgelegten Schwellenwerts von den Informationen über die physischen Aktivitäten dieser Teilnehmer angenommen wird, dass sie keine erheblichen Auswirkungen auf die Preise der Emissionszertifikate und der auf diesen beruhenden Auktionsobjekte oder auf damit verbundene Finanzinstrumente haben. Darüber hinaus kann der **konzerneingebundene Teilnehmer** am Markt für Emissionszertifikate erhebliche Schwierigkeiten bei der Beurteilung der Kurserheblichkeit von ihn betreffenden Ereignissen oder Maßnahmen haben. Diese können sich deshalb einstellen, weil der Adressat der Mitteilungspflicht der einzelne Teilnehmer am Markt für Emissionszertifikate ist, die Veröffentlichungspflicht nach Art. 17 Abs. 2 VO Nr. 596/2014 sich inhaltlich aber auf Luftverkehr und Anlagen erstreckt, „die der betreffende Marktteilnehmer, dessen Mutterunternehmen oder ein verbundenes Unternehmen besitzt oder kontrolliert und für dessen betriebliche Angelegenheiten der Marktteilnehmer, dessen Mutterunternehmen oder ein verbundenes Unternehmen vollständig oder teilweise verantwortlich ist". Vor diesem Hintergrund ist der einzelne Teilnehmer daher unter Umständen „nicht in der Lage, abschließend zu bestimmen, ob das ihn betreffende Ereignis bezogen auf den Gesamtkonzern überhaupt eine Kursrelevanz besitzt". Die BaFin verlangt deshalb, dass „innerhalb eines Konzerns Strukturen geschaffen werden, die eine zügige Weiterleitung und Weiterverarbeitung der Information gewährleisten"[1].

102 **3. Insiderinformationen im Zusammenhang mit der Ausführung von Aufträgen in Bezug auf Finanzinstrumente (Art. 7 Abs. 1 lit. d VO Nr. 596/2014).** Für Personen, die mit der Ausführung von Aufträgen in Bezug auf Finanzinstrumente beauftragt sind, sind Insiderinformationen auch die ihnen von einem Kunden mitgeteilt wurden und sich auf die noch nicht ausgeführten Aufträge des Kunden in Bezug auf Finanzinstrumente beziehen, vorausgesetzt die Informationen erfüllen im Übrigen die Voraussetzungen einer Insiderinformation, d.h. sie sind – wie in Art. 7 Abs. 1 lit. d VO Nr. 596/2014 aufgeführt – präzise, betreffen direkt oder indirekt einen oder mehrere Emittenten oder ein oder mehrere Finanzinstrumente und wären, wenn sie öffentlich bekannt würden, geeignet, den Kurs dieser Finanzinstrumente, damit verbundener Waren-Spot-Kontrakte oder zugehöriger derivativer Finanzinstrumente erheblich zu beeinflussen. Dabei handelt es sich in der Sache lediglich um eine Klarstellung, da die in Art. 7 Abs. 1 lit. d VO Nr. 596/2014 umschriebenen Informationen bereits nach Art. 7 Abs. 1 lit. a VO Nr. 596/2014 Insiderinformationen darstellen. Die Bestimmung erfasst Informationen, die als Insiderinformationen die Grundlage des sog. **Frontrunning** bilden, d.h. die Verwendung von Informationen über einen Kundenauftrag, um vor der Ausführung des nicht öffentlich bekannten kurserheblichen Auftrags selbst Finanzinstrumente zu erwerben oder zu veräußern, auf die sich der Auftrag bezieht[2].

103 Die Vorschrift entspricht nahezu wortgetreu Art. 1 Nr. 1 Unterabs. 3 RL 2003/6/EG vom 28.1.2003 (Rz. 2), wie sie in dem § 13 Abs. 1 Satz 4 Nr. 1 WpHG a.F. umgesetzt wurde. Letzterer wurde seinerseits als „Regelbeispiel" zur Grundregel des § 13 Abs. 1 Sätze 1–3 WpHG a.F. verstanden[3]. Deshalb war es schon seinerzeit unschädlich, dass die Umsetzung von Art. 1 Nr. 1 Unterabs. 3 der Marktmissbrauchsrichtlinie in § 13 Abs. 1 Satz 4 Nr. 1 WpHG a.F. möglicherweise einen weiteren **Anwendungsbereich** aufwies als die umzusetzende Vorschrift[4]: Während die Auftragsinformationen nach der Formulierung des § 13 Abs. 1 Satz 4 Nr. 1 WpHG a.F. für jede Person, die von diesen Kenntnis erlangten[5], ließ sich Art. 1 Nr. 1 Unterabs. 3 RL 2003/6/EG und lässt sich Art. 7 Abs. 1 lit. d VO Nr. 596/2014 so deuten, dass die Kundeninformationen nur für die beauftragte Person – die Vorschrift gilt ihrem Wortlaut nach nur „für Personen, die mit der Ausführung von Aufträgen in Bezug auf Finanzinstrumente beauftragt sind" – und nicht einmal für die mit der Ausführung des Auftrags betraute Mitarbeiter Insiderinformation sind. Wäre dem so, wäre dies mit der Zielsetzung des Insiderrechts (Vor Art. 7 ff. VO Nr. 596/2014 Rz. 29 f.) nicht vereinbar[6], da solche Informationen auch für andere Personen als den Beauftragten einen Wissensvorsprung darstellen, der sich zur Erzielung ungerechtfertigter Sondervorteile nutzen ließe. Ob Art. 7 Abs. 1 lit. d VO Nr. 596/2014 deshalb dahingehend auszulegen ist, dass diese Bestimmung auch solche Personen erfasst, die von der nicht öffentlich bekannten kursrelevanten Kundeninformation Kenntnis haben, kann aber dahinstehen, da diese Informationen bereits nach Art. 7 Abs. 1 lit. a VO Nr. 596/2014 Insiderinformationen darstellen[7].

104 Schon an dieser Stelle ist darauf hinzuweisen, dass die auftragsgemäße **Ausführung des eine Insiderinformation darstellenden Auftrags** nicht als Verwendung der Insiderinformation durch den Beauftragten anzusehen ist. Dazu heißt es im Erwägungsgrund 30 VO Nr. 596/2014 im Zusammenhang mit legitimen Handlungen im Hinblick auf das Marktmanipulationsverbot von Art. 15, 12 VO Nr. 596/2014: Beschränken sich die „zur Aus-

---

1 Dieses Zitat und die vorstehenden Zitate sind entnommen *BaFin*, Art. 17 Abs. 2 MAR – Emissionszertifikate (FAQs), S. 3 f.
2 *Assmann* in 6. Aufl., § 13 WpHG Rz. 71. Für Art. 7 und 8 VO Nr. 596/2014 ebenso *Grundmann* in Staub, Bd. 11/1, 5. Aufl. 2017, 6. Teil Rz. 352; *Klöhn* in Klöhn, Art. 7 MAR Rz. 306; *Krause* in Meyer/Veil/Rönnau, Handbuch zum Marktmissbrauchsrecht, § 6 Rz. 193.
3 *Assmann* in 6. Aufl., § 13 WpHG Rz. 69.
4 Hierzu *Assmann* in 6. Aufl., § 13 WpHG Rz. 72, nach welcher die Umsetzung als nicht zu weit geraten angesehen wurde.
5 *Assmann* in 6. Aufl., § 13 WpHG Rz. 70 f.
6 So schon *Assmann* in 6. Aufl., § 13 WpHG Rz. 72.
7 Ohne nähere Begründung ebenso *Klöhn* in Klöhn, Art. 7 MAR Rz. 305.

führung von Aufträgen für Rechnung Dritter, die über Insiderinformationen verfügen, befugte Personen auf die pflichtgemäße Ausführung der Stornierung oder Änderung eines Auftrags, so sollte dies nicht als Nutzung von Insiderinformationen gelten. Der in dieser Verordnung vorgesehene Schutz … für Personen, die befugt sind, im Namen Dritter, die über Insiderinformationen verfügen, Aufträge auszuführen", erstreckt sich jedoch „nicht auf Tätigkeiten, die gemäß dieser Verordnung eindeutig verboten sind, so u.a. die gemeinhin als ‚Frontrunning' bekannte Praxis (Eigengeschäfte in Kenntnis von Kundenaufträgen)."

IV. Leitlinien für Informationen in Bezug auf Warenderivate nach Art. 7 Abs. 1 lit. b VO Nr. 596/2014 (Art. 7 Abs. 5 VO Nr. 596/2014). Art. 7 Abs. 1 lit. b VO Nr. 596/2014 bestimmt, dass in Bezug auf Warenderivate (zum Begriff s. Art. 3 Abs. 1 Nr. 24 VO Nr. 596/2014 und die Erläuterungen dazu in Art. 3 VO Nr. 596/2014 Rz. 35 ff.) nur solche nicht öffentlich bekannten präzisen Informationen als Insiderinformationen zu betrachten sind, die direkt oder indirekt ein oder mehrere Derivate dieser Art oder direkt damit verbundene Waren-Spot-Kontrakte (zum Begriff s. Art. 3 Abs. 1 Nr. 15 VO Nr. 596/2014 und die Erläuterungen dazu in Art. 3 VO Nr. 596/2014 Rz. 24) betreffen und die, wenn sie öffentlich bekannt würden, geeignet wären, den Kurs dieser Derivate oder damit verbundener Waren-Spot-Kontrakte erheblich zu beeinflussen, und bei denen es sich *darüber hinaus* um solche Informationen handelt, die nach Rechts- und Verwaltungsvorschriften der Union oder der Mitgliedstaaten, Handelsregeln, Verträgen, Praktiken oder Regeln auf dem betreffenden Warenderivate- oder Spotmarkt **offengelegt werden müssen** bzw. deren **Offenlegung nach vernünftigem Ermessen erwartet werden kann** (Rz. 96 ff.). Nach Art. 7 Abs. 5 VO Nr. 596/2014 hat die BaFin – nicht zuletzt im Hinblick auf den Schutz potenzieller Anleger (Erwägungsgrund 36 VO Nr. 596/2014) und kleinerer und mittlerer Unternehmen als Emittenten (Erwägungsgrund 55 VO Nr. 596/2014) – **Leitlinien** zu einer nicht erschöpfenden indikativen Liste von Informationen herauszugeben, die diese Zusatzanforderung erfüllen.

Solche **Leitlinien** hat die ESMA am 17.1.2017 **vorgelegt**[1]. Mit Schreiben vom 7.3.2017[2] (dazu schon Vor Art. 7 ff. VO Nr. 596/2014 Rz. 32) gab die BaFin bekannt, sie habe ESMA – entsprechend ihrer Pflicht nach Ziff. 4.2 der Leitlinien – mitgeteilt, diesen Leitlinien nachzukommen; sie ziehe „daher nunmehr im Rahmen ihrer Verwaltungspraxis diese Leitlinien zur Konkretisierung der Voraussetzungen des Art. 7 Abs. 1 Buchstabe b der MAR heran".

Art. 8 Insidergeschäfte

(1) **Für die Zwecke dieser Verordnung liegt ein Insidergeschäft vor, wenn eine Person über Insiderinformationen verfügt und unter Nutzung derselben für eigene oder fremde Rechnung direkt oder indirekt Finanzinstrumente, auf die sich die Informationen beziehen, erwirbt oder veräußert. Die Nutzung von Insiderinformationen in Form der Stornierung oder Änderung eines Auftrags in Bezug auf ein Finanzinstrument, auf das sich die Informationen beziehen, gilt auch als Insidergeschäft, wenn der Auftrag vor Erlangen der Insiderinformationen erteilt wurde. In Bezug auf Versteigerungen von Emissionszertifikaten oder anderen darauf beruhenden Auktionsobjekten, die gemäß der Verordnung (EU) Nr. 1031/2010 gehalten werden, schließt die Nutzung von Insiderinformationen auch die Übermittlung, Änderung oder Zurücknahme eines Gebots durch eine Person für eigene Rechnung oder für Rechnung eines Dritten ein.**

(2) **Für die Zwecke dieser Verordnung liegt eine Empfehlung zum Tätigen von Insidergeschäften oder die Verleitung Dritter hierzu vor, wenn eine Person über Insiderinformationen verfügt und**

a) **auf der Grundlage dieser Informationen Dritten empfiehlt, Finanzinstrumente, auf die sich die Informationen beziehen, zu erwerben oder zu veräußern, oder sie dazu verleitet, einen solchen Erwerb oder eine solche Veräußerung vorzunehmen, oder**

b) **auf der Grundlage dieser Informationen Dritten empfiehlt, einen Auftrag, der ein Finanzinstrument betrifft, auf das sich die Informationen beziehen, zu stornieren oder zu ändern, oder sie dazu verleitet, eine solche Stornierung oder Änderung vorzunehmen.**

(3) **Die Nutzung von Empfehlungen oder Verleitungen gemäß Absatz 2 erfüllt den Tatbestand des Insidergeschäfts im Sinne dieses Artikels, wenn die Person, die die Empfehlung nutzt oder der Verleitung folgt, weiß oder wissen sollte, dass diese auf Insiderinformationen beruht.**

---

1 *ESMA*, MAR-Leitlinien Informationen über Warenderivatmärkte oder verbundene Spotmärkte im Hinblick auf die Definition von Insiderinformationen über Warenderivate vom 17.1.2017, ESMA/2016/1480, deutsche Sprachfassung: https://www.esma.europa.eu/sites/default/files/library/esma-2016-1480_de.pdf. Zum Anwendungsbereich dieser Leitlinien führt die ESMA S. 3 aus, diese Leitlinien hätten Geltung „für zuständige Behörden und Anleger, Finanzintermediäre, Betreiber von Handelsplätzen und Personen, die gewerbsmäßig Geschäfte mit Warenderivaten vermitteln oder ausführen (gemeinsam bezeichnet als ‚Marktteilnehmer')".
2 GZ: WA 27-Wp 2001–2017/0010, https://www.bafin.de/SharedDocs/Veroeffentlichungen/DE/Anlage/170307_MAR_Leitlinien_Warenderivatemaerkte_Spotmaerkte.html.

(4) Dieser Artikel gilt für jede Person, die über Insiderinformationen verfügt, weil sie
a) dem Verwaltungs-, Leitungs- oder Aufsichtsorgan des Emittenten oder des Teilnehmers am Markt für Emissionszertifikate angehört;
b) am Kapital des Emittenten oder des Teilnehmers am Markt für Emissionszertifikate beteiligt ist;
c) aufgrund der Ausübung einer Arbeit oder eines Berufs oder der Erfüllung von Aufgaben Zugang zu den betreffenden Informationen hat oder
d) an kriminellen Handlungen beteiligt ist.

Dieser Artikel gilt auch für jede Person, die Insiderinformationen unter anderen Umständen als nach Unterabsatz 1 besitzt und weiß oder wissen müsste, dass es sich dabei um Insiderinformationen handelt.

(5) Handelt es sich bei der in diesem Artikel genannten Person um eine juristische Person, so gilt dieser Artikel nach Maßgabe des nationalen Rechts auch für die natürlichen Personen, die an dem Beschluss, den Erwerb, die Veräußerung, die Stornierung oder Änderung eines Auftrags für Rechnung der betreffenden juristischen Person zu tätigen, beteiligt sind oder diesen beeinflussen.

In der Fassung vom 16.4.2014 (ABl. EU Nr. L 173 v. 12.6.2014, S. 1), geändert durch Berichtigung vom 21.10.2016 (ABl. EU Nr. L 287 v. 21.10.2016, S. 320).

Schrifttum: S. Vor Art. 7 ff. VO Nr. 596/2014 und das Allgemeine Schrifttumsverzeichnis.

I. Regelungsgegenstand und Normentwicklung .	1
II. Insidergeschäfte	5
1. Erwerb und Veräußerung von Finanzinstrumenten sowie Stornierung oder Änderung von Aufträgen zu deren Erwerb oder Veräußerung (Art. 8 Abs. 1 VO Nr. 596/2014)	6
a) Insider und Verfügen über Insiderwissen (Art. 8 Abs. 1, 4 und 5 VO Nr. 596/2014) . .	7
b) Tathandlung: Erwerb – Veräußerung – Stornierung (Art. 8 Abs. 1 Satz 1 und Satz 2, Abs. 5 VO Nr. 596/2014)	15
aa) Übersicht	15
bb) Erwerb und Veräußerung	17
(1) Vornahme eines Erwerbs- oder Veräußerungsgeschäfts	17
(2) Für eigene oder fremde Rechnung	24
(3) Direkt oder indirekt	26
(4) Unterlassen eines Erwerbs- oder Veräußerungsgeschäfts	27
cc) Stornierung und Auftragsänderung . . .	28
c) Nutzung (Art. 8 Abs. 1 Sätze 1–3 VO Nr. 596/2014)	30
aa) Grundsätze	30
bb) Einzelfälle	42
(1) Frontrunning	43
(2) Nicht veranlasste, normale Geschäfte – insbesondere von Marktintermediären .	45
(3) Umsetzung von unternehmerischen Plänen und Entscheidungen	47
(4) Handel mit eigenen Aktien im Rahmen von Rückkaufprogrammen	49
(5) Kursstabilisierung	56
(6) Sukzessiver Auf- oder Ausbau einer Beteiligung	59
(7) Scalping	62
(8) Kreditinstitute im Wertpapiergeschäft mit Kunden	65
(9) Aktienoptionsprogramme für Führungskräfte	68
2. Geschäfte aufgrund Empfehlung oder Verleitung (Art. 8 Abs. 3 VO Nr. 596/2014)	74
3. Versuch	75
III. Empfehlung von und Verleitung zu Insidergeschäften (Art. 8 Abs. 2 VO Nr. 596/2014) sowie die Nutzung von Empfehlungen oder Verleitungen (Art. 8 Abs. 3 VO Nr. 596/2014)	76
1. Übersicht – Normentwicklung	76
2. Empfehlung und Verleitung (Art. 8 Abs. 2 VO Nr. 596/2014)	80
a) Adressat des Verbots	80
b) Gegenstand der Empfehlung oder Verleitung	81
c) Tathandlung	82
aa) Empfehlung	82
bb) Verleitung	91
3. Versuch	96
4. Nutzung von Empfehlungen oder Verleitungen (Art. 8 Abs. 3 VO Nr. 596/2014)	97
IV. Sanktionen und Rechtsfolgen von Verstößen gegen Art. 14 lit. a und b i.V.m. Art. 8 VO Nr. 596/2014	100

1 **I. Regelungsgegenstand und Normentwicklung.** Nach Art. 14 VO Nr. 596/2014 ist es verboten a) Insidergeschäfte zu tätigen oder zu versuchen, b) Dritten zu empfehlen oder Dritte anzustiften, Insidergeschäfte zu tätigen, oder c) Insiderinformationen unrechtmäßig offenzulegen. Unter welchen Voraussetzungen die Offenlegung von Insiderinformationen unrechtmäßig ist, ist Art. 10 VO Nr. 596/2014 zu entnehmen. Welche Geschäfte als Insidergeschäfte anzusehen sind und wann eine Empfehlung zum Tätigen von Insidergeschäften oder die Verleitung Dritter hierzu vorliegt, ist Gegenstand der Vorschriften von Art. 8 VO Nr. 596/2014. Zusammengenommen entspricht das Regelung in Art. 14 lit. a bzw. b und Art. 8 VO Nr. 596/2014 dem bisherigen **Erwerbs- und Veräußerungsverbot** des § 14 Abs. 1 Nr. 1 WpHG a.F. bzw. dem **Empfehlungs- und Verleitungsverbot** des § 14 Abs. 1 Nr. 3 WpHG a.F. Das **Weitergabeverbot** des § 14 Abs. 1 Nr. 2 WpHG a.F. ist dagegen durch das Verbot der unrechtmäßigen Offenlegung von Insiderinformationen nach Art. 14 lit. c VO Nr. 596/2014 ersetzt worden, doch geht das Verbot der ungerechtfertigten *Weitergabe* in der Sache weitgehend in dem der unbefugten *Offenlegung* auf.

Vor allem in Bezug auf das Erwerbs- und Veräußerungsverbot und das Empfehlungsverbots hat die Marktmiss- 2
brauchsverordnung gegenüber der bisherigen Regelung dieser Verbote in Art. 14 Abs. 1 Nr. 1 und 3
WpHG a.F. und der diesen **zugrunde liegenden Marktmissbrauchsrichtlinie 2003/6/EG vom 28.1.2003**[1] sowie der Richtlinie 2003/124/EG zur Durchführung der Marktmissbrauchsrichtlinie 2003/6/EG[2] nur **wenige** –
im Zusammenhang mit den Erläuterungen zu Art. 8 VO Nr. 596/2014 anzuführende – **Veränderungen** mit
sich gebracht. Zahlreiche Bestimmung von Art. 8 VO Nr. 596/2014 bauen auf solchen der RL 2003/6/EG auf[3]:
Art. 8 Abs. 1, Abs. 2 lit. a, Abs. 4 Unterabs. 2 und Abs. 5 VO Nr. 596/2014 entsprechen Art. 2 Abs. 1 Unterabs. 1, Art. 3 lit. b, Art. 4 bzw. Art. 2 Abs. 2 der Marktmissbrauchsrichtlinie 2003/6/EG; Art. 8 Abs. 4 Unterabs. 1 lit. a–d VO Nr. 596/2014 entspricht Art. 2 Abs. 1 lit. a–d RL 2003/6/EG. Deshalb kann, soweit nicht
durch Art. 8 VO Nr. 596/2014 oder Rechtsprechung im Einzelnen überholt, auf die Grundsätze zurückgegriffen
werden, wie sie sich zur bisherigen Regelung entwickelt haben.

Zur **Entwicklung und Zweck** des Insiderrechts im Allgemeinen und des Erwerbs- und Veräußerungsverbots 3
und des Empfehlungsverbots im Besonderen sowie zur **Stellung des Art. 8 VO Nr. 596/2014 im Gefüge der
insiderrechtlichen Regelungen** der Marktmissbrauchsverordnung s. die Erläuterungen Vor Art. 7 ff. VO
Nr. 596/2014 Rz. 29 f. bzw. 18 ff.

Die ursprünglich im ABl. EU Nr. L 173 v. 12.6.2014, S. 1 (25 f.), veröffentlichte Fassung von Abs. 1, 2 und 3 ist 4
in ABl. EU Nr. L 287 v. 21.10.2016, S. 320 (321), zur heutigen Fassung dieser Vorschriften **berichtigt** worden.
Dabei sind vor allem die in Abs. 2 und Abs. 3 ursprünglich verwandten Begriffe „Anstiftung" und „anstiften"
durch die Begriffe „Verleitung" und „verleiten" ersetzt worden. Das erklärt, weshalb verschiedene Werke bei
der Erläuterung von Abs. 2 und Abs. 3 noch die Begrifflichkeit der alten, berichtigten Verordnungsfassung verwenden.

II. Insidergeschäfte. Insidergeschäfte sind „für die Zwecke dieser Verordnung" und vor allem für das Insider- 5
handelsverbot nach Art. 14 lit. a VO Nr. 596/2014 die in Art. 8 VO Nr. 596/2014 beschriebenen Geschäfte in Gestalt der Nutzung von Insiderinformationen für den Erwerb oder die Veräußerung oder die Stornierung oder Änderungen von Aufträgen über Finanzinstrumente, auf die sich die Informationen beziehen (Insiderpapiere). Wohl des Zusammenhangs mit den Bestimmungen über Empfehlungen und Verleitungen auf
der Grundlage von Insiderinformation in Art. 8 Abs. 2 VO Nr. 596/2014 nicht in Art. 8 Abs. 1 VO Nr. 596/
2014 über Insidergeschäfte aufgenommen, ist ein Insidergeschäft, das nach Art. 8 Abs. 3 VO Nr. 596/2014 darin
besteht, dass eine Person, die eine Empfehlung nutzt oder einer Verleitung folgt, weiß oder wissen sollte, dass
diese auf Insiderinformationen beruht.

1. Erwerb und Veräußerung von Finanzinstrumenten sowie Stornierung oder Änderung von Aufträgen zu 6
deren Erwerb oder Veräußerung (Art. 8 Abs. 1 VO Nr. 596/2014). Um als Insidergeschäft qualifiziert werden
zu können, müssen für ein Geschäft nach Art. 8 Abs. 1 Satz 1 und Satz 2 VO Nr. 596/2014 die folgenden **Voraussetzungen** vorliegen:

(1) **Insider und Insiderwissen:** Die das Geschäft führende Person muss Insider sein, d.h. über Insiderinformationen verfügen.

(2) **Erwerb und Veräußerung von Finanzinstrumenten:** Das Geschäfts muss

  a) entweder darin bestehen, dass die Person für eigene oder fremde Rechnung direkt oder indirekt Finanzinstrumente, auf die sich die Informationen beziehen (Insiderpapiere, Rz. 5), erwirbt oder veräußert (Art. 8 Abs. 1 Satz 1 VO Nr. 596/2014),

  b) oder die Stornierung oder Änderung eines Auftrags über den Erwerb oder die Veräußerung von Insiderpapieren zum Gegenstand haben, falls diese aufgrund von nach der Auftragserteilung erlangtem
  Insiderwissen erfolgen (Art. 8 Abs. 1 Satz 2 VO Nr. 596/2014).

(3) **Nutzung des Insiderwissens:** Die Person muss diese Insiderinformationen für das Geschäft nutzen.

a) Insider und Verfügen über Insiderwissen (Art. 8 Abs. 1, 4 und 5 VO Nr. 596/2014). Adressaten des Ver- 7
bots von Insidergeschäften sind Insider, d.h. Personen, die **über Insiderinformationen verfügen**. Als solche
kommen **natürliche Personen** und, was Art. 8 Abs. 5 VO Nr. 596/2014 („Handelt es sich bei der in diesem Artikel genannten Person um eine juristische Person …") und Art. 9 Abs. 1 VO Nr. 596/2014 („… wird aufgrund
der bloßen Tatsache, dass eine juristische Person im Besitz von Insiderinformationen ist oder war …") bestätigen, **juristische Personen** in Betracht[4]. Hinsichtlich der Personen, die über Insiderinformationen verfügen, unterscheidet Art. 8 Abs. 4 VO Nr. 596/2014 zwischen sog. **Primär- und Sekundärinsidern**. Primärinsider sind

---

1 Richtlinie 2003/6/EG vom 28. Januar 2003 über Insider-Geschäfte und Marktmanipulation (Marktmissbrauch), ABl. EU
  Nr. L 96 v. 12.4.2003, S. 16.
2 Richtlinie 2003/124/EG vom 22. Dezember 2003 zur Durchführung der Richtlinie 2003/6/EG betreffend die Begriffsbestimmung und die Veröffentlichung von Insider-Informationen und die Begriffsbestimmung der Marktmanipulation,
  ABl. EU Nr. L 339 v. 24.12.2003, S. 70.
3 S. dazu die Entsprechungstabelle in Anhang II der Marktmissbrauchsrichtlinie 2003/6/EG vom 28.1.2003.
4 Ebenso *Zetzsche* in Gebauer/Teichmann, § 7 C. Rz. 133.

die Personen, die über Insiderinformationen verfügen, weil sie dieses unter den in Art. 8 Abs. 4 Unterabs. 1 lit. a–d VO Nr. 596/2014 aufgeführten Umständen und aufgrund derselben erlangt haben[1]. Sekundärinsider sind nach Art. 8 Abs. 4 Unterabs. 2 VO Nr. 596/2014 Personen, die über Insiderinformationen verfügen, das sie unter anderen Umständen als nach Art. 8 Unterabs. 1 VO Nr. 596/2014 – d.h. unter welchen Umständen auch immer – erlangt haben, und die wissen oder wissen müssen, dass es sich dabei um Insiderinformationen handelt. In beiden Fällen ist es unerheblich, von wem die jeweilige Person die Insiderinformationen erlangt hat[2].

8 Schon im **Insiderrecht des WpHG a.F.** fand sich eine **Differenzierung** zwischen Primär- und Sekundärinsidern, deren Bedeutung zuletzt allerdings lediglich darin bestand, Insidergeschäfte von Primärinsider und solche von Sekundärinsidern mit unterschiedlichen Sanktionen zu ahnden (§§ 38 Abs. 1, 39 Abs. 2 Nr. 3 und 4 WpHG a.F.). Das dürfte auch einer der Gründe für die Regelung des Art. 8 Abs. 4 VO Nr. 596/2014 sein, die sich von der entsprechenden Bestimmung in Art. 3 Abs. 3 RL 2014/57/EU vom 16.4.2014 über strafrechtliche Sanktionen bei Marktmanipulation (Marktmissbrauchsrichtlinie)[3] allein dadurch unterscheidet, dass sie strafrechtliche Sanktion für Sekundärinsider nur für den Fall vorsieht, dass die fragliche Person Kenntnis davon hat, d.h. positiv weiß, dass es sich dabei um Insiderinformationen handelt.

9 Der deutsche Gesetzgeber hat **Verstöße gegen die Verbote des Art. 14 lit. a–c VO Nr. 596/2014** mit § 119 Abs. 3 und 4 WpHG bzw. § 120 Abs. 14 WpHG ausschließlich mit strafrechtlichen bzw. ordnungswidrigkeitsrechtlich Sanktionen belegt[4] und dabei keine Differenzierung zwischen Geschäften von Primärinsidern und Sekundärinsidern vorgenommen (Vor Art. 7 ff. VO Nr. 596/2014 Rz. 27)[5]. **Strafbar** ist lediglich **vorsätzliches Handeln**. Dazu ist es erforderlich, dass sich der Vorsatz – d.h. das Wissen und Wollen der Verwirklichung des objektiven Tatbestands – auf alle Merkmale des gesetzlichen objektiven Tatbestands bezieht. Im Hinblick auf das Erwerbs- und Veräußerungsverbot nach Art. 14 lit. a, 8 Abs. 1 Satz 1 VO Nr. 596/2014 ist vorsätzliches Handeln mithin nur dann gegeben, wenn die handelnde Person weiß, dass es sich bei dem angestrebten Geschäft um eine Transaktion handelt, die Insiderpapiere betrifft, und dass sie hierfür eine Insiderinformation verwendet. Des Weiteren muss sie den Veräußerungs- bzw. Erwerbsakt wollen[6]. Bedingter Vorsatz (*dolus eventualis*) genügt[7]. **Ordnungswidrig** handelt nach § 120 Abs. 14 WpHG nur „wer eine in § 119 Absatz 3 Nummer 1 bis 3 bezeichnete Handlung leichtfertig begeht", d.h. **leichtfertig** gegen eines der Insiderhandelsverbote nach Art. 14 lit. a–c VO Nr. 596/2014 verstößt. Leichtfertig handelt, wer die gebotene Sorgfalt in einem ungewöhnlich hohen Maße verletzt und damit außer Acht lässt, dass sich die Tatbestandsverwirklichung geradezu aufdrängt[8] (näher hierzu § 120 WpHG Rz. 337 f.). Da es keine anderen als strafrechtlichen und bußgeldrechtlichen Sanktionen gegen Insidergeschäfte von Sekundärinsidern gibt und die diesbezüglichen Bestimmungen nicht zwischen Primär- und Sekundärinsidern unterscheiden, ist die **Unterscheidung** zwischen denselben in Art. 8 Abs. 4 VO Nr. 596/2014 **praktisch gegenstandslos** geworden[9]. Auch wenn Personen, die über eine Insiderinformation verfügen, die sie unter anderen Umständen als nach Art. 8 Abs. 4 Unterabs. 1 VO Nr. 596/2014 er-

---

1 Dazu und im Vergleich zur Definition von Primärinsidern nach § 38 Abs. 1 Nr. 2 lit. a–d WpHG a.F. *Buck-Heeb*, Kapitalmarktrecht, 8. Aufl. 2016, Rz. 307 ff. Zu Art. 8 VO Nr. 596/2014 *Buck-Heeb*, Kapitalmarktrecht, Rz. 332 ff.; *Zetzsche* in Gebauer/Teichmann, § 7 C. Rz. 126 ff.
2 *Buck-Heeb*, Kapitalmarktrecht, Rz. 336 bzw. 338.
3 ABl. EU Nr. L 173 v. 12.6.2014, S. 179.
4 Zu sehr mittelbaren „verwaltungsrechtliche Folgen" eines Verstoßes gegen die Insiderhandelsverbote des Art. 14 VO Nr. 596/2014 s. *Szesny*, DB 2016, 1420, 1425.
5 RegE 1. FiMaNoG, BT-Drucks. 18/7482 v. 8.2.2016, 1 (64: Damit wird im „Bereich des Insiderhandels … im Einklang mit den Vorgaben der Richtlinie 2014/57/EU nunmehr vorsätzliches Handeln in sämtlichen Tatbegehungsvarianten unterschiedslos für Primär- und Sekundärinsider unter Strafe gestellt.") Dazu *Buck-Heeb*, Kapitalmarktrecht, Rz. 377; *Poelzig*, NZG 2016, 528, 537; *Schäfer* in Marsch-Barner/Schäfer, Handbuch börsennotierte AG, Rz. 14.28; *Szesny*, DB 2016, 1420, 1421; *Theile* in Esser/Rübenstahl/Saliger/Tsambikakis, 7. Kapitel, § 38 WpHG Rz. 97.
6 Ebenso *BaFin*, Emittentenleitfaden 2013, S. 41 mit dem Hinweis, es sei nicht erforderlich, dass die Person das „Preisbeeinflussungspotential präzise einschätzen kann"; *Mennicke* in Fuchs, § 14 WpHG Rz. 172; *Rothenhöfer* in Kümpel/Wittig, Bank- und Kapitalmarktrecht, Rz. 3.544.
7 *Theile* in Esser/Rübenstahl/Saliger/Tsambikakis, 7. Kapitel, § 38 WpHG Rz. 122.
8 In Bezug auf § 38 Abs. 4 WpHG a.F. *BaFin*, Emittentenleitfaden 2013, S. 43 mit Beispiel; *Vogel* in 6. Aufl., § 38 WpHG Rz. 46; *Mennicke* und *Waßmer* in Fuchs, § 14 WpHG Rz. 357 bzw. § 38 WpHG Rz. 72. In Bezug auf die Insiderhandelsverbote nach Art. 14 VO Nr. 596/2014 gilt nichts anderes: *Buck-Heeb*, Kapitalmarktrecht, Rz. 378; *von Buttlar/Hammermaier*, ZBB 2017, 1 ff.; *Klöhn* in Klöhn, Art. 14 MAR Rz. 57 ff. (59); *Rönnau/Wegner* in Meyer/Veil/Rönnau, Handbuch zum Marktmissbrauchsrecht, § 28 Rz. 98; *Szesny*, DB 2016, 1420, 1421.
9 Unter der Ausblendung dieser sanktionsbezogenen Überlegungen anders *Grundmann* in Staub, Bd. 11/1, 5. Aufl. 2017, 6. Teil Rz. 369 („praktisch von erheblicher Bedeutung"). Wie hier i.E. *Meyer* in Meyer/Veil/Rönnau, Handbuch zum Marktmissbrauchsrecht, § 8 Rz. 6 („keine nennenswerte Bedeutung"); *Schäfer* in Marsch-Barner/Schäfer, Handbuch börsennotierte AG, Rz. 14.28, in Rz. 14.34 mit der Einschränkung, die Bedeutung der Unterscheidung sei „erheblich gesunken", bestehe aber darin fort, „dass sich Organ-, Beteiligungs-, Berufs- und Straftatinsider" i.s.v. Art. 8 Abs. 4 Unterabs. 1 lit. a–d VO Nr. 596/2014 „nicht darauf berufen können, keine Kenntnis von der Qualität der Information als Insiderinformation gehabt zu haben"; *Szesny*, DB 2016, 1420, 1421; im Ausgangspunkt auch *Buck-Heeb*, Kapitalmarktrecht, Rz. 331, die allerdings die Unterscheidung inkonsequenterweise wegen Art. 8 Abs. 4 VO Nr. 596/2014 gleichwohl für relevant hält.

langt haben, im Gegensatz zu Primärinsidern, schon tatbestandlich überhaupt kein Insidergeschäft tätigen können, wenn sie nicht positiv wissen oder wissen müssten, dass es sich bei der Information um eine Insiderinformation handelt, kommt diesem Umstand keine Bedeutung zu, weil an das Handeln von Sekundärinsidern auf der Grundlage einer von ihnen nicht als Insiderinformation erkannten Information keine Rechtsfolgen geknüpft sind.

Im Hinblick auf das durch § 119 Abs. 3 und 4 WpHG sanktionierte Verbot von Insidergeschäften nach Art. 14 lit. a VO Nr. 596/2014 kann als **Person, die über Insiderinformationen verfügt**, mithin nur eine Person angesehen werden, die über eine Insiderinformation verfügt und weiß, dass es sich bei der Information um eine solche handelt[1]. 10

Das Verbot von Insidergeschäften nach Art. 8 Abs. 1 VO Nr. 596/2014 kann der Insider sowohl **selbst oder durch einen anderen** (§ 25 Abs. 1 StGB) oder **gemeinschaftlich mit anderen** (§ 25 Abs. 2 StGB) verletzen. Ob es deshalb der Regelung des **Art. 8 Abs. 5 VO Nr. 596/2014** bedurfte[2], der für den Fall von **Insidergeschäften juristischer Personen** das Verbot von Insidergeschäften i.S.v. Art. 8 Abs. 1 VO Nr. 596/2014 auf natürliche Personen erstreckt, die an dem **Beschluss**, den Erwerb, die Veräußerung, die Stornierung oder Änderung eines Auftrags für Rechnung der betreffenden juristischen Person zu tätigen, **beteiligt sind oder diesen beeinflussen**, kann dahinstehen. Denn ungeachtet der Frage, ob den natürlichen Personen, die an einem solchen Beschluss beteiligt waren oder diesen beeinflusst haben, generell oder unter besonderen Umständen mittelbare Täterschaft oder Mittäterschaft mit der juristischen Person vorgehalten werden kann, gilt Art. 8 gem. Art. 8 Abs. 5 VO Nr. 596/2014 – nach Maßgabe des nationalen Rechts – auch für diese Personen. Dabei braucht es keiner Prüfung eines gemeinschaftlichen Handelns der beteiligten natürlichen Personen untereinander und mit der juristischen Person, vielmehr ist es nach dem insoweit klaren Wortlaut der Bestimmung ausreichend, dass die als Täter eines Insidergeschäfts in Betracht kommende natürliche Person an der Beschlussfassung der juristischen Person über die Tätigung eines Insidergeschäfts beteiligt ist oder diese beeinflusst. 11

Nach Art. 8 Abs. 5 VO Nr. 596/2014 sind die **natürlichen Personen, die an einem Beschluss im Sinne dieser Vorschrift beteiligt sind oder diesen beeinflussen**, Täter eines Insidergeschäfts, wenn in Ausführung des Beschlusses ein Insidergeschäft – der Erwerb oder die Veräußerung oder die Stornierung oder Änderung eines Auftrags über den Erwerb oder die Veräußerung von Insiderpapieren – für Rechnung der fraglichen juristischen Person getätigt wurde. Das setzt allerdings voraus, dass die natürliche Person, die an dem Beschluss mitwirkte oder ihn beeinflusste, ihrerseits über die für das Geschäft maßgebliche Insiderinformation verfügte und die übrigen Voraussetzungen eines Insidergeschäfts nach Art. 8 Abs. 1 VO Nr. 596/2014 gegeben sind. Dazu gehört insbesondere, dass es tatsächlich zur Durchführung des Erwerbs- oder Veräußerungsgeschäfts oder der Stornierung oder Änderung eines Auftrags über ein solches Geschäft für Rechnung der betreffenden juristischen Person gekommen ist. Anders wäre dies nur, wenn man in Art. 8 Abs. 5 VO Nr. 596/2014 die Begründung eines abstrakten Gefährdungsdelikts sehen wollte, wogegen aber Sinn und Zweck dieser Bestimmung sprechen, die Verantwortlichkeiten im Falle von Insidergeschäften für Rechnung von juristischen Personen auch auf die Personen auszudehnen, die an dem Erwerbs-, Veräußerungs- oder Stornierungsvorgängen nicht mitwirkten, jedoch durch ihre Beteiligung an einem Beschluss über entsprechende Geschäfte bzw. Handlungen oder die Beeinflussung eines solchen Beschlusses die Grundlage für diese gelegt haben[3]. 12

Die Erweiterung der nach Art. 14 lit. a, Art. 8 Abs. 1 VO Nr. 596/2014 verbotenen Insidergeschäfte infolge der Regelung in Art. 8 Abs. 5 VO Nr. 596/2014 steht unter dem Vorbehalt, diese erfolge nur „**nach Maßgabe des nationalen Rechts**". Für das deutsche Recht gilt insoweit, dass es sich bei Erwerbs- und Veräußerungsgeschäften von juristischen Personen über Insiderpapiere bzw. bei der Stornierung derselben um Geschäftsführungsmaßnahmen handelt, über die sowohl in der **AG und SE** (§ 77 Abs. 1 Satz 1 AktG bzw. Art. 53 SE-VO i.V.m. § 77 Abs. 1 Satz 1 AktG) als auch in der **GmbH** (§ 77 Abs. 1 Satz 1 AktG analog) die zur Geschäftsführung befugten Personen gemeinschaftlich zu entscheiden haben. Die Beschlussfassung über solche Geschäfte oder Vorgänge setzt damit regelmäßig Einstimmigkeit voraus. Aber auch in diesem Falle kommen als Täter i.S.d. Art. 8 Abs. 5 VO Nr. 596/2014 nur solche Beschlussbeteiligten in Betracht, die Kenntnis von der Insiderinformation hatten. Sind, abweichend von der Regel, Mehrheitsentscheidungen zulässig, so können Täter i.S.d. Art. 8 Abs. 5 VO Nr. 596/2014 nur Personen sein, die dem Beschluss zugestimmt haben. Personen, die zwar gegen den Beschlussvorschlag stimmten, aber nichts unternommen haben, um das verbotene Geschäft zu unterbinden, mögen darin pflichtwidrig gehandelt haben, erfüllen aber nicht die Voraussetzungen des Art. 8 Abs. 5 VO Nr. 596/ 13

---

1 I.E. ebenso *Buck-Heeb*, Kapitalmarktrecht, Rz. 339. A.A. *Klöhn* in Klöhn, Art. 8 MAR Rz. 96: „Die Voraussetzung der Kenntnis ist rein tatsächlich zu verstehen. Es kommt also auf die Kenntnis der Information an, nicht auf die rechtliche Wertung, dass es sich dabei um eine Insiderinformation handelt (arg ex Art. 8 Abs. 4 UAbs. 2)."
2 *Grundmann* in Staub, Bd. 11/1, 5. Aufl. 2017, 6. Teil Rz. 378: „überwiegend klarstellender Natur".
3 Das kommt deutlich in Erwägungsgrund 40 VO Nr. 596/2014 im Hinblick auf die Art. 8 Abs. 5 VO Nr. 596/2014 vergleichbare Bestimmung in Art. 12 Abs. 4 VO Nr. 596/2014 zum Ausdruck, in dem es heißt, mit der Regelung solle „sowohl die juristische Person als auch jede natürliche Person, die an der Beschlussfassung der juristischen Person beteiligt ist, haftbar gemacht werden" können. Zu Art. 12 Abs. 4 VO Nr. 596/2014 s. Art. 12 VO Nr. 596/2014 Rz. 261, 39 f.

2014. Entsprechendes gilt für den Fall, dass in einer – als juristische Person zu qualifizierenden, hinsichtlich der Geschäftsführung aber § 278 Abs. 2 AktG, §§ 164, 161 Abs. 2 HGB i.V.m. §§ 114–118 HGB unterliegenden[1] – **KGaA** ein Beschluss über den Erwerb oder die Veräußerung oder die Stornierung oder Änderung eines Auftrags über den Erwerb oder die Veräußerung von Insiderpapieren gefasst wird. Geschäftsführungsmaßnahmen für juristische Personen können nach deutschem Recht delegiert werden, doch greift Art. 8 Abs. 5 VO Nr. 596/2014 seinem diesbezüglich klaren Wortlaut nur ein, wenn die delegierten Geschäfte bzw. Entschließungen einen Beschluss voraussetzen.

14 Eine **an einem Beschluss beteiligte natürliche Person** ist jede Person, die über den das Insidergeschäft betreffenden Beschlussvorschlag abgestimmt hat. Ob sie dazu befugt war oder ob es eines solchen Beschlusses bedurft hätte, ist insiderrechtlich unerheblich, solange nur der Beschluss die Grundlage für das nachfolgende Insidergeschäft bildet. Eine natürliche Person hat einen solchen **Beschluss beeinflusst**, wenn sie auf die Vornahme eines entsprechenden Beschlusses eingewirkt hat. Wie bei der Verleitung zu einem Insidergeschäft (Rz. 91) kommt es auch hier nicht darauf an, mit welchen Mitteln die Beeinflussung erfolgt. Ebenso wenig ist es beachtlich, ob es ohne die Beeinflussung zu dem fraglichen Beschluss gekommen wäre; vielmehr ist es ausreichend, wenn die Einwirkung den Beschluss mit beeinflusst hat. Der Wortlaut des Art. 8 Abs. 5 VO Nr. 596/2014 gibt nichts dafür her, durch die Vorschrift auch solche natürlichen Personen als erfasst anzusehen, die nicht am Beschluss über das fragliche Geschäft, sondern lediglich am Geschäft selbst – d.h. seine Durchführung – für Rechnung der juristischen Person beteiligt waren[2].

15 **b) Tathandlung: Erwerb – Veräußerung – Stornierung (Art. 8 Abs. 1 Satz 1 und Satz 2, Abs. 5 VO Nr. 596/2014). aa) Übersicht.** Als Insidergeschäft kommt nach Art. 8 Abs. 1 Satz 1 VO Nr. 596/2014 nur ein Geschäft in Betracht, das darin besteht, dass eine Person direkt oder indirekt Finanzinstrumente, auf die sich die Informationen beziehen (Insiderpapiere), **erwirbt oder veräußert**, kann aber nach Art. 8 Abs. 1 Satz 2 VO Nr. 596/2014 auch darin bestehen, dass ein Auftrag über den Erwerb oder die Veräußerung von Insiderpapieren aufgrund von Insiderinformationen **storniert oder geändert** wird, die nach der Auftragserteilung erlangt wurden. Insidergeschäfte als Geschäfte über den Erwerb oder die Veräußerung von Insiderpapieren zu definieren, entspricht § 14 Abs. 1 Nr. 1 WpHG a.F. Die Behandlung der durch die Erlangung von Insiderinformationen vorgenommene Stornierung oder Änderung des Auftrags über den Erwerb oder die Veräußerung von Insiderpapieren dagegen ist neu.

16 Kommt es **für Rechnung einer juristischen Person zu einem Insidergeschäft** in vorstehendem Sinne und beruht dieses auf einem entsprechenden Beschluss der Geschäftsführung derselben, so ist dies nach Art. 8 Abs. 5 VO Nr. 596/2014 nicht nur das Insidergeschäft der juristischen Person, sondern auch ein solches derer, die an diesem Beschluss mitgewirkt oder diesen dahingehend beeinflusst haben (Rz. 11 ff.).

17 **bb) Erwerb und Veräußerung. (1) Vornahme eines Erwerbs- oder Veräußerungsgeschäfts.** Art. 8 Abs. 1 Satz 1 VO Nr. 596/2014 erfasst nur die Nutzung von Insiderinformationen **für den Erwerb oder die Veräußerung** von Insiderpapieren. Andere Fälle der Verwendung von Insiderwissen als durch ein Erwerbs- oder Veräußerungsgeschäft in Bezug auf Insiderpapiere – wie das Unterlassen der Belieferung eines Käufers aufgrund der Insiderinformation von dessen Insolvenz – fallen nicht in den Anwendungsbereich der Vorschrift. Unerheblich ist, **mit wem, wo und wie** das Geschäft zustande kam, namentlich ob es **börslich oder außerbörslich** geschlossen wurde[3] – zu den sog. *Face-to-face*-Geschäften s. Rz. 40 – oder für eigene oder fremde Rechnung erfolgte (Art. 8 Abs. 1 Satz 1 VO Nr. 596/2014). Wie bisher[4] werden nur entgeltliche Geschäfte erfasst[5], weshalb schon von daher **Vererbung** oder **Schenkung** nicht als Erwerbsgeschäfte erfasst werden (dazu Rz. 22). Allerdings spielen Art und Höhe der durch den Erwerber zu erbringenden **Gegenleistung** keine Rolle. Aber auch diejenigen, die die Entgeltlichkeit des Erwerbsgeschäfts nicht für erforderlich halten, gehen davon aus, dass Vererbung und Schenkung mangels des Zutuns („Entschlusses") des Erben oder Beschenkten am Erwerb nicht in den Einzugsbereich des Art. 8 Abs. 1 Satz 1 VO Nr. 596/2014 fallen[6]. Sie gelangen dann aber für den Fall zur Annahme eines Erwerbsgeschäfts, dass der Beschenkte darauf hinwirkt, ihm die Insiderpapiere zu schenken[7]. Dass hierin ein durch das Insiderrecht zu verhindernder und gegebenenfalls zu sanktionierender Sondervorteil des Beschenkten liegen könnte, der zulasten der über dieses Wissen nicht verfügenden Marktteilnehmer realisiert, ist jedoch nicht erkennbar[8].

---

1 *Assmann/Sethe* in Großkomm. AktG, 4. Aufl. 2001, § 278 AktG Rz. 9 bzw. 103 ff.
2 So aber wohl *Zetzsche* in Gebauer/Teichmann, § 7 C. Rz. 134, dessen Deutung von Art. 8 Abs. 5 VO Nr. 596/2014 mit erheblichen Folgeproblemen belastet sind, die ihn zu dem Urteil veranlassen, die Bedeutung der Vorschrift bleibe „im Dunkeln bzw. ruf(e) erhebliche Anwendungsprobleme hervor".
3 *Hopt/Kumpan* in Schimansky/Bunte/Lwowski, § 107 Rz. 63; *Renz/Rippel* in BuB, Rz. 7/701, 7/703.
4 Etwa *BaFin*, Emittentenleitfaden 2013, S. 36; *Assmann* in 6. Aufl., § 14 WpHG Rz. 18.
5 *Klöhn* in Klöhn, Marktmissbrauchsverordnung, Art. 8 MAR Rz. 57. A.A. *Hopt/Kumpan* in Schimansky/Bunte/Lwowski, § 107 Rz. 65 unter Berufung auf den englischen Wortlaut von Art. 8 Abs. 1 VO Nr. 596/2014.
6 *Hopt/Kumpan* in Schimansky/Bunte/Lwowski, § 107 Rz. 65.
7 *Hopt/Kumpan* in Schimansky/Bunte/Lwowski, § 107 Rz. 65.
8 Ebenso *Klöhn* in Klöhn, Art. 8 MAR Rz. 57.

Schon unter der RL 2003/6/EG (Rz. 2), deren Art. 2 Abs. 1 Satz 1 durch § 14 Abs. 1 Nr. 1 WpHG a.F. umgesetzt wurde, war fraglich, was unter **Erwerb und Veräußerung** zu verstehen ist. Da die Richtlinie für sämtliche Mitgliedstaaten der EU galt und die meisten Mitgliedstaaten kein Abstraktionsprinzip kennen, war vor allem zweifelhaft, ob Erwerb und Veräußerung im rechtstechnischen Sinne des deutschen Rechts zu verstehen sind und – über den Abschluss des obligatorischen Erwerbs- oder Veräußerungsgeschäfts hinaus – auch eine Änderung der dinglichen Rechtslage voraussetzen. Eine richtlinienkonforme, den Zweck des Insiderrechts berücksichtigende Auslegung hatte dem Umstand Rechnung zu tragen, dass Erwerb und Veräußerung als Akte zu sehen sind, mit denen sich der Insider einen ungerechtfertigten Sondervorteil gegenüber Dritten verschafft, die nicht über die Insiderinformation verfügen (dazu Vor Art. 7 ff. VO Nr. 596/2014 Rz. 29). Dementsprechend wurde es von der seinerzeitigen herrschenden Meinung als erforderlich, aber auch als ausreichend angesehen, wenn infolge der Vertragsgestaltung sichergestellt war, dass der Insider den erwarteten **Gewinn realisieren kann** (näher dazu Rz. 21), was nicht voraussetzte, dass es tatsächlich zu dem erstrebten Gewinn kam[1]. Der herrschenden Meinung zu § 14 Abs. 1 Nr. 1 WpHG a.F. entsprechend[2], ist auch unter Art. 8 Abs. 1 VO Nr. 596/2014 der **Abschluss des schuldrechtlichen Geschäfts** ausreichend[3], d.h. es muss durch die Transaktion in Finanzinstrumente nicht zu einer Verschiebung der Verfügungsmacht gekommen sein, da andernfalls erhebliche Strafbarkeitslücken entstehen würden. Als Erwerb kommt auch ein Erwerb auf der Grundlage eines **gesetzlichen Erwerbstatbestands** in Betracht, allerdings nur wenn der Erwerber die Verwirklichung des Erwerbstatbestands durch sein Handeln unter Nutzung einer Insiderinformation herbeigeführt hat, um durch den indirekten Erwerb einen Gewinn aus seinem Wissensvorsprung erzielen zu können (dazu Rz. 26, 31 ff.). 18

Ein – **indirekter** – **Erwerb** liegt auch dann vor, wenn durch das Handeln einer Person Umstände eintreten, aufgrund derer ein gesetzlicher Erwerb[4] von Finanzinstrumenten stattfindet. Allerdings stellt sich in solchen Fällen immer die Frage, ob das Handeln und der gesetzliche Erwerb ursächlich auf die Nutzung einer Insiderinformation zum Zwecke der Erzielung eines Sondervorteils aus dem Wissensvorsprung des Insiders hervorgeht (dazu Rz. 31 ff.). 19

Erst recht muss das Erwerbs- bzw. Veräußerungsgeschäft **nicht zu einem Vollerwerb** auf der jeweils einen Vertragsseite und einem entsprechenden Rechtsverlust auf der jeweils anderen Seite geführt haben[5]. Der Verbotstatbestand erfasst daher neben **Pensionsgeschäften** (d.h. den Verkauf von Wertpapieren unter gleichzeitiger Vereinbarung ihres Rückkaufs zu einem bestimmten Zeitpunkt)[6] auch die **Wertpapierleihe** (d.h. die Übertragung des Eigentums an Wertpapieren für einen bestimmten Zeitraum gegen Vergütung), ohne dass es dabei auf deren zivilrechtliche Einordnung als Leihe, Darlehen oder Kauf mit Rückkaufverpflichtung[7] ankommt[8]. 20

---

1 *Assmann*, AG 1994, 237, 246; *Hopt/Kumpan* in Schimansky/Bunte/Lwowski, § 107 Rz. 63, 71; *Lenenbach*, Kapitalmarktrecht, Rz. 13.137; *Lösler* in Habersack/Mülbert/Schlitt, Kapitalmarktinformation, § 2 Rz. 44; *Rothenhöfer* in Kümpel/Wittig, Bank- und Kapitalmarktrecht, Rz. 3.522; *Schäfer* in Schäfer/Hamann, Kapitalmarktgesetze, § 14 WpHG Rz. 16; *Schäfer* in Marsch-Barner/Schäfer, Handbuch börsennotierte AG, Rz. 14.39; *Sethe*, ZBB 2006, 243, 248; *Sethe* in Assmann/Schütze, Kapitalanlagerecht, § 8 Rz. 79.

2 OLG Karlsruhe v. 4.2.2004 – 3 Ws 195/03, AG 2004, 512, 513 („gesicherte Erwerbs- bzw. Veräußerungsposition") mit ausführlicher Darstellung und Auseinandersetzung mit der Gegenansicht; *BaFin*, Emittentenleitfaden 2013, S. 37 (vertragliche Absicherung des möglichen Gewinns). Aus dem Schrifttum *Uwe H. Schneider*, ZIP 1996, 1769, 1774; implizit auch *Fürhoff*, AG 1998, 83, 84 zu Fn. 16; *Krauel*, S. 279 ff.; *Kümpel/Veil*, Wertpapierhandelsgesetz, S. 66; *Langenbucher*, Aktien- und Kapitalmarktrecht, § 15 Rz. 53; *Lenenbach*, Kapitalmarktrecht, Rz. 13.137; *Lösler* in Habersack/Mülbert/Schlitt, Kapitalmarktinformation, § 2 Rz. 44; *Renz/Rippel* in BuB, Rz. 7/703; *Rothenhöfer* in Kümpel/Wittig, Bank- und Kapitalmarktrecht, Rz. 3.522; *Schwark/Kruse* in Schwark/Zimmer, § 14 WpHG Rz. 10. Kritisch *Schäfer* in Schäfer/Hamann, Kapitalmarktgesetze, § 14 WpHG Rz. 12; *Theile* in Esser/Rübenstahl/Saliger/Tsambikakis, 7. Kapitel, § 38 WpHG Rz. 109. Nach a.A. – *Casper*, WM 1999, 363, 364 mit Fn. 10, 365 zu Fn. 16; *J. Hartmann*, S. 231 f. - ist zumindest eine Verschiebung der Verfügungsmacht erforderlich oder es wird (so *Soesters*, S. 151) der bloße Abschluss eines schuldrechtlichen Vertrags generell als nicht ausreichend zur Erfüllung der Tatbestandsmerkmale des Erwerbs oder der Veräußerung angesehen. *Mennicke* in Fuchs, § 14 WpHG Rz. 23 verlangt „Änderung der rechtlichen Zuordnung" und will den Abschluss eines schuldrechtlichen Vertrags, bei dem die Erfüllung ausbleibe, nicht ausreichen lassen. In Bezug auf Schadensersatzforderungen nach §§ 37b, 37c WpHG a.F. (jetzt §§ 97 f. WpHG) wegen fehlerhafter Ad-hoc-Mitteilungen *Florstedt*, AG 2017, 557 ff.

3 *Buck-Heeb*, Kapitalmarktrecht, Rz. 343 f.; *Hopt/Kumpan* in Schimansky/Bunte/Lwowski, § 107 Rz. 63; *Klöhn* in Klöhn, Art. 8 MAR Rz. 58; *Veil* in Meyer/Veil/Rönnau, Handbuch zum Marktmissbrauchsrecht, § 7 Rz. 27.

4 *Hopt/Kumpan* in Schimansky/Bunte/Lwowski, § 107 Rz. 64, sehen im Ergebnis aber gleich – gesetzliche Erwerbstatbestände generell als Erwerb i.S.v. Art. 8 Abs. 1 Satz 1 VO Nr. 596/2014 an.

5 Vgl. *Assmann*, AG 1994, 237, 246; *Claussen*, ZBB 1992, 267, 281; i.E. auch *Hopt*, ZGR 1991, 17, 42; *Schwark/Kruse* in Schwark/Zimmer, § 14 WpHG Rz. 10; *Rothenhöfer* in Kümpel/Wittig, Bank- und Kapitalmarktrecht, Rz. 3.522.

6 *Klöhn* in Klöhn, Art. 8 MAR Rz. 60; *Mennicke* in Fuchs, § 14 WpHG Rz. 27; *Schäfer* in Marsch-Barner/Schäfer, Handbuch börsennotierte AG, Rz. 14.40.

7 Dazu etwa *Dörge*, Rechtliche Aspekte der Wertpapierleihe, 1992, S. 37 ff.; *Kümpel*, Bank- und Kapitalmarktrecht, 3. Aufl. 2004, Rz. 13.6 ff.

8 Ebenso *BaFin*, Emittentenleitfaden 2013, S. 37; *Hopt/Kumpan* in Schimansky/Bunte/Lwowski, § 107 Rz. 66; *Klöhn* in KölnKomm. WpHG, § 14 WpHG Rz. 101; *Klöhn* in Klöhn, Art. 8 MAR Rz. 60; *Lenenbach*, Kapitalmarktrecht, Rz. 13.137; *Lösler* in Habersack/Mülbert/Schlitt, Kapitalmarktinformation, § 2 Rz. 68; i.E. auch *Mennicke* in Fuchs,

Entscheidend ist auch hier, dass derjenige, der über Pensions- oder Wertpapierleihgeschäfte Insiderpapiere erlangt, uneingeschränkt über diese verfügen kann und seine Verpflichtungen gegenüber dem Verkäufer bzw. Entleiher durch die Rückübertragung von Wertpapieren gleicher Art und Güte zu genügen vermag. Auch die **Ausübung einer Option** zum Erwerb oder zur Veräußerung eines Insiderpapiers oder eines **Wandlungsrechts**[1] aus einer Wertpapierleihe stellt ein Erwerbs- oder Veräußerungsgeschäft dar. Anders verhält es sich bei der bloßen **Zeichnung**[2] sowie bei der **Verpfändung**[3] von Wertpapieren, denn Letztere gewährt dem Sicherungsnehmer als solche noch kein Verfügungsrecht über die fraglichen Papiere.

21 Setzt ein Erwerbs- oder Veräußerungsgeschäft den Abschluss eines Erwerbs- bzw. Veräußerungsvorgangs in dem Umfang voraus, dass der **Insider den potenziellen Gewinn vertraglich abgesichert hat** (Rz. 18), so ist zwar ein Pensionsgeschäft oder eine Wertpapierleihe ausreichend, nicht hingegen die nur **bedingte Übertragung** (§ 158 BGB) von Wertpapieren, bei der der Eintritt oder das Ausbleiben der Bedingung noch an eine Willenserklärung des Vertragspartners geknüpft ist[4]. Anders als die Ausübung einer Option (Rz. 20) ist der Verkauf einer hinsichtlich der Ausübung des Optionsrechts vom Willen des Erwerbers abhängigen **Option** auf den Erwerb oder den Verkauf von Insiderpapieren damit jedoch kein Veräußerungsgeschäft[5]. Dabei kann es keine Rolle spielen, ob im Einzelfall eine aufschiebende oder eine auflösende Bedingung vereinbart worden ist. Hier ist zwar zivilrechtlich nach der konkreten Ausgestaltung des Geschäfts zu differenzieren, strafrechtlich vermag diese Unterscheidung jedoch keinen Wertungsunterschied zu begründen, da beide Formen der Bedingung bei wirtschaftlicher Betrachtung auf das gleiche Ziel hinauslaufen. Weiter ist ein Erwerb oder eine Veräußerung von Insiderpapieren bereits mit der **Ausführung einer erteilten Order zum Kauf oder Verkauf eines Wertpapiers** anzunehmen, da mit dieser ein möglicher Gewinn bereits vertraglich abgesichert ist[6]. Die **Order** als solche erfüllt den Tatbestand des Erwerbs oder der Veräußerung fraglos nicht[7].

22 Kein Erwerbs- oder Veräußerungsvorgang im insiderrechtlichen Sinne stellt die **Vererbung** oder die **Schenkung** von Wertpapieren dar[8]. Das gilt ganz fraglos für den über Insiderinformationen verfügenden Erblasser oder Schenker, denn weder Erblasser noch Schenker, die über entsprechende Insiderinformationen verfügen, erwerben oder veräußern mit der Vererbung oder der Schenkung Finanzinstrumente. Ebenso wenig liegt ein Erwerbsgeschäft vor, wenn der Beschenkte bzw. der Erbe im Zeitpunkt der Schenkung bzw. der Erbeinsetzung über Insiderinformationen verfügen, weil es hierbei an einem Insiderwissen nutzenden Zutun des Beschenkten bzw. Erben an der Vererbung bzw. Schenkung fehlt. Ist die Gewährleistung informationeller Chancengleichheit der

---

§ 14 WpHG Rz. 27; *Rothenhöfer* in Kümpel/Wittig, Bank- und Kapitalmarktrecht, Rz. 3.523; *Schäfer* in Schäfer/Hamann, Kapitalmarktgesetze, § 14 WpHG Rz. 13; *Schwark/Kruse* in Schwark/Zimmer, § 14 WpHG Rz. 9; *Sethe* in Assmann/Schütze, Kapitalanlagerecht, § 8 Rz. 76.

1 *Mennicke* in Fuchs, § 14 WpHG Rz. 32; *Rothenhöfer* in Kümpel/Wittig, Bank- und Kapitalmarktrecht, Rz. 3.523. Für Optionen und den Fall von Aktienoptionsprogrammen *Veil* in Meyer/Veil/Rönnau, Handbuch zum Marktmissbrauchsrecht, § 7 Rz. 32 („Erfolgt die Aktienzuteilung automatisch und erlangt der Insider danach eine Insiderinformation, nutzt er sie beim Erwerb nicht. Anders ist es zu beurteilen, wenn der Insider eine Option wahrnimmt ...").

2 *Hopt/Kumpan* in Schimansky/Bunte/Lwowski, § 107 Rz. 67; *Mennicke* in Fuchs, § 14 WpHG Rz. 22. A.A. *Schäfer* in Marsch-Barner/Schäfer, Handbuch börsennotierte AG, Rz. 14.40.

3 *Claussen*, Insiderhandelsverbot, Rz. 38; *Lösler* in Habersack/Mülbert/Schlitt, Kapitalmarktinformation, § 2 Rz. 45. Grundsätzlich auch *Gehrmann*, S. 120; *Hopt/Kumpan* in Schimansky/Bunte/Lwowski, § 107 Rz. 67; *Klöhn* in Köln-Komm. WpHG, § 14 WpHG Rz. 106; *Klöhn* in Klöhn, Art. 8 MAR Rz. 59; *Veil* in Meyer/Veil/Rönnau, Handbuch zum Marktmissbrauchsrecht, § 7 Rz. 31. I.E. ebenso auch *Mennicke* in Fuchs, § 14 WpHG Rz. 26; *Schwark/Kruse* in Schwark/Zimmer, § 14 WpHG Rz. 9. Für eine Ausnahme für den Fall, dass die Beteiligten von vornherein eine Umgehungsabsicht hatten und die Verpfändung mit der Absicht erfolgt, die gesicherte Forderung nicht zu erfüllen; *Schäfer* in Schäfer/Hamann, Kapitalmarktgesetze, § 14 WpHG Rz. 13; *Sethe* in Assmann/Schütze, Kapitalanlagerecht, § 8 Rz. 76.

4 OLG Karlsruhe v. 4.2.2004 – 3 Ws 195/03, AG 2004, 512, 513; *BaFin*, Emittentenleitfaden 2013, S. 37; *Buck-Heeb*, Kapitalmarktrecht, Rz. 344; *Hopt/Kumpan* in Schimansky/Bunte/Lwowski, § 107 Rz. 67; *Klöhn* in Klöhn, Art. 8 MAR Rz. 61; *Kümpel/Veil*, Wertpapierhandelsgesetz, S. 67; *Lösler* in Habersack/Mülbert/Schlitt, Kapitalmarktinformation, § 2 Rz. 69. I.E. auch *Mennicke* in Fuchs, § 14 WpHG Rz. 24, 166; *Rothenhöfer* in Kümpel/Wittig, Bank- und Kapitalmarktrecht, Rz. 3.524; *Veil* in Meyer/Veil/Rönnau, Handbuch zum Marktmissbrauchsrecht, § 7 Rz. 32. *Widder/Kocher*, AG 2009, 654, 655. A.A. *Sethe* in Assmann/Schütze, Kapitalanlagerecht, § 8 Rz. 77.

5 *Buck-Heeb*, Kapitalmarktrecht, Rz. 344.

6 *BaFin*, Emittentenleitfaden 2013, S. 37; *Sethe* in Assmann/Schütze, Kapitalanlagerecht, § 8 Rz. 75 m.w.N.

7 *Mennicke* in Fuchs, § 14 WpHG Rz. 22, mit Hinweis darauf, dass bei Nichtausführung der Order ein Versuchsfall (§ 38 Abs. 3 WpHG a.F.) vorliegen könne; *Schäfer* in Marsch-Barner/Schäfer, Handbuch börsennotierte AG, Rz. 14.39.

8 *BaFin*, Emittentenleitfaden 2013, S. 37; *Claussen*, Insiderhandelsverbot, Rz. 38; *Hopt/Kumpan* in Schimansky/Bunte/Lwowski, § 107 Rz. 67; *Lenenbach*, Kapitalmarktrecht, Rz. 13.137; *Langenbucher*, Aktien- und Kapitalmarktrecht, § 15 Rz. 52; *Lösler* in Habersack/Mülbert/Schlitt, Kapitalmarktinformation, § 2 Rz. 45; *Mennicke* in Fuchs, § 14 WpHG Rz. 29, 33; *Renz/Rippel* in BuB, Rz. 7/703; *Rothenhöfer* in Kümpel/Wittig, Bank- und Kapitalmarktrecht, Rz. 3.526; *Schwark/Kruse* in Schwark/Zimmer, § 14 WpHG Rz. 9; *Sethe* in Assmann/Schütze, Kapitalanlagerecht, § 8 Rz. 76. A.A. *Veil* in Meyer/Veil/Rönnau, Handbuch zum Marktmissbrauchsrecht, § 7 Rz. 29 mit der Begründung, es sei „allein erforderlich, *dass dem Erwerb oder der Veräußerung von Finanzinstrumenten eine entsprechende Entscheidung der Person*" vorausgehe, die erwerbe bzw. veräußerte. Sollte ein solcher Entschluss vorliegen, kann auch eine Schenkung vom Verbot erfasst sein. Das beantwortet aber nicht die Frage, ob eine Vererbung oder eine Schenkung als Erwerb oder Veräußerung anzusehen ist. Das soll auch für Fälle des gesetzlichen Erwerbs gelten (ebd. Rz. 30).

Zweck des Insiderrechts und ist dementsprechend „ein ungerechtfertigter Vorteil, der mittels Insiderinformationen zum Nachteil Dritter erzielt wird, die diese Informationen nicht kennen", das „wesentliche Merkmal von Insidergeschäften"[1] (Vor Art. 7 ff. VO Nr. 596/2014 Rz. 29), so handelt es sich bei Rechtsgeschäften, bei denen es an der Realisierung eines Sondervorteils aus Insiderwissen zulasten der übrigen Marktteilnehmer fehlt, auch dann nicht um insiderrechtliche Erwerbsgeschäfte, wenn der Beschenkte auf die Schenkung hinwirkte (Rz. 17).

Die Veräußerung oder der Erwerb muss **für eigene oder fremde Rechnung** oder **für einen anderen** erfolgen. Art. 8 Abs. 1 Satz 1 VO Nr. 596/2014 erfasst folglich zunächst sämtliche Wertpapiertransaktionen, die der **Insider für sich selbst** (im eigenen Namen und für eigene Rechnung) tätigt. Unter die Vorschrift fallen darüber hinaus aber auch Transaktionen zugunsten des Unternehmens, dem der Insider angehört, sowie alle Wertpapiergeschäfte, die der Insider in unmittelbarer offener (für andere, d.h. im fremden Namen und für fremde Rechnung) oder mittelbarer verdeckter (im eigenen Namen, aber für fremde Rechnung) **Stellvertretung** für Dritte ausführt[2]. Unerheblich ist, in welcher Weise dem offen oder verdeckt Vertretenen das Eigentum an den fraglichen Wertpapieren verschafft oder vermittelt wird[3]. **Vermögensverwalter** etwa handeln nach dem in Deutschland vorherrschenden Vertretermodell in offener Stellvertretung des Kunden. Die Veräußerung oder der Erwerb von Insiderpapieren für ihre Kunden stellt damit ein Handeln „für einen anderen" dar und kann als solches gegen das Insiderhandelsverbot verstoßen[4]. Ebenso verhält es sich in den Fällen, in denen eine Person kraft einer **Konto- oder Depotvollmacht** mit Insiderwissen für einen anderen tätig wird[5]. Für einen anderen handeln darüber hinaus die Organe einer Gesellschaft, die für diese Insiderpapiere erwerben oder veräußern[6]. 23

(2) Für eigene oder fremde Rechnung. Der Erwerb oder die Veräußerung von Insiderpapieren unter Nutzung einer Insiderinformation muss nach Art. 8 Abs. 1 Satz 1 VO Nr. 596/2014 für eigene oder fremde Rechnung erfolgen. Die Vorschrift erfasst damit, nicht anders als schon § 14 Abs. 1 Nr. 1 WpHG a.F., sämtliche Erwerbs- oder Veräußerungsgeschäfte, die der **Insider für sich selbst** (im eigenen Namen und für eigene Rechnung) in Bezug auf Insiderpapiere tätigt (Eigengeschäfte). 24

Unter die Vorschrift fallen darüber hinaus aber auch insiderpapierbezogene Erwerbs- oder Veräußerungsgeschäfte, die der Insider in unmittelbarer offener (für andere, d.h. im fremden Namen und für fremde Rechnung) oder mittelbarer verdeckter (im eigenen Namen, aber für fremde Rechnung) **Stellvertretung für Dritte** ausführt[7], namentlich solche zugunsten des Unternehmens, dem der Insider angehört. Unerheblich ist, in welcher Weise dem offen oder verdeckt Vertretenen das Eigentum an den fraglichen Wertpapieren verschafft oder vermittelt wird[8]. **Vermögensverwalter** etwa handeln nach dem in Deutschland vorherrschenden Vertretermodell in offener Stellvertretung des Kunden. Die Veräußerung oder der Erwerb von Insiderpapieren für ihre Kunden stellt damit ein Handeln „für einen anderen" dar und kann als solches gegen das Insiderhandelsverbot verstoßen[9]. Ebenso verhält es sich in den Fällen, in denen eine Person kraft einer **Konto- oder Depotvollmacht** mit Insiderwissen für einen anderen tätig wird[10]. Für einen anderen handeln darüber hinaus die Organe einer Gesellschaft, die für diese Insiderpapiere erwerben oder veräußern[11]. 25

(3) Direkt oder indirekt. Das für eigene oder fremde Rechnung getätigte Geschäft kann sich **direkt** auf die Finanzinstrumente beziehen, die Gegenstand der Insiderinformationen sind. Erfasst werden von Art. 8 Abs. 1 Satz 1 VO Nr. 596/2014 aber auch die Fälle, in denen solche Finanzinstrumente auf **indirekte Weise erworben** werden, etwa indem der Insider Bezugsrechte auf die Finanzinstrumente erwirbt. Ein indirekter Erwerb liegt auch dann vor, wenn durch das Handeln einer Person Umstände eintreten, aufgrund derer ein **gesetzlicher Erwerb**[12] von Finanzinstrumenten stattfindet. Allerdings stellt sich in solchen Fällen immer die Frage, ob das Handeln und 26

---

1 Erwägungsgrund 23 Satz 1 VO Nr. 596/2014.
2 *BaFin*, Emittentenleitfaden 2013, S. 36/37; *Mennicke* in Fuchs, § 14 WpHG Rz. 41; *Rothenhöfer* in Kümpel/Wittig, Bank- und Kapitalmarktrecht, Rz. 3.528; *Schäfer* in Schäfer/Hamann, Kapitalmarktgesetze, § 14 WpHG Rz. 11; *Schwark/Kruse* in Schwark/Zimmer, § 14 WpHG Rz. 12.
3 Vgl. *Kümpel*, Wertpapierhandelsgesetz, 1996, S. 66 f.; *Mennicke* in Fuchs, § 14 WpHG Rz. 40.
4 *Mennicke* in Fuchs, § 14 WpHG Rz. 43.
5 *Mennicke* in Fuchs, § 14 WpHG Rz. 43; *Schäfer* in Schäfer/Hamann, Kapitalmarktgesetze, § 14 WpHG Rz. 11.
6 Etwa *Mennicke* in Fuchs, § 14 WpHG Rz. 42; *Schäfer* in Schäfer/Hamann, Kapitalmarktgesetze, § 14 WpHG Rz. 11; *Schwark/Kruse* in Schwark/Zimmer, § 14 WpHG Rz. 12.
7 *BaFin*, Emittentenleitfaden 2013, S. 37; *Klöhn* in Klöhn, Art. 8 MAR Rz. 68; *Mennicke* in Fuchs, § 14 WpHG Rz. 41; *Rothenhöfer* in Kümpel/Wittig, Bank- und Kapitalmarktrecht, Rz. 3.528; *Schäfer* in Schäfer/Hamann, Kapitalmarktgesetze, § 14 WpHG Rz. 11; *Schwark/Kruse* in Schwark/Zimmer, § 14 WpHG Rz. 12.
8 Vgl. *Kümpel*, Wertpapierhandelsgesetz, 1996, S. 66 f.; *Mennicke* in Fuchs, § 14 WpHG Rz. 40.
9 *Mennicke* in Fuchs, § 14 WpHG Rz. 43.
10 *Mennicke* in Fuchs, § 14 WpHG Rz. 43; *Schäfer* in Schäfer/Hamann, Kapitalmarktgesetze, § 14 WpHG Rz. 11.
11 Etwa *Mennicke* in Fuchs, § 14 WpHG Rz. 42; *Schäfer* in Schäfer/Hamann, Kapitalmarktgesetze, § 14 WpHG Rz. 11; *Schwark/Kruse* in Schwark/Zimmer, § 14 WpHG Rz. 12.
12 *Veil* in Meyer/Veil/Rönnau, Handbuch zum Marktmissbrauchsrecht, § 7 Rz. 30 („Wenn dem Erwerb oder der Veräußerung eines Finanzinstruments kraft Gesetzes eine entsprechende Entscheidung der Person vorausgeht"). *Hopt/Kumpan* in Schimansky/Bunte/Lwowski, § 107 Rz. 64, sehen dagegen – im Ergebnis dann aber gleich – gesetzliche Erwerbstatbestände generell als Erwerb i.S.v. Art. 8 Abs. 1 Satz 1 VO Nr. 596/2014 an.

der gesetzliche Erwerb ursächlich auf die Nutzung einer Insiderinformation zum Zwecke der Erzielung eines Sondervorteils aus dem Wissensvorsprung des Insiders zurückgeht (dazu Rz. 31 ff.). Ein **wirtschaftliches Interesse** an der Transaktion eines Dritten oder ein daraus wie auch immer gezogener Profit ersetzen nicht das Erfordernis des Erwerbs durch den Insider. Deshalb ist es verfehlt, „alle Varianten von Veranlassung und Einflussnahme auf Dritte, von denen der Begünstigte profitiert", als indirekten Erwerb zu qualifizieren[1].

27 **(4) Unterlassen eines Erwerbs- oder Veräußerungsgeschäfts.** Das durch eine Insiderinformation verursachte **Unterlassen** eines – wie fest auch immer beabsichtigten – Erwerbs- oder Veräußerungsgeschäfts in Bezug auf Insiderpapiere wird von Art. 8 Abs. 1 Satz 1 VO Nr. 596/2014 nicht erfasst[2]. Schon die RL 2003/6/EG (Rz. 2) und der diese umsetzende § 14 Abs. 1 Nr. 1 WpHG a.F. verlangten einen rechtsgeschäftlichen Vorgang in Gestalt des Erwerbs- oder der Veräußerung von Insiderpapieren, an dem es aber fehlt, wenn jemand aufgrund einer Insiderinformation vom Erwerb oder der Veräußerung von Insiderpapieren absieht[3]. Das mag man rechtspolitisch für wenig glücklich halten, da auch in diesem Fall Insiderinformationen zum eigenen Vorteil verwendet wird, doch wäre es rechtspolitisch nicht weniger bedenklich, Verhaltensweisen zu sanktionieren, die sich – wie die in der Regel nicht nach außen tretende Änderung eines in der Regel nicht nach außen tretenden Willens – nur unter ganz außergewöhnlichen Umständen nachweisen ließe. Dessen ungeachtet setzt der Wortlaut einer Auslegung der Vorschrift dahingehend, sie erfasse auch das Unterlassen von Erwerbs- oder Veräußerungsgeschäften, eine deutliche Grenze.

28 **cc) Stornierung und Auftragsänderung.** Unter der RL 2003/6/EG (Rz. 2) und dem diese umsetzenden § 14 Abs. 1 Nr. 1 WpHG a.F. wurden auch andere Vorgänge, bei denen Insiderinformationen genutzt wurden, die aber nicht zum Erwerb oder zur Veräußerung von Insiderpapieren führten, dem **Unterlassen von Erwerbs- und Veräußerungsgeschäften** gleichgestellt[4]. Dazu gehörten insbesondere die Rücknahme einer bereits erteilten, aber noch nicht durchgeführten Kauf- oder Verkaufsorder und die Nichtausübung einer Kauf- oder Verkaufsoption[5]. Nicht erfasst wurde damit etwa auch der Fall, dass ein Aufsichtsratsmitglied auf einer Sitzung Kenntnis von einem geplanten Übernahmeangebot erlangt und daraufhin unverzüglich seine Verkaufsorder für Aktien des Zielunternehmens storniert. Da es hier nicht zu einer Veränderung der Verfügungsgewalt über die Insiderpapiere kam, konnte die Rücknahme der Order nicht als Veräußerung i.S.d. § 14 Abs. 1 Nr. 1 WpHG a.F. angesehen werden[6]. Das wäre unter der Marktmissbrauchsverordnung nicht anders, sähe Art. 8 Abs. 1 Satz 2 VO Nr. 596/2014 nicht ausdrücklich vor, dass „die Nutzung von Insiderinformationen in Form der **Stornierung oder Änderung eines Auftrags** in Bezug auf ein Finanzinstrument, auf das sich die Informationen beziehen", als Insidergeschäft gilt, wenn der Auftrag vor Erlangen der Insiderinformationen erteilt wurde. Als **Stornierung** eines Auftrags ist, unabhängig von ihrem rechtlichen Grund, jede rechtlich zulässige Maßnahme des Auftraggebers zu sehen, welche dazu führt, dass ein Wertpapiererwerbsauftrag (Order) nicht ausgeführt wird[7]. Die **Änderung** eines Auftrags umfasst jede inhaltliche Abwandlung des erteilten Auftrags[8].

29 Die Bedeutung dieser neuen Vorschrift wurde im Schrifttum vor allem am Beispiel des sog. **Stake Building** erörtert, d.h. des Erwerbs von Aktien der Zielgesellschaft vor Abgabe eines Übernahmeangebots in Bezug auf dieselben. Hat der potenzielle Bieter einer Bank oder einem Dritten einen Auftrag zum Erwerb dieser Aktien – namentlich zum Erwerb eines **Aktienpakets** – erteilt und erlangt er im Rahmen der Prüfung der Zielgesellschaft (der sog. **Due Diligence**) oder von Gesprächen mit dem Vorstand derselben Insiderinformationen, die ihn zur Stornierung oder zur Änderung des Auftrags veranlassen, so wird dies als ein Fall des Art. 8 Abs. 1 Satz 2 VO Nr. 596/2014 und damit als verbotenes Insidergeschäft betrachtet[9]. Das wird man bei der Stornierung oder der Änderung des Auftrags unter Weiterverfolgung des Vorhabens der Abgabe eines Übernahmeangebots so sehen

---

1 So *Zetzsche* in Gebauer/Teichmann, § 7 C. Rz. 137; *Grundmann* in Staub, Bd. 11/1, 5. Aufl. 2017, 6. Teil Rz. 381. Ablehnend wie hier *Klöhn* in Klöhn, Art. 8 MAR Rz. 73.
2 *Klöhn* in Klöhn, Art. 8 MAR Rz. 66; *Schäfer* in Marsch-Barner/Schäfer, Handbuch börsennotierte AG, Rz. 14.40; *Veil* in Meyer/Veil/Rönnau, Handbuch zum Marktmissbrauchsrecht, § 7 Rz. 35.
3 *Assmann*, AG 1994, 237, 246 f.; *Assmann*, ZGR 1994, 494, 519; *Becker*, S. 50; *Buck-Heeb*, Kapitalmarktrecht, Rz. 345; *Kümpel/Veil*, Wertpapierhandelsgesetz, S. 66; *Lenenbach*, Kapitalmarktrecht, Rz. 13.139; *Mennicke* in Fuchs, § 14 WpHG Rz. 34; *Renz/Rippel* in BuB, Rz. 7/705; *Rothenhöfer* in Kümpel/Wittig, Bank- und Kapitalmarktrecht, Rz. 3.527; *Schäfer* in Schäfer/Hamann, Kapitalmarktgesetze, § 14 WpHG Rz. 14, 19; *Schwark/Kruse* in Schwark/Zimmer, § 14 WpHG Rz. 10; *Sethe* in Assmann/Schütze, Kapitalanlagerecht, § 8 Rz. 80. A.A. *Claussen*, ZBB 1992, 267, 281; *Claussen*, Insiderhandelsverbot, Rz. 38 f.: teleologische Ausweitung; *Soesters*, S. 153 f.; *Weber*, BB 1995, 158, 166. Eine Regelungslücke konstatiert *Hartmann*, S. 232 f. Für Art. 8 VO Nr. 596/2014 *Grundmann* in Staub, Bd. 11/1, 5. Aufl. 2017, 6. Teil Rz. 382.
4 Hierzu und zu den folgenden Beispielen *Assmann* in 6. Aufl., § 14 WpHG Rz. 17.
5 Ebenso *Hopt/Kumpan* in Schimansky/Bunte/Lwowski, § 107 Rz. 67.
6 *Schröder*, NJW 1994, 2879, 2880.
7 I.E. ebenso *Klöhn* in Klöhn, Art. 8 MAR Rz. 78 („vollständige Streichen der Order"; auf „welchem zivilrechtlichen Weg dies geschieht, ist unerheblich").
8 Ebenso *Klöhn* in Klöhn, Art. 8 MAR Rz. 78 („Modifizierung des Inhalts der Order").
9 *Buck-Heeb*, Kapitalmarktrecht, Rz. 345; *Graßl*, DB 2015, 2066, 2067; *Hopt/Kumpan*, ZGR 2017, 765, 800; *Kiesewetter/Parmentier*, BB 2013, 2371, 2373; *Klöhn*, AG 2016, 423, 432; *Krause*, CCZ 2014, 248, 251; *Seibt/Wollenschläger*, AG 2014, 593, 597.

können[1], weil hier die Gefahr der Erzielung von ungerechtfertigten Sondervorteilen aus dem erlangten Insiderwissen besteht und nach Art. 9 Abs. 4 Unterabs. 2 VO Nr. 596/2014 die in Unterabs. 1 statuierte Ausnahme vom Verbot von Insidergeschäften nicht für den Beteiligungsaufbau gilt (s. dazu Art. 9 VO Nr. 596/2014 Rz. 21), ist aber beim **Abbruch des Plans** der Abgabe eines Übernahmeangebots alles andere als überzeugend[2]. Bei wortgetreuer Anwendung des Art. 9 Abs. 4 Abs. 1 Satz 2 VO Nr. 596/2014 würde ein Bieter in diesem Falle sein Insiderwissen wie jedes andere erlangte Wissen nutzen dürfen, um das Vorhaben zum Erwerb von Aktien der Zielgesellschaft, d.h. von Insiderpapieren, abzubrechen (Rz. 27), wäre aber gleichwohl gezwungen, den als Teil des abgebrochenen Vorhabens in Auftrag gegebenen Erwerb solcher Papiere weiterlaufen zu lassen; und dies, obwohl er, hätte er den Voraberwerb von Aktien der Zielgesellschaft selbst organisiert, ohne weiteres vom weiteren Erwerb hätte absehen dürfen, ohne damit ein verbotenes Insidergeschäft zu tätigen. Hinzu kommt, dass in diesem Fall der Stornierung des Auftrags die Erzielung eines aus Informationsvorsprüngen gegenüber anderen Marktteilnehmern hervorgehenden Sondervorteils aus dem erlangten Insiderwissen nicht recht erkennbar ist. Das Beispiel gibt deshalb Anlass für die Annahme, dass das „Stornierungs- und Änderungsverbot" des Art. 9 Abs. 4 Abs. 1 Satz 2 i.V.m. mit Art. 14 lit. a VO Nr. 596/2014 sollte sich nur auf Fälle beziehen, in denen Aufträge für isolierte Erwerbs- oder Veräußerungsgeschäfte von Insiderpapieren storniert oder geändert werden sollen. Ungeachtet dessen sollte aber jedenfalls die Stornierung eines Auftrags zum Erwerb von Wertpapieren der Zielgesellschaft im Wege der teleologischen Auslegung (in Gestalt der teleologischen Reduktion) der Vorschrift aus dem Anwendungsbereich des Art. 9 Abs. 4 Abs. 1 Satz 2 VO Nr. 596/2014 herausgenommen werden, um es dem Bieter so zu ersparen, weiter solche Papiere erwerben zu müssen, bis die Zielgesellschaft – gegebenenfalls unter Nutzung eines Rechts zum Aufschub der Veröffentlichung – die Insiderinformation publiziert. Zur entsprechenden Problematik beim **Abbruch eines Rückkaufprogramms** durch Änderung oder Stornierung erteilter Aufträge einschließlich Rückkauforder aufgrund der Erlangung von Insiderinformationen s. Rz. 54 und zum **Abbruch des Plans zum sukzessiven Erwerb von Beteiligungen** im Allgemeinen Rz. 60.

c) **Nutzung (Art. 8 Abs. 1 Sätze 1–3 VO Nr. 596/2014). aa) Grundsätze.** Ein Insidergeschäft liegt nur vor, wenn das Erwerbs- oder Veräußerungsgeschäft „unter Nutzung" einer Insiderinformation erfolgt. Während Art. 2 Abs. 1 der Insiderrichtlinie von 1989[3] von den Mitgliedstaaten noch verlangte, Insidern den Erwerb oder die Veräußerung von Insiderpapieren „unter Ausnutzung" einer Insiderinformation zu untersagen, waren nach Art. 2 Abs. 1 Satz 1 RL 2003/6/EG vom 28.1.2003 (Rz. 2) nur solche Transaktionen zu untersagen, die „unter Nutzung" einer Insiderinformation vorgenommen werden[4]. Entsprechend wurde der Wortlaut des § 14 Nr. 1 WpHG a.F. angepasst. Wenn dabei statt auf den Begriff der „Nutzung" denjenigen der „**Verwendung**" zurückgegriffen wurde, so geschah dies im synonymen Gebrauch dieser Begriffe, was aus der Erläuterung im Regierungsentwurf AnSVG hervorgeht, mit dem Begriff der „Verwendung" solle deutlich werden, dass ein subjektiv ausgerichtetes Handeln des Insiders, anders als bisher und wie nunmehr von der RL 2003/6/EG vorgegeben, nicht mehr verlangt werde[5]. Deshalb kann, obwohl Art. 8 Abs. 1 Satz 1 VO Nr. 596/2014 den Wortlaut von Art. 2 Abs. 1 Satz 1 RL 2003/6/EG übernommen hat, auf die Grundsätze zurückgegriffen werden, die sich zur Auslegung des Begriffs „Verwendung" in § 14 Abs. 1 Nr. 1 WpHG a.F. herausgebildet haben[6].

Zu diesen gehört – neben dem Grundsatz, dass die Nutzung einer Insiderinformation **kein zweckgerichtetes Handeln** des Insiders voraussetzt (Rz. 30; *Assmann* in 6. Aufl., § 14 WpHG Rz. 23 f.) – auch derjenige, dass die Nutzung einer Insiderinformation durch den Insider nur gegeben ist, wenn diese für dessen Erwerbs- oder Veräußerungsgeschäfte **ursächlich** oder zumindest mitursächlich war[7]. Daran fehlt es fraglos, wenn eine Person **im**

---

[1] Zur Änderung des Paketerwerbsplans und zur Angebotsänderung beim Unternehmenskauf und bei Kontrollerwerb i.S.v. § 29 Abs. 2 WpÜG nach einer *Due Diligence*-Prüfung s. *BaFin*, Emittentenleitfaden 2013, S. 38 (III.2.2.1.4.2 a.E.) bzw. S. 38/39.
[2] Unter § 14 Abs. 1 lit. a) WpHG a.F. wurde es nicht als Nutzung einer Insiderinformation angesehen, wenn der Erwerbsinteressent nach Erlangung derselben im Rahmen der *Due Diligence*-Prüfung vom Erwerb absah. *Assmann* in 6. Aufl., § 14 WpHG Rz. 45; *Hasselbach*, NZG 2004, 1087, 1091; *Hölters* in Hölters, § 93 AktG Rz. 182.
[3] ABl. EG Nr. L 334 v. 18.11.1989, S. 30.
[4] Vgl. EuGH v. 23.12.2009 – C-45/08, ECLI:EU:C:2009:806 – Spector Photo Group, AG 2010, 74, 75 Rz. 34: Das Verb „ausnutzen" habe durch das Verb „nutzen" ersetzt werden sollen, „um in der Definition der Insidergeschäfte kein Element der Finalität oder Vorsätzlichkeit zu belassen". Auch der RegE AnSVG, BT-Drucks. 15/3174, 31, 34 wies darauf hin, der Begriff „Ausnutzen" habe in der Vergangenheit zu erheblichen Schwierigkeiten bei der Beweisführung geführt, weil er ein zweckgerichtetes Handeln voraussetze.
[5] RegE AnSVG, BT-Drucks. 15/3174, 31, 34.
[6] Ebenso *Buck-Heeb*, Kapitalmarktrecht, Rz. 346; *Hopt/Kumpan* in Schimansky/Bunte/Lwowski, § 107 Rz. 69; *Theile* in Esser/Rübenstahl/Saliger/Tsambikakis, 7. Kapitel, § 38 WpHG Rz. 112 (Absicht der Erzielung eines Sondervorteils nicht erforderlich).
[7] Schon in RegE AnSVG, BT-Drucks. 15/3174, 1, 34 re. Sp., hieß es, um ursächlich für den Erwerb oder die Veräußerung von Insiderpapieren zu sein, müsse die Insiderinformation in das Handeln des Täters mit einfließen; *BaFin*, Emittentenleitfaden 2013, S. 37; *Assmann*, ZHR 172 (2008), 635, 657; *Brandi/Süßmann*, AG 2004, 642, 643; *Buck-Heeb*, Kapitalmarktrecht, Rz. 347; *Bürgers*, BKR 2004, 424, 425; *Cahn*, Der Konzern 2005, 5, 8; *Cascante/Topf*, AG 2009, 53, 55 f.; *von Dryander/Schröder*, WM 2007, 534, 538; *Eichner*, S. 72 ff., 76; *Fromm-Russenschuck/Banerjea*, BB 2004, 2425, 2426 f.; *Fürsich*, S. 180 f.; *Gehrmann*, S. 112; *Hammen*, WM 2004, 1753, 1760; *Hasselbach*, NZG 2004, 1087, 1091 f.; *Hemeling*,

Zeitpunkt ihres Handelns über keine Insiderinformation verfügte[1]. Maßgeblicher Zeitpunkt des Handelns ist regelmäßig die Ordererteilung[2], wobei es auf den Zeitpunkt der letzten Entscheidung ankommt, die zum Erwerb bzw. zur Veräußerung führt[3], kann aber vor allem im Hinblick auf die Möglichkeit von direkten und indirekten Erwerbs- und Veräußerungsgeschäften auch der Zeitpunkt der Abgabe einer Willenserklärung zum Abschluss eines Vertrags sein, mit welchem der Insider den Vorteil aus seinem Insiderwissen zu realisieren vermag (Rz. 18 und Rz. 21). Dementsprechend ist der durch eine Person in Auftrag gegebene Erwerb (**Order**) von Finanzinstrumenten selbst dann kein Insidergeschäft, wenn diese noch vor der Durchführung des Auftrags Insiderinformationen zu denselben erlangt[4]. Nicht anders verhält es sich bei einer „**Dauer-Order**" zum Erwerb oder zur Veräußerung von Finanzinstrumenten, die eine Person erteilte, bevor sie Insiderinformationen zu den Finanzinstrumenten erlangte[5]. Ebenfalls unbedenklich ist es für die beteiligten Parteien, wenn der **Vermögensverwalter** ohne jegliche Einflussnahme seines Kunden Insiderpapiere erwirbt, über die oder deren Emittenten der Kunde Insiderinformationen hatte oder später erlangte. Gleiches gilt für den Fall, dass eine Person (Organ, leitender Angestellter oder Mitarbeiter) erst nach ihrer Entscheidung, sich an einem **Mitarbeiter- oder Aktien(options)programm** zu beteiligen, Insiderinformationen erhält und über diese im Zeitpunkt des Einbuchung der Finanzinstrumente oder der Gewinne aus diesen in ihr Depot noch verfügt[6]. Nichts anderes gilt schließlich dann, wenn **Leerverkäufe** vorgenommen werden, d.h. ein Marktteilnehmer eine bestimmte Menge etwa von Wertpapieren, die zu einem bestimmten zukünftigen Zeitpunkt zu liefern sind, zu einem bestimmten Preis veräußert, ohne im Zeitpunkt des Verkaufs über die veräußerten Papiere zu verfügen: Solange nicht der Veräußerer oder der Käufer im Zeitpunkt des Abschlusses des Geschäfts über Insiderinformationen über die fraglichen Papiere verfügten, ist jede spätere Erlangung solcher Informationen insiderrechtlich ohne Belang[7].

32 An der Nutzung einer Insiderinformation fehlt es des Weiteren auch dann, wenn eine Person bei Abschluss eines Erwerbs- oder Veräußerungsgeschäfts zwar über einschlägige Insiderinformationen verfügt, das in Frage stehende Geschäft aber **auch dann zustande gekommen wäre, wenn der Insider keine Kenntnis der Insiderinformation erlangt hätte**[8]. Das ist etwa dann der Fall, wenn eine Person über Insiderinformationen zu Finanzinstrumenten verfügt mit dem diese betreffenden Erwerbs- oder Veräußerungsgeschäft aber eine rechtliche **Verpflichtung erfüllt, die bereits vor der Erlangung von Insiderinformationen entstanden** ist[9]. Entsprechen-

---

ZHR 169 (2005), 274, 285; *Hopt/Kumpan* in Schimansky/Bunte/Lwowski, § 107 Rz. 69; *Kümpel/Veil*, Wertpapierhandelsgesetz, S. 67; *Lenenbach*, Kapitalmarktrecht, Rz. 13.141; *Lösler* in Habersack/Mülbert/Schlitt, Kapitalmarktinformation, § 2 Rz. 48; *Mennicke* in Fuchs, § 14 WpHG Rz. 52; *Nikoleyczik/Gubitz*, GWR 2010, 159; *Ransiek* in FS Harro Otto, S. 723, 725; *Renz/Rippel* in BuB, Rz. 7/706 a.E.; *Rothenhöfer* in Kümpel/Wittig, Bank- und Kapitalmarktrecht, Rz. 3.531 f.; *Schäfer* in Schäfer/Hamann, Kapitalmarktgesetze, § 14 WpHG Rz. 7; *Schlitt/Schäfer*, AG 2004, 346, 354; *Schwark/Kruse* in Schwark/Zimmer, § 14 WpHG Rz. 16, 18; *Schwintek*, S. 25; *Sethe* in Assmann/Schütze, Kapitalanlagerecht, § 8 Rz. 95; *Spindler*, NJW 2004, 3449, 3451; *Theile* in Esser/Rübenstahl/Saliger/Tsambikakis, 7. Kapitel, § 38 WpHG Rz. 112; *Versteegen/Schulz*, ZIP 2009, 110, 114; *Vogel*, [Anm. zu BGH v. 27.1.2010 – 5 StR 224/09] JZ 2010, 370, 371; *Widder*, BB 2010, 515, 516; *Ziemons*, NZG 2004, 539 f. In der Sache auch EuGH v. 10.5.2007 – C-391/04, ECLI:EU:C:2007:272 – Georgakis, AG 2007, 542 Ls. und Rz. 36 ff. Ebenso zu Art. 8 VO Nr. 596/2014 *Grundmann* in Staub, Bd. 11/1, 5. Aufl. 2017, 6. Teil Rz. 383; *Schäfer* in Marsch-Barner/Schäfer, Handbuch börsennotierte AG, Rz. 14.46. A.A. *Bachmann*, Insiderhandelsverbot, S. 44 f., 50 ff. **A.A.** *Klöhn* in Klöhn, Art. 8 MAR Rz. 119 f.: Zwar spreche „[v]iel ... dafür, stets dann von einer Nutzung auszugehen, wenn die Insiderinformation kausal für den Entschluss des Insiders zum Abschluss des Insidergeschäfts (bzw. zur Änderung oder Stornierung des Auftrags) geworden ist" (Rz. 119), doch sei die „Prüfung des Merkmals ‚Nutzung' nicht mittels einfach-begrifflicher Subsumtion zu meistern", sondern erfordere „eine umfassende Wertung ..., ob das konkrete Geschäft nach dem Sinn und Zweck des Insiderrechts verboten sein sollte oder nicht" (Rz. 120).
1 *BaFin*, Emittentenleitfaden 2013, S. 37. Ebenso *Rothenhöfer* in Kümpel/Wittig, Bank- und Kapitalmarktrecht, Rz. 3.536; *Schwark/Kruse* in Schwark/Zimmer, § 14 WpHG Rz. 19.
2 *BaFin*, Emittentenleitfaden 2013, S. 37; *Hopt/Kumpan* in Schimansky/Bunte/Lwowski, § 107 Rz. 71; *Sethe* in Assmann/Schütze, Kapitalanlagerecht, § 8 Rz. 97.
3 *Hopt/Kumpan* in Schimansky/Bunte/Lwowski, § 107 Rz. 71.
4 Art. 9 Abs. 3 lit. a) VO Nr. 596/2014 führt dies unter den „legitimen Handlungen" auf. *BaFin*, Emittentenleitfaden 2013, S. 37; *Hopt/Kumpan* in Schimansky/Bunte/Lwowski, § 107 Rz. 71.
5 *BaFin*, Emittentenleitfaden 2013, S. 37 f.; *Hopt/Kumpan* in Schimansky/Bunte/Lwowski, § 107 Rz. 71; *Schwark/Kruse* in Schwark/Zimmer, § 14 WpHG Rz. 20.
6 Vgl. *BaFin*, Emittentenleitfaden 2013, S. 37; *Klöhn* in KölnKomm. WpHG, § 14 WpHG Rz. 177; *Merkner/Sustmann*, NZG 2005, 729, 730; *Sethe* in Assmann/Schütze, Kapitalanlagerecht, § 8 Rz. 97. So allgemein für Mitarbeiterprogramme *Veil* in Meyer/Veil/Rönnau, Handbuch zum Marktmissbrauchsrecht, § 7 Rz. 43.
7 Vgl. *BaFin*, Emittentenleitfaden 2013, S. 38.
8 RegE AnSVG, BT-Drucks. 15/3174, 34; *BaFin*, Emittentenleitfaden 2013, S. 37. Zum alten Recht schon 3. Aufl. des Kommentars Rz. 27; *Kümpel*, Bank- und Kapitalmarktrecht, 3. Aufl. 2004, Rz. 16.170 (fehlende Kausalität); *Lenenbach*, Kapitalmarktrecht, Rz. 13.141; *Mennicke* in Fuchs, § 14 WpHG Rz. 64; *Schäfer* in Schäfer/Hamann, Kapitalmarktgesetze, § 14 WpHG Rz. 5, 7; *Schwark/Kruse* in Schwark/Zimmer, § 14 WpHG Rz. 16, 20. Ähnlich *Hopt* in FS Heinsius, S. 289, 290, mit Hinweis auf das Beweisproblem („Tatfrage").
9 So jetzt das Beispiel einer „legitimen Handlung" in Art. 9 Abs. 3 lit. a) und b) VO Nr. 596/2014, s. auch Rz. 39. Davor schon – auf der Grundlage des Art. 9 Abs. 3 lit. b VO Nr. 596/2014 entsprechenden Art. 2 Abs. 3 RL 2003/6/EG (Rz. 2) – *Assmann* in 6. Aufl., § 14 WpHG Rz. 30; *BaFin*, Emittentenleitfaden 2013, S. 37; *Hopt/Kumpan* in Schimansky/Bunte/Lwowski, § 107 Rz. 73; *Schwark/Kruse* in Schwark/Zimmer, § 14 WpHG Rz. 20.

des gilt für Handlungen, mit denen aus vorausgegangenen Transaktionen begründete und sich zwangsläufig aus diesen ergebende Rechte wahrgenommen oder Pflichten erfüllt werden, wie dies regelmäßig etwa bei der **Verwertung von Sicherheiten** im Sicherungsfall anzunehmen ist: So verwendet der Darlehensgeber keine Insiderinformation, wenn er sich zur Befriedigung seiner Forderungen aus einem notleidend gewordenen Kredit der zur Besicherung des Darlehens übereigneten Wertpapiere des Darlehensgebers bedient[1].

Hierher gehören nicht zuletzt auch die Fälle, in denen eine Person ihren – ohne Verwendung einer Insiderinformation zustande gekommenen – **Entschluss**, eine bestimmte Transaktion in Insiderpapieren durchzuführen, **verwirklicht**[2]. Pläne und Entschlüsse werden, anders als Informationen, in Handlungen umgesetzt und nicht verwandt. Das kam unter der RL 2003/6/EG vom 28.1.2003 (Rz. 2) in deren Erwägungsgrund 30 zum Ausdruck und findet sich heute – nahezu wortgleich – in Erwägungsgrund 31 VO Nr. 596/2014: „Da dem Erwerb oder der Veräußerung von Finanzinstrumenten eine entsprechende Entscheidung der Person vorausgehen muss, die erwirbt bzw. veräußert, sollte die bloße Tatsache dieses Erwerbs oder dieser Veräußerung als solche nicht als Nutzung von Insiderinformationen gelten. **Handlungen auf der Grundlage eigener Pläne und Handelsstrategien des Marktteilnehmers** sollten nicht als Nutzung von Insiderinformationen gelten" (Hervorhebung hinzugefügt). Wäre es anders, führt der EuGH in seiner *Spector Photo Group*-Entscheidung vom 23.12.2009 im Hinblick auf Erwägungsgrund 30 der RL 2003/6/EG aus, „könnte Art. 2 Abs. 1 der Richtlinie insbesondere dazu führen, dass einer Person, die sich für die Abgabe eines öffentlichen Kaufangebots entschieden hat, die Ausführung dieser Entscheidung verboten wäre, da diese eine Insider-Information ist. Ein solches Ergebnis ginge jedoch nicht nur über das hinaus, was als zur Erreichung der Zwecke der Richtlinie angemessen und erforderlich anzusehen ist, sondern könnte durch die Verhinderung öffentlicher Kaufangebote sogar das gute Funktionieren der Finanzmärkte beeinträchtigen."[3]

Nicht ausgeschlossen ist allerdings, dass der **Entschluss** einer Person, bestimmte Finanzinstrumente zu erwerben oder zu verkaufen, ebenso wie ein darauf gerichteter Plan oder ein diesbezügliches Vorhaben, **für Dritte eine Insiderinformation** sein kann (s. dazu Art. 7 VO Nr. 596/2014 Rz. 20). Darüber hinaus kommt für die Person, die einen **Erwerbsentschluss** gefasst hat, ein Verstoß gegen das Verbot unrechtmäßiger Offenlegung von Insiderinformationen bzw. das Empfehlungsverbot nach Art. 14 lit. c bzw. b VO Nr. 596/2014 in Betracht, wenn sie, ohne dass dies für die Umsetzung ihres Erwerbs- oder Veräußerungsentschlusses erforderlich wäre, ihren Entschluss – oder ihr Vorhaben oder ihren Plan – Dritten mitteilt oder auf der Grundlage ihres Entschlusses, Plans oder Vorhabens Dritten gegenüber eine Empfehlung zum Erwerb oder zur Veräußerung von Insiderpapieren abgibt[4].

Umgekehrt **scheidet die Ursächlichkeit** einer Insiderinformation für ein Erwerbs- oder Veräußerungsgeschäft **nicht bereits deshalb aus**, weil der Insider die Information, die für das von ihm getätigte Geschäft (mit)entscheidend war, **nicht als Insiderinformation erkannte**. Gleichwohl scheidet die Ahndung eines solchen Geschäfts als verbotenes Insidergeschäft unter diesen Rahmenbedingungen aus: Zum einen findet Art. 8 VO Nr. 596/2014 über Insidergeschäfte gem. Art. 8 Abs. 4 Unterabs. 2 VO Nr. 596/2014 keine Anwendung auf Sekundärinsider (Rz. 7), die nicht wussten und nicht hätten wissen müssen, dass es sich bei einer ihnen bekannten Information um eine Insiderinformation handelt. Und zum anderen wird ein Verstoß gegen das Verbot von Insidergeschäften nach Art. 14 VO Nr. 596/2014 allein straf- und ordnungswidrigkeitsrechtlich sanktioniert, wobei § 119 Abs. 3 und 4 WpHG bzw. § 120 Abs. 14 WpHG, ohne zwischen Primär- und Sekundärinsider zu unterscheiden, nur vorsätzliches bzw. leichtfertiges Handeln in sämtlichen Tatbegehungsvarianten unter Strafe stellen bzw. mit Bußgeld ahnden (Rz. 9). Das **Kausalitätserfordernis** gilt im Übrigen nicht nur in Bezug auf Erwerbs- und Veräußerungsgeschäfte i.S.v. Art. 8 Abs. 1 Satz 1 VO Nr. 596/2014, sondern auch im Hinblick auf die **Stornierung oder Abänderung** eines Auftrags i.S.v. Art. 8 Abs. 1 Satz 2 VO Nr. 596/2014[5].

Unter Berufung auf die Zielsetzung der RL 2003/6/EG vom 28.1.2003 (Rz. 2) einerseits und dem Fehlen subjektiver Merkmale im Tatbestand des Art. 2 Abs. 1 dieser Richtlinie hat der **EuGH** im *Spector Photo Group*-Urteil eine als **Kausalitätsvermutung oder** als **Nutzungsvermutung** zu bezeichnende Vermutung aufgestellt, indem er

---

1 Beispiel bei *BaFin*, Emittentenleitfaden 2013, S. 38; *Klöhn* in KölnKomm. WpHG, § 14 WpHG Rz. 185; *Rothenhöfer* in Kümpel/Wittig, Bank- und Kapitalmarktrecht, Rz. 3.542; *Sethe* in Assmann/Schütze, Kapitalanlagerecht, § 8 Rz. 97.
2 Schon RegE 2. FFG, BT-Drucks. 12/6679, 47. I.E. auch EuGH v. 23.12.2009 – C-45/08, ECLI:EU:C:2009:806 – Spector Photo Group, AG 2010, 74, 78 Rz. 60. S. ferner *Brandi/Süßmann*, AG 2004, 642, 644; *Cahn*, Der Konzern 2005, 5, 9; *Lenenbach*, Kapitalmarktrecht, Rz. 13.142; *Mennicke* in Fuchs, § 14 WpHG Rz. 65, 73; *Schwark/Kruse* in Schwark/Zimmer, § 14 WpHG Rz. 23. Grundsätzlich ebenso, aber differenzierend (Kausalität „kann" fehlen), *Klöhn* in Klöhn, Art. 8 MAR Rz. 179 ff.
3 EuGH v. 23.12.2009 – C-45/08, ECLI:EU:C:2009:806 – Spector Photo Group, AG 2010, 74, 78 Rz. 60.
4 *Cahn*, Der Konzern 2005, 5, 9 m.w.N. in Fn. 38; *Mennicke* in Fuchs, § 14 WpHG Rz. 53; *Ziemons*, NZG 2004, 537, 539. Im Ausgangspunkt auch *Schlitt/Schäfer*, AG 2004, 346, 353, die allerdings (S. 354) davon ausgehen, dass der Entschluss erst durch die Äußerung der Absicht einen „Drittbezug" erlange und damit auch wohl auch seine Eigenschaft, für den sich Entschließenden Insiderinformation zu sein, ablehnen. Nach der *Georgakis*-Entscheidung des EuGH v. 10.5.2007 – C-391/04, ECLI:EU:C:2007:272, AG 2007, 542, dürfte dies nicht mehr zu bestreiten sein.
5 Erwägungsgrund 25 VO Nr. 596/2014; *Hilgendorf/Kusche* in Park, 5.4.II.1.b)aa)(2) Rz. 51.

entschied, „dass die Tatsache, dass eine unter Unterabs. 2 dieser Bestimmung fallende Person [d.h. ein sog. Primärinsider, d. Verf.], die über eine Insider-Information verfügt, für eigene oder fremde Rechnung direkt oder indirekt Finanzinstrumente, auf die sich die Information bezieht, erwirbt oder veräußert oder dies versucht, vorbehaltlich der Wahrung der Verteidigungsrechte und insbesondere des Rechts, diese Vermutung widerlegen zu können, eine ‚Nutzung [dieser Information]' im Sinne dieser Bestimmung durch die genannte Person impliziert"[1]. Da die der Entscheidung zugrunde liegenden Vorschriften der RL 2003/6/EG vom 28.1.2003 samt deren Zielsetzung in die Marktmissbrauchsverordnung übernommen wurde, besteht kein Zweifel, dass die Auslegung Art. 2 Abs. 1 der Richtlinie auch für diejenige von Art. 8 Abs. 1 Satz 1 VO Nr. 596/2014 maßgeblich ist[2]. Bestätigt wird dies im Erwägungsgrund 24 Satz 1 VO Nr. 596/2014, in dem es heißt: „Wenn eine juristische oder natürliche Personen im Besitz von Insiderinformationen für eigene Rechnung oder für Rechnung Dritter, sei es unmittelbar oder mittelbar, Finanzinstrumente, auf die sich diese Informationen beziehen, erwirbt oder veräußert bzw. zu erwerben oder zu veräußern versucht, sollte unterstellt werden, dass diese Person diese Informationen genutzt hat. Diese Annahme lässt die Verteidigungsrechte unberührt." Und schließlich baut Art. 9 VO Nr. 596/2014 erkennbar auf der *Spector*-Nutzungsvermutung auf, wenn in den in Art. 9 Abs. 1–5 VO Nr. 596/2014 aufgeführten Fällen – „für die Zwecke der Artikel 8 und 14" – aufgrund der bloßen Tatsache, dass eine Person im Besitz von Insiderinformationen ist, nicht angenommen wird, dass sie diese Informationen genutzt hat.

37 Die **Kausalitäts- oder Nutzungsvermutung** gilt nicht nur in Bezug auf Erwerbs- und Veräußerungsgeschäfte i.S.v. Art. 8 Abs. 1 Satz 1 VO Nr. 596/2014, sondern auch **im Hinblick auf die Stornierung oder die Abänderung** eines Auftrags i.S.v. Art. 8 Abs. 1 Satz 2 VO Nr. 596/2014, wobei die Vermutung unter den in Art. 9 Abs. 3 VO Nr. 596/2014 angeführten Fällen (dazu Rz. 39 Spiegelstrich 4) nicht greift. Von dieser Bestimmung allerdings nicht erfasst ist die Stornierung oder Änderung eines Geschäfts nach Erhalt von Insiderinformationen. Hier wird – widerleglich – vermutet, dass die Stornierung oder Änderung aufgrund der Insiderinformationen erfolgte[3]. Das gilt auch dann, wenn ein Kunde die Weisung ausgegeben hat, Geschäfte in Finanzinstrumenten, unbedingt und ausnahmslos sofort zu stornieren, nachdem Insiderinformationen erlangt wurden, die sich auf diese Instrumente beziehen („**blanket order cancellation policy**"), so dass ihm unter diesen Umständen nur die Widerlegung der Vermutung bleibt[4]. Nach den Vorstellungen der ESMA muss diese einzelfallbezogen erfolgen, so dass es dem Kunden nicht möglich ist, sich auf die Politik der ausnahmslosen Stornierung und ihre effektive Implementierung zu berufen[5].

38 Aus dem vorstehend (Rz. 36) angeführten Erwägungsgrund 24 Satz 1 VO Nr. 596/2014 geht zugleich hervor, dass die in dem *Spector Photo Group*-Urteil festgestellte **Kausalitäts- oder Nutzungsvermutung** – neben dem wie vorstehend beschriebenen getätigten oder versuchten Erwerbs- oder Veräußerungsgeschäft – nicht mehr voraussetzt als dass eine Person **im Besitz einer Insiderinformation** ist[6] und es unerheblich ist, ob es sich bei dieser um einen **Primär- oder Sekundärinsider** handelt[7]. Auch wenn das *Spector Photo Group*-Urteil die Kausalitätsvermutung noch auf den Besitz von Insiderinformationen durch Primärinsider bezog, ist dies doch schon damit gerechtfertigt, dass auch Art. 8 Abs. 1 Satz 1 und Art. 14 VO Nr. 596/2014 keine subjektiven Tatbestandsmerkmale kennt und Primärinsider und Sekundärinsider im Hinblick auf die Ahndung von Insidergeschäften in § 119 Abs. 3 und 4 WpHG und § 120 Abs. 14 WpHG gleichbehandelt werden (Rz. 9). Die Kausalitätsvermutung ist **widerleglich**[8], etwa durch den Nachweis, dass es an der Ursächlichkeit der Insiderinformation für den Abschluss eines Erwerbs- oder Veräußerungsgeschäfts über Insiderpapiere gefehlt hat.

39 Die **Kausalitäts- oder Nutzungsvermutung**, wie sie auch in Erwägungsgrund 24 Satz 1 VO Nr. 596/2014 festgehalten ist, hat in Art. 9 VO Nr. 596/2014 – „Legitime Handlungen" – **verschiedene Einschränkungen** erfahren. Nach dieser Vorschrift wird aufgrund der bloßen Tatsache, dass eine Person im Besitz von Insiderinformationen ist oder war, nicht angenommen, dass sie diese Informationen genutzt hat,

(1) wenn es um Insiderinformationen geht, die „im Besitz" einer **juristischen Person** sind, vorausgesetzt die in lit. a dieser Vorschrift angeführten Vorkehrungen wurden getroffen und b) es liegt keinerlei Beeinflussung der für die juristische Person handelnden natürlichen Person(en) vor (Art. 9 Abs. 1 VO Nr. 596/2014; zu Einzelheiten s. Art. 9 VO Nr. 596/2014 Rz. 6 ff.);

---

1 EuGH v. 23.12.2009 – C-45/08, ECLI:EU:C:2009:806 – Spector Photo Group, AG 2010, 74 Ls. 1, 76 f. Rz. 37 ff.
2 Ebenso *Hopt/Kumpan* in Schimansky/Bunte/Lwowski, § 107 Rz. 69; auch *Klöhn* in Klöhn, Art. 8 MAR Rz. 126 f.
3 Erwägungsgrund 25 Sätze 2 und 3 VO Nr. 596/2014; *Hilgendorf/Kusche* in Park, 5.4.II.1.b)aa)(2) Rz. 51.
4 *ESMA*, Questions and Answers, Q4.1 und A4.1, S. 10.
5 *ESMA*, Questions and Answers, A4.1, S. 10.
6 EuGH v. 23.12.2009 – C-45/08, ECLI:EU:C:2009:806 – Spector Photo Group, AG 2010, 74, 77 Rz. 53. Auch *Klöhn* in KölnKomm. WpHG, § 14 WpHG Rz. 143.
7 *Hopt/Kumpan* in Schimansky/Bunte/Lwowski, § 107 Rz. 69; *Klöhn* in KölnKomm. WpHG, § 14 WpHG Rz. 135. Das kommt implizit auch in dem Auftragsänderungen betreffenden Erwägungsgrund 25 Satz 3 VO Nr. 596/2014 zum Ausdruck.
8 EuGH v. 23.12.2009 – C-45/08, ECLI:EU:C:2009:806 – Spector Photo Group, AG 2010, 74 Ls. 1, 76 Rz. 44, 77 Rz. 54. In diesem Sinne ist auch der sich auf Auftragsänderungen beziehende Hinweis in Erwägungsgrund 25 Satz 3 VO Nr. 596/2014 verallgemeinerungsfähig.

(2) wenn die Person entweder ein **Market-Maker** für die Finanzinstrumente ist, auf die sich diese Informationen beziehen, oder als **Gegenpartei** für die Finanzinstrumente zugelassen ist, auf die sich die Insiderinformationen beziehen, rechtmäßig im Zuge der normalen Ausübung ihrer Funktion als Market-Maker oder Gegenpartei für das betreffende Finanzinstrument handeln (Art. 9 Abs. 2 lit. a VO Nr. 596/2014; zu Einzelheiten s. Art. 9 VO Nr. 596/2014 Rz. 12 f.);

(3) wenn die Person zur **Ausführung von Aufträgen** für Dritte zugelassen ist und der Auftrag zum Erwerb oder zur Veräußerung der Finanzinstrumente, auf die sich die Insiderinformationen beziehen, rechtmäßig im Zuge der normalen Ausübung der Beschäftigung des Berufs oder der Aufgaben dieser Person ausgeführt wird (Art. 9 Abs. 2 lit. b VO Nr. 596/2014; zu Einzelheiten s. Art. 9 VO Nr. 596/2014 Rz. 14);

(4) wenn es um Geschäfte der Person zur **Erfüllung fällig gewordener Verpflichtungen** geht und die betreffende Verpflichtung aufgrund der Erteilung eines Auftrags oder dem Abschluss einer Vereinbarung beruht, welche jeweils vor dem Erhalt der Insiderinformationen erteilt bzw. getroffen wurden (Art. 9 Abs. 3 lit. a VO Nr. 596/2014; zu Einzelheiten s. Art. 9 VO Nr. 596/2014 Rz. 16); gleiches gilt, wenn die Geschäfte der Erfüllung einer rechtlichen Verpflichtung oder einer Regulierungsauflage dienen, die vor dem Erhalt der Insiderinformationen entstanden sind (Art. 9 Abs. 3 lit. b VO Nr. 596/2014; zu Einzelheiten s. Art. 9 VO Nr. 596/2014 Rz. 16 ff.);

(5) wenn die Person, die – außer im Falle des Beteiligungsaufbaus (Art. 9 Abs. 4 Unterabs. 2 VO Nr. 596/2014) – im Zuge der **Übernahme eines Unternehmens** oder eines **Unternehmenszusammenschlusses** auf der Grundlage eines öffentlichen Angebots Insiderinformationen erlangt hat, diese Insiderinformationen ausschließlich nutzt, um den Unternehmenszusammenschluss oder die Übernahme auf der Grundlage eines öffentlichen Angebots weiterzuführen, vorausgesetzt die Insiderinformationen werden zum Zeitpunkt der Genehmigung des Unternehmenszusammenschlusses oder der Annahme des Angebotes durch die Anteilseigner des betreffenden Unternehmens öffentlich gemacht oder verlieren auf andere Weise ihren Charakter als Insiderinformationen (Art. 9 Abs. 4 VO Nr. 596/2014; zu Einzelheiten s. Art. 9 VO Nr. 596/2014 Rz. 19 ff.);

(6) wenn die Person ihr Wissen darüber, dass sie beschlossen hat, Finanzinstrumente zu erwerben oder zu veräußern, beim Erwerb oder der Veräußerung dieser Finanzinstrumente nutzt, oder m.a.W. ihren **Entschluss** zum Erwerb oder zur Veräußerung von Finanzinstrumenten **ausführt** (Art. 9 Abs. 5 VO Nr. 596/2014; zu Einzelheiten s. Art. 9 VO Nr. 596/2014 Rz. 23).

Vorstehende **Bestimmungen greifen allerdings nicht**, wenn „die zuständige Behörde feststellt, dass sich hinter den betreffenden Handelsaufträgen, Geschäften oder Handlungen ein rechtswidriger Grund verbirgt" (Art. 9 Abs. 6 VO Nr. 596/2014; zu Einzelheiten s. Art. 9 VO Nr. 596/2014 Rz. 24 f.).

Ungeachtet der verschiedenen europäischen Rechtsakte zum Insiderrecht und ihrer jeweiligen Umsetzung in § 14 Abs. 1 WpHG a.F. war es stets einhellige Ansicht, es liege keine Ausnutzung oder Verwendung – heute Nutzung – einer Insiderinformationen vor, wenn, etwa bei einer außerbörslichen Transaktion in Gestalt eines **Paketerwerbs** von Finanzinstrumenten – in sog. **Face-to-face-Geschäften – beide Parteien über einen gleichen Wissensstand** verfügen[1]. Das wurde teils mit einer teleologischen Reduktion des Erwerbs- und Veräußerungsverbots zu erreichen versucht, die auf das Argument gegründet wurde, eine Schädigung des Kapitalmarkts und der Kapitalmarktteilnehmer sei in solchen Fällen ausgeschlossen[2]. Teils wurde aber auch argumentiert, bei gleichem Insiderwissen könne nicht von der Verwendung einer Insiderinformation ausgegangen werden[3], was mit der Überlegung gerechtfertigt wurde, die Verwendung einer Insiderinformation liege bei teleologischer Auslegung nur dann vor, wenn der Wissensvorsprung eines Insiders in ein Erwerbs- oder Veräußerungsgeschäft einfließe und ihm so objektiv die Möglichkeit der Erzielung eines Sondervorteils eröffne[4]. So oder so begründet ist daran auch im Hinblick auf Art. 8 VO Nr. 596/2014 festzuhalten[5]. Anders verhält es sich auch un-

---

1 *Assmann*, AG 1997, 50, 55; *Cahn*, Der Konzern 2005, 5, 7 f.; *Diekmann/Sustmann*, NZG 2004, 929, 931; *Fromm-Russenschuck/Banerjea*, BB 2004, 2425, 2427; *Hasselbach*, NZG 2004, 1087, 1088; *Klöhn* in KölnKomm. WpHG, § 14 WpHG Rz. 190 f.; *Mennicke* in Fuchs, § 14 WpHG Rz. 11, 59, 72; *Rothenhöfer* in Kümpel/Wittig, Bank- und Kapitalmarktrecht, Rz. 3.520, 3.533; *Schäfer* in Schäfer/Hamann, Kapitalmarktgesetze, § 14 WpHG Rz. 8; *Schäfer* in Marsch-Barner/Schäfer, Handbuch börsennotierte AG, Rz. 14.10; *Schmidt-Diemitz*, DB 1996, 1809; *Sethe* in Assmann/Schütze, Kapitalanlagerecht, § 8 Rz. 98.
2 *Bachmann*, ZHR 172 (2008), 597, 628; *Cahn*, Der Konzern 2005, 5, 10 f.; *Diekmann/Sustmann*, NZG 2004, 929, 931; *von Dryander/Schröder*, WM 2007, 534, 537; *Fromm-Russenschuck/Banerjea*, BB 2004, 2425, 2427; *Grothaus*, ZBB 2005, 62, 64; *Kemnitz*, S. 92; *Koch*, DB 2005, 267, 269; *Kümpel/Veil*, Wertpapierhandelsgesetz, S. 68; *Schwintek*, S. 26.
3 So auch *Brandi/Süßmann*, AG 2004, 642, 645.
4 Vor allem hierauf abstellend *Schäfer* in Schäfer/Hamann, Kapitalmarktgesetze, § 14 WpHG Rz. 9. Auch *BaFin*, Emittentenleitfaden 2013, S. 38; *Schwark/Kruse* in Schwark/Zimmer, § 14 WpHG Rz. 17 (Verwenden setzt „das Gebrauchen eines Wissensvorsprungs zum Nachteil anderer Anleger" voraus), 18, 25; *Widder/Kocher*, AG 2009, 654, 658. Offenlassend, ob das Ergebnis durch eine teleologische Restriktion oder durch Ursächlichkeitserwägungen zu begründen ist, *Mennicke* in Fuchs, § 14 WpHG Rz. 61; *Rothenhöfer* in Kümpel/Wittig, Bank- und Kapitalmarktrecht, Rz. 3.534. A.A. *Grothaus*, ZBB 2005, 62, 63.
5 *Grundmann* in Staub, Bd. 11/1, 5. Aufl. 2017, 6. Teil Rz. 383; *Klöhn* in Klöhn, Art. 8 MAR Rz. 171 ff.; *Veil* in Meyer/Veil/Rönnau, Handbuch zum Marktmissbrauchsrecht, § 7 Rz. 45.

ter der Marktmissbrauchsverordnung dann, wenn den oder einer der Parteien **unbekannt** war, dass die andere Partei über das gleiche Wissen verfügte, da hier der Versuch einer Insidertat in Betracht kommt.

41 In Bezug auf **Versteigerungen von Emissionszertifikaten** oder anderen darauf beruhenden Auktionsobjekten, die gemäß der VO Nr. 1031/2010[1] gehalten werden, schließt die Nutzung von Insiderinformationen nach **Art. 8 Abs. 1 Satz 3 VO Nr. 596/2014** auch die Übermittlung, Änderung oder Zurücknahme eines Gebots durch eine Person für eigene Rechnung oder für Rechnung eines Dritten ein.

42 **bb) Einzelfälle.** Nachfolgen werden einige spezielle Sachverhalte im Hinblick auf die Frage untersucht, inwieweit die Beteiligten i.S.v. Art. 8 Abs. 1 Satz 1 VO Nr. 596/2014 Insiderinformationen nutzen.

43 **(1) Frontrunning.** Informationen, die eine mit der Ausführung von Aufträgen in Bezug auf Finanzinstrumente **beauftragte Person** vom Kunden mitgeteilt werden und sich auf noch nicht ausgeführten Aufträge des Kunden in Bezug auf Finanzinstrumente beziehen, sind für diese nach Art. 7 Abs. 1 VO Nr. 596/2014 Insiderinformationen, vorausgesetzt sie sind im Übrigen präzise, betreffen direkt oder indirekt einen oder mehrere Emittenten oder ein oder mehrere Finanzinstrumente und wären, wenn sie öffentlich bekannt würden, geeignet, den Kurs dieser Finanzinstrumente, damit verbundener Waren-Spot-Kontrakte oder zugehöriger derivativer Finanzinstrumente erheblich zu beeinflussen. Macht sich die Person diese Informationen zu eigen, um vor der Ausführung des Auftrags selbst Finanzinstrumente zu erwerben oder zu veräußern, auf die sich der Auftrag bezieht, so liegt in diesem als **Frontrunning** oder als **Vor-, Mit- oder Gegenlaufen** bezeichneten Verhalten eine Nutzung dieser Insiderinformation und ein Verstoß gegen Art. 14 lit. a und Art. 8 Abs. 1 Satz 1 VO Nr. 596/2014 (s. dazu die Erläuterungen zu Art. 7 VO Nr. 596/2014 Rz. 102 f.).

44 Die in Art. 7 Abs. 1 VO Nr. 596/2014 aufgeführten Kundeninformationen, die die weiteren Voraussetzungen einer Insiderinformation erfüllen, sind aber **nicht nur für die beauftragte Person**, sondern auch für diejenigen, die – etwa als Mitarbeiter dieser Person – von diesen Informationen Kenntnis erlangen, Insiderinformationen, weshalb auch sie diese Informationen nutzen, wenn sie vor Ausführung des Auftrags die Finanzinstrumente erwerben, auf die sich der Auftrag bezieht. Ob dies bereits aus einer teleologischen Auslegung von Art. 7 Abs. 1 lit. d VO Nr. 596/2014 dahingehend folgt, dass diese Bestimmung auch solche Personen erfasst, die von der nicht öffentlich bekannten kursrelevanten Kundeninformation Kenntnis haben, kann aber dahinstehen, da diese Informationen bereits nach Art. 7 Abs. 1 lit. a VO Nr. 596/2014 Insiderinformationen darstellen (Art. 7 VO Nr. 596/2014 Rz. 103). Nach der bis zum Inkrafttreten der Marktmissbrauchsverordnung geltenden Regelung folgte dies bereits aus §§ 13 Abs. 1 Satz 4 Nr. 1 und 14 Abs. 1 Nr. 1 WpHG a.F. (Art. 7 VO Nr. 596/2014 Rz. 103)[2]. Auch der BGH hat unter diesen Bestimmungen das *Frontrunning* in einem *obiter dictum* als Verwendung einer Insiderinformation eingeordnet[3].

45 **(2) Nicht veranlasste, normale Geschäfte – insbesondere von Marktintermediären.** Werden Geschäfte in Finanzinstrumenten getätigt, die auch ohne Kenntnis der sich auf diese beziehenden Insiderinformation vorgenommen worden wären, so liegt darin, wie an früherer Stelle (Rz. 32) dargelegt, keine Nutzung der vorhandenen Insiderinformationen. Das gilt für die Geschäfte von **Market-Makern** und Personen, die als **Gegenpartei** für die die in Frage stehenden Finanzinstrumente zur **Ausführung von Aufträgen für Dritte** zugelassen sind, schon kraft der Bestimmungen des Art. 9 Abs. 2 lit. a und b VO Nr. 596/2014, wenn der Erwerb oder die Veräußerung von Finanzinstrumenten, auf die sich die Informationen beziehen, jeweils rechtmäßig im Zuge der normalen Ausübung ihrer Funktion als Market-Maker oder Gegenpartei für das betreffende Finanzinstrument erfolgt (s. dazu auch schon Rz. 39). Nicht anders verhält es sich bei Anwendung allgemeiner Grundsätze aber auch bei **Maklern** (Kursmakler oder Freimakler) und im Rahmen ihrer beruflichen Aufgaben oder Geschäfte abreitenden Analysten, deren Portfolioanalyse ohne Rücksicht auf eine Insidertatsache das Geschäft oder eine Empfehlung trägt[4].

46 Ähnlich kann dies liegen bei zu Sicherungszwecken gegen Preisschwankungen vorgenommenen **Hedgegeschäften einer Bank**[5], weil hier gerade nicht die Insidertatsache zu einem Vorteil umgemünzt, sondern der möglichen Kursbeeinflussung entgegengewirkt werden soll. Nach den gleichen Grundsätzen zu behandeln ist der Fall, dass ein Organ oder ein Mitarbeiter eines Emittenten Aktien des Unternehmens besitzt und mit diesen verbundene **Bezugsrechte auf junge Aktien** ausübt, obwohl er von Insidertatsachen erfahren hat, die das Un-

---

1 Verordnung (EU) Nr. 1031/2010 der Kommission vom 12. Oktober 2010 über den zeitlichen und administrativen Ablauf sowie sonstige Aspekte der Versteigerung von Treibhausgasemissionszertifikaten gemäß der Richtlinie 2003/87/EG des Europäischen Parlaments und des Rates über ein System für den Handel mit Treibhausgasemissionszertifikaten in der Gemeinschaft, ABl. EU Nr. L 302 v. 18.11.2010, S. 1.
2 *Assmann* in 6. Aufl., § 13 WpHG Rz. 70 f. und § 14 WpHG Rz. 33.
3 BGH v. 6.11.2003 – 1 StR 24/03, AG 2004, 144, 145.
4 Vgl. *Hopt* in FS Heinsius, S. 289, 290; *Becker*, S. 53; *Schwark/Kruse* in Schwark/Zimmer, § 14 WpHG Rz. 21; *Sethe* in Assmann/Schütze, Kapitalanlagerecht, § 8 Rz. 99.
5 *Kümpel*, Bank- und Kapitalmarktrecht, 3. Aufl. 2004, Rz. 16.175; *Schwark/Kruse* in Schwark/Zimmer, § 14 WpHG Rz. 22; *Sethe* in Assmann/Schütze, Kapitalanlagerecht, § 8 Rz. 99.

ternehmen im konkreten Fall (gem. Art. 17 Abs. 1 Satz 1 i.V.m. Art. 2 Abs. 1 Unterabs. 1 lit. a und b VO Nr. 596/2014) berechtigterweise nicht zu veröffentlichen braucht[1].

(3) Umsetzung von unternehmerischen Plänen und Entscheidungen. Erlangen die Personen, die mit der Umsetzung unternehmerischer und nicht durch Insiderwissen veranlasster Pläne oder Entscheidungen befasst sind, später Insiderinformationen, so fehlt es auch hier regelmäßig schon am Einfluss derselben auf das Handeln der betreffenden Personen und damit an der Verwendung von Insiderinformationen. Eine solche liegt indes vor, wenn die Betreffenden den Erhalt von Insiderinformationen zum Anlass nehmen, abweichend von den umzusetzenden Plänen und Entscheidungen Geschäfte zu tätigen. Darüber hinaus kann aber auch in der Durchführung unternehmerischer Pläne und Entscheidungen oder von Entschlüssen zur Vornahme bestimmter Effektengeschäfte als solcher, selbst wenn sie für Dritte Insiderinformationen darstellen, keine Verwendung einer Insiderinformation gesehen werden[2].

Das gilt auch für den Fall, dass der Betreffende einen **Gesamtplan** verfolgt, der in mehreren Stufen realisiert werden soll[3]. Dabei ist es unerheblich, ob der Plan einen **Änderungs- oder Anpassungsvorbehalt** enthält oder im Verlaufe seiner Durchführung plangemäß durchgeführt oder abgewandelt wurde. So handelt etwa der **Vermögensverwalter**, der für einzelne der von ihm verwalteten Depots einen größeren Posten eines bestimmten Papiers zu erwerben beabsichtigt, auch dann nicht unter Verwendung von Insiderwissen, wenn er, um Preissprünge zu vermeiden und die Kosten des Erwerbs gering zu halten, einen **zeitlich gestaffelten Aufkauf der Papiere** vornimmt und die Zahl der zu erwerbenden Papiere im Zuge der Durchführung seines Plans noch erweitert. Nicht anders verhält es sich, wenn ein **Investor** den sukzessiven Auf- oder Ausbau einer Beteiligung plant und realisiert. Nimmt der **Vermögensverwalter** seinen Entschluss, für einzelne oder mehrere Depots bestimmte Wertpapiergeschäfte zu tätigen, zum Anlass, komplementäre Wertpapiergeschäfte für andere Depots durchzuführen, so liegt auch hierin ein Gesamtplan, dessen Durchführung zwar im Einzelfall gegen die Verhaltenspflichten des Verwalters nach § 63 WpHG, nicht aber gegen das insiderrechtliche Erwerbs- und Veräußerungsverbot unter Verwendung einer Insiderinformation verstoßen kann. Als allgemeine **Regel** kann für den Vermögensverwalter festgehalten werden, dass ihm bei der Verwaltung von Kundendepots insiderrechtlich „genau das erlaubt ist, was er auch bei der Verwaltung eines eigenen Depots tun dürfte"[4].

(4) Handel mit eigenen Aktien im Rahmen von Rückkaufprogrammen. Schon nach § 14 Abs. 2 Satz 1 WpHG a.F. war der Handel mit eigenen Aktien im Rahmen von Rückkaufprogrammen von dem Insiderhandelsverbot des § 14 Abs. 1 WpHG a.F. ausgenommen, wenn er nach Maßgabe der Vorschriften der VO Nr. 2273/2003 der Kommission vom 22.12.2003[5] erfolgte[6]. Mit der Erwägung, der „Handel mit Wertpapieren oder verbundenen Instrumenten zur Kursstabilisierung von Wertpapieren oder der Handel mit eigenen Aktien im Rahmen von Rückkaufprogrammen" könnten „aus wirtschaftlichen Gründen gerechtfertigt sein und sollten daher unter bestimmten Umständen vom Verbot des Marktmissbrauch befreit sein, sofern die Maßnahmen hinreichend transparent durchgeführt werden, das heißt, dass relevante Informationen zu der Kursstabilisierungsmaßnahme oder zu dem Rückkaufprogramm offengelegt werden" (Erwägungsgrund 12 VO Nr. 596/2014), findet sich eine gegen über § 14 Abs. 2 Satz 1 WpHG a.F. erheblich differenziertere Regelung, die Rückkaufprogramme und Stabilisierungsmaßnahmen von den Verboten der Art. 14 und 15 VO Nr. 596/2014 betreffend Insidergeschäfte und Markmanipulation ausnimmt, auch in Art. 5 Abs. 1–3 und 6 VO Nr. 596/2014. Auf die diesbezüglichen Erläuterungen ist zu verweisen. Zur entsprechenden Regelung in Art. 5 Abs. 4–6 VO Nr. 596/2014 betreffend Maßnahmen zur Stabilisierung des Preises von Finanzinstrumenten s. Rz. 56.

Plant ein Emittent zu einem anderen der in § 71 Abs. 1 Nr. 1–8 AktG angeführten, aber Art. 5 Abs. 2 VO Nr. 596/2014 nicht erfassten Zwecke den **Rückkauf eigener Aktien** – Entsprechendes gilt für den **Verkauf von zuvor zurückgekauften eigenen Aktien** – oder fällt das Rückkaufprogramm aus anderen Gründen nicht der Ausnahme nach Art. 5 VO Nr. 596/2014, so unterliegt er dem Verbot von Insidergeschäften nach Art. 14, 8 Abs. 1 VO Nr. 596/2014[7]. Davon betroffen ist nach wie vor namentlich der Rückkauf eigener Aktien, um diese später als **Akquisitionswährung** für den Kauf eines Unternehmens oder den Erwerb einer Beteiligung an einem Unternehmen zu verwenden[8].

---

1 Es bedarf hier deshalb nicht der für diese Sachverhaltskonstellation von *Schröder*, NJW 1994, 2879, 2880, vorgeschlagenen teleologischen Reduktion; wie hier *Dickersbach*, S. 184: mangelnde Kausalität. Differenzierend *Sethe* in Assmann/Schütze, Kapitalanlagerecht, § 8 Rz. 100f.
2 RegE 2. FFG, BT-Drucks. 12/6679, 47; *Assmann*, ZGR 1994, 494, 518; *Assmann*, AG 1994, 237, 246; *Cahn*, ZHR 126 (1998), 18f.; *Caspari*, ZGR 1994, 530, 542; *Hopt* in FS Lutter, S. 1361, 1395; *F. Immenga*, ZBB 1995, 197, 204; *Schwark/Kruse* in Schwark/Zimmer, § 14 WpHG Rz. 23.
3 *Sethe* in Assmann/Schütze, Kapitalanlagerecht, § 8 Rz. 102.
4 *Cramer*, AG 1997, 59, 62.
5 Verordnung (EG) Nr. 2273/2003 der Kommission vom 22. Dezember 2003 zur Durchführung der Richtlinie 2003/6/EG des Europäischen Parlaments und des Rates – Ausnahmeregelungen für Rückkaufprogramme und Kursstabilisierungsmaßnahmen, ABl. EU Nr. L 336 v. 22.12.2003, S. 33.
6 Näher hierzu *Assmann* in 6. Aufl., § 14 WpHG Rz. 36ff., 212f. und 214ff.
7 Für den Geltungszeitraum von Art. 14 Abs. 1 Satz 1, Abs. 2 WpHG a.F. *BaFin*, Emittentenleitfaden 2013, S. 40; *Mennicke* in Fuchs, § 14 WpHG Rz. 106, 395; *Schwark/Kruse* in Schwark/Zimmer, § 14 WpHG Rz. 26.
8 Vgl. *BaFin*, Emittentenleitfaden 2013, S. 40; *Mennicke* in Fuchs, § 14 WpHG Rz. 106.

51 Schon Informationen über die Beschlüsse und Maßnahmen, die der **Vorbereitung des Rückkaufs** eigener Aktien in Gestalt der Ermächtigung des Vorstands zur Durchführung eines Rückkaufsprogramms dienen, sind präzise Informationen, die, wenn sie kurserheblich und nicht öffentlich bekannt sind, Insiderinformationen darstellen (Art. 7 VO Nr. 596/2014 Rz. 20). Das gilt auch für den Fall, dass Beschlüsse noch der Zustimmung von Organen der Gesellschaft bedürfen (Art. 7 VO Nr. 596/2014 Rz. 49 ff.). Ebenso verhält es sich mit dem Beschluss des Vorstands, von der **Rückkaufermächtigung Gebrauch zu machen**, vorausgesetzt, die diesbezügliche Information ist in Anbetracht der konkreten Umstände – etwa wegen seines Volumens, der Marktenge und/oder seiner Konzentration auf einen bestimmten Zeitpunkt – als kurserheblich anzusehen[1]. Daran kann es mangeln, wenn der Rückerwerbsplan zeitlich und hinsichtlich seines Umfangs unbestimmt ist und dem Vorstand einen weitreichenden Handlungsspielraum einräumt.

52 Der Umstand, dass die getroffenen Beschlüsse durch entsprechende Aufträge und Geschäfte **umgesetzt** werden, stellt keine Nutzung einer Insiderinformation dar[2]. Erlangt das Unternehmen nach einem Beschluss über ein Rückkaufprogramm, aber noch vor der Erteilung entsprechender **Aufträge oder Order** oder der **Durchführung von Geschäften zum Rückkauf** Insiderinformationen, so liegt – mangels Ursächlichkeit der Insiderinformationen für die nachfolgenden Maßnahmen (Rz. 31) – auch in der plangemäßen Erteilung bzw. Durchführung derselben keine Nutzung von Insiderinformationen. Auch für das Insiderrecht nach der Marktmissbrauchsverordnung weiterhin zutreffend, rät die BaFin in ihrem Emittentenleitfaden dementsprechend: „Bei der Umsetzung des Aktienrückkaufprogramms empfiehlt sich daher, vor Ausführung der Transaktionen gegenüber der mit dem Rückkaufprogramm beauftragten Bank oder einem unabhängigen Dritten eine bindende rechtliche Verpflichtung zum Erwerb einer im voraus festgelegten Menge Aktien über einen bestimmten Zeitraum auszusprechen. Übernimmt das beauftragte Institut oder der Dritte dann den Rückkauf in eigener Regie und kann diese Person insbesondere selbstständig über den Zeitpunkt der Ordererteilung bestimmen, ist es unschädlich, wenn das Unternehmen vor der Ausführung z.B. der dritten oder vierten Order Kenntnis von Insiderinformationen erhält. Denn die rechtliche Verpflichtung zum Erwerb der Aktien lag hier bereits vor Kenntnis der Insiderinformationen. Dies gilt aber nur, wenn die für die Ausführung der einzelnen Order verantwortlich zeichnende Person selbst über keine relevanten Insiderinformationen über die zu erwerbenden Aktien verfügt und die Verpflichtung des Unternehmens zu einem Zeitpunkt ausgesprochen wurde, zu dem das Unternehmen über keine Insiderinformationen verfügte."[3]

53 Anders verhält es sich, wenn der **Zeitpunkt des Erwerbs eigener Aktien** dagegen vom Wissen der Vorstände um eine den Emittenten betreffende Insiderinformation bestimmt wird. In diesem Fall liegt die Nutzung von Insiderwissen vor, so dass ein Verstoß gegen das Verbot von Insidergeschäften in Betracht kommt[4]. Dementsprechend ist die Nutzung einer Insiderinformation gegeben, wenn zwar der Beschluss, Aktien zurückzukaufen, gefallen ist, nicht aber eine Entscheidung über den Zeitpunkt, wann dies geschehen soll, und Insiderwissen in die Ordererteilung des für das Unternehmen Handelnden eingeflossen ist[5].

54 Der auf die Erlangung von Insiderinformationen zurückgehende **Abbruch eines Rückkaufprogramms** war nach dem bis zum Inkrafttreten der Marktmissbrauchsverordnung geltenden Insiderrecht nicht als verbotenes Insidergeschäft anzusehen, weil dieses nur den Erwerb oder die Veräußerung von Insiderpapieren, nicht aber das Unterlassen von Erwerbs- oder Veräußerungsgeschäften erfasste[6]. Daran hat sich unter der Marktmissbrauchsverordnung nichts geändert, solange der Abbruch vor der Erteilung von Aufträgen einschließlich entsprechender Rückkauforder erfolgt. Dagegen ist bei wortgetreuer Anwendung von Art. 8 Abs. 1 Satz 2 VO Nr. 596/2014 der Abbruch eines Rückkaufprogramms durch **Stornierung** solcher Aufträge als verbotenes Insidergeschäft zu betrachten (Rz. 28). Wie bereits an früherer Stelle am Beispiel des sog. *Stake Building* ausgeführt (Rz. 29), sollte das Stornierungsverbot des Art. 8 Abs. 1 Satz 2 i.V.m. Art. 14 lit. a VO Nr. 596/2014 aber nach seinem Sinn und Zweck so ausgelegt und teleologisch reduziert werden, dass es sich nur auf Fälle bezieht, in denen Aufträge für isolierte Erwerbs- oder Veräußerungsgeschäfte von Insiderpapieren storniert oder geändert werden sollen.

55 Um nicht durch die spätere Erlangung von Insiderwissen an der Durchführung zuvor getroffener Erwerbspläne oder anderweitiger unternehmerischer Entscheidungen gehindert zu sein, ist in der Praxis auf die **Dokumentation** entsprechender Entschlüsse, Beschlüsse, Vorhaben, Maßnahmen etc. im Hinblick auf Rückkaufprogramme zu achten. Zur Vermeidung jeglicher insiderrechtlicher Komplikationen für den Emittenten kann es sich als **Vorsichtsmaßnahme** empfehlen, einen unabhängigen Dritten (i.d.R. ein Kreditinstitut) mit der Durch-

---

1 So schon unter § 14 Abs. 1 Nr. 1 WpHG a.F. *BaFin*, Emittentenleitfaden 2013, S. 40.
2 Art. 9 Abs. 5 VO Nr. 596/2014, entsprechend RL 2003/6/EG vom 28.1.2003 (Rz. 2), Erwägungsgrund 30; *BaFin*, Emittentenleitfaden 2013, S. 40; *Mennicke* in Fuchs, § 14 WpHG Rz. 108; *Schwark/Kruse* in Schwark/Zimmer, § 14 WpHG Rz. 26.
3 *BaFin*, Emittentenleitfaden 2013, S. 40, in Bezug auf § 14 Abs. 1 Nr. 1 WpHG a.F.
4 Dem folgend *BaFin*, Emittentenleitfaden 2013, S. 40; *Mennicke* in Fuchs, § 14 WpHG Rz. 108.
5 *BaFin*, Emittentenleitfaden 2013, S. 40; *Mennicke* in Fuchs, § 14 WpHG Rz. 108.
6 *BaFin*, Emittentenleitfaden 2013, S. 40; *Assmann* in 6. Aufl., § 14 WpHG Rz. 39 a.E.

führung des Rückkaufprogramms zu beauftragen und diesem diesbezüglich bindende Instruktionen zu erteilen. S. dazu schon die Rz. 52 a.E. wiedergegebene Empfehlung der BaFin.

(5) **Kursstabilisierung.** Wie der Handel mit eigenen Aktien im Rahmen von Rückkaufprogrammen (Rz. 49) waren nach § 14 Abs. 2 Satz 1 WpHG a.F. auch Maßnahmen zur Stabilisierung des Preises von Finanzinstrumenten von dem Insiderhandelsverbot des § 14 Abs. 1 WpHG a.F. ausgenommen, wenn er nach Maßgabe der Vorschriften der VO Nr. 2273/2003 der Kommission vom 22.12.2003 (Rz. 49) erfolgte. In gleicher Weise nehmen auch **Art. 5 Abs. 4–6 VO Nr. 596/2014** den Handel mit Wertpapieren oder verbundenen Instrumenten zur Stabilisierung des Kurses von Wertpapieren von den Verboten der Art. 14 und 15 VO Nr. 596/2014 betreffend Insidergeschäfte und Markmanipulation aus. Zu den in Art. 5 Abs. 4 lit. a–d und Abs. 5 VO Nr. 596/2014 aufgeführten Voraussetzungen, unter denen dies der Fall ist, s. die Erläuterungen zu Art. 5 VO Nr. 596/2014 Rz. 84 ff. 56

Obwohl der **Anwendungsbereich** des von Art. 5 Abs. 4–6 VO Nr. 596/2014 geschaffenen *safe harbour* für den Handel mit Wertpapieren oder verbundenen Instrumenten zur Stabilisierung des Kurses von Wertpapieren weiter ist als der von § 14 Abs. 2 Satz 1 WpHG a.F.[1], ist er doch „wesentlich enger und technischer gezogen als es dem üblichen Verständnis von Kursstabilisierung, Kursstützung, aber auch Kursdämpfung oder Kurspflege entspricht" (Art. 5 VO Nr. 596/2014 Rz. 72). Deshalb fallen viele der Maßnahmen, die nach diesem Verständnis zur Kursstabilisierung gehören und deren Ziel es etwa ist Marktverzerrungen zu vermeiden oder abzufedern, Preiskontinuität herzustellen, Transaktionen kursschonend durchzuführen oder bestimmte Kursziele – etwa im Zusammenhang Übernahmen, mit Bewertungsstichtagen oder einer möglichen Gewährung von kursabhängigen Boni – zu erreichen, nicht unter die Ausnahme des Art. 5 Abs. 4–6 VO Nr. 596/2014. Soweit diese nicht greift, unterliegen sie den **allgemeinen Bestimmungen über das Verbots von Insidergeschäften**. Selbst in den Anwendungsbereich der Art. 5 Abs. 4–6 VO Nr. 596/2014 fallende Geschäfte mit Wertpapieren oder verbundenen Instrumenten zur Stabilisierung des Kurses von Wertpapieren stellen aber einen Verstoß gegen das Verbot von Insidergeschäften dar, wenn die Kurspflegemaßnahmen ihrerseits durch Insiderinformationen veranlasst wurden[2]. 57

Sofern **Kurspflegemaßnahmen** durch die Abweichung des Markt- oder Börsenpreises von Wertpapieren von einem bestimmten Preis oder Preiskorridor veranlasst sind und auf der Ausführung einer diesbezüglichen unternehmerischen Entscheidung des Emittenten beruhen, stellen sie – gleich ob sie vom Emittenten selbst oder von einem mit dieser Aufgabe betrauten Dritten durchgeführt werden – auch nach den allgemeinen Bestimmungen über Insidergeschäfte keine Nutzung einer Insiderinformation dar[3]. Nach anderer Begründung fehlt es hier bereits an einer Insiderinformation[4]. An diesem Befund ändert sich – entgegen mancher im Schrifttum zum Insiderrecht vor Inkrafttreten der Marktmissbrauchsverordnung geäußerten[5] und auch unter Art. 8 Abs. 1 VO Nr. 596/2014 unbegründeter Zweifel – auch dann nichts, wenn die Maßnahmen nicht nur der **Kursglättung**, sondern der **Kurspflege „gegen den Markttrend"** dienen: Ganz abgesehen von den Schwierigkeiten bei der Bestimmung des Begriffs des „Markttrends"[6], sind die einschlägigen Maßnahmen nach wie vor von der eigenen Entscheidung bestimmt, Abweichungen der Kursentwicklung von festgelegten Zielgrößen auszugleichen[7]. Das schließt Bedenken gegen die Zulässigkeit von Kurspflegemaßnahmen, namentlich solcher „gegen den Markttrend", unter gesellschafts- und börsen(straf)rechtlichen Gesichtspunkten[8] nicht aus. Auch **Änderungen in der Kurspflegepolitik**, die nicht durch Insiderinformationen veranlasst sind, kann der Emittent – unabhängig davon, dass diesbezügliche Informationen für Dritte eine Insiderinformation darstellen können (s. dazu Art. 7 VO Nr. 596/2014 Rz. 20) – ohne Verstoß gegen das Verbot von Insidergeschäft durchführen (Art. 9 Abs. 5 VO Nr. 596/2014). 58

(6) **Sukzessiver Auf- oder Ausbau einer Beteiligung.** Der einem entsprechenden **Gesamtplan** oder Beschluss folgende sukzessive Auf- oder Ausbau einer Beteiligung in Gestalt des Erwerbs der dafür erforderlichen Finanz- 59

---

1 Zu diesem *Assmann* in 6. Aufl., § 14 WpHG Rz. 50, 222 ff.
2 Dazu *Assmann* in 6. Aufl., § 14 WpHG Rz. 52.
3 Ebenso RegE 2. FFG, BT-Drucks. 12/6679, 47 und Erwägungsgrund 12 der EG-Insiderrichtlinie; *Assmann*, AG 1994, 237, 246; *Assmann*, ZGR 1994, 494, 518; *Assmann*, WM 1996, 1337, 1344 f.; *Bingel*, S. 210 ff.; *Claussen*, DB 1994, 27, 31; *Hartmann*, S. 236; *Heldmann*, ZgKW 1992, 480, 483; *Hopt*, ZGR 1991, 17, 46; *Hopt* in FS Heinsius, S. 289, 290 f.; *Kümpel*, Bank- und Kapitalmarktrecht, 3. Aufl. 2004, Rz. 16.172; *Meißner*, S. 155 ff., 157; *Schwark/Kruse* in Schwark/Zimmer, § 14 WpHG Rz. 27; *Schäfer*, WM 1999, 1345, 1350; *Sethe* in Assmann/Schütze, Kapitalanlagerecht, § 8 Rz. 104; *Soesters*, S. 157 f., 174 f.
4 So in Bezug auf den Begriff der Insidertatsache in § 14 Abs. 1, 2 WpHG a.F. *Weber*, NZG 2000, 113, 122.
5 *Caspari*, ZGR 1994, 530, 544; *Hess/Krämer* in FS Döser, S. 171, 190; *zur Megede* in Assmann/Schütze, Kapitalanlagerecht, 2. Aufl. 1997, § 14 Rz. 48.
6 Dazu näher *Bruchner/Pospischil* in Lutter/Scheffler/Uwe H. Schneider, Handbuch Konzernfinanzierung, Rz. 11.56 ff.
7 Ebenso *Bingel*, S. 215 (keine Verwendung einer Insiderinformation); *Bruchner/Pospischil* in Lutter/Scheffler/Uwe H. Schneider, Handbuch Konzernfinanzierung, Rz. 11.59; *Mennicke* in Fuchs, § 14 WpHG Rz. 118; *Schäfer*, WM 1999, 1345, 1350; *Schäfer* in Schäfer/Hamann, § 14 WpHG Rz. 69.
8 Hinweis bei *Bruchner/Pospischil* in Lutter/Scheffler/Uwe H. Schneider, Handbuch Konzernfinanzierung, Rz. 11.60, im Hinblick auf §§ 88 BörsG a.F.; *Caspari*, ZGR 1994, 530, 544; *Grundmann* in Schimansky/Bunte/Lwowski, § 112 Rz. 33; *Lutter/Gehling*, WuB II A. § 71a AktG 1.92; *Hüffer/Koch*, § 71 AktG Rz. 10.

instrumente stellt für den Anteilseigner kein Insidergeschäft dar[1]. Schon die nicht öffentlich bekannte und kurserhebliche Information um das Vorhaben und erst recht dasjenige um den Beginn und die Durchführung desselben stellt aber für Dritte eine Insiderinformation dar, die diese zum Erwerb oder Veräußerung der betroffenen Finanzinstrumente nutzen können (Art. 7 VO Nr. 596/2014 Rz. 20)[2]. Da beim Abschluss von Geschäften über Insiderpapiere, die auch ohne Kenntnis der Insiderinformation vorgenommen worden wären, kein Insiderwissen verwandt wird (Rz. 31), ist es auch unschädlich, wenn der Investor im Rahmen eines beabsichtigten Beteiligungserwerbs eine **Kontrolle der Zielgesellschaft** in Gestalt einer **Due Diligence-Prüfung** vornimmt und hierbei von Insidertatsachen erfährt, die ihn in seinem Plan lediglich bestärken und zu keinen Änderungen desselben führen[3].

60 Wird nach der Erlangung der Insiderinformation **vom geplanten Beteiligungserwerb Abstand genommen**, so stellt auch dies keine Nutzung einer Insiderinformation dar[4]. Dagegen liegt in der Änderung des Plans nach Erhalt von Insiderinformationen, etwa in Gestalt einer **Reduzierung oder einer Ausweitung des Plans**, und der daraufhin vorgenommenen Erwerbs- oder Veräußerungsgeschäfte eine Nutzung von Insiderinformationen[5], wobei die Fortsetzung des Plans unter **Änderung erteilter Aufträge** nach Art. 8 Abs. 1 Satz 2 VO Nr. 596/2014 ein Insidergeschäft darstellt (Rz. 29). Auch die **Stornierung** bereits erteilter Aufträge soll von Art. 8 Abs. 1 Satz 2 VO Nr. 596/2014 erfasst sein, doch spricht viel für eine den Anwendungsbereich dieser Vorschrift einengende Auslegung derselben (Rz. 29).

61 Stellt der sukzessive Aufbau einer Beteiligung an einem Unternehmen in Ausführung eines Beteiligungsentschlusses kein Insidergeschäft dar (Rz. 59), so wurde dies unter § 14 Abs. 1 Nr. 1 WpHG a.F. im Schrifttum aber teilweise für den Fall anders gesehen, dass ein Aktionär eine im Zuge des Beteiligungsaufbaus eintretende **Meldepflicht unterlässt**, wobei insbesondere Meldepflichten nach § 33 WpHG in Betracht kommen. Dies gestatte ihm, sich unter Fortführung seiner unternehmerischen Planung und unter Missachtung der Chancengleichheit der übrigen Anleger einen zu missbilligenden Vorteil zu verschaffen, der darin begründet sei, dass er durch die unterlassene Meldung einen Kursanstieg vermeide, der aller Voraussicht nach eingetreten wäre, hätte er sich rechtstreu verhalten[6]. Dem ist auch unter dem Insiderrecht der Marktmissbrauchsverordnung, die keine hier in Betracht zu ziehende Änderungen erkennen lässt und Abweichungen verlangen würde, im Ergebnis zuzustimmen, allerdings weiter mit der Maßgabe, dass hier nicht der sukzessive Aufbau einer Beteiligung als solcher, sondern das **Überschreiten einer meldepflichtigen Beteiligungsschwelle** die Insiderinformation darstellt, die ausgenutzt wird[7].

---

1 Zu Geschäften in Umsetzung eines Gesamtplans bereits Rz. 48. Zu § 14 Abs. 1 Nr. 1 WpHG a.F. RegE 2. FFG, BT-Drucks. 12/6679, 47. Zu den unterschiedlichen Begründungen dieses Ergebnisses unter dem durch die Marktmissbrauchsverordnung abgelösten Recht – namentlich der von dem Argument mangelnder Veranlassung abweichenden Argumentation von *Bachmann*, ZHR 172 (2008), 597, 629, die Bestimmungen der §§ 21 ff. WpHG über die Mitteilung, Veröffentlichung und Übermittlung von Veränderungen des Stimmrechtsanteils an das Unternehmensregister verdrängten das Insiderrecht (ablehnend *Assmann*, ZHR 172 [2008], 615, 658) – s. *Assmann* in 6. Aufl., § 14 WpHG Rz. 45. Im Zusammenhang mit Art. 8 Abs. 1 Satz 1 und 9 Abs. 4 VO Nr. 596/2014 *Krause*, CCZ 2014, 248, 252/253; *Schäfer* in Marsch-Barner/Schäfer, Handbuch börsennotierte AG, Rz. 14. 81.
2 *Schäfer* in Marsch-Barner/Schäfer, Handbuch börsennotierte AG, Rz. 14. 81.
3 RegE 2. FFG, BT-Drucks. 12/6679, 47. Auch EuGH v. 23.12.2009 – C-45/08, ECLI:EU:C:2009:806, AG 2010, 78 = ZIP 2010, 78 Rz. 59 f.; *Cahn*, Der Konzern 2005, 5, 10; *Fromm-Russenschuck/Banerjea*, BB 2004, 2425, 2426 f.; *Hasselbach*, NZG 2004, 1087, 1091; *Hemeling*, ZHR 169 (2005), 274, 284 f.; *Hölters* in Hölters, § 93 AktG Rz. 182; *Hopt/Kumpan*, ZGR 2017, 765, 799; *Langenbucher*, Aktien- und Kapitalmarktrecht, § 15 Rz. 59; *Mennicke* in Fuchs, § 14 WpHG Rz. 75, 77; *Schwark/Kruse* in Schwark/Zimmer, § 14 WpHG Rz. 24; *Schwintek*, S. 26; *Sethe* in Assmann/Schütze, Kapitalanlagerecht, § 8 Rz. 103; *Stoffels*, ZHR 165 (2001), 362, 380 f. Nur i.E. ebenso *Diekmann/Sustmann*, NZG 2004, 929, 931, die allerdings von der nicht zutreffenden Prämisse ausgehen, „der Erwerb von Aktien einer Zielgesellschaft nach zuvor durchgeführter Due Diligence-Prüfung" und der Erlangung von Insiderinformationen sei nach dem neuen Recht unzulässig, weshalb im Anschluss an Erwägungsgrund 29 der Marktmissbrauchsrichtlinie eine teleologische Reduktion zumindest „im Vorfeld öffentlicher Übernahmeangebote" geboten, aber auch für den außerbörslichen Erwerb von Insiderpapieren „wünschenswert" sei; der darin zum Ausdruck kommenden Deutung von Erwägungsgrund 29 der Marktmissbrauchsrichtlinie ist allerdings nicht zu folgen, denn diese deckt nicht die Verwendung von Insiderinformationen für Wertpapiertransaktionen (vgl. BaFin, Emittentenleitfaden 2013, S. 39). A.A. als hier wohl *Ziemons*, NZG 2004, 537, 539 f., die unzutreffend jede Transaktion in Insiderpapieren unter Verwendung von Insiderinformationen als von § 14 Abs. 1 Nr. 1 WpHG a.F. erfasst sieht.
4 S. Rz. 27, für das *Stake Building* Rz. 29 und für den Abbruch von Rückkaufprogrammen Rz. 54.
5 RegE 2. FFG, BT-Drucks. 12/6679, 47; *BaFin*, Emittentenleitfaden 2013, S. 38. Zum Insiderrecht nach dem AnSVG etwa *Brandi/Süßmann*, AG 2004, 642, 646; *Cahn*, Der Konzern 2005, 5, 11; *Hasselbach*, NZG 2004, 1087, 1092; *Hopt/Kumpan*, ZGR 2017, 765, 800, *Lenenbach*, Kapitalmarktrecht, Rz. 13.142; *Mennicke* in Fuchs, § 14 WpHG Rz. 77; *Schlitt/Schäfer*, AG 2004, 346, 354; *Schäfer* in Marsch-Barner/Schäfer, Handbuch börsennotierte AG, Rz. 14.87; *Schwark/Kruse* in Schwark/Zimmer, § 14 WpHG Rz. 24; *Schwintek*, S. 26; *Sethe* in Assmann/Schütze, Kapitalanlagerecht, § 8 Rz. 103.
6 *Caspari*, ZGR 1994, 530, 542 f.
7 *Hopt*, ZGR 2002, 333, 351; *Mennicke* in Fuchs, § 14 WpHG Rz. 81; *Schwark/Kruse* in Schwark/Zimmer, § 14 WpHG Rz. 24. Anders *Klöhn* in Klöhn, Art. 8 MAR Rz. 191 ff., dessen Behauptung, damit werde insider(straf)rechtlich ein Verstoß gegen die Meldepflicht unzutreffend ist: Sanktioniert wird vielmehr allein die Verwendung einer Insiderinformation, die – wie unbestreitbar – auch in der Verletzung einer auch anderweitig sanktionierten Rechtspflicht bestehen kann.

(7) **Scalping.** Umstritten war lange Zeit, ob der als **Scalping** bekannte Fall eines Vorlaufens den Tatbestand des 62
Ausnutzens einer Insidertatsache erfüllt. Der zu beurteilende Vorgang ist dadurch gekennzeichnet, dass an die
Stelle der die Möglichkeit des Vorlaufens eröffnenden Kenntnis von der Ordererteilung („Frontrunning",
Rz. 43) der Erwerb von Wertpapieren in der Absicht tritt, sie anschließend einem anderen zum Erwerb zu empfehlen, um sie dann bei infolge der Empfehlung steigendem Kurs wieder zu verkaufen[1]. Da der Erwerb der fraglichen Wertpapiere unter Berücksichtigung der bevorstehenden Empfehlung lediglich als Umsetzung des diesbezüglichen Entschlusses des Handelnden betrachtet wurde, war zunächst die Meinung vorherrschend, der fragliche Vorgang unterfalle nicht dem Erwerbs- und Veräußerungsverbot (nach Maßgabe von § 14 Abs. 1
Nr. 1 WpHG in dessen Fassung vor seiner Änderung durch das AnSVG)[2]. Gegen diese Ansicht wurde sodann eingewandt, sie übersehe, dass zwischen dem Entschluss, die Papiere zu kaufen, und dem Entschluss, sie nach deren Ankauf später zu empfehlen, zu unterscheiden sei: In Frage stehe nicht etwa ein in einzelnen Stufen zu verwirklichender Gesamtplan, wie der Aufbau einer bestimmten Beteiligung. Vielmehr mache sich beim *Scalping* der Handelnde als Wertpapierkäufer und -verkäufer (d.h. als aktiver Marktteilnehmer) ein Wissen um ein Vorhaben zunutze, zu dem er sich zuvor in der hiervon zu trennenden Rolle eines Empfehlenden (d.h. in der Rolle eines bloßen Marktintermediärs) geschaffen habe. *Scalping* sei deshalb als Verstoß gegen das Verbot des Insiderhandels anzusehen[3]. Die instanzgerichtliche Rechtsprechung ist dieser Auffassung weitgehend gefolgt[4] und hat sich damit zugleich gegen die nach wie vor beachtliche Zahl an Stimmen gewandt, die das *Scalping* nicht als Insiderstraftat betrachten wollten, weil mit diesem Verhalten keine Insiderinformation ausgenutzt wird[5].

In seinem Urteil vom 6.11.2003 hat der **BGH** sodann entschieden, *Scalping* sei „**kein Insidergeschäft**", sondern 63
eine Kurs- und Marktpreismanipulation im Sinne von § 20a Abs. 1 Satz 1 Nr. 2 WpHG" a.F.[6] Zur Begründung führt der BGH aus, die Annahme, beim *Scalping* sei „das Wissen des Täters, dass er die selbst erworbenen Aktien anschließend empfehle, eine Insidertatsache", trage dem europarechtlichen Hintergrund der Insidervorschriften des WpHG nicht hinreichend Rechnung. Der Wortlaut der Insiderrichtlinie von 1989, der nicht von einer „Insidertatsache", sondern von „Insiderinformation" spreche, und darunter nur „präzise Informationen" fasse, lasse es nicht zu, selbst geschaffene innere Tatsachen als Information zu betrachten, „weil eine ‚Information' regelmäßig einen Drittbezug aufweise" und es schon der Sprachgebrauch ausschließe, dass eine Person sich „über einen von ihr selbst gefassten Gedanken informiere"[7]. Die in dieser Argumentation implizit zum Ausdruck kommende Annahme, die herrschende Meinung und bisherige Rechtsprechung beruhe auf mangelnder richtlinienkonformer Auslegung des Begriffs der Insidertatsache, musste ebenso überraschen wie das im Wege der *petitio principii* herbei gezauberte Ergebnis, von einer Information könne man nur dann reden, wenn sie einen „Drittbezug" aufweise. Immerhin führte die insiderrechtliche Beurteilung des *Scalping* nicht zur Sanktionsfreiheit dieses das Vertrauen in die Integrität der Kapitalmärkte zerstörenden Verhaltens, sondern wurde vom BGH als Kurs- und Marktpreismanipulation (i.S.v. § 20a WpHG a.F.) qualifiziert.

2007 hat der **EuGH** mit der **Georgakis-Entscheidung**[8] eine neuerliche Richtungsänderung herbeigeführt und 64
die Ansicht bestätigt, von einer Person selbst geschaffene „innere Tatsachen" könnten auch für diese Insiderinformationen darstellen. Das gelte umso mehr, wenn die fragliche Person an einer gemeinschaftlichen Entscheidung beteiligt war[9]. Können Personen damit in Bezug auf ihr Vorhaben über Insiderwissen verfügen, so sind sie dadurch allerdings nicht gehindert, ihren Plan wie vorgesehen auszuführen, denn nach nahezu einhelliger Ansicht stellt die Ausführung eines Vorhabens keine Verwertung einer Insiderinformation dar, weil es an der Ursächlichkeit der Insiderinformation für das Handeln des Betreffenden fehlt (Rz. 31 ff.).

---

1 So die Umschreibung in BGH v. 6.11.2003 – 1 StR 24/03, AG 2004, 144 = NJW 2004, 302 (Ls. 1) (303).
2 1. Aufl. des Kommentars Rz. 34; *Hopt* in FS Heinsius, S. 289, 295, noch auf der Grundlage der EG-Insiderrichtlinie und unter Hinweis auf deren Erwägungsgrund 11; *Becker*, S. 53 f.
3 *Assmann*, WM 1996, 1337, 1345 f.; *Cahn*, ZHR 162 (1998), 20 f.; *Hartmann*, S. 237 f.; *Kümpel*, Bank- und Kapitalmarktrecht, 3. Aufl. 2004, Rz. 16.163; *Lenenbach*, Kapitalmarkt- und Börsenrecht, 1. Aufl. 2002, Rz. 10.51; *Mennicke* in Fuchs, § 14 WpHG Rz. 160 f.; *Uwe H. Schneider/Burgard*, ZIP 1999, 381 ff.; *Ziouvas*, Anm. zu LG Stuttgart v. 30.8.2002 – 6 KLs 150 Js 77452/00, EWiR 2/2003, 85 = § 13 WpHG Fall 1/03; i.E. auch schon *Siebold*, S. 120 f.
4 LG Frankfurt v. 9.11.1999 – 5/2 KLs 92 Js 23140.2/98 (P 2/98), NJW 2000, 301 = AG 2000, 187; LG Stuttgart v. 30.8.2002 – 6 KLs 150 Js 77452/00, ZIP 2003, 259.
5 *Eichelberger*, WM 2003, 2121, 2122 ff.; *Lenenbach*, ZIP 2003, 243; *Petersen*, wistra 1999, 328, 329 ff.; *Schäfer* in Schäfer, § 14 WpHG Rz. 76 (vgl. auch *Schäfer* in Schäfer/Hamann, Kapitalmarktgesetze, § 13 WpHG Rz. 19, 22); *Schwark/Kruse* in Schwark/Zimmer, § 14 WpHG Rz. 33; *Soesters*, S. 180 ff., 184 (kein Insiderverstoß, solange der Transaktionsentschluss des Betroffenen allein auf der Absicht beruht, die entsprechenden Wertpapiere später zu empfehlen); *Volk*, BB 1999, 66; *Volk*, ZIP 1999, 788 f.; *Weber*, NZG 2000, 113, 124 f.; *Weber*, NJW 2000, 562.
6 BGH v. 6.11.2003 – 1 StR 24/03, NJW 2004, 302 Ls. 1, 303 f. = AG 2004, 144.
7 BGH v. 6.11.2003 – 1 StR 24/03, NJW 2004, 302, 303 = AG 2004, 144. Des Weiteren führt der BGH (ebd. S. 303 f.) systematische Überlegungen an, die allerdings nicht zwingend gegen eine Behandlung des „Scalping" (auch) als Insidertat sprechen. Der Entscheidung zustimmend etwa *Ekkenga*, ZIP 2004, 781, 782; *Schmitz*, JZ 2004, 522, 526; *Vogel*, NStZ 2004, 252, 254; auch *Schwark/Kruse* in Schwark/Zimmer, § 13 WpHG Rz. 16, § 14 WpHG Rz. 33.
8 EuGH v. 10.5.2007 – C-391/04, ECLI:EU:C:2007:272 – Georgakis, AG 2007, 542.
9 EuGH v. 10.5.2007 – C-391/04, ECLI:EU:C:2007:272 – Georgakis, AG 2007, 542 Rz. 33, 35. I.E. auch *Grundmann* in Staub, Bd. 11/1, 5. Aufl. 2017, 6. Teil Rz. 346.

65 **(8) Kreditinstitute im Wertpapiergeschäft mit Kunden. Kreditinstitute** sind durch das Verbot der Verwendung von Insiderinformation nicht gehindert, **Kundenaufträge im Wertpapiergeschäft** durchzuführen, solange sie dabei entsprechend dem üblichen Geschäftsgang verfahren und nicht eventuell bei ihnen vorhandenes Insiderwissen in die Auftragsausführung einfließen lassen[1]. Diesen – wie auch allen anderen Unternehmen oder Personen, die im Rahmen ihrer Tätigkeit mit einer gewissen Wahrscheinlichkeit Insiderinformationen erlangen – ist eine sorgfältige **Dokumentation** der rechtskonformen Berufsausübung anzuraten. Namentlich **Kreditinstitute und deren Angestellte**, die über Insiderinformationen verfügen, verwenden diese nicht, wenn sie weisungsgemäß eine eingehende und von ihnen nicht beeinflusste **Kundenorder** in Bezug auf die von ihrem Insiderwissen betroffenen Papiere durchführen[2].

66 Davon zu unterscheiden ist der Fall, dass der Kunde eine Order so erteilt, dass dem Kreditinstitut ein Handlungsspielraum eröffnet wird. Das ist etwa dann gegeben, wenn die Order „interessewahrend" ergeht und der Händler in Gefahr gerät, sein Insiderwissen bei der Erfüllung des Auftrags zur Anwendung zu bringen. Der Händler ist hierbei nicht darauf verwiesen, den Auftrag abzulehnen, sondern kann ihn zur Erfüllung an einen Nichtinsider weiterleiten[3]. Nimmt er den Auftrag an und **fließt Insiderwissen in dessen Durchführung** ein, so liegt darin die Verwendung einer Insiderinformation[4], welche nicht etwa dadurch ausgeschlossen wird, dass das Vorgehen im Interesse und zum Nutzen des Kunden erfolgt. Das ist auch unter der in Art. 9 Abs. 4 VO Nr. 596/2014 begründeten Ausnahme vom Verbot von Insidergeschäften nicht anders[5]. **Rät der Mitarbeiter** dem Kunden auf der Grundlage von Insiderwissen **von der Durchführung der Order ab**, ohne ihm die Insidertatsache mitzuteilen, und wird der Auftrag daraufhin zurückgezogen, so verstoßen die Beteiligten weder gegen das Erwerbs- und Veräußerungsverbot nach Art. 14 lit. a und Art. 8 Abs. 1 Satz 1 VO Nr. 596/2014 noch gegen die Insiderhandelsverbote aus Art. 14 lit. b und c VO Nr. 596/2014: Weder kommt es, was für einen Verstoß gegen das Empfehlungsverbot Art. 14 lit. b und Art. 8 Abs. 2 VO Nr. 596/2014 unerlässlich wäre, zum Erwerb oder zur Veräußerung eines Wertpapiers, noch basiert das Verhalten des Kunden, was immer er aus dem Rat des Mitarbeiters schließen und worauf auch immer er seinen Entschluss letztlich gründen mag, auf seiner Kenntnis einer präzisen Information, welche ihm vom Mitarbeiter mitgeteilt worden wäre[6].

67 Unzweifelhaft kann dem Mitarbeiter eines Kreditinstituts, der weder über eine einschlägige Insiderinformation verfügt noch von dem Umstand weiß, dass die von ihm durchgeführte **Kundenorder auf der Grundlage von Insiderinformationen** erteilt wurde, nicht vorgeworfen werden, bei der Ausführung der Order eine Insiderinformation genutzt zu haben. Nicht anders verhält es sich im Hinblick auf einen Bankangestellten, der eine Kundenorder in Kenntnis des Umstands ausführt, dass diese auf **Insiderwissen des Ordererteilenden** beruht[7], doch kommt in diesem Falle **Beihilfe** (§ 27 StGB) an einer fremden Insidertat in Betracht[8]. Weder das Kreditinstitut noch dessen im Wertpapiergeschäft tätige Mitarbeiter sind verpflichtet, **Nachforschungen** darüber anzustellen, ob ein Kunde über Insiderwissen verfügt, das in seine Order eingeflossen ist[9].

68 **(9) Aktienoptionsprogramme für Führungskräfte.** Unter den zahlreichen Möglichkeiten einer unternehmenserfolgsbezogenen Gestaltung der Vergütung von Führungskräften kommt der **Auflage von Aktienoptionsprogrammen** (*Stock Option Plans*) eine besondere Bedeutung zu. Diese sind dadurch gekennzeichnet, dass

---

1 RegE 2. FFG, BT-Drucks. 12/6679, 47. Auch EuGH v. 23.12.2009 – C-45/08, ECLI:EU:C:2009:806, AG 2010, 78 = ZIP 2010, 78 Rz. 58; *Mennicke* in Fuchs, § 14 WpHG Rz. 149; *Rothenhöfer* in Kümpel/Wittig, Bank- und Kapitalmarktrecht, Rz. 3.539; *Sethe* in Assmann/Schütze, Kapitalanlagerecht, § 8 Rz. 105 f.
2 RegE 2. FFG, BT-Drucks. 12/6679, 47; *Assmann*, AG 1994, 237, 246; *Assmann*, WM 1996, 1337, 1346; *Caspari*, ZGR 1994, 530, 543; *Cramer*, AG 1997, 59, 60; *F. Immenga*, ZBB 1995, 197, 204; *Krauel*, S. 285; *Kümpel*, Bank- und Kapitalmarktrecht, 3. Aufl. 2004, Rz. 16.173; *Lücker*, S. 161; *Mennicke* in Fuchs, § 14 WpHG Rz. 145; *Schwark/Kruse* in Schwark/Zimmer, § 14 WpHG Rz. 21. S. auch Erwägungsgrund 12 der Insiderrichtlinie von 1989 und dazu *Hopt*, ZGR 1991, 17, 46. Schon Nr. 1 Ziff. 2 lit. a IHR (s. *Assmann* in 6. Aufl., Vor § 12 WpHG Rz. 5) sah für diesen Fall eine ausdrückliche Freistellung vor. Ebenso Erwägungsgrund 18 RL 2003/6/EG vom 28.1.2003 (Rz. 2). Zu Art. 8 VO Nr. 596/2014 *Grundmann* in Staub, Bd. 11/1, 5. Aufl. 2017, 6. Teil Rz. 392.
3 RegE 2. FFG, BT-Drucks. 12/6679, 47; *Assmann*, AG 1994, 237, 246; *Assmann*, WM 1996, 1337, 1346; *Caspari*, ZGR 1994, 530, 543; *Cramer*, AG 1997, 59, 60; *Krauel*, S. 285; *Lücker*, S. 161; *Mennicke* in Fuchs, § 14 WpHG Rz. 147; *Rothenhöfer* in Kümpel/Wittig, Bank- und Kapitalmarktrecht, Rz. 3.540; *Schäfer* in Schäfer/Hamann, Kapitalmarktgesetze, § 14 WpHG Rz. 54; *Schwark/Kruse* in Schwark/Zimmer, § 14 WpHG Rz. 21. Zu Art. 8 VO Nr. 596/2014 *Grundmann* in Staub, Bd. 11/1, 5. Aufl. 2017, 6. Teil Rz. 394.
4 *Assmann*, AG 1994, 237, 246; *Assmann*, WM 1996, 1337, 1346; *Caspari*, ZGR 1994, 530, 543; *Cramer*, AG 1997, 59, 60; *Krauel*, S. 285; *Lücker*, S. 161; *Mennicke* in Fuchs, § 14 WpHG Rz. 146; *Rothenhöfer* in Kümpel/Wittig, Bank- und Kapitalmarktrecht, Rz. 3.540; *Schwark/Kruse* in Schwark/Zimmer, § 14 WpHG Rz. 21.
5 Ebenso *Hopt/Kumpan* in Schimansky/Bunte/Lwowski, § 107 Rz. 85.
6 Deshalb sind die gegen diese Ansicht gerichteten Ausführungen von *Sethe* in Assmann/Schütze, Kapitalanlagerecht, § 8 Rz. 107 (Strafbarkeit des Mitarbeiters), nicht vertretbar. Wie hier *Rothenhöfer* in Kümpel/Wittig, Bank- und Kapitalmarktrecht, Rz. 3.540; *Schäfer* in Schäfer/Hamann, Kapitalmarktgesetze, § 14 WpHG Rz. 19; *Mennicke* in Fuchs, § 14 WpHG Rz. 148.
7 *Assmann*, WM 1996, 1337, 1346; *Mennicke* in Fuchs, § 14 WpHG Rz. 149.
8 *Assmann* in 6. Aufl., § 14 WpHG Rz. 188 ff.
9 *Assmann*, WM 1996, 1337, 1347; *Mennicke* in Fuchs, § 14 WpHG Rz. 150.

die leitenden Mitarbeiter des Emittenten statt Aktien, Genussscheinen oder Personalobligationen Optionsrechte auf Aktien der Gesellschaft erhalten. Mit der Verabschiedung des KonTraG vom 27.4.1998[1] und den mit diesem verbundenen Änderungen des AktG sind die Möglichkeiten zur Begründung und Bedienung von Aktienoptionsprogrammen nicht unwesentlich erleichtert worden. Als **Gestaltungsmodelle** kommen heute die Begründung eigener Optionen (namentlich im Wege von Wandel- oder Optionsanleihen, § 221 AktG) durch das betreffende Unternehmen sowie der Erwerb von Dritten geschaffener Optionen auf Aktien der fraglichen Gesellschaft in Betracht[2]. Im ersteren Falle werden die Optionen mit Aktien unterlegt, die entweder im Wege der Kapitalerhöhung (etwa über die bedingte Kapitalerhöhung nach § 192 Abs. 2 Nr. 3 AktG) geschaffen oder durch den Kauf eigener Aktien (nach § 71 Abs. 1 Nr. 8 AktG) beschafft werden können. Nach der Entscheidung des BGH vom 16.2.2004, Aktienoptionsprogramme zugunsten von **Aufsichtsratsmitgliedern** seien bei Unterlegung mit zurückgekauften eigenen Aktien der Gesellschaft (§ 71 Abs. 1 Nr. 8 Satz 5 AktG) ebenso unzulässig wie bei der Unterlegung mit bedingtem Kapital gem. § 192 Abs. 2 Nr. 3 AktG[3], beschränken sich die insidergeschäftlichen Fragen von Optionprogrammen für Führungskräfte weitgehend auf solche für **Vorstände und leitende Angestellte**.

Insiderrechtlich irrelevant ist die **Einrichtung** des Optionsprogramms[4]. Selbst wenn hierbei Beteiligte über Insiderinformationen verfügen, liegt in der Gestaltung und Verwirklichung des Programms doch kein insiderrechtlich relevanter Erwerbs- oder Veräußerungsvorgang.

Da es sich bei den **Begünstigten von Aktienoptionsprogrammen** um Personen handelt, die kraft ihrer Organfunktion oder als leitende Angestellte Insiderkenntnisse erlangen, kann es im Zusammenhang mit der Auflage und der Durchführung der fraglichen Programme zu Konflikten mit den Insiderhandelsverboten des Art. 14 lit. a und b i.V.m. Art. 8 Abs. 1–3 VO Nr. 596/2014 kommen. Die typischerweise als Wandel- oder Optionsanleihen aufgelegten Optionen werden indes bis zur Zuteilung an die Führungskräfte regelmäßig noch nicht zum Handel an einem der in Art. 2 Abs. 1 Unterabs. 1 VO Nr. 596/2014 multilateralen Systeme (Art. 2 VO Nr. 596/2014 Rz. 7 und 9) – in den Hauptfällen einer Börse oder einen Freiverkehr – zugelassen bzw. eingeführt und stellen deshalb keine Insiderpapiere dar[5]. Anders verhält es sich, wenn die Optionsrechte ausnahmsweise aus bereits zugelassenen/eingeführten Wandel- oder Optionsanleihen stammen und die jungen Aktien bereits mit der jeweiligen Anleihe zugelassen/eingeführt wurden[6]. Handelt es sich bei den fraglichen Papieren nicht um Insiderpapiere, sind folglich bei der **Bereitstellung und Zuteilung der Aktienoptionen** Verstöße gegen das Insiderhandelsverbot ausgeschlossen[7]. Dementsprechend können auch die in diesem Ereignis liegenden Vorgänge des Abschlusses oder der Änderung des Anstellungsvertrags der begünstigten Führungskräfte als insiderrechtlich irrelevant angesehen werden[8]. Da zwischen der Ausgabe der Optionen und dem Zeitpunkt, zu dem sie erstmalig ausgeübt werden können, typischerweise eine längere (i.d.R. mehrjährige) **Wartefrist** liegt und die Ermächtigung zum **Erwerb eigener Aktien** nach § 71 Abs. 1 Nr. 8 AktG höchstens 18 Monate betragen darf, sind bis zum Zuteilungszeitpunkt Insidergeschäfte im Zusammenhang mit dem Rückkauf eigener Aktien zur Bedienung von Aktienoptionen unwahrscheinlich[9]. Verfügt eine Führungskraft im Zeitpunkt der Abgabe der Teilnahmeerklärung über eine Insiderinformation, kann dies ein Insidergeschäft darstellen. Die Nutzung einer Insiderinformation kann allerdings nicht schon darin gesehen werden, dass die Insiderinformation „zumindest Teil seiner *Motivation*, an dem Programm teilzunehmen", gewesen ist[10]. Vom Erwerb oder der Veräußerung eines Finanzinstruments kann auch in diesen Fällen nur ausgegangen werden, wenn der Insider mit der **Teilnahmeerklärung** bereits einen Gewinn realisieren kann (Rz. 18 und Rz. 21), was bei der Ausübung einer Option der Fall sein mag (Rz. 20), nicht aber bei der Teilnahme an einem Optionsprogramm, bei dem zwischen der Teilnahmeerklärung einerseits und dem Zeitpunkt der Ausübung der Option oder der Übertragung der optionsgegenständlichen Fi-

---

1 Gesetz zur Kontrolle und Transparenz im Unternehmensbereich (KonTraG) vom 27.4.1998, BGBl. I 1998, 786.
2 Optionen können als Finanzinstrumente i.S.v. Art. 7 Abs. 1 lit. a) VO Nr. 596/2014 und Art. 3 Abs. 1 Nr. 1 VO Nr. 596/2014 i.V.m. Art. 4 Abs. 1 Nr. 15 und Anhang I Abschnitt C Richtlinie 2014/65/EU des Europäischen Parlaments und des Rates vom 15. Mai 2014 über Märkte für Finanzinstrumente sowie zur Änderung der Richtlinien 2002/92/EG und 2011/61/EU, ABl. EU Nr. L 173 v. 12.6.2014, S. 349, Gegenstand von Insiderinformationen und damit Insiderpapiere sein; s. Art. 3 VO Nr. 596/2014 Rz. 2.
3 BGH v. 16.2.2004 – II ZR 316/02, AG 2004, 265 f., 265 Ls.
4 *Schäfer* in Marsch-Barner/Schäfer, Handbuch börsennotierte AG, Rz. 14.72.
5 *Casper*, WM 1999, 363, 364; *Feddersen*, ZHR 161 (1997), 269, 288 f.; *Fürhoff*, AG 1998, 83, 84; *Uwe H. Schneider*, ZIP 1996, 1769, 1775.
6 *Fürhoff*, AG 1998, 83, 85 Fn. 20, unter Hinweis auf *Gericke*, Handbuch für die Börsenzulassung von Wertpapieren, 1992, S. 76; *Casper*, WM 1999, 363, 364.
7 *Assmann*, AG 1997, 50, 58. I.E. ebenso *Casper*, WM 1999, 363, 364; *Feddersen*, ZHR 161 (1997), 269, 288 ff.; *Fürhoff*, AG 1998, 83, 84.
8 *Assmann*, AG 1997, 50, 58, unter Ablehnung entsprechender Überlegungen bei *Uwe H. Schneider*, ZIP 1996, 1769, 1774 f.; *Casper*, WM 1999, 363, 364.
9 Auch *Versteegen/Schulz*, ZIP 2009, 110, 113; *Widder/Kocher*, AG 2009, 654, 657 f.; *Schwark/Kruse* in Schwark/Zimmer, § 14 WpHG Rz. 29.
10 So aber unbegründet *BaFin*, Emittentenleitfaden 2013, S. 37 (Hervorhebung hinzugefügt). Kritisch dazu auch *Klasen*, AG 2006, 24, 28 f.

nanzinstrumente andererseits ein Zeitraum liegt, in dem die Information – wegen des Verlusts ihrer Kurserheblichkeit oder ihres öffentlichen Bekanntwerdens – ihre Eigenschaft als Insiderinformation verloren haben kann.

71 Werden zur Durchführung eines Aktienoptionsplans nicht eigene Optionen geschaffen, sondern **fremde Optionen** auf Aktien des betreffenden Unternehmens beschafft und sodann den zu begünstigenden Führungskräften zugeteilt, so steht außer Frage, dass der Erwerb der Optionen, bei denen es sich regelmäßig um **Insiderpapiere** handeln wird, dem Insiderhandelsverbot nach Art. 14, 8 VO Nr. 596/2014 unterliegt[1]. Dennoch sind Insiderverstöße in diesem Zusammenhang eher unwahrscheinlich, weil das Unternehmen mit dem Erwerb typischerweise einem im Voraus festgelegten Plan folgt und Insiderwissen allenfalls dann relevant werden dürfte, wenn der Plan hinsichtlich des *Zeitpunkts* des Erwerbs der Optionen keine Datierung enthält und diesen, wie etwa auch bei der Fixierung bloßer Zeitfenster, der Entscheidung der Verantwortlichen überlässt. Die **Zuteilung** der fremden (wie auch der eigenen) Optionen erfolgt üblicherweise in Erfüllung eines dem Aktienoptionsplan entsprechenden **Erwerbsgeschäfts zwischen dem Emittenten und den Begünstigten**. Der Zuteilungszeitpunkt kann deshalb nur dann selbständiger Anknüpfungspunkt eines Insidergeschäfts sein, wenn dem Begünstigten bis zum geplanten Termin das Recht zusteht, das Angebot zur Teilnahme am Aktienoptionsprogramm (und damit das der Zuteilung zugrunde liegende obligatorische Erwerbsgeschäft) anzunehmen oder abzulehnen[2]. Verfügt der Begünstigte bei der Ausübung dieses Wahlrechts zugunsten des Optionsprogramms über Insiderwissen, so wird aber auch in diesem Falle kein Ausnutzen einer Insiderinformation vorliegen, wenn die Option erst nach einer **Wartezeit** ausgeübt werden kann, zu der die fraglichen Insiderinformationen – für den Betreffenden vorhersehbar – längst öffentlich bekannt sind oder ihr Potenzial zur Herbeiführung erheblicher Kursänderungen verloren haben[3].

72 Auch in der **Ausübung der Option** ist erst dann ein insiderrechtlich relevanter Akt zu sehen, wenn die zur Bedienung derselben zu liefernden Aktien Insiderpapiere (Rz. 5) darstellen, d.h. bereits an einem der in Art. 2 Abs. 1 Unterabs. 1 VO Nr. 596/2014 angeführten multilateralen Systeme (vorstehend Rz. 69) zum Handel zugelassen bzw. eingeführt oder entsprechende Anträge gestellt sind[4]. Selbst wenn dies der Fall ist, kommt für mögliche Verstöße gegen das Insiderhandelsverbot nur der Zeitpunkt in Frage, von dem ab die Option „im Geld" und die Ausübung derselben überhaupt wirtschaftlich sinnvoll ist[5]. Der Optionsausübung vor diesem Zeitpunkt kann deshalb eine Absicht auf Erzielung eines Sondervorteils aus vorhandenem Insiderwissen abgesprochen werden, denn jede andere Handlungsweise wäre wirtschaftlich vorzugswürdiger. Kommt dagegen das Unterlassen der Ausübung einer nicht „im Geld" befindlichen Option durch einen mit Insiderwissen ausgestatteten Begünstigten in Betracht, so fehlt es (mangels eines Erwerbs- oder Veräußerungsvorgangs) nicht nur an einer insiderrechtlich relevanten Handlungsweise, sondern (weil ein solches Verhalten zur Wahrnehmung der eigenen Interessen wirtschaftlich geboten ist) auch an einem durch Insiderkenntnisse veranlassten Akt.

73 Ist die **Option „im Geld"**, so mangelt es bei jedem durch positive Insiderkenntnisse veranlassten Hinauszögern der Optionsausübung wiederum an einem Erwerbstatbestand[6]. Kommt es dann nach dem öffentlichen Bekanntwerden der Insiderinformation zur **Ausübung der Option**, so wird keine öffentlich unbekannte Information verwendet[7]. Wird dem aus einer „im Geld" befindlichen Option Begünstigten eine negative Insiderinformation bekannt und übt er daraufhin seine Option aus, so kann darin keine Verhaltensweise gesehen werden, die objektiv geeignet ist, dem Betreffenden einen Sondervorteil zu verschaffen, denn er wird mit den erworbenen Aktien, wie jeder andere Aktionär auch, am voraussichtlichen Kursverfall derselben partizipieren, es sei denn, er veräußert die Papiere aufgrund seines Insiderwissens noch vor der Veröffentlichung der fraglichen Information[8]. Es ist mithin nicht die Ausübung der Option selbst, sondern die **Disposition über die** aus jener **erlangten Papiere**, auf die insiderrechtlich abzustellen ist[9]. Zur **Veräußerung von Aktien**, die aufgrund der Ausübung der Option erlangt wurden, gelten im Übrigen die allgemeinen Regeln für Wertpapiergeschäfte unter Verwendung einer Insiderinformation (Rz. 15, 17 ff.).

74 **2. Geschäfte aufgrund Empfehlung oder Verleitung (Art. 8 Abs. 3 VO Nr. 596/2014).** Eine Person, die einer nach Art. 14 lit. b i.V.m. Art. 8 Abs. 2 VO Nr. 596/2014 verbotenen Empfehlung eines Insiders zu Geschäften in Insiderpapieren folgt oder sich zu solchen verleiten lassen, verwirklicht nach Art. 8 Abs. 3 VO Nr. 596/2014

---

1 *Fürhoff*, AG 1998, 83, 84.
2 *Casper*, WM 1999, 363, 365; i.E. auch *Fürhoff*, AG 1998, 83, 85; *Klasen*, AG 2006, 24, 29; *Lotze*, S. 57 ff.; *Mennicke* in Fuchs, § 14 WpHG Rz. 133; *Schäfer* in Marsch-Barner/Schäfer, Handbuch börsennotierte AG, Rz. 14.72.
3 Vgl. auch *von Dryander/Schröder*, WM 2007, 537; *Lenenbach*, Kapitalmarktrecht, Rz. 13.147 f.
4 Ebenso *Casper*, WM 1999, 363, 365, *Lenenbach*, Kapitalmarktrecht, Rz. 13.150.
5 Ebenso *von Dryander/Schröder*, WM 2007, 534, 537; *Feddersen*, ZHR 161 (1997), 269, 291 f.; *Mennicke* in Fuchs, § 14 WpHG Rz. 136; *Widder*, WM 2010, 1884, 1887; *Widder/Kocher*, AG 2009, 654, 657.
6 Ebenso *Schäfer* in Schäfer/Hamann, Kapitalmarktgesetze, § 14 WpHG Rz. 91; *Schäfer* in Marsch-Barner/Schäfer, Handbuch börsennotierte AG, Rz. 14.73.
7 I.E. ebenso *Fürhoff*, AG 1998, 83, 85.
8 *Mennicke* in Fuchs, § 14 WpHG Rz. 137; *Schwark/Kruse* in Schwark/Zimmer, § 14 WpHG Rz. 31; *Versteegen/Schulz*, ZIP 2009, 110, 115; *Widder/Kocher*, AG 2009, 654, 657.
9 *Assmann*, AG 1997, 50, 58; i.E. ebenso *Fürhoff*, AG 1998, 83, 85; *Mennicke* in Fuchs, § 14 WpHG Rz. 137; *Süßmann*, AG 1997, 63; *Uwe H. Schneider*, ZIP 1996, 1769, 1775; auch *Claussen*, Insiderhandelsverbot, Rz. 69.

den „Tatbestand des Insidergeschäfts" i.S.v. Art. 8 Abs. 1 VO Nr. 596/2014, wenn sie „weiß oder wissen sollte, dass diese auf Insiderinformationen beruht". In Verbindung mit dem Insiderhandelsverbot in Art. 14 lit. a WpHG a.F. wird damit erstmals nicht nur das Handeln des Empfehlende oder Verleitenden als Insidertat geahndet, sondern auch dasjenige der Empfehlungsempfänger, der Empfehlungen oder Verleitungen im Wissen darüber folgt, dass diese auf der Grundlage von Insiderinformation vorgenommen wurden, oder zumindest hätte wissen sollen, dass dies der Fall ist. Die Vorschrift steht erkennbar im Zusammenhang mit den Bestimmungen über Empfehlungen und Verleitungen nach Art. 8 Abs. 2 VO Nr. 596/2014 und knüpft an diese an. Sie wird aus diesem Grund entsprechend ihrer Stellung in Art. 8 VO Nr. 596/2014 im Anschluss an die Erläuterungen zu Abs. 2 (Rz. 97 ff.) behandelt. Art. 8 Abs. 5 VO Nr. 596/2014 gilt nicht für die Nutzung von Empfehlungen oder Verleitungen nach Art. 8 Abs. 3 VO Nr. 596/2014.

3. Versuch. Hat eine Person nach ihrer Vorstellung von der Tat zur Verwirklichung des Tatbestands des Verbots von Insidergeschäften unmittelbar angesetzt (§ 22 StGB), fehlt es aber an der Vollendung, weil ein Teil des objektiven Tatbestands nicht erfüllt ist, kommt die Ahndung der Tat als Versuch nach Art. 14 lit. a VO Nr. 596/2014 i.V.m. § 119 Abs. 3 Nr. 1 und Abs. 4 WpHG in Betracht. Ein Versuch kommt insbesondere dann in Betracht, wenn eine Person davon ausgeht, die Information, aufgrund deren sie Insidergeschäfte nutzt, sei noch nicht öffentlich bekannt und infolge dessen eine Insiderinformation.

III. Empfehlung von und Verleitung zu Insidergeschäften (Art. 8 Abs. 2 VO Nr. 596/2014) sowie die Nutzung von Empfehlungen oder Verleitungen (Art. 8 Abs. 3 VO Nr. 596/2014). 1. Übersicht – Normentwicklung. Nach Art. 14 lit. b VO Nr. 596/2014 ist es **verboten**, Dritten das empfehlen Insidergeschäfte zu tätigen, oder Dritte zu verleiten, Insidergeschäfte zu tätigen. Die Vorschrift ersetzt § 14 Abs. 1 Nr. 3 WpHG a.F., der seinerseits der Umsetzung von Art. 3 lit. b RL 2003/6/EG vom 28.1.2003 (Rz. 2) diente[1]. Die ursprüngliche Fassung von Art. 14 lit. b VO Nr. 596/2014, in der statt – wie in der aktuellen Fassung – von „Dritte dazu zu verleiten" von „Dritte anzustiften" die Rede war, wurde nachträglich **berichtigt**[2].

Im Gegensatz zu § 14 Abs. 1 Nr. 3 WpHG a.F., der das Empfehlungs- und Verleitungsverbot abschließend formulierte, erschließt sich der **Anwendungsbereich des Empfehlungs- und Verleitungsverbots** des Art. 14 lit. b VO Nr. 596/2014 aber erst aus Art. 8 Abs. 2 und 3 VO Nr. 596/2014: Aus Art. 8 Abs. 2 lit. a VO Nr. 596/2014 wird deutlich, dass der Adressat des Verbots nur eine Person ist, die über Insiderinformationen verfügt (näher Rz. 80) und auf der Grundlage dieser Informationen den Erwerb oder zu Veräußerung von Finanzinstrumenten empfiehlt, auf die sich die Insiderinformationen beziehen, oder zu Geschäften mit solchen Finanzinstrumenten verleitet (näher Rz. 82 ff. bzw. Rz. 91 ff.). Eine Differenzierung zwischen Primär- und Sekundärinsidern nach Maßgabe von Art. 8 Abs. 4 VO Nr. 596/2014 enthält die Vorschrift nicht. Aus Art. 8 Abs. 2 lit. b VO Nr. 596/2014 folgt, der Erweiterung des Verbots von Insidergeschäften auf die Stornierung und Änderung von Aufträgen gem. Art. 8 Abs. 1 Satz 2 VO Nr. 596/2014 gerecht werdend, dass das Empfehlungs- und Verleitungsverbot auch die Empfehlung und die Verleitung zur Stornierung oder Änderung eines Auftrags für Finanzinstrumente erfasst, die Gegenstand der Insiderinformationen sind.

Auch weiterhin[3] setzt ein Verstoß gegen das Empfehlungs- und Verleitungsverbot nicht voraus, dass **eine Person – „Dritter" – einer Empfehlung** zu Geschäften in Insiderpapieren oder zur Stornierung oder Änderung von Aufträgen über Insiderpapieren **folgt oder sich zu solchen Geschäften verleiten lässt** (Rz. 85). Art. 8 Abs. 3 VO Nr. 596/2014 lässt sich eine anderweitige Regelung nicht entnehmen. Vielmehr bestimmt die Vorschrift, dass die Person, die einer Empfehlung zu den vorgenannten Geschäften i.S.v. Art. 8 Abs. 2 lit. a und b VO Nr. 596/2014 folgt oder zu solchen Geschäften verleitet wurde, damit nur dann ein verbotenes Insidergeschäft nach Art. 8 Abs. 1 i.V.m. Art. 14 lit. a VO Nr. 596/2014 begeht, wenn sie „weiß oder wissen sollte", dass die Empfehlung oder die Verleitung auf Insiderinformationen beruht. Dies vorausgesetzt, stellt sich die von Art. 8 Abs. 3 VO Nr. 596/2014 so bezeichnete „Nutzung von Empfehlungen oder Verleitungen" als die **Nutzung einer Insiderinformation** i.S.d. Erwerbs- und Veräußerungsverbots des Art. 8 Abs. 1 i.V.m. Art. 14 lit. a VO Nr. 596/2014 und damit als Insidergeschäft dar. Näher hierzu Rz. 97 ff.

Das **Empfehlungs- und Verleitungsverbot** nach Art. 14 lit. b i.V.m. Art. 8 Abs. 2 VO Nr. 596/2014 ist danach weiterhin als ein **abstraktes Gefährdungsdelikt** zu qualifizieren: sei es, weil es im Hinblick auf das Ziel, Insidergeschäfte infolge von Empfehlungen oder Verleitungen zu verhindern, genügt, dass eine Empfehlung abgegeben oder eine Verleitung vorgenommen wird[4], oder sei es, weil man als Schutzgut der Insiderhandelsverbote ohnehin nur die „Funktionsfähigkeit der organisierten Kapitalmärkte" betrachtet, die durch „vereinzelte In-

---

1 Zur Entwicklung des europäischen und angeglichenen deutschen Empfehlungs- und Verleitungsverbots s. *Assmann* in 6. Aufl., § 14 WpHG Rz. 117.
2 ABl. EU Nr. L 287 v. 21.10.2016, S. 320, 322.
3 Zu § 14 Abs. 1 Nr. 3 WpHG a.F. s. *Assmann* in 6. Aufl., § 14 WpHG Rz. 120 m.w.N.; *Sethe* in Assmann/Schütze, Kapitalanlagerecht, § 8 Rz. 146.
4 *Sethe* in Assmann/Schütze, Kapitalanlagerecht, § 8 Rz. 146, *Hopt/Kumpan* in Schimansky/Bunte/Lwowski, § 107 Rz. 74 (der der Empfänger die Empfehlung oder Verleitung erhält); *Klöhn* in KölnKomm. WpHG, § 13 WpHG Rz. 476; *Klöhn* in Klöhn, Art. 8 MAR Rz. 214.

siderhandelsverstöße" nicht „konkret gefährdet" wird[1]. Bei dem Empfehlungs- bzw. Verleitungsverbot handelt es sich im Übrigen, nicht anders als das Verbot der unrechtmäßige Offenlegung von Insiderinformationen nach Art. 14, 10 Abs. 1 VO Nr. 596/2014, um einen sog. **Vorfeldtatbestand**[2], d.h. um **Vorbereitungshandlungen** zu Erwerbs- oder Veräußerungsgeschäften mit Insiderpapieren als Transaktionen, durch deren Vornahme Insiderwissen überhaupt erst verwertet werden kann und das Vertrauen der Marktteilnehmer in die Integrität der Kapitalmärkte verletzt wird.

80 **2. Empfehlung und Verleitung (Art. 8 Abs. 2 VO Nr. 596/2014). a) Adressat des Verbots.** Art. 8 Abs. 2 VO Nr. 596/2014 verlangt Empfehlungen oder Verleitungen „auf der Grundlage" einer Insiderinformation. Das Empfehlungs- und Verleitungsverbots nach Art. 14 lit. b i.V.m. Art. 8 Abs. 2 VO Nr. 596/2014 richtet sich damit nur an **Personen, die über Insiderinformationen verfügen**. Da nach § 119 Abs. 3 und 4 WpHG bzw. § 120 Abs. 14 WpHG nur ein vorsätzlicher bzw. leichtfertiger Verstoß gegen dieses Verbot geahndet wird (Rz. 9), setzt dies voraus, dass der Insider wusste bzw. leichtfertig nicht wusste, dass es sich bei der Information um eine Insiderinformation handelte. Adressaten des Verbots sind im Übrigen sowohl **natürliche als auch juristischen Personen**. Diese können das Verbot selbst oder durch einen anderen (§ 25 Abs. 1 StGB) oder gemeinschaftlich mit anderen Insidern (§ 25 Abs. 1 StGB) verletzten. Art. 8 Abs. 5 VO Nr. 596/2014, der für den Fall, der im Falle der Täterschaft von juristischen Personen die Regelungen des Art. 8 VO Nr. 596/2014 über Insidergeschäfte auf natürliche Personen erstreckt, die an dem Beschluss, den Erwerb, die Veräußerung, die Stornierung oder Änderung eines Auftrags für Rechnung der betreffenden juristischen Person zu tätigen, beteiligt sind oder diesen beeinflussen, gilt nicht für das Empfehlungs- und Verleitungsverbot.

81 **b) Gegenstand der Empfehlung oder Verleitung.** Die nach Art. 14 lit. b i.V.m. Art. 8 Abs. 2 VO Nr. 596/2014 verbotenen Empfehlungen und Verleitungen können nach Art. 8 Abs. 2 lit. a VO Nr. 596/2014 und im Hinblick auf Art. 8 Abs. 1 Satz 1 VO Nr. 596/2014 den Erwerb oder die Veräußerung von Finanzinstrumenten zum Gegenstand haben, auf die sich die Informationen beziehen; sie können nach Art. 8 Abs. 2 lit. b VO Nr. 596/2014 aber die Stornierung oder Änderung eines Auftrags über solche Finanzinstrumente i.S.v. Art. 8 Abs. 1 Satz 2 VO Nr. 596/2014 betreffen.

82 **c) Tathandlung. aa) Empfehlung.** Da die Marktmissbrauchsverordnung bei der Formulierung des Tatbestands des Empfehlungsverbots weitgehend mit derjenigen der Marktmissbrauchsrichtlinie übereinstimmt, kann zur Auslegung des Empfehlungsverbots und des Merkmals der Empfehlung auf die Grundsätze zurückgegriffen werden, wie sie sich in Bezug auf das Empfehlungsverbot nach § 14 Abs. 1 Nr. 3 WpHG a.F., der die Vorgaben der RL 2003/6/EG (Rz. 2) umsetzte, herausgebildet hatten. Dementsprechend ist als **Empfehlung** jede einseitige, rechtlich unverbindliche Erklärung zu betrachten, durch die jemand in der Absicht, den Willen des Adressaten zu beeinflussen, ein Verhalten als für den Adressaten vorteilhaft bezeichnet und die Verwirklichung dieses Verhaltens anrät[3]. Darunter fällt vor allem das, was im insiderrechtlichen Sprachgebrauch als „Tipp" bezeichnet wird.

83 Die Empfehlung muss **ursächlich** auf die **Kenntnis** einer Insiderinformation zurückgehen[4]. Deshalb unterliegt eine Empfehlung, die auch ohne das Insiderwissen abgegeben worden wäre, nicht dem insiderrechtlichen Empfehlungsverbot. Allerdings sprechen die Gründe für eine Kausalitätsvermutung, wie sie das *Spector Photo Group*-Urteil des EuGH[5] für die Nutzung von Insiderinformationen für Insidergeschäfte für Erwerbs- und Veräußerungsgeschäfte aufgestellt hat (Rz. 36 ff.) für eine Übertragung derselben auf die Nutzung von Insiderinformationen als Grundlage einer Empfehlung oder Verleitung[6].

---

1 So *Vogel* in 6. Aufl., Vor § 38 WpHG Rz. 19.
2 *Schelm* in Meyer/Veil/Rönnau, Handbuch zum Marktmissbrauchsrecht, § 9 Rz. 1.
3 Ebenso *Hopt/Kumpan* in Schimansky/Bunte/Lwowski, § 107 Rz. 75. Zu § 14 Abs. 1 Nr. 3 WpHG a.F. *Becker*, S. 56; *Cahn*, Der Konzern 2005, 5, 12; *Klöhn* in KölnKomm. WpHG, § 14 WpHG Rz. 489; *Klöhn* in Klöhn, Art. 8 MAR Rz. 225; *Lenenbach*, Kapitalmarktrecht, Rz. 13.170; *Mennicke* in Fuchs, § 14 WpHG Rz. 366; *Renz/Rippel* in BuB, Rz. 7/733; *Schäfer* in Schäfer/Hamann, Kapitalmarktgesetze, § 14 WpHG Rz. 34; *Schwark/Kruse* in Schwark/Zimmer, § 14 WpHG Rz. 71; *Rothenhöfer* in Kümpel/Wittig, Bank- und Kapitalmarktrecht, Rz. 3.566; *Sethe* in Assmann/Schütze, Kapitalanlagerecht, § 8 Rz. 144; *Soesters*, S. 197. Ebenso und das Erfordernis der Absicht – der „Finalität des Empfehlungs- bzw. Verleitungshandelns" (so der Titel vor ebd. Rz. 16) – in den Vordergrund stellend, *Schelm* in Meyer/Veil/Rönnau, Handbuch zum Marktmissbrauchsrecht, § 9 Rz. 16, 29.
4 *Klöhn* in KölnKomm. WpHG, § 14 WpHG Rz. 500 f.; *Mennicke* in Fuchs, § 14 WpHG Rz. 375; *Schäfer* in Schäfer/Hamann, Kapitalmarktgesetze, § 14 WpHG Rz. 35 f.; *Renz/Rippel* in BuB, Rz. 7/733; *Rothenhöfer* in Kümpel/Wittig, Bank- und Kapitalmarktrecht, Rz. 3.573; *Schwark/Kruse* in Schwark/Zimmer, § 14 WpHG Rz. 71; *Sethe* in Assmann/Schütze, Kapitalanlagerecht, § 8 Rz. 144. Für Art. 8 VO Nr. 596/2014 *Schelm* in Meyer/Veil/Rönnau, Handbuch zum Marktmissbrauchsrecht, § 9 Rz. 25. A.A., aber ohne triftige Einwände, *Klöhn* in Klöhn, Art. 8 MAR Rz. 237 ff. (Kausalitätserfordernis lässt sich für Art. 8 Abs. 2 VO Nr. 596/2014 „nur modifiziert aufrechthalten").
5 EuGH v. 23.12.2009 – C-45/08, ECLI:EU:C:2009:806 – Spector Photo Group, AG 2010, 74 Ls. 1, 76 f. Rz. 37 ff.
6 Ebenso *Hopt/Kumpan* in Schimansky/Bunte/Lwowski, § 107 Rz. 76. A.A. *Schelm* in Meyer/Veil/Rönnau, Handbuch zum Marktmissbrauchsrecht, § 9 Rz. 11 ff., maßgeblich (ebd. Rz. 11) mit dem verfehlten wortlautbezogenen Argument, die *Spector Photo Group*-Urteil stütze sich „im Rahmen der Auslegung des Wortlauts insbesondere auf die Formulierung ‚Nutzung'" (Hervorhebung hinzugefügt), wohingegen es bei verbotenen Empfehlungen nicht um die Nutzung der Insiderinformation durch die Empfehlung, sondern um eine Empfehlung „auf der Grundlage" einer Insiderinformation gehe.

Nicht erforderlich ist, dass die Empfehlung die **Insiderinformation preisgibt**[1]. Bleibt es bei der bloßen Empfehlung wird der Empfänger derselben jedenfalls nicht bereits deshalb zum Insider, weil die Empfehlung auf Insiderwissen des Empfehlenden beruht. Daran ändert sich auch dann nichts, wenn der Empfehlende dem Kunden „Insiderwissen" als Grund der Empfehlung nennt[2]. Allerdings erfüllt nach Art. 8 Abs. 3 VO Nr. 596/2014 die Nutzung einer Empfehlung den Tatbestand des Insidergeschäfts i.S.v. Art. 8 Abs. 1 VO Nr. 596/2014, wenn die Person, die die Empfehlung nutzt oder der Verleitung folgt, weiß oder wissen sollte, dass diese auf Insiderinformationen beruht (Rz. 97 ff.). 84

Des Weiteren setzt die Verletzung des Empfehlungsverbots **nicht die Vornahme der empfohlenen Geschäfte** voraus[3]. Das Verbot ist vielmehr mit der Mitteilung – dem Zugang oder der Zugänglichmachung – der Empfehlung bei dessen Adressaten verletzt[4]. Ebenso wenig wie das Empfehlungsverbot die Mitteilung einer Insiderinformation verlangt, muss in der Empfehlung zum Ausdruck kommen, erkennbar sein oder erkannt werden, dass sie auf der Grundlage der Kenntnis einer Insiderinformation erfolgt[5], denn nicht die Befolgung der Empfehlung, sondern die Abgabe einer solchen aufgrund von Insiderwissen soll unterbunden werden. Keine Rolle spielt schließlich, ob der Empfehlende für die Empfehlung eine **Gegenleistung** erhält oder erwartet oder an dem mit der Durchführung der Empfehlung realisierten Gewinn partizipiert oder partizipieren soll[6]. 85

Die Empfehlung ist **gegenüber „einem Dritten"**[7] abzugeben. Dritter ist jede andere Person i.S.d. Art. 3 Abs. 1 Nr. 13 VO Nr. 596/2014 als der Empfehlende selbst. Zurechnungsfragen spielen hierbei keine Rolle, weshalb eine Empfehlung gegenüber einem anderen auch dann vorliegt, wenn, wie etwa in betrieblichen Zusammenhängen, sowohl das Handeln des Empfehlenden sowie datenjenige des Empfehlungsempfängers derselben natürlichen oder juristischen Person zuzurechnen sein sollte. Dritter ist auch jedes rechtlich selbständige **Konzernunternehmen**[8]. Ist eines der Konzernunternehmen gehindert, sein Insiderwissen auszunutzen oder weiterzugeben, so würden diese Verbote leerlaufen, wäre das gleiche Ziel, zumindest wirtschaftlich, durch eine entsprechende Empfehlung an ein anderes Konzernunternehmen zu erreichen[9]. Dass die Empfehlung auf Insiderwissen beruht, muss weder erkennbar sein, noch muss der Empfehlungsempfänger dies erkannt haben (Rz. 85). 86

Die **Empfehlung, vom Erwerb oder der Veräußerung eines Insiderpapiers abzusehen**, ist aufgrund des klaren Wortlauts der Bestimmung, die nur eine Empfehlung zum Erwerb oder zur Veräußerung eines Insiderpapiers erfasst, nicht von Art. 8 Abs. 2 lit. a VO Nr. 596/2014 erfasst[10]. Warnt etwa ein Kreditinstitut einen Kunden vor dem Verkauf oder dem Erwerb von Insiderpapieren, so liegt darin weder ein Verstoß gegen das Empfehlungsverbot[11] noch ein solcher gegen die anderen Verbotstatbestände des Art. 14 VO Nr. 596/2014. Auch hier ist es unschädlich, wenn der Empfehlende dem Kunden eröffnet, seine Empfehlung, von der geplanten Transaktion Abstand zu nehmen, beruhe auf Insiderinformationen (Rz. 83). Des Weiteren ist es unbedenklich, wenn der Empfehlende aufgrund seines Insiderwissens von der geplanten Transaktion abrät, indem er gleichzeitig den Erwerb oder die Veräußerung eines anderen Insiderpapiers empfiehlt, zu dem er über keine Insiderinformationen verfügt[12]. 87

---

1 *BaFin*, Emittentenleitfaden 2013, S. 41; *Buck-Heeb*, Kapitalmarktrecht, Rz. 357; *Schäfer* in Schäfer/Hamann, Kapitalmarktgesetze, § 14 WpHG Rz. 35; *Rothenhöfer* in Kümpel/Wittig, Bank- und Kapitalmarktrecht, Rz. 3.573; *Sethe* in Assmann/Schütze, Kapitalanlagerecht, § 8 Rz. 145. Zu Art. 8 VO Nr. 596/2014 *Schelm* in Meyer/Veil/Rönnau, Handbuch zum Marktmissbrauchsrecht, § 9 Rz. 10.
2 *Assmann*, WM 1996, 1337, 1353; *Schwark/Kruse* in Schwark/Zimmer, § 14 WpHG Rz. 71.
3 *Hopt/Kumpan* in Schimansky/Bunte/Lwowski, § 107 Rz. 74. Zu § 14 Abs. 1 Nr. 3 WpHG a.F.; *Klöhn* in KölnKomm. WpHG, § 14 WpHG Rz. 492; *Klöhn* in Klöhn, Art. 8 MAR Rz. 228; *Mennicke* in Fuchs, § 14 WpHG Rz. 366, 380; *Schwark/Kruse* in Schwark/Zimmer, § 14 WpHG Rz. 70; *Rothenhöfer* in Kümpel/Wittig, Bank- und Kapitalmarktrecht, Rz. 3.566.
4 *Hopt/Kumpan* in Schimansky/Bunte/Lwowski, § 107 Rz. 74; *Klöhn* in KölnKomm. WpHG, § 14 WpHG Rz. 491; *Lücker*, S. 115; *Mennicke* in Fuchs, § 14 WpHG Rz. 370; *Sethe* in Assmann/Schütze, Kapitalanlagerecht, § 8 Rz. 195.
5 *Mennicke* in Fuchs, § 14 WpHG Rz. 375; *Rothenhöfer* in Kümpel/Wittig, Bank- und Kapitalmarktrecht, Rz. 3.573; *Sethe* in Assmann/Schütze, Kapitalanlagerecht, § 8 Rz. 145.
6 *Hopt/Kumpan* in Schimansky/Bunte/Lwowski, § 107 Rz. 75; *Mennicke* in Fuchs, § 14 WpHG Rz. 376; *Rothenhöfer* in Kümpel/Wittig, Bank- und Kapitalmarktrecht, Rz. 3.567.
7 So in der Sache auch § 14 Abs. 1 Nr. 3 WpHG a.F., in dem von Empfehlung gegenüber „einem anderen" die Rede war.
8 *Assmann* in Lutter/Scheffler/Uwe H. Schneider, Handbuch Konzernfinanzierung, 1998, Rz. 12.34; *Sethe* in Assmann/Schütze, Kapitalanlagerecht, § 12 Rz. 118.
9 *Assmann* in Lutter/Scheffler/Uwe H. Schneider, Handbuch Konzernfinanzierung, 1998, Rz. 12.34.
10 Ganz h.M., etwa, jeweils m.w.N.; *Klöhn* in KölnKomm. WpHG, § 14 WpHG Rz. 494; *Lücker*, S. 115 f.; *Mennicke* in Fuchs, § 14 WpHG Rz. 372; *Renz/Rippel* in BuB, Rz. 7/733; *Schäfer* in Schäfer/Hamann, Kapitalmarktgesetze, § 14 WpHG Rz. 36; *Schelm* in Meyer/Veil/Rönnau, Handbuch zum Marktmissbrauchsrecht, § 9 Rz. 15; *Schwark/Kruse* in Schwark/Zimmer, § 14 WpHG Rz. 71, 73; *Sethe* in Assmann/Schütze, Kapitalanlagerecht, § 8 Rz. 147.
11 *Assmann*, WM 1996, 1337, 1352; *Becker*, S. 56; *Buck-Heeb*, Kapitalmarktrecht, Rz. 357; *Cramer*, AG 1997, 59, 62; *Lenenbach*, Kapitalmarktrecht, Rz. 13.170; *Lücker*, S. 115 f.; *Mennicke* in Fuchs, § 14 WpHG Rz. 372; *Rothenhöfer* in Kümpel/Wittig, Bank- und Kapitalmarktrecht, Rz. 3.570; *Schäfer* in Schäfer/Hamann, Kapitalmarktgesetze, § 14 WpHG Rz. 36, 45; *Schwark/Kruse* in Schwark/Zimmer, § 14 WpHG Rz. 71.
12 *Assmann*, WM 1996, 1337, 1353; *Mennicke* in Fuchs, § 14 WpHG Rz. 373.

88 Anders als im Schrifttum zu § 14 Abs. 1 Nr. 3 WpHG a.F. teilweise vertreten[1], kann in dem **Abraten von einer Veräußerung** von Insiderpapieren nicht notwendigerweise die **Empfehlung zum Zuerwerb** gesehen werden[2]. Wer bspw. die Empfehlung erhält „Ich würde die *Dings*-Papiere im Moment nicht abstoßen", wird dies, wenn nicht weitere Informationen nachgeschoben werden, vernünftigerweise nur so deuten, dass der Empfehlende den Zeitpunkt einer Veräußerung der *Dings*-Papiere für nachteilig hält, nicht aber, dass es ratsam sei, sich noch weiter mit Papieren einzudecken, die man zwar besser nicht hätte, aber im Moment auch nicht verkauft. Dagegen ist allerdings nicht zu bestreiten, dass, zusammen mit weiteren vom Empfehlenden eingesetzten Mitteln, auch die Empfehlung, bestimmte Insiderpapiere nicht zu veräußern, den Tatbestand des Verleitens erfüllen kann[3]. Darüber hinaus wurde gegen die vorstehend abgelehnte Ansicht aber vor allem eingewandt, ihr stehe die Wortlautgrenze des Art. 100 Abs. 2 GG entgegen[4].

89 Art. 8 Abs. 2 lit. a VO Nr. 596/2014 verlangt die Empfehlung Finanzinstrumente, auf die sich die Informationen beziehen, zu erwerben oder zu veräußern. Auch wenn dies in der Vorschrift nicht ausdrücklich angeführt wird, erfasst sie doch **alle Formen des Erwerbs und der Veräußerung**, die in Art. 8 Abs. 1 Satz 1 VO Nr. 596/2014 genannt werden, d.h. die Empfehlung kann den Erwerb oder die Veräußerung für eigene oder fremde Rechnung direkt oder indirekt zum Gegenstand haben[5]. Auch der Unrechtsgehalt einer auf Insiderwissen beruhenden Empfehlung oder Verleitung hängt nicht davon ab, ob diese dem Adressaten derselben selbst mittelbar oder unmittelbar oder über dessen Geschäft einem Dritten zugutekommen sollen.

90 Von einer Empfehlung ist auch für den Fall auszugehen, dass eine Person **auf der Grundlage eines Vorhabens oder eines von ihr gefassten Entschlusses Dritten gegenüber eine Empfehlung abgibt**. Wenn schon die von einer Person selbst geschaffene „innere Tatsache" für diese selbst eine Insiderinformation darstellt (Rz. 64), so erst recht, wenn sie noch der früheren Gegenansicht verlangten „Drittbezug" (Rz. 63) erhält, indem sie die Grundlage einer Empfehlung gegenüber Dritten erhält.

91 **bb) Verleitung.** Mit dem Begriff des Verleitens sollen alle **Einwirkungen auf den Willen eines Dritten** zur Vornahme von Geschäften oder zur Stornierung oder Änderung von Aufträgen i.S.v. Art. 8 Abs. 2 lit. a bzw. b VO Nr. 596/2014 erfasst werden, die sich nicht als Empfehlung im Sinne dieser Vorschriften darstellen. Das wurde unter § 14 Abs. 1 Nr. 3 WpHG a.F. schon aus deren Wortlaut „oder einen anderen *auf sonstige Weise* dazu zu verleiten" hergeleitet: Die Formulierung belege, dass der Begriff des Verleitens nach den Vorstellungen des Gesetzgebers in Umsetzung von Art. 3 lit. b RL 2003/6/EG (Rz. 2) den Oberbegriff zu demjenigen der Empfehlung abgeben solle, oder – mit anderen Worten – die Empfehlung als ein „spezieller Unterfall des Verleitens als Mittel der Willensbeeinflussung" zu verstehen sei[6]. Auch wenn Art. 8 Abs. 2 VO Nr. 596/2014 eine entsprechende Formulierung fehlt, ist der vorstehende Befund doch auch für diese Vorschrift zutreffend[7]. Dementsprechend werden Dritte dazu **verleitet**, einen Erwerb oder eine Veräußerung i.S.d. Art. 8 Abs. 1 lit. a VO Nr. 596/2014 vorzunehmen oder einen Auftrag i.S.v. Art. 8 Abs. 2 lit. b VO Nr. 596/2014 zu stornieren oder zu ändern, wenn ihr Wille mit dem Ziel beeinflusst wird, sie zum Erwerb oder zur Veräußerung von Insiderpapieren oder zur Stornierung oder Änderung von Aufträgen über solche Geschäfte zu bewegen[8]. Welches **Mittel** für die Beeinflussung verwendet wird, ist unerheblich[9]. Vor allem kommt es auch in diesem Zusammenhang –

---

1 *Cahn*, Der Konzern 2005, 5, 12; *Cahn*, ZHR 162 (1998), 1, 44.
2 Ganz h.M., etwa *Klöhn* in KölnKomm. WpHG, § 14 WpHG Rz. 493; *Schwark/Kruse* in Schwark/Zimmer, § 14 WpHG Rz. 86; *Rothenhöfer* in Kümpel/Wittig, Bank- und Kapitalmarktrecht, Rz. 3.571; *Sethe* in Assmann/Schütze, Kapitalanlagerecht, § 8 Rz. 147.
3 Insbes., jeweils m.w.N., *Klöhn* in KölnKomm. WpHG, § 14 WpHG Rz. 493, 494; *Sethe* in Assmann/Schütze, Kapitalanlagerecht, § 8 Rz. 147.
4 *Assmann*, WM 1996, 1337, 1351 f.; *Becker*, S. 56; *Cramer*, AG 1997, 59, 62; *Schwark/Kruse* in Schwark/Zimmer, § 14 WpHG Rz. 85.
5 So schon zu allen Fassungen des § 14 Abs. 1 Nr. 3 WpHG a.F. *Becker*, S. 56; *Klöhn* in KölnKomm. WpHG, § 14 WpHG Rz. 496; *Klöhn* in Klöhn, Art. 8 MAR Rz. 225; *Mennicke* in Fuchs, § 14 WpHG Rz. 374; *Rothenhöfer* in Kümpel/Wittig, Bank- und Kapitalmarktrecht, Rz. 3.572; *Schwark/Kruse* in Schwark/Zimmer, § 14 WpHG Rz. 71; *Sethe* in Assmann/Schütze, Kapitalanlagerecht, § 8 Rz. 146.
6 RegE AnSVG, BT-Drucks. 15/3174, 41; *BaFin*, Emittentenleitfaden 2013, S. 41. Ebenso *Buck-Heeb*, Kapitalmarktrecht, Rz. 358; *Mennicke* in Fuchs, § 14 WpHG Rz. 361, 379; *Klöhn* in KölnKomm. WpHG, § 14 WpHG Rz. 483; *Klöhn* in Klöhn, Art. 8 MAR Rz. 219; *Schwintek*, S. 27; *Sethe* in Assmann/Schütze, Kapitalanlagerecht, § 12 Rz. 148.
7 *Hopt/Kumpan* in Schimansky/Bunte/Lwowski, § 107 Rz. 75.
8 *Hopt/Kumpan* in Schimansky/Bunte/Lwowski, § 107 Rz. 74; *Klöhn* in Klöhn, Art. 8 MAR Rz. 220. Zu § 14 Abs. 1 Nr. 3 WpHG a.F. RegE AnSVG, BT-Drucks. 15/3174, 34; *BaFin*, Emittentenleitfaden 2013, S. 41; *Mennicke* in Fuchs, § 14 WpHG Rz. 379; *Rothenhöfer* in Kümpel/Wittig, Bank- und Kapitalmarktrecht, Rz. 3.574; *Schäfer* in Schäfer/Hamann, Kapitalmarktgesetze, § 14 WpHG Rz. 32; *Schelm* in Meyer/Veil/Rönnau, Handbuch zum Marktmissbrauchsrecht, § 9 Rz. 16, 20; *Sethe* in Assmann/Schütze, Kapitalanlagerecht, § 8 Rz. 148. Unberechtigte Zweifel daran bei *Schäfer* in Marsch-Barner/Schäfer, Handbuch börsennotierte AG, Rz. 14.47.
9 *Hopt/Kumpan* in Schimansky/Bunte/Lwowski, § 107 Rz. 74. § 14 Abs. 1 Nr. 3 WpHG a.F. *BaFin*, Emittentenleitfaden 2013, S. 41; *Klöhn* in Klöhn, Art. 8 MAR Rz. 222; *Mennicke* in Fuchs, § 14 WpHG Rz. 379; *Klöhn* in KölnKomm. WpHG, § 14 WpHG Rz. 486; *Renz/Rippel* in BuB, Rz. 7/733; *Schwark/Kruse* in Schwark/Zimmer, § 14 WpHG Rz. 73.

wie bei der Empfehlung (Rz. 84) – nicht darauf an, dass dem Dritten die Insiderinformation mitgeteilt oder zugänglich gemacht wird[1].

Wie bei einer Empfehlung (Rz. 85) setzt die Verleitung eines Dritten nicht voraus, dass dieser tatsächlich Insiderpapiere erworben oder veräußert hat[2]. Nicht erforderlich ist, dass die Verleitung beim Dritten, auf dessen Willen eingewirkt wird, auch tatsächlich – i.S. eines objektiven Tatbestandsmerkmals – einen **Kauf- oder Verkaufsentschluss** hervorgerufen hat[3]. Schon aufgrund des Umstands, dass die Empfehlung ein Unterfall des Verleitens darstellt (Rz. 92) und ein Verstoß gegen das Empfehlungsverbot nicht voraussetzt, dass der Empfehlungsempfänger die Empfehlung folgte (Rz. 85), wäre es verfehlt, beim Hauptfall – dem Verleiten – etwas zu verlangen, was hinsichtlich des Unterfalls – der Empfehlung – entbehrlich sein soll[4]. 92

Dagegen ist, auch hier dem Empfehlungsverbot entsprechend (Rz. 83), zu verlangen, dass das Verleiten **ursächlich** auf die Kenntnis einer Insiderinformation zurückgeht[5]. Wie schon im Hinblick auf Empfehlungen gilt für das Verleiten Dritter, welches im Übrigen die Voraussetzungen des Art. 8 Abs. 2 VO Nr. 596/2014 erfüllt, die Vermutung, dass dieses auf der Grundlage der Insiderinformationen erfolgte (Rz. 83).

Ebenso wenig wie die Empfehlung, vom Erwerb oder der Veräußerung eines Insiderpapiers abzusehen, das Empfehlungsverbot verletzt (Rz. 88), verstößt eine Person gegen das Verleitungsverbot, wenn sie einen Dritten dazu verleitet, den Erwerb oder die Veräußerung eines Insiderpapiers zu **unterlassen**[6]. Allerdings kann in einer Empfehlung, von der geplanten Veräußerung bestimmter Wertpapiere abzusehen, eine Verleitung zum Zuerwerb dieser Papiere gesehen werden, wenn es zum Einsatz weiterer Mittel kommt, um den Betreffenden hierzu zu veranlassen (Rz. 88). 93

Des Weiteren untersagt auch das Verleitungsverbot, nicht anders als das Empfehlungsverbot (Rz. 90), den Dritten zum Erwerb oder zur Veräußerung von Insiderpapieren **für sich oder andere einen Dritten** zu verleiten. Die Person, die – ohne dass ihr Insiderinformationen mitgeteilt werden – zu solchen Geschäften verleitet wird, wird dadurch nicht selbst zum Insider (entsprechend zur Regelung in Rz. 83) und unterliegt damit auch nicht den Insiderverboten des Art. 14 VO Nr. 596/2014[7]. Allerdings erfüllt nach Art. 8 Abs. 3 Nr. 596/2014 auch die Nutzung einer Verleitung den Tatbestand des Insidergeschäfts i.S.v. Art. 8 Abs. 1 VO Nr. 596/2014, wenn die Person, die die Empfehlung nutzt oder der Verleitung folgt, weiß oder wissen sollte, dass diese auf Insiderinformationen beruht (Rz. 97 ff.). 94

Von einer Verleitung ist auch für den Fall auszugehen, dass eine Person **auf der Grundlage eines von ihr gefassten Entschlusses oder eines Vorhabens Dritter gegenüber eine Empfehlung** abgibt und so einen anderen zum Erwerb oder zur Veräußerung von Insiderpapieren verleitet (Rz. 90). 95

3. Versuch. Hat eine Person nach ihrer Vorstellung von der Tat zur Verwirklichung des Tatbestands des Empfehlungs- oder Verleitungsverbots unmittelbar angesetzt (§ 22 StGB), fehlt es aber an der Vollendung, weil ein Teil des objektiven Tatbestands nicht erfüllt ist, kommt die Ahndung der Tat als Versuch nach Art. 14 lit. b VO Nr. 596/2014 i.V.m. § 119 Abs. 3 Nr. 2, Abs. 4 WpHG in Betracht. 96

4. Nutzung von Empfehlungen oder Verleitungen (Art. 8 Abs. 3 VO Nr. 596/2014). Nutzt eine Person eine Empfehlung oder folgt sie einer Verleitung i.S.v. Art. 8 Abs. 2 VO Nr. 596/2014, so erfüllt dies nach Art. 8 Abs. 3 VO Nr. 596/2014 den Tatbestand eines Insidergeschäfts i.S.v. Art. 8 Abs. 1 VO Nr. 596/2014, wenn sie weiß oder wissen sollte, dass die Empfehlung oder die Verleitung auf Insiderinformationen beruht. Art. 8 Abs. 1 VO Nr. 596/2014 wird damit durchaus ein „**neuer Tatbestand**" eines Insidergeschäfts[8] hinzugefügt: Setzen Art. 8 Abs. 1 und Abs. 2 VO Nr. 596/2014 das Handeln einer Person voraus, die über Insiderinformationen verfügt und diese für Geschäfte in Insiderpapiere oder die Änderung oder Stornierung von Aufträgen nutzt 97

---

1 *BaFin*, Emittentenleitfaden 2013, S. 41; *Buck-Heeb*, Kapitalmarktrecht, Rz. 359.
2 *Hopt/Kumpan* in Schimansky/Bunte/Lwowski, § 107 Rz. 74; *Klöhn* in KölnKomm. WpHG, § 14 WpHG Rz. 487; *Klöhn* in Klöhn, Art. 8 MAR Rz. 223; *Mennicke* in Fuchs, § 14 WpHG Rz. 366, 380; *Renz/Rippel* in BuB, Rz. 7/733; *Rothenhöfer* in Kümpel/Wittig, Bank- und Kapitalmarktrecht, Rz. 3.566; *Schwark/Kruse* in Schwark/Zimmer, § 14 WpHG Rz. 70; *Sethe* in Assmann/Schütze, Kapitalanlagerecht, § 8 Rz. 148.
3 Für Art. 8 VO Nr. 596/2014 *Schelm* in Meyer/Veil/Rönnau, Handbuch zum Marktmissbrauchsrecht, § 9 Rz. 25 f.
4 So schon die ganz h.M. zum bisherigen Recht, etwa *Assmann* in 6. Aufl., § 14 WpHG Rz. 127 (kein Tätigwerden des Verleiteten am Markt erforderlich); *Klöhn* in KölnKomm. WpHG, § 14 WpHG Rz. 487; *Mennicke* in Fuchs, § 14 WpHG Rz. 380; *Sethe* in Assmann/Schütze, Kapitalanlagerechts, § 8 Rz. 148 (kein Tätigwerden des Verleiteten am Markt erforderlich).
5 Ebenso *Sethe* in Assmann/Schütze, Kapitalanlagerecht, § 8 Rz. 148; auch *Renz/Rippel* in BuB, Rz. 7/733; *Schelm* in Meyer/Veil/Rönnau, Handbuch zum Marktmissbrauchsrecht, § 9 Rz. 11. A.A., aber ohne triftige Einwände, *Klöhn* in Klöhn, Art. 8 MAR Rz. 237 ff. (Kausalitätserfordernis lässt sich für Art. 8 Abs. 2 VO Nr. 596/2014 „nur modifiziert aufrechthalten").
6 Ebenso *Klöhn* in KölnKomm. WpHG, § 14 WpHG Rz. 488; *Mennicke* in Fuchs, § 14 WpHG Rz. 381; *Schäfer* in Schäfer/Hamann, Kapitalmarktgesetze, § 14 WpHG Rz. 32; *Schelm* in Meyer/Veil/Rönnau, Handbuch zum Marktmissbrauchsrecht, § 9 Rz. 15. A.A. *Cahn*, Der Konzern 2005, 5, 12; *Cahn*, ZHR 162 (1998), 1, 44.
7 Zu § 14 Abs. 1 Nrn. 1–3 WpHG a.F. unstreitig. Vgl. *BaFin*, Emittentenleitfaden 2013, S. 41.
8 *Krause*, CCZ 2014, 248, 251.

oder zur Grundlage einer Empfehlung oder Verleitung macht, so verlangt Art. 8 Abs. 3 VO Nr. 596/2014 grundsätzlich nicht, dass die handelnde Person über die Insiderinformationen verfügt, auf deren Grundlage die Empfehlung oder die Verleitung erfolgte, der sie gefolgt ist. Art. 8 Abs. 3 VO Nr. 596/2014 lässt es vielmehr genügen, dass der Handelnde in Kenntnis der Empfehlung oder der Verleitung handelt[1] und weiß oder wissen sollte, dass die Empfehlung oder Verleitung auf der Grundlage einer Insiderinformation erfolgte.

98 Dessen ungeachtet ist der **Anwendungsbereich** des neuen Tatbestands eines Insidergeschäfts allerdings im Wesentlichen dadurch bestimmt, dass Verstöße gegen Art. 14 lit. a i.V.m. Art. 8 Abs. 3 VO Nr. 596/2014 – wie auch die anderen Insiderhandelsverbote (Vor Art. 7 ff. VO Nr. 596/2014 Rz. 27; hier Rz. 9) nur **strafrechtlich und ordnungswidrigkeitsrechtlich sanktioniert** sind und eine vorsätzliches bzw. leichtfertiges Handeln voraussetzen. Dabei setzt ein strafbares vorsätzliches Handeln das Wissen und Wollen der Verwirklichung des objektiven Tatbestands voraus (Rz. 9), d.h. vorliegend das Wissen des Handelnden, dass die Empfehlung oder Verleitung auf der Grundlage einer Insiderinformation erfolgte. Leichtfertig und damit lediglich ordnungswidrig handelt, wer die gebotene Sorgfalt in einem ungewöhnlich hohen Maße verletzt, d.h. aufgrund dieser Verletzung nicht weiß, dass die Empfehlung oder Verleitung auf der Grundlage einer Insiderinformation erfolgte.

99 Anders verhielte es sich, wollte man es als **objektive Bedingung der Strafbarkeit** des Handelns aufgrund einer Empfehlung oder Verleitung qualifizieren, dass die handelnde Person, wie Art. 8 Abs. 3 VO Nr. 596/2014 es verlangt, „weiß oder wissen sollte, dass [die Empfehlung oder Verleitung] auf Insiderinformationen beruht". Das ist indes abzulehnen. Objektive Bedingungen der Strafbarkeit können nur solche Umstände sein, die keine Merkmale des Unrechtstatbestandes sind[2] und auf die sich der – hier von § 119 Abs. 3 und Abs. 4 WpHG verlangte – Vorsatz dementsprechend auch nicht zu erstrecken braucht[3]. Der Tatbestand, dass eine Person einer Empfehlung oder Verleitung folgte, die auf einer Insiderinformation beruht, von dieser Grundlage aber nichts weiß, kann schlechterdings nicht als Unrechtstatbestand angesehen werden, dessen Strafbarkeit lediglich von der weiteren „Bedingung" des Wissens oder Wissensollens abhängen soll. Vielmehr wird dieser Tatbestand gerade erst dadurch zum Unrechtstatbestand, dass die Person weiß oder wissen sollte (bzw. leichtfertig nicht wusste), dass sie mit der Empfehlung oder Verleitung Vorteile aus einer Insiderinformation zieht.

100 **IV. Sanktionen und Rechtsfolgen von Verstößen gegen Art. 14 lit. a und b i.V.m. Art. 8 VO Nr. 596/2014.** Zu den **straf- und ordnungswidrigkeitsrechtlichen Sanktionen** von Verstößen gegen Art. 14 lit. a und b i.V.m. Art. 8 VO Nr. 596/2014: Rz. 9 ff. und Art. 14 VO Nr. 596/2014 Rz. 5 ff.

101 Zu den **zivilrechtlichen Rechtsfolgen** eines Verstoßes gegen Art. 14 lit. a und b i.V.m. Art. 8 VO Nr. 596/2014 s. Art. 14 VO Nr. 596/2014 Rz. 9 ff.

Art. 9 Legitime Handlungen

(1) Für die Zwecke der Artikel 8 und 14 wird aufgrund der bloßen Tatsache, dass eine juristische Person im Besitz von Insiderinformationen ist oder war, nicht angenommen, dass sie diese Informationen genutzt und daher auf der Grundlage eines Erwerbs oder einer Veräußerung Insidergeschäfte getätigt hat, wenn diese juristische Person

a) zuvor angemessene und wirksame interne Regelungen und Verfahren eingeführt, umgesetzt und aufrechterhalten hat, durch die wirksam sichergestellt wird, dass weder die natürliche Person, die in ihrem Auftrag den Beschluss gefasst hat, Finanzinstrumente zu erwerben oder zu veräußern, auf die sich die Informationen beziehen, noch irgendeine andere natürliche Person, die diesen Beschluss in irgendeiner Weise beeinflusst haben könnte, im Besitz der Insiderinformationen gewesen ist, und

b) die natürliche Person, die im Auftrag der juristischen Person Finanzinstrumente, auf die sich die Informationen beziehen, erworben oder veräußert hat, nicht auf[ge]fordert [Rz. 6 a.E.], ihr keine Empfehlungen gegeben, sie nicht angestiftet [richtig: verleitet] oder anderweitig beeinflusst hat.

(2) Für die Zwecke der Artikel 8 und 14 wird aufgrund der bloßen Tatsache, dass eine Person im Besitz von Insiderinformationen ist, nicht angenommen, dass sie diese Informationen genutzt und daher auf der Grundlage eines Erwerbs oder einer Veräußerung Insidergeschäfte getätigt hat, wenn diese Person

a) ein Market-Maker für die Finanzinstrumente ist, auf die sich diese Informationen beziehen, oder eine Person, die als Gegenpartei für die Finanzinstrumente zugelassen ist, auf die sich diese Informationen beziehen, und wenn der Erwerb oder die Veräußerung von Finanzinstrumenten, auf die sich diese Informationen beziehen, rechtmäßig im Zuge der normalen Ausübung ihrer Funktion als Market-Maker oder Gegenpartei für das betreffende Finanzinstrument erfolgt, oder

---

1 Ebenso *Klöhn* in Klöhn, Art. 8 MAR Rz. 251.
2 Etwa *Eisele* in Schönke/Schröder, 29. Aufl. 2014, Vor §§ 13 ff. StGB Rz. 125.
3 Etwa *Eisele* in Schönke/Schröder, 29. Aufl. 2014, Vor §§ 13 ff. StGB Rz. 126.

b) wenn diese Person zur Ausführung von Aufträgen für Dritte zugelassen ist und der Erwerb oder die Veräußerung von Finanzinstrumenten, auf die sich der Auftrag bezieht, dazu dient, einen solchen Auftrag rechtmäßig im Zuge der normalen Ausübung der Beschäftigung des Berufs oder der Aufgaben dieser Person auszuführen.

(3) Für die Zwecke der Artikel 8 und 14 wird aufgrund der bloßen Tatsache, dass eine Person im Besitz von Insiderinformationen ist, nicht angenommen, dass sie diese Informationen genutzt und daher auf der Grundlage eines Erwerbs oder einer Veräußerung Insidergeschäfte getätigt hat, wenn diese Person ein Geschäft zum Erwerb oder zur Veräußerung von Finanzinstrumenten tätigt, das, in gutem Glauben und nicht zur Umgehung des Verbots von Insidergeschäften, durchgeführt wird, um einer fällig gewordenen Verpflichtung nachzukommen, und wenn

a) die betreffende Verpflichtung auf der Erteilung eines Auftrags oder dem Abschluss einer Vereinbarung aus der Zeit vor dem Erhalt der Insiderinformationen beruht oder

b) das Geschäft der Erfüllung einer rechtlichen Verpflichtung oder Regulierungsauflage dient, die vor dem Erhalt der Insiderinformationen entstanden ist.

(4) Für die Zwecke des Artikels 8 und 14 wird aufgrund der bloßen Tatsache, dass eine Person Insiderinformationen besitzt, nicht angenommen, dass sie diese Informationen genutzt und daher Insidergeschäfte getätigt hat, wenn sie diese Insiderinformation im Zuge der Übernahme eines Unternehmens oder eines Unternehmenszusammenschlusses auf der Grundlage eines öffentlichen Angebots erworben hat und diese Insiderinformationen ausschließlich nutzt, um den Unternehmenszusammenschluss oder die Übernahme auf der Grundlage eines öffentlichen Angebots weiterzuführen, unter der Voraussetzung, dass zum Zeitpunkt der Genehmigung des Unternehmenszusammenschlusses oder der Annahme des Angebotes durch die Anteilseigner des betreffenden Unternehmens sämtliche Insiderinformationen öffentlich gemacht worden sind oder auf andere Weise ihren Charakter als Insiderinformationen verloren haben.

Dieser Absatz gilt nicht für den Beteiligungsaufbau.

(5) Für die Zwecke der Artikel 8 und 14 stellt die bloße Tatsache, dass eine Person ihr Wissen darüber, dass sie beschlossen hat, Finanzinstrumente zu erwerben oder zu veräußern, beim Erwerb oder der Veräußerung dieser Finanzinstrumente nutzt, an sich noch keine Nutzung von Insiderinformationen dar.

(6) Unbeschadet der Absätze 1 bis 5 des vorliegenden Artikels kann es als Verstoß gegen das Verbot von Insidergeschäften gemäß Artikel 14 betrachtet werden, wenn die zuständige Behörde feststellt, dass sich hinter den betreffenden Handelsaufträgen, Geschäften oder Handlungen ein rechtswidriger Grund verbirgt.

In der Fassung vom 16.4.2014 (ABl. EU Nr. L 173 v. 12.6.2014, S. 1).

Schrifttum: S. Art. 1 VO Nr. 596/2014 und das Allgemeine Schrifttumsverzeichnis.

I. Regelungsgehalt 1	3. Erfüllung fällig gewordener Verpflichtungen (Art. 9 Abs. 3 VO Nr. 596/2014) 16
II. Ausnahmen von der Nutzungsvermutung und vom Verbot von Insidergeschäften (Art. 9 Abs. 1–5 VO Nr. 596/2014) 5	4. Geschäfte im Zuge von Unternehmensübernahmen oder diesen nachfolgenden Zusammenschlüssen (Art. 9 Abs. 4 VO Nr. 596/2014) 19
1. Erwerbs- und Veräußerungsgeschäfte von juristischen Personen mit Insiderwissen (Art. 9 Abs. 1 VO Nr. 596/2014) 6	5. Umsetzung eines Entschlusses (Art. 9 Abs. 5 VO Nr. 596/2014) 23
2. Geschäfte bestimmter Marktintermediäre in normaler Ausübung ihrer Funktion (Art. 9 Abs. 2 VO Nr. 596/2014) 11	III. Rückausnahme: Geschäfte oder Handlungen mit rechtswidrigem Grund (Art. 9 Abs. 6 VO Nr. 596/2014) 24

I. Regelungsgehalt. Ein nach Art. 14 lit. a VO Nr. 596/2014 (MAR) verbotenes Insidergeschäft setzt nach Art. 8 Abs. 1 Satz 1 VO Nr. 596/2014 voraus, dass eine Person, die über eine Insiderinformation verfügt, diese **nutzt**, um für eigene oder fremde Rechnung direkt oder indirekt Finanzinstrumente, auf die sich die Informationen beziehen, zu erwerben oder zu veräußern. In dem für die Auslegung dieser Vorschrift maßgeblichen *Spector Photo Group*-Urteil[1] (dazu Art. 8 VO Nr. 596/2014 Rz. 36) hat der EuGH entschieden, „dass die Tatsache, dass eine ... Person, die über eine Insider-Information verfügt, für eigene fremde Rechnung direkt oder indirekt Finanzinstrumente, auf die sich die Information bezieht, erwirbt oder veräußert oder dies versucht, vorbehaltlich der Wahrung der Verteidigungsrechte und insbesondere des Rechts, diese Vermutung widerlegen zu können, eine ‚Nutzung [dieser Information]' im Sinne dieser Bestimmung durch die genannte Person impliziert". Entsprechendes findet sich in Erwägungsgrund 24 Sätze 1 und 2 VO Nr. 596/2014: „Wenn eine

---

1 EuGH v. 23.12.2009 – C-45/08, ECLI:EU:C:2009:806 – Spector Photo Group, AG 2010, 74 (Ls. 1; 76 f. Rz. 37 ff.).

Art. 9 VO Nr. 596/2014 | Legitime Handlungen

juristische oder natürliche Personen im Besitz von Insiderinformationen für eigene Rechnung oder für Rechnung Dritter, sei es unmittelbar oder mittelbar, Finanzinstrumente, auf die sich diese Informationen beziehen, erwirbt oder veräußert bzw. zu erwerben oder zu veräußern versucht, sollte unterstellt werden, dass diese Person diese Informationen genutzt hat. Diese Annahme lässt die Verteidigungsrechte unberührt." Das heißt im Klartext, dass eine widerlegliche Vermutung dafürspricht, dass eine Person, die über Insiderinformationen verfügt und Insiderpapiere erworben oder veräußert hat, dies unter Nutzung der Insiderinformation tat.

2 Diese **Nutzungsvermutung** ist die **Grundlage der Regelung in Art. 9 VO Nr. 596/2014**, die bestimmt, dass – ausweislich der gleichlautenden Formulierung in Art. 9 Abs. 1–5 VO Nr. 596/2014: „wird ... nicht angenommen, dass ..." – die Vermutung unter den in Art. 9 Abs. 1–5 VO Nr. 596/2014 angeführten Voraussetzungen **nicht eingreift**. Die Formulierung in Art. 9 Abs. 1–5 VO Nr. 596/2014 ist indes nicht so zu verstehen, dass in den in diesen Vorschriften aufgeführten Fällen die Nutzung einer Insiderinformation zwar nicht vermutet, aber gleichwohl nachgewiesen werden kann. Vielmehr führen Art. 9 Abs. 1–5 VO Nr. 596/2014 legitime Handlungen auf, die nicht als Insidergeschäfte gelten und damit – vorbehaltlich der Feststellung eines rechtwidrigen Grundes der fraglichen Geschäfte nach Art. 9 Abs. 6 VO Nr. 596/2014 durch die BaFin – als **Ausnahmen vom Verbot von Insidergeschäften** angesehen werden können[1]. Dafür spricht auch der Umstand, dass in Art. 9 VO Nr. 596/2014 Fälle aufgegriffen werden, die schon in Erwägungsgründen 18 und 30 der RL 2003/6/EG vom 28.1.2003[2], lang vor der *Spector Photo Group*-Entscheidung des EuGH, als „legitime Geschäfte" und nicht im Einzelfall in Frage zu stellende Ausnahmen vom Insiderhandelsverbot betrachtet wurden. Und auch in den Erwägungsgründen 29, 30 und 42 VO Nr. 596/2014 kommt im Zusammenhang mit Marktmissbrauch und Marktmanipulation zum Ausdruck, dass „legitime Handlungen" rechtlich anzuerkennende Handlungen sind, die von den entsprechenden Verboten nicht erfasst werden. Eine **Rückausnahme** formuliert **Art. 9 Abs. 6 VO Nr. 596/2014**, demzufolge, auch wenn einer der in Art. 9 Abs. 1–5 VO Nr. 596/2014 geregelten Fälle gegeben ist, ein Verstoß gegen das Verbot von Insidergeschäften gem. Art. 14 VO Nr. 596/2014 betrachtet werden, wenn die zuständige Behörde feststellt, dass sich hinter den betreffenden Handelsaufträgen, Geschäften oder Handlungen ein rechtswidriger Grund verbirgt.

3 Die in Art. 9 Abs. 1–5 VO Nr. 596/2014 aufgeführten Ausnahmen vom Verbot von Insidergeschäften beziehen sich sämtliche **nur auf Erwerbs- und Veräußerungsgeschäfte** i.S.v. Art. 8 Abs. 1 Satz 2 VO Nr. 596/2014 und erfassen damit weder Handlungen in Gestalt der Stornierung oder Änderung eines früheren Auftrags in Bezug auf ein Finanzinstrument, auf das sich die Informationen beziehen, noch solche in Gestalt von Empfehlungen oder Verleitungen oder der Weitergabe von Insiderinformationen. Gerade wenn man Art. 9 Abs. 1–5 VO Nr. 596/2014 zwar als auf der der *Spector Photo Group*-Entscheidung des EuGH basierende, aber als Ausnahme vom Verbot von Insidergeschäften ausgestaltete Vorschrift sieht, versteht es sich von selbst, dass Art. 9 VO Nr. 596/2014 **keine abschließende Regelung** der Verteidigungsmöglichkeiten gegen die in dieser Entscheidung begründete Nutzungsvermutung darstellt[3].

4 Einzelne Bestimmungen von Art. 9 VO Nr. 596/2014 bauen auf solchen der RL 2003/6/EG (Rz. 2) auf[4]: Art. 9 Abs. 3 lit. a und b VO Nr. 596/2014 **entsprechen** Art. 2 Abs. 3 RL 2003/6/EG.

5 **II. Ausnahmen von der Nutzungsvermutung und vom Verbot von Insidergeschäften (Art. 9 Abs. 1–5 VO Nr. 596/2014).** Bei den in Art. 9 Abs. 1–5 VO Nr. 596/2014 behandelten Fällen handelt es sich um „legitime

---

1 *Hopt/Kumpan* in Schimansky/Bunte/Lwowski, § 107 Rz. 78, sprechen von Ausnahmen, aber auch von der Widerlegung der Vermutung; ebd. Rz. 88 Fn. 1 und *Hopt/Kumpan*, ZGR 2017, 765, 785: keine „generelle Bereichsausnahme", sondern nur „eine spezielle Regelung"; *Grundmann* in Staub, Bd. 11/1, 5. Aufl. 2017, 6. Teil Rz. 400, nimmt teils „Ausnahmen oder Klarstellungen", teils „gerechtfertigte Handlungen" an, behandelt diese aber in der Sache als Ausnahmen vom Verbot von Insidergeschäften; *Klöhn* in Klöhn, Art. 9 MAR Rz. 1 spricht von einer „gesetzlich fixierte[n] Ausnahmen zu der Spector-Regel": Seien „die Voraussetzungen von Art. 9 Abs. 1 erfüllt, [entfalle] ... der Tatbestand von Art. 8 Abs. 1 [VO Nr. 596/2014]". Ähnlich auch *Veil* in Meyer/Veil/Rönnau, Handbuch zum Marktmissbrauchsrecht, § 7 Rz. 47 („Die in Art. 9 MAR geregelten legitimen Handlungen haben eine tatbestandsausschließende Wirkung, weil unter den genannten Voraussetzungen keine Nutzung einer Insiderinformation vorliegt und damit der objektive Verbotstatbestand nicht erfüllt ist"). Ohne nähere Qualifikation, aber in der Sache auch *Poelzig*, NZG 2016, 528, 533 („Art. 9 IV MAR ... erklärt es für zulässig, dass eine Person Insiderinformationen im Zusammenhang mit einem Übernahmeangebot oder einem Unternehmenszusammenschluss ... erlangt und diese ausschließlich nutzt, um die Übernahme oder den Zusammenschluss weiterzuführen"). I.E. wie hier *Buck-Heeb*, Kapitalmarktrecht, Rz. 349, die allerdings unter Hinweis darauf, dass die BaFin die Rechtswidrigkeit des Geschäfts feststellen kann (Abs. 6), eine „Bereichsausnahme" ablehnt.
2 Richtlinie 2003/6/EG vom 28. Januar 2003 über Insider-Geschäfte und Marktmanipulation (Marktmissbrauch), ABl. EG Nr. L 96 v. 12.4.2003, S. 16.
3 I.E. ebenso *Bühren*, NZG 2017, 1172, 1175; *Hopt/Kumpan* in Schimansky/Bunte/Lwowski, § 107 Rz. 78; *Klöhn*, AG 2016, 423, 433; *Klöhn* in Klöhn, Art. 9 MAR Rz. 3; *Poelzig*, NZG 2016, 528, 533; *Seibt/Wollenschläger*, AG 2014, 595, 597; *Theile* in Esser/Rübenstahl/Saliger/Tsambikakis, 7. Kapitel, § 38 WpHG Rz. 120; *Veil*, ZBB 2014, 85, 91; *Veil* in Meyer/Veil/Rönnau, Handbuch zum Marktmissbrauchsrecht, § 7 Rz. 50, 87.
4 Richtlinie 2003/6/EG vom 28. Januar 2003 über Insider-Geschäfte und Marktmanipulation (Marktmissbrauch), ABl. EG Nr. L 96 v. 12.4.2003, S. 16. S. dazu die Entsprechungstabelle in Anhang II der Marktmissbrauchsrichtlinie 2003/6/EG vom 28. Januar 2003.

Handlungen" in dem Sinne, dass diese unter den in diesen Vorschriften jeweils angeführten Voraussetzungen kein gegen Art. 14 i.V.m. Art. 8 Abs. 1 Satz 1 VO Nr. 596/2014 verstoßendes Insidergeschäft darstellen (Rz. 2).

1. Erwerbs- und Veräußerungsgeschäfte von juristischen Personen mit Insiderwissen (Art. 9 Abs. 1 VO Nr. 596/2014). Nach Art. 8 Abs. 1 VO Nr. 596/2014 wird für die Zwecke der Art. 8 und 14 VO Nr. 596/2014 aufgrund der bloßen Tatsache, dass eine juristische Person im Besitz von Insiderinformationen ist oder war, nicht angenommen, dass sie diese Informationen genutzt und daher auf der Grundlage eines Erwerbs oder einer Veräußerung Insidergeschäfte getätigt hat, wenn diese juristische Person die in lit. a und b der Vorschrift aufgeführten Voraussetzungen erfüllt. Die Formulierung der Ausnahme für Erwerbs- und Veräußerungsgeschäfte von juristischen Personen mit Insiderwissen, das sich auf die erworbenen Finanzinstrumente bezieht, ist – namentlich was die in lit. a und b genannten Voraussetzungen angeht – nicht nur sachlich und sprachlich misslungen, sondern ist auch hinsichtlich ihrer Vereinbarkeit mit den Grundsätzen des deutschen Strafprozessrechts Zweifeln[1] ausgesetzt. Zu ihren **sachlichen und sprachlichen Mängeln:** *Zum einen* verwendet die Vorschrift in der in Art. 9 Abs. 1 lit. a VO Nr. 596/2014 formulierten Voraussetzung für das Eingreifen der Ausnahme Begriffe, die sich auf die in Art. 8 Abs. 5 VO Nr. 596/2014 beziehen, nach dem das Insidergeschäft einer juristische auch ein solches der natürlichen Personen darstellt, die an dem Beschluss, den Erwerb, die Veräußerung, die Stornierung oder Änderung eines Auftrags für Rechnung der betreffenden juristischen Person zu tätigen, beteiligt sind oder diesen beeinflussen. Anders als dort nimmt Art. 9 Abs. 1 lit. a VO Nr. 596/2014, wenn er von Beschlussfassung und Beschlussbeeinflussung spricht, aber nicht auf diese natürlichen Personen und ihren Beschluss Bezug, sondern spricht von einem Beschluss, den eine natürliche Person im Auftrag der juristischen Person gefasst hat. Eine natürliche Person, die für eine juristische Person Finanzinstrumente erwirbt oder veräußert, tut dies aber – jedenfalls nach deutschem Recht – nicht aufgrund eines von ihr gefassten Beschlusses und schon gar nicht aufgrund eines von ihr im Auftrag der juristischen Person gefassten Beschlusses. Entsprechend unklar ist, was unter der Beeinflussung eines solchen Beschlusses durch einen Dritten zu verstehen ist. *Zum anderen* ist trotz der zweifachen Berichtigung von Bestimmungen der Marktmissbrauchsverordnung und namentlich der Berichtigung von Art. 8 Abs. 2 und 3 VO Nr. 596/2014 im Hinblick auf den Austausch der Begriffe „Anstiftung" und „anstiften" durch die Begriffe „Verleitung" und „verleiten" (dazu Art. 8 VO Nr. 596/2014 Rz. 4) in Art. 9 Abs. 1 lit. b VO Nr. 596/2014 nach wie vor von „angestiftet" statt von „verleitet" die Rede. Darüber hinaus muss es in Art. 9 Abs. 1 lit. b VO Nr. 596/2014 richtigerweise auch „aufgefordert" statt „auffordert" heißen.

Mit den letztgenannten Mängeln, d.h. diejenigen der Formulierung des Art. 9 Abs. 1 lit. b VO Nr. 596/2014, ist problemlos im vorstehenden Sinne umzugehen. Im Hinblick auf die Formulierungsmängel des Art. 9 Abs. 1 lit. a VO Nr. 596/2014 ist dagegen erforderlich, was im Kollisionsrecht, das zur Anwendung einer ausländischen Norm durch inländische Gerichte führen kann, als **Anpassung** bezeichnet wird: Die EU-Verordnung (im kollisionsrechtlichen Bild der Anpassung, ein trotz seiner unmittelbaren Geltung in den Mitgliedstaaten „fremder" Normkomplex) verwendet Begriffe und bezieht sich auf Vorgänge, die dem auf juristische Personen und das Recht der Geschäfte und Handlungen für juristische Personen anwendbaren deutschen Recht so nicht bekannt sind, was eine Anpassung der Begrifflichkeit der Verordnung an die Verhältnisse des deutschen Rechts unter Berücksichtigung von Sinn und Zweck der fraglichen Vorschrift verlangt. In letzterer Hinsicht ist davon auszugehen, dass Art. 9 Abs. 1 lit. a VO Nr. 596/2014 nicht, wie Art. 8 Abs. 5 VO Nr. 596/2014, die an einem Beschluss beteiligten Personen erfasst, sondern jede **natürliche Person**, die – so lässt sich die Formulierung deuten, dass die natürliche Person ihren „**Beschluss**" im „**Auftrag**" der juristischen Person gefasst haben muss – kraft der ihr zukommenden oder zugewiesenen Befugnisse tätig wird, um für Rechnung der juristischen Person Finanzinstrumente zu erwerben oder zu veräußern, auf die sich die Insiderinformationen der juristischen Person – das sind die ihr zurechenbaren Insiderinformationen natürlicher Personen wie insbesondere der Mitglieder ihrer Organe – beziehen oder die dieses Tätigwerden in irgendeiner Weise beeinflusst hat[2]. Dafür spricht, dass Art. 9 Abs. 1 lit. a VO Nr. 596/2014 die von Art. 9 Abs. 1 VO Nr. 596/2014 formulierte Ausnahme nur gewährt, wenn durch entsprechende Organisationsmaßnahmen sichergestellt ist, dass Insiderwissen über dem Insiderhandelsverbot unterliegende Finanzinstrumente, welches der juristischen Person zugerechnet wird und damit bei dieser vorhanden ist, nicht denjenigen natürlichen Personen zufließt oder zugänglich wird, die mit dem Erwerb und der Veräußerung solcher Finanzinstrumente betraut sind oder berechtigterweise solche Geschäfte vornehmen können. Eine solche natürliche Person kann auch ein Organmitglied, wie etwa der Finanzvorstand, sein, wenn angemessene und wirksame interne Regelungen und Verfahren eingeführt wurden, dass diese Person mit Informationen der fraglichen Art nicht in Berührung kommt. Tatsächlich wird der Hauptanwendungsbereich der Ausnahme aber bei solchen juristischen Personen liegen, die über eigene Abteilungen verfügen, die „im Auftrag" des Unternehmens Finanzmittel desselben in Finanzinstrumente investieren,

---

1 *Szesny*, DB 2016, 1420, 1421; *Theile* in Esser/Rübenstahl/Saliger/Tsambikakis, 7. Kapitel, § 38 WpHG Rz. 120.
2 Erwägungsgrund 30 VO Nr. 596/2014 spricht von bei „ihnen [d.h. juristischen Personen] beschäftigte natürliche Personen"). Ebenso *Hopt/Kumpan* in Schimansky/Bunte/Lwowski, § 107 Rz. 80 („die für den Handel von Finanzinstrumenten zuständigen Personen"; „die für sie [d.h. die juristische Person, d. Verf.] handelnden natürlichen Personen"); *Zetzsche* in Gebauer/Teichmann, § 7 C. Rz. 150 („die für sie [die juristische Person, d. Verf.] handelnde natürliche Person").

was wiederum überwiegend bei im Finanzsektor tätigen Unternehmen, namentlich Kreditinstituten mit ausgeprägtem Eigenhandel, der Fall sein wird.

8 Die vorstehende **Auslegung** – „Anpassung" – von Art. 9 Abs. 1 VO Nr. 596/2014 ist dahingehend **zusammenzufassen**, dass der Erwerb oder die Veräußerung von Finanzinstrumenten durch eine juristische Person, welche über Insiderinformationen über die fraglichen Instrumente verfügt, dann kein Insidergeschäft der juristischen Person darstellt, wenn – *erstens* (Art. 9 Abs. 1 lit. a VO Nr. 596/2014) – angemessene und wirksame interne Regelungen und Verfahren eingeführt, umgesetzt und aufrechterhalten wurden, durch die wirksam sichergestellt war, dass die natürliche Person, welche berechtigterweise den Erwerb oder die Veräußerung der fraglichen Finanzinstrumente veranlasste oder hierauf auf irgendeine Weise Einfluss ausübte, nicht über die fraglichen Insiderinformationen verfügte, und darüber hinaus – *zweitens* (Art. 9 Abs. 1 lit. b VO Nr. 596/2014) die juristische Person die natürliche Person, die den Erwerb oder die Veräußerung der Finanzinstrumente veranlasste, weder dazu aufgefordert hat noch ihr diesbezüglich Empfehlungen gab und sie diesbezüglich auch nicht verleitet oder anderweitig beeinflusst hat.

9 **Adressat der Ausnahme** des Art. 9 Abs. 1 VO Nr. 596/2014 ist eine **juristische Person**. Juristische Personen i.S. dieser Bestimmung sind nicht nur die nach deutschem Recht als juristische Personen geltenden GmbH, AG, KGaA, eingetragene Vereine und Genossenschaften sowie die diesen entsprechende ausländischen Rechtsformen, sondern in verordnungsautonomer teleologischer Auslegung alle rechtlich verselbständigten Personenvereinigungen und Körperschaften des Privatrechts und öffentlichen Rechts, die selbstständige Träger von Rechten und Pflichten sein können[1] (Art. 3 VO Nr. 596/2014 Rz. 22). **Natürliche Person** i.S.d. der in Art. 9 Abs. 1 lit. b VO Nr. 596/2014 aufgeführten Voraussetzung ist jeder Mensch (Art. 3 VO Nr. 596/2014 Rz. 22), in dessen Person die Voraussetzung dieser Bestimmung gegeben sind. Im Hinblick auf die **Anforderungen nach Art. 9 Abs. 1 lit. a VO Nr. 596/2014** ist zunächst anzumerken, dass als „**natürliche Person**, die in ihrem [d.h. der juristischen Person, Anm. d. Verf.] Auftrag den Beschluss gefasst hat" auch **mehrere natürliche Personen** in Betracht kommen[2], deren gemeinschaftliches Handeln, etwa durch Beschluss, das Erwerbs- oder Veräußerungsgeschäfts veranlasst hat. Ob **angemessene und wirksame internen Regelungen und Verfahren** eingeführt, umgesetzt und aufrechterhalten wurden, um die Weitergabe von Insiderinformationen zu und zwischen einzelnen Handlungsbereichen des Unternehmens zu verhindern, ist ebenso eine Frage des Einzelfalls[3] wie die, ob – wie es Art. 9 Abs. 1 lit. a VO Nr. 596/2014 verlangt – die Vorkehrungen dergestalt waren, dass sie im konkreten Fall sicherstellten, dass die für die juristische Person handelnde(n) natürliche(n) Person(en) nicht „im Besitz der der Insiderinformationen gewesen ist". Welche **Vorkehrungen** im Einzelfall angemessen und wirksam sind, hängt u.a. von dem Gegenstand (etwa Produktion, Handel, oder Finanzdienstleistungen), der Größe und der internen Organisation der juristischen Person ab[4]. Das gilt auch für die Beantwortung der Frage, wer die Einrichtung und Überwachung der Maßnahmen zur Kontrolle von Kommunikationswegen und Informationsflüssen – oder, mit anderen Worten, die Schaffung von Vertraulichkeitsbereichen und *Chinese Walls*[5] – zu verantworten hat, um als angemessen und wirksam gelten zu können[6], wobei mit der Größe und arbeitsteiligen Differenzierung eines Unternehmens die Notwendigkeit der Delegation dieser Aufgabe vom Leitungsorgan auf sog. *Compliance*-Abteilungen und -*Officer* wächst. Die Vorkehrungen müssen aus **Regelungen**, d.h. unternehmensintern verbindlichen Anordnungen, **und** – kumulativ – **Verfahren** im Sinne etablierter Abläufe zur Umsetzung der Regelungen bestehen[7]. Nicht ausreichend ist es, wenn nur die einen (Regelungen) oder die anderen (Verfahren) vorzufinden sind.

10 Im Hinblick auf die Erfordernisse von **Art. 9 Abs. 1 lit. b VO Nr. 596/2014** liegt eine **Aufforderung** der natürlichen Person vor, wenn von diese ersucht oder von ihr verlangt wird, bestimmte Erwerbs- oder Veräußerungsgeschäfte in Bezug auf Finanzinstrumente, zu denen der juristischen Person Insiderinformationen vorliegen, zu tätigen. Zur Beurteilung der Frage, unter welchen Voraussetzungen anzunehmen ist, dass eine natürliche Person von der juristischen Person eine diesbezügliche **Empfehlung** abzugeben, kann auf die Erläuterungen in Art. 8 VO Nr. 596/2014 Rz. 82 verwiesen werden. Gleiches gilt für die Auslegung des Begriffs der **Verleitung**

---

[1] Auch *Veil* in Meyer/Veil/Rönnau, Handbuch zum Marktmissbrauchsrecht, § 7 Rz. 52.
[2] Auch *Hopt/Kumpan* in Schimansky/Bunte/Lwowski, § 107 Rz. 80.
[3] Diesbezüglich ist auch davon die Rede, in Art. 9 Abs. 1 lit. a) VO Nr. 596/2014 werde mit dem Erfordernis angemessener und wirksamer interner Regelungen und Verfahren lediglich ein Ziel vorgegeben, nicht aber die Art und Weise, in der dies zu erreichen sei. *Grundmann* in Staub, Bd. 11/1, 5. Aufl. 2017, 6. Teil Rz. 404; *Klöhn* in Klöhn, Art. 9 MAR Rz. 26.
[4] Auch *Klöhn* in Klöhn, Art. 9 MAR Rz. 37 f. Zu den entsprechenden compliancebezogenen Organisationspflichten von Wertpapierdienstleistungsunternehmen (Kreditinstitute und Finanzdienstleistungsinstitute) und diesbezüglich angemessenen Mitteln und Verfahren, namentlich nach Art. 33 WpHG a.F. (heute § 80 WpHG) s. *Faust* in Schimansky/Bunte/Lwowski, § 109 Rz. 92 ff.
[5] Nach *Veil* in Meyer/Veil/Rönnau, Handbuch zum Marktmissbrauchsrecht, § 7 Rz. 55, „kommen vor allem Chinese Walls, sonstige (räumliche) Zutrittsbeschränkungen und Beschränkungen des Zugriffs auf Daten, Gesprächsaufzeichnungen sowie Watch Lists und Restricted Lists in Betracht". Zu den *Chinese Walls* auch *Hopt/Kumpan* in Schimansky/Bunte/Lwowski, § 107 Rz. 80.
[6] Auch *Grundmann* in Staub, Bd. 11/1, 5. Aufl. 2017, 6. Teil Rz. 404.
[7] I.E. ebenso *Klöhn* in Klöhn, Art. 9 MAR Rz. 28 bzw. 30.

zu Geschäften mit Finanzinstrumenten: Da als Verleitung jedwede Einwirkungen auf den Willen eines Dritten zur Vornahme solcher Geschäfte erfasst wird, die sich nicht als Empfehlung im Sinne dieser Vorschriften darstellt (Art. 8 VO Nr. 596/2014 Rz. 91), kommt dem Begriff der **anderweitigen Beeinflussung** keine eigenständige Bedeutung zu.

2. Geschäfte bestimmter Marktintermediäre in normaler Ausübung ihrer Funktion (Art. 9 Abs. 2 VO Nr. 596/2014). In Erwägungsgrund 29 VO Nr. 596/2014 heißt es, damit legitime Formen von Finanzaktivitäten nicht ungewollt verboten würden, insbesondere nicht solche, in denen kein Marktmissbrauch vorliege, sei es erforderlich, bestimmte legitime Handlungen anzuerkennen. Dazu gehöre etwa die Anerkennung der Rolle der Market-Maker, wenn sie in ihrer legitimen Eigenschaft als Bereitsteller von Marktliquidität tätig würden. Konkretisiert wird dies in Erwägungsgrund 30 VO Nr. 596/2014: „Beschränken sich **Market-Maker oder Personen, die als Gegenparteien fungieren dürfen**, auf die Ausübung ihrer legitimen Geschäftstätigkeit in Form des Erwerbs oder der Veräußerung von Finanzinstrumenten oder beschränken sich zur Ausführung von Aufträgen für Rechnung Dritter, die über Insiderinformationen verfügen, befugte Personen auf die pflichtgemäße Ausführung der Stornierung oder Änderung eines Auftrags, so sollte dies nicht als Nutzung von Insiderinformationen gelten. Der in dieser Verordnung vorgesehene Schutz für Market-Maker, für Stellen, die befugt sind, als Gegenpartei aufzutreten, und für Personen, die befugt sind, im Namen Dritter, die über Insiderinformationen verfügen, Aufträge auszuführen, erstreckt sich nicht auf Tätigkeiten, die gemäß dieser Verordnung eindeutig verboten sind, wie zum anderem die gemeinhin als ‚Frontrunning' bekannte Praxis (Eigengeschäfte in Kenntnis von Kundenaufträgen)."[1]

11

Market-Maker i.S.v. **Art. 9 Abs. 2 lit. a VO Nr. 596/2014** ist nach Art. 2 Abs. 1 VO Nr. 596/2014 i.V.m. Art. 4 Abs. 1 Nr. 7 RL 2014/65/EU (MiFID II)[2] eine Person, die an den Finanzmärkten auf kontinuierlicher Basis ihre Bereitschaft anzeigt, durch den An- und Verkauf von Finanzinstrumenten unter Einsatz des eigenen Kapitals Handel für eigene Rechnung zu von ihr gestellten Kursen zu betreiben. Verfügt sie über Insiderinformationen, so ist der Erwerb oder die Veräußerung von Finanzinstrumenten, auf die sich diese Informationen beziehen, vom Verbot von Insidergeschäften ausgeschlossen, wenn dieser rechtmäßig im Zuge der normalen Ausübung ihrer Funktion als Market-Maker oder Gegenpartei für das betreffende Finanzinstrument erfolgt. Rechtmäßig und unter die Ausnahme des Art. 9 Abs. 2 VO Nr. 596/2014 fallend sind **Hedgegeschäfte**, weil hier gerade nicht die Insidertatsache zu einem Vorteil umgemünzt, sondern der möglichen Kursbeeinflussung entgegengewirkt werden soll[3]. Unrechtmäßig und nicht zu seinen normalen Geschäften gehörig sind dagegen namentlich solche Geschäfte, die der Market-Maker in Kenntnis der Insiderinformationen für sich persönlich tätigt. Nicht rechtmäßig ist es auch, wenn der Market-Maker aufgrund seiner Kenntnis einem Kunden ein Geschäft mit den Insiderpapieren empfiehlt oder ihn dazu verleitet.

12

Entsprechendes gilt nach Art. 9 Abs. 2 lit. a VO Nr. 596/2014 für eine Person, die als **Gegenpartei** für die Finanzinstrumente zugelassen. Da die Ausnahme des Art. 9 Abs. 2 lit. a VO Nr. 596/2014 darauf zielt, eine rechtmäßig oder kraft rechtlicher Verpflichtung Liquidität schaffende Person im Rahmen ihrer diesbezüglichen funktionsbedingten und üblichen Geschäfte vom Verbot von Insidergeschäften auszunehmen, kommt als zugelassene Gegenpartei nur die **zentrale Gegenpartei** („central counterparty" – „CCP") i.S.v. Art. 2 Ziff. 1 VO Nr. 648/2012[4] (EMIR) in Betracht, die nach Maßgabe von Art. 14–21 VO Nr. 648/2012 von der ESMA die Zulassung zum Clearing einer *over the counter* handelbaren (OTC-)Derivateklasse erhalten hat oder als eine in einem Drittstaat ansässige CCP nach Art. 25 VO Nr. 648/2012 anerkannt wurde und gem. Art. 6 Abs. 2 lit. b VO Nr. 648/2012 im öffentlichen Register der ESMA aufgeführt ist[5].

13

Vorstehende Grundsätze gelten darüber hinaus für den in **Art. 9 Abs. 2 lit. b VO Nr. 596/2014** aufgeführten Erwerb oder die Veräußerung von Finanzinstrumenten, die eine **zur Ausführung von Aufträgen für Dritte zugelassene Person** in Kenntnis von Insiderinformationen über diese Instrumente tätigt, wenn das fragliche Geschäft dazu dient, einen solchen Auftrag rechtmäßig im Zuge der normalen Ausübung der Beschäftigung, des Berufs oder der Aufgaben dieser Person auszuführen. Zur Ausführung von Aufträgen für Dritte zugelassene Personen sind einerseits **Wertpapierfirmen** i.S.v. Art. 4 Abs. 1 Nr. 1 RL 2014/65/EU (Rz. 12) und andererseits, nach dem diese Bestimmung umsetzenden § 2 Abs. 10 WpHG, **Wertpapierdienstleistungsunternehmen**, d.h. der Zulassung nach § 32 KWG unterliegende Kreditinstitute (§ 1 Abs. 1 KWG) und Finanzdienstleistungsinstitute (§ 1 Abs. 1a KWG) sowie Repräsentanten von Instituten, die befugt sind, in ihren Herkunftsstaat Bank-

14

---

1 Zum *Frontrunning* s. Art. 8 VO Nr. 596/2014 Rz. 43 f.
2 ABl. EU Nr. L 173 v. 12.6.2014, S. 349.
3 So schon, wegen fehlender Ursächlichkeit der Insiderinformation für das Geschäft, *Schwark/Kruse* in Schwark/Zimmer, § 14 WpHG Rz. 22; *Sethe* in Assmann/Schütze, Kapitalanlagerecht, § 8 Rz. 99. In Bezug auf Art. 9 Abs. 2 VO Nr. 596/2014 *Hopt/Kumpan* in Schimansky/Bunte/Lwowski, § 107 Rz. 81.
4 Verordnung (EU) Nr. 648/2012 des Europäischen Parlaments und des Rates vom 4. Juli 2012 über OTC-Derivate, zentrale Gegenparteien und Transaktionsregister, ABl. EU Nr. L 201 v. 27.7.2012, S. 1.
5 So i.E. auch *Grundmann* in Staub, Bd. 11/1, 5. Aufl. 2017, 6. Teil Rz. 409; *Klöhn* in Klöhn, Art. 9 MAR Rz. 83; *Zetzsche* in Gebauer/Teichmann, § 7 C. Rz. 151 Fn. 1302 („Gemeint ist wohl die zentrale Gegenpartei").

geschäfte zu betreiben oder Finanzdienstleistungen zu erbringen (§ 53 Abs. 1 Satz 1 KWG). Die Ausnahme bezieht sich auf die rechtmäßige, in der normalen Ausübung der Beschäftigung des Berufs oder der Aufgaben dieser Person liegende Ausführung von Aufträgen zum Erwerb oder der Veräußerung von Finanzinstrumenten.

15 Art. 9 Abs. 2 lit. b VO Nr. 596/2014 nimmt damit die ordnungsgemäße – **„normale"** – **Ausführung einer Kundenorder** vom Verbot von Insidergeschäften aus. Sein **Anwendungsbereich** ist damit deckungsgleich mit den Fällen, in denen das Insiderwissen einer Person i.S.v. Art. 9 Abs. 2 lit. b VO Nr. 596/2014 für die Ausführung einer Kundenorder nicht ursächlich geworden ist (Art. 8 VO Nr. 596/2014 Rz. 31). Dementsprechend begründet Art. 9 Abs. 2 VO Nr. 596/2014 keine Ausnahme von dem Verbot, eine **„interessewahrend"** erteilte Order unter der Verwendung von Insiderinformationen durchzuführen (Art. 8 VO Nr. 596/2014 Rz. 66). Gleichwohl dürfen im Rahmen von Art. 9 Abs. 2 VO Nr. 596/2014 – anders als im Zusammenhang mit einzelfallbezogenen Ursächlichkeit von Insiderinformationen für Geschäfte in Insiderpapiere – als normale Ausführung eines Auftrags über den Erwerb oder die Veräußerung von Insiderpapieren nicht nur alle Geschäfte zur Ausführung einer Kundenorder angesehen werden, die auch ohne Kenntnis der Insiderinformation so ausgeführt worden wären wie geschehen; vielmehr ist, Sinn und Zweck der Ausnahmeregelungen in Art. 9 VO Nr. 596/2014 als Ausnahmeregelung entsprechend, darauf abzustellen, ob das Ausführungsgeschäft im Allgemeinen und in Anbetracht des jeweiligen Kundenauftrags im Besonderen als Normales zu betrachten ist. Wie sich aus dem in Rz. 11 wiedergegebenen Erwägungsgrund 30 VO Nr. 596/2014 ergibt, umfasst die Ausnahme des Art. 9 Abs. 2 lit. b VO Nr. 596/2014 auch die „pflichtgemäße **Ausführung der Stornierung oder Änderung eines Auftrags**"[1].

16 **3. Erfüllung fällig gewordener Verpflichtungen (Art. 9 Abs. 3 VO Nr. 596/2014).** Ein Verstoß gegen das Verbot von Insidergeschäften nach Art. 14 i.V.m. Art. 8 Abs. 1 VO Nr. 596/2014 scheidet des Weiteren aus, wenn es um Geschäfte einer Person geht, „die zur **Erfüllung einer fällig gewordenen vorgelagerten Verpflichtung** durchgeführt werden" (Erwägungsgrund 30 Satz 4 VO Nr. 596/2014), sei es nach Art. 9 Abs. 3 lit. a VO Nr. 596/2014, dass die betreffende Verpflichtung auf der Erteilung eines Auftrags oder dem Abschluss einer Vereinbarung beruht, welche jeweils vor dem Erhalt der Insiderinformationen erteilt bzw. getroffen wurden, oder sei es nach Art. 9 Abs. 3 lit. b VO Nr. 596/2014, dass sie auf eine rechtliche Verpflichtung oder einer Regulierungsauflage zurückgeht, die **vor dem Erhalt der Insiderinformationen** entstanden ist (Art. 9 VO Nr. 596/2014). In beiden der in Art. 9 Abs. 3 VO Nr. 596/2014 erfassten Fällen handelt es sich um Geschäfte von Personen, die nicht von Insiderinformationen veranlasst wurden[2].

17 Durchweg muss es sich bei den Geschäften um **Erfüllungsgeschäfte** handeln, d.h. um Geschäfte, die der Erfüllung einer **rechtlich begründeten Verbindlichkeit** dienen und nicht nur durch bloße Gefälligkeit oder einer sittlichen Verpflichtung beruhen. Des Weiteren muss die Verbindlichkeit **tatsächlich bestehen und auch fällig** sein und es muss sich um die **Verbindlichkeit der Person** handeln, die in Kenntnis von Insiderinformationen ein Geschäft zum Erwerb oder zur Veräußerung von Finanzinstrumenten tätigt oder veranlasst. Insidergeschäfte zur Erfüllung fremder Verbindlichkeiten ohne entsprechende rechtliche Verpflichtung hierzu werden von Art. 9 Abs. 3 VO Nr. 596/2014 nicht ausgenommen. Gleiches gilt für Finanzgeschäfte, die über das Maß hinausgehen, wie sie zur Erfüllung der rechtlichen Verbindlichkeit erforderlich sind. Nach Sinn und Zweck der in Art. 9 Abs. 3 lit. b VO Nr. 596/2014 beschriebenen legitimen Handlung kommt als Verbindlichkeit nur eine solche zum Erwerb oder zur Veräußerung von Finanzinstrumenten in Betracht[3]. Die Voraussetzung, dass die Forderung **fällig** sein muss, soll verhindern, dass ein Schuldner Insiderinformationen nutzt, um unter dem Vorwand der Tilgung von Schulden einen Sondervorteil zu ziehen, wohingegen bei fälligen rechtlichen Verpflichtungen die Ursächlichkeit der Insiderinformationen für das Erfüllungsgeschäft als nicht gegeben angesehen wird. Geschäfte vor Fälligkeit der Verbindlichkeit sind, auch wenn diese kurz bevorsteht, von Art. 9 Abs. 3 VO Nr. 596/2014 nicht vom Verbot von Insidergeschäften ausgenommen.

18 Bei alledem gilt im Übrigen, dass die Erfüllungsgeschäfte **in gutem Glauben und nicht zur Umgehung des Verbots von Insidergeschäften**, durchgeführt werden. Daran fehlt es, allerdings nur schwer nachweisbar, wenn die Insidergeschäfte bereits getätigt wurden, bevor der Betreffende von der Fälligkeit einer i.S.v. Art. 9 Abs. 3 VO Nr. 596/2014 maßgeblichen Verbindlichkeit erfuhr. Eine Umgehung des Verbots von Insidergeschäften kommt auch dann in Betracht, wenn die Finanzinstrumente erwerbende oder veräußernde Person in Kenntnis der Insiderinformationen eine Verbindlichkeit oder die Fälligkeit einer Verbindlichkeit (mit) herbeigeführt hat[4]. Gleichwohl dürfte dem **Umgehungsvorbehalt** angesichts der zahlreichen Voraussetzungen, unter den die Ausnahme nach Art. 9 Abs. 3 VO Nr. 596/2014 eingreift, nur geringe Bedeutung zukommen.

19 **4. Geschäfte im Zuge von Unternehmensübernahmen oder diesen nachfolgenden Zusammenschlüssen (Art. 9 Abs. 4 VO Nr. 596/2014).** Im Hinblick auf die Regelung in Art. 9 Abs. 4 VO Nr. 596/2014 heißt es in

---

1 Ebenso *Schäfer* in Marsch-Barner/Schäfer, Handbuch börsennotierte AG, Rz. 14.51.
2 *Grundmann* in Staub, Bd. 11/1, 5. Aufl. 2017, 6. Teil Rz. 411; *Klöhn* in Klöhn, Art. 9 MAR Rz. 98; *Veil* in Meyer/Veil/Rönnau, Handbuch zum Marktmissbrauchsrecht, § 7 Rz. 65.
3 *Grundmann* in Staub, Bd. 11/1, 5. Aufl. 2017, 6. Teil Rz. 411; *Klöhn*, ZBB 2017, 261 268; *Veil* in Meyer/Veil/Rönnau, Handbuch zum Marktmissbrauchsrecht, § 7 Rz. 67; *Zetzsche* in Gebauer/Teichmann, § 7 C. Rz. 154.
4 I.E. auch *Hopt/Kumpan* in Schimansky/Bunte/Lwowski, § 107 Rz. 86.

Erwägungsgrund 30 Satz 5 VO Nr. 596/2014, der „Zugang zu Insiderinformationen über ein anderes Unternehmen und die Nutzung dieser Informationen bei einem öffentlichen Übernahmeangebot mit dem Ziel, die Kontrolle über dieses Unternehmen zu gewinnen oder einen Zusammenschluss mit ihm vorzuschlagen, sollten als solche nicht als Insidergeschäft gelten". Dementsprechend bestimmt Art. 9 Abs. 4 Unterabs. 1 VO Nr. 596/2014, dass eine Person, die „im Zuge der **Übernahme eines Unternehmens** oder eines **Unternehmenszusammenschlusses** auf der Grundlage eines **öffentlichen Angebots**" Insiderinformationen erlangt hat und diese Insiderinformationen ausschließlich nutzt, um den Unternehmenszusammenschluss oder die Übernahme auf der Grundlage eines öffentlichen Angebots weiterzuführen, kein verbotenes Insidergeschäft tätigt, vorausgesetzt die Insiderinformationen werden zum Zeitpunkt der Genehmigung des Unternehmenszusammenschlusses oder der Annahme des Angebotes durch die Anteilseigner des betreffenden Unternehmens öffentlich gemacht oder verlieren auf andere Weise ihren Charakter als Insiderinformationen. Diese Ausnahme des Art. 9 Abs. 4 Unterabs. 1 VO Nr. 596/2014 gilt nach Art. 9 Abs. 4 Unterabs. 2 nicht für den einem öffentlichen Übernahmeangebot vorausgehenden **Beteiligungsaufbau** eines Unternehmens, d.h. nach Art. 9 Abs. 4 Unterabs. 2 VO (EU) Nr. 596/2014 „den Erwerb von Anteilen an einem Unternehmen, durch den keine rechtliche oder regulatorische Verpflichtung entsteht, in Bezug auf das Unternehmen ein öffentliches Übernahmeangebot abzugeben". In diesem Fall gelten die allgemeinen, in Art. 8 VO Nr. 596/2014 Rz. 59 dargestellten Grundsätze zur Beurteilung eines Insidergeschäfts[1].

Die Ausnahme greift nach dem Wortlaut von Art. 9 Abs. 4 Unterabs. 1 VO Nr. 596/2014 nur ein, wenn die Insiderinformation „im Zuge der **Übernahme** eines Unternehmens oder eines **Unternehmenszusammenschlusses auf der Grundlage eines öffentlichen Angebots** erworben" – d.h., synonym, erlangt[2] – wurde. Damit ist die Ausnahme des Art. 9 Abs. 4 Unterabs. 1 VO Nr. 596/2014 auf jeden Fall ausgeschlossen, wenn der Plan zur Abgabe eines öffentlichen Übernahmeangebots oder der Aufbau einer vorhandenen Beteiligung auf Insiderinformationen beruht. Letzteres folgt schon aus der diesbezüglich ausdrücklichen Regelung von Art. 9 Abs. 4 Unterabs. 2 VO Nr. 596/2014. Dessen ungeachtet ist aber fraglich, **ab welchem Zeitpunkt** die Ausnahme des Art. 9 Abs. 1 Unterabs. 4 VO Nr. 596/2014 tatsächlich greift. Der nicht nur sprachlich[3], sondern auch sachlich missratene Art. 9 Abs. 4 VO Nr. 596/2014 gibt dafür nur Anhaltspunkte. Daraus, dass Art. 9 Abs. 4 Unterabs. 2 VO Nr. 596/2014 den Beteiligungsaufbau auch im Hinblick auf ein mögliches Übernahmeangebot von der in Art. 9 Abs. 4 Unterabs. 2 VO Nr. 596/2014 statuierten Ausnahme ausnimmt und erst im Zuge konkreter Erwägungen und Maßnahmen zur Abgabe eines Übernahmeangebots – etwa im Zuge von *Due-Diligence*-Prüfungen beim Zielunternehmen oder im Rahmen von Gesprächen mit dem Vorstand der Zielgesellschaft – die Wahrscheinlichkeit der Erlangung von Insiderinformationen in Bezug auf die Zielgesellschaft wächst, wird man jede Erlangung von Insiderinformationen als von Art. 9 Abs. 4 Unterabs. 1 VO Nr. 596/2014 erfasst anzusehen haben, die nach einem – von der Entscheidung zur Abgabe eines Angebots i.S.v. § 10 WpÜG zu unterscheidenden – **Entschluss des Bieters** gefallen ist, **die Möglichkeit eines Übernahmeangebots auf eine Zielgesellschaft zu prüfen und zu sondieren**[4]. Ein solcher Entschluss ist regelmäßig der Ausgangspunkt, potenzielle Adressaten des Angebots anzusprechen, etwa um mit ihnen sog. *Irrevocables*[5] zu vereinbaren, und vor allem mit der Zielgesellschaft in Kontakt zu treten, die – ohne die Ausnahme des Art. 9 Abs. 4 VO Nr. 596/2014 – den Bieter bei der Fortführung seines Vorhabens nicht unerheblich behindern könnten. Dass Art. 9 Abs. 4 Unterabs. 1 VO Nr. 596/2014 bereits diese Phase der Überprüfung eines möglichen Übernahmeangebots nach entsprechendem Entschluss des Bieters vor Augen hat, folgt auch daraus, dass die Vorschrift nur die Nutzung der Insiderinformationen zur **Weiterführung** des Unternehmenszusammenschlusses oder der Übernahme auf der Grundlage eines öffentlichen Angebots zum Gegenstand hat. Nach der Veröffentlichung der Absicht zur Abgabe eines Übernahmeangebots steht aber zumindest die Weiterführung eines Übernahmeangebots oder dessen Abbruch aufgrund von Insiderinformationen rechtlich nicht zur Disposition des Bieters. Darüber hinaus ist die Erlangung von Insiderinformationen nach Abgabe eines Übernahmeangebots die Ausnahme. Nicht der Weiterführung des Unternehmenszusammenschluss oder Übernahmeangebots i.S.d. Art. 9 Abs. 4 VO Nr. 596/2014 dienen neben Käu-

---

1 Ebenso *Schäfer* in Marsch-Barner/Schäfer, Handbuch börsennotierte AG, Rz. 14.53.
2 Etwa *Veil* in Meyer/Veil/Rönnau, Handbuch zum Marktmissbrauchsrecht, § 7 Rz. 75.
3 *Krause*, CCZ 2014, 248, 252.
4 A.A. *Grundmann* in Staub, Bd. 11/1, 5. Aufl. 2017, 6. Teil Rz. 412, der nur die Erlangung von Insiderinformationen „auf der Grundlage eines bereits abgegebenen öffentlichen Übernahmeangebots" als erfasst sieht. Wie hier, für eine davorliegende Grenze, aber v.a. *Krause*, CCZ 2014, 248, 252, der auf Kenntniserlangung „bei der Transaktionsvorbereitung (etwa im Rahmen der Due Diligence bei der Zielgesellschaft)" abstellt. Ebenso *Veil* in Meyer/Veil/Rönnau, Handbuch zum Marktmissbrauchsrecht, § 7 Rz. 75: „Die Ausnahmevorschrift ist folglich auch dann anwendbar, wenn der Bieter eine Due Dilegence durchführt, von einer Insiderinformation erfährt und im Anschluss ein Angebot abgibt". Zu undifferenziert dann allerdings der Zusatz (ebd.) „privilegiert [seien] folglich Aktienerwerbe unter Nutzung einer Insiderinformation, die der Bieter vor und nach der Abgabe des Übernahmeangebots erlangt" habe. Ähnlich wie hier *Hopt/Kumpan* in Schimansky/Bunte/Lwowski, § 107 Rz. 88: *Zetzsche* in Gebauer/Teichmann, § 7 C. Rz. 154.
5 Dabei handelt es sich um Vereinbarungen des potenziellen Bieters mit einzelnen Aktionären der Zielgesellschaft, in denen sich die Letzteren verbindlich und unwiderruflich zur Annahme des künftig vom Vertragspartner unterbreiteten öffentlichen Übernahmeangebots verpflichten.

Art. 9 VO Nr. 596/2014 | Legitime Handlungen

fen zum Aufbau einer Beteiligung parallel zur Prüfung der Möglichkeit eines Übernahmeangebots auf eine Zielgesellschaft auch Käufe, die nach der Entscheidung zur Abgabe eines Angebots als sog. *alongside purchases* getätigt werden[1].

21 Damit unterfällt vor allem eine der Entscheidung des Bieters zur Abgabe eines Übernahmeangebots vorausgehende **Due Diligence** und die Weiterführung des Vorhabens zur Abgabe eines Übernahmeangebots und eines möglichen Unternehmenszusammenschlusses nach erfolgreichem Übernahmeangebot der Ausnahme nach Art. 9 Abs. 4 Unterabs. 1 VO Nr. 596/2014[2]. Anders verhält es sich aufgrund von Art. 9 Abs. 4 Unterabs. 2 VO Nr. 596/2014 lediglich in dem Fall, dass der potenzielle Bieter die erlangten Insiderinformationen beim **Ausbau seiner Beteiligung am Zielunternehmen** nutzt, sei es durch börsliche oder sei es durch außerbörsliche Geschäfte[3]. Zur insiderrechtlichen Behandlung der Erlangung von Insiderinformationen im Rahmen einer *Due Diligence* beim (nach Art. 9 Abs. 4 Unterabs. 2 VO Nr. 596/2014 von der Ausnahme ausgeschlossenen) Beteiligungsaufbau s. auch Art. 8 VO Nr. 596/2014 Rz. 29 und 59 ff.

22 Die Ausnahme des Art. 9 Abs. 4 VO Nr. 596/2014 für „im Zuge der Übernahme eines Unternehmens oder eines Unternehmenszusammenschlusses", namentlich im Rahmen einer vorausgehenden *Due Diligence*-Prüfung (Rz. 21), erlangte Insiderinformationen greift nur, wenn später tatsächlich **ein öffentliches Übernahmeangebot erfolgte**, erfasst also nicht Geschäfte in die Insiderpapiere (etwa Paketerwerbe) aufgrund der bei der *Due Diligence* erlangten Insiderinformationen[4]. Hier bedarf es dann des Nachweises, dass diese Informationen nicht ursächlich für den Erwerb waren und auch ohne diese vorgenommen worden wären (dazu Art. 8 VO Nr. 596/2014 Rz. 32). Die Ausnahme des Art. 9 Abs. 4 VO Nr. 596/2014 steht des Weiteren unter der **Voraussetzung**, dass zum Zeitpunkt der Genehmigung des Unternehmenszusammenschlusses bzw. der Annahme des Angebotes jeweils durch die Anteilseigner des betreffenden Unternehmens sämtliche Insiderinformationen **öffentlich gemacht** worden sind oder auf andere Weise ihren **Charakter als Insiderinformationen verloren** haben[5]. Die Erfüllung dieser Voraussetzung kann dem Bieter Schwierigkeiten bereiten, da er zur Veröffentlichung einer ihm bekannt gewordenen Insiderinformation nicht berechtigt ist. Ihm bleibt in diesem Fall nur die Möglichkeit, auf die Veröffentlichung der Insiderinformation durch den Emittenten nach Art. 17 VO Nr. 596/2014 hinzuwirken, ohne dass dieser zur Veröffentlichung verpflichtet wäre.

23 **5. Umsetzung eines Entschlusses (Art. 9 Abs. 5 VO Nr. 596/2014).** Nach der *Georgakis*-Entscheidung[6] kann eine von einer Person selbst geschaffene „innere Tatsache" – namentlich der Entschluss, ein **Geschäft zu tätigen oder ein bestimmtes Vorhaben zu verfolgen** – auch für diese eine Insiderinformation darstellen (Art. 8 VO Nr. 596/2014 Rz. 64). Dabei hat die von diesem Urteil bestätigte Ansicht die Umsetzung des Entschlusses zu einem Geschäft oder Vorhaben durch diese Person selbst nicht als Nutzung einer Insiderinformation gesehen, weil es an der Ursächlichkeit des Entschlusses als Insiderinformation für das Handeln des Betreffenden fehlt[7]. Das stellt Art. 9 Abs. 5 VO Nr. 596/2014 nunmehr in einer Ausnahme vom Verbot von Insidergeschäften klar. Zu dieser heißt es in Erwägungsgrund 31 Sätze 1 und 2 VO Nr. 596/2014: „Da dem Erwerb oder der Veräußerung von Finanzinstrumenten erforderlicherweise eine entsprechende Entscheidung der Person vorausgehen muss, die erwirbt bzw. veräußert, sollte die bloße Tatsache dieses Erwerbs oder dieser Veräußerung als solche nicht als Nutzung von Insiderinformationen gelten. Handlungen auf der Grundlage eigener Pläne und Handelsstrategien des Marktteilnehmers sollten nicht als Nutzung von Insiderinformationen gelten." Die Ausnahme des Art. 9 Abs. 5 VO Nr. 596/2014 gilt gleichermaßen für eine Person, die ein Geschäft, zu dem sie sich entschlossen hat, selbst ausführt, als auch für eine Person, die Geschäfte für einen anderen ausführt, im Hinblick sowohl auf die Umsetzung des Entschlusses des jeweils anderen als auch der Umsetzung ihres eigenen Entschlusses zur Ausführung des Geschäfts für den anderen. Art. 9 Abs. 4 VO Nr. 596/2014 erwähnt ohne ersichtlichen Grund nicht den Beschluss einer Person, den Erwerb oder die Veräußerung eines Finanzinstruments zu **stornieren**. Die Vorschrift ist deshalb auf diesen Fall entsprechend anzuwenden[8].

---

1 *Klöhn*, ZBB 2017, 261, 269; *Veil* in Meyer/Veil/Rönnau, Handbuch zum Marktmissbrauchsrecht, § 7 Rz. 75.
2 Ebenso *Hopt/Kumpan* in Schimansky/Bunte/Lwowski, § 107 Rz. 88; *Klöhn* in Klöhn, Art. 9 MAR Rz. 121 f.; *Krause*, CCZ 2014, 248, 252.
3 *Hopt/Kumpan*, ZGR 2017, 765, 800; *Kiesewetter/Parmentier*, BB 2013, 2371, 2374; *Klöhn* in Klöhn, Art. 9 MAR Rz. 122, 128; *Krause*, CCZ 2014, 248, 252.
4 Ebenso *Hopt/Kumpan* in Schimansky/Bunte/Lwowski, § 107 Rz. 89, 92; *Hopt/Kumpan*, ZGR 2017, 765, 785.
5 Dieses, ohne entsprechende Vorgaben im *Spector Photo Group*-Urteil des EuGH (Rz. 1) in Art. 9 Abs. 4 VO Nr. 596/2014 aufgenommene neue Erfordernis entspricht der – in *BaFin*, Emittentleitfaden 2013, S. 38 f. mitgeteilten – Auslegungspraxis der BaFin, wonach der Bieter eine im Rahmen der Due-Diligence-Prüfung erlangte Insidermation nicht verwendet, wenn er danach sein Angebot nicht ändert (S. 38/39), wohingegen „die Abgabe eines öffentlichen Übernahmeangebots, in welchem der Bieter eine Insiderinformation ... verwendet, erst möglich [ist], nachdem der Emittent eine entsprechende Ad-hoc-Mitteilung nach § 15 WpHG veröffentlicht hat". Vgl. dazu *Veil* in Meyer/Veil/Rönnau, Handbuch zum Marktmissbrauchsrecht, § 7 Rz. 77.
6 EuGH v. 10.5.2007 – C-391/04, ECLI:EU:C:2007:272 – Georgakis, AG 2007, 542 Rz. 33, 35.
7 *Das entspricht nahezu einhelliger Ansicht. S. dazu bereits Art. 8 VO Nr. 596/2014 Rz. 32 in der ersten Fußnote zu dieser Randziffer.*
8 *Klöhn*, ZBB 2017, 261, 270; *Veil* in Meyer/Veil/Rönnau, Handbuch zum Marktmissbrauchsrecht, § 7 Rz. 81.

III. Rückausnahme: Geschäfte oder Handlungen mit rechtswidrigem Grund (Art. 9 Abs. 6 VO Nr. 596/2014). Auch wenn die Voraussetzung einer der Ausnahmen nach Art. 9 Abs. 1–5 VO Nr. 596/2014 gegeben sind, greift die betreffende Ausnahme nicht ein, wenn – gemäß der Rückausnahme des Art. 9 Abs. 6 VO Nr. 596/2014 – die zuständige Behörde feststellt, dass sich hinter den betreffenden Handelsaufträgen, Geschäften oder Handlungen ein rechtswidriger Grund verbirgt[1].

24

Zuständige Behörde ist nach Art. 3 Abs. 1 Nr. 12 die gem. Art. 22 VO Nr. 596/2014 benannte zuständige Behörde. In Deutschland ist dies nach § 6 Abs. 5 WpHG die BaFin. Ein **rechtswidriger Grund** im Sinne der Vorschrift ist nur dann gegeben, wenn die Handelsaufträge, Geschäfte oder Handlungen **gegen gesetzliche Bestimmungen verstoßen**[2]. Das kann ein Verstoß gegen das Verbot der Marktmanipulation oder gegen die Verbote von Geldwäschegeschäften sein, kann aber auch darin bestehen, dass dem Betreffenden nachgewiesen werden kann, die Insiderinformationen tatsächlich für die fraglichen Geschäfte genutzt zu haben. Für Letzteres spricht namentlich Erwägungsgrund 31 Satz 4 VO Nr. 596/2014, in dem es heißt, es sei von einer Rechtsverletzung auszugehen, wenn sich hinter den betreffenden Geschäften, Handelsaufträgen oder Handlungen ein rechtswidriger Grund verberge oder „die Person Insiderinformation verwendet" habe. Für die vorstehende Auslegung insgesamt spricht Erwägungsgrund 31 Satz 3 VO Nr. 596/2014, in dem ausgeführt wird, keine „der betreffenden Personen juristischen oder natürlichen Personen [solle] aufgrund ihrer beruflichen Funktion geschützt werden, sondern nur dann, wenn sie in geeigneter und angemessener Weise handeln und sowohl die von ihnen zu erwartenden beruflichen Standards als auch die durch diese Verordnung festgelegten Normen, insbesondere zu Marktintegrität und Anlegerschutz, einhalten". Wollte man die Bestimmung so deuten, dass jedes „rechtlich missbilligte Motiv", darunter „dem Zweck der Ausnahme zuwiderlaufende Motive", das von der zuständigen Behörde festgestellt wurde, die Voraussetzungen der Rückausnahme nach Art. 9 Abs. 6 VO Nr. 596/2014 erfüllt[3], wäre die Vorschrift im Hinblick auf die bußgeldrechtlichen Sanktionen eines solchermaßen als verbotenes Erwerbs- oder Veräußerungsgeschäft zu qualifizierenden Geschäfts rechtlichen Bedenken ausgesetzt[4].

25

Art. 10 Unrechtmäßige Offenlegung von Insiderinformationen

(1) Für die Zwecke dieser Verordnung liegt eine unrechtmäßige Offenlegung von Insiderinformationen vor, wenn eine Person, die über Insiderinformationen verfügt und diese Informationen gegenüber einer anderen Person offenlegt, es sei denn, die Offenlegung geschieht im Zuge der normalen Ausübung einer Beschäftigung oder eines Berufs oder der normalen Erfüllung von Aufgaben.

Dieser Absatz gilt für alle natürlichen oder juristischen Personen in den Situationen oder unter den Umständen gemäß Artikel 8 Absatz 4.

(2) Für die Zwecke dieser Verordnung gilt die Weitergabe von Empfehlungen oder das Verleiten anderer, nachdem man selbst verleitet wurde, gemäß Artikel 8 Absatz 2 als unrechtmäßige Offenlegung von Insiderinformationen gemäß diesem Artikel, wenn die Person, die die Empfehlung weitergibt oder andere verleitet, nachdem sie selbst verleitet wurde, weiß oder wissen sollte, dass die Empfehlung bzw. Verleitung auf Insiderinformationen beruht.

In der Fassung vom 16.4.2014 (ABl. EU Nr. L 173 v. 12.6.2014, S. 1), geändert durch Berichtigung vom 21.10.2016 (ABl. EU Nr. L 287 v. 21.10.2016, S. 320).

Schrifttum: S. Vor Art. 7 ff. VO Nr. 596/2014 und das Allgemeine Schrifttumsverzeichnis.

---

1 *Veil* in Meyer/Veil/Rönnau, Handbuch zum Marktmissbrauchsrecht, § 7 Rz. 82: „Es ist zwar rechtspolitisch nachvollziehbar, dass der europäische Gesetzgeber eine Umgehung der Insiderverbote verhindern wollte. Es vermag aber nicht zu überzeugen, wie dieses Anliegen in Art. 9 Abs. 6 MAR umgesetzt ist. Die Norm ist konzeptionell und tatbestandlich misslungen. Außerdem beeinträchtigt sie die durch Art. 9 Abs. 1 bis 5 MAR verwirklichte Rechtssicherheit". Kritisch auch *Klöhn*, ZBB 2017, 261, 270: „fast skandalös schlechte Qualität".
2 Im Ausgangspunkt ebenso, jedoch im Detail differenzierter: *Klöhn*, ZBB 2017, 26, 271: „wenn das Geschäft trotz Einhaltung der Voraussetzungen … gegen den Grundsatz des gleichberechtigten Informationszugangs verstößt, so dass … keine Ausnahme vom Insiderverbot geboten ist"; *Sieder*, ZFR 2017, 171, 175, nach dem es auf die Normzwecke der verletzten Norm ankommt; *Veil* in Meyer/Veil/Rönnau, Handbuch zum Marktmissbrauchsrecht, § 7 Rz. 84: „ein rechtswidriger Grund [liegt vor], wenn der Insider mit einem Geschäft oder einer Handlung hauptsächlich das Ziel verfolgt, einen ihm nicht zustehenden Vermögensvorteil zu erzielen". Diffus *Grundmann* in Staub, Bd. 11/1, 5. Aufl. 2017, 6. Teil Rz. 415: In Art. 9 Abs. 6 VO Nr. 596/2014 werde „mehr klarstellend als eigenständig regelnd" darauf hingewiesen, dass die „Ausnahmebereiche bzw. Rechtfertigungsgründe" des Art. 9 VO Nr. 596/2014 „Notwendigkeiten eines funktionierenden Kapitalmarktsystems" aufgriffen; „würden ... bei dieser Gelegenheit Handlungen getätigt, die nicht dieser Funktionalität dien[t]en, sondern den eigenen oder fremden Sondervorteilen, so [seien] eigentlich schon die jeweiligen Ausnahmebereiche bzw. Rechtfertigungsgründe nicht eröffnet bzw. tatbestandlich erfüllt".
3 So *Zetzsche* in Gebauer/Teichmann, § 7 C. Rz. 156.
4 Ebenso *Zetzsche* in Gebauer/Teichmann, § 7 C. Rz. 156.

Art. 10 VO Nr. 596/2014 | Unrechtmäßige Offenlegung von Insiderinformationen

I. Regelungsgehalt – Normentwicklung	1
II. Unrechtmäßige Offenlegung von Insiderinformationen (Art. 10 Abs. 1 VO Nr. 596/2014) ..	5
1. Übersicht – Allgemeines	5
2. Adressat des Verbots (Art. 10 Abs. 1 Unterabs. 2 VO Nr. 596/2014)	8
3. Objektiver Tatbestand (Art. 10 Abs. 1 Unterabs. 1 VO Nr. 596/2014)	9
a) Offenlegung einer Insiderinformation gegenüber einem anderen	9
aa) Insiderinformation	9
bb) Offenlegung	11
cc) Gegenüber einem anderen	15
b) Unrechtmäßige Offenlegung (Weitergabe und Zugänglichmachung)	17
aa) Unrechtmäßigkeit als Tatbestandsmerkmal	17
bb) Kriterien zur Bestimmung unrechtmäßiger Offenlegung	19
cc) Offenlegung aufgrund von gesetzlichen Geboten und Obliegenheiten	24
dd) Innerbetrieblicher Informationsfluss, Information von Anteilseignern und konzerninterne Informationsweitergabe	37
ee) Informationsweitergabe an Unternehmensexterne	45
ff) Weitergabe von Insiderinformationen im Verlauf einer Marktsondierung	57
gg) Offenlegung von Insiderinformationen im Rahmen möglicher Interessenkonflikte im Finanzwesen tätiger Unternehmen	58
III. Weitergabe von Empfehlungen oder Verleitung durch Verleitete (Art. 10 Abs. 2 VO Nr. 596/2014)	64
IV. Sanktionen und Rechtsfolgen von Verstößen gegen Art. 14 lit. c i.V.m. Art. 10 VO Nr. 596/2014	69

1 **I. Regelungsgehalt – Normentwicklung.** Die Vorschrift hat die unrechtmäßige Offenlegung von Insiderinformationen zum Gegenstand. Das sich aus Art. 10 Abs. 1 Unterabs. 1 i.V.m. Art. 14 lit. c VO Nr. 596/2014 ergebende **Verbot unrechtmäßiger Offenlegung** von Insiderinformationen entspricht nicht nur funktional, sondern auch seinem Regelungsgehalt nach demjenigen, das unter der Marktmissbrauchsrichtlinie 2003/6/EG vom 28.1.2003[1] – Art. 10 Abs. 1 VO Nr. 596/2014 entspricht Art. 3 lit. a RL 2003/6/EG – und dem diese umsetzenden § 14 Abs. 1 Nr. 2 WpHG a.F. als **Weitergabeverbot** geregelt und bezeichnet wurde[2]. Zwar unterscheiden sich Art. 10 Abs. 1 Unterabs. 1 VO Nr. 596/2014 und § 14 Abs. 1 Nr. 2 WpHG a.F. in der Formulierung des Offenlegungs- bzw. Weitergabeverbots, doch übernimmt Art. 10 Abs. 1 Unterabs. 1 VO Nr. 596/2014 in seinen wesentlichen Teilen lediglich die Formulierung von Art. 3 lit. a der Insiderrichtlinie 89/592/EWG von 1989[3] und Art. 3 lit. a RL 2003/6/EG von 2003[4], die § 14 Abs. 1 Nr. 2 WpHG a.F. stets mit der in dieser Norm gewählten Formulierung umzusetzen gedachte. Soweit die weiteren Regelungen des Art. 10 VO Nr. 596/2014 und der übrigen Regelungen der Marktmissbrauchsverordnung zum Insiderrecht in Art. 7–9 und 11 VO Nr. 596/2014 dem nicht entgegenstehen, kann deshalb weitgehend auf die Grundsätze zurückgegriffen werden, wie sie sich zur Bestimmung des Weitergabeverbots nach § 14 Abs. 1 Nr. 2 WpHG a.F. herausgebildet haben. Das gilt auch für die Auslegung des Weitergabeverbots nach Art. 3 lit. a RL 2003/6/EG des EuGH in der *Grøngaard und Bang*-Entscheidung vom 22.11.2005[5] (dazu näher Rz. 20 f.).

2 Art. 10 Abs. 2 VO Nr. 596/2014 erweitert das Offenlegungsverbot, wie es auch unter der RL 2003/6/EG und § 14 Abs. 1 Nr. 2 WpHG a.F. als Weitergabeverbot bestand, jedoch um einen weiteren Tatbestand: Die Bestimmung hat die **Weitergabe von Empfehlungen oder das Verleiten anderer** durch eine Person zum Gegenstand, die ihrerseits i.S.v. Art. 8 Abs. 2 VO Nr. 596/2014 Adressat einer Empfehlung war oder selbst verleitet wurde, was nach Art. 10 Abs. 2 i.V.m. Art. 14 lit. c VO Nr. 596/2014 als Offenlegung von Insiderinformationen gilt und verboten ist, wenn die Person weiß oder wissen sollte, dass die Empfehlung bzw. Verleitung auf Insiderinformationen beruht. Die ursprünglich im ABl. EU Nr. L 173 v. 12.6.2014, S. 1, 27, veröffentlichte Fassung von Abs. 2 ist in ABl. EU Nr. L 287 v. 21.10.2016, S. 320, 321 f., zur heutigen Fassung dieser Vorschriften **berichtigt** worden. Dabei sind die in Art. 10 Abs. 2 VO Nr. 596/2014 ursprünglich verwandten Begriffe „Anstiftung" und „anstiften" durch die Begriffe „Verleitung" und „verleiten" ersetzt worden.

3 Eine Sonderregelung für die **Veröffentlichung von Insiderinformationen und Empfehlungen in den Medien** enthält Art. 21 VO Nr. 596/2014: Werden für journalistische Zwecke oder andere Ausdrucksformen in den Medien Informationen offengelegt oder verbreitet oder Empfehlungen gegeben oder verbreitet, sind bei der Beurteilung dieser Offenlegung und Verbreitung von Informationen für den Zweck u.a. von Art. 10 VO Nr. 596/2014

---

[1] Richtlinie 2003/6/EG vom 28. Januar 2003 über Insider-Geschäfte und Marktmanipulation (Marktmissbrauch), ABl. EU Nr. L 96 v. 12.4.2003, S. 16.
[2] Diese Bezeichnung hatte sich durchgesetzt, obwohl es nach § 14 Abs. 1 Nr. 2 WpHG a.F. verboten war, einem anderen eine Insiderinformation unbefugt *mitzuteilen* oder *zugänglich zu machen* und obwohl auch von einem Mitteilungsverbot hätte gesprochen werden können. Auch die Aufsichtsbehörde sprach in ihren Leitfäden von Anfang an vom Weitergabeverbot; zuletzt *BaFin*, Emittentenleitfaden 2013, S. 40.
[3] ABl. EG Nr. 334 v. 18.11.1989, S. 30.
[4] Art. 3 lit. a dieser Richtlinie lautet, weitgehend wortgleich mit Art. 3 lit. a der Insiderrichtlinie 89/592/EWG: „Die Mitgliedstaaten untersagen den Personen, die dem Verbot nach Artikel 2 unterliegen, a) Insider-Informationen an Dritte *weiterzugeben*, soweit dies nicht im normalen Rahmen der Ausübung ihrer Arbeit oder ihres Berufes oder der Erfüllung ihrer Aufgaben geschieht …".
[5] EuGH v. 22.11.2005 – C-384/02, ECLI:EU:C:2005:708 – Grøngaard und Bang, NJW 2006, 133.

die Regeln der Pressefreiheit und der Freiheit der Meinungsäußerung in anderen Medien sowie der journalistischen Berufs- und Standesregeln nach Maßgabe von Art. 21 lit. a und b VO Nr. 596/2014 zu berücksichtigen.

Ein **Verstoß** gegen das Verbot unrechtmäßiger Offenlegung von Insiderinformationen hat ausschließlich **strafrechtliche und ordnungswidrigkeitsrechtliche Folgen**. Der vorsätzliche Verstoß (s. Vor Art. 7 ff. VO Nr. 596/2014 Rz. 27) ist nach § 119 Abs. 3 Nr. 3 WpHG strafbewehrt, wobei auch der Versuch nach § 119 Abs. 4 WpHG strafbar ist. Vorsätzliches Handeln setzt Wissen und Wollen der Verwirklichung des objektiven Tatbestands voraus, muss sich demnach auf alle Merkmale des gesetzlichen objektiven Tatbestands beziehen (Art. 8 VO Nr. 596/2014 Rz. 9). Eine Verletzung Offenlegungsverbots durch eine leichtfertige Handlung wird nach § 120 Abs. 14 WpHG als Ordnungswidrigkeit geahndet. Leichtfertig handelt, wer die gebotene Sorgfalt in einem ungewöhnlich hohen Maße verletzt (Art. 8 VO Nr. 596/2014 Rz. 9).   4

II. Unrechtmäßige Offenlegung von Insiderinformationen (Art. 10 Abs. 1 VO Nr. 596/2014). 1. Übersicht – Allgemeines. Art. 14 lit. c VO Nr. 596/2014 verbietet die unrechtmäßige Offenlegung von Insiderinformationen. Diese besteht nach Art. 10 Abs. 1 Unterabs. 1 VO Nr. 596/2014 im **Tatbestand** darin, dass eine Person ihr Insiderwissen einer anderen Person offenlegt, ohne dass dies im Zuge der normalen Ausübung einer Beschäftigung oder eines Berufs oder der normalen Erfüllung von Aufgaben erfolgt. Obwohl sich die Formulierung des Verbots unrechtmäßige Offenlegung von Insiderinformationen nach Art. 14 lit. c i.V.m. Art. 10 VO Nr. 596/2014 damit von derjenigen in § 14 Abs. 1 Nr. 2 WpHG a.F. unterscheidet (dazu Rz. 1), hat dies nichts daran geändert, dass verboten nur die unrechtmäßige Offenlegung bzw. Weitergabe von Insiderinformationen ist, die im Hinblick auf § 14 Abs. 1 Nr. 2 WpHG a.F. unter Rückgriff auf Art. 3 lit. a der Insiderrichtlinie 89/592/EWG und Art. 3 lit. a RL 2003/6/EG einhellig dahingehend bestimmt wurde, dass unrechtmäßig – bzw., wie es in § 14 Abs. 1 Nr. 2 WpHG a.F. hieß, „unbefugt" – nur eine Weitergabe ist, die nicht im normalen Rahmen der Ausübung ihrer Arbeit oder ihres Berufes oder der Erfüllung ihrer Aufgaben erfolgt.   5

Wenn Art. 10 Abs. 1 Unterabs. 1 VO Nr. 596/2014 ohne sachliche Differenz zu vorstehender Definition jede Offenlegung einer Insiderinformation gegenüber einer anderen Person als unrechtmäßig bezeichnet, es sei denn sie geschieht im Zuge der normalen Ausübung einer Beschäftigung oder eines Berufs oder der normalen Erfüllung von Aufgaben, so gilt nach Art. 11 Abs. 4 VO Nr. 596/2014 die Offenlegung von Insiderinformationen im Verlauf einer **Marktsondierung** i.S.v. Art. 11 VO Nr. 596/2014 als im Zuge der normalen Ausübung der Beschäftigung oder des Berufs oder der normalen Erfüllung der Aufgaben einer Person vorgenommen, soweit der offenlegende Marktteilnehmer die Verpflichtungen gem. Art. 11 Abs. 3 und 5 VO Nr. 596/2014 erfüllt.   6

Wie bei dem Empfehlungs- und Verleitungsverbot nach Art. 14 lit. b VO Nr. 596/2014 i.V.m. Art. 8 Abs. 2 VO Nr. 596/2014 (Art. 8 VO Nr. 596/2014 Rz. 79) handelt es sich bei dem Verbot unrechtmäßiger Offenlegung von Insiderinformationen um einen sog. **Vorfeldtatbestand**, d.h. um einen Tatbestand, der Vorbereitungshandlungen zu Transaktionen mit Insiderpapieren zum Gegenstand hat, durch deren Vornahme Insiderwissen überhaupt erst verwertet werden kann und das Vertrauen der Marktteilnehmer in die Integrität der Kapitalmärkte verletzt wird. Dabei ist das Weitergabeverbot mitsamt seiner Strafbewehrung unter rechtspolitischen Gesichtspunkten kritisiert worden[1], doch verhindert es die Umgehung des Erwerbs- und Veräußerungsverbots[2], da ein Erwerbs- und Veräußerungsgeschäft unter Verwendung einer Insiderinformation umso schwerer zu ermitteln ist, je weiter die Person, die es vornimmt, von der Quelle der Information und den Primärinsidern entfernt ist. Darüber hinaus handelt es sich bei dem Verbot unrechtmäßiger Offenlegung von Insiderinformationen entgegen verbreiteter Ansicht nicht um ein abstraktes[3], sondern – ohne dass mit der Qualifizierung größere Folgen verbunden wären – um ein **konkretes Gefährdungsdelikt**: Die Gefährdung liegt nicht darin, dass der Adressat die Möglichkeit der Kenntnisnahme einer Insiderinformation erhält, sondern darin, dass ihm diese offengelegt wird, ob er tatsächlich Kenntnis von dieser erlangt (Rz. 12). Darüber hinaus ist es allerdings nicht erforderlich, dass die Weitergabe oder die Zugänglichmachung der Insiderinformation zu einem Erwerbs- oder Veräußerungsgeschäft nutzt, zur Grundlage einer Empfehlung oder Verleitung macht oder seinerseits unrechtmäßig weitergibt (Rz. 14).   7

2. Adressat des Verbots (Art. 10 Abs. 1 Unterabs. 2 VO Nr. 596/2014). Adressaten des Verbots unrechtmäßiger Offenlegung von Insiderinformationen sind nach Art. 10 Abs. 1 Unterabs. 2 VO Nr. 596/2014 „alle natürlichen oder juristischen Personen in den Situationen oder unter den Umständen gemäß Artikel 8 Absatz 4 [VO Nr. 596/2014]", d.h. alle Primär- und Sekundärinsider[4]. Wie schon im Hinblick auf das Erwerbs- und Veräußerungsverbot sowie das Empfehlungs- und Verleitungsverbot nach Art. 14 lit. a bzw. b i.V.m. Art. 8 Abs. 1   8

---

1 *Schwark/Kruse* in Schwark/Zimmer, § 14 WpHG Rz. 39.
2 *Sethe*, ZBB 2006, 243, 244 ff.
3 So etwa *Schäfer* in Schäfer/Hamann, Kapitalmarktgesetze, § 14 WpHG Rz. 16; *Schwark/Kruse* in Schwark/Zimmer, § 14 WpHG Rz. 39; *Sethe* in Assmann/Schütze, Kapitalanlagerecht, § 8 Rz. 166; *Sethe*, ZBB 2006, 243, 248; *Vogel* in 6. Aufl., § 38 WpHG Rz. 2. Widersprüchlich *Klöhn* in Klöhn, Art. 10 MAR Rz. 16, 234; *Klöhn* in KölnKomm. WpHG, § 14 WpHG Rz. 261, und diesem folgend *Hopt/Kumpan* in Schimansky/Bunte/Lwowski, § 107 Rz. 101, die zwar von einem abstrakten Gefährdungsdelikt ausgehen, dieses aber – was konkrete Gefährdungsdelikte auszeichnet – als Erfolgsdelikte bezeichnen.
4 *Klöhn* in Klöhn, Art. 10 MAR Rz. 10; *Meyer* in Meyer/Veil/Rönnau, Handbuch zum Marktmissbrauchsrecht, § 8 Rz. 6; *Schäfer* in Marsch-Barner/Schäfer, Handbuch börsennotierte AG, Rz. 14.48.

bzw. Abs. 2 VO Nr. 596/2014 (Art. 8 VO Nr. 596/2014 Rz. 9 bzw. Rz. 80) kommt der Unterscheidung zwischen Primär- und Sekundärinsider auch beim Verbot unrechtmäßiger Offenlegung von Insiderinformationen keine Bedeutung zu[1]. Der deutsche Gesetzgeber hat Verstöße gegen die Verbote des Art. 14 VO Nr. 596/2014 in § 119 Abs. 3 und 4 bzw. § 120 Abs. 14 WpHG ausschließlich **strafrechtlich bzw. ordnungswidrigkeitsrechtlich sanktioniert** und dabei keine Differenzierung zwischen Geschäften von Primärinsidern und Sekundärinsidern vorgenommen (Vor Art. 7 ff. VO Nr. 596/2014 Rz. 27, Art. 8 VO Nr. 596/2014 Rz. 9). Adressaten des Verbots unrechtmäßiger Offenlegung von Insiderinformationen sind deshalb alle natürlichen und – kraft Wissenszurechnung – juristischen Personen, die über Insiderinformationen verfügen[2].

9   **3. Objektiver Tatbestand (Art. 10 Abs. 1 Unterabs. 1 VO Nr. 596/2014). a) Offenlegung einer Insiderinformation gegenüber einem anderen. aa) Insiderinformation.** Art. 10 Abs. 1 Unterabs. 1 VO Nr. 596/2014 setzt die Offenlegung einer Insiderinformation gegenüber einer anderen Person voraus. Ob es sich bei der offengelegten Information um eine **Insiderinformation** handelt, beurteilt sich nach Art. 7 VO Nr. 596/2014. Das gilt namentlich für die Frage, ab welchem Zeitpunkt eine Information als **öffentlich bekannt** anzusehen ist (dazu Art. 7 VO Nr. 596/2014 Rz. 63 ff.) und damit – auch wenn sie der Person, der die Information mitgeteilt wird, unbekannt ist – nicht mehr „offengelegt" werden kann. Gleiches gilt aber auch für den Fall, dass eine Information nicht öffentlich bekannt ist, der Empfänger der Insiderinformation aber bereits Kenntnis von derselben hat (Rz. 14).

10 Darüber hinaus sind hier lediglich einige Konsequenzen des Umstands hervorzuheben, dass als präzise Informationen und damit als Insiderinformationen nach der *Georgakis*-Entscheidung des EuGH[3] auch selbst geschaffene „innere Tatsachen" ohne einen „**Drittbezug**" in Betracht kommen (Art. 7 VO Nr. 596/2014 Rz. 17, Art. 8 VO Nr. 596/2014 Rz. 64). Danach ist von der Offenlegung einer Insiderinformation auch dann auszugehen ist, wenn eine Person **Dritten einen von ihr gefassten Entschluss oder ein Vorhaben mitteilt**, welche sie selbst ohne Verstoß gegen das Verbot von Insidergeschäften nach Art. 14 lit. a i.V.m. 8 Abs. 1 Satz 1 VO Nr. 596/2014, d.h. ohne Verwendung einer Insiderinformation, in die Tat umsetzen dürfte[4]. Deshalb ist es – die Kurserheblichkeit des Erwerbsplans vorausgesetzt – als Offenlegung einer Insiderinformation zu betrachten, wenn eine Person einen Dritten darüber informiert, sie werde zu einem bestimmten Zeitpunkt ein größeres **Paket Aktien** einer börsennotierten Gesellschaft erwerben, auch wenn die Umsetzung dieses Plans kein Insidergeschäft darstellt (Art. 9 Abs. 5 VO Nr. 596/2014; s. auch Art. 8 VO Nr. 596/2014 Rz. 33). Nicht anders verhält es sich, wenn der Bieter seinen Entschluss, ein **Übernahmeangebot** abzugeben, einem Dritten kundgibt, vorausgesetzt, die Umsetzung des Entschlusses ist hinreichend wahrscheinlich und das Wissen um diesen Entschluss ist kurserheblich.

11 **bb) Offenlegung.** Der Begriff der **Offenlegung** ist als Oberbegriff für die **Mitteilung und** die **Zugänglichmachung** zu verstehen, wie sie unter der Geltung der RL 2003/6/EG (Rz. 1) und § 14 Abs. 1 Nr. 2 WpHG a.F. zum Umschreibung des Weitergabeverbots verwandt und ausgelegt wurden[5].

12 Die **Mitteilung** einer Insiderinformation ist die unmittelbare oder mittelbare Weitergabe der Information durch welches Medium und Kommunikationsform auch immer[6]. Unerheblich ist, ob die mitgeteilten Insiderinformationen durch die Offenlegung öffentlich bekannt gemacht wurden[7]. Wenn die BaFin unter „Mitteilung" die „unmittelbare Weitergabe" versteht[8], so soll dies der Abgrenzung vom „Zugänglichmachen" dienen, ist aber insoweit missverständlich, als diese Umschreibung suggeriert, die Weitergabe müsse unmittelbar vom Absender zum Adressaten gelangen. Das ist indes nicht der Fall. Vielmehr ist es ausreichend, wenn die Information mittelbar (etwa über eine andere Person), aber ohne Zutun des Adressaten, an einen anderen gelangt, sofern dies sei-

---

1 Ähnlich *Meyer* in Meyer/Veil/Rönnau, Handbuch zum Marktmissbrauchsrecht, § 8 Rz. 6: „keine nennenswerte Bedeutung".
2 Im Gegensatz zu dem durch das das Anlegerschutzverbesserungsgesetz vom 28.10.2004 (s. Vor Art. 7 ff. VO Nr. 596/2014 Rz. 11) geänderte WpHG traf auch das durch Weitergabeverbot des § 14 Abs. 1 Nr. 2 WpHG a.F. alle Insider und nicht nur Primärinsider. Differenzierungen zwischen Primär- und Sekundärinsider waren seinerzeit allerdings im Hinblick auf die straf- bzw. bußgeldrechtlichen Sanktionen eines Verstoßes gegen die Verbote des § 14 Abs. 1 Nr. 2 und 3 WpHG nach Maßgabe der Blankettatbestände der §§ 38 Abs. 1, 39 Abs. 2 Nr. 3 und 4 WpHG a.F. erforderlich.
3 EuGH v. 10.5.2007 – C-391/04, ECLI:EU:C:2007:272 – Georgakis, AG 2007, 542.
4 Zu Art. 10 VO Nr. 596/2014 *Hopt/Kumpan* in Schimansky/Bunte/Lwowski, § 107 Rz. 102.
5 Ebenso *Buck-Heeb*, Kapitalmarktrecht, Rz. 362; *Hopt/Kumpan* in Schimansky/Bunte/Lwowski, § 107 Rz. 103. Zu § 14 WpHG a.F. schon *Mennicke* in Fuchs, § 14 Rz. 188; *Klöhn* in KölnKomm. WpHG, § 14 WpHG Rz. 275, 278; *Meyer* in Meyer/Veil/Rönnau, Handbuch zum Marktmissbrauchsrecht, § 8 Rz. 4; *Schwark/Kruse* in Schwark/Zimmer, § 14 Rz. 41. Dementsprechend fasst *Klöhn* in Klöhn, Art. 10 MAR Rz. 26 f., Weitergabe und Zugänglichmachung in der Definition der Offenlegung zusammen, indem er es für diese als ausreichend ansieht, wenn der Empfänger in die Lage versetzt wird, sich „ohne wesentliche Schwierigkeiten Kenntnis von der Insiderinformation zu verschaffen" (ebd., Rz. 26, 28).
6 *Hopt/Kumpan* in Schimansky/Bunte/Lwowski, § 107 Rz. 103; *Klöhn* in KölnKomm. WpHG, § 14 WpHG Rz. 278; *Renz/Rippel* in BuB, Rz. 7/720.
7 Implizit auch *Zetzsche* NZG 2015, 817, 818 (Veröffentlichung als befugte Weitergabe einer Insiderinformation i.S.v. Art. 17 VO Nr. 596/2014 ansieht). A.A. *Hopt/Kumpan* in Schimansky/Bunte/Lwowski, § 107 Rz. 102; *Klöhn* in Klöhn, Art. 10 MAR Rz. 20, 23.
8 *BaFin*, Emittentenleitfaden 2013, S. 41. Ähnlich *Langenbucher*, Aktien- und Kapitalmarktrecht, § 15 Rz. 63 („direkter Informationstransfer").

tens des Informierenden intendiert ist[1]. Von der Weitergabe einer Insiderinformation kann jedoch nur dann gesprochen werden, wenn der andere **tatsächlich Kenntnis** von der Insiderinformation erlangt hat[2]. Dazu reicht es – anders als bei der Beurteilung des Zugangs einer im Geschäftsverkehr abgegebenen Willenserklärung – nicht aus, dass sie in seinen Herrschaftsbereich gelangt ist und nach dem normalen Verlauf der Dinge damit zu rechnen war, dass sie zur Kenntnis genommen werde[3]. Bei einem **bestimmten Kreis** Dritter genügt die Kenntnisnahme durch eine Person aus diesem Kreis, bei einem **unbestimmten Kreis** die Kenntnisnahme einer der Personen aus dem Kreis derer, welche die Mitteilung vorhersehbar erreicht[4]. Allerdings ist zu beachten, dass die Mitteilung an einen unbestimmten Kreis bewirken kann, dass die Insiderinformation öffentlich bekannt wird und es damit an der Weitergabe einer Insiderinformationen an einen anderen mangelt[5]. Das ist namentlich dann der Fall, wenn eine Person, die nicht Emittent ist, eine Insiderinformation so veröffentlicht, dass sie als öffentlich bekannt gelten muss. Eine *No-comment*-**Antwort auf eine Frage** stellt unter keinen Umständen die Mitteilung einer Insiderinformation dar, und zwar auch dann nicht, wenn die Umstände auf eine bestimmte Information als Insiderinformation schließen lassen[6]. Nicht ausgeschlossen ist allerdings, dass eine solche Antwort bei bestimmten Gegebenheiten ihrerseits eine Insiderinformation darstellt. Hat der andere von der Insiderinformation, die ihm übermittelt werden soll, **keine Kenntnis** erhalten, fehlt es an der Vollendung des Tatbestands des Weitergabeverbots, so dass das Handeln des Informanden lediglich als **Versuch** nach Art. 14 lit. c VO Nr. 596/2014 i.V.m. § 119 Abs. 3 Nr. 3, Abs. 4 WpHG geahndet werden kann. Auf Seiten desjenigen, der einem anderen eine Insiderinformation mitteilt, ist im Hinblick auf die Sanktion des Handelns nach § 119 Abs. 3 Nr. 3 WpHG bzw. § 120 Abs. 14 WpHG **Vorsatz oder Leichtfertigkeit** erforderlich (hierzu und zum Folgenden: Vor Art. 7 ff. VO Nr. 596/2014 Rz. 27, Art. 8 VO Nr. 596/2014 Rz. 9, hier Rz. 4). Dabei handelt vorsätzlich, wer weiß und will, dass er den objektiven Tatbestand des Weitergabeverbots erfüllt, wobei die Unrechtmäßigkeit der Mitteilung tatbestandsbeschränkendes Merkmal (Rz. 18) vom Vorsatz mitumfasst sein muss. Leichtfertig handelt, wer einem anderen eine Insiderinformation unrechtmäßig mitteilt, indem er die gebotene Sorgfalt in einem ungewöhnlich hohen Maße verletzt. Das ist etwa dann der Fall, wenn der Absender einer E-Mail mit Insiderinformationen versehentlich (auch) andere als die Adressaten einsetzt, für die die Nachricht bestimmt ist.

Die Insiderinformation wird einem anderen **zugänglich gemacht**, wenn der Insider, statt die Insiderinformation als solche an einen anderen weiterzugeben, lediglich die Voraussetzungen schafft, die einem anderen die Kenntnisnahme der Insiderinformation ermöglichen[7]. Das kann durch Tun oder Unterlassen[8] geschehen. Ersteres ist etwa der Fall, wenn der Insider einem anderen ein Kennwort oder Passwort mitteilt, aufgrund dessen sich dieser Zugang zu elektronisch gespeicherten Informationen verschafft[9], oder wenn er einem anderen ein Schriftstück zuleitet, das u.a. auch die Insiderinformation enthält. Durch ein Unterlassen kann einem Dritten eine Insiderinformation etwa zugänglich gemacht werden, wenn vertrauliche Dokumente unverschlossen weitergeleitet werden. Nicht anders als bei einer Mitteilung einer Insiderinformation wird man auch den Tatbestand der Zugänglichmachung erst dann als verwirklicht ansehen, wenn die Information dem anderen tatsächlich **zur Kenntnis gelangte**, ist die Gefahr der Generierung von Insidergeschäften durch die unberechtigte Offenlegung von Insiderinformation doch bei der Weitergabe der Information wesentlich höher als bei der bloßen Eröffnung einer Zugangsmöglichkeit zu einer Insiderinformation[10]. Zur Kenntniserlangung bei Eröffnung einer Zugangsmöglichkeit gelten die Ausführung zu derjenigen bei einer Mitteilung oben Rz. 12 entsprechend. 13

---

1 Wie hier *Rothenhöfer* in Kümpel/Wittig, Bank- und Kapitalmarktrecht, Rz. 3.549; *Schwark/Kruse* in Schwark/Zimmer, § 14 WpHG Rz. 41; *Sethe* in Assmann/Schütze, Kapitalanlagerecht, § 8 Rz. 118; *Sethe*, ZBB 2006, 243, 247.
2 Etwa *Schäfer* in Schäfer/Hamann, Kapitalmarktgesetze, § 14 WpHG Rz. 21; *Schwark/Kruse* in Schwark/Zimmer, § 14 Rz. 42. A.A. *Mennicke* in Fuchs, § 14 WpHG Rz. 193; *Meyer* in Meyer/Veil/Rönnau, Handbuch zum Marktmissbrauchsrecht, § 8 Rz. 23.
3 Ebenso *Buck-Heeb*, Kapitalmarktrecht, Rz. 362; *Hopt*, Bankrechtstag 1995, S. 3, 19; *Klöhn* in KölnKomm. WpHG, § 14 WpHG Rz. 276; *Lenenbach*, Kapitalmarktrecht, Rz. 13.154; *Schäfer* in Schäfer/Hamann, Kapitalmarktgesetze, § 14 WpHG Rz. 21; *Lösler* in Habersack/Mülbert/Schlitt, Kapitalmarktinformation, § 2 Rz. 53; *Rothenhöfer* in Kümpel/Wittig, Bank- und Kapitalmarktrecht, Rz. 3.551; *Schwark/Kruse* in Schwark/Zimmer, § 14 WpHG Rz. 42. A.A. *Grundmann* in Staub, Bd. 11/1, 5. Aufl. 2017, 6. Teil Rz. 418 (Zugang ausreichend); *Lücker*, S. 105 ff.; *Mennicke* in Fuchs, § 14 WpHG Rz. 189, 193; *Sethe* in Assmann/Schütze, Kapitalanlagerecht, § 8 Rz. 122; *Sethe*, ZBB 2006, 243, 248 f.
4 Auch *Rothenhöfer* in Kümpel/Wittig, Bank- und Kapitalmarktrecht, Rz. 3.551.
5 *Klöhn* in KölnKomm. WpHG, § 14 WpHG Rz. 274.
6 I.E. ebenso *Hopt/Kumpan* in Schimansky/Bunte/Lwowski, § 107 Rz. 103 („nicht als Offenlegung zu werten"); *Klöhn* in KölnKomm. WpHG, § 14 WpHG Rz. 279 („grundsätzlich nicht als Mitteilung ... zu bewerten").
7 Unstreitig, etwa: *BaFin*, Emittentenleitfaden 2013, S. 41.
8 *Rothenhöfer* in Kümpel/Wittig, Bank- und Kapitalmarktrecht, Rz. 3.550.
9 RegE 2. FFG, BT-Drucks. 12/6679, 48.
10 *Hilgendorf* in Park, Kapitalmarktstrafrecht, § 14 WpHG Rz. 163; *Hopt* in Schimansky/Bunte/Lwowski, 4. Aufl. 2011, § 107 Rz. 103; *Lösler* in Habersack/Mülbert/Schlitt, Kapitalmarktinformation, § 2 Rz. 82; *Rothenhöfer* in Kümpel/Wittig, Rz. 3.551; *Schäfer* in Schäfer/Hamann, Kapitalmarktgesetze, § 14 WpHG Rz. 21; *Schwark/Kruse* in Schwark/Zimmer, § 14 WpHG Rz. 42. A.A. *Grundmann* in Staub, Bd. 11/1, 5. Aufl. 2017, 6. Teil Rz. 418; *Klöhn* in KölnKomm. WpHG, § 14 WpHG Rz. 282; *Mennicke* in Fuchs, § 14 WpHG Rz. 193; *Meyer* in Meyer/Veil/Rönnau, Handbuch zum Marktmissbrauchsrecht, § 8 Rz. 5; wohl auch *Buck-Heeb*, Kapitalmarktrecht, Rz. 333, zu entnehmen dem Hinweis, es sei ausreichend, dass ein Zugang zur Insiderinformation eröffnendes Kennwort benutzt werden könne.

Auf Seiten desjenigen, der einem anderen eine Insiderinformation zugänglich macht, ist im Hinblick auf die Sanktion des Handelns nach § 119 Abs. 3 Nr. 3 bzw. § 120 Abs. 14 WpHG **Vorsatz oder Leichtfertigkeit** erforderlich (Vor Art. 7 ff. VO Nr. 596/2014 Rz. 27, Art. 8 VO Nr. 596/2014 Rz. 9, hier Rz. 4): In ersterer Hinsicht muss der Insider deshalb entweder wissen, dass der andere sich die Insiderinformation verschaffen wird, oder er muss mit diesem Ablauf rechnen und ihn in Kauf nehmen; in letzterer Hinsicht ist erforderlich, dass der Insider, als er die Voraussetzungen schuf, die dem anderen die Möglichkeit der Kenntnisnahme eröffneten, die gebotene Sorgfalt in einem ungewöhnlich hohen Maße verletzte.

14 Weder die Weiterleitung noch die Zugänglichmachung einer Insiderinformation setzt voraus, dass **der andere** von der weitergegebenen oder zugänglich gemachte Insiderinformation **Gebrauch macht**, indem es sie zu einem Erwerbs- oder Veräußerungsgeschäft nutzt, zur Grundlage einer Empfehlung oder Verleitung macht oder seinerseits unrechtmäßig weitergibt[1]. Ebenso wenig ist es erforderlich, dass der andere **erkennt**, dass es sich bei der von ihm zur Kenntnis genommenen oder ihm zugänglich gemachten Information um eine Insiderinformation handelt[2]. Eine Weitergabe liegt daher auch dann vor, wenn der andere annimmt, die Information sei öffentlich bekannt. Ein Zusammenwirken zwischen den Beteiligten ist nicht erforderlich[3]. Ist dem Adressaten der Information die ihm weitergegebene oder zugänglich gemachte Information **schon bekannt**, also nicht neu, so fehlt es am Tatbestand der Offenlegung[4] und es kommt lediglich eine versuchte unbefugte Weitergabe nach Art. 14 lit. c, 10 Abs. 1 VO Nr. 596/2014 i.V.m. § 119 Abs. 3 Nr. 3, Abs. 4 WpHG in Betracht. Für den Dritten muss die Insiderinformation folglich etwas **Neues**, ihm **Unbekanntes** beinhalten. Doch kommt auch in dem Fall, in dem dies nicht gegeben ist, ein strafbarer Versuch in Betracht (Rz. 12 a.E.).

15 cc) **Gegenüber einem anderen.** Wenn die Vorschrift die Offenlegung von Insiderinformationen „**gegenüber einem anderen**" verbietet, so ist damit jede andere natürliche oder juristische Person oder rechtsfähige Personengemeinschaft als der Offenlegende gemeint[5]. Dementsprechend ist auch die Weitergabe einer Insiderinformation zwischen Konzernunternehmen die Offenlegung derselben an einen anderen. Gleiches gilt für die unternehmensinterne Informationsweitergabe. Die andere Person muss nicht eine bestimmte Person, sondern können auch mehrere **bestimmte Personen** sein[6]. Ob darunter aber auch ein **unbestimmter Kreis von Personen** fällt, wurde teilweise unter Berufung auf den Wortlaut „einem anderen" bestritten[7]. Dabei konnte sich diese Auffassung auf Art. 3 lit. a der Insiderrichtlinie 89/592/EWG (Rz. 1) berufen, welche es den Mitgliedstaaten auferlegte, die Weitergabe von Insiderinformationen „an einen Dritten" zu untersagen. Schon die RL 2003/6/EG (Rz. 1), nach deren Art. 3 lit. a die Mitgliedstaaten die Weitergabe von Insiderinformation „an Dritte" verbieten müssen, gab solchen Überlegungen keine Stütze mehr[8]. Deshalb verlangte die richtlinienkonforme Auslegung des § 14 Abs. 1 Nr. 2 WpHG a.F. und des Begriffs „einem anderen", hierunter auch eine **unbegrenzte Anzahl Dritter** zu verstehen, deren Identität und Zahl der Absender nicht zu bestimmen vermag[9]. Daran ist auch im Hinblick auf die Auslegung des Begriffs „einem anderen" in Art. 10 Abs. 1 Unterabs. 1 VO Nr. 596/2014 festzuhalten. Denkbar ist allerdings, dass die Mitteilung an einen unbestimmten Kreis dazu führt, dass sie mit der Offenlegung öffentlich bekannt wird und keine Insiderinformation mehr darstellt (Rz. 12).

16 Die **Veröffentlichung einer Insiderinformation** stellt die Mitteilung an einen unbestimmten Kreis von Personen und damit die Weitergabe derselben an Dritte dar. Erfolgt die Veröffentlichung durch den Emittenten zur Erfüllung seiner **Pflicht zur Veröffentlichung von Insiderinformationen** nach Art. 17 Abs. 1 Unterabs. 1 VO Nr. 596/2014, so handelt es sich um eine berechtigte Offenlegung der Insiderinformation: sei es, weil man

---

1 *Buck-Heeb*, Kapitalmarktrecht, Rz. 362.
2 *Grundmann* in Staub, Bd. 11/1, 5. Aufl. 2017, 6. Teil Rz. 418; *Hopt/Kumpan* in Schimansky/Bunte/Lwowski, § 107 Rz. 103; *Meyer* in Meyer/Veil/Rönnau, Handbuch zum Marktmissbrauchsrecht, § 8 Rz. 9; *Zetzsche* in Gebauer/Teichmann, § 7 C. Rz. 158. Schon *Lösler* in Habersack/Mülbert/Schlitt, Kapitalmarktinformation, § 2 Rz. 53; *Renz/Rippel* in BuB, Rz. 7/720; *Schäfer* in Schäfer/Hamann, Kapitalmarktgesetze, § 14 WpHG Rz. 23; *Schwark/Kruse* in Schwark/Zimmer, § 14 WpHG Rz. 44; *Sethe* in Assmann/Schütze, Kapitalanlagerecht, § 8 Rz. 125; *Sethe*, ZBB 2006, 243, 249; *Sethe* in Assmann/Schütze, Kapitalanlagerecht, § 8 Rz. 122; *Süßmann*, AG 1999, 162, 163.
3 *Mennicke* in Fuchs, § 14 WpHG Rz. 192; *Rothenhöfer* in Kümpel/Wittig, Bank- und Kapitalmarktrecht, Rz. 3.551.
4 Ebenso *Klöhn* in KölnKomm. WpHG, § 14 WpHG Rz. 277, 284; *Klöhn* in Klöhn, Art. 10 MAR Rz. 22, 29; *Schwark/Kruse* in Schwark/Zimmer, § 14 WpHG Rz. 44. A.A., weil i.E. darauf abstellend, dass es auf den Erfolg und insb. die Kenntnisnahme des Dritten von der Information nicht ankomme: *Lenenbach*, Kapitalmarktrecht, Rz. 13.154; *Mennicke* in Fuchs, § 14 WpHG Rz. 195; *Schäfer* in Schäfer/Hamann, Kapitalmarktgesetze, § 14 WpHG Rz. 22; *Sethe* in Assmann/Schütze, Kapitalanlagerecht, § 8 Rz. 124; *Sethe*, ZBB 2006, 243, 249; *Szesny*, Rz. 109.
5 *Klöhn* in KölnKomm. WpHG, § 14 WpHG Rz. 272.
6 *Klöhn* in Klöhn, Art. 10 MAR Rz. 23; *Langenbucher*, Aktien- und Kapitalmarktrecht, § 15 Rz. 65.
7 *Schäfer* in Schäfer, § 14 WpHG Rz. 16 und in Schäfer/Hamann, Kapitalmarktgesetze, § 14 WpHG Rz. 19. Eher in diese Richtung auch *Schwark* in Schwark, Kapitalmarktrechts-Kommentar, 3. Aufl. 2004, § 14 WpHG Rz. 28; *Klöhn* in KölnKomm. WpHG, § 14 WpHG Rz. 274, gibt dagegen lediglich zu bedenken, dass in diesem Fall die Insiderinformationen mit der Offenlegung öffentlich bekannt werden könnte. In Bezug auf § 8 VO Nr. 596/2014 auch *Klöhn* in Klöhn, Art. 10 MAR Rz. 23.
8 *Schwark* in Schwark, Kapitalmarktrechts-Kommentar, 3. Aufl. 2004, § 14 WpHG Rz. 28; i.E. auch *Sethe* in Assmann/Schütze, Kapitalanlagerecht, § 8 Rz. 120; *Sethe*, ZBB 2006, 243, 247.
9 Ebenso *Langenbucher*, Aktien- und Kapitalmarktrecht, § 15 Rz. 65.

die Veröffentlichung als eine gesetzlich für Emittenten begründete Aufgabe i.S.v. Art. 10 Abs. 1 Unterabs. 1 VO Nr. 596/2014 qualifiziert und in der Vornahme der Veröffentlichung – entsprechend der Regelung in Art. 11 Abs. 4 VO Nr. 596/2014 für die Marktsondierung (Rz. 6) – die normale Erfüllung dieser Aufgabe sieht, oder sei es, weil man in der gesetzlichen Veröffentlichungspflicht einen eigenständigen Rechtfertigungsgrund für die Weitergabe sieht.

b) Unrechtmäßige Offenlegung (Weitergabe und Zugänglichmachung). aa) Unrechtmäßigkeit als Tatbestandsmerkmal. Die Offenlegung von Insiderinformationen gegenüber einer anderen Person ist unrechtmäßig, es sei denn, die Offenlegung geschieht im Zuge der normalen Ausübung einer Beschäftigung oder eines Berufs oder der normalen Erfüllung von Aufgaben. Trotz der unterschiedlichen Strukturierung und Formulierung dieses Tatbestandsmerkmal des Verbots unrechtmäßiger Offenlegung von Insiderinformationen, die auf Art. 3 lit. a der Insiderrichtlinie 89/592/EWG und Art. 3 lit. a RL 2003/6/EG (beide Rz. 5) basiert, entspricht es der **Regelung des § 14 Abs. 1 Nr. 2 WpHG a.F.**, die ihrerseits auf den vorstehend angeführten Richtlinienbestimmungen beruhte und diese in nationales Recht umsetzte. Nach dieser durch Art. 10 Abs. 1 Unterabs. 1 VO Nr. 596/2014 abgelösten Regelung war es verboten, einem anderen eine Insiderinformation unbefugt mitzuteilen oder zugänglich zu machen, wobei als unbefugt nur die Weitergabe oder Zugänglichmachung von Insiderinformation bestimmt wurde, die nicht im normalen Rahmen der Ausübung ihrer Arbeit oder ihres Berufes oder der Erfüllung ihrer Aufgaben erfolgte (Rz. 5 und *Assmann* in 6. Aufl., § 14 WpHG Rz. 73). Das entspricht der Regelung, wie sie sich jetzt in Art. 10 Abs. 1 Unterabs. 1 VO Nr. 596/2014 wiederfindet, nach dem jede Offenlegung als unrechtmäßig gilt, die nicht im Zuge der normalen Ausübung einer Beschäftigung oder eines Berufs oder der normalen Erfüllung von Aufgaben geschieht. Deshalb kann auch zu diesem Tatbestandsmerkmal auf die Grundsätze zurückgegriffen werden, die sie sich zu dem Tatbestandsmerkmal „unbefugt" und zur Befugnis der Weitergabe und Zugänglichmachung von Insiderinformationen des § 14 Abs. 1 Nr. 2 WpHG a.F. herausgebildet hatten.

Anders als etwa in den vergleichbaren Straftatbeständen des § 203 Abs. 1 StGB oder des § 404 Abs. 1 AktG, welche die Verletzung einer Geheimnispflicht zum Gegenstand haben, war das Merkmal „unbefugt" und ist das Merkmal **„ungerechtfertigt"** im Hinblick auf die Sanktion des Verstoßes gegen Art. 14 lit. c, 10 Abs. 1 Unterabs. 1 VO Nr. 596/2014 als Straftat nach § 119 Abs. 3 Nr. 3 WpHG nicht als allgemeines Verbrechensmerkmal, sondern als **tatbestandsbeschränkendes Merkmal** und damit als Teil des Tatbestands zu betrachten[1]. Das heißt: Die Offenlegung von Insiderinformationen, die im Zuge der normalen Ausübung einer Beschäftigung oder eines Berufs oder der normalen Erfüllung von Aufgaben geschieht ist, ist rechtmäßig und erfüllt damit nicht den Tatbestand der unrechtmäßigen Offenlegung nach Art. 10 Abs. 1 Unterabs. 1 VO Nr. 596/2014.

bb) Kriterien zur Bestimmung unrechtmäßiger Offenlegung. Die Frage, unter welchen Voraussetzungen von einer **normalen** beschäftigungs-, berufs- oder aufgabenbedingten Offenlegung von Insiderinformation ausgegangen werden kann, wurde im Hinblick auf die **normale aufgaben-, tätigkeits- oder berufsbedingte Weitergabe oder Zugänglichmachung** von Insiderinformationen i.S.v. § 14 Abs. 1 Nr. 2 WpHG a.F. durch eine Beschränkung der Befugnis der Weitergabe und der Zugänglichmachung Insiderinformation auf Fälle beantwortet, in denen die Weitergabe bzw. Zugänglichmachung als *zwingend erforderlich* erschien[2]. Diese Ansicht konnte sich indes nicht behaupten[3], vor allem, weil sie auch Fälle erfasste, in denen die Mitteilung oder Zugänglichmachung der Information an einen Dritten zur Wahrnehmung einer Aufgabe, einer Tätigkeit oder eines Berufs – namentlich an einen externen Berater eines Emittenten – zwar nicht unverzichtbar, wohl aber durch vernünftige Gründe sachlich gerechtfertigt und in Abwägung gegenüber dem mit der Ausweitung des Insiderkreises verbundenen erhöhten Gefahr von Insidergeschäften hinnehmbar erschien. Deshalb hatte sich die Meinung durchgesetzt, eine betriebsinterne Informationsweitergabe müsse lediglich „erforderlich" sein, um als befugte Weitergabe zu gelten[4], wobei die Erforderlichkeit nach der normalen Aufgabe, Tätigkeit oder Beruf im

---

[1] *Hopt/Kumpan* in Schimansky/Bunte/Lwowski, § 107 Rz. 104. In Bezug auf § 14 Abs. 1 Nr. 2 WpHG a.F. ausführlich *Assmann* in 6. Aufl., § 14 WpHG Rz. 72; *Buck-Heeb*, Kapitalmarktrecht, Rz. 363; *Caspari*, ZGR 1994, 530, 545; *Gehrmann*, S. 135; *Götz*, DB 1995, 1949; *Klöhn* in KölnKomm. WpHG, § 14 WpHG Rz. 289; *Lenenbach*, Kapitalmarktrecht, Rz. 13.155; *Liekefett*, S. 169; *Lücker*, S. 108 ff.; *Mennicke* in Fuchs, § 14 WpHG Rz. 197; i.E. auch *Schäfer* in Schäfer/Hamann, Kapitalmarktgesetze, § 14 WpHG Rz. 25; *Schmidt-Diemitz*, DB 1996, 1809, 1810; *Uwe H. Schneider* in FS Wiedemann, S. 1255, 1261; *Uwe Schneider/Singhof* in FS Kraft, S. 585, 588; *Rothenhöfer* in Kümpel/Wittig, Bank- und Kapitalmarktrecht, Rz. 3.552; *Schwark/Kruse* in Schwark/Zimmer, § 14 WpHG Rz. 45; *Sethe* in Assmann/Schütze, Kapitalanlagerecht, § 8 Rz. 125; *Sethe*, ZBB 2006, 243, 249; *Singhof*, ZGR 2001, 146, 152; *Süßmann*, AG 1999, 162, 163.

[2] So noch *Assmann*, AG 1994, 237, 247. Ähnlich auch *Hartmann*, S. 239 („Insidertatsachen dürfen ... nur auf einer strengen *Need-to-know*-Basis weitergegeben werden"); *Lücker*, S. 111 ff., 113 („notwendig, das heißt einem dem Insiderrecht vorrangigem Rechtsgut dienlich").

[3] *Assmann*, AG 1997, 50, 55; *Götz*, DB 1995, 1949, 1950; *Krauel*, S. 294; *Schmidt-Diemitz*, DB 1996, 1809, 1810; *Schwark* in Schwark, Kapitalmarktrechts-Kommentar, 3. Aufl. 2004, § 14 WpHG Rz. 33; *Soesters*, S. 190.

[4] *Marsch-Barner* in Semler/Volhard, Arbeitshandbuch für Unternehmensübernahmen, Bd. 1, 2001, § 7 Rz. 123; *Schäfer* in Schäfer/Hamann, Kapitalmarktgesetze, § 14 WpHG Rz. 27; *Schwark/Kruse* in Schwark/Zimmer, § 14 WpHG Rz. 47; *Sethe* in Assmann/Schütze, Kapitalanlagerecht, § 8 Rz. 126 f. („vernünftige Gründe"); *Szesny*, Rz. 112. In *BaFin*, Emittentenleitfaden 2009, S. 41, 67, ist von „benötigen" die Rede. Ähnlich *Mennicke* in Fuchs, § 14 WpHG Rz. 206 („angewiesen" oder „benötigen" sind „nicht streng objektiv" zu verstehen).

Rahmen der Betriebsorganisation bestimmt wurde. Gleichzeitig wurde aber darauf hingewiesen, dass das Kriterium einer „normalen" tätigkeitsbedingten Weitergabe oder Zugänglichmachung zum gegenwärtigen Zeitpunkt auch nicht im Sinne von „üblich" zu verstehen sei[1], weil eine Verhaltensweise auch gegen die Anforderungen des Gesetzes zur Übung geworden sein könne.

20 Die vorstehende Deutung von **normal** im Sinne von „erforderlich" erschien dem **EuGH** aber ganz offensichtlich als zu weit, um noch „der Tatsache Rechnung zu tragen, dass jede zusätzliche Weitergabe die Gefahr vergrößern kann, dass diese Informationen mit einem der Richtlinie 89/592/EWG [Insiderrichtlinie, Rz. 1] zuwiderlaufenden Ziel ausgenutzt werden"[2]. In gewollt enger und denkbar engster Auslegung hat das Gericht in seiner *Grøngaard und Bang*-**Entscheidung vom 22.11.2005** die Weitergabe einer Insiderinformation nur dann als gerechtfertigt erklärt, wenn sie für die Ausübung einer Arbeit oder eines Berufs oder für die Erfüllung einer Aufgabe „unerlässlich" sei – in der englischen Fassung der Entscheidung „strictly necessary" und in der Sprache des vorlegenden dänischen Gerichts „strengt nødvendig" – und den „Grundsatz der Verhältnismäßigkeit" beachte[3]. Dabei lassen sich diese Kriterien dahingehend deuten, dass die Weitergabe der Insiderinformation nur dann **unerlässlich** ist, wenn die in Frage stehende berufliche oder aufgabenbedingte Tätigkeit ohne sie nicht erledigt werden kann, und die jeweils in Frage stehende Tätigkeit darüber hinaus im Lichte einer Abwägung zwischen dem Zweck des Weitergabeverbots und dem Grund der Tätigkeit gerechtfertigt, d.h. **verhältnismäßig** ist. Ob die Weitergabe einer Insiderinformation berufsbedingt unerlässlich sei und ob etwas in einem normalen Rahmen in Ausübung einer Arbeit oder eines Berufes oder in Erfüllung einer Aufgabe geschehe, bestimmt sich, so das Gericht, im Übrigen „in Ermangelung einer Harmonisierung in diesem Bereich ... weitestgehend nach den Vorschriften ... die diese Fragen in den einzelnen **nationalen Rechtsordnungen** regelten"[4], doch müssten die Gerichte dabei Folgendem Rechnung tragen: *erstens* „dem Umstand, dass diese Ausnahme vom Verbot der Weitergabe von Insider-Informationen eng auszulegen" sei; *zweitens* „dem Umstand, dass jede zusätzliche Weitergabe die Gefahr vergrößern" (könne), „dass diese Informationen mit einem der Richtlinie 89/592 [Insiderrichtlinie, Rz. 1] zuwiderlaufenden Ziel ausgenutzt" würden; und *drittens* „der Sensibilität" der jeweiligen Insiderinformation[5]. Auf eine handhabbare **Formel** gebracht wird man die Weitergabe einer Insiderinformation dann als **unerlässlich und verhältnismäßig** ansehen können, wenn ohne sie eine Arbeit oder ein Beruf oder die Erfüllung einer Aufgabe – in der Formulierung von Art. 10 Abs. 1 Unterabs. 1 VO Nr. 596/2014: einer Beschäftigung, eines Berufs oder einer Aufgabe – nicht möglich ist[6] und dies die mit der Weitergabe der Insiderinformation verbundene Erhöhung der Gefahr von Insidergeschäften rechtfertigt.

21 Über die *Grøngaard und Bang*-Entscheidung vom 22.11.2005 lässt sich trefflich streiten[7]. Das gilt nicht nur im Hinblick auf Deutung der einschlägigen Bestimmungen der Insiderrichtlinie durch den EuGH, sondern auch im Hinblick auf die Auslegung der Schlüsselbegriffe der Entscheidung selbst[8]. Es ist jedoch nicht erkennbar, dass die Entwicklung des europäischen Insiderrechts hin zur Marktmissbrauchsverordnung sowie die Regelung desselben in Art. 7–10 und 14 VO Nr. 596/2014 der Entscheidung den Boden entzogen hätte[9], weshalb von der

---

1 4. Aufl. des Kommentars Rz. 74; *Assmann*, AG 1997, 50, 55; *Uwe H. Schneider* in FS Wiedemann, S. 1255, 1262 f.; *Schwark/Kruse* in Schwark/Zimmer, § 14 WpHG Rz. 47.
2 EuGH v. 22.11.2005 – C-384/02, ECLI:EU:C:2005:708 – Grøngaard und Bang, NJW 2006, 133, 134 Rz. 36. Gegen die Ansicht, der EuGH habe in dieser Entscheidung einen gegenüber dem Erforderlichkeitsmaßstab strengeren Maßstab angelegt, aber mit spekulativer Argumentation und nicht überzeugend, *Klöhn* in KölnKomm. WpHG, § 14 WpHG Rz. 325 ff.
3 EuGH v. 22.11.2005 – C-384/02, ECLI:EU:C:2005:708 – Grøngaard und Bang, NJW 2006, 133, 134 Rz. 34.
4 EuGH v. 22.11.2005 – C-384/02, ECLI:EU:C:2005:708 – Grøngaard und Bang, NJW 2006, 133, 134 Rz. 40 (Hervorhebung hinzugefügt). Dagegen *Zetzsche*, NZG 2015, 817, 819.
5 EuGH v. 22.11.2005 – C-384/02, ECLI:EU:C:2005:708 – Grøngaard und Bang, NJW 2006, 133 Ls. 1 Satz 2 und ausführlich 134 Rz. 32 ff.
6 I.E. auch *Lenenbach*, Kapitalmarktrecht, Rz. 13.160 f. („Unerlässlich meint ... eine Insiderinformationsweitergabe, die für die Erfüllung der Aufgabe desjenigen, der die Information weitergibt, notwendig ist"). Auch *Langenbucher*, Aktien- und Kapitalmarktrecht, § 15 Rz. 66 („nicht nur dienlich"); *Szesny*, Rz. 112. *Klöhn* in Klöhn, Art. 10 MAR Rz. 73 f., hält die Ansicht, der EuGH habe mit der *Grøngaard und Bang*-Entscheidung den bis dahin für maßgeblich erachteten Erforderlichkeitsmaßstab verschärft, für unzutreffend. Seine Argumente – zu denen auch dasjenige gehört, es sei schon fraglich, ob sich der EuGH „mit Anfügen des Attributs ‚streng' überhaupt etwas gedacht" habe (ebd. Rz. 74) – sind indes nicht dergestalt, dass man dazu raten möchte, ihnen in der Rechtsanwendung vor allem der Rechtsberatung zu folgen.
7 Zustimmung *Bachmann*, ZHR 172 (2008), 624. Kritisch *Assmann* in 6. Aufl., § 14 WpHG Rz. 74b; *Assmann*, WuB I G 7. – 3.06 (WuB 2008, 553, 554); *Gehrmann*, S. 155 ff. Näher *Lenenbach*, Kapitalmarktrecht, Rz. 13.160 („gänzlich praxisfremd").
8 Dazu *Assmann* in 6. Aufl., § 14 WpHG Rz. 74b.
9 Zweifelnd und eher ablehnend *Zetzsche* in Gebauer/Teichmann, § 7 C. Rz. 163. Nicht überzeugend ist dessen Argument, die Wiederholung von Art. 10 Abs. 1 VO Nr. 596/2014 in Erwägungsgrund 35 VO Nr. 596/2014 sei „als Ablehnung des Unerlässlichkeitskriteriums zu lesen, weil diese in auffälligem Gegensatz zur ansonsten praktizierten Kodifizierung des EuGH-Rechtsprechung" stehe. Ähnlich schon *Sethe* in Assmann/Schütze, Kapitalanlagerecht, § 8 Rz. 128 a.E. Wäre eine Abweichung oder eine Zustimmung von der Entscheidung gewollt gewesen, hätte in Erwägungsgrund 35 VO Nr. 596/2014 – was in vielen anderen Fällen geschehen ist – der Wortlaut nicht nur wiederholt, sondern konkretisiert werden können: sei es durch den Hinweis, „normal" sei die „erforderliche" Weitergabe oder sei es durch den Hinweis, „normal"

der **Fortgeltung der sog. Grøngaard und Bang-Kriterien** auszugehen ist[1]: Darauf, dass Art. 10 Abs. 1 Unterabs. 1 VO Nr. 596/2014 die fast wortgleiche Formulierung enthält wie seinerzeit Art. 3 lit. a der Insiderrichtlinie (Rz. 1), welcher dem Urteil des EuGH zugrunde lag, wurde bereits an früherer Stelle (Rz. 1 und Rz. 5) hingewiesen. Was die strengst mögliche Verwirklichung des Ziels einer Norm und die Ausblendung der Folgen einer Entscheidung auf die Funktionsfähigkeit des von dieser betroffenen institutionellen Umfelds angeht, hat der EuGH seine *Effet-utile*-Methode der Auslegung europarechtlicher Normen in keiner Weise modifiziert (Vor Art. 7 ff. VO Nr. 596/2014 Rz. 29 f.). Deshalb wird hier von der Fortführung des Versuchs abgesehen, die Regel der Entscheidung teleologisch dahingehend zu modifizieren, dass die Weitergabe einer Insiderinformation an Unternehmensexterne im strengen Wortsinn unerlässlich sein müsse, während die unternehmensinterne Weitergabe schon dann rechtmäßig sei, wenn sie vorgenommen wurde, „um eine aus betriebsorganisatorischer Sicht sinnvolle Aufgabe oder Tätigkeit beruflicher oder sonstiger Art sachgerecht wahrnehmen zu können"[2]. Allerdings ist darauf hinzuweisen, dass das dänische Gericht, das dem EuGH die Auslegung des Art. 3 lit. a der Insiderrichtlinie 89/592/EWG (Rz. 1) zur Entscheidung vorgelegt hatte, das Merkmal „unerlässlich" – so wie hier ehedem vertreten[3] – weit, im Sinne von „erforderlich", auslegte[4].

Entgegen vereinzelten Stimmen aus dem Schrifttum zu § 14 Abs. 1 Nr. 2 WpHG a.F. kam und kommt es für die Beantwortung der Frage, ob die Weitergabe oder Zugänglichmachung einer Insiderinformation berechtigt ist, nicht darauf an, ob der Informationsempfänger einer **besonderen gesetzlichen** (z.B. § 203 StGB, § 404 AktG) oder aufgrund einer **Vertraulichkeitsvereinbarung** einer vertraglich begründeten **Verschwiegenheitspflicht** unterliegt[5]. Das ist deshalb nicht geboten, weil in den Fällen, in denen die Weitergabe oder Zugänglichmachung der Information im Zuge der normalen Ausübung einer Beschäftigung oder eines Berufs oder der normalen Erfüllung von Aufgaben erfolgt, auch der Empfänger der Information zum Insider wird und damit Verboten des Art. 14 VO Nr. 596/2014 – wie zuvor denjenigen des § 14 Abs. 1 Nr. 1–3 WpHG a.F.[6] – unterliegt. Damit ist sichergestellt, dass auch der Informationsempfänger die Insiderinformation nicht für Erwerbs- oder Veräußerungsgeschäfte verwenden, weitergeben, zugänglich machen oder als Grundlage für Empfehlungen verwenden darf und mithin vertraulich zu behandeln hat. Setzt eine rechtmäßige Weitergabe von oder die Eröffnung der Zugangsmöglichkeit zu Insiderinformationen keine Vertraulichkeitsvereinbarung mit dem Empfänger der Information voraus, so wird – umgekehrt – die unrechtmäßige Offenlegung von Insiderinformationen auch nicht dadurch rechtmäßig, dass mit dem Empfänger eine Vertraulichkeitsvereinbarung vereinbart wird[7]. 22

Rechtmäßig ist die Offenlegung von Insiderinformationen nur, wenn sie **im Zuge der normalen Ausübung einer Beschäftigung oder eines Berufs** oder der **normalen Erfüllung von Aufgaben** unerlässlich (Rz. 20) ist. Dabei kommen sowohl die Beschäftigung, der Beruf oder die Aufgabe derjenigen Person Betracht, der die Insiderinformation weitergegeben oder zugänglich gemacht wird, d.h. des Offenlegenden, als auch derjenigen, der gegenüber die Insiderinformationen offengelegt werden, d.h. des Informationsempfängers. Soweit zur Beurteilung der Rechtmäßigkeit der Offenlegung auf die Beschäftigung, den Beruf oder die Aufgabe des Empfängers 23

---

sei die „unerlässliche" Offenlegung einer Insiderinformation. Bestenfalls können die Ausführungen in Erwägungsgrund 35 VO Nr. 596/2014 deshalb dahingehend gedeutet werden, dass die Auslegung von „normal" offen ist. Bis zu einer anderen Auslegung dieses Begriffs durch den EuGH ist der Praxis jedoch anzuraten, sich an die Kriterien der *Grøngaard und Bang*-Entscheidung zu halten.

1 *Hopt/Kumpan* in Schimansky/Bunte/Lwowski, § 107 Rz. 105; *Klöhn* in KölnKomm. WpHG, § 14 WpHG Rz. 324; *Klöhn* in Klöhn, Art. 10 MAR Rz. 72; *Moloney*, EU Securities and Financial Markets Regulation, 3. Aufl. 2014, S. 725 f.; *Poelzig*, NZG 2016, 528, 534, 535; noch zum Kommissionsentwurf der Marktmissbrauchsverordnung *Kiesewetter/Parmentier*, BB 2013, 2371, 2373.
2 *Assmann* in 6. Aufl., § 14 WpHG Rz. 74b. Ebenso *Klöhn* in KölnKomm. WpHG, § 14 WpHG Rz. 268, 318 ff.; *Sethe* in Assmann/Schütze, Kapitalanlagerecht, § 8 Rz. 128. Für eine streng wortlautorientierte Auslegung von „unerlässlich" *Zetzsche*, NZG 2015, 817 ff.
3 *Assmann* in 6. Aufl., § 14 WpHG Rz. 74.
4 Højesteret v. 14.5.2009 – 219/2008, ZIP 2009, 1526.
5 S. *BaFin*, Emittentenleitfaden 2013, S. 41. Ebenso schon *Assmann*, AG 1997, 50, 55; *Claussen/Florian*, AG 2005, 745, 752; *v. Falkenhausen/Widder*, BB 2005, 225, 226 f.; *Hopt/Kumpan* in Schimansky/Bunte/Lwowski, § 107 Rz. 107; *Klöhn* in Klöhn, Art. 10 MAR Rz. 95 f.; *Mennicke* in Fuchs, § 14 WpHG Rz. 211 f.; *Rothenhöfer* in Kümpel/Wittig, Bank- und Kapitalmarktrecht, Rz. 3.555; *Schäfer* in Schäfer/Hamann, Kapitalmarktgesetze, § 14 WpHG Rz. 28; *Schmidt-Diemitz*, DB 1996, 1809, 1810; *Uwe H. Schneider* in FS Wiedemann, 2002, S. 1255, 1261 ff.; *Uwe H. Schneider/Singhof* in FS Kraft, S. 585, 588; *Schwark/Kruse* in Schwark/Zimmer, § 14 WpHG Rz. 47; *Sethe* in Assmann/Schütze, Kapitalanlagerecht, § 8 Rz. 126; *Sethe*, ZBB 2006, 243, 250; *Stoffels*, ZHR 165 (2001), 362, 380; *Veil*, ZHR 172 (2008), 239, 257. A.A. *Götz*, DB 1995, 1949, 1950; *Liekefett*, S. 184 f.; *Rodewald/Tüxen*, BB 2004, 2249, 2252, die fehlerhaft davon ausgehen, nach dem neuen Recht bedürfe zwar die Weitergabe von Insiderinformationen an „Berufsträger" keiner Vertraulichkeitsvereinbarung, wohl aber diejenige „an Dritte". Zum Versuch, aufgrund der Regelungen der seinerzeit neu in das Gesetz gelangten § 15 Abs. 1 Satz 3 WpHG a.F. und in dem von dieser Bestimmung umgesetzten Art. 6 Abs. 3 Satz 1 der Marktmissbrauchsrichtlinie (Rz. 1) herzuleiten, nur diejenige Weitergabe von Insiderinformationen und Eröffnung eines Zugangs zu solchen Informationen sei befugt, die mit dem Abschluss einer Vertraulichkeitsvereinbarung einhergehe, ausführlich und ablehnend *Assmann* in 6. Aufl., § 14 WpHG Rz. 76.
6 Dazu etwa *Hopt* in Bankrechts-Handbuch, 2. Aufl. 2001, § 107 Rz. 40; *Pananis*, S. 139.
7 Implizit *v. Falkenhausen/Widder*, BB 2005, 225, 227.

von Insiderinformationen abgestellt wird, kommt diese allerdings nur für den Fall als rechtmäßig in Betracht, wenn die Beschäftigung, der Beruf oder die Aufgabe **auch für oder im Interesse des Mitteilenden oder Zugänglichmachenden**[1] ausgeübt bzw. erledigt wird[2]. Die Begriffe Beschäftigung, Beruf und Aufgabe decken ein denkbar **weites Feld legaler Tätigkeiten** von Personen ab, die nicht der rein privaten Wahrnehmung von Eigeninteressen dieser Personen zuzuordnen sind und im Einzelfall nur dann ordnungsgemäß ausgeführt werden können, wenn die Personen dazu die erforderlichen Informationen und im Einzelfall auch die hierfür unerlässlichen Insiderinformationen weitergeben oder erlangen. Wie bereits an früherer Stelle (Rz. 19) ausgeführt, ist die Offenlegung von Insiderinformationen nicht bereits deshalb normal, weil sie für die beteiligten Personen in den betroffenen Verhältnissen und Tätigkeiten üblich („Praxis") ist.

24 cc) **Offenlegung aufgrund von gesetzlichen Geboten und Obliegenheiten.** Erfolgt die Weitergabe oder Zugänglichmachung einer Insiderinformation in **Erfüllung einer gesetzlichen Informationspflicht** und ergibt die Auslegung der die Informationspflicht begründenden Norm, dass sie nach ihrem Sinn und Zweck und in Abwägung zu den Zielen des Offenlegungsverbots – Verhinderung der mit jeder zusätzlichen Weitergabe einer Insiderinformation verbundenen Gefahr, dass diese Informationen für Insidergeschäfte genutzt werden[3] – auch die Weitergabe oder Zugänglichmachung von Insiderinformationen mitumfassen soll[4], so erfolgt die Offenlegung nicht unberechtigt[5]. Da jede gesetzliche begründete Informationspflicht an eine Beschäftigung, eine berufliche Stellung oder zumindest eine bestimmte Aufgabe (zu weiten Anwendungsbereich dieser Begriffe oben Rz. 23) anknüpft, ist eine sich gegenüber dem Verbot unrechtmäßiger Offenlegung von Insiderinformationen durchsetzende gesetzliche Informationspflicht – dem Regelungsmuster von Art. 11 Abs. 4 VO Nr. 596/2014 folgend[6] – als rechtmäßig i.S.v. Art. 10 Abs. 1 Unterabs. 1 VO Nr. 596/2014 anzusehen, weil sie im Zuge der normalen Ausübung einer Beschäftigung oder eines Berufs oder der normalen Erfüllung von Aufgaben erfolgt.

25 Nicht zu den gesetzlich begründeten Informationspflichten gehören **vertraglich begründete Informationspflichten**, da andernfalls die rechtmäßige Weitergabe von Insiderinformationen zur Disposition Privater gestellt würde[7]. Dagegen kommen **gesetzlich begründete zivilrechtliche Informationspflichten**, wie insbesondere **vorvertraglich begründete Aufklärungspflichten**, durchaus als Grundlage einer rechtmäßigen Weitergabe in Betracht, denn auch von denen, die dies ablehnen[8], wird nicht bestritten, dass stets zu fragen ist, ob die pflichtenbegründende Norm im Allgemeinen und im Besonderen „wirklich die Weitergabe der Insiderinformation verlangt … und Vorrang gegenüber dem insiderrechtlichen Weitergabeverbot genießt"[9]. Ebenso wird man die Weitergabe einer Insiderinformation in dem als eher selten anzusehenden Fall für rechtmäßig halten, dass diese durch eine Person erfolgt, die nur so und zur Erfüllung einer nicht klagbaren **Nebenpflicht** ihre rechtsgeschäftlich begründete, aber nicht auf die Informationsweitergabe als Haupt- oder Nebenleistung oder die Vermögenssorge für andere gerichtete Verpflichtung (dazu Rz. 60) erfüllen kann[10]. Auch die Wahrnehmung gesetzlich begründeter **Obliegenheiten** kann, vergleichbar der Erfüllung gesetzlicher Pflichten, zu einer rechtmäßigen Offenlegung von Insiderinformationen führen[11], wenn ihre Auslegung – insbesondere unter Berück-

---

1 Darin wie *Klöhn* in KölnKomm. WpHG, § 14 WpHG Rz. 299f., der damit allerdings insinuiert, in Bezug auf die normale Ausübung einer Beschäftigung oder eines Berufs oder die normale Erfüllung von Aufgaben kämen nur die entsprechenden Tätigkeiten des Offenlegenden in Betracht.
2 *BaFin*, Emittentenleitfaden 2013, S. 41 („… im üblichen Rahmen bei Ausübung der Arbeit oder des Berufs oder in Erfüllung von Aufgaben des Insiders *für den Emittenten*", Hervorhebung hinzugefügt). Dies gilt auch dann, wenn die Information innerhalb des Unternehmens oder auch an externe Personen weitergegeben wird." Dass die Offenlegung von Insiderinformationen an Dritte rechtmäßig sein kann, weil diese die Informationen für die Ausübung bzw. Erledigung ihrer Beschäftigung, ihres Berufes oder ihrer Aufgabe benötigen, wird – vor allem wenn es um die Befugnis zur Weitergabe an Unternehmensexterne geht – nahezu einhellig (mit Ausnahme wohl nur von *Klöhn* in KölnKomm. WpHG, § 14 WpHG Rz. 300) angenommen, wenngleich vielfach nur implizit unterstellt. Explizit etwa *Mennicke* in Fuchs, § 14 WpHG Rz. 199, 206.
3 EuGH v. 22.11.2005 – C-384/02, ECLI:EU:C:2005:708 – Grøngaard und Bang, NJW 2006, 133, 134 Rz. 36. S. Rz. 20.
4 Schon *Assmann* in 6. Aufl., § 14 WpHG Rz. 80. Zu weitgehend *Sethe* in Assmann/Schütze, Kapitalanlagerecht, § 8 Rz. 129, der davon ausgeht, eine befugte Weitergabe liege „*stets* dann vor, wenn sie aufgrund gesetzlicher Mitteilungs- oder Informationspflichten" (Hervorhebung hinzugefügt) erfolge. Wie hier *Klöhn* in KölnKomm. WpHG, § 14 WpHG Rz. 348.
5 Auch *Klöhn* in Klöhn, Art. 10 MAR Rz. 98; *Meyer* in Meyer/Veil/Rönnau, Handbuch zum Marktmissbrauchsrecht, § 8 Rz. 15.
6 Für die Zwecke von Art. 10 Abs. 1 VO Nr. 596/2014 ist nach Art. 11 Abs. 4 VO Nr. 596/2014 eine Offenlegung von Insiderinformationen, die im Verlauf einer Marktsondierung vorgenommen wird, so zu betrachten, dass sie im Zuge der normalen Ausübung der Beschäftigung oder des Berufs oder der normalen Erfüllung der Aufgaben einer Person vorgenommen wird (und im Übrigen die Voraussetzungen von Art. 11 Abs. 3 und 5 VO Nr. 596/2014 erfüllt sind).
7 *Klöhn* in KölnKomm. WpHG, § 14 WpHG Rz. 349.
8 *Klöhn* in KölnKomm. WpHG, § 14 WpHG Rz. 351 („Richtigerweise genügen zivilrechtliche Aufklärungspflichten nie, um eine Befugnis zur Weitergabe … zu begründen"); *Klöhn* in Klöhn, Art. 10 MAR Rz. 101.
9 *Klöhn* in KölnKomm. WpHG, § 14 WpHG Rz. 348.
10 Ebenso *Buck-Heeb*, Kapitalmarktrecht, Rz. 364, als Beispiel ein Geschäftsbesorgungsverhältnis i.S.v. § 675 BGB anführend.
11 *Assmann* in 6. Aufl., § 14 WpHG Rz. 83; *Mennicke* in Fuchs, § 14 WpHG Rz. 228.

sichtigung der mit der Nichtbefolgung der jeweiligen Obliegenheit verbundenen Nachteile[1] – ergibt, dass sie, entsprechend dem vorstehend angeführten Kriterium und im konkreten Fall, Vorrang gegenüber dem Verbot der Offenlegung von Insiderinformationen haben.

Ob sich eine gesetzliche Informationspflicht oder eine gesetzlich begründete Obliegenheit gegenüber dem Verbot der Offenlegung von Insiderinformationen durchsetzt, bestimmt sich nach den Ausführungen des EuGH in der *Grøngaard und Bang*-Entscheidung „in Ermangelung einer Harmonisierung in diesem Bereich ... weitestgehend nach den Vorschriften, die diese Fragen in den **einzelnen nationalen Rechtsordnungen**" regeln[2], doch müssten – worauf schon in Rz. 20 hingewiesen wurde – die Gerichte dabei die „Sensibilität" der jeweiligen Insiderinformation berücksichtigen und dem Umstand Rechnung tragen, dass diese Ausnahme vom Verbot der Weitergabe von Insider-Informationen eng auszulegen sei und jede zusätzliche Weitergabe die Gefahr von Insidergeschäften vergrößere[3]. 26

Nach diesen Grundsätzen ist – nicht zuletzt wegen der grundsätzlichen Gesamtgeschäftsführung und der nicht einschränkbaren Gesamtverantwortung des Vorstands als Leitungsorgan eines Emittenten sowie der daraus folgenden Pflichten zur gegenseitigen Kontrolle und organinternen Information über die wesentlichen Vorgänge innerhalb der einzelnen Aufgabenbereiche der Vorstände[4] – von der Zulässigkeit der Weitergabe bzw. Zugänglichmachung von Insiderinformationen **innerhalb des Vorstands** auszugehen[5]. Gleiches gilt aufgrund der Leitungsverantwortung des Vorstands im Hinblick auf die innerbetriebliche – einschließlich der vom Aufsichtsrat ausgehenden – Weitergabe von Insiderinformationen, die das Unternehmen betreffen, **an den Vorstand**[6] oder – der Ressortverteilung folgend – **an einzelne Vorstände**, unabhängig davon, ob sie innerbetrieblich[7] oder außerbetrieblich entstanden sind. Vorstehende und nachfolgende Ausführungen in Rz. 28 und Rz. 29 gelten entsprechend für den Informationsfluss in einer **KGaA** im Hinblick auf die Information der persönlich haftenden Komplementäre der Gesellschaft und die Geschäftsführung[8] sowie des Aufsichtsrats. 27

Ebenso ist es rechtmäßig, wenn der Vorstand **dem Aufsichtsrat** im Rahmen seiner Informationspflichten nach §§ 90, 170 f. und 337 AktG Insiderinformationen zur Kenntnis bringt[9] oder dem Aufsichtsorgan bzw. einzelnen hierzu beauftragten Mitgliedern desselben im Hinblick auf deren Einsichts- und Prüfungsrechte nach § 111 Abs. 2 AktG Dokumente zugänglich macht, die Insiderinformationen enthalten[10] (zur Weitergabe der Insiderinformation an Dritte, deren Hilfe oder Rat sich der Aufsichtsrat zur Erfüllung seiner Aufgaben bedient, Rz. 46 f.). Da nur kurserhebliche Informationen Insiderinformationen sein können, ist als Regelfall davon auszugehen, dass es sich bei solchen Informationen in beiden der vorgenannten Fälle auch um solche handelt, die für die Erfüllung seiner Aufgaben wesentlich und unerlässlich sind. Umgekehrt ist es unbeachtlich, wenn der Aufsichtsrat sich – etwa in seiner Geschäftsordnung – gegen den Erhalt von Insiderinformationen verwahrt. Rechtmäßig ist darüber hinaus die Weitergabe von Insiderinformationen **unter den Mitgliedern des Aufsichtsrats**, soweit dies zur Erfüllung der Aufgaben des Aufsichtsrats geboten ist[11]. 28

---

1 So auch noch *Klöhn* in KölnKomm. WpHG, § 14 WpHG Rz. 352, mit dem Hinweis, der drohende Nachteil, der dem Insider bei Nichterfüllung einer Obliegenheit folge, könne ein konkretes Weitergabeinteresse begründen, „so dass die allgemeinen Grundsätze Anwendung" fänden, ohne allerdings näheren Aufschluss zu geben, welche allgemeinen Grundsätze dieses Ergebnis rechtfertigen könnten. Jetzt generell ablehnend *Klöhn* in Klöhn, Art. 10 MAR Rz. 102.
2 EuGH v. 22.11.2005 – C-384/02, ECLI:EU:C:2005:708 – Grøngaard und Bang, NJW 2006, 133, 134 Rz. 40 (Hervorhebung hinzugefügt).
3 EuGH v. 22.11.2005 – C-384/02, ECLI:EU:C:2005:708 – Grøngaard und Bang, NJW 2006, 133 Ls. 1 Satz 2 und ausführlich 134, Rz. 32 ff.
4 Etwa *Spindler* in MünchKomm. AktG, 4. Aufl. 2014, § 77 AktG Rz. 57.
5 *Brandi/Süßmann*, AG 2004, 642, 647; *Hopt/Kumpan* in Schimansky/Bunte/Lwowski, § 107 Rz. 106; *Klöhn* in KölnKomm. WpHG, § 14 WpHG Rz. 355; *Lenenbach*, Kapitalmarktrecht, Rz. 13.164; *Meyer* in Meyer/Veil/Rönnau, Handbuch zum Marktmissbrauchsrecht, § 8 Rz. 20; *Mennicke* in Fuchs, § 14 WpHG Rz. 225, 232; *Uwe H. Schneider/Singhof* in FS Kraft, S. 585, 591 f.; *Soesters*, S. 191; *Süßmann*, AG 1999, 162, 164.
6 *Klöhn* in KölnKomm. WpHG, § 14 WpHG Rz. 354, 357; *Mennicke* in Fuchs, § 14 WpHG Rz. 232.
7 Hierfür jedenfalls ebenso *Hopt/Kumpan* in Schimansky/Bunte/Lwowski, § 107 Rz. 106; *Klöhn* in KölnKomm. WpHG, § 14 WpHG Rz. 354; *Mennicke* in Fuchs, § 14 WpHG Rz. 232.
8 *Hopt/Kumpan* in Schimansky/Bunte/Lwowski, § 107 Rz. 106; *Klöhn* in KölnKomm. WpHG, § 14 WpHG Rz. 354; *Mennicke* in Fuchs, § 14 WpHG Rz. 232.
9 S. dazu auch *Brandi/Süßmann*, AG 2004, 642, 647; *Götz*, DB 1995, 1949, 1951; *Hopt/Kumpan* in Schimansky/Bunte/Lwowski, § 107 Rz. 106; *Klöhn* in KölnKomm. WpHG, § 14 WpHG Rz. 356; *Langenbucher*, Aktien- und Kapitalmarktrecht, § 15 Rz. 67; *Lenenbach*, Kapitalmarktrecht, Rz. 13.164; *Mennicke* in Fuchs, § 14 WpHG Rz. 225; *Meyer* in Meyer/Veil/Rönnau, Handbuch zum Marktmissbrauchsrecht, § 8 Rz. 20; *Pawlik* in KölnKomm. WpHG, 1. Aufl. 2007, § 14 WpHG Rz. 49; *Uwe H. Schneider/Singhof* in FS Kraft, S. 585, 592; *Schwark/Kruse* in Schwark/Zimmer, § 14 WpHG Rz. 48; *Sethe* in Assmann/Schütze, Kapitalanlagerecht, § 8 Rz. 129; *Soesters*, S. 191.
10 Ebenso *Mennicke* in Fuchs, § 14 WpHG Rz. 234; *Schwark/Kruse* in Schwark/Zimmer, § 14 WpHG Rz. 48. Enger *Uwe H. Schneider/Singhof* in FS Kraft, S. 585, 593: Gesellschaftsrechtliche Zulässigkeit ist nicht ausreichend, vielmehr muss die Informationsweitergabe auch tatsächlich in einem sachlichen Zusammenhang mit der Aufsichts- und Überwachungsfunktion stehen.
11 *Hopt/Kumpan* in Schimansky/Bunte/Lwowski, § 107 Rz. 106; *Klöhn* in KölnKomm. WpHG, § 14 WpHG Rz. 358; *Mennicke* in Fuchs, § 14 WpHG Rz. 235.

29 Entsprechendes gilt grundsätzlich auch für die Weitergabe von Insiderinformationen bei der Erfüllung der gesetzlichen Unterrichtungspflichten des Arbeitgebers gegenüber dem **Betriebsrat**[1] nach §§ 80 Abs. 2, 90, 92 und 111 BetrVG, es sei denn die Weitergabe der konkreten Insiderinformation kann im Einzelfall die Erfüllung von dessen Aufgaben als unerheblich angesehen werden.

30 Nicht anders verhält es sich auch im Hinblick auf die **gesellschaftsrechtliche, kapitalmarktrechtliche oder kartellrechtliche Informationspflichten**, bspw. in Gestalt von Meldepflichten bei Veränderungen von Stimmrechtsanteilen nach § 33 WpHG gegenüber dem **Emittenten**, von Melde-, Mitteilungs- und Anzeigepflichten gegenüber der **BaFin** (etwa nach §§ 22, 23, 26 oder 33 WpHG oder gem. Art. 26 VO Nr. 600/2014 [MiFIR[2]]), Meldepflichten gegenüber (den Geschäftsführungen von) **Handelsplätzen** (v.a. **Börsen**) nach § 15 Abs. 1 WpHG, Anmelde- und Anzeigepflichten gegenüber dem **BKartA** (etwa nach § 39 GWB) oder den Auskunftspflichten gegenüber **Abschluss- oder Sonderprüfern**[3] (nach § 320 Abs. 2 HGB, § 145 Abs. 2 AktG). Sind zur Erfüllung dieser Pflichten Insiderinformationen weiterzugeben, so ist dies insiderrechtlich unerlässlich. In den Fällen, in denen das Gesetz (wie etwa in §§ 106 Abs. 2, 43 Abs. 2 Satz 3 BetrVG) im Hinblick auf die **Information des Wirtschaftsausschusses** bzw. der **Arbeitnehmer im Rahmen einer Betriebsversammlung** keine vorbehaltlose Mitteilungspflicht anordnet (etwa indem es Informationsbeschränkungen zur Wahrung von Betriebs- oder Geschäftsgeheimnissen erlaubt), bedarf es einer einzelfallbezogenen Prüfung der Frage, ob die Weitergabe von Insiderinformationen unerlässlich ist.

31 **Investor Relations-Maßnahmen** gehören nicht zu den gesetzlichen Aufgaben oder Obliegenheiten des Emittenten bzw. seiner Organe und geben von daher keine Befugnis zur Mitteilung von Insiderinformationen. Aber auch der Umstand, dass es sich bei *Investor-Relations*-Maßnahmen um für die Funktionsfähigkeit des Kapitalmarkts willkommene Aktivitäten handelt, vermag die (zudem den Vorgaben zur Veröffentlichung von ad-hoc-publizitätspflichtigen Tatsachen nach Art. 17 VO Nr. 596/2014 entgegenlaufende) Kommunikation von Insiderinformationen nicht zu rechtfertigen[4].

32 Auch ohne ein spezielles gesetzliches Gebot kann die Weitergabe von Insiderinformationen aufgrund anderweitiger gesetzlicher Regelungen unerlässlich und verhältnismäßig sein, z.B. um bestimmte **rechtlich vorgesehene Vorteile erlangen zu können**. Dazu zählt etwa die Weitergabe von Insiderinformationen im Zusammenhang mit einem **Genehmigungsverfahren**, bspw. einem Verfahren zur Genehmigung eines Zusammenschlussvorhabens (§§ 39 ff. GWB). Hier besteht, nicht anders als in vergleichbaren Verfahren, zwar kein gesetzliches Gebot, wohl aber eine **Obliegenheit** zur Offenbarung dieser Tatsache gegenüber der Genehmigungsbehörde. Deshalb scheidet auch hier ein tatbestandsmäßiges Verhalten aus. Bedenken gegen die Nachrangigkeit des Insiderrechts in diesen Fällen bestehen schon deshalb nicht, weil die Mitarbeiter der Behörden, denen aufgrund der fraglichen Informationspflichten Insiderinformationen mitgeteilt werden, rechtlich zur Verschwiegenheit verpflichtet sind sowie darüber hinaus zu Insidern werden und den Insiderhandelsverboten nach Art. 14, 8 VO Nr. 596/2014 unterliegen.

33 Einem Aktionär steht ein **individuelles Auskunftsrecht außerhalb der Hauptversammlung** (§ 131 Abs. 1 AktG) nicht zu[5]. Das gilt auch dann, wenn er sich unter Berufung auf „informationelle Gleichbehandlung" mit dem Begehren an den Emittenten wendet, die gleichen Informationen zu erhalten, die auch einzelnen anderen Aktionären gewährt worden seien[6]. Deshalb gibt es jedenfalls außerhalb der Hauptversammlung keinen Anspruch eines Aktionärs auf die Mitteilung von Insiderinformationen, so dass die Weitergabe von Insiderinformationen an Aktionäre ohne weitere Rechtfertigungsgründe unrechtmäßig ist[7]. Umgekehrt kann die Mitteilung einer Insiderinformation nicht allein mit einem entsprechenden Auskunftsersuchen legitimiert werden[8], sondern bedarf besonderer Rechtfertigungsgründe. So wurde etwa die **Mitteilung an einen Aktionär mit einer wesentlichen Beteiligung**[9] in Ausnahmefällen als befugt angesehen, wie bspw. dann, wenn eine Kapitalerhöhung geplant

---

1 *Bruder*, S. 47; *Claussen*, Insiderhandelsverbot, Rz. 62; *Hopt/Kumpan* in Schimansky/Bunte/Lwowski, § 107 Rz. 106, 107; *Klöhn* in KölnKomm. WpHG, § 14 WpHG Rz. 366; *Mennicke* in Fuchs, § 14 WpHG Rz. 238; *Meyer* in Meyer/Veil/Rönnau, Handbuch zum Marktmissbrauchsrecht, § 8 Rz. 23 ff. („Weitergabe an die Organe der Arbeitnehmervertretung"); *Schäfer* in Schäfer/Hamann, Kapitalmarktgesetze, § 14 WpHG Rz. 50; *Schwark/Kruse* in Schwark/Zimmer, § 14 WpHG Rz. 50; *Sethe* in Assmann/Schütze, Kapitalanlagerecht, § 8 Rz. 129.
2 Verordnung (EU) Nr. 600/2014 vom 15. Mai 2014 über Märkte für Finanzinstrumente und zur Änderung der Verordnung (EU) Nr. 648/2012, ABl. EU Nr. L 173/84 v. 12.6.2014, S. 84.
3 *Hopt/Kumpan* in Schimansky/Bunte/Lwowski, § 107 Rz. 106; *Klöhn* in KölnKomm. WpHG, § 14 WpHG Rz. 369; *Mennicke* in Fuchs, § 14 WpHG Rz. 224.
4 Hierzu und zum Verhältnis von § 14 Abs. 1 Nr. 2 WpHG und § 15 Abs. 3 Satz 2 WpHG s. *Ekkenga*, NZG 2001, 1, 4 f.
5 Etwa *Hüffer/Koch*, § 131 AktG Rz. 42.
6 *Mennicke* in Fuchs, § 14 WpHG Rz. 285; *Uwe H. Schneider/Singhof* in FS Kraft, S. 585, 598 ff.
7 *Fleischer* ZGR 2009, 505. 524 ff.; *Hopt/Kumpan* in Schimansky/Bunte/Lwowski, § 107 Rz. 106; *Klöhn* in KölnKomm. WpHG, § 14 WpHG Rz. 363; *Klöhn* in Klöhn, Art. 10 MAR Rz. 112, 115; *Mennicke* in Fuchs, § 14 WpHG Rz. 274, 276, 285; *Uwe H. Schneider/Singhof* in FS Kraft, S. 585, 598 ff.; *Schwark/Kruse* in Schwark/Zimmer, § 14 WpHG Rz. 51.
8 *Sethe* in Assmann/Schütze, Kapitalanlagerecht, § 8 Rz. 131.
9 Das sind nach *Uwe H. Schneider/Singhof* in FS Kraft, S. 585, 600 ff., Aktionäre, die zur Offenlegung nach § 21 verpflichtet sind. Auch *Mennicke* in Fuchs, § 14 WpHG Rz. 293; *Meyer* in Meyer/Veil/Rönnau, Handbuch zum Marktmissbrauchsrecht, § 8 Rz. 43 (Weiterleitung von Insiderinformationen kann „ausnahmsweise zulässig sein, wenn sie erforderlich erscheint,

ist, der die Hauptversammlung zustimmen muss. In einem solchen Fall wurde es vor der *Grøngaard und Bang*-Entscheidung des EuGH vom 22.11.2005 (Rz. 20) als regelmäßig im Interesse des Unternehmens liegend betrachtet, wenn sich dessen Verantwortliche schon vor der Hauptversammlung ein Bild über die Zustimmungsfähigkeit der geplanten Maßnahme verschaffen wollten[1], doch reichen nach dem Urteil des EuGH bloße Zweckmäßigkeitserwägungen nicht mehr aus[2]. Vielmehr muss die Vorabinformation des Aktionärs unerlässlich sein, was in der Sache voraussetzt, dass es gute Gründe für die Annahme gibt, ohne diese sei die Zustimmung des Aktionärs nicht zu erreichen oder ernsthaft gefährdet[3]. Zu weiteren Fällen der Weitergabe von Insiderinformationen an **einzelne Aktionäre oder Aktionärsgruppen** s. Rz. 41. Stets ist aber zu beachten, dass die Weitergabe von Insiderinformationen nur in dem Umfang zulässig ist, als es erforderlich ist, um dem Empfänger die **sachgerechte Wahrnehmung** seiner Aufgabe, seiner Tätigkeit oder seines Berufs zu ermöglichen. Ist beispielsweise ein **Anwalt** mit der Vertretung in einem Patentrechtsstreit beauftragt, so sind ihm grundsätzlich nur Tatsachen mitzuteilen, deren Kenntnis es zur interessengerechten Prozessführung tatsächlich bedarf; in einem solchen Falle wäre es daher unzulässig, den Anwalt über eine geplante Unternehmensübernahme zu unterrichten. Bei Inanspruchnahme **anwaltlicher Beratung** wird es demjenigen, der – etwa als Vorstand eines Emittenten – anwaltlichen Rat sucht, mitunter allerdings nicht möglich sein zu beurteilen, inwieweit die Weitergabe einer Insiderinformation für die Beratung unerlässlich ist. Seine fehlerhafte Beurteilung der Unerlässlichkeit der Weitergabe der Insiderinformation, deren es für die Beratung nicht bedurft hätte, ist als **Irrtum** i.S.v. § 16 Abs. 1 Satz 1 StGB über einen Umstand anzusehen, der zum gesetzlichen Tatbestand des Insiderhandelsverbots nach Art. 14 lit. c und Art. 10 Abs. 1 Unterabs. 1 VO Nr. 596/2014 gehört (Rz. 18), das in der nur vorsätzliches Handeln ahndenden Blankettnorm des § 119 Abs. 3 Nr. 3 WpHG in Bezug genommen wird.

Auch nach der im Wege der richtlinienkonformen Auslegung des § 131 AktG zu berücksichtigenden Aktionärsrechterichtlinie 2007/36/EG[4], ihrer Änderung durch die Richtlinie[5] und dem Beschluss des BGH vom 5.11.2013 zur Erforderlichkeit des Auskunftsverlangens des Aktionärs nach § 131 Abs. 1 AktG und zum Auskunftsverweigerungsrecht des Vorstands nach § 131 Abs. 3 AktG[6] wird die schon unter § 14 WpHG a.F. strittige Frage, ob der Vorstand eines Emittenten verpflichtet ist, dem auf der **Hauptversammlung** vorgetragenen **Auskunftsbegehren eines Aktionärs nach § 131 Abs. 1 AktG** nachzukommen, wenn er dabei eine Insiderinformation offenbaren müsste, unterschiedlich beantwortet werden. Auf der Grundlage von § 14 Abs. 1 Nr. 2 WpHG a.F. wurde sie von einer Ansicht mit dem Argument bejaht, das nicht zuletzt auch den Schutz der Aktionäre bezweckende Insiderrecht dürfe nicht dazu führen, den der Stimmrechtsausübung dienenden Auskunftsanspruch zu beschneiden, indem es die Grundlage für ein Auskunftsverweigerungsrecht des Vorstandes schaffe[7] und den Aktionär in ein Auskunftserzwingungsverfahren treibe. Nach der seinerzeit herrschenden und schon in der Vorauflage[8] als vorzugswürdig betrachteten Ansicht galt auch das Auskunftsersuchen eines Aktionärs nach § 131 Abs. 1 AktG nicht als ein Umstand, der die Weitergabe einer Insiderinformation als erforderlich oder gar als unerlässlich hätte rechtfertigen können, weshalb dem Vorstand ein diesbezügliches **Auskunftsverweigerungsrecht** nach § 131 Abs. 3 Nr. 5 AktG zugebilligt wurde[9]. Eine dritte Auffassung suchte die Vermei-

---

sich Gewissheit über die Akzeptanz wesentlicher strategischer Entscheidungen zu verschaffen"); *Pawlik* in KölnKomm. WpHG, 1. Aufl. 2007, § 14 WpHG Rz. 53; *Sven H. Schneider*, S. 63 ff.; *Schwark/Kruse* in Schwark/Zimmer, § 14 WpHG Rz. 51; *Sethe*, ZBB 2006, 243, 251. Nach Beschlussgegenstand und Umständen differenzierend *Veil*, ZHR 172 (2008), 265 f.
1 4. Aufl. des Kommentars Rz. 84; *Hopt* in Schimansky/Bunte/Lwowski, Bankrechts-Handbuch, 4. Aufl. 2011, § 107 Rz. 44; *Marsch-Barner* in Semler/Volhard, Arbeitshandbuch für Unternehmensübernahmen, Bd. 1, 2001, § 7 Rz. 124 (wenn zur Absicherung unternehmerischer Entscheidungen erforderlich); *Uwe H. Schneider/Singhof* in FS Kraft, S. 585, 600 ff., 603 f.; *Schwark* in Schwark, Kapitalmarktrechts-Kommentar, 3. Aufl. 2004, § 14 WpHG Rz. 35.
2 Ebenso *Hopt/Kumpan* in Schimansky/Bunte/Lwowski, § 107 Rz. 106; *Schäfer* in Marsch-Barner/Schäfer, Handbuch börsennotierte AG, Rz. 14.69. A.A. *Klöhn* in Klöhn, Art. 10 MAR Rz. 117.
3 Ebenso *Sethe* in Assmann/Schütze, Kapitalanlagerecht, § 8 Rz. 131. Auch *Mennicke* in Fuchs, § 14 WpHG Rz. 293, 297.
4 Richtlinie 2007/36/EG vom 11. Juli 2007 über die Ausübung bestimmter Rechte von Aktionären in börsennotierten Gesellschaften, ABl. EU Nr. L 184 v. 14.7.2007, S. 17.
5 Richtlinie 2017/828 vom 17. Mai 2017 zur Änderung der Richtlinie 2007/36/EG im Hinblick auf die Förderung der langfristigen Mitwirkung der Aktionäre, ABl. EU Nr. L 132 v. 20.5.2017, S. 1.
6 BGH v. 5.11.2013 – II ZB 28/12, AG 2014, 87.
7 *Benner-Heinacher*, DB 1995, 765, 766. Im Ansatz auch *Hopt/Kumpan* in Schimansky/Bunte/Lwowski, § 107 Rz. 143, den Konflikt allerdings durch Einräumung einer Ausnahme behebend: Ist die Veröffentlichung vor Auskunftserteilung „im konkreten Fall ganz ausnahmsweise – auch aus der Hauptversammlung heraus – nicht möglich, muss die Weitergabe unterbleiben, dh dass im Falle des Auskunftsbegehrens eines Aktionärs in der Hauptversammlung der Vorstand dann – aber nur äußerstenfalls – ein Auskunftsverweigerungsrecht nach § 131 Abs. 3 Nr. 5 AktG hat". Differenzierend *Sven H. Schneider*, S. 62 ff.
8 *Assmann* in 6. Aufl., § 14 WpHG Rz. 87.
9 *Assmann*, AG 1997, 50, 57; *Hartmann*, S. 240 f.; *Hopt/Kumpan* in Schimansky/Bunte/Lwowski, § 107 Rz. 106; *Hopt*, ZHR 159 (1995), 135, 157; *Joussen*, DB 1994, 2485 ff.; *Klöhn* in KölnKomm. WpHG, § 14 WpHG Rz. 359; *Kümpel*, WM 1994, 2137, 2138; *Kümpel*, Bank- und Kapitalmarktrecht, 3. Aufl. 2004, Rz. 16.185; *Krauel*, S. 297; *Lenenbach*, Kapitalmarktrecht, Rz. 13.165; *Mennicke* in Fuchs, § 14 WpHG Rz. 279; *Meyer* in Meyer/Veil/Rönnau, Handbuch zum Marktmissbrauchsrecht, § 8 Rz. 41; *Schäfer* in Schäfer/Hamann, Kapitalmarktgesetze, § 14 WpHG Rz. 83; *Schwark/Kruse* in Schwark/Zimmer, § 14 WpHG Rz. 52; *Soesters*, S. 194; *Süßmann*, AG 1999, 162; *Waldhausen*, S. 54; *Ziemons*, AG 1999, 492, 498. I.E. auch *Marsch-Barner* in Semler/Volhard, Arbeitshandbuch Unternehmensübernahmen, Bd. 1, 2001, § 7 Rz. 125.

dung des Konflikts zwischen insiderrechtlichem Weitergabeverbot und aktienrechtlicher Auskunftspflicht und plädierte für ein Auskunftsrecht nach der im Verlauf der Hauptversammlung vorgenommenen Herstellung der Bereichsöffentlichkeit[1].

35 Dass eine **Auskunftserteilung nach vorhergehender Herstellung der Bereichsöffentlichkeit** gemäß der letztgenannten Ansicht zulässig war, stand dabei ebenso außer Frage wie der Umstand, dass mit dem vorgeschlagenen Verfahren eine systematische Benachteiligung der in der Hauptversammlung anwesenden Aktionäre in Kauf genommen wird, weil Versammlungsteilnehmer von der Insiderinformation zwangsläufig erst mit zeitlicher Verzögerung gegenüber der Bereichsöffentlichkeit erfahren, zu deren potenziellen Mitgliedern sie ansonsten gehören. Auch wenn man das hinzunehmen bereit war, blieb aber noch immer die Frage offen, wie sich ein Vorstand zu verhalten habe, dem die zur Herstellung der Bereichsöffentlichkeit erforderlichen Fazilitäten, aus welchem Grund auch immer, nicht oder nicht rechtzeitig zur Verfügung stehen. Die hierauf zu gebende Antwort hatte davon auszugehen, dass die in Erfüllung des Individualanspruchs eines Aktionärs auf Auskunftserteilung in einer Hauptversammlung vorgenommene Mitteilung einer Insiderinformation nur einen Teil der Bereichsöffentlichkeit erreichen und damit das Recht aller Aktionäre und des Marktpublikums auf informationelle Chancengleichheit, wie es auch in der Regelung des Verfahrens zur Veröffentlichung von Insiderinformationen nach Art. 17 VO Nr. 596/2014 i.V.m. Art. 2 DurchfVO 2016/1055[2], § 3a WpAV und § 26 Abs. 1 WpHG (Art. 17 VO Nr. 596/2014 Rz. 176 ff.) zum Ausdruck kommt, verletzen würde. Darüber hinaus wurde darauf hingewiesen, dass § 131 Abs. 1 AktG dem Aktionär keinen Anspruch auf unbeschränkte Rechenschaft über die Verwaltung des von ihm investierten Kapitals gewährt[3]. Deshalb wurde es als vorzugwürdig angesehen, der in Rz. 34 angeführten herrschenden Meinung zu folgen, welche die Mitteilung der Insiderinformation in der Hauptversammlung als Verstoß gegen § 14 Abs. 1 Nr. 2 WpHG a.F. betrachtet und vom Vorstand die **Verweigerung der Auskunft** aufgrund des Auskunftsverweigerungsrechts nach § 131 Abs. 3 Nr. 5 AktG zugesteht[4]. Ganz abgesehen davon, dass die Ansicht, eine Information sei bereits mit der Herstellung der Bereichsöffentlichkeit öffentlich bekannt, nicht unumstritten ist (dazu Art. 7 VO Nr. 596/2014 Rz. 64 ff.) und die Konfliktlage sich im Übrigen nicht geändert hat, ist an dieser Ansicht auch im Hinblick auf Art. 10 Abs. 1 Unterabs. 1 VO Nr. 596/2014 festzuhalten[5].

36 Soweit für die Erfüllung einer **verfahrensrechtlichen Wahrheitspflicht** die Mitteilung von Insiderinformationen geboten ist und kein Zeugnisverweigerungsrecht[6] in Anspruch genommen werden kann, ist die Mitteilung von Insiderinformationen in gerichtlichen Verfahren und behördlichen Untersuchungen als rechtmäßig zu betrachten[7]. Das gilt namentlich für die Wahrheitspflicht der Parteien eines Zivilprozesses nach § 138 ZPO einschließlich der Ausnahmen von derselben v.a. für den Fall, dass sich eine Partei damit einer Straftat bezichtigen müsste[8], sowie die nach §§ 153, 154 und ggf. § 263 StGB strafbewehrte Pflicht von Zeugen zur wahrheitsgemäßen Aussage und deren Recht zur Zeugnisverweigerung nach §§ 383 f. ZPO i.V.m. § 495 ZPO. Das Offenlegungsverbot nach Art. 14 lit. c, 10 Abs. 1 Unterabs. 1 VO Nr. 596/2014 jedenfalls begründet kein Zeugnisverweigerungsrecht[9].

37 **dd) Innerbetrieblicher Informationsfluss, Information von Anteilseignern und konzerninterne Informationsweitergabe.** Im Hinblick auf den **innerbetrieblichen Informationsfluss** kommt des Weiteren auch diejenige Weitergabe von Insiderinformationen als zulässig in Betracht, die zwar nicht speziellen gesetzlichen Bestimmungen, sondern der **Organisation von betrieblichen Abläufen** im Rahmen der gesetzlichen und rechtlichen Vorgaben zur ordnungsgemäßen Unternehmensorganisation geschuldet sind[10]. Das gilt namentlich für

---

1 *Götz*, DB 1995, 1949, 1951; *Hirte*, S. 57; *Hopt*, ZHR 159 (1995), 135, 157; *Uwe H. Schneider/Singhof* in FS Kraft, S. 585, 596 ff.; i.E. auch *Claussen*, Insiderhandelsverbot, Rz. 43.
2 ABl. EU Nr. L 173 v. 30.6.2016, S. 47.
3 *Uwe H. Schneider/Singhof* in FS Kraft, S. 585, 595 m.w.N.
4 A.A. *Sethe* in Assmann/Schütze, Kapitalanlagerecht, § 8 Rz. 132; *Sethe*, ZBB 2006, 243, 251 mit dem Argument „gesellschaftsinterne Befugnisse" genössen „hier Vorrang".
5 I.E. auch *Schäfer* in Marsch-Barner/Schäfer, Handbuch börsennotierte AG, Rz. 14.71.
6 §§ 53 f. StPO, §§ 383 f. i.V.m. § 495 ZPO.
7 Für den Vorrang der prozessualen Wahrheits- und Zeugenpflicht *Hopt/Kumpan* in Schimansky/Bunte/Lwowski, § 107 Rz. 106; *Klöhn* in KölnKomm. WpHG, § 14 WpHG Rz. 469; *Mennicke* in Fuchs, § 14 WpHG Rz. 229; *Schwark/Kruse* in Schwark/Zimmer, § 14 WpHG Rz. 64.
8 BVerfG v. 13.1.1981 – 1 BvR 116/77, NJW 1981, 1431 („Der Schutz gegen Selbstbezichtigungen beschränkt sich nicht auf strafrechtliche und vergleichbare Verfahren. Auch für den Zivilprozeß und entsprechende Verfahren ist anerkannt, daß die Wahrheitspflicht der Partei dort ihre Grenzen findet, wo sie gezwungen wäre, eine ihr zur Unehre gereichende Tatsache oder eine von ihr begangene strafbare Handlung zu offenbaren"); *Fritsche* in MünchKomm. ZPO, 5. Aufl. 2016, § 138 Rz. 14.
9 Für den Vorrang der prozessualen Wahrheits- und Zeugenpflicht *Hopt/Kumpan* in Schimansky/Bunte/Lwowski, § 107 Rz. 106; *Klöhn* in KölnKomm. WpHG, § 14 WpHG Rz. 469.
10 *Hopt/Kumpan* in Schimansky/Bunte/Lwowski, § 107 Rz. 106, 107; *Klöhn* in KölnKomm. WpHG, § 14 WpHG Rz. 370, 372; *Lenenbach*, Kapitalmarktrecht, Rz. 13.166; *Mennicke* in Fuchs, § 14 WpHG Rz. 244; *Schwark/Kruse* in Schwark/Zimmer, § 14 WpHG Rz. 48; *Sethe* in Assmann/Schütze, Kapitalanlagerecht, § 8 Rz. 133. In einem der Vorläufer des Emittentenleitfadens der BaFin zu den Insiderhandelsverboten und zur Ad hoc-Publizität – *BAWe/Deutsche Börse*, S. 21 – hieß es darüber hinaus: „Der Umfang der betrieblichen Gründe ist weit auszulegen".

die Weitergabe von Insiderinformationen an die **Compliance-Abteilung** eines Unternehmens, die – in Delegation entsprechender Pflichten des Vorstands – für die Einhaltung der rechtlichen Anforderungen im Umgang mit Insiderinformationen zuständig sind und für die Einrichtung und Überwachung organisatorischer Vorkehrungen zur Verhinderung von Pflichtverletzungen von Unternehmensangehörigen bei gleichzeitig sorgfältiger Festlegung der diesbezüglichen Aufgaben und Verantwortlichkeiten zu sorgen haben. Allerdings ist auch innerhalb der im Zuge der Unternehmensorganisationspflichten der Geschäftsleitung geschaffenen innerbetrieblichen Organisation nur die Weitergabe von Insiderinformationen als rechtmäßig anzusehen, die die Wahrnehmung der jeweiligen Tätigkeit unerlässlich ist und den Grundsatz der Verhältnismäßigkeit beachtet (Rz. 32). Das hat zur Folge, dass die Weitergabe einer Insiderinformation nicht dadurch gerechtfertigt werden kann, dass die Information, wäre sie keine Insiderinformation gewesen, ohne weiteres – im Rahmen der üblichen organisatorischen Abläufe und des üblichen Informationsflusses (dazu schon Rz. 19) – an die fragliche Stelle weitergereicht worden wäre und hätte weitergereicht werden dürfen. Vielmehr ist im Einzelfall zu prüfen, ob es zur Erfüllung der fraglichen Tätigkeit im Unternehmen der Weiterleitung der Insiderinformationen tatsächlich bedarf[1] und die Weiterleitung der Insiderinformationen, in Abwägung mit der mit der Weiterleitung verbundenen Gefahr von direkt getätigten oder veranlassten Insidergeschäften, verhältnismäßig ist.

Die Beantwortung der weitergehenden Frage, ob es betriebliche **Organisationspflichten zur Vermeidung von Insiderverstößen** von Organen und Mitarbeitern gibt, wie etwa in Gestalt einer Pflicht der Schaffung von „**Vertraulichkeitsbereichen**"[2] bspw. durch sog. **Chinese Walls**, deren Verletzung schadensersatzbewehrt ist und ohne die die innerbetriebliche Weitergabe von Insiderinformationen unrechtmäßig sein kann, ist – ungeachtet einiger einschlägiger Arbeiten zu dem Thema[3] – ein noch immer offenes Feld. Das mag nicht zuletzt damit zusammenhängen, dass namentlich das Recht der die Einhaltung von kapitalmarktrechtlichen Pflichten betreffenden Organisationspflichten „law in action" ist, dessen Entwicklung nicht nur von den Entwicklungen des Gesellschaftsrechts und des Kapitalmarktrechts abhängt, sondern auch von vor allem von deren wechselseitiger Beeinflussung und damit einhergehenden Grenzverschiebungen. Auch wenn sich das Thema im Rahmen der Behandlung der Insiderverbote nicht vertiefen lässt, wird in der Sache doch zu differenzieren sein: Dabei darf nach wie vor davon ausgegangen werden, dass Unternehmen grundsätzlich – gemäß dem Grundsatz, dass Unternehmensträger und Unternehmensverantwortliche nicht verpflichtet sind, Straftaten Dritter zu verhindern – keinen auf die Einhaltung der Insiderhandelsverbote durch ihre Organe und Mitarbeiter gerichteten Organisationspflichten unterliegen, sofern nicht besondere **pflichtenbegründende Umstände** hinzutreten[4]. Welcher Art diese sein können, ist jedoch umstritten. Unumstritten ist allein, dass dies für **Wertpapierdienstleistungsunternehmen** anders aussieht. Sie haben nämlich nach § 80 Abs. 1 Satz 1 WpHG i.V.m. § 25a Abs. 1 Satz 1 KWG über eine ordnungsgemäße Geschäftsorganisation zu verfügen, die die Einhaltung der vom Wertpapierdienstleistungsunternehmen zu beachtenden gesetzlichen Bestimmungen und der betriebswirtschaftlichen Notwendigkeiten gewährleistet, zu denen auch die Einhaltung der Insiderhandelsverbote gehört. 38

Gleichwohl ist über diese Grundlagen hinaus zu **unternehmerischen Organisationspflichten zur Verhinderung von Insiderverstößen**, die das einschlägige Strafrecht, Ordnungswidrigkeitenrecht, Finanzmarktaufsichtsrecht, das Gesellschaftsrecht und das zivilrechtliche Deliktsrecht zu beachten haben, wenig Verlässliches auszumachen[5]. Das beginnt bereits bei der Frage, ob für die Emittenten von Insiderpapieren eine besondere Pflichtenlage besteht, aus der besondere Organisationspflichten zur Verhinderung von Insiderverstößen erwachsen können: Dass das WpHG und die Marktmissbrauchsverordnung sie im Hinblick auf die Veröffentlichung von Eigengeschäften von Führungskräften (§ 15a WpHG a.F., heute Art. 18 VO Nr. 596/2014) und die Führung von Insiderverzeichnissen (§ 15b WpHG a.F., heute Art. 18 VO Nr. 596/2014) in die Pflicht nimmt, erlaubt diesbezüglich keine eindeutigen Schlüsse: Man kann dies als Beleg dafür nehmen, dass Emittenten eine gesetzlich anerkannte besondere Verantwortung zur Verhinderung von Insiderverstößen haben[6], man kann dies aber auch so deuten, dass sich die besondere Verantwortung der Unternehmen in der Erfüllung dieser 39

---

1 Ähnlich *Sethe*, ZBB 2006, 243 (252: allgemeine Zweckmäßigkeitserwägungen vermögen die innerbetriebliche Weitergabe einer Insiderinformation nicht mehr zu rechtfertigen). Auch *Schwark/Kruse* in Schwark/Zimmer, § 14 WpHG Rz. 48 („erforderlich ist").
2 *Buck-Heeb* in FS Hopt, S. 1647, 1648 ff.; *Schwark/Kruse* in Schwark/Zimmer, § 14 WpHG Rz. 49.
3 Namentlich *Sethe*, ZBB 2006, 243, 253 ff.; monografisch *Sven H. Schneider*, S. 225 ff. Partiell auch *Uwe H. Schneider*, ZIP 2003, 645, 648 f. (Einrichtung von Compliance-Organisationen) und *Spindler*, Unternehmensorganisationspflichten, 2001, S. 222 (unter Konzentration auf die aufsichtsrechtlich veranlassten Organisationspflichten und auf Wertpapierdienstleistungsunternehmen).
4 *Hopt/Kumpan* in Schimansky/Bunte/Lwowski, § 107 Rz. 107; *Klöhn* in KölnKomm. WpHG, § 14 WpHG Rz. 21 ff., der ebenfalls nur von sich mittelbar ergebenden Organisationspflichten ausgeht; *Sethe* in Assmann/Schütze, Kapitalanlagerecht, § 8 Rz. 84 ff. und *Sethe*, ZBB 2006, 243, 253 f., jeweils m.w.N. und berechtigter Kritik an *Sven H. Schneider*, S. 306 ff., der im Wege einer Gesamtanalogie zu den anerkannten zivilrechtlichen, gesellschaftsrechtlichen und kapitalmarktrechtlich-aufsichtsrechtlichen Organisationspflichten eine Organisationspflicht zur Verhinderung von Insiderverstößen herleiten will; i.E. auch *Mennicke* in Fuchs, § 14 WpHG Rz. 249.
5 Zu den möglichen Ansätzen *Sethe* in Assmann/Schütze, Kapitalanlagerecht, § 8 Rz. 84 ff.; *Sethe*, ZBB 2006, 243, 254 ff.
6 *Sethe* in Assmann/Schütze, Kapitalanlagerecht, § 8 Rz. 89; *Sethe*, ZBB 2006, 243, 256.

Pflichten erschöpft und gerade nicht auf allgemeine Organisationspflichten, wie sie Wertpapierdienstleistungsunternehmen auferlegt wurden, erstreckt. Bejaht man besondere Organisationspflichten von Emittenten zur Verhinderung von Insiderverstößen, ist man auch leicht geneigt, einen Verstoß der Organe des Unternehmens gegen § 130 OWiG zu bejahen, wenn es zu Verstößen gegen das Insiderhandelsverbot durch Mitarbeiter des Unternehmens aus der Sphäre des Unternehmens kommt, die durch entsprechende Aufsichtsmaßnahmen hätten verhindert werden können. Doch kann man auch solchen Überlegungen Grundsätzliches entgegenhalten: Der Verstoß eines Mitarbeiters gegen ein Insiderhandelsverbot ist stets ein solcher gegen ein jedermann treffendes Verbot und nicht etwa eine Zuwiderhandlung gegen Pflichten, die „den Inhaber eines Betriebes oder Unternehmens" treffen, wie § 130 OWiG dies verlangt. Unabhängig davon, ob man als Inhaberpflichten auch solche aus Allgemeindelikten (wie es das Verbot von Insidergeschäften und unrechtmäßiger Offenlegung von Insiderinformationen darstellt) oder nur solche aus unternehmensleitungsbezogenen „Sonderdelikten" erfasst, verletzt der gegen die Insiderverbote verstoßende Mitarbeiter doch niemals ein den Inhaber, sondern ein ihn treffendes Verbot. An alledem ändert sich auch dann nichts, wenn in dem Unternehmen aufgrund seines Unternehmensgegenstands in besonderem Maße Insiderinformationen entstehen oder anfallen[1]. Weiter können sich aus **anderweitigen gesetzlichen Bestimmungen** Organisationspflichten zur Wahrung der Vertraulichkeit von Informationen ergeben, die durch die Weitergabe von Insiderinformationen verletzt werden, wie etwa aus § 10 Abs. 1 Satz 3 WpÜG, der die Voraussetzungen regelt, unter denen die BaFin den Bieter von der Veröffentlichung seiner Entscheidung zur Abgabe eines Übernahmeangebots befreien kann. Zu diesen gehört vor allem, dass der Bieter durch geeignete Vorkehrungen sicherstellt, dass durch die Verzögerung der Veröffentlichung keine Marktverzerrungen, wie etwa aufgrund von Insidergeschäften, zu befürchten sind[2].

40 Ein Emittent ist zur Weitergabe von Insiderinformationen an einen **Wirtschaftsausschuss** regelmäßig schon deshalb nicht verpflichtet, weil er diesen nach § 106 Abs. 2 BetrVG nur insoweit zu unterrichten hat, als dadurch nicht Betriebs- oder Geschäftsgeheimnisse des Unternehmens gefährdet werden. Gleichwohl wurde dies vor der *Grøngaard und Bang*-Entscheidung des EuGH vom 22.11.2005 (Rz. 20) nicht als Hinderungsgrund angesehen, dem Ausschuss gegebenenfalls auch Insiderinformationen mitzuteilen. Das Interesse beider Seiten an einer **vertrauensvollen Zusammenarbeit** und einer damit verbundenen vorbehaltlosen, offenen Unterrichtungspolitik einerseits und die Verschwiegenheitspflichten der Mitglieder des Wirtschaftsausschusses andererseits, so wurde argumentiert, seien geeignet, die Erweiterung des Kreises von Insidern und die damit verbundene Erhöhung der Gefahr von Insidergeschäften als hinnehmbar und die Weitergabe von Insiderinformationen als berechtigt erscheinen zu lassen[3]. Nachdem die vorstehend angeführte Entscheidung des EuGH nur noch die unerlässliche und verhältnismäßige Weitergabe von Insiderinformationen gestattet (Rz. 20 f.), lässt sich auch die Weitergabe von Insiderinformationen an den Wirtschaftsausschuss nicht mehr lediglich mit dem Argument rechtfertigen, dies sei einer vertrauensvollen Zusammenarbeit zwischen Geschäftsleitung und Ausschuss dienlich.

41 Die Weitergabe von Insiderinformationen **an einzelne Aktionäre** ist, wie bereits in Rz. 33 dargelegt, in der Regel unzulässig. Nur so lässt sich der Gefahr begegnen, dass einzelne Aktionäre, unter Verletzung der informationellen Chancengleichheit, Sondervorteile auf Kosten anderer Aktionäre oder beitrittswilliger Anleger erzielen. Das schließt es indes nicht aus, dass unter außergewöhnlichen Umständen die Mitteilung von Insiderinformationen an einzelne Aktionäre – wie etwa an **Großaktionäre**, **Hauptaktionäre**, **Mehrheitsaktionäre** oder **Aktionärspools** – im Interesse des Unternehmens nicht nur geboten, sondern im Unternehmensinteresse unerlässlich und in Abwägung mit der damit einhergehenden Gefahr der Veranlassung von Insidergeschäften sein kann[4]. Eine **regelmäßige Vorabinformation** von Mehrheitsgesellschaftern, Gesellschaftern mit einer wesentlichen Beteiligung, der einem bestimmten Familienstamm zugehörigen Aktionäre oder von Aktienpools würde diesen indes dauerhaft Sondervorteile gegenüber anderen Aktionären einräumen und kann deshalb nicht pauschal im Hinblick auf Unternehmensinteressen als unerlässlich und verhältnismäßig gerechtfertigt werden. Aus diesem Grund wurde die vor der Kodifizierung des Insiderrechts verbreitete Gepflogenheit, Gesellschafter von **Familiengesellschaften (Familienpools)** *generell* vorab – vor der Information der übrigen Aktionäre und des Publikums – auch mit Insiderwissen zu versehen, schon mit der Einführung des WpHG als Verstoß gegen § 14 Abs. 1 Nr. 2 WpHG a.F. angesehen[5].

---

1 Anders *Sethe* in Assmann/Schütze, Kapitalanlagerecht, § 8 Rz. 88; *Sethe*, ZBB 2006, 243, 255.
2 Näher hierzu *Assmann* in Assmann/Pötzsch/Uwe H. Schneider, § 10 WpÜG Rz. 33 ff., 37.
3 4. Aufl. des Kommentars Rz. 91; *Götz*, DB 1995, 1949, 1950; *Schäfer* in Schäfer/Hamann, Kapitalmarktgesetze, § 14 WpHG Rz. 43; *Schwark/Kruse* in Schwark/Zimmer, § 14 WpHG Rz. 50.
4 Schon *Assmann* in 6. Aufl., § 14 WpHG Rz. 84; *Meyer* in Meyer/Veil/Rönnau, Handbuch zum Marktmissbrauchsrecht, § 8 Rz. 43, 61; *Schwark/Kruse* in Schwark/Zimmer, § 14 WpHG Rz. 51.
5 Mit ausführlicher Begründung und Hinweisen auch zu verbandsrechtlichen Bedenken *Assmann*, AG 1997, 56 f. Auch *Mennicke* in Fuchs, § 14 WpHG Rz. 290; *Schäfer* in Schäfer/Hamann, Kapitalmarktgesetze, § 14 WpHG Rz. 41; *Schäfer* in Marsch-Barner/Schäfer, Handbuch börsennotierte AG, Rz. 14.70; *Schlaus*, S. 37; besondere Rechtfertigungsgründe verlangen auch *Uwe H. Schneider/Singhof* in FS Kraft, S. 585, 603 f.; *Schwark/Kruse* in Schwark/Zimmer, § 14 WpHG Rz. 53. A.A. *Hopt*, ZHR 159 (1995), 135, 146: zulässig, wenn „zur einheitlichen Willensbildung zunächst im Pool und dann über diesen in der Familien-AG angezeigt".

Im Hinblick auf die Steigerung der Gefahr von Insidergeschäften unverhältnismäßig und damit unrechtmäßig ist die innerbetriebliche Weitergabe von Insiderinformationen auch dann, wenn Mitarbeiter eines Unternehmens, das in **unterschiedlichen Geschäftssparten unter Einschluss von Geschäften mit Finanzinstrumenten** tätig wird, die in einem Geschäftsbereich bekannt gewordenen Insiderinformationen an die mit Geschäften mit Finanzinstrumenten befasste Abteilung weitergeben[1]. Das gilt namentlich für **Kreditinstitute** im Hinblick auf die Weitergabe etwa der im Kreditgeschäft erlangten Insiderkenntnisse an die mit dem Wertpapierhandel (für das Unternehmen oder Dritte) befassten Stellen. Eine solche Weitergabe darf als „nicht normal" gelten: *zum einen*, weil eine solche Weitergabe die Gefahr von Interessenkonflikten sowohl zwischen Bank und Kunden als auch zwischen den Kunden selbst (etwa den Kunden aus dem Kreditgeschäft und denjenigen aus dem Wertpapiergeschäft) mit sich bringt (vgl. § 63 Abs. 1–3 WpHG); *zum anderen*, weil die zur Vermeidung des Interessenkonflikts erforderlichen organisatorischen Maßnahmen (vgl. § 80 Abs. 1 Satz 2 Nr. 2 WpHG), insbesondere in Gestalt der Schaffung von **Vertraulichkeitsbereichen** (etwa durch die Etablierung von **Chinese Walls**)[2] zwischen den einzelnen unterschiedlichen Geschäftsbereichen, heute weit verbreitet ist, wenn nicht bereits einen nicht mehr dispositiven Teil der Unternehmensorganisationspflicht des Vorstands darstellt. Auch wenn davon unabhängig Vertraulichkeitsbereiche eingerichtet wurden, ist die Weiterleitung von Insiderinformationen unter Außerachtlassung derselben unrechtmäßig[3].

42

Auch wenn es sich bei Konzernunternehmen um rechtlich selbständige Unternehmen handelt und die **konzerninterne Weitergabe von Insiderinformationen** im rechtlichen Sinne nicht als innerbetriebliche Informationsweitergabe zu betrachten ist, sind die für diese maßgeblichen Grundsätze auch auf die **Kommunikation unter den Konzerngesellschaften** zu übertragen[4]. Um ihren rechtlichen und wirtschaftlichen Verantwortlichkeiten im Konzern gerecht werden zu können, muss es den Beteiligten grundsätzlich auch gestattet sein, die dazu gebotenen Kommunikationsstrukturen auszubilden sowie die für die Verfolgung der Unternehmens- und Konzerninteressen erforderlichen Informationen weiterzugeben. Insbesondere ist es nicht Sache des Insiderrechts, Informationsweitergaben in unterschiedlichen Konzernierungsformen zu privilegieren oder zu benachteiligen und auf diese Weise Aufgaben des Konzernrechts zu übernehmen. Unabhängig von den Konzernformen, Beteiligungsstrukturen und Beteiligungsgrößenordnungen kommt es deshalb auch hier für die Rechtmäßigkeit der Weitergabe einer Insiderinformation entscheidend darauf an, ob ein Konzernunternehmen zur Erfüllung seiner Aufgaben auf die Insiderinformation angewiesen und die Weitergabe gegenüber der Gefahr dadurch veranlasster Insidergeschäfte verhältnismäßig ist. Dabei ist es grundsätzlich auch unerheblich, ob die Informationsweitergabe den unmittelbaren Beteiligungsverhältnissen folgt oder sich direkt an die dem informierenden Unternehmen nur mittelbar konzernverbundenen Gesellschaften sowie ihre Organe oder Mitarbeiter richtet. In der überwiegenden Zahl der Fälle dürfte es um die Weitergabe von Insiderinformationen an Unternehmen gehen, denen die **Konzernsteuerung** obliegt und dazu auf entsprechende Informationen aus den Konzernunternehmen angewiesen sind. Ist dies auch im Hinblick auf eine Insiderinformation der Fall, so ist die Weitergabe derselben regelmäßig als verhältnismäßig und rechtmäßig anzusehen[5]. Wie bei der innerbetrieblichen Informationsweitergabe (Rz. 42) ist auch die konzerninterne Weitergabe von Insiderinformationen unrechtmäßig, wenn die Konzernunternehmen in **unterschiedlichen Geschäftssparten unter Einschluss von Geschäften mit Finanzinstrumenten** tätig sind und die bei einem Konzernunternehmen in einem Geschäftsbereich bekannt gewordenen Insiderinformationen an die mit Geschäften mit Finanzinstrumenten befasste Abteilung weitergeben werden.

43

Im Einzelnen lassen sich unterschiedliche **Zwecke** anführen, deren Verfolgung eine **konzerninterne Informationsweitergabe** unter Einschluss von Insiderinformationen als unerlässlich und rechtmäßig erscheinen lässt: die Weitergabe zur Wahrnehmung der Konzernleitung, zur Sicherstellung der Konzernüberwachung, zur Ermöglichung der konzerninternen Arbeitsteilung und zur Schaffung der Voraussetzungen zur Ausübung konzernspezifischer Mitgliedschaftsrechte[6]. Die anderen Zwecken dienende Weitergabe von Insiderinformationen – wie etwa die Weitergabe von Informationen, die nur dem Ziel dient, der Konzernmutter lukrative Kapitalanlagen zu ermöglichen – ist dagegen unrechtmäßig[7]. Darüber hinaus ist bei jeder konzerninternen Weitergabe von In-

44

---

1 Ebenso *Rothenhöfer* in Kümpel/Wittig, Bank- und Kapitalmarktrecht, Rz. 3.559.
2 Etwa *Eisele*, WM 1993, 1022, 1024f.; *Grundmann* in Staub, Bd. 11/1, 5. Aufl. 2017, 6. Teil Rz. 421; *Hoffmann*, S. 148ff.; *Hopt* in FS Beusch, S. 404ff.; *Hopt/Kumpan* in Schimansky/Bunte/Lwowski, § 107 Rz. 106; *Mennicke* in Fuchs, § 14 WpHG Rz. 246f., 251; *Scharrenberg* in Claussen/Schwark, S. 114ff.; *Schwark/Kruse* in Schwark/Zimmer, § 14 WpHG Rz. 49; *Schweizer*, S. 176ff.; *Tippach*, S. 231ff.
3 *Pananis* in MünchKomm. StGB, 2. Aufl. 2015, § 38 WpHG Rz. 130.
4 *Assmann* in Lutter/Scheffler/Uwe H. Schneider, Handbuch Konzernfinanzierung, Rz. 12.25, 12.27 ff.; *BAWe/Deutsche Börse*, S. 21 in Bezug auf faktischen Konzern; *Mennicke* in Fuchs, § 14 WpHG Rz. 252; ausführlich *Uwe H. Schneider* in FS Wiedemann, S. 1255ff., insb. S. 1263ff.; *Schwark/Kruse* in Schwark/Zimmer, § 14 WpHG Rz. 54; *Sethe* in Assmann/Schütze, Kapitalanlagerecht, § 8 Rz. 133; *Sethe*, ZBB 2006, 243, 252; *Singhof*, ZGR 2001, 146ff.; *Ziemons*, AG 1999, 492, 499. Zur Weitergabe von Insiderinformationen im Aktienkonzern s. die Arbeit von *Figiel*.
5 I.E. ebenso *Schäfer* in Marsch-Barner/Schäfer, Handbuch börsennotierte AG, Rz. 14.67, 14.69.
6 So *Uwe H. Schneider* in FS Wiedemann, S. 1255, 1265ff.; *Mennicke* in Fuchs, § 14 WpHG Rz. 255; *Schwark/Kruse* in Schwark/Zimmer, § 14 WpHG Rz. 54. Ähnlich und ausführlich, sowohl zum Informationsfluss „von unten nach oben", „von oben nach unten" und „horizontal" (d.h. unter Schwestergesellschaften), auch *Singhof*, ZGR 2001, 146ff.
7 *Mennicke* in Fuchs, § 14 WpHG Rz. 255; *Singhof*, ZGR 2001, 146, 163.

siderinformationen zu prüfen, ob es dieser im Einzelfall tatsächlich bedarf, um einer anderen Stelle im Konzern die Erfüllung ihrer konzernbezogenen Aufgaben zu ermöglichen[1]. Eine ganz andere Frage ist der **Umgang mit den erlangten Informationen**, der seinerseits an den Verbotstatbeständen von Art. 14 i.V.m. Art. 8 und 10 VO Nr. 596/2014 zu messen ist: So liegt etwa ein Verstoß gegen Art. 14 lit. a, 8 Abs. 1 Unterabs. 1 VO Nr. 596/2014 vor, wenn der Vorstand des herrschenden Unternehmens Insiderinformationen verwendet, welche ein Tochterunternehmen betreffen, um seine Beteiligung an der Tochter auszuweiten oder zurückzuführen[2].

45 ee) **Informationsweitergabe an Unternehmensexterne.** Auch die Offenlegung – die Weitergabe oder das Zugänglichmachen (Rz. 17) – von Insiderinformationen an Unternehmensexterne ist nur dann nicht unrechtmäßig, wenn sie im Zuge der **normalen Ausübung einer Beschäftigung oder eines Berufs oder der normalen Erfüllung von Aufgaben** erfolgt, d.h. dafür unerlässlich und verhältnismäßig ist (Rz. 20). Rechtmäßig ist damit nur die Offenlegung von Insiderinformationen, ohne die eine sachgemäße Wahrnehmung der jeweiligen Arbeit oder Tätigkeit oder des jeweiligen Berufs nicht möglich wäre und in dem Sinne verhältnismäßig ist, dass sie die mit der Offenlegung verbundene Vergrößerung der Gefahr von Insidergeschäften rechtfertigt. Auch hier kann sich die Rechtmäßigkeit der Offenlegung sowohl aufgrund der Beschäftigung, des Berufs oder Aufgabe des Offenlegenden als auch desjenigen ergeben, dem eine Insiderinformation offengelegt wird. Dessen ungeachtet betrifft die ganz überwiegende Zahl der Fälle, in denen es um die Rechtmäßigkeit der Offenlegung von Insiderinformationen geht, solche, bei denen es um die Frage geht, ob die Beschäftigung, der Berufs oder die Aufgabe des Informationsempfängers die Weitergabe von Insiderinformationen verlangt.

46 Ob die Ausübung einer Beschäftigung, eines Berufs oder einer Aufgabe des Informationsempfängers ohne die Mitteilung der Insiderinformation nicht möglich wäre und damit für diese unerlässlich ist, ist für den Offenlegenden insbesondere dann schwer zu beurteilen, wenn er sich des Dritten gerade als **Berater oder Sachverständiger** in einer von ihm, dem Informanten, nicht zu überblickenden Materie bedient. Gerade in den Fällen, in denen es sachangemessen und verhältnismäßig ist, **externe Berater** wie etwa Anwälte, Notare, Wirtschaftsprüfer, Unternehmensberater oder Kreditinstitute sowie **Dienstleister und Geschäftsbesorger** heranzuziehen, muss die Weitergabe einer Insiderinformation an diese schon dann als unerlässlich betrachtet werden, wenn der Informant bei Weitergabe der Information davon ausgehen darf, dass der Informationsempfänger die Information benötigt, um seine Tätigkeit, Aufgabe oder seinen Beruf erfüllen zu können[3]. Entsprechendes gilt auch für die Weitergabe der erlangten Insiderinformation **durch die Berater an deren Mitarbeiter:** Auch diese ist nur zulässig, soweit sie zur Erfüllung des übernommenen Mandats unerlässlich ist[4]. Dabei wird es den mit der Insiderinformation versehenen Sachkundigen und Experten leichter fallen zu beurteilen, inwieweit die Weitergabe der Information notwendig ist, um **Mitarbeitern** die Erfüllung einer Tätigkeit oder einer Aufgabe zu erlauben, so dass an die Weitergabe der Information in diesem Falle strengere Anforderungen zu stellen sind als etwa bei der Information eines Experten durch den Ratsuchenden. Die **fehlerhafte Beurteilung der Unerlässlichkeit und Verhältnismäßigkeit** der Weitergabe der Insiderinformation, deren es für die Beratung oder Geschäftsbesorgung nicht bedurft hätte, ist als **Irrtum** i.S.v. § 16 Abs. 1 Satz 1 StGB über einen Umstand anzusehen, der zum gesetzlichen Tatbestand des Insiderhandelsverbots nach Art. 14 lit. c und 10 Abs. 1 Unterabs. 1 VO Nr. 596/2014 gehört (Rz. 18), das in der nur vorsätzliches Handeln ahndenden Blankettnorm des § 119 Abs. 3 Nr. 3 WpHG in Bezug genommen wird.

47 Auch ein **Aufsichtsrat**, der sich zur Erfüllung seiner Aufgaben **der Hilfe oder des Rats Dritter** bedient, darf an die hierfür herangezogenen Personen Insiderinformationen weitergeben[5], sofern sie für die Erfüllung dieser Aufgabe unerlässlich sind (Rz. 20), d.h. der Aufsichtsrat davon ausgehen darf, dass der Informationsempfänger die Information benötigt, um seine Tätigkeit, Aufgabe oder seinen Beruf erfüllen zu können. Dies gilt allerdings nur in dem Umfange, als es dem einzelnen Aufsichtsrat überhaupt aktienrechtlich gestattet ist, sich bei der Er-

---

1 Ähnlich *Sethe*, ZBB 2006, 243, 252.
2 *Singhof*, ZGR 2001, 146, 171 f.
3 *Hopt/Kumpan* in Schimansky/Bunte/Lwowski, § 107 Rz. 107; *Klöhn* in KölnKomm. WpHG, § 14 WpHG Rz. 386, 388; *Klöhn* in Klöhn, Art. 10 MAR Rz. 141; *Mennicke* in Fuchs, § 14 WpHG Rz. 259 f., 262; *Schäfer* in Schäfer/Hamann, Kapitalmarktgesetze, § 14 WpHG Rz. 29; *Schwark/Kruse* in Schwark/Zimmer, § 14 WpHG Rz. 63; *Sethe* in Assmann/Schütze, Kapitalanlagerecht, § 8 Rz. 134; *Sethe*, ZBB 2006, 243, 252. Ähnlich schon für die Zeit vor der *Grøngaard und Bang*-Entscheidung (Rz. 20) BaFin, Emittentenleitfaden 2009, S. 41; *Brandi/Süßmann*, AG 2004, 642, 647; *Hasselbach*, NZG 2004, 1087, 1094.
4 *Mennicke* in Fuchs, § 14 WpHG Rz. 261; *Sethe*, ZBB 2006, 243, 252. Vor der *Grøngaard und Bang*-Entscheidung des EuGH (Rz. 20) durfte man dies großzügiger sehen: vgl. *Hasselbach*, NZG 2004, 1087, 1094; *v. Falkenhausen/Widder*, BB 2004, 165, 166 ff.
5 So vor der *Grøngaard und Bang*-Entscheidung des EuGH (Rz. 20) *Assmann*, WM 1996, 1349; *Assmann*, AG 1997, 57; *Claussen*, Insiderhandelsverbot, Rz. 65; *Götz*, DB 1995, 1949, 1952; *Hopt* in Schimansky/Bunte/Lwowski, 4. Aufl. 2011, § 107 Rz. 40; *Kümpel*, Wertpapierhandelsgesetz, 1996, S. 82 f.; *Schäfer* in Schäfer/Hamann, Kapitalmarktgesetze, § 14 WpHG Rz. 47; *Schäfer* in Marsch-Berner/Schäfer, Handbuch börsennotierte AG, Rz. 14.67; *Schlaus*, S. 38 f.; *Schwark* in Schwark, Kapitalmarktrechts-Kommentar, 3. Aufl. 2004, § 14 WpHG Rz. 33, 46. Das wird auch nach der Entscheidung nicht grundsätzlich anders gesehen. Etwa *Mennicke* in Fuchs, § 14 WpHG Rz. 236; *Schwark/Kruse* in Schwark/Zimmer, § 14 WpHG Rz. 63.

füllung seiner Pflichten Dritter zu bedienen[1], denn nur in diesen Grenzen bewegt sich die Informationsweitergabe noch im Rahmen der vom Mandatsträger übernommenen Aufgabe[2]. Unbefugt ist dagegen jede **nicht der Ausübung des Mandats geschuldete Weitergabe von Insiderkenntnissen an Dritte**, insbesondere an Organmitglieder und Mitarbeiter des Unternehmens, dem der Aufsichtsrat als Mitarbeiter angehört[3].

Entsprechendes gilt für die Weitergabe von Insiderinformationen an Sachverständige, vor allem Rechtsanwälte oder Wirtschaftsprüfer, die der **Aufsichtsrat als Organ** im Rahmen seiner Pflicht zur Selbstorganisation und zur sachgemäßen Ausübung seiner Aufsichtspflichten mit der Wahrnehmung bestimmter Aufgaben betraut hat[4]. Vor allem im Rahmen von **Compliance-Untersuchungen** des Aufsichtsrats, i.d.R. im Zusammenwirken mit dem Vorstand, ist die Heranziehung externer rechtlicher Berater zur sachgemäßen Ausübung die Aufgabe geboten[5]. In diesem Zusammenhang ist die Erlangung von Insiderinformationen durch die Sachverständige nahezu unvermeidlich und die Weitergabe von Insiderinformationen an dieselben – sei es durch den Aufsichtsrat oder den Vorstand des beauftragenden Unternehmens oder sei es durch Dritte, mit denen die Sachverständige bei der Erfüllung seiner Aufgabe in Berührung kommt – in der Regel auch unerlässlich und verhältnismäßig. 48

In gleicher Weise wie externe Berater können auch **andere Dienstleister und Geschäftsbesorger** zur Erfüllung der von ihnen übernommenen Aufgaben oder Tätigkeiten auf die Mitteilung von Insiderinformationen angewiesen sein[6]. Das gilt vor allem für die in die zur Erfüllung der Pflichten zur Veröffentlichung von Insiderinformationen nach Art. 17 VO Nr. 596/2014 i.V.m. § 3a Abs. 4 WpAV eingeschalteten externen Dienstleistungsunternehmen und deren hiermit befassten Mitarbeiter (s. Art. 17 VO Nr. 596/2014 Rz. 186 und Rz. 196). 49

Jede vom Emittenten veranlasste **Offenlegung einer Insiderinformation gegenüber der Presse zum Zwecke ihrer Veröffentlichung** ist angesichts des für die Veröffentlichung von Insiderinformationen vorgeschriebenen Verfahrens unrechtmäßig[7]. Daran ändert auch Art. 21 VO Nr. 596/2014 nichts, der allein die Offenlegung oder Verbreitung von Informationen in und durch Medien für journalistische Zwecke betrifft, nicht aber die Weitergabe von Informationen an Medien. In gleicher Weise ist regelmäßig (und von Art. 21 VO Nr. 596/2014 ebenso wenig erfasst) auch jede andere Weitergabe einer Insiderinformation durch den Emittenten **an die Medien** – insbesondere die Tages- und Wirtschaftspresse (einschließlich sog. Börsendienste), den Rundfunk, das Fernsehen, Journalisten, Redakteure und sonstigen Mitarbeiter der angeführten Medien – als unrechtmäßige Offenlegung anzusehen[8]. Das gilt auch für den Fall, dass die Insiderinformation **zum Zwecke einer sachlichen Berichterstattung** über das Unternehmen mit der Maßgabe weitergegeben wird[9], die Information dürfe in den entsprechenden Publikationen nicht bekannt gemacht werden. Hier dominiert das Interesse an der Insiderprävention und der informationellen Chancengleichheit der Marktteilnehmer das Interesse des Unternehmens an seiner Darstellung in der Öffentlichkeit. Unter diesem Gesichtspunkt erst recht unrechtmäßig ist die Mitteilung einer Insiderinformation an den Redakteur eines Börsenblatts, um diesen zur Empfehlung der Aktie des Emittenten zu veranlassen. Nichts anderes kann auch für den Fall gelten, dass die fragliche Mitteilung mit einem **Sperrvermerk** oder einem sachlichen oder zeitlichen Verwertungsvorbehalt versehen wird[10]. 50

---

1 Ebenso *Mennicke* in Fuchs, § 14 WpHG Rz. 236. Zu den verbandsrechtlichen Grenzen s. etwa *Hüffer/Koch*, § 111 AktG Rz. 23; *Mertens* in KölnKomm. AktG, 2. Aufl., § 111 AktG Rz. 89 ff.
2 Schon *Assmann*, WM 1996, 1337, 1349; *Assmann*, AG 1997, 50, 57; i.E ebenso *Claussen*, Insiderhandelsverbot, Rz. 65 a.E.
3 EuGH v. 22.11.2005 – C-384/02, ECLI:EU:C:2005:708 – Grøngaard und Bang, WM 2006, 612. *Assmann*, WM 1996, 1349; *Assmann*, AG 1997, 57; *Schäfer* in Marsch-Barner/Schäfer, Handbuch börsennotierte AG, Rz. 14.67. I.E. ebenso *Lenenbach*, Kapitalmarktrecht, Rz. 13.163; *Schäfer* in Schäfer/Hamann, Kapitalmarktgesetze, § 14 WpHG Rz. 48; *Schwark/Kruse* in Schwark/Zimmer, § 14 WpHG Rz. 63.
4 Hierzu, namentlich zur Zulässigkeit der Heranziehung externer Berater und Sachverständige, *Euler/Klein* in Spindler/Stilz, § 171 AktG Rz. 34; *Habersack* in MünchKomm. AktG, 4. Aufl. 2014, Vor § 95 AktG Rz. 16f., § 111 AktG Rz. 47, § 116 AktG Rz. 17; *Hopt/Roth* in Großkomm. AktG, 4. Aufl. 2005, § 116 AktG Rz. 120ff.; *Hüffer/Koch*, § 111 AktG Rz. 23, § 116 Rz. 2; *Lutter/Krieger/Verse*, Rechte und Pflichten des Aufsichtsrats, 6. Aufl. 2014, Rz. 992; *Spindler* in Spindler/Stilz, § 111 AktG Rz. 80; *Thümmel*, Persönliche Haftung von Managern und Aufsichtsräten, 5. Aufl. 2016, Rz. 273.
5 Dazu namentlich *Arnold*, Verantwortung und Zusammenwirken des Vorstands und Aufsichtsrats bei Compliance-Untersuchungen, ZGR 2014, 76, 95f., 105.
6 *Hopt* in Schimansky/Bunte/Lwowski, 4. Aufl. 2011, § 107 Rz. 60; *Sethe* in Assmann/Schütze, Kapitalanlagerecht, § 8 Rz. 134; *Sethe*, ZBB 2006, 243, 252.
7 Ausführlich zur Entwicklung der insiderrechtlichen Beurteilung dieser Offenlegung *Assmann* in 6. Aufl., § 14 WpHG Rz. 100. Ebenso *Cloppenburg/Kruse*, WM 2007, 1112 f.; *Grundmann* in Staub, Bd. 11/1, 5. Aufl. 2017, 6. Teil Rz. 424; implizit auch *Meyer* in Meyer/Veil/Rönnau, Handbuch zum Marktmissbrauchsrecht, § 8 Rz. 47; *Schäfer* in Schäfer/Hamann, Kapitalmarktgesetze, § 14 WpHG Rz. 51; *Schwark/Kruse* in Schwark/Zimmer, § 14 WpHG Rz. 60. A.A. *Mennicke* in Fuchs, § 14 WpHG Rz. 266. A.A. *Klöhn* in Klöhn, Art. 10 MAR Rz. 201.
8 Ebenso *Renz/Rippel* in BuB, Rz. 7/723; *Schäfer* in Schäfer/Hamann, Kapitalmarktgesetze, § 14 WpHG Rz. 51; *Sethe* in Assmann/Schütze, Kapitalanlagerecht, § 8 Rz. 134.
9 Ebenso *Klöhn* in Klöhn, Art. 10 MAR Rz. 204; *Meyer* in Meyer/Veil/Rönnau, Handbuch zum Marktmissbrauchsrecht, § 8 Rz. 47.
10 *Assmann*, WM 1996, 1337, 1351. Zweifelnd an der Zulässigkeit eines solchen Vorgehens schon *Hopt*, ZGR 1991, 17, 47; *Schwark/Kruse* in Schwark/Zimmer, § 14 WpHG Rz. 62. Nach nicht überzeugender Ansicht von *Götz*, DB 1995, 1949, 1951, soll es auf die „konkreten Umstände des Einzelfalls" ankommen.

51 Eine andere Frage ist es, ob es dem seitens eines Insiders (namentlich des Emittenten, eines seiner Mitarbeiter oder gar eines dissentierenden Mitglieds eines seiner Organe) **unrechtmäßig informierten Presseorgan** oder einem unbefugt informierten **Journalisten** oder **Redakteur** gestattet ist, das erlangte Insiderwissen zu **publizieren**. Das wurde im Schrifttum zu § 14 WpHG a.F. in insiderrechtlicher Hinsicht jedenfalls für den Fall nicht ausgeschlossen, dass die Publikation durch Herstellung der Bereichsöffentlichkeit und dafür geeigneter Instrumente erfolgt, da jede andere Veröffentlichung die Gefahr mit sich brächte, einem begrenzten Adressatenkreis einen informationellen Sondervorteil zu verschaffen[1]. Wenngleich die Vertreter der Presse in solchen Fällen gern (von Abwägungserfordernissen) freie Hand im Umgang mit der erlangten Insiderinformation hätten[2] und das im Schrifttum mit dem „umfassenden Vorrang" der Meinungs- und Pressefreiheit (Art. 5 GG) untermauert wird[3], sprechen doch gewichtige Gründe dafür, unter den angeführten Umständen die Veröffentlichung einer Insiderinformation ausschließlich dem durch Art. 17 VO Nr. 596/2014 i.V.m. Art. 2 DurchfVO 2016/1055[4], § 3a WpAV und § 26 Abs. 1 WpHG vorgeschriebenen Verfahren (Art. 17 VO Nr. 596/2014 Rz. 176 ff.) zu unterwerfen[5], was als genereller Vorrang dieses Veröffentlichungsverfahrens zu begreifen und nicht als Verpflichtung der Betroffenen zur Vornahme einer allein dem Emittenten vorbehaltenen Ad-hoc-Veröffentlichung misszuverstehen ist[6]. Dafür ist vor allem der Umstand anzuführen, dass allein das normierte Veröffentlichungsverfahren die Wahrung der informationellen Chancengleichheit der Marktteilnehmer bei der Publikation von Insiderinformationen zu gewährleisten vermag. Darüber hinaus lässt sich nur auf diese Weise das Recht des Emittenten zum Aufschub der Veröffentlichung der Insiderinformationen unter den Voraussetzungen von Art. 17 Abs. 4 oder 5 VO Nr. 596/2014 (zuvor § 15 Abs. 3 WpHG a.F.) wahren. Und schließlich werden die unrechtmäßig informierten und Insiderinformationen veröffentlichende Presseorgane, Mitarbeiter desselben und Journalisten dadurch auch vor möglichen rechtlichen (insbesondere schadensersatzrechtlichen) Folgen ihres Handelns bewahrt[7]. Daran hat sich auch durch den – *expressis verbis* u.a. bei der Anwendung von Art. 10 VO Nr. 596/2014 zu berücksichtigenden – **Art. 21 VO Nr. 596/2014** nichts geändert, da die reine Publikation von Insiderinformationen durch die Presse und andere Medien schwerlich, wie von dieser Vorschrift – im Interesse der Gewährleistung der Pressefreiheit und freien Meinungsäußerung und darauf beschränkt – verlangt[8], als für „journalistische Zwecke oder andere Ausdrucksformen" vorgenommen betrachtet werden kann[9]. Dementsprechend und von Art. 21 VO Nr. 596/2014 nicht erfasst ist auch das Vorgehen einer nicht der Pflicht zur Veröffentlichung von Insiderinformationen nach Art. 17 VO Nr. 596/2014 unterliegenden Person als unrechtmäßig zu betrachten, die befugt oder zumindest auf eine nicht gegen das Weitergabeverbot von Art. 10 Abs. 1 Unterabs. 1 VO Nr. 596/2014 verstoßende Weise in den Besitz einer Insiderinformation gelangte und diese in

---

1 *Schäfer* in Schäfer/Hamann, Kapitalmarktgesetze, § 14 WpHG Rz. 53, unter zutreffender Zurückweisung der Ansicht von *Eichele*, WM 1997, 501, 509, wegen Art. 5 GG müsse auch die Veröffentlichung etwa in einem Regionalblatt als befugt zu betrachten sein. Ohne die Einschränkung an den Anforderungen des § 15 WpHG entsprechenden Veröffentlichung *Lücker*, S. 174 f., der darüber hinaus die schwerlich vertretbare Auffassung vertritt, bei einer „verabredungswidrigen Veröffentlichung" der Insidertatsache fehle es an einer Weitergabe. So auch jetzt für Art. 10 VO Nr. 596/2014 *Meyer* in Meyer/Veil/Rönnau, Handbuch zum Marktmissbrauchsrecht, § 8 Rz. 55 ff.
2 *Jahn*, Das Insiderrecht bringt die Pressefreiheit in Gefahr, FAZ v. 4.6.2008, Nr. 128, S. 21.
3 *Schröder*, NJW 2009, 465, 466 f., 469; *Schröder* in Schröder/Sethe, S. 79 ff., 94. Auch *Cloppenburg/Kruse*, WM 2007, 1109, 1114; *Eichele*, WM 1997, 501, 509; *Gehrmann*, S. 163 ff.
4 ABl. EU Nr. L 173 v. 30.6.2016, S. 47.
5 Zu §§ 8 bzw. 14 WpHG a.F. *Sethe* in Assmann/Schütze, Kapitalanlagerecht, § 8 Rz. 112 ff., 134; *Sethe*, ZBB 2006, 243, 252 f. I.E. auch *Cloppenburg/Kruse*, WM 2007, 1109, 1102. A.A. *Schäfer* in Schäfer/Hamann, Kapitalmarktgesetze, § 14 WpHG Rz. 53; *Sven H. Schneider*, NZG 2005, 702, 703 ff. Für eine Information des Emittenten durch den Journalisten, dem eine Insiderinformation weitergegeben wurde, *Bergmann/Löffler* in Schröder/Sethe, S. 104 ff.
6 So aber *Schwark/Kruse* in Schwark/Zimmer, § 14 WpHG Rz. 61.
7 Diesen Hinweis empfinden *Schwark/Kruse* in Schwark/Zimmer, § 14 WpHG Rz. 61, mit sachfremden Erwägungen als sachfremd. Dessen ungeachtet: Ob und ggf. unter welchen Voraussetzungen die Veröffentlichung einer Insiderinformation durch einen Dritten die Rechte des Emittenten verletzt, den sie unmittelbar betrifft, ist bislang nicht näher untersucht worden. Zu denken wäre etwa an die Verletzung eines nach § 823 Abs. 1 BGB geschützten Rechts, wie etwa eines Eigentumsrechts des Emittenten an der veröffentlichten Information (und damit auch an der Entscheidung über deren Veröffentlichung oder Nichtveröffentlichung) oder an einen Eingriff in den Gewerbebetrieb des Emittenten (namentlich, aber nicht nur für den Fall, dass die Insiderinformation aufgrund von Art. 17 Abs. 4 Unterabs. 1 VO Nr. 596/2014 nicht ad hoc publiziert werden muss, wie etwa der Eintritt eines durch Kreditverhandlungen mit einer Bank zu beseitigenden Finanzierungsengpasses des Emittenten, wenn aufgrund der Veröffentlichung dieses Umstands durch einen Dritten die Kreditverhandlungen scheiterten).
8 Erwägungsgrund 77 VO Nr. 596/2014: „Diese Verordnung steht im Einklang mit den Grundrechten und Grundsätzen, die mit der Charta der Grundrechte der Europäischen Union (im Folgenden „Charta") anerkannt wurden. Diese Verordnung sollte daher mit diesen Rechten und Grundsätzen ausgelegt und angewandt werden. Insbesondere, wenn sich diese Verordnung auf Vorschriften, durch die die Pressefreiheit und die freie Meinungsäußerung in anderen Medien geregelt werden, und auf die Vorschriften oder Regeln bezieht, die für den Journalistenberuf gelten, sollten diese Freiheiten so berücksichtigt werden, wie sie in der Union und in den Mitgliedstaaten garantiert sind und wie sie in Art. 11 der Charta und in anderen einschlägigen Bestimmungen anerkannt werden."
9 Anders, unter Berufung auf Art. 21 VO Nr. 596/2014, *Grundmann* in Staub, Bd. 11/1, 5. Aufl. 2017, 6. Teil Rz. 422 f. jedenfalls für den Fall einer „breite[n] Veröffentlichung".

Kenntnis dieser Eigenschaft **an die Presse zum Zwecke der Veröffentlichung weitergibt**. Auch unter solchen Umständen ist die Presse nicht das geeignete Organ zur Veröffentlichung von Insiderinformationen. Vermag der Insider in solchen Fällen die Presse zu informieren, ist ihm auch zumutbar, die Aufsichtsbehörde entsprechend in Kenntnis zu setzen, damit diese die Veröffentlichung der Information veranlassen kann.

Dessen ungeachtet ist die **Offenlegung der Insiderinformation durch den Informierten** dann als rechtmäßig zu betrachten, wenn **besondere Umstände** deren Veröffentlichung durch die Presse (Presseorgane, Mitarbeiter oder Journalisten) als Teil von deren Aufgabe und als verhältnismäßig erscheinen lassen. Das kann etwa dann der Fall sein, wenn es um die Berichterstattung über nicht öffentlich bekannte und kurserhebliche kriminelle Vorgänge in einem Unternehmen in Gestalt bspw. von Korruptionsfällen oder illegalen Abfallbeseitigungsmaßnahmen geht, die nicht nur für das Anlagepublikum von Bedeutung sind, sondern auch ein **Informationsinteresse der Öffentlichkeit** auslösen, hinter denen die Interessen an einem geordneten Kapitalmarktinformationsverfahren zurückstehen müssen. Das gilt erst recht, wenn Grund für die Annahme besteht, das Unternehmen werde die fraglichen Vorgänge geheim zu halten versuchen. **Art. 21 VO Nr. 596/2014** und die vorstehend (Rz. 51 letzte Fn.) widergegebenen Erwägungen in Erwägungsgrund 77 VO Nr. 596/2014 verlangen indes, darüber hinaus zu gehen und bei der Beurteilung der Frage, ob die Weitergabe von Insiderinformationen durch die Presse rechtmäßig ist, schon die die **Presse- und Meinungsfreiheit der Medienschaffenden** und nicht erst das Informationsinteresse der Öffentlichkeit zu berücksichtigen. Deshalb wird zwar nicht die journalistisch unverarbeitete und an die Stelle einer Offenlegung nach Art. 17 VO Nr. 596/2014 tretende Veröffentlichung einer der Presse zugegangenen Insiderinformation, wohl aber jede gem. Art. 21 VO Nr. 596/2014 für „journalistische Zwecke oder andere Ausdrucksformen" vorgenommene Offenlegung von Insiderinformationen, die nicht unter die Rückausnahmen von Art. 21 lit. a oder b VO Nr. 596/2014 fällt, als rechtmäßig zu betrachten sein. Das gilt für alle Insiderinformationen, gleich auf welchem Wege sie zu den Medienschaffenden i.S.v. Art. 21 VO Nr. 596/2014 gelangt sind, und erst recht für solche, die diese im Wege des **investigativen Journalismus selbst ermittelt** haben.

Unrechtmäßig und von Art. 21 VO Nr. 596/2014 nicht erfasst[1] ist des Weiteren und weiterhin die **Weitergabe von Insiderinformationen an Journalisten** und **Redakteure von Börsendiensten, Presse, Rundfunk und Fernsehen** im Rahmen von **Interviews, Betriebsbesichtigungen**, sog. **Vor-Ort-Gesprächen** und dergleichen[2]. Dies gilt selbst dann, wenn die Einladung nicht auf einen bestimmten Teilnehmerkreis beschränkt ist oder „an alle Interessenten" gerichtet wurde[3]. So oder so werden hier nicht die Medien oder die Presse, sondern nur einzelne Vertreter derselben informiert. Auch hier erhöht sich durch die Ausdehnung des Kreises von Insidern die Gefahr von Insidergeschäften, ohne dass dem eine berechtigte Erwartung auf eine ordnungsgemäße Information des Publikums gegenüberstünde. Entsprechendes gilt für freiwillig („**Hintergrundgespräche**") oder zur Erfüllung entsprechender Emittentenpflichten (etwa nach § 52 der Börsenordnung für die Frankfurter Wertpapierbörse) durchgeführte **Analystengespräche**[4]. Im Hinblick auf die Rechtmäßigkeit der **Offenlegung von Insiderinformationen durch Finanzanalysten und Börsendiensten** wird es bei diesen möglicherweise nicht an der Verarbeitung der Informationen „für journalistische Zwecke oder andere Ausdrucksformen" i.S.v. Art. 21 VO Nr. 596/2014 fehlen, doch dürfte bei ihnen regelmäßig die Rückausnahme von Art. 21 lit. a VO Nr. 596/2014 erfüllt sein, der zufolge die Rechtmäßigkeit entfällt, wenn „den betreffenden Personen oder mit diesen Personen in enger Beziehung stehenden Personen … unmittelbar oder mittelbar ein Vorteil oder Gewinn aus der Offenlegung oder Verbreitung der betreffenden Information" erwächst.

Ob die Weitergabe von Insiderinformationen durch Emittenten **an Ratingagenturen** rechtmäßig ist, wird unterschiedlich beurteilt[5]. Dabei ist aber nicht zu übersehen, dass sie eine Aufgabe wahrnehmen, deren Erfüllung – gleich, ob und wie die Ratings im Einzelfall publiziert werden – sowohl im Interesse des Anlegerpublikums

---

1 A.A. *Hopt/Kumpan* in Schimansky/Bunte/Lwowski, § 107 Rz. 110, allerdings ohne schlüssige Begründung.
2 *Assmann*, AG 1997, 50, 57; *BAWe/Deutsche Börse*, S. 22; *Grundmann* in Staub, Bd. 11/1, 5. Aufl. 2017, 6. Teil Rz. 424 (für Journalisten, Presse; Analysten); *Fleischer* ZGR 2009, 505, 512; *Hartmann*, S. 241 ff.; *Hopt/Kumpan* in Schimansky/Bunte/Lwowski, § 107 Rz. 106; *Klöhn* in KölnKomm. WpHG, § 14 WpHG Rz. 434 ff.; *Mennicke* in Fuchs, § 14 Rz. 263; *Schlaus*, S. 38; *Soesters*, S. 194.
3 *Kümpel*, Wertpapierhandelsgesetz, 1996, S. 80.
4 *Assmann*, AG 1997, 50, 57; *Götz*, DB 1995, 1949, 1951; *Hopt*, Bankrechtstag 1995, 19; *Mennicke* in Fuchs, § 14 WpHG Rz. 263; *Schäfer* in Schäfer/Hamann, Kapitalmarktgesetze, § 14 WpHG Rz. 42 f.; *Soesters*, S. 194; *Süßmann*, AG 1997, 63, 65; *Süßmann*, AG 1999, 162, 165. I.E. auch *Klöhn* in Klöhn, Art. 10 MAR Rz. 191 f.; *Meyer* in Meyer/Veil/Rönnau, Handbuch zum Marktmissbrauchsrecht, § 8 Rz. 45.
5 Für die Rechtmäßigkeit der Weitergabe *Eisen*, S. 140; *Klöhn* in KölnKomm. WpHG, § 14 WpHG Rz. 442; *Klöhn*, WM 2010, 1869, 1876; *Klöhn* in Klöhn, Art. 10 MAR Rz. 196; *Hopt/Kumpan* in Schimansky/Bunte/Lwowski, § 107 Rz. 106; *Stemper*, WM 2011, 1740, 1741 f. Auch *BaFin*, Emittentenleitfaden 2013, S. 41, allerdings mit dem Hinweis, das sei nur der Fall, wenn die Information tatsächlich für die Erfüllung ihrer Aufgabe benötigt werde. Unter Umständen rechtmäßig *Sven H. Schneider*, NZG 2005, 702, 706. A.A., die Rechtmäßigkeit ablehnend, *Mennicke* in Fuchs, § 14 WpHG Rz. 263, 265. Differenzierend *Meyer* in Meyer/Veil/Rönnau, Handbuch zum Marktmissbrauchsrecht, § 8 Rz. 45: Weitergabe zulässig, wenn „der Emittent Analysten und Ratingagenturen (nur) für eigene, interne Zwecke beauftragt"; unzulässig für den Fall, dass beabsichtigt ist, „einen Researchbericht oder ein Rating zu veröffentlichen".

als auch der Emittenten liegt[1] und die auch in die europäische und mitgliedstaatliche Regulierung der Finanzindustrie eingebaut ist[2]. Gleichzeitig unterliegen die Ratingagenturen, ihre Produkte sowie deren Verwendung heute gesetzlichen Verhaltensregeln und einer umfassenden Rechtsaufsicht durch europäische und nationale Aufsichtsbehörden[3]. Des Weiteren ist nicht zu bestreiten, dass gerade kurserhebliche Informationen Daten enthalten, die für das Rating eines Unternehmens von besonderer Bedeutung sind. Und schließlich ist zu beachten, dass die Insiderinformationen – das jedenfalls stellt eine unabdingbare Voraussetzung für die rechtmäßige Weitergabe von Insiderinformationen an Ratingagenturen dar – mit einem Rating nicht veröffentlicht[4] oder mit einem nicht veröffentlichten weitergegeben werden und damit nicht oder doch jedenfalls in geringem Umfang als etwa bei anlegernahen Finanzanalysten zur Grundlage der Erzielung von Sondervorteilen werden können. Zusammen genommen sollte dies ausreichen, um die Weitergabe von Insiderinformationen an Ratingagenturen grundsätzlich als rechtmäßig und verhältnismäßig zu betrachten.

55 Sind bei einer **nicht börsennotierten** und damit auch nicht der Pflicht zur Veröffentlichung von Insiderinformationen nach Art. 17 VO Nr. 596/2014 unterliegenden **Tochtergesellschaft** Umstände eingetreten, die eine von dem Mutterunternehmen nach Art. 17 VO Nr. 596/2014 zu publizierende Insiderinformation darstellen, so sind auch die Vorstände der Tochtergesellschaft Insider und unterliegen dementsprechend dem Verbot der Weitergabe der Insiderinformation. Entsprechend den Grundsätzen, wie sie im Hinblick auf die Mitteilung von Insiderinformationen auf der Hauptversammlung einer börsennotierten Gesellschaft (Rz. 35 f.) und der Weitergabe von Insiderinformationen an Finanzanalysten und Journalisten (Rz. 53) ausgeführt wurden, ist die Bekanntgabe der fraglichen Umstände auf der **Hauptversammlung oder einer Pressekonferenz der Tochtergesellschaft** oder gegenüber **einzelnen Finanzanalysten** oder **Journalisten** erst nach deren öffentlichem Bekanntwerden als rechtmäßig zu betrachten[5]: Auch wenn die Tochtergesellschaft in diesem Falle nicht selbst zur Veröffentlichung der Insiderinformation nach Art. 17 VO Nr. 596/2014 verpflichtet ist, handelt es sich – im Hinblick auf die Muttergesellschaft – doch gleichwohl um eine veröffentlichungspflichtige Insiderinformation, deren Weitergabe ohne vorhergehende Veröffentlichung nach Maßgabe von Art. 17 VO Nr. 596/2014 i.V.m. Art. 2 DurchfVO 2016/1055[6], § 3a WpAV und § 26 Abs. 1 WpHG vorgeschriebenen Verfahren (Art. 17 VO Nr. 596/2014 Rz. 176 ff.) unzulässig ist[7].

56 Werden dem Interessenten am **Erwerb eines Aktienpakets** oder dem potenziellen Bieter eines **Wertpapiererwerbsangebots** im Zuge einer aktienrechtlich (d.h. vor allem im Unternehmensinteresse) zulässigerweise[8] eingeräumten **Due Diligence**-Prüfung Insiderinformationen mitgeteilt oder zugänglich gemacht, so stellt dies keine unrechtmäßige Weitergabe oder Zugänglichmachung dar[9]. Zwar ist das eine *Due Diligence*-Prüfung gewährende Unternehmen regelmäßig nicht der Verkäufer des in Frage stehenden Aktienpakets oder der Adressat eines Übernahmeangebots und unterliegt damit keinen zwingenden vertraglichen oder vorvertraglichen bzw. übernahmerechtlichen Informationspflichten (dazu Rz. 25), doch ist es im Hinblick auf mit Paketerwerben regelmäßig verbundene bedeutende Wechsel in der Beteiligungsstruktur eines Unternehmens, der nicht selten auch die Erlangung der Unternehmenskontrolle oder ein Wechsel in derselben darstellt, als rechtmäßig

---

1 *Mennicke* in Fuchs, § 14 WpHG Rz. 265, sieht dagegen offenbar gegenläufige Interessen von Emittenten einerseits und Anlegerpublikum und Kapitalmarkt, wenn er demgegenüber zu dem Schluss kommt, „die Interessen des Unternehmens [hätten] hinter denjenigen des Anlegerpublikums und des Kapitalmarkts zurückzutreten".
2 Der regulatorische Einsatz externer Ratings und Ratingagenturen ist allerdings rückläufig. Das gilt namentlich für die Verwendung externer Ratings bei Kreditrisikobewertungen, wie sie noch in der früheren Fassung (insbesondere §§ 41 ff., 52 f., 235) der 2013 geänderten Verordnung über die angemessene Eigenmittelausstattung von Instituten, Institutsgruppen, Finanzholding-Gruppen und gemischten Finanzholding-Gruppen (Solvabilitätsverordnung – SolvV) zu finden war.
3 Zuletzt Verordnung (EU) Nr. 462/2013 vom 21. Mai 2013 zur Änderung der Verordnung (EG) Nr. 1060/2009 über Ratingagenturen, ABl. EU Nr. L 146 v. 31.5.2013, S. 1; § 17 WpHG i.V.m. der Verordnung (EG) Nr. 1060/2009 vom 16. September 2009 über Ratingagenturen, ABl. EU Nr. L 302 v. 17.11.2009, S. 1.
4 Nicht nachvollziehbar ist, weshalb gerade die fehlende Veröffentlichung – so *Mennicke* in Fuchs, § 14 WpHG Rz. 265 a.E. – der Insiderinformationen gegen die Rechtmäßigkeit von deren Weitergabe sprechen soll.
5 Dazu ausführlich *Götz*, DB 1995, 1949, 1952.
6 ABl. EU Nr. L 173 v. 30.6.2016, S. 47.
7 I.E. auch *Götz*, DB 1995, 1949, 1952, der darüber hinaus eine Befugnis der Tochtergesellschaft zur Herstellung der Bereichsöffentlichkeit in Bezug auf die fragliche Tatsache nach § 15 Abs. 3 Satz 1 WpHG a.F. analog annimmt; für eine solche Befugnis auch noch *BAWe/Deutsche Börse*, S. 22.
8 Für die aktienrechtliche Zulässigkeit der Einräumung einer Due Diligence-Prüfung etwa *Fleischer* in Spindler/Stilz, § 93 AktG Rz. 170; *Hopt/Roth* in Großkomm. AktG, 4. Aufl. 2005, § 93 AktG Rz. 213, 304; *Hölters* in Hölters, § 93 AktG Rz. 183; *Spindler* in MünchKomm. AktG, 4. Aufl. 2014, § 93 AktG Rz. 137.
9 *BaFin*, Emittentenleitfaden 2013, S. 59; *Hopt/Kumpan*, ZGR 2017, 765, 802; *Mennicke* in Fuchs, § 14 WpHG Rz. 304 ff. (308), 319; *Sethe* in Assmann/Schütze, Kapitalanlagerecht, § 8 Rz. 137 („unerlässlich, um den Kaufgegenstand in Augenschein zu nehmen"); *Sethe*, ZBB 2006, 243, 252; *Widder/Kocher*, AG 2009, 654, 658. Davor *Brandi/Süßmann*, AG 2004, 642, 647; *Cahn*, Der Konzern 2005, 5, 8; *Hasselbach*, NZG 2004, 1087, 1088; *Hemeling*, ZHR 169 (2005), 274, 283; *Schäfer* in Marsch-Barner/Schäfer, Handbuch börsennotierte AG, 4. Aufl. 2014, Rz. 14.86; *Schroeder*, DB 1997, 2161, 2165. Nach *Liekefett*, S. 178 ff., 180, 185, nur, wenn (entsprechend dem Maßstab in § 29 Abs. 2 WpÜG) eine Beteiligungshöhe von mehr als 30 % angestrebt wird. A.A. *Bachmann*, ZHR 172 (2008), 597, 624 ff.; *Sven H. Schneider*, S. 67 ff.

zu betrachten, wenn das betroffene Unternehmen dem Erwerbsinteressenten keine Informationen verschweigt, deren spätere Kenntnis zu erheblichen Komplikationen in Bezug auf die noch bevorstehende oder abgeschlossene Transaktion führen können. Für das betroffene Unternehmen ist es deshalb gleichermaßen geboten und rechtmäßig, dem Erwerbsinteressenten eine *Due Diligence*-Prüfung zu gewähren wie es unerlässlich und verhältnismäßig ist, dem Erwerbsinteressenten in diesem Zuge Insiderinformationen offenzulegen. Im Hinblick auf eine im Zuge eines (später tatsächlich abgegebenen) Übernahmeangebots durchgeführte *Due Diligence*-Prüfung lässt sich schon Art. 10 Abs. 4 VO Nr. 596/2014 die Zulässigkeit derselben und der Verwendung der hierbei erlangten Insiderinformationen und damit auch der Offenlegung derselben entnehmen, die regelmäßig in einem Stadium erfolgt, in dem die Abgabe eines Übernahmeangebots noch nicht sicher ist (Art. 9 VO Nr. 596/2014 Rz. 21). Bei alledem ist in Bezug auf die Verhältnismäßigkeit der Informationsweitergabe auch zu berücksichtigen, dass der Erwerbsinteressent, der auf diese Weise Insiderinformationen erlangt, aus diesen keine Sondervorteile ziehen darf, die darüber hinausgehen, dass er an seinem Entschluss festhält (dazu Art. 8 VO Nr. 596/2014 Rz. 59 ff.) oder – nach hier vertretener Ansicht (dazu Art. 8 VO Nr. 596/2014 Rz. 59 ff.) – diesen aufgibt.

ff) Weitergabe von Insiderinformationen im Verlauf einer Marktsondierung. Die Offenlegung von Insiderinformationen im Verlauf einer Marktsondierung i.S.v. Art. 11 Abs. 1 oder 2 VO Nr. 596/2014 muss, um rechtmäßig zu sein, nicht den Unerlässlichkeits- und Verhältnismäßigkeitstest (Rz. 20) bestehen, sondern allein die Erfordernisse des Art. 11 Abs. 3 und 5 VO Nr. 596/2014 erfüllen (Rz. 6). 57

gg) Offenlegung von Insiderinformationen im Rahmen möglicher Interessenkonflikte im Finanzwesen tätiger Unternehmen. Die Beantwortung Frage, wie Kreditinstitute (§ 1 Abs. 1 KWG), Finanzdienstleistungsinstitute (§ 1 Abs. 1a KWG), Finanzunternehmen (§ 1 Abs. 3 KWG), Wertpapierdienstleistungsunternehmen (§ 2 Abs. 10 WpHG) und andere in der Anlagevermittlung und -beratung tätige Unternehmen sowie deren jeweilige Mitarbeiter im Rahmen ihres **Kundengeschäfts** – namentlich bei ihrer **Vermittlungs- und Beratungstätigkeit** – mit Insiderinformationen umzugehen haben, verlangt eine differenzierende Betrachtung von deren diesbezüglicher Tätigkeit, in deren Mittelpunkt mögliche **Interessenkonflikte** dieser Unternehmen zu stellen sind: Konflikte zwischen deren auf die Erfüllung von Kundeninteressen gerichteten Aufgabe einerseits und dem Allgemeininteresse an der Vermeidung ungerechtfertigter Sondervorteile aus Insiderwissen andererseits. 58

Wurde noch vor der Kodifikation des Insiderrechts in Deutschland die Auffassung vertreten, Kreditinstitute und andere in der Anlageberatung tätige Unternehmen seien nicht nur berechtigt, sondern grundsätzlich auch verpflichtet, ihr **Insiderwissen** in die **Anlageberatung** ihrer Kunden oder **Geschäftsbesorgungen** für ihre Kunden eingehen zu lassen[1], so war diese Ansicht mit der Einführung des WpHG und der Regelung der Verbote von Insidergeschäften in § 14 WpHG (a.F.) nicht mehr vereinbar[2]. Unter diesem bildete sich vielmehr die Regel heraus, keinem Marktteilnehmer sollten Sondervorteile aus Insiderinformationen zufließen, nur weil er mehr oder weniger zufällig Kunde eines mit Insiderwissen ausgestatteten Kreditinstituts oder eines anderen über Insiderinformationen verfügenden Unternehmens ist[3]. Sie hat auch unter Art. 8 VO Nr. 596/2014 Bestand[4]. 59

Für den Umgang der zur **Vermögenssorge für Dritte verpflichteten Unternehmen** mit Insiderinformationen lässt sich deshalb der **Grundsatz** aufstellen, dass das Ziel des Insiderhandelsverbots, die informationelle Chancengleichheit der Anleger zu gewährleisten und Sondervorteile aus der Verwertung von Insiderwissen auszuschließen (Vor Art. 7 ff. VO Nr. 596/2014 Rz. 29), es verbietet, einzelnen Marktteilnehmern solche Sondervorteile nur deshalb zu gewähren, weil er die Wahrung seiner Vermögensinteressen einem Unternehmen anvertraut hat, die mehr oder weniger zufällig über Insiderwissen verfügt. Ist es ausgeschlossen, die Weitergabe von Insiderinformationen durch ein solches Unternehmen unter dem Gesichtspunkt als rechtmäßig anzusehen, dass sich dieser zur Weitergabe vertraglich verpflichtet hat (Rz. 25), so kann es auch nicht angehen, eine solche Verpflichtung über den Umweg diesbezüglicher Nebenleistungs- oder Nebenpflichten aus einem allgemeinen Bankvertrag, einem Wertpapierkommissionsgeschäft, einem Beratungsvertrag oder einem Vermögensverwaltungsvertrag im Besonderen oder einem Geschäftsbesorgungsvertrag im Allgemeinen zu begründen. Vielmehr wirkt sich das Regelungsanliegen des Insiderrechts beschränkend auf die Ansprüche eines Kunden gegenüber einem Kreditinstitut oder anderen zur Vermögenssorge für Dritte verpflichteten Unternehmen aus. Es gibt mithin **keinen Individualanspruch eines Kunden auf Erlangung von Insiderinformationen**, der sich gegenüber dem Anspruch aller Marktteilnehmer auf die Wahrung ihrer informationellen Chancengleichheit in Bezug auf 60

---

1 *Hopt*, Kapitalanlegerschutz, S. 448 ff.; *Schwark*, DB 1971, 1605, 1607; hierzu, jeweils m.w.N., *Dingeldey*, DB 1982, 685 ff.; *Hopt* in FS Heinsius, S. 289, 300 und *Tippach*, 1995, S. 266 ff., 272 ff.
2 *Assmann*, AG 1994, 237, 253 ff.; *Assmann*, WM 1996, 1337, 1351 ff.; *Assmann*, AG 1997, 50 (57 f.); *Claussen*, Insiderhandelsverbot, Rz. 78; *Krauel*, S. 246; *Lücker*, S. 158; *Mennicke* in Fuchs, § 14 WpHG Rz. 336; *Renz/Rippel* in BuB, Rz. 7/725 f.; *Schäfer* in Assmann/Schütze, Kapitalanlagerecht, § 23 Rz. 47; *Schäfer* in Schäfer/Hamann, Kapitalmarktgesetze, § 14 WpHG Rz. 45; *Soesters*, S. 200 ff., 205.
3 Näher *Assmann*, WM 1996, 1337, 1352.
4 *Klöhn* in Klöhn, Art. 10 MAR Rz. 222; *Meyer* in Meyer/Veil/Rönnau, Handbuch zum Marktmissbrauchsrecht, § 8 Rz. 52.

Insiderinformationen durchsetzen könnte[1]. Umgekehrt folgt daraus das Recht eines Vermögenssorgers, namentlich eines Kreditinstituts, gegenüber Kunden Rat, Aufklärung Warnung verweigern zu dürfen[2]. Anders ist der eher seltene Fall zu beurteilen, dass ein Vertragspartner seine nicht auf die Informationsweitergabe als Haupt- oder Nebenleistung gerichtete Verpflichtung aufgrund einer nicht klagbaren **Nebenpflicht** nur in der Weise erfüllen kann, dass er eine Insiderinformation offenlegt (dazu Rz. 25).

61 Auch im Falle einer **Pflichtenkollision** beim Aufeinandertreffen sich widersprechender **insiderrechtlicher Verhaltenspflichten** aus Art. 14 VO Nr. 596/2014 einerseits und Verantwortlichkeiten von Kreditinstituten oder sonstigen Unternehmen für die **Wahrung der Vermögensinteressen ihrer Kunden** andererseits ist der daraus resultierende Interessenkonflikt zu Lasten des einzelnen Kunden und zugunsten der die Interessen des Marktpublikums schützenden Erwerbs- und Veräußerungs-, Weitergabe- und Empfehlungsverbote zu entscheiden[3]. Ungeachtet der Interessenwahrungspflichten der jeweiligen Unternehmens darf deshalb die Kenntnis von Insiderinformationen nicht in der Weise genutzt werden, dass etwa Vermögensverwalter Wertpapiererwerbs- und -verkaufsgeschäfte zugunsten ihrer Kunden tätigen, Kreditinstitute ihr Insiderwissen an einzelne Anleger weitergeben, um diesen entsprechende Dispositionen zu ermöglichen, oder Anlageberater den von ihnen betreuten Investoren auf Insiderinformationen beruhende Empfehlungen erteilen. Dementsprechend wird auch die anfänglich zu § 14 WpHG (a.F.) geäußerte Ansicht, um Kunden nicht sehenden Auges ins Verderben rennen zu lassen, sei den von der Pflichtenkollision betroffenen Unternehmen zumindest in die Weitergabe einer Insiderinformation rechtfertigendes **Nothilferecht** zu gewähren[4], heute nicht mehr vertreten.

62 Entsprechendes gilt auch für die Kollision insiderrechtlicher Verhaltensgebote, namentlich das Offenlegungsverbot, mit **anderweitigen, aus einer Geschäftsbesorgung für Dritte folgenden Pflichten**. Soweit mit der Geschäftsbesorgung auch **gesetzliche oder rechtliche Pflichten** verbunden sind, die nicht nur der Wahrnehmung der Interessen der anderen Vertragspartei zu dienen bestimmt sind (Rz. 24 ff.), ist eine spezielle Interessenabwägung vorzunehmen und nach Verhaltensregeln zu suchen, die eine optimale Erfüllung der mit den jeweiligen Pflichten verfolgten Ziele erlauben. Ein solcher Fall liegt etwa vor, wenn ein Kreditinstitut, das – etwa im Zuge der Mitwirkung an der Erstellung des Prospekts – Kenntnisse von einer Insiderinformation hat, Mitverantwortung für einen **Emissionsprospekt** oder **Verkaufsprospekt** trägt, so dass insiderrechtliche und prospekthaftungsrechtliche Verhaltensanforderungen, bei denen es sich gleichermaßen um marktbezogene Pflichten handelt, kollidieren. Die Veröffentlichung der Insiderinformation in einem Emissionsprospekt hätte zur Konsequenz, dass sie nur von einem Teil des Publikums zur Kenntnis genommen werden könnte und so den Anspruch des anderen Teils desselben auf informationelle Chancengleichheit verletzen würde[5]. Die mit den jeweiligen Pflichten verfolgten Ziele lassen sich jedoch dann miteinander in Einklang bringen, wenn man das Kreditinstitut verpflichtet, dafür Sorge zu tragen, dass der Prospekt, im Lichte der Insiderinformation, keine falschen Angaben enthält und keinen unzutreffenden Gesamteindruck[6] vermittelt[7]. Entsprechendes gilt für den Fall, dass ein über Insiderinformationen verfügendes **Konzernunternehmen** im Rahmen eines **Emissionsvorgangs** die (Mit-)Verantwortung für die Richtigkeit und Vollständigkeit eines Emissionsprospekts trägt[8].

63 Verfügt ein in der Anlageberatung tätiges Unternehmen über negative Insiderinformationen über bestimmte Emittenten, so stellt es keinen Verstoß gegen das Insiderhandelsverbot dar, wenn es die Informationen zum Anlass nimmt, seine **Mitarbeiter anzuhalten, Wertpapiere** des betreffenden Emittenten zukünftig **nicht mehr**

---

1 *Assmann*, AG 1994, 237, 254; *Assmann*, WM 1996, 1337, 1352; *Rothenhöfer* in Kümpel/Wittig, Bank- und Kapitalmarktrecht, Rz. 3.557; *Tippach*, S. 272 ff., 284. So auch vor Erlass des WpHG schon *Canaris*, Bankvertragsrecht, 2. Aufl. 1981, Rz. 1893 („Verzerrung der Chancengleichheit am Wertpapiermarkt" ist zu verhindern), *Dingeldey*, DB 1982, 685, 687, und *Heinsius*, ZHR 145 (1981), 177, 194.
2 *Assmann*, AG 1994, 237, 255; *Grundmann* in Staub, Bd. 11/1, 5. Aufl. 2017, 6. Teil Rz. 421; *Hopt/Kumpan* in Schimansky/Bunte/Lwowski, § 107 Rz. 188; *Mennicke* in Fuchs, § 14 WpHG Rz. 336, 339; *Schwark/Kruse* in Schwark/Zimmer, § 14 WpHG Rz. 89; *Siebold*, S. 150.
3 *Assmann*, AG 1994, 237, 254; *Dickersbach*, S. 188 f.; *Hilgendorf* in Park, §§ 12-14, 38 I, III-V, 39 II Rz. 3-4, IV WpHG Rz. 172; *Meyer* in Meyer/Veil/Rönnau, Handbuch zum Marktmissbrauchsrecht, § 8 Rz. 52; *Tippach*, S. 272 ff. Schon vor Erlass des WpHG in diesem Sinne *Canaris*, Bankvertragsrecht, 2. Aufl. 1981, Rz. 1893, *Dingeldey*, DB 1982, 685, 687 und *Heinsius*, ZHR 145 (1981), 177, 194. Eine Treuepflicht wird durch Art. 10 VO Nr. 596/2014 (§ 14 WpHG a.F.) begrenzt. A.A. *Hopt* in FS Heinsius, S. 289, 303.
4 *Canaris*, Bankvertragsrecht, 2. Aufl. 1981, Rz. 1894; *Heinsius*, ZHR 145 (1981), 177, 194. Ablehnend *Assmann*, WM 1996, 1337, 1352 f.; *Benicke*, S. 744 f.; *Cramer*, AG 1997, 59, 62; *Lücker*, S. 159 f.; *Mennicke* in Fuchs, § 14 WpHG Rz. 337; *Renz/Rippel* in BuB, Rz. 7/725; *Schäfer* in Schäfer/Hamann, Kapitalmarktgesetze, § 14 WpHG Rz. 45; *Schwark/Kruse* in Schwark/Zimmer, § 14 WpHG Rz. 88; *Sethe* in Assmann/Schütze, Kapitalanlagerecht, § 8 Rz. 135; *Tippach*, S. 278. Ausführlich dazu noch *Assmann* in 6. Aufl., § 14 WpHG Rz. 110.
5 *Meyer* in Meyer/Veil/Rönnau, Handbuch zum Marktmissbrauchsrecht, § 8 Rz. 50.
6 BGH v. 12.7.1982 – II ZR 175/81, WM 1982, 862 = AG 1982, 278.
7 *Assmann*, AG 1994, 237, 254; *Assmann*, WM 1996, 1337, 1354. Ebenso *Mennicke* in Fuchs, § 14 WpHG Rz. 344; *Schäfer* in Schäfer/Hamann, Kapitalmarktgesetze, § 14 WpHG Rz. 79; *Schwark/Kruse* in Schwark/Zimmer, § 14 WpHG Rz. 89a. Unklar, aber in diesem Sinne wohl auch *Grundmann* in Staub, Bd. 11/1, 5. Aufl. 2017, 6. Teil Rz. 421, wenn er formuliert, das Institut dürfe Insiderwissen in den Prospekt „einfließen" lassen.
8 *Assmann* in Lutter/Scheffler/Uwe H. Schneider, Handbuch Konzernfinanzierung, Rz. 12.32.

zu empfehlen: In diesem Verhalten liegt weder die Nutzung der Insiderinformation für eigene oder fremde Erwerbs- oder Veräußerungsgeschäfte noch die Offenlegung der Information noch die an einen anderen gerichtete Empfehlung oder Verleitung, Wertpapiere zu erwerben oder zu veräußern[1].

III. Weitergabe von Empfehlungen oder Verleitung durch Verleitete (Art. 10 Abs. 2 VO Nr. 596/2014). 64
Art. 10 Abs. 2 VO Nr. 596/2014 **erweitert das Offenlegungsverbot des Art. 14 lit. c VO Nr. 596/2014** auf Personen, die zwar über keine Insiderinformationen verfügen, die sie weitergeben könnten, wohl aber Adressaten einer Empfehlung (im Folgenden auch: Erstempfehlung) und Verleitung (im Folgenden auch: Erstverleitung) waren. Ihnen ist es nach Art. 14 lit. c i.V.m. Art. 10 Abs. 2 VO Nr. 596/2014 verboten, die an sie gerichteten Empfehlung (als Zweitempfehlung) weiterzugeben oder als Verleitete andere (im Wege einer Zweitverleitung) zu verleiten, wenn sie wissen oder wissen sollten, dass die Erst-Empfehlung bzw. Erst-Verleitung auf Insiderinformationen beruht. Ein solches Handeln stellte bisher mangels Kenntnis dieser Personen von Insiderinformation keine Insidertat dar[2] und wird zu einer solchen auch jetzt nur dadurch, dass Art. 10 Abs. 2 VO Nr. 596/2014 die in diesem beschriebene Handlung einer Offenlegung gleichstellt. Die heutige Formulierung der Vorschrift beruht auf einer **Berichtigung der ursprünglichen Fassun**g derselben (Rz. 2).

Adressaten des Verbots sind mithin Personen, die nach Maßgabe von Art. 8 Abs. 2 VO Nr. 596/2014 eine auf 65
einer Insiderinformation beruhende Empfehlung erhalten haben oder aufgrund einer Insiderinformation verleitet wurden. Ob sie aufgrund dessen oder auf andere Weise als Primär- oder Sekundärinsider anzusehen sind, ist – ganz unabhängig von der Bedeutung, die dieser Unterscheidung im deutschen Insiderrecht zukommt (s. dazu Rz. 8 und Art. 8 VO Nr. 596/2 Rz. 9 bzw. Rz. 80) – unerheblich[3]. Dabei kann sich die Empfehlung und die Verleitung nach Art. 8 lit. a VO Nr. 596/2014 auf Erwerbs- und Veräußerungsgeschäfte in Bezug auf von der Insiderinformation betroffene Finanzinstrumente oder nach Art. 8 lit. b VO Nr. 596/2014 auf die Stornierung oder Änderung solcher Geschäfte beziehen. Nicht erforderlich ist es, dass Personen, die eine Empfehlung erhalten haben oder verleitet wurden, die Empfehlung oder Verleitung nutzten und dadurch gegen Art. 14 lit. a, 8 Abs. 3 VO Nr. 596/2014 verstießen.

Art. 10 Abs. 2 VO Nr. 596/2014 verlangt des Weiteren, dass die erhaltene **Empfehlung weitergegeben** oder der 66
Verleitete seinerseits andere verleitet. Dabei ist es nicht erforderlich, dass die Erstempfehlung in der Zweitempfehlung exakt so weitergegeben wurde, wie der Betreffende sie erhalten hat. Entscheidend ist allein, dass die erhaltene Empfehlung die weitergegebene Empfehlung deckt oder nach Art und Umfang rechtfertigt. Dementsprechend muss auch die Zweitverleitung nicht exakt auf das gerichtet sein, was Gegenstand der Erstverleitung war. Ebenso wenig ist es erforderlich, dass der Zweitverleitende die gleichen Verleitungsmittel anwendet.

Die Zweitempfehlung oder Zweitverleitung kann nur dann einer unrechtmäßigen Offenlegung von Insider- 67
informationen gleichgestellt werden, wenn der Zweitempfehlende oder Zweitverleitende **weiß oder wissen sollte**, dass die Erstempfehlung bzw. Erstverleitung auf Insiderinformationen. Auch das Verbot der Zweitempfehlung oder Zweitverleitung durch Art. 14 lit. c VO Nr. 596/2014 i.V.m. Art. 10 Abs. 2 VO Nr. 596/2014 wird allerdings als Straftat nach § 119 Abs. 3 Nr. 3 WpHG nur bei **vorsätzlicher** und als Ordnungswidrigkeit nach § 120 Abs. 14 WpHG nur bei **leichtfertiger Tatbegehung** geahndet (Vor Art. 7 ff. VO Nr. 596/2014 Rz. 27; auch hier Rz. 4 und Rz. 8)[4], weshalb der Täter wissen musste, dass die Erst-Empfehlung bzw. Erst-Verleitung aufgrund von Insiderinformationen erfolgte, bzw. das Nichtwissen des Täters hierüber auf einer Verletzung der gebotene Sorgfalt in einem ungewöhnlich hohen Maße beruhte. Erfolgen die Zweit-Empfehlung oder Zweit-Verleitung zu einem Zeitpunkt, in dem die Insiderinformationen, die diesen zugrunde lagen, **öffentlich bekannt** sind und keine Insiderinformationen mehr darstellen, so kommt nur eine Strafbarkeit wegen **Versuchs** nach § 119 Abs. 4 WpHG in Betracht.

Fraglich ist, ob Art. 10 Abs. 2 VO Nr. 596/2014 auch eine Zweitempfehlung bzw. Zweitverleitung nachfolgenden 68
Weiterempfehlungen und Weiterverleitungen – etwa eine Dritt-Empfehlung oder Dritt-Verleitung – erfasst. Das ist indes abzulehnen, weil die Vorschrift – welche Folgeempfehlungen und Folgeverleitungen wie die Offenlegung einer Insiderinformation behandelt – verlangt, dass der jeweilige Empfehlungsempfänger oder Verleitete wissen muss, dass die ihn erreichende Empfehlung oder Verleitung und nicht irgendeine frühere Empfehlung oder Verleitung in einer **Kette von Empfehlungen oder Verleitungen** auf Insiderinformationen beruht. Wollte man den Anwendungsbereich von Art. 10 Abs. 2 VO Nr. 596/2014 dagegen auf eine Endloskette von Folgeempfehlungen oder Folgeverleitungen ausdehnen, dürfte das erforderliche Wissen des potenziellen Täters darüber, dass die Erstempfehlung oder Erstverleitung auf Insiderinformationen beruht, kaum mehr nachweisbar sein.

---

1 Vgl. *Cramer*, AG 1997, 59, 62; *Mennicke* in Fuchs, § 14 WpHG Rz. 339; *Sethe* in Assmann/Schütze, Kapitalanlagerecht, § 8 Rz. 135.
2 Auch die von *Szesny*, DB 2016, 1420, 1421 angesprochene Möglichkeit einer Teilnahmestraftat des Anstiftenden unter dem bisherigen Recht und der „Hochstufung" dieser Form der Anstiftung (Verleitung) zur „Haupttat" (ebd. 1421) kam nur unter außergewöhnlichen Bedingungen in Betracht.
3 *Klöhn* in Klöhn, Art. 10 MAR Rz. 11. A.A. *Grundmann* in Staub, Bd. 11/1, 5. Aufl. 2017, 6. Teil 377 (nur Primärinsider).
4 *Szesny*, DB 2016, 1420, spricht S. 1421 zurückhaltend von einer „Diskrepanz zwischen dem Verbotsverstoß und der Strafnorm".

Art. 11 VO Nr. 596/2014 | Marktsondierungen

69 **IV. Sanktionen und Rechtsfolgen von Verstößen gegen Art. 14 lit. c i.V.m. Art. 10 VO Nr. 596/2014.** Der deutsche Gesetzgeber hat Verstöße gegen die Verbote des Art. 14 lit. a–c VO Nr. 596/2014 in § 119 Abs. 3 und 4 bzw. § 120 Abs. 14 WpHG ausschließlich **strafrechtlich bzw. ordnungswidrigkeitsrechtlich sanktioniert** und dabei keine Differenzierung zwischen Geschäften von Primärinsidern und Sekundärinsidern vorgenommen (Vor Art. 7 ff. VO Nr. 596/2014 Rz. 27, Art. 8 VO Nr. 596/2014 Rz. 9, hier Rz. 8). Nach § 119 Abs. 3 Nr. 3 WpHG wird **bestraft**, wer entgegen Art. 14 lit. c VO Nr. 596/2014 eine Insiderinformation offenlegt. Der Versuch ist strafbar (§ 119 Abs. 4 WpHG). Nach § 120 Abs. 14 WpHG **handelt ordnungswidrig**, wer die in § 119 Abs. 3 Nr. 3 WpHG bezeichnete Handlung – die Offenlegung einer Insiderinformation entgegen Art. 14 lit. c VO Nr. 596/2014 – leichtfertig begeht. Zu den straf- und ordnungswidrigkeitsrechtlichen Sanktionen von Verstößen gegen Art. 14 lit. c i.V.m. Art. 10 VO Nr. 596/2014 s. im Übrigen Art. 14 VO Nr. 596/2014 Rz. 5 ff.

70 Zu den **zivilrechtlichen Rechtsfolgen** eines Verstoßes gegen Art. 14 lit. c i.V.m. Art. 10 VO Nr. 596/2014 s. Art. 14 VO Nr. 596/2014 Rz. 9 ff.

Art. 11 Marktsondierungen

(1) Eine Marktsondierung besteht in der Übermittlung von Informationen vor der Ankündigung eines Geschäfts an einen oder mehrere potenzielle Anleger, um das Interesse von potenziellen Anlegern an einem möglichen Geschäft und dessen Bedingungen wie seinem Umfang und seiner preislichen Gestaltung abzuschätzen durch

a) den Emittenten;

b) einen Zweitanbieter eines Finanzinstruments, der das betreffende Finanzinstrument in einer Menge oder mit einem Wert anbietet, aufgrund derer bzw. dessen sich das Geschäft vom üblichen Handel unterscheidet, wobei es außerdem auf einer Verkaufsmethode beruht, die auf der Vorabbewertung des potenziellen Interesses möglicher Anleger beruht;

c) einen Teilnehmer am Markt für Emissionszertifikate oder

d) einen Dritten, der im Auftrag oder für Rechnung einer der unter Buchstabe a, b oder c genannten Personen agiert.

(2) Unbeschadet des Artikels 23 Absatz 3 stellt auch die Offenlegung von Insiderinformationen durch eine Person, die beabsichtigt, ein Übernahmeangebot für die Anteile eines Unternehmens oder für einen Unternehmenszusammenschluss an Dritte zu richten, die Anspruch auf die Anteile des Unternehmens haben, einem *[eine]* Marktsondierung dar, wenn

a) die Informationen erforderlich sind, um den Dritten, die Anspruch auf die Unternehmensanteile haben, zu ermöglichen, sich über ihre Bereitschaft, ihre Unternehmensanteile anzubieten, eine Meinung zu bilden, und

b) die Bereitschaft der Dritten, die Anspruch auf die Unternehmensanteile haben, ihre Unternehmensanteile anzubieten, nach vernünftigem Ermessen für den Beschluss, das Angebot für die Übernahme oder den Unternehmenszusammenschluss abzugeben, erforderlich ist.

(3) Ein offenlegender Marktteilnehmer berücksichtigt vor der Durchführung einer Marktsondierung insbesondere, ob die Marktsondierung die Offenlegung von Insiderinformationen umfasst. Der offenlegende Marktteilnehmer führt schriftliche Aufzeichnungen über seine Schlussfolgerung und über ihre Gründe. Er legt diese schriftlichen Aufzeichnungen der zuständigen Behörde auf deren Ersuchen hin vor. Dieser *[Diese]* Verpflichtung gilt für jede Offenlegung von Informationen im Verlauf der Marktsondierung. Der offenlegende Marktteilnehmer aktualisiert die schriftlichen Aufzeichnungen gemäß diesem Absatz entsprechend.

(4) Für die Zwecke des Artikels 10 Absatz 1 wird eine Offenlegung von Insiderinformationen, die im Verlauf einer Marktsondierung vorgenommen wurde, so betrachtet, dass sie im Zuge der normalen Ausübung der Beschäftigung oder des Berufs oder der normalen Erfüllung der Aufgaben einer Person vorgenommen wurde, wenn der offenlegende Marktteilnehmer die Verpflichtungen gemäß den Absätzen 3 und 5 dieses Artikels erfüllt.

(5) Für die Zwecke des Absatzes 4 muss der offenlegende Marktteilnehmer vor der Offenlegung:

a) die Zustimmung der Person einholen, die die Marktsondierung erhält, dass sie Insiderinformationen erhält;

b) die Person, die die Marktsondierung erhält, davon in Kenntnis setzen, dass ihr die Nutzung und der *Versuch der Nutzung* dieser Informationen in Form des Erwerbs oder der Veräußerung von Finanzinstrumenten, auf die sich diese Informationen beziehen, ob direkt oder indirekt, für eigene Rechnung oder für die Rechnung Dritter, untersagt sind;

c) die Person, die die Marktsondierung erhält, davon in Kenntnis setzen, dass ihr die Nutzung und der Versuch der Nutzung in Form der Stornierung oder Änderung eines bereits erteilten Auftrags in Bezug auf ein Finanzinstrument, auf das sich diese Informationen beziehen, untersagt sind, und

d) die Person, die die Marktsondierung erhält, davon in Kenntnis setzten, dass sie sich mit der Zustimmung, die Informationen zu erhalten, auch verpflichtet ist *[„ist" muss entfallen]*, die Vertraulichkeit der Informationen zu wahren.

Der offenlegende Marktteilnehmer muss Aufzeichnungen über sämtliche Informationen erstellen und führen, die der Person, die die Marktsondierung erhält, übermittelt wurden, einschließlich der Informationen, die gemäß Unterabsatz 1 Buchstabe a bis d übermittelt wurden, sowie über die Identität der potenziellen Anleger, gegenüber denen die Informationen offengelegt wurden, einschließlich unter anderem der juristischen und natürlichen Personen, die im Auftrag des potenziellen Anleger handeln, und des Datums und der Uhrzeit einer jeden Offenlegung. Der offenlegende Marktteilnehmer muss der zuständigen Behörde diese Aufzeichnungen auf deren Ersuchen zur Verfügung stellen.

(6) Wenn im Zuge einer Marktsondierung Informationen offengelegt wurden und nach Einschätzung des offenlegenden Marktteilnehmers ihre Eigenschaft als Insiderinformationen verlieren, setzt dieser den Empfänger unverzüglich davon in Kenntnis.

Der offenlegende Marktteilnehmer führt Aufzeichnungen über die Informationen, die er im Einklang mit diesem Absatz übermittelt hat, und stellt diese Aufzeichnungen der zuständigen Behörde auf deren Ersuchen zur Verfügung.

(7) Unbeschadet der Bestimmungen dieses Artikels nimmt die Person, die die Marktsondierung erhält, selbst die Einschätzung vor, ob sie im Besitz von Insiderinformationen ist und wenn sie nicht mehr im Besitz von Insiderinformationen ist.

(8) Die Aufzeichnungen gemäß diesem Artikel werden von dem offenlegenden Marktteilnehmer mindestens fünf Jahre lang aufbewahrt.

(9) Um die durchgehende Harmonisierung dieses Artikels sicherzustellen, arbeitet die ESMA Entwürfe technischer Regulierungsstandards aus, um angemessene Regelungen, Verfahren und Aufzeichnungsanforderungen festzulegen, mittels derer Personen die Anforderungen der Absätze 4, 5, 6 und 8 einhalten können.

Die ESMA legt der Kommission diese Entwürfe technischer Regulierungsstandards bis zum 3. Juli 2015 vor.

Der Kommission wird die Befugnis übertragen, die in Unterabsatz 1 genannten technischen Regulierungsstandards nach Artikel 10 bis 14 der Verordnung (EU) Nr. 1095/2010 zu erlassen.

(10) Um die durchgehende Harmonisierung dieses Artikels sicherzustellen, arbeitet die ESMA Entwürfe technischer Durchführungsstandards aus, in denen festgelegt wird, welche Systeme und Mitteilungsmuster zur Einhaltung der Vorschriften der Absätze 4, 5, 6 und 8 zu nutzen sind, insbesondere das genaue Format der Aufzeichnungen nach den Absätzen 4 bis 8 und die technischen Mittel für eine angemessene Übermittlung der Informationen gemäß Absatz 6 an die Person, die die Marktsondierung erhält.

Die ESMA legt der Kommission diese Entwürfe technischer Durchführungsstandards bis zum 3. Juli 2015 vor.

Der Kommission wird die Befugnis übertragen, die in Unterabsatz 1 genannten technischen Durchführungsstandards nach Artikel 15 der Verordnung (EU) Nr. 1095/2010 zu erlassen.

(11) Die ESMA gibt für die Personen, die die Marktsondierung erhalten, gemäß Artikel 16 der Verordnung (EU) Nr. 1095/2010 Leitlinien zu Folgendem heraus:

a) den Faktoren, die diese Personen berücksichtigen müssen, wenn ihnen gegenüber als Bestandteil der Marktsondierung Informationen offengelegt werden, damit sie beurteilen können, ob diese Informationen Insiderinformationen sind;

b) den Schritten, die diese Personen unternehmen müssen, wenn ihnen gegenüber Insiderinformationen offengelegt wurden, um die Artikel 8 und 10 dieser Verordnung einzuhalten, und

c) den Aufzeichnungen, die diese Personen führen sollten, um nachzuweisen, dass sie die Artikel 8 und 10 dieser Verordnung eingehalten haben.

In der Fassung vom 16.4.2014 (ABl. EU Nr. L 173 v. 12.6.2014, S. 1), geändert durch Berichtigung vom 21.12.2016 (ABl. EU Nr. L 348 v. 21.12.2016, S. 83).

Delegierte Verordnung (EU) 2016/960 der Kommission vom 17. Mai 2016
zur Ergänzung der Verordnung (EU) Nr. 596/2014 des Europäischen Parlaments und des Rates durch technische Regulierungsstandards für angemessene Regelungen, Systeme und Verfahren für offenlegende Marktteilnehmer bei der Durchführung von Marktsondierungen

Art. 1 Allgemeine Anforderungen

Die offenlegenden Marktteilnehmer stellen sicher, dass die von ihnen eingeführten Regelungen und Verfahren zur Einhaltung von Artikel 11 Absätze 4, 5, 6 und 8 der Verordnung (EU) Nr. 596/2014 regelmäßig überprüft und gegebenenfalls aktualisiert werden.

In der Fassung vom 17.5.2016 (ABl. EU Nr. L 160 v. 17.6.2016, S. 29).

Art. 2 Verfahren für die Zwecke der Durchführung von Marktsondierungen

(1) Offenlegende Marktteilnehmer richten Verfahren ein, mit denen die Modalitäten der Durchführung der Marktsondierungen genau bestimmt werden.

Offenlegende Marktteilnehmer können Informationen für die Zwecke der Marktsondierung den Personen, die die Marktsondierung erhalten, mündlich, bei persönlichen Zusammenkünften, durch Telefongespräche oder Videotelefongespräche oder durch Schreiben, E-Mail, Fax oder elektronische Mitteilung übermitteln.

(2) Offenlegende Marktteilnehmer richten Verfahren für die telefonische Durchführung von Marktsondierungen ein und gewährleisten, dass Telefonanschlüsse mit Aufzeichnungsfunktion genutzt werden, wenn der offenlegende Marktteilnehmer Zugang zu solchen Anschlüssen hat, und dass die Personen, die die Marktsondierung erhalten, ihre Zustimmung zur Aufzeichnung des Gesprächs gegeben haben.

(3) Die in den Absätzen 1 und 2 genannten Verfahren gewährleisten, dass Personen, die mit einem Arbeitsvertrag oder anderweitig für einen offenlegenden Marktteilnehmer tätig sind, bei ausgehenden und eingehenden Telefonaten und elektronischen Mitteilungen für die Zwecke der Marktsondierung nur Geräte verwenden, die vom offenlegenden Marktteilnehmer bereitgestellt werden.

In der Fassung vom 17.5.2016 (ABl. EU Nr. L 160 v. 17.6.2016, S. 29).

Art. 3 Standardsatz von Informationen für die Mitteilungen an Personen, die die Marktsondierung erhalten

(1) Offenlegende Marktteilnehmer verfügen über Verfahren, auf deren Grundlage während der Marktsondierungen mit den Personen, die die Marktsondierung erhalten, ein Standardsatz von Informationen ausgetauscht wird, wobei die Reihenfolge im Voraus festgelegt ist.

(2) Der Standardsatz von Informationen nach Absatz 1 wird vom offenlegenden Marktteilnehmer für jede Marktsondierung vor deren Durchführung festgelegt. Der offenlegende Marktteilnehmer wendet diesen Standardsatz von Informationen in Bezug auf alle Personen an, die die entsprechende Marktsondierung erhalten.

(3) Wenn offenlegende Marktteilnehmer der Auffassung sind, dass die Marktsondierung die Offenlegung von Insiderinformationen beinhalten wird, umfasst der Standardsatz von Informationen nach Absatz 1 lediglich Folgendes, und zwar in der angegebenen Reihenfolge:

a) eine Erklärung, aus der hervorgeht, dass die Kommunikation für die Zwecke einer Marktsondierung stattfindet;
b) bei Durchführung der Marktsondierung über Telefonanschlüsse mit Aufzeichnungsfunktion oder Verwendung von Audio- oder Videoaufzeichnungen eine Erklärung, dass das Gespräch aufgezeichnet wird, sowie die Zustimmung der Person, die die Marktsondierung erhält, zu dieser Aufzeichnung;
c) ein an die kontaktierte Person gerichtetes Ersuchen sowie die Bestätigung dieser Person, dass der offenlegende Marktteilnehmer mit derjenigen Person kommuniziert, die vom potenziellen Anleger mit dem Empfang der Marktsondierung betraut wurde, und die Antwort auf dieses Ersuchen;
d) eine Erklärung, aus der hervorgeht, dass die kontaktierte Person bei Zustimmung zum Erhalt der Marktsondierung Informationen erhalten wird, die der offenlegende Marktteilnehmer als Insiderinformationen betrachtet, und ein Verweis auf die in Artikel 11 Absatz 7 der Verordnung (EU) Nr. 596/2014 festgelegte Verpflichtung;
e) nach Möglichkeit eine Einschätzung dazu, wann Informationen ihre Eigenschaft als Insiderinformationen verlieren, die Faktoren, die möglicherweise diese Einschätzung verändern, und in jedem Fall Informationen zur Art und Weise, in der die Person, die die Marktsondierung erhält, über Veränderungen bei der Einschätzung in Kenntnis gesetzt wird;
f) eine Erklärung zur Unterrichtung der Person, die die Marktsondierung erhält, über die Pflichten gemäß Artikel 11 Absatz 5 Unterabsatz 1 Buchstaben b, c und d der Verordnung (EU) Nr. 596/2014;
g) ein Ersuchen um Zustimmung der Person, die die Marktsondierung erhält, dass sie Insiderinformationen erhält, wie in Artikel 11 Absatz 5 Unterabsatz 1 Buchstabe a der Verordnung (EU) Nr. 596/2014 festgelegt, und die Antwort auf dieses Ersuchen;
h) im Falle der Erteilung der nach Buchstabe g erbetenen Zustimmung die Informationen, die für die Zwecke der Marktsondierung offengelegt werden, unter Verweis darauf, welche Informationen vom offenlegenden Marktteilnehmer als Insiderinformationen betrachtet werden.

(4) Ist der offenlegende Marktteilnehmer der Auffassung, dass die Marktsondierung nicht mit der Offenlegung von Insiderinformationen einhergehen wird, umfasst der in Absatz 1 beschriebene Standardsatz von Informationen lediglich Folgendes, und zwar in der angegebenen Reihenfolge:

a) eine Erklärung, aus der hervorgeht, dass die Kommunikation für die Zwecke einer Marktsondierung stattfindet;

b) bei Durchführung der Marktsondierung über Telefonanschlüsse mit Aufzeichnungsfunktion oder Verwendung von Audio- oder Videoaufzeichnungen eine Erklärung, dass das Gespräch aufgezeichnet wird, und die Zustimmung der Person, die die Marktsondierung erhält, zu dieser Aufzeichnung;
c) ein an die kontaktierte Person gerichtetes Ersuchen sowie die Bestätigung dieser Person, dass der offenlegende Marktteilnehmer mit derjenigen Person kommuniziert, die vom potenziellen Anleger mit dem Empfang der Marktsondierung betraut wurde, und die Antwort auf dieses Ersuchen;
d) eine Erklärung, aus der hervorgeht, dass die kontaktierte Person bei Zustimmung zum Erhalt der Marktsondierung Informationen erhalten wird, die der offenlegende Marktteilnehmer nicht als Insiderinformationen betrachtet, und ein Verweis auf die in Artikel 11 Absatz 7 der Verordnung (EU) Nr. 596/2014 festgelegte Verpflichtung;
e) ein Ersuchen um Zustimmung der Person, die die Marktsondierung erhält, dass die Marktsondierung fortgesetzt wird, und die Antwort auf dieses Ersuchen;
f) im Falle der Erteilung der unter Buchstabe e geforderten Zustimmung die Informationen, die für die Zwecke der Marktsondierung offengelegt werden.

(5) Der offenlegende Marktteilnehmer stellt sicher, dass in Bezug auf ein und dieselbe Marktsondierung allen Personen, die die Marktsondierung erhalten, Informationen gleichen Umfangs zugehen.

In der Fassung vom 17.5.2016 (ABl. EU Nr. L 160 v. 17.6.2016, S. 29).

Art. 4 Angaben zu den Personen, die die Marktsondierung erhalten

(1) Für jede durchgeführte Marktsondierung erstellt der offenlegende Marktteilnehmer eine Liste mit den folgenden Angaben:
a) Namen aller natürlichen und juristischen Personen, gegenüber denen im Verlauf der Marktsondierung Informationen offengelegt wurden;
b) Datum und Uhrzeit einer jeden Informationsübermittlung, die im Verlauf oder nach der Marktsondierung stattgefunden hat;
c) die für die Zwecke der Marktsondierung verwendeten Kontaktangaben der Personen, die die Marktsondierung erhalten.

(2) Offenlegende Marktteilnehmer erstellen eine Liste aller potenziellen Anleger, die ihnen mitgeteilt haben, dass sie entweder in Bezug auf alle potenziellen Geschäfte oder nur für bestimmte Arten von Geschäften keine Marktsondierungen erhalten möchten. Der offenlegende Marktteilnehmer sieht davon ab, solchen potenziellen Anlegern Informationen für die Zwecke von Marktsondierungen zu übermitteln.

In der Fassung vom 17.5.2016 (ABl. EU Nr. L 160 v. 17.6.2016, S. 29).

Art. 5 Verfahren für die Mitteilung, dass Informationen ihre Eigenschaft als Insiderinformationen verloren haben

Wenn offenlegende Marktteilnehmer gemäß Artikel 11 Absatz 6 der Verordnung (EU) Nr. 596/2014 einschätzen, dass die im Zuge einer Marktsondierung offengelegten Insiderinformationen ihre Eigenschaft als Insiderinformationen verloren haben, übermitteln sie der Person, die die Marktsondierung erhalten hat, die folgenden Angaben:
a) die Identität des offenlegenden Marktteilnehmers;
b) Angaben zum Geschäft, das Gegenstand der Marktsondierung ist;
c) Datum und Uhrzeit der Marktsondierung;
d) die Tatsache, dass die offengelegten Informationen ihre Eigenschaft als Insiderinformationen verloren haben;
e) das Datum, an dem die Informationen ihre Eigenschaft als Insiderinformationen verloren haben.

In der Fassung vom 17.5.2016 (ABl. EU Nr. L 160 v. 17.6.2016, S. 29).

Art. 6 Aufzeichnungsanforderungen

(1) Offenlegende Marktteilnehmer stellen sicher, dass zu den nachfolgenden Punkten Aufzeichnungen auf einem dauerhaften Datenträger geführt werden, so dass deren Zugänglichkeit und Lesbarkeit während der Vorhaltezeit gemäß Artikel 11 Absatz 8 der Verordnung (EU) Nr. 596/2014 gewährleistet sind:
a) die Verfahren gemäß Artikel 1 und 2;
b) der Standardsatz von Informationen, der gemäß Artikel 3 für jede Marktsondierung festgelegt wird;
c) die gemäß Artikel 4 erforderlichen Angaben zu den Personen, die die Marktsondierung erhalten;
d) alle für die Zwecke der Marktsondierung vorgenommenen Informationsübermittlungen zwischen dem offenlegenden Marktteilnehmer und allen Personen, die die Marktsondierung erhalten haben, einschließlich aller Unterlagen, die der offenlegende Marktteilnehmer den Personen, die die Marktsondierung erhalten, bereitgestellt hat;
e) die Informationen, die zu der Einschätzung geführt haben, dass die während der Marktsondierung übermittelten Informationen ihre Eigenschaft als Insiderinformationen verloren haben, und die entsprechenden Mitteilungen nach Artikel 5.

(2) Für die Zwecke von Artikel 6 Absatz 1 Buchstabe d bewahrt der offenlegende Marktteilnehmer Folgendes auf:
a) bei telefonischer Übermittlung der Informationen über Anschlüsse mit Aufzeichnungsfunktion die Aufzeichnungen der Telefongespräche, sofern die Personen, denen die Informationen übermittelt werden, ihre Zustimmung zu einer solchen Aufzeichnung gegeben haben;

b) bei schriftlicher Übermittlung der Informationen eine Kopie des Schriftverkehrs;
c) bei Übermittlung der Informationen im Rahmen video- oder audioaufgezeichneter Zusammenkünfte die Aufzeichnungen dieser Zusammenkünfte, sofern die Personen, denen die Informationen übermittelt werden, ihre Zustimmung zu einer solchen Aufzeichnung gegeben haben;
d) bei Übermittlung der Informationen im Rahmen nicht aufgezeichneter Zusammenkünfte oder Telefongespräche die schriftlichen Protokolle oder Vermerke zu diesen Zusammenkünften oder Telefongesprächen.

(3) Die schriftlichen Protokolle oder Vermerke nach Absatz 2 Buchstabe d werden vom offenlegenden Marktteilnehmer erstellt und sowohl vom offenlegenden Marktteilnehmer als auch von der Person, die die Marktsondierung erhält, ordnungsgemäß unterzeichnet. Sie beinhalten:
a) Datum und Uhrzeit der Zusammenkunft oder des Telefongesprächs und die Identität der Teilnehmer;
b) die Einzelheiten der Informationen in Bezug auf die Marktsondierung, die im Verlauf der Marktsondierung zwischen dem offenlegenden Marktteilnehmer und der Person, die die Marktsondierung erhält, ausgetauscht wurden, einschließlich der Informationen, die der Person, die die Marktsondierung erhält, auf Grundlage des in Artikel 3 angeführten Standardsatzes von Informationen bereitgestellt und bei ihr abgefragt wurden;
c) alle Unterlagen und Materialien, die der Person, die die Marktsondierung erhält, vom offenlegenden Marktteilnehmer im Verlauf der Marktsondierung bereitgestellt wurden.

Wenn sich der offenlegende Marktteilnehmer und die Person, die die Marktsondierung erhält, nicht innerhalb von fünf Arbeitstagen nach der Marktsondierung auf den Inhalt der schriftlichen Protokolle oder Vermerke geeinigt haben, nimmt der offenlegende Marktteilnehmer sowohl eine von ihm unterzeichnete Fassung der schriftlichen Protokolle oder Vermerke als auch eine von der Person, die die Marktsondierung erhalten hat, unterzeichnete Fassung zu den Aufzeichnungen.

Wenn die Person, die die Marktsondierung erhalten hat, dem offenlegenden Marktteilnehmer nicht innerhalb von fünf Arbeitstagen nach der Marktsondierung eine unterzeichnete Fassung der schriftlichen Protokolle oder Vermerke zur Verfügung gestellt hat, bewahrt der offenlegende Marktteilnehmer eine Kopie der von ihm unterzeichneten schriftlichen Fassung der Protokolle oder Vermerke auf.

(4) Die in den Absätzen 1, 2 und 3 genannten Aufzeichnungen sind der zuständigen Behörde auf Ersuchen vorzulegen.

In der Fassung vom 17.5.2016 (ABl. EU Nr. L 160 v. 17.6.2016, S. 29).

Art. 7 Inkrafttreten

Diese Verordnung tritt am Tag nach ihrer Veröffentlichung *[veröffentlicht am 17.6.2016]* im Amtsblatt der Europäischen Union in Kraft.

Sie gilt ab dem 3. Juli 2016.

In der Fassung vom 17.5.2016 (ABl. EU Nr. L 160 v. 17.6.2016, S. 29).

Durchführungsverordnung (EU) 2016/959 der Kommission vom 17. Mai 2016
zur Festlegung technischer Durchführungsstandards für Marktsondierungen in Bezug auf die von offenlegenden Marktteilnehmern zu nutzenden Systeme und Mitteilungsmuster und das Format der Aufzeichnungen gemäß Verordnung (EU) Nr. 596/2014 des Europäischen Parlaments und des Rates

Art. 1 Elektronisches Format für die Aufzeichnungen

Sämtliche Aufzeichnungen nach Artikel 6 der Delegierten Verordnung (EU) 2016/960 der Kommission sind in einem elektronischen Format zu führen.

In der Fassung vom 17.5.2016 (ABl. EU Nr. L 160 v. 17.6.2016, S. 23).

Art. 2 Format für die Aufzeichnung der schriftlichen Protokolle oder Vermerke

Offenlegende Marktteilnehmer erstellen die in Artikel 6 Absatz 2 Buchstabe d der Delegierten Verordnung (EU) 2016/960 genannten schriftlichen Protokolle oder Vermerke in einem elektronischen Format und verwenden dabei
a) das Muster in Anhang I, wenn die Marktsondierung ihrer Auffassung nach die Offenlegung von Insiderinformationen einschließt;
b) das Muster in Anhang II, wenn die Marktsondierung ihrer Auffassung nach keine Offenlegung von Insiderinformationen einschließt.

In der Fassung vom 17.5.2016 (ABl. EU Nr. L 160 v. 17.6.2016, S. 23).

Art. 3 Format für die Aufzeichnung von Daten zu potenziellen Anlegern

(1) Offenlegende Marktteilnehmer zeichnen die in Artikel 4 Absatz 1 der Delegierten Verordnung (EU) 2016/960 genannten Informationen für jede Marktsondierung in einer separaten Liste auf.

(2) Offenlegende Marktteilnehmer zeichnen die in Artikel 4 Absatz 2 der Delegierten Verordnung (EU) 2016/960 genannten Informationen in einer einzigen Liste auf.

In der Fassung vom 17.5.2016 (ABl. EU Nr. L 160 v. 17.6.2016, S. 23).

Art. 4 Format für die Mitteilung und Aufzeichnung, dass die offengelegten Informationen ihre Eigenschaft als Insiderinformationen verloren haben

(1) Offenlegende Marktteilnehmer setzen die Personen, die die Marktsondierungen erhalten haben, schriftlich darüber in Kenntnis, dass die im Verlauf der Marktsondierung offengelegten Informationen ihre Eigenschaft als Insiderinformationen verloren haben.

(2) Offenlegende Marktteilnehmer zeichnen die nach Absatz 1 übermittelten Informationen entsprechend dem Muster in Anhang III auf.

In der Fassung vom 17.5.2016 (ABl. EU Nr. L 160 v. 17.6.2016, S. 23).

Art. 5 Inkrafttreten

Diese Verordnung tritt am Tag nach ihrer Veröffentlichung *[veröffentlicht am 17.6.2016]* im Amtsblatt der Europäischen Union in Kraft.

Sie gilt ab dem 3. Juli 2016.

In der Fassung vom 17.5.2016 (ABl. EU Nr. L 160 v. 17.6.2016, S. 23).

Anhang I–III

(nicht abgedruckt)

Schrifttum: *Fuhrmann*, Kapitalmarktrechtliche Anforderungen an Marktsondierungen vor Kapitalmaßnahmen und öffentlichen Übernahmen, WM 2018, 593 (I.), 645 (II.); *Singhof*, „Market Sounding" nach der Marktmissbrauchsverordnung, ZBB/JBB 2017, 193; *Tissen*, die Investorensuche im Lichte der EU-Marktmissbrauchsverordnung, NZG 2015, 1254; *Zetzsche*, Die Marktsondierung nach Art. 11 MAR, AG 2016, 610. Im Übrigen s. Vor Art. 7 ff. VO Nr. 596/2014 und das Allgemeine Schrifttumsverzeichnis.

I. Regelungsgegenstand und -systematik 1
II. Die Anforderungen an eine rechtmäßige Weitergabe von Insiderinformationen im Zuge einer Marktsondierung (Art. 11 Abs. 1, 2 und 4 VO Nr. 596/2014) 9
  1. Marktsondierung und offenlegende Marktteilnehmer (Art. 11 Abs. 1 und 2 VO Nr. 596/2014) 9
    a) Anwendungsbereich 9
    b) Marktsondierung in Bezug auf Finanzinstrumente (Art. 11 Abs. 1 VO Nr. 596/2014) ... 10
      aa) Der erfasste Vorgang 10
      bb) Offenlegende Marktteilnehmer 16
      cc) Offenlegung von Insiderinformationen . 23
    c) Marktsondierung des potenziellen Bieters in einem Übernahmeangebot (Art. 11 Abs. 2 VO Nr. 596/2014) 24
    d) Konkretisierungen – Beispiele 31
  2. Rechtmäßigkeit der Offenlegung von Insiderinformationen im Zuge der Marktsondierung (Art. 11 Abs. 4 VO Nr. 596/2014) 34
    a) Überblick und allgemeine Rechtmäßigkeitsanforderungen 34
      aa) Marktsondierung in Bezug auf Geschäfte mit Finanzinstrumenten i.S.v. Art. 11 Abs. 1 VO Nr. 596/2014 34
      bb) Marktsondierung bei beabsichtigtem Übernahmeangebot i.S.v. Art. 11 Abs. 2 VO Nr. 596/2014 37
    b) Rechtmäßigkeitsanforderungen nach Art. 11 Abs. 3 VO Nr. 596/2014 40
    c) Rechtmäßigkeitsanforderungen nach Art. 11 Abs. 5 VO Nr. 596/2014 44
    d) Ergänzung bzw. Konkretisierung der Rechtmäßigkeitsanforderungen nach Art. 11 Abs. 3 und 5 VO Nr. 596/2014 durch die DelVO 2016/960 und die DurchfVO 2016/959 49
      aa) Einrichtung, Überprüfung und Aktualisierung von Verfahren für die Zwecke der Durchführung von Marktsondierungen 50
      bb) Pflichten in Bezug auf Personen, die erklärt haben, keine Marktsondierung erhalten zu wollen 52
      cc) Liste zu den Personen, die Marktsondierung erhalten 53
      dd) Vorbereitung und Durchführung der Informationsübermittlung 55
        (1) Verfahren zum Austausch eines Standardsatzes von Informationen 55
        (2) Übermittlung von Informationen – Aufzeichnungs- und Aufbewahrungspflichten 58
III. Weitere Anforderungen an eine Marktsondierung (Art. 11 Abs. 6-8 VO Nr. 596/2014) 62
  1. Informationspflicht bei Wegfall einer übermittelten Insiderinformation (Art. 11 Abs. 6 VO Nr. 596/2014) 63
  2. Eigenverantwortlichkeit des Empfängers einer Marktsondierung bei der Beurteilung einer Information als Insiderinformation (Art. 11 Abs. 7 VO Nr. 596/2014) 68
  3. Aufbewahrungsfrist (Art. 11 Abs. 8 VO Nr. 596/2014) 71
IV. Ermächtigungen (Art. 11 Abs. 9 und 10 VO Nr. 596/2014) 72
V. ESMA-Leitlinien für Personen, die Marktsondierung erhalten 75

I. Regelungsgegenstand und -systematik. Nach Art. 10 Abs. 1 Satz VO Nr. 596/2014 liegt eine gem. Art. 14 lit. c VO Nr. 596/2014 verbotene unrechtmäßige Offenlegung von Insiderinformationen vor, wenn eine über Insiderinformationen verfügende Person diese Informationen gegenüber einer anderen Person offenlegt, es sei denn, die Offenlegung geschieht im Zuge der normalen Ausübung einer Beschäftigung oder eines Berufs oder der normalen Erfüllung von Aufgaben. Letzteres ist unter anderem nach Art. 11 Abs. 4 VO Nr. 596/2014 dann der Fall, wenn die Offenlegung von Insiderinformationen im Verlauf einer Marktsondierung vorgenommen und der offenlegende Marktteilnehmer (Rz. 9) die Verpflichtungen gem. Art. 11 Abs. 3 und 5 VO Nr. 596/2014 erfüllt. Art. 11 VO Nr. 596/2014 enthält damit – unter den von dieser Bestimmung formulierten Voraussetzungen – eine **Ausnahme vom Offenlegungsverbot** der Art. 14 lit. c, 10 Abs. 1 Satz VO Nr. 596/2014[1]. Darüber hinaus kann die Vornahme einer den Vorschriften des Art. 11 VO Nr. 596/2014 genügenden Marktsondierung den Aufschub der Veröffentlichung von Insiderinformationen, namentlich durch den offenlegenden Marktteilnehmer als Emittenten, nach Art. 17 Abs. 4 Unterabs. 1 VO Nr. 596/2014 rechtfertigen[2].

2 Nicht nur Begriff und Vorgang, sondern auch eine **Regelung zur Marktsondierung** (*Market Sounding*, verbreitet auch *Pilot Fishing*) war dem deutschen Insiderrecht und den EU-Richtlinien zum europäischen Insiderrecht bis zum Inkrafttreten der Marktmissbrauchsverordnung **unbekannt**[3]. In das Gemeinschaftsrecht hat sie aufgrund der Initiativen Frankreichs und Großbritanniens Eingang gefunden. Erwägungsgrund 32 Satz 3 VO Nr. 596/2014 bezeichnet die Marktsondierung – ungeachtet ihrer offenbar geringen Praxis[4] in den Mitgliedstaaten mit Ausnahme der Vorgenannten – als „ein ausgesprochen wertvolles Instrument zur Beurteilung der Meinung potenzieller Anleger, zur Intensivierung des Dialogs mit den Anteilseignern, zur Sicherstellung des reibungslosen Ablaufs der Geschäfte und zur Abstimmung der Ansichten von Emittenten, vorhandenen Anteilseignern und potenziellen neuen Anlegern. Marktsondierungen können insbesondere dann nützlich sein, wenn das Vertrauen in die Märkte geschwächt ist, wenn relevante Marktreferenzwerte fehlen oder wenn die Märkte Schwankungen unterworfen sind". Indem die Fähigkeit, Marktsondierungen durchzuführen, darüber hinaus als „wichtig für das ordnungsgemäße Funktionieren der Finanzmärkte" beurteilt wird, soll sie nicht nur eine Ausnahme vom Offenlegungsverbot und der Gewährleistung der informationellen Chancengleichheit der Marktteilnehmer als Regelungsgegenstand des Insiderrechts (Vor Art. 7 ff. VO Nr. 596/2014 Rz. 29 f.) rechtfertigen, sondern darüber hinaus auch keinen Marktmissbrauch durch die Weitergabe von Insiderinformationen darstellen (Erwägungsgrund 32 Satz 4 VO Nr. 596/2014).

3 Als eine solchermaßen durch Ausnahmeregelung vom Offenlegungsverbot (Art. 14 lit. c, 10 Abs. 1 Satz VO Nr. 596/2014) und dem Verbot der Marktmanipulation (Art. 15, 12 VO Nr. 596/2014) zu privilegierendes **Instrument der Markterkundung** gilt nach Art. 11 Abs. 1 VO Nr. 596/2014 die – von der Übermittlung entsprechender Informationen getragene – Ermittlung des Interesses von potenziellen Anlegern an einem möglichen Geschäft und dessen Bedingungen, namentlich seinem Umfang und seiner preislichen Gestaltung, die vor der Ankündigung eines solche Geschäfts erfolgt. Dabei ist jedoch nur die Marktsondierung erfasst, die von Marktteilnehmern in Person von Emittenten, Zweitanbietern eines in bestimmter Größe und nach einer bestimmten Verkaufsmethode anzubietenden Finanzinstruments, eines Teilnehmers am Markt für Emissionszertifikate oder einem Dritten, der im Auftrag oder für Rechnung eines der Vorgenannten agiert. In der hochabstrakten Definition von Art. 11 Abs. 1 VO Nr. 596/2014 ist **Marktsondierung** die durch die in Art. 11 Abs. 1 lit. a–d VO Nr. 596/2014 bezeichneten Personen durchgeführte „Übermittlung von Informationen vor der Ankündigung eines Geschäfts an einen oder mehrere potenzielle Anleger, um das Interesse von potenziellen Anlegern an einem möglichen Geschäft und dessen Bedingungen wie seinem Umfang und seiner preislichen Gestaltung abzuschätzen". Dem wird in Art. 11 Abs. 2 VO Nr. 596/2014 die Erkundung der **Erfolgschancen eines beabsichtigten Übernahmeangebots** bzw. eines auf einem Übernahmeangebot beruhenden **Unternehmenszusammenschlusses** durch den potenziellen Anbieter bei Adressaten des potenziellen Angebots gleichgestellt, deren Bereitschaft zur Annahme desselben für den Erfolg des Übernahmeangebots von besonderer (in Art. 11 Abs. 2 lit. b VO Nr. 596/2014 näher beschriebener) Bedeutung ist.

4 Nach Art. 11 Abs. 4 VO Nr. 596/2014 ist eine im Zuge der Marktsondierung und Informationsübermittlung nach Art. 11 Abs. 1 VO Nr. 596/2014 dem Empfänger der Informationen **offengelegte Insiderinformationen** vom Weitergabeverbot des Art. 14 lit. c i.V.m. Art. 10 Abs. 1 Satz VO Nr. 596/2014 unabhängig davon ausgenommen, ob die Offenlegung der Insiderinformationen zur Erreichung des Zwecks der Marktsondierung erforderlich war oder nicht, vorausgesetzt der offenlegende Marktteilnehmer erfüllt die Verpflichtungen nach Art. 11 Abs. 3 und 5 VO Nr. 596/2014. Das gilt für eine Marktsondierung im Hinblick auf ein beabsichtigtes Übernahmeangebot i.S.v. Art. 11 Abs. 2 VO Nr. 596/2014 allerdings nur mit der Maßgabe, dass diese nur dann einer Marktsondierung nach Art. 11 Abs. 1 VO Nr. 596/2014 gleichgestellt ist, wenn die weitergegebenen Informationen (und darunter

---

1 Zur Deutung der Regelung als Ausnahme vom Offenlegungsverbot *Hopt/Kumpan* in Schimansky/Bunte/Lwowski, § 107 Rz. 111; *Zetzsche*, AG 2016, 610, 611, 619; *Zetzsche* in Gebauer/Teichmann, § 7 C. Rz. 235. Ohne nähere Begründung zweifelnd zur Frage, ob Art. 11 VO Nr. 596/2014 als „Safe Harbour" zu werten sei, *Renz/Leibold*, CCZ 2016, 157, 164.
2 *Brellochs* in Klöhn, Art. 11 MAR Rz. 23; *Zetzsche*, AG 2016, 610, 613.
3 Etwa *Grundmann* in Staub, Bd. 11/1, 5. Aufl. 2017, 6. Teil Rz. 425; *Tissen*, NZG 2015, 1254; *Zetzsche*, AG 2016, 610, 611. Gleichwohl wird von einer entsprechenden Marktpraxis auch für Deutschland berichtet. Dazu *Seibt/Wollenschläger*, AG 2014, 593, 599. Zugleich zur insiderrechtlichen Beurteilung von Marktsondierungspraktiken unter dem durch Marktmissbrauchsverordnung abgelösten Insiderrecht s. *Meyer* in Marsch-Barner/Schäfer, Handbuch börsennotierte AG, Rz. 8.58a; *Schäfer/Ernst* in Habersack/Mülbert/Schlitt, Kapitalmarktinformation, § 7 Rz. 17 f., § 14 Rz. 10 f.; *Seibt*, ZHR 177 (2013), 388, 396.
4 Zur praktischen Bedeutung von Marksondierung s. *Fuhrmann*, WM 2018, 593, 594.

v.a. die Insiderinformationen) für die Ermittlung des Erfolgs des Übernahmeangebots in der in Art. 11 Abs. 2 lit. a und b VO Nr. 596/2014 dargelegten Weise „erforderlich" sind. Bei den in Art. 11 Abs. 3 und 5 VO Nr. 596/2014 aufgestellten Verpflichtungen des offenlegenden Marktteilnehmers handelt es um **Verhaltenspflichten des Offenlegenden** im Hinblick auf die Zulässigkeitsvoraussetzungen der Marktsondierung und die mit der Marktsondierung verbundene mögliche Weitergabe von Insiderinformationen. Die Erfüllung der dem offenlegenden Marktteilnehmer darüber hinaus in Art. 11 Abs. 6 und 8 VO Nr. 596/2014 auferlegten Verhaltenspflichten sind bei der Beurteilung der Frage, ob die Offenlegung von Insiderinformationen im Zuge einer Marktsondierung nach Art. 11 Abs. 4 VO Nr. 596/2014 vom Offenlegungsverbot ausgenommen sind, ohne Bedeutung.

Der Umstand, dass im Zusammenhang mit einer Marktsondierung Insiderinformationen rechtmäßig offen gelegt werden dürfen, hat im Interesse der größtmöglichen **Wahrung der informationellen Chancengleichheit** der nicht in diese eingeschalteten Marktteilnehmer und zur Verhinderung der mit der Weitergabe von Insiderinformationen verbundenen Gefahr der Generierung von Insidergeschäften nicht allein zu **Verhaltenspflichten** des offenlegenden Marktteilnehmers geführt, sondern auch – in Art. 11 Abs. 7 VO Nr. 596/2014 geregelte – Verhaltenspflichten derer nach sich gezogen, die Marktsondierung und Insiderinformationen erhalten. Das ist deshalb unbedenklich, weil die Offenlegung von Insiderinformationen im Zuge der Marktsondierung nach Art. 11 Abs. 4 VO Nr. 596/2014 nur rechtmäßig ist, wenn die Person, die die Marktsondierung erhält, gem. Art. 11 Abs. 5 Unterabs. 1 lit. a VO Nr. 596/2014 ihre Zustimmung für den Erhalt von Insiderinformationen erteilt hat und vom offenlegenden Marktteilnehmer die nach Art. 11 Abs. 5 lit. b–d VO Nr. 596/2014 erforderlichen Instruktionen erhalten hat. 5

Um angemessene Regelungen, Verfahren und Aufzeichnungsanforderungen festzulegen, mittels derer Personen die Anforderungen von Art. Abs. 4, 5, 6 und 8 VO Nr. 596/2014 einhalten können, hat die Kommission, auf der Grundlage der Ermächtigung in Art. 11 Abs. 9 Unterabs. 3 VO Nr. 596/2014 und gem. Art. 10-14 VO Nr. 1095/2010[1], die **Delegierte Verordnung (EU) 2016/960**[2] **mit technischen Regulierungsstandards** erlassen. Der Text der Verordnung ist oben nach demjenigen von Art. 11 VO Nr. 596/2014 wiedergegeben; Vorschriften dieser Verordnung werden, ohne weitere Angabe von deren Fundstelle, unter Nennung der Verordnungsnummer zitiert. Darüber hinaus und gestützt auf die Ermächtigung in Art. 11 Abs. 10 Unterabs. 3 VO Nr. 596/2014 hat die Kommission in der **Durchführungsverordnung (EU) 2016/959**[3] Durchführungsstandards nach Art. 15 VO Nr. 1095/2010 erlassen, in denen festgelegt wird, welche Systeme und Mitteilungsmuster zur Einhaltung der Vorschriften von Art. 11 Abs. 4, 5, 6 und 8 VO Nr. 596/2014 zu nutzen sind, insbesondere das genaue Format der Aufzeichnungen nach Art. 11 Abs. 4–8 VO Nr. 596/2014 und die technischen Mittel für eine angemessene Übermittlung der Informationen gem. Art. 11 Abs. 6 VO Nr. 596/2014 an die Person, die die Marktsondierung erhält. Der Text der Verordnung ist hier nach demjenigen von Art. 11 VO Nr. 596/2014 und dem Text der Delegierten Verordnung (EU) 2016/960 wiedergegeben. Auch die Vorschriften dieser Verordnung werden im Folgenden, ohne weitere Angabe von deren Fundstelle, unter Nennung der Verordnungsnummer zitiert. 6

Die Vorschrift ist eine *Safe Harbour*-Regelung für die Offenlegung von Insiderinformationen im Zuge einer Marktsondierung[4], d.h. eine „Bereichsausnahme im Sinne eines Tatbestandsausschlusses"[5], stellt aber **keine abschließende Regelung rechtmäßiger Offenlegung** von Insiderinformationen im Zusammenhang mit Vorgängen im Vorfeld möglicher Geschäfte[6] dar: Sind die Voraussetzungen nach Art. 11 Abs. 1, 2 und 4 VO Nr. 596/2014 sowie diejenigen von Art. 11 Abs. 3 und 5 VO Nr. 596/2014, auf die Art. 11 Abs. 4 VO Nr. 596/2014 ver- 7

---

1 Verordnung (EU) Nr. 1095/2010 vom 24. November 2010 zur Errichtung einer Europäischen Aufsichtsbehörde (Europäische Wertpapier- und Marktaufsichtsbehörde), zur Änderung des Beschlusses Nr. 716/2009/EG und zur Aufhebung des Beschlusses 2009/77/EG der Kommission, ABl. EU Nr. 331 v. 15.12.2010, S. 84.
2 Delegierte Verordnung (EU) 2016/960 der Kommission vom 17. Mai 2016 zur Ergänzung der Verordnung (EU) Nr. 596/2014 des Europäischen Parlaments und des Rates durch technische Regulierungsstandards für angemessene Regelungen, Systeme und Verfahren für offenlegende Marktteilnehmer bei der Durchführung von Marktsondierungen, ABl. EU Nr. L 160 vom 17.6.2016, S. 29.
3 Durchführungsverordnung (EU) 2016/959 der Kommission vom 17. Mai 2016 zur Festlegung technischer Durchführungsstandards für Marktsondierungen in Bezug auf die von offenlegenden Marktteilnehmern zu nutzenden Systeme und Mitteilungsmuster und das Format der Aufzeichnungen gemäß Verordnung (EU) Nr. 596/2014 des Europäischen Parlaments und des Rates, ABl. EU Nr. L 160 v. 17.6.2016, S. 23.
4 S. zu Art. 11 VO Nr. 596/2014 als Ausnahmeregelung zum Offenlegungsverbot nach Art. 14 lit. c, 10 Abs. 1 VO Nr. 596/2014 schon Rz. 1. *ESMA*, Final Report, S. 12 Rz. 9 („safe-harbour-principle"); *Brellochs* in Klöhn, Art. 11 MAR Rz. 2, 15, 75; *Fuhrmann*, WM 2018, 645, 646; *Singhof*, ZBB/JBB 2017, 193, 203. Ohne nähere Begründung zweifelnd zur Frage, ob Art. 11 VO Nr. 596/2014 als „Safe Harbour" zu werten sei, *Renz/Leibold*, CCZ 2016, 157, 164; auch *Buck-Heeb*, Kapitalmarktrecht, Rz. 365 („unklar"). A.A. *Meyer* in Meyer/Veil/Rönnau, Handbuch zum Marktmissbrauchsrecht, § 8 Rz. 88, demzufolge „die Regelungen über Marktsondierungen lediglich die Konkretisierung eines Tatbestandsmerkmals im Wege einer gesetzlichen Vermutung" darstellen.
5 *Singhof*, ZBB/JBB 2017, 193, 203 m.w.N.
6 Erwägungsgrund 35 Satz 4 VO Nr. 596/2014: „Von Marktteilnehmern, die bei der Durchführung einer Marktsondierung diese Verordnung nicht einhalten, sollte nicht angenommen werden, dass sie Insiderinformationen unrechtmäßig offengelegt haben, sie können jedoch nicht in den Genuss der Ausnahme kommen, die denjenigen gewährt wird, die diese Bestimmungen eingehalten habe".

weist, erfüllt, so ist die Offenlegung von Insiderinformationen im Zuge der Marktsondierung rechtmäßig (Rz. 38). Weder die Marktsondierung selbst noch die in ihrem Rahmen erfolgender Offenlegung von Insiderinformationen müssen, über die sich aus Art. 11 Abs. 4 i.V.m. Abs. 3 und 5 VO Nr. 596/2014 ergebenden Rechtmäßigkeitsvoraussetzungen hinaus, dem Erfordernis ihrer Unerlässlichkeit genügen, wie es die *Grøngaard und Bang*-Entscheidung vom 22.11.2005[1] für die Rechtmäßigkeit der Weitergabe von Insiderinformationen aufgestellt hat (dazu Art. 10 VO Nr. 596/2014 Rz. 20)[2]. Soweit in Art. 11 Abs. 4 i.V.m. Abs. 2 lit. a und b VO Nr. 596/2014 im Hinblick auf die Marktsondierung in Übernahmeangebotsfällen allerdings die Erforderlichkeit der Offenlegung von Insiderinformationen verlangt wird, kann das Kriterium der Erforderlichkeit schwerlich anders als im Sinne der *Grøngaard und Bang*-Entscheidung gedeutet werden (s. Rz. 38 bzw. 39). Sind die Voraussetzungen einer Marktsondierung *nicht* erfüllt oder wird der Weg in den *Safe Harbor* des Art. 11 VO Nr. 596/2014 nicht beschritten, ist es dem Offenlegenden dennoch nach den allgemeinen Regeln einer rechtmäßigen Weitergabe von Insiderinformationen unbenommen nachzuweisen, dass die Offenlegung unter den Umständen des Einzelfalls unerlässlich und auch im Übrigen nicht unrechtmäßig war[3]. Das ist schon deshalb von Bedeutung, weil die Regelung der Marktsondierung als Ausnahme vom Offenlegungsverbot des Art. 14 lit. c, 10 Abs. 1 Satz VO Nr. 596/2014 in Art. 11 VO Nr. 596/2014 und den zu diesen ergangenen Verordnungen (Rz. 6) zu einer komplizierten Regelung geraten ist und es leicht vorkommen kann, dass eine von deren Anforderungen an eine rechtmäßige Offenlegung von Insiderinformationen nicht erfüllt ist.

8 Art. 11 Abs. 6 Unterabs. 1 VO Nr. 596/2014 beruht auf einer **Berichtigung**, mit der die Worte „so rasch wie möglich" durch unverzüglich ersetzt wurden[4]. Auch nach den Berichtigungen der Marktmissbrauchsverordnung verbliebene textliche Mängel von Art. 11 VO Nr. 596/2014 wurden im wiedergegebenen Gesetzestext mit „[...]" berichtigt.

9 **II. Die Anforderungen an eine rechtmäßige Weitergabe von Insiderinformationen im Zuge einer Marktsondierung (Art. 11 Abs. 1, 2 und 4 VO Nr. 596/2014). 1. Marktsondierung und offenlegende Marktteilnehmer (Art. 11 Abs. 1 und 2 VO Nr. 596/2014). a) Anwendungsbereich.** Art. 11 VO Nr. 596/2014 privilegiert nur eine **Marktsondierung im förmlichen Sinne** von Art. 11 Abs. 1 und Abs. 2 VO Nr. 596/2014 durch die in diesen Bestimmungen genannten Personen. Der **personelle Anwendungsbereich** der Vorschrift ist dadurch eingeschränkt, dass eine Marktsondierung i.S.v. Art. 11 VO Nr. 596/2014 nur die in Art. 11 Abs. 1 lit. a–d und Abs. 2 VO Nr. 596/2014 angeführten Personen durchführen können, die in den in den nachfolgenden Absätzen der Vorschrift auch als **offenlegende Marktteilnehmer**[5] (zum Begriff Rz. 41) bezeichnet werden. Zu Einzelheiten s. Rz. 16 ff. und Rz. 25. Eine Marktsondierung i.S.v. Art. 11 VO Nr. 596/2014 muss, das kommt in diesen Bestimmungen implizite zum Ausdruck und bestimmt den **sachlichen Anwendungsbereich** der Vorschrift, (auch) auf **Geschäfte mit Finanzinstrumenten** (dazu Rz. 15) bezogen sein, für die – was sich schon aus der Beschreibung des Anwendungsbereichs der Marktmissbrauchsverordnung im Hinblick auf Finanzinstrumente in Art. 2 Abs. 1 VO Nr. 596/2014 ergibt – ein Markt vorhanden ist[6]. Finanzinstrumente in diesem Sinne sind nach Art. 3 Abs. 1 Nr. 1 VO Nr. 596/2014 Finanzinstrumente gem. Art. 4 Abs. 1 Nr. 15 RL 2014/65/EU (MiFID II)[7], und umfassen u.a. übertragbare Wertpapiere, Geldmarktinstrumente, Anteile an Organismen für gemeinsame Anlagen, Optionen, Terminkontrakte (Futures) und Termingeschäfte (Forwards) sowie Emissionszertifikate (näher zum Kanon der Finanzinstrumente s. Art. 3 VO Nr. 596/2014 Rz. 2 ff.).

10 **b) Marktsondierung in Bezug auf Finanzinstrumente (Art. 11 Abs. 1 VO Nr. 596/2014). aa) Der erfasste Vorgang.** Eine **Marktsondierung**, auf die sich die Ausnahme vom Offenlegungsverbot des Art. 14 lit. c, 10

---

1 EuGH v. 22.11.2005 – C-384/02, ECLI:EU:C:2005:708 – Grøngaard und Bang, NJW 2006, 133.
2 *Brellochs* in Klöhn, Art. 11 MAR Rz. 17; *Hopt/Kumpan* in Schimansky/Bunte/Lwowski, § 107 Rz. 113; *Krause*, CCZ 2014, 248, 254; *Kumpan* in Baumbach/Hopt, HGB, (16a) Marktmissbrauchsverordnung (MAR), Art. 11 Rz. 1; *Singhof*, ZBB/JBB 2017, 193, 202; *Tissen*, NZG 2015, 1254, 1256; *Zetzsche*, AG 2016, 610, 613. S. auch Rz. 35. A.A. im Hinblick auf die Rechtmäßigkeit der Weitergabe von Insiderinformationen *Veil* ZBB 2014, 87, 92; *Poelzig*, NZG 2016, 528, 535 („einschränkende Auslegung"); *Veil*, ZBB/JBB 2014, 85, 92 (mit der – das bei Weitem nicht einzige, aber naheliegendste Argument gegen sein Plädoyer für eine „einschränkend[e]" Auslegung, nämlich den Wortlaut von Art. 11 Abs. 1 vs. Abs. 2 VO Nr. 596/2014 übergehend – Begründung, es sei „nicht ersichtlich, warum die Marktsondierungen die vom EuGH angestellten Erwägungen nicht gültig sein sollten").
3 Erwägungsgrund 35 Sätze 4 und 5 VO Nr. 596/2014; *Brellochs* in Klöhn, Art. 11 MAR Rz. 2. S. schon die Ausführungen und Nachweise eingangs Rz. 7.
4 Berichtigungen, ABl. EU Nr. L 348 v. 21.12.2016, S. 83.
5 Im Hinblick auf diese Vorschriften definiert Art. 3 Abs. 1 Nr. 32 VO Nr. 596/2014 einen offenlegenden Marktteilnehmer als „eine natürliche oder juristische Person, die zu einer der Kategorien gemäß Artikel 11 Absatz 1 Buchstaben a bis d sowie Absatz 2 gehört und die im Zuge einer Marktsondierung Informationen offenlegt".
6 Erwägungsgrund 34 Satz 2 VO Nr. 596/2014. Letzteres wird in diesem damit begründet, dass „die Möglichkeit, finanziell vom Handel auf der Grundlage von Insiderinformationen, die im Rahmen einer Marktsondierung weitergegeben wurden, zu profitieren, nur dann gegeben ist, wenn ein Markt für das Finanzinstrument, das Gegenstand der Marktsondierung ist, oder für ein verbundenes Finanzinstrument vorhanden ist". S. auch ESMA, Questions and Answers, S. 26 f. (Q9.1/A.9.1). Aus dem Schrifttum *Brellochs* in Klöhn, Art. 11 MAR Rz. 29.
7 ABl. EU Nr. L 173 v. 12.6.2014, S. 349.

Abs. 1 VO Nr. 596/2014 in Art. 11 VO Nr. 596/2014 beziehen kann, besteht nach Art. 11 Abs. 1 VO Nr. 596/2014 in der Übermittlung von Informationen vor der Ankündigung eines Geschäfts an einen oder mehrere potenzielle Anleger, um das Interesse von potenziellen Anlegern an einem möglichen Geschäft und dessen Bedingungen wie seinem Umfang und seiner preislichen Gestaltung abzuschätzen. In der Sache sollen damit „Interaktionen zwischen einem Verkäufer von Finanzinstrumenten und einem oder mehreren potenziellen Anlegern" erfasst werden, „die vor der Ankündigung eines Geschäfts erfolgen, um das Interesse potenzieller Anleger an einem möglichen Geschäft, seiner preislichen Gestaltung, seinem Umfang und seiner Struktur abzuschätzen" (Erwägungsgrund 32 Satz 1 VO Nr. 596/2014). **Keine Marktsondierung** liegt mithin vor, wenn sich ein Interessent an einem Geschäft in Insiderpapieren mit einem konkreten Angebot an eine oder mehrere Personen wendet, um mit diesen Vertragsverhandlungen über den Erwerb der Finanzinstrumente zu führen[1], wobei es unerheblich ist, ob dieses Angebot verhandlungsfähig sein soll oder nicht. In diesem Falle unterliegt die Weitergabe von Insiderinformationen den allgemeinen Regeln über die Offenlegung von Insiderinformationen gegenüber potenziellen Vertragspartnern (Art. 10 VO Nr. 596/2014 Rz. 25). Zu den **Anforderungen an die Rechtmäßigkeit** der Offenlegung von Insiderinformationen im Zuge der Marktsondierung nach Art. 11 Abs. 1 VO Nr. 596/2014 s. Rz. 34 ff.

Die **Übermittlung** der Information ist die Weitergabe, d.h. die Mitteilung oder Zugänglichmachung (s. Art. 8 VO Nr. 596/2014 Rz. 11 ff.) der Information zur möglichen Kenntnisnahme durch den Informationsempfänger. Die Art und Weise der Übermittlung ist unerheblich und kann etwa mündlich, fernmündlich, schriftlich, per FAX, mittels elektronischer Medien oder Zusendung von Datenträgern erfolgen[2]. Die Übermittlung muss **vor der Ankündigung des Geschäfts** erfolgen, denn nur unter diesem Umstand ist es sinnvoll, das Interesse potenzieller Anleger an einem Geschäft und dessen mögliches Format – vor allem Zeitpunkt, Umfang und Konditionen – zu erkunden. Das zu sondierende Geschäft muss demnach nur der Art nach feststehen, um Einzelheiten mit den Gegenüber der Marktsondierung auszuloten, kann aber auch bereits detailliertere Kautelen aufweisen, um deren Akzeptanz und Durchsetzbarkeit in der Sondierung zu testen. Die **Ankündigung** des Geschäfts kann auf jede denkbare Weise geschehen und muss nicht zwingend marktöffentlich sein. Entscheidend ist, dass nach einer Marktsondierung **gegenüber den potenziellen Vertragspartnern kundgegeben** wird, ein bestimmtes Geschäft (s. dazu Rz. 15) abschließen zu wollen. Als potenzielle Vertragspartner kommen dabei durchaus auch Personen in Betracht, die die Marktsondierung als einzige erhalten haben, darüber hinaus aber auch Personen einer bestimmten Anlegergruppe (etwa institutionelle Investoren) oder alle Anleger, unabhängig davon, mit wem die Marktsondierung vorgenommen wurde. Nicht ausgeschlossen ist auch, dass diese Ankündigung nur diejenige eines als *invitatio ad offerendum* zu qualifizierenden Geschäfts ist.

Anders als Art. 11 Abs. 2 VO Nr. 596/2014 im Hinblick auf die **Absicht** der Abgabe eines Übernahmeangebots (Rz. 29) ist in Art. 11 Abs. 1 VO Nr. 596/2014 nicht von der Absicht zum Abschluss eines Geschäfts vor Ankündigung desselben als Auslöser der Marktsondierung die Rede, doch wird man bei zweckbezogener Auslegung des Art. 11 Abs. 1 VO Nr. 596/2014 eine solche als ungeschriebenes Tatbestandsmerkmal anzusehen haben und zumindest verlangen, dass der offenlegende Marktteilnehmer bei Beginn der Marktsondierung den Abschluss eines Geschäfts, das Gegenstand der Marktsondierung ist, **ernsthaft in Erwägung zieht**. Da jede mögliche Offenlegung von Insiderinformationen dem Zweck des Insiderrechts zuwiderläuft, die informationelle Chancengleichheit des Marktpublikums zu gewährleisten und die Gefahr von Insidergeschäften durch die Weitergabe so gering wie notwendig zu halten (Vor Art. 7 ff. VO Nr. 596/2014 Rz. 29 f.), wird man deshalb nicht jede, sondern nur eine in ernsthafter Erwägung eines Geschäfts eingeleitete Marktsondierung nach Maßgabe von Art. 11 Abs. 4 VO Nr. 596/2014 als vom Offenlegungsverbot der Art. 14 lit. c, 10 Abs. 1 VO Nr. 596/2014 ausgenommen betrachten. Kommt es zur Ankündigung des Geschäfts, ist dieses ungeschriebene Erfordernis ohne weiteres als erfüllt anzusehen.

Anknüpfungspunkt der Definition der Marktsondierung ist die „**Übermittlung von Informationen**", was dadurch zu erklären ist, dass sich die Vorschrift auf die Offenlegung von Informationen bezieht, die Insiderinformationen umfassen oder umfassen können. Es versteht sich von selbst, dass die Durchführung einer Marktsondierung im Hinblick auf das in Art. 11 Abs. 1 VO Nr. 596/2014 genannte Ziel mehr verlangt, als demjenigen, mit dem die Marktsondierung erfolgt, Informationen zu übermitteln, doch bedarf es nicht der Aufnahme solcher Parameter in die Marktsondierungsdefinition einer Regelung, in deren Mittelpunkt die Weiterleitung von Insiderinformationen für Zwecke des Art. 10 Abs. 1 VO Nr. 596/2014 (Art. 11 Abs. 4 VO Nr. 596/2014) steht. Dementsprechend ist es für eine Marktsondierung unerheblich, wenn Informationen – einschließlich Insiderinformationen – übermittelt werden, die die andere Seite bereits kennt[3].

---

1 Das heißt, dass für die Abgrenzung zwischen Marktsondierung (Abschätzung des Interesses von potenziellen Anlegern) und Vertragsverhandlung (Herbeiführung eines Vertrags) über die „subjektive Zwecksetzung durch den offenlegenden Marktteilnehmer" (*Brellochs* in Klöhn, Art. 11 MAR Rz. 40) hinaus, auch dieses objektive Kriterium heranzuziehen ist.
2 *ESMA*, Final Report, S. 25 Rz. 89 f.; *Brellochs* in Klöhn, Art. 11 MAR Rz. 32 („Erforderlich ist lediglich eine zielgerichtete Ansprache des Informationsempfängers").
3 I.E. auch *Brellochs* in Klöhn, Art. 11 MAR Rz. 40.

14 Die Marktsondierung i.S.d. Art. 11 Abs. 1 VO Nr. 596/2014 muss mit **einem oder mehreren potenziellen Anlegern** als potenziellen Partnern des beabsichtigten Geschäfts erfolgen. Die Übermittlung von Insiderinformationen an andere Personen als potenzielle Anleger – d.h. potenzielle Erwerber von Finanzinstrumenten, auf die sich die Marktsondierung richtet[1] (s. Rz. 15) – kann nicht als Marktsondierung gerechtfertigt werden. Wenn in Art. 11 Abs. 1 VO Nr. 596/2014 von der Übermittlung von Informationen an einen oder mehrere potenzielle Anleger die Rede ist, so bedeutet das, dass mehreren Personen gleichzeitig Informationen im Hinblick auf die Marktsondierung übermittelt werden können, sofern es sich bei ihnen um potenzielle Anleger handelt. Welche Anleger als potenzielle Anleger in Frage kommen, hängt von Art und Umfang des beabsichtigten Geschäfts ab, doch lässt sich der Kreis potenzieller Anleger nicht von vornherein auf „wenige ausgewählte institutionelle ‚Schlüsselinvestoren' (qualifizierte Anleger nach § 2 Nr. 6 WpPG)"[2] beschränken. Jede einzelne Marktsondierung muss darüber hinaus zu dem **Zweck** erfolgen, das Interesse von potenziellen Anlegern an einem möglichen Geschäft und dessen Bedingungen wie seinem Umfang und seiner preislichen Gestaltung abzuschätzen. Die potenziellen Anleger, deren Interesse es zu erkunden gilt, können über den Kreis derer hinausgehen, bei denen die Marktsondierung erfolgt. Die Bestimmungen zu Adressat und Ziel der Marktsondierung in Art. 11 Abs. 1 VO Nr. 596/2014 machen darüber hinaus deutlich, dass die Marktsondierung einem Geschäft mit Finanzinstrumenten (Rz. 15) mit dem offenlegenden Marktteilnehmer (Rz. 16 ff.) dienen muss. Der Zweck der Marktsondierung als Übermittlung von Informationen an potenzielle Anleger schließt es aus, dass die Informationsübermittlung zur Marktsondierung nur dann rechtmäßig ist, wenn die sondierten Geschäfte später auch tatsächlich mit denjenigen zustande kommt, denen die Informationen übermittelt wurden[3].

15 **Mögliches Geschäft** i.S.v. Art. 11 Abs. 1 VO Nr. 596/2014 kann nur ein Geschäft sein, das (auch) Finanzinstrumente zum Gegenstand hat (s. schon Rz. 9). Als solche kommen Geschäfte mit Finanzinstrumenten im Zusammenhang mit einem Börsengang, einer Zweitplatzierung, einer Verschmelzung (Fusion), dem Pakethandel, einer Kapitalerhöhung und v.a. auch einer Privatplatzierung in Betracht[4]. Das mögliche Geschäft muss nach Art und Gegenstand nur soweit konkretisiert sein, dass diejenigen, deren Interesse sondiert werden soll, in der Lage sind, ihr Interesse an dem möglichen Geschäft und dessen Bedingungen wie seinem Umfang und seiner preislichen Gestaltung abzuschätzen. Ausreichend dafür und einer Marktsondierung zugänglich ist es etwa, wenn ein Emittent, der eine reguläre Kapitalerhöhung plant und dies bereits per Ad-hoc-Mitteilung veröffentlicht hat, nach möglichen Investoren sucht, die bereit sind, nicht platzierte Aktien aus der Kapitalerhöhung abzunehmen, wobei die Details noch Verhandlungssache sind (dazu näher Rz. 32).

16 **bb) Offenlegende Marktteilnehmer.** Die Marktsondierung muss **durch eine der in Art. 11 Abs. 1 lit. a–d VO Nr. 596/2014 bezeichnete Personen** als offenlegenden Marktteilnehmer (Art. 3 Abs. 1 Nr. 32 VO Nr. 596/2014) erfolgen. In Betracht kommt danach die Sondierung durch

- den Emittenten des Finanzinstruments, das Gegenstand des zu sondierenden Geschäfts sein soll (lit. a),
- einen Zweitanbieter eines Finanzinstruments, dies allerdings nur dann, wenn er das betreffende Finanzinstrument in einer Menge oder mit einem Wert anzubieten beabsichtig, aufgrund derer bzw. dessen sich das Geschäft vom üblichen Handel unterscheidet, wobei es außerdem auf einer Verkaufsmethode beruhen muss, die auf der Vorabbewertung des potenziellen Interesses möglicher Anleger beruht (lit. b),
- einen Teilnehmer am Markt für Emissionszertifikate (lit. c) oder
- einen Dritten, der im Auftrag oder für Rechnung einer der unter Buchstabe a, b oder c genannten Personen agiert (lit. d).

17 In den Fällen von **Art. 11 Abs. 1 lit. a–c VO Nr. 596/2014** sind die Personen, die ein Geschäft sondieren, solche, die selbst beabsichtigen, das Geschäft durchzuführen oder gegebenenfalls auch zu unterlassen. Wie sich aus **Art. 11 Abs. 1 lit. d VO Nr. 596/2014** ergibt, kommt als offenlegender Marktteilnehmer aber auch eine Person (**Dritter**) in Betracht, die „im Auftrag oder für Rechnung einer der unter Buchstabe a, b oder c genannten Personen agiert" (Rz. 21).

18 **Emittent** i.S. von Art. 11 Abs. 1 lit. a VO Nr. 596/2014 ist nach Art. 3 Abs. 1 Nr. 21 VO Nr. 596/2014 „eine juristische Person des privaten oder öffentlichen Rechts, die Finanzinstrumente emittiert oder deren Emission vorschlägt, wobei der Emittent im Fall von Hinterlegungsscheinen, die Finanzinstrumente repräsentieren, der Emittent des repräsentierten Finanzinstruments ist".

19 Ein **Zweitanbieter** eines Finanzinstruments ist der Anbieter eines signifikanten Zeichnungsangebots in Bezug auf bereits emittierte Finanzinstrumente, wobei Art. 11 Abs. 1 lit. b VO Nr. 596/2014 selbst definiert, was in diesem Sinne als signifikant anzusehen ist: das Angebot eines Finanzinstruments in einer Menge oder mit ei-

---

1 Ebenso *Brellochs* in Klöhn, Art. 11 MAR Rz. 36.
2 So *Singhof*, ZBB/JBB 2017, 193, 201.
3 Ebenso *Brellochs* in Klöhn, Art. 11 MAR Rz. 37.
4 S. Anhang III Punkt iv. DurchfVO 2016/959 vom 17.5.2016 (Rz. 6). Zum Pakethandel und zur Privatplatzierung s. auch *ESMA*, Final Report, S. 22 Rz. 69 ff. bzw. Rz. 71. S. auch *Meyer* in Meyer/Veil/Rönnau, Handbuch zum Marktmissbrauchsrecht, § 8 Rz. 80 ff.

nem Wert, aufgrund derer bzw. dessen sich das Geschäft vom üblichen Handel unterscheidet (näher unten Rz. 33), wobei das Angebot darüber hinaus auf einer Verkaufsmethode beruhen muss, die auf der Vorabbewertung des potenziellen Interesses möglicher Anleger beruht. Dabei handelt es sich um eine Definition, die derjenigen eines signifikanten Angebots in Art. 3 Abs. 2 lit. d und Art. 5 VO 2016/1052 zur Ergänzung der Marktmissbrauchsverordnung[1] entspricht. Zur Erläuterung der Definition s. Rz. 33. Weniger technisch ausgedrückt, ist Zweitanbieter der **Inhaber einer wesentlichen Beteiligung**, der diese außerbörslich zu veräußern sucht[2]. Zweitanbieter und nicht Emittent i.S.v. Art. 11 Abs. 1 lit. a VO Nr. 596/2014 ist das Unternehmen, das beabsichtigt, eigene, bereits emittierte Anteile über den Sekundärmarkt zu platzieren[3].

Ein **Teilnehmer am Markt für Emissionszertifikate** ist nach Art. 3 Abs. 1 Nr. 20 VO Nr. 596/2014 eine Person, die Geschäfte einschließlich der Erteilung von Handelsaufträgen, mit Emissionszertifikaten und anderen darauf beruhenden Auktionsobjekten oder Derivaten betreibt, und die nicht unter die Ausnahme von Art. 17 Abs. 2 Unterabs. 2 VO Nr. 596/2014 fällt. 20

Dritter ist jeder, der „**im Auftrag oder für Rechnung einer der unter Art. 11 Abs. 1 lit. a–c VO Nr. 596/2014 genannten Personen agiert**". Ein Dritter handelt **im Auftrag** einer dieser Personen, wenn er auf vertraglicher Grundlage[4] und nach deren Weisung[5] für diese tätig wird. Der Auftrag und die Verabredungen zwischen diesen Personen und dem Dritten können – formlos – mündlich oder schriftlich vorgenommen worden sein[6], wohingegen das Tätigwerden des Dritten ohne einen solchen Auftrag – obschon möglicherweise im Interesse einer dieser Personen – nicht erfasst ist[7]. Im Auftrag einer der in Art. 11 Abs. lit. a–c VO Nr. 596/2014 bezeichneten Person agiert der Dritte i.S.v. Art. 11 Abs. 1 lit. d Alt. 1 VO Nr. 596/2014 nicht nur dann, wenn daran gedacht ist, das zu sondierende Geschäft im Auftrag einer der Erstgenannten – etwa (im eigenen oder fremden Namen) für dessen Rechnung, wie es in Art. 11 Abs. 1 lit. d Alt. 2 VO Nr. 596/2014 heißt – abzuschließen, sondern auch dann, wenn er nur die Marktsondierung im „Auftrag" einer der in Art. 11 Abs. 1 lit. a–c VO Nr. 596/2014 genannten Personen durchführt[8]. **Für Rechnung** einer der unter Art. 11 Abs. 1 lit. a–c VO Nr. 596/2014 genannten Personen handelt der Dritte, wenn die Folgen seines Handelns nicht ihn, sondern diese Person treffen sollen[9]. 21

Denkbar ist, dass **mehrere Personen** als Zweitanbieter, oder Teilnehmer am Markt für Emissionszertifikate eine Marktsondierung **gemeinsam durchführen**. In diesem Falle hat jeder der gemeinschaftlich Handelnden[10] die Anforderungen an eine rechtmäßige Offenlegung von Insiderinformationen zu erfüllen[11]. Nicht ausgeschlossen ist es auch, dass sowohl eine der in Art. 11 Abs. 1 lit. a–c VO Nr. 596/2014 genannte Person als auch ein von ihr beauftragter Dritter i.S.v. Art. 11 Abs. 1 lit. d VO Nr. 596/2014 Marktsondierende sind[12]. 22

---

1 Delegierte Verordnung (EU) 2016/1052 der Kommission vom 8. März 2016 zur Ergänzung der Verordnung (EU) Nr. 596/2014 des Europäischen Parlaments und des Rates durch technische Regulierungsstandards für die auf Rückkaufprogramme und Stabilisierungsmaßnahmen anwendbaren Bedingungen, ABl. EU Nr. L 173 v. 30.6.2016, S. 34.
2 *Zetzsche* in Gebauer/Teichmann, § 7 C. Rz. 217, demzufolge hierunter Transaktionen ab 0,5 % des emittierten Kapitals fallen sollen, da ab solchen Größen Transaktionen über die Börse mit Liquiditätsabschlägen einhergingen. S. dazu auch Rz. 33.
3 Ebenso *Brellochs* in Klöhn, Art. 11 MAR Rz. 45.
4 I.E. ebenso *Brellochs* in Klöhn, Art. 11 MAR Rz. 47 („jedes vertragliche Dienstleistungs- oder Mandatsverhältnis zwischen dem Begünstigten und dem Dritten"); *Zetzsche*, AG 2016, 610, 612 („rechtliche Verknüpfung"); folgend *Fuhrmann*, WM 2018, 593, 597.
5 Nach ESMA, Final Report, S. 21 Rz. 66, handelt ein Dritter in Auftrag eines Marktsondierenden, wenn er auf Ersuchen des Letzteren tätig wird („acting at the request of the MSB"). Das wiederum soll Weisungen des Marktsondierenden gegenüber dem Dritten voraussetzen: „The third party is acting at the request of the MSB if it is taking part in the transaction under the MSB's mandate, including where the instructions are oral or written and where they are issued as part of discussions which the third party has initiated with the MSB or in connection with a request for proposal by the MSB".
6 *Meyer* in Meyer/Veil/Rönnau, Handbuch zum Marktmissbrauchsrecht, § 8 Rz. 77.
7 ESMA, Final Report, S. 21 Rz. 66; *Meyer* in Meyer/Veil/Rönnau, Handbuch zum Marktmissbrauchsrecht, § 8 Rz. 77.
8 ESMA, Final Report, S. 21 Rz. 66: „ESMA's view is that this should include situations where a third party, in order to prepare a transaction in which it is acting at the request of a MSB, sounds out potential investors with a view to determining the characteristics of the transaction."
9 I.E. *Brellochs* in Klöhn, Art. 11 MAR Rz. 47 (Handeln für Rechnung eines Dritten sollte „nicht nur in Treuhandsituationen" anzunehmen sein, „sondern immer dann, wenn der offenlegende Marktteilnehmer im wirtschaftlichen Interesse des Begünstigten tätig wird"); *Zetzsche*, AG 2016, 610, 612 („wirtschaftliche Verknüpfung", etwa durch Treuhand oder wesentliche Beteiligung); folgend *Fuhrmann*, WM 2018, 593, 597.
10 ESMA, Final Report, S. 23 Rz. 73 (Hervorhebung hinzugefügt): „There are circumstances in which more than one DMPs [disclosing market participants – offenlegende Marktteilnehmer] may conduct market soundings jointly... However, irrespective of how in practice more than one DMPs may decide to arrange for a market sounding to be jointly conducted, *every DMP will have to comply* with the requirements set forth in Level 1 and present draft technical standards, as the issue of joint market soundings has not been considered within the mandate." Auch *Meyer* in Meyer/Veil/Rönnau, Handbuch zum Marktmissbrauchsrecht, § 8 Rz. 77.
11 Zur Verpflichtung aus Art. 11 Abs. 3 Satz 1 VO Nr. 596/2014 im Falle eines Konsortiums *Zetzsche*, AG 2016, 610, 614.
12 ESMA, Final Report, S. 21 Rz. 64, S. 23 Rz. 73 („For example, an issuer and its financial advisor may both act in their capacity as DMPs [disclosing market participants – offenlegende Marktteilnehmer] for the purposes of Article 11 of MAR").

23 **cc) Offenlegung von Insiderinformationen.** Zur Frage, wann die Offenlegung von Insiderinformationen im Zuge einer Marktsondierung nach Art. 11 Abs. 1 VO Nr. 596/2014 rechtmäßig ist, s. die Ausführungen in Rz. 34 ff. Schon hier ist darauf hinzuweisen, dass Art. 11 Abs. 4 i.V.m. Abs. 1 VO Nr. 596/2014 nicht verlangen, dass die Offenlegung erforderlich ist (näher Rz. 35).

24 **c) Marktsondierung des potenziellen Bieters in einem Übernahmeangebot (Art. 11 Abs. 2 VO Nr. 596/2014).** Art. 11 Abs. 4 VO Nr. 596/2014 bestimmt, dass „für die Zwecke des Artikels 10 Absatz 1" VO Nr. 596/2014 eine Offenlegung von Insiderinformationen, die im Verlauf einer Marktsondierung vorgenommen wurde, rechtmäßig ist, wenn der offenlegende Marktteilnehmer die Verpflichtungen nach Art. 11 Abs. 3 und 5 VO Nr. 596/2014 erfüllt. Das gilt auch für die Offenlegung von Insiderinformationen von Insiderinformationen durch eine Person, die beabsichtigt, ein Übernahmeangebot für die Anteile eines Unternehmens oder für einen Unternehmenszusammenschluss an Dritte zu richten, im Zuge einer darauf gerichteten Marktsondierung nach Art. 11 Abs. 2 VO Nr. 596/2014. Zwar wird Art. 11 Abs. 2 VO Nr. 596/2014 in Art. 11 Abs. 4 VO Nr. 596/2014 nicht erwähnt, doch bestimmt Art. 11 Abs. 2 VO Nr. 596/2014 ausdrücklich, dass auch die Offenlegung nach dieser Vorschrift eine Marktsondierung darstellt. Zu den Anforderungen an die Rechtmäßigkeit der Offenlegung von Insiderinformationen im Zuge der Marktsondierung nach Art. 11 Abs. 2 VO Nr. 596/2014 s. Rz. 34 ff. Im Text von Art. 11 Abs. 2 VO Nr. 596/2014 vor lit. a muss es – bislang nicht berichtigt – statt „einem Marktsondierung" richtigerweise „eine Marktsondierung" heißen.

25 Die Marktsondierung nach Art. 11 Abs. 2 VO Nr. 596/2014 und die Offenlegung von Insiderinformationen im Zuge derselben muss **durch eine Person** erfolgen, die beabsichtigt, ein Übernahmeangebot für die Anteile eines Unternehmens oder für einen Unternehmenszusammenschluss an Dritte zu richten, d.h. durch den **Bieter** des potenziellen Übernahmeangebots. Andere Personen kommen nicht in Betracht, was sich daraus ergibt, dass Art. 11 Abs. 2 VO Nr. 596/2014 keine Art. 11 Abs. 1 lit. d VO Nr. 596/2014 vergleichbare Regelung enthält, die es auch einem Dritten, der im Auftrag oder für Rechnung des Bieters auftritt, eine Marktsondierung durchzuführen. Das mag als nicht praktisch erscheinen, doch ist nicht erkennbar, dass darin eine planwidrige Lücke liegt und Art. 11 Abs. 1 lit. d VO Nr. 596/2014 zur Schließung derselben analog anzuwenden sei[1]. Deshalb ist den Bietern bis auf Weiteres nicht anzuraten, Dritte mit der Marktsondierung i.S.d. Art. 11 Abs. 2 VO Nr. 596/2014 zu beauftragen und eine unrechtmäßige Offenlegung von Insiderinformationen in Kauf zu nehmen.

26 **Übernahmeangebot** nach Art. 11 Abs. 2 VO Nr. 596/2014 ist ein Übernahmeangebot i.S.d. RL 2004/25/EG[2] betreffend Übernahmeangebote[3]. Wenn in gemeinschaftsrechtlichen Rechtsakten von Übernahmeangeboten die Rede ist, dann sind auch solche gemeint, die im Gemeinschaftsrecht als Übernahmeangebote bezeichnet werden und in einer diesbezüglichen Richtlinie Gegenstand der Rechtsangleichung sind. Darüber hinaus entspricht dies auch der Zielsetzung der Vorschrift, über die in Art. 11 Abs. 1 VO Nr. 596/2014 erfassten Erwerbsgeschäfte hinaus die spezielle Transaktionsform des Übernahmeangebots in einer deren Besonderheit angemessenen Weise zu privilegieren. Ein Übernahmeangebot ist nach Art. 2 Abs. 1 lit. a RL 2004/25/EG ein „an die Inhaber der Wertpapiere einer Gesellschaft gerichtetes (und nicht von der Zielgesellschaft selbst abgegebenes) öffentliches Pflicht- oder freiwilliges Angebot zum Erwerb eines Teils oder aller dieser Wertpapiere, das sich an den Erwerb der Kontrolle der Zielgesellschaft im Sinne des einzelstaatlichen Rechts anschließt oder diesen Erwerb zum Ziel hat". Nicht dieser Transaktionsform entsprechende Erwerbsgeschäfte – d.h. nicht auf den Kontrollerwerb gerichtete sog. einfache Erwerbsangebote – sind dagegen keine Übernahmeangebote i.S.v. Art. 11 Abs. 2 VO Nr. 596/2014[4], unterfallen aber regelmäßig Art. 11 Abs. 1 VO Nr. 596/2014.

27 Erfasst sind damit **nach deutschem Recht** auf den **Erwerb der Kontrolle gerichtete Übernahmeangebote** i.S.d. § 29 Abs. 1 WpÜG. Kontrolle ist nach § 29 Abs. 2 Satz 1 WpÜG „das Halten von mindestens 30 Prozent der Stimmrechte an der Zielgesellschaft aus dem Bieter gehörenden Aktien der Zielgesellschaft oder dem Bieter nach § 30 zugerechneten Stimmrechten an der Zielgesellschaft". Nicht auf die Erlangung einer Kontrollmehrheit gerichtete Wertpapiererwerbsangebote (i.S.v. §§ 10 ff. WpÜG) scheiden dagegen aus dem Anwendungsbereich des Art. 11 Abs. 2 VO Nr. 596/2014 aus (Rz. 26). Gleiches gilt für Pflichtangebote nach § 35 WpÜG: Sie sind zum einen – bei Vorliegen der gesetzlichen Voraussetzungen – unabhängig von der Absicht des Bieters zur Abgabe eines Angebots i.S.v. Art. 11 Abs. 2 VO Nr. 596/2014 (Rz. 29) abzugeben. Zum anderen hat der Bieter ein Pflichtangebot nach § 35 Abs. 1 Satz 1 WpÜG nur für den Fall abzugeben, dass er bereits „unmittelbar oder mittelbar die Kontrolle über eine Zielgesellschaft erlangt" hat; für eine Marktsondierung zum Zwecke der Willensbildung des Bieters zur Abgabe eines Übernahmeangebots ist unter diesen Umständen kein Raum.

---

1 Wie hier *Hopt/Kumpan* in Schimansky/Bunte/Lwowski, § 107 Rz. 112. Für eine analoge Anwendung von Art. 11 Abs. 1 lit. d VO Nr. 596/2014: *Brellochs* in Klöhn, Art. 11 MAR Rz. 59; *Fuhrmann*, WM 2018, 593, 598; *Zetzsche*, AG 2016, 610, 612.
2 Richtlinie 2004/25/EG des Europäischen Parlaments und des Rates vom 21. April 2004 betreffend Übernahmeangebote, ABl. EU Nr. L 142 v. 30.4.2004, S. 12.
3 Ebenso *Fuhrmann*, WM 2018, 593, 597; *Hopt/Kumpan* in Schimansky/Bunte/Lwowski, § 107 Rz. 112; *Kumpan* in Baumbach/Hopt, HGB, (16a) Marktmissbrauchsverordnung (MAR), Art. 11 Rz. 3; *Meyer* in Meyer/Veil/Rönnau, Handbuch zum Marktmissbrauchsrecht, § 8 Rz. 78; *Poelzig*, NZG 2016, 528, 534. A.A. *Brellochs* in Klöhn, Art. 11 MAR Rz. 66; *Zetzsche* in Gebauer/Teichmann, § 7 C. Rz. 219; *Zetzsche*, AG 2016, 610, 612.
4 S. das in vorstehender Fußnote wiedergegebene Schrifttum.

Wenn Art. 11 Abs. 2 VO Nr. 596/2014 ein Übernahmeangebot für die Anteile eines Unternehmens oder **für einen Unternehmenszusammenschluss** verlangt, so ist damit nur ein Unternehmenszusammenschluss gemeint, der aufgrund und im Gefolge eines Übernahmeangebots erfolgen soll[1]. Nicht erfasst sind damit Verhandlungen über einen Unternehmenszusammenschluss mit einer Zielgesellschaft, der auf andere Weise als durch Erwerb von Wertpapieren der Zielgesellschaft im Wege eines Übernahmeangebots erfolgen soll. Der Unternehmenszusammenschluss muss damit für die Zwecke von Art. 11 Abs. 2 und 4 VO Nr. 596/2014 ein über die Abgabe eines Übernahmeangebots hinausgehendes beabsichtigtes Ziel sein. Da die Absicht des Bieters für den Fall der Erlangung der Kontrollmehrheit Teil einer informierten Entscheidung der Adressaten eines Übernahmeangebots sind, ist es für diese gerade im Hinblick auf eine mögliche Ablehnung des Angebots von Bedeutung, in welcher Unternehmenskonstellation sie sich als Aktionäre der Zielgesellschaft zukünftig mit welchen Rechten befinden werden. Als Unternehmenszusammenschluss kommen deshalb alle Formen der Verbindung von Unternehmen zu einer Wirtschaftseinheit in Betracht[2]. 28

Im Hinblick auf den Umstand, dass die Marktsondierung einerseits zu Ergebnissen führen kann, die den Abbruch des Vorhabens eines Übernahmeangebots für die Anteile eines Unternehmens oder für einen Unternehmenszusammenschluss nach sich ziehen, andererseits jede Weitergabe einer Insiderinformationen die Gefahr von Insidergeschäften steigert und dem Zweck des Insiderrechts zuwiderläuft, ist im Hinblick auf die von Art. 11 Abs. 2 VO Nr. 596/2014 *expressis verbis* verlangte **Absicht des Bieters** zu verlangen, dass der potenzielle Bieter eine Übernahmeangebot ernsthaft in Erwägung zieht. Das sollte entsprechend auch für das „Geschäft" i.S.d. Art. 11 Abs. 1 VO Nr. 596/2014 erforderlich sein (dazu Rz. 15). 29

Das Übernahmeangebot muss sich nach Art. 11 Abs. 2 VO Nr. 596/2014 an „**Dritte**" richten, die „**Anspruch auf die Unternehmensanteile**" haben. Damit sind nicht nur Anteilseigner gemeint, die – etwa aufgrund eines Bezugsrechts oder Umtauschrechts – Anspruch auf Anteile der Zielgesellschaft haben, auf die das Übernahmeangebot gerichtet sein soll, also noch keine Eigentümer dieser Anteile sind, sondern auch jene, die bereits über die entsprechenden Anteile verfügen. Wie sich aus Art. 11 Abs. 2 lit. a und b VO Nr. 596/2014 ergibt, ist damit keineswegs eine Marktsondierung bei allen Adressaten des potenziellen Übernahmeangebots gemeint. Rechtmäßig ist vielmehr nur die Marktsondierung und Offenlegung von Insiderinformationen bei bzw. gegenüber solchen Dritten, deren Bereitschaft zur Annahme des Übernahmeangebots für den Erfolg und die damit Abgabe des Übernahmeangebots erforderlich ist (Art. 11 Abs. 2 lit. b VO Nr. 596/2014) und die sich deshalb eine Meinung über ihre diesbezügliche Bereitschaft bilden müssen, für die die Offenlegung der fraglichen Insiderinformationen erforderlich, d.h. unerlässlich ist[3]. Zu Einzelheiten betreffend die **Rechtmäßigkeit der Offenlegung von Insiderinformationen** im Zuge beabsichtigter Übernahmeangebote s. die Ausführungen zu Rz. 37 ff. 30

d) Konkretisierungen – Beispiele. Eine **Marktsondierung durch den Emittenten** (Art. 11 Abs. 1 lit. a VO Nr. 596/2014) ist etwa denkbar, wenn der Emittent beabsichtigt, auf der Grundlage einer entsprechenden Ermächtigung der Hauptversammlung zur Ausgabe eigener Aktien gegen Barzahlung unter Ausschluss des Bezugsrechts der Aktionäre, Aktien bei institutionellen Investoren zu platzieren. Als Beispiel für die Marktsondierung durch einen Emittenten führt Erwägungsgrund 33 Satz 2 VO Nr. 596/2014 den Fall an, dass ein Emittent beabsichtigt, die Begebung eines Schuldtitels oder eine zusätzliche Kapitalerhöhung anzukündigen, und sich davor an wichtige Investoren wendet und ihnen die vollständigen Geschäftsbedingungen mitteilt, um eine finanzielle Zusage für die Beteiligung an dem Geschäft zu erhalten; auch wenn hier bereits eine Zusage zu einem Geschäft angestrebt wird, geht es dabei darum, das Interesse eines potenziellen Anlegers an einem möglichen Geschäft i.S.v. Art. 11 Abs. 1 VO Nr. 596/2014 auszuloten. 31

Einer Marktsondierung zugänglich ist es etwa, wenn ein **Emittent**, der eine reguläre **Kapitalerhöhung** plant und dies mit den diesbezüglichen Eckdaten bereits per Ad-hoc-Mitteilung veröffentlicht hat, nach möglichen Investoren sucht, die bereit sind, nicht platzierte Aktien aus der Kapitalerhöhung abzunehmen, wobei aufgrund früherer Geschäftsbeziehungen und seiner Marktkenntnisse für ihn als Geschäftspartner – einzeln oder zusammen mit anderen – allenfalls drei oder vier Unternehmen in Betracht kommen. Hier liegen mit einer beabsichtigen sog. *Back-stop*-Vereinbarung mit dem Emittenten nur der Gegenstand und die Zielrichtung eines **möglichen Geschäfts** vor, dessen Details sich erst – vergleichbar Vertragsverhandlungen – aus der Marktsondierung heraus ergeben werden. Gleichwohl ist im Hinblick auf dieses Geschäft eine Marktsondierung nach Art. 11 VO Nr. 596/2014 möglich. Davon unabhängig ist keine Person, die als offenlegender Marktteilnehmer i.S.v. Art. 11 VO Nr. 596/2014 in Betracht kommt, verpflichtet, eine Marktsondierung durchzuführen. Scheidet etwa der Umstand, weshalb ein Emittent eine Marktsondierung in Erwägung zieht, als Insiderinformation aus, weil er – wie hier – bereits öffentlich bekannt ist, und sind keine weiteren vorhanden oder zu erwarten, so spricht viel 32

---

1 Implizit auch *Brellochs* in Klöhn, Art. 11 MAR Rz. 69.
2 Für einen solchen weiten Begriff des Unternehmenszusammenschlusses auch *Brellochs* in Klöhn, Art. 11 MAR Rz. 68 f. In Rz. 68 heißt es: „… jede Form der Unternehmensverbindung …, die aus zwei oder mehreren Unternehmen eine Wirtschaftseinheit macht, sei es durch eine Verschmelzung oder durch Einbringung der Aktien der Zielgesellschaft (zB im Rahmen einer Sachkapitalerhöhung) oder im Rahmen eines Joint Ventures".
3 Auch *Kumpan* in Baumbach/Hopt, HGB, (16a) Marktmissbrauchsverordnung (MAR), Art. 11 Rz. 3.

Art. 11 VO Nr. 596/2014 | Marktsondierungen

dafür, dass sich der Emittent den Aufwand einer Marktsondierung erspart. Kommt der Emittent im Zuge der stattdessen vorgenommenen Vertragsverhandlungen mit den potenziellen Partnern einer *Back-stop*-Vereinbarung in den Besitz von Insiderinformationen und erweist es sich als für die Aufgabe des potenziellen Vertragspartners und die Festlegung des Vertragsinhalts, namentlich der Leistungskonditionen, als erforderlich, dies dem potenziellen Vertragspartner offenzulegen, bereitet dies Schwierigkeiten: Einerseits ist ein Quereinstieg in das Marktsondierungsverfahren oder ein Rückfall auf den Ausgangspunkt einer Marktsondierung hier nicht mehr möglich. Andererseits ist die Rechtmäßigkeit der Weitergabe von Insiderinformationen im Zuge von Vertragsverhandlungen nicht rechtssicher geklärt und allenfalls dann zulässig, wenn sie zur Erfüllung der zivilrechtlichen Informationspflicht unerlässlich ist (s. Art. 10 VO Nr. 596/2014 Rz. 25).

33 Auch derjenige, der etwa ein **Paket von Aktien eines Emittenten** hält, kann zur Veräußerung derselben, namentlich zur Sondierung der Chancen und der Absetzbarkeit des Pakets, unter den Voraussetzungen des **Art. 11 Abs. 1 lit. b VO Nr. 596/2014** eine Marktsondierung mit Offenlegung von Insiderinformationen durchführen. Die Vorschrift erlaubt ihm die Offenlegung von Insiderinformationen in diesem Zusammenhang aber nur, wenn er das betreffende Finanzinstrument in einer Menge oder mit einem Wert anbietet, aufgrund derer bzw. dessen sich das Geschäft vom üblichen Handel unterscheidet, wobei es außerdem auf einer Verkaufsmethode beruht, die auf der Vorabbewertung des potenziellen Interesses möglicher Anleger beruht. Das zu veräußernde Aktienpaket muss mithin ein Volumen oder einen Wert haben, die sich vom üblichen Handel in- oder außerhalb der Börse, unterscheidet. Tatsächlich hat die ESMA hier Transaktionen vor Augen, die den „Zweitanbieter" und das Zweitangebot in die Nähe einer Zweitplatzierung rücken. Dementsprechend sieht sie die in Art. 11 Abs. 1 lit. b VO Nr. 596/2014 angeführten Voraussetzungen nur erfüllt, wenn das zu veräußernde Paket von Finanzinstrumenten ein Ausmaß hat, dass seine Größe – im Verhältnis zum durchschnittlichen Handelsvolumen oder dem Gesamtwert der angebotenen Anteile – der Veräußerung des Pakets innerhalb eines durchschnittlichen Handelstags entgegenstehen würde oder die Information über die Veräußerung des Pakets den Kurs der Finanzinstrumente wahrscheinlich erheblich beeinträchtigen würde[1].

34 **2. Rechtmäßigkeit der Offenlegung von Insiderinformationen im Zuge der Marktsondierung (Art. 11 Abs. 4 VO Nr. 596/2014). a) Überblick und allgemeine Rechtmäßigkeitsanforderungen. aa) Marktsondierung in Bezug auf Geschäfte mit Finanzinstrumenten i.S.v. Art. 11 Abs. 1 VO Nr. 596/2014.** Liegt eine Marktsondierung i.S.v. Art. 11 Abs. 1 VO Nr. 596/2014 vor, so ist nach Art. 11 Abs. 4 VO Nr. 596/2014 die Offenlegung von Insiderinformationen im Zuge der Marktsondierung rechtmäßig, wenn der offenlegende Marktteilnehmer die **Verpflichtungen nach Art. 11 Abs. 3 und 5 VO Nr. 596/2014**[2] und nach den diese ergänzenden und konkretisierenden Bestimmungen der DelVO 2016/960 und der DurchfVO 2016/959 (Rz. 6) erfüllt (schon Rz. 7). Zu diesen Verpflichtungen im Einzelnen nachfolgend in Rz. 40 ff. Bestimmte Erwägungsgründe zur Marktmissbrauchsverordnung[3] und zur Delegierten Verordnung[4] insinuieren, eine Offenlegung von Insiderinformationen, die im Verlauf einer Marktsondierung vorgenommen wurde, werde nur dann so betrachtet, dass sie im Zuge der normalen Ausübung der Beschäftigung oder des Berufs oder der normalen Erfüllung der Aufgaben einer Person vorgenommen worden sei, wenn der offenlegende Marktteilnehmer die Verpflichtungen gemäß *allen Bestimmungen der Marktmissbrauchsverordnung und der Delegierten Verordnung* erfülle. Wäre dies tatsächlich so gemeint, wie vorstehend ausgeführt, wäre dies mit dem klaren Wortlaut von Art. 11 Abs. 4 VO Nr. 596/2014 nicht vereinbar und widerspräche zudem dem Umstand, dass die über die Anforderungen von Art. 11 Abs. 3 und 5 VO Nr. 596/2014 hinausgehenden Vorschriften mit Art. 11 Abs. 6 VO Nr. 596/2014 nur nachlaufende Pflichten des Offenlegenden betreffen und Art. 11 Abs. 7 und 8 VO Nr. 596/2014 lediglich Pflichten des Empfängers der offengelegten Informationen zum Gegenstand haben. Deshalb spricht viel dafür, dass mit den Formulierungen „diese Verordnung nicht einhalten" und „sämtlicher einschlä-

---

1 *ESMA*, Final Report, S. 22 Rz. 69: „Such soundings … will usually take place in cases where blocks are so significant that their size, in relation to the average trading volume or market capitalisation, would impede their execution within the average trading day or where the information about the block trade would be likely to have a significant effect on the price of the financial instrument".
2 *Grundmann* in Staub, Bd. 11/1, 5. Aufl. 2017, 6. Teil Rz. 428, 430; *Hopt/Kumpan* in Schimansky/Bunte/Lwowski, § 107 Rz. 113, 114.
3 Erwägungsgrund 35 Sätze 4 und 5 VO Nr. 596/2014 (Hervorhebung hinzugefügt): „Von Marktteilnehmern, die bei der Durchführung einer Marktsondierung *diese Verordnung* nicht einhalten, sollte nicht angenommen werden, dass sie Insiderinformationen unrechtmäßig offengelegt haben, sie können jedoch nicht in den Genuss der Ausnahme kommen, die denjenigen gewährt wird, die diese Bestimmungen eingehalten haben. Ob sie gegen das Verbot einer unrechtmäßigen Offenlegung von Insiderinformationen verstoßen haben, sollte unter Berücksichtigung *sämtlicher einschlägigen Bestimmungen dieser Verordnung untersucht werden*, und alle offenlegenden Marktteilnehmer sollten verpflichtet sein, vor der Durchführung einer Marktsondierung ihre Beurteilung schriftlich niederzulegen, ob diese Marktsondierung die Offenlegung von Insiderinformationen einschließt."
4 Erwägungsgrund 5 Satz 2 DelVO 2016/960 v. 17.5.2016, ABl. EU Nr. L 160 v. 17.6.2016, S. 29 (Hervorhebung hinzugefügt): „In diesem Zusammenhang sollte nur insoweit davon ausgegangen werden, dass der offenlegende Marktteilnehmer im Zuge der normalen Ausübung seiner Arbeit oder seines Berufes oder der normalen Erfüllung seiner Aufgaben handelt, wie *er alle in Artikel 11 der Verordnung (EU) Nr. 596/2014 und in dieser Verordnung festgelegten Anforderungen einhält*, was auch die Führung schriftlicher Aufzeichnungen einschließt."

gigen Bestimmungen dieser Verordnung" bzw. „alle in Artikel 11 der Verordnung (EU) Nr. 596/2014 und in dieser Verordnung festgelegten Anforderungen einhält" in den (in den vorstehenden Fußnoten wiedergegebenen) Erwägungsgründen 35 Sätze 4 und 5 VO Nr. 596/2014 bzw. Erwägungsgrund 5 Satz 2 DelVO 2016/960 nur die Anforderungen gemeint sind, die Art. 11 Abs. 4 VO Nr. 596/2014 als Rechtmäßigkeitsvoraussetzungen aufführt.

Nicht zu den Rechtmäßigkeitsvoraussetzungen gehört es darüber hinaus nach dem eindeutigen Wortlaut von Art. 11 Abs. 1 und Abs. 4 VO Nr. 596/2014 und im Gegensatz zu den diesbezüglichen Besonderheiten einer Marktsondierung i.S.v. Art. 11 Abs. 2 VO Nr. 596/2014, dass die Offenlegung der Insiderinformationen **erforderlich**, d.h. im Sinne der Auslegung dieses Merkmals durch die *Grøngaard und Bang*-Entscheidung des EuGH vom 22.11.2005[1] unerlässlich ist (Art. 10 VO Nr. 596/2014 Rz. 20)[2]. Dabei ist es nicht einmal Voraussetzungen, dass sich die offengelegten Insiderinformationen auf die Finanzinstrumente beziehen, die Gegenstand des zu sondierenden Geschäfts sein sollen, doch wird man zur Verhinderung der zweckwidrigen Verwendung einer Marktsondierung verlangen, dass die offengelegten Insiderinformationen in einem **Zusammenhang mit dem zu sondierenden Geschäft** stehen oder, mit anderen Worten, für die jeweilige Marktsondierung **nützlich** oder **zweckmäßig** sind[3]. 35

Art. 11 Abs. 2 VO Nr. 596/2014 bestimmt, seine Vorschriften über die Marktsondierung im Zusammenhang mit beabsichtigten Übernahmeangeboten seien „**unbeschadet des Art. 23 Abs. 3**" anzuwenden. Das ist vor allem im Hinblick auf Art. 23 Abs. 3 Unterabs. 2 VO Nr. 596/2014 von Bedeutung, in dem es heißt, die Marktmissbrauchsverordnung lasse „Gesetze sowie Rechts- und Verwaltungsvorschriften, die in Bezug auf Übernahmeangebote, Zusammenschlüsse und andere Transaktionen erlassen werden, die die Eigentumsverhältnisse oder die Kontrolle von Unternehmen betreffen und die durch die von den Mitgliedstaaten gemäß Artikel 4 der Richtlinie 2004/25/EG des Europäischen Parlaments und des Rates benannten Aufsichtsbehörden reguliert werden und zusätzlich zu den Anforderungen dieser Verordnung weitere Anforderungen auferlegen, unberührt". Allerdings sind derzeit keine Regelungen erkennbar, die mit derjenigen über die Marktsondierung im Zuge vom Übernahmeangeboten kollidieren könnten oder diesbezüglich über die Vorschriften in Art. 11 VO Nr. 596/2014 hinausgingen. 36

bb) **Marktsondierung bei beabsichtigtem Übernahmeangebot i.S.v. Art. 11 Abs. 2 VO Nr. 596/2014.** Anders verhält es sich mit einer Marktsondierung bei beabsichtigtem Übernahmeangebot i.S.v. Art. 11 Abs. 2 VO Nr. 596/2014. Auch diese ist nach Art. 11 Abs. 4 VO Nr. 596/2014 nur rechtmäßig, wenn der offenlegende Marktteilnehmer die **Verpflichtungen nach Art. 11 Abs. 3 und 5 VO Nr. 596/2014** erfüllt. Zwar wird Art. 11 Abs. 2 VO Nr. 596/2014 in Art. 11 Abs. 4 VO Nr. 596/2014 nicht erwähnt, doch bestimmt Art. 11 Abs. 2 VO Nr. 596/2014 ausdrücklich, dass auch die Offenlegung nach dieser Vorschrift eine Marktsondierung darstellt (Rz. 24). Darüber hinaus ist eine Marktsondierung nach Art. 11 Abs. 2 VO Nr. 596/2014 im Hinblick auf beabsichtigte Übernahmeangebote jedoch nur rechtmäßig, wenn beide der in Art. 11 Abs. 2 lit. a und b VO Nr. 596/2014 aufgeführten **Erforderlichkeitsvoraussetzungen** erfüllt sind. 37

Die erste diesbezügliche Voraussetzung – **nach Art. 11 Abs. 2 lit. a VO Nr. 596/2014** – für die Rechtmäßigkeit der Offenlegung von Insiderinformationen im Zuge von Marktsondierung nach Art. 11 Abs. 2 VO Nr. 596/2014 besteht darin, dass die Offenlegung **erforderlich sein muss**, um es den **potenziellen Adressaten des Übernahmeangebots** – d.h. Personen, die bereits über Anteile der Zielgesellschaft verfügen oder Anspruch auf die im Rahmen des Übernahmeangebots anzudienenden Anteile haben – zu ermöglichen, sich über ihre Bereitschaft, ihre Unternehmensanteile anzubieten, **eine Meinung zu bilden**. Erforderlich ist eine Offenlegung zu diesem Zweck nach der Auslegung dieses Merkmals in der *Grøngaard und Bang*-Entscheidung des EuGH vom 22.11.2005[4], wenn sie für die Meinungsbildung des Empfängers im vorstehenden Sinne unerlässlich ist[5]. Dabei sind als unerlässlich solche Informationen anzusehen, die ein Anleger wie der mit der Marktsondierung Angesprochene – d.h. nicht der durchschnittliche, sondern gerade der Anleger, um dessen potenzielle Andienung von Anteilen und diesbezügliche Meinungsbildung es geht – eher als nicht bei seiner Meinungsbildung berücksichtigt wird, denn es geht um Unerlässlichkeit im Hinblick auf dessen Mitwirkung im potenziellen Übernahmeangebot. Die Offenlegung von Insiderinformationen **gegenüber Personen, die nicht als Adressaten eines Übernahmeangebots in Frage kommen**, sondern als Mitbieter gewonnen werden sollen, ist durch Art. 11 38

---

1 EuGH v. 22.11.2005 – C-384/02, ECLI:EU:C:2005:708 – Grøngaard und Bang, NJW 2006, 133, 134 Rz. 34.
2 S. schon Rz. 7. Ebenso *Hopt/Kumpan* in Schimansky/Bunte/Lwowski, § 107 Rz. 113; *Singhof*, ZBB/JBB 2017, 193, 202; *Zetzsche* in Gebauer/Teichmann, § 7 C. Rz. 168. I.E. auch *Tissen*, NZG 2015, 1254, 1256.
3 So i.E. auch *Zetzsche* in Gebauer/Teichmann, § 7 C. Rz. 168; *Zetzsche*, NZG 2015, 817, 820.
4 EuGH v. 22.11.2005 – C-384/02, ECLI:EU:C:2005:708 – Grøngaard und Bang, NJW 2006, 133, 134 Rz. 34.
5 A.A. *Brellochs* in Klöhn, Art. 11 MAR Rz. 71: „Erforderlichkeit im engeren Sinn (ohne die Information kann die Entscheidung nicht getroffen werden) kann damit nicht gemeint sein. Vielmehr muss es ausreichen, wenn die Information aus Ex-ante-Sichtweise des offenlegenden Marktteilnehmers die Entscheidungsfindung der Aktionäre der Zielgesellschaft unterstützen oder sonst befördern könnte" (Hervorhebungen weggelassen). Für eine differenzierte Übertragung der *Grøngaard und Bang*-Entscheidung auf die Marktmissbrauchsverordnung – Anwendbarkeit im Rahmen von Art. 10 VO Nr. 596/2014, jedoch nicht im Rahmen von Art. 11 VO Nr. 596/2014 – *Fuhrmann*, WM 2018, 645, 648.

Abs. 2 VO Nr. 596/2014 nicht erfasst[1]. Allerdings ist die Weitergabe der Insiderinformationen über ein geplantes Übernahmeangebot an solche Personen regelmäßig als rechtmäßig i.S.v. Art. 10 Abs. 1 Unterabs. 1 VO Nr. 596/2014 anzusehen[2]. Das gilt auch dann, wenn der Bieter ein Übernahmeangebot selbst für den Fall abzugeben erwägt oder entschlossen ist, dass ein Mitbieter nicht gefunden werden kann. Soweit der Bieter seinen Entschluss zur Abgabe eines Übernahmeangebots von der Beteiligung von Mitbietern abhängig macht, mag es bei der Weitergabe von Informationen über das geplante Übernahmeangebot schon an einer Insiderinformation mangeln.

39 Zusätzlich zum Erfordernis nach Art. 11 Abs. 2 lit. a VO Nr. 596/2014 muss – nach **Art. 11 Abs. 2 lit. b VO Nr. 596/2014** – die **Bereitschaft des Empfängers** von Insiderinformationen (des „Dritten") nach **vernünftigem Ermessen erforderlich** sein, damit der offenlegende Marktteilnehmer und Bieter das Angebot für die Übernahme oder den Unternehmenszusammenschluss abgibt. Die Erforderlichkeit ist auch hier im Sinne der *Grøngaard und Bang*-Entscheidung des EuGH zu bestimmen (s. Rz. 38)[3]. Die Beantwortung der Frage, ob der potenzielle Bieter die Bereitschaft des Empfängers der Insiderinformationen nach vernünftigem Ermessen zur Voraussetzung für seine Entscheidung zur Abgabe des beabsichtigten Übernahmeangebots machen darf, ist eine objektiv zu beurteilende. Dabei kommt es, unter Würdigung aller **Umstände des Einzelfalls** – darunter namentlich der Verhältnisse des potenziellen Bieters und seiner Bieterinteressen, der Anteilseignerstruktur der Zielgesellschaft sowie der Markt- und Wettbewerbsverhältnisse – darauf an, ob es angesichts des Ermittelten **wirtschaftlich vertretbar** ist, die die Entscheidung zur Abgabe des beabsichtigten Übernahmeangebots von der Bereitschaft des Dritten zur Andienung seiner Anteile an der Zielgesellschaft abhängig zu machen.

40 **b) Rechtmäßigkeitsanforderungen nach Art. 11 Abs. 3 VO Nr. 596/2014.** Die Offenlegung von Insiderinformationen im Zuge einer Marktsondierung – gleich ob es sich um eine solche nach Art. 11 Abs. 1 oder Abs. 2 VO Nr. 596/2014 handelt – ist nur rechtmäßig, wenn der offenlegende Marktteilnehmer (Rz. 9) u.a. die **Verpflichtungen nach Art. 11 Abs. 3 VO Nr. 596/2014** und nach die diese konkretisierenden Bestimmungen der DelVO 2016/960 und der DurchfVO 2016/959 (Rz. 6) erfüllt. In Art. 11 Abs. 3 Satz 4 VO Nr. 596/2014 muss es – bislang nicht berichtigt – statt „Dieser Verpflichtung" richtigerweise „Dieser Verpflichtung" heißen.

41 Nach **Art. 11 Abs. 3 Satz 1 VO Nr. 596/2014** muss ein offenlegender Marktteilnehmer **vor der Durchführung einer Marktsondierung** insbesondere berücksichtigen, ob die im Zuge der Marktsondierung zu übermittelnden Informationen die Offenlegung von Insiderinformationen umfassen (kurz: **Berücksichtigungspflicht**). **Offenlegender Marktteilnehmer** ist nach Art. 3 Abs. 1 Nr. 32 VO Nr. 596/2014 eine natürliche oder juristische Person, die zu einer der Kategorien gem. Art. 11 Abs. 1 lit. a–d VO Nr. 596/2014 sowie Art. 11 Abs. 2 VO Nr. 596/2014 gehört und im Zuge einer Marktsondierung Informationen offenlegt. Werden als offenlegende Marktteilnehmer mehrere Personen tätig, kann jede über unterschiedliche offenzulegende Insiderinformationen verfügen, weshalb – etwa bei einem Konsortium aus Banken als Zweitanbieter oder Dritte i.S.v. Art. 11 Abs. 1 lit. b bzw. d VO Nr. 596/2014 – eine gemeinsame Beurteilung zur Erfüllung der Berücksichtigungspflicht erforderlich ist[4]. Sollte es hierbei zur wechselseitigen Offenlegung von Insiderinformationen kommen, so ist diese als gesetzlich geschuldet und unerlässlich anzusehen (Art. 10 VO Nr. 596/2014 Rz. 24).

42 In der in Art. 11 Abs. 3 Satz 1 VO Nr. 596/2014 formulierten Berücksichtigungspflicht wäre schwerlich ein überprüfbares Rechtmäßigkeitserfordernis zu sehen, wäre der offenlegende Marktteilnehmer nach Art. 11 Abs. 3 Satz 2 VO Nr. 596/2014 nicht gleichzeitig verpflichtet, schriftliche Aufzeichnungen über seine Schlussfolgerung und über ihre Gründe anzufertigen (kurz: **Aufzeichnungspflicht**) und diese nach Art. 11 Abs. 3 Satz 3 VO Nr. 596/2014 der zuständigen Behörde auf deren Ersuchen vorzulegen (kurz: **Vorlagepflicht nach Ersuchen der Aufsichtsbehörde**). Auch wenn bei der Vorbereitung bis zum Beginn der Marktsondierung keine gegebenenfalls offenzulegenden Insiderinformationen vorliegen, empfiehlt es sich im Hinblick darauf, dass solche Insiderinformationen im Verlauf der Marktsondierung aufkommen können oder Informationen im Nachhinein als Insiderinformationen zu qualifizieren sind und damit die Inanspruchnahme der Marktsondierungsausnahme erforderlich werden kann, dies vor Beginn der Marktsondierung zu berücksichtigen und entsprechend aufzuzeichnen.

43 Die Berücksichtigungspflicht, die Aufzeichnungspflicht und die Vorlagepflicht nach Ersuchen der Aufsichtsbehörde im vorstehend (Rz. 41) dargelegten Sinne gilt nach Art. 11 Abs. 3 Satz 4 VO Nr. 596/2014 für jede **nach Beginn der Marktsondierung** erstmalige oder gegebenenfalls weitere, im Verlauf der Marktsondierung

---

1 *Hopt/Kumpan*, ZGR 2017, 765, 788.
2 Ausführlich *Hopt/Kumpan*, ZGR 2017, 765, 787 ff.
3 A.A. zwangsläufig – s. Rz. 37 – *Brellochs* in Klöhn, Art. 11 MAR Rz. 74 („Erforderlichkeit im engeren Sinn (der potenzielle Bieter kann seine Entscheidung nicht ohne Kenntnis der Position der Aktionäre der Zielgesellschaft treffen) ist auch hier nicht notwendig. Vielmehr sollte es auch ausreichen, wenn die Entscheidung des potenziellen Bieters durch die Kenntnis der Bereitschaft der Aktionäre der Zielgesellschaft, ihre Anteile anzubieten, unterstützt oder sonst befördert wird" – Hervorhebungen weggelassen); *Fuhrmann*, WM 2018, 645, 648.
4 *Zetzsche*, AG 2016, 610, 614 („einheitliche Einschätzung"). Die Erfüllung der darauf aufbauenden Pflichten ist auf einen Konsortialführer delegierbar.

vorgenommene **Offenlegung** von Informationen (kurz: **laufende Berücksichtigungs-, Aufzeichnungs- und die Vorlagepflicht**). Art. 11 Abs. 3 Satz 5 VO Nr. 596/2014 verpflichtet den offenlegenden Marktteilnehmer (Rz. 41) darüber hinaus zur entsprechenden Aktualisierung seiner schriftlichen Aufzeichnungen (kurz: **Aktualisierungspflicht**). Diesem Erfordernis wird allerdings regelmäßig schon dadurch Genüge getan, dass der Verpflichtete im Falle jeder neueren Offenlegung auf den früheren Aufzeichnungen aufbaut und diese um die jeweils neu vorzunehmenden Aufzeichnungen, gegebenenfalls unter Bezugnahme auf die Früheren, ergänzt.

c) **Rechtmäßigkeitsanforderungen nach Art. 11 Abs. 5 VO Nr. 596/2014.** Die Rechtmäßigkeit der Offenlegung von Insiderinformationen im Zuge einer Marktsondierung – gleich ob es sich um eine solche nach Art. 11 Abs. 1 oder Abs. 2 VO Nr. 596/2014 handelt – setzt des Weiteren voraus, dass der offenlegenden Marktteilnehmer (Rz. 9) vor der Offenlegung die **Verpflichtungen nach Art. 11 Abs. 5 VO Nr. 596/2014** und nach den diese konkretisierenden Bestimmungen der DelVO 2016/960 und der DurchfVO 2016/959 (Rz. 6) erfüllt. Dabei handelt es sich zum einen um Verpflichtungen gegenüber der „Person …, die die Marktsondierung erhält" (Art. 11 Abs. 5 Unterabs. 1 lit. a–d VO Nr. 596/2014) und zum anderen um Aufzeichnungspflichten in Bezug auf die dieser Person übermittelten Informationen, einschließlich einer Pflicht, der zuständigen Behörde auf deren Ersuchen die Aufzeichnungen vorzulegen (Art. 11 Abs. 5 Unterabs. 2 VO Nr. 596/2014). In Art. 11 Abs. 5 Unterabs. 1 lit. d VO Nr. 596/2014 muss es – bislang nicht berichtigt – statt „auch verpflichtet ist" richtigerweise „auch verpflichtet" heißen. 44

Im Mittelpunkt der Verpflichtungen, die der offenlegenden Marktteilnehmer gegenüber der Person zu erfüllen hat, die die Marktsondierung erhält, steht die sich aus **Art. 11 Abs. 5 Unterabs. 1 lit. a VO Nr. 596/2014** ergebende Pflicht, deren **Zustimmung zum Erhalt von Insiderinformationen**. Das heißt, dass diese Person darüber zu informieren ist, dass es im Zuge der Marktsondierung dazu kommen kann, dass sie Insiderinformationen erhält und sie der Offenlegung solcher Informationen ihr gegenüber zustimmt. Mit dem Erhalt von Insiderinformationen steigen auch die Risiken des unrechtmäßigen Umgangs des Empfängers mit denselben, weshalb der rechtlich nicht zur Mitwirkung an einer Marktsondierung Verpflichtete nicht ohne seine Zustimmung in den Besitz von Insiderinformationen gelangen soll. 45

Die Weiteren der sich aus Art. 11 Abs. 5 Unterabs. 1 lit. b–d VO Nr. 596/2014 ergebenden Pflichten des offenlegenden Marktteilnehmers sind Instruktionspflichten desselben gegenüber der Person, die die Marktsondierung erhält. Im Einzelnen muss er diese in Kenntnis setzen, dass 46

- ihr die Nutzung und der Versuch der Nutzung der ihr mitgeteilten Insiderinformationen in Form des Erwerbs oder der Veräußerung von Finanzinstrumenten, auf die sich diese Informationen beziehen, gleich ob direkt oder indirekt oder für eigene Rechnung oder für die Rechnung Dritter, untersagt sind (lit. b);
- ihr die Nutzung und der Versuch der Nutzung in Form der Stornierung oder Änderung eines bereits erteilten Auftrags in Bezug auf ein Finanzinstrument, auf das sich diese Informationen beziehen, untersagt sind (lit. c), und
- sie sich mit der Zustimmung, die Informationen zu erhalten, auch verpflichtet, die Vertraulichkeit der Informationen zu wahren (lit. d).

Schließlich unterliegt der offenlegenden Marktteilnehmer nach Art. 11 Abs. 5 Unterabs. 2 VO Nr. 596/2014 **Pflichten zur Erstellung und Führung von Aufzeichnungen**. Korrespondierend zu den auf der Berücksichtigungspflicht des Art. 11 Abs. 3 Satz 1 VO Nr. 596/2014 (Rz. 41) aufbauenden Aufzeichnungspflichten nach Art. 11 Abs. 3 Sätze 1, 4 und 5 Art. 11 (Rz. 42 f.) muss der offenlegenden Marktteilnehmer **Aufzeichnungen erstellen und führen zu** 47

- sämtlichen Informationen (d.h. nicht nur Insiderinformationen), die der Person, die die Marktsondierung erhält, übermittelt wurden (Art. 11 Abs. 5 Unterabs. 2 Satz 1 VO Nr. 596/2014), darunter
- nach Art. 11 Abs. 5 Unterabs. 2 Satz 1 VO Nr. 596/2014 auch die Informationen, der der Person, die die Marktsondierung erhält, gem. Art. 11 Abs. 5 Unterabs. 1 lit. a–d VO Nr. 596/2014 übermittelt wurden, d.h. zur Information dieser Person, dass sie Insiderinformationen erhalten kann oder wird sowie deren Zustimmung hierzu nach Art. 11 Abs. 5 Unterabs. 1 lit. a VO Nr. 596/2014 (Rz. 45) sowie die Informationen zur Instruktion dieser Personen nach Art. 11 Abs. 5 Unterabs. 1 lit. b–d VO Nr. 596/2014 (Rz. 46), und,
- ebenfalls nach Art. 11 Abs. 5 Unterabs. 2 Satz 1 VO Nr. 596/2014, Informationen über die Identität der potenziellen Anleger, gegenüber denen die Informationen offengelegt wurden – das sind die die Marktsondierung erhaltenden Personen – einschließlich u.a. der juristischen und natürlichen Personen, die im Auftrag des potenziellen Anleger handeln, und des Datums und der Uhrzeit einer jeden Offenlegung.

Die vorgenannten Aufzeichnungen muss der offenlegende Marktteilnehmer nach Art. 11 Abs. 5 Unterabs. 2 Satz 2 VO Nr. 596/2014 der zuständigen Behörde auf deren Ersuchen zur Verfügung stellen. 48

d) **Ergänzung bzw. Konkretisierung der Rechtmäßigkeitsanforderungen nach Art. 11 Abs. 3 und 5 VO Nr. 596/2014 durch die DelVO 2016/960 und die DurchfVO 2016/959.** In Ergänzung und Konkretisierung der vorstehend angeführten Pflichten eines offenlegenden Marktteilnehmers nach der Marktmissbrauchsverordnung, die erfüllt sein müssen, um die Offenlegung von Insiderinformationen im Zuge einer Marktsondie- 49 rung rechtmäßig zu machen, finden sich in der DelVO 2016/960 (Rz. 6) weitere zu den Rechtmäßigkeitserfordernissen zu rechnende Verhaltenspflichten, die ihrerseits wieder in der DurchfVO 2016/959 (Rz. 6) durch Festlegung technischer Durchführungsstandards konkretisiert werden. Die zahlreichen diesbezüglichen Anforderungen sind technisch und hinreichend präzis und verlangen weder eine Erläuterung im Einzelnen noch eine Wiederholung der nach dem Text von Art. 11 VO Nr. 596/2014 wiedergegebenen DelVO 2016/960 und DurchfVO 2016/95. Die nachfolgenden Erläuterungen beschränken sich deshalb weitgehend auf eine systematische und die vorstehend angeführten Verordnungen integrierte Auflistung der sich aus diesen ergebenden, **Art. 11 Abs. 3 und 5 VO Nr. 596/2014 ergänzenden Verpflichtungen.**

50 **aa) Einrichtung, Überprüfung und Aktualisierung von Verfahren für die Zwecke der Durchführung von Marktsondierungen.** Die Rechtmäßigkeitserfordernisse nach Art. 11 Abs. 4 VO Nr. 596/2014 und namentlich Art. 11 Abs. 5 VO Nr. 596/2014 werden durch die Vorschriften von Art. 1 und 2 DelVO 2016/960 über die Einrichtung, Überprüfung und Aktualisierung von Verfahren für die Zwecke der Durchführung von Marktsondierungen „zur Einhaltung von Artikel 11 Absätze 4, 5, 6 und 8" VO Nr. 596/2014 – so Art. 1 DelVO 2016/960 – ergänzt. Von besonderer Bedeutung ist dabei die offenlegende Marktteilnehmer nach Art. 2 Abs. 1 bzw. Art. 1 DelVO 2016/960 treffende Pflicht, Verfahren einzurichten, mit denen die Modalitäten der Durchführung der Marktsondierungen genau bestimmt werden, und diese von ihnen eingeführten Regelungen und Verfahren regelmäßig zu überprüfen und gegebenenfalls zu aktualisieren.

51 Nach Art. 6 Abs. 1 lit. a DelVO 2016/960 haben offenlegende Marktteilnehmer sicherzustellen, dass zu den Verfahren nach Art. 1 und Art. 2 DelVO 2016/960 **Aufzeichnungen** auf einem dauerhaften Datenträger so geführt werden, dass deren Zugänglichkeit und Lesbarkeit während der Vorhaltezeit nach Art. 11 Abs. 8 VO Nr. 596/2014 gewährleistet sind. Die Aufzeichnungen sind gem. Art. 6 Abs. 4 DelVO 2016/960 der zuständigen Behörde auf Ersuchen vorzulegen. Sämtliche Aufzeichnungen sind nach Art. 1 DurchfVO 2016/959 in einem **elektronischen Format** zu führen. Die Aufzeichnungen sind gem. Art. 6 Abs. 4 DelVO 2016/960 der **zuständigen Behörde auf Ersuchen vorzulegen**. Sie sind nach Art. 11 Abs. 8 VO Nr. 596/2014 mindestens **fünf Jahre aufzubewahren**.

52 **bb) Pflichten in Bezug auf Personen, die erklärt haben, keine Marktsondierung erhalten zu wollen.** Die Aufzeichnungspflichten nach Art. 11 Abs. 3 Sätze 4 und 5 VO Nr. 596/2014 und nach Art. 11 Abs. 5 Unterabs. 2 VO Nr. 596/2014 sowie die Pflicht nach Art. 11 Abs. 5 Unterabs. 1 lit. a VO Nr. 596/2014 zur Einholung der Bereitschaft einer jeden Person, die Marktsondierung erhält, Insiderinformationen übermittelt zu bekommen, ergänzend, verlangt

– Art. 4 Abs. 2 Satz 1 DelVO 2016/960 die Erstellung einer Liste aller potenziellen Anleger, die ihnen mitgeteilt haben, dass sie entweder in Bezug auf alle potenziellen Geschäfte oder nur für bestimmte Arten von Geschäften keine Marktsondierungen erhalten möchten, und

– Art. 4 Abs. 2 Satz 2 DelVO 2016/960, dass der offenlegende Marktteilnehmer bei den Personen, die den Erhalt von Insiderinformationen abgelehnt haben, solchen Personen für die Zwecke von Marktsondierungen auch keine Insiderinformationen übermittelt.

Die nach Art. 4 Abs. 2 Satz 1 DelVO 2016/960 verlangten Informationen sind nach Art. 3 Abs. 2 DurchfVO 2016/959 in einer einzigen Liste aufzuzeichnen.

53 **cc) Liste zu den Personen, die Marktsondierung erhalten.** Die Aufzeichnungspflichten nach Art. 11 Abs. 3 Sätze 4 und 5 VO Nr. 596/2014 sowie namentlich nach Art. 11 Abs. 5 Unterabs. 2 VO Nr. 596/2014 ergänzend, verlangt Art. 4 Abs. 1 DelVO 2016/960 die Führung einer Liste zu den Personen, die die Marktsondierung erhalten. Sie muss Angaben enthalten *erstens* zu den Namen aller natürlichen und juristischen Personen, gegenüber denen im Verlauf der Marktsondierung Informationen offengelegt wurden, *zweitens* zum Datum und zur Uhrzeit einer jeden Informationsübermittlung, die im Verlauf oder nach der Marktsondierung stattgefunden hat, und *drittens* zu den für die Zwecke der Marktsondierung verwendeten Kontaktangaben der Personen, die die Marktsondierung erhalten. Nach Art. 3 Abs. 1 DurchfVO 2016/959 sind die nach Art. 4 Abs. 1 DelVO 2016/960 aufzuzeichnenden Informationen für jede Marktsondierung in einer separaten Liste aufzuzeichnen.

54 Nach Art. 6 Abs. 1 lit. c DelVO 2016/960 haben offenlegende Marktteilnehmer sicherzustellen, dass zu den gem. Art. 4 DelVO 2016/960 erforderlichen Angaben zu Personen, die die Marktsondierung erhalten, **Aufzeichnungen** auf einem dauerhaften Datenträger so geführt werden, dass deren Zugänglichkeit und Lesbarkeit während der Vorhaltezeit nach Art. 11 Abs. 8 VO Nr. 596/2014 gewährleistet sind. Die Aufzeichnungen sind gem. Art. 6 Abs. 4 DelVO 2016/960 der zuständigen Behörde auf Ersuchen vorzulegen. Sämtliche Aufzeichnungen sind nach Art. 1 DurchfVO 2016/959 in einem **elektronischen Format** zu führen. Die Aufzeichnungen sind gem. Art. 6 Abs. 4 DelVO 2016/960 der **zuständigen Behörde auf Ersuchen vorzulegen**. Sie sind nach Art. 11 Abs. 8 VO Nr. 596/2014 mindestens **fünf Jahre aufzubewahren**.

55 **dd) Vorbereitung und Durchführung der Informationsübermittlung. (1) Verfahren zum Austausch eines Standardsatzes von Informationen.** Nach Art. 11 Abs. 1 VO Nr. 596/2014 ist wesentliches Merkmal einer Marktsondierung die Übermittlung von Informationen vor der Ankündigung eines Geschäfts. Werden in deren

Zuge auch Insiderinformationen übermittelt, so ist dies nur dann rechtmäßig, wenn der offenlegende Marktteilnehmer vor deren Übermittlung die Pflichten aus Art. 11 Abs. 3 und 5 VO Nr. 596/2014 erfüllt. Diese Pflichten zur Vorbereitung und Durchführung der Informationsübermittlung teils konkretisierend teils ergänzend, verlangen *zum einen* Art. 3 Abs. 1 DelVO 2016/960, dass offenlegende Marktteilnehmer über Verfahren verfügen, auf deren Grundlage während der Marktsondierungen mit den Personen, die die Marktsondierung erhalten, ein **Standardsatz von Informationen** ausgetauscht wird, wobei die Reihenfolge im Voraus festgelegt sein muss, und *zum anderen* Art. 3 Abs. 2 und 5 DelVO 2016/960, dass dieser Standardsatz für jede Marktsondierung vor deren Durchführung festgelegt und allen Personen, die Marktsondierung erhalten, gleichermaßen zur Verfügung gestellt wird. Wie dieser Standardsatz an Informationen auszusehen hat, regeln Art. 3 Abs. 3 und 4 DelVO 2016/960 und differenzieren hierbei danach, ob die die Marktsondierung nach Auffassung des offenlegenden Marktteilnehmers die Offenlegung von Insiderinformationen beinhalten wird (in diesem Fall richtet sich ihr Inhalt nach Art. 3 Abs. 3 lit. a–h DelVO 2016/960) oder nicht (in diesem Fall richtet sich ihr Inhalt nach Art. 3 Abs. 4 lit. a–f DelVO 2016/960).

Letzteres – d.h. die Erstellung eines Standardsatzes von Informationen nach Art. 3 Abs. 1 DelVO 2016/960 für den Fall, dass der offenlegende Marktteilnehmer **nicht mit der Offenlegung von Insiderinformationen rechnet** – ist im Hinblick darauf von Bedeutung, dass der offenlegende Marktteilnehmer im Zuge einer Marktsondierung Insiderinformationen erhalten kann, die er zum Zwecke des Erfolgs der Marktsondierung an denjenigen offenzulegen beabsichtigt, der die Marktsondierung erhält. Eine Weitergabe wäre in diesem Fall nur rechtmäßig, wenn zuvor die Vorschriften von Art. 11 Abs. 4 i.V.m. Abs. 3 und 5 VO Nr. 596/2014 und darüber hinaus auch diejenige von Art. 3 Abs. 1 und 2 VO Nr. 596/2014 und insbesondere Art. 11 Abs. 4 VO Nr. 596/2014 eingehalten worden sind.

Nach Art. 6 Abs. 1 lit. b DelVO 2016/960 haben offenlegende Marktteilnehmer sicherzustellen, dass zum Standardsatz von Informationen, der gem. Art. 3 DelVO 2016/960 für jede Marktsondierung festgelegt wird, **Aufzeichnungen** auf einem dauerhaften Datenträger so geführt werden, dass deren Zugänglichkeit und Lesbarkeit während der Vorhaltezeit nach Art. 11 Abs. 8 VO Nr. 596/2014 gewährleistet sind. Die Aufzeichnungen sind gem. Art. 6 Abs. 4 DelVO 2016/960 der zuständigen Behörde auf Ersuchen vorzulegen. Sämtliche Aufzeichnungen sind nach Art. 1 DurchfVO 2016/959 in einem **elektronischen Format** zu führen. Die Aufzeichnungen sind gem. Art. 6 Abs. 4 DelVO 2016/960 der **zuständigen Behörde auf Ersuchen vorzulegen**. Sie sind nach Art. 11 Abs. 8 VO Nr. 596/2014 mindestens **fünf Jahre aufzubewahren**.

(2) Übermittlung von Informationen – Aufzeichnungs- und Aufbewahrungspflichten. Im Hinblick auf die den Voraussetzungen der Rechtmäßigkeit der Offenlegung von Insiderinformationen im Zuge einer Marktsondierung zuzurechnenden Anforderungen an die Übermittlung von Insiderinformationen nach Art. 3 DelVO 2016/960 sind auch die Anforderungen von Art. 6 Abs. 1 lit. d, Abs. 2–4 DelVO 2016/960 *einerseits* an die Aufzeichnung der **für die Zwecke der Marktsondierung vorgenommenen Informationsübermittlungen** zwischen dem offenlegenden Marktteilnehmer und allen Personen, die die Marktsondierung erhalten haben, und *andererseits* an die Aufbewahrung dieser Aufzeichnung zu stellenden Anforderungen zu den **Rechtmäßigkeitsvoraussetzungen** einer Insiderinformationsweitergabe nach Art. 11 Abs. 4 VO Nr. 596/2014 zu zählen.

Was hiernach **aufzuzeichnen und aufzubewahren ist**, ist Art. 6 Abs. 1 lit. e DelVO 2016/960 zu entnehmen. Danach müssen offenlegende Marktteilnehmer sicherstellen, zu allen für die Zwecke der Marktsondierung vorgenommenen Informationsübermittlungen zwischen dem offenlegenden Marktteilnehmer und allen Personen, die die Marktsondierung erhalten haben, einschließlich aller Unterlagen, die der offenlegende Marktteilnehmer den Personen, die die Marktsondierung erhalten, bereitgestellt hat, Aufzeichnungen auf einem dauerhaften Datenträger so geführt werden, dass deren Zugänglichkeit und Lesbarkeit während der Vorhaltezeit gem. Art. 11 Abs. 8 VO Nr. 596/2014 gewährleistet sind.

Die **Aufbewahrungspflicht** erstreckt Art. 6 Abs. 2 DelVO 2016/960 auf bestimmte, in lit. a–d der Vorschrift aufgeführte **Aufzeichnungs- und Mitteilungsmedien**. Zu Einzelheiten ist auf die Vorschrift zu verweisen. Besondere Bestimmungen gelten dabei für den in Art. 6 Abs. 2 lit. e DelVO 2016/960 aufgeführten Fall der Übermittlung der für die Zwecke der Marktsondierung vorgenommenen Informationen im Rahmen **nicht aufgezeichneter Zusammenkünfte oder Telefongespräche** für die schriftlichen **Protokolle oder Vermerke** zu diesen Zusammenkünften oder Telefongesprächen. Im Zusammenhang mit Aufbewahrungspflichten werden in Abs. 6 Abs. 3 DelVO 2016/960 nähere **inhaltlichen Anforderungen** an diese Protokolle und Vermerke gestellt. Hinsichtlich der Einzelheiten ist auch hier auf die Vorschrift zu verweisen. Nach Art. 2 DurchfVO 2016/959 erstellen offenlegende Marktteilnehmer erstellen die schriftlichen Protokolle oder Vermerke in einem elektronischen Format und verwenden dabei für den in Art. 6 Abs. 2 lit. e DelVO 2016/960 aufgeführten Fall der Übermittlung der für die Zwecke der Marktsondierung vorgenommenen Informationen, wenn die Marktsondierung ihrer Auffassung nach die Offenlegung von Insiderinformationen einschließt, das Muster in Anhang I, oder, wenn die Marktsondierung ihrer Auffassung nach keine Offenlegung von Insiderinformationen einschließt, das Muster in Anhang II der DurchfVO 2016/959.

Sämtliche Aufzeichnungen sind nach Art. 1 DurchfVO 2016/959 in einem **elektronischen Format** zu führen. Die Aufzeichnungen sind gem. Art. 6 Abs. 4 DelVO 2016/960 der **zuständigen Behörde auf Ersuchen vorzulegen**. Sie sind nach Art. 11 Abs. 8 VO Nr. 596/2014 mindestens **fünf Jahre aufzubewahren**.

62 **III. Weitere Anforderungen an eine Marktsondierung (Art. 11 Abs. 6–8 VO Nr. 596/2014).** Art. 11 Abs. 6–8 VO Nr. 596/2014 sowie diese ergänzenden oder konkretisierenden Vorschriften der DelVO 2016/960 und der DurchfVO 2016/959 enthalten weitere Anforderungen an eine Marktsondierung. Diese sind jedoch mangels Erwähnung in Art. 11 Abs. 4 VO Nr. 596/2014 nicht Bestandteil der Voraussetzungen, unter denen die Offenlegung von Insiderinformationen im Zuge einer Marktsondierung rechtmäßig ist (Rz. 38)[1].

63 **1. Informationspflicht bei Wegfall einer übermittelten Insiderinformation (Art. 11 Abs. 6 VO Nr. 596/2014).** Wurden im Zuge einer Marktsondierung eine Insiderinformation offengelegt und verlieren diese „nach Einschätzung des offenlegenden Marktteilnehmers ihre Eigenschaft als Insiderinformationen", so hat dieser den Empfänger nach Art. 11 Abs. 6 Unterabs. 1 VO Nr. 596/2014 unverzüglich darüber **zu informieren** (sog. *Cleansing*). Über solche Informationen hat der offenlegende Marktteilnehmer nach Art. 11 Abs. 6 Unterabs. 2 VO Nr. 596/2014 und nach Art. 4 Abs. 2 DurchfVO 2016/959 entsprechend dem Muster in Anhang III zu dieser Verordnung **Aufzeichnungen** zu führen, die der zuständigen Behörde auf deren Ersuchen zur Verfügung zu stellen sind. Die Vorschrift ist **nicht Teil der Rechtmäßigkeitsvoraussetzungen** der Offenlegung von Insiderinformationen im Zuge einer Marktsondierung[2] und unterliegt auch keiner verwaltungsrechtlichen **Sanktion**. Überwiegend dem Interesse desjenigen dienend, der die Marktsondierung erhält, ist ihr gleichwohl auch jede **zivilrechtliche Bedeutung** im Hinblick auf die Konkretisierung zivilrechtlicher Pflichten eines offenlegenden Marktteilnehmers abzusprechen, da dem Verordnungsgeber sowie – für die Vorschriften in der DelVO 2016/960 und der DurchfVO 2016/959 – der Kommission hierfür jegliche Kompetenz fehlt. Derjenige, der die Marktsondierung erhält, ist an die „Einschätzung" des offenlegenden Marktteilnehmers nicht gebunden, sondern muss nach Art. 11 Abs. 7 VO Nr. 596/2014 selbst die „Einschätzung" vornehmen, ob sie im Besitz von Insiderinformationen ist und ob die Eigenschaft einer Information als Insiderinformation entfallen ist.

64 Da der offenlegende Marktteilnehmer nicht notwendigerweise der Emittent der Finanzinstrumente ist, die Gegenstand eines beabsichtigten Geschäfts und der Marktsondierung sind, trifft ihn eine eigenständige Pflicht, demjenigen, der Empfänger der Marktsondierung ist, mitzuteilen, dass ihm übermittelte Informationen ihre Eigenschaft als Insiderinformationen verloren haben. Ob dies der Fall ist, überlässt Art. 11 Abs. 6 Unterabs. 1 VO Nr. 596/2014 der „**Einschätzung**" – ein insbesondere als Rechtsbegriff Ekel erregendes Wort, das dem Gefasel der Journalisten von Nachrichtensendungen namentlich öffentlich-rechtlicher Sender hätte vorbehalten bleiben sollen und das im Recht nichts verloren hat – des offenlegenden Marktteilnehmers. An dessen diesbezügliches Urteil stellt die Vorschrift keine besonderen Anforderungen: Maßgeblich ist das Urteilsvermögen des jeweils betroffenen offenlegenden Marktteilnehmers. Weder ist Rechtsrat einzuholen noch sind Nachforschungen darüber anzustellen, ob übermittelte Informationen ihre Eigenschaft als Insiderinformationen verloren haben. Einer solchen „Einschätzung" bedarf es nicht mehr, wenn die offengelegte Insiderinformation – und nicht nur ein Teil derselben – diese Eigenschaft durch Offenlegung im Wege der Veröffentlichung nach Art. 17 VO Nr. 596/2014 verloren hat. In diesem Fall ist auch eine Mitteilung nach Art. 11 Abs. 6 Unterabs. 1 VO Nr. 596/2014 nicht erforderlich. Wird die Insiderinformation auf andere Weise öffentlich bekannt, besteht keine Gewähr, dass sie auch denjenigen erreicht, der die Marktsondierung erhält. Das könnte die ESMA vor Augen gehabt haben, wenn sie ausführt, die Informationspflicht des Art. 11 Abs. 6 Unterabs. 1 VO Nr. 596/2014 entfalle nicht bereits deswegen, weil das (**beabsichtigte) Geschäft**, auf die sich die Marktsondierung bezog, **öffentlich bekannt** wurde[3], wobei sie hierbei unausgesprochen vom beabsichtigten Geschäft als Insiderinformation ausgeht. Viel spricht dafür, dass die ESMA das auch für den Fall nicht anders sieht, dass das fragliche Geschäft durch Offenlegung nach Art. 17 VO Nr. 596/2014 öffentlich bekannt wurde, weil kein Weg des öffentlichen Bekanntwerdens des sondierten Geschäfts – worauf die Behörde abstellt – eine Gewähr dafür geben kann[4], dass nicht ein Teil des sondierten Geschäfts öffentlich unbekannt (geblieben) ist, und diese nur durch die Mitteilung des offenlegenden Marktteilnehmers zu erhalten ist. Das erscheint im Hinblick auf den Schutz der Interessen desjenigen, der die Marktsondierung erhält, allerdings paternalistischer als geboten.

65 Die **Angaben**, die der offenlegenden Marktteilnehmer nach Art. 11 Abs. 6 Unterabs. 1 VO Nr. 596/2014 zu übermitteln hat, sind in Art. 5 lit. a–e DelVO 2016/960 aufgeführt. Die **Liste** ist abschließend, d.h. die Mitteilung darf auch keine zusätzlichen Informationen enthalten. Eine Begründung dafür, weshalb eine Information die Eigenschaft als Insiderinformation verloren hat, ist nach dieser Liste nicht abzugeben und darf dementsprechend auch nicht abgegeben werden, was sich damit rechtfertigen lässt, dass eine solche Begründung leicht ihrerseits Insiderinformationen enthalten könnte.

---

1 Ausdrücklich zu Art. 11 Abs. 6–8 VO Nr. 596/2014 auch *Grundmann* in Staub, Bd. 11/1, 5. Aufl. 2017, 6. Teil Rz. 430.
2 Ebenso *Grundmann* in Staub, Bd. 11/1, 5. Aufl. 2017, 6. Teil Rz. 430; *Poelzig*, NZG 2017, 528, 535; *Singhof*, ZBB/JBB 2017, 193, 204; *Zetzsche*, AG 2016, 610, 615; *Zetzsche* in Gebauer/Teichmann, § 7 C. Rz. 230.
3 *ESMA*, Final Report, S. 28 f. Rz. 107 (Hervorhebung hinzugefügt): „ESMA does not consider it appropriate to presume that the DMP [disclosing market participant – offenlegende Marktteilnehmer] has complied with its obligation under Article 11(6) of MAR only *because the transaction the receivers were sounded about has been made public.* Depending on the characteristic of the transaction and the information disclosed, the information disclosed during the market sounding *may still be, at least partially, inside information.*"
4 S. den zweiten Satz der in der vorigen Fußnote widergegebenen Ausführungen der ESMA.

Die nach Art. 5 Delegierte Verordnung (EU) 2016/960 **mitzuteilenden Angaben** sowie die **Informationen, die zu der Einschätzung geführt haben**, dass die während der Marktsondierung übermittelten Informationen ihre Eigenschaft als Insiderinformationen verloren haben, sind nach Art. 6 Abs. 1 lit. e DelVO 2016/960 **aufzuzeichnen**. Die Aufzeichnungen sind nach Art. 6 Abs. 1 (vor lit. a ff.) DelVO 2016/960 auf einem dauerhaften Datenträger so zu führen, so dass deren Zugänglichkeit und Lesbarkeit während der Vorhaltezeit gem. Art. 11 Abs. 8 VO Nr. 596/2014 gewährleistet sind. 66

Nach Art. 4 Abs. 1 DurchfVO 2016/959 haben offenlegende Marktteilnehmer die Personen, die die Marktsondierungen erhalten haben, **schriftlich** darüber in Kenntnis zu setzen, dass die im Verlauf der Marktsondierung offengelegten Informationen ihre Eigenschaft als Insiderinformationen verloren haben. 67

2. Eigenverantwortlichkeit des Empfängers einer Marktsondierung bei der Beurteilung einer Information als Insiderinformation (Art. 11 Abs. 7 VO Nr. 596/2014). Art. 11 VO Nr. 596/2014 und die ihn ergänzenden Bestimmungen der DelVO 2016/960 und DurchfVO 2016/959 schließen nicht aus, verlangen aber auch nicht, dass der offenlegende Marktteilnehmer bei der Übermittlung von Informationen im Zuge Marktsondierung kenntlich macht, ob es sich bei diesen um Insiderinformationen handelt oder nicht. Dem entspricht die Regelung des Art. 11 Abs. 7 VO Nr. 596/2014, demzufolge die Person, die die Marktsondierung erhält, selbst die „Einschätzung" vorzunehmen hat, „ob sie im Besitz von Insiderinformationen ist und wenn sie nicht mehr im Besitz von Insiderinformationen ist". Auch wenn der offenlegende Marktteilnehmer ihr nach Art. 11 Abs. 6 Unterabs. 1 VO Nr. 596/2014 mitzuteilen hat, dass eine Information ihre Eigenschaft als Insiderinformation verloren hat, liegt die Verantwortung im Hinblick auf Verstöße gegen die in Art. 14 VO Nr. 596/2014 bezeichneten Insiderhandelsverbote bei demjenigen, der die Marktsondierung und die in deren Zuge weitergegebenen Insiderinformationen erhält[1]. Dabei ist in der Regel die Information, eine Marktsondierung zu einem bestimmten, noch nicht angekündigten Geschäft in Finanzinstrumenten zu erhalten, diejenige Information, die naheliegendste. 68

Es ist eine Frage der Umstände des Einzelfalls, ob diese Person der „Einschätzung" des offenlegenden Marktteilnehmers folgen und sich bei einem objektiven Verstoß gegen eines der Insiderhandelsverbote auf fehlenden Vorsatz berufen kann. Das ist jedenfalls durch Art. 11 Abs. 7 VO Nr. 596/2014 nicht ausgeschlossen, zumal dieser von demjenigen, der die Marktsondierung erhält, nicht mehr als eine „Einschätzung" verlangt, was allerdings seinerseits im Hinblick auf die an die Beurteilung der Tatbestandsmerkmale einer Insiderinformation keine Abkehr von den diesbezüglichen Anforderungen an den Anleger rechtfertigt. Ein gewisse Indizwirkung[2] kommt der „Einschätzung des offenlegenden Marktteilnehmers" in der Weise zu, als die Marktsondierung erhaltende Person sich nach der Prüfung der Plausibilität dieser „Einschätzung" und mangels anderweitiger Anhaltspunkte rechtlicher oder informationeller Art auf diese verlassen kann. Dafür spricht, dass der Marktsondierende regelmäßig informationell am nächsten an der Beurteilung einer Information als Insiderinformation ist. Sollte die Person, die die Marktsondierung erhält, zu der vom offenlegenden Marktteilnehmer abweichenden Auffassung gelangen, dass es sich bei einer Information um eine Insiderinformation handelt oder nicht, so besteht keine Verpflichtung, dies dem offenlegenden Marktteilnehmer mitzuteilen. Sie ist daran aber auch nicht gehindert, solange mit einer solchen Mitteilung nicht Insiderinformationen offengelegt werden, die ihrerseits dem offenlegenden Marktteilnehmer nicht bekannt waren[3]. 69

Für die Beurteilung der Rechtmäßigkeit der Offenlegung im Rahmen einer Marktsondierung ist die Vorschrift – wie sich aus Art. 11 Abs. 4 VO Nr. 596/2014 folgern lässt, in dem sie nicht als Rechtmäßigkeitsvoraussetzung erwähnt ist – ohne Bedeutung. 70

3. Aufbewahrungsfrist (Art. 11 Abs. 8 VO Nr. 596/2014). Nach Art. 11 Abs. 8 VO Nr. 596/2014 sind die Aufzeichnungen „gemäß diesem Artikel" von dem offenlegenden Marktteilnehmer mindestens fünf Jahre lang aufzubewahren. Gemeint sind nur die Aufzeichnungen, die nach Art. 11 VO Nr. 596/2014 vorgenommen werden müssen. Zu den nach Aufzeichnungen „gemäß diesem Artikel" gehören aber auch diejenigen, die nach den diesen Artikel ergänzenden und konkretisierenden Verordnungen, der DelVO 2016/960 und der DurchfVO 2016/959, vorzunehmen sind. 71

IV. Ermächtigungen (Art. 11 Abs. 9 und 10 VO Nr. 596/2014). Zu durchgehenden Harmonisierung von Art. 11 VO Nr. 596/2014 im Wege von dessen Ergänzung und Konkretisierung enthalten Art. 11 Abs. 9 und 10 VO Nr. 596/2014 verschiedene Ermächtigungen der ESMA und der Kommission zum Tätigwerden auf den sog. *Level 2* und *Level 3* des Rechtssetzungsverfahrens in der Europäischen Union. 72

Aus der **Ermächtigung in Art. 11 Abs. 9 VO Nr. 596/2014** – d.h. einerseits der Ermächtigung der ESMA in Art. 11 Abs. 9 Unterabs. 1 VO Nr. 596/2014 zur Ausarbeitung von Entwürfen **technischer Regulierungsstandards** zum Zwecke der Festlegung angemessener Regelungen, Verfahren und Aufzeichnungsanforderungen, mittels derer Personen die Anforderungen von Art. 11 Abs. 4, 5, 6 und 8 VO Nr. 596/2014 einhalten können, 73

---

[1] *Brellochs* in Klöhn, Art. 11 MAR Rz. 137; *Fuhrmann*, WM 2018, 645, 650; *Meyer* in Meyer/Veil/Rönnau, Handbuch zum Marktmissbrauchsrecht, § 8 Rz. 121; *Tissen*, NZG 2015, 1254, 1257.
[2] *Meyer* in Meyer/Veil/Rönnau, Handbuch zum Marktmissbrauchsrecht, § 8 Rz. 121; *Zetzsche*, AG 2016, 610, 618.
[3] *Fuhrmann*, WM 2018, 645, 650.

und andererseits der in Art. 11 Abs. 9 Unterabs. 3 VO Nr. 596/2014 enthaltenen Ermächtigung der Kommission, technischen Regulierungsstandards nach Maßgabe von Art. 10–14 der VO Nr. 1095/2010 (Rz. 6) zu erlassen – ist die DelVO 2016/960 hervorgegangen. Sie ist im Anschluss an den Text von Art. 11 VO Nr. 596/2014 wiedergegeben.

74 Entsprechende **Ermächtigungen in Art. 11 Abs. 10 VO Nr. 596/2014** – zur Ausarbeitung bzw. zum Erlass **technischer Durchführungsstandards**, in denen festgelegt wird, welche Systeme und Mitteilungsmuster bei Einhaltung der Vorschriften von Art. 11 Abs. 4, 5, 6 und 8 VO Nr. 596/2014 zu nutzen sind, insbesondere das genaue Format der Aufzeichnungen nach Art. 11 Abs. 4–8 VO Nr. 596/2014 und die technischen Mittel für eine angemessene Übermittlung der Informationen gem. Art. 11 Abs. 6 VO Nr. 596/2014 an die Person, die die Marktsondierung erhält – haben zur DurchfVO 2016/959 geführt, die im Anschluss an den Text von Art. 11 VO Nr. 596/2014 und den Text der DelVO 2016/960 wiedergegeben ist.

75 **V. ESMA-Leitlinien für Personen, die Marktsondierung erhalten. Art. 11 Abs. 11 VO Nr. 596/2014** enthält eine Aufforderung und Ermächtigung der ESMA, für Personen, die eine Marktsondierung erhalten, gem. Art. 16 VO Nr. 1095/2010 (Rz. 6) Leitlinien zu den in Art. 11 Abs. 11 lit. a–c VO Nr. 596/2014 genannten Themen herauszugeben. Diese hat die ESMA in Gestalt der „MAR-Leitlinien – Personen, die Marktsondierung erhalten" am 10.11.2016[1] vorgelegt. Mit Schreiben vom 8.12.2016[2] hat die BaFin der ESMA – entsprechend ihren diesbezüglichen Verpflichtungen nach Art. 16 Abs. 3 Unterabs. 2 VO Nr. 1095/2010 (Rz. 6) – mitgeteilt, diesen Leitlinien nachzukommen. Das bedeutet, dass die BaFin im Rahmen ihrer Verwaltungspraxis diese Leitlinien heranziehen wird, um zu beurteilen, ob die Insiderhandelsverbote, insbesondere das insiderrechtliche Weitergabeverbot, beachtet worden sind. Dritte, namentlich die Personen, die Marktsondierungen erhalten, sind nicht verpflichtet, mitzuteilen, ob sie diesen Leitlinien nachkommen[3]. Die Leitlinien sind, was ihre Einordnung in die Rechtsquellen angeht, auch dadurch nicht mehr als die Verwaltung bindende[4], aber für die Gerichte unverbindliche Regeln[5].

76 Die Leitlinien haben keine unmittelbare **Bedeutung** für die Rechtmäßigkeit der Offenlegung von Insiderinformationen im Zuge von Marktsondierungen, sind aber geeignet, das Vertrauen und die Bereitschaft zur Mitwirkung einer Marktsondierung derer zu fördern, die Marktsondierungen erhalten. Ihre wesentliche Bedeutung dürfte vielmehr darin liegen, durch die Erfüllung behördlich aufgestellter Anforderungen an **Compliance-Maßnahmen** derjenigen, die Marktsondierung erhalten im Hinblick auf den Erhalt von Insiderinformationen und im Umgang mit erlangten Insiderinformationen, das Risiko der Vornahme eines verbotenen Insidergeschäfts oder einer verbotenen Offenlegung i.S.v. Art. 14 VO Nr. 596/2014 sowie einen damit verbundenen Vorwurf eines Verstoßes gegen das Verbot der Marktmanipulation nach Art. 15 und 12 VO Nr. 596/2014 zu mindern: Kommt es zu einem solchen, kann bei Einhaltung der Leitlinien der **Kausalitäts-Vermutung** entgegengewirkt werden, nach der die Person, die im Besitz von Insiderinformationen ist und für eigene Rechnung oder für Rechnung Dritter, sei es unmittelbar oder mittelbar, Geschäfte in Bezug auf Finanzinstrumente tätigt, auf die sich die Insiderinformationen beziehen, diese Information verbotswidrig genutzt hat (s. Art. 10 VO Nr. 596/2014 Rz. 33). Den Leitlinien lässt sich entnehmen, dass ihre **Adressaten** die Personen – natürliche und juristische Personen sowie rechtsfähige Personengemeinschaften – sind, die als Anleger für Geschäfte i.S.v. Art. 11 Abs. 1 oder nach Art. 11 Abs. 2 VO Nr. 596/2014 als Dritte, die Anspruch auf die Anteile des Unternehmens haben, in Betracht kommen und als solche Marktsondierungen erhalten. Mitarbeiter der Marktsondierungen erhaltenden Personen sind von diesen nur insoweit betroffen, als sie diese umzusetzen haben[6].

77 Die von der ESMA vorgelegten „**MAR-Leitlinien – Personen, die Marktsondierung erhalten**" lauten in ihrem wesentlichen – inhaltlichen – Teil 5 wie folgt:

„**5 Leitlinien für Personen, die Marktsondierungen erhalten**

1. Interne Verfahren und Schulung der Mitarbeiter

    9. Personen, die Marktsondierungen erhalten (MSR), sollten interne Verfahren schaffen, umsetzen und unterhalten, die für den Umfang, die Größe und die Art ihrer Geschäftstätigkeit angemessen und verhältnismäßig sind, um:

---

1 *ESMA*, MAR-Leitlinien – Personen, die Marktsondierung erhalten", 10.11.2016.
2 Dazu die Information der BaFin „Schreiben der BaFin zur Anwendung der ‚MAR Leitlinien Personen, die Marktsondierungen erhalten' von ESMA ... GZ: WA 27-Wp 2001-2016/0056", abrufbar unter https://www.bafin.de/SharedDocs/Veroeffentlichungen/DE/Anlage/161208_MAR_Leitlinien_Leitlinien_Personen_Marktsondierungen.html.
3 *ESMA*, MAR-Leitlinien – Personen, die Marktsondierung erhalten", 10.11.2016, S. 5 Rz. 8.
4 Art. 16 Abs. 3 Unterabs. 1 VO Nr. 1095/2010 (Rz. 6) lautet: „Um innerhalb des ESFS kohärente, effiziente und wirksame Aufsichtspraktiken zu schaffen und eine gemeinsame, einheitliche und kohärente Anwendung des Unionsrechts sicherzustellen, gibt die Behörde Leitlinien und Empfehlungen für die zuständigen Behörden und die Finanzmarktteilnehmer heraus."
5 *Zetzsche*, AG 2016, 610, 615. Näher zu Leitlinien als Rechtsquelle *Frank*, Die Rechtswirkungen der Leitlinien und Empfehlungen der Europäischen Wertpapier- und Marktaufsichtsbehörde, 2012.
6 *Meyer* in Meyer/Veil/Rönnau, Handbuch zum Marktmissbrauchsrecht, § 8 Rz. 116. A.A. *Zetzsche* NZG 2015, 817, 827.

a. sicherzustellen, dass dem offenlegenden Marktteilnehmer die Person oder die Kontaktstelle, die die Marktsondierungen erhält, mitgeteilt wird, wenn die MSR eine diesbezügliche Person oder Kontaktstelle benennt;
b. zu gewährleisten, dass die im Verlauf der Marktsondierung erhaltenen Informationen nur über zuvor festgelegte Berichtswege und strikt nach dem Prinzip der erforderlichen Kenntnisnahme intern kommuniziert werden;
c. zu gewährleisten, dass die Person(en), die Funktion oder das Organ, die mit der Beurteilung betraut sind, ob die MSR infolge der Marktsondierung über Insiderinformationen verfügt, genau festgelegt sind und zu diesem Zweck ordnungsgemäß geschult wurden;
d. den Fluss von Insiderinformationen, von denen die MSR und ihre Mitarbeiter infolge der Marktsondierung Kenntnis erlangen, zu verwalten und zu überwachen, damit die MSR und ihre Mitarbeiter den Anforderungen der Artikel 8 und 10 der MAR nachkommen.

10. Die MSR sollte sicherstellen, dass die Mitarbeiter, welche die im Verlauf der Marktsondierung übermittelten Informationen erhalten und bearbeiten, hinsichtlich der betreffenden internen Verfahren und der Verbote nach den Artikeln 8 und 10 der MAR, die sich aus dem Besitz von Insiderinformation ergeben, ordnungsgemäß geschult werden. Die Schulung sollte für den Umfang, die Größe und die Art der Geschäftstätigkeit der MSR angemessen und verhältnismäßig sein.

2. Mitteilung des Wunsches, keine Marktsondierungen zu erhalten

11. Wenn die MSR von einem offenlegenden Marktteilnehmer kontaktiert wird, sollte sie den Wunsch äußern können, ob sie in Bezug auf alle potenziellen Geschäfte oder für bestimmte Arten von potenziellen Geschäften zukünftig keine Marktsondierungen erhalten möchte.

3. Einschätzung der MSR, ob sie infolge der Marktsondierung im Besitz von Insiderinformationen ist und wenn sie nicht mehr im Besitz von Insiderinformationen ist

12. Personen, die Marktsondierungen erhalten, sollten eine unabhängige Einschätzung vornehmen, ob sie infolge der Marktsondierung im Besitz von Insiderinformationen sind. Hierbei sollten sie als relevante Faktoren die Beurteilung des offenlegenden Marktteilnehmers sowie alle Informationen berücksichtigen, die der oder den Person(en), der Funktion oder dem Organ zur Verfügung stehen, die im Umfeld der MSR mit dieser Einschätzung betraut sind, einschließlich Informationen, die von anderen Quellen als dem offenlegenden Marktteilnehmer stammen. Bei dieser Einschätzung sollte von der oder den Person(en), der Funktion oder dem Organ kein Zugang zu Informationen hinter etwaigen von der MSR eingerichteten Informationsbarrieren verlangt werden.

13. Im Anschluss an die Mitteilung des offenlegenden Marktteilnehmers, dass die im Verlauf der Marktsondierung offengelegten Informationen keine Insiderinformationen mehr sind, sollten die Personen, die die Marktsondierung erhalten, eine unabhängige Einschätzung vornehmen, ob sie weiterhin im Besitz von Insiderinformationen sind. Hierbei sollten sie die Beurteilung des offenlegenden Marktteilnehmers sowie alle Informationen berücksichtigen, die der oder den Person(en), der Funktion oder dem Organ zur Verfügung stehen, die im Umfeld der MSR mit dieser Einschätzung betraut sind, einschließlich Informationen, die von anderen Quellen als dem offenlegenden Marktteilnehmer stammen. Bei dieser Einschätzung sollte von der oder den Person(en), der Funktion oder dem Organ kein Zugang zu Informationen hinter etwaigen von der MSR eingerichteten Informationsbarrieren verlangt werden.

4. Bewertung verbundener Finanzinstrumente

14. Wenn die Person, die die Marktsondierung erhält, zu der Einschätzung gelangt ist, dass sie infolge einer Marktsondierung über Insiderinformationen verfügt, sollte sie zur Einhaltung von Art. 8 der MAR alle Emittenten und Finanzinstrumente ermitteln, auf die sich die Insiderinformationen ihrer Meinung nach beziehen.

5. Schriftliche Protokolle oder Vermerke

15. Wenn der offenlegende Marktteilnehmer im Einklang mit Artikel 6 Absatz 2 Buchstabe d der Technischen Regulierungsstandards für Marktsondierungen schriftliche Protokolle oder Vermerke zu nicht aufgezeichneten Zusammenkünften oder nicht aufgezeichneten Telefongesprächen erstellt hat, sollte die Person, die die Marktsondierung erhalten, binnen fünf Arbeitstagen nach Empfang:
a. diese Protokolle oder Vermerke unterzeichnen, wenn sie mit deren Inhalt einverstanden ist, oder
b. dem offenlegenden Marktteilnehmer eine eigene ordnungsgemäß unterzeichnete Fassung dieser Protokolle oder Vermerke bereitstellen, wenn sie mit deren Inhalt nicht einverstanden ist.

6. Aufzeichnungsanforderungen

16. Personen, die die Marktsondierung erhalten, sollten Aufzeichnungen auf einem dauerhaften Datenträger führen, so dass deren Zugänglichkeit und Lesbarkeit für einen Zeitraum von mindestens fünf Jahren gewährleistet sind. Dies gilt in Bezug auf:
a. die internen Verfahren gemäß Absatz 1;

b. die Mitteilungen gemäß Absatz 2;
c. die Einschätzungen gemäß Absatz 3 und die Gründe dafür;
d. die Bewertung der verbundenen Instrumente gemäß Absatz 4;
e. die Personen, die für sie auf Grundlage eines Arbeitsvertrags oder anderweitig Aufgaben wahrnehmen, durch die sie Zugang zu den im Verlauf der Marktsondierungen übermittelten Informationen haben, für jede Marktsondierung in chronologischer Reihenfolge aufgeführt."

Vorbemerkungen zu Art. 12, 13, 15 und 16

Schrifttum: Vor 2014: *Altenhain*, Die Neuregelung der Marktpreismanipulation durch das Vierte Finanzmarktförderungsgesetz, BB 2002, 1874; *Apt*, Börsengesetz, 5. Aufl. 1909; *Arlt*, Der strafrechtliche Anlegerschutz vor Kursmanipulation, 2004; *Barnert*, Deliktischer Schadensersatz bei Kursmanipulation de lege lata und de lege ferenda, WM 2002, 1473; *Baums*, Anlegerschutz und Neuer Markt, ZHR 166 (2002), 375; *Benner*, Konsequenzen der Zentralisierungsbestrebungen der Wertpapiermarktaufsicht, ZRP 2001, 450; *Bernsmann*, Kursmanipulation durch Unterlassen?, in FS Christian Richter II, 2006, S. 51; *Bingel*, Rechtliche Grenzen der Kursstabilisierung nach Aktienplatzierungen, 2007; *Bisson/Kunz*, Die Kurs- und Marktpreismanipulation nach In-Kraft-Treten des Gesetzes zur Verbesserung des Anlegerschutzes vom 28.10.2003 und der Verordnung zur Konkretisierung des Verbots der Marktmanipulation vom 1.3.2005, BKR 2005, 186; *Bösch*, Die Kurspflege bei Wertpapieren, 1959; *Bosch/Groß*, Das Emissionsgeschäft, 1997; *Bosch*, Refreshing the Shoe, in FS Hoffmann-Becking, 2013, S. 211; *Bröker*, Neue Strafvorschriften im deutschen Börsenrecht, wistra 1995, 130; *Bueren*, Kopplung und Kursstabilisierung bei Neuemissionen zwischen Kapitalmarkt- und Kartellrecht, WM 2013, 585; *Bürgers*, Das Anlegerschutzverbesserungsgesetz, BKR 2004, 424; *Cahn*, Grenzen des Markt- und Anlegerschutzes durch das WpHG, ZHR 162 (1998), 1; *Claussen/Florian*, Der Emittentenleitfaden, AG 2005, 745; *Diekmann/Sustmann*, Gesetz zur Verbesserung des Anlegerschutzes, NZG 2004, 929; *Dier/Fürhoff*, Die geplante europäische Marktmissbrauchsrichtlinie, AG 2002, 604; *Dreyling*, Das Vierte Finanzmarktförderungsgesetz – Überregulierung oder Notwendigkeit?, Die Bank 2002, 16; *Eichelberger*, Kurspflege und Kursmanipulation nach geltendem und künftigen Recht, WM 2002, 317; *Eichelberger*, Scalping – ein Insiderdelikt?, WM 2003, 2121; *Eichelberger*, Zur Verfassungsmäßigkeit von § 20a WpHG, ZBB 2004, 296; *Eichelberger*, Das Verbot der Marktmanipulation (§ 20a WpHG), 2006; *Ekkenga*, Kurspflege und Kursmanipulation nach geltendem und künftigen Recht, WM 2002, 317; *Ekkenga*, Fragen der deliktischen Haftungsbegründung bei Kursmanipulationen und Insidergeschäften, ZIP 2004, 781; *Escher-Weingart/Kübler*, Erwerb eigener Aktien, ZHR 162 (1998), 537; *Fenchel*, Das Vierte Finanzmarktförderungsgesetz – ein Überblick, DStR 2002, 1355; *Fischel/Ross*, Should the Law Prohibit „Manipulation" in Financial Markets?, Harvard Law Review 105 (1991), 503; *Fleischer*, Empfiehlt es sich, im Interesse des Anlegerschutzes und zur Förderung des Finanzplatzes Deutschland den Kapitalmarkt- und Börsenrecht neu zu regeln?, Gutachten F für den 64. Deutschen Juristentag Berlin 2002, 2002 (Zusammenfassung in NJW-Beilage 2002/23, 37); *Fleischer*, Das Vierte Finanzmarktförderungsgesetz, NJW 2002, 2977; *Fleischer*, Statthaftigkeit und Grenzen der Kursstabilisierung, ZIP 2003, 2045; *Fleischer*, Scalping zwischen Insiderdelikt und Kursmanipulation, DB 2004, 51; *Fleischer/Bueren*, Cornering zwischen Kapitalmarkt- und Kartellrecht, ZIP 2013, 1235; *Fleischer/Bueren*, Die Libor-Manipulation zwischen Kapitalmarkt- und Kartellrecht, DB 2012, 2561; *Flothen*, Marktmanipulation und Kurspflege, 2009; *Fürhoff/Schuster*, Entwicklung des Kapitalmarktaufsichtsrechts im Jahr 2002, BKR 2003, 134; *Fuhrmann* in Erbs/Kohlhaas, Strafrechtliche Nebengesetze, § 88 BörsG; *Geisel*, Die Haftung des Managements für Marktmanipulationen, 2012; *Groß*, Haftung für fehlerhafte oder fehlende Ad-hoc-Publizität, WM 2002, 477; *Großmann/Nikoleyczik*, Praxisrelevante Änderungen des Wertpapierhandelsgesetzes – Die Auswirkungen des Vierten Finanzmarktförderungsgesetzes, DB 2002, 2031; *Hellgardt*, Fehlerhafte Ad-hoc-Publizität als strafbare Marktmanipulation, ZIP 2005, 2000; *Hellwig*, Möglichkeiten einer Börsenreform zur Stärkung des deutschen Kapitalmarktes, ZGR 1999, 781; *Hild*, Grenzen einer strafrechtlichen Regulierung des Kapitalmarkts, 2004; *Hirth*, Kursbeeinflussung und fällige Optionen, 1994; *Holzborn/Foelsch*, Schadensersatzpflichten von Aktiengesellschaften und deren Management bei Anlegerverlusten – Ein Überblick, NJW 2003, 932; *Hommelhoff*, Anlegerinformationen im Aktien-, Bilanz- und Kapitalmarktrecht, ZGR 2000, 748; *Hopt*, Der Kapitalanlegerschutz im Recht der Banken, 1975; *Hopt*, Vom Aktien- und Börsenrecht zum Kapitalmarktrecht?, ZHR 141 (1977), 389; *Hopt/Waschkeit*, „Stabilisation an Allotment – A European Supervisory Approach" – Stellungnahme zum FESCO-Konsultationsdokument vom 15.9.2000, in FS Werner Lorenz zum 80. Geburtstag (2. FS Lorenz), 2001, S. 147; *Hopt/Rudolph/Baum* (Hrsg.), Börsenreform. Eine ökonomische, rechtsvergleichende und rechtspolitische Untersuchung, 1997; *Haouache/Mülbert*, Das Verbot der Marktmanipulation (Börsen- und Marktpreismanipulation), in Habersack/Mülbert/Schlitt (Hrsg.), Handbuch der Kapitalmarktinformation, 2. Aufl. 2013, § 27; *Hutter/Leppert*, Reformbedarf im deutschen Kapitalmarkt- und Börsenrecht, NJW 2002, 2208; *Hutter/Leppert*, Das 4. Finanzmarktförderungsgesetz aus Unternehmenssicht, NZG 2002, 649; *Iffland*, La répression pénale des manipulations de cours en droit suisse, 1994; *v. Ilberg/Neises*, Die Richtlinien-Vorschläge der EU-Kommission zum Einheitlichen Europäischen Prospekt und zum Marktmissbrauch aus Sicht der Praxis, WM 2002, 635; *Jaath*, Zur Strafbarkeit der Verbreitung unvollständiger Prospekte über Vermögensanlagen, in FS Dünnebier, 1982, S. 583; *Jean-Richard*, Handelsinszenierungen zur Kursmanipulation am Kapitalmarkt (aus der Sicht eines Strafrechtlers), Schweizerische Zeitschrift für Wirtschaftsrecht (SZW) 1995, 259; *Joecks*, Anleger- und Verbraucherschutz durch das 2. WiKG, wistra 1986, 142; *Kaiser*, Die Sanktionierung von Insiderverstößen und das Problem der Kursmanipulation, WM 1997, 1557; *Karst*, Das Marktmanipulationsverbot gem. § 20a WpHG, 2011; *Knauth*, Kapitalanlagebetrug und Börsendelikte im Zweiten Gesetz zur Bekämpfung der Wirtschaftskriminalität, NJW 1987, 28; *Knauth/Käsler*, § 20a WpHG und die Verordnung zur Konkretisierung des Marktmanipulationsverbots (MaKonV), WM 2006, 1041; *Krämer/Hess*, Zulässigkeit und Grenzen der Kursstabilisierung bei Aktienplatzierungen, in Freundesgabe Wulf H. Döser, 1999, S. 171; *Kudlich*, Börsen-Gurus zwischen Zölibat und Strafbarkeit – Scalping als Straftat?, JR 2004, 191; *Kümpel*, Börsengesetznovelle I und II, WM 1989, 1313 und 1485; *Kuthe*, Änderungen des Kapitalmarktrechts durch das Anlegerschutzverbesserungsgesetz, ZIP 2004, 883; *Kutzner*, Das Verbot der Kurs- und Marktpreismanipulation nach § 20a WpHG – Modernes Strafrecht?, WM 2005, 1401; *Ledermann* in Schäfer (Hrsg.), Wertpapierhandelsgesetz, Börsengesetz mit BörsZulV, Verkaufsprospektgesetz mit

VerkPropV, 1999, § 88 BörsG; *Leinweber/Madhavan*, Three Hundred Years of Stock Market Manipulations: From the Coffee House to the World Wide Web, 2000; *Lenenbach*, Scalping – Insiderdelikt oder Kursmanipulation?, ZIP 2003, 243; *Lenzen*, Unerlaubte Eingriffe in die Börsenkursbildung, 2000; *Lenzen*, Reform des Rechts zur Verhinderung der Börsenkursmanipulation, WM 2000, 1131; *Lenzen*, Verbot der Kurs- und Marktpreismanipulation im Referentenentwurf für das 4. Finanzmarktförderungsgesetz, FB 2001, 603; *Lenzen*, Das neue Recht der Kursmanipulation, ZBB 2002, 279; *Leppert/Stürwald*, Die insiderrechtlichen Regelungen des Vorschlags für eine Marktmissbrauchsrichtlinie und der Stand der Umsetzung im deutschen Wertpapierhandelsrecht, ZBB 2002, 90; *Leyh*, Probleme der Definition und Regulierung der handelsgestützten Marktmanipulation unter Berücksichtigung des deutschen und britischen Rechts, 2010; *Lienenkämper*, Marktmanipulation gemäß § 20a WpHG – Unter besonderer Berücksichtigung der MaKonV vom 1. März 2005 und der höchstrichterlichen Rechtsprechung, 2012; *Lüthy/Schären*, Neuerungen im Kapitalmarktstrafrecht, AJP 2012, 499; *Maier-Reimer/Webering*, Ad hoc-Publizität und Schadensersatzhaftung, WM 2002, 1857; *Maile*, Der Straftatbestand der Kurs- und Marktmanipulation nach dem Wertpapierhandelsgesetz, 2006; *Meißner*, Die Stabilisierung und Pflege von Aktienkursen im Kapitalmarkt- und Aktienrecht, 2004; *Meyer*, Neue Entwicklungen bei der Kursstabilisierung, AG 2004, 289; *Möller*, Das Vierte Finanzmarktförderungsgesetz – Der Regierungsentwurf –, WM 2001, 2405; *Möller*, Die Neuregelung des Verbots der Kurs- und Marktpreismanipulation im Vierten Finanzmarktförderungsgesetz, WM 2002, 309; *Möllers/Hailer*, Systembrüche bei der Anwendung strafrechtlicher Grundprinzipien auf das kapitalmarktrechtliche Marktmanipulationsverbot, in FS Uwe H. Schneider, 2011, S. 831; *Möllers/Leisch*, Urteilsanmerkung zu OLG München, Urt. v. 1.10.2002, Az. 30 U 855/01 – Haftung für falsche Ad-hoc-Mitteilung – Infomatec II, ZIP 2002, 1995; *Moosmayer*, Straf- und bußgeldrechtliche Regelungen im Entwurf eines Vierten Finanzmarktförderungsgesetzes, wistra 2002, 161; *Mues*, Anmerkungen zum Börsengesetz nach dem Diskussionsentwurf eines Vierten Finanzmarktförderungsgesetz, ZBB 2001, 353; *Nelemans*, Redefining trade-based market manipulation, Val. UL Rev. 42 (2007), 1169; *Nußbaum*, Kursschnitt und Kursregulierung beim Selbsteintritt, JW 1914, 15; *Oechsler*, Das Verbot der Marktmanipulation durch Aktienrückkauf im Licht der neueren Kritik an der klassischen Kapitalmarkttheorie, in GS Manfred Wolf, 2011, S. 291; *Otto*, Strafrechtliche Aspekte der Anlageberatung, WM 1988, 729; *Otto*, Neue und erneut aktuelle Formen betrügerischer Anlageberatung und ihre strafrechtliche Ahndung, in FS Pfeiffer, 1988, S. 69; *Otto*, Die strafrechtliche Bekämpfung unseriöser Geschäftstätigkeit, 1990; *Pabst*, Rechtliche Risiken bei Konzeption und Vertrieb von Kapitalanlagen, 1988; *Papachristou*, Die strafrechtliche Behandlung von Börsen- und Marktpreismanipulationen, 2006; *Park*, Börsenstrafrechtliche Risiken für Vorstandsmitglieder von börsennotierten Aktiengesellschaften, BB 2001, 2069; *Park*, Kapitalmarktstrafrechtliche Neuerungen des Vierten Finanzmarktförderungsgesetzes, BB 2003, 1513; *Park*, Einige verfassungsrechtliche Gedanken zum Tatbestand der Marktmanipulation, in FS Ruth Rissing-van Saan, 2011, S. 405; *Peltzer*, Die Neuregelung des Erwerbs eigener Aktien im Lichte der historischen Erfahrungen, WM 1998, 322; *Peter*, Kursmanipulation als Betrug. Urteilsanmerkung zu BGE 122 II 422, Schweizerische Zeitschrift für Wirtschaftsrecht (SZW) 1997, 124; *Petersen*, Die Strafbarkeit des „Scalping", wistra 1999, 328; *Pflaum*, Kursmanipulation. Art. 161 bis StGB/Art. 40a BEHG, 2013; *Pflaum*, Revision des Kursmanipulationstatbestandes – Kritische Bemerkungen zur geplanten Änderung des Börsengesetzes in Bezug auf Art. 40a E-BEHG, GesKR 2012, 83; *Pfüller/Anders*, Die Verordnung zur Konkretisierung des Verbotes der Kurs- und Marktpreismanipulation nach § 20a WpHG, WM 2003, 2445; *Pfüller/Koehler*, Handel per Erscheinen, WM 2002, 781; *Piepenburg*, Sind die Vorschriften zum Rückkauf eigener Aktien noch zeitgemäß?, BB 1996, 258; *Pluskat*, Der Schutz des Anlegerpublikums bei Veröffentlichung unwahrer Tatsachen, FB 2002, 235; *Posner*, Der Erwerb eigener Aktien in der US-amerikanischen Unternehmenspraxis, AG 1994, 312; *Renzenbrink/Holzner*, Das Verhältnis von Kapitalerhaltung und Ad hoc-Haftung, BKR 2002, 434; *Reuschle*, Viertes Finanzmarktförderungsgesetz, 2002; *Richter*, Strafbare Werbung beim Vertrieb von Kapitalanlagen, wistra 1987, 117; *Riedel*, Falsche Ad-hoc-Mitteilungen de lege lata und de lege ferenda, BB 2002, 1213; *Rodewald/Siems*, Haftung für die frohe Botschaft – Rechtsfolgen falscher Ad-hoc-Mitteilungen, BB 2001, 2437; *von Rosen* (Hrsg.), Aktienmarkt und Marktmanipulation, 2004; *Rössner*, Beweisprobleme für die Kursrelevanz fehlerhafter Unternehmensmeldungen, AG 2003, R 16; *Rössner/Bolkart*, Schadensersatz bei Verstoß gegen Ad-hoc-Publizitätspflichten, ZIP 2002, 1471; *Rützel*, Der aktuelle Stand der Rechtsprechung zur Haftung bei Ad-hoc-Mitteilungen, AG 2003, 69; *Rudolph*, Viertes Finanzmarktförderungsgesetz – ist der Name Programm?, BB 2002, 1036; *Sangiovanni*, Insiderhandel und Kursmanipulation – Verfahrensrechtliche Besonderheiten im neuen italienischen Recht, wistra 2002, 171; *Schäfer*, Zulässigkeit und Grenzen der Kurspflege, WM 1999, 1345; *Schäfer*, Marktpflege im Primär- und Sekundärmarkt und das Recht zur Verhinderung von Börsenkursmanipulationen in Schwintowski (Hrsg.), Entwicklungen im deutschen und europäischen Wirtschaftsrecht (Immenga-Symposium), 2001, S. 63; *Scheu*, Das Börsenstrafrecht und seine Reform, 1974; *Schlüchter*, Zweites Gesetz zur Bekämpfung der Wirtschaftskriminalität, 1987; *Schmidt-Lademann*, Zum neuen Straftatbestand „Kapitalanlagebetrug" (§ 264a StGB), WM 1986, 1241; *Schmitz*, Aktuelles zum Kursbetrug gemäß § 88 BörsG, wistra 2002, 208; *Schmitz*, Der strafrechtliche Schutz des Kapitalmarkts in Europa, ZStW 115 (2003), 501; *Schneider/Burgard*, Scalping als Insiderstraftat, ZIP 1999, 381; *Schönhöft*, Die Strafbarkeit der Marktmanipulation gemäß § 20a WpHG, 2006; *Schönwälder*, Grund und Grenzen einer strafrechtlichen Regulierung der Marktmanipulation, 2011; *Schröder*, Aktienhandel und Strafrecht, 1994; *Schröder*, Strafbares Insiderhandeln von Organvertretern einer AG nach geltendem und neuem Recht, NJW 1994, 2879; *Schwark*, Kurs- und Marktpreismanipulation, in FS Kümpel, 2003, S. 485; *Schwintek*, Das Anlegerschutzverbesserungsgesetz, 2005; *Seitz*, Die Integration der europäischen Wertpapiermärkte und die Finanzmarktgesetzgebung in Deutschland, BKR 2002, 340; *Singhof/Weber*, Neue kapitalmarktrechtliche Rahmenbedingungen für den Erwerb eigener Aktien, AG 2005, 549; *Sorgenfrei* in Park (Hrsg.), Kapitalmarktstrafrecht, 3. Aufl. 2012, §§ 20a, 38 II, 39 I Nr. 1–2, II Nr. 11, IV WpHG; *Sorgenfrei*, Zum Verbot der Kurs- oder Marktmanipulation nach dem 4. Finanzmarktförderungsgesetz, wistra 2002, 321; *Spindler*, Finanzanalyse vs. Finanzberichterstattung: Journalisten und das AnSVG, NZG 2004, 1138; *Streinz/Ohler*, § 20a WpHG in rechtsstaatlicher Perspektive – europa- und verfassungsrechtliche Anforderungen an das Verbot von Kurs- und Marktpreismanipulationen, WM 2004, 1309; *Teuber*, Die Beeinflussung von Börsenkursen, 2011; *Tripmaker*, Der subjektive Tatbestand des Kursbetrugs, wistra 2002, 288; *Trüstedt*, Das Verbot der Börsenkursmanipulation, 2004; *v. Ungern-Sternberg*, Wirtschaftskriminalität beim Handel mit ausländischen Aktien, ZStW 1988 (1976), 653; *Varnholt*, Kursmanipulation: Eine Typologie aus finanzmarkttheoretischer Sicht, Finanzmarkt und Portfolio Management 7 (1993), 459; *Vogel*, Kurspflege: Zulässige Kurs- und Marktpreisstabilisierung oder straf- bzw. ahndbare Kurs- und Marktpreismanipulation?, WM 2003, 2437; *Vogel*, Scalping als Kurs- und Marktpreismanipulation, NStZ 2004, 252; *Volk*, Scalping strafbar?, ZIP 1999, 787; *Walter*, Betrugsstrafrecht in Frankreich und Deutschland, 1999; *Walther*, Bilanzfälschung, Kurs-

und Marktpreismanipulation sowie fehlerhafte Publizität: Hauptprobleme aus kriminalstrafrechtlicher Sicht, ZJapanR 16 (2003), 189; *Waschkeit*, Marktmanipulation am Kapitalmarkt, 2007; *Watter*, Kursmanipulation am Aktienmarkt und Berücksichtigung von so genannten Stützungskäufen, Schweizerische Zeitschrift für Wirtschaftsrecht (SZW) 1990, 193; *Weber, A.*, Zweites Gesetz zur Bekämpfung der Wirtschaftskriminalität, WM 1986, 113; *Weber, Manfred*, Das Vierte Finanzmarktförderungsgesetz aus Sicht der privaten Banken, ZfgKW 2002, 18; *Weber, Martin*, Kursmanipulationen am Wertpapiermarkt, NZG 2000, 113; *Weber, Martin*, Scalping – Erfindung und Folgen eines Insiderdelikts, NJW 2000, 562; *Weber, Martin*, Die Entwicklung des Kapitalmarktrechts 2001/2002, NJW 2003, 18; *Weber, Martin*, Die Entwicklung des Kapitalmarktrechts im Jahre 2003, NJW 2004, 28; *Weber, Martin*, Konkretisierung des Verbotes der Kurs- und Marktpreismanipulation, NZG 2004, 23; *Weber, U.*, Das Zweite Gesetz zur Bekämpfung der Wirtschaftskriminalität, NStZ 1986, 482; *Wodsak*, Täuschung des Kapitalmarkts durch Unterlassen, 2006; *Worms*, Anlegerschutz und Strafrecht, 1987; *Ziouvas*, Vom Börsen- zum Kapitalmarktstrafrecht?, wistra 2003, 13; *Ziouvas*, Das neue Recht gegen Kurs- und Marktpreismanipulation im 4. Finanzmarktförderungsgesetz, ZGR 2003, 113; *Ziouvas*, Das neue Kapitalmarktstrafrecht, 2006; *Ziouvas/Walter*, Das neue Börsenstrafrecht mit Blick auf das Europarecht, WM 2002, 1438.

Ab 2014: *Abegg/Bärtschi/Dietrich* (Hrsg.), Prinzipien des Finanzmarktrechts, 2. Aufl. 2017; *Abrantes-Metz/Rauterberg/Verstein*, Revolution in Manipulation Law: The New CFTC Rules and the Urgent Need for Economic and Empirical Analyses, University of Pennsylvania Journal of Business Law 15 (2013), 357; *Aldridge*, High-Frequency Trading, 2nd ed. 2013; *Alexander/Maly*, The new EU market abuse regime and the derivatives markets, Law and Financial Markets Review 9 (2015), 243; *Armour/Awrey/Davies/Enriques/Gordon/Meyer/Payne*, Principles of Financial Regulation, 1st ed. 2016; *Austin*, Unusual Trade or Market Manipulation? How Market Abuse is Detected by Securities Regulators, Trading Venues and Self-Regulatory Organizations, Oxford Journal of Financial Regulation 1 (2015), 263; *Bastian/Werner*, Banken zwischen Ertragserwartungen und Regulatorik – Bericht über den Bankrechtstag am 30. Juni 2017 in Frankfurt a.M., WM 2017, 1533; *Baßler/Delgado-Rodriguez*, Marktmanipulation im Sinne der MAD II, in Temporale (Hrsg.), Europäische Finanzmarktregulierung, 2015, S. 199; *Bator*, Die Marktmanipulation im Entwurf zum Finanzmarktnovellierungsgesetz – unionsrechtskonform?, BKR 2016, 1; *Bayram/Meier*, Marktmanipulation durch Leerverkaufsattacken, BKR 2018, 55; *Becker/Rodde*, Auswirkungen europäischer Rechtsakte auf das Kapitalmarktsanktionsrecht – Neuerungen durch das Finanzmarktnovellierungsgesetz, ZBB 2016, 11; *Bergmann/Vogt*, Lücken im Kapitalmarktstrafrecht – sind seit dem 1. FiMaNoG alle Altfälle straflos?, wistra 2016, 347; *Bergdorsson*, Symposium Discussion Report: Fourth Session Improving Market Effectiveness: Intermediaries, Infrastructures, and the Broader Legal Framework, ECFR 2017, 391; *Brand/Hotz*, „Vom Beruf unserer Zeit für Gesetzgebung" – Einige Bemerkungen zur vermeintlichen Ahndungslücke im neuen Kapitalmarktstrafrecht, ZIP 2017, 1450; *Bromberg/Gilligan/Ramsay*, Financial Market Manipulation and Insider Trading: An International Study of Enforcement Approaches, Working Paper 2017; *Busch*, MiFID II: regulating high frequency trading, other forms of algorithmic trading and direct electronic market access, Law and Financial Markets Review 10 (2016), 72; *Bülte/Müller*, Ahndungslücken im WpHG durch das Erste Finanzmarktnovellierungsgesetz und ihre Folgen, NZG 2017, 205; *von Buttlar*, Die Stärkung der Aufsichts- und Sanktionsbefugnisse im EU-Kapitalmarktrecht: ein neues „field of dreams" für Regulierer?, BB 2014, 451; *von Buttlar/Hammermeier*, Non semper temeritas est felix: Was bedeutet Leichtfertigkeit im Kapitalmarktrecht?, ZBB 2017, 1; *Dinter/David*, Das Recht hat man zu kennen – Zum Vorsatz bei bußgeldbewehrten Verstößen im Kapitalmarktrecht, ZIP 2017, 893; *Diversy/Köpferl* in Graf/Jäger/Wittig (Hrsg.), Wirtschafts- und Steuerstrafrecht, 2. Aufl. 2017, § 38 WpHG; *Fields*, Common cause: institutional corruption's role in the Libor and the 4pm fix scandals, Law and Financial Markets Review 8 (2014), 8; *Fisher/Clifford/Dinshaw/Werle*, Criminal forms of high frequency trading on the financial markets, Law and Financial Markets Review 9 (2015), 113; *Gehrmann*, Anmerkungen zum strafbewehrten Verbot der handelsgestützten Marktmanipulation, WM 2016, 542; *Graßl*, Die neue Marktmissbrauchsverordnung der EU, DB 2015, 2066; *Graßl/Nikoleyczik*, Shareholder Activism und Investor Activism, AG 2017, 49; *Green/Torrens*, The European market abuse regulation: MAR ado about everything, Journal of Investment Compliance 17 (2016), 1; *Grundmann* in Staub, HGB, Bankvertragsrecht 2, 5. Aufl. 2016, 6. Teil, 3. Abschnitt; *Gullifer/Payne*, Corporate Finance Law – Principles and Policy, 2nd ed. 2015; *Gurlit*, Handlungsformen der Finanzmarktaufsicht, ZHR 177 (2013), 862; *Hamburger*, Crowding the Market: Is There Room for Antitrust in Market Manipulation Cases?, International Trade Law & Regulation 2015, 120; *Hansen*, Market Abuse Case Law – Where Do We Stand With MAR?, ECFR 2017, 367; *Hemeling*, Europäische Finanz- und Kapitalmarktregulierung auf dem Prüfstand, ZHR 181 (2017), 595; *Hitzer/Hauser*, ESMA – Ein Statusbericht, BKR 2015, 52; *Hopt/Kumpan*, Insider- und Ad-hoc-Publizitätsprobleme, in Schimansky/Bunte/Lwowski (Hrsg.), Bankrechts-Handbuch, 5. Aufl. 2017, § 107; *Kasiske*, Marktmissbräuchliche Strategien im Hochfrequenzhandel, WM 2014, 1933; *Kert*, Vorschläge für neue EU-Instrumente zur (strafrechtlichen) Bekämpfung von Insiderhandel und Marktmanipulation, NZWiSt 2013, 252; *Kiesewetter/Parmentier*, Verschärfung des Marktmissbrauchsrechts – ein Überblick über die neue EU-Verordnung über Insidergeschäfte und Marktmanipulation, BB 2013, 2371; *Klöhn*, Marktbetrug (Fraud on the Market), ZHR 178 (2014), 671; *Klöhn*, Die private Durchsetzung des Marktmanipulationsverbots. Europarechtliche Vorgaben und rechtsökonomische Erkenntnisse, in Kalss/Fleischer/Vogt (Hrsg.), Gesellschafts- und Kapitalmarktrecht in Deutschland, Österreich und der Schweiz 2013, 2014, S. 299; *Klöhn*, Kapitalmarktrecht, in Langenbucher (Hrsg.), Europäisches Privat- und Wirtschaftsrecht, 4. Aufl. 2017, S. 332; *Klöhn/Bartmann*, Kapitalmarktkommunikation über soziale Medien, AG 2014, 737; *Klöhn/Büttner*, Generalamnestie im Kapitalmarktrecht?, ZIP 2016, 1801; *Krause*, Kapitalmarktrechtliche Compliance: Neue Pflichten und drastisch verschärfte Sanktionen nach der EU-Missbrauchsverordnung, CCZ 2014, 248; *Köpferl/Wegner*, Marktmissbrauch durch einen Sprengstoffanschlag? – Überlegungen zur Marktmanipulation und zum Insiderhandel am Beispiel des Anschlags auf den Mannschaftsbus von Borussia Dortmund, WM 2017, 1924; *Kudlich*, MADness Takes Its Toll – Ein Zeitsprung im Europäischen Strafrecht?, AG 2016, 459; *Ledgerwood/Verlinda*, The Intersection of Antitrust and Market Manipulation Law, 2017; *Lin*, The New Market Manipulation, Emory Law Journal 66 (2017), 1253; *Lorenz/Zierden*, Kleine Ursache, große Wirkung – 1. FiMaNoG eliminiert Strafbarkeit nach WpHG, HRRS 2016, 443; *Markham*, Law Enforcement and the History of Financial Market Manipulation, 2014; *Maurenbrecher* in Watter/Bahar (Hrsg.), Basler Kommentar, Finanzmarktaufsichtsgesetz/Finanzmarktinfrastrukturgesetz: FINMAG/FinfraG, 3. Aufl. 2018, Vor Art. 142f. FinfraG; *McVea*, Supporting Market Integrity, in Moloney/Ferran/Payne (eds.), The Oxford Handbook of Financial Regulation, 2015, S. 631; *Möllers*, Die juristische Aufarbeitung der Übernahmeschlacht VW-Porsche – ein Überblick, NZG 2014, 361; *Möllers/Herz*, Generalamnestie von Kursmanipulationen im Kapitalmarktrecht? Sanktionslücken durch das Redaktionsversehen des Gesetzgebers und der untaugliche Rettungsversuch des BGH, JZ 2017, 445; *Moloney*, EU Securities and Financial Markets Regulation, 3rd ed. 2014; *Möllers*, Die juristische Aufarbeitung der Übernahmeschlacht VW-Porsche – ein Überblick, NZG 2014, 361; *Möllers/Herz*, Generalamnestie von Kursmanipulationen im Kapitalmarktrecht?, JZ 2017, 445; *Mülbert/Sajnovits*, Vertrauen und Finanzmarktrecht, ZfPW 2016, 1; *Mülbert/Sajnovits*, The Element of Trust in Financial Markets Law, German Law Journal 18 (2017), 1; *Mülbert/Sajnovits*, Der Aufschub von der Ad-hoc-Publizitätspflicht bei Internal Investigations, WM 2017, 2001 (Teil 1), WM 2017, 2041 (Teil 2); *Pananis* in MünchKomm. StGB, 2. Aufl. 2015, § 38 WpHG; *Pauka/Link/Armenad*, Eine vergebene Chance – Die strafrechtlichen Neuregelungen durch das 2. FiMaNoG, WM 2017, 2092; *Poelzig*, Durchsetzung und Sanktionierung des neuen Marktmissbrauchsrechts, NZG 2016, 492; *Poelzig*, Private enforcement im deutschen und europäischen Kapitalmarktrecht – Eine Untersuchung anhand des Marktmanipulationsverbots unter Berücksichtigung der Entwicklungen im europäischen Kartellrecht, ZGR 2015, 801; *Poelzig*, Durchsetzung und Sanktionierung des neuen Marktmissbrauchsrechts, NZG 2016, 492; *Poelzig*, Insider-und Marktmissbrauchsverbot im neuen Marktmissbrauchsrecht, NZG 2016, 528; *Rau*, Private Enforcement bei Referenzwertmanipulationen vor dem Hintergrund des neuen Marktmissbrauchsregimes, BKR 2017, 57; *Rider/Alexander/Bazley/Bryant*, Abuse and Insider Dealing, 3. Aufl., West Sussex 2016; *Rossi*, Blankettstrafnormen als besondere Herausforderung an die Gesetzgebung – Amnestie als Folge des zu frühen Inkrafttretens des 1. FiMaNoG, ZIP 2016, 2437; *Roth*, Privatrechtliche Kartellrechtsdurchsetzung zwischen primärem und sekundärem Unionsrecht, ZHR 179 (2015), 668; *Rothenfußer/Jäger*, Generalamnestie im Kapitalmarktrecht durch das Erste Finanzmarktnovellierungsgesetz, NJW 2016, 2689; *Sajnovits*, Ad-hoc-Publizität und Wissenszurechnung, WM 2016, 765; *Sajnovits*, Financial-Benchmarks, 2018; *Sajnovits*, Die Auswirkungen des Brexit auf die Verwendung des Libor und anderer UK-Benchmarks, WM 2018, 1247; *Sajnovits/Wagner*, Marktmanipulation durch Unterlassen? – Untersuchung der Rechtslage unter MAR und FiMaNoG sowie deren Konsequenz für Alt-Taten, WM 2017, 1189; *Saliger*, Straflosigkeit unterlassener Ad-hoc-Veröffentlichungen nach dem 1. FiMaNoG?, WM 2017, 2329 (Teil I), WM 2017, 2365 (Teil II); *de Schmidt*, Neufassung des Verbots der Marktmanipulation durch MAR und CRIM-MAD, RdF 2016, 4; *Schmolke*, Das Verbot der Marktmanipulation nach dem neuen Marktmissbrauchsregime, AG 2016, 434; *Schmolke*, Private Enforcement und institutionelle Balance, NZG 2016, 721; *Schockenhoff/Culmann*, Rechtsschutz gegen Leerverkäufer?, AG 2016, 517; *Schröder*, Handbuch Kapitalmarktstrafrecht, 3. Aufl. 2015; *Seibt*, Europäische Finanzmarktregulierung zu Insiderrecht und Ad hoc-Publizität, ZHR 177 (2013), 388; *Seibt/Wollenschläger*, Revision des Marktmissbrauchsrechts durch Marktmissbrauchsverordnung und Richtlinie über strafrechtliche Sanktionen für Marktmanipulation, AG 2014, 593; *Simons*, Gesetzgebungskunst, AG 2016, 651; *Sorgenfrei/Saliger*, §§ 38 Abs. 1, Abs. 4, 39 Abs. 2 Nr. 3, Abs. 3c, 3d Nr. 2 WpHG iVm Art. 15, 12 MAR Verbot der Marktmanipulation, in Park (Hrsg.), Kapitalmarktstrafrecht, 4. Aufl. 2017, Kap. 6.1.; *Spindler*, Der Vorschlag einer EU-Verordnung zu Indizes bei Finanzinstrumenten (Benchmark-VO), ZBB 2015, 165; *Szesny*, Das Sanktionsregime im neuen Marktmissbrauchsrecht, DB 2016, 1420; *Teigelack*, Insiderhandel und Marktmanipulation im Kommissionsentwurf einer Marktmissbrauchsverordnung, BB 2012, 1361; *Teigelack*, Marktmanipulation, in Veil (Hrsg.), Europäisches Kapitalmarktrecht, 2. Aufl. 2014, § 14; *Teigelack/Dolff*, Kapitalmarktrechtliche Sanktionen nach dem Regierungsentwurf eines Ersten Finanzmarktnovellierungsgesetzes – 1. FimanoG, BB 2016, 387; *Thaler*, Sanktionen bei Marktmissbrauch – Marktmanipulation, Insiderhandel und Ad-hoc-Publizität, Wien 2014; *Theile* in Esser/Rübenstahl/Saliger/Tsambikakis (Hrsg.), Wirtschaftsstrafrecht, 1. Aufl. 2017, § 38 WpHG; *Tountopoulos*, Marking the Close nach Europäischem Kapitalmarktrecht, NZG 2013, 351; *Tountopoulos*, Rückkaufprogramme und Safe-Harbor-Regelungen im Europäischen Kapitalmarktrecht, EWS 2012, 449; *Tountopoulos*, Market Abuse and Private Enforcement, ECFR 2014, 297; *Trüg*, Umfang und Grenzen des Scalping als strafbare Marktmanipulation, NStZ 2014, 558; *Trüg* in Leitner/Rosenau (Hrsg.), Wirtschafts- und Steuerstrafrecht, 1. Aufl. 2017, § 38 WpHG; *Veil*, Europäisches Insiderrecht 2.0 – Konzeption und Grundsatzfragen der Reform durch MAR und CRIM-MAD, ZBB 2014, 85; *Veil*, Sanktionsrisiken für Emittenten und Geschäftsleiter im Kapitalmarktrecht, ZGR 2016, 305; *Veil/Brüggemeier*, Kapitalmarktrecht zwischen öffentlichrechtlicher und privatrechtlicher Normdurchsetzung in Deutschland, in Fleischer/Kalss/Vogt (Hrsg.), Enforcement im Gesellschafts- und Kapitalmarktrecht 2015, 2015, S. 277; *Veil* (Hrsg.), European Capital Markets Law, 2nd ed. 2017; *Venturrozo*, When Market Abuse Rules Violate Human Rights: Grande Stevens v. Italy and the Different Approaches to Double Jeparpy in Europe and the US, EBOR 16 (2015), 145; *Ventoruzzo/Mock* (eds.), Market Abuse Regulation, 1st ed. 2017; *Verstein*, Benchmark Manipulation, Boston College Law Review 56 (2015), 215; *Wiedemann/Wank*, Begrenzte Rationalität – gestörte Willensbildung im Privatrecht, JZ 2013, 340; *Wundenberg*, Perspektiven der privaten Rechtsdurchsetzung im europäischen Kapitalmarktrecht, ZGR 2015, 124; *Zeder*, Die neuen Strafbestimmungen gegen Marktmissbrauch: Europäische Vorgaben (MAR und MAD) und ihre Umsetzung im österreichischen Börsegesetz, NZWiSt 2017, 41; *Zetzsche*, Marktintegrität/Marktmissbrauchsrecht, in Gebauer/Teichmann (Hrsg.), Europäisches Privat- und Unternehmensrecht, 2016, § 7 C; *Zickert*, Regulierung des Hochfrequenzhandels in US- und EU-Aktienmärkten, 2016.

Ökonomisches Schrifttum: *Allen/Gale*, Stock-Price Manipulation, The Review of Financial Studies 5 (1992), 503; *Allen/Gorton*, Stock price manipulation, market microstructure and asymmetric information, European Economic Review 36 (1992), 624; *Aggarwal/Wu*, Stock Market Manipulations, Journal of Business 79 (2006), 1915; *Arnoldi*, Computer algorithms, market manipulation and the institutionalization of high frequency trading, Theory, Culture & Society 33 (2016), 29; *Avgouleas*, The Mechanism and Regulation of Market Abuse, 2005; *Avery/Zemsky*, Multidimensional Uncertainty and Herd Behavior in Financial Markets, American Economic Review 88 (1998), 724; *Banerjee*, A Simple Model of Herd Behavior Quarterly Journal of Economics 107 (1992), 797; *Batten/Loncarski/Szilagyi*, Financial Market Manipulation, Whistle-Blowing and the Common Good: Evidence from the LIBOR Scandal, Working Paper 2017; *Bagnoli/Lipman*, Stock Price Manipulation through Takeover Bids, Rand Journal of Economics 27 (1996), 124; *Benabou/Laroque*, Using Privileged Information to Manipulate Markets: Insiders, Gurus, and Credibility, Quarterly Journal of Economics 107 (1992), 921; *Berle*, Stock Market Manipulation, Columbia Law Review 38 (1938), 393; *Bouraoui/Mehanaoui/Bahli*, Stock Spams: Another Kind of Stock Price Manipulation, Journal of Applied Business Research 29 (2013), 79; *Chakraborty/Yilmaz*, Informed manipulation, Journal of Economic Theory 114 (2004), 132; *Chakraborty/Yilmaz*, Manipulation in Market Order Models, Journal of Financial Markets 7 (2014), 187; *Chatterjea/Jarrow*, Market manipulation, price bubbles, and a model of the US Treasury securities auction market, Journal of Financial and Quantitative Analysis 33 (1998), 255; *Cherian/Jarrow*, Market manipulation, Handbooks in Operations Research and Management Science 9 (1995), 611; *Comerton-Forde/Putniņš*, Measuring closing price manipulation, Journal of Financial Intermediation 20 (2011), 135; *Comerton-Forde/Rydge*, Call auction algorithm design and market manipulation, Journal of Multinational Financial Management 16 (2006), 184; *Cumming/Johan*, Global Market Surveillance, American Law and Economics Review 10 (2008), 454; *Daske/Bassemir/Fischer*, Manipulation des Börsenkurses durch gezielte Informationspolitik im Rahmen von Squeeze-Outs? – Eine empirische Untersuchung am deutschen Kapitalmarkt, ZfbF 62 (2010), 254; *Dow/Gorton*, Stock Market Efficiency and Economic Efficiency: Is There a Connection?, Journal of Finance 52 (1997), 1087; *Dow/Rahi*, Informed trading, investment and economic welfare, Journal of Business 76 (2003), 430; *Easterbrook*, Monopoly, manipulation and the regulation Business, Journal of Business 69 (1986), 103; *Egginton/Van Ness/Van Ness*, Quote Stuffing, Financial Management 2016, 583; *Fischel/Ross*, Should the Law Prohibit ‚Manipulation' in Financial Markets?, Harvard Law Review 105 (1991), 503; *Gerard/Nanda*, Trading and Manipulation Around Seasoned Equity Offerings, Journal of Finance 48 (1993), 213; *Gerke/Oerke*, Marktbeeinflussung durch Analystenempfehlung, Zeitschrift für Betriebswirtschaft-Ergänzungsheft 2/1998, 1; *Giannetti/Wang*, Corporate Scandals and Household Stock Market Participation, Journal of Finance 71 (2016), 2591; *Gomolka*, Algorithmic Trading, 2011; *Goldstein/Guembel*, Manipulation and the allocational role of prices, The Review of Economic Studies 75 (2008), 133; *Golmohammadi/Zaiane/Díaz*, Detecting stock market manipulation using supervised learning algorithms, Data Science and Advanced Analytics 2014; *Hanson/Oprea/Porter*, Information aggregation and manipulation in an experimental market, Journal of Economic Behavior & Organization 60 (2006), 449; *von Hayek*, The Use of Knowledge in Society, American Economic Review 35 (1945), 519; *Hillion/Suominen*, The manipulation of closing prices, Journal of Financial Markets 7 (2004), 351; *Hirshleifer/Subrahmanyam/Titman*, Feedback and the Success of Irrational Investors, Journal of Financial Economics 81 (2006), 311; *Jarrow*, Market Manipulation, Bubbles, Corners, and Short Squeezes, Journal of Financial and Quantitive Analysis 27 (1992), 311; *Jiang/Mahoney/Mei*, Market manipulation: A comprehensive study of stock pools, Journal of Financial Economics 77 (2005), 147; *Kose/Narayanan*, Market manipulation and the role of insider trading regulations, The Journal of Business 70 (1997), 217; *Khanna/Sonti*, Value Creating Stock Manipulation: Feedback Effect of Stock Prices on Firm Value, Journal of Financial Markets 7 (2004), 237; *Kyle*, Continuous Auctions and Insider Trading, Econometrica 53 (1985), 1315; *Kyle/Viswanathan*, How to Define Illegal Price Manipulation, American Economic Reviews, Papers & Proceedings 98 (2008), 274; *Leland*, Insider Trading: Should it be Prohibited?, Journal of Political Economy 100 (1992), 859; *Leuz/Meyer/Muhn/Soltes/Hackethal*, Who Falls Prey to the Wolf of Wall Street? Investor Participation in Market Manipulation, NBER Working Paper 2017; *Lewis*, Flash Boys (A Wall Street Revolt), 2014; *Ni/Pearson/Poteshman*, Stock price clustering on option expiration dates, Journal of Financial Economics 78 (2005), 49; *Poser*, Stock Market Manipulation and Corporate Control Transactions, Miami Law Review 40 (1986), 671; *Pirrong*, The Self-Regulation of Commodity Exchanges: The Case of Market Manipulation, Journal of Law and Economics 38 (1995), 141; *Putnins*, Market Manipulation: A Survey, Journal of Economic Surveys 26 (2012), 952; *Rose*, The Flash Crash Of May 2010: Accident Or Market Manipulation?, Journal of Business & Economics Research 9 (2011), 85; *Sapienza* in Evanoff/Hartmann/Kaufmann (eds.), The First Credit Market Turmoil of the 21st Century, 2009, S. 29; *Sherwin*, The Cost-Benefit Analysis of Financial Regulation: Lessons from the SEC's Stalled Mutual Fund Reform Effort, Stanford Journal of Law, Business & Finance 12 (2006), 1; *Stevens/Zhang*, Robo-Regulator: Algorithmic Detection of Market Manipulation, Harvard Discussion Paper No. 70, 2017; *Subrahmanyam/Titman*, The Going-Public Decision and the Development of Financial Markets, Journal of Finance 54 (1999), 1045; *Subrahmanyam/Titman*, Feedback from Stock Prices to Cash Flows, Journal of Finance 56 (2001), 2389; *van Bommel*, Rumors, Journal of Finance 58 (2003), 1499; *Vila*, Simple Games of Market Manipulation, Economics Letters 29 (1989), 21; *Vitale*, Speculative Noise Trading and Manipulation in the Foreign Exchange Market, Journal of International Money and Finance 19 (2003), 689.

I. Entstehungsgeschichte 1	b) Technische Regulierungsstandards (RTS) . . 42
1. Einzelstaatliche Regelungsregime 1	4. Leitlinien und Empfehlungen der ESMA (Level 3) und sonstige aufsichtsbehördliche Verlautbarungen 43
2. Mindestharmonisierung durch die MAD I 8	
3. (Weitgehende) Vollharmonisierung durch die MAR und Mindestharmonisierung durch die CRIM-MAD 16	III. Methodenfragen 45
	1. Schwindender Einfluss der mitgliedstaatlichen Methodik und des mitgliedstaatlichen Rechts . . 45
II. Regelungssystematik des europäischen Marktmanipulationsregimes 21	2. Marktmanipulationsverbot als aufsichtsrechtliche Vorgabe 50
1. Verordnungsebene (Level 1) 22	
a) Definition der Marktmanipulation (Art. 12 und Anhang I VO Nr. 596/2014) 23	3. Abkehr von der strafrechtsdogmatischen Betrachtung 52
b) Verbot der Marktmanipulation (Art. 15 VO Nr. 596/2014) 26	4. Verbleibende Verfassungsrechtsfragen 54
	IV. Ökonomischer Hintergrund 56
c) Ausnahmetatbestände (Art. 5, 6, 13 und 21 VO Nr. 596/2014) 28	1. Systematisierung der Marktmanipulationen . . 56
	a) „Informationsgestützte" Manipulationen . . . 57
d) Einbindung Privater durch Melde- und Überwachungspflichten (Art. 16 VO Nr. 596/2014) 33	b) „Handelsgestützte" Manipulationen durch fiktive und effektive Geschäfte 61
e) Regelungen zur Rechtsdurchsetzung und Sanktionierung 36	c) „Handlungsgestützte" Manipulationen 65
	d) Weitere Systematisierungsvorschläge 66
2. Vorgaben zur strafrechtlichen Ahndung auf Richtlinienebene (Level 1) 38	2. Ökonomische Analyse der Marktmanipulation und ihrer Überwachung 67
3. Tertiärrechtsakte (Level 2) 40	
a) (Unabhängige) delegierte Rechtsakte 41	V. Rechtspraxis und Rechtstatsächliches 70

1 I. Entstehungsgeschichte. 1. Einzelstaatliche Regelungsregime. Die Geschichte der Marktmanipulation ebenso wie die ihrer Regulierung reicht weit zurück und begann zunächst auf den Gütermärkten. So wurde im Römischen Reich bereits 483 v. Chr. per Dekret versucht, Manipulationshandlungen auf Gütermärkten zu verbieten[1]. Die Ursprünge der Marktmanipulationsregulierung auf Finanzmärkten werden mit dem Fall *The King v. De Berenger*[2] zumeist auf das Jahr 1814 in Großbritannien datiert[3]. Die in diesem Fall letztlich Verurteilten hatten durch falsche Gerüchte über den Tod Napoleons einen Kursanstieg britischer Staatsanleihen herbeigeführt und in der Folge durch den Verkauf ihrer Papiere entsprechende Profite erzielt[4]. Ein englisches Gericht beurteilte das Verbreiten falscher Gerüchte als Betrug gegenüber dem Markt, ohne dass es auf die Täuschung und Schädigung individueller Personen ankomme[5]. Die historischen Wurzeln des deutschen Rechts der Marktmanipulation reichen ebenfalls bis ins 19. Jahrhundert zurück[6]. Der deutsche Gesetzgeber hatte 1884 in Reaktion auf seinerzeitige Börsenskandale den sog. **Kursbetrug** in Art. 249d Abs. 1 Nr. 2 ADHGB unter Strafe gestellt. Hiernach war strafbar, wer „in betrügerischer Absicht auf Täuschung berechnete Mittel anwendet, um auf den Kurs von Aktien einzuwirken"[7]. Die Vorschrift wurde in verallgemeinerter Gestalt als § 75 Abs. 1 in das BörsG 1896 aufgenommen und galt – mit verschiedenen Änderungen, zuletzt durch das Zweite Gesetz zur Bekämpfung der Wirtschaftskriminalität vom 15.5.1986 – als **§ 88 BörsG a.F.** fort, bis sie mit Wirkung vom 1.7.2002 aufgehoben und durch §§ 20a, 38, 39 WpHG a.F. „abgelöst" (RegE 4. FFG BT-Drucks. 14/8017, 89) wurde.

Nach überwiegender Auffassung in Theorie und Praxis hatte sich § 88 BörsG a.F. **nicht bewährt**[8]. Der erkannte **Reformbedarf** führte zu vielfältigen Reformvorschlägen in der Literatur, die auf dem 64. DJT 2002 in Berlin durch *Fleischer*[9] gebündelt wurden. Kurz zuvor hatte die Bundesregierung den Regierungsentwurf eines Vierten Finanzmarktförderungsgesetzes (4. FFG) vorgelegt, in dem u.a. eine Neufassung und Konkretisierung der Vorschriften über das Verbot der Marktmanipulation vorgesehen war. Die Eckpunkte entsprachen dem bis zum 3.7.2016 geltenden Recht[10]: § 88 BörsG a.F. wurde durch die allgemeine Verbotsnorm des § 20a WpHG a.F. ersetzt. Zur Effektuierung des Verbots wurden der Bundesanstalt für Finanzdienstleistungsaufsicht (BaFin) die Aufgabe seiner Überwachung und die hierzu erforderlichen Befugnisse eingeräumt.

Der vormalige **Abschnitt 4 des WpHG** über die Überwachung des Verbots der Marktmanipulation (früher Kurs- und Marktpreismanipulation) wurde mit Wirkung vom 1.7.2002 durch Art. 2 Nr. 13 4. FFG vom 21.6.2002 (BGBl. I 2002, 2010) eingefügt. Die Regelung wurde als „Meilenstein"[11] in der Reform des Kapitalmarktrechts bezeichnet. Mit ihr habe der Gesetzgeber die in Wissenschaft und Praxis seit langem erhobene Forderung nach einer effektiveren Kontrolle von Marktmanipulationen erfüllt, auf die tiefe Vertrauenskrise im Neuen Markt reagiert und es unternommen, die offenbar gewordenen Missstände zu bekämpfen sowie das verlorene Anlegervertrauen zurückzugewinnen. Konkretisiert und ergänzt wurde die gesetzliche Regelung zunächst durch die am 28.11.2003 in Kraft getretene **Verordnung zur Konkretisierung des Verbotes der Kurs- und Marktpreismanipulation (KuMaKV)** vom 18.11.2003 (BGBl. I 2003, 2300).

Eine durch die RL 20036/EG (Rz. 8 ff.) veranlasste „Reform der Reform" ließ nur wenig mehr als zwei Jahre auf sich warten[12]. Durch Art. 1 Nrn. 7, 8 Anlegerschutzverbesserungsgesetz vom 28.10.2004 (BGBl. I 2004, 2630) wurde die **gesetzliche Regelung** in Abschnitt 4 des WpHG mit Wirkung vom 30.10.2004 umgestaltet. Einerseits wurde § 20a WpHG a.F. umbenannt[13], geändert und den damaligen europarechtlichen Vorgaben angepasst, zudem wurde das Marktmanipulationsverbot tendenziell ausgeweitet und verschärft. Andererseits fiel die Vorschrift des § 20b WpHG über die Überwachung des Verbots weg und ging in den allgemeinen Verfahrensvorschriften des WpHG auf[14]. Der Verordnungsgeber vollzog die Gesetzesänderung nach und ersetzte die KuMaKV (Rz. 3 a.E.) mit Wirkung vom 10.3.2005 durch die **Verordnung zur Konkretisierung des Verbots der**

---

1 S. *Markham*, Law Enforcement and the History of Financial Market Manipulation, S. 9 ff.; *Schmolke* in Klöhn, Vor Art. 12 MAR Rz. 35.
2 105 Eng. Rep. 536, 1378–1865.
3 *Markham*, Law Enforcement and the History of Financial Market Manipulation, S. 11 f.; *Fleischer* in Fuchs, Vor § 20a WpHG Rz. 18; *Schmolke* in Klöhn, Vor Art. 12 MAR Rz. 37.
4 S. *Markham*, Law Enforcement and the History of Financial Market Manipulation, S. 9 ff.
5 *Fleischer* in Fuchs, Vor § 20a WpHG Rz. 18 m.w.N.
6 *Schmolke* in Klöhn, Vor Art. 12 MAR Rz. 38. Näher zur Schweizer Rechtsentwicklung *Maurenbrecher* in Watter/Bahar, Basler Kommentar, Finanzmarktaufsichtsgesetz/Finanzmarktinfrastrukturgesetz: FINMAG/FinfraG, Vor Art. 142 f. FinfraG Rz. 11 ff.
7 S. hierzu auch *Altenhain* in KölnKomm. WpHG, § 38 WpHG Rz. 14; *Fleischer* in Fuchs, Vor § 20a WpHG Rz. 13; *Schmolke* in Klöhn, Vor Art. 12 MAR Rz. 44; *Veil* in Meyer/Veil/Rönnau, Handbuch zum Marktmissbrauchsrecht, § 1 Rz. 1.
8 Zusammenfassend *Lenzen*, Unerlaubte Eingriffe in die Börsenkursbildung, S. 157 ff. m.N.; ferner *Schmolke* in Klöhn, Vor Art. 12 MAR Rz. 44 f.
9 *Fleischer*, Gutachten F 142 f.; dazu *Mülbert*, JZ 2002, 826.
10 S. RegE 4. FFG, BT-Drucks. 14/8017, 27 ff., 89 ff., 98 ff.
11 *Fleischer*, NJW 2002, 2977, 2978; kritisch *Weber*, NJW 2003, 18, 20.
12 *Schmolke* in Klöhn, Vor Art. 12 MAR Rz. 60 ff.; *Veil* in Meyer/Veil/Rönnau, Handbuch zum Marktmissbrauchsrecht, § 1 Rz. 13.
13 Die amtliche Überschrift („Angabe") des § 20a WpHG lautete danach: „Verbot der Marktmanipulation".
14 In der amtlichen Überschrift („Angabe") des Abschnitts 4 (i.d.F. des Art. 1 Nr. 13 FRUG, BGBl. I 2007, 1130) war allerdings weiterhin von der „Überwachung des Verbots der Marktmanipulation" die Rede.

Marktmanipulation (Marktmanipulations-Konkretisierungsverordnung – MaKonV) vom 1.3.2005 (BGBl. I 2005, 515).

5 Von 2005 an blieb das Marktmanipulationsrecht als solches bis zum Außerkrafttreten des § 20a WpHG a.F. am 2.7.2016 im Wesentlichen unverändert. Mittelbar wirkte sich freilich die weitere Rechtsentwicklung, namentlich die Neuregelung der Struktur und Transparenz der Märkte für Finanzinstrumente durch die europäische Richtlinie über Märkte für Finanzdienstleistungen (**MiFID I**)[1] und das deutsche Finanzmarktrichtlinie-Umsetzungsgesetz (**FRUG**)[2], auch auf das Marktmanipulationsrecht aus[3]. Die Segmente des amtlichen und des geregelten Markts wurden zu einem einheitlichen regulierten Markt zusammengefasst (s. § 20a Abs. 1 Satz 2 Nr. 1, Abs. 1 Satz 3 und Abs. 3 Satz 2 WpHG i.d.F. des Art. 1 Nr. 14 FRUG); die Überwachung des außerbörslichen Handels wurde verschärft; und das Transparenz- und Informationsniveau betreffend Emittenten wurde erhöht, was Rückwirkungen z.B. auf die Frage unvollständiger Angaben hatte.

6 Die letzte Fassung des § 20a WpHG a.F. beruhte auf Art. 12 Gesetz zur Anpassung der Rechtsgrundlagen für die Fortentwicklung des Emissionshandels (**EHAnpG**) vom 21.7.2011[4]. Die Änderung wurde wegen einer Anpassung des Treibhausgas-Emissionshandelsgesetzes erforderlich, das bereits 2009 durch Art. 5 Nr. 3 Gesetz zur Änderung des Einlagensicherungs- und Anlegerentschädigungsgesetzes und anderer Gesetze (**EAEGuaÄndG**) vom 25.6.2009[5] Emissionsberechtigungen i.S.v. § 3 Abs. 4 Satz 1 Treibhausgasemissionshandelsgesetz in den sachlichen Schutzbereich des Marktmanipulationsverbots einbezogen hatte. Zudem wirkten sich anderweitige Gesetzesänderungen mittelbar auf Reichweite und Inhalt des Marktmanipulationsverbots aus. Insbesondere war die Frage nach dem marktmanipulativen Charakter des sog. Anschleichens an eine börsennotierte Zielgesellschaft im Hinblick auf die mit Wirkung vom 1.2.2012 geänderten Mitteilungs- und Veröffentlichungspflichten nach §§ 25, 25a WpHG i.d.F. des Art. 1 Nr. 2 und 3 Anlegerschutz- und Funktionsverbesserungsgesetz (**AnsFuVG**)[6] vom 5.4.2011 neu zu beurteilen[7]. Zudem wurden auf nationaler und europäischer Ebene insbesondere im Gefolge der Finanzkrise weitere Rechtsakte erlassen, die unmittelbare oder als Marktverhaltensrecht jedenfalls mittelbare Verknüpfungen mit dem Marktmanipulationsrecht aufweisen: Zu nennen sind insoweit das deutsche Leerverkaufsgesetz von 2009[8], dessen Regelungsmaterie inzwischen vollständig durch die Leerverkaufs-VO (VO Nr. 236/2012) geregelt wird, das EMIR-Ausführungsgesetz[9] und das Hochfrequenzhandelsgesetz von 2013[10].

7 Die nicht unerheblichen Rechtsänderungen ab 2002 führten immer wieder zu **Rückwirkungsfragen**, die sich in erster Linie für vor dem 1.7.2002 begangene „Alt"manipulationen, aber auch für vor dem 30.10.2004 begangene Marktmanipulation stellten, da das auf dem AnSVG und der MaKonV beruhende Recht gegenüber dem auf dem 4. FFG beruhenden Recht (s. Rz. 3) an nicht wenigen Stellen sowohl kapitalmarkt- als auch straf- bzw. bußgeldrechtlich deutlich verschärft wurde[11].

8 **2. Mindestharmonisierung durch die MAD I.** Marktmanipulation zu verhindern ist seit geraumer Zeit ein wichtiges Anliegen der Europäischen Union. Bereits in ihrer Mitteilung vom 11.5.1999 „Umsetzung des Finanzmarktrahmens: Aktionsplan"[12] hatte die Europäische Kommission hervorgehoben, dass eine Richtlinie zur Bekämpfung der Marktmanipulation erforderlich sei. Die Insider-Richtlinie von 1989 enthielt demgegenüber noch keine Regelungen zur Marktmanipulation[13]. Am 17.7.2000 setzte der Rat der EU einen Ausschuss der Weisen

---

1 Richtlinie 2004/39/EG des Europäischen Parlaments und des Rates vom 21. April 2004 über Märkte für Finanzinstrumente (…), ABl. EU Nr. L 145 v. 30.4.2004, S. 1; s. weiterhin Richtlinie 2006/37/EG der Kommission vom 10. August 2006 zur Durchführung (…), ABl. EU Nr. L 241 v. 2.9.2006, S. 26 und Verordnung (EG) Nr. 1287/2006 der Kommission vom 10. August 2006 zur Durchführung (…), ABl. EU Nr. L 241 v. 2.9.2006, S. 1; Richtlinien 2006/31/EG und 2007/44/EG des Europäischen Parlaments und des Rates vom 5. April 2006 und vom 5. September 2007 zur Änderung (…), ABl. EU Nr. L 114 v. 27.4.2006, S. 60 und Nr. L 247 v. 21.9.2007, S. 1.
2 Gesetz zur Umsetzung der Richtlinie über Märkte für Finanzinstrumente und der Durchführungsrichtlinie der Kommission vom 16.7.2007, BGBl. I 2007, 1130; s. hierzu *Duve/Keller*, BB 2006, 2425; *Gomber/Hirschberger*, AG 2006, 777.
3 Zutr. *Sorgenfrei* in Park, 3. Aufl. 2013, §§ 20a, 38 II, 39 I Nr. 1–2, II Nr. 11, IV WpHG Rz. 8 f.
4 BGBl. I 2011, 1475.
5 BGBl. I 2009, 1529.
6 BGBl. I 2011, 538.
7 S. dazu etwa *Möllers/Wenninger*, NJW 2011, 1697 ff.
8 Gesetz zur Vorbeugung gegen missbräuchliche Wertpapier- und Derivategeschäfte vom 21.7.2010, BGBl. I 2010, 945; s. hierzu *Mülbert* in 6. Aufl., §§ 30h ff. WpHG.
9 Ausführungsgesetz zur Verordnung Nr. 648/2012 über OTC-Derivate, zentrale Gegenparteien und Transaktionsregister (EMIR-Ausführungsgesetz), BGBl. I 2013, 174.
10 Gesetz zur Vermeidung von Gefahren und Missbräuchen im Hochfrequenzhandel (Hochfrequenzhandelsgesetz) vom 7.5.2013, BGBl. I 2013, 1162, s. hierzu *Löper*, Die rechtlichen Rahmenbedingungen des Hochfrequenzhandels in Deutschland, 2015. Zu den Reformschritten auch *Grundmann* in Staub, HGB, Bankvertragsrecht 2, 5. Aufl. 2017, 6. Teil, 3. Abschnitt, A Rz. 264.
11 Dazu ausführlich *Vogel* in 6. Aufl., Vor § 20a WpHG Rz. 9 ff.
12 KOM (1999) 232 endg.
13 *Schmolke* in Klöhn, Vor Art. 12 MAR Rz. 48; *Veil* in Meyer/Veil/Rönnau, Handbuch zum Marktmissbrauchsrecht, § 1 Rz. 7 ff.

über die Regulierung der europäischen Wertpapiermärkte ein, dessen Schlussbericht (*Lamfalussy*-Bericht)[1] u.a. Regulierungsmaßnahmen vorsah, die insbesondere auch das Marktmanipulationsrecht betrafen. Durch Beschlüsse vom 6.6.2001[2] setzte die Europäische Kommission sodann einen Ausschuss der europäischen Wertpapierregulierungsbehörden (engl. *Committee of European Securities Regulators* – **CESR**, vormals *Forum of European Securities Commissions* – FESCO, nunmehr *European Securities and Markets Authority* – ESMA[3]) und einen Europäischen Wertpapierausschuss (*European Securities Committee* – **ESC**) ein. In deren Vorbereitung wurde deutlich, dass nicht alle Mitgliedstaaten Rechtsvorschriften zur Ahndung von Marktmanipulationen insbesondere durch Verbreitung irreführender Informationen hatten und die vorhandenen Vorschriften äußerst unterschiedlich waren. Deshalb war die Marktmanipulation ein Schwerpunkt der **Richtlinie 2003/6/EG** des Europäischen Parlaments und des Rates vom 28.1.2003 über Insider-Geschäfte und Marktmanipulation (Marktmissbrauch) (**MAD I**, ABl. EU Nr. L 96 v. 12.4.2003, S. 16)[4] und der hierzu von der Europäischen Kommission im Komitologieverfahren erlassenen **Durchführungsbestimmungen** (Rz. 12). Die MAD I wurde in der Folge in den Jahren 2008 (Änderungsrichtlinie 2008/26/EG) und 2010 (Änderungsrichtlinie 2010/78/EU) geringfügig geändert[5].

In der Terminologie der MAD I war die **Marktmanipulation** neben den Insider-Geschäften die zweite Form des Marktmissbrauchs. Art. 1 Nr. 2 RL 2003/6/EG definierte, was nach der MAD I als Marktmanipulation galt. Die Definition umfasste einerseits „informationsgestützte" Marktmanipulationen (s. Rz. 57 ff.), nämlich die Verbreitung von Informationen, die falsche oder irreführende Signale in Bezug auf Finanzinstrumente geben oder geben könnten, wenn die Person, die diese Informationen verbreitet hat, wusste oder hätte wissen müssen, dass sie falsch oder irreführend waren (lit. c). Hierunter fielen uneingeschränkt auch Journalisten, wenn sie hieraus Nutzen zogen oder Gewinne schöpften, im Übrigen aufgrund der Berücksichtigung „der für ihren Berufsstand geltenden Regeln" der Presse- und Meinungsfreiheit aber nur beschränkt. Andererseits erfasste die RL 2003/6/EG „handelsgestützte" Marktmanipulationen (Rz. 61 ff.), nämlich Geschäfte oder Kauf- bzw. Verkaufsaufträge, bei denen falsche Tatsachen vorgespiegelt oder sonstige Kunstgriffe oder Formen der Täuschung verwendet werden (lit. b), und solche, die falsche oder irreführende Signale für das Angebot von Finanzinstrumenten, die Nachfrage danach oder ihren Kurs geben oder geben könnten (lit. a erster Spiegelstrich) oder die den Kurs eines oder mehrerer Finanzinstrumente durch eine Person oder mehrere in Absprache handelnde Personen in der Weise beeinflussen, dass ein anormales oder künstliches Kursniveau erzielt wird, es sei denn, die Person, welche die Geschäfte abgeschlossen oder die Aufträge erteilt hat, weist nach, dass sie legitime Gründe dafür hatte und dass diese Geschäfte oder Aufträge nicht gegen die zulässige Marktpraxis auf dem betreffenden geregelten Markt verstoßen (lit. a zweiter Spiegelstrich). Diese „Basisdefinition" der Marktmanipulation wurde durch Beispiele erläutert. Diese betrafen das missbräuchliche Ausnutzen einer marktbeherrschenden Stellung (nach lit. c erster Spiegelstrich), das sog. *marking the close*, die börsenschlussnahen Geschäfte zur Beeinflussung der Schlussnotierung (nach lit. c zweiter Spiegelstrich), und das sog. *scalping*, die öffentliche Stellungnahme zu Finanzinstrumenten bei zuvor eingegangenen Eigengeschäften im eigenen Interesse, die verschwiegen werden (nach lit. c dritter Spiegelstrich). Im Übrigen sahen Art. 1 letzter Satz, 17 Abs. 2 RL 2003/6/EG vor, dass die Europäische Kommission im Komitologieverfahren (s. Rz. 8) Durchführungsmaßnahmen für die Definition der Marktmanipulationen erlässt. Sie wurde dabei durch das ESC unterstützt (Art. 17 Abs. 1 RL 2003/6/EG) und griff auf Vorarbeiten des CESR (s. Rz. 8) zurück. 9

Eingeschränkt wurde der Marktmanipulationsbegriff durch die Festlegung von **safe harbours**, mithin von Verhaltensweisen, die auf keinen Fall verbotene Marktmanipulationen darstellen. Hierzu zählte Art. 8 RL 2003/6/EG den Handel mit eigenen Aktien im Rahmen von Rückkaufprogrammen und Kursstabilisierungsmaßnahmen für ein Finanzinstrument, wenn derartige Transaktionen im Einklang mit den Vorgaben von Durchführungsmaßnahmen erfolgten, die von der Europäischen Kommission im Komitologieverfahren (Rz. 8) mit Unterstützung durch ESC und CESR bzw. später ESMA erlassen wurde. 10

Die MAD I verpflichtete die Mitgliedstaaten **nicht** dazu, Verstöße gegen die zur Umsetzung der MAD I geschaffenen Verbote zu **kriminalisieren**. Vielmehr musste Marktmanipulation zwar jedermann untersagt werden (Art. 5 RL 2003/6/EG), dabei jedoch nur sichergestellt sein, dass gegen die für Verstöße verantwortlichen Personen „Verwaltungsmaßnahmen" ergriffen oder „im Verwaltungsverfahren zu erlassende Sanktionen" verhängt werden konnten (Art. 14 Abs. 1 Satz 1 RL 2003/6/EG). Diese Maßnahmen mussten freilich insgesamt „wirksam, verhältnismäßig und abschreckend" sein (Art. 14 Abs. 1 Satz 2 RL 2003/6/EG), und sie mussten öf- 11

---

1 Sog. Lamfalussy-Bericht vom 15.2.2001, im Internet zugänglich unter http://ec.europa.eu/internal_market/securities/docs/lamfalussy/wisemen/final-report-wise-men_de.pdf. S. hierzu *Moloney*, Common Market Law Review 40 (2003), 809 ff.; *Veil* in Meyer/Veil/Rönnau, Handbuch zum Marktmissbrauchsrecht, § 2 Rz. 1 ff.; *Veil* in Veil, European Capital Markets Law, § 1 Rz. 16 ff.
2 2001/527/EG und 2001/528/EG, ABl. EG Nr. L 191 v. 13.7.2001, S. 43 und 45.
3 S. Verordnung Nr. 1095/2010 des Europäischen Parlaments und des Rates vom 24. November 2010 zur Errichtung einer Europäischen Aufsichtsbehörde (Europäische Wertpapier- und Marktaufsichtsbehörde), ABl. EU Nr. L 331 v. 15.12.2010, S. 84.
4 ABl. EU Nr. L 96 v. 12.4.2003, S. 16 – Marktmissbrauchsrichtlinie. S. hierzu *Dier/Fürhoff*, AG 2002, 604 ff.; *v. Ilberg/Neises*, WM 2002, 635 ff.; *Leppert/Stürwald*, ZBB 2002, 90 ff.
5 *Schmolke* in Klöhn, Vor Art. 12 MAR Rz. 54.

fentlich bekannt gegeben werden, wenn dies nicht die Finanzmärkte erheblich gefährdete oder zu unverhältnismäßigem Schaden bei den Beteiligten führte (Art. 14 Abs. 4 RL 2003/6/EG). In diesem Zusammenhang legte die MAD I besonderen Wert darauf, dass die Mitgliedstaaten eine einzige **Behörde** schufen und benannten, die für die Überwachung der Anwendung der Marktmissbrauchsvorschriften zuständig war (Art. 11 RL 2003/6/EG). Die Behörde war mit allen Aufsichts- und Ermittlungsbefugnissen auszustatten, die zur Ausübung ihrer Tätigkeit erforderlich waren, insbesondere mit Informationsrechten (Art. 12 RL 2003/6/EG).

12   Ergänzend zur MAD I waren die bereits erwähnten **Durchführungsmaßnahmen** der Kommission zu beachten, die von ihr am 9.7.2003 vorgeschlagen und am 22.12.2003 beschlossen wurden[1]. Die Durchführungsrichtlinie 2003/124/EG der Kommission[2] betraf u.a. die Begriffsbestimmung der Marktmanipulation und umschrieb „Signale", d.h. nicht schlechterdings zwingende Indizien für das Vorliegen einer Marktmanipulation, sei es durch falsche und irreführende Signale und Kurssicherungsmaßnahmen (Art. 4 RL 2003/124/EG) oder durch Vorspiegelung falscher Tatsachen und sonstige Kunstgriffe oder Formen der Täuschung (Art. 5 RL 2003/124/EG). Die weitere Durchführungsrichtlinie 2003/125/EG der Kommission[3] enthielt Regelungen zur sachgerechten Darbietung von Anlageempfehlungen und zur Offenlegung von Interessenkonflikten und verlangte insbesondere, dass Wertpapierdienstleister „alle Beziehungen um Umstände offen legen, bei denen damit gerechnet werden kann, dass sie die Objektivität der Empfehlung beeinträchtigen" (Art. 5 Abs. 1 RL 2003/125/EG). Die in Art. 8 RL 2003/6/EG vorgesehenen *safe harbours* wurden in der Durchführungs-Verordnung (EG) Nr. 2273/2003 der Kommission[4] über Ausnahmeregelungen für Rückkaufprogramme und Kursstabilisierungsmaßnahmen näher geregelt. Schließlich wurde am 29.4.2004 die Durchführungsrichtlinie 2004/72/EG der Kommission[5] erlassen, die in Art. 2 RL 2004/72/EG bei der Beurteilung der Zulässigkeit von Marktpraktiken zu berücksichtigende „Faktoren" angab. Die europäischen Harmonisierungsbestrebungen zur MAD I wurden auf **Level 3** durch drei **Auslegungsschreiben** von CESR unterstützt[6]. **CESR** fasste darin im Wesentlichen die von den nationalen Aufsichtsbehörden geteilte Auslegungspraxis zu bestimmten Vorgaben der MAD I und der Durchführungsrechtsakte zusammen[7]. Im ersten Auslegungsschreiben vom 11.5.2005[8] fanden sich Angaben zu zulässigen Marktpraktiken und Verhaltensweisen, die als Marktmanipulation in Betracht kamen. Das zweite Auslegungsschreiben vom 12.7.2007[9] befasste sich ausschließlich mit dem Insiderrecht und der Ad-hoc-Publizitätspflicht. Das dritte Auslegungsschreiben vom 15.5.2009[10] enthielt Spezifizierungen zur Auslegungspraxis hinsichtlich Stabilisierungsmaßnahmen und Rückkaufprogrammen.

13   Die MAD I war bis zum 12.10.2004 **umzusetzen** (Art. 18 Satz 1 RL 2003/6/EG). Zwar hatte der Gesetzgeber das 4. FFG insbesondere im Bereich Marktmanipulation bereits mit Blick auf die (damals in Entwürfen vorliegende) Marktmissbrauchsrichtlinie formuliert[11]; jedoch verblieb auch im Hinblick auf die Durchführungsmaßnahmen ein nicht unerheblicher Umsetzungsbedarf, dem gerecht zu werden ein wichtiges Anliegen des AnSVG war (RegE AnSVG, BT-Drucks. 15/3174, 26 f.).

14   In der Sache ist der deutsche Gesetzgeber über die europäischen Vorgaben in der MAD I noch hinausgegangen („**überschießende Richtlinienumsetzung**")[12], insbesondere indem
   – auch Finanzinstrumente erfasst wurden, die in den regulierten Markt bzw. den Freiverkehr nur einbezogen waren (s. einerseits Art. 1 Nr. 3 neunter Spiegelstrich RL 2003/6/EG und andererseits § 20a Abs. 1 Satz 2 Nr. 1 WpHG a.F.),
   – auch die Manipulation der Märkte für Waren und ausländische Zahlungsmittel erfasst wurde (s. einerseits Art. 1 Nr. 3 achter Spiegelstrich RL 2003/6/EG und andererseits § 20a Abs. 4 WpHG a.F., nunmehr § 25 WpHG),

---

1   *Schmolke* in Klöhn, Vor Art. 12 MAR Rz. 55 ff.
2   ABl. EU Nr. L 339 v. 24.12.2003, S. 70. Vorschlagsfassung in Dokument ESC 22/2003, im Internet abrufbar über http://ec.europa.eu.internal_market/securities/abuse/index_de.htm.
3   ABl. EU Nr. L 339 v. 24.12.2003, S. 73. Vorschlagsfassung in Dokument ESC 23/2003, im Internet abrufbar über http://ec.europa.eu.internal_market/securities/abuse/index_de.htm.
4   ABl. EU Nr. L 336 v. 23.12.2003, S. 33. Vorschlagsfassung in Dokument ESC 24/2003, im Internet abrufbar über http://ec.europa.eu.internal_market/securities/abuse/index_de.htm.; s. zuvor das bedeutsame Grundlagendokument CESR/02–020b vom April 2002 „Stabilisation and Allotment: A European Supervisory Approach".
5   ABl. EU Nr. L 162 v. 30.4.2004, S. 70. Vorschlagsfassung in Dokument ESC 38/2003, im Internet abrufbar über http://ec.europa.eu.internal_market/securities/abuse/index_de.htm.
6   *Schmolke* in Klöhn, Vor Art. 12 MAR Rz. 58.
7   *Schmolke* in Klöhn, Vor Art. 12 MAR Rz. 58.
8   CESR, Market Abuse Directive: Level 3 – first set of CESR guidance and information on the common operation of the Directive, 11 May 2005, CESR/04-505b.
9   CESR, Market Abuse Directive: Level 3 – second set of CESR guidance and information on the common operation of the Directive, 12 July 2007, CESR/06-562b.
10 CESR, Market Abuse Directive: Level 3 – third set of CESR guidance and information on the common operation of the Directive, 15 May 2009, CESR/09-219.
11 Vgl. RegE 4. FFG, BT-Drucks. 14/8017, 89: „entsprechend der geplanten Richtlinie über den Marktmissbrauch".
12 *Mock* in KölnKomm. WpHG, § 20a WpHG Rz. 36; *Schmolke* in Klöhn, Vor Art. 12 MAR Rz. 66.

- das Marktmanipulationsverbot bereits ab öffentlicher Ankündigung des Antrags auf Zulassung bzw. Einbeziehung galt (s. einerseits Art. 1 Nr. 3 RL 2003/6/EG und andererseits § 20a Abs. 1 Satz 3 WpHG a.F.),
- für ein verbotenes Verhalten durchweg ausreichte, dass das Verhalten geeignet war, ein künstliches Preisniveau herbeizuführen (s. einerseits Art. 1 Nr. 2a zweiter Spiegelstrich RL 2003/6/EG und andererseits § 20a Abs. 1 Satz 1 Nr. 2 WpHG a.F.),
- auch bloße Unterlassungen gem. § 20a Abs. 1 Satz 1 Nr. 1 Alt. 2 WpHG a.F. eine informationsgestützte Marktmanipulation darstellen konnten[1].

De iure unterfielen diese originär deutschen Erweiterungen nicht dem Gebot der richtlinienkonformen Auslegung, und es waren deutsche Gerichte nicht zur Vorlage im Rahmen eines Vorabentscheidungsverfahren gem. Art. 267 AEUV verpflichtet[2].

Bei der Anwendung des nationalen Marktmanipulationsrechts, das unmittelbar auf der MAD I bzw. den hierzu ergangenen europäischen Durchführungsinstrumenten beruhte, waren diese im Wege der **richtlininienkonformen Auslegung** freilich zu berücksichtigen[3]. Bei Zweifelsfragen war an ein **Vorabentscheidungsverfahren** vor dem Gerichtshof der Europäischen Union (EuGH) gem. Art. 267 AEUV zu denken; funktionell letztinstanzliche Gerichte mussten, andere Gerichte konnten solche Fragen dem EuGH zur Vorabentscheidung vorlegen.

3. (Weitgehende) Vollharmonisierung durch die MAR und Mindestharmonisierung durch die CRIM-MAD. Als Reaktion auf die Verwerfungen der Finanzkrise ab 2007 kam es in der Europäischen Union zu einem *Regulierungstsunami*[4], der auch eine Ausweitung und Intensivierung der Regulierung der Marktmanipulation mit sich brachte[5]. Bereits 2008 überprüfte die Europäische Kommission im Rahmen der ohnehin vorgesehenen Überprüfung der FSAP-Umsetzung die Rechtsvorschriften gegen Marktmissbrauch[6]. Auf der G20 Konferenz in Pittsburgh 2009 wurde sodann eine internationale Reformagenda angestoßen, die neben anderen Aspekten, eine deutliche Ausweitung des Schutzes vor Marktmanipulation auf die OTC-Märkte einforderte[7]. In der Folge veröffentlichte die *International Organization of Securities Commissions* (IOSCO) im Jahr 2010 gemeinsame *Objectives and Principles of Securities Regulation*, die eine Empfehlung für ein ausgedehntes Marktmanipulationsverbot vorsah[8]. Nach im Jahr 2009 durchgeführten öffentlichen Konsultationen zur Reform des Marktmissbrauchsrechts reagierte die Europäische Kommission im Jahr 2010 mit der Mitteilung „Stärkung der Sanktionsregelungen im Finanzdienstleistungssektor"[9] und im Jahr 2011 sodann mit zwei Legislativvorschlägen auf diese internationalen Regulierungsanstöße[10]: Die vorgeschlagene Verordnung des Europäischen Parlaments und des Rates über Insider-Geschäfte und Marktmanipulation (Marktmissbrauch)[11] sollte die Marktmissbrauchsrichtlinie ablösen und diese gestützt auf Art. 114 AEUV in unmittelbar geltendes Unionsverordnungsrecht überführen. Der weitere, auf Art. 83 Abs. 2 AEUV gestützte Vorschlag für eine Richtlinie des Europäischen Parlaments und des Rates über strafrechtliche Sanktionen für Insider-Geschäfte und Marktmanipulation[12] sah – anders als die MAD I (Rz. 9 ff.) – erstmals strafrechtliche Kriminalisierungspflichten für die Mitgliedstaaten vor[13]. Die beiden Vorschläge begleitete ein ausführliches Dokument zur Folgeabschätzung[14].

Nach dem Bekanntwerden der LIBOR- und EURIBOR-Manipulationen ab 2011 überarbeitete die Europäische Kommission das sich zu diesem Zeitpunkt noch im Entwurfsstadium befindliche Marktmissbrauchsregimes und fügte in den Verordnungsvorschlag (Art. 12 Abs. 1 lit. d) ebenso wie in den Richtlinienvorschlag (Art. 8 Abs. 1 lit. b) Bestimmungen ein, die zu einer ausdrücklichen Erfassung der Manipulation von Financial-Bench-

---

1 *Schmolke* in Klöhn, Vor Art. 12 MAR Rz. 67.
2 *Mock* in KölnKomm. WpHG, § 20a WpHG Rz. 45.
3 Vgl. allgemein *Assmann* in 6. Aufl., Einl. Rz. 74 ff.
4 *Mülbert*, ZHR 176 (2012), 369 ff.
5 *Schmolke*, AG 2016, 434, 436; *Schmolke* in Klöhn, Vor Art. 12 MAR Rz. 68 ff.; *Seibt/Wollenschläger*, AG 2014, 593, 594; *Sajnovits/Wagner*, WM 2017, 1189; *Veil* in Meyer/Veil/Rönnau, Handbuch zum Marktmissbrauchsrecht, § 1 Rz. 17 ff.
6 EU Commission Conference on the Market Abuse Directive (MAD), Brussels, 12 November 2008, Summary of discussion, abrufbar unter: http://ec.europa.eu/finance/securities/docs/abuse/summary_confernce_en.pdf. Dazu auch *Schmolke* in Klöhn, Vor Art. 12 MAR Rz. 68.
7 The G20 Pittsburgh Summit, Leaders Statement (2009), S. 7 f., abrufbar unter: https://www.oecd.org/g20/summits/pittsburgh/G20-Pittsburgh-Leaders-Declaration.pdf.
8 IOSCO, The Objectives and Principles of Securities Regulation (June 2010), Absätze 33–38 (S. 12), abrufbar unter: https://www.iosco.org/library/pubdocs/pdf/IOSCOPD323.pdf.
9 KOM [2010] 816 endgültig v. 8.12.2010.
10 Zugänglich über http://ec.europa.eu/internal_market/securities/abuse/index_de.htm. Dazu auch *Alexander/Maly*, Law and Financial Markets Review 2015, 243, 245; *Schmolke* in Klöhn, Vor Art. 12 MAR Rz. 69.
11 KOM[2011] 651 endgültig v. 20.10.2011.
12 KOM[2011] 654 endgültig v. 20.10.2011.
13 Dazu *Sajnovits/Wagner*, WM 2017, 1189, 1191.
14 European Commission, Commission Staff Working Paper – Impact Assessment, SEC (2011) 1217 final, abrufbar unter: http://eur-lex.europa.eu/legal-content/EN/TXT/PDF/?uri=CELEX:52011SC1217&from=DE.

marks führten. Damit bezweckte die Europäische Kommission etwaige Regelungslücken des bestehenden Regimes bzw. der bisherigen Entwürfe zu schließen (ausführlich Art. 12 VO Nr. 596/2014 Rz. 190 ff.)[1]. Die geänderten Vorschläge wurden am 26.7.2012 an den Rat der EU und das Europäische Parlament übermittelt[2]. Das Parlament billigte den geänderten Vorschlag zur Verordnung[3] mit Änderungen am 10.9.2013[4]. Den geänderten Vorschlag zur Richtlinie[5] billigte es am 4.2.2014 ebenfalls mit Änderungen[6]. Die Annahme beider Vorschläge durch den Rat der EU erfolgte am 14.4.2014. Die Unterzeichnung durch den Präsidenten des Europäischen Parlaments und den Präsidenten des Rates der EU schloss sich am 16.4.2014 an[7].

18 Die Verordnung Nr. 596/2014 des Europäischen Parlaments und des Rates vom 16. April 2014 über Marktmissbrauch (Marktmissbrauchsverordnung) und zur Aufhebung der Richtlinie 2003/6/EG des Europäischen Parlaments und des Rates und der Richtlinie 2003/124/EG, 2003/125/EG und 2004/72 EG der Kommission (**MAR**) wurde am 12.6.2014 im Amtsblatt der EU veröffentlicht[8] und trat gem. Art. 39 Abs. 1 VO Nr. 596/2014 am zwanzigsten Tag nach ihrer Veröffentlichung, mithin am 2.7.2014, in Kraft. Die wesentlichen Bestimmungen entfalten ihre Geltung gem. Art. 39 Abs. 2 VO Nr. 596/2014 erst seit dem 3.7.2016. Die Richtlinie 2014/57/EU des europäischen Parlaments und des Rates vom 16. April 2014 über strafrechtliche Sanktionen bei Marktmanipulationen (Marktmanipulationsrichtlinie) (**CRIM-MAD**) trat ebenfalls am 2.7.2014, mithin am zwanzigsten Tag nach ihrer Verkündung im Amtsblatt der EU am 12.6.2014[9], in Kraft (Art. 14 RL 2014/57/EU). Die Mitgliedstaaten hatten ihre Vorgaben bis zum 3.7.2016 umzusetzen (Art. 13 Abs. 1 RL 2014/57/EU). Art. 56 Verordnung (EU) Nr. 2016/1011 (Benchmark-VO) und Art. 2 Verordnung (EU) Nr. 2016/1033 bewirkten kleinere **Änderungen** am Verordnungstext, die aber nicht das Marktmanipulationsrecht betreffen. Ferner wurde der (deutsche) Verordnungstext am 21.10.2016[10], am 15.11.2016[11] und am 21.12.2016[12] **berichtigt**, was zu einer Bereinigung einiger sprachlicher Unzulänglichkeiten und Übersetzungsfehlern führte. Eine konsolidierte Fassung, die die Änderungen und Berichtigungen berücksichtigt, ist auf der Website der Europäischen Union abrufbar[13].

19 In Deutschland wurden die neuen Vorgaben von MAR und CRIM-MAD durch das Erste Gesetz zur Novellierung von Finanzmarktvorschriften aufgrund europäischer Rechtsakte vom 30.6.2016 (**1. Finanzmarktnovellierungsgesetz**)[14] bereits zum 2.7.2016 umgesetzt (Art. 17 1. Finanzmarktnovellierungsgesetz). Das Ausführungsgesetz regelte die Aufhebung der materiell-rechtlichen Verhaltensgebote und -verbote, insbesondere des § 20a WpHG, daneben aber auch der §§ 12–14, 15a und 15b WpHG, erweiterte die öffentlich-rechtlichen Ermittlungs- und Eingriffsbefugnisse der BaFin und verschärfte zahlreiche Sanktionsregelungen[15].

20 Seit dem **3.7.2016** ist das Marktmanipulationsverbot des § 20a WpHG a.F. durch die unmittelbar geltenden Bestimmungen der MAR abgelöst und sind die Vorgaben von MAR und CRIM-MAD im WpHG und anderen

---

1 Geänderter Vorschlag für eine Verordnung des Europäischen Parlaments und des Rates über Insider-Geschäfte und Marktmanipulation (Marktmissbrauch) (vorgelegt gemäß Artikel 293 Absatz 2 AEUV) /* COM/2012/0421 final - 2011/0295 (COD) */; Geänderter Vorschlag für eine RICHTLINIE DES EUROPÄISCHEN PARLAMENTS UND DES RATES über strafrechtliche Sanktionen für Insider-Geschäfte und Marktmanipulation (vorgelegt gemäß Artikel 293 Absatz 2 AEUV); Europäische Kommission, Pressemitteilung, Brüssel, 25.7.2012, Libor-Skandal: Kommission schlägt EU-weite Maßnahme zur Bekämpfung von Zinsmanipulationen vor, abrufbar unter: http://europa.eu/rapid/press-release_IP-12-846_de.htm?locale=en. Dazu *Sajnovits*, Financial-Benchmarks, S. 75 f.; *Alexander/Maly*, Law and Financial Markets Review 2015, 243; 245; *Schmolke* in Klöhn, Vor Art. 12 MAR Rz. 70.
2 Zum Gesetzgebungsverfahren, s. http://eur-lex.europa.eu/legal-content/DE/HIS/?uri=CELEX:32014R0596.
3 KOM/2012/421/Final.
4 Europäisches Parlament, Insider-Geschäfte und Marktmanipulation (Marktmissbrauch) ***I Legislative Entschließung des Europäischen Parlaments vom 10. September 2013 zu dem Vorschlag für eine Verordnung des Europäischen Parlaments und des Rates über Insider-Geschäfte und Marktmanipulation (Marktmissbrauch) (COM(2011)0651 – C7-0360/2011 – 2011/0295(COD)), ABl. EU Nr. C 93 v. 9.3.2016, S. 360, abrufbar unter: http://eur-lex.europa.eu/legal-content/DE/TXT/PDF/?uri=CELEX:52013AP0342&from=EN.
5 KOM/2012/420/Final.
6 European Parliament, Criminal sanctions for insider dealing and market manipulation ***I European Parliament legislative resolution of 4 February 2014 on the proposal for a directive of the European Parliament and of the Council on criminal sanctions for insider dealing and market manipulation (COM(2011)0654 – C7 – 0358/2011 – 2011/0297(COD)), abrufbar unter: http://www.europarl.europa.eu/sides/getDoc.do?pubRef=-//EP//NONSGML+TA+P7-TA-2014-0057+0+DOC+PDF+V0//EN.
7 Zum Gesetzgebungsverfahren, s. http://eur-lex.europa.eu/legal-content/DE/HIS/?uri=CELEX:32014R0596.
8 ABl. EU Nr. L 173 v. 12.6.2014, S. 1.
9 ABl. EU Nr. L 173 v. 12.6.2014, S. 179.
10 Berichtigung, ABl. EU Nr. L 287 v. 21.10.2016, S. 320 (VO Nr. 596/2014).
11 Berichtigung, ABl. EU Nr. L 306 v. 15.11.2016, S. 43 (VO Nr. 1011/2016).
12 Berichtigung, ABl. EU Nr. L 348 v. 21.12.2016, S. 83 (VO Nr. 596/2014).
13 http://eur-lex.europa.eu/legal-content/DE/TXT/HTML/?uri=CELEX:02014R0596-20160703&from=EN.
14 BGBl. I 2016, 1514 ff.
15 *Grundmann* in Staub, HGB, Bankvertragsrecht 2, 5. Aufl. 2017, 6. Teil, 3. Abschnitt, A Rz. 266; *Schmolke* in Klöhn, Vor Art. 12 MAR Rz. 100 ff.

Gesetzen umgesetzt[1]. Das neue europäische Marktmanipulationsrecht ist innerhalb der EU nunmehr weitgehend vollharmonisiert und stellt einen wichtigen Teil des *single rulebook* für den europäischen Finanzmarkt dar[2]. Die einzelnen Regelungen der MAR sind dementsprechend auch grundsätzlich **vollharmonisierend** (vgl. Erwägungsgründe 3–5 VO Nr. 596/2014)[3], wofür jedenfalls tendenziell zudem die Wahl des Art. 114 AEUV als Ermächtigungsgrundlage spricht[4]. Erleichtert wird dieser Vollharmonisierungsansatz durch die Wahl der Verordnung als Regulierungsinstrument[5]. Vollharmonisiert ist insbesondere das Verbot der Marktmanipulation durch die Art. 12 und 15 VO Nr. 596/2014[6]. Bestimmte Öffnungsklauseln belassen den Mitgliedstaaten freilich auch Spielräume[7] und dementsprechend finden sich im neuen Marktmanipulationsregime auch **mindestharmonisierende Regelungen**, wie Art. 30 VO Nr. 596/2014 und insbesondere die Art. 5 ff. RL 2014/57/EU[8]. Im Bereich des Strafrechts steht dem Europäischen Gesetzgeber auf der Basis des Art. 83 Abs. 1 AEUV von vornherein nur eine Mindestharmonisierungskompetenz zu[9]. Unionsrechtlich unbenommen ist die Erweiterung des Marktmanipulationsverbots auf außerhalb des Anwendungsbereichs der MAR liegende Handelsobjekte[10], wie es der deutsche Gesetzgeber durch § 25 WpHG (früher § 20a Abs. 4 WpHG a.F.) unternimmt.

II. Regelungssystematik des europäischen Marktmanipulationsregimes. Die neue Marktmanipulationsregulierung wirkt auf unterschiedlichen Regelungsebenen. Kernstück des europäischen Marktmissbrauchsrechts (Level 1-Maßnahmen) bilden die Verbots- und Ausnahmevorschriften auf Verordnungsebene sowie die Kriminalisierungsverpflichtungen für die Mitgliedstaaten in der CRIM-MAD bzw. deren Umsetzung in nationales Recht. Weiter konkretisiert werden die Vorgaben der Verordnung durch verbindliche Tertiärrechtsakte der Europäischen Kommission (Level 2-Maßnahmen) sowie – für die Normunterworfenen unverbindliche – Verlautbarungen durch ESMA (Level 3-Maßnahmen) und nationale Aufsichtsbehörden. Das Wechselspiel zwischen diesen **unterschiedlichen Regelungsebenen**, aber auch die teils verworrene Regelungssystematik auf den einzelnen Ebenen führt zu einer **hohen Regelungskomplexität**[11]. 21

1. Verordnungsebene (Level 1). Auf Ebene der MAR definieren der Art. 12 VO Nr. 596/2014 zunächst, welche Handlungen „Marktmanipulation" für die Zwecke der Verordnung umfasst. Art. 15 VO Nr. 596/2014 enthält die eigentliche Verbotsvorschrift, indem er bestimmt, dass Marktmanipulation und der Versuch hierzu verboten sind (Rz. 26f.). Verstreut über die gesamte MAR finden sich sodann dogmatisch unterschiedlich einzuordnende Ausnahmevorschriften, so für Rückkaufprogramme und Stabilisierungsmaßnahmen (Art. 5 VO Nr. 596/2014, s. insoweit Rz. 29), für Maßnahmen im Rahmen der Geldpolitik, der Staatsschuldenverwaltung und der Klimapolitik (Art. 6 VO Nr. 596/2014, Rz. 30), für den Fall, dass eine Handlung eine zulässige Marktpraxis darstellt (Art. 13 VO Nr. 596/2014, Rz. 31), sowie für journalistische Tätigkeiten (Art. 21 VO Nr. 596/2014, Rz. 32). Art. 16 VO Nr. 596/2014 regelt die Einbindung von Privaten in die Aufdeckung manipulativer Handlungen (Rz. 33ff.). Zudem finden sich in der MAR Vorgaben an die Mitgliedstaaten zur Rechtsdurchsetzung und Sanktionierung (Rz. 36f.). 22

a) Definition der Marktmanipulation (Art. 12 und Anhang I VO Nr. 596/2014). Art. 12 Abs. 1 VO Nr. 596/2014 definiert in vier Buchstaben (a–d) **Handlungen, die Marktmanipulationen** im Sinne der MAR darstellen. Nach **Art. 12 Abs. 1 lit. a VO Nr. 596/2014** sind der Abschluss eines Geschäfts, die Erteilung eines Handelsauftrags sowie jede andere Handlung eine Marktmanipulation, die (i) falsche oder irreführende Signale 23

---

1 Die umsetzenden nationalen Bestimmungen sind gem. Art. 17 Abs. 1 1. Finanzmarktnovellierungsgesetz bereits zum 2.7.2016 in Kraft getreten (Rz. 19). Zu den dadurch etwaig auftretenden Friktionen mit dem Grundsatz einer Bestrafung nach dem mildesten Gesetz, s. *Klöhn/Büttner*, ZIP 2016, 1801 ff. eine „Generalamnestie" verneinend einerseits und *Rothenfußer/Jäger*, NJW 2016, 2689 ff. andererseits. Speziell zur Marktmanipulation durch Unterlassen *Sajnovits/Wagner*, WM 2017, 1189.
2 *Klöhn*, AG 2016, 423, 425; *Poelzig*, NZG 2016, 528, 529; *Sajnovits/Wagner*, WM 2017, 1189, 1195; *Schmolke* in Klöhn, Vor Art. 12 MAR Rz. 81 ff., 115; *Veil* in Meyer/Veil/Rönnau, Handbuch zum Marktmissbrauchsrecht, § 1 Rz. 20 f., § 3 Rz. 23 ff.
3 *Bator*, BKR 2016, 1, 14; *Hopt/Kumpan* in Schimansky/Bunte/Lwowski, Bankrechts-Handbuch, § 107 Rz. 20; *Klöhn* in Klöhn, MAR, Einleitung Rz. 50; *Poelzig*, NZG 2016, 528, 529; *Sajnovits/Wagner*, WM 2017, 1189, 1195; *Schmolke* in Klöhn, Vor Art. 12 MAR Rz. 82 f.; *Veil*, ZBB 2014, 85, 87.
4 So *Schmolke*, AG 2016, 434, 437; *Schmolke* in Klöhn, Vor Art. 12 MAR Rz. 82.
5 Vgl. *Schmolke*, AG 2016, 434, 436, der freilich richtigerweise darauf hinweist, dass mit der Entscheidung für eine Verordnung die Wahl um den Harmonisierungsgrad noch nicht prädeterminiert ist. So auch *Seibt/Wollenschläger*, AG 2014, 593, 594 f.; der Verordnungswahl jedenfalls tendenzielle Wirkung beimessend *Veil*, ZBB 2014, 84, 87.
6 *Schmolke*, AG 2016, 434, 437; *Bator*, BKR 2016, 1, 4; *Sajnovits/Wagner*, WM 2017, 1189, 1195.
7 Vgl. *Schmolke*, AG 2016, 434, 436; *Poelzig*, NZG 2016, 528, 529; *Seibt/Wollenschläger*, AG 2014, 593, 595; *Veil*, ZBB 2014, 85, 87; *von Buttlar*, BB 2014, 451, 453; *Kiesewetter/Parmentier*, BB 2013, 2371, 2377 ff.
8 *Klöhn* in Klöhn, MAR, Einleitung Rz. 50; *Schmolke*, AG 2016, 434, 437; *Schmolke* in Klöhn, Vor Art. 12 MAR Rz. 82; *Seibt/Wollenschläger*, AG 2014, 593, 595.
9 *Schmolke* in Klöhn, Vor Art. 12 MAR Rz. 81.
10 *Schmolke*, AG 2016, 434, 437; *Klöhn*, AG 2016, 423, 425; *Poelzig*, NZG 2016, 528, 530.
11 So auch *Schmolke*, AG 2016, 434, 437; *Schmolke* in Klöhn, Vor Art. 12 MAR Rz. 72; *Hemeling*, ZHR 181 (2017), 595, 595 f.; *Kalss* in Riesenhuber, Europäische Methodenlehre, 3. Aufl. 2015, § 20 Rz. 16 f.; *Veil* in Meyer/Veil/Rönnau, Handbuch zum Marktmissbrauchsrecht, § 1 Rz. 22.

hinsichtlich des Angebots, der Nachfrage oder des Preises eines Finanzinstruments, eines damit verbundenen Waren-Spot-Kontrakts oder eines auf Emissionszertifikate beruhenden Auktionsobjekts geben oder bei denen dies wahrscheinlich ist oder (ii) ein anormales oder künstliches Kursniveau eines oder mehrerer Finanzinstrumente, eines damit verbundenen Waren-Spot-Kontrakts oder eines auf Emissionszertifikaten beruhenden Auktionsobjekts sichern oder bei denen dies wahrscheinlich ist. **Art. 12 Abs. 1 lit. b VO Nr. 596/2014** erklärt den Abschluss eines Geschäfts, die Erteilung eines Handelsauftrags und jegliche sonstige Tätigkeit oder Handlung an den Finanzmärkten zu einer Marktmanipulation, die unter Vorspiegelung falscher Tatsachen oder unter Verwendung sonstiger Kunstgriffe oder Formen der Täuschung den Kurs eines oder mehrerer Finanzinstrumente, eines damit verbundenen Waren-Spot-Kontrakts oder eines auf Emissionszertifikaten beruhenden Auktionsobjekts beeinflusst oder hierzu geeignet ist. **Art. 12 Abs. 1 lit. c VO Nr. 596/2014** erklärt die Verbreitung von Informationen über die Medien einschließlich des Internets oder auf anderem Wege zu einer Marktmanipulation, soweit diese falsche oder irreführende Signale hinsichtlich des Angebots oder des Kurses eines Finanzinstruments, eines damit verbundenen Waren-Spot-Kontrakts oder eines auf Emissionszertifikaten beruhenden Auktionsobjekts oder der Nachfrage danach geben oder soweit dies wahrscheinlich ist oder soweit die Verbreitung von Informationen ein anormales oder künstliches Kursniveau eines oder mehrerer Finanzinstrumente, eines damit verbundenen Waren-Spot-Kontrakts oder eines auf Emissionszertifikaten beruhenden Auktionsobjekts herbeiführen oder dies wahrscheinlich ist, einschließlich der Verbreitung von Gerüchten, wenn die Person, die diese Informationen verbreitet, weiß oder wissen muss, dass sie falsch oder irreführend sind. Gem. **Art. 12 Abs. 1 lit. d VO Nr. 596/2014** ist eine Marktmanipulation zudem die Übermittlung falscher oder irreführender Angaben oder die Bereitstellung falscher oder irreführender Ausgangsdaten bezüglich eines Referenzwerts, wenn die Person, die die Informationen übermittelt oder die Ausgangsdaten bereitstellt, weiß oder wissen muss, dass sie falsch oder irreführend sind sowie sonstige Handlungen, durch die die Berechnung eines Referenzwerts manipuliert wird. Die **CRIM-MAD** kennt mit Art. 5 Abs. 2 eine eigene und in Nuancen **abweichende Definition der Marktmanipulation**[1]. Ausführlich zu den erfassten Manipulationshandlungen Art. 12 VO Nr. 596/2014 Rz. 42 ff.

24 Art. 12 Abs. 2 VO Nr. 596/2014 enthält eine **nicht abschließende Aufzählung** von **Handlungen**, die als Marktmanipulation i.S.d. Art. 12 VO Nr. 596/2014 **gelten**. Dazu zählen Marktmanipulationen im Zusammenhang mit einer marktbeherrschenden Stellung (Art. 12 Abs. 2 lit. a VO Nr. 596/2014), der Kauf oder Verkauf von Finanzinstrumenten bei Handelsbeginn oder Handelsschluss mit der tatsächlichen oder wahrscheinlichen Folge, dass dies bestimmte Anleger in die Irre führt (Art. 12 Abs. 2 lit. b VO Nr. 596/2014), bestimmte Manipulationsstrategien im Hochfrequenzhandel, die ein falsches Bild über das Handelsvolumen bestimmter Finanzinstrumente erzeugen (Art. 12 Abs. 2 lit. c VO Nr. 596/2014), sowie die Ausnutzung der Wirkung von Stellungnahmen nach Art. 12 Abs. 2 lit. d VO Nr. 596/2014, die freilich schon in Art. 1 Nr. 2 MAD I aufgeführt waren. Hinzu tritt mit Art. 12 Abs. 2 lit. e VO Nr. 596/2014 eine Erstreckung auf den Emissionszertifikatehandel (Art. 12 VO Nr. 596/2014 Rz. 243). Ausführlich zu den erfassten Handlungsweisen Art. 12 VO Nr. 596/2014 Rz. 205 ff.

25 Um Manipulationshandlungen nach Art. 12 Abs. 1 lit. a und lit. b VO Nr. 596/2014 erkennen zu können, gibt **Art. 12 Abs. 3 i.V.m. Anhang I VO Nr. 596/2014** den Aufsichtsbehörden und bestimmten Marktteilnehmern Indikatoren an die Hand, die auf die Vorspiegelung falscher Tatsachen oder sonstige Kunstgriffe oder Formen der Täuschung sowie auf falsche oder irreführende Signale und die Sicherung der Herbeiführung bestimmter Kurse hindeuten. Ausführlich Art. 12 VO Nr. 596/2014 Rz. 72 ff., 244 ff.

26 **b) Verbot der Marktmanipulation (Art. 15 VO Nr. 596/2014).** Die eigentliche Verbotsvorschrift beinhaltet der mit „**Verbot der Marktmanipulation**" überschriebene Art. 15 VO Nr. 596/2014, in dieser vorsieht, dass Marktmanipulationen und der Versuch hierzu verboten sind. Mit dem Begriff der Marktmanipulation rekurriert Art. 15 VO Nr. 596/2014 auf die Definition der Marktmanipulation in Art. 12 VO Nr. 596/2014, weshalb sich das Verbotsregime nur im Zusammenwirken der beiden Artikel erschließt. Das Verbot richtet sich an alle natürlichen und juristischen Personen[2] und erfasst sowohl einzeln als auch gemeinschaftlich handelnde Personen[3].

27 Verboten ist sowohl die Durchführung, wie auch der Versuch einer Marktmanipulation i.S.d. Art. 12 VO Nr. 596/2014. **Durchgeführt** ist eine Marktmanipulation, wenn alle Handlungen, (potenziellen) Wirkungen und subjektiven Voraussetzungen, die in Art. 12 VO Nr. 596/2014 genannt sind, voll erfüllt sind. Erwägungsgrund 41 VO Nr. 596/2014 erläutert, dass ein **Versuch** insbesondere dann vorliegen kann, wenn eine Aktivität begonnen, aber beispielsweise aufgrund technischen Versagens oder eines Handelsauftrags, der nicht ausgeführt wird, nicht vollendet wird. In der Erstreckung auf den Versuch der Marktmanipulation liegt eine weitere Verschärfung des MAR-Regimes im Vergleich zur MAD I[4]. Die Ausweitung der Verbotsvorschriften auf

---

1 Dazu *Schmolke*, AG 2016, 434, 437; ferner ausführlich *Kudlich*, AG 2016, 459, 461 f.
2 *Zetzsche* in Gebauer/Teichmann, Europäisches Privat- und Unternehmensrecht, § 7 C Rz. 67.
3 *Zetzsche* in Gebauer/Teichmann, Europäisches Privat- und Unternehmensrecht, § 7 C Rz. 67.
4 *Grundmann* in Staub, HGB, Bankvertragsrecht 2, 5. Aufl. 2017, 6. Teil, 3. Abschnitt, A Rz. 265.

den Versuch zeigt deutlich, dass das europäische Recht gefährliche Verhaltensweisen als solche, unabhängig von den Auswirkungen auf den Markt, unterbinden will. Indem das Verbot auf den Versuch erstreckt wird ist es den Aufsichtsbehörden/Gerichten möglich, bereits entsprechende Versuche mit Sanktionen zu belegen bzw. frühzeitig bei gefährlichem Marktverhalten einzugreifen (so Erwägungsgrund 41 Satz 2 VO Nr. 596/2014).

c) **Ausnahmetatbestände (Art. 5, 6, 13 und 21 VO Nr. 596/2014).** Über die gesamte MAR sind Ausnahmevorschriften unterschiedlicher dogmatischer Kategorie verstreut. Unter den allgemeinen Bestimmungen (Art. 1–6 VO Nr. 596/2014) und damit vor die Klammer gezogen, finden sich die *Safe-harbour*-Bestimmungen zu Rückkaufprogrammen und Stabilisierungsmaßnahmen, die gleichermaßen für die Insiderverbote, wie auch für das Marktmanipulationsverbot gelten. Gleiches gilt für die Bereichsausnahmen für Maßnahmen der Geldpolitik, der Staatsschuldenverwaltung, der Klima- und Agrarpolitik. Unmittelbar nur das Marktmanipulationsregime betreffend, enthält Art. 13 VO Nr. 596/2014 – im systematischen Zusammenhang mit der Definitionsnorm des Art. 12 VO Nr. 596/2014 – Regelungen zur zulässigen Marktpraxis. Systematisch im Zusammenhang mit den Offenlegungsvorschriften (Kapitel 3, Art. 17–21 VO Nr. 596/2014) stellt Art. 21 VO Nr. 596/2014 eine Sondervorschrift für den Umgang mit journalistischen Tätigkeiten dar, die, wie schon Art. 1 Nr. 2 lit. c RL 2003/6/EG (MAD I), auch für das Marktmanipulationsverbot von Bedeutung ist.

28

Nach **Art. 5** Abs. 1 VO Nr. 596/2014 gelten die Verbote für Insidergeschäfte (Art. 14 VO Nr. 596/2014) und das Marktmanipulationsverbot des Art. 15 VO Nr. 596/2014 nicht für den Handel mit eigenen Aktien im Rahmen von **Rückkaufprogrammen**, wenn die in Art. 5 Abs. 1–3 VO Nr. 596/2014 genannten Voraussetzungen erfüllt sind. Eine entsprechende Verbotsausnahme gilt gem. Art. 5 Abs. 4 VO Nr. 596/2014 für den Handel mit Wertpapieren oder verbundenen Instrumenten zur Stabilisierung des Kurses von Wertpapieren (**Stabilisierungsmaßnahmen**), sofern die in Art. 5 Abs. 4 lit. a–d VO Nr. 596/2014 genannten Voraussetzungen erfüllt sind. Die Ausnahmen entsprechen im Wesentlichen den bisherigen auf Art. 8 RL 2003/6/EG (MAD I)[1] zurückgehenden *safe harbours* in § 20a Abs. 4 WpHG a.F. Ausführlich dazu die Kommentierung zu Art. 5 VO Nr. 596/2014.

29

Art. 6 Abs. 1 und 2 VO Nr. 596/2014 schafft zweck- und personengebundene Bereichsausnahmen – auch vom Verbot der Marktmanipulation – für bestimmte europäische und mitgliedstaatliche Stellen, sofern tatbestandlich den Verbotsvorschriften der MAR unterfallende Geschäfte, Aufträge oder Handlungen aus **geld- oder wechselkurspolitischen Gründen**, im Rahmen der **Staatsschuldenverwaltung** oder der **Klima- und Agrarpolitik** stattfinden und ihrerseits spezielleren Rechtmäßigkeitsvoraussetzungen unterworfen sind[2]. Eine entsprechende Bereichsausnahme fand sich bereits in Art. 7 RL 2003/6/EG (MAD I). Ausführlich dazu die Kommentierung zu Art. 6 VO Nr. 596/2014.

30

Art. 13 VO Nr. 596/2014 ermöglicht den jeweils zuständigen Behörden – wie schon im alten Recht (§ 20 Abs. 2 WpHG a.F.; Art. 1 Nr. 2 lit. b RL 2003/6/EG [MAD I]) –, bestimmte **Marktpraktiken als zulässig anzuerkennen**. Nach Art. 12 Abs. 1 lit. a Unterabs. 2 und Art. 13 Abs. 1 VO Nr. 596/2014 gilt das Verbot gem. Art. 15 VO Nr. 596/2014 nicht für die Art. 12 Abs. 1 lit. a VO Nr. 596/2014 genannten Handlungen, wenn die Person, die ein Geschäft abschließt, einen Handelsauftrag erteilt oder eine andere Handlung vornimmt, nachweist, dass das Geschäft, der Auftrag oder die Handlung legitime Gründe hat und im Einklang mit der zulässigen Marktpraxis gemäß Art. 13 VO Nr. 596/2014 steht. Erforderlich ist mithin (i) der Nachweis, dass ein bestimmtes Geschäft den Kriterien einer zuvor von einer zuständigen Behörde festgesetzten Marktpraxis genügt, sowie (ii) legitime Gründe zur Vornahme der Handlung. Da den jeweils zuständigen nationalen Behörden die Befugnis zur Festlegung entsprechender Marktpraktiken zugesprochen wird, nimmt die MAR hier eine Durchbrechung der vollharmonisierenden Wirkung der MAR (Rz. 20) zwischen den Mitgliedstaaten hin[3], wenngleich durch die materiellen Vorgaben an die Marktpraxis in Art. 13 Abs. 2 VO Nr. 596/2014 und die Einbindung der ESMA in den Erlassprozess immerhin eine Vereinheitlichung angestrebt wird. Die praktische Bedeutung der Vorschrift mag ohnehin bezweifelt werden. Bislang hat jedenfalls die BaFin für Deutschland[4] – auch auf Basis der Vorgängerregelung des § 20a Abs. 2 WpHG a.F. – noch keine entsprechende Marktpraxis zugelassen[5]. Ausführlich dazu die Kommentierung zu Art. 13 VO Nr. 596/2014.

31

Art. 21 VO Nr. 596/2014 bezweckt einen Ausgleich zwischen der Kapitalmarktintegrität und dem Schutz der **Meinungs- und Pressefreiheit**[6]. Die Vorschrift ähnelt § 20a Abs. 6 WpHG a.F. (Art. 1 Abs. 2 Nr. 2 lit. c RL

32

---

1 Diese wurden konkretisiert durch die Vorgaben der Durchführungsverordnung Nr. 2273/2003. Der materielle Regelungsinhalt der Art. 3 ff. und 7 ff. der Durchführungsverordnung Nr. 2273/2003 wurde im MAR-Regime regelungstechnisch von Level 2 auf Level 1 gehoben. *Grundmann* in Staub, HGB, Bankvertragsrecht 2, 5. Aufl. 2017, 6. Teil, 3. Abschnitt, B Rz. 319.
2 Dazu auch *de Schmidt*, RdF 2016, 4, 8; *Grundmann* in Staub, HGB, Bankvertragsrecht 2, 5. Aufl. 2017, 6. Teil, 3. Abschnitt, B Rz. 329; *Veil* in Meyer/Veil/Rönnau, Handbuch zum Marktmissbrauchsrecht, § 18.
3 *Grundmann* in Staub, HGB, Bankvertragsrecht 2, 5. Aufl. 2017, 6. Teil, 3. Abschnitt, D Rz. 471.
4 Zu anderen Mitgliedstaaten *Mock* in KölnKomm. WpHG, § 20a WpHG Rz. 191 ff.
5 *Gehrmann*, WM 2016, 542, 543; *Graßl*, DB 2015, 2066, 2071; *Kert*, NZWiSt 2013, 252, 256; *Krause*, CCZ 2014, 148; *Grundmann* in Staub, HGB, Bankvertragsrecht 2, 5. Aufl. 2017, 6. Teil, 3. Abschnitt, D Rz. 472.
6 *Klöhn/Büttner*, WM 2016, 2241, 2241 f.

2003/6/EG [MAD I]), wenngleich sie nicht mehr personenbezogen auf Journalisten beschränkt ist, sondern **funktionsbezogen** Handlungen erfasst, die durch die Meinungs- und Pressefreiheit geschützt sind[1]. Nach ihr müssen bei der Beurteilung einer Offenlegung von Informationen in der Öffentlichkeit vor dem Hintergrund des Verbots einer Marktmanipulation nach Art. 15, 12 Abs. 1 lit. c VO Nr. 596/2014 die Pressefreiheit und die Freiheit der Meinungsäußerung in anderen Medien sowie der journalistischen Berufs- und Standesregeln berücksichtigt werden, es sei denn, die jeweils handelnde Person oder einer mit ihr in enger Verbindung stehenden Person erwächst ein unmittelbarer oder mittelbarer Vorteil aus der Offenbarung der Information (Art. 21 lit. a VO Nr. 596/2014) oder die Weitergabe oder Verbreitung der Information erfolgt in der Absicht, den Markt in Bezug auf das Angebot von Finanzinstrumenten, die Nachfrage danach oder ihren Kurs zu beeinflussen (Art. 21 lit. b VO Nr. 596/2014). Durch die Berücksichtigung dieser Erwägungen kommt der Unionsgesetzgeber seinem Schutzauftrag aus Art. 6 Abs. 1 Unterabs. 1 EUV nach[2]. Ausführlich dazu die Kommentierung zu Art. 21 VO Nr. 596/2014 Rz. 6.

33   **d) Einbindung Privater durch Melde- und Überwachungspflichten (Art. 16 VO Nr. 596/2014).** Nach der unmittelbar geltenden unionsrechtlichen Pflicht aus Art. 16 Abs. 1 Unterabs. 2 und Abs. 2 Satz 1 VO Nr. 596/2014 sind Marktbetreiber und Personen, die gewerbsmäßig Geschäfte vermitteln oder ausführen, verpflichtet, „Aufträge und Geschäfte, einschließlich deren Stornierung oder Änderung", die Marktmanipulationen oder versuchte Marktmanipulationen sein könnten, unverzüglich der zuständigen Behörde des Handelsplatzes zu melden (**Meldepflicht**)[3]. Diese Meldepflichten werden konkretisiert durch technische Standards auf Basis von Ausarbeitungen der ESMA[4]. Ausführlich zu den Meldepflichten Art. 16 VO Nr. 596/2014 Rz. 41 ff.

34   Zur Flankierung dieser Regelungen hat die BaFin entsprechend der Verpflichtung aus Art. 32 VO Nr. 596/2014 ein **Whistleblower-System** eingerichtet[5]. Die Bestimmung will Informanten zur Unterrichtung der Aufsichtsbehörden befähigen und vor Vergeltungsmaßnahmen schützen (Erwägungsgrund 74 VO Nr. 596/2014). Konkretisiert werden die Vorgaben des Art. 32 VO Nr. 596/2014 durch die Durchführungsrichtlinie 2015/2392 der Kommission. Die nationale Umsetzung der Vorgaben findet sich in Deutschland im Finanzdienstleistungs-Aufsichtsgesetz (FinDAG). Ausführlich dazu die Kommentierung zu Art. 32 VO Nr. 596/2014.

35   Art. 16 VO Nr. 596/2014 statuiert zudem, anders als noch der Vorläuferrechtsakt MAD I, erstmals **ausdrückliche Überwachungs- und Überwachungssystemeinrichtungspflichten.** Art. 16 Abs. 1 Unterabs. 1 VO Nr. 596/2014 verweist insoweit auf die bereits auf Basis der Art. 31 und 54 RL 2014/65/EU (MiFID II) bestehende Verpflichtung von Wertpapierfirmen und Betreiber von Märkten, „wirksame Regelungen, Systeme und Verfahren zur Vorbeugung und Aufdeckung" von Marktmissbrauch und versuchtem Marktmissbrauch zu schaffen (dazu ausführlich Art. 16 VO Nr. 596/2014 Rz. 19 ff.). Art. 16 Abs. 2 Satz 1 VO Nr. 596/2014 erstreckt diese Verpflichtung auf Personen, die gewerbsmäßig Geschäfte vermitteln oder ausführen. Diese werden ebenfalls zum Betreiben wirksamer Regelungen, Systeme und Verfahren zur Vorbeugung und Aufdeckung von Insidergeschäften, Marktmissbrauch, versuchten Insidergeschäften und versuchtem Marktmissbrauch verpflichtet. Die Pflichten werden weiter konkretisiert durch technische Standards auf Basis von Ausarbeitungen der ESMA[6]. Kreditinstitute sind zudem bereits durch die CRR und das KWG zur Einrichtung von Compliancesystemen verpflichtet[7]. Parallele und komplementäre Pflichten bestehen für beaufsichtigte Kontributoren und Kontributoren für Referenzzinssätze zudem nach der Benchmark-VO[8]. Ausführlich zu den Vorgaben der MAR Art. 16 VO Nr. 596/2014 Rz. 19 ff.

36   **e) Regelungen zur Rechtsdurchsetzung und Sanktionierung.** Art. 23 Abs. 2 VO Nr. 596/2014 verlangt von den Mitgliedstaaten, dass sie die jeweils zuständigen Behörden (Art. 22 VO Nr. 596/2014) mit bestimmten Ermittlungs- und Eingriffsbefugnissen ausstatten. Die Befugnisse der BaFin wurden in Umsetzung dieser Vorgaben durch das 1. Finanzmarktnovellierungsgesetz im nunmehrigen § 6 WpHG gegenüber dem Regime der MAD I teils erweitert (§ 6 WpHG Rz. 6 ff. und Art. 23 VO Nr. 596/2014 Rz. 11 ff.)[9]. Zudem enthält die VO Nr. 596/2014 in den Art. 30, 31 und 34 Vorgaben zu verwaltungsrechtlichen Maßnahmen und anderen Sanktionen, die – ähnlich wie sonst Richtlinien – noch zahlreiche Umsetzungsaktivitäten der nationalen Gesetzgeber

---

1 *Klöhn/Büttner*, WM 2016, 2241, 2242.
2 Erwägungsgrund 77 VO Nr. 596/2014; dazu auch *Klöhn/Büttner*, WM 2016, 2241, 2241 f.
3 Bereits nach altem Recht waren Wertpapierdienstleistungsunternehmen, andere Kreditinstitute, Kapitalverwaltungsgesellschaften und Betreiber von außerbörslichen Märkten, an denen Finanzinstrumente gehandelt werden, nach § 10 Abs. 1 WpHG a.F. dazu verpflichtet, Tatsachen, die den Verdacht begründen, dass mit einem Geschäft über Finanzinstrumente gegen ein Verbot oder Gebot nach § 20a WpHG a.F. verstoßen wird, unverzüglich der BaFin mitzuteilen.
4 ESMA, Draft Technical standards on the Market Abuse Regulation, 28 September 2015, ESMA/2015/1455 Rz. 134 ff., abrufbar unter: https://www.esma.europa.eu/sites/default/files/library/2015/11/2015-esma-1455_-_final_report_mar_ts.pdf.
5 Dazu auch *Poelzig*, NZG 2016, 492, 494 f.
6 ESMA, Draft Technical standards on the Market Abuse Regulation, 28 September 2015, ESMA/2015/1455 Rz. 134 ff., abrufbar unter: https://www.esma.europa.eu/sites/default/files/library/2015/11/2015-esma-1455_-_final_report_mar_ts.pdf.
7 Dazu *Mülbert/Wilhelm*, ZHR 178 (2014), 502; *Mülbert/Wilhelm* in Busch/Ferrarini, European Banking Union, 2015, S. 155 jeweils m.w.N.
8 Dazu ausführlich *Sajnovits*, Financial-Benchmarks, S. 117 ff.
9 *Poelzig*, NZG 2016, 492, 493.

erforderlich machten. In Deutschland wurden die entsprechenden Vorschriften ebenfalls durch das 1. Finanzmarktnovellierungsgesetz in nationales Recht umgesetzt.

Zur aufsichtsrechtlichen Sanktionierung von Verstößen noch Art. 15 VO Nr. 596/2014 Rz. 28 ff. 37

2. Vorgaben zur strafrechtlichen Ahndung auf Richtlinienebene (Level 1). Art. 5 RL 2014/57/EU (CRIM- 38
MAD) verpflichtet die Mitgliedstaaten – anders als noch die RL 2003/6/EG (MAD I) (Rz. 9 ff.) – dazu, jedenfalls schwerwiegende und vorsätzliche Marktmanipulationen strafrechtlich zu ahnden. Diese ausdrückliche Verpflichtung zu einer strafrechtlichen Sanktionierung auf Grundlage des Art. 83 Abs. 2 AEUV stellt ein Novum dar und ist auch in kompetenzrechtlicher Hinsicht nicht unumstritten[1]. Der deutsche Gesetzgeber hatte die Marktmanipulation freilich schon früher durch § 38 WpHG a.F. strafrechtlich sanktioniert[2].

Die richtlinienkonforme[3] Umsetzung dieser Vorgaben fand sich nach der Änderung des WpHG durch das 1. 39
Finanzmarktnovellierungsgesetz zunächst in § 38 WpHG a.F. und nunmehr nach der Neuordnung des WpHG durch das 2. Finanzmarktnovellierungsgesetz in § 119 WpHG. An die Vorgängerregelung anknüpfend wird nach **§ 119 Abs. 1 WpHG** mit Freiheitsstrafe bis zu fünf Jahren oder mit Geldstrafe bestraft, wer vorsätzlich eine in **§ 120 Abs. 15 Nr. 2 WpHG** bezeichnete Handlung begeht und durch diese Handlung auch tatsächlich auf den Preisbildungsprozess einwirkt[4]. Anders als für die Verwirklichung des Marktmanipulationsverbots des Art. 15 VO Nr. 596/2014 (und des Ordnungswidrigkeitentatbestands des § 120 WpHG), genügt für eine Strafbarkeit nicht die Einwirkungseignung, sondern es bedarf einer tatsächlichen Einwirkung[5]. Erwägungsgrund 12 RL 2014/57/EU konkretisiert insoweit, dass eine Marktmanipulation u.a. in Fällen als schwerwiegend betrachtet werden sollte, in denen „die Auswirkungen auf die Integrität des Markts, der tatsächliche oder potenziell erzielte Gewinn oder vermiedene Verlust, das Ausmaß des auf dem Markt entstandenen Schadens, die Änderung des Werts der Finanzinstrumente oder Waren-Spot-Kontrakte oder der Betrag, der ursprünglich genutzten Mittel hoch sind oder wenn die Manipulation von einer Person begangen wird, die im Finanzsektor oder in einer Aufsichts- bzw. Regulierungsbehörde angestellt oder tätig ist". In Umsetzung dieser Vorgaben erachtet der deutsche Gesetzgeber die tatsächliche Einwirkung auf den Preisbildungsprozess als schwerwiegenden und deshalb strafrechtlich zu ahndenden Fall[6]. Art. 6 Abs. 2 RL 2014/57/EU entsprechend ist auch der Versuch einer Marktmanipulation strafbar (§ 119 Abs. 4 WpHG).

3. Tertiärrechtsakte (Level 2). Die dritte Regelungsebene im neuen Marktmissbrauchsregime bilden die Terti- 40
ärrechtsakte, die von der Europäischen Kommission erlassenen delegierten Rechtsakte i.S.d. Art. 290 AEUV und die der Konkretisierung dienenden Durchführungsrechtsakte i.S.d. Art. 291 AEUV. Im Rahmen des Marktmanipulationsregimes ist die Europäische Kommission zum einen in Art. 12 Abs. 5 VO Nr. 596/2014 zum Erlass unabhängiger delegierter Rechtsakte (Rz. 41) sowie in den Art. 5 Abs. 6, 13 Abs. 7 und 16 Abs. 5 VO Nr. 596/2014 zum Erlass delegierter Rechtsakte in der Form technischer Regulierungsstandards (RTS) nach Art. 10–14 VO Nr. 1095/2010 (Rz. 42) ermächtigt[7].

a) (Unabhängige) delegierte Rechtsakte. Art. 12 Abs. 5 VO Nr. 596/2014 gibt der Europäischen Kommission 41
die Befugnis zur **Präzisierung** der in **Anhang I** genannten **Indikatoren**. Von dieser Ermächtigung hat die Europäische Kommission durch Erlass der delegierten Verordnung Nr. 2016/522 (**DelVO 2016/522**) Gebrauch gemacht[8]. Deren Abs. 4 präzisiert die in Anhang I VO Nr. 596/2014 genannten Indikatoren durch die Auflistung praktischer Anwendungsbeispiele[9]. Vor Erlass hatte die Europäische Kommission mit Schreiben vom 8.10.2013 die ESMA um die Ausarbeitung eines *technical advice* ersucht[10], dem diese mit ihrem Final Report

---

1 *Klöhn* in Klöhn, MAR, Einleitung Rz. 84 f.; *Kudlich*, AG 2016, 459, 461 f.; *Veil/Brüggemeier* in Fleischer/Kalss/Vogt, Enforcement im Gesellschafts- und Kapitalmarktrecht, 2015, S. 277, 278.
2 S. *Vogel* in 6. Aufl. zu § 38 WpHG.
3 *Sajnovits/Wagner*, WM 2017, 1189; *Poelzig*, NZG 2016, 492, 495; wohl auch *de Schmidt*, RdF 2016, 4, 9; kritisch *Teigelack/Dolff*, BB 2016, 387, 391 f.
4 Unabhängig von der Frage der Erfüllung des Bestimmtheitsgebots durch das Marktmanipulationsverbot als solches, die insbesondere zu § 20a WpHG umfassend geführt wurde (s. nur *Vogel* in 6. Aufl., Vor § 20a WpHG Rz. 26 ff. m.w.N.), wirft die Strafbarkeitsbegründung durch lange Verweisungsketten, eigene Bestimmtheitsprobleme auf (dazu *Kudlich*, AG 2016, 459, 463). Noch nicht abschließend geklärt ist auch, an welchem Bestimmtheitsmaßstab sich die Norm messen lassen muss. Europarechtlicher/EMRK Bestimmtheitsgrundsatz oder GG.
5 S. auch Begr. RegE, BT-Drucks. 18/7482, 64.
6 Begr. RegE, BT-Drucks. 18/7482, 64. S. auch *Kudlich*, AG 2016, 459, 462.
7 Übersicht etwa bei *Grundmann* in Staub, HGB, Bankvertragsrecht 2, 5. Aufl. 2017, 6. Teil, 3. Abschnitt, A Rz. 268.
8 Delegierte Verordnung (EU) 2016/522 der Kommission vom 17. Dezember 2015 zur Ergänzung der Verordnung Nr. 596/2014 des Europäischen Parlaments und des Rates im Hinblick auf eine Ausnahme für bestimmte öffentliche Stellen und Zentralbanken von Drittstaaten, die Indikatoren für Marktmanipulation, die Schwellenwerte für die Offenlegung, die zuständige Behörde, der ein Aufschub zu melden ist, die Erlaubnis zum Handel während eines geschlossenen Zeitraums und die Arten meldepflichtiger Eigengeschäfte von Führungskräften, ABl. EU Nr. L 88 v. 5.4.2016, S. 1.
9 Dazu auch *Schmolke*, AG 2016, 434, 438; *Grundmann* in Staub, HGB, Bankvertragsrecht 2, 5. Aufl. 2017, 6. Teil, 3. Abschnitt, D Rz. 432.
10 Abrufbar unter: http://ec.europa.eu/finance/securities/docs/abuse/131023_esma-mandate_en.pdf.

vom 3.2.2015 nachkam[1]. Ausführlich zu den Präzisierungsbeispielen Art. 12 VO Nr. 596/2014 Rz. 72 ff. und 147 ff.

42 **b) Technische Regulierungsstandards (RTS).** Die Art. 5 Abs. 6, 13 Abs. 7 und 16 Abs. 5 VO Nr. 596/2014 ermächtigen die Europäische Kommission zum Erlass **technischer Regulierungsstandards (RTS)** nach Art. 10–14 VO Nr. 1095/2010. Insoweit hatte die ESMA zur Gewährleistung hinreichender Harmonisierung zwischen den Mitgliedstaaten entsprechende Entwürfe technischer Regulierungsstandards auszuarbeiten und diese der Europäischen Kommission im Falle der Art. 5 und 13 VO Nr. 596/2014 bis zum 3.7.2015 und im Falle des Art. 16 VO Nr. 596/2014 bis zum 3.7.2016 vorzulegen. Auf Grundlage der Ausarbeitungen von ESMA hat die Europäische Kommission

- die Delegierte Verordnung (EU) 2016/1052 (**DelVO 2016/1052**) vom 8. März 2016 zur Ergänzung der Verordnung Nr. 596/2014 des Europäischen Parlaments und des Rates durch technische Regulierungsstandards für die auf Rückkaufprogramme und Stabilisierungsmaßnahmen anwendbaren Bedingungen[2],
- die Delegierte Verordnung (EU) 2016/908 (**DelVO 2016/908**) vom 26. Februar 2016 zur Ergänzung der Verordnung Nr. 596/2014 des Europäischen Parlaments und des Rates durch technische Regulierungsstandards für die Kriterien, das Verfahren und die Anforderungen für die Festlegung einer zulässigen Marktpraxis und die Anforderungen an ihre Beibehaltung, Beendigung oder Änderung der Bedingungen für ihre Zulässigkeit[3] und
- die Delegierte Verordnung 2016/957 (**DelVO 2016/957**) vom 9. März 2016 zur Ergänzung der Verordnung Nr. 596/2014 des Europäischen Parlaments und des Rates im Hinblick auf technische Regulierungsstandards für die geeigneten Regelungen, Systeme und Verfahren sowie Mitteilungsmuster zur Vorbeugung, Aufdeckung und Meldung von Missbrauchspraktiken oder verdächtigen Aufträgen oder Geschäften[4]

verfahrensgemäß erlassen. Alle drei delegierten Rechtsakte sind mit der MAR am 3.7.2016 in Kraft getreten (Art. 19 DelVO 2016/1052, Art. 14 DelVO 2016/908 und Art. 9 DelVO 2016/957).

43 **4. Leitlinien und Empfehlungen der ESMA (Level 3) und sonstige aufsichtsbehördliche Verlautbarungen.** Echte Level 3-Maßnahmen sind **Leitlinien und Empfehlungen** (*Guidelines and Recommendations*) **der ESMA**, wenngleich sie für Marktteilnehmer und auch für nationale Aufsichtsbehörden keine unmittelbare Bindungswirkung entfalten[5]. Nationale Aufsichtsbehörden sind jedoch schon wegen des *comply or explain*-Mechanismus nach Art. 16 Abs. 3 VO Nr. 1095/2010 regelmäßig jedenfalls faktisch dazu angehalten, den Leitlinien und Empfehlungen zu entsprechen, so dass es auch nicht verwundert, dass ihnen in der Rechtspraxis eine große Bedeutung zukommt[6]. Im Zusammenhang mit der Regulierung der Marktmanipulation wurden bislang noch keine entsprechenden Leitlinien und Empfehlungen durch die ESMA veröffentlicht[7]. Allerdings hat die ESMA bereits zu einigen Vorschriften der MAR, so auch zu Art. 16 VO Nr. 596/2014, **Q&As** veröffentlicht, die – ganz ähnlich wie Guidelines – zu einer weiteren – wenn auch rechtlich nicht bindenden – Präzisierung der aufsichtsrechtlichen Vorgaben beitragen werden[8].

44 Für die Marktteilnehmer bedeutsam sind ferner Verlautbarungen nationaler Aufsichtsbehörden. In Deutschland ist insoweit an die (atypischen) **norminterpretierenden Verwaltungsakte** der BaFin zu denken[9], wie sie durch Rundschreiben, im Zusammenhang mit dem Marktmissbrauchsrecht aber insbesondere durch den **Emittentenleitfaden** erfolgen[10]. Für die Regelungen zur Marktmanipulation ist insoweit noch keine aktuelle Version

---

1 ESMA, Final Report – ESMA's technical advice on possible delegated acts concerning the Market Abuse Regulation, ESMA/2015/224, abrufbar unter: https://www.esma.europa.eu/sites/default/files/library/2015/11/2015-224.pdf.
2 ABl. EU Nr. L 173 v. 30.6.2016, S. 34.
3 ABl. EU Nr. L 153 v. 10.6.2016, S. 3.
4 ABl. EU Nr. L 160 v. 17.6.2016, S. 1.
5 *Poelzig*, NZG 2016, 528, 529; *Kalss* in Riesenhuber, Europäische Methodenlehre, 3. Aufl. 2015, § 20 Rz. 14. Allgemein *Gurlit*, ZHR 177 (2013), 862, 876; *Veil*, ZHR 177 (2013), 427, 435; *Veil* in Meyer/Veil/Rönnau, Handbuch zum Marktmissbrauchsrecht, § 2 Rz. 3; *Wymeersch*, ZGR 2011, 443, 459; *Frank*, ZBB 2015, 213, 218 ff.; *Michel*, DÖV 2011, 728, 732.
6 *Kalss* in Riesenhuber, Europäische Methodenlehre, 3. Aufl. 2015, § 20 Rz. 14; *Gurlit*, ZHR 177 (2013), 862, 876; *Weber-Rey/Horak*, WM 2013, 721, 724; *Rötting/Lange*, EuZW 2012, 8, 10; *Veil* in Meyer/Veil/Rönnau, Handbuch zum Marktmissbrauchsrecht, § 2 Rz. 3.
7 *Schmolke* in Klöhn, Vor Art. 12 MAR Rz. 79. Anders etwa für das Market Sounding, s. MAR Guidelines – Persons receiving market soundings, 10/11/2016 – ESMA/2016/1477 EN, abrufbar unter: https://www.esma.europa.eu/sites/default/files/library/2016-1477_mar_guidelines_-_market_soundings.pdf. Zu den Leitlinien und Empfehlungen im Bereich des Insiderrechts, s. etwa *Klöhn*, AG 2016, 423 ff.
8 ESMA, Questions and Answers on the Market Abuse Regulation, ESMA70-145-111, Version 11, Last updated on 23 March 2018.
9 Ausführlich zur Einordnung von Rundschreiben, Merkblättern und Richtlinien der BaFin in die verwaltungsrechtliche Handlungsformenlehre *Gurlit*, ZHR 177 (2013), 862, 894 ff.
10 Der Emittentenleitfaden 4. Aufl. 2013 ist abrufbar unter: https://www.bafin.de/SharedDocs/Downloads/DE/Leitfaden/WA/dl_emittentenleitfaden_2013.pdf?__blob=publicationFile&v=2. Dazu auch *Veil* in Meyer/Veil/Rönnau, Handbuch zum Marktmissbrauchsrecht, § 2 Rz. 28.

des Emittentenleitfadens veröffentlicht worden. Anders als etwa für die *Ad-hoc*-Mitteilungspflicht nach Art. 17 VO Nr. 596/2014[1] hat die BaFin bislang auch kein Q&As zum Marktmanipulationsregime veröffentlicht.

III. Methodenfragen. 1. Schwindender Einfluss der mitgliedstaatlichen Methodik und des mitgliedstaatlichen Rechts. Der Trend zur Vollharmonisierung des Finanzmarktrechts und die Wahl der Verordnung als Regulierungsinstrument verringern den Einfluss genuin nationaler Methodik und des nationalen Verfassungsrechts. Durch die Verschiebung der kapitalmarktrechtlichen Verhaltensgebote von der Richtlinie (RL 2003/6/EG) hin zur Verordnung (VO Nr. 596/2014), wird der nationale Umsetzungsrechtsakt (§ 20a WpHG a.F.) für die **zentralen Verhaltensvorgaben** entbehrlich. Die Regelungen im WpHG sind auf Zuständigkeitsvorschriften, aufsichtsbehördliche Eingriffsbefugnisse und Sanktionsnormen beschränkt[2]. Während die richtlinienkonforme Auslegung des § 20a WpHG a.F. bislang nur eine – wenngleich durchaus maßgebliche – Auslegungsmethode des nationalen Marktmanipulationsverbots darstellte, löst sich die Auslegung der MAR ebenso wie die auf ihrer Basis vorzunehmende Rechtsfortbildung[3] nahezu vollständig aus den nationalen Methodenzusammenhängen. Auslegung und Rechtsfortbildung müssen ausschließlich (autonom) nach der – freilich bislang noch unterentwickelten – **Methodenlehre des Unionsrechts** erfolgen[4]. Der EuGH geht von einer Vermutung für eine autonom unionsrechtliche Auslegung aus, solange nicht ausnahmsweise der Wille des Europäischen Gesetzgebers zu erkennen ist, dass mitgliedstaatliche Rechtsregeln maßgeblich sein sollen[5]. Wegen des treibenden Willens des Europäischen Gesetzgebers zur Vereinheitlichung des Marktmissbrauchsrechts (Erwägungsgründe 3–5 VO Nr. 596/2014) und den wenigen ausdrücklichen Verweisungen auf das nationale Recht (Rz. 20) muss es für das europäische Marktmissbrauchsrecht bei dieser autonomen unionsrechtlichen Auslegung bewenden.

Für die **Wortlautauslegung** ergibt sich eine besondere Schwierigkeit bei der autonom unionsrechtlichen Auslegung aus der Gleichwertigkeit der unterschiedlichen Sprachfassungen[6]. Das theoretische Verdikt der Gleichwertigkeit wird nämlich in der Praxis wohl zumeist übergangen, indem sich der jeweilige Normanwender i.d.R. der Sprachfassung seines Heimatstaats bedient[7]. Da die MAR und auch die CRIM-MAD in englischer Sprache ausgearbeitet wurden[8], hängt die Durchführbarkeit und die Überzeugungskraft der Wortlautauslegung anderer Sprachfassungen allerdings ganz wesentlich von der Qualität der jeweiligen Übersetzung ab[9]. Die Qualität der deutschen Übersetzung wurde – trotz der zwischenzeitlichen Revisionen (Rz. 18) – zu Recht teils heftig kritisiert[10]. Für eine sinnhafte Wortlautauslegung wird man daher – trotz der grundsätzlichen Gleichwertigkeit der Sprachfassungen – nicht um einen Rückgriff auf die englische Sprachfassung herumkommen; mitunter wird dieser Rückgriff sogar unumgänglich sein[11]. Bei der **systematischen Auslegung** sind die jeweiligen Normen im Lichte der gesamten MAR, der CRIM-MAD, aber auch der delegierten Rechtsakte auf Level 2 zu betrachten[12]. Die Maßgeblichkeit der MAR bei der Auslegung der CRIM-MAD ergibt sich ausdrücklich aus deren Erwägungsgrund 17. Da beide Rechtsakte in einem einheitlichen Rechtssetzungsprozess vom selben Rechtssetzer verabschiedet wurden und auch als einheitliches Regelungswerk zu betrachten sind, kann aber auch in umge-

---

1 Art. 17 MAR – Veröffentlichung von Insiderinformationen (FAQs), Stand: 19.7.2016, abrufbar unter: https://www.bafin.de/SharedDocs/Downloads/DE/FAQ/dl_faq_mar_art_17_Ad-hoc.pdf?__blob=publicationFile&v=5.
2 *Grundmann* in Staub, HGB, Bankvertragsrecht 2, 5. Aufl. 2017, 6. Teil, 3. Abschnitt, A Rz. 251.
3 Der EuGH unterscheidet sprachlich – insoweit der französischen Rechtstradition folgend – nicht zwischen Auslegung und Rechtsfortbildung und fasst auch Akte der Rechtsfortbildung als Auslegung auf. S. *Baldus* in Riesenhuber, Europäische Methodenlehre, 3. Aufl. 2015, § 3; *Riesenhuber* in Riesenhuber, Europäische Methodenlehre, 3. Aufl. 2015, § 10 Rz. 3; *Neuner* in Riesenhuber, Europäische Methodenlehre, 3. Aufl. 2015, § 12 Rz. 2.
4 So auch *Klöhn* in Klöhn, MAR, Einleitung Rz. 54; *Schmolke*, AG 2016, 434, 438 f.; *Schmolke* in Klöhn, Vor Art. 12 MAR Rz. 84; *Veil* in Meyer/Veil/Rönnau, Handbuch zum Marktmissbrauchsrecht, § 3 Rz. 27.
5 S. etwa EuGH v. 3.7.2012 – C-128/11, ECLI:EU:C:2012:407 – UsedSoft, NJW 2012, 2565 Rz. 39 f. m.w.N. zur Rechtsprechung. Zum Ganzen auch *Riesenhuber* in Riesenhuber, Europäische Methodenlehre, 3. Aufl. 2015, § 10 Rz. 16.
6 Zur Gleichwertigkeit EuGH v. 30.5.2013 – C-488/11, ECLI:EU:C:2013:341, EuZW 2013, 596 Rz. 26; EuGH v. 15.4.2010 – C-511/08, ECLI:EU:C:2010:48, ZIP 2010, 839 Rz. 51; *Riesenhuber* in Riesenhuber, Europäische Methodenlehre, 3. Aufl. 2015, § 10 Rz. 14. Zu den Problemen im Rahmen der Auslegung der MAR *Klöhn* in Klöhn, MAR, Einleitung Rz. 57; *Schmolke* in Klöhn, Vor Art. 12 MAR Rz. 85; *Veil* in Meyer/Veil/Rönnau, Handbuch zum Marktmissbrauchsrecht, § 3 Rz. 29.
7 *Schmolke* in Klöhn, Vor Art. 12 MAR Rz. 85.
8 *Klöhn* in Klöhn, MAR, Einleitung Rz. 57; *Veil* in Meyer/Veil/Rönnau, Handbuch zum Marktmissbrauchsrecht, § 3 Rz. 29.
9 *Schmolke* in Klöhn, Vor Art. 12 MAR Rz. 85.
10 *Klöhn*, AG 2016, 421, 424; *Klöhn* in Klöhn, MAR, Einleitung Rz. 57, 87 f.; *Kudlich*, AG 2016, 459, 462 (zur CRIM-MAD); *Schmolke* in Klöhn, Vor Art. 12 MAR Rz. 85; *Simons*, AG 2016, 651, 652 ff.; *Zetzsche* in Gebauer/Teichmann, Europäisches Privat- und Unternehmensrecht, § 7 C Rz. 62.
11 *Klöhn*, AG 2016, 423, 424; *Klöhn* in Klöhn, MAR, Einleitung Rz. 57; *Schmolke* in Klöhn, Vor Art. 12 MAR Rz. 87; anders tendenziell *Veil* in Meyer/Veil/Rönnau, Handbuch zum Marktmissbrauchsrecht, § 3 Rz. 29, der auf eine repräsentative Anzahl mehrerer Sprachfassungen zurückgreifen will.
12 Grundsätzlich auch *Klöhn* in Klöhn, MAR, Einleitung Rz. 58, 89; *Schmolke* in Klöhn, Vor Art. 12 MAR Rz. 90 ff., die aber beide auch kritisch die fehlende systematische Konsistenz des MAR- und des CRIM-MAD-Textes bemängeln. Ferner *Veil* in Meyer/Veil/Rönnau, Handbuch zum Marktmissbrauchsrecht, § 3 Rz.

kehrter Richtung auf Bestimmungen der CRIM-MAD zur Auslegung der MAR zurückgegriffen werden[1]. Die Tertiärrechtsakte (Rz. 40 ff.) dienen schon ihrer Natur nach der Ergänzung oder Änderung nicht wesentlicher Vorschriften (Art. 290 Abs. 1 Satz 1 AEUV) und sind insoweit selbstverständlich zu berücksichtigen[2]. Aber auch darüber hinaus können sie eine Auslegungshilfe darstellen[3]. Ferner ist im Rahmen der systematischen Auslegung und der **teleologischen Auslegung** auf die Erwägungsgründe zurückzugreifen[4], auch wenn diese teils wieder eigene Auslegungsfragen aufwerfen mögen[5]. Ansonsten hat sich die teleologische Auslegung an den Zwecken des Rechtsakts bzw. der spezifisch auszulegenden Norm zu orientieren (zu den Zwecken des Marktmanipulationsverbots s. Art. 12 VO Nr. 596/2014 Rz. 15 ff.)[6]. Der EuGH greift zudem regelmäßig auf den *Effet-utile*-Grundsatz zurück[7]. Im Rahmed der **historischen Auslegung** kann auf die RL 2003/6/EG (MAD I) (Rz. 8 ff.) und die Verhandlungen und Entwurfsfassungen vor der finalen Verabschiedung der VO Nr. 596/2014 (MAR) (Rz. 16 ff.) zurückgegriffen werden[8]. Allerdings wird der historischen Auslegung im Schrifttum zumeist keine große Bedeutung beigemessen[9].

47 Eine wichtige Orientierung bei der Auslegung des neuen Marktmissbrauchsregimes gibt die **Rechtsprechung des EuGH zur RL 2003/6/EG (MAD I)**[10], die der europäische Gesetzgeber im Rechtsetzungsprozess – allerdings nur im Bereich des Insiderrechts – sogar ausdrücklich in die neuen Regelungen eingepflegt hat[11]. Relevant ist insbesondere die Entscheidung des EuGHs in Sachen IMC Securities[12]. Zudem kann und wird die Praxis – auch ohne dass eine rechtliche Bindungswirkung für die Marktteilnehmer bestünde[13] – auf die **Leitlinien und Empfehlungen** der ESMA (Rz. 43) und solche der nationalen Aufsichtsbehörden (Rz. 44) zurückgreifen[14].

48 Die Verordnungs- und Richtlinienvorschriften müssen sich **nicht am mitgliedstaatlichen Verfassungsrecht** messen lassen. Maßgeblich sind vielmehr nur das europäische Primärrecht[15], die Unionsgrundrechte[16] und die allgemeinen europäischen Rechtsgrundsätze[17]. Eine weitere Auslegungsebene stellt die Überprüfung der Level-2 Rechtsakte an den Level 1-Vorgaben dar, mithin die richtlinien- bzw. verordnungskonforme Auslegung der Level 2-Rechtsakte[18], die freilich dem EuGH überantwortet ist (Art. 19 Abs. 3 EUV, Art. 263, 264 Abs. 1, 267 AEUV)[19]. Mitgliedstaatliches Recht und mitgliedstaatliche Rechtsprinzipien haben keine (begrenzende) Wirkung für die Anwendung von europäischen Verordnungen, auch wenn diese von nationalen Strafvorschriften in Bezug genommen werden. Dies kann im Falle einer über den Wortlaut hinausgehenden teleologischen Extension bzw. Reduktion einer konkreten Verordnungsvorschrift im Rahmen der auf die Verordnungsvorgaben bezugnehmenden Straf- und Ordnungswidrigkeitenvorschriften eine gespaltene Auslegung erforderlich machen[20].

49 Soweit die europäischen Rechtsakte nicht *self executiv* und auf eine **Umsetzung durch den nationalen Gesetzgeber** angewiesen sind, wie dies etwa für die Straf- und Ordnungswidrigkeitenvorschriften, aber auch für die Aufsichtsbefugnisse gilt, verbleiben freilich auch für die nationale Methodik und das nationale (Verfassungs-) Recht ein Anwendungsbereich. Gleiches gilt für die Regelungsbereiche, in denen der Europäische Gesetzgeber

---

1 *Schmolke* in Klöhn, Vor Art. 12 MAR Rz. 92.
2 *Schmolke* in Klöhn, Vor Art. 12 MAR Rz. 93 f.
3 *Schmolke* in Klöhn, Vor Art. 12 MAR Rz. 97, 30 ff.
4 *Veil* in Meyer/Veil/Rönnau, Handbuch zum Marktmissbrauchsrecht, § 3 Rz. 36 ff. Kritisch *Schmolke* in Klöhn, Vor Art. 12 MAR Rz. 91; *Veil*, ZBB 2014, 85, 88.
5 Kritisch deshalb *Schmolke* in Klöhn, Vor Art. 12 MAR Rz. 91; *Klöhn* in Klöhn, MAR, Einleitung Rz. 90 ff. Näher zur normativen Bedeutung der Erwägungsgründe *Klöhn* in Klöhn, MAR, Einleitung Rz. 64 ff.
6 *Veil* in Meyer/Veil/Rönnau, Handbuch zum Marktmissbrauchsrecht, § 3 Rz. 36 ff.
7 Vgl. nur EuGH v. 17.1.1980 – 792/79 R, ECLI:EU:C:1980:18 – Camera Care/Kommission, Slg. 1980 I-119 Rz. 17 f.; dazu *Veil* in Meyer/Veil/Rönnau, Handbuch zum Marktmissbrauchsrecht, § 3 Rz. 38.
8 *Klöhn* in Klöhn, MAR, Einleitung Rz. 61 f.
9 *Klöhn* in Klöhn, MAR, Einleitung Rz. 6; *Veil* in Meyer/Veil/Rönnau, Handbuch zum Marktmissbrauchsrecht, § 3 Rz. 33 ff.
10 *Schmolke* in Klöhn, Vor Art. 12 MAR Rz. 88.
11 *Schmolke* in Klöhn, Vor Art. 12 MAR Rz. 88.
12 EuGH v. 7.7.2011 – C-445/09, ECLI:EU:C:2011:459 – IMC Securities, AG 2011, 588 = NZG 2011, 951; dazu auch *Schmolke* in Klöhn, Vor Art. 12 MAR Rz. 88.
13 Ausführlich *Frank*, Die Rechtswirkungen der Leitlinien und Empfehlungen der Europäischen Wertpapier und Marktaufsichtsbehörde, 2012, S. 121 ff.; s. ferner *Schmolke* in Klöhn, Vor Art. 12 MAR Rz. 99.
14 *Schmolke* in Klöhn, Vor Art. 12 MAR Rz. 98: „wichtige Fingerzeige für die Auslegung".
15 Vgl. etwa EuGH v. 9.3.2006 – C-499/04, ECLI:EU:C:2006:168 – Werhof, Slg. 2006, I-2397 Rz. 32; dazu *Leible/Domröse* in Riesenhuber, Europäische Methodenlehre, 3. Aufl. 2015, § 8.
16 Vgl. schon EuGH v. 21.9.1989 – 46/87 und 227/88, ECLI:EU:C:1989:337 – Hoechst, Slg. 1989, 2859 Rz. 12; dazu auch *Leible/Domröse* in Riesenhuber, Europäische Methodenlehre, 3. Aufl. 2015, § 8 Rz. 8.
17 Vgl. etwa EuGH v. 28.1.1999 – C-181/96, ECLI:EU:C:1999:29 – Wilkins, Slg. 1999, I-399 Rz. 16 zum Grundsatz des Vertrauensschutzes.
18 *Kalss* in Riesenhuber, Europäische Methodenlehre, 3. Aufl. 2015, § 20 Rz. 19.
19 *Leible/Domröse* in Riesenhuber, Europäische Methodenlehre, 3. Aufl. 2015, § 8 Rz. 3.
20 Vgl. *Weick-Ludewig/Sajnovits*, WM 2014, 1521, 1527 für die Leerverkaufs-VO.

ausdrücklich auf die Maßgeblichkeit des nationalen Rechts verweist, etwa in Art. 12 Abs. 4 VO Nr. 596/2014. Eine Besonderheit gilt freilich, soweit auch diese nationalen Vorschriften der Umsetzung von europäischem Richtlinienrecht dienen, wie dies bei den Strafvorschriften für Verstöße gegen das Insiderhandels- und das Marktmanipulationsverbot der Fall ist (Rz. 38 ff.).

2. Marktmanipulationsverbot als aufsichtsrechtliche Vorgabe. Art. 12 i.V.m. Art. 15 VO Nr. 596/2014 sind die zentralen **Verhaltensnormen** der VO Nr. 596/2014 in Bezug auf die Marktmanipulation. Es handelt sich um aufsichtsrechtliche, also öffentlich-rechtliche Verhaltensnormen. Auch wenn die Art. 15, 12 VO Nr. 596/2014 in einem engen Zusammenhang zu den (auch strafrechtlichen) Sanktionsvorschriften stehen, enthalten sie für sich genommen **aufsichtsrechtliche Vorschriften**, die nicht nur straf- oder bußgeldrechtlich, sondern auch verwaltungsrechtlich – insbesondere im Rahmen der Kapitalmarktaufsicht und -überwachung durch die BaFin – bedeutsam sind[1]. Dass die auf Basis der CRIM-MAD erlassenen Strafvorschriften als Blankettnormen auf Art. 15 VO Nr. 596/2014 verweisen, ändert daran nichts. Besonders deutlich kommt diese Trennung zwischen dem kapitalmarkt- und aufsichtsrechtlichen Verhaltensverbot/gebot und der strafrechtlichen Sanktionierung aus systematischer Sicht darin zum Ausdruck, dass die CRIM-MAD hinsichtlich der Definition der Marktmanipulation nicht auf die MAR verweist, sondern eine eigene – wenn auch weitgehend deckungsgleiche – Definition bereithält.

50

Die auch schon bislang relevante Frage nach einer möglichen oder gar erforderlichen sog. **Normspaltung**[2], also mithin die Frage, ob Art. 12, 15 VO Nr. 596/2014 im straf- und bußgeldrechtlichen Zusammenhang anders (enger) ausgelegt werden kann als im nichtstrafrechtlichen Zusammenhang (auch schon Rz. 48 a.E.), stellt sich dadurch unter veränderten Vorzeichen. Die Regelungssystematik des Marktmanipulationsregimes macht die – auch bislang schon vorzugswürdige – Abkehr von der strafrechtsdogmatischen Betrachtung des Marktmanipulationsrechts unausweichlich (Rz. 45 ff.)[3]. Die Verhaltensgebote der MAR sind im Lichte ihrer Zwecksetzung (Art. 12 VO Nr. 596/2014 Rz. 15 ff.) und des Effektivitätsgebots (*effet utile*) auszulegen (Rz. 46) und sind – gerade um den schnellen Entwicklungen im Marktmanipulationsrecht angemessen begegnen zu können – nicht aufgrund der sie lediglich flankierenden strafrechtlichen Ahndung in ihrer Reichweite und Effektivität einzuschränken. Etwaige Begrenzungen, die aus primärrechtlicher bzw. unionsgrundrechtlicher Sicht zu einer Begrenzung von Auslegung und Rechtsfortbildung der CRIM-MAD Vorschriften bzw. ihrer nationalen Umsetzung führen können (so etwa das strafrechtliche Analogieverbot), begrenzen so nicht die Anwendung der kapitalmarktrechtlichen Verhaltensgebote[4].

51

3. Abkehr von der strafrechtsdogmatischen Betrachtung. Die wissenschaftliche Auseinandersetzung mit dem Marktmanipulationsverbot war in Deutschland seit jeher stark vom **Strafrecht geprägt**. In der 6. Aufl. wurde an dieser Stelle durch *Vogel* deshalb hervorgehoben, dass das Recht der Marktmanipulation „in besonderer Weise in einem methodischen Spannungsfeld zwischen Kapitalmarktrecht und -praxis auf der einen Seite und Strafrecht auf der anderen Seite" stehe. Die betont rechtsprinzipiell und -dogmatisch gekennzeichnete strafrechtliche Herangehensweise, die Marktmanipulation vom Gesetzeswortlaut ausgehend (und durch ihn begrenzt) als tatbestandsmäßiges Verhalten begriff, nahm einen großen Einfluss auf die Auslegungs- und auch Ahndungspraxis in Deutschland. Rechtssetzung müsse sich am Gesetzlichkeits-, Bestimmtheits- und Demokratieprinzip messen lassen; die Rechtsanwendung habe innerhalb des anerkannten strafrechtsdogmatischen Systems (Tatbestand, Rechtswidrigkeit, Schuld) zu erfolgen[5].

52

Die Neuregelungen der Marktmanipulation durch die MAR und die CRIM-MAD müssen hier auch in der deutschen Kapitalmarktrechtswissenschaft zu einem Paradigmenwechsel führen (Rz. 50 ff.). Besonders deutlich wird das mit Blick auf die **Abkehr vom kapitalmarktrechtlichen Vorsatzerfordernis**[6]. Zum alten Recht wurde überwiegend vertreten, dass sich aus dem Wortlaut und aus systematischer Sicht, als auch aus dem Zweck des Marktmanipulationsverbots ergebe, dass grundsätzlich Vorsatz als „subjektives Unrechtselement" zur Verwirklichung einer Marktmanipulation erforderlich sei[7]. Lediglich bei der informationsgestützten Manipulation nach § 20a Abs. 1 Satz 1 Nr. 1 WpHG a.F. genügte auch der herrschenden Meinung Leichtfertigkeit[8]. Der Europäische Gesetzgeber stellt in Art. 12 VO Nr. 596/2014, soweit er überhaupt subjektive Voraussetzungen adressiert, durchweg auf Wissen und Wissenmüssen ab und lässt damit insoweit einfache Fahrlässigkeit genügen (Art. 12 VO Nr. 596/2014 Rz. 130). Für die Verwirklichung derjenigen Varianten, die kein subjektives Element enthalten, ist ein subjektives Element sogar ganz verzichtbar (s. noch Art. 12 VO Nr. 596/2014 Rz. 55 ff.).

53

---

1 *Haouache/Mülbert* in Habersack/Mülbert/Schlitt, Hdb. der Kapitalmarktinformation, § 27 Rz. 3.
2 Grundlegend *Tiedemann*, Tatbestandsfunktionen im Nebenstrafrecht, 1969, S. 186 f., 197 f., 204; s. weiterhin *Enderle*, Blankettstrafgesetze, 2000, S. 208 ff. m.w.N.
3 Vgl. schon zu § 20a WpHG *Schwark* in Schwark/Zimmer, § 20a WpHG Rz. 3; *Vogel* in 6. Aufl., Vor § 20a WpHG Rz. 25.
4 A.A. *Klöhn* in Klöhn, MAR, Einleitung Rz. 55.
5 *Vogel* in 6. Aufl., Vor § 20a WpHG Rz. 25.
6 Dazu auch *Schmolke*, AG 2016, 434, 442 f.; *Schmolke* in Klöhn, Vor Art. 12 MAR Rz. 121; *Grundmann* in Staub, HGB, Bankvertragsrecht 2, 5. Aufl. 2017, 6. Teil, 3. Abschnitt, D Art. 12 MAR Rz. 459.
7 So auch noch *Vogel* in 6. Aufl., Vor § 20a WpHG Rz. 25 m.w.N.
8 Zutr. *Eichelberger*, S. 320.

54 **4. Verbleibende Verfassungsrechtsfragen.** Über die Verfassungskonformität des § 20a WpHG a.F. wurden umfängliche Diskussionen geführt. Das gesetzliche Verbot der Marktmanipulation in § 20a WpHG wurde auch insoweit in engen Zusammenhang zu den Straf- und Bußgeldvorschriften der §§ 38 Abs. 2, 39 Abs. 1 Nr. 1, 2, Abs. 2 Nr. 11 WpHG a.F. gestellt und wegen den in ihm enthaltenen unbestimmten[1] Rechtsbegriffe bezweifelte das Schrifttum, ob die Vorschrift, jedenfalls soweit sie zur Begründung einer Straf- bzw. Ahndbarkeit diene, dem verfassungsrechtlichen Bestimmtheitsgrundsatz nach **Art. 103 Abs. 2 GG** genüge[2]. Zudem gab der europarechtliche Hintergrund und insoweit der Umstand, dass die Europäische Kommission ermächtigt ist, im Komitologieverfahren für die Mitgliedstaaten verbindliche Konkretisierungen des Verbots der Marktmanipulation vorzunehmen, Anlass zu Bedenken; ein derartiges „quasi verwaltungsrechtliches Verfahren" höhle das Demokratieprinzip und die Gewaltenteilung, die auf Gemeinschaftsebene ohnehin wenig ausgeprägt sei, noch weiter aus[3]. Für die Zwecke der Praxis war freilich bereits bislang mit der h.L.[4] von der **abstrakten Verfassungsmäßigkeit** des in § 20a WpHG a.F. niedergelegten Regelungssystems auszugehen. Bedenken aus dem deutschen Verfassungsrecht konnten auch schon bislang uneingeschränkt nur auf die straf- bzw. bußgeldrechtliche Bewehrung des Marktmanipulationsverbots bezogen werden. Demgegenüber war das Verbot als solches europarechtlich vorgegeben und unterlag daher lediglich nach Maßgabe der „Solange-Rechtsprechung" des BVerfG[5] deutscher verfassungsgerichtlicher Überprüfung[6]. Die Überwachung der Einhaltung menschen- bzw. unionsverfassungsrechtliche Vorgaben (z.B. aus Art. 7 EMRK, Art. 49 Charta der Grundrechte der Europäischen Union) oblag EGMR und EuGH[7].

55 Der beschriebene Paradigmenwechsel (Rz. 50 ff.) setzt sich bei den übrigen Verfassungsrechtsfragen fort. Für die Beurteilung der selbstexekutiven aufsichtsrechtlichen Verhaltensgebote der Art. 15, 12 VO Nr. 596/2014 hat **nationales Verfassungsrecht** von vornherein **keine Bedeutung** (schon Rz. 45 ff.). Die Verordnungs- oder Richtlinienvorgaben umsetzenden nationalen Rechtsakte, wie insbesondere die Straf- und Ordnungswidrigkeitentatbestände der §§ 119 und 120 WpHG, müssen sich freilich nach wie vor auch am nationalen Verfassungsrecht messen lassen. Soweit diese allerdings europäische Vorgaben umsetzen und damit europarechtlich vorgegeben sind, unterliegen auch sie der verfassungsrechtlichen Überprüfung nur nach Maßgabe der „Solange-Rechtsprechung" des BVerfG[8]. Hinsichtlich ihrer Verfassungskonformität hat sich durch die Umsetzung des neuen Marktmissbrauchsrechts jedoch nichts geändert, so dass weiterhin von ihrer abstrakten Verfassungsmäßigkeit auszugehen ist.

56 **IV. Ökonomischer Hintergrund. 1. Systematisierung der Marktmanipulationen.** Die tatbestandliche Weite der Marktmanipulationsverbote reagiert auf die vielfältigen denkbaren Manipulationsstrategien, die sich zudem ständig wandeln[9]. Dies erschwert nicht nur eindeutige und bestimmte Begriffsbestimmungen[10], sondern auch weiterführende Systematisierungen der Manipulationspraktiken. Gleichwohl ist in der ökonomischen Literatur eine bis heute häufig herangezogene und hilfreiche Systematisierung entwickelt worden[11]: Marktmanipulationen können entweder „**informationsgestützt**" (*information based*), „**handelsgestützt**" (*trade based*) oder „**handlungsgestützt**" (*action based*) vorgenommen werden. Im ersten Fall wird der Kurs oder Marktpreis durch Verbreiten unrichtiger oder irreführender Nachrichten – nicht bloß Tatsachen, sondern auch Prognosen und Gerüchte – beeinflusst. Im zweiten Fall sind Handelsaktivitäten Mittel der Marktmanipulation, wobei zwischen bloß fiktiven Handelsaktivitäten einerseits und effektiven Geschäften andererseits zu unterscheiden ist.

---

1 „Konturenlose", *Sorgenfrei*, wistra 2002, 321, 325.
2 *Moosmayer*, wistra 2002, 161, 167 ff.; *Schmitz*, ZStW 115 (2003), 501, 528; *Sorgenfrei*, wistra 2002, 321, 325; *Sorgenfrei* in Park, 3. Aufl. 2012, §§ 20a, 38 II, 39 I Nr. 1–2, Nr. 11, IV WpHG Rz. 19 f.; *Streinz/Ohler*, WM 2004, 1309, 1314 ff.; *Tripmaker*, wistra 2002, 288, 292.
3 *Schmitz*, ZStW 115 (2003), 501, 517.
4 Zuletzt auch BGH v. 25.2.2016 – 3 StR 142/15, WM 2016, 1022; ferner nur *Vogel* in 6. Aufl. Vor § 20a WpHG Rz. 30; *Eichelberger*, S. 172 ff.; *Mock/Stoll/Eufinger* in KölnKomm. WpHG, § 20a WpHG Rz. 88, 92, 94 ff.; *Schwark* in Schwark/Zimmer, § 20a WpHG Rz. 52; *Ziouvas/Walther*, WM 2002, 1483, 1487.
5 BVerfG v. 22.10.1986 – 2 BvR 197/83, BVerfGE 73, 339; BVerfG v. 12.10.1993 – 2 BvR 2134/92, 2 BvR 2159/92, BVerfGE 89, 155.
6 Zutr. *Mock/Stoll/Eufinger* in KölnKomm. WpHG, § 20a WpHG Rz. 99.
7 S. hierzu *Ferrarini*, Common Market Law Review 41 (2004), 711, 739 ff.
8 Auch in ihrer Fortentwicklung durch das Lissabon-Urteil BVerfG v. 30.6.2009 – BvE 2/08, NJW 2009, 2267.
9 S. den historischen Überblick von *Markham*, Law Enforcement and the History of Financial Market Manipulation, 2014.
10 *Armour/Awrey/Davies/Enriques/Gordon/Meyer/Payne*, Principles of Financial Regulation, S. 190; *Schmolke* in Klöhn, Vor Art. 12 MAR Rz. 1 ff. Eingehend zur Marktmanipulationsdefinition *Avgouleas*, The Mechanics and Regulation of Market Abuse: A Legal and Economic Analysis, S. 104 ff. Eine klassisch gewordene Definition geht auf die Entscheidung Cargill Inc v Hardin, 452 F 2d 1154, 1163, 1167-70 (1971) des United States Court of Appeals, Eighth Circuit zurück, die Marktmanipulation definierte als: „any activity, scheme, or artifice that deliberately influences the price of a financial asset, resulting in a price other than the one that would have results in the absence of such intervention."
11 Grundlegend *Allen/Gale*, Review of Financial Studies 5 (1992), 503 ff. – Instruktiv aus jüngerer Zeit *Putnins*, Journal of Economic Survey 26 (2012), 952, 955 ff.; ferner *Avgouleas*, The Mechanics and Regulation of Market Abuse: A Legal and Economic Analysis, S. 118 ff.

Im dritten Fall wirkt der Manipulator auf Umstände ein, die den inneren Wert des Finanzinstruments – bei Aktien beispielsweise die Ertragskraft des Unternehmens – betreffen, und manipuliert so den Kurs oder Marktpreis. Obgleich der europäische Gesetzgeber diese Systematisierung nicht eins zu eins in den Tatbestandsvarianten des Art. 12 Abs. 1 lit. a–d VO Nr. 596/2014 umgesetzt hat, sondern in einzelnen Tatbestandsvarianten mehrere Manipulationsformen untergebracht hat, sollte an dieser etablierten und klarstellenden Unterteilung festgehalten werden[1].

a) „**Informationsgestützte**" **Manipulationen.** Bei informationsgestützten Manipulationen werden unwahre, unvollständige oder sonst irreführende Informationen im Markt verbreitet[2]. Mittel „informationsgestützter" Manipulationen können insbesondere unrichtige oder irreführende Bilanzen, Lageberichte, sonstige Geschäftsberichte oder auch *Ad-hoc*-Mitteilungen i.S.v. Art. 17 VO Nr. 596/2014 sowie Prospekte sein. Zudem kommt das „Streuen" von unrichtigen oder irreführenden Informationen über Medien (Presse, Rundfunk, Fernsehen, Internet) z.B. bei Pressekonferenzen oder -mitteilungen in Betracht[3]. Die MAR erfasst informationsgestützte Manipulationen primär in Art. 12 Abs. 1 lit. c VO Nr. 596/2014. 57

Um mit informationsgestützten Manipulationen Profite zu erzielen, decken sich die Manipulanten am Markt entweder mit *Long*- oder *Short*-Positionen in einem bestimmten Finanzinstrument ein und sorgen sodann für die Verbreitung von bestimmten Informationen, die entweder einen Kursanstieg (**pump and dump**) oder einen Kursabfall (**trash and cash**) bewirken, um schließlich ihre Positionen mit einem entsprechenden Profit aufzulösen[4]. Denkbar und gerade in jüngerer Zeit häufiger aufgetreten ist der massenhafte Versand von Spam-Nachrichten (**Stock Spams**[5]), in denen wahrheitswidrig preiserhöhungsgeeignete Angaben über Finanzinstrumente gemacht werden, in Bezug auf die die Manipulanten Positionen eingegangen sind, die sie bei einer Preiserhöhung gewinnbringend auflösen (Art. 12 VO Nr. 596/2014 Rz. 149). Sog. **bear raids**, bei denen der Manipulator Papiere leerverkauft, stellen dann eine informationsgestützte Manipulationstechnik dar, wenn der Manipulator nach dem Leerverkauf, etwa durch das Streuen von Falschmeldungen, ein Abfallen des Kurses bewirkt und sich dann am Markt zu den günstigeren Kursen eindecken kann, um seine Leerverkaufspositionen zu schließen (zu diesen sog. Short-Seller-Attacken Art. 12 VO Nr. 596/2014 Rz. 177, 242 und näher Vor Art. 1 ff. VO Nr. 236/2012 Rz. 50 ff.)[6]. 58

Eine auch in Deutschland seit dem Fall *Prior*[7] viel beachtete Sonderform „informationsgestützter" Manipulationen ist das **scalping**, bei dem jemand ein Geschäft in Werten tätigt und sodann den Kurs bzw. Marktpreis des Werts dadurch beeinflusst, dass er eine Kauf- oder Verkaufsempfehlung abgibt, bei der er Eigengeschäft und Eigeninteresse verschweigt, jedoch beim Anlegerpublikum als glaubwürdig gilt, beispielsweise weil der Empfehlende ein bekannter „Analyst" ist. Der europäische Gesetzgeber hat das *scalping* als ausdrücklich geregelten Fall einer Marktmanipulation in Art. 12 Abs. 2 lit. d VO Nr. 596/2014 aufgenommen. Zur rechtlichen Problematik des *scalping* s. Art. 12 VO Nr. 596/2014 Rz. 234 ff. 59

Eine erst in jüngerer Zeit bekanntgewordene Sonderform „informationsgestützter" Manipulationen sind die sog. **Benchmark-Manipulationen** (LIBOR/EURIBOR), die nunmehr mit Art. 12 Abs. 1 lit. d VO Nr. 596/2014 ausdrücklich als tatbestandliche Marktmanipulation erfasst sind[8]. Bei den Manipulationen von LIBOR und EURIBOR haben Mitarbeiter unterschiedlicher Banken falsche Eingabedaten an die Administratoren von LIBOR und EURIBOR gemeldet. Durch die falschen Informationen, die an die Administratoren gelangt sind, haben diese falsche Daten bei der Berechnung der Benchmark zugrunde gelegt, was die Entwicklung der Referenzzinssätze beeinflusst hat. Ausführlich Art. 12 VO Nr. 596/2014 Rz. 190 ff. 60

b) „**Handelsgestützte**" **Manipulationen durch fiktive und effektive Geschäfte.** Handelsgestützte Manipulationen zeichnen sich dadurch aus, dass der Preis eines Finanzinstruments durch fiktiven oder effektiven Handel mit Finanzinstrumenten manipuliert wird, ohne dass sein innerer Wert beeinflusst oder aktiv falsche bzw. irre- 61

---

1 Kritisch *Schmolke*, AG 2016, 434, 435; *Schmolke* in Klöhn, Vor Art. 12 MAR Rz. 14 ff.
2 *Allen/Gale*, Review of Financial Studies 5 (1992), 503, 505; *Schmolke* in Klöhn, Vor Art. 12 MAR Rz. 15; näher auch *Teigelack* in Meyer/Veil/Rönnau, Handbuch zum Marktmissbrauchsrecht, § 13.
3 *Avgouleas*, The Mechanics and Regulation of Market Abuse: A Legal and Economic Analysis, S. 119 ff.
4 *Putniņš*, Journal of Economic Survey 26 (2012), 952, 955.
5 *Bouraoui/Mehanaoui/Bahli*, The Journal of Applied Business Research 2013, 79 ff.; *Fleischer* in Fuchs, Vor § 20a WpHG Rz. 11; *Fleischer*, ZBB 2008, 137 ff.
6 *Putniņš*, Journal of Economic Survey 26 (2012), 952, 956; *Allen/Gale*, Review of Financial Studies 5 (1992), 503, 503 f.
7 LG Frankfurt/M. v. 9.11.1999 – 5/2 Kls 92 Js 23140/98, NJW 2000, 301; OLG Frankfurt/M. v. 15.3.2000 – 1 Ws 22/00, NJW 2001, 982.
8 Soweit Art. 12 Abs. 1 lit. d VO Nr 596/2014 auch sowie „sonstige Handlungen, durch die die Berechnung eines Referenzwertes manipuliert wird" erfasst, ist er freilich nicht auf informationsbezogene Manipulationshandlungen beschränkt. Die bislang bekanntgewordenen Benchmark-Manipulationen stellten allerdings informationsbezogene Manipulationshandlungen dar. Ausführlich *Sajnovits*, Financial-Benchmarks, S. 135 ff.; ferner etwa *Fleischer/Bueren*, DB 2012, 2561 ff. Für eine Einordnung als informationsgestützte Manipulation auch *Schmolke*, AG 2016, 434, 441 f.; *Zetzsche* in Gebauer/Teichmann, Europäisches Privat- und Unternehmensrecht, § 7 C. Rz. 77 ff.

führende Informationen verbreitet werden[1]. Der Zweck von **fiktiven Geschäften**[2] besteht darin, erhöhte Handelsaktivität, erhöhten Umsatz und erhöhte Liquidität vorzutäuschen und so Anleger zu bewegen, auf das falsche Signal zu reagieren, wodurch der Kurs künstlich in die Höhe getrieben werden soll. Derartige Manipulationen (etwa beim **painting the tape**[3] oder beim **advancing the bid**[4]) werden z.B. durch **wash sales**, bei denen Verkäufer und Käufer zumindest wirtschaftlich identisch sind, durch **matched orders**, bei denen zwar der wirtschaftliche Eigentümer wechselt, jedoch Verkäufer und Käufer sich miteinander abgesprochen haben und gegenläufige, einander korrespondierende Orders mit im Wesentlichen gleichen Volumen und Preisen zeitgleich in den Markt geben, sowie durch **circular trading**, bei dem sich mehrere Personen in der Weise absprechen, dass der erste Käufer auch der letzte Käufer oder Verkäufer ist, vorgenommen (Art. 12 VO Nr. 596/2014 Rz. 42 ff.)[5].

62 Ferner kann der Kurs oder Marktpreis auch durch die Vornahme **effektiver Geschäfte** manipuliert werden. Effektive Geschäfte können sowohl ohne Marktmacht als auch unter Ausnutzung von Marktmacht zu Marktmanipulationen missbraucht werden[6]. Formen von Marktmanipulation durch effektive Geschäfte können beim **marking the close** (Art. 12 VO Nr. 596/2014 Rz. 112, 216 ff.) vorliegen, bei dem Geschäfte erst bei Börsen- oder Marktschluss getätigt werden, um diejenigen Marktteilnehmer irrezuführen, welche ihre Handelsentscheidung auf den Schlusskurs stützen[7] oder beim **marking the open** (Art. 12 VO Nr. 596/2014 Rz. 112), bei dem Kaufaufträge zu geringfügig höheren oder Verkaufsaufträge zu geringeren Preisen kurz vor Marktöffnung platziert werden, um die Preise bei Marktöffnung hochzutreiben oder zu drücken[8]. Weitere Beispiele sind das **capping** oder **pegging** (Art. 12 VO Nr. 596/2014 Rz. 76): Bei diesem werden kurz vor dem Ablaufdatum von Optionen Transaktionen in den der Option unterliegenden Finanzinstrumenten getätigt, um den Kurs des Finanzinstruments zu beeinflussen und so die Ausübung der Optionen zu verhindern und damit die zuvor erlangten Provisionen zu behalten[9]. In den letzten Jahren enorme Aufmerksamkeit erregende Manipulationsstrategien wurden ferner im Bereich des **Hochfrequenzhandels** entwickelt und haben zu internationalen Reformvorschlägen geführt (vgl. Art. 12 VO Nr. 596/2014 Rz. 224 ff.). Im Zusammenhang mit dem Hochfrequenzhandel werden etwa beim **spoofing** (Art. 12 VO Nr. 596/2014 Rz. 113 f.) elektronisch eine Vielzahl an volumenmäßig kleinen Orders platziert, um so den Eindruck einer besonders großen Nachfrage nach einer Aktie hervorzurufen, und diese anschließend wieder storniert[10]. Die platzierten Orders können aber durchaus effektive Geschäfte darstellen.

63 Daneben können Marktmanipulationen durch **effektive Geschäfte** im Zusammenhang mit der Ausübung von **Marktmacht** erfolgen. Insoweit ist insbesondere das **cornering** oder **abusive squeezing**[11] angesprochen (Art. 12 VO Nr. 596/2014 Rz. 206 ff.), bei denen der Manipulator Leerverkäufer „in die Ecke" treibt, indem er die noch am Markt erhältlichen Vermögenswerte aufkauft und dann, wenn die Leerverkäufer ihre Deckungsgeschäfte vornehmen müssen, den Kurs oder Marktpreis unter Ausnutzung seiner nunmehr marktbeherrschenden Stellung in die Höhe treibt. Auch im Übrigen ist die **künstliche Limitierung des Angebots**, z.B. durch das **parking** von Vermögenswerten bei Strohmännern, jedenfalls in illiquiden oder überzeichneten Märkten geeignet, Kurse oder Marktpreise künstlich zu überhöhen und dies durch Verkauf auf dem Höhepunkt des Kurses auszunutzen[12].

64 Bei effektiven Geschäften stellt sich das Problem, legitimen Handel von illegitimer und unerwünschter Manipulation abzugrenzen, in besonderer Schärfe[13]. Werden etwa gedeckte Leerverkaufspositionen eingegangen und sodann zutreffende Informationen veröffentlicht, die einen Kursabfall herbeiführen, liegt in diesen **bear raids**, negativ konnotiert oft als Short-Seller-Attacken bezeichnet, grundsätzlich keine Marktmanipulation (Art. 12 VO Nr. 596/2014 Rz. 177, 242)[14]. Als legitim angesehen wird ferner die sog. **Kurspflege oder -stabilisierung**, die namentlich durch **Rückkauf eigener Aktien** – oder der Ak-

---

1 *Allen/Gale*, Review of Financial Studies 5 (1992), 503, 505 f.; *Schmolke* in Klöhn, Vor Art. 12 MAR Rz. 16 ff. Näher auch *Anschütz/Kunzelmann* in Meyer/Veil/Rönnau, Handbuch zum Marktmissbrauchsrecht, § 13
2 *Avgouleas*, The Mechanics and Regulation of Market Abuse: A Legal and Economic Analysis, S. 127 ff.; *Fleischer* in Fuchs, Vor § 20a WpHG Rz. 5.
3 *Kasiske*, WM 2014, 1933, 1934.
4 *Cumming/Johan*, American Law and Economics Review 10 (2008), 454, 462.
5 Dazu auch *Markham*, Law Enforcement and die History of Financial Market Manipulation, S. 7 f.; *Avgouleas*, The Mechanics and Regulation of Market Abuse: A Legal and Economic Analysis, S. 129; *Fleischer* in Fuchs, § 20a WpHG Rz. 56 f.
6 Hierzu auch *Avgouleas*, The Mechanics and Regulation of Market Abuse: A Legal and Economic Analysis, S. 132 ff.; *Fleischer* in Fuchs, Vor § 20a WpHG Rz. 6.
7 *Tountopoulos*, WM 2013, 351 ff.
8 *Cumming/Johan*, American Law and Economics Review 10 (2008), 454, 462.
9 *Cumming/Johan*, American Law and Economics Review 10 (2008), 454, 462.
10 *Klöhn*, AG 2016, 434, 435; *Kasiske*, WM 2014, 1935 ff. auch zu weiteren Strategien.
11 *Fleischer/Bueren*, ZIP 2013, 1253, 1254 ff.; *Fleischer* in Fuchs, Vor § 20a WpHG Rz. 6.
12 *Bouraoui/Mehanaoui/Bahli*, The Journal of Applied Business Research 29 (2013), 79 ff.; *Lin*, Emory Law Journal 66 (2017), 1253, 1281 ff.
13 Vgl. zur Problematik aus Sicht des Schweizer Rechts *Maurenbrecher* in Watter/Bahar, Basler Kommentar, Finanzmarktaufsichtsgesetz/Finanzmarktinfrastrukturgesetz: FINMAG/FinfraG, Art. 143 FinfraG Rz. 2 ff.
14 *Mülbert*, ZHR 182 (2018), 105.

tien eines Unternehmens durch dessen Emissions- oder Hausbank – erfolgen kann (näher Art. 5 VO Nr. 596/2014 Rz. 112 ff.). Grenzfälle, die einen Anreiz zu illegitimen und unerwünschten Manipulationen darstellen, sind „Kurspflegemaßnahmen" im Zusammenhang mit Platzierungen oder Übernahmen und solche, die ein Optionsinhaber vornimmt[1]. Da Kurspflege oder -stabilisierung darauf abzielt, Kurse oder Marktpreise zu beeinflussen, ist es kaum möglich, sie über das Kriterium der Marktbeeinflussungsabsicht von illegitimer und unerwünschter Manipulation abzugrenzen[2]. Vielmehr muss das Kriterium objektiver oder, genauer, normativer Natur sein (s. noch Art. 5 VO Nr. 596/2014 Rz. 112 ff.).

c) „Handlungsgestützte" Manipulationen. Bei handlungsgestützten Manipulationen wird der **innere Wert** eines Finanzinstruments beeinflusst, um (zumeist) nach dem Eingehen von Leerverkaufspositionen vom Kursverfall zu profitieren[3]. Entsprechende Manipulationen mögen zwar Seltenheitswert haben[4], doch sind Einzelfälle durchaus bekannt geworden. Häufig zitiert ist der Fall der *American Steel and Wire Company*, deren Manager Leerverkäufe in Aktien des Unternehmens tätigten und dann Walzwerke des Unternehmens schlossen, woraufhin der Aktienkurs dramatisch fiel, so dass die Manager günstige Deckungsgeschäfte tätigen und so hohe Gewinne realisieren konnten[5]. Besonders makaber ist der erst kürzlich unternommene Versuch einer handlungsgestützten Manipulation in Aktien der Borussia Dortmund GmbH & Co. KGaA im Frühjahr 2017[6]. Hinter dem Bombenanschlag auf den Mannschaftsbus stand nach bisherigen Ermittlungen der Plan, möglichst viele Spieler des BVB zu töten, um so einen Kurssturz der Aktie herbeizuführen und sodann mit zuvor erworbenen Put-Optionen Profite zu erzielen[7].

d) Weitere Systematisierungsvorschläge. Je nachdem, ob die Marktmanipulation auf eine künstliche Erhöhung oder Reduzierung des Marktpreises gerichtet ist, kann zwischen „Bullen-" und „Bärenmanipulationen" unterschieden werden[8]. Bei jenen wird häufig die *Pump-and-dump*-Technik angewendet: Der Täter deckt sich mit Finanzinstrumenten zum Marktpreis ein, erhöht den Preis sodann manipulativ, verkauft dann (erste Gewinnmitnahme) und schließt Leerverkäufe auf den Zeitpunkt ab, zu dem er die Rückkehr zum Marktpreis erwartet (zweite Gewinnmitnahme). Spiegelbildlich kann die *Trash-and-Cash*-Technik angewendet werden: Der Täter schließt Leerverkäufe ab, erniedrigt sodann den Preis manipulativ, erfüllt die Leerverkäufe (erste Gewinnmitnahme) und deckt sich mit Finanzinstrumenten ein, die er bei Rückkehr zum Marktpreis verkauft (zweite Gewinnmitnahme). Weiterhin kann zwischen „Insidermanipulationen" durch Unternehmens- oder Marktinsider (z.B. Broker) und „Outsidermanipulationen" durch andere Personen unterschieden werden[9]; in der Praxis überwiegen die Insidermanipulationen.

2. Ökonomische Analyse der Marktmanipulation und ihrer Überwachung. Abgesehen von der Einbeziehung tatsächlicher Handelsaktivitäten (Rz. 61 ff.) besteht heute – anders als nach wie vor für das Insiderhandelsverbot[10] – in der **ökonomischen Theorie** kein Streit darüber, dass das Verbot der Marktmanipulation prinzipiell legitim ist[11]. Zur Legitimation von Verboten werden heute im Wesentlichen zwei Begründungsstränge angeführt. Zum einen hemmen (zahlreiche) Marktmanipulationen – unter den Annahmen der klassischen Kapitalmarkttheorie – die Allokationseffizienz des Marktes, da das Kapital nur bei einer **unbeeinflussten Marktpreisbildung** zu denjenigen Anlagetiteln fließt, bei denen es am effizientesten eingesetzt werden kann (näher Art. 12 VO Nr. 596/2014 Rz. 16)[12]. In den letzten Jahren gibt es zudem zunehmende empirische Evidenz für ei-

---

1 *Lenzen*, Unerlaubte Eingriffe in die Börsenkursbildung, S. 12 ff.
2 *Lenzen*, Unerlaubte Eingriffe in die Börsenkursbildung, S. 12 ff.
3 *Allen/Gale*, Review of Financial Studies 5 (1992), 503, 505.
4 *Fleischer*, Gutachten F 120.
5 *Allen/Gale*, Review of Financial Studies 5 (1992), 503, 504.
6 Dazu *Köpferl/Wegner*, WM 2017, 1924.
7 S. etwa *Holtermann*, Was bitte sind Put-Optionen?, in Handelsplatt vom 21.4.2017, abrufbar unter: http://www.handelsblatt.com/finanzen/anlagestrategie/trends/anschlag-auf-bvb-bus-was-bitte-sind-put-optionen/19698544.html; *Scherbaum*, So wollte der Verdächtige am BVB-Anschlag verdienen, in F.A.Z. v. 21.4.2017, abrufbar unter: http://www.faz.net/aktuell/finanzen/aktien/so-wollte-der-tatverdaechtige-mit-dem-bvb-anschlag-geld-verdienen-14981024.html.
8 S. hierzu *Schmolke* in Klöhn, Vor Art. 12 MAR Rz. 12 f.; *Fleischer* in Fuchs, Vor § 20a WpHG Rz. 7 m.N.
9 S. auch hierzu *Schmolke* in Klöhn, Vor Art. 12 MAR Rz. 22; *Fleischer* in Fuchs, Vor § 20a WpHG Rz. 8 m.N.
10 Insbesondere die Berechtigung eines scharfen Insiderverbots wird gelegentlich mit dem Hinweis bezweifelt, dass es die Informationseffizienz der Marktpreise beeinträchtige, weil Informationen sich mit größerer Verzögerung im Marktpreis niederschlagen. Dazu etwa *Hopt*, ZHR 159 (1995), 135, 142 ff.; *Hopt*, ZGR 1991, 17; *Fleischer*, Gutachten F 28; *Fleischer/Schmolke*, AG 2007, 841; grundlegend *Manne*, Insidertrading and the Stockmarket, 1966. Präferieren Anleger freilich faire Märkte, bringen sie diesen mithin mehr Vertrauen entgegen, streiten für die vertrauensbildende institutionelle Gewährleistung von Fairness nicht nur Gerechtigkeitserwägungen, sondern auch die ökonomische Vernunft. Zu den Zusammenhängen zwischen Vertrauensbildung und Insiderhandelsverbot *Mülbert/Sajnovits*, ZfPW 2016, 1, 34.
11 *Avgouleas*, The Mechanics and Regulation of Market Abuse: A Legal and Economic Analysis, S. 210 ff.; *Putnins*, Journal of Economic Survey 26 (2012), 952 ff.; *Schmolke* in Klöhn, Vor Art. 12 MAR Rz. 24; *Fleischer* in Fuchs, Vor § 20a WpHG Rz. 9.
12 *Avgouleas*, The Mechanism and Regulation of Market Abuse, S. 168, 210 ff.; *Aggarwal/Wu*, Journal of Business 79 (2006), 1915; *Armour/Awrey/Davies/Enriques/Gordon/Meyer/Payne*, Principles of Financial Regulation, S. 184 f.; *McVea* in Moloney/Ferran/Payne, The Oxford Handbook of Financial Regulation, S. 631, 638; *Schmolke* in Klöhn, Vor Art. 12 MAR Rz. 27.

nen zweiten Legitimationsgrund: Mittelfristig wird nämlich auch die **Kapitalaufbringungsfunktion** der Kapitalmärkte beeinträchtigt, da die Anleger das **Vertrauen** verlieren und sich aus Kapitalmärkten zurückziehen. Gegenstand des Vertrauens in ein faires Marktverhalten ist die Erwartung, dass die übrigen Marktteilnehmer die Funktionsabläufe des Finanzmarkts nicht unredlich beeinflussen (Marktmanipulation) oder aber sich nicht selbst durch ihre Stellung besondere Vorteile verschaffen (Insiderhandel)[1]. Gerade dieses Vertrauen wird als wesentliche Bedingung von Anlegern verstanden, den Finanzmärkten Kapital zuzuführen[2]. Da auch Market-Maker sich gegen Marktmanipulationen durch die Ausweitung des bid-ask-spread schützen, wird auch die Liquidität der Märkte beeinträchtigt. Das fehlende Vertrauen von Anlegern und Market-Makern kann daher auch in Zeiten wirtschaftlichen Wohlstands dazu führen, dass die Liquidität und Kapitalisierung der Aktienmärkte nicht proportional steigt[3].

68 Umstritten ist in der ökonomischen Literatur allenfalls die Sinnhaftigkeit der Einbeziehung handelsbasierter Manipulationen durch effektive Geschäfte, da rein handelsbasierte Manipulationen kaum einmal erfolgreich seien und das Verbot einen **überabschreckenden** (*over-deterrence*[4]) und damit schädlichen Effekt auf die Liquidität und Kapitalisierung der Märkte haben könne[5]. Zudem sollen Marktmanipulationen durch effektive Geschäfte kaum profitabel sein, was schon für sich selbst abschreckend wirke, und es sollen die Kosten für die Beobachtung und Rechtsdurchsetzung von Verstößen eines Verbots die potenziellen Wohlfahrtsverluste durch die Manipulationen in der Regel übersteigen[6]. Dem wird mit der Erwägung entgegengetreten, dass sich auch bei handelsgestützten Manipulationen Gewinne bei geringem Kapitaleinsatz erzielen lassen, sei es auf relativ illiquiden Märkten, sei es, indem Derivate zur Ausnutzung auch nur geringfügiger Manipulationen der Basiswerte eingesetzt werden, die sich über den *leverage effect* verstärkt auf Derivate übertragen[7]. Jedenfalls soweit die vertrauensbestärkende Wirkung des Marktmanipulationsverbots betont wird (Rz. 68), spricht viel dafür, auch handelsbasierte Manipulationen zu verbieten.

69 Die grundsätzliche Legitimation des Verbots der Marktmanipulation entbindet nicht davon, sowohl den Anwendungsbereich des Verbots als auch die Intensität der Sanktionierung stetig einer **Kosten-Nutzen-Analyse**[8] zu unterziehen, um sicherzustellen, dass keine effizienzhemmenden Abschreckungseffekte von einer Überregulierung ausgehen[9]. In dieses Kosten-Nutzen-Kalkül ist nicht nur jeder einzelne legislative Akt einzubeziehen[10], sondern es sollte das gesamte regulatorische Umfeld in seinen zahlreichen Verknüpfungen untersucht werden[11]. Intensiv wird diese Debatte derzeit zwischen den Unterstützern und Opponenten eines breiten *private enforcement* im Kapitalmarktrecht geführt. Dazu ausführlich Art. 15 VO Nr. 596/2014 Rz. 40 ff.

70 **V. Rechtspraxis und Rechtstatsächliches.** Verlässliche Aussagen über den Umfang und das Ausmaß von Marktmanipulationen lassen sich nur schwer treffen, auch weil die Dunkelziffer von unerkannten Manipulationen kaum abzuschätzen ist[12]. Einen Anhaltspunkt liefern zumindest die von den nationalen Aufsichtsbehörden angestoßenen Verfahren[13]. Bei der **praktischen Handhabung** des Marktmanipulationsrechts in Deutschland ist naturgemäß die Behördenpraxis der BaFin von ausschlaggebender Bedeutung, die über Anzeigen, Stellungnah-

---

1 *Mülbert/Sajnovits*, ZfPW 2016, 1, 34 m.w.N.; ferner *Schmolke* in Klöhn, Vor Art. 12 MAR Rz. 26.
2 Dazu *Mülbert*, ZHR 177 (2013), 160, 184 m.w.N.
3 *Guiso/Sapienza/Zingales*, Journal of Finance 63 (2008), 2557 auf Kapitalisierung abstellend; *Tomasic/Akinbami*, Journal of Corporate Law Studies 2011, 369, 379 auf die Verknüpfung zwischen Vertrauen und Liquidität abstellend. S. ferner *Ng/Ibrahim/Mirakhor*, Economic Modelling 52 (2016), 239.
4 *Markham*, Law Enforcement and the History of Financial Market Manipulation, S. 211 ff.; grundlegend *Landes/Posner*, Journal of Legal Studies 4 (1975), 1, 15 ff.
5 Grundlegend *Fischel/Ross*, Harvard Law Review 105 (1991), 503, 512 ff.; unter bestimmten Bedingungen auch *Jarrow*, Journal of Financial and Quantive Analysis 27 (1992), 311; differenziert aus jüngerer Zeit *Kyle/Viswanathan*, American Economic Review 98 (2008), 274, die sich dafür aussprechen, dass handelsbasierte Maßnahmen nur dann als Marktmanipulation behandelt werden sollten, wenn sie einen (nachgewiesenen) negativen Effekt auf die Kapitalmarkteffizienz haben. Dazu auch *Schmolke* in Klöhn, Vor Art. 12 MAR Rz. 31.
6 *Fischel/Ross*, Harvard Law Review 105 (1991), 503, 512 ff.
7 Etwa *Allen/Gale*, Review of Financial Studies 5 (1992), 503 ff.; *Allen/Gorton*, European Economic Review 36 (1992), 624; *Cornell Thel*, Law Review 79 (1994), 219 ff.; *Avgouleas*, The Mechanics and Regulation of Market Abuse: A Legal and Economic Analysis, S. 219 f.
8 S. etwa *Cochrane*, Journal of Legal Studies 43 (2014), p. 64; *Gordon*, Journal of Legal Studies 43 (2014), p. 351; *Sherwin*, Stanford Journal of Law, Business & Finance 12 (2006), 1; *Hahn/Sunstein*, University of Pennsylvania Law Review 150 (2002), 1482.
9 *McVea* in Moloney/Ferran/Payne, The Oxford Handbook of Financial Regulation, S. 631, 639; *Schmolke* in Klöhn, Vor Art. 12 MAR Rz. 29.
10 So aber der gegenwärtige Ansatz auf der EU-Ebene, s. dazu die „Impact Assessments" der European Commission Staff, z.B. Commission Staff Working Paper – Impact Assessment on CRD IV, SEC (2011) 949 final, abrufbar unter: http://eur-lex.europa.eu/legal-content/EN/TXT/PDF/?uri=CELEX:52011SC0949&from=EN. Dazu auch *Binder*, European Business Organization Law Review 16 (2015), 97, 116 ff.; *Binder* in FS Köndgen, 2016, S. 74 ff.
11 Dazu auch knapp *Mülbert/Sajnovits*, German Law Journal 18 (2017), 1, 36 f.
12 *Schmolke* in Klöhn, Vor Art. 12 MAR Rz. 169.
13 *Schmolke* in Klöhn, Vor Art. 12 MAR Rz. 169.

men und Gutachten auch auf die Justizpraxis der ggf. mit Marktmanipulation befassten Staatsanwaltschaften und Strafgerichte einwirkt.

Einen zusammenfassenden Überblick über die Aufsichtspraxis, ebenso wie über die straf- und ordnungsrechtliche Verfolgung von Marktmanipulationsverstößen, geben die **Jahresberichte der BaFin**[1]. Insgesamt analysierte die BaFin im Jahr 2017 im Rahmen ihrer Marktanalyse 811 Vorgänge im Hinblick auf Marktmanipulation und Insiderhandel[2]. Bei 181 dieser analysierten Sachverhalte fand die BaFin erste Hinweise auf eine Marktmanipulation[3]. Der Großteil der Analysen beruhte auf Verdachtsmeldungen[4]. 149 der positiven Marktmanipulationsanalysen betrafen Sachverhalte mit vorgetäuschten Aktivitäten wie etwa Insichgeschäften oder abgesprochene Geschäften[5]. 71

Im **Jahr 2017** untersuchte die BaFin – über die im Rahmen ihrer Marktanalyse festgestellten Sachverhalte hinaus – insgesamt 226 neue Sachverhalte wegen des Verdachts auf Marktmanipulation[6]. Zahlreiche dieser Untersuchungen gingen auf Angaben der Handelsüberwachungsstellen der deutschen Börsen zurück[7]. Darüber hinaus initiierten Staatsanwaltschaft und Polizeibehörden viele Prüfungen. In insgesamt 121 abgeschlossenen Fällen (Vorjahr 106 Fälle) stellte die BaFin Anhaltspunkte für Marktmanipulation fest und zeigte mit 197 verdächtige Personen bei den zuständigen Staatsanwaltschaften an[8]. In nur sechs Fällen ging die BaFin 2017 vom Vorliegen einer Ordnungswidrigkeit aus[9]. Daneben wirkte die BaFin auch durch weitere Maßnahmen auf die Rechtspraxis ein. So sprach sie im Jahr 2017 insgesamt sieben Verbraucherwarnungen wegen Marktmissbrauchs aus[10]. 72

Von deutschen **Gerichten** wegen eines Verstoßes gegen das Marktmanipulationsverbot **verurteilt** wurden im Jahr 2017 lediglich vier Personen, im Vorjahr waren es zehn Personen[11]. In diesen niedrigen Zahlen spiegeln sich die bestehenden Nachweisschwierigkeiten, lange Verfahrensdauern, aber auch die – notwendige – Fokussierung der Verfolgung auf viele Anleger schädigende Missbrauchsfälle wieder. Wenig breit wirkende Manipulationen werden häufig auch unter Nutzung der vorhandenen strafprozessualen Möglichkeiten im Einvernehmen aller Verfahrensbeteiligten beendet und führen regelmäßig nicht zu gerichtlichen Verurteilungen. So wurden insgesamt 373 Ermittlungsverfahren (Vorjahr: 310) im Jahr 2017 durch die Staatsanwaltschaften eingestellt, bzw. sahen diese von einer weiteren Verfolgung ab[12]. In 187 dieser Fälle lag die für eine Anklageerhebung erforderliche Verurteilungswahrscheinlichkeit nicht vor, so dass es zu einer Einstellung nach § 170 Abs. 2 StPO kam. Die hohe Zahl der Einstellungen unterstreicht, dass der Nachweis einer strafbaren Marktmanipulation nur sehr schwer zu führen ist. Weitere 24 Einstellungen erfolgten vorläufig nach § 154f StPO[13]. Ferner beendeten die Staatsanwaltschaften 71 Verfahren nach § 153 StPO, da sie das Verschulden des Täters als gering einstuften und kein öffentliches Interesse an einer Strafverfolgung bestand. In 56 weiteren Fällen wurden die eingeleiteten Ermittlungsverfahren nach § 153a StPO eingestellt, nachdem die Beschuldigten eine Geldauflage gezahlt hatten. Daneben kam es in 30 Verfahren zu einer Einstellung nach § 154 oder § 154a StPO (Vorjahr: 28)[14]. 73

Art. 12 Marktmanipulation

(1) Für die Zwecke dieser Verordnung umfasst der Begriff „Marktmanipulation" folgende Handlungen:
a) Abschluss eines Geschäfts, Erteilung eines Handelsauftrags sowie jede andere Handlung,
   i) der bzw. die falsche oder irreführende Signale hinsichtlich des Angebots, der Nachfrage oder des Preises eines Finanzinstruments, eines damit verbundenen Waren-Spot-Kontrakts oder eines auf Emissionszertifikaten beruhenden Auktionsobjekts gibt oder bei der dies wahrscheinlich ist, oder

---

1 Abrufbar unter www.bafin.de; zusammenfassend *Fleischer* in Fuchs, § 20a WpHG Rz. 38 ff. Vgl. zur Prxis der FINMA in der Schweiz *Maurenbrecher* in Watter/Bahar, Basler Kommentar, Finanzmarktaufsichtsgesetz/Finanzmarktinfrastrukturgesetz: FINMAG/FinfraG, Vor Art. 142 f. FinfraG Rz. 76 ff.
2 BaFin Jahresbericht 2017, S. 130.
3 BaFin Jahresbericht 2017, S. 130.
4 BaFin Jahresbericht 2017, S. 130.
5 BaFin Jahresbericht 2017, S. 131.
6 BaFin Jahresbericht 2017, S. 133.
7 BaFin Jahresbericht 2017, S. 132.
8 BaFin Jahresbericht 2017, S. 133.
9 BaFin Jahresbericht 2017, S. 133.
10 BaFin Jahresbericht 2017, S. 130.
11 BaFin Jahresbericht 2017, S. 133.
12 Die folgenden Zahlen entstammen BaFin Jahresbericht 2017, S. 133.
13 BaFin Jahresbericht 2017, S. 133.
14 Nach Auffassung der BaFin macht gerade letztere Zahl deutlich, dass Verstöße gegen das Verbot der Marktmanipulation nach wie vor häufig auch mit anderen schweren Straftaten einhergehen, s. BaFin Jahresbericht 2017, S. 133.

ii) durch das bzw. die ein anormales oder künstliches Kursniveau eines oder mehrerer Finanzinstrumente, eines damit verbundenen Waren-Spot-Kontrakts oder eines auf Emissionszertifikaten beruhenden Auktionsobjekts erzielt wird oder bei dem/der dies wahrscheinlich ist;

es sei denn, die Person, die ein Geschäft abschließt, einen Handelsauftrag erteilt oder eine andere Handlung vornimmt, weist nach, dass das Geschäft, der Auftrag oder die Handlung legitime Gründe hat und im Einklang mit der zulässigen Marktpraxis gemäß Artikel 13 steht.

b) Abschluss eines Geschäfts, Erteilung eines Handelsauftrags und jegliche sonstige Tätigkeit oder Handlung, die unter Vorspiegelung falscher Tatsachen oder unter Verwendung sonstiger Kunstgriffe oder Formen der Täuschung den Kurs eines oder mehrerer Finanzinstrumente, eines damit verbundenen Waren-Spot-Kontrakts oder eines auf Emissionszertifikaten beruhenden Auktionsobjekts beeinflusst oder hierzu geeignet ist;

c) Verbreitung von Informationen über die Medien einschließlich des Internets oder auf anderem Wege, die falsche oder irreführende Signale hinsichtlich des Angebots oder des Kurses eines Finanzinstruments, eines damit verbundenen Waren-Spot-Kontrakts oder eines auf Emissionszertifikaten beruhenden Auktionsobjekts oder der Nachfrage danach geben oder bei denen dies wahrscheinlich ist oder ein anormales oder künstliches Kursniveau eines oder mehrerer Finanzinstrumente, eines damit verbundenen Waren-Spot-Kontrakts oder eines auf Emissionszertifikaten beruhenden Auktionsobjekts herbeiführen oder bei denen dies wahrscheinlich ist, einschließlich der Verbreitung von Gerüchten, wenn die Person, die diese Informationen verbreitet hat, wusste oder hätte wissen müssen, dass sie falsch oder irreführend waren;

d) Übermittlung falscher oder irreführender Angaben oder Bereitstellung falscher oder irreführender Ausgangsdaten bezüglich eines Referenzwerts, wenn die Person, die die Informationen übermittelt oder die Ausgangsdaten bereitgestellt hat, wusste oder hätte wissen müssen, dass sie falsch oder irreführend waren, oder sonstige Handlungen, durch die die Berechnung eines Referenzwerts manipuliert wird.

(2) Als Marktmanipulation gelten unter anderem die folgenden Handlungen:

a) Sicherung einer marktbeherrschenden Stellung in Bezug auf das Angebot eines Finanzinstruments, damit verbundener Waren-Spot-Kontrakte oder eines auf Emissionszertifikaten beruhenden Auktionsobjekts oder die Nachfrage danach durch eine Person oder mehrere in Absprache handelnde Personen mit der tatsächlichen oder wahrscheinlichen Folge einer unmittelbaren oder mittelbaren Festsetzung des Kaufs- oder Verkaufspreises oder anderen unlauteren Handelsbedingungen führt oder hierzu geeignet ist;

b) Kauf oder Verkauf von Finanzinstrumenten bei Handelsbeginn oder bei Handelsschluss an einem Handelsplatz mit der tatsächlichen oder wahrscheinlichen Folge, dass Anleger, die aufgrund der angezeigten Kurse, einschließlich der Eröffnungs- und Schlusskurse, tätig werden, irregeführt werden;

c) die Erteilung von Kauf- oder Verkaufsaufträgen an einen Handelsplatz, einschließlich deren Stornierung oder Änderung, mittels aller zur Verfügung stehenden Handelsmethoden, auch in elektronischer Form, beispielsweise durch algorithmische und Hochfrequenzhandelsstrategien, die eine der in Absatz 1 Buchstabe a oder b genannten Auswirkungen hat, indem sie

    i) das Funktionieren des Handelssystems des Handelsplatzes tatsächlich oder wahrscheinlich stört oder verzögert,

    ii) Dritten die Ermittlung echter Kauf- oder Verkaufsaufträge im Handelssystem des Handelsplatzes tatsächlich oder wahrscheinlich erschwert, auch durch das Einstellen von Kauf- oder Verkaufsaufträgen, die zur Überfrachtung oder Beeinträchtigung des Orderbuchs führen, oder

    iii) tatsächlich oder wahrscheinlich ein falsches oder irreführendes Signal hinsichtlich des Angebots eines Finanzinstruments oder der Nachfrage danach oder seines Preises setzt, insbesondere durch das Einstellen von Kauf- oder Verkaufsaufträgen zur Auslösung oder Verstärkung eines Trends;

d) Ausnutzung eines gelegentlichen oder regelmäßigen Zugangs zu den traditionellen oder elektronischen Medien durch Abgabe einer Stellungnahme zu einem Finanzinstrument, einem damit verbundenen Waren-Spot-Kontrakt oder einem auf Emissionszertifikaten beruhenden Auktionsobjekt (oder indirekt zu dessen Emittenten), wobei zuvor Positionen bei diesem Finanzinstrument, einem damit verbundenen Waren-Spot-Kontrakt oder einem auf Emissionszertifikaten beruhenden Auktionsobjekt eingegangen wurden und anschließend Nutzen aus den Auswirkungen der Stellungnahme auf den Kurs dieses Finanzinstruments, eines damit verbundenen Waren-Spot-Kontrakts oder eines auf Emissionszertifikaten beruhenden Auktionsobjekts gezogen wird, ohne dass der Öffentlichkeit gleichzeitig dieser Interessenkonflikt ordnungsgemäß und wirksam mitgeteilt wird;

e) Kauf oder Verkauf von Emissionszertifikaten oder deren Derivaten auf dem Sekundärmarkt vor der Versteigerung gemäß der Verordnung (EU) Nr. 1031/2010 mit der Folge, dass der Auktionsclearingpreis für die Auktionsobjekte auf anormaler oder künstlicher Höhe festgesetzt wird oder dass Bieter, die auf den Versteigerungen bieten, irregeführt werden.

(3) Für die Anwendung von Absatz 1 Buchstaben a und b und unbeschadet der in Absatz 2 aufgeführten Formen von Handlungen enthält Anhang I eine nicht erschöpfende Aufzählung von Indikatoren in Bezug auf die Vorspiegelung falscher Tatsachen oder sonstige Kunstgriffe oder Formen der Täuschung und eine nicht erschöpfende Aufzählung von Indikatoren in Bezug auf falsche oder irreführende Signale und die Sicherung des Herbeiführung bestimmter Kurse.

(4) Handelt es sich bei der in diesem Artikel genannten Person um eine juristische Person, so gilt dieser Artikel nach Maßgabe des nationalen Rechts auch für die natürlichen Personen, die an dem Beschluss, Tätigkeiten für Rechnung der betreffenden juristischen Person auszuführen, beteiligt sind.

(5) Der Kommission wird die Befugnis übertragen, gemäß Artikel 35 zur Präzisierung der in Anhang I festgelegten Indikatoren delegierte Rechtsakte zu erlassen, um deren Elemente zu klären und den technischen Entwicklungen auf den Finanzmärkten Rechnung zu tragen.

In der Fassung vom 16.4.2014 (ABl. EU Nr. L 173 v. 12.6.2014, S. 1), geändert durch Berichtigung vom 21.10.2016 (ABl. EU Nr. L 287 v. 21.10.2016, S. 320) und Berichtigung vom 21.12.2016 (ABl. EU Nr. L 348 v. 21.12.2016, S. 83).

Anhang I VO Nr. 596/2014
A. Indikatoren für manipulatives Handeln durch Aussenden falscher oder irreführender Signale und durch Herbeiführen bestimmter Kurse

Für die Zwecke der Anwendung von Artikel 12 Absatz 1 Buchstabe a dieser Verordnung und unbeschadet der Handlungen, die in Absatz 2 des genannten Artikels aufgeführt sind, werden die nachfolgend in nicht erschöpfender Aufzählung genannten Indikatoren, die für sich genommen nicht unbedingt als Marktmanipulation anzusehen sind, berücksichtigt, wenn Marktteilnehmer oder die zuständigen Behörden Geschäfte oder Handelsaufträge prüfen:

a) der Umfang, in dem erteilte Handelsaufträge oder abgewickelte Geschäfte einen bedeutenden Teil des Tagesvolumens der Transaktionen mit dem entsprechenden Finanzinstrument, einem damit verbundenen Waren-Spot-Kontrakt oder einem auf Emissionszertifikaten beruhenden Auktionsobjekt ausmachen, vor allem dann, wenn diese Tätigkeiten zu einer erheblichen Veränderung des Kurses führen;

b) der Umfang, in dem erteilte Handelsaufträge oder abgewickelte Geschäfte von Personen die bedeutende Kauf- oder Verkaufspositionen in Bezug auf ein Finanzinstrument, einen damit verbundenen Waren-Spot-Kontrakt oder ein auf Emissionszertifikaten beruhendes Auktionsobjekt innehaben, zu wesentlichen Änderungen des Kurses dieses Finanzinstruments, damit verbundenen Waren-Spot-Kontrakts oder auf Emissionszertifikaten beruhenden Auktionsobjekts führen;

c) der Umstand, ob getätigte Geschäfte nicht zu einer Änderung des wirtschaftlichen Eigentums eines Finanzinstruments, eines damit verbundenen Waren-Spot-Kontraktes oder eines auf Emissionszertifikaten beruhenden Auktionsobjekts führen;

d) der Umfang, in dem erteilte Handelsaufträge oder abgewickelte Geschäfte oder stornierte Aufträge Umkehrungen von Positionen innerhalb eines kurzen Zeitraums beinhalten und einen beträchtlichen Teil des Tagesvolumens der Transaktionen mit dem entsprechenden Finanzinstrument, einem damit verbundenen Waren-Spot-Kontrakt oder einem auf Emissionszertifikaten beruhenden Auktionsobjekt ausmachen und mit einer erheblichen Veränderung des Kurses eines Finanzinstruments, eines damit verbundenen Waren-Spot-Kontrakts oder eines auf Emissionszertifikaten beruhenden Auktionsobjekts in Verbindung stehen könnten;

e) der Umfang, in dem erteilte Handelsaufträge oder abgewickelte Geschäfte durch ihre Häufung innerhalb eines kurzen Abschnitts des Handelstages eine Kursveränderung bewirken, auf die einen gegenläufige Preisänderung folgt;

f) der Umfang, in dem erteilte Handelsaufträge die Darstellung der besten Geld- oder Briefkurse eines Finanzinstruments, eines damit verbundenen Waren-Spot-Kontrakts oder eines auf Emissionszertifikaten beruhenden Auktionsobjekts verändern oder allgemeiner die den Marktteilnehmern verfügbare Darstellung des Orderbuchs verändern und vor ihrer eigentlichen Abwicklung annulliert werden, und

g) der Umfang, in dem Geschäfte genau oder ungefähr zu einem Zeitpunkt in Auftrag gegeben oder abgewickelt werden, zu dem die Referenzkurse, die Abrechnungskurse und die Bewertungen berechnet werden, und dies zu Kursveränderungen führt, die sich auf diese Kurse und Bewertungen auswirken.

B. Indikatoren für manipulatives Handeln durch Vorspiegelung falscher Tatsachen sowie durch sonstige Kunstgriffe oder Formen der Täuschung

Für die Zwecke der Anwendung von Artikel 12 Absatz 1 Buchstabe b dieser Verordnung und unbeschadet der Handlungen, die in Absatz 2 des genannten Artikels aufgeführt sind, werden die nachfolgend in nicht erschöpfender Aufzählung genannten Indikatoren, die für sich genommen nicht unbedingt als Marktmanipulation anzusehen sind, berücksichtigt, wenn Marktteilnehmer oder die zuständigen Behörden Geschäfte oder Handelsaufträge prüfen:

a) ob von bestimmten Personen erteilte Handelsaufträge oder ausgeführte Geschäfte vorab oder im Nachhinein von der Verbreitung falscher oder irreführender Informationen durch dieselben oder in enger Beziehung zu ihnen stehenden Personen begleitet wurden und

b) ob Geschäfte von Personen in Auftrag gegeben bzw. ausgeführt werden, bevor oder nachdem diese Personen oder in enger Beziehung zu ihnen stehende Personen unrichtige oder verzerrte oder nachweislich von materiellen Interessen beeinflusste Anlageempfehlungen erstellt oder weitergegeben haben.

In der Fassung vom 16.4.2014 (ABl. EU Nr. L 173 v. 12.6.2014, S. 1).

Art. 12 VO Nr. 596/2014 | Marktmanipulation

**Delegierte Verordnung (EU) 2016/522 der Kommission vom 17. Dezember 2015
zur Ergänzung der Verordnung (EU) Nr. 596/2014 des Europäischen Parlaments und des Rates im Hinblick auf eine
Ausnahme für bestimmte öffentliche Stellen und Zentralbanken von Drittstaaten, die Indikatoren für
Marktmanipulation, die Schwellenwerte für die Offenlegung, die zuständige Behörde, der ein Aufschub zu melden
ist, die Erlaubnis zum Handel während eines geschlossenen Zeitraums und die Arten meldepflichtiger Eigengeschäfte
von Führungskräften**

(Auszug)

Art. 1 Gegenstand und Anwendungsbereich

Diese Verordnung legt detaillierte Bestimmungen im Hinblick auf Folgendes fest:
1. ...
2. die in Anhang I der Verordnung (EU) Nr. 596/2014 aufgeführten Indikatoren für Marktmanipulation;
3. ...
4. ...
5. ...
6. ...

In der Fassung vom 17.12.2015 (ABl. EU Nr. L 88 v. 5.4.2016, S. 1).

Art. 4 Indikatoren für manipulatives Handeln

(1) In Bezug auf die in Anhang I Abschnitt A der Verordnung (EU) Nr. 596/2014 genannten Indikatoren für manipulatives Handeln durch Aussenden falscher oder irreführender Signale und durch Herbeiführen bestimmter Kurse werden die unter den Indikatoren in Anhang I Abschnitt A Buchstaben a bis g der Verordnung (EU) Nr. 596/2014 aufgeführten Praktiken in Anhang II Abschnitt 1 der vorliegenden Verordnung festgelegt.

(2) In Bezug auf die in Anhang I Abschnitt B der Verordnung (EU) Nr. 596/2014 genannten Indikatoren für manipulatives Handeln durch Vorspiegelung falscher Tatsachen sowie durch sonstige Kunstgriffe oder Formen der Täuschung werden die unter den Indikatoren in Anhang I Abschnitt B Buchstaben a und b der Verordnung (EU) Nr. 596/2014 aufgeführten Praktiken in Anhang II Abschnitt 2 der vorliegenden Verordnung festgelegt.

In der Fassung vom 17.12.2015 (ABl. EU Nr. L 88 v. 5.4.2016, S. 1).

**Anhang II
Abschnitt 1
Indikatoren für manipulatives Handeln durch Aussenden falscher oder irreführender Signale und durch
Herbeiführen bestimmter Kurse (Anhang I Abschnitt A der Verordnung (EU) Nr. 596/2014)**

1. Praktiken zur näheren Bestimmung des Indikators A (a) in Anhang I zur Verordnung (EU) Nr. 596/2014:
   a) Kauf von Positionen, auch nach Absprache durch mehrere Beteiligte, eines Finanzinstruments, eines damit verbundenen Waren-Spot-Kontrakts oder eines auf Emissionszertifikaten beruhenden Auktionsobjekts auf dem Sekundärmarkt im Anschluss an die Zuteilung auf dem Primärmarkt in der Absicht, den Preis künstlich in die Höhe zu treiben und bei anderen Investoren Interesse zu wecken – was gewöhnlich, beispielsweise im Zusammenhang mit Eigenkapital, als Absprache auf dem Anschlussmarkt eines öffentlichen Erstangebots, an dem die Abspracheparteien beteiligt sind, bezeichnet wird. Diese Praxis lässt sich auch anhand der folgenden zusätzlichen Indikatoren für Marktmanipulation veranschaulichen:
      i) eine ungewöhnliche Konzentration von Transaktionen und/oder Handelsaufträgen, entweder allgemein oder aufseiten nur einer Person, die dazu ein oder mehrere Konten benutzt, bzw. aufseiten einer begrenzten Anzahl von Personen;
      ii) Transaktionen oder Handelsaufträge, die keine andere Berechtigung erkennen lassen als die, den Kurs oder das Handelsvolumen im Verlauf eines Börsentages, etwa zur Eröffnung oder kurz vor Schließung, in der Nähe eines Referenzpunktes in die Höhe zu treiben.
   b) Abwicklung von Transaktionen oder Handelsaufträgen in einer Weise, die einen Rückgang oder Anstieg der Kurse für das Finanzinstrument, einen damit verbundenen Waren-Spot-Kontrakt oder ein auf Emissionszertifikaten beruhendes Auktionsobjekt unter bzw. über ein bestimmtes Niveau bewirkt und diese Transaktionen dadurch behindert, womit hauptsächlich die nachteiligen Folgen vermieden werden sollen, die sich aus Änderungen im Kurs des Finanzinstruments, eines damit verbundenen Waren-Spot-Kontrakts oder eines auf Emissionszertifikaten beruhenden Auktionsobjekts ergeben, was gewöhnlich als „Creation of a floor or a ceiling in the price pattern" (Erzeugung eines Tiefstpreises oder eines Höchstpreises im Preisgefüge) bezeichnet wird. Diese Praxis lässt sich auch anhand der folgenden zusätzlichen Indikatoren für Marktmanipulation veranschaulichen:
      i) Transaktionen oder Handelsaufträge, die dazu führen bzw. wahrscheinlich dazu führen, dass in den Tagen vor der Ausgabe, der vorzeitigen Tilgung oder dem Erlöschen damit verbundener Derivate oder Wandelanleihen der Preis ansteigt, sinkt oder beibehalten wird;
      ii) Transaktionen oder Handelsaufträge, die dazu führen bzw. wahrscheinlich dazu führen, dass der gewichtete Durchschnittspreis eines Tages oder eines bestimmten Zeitraums während eines Handelstages ansteigt oder sinkt;
      iii) Transaktionen oder Handelsaufträge, die dazu führen bzw. wahrscheinlich dazu führen, dass der Preis eines zugrunde liegenden Finanzinstruments, eines verbundenen Waren-Spot-Kontrakts oder eines auf Emissions-

zertifikaten beruhenden Auktionsobjekts unter oder über dem Ausübungspreis oder einem anderen zur Bestimmung der Auszahlung eines entsprechenden Derivats am Ende seiner Laufzeit benutzten Elements (z.B. einer Sperre) gehalten wird;

    iv) Transaktionen an einem Handelsplatz, die dazu führen bzw. wahrscheinlich dazu führen, dass der Preis eines zugrunde liegenden Finanzinstruments, eines verbundenen Waren-Spot-Kontrakts oder eines auf Emissionszertifikaten beruhenden Auktionsobjekts dahin gehend modifiziert wird, dass er den Ausübungspreis oder ein anderes zur Bestimmung der Auszahlung eines entsprechenden Derivats am Ende seiner Laufzeit benutztes Element (z. B. eine Sperre) übersteigt oder nicht erreicht;

    v) Transaktionen, die zur Modifizierung des Abrechnungskurses eines Finanzinstruments, eines verbundenen Waren-Spot-Kontrakts oder eines auf Emissionszertifikaten beruhenden Auktionsobjekts führen (bzw. wahrscheinlich dazu führen), wenn dieser Kurs insbesondere bei der Berechnung der Einschussanforderungen als Referenzkurs oder entscheidender Faktor genutzt wird.

c) Erteilung kleiner Kauf- oder Verkaufsaufträge, um den Grad der verdeckten Aufträge festzustellen und insbesondere einzuschätzen, welche Positionen auf einer „Dark Platform" verbleiben, was gewöhnlich als „Ping-Aufträge" bezeichnet wird;

d) Ausführung von Handelsaufträgen oder einer Reihe von Handelsaufträgen, um Aufträge anderer Teilnehmer auszuspähen, und anschließende Auslösung eines Handelsauftrags unter Ausnutzung der erlangten Informationen, was gewöhnlich als „Phishing" bezeichnet wird.

2. Praktiken zur näheren Bestimmung des Indikators A (b) in Anhang I zur Verordnung (EU) Nr. 596/2014:

    a) die unter Punkt 1 (a) dieses Abschnitts genannte Praxis, die gewöhnlich – beispielsweise im Zusammenhang mit Eigenkapital – als Absprache auf dem Anschlussmarkt eines öffentlichen Erstangebots, an dem die Absprachparteien beteiligt sind, bezeichnet wird;

    b) Ausnutzung der erheblichen Einflusses einer marktbeherrschenden Stellung auf das Angebot an bzw. die Nachfrage nach Umsetzungsmechanismen für ein Finanzinstrument, einen verbundenen Waren-Spot-Kontrakt oder ein auf Emissionszertifikaten beruhendes Auktionsobjekt mit dem Ziel einer deutlichen Verfälschung bzw. wahrscheinlichen Verfälschung der Preise, zu denen andere Parteien Lieferungen vornehmen, entgegennehmen oder herausschieben müssen, um ihre Verpflichtungen zu erfüllen, was gewöhnlich als „Abusive Squeeze" (missbräuchlicher Druck) bezeichnet wird;

    c) Abwicklung von Handelsgeschäften oder Erteilung von Handelsaufträgen an einem Handelsplatz oder außerhalb eines Handelsplatzes (einschließlich Abgabe von Interessenbekundungen) in der Absicht, den Kurs desselben Finanzinstruments an einem anderen Handelsplatz oder außerhalb eines Handelsplatzes, eines verbundenen Waren-Spot-Kontrakts oder eines auf Emissionszertifikaten beruhenden Auktionsobjekts in unzulässiger Weise zu beeinflussen, was gewöhnlich als „Inter-trading Venues Manipulation" (handelsplatzübergreifende Manipulation) bezeichnet wird (Handel an einem Handelsplatz oder außerhalb eines Handelsplatzes zum Zwecke der unzulässigen Positionierung des Kurses eines Finanzinstruments an einem anderen Handelsplatz oder außerhalb eines Handelsplatzes). Diese Praxis lässt sich auch anhand der folgenden zusätzlichen Indikatoren für Marktmanipulation veranschaulichen:

        i) Ausführung einer Transaktion, die zur Veränderung der Geld- und Briefkurse führt, wenn die Differenz zwischen diesen Geld- und Briefkursen ein Faktor ist, der die Festlegung des Preises einer anderen Transaktion unabhängig davon beeinflusst, ob diese an demselben Handelsplatz stattfindet oder nicht;

        ii) der unter Punkt 1 (b) (i), (b) (iii), (b) (iv) und (b) (v) dieses Abschnitts genannten Indikatoren;

    d) Abwicklung von Handelsgeschäften oder Erteilung von Handelsaufträgen an einem Handelsplatz oder außerhalb eines Handelsplatzes (einschließlich Abgabe von Interessenbekundungen) in der Absicht, den Kurs eines verbundenen Finanzinstruments an einem anderen oder demselben Handelsplatz oder außerhalb eines Handelsplatzes, eines verbundenen Waren-Spot-Kontrakts oder eines verbundenen auf Emissionszertifikaten beruhenden Auktionsobjekts in unzulässiger Weise zu beeinflussen, was gewöhnlich als „Cross-product Manipulation" (produktübergreifende Manipulation) bezeichnet wird (Handel mit einem Finanzinstrument in der Absicht, den Kurs eines verbundenen Finanzinstruments an einem anderen oder demselben Handelsplatz oder außerhalb eines Handelsplatzes in unzulässiger Weise zu beeinflussen). Diese Praxis lässt sich auch anhand der zusätzlichen Indikatoren für Marktmanipulation veranschaulichen, auf die in Punkt 1 (b) (i), (b) (iii), (b) (iv) und (b) (v) sowie in Punkt 2 (c) (i) dieses Abschnitts Bezug genommen wird.

3. Praktiken zur näheren Bestimmung des Indikators A (c) in Anhang I zur Verordnung (EU) Nr. 596/2014:

    a) Vorkehrungen für den Kauf oder Verkauf eines Finanzinstruments, eines verbundenen Waren-Spot-Kontrakts oder eines auf Emissionszertifikaten beruhenden Auktionsobjekts, bei dem es nicht zu einer Änderung des wirtschaftlichen Eigentums oder des Marktrisikos kommt oder bei dem eine Übertragung des wirtschaftlichen Eigentums oder des Marktrisikos zwischen den gemeinschaftlich oder in Absprache handelnden Parteien stattfindet, was gewöhnlich als „Wash Trades" bezeichnet wird. Diese Praxis lässt sich auch anhand der folgenden zusätzlichen Indikatoren für Marktmanipulation veranschaulichen:

        i) ungewöhnliche Wiederholung einer Transaktion zwischen einer kleinen Anzahl von Parteien über einen gewissen Zeitraum;

        ii) Transaktionen oder Handelsaufträge, durch die sich die Bewertung einer Position verändert bzw. wahrscheinlich verändert, obwohl der Umfang der Position weder kleiner noch größer wird;

        iii) des unter Punkt 1 (a) (i) dieses Abschnitts genannten Indikators.

    b) Erteilung von Handelsaufträgen oder Ausführung von Handelsaufträgen bzw. einer Reihe von Handelsaufträgen, die auf einer öffentlichen Anzeigetafel erscheinen, um bei einem Finanzinstrument, einem verbundenen Waren-

Art. 12 VO Nr. 596/2014 | Marktmanipulation

Spot-Kontrakt oder einem auf Emissionszertifikaten beruhenden Auktionsobjekt den Eindruck lebhafter Umsätze oder Kursbewegungen zu erwecken, was gewöhnlich als „Painting the tape" bezeichnet wird. Diese Praxis lässt sich auch anhand der Indikatoren für Marktmanipulation veranschaulichen, auf die in Punkt 1 (a) (i) und Punkt 3 (a) (i) dieses Abschnitts Bezug genommen wird.

c) Transaktionen im Ergebnis der gleichzeitigen oder fast gleichzeitigen Erteilung von Kauf- oder Verkaufsaufträgen sehr ähnlichen Umfangs und zu ähnlichen Kursen durch ein und dieselbe Partei oder verschiedene Parteien, die sich abgesprochen haben, was gewöhnlich als „Improper Matched Orders" bezeichnet wird. Diese Praxis lässt sich auch anhand der folgenden zusätzlichen Indikatoren für Marktmanipulation veranschaulichen:

   i) Transaktionen oder Handelsaufträge, die dazu führen bzw. wahrscheinlich dazu führen, dass ein Marktpreis festgesetzt wird, wenn die Liquidität oder die Orderbuchtiefe am betreffenden Handelstag nicht für eine Preisfestsetzung ausreichen;

   ii) der unter den Punkten 1 (a) (i), 3 (a) (i) und 3 (a) (ii) dieses Abschnitts genannten Indikatoren.

d) Transaktionen oder eine Reihe von Transaktionen zur Verschleierung des Eigentums an einem Finanzinstrument, einem verbundenen Waren-Spot-Kontrakt oder einem auf Emissionszertifikaten beruhenden Auktionsobjekt mittels Verstoßes gegen die Offenlegungspflichten, indem das betreffende Finanzinstrument, der verbundene Waren-Spot-Kontrakt oder das auf Emissionszertifikaten beruhende Auktionsobjekt im Namen einer oder mehrerer Parteien gehalten wird, mit denen Absprachen getroffen wurden. Im Hinblick auf den tatsächlichen Halter des Finanzinstruments, des verbundenen Waren-Spot-Kontrakts oder des auf Emissionszertifikaten beruhenden Auktionsobjekts ist die Offenlegung irreführend, was gewöhnlich als „Concealing Ownership" bezeichnet wird. Diese Praxis lässt sich auch anhand des Indikators für Marktmanipulation veranschaulichen, auf den in Punkt 3 (a) (i) dieses Abschnitts Bezug genommen wird.

4. Praktiken zur näheren Bestimmung des Indikators A (d) in Anhang I zur Verordnung (EU) Nr. 596/2014:

   a) die unter Punkt 3 (b) dieses Abschnitts genannte Praxis, die gewöhnlich als „Painting the tape" bezeichnet wird;

   b) die unter Punkt 3 (c) dieses Abschnitts genannte Praxis, die gewöhnlich als „Improper Matched Orders" bezeichnet wird;

   c) Einnahme einer Long-Position bei einem Finanzinstrument, einem verbundenen Waren-Spot-Kontrakt oder einem auf Emissionszertifikaten beruhenden Auktionsobjekt mit anschließenden weiteren Ankäufen und/oder Ausstreuung irreführender positiver Informationen über das Finanzinstrument, den verbundenen Waren-Spot-Kontrakt oder das auf Emissionszertifikaten beruhende Auktionsobjekt in der Absicht, den Kurs des Finanzinstruments, des verbundenen Waren-Spot-Kontrakts oder des auf Emissionszertifikaten beruhenden Auktionsobjekts mittels Anlocken weiterer Käufer hochzutreiben. Hat der Kurs dann einen künstlich hohen Stand erreicht, wird die Long-Position abgestoßen, was gewöhnlich als „Pump und Dump" bezeichnet wird;

   d) Einnahme einer Short-Position bei einem Finanzinstrument, einem verbundenen Waren-Spot-Kontrakt oder einem auf Emissionszertifikaten beruhenden Auktionsobjekt mit anschließenden weiteren Verkäufen und/oder Ausstreuung irreführender negativer Informationen über das Finanzinstrument, den verbundenen Waren-Spot-Kontrakt oder das auf Emissionszertifikaten beruhende Auktionsobjekt in der Absicht, den Kurs des Finanzinstruments, des verbundenen Waren-Spot-Kontrakts oder des auf Emissionszertifikaten beruhenden Auktionsobjekts mittels Anlocken weiterer Verkäufer abstürzen zu lassen. Wenn der Kurs dann im Keller ist, wird die gehaltene Position geschlossen, was gewöhnlich als „Trash und Cash" bezeichnet wird;

   e) Erteilung einer großen Zahl von Handelsaufträgen und/oder Auftragsstornierungen und/oder -aktualisierungen, um Unsicherheit für die anderen Teilnehmer zu erzeugen, deren Prozess zu verlangsamen und/oder die eigene Strategie zu verschleiern, was gewöhnlich als „Quote Stuffing" bezeichnet wird;

   f) Erteilung von Handelsaufträgen oder einer Auftragsserie bzw. Abwicklung von Transaktionen oder einer Transaktionsserie mit der Absicht, einen Trend auszulösen oder zu verschärfen und andere Teilnehmer zu ermutigen, den Trend zu beschleunigen oder zu erweitern, um eine Gelegenheit für die Auflösung oder Eröffnung einer Position zu einem günstigen Preis zu schaffen, was gewöhnlich als „Momentum Ignition" bezeichnet wird. Diese Praxis lässt sich auch anhand einer großen Zahl von Auftragsstornierungen (z.B. gemessen an der Zahl der Handelsaufträge), die in Verbindung mit dem Verhältnis zum Volumen (z.B. Anzahl der Finanzinstrumente je Auftrag) betrachtet werden kann, veranschaulichen.

5. Praktiken zur näheren Bestimmung des Indikators A (e) in Anhang I zur Verordnung (EU) Nr. 596/2014:

   a) die unter Punkt 1 (b) dieses Abschnitts genannte Praxis, die gewöhnlich als „Creation of a floor or a ceiling in the price pattern" bezeichnet wird;

   b) die unter Punkt 2 (c) dieses Abschnitts genannte Praxis, die gewöhnlich als „Inter-trading venues manipulation" (handelsplatzübergreifende Manipulation) bezeichnet wird (Handel an einem Handelsplatz oder außerhalb eines Handelsplatzes in der Absicht, den Preis eines Finanzinstruments an einem anderen Handelsplatz oder außerhalb eines Handelsplatzes in unzulässiger Weise zu beeinflussen);

   c) die unter Punkt 2 (d) dieses Abschnitts genannte Praxis, die gewöhnlich als „Cross-product manipulation" (produktübergreifende Manipulation) bezeichnet wird (Handel mit einem Finanzinstrument in der Absicht, den Preis eines verbundenen Finanzinstruments an demselben oder einem anderen Handelsplatz oder außerhalb eines Handelsplatzes auf unzulässige Weise zu beeinflussen);

   d) vorsätzlicher Kauf oder Verkauf eines Finanzinstruments, eines verbundenen Waren-Spot-Kontrakts oder eines auf Emissionszertifikaten beruhenden Auktionsobjekts zu einem Bezugszeitpunkt des Börsentages (z.B. Eröffnung, Schließung, Abrechnung) in der Absicht, den Referenzkurs (z.B. Eröffnungskurs, Schlussnotierung, Abrechnungskurs) in die Höhe zu treiben, ihn sinken zu lassen oder auf einem bestimmten Stand zu halten, was gewöhnlich als „Marking the close" bezeichnet wird. Diese Praxis lässt sich auch anhand der folgenden zusätzlichen Indikatoren für Marktmanipulation veranschaulichen:

i) Erteilung von Aufträgen, die im zentralen Orderbuch des Handelssystems erhebliche Mengen darstellen, wenige Minuten vor der Preisermittlungsphase einer Auktion und Stornierung dieser Aufträge wenige Sekunden vor der Sperrung des Orderbuchs zum Zwecke der Bestimmung des Auktionspreises; auf diese Weise fällt der theoretische Eröffnungskurs höher/niedriger aus, als es sonst der Fall gewesen wäre;

ii) der unter den Punkten 1 (b) (i), (b) (iii), (b) (iv) und (b) (v) dieses Abschnitts genannten Indikatoren;

iii) vorgenommene Transaktionen oder Erteilung von Handelsaufträgen (insbesondere in der Nähe eines Referenzpunktes im Laufe des Börsentages), die aufgrund ihrer am Markt gemessenen Größenordnung eindeutig einen erheblichen Einfluss auf Angebot und Nachfrage oder auf den Kurs oder Wert haben;

iv) Transaktionen oder Handelsaufträge mit keiner erkennbaren anderen Rechtfertigung als der, den Kurs in die Höhe zu treiben oder zu senken bzw. das Handelsvolumen zu vergrößern, insbesondere in der Nähe eines Referenzpunktes im Laufe des Börsentages, etwa kurz nach Eröffnung der Börse oder kurz vor Börsenschluss;

e) Übermittlung von Großaufträgen oder mehreren Aufträgen, die häufig auf der einen Seite des Orderbuchs nicht sichtbar sind, mit der Absicht, ein Geschäft auf der anderen Seite des Orderbuchs auszuführen. Nachdem das Geschäft abgeschlossen wurde, werden die fiktiven Aufträge entfernt; dies wird gewöhnlich als „Layering und Spoofing" bezeichnet. Diese Praxis lässt sich auch anhand des Indikators veranschaulichen, auf den in Punkt 4 (f) (i) dieses Abschnitts Bezug genommen wird;

f) die unter Punkt 4 (e) dieses Abschnitts genannte Praxis, die gewöhnlich als „Quote Stuffing" bezeichnet wird;

g) die unter Punkt 4 (f) dieses Abschnitts genannte Praxis, die gewöhnlich als „Momentum Ignition" bezeichnet wird.

6. Praktiken zur näheren Bestimmung des Indikators A (f) in Anhang I zur Verordnung (EU) Nr. 596/2014:

a) Erteilung von Aufträgen, die vor ihrer Ausführung zurückgezogen werden und dazu führen bzw. wahrscheinlich dazu führen, dass der falsche Eindruck entsteht, als gäbe es eine Nachfrage nach oder ein Angebot an einem Finanzinstrument, einem verbundenen Waren-Spot-Kontrakt oder einem auf Emissionszertifikaten beruhenden Auktionsobjekt zu dem betreffenden Preis, was gewöhnlich als „Erteilung von Aufträgen ohne die Absicht, diese auszuführen" bezeichnet wird. Diese Praxis lässt sich auch anhand der folgenden zusätzlichen Indikatoren für Marktmanipulation veranschaulichen:

i) Handelsaufträge, die zu einem die Nachfrage in die Höhe treibenden oder das Angebot verringernden Preis eingegeben werden und dazu führen bzw. wahrscheinlich dazu führen, dass der Kurs eines verbundenen Finanzinstruments ansteigt oder sinkt;

ii) des unter Punkt 4 (f) (i) dieses Abschnitts genannten Indikators.

b) die unter Punkt 1 (b) dieses Abschnitts genannte Praxis, die gewöhnlich als „Creation of a floor or a ceiling in the price pattern" bezeichnet wird;

c) Verschiebung der Differenz zwischen Geld- und Briefkursen auf ein künstliches Niveau und/oder Beibehaltung dieser Differenz auf einem solchen Niveau durch einen Missbrauch von Marktmacht, was gewöhnlich als übermäßige Differenz zwischen Geld- und Briefkursen („Excessive Bid-Offer Spreads") bezeichnet wird. Diese Praxis lässt sich auch anhand der folgenden zusätzlichen Indikatoren für Marktmanipulation veranschaulichen:

i) Transaktionen oder Handelsaufträge, die dazu führen bzw. wahrscheinlich dazu führen, dass die Vorkehrungen des Marktes zum Schutz des Handels umgangen werden (z.B. Höchstpreise, Mengenbeschränkungen, Parameter der Differenz zwischen Geld- und Briefkursen usw.);

ii) des unter Punkt 2 (c) (i) dieses Abschnitts genannten Indikators.

d) Erteilung von Handelsaufträgen, die die Nachfrage nach einem Finanzinstrument, einem verbundenen Waren-Spot-Kontrakt oder einem auf Emissionszertifikaten beruhenden Auktionsobjekt erhöhen (oder das entsprechende Angebot verringern) mit dem Ziel, dessen Preis nach oben zu treiben (oder ihn zu senken), was gewöhnlich als „Advancing the bid" bezeichnet wird. Diese Praxis lässt sich auch anhand des Indikators veranschaulichen, auf den in Punkt 6 (a) (i) dieses Abschnitts Bezug genommen wird;

e) die unter Punkt 2 (c) dieses Abschnitts genannte Praxis, die gewöhnlich als „Inter-trading venues manipulation" (handelsplatzübergreifende Manipulation) bezeichnet wird (Handel an einem Handelsplatz oder außerhalb eines Handelsplatzes in der Absicht, den Preis eines Finanzinstruments an einem anderen Handelsplatz oder außerhalb eines Handelsplatzes in unzulässiger Weise zu beeinflussen);

f) die unter Punkt 2 (d) dieses Abschnitts genannte Praxis, die gewöhnlich als „Cross-product manipulation" (produktübergreifende Manipulation) bezeichnet wird (Handel mit einem Finanzinstrument in der Absicht, den Preis eines verbundenen Finanzinstruments an demselben oder einem anderen Handelsplatz oder außerhalb eines Handelsplatzes auf unzulässige Weise zu beeinflussen);

g) die unter Punkt 5 (e) dieses Abschnitts genannte Praxis, die gewöhnlich als „Layering und Spoofing" bezeichnet wird;

h) die unter Punkt 4 (e) dieses Abschnitts genannte Praxis, die gewöhnlich als „Quote Stuffing" bezeichnet wird;

i) die unter Punkt 4 (f) dieses Abschnitts genannte Praxis, die gewöhnlich als „Momentum Ignition" bezeichnet wird;

j) Veröffentlichung von Handelsaufträgen in der Absicht, andere Marktteilnehmer, die sich herkömmlicher Handelstechniken bedienen („Slow traders"), anzulocken, gefolgt von einem raschen Überwechseln zu weniger großzügigen Konditionen in der Hoffnung, aus dem Zustrom von Handelsaufträgen dieser „Slow traders" Gewinn zu ziehen; diese Praxis wird gewöhnlich als „Smoking" bezeichnet.

7. Praktiken zur näheren Bestimmung des Indikators A (g) in Anhang I zur Verordnung (EU) Nr. 596/2014:

a) die unter Punkt 5 (d) dieses Abschnitts genannte Praxis, die gewöhnlich als „Marking the close" bezeichnet wird;

Art. 12 VO Nr. 596/2014 | Marktmanipulation

b) die unter Punkt 1 (a) dieses Abschnitts genannte Praxis, die gewöhnlich, beispielsweise im Zusammenhang mit Eigenkapital, als Absprache auf dem Anschlussmarkt eines öffentlichen Erstangebots, an dem die Abspracheparteien beteiligt sind, bezeichnet wird;

c) die unter Punkt 1 (b) dieses Abschnitts genannte Praxis, die gewöhnlich als „Creation of a floor or a ceiling in the price pattern" bezeichnet wird;

d) die unter Punkt 2 (c) dieses Abschnitts genannte Praxis, die gewöhnlich als „Inter-trading venues manipulation" (handelsplatzübergreifende Manipulation) bezeichnet wird (Handel an einem Handelsplatz oder außerhalb eines Handelsplatzes in der Absicht, den Preis eines Finanzinstruments an einem anderen Handelsplatz oder außerhalb eines Handelsplatzes in unzulässiger Weise zu beeinflussen);

e) die unter Punkt 2 (d) dieses Abschnitts genannte Praxis, die gewöhnlich als „Cross-product manipulation" (produktübergreifende Manipulation) bezeichnet wird (Handel mit einem Finanzinstrument in der Absicht, den Preis eines verbundenen Finanzinstruments an demselben oder einem anderen Handelsplatz oder außerhalb eines Handelsplatzes auf unzulässige Weise zu beeinflussen);

f) Vorkehrungen zur Verfälschung der mit einem Warenvertrag verbundenen Kosten, etwa im Zusammenhang mit Versicherung oder Fracht, was dazu führt, dass der Abrechnungspreis eines Finanzinstruments oder eines verbundenen Waren-Spot-Kontrakts in unnatürlicher oder künstlicher Höhe festgelegt wird.

8. Die unter Punkt 2 (c) dieses Abschnitts genannte Praxis, auf die auch in den Punkten 5 (c), 6 (e) und 7 (d) dieses Abschnitts Bezug genommen wird, ist im Zusammenhang mit dem Geltungsbereich der Verordnung (EU) Nr. 596/2014 relevant, wenn es um handelsplatzübergreifende Manipulation geht.

9. In Anbetracht der Tatsache, dass der Kurs oder Wert eines Finanzinstruments vom Kurs oder Wert eines anderen Finanzinstruments oder eines Waren-Spot-Kontrakts abhängen oder seinerseits diesen beeinflussen kann, ist die unter Punkt 2 (d) dieses Abschnitts genannte Praxis, auf die auch in den Punkten 5 (c), 6 (f) und 7 (e) dieses Abschnitts Bezug genommen wird, im Zusammenhang mit dem Geltungsbereich der Verordnung (EU) Nr. 596/2014 relevant, wenn es um handelsplatzübergreifende Manipulation geht.

In der Fassung vom 17.12.2015 (ABl. EU Nr. L 88 v. 5.4.2016, S. 1).

Abschnitt 2
Indikatoren für manipulatives Handels durch Vorspiegelung falscher Tatsachen sowie durch sonstige Kunstgriffe oder Formen der Täuschung (Abschnitt B des Anhangs I zur Verordnung (EU) Nr. 596/2014)

1. Praktiken zur näheren Bestimmung des Indikators B (a) in Anhang I zur Verordnung (EU) Nr. 596/2014:

    a) Verbreitung falscher oder fehlerhafter Marktinformationen über die Medien einschließlich Internet oder mit anderen Mitteln, die zur Verschiebung des Kurses eines Finanzinstruments, eines verbundenen Waren-Spot-Kontrakts oder eines auf Emissionszertifikaten beruhenden Auktionsobjekts in einer Richtung führt bzw. wahrscheinlich führt, welche für die Position, die von der/den an der Verbreitung der Information interessierten Person(en) gehalten wird, oder eine von dieser/diesen geplante Transaktion von Vorteil ist;

    b) Eröffnung einer Position eines Finanzinstruments, eines verbundenen Waren-Spot-Kontrakts oder eines auf Emissionszertifikaten beruhenden Auktionsobjekts und Schließung einer solchen Position unmittelbar nach deren Offenlegung unter Betonung des langfristigen Charakters der Investition, was gewöhnlich als „Eröffnung einer Position und Schließung derselben unmittelbar nach ihrer Offenlegung" bezeichnet wird;

    c) die unter Punkt 4 (c) des Abschnitts 1 genannte Praxis, die gewöhnlich als „Pump und Dump" bezeichnet wird. Diese Praxis lässt sich auch anhand der folgenden zusätzlichen Indikatoren für Marktmanipulation veranschaulichen:

        i) Verbreitung von Meldungen in den Medien über den Anstieg (oder Rückgang) einer qualifizierten Beteiligung vor oder kurz nach einer ungewöhnlichen Bewegung im Preis eines Finanzinstruments;

        ii) des unter Punkt 5 (d) (i) des Abschnitts 1 genannten Indikators;

    d) die unter Punkt 4 (d) des Abschnitts 1 genannte Praxis, die gewöhnlich als „Trash und Cash" bezeichnet wird. Diese Praxis lässt sich auch anhand der Indikatoren veranschaulichen, auf die in Punkt 5 (d) (i) des Abschnitts 1 und Punkt 1 (c) (i) dieses Abschnitts Bezug genommen wird;

    e) die unter Punkt 3 (d) des Abschnitts 1 genannte Praxis, die gewöhnlich als „Concealing Ownership" bezeichnet wird;

    f) Bewegung oder Lagerung physischer Waren, durch die ein irreführender Eindruck in Bezug auf Angebot und Nachfrage bzw. den Kurs oder Wert einer Ware oder Leistung im Rahmen eines Finanzinstruments oder eines verbundenen Waren-Spot-Kontrakts entstehen könnte;

    g) Leerfahrten von Schiffen, durch die ein falscher oder irreführender Eindruck in Bezug auf Angebot und Nachfrage bzw. den Kurs oder Wert einer Ware oder Leistung im Rahmen eines Finanzinstruments oder eines verbundenen Waren-Spot-Kontrakts entstehen könnte.

2. Praktiken zur näheren Bestimmung des Indikators B (b) in Anhang I zur Verordnung (EU) Nr. 596/2014:

    a) Die unter Punkt 1 (a) dieses Abschnitts genannte Praxis. Diese Praxis lässt sich auch veranschaulichen durch die Eingabe von Handelsaufträgen oder Transaktionen bevor oder kurz nachdem der Marktteilnehmer oder Personen, die in der Öffentlichkeit als mit diesem Marktteilnehmer verbunden bekannt sind, konträre Untersuchungen anstellen bzw. deren Ergebnisse verbreiten oder Anlageempfehlungen erteilen, die öffentlich zugänglich gemacht werden.

    b) Die unter Punkt 4 (c) des Abschnitts 1 genannte Praxis, die gewöhnlich als „Pump und Dump" bezeichnet wird. Diese Praxis lässt sich auch anhand des Indikators veranschaulichen, auf den in Punkt 2 (a) (i) dieses Abschnitts Bezug genommen wird.

c) Die unter Punkt 3 (d) des Abschnitts 1 genannte Praxis, die gewöhnlich als „Trash und Cash" bezeichnet wird. Diese Praxis lässt sich auch anhand des Indikators veranschaulichen, auf den in Punkt 2 (a) (i) dieses Abschnitts Bezug genommen wird.

In der Fassung vom 17.12.2015 (ABl. EU Nr. L 88 v. 5.4.2016, S. 1).

Schrifttum: S. Vor Art. 12 ff. VO Nr. 596/2014.

I. Regelungsgegenstand	1
II. Regelungssystematik	2
1. Regelungsregime des Marktmanipulationsverbots (Verhältnis zu Art. 15 VO Nr. 596/2014 und den Ausnahmebestimmungen nach Art. 5, 6 und 13 VO Nr. 596/2014)	2
2. Art. 15 i.V.m. Art. 12 VO Nr. 596/2014 als aufsichtsrechtliche Verhaltensnorm	4
3. Verhältnis der Abs. 1, 2 und 3 des Art. 12 VO Nr. 596/2014 zueinander	5
4. Konkretisierung durch Level 2-Maßnahmen	7
5. Verhältnis zu den Sanktionsnormen (CRIM-MAD und WpHG)	8
6. Verhältnis zum Insiderrecht und zur Ad-hoc-Publizität	9
7. Verhältnis zu anderen unmittelbar anwendbaren Vorschriften des Unionsrechts	10
a) Leerverkaufs-VO	10
b) Ratingagenturen-VO und Benchmark-VO	11
c) REMIT	13
d) Verordnung über die Versteigerung von Treibhausgasemissionszertifikaten	14
e) Kartellrecht	15
8. Verhältnis zu anderen (unionsrechtlich determinierten) Vorschriften des nationalen Rechts	16
a) Sonstige Publizitätsvorschriften	16
b) Übernahmerecht	17
c) Allgemeines Gesellschaftsrecht	18
d) Allgemeines Strafrecht	19
III. Regelungszwecke	21
1. Marktfunktionenschutz	22
2. Anlegerschutz	24
a) Dienender Anlegerschutz	24
b) Keine Gewährleistung individuellen Anlegerschutzes	25
IV. Anwendungsbereich	27
1. Sachlicher Anwendungsbereich (Manipulationsgegenstände)	27
a) Finanzinstrumente (Art. 2 Abs. 1 lit. a–d VO Nr. 596/2014)	28
b) Mit einem Finanzinstrument verbundene Waren-Spot-Kontrakte (Art. 2 Abs. 2 lit. a VO Nr. 596/2014)	35
c) Auf Emissionszertifikaten beruhende Auktionsobjekte (Art. 2 Abs. 1 Unterabs. 2 VO Nr. 596/2014)	36
d) Referenzwerte (Art. 2 Abs. 2 lit. c VO Nr. 596/2014)	37
2. Persönlicher Anwendungsbereich/Normadressaten	38
3. Räumlicher/internationaler Anwendungsbereich	41
4. Zeitlicher Anwendungsbereich	47
V. Basisdefinition der Marktmanipulation (Art. 12 Abs. 1 VO Nr. 596/2014)	48
1. Manipulationshandlungen nach Art. 12 Abs. 1 lit. a VO Nr. 596/2014	49
a) Geschäfte, Handelsaufträge, sonstige Handlungen	51
b) Falsche oder irreführende Signale oder Wahrscheinlichkeit hierzu	60
c) Anormales oder künstliches Kursniveau oder Wahrscheinlichkeit hierzu	67
d) Fehlen eines subjektiven Elements	73
e) Marktmanipulationen bei den Indikatoren nach Anhang I A. VO Nr. 596/2014 i.V.m. der DelVO 2016/522	80
aa) Bedeutender Anteil am Tagesvolumen (Anhang I A. lit. a VO Nr. 596/2014)	81
bb) Bedeutende Kauf- oder Verkaufspositionen (Anhang I A. lit. b VO Nr. 596/2014)	91
cc) Scheingeschäfte (Anhang I A. lit. c VO Nr. 596/2014)	98
dd) Positionsumkehrungen (Anhang I A. lit. d VO Nr. 596/2014)	109
ee) Häufung von Geschäften und Aufträgen (Anhang I A. lit. e VO Nr. 596/2014)	119
ff) Beeinflussung der Darstellung des Orderbuchs durch Annullierungen (Anhang I A. lit. f VO Nr. 596/2014)	124
gg) Zeitliche Nähe zu Referenzkursberechnungen (Anhang I A. lit. g VO Nr. 596/2014)	135
f) Tatbestandsausschluss nach Art. 12 Abs. 1 lit. a letzter Halbsatz, Art. 13 Abs. 1 VO Nr. 596/2014	139
2. Manipulationshandlungen nach Art. 12 Abs. 1 lit. b VO Nr. 596/2014	140
a) Geschäfte, Handelsaufträge, sonstige Handlungen	141
b) Vorspiegelung falscher Tatsachen	142
c) Verwendung sonstiger Kunstgriffe oder Formen der Täuschung	144
d) Kursbeeinflussung oder Eignung zu dieser	145
e) Subjektives Element	157
f) Marktmanipulationen bei den Indikatoren nach Anhang I B. VO Nr. 596/2014 i.V.m. der DelVO 2016/522	158
aa) Zusammenhang mit falschen Informationen (Anhang I B. lit. a VO Nr. 596/2014)	160
bb) Zusammenhang mit Anlageempfehlungen (Anhang I B. lit. b VO Nr. 596/2014)	172
3. Manipulationshandlungen nach Art. 12 Abs. 1 lit. c VO Nr. 596/2014	176
a) Verbreitung von Informationen	177
b) Verbreitung von Gerüchten	182
c) Falsche oder irreführende Signale oder Wahrscheinlichkeit hierzu	183
d) Anormales oder künstliches Kursniveau oder Wahrscheinlichkeit hierzu	189
e) Beispiele geeigneter Informationen	191
f) Subjektiver Tatbestand	199
4. Manipulationshandlungen nach Art. 12 Abs. 1 lit. d VO Nr. 596/2014	201
a) Referenzwert	203
b) Übermittlung falscher oder irreführender Angaben	206
c) Bereitstellung falscher oder irreführender Ausgangsdaten	209
d) Sonstige Handlungen, durch die die Berechnung eines Referenzwertes manipuliert wird	212
e) Kein Erfordernis eines Einwirkungserfolgs	213
f) Subjektives Element	214

Art. 12 VO Nr. 596/2014 | Marktmanipulation

- VI. Katalog von Handlungen, die als Marktmanipulation gelten (Art. 12 Abs. 2 VO Nr. 596/2014) 216
  1. Sicherung einer marktbeherrschenden Stellung nach Art. 12 Abs. 2 lit. a VO Nr. 596/2014 217
     - a) Tatbestandsvoraussetzungen 218
     - b) Kapitalmarktpraxis 225
  2. Kauf oder Verkauf von Finanzinstrumenten bei Handelsbeginn oder bei Handelsschluss nach Art. 12 Abs. 2 lit. b VO Nr. 596/2014 227
     - a) Tatbestandsvoraussetzungen 228
     - b) Kapitalmarktpraxis 234
  3. Beeinträchtigung des Funktionierens des Handelssystems des Handelsplatzes durch die Erteilung von Kauf- oder Verkaufsaufträgen nach Art. 12 Abs. 2 lit. c VO Nr. 596/2014 235
     - a) Tatbestandsvoraussetzungen 236
     - b) Kapitalmarktpraxis 243
  4. Ausnutzung der Wirkung von Stellungnahmen nach Art. 12 Abs. 2 lit. d VO Nr. 596/2014 ... 245
     - a) Tatbestandsvoraussetzungen 246
     - b) Kapitalmarkt(rechts)praxis 252
  5. Kauf oder Verkauf von Emissionszertifikaten oder deren Derivaten auf dem Sekundärmarkt vor der Versteigerung gemäß der VO Nr. 1031/2010 (Art. 12 Abs. 2 lit. e VO Nr. 596/2014) .. 254
- VII. Indikatoren für Marktmanipulationen nach Art. 12 Abs. 1 lit. a und b VO Nr. 596/2014 nach Art. 12 Abs. 3 i.V.m. Anhang I VO Nr. 596/2014 257
- VIII. Anwendung gegenüber juristischen Personen (Art. 12 Abs. 4 VO Nr. 596/2014) 261
- IX. Befugnis für die Kommission zum Erlass delegierter Rechtsakte in Bezug auf Anhang I VO Nr. 596/2014 (Art. 12 Abs. 5 VO Nr. 596/2014) 262

1 **I. Regelungsgegenstand.** Art. 12 VO Nr. 596/2014 ist die maßgebliche Definitionsnorm für den Begriff der Marktmanipulation in der MAR. Abs. 1 enthält die **Basisdefinition** einer Marktmanipulation und benennt in vier Buchstaben (lit. a–d) die **Handlungen**, die eine Marktmanipulation i.S.d. MAR darstellen. Abs. 2 enthält eine **nicht abschließende Aufzählung** von Handlungen, die zwingend als Marktmanipulation i.S.d. Art. 12 VO Nr. 596/2014 **gelten**. Für die Manipulationshandlungen nach Abs. 1 lit. a und b enthält der Anhang I gem. Abs. 3 eine nicht erschöpfende Aufzählung von **Indikatoren**, die auf die Vorspiegelung falscher Tatsachen oder sonstige Kunstgriffe oder Formen der Täuschung, sowie auf falsche oder irreführende Signale und die Sicherung der Herbeiführung bestimmter Kurse **hindeuten** und von den zuständigen Behörden und bestimmten Marktteilnehmern bei der Marktüberwachung berücksichtigt werden müssen. Abs. 4 erklärt das mitgliedstaatliche Recht partiell dergestalt für anwendbar, dass bei der Vornahme einer Manipulationshandlung durch eine **juristische Person** die Art. 15, 12 f. VO Nr. 596/2014 nach Maßgabe des **jeweils anwendbaren nationalen Rechts** auch für natürliche Personen gelten, die an dem Beschluss, Tätigkeiten für Rechnung der betreffenden juristischen Person auszuführen, beteiligt sind. Abs. 5 schließlich überträgt der Europäischen Kommission die **Befugnis**, die in Anhang I VO Nr. 596/2014 festgelegten Indikatoren durch **delegierte Rechtsakte** zu präzisieren.

2 **II. Regelungssystematik. 1. Regelungsregime des Marktmanipulationsverbots (Verhältnis zu Art. 15 VO Nr. 596/2014 und den Ausnahmebestimmungen nach Art. 5, 6 und 13 VO Nr. 596/2014).** Das eigentliche Marktmanipulationsverbot enthält der mit „**Verbot der Marktmanipulation**" überschriebene Art. 15 VO Nr. 596/2014, der Marktmanipulationen und deren jeweiligen Versuch verbietet. Mit dem Begriff der Marktmanipulation rekurriert Art. 15 VO Nr. 596/2014 auf die Definition der Marktmanipulation in Art. 12 VO Nr. 596/2014, weshalb sich das Verbotsregime nur im Zusammenspiel der beiden Artikel erschließt.

3 Als **Ausnahmebestimmungen** sind die Art. 5, 6 und 13 VO Nr. 596/2014 zu berücksichtigen. Die zulässige Marktpraxis gem. Art. 13 VO Nr. 596/2014 kann dazu führen kann, dass ein Verhalten, das eigentlich die Voraussetzungen des Art. 12 Abs. 1 lit. a VO Nr. 596/2014 erfüllt, doch keine Marktmanipulation darstellt (Art. 12 Abs. 1 lit. a letzter Halbsatz VO Nr. 596/2014). Art. 5 und Art. 6 VO Nr. 596/2014 stellen *safe harbour* für das Verbot der Marktmanipulation bereit (schon Vor Art. 12 ff. VO Nr. 596/2014 Rz. 28 ff., Art. 5 VO Nr. 596/2014 Rz. 8 f.). Die Vorschriften zur Marktsondierung nach Art. 11 VO Nr. 596/2014 haben demgegenüber keinen unmittelbaren Einfluss auf das Verbot der Marktmanipulation, wobei eine ordnungsgemäß durchgeführte Marktsondierung im Ergebnis keine Marktmanipulation darstellen wird[1].

4 **2. Art. 15 i.V.m. Art. 12 VO Nr. 596/2014 als aufsichtsrechtliche Verhaltensnorm.** Art. 15 i.V.m. Art. 12 (und 13) VO Nr. 596/2014 sind die zentralen **Verhaltensnormen** der MAR in Bezug auf Marktmanipulationen. Es handelt sich insoweit um rein aufsichtsrechtliche, also öffentlich-rechtliche Verhaltensnormen, die dementsprechend auszulegen und anzuwenden sind. S. Vor Art. 12 ff. VO Nr. 596/2014 Rz. 50 f.

5 **3. Verhältnis der Abs. 1, 2 und 3 des Art. 12 VO Nr. 596/2014 zueinander.** Art. 12 Abs. 1 VO Nr. 596/2014 legt fest, welche Handlungen im Regelungsbereich der MAR vom Begriff „Marktmanipulation" umfasst werden. Darunter fallen handels-, handlungs- und informationsgestützte Marktmanipulationen. Art. 12 Abs. 2 VO Nr. 596/2014 benennt Handlungen, die als Marktmanipulation gelten. Damit handelt es sich bei den in Abs. 2 lit. a–e enthaltenen Tatbeständen um **zwingende Beispiele** einer handels-, handlungs- bzw. informationsgestützter Marktmanipulationen i.S.d. Abs. 1 lit. a–c. Die zwingenden Manipulationsbeispiele sind Konkretisierungen der *in Art. 12 Abs. 1 VO Nr. 596/2014* genannten Varianten einer Marktmanipulation, wie es auch der Wort-

---

1 *Schmolke* in Klöhn, Vor Art. 12 MAR Rz. 148.

laut des Art. 12 Abs. 2 VO Nr. 596/2014 deutlich macht[1]. „Als Marktmanipulation" i.S.d. Art. 12 Abs. 1 VO Nr. 596/2014, so wäre zu ergänzen, „gelten unter anderem die folgenden Handlungen", woran sich die Auflistung zwingender Beispiele anschließt. Da bei einem Handeln mit legitimen Gründen und im Einklang mit einer zulässigen Marktpraxis nach Art. 13 VO Nr. 596/2014 nur die Verwirklichung einer Marktmanipulation nach Art. 12 Abs. 1 lit. a VO Nr. 596/2014 nicht in Betracht kommt, ist es auch in der Sache erforderlich, die zwingenden Beispiele des Abs. 2 einer der Varianten des Abs. 1 zuzuordnen[2].

Die **Indikatoren** des Art. 12 Abs. 3 i.V.m. Anhang I VO Nr. 596/2014 haben **keine tatbestandskonkretisierende Bedeutung** für Abs. 1 und **keinen Einfluss** auf die zwingenden Manipulationsbeispiele des Abs. 2. Die Indikatoren in Anhang I VO Nr. 596/2014 bzw. die sie weiter konkretisierenden Praktiken in Art. 4 i.V.m. Anhang II DelVO 2016/522 umschreiben vielmehr solche Umstände, die die Aufsichtsbehörden und meldepflichtige Marktteilnehmer auf eine mögliche Marktmanipulation hinweisen. Sie haben deshalb auch keine Vermutungswirkung[3]. Entspricht ein Sachverhalt den Indikatoren in Anhang I VO Nr. 596/2014, liegt daher nicht zwingend eine Marktmanipulation vor, noch trifft den Marktteilnehmer eine besondere Entlastungsverantwortung. Vielmehr haben die zuständigen Behörden bzw. der meldepflichtige Marktteilnehmer den konkreten Einzelfall für die endgültige Bewertung bzw. Einschätzung weiter zu prüfen. Sind allerdings die Tatbestandsvoraussetzungen eines zwingenden Beispiels nach Art. 12 Abs. 2 VO Nr. 596/2014 erfüllt, liegt eine Marktmanipulation vor und es erübrigt sich grundsätzlich – vorbehaltlich der Erfüllung eines Ausnahmetatbestands – eine weitere Prüfung. Art. 12 Abs. 3 VO Nr. 596/2014 formuliert insofern eindeutig, dass die Indikatoren nur für die *Anwendung* des Abs. 1 lit. a und b und „unbeschadet der in Absatz 2 aufgeführten Formen von Handlungen" Bedeutung haben. Einige der zwingenden Beispiele nach Art. 12 Abs. 2 VO Nr. 596/2014 **überschneiden** sich mit den indiziellen Manipulationspraktiken nach Anhang I VO Nr. 596/2014, konkretisiert durch Art. 4 i.V.m. Anhang II DelVO 2016/522[4]. Sofern ein Indikator auf eine Marktmanipulationspraktik hindeutet, die auch den zwingenden Beispielen nach Art. 12 Abs. 2 VO Nr. 596/2014 unterfallen könnte, muss die zuständige Behörde zunächst dessen Voraussetzungen prüfen. Soweit die Voraussetzungen des Art. 12 Abs. 2 VO Nr. 596/2014 nicht erfüllt sind, bleibt es dabei, dass die Erfüllung der Indikatoren nur auf eine Marktmanipulation hindeuten und deshalb eine weitere Prüfung nach den Voraussetzungen des Abs. 1 vorzunehmen ist. Sofern die Indikatoren nach Anhang I VO Nr. 596/2014 bzw. die sie präzisierenden Praktiken nach Art. 4 i.V.m. Anhang II DelVO 2016/522 **strengere Voraussetzungen** als ein zwingendes Beispiel nach Art. 12 Abs. 2 VO Nr. 596/2014 aufstellen, ist dies unschädlich, da die Beispiele nach Abs. 2 in jedem Fall eine Marktmanipulation darstellen und als zwingende Beispiele Vorrang vor den tatbestandsmäßig unmaßgeblichen Indikatoren haben. Für die zuständige Behörde und die meldepflichtigen Marktteilnehmer kann es allerdings problematisch sein, wenn sie ihre Überwachungstätigkeit zu stark an den Indikatoren ausrichten und dabei nicht erkennen, dass eine Verhaltensweise schon einer Variante des Art. 12 Abs. 2 VO Nr. 596/2014 unterfällt, obwohl ein Sachverhalt noch nicht einem Indikator nach Anhang I VO Nr. 596/2014 entspricht. Sieht ein Indikator **mildere Voraussetzungen** als ein zwingendes Beispiel nach Art. 12 Abs. 2 VO Nr. 596/2014 vor, ist dies hingegen unproblematisch, und zwar schon deshalb, weil die Indikatoren die Tatbestandsvarianten des Abs. 1 nicht verbindlich konkretisieren, sondern der zuständigen Behörde und meldepflichtigen Marktteilnehmern lediglich ein Prüfungsraster an die Hand geben.

4. Konkretisierung durch Level 2-Maßnahmen. Art. 12 Abs. 5 VO Nr. 596/2014 überträgt der Europäischen Kommission die Befugnis zur **Präzisierung der in Anhang I genannten Indikatoren.** Von dieser Ermächtigung hat die Europäische Kommission durch Erlass der Delegierten Verordnung (EU) Nr. 2016/522 (**DelVO 2016/522**) Gebrauch gemacht[5]. Deren Art. 4 i.V.m. Anhang II präzisiert die in Anhang I VO Nr. 596/2014 genannten Indikatoren durch die Auflistung praktischer Anwendungsbeispiele[6].

5. Verhältnis zu den Sanktionsnormen (CRIM-MAD und WpHG). Art. 5 Abs. 2 RL 2014/57/EU (**CRIM-MAD**) enthält eine mit Art. 12 Abs. 1 und 2 VO Nr. 596/2014 im Wesentlichen übereinstimmende **Definition** der Marktmanipulation[7]. Bei der Schaffung der CRIM-MAD scheinen jedenfalls Teile der MAR schlicht per *copy paste* inkorporiert worden zu sein. So heißt es in Art. 5 Abs. 2 RL 2014/57/EU: „Für die Zwecke dieser Verordnung [sic!] umfasst der Begriff Marktmanipulation ..."[8]. Insgesamt sind die beiden Definitionen – wenn

---

1 *Schmolke* in Klöhn, Art. 12 MAR Rz. 306.
2 In diesem Sinne auch *Schmolke* in Klöhn, Art. 12 MAR Rz. 309 ff., jedenfalls für Art. 12 Abs. 2 lit. c VO Nr. 596/2014.
3 *Schmolke* in Klöhn, Art. 12 MAR Rz. 69.
4 Dazu auch *Schmolke* in Klöhn, Art. 12 MAR Rz. 307.
5 Delegierte Verordnung 2016/522 der Kommission vom 17. Dezember 2015 zur Ergänzung der Verordnung (EU) Nr. 596/2014 des Europäischen Parlaments und des Rates im Hinblick auf eine Ausnahme für bestimmte öffentliche Stellen und Zentralbanken von Drittstaaten, die Indikatoren für Marktmanipulation, die Schwellenwerte für die Offenlegung, die zuständige Behörde, der ein Aufschub zu melden ist, die Erlaubnis zum Handel während aussetzungspflichtiger Zeiträume und die Arten meldepflichtiger Eigengeschäfte von Führungskräften, ABl. EU Nr. L 88 v. 5.4.2016, S. 1.
6 Dazu auch *Schmolke*, AG 2016, 434, 438; *Grundmann* in Staub, HGB, Bankvertragsrecht 2, 5. Aufl. 2017, 6. Teil, 3. Abschnitt, D Rz. 432.
7 Dazu *Schmolke*, AG 2016, 434, 437; *Schmolke* in Klöhn, Art. 12 MAR Rz. 1; *Kudlich*, AG 2016, 459, 461 f.; *Poelzig*, NZG 2016, 492, 495.
8 Darauf weist auch *Kudlich*, AG 2016, 459, 462 hin.

auch in den unterschiedlichen Sprachfassungen kleinere Abweichungen bestehen – jedenfalls in der Regel deckungsgleich auszulegen[1].

9 **6. Verhältnis zum Insiderrecht und zur Ad-hoc-Publizität.** Verstöße gegen das Verbot der Marktmanipulation können mit Verstößen gegen andere Vorschriften der MAR einhergehen. Das Verbot der Marktmanipulation einerseits und dasjenige von **Insidergeschäften** (Art. 14 VO Nr. 596/2014) andererseits stehen dabei weder in einem Spezialitäts- noch in einem strikten Exklusivitätsverhältnis zueinander, sondern können fallweise zusammentreffen[2]. Gleiches gilt für einen Verstoß gegen die *Ad-hoc*-Publizitätspflicht nach Art. 17 VO Nr. 596/2014, der – jedenfalls im Falle einer falschen *Ad-hoc*-Mitteilung – zugleich eine Marktmanipulation darstellen kann (dazu noch Rz. 180 f.)[3].

10 **7. Verhältnis zu anderen unmittelbar anwendbaren Vorschriften des Unionsrechts. a) Leerverkaufs-VO.** Die Verbote von **ungedeckten Leerverkäufen und Credit Default Swaps** nach der VO Nr. 236/2012 (Leerverkaufs-VO) stehen gleichermaßen **neben** dem Marktmanipulationsverbot und **nicht** etwa in einem **Spezialitätsverhältnis** zu diesem[4]. Verstöße gegen das Marktmanipulationsverbot im Zusammenhang mit Leerverkäufen kommen daher sowohl bei verbotenen (Art. 12 VO Nr. 236/2012) als auch bei erlaubten, weil gedeckten Leerverkäufen in Betracht. Ein Verstoß gegen die **Transparenzvorschriften** der VO Nr. 236/2012 kann nur im Falle einer positiven Falschmeldung, nicht hingegen bei einem bloßen Unterlassen (Rz. 180 f.), zugleich einen Verstoß gegen das Marktmanipulationsverbot darstellen. Näher noch Rz. 71 f., 155 f., 161, 188, 253.

11 **b) Ratingagenturen-VO und Benchmark-VO.** Mit der VO Nr. 1050/2009 (Ratingagenturen-VO) hat der europäische Gesetzgeber als Reaktion auf unzuverlässige Ratings, die als einer der Mitauslöser der Finanzkrise bezeichnet werden, ein umfängliches und seitdem bereits mehrfach ergänztes Regelwerk auf den Weg gebracht. Die Regelungen der Ratingagenturen-VO enthalten sowohl präventive als auch repressive Bestimmungen zur Sicherstellung zutreffender und unabhängiger Ratings in der EU. Das Marktmanipulationsverbot der **MAR** steht **eigenständig neben** der **Ratingagenturen-VO**[5]. Das bedeutet, dass bei einem falschen Rating grundsätzlich sowohl ein Verstoß gegen die Vorgaben der Ratingagenturen-VO, als auch gegen das Marktmanipulationsverbot der Art. 15, 12 Abs. 1 lit. c VO Nr. 596/2014 in Betracht kommt[6]. Sofern allerdings die Vorschriften der Ratingagenturen-VO an die Unternehmensorganisation und an die Abgabe von Ratings eingehalten werden, wird in aller Regel ein Verstoß gegen das Marktmanipulationsverbot zu verneinen sein[7].

12 Die zum 30. Juni 2016 in Kraft getretene und seit dem 1. Januar 2018 anwendbare VO Nr. 1011/2016 (Benchmark-VO) schafft ein umfangreiches – aber fast durchweg auf **Prävention** (Erwägungsgrund 8 VO Nr. 1011/2016) angelegtes – Regelungsregime für die Bereitstellung von Referenzwerten, das Beitragen von Eingabedaten zu Referenzwerten und die Verwendung von Referenzwerten in der EU[8]. Die **Vorschriften zur Marktmanipulation** sind vollumfänglich und eigenständig **neben** den Vorschriften der **Benchmark-VO** anzuwenden. Ein Verstoß gegen die Compliancevorgaben der Benchmark-VO indiziert deshalb keinen Verstoß gegen Art. 15, 12 Abs. 1 lit. d VO Nr. 596/2014[9]. Dieser kommt vielmehr nur bei einer Erfüllung der Tatbestandsvoraussetzungen des Art. 12 Abs. 1 lit. d VO Nr. 596/2014 bzw. der sonstigen Tatbestandsvarianten des Art. 12 VO Nr. 596/2014 in Betracht. Umgekehrt wird aber ein Verstoß gegen das Marktmanipulationsverbot durch Administratoren oder Kontributoren im Sinne der Benchmark-VO[10] regelmäßig ausscheiden, wenn alle Vorgaben der Benchmark-VO durch diese voll erfüllt wurden[11].

13 **c) REMIT.** Die VO Nr. 1227/2011 über die Integrität und Transparenz des Energiegroßhandelsmarkts (REMIT) enthält mit Art. 5 VO Nr. 1227/2011 ein **eigenes Marktmanipulationsverbot**. Danach ist die „Vornahme oder der Versuch der Vornahme von Marktmanipulation auf den Energiegroßhandelsmärkten […] untersagt." Die Definition der Marktmanipulation bzw. ihres Versuchs in Art. 2 Nr. 2 und 3 REMIT gleicht im Wesentlichen der Begriffsbestimmung in Art. 12 Abs. 1 VO Nr. 596/2014. Handelt es sich bei dem manipulierten Energiegroßhandelsprodukt um ein dem Anwendungsbereich der MAR unterfallendes Instrument (Rz. 27 ff.), ist das Marktmanipulationsverbot nach Art. 15, 12 VO Nr. 596/2014 **vorrangig** anzuwenden (Art. 1 Abs. 2 Satz 1

---

1 *Poelzig*, NZG 2016, 492, 495; *Sajnovits/Wagner*, WM 2017, 1189, 1193.
2 *Schmolke* in Klöhn, Vor Art. 12 MAR Rz. 147; *Mock* in KölnKomm. WpHG, § 20a WpHG Rz. 76.
3 *Schmolke* in Klöhn, Vor Art. 12 MAR Rz. 149, der freilich auch die bloß unterlassene Ad-hoc-Mitteilung als Marktmanipulation ansehen will.
4 *Schmolke* in Klöhn, Vor Art. 12 MAR Rz. 156; a.A. *Mock* in KölnKomm. WpHG, § 20a WpHG Rz. 82.
5 *Schmolke* in Klöhn, Vor Art. 12 MAR Rz. 162.
6 *Schmolke* in Klöhn, Vor Art. 12 MAR Rz. 160, 162.
7 *Schmolke* in Klöhn, Vor Art. 12 MAR Rz. 162.
8 Zur Benchmark-VO ausführlich *Sajnovits*, Financial-Benchmarks, §§ 6–9 (erscheint demnächst); ferner etwa *Feldkamp*, RdF 2016, 180; *Spindler*, ZBB 2016, 165; *Wundenberg* in Veil, Europäisches Kapitalmarktrecht, 2. Aufl. 2016, § 31; *Wundenberg* in Veil, European Capital Markets Law, 2nd ed. 2017, §§ 35, 36; speziell zum Drittstaaten-Regime *Sajnovits*, WM 2018, 1247.
9 *Schmolke* in Klöhn, Vor Art. 12 MAR Rz. 153.
10 Zu den Begriffen *Sajnovits*, Financial-Benchmarks, § 7 (erscheint demnächst).
11 *Schmolke* in Klöhn, Vor Art. 12 MAR Rz. 153.

VO Nr. 1227/2011)[1]. Der Verweis auf die RL 2003/6/EG (MAD I) ist als Verweis auf die VO Nr. 596/2014 zu lesen (Art. 39 Abs. 4 VO Nr. 596/2014). Allerdings ist bei der Anwendung der MAR auf ihrem Anwendungsbereich unterfallende Energiegroßhandelsprodukte gleichwohl die VO Nr. 1227/2011 zu berücksichtigen (Erwägungsgründen 18 Satz 3 und 20 Unterabs. 2 Satz 4 VO Nr. 596/2014)[2]. Eine Besonderheit gilt für **Waren-Spot-Kontrakte** (Rz. 35), die **Energiegroßhandelsprodukte** und keine Finanzinstrumente sind. Für diese ist der Anwendungsbereich der MAR nicht eröffnet, so dass sie allein dem Marktmanipulationsverbot des Art. 5 VO Nr. 1227/2011 unterfallen (Rz. 35, 254 ff.)[3].

d) **Verordnung über die Versteigerung von Treibhausgasemissionszertifikaten.** Die Bestimmungen der MAR gelten nach Art. 2 Abs. 1 Unterabs. 2 VO Nr. 596/2014 auch für Handlungen und Geschäfte, darunter Gebote, betreffend Versteigerungen von Treibhausgasemissionszertifikaten und anderen darauf beruhenden Auktionsobjekten auf einer als geregeltem Markt zugelassenen Versteigerungsplattform i.S. der VO Nr. 1031/2010, und zwar auch, wenn es sich – insofern weitergehend als nach bisherigem Recht – bei diesen Treibhausgasemissionszertifikaten nicht um Finanzinstrumente handelt (Rz. 36, 254)[4]. Für Auktionsobjekte, die Finanzinstrumente im Sinne der MAR sind, verweist Art. 36 VO Nr. 1031/2010 exklusiv auf die MAR, weshalb diese ausschließlich zur Anwendung kommt[5]. Für Auktionsobjekte, die keine Finanzinstrumente sind, kommt es hingegen zu einer Regelungsdoppelung. Neben dem Marktmissbrauchsregime der MAR sind auf diese Auktionsobjekte auch die Bestimmungen der Art. 37 ff. VO Nr. 1031/2010 anwendbar[6]. Auch wenn die Manipulationsverbote der VO Nr. 1031/2010 im Vergleich zur MAR einen engeren Tatbestand aufweisen, kommt dem eigenständigen Marktmanipulationsverbot des Art. 41 VO Nr. 1031/2010 gleichwohl insofern Bedeutung zu, als dass andere Behörden für dessen Überwachung und Durchsetzung zuständig sind bzw. sein können. 14

e) **Kartellrecht.** Beim *cornering* und beim *abusive squeezing* (Rz. 217 ff.), aber etwa auch bei den Benchmark-Manipulationen (Rz. 201 ff.), kann es zu gewissen Überschneidungen des Marktmanipulationsverbots mit dem **Kartellrecht** (Art. 101 AEUV, aber auch § 1 GWB) kommen. Das Verhältnis der beiden Regelungsbereiche ist deshalb von besonderem Interesse, weil bei Kartellrechtsverstößen – anders als bei Verstößen gegen das Marktmanipulationsverbot (Art. 15 VO Nr. 596/2014 Rz. 45 ff., 48) – private Schadensersatzklagen möglich sind[7]. Die früher bestehenden Unterschiede in den aufsichtsrechtlichen Ahndungsmöglichkeiten (Bußgeldhöhe) wurden demgegenüber durch die jüngste Reformierung des Marktmissbrauchsrechts weitgehend eingeebnet. In der Literatur wird teilweise die Auffassung vertreten, dass es einen Anwendungsvorrang des Kapitalmarktrechts vor dem Kartellrecht gebe, der für Handlungsweisen, die bereits einem kapitalmarktrechtlichen Verbot unterfallen, unter *Lex-specialis*-Gesichtspunkten eine kartellrechtliche Ahndung ausschließe[8]. Jedoch ist **kein** derart **verdrängender Vorrang des Kapitalmarktrechts** anzuerkennen[9]. In diesem Sinne betont auch Erwägungsgrund 80 VO Nr. 596/2014, dass die MAR und die auf ihrer Grundlage erlassenen Rechtsakte die Anwendung der Wettbewerbsvorschriften der Union nicht berühren. Das Kapitalmarktrecht mit seinem Verbot der Marktmanipulation nimmt bestimmte – für den Kapitalmarkt und seine effiziente Entwicklung als schädlich empfundene – Verhaltensweisen zum Ausgangspunkt seines Verbotstatbestands[10]. Das Kartellrecht ist auf den Wettbewerb auf bestimmten Märkten bezogen und verbietet ganz allgemein die beschränkende Verhaltensweisen[11]. Damit verfolgen beide Regelungsregime grundsätzlich unterschiedliche Schutzzwecke, was schon für sich genommen gegen eine Verdrängung spricht. Zudem streitet die Rechtsprechung des EuGHs zum Verhältnis des Bankrechts zum Kartellrecht generell gegen eine Verdrängung des Kartellrechts bei der Verwirklichung eines kapitalmarktrechtlichen Verbotstatbestands. Der EuGH verneint nämlich seit langem das Bestehen einer ungeschriebenen Bereichsausnahme zugunsten des Bankrechts[12], und dass für das 15

---

1 *Schmolke* in Klöhn, Vor Art. 12 MAR Rz. 164; *Zetzsche* in Gebauer/Teichmann, Europäisches Privat- und Unternehmensrecht, § 7 C Rz. 12.
2 *Schmolke* in Klöhn, Vor Art. 12 MAR Rz. 164; *Zetzsche* in Gebauer/Teichmann, Europäisches Privat- und Unternehmensrecht, § 7 C Rz. 20.
3 *Schmolke* in Klöhn, Vor Art. 12 MAR Rz. 165.
4 *Hopt/Kumpan* in Schimansky/Bunte/Lwowski, Bankrechts-Handbuch, § 107 Rz. 30; *Schmolke* in Klöhn, Vor Art. 12 MAR Rz. 111.
5 A.A. wohl *Schmolke* in Klöhn, Vor Art. 12 MAR Rz. 167.
6 S. *Schmolke* in Klöhn, Vor Art. 12 MAR Rz. 168, der von einer „unschönen" Regelungsdoppelung.
7 *Fleischer/Bueren*, ZIP 2013, 1253, 1253 f.
8 *Mock* in KölnKomm. WpHG, § 20a WpHG Rz. 89; zum Schweizer Recht *Maurenbrecher* in Watter/Bahar, Basler Kommentar, Finanzmarktaufsichtsgesetz/Finanzmarktinfrastrukturgesetz: FINMAG/FinfraG, Vor Art. 142 f. FinfraG Rz. 6. Aus der internationalen Debatte etwa *Hamburger*, Crowding the Market: Is There Room for Antitrust in Market Manipulation Cases?, International Trade Law & Regulation 2015, 120 ff. Parallele Überlegungen gibt es zum Verhältnis zwischen Marktmanipulation und § 4 Nr. 11 UWG, s. dazu *Klöhn*, ZHR 172 (2008), 388.
9 So auch *Sajnovits*, Financial-Benchmarks, S. 147 ff.; *Schmolke* in Klöhn, Art. 12 MAR Rz. 329; *Zetzsche*, ZHR 179 (2015), 490, 504 ff.; *Schuhmacher* in Leupold, Forum Verbraucherrecht 2015, 2015, S. 59, 69 f.
10 Vgl. *Kämmerer* in FS Hopt, 2011, S. 2043, 2050.
11 *Säcker* in MünchKomm. EU-Wettbewerbsrecht, 2. Aufl. 2015, Einl. Rz. 1 ff., 4 ff.
12 EuGH v. 14.7.1981 – 172/80, ECLI:EU:C:1981:178 – Zuechner/Bayerische Vereinsbank, Slg. 1981, 2021 = WM 1981, 1102; dazu auch *Zetzsche*, ZHR 179 (2015), 490, 505.

Verhältnis des Kapitalmarktrechts zum Kartellrecht etwas anderes gelten soll, ist unter Sachgesichtspunkten nicht einsichtig.

16 **8. Verhältnis zu anderen (unionsrechtlich determinierten) Vorschriften des nationalen Rechts. a) Sonstige Publizitätsvorschriften.** Überhaupt können Marktmanipulationen zugleich Verstöße gegen gesellschafts-, handels-, bilanz- oder anderweitige kapitalmarktrechtliche **Publizitäts- und Transparenzpflichten** beinhalten[1], solange nur eine **Falschmeldung** aktiv veröffentlich wird. Der Verstoß gegen kapitalmarktrechtliche Publizitätspflichten durch ein bloßes Unterlassen, der unter dem Regime der MAD I von § 20a Abs. 1 Satz 1 Nr. 1 Alt. 2 WpHG a.F. erfasst war, ist nach dem Regelungsregime der Art. 15, 12 VO Nr. 596/2014 hingegen keine Marktmanipulation mehr (Rz. 180 f.).

17 **b) Übernahmerecht.** In Übernahmephasen kommt es häufig zu Verstößen gegen die Marktmissbrauchsverbote der MAR[2]. Art. 3 Abs. 1 lit. d RL 2004/25/EG (**Übernahme-RL**) reagiert darauf unter den allgemeinen Grundsätzen mit einem **Marktverzerrungsverbot**[3], das der deutsche Gesetzgeber in § 3 Abs. 5 WpÜG umgesetzt hat[4]. Im Ausgangspunkt finden die Vorschriften der MAR und so auch das Marktmanipulationsverbot der Art. 15, 12 VO Nr. 596/2014 neben dem Marktverzerrungsverbot der Übernahme-RL bzw. seiner jeweiligen nationalen Umsetzungen Anwendung[5]. Dem Marktverzerrungsverbot als „lediglich" allgemeinem Grundsatz ohne direkte Sanktionsnorm wird dabei zu Recht keine eigenständige Bedeutung neben dem Marktmanipulationsverbot zugemessen[6]. Hingegen beeinflusst das Übernahmerecht sehr wohl das Marktmanipulationsverbot der MAR, wie **Erwägungsgrund 27 VO Nr. 596/2014** ausdrücklich statuiert. Denn danach soll die MAR „entsprechend den von den Mitgliedstaaten ergriffenen Maßnahmen ausgelegt werden, die dem Schutz der Interessen der Inhaber übertragbarer Wertpapiere dienen, die Stimmrechte in einer Gesellschaft verleihen (oder solche Rechte durch Ausübung von Rechten oder Umwandlung verleihen können), wenn die Gesellschaft Gegenstand eines öffentlichen Übernahmeangebots oder eines anderen Vorschlags für einen Kontrollwechsel ist" (Erwägungsgrund 27 Satz 1 VO Nr. 596/2014). Ausdrücklich soll nach Erwägungsgrund 27 Satz 2 VO Nr. 596/2014 die Auslegung der MAR „im Einklang mit den Gesetzen, Rechts- und Verwaltungsvorschriften erfolgen, die in Bezug auf Übernahmeangebote, Zusammenschlüsse und andere Transaktionen erlassen wurden, die die Eigentumsverhältnisse oder die Kontrolle von Unternehmen betreffen und die durch die von den Mitgliedstaaten gemäß Artikel 4 der Richtlinie 2004/25/EG des Europäischen Parlaments und des Rates (9) benannten Aufsichtsbehörden reguliert werden." Dementsprechend wird ein Verhalten, das im Zusammenhang mit einer öffentlichen Übernahme im **Einklang mit den Vorschriften der Übernahme-RL** bzw. deren nationalen Umsetzung durchgeführt wird, in der Regel **keine Marktmanipulation** i.S.d. Art. 15, 12 VO Nr. 596/2014 darstellen[7].

18 **c) Allgemeines Gesellschaftsrecht.** Daneben kommt es auch zu Überschneidungen bzw. Berührungspunkten des Marktmanipulationsverbots mit nationalem, teils unionsrechtlich geprägtem **Gesellschaftsrecht.** So sind etwa bei der sog. Kurspflege durch Erwerb eigener Aktien neben den Art. 12, 15, 5 VO Nr. 596/2014 zugleich die §§ 71 ff. AktG zu beachten[8] (näher Art. 5 VO Nr. 596/2014 Rz. 40 f.).

19 **d) Allgemeines Strafrecht.** Marktmanipulationen unterfallen je nach Sachverhaltsgestaltung auch dem **§ 263 StGB (Betrug)**, auch wenn die Einzelheiten teils umstritten sind: Die Verbreitung falscher oder irreführender Informationen i.S.v. Art. 12 Abs. 1 lit. c VO Nr. 596/2014 kann auch Täuschung über Tatsachen i.S.v. § 263 Abs. 1 StGB beinhalten. Ob und welche Anleger geirrt und irrtumsbedingt verfügt haben, ist aber Tatfrage und muss im Einzelfall durch Zeugnis der betreffenden Anleger nachgewiesen werden. Es geht also zu weit, einen Irrtum des Anlegers, der zu einem manipulierten Kurs ein für ihn nachteiliges Geschäft tätigt, ohne Weiteres mit der Begründung anzunehmen, in den manipulierten Kurs sei „die falsche Tatsachenbehauptung eingepreist"[9]. Ein **Vermögensschaden** liegt vor, wenn irrende Anleger „zu teuer" gekauft oder „zu billig" verkauft haben. Dass das nie der Fall sein könne, weil auch ein manipulierter Kurs nun einmal der geltende Marktpreis sei[10], greift dennoch zu kurz. Allerdings kann der „innere" Wert des betreffenden Finanzinstruments nicht ohne Weiteres

---

1 *Schmolke* in Klöhn, Vor Art. 12 MAR Rz. 150; vgl. *Mock* in KölnKomm. WpHG, § 20a WpHG Rz. 78.
2 S. etwa *Bagnoli/Lipman*, RAND Journal of Economics 27 (1996), 124; *Chatterjea/Cherian/Jarrow*, Financial Management 22 (1993), 200; *Clarkson/Joyce/Tutticci*, Accounting & Finance 46 (2006), 31.
3 *Schmolke* in Klöhn, Vor Art. 12 MAR Rz. 157 f.
4 Dazu etwa *Krause/Pötzsch/Stephan* in Assmann/Pötzsch/Uwe H. Schneider, § 3 WpÜG Rz. 60 ff.; *Louven* in Angerer/Geibel/Süßmann, § 3 WpÜG, Rz. 41.
5 *Schmolke* in Klöhn, Vor Art. 12 MAR Rz. 158 f.
6 *Schmolke* in Klöhn, Vor Art. 12 MAR Rz. 157 f.
7 *Schmolke* in Klöhn, Vor Art. 12 MAR Rz. 158.
8 Vgl. *Mock* in KölnKomm. WpHG, § 20a WpHG Rz. 81. Allgemein zum Verbot der Marktmanipulation durch Aktienrückkauf *Oechsler* in GS Wolf, 2011, S. 291.
9 So aber *Papachristou*, S. 328; demgegenüber zutr. *Schröder*, Hdb. Kapitalmarktstrafrecht, Rz. 629: „Die allgemeine Vorstellung, mit der Aktie und deren Preisbildung sei alles in Ordnung, genügt solange nicht, wie sie nicht durch die Täuschung zumindest miterzeugt wurde".
10 So *Hellmann/Beckemper*, Wirtschaftsstrafrecht, Rz. 178 ff.

maßgeblich sein, weil er nur einer der vielen den Marktpreis beeinflussenden Faktoren ist. Vielmehr ist – ähnlich wie in den Fällen des Submissionsbetrugs – für die Schadensfeststellung die Differenz zwischen dem Marktpreis, zu dem der Anleger tatsächlich verfügt hat, und dem hypothetischen Kurs, zu dem er verfügt hätte, würde das Manipulationsverhalten hinweggedacht, maßgeblich. Auch wenn nach diesen Grundsätzen ein Schaden nachweisbar ist, kann es an einer stoffgleichen Bereicherung des Manipulators fehlen. Diese allein darin zu erblicken, dass die „künstliche Kursänderung, die den Vermögensschaden des Anlegers darstellt, […] zur Bereicherung des Manipulators […] führt, der über Bestände von manipulierten Papieren verfügt oder der dank der Kursveränderung wirtschaftliche Vorteile erzielt"[1], geht zu weit. Vielmehr handelte es sich insoweit um eine für die Tatbestandsverwirklichung nicht ausreichende bloß mittelbare Begünstigung[2]. In der typischen Konstellation des *pump and dump* (Rz. 112) – der Manipulator erwirbt Finanzinstrumente, erhöht dann manipulativ deren Kurs und verkauft sie zu diesem Preis – kommt aber durchaus eine dem Schaden irrender Käufer stoffgleiche Selbstbereicherung des Manipulators in Betracht, ähnlich wie bei IPOs und SPOs, bei denen die Preise nach oben manipuliert werden, durchaus eine dem Schaden irrender Käufer stoffgleiche Drittbereicherung des betreffenden Emittenten in Betracht kommt.

Bislang wenig diskutiert wird die Frage, inwieweit Marktmanipulationen auch dem **§ 266 StGB (Untreue)** unterfallen können[3]. Voraussetzung ist jedenfalls, dass der Manipulator dem Geschädigten vermögensbetreuungspflichtig ist. So kann es liegen, wenn ein Trader sich seiner Kundendepots bedient, um Märkte zu manipulieren, oder wenn ein Berater seine Kunden in Manipulationsabsicht täuscht. Hingegen ist das Management einer Aktiengesellschaft nur dieser gegenüber[4], nicht auch gegenüber den Aktionären[5] im Hinblick auf den Aktienkurs vermögensbetreuungspflichtig i.S.v. § 266 StGB, so dass in den seltenen (aber nicht bloß theoretischen) Fällen, dass eine Aktiengesellschaft den Kurs eigener Aktien „nach unten" manipuliert, diesen gegenüber keine Untreue in Betracht kommt.

III. Regelungszwecke. Art. 1 VO Nr. 596/2014 erklärt die Schaffung eines gemeinsamen Rechtsrahmens (binnenmarktspezifische Zielsetzung[6]) für Insidergeschäfte, für die unrechtmäßige Offenlegung von Insiderinformationen und Marktmanipulation (Marktmissbrauch) und für Maßnahmen zur Verhinderung von Marktmissbrauch zu einem Hauptanliegen der MAR, um so die **„Integrität der Finanzmärkte** in der Europäischen Union bzw. dem EWR sicherzustellen und den **Anlegerschutz** und das **Vertrauen der Anleger** in diese Märkte zu stärken"[7]. Im Zusammenhang mit der Manipulation von Referenzwerten spricht Erwägungsgrund 44 VO Nr. 596/2014 zudem davon, dass die Manipulationen zu einer Beeinträchtigung des Marktvertrauens und zu beträchtlichen Verlusten für die Anleger sowie auch zu **realwirtschaftlichen Verzerrungen** führen können.

1. Marktfunktionenschutz. Die Gewährleistung von Marktfunktionenschutz ist das zentrale Regelungsanliegen der MAR im Allgemeinen und des Marktmanipulationsverbots im Besonderen[8]. In Erwägungsgrund 2 Satz 1 VO Nr. 596/2014 heißt es dazu: „Ein **integrierter, effizienter und transparenter Finanzmarkt** setzt **Marktintegrität** voraus". In der Tat können Marktmanipulationen – unter den Annahmen der klassischen Kapitalmarkttheorie – die Allokationseffizienz der Märkte hemmen, da das Kapital nur bei einer unbeeinflussten Marktpreisbildung zu denjenigen Anlagetiteln fließt, bei denen es am effizientesten eingesetzt werden

---

1 So aber *Papachristou*, S. 346.
2 Zutr. *Schröder*, Hdb. Kapitalmarktstrafrecht, Rz. 647.
3 S. aber *Fichtner*, Die börsen- und depotrechtlichen Strafvorschriften und ihr Verhältnis zu den Eigentums- und Vermögensdelikten des StGB, 1993, S. 100; knapp auch *Mock* in KölnKomm. WpHG, § 20a WpHG Rz. 85.
4 BGH v. 15.11.2001 – 1 StR 185/01, BGHSt 47, 148, 149; BGH v. 06.12.2001 – 1 StR 215/01, BGHSt 47, 187, 192; BGH v. 29.8.2008 – 2 StR 587/07, BGHSt 52, 323; BGH v. 27.8.2010 – 2 StR 111/09, BGHSt 55, 266 (GmbH-Geschäftsführer gegenüber GmbH).
5 BGH v. 25.4.2006 – 1 StR 519/05, BGHSt 51, 29, 31 f. (gegen eine Vermögensbetreuungspflicht des GmbH-Geschäftsführers gegenüber den Gesellschaftern); LG Wiesbaden v. 13.8.2015 – 9 O 286/14, NZG 2016, 832. Dass der Vorstand den Aktionären i.S.v. § 266 StGB nicht vermögensbetreuungspflichtig ist, steht in gewissem Widerspruch zu der im gesellschaftsrechtlichen Schrifttum und in der Rechtsprechung vertretenen Auffassung, der Vorstand sei Treuhänder der Aktionäre. S. *Fleischer* in Spindler/Stilz, § 93 AktG Rz. 114; BGH v. 20.2.1995 – II ZR 143/93, BGHZ 129, 30, 34 („treuhänderische Wahrnehmung fremder Vermögensinteressen"); OLG Koblenz v. 12.5.1999 – 1 U 1649/97, NJW-RR 2000, 483, 487; kritisch *Mülbert* in Großkomm. AktG, 4. Aufl. 1999, Vor §§ 118–147 AktG Rz. 194 f.; *Dubovitskaya*, NZG 2015, 983; zum Gesellschafterschutz durch die organschaftliche Verhaltensbindung *Wilhelm*, Drittzurechnung im Gesellschaftsrecht, 2017, S. 366 ff. Bejahte man eine Vermögensbetreuungspflicht gegenüber den Aktionären, stieße dies – wegen der Schadensersatzhaftung nach § 823 Abs. 2 BGB – das gesamte gesellschaftsrechtliche Haftungskonzept um. Diese – von niemandem gezogene, aber an und für sich konsequente – Folge spricht zusätzlich gegen die Einordnung des Vorstands als Treuhänder der Aktionäre.
6 *Klöhn* in Klöhn, MAR, Einleitung Rz. 74 ff.
7 Hervorhebungen durch den Verfasser. Ebenso Art. 1 RL 2014/57/EU (CRIM-MAD): „Diese Richtlinie enthält Mindestvorschriften für strafrechtliche Sanktionen bei Insider-Geschäften, unrechtmäßiger Offenlegung von Insiderinformationen und Marktmanipulation, um die Integrität der Finanzmärkte in der Union sicherzustellen und den Anlegerschutz und das Vertrauen der Anleger an den Märkten zu stärken."
8 *Schmolke* in Klöhn, Art. 12 MAR Rz. 33; *Teigelack* in Meyer/Veil/Rönnau, Handbuch zum Marktmissbrauchsrecht, § 12 Rz. 3.

kann[1]. Eine Grundannahme neoklassischer Kapitalmarkttheorie ist nämlich, dass die Kurse von Finanztiteln auf kompetitiven und barrierefreien Märkten dem inneren Wert des jeweiligen Anlagetitels entsprechen und damit die ökonomisch effiziente Menge an Kapital in den Anlagetitel fließt[2]. Kommt es aufgrund von Manipulationen zu einer Falschbepreisung, dann gewährleistet der Marktpreis keine effiziente Kapitalallokation mehr.

23 Hinzu kommt, dass Marktmanipulationen nach verbreiteter Überzeugung in der ökonomischen Theorie das **Vertrauen der Anleger** schwächen[3] und dass eine durch Marktmanipulationsverbote und deren Durchsetzung generierte Stärkung des Marktvertrauens dazu geeignet ist, Transaktionskosten zu reduzieren[4] und die Bereitschaft der Anleger erhöht, den Finanzmärkten Liquidität zuzuführen[5]. Market Maker reagieren nämlich auf potenzielle Marktmanipulationen durch eine Ausweitung der Bid-ask-Spreads, was dazu führt, dass weniger Investoren zum reduzierten zum *bid price* verkaufen und zum erhöhten *ask price* kaufen werden. Die Stärkung des **Marktvertrauens** ist deshalb in den letzten Jahren zunehmend zu einem Hauptziel finanzmarktrechtlicher Regulierung geworden[6]. Auch dazu schon Vor Art. 12 ff. VO Nr. 596/2014 Rz. 67.

24 **2. Anlegerschutz. a) Dienender Anlegerschutz.** Hinsichtlich zahlreicher kapitalmarktrechtlicher Verhaltensgebote geht das kapitalmarktrechtliche Schrifttum bislang mehrheitlich davon aus, dass die Anleger von den Gesetzen nicht vorrangig um ihrer selbst willen, sondern zur **Gewährleistung von Funktionenschutz** geschützt werden[7]. Die Gewährleistung eines hohen Anlegerschutzniveaus ist nämlich ein taugliches Mittel zur Steigerung des Vertrauens einzelner Anleger (Rz. 23) und im Aggregat auch der Anlegergesamtheit und kann dadurch dazu beitragen, die Allokationseffizienz zu steigern[8]. Ein effizienter Kapitalmarkt und effiziente Marktpreise – also gerade derjenige Zustand, den ein der Effizienz dienender Anlegerschutz zu befördern sucht – sind zugleich ein Mittel zur Beförderung der allgemeinen Wohlfahrt und des Anlegerschutzes, verstanden als einem sozial wünschenswerten, weil „gerechten" Anlegerschutz[9]. Einen rein auf Sozialschutzerwägungen ausgerichteten Anlegerschutz, der ggf. sogar wirtschaftlich ineffiziente Folgen haben kann, verfolgt die MAR demgegenüber nicht. Die CRIM-MAD rekurriert im Zusammenhang mit der Marktmanipulation sogar nur auf den Funktionenschutz und das damit zusammenhängende Anlegervertrauen[10]. Die genauen Zusammenhänge zwischen Marktmanipulationen, ihrer Regulierung und dem Anlegerschutz sind empirisch ohnehin noch wenig ausgeleuchtet. So ist insbesondere kaum untersucht, welche Investorentypen an Marktmanipulationen beteiligt sind, welche Auswirkungen Marktmanipulationen auf typische Portfolien haben und welche Vermögensschä-

---

1 *Avgouleas*, The Mechanism and Regulation of Market Abuse, S. 168, 210 ff.; *Aggarwal/Wu*, Journal of Business 79 (2006), 1915; *Armour/Awrey/Davies/Enriques/Gordon/Meyer/Payne*, Principles of Financial Regulation, S. 184 f.; *Giannetti/Wang*, Journal of Finance 71 (2016), 2591; *Goldstein/Guembel*, Review of Economic Studies 75 (2008), 133; *Kyle/Viswanathan*, 98 American Economic Review (2008), 274, 275; *McVea* in Moloney/Ferran/Payne, The Oxford Handbook of Financial Regulation, S. 631, 638; *Maurenbrecher* in Watter/Bahar, Basler Kommentar, Finanzmarktaufsichtsgesetz/Finanzmarktinfrastrukturgesetz: FINMAG/FinfraG, Vor Art. 142 f. FinfraG Rz. 4, 7 ff.; *Schmolke* in Klöhn, Vor Art. 12 MAR Rz. 27.
2 *von Hayek*, 35 American Economic Review (1945), 519; *Arrow*, Review of Economic Studies 31 (1964), 91–96; *Diamond*, American Economic Review 57 (1967), 759; *Hirshleifer*, American Economic Review 61 (1972), 561; speziell auf Finanzmärkte bezogen *Kyle/Viswanathan*, American Economic Review 98 (2008), 274, 275. Tatsächlich unterscheiden sich Kurse von Finanztitel aber erheblich von Preisen auf Gütermärkten, da Investoren sich ausschließlich um die zukünftigen Zahlungsströme sorgen und daher nicht ihre eigene subjektive Wertschätzung, sondern vielmehr die Einschätzung – auch anderer Personen – über die zukünftigen Zahlungsströme, ihre Zahlungsbereitschaft determinieren (s. *Dow/Gorton*, Journal of Finance 52 [1997], 1087). Zur Preisbildung auf effizienten Finanzmärkten nach den Annahmen der efficient capital markets hypothesis, s. *Fama*, Journal of Finance 25 (1970), 1970), 383; *Fama*, Journal of Finance 46 (1991), 1575.
3 *Armour/Awrey/Davies/Enriques/Gordon/Meyer/Payne*, Principles of Financial Regulation, S. 183; *Leuz/Meyer/Muhn/Soltes/Hackethal*, Who Falls Prey to the Wolf of Wall Street? Investor Participation in Market Manipulation, Working Paper 2017, S. 2; *Schmolke* in Klöhn, Vor Art. 12 MAR Rz. 26; *Teigelack* in Meyer/Veil/Rönnau, Handbuch zum Marktmissbrauchsrecht, § 12 Rz. 3.
4 Dazu näher *Mülbert/Sajnovits*, ZfPW 2016, 1, 6, 14.
5 *Sapienza* in Evanoff/Hartmann/Kaufmann, The First Credit Market Turmoil of the 21st Century, S. 29, 30; *Guiso/Sapienza/Zingales*, Journal of Finance 63 (2008), 2557 jeweils auf Kapitalisierung abstellend; *Tomasic/Akinbami*, Journal of Corporate Law Studies 2011, 369, 379 auf die Verknüpfung zwischen Vertrauen und Liquidität abstellend. Dazu auch *Mülbert/Sajnovits*, ZfPW 2016, 1, 15.
6 *Mülbert/Sajnovits*, ZfPW 2016, 1 ff., insbesondere 23 ff.
7 *Mülbert*, ZHR 177 (2013), 160, 172 ff. Auch schon *Assmann*, ZBB 1989, 49, 61; *Assmann* in Assmann/Schütze, Hdb. des Kapitalanlagerechts, 4. Aufl. 2015, § 1 Rz. 3 (dort allerdings auch zu den Entwicklungen einer Überlagerung durch verbraucherschutzrechtliche Erwägungen); *Coffee*, Columbia Law Review 106 (2006), 1534; tendeziell auch *Schmolke* in Klöhn, Vor Art. 12 MAR Rz. 34; vgl. zum Schweizer Recht *Maurenbrecher* in Watter/Bahar, Basler Kommentar, Finanzmarktaufsichtsgesetz/Finanzmarktinfrastrukturgesetz: FINMAG/FinfraG, Art. 143 FinfraG Rz. 19.
8 *Mülbert*, ZHR 177 (2013), 160, 173; *Mülbert*, Aktiengesellschaft, Unternehmensgruppe und Kapitalmarkt, 2. Aufl. 1996, S. 119; auch schon *Assmann*, ZBB 1989, 49, 58. Ein positiv korrelierter Zusammenhang zwischen Anlegerschutzniveau und Kapitalmarkteffizienz wurde in zahlreichen Studien bestätigt. S. schon *LaPorta/Lopez-da-Silanes/Shleifer/Vishny*, Journal of Finance 52 (1997), 1131.
9 *Mülbert*, ZHR 177 (2013), 160, 171 ff.
10 S. Erwägungsgrund 1, 13 VO Nr. 596/2014.

den genau durch Marktmanipulationen verursacht werden[1]. All diese Fragen müssten freilich im Detail ausgeleuchtet werden, um effizienten Anlegerschutz durch Marktmanipulationsregulierung erzielen zu können[2].

b) Keine Gewährleistung individuellen Anlegerschutzes. Ob ein Rechtsakt „dienenden" Anlegerschutz mittels 25 überindividueller Instrumente oder aber mittels individueller Anspruchsgrundlagen für einzelne Anleger schafft, ist eine vom Vorstehenden zu unterscheidende Frage. Der europäische Gesetzgeber gewährt (auch) mit dem Marktmanipulationsverbot der MAR – wie schon zur Vorgängerregelung des § 20a WpHG a.F. und Art. 2 RL 2003/6/EG (MAD I) zutreffend vertreten – **keinen individuellen Anlegerschutz**. An einzelnen Stellen betonen die Erwägungsgründe zwar, dass Marktmanipulationen zu beträchtlichen Verlusten für die Anleger führen können (Erwägungsgrund 44 VO Nr. 596/2014). Es werden insofern aber die Anleger in ihrer Gesamtheit in Bezug genommen, ohne dass die besondere Schutzbedürftigkeit Einzelner hervorgehoben würde. Im Zusammenhang mit den Referenzwert-Manipulationen heißt es in diesem Sinne in Erwägungsgrund 44 Satz 2 VO Nr. 596/2014: „Daher sind spezielle Vorschriften für Referenzwerte erforderlich, um die Integrität der Märkte zu wahren und sicherzustellen, dass die zuständigen Behörden ein klares Verbot der Manipulation von Referenzwerten durchsetzen können." Damit wird auf die Möglichkeiten der zuständigen Behörden zur Durchsetzung des Marktmanipulationsverbots abgestellt. In weiteren im Zusammenhang stehenden Erwägungsgründen (47 und 49 VO Nr. 596/2014) wird zwar ebenfalls der Schutz der Anleger als Regelungsziel betont. Es fehlt aber auch hier jeder Hinweis darauf, dass individuelle Anleger unabhängig von der Anlegergesamtheit geschützt werden sollen.

Ob im Sinne einer **Effektuierung der Rechtsdurchsetzung** Anlegern ein Schadensersatzanspruch zugesprochen werden sollte oder ob der europäische *Effet-utile*-Grundsatz gegebenenfalls sogar zur Implementierung entsprechender Schadensersatzansprüche ins nationale Recht zwingt, ist eine weitere davon zu trennende Frage. Dazu näher Art. 15 VO Nr. 596/2014 Rz. 48. 26

IV. Anwendungsbereich. 1. Sachlicher Anwendungsbereich (Manipulationsgegenstände). Taugliche Manipulationsgegenstände sind neben Finanzinstrumenten, die zum Handel an einem **geregelten Markt** zugelassen sind bzw. für die ein Antrag auf Zulassung gestellt wurde (Art. 2 Abs. 1 lit. a VO Nr. 596/2014), auch solche Finanzinstrumente, die an einem **multilateralen Handelssystem** gehandelt werden, zum Handel zugelassen sind oder für die ein Antrag auf Zulassung gestellt wurde (Art. 2 Abs. 1 lit. b VO Nr. 596/2014), sowie solche, die in einem **organisierten Handelssystem** gehandelt werden (Art. 2 Abs. 1 lit. c VO Nr. 596/2014), und sogar solche **(derivativen) Finanzinstrumente** ohne Marktbezug, deren Kurs von einem Finanzinstrument im vorstehenden Sinne (Art. 2 Abs. 1 lit. a–c VO Nr. 596/2014) abhängt oder sich darauf auswirkt (Art. 2 Abs. 1 lit. d VO Nr. 596/2014)[3]. Mit der ausdrücklichen Erfassung derivativer Instrumente, die unabhängig von ihrem eigenen Marktbezug einbezogen werden, sollen Schutzlücken gegenüber dem alten Marktmissbrauchsregime geschlossen werden[4]. Weitere taugliche Manipulationsgegenstände i.S. der Art. 15, 12 VO Nr. 596/2014 sind auf Finanzinstrumente bezogene Waren-Spot-Kontrakte, auf Emissionszertifikaten beruhende Auktionsobjekte und Referenzwerte. Das Marktmanipulationsverbot der Art. 15, 12 f. VO Nr. 596/2014 stellt durchweg auf einen Einfluss bzw. möglichen Einfluss einer Manipulationshandlung auf eines der genannten Instrumente ab. Insgesamt ist der sachliche Anwendungsbereich gegenüber § 20a WpHG a.F. deutlich weiter[5]. 27

a) Finanzinstrumente (Art. 2 Abs. 1 lit. a–d VO Nr. 596/2014). Ein Finanzinstrument i.S. der MAR ist nach deren Art. 3 Abs. 1 Nr. 1 ein **Finanzinstrument** i.S. von Art. 4 Abs. 1 Nr. 15 RL 2014/65/EU (**MiFID II**), der seinerseits auf Anhang I Abschnitt C RL 2014/65/EU verweist[6]. Damit ist der Begriff des Finanzinstruments nicht legaldefiniert, sondern wird durch eine Aufzählung von dem Begriff unterfallenden Instrumenten näher konturiert[7]. Mit der Bezugnahme auf die MiFID II, die sich auch in anderen europäischen Rechtsakten findet, wird der Regelungszugriff im europäischen Finanzmarktrecht vereinheitlicht[8]. Unter den Begriff des Finanzinstruments fallen insbesondere übertragbare Wertpapiere, Geldmarktinstrumente, Anteile an OGAW-Investmentfonds, Derivate und Emissionszertifikate. Näher zur Definition Art. 3 VO Nr. 596/2014 Rz. 2 ff. 28

---

1 S. neuerdings *Leuz/Meyer/Muhn/Soltes/Hackethal*, Who Falls Prey to the Wolf of Wall Street? Investor Participation in Market Manipulation, Working Paper 2017.
2 Zu Vorschlägen auf Basis einer umfangreichen empirischen Untersuchung *Leuz/Meyer/Muhn/Soltes/Hackethal*, Who Falls Prey to the Wolf of Wall Street? Investor Participation in Market Manipulation, Working Paper 2017.
3 *Schmolke* in Klöhn, Vor Art. 12 MAR Rz. 103 ff.; *Zetzsche* in Gebauer/Teichmann, Europäisches Privat- und Unternehmensrecht, § 7 C Rz. 8.
4 *Schmolke*, AG 2016, 434, 436; *Zetzsche* in Gebauer/Teichmann, Europäisches Privat- und Unternehmensrecht, § 7 C Rz. 9 ff., 16 ff.; *Grundmann* in Staub, HGB, Bankvertragsrecht 2, 5. Aufl. 2017, 6. Teil, 3. Abschnitt, D Rz. 274.
5 S. auch *Klöhn* in Klöhn, Art. 2 MAR Rz. 1; *Schmolke* in Klöhn, Vor Art. 12 MAR Rz. 104; *Schmolke*, AG 2016, 434, 436; *Alexander/Maly*, Law and Financial Markets Review 9 (2015), 244, 246; *de Schmidt*, RdF 2016, 4, 5; *Grundmann* in Staub, HGB, Bankvertragsrecht 2, 5. Aufl. 2017, 6. Teil, 3. Abschnitt, D Rz. 274; *Moloney*, EU Securities and Financial Markets Regulation, S. 740; ESMA's technical advice on possible delegated acts concerning the Market Abuse Regulation, ESMA/2015/224, S. 10; zur Erweiterung des sachlichen Anwendungsbereichs der VO Nr. 596/2014 insgesamt auch *Hopt/Kumpan* in Schimansky/Bunte/Lwowski, Bankrechts-Handbuch, § 107 Rz. 9 ff.
6 Zum Begriff nach der MiFID II auch *Brenncke*, WM 2015, 1173.
7 *Klöhn* in Klöhn, Art. 1 MAR Rz. 8.
8 *Hopt/Kumpan* in Schimansky/Bunte/Lwowski, Bankrechts-Handbuch, § 107 Rz. 22.

Art. 12 VO Nr. 596/2014 | Marktmanipulation

29 Finanzinstrumente i.S. des Art. 2 Abs. 1 lit. a–c VO Nr. 596/2014 liegen vor, wenn das Instrument einen **Marktbezug**[1] zu einem **geregelten Markt** (Art. 3 Abs. 1 Nr. 6 VO Nr. 596/2014), einem **multilateralen Handelssystem** (Art. 3 Abs. 1 Nr. 7 VO Nr. 596/2014) oder einem **organisierten Markt** (Art. 3 Abs. 1 Nr. 8 VO Nr. 596/2014) i.S. des Art. 4 Abs. 1 Nr. 21–23 RL 2014/65/EU aufweist[2]. Damit sind auch im Freiverkehr an deutschen Börsen gehandelte Finanzinstrumente erfasst[3]. Dieser gilt nämlich nach § 48 Abs. 3 Satz 2 BörsG als multilaterales Handelssystem.

30 Nach Art. 2 Abs. 1 lit. a und b VO Nr. 596/2014 genügt die **Zulassung** oder der **Antrag auf Zulassung** zum Handel auf einem geregelten Markt bzw. in einem multilateralen Handelssystem innerhalb der EU/des EWR[4]. Ein Antrag ist gestellt, wenn er der Geschäftsführung bzw. dem vertretungsberechtigten Organ des Betreibers eines geregelten Marktes bzw. eines multilateralen Handelssystems zugegangen ist, also, wenn diese eine Möglichkeit zur Kenntnisnahme haben. Die bloße (öffentliche) **Ankündigung eines entsprechenden Antrags** ist – anders als noch unter dem Regime des § 20a WpHG a.F. – demgegenüber nicht genügend[5]. Erfasst ist daher der sog. **Handel per Erscheinen**[6] und im Grundsatz auch die sog. *bookbuilding*-Phase eines IPO[7], wenn auch erst ab dem Zeitpunkt der Stellung eines Antrags auf Einbeziehung in den Handel. Das ist sinnvoll, weil der Ausgabepreis durch im Vorfeld der Neuemission verbreitete unrichtige Informationen beeinflusst werden kann. Entsprechende Manipulationen sind freilich von der legitimen Kurspflege in dieser heiklen Phase abzugrenzen (näher Art. 5 VO Nr. 596/2014 Rz. 26 f., 72 ff.). Erst recht gelten die Art. 15, 12 f. VO Nr. 596/2014 für Sekundäremissionen (insbesondere Kapitalerhöhungen, *secondary public offerings* – SPO), die ein bereits zugelassenes Finanzinstrument betreffen. Für Art. 2 Abs. 1 lit. b VO Nr. 596/2014 genügt zudem, dass die Finanzinstrumente **tatsächlich** an einem multilateralen Handelssystem **gehandelt werden**. Eine formelle Zulassung zum Handel oder ein dahingehender Zulassungsantrag sind insoweit nicht entscheidend.

31 Für den gegenständlichen Marktbezug spielt es keine Rolle, ob die manipulative Handlung auf einem der genannten Märkte (Rz. 29) oder **außerhalb dieser Märkte** getätigt wird (Art. 2 Abs. 3 VO Nr. 596/2014)[8]. Das ist für informations- und handlungsgestützte Manipulationen selbstverständlich. Erstere müssen, letztere können außerhalb von Märkten – z.B. über Medien oder Börseninformationsdienste – ins Werk gesetzt werden. Aber auch bei handelsgestützten Manipulationen ist es nicht erforderlich, dass die manipulative Handlung an einem der genannten Märkte vorgenommen wird. In Betracht kommen insbesondere der manipulative Handel in ATS und PTS, im Telefonverkehr bei manipulativem Interbankenhandel und, eher theoretisch, bei manipulativen Effektenaufträgen von Anlegern, die sich für eine außerbörsliche Ausführung entscheiden[9].

32 Die Manipulation von **Finanzinstrumenten**, die **keinen eigenen Marktbezug** haben, unterfällt dem gegenständlichen Anwendungabereich der MAR, sofern sich die unmittelbar manipulierten Finanzinstrumente auf ein Finanzinstrument auswirken, das seinerseits einen Marktbezug (Rz. 29) aufweist (**Art. 2 Abs. 1 lit. d VO Nr. 596/2014**)[10]. Die Manipulation etwa nichtzugelassener Derivate, OTC-gehandelter CDS oder Differenzkontrakte, die auf ein Finanzinstrument mit Marktbezug Bezug nehmen, hat einen mittelbaren Einfluss auf dessen Kursentwicklung, weshalb es gerechtfertigt ist, auch sie dem Marktmissbrauchsregime zu unterwerfen. Die Bestimmung bezweckt damit Umgehungsschutz (Erwägungsgrund 10 VO Nr. 596/2014)[11]. Unter die Derivatekontrakte ohne hinreichenden direkten Marktbezug können etwa Optionsrechte im Rahmen von Aktienoptionsprogrammen[12] sowie Optionen auf den Erwerb junger Aktien[13] fallen. Näher Art. 2 VO Nr. 596/2014 Rz. 15 f.

33 Der **Art. 2 Abs. 2 lit. b VO Nr. 596/2014** hat eine Ergänzungsfunktion gegenüber Art. 2 Abs. 2 lit. a VO Nr. 596/2014, indem er auch **Finanzinstrumente**, und zwar insbesondere Derivatekontrakte und derivative Finanzinstrumente für die **Übertragung von Kreditrisiken**, dem Anwendungsbereich der MAR unterstellt. Voraussetzung für die Einbeziehung ist, dass diese Instrumente ihrerseits einen Einfluss auf den Kurs von Waren-

---

1 *Grundmann* in Staub, HGB, Bankvertragsrecht 2, 5. Aufl. 2017, 6. Teil, 3. Abschnitt, D Rz. 286; *Klöhn* in Klöhn, Art. 2 MAR Rz. 92.
2 *Klöhn* in Klöhn, Art. 2 MAR Rz. 92; *Schmolke* in Klöhn, Vor Art. 12 MAR Rz. 108.
3 *Klöhn* in Klöhn, Art. 2 MAR Rz. 94; *Schmolke* in Klöhn, Vor Art. 12 MAR Rz. 108.
4 FCA, Handbook, Section 1.2: Market Abuse: general, 1.2.5; *Klöhn* in Klöhn, Art. 2 MAR Rz. 92; *Poelzig*, NZG 2016, 528, 530 f.
5 *Grundmann* in Staub, HGB, Bankvertragsrecht 2, 5. Aufl. 2017, 6. Teil, 3. Abschnitt, D Rz. 289 mit Fn. 782.
6 *Hopt/Kumpan* in Schimansky/Bunte/Lwowski, Bankrechts-Handbuch, § 107 Rz. 29.
7 Vgl. zu § 20a WpHG *Mock* in KölnKomm. WpHG, § 20a WpHG Rz. 139 f.
8 *Klöhn* in Klöhn, Art. 2 MAR Rz. 102; *Schmolke* in Klöhn, Vor Art. 12 MAR Rz. 112.
9 *Schmolke* in Klöhn, Vor Art. 12 MAR Rz. 112.
10 *Hopt/Kumpan* in Schimansky/Bunte/Lwowski, Bankrechts-Handbuch, § 107 Rz. 27; *Klöhn* in Klöhn, Art. 2 MAR Rz. 98 ff.; *Schmolke* in Klöhn, Vor Art. 12 MAR Rz. 109. Vgl. zum engeren Anwendungsbereich des Schweizerischen Marktmanipulationsverbots *Maurenbrecher* in Watter/Bahar, Basler Kommentar, Finanzmarktaufsichtsgesetz/Finanzmarktinfrastrukturgesetz: FINMAG/FinfraG, Vor Art. 142 f. FinfraG Rz. 44.
11 *Klöhn* in Klöhn, Art. 2 MAR Rz. 98.
12 *Klöhn* in Klöhn, Art. 2 MAR Rz. 100.
13 *Klöhn* in Klöhn, Art. 2 MAR Rz. 100; *Stenzel*, DStR 2017, 883, 884.

Spot-Kontrakten i.S. des Art. 2 Abs. 2 lit. a VO Nr. 596/2014 (Rz. 35) nehmen können. Dadurch werden auch solche Handlungsweisen erfasst, die nur höchst mittelbar Einfluss auf die primär von der MAR geschützten Finanzinstrumenten i.S. des Art. 2 Abs. 1 VO Nr. 596/2014 nehmen.

Nach wie vor **nicht erfasst** sind Vermögensanlagen im Anwendungsbereich des VermAnlG und des KAGB, da sie keinen entsprechenden Marktbezug aufweisen[1]. **Nicht** dem sachlichen Anwendungsbereich der MAR und damit auch nicht dem Schutzbereich der Art. 15, 12 f. VO Nr. 596/2014 unterfallen zudem Finanzinstrumente, die lediglich in einem Drittstaat außerhalb des EU/EWR-Raums gehandelt werden und zugelassen sind, z.B. lediglich in den Vereinigten Staaten von Amerika zum Handel zugelassen bzw. dort einbezogen sind. Die Manipulation des Preises eines solchen Finanzinstruments ist auch dann nicht vom Marktmanipulationsverbot der Art. 15 VO Nr. 596/2014 erfasst, wenn sie aus der EU bzw. dem EWR heraus erfolgt. 34

b) **Mit einem Finanzinstrument verbundene Waren-Spot-Kontrakte (Art. 2 Abs. 2 lit. a VO Nr. 596/2014).** 35
Art. 12 Abs. 1 lit. a–c VO Nr. 596/2014 nennt als taugliches Manipulationsobjekt mit einem Finanzinstrument (Rz. 28 ff.) verbundene Waren-Spot-Kontrakte. Dementsprechend erklärt Art. 2 Abs. 2 lit. a VO Nr. 596/2014, dass die Art. 12 und 15 VO Nr. 596/2014 auch für Transaktionen, Aufträge oder Handlungen in Bezug auf **Waren-Spot-Kontrakte** gelten, die keine Energiegroßhandelsprodukte sind, sofern sie sich auf den Wert eines Finanzinstruments nach Art. 2 Abs. 1 VO Nr. 596/2014 auswirken. Damit soll den Interdependenzen zwischen bestimmten Warenmärkten und den Finanzmärkten Rechnung getragen werden (Erwägungsgründe 10 und 20 VO Nr. 596/2014)[2]. Nach Art. 3 Abs. 1 Nr. 15 VO Nr. 596/2014 bezeichnet der Begriff „**Waren-Spot-Kontrakt**" einen Kontrakt über die Lieferung einer an einem Spotmarkt gehandelten Ware, die bei Abwicklung des Geschäfts unverzüglich geliefert wird, sowie einen Kontrakt über die Lieferung einer Ware, die kein Finanzinstrument ist, einschließlich physisch abzuwickelnde Terminkontrakte. Ein **Spotmarkt** ist nach Art. 3 Abs. 1 Nr. 16 VO Nr. 596/2014 ein Warenmarkt, an dem Waren gegen bar verkauft und bei Abwicklung des Geschäfts unverzüglich geliefert werden, und andere Märkte, die keine Finanzmärkte sind, beispielsweise Warenterminmärkte. Entscheidend für die Erweiterung des Anwendungsbereichs ist, dass Manipulationshandlungen in diesem Bereich typischerweise eine Auswirkung auf primär dem Anwendungsbereich der MAR unterfallende Finanzinstrumente (Rz. 28 ff.) haben können[3]. Die Manipulation eines Waren-Spot-Kontrakts fällt aber nur dann in den Anwendungsbereich des Marktmanipulationsverbots, wenn tatsächlich ein dem Anwendungsbereich der MAR unterfallendes Finanzinstrument von der Manipulation betroffen ist[4]. Näher Art. 2 VO Nr. 596/2014 Rz. 20 ff.

c) **Auf Emissionszertifikaten beruhende Auktionsobjekte (Art. 2 Abs. 1 Unterabs. 2 VO Nr. 596/2014).** 36
Art. 12 Abs. 1 lit. a–c VO Nr. 596/2014 nennt als taugliches Manipulationsobjekt neben Finanzinstrumenten und auf sie bezogene Waren-Spot-Kontrakten ferner auch „auf Emissionszertifikaten beruhende Auktionsobjekte". Nach Art. 2 Abs. 1 Unterabs. 2 VO Nr. 596/2014 gelten die Bestimmungen der MAR nämlich auch für Handlungen und Geschäfte, darunter Gebote, bezüglich Versteigerungen von Treibhausgasemissionszertifikaten und anderen darauf beruhenden Auktionsobjekten auf einer als geregeltem Markt zugelassenen Versteigerungsplattform i.S. der VO Nr. 1031/2010[5]. Das Marktmanipulationsverbot des Art. 15 VO Nr. 596/2014 bezieht sich unmittelbar nur auf Handlungen, die sich auf Auktionsobjekte beziehen, die auf Emissionszertifikaten beruhen, nicht aber auf Manipulationshandlungen, die unmittelbar das Emissionszertifikat als solches betreffen. Soweit sich Emissionszertifikate – wie regelmäßig (Erwägungsgrund 21 VO Nr. 596/2014) – als Finanzinstrumente qualifizieren, unterfallen auf sie bezogene Verhaltensweisen ohnehin dem Anwendungsbereich der MAR (Art. 2 Abs. 1 lit. a–d VO Nr. 596/2014). Seit dem Inkrafttreten der VO Nr. 1031/2010 kommt eine Zuteilung von Treibhausgasemissionszertifikaten aber nicht mehr nur in Form von Finanzinstrumenten, sondern beispielsweise auch durch sog. **Zwei-Tage-Spot-Kontrakte** in Betracht (Art. 2 Abs. 1 Nr. 1–3 VO Nr. 1031/2010)[6]. Da es sich bei entsprechenden Verträgen nicht um Finanzinstrumente i.S. des Art. 2 Abs. 1 lit. a–d VO Nr. 596/2014 handelt[7], war zur umfassenden Gewährleistung der Integrität im Versteigerungsprozess eine Erweiterung des Anwendungsbereichs der MAR erforderlich (vgl. Erwägungsgrund 37). Wie Art. 2 Abs. 1 Unterabs. 2 Satz 2 VO Nr. 596/2014 ausdrücklich betont, gelten die Vorschriften der MAR unbeschadet etwaiger besonderer Bestimmungen für Gebote im Rahmen entsprechender Versteigerungen durch die VO Nr. 1031/2010 sowie den Bestimmungen zur Umsetzung der RL 2003/87/EG (Emissionsrechte-Richtlinie[8]).

---

1 *Grundmann* in Staub, HGB, Bankvertragsrecht 2, 5. Aufl. 2017, 6. Teil, 3. Abschnitt, D Rz. 288.
2 *Klöhn* in Klöhn, Art. 2 MAR Rz. 103; *Schmolke* in Klöhn, Vor Art. 12 MAR Rz. 110; *Zetzsche* in Gebauer/Teichmann, Europäisches Privat- und Unternehmensrecht, § 7 C Rz. 16.
3 *Grundmann* in Staub, HGB, Bankvertragsrecht 2, 5. Aufl. 2017, 6. Teil, 3. Abschnitt, D Rz. 293.
4 *Schmolke* in Klöhn, Vor Art. 12 MAR Rz. 110.
5 *Hopt/Kumpan* in Schimansky/Bunte/Lwowski, Bankrechts-Handbuch, § 107 Rz. 30; *Schmolke* in Klöhn, Vor Art. 12 MAR Rz. 111.
6 *Grundmann* in Staub, HGB, Bankvertragsrecht 2, 5. Aufl. 2017, 6. Teil, 3. Abschnitt, D Rz. 291.
7 *Grundmann* in Staub, HGB, Bankvertragsrecht 2, 5. Aufl. 2017, 6. Teil, 3. Abschnitt, D Rz. 291.
8 Richtlinie 2003/87/EG des Europäischen Parlaments und des Rates vom 13. Oktober 2003 über ein System für den Handel mit Treibhausgasemissionszertifikaten in der Gemeinschaft und zur Änderung der Richtlinie 96/61/EG des Rates, ABl. EG Nr. L 275 v. 2003, S. 32.

37 **d) Referenzwerte (Art. 2 Abs. 2 lit. c VO Nr. 596/2014).** Vom sachlichen Anwendungsbereich der MAR erfasst sind zudem Handlungen in Bezug auf Referenzwerte[1]. Ein **Referenzwert** ist nach Art. 3 Abs. 1 Nr. 29 VO Nr. 596/2014 jeder Kurs, Index oder Wert, der der **Öffentlichkeit** zugänglich gemacht oder veröffentlicht wird und periodisch oder regelmäßig durch die Anwendung einer Formel auf den Wert eines oder mehrerer Basiswerte oder -preise, einschließlich geschätzter Preise, tatsächlicher oder geschätzter Zinssätze oder sonstiger Werte, oder auf Erhebungsdaten ermittelt bzw. auf der Grundlage dieser Werte bestimmt wird (**Methode**) und auf den bei der Festsetzung des für ein Finanzinstrument zu entrichtenden Betrags oder des Wertes eines Finanzinstruments Bezug genommen wird (**Referenzierung**). Die Definition ist enger als diejenige der VO Nr. 1011/2016 (Benchmark-VO), die nicht nur auf die Bezugnahme auf Finanzinstrumente, sondern daneben auch auf eine solche auf Finanzkontrakten sowie auf bestimmte Verwendungen im Zusammenhang mit kollektiven Vermögensanlagen abstellt[2]. Ein von der Verordnung erfasster Referenzwert muss auf der Basis der Definition der MAR kumulativ (1.) Öffentlichkeits-, (2.) Methoden- und (3.) Referenzierungskriterien erfüllen[3]. Eine Erweiterung gegenüber dem Regime der RL 2003/6/EG (MAD I) besteht darin, dass es nicht mehr darauf ankommt, ob die manipulative Beeinflussung des Referenzwerts auch eine Auswirkung auf ein Finanzinstrument hat. Vielmehr genügt es auch ohne einen entsprechenden Nachweis, dass eine Handlung die Integrität eines Referenzwerts beeinträchtigen kann[4].

38 **2. Persönlicher Anwendungsbereich/Normadressaten.** Das Verbot der Marktmanipulation richtet sich an alle **natürlichen und juristischen Personen**[5] und erfasst sowohl einzeln als auch in Gemeinschaft handelnde Personen[6]. Weder nach dem Wortlaut noch nach dem Sinn und Zweck ist das kapitalmarktrechtliche Marktmanipulationsverbot auf natürliche Personen beschränkt (vgl. deutlich auch Art. 12 Abs. 4 VO Nr. 596/2014). Vielmehr ist es häufig sogar nur Unternehmen möglich, Marktpreise wirksam zu manipulieren, und beispielsweise kann nur ein Unternehmen mit „eigenen" Aktien handeln. Konsequenzen hiervon sind u.a., dass das Verbot der Art. 15, 12 VO Nr. 596/2014 auch gegenüber Unternehmen „durchgesetzt" werden kann (§ 6 WpHG), und dass Unternehmen für die Befolgung (*compliance*) der Art. 12, 15 VO Nr. 596/2014 durch Unternehmensangehörige Sorge tragen müssen (Art. 16 VO Nr. 596/2014 Rz. 12, 14, 19 ff.).

39 Nach **Art. 12 Abs. 4 VO Nr. 596/2014** gilt für den Fall, dass es sich bei der von Art. 15, 12 VO Nr. 596/2014 adressierten Person um eine juristische Person handelt, Art. 12 VO Nr. 596/2014 nach Maßgabe des nationalen Rechts auch für die natürlichen Personen, die am dem Beschluss, Tätigkeiten für Rechnung der betreffenden juristischen Person auszuführen, beteiligt sind. Die Norm bildet ein Einfallstor für **Wertungen des nationalen Gesellschaftsrechts**. Die Vorschrift hat kein Vorbild in der RL 2003/6/EG (MAD I) und wurde erst im Rahmen des Trilog-Verfahrens in den Verordnungsvorschlag aufgenommen[7]. Besonders relevant ist die Bestimmung bei denjenigen Marktmanipulationshandlungen, die nur von Unternehmen vorgenommen werden können. Dies gilt grundsätzlich etwa für die Veröffentlichung einer falschen *Ad-hoc*-Mitteilung, da zur Vornahme der *Ad-hoc*-Mitteilung der Emittent und nicht einzelne Organmitglieder verpflichtet sind. Das nationale Gesellschaftsrecht ist dabei für die Frage von Bedeutung, wer innerhalb des Emittenten für den Inhalt und die Vornahme der *Ad-hoc*-Mitteilung verantwortlich ist (Art. 17 VO Nr. 596/2014 Rz. 25). Soweit diese Verantwortlichkeit vorstand liegt, folgt aus Art. 12 Abs. 4 VO Nr. 596/2014, dass auch die einzelnen an einem entsprechenden Beschluss mitwirkenden Vorstandsmitglieder gegen Art. 15, 12 VO Nr. 596/2014 verstoßen haben können.

40 Beispielhaft kommen als Normadressaten der Art. 15, 12 f. VO Nr. 596/2014 in Betracht:
– Emittenten und die weiteren an einer Emission Beteiligten,
– Unternehmen, die Mitglieder ihrer Organe und ihre übrigen Mitarbeiter. Bei ihnen wird das Marktmanipulationsverbot u.a. für die sog. Kurspflege, auch durch Erwerb eigener Aktien, bedeutsam,
– sog. institutionelle Anleger, die Mitglieder ihrer Organe und ihre übrigen Mitarbeiter,
– Wertpapierdienstleistungsunternehmen, die Mitglieder ihrer Organe und ihre übrigen Mitarbeiter,
– Kontributoren von Referenzsätzen,
– Skontroführer (§ 25 Satz 1 BörsG),

---

1 *Schmolke* in Klöhn, Vor Art. 12 MAR Rz. 107. Vgl. zum engeren Anwendungsbereich des Schweizerischen Marktmanipulationsverbots *Maurenbrecher* in Watter/Bahar, Basler Kommentar, Finanzmarktaufsichtsgesetz/Finanzmarktinfrastrukturgesetz: FINMAG/FinfraG, Vor Art. 142 f. FinfraG Rz. 49 aber auch Rz. 61 ff. zur Erweiterung für prudentiell beaufsichtigte Marktteilnehmer.
2 *Sajnovits*, Financial-Benchmarks, S. 80 ff.
3 Vgl. zu parallelen Voraussetzungen bei der Definition der BMR *Sajnovits*, Financial-Benchmarks, S. 80 ff.
4 *Grundmann* in Staub, HGB, Bankvertragsrecht 2, 5. Aufl. 2017, 6. Teil, 3. Abschnitt, D Rz. 295.
5 *Zetzsche* in Gebauer/Teichmann, Europäisches Privat- und Unternehmensrecht, § 7 C Rz. 67; *Teigelack* in Meyer/Veil/Rönnau, Handbuch zum Marktmissbrauchsrecht, § 12 Rz. 22. Vgl. zum Schweizer Recht *Maurenbrecher* in Watter/Bahar, Basler Kommentar, Finanzmarktaufsichtsgesetz/Finanzmarktinfrastrukturgesetz: FINMAG/FinfraG, Vor Art. 142 f. FinfraG Rz. 40.
6 *Zetzsche* in Gebauer/Teichmann, Europäisches Privat- und Unternehmensrecht, § 7 C Rz. 67.
7 *Schmolke* in Klöhn, Art. 12 MAR Rz. 4.

- sonstige Handelsteilnehmer insbesondere in ihrer Funktion als Market Maker und Designated Sponsors,
- private Anleger,
- Rating-Agenturen und Börseninformationsdienste, die Mitglieder ihrer Organe und ihre übrigen Mitarbeiter,
- externe Analysten, namentlich, wenn sie „ins Blaue hinein" Empfehlungen abgeben,
- (Wirtschafts-)Journalisten in den Grenzen des Art. 20, 21 VO Nr. 596/2014 (s. Art. 21 VO Nr. 596/2014 Rz. 2 ff.), sonstige Börsenexperten und namentlich sog. „Börsengurus", auf deren Empfehlungen die Allgemeinheit vertraut.

3. Räumlicher/internationaler Anwendungsbereich. Angesichts der globalen Verflechtung der Finanzmärkte haben Marktmanipulationen nicht selten eine **transnationale Dimension** und – auch aus Sicht der Europäischen Union bzw. des EWR – eine Drittstaatenberührung, sei es, dass aus einem Drittstaat ein Markt der Union bzw. des EWR manipuliert wird, sei es, dass eine in einem Drittstaat begangene Manipulation eines Drittstaatenmarktes sich zugleich auf einen Markt in der Union bzw. dem EWR auswirkt oder sei es, dass innerhalb der EU bzw. des EWR zur Manipulation eines Drittstaatenmarktes gehandelt wird. 41

Der internationale kapitalmarktrechtliche Geltungs- und Anwendungsbereich der Art. 15, 12 VO Nr. 596/2014 ist – systematisch gesehen – Gegenstand des **internationalen Kapitalmarktrechts** und damit ein solcher des internationalen Verwaltungsrechts, da die kapitalmarkt- und aufsichtsrechtlichen Normen der Art. 15, 12 f. VO Nr. 596/2014 (s. Vor Art. 12 ff. VO Nr. 596/2014 Rz. 50) zum Verwaltungsrecht zählen. Hiernach ist im Ausgangspunkt zwischen dem internationalen Anwendungs- und dem internationalen Geltungsbereich des Marktmissbrauchsverbots zu unterscheiden[1]. 42

Der internationale **Anwendungsbereich** meint die räumliche Verortung der Sachverhalte, auf welche die Art. 15, 12 VO Nr. 596/2014 anwendbar sind (*jurisdiction to prescribe*), wogegen der internationale **Geltungsbereich** das Gebiet bezeichnet, in dem Gerichte und Behörden die Art. 15, 12 VO Nr. 596/2014 anzuwenden und durchzusetzen haben (*jurisdiction to enforce*). Während der Anwendungsbereich öffentlich-rechtlicher Normen durchaus grenzüberschreitende Sachverhalte einschließen kann, was völkerrechtlich unbedenklich ist, wenn nur ein tragfähiger „inländischer" Anknüpfungspunkt (*genuine link*) besteht[2], ist der internationale Geltungsbereich auf das jeweilige Hoheitsgebiet beschränkt, im Falle der Art. 15, 12 VO Nr. 596/2014 also auf die Europäische Union bzw. den EWR. 43

Was den **internationalen Anwendungsbereich** der MAR anbelangt, müssen Handlungen, welche die oben genannten Instrumente (Rz. 27 ff.) betreffen, nach Art. 2 Abs. 3 VO Nr. 596/2014 nicht selbst auf einem der genannten Handelsplätze (Rz. 29) stattfinden. Die Verhaltensvorgaben der MAR sind vielmehr ausdrücklich auch auf Handlungen und Unterlassungen außerhalb der EU in einem **Drittstaat** anwendbar (Art. 2 Abs. 4 VO Nr. 596/2014)[3]. Entscheidend ist allein der Bezug zu einem der vom sachlichen Schutzbereich erfassten Instrumente (Rz. 27 ff.), der als solcher auch den völkerrechtlich geforderten **genuine link** begründet. Das Verbot der Marktmanipulation gem. Art. 15, 12 f. VO Nr. 596/2014 gilt damit – ebenso wie die auf der MAD I beruhende Vorgängerregelung – **extraterritorial**. Grund hierfür sind Effizienzerwägungen: Das Verbot der Marktmanipulation soll Marktvertrauen schützen. Hierfür macht es keinen Unterschied, ob ein Handelnder innerhalb der EU bzw. des EWR oder außerhalb der EU bzw. des EWR von einem Marktmissbrauch profitiert. Würde man nur ein Handeln innerhalb eines EU/EWR-Staates erfassen, würde sich die Marktmanipulation lediglich in Drittländer verlagern und der bezweckte Schutz des Marktvertrauens würde umgangen[4]. 44

Die straf- bzw. bußgeldrechtliche internationale Anwendbarkeit der auf dem Verbot der Art. 15, 12 f. VO Nr. 596/2014 aufsetzenden **§§ 119 Abs. 1, 120 Abs. 15 Nr. 2 WpHG** beantwortet sich nach strafrechtlichen Grundsätzen, d.h. anhand einer Schutzbereichsanalyse unter Berücksichtigung der international-kapitalmarktrechtlichen Vorfragen und den Regeln des sog. internationalen Straf- und Bußgeldrechts (§§ 3–7, 9 StGB, §§ 5, 7 OWiG). 45

Die **internationale Zuständigkeit** der vom jeweiligen mitgliedstaatlichen Recht berufenen nationalen Aufsichtsbehörden regelt Art. 22 VO Nr. 596/2014. Die Vorschrift ist sowohl in der deutschen als auch der englischen Sprachfassung unklar formuliert und zudem weisen die beiden Fassungen substantielle Unterschiede auf. Aus der Gegenüberstellung der beiden in sich unklaren Fassungen ist aber wohl zu entnehmen, dass die 46

---

1 Zu dieser wichtigen Unterscheidung schon *Mülbert*, AG 1986, 1, 4 ff. In diesem Sinne auch *Klöhn* in Klöhn, Art. 2 MAR Rz. 104 f.
2 *Mülbert*, AG 1986, 1, 5; *Linke*, Europäisches internationales Verwaltungsrecht, 2001, S. 94 f. m.N. Im Zusammenhang mit der MAR auch *Klöhn* in Klöhn, Art. 2 MAR Rz. 104.
3 *Poelzig*, NZG 2016, 528, 530 f.; *Teigelack* in Meyer/Veil/Rönnau, Handbuch zum Marktmissbrauchsrecht, § 12 Rz. 24. Bereits das die MAD I umsetzende Vorgängerregime im WpHG bestimmte in § 1 Abs. 2 WpHG hinsichtlich des Anwendungsbereichs, dass die Bestimmungen „auch […] auf Handlungen und Unterlassungen, die im Ausland vorgenommen werden", anzuwenden sind, „sofern sie Finanzinstrumente betreffen, die an einer inländischen Börse gehandelt werden".
4 *Zetzsche* in Gebauer/Teichmann, Europäisches Privat- und Unternehmensrecht, § 7 A, Rz. 47 C Rz. 43 f.

nach dem jeweiligen mitgliedstaatlichen Recht berufene Behörde auch mit Blick auf das Verbot der Art. 15, 12 f. VO Nr. 596/2014 für die Verfolgung aller in ihrem Hoheitsgebiet erfolgenden marktmanipulativen Handlungen und aller im Ausland ausgeführten Handlungen, soweit dies Instrumente betrifft, die an einem in ihrem Hoheitsgebiet liegenden Handelsplatz – geregelter Markt, Versteigerungsplattform, MTF, OTF – zugelassen bzw. gehandelt werden, oder für die ein Zulassungsantrag zu einem inländischen Handelsplatz gestellt ist[1]. Bei diesem Verständnis sind Zuständigkeitsüberschneidungen zwar nicht völlig ausgeschlossen, wohl aber erheblich reduziert. Zu Überschneidungen kommt es insbesondere, wenn ein Instrument an Handelsplätzen in mehreren Mitgliedstaaten zugelassen bzw. gehandelt wird oder wenn die marktmanipulative Handlung in einem Mitgliedstaat ein Instrument betrifft, das an einem Handelsplatz in einem anderen Mitgliedstaat zugelassen oder gehandelt wird. Die **Befugnisse** der nach Maßgabe des Art. 22 VO Nr. 596/2014 zuständigen jeweiligen nationalen Behörde ergeben sich aus dem nationalen Recht. Art. 23 VO Nr. 596/2014 bestimmt lediglich den Mindestumfang der ihnen vom jeweiligen nationalen Recht zu übertragenden Befugnisse.

47 **4. Zeitlicher Anwendungsbereich.** Die MAR wurde am 12.6.2014 – nach Ausfertigung durch den Präsidenten des Europäischen Parlaments und den Präsidenten des Rates der EU am 16.4.2014[2] – im Amtsblatt der EU veröffentlicht (ABl. EU Nr. L 173 v. 12.6.2014, S. 1) und trat gem. Art. 39 Abs. 1 VO Nr. 596/2014 am zwanzigsten Tag nach ihrer Veröffentlichung, mithin am 2.7.2014, **in Kraft**. Ihre wesentlichen Bestimmungen gelten gem. Art. 39 Abs. 2 VO Nr. 596/2014 aber erst seit dem 3.7.2016. Geltung meint die **Anwendbarkeit** der entsprechenden Bestimmungen[3]. Die Anwendbarkeit eines Rechtsakts kann vom jeweiligen Rechtssetzer durch eine Vorverlegung (Grenze: Rückwirkungsverbot), eine Verzögerung oder eine Befristung[4] gesondert bestimmt werden, wenn er die Wirkung des Rechtsaktes von dem Inkrafttreten lösen will. Der europäische Gesetzgeber hat sich mit Art. 39 Abs. 2 VO Nr. 596/2014 für eine zeitlich nach dem Inkrafttreten beginnende und damit verzögerte, ab diesem Zeitpunkt **aber unbefristete Anwendbarkeit** zahlreicher Normen der MAR entschieden.

48 **V. Basisdefinition der Marktmanipulation (Art. 12 Abs. 1 VO Nr. 596/2014).** Art. 12 Abs. 1 VO Nr. 596/2014 enthält die Basisdefinition einer Marktmanipulation i.S.d. der MAR, indem er in lit. a–d verschiedene Handlungsweisen aufführt, durch die gegen Art. 15 VO Nr. 596/2014 verstoßen werden kann[5]. Ein Verstoß liegt aber nur vor, wenn die Handlung eine bestimmte Wirkung bzw. eine potenzielle Wirkung aufweist. So verlangt Art. 12 Abs. 1 lit. a VO Nr. 596/2014 als Folge der manipulativen Handlung entweder falsche oder irreführende Signale oder ein anormales oder künstliches Kursniveau bzw. jeweils die Wahrscheinlichkeit und damit die Eignung hierfür. Gleiches gilt im Ergebnis auch für Art. 12 Abs. 1 lit. b VO Nr. 596/2014, der eine Kursbeeinflussung(seignung) fordert, sowie für Art. 12 Abs. 1 lit. c VO Nr. 596/2014, der – ebenso wie Art. 12 Abs. 1 lit. A VO Nr. 596/2014 – eine Signalwirkung(seignung) bzw. ein anormales oder künstliches Kursniveau verlangt und letztlich auch für Art. 12 Abs. 1 lit. d VO Nr. 596/2014, wobei insoweit der Bezugspunkt zum möglichen Einfluss auf einen Referenzwert verschoben ist. In allen Varianten verfolgt die MAR damit einen **effektbasierten Ansatz** bei der Definition des Marktmanipulationsbegriffs, wobei jeweils schon die objektive Gefährdung genügt[6].

49 **1. Manipulationshandlungen nach Art. 12 Abs. 1 lit. a VO Nr. 596/2014.** Eine Marktmanipulation ist nach Art. 12 Abs. 1 lit. a VO Nr. 596/2014 der Abschluss eines Geschäfts, die Erteilung eines Handelsauftrags sowie jede andere Handlung, die entweder

i) falsche oder irreführende Signale hinsichtlich des Angebots, der Nachfrage oder des Preises eines Finanzinstruments, eines damit verbundenen Waren-Spot-Kontrakts oder eines auf Emissionszertifikaten beruhenden Auktionsobjekts gibt oder bei der dies wahrscheinlich ist, oder

ii) ein anormales oder künstliches Kursniveau eines oder mehrerer Finanzinstrumente, eines damit verbundenen Waren-Spot-Kontrakts oder eines auf Emissionszertifikaten beruhenden Auktionsobjekts erzielt oder bei der dies wahrscheinlich ist.

Eine Marktmanipulation nach Art. 12 Abs. 1 lit. a VO Nr. 596/2014 liegt dabei nicht vor, wenn die Person, die ein Geschäft abschließt, einen Handelsauftrag erteilt oder eine andere Handlung vornimmt, nachweist, dass das Geschäft, der Auftrag oder die Handlung **legitime Gründe** hat und im Einklang mit der **zulässigen Marktpraxis** gem. Art. 13 VO Nr. 596/2014 steht (dazu Art. 13 VO Nr. 596/2014 Rz. 5, 13 ff.).

---

1 A.A. *Lehmann* in MünchKomm. BGB, 7. Aufl. 2018, Teil 12 Internationales Finanzmarktrecht, B. Rz. 361 f., wonach zwischen einer gemeinschaftsweiten Zuständigkeit im Falle geregelter Märkte und einer auf inländische MTFs/OTFs beschränkten Zuständigkeit zu unterscheiden sei.
2 Zum Gesetzgebungsverfahren s. http://eur-lex.europa.eu/legal-content/DE/HIS/?uri=CELEX:32014R0596.
3 *Rossi*, ZIP 2016, 2437, 2440; *Teigelack* in Meyer/Veil/Rönnau, Handbuch zum Marktmissbrauchsrecht, § 12 Rz. 25.
4 *Rossi*, ZIP 2016, 2437, 2439.
5 *Schmolke* in Klöhn, Art. 12 MAR Rz. 5; *Anschütz/Kunzelmann* in Meyer/Veil/Rönnau, Handbuch zum Marktmissbrauchsrecht, § 14 Rz. 8 ff.
6 *Armour/Awrey/Davies/Enriques/Gordon/Meyer/Payne*, Principles of Financial Regulation, S. 191; *Schmolke*, AG 2016, 434, 440, 441; *Schmolke* in Klöhn, Art. 12 MAR Rz. 7; *Moloney*, EU Securities and Financial Markets Regulation, S. 741; allgemein zu diesem Ansatz und seiner Gegenüberstellung zu anderen, insbesondere dem sog. „intent based approach" *Avgouleas*, The Mechanics and Regulation of Market Abuse: A Legal and Economic Analysis, S. 107 ff.

Art. 12 Abs. 1 lit. a VO Nr. 596/2014 erfasst in erster Linie handelsgestützte Marktmanipulationen durch aktives Tun (nicht Unterlassungen, Rz. 58), die dem Markt falsche oder irreführende Signale zu geben oder ein künstliches Preisniveau herbeizuführen geeignet sind. Daneben können von der Auffangvariante aber auch handlungsgestützte Manipulationen erfasst sein (Rz. 59)[1] Anders als Art. 12 Abs. 1 lit. c VO Nr. 596/2014 geht es nicht um ausdrückliche oder konkludente Informationsverbreitung mit kommunikativem Erklärungswert[2], sondern um Marktmanipulation im Sinne einer Objektmanipulation. Mit den als Auffangtatbestand miterfassten „anderen Handlungen" käme es zwar grundsätzlich auch in Betracht, informationsgestützte Handlungen als Marktmanipulationen i.S. des Art. 12 Abs. 1 lit. a VO Nr. 596/2014 zu erfassen[3]. Insoweit fungiert Art. 12 Abs. 1 lit. c VO Nr. 596/2014 allerdings richtigerweise als *lex specialis*, der Abs. 1 lit. a verdrängt[4]. Nur so werden Friktionen zwischen den beiden Tatbeständen mit ihren unterschiedlichen Anforderungen (subjektives Element, Rz. 73 ff. und 199 f.) und auch wegen den nur bei Art. 12 Abs. 1 lit. a VO Nr. 596/2014 in Betracht kommenden Wirkungen des Tatbestandsausschlusses nach Art. 12 Abs. 1 Unterabs. 2, Art. 13 VO Nr. 596/2014 vermieden[5]. Aus der Zuordnung bestimmter indikativer Manipulationspraktiken zu Art. 12 Abs. 1 lit. a VO Nr. 596/2014 ergibt sich keinesfalls eindeutig, dass die Europäische Kommission und die ESMA von der Idealkonkurrenz der beiden Tatbestände ausgehen[6]. Dies gilt schon wegen der fehlenden verbindlichen Konkretisierungswirkung der Indikatoren und erst recht der Praktiken in der DelVO 2016/522 (Rz. 6, 257 ff.). Vielmehr ist bei der konkreten Subsumtion unter Art. 12 Abs. 1 lit. a–d VO Nr. 596/2014 gerade das Konkurrenzverhältnis der Tatbestandsvarianten zu berücksichtigen und so kann ein Verhalten, auch wenn es einem Indikator entspricht, nicht dem Art. 12 Abs. 1 lit. a VO Nr. 596/2014 unterfallen. Das bedeutet aber nicht, dass das Ausstreuen von Informationen im Zusammenhang mit dem Handel von Finanzinstrumenten nicht auch auf eine handelsgestützte Marktmanipulation hindeuten kann (dazu Rz. 112 ff.). Selbst wenn man von einer grundsätzlichen Idealkonkurrenz der beiden Tatbestandsvarianten ausginge, müsste man jedenfalls das subjektive Tatbestandsmerkmal des Art. 12 Abs. 1 lit. c VO Nr. 596/2014 in den Fällen einer Marktmanipulation durch reine Informationsverbreitung in den Tatbestand des Art. 12 Abs. 1 lit. a VO Nr. 596/2014 hineinlesen[7]. Die beiden Subvarianten des Art. 12 Abs. 1 lit. a VO Nr. 596/2014 stehen hingegen ohne weiteres nebeneinander und werden auch in der Praxis ganz häufig beide erfüllt sein[8].

a) Geschäfte, Handelsaufträge, sonstige Handlungen. Die nach Art. 15, 12 Abs. 1 lit. a VO Nr. 596/2014 verbotene Handlung muss in dem Abschluss von Geschäften, in der Erteilung eines Handelsauftrags oder in anderen Handlungen bestehen.

Geschäfte sind alle Transaktionen mit Finanzinstrumenten, damit verbundenen Waren-Spot-Kontrakten oder auf Emissionszertifikaten beruhenden Auktionsobjekten (Rz. 27 ff.)[9], womit nicht nur deren Erwerb oder Veräußerung, sondern z.B. auch Sicherungsgeschäfte wie Sicherungszession, -übereignung, Treuhandschaften oder Verpfändungen gemeint sind[10]. Ein Vollrechtserwerb auf der einen und ein entsprechender Rechtsverlust auf der anderen Seite sind nicht erforderlich[11], und auch Leihgeschäfte (Wertpapierleihen) sind erfasst. Unerheblich ist, ob es sich um Eigen- oder Fremdgeschäfte handelt, und es kommt nicht darauf an, ob das Geschäft in eigenem oder fremdem Namen oder für eigene oder fremde Rechnung getätigt wird.

Abgeschlossen[12] ist ein Geschäft jedenfalls dann, wenn es ausgeführt (vollzogen) worden ist. Insoweit sind rechtswirksame Geschäfte erfasst, in deren Vollzug es zu einem Wechsel der wirtschaftlichen Berechtigung an

---

1 *Schmolke* in Klöhn, Art. 12 MAR Rz. 7; *Schmolke*, AG 2016, 434, 441; *de Schmidt* in Just/Voß/Ritz/Becker, § 20a WpHG Rz. 380; a.A. wohl *Anschütz/Kunzelmann* in Meyer/Veil/Rönnau, Handbuch zum Marktmissbrauchsrecht, § 14 Rz. 4 ff.; *Sorgenfrei/Saliger* in Park, Kapitalmarktstrafrecht, Kap. 6.1. Rz. 171, die diese nur dem Art. 12 Abs. 1 lit. b VO Nr. 596/2014 zuordnen.
2 Vgl. *Stoll* in KölnKomm. WpHG, § 20a WpHG Rz. 187.
3 So *de Schmidt*, RdF 2016, 4, 6.
4 *Anschütz/Kunzelmann* in Meyer/Veil/Rönnau, Handbuch zum Marktmissbrauchsrecht, § 14 Rz. 4 ff.; *Schmolke* in Klöhn, Art. 12 MAR Rz. 18 f.; *Schmolke*, AG 2016, 434, 443; *Sorgenfrei/Saliger* in Park, Kapitalmarktstrafrecht, Kap. 6.1. Rz. 70; *Stoll* in KölnKomm. WpHG, § 20a WpHG Rz. 205 zum Entwurf; vgl. auch *Zetzsche* in Gebauer/Teichmann, Europäisches Privat- und Unternehmensrecht, § 7 C Rz. 81 zum Verhältnis von lit. b zu lit. c.
5 So auch *Schmolke* in Klöhn, Art. 12 MAR Rz. 19; *Schmolke*, AG 2016, 434, 443.
6 So aber *Schmolke* in Klöhn, Art. 12 MAR Rz. 19.
7 In diese Richtung auch *Schmolke* in Klöhn, Art. 12 MAR Rz. 19; *Schmolke*, AG 434, 444.
8 *Schmolke* in Klöhn, Art. 12 MAR Rz. 16.
9 *Schmolke* in Klöhn, Art. 12 MAR Rz. 35; *Schmolke*, AG 2016, 434, 443; *Grundmann* in Staub, HGB, Bankvertragsrecht 2, 5. Aufl. 2017, 6. Teil, 3. Abschnitt, D Rz. 455; *Sorgenfrei/Saliger* in Park, Kapitalmarktstrafrecht, Kap. 6.1. Rz. 66; vgl. zum Schweizer Recht *Maurenbrecher* in Watter/Bahar, Basler Kommentar, Finanzmarktaufsichtsgesetz/Finanzmarktinfrastrukturgesetz: FINMAG/FinfraG, Art. 143 FinfraG Rz. 53.
10 *Anschütz/Kunzelmann* in Meyer/Veil/Rönnau, Handbuch zum Marktmissbrauchsrecht, § 14 Rz. 12; *Schmolke* in Klöhn, Art. 12 MAR Rz. 35.
11 *Grundmann* in Staub, HGB, Bankvertragsrecht 2, 5. Aufl. 2017, 6. Teil, 3. Abschnitt, D Rz. 455.
12 § 20a WpHG a.F. sprach noch von „vorgenommen".

einem Finanzinstrument kommt. Das ist aber keine zwingende Voraussetzung[1]. Vielmehr sind auch rechtsunwirksame Geschäfte, insbesondere nicht ernstlich gewollte Geschäfte bzw. Scheingeschäfte i.s.v. §§ 116, 117 BGB, ausreichend, wenn sie nur äußerlich – dem Schein nach – abgeschlossen worden sind[2]. Erst recht beeinträchtigen Rückabwicklungen, Stornierungen bzw. Aufhebungen oder spätere Gegengeschäfte den Abschluss nicht[3]. Abgeschlossen ist ein Geschäft schon mit dem Abschluss des Verpflichtungsgeschäfts. Die Norm wählt ausdrücklich den Terminus „abgeschlossen" statt vorgenommen[4]. **Erteilte Aufträge** sind für sich kein Geschäftsabschluss, können aber von Art. 12 Abs. 1 lit. a Var. 2 VO Nr. 596/2014 erfasst werden (Rz. 56).

54 Unerheblich ist, ob das Geschäft an einem bestimmten Handelsplatz oder OTC abgeschlossen wird (Art. 2 Abs. 3 VO Nr. 596/2014, s. schon Rz. 31). Der Ort des Geschäftsabschlusses spielt keine Rolle[5]. Für das Marktmanipulationsverbot der Art. 15, 12 f. VO Nr. 596/2014 ist allein maßgeblich, dass vom Anwendungsbereich der Verordnung erfasste Manipulationsobjekte (Rz. 27 ff.) beeinflusst werden können. Gleichfalls **ohne Belang** ist der **räumliche Sitz/Belegenheitsort** der **Vertragspartner**.

55 **Keine abgeschlossenen Geschäfte** sind solche, die nicht zustande kommen, z.B. weil sie vom Skontroführer wegen Manipulationsverdachts abgelehnt werden. Es kann aber in diesen Fällen ein Versuch der Marktmanipulation (Art. 15 Var. 2 VO Nr. 596/2014) in Betracht kommen (Art. 15 VO Nr. 596/2014 Rz. 15 ff., 21). Zudem ist denkbar, an den dem abgelehnten Geschäftsabschluss vorausgegangenen Handelsauftrag anzuknüpfen (Rz. 56 f.).

56 Die in Art. 12 Abs. 1 lit. a VO Nr. 596/2014 genannten **Handelsaufträge** sind nicht streng zivilrechtlich im Sinne des bürgerlichen Auftrags- und Kaufrechts, sondern kapitalmarktrechtlich als **Orders** zu verstehen[6]. Der Begriff umfasst sowohl die sog. Effektenorder – typischerweise kommissionsrechtliche Kauf- oder Verkaufsaufträge der Kunden an ihre Bank[7] – als auch Vermittlungsaufträge an den Skontroführer im Parketthandel[8] und bindende Kauf- oder Verkaufsangebote im elektronischen Handel[9]. Gegenstand des Handelsauftrags muss der Kauf oder Verkauf von Finanzinstrumenten, damit verbundenen Waren-Spot-Kontrakten oder auf Emissionszertifikaten beruhenden Auktionsobjekten (Rz. 27 ff.) sein. Auch insoweit ist ein kapitalmarktrechtliches Verständnis zugrunde zu legen, so dass nicht lediglich Aufträge zu Sach- oder Rechtskäufen, sondern zu allen Erwerbs- und Veräußerungsgeschäften, auch der sog. Wertpapierleihe, gemeint sind.

57 Ein Handelsauftrag ist **erteilt**, wenn er dem Adressaten **zugegangen** ist[10]. Nicht erforderlich ist, dass er bereits im Orderbuch eingestellt ist[11]. Unerheblich ist, ob der Auftrag bedingt oder befristet ist; auch Limit-Orders sind erteilt, wenn sie dem Adressaten zugegangen sind. Der innere Vorbehalt, den Auftrag nicht zu wollen, ist unbeachtlich. Nach Sinn und Zweck des Manipulationsverbots kann für kollusiv erteilte Aufträge („Scheinaufträge") nichts anderes gelten. Die Rücknahme eines Handelsauftrages („Storno") ist als solche keine Erteilung eines Handelsauftrages[12], kann aber ein Indiz für eine Marktmanipulation sein, und tatbestandsmäßig eine „an-

---

1 *Anschütz/Kunzelmann* in Meyer/Veil/Rönnau, Handbuch zum Marktmissbrauchsrecht, § 14 Rz. 13; *Schmolke* in Klöhn, Art. 12 MAR Rz. 36.
2 *Grundmann* in Staub, HGB, Bankvertragsrecht 2, 5. Aufl. 2016, 6. Teil, 3. Abschnitt, D Rz. 455; *Schmolke* in Klöhn, Art. 12 MAR Rz. 36; *Sorgenfrei/Saliger* in Park, Kapitalmarktstrafrecht, Kap. 6.1. Rz. 66; vgl. *Fleischer* in Fuchs, § 20a WpHG Rz. 44; *Stoll* in KölnKomm. WpHG, § 20a WpHG Rz. 221; zu § 20a WpHG a.F. und dem darin verwendeten Begriff der „Vornahme" war umstritten, ob bloße Aufträge zu Geschäften bzw. deren Abschlüsse als Verpflichtungsgeschäfte genügen. Bereits zur Vorgängernorm wurde in der 6. Aufl. von *Vogel* überzeugend vertreten, dass in richtlinienkonformer Auslegung des deutschen Rechts am Maßstab des Art. 1 Nr. 2a MAD I der Abschluss des Verpflichtungsgeschäfts genüge. Zutr. auch *Stoll* in KölnKomm. WpHG, § 20a WpHG Rz. 220.
3 *Schmolke* in Klöhn, Art. 12 MAR Rz. 36.
4 *Grundmann* in Staub, HGB, Bankvertragsrecht 2, 5. Aufl. 2017, 6. Teil, 3. Abschnitt, D Rz. 455; *Schmolke* in Klöhn, Art. 12 MAR Rz. 36.
5 Schon zum alten, noch auf den Schutz von Börsenpreisen beschränkten Recht galt, dass Börsenpreise auch über außerbörsliche Geschäfte beeinflusst werden konnten, etwa wenn der Börsenpreis von Staatsanleihen maßgeblich durch den (weithin) außerbörslichen Markt für Credit Default Swaps und andere Kreditderivate bestimmt wird; in derartigen Fällen unterfielen auch die außerbörslichen Geschäfte dem Marktmanipulationsverbot des § 20a Abs. 1 Satz 1 Nr. 2 WpHG a.F.
6 *Anschütz/Kunzelmann* in Meyer/Veil/Rönnau, Handbuch zum Marktmissbrauchsrecht, § 14 Rz. 15; *Grundmann* in Staub, HGB, Bankvertragsrecht 2, 5. Aufl. 2017, 6. Teil, 3. Abschnitt, D Rz. 455; *Schmolke* in Klöhn, Art. 12 MAR Rz. 37; *Sorgenfrei/Saliger* in Park, Kapitalmarktstrafrecht, Kap. 6.1. Rz. 67; vgl. zu § 20a Abs. 1 Satz 1 Nr. 2 WpHG a.F. *Fleischer* in Fuchs, § 20a WpHG Rz. 45; *Stoll* in KölnKomm. WpHG, § 20a WpHG Rz. 219; *Haouache/Mülbert* in Habersack/Mülbert/Schlitt, Hdb. der Kapitalmarktinformation, § 27 Rz. 56.
7 *Schmolke* in Klöhn, Art. 12 MAR Rz. 37. Zu kommissionsrechtlichen Kauf- oder Verkaufsaufträgen an die Bank *Seiler/Geier* in Schimansky/Bunte/Lwowski, Bankrechts-Handbuch, § 104 Rz. 48.
8 *Schmolke* in Klöhn, Art. 12 MAR Rz. 37. Zu Vermittlungsaufträgen an den Skontroführer *Groß* in Ebenroth/Boujong/Joost/Strohn, HGB, § 28 BörsG Rz. 1.
9 *Sorgenfrei/Saliger* in Park, Kapitalmarktstrafrecht, Kap. 6.1. Rz. 67.
10 *Anschütz/Kunzelmann* in Meyer/Veil/Rönnau, Handbuch zum Marktmissbrauchsrecht, § 14 Rz. 15; *Schmolke* in Klöhn, Art. 12 MAR Rz. 38; *Sorgenfrei/Saliger* in Park, Kapitalmarktstrafrecht, Kap. 6.1. Rz. 67.
11 *Schmolke* in Klöhn, Art. 12 MAR Rz. 38.
12 A.A. *Schmolke* in Klöhn, Art. 12 MAR Rz. 37, der dies aus Art. 12 Abs. 2 lit. c VO Nr. 596/2014 herleiten will.

dere Handlung" (Rz. 59). Wird der Handelsauftrag **abgegeben** und unterbleibt aus ggf. nicht in der Person des Manipulators liegenden Gründen der Zugang des Handelsauftrags, kann der **Versuch einer Marktmanipulation** vorliegen. Das gilt unabhängig davon, ob die Gründe für das Scheitern des Zugangs in der Person des Manipulators liegen (Art. 15 VO Nr. 596/2014 Rz. 16, 21).

Ein bloßes **Unterlassen** genügt **nicht** zur Verwirklichung des Art. 12 Abs. 1 lit. a VO Nr. 596/2014[1]. Der Abschluss von Geschäften sowie die Erteilung eines Handelsauftrags erfordern stets eine aktive Handlung. Auch die von Art. 12 Abs. 1 lit. a VO Nr. 596/2014 genannten „**anderen Handlungen**" verlangen nach Wortlaut und Systematik der MAR ein aktives Handeln. Art. 2 Abs. 4 VO Nr. 596/2014 als allgemeine Bestimmung zum Anwendungsbereich der MAR kennt zwar Handlungen und Unterlassungen, weshalb gegen die Verbote und Gebote der MAR im Grundsatz sowohl durch Handlungen als auch durch Unterlassungen verstoßen werden kann. Mit Blick auf diesen allgemeinen Regelungsansatz ist die alleinige Inbezugnahme von Handlungen in Art. 12 Abs. 1 VO Nr. 596/2014 aber als einschränkende Sonderregelung zu verstehen, so dass bloßes Unterlassen nicht zur Tatbestandsverwirklichung geeignet ist[2]. Auch die englische Sprachfassung zwingt keinesfalls zu einer anderen Bewertung (dazu noch Rz. 180 f.)[3]. Deshalb ist etwa die Befolgung von sog. *Lock-up-Agreements*, also von Vereinbarungen, bestimmte Finanzinstrumente in bestimmten Fristen unter bestimmten Bedingungen zu halten, auch dann nicht von Art. 12 Abs. 1 lit. a VO Nr. 596/2014 erfasst, wenn sie über das kapitalmarktrechtlich Übliche (z.B. im Rahmen von IPOs) hinausgehen. 58

Für den Auffangtatbestand der **anderen Handlungen** verbleiben bei Berücksichtigung des Konkurrenzverhältnisses zu Art. 12 Abs. 1 lit. c VO Nr. 596/2014 (Rz. 50) für **handelsgestützte Manipulationen** nach Abs. 1 lit. a nur solche Verhaltensweisen, die durch aktives Tun erfolgen und mit den Geschäften und Handelsaufträgen vergleichbar sind[4]. Das können etwa Vereinbarungen zur Sicherung einer marktbeherrschenden Stellung oder Stornierungen bzw. Annullierungen von Orders[5] sein. Ferner kommt aktives Handeln von OTF-Betreibern als tatbestandlich in Betracht, wenn diese etwa im Rahmen der Ermessensvorschrift nach **§ 75 Abs. 6 Satz 1 und 2 WpHG** bereits platzierte Orders wieder herausnehmen um diese auf einem anderen Handelsplatz zur Ausführung zu bringen (dazu § 75 WpHG Rz. 20). Eine rechtmäßige Ermessensausübung im Rahmen des § 75 WpHG, die im Regelwerk des Systems abgebildet ist (§ 72 Abs. 1 Nr. 2 WpHG), wird freilich kein falsches oder irreführendes Signal aussenden. Eine Marktmanipulation durch eine andere Handlung i.S. des Art. 12 Abs. 1 lit. a VO Nr. 596/2014 kann ferner darin liegen, dass Personen elektronische Handelssysteme durch Hackerangriffe beeinträchtigen oder verfälschen, da auch derartige Handlungen die von Abs. 1 lit. a genannten Wirkungen erzielen können. Außerdem fallen unter den Auffangtatbestand die sonstigen denkbaren **handlungsgestützten Marktmanipulationen**, die den inneren Wert eines Finanzinstruments, eines damit verbundenen Waren-Spot-Kontrakts oder eines auf Emissionszertifikaten beruhenden Auktionsobjekts beeinflussen (Vor Art. 12 ff. VO Nr. 596/2014 Rz. 65 mit Beispielen). 59

b) Falsche oder irreführende Signale oder Wahrscheinlichkeit hierzu. Art. 12 Abs. 1 lit. a Ziff. i) VO Nr. 596/2014 erklärt diejenigen der vorgenannten Handlungsweisen zu Marktmanipulationen, die falsche oder irreführende Signale hinsichtlich des Angebots, der Nachfrage oder des Preises eines Finanzinstruments, eines damit verbundenen Waren-Spot-Kontrakts oder eines auf Emissionszertifikaten beruhenden Auktionsobjekts geben oder bei denen dies wahrscheinlich ist. 60

Das Verbot einer Handlung ist ausgehend vom Schutzzweck des Marktmanipulationsverbots (Rz. 22 f.) nur gerechtfertigt, wenn die Handlung geeignet ist, die Preisbildung zu stören oder sonst die Marktintegrität zu beeinträchtigen. Art. 12 Abs. 1 lit. a Ziff. i) VO Nr. 596/2014 verlangt deshalb, dass das Geschäft, der Handelsauftrag, und die sonstige Handlungsweise entweder falsche oder irreführende Signale für das Angebot, die Nachfrage oder den Preis von Finanzinstrumenten eines damit verbundenen Waren-Spot-Kontrakts oder eines auf Emissionszertifikaten beruhenden Auktionsobjekts **geben** oder – im Zeitpunkt der Vornahme der Handlung (**ex ante**) – eine **Wahrscheinlichkeit** hierfür besteht. Durch die Anknüpfung an die Wahrscheinlichkeit genügt – wie im alten Recht[6] – bereits die abstrakte Eignung zur Irreführung. 61

---

1 *Sajnovits/Wagner*, WM 2017, 1189; *Grundmann* in Staub, HGB, Bankvertragsrecht 2, 5. Aufl. 2017, 6. Teil, 3. Abschnitt, D Rz. 445; a.A. *Schmolke* in Klöhn, Art. 12 MAR Rz. 40. Zum alten Recht war im Übrigen ohnehin unumstritten, dass handelsbasierte Manipulationen nach § 20a Abs. 1 Nr. 2 WpHG a.F. nicht durch bloßes Unterlassen begangen werden konnten. Dazu nur *Vogel* in 6. Aufl., § 20a WpHG Rz. 146b. Ebenso zum Schweizer Recht *Maurenbrecher* in Watter/Bahar, Basler Kommentar, Finanzmarktaufsichtsgesetz/Finanzmarktinfrastrukturgesetz: FINMAG/FinfraG, Art. 143 FinfraG Rz. 55.
2 Näher *Sajnovits/Wagner*, WM 2017, 1189; a.A. *Schmolke* in Klöhn, Art. 12 MAR Rz. 40.
3 A.A. *Schmolke* in Klöhn, Art. 12 MAR Rz. 40.
4 *Anschütz/Kunzelmann* in Meyer/Veil/Rönnau, Handbuch zum Marktmissbrauchsrecht, § 14 Rz. 4 ff.; 16; a.A. *Schmolke* in Klöhn, Art. 12 MAR Rz. 39, der davon ausgeht, dass der Begriff weit zu verstehen ist und im Ergebnis jede Form von Handlungen und Unterlassungen erfasst.
5 *Anschütz/Kunzelmann* in Meyer/Veil/Rönnau, Handbuch zum Marktmissbrauchsrecht, § 14 Rz. 16; *Sorgenfrei/Saliger* in Park, Kapitalmarktstrafrecht, Kap. 6.1. Rz. 70.
6 Dazu *Vogel* in 6. Aufl., § 20a WpHG Rz. 150.

62 Ein **Signal** für das Angebot, die Nachfrage bzw. den Preis liegt vor, wenn der Geschäftsabschluss, die Erteilung des Handelsauftrags oder die sonstige Handlung geeignet ist, das Angebots- bzw. Nachfrageverhalten auf dem Markt bzw. den Preis zu beeinflussen, gleich, ob die Beeinflussung darin besteht, dass das Angebot bzw. die Nachfrage verstärkt oder abgeschwächt wird oder aber unverändert bleibt bzw. ob der Preis sich nach oben oder nach unten oder nur „zur Seite" bewegt[1]. Unerheblich ist, ob derartige Einflüsse tatsächlich gegeben und nachweisbar sind, weil ein Signal auch dann ein Signal bleibt, wenn es von niemandem wahrgenommen oder beachtet wird, zumal nach Art. 12 Abs. 1 lit. a VO Nr. 596/2014 schon eine Wahrscheinlichkeit, ein Signal zu geben, ausreicht[2]. Bei alledem sieht die MAR **keine Erheblichkeitsschwelle** vor, und zwar weder in zeitlicher Hinsicht noch bezogen auf die potenzielle Erheblichkeit der Signalwirkung[3].

63 Ein Signal ist **falsch**, wenn es nicht den wahren wirtschaftlichen Verhältnissen auf dem jeweiligen Markt in Bezug auf das jeweilige Finanzinstrument, den damit verbundenen Waren-Spot-Kontrakt oder dem auf einem Emissionszertifikat beruhenden Auktionsobjekt entspricht[4]; es ist **irreführend**, wenn es geeignet ist, einen verständigen Anleger (Rz. 64) über die wahren wirtschaftlichen Verhältnisse zu täuschen[5]. Zu den wahren wirtschaftlichen Verhältnissen zählen insbesondere das marktgerechte Angebot und die marktgerechte Nachfrage, aber auch die Marktliquidität.

64 Die **Signalwirkung(seignung)** des Geschäftsabschlusses, der Erteilung des Handelsauftrags oder der sonstigen Handlung ist *ex ante* aus der Sicht eines **verständigen Anlegers** zu beurteilen[6]. Auf einen objektiviert verständigen Anleger abzustellen ist der einzig gangbare Weg, die Signalwirkungseignung festzustellen. Die Kritik an der Figur des verständigen Anlegers, wonach es sich um eine realitätsferne Konstruktion handele, welche die Vielfalt der Anlegergruppen (Privatanleger vs. institutionelle Anleger, risikoaverse vs. spekulationsfreudige Anleger) und der Märkte (Renten- vs. Derivatemarkt) ebenso verkenne wie das unterschiedliche Kenntnis- und Verständnisniveau unterschiedlicher Anleger (Informations- vs. Liquiditätshändler), vermag auch auf Basis der MAR nicht durchzugreifen. Das geltende Recht rekurriert an zahlreichen Stellen auf Maßfiguren wie den ordentlichen Kaufmann (§ 347 Abs. 1 HGB) oder Geschäftsmann (§ 43 Abs. 1 GmbHG), den ordentlichen und gewissenhaften Geschäftsleiter (§ 93 Abs. 1 Satz 1 AktG), den sorgfältigen Verkehrsteilnehmer (vgl. § 276 Abs. 2 BGB) oder den billig und gerecht Denkenden (vgl. § 138 Abs. 1 BGB). Solche Maßfiguren sind zwar stark konkretisierungsbedürftig, doch gibt es durchaus bewährte Methoden der Konkretisierung und Fallgruppenbildung[7]. Die Objektivierung ist notwendig, um das Urteil über die Signalwirkung(seignung) nicht dem Belieben einzelner Kapitalmarktbeteiligter zu überlassen[8]. Mit Blick auf die **Zwecke des Marktmanipulationsverbots** (Rz. 21 ff.) ist es dabei nur angezeigt, diejenigen falschen oder irreführenden Signale für den Markt zu verhindern, die einen verständigen Anleger über die wahren wirtschaftlichen Verhältnisse täuschen. Signale, die von verständigen Anlegern nicht für die Preisbildung berücksichtigt werden und daher aus kapitalmarkttheoretischer Sicht auch nicht in diese einfließen würden, sind aus Sicht der MAR nicht regulierungsbedürftig.

65 Der **verständige Anleger i.S.d. MAR** muss zwar objektiv, aber unter Berücksichtigung aller Umstände des Einzelfalles bestimmt werden[9]. Er hat die für den Umgang mit dem jeweiligen Finanzinstrument übliche Fachkunde und ist mit den Marktgegebenheiten vertraut[10]. Seiner Anlageentscheidung legt er Umstände zugrunde, welche die wirtschaftlichen Chancen und Risiken des jeweiligen Finanzinstruments betreffen, und er ist in diesem Sinne ein wirtschaftlich verständig, rational Handelnder (*homo oeconomicus*)[11]. Umstände, die nur für schlechterdings unverständiges (irrationales) Anlegerverhalten von Bedeutung sind, scheiden deshalb aus. Damit ist nicht gesagt, dass der Kurs nicht auch auf Signale reagieren kann, die objektiv irrelevant für die wirtschaftlichen Chancen und

---

1 *Anschütz/Kunzelmann* in Meyer/Veil/Rönnau, Handbuch zum Marktmissbrauchsrecht, § 14 Rz. 17 f.; *Schmolke* in Klöhn, Art. 12 MAR Rz. 44; vgl. *Haouache/Mülbert* in Habersack/Mülbert/Schlitt, Hdb. der Kapitalmarktinformation, § 27 Rz. 57.
2 Zweifel, ob dies dem Vorverständnis des Verordnungsgebers entspricht, bei *Schmolke* in Klöhn, Art. 12 MAR Rz. 46.
3 Auch unter dem Regime der MAD I musste der Kurs eines Finanzinstruments nicht über einen gewissen Zeitraum auf einem anormalen oder künstlichen Kursniveau verbleiben. S. EuGH v. 7.7.2011 – C-445/09, ECLI:EU:C:2011:459 – IMC Securities, NZG 2011, 951; dazu *Klöhn*, NZG 2011, 934.
4 *Schmolke* in Klöhn, Art. 12 MAR Rz. 47; *Sorgenfrei/Saliger* in Park, Kapitalmarktstrafrecht, Kap. 6.1. Rz. 78.
5 *Schmolke* in Klöhn, Art. 12 MAR Rz. 47; *Sorgenfrei/Saliger* in Park, Kapitalmarktstrafrecht, Kap. 6.1. Rz. 78; im Wesentlichen auch *Fleischer* in Fuchs, § 20a WpHG Rz. 47 zu § 20a WpHG a.F.; a.A. zu § 20a WpHG a.F. *Stoll* in KölnKomm. WpHG, § 20a WpHG Rz. 223: Begriffe „falsch" und „irreführend" sind hier sachlich gleichbedeutend.
6 *Grundmann* in Staub, HGB, Bankvertragsrecht 2, 5. Aufl. 2017, 6. Teil, 3. Abschnitt, D Rz. 456; *Schmolke* in Klöhn, Art. 12 MAR Rz. 43, 49; *Sorgenfrei/Saliger* in Park, Kapitalmarktstrafrecht, Kap. 6.1. Rz. 82; zum Begriff des verständigen Anlegers *Langenbucher*, AG 2016, 417, 419; *Mülbert*, ZHR 177 (2013), 160, 178 ff.; *Klöhn*, ZHR 177 (2013), 349, 364, 371.
7 *Fleischer* in Fuchs, § 20a WpHG Rz. 30.
8 Treffend zu § 265b StGB BGH v. 8.12.1981 – 1 StR 706/81, BGHSt 30, 285, 293.
9 *Schmolke* in Klöhn, Art. 12 MAR Rz. 44.
10 Vgl. *Stoll* in KölnKomm. WpHG, § 20a WpHG Anh. I – § 2 MaKonV Rz. 12.
11 *Schmolke* in Klöhn, Art. 12 MAR Rz. 44. Ähnlich zum alten Recht *Stoll* in KölnKomm. WpHG, § 20a WpHG Anh. I – § 2 MaKonV Rz. 10.

Risiken des entsprechenden Finanzinstruments sind[1]. Da das Verbot der Marktmanipulation die Normunterworfenen aber nur voraussehbaren Restriktionen unterwerfen soll, ist es angezeigt, nur solche Umstände dem Tatbestand des Marktmanipulationsverbots zu unterwerfen, die aus objektivierter Sicht einen Einfluss auf die Bewertung eines Finanztitels haben. Das sind all diejenigen Umstände, die auf seine Investitions- bzw. Desinvestitionsentscheidung Einfluss haben können bzw. die „innerhalb der von wirtschaftlichen Erwägungen vorgeprägten Logik der Kapitalmärkte bei einer das spezifische Finanzinstrument betreffenden Anlageentscheidung einen nachvollziehbaren Stellenwert einnehmen"[2]. Entsprechend kapitalmarktbezogene Umstände sind insbesondere Trends, Handelsvolumina und das Marktverhalten von professionellen Investoren. Einem Trend zu folgen, kann aber auch dann als verständig gelten, wenn der Trend für sich gesehen unverständig ist[3]. Zur Ad-hoc-Publizität vertritt die BaFin neuerdings die Auffassung, „dass das Spektrum des verständigen Anlegers zumindest auch auf den **spekulativ handelnden Anleger** erweitert werden muss, der nur eine kurzfristige Kursbewegung ausnutzen will, für die auch unerheblich sein kann, in welche Richtung diese ausschlägt"[4]. Das ist insofern auf das Marktmanipulationsrecht zu übertragen, als auch Umstände mit einer Signalwirkung auf die Investitions- oder Desinvestitionsentscheidung eines spekulativ handelnden Anlegers den Tatbestand des Art. 12 Abs. 1 lit. a VO Nr. 596/2014 ausfüllen und ein falsches oder irreführendes Signal aussenden können.

Ins Vorfeld eigentlicher Markmanipulationen greift die Variante des Art. 12 Abs. 1 lit. a Ziff. i) VO Nr. 596/2014 aus, weil bereits die **Wahrscheinlichkeit** eines **falschen oder irreführenden Signals** durch eine der genannten Handlungsweisen genügt. Mit anderen Worten ist nicht einmal erforderlich, dass überhaupt ein falsches oder irreführendes Signal für Angebot, Nachfrage oder den Preis gegeben wird. Vielmehr genügt die bloße Eignung des Geschäftsabschlusses, der Erteilung eines Handelsauftrags bzw. der sonstigen Handlungsweise, ein solches Signal zu geben[5]. Da die Signalwirkung aus der *ex ante* Sicht eines verständigen Anlegers beurteilt wird (Rz. 64), handelt es sich bei Lichte besehen freilich immer um eine Eignung, die in Abhängigkeit von tatsächlichen Marktveränderungen, empirischen Beobachtungen und Erkenntnissen der theoretischen Kapitalmarktforschung mehr oder weniger wahrscheinlich sein kann. Dass die MAR ausdrücklich bereits die Wahrscheinlichkeit, ein falsches oder irreführendes Signal zu geben, genügen lässt, erklärt sich aus den Schwierigkeiten zu ermitteln, welche Implikationen der genannten Handlungsweisen von einem verständigen Anleger tatsächlich als Signale für seine Anlageentscheidung berücksichtigt würden. Das Wahrscheinlichkeitskriterium erleichtert es den Aufsichtsbehörden deshalb, einen Verstoß gegen Art. 15, 12 Abs. 1 lit. a VO Nr. 596/2014 zu bejahen und notwendige Maßnahmen zu ergreifen. Der **Grad der erforderlichen Wahrscheinlichkeit** wird von Art. 12 Abs. 1 lit. a Ziff. i) VO Nr. 596/2014 nicht genannt[6]. Über das Wahrscheinlichkeitskriterium darf aber nicht die auf den Zwecksetzungen der MAR beruhende Ausgrenzung von Signalen negiert werden, die von einem verständigen Anleger keinesfalls für seine Anlageentscheidung berücksichtigt würden (Rz. 65). Als **Richtgröße** sollte die Wahrscheinlichkeit, dass die Handlungsweise falsche oder irreführende Signale gibt, daher bei **über 50 %** liegen. Zwar ist zuzugestehen, dass abstrakte Prozentzahlen den Marktteilnehmern oft keine klare Handlungsanweisung geben werden und daher nur den Anschein von Rechtssicherheit vermitteln[7]. Nicht erkennbar ist aber, wie das von *Schmolke* genannte Alternativkriterium („Wahrnehmung als Preissignal [muss] durch die relevanten Verkehrskreise typischerweise zu erwarten [sein]") ein Mehr an Rechtssicherheit bringen soll. Bei der Rechtsanwendung kommt vielmehr das Kriterium der überwiegenden Wahrscheinlichkeit häufig zur Anwendung. Entscheidend bleibt natürlich die Fallgruppenbildung durch die Auslegungspraxis von Aufsichtsbehörden und ggf. Gerichten.

c) **Anormales oder künstliches Kursniveau oder Wahrscheinlichkeit hierzu.** In der Variante des Art. 12 Abs. 1 lit. a Ziff. ii) VO Nr. 596/2014 hängt die tatbestandliche Erfassung davon ab, ob der Abschluss eines Geschäfts, die Erteilung eines Handelsauftrags oder die sonstige Handlung ein anormales oder künstliches Kursniveau eines oder mehrerer Finanzinstrumente, eines damit verbundenen Waren-Spot-Kontrakts oder eines auf Emissionszertifikaten beruhenden Auktionsobjekts erzielt oder dies wahrscheinlich ist.

Ein Kursniveau ist **anormal oder künstlich**, wenn es den marktgerechten Kurs verfehlt, weil es sich nicht mehr als Ergebnis von Angebot und Nachfrage in einem manipulationsfreien Marktumfeld darstellt[8]. Die Ausfüllung

---

1 Übersicht bei *Shiller*, Irrational Exuberance, 2nd ed. 2005.
2 *Stoll* in KölnKomm. WpHG, § 20a WpHG Anh. I – § 2 MaKonV Rz. 5.
3 *Banerjee*, Quarterly Journal of Economics 107 (1992), 797; *Bikhchandani/Hirshleifer/Welch*, Journal of Political Economy 100 (1992), 992. In diesem Sinne auch *Schmolke* in Klöhn, Art. 12 MAR Rz. 44.
4 BaFin, Art. 17 MAR – Veröffentlichung von Insiderinformationen (FAQs), Stand: 20.6.2017, III.6.b), S. 8, abrufbar unter: https://www.bafin.de/DE/Aufsicht/BoersenMaerkte/Transparenzpflichten/Ad-hoc-Publizitaet/ad-hoc-publizitaet_node.html.
5 *Schmolke* in Klöhn, Art. 12 MAR Rz. 48; *Sorgenfrei/Saliger* in Park, Kapitalmarktstrafrecht, Kap. 6.1. Rz. 81.
6 *de Schmidt*, RdF 2016, 4, 6; *Schmolke* in Klöhn, Art. 12 MAR Rz. 45.
7 Kritisch deshalb *Schmolke* in Klöhn, Art. 12 MAR Rz. 45.
8 FCA, Handbook, MAR 1: Market Abuse, Section 1.6: Manipulating transactions, 1.6.10; Technical Committee of the International Organization of Securities Commissions, ‚Investigating and Prosecuting Market Manipulation', *May* 2000, S. 13; zu dieser Definition *Avgouleas*, The Mechanics and Regulation of Market Abuse: A Legal and Economic Analysis, S. 109 ff.; *Anschütz/Kunzelmann* in Meyer/Veil/Rönnau, Handbuch zum Marktmissbrauchsrecht, § 14 Rz. 21 f.; *Schmolke* in Klöhn, Art. 12 MAR Rz. 54; *Sorgenfrei/Saliger* in Park, Kapitalmarktstrafrecht, Kap. 6.1. Rz. 79.

dieses unbestimmten Rechtsbegriffs erfordert einen Rückgriff auf die Kapitalmarktforschung[1]. Welches Kursniveau sich unter manipulationsfreien Marktbedingungen als normal und nicht künstlich einstellen würde, kann nur im Rahmen schwieriger Modellrechnungen mit zahlreichen Prognoseentscheidungen ermittelt werden[2]. Dabei verbleibende Unsicherheiten sind unvermeidlich[3]. Ein Kursniveau ist erzielt, wenn es tatsächlich als Folge der Handlung herbeigeführt wurde[4]. Das Tatbestandsmerkmal „erzielen" ist gleichbedeutend mit dem „Herbeiführen" i.S.d. Art. 12 Abs. 1 lit. c VO Nr. 596/2014[5]. Die englische Sprachfassung verwendet in beiden Fällen das Tatbestandsmerkmal „to secure"[6]. Nach Art. 12 Abs. 1 lit. a VO Nr. 596/2014 ist aber nicht erforderlich, dass tatsächlich ein anormales oder künstliches Kursniveau erzielt wurde, sondern es genügt die **Wahrscheinlichkeit** hierfür. Das Wahrscheinlichkeitskriterium ermöglicht es den Aufsichtsbehörden und auch den Gerichten, auf die im Rahmen der ökonomischen Modellrechnungen bestehenden Unsicherheiten zu reagieren und schon bei einer hinreichenden Wahrscheinlichkeit einen Verstoß gegen das Marktmanipulationsverbot zu bejahen. Als **Richtgröße** muss die Wahrscheinlichkeit auch hier (vgl. Rz. 66) bei **über 50 %** liegen. Bei der Anomalität bzw. Künstlichkeit des Kursniveaus sieht die MAR – ebenso wie bei der Signalwirkung (Rz. 62) – wiederum **keine Erheblichkeitsschwelle** vor. Ebenso wenig setzt Art. 12 Abs. 1 lit. a VO Nr. 596/2014 eine Nachhaltigkeit der Kursniveaubeeinflussung voraus[7].

69 In der Praxis haben sich verschiedene **Tests** etabliert, die zur Ermittlung eines künstlichen (*artificial*) Kursniveaus verwendet werden[8]. Zu nennen ist insoweit zunächst der **historische Test** (*historical approach*), bei dem die hypothetische Kursentwicklung durch Betrachtung der historischen Kursentwicklung ermittelt wird. Besonders verbreitet ist zudem der *unusual price test*, bei dem der Kurs des potenziell manipulierten Finanzinstruments mit dem Kurs ähnlicher oder verbundener Finanzinstrumente verglichen wird[9]. Eine genaue Feststellung eines künstlichen Kursniveaus ist besonders in denjenigen Fällen relevant, in denen Marktmanipulationen durch effektive Geschäfte vorgenommen werden, weil sich in diesen Fällen erhebliche Abgrenzungsschwierigkeiten zum legitimen Marktverhalten ergeben[10]. Die Begriffsbestimmungen zum anormalen oder künstlichen Kursniveau (Rz. 68) lassen die entscheidende Frage nach der Abgrenzung zwischen verbotenem und legitimem Marktverhalten weitgehend offen[11]. Deshalb sind die meisten in der Praxis entwickelten Tests im Schrifttum auf intensive Kritik gestoßen[12]. Im Zusammenhang mit dem Marktmanipulationsverbot sind sie nur bedingt für einen Nachweis entsprechender Verstöße geeignet, da sich mit ihnen oft nur nachweisen lässt, dass ein Verhalten tatsächlich zu künstlichen Kursen geführt hat. Sie beantworten hingegen oft nicht die Frage, ob einem Verhalten *ex ante* eine entsprechende Eignung bzw. Wahrscheinlichkeit zukam[13].

70 **Keinen Ausweg** aus den Anwendungsschwierigkeiten bietet der Versuch, die Künstlichkeit des Kursniveaus vom Nachweis einer **Manipulationsabsicht** abhängig zu machen[14]. Der Verordnungsgeber hat bei Art. 12 Abs. 1 lit. a VO Nr. 596/2014 bewusst und ganz zu Recht auf ein subjektives Tatbestandsmerkmal verzichtet, das nicht zur Herstellung vermeintlicher Rechtssicherheit wieder in das Tatbestandsmerkmal des abnormalen oder künstlichen Kursniveaus hineingelesen werden kann. Ganz zu Recht wurde insofern darauf hingewiesen, dass der Nachweis eines subjektiven Tatbestands mit eigenen und nicht minder großen Schwierigkeiten und damit Unsicherheiten verbunden ist[15]. Im Ergebnis kann nur ein weiterer enger Austausch mit der Kapitalmarktforschung weiterführen (Rz. 68). Bei der Abgrenzung zwischen legitimem und verbotenen Marktverhal-

---

1 Zutr. *Fleischer* in Fuchs, § 20a WpHG Rz. 48.
2 *Avgouleas*, The Mechanics and Regulation of Market Abuse: A Legal and Economic Analysis, S. 108 f.; kritisch *Fischel/Ross*, Harvard Law Review 105 (1991), 503, 508 ff.; aus strafrechtlicher Sicht *Sorgenfrei/Saliger* in Park, Kapitalmarktstrafrecht, Kap. 6.1. Rz. 79.
3 *Armour/Awrey/Davies/Enriques/Gordon/Meyer/Payne*, Principles of Financial Regulation, S. 191.
4 *Schmolke* in Klöhn, Art. 12 MAR Rz. 61.
5 *Schmolke* in Klöhn, Art. 12 MAR Rz. 61.
6 *Schmolke* in Klöhn, Art. 12 MAR Rz. 61.
7 Vgl. EuGH v. 7.7.2011 – C-445/09, ECLI:EU:C:2011:459 – IMC Securities, Slg. I-5917, Rz. 26 ff. = NZG 2011, 951. Dazu auch *Schmolke* in Klöhn, Art. 12 MAR Rz. 62.
8 *Avgouleas*, The Mechanics and Regulation of Market Abuse: A Legal and Economic Analysis, S. 129; *Schmolke* in Klöhn, Art. 12 MAR Rz. 55 ff.
9 *Avgouleas*, The Mechanics and Regulation of Market Abuse: A Legal and Economic Analysis, S. 129; *Schmolke* in Klöhn, Art. 12 MAR Rz. 55 ff.; in diesem Sinne auch FCA, Handbook, MAR 1: Market Abuse, Section 1.6: Manipulating transactions, 1.6.10. No. 2.
10 *Schmolke*, AG 2016, 434, 440.
11 Kritisch deshalb *Schmolke* in Klöhn, Art. 12 MAR Rz. 54, der der Umschreibung „tautologische Züge" bescheinigt. Zur Kritik auch *Avgouleas*, The Mechanics and Regulation of Market Abuse: A Legal and Economic Analysis, S. 109 ff.; *Perdue*, 56 Fordham Law Review 56 (1987), 345, 367 ff.
12 *Avgouleas*, The Mechanics and Regulation of Market Abuse: A Legal and Economic Analysis, S. 109 ff.; auch schon *Perdue*, Fordham Law Review 56 (1987), 345, 366 ff.
13 *Schmolke*, AG 2016, 434, 440.
14 So auch *Schmolke* in Klöhn, Art. 12 MAR Rz. 57. Die FCA sieht die Manipulationsabsicht jedenfalls als Indikator an, s. FCA, Handbook, MAR 1: Market Abuse, Section 1.6: Manipulating transactions, 1.6.10. No. 1.
15 *Schmolke* in Klöhn, Art. 12 MAR Rz. 57.

ten gilt es dann, im Rahmen einer Kosten-Nutzen-Analyse, die wohlfahrtsförderlichen Implikationen der Verhaltensweise gegen die gleichzeitige schädlichen Markteinflüsse abzuwägen[1].

Welche theoretischen und praktischen Schwierigkeiten Art. 12 Abs. 1 lit. a VO Nr. 596/2014 birgt, zeigt sich bei der Frage, ob und unter welchen Voraussetzungen **Leerverkäufe** und insbesondere ungedeckte Leerverkäufe i.S.v. Art. 12 VO Nr. 236/2012 (Leerverkaufs-VO) gegen das Verbot der Marktmanipulation verstoßen. Teils werden sie nur unter der Voraussetzung großer Volumina und eines gezielten Einsatzes zur Preisbeeinflussung als marktmanipulativ angesehen[2]; teils wird das auf die Manipulation von Referenzpreisen beschränkt[3]; teils werden nur *abusive short sales*, bei denen der Verkäufer von Anfang an nicht erfüllungswillig ist, als Marktmanipulation angesehen[4].

Für sich gesehen setzt ein Leerverkauf – und zwar auch dann, wenn er in spekulativer Absicht durchgeführt wird und/oder nach der Leerverkaufs-VO verboten und als Ordnungswidrigkeit ahndbar ist (§ 120 Abs. 6 Nr. 3 WpHG) – weder ein falsches oder irreführendes Signal (Rz. 60ff.) noch führt er zu einem **anormalen oder künstlichen Kursniveau**. Erfüllungsfähigkeit und -willigkeit des Leerverkäufers vorausgesetzt, trifft es zu, dass der Leerverkäufer verkaufen kann und will und auf fallende Kurse setzt; findet er einen Käufer, der auf gleichbleibende oder steigende Kurse setzt, bedeutet das, dass ein wirkliches Angebot und eine wirkliche Nachfrage aufeinander treffen. Es entsteht kein künstliches Kursniveau. Ob der Leerverkäufer sich die verkauften Stücke bereits zum Zeitpunkt des Vertragsschlusses gesichert hat, ist keine marktmanipulationsrelevante Redlichkeitserwartung des Marktes, sondern eine in Art. 12 VO Nr. 236/2012 enthaltene Anforderung, mit der spekulative Leerverkäufe strengeren Voraussetzungen unterstellt werden (dazu näher Vor Art. 1ff. VO Nr. 236/2012 Rz. 71ff.). Der Umstand, dass Leerverkäufe großvolumig und gezielt erfolgen und/oder auf einem abgestimmten Verhalten mehrerer beruhen, ändert an alledem nichts. Ein anormales oder künstliches Kursniveau entsteht auch nicht, wenn der Markt nach großvolumigen Leerverkäufen das Vertrauen in das Finanzinstrument verliert und auf Verkaufen umschaltet, was bestenfalls eigene Einsicht, schlechtestenfalls Herdenverhalten, in jedem Falle aber aus Marktsicht nicht irrational ist, mag es der Emittent des Finanzinstruments auch für unangemessen oder ungerecht halten. Die Schwelle zur Marktmanipulation ist grundsätzlich erst überschritten, wenn der Leerverkäufer **nicht erfüllungsfähig** ist; dann aber übermittelt er ein unrichtiges Signal über das Angebot (Rz. 63), womit eine Marktmanipulation nach Art. 12 Abs. 1 lit. a Ziff. i) VO Nr. 596/2014 und nicht nach Abs. 1 lit. a Ziff. ii) vorliegt. Deshalb können ungedeckte Leerverkäufe in hoch volatilen Märkten, in denen das konkrete Risiko eines Kursanstieges in einer Dimension besteht, die es dem Leerverkäufer unmöglich macht, die leerverkauften Stücke zu erwerben, ebenso nach Art. 12 Abs. 1 lit. a VO Nr. 596/2014 verboten sein wie ungedeckte Leerverkäufe, die den *free float* oder gar das Gesamtangebot eines Finanzinstruments übersteigen. Werden im Anschluss an getätigte Leerverkäufe Informationen in den Markt eingeführt, die zu einem Kursverfall beitragen, aus dem der Leerverkäufer dann durch Schließung seiner Positionen Profite zieht, liegt in keinem Fall eine Marktmanipulation i.S.d. Art. 12 Abs. 1 lit. a VO Nr. 596/2014 vor (s. aber noch Rz. 155f., 161, 188, 253).

d) Fehlen eines subjektiven Elements. Für einen Verstoß gegen das Marktmanipulationsverbot der Art. 15, 12 Abs. 1 lit. a VO Nr. 596/2014 ist das Vorliegen subjektiver Tatbestandsmerkmale nicht erforderlich. Subjektive Voraussetzungen werden erst auf der straf- bzw. ordnungswidrigkeitenrechtlichen Ebene relevant (dazu § 119 WpHG Rz. 85 f.)[5].

Art. 12 Abs. 1 lit. a VO Nr. 596/2014 sieht anders als Abs. 1 lit. c und lit. d **kein ausdrückliches subjektives Element** vor und kann deshalb ohne dessen Vorliegen verwirklich werden[6]. Letztere Bestimmungen statuieren explizit, dass eine Marktmanipulation nur dann vorliegt, wenn die Person, welche die dort genannten Informationen verbreitet, weiß oder wissen muss, dass sie falsch oder irreführend sind (Art. 12 Abs. 1 lit. c VO Nr. 596/2014) bzw. wenn die Person, die Informationen übermittelt oder Ausgangsdaten bereitstellt, weiß oder wissen muss, dass sie falsch oder irreführend sind (Art. 12 Abs. 1 lit. d VO Nr. 596/2014)[7].

---

1 In diese Richtung auch *Schmolke* in Klöhn, Art. 12 MAR Rz. 58 a.E. unter Verweis auf die Untersuchung von *Kyle/Viswanathan*, 98 American Economic Review (2008), 274.
2 *Schwark* in Schwark/Zimmer, § 20a WpHG Rz. 38; *Weber*, NZG 2000, 113, 115; *Zimmer/Beisken*, WM 2010, 485, 488 (beschränkt auf ungedeckte Leerverkäufe).
3 *Schröder*, Hdb. Kapitalmarktstrafrecht, Rz. 502.
4 *Trüg*, NJW 2009, 3202, 3204 f.
5 *Schmolke* in Klöhn, Art. 12 MAR Rz. 294 ff.
6 *Moloney*, EU Securities and Financial Markets Regulation, S. 741 f.; *Schmolke*, AG 2016, 434, 442 f.; *Schmolke* in Klöhn, Art. 12 MAR Rz. *Armour/Awrey/Davies/Enriques/Gordon/Meyer/Payne*, Principles of Financial Regulation, S. 191; jedenfalls Vorsatz nicht für erforderlich haltend ESMA, Final Report, ESMA's technical advice on possible delegated acts concerning the Market Abuse Directive, ESMA/2015/224, S. 78; FCA, Handbook, Section 1.2: Market Abuse: general, 1.2.3; *Alexander/Maly*, Law and Financial Market Review 9 (2015), 243, 246; *Grundmann* in Staub, HGB, Bankvertragsrecht 2, 5. Aufl. 2017, 6. Teil, 3. Abschnitt D, Art. 12 Rz. 459; a.A. *Stoll* in KölnKomm. WpHG, § 20a WpHG Rz. 248; *Renz/Leibhold*, CCZ 2016, 157, 167; zum Schweizer Recht *Maurenbrecher* in Watter/Bahar, Basler Kommentar, Finanzmarktaufsichtsgesetz/Finanzmarktinfrastrukturgesetz: FINMAG/FinfraG, Art. 143 FinfraG Rz. 61.
7 *Schmolke*, AG 2016, 434, 443.

75 Zu § 20a WpHG a.F. hatte die ganz herrschende Meinung anderes vertreten. Für die handels- und handlungsgestützte Manipulation sollte sich aus dem Zusammenhang des Gesetzes – auf der Sanktionsseite setzen sowohl § 38 Abs. 2 WpHG a.F. als auch § 39 Abs. 1 Nr. 1, 2 WpHG a.F. Vorsatz voraus (§ 15 StGB, § 10 OWiG)[1] – sowie aus Sinn und Zweck des Marktmanipulationsverbots ergeben, dass auch kapitalmarktrechtlich grundsätzlich nur vorsätzliches Handeln gemeint sein konnte[2]. Für § 20a Abs. 1 Satz 1 Nr. 1 WpHG a.F. sollte hingegen – der sanktionenrechtlichen Wertung folgend (§ 39 Abs. 2 Nr. 11 WpHG a.F.) – auch in kapitalmarktrechtlicher Hinsicht Leichtfertigkeit genügen[3]. Die Rechtsfolge hiervon war für die herrschende Meinung, dass ein Verhalten, das objektiv die Voraussetzungen des § 20a WpHG a.F. erfüllt, jedoch eindeutig unvorsätzlich bzw. im Falle des § 20a Abs. 1 Satz 1 Nr. 1 WpHG a.F. eindeutig allenfalls fahrlässig ist, nicht ausreicht, um ein **Überwachungsverfahren** einzuleiten, das die „Einhaltung der Verbote und Gebote" des WpHG zum Gegenstand hat, und dass in diesem Fall die besonderen Überwachungsbefugnisse des § 4 Abs. 2–4 WpHG nicht gegeben sind[4]. Insoweit zeigt sich erneut die strafrechtliche Fokussierung bei der Auslegung des § 20a WpHG a.F. (Vor Art. 12 ff. VO Nr. 596/2014 Rz. 50 ff.).

76 Der EuGH hatte in der Spector-Entscheidung[5] zur Definition der Insider-Geschäfte durch die MAD I entschieden, dass die besondere Natur von Insider-Geschäften es erlaube, bei Erfüllung der objektiven Tatbestandsmerkmale ein vorsätzliches Ausnutzen zu vermuten. In der Folge wurde bestritten, dass die in der Spector-Entscheidung gemachten Ausführungen auf die Marktmanipulation übertragen werden könnten. Die vom EuGH hervorgehobene besondere Natur von Insider-Geschäften, die es erlaube, bei Erfüllung der objektiven Tatbestandsmerkmale ein vorsätzliches Ausnutzen zu vermuten, solle beim Marktmanipulationsverbot nicht bestehen, da etwa der Umstand, dass jemand objektiv unrichtige Angaben macht, nicht die Vermutung nahelege, er habe das in bösem Glauben getan[6].

77 In der Tat kann der Umstand, dass eine Person eine objektiv unrichtige Information verbreitet, nicht als Anknüpfungspunkt für die Vermutung herangezogen werden, sie handelte in bösem Glauben. Der Definitionstatbestand der Marktmanipulation in Art. 12 Abs. 1 lit. c VO Nr. 596/2014 erfordert jedoch gerade nicht, dass eine entsprechende Information in bösem Glauben verbreitet wird (Rz. 188). Genauso wenig fordert Art. 12 Abs. 1 lit. a VO Nr. 596/2014, dass eine der beschriebenen Handlungsweisen in einer bestimmten manipulativen Absicht begangen wurden. Der **Begriff der Manipulation steht** dem **nicht entgegen**[7]. Zwar impliziert dieser ausgehend von seinem natürlichen Wortsinn ein „undurchschaubares, geschicktes Vorgehen, mit dem sich jemand einen Vorteil verschafft, etwas Begehrtes gewinnt"[8], was auf ein gezieltes und damit vorsätzliches Verhalten hindeutet. Der europäische Gesetzgeber geht aber bereits mit der ausdrücklichen Einbeziehung auch fahrlässigen Verhaltens in den Art. 12 Abs. 1 lit. c und lit. d VO Nr. 596/2014 über dieses Verständnis hinaus (dazu Rz. 199 f.). Entscheidend ist für ihn immer die Durchführung bestimmter für die Kapitalmarkteffizienz als gefährlich eingestufter Verhaltensweisen[9]. Ebendiese Verhaltensweisen müssen nicht notwendig vorsätzlich oder fahrlässig verwirklicht werden, um ein Gefährdungspotenzial zu entfalten. Das wird besonders deutlich bei Marktmanipulationen im Hochfrequenz- und algorithmischen Handel (Rz. 235 ff.) sowie bei Manipulationen, die im Zusammenhang mit der Ausübung von Marktmacht (Rz. 217 ff.) stehen oder Scheingeschäfte darstellen (Rz. 98 ff.).

78 Dieses Verständnis wird durch einen Blick auf die CRIM-MAD untermauert[10]. Art. 5 Abs. 1 RL 2014/57/EU gibt den Mitgliedstaaten vor, dass Marktmanipulationen zumindest in schweren Fällen und bei Vorliegen von Vorsatz unter Strafe zu stellen sind. Das deutet darauf hin, dass der europäische Gesetzgeber von einem Verstoß gegen das Marktmanipulationsverbot auch jenseits des Vorliegens von Vorsatz ausgeht. Zudem heißt es in Erwägungsgrund 23 RL 2014/57/EU, dass bei Sanktionen wegen Verstößen gegen die MAR kein Nachweis eines Vorsatzes erforderlich sei[11].

---

1 Unzutr. *Fleischer*, NJW 2002, 2977, 2979: „objektiver" Verstoß gegen § 20a Abs. 1 ist Ordnungswidrigkeit, sowie *Martin Weber*, NJW 2003, 18, 20 in Fn. 20.
2 *Vogel* in 6. Aufl., § 20a WpHG Rz. 3; *Eichelberger*, S. 320 f.; *Fleischer* in Fuchs, § 20a WpHG Rz. 73; *Stoll* in KölnKomm. WpHG, § 20a WpHG Rz. 247.
3 Zutr. *Eichelberger*, S. 320.
4 *Vogel* in 6. Aufl., § 20a WpHG Rz. 4.
5 EuGH v. 23.12.2009 – C-45/08, ECLI:EU:C:2009:806 – Spector, AG 2010, 74.
6 *Vogel* in 6. Aufl., § 20a WpHG Rz. 3a.
7 *Schmolke* in Klöhn, Art. 12 MAR Rz. 299; vgl. aber *Vogel* in 6. Aufl., § 20a WpHG Rz. 3: „Bloß fahrlässiges oder gar schuldloses Verhalten als Markt‚manipulation' zu bezeichnen, ist bereits begrifflich mehr als fragwürdig; solches Verhalten wäre im Übrigen einerseits uferlos weit sowie andererseits nicht regulierungswürdig und -bedürftig, da es weniger gefährlich erscheint als vorsätzliches und insoweit auf eine Selbstregulierung des Marktes gesetzt werden kann."
8 Duden online, abrufbar unter: http://www.duden.de/rechtschreibung/Manipulation (abgerufen am 1.2.2017).
9 Vgl. *Schmolke*, AG 2016, 434, 440.
10 *Schmolke* in Klöhn, Art. 12 MAR Rz. 300.
11 Darauf weist auch *Schmolke*, AG 2016, 434, 443 hin. Er führt sodann aus, dass sich mit diesen Ausführungen auch eine Vorsatzvermutung vertragen würde, wie sie der EuGH etwa in der *Spector Photo Group*-Entscheidung (EuGH v. 23.12.2009 – C-45/08, ECLI:EU:C:2009:806 – Spector, AG 2010, 74) etabliert hat. In anderen Rechtsbereichen verzichtet der EuGH freilich ganz auf subjektive Elemente, wie insbesondere beim Bezweckenserfordernis des Art. 101 AEUV im Kartellrecht. Vgl. etwa EuGH v. 14.3.2013 – C-32/11, ECLI:EU:C:2013:160, NZKart 2013, 241 Rz. 35 = WuW 2013, 655.

Der Verzicht auf subjektive Elemente und damit auf deren Nachweis ermöglicht es den Aufsichtsbehörden, Sachverhalte auch dann zu untersuchen, wenn nur objektive Tatbestandsmerkmale erfüllt sind. Dadurch wird die **effektive Überwachung** und **Durchsetzung** des Unionsrechts befördert. Da § 120 Abs. 15 Nr. 2 WpHG nur vorsätzliches oder leichtfertiges Handeln und § 119 Abs. 1 Satz 1 Nr. 2 WpHG nur vorsätzliches Handeln für die ordnungswidrigkeitenrechtliche bzw. strafrechtliche Ahndung genügen lassen, bestehen gegen diese **extensive Auslegung auf der Ebene des Aufsichtsrechts** keine Bedenken (s. auch schon Vor Art. 12 ff. VO Nr. 596/ 2014 Rz. 45 ff. zur kapitalmarktautonomen Auslegung). Etwaige Friktionen mit dem strafrechtlichen Analogieverbot wären ausschließlich auf der Ebene des Straf- bzw. Ordnungswidrigkeitentatbestands aufzulösen[1]. Der grundsätzliche Verzicht auf ein subjektives Element bei Art. 12 Abs. 1 lit. a VO Nr. 596/2014 bedeutet indes nicht, dass alle denkbaren unter Art. 12 Abs. 1 lit. a VO Nr. 596/2014 fallenden Manipulationshandlungen auch unvorsätzlich begangen werden können[2]. Gerade bei handelsbasierten Manipulationen durch effektive Geschäfte ohne das Bestehen von Marktmacht ist ein **subjektives Element oftmals unverzichtbar**, um legitimes Marktverhalten von verbotenem manipulativem Verhalten abzugrenzen. Zahlreiche indiziellen Manipulationspraktiken, die in Anhang I VO Nr. 596/2014 bzw. Art. 4 i.V.m. Anhang II Abschnitt 1 DelVO 2016/522 umschrieben werden, benennen dementsprechend ausdrücklich subjektive Elemente bis hin zur Absicht.

79

e) Marktmanipulationen bei den Indikatoren nach Anhang I A. VO Nr. 596/2014 i.V.m. der DelVO 2016/ 522. Für die Zwecke der Anwendung von Art. 12 Abs. 1 lit. a VO Nr. 596/2014 enthält Anhang I A. VO Nr. 596/2014 eine Liste nicht abschließender **Indikatoren**[3], deren Erfüllung durch einen Sachverhalt auf eine Marktmanipulation hindeutet (näher Rz. 257 ff.). Die Indikatoren werden durch die in Art. 4 i.V.m. Anhang II Abschnitt 1 DelVO 2016/522 aufgezählten Praktiken weiter präzisiert.

80

aa) Bedeutender Anteil am Tagesvolumen (Anhang I A. lit. a VO Nr. 596/2014). Anhang I A. lit a VO Nr. 596/2014 nennt als Indikator für eine Marktmanipulation Geschäfte und Handelsaufträge (hierzu Rz. 52, 56), die an einem Markt einen bedeutenden Anteil am Tagesvolumen der Transaktionen mit dem entsprechenden Finanzinstrument, einem damit verbundenen Waren-Spot-Kontrakt oder einem auf Emissionszertifikaten beruhenden Auktionsobjekt ausmachen, insbesondere wenn sie eine erhebliche Kursänderung bewirken. Ein **Anteil am Tagesvolumen** ist **bedeutend**, wenn er so groß ist, dass er ein deutliches Kursänderungspotential hat[4]. Eine **Kursänderung** ist jede Erhöhung oder Senkung sowie die künstliche Beibehaltung eines Kurses. Für die Frage, wann eine Kursänderung **erheblich** ist, lassen sich keine pauschalen Schwellenwerte festlegen[5]. Je nach Marktlage (Liquidität) und Volatilität kann eine kurzfristige Kursänderung von 2 %, 5 % oder 10 % als erheblich anzusehen sein. Der Umstand, dass das großvolumige Geschäft eine erhebliche Kursänderung bewirkt, ist für sich genommen aber neutral[6]. Erst durch die weiter präzisierenden Praktiken in Anhang II Abschnitt 1 Nr. 1 DelVO 2016/522 wird der Indikator für die Aufsichtsbehörden und die durch Art. 16 verpflichteten Marktteilnehmer (Rz. 257) handhabbar, da auch legitime Geschäftsabschlüsse eine erhebliche Kursänderung bewirken können.

81

Colluding in the after-market of an initial public offering where colluding parties are involved (Anhang II Abschnitt 1 Nr. 1 lit. a DelVO 2016/522): Die DelVO 2016/522 beschreibt als eine Praktik, die eine Marktmanipulation indizieren kann, den **Kauf von Positionen** eines Finanzinstruments, eines damit verbundenen Waren-Spot-Kontrakt oder eines auf Emissionszertifikaten beruhenden Auktionsobjekts auf dem Sekundärmarkt, im Anschluss an die Zuteilung auf dem Primärmarkt, in der Absicht, deren **Preis künstlich in die Höhe zu treiben** und bei anderen Investoren **Interesse zu wecken**. Entsprechende Verhaltensweisen kommen typischerweise als **Absprache auf dem Anschlussmarkt** eines öffentlichen Erstangebots vor, woraus ihre Bezeichnung herrührt[7]. Der Manipulator muss versuchen, den Wert der ihm primär zugeteilten Instrumente im sog. *after market* zu erhöhen, weshalb nur der Kauf von entsprechenden Instrumenten zur Ausfüllung des Indikators geeignet ist[8]. Zusätzliche Umstände, die in diesen Fällen auf eine Marktmanipulation hindeuten können, sind eine ungewöhnliche Konzentration von Transaktionen und/oder Handelsaufträgen im Allgemeinen oder bei bestimmten Personen (Anhang II Abschnitt 1 Nr. 1 lit. a Ziff. i) DelVO 2016/522) sowie Transaktionen bzw. Handelsaufträge, die keine andere Berechtigung, d.h. keinen anderen ökonomischen Sinn erkennen lassen,

82

---

1 Vgl. *Weick-Ludewig/Sajnovits*, WM 2014, 1521, 1527 f. für die Leerverkaufs-VO.
2 So auch *Schmolke* in Klöhn, Art. 12 MAR Rz. 302.
3 ESMA, Final report, ESMA's technical advice on possible delegated acts concerning the Market Abuse Regulation, ESMA/2015/224, S. 13 Abs. 29.
4 *Schmolke* in Klöhn, Art. 12 MAR Rz. 78; kritisch zur fehlenden Konkretisierung *Sorgenfrei/Saliger* in Park, Kapitalmarktstrafrecht, Kap. 6.1. Rz. 101; vgl. aber BR-Drucks. 18/05, 14 für § 3 Abs. 1 Satz 1 lit. a MaKonV.
5 *Anschütz/Kunzelmann* in Meyer/Veil/Rönnau, Handbuch zum Marktmissbrauchsrecht, § 14 Rz. 48; *Schmolke* in Klöhn, Art. 12 MAR Rz. 78 f.
6 *Avgouleas*, The Mechanics and Regulation of Market Abuse: A Legal and Economic Analysis, S. 133 ff.; *Schmolke* in Klöhn, Art. 12 MAR Rz. 78.
7 *Baßler/Delgado-Rodriguez* in Temporale, Europäische Finanzmarktregulierung, 2015, S. 199, 210 f.; *Schmolke* in Klöhn, Art. 12 MAR Rz. 81 ff. Überblick zum US-Markt bei *Choi/Pritchard*, University of Cincinnati Law Review 73 (2004), 179.
8 *Schmolke* in Klöhn, Art. 12 MAR Rz. 83.

Art. 12 VO Nr. 596/2014 | Marktmanipulation

als den Kurs oder das Handelsvolumen im Verlauf eines Börsentages in die Höhe zu treiben (Anhang II Abschnitt 1 Nr. 1 lit. a Ziff. ii) DelVO 2016/522). Letzteres kommt insbesondere in Betracht, wenn diese **Transaktionen in zeitlicher Nähe** zu einem **Referenzpunkt** wie etwa der Marktöffnung oder -schließung vorgenommen werden.

83 Ein falsches oder irreführendes Signal mit Kursbeeinflussungseignung (Rz. 60 ff.) bzw. ein anormales oder künstliches Kursniveau wird durch den Kauf von Positionen (Rz. 67 ff.) nur gegeben/erzeugt, wenn der Manipulator mit der **Absicht zur Kursbeeinflussung** handeln[1]. Nur die Kursbeeinflussungsabsicht grenzt das Verhalten gegenüber legitimem Marktverhalten ab. *Colluding in the after-market of an initial public offering where colluding parties are involved* ist deshalb – unabhängig davon, dass zur Verwirklichung des Art. 12 Abs. 1 lit. a VO Nr. 596/2014 grundsätzlich kein subjektives Element erforderlich ist (Rz. 73 ff.) – nur dann manipulativ und verboten, wenn ein subjektives Element in Form der Absicht beim Manipulator vorliegt. Ein **kollusives Verhalten** zwischen mehreren Personen ist zur Tatbestandsverwirklichung aber **nicht zwingend erforderlich**, wenngleich *colluding* (konspirierend) es begrifflich nahelegt[2]. Auch eine Einzelperson kann aber Positionen im zeitlichen Zusammenhang mit einer Emission erwerben und dabei mit der Absicht handeln den Kurs des betreffenden Finanzinstruments auf ein künstliches Niveau (Rz. 67) zu heben. Durch dieses Verhalten können die Voraussetzungen des Art. 12 Abs. 1 lit. a VO Nr. 596/2014 erfüllt sein.

84 **Kursstabilisierungsmaßnahmen** sind jedenfalls unter den Voraussetzungen des *safe harbour* nach Art. 5 Abs. 4 VO Nr. 596/2014 keine Marktmanipulation i.S.d. Art. 12 Abs. 1 lit. a VO Nr. 596/2014 (näher Art. 5 VO Nr. 596/2014 Rz. 72 ff.). Auch nicht dem *safe harbour* unterfallende Stabilisierungsmaßnahmen können aber bei Herstellung hinreichender Markttransparenz zulässig sein (Art. 5 VO Nr. 596/2014 Rz. 112 ff.).

85 **Creation of a floor or a ceiling in the price pattern (Anhang II Abschnitt 1 Nr. 1 lit. b DelVO 2016/522):** Als *creation of a floor or a ceiling in the price pattern* beschreibt die DelVO 2016/522 die (künstliche) Erzeugung eines Tiefst- oder Höchstpreises im Preisgefüge. Entsprechende Praktiken dienen dazu, die Über- oder Unterschreitung eines bestimmten Kursniveaus zu einem bestimmten Zeitpunkt zu erreichen oder zu verhindern, um so bestimmte Folgen herbeizuführen oder zu vermeiden, die mit dem Erreichen eines bestimmten Kursniveaus einhergehen[3]. Dies betrifft zunächst Transaktionen bzw. Handelsaufträge, die kurz vor der Ausgabe, der vorzeitigen Tilgung oder dem Erlöschen von mit Finanzinstrumenten verbundenen **Derivaten oder Wandelanleihen** (wahrscheinlich) dazu führen, dass der Preis eines Finanzinstruments, eines damit verbundenen Waren-Spot-Kontrakts oder eines auf Emissionszertifikaten beruhenden Auktionsobjekts steigt, sinkt oder künstlich beibehalten wird (Anhang II Abschnitt 1 Nr. 1 lit. b Ziff. i) DelVO 2016/522). Das entsprechende Vorgehen kommt ferner bei Transaktionen bzw. Handelsaufträgen vor, die (wahrscheinlich) den **gewichteten Durchschnittspreis** eines Tages oder eines bestimmten Zeitraums durch einen Preisanstieg oder -abfall beeinflussen (Anhang II Abschnitt 1 Nr. 1 lit. b Ziff. ii) DelVO 2016/522). Darüber hinaus können Transaktionen und Handelsaufträge einen Indikator für eine Marktmanipulation darstellen, wenn sie zu einer (wahrscheinlichen) Kursbeeinflussung von Finanzinstrumenten, damit verbundenen Waren-Spot-Kontrakten oder auf Emissionszertifikaten beruhenden Auktionsobjekten führen und diese Kursbeeinflussung im Zusammenhang mit dem **Ausübungspreis von Optionen** oder anderer zur **Bestimmung der Auszahlung** eines entsprechenden **Derivats** am Ende seiner Laufzeit benutzten Elementen steht (Anhang II Abschnitt 1 Nr. 1 lit. b Ziff. iii) und Ziff. iv) DelVO 2016/522). Man spricht insofern vom **pegging** und **capping**[4]. Beispielsweise besteht im Falle sog. *knock out options* bzw. *barrier options* ein erheblicher Anreiz für den Stillhalter einen Marktpreis, der sich in der Nähe der *Knock-out*-Schwelle bewegt, derart zu manipulieren, dass die Schwelle überschritten wird (sog. *knock-out-kicker*)[5]. Schließlich stellen nach Anhang II Abschnitt 1 Nr. 1 lit. b Ziff. v) DelVO 2016/522 Transaktionen einen Indikator für eine Marktmanipulation dar, die (wahrscheinlich) zur **Modifizierung des Abrechnungskurses** eines Finanzinstruments, eines verbundenen Waren-Spot-Kontrakts oder eines auf Emissionszertifikaten beruhenden Auktionsobjekts führen, wenn dieser Kurs bei der Berechnung der Einschussanforderungen als Referenzwert oder entscheidender Faktor genutzt wird. Die Motive zur Vornahme entsprechender Manipulationen sind mit denen zum *marking the close* verwandt (dazu Rz. 227 ff.).

86 Damit die **Tatbestandsvoraussetzungen** des Art. 12 Abs. 1 lit. a VO Nr. 596/2014 durch einen den Indikator ausfüllenden Sachverhalt erfüllt sind, müssen die betreffenden Transaktionen bzw. Handelsaufträge tatsächlich oder wahrscheinlich ein **falsches oder irreführendes Signal** geben bzw. ein **anormales oder künstliches Kursniveau** erzeugen. Ob diese Folgen gerade durch die Handlung (wahrscheinlich) eintreten, muss nach den oben entfalteten Kriterien (Rz. 60 ff.) beurteilt werden. Dies ist insbesondere dann denkbar, wenn die Transaktion

---

1 *Schmolke* in Klöhn, Art. 12 MAR Rz. 84.
2 *Schmolke* in Klöhn, Art. 12 MAR Rz. 83.
3 Dazu auch *Baßler/Delgado-Rodriguez* in Temporale, Europäische Finanzmarktregulierung, 2015, S. 199, 212 mit fiktivem Beispiel; *Schmolke* in Klöhn, Art. 12 MAR Rz. 86 ff.; *Sorgenfrei/Saliger* in Park, Kapitalmarktstrafrecht, Kap. 6.1. Rz. 103; vgl. ferner *Avgouleas*, The Mechanics and Regulation of Market Abuse: A Legal and Economic Analysis, S. 143 ff.
4 *Putniņš*, Journal of Economic Surveys 26 (2012), 952, 956.
5 Vgl. *Schwark* in FS Kümpel, S. 485, 490, 502; *Schmolke* in Klöhn, Art. 12 MAR Rz. 90.

bzw. der Handelsauftrag für sich nicht wirtschaftlich nachvollziehbar sind, weil sie nicht durch ein Erwerbs- oder Veräußerungsinteresse motiviert sind, sondern nur dem Zweck dienen können, den Kurs eines verbundenen Instruments zu beeinflussen. Diese Frage ist anhand des **Gesamtportfolios** des jeweiligen Manipulators zu beurteilen. Auf **subjektive Elemente kommt es** für die Verwirklichung der Tatbestandsvoraussetzungen **nicht an**[1]. Eine Abgrenzung zu legitimem Marktverhalten ist auch alleine anhand objektiver Kriterien möglich.

Ping-Aufträgen (Anhang II Abschnitt 1 Nr. 1 lit. c DelVO 2016/522): Bei Ping-Aufträgen handelt es sich um volumenmäßige Kleinaufträge, mit denen der Auftraggeber bezweckt, den Umfang verdeckter Aufträge festzustellen[2]. Dies findet insbesondere auf sog. *dark platforms* (auch *dark pools* genannt) statt[3]. Als *dark platform* werden Handelsplattformen bezeichnet, die keine öffentlichen Orderbücher führen (keine *Pre-trade*-Transparenz, wohl aber *Post-trade*-Transparenz)[4]. Während sich der Preis an regulären Handelsplätzen (*lit markets*) auf Basis der eingegebenen Market- und Limit-Orders nach den Regeln von Angebot und Nachfrage bildet, wird der Preis an den Orders auf einer *dark platform* durchgeführt werden von den Quotes an Börsen oder anderen Handelsplattformen abgeleitet[5]. In den letzten zehn Jahren hat der Handel auf *dark platforms* rapide zugenommen. Im Jahr 2016 wurden schätzungsweise 8% des gesamten Equityhandels in der EU auf einer *dark platform* durchgeführt[6]. Der Grund für diese Zunahme wird hauptsächlich darin gesehen, dass sich Händler auf *dark platforms* vor HTF-Tradern schützen wollen, die ihre Profite gerade aus der *Pre-trade*-Transparenz ziehen können[7]. *Dark pools* stehen und standen in der Kritik, da die Diskrepanz zwischen tatsächlichem Handel und öffentlich einsehbarem Handel sich schädlich auf den Preisbildungsprozess auswirken kann[8] und die Fragmentierung von Liquidität Suchkosten erhöhen und dadurch negative Auswirkungen für die Markteffizienz haben kann[9]. Bei Ping-Aufträgen wurde bislang davon ausgegangen, dass sie für sich keine irreführenden Signale aussenden, sondern nur vorgenommen werden, um selbst Informationen zu erlangen, und deswegen auch noch nicht als Marktmanipulation zu werten sind[10]. Die ESMA hatte demgegenüber schon 2012 hervorgehoben, dass entsprechende Praktiken bereits für sich eine Marktmanipulation darstellen können[11].

87

Zunächst ist der einzelne **Ping-Auftrag** noch **nicht** als **vollendete** (vgl. Art. 15 VO Nr. 596/2014 Rz. 15 f.) **Marktmanipulation** zu werten[12], weil er regelmäßig – schon aufgrund seines Volumens – kein zur Kursbeeinflussung geeignetes Signal aussendet. Ist dies einmal anders, kann bereits der Ping-Auftrag selbst ein falsches Signal aussenden, aber nur sofern hinter seiner Erteilung nicht ein tatsächliches Handelsinteresse, sondern nur ein Ausspähungsinteresse steht[13]. Eine Marktmanipulation kann zudem vorliegen, wenn der Auftrag nur zum Schein eingegeben wird und unmittelbar nach seiner Eingabe wieder storniert wird (vgl. Rz. 59, 124 ff.). Im Regelfall dient der Ping-Auftrag aber der unmittelbaren Vorbereitung eines sog. (electronic) front running[14]. Beim *front running* führt eine Person, zumeist ein Broker, ihre eigene Order in der Kenntnis einer bereits eingegangenen und potentiell marktbewegenden Order priorisiert aus[15]. **Klassisches front running** ist damit **keine Marktmanipulation** sondern allenfalls ein verbotenes Insidergeschäft, da die priorisierte Ausführung der

88

---

1 A.A. *Schmolke* in Klöhn, Art. 12 MAR Rz. 90, der dies aus dem Begriff „sollen" in der Umschreibung der Praxis herauslesen will.
2 *Baßler/Delgado-Rodriguez* in Temporale, Europäische Finanzmarktregulierung, 2015, S. 199, 216 f.; *Schmolke* in Klöhn, Art. 12 MAR Rz. 92 ff.
3 *Schmolke* in Klöhn, Art. 12 MAR Rz. 93; *Sorgenfrei/Saliger* in Park, Kapitalmarktstrafrecht, Kap. 6.1. Rz. 103; *Kasiske*, BKR 2015, 454; *Lewis*, Flash Boys, 2014, 42 ff., 122 ff.
4 *Petrescu/Wedow*, European Central Bank Occasional Paper Series No 193/July 2017, Dark pools in European equity markets: emergence, competition and implications, S. 7; *Schmolke* in Klöhn, Art. 12 MAR Rz. 93; *Zhu*, The Review of Financial Studies 27 (2014), 747. Bekannte europäische *dark pools* sind etwa Chi-X, Turquoise und BATS.
5 *Petrescu/Wedow*, European Central Bank Occasional Paper Series No 193/July 2017, Dark pools in European equity markets: emergence, competition and implications, S. 48.
6 *Petrescu/Wedow*, European Central Bank Occasional Paper Series No 193/July 2017, Dark pools in European equity markets: emergence, competition and implications, S. 22, 26.
7 *Petrescu/Wedow*, European Central Bank Occasional Paper Series No 193/July 2017, Dark pools in European equity markets: emergence, competition and implications.
8 *Petrescu/Wedow*, European Central Bank Occasional Paper Series No 193/July 2017, Dark pools in European equity markets: emergence, competition and implications, S. 48 f. Diese These wird freilich auch bestritten. Dadurch, dass die Existenz von *dark pools* zu einer Fragmentierung zwischen Informationshändlern an *lit markets* und Liquiditäts- bzw. Noise- und Momentum-Händlern an *dark pools* führt, wird die Preisfindung an *lit markets* nämlich vermehrt durch Informationshändler bestimmt, was grundsätzlich zu einer genaueren Preisfindung führt.
9 *Petrescu/Wedow*, European Central Bank Occasional Paper Series No 193/July 2017, Dark pools in European equity markets: emergence, competition and implications, S. 47 f. m.w.N.
10 *Kasiske*, WM 2014, 1933, 1937 mit Fn. 38; *Pananis* in MünchKomm. StGB, 2. Aufl. 2015, § 38 WpHG Rz. 204.
11 Leitlinien der ESMA zu Systemen und Kontrollen für Handelsplattformen, Wertpapierfirmen und zuständige Behörden in einem automatisierten Handelsumfeld vom 24.2.2012, S. 21.
12 *Schmolke* in Klöhn, Art. 12 MAR Rz. 94.
13 Enger *Schmolke* in Klöhn, Art. 12 MAR Rz. 94, der hervorhebt, dass dies nicht typischerweise unterstellt werden könne, weshalb die Praxis deplatziert sei.
14 *Lin*, Emory Law Journal 66 (2017), 1253, 1283; *Kasiske*, WM 2014, 1933, 1937; *Schmolke* in Klöhn, Art. 12 MAR Rz. 94.
15 *Lin*, Emory Law Journal 66 (2017), 1253, 1283.

eigenen Order regelmäßig keinen Kurseffekt hat[1]. Der Ping-Auftrag stellt folgerichtig in diesem Fall auch **keine versuchte Marktmanipulation** dar. **Electronic front running** meint ebenfalls die Ausführung eigener Orders in Kenntnis zukünftiger – noch nicht vollständig eingepreister – marktbewegender Orders. Sofern beim *electronic front running* Insiderinformationen ausgenutzt werden, gilt für die rechtliche Bewertung das Gleiche wie für das klassische *front running*. Anders als beim klassischen *front running* nutzt der *front runner* aber nicht zwangsläufig Insiderinformationen bzw. seine Stellung als Broker aus, sondern zieht Nutzen aus Informationsunterschieden an unterschiedlichen Märkten[2]. Dies kann heutzutage nur High-frequency- oder Algorithmic-Tradern gelingen[3]. Solange die Informationen öffentlich bekannt waren und die *front runner* nur Arbitragemöglichkeiten ausgenutzt haben (vgl. Rz. 97), liegt in ihrem Verhalten weder ein Insiderverstoß noch eine Marktmanipulation. Funktional kann eine Unterbindung entsprechenden Verhaltens gleichwohl angezeigt sein. In Betracht kommt dies insbesondere, wenn das Verhalten von HF-Tradern als „unfair" empfunden wird und dazu führt, dass Anleger das Vertrauen in die Märkte verlieren und diesen deshalb weniger Liquidität zuführen (vgl. Rz. 23). Dann aber kann das Verhalten nur Gegenstand eigener Regulierung von HF- und Algorithmic-Trading sein.

89 **Phishing (Anhang II Abschnitt 1 Nr. 1 lit. d DelVO 2016/522):** Das mit dem *pinging* (Rz. 87) verwandte *phishing* beschreibt die DelVO 2016/522 als die Ausführung von Handelsaufträgen mit dem Ziel, Aufträge anderer Teilnehmer auszuspähen[4]. An das Ausspähen muss sich dann die Auslösung eines Handelsauftrags unter Ausnutzung der erlangten Informationen anschließen. Anders als beim *pinging* (Rz. 87) ist nach der DelVO 2016/522 beim *phishing* eine sich an die Informationserlangung anschließende Informationsausnutzung durch die Auslösung eines Handelsauftrags erforderlich. Der Unterschied auf der Ebene des Ausspähens besteht darin, dass beim *phishing* nicht nur Kleinaufträge, sondern auch Handelsaufträge erfasst werden[5], an deren Ausführung objektiv ein wirtschaftliches Interesse bestehen kann und die sich nicht schon durch ihre Art als reines Informationserlangungsinstrument kennzeichnen. Dann aber geben derartige Orders tatsächlich ein falsches Signal: sie täuschen ein Handelsinteresse vor, obwohl sie nur der Ausspähung dienen.

90 Der **Marktmanipulationstatbestand** nach Art. 12 Abs. 1 lit. a VO Nr. 596/2014 wird beim *phishing* **allein** durch die **erste Stufe**, mithin durch die **Ausführung von Handelsaufträgen zur Ausspähung** verwirklicht, sofern diese ein falsches bzw. irreführendes Signal aussendet. Die zweite Stufe, mithin die Ausnutzung der erlangten Informationen, sendet für sich kein falsches Signal aus und führt auch nicht zu einem anormalen oder künstlichen Kursniveau, da sie auf einer (privilegiert) informierten Transaktionsentscheidung beruht. Bei ihr werden nur Informationen ggf. zum Nachteil anderer Marktteilnehmer ausgenutzt. Darin liegt kein vom Marktmanipulationsverbot erfasstes Verhalten. Die Handlung auf der ersten Stufe, die für sich auch ein falsches Signal aussenden kann, kann aber nur bei Berücksichtigung des nachgelagerten Verhaltens von einem legitimen Marktverhalten sinnvoll abgegrenzt werden. Die nachfolgende Ausnutzung belegt, dass die Ausführung der Handelsaufträge keinen legitimen wirtschaftlichen Zweck hatte und deshalb ein aus Sicht eines durchschnittlichen Marktteilnehmers (Rz. 64 f.) falsches bzw. irreführendes Signal aussendete.

91 **bb) Bedeutende Kauf- oder Verkaufspositionen (Anhang I A. lit. b VO Nr. 596/2014).** Anhang I A. lit. b VO Nr. 596/2014 nennt den Umfang, in dem erteilte Handelsaufträge oder abgewickelte Geschäfte eine **erhebliche Kursänderung** bei Finanzinstrumenten, damit verbundenen Waren-Spot-Kontrakten oder auf Emissionszertifikaten beruhenden Auktionsobjekten bewirken, als Indikator für eine Marktmanipulation, wenn die Personen, die die Handelsaufträge erteilen oder die Geschäfte abschließen, **bedeutende Kauf- oder Verkaufspositionen** in den beeinflussten Instrumenten **innehaben**[6]. Was unter einer innegehabten Kauf- oder Verkaufsposition zu verstehen ist, sagt die MAR nicht. Gemeint sind Handelspositionen in Finanzinstrumenten bzw. sonstigen Instrumenten, insbesondere Kauf- und Verkaufsoptionen sowie offene Verpflichtungen aus Leerverkäufen oder Wertpapierleihegeschäften[7]. Wann entsprechende Positionen bedeutend sind, ist im konkreten Einzelfall mit Blick auf den jeweiligen Markt festzulegen[8]. Eine Position ist bedeutend, wenn sie zu einer erheblichen Kursänderung führen kann, was seinerseits wieder mit Blick auf die konkreten Marktumstände des jeweiligen Instruments zu bestimmen ist (vgl. Rz. 81). Hat jemand solche Positionen inne und wickelt sodann Geschäfte ab bzw. tätigt Handelsaufträge, die eine erhebliche Kursänderung bei Finanzinstrumenten, damit ver-

---

1 *Schmolke* in Klöhn, Art. 12 MAR Rz. 94. So auch zum Schweizer Recht *Maurenbrecher* in Watter/Bahar, Basler Kommentar, Finanzmarktaufsichtsgesetz/Finanzmarktinfrastrukturgesetz: FINMAG/FinfraG, Art. 143 FinfraG Rz. 81. Aus der ökonomischen Literatur *Kyle/Viswanathan*, 98 American Economic Review (2008), 274.
2 *Lin*, Emory Law Journal 66 (2017), 1253, 1290 ff.
3 *Lin*, Emory Law Journal 66 (2017), 1253, 1290.
4 *Schmolke* in Klöhn, Art. 12 MAR Rz. 95 f.; ferner *Lin*, Emory Law Journal 66 (2017), 1253, 1288 f.
5 A.A. *Schmolke* in Klöhn, Art. 12 MAR Rz. 96.
6 *Anschütz/Kunzelmann* in Meyer/Veil/Rönnau, Handbuch zum Marktmissbrauchsrecht, § 14 Rz. 53 ff.; *Schmolke* in Klöhn, Art. 12 MAR Rz. 97 ff.
7 Vgl. auch *Schmolke* in Klöhn, Art. 12 MAR Rz. 98; *Schröder*, Hdb. Kapitalmarktstrafrecht, Rz. 512; offen *Sorgenfrei/Saliger* in Park, Kapitalmarktstrafrecht, Kap. 6.1. Rz. 105.
8 *Schmolke* in Klöhn, Art. 12 MAR Rz. 98.

bundenen Waren-Spot-Kontrakt oder auf Emissionszertifikaten beruhenden Auktionsobjekten bewirken, kann es naheliegen, dass er nicht aus wirtschaftlich legitimen Gründen, sondern lediglich im **Eigeninteresse** um einer **Kursbeeinflussung** willen handelt. Anhang II Abschnitt 1 Nr. 2 DelVO 2016/522 präzisiert den Indikator nach Anhang I A. lit. b VO Nr. 596/2014 durch die Aufzählung beispielhafter Praktiken, die zu seiner Ausfüllung tauglich sind[1]. Dies ist notwendig, da der Abschluss entsprechender Geschäfte bzw. die Erteilung von Handelsaufträgen natürlich auch legitimes Marktverhalten darstellen kann. Alleine die Auswirkungen, die erteilte Handelsaufträge auf die Kursentwicklung nehmen – sei es z.B., weil Marktteilnehmer (irrig) davon ausgehen, dass ein Insider die Handelsaufträge veranlasst hat[2], oder dass durch sie ein Herdenverhalten ausgelöst wird – besagen nämlich noch nichts über deren Legitimität[3].

Nach **Anhang II Abschnitt 1 Nr. 2 lit. a DelVO 2016/522** ist eine dem Indikator unterfallende Handlungsweise zunächst die bereits unter Anhang II Abschnitt 1 Nr. 1 lit. a DelVO 2016/522 genannte Praktik des *colluding in the after-market of an Initial Public Offering where colluding parties are involved*. Typisch ist bei entsprechendem Vorgehen nämlich nicht nur der bedeutende Anteil am Tagesvolumen (Rz. 81), sondern auch, dass der einzelne Manipulator bedeutende Kauf- bzw. Verkaufspositionen in den Papieren innehat, so dass sich auch eine Einordnung unter den Indikator des Anhang I A. lit. b VO Nr. 596/2014 erklärt. 92

Abusive squeeze (Anhang II Abschnitt 1 Nr. 2 lit. b DelVO 2016/522): Beim *abusive squeeze* handelt es sich um die **Ausnutzung** des Einflusses auf das Angebot bzw. die Nachfrage nach Finanzinstrumenten, damit verbundenen Waren-Spot-Kontrakten oder auf Emissionszertifikate beruhenden Auktionsobjekten, der aus einer **marktbeherrschenden Stellung** erwächst[4]. Ausdrücklich ist – im Unterschied zu Art. 12 Abs. 2 lit. a VO Nr. 596/2014 (Rz. 221) – die Ausnutzung der marktbeherrschenden Stellung erforderlich, weshalb **absichtliches Vorgehen** zu verlangen ist[5]. Ziel des Manipulators ist es dabei, die Preise, zu denen andere Marktteilnehmer Lieferungen vornehmen, entgegennehmen oder herausschieben müssen, deutlich zu verfälschen. Die Erreichung dieser Preisverfälschung muss aufgrund der Vornahme der Handlung zumindest wahrscheinlich sein. *Abusive squeezing* ist in bestimmten Formen auch vom Regelbeispiel des Art. 12 Abs. 2 lit. a VO Nr. 596/2014 erfasst, und wird deshalb unter Rz. 225 f. näher erläutert. 93

Inter-trading-venues-Manipulationen (Anhang II Abschnitt 1 Nr. 2 lit. c DelVO 2016/522): Bei den *Inter-trading-venues-* oder *Cross-venues*-Manipulationen handelt es sich um handelsplatzübergreifende Manipulationspraktiken[6]. Es geht insoweit um Handelsaufträge oder auch nur die Interessenbekundung zu einem Handel an oder außerhalb eines Handelsplatzes[7], die mit dem Ziel verbunden sind, den **Kurs** des jeweiligen Instruments **an** einem **anderen Handelsplatz** oder außerhalb eines Handelsplatzes **zu beeinflussen**. Die Erscheinungsformen eines solchen manipulativen Verhaltens sind vielfältig. Anhang II Abschnitt 1 Nr. 2 lit. c DelVO 2016/522 verweist beispielhaft auf die Ausführung einer Transaktion, die zu einer Veränderung der Geld- und Briefkurse führt, wenn die Differenz zwischen diesen Geld- und Briefkursen ein Faktor ist, der die Festlegung des Preises einer anderen Transaktion beeinflusst (lit. c Ziff. i)). Ferner sollen entsprechende *Cross-venues*-Manipulationen im Zusammenhang mit den bereits erläuterten Praktiken nach Anhang II Abschnitt 1 Nr. 1 lit. b Ziff. i), iii), iv), v) DelVO 2016/522, also bei der *creation of a floor or a ceiling in the price pattern* (Rz. 85), auftreten. 94

Cross-product-Manipulationen (Anhang II Abschnitt 1 Nr. 2 lit. d DelVO 2016/522): *Cross-product*-Manipulationen sind produktübergreifende Manipulationspraktiken[8]. Es handelt sich um Handelsaufträge oder auch Interessenbekundung zum Handel[9] an oder außerhalb eines Handelsplatzes, die in der Absicht erfolgen, den 95

---

1 *Schmolke* in Klöhn, Art. 12 MAR Rz. 99 ff.
2 *Allen/Gale*, Review of Financial Studies 5 (1992), 503, 505.
3 *Avgouleas*, The Mechanics and Regulation of Market Abuse: A Legal and Economic Analysis, S. 133 ff. auch zu weiteren Theorien, wie die Vornahme effektiver Geschäfte die Preise beeinflusst.
4 Dazu auch *Baßler/Delgado-Rodriguez* in Temporale, Europäische Finanzmarktregulierung, 2015, S. 199, 211 f.; *Schmolke* in Klöhn, Art. 12 MAR Rz. 101 f.; *Sorgenfrei/Saliger* in Park, Kapitalmarktstrafrecht, Kap. 6.1. Rz. 107. Zu Indikatoren in diesem Zusammenhang auch FCA, Handbook, MAR 1: Market Abuse, Section 1.6: Manipulating transactions, 1.6.11-14. Ein Beispiel der FCA findet bei FCA, Handbook, MAR 1: Market Abuse, Section 1.6: Manipulating transactions, 1.6.16: „A trader with a long position in bond futures buys or borrows a large amount of the cheapest to deliver bonds and either refuses to re-lend these bonds or will only lend them to parties he believes will not re-lend to the market. His purpose is to position the price at which those with short positions have to deliver to satisfy their obligations at a materially higher level, making him a profit from his original position."
5 *Schmolke* in Klöhn, Art. 12 MAR Rz. 102.
6 *Baßler/Delgado-Rodriguez* in Temporale, Europäische Finanzmarktregulierung, 2015, S. 199, 213 f.; *Schmolke* in Klöhn, Art. 12 MAR Rz. 103 ff.
7 ESMA, Final Report, ESMA's technical advice on possible delegated acts concerning the Market Abuse Regulation, ESMA/2015/224, S. 12 Abs. 18.
8 *Baßler/Delgado-Rodriguez* in Temporale, Europäische Finanzmarktregulierung, 2015, S. 199, 214, *Schmolke* in Klöhn, Art. 12 MAR Rz. 107, 113.
9 *Schmolke* in Klöhn, Art. 12 MAR Rz. 112, der auch die *indications of interest* von von Wertpapierfirmen und Broker-Dealern im Zusammenhang mit Block Trades und/oder zur Abfrage von Liquidität hinweist.

Art. 12 VO Nr. 596/2014 | Marktmanipulation

Kurs eines verbundenen Finanzinstruments, eines verbundenen Waren-Spot-Kontrakts oder eines verbundenen auf Emissionszertifikaten beruhenden Auktionsobjekts, an einem anderen oder an demselben Handelsplatz oder außerhalb eines Handelsplatzes **in unzulässiger Weise** zu beeinflussen. Erfasst ist insbesondere die Beeinflussung des Kurses eines Finanzinstruments, die zu dem Zweck erfolgt, den Kurs eines an einem anderen Handelsplatz oder OTC gehandelten, auf das beeinflusste Finanzinstrument bezugnehmenden, **Derivats** zu beeinflussen[1]. Zudem spielen entsprechende Praktiken bei Finanzinstrumenten eine Rolle, die alle auf denselben Basiswert (*underlying*) Bezug nehmen[2]. Schließlich weist die DelVO 2016/522 darauf hin, dass *Cross-product*-Manipulationen – ebenso wie *Cross-venue*-Manipulationen (Rz. 94) – häufig in den Praktiken nach Anhang II Abschnitt 1 Nr. 1 lit. b Ziff. i), iii), iv) und v) DelVO 2016/522, mithin beim *creation of a floor or a ceiling in the price pattern* (Rz. 85), eine Rolle spielen.

96 *Inter-trading-venues*-Manipulationen und *Cross-product*-Manipulationen können von Aufsichtsbehörden und erst recht von sonstigen Marktteilnehmern meist nur schwer entdeckt werden, da selbst Marktbetreiber zumeist nur Einblick in das auf ihrem Handelsplatz stattfindende Geschehen haben[3]. Deshalb gelten für Marktbetreiber insoweit besondere Anforderungen im Rahmen des Art. 16 VO Nr. 596/2014 (s. Art. 16 VO Nr. 596/2014 Rz. 12, 19 ff.).

97 Damit bei einer Erfüllung der Voraussetzungen der Indikatoren für *Cross-venues*- oder *Cross-product*-Handelsstrategien tatsächlich ein Verstoß gegen das Marktmanipulationsverbot vorliegt, kann auf das Vorliegen eines **subjektiven Elements** in der Form von **Vorsatz**[4] und auf ein **normatives Element** in der Form einer **Unzulässigkeit** nicht verzichtet werden. Dies kommt auch in der begrifflichen Umschreibung der *Cross-product*-Manipulationen zum Ausdruck, soweit diese voraussetzt, dass die Handelsaufträge bzw. die Interessenbekundung zum Handel in der **Absicht** erfolgt, den Kurs in **unzulässiger Weise** zu beeinflussen. Ein unzulässiges Beeinflussen muss richtigerweise auch bei den *Cross-venue*-Manipulationen verlangt werden. Die bloße Ausnutzung von Preisunterschieden desselben Finanzinstruments oder derivativer Instrumente an unterschiedlichen Handelsplätzen ist nämlich noch keine Marktmanipulation, auch wenn sie ganz bewusst vorgenommen wird. Derartige **Arbitragegeschäfte** gleichen vielmehr Kurse im Ungleichgewicht aus und tragen daher zur Effizienz der Märkte bei[5]. Die klassische ökonomische Theorie geht nämlich davon aus, dass in kompetitiven Märkten, ohne Transaktionskosten und Handelsbarrieren, dasselbe Produkt nicht unterschiedlich bepreist sein kann (*law of one price*)[6]. Etwaig bestehende kurzfristige Preisunterschiede werden sofort durch Arbitragegeschäfte ausgeglichen und der Preis so ins Gleichgewicht gebraucht. Je effizienter der Markt, je marginaler sind also die potenziellen Arbitragegewinne. Nahezu alle klassischen Finanzmarktmodelle gehen davon aus, dass keine Arbitragemöglichkeiten bestehen, da diese auf effizienten Märkten nicht oder nur für eine zu vernachlässigende Dauer auftreten können. Tatsächlich lassen sich bei an unterschiedlichen Handelsplätzen gelistete Finanzinstrumente aber durchaus unterschiedliche Kurse auch über längere Zeiträume feststellen[7]. Die Unzulässigkeit ergibt sich daher erst aus der verbotswidrigen, weil gegen Art. 15, 12 VO Nr. 596/2014 verstoßenden Verhaltensweise auf dem Ausgangsmarkt[8].

98 cc) **Scheingeschäfte (Anhang I A. lit. c VO Nr. 596/2014).** In **Anhang I A. lit. c VO Nr. 596/2014** geht es um Geschäfte, die zu **keinem Wechsel des wirtschaftlichen Eigentümers** eines Finanzinstruments, eines damit verbundenen Waren-Spot-Kontrakts oder eines auf Emissionszertifikaten beruhenden Auktionsobjekts führen[9]. Zweck derartiger Scheingeschäfte ist es, den unzutreffenden Eindruck zu erwecken, dass ein (reges) Kauf- oder Verkaufsinteresse an einem bestimmten Finanzinstrument besteht[10]. Erfasst sind Geschäfte, die entgegen dem äußeren Anschein wirtschaftlich betrachtet keine Vermögensverschiebung bewirken. Anders als bei § 117 Abs. 1 BGB ist nicht der fehlende Rechtsbindungswille entscheidend, weshalb die Geschäfte keineswegs zwingend nichtig sein müssen. Vielmehr ist ähnlich wie bei § 42 AO eine wirtschaftliche Betrachtungsweise maßgeblich[11]. Kommt es nicht zu einem Wechsel des wirtschaftlichen Eigentümers, fehlt den Geschäften die wirt-

---

1 ESMA, Final Report, ESMA's technical advice on possible delegated acts concerning the Market Abuse Regulation, ESMA/2015/224, S. 11 Abs. 17.
2 ESMA, Final Report, ESMA's technical advice on possible delegated acts concerning the Market Abuse Regulation, ESMA/2015/224, S. 11 f. Abs. 18.
3 ESMA, Final Report, ESMA's technical advice on possible delegated acts concerning the Market Abuse Regulation, ESMA/2015/224, S. 12 Abs. 22.
4 *Schmolke* in Klöhn, Art. 12 MAR Rz. 99 ff.
5 *Armour/Awrey/Davies/Enriques/Gordon/Meyer/Payne*, Principles of Financial Regulation, S. 192.
6 *Dybvig/Ross*, Arbitrage, in Eatwell/Milgate/Newman, Finance, 1989, S. 57. Zu Restriktionen auf den Finanzmärkten, die zu Preisunterschieden führen können *Lamont/Thaler*, Journal of Economic Perspectives 17 (2003), 191.
7 *Gagnon/Karolyi*, Journal of Financial Economics 97 (2010), 53; zu anderen Ergebnissen kommen insbesondere ältere Studien, s. etwa *Miller/Morey*, Journal of International Financial Markets, Institutions & Money 6 (1996), 79.
8 *Schmolke* in Klöhn, Art. 12 MAR Rz. 107, mit einem Beispiel in Rz. 108.
9 *Anschütz/Kunzelmann* in Meyer/Veil/Rönnau, Handbuch zum Marktmissbrauchsrecht, § 14 Rz. 57 ff.; *Schmolke* in Klöhn, Art. 12 MAR Rz. 115 ff.
10 *Avgouleas*, The Mechanics and Regulation of Market Abuse: A Legal and Economic Analysis, S. 129.
11 *Sorgenfrei/Saliger* in Park, Kapitalmarktstrafrecht, Kap. 6.1. Rz. 108.

schaftliche Relevanz, die ansonsten Wertpapiertransaktionen zukommt[1]. Die Frage, ob es zu einem Wechsel des wirtschaftlichen Eigentümers kommt, ist in einer **Gesamtbetrachtung** zu beurteilen. Nicht erforderlich, wenn auch stets ausreichend, ist die rechtliche Identität der Beteiligten. Es genügt aber auch die wirtschaftliche Identität, die z.B. bei Geschäften mit Strohleuten oder -unternehmen, aber auch innerhalb verbundener Unternehmen bestehen kann. Anhang II Abschnitt 1 Nr. 3 DelVO 2016/522 präzisiert den Indikator nach Anhang I A. lit. c VO Nr. 596/2014 mit der Aufzählung beispielhafter Praktiken, die zu seiner Ausfüllung tauglich sind.

Die Scheingeschäfte sind ein wichtiges Beispiel dafür, dass die **subjektive Zwecksetzung** der Handlung **nicht** in jedem Fall **entscheidend** für die Einordnung einer Handlung als Marktmanipulation ist[2]. Ein Scheingeschäft kann nämlich auch dann ein falsches oder irreführendes Signal aussenden, wenn beide Parteien weder vorsätzlich noch fahrlässig gehandelt haben, es rein objektiv aber eben nicht zu einem Wechsel des wirtschaftlichen Eigentümers gekommen ist. 99

Wash trades (Anhang II Abschnitt 1 Nr. 3 lit. a DelVO 2016/522): Unter *wash trades* werden der Kauf oder Verkauf eines Finanzinstruments, eines damit verbundenen Waren-Spot-Kontrakts oder eines auf Emissionszertifikaten beruhenden Auktionsobjekts verstanden, bei denen es zu keiner Änderung des wirtschaftlichen Eigentums oder des Marktrisikos kommt oder bei denen keine Übertragung des wirtschaftlichen Eigentums oder des Marktrisikos zwischen gemeinschaftlich oder in Absprache handelnden Personen stattfindet[3]. Indikatoren, die auf eine entsprechende Verhaltensweise hindeuten, sind ungewöhnliche Transaktionswiederholungen zwischen einer kleinen Anzahl von Parteien über einen gewissen Zeitraum (Anhang II Abschnitt 1 Nr. 3 lit. a Ziff. i) DelVO 2016/522), Transaktionen oder Handelsaufträge, durch die sich die Bewertung einer Position verändert bzw. wahrscheinlich verändert, obwohl der Umfang der Position weder kleiner noch größer wird (lit. a Ziff. ii)), sowie nach lit. a Ziff. iii) die bereits unter Anhang II Abschnitt 1 Nr. 1 lit. a Ziff. i) DelVO 2016/522 genannte Praktik des *colluding in the after-market of an initial public offering where colluding parties are involved* (Rz. 82). Ob ein Wechsel der wirtschaftlichen Eigentümerstellung oder ein Übergang des Marktrisikos vorliegt, ist in einer **Gesamtbetrachtung** zu beurteilen (Rz. 98). Gehen das Marktrisiko bzw. die wirtschaftliche Eigentümerstellung durch die Vorkehrungen/Vereinbarungen der beteiligten Parteien über, liegt kein *wash trade* vor. **Nicht erfasst** sind deshalb insbesondere Repo-Geschäfte (*repurchase agreements*), die Übertragung von Finanzinstrumenten zu Sicherungszwecken sowie Wertpapierleihgeschäfte[4]. Gleiches gilt für legitime Umschichtungen im Eigenbestand etwa von Kreditinstituten und speziell beim sog. **Inhouse-crossing** von systematischen Internalisierern[5]. 100

Bei Geschäften, die zwischen wirtschaftlich identischen Personen abgeschlossen werden, liegt trotz der Erfüllung der Indikatoren dann **keine Marktmanipulation** vor, wenn die (wirtschaftliche) Identität den Marktteilnehmern im Einklang mit den gesetzlichen Regelungen und einschlägigen Marktbestimmungen (etwa den Handelsbedingungen der Eurex zu „Cross-Trades"/„Crossings" oder „Pre-Arranged-Trades"[6]) im Voraus offengelegt und so **vollständige Transparenz** hergestellt wird[7]. Dann nämlich geht von den betreffenden Geschäften kein falsches oder irreführendes Signal mehr aus. Es muss aber immer sichergestellt sein, dass die jeweilige Offenlegung aus Sicht eines durchschnittlich verständigen Anlegers (Rz. 64 f.) dazu geeignet ist, die Signalwirkungseignung des betreffenden Geschäfts (Rz. 60 ff.) vollständig zu beseitigen. 101

---

1 *Sorgenfrei/Saliger* in Park, Kapitalmarktstrafrecht, Kap. 6.1. Rz. 108; vgl. *Avgouleas*, The Mechanics and Regulation of Market Abuse: A Legal and Economic Analysis, S. 127, 129.
2 A.A. wohl *Schmolke* in Klöhn, Art. 12 MAR Rz. 119, der jedenfalls bei *wash trades* und beim *circular trading* ein absichtliches Vorgehen verlangt.
3 *Baßler/Delgado-Rodriguez* in Temporale, Europäische Finanzmarktregulierung, 2015, S. 199, 204 f.; *Schmolke* in Klöhn, Art. 12 MAR Rz. 117 ff.; *Sorgenfrei/Saliger* in Park, Kapitalmarktstrafrecht, Kap. 6.1. Rz. 109; s. zum Begriff auch *Avgouleas*, The Mechanics and Regulation of Market Abuse: A Legal and Economic Analysis, S. 129 ff.; *Putniņš*, Journal of Economic Surveys 26 (2012), 952, 956; *Lin*, Emory Law Journal 66 (2017), 1253, 1283 f.; vgl. aus Sicht des Schweizer Rechts *Maurenbrecher* in Watter/Bahar, Basler Kommentar, Finanzmarktaufsichtsgesetz/Finanzmarktinfrastrukturgesetz: FINMAG/FinfraG, Art. 143 FinfraG Rz. 66.
4 *Schmolke* in Klöhn, Art. 12 MAR Rz. 120; *Sorgenfrei/Saliger* in Park, Kapitalmarktstrafrecht, Kap. 6.1. Rz. 113; vgl. *Stoll* in KölnKomm. WpHG, § 20a WpHG Anh. I – § 3 MaKonV Rz. 24; CESR, Market Abuse Directive Level 3 – first set of guidance and information on the common operation of the Directive (CESR/04-505b), S. 11; *Fleischer* in Fuchs, § 20a WpHG Rz. 53.
5 *Anschütz/Kunzelmann* in Meyer/Veil/Rönnau, Handbuch zum Marktmissbrauchsrecht, § 14 Rz. 58; *Sorgenfrei/Saliger* in Park, Kapitalmarktstrafrecht, Kap. 6.1. Rz. 113; vgl aus Sicht des Schweizer Rechts *Maurenbrecher* in Watter/Bahar, Basler Kommentar, Finanzmarktaufsichtsgesetz/Finanzmarktinfrastrukturgesetz: FINMAG/FinfraG, Art. 143 FinfraG Rz. 79.
6 Dazu *Schmolke* in Klöhn, Art. 12 MAR Rz. 120.
7 *Anschütz/Kunzelmann* in Meyer/Veil/Rönnau, Handbuch zum Marktmissbrauchsrecht, § 14 Rz. 58 f.; *Schmolke* in Klöhn, Art. 12 MAR Rz. 120, der aber unglücklich von der Widerlegung der Vermutungswirkung spricht; vgl. BR-Drucks. 18/05, 15; *Fleischer* in Fuchs, § 20a WpHG Rz. 53; *Sorgenfrei* in Park, Kapitalmarktstrafrecht, 3. Aufl. 2013, §§ 20a, 38 II, 39 I Nr. 1–2 Nr. 11, IV WpHG Rz. 103; s. bereits § 3 Abs. 2 Nr. 1 KuMaKV: „es sei denn, diese Geschäfte wurden ... den anderen Marktteilnehmern im Einklang mit den gesetzlichen Regeln und Marktbestimmungen angekündigt".

102 **Painting the tape (Anhang II Abschnitt 1 Nr. 3 lit. b DelVO 2016/522):** *Painting the tape* beschreibt die DelVO 2016/522 als die Erteilung bzw. Ausführung von Handelsaufträgen, die auf einer öffentliche Anzeigetafel erscheinen und zu dem Zweck vorgenommen werden, bei einem Finanzinstrument, einem verbundenen Waren-Spot-Kontrakt oder einem auf Emissionszertifikaten beruhenden Auktionsobjekt den **Eindruck lebhafter Umsätze** zu erwecken[1]. Durch das Erscheinen auf der öffentlichen Anzeigetafel erreichen die Signale regelmäßig einen größeren Adressatenkreis und sind besonders dazu geeignet, Kursbeeinflussungen herbeizuführen, von denen der Manipulator dann durch nachgelagerte Verhaltensweisen, z.B. den Kauf oder Verkauf der im Kurs beeinflussten Instrumente, profitieren kann. Auch im Zeitalter des **elektronischen Handels** kommt dieser Praktik noch Bedeutung zu[2], da auch elektronische Orderbücher – jedenfalls teilweise – öffentlich einsehbar sind. So können etwa beim XETRA-Orderbuch die zehn besten Kauf- und Verkaufsangebote für ein Wertpapier eingesehen werden[3].

103 Damit die Tatbestandsvoraussetzungen des Art. 12 Abs. 1 lit. a VO Nr. 596/2014 erfüllt sind, muss eine **Absicht zur Kursbeeinflussung** vorliegen. Allein das Erscheinen einer bestimmten Transaktion auf der öffentlichen Anzeigetafel besagt nämlich noch nichts über deren Legitimität. Ob eine Transaktion auf einer Anzeigetafel erscheint, ist allein von deren Volumen und dem Vergleich zu den sonstigen innerhalb eines bestimmten Zeitraums vorgenommenen Transaktionen abhängig. Ein irreführendes Signal (Rz. 63) geht für den Markt von einer solchen Transaktion nur dann aus, wenn der Handelsauftrag nur deshalb eine bestimmte Größenordnung einnimmt, um gerade auf der Anzeigetafel zu erscheinen und dadurch ein bestimmter Trend bzw. eine bestimmte Reaktion bei den übrigen Marktteilnehmern ausgelöst werden soll. Ein **Eindruck lebhafter Umsätze** wird zudem nur erweckt, wenn die Umsätze nicht tatsächlich für sich ökonomisch legitimiert sind[4]. Darauf kann etwa hindeuten, wenn der Manipulator kurz nach der auf der Anzeigetafel erschienenen Transaktion eine gegenläufige Order eingibt, bei der er von der Kursreaktion auf die erste Transaktion profitiert.

104 **Improper matched orders (Anhang II Abschnitt 1 Nr. 3 lit. c DelVO 2016/522):** Als *improper matched order* wird die **gleichzeitige oder fast gleichzeitige Erteilung von Kauf- oder Verkaufsaufträgen** sehr ähnlichen Umfangs und zu ähnlichen Kursen durch ein und dieselbe Partei oder verschiedene in Absprache handelnde Parteien bezeichnet[5]. *Improper matched orders* liegen häufig bei Transaktionen oder Handelsaufträgen vor, die (wahrscheinlich) dazu führen, dass ein Marktpreis festgesetzt wird, obwohl die Liquidität oder Orderbuchtiefe am betreffenden Handelstag für eine Preisfestsetzung eigentlich nicht ausreichen würde (Anhang II Abschnitt 1 Nr. 3 lit. c Ziff. i) DelVO 2016/522). Außerdem treten *improper matched orders* beim *colluding in the after-market of an initial public offering where colluding parties are involved* (Rz. 82) und beim *painting the tape* (Rz. 102), auf. Es muss sich jeweils um gegenläufige bzw. „im Kreis" abgesprochene Geschäfte bzw. Aufträge handeln („Aufträge und Gegenaufträge")[6]. Eine völlige Deckungsgleichheit ist aber nicht erforderlich („sehr ähnlichen Umfangs")[7]. Unerheblich ist, zu welchem Preis das Geschäft getätigt wurde und damit auch, ob es zum Marktpreis abgeschlossen wurde[8]. Steuerlich veranlasste Geschäfte und Gegengeschäfte wie das sog. Dividenden- oder Zins-Stripping sind nicht *a limine* ausgenommen, da und soweit sie den unzutreffenden Eindruck wirtschaftlich – nicht bloß steuerlich – begründeter Umsätze erwecken. Ebenso liegt es bei Geschäften und Gegengeschäften, mit denen bei illiquiden Titeln ein Kurs erzielt oder angepasst werden soll[9]. Sowohl *wash trades* (Rz. 100) als auch *improper matched orders* zielen darauf ab, den Eindruck spezifischer Marktaktivitäten und damit eines Kauf- oder Verkaufsinteresses an bestimmten Instrumenten zu erwecken, obwohl ein solches tatsächlich nicht besteht[10].

105 **Keine Marktmanipulation** nach Art. 12 Abs. 1 lit. a VO Nr. 596/2014 liegt – auch bei Erfüllung der Voraussetzungen des Indikators – vor, wenn das Geschäft z.B. aus steuerlich legitimen Gründen vorgenommen wird und die **Umstände vollständig offengelegt** werden und deshalb für einen durchschnittlich verständigen Marktteilnehmer (Rz. 64) hinreichend erkennbar ist, dass die Geschäfte nicht wirtschaftlich motiviert sind. Dann senden sie nämlich kein falsches oder irreführendes Signal aus (Rz. 63) und sind deshalb auch nicht zur Kursbeeinflussung geeignet. Die legitimen steuerlichen Gründe können aber ohne Herstellung angemessener Transparenz freilich nichts an dem Verstoß gegen das Marktmanipulationsverbot ändern[11].

---

1 *Baßler/Delgado-Rodriguez* in Temporale, Europäische Finanzmarktregulierung, 2015, S. 199, 204 ff. mit Beispielsorderbuch; *Schmolke* in Klöhn, Art. 12 MAR Rz. 121 ff.; vgl aus Sicht des Schweizer Rechts *Maurenbrecher* in Watter/Bahar, Basler Kommentar, Finanzmarktaufsichtsgesetz/Finanzmarktinfrastrukturgesetz: FINMAG/FinfraG, Art. 143 FinfraG Rz. 68.
2 A.A. *Stoll* in KölnKomm. WpHG, § 20a WpHG Anh. I – § 3 MaKonV Rz. 47.
3 Dazu *Kasiske*, WM 2014, 1933, 1934; *Sorgenfrei/Saliger* in Park, Kapitalmarktstrafrecht, Kap. 6.1. Rz. 110.
4 *Schmolke* in Klöhn, Art. 12 MAR Rz. 123.
5 *Schmolke* in Klöhn, Art. 12 MAR Rz. 124 ff.; vgl. auch *Avgouleas*, The Mechanics and Regulation of Market Abuse: A Legal and Economic Analysis, S. 129.
6 Vgl. zu § 3 MaKonV BR-Drucks. 639/03, 12.
7 *Schmolke* in Klöhn, Art. 12 MAR Rz. 128.
8 *Schmolke* in Klöhn, Art. 12 MAR Rz. 129.
9 Vgl. *Stoll* in KölnKomm. WpHG, § 20a WpHG Anh. I – § 3 MaKonV Rz. 24.
10 *Avgouleas*, The Mechanics and Regulation of Market Abuse: A Legal and Economic Analysis, S. 129.
11 *Schmolke* in Klöhn, Art. 12 MAR Rz. 120.

Concealing ownership (Anhang II Abschnitt 1 Nr. 3 lit. d DelVO 2016/522): Als *concealing ownership* bezeichnet die DelVO 2016/522 Transaktionen **zur Verschleierung** des Eigentums an einem Finanzinstrument, einem verbundenen Waren-Spot-Kontrakt oder einem auf Emissionszertifikaten beruhenden Auktionsobjekts durch einen **Verstoß gegen Offenlegungspflichten**, wobei das betreffende Instrument im Namen einer oder mehrerer Personen gehalten wird, mit denen bestimmte Absprachen getroffen wurden[1]. Zu den Offenlegungspflichten in diesem Sinne zählen insbesondere die Pflichten zur Offenlegung bedeutender Beteiligungen nach der Transparenzrichtlinie bzw. ihrer jeweiligen nationalen Umsetzung[2]. Indikatoren, die auf eine entsprechende Verhaltensweise hindeuten, sind – wie bei Anhang II Abschnitt 1 Nr. 3 lit. a Ziff. i) DelVO 2016/522 (Rz. 100) – ungewöhnliche Wiederholungen einer Transaktion zwischen einer kleinen Anzahl von Parteien über einen gewissen Zeitraum. Ein erhebliches wirtschaftliches Interesse an einem entsprechenden Vorgehen haben insbesondere Übernahmeinteressenten, die möglichst viele Zukäufe noch zu einem günstigeren Vor-Übernahmeangebotskurs abzuschließen suchen[3].

106

Ob eine Transaktion zusammen mit der falschen oder irreführenden Offenlegung ein falsches bzw. irreführendes Signal gibt, ist eine Frage, die aus Sicht eines verständigen Anlegers (Rz. 64 f.) allein aufgrund der objektiven Umstände zu ermitteln ist. Ein **Verschleierungsvorsatz muss nicht vorliegen**[4]. Die Offenlegung muss im Hinblick auf den tatsächlichen wirtschaftlichen Inhaber der Position in dem jeweiligen Instrument falsch bzw. irreführend sein; **bloßes Unterlassen** einer Offenlegung **genügt nicht** (vgl. Rz. 58).

107

Zu den Scheingeschäften i.S. des Art. 12 Abs. 1 lit. a VO Nr. 596/2014 zählt im Einzelfall – auch wenn diese Fallgruppe keine Erwähnung in der DelVO 2016/522 gefunden hat – die Veröffentlichung eines **Übernahmeangebots**, das mit an Sicherheit grenzender Wahrscheinlichkeit nicht zum Erfolg führen und nur deshalb lanciert wird, um den Wert der eigenen Positionen in den Papieren des Übernahmeziels zu erhöhen[5]. Veräußert der Bieter kurz nach der Veröffentlichung des Übernahmeangebots seine Positionen und erzielt aufgrund des durch das Übernahmeangebot bedingten Kursanstiegs einen Gewinn, deutet dies darauf hin, dass das Übernahmeangebot nur zum Schein abgegeben wurde und deshalb eine Marktmanipulation vorliegt[6]. Die Anforderungen an die Ernsthaftigkeit und deren Nachweis dürfen aber nicht zu hoch liegen, da ansonsten die Gefahr bestünde, dass legitime Übernahmeangebote verhindert und so übernahmewillige Bieter abgeschreckt würden.

108

dd) Positionsumkehrungen (Anhang I A. lit. d VO Nr. 596/2014). Anhang I A. lit. d VO Nr. 596/2014 benennt den Umfang, in dem erteilte Handelsaufträge, abgewickelte Geschäfte oder stornierte Aufträge die Umkehrung von Positionen innerhalb eines kurzen Zeitraums bewirken, als Indikator für eine Marktmanipulation, soweit die Transaktionen einen bedeutenden Anteil am Tagesvolumen der Transaktionen mit dem entsprechenden Finanzinstrument, einem damit verbundenen Waren-Spot-Kontrakt oder einem auf Emissionszertifikaten beruhenden Auktionsobjekt ausmachen und mit einer erheblichen Kursänderung in Verbindung stehen können. Anhang I A. lit. d VO Nr. 596/2014 zielt auf umsatzstarke Händler, die zunächst als Käufer und dann als Verkäufer oder *vice versa* auftreten, und auf die Manipulationspraktiken des *pumping and dumping* und *trashing and cashing*[7].

109

Auf **liquiden Märkten** erweist sich die Abgrenzung manipulativer Verhaltensweisen zu legitimem Marktverhalten als besonders schwierig. Auf diesen ist es nämlich grundsätzlich zulässig, Preisschwankungen auch dadurch auszunutzen, dass ein Handelsteilnehmer von der Käufer- auf die Verkäuferseite wechselt und *vice versa*, und zwar auch binnen kurzer Zeiträume und mehrfach; das ist Alltag des professionellen Intraday-Handels bzw. des Daytradings. **Jedenfalls nicht manipulativ** sind auch gegebenenfalls wiederholte Arbitrage-Geschäfte, mit denen Preisunterschiede an verschiedenen Märkten oder Marktsegmenten ausgenutzt werden (vgl. zu *Cross-venues*-Manipulationen Rz. 97), sowie die Tätigkeit von **designated sponsors**, die im Einklang mit den Regeln des Handelsplatzes eine Mindestliquidität gewährleisten und dazu gegebenenfalls auch Positionen umkehren, solange nicht künstlich Marktaktivität vorgetäuscht wird[8]. Anhang II Abschnitt 1 Nr. 4 DelVO 2016/522 präzisiert den Indikator nach Anhang I A. lit. d VO Nr. 596/2014 mit einer Aufzählung beispielhafter Praktiken wei-

110

---

1 *Baßler/Delgado-Rodriguez* in Temporale, Europäische Finanzmarktregulierung, 2015, S. 199, 215.
2 *Schmolke* in Klöhn, Art. 12 MAR Rz. 134.
3 *Schmolke* in Klöhn, Art. 12 MAR Rz. 134.
4 **A.A.** *Schmolke* in Klöhn, Art. 12 MAR Rz. 135; *Sorgenfrei/Saliger* in Park, Kapitalmarktstrafrecht, Kap. 6.1. Rz. 113.
5 *Avgouleas*, The Mechanics and Regulation of Market Abuse: A Legal and Economic Analysis, S. 131.
6 *Avgouleas*, The Mechanics and Regulation of Market Abuse: A Legal and Economic Analysis, S. 131.
7 *Sorgenfrei/Saliger* in Park, Kapitalmarktstrafrecht, Kap. 6.1. Rz. 114; vgl. auch *Stoll* in KölnKomm. WpHG, § 20a WpHG Anh. I – § 3 MaKonV Rz. 14, der allerdings betont, dass eine Absprache zwischen mehreren Personen dafür keineswegs erforderlich sei; *Schröder*, Hdb. Kapitalmarktstrafrecht, Rz. 513; *Schwark* in Schwark/Zimmer, § 20a WpHG Rz. 44.
8 *Sorgenfrei/Saliger* in Park, Kapitalmarktstrafrecht, Kap. 6.1. Rz. 114; a.A. tendenziell *Schmolke* in Klöhn, Art. 12 MAR Rz. 139, der mit Blick auf die Stellungnahme der ESMA zu Liquiditätsverträgen (Art. 13 VO Nr. 596/2014 Rz. 107) für eine Anerkennung als zulässige Marktpraxis plädiert; wie hier zum alten Recht *Stoll* in KölnKomm. WpHG, § 20a WpHG Anh. I – § 3 MaKonV Rz. 16; vgl. aus Sicht des Schweizer Rechts *Maurenbrecher* in Watter/Bahar, Basler Kommentar, Finanzmarktaufsichtsgesetz/Finanzmarktinfrastrukturgesetz: FINMAG/FinfraG, Art. 143 FinfraG Rz. 77.

ter. Diese Umschreibungen enthalten allerdings keine Beschränkung auf **illiquide Märkte**, auf denen entsprechende Manipulationsstrategien typischerweise anzutreffen sind[1].

111 Anhang II Abschnitt 1 Nr. 4 lit. a und lit. b DelVO 2016/522 verweist zunächst auf die bereits oben beschriebenen Praktiken des *painting the tape* (Rz. 102) und der *improper matched orders* (Rz. 104). Diese, auch auf Scheingeschäfte i.S. des Anhang I A. lit. c VO Nr. 596/2014 hindeutenden, Aktivitäten stellen nach Ansicht der Europäischen Kommission auch Praktiken dar, die regelmäßig im Zusammenhang mit den Positionsumkehrungen i.S. des Anhang I A. lit. d VO Nr. 596/2014 stehen.

112 **Pump and dump (Anhang II Abschnitt 1 Nr. 4 lit. c DelVO 2016/522):** Beim *pumping and dumping* werden nach der Einnahme einer Long-Position in einem Finanzinstrument, einem verbundenen Waren-Spot-Kontrakt oder einem auf Emissionszertifikaten beruhenden Auktionsobjekt weitere Ankäufe des betreffenden Instruments oder irreführende positive Informationen (*buzz*) über das Instrument **in der Absicht getätigt bzw. ausgestreut**, den Kurs des betreffenden Instruments durch das Anlocken weiterer Ankäufer in die Höhe zu treiben[2]. Sobald der Kurs einen **künstlich hohen Stand** erreicht hat, wird die Long-Position abgestoßen[3].

113 Die Verbreitung *falscher* und *irreführender* Informationen wird vorrangig von Art. 12 Abs. 1 lit. c VO Nr. 596/2014 erfasst (Rz. 176 ff.), der insofern *lex specialis* gegenüber Abs. 1 lit. a ist (Rz. 50). Steht eine entsprechende Informationsverbreitung im personellen und zeitlichen Zusammenhang mit einer Transaktion, ist Art. 12 Abs. 1 lit. b VO Nr. 596/2014 vorrangig anzuwenden (Rz. 140 ff.). Wenn mithin die Aufsichtsbehörde aufgrund der Indikatoren einen Sachverhalt prüft, bei dem die Verbreitung falscher oder irreführender Informationen den Schwerpunkt des vorwerfbaren Verhaltens darstellt, muss sie vorrangig die Verwirklichung des Art. 12 Abs. 1 lit. c oder den Art. 12 Abs. 1 lit. b VO Nr. 596/2014 in Betracht ziehen und prüfen. Für das *pumping and dumping* als Anwendungsfall des Art. 12 Abs. 1 lit. a VO Nr. 596/2014 verbleibt damit als **Tathandlung** im Wesentlichen nur die **weiteren Ankäufe** des betreffenden Instruments[4]. Ein entsprechendes Verhalten kann aber nur dann als Marktmanipulation nach Art. 12 Abs. 1 lit. a VO Nr. 596/2014 gewertet werden, wenn **zusätzlich** die **Absicht** vorliegt, durch die Zukäufe weitere Käufer anzulocken und so den **Kurs in die Höhe zu treiben**[5]. Der Manipulator muss daher gezielt beabsichtigen, durch seine Ankäufe das Signal zu vermitteln, seine Trades würden auf privaten Informationen beruhen um so eine Informationskaskade auszulösen[6]. Für sich genommen sind nämlich weitere Ankäufe des betreffenden Instruments durchaus legitim, solange damit eine wirtschaftlich nachvollziehbare Handelsstrategie verfolgt wird. Illegitim wird das Verhalten erst durch das zusätzliche subjektive Element der von Anfang an bestehenden Kursbeeinflussungsabsicht.

114 **Trash and cash (Anhang II Abschnitt 1 Nr. 4 lit. d DelVO 2016/522):** Das *trashing and cashing* bildet gewissermaßen die Gegenstrategie zum *pumping and dumping*[7]. Beim *trashing and cashing* werden nach der Einnahme einer Short-Position in einem Finanzinstrument, einem verbundenen Waren-Spot-Kontrakt oder einem auf Emissionszertifikaten beruhenden Auktionsobjekt, **weitere Verkäufe** des Instruments oder irreführende negative Informationen über das Instrument, in der Absicht **getätigt bzw. ausgestreut**, den Kurs des betreffenden Instruments mittels des Anlockens weiterer Verkäufer abstürzen zu lassen. Sobald der Kurs **künstlich gefallen ist**, wird die gehaltene Position geschlossen. Entsprechende Strategien stehen im Zusammenhang mit Leerverkäufen und bilden so eine wichtige Schnittstelle zwischen der Leerverkaufsregulierung und dem Marktmanipulationsrecht.

115 Das *trashing and cashing* unterfällt nur dann Art. 12 Abs. 1 lit. a VO Nr. 596/2014, wenn es mittels weiterer Verkäufe des betreffenden Instruments erfolgt. Die Verbreitung irreführender negativer Informationen wird vorrangig entweder von Art. 12 Abs. 1 lit. b oder Abs. 1 lit. c VO Nr. 596/2014 erfasst (vgl. Rz. 113)[8]. Entscheidend für die Abgrenzung gegenüber legitimem Marktverhalten kommt es auch beim *trashing and cashing* auf die **Absicht** an, den Kurs abstürzen zu lassen und zu dem niedrigeren Kurs die eigenen Positionen zu schließen (vgl. Rz. 113).

116 **Quote stuffing (Anhang II Abschnitt 1 Nr. 4 lit. e DelVO 2016/522):** *Quote stuffing* ist nach der DelVO 2016/522 die Erteilung einer großen Zahl von Handelsaufträgen und/oder Auftragsstornierungen bzw. -aktualisie-

---

1 Vgl. *Markham*, Law Enforcement and the History of Financial Market Manipulation, S. 7; *Avgouleas*, The Mechanics and Regulation of Market Abuse: A Legal and Economic Analysis, S. 137 f.; *Lin*, Emory Law Journal 66 (2017), 1253, 1284.
2 *Lin*, Emory Law Journal 66 (2017), 1253, 1284 f.; *Leuz/Meyer/Muhn/Soltes/Hackethal*, Who Falls Prey to the Wolf of Wall Street? Investor Participation in Market Manipulation, Working Paper 2017, S. 2; *Schmolke* in Klöhn, Art. 12 MAR Rz. 141 f.; vgl. zum Schweizer Recht *Maurenbrecher* in Watter/Bahar, Basler Kommentar, Finanzmarktaufsichtsgesetz/Finanzmarktinfrastrukturgesetz: FINMAG/FinfraG, Art. 143 FinfraG Rz. 49.
3 Dazu auch *Sorgenfrei/Saliger* in Park, Kapitalmarktstrafrecht, Kap. 6.1. Rz. 115.
4 A.A. *Schmolke* in Klöhn, Art. 12 MAR Rz. 142, der alle Tatbestände nebeneinander anwenden will.
5 *Schmolke* in Klöhn, Art. 12 MAR Rz. 142.
6 Zu Informationskaskaden *Bikhchandani/Hirshleifer/Welch*, Journal of Political Economy 100 (1992), 992.
7 *Schmolke* in Klöhn, Art. 12 MAR Rz. 144.
8 A.A. *Schmolke* in Klöhn, Art. 12 MAR Rz. 143.

rungen, die erfolgen, um Unsicherheiten für andere Marktteilnehmer zu erzeugen, deren Prozesse zu verlangsamen und/oder die eigene Handelsstrategie zu verschleiern[1]. Das *quote stuffing* stellt typischerweise eine Manipulationsstrategie im Hochfrequenz- und algorithmischen Handel dar[2] und kann auch die Voraussetzungen eines zwingenden Beispiels nach Art. 12 Abs. 2 lit. c VO Nr. 596/2014 erfüllen. Näher daher Rz. 243.

Momentum ignition (Anhang II Abschnitt 1 Nr. 4 lit. f DelVO 2016/522): Als *momentum ignition* (Impulszündung) definiert die DelVO 2016/522 die Erteilung von Handelsaufträgen oder einer Auftragsserie bzw. die Abwicklung von Transaktionen oder einer Transaktionsserie mit der Absicht, einen Trend auszulösen oder zu verschärfen und andere Teilnehmer zu ermutigen, den Trend zu beschleunigen oder zu erweitern, um so eine Gelegenheit für die Auflösung oder Eröffnung einer Position zu einem günstigen Preis zu schaffen[3]. Auf entsprechende Verhaltensweisen deutet insbesondere eine große Zahl an Auftragsstornierungen – gemessen an der Gesamtzahl der Handelsaufträge – im Verhältnis zum Gesamtvolumen hin. **Mitlaufen** in einem anderweitig ausgelösten Trend mit nachfolgender Gewinnmitnahme ist aber regelmäßig **nicht manipulativ**[4]. 117

Eine *momentum ignition* findet häufig im Hochfrequenzhandel statt und kann die Voraussetzungen des zwingenden Beispiels nach Art. 12 Abs. 2 lit. c Ziff. iii) erfüllen. S. daher Rz. 243. 118

ee) Häufung von Geschäften und Aufträgen (Anhang I A. lit. e VO Nr. 596/2014). Anhang I A. lit. e VO Nr. 596/2014 nennt Geschäfte bzw. Aufträge als Indikatoren für eine Marktmanipulation, die **durch ihre Häufung innerhalb eines kurzen Abschnitts des Handelstages** eine erhebliche Kursänderung bewirken, auf die eine gegenläufige Preisänderung folgt. Feste zeitliche Grenzen für einen kurzen Abschnitt des Handelstages lassen sich nicht angeben[5]. Die gegenläufige Kursänderung muss zwar nicht eine Rückkehr zum Ausgangskurs bedeuten, sollte jedoch nicht bloß unerheblich sein[6]. Die Kursänderung muss aber jedenfalls innnerhalb desselben Handelstages stattfinden[7]. Anhang II Abschnitt 1 Nr. 5 DelVO 2016/522 präzisiert den Indikator nach Anhang I A. lit. e VO Nr. 596/2014 mit einer Aufzählung beispielhafter Praktiken, die zu seiner Ausfüllung tauglich sind. 119

Anhang II Abschnitt 1 Nr. 5 lit. a, b, c, f und g DelVO 2016/522 verweisen zunächst auf die bereits oben beschriebenen Praktiken *creation of a floor or a ceiling in the price pattern* (Rz. 85), *Cross-venues*-Manipulationen (Rz. 94), *Cross-product*-Manipulationen (Rz. 95), *quote stuffing* (Rz. 116) und *momentum ignition* (Rz. 117). Diese – auch auf andere von Anhang I A. VO Nr. 596/2014 genannte Indikatoren hindeutenden – Manipulationsstrategien stehen nach Ansicht der Europäischen Kommission regelmäßig auch im Zusammenhang mit der Häufung von Geschäften und Aufträgen i.S. des Anhang I A. lit. e VO Nr. 596/2014. 120

Marking the close (Anhang II Abschnitt 1 Nr. 5 lit. d DelVO 2016/522): Die Manipulationspraktik des *marking the close* beschreibt die DelVO 2016/522 als den vorsätzlichen **Kauf oder Verkauf** eines Finanzinstruments, eines verbundenen Waren-Spot-Kontrakts oder eines auf Emissionszertifikaten beruhenden Auktionsobjekts zu einem **Bezugszeitpunkt** des Börsentages[8] (z.B. Eröffnung, Schließung, Abrechnung) in der Absicht, einen **Referenzkurs** in die Höhe zu treiben, ihn sinken zu lassen oder auf einem bestimmten Stand zu halten. Begrifflich betrifft das *marking the close* nur die Manipulation des Schlusskurses. Manipulationen, die auf andere Referenzkurse abzielen, können aber nach der textlichen Erläuterung zu Anhang II Abschnitt 1 Nr. 5 lit. d DelVO 2016/522 ebenfalls auf eine Marktmanipulation hindeuten[9]. Die Manipulation der Start- oder Schlusskurse an einem Handelsplatz kann auch die Voraussetzungen des zwingenden Beispiels nach Art. 12 Abs. 2 lit. b VO Nr. 596/2014 erfüllen. S. daher näher Rz. 227 ff. 121

---

1 *Schmolke* in Klöhn, Art. 12 MAR Rz. 145.
2 *Kasiske*, WM 2014, 1933, 1935; *Sorgenfrei/Saliger* in Park, Kapitalmarktstrafrecht, Kap. 6.1. Rz. 117.
3 Dazu auch *Schmolke* in Klöhn, Art. 12 MAR Rz. 147 ff.; *Kasiske*, WM 2014, 1933, 1936; *Sorgenfrei/Saliger* in Park, Kapitalmarktstrafrecht, Kap. 6.1. Rz. 118.
4 *Schröder*, Hdb. Kapitalmarktstrafrecht, Rz. 515.
5 *Schmolke* in Klöhn, Art. 12 MAR Rz. 152.
6 *Schmolke* in Klöhn, Art. 12 MAR Rz. 151 ff.; vgl. *Stoll* in KölnKomm. WpHG, § 20a WpHG Anh. I – § 3 MaKonV Rz. 17.
7 *Schmolke* in Klöhn, Art. 12 MAR Rz. 157.
8 Gemeint ist richtigerweise der Handelstag, da die Praktik natürlich nicht auf Börsen beschränkt ist. S. auch *Schmolke* in Klöhn, Art. 12 MAR Rz. 158, der zutreffend auf die englische Sprachfassung verweist, in der allgemein von „trading session" die Rede ist.
9 *Schmolke* in Klöhn, Art. 12 MAR Rz. 152; zum Marking the close als echter Schlusskursmanipulation mit Beispiel *Baßler/Delgado-Rodriguez* in Temporale, Europäische Finanzmarktregulierung, 2015, S. 199, 209 f.; s. auch die Beispiele bei FCA, Handbook, MAR 1: Market Abuse, Section 1.6: Manipulating transactions, 1.6.11-15: (3) a trader holds a short position that will show a profit if a particular financial instrument, which is currently a component of an index, falls out of that index. The question of whether the financial instrument will fall out of the index depends on the closing price of the financial instrument. He places a large sell order in this financial instrument just before the close of trading. His purpose is to position the price of the financial instrument at a false, misleading, abnormal or artificial level so that the financial instrument will drop out of the index so as to make a profit; and (4) a fund manager's quarterly performance will improve if the valuation of his portfolio at the end of the quarter in question is higher rather than lower. He places a large order to buy relatively illiquid shares, which are also components of his portfolio, to be executed at or just before the close. His purpose is to position the price of the shares at a false, misleading, abnormal or artificial level."

Art. 12 VO Nr. 596/2014 | Marktmanipulation

122 **Layering and spoofing (Anhang II Abschnitt 1 Nr. 5 lit. e DelVO 2016/522):** Unter *layering* oder *spoofing* versteht die DelVO 2016/522 eine auf eine Marktmanipulation hindeutende Verhaltensweise, bei der Großaufträge oder jedenfalls eine gehäufte Zahl an Aufträgen, die häufig auf der einen Seite des Orderbuchs nicht sichtbar sind, in der Absicht übermittelt werden, ein Geschäft auf der anderen Seite des Orderbuchs auszuführen[1]. Nachdem das Geschäft auf der anderen Seite des Orderbuchs abgeschlossen wurde, werden die lediglich zum Schein abgegebenen, nicht ernst gemeinten (fiktiven) Aufträge entfernt. Diese etwas bildhafte Umschreibung dafür, die eigene Handelsstrategie zu verschleiern und dadurch den Markt zu täuschen, hat insbesondere im algorithmischen Handel und im Hochfrequenzhandel Bedeutung[2]. Sie wird aber nicht vom Regelbeispiel des Art. 12 Abs. 2 lit. c VO Nr. 596/2014 (dazu Rz. 235 ff.) erfasst. Beim *spoofing* werden typischerweise großvolumige Orders, deren Ausführung nicht beabsichtigt ist (*flash orders*), zunächst platziert und dann rechtzeitig – ohne Kostenrisiko – wieder storniert[3]. Anderen Marktteilnehmern, insbesondere soweit diese selbst durch Algorithmen am Handel beteiligt sind und so auch das nur kurze Erscheinen der *flash orders* registrieren können, wird so ein Interesse an Instrumenten signalisiert, das tatsächlich nicht besteht[4]. Beim *layering* werden mehrere *flash orders* mit Bezug auf ein Finanzinstrument, damit verbundene Waren-Spot-Kontrakte oder auf Emissionszertifikaten beruhende Auktionsobjekte mit jeweils an- oder absteigenden Limits platziert[5]. Tatsächlich sind insbesondere in den USA – aber auch in anderen Jurisdiktionen[6] – bereits mehrere Fälle von *spoofing* – insbesondere auch im Zusammenhang mit dem Flash Crash von 2010 – durch Aufsichtsbehörden sanktioniert worden[7].

123 Damit im Falle des *spoofing* die Voraussetzungen des Art. 12 Abs. 1 lit. a VO Nr. 596/2014 erfüllt sind, muss die **Stornierung** der eingegebenen Aufträge **von Anfang an angelegt** gewesen sein. Sie müssen mithin von Beginn an nur zum Schein abgegeben worden sein. Wenn die Eingaben von einem Algorithmus vorgenommen werden, muss feststehen, dass dieser so programmiert ist, dass er ohne berechtigte wirtschaftliche Erwägungen eine Stornierung veranlasst. Beim *Layering* können die Limits insbesondere als Platzhalter dienen, um so im Bedarfsfall eine prioritäre Ausführung sicherzustellen[8]. Darin liegt eine durchaus legitime Handelspraxis. Entscheidend muss deshalb sein, ob **im Anschluss an die Eingabe** der Orders gegenläufige Geschäfte abgeschlossen werden. Dass beim *spoofing* und *layering* alle Geschäfte von einem Algorithmus automatisch vorgenommen werden, unterstreicht nochmals, dass es für einen Verstoß gegen das Marktmanipulationsverbot grundsätzlich nicht auf ein subjektives Element ankommen kann (Rz. 73 ff.)[9].

124 **ff) Beeinflussung der Darstellung des Orderbuchs durch Annullierungen (Anhang I A. lit. f VO Nr. 596/2014).** Anhang I A. lit. f VO Nr. 596/2014 nennt den **Umfang** als Indikator für eine Marktmanipulation, in dem erteilte Handelsaufträge, die vor ihrer Abwicklung annulliert werden, die Darstellung der besten Geld- oder Briefkurse eines Finanzinstruments, eines damit verbundenen Waren-Spot-Kontrakts oder eines auf Emissionszertifikaten beruhenden Auktionsobjekts verändern oder allgemeiner die den Marktteilnehmern verfügbare **Darstellung des Orderbuchs verändern**[10]. Die Orderlage jedenfalls im Börsenhandel ist für Marktteilnehmer insbesondere über das elektronische Orderbuch des Skontroführers ersichtlich (XETRA-Orderbuch)[11]; es ist in dem Sinne ein offenes Orderbuch, als die zehn teuersten Kaufaufträge bzw. billigsten Verkaufsaufträge, die jeweils noch nicht zur Ausführung gelangt sind, für alle Handelsteilnehmer einsehbar sind. Im Zuge der MiFID II-Umsetzung wird auch die Handelstransparenz von OTC-Märkten deutlich erhöht[12], so dass auch hier insoweit eine Beeinflussung des Orderbuchs falsche oder irreführende Signale aussenden kann. Anhang II Abschnitt 1 Nr. 6 DelVO 2016/522 präzisiert den Indikator nach Anhang I A. lit. f VO Nr. 596/2014 mit einer Aufzählung beispielhafter Praktiken, die zu seiner Ausfüllung tauglich sind.

125 Anhang I A. lit. f VO Nr. 596/2014 lässt die Einwirkung auf die Orderlage genügen, und es ist nicht erforderlich, dass zugleich z.B. über die mitgeteilte Spanne, in der der künftige Kurs liegen wird, auch auf den Kurs ein-

---

1 *Baßler/Delgado-Rodriguez* in Temporale, Europäische Finanzmarktregulierung, 2015, S. 199, 218 ff.; *Schmolke* in Klöhn, Art. 12 MAR Rz. 160 ff.; vgl. aus Sicht des Schweizer Rechts *Maurenbrecher* in Watter/Bahar, Basler Kommentar, Finanzmarktaufsichtsgesetz/Finanzmarktinfrastrukturgesetz: FINMAG/FinfraG, Art. 143 FinfraG Rz. 69.
2 *Lin*, Emory Law Journal 66 (2017), 1253, 1288; *Schmolke* in Klöhn, Art. 12 MAR Rz. 162.
3 *Lin*, Emory Law Journal 66 (2017), 1253, 1288 ff.; *Kasiske*, WM 2014, 1933, 1936.
4 *Gomolka*, Algorithmic Trading, S. 168; *Kasiske*, WM 2014, 1933, 1936.
5 *Kasiske*, WM 2014, 1933, 1936.
6 Zur Schweiz *Maurenbrecher* in Watter/Bahar, Basler Kommentar, Finanzmarktaufsichtsgesetz/Finanzmarktinfrastrukturgesetz: FINMAG/FinfraG, Art. 143 FinfraG Rz. 69.
7 *Lin*, Emory Law Journal 66 (2017), 1253, 1288.
8 Instruktiv *Kasiske*, WM 2014, 1933, 1936; s. ferner *Schmolke* in Klöhn, Art. 12 MAR Rz. 165.
9 A.A. *Schmolke* in Klöhn, Art. 12 MAR Rz. 164, der ein subjektives Element verlangt.
10 *Anschütz/Kunzelmann* in Meyer/Veil/Rönnau, Handbuch zum Marktmissbrauchsrecht, § 14 Rz. 71 ff.; *Schmolke* in Klöhn, Art. 12 MAR Rz. 166 ff.
11 Abrufbar unter: http://www.boerse-frankfurt.de/aktien/orderbuch; dazu etwa *Sorgenfrei/Saliger* in Park, Kapitalmarktstrafrecht, Kap. 6.1. Rz. 68.
12 ESMA, Final Report, ESMA's technical advice on possible delegated acts concerning the Market Abuse Regulation, ESMA/2015/224, S. 12 Abs. 22.

gewirkt wird. Zur Verwirklichung einer Marktmanipulation nach Art. 12 Abs. 1 lit. a VO Nr. 596/2014 ist aber jedenfalls eine Kursbeeinflussungseignung erforderlich. In liquiden Märkten lassen sich Kurse durch die Annullierung von Handelsaufträgen zwar nur kurzfristig und in nicht sehr erheblichem Umfang manipulieren; gleichwohl können auch solche Manipulationen in Drittmärkten gewinnbringend ausgenutzt werden[1]. Kommt es nicht zur Orderrücknahme, ist zwar der Indikator nach Anhang I A. lit. f VO 596/2014 nicht erfüllt: Gleichwohl kann eine handelsgestützte Marktmanipulation nach Art. 12 Abs. 1 lit. a VO Nr. 596/2014 vorliegen, z.B. bei den sog. *defensive bids* der *primary dealer*, die bei der Auktion von Staatsanleihen marktferne Gebote einbringen, die nicht zum Zuge kommen (sollen), aber die sog. *bid-to-cover ratio* verbessern, welche wiederum den Kurs zu erhöhen geeignet ist[2].

Anhang II Abschnitt 1 Nr. 6 lit. b, e, f, g, h und i DelVO 2016/522 verweisen auf die bereits oben beschriebenen Praktiken *creation of a floor or a ceiling in the price pattern* (Rz. 85), *Cross-venues*-Manipulationen (Rz. 94), *Cross-product*-Manipulationen (Rz. 95), *layering and spoofing* (Rz. 122), *quote stuffing* (Rz. 116) und *momentum ignition* (Rz. 117). Diese – auch auf andere von Anhang I A. VO Nr. 596/2014 erfasste Aktivitäten hindeutenden – Manipulationsstrategien stehen nach Ansicht der Europäischen Kommission auch regelmäßig im Zusammenhang mit der Beeinflussung der Darstellung des Orderbuchs i.S. des Anhang I A. lit. f VO Nr. 596/2014.

Placing orders without intention to execute (Anhang II Abschnitt 1 Nr. 6 lit. a DelVO 2016/522): Auf eine marktmanipulative Beeinflussung der Darstellung des Orderbuchs durch Annullierungen deutet die Erteilung von Aufträgen hin, die **vor ihrer Ausführung zurückgezogen** werden und dazu führen bzw. wahrscheinlich dazu führen, dass der falsche Eindruck entsteht, es gäbe eine Nachfrage nach oder ein Angebot an Finanzinstrumenten, einem verbundenen Waren-Spot-Kontrakt oder einem auf Emissionszertifikaten beruhenden Auktionsobjekt zu dem betreffenden Preis. Entsprechende Verhaltensweisen treten insbesondere im Zusammenhang mit Handelsaufträgen auf, die zu einem die Nachfrage in die Höhe treibenden oder das Angebot verringernden Preis eingegeben werden und dazu führen bzw. wahrscheinlich dazu führen, dass der Kurs eines verbundenen Finanzinstruments ansteigt oder sinkt (Anhang II Abschnitt 1 Nr. 6 lit. a Ziff. i) DelVO 2016/522), sowie ferner bei der Praktik der *momentum ignition* (Rz. 117), auf die nach Anhang II Abschnitt 1 Nr. 4 lit. f DelVO Nr. 522/2014 ebenfalls eine große Zahl an Auftragsstornierungen hindeuten kann.

Damit die Tatbestandsvoraussetzungen des Art. 12 Abs. 1 lit. a VO Nr. 596/2014 erfüllt sind, muss hinzukommen, dass die Orderrücknahme von Anfang an geplant war, mithin bereits bei Ordereingabe **die Intention** der **späteren Orderrücknahme** bestand[3]. Nur in diesem Fall ging ein falsches oder irreführendes Signal für den Markt von der Ordereingabe aus und nur so lassen sich **nicht manipulative Orderrücknahmen** aus wirtschaftlich legitimen Gründen von manipulativen Orderrücknahmen abgrenzen. Wirtschaftlich legitime Orderrücknahmen kommen z.B. nach versehentlichen Ordereingaben (*mistrades, fat finger trades*)[4] oder dann in Betracht, wenn ein Marktteilnehmer auf eine *Ad-hoc*-Mitteilung reagiert oder bei anhaltend hoher Nachfrage sein Verkaufslimit sukzessiv erhöht, um bessere Preise zu erzielen[5].

Excessive bid-offer spreads (Anhang II Abschnitt 1 Nr. 6 lit. c DelVO 2016/522): Bei *excessive bid-offer spreads* geht es um die Verschiebung der Differenz zwischen Geld- und Briefkurs auf ein künstliches Niveau durch einen Missbrauch von Marktmacht[6]. **Marktmacht** liegt grundsätzlich erst ab der Schwelle einer marktbeherrschenden Stellung vor (Rz. 218). Der **Missbrauch** von Marktmacht setzt ein aktives Ausnutzen (Rz. 219) der marktbeherrschenden Stellung voraus, das nicht seinerseits gerechtfertigt ist. Das Vorliegen einer marktbeherrschenden Stellung, ohne diese aktiv auszunutzen, genügt nicht. Bei der **Differenz zwischen Geld- und Briefkurs** (*bid-offer spread*) handelt es sich um die Differenz zwischen dem quotierten sofortigen Verkaufspreis und dem quotierten sofortigen Kaufpreis eines Finanzinstruments. Diese Differenz ist ein wichtiger Indikator für die Liquidität eines Marktes und die Höhe der Transaktionskosten. Manipulationspraktiken im Zusammenhang mit einer Beeinflussung des *bid-offer spread* stehen nach Anhang II Abschnitt 1 Nr. 6 lit. c Ziff. I DelVO 2016/522) häufig im Zusammenhang mit Transaktionen oder Handelsaufträgen, die dazu führen bzw. wahrscheinlich dazu führen, dass die Vorkehrungen des Marktes zum Schutz des Handels wie z.B. Höchstpreise, Mengenbeschränkungen, Parameter der Differenz zwischen Geld- und Briefkursen usw. umgangen werden. Ferner treten sie im Zusammenhang mit *Cross-venues*-Manipulationen (Rz. 94) auf (Anhang II Abschnitt 1 Nr. 6 lit. c Ziff. ii) DelVO 2016/522).

Tatbestandlich lässt sich eine entsprechende Handlung dem Art. 12 Abs. 1 lit. a Ziff. ii) Var. 3 VO Nr. 596/2014, also der Marktmanipulation durch eine sonstige Handlung mit der (wahrscheinlichen) Folge der Sicherung eines

---

1 S. das Beispiel bei *Schröder*, Hdb. Kapitalmarktstrafrecht, Rz. 517.
2 Eingehend *Schmidtbleicher/Cordalis*, ZBB 2007, 124 ff.
3 *Schmolke* in Klöhn, Art. 12 MAR Rz. 170.
4 *Sorgenfrei/Saliger* in Park, Kapitalmarktstrafrecht, Kap. 6.1. Rz. 122, 68; strenger *Schmolke* in Klöhn, Art. 12 MAR Rz. 171, der davon ausgeht, dass ein Indiz auch von diesen ausgehen kann. Das ist freilich zutreffend, jedoch erfüllen sie keinesfalls die Voraussetzungen an eine Marktmanipulation nach Art. 12 Abs. 1 lit. a VO Nr. 596/2014.
5 *Schröder*, Hdb. Kapitalmarktstrafrecht, Rz. 518.
6 *Schmolke* in Klöhn, Art. 12 MAR Rz. 172 ff.

anormalen oder künstlichen Kursniveaus eines oder mehrerer Finanzinstrumente, eines damit verbundenen Waren-Spot-Kontrakts oder eines auf Emissionszertifikaten beruhenden Auktionsobjekts, subsumieren. Zur Tatbestandsverwirklichung ist erforderlich, dass eine marktbeherrschende Stellung **missbraucht** wurde. Die sonstige Handlung (Missbrauch) ist nach der MAR nur verboten, wenn die Ausübung von Marktmacht im konkreten Fall nach den Wertungen des Wettbewerbsrechts (Rz. 219) illegitim ist. Marktmacht wird insofern insbesondere einem **Market Maker** oder einem **Designated Sponsor** zukommen, die selbst die Quotierungen bzw. Spreads stellen[1]. Freilich soll nicht nur diese Praxis erfasst werden, sondern auch eine mittelbare Beeinflussung des *bid ask spread* durch einen besonders starken *trader*[2]. Für den Missbrauch kann auch hier (vgl. Rz. 218 f.) auf die im Kartellrecht entwickelten Kriterien zurückgegriffen werden[3]. Wann ein *trader* mit Marktmacht diese missbraucht, ist aber fraglich, da jedenfalls eine volumenmäßig große, die Quotierungen beeinflussende Order nicht für sich einen Missbrauch darstellt, wenn dahinter ein legitimes wirtschaftliches Interesse steht[4].

131 **Advancing the bid (Anhang II Abschnitt 1 Nr. 6 lit. d DelVO 2016/522):** Als *advancing the bid* wird die Erteilung von Handelsaufträgen verstanden, die die Nachfrage oder das Angebot nach einem Finanzinstrument, einem verbundenen Waren-Spot-Kontrakt oder einem auf Emissionszertifikaten beruhenden Auktionsobjekt mit dem Ziel erhöht bzw. verringert, dessen Kurs nach oben zu treiben (oder ihn zu senken)[5]. Entsprechende Kursbeeinflussungen finden üblicherweise beim *placing orders without intention to execute* (Rz. 127) statt. Beim *advancing the bid* müssen die Orders aber nicht anschließend storniert werden.

132 Damit die Erteilung von Handelsaufträgen auch ohne die (von Anfang an intendierte oder angelegte) Stornierung der Order tatbestandlich als Marktmanipulation zu werten ist, muss subjektiv eine **Kursbeeinflussungsabsicht** bestehen[6]. Anders lässt sich die Handlung nicht gegenüber legitimem Marktverhalten abgrenzen.

133 **Smoking (Anhang II Abschnitt 1 Nr. 5 lit. j DelVO 2016/522):** *Smoking* definiert die DelVO 2016/522 als die Veröffentlichung von Handelsaufträgen in der Absicht, andere Marktteilnehmer, die sich herkömmlicher Handelstechniken bedienen (sog. *slow trader*), anzulocken, woraufhin ein rascher Wechsel zu weniger großzügigen Konditionen in der Hoffnung folgt, aus dem Zustrom von Handelsaufträgen dieser *slow trader* Gewinne zu erzielen[7].

134 Die Veröffentlichung von Handelsaufträgen ist für sich nicht illegitim. Damit die Tatbestandsvoraussetzungen des Art. 12 Abs. 1 lit. a VO Nr. 596/2014 erfüllt sind und eine verbotene Marktmanipulation zu bejahen ist, muss deshalb hinzukommen, dass der Manipulator die Handelsaufträge mit der **Absicht der Kursmanipulation** veröffentlicht hat. Nur dann kann von den Handelsaufträgen ein falsches oder irreführendes Signal für den Markt ausgehen und nur so lässt sich diese Manipulationspraktik gegenüber **legitimem Marktverhalten** abgrenzen.

135 **gg) Zeitliche Nähe zu Referenzkursberechnungen (Anhang I A. lit. g VO Nr. 596/2014).** Anhang I A. lit. g VO Nr. 596/2014 nennt als Indikator für eine Marktmanipulation den Umfang, in dem Geschäfte **genau oder ungefähr zu einem Zeitpunkt** in Auftrag gegeben oder abgewickelt werden, zu dem bestimmte **Referenzkurse**, **Abrechnungskurse** oder sonstige **Bewertungen** berechnet werden, und die Vornahme der Geschäfte zu Kursveränderungen führt, die sich auf diese Kurse bzw. Bewertungen auswirken[8]. Derartige Referenzkurse sind insbesondere die Schlussnotierung eines Börsentages, der Kassakurs und der Abrechnungskurs von Derivatekontrakten.

136 **Anhang II Abschnitt 1 Nr. 7 lit. a–e DelVO 2016/522** verweist auf die bereits oben beschriebenen Praktiken *marking the close* (Rz. 121), *colluding in the after-market of an initial public offering where colluding parties are involved* (Rz. 82), *creation of a floor or a cealing in the price pattern* (Rz. 85), *Cross-venues*-Manipulationen (Rz. 94) und *Cross-product*-Manipulationen (Rz. 95). Diese – auch andere in Anhang I A. VO Nr. 596/2014 genannte – Manipulationspraktiken ausfüllenden Indikatoren stehen nach Ansicht der Europäischen Kommission auch regelmäßig im Zusammenhang mit einer Kursbeeinflussung in zeitlicher Nähe zu einer Referenzkursberechnung i.S.d. Anhang I A. lit. g VO Nr. 596/2014.

137 **Anhang II Abschnitt 1 Nr. 7 lit. f DelVO 2016/522** nennt zudem Vorkehrungen als Manipulationspraktik i.S.d. Anhang I A. lit. g VO Nr. 596/2014, die zur Verfälschung der mit einem Warenvertrag verbundenen Kosten, etwa im Zusammenhang mit Versicherung oder Fracht, vorgenommen werden und dazu führen, dass der Abrechnungspreis eines Finanzinstruments oder eines verbundenen Waren-Spot-Kontrakts in unnatürlicher oder künstlicher Höhe festgelegt wird[9].

---

1 *Schmolke* in Klöhn, Art. 12 MAR Rz. 174.
2 *Schmolke* in Klöhn, Art. 12 MAR Rz. 176.
3 *Schmolke* in Klöhn, Art. 12 MAR Rz. 175.
4 Zweifelnd daher auch *Schmolke* in Klöhn, Art. 12 MAR Rz. 176.
5 *Schmolke* in Klöhn, Art. 12 MAR Rz. 178 ff.; vgl. *Stoll* in KölnKomm. WpHG, § 20a WpHG Anh. I – § 3 MaKonV Rz. 47; *Brammsen*, WM 2012, 2134, 2138.
6 *Schmolke* in Klöhn, Art. 12 MAR Rz. 180.
7 *Schmolke* in Klöhn, Art. 12 MAR Rz. 181.
8 *Schmolke* in Klöhn, Art. 12 MAR Rz. 183 ff.
9 *Schmolke* in Klöhn, Art. 12 MAR Rz. 186.

Tatbestandlich lässt sich ein dem Indikator entsprechender Sachverhalt eher dem Art. 12 Abs. 1 lit. b Var. 3 VO Nr. 596/2014 als dem Abs. 1 lit. a Var. 3 subsumieren, da die Handlungen keine Nähe zu den Geschäften und Handelsaufträgen (Rz. 62 ff.) aufweisen[1]. Hinzu kommt, dass die DelVO 2016/522 gerade von einer „Verfälschung" spricht, die sich ohne weiteres als sonstiger Kunstgriff oder sonstige Form der Täuschung i.S.d. Art. 12 Abs. 1 lit. b VO Nr. 596/2014 einordnen lässt (Rz. 59).

f) Tatbestandsausschluss nach Art. 12 Abs. 1 lit. a letzter Halbsatz, Art. 13 Abs. 1 VO Nr. 596/2014. Art. 12 Abs. 1 lit. a letzter Halbsatz VO Nr. 596/2014 enthält einen **Tatbestandsausschluss** vom Verbot der handelsgestützten Marktmanipulation nach Abs. 1 lit. a für den Fall, dass die Person, die ein Geschäft abschließt, einen Handelsauftrag erteilt oder eine andere Handlung vornimmt, nachweist, dass das Geschäft, der Auftrag oder die Handlung **legitime Gründe** hat **und** im **Einklang mit der zulässigen Marktpraxis** gem. Art. 13 VO Nr. 596/2014 steht[2]. Näher dazu Art. 13 VO Nr. 596/2014 Rz. 3 f., 13 ff.

2. Manipulationshandlungen nach Art. 12 Abs. 1 lit. b VO Nr. 596/2014. Eine Marktmanipulation ist nach Art. 12 Abs. 1 lit. b VO Nr. 596/2014 der Abschluss eines Geschäfts, die Erteilung eines Handelsauftrags und jegliche sonstige Tätigkeit oder Handlung an Finanzmärkten, die unter Vorspiegelung falscher Tatsachen oder unter Verwendung sonstiger Kunstgriffe oder Formen der Täuschung[3] den Kurs eines oder mehrerer Finanzinstrumente, eines damit verbundenen Waren-Spot-Kontrakts oder eines auf Emissionszertifikaten beruhenden Auktionsobjekts beeinflusst oder hierzu geeignet ist. Es handelt sich ebenso wie bei Art. 12 Abs. 1 lit. a VO Nr. 596/2014 um handels- und handlungsgestützte Manipulationsformen (Vor Art. 12 ff. VO Nr. 596/2014 Rz. 61 ff.)[4]. Ebenso wie bei Art. 12 Abs. 1 lit. a VO Nr. 596/2014 werden reine Unterlassungen nicht vom Tatbestand erfasst (vgl. Rz. 58)[5].

a) Geschäfte, Handelsaufträge, sonstige Handlungen. Für die Definition des **Abschlusses von Geschäften**, der **Erteilung von Handelsaufträgen**, sowie den **sonstigen Handlungen** gelten die Ausführungen Rz. 44 ff. zu Art. 12 Abs. 1 lit. a VO Nr. 596/2014 entsprechend[6]. Zwischen „jede[r] andere[n] Handlung" i.S.d. Abs. 1 lit. a und „jegliche[r] sonstige[n] Tätigkeit oder Handlung" i.S.d. Abs. 1 lit. b besteht kein sachlicher Unterschied[7]. Art. 12 Abs. 1 lit. b VO Nr. 596/2014 enthält mit der zusätzlichen Handlungsmodalität der *sonstigen Tätigkeiten* auch keine gegenüber Abs. 1 lit. a erweiterte Handlungsform. „Sonstige Tätigkeiten" sind vielmehr genau wie „sonstige Handlungen" auszulegen. Unter die Variante der sonstigen Handlungen fällt hier – anders als bei Art. 12 Abs. 1 lit. a VO Nr. 596/2014 – regelmäßig auch eine Informationsverbreitung im *unmittelbaren Zusammenhang* mit einer Transaktion. Durch den unmittelbaren Zusammenhang lässt sich die Tatbestandsvariante von einer Marktmanipulation nach Art. 12 Abs. 1 lit. c VO Nr. 596/2014 abgrenzen, wobei ein *zeitlicher* und *sachlicher Konnex* mit bestimmten Handelsaktivitäten es rechtfertigt, eine Marktmanipulation im Zusammenhang mit falschen Informationen dem Art. 12 Abs. 1 lit. b VO Nr. 596/2014 zuzuordnen und insofern einen verdrängenden Vorrang gegenüber Art. 12 Abs. 1 lit. c VO Nr. 596/2014 anzunehmen.

b) Vorspiegelung falscher Tatsachen. Der Abschluss von Geschäften, die Erteilung von Handelsaufträgen sowie die sonstigen Handlungen müssen nach Art. 12 Abs. 1 lit. b Var. 1 VO Nr. 596/2014 unter Vorspiegelung falscher Tatsachen stattfinden. **Tatsachen** sind dem Beweis zugängliche Umstände der Vergangenheit oder Gegenwart. **Falsch** sind Tatsachen, wenn sie nicht den objektiven Gegebenheiten entsprechen, nämlich nicht vorhandene Umstände als vorhanden oder vorhandene als nicht vorhanden darstellen[8]. Um dies festzustellen, sind zwei Schritte erforderlich: **Erstens** muss der Inhalt der **durch** den Geschäftsabschluss, die Handelsauftragserteilung oder die sonstige Handlung zum Ausdruck gebrachten Tatsachenäußerung durch Auslegung nach dem **objektivierten Empfängerhorizont** ermittelt werden[9]. Dabei sind Auffassung und Verständnis des angesprochenen Personenkreises maßgeblich[10]. **Zweitens** muss dieser ermittelte Inhalt mit den objektiven Gegebenheiten verglichen werden.

---

1 A.A. *Schmolke* in Klöhn, Art. 12 MAR Rz. 187, der die Aufnahme der Praxis als Beleg dafür ansieht, dass von Art. 12 Abs. 1 lit. a VO Nr. 596/2014 auch handlungsgestützte Manipulationen erfasst sind.
2 FCA, Handbook, MAR 1: Market Abuse, Section 1.6: Manipulating transactions, 1.6.5.–1.6.8.
3 *Schmolke* in Klöhn, Art. 12 MAR Rz. 198 ff. unterscheidet nicht zwischen den unterschiedlichen Tatbestandsvarianten und fasst diese einheitlich unter dem Begriff der „Täuschung". In der Sache ergeben sich allein daraus keine Unterschiede.
4 Tendenziell a.A. *Anschütz/Kunzelmann* in Meyer/Veil/Rönnau, Handbuch zum Marktmissbrauchsrecht, § 14 Rz. 81, der Art. 12 Abs. 1 lit. b VO Nr. 596/2014 als Auffangtatbestnd einordnet und dem Art. 12 Abs. 1 lit. a VO Nr. 596/2014 die handlungsgestützten Marktmanipulationen nicht subsumieren will.
5 Wie hier *Sorgenfrei/Saliger* in Park, Kapitalmarktstrafrecht, Kap. 6.1. Rz. 166; a.A. *Schmolke* in Klöhn, Art. 12 MAR Rz. 196.
6 *Schmolke* in Klöhn, Art. 12 MAR Rz. 195.
7 *Schmolke* in Klöhn, Art. 12 MAR Rz. 196; *Sorgenfrei/Saliger* in Park, Kapitalmarktstrafrecht, Kap. 6.1. Rz. 171.
8 Vgl. *Stoll* in KölnKomm. WpHG, § 20a WpHG Rz. 180; *Schwark* in Schwark/Zimmer, § 20a WpHG Rz. 15; *Sorgenfrei* in Park, Kapitalmarktstrafrecht, 3. Aufl. 2013, §§ 20a, 38 II, 39 I Nr. 1–2, II, IV WpHG Rz. 34.
9 Ebenso *Stoll* in KölnKomm. WpHG, § 20a WpHG Rz. 180; vgl. auch *Schmolke* in Klöhn, Art. 12 MAR Rz. 199.
10 Vertiefend *Eichelberger*, S. 242 ff.

Art. 12 VO Nr. 596/2014 | Marktmanipulation

143 Der Abschluss von Geschäften, die Erteilung von Handelsaufträgen sowie die sonstigen Handlungen müssen **unter der Vorspiegelung** falscher Tatsachen stattfinden. Das Vorspiegeln falscher Tatsachen erfordert auch bei Art. 12 Abs. 1 lit. b VO Nr. 596/2014 ein **aktives Tun** und kann nicht lediglich durch ein Unterlassen verwirklicht werden (vgl. Rz. 58)[1]. Bloße Irreführungen durch Unvollständigkeiten im Rahmen des Abschlusses von Geschäften, der Erteilung von Handelsaufträgen, sowie den sonstigen Handlungen genügen für die Tatbestandsvariante des Vorspiegelns falscher Tatsachen nicht. Sie können aber unter die Variante der sonstigen Täuschungsformen fallen (Rz. 144). Ein Täuschungserfolg, mithin ein tatsächlicher **Irrtum** bei irgendeinem Marktteilnehmer, ist **nicht erforderlich**[2].

144 c) **Verwendung sonstiger Kunstgriffe oder Formen der Täuschung.** Gem. Art. 12 Abs. 1 lit. b Var. 2 und Var. 3 VO Nr. 596/2014 liegt eine Marktmanipulation auch dann vor, wenn der Abschluss eines Geschäfts, die Erteilung eines Handelsauftrags oder eine sonstige Tätigkeit oder Handlung an den Finanzmärkten unter Verwendung sonstiger Kunstgriffe (Var. 2) oder Formen der Täuschung (Var. 3) den Kurs eines oder mehrerer Finanzinstrumente, eines damit verbundenen Waren-Spot-Kontrakts oder eines auf Emissionszertifikaten beruhenden Auktionsobjekts beeinflusst oder hierzu geeignet ist. Beide Varianten sind Auffangtatbestände. Sie erfassen insbesondere die Irreführung von Marktteilnehmern durch unvollständige Darstellungen. Sonstige Kunstgriffe können aber auch die als Indikatoren näher präzisierten Praktiken der Bewegung oder Lagerung physischer Waren (Anhang II Abschnitt 1 Nr. 1 lit. f DelVO 2016/522) sowie Leerfahrten von Schiffen (Anhang II Abschnitt 1 Nr. 1 lit. g DelVO 2016/522) sein (dazu Rz. 168 ff.). Auch diese Praktiken dienen dazu, Marktteilnehmer zu täuschen, ohne dass falsche Tatsachen aktiv vorgespielt werden.

145 d) **Kursbeeinflussung oder Eignung zu dieser.** Art. 12 Abs. 1 lit. b VO Nr. 596/2014 erfordert, dass das Verhalten den Kurs eines oder mehrerer Finanzinstrumente, eines damit verbundenen Waren-Spot-Kontrakts oder eines auf Emissionszertifikaten beruhenden Auktionsobjekts tatsächlich beeinflusst oder dazu geeignet ist[3].

146 **Gegenstand der (potenziellen) Beeinflussung** müssen der Kurs eines oder mehrerer Finanzinstrumente, eines damit verbundenen Waren-Spot-Kontrakts oder eines auf Emissionszertifikaten beruhenden Auktionsobjekts sein (Rz. 27 ff.). **Kurs** meint alle nach den Regeln des jeweiligen Handelsplatzes innerhalb der EU- oder des EWR-Raumes zustande gekommenen An- und Verkaufspreise von Finanzinstrumenten, damit verbundenen Waren-Spot-Kontrakten oder auf Emissionszertifikaten beruhenden Auktionsobjekten[4].

147 **Beeinflussen** meint die künstliche, d.h. gegen den Markttrend erfolgende Erhöhung („nach oben") und Senkung („nach unten") des Kurses, aber auch dessen künstliche Stabilisierung („zur Seite")[5]. Grundsätzlich ist auch eine Beeinflussung verfälschter Kurse in die „richtige" Richtung erfasst, obwohl entsprechendes Handeln aus teleologischen Gründen – etwa bei der Kursstabilisierung – durchaus legitim sein kann[6]. Anders als das Insiderrecht (Art. 14 VO Nr. 596/2014) setzt Art. 12 Abs. 1 lit. b VO Nr. 596/2014 **nicht** voraus, dass die Preisbeeinflussung **erheblich** ist, so dass sich die diesbezüglichen Streitfragen (dazu näher Art. 7 VO Nr. 596/2014 Rz. 78 ff.) für die Marktmanipulation nicht stellen. Es gibt auch **keinen de-minimis-Vorbehalt**[7]. Kapitalmarktrechtlich können auch kleinste Kursveränderungen die Funktionsfähigkeit des Kapitalmarkts beeinträchtigen und mit Hilfe von Derivaten gewinnbringend ausgenutzt werden[8], z.B. wenn der Preis nur ganz geringfügig über einer Schwelle liegt, ab der massenhaft *stop loss orders* ausgelöst werden.

148 **Geeignet** zur Beeinflussung von Kursen ist ein Verhalten, wenn es bei Würdigung aller Umstände des Einzelfalles, insbesondere der konkreten Angaben und der konkreten Marktverhältnisse, generell tauglich ist, den Kurs zu beeinflussen. Mit anderen Worten muss für den konkreten Einzelfall eine **generelle (hypothetische) Kausalität** zwischen dem Verhalten einerseits und einer möglichen Kursbeeinflussung andererseits bestehen. Nicht erforderlich ist demgegenüber, dass konkret die Gefahr einer Kursbeeinflussung eintrat, und erst recht nicht, dass der Kurs tatsächlich beeinflusst wurde. Auf der anderen Seite kann aus einer Kursänderung, die zeitlich auf das manipulative Verhalten folgte, nicht ohne weiteres auf die Kursbeeinflussungseignung geschlossen

---

1 A.A. *Schmolke* in Klöhn, Art. 12 MAR Rz. 196, 199.
2 *Schmolke* in Klöhn, Art. 12 MAR Rz. 200.
3 *Schmolke* in Klöhn, Art. 12 MAR Rz. 234 ff.
4 *Schmolke* in Klöhn, Art. 12 MAR Rz. 235.
5 *Schmolke* in Klöhn, Art. 12 MAR Rz. 236. Im niederländischen Recht war die Marktmanipulation auf das „Halten" (nl. houden), also Stabilisieren eines Preises beschränkt. Bei wörtlicher Lesart konnten deshalb gängige Marktmanipulationspraktiken – z.B. „pumping and dumping" oder „trashing and cashing" – im Königreich der Niederlande nicht erfasst werden, was ersichtlich nicht den Vorgaben der MAD I entsprach. EuGH v. 7.7.2011 – C-445/09, ECLI:EU:C:2011:459 – IMC Securities, NZG 2011, 951 = ZBB 2011, 285 hat das niederländische Recht dadurch „gerettet", dass er in einem klassischen „trashing and cashing"-Fall annahm, der Marktmanipulator habe den durch eine „Eisberg-Order" manipulativ unter eine Stop-loss-Schwelle gedrückten Preis jedenfalls für eine Sekunde vor dem Kurssturz auch manipulativ „gehalten". Das überzeugt allenfalls im Ergebnis; im Übrigen hat das Urteil für das deutsche Recht keine Folgen, zutr. *Waßmer*, ZBB 2011, 288, 289; s. auch *Klöhn*, NZG 2011, 934, 935 f.
6 Strenger *Schmolke* in Klöhn, Art. 12 MAR Rz. 235.
7 Treffend *Stoll* in KölnKomm. WpHG, § 20a WpHG Rz. 201.
8 *Eichelberger*, S. 274 f.

werden, da es möglich bleibt, dass der Kurs sich unabhängig von dem Verhalten änderte, und es deshalb am Kausalzusammenhang fehlt. Mit anderen Worten ist die auf die Manipulation folgende Marktentwicklung nicht allein entscheidend: Weder beweist eine spätere Kursänderung *per se* die Kursbeeinflussungseignung, noch wird die Kursbeeinflussungseignung allein dadurch ausgeschlossen, dass sich der Kurs nicht ändert. Gleichwohl ist die anschließende Marktentwicklung freilich ein bedeutender Indikator für das Vorliegen einer Marktmanipulation.

Methodisch wird die Kursbeeinflussungseignung im Wege einer **objektiv nachträglichen *Ex-ante*-Prognose** festgestellt[1]. Nachträglich ist die Prognose, weil sie erst nach der Manipulation im Verwaltungs-, Bußgeld- oder Strafverfahren zu treffen ist. Objektiv ist sie, weil es nicht auf die Einschätzung des Manipulators oder einzelner Anleger, sondern auf die objektive Eignung aus der **Sicht eines verständigen Anlegers** (vgl. Rz. 64 f.) ankommt. Im Einzelnen erfolgt die Prognose in drei Schritten:

149

Erstens muss die **Prognosegrundlage** aus einer *Ex-ante*-Perspektive festgestellt werden. Die Prognosegrundlage besteht einerseits aus den konkreten falschen Tatsachen bzw. den sonstigen Kunstgriffen oder Formen der Täuschung, die durch den Abschluss von Geschäften, die Erteilung von Handelsaufträgen oder sonstige Handlungen vermittelt wurden, und andererseits aus den konkreten Marktverhältnissen zum Zeitpunkt des Manipulationsverhaltens.

150

Zweitens müssen die **Prognoseregeln** festgestellt werden. Im Rahmen des Art. 12 Abs. 1 lit. b VO Nr. 596/2014 müssen die Handlungen kausale, mindestens mitkausale Einflüsse auf die Kursbildung an Kapitalmärkten haben bzw. haben können. Die Suche nach generellen Kausalgesetzen verweist den Rechtsanwender auf die wirtschaftswissenschaftliche Theorie der Preisbildung an Kapitalmärkten. Wegen der zahlreichen Unsicherheiten muss bei Art. 12 Abs. 1 lit. b VO Nr. 596/2014 ausreichen, dass es **Erfahrungssätze** über den Einfluss von Marktmanipulationen auf Marktpreise gibt, die so gut bestätigt sind, dass sich der Rechtsanwender von ihnen überzeugen kann, beispielsweise der Satz, dass das Bekanntwerden von Umsatzeinbrüchen einer börsennotierten Aktiengesellschaft zu Kursverlusten bei der Aktie führt. Solche Erfahrungssätze sind der „allgemeinen Lebenserfahrung", genauer: der allgemeinen Erfahrung der an Kapitalmärkten Tätigen zu entnehmen. Sie schlagen sich in Katalogen von Tatsachen mit Kursbeeinflussungspotential nieder. Für §§ 13, 15 WpHG a.F. wurde ein derartiger Katalog von der BaFin erarbeitet[2]. Auch wenn dieser Katalog das Insider- und nicht das Marktmanipulationsrecht betraf und weder verbindlich noch abschließend war, kann er auch für Art. 12 Abs. 1 lit. b VO Nr. 596/2014 noch eine Orientierungshilfe bieten.

151

Drittens schließlich müssen die Prognoseregeln auf die Prognosegrundlage **angewendet** werden, um zu dem **Eignungsurteil** zu kommen. Dieses Urteil ist in der Regel nur ein Möglichkeits- oder Wahrscheinlichkeitsurteil. Erforderlich, aber auch genügend ist die Feststellung, dass das Manipulationsverhalten nach den Umständen des Einzelfalles wahrscheinlich den Kurs beeinflussen kann. Hinsichtlich des Wahrscheinlichkeitsgrads ist – auch hier, vgl. Rz. 66 – eine hinreichend realistische Möglichkeit und damit eine überwiegende Wahrscheinlichkeit von mehr als 50 % zu fordern[3]. Die **Eignung** ist ein rein **objektives Tatbestandsmerkmal**, sodass ein Verhalten geeignet sein kann, Folgen zu bewirken, auch wenn dies niemandem bekannt ist[4].

152

In der **Praxis der BaFin** zum Eignungsmerkmal bei § 20a Abs. 1 Satz 1 Nr. 2 WpHG a.F. wurde auch insoweit aus der Sicht eines **verständigen Anlegers** (objektivierte Betrachtung) gefragt, ob nach kapitalmarktbezogenen Erfahrungssätzen vor dem Hintergrund der zum Zeitpunkt der Handlung vorherrschenden Marktverhältnisse die **ernstzunehmende Möglichkeit** bestand, dass durch die konkrete Handlung auf die Preisbildung eingewirkt wird[5]. Das führte nach der Auffassung der BaFin dazu, dass „die Schwelle ‚Eignung zur Preiseinwirkung' (...) leicht genommen" wird[6]. Ein Manipulationsverhalten, das im Übrigen die Voraussetzungen des Marktmanipulationstatbestands erfüllt, unterliege nur dann nicht dem Marktmanipulationsverbot, wenn es „völlig ungeeignet" zur Preisbeeinflussung ist oder eine solche Eignung „lediglich rein theoretisch konstruiert" werden kann[7]. Zu bedenken ist allerdings weiterhin, dass es nicht in Bezug auf alle Finanzinstrumente hinreichend verfestigte Erfahrungssätze der in Rz. 151 erwähnten Art gibt. Je synthetischer ein Finanzinstrument ist (gestufte Derivate,

153

---

1 *Schmolke* in Klöhn, Art. 12 MAR Rz. 238; vgl. zum alten Recht *Fleischer* in Fuchs, § 20a WpHG Rz. 34; *Stoll* in KölnKomm. WpHG, § 20a WpHG Rz. 202; *Schönhöft*, S. 83; *Schwark* in Schwark/Zimmer, § 20a WpHG Rz. 27.
2 S. *Assmann* in 6. Aufl., § 13 Rz. 68, § 15 Rz. 62 ff.
3 Vgl. *Vogel* in 6. Aufl., § 20a WpHG Rz. 122; *Eichelberger*, S. 280; *Stoll* in KölnKomm. WpHG, § 20a WpHG Rz. 203; *Schönhöft*, S. 84, nach denen erforderlich, aber auch genügend, die nicht entfernte, sondern vielmehr ernstzunehmende Möglichkeit der Einwirkung auf den Preis sein sollte.
4 Zum alten Recht war umstritten, ob auf die *Ex-ante*-Perspektive eines verständigen Anlegers (*Vogel* in 6. Aufl., § 20a WpHG Rz. 123) oder auf jene eines „*börsenkundigen*" Anlegers ankommen soll oder ob sogar zusätzlich Erkenntnisse über die seinerzeitigen Verhältnisse zu berücksichtigen seien, die erst *nachträglich offenbar* geworden sind (in diese Richtung *Hirte*, Die Ad-hoc-Publizität im System des Aktien- und Börsenrechts, in Das Zweite Finanzmarktförderungsgesetz in der praktischen Umsetzung, Bankrechtstag 1995, 1996, S. 47, 77).
5 BaFin, Emittentenleitfaden 2013, S. 92.
6 BaFin, Emittentenleitfaden 2013, S. 92.
7 *Eichelberger*, S. 280.

Basket-Produkte usw.), desto unberechenbarer ist die Preisentwicklung[1], und desto schwerer feststellbar ist die Kursbeeinflussungseignung eines bestimmten Manipulationsverhaltens. Umso bedeutsamer ist es, jedenfalls eine hinreichende Wahrscheinlichkeit einer Preisbeeinflussungseignung zu verlangen, da sonst die Einordnung eines Verhaltens als marktmanipulativ im Belieben der Aufsichtsbehörde stünde, da theoretisch – mit einer ganz geringen Wahrscheinlichkeit – zahlreiche Verhaltensweisen zur Kursbeeinflussung geeignet sind.

154 Die Beurteilung der Kursbeeinflussungseignung setzt Sachkunde voraus und ist keine reine Rechtsfrage. Deshalb ist es – jedenfalls bei komplizierteren Instrumenten – vor Gericht in der Regel erforderlich, von Amts wegen ein finanzökonomisches **Sachverständigengutachten** einzuholen.

155 **Keine Kursbeeinflussung** oder Eignung zu dieser gerade **durch** die Vorspiegelung falscher Tatsachen oder Verwendung sonstiger Kunstgriffe oder Formen der Täuschung liegt vor, wenn im Rahmen der Verbreitung zutreffender Informationen lediglich verschwiegen wird, dass eine Position in dem jeweiligen Instrument besteht (z.B. bei Short-Seller-Attacken)[2]. Sofern nämlich die Informationen zu einer zutreffenden Bewertung mit Blick auf das in den Anwendungsbereich der MAR einbezogene Instrument (Rz. 27 ff.) führen und daher die Kursbeeinflussung als solche gerade nicht auf einer Täuschung beruht, ist es nicht gerechtfertigt, dass Verhalten dem Art. 12 Abs. 1 lit. b VO Nr. 596/2014 zu subsumieren. Das Marktmanipulationsverbot bezweckt nämlich in erster Linie den Schutz der Kursintegrität und damit des Preisbildungsprozesses (Rz. 22 f.), weshalb Täuschungen oder Irreführungen auch auf diesen Einfluss nehmen bzw. zumindest das Potenzial hierzu aufweisen müssen. Die Offenlegung von zutreffenden Informationen, die zu einer korrekten Bewertung durch den Markt führen, können daher aus teleologischen Gründen nicht ohne weiteres als Marktmanipulation i.S.d. Art. 12 Abs. 1 lit. b VO Nr. 596/2014 angesehen werden. Das zeigt aus systematischer Sicht auch der Tatbestand des Art. 12 Abs. 1 lit. c VO Nr. 596/2014, der nur Informationsverbreitungen verbietet, die **falsche oder irreführende Signale** hinsichtlich des Angebots oder des Kurses eines Instruments aussenden oder ein **anormales oder künstliches Kursniveau** erzeugen. Art. 12 Abs. 1 lit. b VO Nr. 596/2014 – soweit er auch informationsgestützte Informationen erfasst (Rz. 140, vgl. auch Rz. 59) – kann über diese für informationsgestützte Manipulationen allgemein geltende Bewertung nicht hinausgehen. Der Indikator nach Anhang I B. lit. a VO Nr. 596/2014 zwingt zu keiner anderen Bewertung, da auch dieser nur die Verbreitung von mit Blick auf das jeweilige Instrument unzutreffenden oder irreführenden Informationen im Blick hat. Es geht dem Marktmanipulationsverbot nicht abstrakt und allgemein um die Verhinderung jedweder Täuschung, sondern spezifisch um die Verhinderung von Täuschungen, die die Effizienz des Marktes und damit letztlich die Allokationseffizienz beeinträchtigen (vgl. Rz. 22 f.).

156 Etwas anderes mag gelten, und nur insofern kommt eine Anwendung des Art. 12 Abs. 1 lit. b VO Nr. 596/2014 in Betracht, wenn die Offenlegung der Short-Position im Einzelfall zu einer anderen Bewertung der zutreffenden Informationen durch den Markt geführt hätte. Nur dann könnte davon gesprochen werden, dass in der Nichtoffenlegung eine „sonstige Form der Täuschung" liegt und gerade diese den Kurs beeinflusst hat bzw. dazu geeignet war. Eine Besonderheit unter teleologischen Gesichtspunkten stellt deshalb das zwingende Beispiel nach **Art. 12 Abs. 2 lit. d VO Nr. 596/2014** dar, da insoweit verallgemeinernd eine Marktmanipulation zwingend anzunehmen ist, auch wenn die das jeweilige Instrument betreffenden Informationen als solche ganz zutreffend sein mögen, bei der Stellungnahme aber keine Offenlegung der zuvor eingegangenen Positionen erfolgte. Dazu Rz. 245 ff.

157 **e) Subjektives Element.** Im Ausgangspunkt enthält Art. 12 Abs. 1 lit. b VO Nr. 596/2014 kein ausdrückliches Vorsatz- oder Fahrlässigkeitselement (vgl. Rz. 73 ff.). Die von Art. 12 Abs. 1 lit. b VO Nr. 596/2014 erfassten Verhaltensweisen, die unter „Vorspiegelung falscher Tatsachen" oder unter „Verwendung sonstiger Kunstgriffe oder Formen der Täuschung" vorgenommen werden müssen, setzen aber wohl durchweg Vorsatz voraus[3], wie die beiden Begriffe **Vorspiegeln** und **Täuschung** nahelegen. Dies bestätigt zudem die Aufzählung beispielhafter Praktiken in Anhang I B. und Art. 4 i.V.m. Anhang II Abschnitt 2 DelVO 2016/522 (Rz. 158 ff.), die durchweg verlangen, dass der Manipulator vorsätzlich handelt.

158 **f) Marktmanipulationen bei den Indikatoren nach Anhang I B. VO Nr. 596/2014 i.V.m. der DelVO 2016/522.** Für die Zwecke der Anwendung von Art. 12 Abs. 1 lit. b VO Nr. 596/2014 enthält Anhang I B. VO Nr. 596/2014 eine Liste nicht abschließender **Indikatoren**[4], deren Erfüllung durch einen Sachverhalt auf eine Marktmanipulation hindeutet (näher Rz. 254 ff.). Die Indikatoren werden durch die in Art. 4 i.V.m. Anhang II Abschnitt 2 DelVO 2016/522 aufgezählten Praktiken weiter präzisiert.

---

1 *Sorgenfrei/Saliger* in Park, Kapitalmarktstrafrecht, Kap. 6.1. Rz. 174.
2 *Mülbert*, ZHR 181 (2018), 105, 107 f.; unklar *Schmolke* in Klöhn, Art. 12 MAR Rz. 143 (zu Art. 12 Abs. 1 lit. a VO Nr. 596/2014), 212 ff., der Short-Seller-Attacken dem Art. 12 Abs. 1 lit. b VO Nr. 596/2014 subsumieren will, „sofern (!) man von den aktivistischen Leerverkäufern veröffentlichten Analysen und Berichte als irreführend einstuft." A.A. wohl *Bayram/Meier*, BKR 2018, 55, 59.
3 Überzeugend *Schmolke*, AG 2016, 434, 443, auch mit einer Analyse der englischen Sprachfassung.
4 ESMA, Final report, ESMA's technical advice on possible delegated acts concerning the Market Abuse Regulation, ESMA/2015/224, S. 13 Abs. 29.

Für jeden Fall ist ungeachtet der Erfüllung einer der Indikatoren im Wege der Subsumtion unter die Tatbestände des Art. 12 Abs. 1, 2 VO Nr. 596/2014 festzustellen, ob eine Marktmanipulation vorliegt[1]. Den Indikatoren ist keine Vermutungswirkung zu eigen[2]. Es kommt durchaus in Betracht, dass neben den die Indikatoren erfüllenden Sachverhaltselementen weitere Umstände vorliegen, die das Verhalten insgesamt als unbedenklich erscheinen lassen oder aber, dass weitere Umstände hinzutreten müssen, damit die Tatbestandsvoraussetzungen des Art. 12 Abs. 1 lit. b VO Nr. 596/2014 erfüllt sind. 159

aa) Zusammenhang mit falschen Informationen (Anhang I B. lit. a VO Nr. 596/2014). Anhang I B. lit. a VO Nr. 596/2014 nennt als Indikator für eine Marktmanipulation, dass von bestimmten Personen erteilte Handelsaufträge oder ausgeführte Geschäfte vorab oder im Nachhinein von der **Verbreitung falscher oder irreführender Informationen** durch dieselben oder in enger Beziehung zu ihr stehende Personen begleitet wurden[3]. In jüngerer Zeit werden entsprechende Manipulationsstrategien häufig mittels sog. **stock spams** verfolgt[4]. 160

Der Begriff der **Verbreitung von falschen oder irreführenden Informationen** ist wie bei Art. 12 Abs. 1 lit. c VO Nr. 596/2014 zu bestimmen (Rz. 176 ff.). Personen sind nach Art. 3 Abs. 1 Nr. 13 VO Nr. 596/2014 sowohl natürliche als auch juristische Personen. In **enger Beziehung** zueinander stehen Personen, wenn sie nach Art. 3 Abs. 1 Nr. 26 VO Nr. 596/2014 eng miteinander verbunden sind (dazu Art. 3 Abs. 1 VO Nr. 596/2014 Rz. 39 f.)[5]. Die Indizwirkung für eine Marktmanipulation wird maßgeblich dadurch begründet, dass zwischen Fehlinformation und Transaktion ein **enger personeller und zeitlicher Zusammenhang** besteht; gerade in dem Zusammentreffen von Fehlinformation und Transaktion liegt für die Aufsichtsbehörden eine Aufdeckungserleichterung gegenüber einer rein informationsgestützten Marktmanipulation i.S.d. Art. 12 Abs. 1 lit. c VO Nr. 596/2014. Praktisch gesehen sind die gemeinten Fälle typisch für Marktmanipulationen, beispielsweise indem nach Leerverkäufen eines Finanzinstruments unrichtige negative Informationen verbreitet werden, um den Kurs künstlich zu senken. Sind die vom Leerverkäufer in den Markt eingeführten Informationen hingegen weder falsch noch irreführend, kommt keine Marktmanipulation nach Art. 12 Abs. 1 lit. b VO Nr. 596/2014 in Betracht (Rz. 155 f., s. auch noch zu *Short-Seller*-Attacken Rz. 188, 253 und Vor Art. 1 ff. VO Nr. 236/2012 Rz. 71 ff.). Dem Indikator unterfallende Verhaltensweisen können im Einzelfall auch eine Marktmanipulation nach Art. 12 Abs. 1 lit. c VO Nr. 596/2014 darstellen (Rz. 176 ff.)[6], sofern Art. 12 Abs. 1 lit. b VO Nr. 596/2014 wegen des Fehlens eines engen zeitlichen und sachlichen Zusammenhangs nicht vorrangig anwendbar ist. Der Indikator nach Anhang I B. lit. a VO Nr. 596/2014 wird durch die Praktiken in Anhang II Abschnitt 2 Nr. 1 DelVO 2016/522 weiter präzisiert. 161

Anhang II Abschnitt 1 Nr. 1 lit. c, d und e DelVO 2016/522 nennt zur näheren Bestimmung des Indikators nach Anhang I B. lit. a VO Nr. 596/2014 die bereits oben angeführten Manipulationspraktiken **pump and dump** (Rz. 112)[7], **trash and cash** (Rz. 114) und **concealing ownership** (Rz. 106). 162

Damit die **Tatbestandsvoraussetzungen** des Marktmanipulationstatbestands nach Art. 12 Abs. 1 lit. b VO Nr. 596/2014 im Falle einer der genannten Praktiken verwirklicht sind, ist **Vorsatz** des Manipulators erforderlich. Nur so können die Tatbestandsmerkmale „Vorspiegelung falscher Tatsachen", „Verwendung sonstiger Kunstgriffe" oder andere „Formen der Täuschung" verwirklicht werden. Die Praktik des *concealing ownership* kann aber auch ohne Vorsatz die Voraussetzungen des Art. 12 Abs. 1 lit. a VO Nr. 596/2014 erfüllen (Rz. 106) und deshalb als Marktmanipulation verboten sein. 163

Verbreitung falscher oder irreführender Informationen im zeitlichen Zusammenhang mit Transaktionen (Anhang II Abschnitt 1 Nr. 1 lit. a DelVO 2016/522): Präzisierend verweist die DelVO 2016/522 auf die Praktik des Verbreitens falscher oder fehlerhafter Marktinformationen über die Medien einschließlich des Internets oder mit anderen Mitteln, das zur Verschiebung des Kurses eines Finanzinstruments, eines verbunden Waren-Spot-Kontrakt oder eines auf Emissionszertifikaten beruhenden Auktionsobjekts in eine Richtung führt bzw. wahrscheinlich führt, die für die Position, die von der an der Verbreitung der Information interessierten Person gehalten wird, oder eine von dieser/diesen geplanten Transaktion, von Vorteil ist[8]. Insofern können sich im 164

---

1 BR-Drucks. 18/05, 15; *Fleischer* in Fuchs, § 20a WpHG Rz. 53; *Sorgenfrei* in Park, Kapitalmarktstrafrecht, 3. Aufl. 2013, §§ 20a, 38 II, 39 I Nr. 1–2 Nr. 11, IV WpHG Rz. 103; s. bereits § 3 Abs. 2 Nr. 1 KuMaKV: „es sei denn, diese Geschäfte wurden … den anderen Marktteilnehmern im Einklang mit den gesetzlichen Regeln und Marktbestimmungen angekündigt".
2 A.A. tendenziell *Schmolke* in Klöhn, Art. 12 MAR Rz. 208.
3 In Umsetzung von Art. 5a Durchführungsrichtlinie 2003/124/EG nannte bereits § 4 Abs. 2 Nr. 1 MaKonV als Indikator für eine Marktmanipulation, dass vor, während oder nach einem Geschäft oder Kauf- oder Verkaufsauftrag unrichtige oder irreführende Informationen von einer Person weitergegeben werden, die entweder Geschäftspartner oder Auftraggeber ist oder mit diesen in enger Beziehung steht.
4 Dazu *Lin*, Emory Law Journal 66 (2017), 1253, 1292 ff.; *Bouraoui/Mehanaoui/Bahli*, The Journal of Applied Business Research 2013, 79 ff.; *Fleischer* in Fuchs, Vor § 20a WpHG Rz. 11; *Fleischer*, ZBB 2008, 137 ff.
5 Dazu auch *Sorgenfrei/Saliger* in Park, Kapitalmarktstrafrecht, Kap. 6.1. Rz. 188.
6 *Sorgenfrei/Saliger* in Park, Kapitalmarktstrafrecht, Kap. 6.1. Rz. 189.
7 Ergänzend soll die die Verbreitung von Meldungen in den Medien über den Anstieg (oder Rückgang) einer qualifizierten Beteiligung kurz vor oder kurz nach einer ungewöhnlichen Bewegung im Preis eines Finanzinstruments auf die Praxis hinweisen. Dazu auch *Schmolke* in Klöhn, Art. 12 MAR Rz. 219.
8 *Schmolke* in Klöhn, Art. 12 MAR Rz. 212 ff.

Art. 12 VO Nr. 596/2014 | Marktmanipulation

Einzelfall Überschneidungen mit dem zwingenden Manipulationsbeispiel nach Art. 12 Abs. 2 lit. d VO Nr. 596/2014 ergeben (zu diesem Rz. 245 ff.)[1].

165 Für einen Verstoß gegen Art. 15 i.V.m. Art. 12 Abs. 1 lit. b VO Nr. 596/2014 ist **Vorsatz** des Manipulators erforderlich. Dieser muss sich auf die falschen bzw. irreführenden Informationen beziehen. Zudem wird der im Zusammenhang mit falschen oder irreführenden Informationen vorrangige Art. 12 Abs. 1 lit. c VO Nr. 596/2014 nur verdrängt, wenn ein hinreichend **enger personeller und zeitlicher Zusammenhang** zu der Transaktion besteht, durch die von der Kursentwicklung profitiert wird (Rz. 141). Besteht dieser Zusammenhang nicht oder liegt kein Vorsatz vor, kann die auch nur fahrlässige Verbreitung falscher oder irreführender Informationen allerdings immer noch eine Marktmanipulation nach Art. 12 Abs. 1 lit. c VO Nr. 596/2014 darstellen.

166 Eröffnung einer Position und Schließung derselben unmittelbar nach ihrer Offenlegung (Anhang II Abschnitt 1 Nr. 1 lit. b DelVO 2016/522): Als weitere den Indikator nach Anhang I B. lit. a VO Nr. 596/2014 ausfüllende Praktik nennt die DelVO 2016/522 die Schließung einer Position in einem Finanzinstrument, einem verbundenen Waren-Spot-Kontrakts oder einem auf Emissionszertifikaten beruhenden Auktionsobjekts unmittelbar nach der Eröffnung der Position und der Offenlegung der Eröffnung unter Betonung des langfristigen Charakters der Investition[2].

167 Damit ein entsprechendes Verhalten die Tatbestandsvoraussetzungen des Art. 12 Abs. 1 lit. b VO Nr. 596/2014 erfüllt, muss der Manipulator **vorsätzlich handeln**[3]. In einem entsprechenden Vorgehen liegt nämlich nur dann ein Vorspiegeln von Tatsachen bzw. eine sonstige Markttäuschung i.S.d. Art. 12 Abs. 1 lit. b VO Nr. 596/2014, wenn die Eröffnung der Position gerade zu dem Zweck (**Absicht**) ihrer anschließenden Schließung und der zunächst aus der Eröffnung folgenden Markttäuschung erfolgt ist. Art. 12 Abs. 1 lit. b VO Nr. 596/2014 ist gegenüber Art. 12 Abs. 1 lit. c VO Nr. 596/2014 aufgrund des **unmittelbaren Zusammenhangs** zwischen der falschen oder irreführenden Information und der Transaktion (Schließung der Position) vorrangig anwendbar. **Keine Marktmanipulation** liegt vor, wenn die ursprüngliche Offenlegung zutreffend war und die Investition tatsächlich langfristig geplant war, diese Entscheidung aber später (legitimer Weise) revidiert wurde.

168 **Bewegung oder Lagerung physischer Waren (Anhang II Abschnitt 1 Nr. 1 lit. f DelVO 2016/522):** Die Bewegung oder Lagerung physischer Waren, durch die ein irreführender Eindruck in Bezug auf Angebot und Nachfrage bzw. den Kurs oder Wert einer Ware oder Leistung im Rahmen eines Finanzinstruments oder eines verbundenen Waren-Spot-Kontrakts entstehen könnte, ist nach der DelVO 2016/522 eine weitere Praktik, die zur Ausfüllung des Indikators nach Anhang I B. lit. a VO Nr. 596/2014 geeignet ist[4].

169 Tatbestandlich handelt es sich um eine *sonstige Handlung* (vgl. Rz. 59) unter Verwendung sonstiger Kunstgriffe oder sonstiger Formen der Täuschung und damit um eine handlungsgestützte Manipulation[5]. Der Manipulator muss mit der Bewegung oder Lagerung der physischen Waren **subjektiv bezwecken**, einen irreführenden Eindruck in Bezug auf die genannten Parameter zu erwecken. Nur dann liegt tatbestandlich eine Marktmanipulation nach Art. 12 Abs. 1 lit. b VO Nr. 596/2014 vor.

170 **Leerfahrten von Schiffen (Anhang II Abschnitt 1 Nr. 1 lit. g DelVO 2016/522):** Eine weitere indizielle Praktik stellen nach der DelVO 2016/522 Leerfahrten von Schiffen dar, durch die ein falscher oder irreführender Eindruck in Bezug auf Angebot und Nachfrage oder in Bezug auf den Kurs oder Wert einer Ware oder Leistung im Rahmen eines Finanzinstruments oder eines verbundenen Waren-Spot-Kontrakts entstehen könnte[6].

171 Damit die Tatbestandsvoraussetzungen des Art. 12 Abs. 1 lit. b VO Nr. 596/2014 erfüllt sind, muss der Manipulator mit den Leerfahrten der Schiffe **subjektiv bezwecken**, einen falschen oder irreführenden Eindruck in Bezug auf die genannten Parameter entstehen zu lassen. Die Leerfahrt von Schiffen kann nämlich ohne weiteres legitime Gründe haben und es kann nicht als Marktmanipulation gewertet werden, wenn dadurch – ohne, dass der Manipulator dies bezweckt hätte – ein falscher oder irreführender Eindruck für Marktteilnehmer entsteht.

172 **bb) Zusammenhang mit Anlageempfehlungen (Anhang I B. lit. b VO Nr. 596/2014).** Anhang I B. lit. b VO Nr. 596/2014 nennt als Indikator für eine Marktmanipulation, dass Geschäfte von Personen in Auftrag gegeben bzw. ausgeführt werden, bevor oder nachdem diese Personen oder in enger Beziehung zu ihnen stehende Personen (Rz. 161) unrichtige oder verzerrte oder nachweislich von materiellen Interessen beeinflusste Anlageempfehlungen erstellt oder weitergegeben haben. Damit wird eine Form des **scalping** als Indikator für eine Marktmanipulation aufgegriffen, obgleich das *scalping* in Art. 12 Abs. 2 lit. d VO Nr. 596/2014 auch als Regelbeispiel einer Marktmanipulation aufgeführt ist (Rz. 245 ff.)[7]. Die näheren Präzisierungen in Anhang I B lit. b

---

[1] *Schmolke* in Klöhn, Art. 12 MAR Rz. 214.
[2] *Schmolke* in Klöhn, Art. 12 MAR Rz. 215 ff.
[3] *Schmolke* in Klöhn, Art. 12 MAR Rz. 217.
[4] *Schmolke* in Klöhn, Art. 12 MAR Rz. 222 f.
[5] *Schmolke* in Klöhn, Art. 12 MAR Rz. 223.
[6] *Schmolke* in Klöhn, Art. 12 MAR Rz. 224 f.
[7] *Schmolke* in Klöhn, Art. 12 MAR Rz. 226.

VO Nr. 596/2014 und Art. 4 i.V.m. Abschnitt 2 Nr. 2 DelVO 2016/522 können aber auch dabei helfen, einen Verstoß gegen das Regelbeispiel nach Art. 12 Abs. 2 lit. d VO Nr. 596/2014 zu erkennen und zu ahnden.

Anlageempfehlungen meint nach Art. 3 Abs. 1 Nr. 35 VO Nr. 596/2014 Informationen mit expliziten oder impliziten Empfehlungen oder Vorschlägen zu Anlagestrategien in Bezug auf ein oder mehrere Finanzinstrumente oder Emittenten, die für Verbreitungskanäle oder die Öffentlichkeit vorgesehen sind, einschließlich einer Beurteilung des aktuellen oder künftigen Wertes oder Kurses solcher Instrumente[1] (näher Art. 20 VO Nr. 596/2014 Rz. 8 ff.). Entsprechende Anlageempfehlungen sind **unrichtig** oder **verzerrt**[2], wenn sie falsche Tatsachenbehauptungen enthalten oder sonst geeignet sind, aus Sicht eines objektiven Erklärungsempfängers ein unzutreffendes Bild über die wirtschaftlichen Aussichten des betreffenden Finanzinstruments oder des Emittenten zu erzeugen[3]. Sie sind **nachweislich von materiellen Interessen beeinflusst**, wenn der Manipulator oder ihm nahestehende Personen (Rz. 161) Positionen in den Finanzinstrumenten innehaben und diese nach einem von der Anlageempfehlung beeinflussten Kursanstieg abstoßen wollen. 173

Nach **Anhang II Abschnitt 2 Nr. 2 lit. a** DelVO 2016/522 liegt eine Praktik, die auf den Indikator nach Anhang I B. lit. b VO Nr. 596/2014 hindeutet, in der oben Rz. 160 f. ausgeführten Verbreitung falscher oder irreführender Informationen im zeitlichen Zusammenhang mit Transaktionen. Entsprechende Vorgehensweisen finden sich häufig, wenn Handelsaufträgen oder Transaktionen eingegeben werden, bevor oder kurz nachdem der Marktteilnehmer oder Personen, die in der Öffentlichkeit als mit diesem Marktteilnehmer verbunden bekannt sind, konträre Untersuchungen anstellen bzw. deren Ergebnisse verbreiten oder Anlageempfehlungen erteilen, die öffentlich zugänglich gemacht werden. 174

Nach **Anhang II Abschnitt 2 Nr. 2 lit. b und c** DelVO 2016/522 weisen zudem die schon oben beschriebenen Manipulationspraktiken *pump and dump* (Rz. 112) sowie *trash and cash* (Rz. 114) auch auf den Indikator nach Anhang I B. lit. b VO Nr. 596/2014 hin. 175

3. Manipulationshandlungen nach Art. 12 Abs. 1 lit. c VO Nr. 596/2014. Art. 12 Abs. 1 lit. c VO Nr. 596/2014 erfasst den klassischen Fall der informationsgestützten Marktmanipulation und definiert als Marktmanipulationshandlung die **Verbreitung von Informationen** über die Medien einschließlich des Internets oder auf anderem Wege, die **falsche oder irreführende Signale** hinsichtlich des Angebots oder des Kurses eines Finanzinstruments, eines damit verbundenen Waren-Spot-Kontrakts oder eines auf Emissionszertifikaten beruhenden Auktionsobjekts oder der Nachfrage danach gibt oder bei der dies wahrscheinlich ist oder die ein **anormales oder künstliches Kursniveau** eines oder mehrerer Finanzinstrumente, eines damit verbundenen Waren-Spot-Kontrakts oder eines auf Emissionszertifikaten beruhenden Auktionsobjekts herbeiführt oder bei der dies wahrscheinlich ist, wenn die Person, die diese Informationen verbreitet hat, wusste oder hätte wissen müssen, dass sie falsch oder irreführend waren. Davon umfasst ist ausdrücklich auch die **Verbreitung von Gerüchten**[4]. Art. 21 VO Nr. 596/2014 ist bei der Anwendung zu berücksichtigen[5]. 176

a) Verbreitung von Informationen. Der **Informationsbegriff** des Art. 12 Abs. 1 lit. c VO Nr. 596/2014 umfasst sowohl Tatsachen als auch Werturteile, Prognosen und bloße Gerüchte[6]. Ob diese Informationen einen Tatsachenkern haben, ist ohne Belang[7]. Die Informationen müssen **verbreitet werden**, wobei die MAR den Begriff der Verbreitung nicht näher inhaltlich konturiert[8]. Informationen müssen über einen **Erklärungskanal** verbreitet werden, wobei die MAR insoweit die Medien, einschließlich des Internets oder andere Wege nennt. Mit dem letzten Auffangtatbestand sind alle denkbaren Erklärungskanäle erfasst. Da Websites, Blogs und soziale Medien immer stärker genutzt werden, muss die Verbreitung falscher oder irreführender Informationen über das Internet, einschließlich über Websites sozialer Medien oder anonyme Blogs, als gleichwertig mit der Verbreitung über traditionellere Kommunikationskanäle betrachtet werden (Erwägungsgrund 48 VO Nr. 596/2014). Die **Erklärungsform** ist ohne Belang[9]; ob Informationen schriftlich, elektronisch, mündlich oder in einer sonstigen Kommunikationsform verbreitet werden, spielt keine Rolle. Gleichfalls unerheblich ist der **Kontext**, in dem die Informationen verbreitet werden; auch Erklärungen im (vermeintlich) privaten oder sozialen Be- 177

---

1 Näher dazu ESMA, Questions and Answers on the Market Abuse Regulation, ESMA70-145-111 Version 11, Last updated on 23 March 2018, Section 3, abrufbar unter: https://www.esma.europa.eu/sites/default/files/library/esma70-145-111 _qa_on_mar.pdf.
2 Das Tatbestandsmerkmal ist mit dem der Irreführung gleichzusetzten. So auch *Schmolke* in Klöhn, Art. 12 MAR Rz. 227.
3 *Schmolke* in Klöhn, Art. 12 MAR Rz. 227.
4 *Schmolke* in Klöhn, Art. 12 MAR Rz. 239 ff.
5 *Schmolke* in Klöhn, Art. 12 MAR Rz. 271 f.
6 *Grundmann* in Staub, HGB, Bankvertragsrecht 2, 5. Aufl. 2017, 6. Teil, 3. Abschnitt, D Rz. 446; *Schmolke* in Klöhn, Art. 12 MAR Rz. 242; *Sorgenfrei/Saliger* in Park, Kapitalmarktstrafrecht, Kap. 6.1. Rz. 199; *Teigelack* in Meyer/Veil/Rönnau, Handbuch zum Marktmissbrauchsrecht, § 13 Rz. 11.
7 *Schmolke* in Klöhn, Art. 12 MAR Rz. 242.
8 *Schmolke* in Klöhn, Art. 12 MAR Rz. 246, der auf die Definition in der Durchführungs-RL 2003/125/EG hinweist.
9 *Schmolke* in Klöhn, Art. 12 MAR Rz. 249; *Sorgenfrei/Saliger* in Park, Kapitalmarktstrafrecht, Kap. 6.1. Rz. 199; vgl. zum Schweizer Recht *Maurenbrecher* in Watter/Bahar, Basler Kommentar, Finanzmarktaufsichtsgesetz/Finanzmarktinfrastrukturgesetz: FINMAG/FinfraG, Art. 143 FinfraG Rz. 39.

reich sind grundsätzlich erfasst[1]. In Betracht kommen insbesondere Angaben in Bilanzen, Lageberichten, sonstigen Geschäftsberichten oder in *Ad-hoc*-Mitteilungen i.S.v. Art. 17 VO Nr. 596/2014, ferner Angaben, die der Vorstand einer börsennotierten Aktiengesellschaft in der Hauptversammlung macht. Relevante Angaben können sich ferner in Prospekten finden. Zudem kommt das „Streuen" von Angaben über Medien aller Art (Presse, Rundfunk, Fernsehen, Internet), z.B. bei Pressekonferenzen oder -mitteilungen, in Betracht, außerdem das sog. *„vergiftete tipping"* (dazu Art. 8 VO Nr. 596/2014 Rz. 91 ff.). **Nicht ausreichend** ist aber die Informationsverbreitung allein über den Abschluss eines Geschäfts oder die Erteilung eines Handelsauftrags, und damit rein **handelsgestützte Manipulationen**, da insoweit Art. 12 Abs. 1 lit. a und b VO Nr. 596/2014 zur Anwendung kommt (Rz. 50)[2].

178 Art. 12 Abs. 1 lit. c VO Nr. 596/2014 setzt nicht voraus, dass die Information gegenüber einem größeren Kreis von Personen oder gar öffentlich verbreitet wird[3]. So kann z.B. bei hoch potenten Investoren, deren alleiniges Handeln den Kurs zu beeinflussen geeignet ist, selbst eine gegenüber einer einzigen Person offenbarte Information tatbestandsmäßig sein[4]. Auch im Übrigen können das *vergiftete tipping* in Beratungsgesprächen und das ungezielte „Streuen" von unrichtigen Informationen ausreichen. Für das **Verbreiten** der Informationen genügt deshalb die Kundgabe gegenüber zumindest **einer Person**, weshalb über die Abgabe einer Erklärung hinaus auch deren **Zugang** bei mindestens einer Person erforderlich ist, wobei die Information in der Weise in den Herrschaftsbereich dieser Person gelangen muss, dass sie von ihr **Kenntnis nehmen kann**[5]. Der Begriff der Verbreitung alleine deutet nicht zwangsläufig auf eine Breitenwirkung hin, die nur bei einer größeren Zahl von Personen vorliegen kann[6]. Tatsächliche Kenntnisnahme ist nicht erforderlich, erst recht nicht, dass bei dem oder den Adressaten ein Irrtum erregt, und noch weniger, dass der Kurs tatsächlich beeinflusst wird[7].

179 Art. 12 Abs. 1 lit. c VO Nr. 596/2014 richtet sich grundsätzlich an **jedermann** (Rz. 38 ff.). Gleichwohl stellt nicht jede Mitwirkung an dem Verbreiten von Informationen schon ein „Verbreiten" von Informationen i.S.d. Art. 12 Abs. 1 lit. c VO Nr. 596/2014 dar, etwa wenn eine Sekretärin die Vorlage zu einem, wie sie erkennt, unrichtigen Prospekt schreibt[8], oder wenn ein EDV-Mitarbeiter eine, wie er erkennt, unrichtige *Ad-hoc*-Mitteilung des Unternehmensvorstandes ins Internet stellt. Es bedarf vielmehr einer **normativen Zurechnung** („Abgrenzung von Verantwortungsbereichen"[9]) der Information zu dem sie Verbreitenden[10]. Eine Information verbreitet danach nur, wer **Konzeptionsherrschaft** über sie hat oder sie sich in der Weise zu eigen macht, dass er selbst **Verantwortung für ihre Richtigkeit** übernimmt[11]. Zu möglichen Konzeptionären unrichtiger Informationen zählen z.B. Vorstände, Geschäftsführer oder (Mehrheits-)Gesellschafter eines Emittenten. Unrichtige Informationen zu eigen machen können sich z.B. andere Prospektverantwortliche, aber auch Anlageberater oder -vermittler, sofern sie für Angaben selbst die Verantwortung übernehmen.

180 Informationen können nach Art. 12 Abs. 1 lit. c VO Nr. 596/2014 nur durch **positives Tun** und **nicht** durch **bloßes Unterlassen** verbreitet werden[12]. Dies gilt sowohl, wenn ein Unterlassen gegen eine echte Rechtspflicht zum Handeln verstößt, als auch und erst recht, wenn keine bestehende Rechtsvorschrift eine Aufklärung gebie-

---

1 Vgl. *Stoll* in KölnKomm. WpHG, § 20a WpHG Rz. 172.
2 *Schmolke* in Klöhn, Art. 12 MAR Rz. 250.
3 *Grundmann* in Staub, HGB, Bankvertragsrecht 2, 5. Aufl. 2017, 6. Teil, 3. Abschnitt, D Rz. 448; *Teigelack* in Meyer/Veil/Rönnau, Handbuch zum Marktmissbrauchsrecht, § 13 Rz. 25; a.A. *Schmolke* in Klöhn, Art. 12 MAR Rz. 247 unter Verweis auf die alte Definition in der Durchführungs-RL 2003/125/EG.
4 A.A. *Schmolke* in Klöhn, Art. 12 MAR Rz. 247, obwohl er in Rz. 248 selbst einräumt, dass die Frage, wann eine hinreichend große Anzahl von Personen vorliegt, maßgeblich davon abhängt, wann ein Preisbeeinflussungspotenzial vorliegt.
5 *Grundmann* in Staub, HGB, Bankvertragsrecht 2, 5. Aufl. 2017, 6. Teil, 3. Abschnitt, D Rz. 448.
6 So aber *Schmolke* in Klöhn, Art. 12 MAR Rz. 247.
7 *Schmolke* in Klöhn, Art. 12 MAR Rz. 249.
8 Ähnliches Beispiel bei *Joecks*, wistra 1986, 142, 148 (zu § 264a StGB).
9 *Stoll* in KölnKomm. WpHG, § 20a WpHG Rz. 172.
10 *Grundmann* in Staub, HGB, Bankvertragsrecht 2, 5. Aufl. 2017, 6. Teil, 3. Abschnitt, D Rz. 448; *Schmolke* in Klöhn, Art. 12 MAR Rz. 251.
11 *Schmolke* in Klöhn, Art. 12 MAR Rz. 251.
12 Ebenso *Teigelack* in Meyer/Veil/Rönnau, Handbuch zum Marktmissbrauchsrecht, § 13 Rz. 26 ff.; für Art. 12 Abs. 1 lit. c VO Nr. 596/2014 auch *Schmolke* in Klöhn, Art. 12 MAR Rz. 252 (anders aber für Art. 12 Abs. 1 lit. a und b VO Nr. 596/2014); näher zum Folgenden *Sajnovits/Wagner*, WM 2017, 1189; *Saliger*, WM 2017, 2329; tendenziell *Sorgenfrei/Saliger* in Park, Kapitalmarktstrafrecht, Kap. 6.1. Rz. 242 ff.; 333, anders dann aber 202; a.A. Begr. RegE, BT-Drucks. 18/7482, 64; *Richter*, WM 2017, 1636; *Brand/Hotz*, NZG 2017, 976, 982 f.; *Kudlich*, AG 2016, 459, 461; *de Schmidt*, RdF 2016, 4, 5; *Grundmann* in Staub, HGB, Bankvertragsrecht 2, 5. Aufl. 2017, 6. Teil, 3. Abschnitt, D Rz. 445; *Renz/Leibhold*, CCZ 2016, 157, 166. § 20a Abs. 1 Satz 1 Nr. 1 Alt. 2 WpHG a.F. verbot noch das bloße Verschweigen von erheblichen Angaben entgegen bestehender Rechtsvorschriften, so dass auch ein pflichtwidriges Unterlassen eine tatbestandliche Marktmanipulation darstellen konnte. Näher *Vogel* in 6. Aufl., § 20a WpHG Rz. 67. Mit der Statuierung einer echten Unterlassungsvariante als Form der Marktmanipulation durch § 20a Abs. 1 Satz 1 Nr. 1 Alt. 2 WpHG a.F. ging der deutsche Gesetzgeber über die zwingenden Vorgaben der MAD I hinaus. Diese überschießende Richtlinienumsetzung im WpHG war jedoch unter dem Regime der MAD I unschädlich, da diese insoweit nur mindestharmonisierende Vorgaben machte.

tet, jedoch nach allgemeinen Rechtsgrundsätzen Aufklärungspflichten bestehen[1]. Eine Besonderheit kann aus strafrechtlicher Sicht allenfalls für die Verletzung einer Überwachergarantenpflicht oder bei Ingerenz bestehen[2].

Wortlaut und Systematik des neuen Marktmissbrauchsregimes zeigen, dass eine Marktmanipulation nicht durch die bloße Nichtoffenbarung publizitätspflichtiger Informationen begangen werden kann. Die Verbote und Anforderungen der MAR gelten nach **Art. 2 Abs. 4 VO Nr. 596/2014** zwar für Handlungen *und* Unterlassungen[3]. Art. 12 Abs. 1 VO Nr. 596/2014 als die maßgebliche Definitionsnorm für das Marktmanipulationsverbot spricht aber ausdrücklich davon, dass der Begriff Marktmanipulation i.S.d. Verordnung „folgende Handlungen" umfasst. Unterscheidet aber Art. 2 Abs. 4 VO Nr. 596/2014 deutlich zwischen Handlungen und Unterlassungen und erklärt Art. 12 Abs. 1 VO Nr. 596/2014 nur bestimmte *Handlungen* zu einer Marktmanipulation, dann kann eine Marktmanipulation gerade nicht in einer bloßen Unterlassung liegen[4]. Die näheren Präzisierungen in Art. 12 Abs. 2 und 3 i.V.m. Anhang I VO Nr. 596/2014 sowie in der Delegierten Verordnung 2016/522, ebenso wie die Erwägungsgründe der MAR, geben demgemäß auch keinen Hinweis darauf, dass der europäische Gesetzgeber bloße Unterlassungen als Marktmanipulationshandlungen erfasst sehen wollte[5]. Die **CRIM-MAD** spricht ebenfalls dafür, dass bloße Unterlassungen keine Marktmanipulation darstellen können. Art. 5 Abs. 2 RL 2014/57/EU enthält eine eigene Definition der Marktmanipulation, die für die strafrechtlichen Sanktionsnormen maßgeblich ist (Vor Art. 12 ff. VO Nr. 596/2014 Rz. 38 f.). Anders als Art. 2 Abs. 4 VO Nr. 596/2014 erwähnt die CRIM-MAD Unterlassungen überhaupt nicht. In Art. 1 Abs. 5 RL 2014/57/EU heißt es zum Anwendungsbereich lediglich, dass die CRIM-MAD für „sämtliche Transaktionen, Aufträge oder Handlungen [gilt], die ein Finanzinstrument nach Absatz 2 und 4 betreffen, unabhängig davon, ob die Transaktion, der Auftrag oder die Handlung an einem Handelsplatz vorgenommen wird". Der Wortlaut „vorgenommen wird", der sich auch auf Handlungen bezieht, zeigt, dass auch der Handlungsbegriff der CRIM-MAD bloße Unterlassungen nicht erfasst. Dass die CRIM-MAD anders als Art. 2 Abs. 4 VO Nr. 596/2014 kein Unterlassen kennt, erklärt sich daraus, dass sie nur für Marktmanipulation und Insiderhandel eine Kriminalisierungspflicht aufstellt, und diese beiden Formen des Marktmissbrauchs – anders als ein Verstoß etwa gegen die *Ad-hoc*-Publizität des Art. 17 VO Nr. 596/2014 – eben nur durch aktives Tun verwirklicht werden können[6].

b) Verbreitung von Gerüchten. Art. 12 Abs. 1 lit. c VO Nr. 596/2014 lässt ausdrücklich auch die Verbreitung von Gerüchten für eine marktmanipulative Handlung genügen[7]. Die zu § 20a Abs. 1 Satz 1 Nr. 1 WpHG a.F. vertretene Auffassung, wonach Werturteile bzw. Prognosen, um Umstände i.S.v. § 20a Abs. 1 Satz 1 Nr. 1 WpHG a.F. sein zu können, „nachprüfbar" sein und einen „tatsächlichen Kern" oder „Tatsachenkern" haben müssten[8],

---

1 Die Behandlung entsprechender Pflichtverletzungen wurde früher unterschiedlich beurteilt. Übersicht bei *Vogel* in 6. Aufl., § 20a WpHG Rz. 67.
2 Dazu *Schmolke* in Klöhn, Art. 12 MAR Rz. 254 f.; *Diversy/Köpferl* in Graf/Jäger/Wittig, Wirtschafts- und Steuerstrafrecht, § 38 WpHG Rz. 116.
3 Teilweise wurde aufgrund dieser Vorschrift davon ausgegangen, dass eine Marktmanipulation ohne weiteres auch durch bloßes Unterlassen verwirklicht werden könne. So Begr. RegE, BT-Drucks. 18/7482, 64; *Kudlich*, AG 2016, 459, 461. Tatsächlich spricht Art. 2 Abs. 4 VO Nr. 596/2014 aber für das Gegenteil.
4 Die in Kraft getretene englische Fassung spricht in Art. 12 VO Nr. 596/2014 von „activities". In Art. 2 Abs. 4 VO Nr. 596/2014 heißt es: „The prohibitions and requirements in this Regulation shall apply to actions and omissions." Die englische Begriffswahl *activities* spricht vom allgemeinen Sprachgebrauch allerdings eher dafür, dass damit nur ein aktives Tun gemeint ist. Das Oxford Dictionary definiert activities u.a. als „The condition in which things are happening or being done" oder als „the exertion of energy; vigourous action". Das wird durch das englische Marktmanipulationsverbot der Section 118 FSMA 2000, unter das auch reine Unterlassungen fallen, bestätigt, dass bei der Definition der Marktmanipulation nicht von „activities", sondern von „behaviour" spricht. Daran ändert auch nichts, dass die englische Sprachfassung des Art. 12 Abs. 1 lit. a VO Nr. 596/2014 für die „anderen Handlungen" den Begriff „any behaviour" gebraucht und dieser Begriff im englischen Sprach- und Rechtsgebrauch auch Unterlassungen erfassen kann. Dieser Passus ist nämlich nur noch ein Unterfall der Handlungen i.S.d. Art. 12 VO Nr. 596/2014 und erweitert die erfassten Verhaltensweisen nicht mehr zusätzlich. Die Tatbestandsvariante zielt zudem richtigerweise nur auf geschäfts- und handelsauftragsähnliche Transaktionen und handlungsgestützte Manipulationen (Rz. 59).
5 Näher *Sajnovits/Wagner*, WM 2017, 1189.
6 Für das Insiderhandelsverbot des § 14 WpHG a.F. entsprach es der ganz herrschenden Meinung, dass Insiderabstinenz den Tatbestand nicht verwirklichen kann. S. nur *Klöhn* in KölnKomm. WpHG, § 20a WpHG Rz. 49 ff., 107; *Assmann* in 6. Aufl., § 14 WpHG Rz. 15. Auch international wird Unterlassen nicht als Insiderdelikt geahndet. Auch dazu *Klöhn* in KölnKomm. WpHG, § 20a WpHG Rz. 49 ff. Das Insiderhandelsverbot der VO Nr. 596/2014 erfasst in Ausnahmefällen freilich auch ein Absehen von Handel, allerdings nur, sofern der Insider unter Nutzung einer Insiderinformation einen Auftrag storniert, den er vor Erlangung der Information erteilt hat (Art. 8 Abs. 1 Satz 2 VO Nr. 596/2014). Dazu *Klöhn*, AG 2016, 423, 432. Insoweit wird aber an die *Stornierung* als aktives Tun und nicht an ein bloßes Unterlassen angeknüpft.
7 *Schmolke* in Klöhn, Art. 12 MAR Rz. 244 f.; *Teigelack* in Meyer/Veil/Rönnau, Handbuch zum Marktmissbrauchsrecht, § 13 Rz. 13 ff.
8 BaFin, Emittentenleitfaden 2013, S. 89. Ebenso *Schönhöft*, S. 56 f.; *Schwark* in Schwark/Zimmer, § 20a WpHG Rz. 13; *Sorgenfrei* in Park, Kapitalmarktstrafrecht, 3. Aufl. 2013, §§ 20a, 38 II, 39 I Nr. 1–2, II Nr. 11, IV WpHG Rz. 33; *Trüstedt*, S. 135 ff.; vgl. bereits zu § 88 BörsG a.F. *Fuhrmann* in Erbs/Kohlhaas, § 88 BörsG Rz. 7; *Ledermann* in Schäfer, 1. Aufl., § 88 BörsG Rz. 8; *Schwark*, Einl. § 88 BörsG Rz. 6. Dafür wurden insbesondere die Argumente ins Feld geführt, nicht tatsachenbasierte Werturteile bzw. Prognosen könnten nicht bzw. nicht ohne Verstoß gegen das Analogieverbot als „un-

lässt sich daher unter der MAR nicht aufrechterhalten[1]. Aber auch wenn das Marktmanipulationsregime in Art. 12 Abs. 1 lit. c VO Nr. 596/2014 keinen nachprüfbaren Tatsachenkern mehr für einen Verstoß verlangt, sollten bloße, wenn auch übertreibende Anpreisungen und verkehrsübliche Schönfärberei gleichwohl nicht dem Manipulationsverbot des Art. 15, 12 Abs. 1 lit. c VO Nr. 596/2014 unterfallen[2], da sie das Marktverhalten eines verständigen Anlegers (Rz. 64 f.) nicht beeinflussen. Die Verbreitung von Gerüchten kann daher nur dann zur Tatbestandsverwirklichung genügen, wenn diese geeignet sind, von einem verständigen Anleger ernstgenommen zu werden[3]. So kann es liegen, wenn derjenige, der ein Gerücht streut, besondere Sachkunde, Erfahrung oder Autorität in Anspruch nimmt. Ferner können Gerüchte bedeutsam sein, wenn der sie Streuende sich z.B. auf vertrauenswürdige Quellen bezieht. In der Kapitalmarktforschung ist seit langem anerkannt, dass zahlreiche Anleger ihre Investitionsentscheidungen auch auf bloße Gerüchte aufbauen und einem Trend folgen und sich dabei keineswegs irrational verhalten müssen[4].

183 **c) Falsche oder irreführende Signale oder Wahrscheinlichkeit hierzu.** Die verbreiteten Informationen müssen in der ersten Variante des Art. 12 Abs. 1 lit. c VO Nr. 596/2014 falsche oder irreführende Signale hinsichtlich des Angebots oder des Kurses eines Finanzinstruments, eines damit verbundenen Waren-Spot-Kontrakts oder eines auf Emissionszertifikaten beruhenden Auktionsobjekts oder der Nachfrage danach geben oder es muss zumindest eine Wahrscheinlichkeit hierzu bestehen[5].

184 Eine Information gibt (wahrscheinlich) ein **Signal** für das Angebot, die Nachfrage oder den Kurs eines der erfassten Instrumente, wenn die Information **geeignet ist**, das Angebots- bzw. Nachfrageverhalten eines **verständigen Anlegers** auf dem Markt zu beeinflussen (näher schon Rz. 64 f.)[6]. Es kommt nicht darauf an, ob die falschen oder irreführenden Signale für die Bewertung eines Finanzinstruments, eines verbundenen Waren-Spot-Kontrakts oder eines auf Emissionszertifikaten beruhenden Auktionsobjekts **vorteilhaft oder nachteilig** sind. Die **Wahrscheinlichkeit** eines falschen oder irreführenden Signals für den Kurs muss auch hier bei über 50 % liegen (vgl. Rz. 66). Für eine beispielhafte Auflistung von Informationen, denen regelmäßig eine entsprechende Eignung zur Signalwirkung zukommt, s. Rz. 191 ff.

185 Eine verbreitete Information gibt ein **falsches** Signal, wenn die Information nicht den wahren wirtschaftlichen Verhältnissen auf dem jeweiligen Markt in Bezug auf das jeweilige Finanzinstrument entspricht[7]. Um das festzustellen, sind zwei Schritte erforderlich: **Erstens** muss der Inhalt der verbreiteten Information durch Auslegung nach dem objektivierten Empfängerhorizont (**verständiger Anleger**) ermittelt werden[8]. Dabei sind Auffassung und Verständnis des angesprochenen Personenkreises maßgeblich[9]. **Zweitens** muss der Inhalt der verbreiteten Information mit den objektiven Gegebenheiten verglichen werden. Verbreitete Informationen, die Tatsachen enthalten, sind unrichtig, wenn sie objektiv unwahr sind. Verbreitete Informationen, die Werturteile oder Prognosen zum Gegenstand haben, sind jedenfalls dann unrichtig, wenn diejenigen Tatsachen, welche zur Stützung des Werturteils oder der Prognose angegeben werden (sog. Werturteils- oder Prognosebasis), objektiv unwahr sind. Darüber hinaus sind Werturteile und Prognosen unrichtig, wenn sie eindeutig bzw. schlechterdings unvertretbar sind[10]. Schlechterdings unvertretbar ist es auch, Werturteile und Prognosen „ins Blaue hinein" ohne jede Tatsachenprüfung abzugeben, soweit nach den Umständen erwartet werden darf, dass eine solche Prüfung stattgefunden hat.

---

richtig" bezeichnet werden und es würden sich rationale Anleger nicht auf unverbürgte Nachrichten ohne Tatsachenkern stützen. Diese Argumente hatten freilich schon mit der Einbeziehung irreführender Angaben an Überzeugungskraft verloren. Dazu *Vogel* in 6. Aufl., § 20a WpHG Rz. 60.

1 So auch *Schmolke* in Klöhn, Art. 12 MAR Rz. 242. Eine starke Auffassung im Schrifttum hatte freilich auch schon für § 20a Abs. 1 Satz 1 Nr. 1 WpHG a.F. eine differenzierte Auffassung vertreten, s. *Arlt*, S. 146 ff.; *Eichelberger*, S. 242; *Fleischer* in Fuchs, § 20a WpHG Rz. 17; noch weitergehend *Stoll* in KölnKomm. WpHG, § 20a WpHG Rz. 175 f. (wonach die notwendigen Korrekturen erst auf der Ebene der Preiseinwirkungseignung vorzunehmen sind).
2 *Grundmann* in Staub, HGB, Bankvertragsrecht 2, 5. Aufl. 2017, 6. Teil, 3. Abschnitt, D Rz. 446; vgl. auch *Langenbucher*, AG 2016, 417, 421.
3 Insoweit zutr. *Fuhrmann* in Erbs/Kohlhaas, § 88 BörsG Rz. 7 zu § 88 BörsG a.F. „ernst gemeint".
4 Grundlegend *Banerjee*, Quarterly Journal of Economics 107 (1992), 797; *Bikhchandani/Hirshleifer/Welch*, Journal of Political Economy 100 (1992), 992.
5 *Schmolke* in Klöhn, Art. 12 MAR Rz. 256 ff.; *Teigelack* in Meyer/Veil/Rönnau, Handbuch zum Marktmissbrauchsrecht, § 13 Rz. 32 ff.
6 *Grundmann* in Staub, HGB, Bankvertragsrecht 2, 5. Aufl. 2017, 6. Teil, 3. Abschnitt, D Rz. 446, 450; *Schmolke* in Klöhn, Art. 12 MAR Rz. 257 ff.; *Teigelack* in Meyer/Veil/Rönnau, Handbuch zum Marktmissbrauchsrecht, § 13 Rz. 37 f.; vgl. zum Schweizer Recht *Maurenbrecher* in Watter/Bahar, Basler Kommentar, Finanzmarktaufsichtsgesetz/Finanzmarktinfrastrukturgesetz: FINMAG/FinfraG, Art. 143 FinfraG Rz. 27.
7 *Schmolke* in Klöhn, Art. 12 MAR Rz. 261; *Teigelack* in Meyer/Veil/Rönnau, Handbuch zum Marktmissbrauchsrecht, § 13 Rz. 38.
8 *Grundmann* in Staub, HGB, Bankvertragsrecht 2, 5. Aufl. 2017, 6. Teil, 3. Abschnitt, D Rz. 447.
9 Vertiefend *Eichelberger*, S. 242 ff.; s. für § 264a StGB *Tiedemann* in Leipziger Komm. StGB, 11. Aufl. (Stand: 1.10.1996), § 264a StGB Rz. 54 m.N.
10 Vgl. *Stoll* in KölnKomm. WpHG, § 20a WpHG Rz. 181; *Sorgenfrei* in Park, Kapitalmarktstrafrecht, 3. Aufl. 2013, §§ 20a, 38 II, 39 I Nr. 1–2, II Nr. 11, IV WpHG Rz. 34; für § 264a StGB *Tiedemann* in Leipziger Komm. StGB, 11. Aufl. (Stand: 1.10.1996), § 264a StGB Rz. 54; wohl a.A. *Schwark* in Schwark/Zimmer, § 20a WpHG Rz. 15.

Eine verbreitete Information gibt nicht allein deshalb ein falsches Signal, weil genauere oder vollständigere Angaben möglich gewesen wären oder weil die Angaben tendenziös erscheinen. Jedoch können „an sich" richtige Angaben irreführend (Rz. 187) sein, wenn sie so gefasst sind, dass das Anlegerpublikum sie missversteht. Andererseits ist es bei „an sich" unrichtigen bzw. unvollständigen schriftlichen Angaben möglich, diese mündlich in der Weise zu ergänzen, dass sie insgesamt richtig bzw. vollständig sind[1]. Zudem sind **normative Richtigkeitsmaßstäbe** zu beachten. So ist für die Richtigkeit von Informationen, die durch Bilanzen oder Prospekte verbreitet werden, zu beachten, ob bilanz- oder prospektrechtliche Richtigkeitsgrundsätze eingehalten worden sind. Beispielsweise gebietet das bilanzrechtliche Realisationsprinzip, dass Gewinne nur berücksichtigt werden dürfen, wenn sie am Abschlussstichtag realisiert worden sind (§ 252 Abs. 1 Nr. 4 Halbsatz 2 HGB). Auch „Bilanzkosmetik", mit der die Lage eines börsennotierten Unternehmens in eindeutig nicht mehr vertretbarer Weise günstiger dargestellt wird, als es dem *true and fair value* entspricht, oder ein diesem Maßstab widersprechendes Beschönigen von konkreten Risiken in Unternehmenskommunikationen können Art. 12 Abs. 1 lit. c VO Nr. 596/2014 unterfallen.

186

Ein Signal ist **irreführend**, wenn es objektiv[2] geeignet ist, einen **verständigen Anleger** über die wahren wirtschaftlichen Verhältnisse auf dem jeweiligen Markt in Bezug auf das jeweilige Instrument zu täuschen[3]. Es genügt mit anderen Worten, dass die Angabe eine konkrete Gefahr einer solchen Täuschung begründet, wie z.B. bei evidenten Ungleichgewichten in der Darstellung an sich zutreffend mitgeteilter Sachumstände[4]. Maßgeblicher Verständnishorizont ist auch insoweit der eines verständigen Anlegers, der mit Unternehmenskommunikationen vertraut ist und Gehalt und Reichweite der in ihnen enthaltenen Informationen einzuschätzen weiß (vgl. Rz. 64 f.)[5].

187

Durch eine **Anlagestrategieempfehlung (Art. 3 Abs. 1 Nr. 34 VO Nr. 596/2014)** oder eine **Anlageempfehlung (Art. 3 Abs. 1 Nr. 35 VO Nr. 596/2014)** werden dann falsche oder irreführende Signale gegeben, wenn sie inhaltlich unrichtig, fehlerhaft, oder verzerrend ist. Eigene wirtschaftliche Interessen bei der Abgabe einer solchen Empfehlung sind, solange die Grenzen des **scalping** nicht überschritten sind (Rz. 245 ff.), unschädlich. Bloße Formverstöße (z.B. gegen die Identifizierungspflicht des Art. 2 Abs. 1 DelVO 2016/958), sind für sich genommen für eine Fehlerhaftigkeit nicht ausreichend[6]. Bei Anlagestrategieempfehlungen und Anlageempfehlungen empfiehlt es sich, für die Unrichtigkeit an den Anforderungen des Art. 20 Abs. 1 VO Nr. 596/2014 und dessen Konkretisierung in der DelVO 2016/958 Maß zu nehmen (Art. 20 VO Nr. 596/2014 Rz. 38 ff.), insbesondere am Erfordernis der Objektivität und der Pflicht, Interessenkonflikte offen zu legen. **Falsch** ist eine Anlagestrategieempfehlung oder eine Anlageempfehlung, wenn mehr als nur unwesentliche Teile der Analysegrundlage unrichtig, d.h. unwahr oder unvertretbar sind, aber auch dann, wenn das Analyseergebnis nicht mehr vertretbar ist. Falsch ist eine Anlagestrategieempfehlung oder eine Anlageempfehlung ferner, wenn sie unvollständig ist oder entgegen Art. 5 DelVO 2016/958 ohne die erforderliche Sachkenntnis, Sorgfalt und Gewissenhaftigkeit erstellt worden ist. **Irreführend** ist eine Anlagestrategieempfehlung oder eine Anlageempfehlung, wenn sie zwar nicht falsch ist, jedoch die Darstellung in einer Weise gefasst ist, dass ein verständiger Anleger sich über die wahren wirtschaftlichen Verhältnisse kein korrektes Bild machen kann. Bei anderen Anlageempfehlungen – die nicht die Voraussetzungen der Art. 3 Abs. 1 Nr. 34 bzw. 35 VO Nr. 596/2014 erfüllen – gelten diese Grundsätze entsprechend. Allerdings ist zu beachten, dass bei ihnen ggf. weniger strenge und weniger formalisierte Anforderungen an die Sachkenntnis, Sorgfalt und Gewissenhaftigkeit der Erstellung und an die Sachgerechtigkeit der Darstellung bestehen. Wenn Informationen – auch in Form einer Anlagestrategieempfehlung – im Nachgang an getätigte Leerverkäufe in den Markt gegeben werden und diese sodann einen Kursverfall des leerverkauften Finanzinstruments bewirken (sog. **Short-Seller-Attacken**)[7], ist zu unterscheiden. Handelt es sich um falsche oder irreführende Signale im eben beschriebenen Sinne (Rz. 183 ff.), kann in dem Verhalten eine Marktmanipulation liegen. Sind die Informationen hingegen zutreffend bzw. beruhen sie auf nachvollziehbaren Analysen bzw. Bewertungen, scheidet ein Verstoß gegen Art. 12 Abs. 1 lit. c VO Nr. 596/2014 aus. Ebenso wenig kann

188

---

1 Ebenso zu § 264a StGB *Tiedemann* in Leipziger Komm. StGB, 11. Aufl. (Stand: 1.10.1996), § 264a StGB Rz. 57.
2 Vgl. *Stoll* in KölnKomm. WpHG, § 20a WpHG Rz. 182; a.A. noch *Vogel* in 6. Aufl., § 20a WpHG Rz. 118 ff., der fordert, dass die Informationen einen „beachtlichen Teil" des angesprochenen Personenkreises irreführen muss bzw. dazu geeignet sein muss. Mit dem Abstellen auf einen objektivierten, verständigen Anleger erübrigt es sich, auf einen beachtlichen Teil des Anlegerpublikums abzustellen. Ein solches Abstellen würde zudem die Frage aufwerfen, welcher Teil „beachtlich" ist.
3 *Schmolke* in Klöhn, Art. 12 MAR Rz. 261; *Teigelack* in Meyer/Veil/Rönnau, Handbuch zum Marktmissbrauchsrecht, § 13 Rz. 39 ff. Im Wesentlichen wie hier zum alten Recht *Fleischer* in Fuchs, § 20a WpHG Rz. 47 und zum Schweizer Recht *Maurenbrecher* in Watter/Bahar, Basler Kommentar, Finanzmarktaufsichtsgesetz/Finanzmarktinfrastrukturgesetz: FINMAG/FinfraG, Art. 143 FinfraG Rz. 33; **a.A.** *Stoll* in KölnKomm. WpHG, § 20a WpHG Rz. 223: die Begriffe „falsch" und „irreführend" seien hier sachlich gleichbedeutend.
4 Vgl. *Stoll* in KölnKomm. WpHG, § 20a WpHG Rz. 182.
5 Vgl. ebenso zum Schweizer Recht *Maurenbrecher* in Watter/Bahar, Basler Kommentar, Finanzmarktaufsichtsgesetz/Finanzmarktinfrastrukturgesetz: FINMAG/FinfraG, Art. 143 FinfraG Rz. 34.
6 Zust. *Schwark* in Schwark/Zimmer, § 20a WpHG Rz. 7.
7 Dazu *Schockenhoff/Culmann*, AG 2016, 517.

nach neuem Recht in dem bloßen Verschweigen offenlegungspflichtiger Tatsachen – etwa der Offenlegungspflicht über Netto-Leerverkaufspositionen nach Art. 6 VO Nr. 236/2012 – ein Verstoß gegen das Marktmanipulationsverbot liegen (Rz. 180 f.)[1]. Zu Short-Seller-Attacken Rz. 155 f., 161, 253 und Vor Art. 1 ff. VO Nr. 236/2012 Rz. 71 ff.).

189 **d) Anormales oder künstliches Kursniveau oder Wahrscheinlichkeit hierzu.** Art. 12 Abs. 1 lit. c VO Nr. 596/2014 lässt in seiner zweiten Variante für eine Marktmanipulation auch genügen, dass die verbreitete Information ein anormales oder künstliches Kursniveau eines oder mehrerer Finanzinstrumente, eines verbundenen Waren-Spot-Kontrakts oder eines auf Emissionszertifikaten beruhenden Auktionsobjekts herbeiführt oder dass die Herbeiführung wahrscheinlich ist[2].

190 Ein Kursniveau ist **anormal oder künstlich**, wenn es die wahren wirtschaftlichen Verhältnisse oder den marktgerechten Preis verfehlt, weil es nicht mehr als Ergebnis von Angebot und Nachfrage in einem manipulationsfreien Marktumfeld darstellt (näher Rz. 67 ff.). Auch Art. 12 Abs. 1 lit. c VO Nr. 596/2014 fordert nicht, dass tatsächlich ein anormales oder künstliches Kursniveau gesichert worden ist, sondern es genügt die **Wahrscheinlichkeit** hierzu (vgl. Rz. 68). Das Wahrscheinlichkeitskriterium ermöglicht es den Aufsichtsbehörden und später auch den Gerichten, auf die im Rahmen der ökonomischen Modellrechnungen bestehenden Unsicherheiten zu reagieren und bei einer genügenden Wahrscheinlichkeit gleichwohl einen Verstoß gegen das Marktmanipulationsverbot zu bejahen. Die erforderliche Wahrscheinlichkeitsschwelle liegt auch hier bei über 50 %. Vgl. näher Rz. 68.

191 **e) Beispiele geeigneter Informationen.** Geeignet zur Erzeugung eines anormalen oder künstlichen Kursniveaus sind in der Regel Informationen über Umstände, die den „**inneren Wert**" eines **Finanzinstruments** bestimmen, namentlich unternehmensbezogene Umstände vor allem bei börsennotierten Aktiengesellschaften als Unternehmensträgern. Daneben weisen aber auch Informationen über produkt- oder branchenbezogene Umstände, z.B. Wachstums- oder Bedarfsanalysen, sowie volks- und devisenwirtschaftliche Umstände, z.B. volkswirtschaftliche Kennzahlen und Prognosen, regelmäßig eine solche Eignung auf. Das Gleiche gilt für Informationen über Umstände, die den „äußeren Wert" eines Finanzinstruments am Kapitalmarkt bestimmen, namentlich wirtschaftliche oder rechtliche Chancen und Risiken der Kursentwicklung des Finanzinstruments, sowie Bewertungen (**Ratings**) eines Finanzinstruments, wozu auch Umstände gehören, die das gegenwärtige oder als hinreichend wahrscheinlich dargestellte künftige Anlegerverhalten betreffen, z.B. Kauf- oder Verkaufsabsichten bedeutsamer institutioneller Anleger, und sonstige kapitalmarktbezogene Umstände, z.B. eine hinreichend wahrscheinlich drohende Untersagung oder Aussetzung des Handels mit einem Finanzinstrument (vgl. § 6 Abs. 2 Satz 2 WpHG). Regelmäßig werden zudem alle **Ad-hoc-publizitätspflichtigen Umstände** eine entsprechende Signaleignung aufweisen (näher zu solchen Umständen Art. 17 VO Nr. 596/2014 Rz. 30 ff.), sowie die nach §§ 10, 35 WpÜG veröffentlichungspflichtigen Umstände, also Entscheidungen über die Abgabe eines freiwilligen Übernahmeangebots und erfolgte Kontrollerwerbe. Ferner sind unternehmensunabhängige Marktdaten wie z.B. die Orderlage oder das Transaktionsverhalten großer Marktteilnehmer, etwa Fonds, in hohem Maße zur Kursbeeinflussung geeignet und manipulationsanfällig. Gleiches gilt für gewöhnliche Unternehmensdaten im betriebswirtschaftlichen Sinne unabhängig von Veränderungen, z.B. für die Gewinn- und Verlustrechnung, Bilanzaussagen und Unternehmenskennzahlen, etwa das EBITDA-Ergebnis und die Umsatzrendite (RoI)[3].

192 Für eine **Fallgruppenbildung** anhand der obigen Kriterien bietet es sich an, auf den Katalog des bis zum 3.7.2016 geltenden **§ 2 MaKonV** zurückzugreifen, der regelmäßig bewertungserhebliche Umstände auflistete[4]. Zwar ist die Bewertungserheblichkeit einer Information nicht immer mit der Kursbeeinflussungseignung gleichzusetzen[5]. Doch wird ein bewertungserheblicher Umstand häufig auch geeignet sein, den Kurs zu beeinflussen[6]. Im Einzelnen enthielt § 2 Abs. 3 der früheren MaKonV sechs Beispiele für bewertungserhebliche Umstände. Informationen über Umstände, die insoweit als Beispiele aufgelistet sind, werden bei Art. 12 Abs. 1 lit. c VO Nr. 596/2014 regelmäßig ein Signal für eine Eignung zur Kursbeeinflussung geben.

193 § 2 Abs. 3 Nr. 1 MaKonV nannte **bedeutende Kooperationen**, den Erwerb oder die Veräußerung von **wesentlichen Beteiligungen** sowie den Abschluss, die Änderung oder die Kündigung von **Beherrschungs- und Gewinnabführungsverträgen** (s. hierzu § 291 AktG) und sonstigen bedeutenden Vertragsverhältnissen als bewertungserhebliche Umstände. Wann eine Kooperation in diesem Sinne „bedeutend" ist, lässt sich nicht abstrakt-generell festlegen. Teilweise wurde vorgeschlagen[7], entsprechend § 5 Abs. 3 Satz 2 FinAnV eine Beteiligung von mehr als

---

1 Dies ziehen *Schockenhoff/Culmann*, AG 2016, 517, 520 f. in Betracht.
2 *Schmolke* in Klöhn, Art. 12 MAR Rz. 263 ff.; *Teigelack* in Meyer/Veil/Rönnau, Handbuch zum Marktmissbrauchsrecht, § 13 Rz. 49 ff.
3 Vgl. erneut BR-Drucks. 639/03, 10.
4 *Grundmann* in Staub, HGB, Bankvertragsrecht 2, 5. Aufl. 2017, 6. Teil, 3. Abschnitt, D Rz. 450; *Teigelack* in Meyer/Veil/Rönnau, Handbuch zum Marktmissbrauchsrecht, § 13 Rz. 43.
5 *Stoll* in KölnKomm. WpHG, § 20a WpHG Rz. 200.
6 *Stoll* in KölnKomm. WpHG, § 20a WpHG Rz. 200.
7 *Stoll* in KölnKomm. WpHG, § 20a WpHG Anh. I – § 2 MaKonV Rz. 22.

5 % des Grundkapitals einer Aktiengesellschaft als „bedeutend" anzusehen. Umstritten war, ob die „sonstigen bedeutenden Vertragsverhältnisse" in einem Zusammenhang mit den Beherrschungs- und Gewinnabführungsverträgen zu stellen und deshalb konzernrechtlich zu deuten sind, sich also auf Verflechtungen des Unternehmens mit anderen Unternehmen beschränken, oder ob sie auch in einen Zusammenhang mit den Kooperationen zu stellen sind, so dass z.B. bedeutende Zulieferverträge oder das „Outsourcing" von Unternehmensabteilungen mit erfasst sind[1]. Für letzteres sprach die Bewertungserheblichkeit auch solcher Geschehnisse[2] und für eine Eignung auch zur Signalwirkung spricht, dass derartige Informationen regelmäßig auch Signale geben, die einen verständigen Anleger in seiner Investitions- bzw. Desinvestionsentscheidung beeinflussen (vgl. Rz. 64 f.).

§ 2 Abs. 3 Nr. 2 MaKonV nannte **Liquiditätsprobleme, Überschuldung** (§ 19 Abs. 2 Satz 1 InsO) und **Verlustanzeigen** nach § 92 Abs. 1 AktG als bewertungserhebliche Umstände. Für Liquiditätsprobleme unterhalb drohender Zahlungsunfähigkeit (§ 18 Abs. 2 InsO[3]) lässt sich keine typisierende Einordung abgeben. Es kommt immer auf Dauer, Grad und die sonstigen Umstände, insbesondere die Aussichten und die Wahrscheinlichkeit an, die Liquiditätsprobleme zu überwinden. Falsche oder irreführende Informationen über entsprechende Liquiditätsprobleme genügen deshalb nur, wenn sie im Einzelfall nach allgemeinen Grundsätzen zu einer Kursbeeinflussung geeignet sind (s. Rz. 145 ff.). 194

Nach § 2 Abs. 3 Nr. 3 MaKonV waren zudem **bedeutende Erfindungen**, die Erteilung oder der Verlust **bedeutender Patente** und die Gewährung **wichtiger Lizenzen** regelmäßig bewertungserhebliche Umstände, wobei es weniger auf den Wert der Erfindung, des Patents oder der Lizenz ankommen sollte, sondern auf die nach allgemeinen Grundsätzen zu beurteilende Bewertungserheblichkeit. Das Beispiel ist für sich genommen nicht weiterführend. Natürlich können falsche oder irreführende Informationen über bedeutende Erfindungen ein erhebliches Signal für den Kurs eines Finanzinstruments geben. Damit ist aber noch kein typisierendes Beispiel dafür gegeben, wann einer Information diese Signalwirkung konkret zukommt. 195

§ 2 Abs. 3 Nr. 4 MaKonV nannte Informationen über **Rechtsstreitigkeiten** (auch Verwaltungsrechtsstreitigkeiten sowie schieds- und sonst außergerichtliche Rechtsstreitigkeiten[4]) und **Kartellverfahren** von besonderer Bedeutung als bewertungserhebliche Umstände. Eine gegen ein Unternehmen erhobene Klage hat auch bei einer hoher Klagforderung aber nur dann besondere Bedeutung, wenn sie so aussichtsreich ist, dass ein verständiger Anleger sie bei seiner Anlageentscheidung berücksichtigen würde[5]. Gerade bei Rechtsstreitigkeiten in den Vereinigten Staaten muss insoweit allerdings berücksichtigt werden, dass auch weniger aussichtsreiche Klagen teilweise durch hohe Vergleichszahlungen beigelegt werden. 196

Nach § 2 Abs. 3 Nr. 5 MaKonV waren **Veränderungen in personellen Schlüsselpositionen** des Unternehmens bewertungserheblich. Entsprechende falsche oder irreführende Informationen haben regelmäßig auch eine Signalwirkung für den Kurs etwa der betreffenden Aktiengesellschaft. Ob eine Schlüsselposition vorliegt, ist nicht formell nach dem Unternehmensverfassungsrecht (Wechsel im Vorstand, Aufsichtsrat) zu beurteilen, sondern materiell nach allgemeinen Grundsätzen. Das gilt etwa für den Rückzug des Unternehmensgründers, die Kündigung eines unverzichtbaren Mitarbeiters, etwa des Chefkonstrukteurs eines Automobilunternehmens, und den Abgang eines Anlageteams in einer Investmentbank. 197

Schließlich nannte § 2 Abs. 3 Nr. 6 MaKonV **strategische Unternehmensentscheidungen**, insbesondere den Rückzug aus oder die Aufnahme von neuen Kerngeschäftsfeldern oder die Neuausrichtung des Geschäfts. Zu den strategischen Unternehmensentscheidungen zählen auch (insbesondere internationale) Standort- und Sanierungsentscheidungen. 198

f) Subjektiver Tatbestand. Art. 12 Abs. 1 lit. c VO Nr. 596/2014 verlangt, dass die Person, die eine Information verbreitet, **weiß oder wissen muss**, dass sie falsch oder irreführend sind[6]. Damit wird bereits auf Ebene der aufsichtsrechtlichen Verbotsnorm ausdrücklich ein subjektives Element implementiert. In Art. 12 Abs. 1 lit. c VO Nr. 596/2014 liegt insofern eine Erweiterung gegenüber dem alten Recht, als nunmehr eindeutig auch fahrlässiges Handeln jedenfalls für die aufsichtsrechtliche Tatbestandsverwirklichung genügt[7], während die ganz herrschende Meinung zu § 20a Abs. 1 Satz 1 WpHG a.F. selbst bei informationsgestützten Manipulationen (§ 20a Abs. 1 Satz 1 Nr. 1 WpHG a.F.) nur Vorsatz oder allenfalls Leichtfertigkeit genügen ließ. Der Begriff der 199

---

1 Bejahend *Stoll* in KölnKomm. WpHG, § 20a WpHG Anh. I – § 2 MaKonV Rz. 22; *Schwark* in Schwark/Zimmer, § 20a WpHG Rz. 21; zweifelnd *Sorgenfrei* in Park, Kapitalmarktstrafrecht, 3. Aufl. 2013, §§ 20a, 38 II, 39 I Nr. 1–2, II Nr. 11, IV WpHG Rz. 51 mit Fn. 247.
2 Instruktiv der bei *Schröder*, Hdb. Kapitalmarktstrafrecht, Rz. 408 mit Fn. 620 geschilderte Fall Altana.
3 Hierzu *Hirte*, ZInsO 2006, 1289, 1292; *Stoll* in KölnKomm. WpHG, § 20a WpHG Anh. I – § 2 MaKonV Rz. 23.
4 Zutr. *Stoll* in KölnKomm. WpHG, § 20a WpHG Anh. I – § 2 MaKonV Rz. 25.
5 A.A. *Fürhoff/Wölk*, WM 1997, 449, 454, wonach die Höhe der Klagforderung für sich genommen zu einer besonderen Bedeutung führen kann.
6 FCA, Handbook, MAR 1: Market Abuse, Section 1.8: Dissemination, 1.8.4; *Schmolke* in Klöhn, Art. 12 MAR Rz. 268; *Teigelack* in Meyer/Veil/Rönnau, Handbuch zum Marktmissbrauchsrecht, § 13 Rz. 54.
7 *Schmolke*, AG 2016, 434, 442 f.; *Moloney*, EU Securities and Financial Markets Regulation, S. 741 f.; *de Schmidt* in Just/Voß/Ritz/Becker, § 20a WpHG Rz. 381.

Manipulation steht dieser Lesart auch hier (vgl. schon Rz. 77) nicht entgegen, da der europäische Gesetzgeber ausdrücklich ein Wissenmüssen genügen lässt, wofür nach allgemeiner Auffassung **(objektive) Fahrlässigkeit** genügt[1]. Insoweit kann zwar nicht unmittelbar auf die Definition des § 121 BGB zurückgegriffen werden. Dessen gefestigte Auslegung ist aber jedenfalls ein Indiz für das Verständnis auch des Europäischen Gesetzgebers, wenn nicht Anhaltspunkte dafür ersichtlich sind, dass dieser ein abweichendes Begriffsverständnis hat[2]. Dies wird auch durch einen Blick auf andere Sprachfassungen bestätigt. In der englischen Sprachfassung heißt es insoweit: „where the person who made the transmission or provided the input knew or *ought to have known* that it was false or misleading". Auch die englische Wortwahl impliziert, dass kein Vorsatz erforderlich ist[3]. Und dass mit „ought to have known" nur eine leichtfertige und nicht auch eine einfach fahrlässige Unkenntnis gemeint sein könnte, ist ebenfalls nicht ersichtlich[4]. Erst die Straf- bzw. Ordnungswidrigkeitentatbestände der §§ 119 Abs. 1, 120 Abs. 15 Nr. 2 WpHG fordern mindestens ein vorsätzliches bzw. leichtfertiges Handeln.

200 **Vorsatz** oder **Fahrlässigkeit** müssen sich darauf beziehen, dass die verbreiteten **Informationen falsch oder irreführend** sind[5]. Bei „ins Blaue hinein" verbreiteten Informationen kann man von einem bedingten Vorsatz ausgehen[6]. Vorsatz oder Fahrlässigkeit müssen sich **nicht darauf beziehen**, dass die verbreiteten falschen oder irreführenden Informationen auch eine Signalwirkungseignung entfalten oder zu einem anormalen oder künstlichen Kursniveau führen können. Dass sich der Täter keine Gedanken über die Auswirkung unrichtiger oder irreführender Informationen gemacht hat, beeinflusst die Verwirklichung des Art. 12 Abs. 1 lit. c VO Nr. 596/2014 daher nicht. Wann innerhalb eines Unternehmens Kenntnis oder fahrlässige Unkenntnis in diesem Sinne vorliegt, ist eine Frage der **Wissenszurechnung**[7], die hier maßgeblich durch das europäische Aufsichtsrecht bestimmt ist. Die FCA postuliert in ihrem Handbuch immerhin, dass *chinese walls* die Wissenszurechnung begrenzen können[8].

201 **4. Manipulationshandlungen nach Art. 12 Abs. 1 lit. d VO Nr. 596/2014.** Art. 12 Abs. 1 lit. d VO Nr. 596/2014 definiert als Marktmanipulation (i) die Übermittlung falscher oder irreführender Angaben oder (ii) die Bereitstellung falscher oder irreführender Ausgangsdaten bezüglich eines Referenzwerts, wenn die Person, die die Informationen übermittelt oder die Ausgangsdaten bereitstellt, weiß oder wissen muss, dass sie falsch oder irreführend sind, und (iii) sonstige Handlungen, durch die die Berechnung eines Referenzwerts manipuliert wird. Mit der ausdrücklichen Aufnahme entsprechender Referenzwertmanipulationen hat der europäische Gesetzgeber auf das Bekanntwerden der LIBOR- und EURIBOR-Manipulationen reagiert (Vor Art. 12 ff. VO Nr. 596/2014 Rz. 17) und das allgemeine Marktmanipulationsverbot ergänzt (Erwägungsgrund 47 VO Nr. 596/2014)[9]. Flankierend hat der europäische Gesetzgeber die VO Nr. 1011/2016 (Benchmark-VO) über Indizes, die bei Finanzinstrumenten und Finanzkontrakten als Referenzwert oder zur Messung der Wertentwicklung eines Investmentfonds verwendet werden, erlassen, mit der präventiv sichergestellt werden soll, dass Referenzwerte zutreffend und manipulationsfrei ermittelt und bereitgestellt werden. Ein vollständiger terminologischer Gleichlauf zwischen der BMR und der MAR besteht allerdings nicht (schon Rz. 37), was zum Teil dem weiteren Anwendungsbereich der BMR geschuldet ist.

202 Bei Art. 12 Abs. 1 lit. d Var. 1 und Var. 2 VO Nr. 596/2014, also dem Übermitteln oder Bereitstellen falscher oder irreführender Ausgangsdaten bezüglich eines Referenzwerts, handelt es sich systematisch um eine informationsgestützte Marktmanipulation[10]. Die Manipulation von Referenzwerten ließe sich mithin in zahlreichen Fällen unter Art. 12 Abs. 1 lit. c VO Nr. 596/2014 fassen. Jedoch ist Art. 12 Abs. 1 lit. d VO Nr. 596/2014 insofern **lex specialis** gegenüber Abs. 1 lit. c, so dass der Tatbestand der allgemeinen informationsgestützten Manipulation verdrängt wird[11]. Art. 12 Abs. 1 lit. d Var. 3 VO Nr. 596/2014 erfasst *sonstige Handlungen*, durch die

---

1 A.A. *Stoll* in KölnKomm. WpHG, § 20a WpHG Rz. 248 auf Basis des Verordnungsentwurfs, der davon ausgeht, dass Leichtfertigkeit erforderlich sei.
2 Vgl. zum Verständnis des Begriffs „unverzüglich" i.S.d. § 121 BGB auch im europäischen Recht *Sajnovits*, WM 2016, 765, 766 m.w.N.
3 *Moloney*, EU Securities and Financial Markets Regulation, S. 741 f.
4 Vgl. *Moloney*, EU Securities and Financial Markets Regulation, S. 741 f.
5 *Schmolke* in Klöhn, Art. 12 MAR Rz. 268.
6 *Fleischer* in Fuchs, § 20a WpHG Rz. 74; zurückhaltender (Frage des Einzelfalles) *Schröder*, Hdb. Kapitalmarktstrafrecht, Rz. 592.
7 S. *Sajnovits*, Financial-Benchmarks, S. 212 ff.; *Sajnovits*, WM 2016, 765 jeweils m.w.N.
8 FCA, Handbook, MAR 1: Market Abuse, Section 1.8: Dissemination, 1.8.5; zu Chinese walls im Zusammenhang mit der Wissenszurechnung auch *Sajnovits*, Financial-Benchmarks, S. 266.
9 *Brinckmann* in Meyer/Veil/Rönnau, Handbuch zum Marktmissbrauchsrecht, § 15 Rz. 9; *Schmolke* in Klöhn, Art. 12 MAR Rz. 274; *Sorgenfrei/Saliger* in Park, Kapitalmarktstrafrecht, Kap. 6.1. Rz. 246; *Fleischer* in Fuchs, § 20a WpHG Rz. 37a; *Fleischer/Bueren*, DB 2012, 2561 ff.; *Schmolke*, AG 2016, 434, 441 f.; *Zetzsche* in Gebauer/Teichmann, Europäisches Privat- und Unternehmensrecht, § 7 C Rz. 77 ff.; *de Schmidt*, RdF 2016, 4, 6; *de Schmidt* in Just/Voß/Ritz/Becker, § 20a WpHG Rz. 282.
10 *Schmolke* in Klöhn, Art. 12 MAR Rz. 274; *Schmolke*, AG 2016, 434, 441 f.; *Zetzsche* in Gebauer/Teichmann, Europäisches Privat- und Unternehmensrecht, § 7 C Rz. 77 ff.
11 So in der Tendenz auch ESMA's technical advice on possible delegated acts concerning the Market Abuse Regulation, ESMA/2015/224, S. 10.

die Berechnung eines Referenzwertes manipuliert wird und dient damit innerhalb des Abs. 1 lit. d als Auffangtatbestand[1].

a) Referenzwert. Unter einem Referenzwert ist nach Art. 3 Abs. 1 Nr. 29 VO Nr. 596/2014 jeder **Kurs, Index oder Wert** zu verstehen, der der Öffentlichkeit zugänglich gemacht oder veröffentlicht wird und periodisch oder regelmäßig durch die Anwendung einer Formel auf den Wert eines oder mehrerer Basiswerte oder -preise, einschließlich geschätzter Preise, tatsächlicher oder geschätzter Zinssätze oder sonstiger Werte, oder auf Erhebungsdaten ermittelt bzw. auf der Grundlage dieser Werte bestimmt wird und auf den bei der Festsetzung des für ein Finanzinstrument zu entrichtenden Betrags oder des Wertes eines Finanzinstruments Bezug genommen wird[2]. S. schon Rz. 37.

203

Entsprechende Referenzwerte werden in der Terminologie der **VO Nr. 1011/2016 (Benchmark**-VO**)** durch bestimmte Personen bereitgestellt. Nach Art. 3 Abs. 1 Nr. 5 VO Nr. 1011/2016 setzt sich die **Bereitstellung eines Referenzwertes** aus drei Schritten zusammen, nämlich (i) der Verwaltung der Mechanismen für die Bestimmung einer Referenzwertes, (ii) der Erhebung, Analyse oder Verarbeitung von Eingabedaten zwecks Bestimmung eines Referenzwertes und (iii) der Bestimmung eines Referenzwertes durch Anwendung einer Formel oder anderer Berechnungsmethoden oder durch Bewertung der zu diesem Zweck bereitgestellten Eingabedaten. Im Rahmen der Bestimmung eines Referenzwertes durch Anwendung einer Formel oder anderer Berechnungsmethoden kommt es ganz häufig zur Trimmung von Randdaten, so etwa bei der Ermittlung von LIBOR und EURIBOR. Administrator sind nach Art. 3 Abs. 1 Nr. 6 VO Nr. 1011/2016 alle natürlichen oder juristischen Personen, welche die Bereitstellung eines Referenzwertes kontrollieren[3]. Die Basiswerte oder -preise, einschließlich geschätzter Preise, tatsächlicher oder geschätzter Zinssätze oder sonstigen Werte oder Erhebungsdaten, auf deren Basis die Administratoren den Referenzwert ermitteln, werden diesen regelmäßig von Dritten zur Verfügung gestellt. Die Benchmark-VO bezeichnet diesen Vorgang in Art. 3 Abs. 1 Nr. 8 VO Nr. 1011/2016 als das **Beitragen von Eingabedaten** zu einem Referenzwert. Als solches definiert sie die Übermittlung von nicht ohne weiteres verfügbaren Eingabedaten an einen Administrator oder an eine andere Person zur Weiterleitung an einen Administrator, wobei diese Eingabedaten für die Bestimmung eines Referenzwertes erforderlich sein müssen und die Übermittlung gerade zum Zweck der Erstellung bzw. Ermittlung des Referenzwertes durch den Administrator vorgenommen worden sein muss. Die Eingabedaten beitragende natürliche oder juristische Person bezeichnet die Benchmark-VO in Art. 3 Abs. 1 Nr. 9 VO Nr. 1011/2016 als **Kontributor**[4]. Im Rahmen des Marktmanipulationstatbestands ist – anders als im Rahmen der Benchmark-VO – nicht entscheidend, zu welchem Zweck ein Kontributor die Eingabedaten an einen Administrator übermittelt. Die Zwecksetzung eines Manipulators wird aber ganz regelmäßig gerade darin bestehen, dass die Eingabedaten bei der Erstellung bzw. Ermittlung des Referenzwertes berücksichtigt werden. Als **Eingabedaten** wiederum definiert die Benchmark-VO in Art. 3 Abs. 1 Nr. 14 VO Nr. 1011/2016 die von einem Administrator zur Bestimmung eines Referenzwertes verwendeten Daten in Bezug auf den Wert eines oder mehrerer Basisvermögenswerte oder Basispreise, einschließlich geschätzter Preise, Quotierungen, verbindlicher Quotierungen oder anderer Werte. Letztere Begriffsbestimmung stimmt im Wesentlichen mit den Elementen der Referenzwertdefinition der MAR überein (Rz. 37), sodass sich auch für die vorliegenden Zwecke ein Rückgriff auf den Begriff Eingabedaten anbietet.

204

Erfasst sind von dieser Referenzwertdefinition insbesondere Referenzzinssätze wie LIBOR, EURIBOR, EONIA, ferner aber auch etwa Devisenreferenzwerte, Aktienindizes oder Rohstoff-Referenzwerte.

205

b) Übermittlung falscher oder irreführender Angaben. Art. 12 Abs. 1 lit. d Var. 1 VO Nr. 596/2014 betrifft die Übermittlung falscher oder irreführender Angaben bezüglich eines Referenzwerts. **Übermittlung** meint die Abgabe an und den Zugang bei einem Dritten[5]. Dritter in dieser Hinsicht ist nicht jedermann. Vielmehr müssen die Angaben, um überhaupt eine Manipulationseignung zu haben, entweder in Richtung des Administrators eines Referenzwerts oder eines Dritten erfolgen, der zur Informationsaufnahme durch den Administrator eines Referenzwerts bestimmt ist und/oder die Berechnung des Referenzwerts für diesen vornimmt bzw. die Informationen an diesen weiterleitet. So erfolgen etwa Meldungen zum LIBOR nicht unmittelbar an die ICE als dessen Administrator, sondern nach wie vor an Thomson Reuters als sog. *designated sponsor*. Die **Kommunikationsform** ist bei der Übermittlung von Angaben unmaßgeblich, sodass sowohl mündliche, schriftliche, elektronische als auch jede andere Form der Übermittlung erfasst sind. Wird eine Information, die Angaben enthält, abgegeben, kommt es aber nicht zum Zugang dieser Information, etwa aufgrund eines technischen Defekts, kann der Versuch einer Manipulation vorliegen (Art. 15 VO Nr. 596/2014 Rz. 15 ff., 23 ff.).

206

---

1 *Schmolke* in Klöhn, Art. 12 MAR Rz. 274.
2 *Schmolke* in Klöhn, Art. 12 MAR Rz. 276.
3 *Spindler*, ZBB 2015, 165, 169.
4 Bzw. als beaufsichtigter Kontributor (Art. 3 Abs. 1 Nr. 8 VO Nr. 1011/2016), wenn es um ein beaufsichtigtes Unternehmen handelt.
5 *Brinckmann* in Meyer/Veil/Rönnau, Handbuch zum Marktmissbrauchsrecht, § 15 Rz. 21 ff.; *Schmolke* in Klöhn, Art. 12 MAR Rz. 281.

Art. 12 VO Nr. 596/2014 | Marktmanipulation

207 Eine **Angabe** i.S.d. Art. 12 Abs. 1 lit. d Var. 1 VO Nr. 596/2014 meint **Eingabedaten** für einen Referenzwert. I.S.d. Art. 3 Abs. 1 Nr. 14 VO Nr. 1011/2016 sind dies die von einem Administrator zur Bestimmung eines Referenzwertes verwendeten Daten in Bezug auf den Wert eines oder mehrerer Basisvermögenswerte oder Preise, einschließlich geschätzter Preise, Quotierungen, verbindlicher Quotierungen oder anderer Werte. In der Terminologie der MAR geht es um Basiswerte oder -preise, einschließlich geschätzter Preise, tatsächlicher oder geschätzter Zinssätze oder sonstige Werte oder Erhebungsdaten.

208 Angaben, die Tatsachen enthalten, sind **falsch**, wenn sie objektiv unwahr sind. Angaben, die Werturteile oder Prognosen zum Gegenstand haben, sind jedenfalls dann falsch, wenn diejenigen Tatsachen, welche zur Stützung des Werturteils oder der Prognose angegeben werden (sog. Werturteils- oder Prognosebasis), objektiv unwahr sind (vgl. Rz. 185). Darüber hinaus sind Werturteile und Prognosen unrichtig, wenn sie eindeutig bzw. schlechterdings unvertretbar sind. Schlechterdings unvertretbar ist es auch, Werturteile und Prognosen „ins Blaue hinein" ohne jede Tatsachenprüfung abzugeben, soweit nach den Umständen erwartet werden darf, dass eine solche Prüfung stattgefunden hat. Angaben sind **irreführend**, wenn sie geeignet sind, einen objektiven Empfänger in der Position des Adressaten über die wahren Verhältnisse zu täuschen (vgl. schon Rz. 187)[1]. Es genügt mit anderen Worten, dass die Angabe eine konkrete Gefahr einer solchen Täuschung begründet.

209 c) **Bereitstellung falscher oder irreführender Ausgangsdaten.** Nach Art. 12 Abs. 1 lit. d Var. 2 VO Nr. 596/2014 genügt auch die **Bereitstellung** falscher oder irreführender Ausgangsdaten. Die Bereitstellung erweitert die tauglichen Tathandlungen des Art. 12 Abs. 1 lit. d VO Nr. 596/2014 auf diejenigen Fälle, in denen Kontributoren nicht aktiv durch eine Übermittlung der entsprechenden Informationen an Administratoren oder Dritte Eingabedaten zu einem Referenzwert beitragen, sondern in denen bei einem Kontributor ein System eingerichtet wird, auf das der Administrator oder ein Dritter zugreifen kann[2]. Die Bereitstellung i.S.d. Art. 12 Abs. 1 lit. d VO Nr. 596/2014 ist ebenso wie die Übermittlung auf **aktives Tun** beschränkt.

210 Der Begriff der **Ausgangsdaten** meint, genau wie derjenige der Angaben in Art. 12 Abs. 1 lit. d Var. 1 VO Nr. 596/2014, Eingabedaten i.S.v. Art. 3 Abs. 1 Nr. 14 VO Nr. 1011/2016, die von einem Administrator für die Erstellung und die darauffolgende Bereitstellung eines Referenzwerts verwendet werden[3].

211 Ob Ausgangsdaten **falsch** oder **irreführend** sind, bestimmt sich bei Art. 12 Abs. 1 lit. d Var. 2 VO Nr. 596/2014 ebenso wie bei Abs. 1 lit. d Var. 1 (Rz. 208).

212 d) **Sonstige Handlungen, durch die die Berechnung eines Referenzwertes manipuliert wird.** Gem. Art. 12 Abs. 1 lit. d Var. 3 VO Nr. 596/2014 liegt eine Marktmanipulation auch in jeder sonstigen Handlung, durch die die Berechnung eines Referenzwerts manipuliert wird. Die Tatbestandsverwirklichung ist durch diesen Auffangtatbestand[4] nicht auf Informationsverbreitung von Seiten der Kontributoren eines Referenzwerts beschränkt, sondern kann durch **jede andere Form der Beeinflussung** eines Referenzwerts verwirklicht werden[5]. Damit sind auch Manipulationen erfasst, die vom Administrator selbst ausgehen und dabei gerade nicht in der Übermittlung oder Bereitstellung von Eingabedaten bestehen, sondern die Berechnung bzw. Aggregation der Eingabedaten betreffen. Gleichermaßen erfasst sind Eingriffe von Dritten, die weder auf Seiten der Administratoren noch auf jener der Kontributoren eines Referenzwerts stehen. Zu denken ist etwa an Hackerangriffe, durch die die Eingabedaten der Kontributoren oder die Berechnung durch die Administratoren beeinflusst werden. Denkbar ist auch, dass Administratoren oder Dritte nicht die Berechnung des Referenzwerts, sondern dessen Veröffentlichung beeinflussen. Entsprechendes Verhalten kann ebenso schädliche Auswirkungen haben, da die zahlreichen auf den Referenzwert bezugnehmenden Finanzinstrumente ihre Wertentwicklung an den veröffentlichten Daten ausrichten. Richtigerweise sollte entsprechendes Vorgehen deshalb auch vom Auffangtatbestand erfasst sein, wenngleich dabei nicht im eigentlichen Sinne die Berechnung des Referenzwerts beeinflusst wird. Bloße Unterlassungen sind auch hier nicht erfasst (vgl. Rz. 58, 180 f.)[6].

213 e) **Kein Erfordernis eines Einwirkungserfolgs.** Zur Verwirklichung des Tatbestands des Art. 12 Abs. 1 lit. d VO Nr. 596/2014 bedarf es neben der Vornahme der Manipulationshandlung **keines** Einwirkungserfolgs im Sinne einer **tatsächlichen Beeinflussung des Referenzwerts**[7]. Dies entspricht auch der Wertung der übrigen

---

1 *Schmolke* in Klöhn, Art. 12 MAR Rz. 280.
2 *Brinckmann* in Meyer/Veil/Rönnau, Handbuch zum Marktmissbrauchsrecht, § 15 Rz. 26, 30; *Schmolke* in Klöhn, Art. 12 MAR Rz. 281, 282, 284.
3 A.A. *Brinckmann* in Meyer/Veil/Rönnau, Handbuch zum Marktmissbrauchsrecht, § 15 Rz. 32, der den Begriff der Ausgangsdaten enger als lesbare oder gespeicherte Informationen verstehen und eine Parallele zum Daten-Begriff in § 263a StGB ziehen will.
4 So auch *Schmolke* in Klöhn, Art. 12 MAR Rz. 292.
5 Dazu *Schmolke*, AG 2016, 434, 441; *Schmolke* in Klöhn, Art. 12 MAR Rz. 286.
6 A.A. *Brinckmann* in Meyer/Veil/Rönnau, Handbuch zum Marktmissbrauchsrecht, § 15 Rz. 36 ff.; *Schmolke* in Klöhn, Art. 12 MAR Rz. 286.
7 *Brinckmann* in Meyer/Veil/Rönnau, Handbuch zum Marktmissbrauchsrecht, § 15 Rz. 38 (jedenfalls für Var. 1 und 2); a.A. wohl *Schmolke* in Klöhn, Art. 12 MAR Rz. 288: „Die Handlung muss dazu führen, dass die Berechnung des Referenzwerts manipuliert wird. Hierfür ist eine Einflussnahme auf den Berechnungsprozess erforderlich".

Manipulationsformen in Art. 12 Abs. 1 VO Nr. 596/2014. Der letzte Teilsatz des Art. 12 Abs. 1 lit. d VO Nr. 596/2014 bezieht sich nach der Satzstellung zwar nicht zwingend nur auf die „sonstigen Handlungen", sondern auch auf die Übermittlung und Bereitstellung, also die Varianten 1 und 2 des Abs. 1 lit. d, und auch das Wort „manipuliert" könnte begrifflich so verstanden werden, dass (auch) das Ergebnis der Manipulationshandlung, mithin der Manipulationserfolg (Manipulation) und damit die Beeinflussung des Referenzwerts gemeint ist. Die Erwägungsgründe zwingen aber bei funktionaler Betrachtung zu einer anderen Auslegung. Die „Berechnung eines Referenzwertes" wird nach den Erwägungsgründen im Sinne eines weiten Verständnisses bei jeder Handlung manipuliert, die die Entgegennahme und Bewertung jeglicher Daten zur Folge hat, die im Zusammenhang mit der Berechnung des betreffenden Referenzwertes stehen (Erwägungsgrund 44 Satz 5 f. VO Nr. 596/2014). Ausweislich der Erwägungsgründe ist dabei unerheblich, ob die Berechnung eine Trimmung beinhaltet[1]. Durch die Klarstellung in den Erwägungsgründen, dass auch im Falle eines getrimmten Referenzwertes eine Manipulation vorliegt, wird deutlich, dass Art. 12 Abs. 1 lit. d VO Nr. 596/2014 die Vornahme der Handlung ausreichen lässt und nicht auf den tatsächlichen Einwirkungserfolg abstellt, der bei einer Trimmung eine Frage des Einzelfalls ist und auch ausbleiben kann[2]. Etwaige Unklarheiten des Wortlauts lassen sich daher jedenfalls im Wege einer teleologischen Auslegung beheben.

f) Subjektives Element. Art. 12 Abs. 1 lit. d VO Nr. 596/2014 verlangt, dass die Person, die die Information übermittelt oder die Ausgangsdaten bereitgestellt hat, **weiß oder wissen muss**, dass sie falsch oder irreführend ist. Insoweit werden – ebenso wie bei Art. 12 Abs. 1 lit. c VO Nr. 596/2014 (Rz. 199) – schon im Rahmen der aufsichtsrechtlichen Verhaltensnorm subjektive Voraussetzungen aufgestellt. Genau wie bei Art. 12 Abs. 1 lit. c VO Nr. 596/2014 genügt auch hier einfache Fahrlässigkeit (vgl. Rz. 200). Leichtfertigkeit bzw. grober Fahrlässigkeit sind nicht erforderlich. 214

Wird ein Referenzwert durch eine **sonstige Handlung** manipuliert, wird – wenn auch aus dem Wortlaut nicht ohne weiteres ableitbar – **ebenfalls Vorsatz oder Fahrlässigkeit** als subjektives Element zu verlangen sein[3]. Nur durch diese Auslegung findet der Tatbestand der Referenzwert-Manipulationen eine einheitliche Handhabung. Zudem ist nicht ersichtlich, dass bei den sonstigen Handlungen i.S.d. Art. 12 Abs. 1 lit. d VO Nr. 596/2014 schwierigere Nachweisprobleme bestehen sollten, die es rechtfertigen oder gar erforderlich machen könnten, auf das Vorliegen subjektiver Voraussetzungen zu verzichten. 215

VI. Katalog von Handlungen, die als Marktmanipulation gelten (Art. 12 Abs. 2 VO Nr. 596/2014). Art. 12 Abs. 2 VO Nr. 596/2014 benennt Handlungen, die als Marktmanipulation gelten. Bei den Tatbeständen in Art. 12 Abs. 2 lit. a–e VO Nr. 596/2014 handelt es sich um **zwingende Beispiele**[4] handels-, handlungs- bzw. informationsgestützter Marktmanipulationen i.S.d. Art. 12 Abs. 1 lit. a–c VO Nr. 596/2014[5], nicht lediglich um Indikatoren, bei denen noch eine weitere Würdigung vorzunehmen wäre. Jedoch muss auch im Rahmen des Art. 12 Abs. 2 VO Nr. 596/2014 ggf. geprüft werden, ob ein Ausnahmetatbestand – insbesondere i.S.d. Art. 13 VO Nr. 596/2014 – vorliegt[6]. Auf der anderen Seite ist Art. 12 Abs. 2 VO Nr. 596/2014 **nicht abschließend** („unter anderem"), wie Erwägungsgrund 38 eigens hervorhebt. Die **Indikatoren** nach Art. 12 Abs. 3 i.V.m. Anhang I VO Nr. 596/2014 haben **keine rechtliche Bedeutung** für die zwingenden Beispiele nach Abs. 2, auch wenn Überschneidungen zu verzeichnen sind (zum Verhältnis Rz. 6, 257 ff.). 216

1. Sicherung einer marktbeherrschenden Stellung nach Art. 12 Abs. 2 lit. a VO Nr. 596/2014. Nach Art. 12 Abs. 2 lit. a VO Nr. 596/2014 gelten Handlungen als Marktmanipulation, die zur Sicherung einer marktbeherrschenden Stellung in Bezug auf das Angebot eines Finanzinstruments, damit verbundener Waren-Spot-Kontrakte oder eines auf Emissionszertifikaten beruhenden Auktionsobjekts oder die Nachfrage danach durch eine Person oder mehrere in Absprache handelnde Personen mit der tatsächlichen oder wahrscheinlichen Folge einer unmittelbaren oder mittelbaren Festsetzung des Kaufs- oder Verkaufspreises oder anderer unlauterer Handelsbedingungen führt oder hierzu geeignet ist. Es handelt sich bei Art. 12 Abs. 2 lit. a VO Nr. 596/2014 um handelsbasierte Manipulationsformen im Zusammenhang mit dem Innehaben von **Marktmacht** (Vor Art. 12 ff. VO Nr. 596/2014 Rz. 63)[7]. Systematisch ist das zwingende Beispiel nach Art. 12 Abs. 2 lit. a VO Nr. 596/2014 ein Fall einer handelsgestützten Marktmanipulation nach Art. 12 Abs. 1 lit. a VO Nr. 596/2014[8]. 217

a) Tatbestandsvoraussetzungen. Tatbestandlich verlangt Art. 12 Abs. 2 lit. a VO Nr. 596/2014 zunächst, dass eine Person oder mehrere in Absprache gemeinschaftlich handelnde Personen eine **marktbeherrschende Stel-** 218

---
1 Erwägungsgrund 44 VO Nr. 596/2014.
2 Näher *Sajnovits*, Financial-Benchmarks, S. 138.
3 *Sajnovits*, Financial-Benchmarks, S. 138; a.A. *Schmolke* in Klöhn, Art. 12 MAR Rz. 290.
4 So auch *Schmolke* in Klöhn, Art. 12 MAR Rz. 305. Der teils verwendete Begriff der Regelbeispiele trifft nicht das Richtige.
5 So auch *Schmolke* in Klöhn, Art. 12 MAR Rz. 306, der explizit darauf hinweist, dass es sich bei den zwingenden Beispielen um Konkretisierungen der Tatbestände des Art. 12 Abs. 1 VO Nr. 596/2014 handelt.
6 *Schmolke* in Klöhn, Art. 12 MAR Rz. 304 ff.
7 *Markham*, Law Enforcement and the History of Financial Market Manipulation, S. 3.
8 *Schmolke* in Klöhn, Art. 12 MAR Rz. 314; *Sorgenfrei/Saliger* in Park, Kapitalmarktstrafrecht, Kap. 6.1. Rz. 88.

lung in Bezug auf das Angebot oder die Nachfrage nach einem Finanzinstrument, einem damit verbundenen Waren-Spot-Kontrakt oder einem auf Emissionszertifikaten beruhenden Auktionsobjekt sichern. Die Nähe zum Kartellrecht legt nahe, für die Begriffsbestimmung der **marktbeherrschenden Stellung** auf die im Kartellrecht entwickelte Kasuistik zurückzugreifen[1]. Danach ist **in einem ersten Schritt** der relevante Markt in räumlicher, zeitlicher und sachlicher Hinsicht festzulegen[2]. Für die sachliche Marktabgrenzung wird im Kartellrecht auf das Kriterium der funktionellen Austauschbarkeit abgestellt[3]. Entscheidend ist deshalb im Rahmen des Art. 12 Abs. 2 lit. a VO Nr. 596/2014 der jeweilige Angebots- oder Nachfragemarkt in Bezug auf ein Finanzinstrument, einen damit verbundenen Waren-Spot-Kontrakt oder ein auf Emissionszertifikaten beruhendes Auktionsobjekt. In einem **zweiten Schritt** ist der Beherrschungsgrad auf dem relevanten Angebots- oder Nachfragemarkt zu ermitteln, wobei im Kartellrecht auf Marktstruktur- und Marktverhaltenskriterien zurückgegriffen wird[4]. Der Rückgriff auf die über Jahrzehnte entwickelte Begriffsbestimmung und Kasuistik im Kartellrecht verspricht jedenfalls vordergründig höhere Rechtssicherheit auch für die Kapitalmarktpraxis, was gerade vor dem Hintergrund der straf- und ordnungswidrigkeitenrechtlichen Ahndung eines Verstoßes gegen das Marktmanipulationsverbot zu begrüßen ist[5]. Jedoch ist nicht zu verkennen, dass auch die im Kartellrecht seit Jahrzehnten entwickelte Praxis vielfältige Bewertungsspielräume und Unsicherheiten belässt.

219 **Tathandlung** ist die **Sicherung** einer marktbeherrschenden Stellung über das Angebot von oder die Nachfrage nach Finanzinstrumenten, damit verbundenen Waren-Spot-Kontrakt oder auf Emissionszertifikaten beruhenden Auktionsobjekten[6]. Art. 12 Abs. 2 lit. a VO Nr. 596/2014 verlangt nicht, dass die marktbeherrschende Stellung absichtlich zur Preiseinwirkung ausgenutzt wird; damit verlagert der Unionsgesetzgeber die Tathandlung auf das Vorbereitungsstadium einer Marktmanipulation vor. Insofern unterscheidet sich Art. 12 Abs. 2 lit. a VO Nr. 596/2014 vom *abusive squeezing* nach Anhang II Abschnitt 1 Nr. 2 lit. b DelVO 2016/522 (Rz. 93). Das Sichern stellt keine besonderen Anforderungen an die Dauer der Innehabung der marktbeherrschenden Stellung[7]. Erfasst ist insbesondere auch die erstmalige Begründung der marktbeherrschenden Stellung durch den Manipulator alleine oder durch in Absprache mit ihm handelnde weitere Personen[8]. Die **Ausnutzung** einer marktbeherrschenden Stellung unterfällt erst recht dem Art. 12 Abs. 2 lit. a VO Nr. 596/2014. Auch hinsichtlich der Ausnutzung sollte auf die Begriffsbestimmung des Kartellrechts zurückgegriffen werden.

220 Die Sicherung der marktbeherrschenden Stellung muss tatsächlich oder wahrscheinlich zu einer unmittelbaren oder mittelbaren Festsetzung von An- oder Verkaufspreisen oder zu anderen unlauteren Handelsbedingungen führen oder dazu geeignet sein. Auch insoweit genügt die **Eignung** zu einer Festsetzung von An- und Verkaufspreisen bzw. zur Schaffung sonstiger unlauterer Handelsbedingungen. **An- und/oder Verkaufspreise setzt fest**, wer sie nach Gutdünken, ohne auf andere Marktteilnehmer Rücksicht zu nehmen, festlegen kann und festlegt[9]. Da der Tatbestand von „sonstigen" unlauteren Handelsbedingungen spricht, muss auch die Festsetzung der An- und/oder Verkaufspreise unlauter sein, damit das zwingende Beispiel nach Art. 12 Abs. 2 lit. a VO Nr. 596/2014 erfüllt ist. **Andere unlautere Handelsbedingungen schafft**, wer Bedingungen beeinträchtigt, die für die Funktionsfähigkeit der Märkte und deren Nutzen für die Marktteilnehmer von Bedeutung sind[10]. In beiden Varianten erfordert die Abgrenzung von illegitimem mit legitimem Marktverhalten eine normative Wertung.

221 Zur Sicherung einer marktbeherrschenden Stellung bedarf es grundsätzlich **weder Vorsatz noch Fahrlässigkeit**[11], was die Aufsichtspraxis von erheblichen Nachweisproblemen entlastet[12] und der Rechtsprechung des

---

1 *Schmolke* in Klöhn, Art. 12 MAR Rz. 317 ff.; vgl. auch *Fleischer* in Fuchs, § 20a WpHG Rz. 65; *Fleischer/Bueren*, ZIP 2013, 1253, 1255 f.; *Teuber*, Die Beeinflussung von Börsenkursen, 2009, S. 194; *Avgouleas*, The Mechanics and Regulation of Market Abuse: A Legal and Economic Analysis, S. 148 ff.; **a.A.** (für eine autonom kapitalmarktrechtliche Begriffsbestimmung) *Stoll* in KölnKomm. WpHG, § 20a WpHG Anh. I – § 4 MaKonV Rz. 19; *Vogel* in 6. Aufl., § 20a WpHG Rz. 232.
2 Näher etwa *Emmerich* in Immenga/Mestmäcker, EU-Wettbewerbsrecht, 5. Aufl. 2012, Art. 101 Rz. 159 ff.; im vorliegenden Zusammenhang *Schmolke* in Klöhn, Art. 12 MAR Rz. 319.
3 S. schon EuGH v. 21.2.1973 – 6/72, ECLI:EU:C:1973:22 – Continental Can, Slg. 1973, 215, 248.
4 Näher (zu Art. 102 AEUV, bei dem aber das selbe Konzept zugrundegelegt wird) etwa *Fuchs/Möschel* in Immenga/Mestmäcker, EU-Wettbewerbsrecht, 5. Aufl. 2012, Art. 102 Rz. 42 ff.
5 *Fleischer/Bueren*, ZIP 2013, 1253, 1255.
6 *Schmolke* in Klöhn, Art. 12 MAR Rz. 321.
7 *Schmolke* in Klöhn, Art. 12 MAR Rz. 321; vgl. auch *Fleischer/Bueren*, ZIP 2013, 1253, 1256.
8 *Grundmann* in Staub, HGB, Bankvertragsrecht 2, 5. Aufl. 2017, 6. Teil, 3. Abschnitt, D Rz. 461; *de Schmidt* in Just/Voß/Ritz/Becker, § 20a WpHG Rz. 384; vgl. auch *Fleischer/Bueren*, ZIP 2013, 1253, 1256; a.A. tendenziell *Sorgenfrei/Saliger* in Park, Kapitalmarktstrafrecht, Kap. 6.1. Rz. 107, die die Sicherung noch nicht genügen lassen.
9 Vgl. *Fleischer/Bueren*, ZIP 2013, 1253, 1257.
10 Vgl. BR-Drucks. 639/03, 17.
11 *Schmolke* in Klöhn, Art. 12 MAR Rz. 321; *Sorgenfrei/Saliger* in Park, Kapitalmarktstrafrecht, Kap. 6.1. Rz. 89; a.A. zu § 20a WpHG a.F. *Vogel* in 6. Aufl., § 20a WpHG Rz. 232a; sogar Absicht fordern etwa *Eichelberger*, S. 34 und *Lenzen*, S. 20.
12 *Fleischer/Bueren*, ZIP 2013, 1253, 1256.

EuGHs zum Ausnutzen einer marktbeherrschenden Stellung im Kartellrecht entspricht[1]. Das ist gerechtfertigt, weil von den Art. 12 Abs. 2 lit. a VO Nr. 596/2014 unterfallenden Manipulationshandlungen auch dann ein negativer Effekt für die Kapitalmarkteffizienz ausgehen kann, wenn der Manipulator nicht in der Absicht einer Preisbeeinflussung handelt[2]. Art. 12 Abs. 2 lit. a VO Nr. 596/2014 enthält dementsprechend auch, wie die Manipulationshandlungen nach Art. 12 Abs. 1 lit. a VO Nr. 596/2014 im Allgemeinen, kein subjektives Element (Rz. 73 ff.). Allerdings kann die Tatbestandswirkung im Fall der (subjektiven) Verfolgung einer legitimen Handelsstrategie (legitimes Marktverhalten) entfallen (Rz. 223).

Wie bei allen Tatbestandsvarianten des Art. 12 VO Nr. 596/2014 (näher Rz. 58, 180 f.) ist auch für Art. 12 Abs. 2 lit. a VO Nr. 596/2014 eine Handlung im Sinne eines **positiven Tuns** zu verlangen. Für die Sicherung **genügt** es deshalb zum einen **nicht**, dass jemand eine in **legitimer Weise** erlangte Position schlicht beibehält bzw. aufrechterhält, mithin die **Veräußerung** bestimmter Positionen **nur unterlässt**[3]. Auch verbietet sich insoweit die Anknüpfung an die ursprüngliche Erlangung der marktbeherrschenden Stellung. Wer z.B. im Rahmen eines Übernahmevorhabens einen bedeutenden Anteil an den Aktien der Zielgesellschaft erworben hat, sichert sich keine marktbeherrschende Stellung, wenn er diesen Anteil behält, obwohl Hedgefonds, die auf das Scheitern des Übernahmeversuchs spekuliert haben, in einem den *free float* weit übersteigenden Ausmaß ungedeckte Leerverkäufe getätigt haben und nunmehr auf den erworbenen Anteil angewiesen sind, um ihre Leerverkaufspflichten zu erfüllen. 222

Da der effektive Erwerb von Finanzinstrumenten bzw. Finanzbeteiligungen – auch mit der Folge der Sicherung einer marktbeherrschenden Stellung – auf einer legitimen Marktstrategie beruhen kann, ist es bei dem zwingenden Beispiel nach Art. 12 Abs. 2 lit. a VO Nr. 596/2014 besonders dringlich, Marktmanipulationen von **legitimem Marktverhalten abzugrenzen**[4]. Denn nur wenn die Sicherung zu einer *illegitimen* unmittelbaren oder mittelbaren Festsetzung des Kaufs- oder Verkaufspreises oder anderer unlauterer Handelsbedingungen führt oder dazu geeignet ist, liegt eine Marktmanipulation i.S.d. Art. 12 Abs. 2 lit. a VO Nr. 596/2014 vor. Teilweise wird durch das zusätzliche Kriterium der erforderlichen Zurechnung der marktbeherrschenden Stellung auf dieses Problem reagiert[5]. So soll insbesondere der Fall einer aufgedrängten marktbeherrschenden Stellung nicht erfasst sein. Überzeugender erscheint freilich eine Abgrenzung mittels des Kriteriums der illegitimen Festsetzung von An- und Verkaufskursen bzw. der Schaffung sonstiger unlauterer Handelspraktiken, da so tatsächlich legitimes Marktverhalten tatbestandlich ausgeschlossen werden kann, während dies über das Kriterium der Zurechnung künstlich wirken würde. An einer illegitimen Festsetzung fehlt es z.B. offenkundig, wenn **Market Maker** in Bezug auf ein emittiertes Finanzinstrument Kauf- oder Verkaufsaufträge einstellen, um einen **Handel erst zu ermöglichen**[6], wie es z.B. im Optionsscheinhandel üblich ist[7]. Ebensowenig widerstreitet das Verbot, sich eine marktbeherrschende Stellung zu sichern, der Zulässigkeit eines Beteiligungsaufbaus und auch einer („feindlichen") Übernahme einer börsennotierten Gesellschaft. Verfolgt der Normadressat bei der Sicherung einer marktbeherrschenden Stellung (Rz. 219) entsprechend legitime wirtschaftliche Ziele und erfüllt er dabei alle Transparenzanforderungen (§§ 33 ff. WpHG) und etwaigen Vorgaben des Übernahmerechts, befindet er sich aus Sicht des Marktmissbrauchsrechts – untechnisch gesprochen – im „safe harbour". Ein Verstoß gegen Art. 15, Art. 12 Abs. 2 lit. a VO Nr. 596/2014 liegt dann nicht vor. Dem jeweiligen Marktteilnehmer wird aber im aufsichtsbehördlichen Verfahren abzuverlangen sein, gegenüber der Aufsichtsbehörde einen Nachweis für seine legitime Marktstrategie zu erbringen. 223

Besonders liegen die Dinge beim übernahme- und aktienrechtlichen **squeeze out** von Minderheitsaktionären. Insofern ist nämlich schon begrifflich fraglich, ob eine marktbeherrschende Stellung noch gesichert wird, da der *squeeze out* – bei einem Erfolg – gerade zur Beendigung des Marktes führt. Zum anderen verbietet es sich bei einer Zusammenschau der verschiedenen unionalen Rechtsakte, dass das Marktmanipulationsrecht die aus- 224

---

1 EuGH v. 13.2.1979 – 85/76, ECLI:EU:C:1979:36 – Hoffmann-La Roche, Slg. 1979, 461, 541; EuGH v. 3.7.1991 – 62/86, ECLI:EU:C:1991:286 – AKZO, Slg. 1991, I-3359, 3455; EuG v. 7.10.1999 – T-228/97, ECLI:EU:T:1999:246 – Irish Sugar, Slg. 1999, II-2975, 3021; EuG v. 9.9.2010 – T-155/06, ECLI:EU:T:2010:370 – Tomra/Kommission, www.curia.eu, Tz. 206; EuGH v. 17.2.2011 – C-52/09, ECLI:EU:C:2011:83 – TeliaSonera, www.curia.eu, Tz. 27.
2 *Pirrong*, Journal of Law and Economics 38 (1995), 141, 147.
3 *Grundmann* in Staub, HGB, Bankvertragsrecht 2, 5. Aufl. 2017, 6. Teil, 3. Abschnitt, D Rz. 462; vgl. *Avgouleas*, The Mechanics and Regulation of Market Abuse: A Legal and Economic Analysis, S. 153 f.
4 Vgl. auch FCA, Handbook, MAR 1: Market Abuse, Section 1.6: Manipulating transactions, 1.6.12: „Squeezes occur relatively frequently when the proper interaction of supply and demand leads to market tightness, but this is not of itself likely to be abusive. In addition, having a significant influence over the supply of, or demand for, or delivery mechanisms for an investment, for example, through ownership, borrowing or reserving the investment in question, is not of itself likely to be abusive."
5 *Schmolke* in Klöhn, Art. 12 MAR Rz. 322.
6 *Armour/Awrey/Davies/Enriques/Gordon/Meyer/Payne*, Principles of Financial Regulation, S. 892.
7 *Sorgenfrei/Saliger* in Park, Kapitalmarktstrafrecht, Kap. 6.1. Rz. 89; zu § 20a WpHG a.F. auch *Fleischer* in Fuchs, § 20a WpHG Rz. 66; *Stoll* in KölnKomm. WpHG, § 20a WpHG Anh. I – § 4 MaKonV Rz. 23; vgl. aus Sicht des Schweizer Rechts *Maurenbrecher* in Watter/Bahar, Basler Kommentar, Finanzmarktaufsichtsgesetz/Finanzmarktinfrastrukturgesetz: FINMAG/FinfraG, Art. 143 FinfraG Rz. 77.

drücklich eröffnete Möglichkeit des übernahmerechtlichen *squeeze out* konterkariert[1]. Eine andere Frage ist, inwiefern der Mehrheitsaktionär im Vorfeld des *squeeze out* versucht, durch falsche oder irreführende Informationen (vgl. Rz. 185 ff.) den Aktienkurs zu senken, um so die Abfindungshöhe zu beeinflussen[2].

225 **b) Kapitalmarktpraxis.** Von Art. 12 Abs. 2 lit. a VO Nr. 596/2014 erfasste Verhaltensweisen sind in der Kapitalmarktpraxis insbesondere unter den Begriffen *abusive squeezing* und *cornering* bekannt[3]. Das *cornering* wird gemeinhin als Manipulationspraktik beschrieben, bei der es dem Manipulator gelingt, weitgehende Kontrolle über das Angebot oder die Nachfrage nach einer Ware oder einem Wertpapier zu erlangen und dadurch die Marktgegenseite „in die Ecke drängen" kann[4]. Vom *abusive squeeze* soll sich der *corner* nach jedenfalls in Deutschland üblicher Begriffsverwendung dadurch unterscheiden, dass ersterer auf Terminmärkten und letzterer auf Waren- und Aktienmärkten stattfindet[5]. In den Vereinigten Staaten finden sich teilweise auch andere begriffliche Unterscheidungen. So wird teilweise davon gesprochen, dass der *abusive squeeze* eine abgeschwächte Form des *corner* sei, bei der dem Manipulator keine vollständige Marktmacht zukomme[6]. Die Begrifflichkeiten sind für die Erfassung einer Manipulationspraktik von Art. 12 Abs. 2 lit. a VO Nr. 596/2014 nicht entscheidend. Maßgeblich ist vielmehr, dass die Tatbestandsvoraussetzungen des Regelbeispiels erfüllt sind.

226 Die **marktschädliche Wirkung** liegt bei allen dem Art. 12 Abs. 2 lit. a VO Nr. 596/2014 unterfallenden Praktiken in einem Eingriff in den Wettbewerbsprozess durch Sicherung oder Ausnutzung einer Monopolstellung[7]. Dadurch wird die freie Marktpreisbildung gestört und so die Ressourcenallokation beeinträchtigt[8]. Solche Praktiken lassen sich insbesondere auf illiquiden Märkten ins Werk setzten[9], auf denen der Manipulator typischerweise ausnutzt, dass Leerverkäufer sich mit Finanzinstrumenten eindecken müssen, um ihren Lieferverpflichtungen nachzukommen und dass sie in dieser Situation dazu gezwungen sind, höhere Preise zu akzeptieren[10]. Die anderen von Art. 12 VO Nr. 596/2014 erfassten Manipulationspraktiken sind demgegenüber schwerpunktmäßig auf eine Markttäuschung gerichtet. Zwar kann zu Manipulationspraktiken i.S.d. Art. 12 Abs. 2 lit. a VO Nr. 596/2014 auch ein Täuschungselement hinzutreten, doch ist dies weder zwingend noch auch nur charakteristisch[11]. *Abusive squeezing*, ebenso wie *cornering* liegen daher an der Schnittstelle zwischen Kapitalmarktrecht und Kartellrecht[12], weshalb ihre Erfassung durch das Marktmanipulationsverbot zum Teil auch kritisiert wird[13]. Richtigerweise sind freilich beide Regelungsmaterien nebeneinander anzuwenden (Rz. 15)[14].

227 **2. Kauf oder Verkauf von Finanzinstrumenten bei Handelsbeginn oder bei Handelsschluss nach Art. 12 Abs. 2 lit. b VO Nr. 596/2014.** Nach Art. 12 Abs. 2 lit. b VO Nr. 596/2014 gelten als Marktmanipulation der Kauf oder Verkauf von Finanzinstrumenten bei Handelsbeginn oder bei Handelsschluss an einem Handelsplatz mit der tatsächlichen oder wahrscheinlichen Folge, dass Anleger, die aufgrund der angezeigten Kurse, einschließlich der Eröffnungs- und Schlusskurse, tätig werden, irregeführt werden[15]. Bei dem zwingenden Beispiel nach Art. 12 Abs. 2 lit. b VO Nr. 596/2014 handelt es sich um einen **Fall des Art. 12 Abs. 1 lit. a VO Nr. 596/2014**[16].

---

1 Zu § 4 MaKonV im Ergebnis auch *Stoll* in KölnKomm. WpHG, § 20a WpHG Anh. I – § 4 MaKonV Rz. 23; *Vogel* in 6. Aufl., § 20a WpHG Rz. 231 a.E.
2 Dazu empirisch *Daske/Bassemir/Fischer*, ZfbF 66 (2010), 254.
3 *Anschütz/Kunzelmann* in Meyer/Veil/Rönnau, Handbuch zum Marktmissbrauchsrecht, § 14 Rz. 27; *Schmolke* in Klöhn, Art. 12 MAR Rz. 314.
4 *Fleischer/Bueren*, ZIP 2013, 1253, 1253; vgl. auch *Lin*, Emory Law Journal 66 (2017), 1253, 1281 f.
5 So die Unterscheidung bei *Fleischer/Bueren*, ZIP 2013, 1253, 1253; *Fleischer* in Fuchs, § 20a WpHG Rz. 65; *Stoll* in KölnKomm. WpHG, § 20a WpHG Anh. I – § 4 MaKonV Rz. 18; *Schwark* in Schwark/Zimmer, § 20a WpHG Rz. 68; *Vogel* in 6. Aufl., § 20a WpHG Rz. 231. Zu anderen begrifflichen Differenzierungen *Avgouleas*, The Mechanics and Regulation of Market Abuse: A Legal and Economic Analysis, S. 150.
6 *Markham*, Law Enforcement and the History of Financial Market Manipulation, S. 3.
7 *Schmolke* in Klöhn, Art. 12 MAR Rz. 312; vgl. *Stoll* in KölnKomm. WpHG, § 20a WpHG Anh. I – § 4 MaKonV Rz. 20; *Fleischer* in Fuchs, § 20a WpHG Rz. 65; *Fleischer*, ZGR 2008, 185, 221 ff.
8 *Fleischer/Bueren*, ZIP 2013, 1253, 1254; *Putniņš*, Journal of Economic Surveys 26 (2012), 952 m.w.N. zum ökonomischen Schrifttum.
9 *Fleischer/Bueren*, ZIP 2013, 1253, 1254; *Kyle/Viswanathan*, American Economic Reviews, Papers & Proceedings 98 (2008), 274; a.A. *Schwark* in Schwark/Zimmer, § 20a WpHG Rz. 68; *Easterbrook*, Journal of Business 69 (1986), 103, 106.
10 *Putniņš*, Journal of Economic Surveys 26 (2012), 952, 956; *Avgouleas*, The Mechanics and Regulation of Market Abuse: A Legal and Economic Analysis, S. 150.
11 *Fleischer/Bueren*, ZIP 2013, 1253, 1254; *Kyle/Viswanathan*, American Economic Reviews, Papers & Proceedings 98 (2008), 274; a.A. *Schwark* in Schwark/Zimmer, § 20a WpHG Rz. 68; *Easterbrook*, Journal of Business 69 (1986), 103, 106.
12 *Fleischer/Bueren*, ZIP 2013, 1253.
13 *Fleischer* in Fuchs, § 20a WpHG Rz. 65; *Pfüller/Anders*, WM 2003, 2445, 2450.
14 *Fleischer/Bueren*, ZIP 2013, 1253, 1263; *Schmolke* in Klöhn, Art. 12 MAR Rz. 329; *Stoll* in KölnKomm. WpHG, § 20a WpHG Anh. I – § 4 MaKonV Rz. 23a; *Grundmann* in Staub, HGB, Bankvertragsrecht 2, 5. Aufl. 2017, 6. Teil, 3. Abschnitt, D Rz. 461.
15 *Schmolke* in Klöhn, Art. 12 MAR Rz. 330 ff.
16 *Schmolke* in Klöhn, Art. 12 MAR Rz. 331; *Sorgenfrei/Saliger* in Park, Kapitalmarktstrafrecht, Kap. 6.1. Rz. 87.

a) **Tatbestandsvoraussetzungen.** Tatbestandlich verlangt Art. 12 Abs. 2 lit. b VO Nr. 596/2014 zunächst den Kauf oder Verkauf von Finanzinstrumenten an einem Handelsplatz. Mit Finanzinstrumenten verbundene Waren-Spot-Kontrakte und auf Emissionszertifikaten beruhende Auktionsobjekte sind nicht erfasst (s. aber noch Rz. 254 ff.)[1]. Die Begriffe **Kauf und Verkauf** sind hier nicht zivilrechtlich im Sinne des Abschlusses eines Kaufvertrags i.S.d. § 433 BGB, sondern kapitalmarktrechtlich zu verstehen. Erfasst sind daher alle Handlungsweisen, die wirtschaftlich zum Erwerb oder zur Veräußerung der betreffenden Finanzinstrumente führen. Ein Vollrechtserwerb auf der einen und ein entsprechender Rechtsverlust auf der anderen Seite sind nicht erforderlich, und auch Leihgeschäfte, etwa die sog. Wertpapierleihe, sind erfasst. Unerheblich ist, ob es sich um Eigen- oder Fremdgeschäfte handelt, und es kommt auch nicht darauf an, ob das Geschäft im eigenen oder fremden Namen oder für eigene oder fremde Rechnung getätigt wird. Nicht genügend ist nach dem Wortlaut aber die bloße Erteilung eines Handelsauftrags (zum Begriff Rz. 56)[2]. Erst die Ausführung eines Handelsauftrags, der auf ein Erwerbs- und Veräußerungsgeschäft gerichtet ist, genügt den Anforderungen des Art. 12 Abs. 2 lit. b VO Nr. 596/2014. Der Kauf oder Verkauf muss zudem an einem **Handelsplatz** erfolgt sein. Ein Handelsplatz bezeichnet nach Art. 3 Abs. 1 Nr. 10 VO Nr. 596/2014 einen Handelsplatz i.S.v. Art. 4 Abs. 1 Nr. 24 RL 2014/65/EU (MiFID II) und damit einen geregelten Markt, ein MTF oder ein OTF (dazu schon Rz. 29). Ein **OTC** durchgeführter **Kauf** oder **Verkauf erfüllt** die **Voraussetzungen** des Art. 12 Abs. 2 lit. b VO Nr. 596/2014 damit **nicht**. 228

Der Kauf oder Verkauf muss zudem bei Handelsbeginn oder bei Handelsschluss erfolgt sein. Insofern stellt die Norm ein **zeitliches und räumliches Kriterium** auf. Der **Handelsbeginn** meint den frühesten möglichen Beginn des normalen Handels mit dem Finanzinstrument an dem jeweiligen Handelsplatz[3]. Der **Handelsschluss** meint die letztmögliche Beendigung des normalen Handels mit dem Finanzinstrument auf dem jeweiligen Handelsplatz[4]. Maßgeblich sind der Handelsbeginn und der Handelsschluss an demjenigen **Handelsplatz**, an dem der Kauf oder Verkauf erfolgt. Bei Handelsbeginn oder Handelsschluss meint, dass der Kauf oder Verkauf zeitlich im unmittelbaren Umfeld zum Handelsbeginn oder Handelsschluss stattfinden muss[5], wobei eine genaue zeitliche Eingrenzung kaum möglich ist. Käufe oder Verkäufe, die mehr als eine Stunde nach Handelsbeginn oder vor Handelsschluss getätigt werden, erfolgen aber wohl nicht mehr *bei* Handelsbeginn oder Handelsschluss. Nach dem Wortlaut der deutschen Sprachfassung ist nicht genügend, wenn der Kauf oder Verkauf (zufällig) zu einem Zeitpunkt stattfindet, an dem an einem anderen Handelsplatz gerade der Handel beginnt oder endet. Das ist problematisch, weil der Kauf oder Verkauf an einem Handelsplatz auch Kurswirkungen auf das gleiche Finanzinstrument an anderen Handelsplätzen hat. Da andere Sprachfassungen, insbesondere die englische, aber auch etwa die französische Sprachfassung, auf diesen Zusatz verzichten[6], sollte – jedenfalls für die aufsichtsrechtliche Bewertung – auf das Erfordernis verzichtet werden, sodass auch mittelbare Manipulationen des Start- oder Schlusskurses dem zwingenden Beispiel nach Abs. 2 lit. b unterfallen können. Jedoch kann ein solches Vorgehen eine Marktmanipulation nach Art. 12 Abs. 1 lit. a VO Nr. 596/2014 darstellen (Rz. 94). **Nicht erfasst** von Art. 12 Abs. 2 lit. b VO Nr. 596/2014 – möglicherweise aber als Manipulationshandlung nach Art. 12 Abs. 1 lit. a VO Nr. 596/2014 (dazu Rz. 121) – ist eine sonstige unmittelbare oder mittelbare Beeinflussung von Referenzpreisen nahe dem Zeitpunkt, zu dem sie festgestellt werden, solange es sich nicht um Start- oder Schlusskurse handelt[7]. 229

Der Kauf oder Verkauf an einem Handelsplatz bei Handelsbeginn oder Handelsschluss muss schließlich die tatsächliche oder wahrscheinliche Folge haben, dass Anleger, die aufgrund der angezeigten Kurse, einschließlich der Eröffnung- und Schlusskurse, tätig werden, irregeführt werden[8]. Erforderlich ist damit eine **Irreführung (seignung)**, die aus Sicht eines verständigen Anlegers (Rz. 64 f.) beurteilt werden muss. Die **Wahrscheinlichkeit** einer Irreführung muss auch hier die Schwelle von 50% überschreiten (vgl. Rz. 66). Die betreffenden Anleger müssen gerade deshalb (wahrscheinlich) irregeführt werden, weil sie ihre Anlageentscheidung aufgrund der bei Handelsbeginn oder Handelsschluss angezeigten Kurse des betreffenden Finanzinstruments tätigen[9]. Zu diesen bei Handelsbeginn oder Handelsschluss angezeigten Kursen zählen insbesondere die Eröffnungs- und Schlusskurse selbst. Gerade diese werden von zahlreichen – auch rational handelnden – Marktteilnehmern für ihre Anlageentscheidung in Bezug genommen. Eine (wahrscheinliche) Irreführung durch die angezeigten Kurse kommt nur in Betracht, wenn die Tathandlung auch einen tatsächlichen Einfluss auf die angezeigten Kurse hat[10]. Es ist mithin nicht genügend, dass es wahrscheinlich war, dass die Handlung zu einer Beeinflussung der angezeigten Kurse führt. Das Wahrscheinlichkeitskriterium bezieht sich vielmehr nur auf die Irreführung durch 230

---

1 *Schmolke* in Klöhn, Art. 12 MAR Rz. 332.
2 So auch *Schmolke* in Klöhn, Art. 12 MAR Rz. 333.
3 Vgl. Art. 4 Abs. 2 Unterabs. 2 DelVO Nr. 1287/2006.
4 Vgl. Art. 4 Abs. 2 Unterabs. 2 DelVO Nr. 1287/2006.
5 *Schmolke* in Klöhn, Art. 12 MAR Rz. 334.
6 Darauf weist zutreffend *Schmolke* in Klöhn, Art. 12 MAR Rz. 335 hin.
7 *Schmolke* in Klöhn, Art. 12 MAR Rz. 334.
8 *Schmolke* in Klöhn, Art. 12 MAR Rz. 336.
9 *Schmolke* in Klöhn, Art. 12 MAR Rz. 337.
10 *Schmolke* in Klöhn, Art. 12 MAR Rz. 338.

die angezeigten Kurse. Kommt es zu keiner tatsächlichen Beeinflussung, kann jedoch eine versuchte Marktmanipulation vorliegen[1].

231 Das Vorliegen eines **subjektiven Elements** ist zur Tatbestandsverwirklichung nicht erforderlich, sodass der Manipulator beim Kauf oder Verkauf weder vorsätzlich noch fahrlässig handeln muss[2]. Gerade in diesem enorm manipulationsanfälligen Bereich (Rz. 234) ist es erforderlich, dass Ermittlungs- und Eingriffsmaßnahmen auch ohne einen entsprechenden Nachweis eingeleitet werden können.

232 Zur Feststellung eines Verstoßes gegen Art. 12 Abs. 2 lit. b VO Nr. 596/2014 sollten Aufsichtsbehörden auf das **Prüfraster** nach Anhang II Abschnitt 1 Nr. 5 lit. a DelVO 2016/522 **zurückgreifen**. Dieser umschreibt, wann ein Verhalten auf ein *marking the close* hindeutet (Rz. 112). Entspricht ein Sachverhalt den dort aufgeführten Kriterien, müssen die zuständige Behörde bzw. der meldepflichtige Marktteilnehmer (Rz. 6, 257) vor der Prüfung der Voraussetzungen des Art. 12 Abs. 1 VO Nr. 596/2014 immer erst prüfen, ob das zwingende Beispiel nach Art. 12 Abs. 2 lit. b VO Nr. 596/2014 vorliegt.

233 Erfüllt eine Handlung die Voraussetzungen des Art. 12 Abs. 2 lit. b VO Nr. 596/2014, muss sie gleichwohl von **legitimem Handelsverhalten** abgegrenzt werden, da Orders, die den Start- oder Schlusskurs beeinflussen, auch auf legitimen Investmentplänen beruhen können[3]. Ein starkes Indiz für ein Fehlen entsprechend legitimer Interessen wird insbesondere dann vorliegen, wenn der Manipulator erhebliche verbundene Finanzinstrumente hält, deren Wertentwicklung von dem beeinflussten Finanzinstrument abhängig ist (*Cross-product*-Manipulationen, Rz. 95)[4].

234 b) **Kapitalmarktpraxis.** Die nach Art. 12 Abs. 2 lit. b VO Nr. 596/2014 verbotenen Manipulationshandlungen werden in der Kapitalmarktpraxis häufig als **marking the close** und/oder **marking the open**[5] bezeichnet. Sofern eine Manipulation nicht die Kurse am Handelsbeginn oder Handelsschluss beeinflusst, unterfällt sie nicht dem zwingenden Beispiel nach Art. 12 Abs. 2 lit. b VO Nr. 596/2012, kann aber nach dem allgemeinen Manipulationstatbestand der Art. 15, 12 Abs. 1 lit. a VO Nr. 596/2014 verboten sein (schon Rz. 229). Der Zweck entsprechender Manipulationspraktiken besteht entweder darin, Marktteilnehmer, die ihre Anlageentscheidungen maßgeblich auf den Start- oder Schlusskurs an einem bestimmten Handelstag stützen, in die Irre zu führen, insbesondere aber auch darin, Einfluss auf Referenzkurse, Abrechnungskurse oder sonstige Bewertungen anderer Instrumente oder etwa von Vermögensverwaltern zu nehmen[6]. So werden etwa Stop-Orders anderer Marktteilnehmer ausgenutzt, die automatisch durch eine bestimmte Kursüber- oder -unterschreitung am Handelsschluss ausgelöst werden[7]. Die Manipulation des *underlying* einer Option, kann nämlich einen *knock-out* noch vor Optionsverfall bewirken[8]. Beim sog. *capping and pegging* sollen z.B. Optionen entwertet werden, was insbesondere dann durch eine Start- oder Schlusskursmanipulation gelingt, wenn die Optionsbedingungen auf die entsprechenden Notierungen am Handelsbeginn oder Handelsschluss referenzieren[9]. Ein wichtiges Anwendungsfeld bietet der bekannte „Hexensabatt" („**witch day**"), also die hohe Volatilität von Referenzpreisen für Futures und Optionen an deren „großen" Verfallsterminen (jeweils der dritte Freitag der Monate März, Juni, September und Dezember). Hier kann es zu Marktmanipulationen der Referenzpreise kommen, z.B. um Optionen ins Geld oder aus dem Geld zu bringen. Insgesamt haben entsprechende Manipulationspraktiken wegen der vielfältigen Bezugnahmen auf die Start-, insbesondere aber auf die Schlusskurse erhebliche Auswirkungen auf den Finanzmärkten[10]. Zahlreiche jüngere Studien erhärten die Vermutung, dass entsprechende Schlusskurse besonders häufig Gegenstand von Manipulationen sind[11]. Aus beiden Aspekten erklärt sich die Erfassung als zwingendes Beispiel nach Art. 12 Abs. 2 lit. b VO Nr. 596/2014.

---

1 *Schmolke* in Klöhn, Art. 12 MAR Rz. 338.
2 *Schmolke* in Klöhn, Art. 12 MAR Rz. 331, 339, der eine Einhegung des weit gefassten Tatbestands auf die Sanktionenseite verlagern will; a.A. wohl *Sorgenfrei/Saliger* in Park, Kapitalmarktstrafrecht, Kap. 6.1. Rz. 92; *Diversy/Köpferl* in Graf/Jäger/Wittig, Wirtschafts- und Steuerstrafrecht, § 38 WpHG Rz. 97.
3 *Avgouleas*, The Mechanics and Regulation of Market Abuse: A Legal and Economic Analysis, S. 137.
4 *Avgouleas*, The Mechanics and Regulation of Market Abuse: A Legal and Economic Analysis, S. 137.
5 *Putniņš*, Journal of Economic Surveys 26 (2012), 952, 956.
6 *Putniņš*, Journal of Economic Surveys 26 (2012), 952, 956; *Tountopoulos*, WM 2013, 351, 351 f., der zusätzlich noch auf den Aspekt der Imagepflege hinweist.
7 *Grundmann* in Staub, HGB, Bankvertragsrecht 2, 5. Aufl. 2017, 6. Teil, 3. Abschnitt, D Rz. 463, der das Regelbeispiel auf diese Fälle beschränkt; *Schmolke* in Klöhn, Art. 12 MAR Rz. 156 f. Zur Ausnutzung von Stop-Orders auch *Brammsen*, WM 2012, 2134, 2139; *Klöhn*, NZG 2011, 934, 934 f.
8 *Sorgenfrei/Saliger* in Park, Kapitalmarktstrafrecht, Kap. 6.1. Rz. 107.
9 *Putniņš*, Journal of Economic Surveys 26 (2012), 952, 956; *Avgouleas*, The Mechanics and Regulation of Market Abuse: A Legal and Economic Analysis, S. 140; *Tountopoulos*, WM 2013, 351, 352; *Sorgenfrei* in Park, Kapitalmarktstrafrecht, 3. Aufl. 2013, §§ 20a, 38 II, 39 I Nr. 1–2, II Nr. 11, IV WpHG Rz. 100 Fn. 285.
10 S. schon *Kahan*, Duke Law Journal 41 (1992), 977; ferner auch *Putniņš*, Journal of Economic Surveys 26 (2012), 952, 956.
11 *Ni/Pearson/Poteshman*, Journal of Financial Economics 78 (2005), 49; *Hillion/Suominen*, Journal of Financial Markets 7 (2004), 351; zu weiteren Studien s. den Überblick bei *Putniņš*, Journal of Economic Surveys 26 (2012), 952, 59 f. Zu einer Analyse von der SEC nachgewiesener Schlusskursmanipulationen und deren Auswirkungen *Comerton-Forde/Putniņš*, Journal of Financial Intermediation 20 (2011), 535.

3. Beeinträchtigung des Funktionierens des Handelssystems des Handelsplatzes durch die Erteilung von Kauf- oder Verkaufsaufträgen nach Art. 12 Abs. 2 lit. c VO Nr. 596/2014. Nach Art. 12 Abs. 2 lit. c VO Nr. 596/2014 gilt als Marktmanipulation die Erteilung von Kauf- oder Verkaufsaufträgen an einen Handelsplatz, einschließlich deren Stornierung oder Änderung, mittels aller zur Verfügung stehender Handelsmethoden, auch in elektronischer Form, beispielsweise durch algorithmische und Hochfrequenzhandelsstrategien, die eine der in Art. 12 Abs. 1 lit. a oder b VO Nr. 596/2014 genannten Auswirkungen hat, indem sie: 235

i) das Funktionieren des Handelssystems des Handelsplatzes tatsächlich oder wahrscheinlich stört oder verzögert,

ii) Dritten die Ermittlung echter Kauf- oder Verkaufsaufträge im Handelssystem des Handelsplatzes tatsächlich oder wahrscheinlich erschwert, auch durch das Einstellen von Kauf- oder Verkaufsaufträgen, die zur Überfrachtung oder Beeinträchtigung des Orderbuchs führen, oder

iii) tatsächlich oder wahrscheinlich ein falsches oder irreführendes Signal hinsichtlich des Angebots eines Finanzinstruments oder der Nachfrage danach oder seines Preises setzt, insbesondere durch das Einstellen von Kauf- oder Verkaufsaufträgen zur Auslösung oder Verstärkung eines Trends.

a) Tatbestandsvoraussetzungen. Als tatbestandliche Handlung fordert Art. 12 Abs. 2 lit. c VO Nr. 596/2014 die **Erteilung von Kauf- oder Verkaufsaufträgen** an einem Handelsplatz (zu den erfassten Handelsplätzen Rz. 29), einschließlich deren Stornierung oder Änderung, mittels aller zur Verfügung stehenden Handelsmethoden, auch in elektronischer Form, beispielsweise durch algorithmische und Hochfrequenzhandelsstrategien. **Kauf- oder Verkaufsaufträge** sind auch hier nicht zivilrechtlich, also im Sinne des bürgerlichen Auftrags- und Kaufrechts, sondern kapitalmarktrechtlich als Orders zu verstehen (vgl. Rz. 56)[1]. Ein Kauf- oder Verkaufsauftrag ist **erteilt**, wenn er dem Adressaten zugegangen ist; nicht erforderlich ist, dass er bereits im Orderbuch eingestellt ist. Unerheblich ist, ob der Auftrag bedingt oder befristet ist; auch Limit-Orders sind bereits dann erteilt, wenn sie dem Adressaten zugegangen sind. Die **Stornierung** und die **Änderung** eines Handelsauftrages sind als solche zwar keine Erteilung eines Handelsauftrages, stellen aber hier ausdrücklich auch eine tatbestandliche Handlung i.S.d. Art. 12 Abs. 2 lit. c VO Nr. 596/2014 dar[2].   236

Die Form der Erteilung bzw. Stornierung oder Änderung ist grundsätzlich unerheblich (vgl. auch Erwägungsgrund 38)[3]. Die Norm spricht von der Erteilung „mittels aller zur Verfügung stehenden Handelsmethoden, auch in elektronischer Form". Allerdings zielt Art. 12 Abs. 2 lit. c VO Nr. 596/2014 maßgeblich auf die Erfassung des Hochfrequenz- sowie des algorithmischen Handels[4], weshalb eigens hervorgehoben wird, dass die tatbestandliche Handlung auch in **elektronischer Form**, beispielsweise durch algorithmische und Hochfrequenzhandelsstrategien erfolgen kann. Der erste Vorschlag der Europäischen Kommission war auch noch ausdrücklich auf „Kauf- oder Verkaufsaufträgen an einen Handelsplatz mittels algorithmischen Handels, einschließlich Hochfrequenzhandels" beschränkt[5]. Im finalen Verordnungstext sind der algorithmische Handel und der Hochfrequenzhandel nur noch als Beispiele aufgeführt[6]. Erwägungsgrund 38 VO Nr. 596/2014 führt dazu sogar an, dass die Beispiele nicht den Eindruck erwecken sollen, dass „dieselbe Strategie, wenn sie mit anderen Mitteln erfolgen würde, nicht auch missbräuchlich wären." Diese Erweiterung kann aber richtigerweise nicht für Art. 12 Abs. 2 lit. c Ziff. ii) und erst recht nicht für Art. 12 Abs. 2 lit. c VO Nr. 596/2014 gelten, da das zwingende Beispiel sonst die Regelungssystematik des Art. 12 VO Nr. 596/2014 sprengen würde (Rz. 240)[7]. Letztlich würde die Norm gegenüber dem Grundtatbestand nach Art. 12 Abs. 1 lit. a Var. 2 VO Nr. 596/2014 nämlich überhaupt keine Konkretisierungswirkung mehr entfalten. Daher ist jedenfalls bei Art. 12 Abs. 2 lit. c Ziff. ii) und iii) VO Nr. 596/2014 die tatbestandliche Handlung auf ein Vorgehen durch algorithmischen Handel oder durch Hochfrequenzhandel beschränkt. Um neueren Innovationen angemessen begegnen zu können, ist aber nicht streng an den Definitionen dieser Handelsformen zu verhaften. Sie dienen vielmehr nur als Orientierung. **Algorithmischer Handel** ist mangels einer eigenen Begriffsbestimmung in der MAR i.S.d. Art. 4 Abs. 1 Nr. 39 RL 2014/65/EU (MiFID II) als Handel mit einem Finanzinstrument zu verstehen, bei dem ein Computeralgorithmus die einzelnen Auftragsparameter automatisch bestimmt, z.B. ob der Auftrag eingeleitet werden soll, Zeitpunkt, Preis bzw. Quantität des Auftrags oder wie der Auftrag nach seiner Einreichung mit eingeschränkter oder gar keiner menschlichen Beteiligung bearbeitet werden soll. Ausgenommen hiervon sind Systeme, die nur zur Weiterleitung von Aufträgen zu einem oder mehreren Handelsplätzen, zur Bearbeitung von Aufträgen ohne Bestimmung von Auftragsparametern, zur Bestätigung von Aufträgen oder zur Nachhan-   237

---

1 *Schmolke* in Klöhn, Art. 12 MAR Rz. 345.
2 *Schmolke* in Klöhn, Art. 12 MAR Rz. 345.
3 *de Schmidt* in Just/Voß/Ritz/Becker, § 20a WpHG Rz. 386.
4 *Grundmann* in Staub, HGB, Bankvertragsrecht 2, 5. Aufl. 2017, 6. Teil, 3. Abschnitt, D Rz. 464; *Poelzig*, NZG 2016, 528, 536; *Moloney*, EU Securities and Financial Markets Regulation, S. 744; *de Schmidt* in Just/Voß/Ritz/Becker, § 20a WpHG Rz. 386.
5 Europäische Kommission, Vorschlag für eine Marktmissbrauchsverordnung v. 20.10.2011, KOM(2011) 651 endg.; dazu auch *Schmolke* in Klöhn, Art. 12 MAR Rz. 341.
6 *Schmolke* in Klöhn, Art. 12 MAR Rz. 342.
7 Kritisch zur Weite des Tatbestands auch *Schmolke* in Klöhn, Art. 12 MAR Rz. 343.

delsbearbeitung ausgeführter Aufträge verwendet werden. Gem. Art. 3 Abs. 1 Nr. 33 VO Nr. 596/2014 bezeichnet **Hochfrequenzhandel** die Methode des algorithmischen Hochfrequenzhandels i.S.d. Art. 4 Abs. 1 Nr. 40 RL 2014/65/EU. Dieser definiert eine „hochfrequente algorithmische Handelstechnik" als eine algorithmische Handelstechnik, die gekennzeichnet ist durch a) eine Infrastruktur zur Minimierung von Netzwerklatenzen und anderen Verzögerungen bei der Orderübertragung (Latenzen), die mindestens eine der folgenden Vorrichtungen für die Eingabe algorithmischer Aufträge aufweist: Kollokation, Proximity Hosting oder direkter elektronischer Hochgeschwindigkeitszugang, b) die Entscheidung des Systems über die Einleitung, das Erzeugen, das Weiterleiten oder die Ausführung eines Auftrags ohne menschliche Intervention, und c) ein hohes untertägiges Mitteilungsaufkommen in Form von Aufträgen, Quotes oder Stornierungen.

238 Die tatbestandliche Handlung muss nach Art. 12 Abs. 2 lit. c Ziff. i) VO Nr. 596/2014 das **Funktionieren des Handelssystems** des jeweiligen Handelsplatzes tatsächlich oder wahrscheinlich stören oder verzögern[1]. Ziel der Manipulationshandlung ist das Handelssystem des jeweiligen Handelsplatzes, mithin des Marktbetreibers. Zwar ist die tatbestandliche Handlung nicht auf den Hochfrequenzhandel beschränkt, tatsächlich wird aber nur ein Hochfrequenzhändler zur Herbeiführung einer entsprechenden Störung in der Lage sein[2]. So kann eine sehr große Zahl an Orders- bzw. Stornierungen zu einer kurzzeitigen Überlastung des EDV-Systems eines Marktbetreibers führen[3]. Die dadurch verursachte Verzögerung bei der Preisbildung kann dann vom Manipulator auf anderen Handelsplätzen ausgenutzt (*cross-venues*), werden und er vermag so risikolose Arbitragegewinne erzielen[4].

239 Nach Art. 12 Abs. 2 lit. c Ziff. ii) VO Nr. 596/2014 muss durch die tatbestandliche Handlung Dritten die **Ermittlung echter Kauf- oder Verkaufsaufträge** im Handelssystem des Handelsplatzes tatsächlich oder wahrscheinlich **erschwert** werden, etwa weil das Einstellen von Kauf- oder Verkaufsaufträgen zu einer Überlastung oder Beeinträchtigung des Orderbuchs führt[5]. Die insoweit im Zentrum stehende Beeinträchtigung wird anders als bei Art. 12 Abs. 2 lit. c Ziff. i) VO Nr. 596/2014 nicht bei Marktbetreibern hervorgerufen, sondern bei **Dritten**, womit andere Marktteilnehmer, insbesondere andere Hochfrequenzhändler, gemeint sind[6]. Erkennen die Algorithmen anderer Hochfrequenzhändler nämlich nur die Eingabe entsprechender Orders, nicht aber sogleich auch deren Stornierung bzw. können sie diese, anders als der Manipulator, nicht bereits im Zeitpunkt der Ordereingabe in ihre Berechnung einbeziehen, wird die eigene Handelsstrategie verschleiert und es werden Unsicherheiten bei anderen Marktteilnehmern erzeugt[7].

240 Nach Art. 12 Abs. 2 lit. c Ziff. iii) VO Nr. 596/2014 muss die tatbestandliche Handlung, mithin die Erteilung von Kauf- oder Verkaufsaufträgen, tatsächlich oder wahrscheinlich ein **falsches oder irreführendes Signal** hinsichtlich des Angebots eines Finanzinstruments oder der Nachfrage danach oder seines Preises setzen (vgl. Rz. 60 ff.), was insbesondere beim Einstellen von Kauf- oder Verkaufsaufträgen zur Auslösung oder Verstärkung eines Trends der Fall ist[8]. Das zwingende Beispiel des Art. 12 Abs. 2 lit. c Ziff. iii) VO Nr. 596/2014 ist zwar nicht nach seinem Wortlaut, wohl aber aus systematischen und teleologischen Gründen auf den Hochfrequenz- und algorithmischen Handel (Rz. 237) beschränkt. Würde man allein auf die potenzielle Signalwirkung der Erteilung von Kauf- oder Verkaufsaufträgen abstellen, ergäbe sich hierin kein Unterschied zu Art. 12 Abs. 1 lit. a Ziff. i) VO Nr. 596/2014. Auch dieser stellt bei Handelsaufträgen darauf ab, ob diese tatsächlich oder wahrscheinlich ein irreführendes Signal geben. Hinsichtlich der tatsächlichen oder wahrscheinlichen Folge eines **falschen oder irreführenden Signals** hinsichtlich des Angebots eines Finanzinstruments oder der Nachfrage danach oder seines Preises gelten die Ausführungen Rz. 60 ff. ganz entsprechend. Nicht genügend ist es, zur Vermeidung von Wertungswidersprüchen hier lediglich die Ausnahme der zulässigen Marktpraxis heranzuziehen[9]. Vielmehr ist diese ohnehin bei allen zwingenden Beispielen nach Art. 12 Abs. 2 VO Nr. 596/2014, die einen Unterfall des Art. 12 Abs. 1 lit. a VO Nr. 596/2014 darstellen, anzuwenden (Rz. 6, 216, 257 f.).

241 Für alle Varianten des Art. 12 Abs. 2 lit. c VO Nr. 596/2014 muss die tatbestandliche Handlung eine der in Art. 12 **Abs. 1 lit. a oder lit. b VO Nr. 596/2014 genannten Auswirkungen** haben. Für Art. 12 Abs. 2 lit. c Ziff. iii) VO Nr. 596/2014 handelt es sich dabei um eine irreführende Vervielfachung der Voraussetzungen, da dieser ausdrücklich verlangt, dass die Erteilung des Kauf- oder Verkaufsauftrags tatsächlich oder wahrscheinlich ein falsches oder irreführendes Signal setzt (Rz. 240). Für die anderen beiden Tatbestandsvarianten kommen hin-

---

1 *Schmolke* in Klöhn, Art. 12 MAR Rz. 352.
2 *Grundmann* in Staub, HGB, Bankvertragsrecht 2, 5. Aufl. 2017, 6. Teil, 3. Abschnitt, D Rz. 464 f.
3 *Egginton/Van Ness/Van Ness*, Financial Management 2016, 583, 583; *Kasiske*, WM 2014, 1933, 1935; *Sorgenfrei/Saliger* in Park, Kapitalmarktstrafrecht, Kap. 6.1. Rz. 94; *Grundmann* in Staub, HGB, Bankvertragsrecht 2, 5.Aufl. 2016, 6. Teil, 3. Abschnitt, D Rz. 465.
4 *Egginton/Van Ness/Van Ness*, Financial Management 2016, 583, 584; *Kasiske*, WM 2014, 1933, 1935; *Grundmann* in Staub, HGB, Bankvertragsrecht 2, 5. Aufl. 2017, 6. Teil, 3. Abschnitt, D Rz. 464 f.
5 *Schmolke* in Klöhn, Art. 12 MAR Rz. 353.
6 *Stoll* in KölnKomm. WpHG, § 20a WpHG Anh. I – § 3 MaKonV Rz. 31; *Kasiske*, WM 2014, 1933, 1935.
7 *Kasiske*, WM 2014, 1933, 1935.
8 *Schmolke* in Klöhn, Art. 12 MAR Rz. 354 ff.
9 So aber *Schmolke* in Klöhn, Art. 12 MAR Rz. 357.

gegen alle in Art. 12 Abs. 1 lit. a und lit. b VO Nr. 596/2014 genannten Wirkungen in Betracht. Zu diesen Rz. 60 ff., Rz. 67 ff. und Rz. 145 ff.

Auf **subjektive Elemente** kommt es bei alledem nicht an. Das ist für die Aufsichtspraxis gerade beim Hochfrequenz- und algorithmischen Handel insofern besonders bedeutsam, als Geschäfte von einem Algorithmus automatisch vorgenommen werden. Der Marktmanipulationsbegriff knüpft ersichtlich nicht an die Programmierung des Algorithmus, sondern an die Erteilung von Handelsaufträgen an. Wenn in diesen Prozess keine natürlichen Personen eingebunden sind, fehlt es notwendig an einem subjektiven Element, weshalb ein solches auf keinen Fall eine Rolle spielen kann. 242

b) **Kapitalmarktpraxis.** Die von Art. 12 Abs. 2 lit. c Ziff. i) und Abs. 2 lit. c Ziff. ii) VO Nr. 596/2014 erfassten Handlungen werden in der Kapitalmarktpraxis als **quote stuffing** bezeichnet[1]. Das zwingende Beispiel nach Art. 12 Abs. 2 lit. c Ziff. iii) VO Nr. 596/2014 zielt auf die Erfassung von **momentum ignition**[2]. Der algorithmische bzw. Hochfrequenzhandel macht seit den frühen 2000er Jahren einen immer größeren Anteil am Handelsvolumen auf den Kapitalmärkten aus und wurde – auch aufgrund einiger bekanntgewordener Skandale – im Zuge der Finanzkrise zum Gegenstand politischer Initiativen. Bereits vor dem Inkrafttreten der MAR und der MiFID II wurde das Thema auf europäischer und nationaler Ebene aufgegriffen. Der deutsche Gesetzgeber erließ bereits im Mai 2013 das Hochfrequenzhandelsgesetz, in dem er eine Erlaubnispflicht für Hochfrequenzhändler, Organisationspflichten für Hochfrequenzhändler und für Marktbetreiber sowie erweiterte aufsichtsbehördliche Eingriffsbefugnisse schuf, um manipulativen Praktiken vorzubeugen[3]. 243

Zwischenzeitlich sehen sowohl das MiFID II-/MiFIR-Regime, als auch die MAR **explizite Regelungen** vor, die den **algorithmische bzw. Hochfrequenzhandel** betreffen[4]. Die diesbezüglichen Vorgaben der MiFID II wurden insbesondere im **WpHG** umgesetzt. So müssen z.B. Wertpapierfirmen, die algorithmischen Handel betreiben, über Systeme zur Risikokontrollen verfügen, die gewährleisten, dass ihre Handelssysteme belastbar sind, keine fehlerhaften Aufträge generieren oder auf sonstige Weise die Funktionsfähigkeit eines Marktes stören (dazu näher § 80 WpHG Rz. 103 ff.). Zudem werden auch Handelsplätze zur Implementierung bestimmter Schutzvorkehrungen verpflichtet (§ 74 WpHG Rz. 2 ff.). Auf die Einführung einer Mindesthaltefrist – wie sie vom Europäischen Parlament forciert wurde – hat der europäische Gesetzgeber aber verzichtet. 244

4. Ausnutzung der Wirkung von Stellungnahmen nach Art. 12 Abs. 2 lit. d VO Nr. 596/2014. Nach Art. 12 Abs. 2 lit. d VO Nr. 596/2014 gilt als Marktmanipulation auch jede Ausnutzung eines gelegentlichen oder regelmäßigen Zugangs zu den traditionellen oder elektronischen Medien durch **Abgabe einer Stellungnahme** zu einem Finanzinstrument, einem damit verbundenen Waren-Spot-Kontrakt oder einem auf Emissionszertifikaten beruhenden Auktionsobjekt (oder indirekt zu dessen Emittenten), wobei zuvor Positionen in diesem Instrument eingegangen wurden und anschließend Nutzen aus den Auswirkungen der Stellungnahme auf den Kurs des Instruments gezogen wird, ohne dass der Öffentlichkeit gleichzeitig dieser Interessenkonflikt ordnungsgemäß und wirksam mitgeteilt wird[5]. 245

a) **Tatbestandsvoraussetzungen.** Art. 12 Abs. 2 lit. d VO Nr. 596/2014 fordert zunächst die Ausnutzung eines gelegentlichen oder regelmäßigen Zugangs zu den traditionellen oder elektronischen Medien durch Abgabe einer Stellungnahme zu einem Finanzinstrument, einem damit verbundenen Waren-Spot-Kontrakt oder einem auf Emissionszertifikaten beruhenden Auktionsobjekt (oder indirekt zu dessen Emittenten). Einen **gelegentlichen oder regelmäßigen Zugang zu den traditionellen oder elektronischen Medien** haben vor allem medial präsente Personen, z.B. in der Öffentlichkeit bekannte Analysten, Wirtschaftsjournalisten, „Börsengurus", jedoch mit Blick auf das universell zugängliche Internet („Chat-Foren" etc.) im Grunde jedermann[6]. Den Zugang muss die Person **zur Abgabe einer Stellungnahme** zu einem Finanzinstrument, einem damit verbundenen Waren-Spot-Kontrakt oder einem auf Emissionszertifikaten beruhenden Auktionsobjekt (oder indirekt zu dessen Emittenten) **ausgenutzt** haben. Für eine Abgabe ist eine Entäußerung der Stellungnahme – gleich in welcher Kommunikationsform[7] – in Richtung auf einen Erklärungsempfänger erforderlich[8]. Ausdrückliche Anforderungen an die Publizität der Stellungnahme stellt das Gesetz nicht[9]. Es ist deshalb grundsätzlich unerheblich, an wie viele Personen die Stellungnahme adressiert bzw. gegenüber wie vielen Personen sie abge- 246

---

1 *Schmolke* in Klöhn, Art. 12 MAR Rz. 352 f.
2 *Schmolke* in Klöhn, Art. 12 MAR Rz. 355.
3 Dazu *Jaskulka*, BKR 2013, 221; *Kobbach*, BKR 2013, 223; *Schultheiß*, WM 2013, 596; monographisch *Löper*, Die rechtlichen Rahmenbedingungen des Hochfrequenzhandels in Deutschland: Eine rechtsökonomische Analyse des Hochfrequenzhandelsgesetzes, 2015.
4 Zu den europäischen Vorgaben *Busch*, Law and Financial Markets Review 10 (2016), 72.
5 *Schmolke* in Klöhn, Art. 12 MAR Rz. 358 ff.; *Teigelack* in Meyer/Veil/Rönnau, Handbuch zum Marktmissbrauchsrecht, § 13 Rz. 60 ff.
6 *Schmolke* in Klöhn, Art. 12 MAR Rz. 366; tendenziell enger *Stoll* in KölnKomm. WpHG, § 20a WpHG Anh. I – § 4 MaKonV Rz. 34: „gewisses Maß an Exklusivität" wie beim Zugang zu Fernsehen oder verbreiteten Printmedien erforderlich.
7 *Grundmann* in Staub, HGB, Bankvertragsrecht 2, 5. Aufl. 2017, 6. Teil, 3. Abschnitt, D Rz. 467.
8 *Schmolke* in Klöhn, Art. 12 MAR Rz. 367.
9 *Schmolke* in Klöhn, Art. 12 MAR Rz. 367.

geben wird[1]. Zwar wird es typisch sein, dass die Stellungnahmen öffentlich gemacht oder jedenfalls an eine große Zahl von Personen adressiert wird. Zwingend ist dies jedoch nicht. Selbst eine nur an eine einzige Person adressierte Stellungnahme in einer E-Mail kann genügen, solange die Stellungnahme später Auswirkungen auf den Kurs des Finanzinstruments hat. Das **bloße Erstellen** einer Anlagestrategieempfehlung oder Anlageempfehlung ist für sich genommen keine taugliche Tathandlung des Art. 12 Abs. 2 lit. d VO Nr. 596/2014[2]; vielmehr muss deren Abgabe hinzukommen.

247 Eine **Stellungnahme** zu einem Finanzinstrument, einem damit verbundenen Waren-Spot-Kontrakt oder einem auf Emissionszertifikaten beruhenden Auktionsobjekt (oder indirekt zu dessen Emittenten) kann insbesondere in einer **Anlagestrategieempfehlung** (Art. 3 Abs. 1 Nr. 34 VO Nr. 596/2014) oder einer **Anlageempfehlung** (Art. 3 Abs. 1 Nr. 35 VO Nr. 596/2014), die für Verbreitungskanäle oder die Öffentlichkeit vorgesehen sind (vgl. Rz. 188), aber auch in jeder anderen mündlichen, schriftlichen oder sonstigen Äußerung zu einem entsprechenden Instrument bzw. seinem Emittenten liegen. Darauf, ob die Stellungnahme wahr oder unwahr, begründet oder unbegründet, vertretbar oder unvertretbar ist, kommt es bei Art. 12 Abs. 2 lit. d VO Nr. 596/2014 – anders als bei Abs. 1 lit. c (Rz. 185 ff.) – nicht an, desgleichen nicht, ob sich die Stellungnahme auf Tatsachen oder Umstände bezieht oder in bloßen Meinungen oder Werturteilen erschöpft[3]. Demgemäß kann auch hier (vgl. Rz. 182) die Kundgabe bloßer Gerüchte genügen. Bezugspunkt der Stellungnahme kann sowohl das jeweilige Manipulationsobjekt (Finanzinstrument, Waren-Spot-Kontrakt) als auch dessen Emittent sein[4].

248 **Vor der Abgabe** der Stellungnahme muss eine **Position** in dem betreffenden Finanzinstrument, einem damit verbundenen Waren-Spot-Kontrakt oder einem auf Emissionszertifikaten beruhenden Auktionsobjekt **eingegangen** worden sein[5]. Eine Position wird nicht nur beim unmittelbaren Halten einer Short- oder Long-Position in einem Instrument eingegangen, sondern auch dann, wenn etwa ein Derivat, das auf es Bezug nimmt, erworben wird[6]. Ferner muss die Position nicht von derjenigen Person, die die Stellungnahme abgibt, eingegangen werden[7]. Genügend ist vielmehr aus Gründen des Umgehungsschutzes auch, wenn ein Dritter die Position hält und diesem die Stellungnahme zuzurechnen ist[8]. Vor der Abgabe der Stellungnahme ist als zeitliche Einschränkung zu verstehen, verlangt aber keinen engen zeitlichen Zusammenhang zwischen Stellungnahme und Positionseingehung, sodass die Positionseingehung auch deutlich vor der Abgabe der Stellungnahme liegen kann[9]. Nach dem Wortlaut nicht erfasst ist hingegen die gleichzeitige Positionseingehung und Abgabe der Stellungnahme. Zur Schließung dahingehender Schutzlücken sollte – jedenfalls für das aufsichtsrechtliche Verbot – auch die Gleichzeitigkeit genügen (vgl. zur Möglichkeit einer gespaltenen Auslegung Vor Art. 1 ff. VO Nr. 236/2012 Rz. 51). Die bloße Absicht, nach der Kundgabe Positionen einzugehen, genügt nicht. Die Stellungnahme muss sich dann auch auf dieses Finanzinstrument, einen damit verbundenen Waren-Spot-Kontrakt oder ein auf Emissionszertifikaten beruhendes Auktionsobjekt beziehen.

249 Weitere Voraussetzung des Art. 12 Abs. 2 lit. d VO Nr. 596/2014 ist, dass der **Interessenkonflikt** der Öffentlichkeit nicht **gleichzeitig** mit der Abgabe der Stellungnahme ordnungsgemäß und wirksam **mitgeteilt** wurde[10]. Nach dem eindeutigen Wortlaut der Vorschrift („gleichzeitig") ist also sowohl die vorgängige als auch die nachträgliche Offenbarung des Interessenkonflikts tatbestandsmäßig[11]. Für die gleichzeitige Offenbarung reicht es, dass offengelegt wird, welche Art von Positionen eingegangen worden sind. Eine ordnungsgemäße und wirksame Offenbarung verlangt einen konkreten und für den verständigen Anleger (Rz. 64 f.) problemlos zu iden-

---

1 *Schmolke* in Klöhn, Art. 12 MAR Rz. 367.
2 Vgl. zu § 4 MaKonV auch *Knauth/Käsler*, WM 2006, 1041, 1050; *Stoll* in KölnKomm. WpHG, § 20a WpHG Anh. I – § 4 MaKonV Rz. 15; *Sorgenfrei* in Park, Kapitalmarktstrafrecht, 3. Aufl. 2013, §§ 20a, 38 II, 39 I Nr. 1–2, II Nr. 11, IV WpHG Rz. 154.
3 *A.A. Teigelack* in Meyer/Veil/Rönnau, Handbuch zum Marktmissbrauchsrecht, § 13 Rz. 69, der fordert, dass die Stellungnahme zwingend ein wertendes Element enthält.
4 *Teigelack* in Meyer/Veil/Rönnau, Handbuch zum Marktmissbrauchsrecht, § 13 Rz. 73.
5 *Schmolke* in Klöhn, Art. 12 MAR Rz. 369; *Teigelack* in Meyer/Veil/Rönnau, Handbuch zum Marktmissbrauchsrecht, § 13 Rz. 62 ff.
6 *Grundmann* in Staub, HGB, Bankvertragsrecht 2, 5. Aufl. 2017, 6. Teil, 3. Abschnitt, D Rz. 467; *Teigelack* in Meyer/Veil/Rönnau, Handbuch zum Marktmissbrauchsrecht, § 13 Rz. 65 (jedenfalls mit Blick auf den Schutzzweck); a.A. *Schmolke* in Klöhn, Art. 12 MAR Rz. 369, der Derivatepositionen nicht als erfasst ansieht und auf den Grundtatbestand nach Art. 12 Abs. 1 lit. b VO Nr. 596/2014 verweist. Jedoch lässt sich der Begriff der „Position" nicht auf das unmittelbare Halten des jeweiligen Instruments beschränken. Beim Begriff der Long-Position des Art. 3 VO Nr. 236/2012 etwa wird unbestritten auch eine derivative Position erfasst. Dazu Art. 3 VO Nr. 236/2012 Rz. 11.
7 *Schmolke* in Klöhn, Art. 12 MAR Rz. 370; *Teigelack* in Meyer/Veil/Rönnau, Handbuch zum Marktmissbrauchsrecht, § 13 Rz. 66.
8 *Schmolke* in Klöhn, Art. 12 MAR Rz. 370.
9 *Schmolke* in Klöhn, Art. 12 MAR Rz. 371; *Teigelack* in Meyer/Veil/Rönnau, Handbuch zum Marktmissbrauchsrecht, § 13 Rz. 62.
10 *Schmolke* in Klöhn, Art. 12 MAR Rz. 375 ff.; *Teigelack* in Meyer/Veil/Rönnau, Handbuch zum Marktmissbrauchsrecht, § 13 Rz. 76.
11 *Schmolke* in Klöhn, Art. 12 MAR Rz. 375 ff., 379; *Teigelack* in Meyer/Veil/Rönnau, Handbuch zum Marktmissbrauchsrecht, § 13 Rz. 76 ff.

tifizierenden **konkreten** und nicht lediglich abstrakten Hinweis auf den Interessenkonflikt[1]. Die Offenlegung muss an den gleichen Personenkreis wie die Stellungnahme erfolgen. Das Kriterium der Öffentlichkeit im Tatbestand ist dementsprechend auszulegen[2]. **Nicht erforderlich** ist, dass dabei der Umfang der eigenen Positionen offenbart wird[3]. Genauso wenig muss mitgeteilt werden, dass die Positionen kurz nach der Stellungnahme wieder geschlossen werden sollen[4].

Nach der Abgabe der Stellungnahme muss Nutzen aus den Auswirkungen der Stellungnahme auf den Kurs dieses Finanzinstruments, eines damit verbundenen Waren-Spot-Kontrakts oder eines auf Emissionszertifikaten beruhenden Auktionsobjekts gezogen werden. Erforderlich sind damit zwei Dinge: zum einen muss die Stellungnahme überhaupt Auswirkungen auf den Kurs eines Finanzinstruments, eines damit verbundenen Waren-Spot-Kontrakts oder eines auf Emissionszertifikaten beruhenden Auktionsobjekts haben. Diese **Auswirkungen auf den Kurs** können sowohl in einem Kursanstieg oder einem Kursverfall, als auch in einer (künstlichen) Kursstabilisierung liegen. Zum anderen muss der sich Äußernde aus diesen Auswirkungen einen **Nutzen** ziehen, der seinerseits mit den vorher eingegangenen Positionen in Verbindung steht[5]. Mithin müssen die Positionen, deren Wert aufgrund der Abgabe der Stellungnahme gestiegen, gefallen oder gleichgeblieben ist, nach der Abgabe der Stellungnahme aufgelöst werden[6]. Ein Nutzen kann dabei auch aus entsprechenden Derivaten gezogen werden, die auf das in der Stellungnahme genannte Finanzinstrument Bezug nehmen[7]. **Nicht genügend** ist hingegen, wenn die Positionen nur in ihrem Wert gestiegen sind[8]. In diesem Fall kann nicht von einem Nutzenziehen im Sinne der Norm gesprochen werden, da dieses eine positive Handlung im Nachgang voraussetzt. 250

Als **subjektives Element** muss Vorsatz vorliegen, wie es sich aus dem Tatbestand der Norm ergibt[9]. Nur bei Vorsatz kann eine Ausnutzung (Rz. 250) i.S.d. Art. 12 Abs. 2 lit. d VO Nr. 596/2014 vorliegen. 251

b) Kapitalmarkt(rechts)praxis. In der Kapitalmarktpraxis wird die nach Art. 12 Abs. 2 lit. d VO Nr. 596/2014 verbotene Verhaltensweise als scalping bezeichnet[10]. *Scalping* war in Deutschland seit Ende der 1990er Jahre Gegenstand intensiver literarischer Diskussion[11] und dann eines strafrechtlichen Grundsatzurteils des BGH[12]. Für das *scalping* war umstritten, ob und unter welchen Voraussetzungen bzw. nach welchen Vorschriften es kapitalmarktrechtlich zu beanstanden sein kann. Die Versuche, es als verbotenen Verstoß gegen das **Insiderhandelsverbot** zu erfassen, setzen im Ausgangspunkt an dem ersten Akt des *scalping* an, dem Eingehung von Positionen in Finanzinstrumenten, beispielsweise dem Erwerb von Aktien. Der BGH ist der Auffassung einer insiderrechtlichen Erfassung unter dem Gesichtspunkt der richtlinienkonformen Auslegung entgegengetreten: Eine Insiderinformation i.S.v. Art. 1 Nr. 1 RL 2003/6/EG (MAD I) müsse „präzise Information" sein. Eine 252

---

1 *Schmolke* in Klöhn, Art. 12 MAR Rz. 376; *Stoll* in KölnKomm. WpHG, § 20a WpHG Anh. I – § 4 MaKonV Rz. 39.
2 Zutreffend *Schmolke* in Klöhn, Art. 12 MAR Rz. 380.
3 *Schockenhoff/Culmann*, AG 2016, 517, 521; *Teigelack* in Meyer/Veil/Rönnau, Handbuch zum Marktmissbrauchsrecht, § 13 Rz. 80; a.A. *Schmolke* in Klöhn, Art. 12 MAR Rz. 376.
4 *Graßl/Nikoleyczik*, AG 2017, 49, 55; *Teigelack* in Meyer/Veil/Rönnau, Handbuch zum Marktmissbrauchsrecht, § 13 Rz. 81 f.; a.A. *Schmolke* in Klöhn, Art. 12 MAR Rz. 376. Vgl. wie hier zum alten Recht *Stoll* in KölnKomm. WpHG, § 20a WpHG Anh. I – § 4 MaKonV Rz. 38; mit Recht krit. *Schönhöft*, S. 141, weil so das Gewicht der Empfehlung tendenziell verstärkt wird; s. weiterhin *Schröder*, Hdb. Kapitalmarktstrafrecht, Rz. 559 f.).
5 *Schmolke* in Klöhn, Art. 12 MAR Rz. 373 f.
6 *Schmolke* in Klöhn, Art. 12 MAR Rz. 373.
7 *Grundmann* in Staub, HGB, Bankvertragsrecht 2, 5. Aufl. 2017, 6. Teil, 3. Abschnitt, D Rz. 467.
8 *Teigelack* in Meyer/Veil/Rönnau, Handbuch zum Marktmissbrauchsrecht, § 13 Rz. 83; a.A. *Schmolke* in Klöhn, Art. 12 MAR Rz. 374.
9 *Schmolke* in Klöhn, Art. 12 MAR Rz. 381.
10 Wörtlich „skalpieren", idiomatisch „das Fell über die Ohren ziehen". In der Literatur werden verschiedene Definitionen angeboten: „Scalping ist der Kauf oder Verkauf von Wertpapieren in Kenntnis der bevorstehenden Abgabe einer sie betreffenden Bewertung oder Empfehlung", *Uwe H. Schneider/Burgard*, ZIP 1999, 381, 382, 389; „Vorgehen, bei dem der Täter (Scalper) eine Empfehlung für den Erwerb oder die Veräußerung von Wertpapieren abgibt, um die erhoffte empfehlungsbedingte Kursbeeinflussung für sich sodann zu vorteilhaften Wertpapiertransaktionen zu nutzen", *Lenenbach*, ZIP 2003, 243. Vgl. zum Schweizer Recht *Maurenbrecher* in Watter/Bahar, Basler Kommentar, Finanzmarktaufsichtsgesetz/Finanzmarktinfrastrukturgesetz: FINMAG/FinfraG, Art. 143 FinfraG Rz. 48.
11 Vgl. zum Folgenden auch *Fleischer* in Fuchs, § 20a WpHG Rz. 67 f.; *Stoll* in KölnKomm. WpHG, § 20a WpHG Anh. I – § 4 MaKonV Rz. 24 ff.
12 BGH v. 6.11.2003 – 1 StR 24/03, BGHSt 48, 373 = NJW 2004, 302 = JZ 2004, 285 = MR 2004, 69 = ZIP 2003, 2354 = DB 2004, 64 = BB 2004, 11 mit Anm. bzw. Bspr. *Fleischer*, DB 2004, 51; *Hellgardt*, ZIP 2005, 2000; *Panais*, NStZ 2004, 287; *Vogel*, NStZ 2004, 252. S. zuvor LG Stuttgart v. 30.8.2002 – 6 KLs 150 Js 77452/00, ZIP 2003, 259 mit Anm. *Lenenbach*, ZIP 2003, 243 = EWiR § 13 WpHG 1/03 mit Anm. *Ziouvas*, EWiR 2003, 85 = wistra 2003, 153 mit Anm. *Mühlbauer*, wistra 2003, 169; s. weiterhin *Wohlers*, Strafbarkeit des „Scalping", in von der Crone u.a. (Hrsg.), Neuere Tendenzen im Gesellschaftsrecht, FS Forstmoser, 2003, S. 743 ff. (aus schweizerischer Sicht); je m.w.N. Zum sog. Fall Prior s. LG Frankfurt/M. v. 9.11.1999 – 5/2 KLs 92 Js 231402/98, NJW 2000, 301 und OLG Frankfurt/M. v. 15.3.2000 – 1 Ws 22/00, NJW 2001, 982; LG Berlin v. 8.3.2005 – 505-11/04, wistra 2005, 277 = ZInsO 2005, 661 = VuR 2005, 318; *Papachristou*, S. 283 ff.; *Trüstedt*, S. 181 ff.

"Information" weise aber regelmäßig einen Drittbezug auf, der bei selbstgeschaffenen Tatsachen nicht vorliege. Auch sei es dem Sprachgebrauch fremd, dass eine Person – hier: der Scalper – sich über ihre eigenen Absichten – hier: die Scalping-Absicht – „informiere". Vor allem aber ergebe sich aus dem Beispiel des Art. 1 Nr. 2 nach c dritter Spiegelstrich RL 2003/6/EG, dass *scalping* **systematisch als Marktmanipulation**, nicht als Insiderhandel einzuordnen sei[1]. Unter bestimmten Umständen kann *scalping* unter der MAR aber auch ein **Insiderdelikt** nach Art. 14 VO Nr. 596/2014 darstellen[2]. Dazu Art. 8 VO Nr. 596/2014 Rz. 62 ff.

253 Neuerdings werden zudem sog. **Short-Seller-Attacken** unter dem Aspekt einer möglichen Marktmanipulation nach Art. 12 Abs. 2 lit. d VO Nr. 596/2014 diskutiert[3]. Eine Subsumtion unter Art. 12 Abs. 2 lit. d VO Nr. 596/2014 ist insbesondere in denjenigen Fällen relevant, in denen die Informationen des Leerverkäufers zutreffend sind bzw. eine sachgerechte Bewertung darstellen und daher zu einer Kursbereinigung führen. Dann kommt nämlich kein Verstoß gegen Art. 12 Abs. 1 lit. b oder Abs. 1 lit. c VO Nr. 596/2014 in Betracht (Rz. 155 f., 161 und Rz. 188). Das vorwerfbare und von Art. 12 Abs. 2 lit. d VO Nr. 596/2014 als Regelbeispiel einer Marktmanipulation verbotene Verhalten kann jedoch in der unterlassenen Offenlegung eines Interessenkonflikts (Rz. 249) durch den Leerverkäufer liegen[4]. Regelmäßig wird das zumeist im Internet durch den Leerverkäufer veröffentlichte Dossier zum Zielunternehmen nämlich eine Stellungnahme i.S.d. Art. 12 Abs. 2 lit. d VO Nr. 596/2014 (Rz. 247) darstellen. Der Leerverkäufer ist daher verpflichtet, gleichzeitig (Rz. 249) mit seiner Stellungnahme zu dem Zielunternehmen mitzuteilen, dass er eine Short-Position in dem Unternehmen hält. Nicht hingegen muss er mitteilen, dass er diese Positionen kurz nach der Stellungnahme wieder schließen möchte (Rz. 249)[5]. Was den Umfang der Short-Position angeht, kann sich eine Offenbarungs- bzw. Offenlegungspflicht zwar aus Art. 6 VO Nr. 236/2012 ergeben. Deren Verletzung ist mit Blick auf das Marktmanipulationsverbot aber unerheblich. Näher zu Short-Seller-Attacken Vor Art. 1 ff. VO Nr. 236/2012 Rz. 71 ff.

254 **5. Kauf oder Verkauf von Emissionszertifikaten oder deren Derivaten auf dem Sekundärmarkt vor der Versteigerung gemäß der VO Nr. 1031/2010 (Art. 12 Abs. 2 lit. e VO Nr. 596/2014).** Nach Art. 12 Abs. 2 lit. e VO Nr. 596/2014 gilt als Marktmanipulation der Kauf oder Verkauf von Emissionszertifikaten oder deren Derivaten auf dem Sekundärmarkt vor der Versteigerung gemäß der VO Nr. 1031/2010 mit der Folge, dass der Auktionsclearingpreis für die Auktionsobjekte auf anormaler oder künstlicher Höhe festgesetzt wird oder dass Bieter, die auf den Versteigerungen bieten, irregeführt werden[6]. Zwar sieht die VO Nr. 1031/2010 für die Versteigerung von Emissionszertifikaten bereits parallele Regelungen in Bezug auf Marktmissbrauch vor (Rz. 14). Da Emissionszertifikate aber als Finanzinstrumente eingestuft werden, soll durch die MAR ein einheitliches, für den gesamten Primär- und Sekundärmarkt für Emissionszertifikate gültiges Regelungsregime bereitgestellt werden (Erwägungsgrund 37 Satz 2 VO Nr. 596/2014). Zudem wird der Anwendungsbereich der MAR auch dann auf entsprechende Geschäfte erstreckt, wenn es sich nicht um Finanzinstrumente handelt (schon Rz. 36).

255 Tatbestandlich setzt das zwingende Beispiel nach Art. 12 Abs. 2 lit. e VO Nr. 596/2014 den Kauf oder Verkauf (im Englischen: „the buying or selling") von Emissionszertifikaten oder deren Derivaten auf dem Sekundärmarkt voraus. **Kauf bzw. Verkauf** ist hier ebenso wie bei Art. 12 Abs. 2 lit. b VO Nr. 596/2014 zu verstehen (Rz. 228) und umfasst daher alle Handlungsweisen, die wirtschaftlich zum Erwerb oder zur Veräußerung der betreffenden Instrumente führen. Für den Begriff der **Emissionszertifikate** ist Art. 3 Abs. 1 Nr. 19 VO Nr. 596/2014 maßgeblich (Rz. 36). Für den Begriff des **Derivats** ist auch hier auf die beispielhafte Auflistung in Anhang I Abschnitt C Nr. 6 RL 2014/65/EU (MiFID II) maßgeblich (Rz. 28)[7]. Die Derivate müssen sich auf ein Emissionszertifikat i.S.d. Art. 3 Abs. 1 Nr. 19 VO Nr. 596/2014 beziehen[8]. Der Kauf oder Verkauf von Emissionszertifikaten oder deren Derivaten muss auf dem **Sekundärmarkt** erfolgen[9]. Ob es sich dabei um einen organisierten Marktplatz oder um OTC-Märkte handelt ist nicht erheblich[10]. Ein Kauf oder Verkauf auf dem Primärmarkt ist nicht genügend[11]. Der Kauf oder Verkauf muss zudem **vor der Versteigerung** gem. VO Nr. 1031/2010 erfolgen, wobei für die erforderliche zeitliche Nähe keine starren und allgemeingültigen Fristen angegeben

---

1 Überzeugend kritisch zu der Entscheidung *Klöhn* in KölnKomm. WpHG, § 13 WpHG Rz. 16; knapp auch *Klöhn*, Beilage zu ZIP 22/2016, 44, 44 f.
2 Dazu *Klöhn*, Beilage zu ZIP 22/2016, 44, 45 ff.; *Schmolke* in Klöhn, Art. 12 MAR Rz. 362 ff.
3 *Schockenhoff/Culmann*, AG 2016, 517, 521 f.; *Graßl/Nikoleyczik*, AG 2017, 49, 55 f.; *Bayram/Meier*, BKR 2018, 55; *Mülbert*, ZHR 181 (2018), 105.
4 *Schockenhoff/Culmann*, AG 2016, 517, 521 f.; *Graßl/Nikoleyczik*, AG 2017, 49, 55 f.
5 *Graßl/Nikoleyczik*, AG 2017, 49, 55.
6 *Schmolke* in Klöhn, Art. 12 MAR Rz. 384 ff.
7 *Schmolke* in Klöhn, Art. 12 MAR Rz. 386.
8 *Schmolke* in Klöhn, Art. 12 MAR Rz. 386.
9 *Schmolke* in Klöhn, Art. 12 MAR Rz. 387.
10 *Schmolke* in Klöhn, Art. 12 MAR Rz. 387, der für organisierte Märkte in diesem Sinne auf European Energy Exchange (EEX) in Leipzig oder der European Climate Exchange (ECX) in London verweist.
11 *Schmolke* in Klöhn, Art. 12 MAR Rz. 387.

werden können[1]. Entscheidend ist vielmehr ob der Kauf oder Verkauf durch seine zeitliche Nähe typischerweise einen Einfluss auf den Auktionsclearingpreis hat[2].

Die Tathandlung muss zur **Folge** haben, dass der Auktionsclearingpreis für die Auktionsobjekte auf anormaler oder künstlicher Höhe festgesetzt wird oder dass Bieter, die auf den Versteigerungen bieten, irregeführt werden. Für das **anormale oder künstliche Preisniveau** kann sinngemäß auf die Ausführungen zu Art. 12 Abs. 1 lit. b VO Nr. 596/2014 verwiesen werden. Die verfälschten Sekundärmarktpreise können wiederum einen Einfluss auf den Auktionsclearingpreis haben, weil sich die Gebote an den Sekundärmarktpreisen orientieren[3]. Gleiches gilt letztlich für die Alternative der **Irreführung von Bietern**, da diese auch durch die Manipulation der Sekundärmarktpreise eintritt[4]. 256

VII. Indikatoren für Marktmanipulationen nach Art. 12 Abs. 1 lit. a und b VO Nr. 596/2014 nach Art. 12 Abs. 3 i.V.m. Anhang I VO Nr. 596/2014. Art. 12 Abs. 3 VO Nr. 596/2014 **verweist** auf **Anhang I** und bestimmt, dass **für die Anwendung** von Abs. 1 lit. a und b und unbeschadet der in Abs. 2 aufgeführten Formen von Handlungen, der Anhang I eine nicht erschöpfende Aufzählung von Indikatoren[5] in Bezug auf die Vorspiegelung falscher Tatsachen oder sonstige Kunstgriffe oder Formen der Täuschung und eine nicht erschöpfende Aufzählung von Indikatoren in Bezug auf falsche oder irreführende Signale und die Sicherung der Herbeiführung bestimmter Kurse enthält. Für die „Anwendung" bringt die **Funktion der Indikatoren** zum Ausdruck. Diese richten sich – wie Anhang I selbst betont – an die zuständigen Behörden und an Art. 16-Marktteilnehmer (Art. 16 VO Nr. 596/2014 Rz. 12 f.), wenn diese „Geschäfte oder Handelsaufträge prüfen" und geben diesen ein **Prüfraster** an die Hand[6]. Entsprechen bestimmte Sachverhalte den Indikatoren, liegt nicht zwingend eine Marktmanipulation vor. Vielmehr müssen die den Indikatoren entsprechenden Sachverhalte nach den Umständen des Einzelfalles umfassend gewürdigt[7] und es muss in jedem Einzelfall geprüft werden, ob die Tatbestandsvoraussetzungen des Art. 12 Abs. 1 lit. a VO Nr. 596/2014 tatsächlich erfüllt sind. Deshalb kommt den Indikatoren auch keine Vermutungswirkung zu[8]. 257

Die Indikatoren sind aus Sicht der Europäischen Kommission (Erwägungsgrund 5 DelVO 2016/522) dringend konkretisierungsbedürftig, weshalb die Indikatoren durch die in Art. 4 i.V.m. Anhang II Abschnitt 1 DelVO 2016/522 aufgezählten Praktiken weiter präzisiert werden. Die konkretisierenden Praktiken weisen untereinander vielfältige Überschneidungen auf. 258

Obgleich die Indikatoren **keine verbindlichen Tatbestandskonkretisierungen** enthalten und ihre Erfüllung durch einen Sachverhalt nicht automatisch als Marktmanipulation zu werten ist (Rz. 257), werden die Voraussetzungen des Art. 12 Abs. 1 lit. a und des Abs. 1 lit. b VO Nr. 596/2014 auf ihrer Basis konkretisiert und jeweils erörtert, welche Voraussetzungen neben den Indikatoren ggf. zusätzlich erfüllt sein müssen, damit ein Verstoß gegen das Marktmanipulationsverbot vorliegt bzw., gegenläufig, unter welchen Voraussetzungen trotz der Erfüllung eines Indikators gleichwohl keine Marktmanipulation nach Art. 12 Abs. 1 lit. a VO Nr. 596/2014 anzunehmen ist. Es kommt nämlich durchaus in Betracht, dass neben den den Indikatoren ausfüllenden Sachverhaltselementen weitere Umstände vorliegen, die das Verhalten insgesamt als unbedenklich erscheinen lassen. Erwägungsgrund 8 Satz 2 DelVO 2016/522 hebt insofern hervor, dass bestimmte Beispiele trotz der Erfüllung der Indikationswirkung als legitim angesehen werden können, wenn die betroffene Person nachweist, dass sie **legitime Gründe für die Handlung** hatte und diese einer **akzeptierten Praxis** auf dem Markt entsprach. Dieser Nachweis ist nicht im Sinne einer echten Rechtspflicht zu verstehen. Im aufsichtsrechtlichen und auch im Strafverfahren ist es Aufgabe der Behörde bzw. des Gerichts auch die entlastenden Umstände zu ermitteln. Erst wenn alle tatbestandsausfüllenden Elemente ermittelt und nachgewiesen sind, kann ein Verstoß gegen das Marktmanipulationsverbot durch eine Aufsichtsbehörde oder ein Gericht bejaht und sanktioniert werden. 259

Für **sonstige Marktteilnehmer** können die Indikatoren eine – **keinesfalls verbindliche** – **Richtschnur** sein um festzustellen, welche Verhaltensweisen einen Verstoß gegen Art. 15 VO Nr. 596/2014 darstellen[9]. Die detailreiche Beschreibung in Anhang I und in der DelVO 2016/522 birgt dabei die Gefahr, dass die Indikatoren als verbindliche Tatbestandskonkretisierungen missverstanden werden. Diese Gefahr wird durch die zahlreichen – 260

---

1 Überzeugend *Schmolke* in Klöhn, Art. 12 MAR Rz. 388.
2 *Schmolke* in Klöhn, Art. 12 MAR Rz. 388.
3 Instruktiv *Schmolke* in Klöhn, Art. 12 MAR Rz. 390 f.
4 *Schmolke* in Klöhn, Art. 12 MAR Rz. 392 f.
5 ESMA, Final report, ESMA's technical advice on possible delegated acts concerning the Market Abuse Regulation, ESMA/2015/224, S. 13 Abs. 29; *Schmolke* in Klöhn, Art. 12 MAR Rz. 69
6 Weiter *Schmolke* in Klöhn, Art. 12 MAR Rz. 68, der davon ausgeht, dass sich die Indikatoren an alle Marktteilnehmer richten.
7 Vgl. *Knauth/Käsler*, WM 2006, 1041, 1045; *Fleischer* in Fuchs, § 20a WpHG Rz. 50.
8 *Schmolke* in Klöhn, Art. 12 MAR Rz. 69: keine „Vermutungswirkung im technischen Sinne", anders dann aber Rz. 120, 308, 328, in denen von einer „widerleglichen Vermutung" gesprochen wird.
9 A.A. wohl *Sorgenfrei/Saliger* in Park, Kapitalmarktstrafrecht, Kap. 6.1. Rz. 83, 85, die davon sprechen, dass die DelVO 2016/522 den Tatbestand konkretisieren, um den „Bedenken im Hinblick auf die Bestimmtheit" Rechnung zu tragen.

unerfreulichen – Überschneidungen erhöht, die die Indikatoren mit einigen der zwingenden Beispiele nach Art. 12 Abs. 2 VO Nr. 596/2014 aufweisen.

261 **VIII. Anwendung gegenüber juristischen Personen (Art. 12 Abs. 4 VO Nr. 596/2014).** Handelt es sich bei den in Art. 12 VO Nr. 596/2014 genannten Person um eine juristische Person, sind nach Abs. 4 die Bestimmungen des Art. 12 nach Maßgabe des nationalen Rechts auch für die natürlichen Personen anwendbar, die an dem Beschluss, Tätigkeiten für Rechnung der betreffenden juristischen Person auszuführen, beteiligt sind. Dazu näher Rz. 39.

262 **IX. Befugnis für die Kommission zum Erlass delegierter Rechtsakte in Bezug auf Anhang I VO Nr. 596/2014 (Art. 12 Abs. 5 VO Nr. 596/2014).** Art. 12 Abs. 5 VO Nr. 596/2014 **überträgt** der Europäischen Kommission die **Befugnis**, gem. Art. 35 VO Nr. 596/2014 zur Präzisierung der in Anhang I VO Nr. 596/2014 festgelegten Indikatoren delegierte Rechtsakte zu erlassen, um deren Elemente zu klären und den technischen Entwicklungen auf den Finanzmärkten Rechnung zu tragen. Gem. Art. 35 Abs. 2 VO Nr. 596/2014 erhält die Europäische Kommission die Befugnis auf unbestimmte Zeit ab dem 2.7.2014. Die Übertragung der Befugnis kann vom Europäischen Parlament und vom Rat der EU jederzeit widerrufen werden (Art. 35 Abs. 3 Satz 1 VO Nr. 596/2014). Die Gültigkeit von delegierten Rechtsakten, die bereits in Kraft sind, wird davon nicht berührt (Art. 35 Abs. 3 Satz 4 VO Nr. 596/2014). Ein delegierter Rechtsakt i.S.d. Art. 12 Abs. 5 VO Nr. 596/2014 tritt gem. Art. 35 Abs. 5 VO Nr. 596/2014 nur in Kraft, wenn das Europäische Parlament und der Rat binnen drei Monaten nach seiner Übermittlung keine Einwände gegen ihn erheben oder wenn sowohl das Europäische Parlament als auch der Rat der Kommission vor Ablauf dieser Frist mitgeteilt haben, dass sie keine Einwände erheben werden.

263 Von dieser Ermächtigung hat die Europäische Kommission durch Erlass der Delegierten Verordnung 2016/522 (**DelVO 2016/522**) Gebrauch gemacht[1]. Deren Absatz 4 präzisiert die in Anhang I VO Nr. 596/2014 genannten Indikatoren durch die Auflistung praktischer Anwendungsbeispiele[2]. Vor Erlass hatte die Europäische Kommission mit Schreiben vom 8.10.2013 die ESMA um die Ausarbeitung eines *technical advice* ersucht[3], dem diese mit ihrem Final Report vom 3.2.2015 nachgekommen ist[4].

Art. 13 Zulässige Marktpraxis

(1) Das Verbot gemäß Artikel 15 gilt nicht für die in Artikel 12 Absatz 1 Buchstabe a genannten Handlungen, wenn die Person, die ein Geschäft abschließt, einen Handelsauftrag erteilt oder eine andere Handlung vornimmt, nachweist, dass das Geschäft, der Auftrag oder die Handlung legitime Gründe hat und im Einklang mit der zulässigen Marktpraxis gemäß diesem Artikel steht.

(2) Eine zuständige Behörde kann eine zulässige Marktpraxis festlegen, wobei folgende Kriterien berücksichtigt werden:

a) ob die Marktpraxis einen erheblichen Grad an Markttransparenz gewährt;

b) ob durch die Marktpraxis das Funktionieren der Marktkräfte und das richtige Zusammenspiel von Angebot und Nachfrage in hohem Grade gewährleistet werden;

c) ob die Marktpraxis sich positiv auf Marktliquidität und -effizienz auswirkt;

d) ob die Marktpraxis dem Handelsmechanismus des betreffenden Marktes Rechnung trägt und es den Marktteilnehmern erlaubt, angemessen und rechtzeitig auf die durch die Marktpraxis entstehende neue Marktsituation zu reagieren;

e) ob die Marktpraxis keine Risiken für die Integrität direkt oder indirekt verbundener, geregelter oder nicht geregelter Märkte für das betreffende Finanzinstrument innerhalb der Union schafft;

f) das Ergebnis der Ermittlungen der zuständigen Behörden bzw. anderer Behörden zu der entsprechenden Marktpraxis, insbesondere ob eine Verletzung der Marktmissbrauchsbestimmungen oder der geltenden Verhaltensregeln festgestellt wurde, unabhängig davon, ob auf dem betreffenden Markt oder auf anderen direkt oder indirekt verbundenen Märkten in der Union, und

---

1 Delegierte Verordnung 2016/522 der Kommission vom 17. Dezember 2015 zur Ergänzung der Verordnung Nr. 596/2014 des Europäischen Parlaments und des Rates im Hinblick auf eine Ausnahme für bestimmte öffentliche Stellen und Zentralbanken von Drittstaaten, die Indikatoren für Marktmanipulation, die Schwellenwerte für die Offenlegung, die zuständige Behörde, der ein Aufschub zu melden ist, die Erlaubnis zum Handel während eines geschlossenen Zeitraums und die Arten meldepflichtiger Eigengeschäfte von Führungskräften, ABl. EU Nr. L 88 v. 5.4.2016, S. 1.

2 Dazu auch *Schmolke*, AG 2016, 434, 438; *Grundmann* in Staub, HGB, Bankvertragsrecht 2, 5. Aufl. 2017, 6. Teil, 3. Abschnitt, D Rz. 432.

3 Abrufbar unter: http://ec.europa.eu/finance/securities/docs/abuse/131023_esma-mandate_en.pdf.

4 ESMA, Final Report, ESMA's technical advice on possible delegated acts concerning the Market Abuse Regulation, ESMA/2015/224, abrufbar unter: https://www.esma.europa.eu/sites/default/files/library/2015/11/2015-224.pdf.

g) die Strukturmerkmale des betreffenden Marktes, u.a., ob es sich um einen geregelten Markt handelt, welche Finanzinstrumente gehandelt werden, welche Marktteilnehmer vertreten sind und welcher Anteil am Handel auf dem betreffenden Markt auf Privatanleger entfällt.

Eine Marktpraxis, die von einer zuständigen Behörde auf einem bestimmten Markt als zulässige Marktpraxis festgelegt wurde, wird nicht als zulässig auf anderen Märkten betrachtet, wenn sie nicht von den für diese anderen Märkte zuständigen Behörden gemäß diesem Artikel anerkannt worden ist.

(3) Vor der Festlegung einer zulässigen Markpraxis gemäß Absatz 2 informiert die zuständige Behörden die ESMA und die anderen zuständigen Behörden über ihre Absicht, eine zulässige Marktpraxis festzulegen, und legt Einzelheiten der Bewertung vor, die im Einklang mit den Kriterien in Absatz 2 vorgenommen wurde. Diese Information erfolgt mindestens drei Monate vor der beabsichtigten Einführung der zulässigen Marktpraxis.

(4) Innerhalb von zwei Monaten nach Erhalt der Information gibt die ESMA gegenüber der mitteilenden zuständigen Behörde eine Stellungnahme ab, in der sie bewertet, ob die zulässige Marktpraxis mit Absatz 2 und den gemäß Absatz 7 angenommenen technischen Regulierungsstandards vereinbar ist. Die ESMA prüft ebenfalls, ob das Vertrauen in den Finanzmarkt der Union durch die Festlegung der zulässigen Marktpraxis gefährdet würde. Die Stellungnahme wird auf der Website der ESMA veröffentlicht.

(5) Legt eine zuständige Behörde eine Marktpraxis fest, die einer gemäß Absatz 4 durch die ESMA abgegebenen Stellungnahme zuwiderläuft, veröffentlicht sie auf ihrer Website innerhalb von 24 Stunden nach der Festlegung der zulässigen Marktpraxis eine Bekanntmachung, in der sie die Gründe für ihr Vorgehen vollständig darlegt und auch darauf eingeht, warum die zulässige Marktpraxis keine Gefahr für das Vertrauen in den Markt darstellt.

(6) Ist eine zuständige Behörde der Ansicht, dass eine andere zuständige Behörde eine zulässige Marktpraxis festgelegt hat, die die in Absatz 2 verankerten Kriterien nicht erfüllt, unterstützt die ESMA die betreffenden Behörden im Einklang mit ihren Befugnissen gemäß Artikel 19 der Verordnung (EU) Nr. 1095/2010 dabei, zu einer Einigung zu gelangen.

Erzielen die betreffenden zuständigen Behörden keine Einigung, so kann die ESMA gemäß Artikel 19 Absatz 3 der Verordnung (EU) Nr. 1095/2010 einen Beschluss fassen.

(7) Um eine durchgängige Harmonisierung dieses Artikels sicherzustellen, arbeitet die ESMA Entwürfe technischer Regulierungsstandards aus, in denen die Kriterien, das Verfahren und die Anforderungen für die Festlegung einer zulässigen Marktpraxis gemäß den Absätzen 2, 3 und 4 sowie die Anforderungen an ihre Beibehaltung, Beendigung oder Änderung der Bedingungen für ihre Zulässigkeit festgelegt werden.

Die ESMA legt der Kommission bis zum 3. Juli 2015 diese Entwürfe technischer Regulierungsstandards vor.

Der Kommission wird die Befugnis übertragen, die in Unterabsatz 1 genannten technischen Regulierungsstandards nach Artikel 10 bis 14 der Verordnung (EU) Nr. 1095/2010 zu erlassen.

(8) Die zuständigen Behörden überprüfen regelmäßig und mindestens alle zwei Jahre die von ihnen festgelegte zulässige Marktpraxis und berücksichtigen dabei insbesondere wesentliche Änderungen im Umfeld des betreffenden Marktes, d. h. beispielsweise geänderte Handelsregeln oder Änderungen an den Infrastrukturen des Marktes, um zu entscheiden, ob diese Praxis beibehalten wird, beendet wird oder ob die Bedingungen für ihre Zulässigkeit geändert werden soll.

(9) Die ESMA veröffentlicht auf ihrer Website eine Liste der zulässigen Marktpraktiken und gibt an, in welchen Mitgliedstaaten sie anwendbar sind.

(10) Die ESMA überwacht die Anwendung der zulässigen Marktpraxis und legt der Kommission jährlich einen Bericht über deren Anwendung auf den betreffenden Märkten vor.

(11) Die zuständigen Behörden übermitteln der ESMA die zulässigen Marktpraktiken, die sie vor dem 2. Juli 2014 festgelegt haben, innerhalb von drei Monaten nach dem Inkrafttreten der in Absatz 7 genannten technischen Regulierungsstandards.

Die in Unterabsatz 1 dieses Absatzes genannte zulässige Marktpraxis gilt in dem betreffenden Mitgliedstaat weiter, bis die zuständige Behörde auf der Grundlage der Stellungnahme der ESMA gemäß Absatz 4 einen Beschluss hinsichtlich ihrer Weiterführung gefasst hat.

In der Fassung vom 16.4.2014 (ABl. EU Nr. L 173 v. 12.6.2014, S. 1), geändert durch Berichtigung vom 21.12.2016 (ABl. EU Nr. L 348 v. 21.12.2016, S. 83).

Art. 13 VO Nr. 596/2014 | Zulässige Marktpraxis

Delegierte Verordnung (EU) 2016/908 der Kommission vom 26. Februar 2016 zur Ergänzung der Verordnung (EU) Nr. 596/2014 des Europäischen Parlaments und des Rates durch technische Regulierungsstandards für die Kriterien, das Verfahren und die Anforderungen für die Festlegung einer zulässigen Marktpraxis und die Anforderungen an ihre Beibehaltung, Beendigung oder Änderung der Bedingungen für ihre Zulässigkeit

(Auszug)

Art. 2 Allgemeine Anforderungen

(1) Vor der Festlegung einer Marktpraxis als zulässige Marktpraxis (ZMP) müssen die zuständigen Behörden
a) die Marktpraxis anhand der in Artikel 13 Absatz 2 der Verordnung (EU) Nr. 596/2014 niedergelegten und in Abschnitt 2 dieses Kapitels näher ausgeführten Kriterien bewerten;
b) in angemessenem Umfang die relevanten Stellen, darunter zumindest Vertreter der Emittenten, Wertpapierfirmen, Kreditinstitute, Investoren, Teilnehmer am Markt für Emissionszertifikate, Betreiber eines multilateralen Handelssystems (MTF) oder eines organisierten Handelssystems (OTF) und Betreiber eines geregelten Marktes sowie andere Behörden, dazu anhören, ob es zweckmäßig ist, eine Marktpraxis als ZMP festzulegen.

(2) Zuständige Behörden, die beabsichtigen, eine Marktpraxis als ZMP festzulegen, teilen diese Absicht der ESMA und den anderen zuständigen Behörden unter Einhaltung des Verfahrens in Abschnitt 3 und unter Verwendung der Vorlage im Anhang mit.

(3) Wenn zuständige Behörden eine Marktpraxis als ZMP gemäß Artikel 13 der Verordnung (EU) Nr. 596/2014 und dieser Verordnung festlegen, veröffentlichen sie die Entscheidung zur Festlegung der Marktpraxis als ZMP sowie eine Beschreibung der betreffenden ZMP auf ihrer Website, wobei sie entsprechend der Vorlage im Anhang folgende Angaben machen:
a) eine Beschreibung der Arten von Personen, die die ZMP ausführen dürfen;
b) eine Beschreibung der Arten von Personen oder Personengruppen, die von der Ausführung der ZMP profitieren könnten, indem sie sie entweder direkt ausführen oder eine andere Person benennen, die die ZMP ausführt („Begünstigter");
c) eine Beschreibung der Art des Finanzinstruments, auf das sich die ZMP bezieht;
d) eine Angabe dazu, ob die ZMP für einen festgelegten Zeitraum durchgeführt werden kann, und eine Beschreibung der Situationen oder Bedingungen, die zu einer vorübergehenden Unterbrechung, Aussetzung oder Beendigung der Praxis führen können.

Die in Unterabsatz 1 Buchstabe a angeführten Personen sind verantwortlich für alle handelsbezogenen Entscheidungen, darunter für die Erteilung eines Auftrags, die Stornierung oder Änderung eines Auftrags und den Abschluss eines Geschäfts oder die Ausführung eines Geschäfts im Zusammenhang mit der ZMP.

In der Fassung vom 26.2.2016 (ABl. EU Nr. L 153 v. 10.6.2016, S. 3).

Art. 3 Transparenz

(1) Bei der Entscheidung darüber, ob eine Marktpraxis als ZMP festgelegt werden kann und ob sie das Kriterium von Artikel 13 Absatz 2 Buchstabe a der Verordnung (EU) Nr. 596/2014 erfüllt, berücksichtigen die zuständigen Behörden, ob die Marktpraxis gewährleistet, dass die folgenden Informationen öffentlich bekanntgegeben werden:
a) ehe eine Marktpraxis als ZMP ausgeführt wird:
   i) Identität der künftigen Begünstigten und ausführenden Personen sowie Angabe, wer von ihnen für die Erfüllung der Transparenzanforderungen nach den Buchstaben b und c dieses Absatzes verantwortlich ist;
   ii) Angabe der Finanzinstrumente, auf die die ZMP angewandt werden soll;
   iii) Zeitraum, in dem die ZMP ausgeführt werden soll, und die Situationen oder Bedingungen, die zu einer vorübergehenden Unterbrechung, Aussetzung oder Beendigung ihrer Ausführung führen können;
   iv) Angabe der Handelsplätze, auf denen die ZMP ausgeführt werden soll, und gegebenenfalls Angabe der Möglichkeit, Geschäfte außerhalb eines Handelsplatzes abzuschließen;
   v) gegebenenfalls Nennung der Höchstbeträge an Bargeld und der Anzahl der Finanzinstrumente, die von der ZMP erfasst werden sollen;
b) sobald die Marktpraxis als ZMP angewendet wird:
   i) regelmäßige Vorlage detaillierter Angaben zu Handelstätigkeiten im Zusammenhang mit der Ausführung der ZMP, beispielsweise Anzahl der abgeschlossenen Geschäfte, Handelsvolumen, durchschnittlicher Umfang der Geschäfte und angezeigte durchschnittliche Spreads, Preise der abgeschlossenen Geschäfte;
   ii) alle Änderungen an bereits bekanntgegebenen Informationen zur ZMP, einschließlich Änderungen bei den verfügbaren Ressourcen in Form von Bargeld und Finanzinstrumenten, Änderungen hinsichtlich der Identität der die ZMP ausführenden Personen sowie alle Änderungen bei der Allokation von Bargeld oder Finanzinstrumenten in den Konten des Begünstigten und der Personen, die die ZMP ausführen;
c) wenn die Marktpraxis auf Initiative der Person, die sie ausgeführt hat, des Begünstigten oder beider nicht mehr als ZMP ausgeführt wird:
   i) die Tatsache, dass die Ausführung der ZMP eingestellt wird;
   ii) eine Beschreibung der Art und Weise der Ausführung der AMP;
   iii) die Gründe oder Ursachen für die Einstellung der Ausführung der ZMP.

Wenn an einem einzigen Handelstag mehrere Geschäfte getätigt werden, können für die Zwecke von Buchstabe b Ziffer i tägliche aggregierte Zahlen für die betreffenden Kategorien von Angaben zulässig sein.

(2) Bei der Entscheidung darüber, ob eine Marktpraxis als ZMP festgelegt werden kann und ob sie das Kriterium von Artikel 13 Absatz 2 Buchstabe a der Verordnung (EU) Nr. 596/2014 erfüllt, berücksichtigen die zuständigen Behörden, ob durch die Marktpraxis gewährleistet wird, dass ihnen die folgenden Informationen zugehen:

a) vor Ausführung einer Marktpraxis als ZMP die Absprachen oder Verträge zwischen den identifizierten Begünstigten und den Personen, die die Marktpraxis nach deren Festlegung als ZMP ausführen werden, wenn solche Absprachen oder Verträge für ihre Ausführung notwendig sind;
b) ab Beginn der Ausführung der Marktpraxis als ZMP regelmäßige Berichte an die zuständige Behörde mit detaillierten Angaben zu den getätigten Geschäften und zur Funktionsweise etwaiger Absprachen oder Verträge zwischen dem Begünstigten und den Personen, die die ZMP ausführen.

In der Fassung vom 26.2.2016 (ABl. EU Nr. L 153 v. 10.6.2016, S. 3).

Art. 4 Gewährleistung des Funktionierens der Marktkräfte und des Zusammenspiels von Angebot und Nachfrage

(1) Bei der Entscheidung darüber, ob eine Marktpraxis, die als ZMP festgelegt werden soll, das Kriterium von Artikel 13 Absatz 2 Buchstabe b der Verordnung (EU) Nr. 596/2014 erfüllt, berücksichtigen die zuständigen Behörden, ob die Marktpraxis die Möglichkeiten anderer Marktteilnehmer, auf Geschäfte zu reagieren, einschränkt. Die zuständigen Behörden berücksichtigen außerdem zumindest die folgenden Kriterien in Bezug auf die Art der Personen, die die Marktpraxis nach deren Festlegung als ZMP ausführen werden:

a) ob es sich um beaufsichtigte Personen handelt;
b) ob sie Mitglieder eines Handelsplatzes sind, an dem die ZMP angewendet werden soll;
c) ob sie Aufzeichnungen über Aufträge und Geschäfte im Zusammenhang mit der Marktpraxis führen, die es ermöglichen, diese Praxis leicht von anderen Handelsaktivitäten zu unterscheiden, so unter anderem durch Führung gesonderter Konten für die Ausführung der ZMP, um insbesondere nachzuweisen, dass erteilte Aufträge getrennt und einzeln erfasst und Aufträge von verschiedenen Kunden nicht zusammengefasst werden;
d) ob sie spezielle interne Verfahren eingeführt haben, die Folgendes ermöglichen:
   i) die sofortige Identifizierung der Aktivitäten, die mit der Marktpraxis im Zusammenhang stehen;
   ii) die sofortige Bereitstellung der betreffenden Auftrags- und Geschäftsaufzeichnungen auf Ersuchen der zuständigen Behörde;
e) ob sie über die notwendigen Ressourcen verfügen, um die Einhaltung der für die ZMP festgelegten Bedingungen jederzeit überwachen und gewährleisten zu können;
f) ob sie die unter Buchstabe c genannten Aufzeichnungen mindestens fünf Jahre lang aufbewahren.

(2) Die zuständigen Behörden berücksichtigen, inwieweit durch die Marktpraxis eine Vorabliste mit Handelsbedingungen für ihre Ausführung als ZMP, einschließlich Beschränkungen für Preise und Volumen und Beschränkungen bei Positionen, festgelegt wird.

(3) Die zuständigen Behörden beurteilen, inwieweit die Marktpraxis und die Absprache bzw. der Vertrag für ihre Ausführung

a) es der Person, die die ZMP ausführt, ermöglicht, unabhängig vom Begünstigten zu handeln, ohne dessen Anweisungen, Informationen oder Einflussnahmen im Hinblick auf die Art und Weise der Durchführung des Handels ausgesetzt zu sein;
b) auf die Vermeidung von Interessenskonflikten zwischen dem Begünstigten und den Kunden der die ZMP ausführenden Person abstellt.

In der Fassung vom 26.2.2016 (ABl. EU Nr. L 153 v. 10.6.2016, S. 3).

Art. 5 Auswirkung auf Marktliquidität und -effizienz

Bei der Entscheidung darüber, ob eine Marktpraxis, die als ZMP festgelegt werden soll, das Kriterium von Artikel 13 Absatz 2 Buchstabe c der Verordnung (EU) Nr. 596/2014 erfüllt, bewerten die zuständigen Behörden die Auswirkungen der Marktpraxis zumindest auf die folgenden Elemente:

a) Handelsvolumen;
b) Anzahl der Aufträge im Auftragsbuch (Ordertiefe);
c) Tempo der Durchführung der Geschäfte;
d) volumengewichteter Durchschnittspreis eines einzigen Handelstages, täglicher Schlusskurs;
e) Geld-Brief-Spanne, Preisschwankung und -volatilität;
f) Regelmäßigkeit von Angeboten oder Geschäften.

In der Fassung vom 26.2.2016 (ABl. EU Nr. L 153 v. 10.6.2016, S. 3).

Art. 6 Auswirkungen auf das ordnungsgemäße Funktionieren des Marktes

(1) Bei der Entscheidung darüber, ob eine Marktpraxis, die als ZMP festgelegt werden soll, das Kriterium von Artikel 13 Absatz 2 Buchstabe d der Verordnung (EU) Nr. 596/2014 erfüllt, berücksichtigen die zuständigen Behörden die folgenden Aspekte:

Art. 13 VO Nr. 596/2014 | Zulässige Marktpraxis

a) die Möglichkeit, dass sich die Marktpraxis auf die Preisbildungsprozesse in einem Handelsplatz auswirkt;
b) inwieweit die Marktpraxis die Beurteilung von Preisen und Aufträgen im Auftragsbuch erleichtern könnte, und ob die zu tätigenden Geschäfte oder die zu erteilenden Aufträge für ihre Ausführung als ZMP nicht den Handelsregeln des jeweiligen Handelsplatzes zuwiderlaufen;
c) die Modalitäten der öffentlichen Bekanntgabe der in Artikel 3 genannten Informationen einschließlich der Bekanntgabe auf der Website des betreffenden Handelsplatzes und, sofern zutreffend, die Frage, ob sie gleichzeitig auf den Websites der Begünstigten veröffentlicht werden;
d) inwieweit mit der Marktpraxis eine Vorabliste von Situationen oder Bedingungen aufgestellt wird, in bzw. unter denen ihre Ausführung als ZMP vorübergehend ausgesetzt oder eingeschränkt wird, u.a. besondere Handelsperioden oder -phasen wie Auktionsphasen, Übernahmen, Erstplatzierungen, Kapitalerhöhungen, Zweitplatzierungen.

Für die Zwecke von Unterabsatz 1 Buchstabe b wird auch eine Marktpraxis berücksichtigt, bei der Geschäfte und Aufträge in Echtzeit vom Marktbetreiber oder der Wertpapierfirma bzw. Marktbetreibern, die ein MTF oder OTF betreiben, überwacht werden.

(2) Die zuständigen Behörden beurteilen, inwieweit eine Marktpraxis es ermöglicht, dass
a) mit ihrer Ausführung verbundene Aufträge während der Eröffnungs- oder Schlussauktionsphase eines Handelstages erteilt und ausgeführt werden;
b) mit ihrer Ausführung verbundene Aufträge oder Geschäfte in Perioden erteilt bzw. getätigt werden, in denen Stabilisierungen und Rückkäufe stattfinden.

In der Fassung vom 26.2.2016 (ABl. EU Nr. L 153 v. 10.6.2016, S. 3).

Art. 7 Risiken für die Integrität von verbundenen Märkten

Bei der Entscheidung darüber, ob eine Marktpraxis, die als ZMP festgelegt werden soll, das Kriterium von Artikel 13 Absatz 2 Buchstabe e der Verordnung (EU) Nr. 596/2014 erfüllt, berücksichtigen die zuständigen Behörden Folgendes:
a) ob die mit der Ausführung der Marktpraxis nach deren Festlegung als ZMP verbundenen Geschäfte den zuständigen Behörden regelmäßig gemeldet werden;
b) ob die Ressourcen (Bargeld oder Finanzinstrumente), die der Ausführung der ZMP zugeteilt werden, ausreichend sind und den Zielen der ZMP selbst entsprechen;
c) die Art und Höhe der Vergütung für erbrachte Dienstleistungen im Rahmen der Ausführung einer ZMP und die Frage, ob diese Vergütung als Pauschale festgelegt wird; wenn eine variable Vergütung geplant ist, darf sie nicht zu einem Verhalten führen, das der Marktintegrität oder dem ordnungsgemäßen Funktionieren des Marktes abträglich ist, und muss der zuständigen Behörde zwecks Bewertung mitgeteilt werden;
d) ob die Arten von Personen, die die ZMP ausführen werden, eine angemessene Trennung der für die Ausführung der ZMP bestimmten Aktiva von den Aktiva ihrer Kunden (sofern zutreffend) oder ihren eigenen Aktiva gewährleisten, wenn dies für den betrachteten Markt angebracht ist;
e) ob die jeweiligen Pflichten der Begünstigten und der die ZMP ausführenden Personen oder gegebenenfalls die gemeinsamen Pflichten beider eindeutig festgelegt sind;
f) ob die Arten von Personen, die die ZMP ausführen werden, über eine organisatorische Struktur und geeignete interne Regelungen verfügen, die gewährleisten, dass die mit der ZMP verbundenen handelsbezogenen Entscheidungen gegenüber anderen Abteilungen innerhalb dieser Person geheim bleiben und unabhängig von Kundenaufträgen, Portfolioverwaltung oder für eigene Rechnung platzierten Aufträgen getroffen werden;
g) ob ein geeignetes Berichtsverfahren zwischen dem Begünstigten und der Person, die die ZMP ausführen wird, besteht, das den Austausch von Informationen ermöglicht, die gegebenenfalls zur Erfüllung der jeweiligen gesetzlichen oder vertraglichen Verpflichtungen notwendig sind.

In der Fassung vom 26.2.2016 (ABl. EU Nr. L 153 v. 10.6.2016, S. 3).

Art. 8 Untersuchung der Marktpraxis

Bei der Entscheidung darüber, ob eine Marktpraxis, die als ZMP festgelegt werden soll, das Kriterium von Artikel 13 Absatz 2 Buchstabe f der Verordnung (EU) Nr. 596/2014 erfüllt, beachten die zuständigen Behörden insbesondere, ob Untersuchungen in den von ihnen überwachten Märkten zu Ergebnissen geführt haben, die die Festlegung als ZMP in Frage stellen könnten.

In der Fassung vom 26.2.2016 (ABl. EU Nr. L 153 v. 10.6.2016, S. 3).

Art. 9 Strukturmerkmale des Marktes

Bei der Berücksichtigung des Anteils von Privatanlegern auf dem betreffenden Markt gemäß Artikel 13 Absatz 2 Buchstabe g der Verordnung (EU) Nr. 596/2014 bewerten die zuständigen Behörden zumindest Folgendes:
a) die potenziellen Auswirkungen der Marktpraxis auf die Interessen von Privatanlegern, wenn die Marktpraxis Finanzinstrumente betrifft, die auf Märkten gehandelt werden, in denen Privatanleger aktiv sind;
b) ob die Marktpraxis für Privatanleger die Wahrscheinlichkeit erhöht, Gegenparteien bei Finanzinstrumenten geringer Liquidität zu finden, ohne dass ihre Risikobelastung steigt.

In der Fassung vom 26.2.2016 (ABl. EU Nr. L 153 v. 10.6.2016, S. 3).

Art. 10 Meldung der beabsichtigten Festlegung einer zulässigen Marktpraxis

(1) Gemäß Artikel 13 Absatz 3 der Verordnung (EU) Nr. 596/2014 melden die zuständigen Behörden ihre Absicht, eine ZMP festzulegen, per Post oder E-Mail gleichzeitig an die ESMA und die anderen zuständigen Behörden, wobei sie eine vorgegebene Liste von Kontaktstellen nutzen, die von den zuständigen Behörden und der ESMA aufgestellt und regelmäßig gepflegt wird.

(2) Die in Absatz 1 genannte Meldung enthält Folgendes:
a) eine Erklärung der Absicht, eine ZMP festzulegen, mit Angabe des erwarteten Datums der Festlegung;
b) die Angabe der meldenden zuständigen Behörde und der Kontaktangaben der Kontaktperson(en) bei dieser Behörde (Name, dienstliche Telefonnummer und E-Mail-Adresse, Titel);
c) eine ausführliche Beschreibung der Marktpraxis mit folgenden Informationen:
   i) Angabe der Arten von Finanzinstrumenten und Handelsplätzen, in denen die ZMP angewendet werden soll;
   ii) Arten von Personen, die die ZMP ausführen dürfen;
   iii) Art der Begünstigten;
   iv) Angabe, ob die Marktpraxis für einen festgelegten Zeitraum durchgeführt werden kann, sowie Angabe von Situationen oder Bedingungen, die zu einer vorübergehenden Unterbrechung, Aussetzung oder Beendigung der Praxis führen können;
a) Grund, aus dem die Praxis eine Marktmanipulation gemäß Artikel 12 der Verordnung (EU) Nr. 596/2014 darstellen könnte;
b) genaue Angabe zu der gemäß Artikel 13 Absatz 2 der Verordnung (EU) Nr. 596/2014 durchgeführten Bewertung.

(3) Die in Absatz 1 genannte Meldung beinhaltet die Tabelle zur Bewertung einer vorgeschlagenen Marktpraxis unter Verwendung der Vorlage im Anhang.

In der Fassung vom 26.2.2016 (ABl. EU Nr. L 153 v. 10.6.2016, S. 3).

Art. 11 Stellungnahme der ESMA

(1) Nach Eingang der in Artikel 13 Absatz 4 der Verordnung (EU) Nr. 596/2014 genannten Meldung und vor der Abgabe der gemäß diesem Absatz geforderten Stellungnahme leitet die ESMA auf eigene Initiative oder auf Ersuchen einer zuständigen Behörde ein Verfahren zur Übermittlung von vorläufigen Stellungnahmen, Bedenken, Einsprüchen oder gegebenenfalls Ersuchen um Klarstellungen in Bezug auf die gemeldete Marktpraxis an die zuständige Behörde ein. Die meldende zuständige Behörde kann der ESMA weitere Klarstellungen zu der gemeldeten Marktpraxis übermitteln.

(2) Wenn im Verlauf des in Absatz 1 genannten Verfahrens grundlegende oder wesentliche Änderungen vorgenommen werden, die sich auf die Basis oder den Inhalt der gemeldeten Marktpraxis oder die von der meldenden zuständigen Behörde durchgeführte Bewertung auswirken, wird das Verfahren der Abgabe der ESMA-Stellungnahme zu der gemeldeten Praxis eingestellt. Gegebenenfalls leitet die zuständige Behörde ein neues Verfahren zur Festlegung der geänderten Praxis als ZMP gemäß Artikel 13 Absatz 3 der Verordnung (EU) Nr. 596/2014 ein.

In der Fassung vom 26.2.2016 (ABl. EU Nr. L 153 v. 10.6.2016, S. 3).

Art. 12 Überprüfung einer festgelegten AMP

(1) Die zuständigen Behörden, die ZMP festgelegt haben, bewerten regelmäßig und zumindest alle zwei Jahre, ob die Bedingungen für die Festlegung der ZMP gemäß Artikel 13 Absatz 2 der Verordnung (EU) Nr. 596/2014 und Abschnitt 2 dieses Kapitels weiterhin erfüllt sind.

(2) Abgesehen von der regelmäßigen Überprüfung gemäß Artikel 13 Absatz 8 der Verordnung (EU) Nr. 596/2014 wird das in Absatz 1 genannte Bewertungsverfahren auch eingeleitet, wenn
a) Sanktionen im Zusammenhang mit einer festgelegten ZMP verhängt werden;
b) aufgrund einer wesentlichen Änderung im Marktumfeld im Sinne von Artikel 13 Absatz 8 dieser Verordnung eine oder mehrere Bedingungen für die Zulässigkeit einer festgelegten Praxis nicht mehr erfüllt sind;
c) eine zuständige Behörde begründeten Anlass zu der Vermutung hat, dass Begünstigte der ZMP oder durchführende Personen gegen die Verordnung (EU) Nr. 596/2014 verstoßen oder verstoßen haben.

(3) Falls die Bewertung ergibt, dass eine festgelegte ZMP die in Abschnitt 2 genannten Bedingungen der ursprünglichen Bewertung der zuständigen Behörden nicht mehr erfüllt, schlagen die zuständigen Behörden entweder eine Änderung der Bedingungen für die Zulässigkeit oder die Beendigung der ZMP unter Berücksichtigung der Kriterien des Artikels 13 vor.

(4) Die zuständigen Behörden unterrichten die ESMA auch dann über das Ergebnis des Bewertungsverfahrens, wenn die ZMP ohne Änderung beibehalten wird.

(5) Schlägt eine zuständige Behörde vor, die Bedingungen für die Zulässigkeit einer festgelegten ZMP zu ändern, muss sie die Anforderungen von Artikel 2 erfüllen.

(6) Beschließt eine zuständige Behörde die Beendigung einer festgelegten ZMP, veröffentlicht sie die betreffende Entscheidung und teilt sie gleichzeitig allen anderen zuständigen Behörden und der ESMA mit, wobei sie das Datum der Beendigung mit Blick auf die Aktualisierung der Liste von ZMP angibt, die sie gemäß Artikel 13 Absatz 9 der Verordnung (EU) Nr. 596/2014 veröffentlicht.

In der Fassung vom 26.2.2016 (ABl. EU Nr. L 153 v. 10.6.2016, S. 3).

Art. 13 Kriterien für die Änderung oder Beendigung einer festgelegten AMP

Bei der Entscheidung darüber, ob eine festgelegte ZMP beendet werden soll oder die Bedingungen für ihre Zulässigkeit geändert werden sollen, tragen die zuständigen Behörden folgenden Aspekten Rechnung:
a) inwieweit die Begünstigten oder die die ZMP ausführenden Personen die im Rahmen dieser ZMP festgelegten Bedingungen erfüllen;
b) inwieweit das Verhalten der Begünstigten oder der die ZMP ausführenden Personen dazu geführt hat, dass die Kriterien von Artikel 13 Absatz 2 der Verordnung (EU) Nr. 596/2014 nicht mehr erfüllt werden;
c) inwieweit die ZMP seit einiger Zeit von den Marktteilnehmern nicht mehr genutzt wird;
d) ob eine wesentliche Änderung im Umfeld des betreffenden Marktes im Sinne von Artikel 13 Absatz 8 der Verordnung (EU) Nr. 596/2014 dazu führt, dass Bedingungen für die Festlegung der ZMP nicht mehr erfüllt werden können oder müssen, insbesondere
   i) ob das Ziel der ZMP unerreichbar geworden ist;
   ii) ob sich die weitere Nutzung der festgelegten ZMP nachteilig auf die Integrität oder Effizienz der Märkte auswirken könnte, die der Aufsicht durch die zuständige Behörde unterliegen;
e) ob eine Situation besteht, die unter eine der allgemeinen Bestimmungen für die Beendigung fällt, die in der festgelegten ZMP selbst enthalten sind.

In der Fassung vom 26.2.2016 (ABl. EU Nr. L 153 v. 10.6.2016, S. 3).

Schrifttum: S. Vor Art. 12 ff. VO Nr. 596/2014.

I. Regelungsgegenstand	1
II. Regelungssystematik	3
1. Systematik des Art. 13 VO Nr. 596/2014	3
2. Verhältnis zu Art. 12 Abs. 1 lit. a VO Nr. 596/2014	5
3. Verhältnis zu Art. 12 Abs. 2 VO Nr. 596/2014	6
4. Verhältnis zu den Safe-harbour-Bestimmungen des Art. 5 VO Nr. 596/2014	7
III. Regelungszweck	8
IV. Dogmatische Einordnung	11
V. Voraussetzungen der Ausnahme (Art. 13 Abs. 1 VO Nr. 596/2014)	13
1. Erfasste Marktmanipulationshandlungen	14
2. Räumlicher Geltungsbereich (Art. 13 Abs. 2 Satz 2 VO Nr. 596/2014)	16
3. Einklang mit zulässiger Marktpraxis	18
a) Vorherige formelle Festlegung bei Erfüllung der Voraussetzungen des Art. 13 VO Nr. 596/2014	20
b) Vorherige formelle Festlegung ohne Erfüllung der Voraussetzungen des Art. 13 VO Nr. 596/2014	21
c) Fehlen der formellen Festlegung bei Erfüllung der materiellen Voraussetzungen	25
d) Nachträgliche formelle Festlegung	27
4. Legitime Gründe	28
5. Nachweiserfordernis	30
VI. Zuständigkeit für die Festlegung einer zulässigen Marktpraxis (Art. 13 Abs. 2 VO Nr. 596/2014)	34
VII. Materielle Kriterien für eine zulässige Marktpraxis (Art. 13 Abs. 2 Satz 1 VO Nr. 596/2014)	35
1. Markttransparenz (Art. 13 Abs. 2 lit. a VO Nr. 596/2014)	37
2. Gewährleistung des Funktionierens der Marktkräfte und des Zusammenspiels von Angebot und Nachfrage (Art. 13 Abs. 2 lit. b VO Nr. 596/2014)	44
3. Positive Auswirkungen auf Marktliquidität und -effizienz (Art. 13 Abs. 2 lit. c VO Nr. 596/2014)	52
4. Auswirkungen auf das ordnungsgemäße Funktionieren des Marktes (Art. 13 Abs. 2 lit. d VO Nr. 596/2014)	55
5. Risiken für die Integrität verbundener Märkte (Art. 13 Abs. 2 lit. e VO Nr. 596/2014)	61
6. Untersuchung der Marktpraxis (Art. 13 Abs. 2 lit. f VO Nr. 596/2014)	65
7. Strukturmerkmale des Marktes (Art. 13 Abs. 2 lit. g VO Nr. 596/2014)	67
VIII. Verfahren der Festlegung (Art. 13 Abs. 3–6 VO Nr. 596/2014)	68
1. Verfahrensart und Rechtsnatur der Festlegung	68
2. Einleitung des Verfahrens und Vorbereitung einer Festlegung	72
3. Information anderer Behörden und der ESMA (Art. 13 Abs. 3 VO Nr. 596/2014)	75
4. Mitwirkung der ESMA (Art. 13 Abs. 4–5 VO Nr. 596/2014)	80
a) Stellungnahmen der ESMA (Art. 13 Abs. 4 VO Nr. 596/2014)	81
b) Verfahren bei Abweichung von der ESMA-Stellungnahme (Art. 13 Abs. 5 VO Nr. 596/2014)	83
5. Verfahren bei divergierenden Ansichten zwischen zuständigen Behörden (Art. 13 Abs. 6 VO Nr. 596/2014)	84
6. Festlegung und Bekanntgabe durch Veröffentlichung auf Website	85
7. Wirksamkeit einer festgelegten zulässigen Marktpraxis	89
8. Verhältnis zu anderen Verfahren	90
IX. Überprüfungen, Beendigungen und Änderungen der Festlegung einer zulässigen Marktpraxis (Art. 13 Abs. 8 VO Nr. 596/2014)	92
1. Überprüfungen durch Bewertungsverfahren	93
2. Beendigungen und Änderungen	96
X. Erarbeitung und Erlass technischer Regulierungsstandards (Art. 13 Abs. 7 VO Nr. 596/2014)	99
XI. Geltende zulässige Marktpraktiken	100
1. Bundesrepublik Deutschland	100
2. Andere Mitgliedstaaten	101
a) Fortgeltende zulässige Marktpraktiken (Art. 13 Abs. 11 Satz 2 VO Nr. 596/2014)	101
b) Neu anerkannte zulässige Marktpraktiken bzw. laufende Festlegungsverfahren	103

XII. Potentiell anerkennungsfähige Marktpraktiken in Deutschland 105
XIII. Rechtsschutz 109
XIV. Veröffentlichung durch die ESMA (Art. 13 Abs. 9 VO Nr. 596/2014) 114
XV. Überwachung und Bericht durch die ESMA (Art. 13 Abs. 10 VO Nr. 596/2014) 115
XVI. Übermittelung und Fortgeltung der vor dem 2.7.2014 festgelegten zulässigen Marktpraxis (Art. 13 Abs. 11 VO Nr. 596/2014) 116

I. **Regelungsgegenstand.** Der mit „Zulässige Marktpraxis" überschriebene Art. 13 VO Nr. 596/2014 wiederholt in seinem Abs. 1 den bereits in Art. 12 Abs. 1 lit. a letzter Halbsatz VO Nr. 596/2014 formulierten **Tatbestandsausschluss** (Rz. 11) vom Verbot der handelsgestützten Marktmanipulation nach Art. 12 Abs. 1 lit. a VO Nr. 596/2014. Es liegt keine Marktmanipulation nach Art. 12 Abs. 1 lit. a VO Nr. 596/2014 vor, wenn die Person, die ein Geschäft abschließt, einen Handelsauftrag erteilt oder eine andere Handlung vornimmt, nachweist, dass das Geschäft, der Auftrag oder die Handlung legitime Gründe hat und im Einklang mit der zulässigen Marktpraxis gem. Art. 13 VO Nr. 596/2014 steht. Art. 3 Abs. 1 Nr. 9 VO Nr. 596/2014 definiert eine zulässige Marktpraxis als eine bestimmte Marktpraxis, die von einer zuständigen Behörde gem. Art. 13 VO Nr. 596/2014 anerkannt wurde. 1

Art. 13 Abs. 2 VO Nr. 596/2014 macht materiell-rechtliche Vorgaben zur zulässigen Marktpraxis. Nach Art. 13 Abs. 2 Satz 1 VO Nr. 596/2014 kann eine zuständige Behörde eine zulässige Marktpraxis (nur) festlegen, wenn die in diesem Absatz genannten **materiellen Kriterien** berücksichtigt werden. So wird sichergestellt, dass die anerkannte Marktpraxis nicht in Konflikt mit den Zwecksetzungen der MAR gerät. Art. 13 Abs. 2 Satz 2 VO Nr. 596/2014 bestimmt den **räumlichen Geltungsbereich** einer zulässigen Marktpraxis, indem er festlegt, dass die von einer zuständigen Behörde auf einem bestimmten Markt als zulässig anerkannte Marktpraxis auf den räumlichen Zuständigkeitsbereich der jeweiligen Behörde beschränkt ist. Art. 13 Abs. 3–5 VO Nr. 596/2014 stellen Anforderungen an das Verfahren der Festlegung einer zulässigen Marktpraxis und dabei insbesondere an die **Zusammenarbeit mit der ESMA** und den anderen zuständigen Aufsichtsbehörden. Art. 13 Abs. 6 VO Nr. 596/2014 schreibt ein Verhandlungsverfahren für den Fall vor, dass eine zuständige Behörde der Ansicht ist, dass eine andere zuständige Behörde eine zulässige Marktpraxis festgelegt hat, welche die in Art. 13 Abs. 2 VO Nr. 596/2014 verankerten Kriterien nicht erfüllt. Kommt es in diesem Verhandlungsverfahren zu keiner Einigung zwischen der ESMA und den beteiligten zuständigen Behörden, kann die ESMA gem. Art. 13 Abs. 6 Satz 2 VO Nr. 596/2014 i.V.m. Art. 19 Abs. 3 VO Nr. 1095/2010 einen für die nationalen Behörden **bindenden Beschluss**, etwa zur Aufhebung der zulässigen Marktpraxis, fassen. Art. 13 Abs. 7 VO Nr. 596/2014 überträgt der Europäischen Kommission die **Befugnis zum Erlass technischer Regulierungsstandards** auf der Basis entsprechender Ausarbeitungen der ESMA. Art. 13 Abs. 8 VO Nr. 596/2014 verpflichtet die zuständigen Behörden zur **regelmäßigen Überprüfung** der von ihnen festgelegten zulässigen Marktpraktiken und ggf. zu einer **Beendigung** oder **Änderung** ihrer Festlegungen. Art. 13 Abs. 9 VO Nr. 596/2014 verpflichtet die ESMA zur Führung einer Liste aller zulässigen Marktpraktiken auf ihrer Website. Nach Art. 13 Abs. 10 VO Nr. 596/2014 hat die ESMA die Anwendung der zulässigen Marktpraxis zu überwachen und der Europäischen Kommission jährlich einen Bericht dazu vorzulegen. Die zuständigen Behörden werden durch Art. 13 Abs. 11 Satz 1 VO Nr. 596/2014 dazu verpflichtet der ESMA die zulässigen Marktpraktiken, die sie vor dem 2.7.2014 festgelegt haben, innerhalb von drei Monaten nach dem Inkrafttreten der in Art. 13 Abs. 7 VO Nr. 596/2014 genannten technischen Regulierungsstandards zu übermitteln. Nach der **Übergangsvorschrift** des Art. 13 Abs. 11 Satz 2 VO Nr. 596/2014 gelten diese zulässigen Marktpraktiken in den betreffenden Mitgliedstaaten weiter, bis die zuständige Behörde auf der Grundlage der Stellungnahme der ESMA gemäß Art. 13 Abs. 4 VO Nr. 596/2014 einen Beschluss hinsichtlich ihrer Weiterführung gefasst hat. 2

II. **Regelungssystematik. 1. Systematik des Art. 13 VO Nr. 596/2014.** Die Ausnahmevorschrift in Art. 13 Abs. 1 VO Nr. 596/2014 ist die Wiederholung des bereits in Art. 12 Abs. 1 lit. a letzter Halbsatz VO Nr. 596/2014 enthaltenen Tatbestandsausschlusses. Die eigentliche Bedeutung des Art. 13 VO Nr. 596/2014 liegt deshalb in seinen Abs. 2–11, die die **wesentlichen formellen und materiellen Verfahrensbestimmungen** zur Festlegung einer zulässigen Marktpraxis enthalten. In der Sache ist Art. 13 VO Nr. 596/2014 daher eine **verfahrensrechtliche Norm**, die sich an die jeweils zuständigen Aufsichtsbehörden und nicht in erster Linie an die Marktteilnehmer richtet. Ihre systematische Stellung im 2. Kapitel der MAR, das an die Marktteilnehmer adressierte Verhaltensverbote (Art. 14 und 15 VO Nr. 596/2014) und -gebote (Art. 16 VO Nr. 596/2014) beinhaltet, rechtfertigt sich aus ihrer sachlichen Nähe zum Marktmanipulationsverbot. 3

Art. 13 Abs. 7 VO Nr. 596/2014 überträgt der Europäischen Kommission die Ermächtigung, auf der Grundlage von Entwürfen technischer Regulierungsstandards der ESMA, Anforderungen für die Festlegung einer zulässigen Marktpraxis gemäß den Abs. 2, 3 und 4 des Art. 13 VO Nr. 596/2014 sowie für die Anforderungen an eine Beibehaltung oder Beendigung der Festlegung oder eine Änderung der Bedingungen einer zulässigen Marktpraxis festzulegen. Von dieser Ermächtigung hat die Kommission durch Erlass der Delegierten Verordnung (EU) 2016/908 (**DelVO 2016/908**) Gebrauch gemacht (Rz. 99). Diese präzisiert die einzelnen verfahrensrechtlichen Bestimmungen der Abs. 2 ff. des Art. 13 VO Nr. 596/2014 und gewährleistet damit einen gewissen Grad an Einheitlichkeit bei der zukünftigen Festlegung zulässiger Marktpraktiken durch die jeweils zuständigen nationalen Behörden. 4

5 2. **Verhältnis zu Art. 12 Abs. 1 lit. a VO Nr. 596/2014.** Art. 13 Abs. 1 VO Nr. 596/2014 **wiederholt** den bereits in Art. 12 Abs. 1 lit. a VO Nr. 596/2014 enthaltenen **Tatbestandsausschluss** von dem Verbot einer handelsgestützten Marktmanipulation nach Art. 15 i.V.m. Art. 12 Abs. 1 lit. a VO Nr. 596/2014 (schon Rz. 3). Beim Handeln im Einklang mit einer zulässigen Marktpraxis und dem Vorliegen legitimer Gründe kann es daher an der Verwirklichung eines erforderlichen Tatbestandsmerkmals fehlen und damit ein Verstoß gegen das Marktmanipulationsverbot nach Art. 15, 12 Abs. 1 lit. a VO Nr. 596/2014 ausscheiden. Auf die **anderen Manipulationsvarianten des Art. 12 Abs. 1 VO Nr. 596/2014** ist die Ausnahmebestimmung **nicht anwendbar** und sie steht zu ihnen auch nicht dergestalt in einem *Lex-specialis*-Verhältnis, dass bei einem Art. 12 Abs. 1 lit. a VO Nr. 596/2014 unterfallenden Handeln eine Marktmanipulation nach Art. 12 Abs. 1 lit. b–d VO Nr. 596/2014 nicht in Betracht käme[1]. Allerdings verdrängt das Marktmanipulationsverbot nach Art. 15, 12 Abs. 1 lit. a VO Nr. 596/2014 unter bestimmten Umständen die anderen Verbotsvarianten, insbesondere Art. 12 Abs. 1 lit. c VO Nr. 596/2014 (dazu Art. 12 VO Nr. 596/2014 Rz. 50). Kommt es zu einer solchen Verdrängung und schließt das Handeln nach einer legitimen Marktpraxis bei Vorliegen legitimer Gründe eine Verwirklichung des Art. 12 Abs. 1 lit. a VO Nr. 596/2014 aus, dann lebt der verdrängte Art. 12 Abs. 1 lit. c VO Nr. 596/2014 nicht wieder auf und verbietet das Verhalten. Andernfalls würden die Zwecke des Art. 13 VO Nr. 596/2014, ebenso wie das Konkurrenzverhältnis der einzelnen in Art. 12 Abs. 1 VO Nr. 596/2014 enthaltenen Marktmanipulationsvarianten, unterlaufen. Andererseits kommt es durchaus in Betracht, dass eine Handlung wegen der Erfüllung der Voraussetzungen des Tatbestandsausschlusses keine Marktmanipulation nach Art. 12 Abs. 1 lit. a VO Nr. 596/2014 darstellt, gleichwohl aber etwa die Voraussetzungen des Art. 12 Abs. 1 lit. b VO Nr. 596/2014 erfüllt und deshalb verboten ist. Freilich dürfte es eher theoretischer Natur sein, dass eine Aufsichtsbehörde ein Verhalten, das die Voraussetzungen des Art. 12 Abs. 1 lit. b VO Nr. 596/2014 erfüllt, als zulässige (!) Marktpraxis anerkennt[2].

6 3. **Verhältnis zu Art. 12 Abs. 2 VO Nr. 596/2014.** Art. 12 Abs. 2 VO Nr. 596/2014 benennt bestimmte Handlungsweisen, die zwingend als Marktmanipulation gelten (näher Art. 12 VO Nr. 596/2014 Rz. 216 ff.) und die sich den unterschiedlichen Marktmanipulationsvarianten des Art. 12 Abs. 1 lit. a–c VO Nr. 596/2014 zuordnen lassen (Art. 12 VO Nr. 596/2014 Rz. 5). Diese Zuordnung ist besonders bedeutsam, da die zulässige Marktpraxis nur die Tatbestandsmäßigkeit einer Marktmanipulation i.S.d. Art. 12 Abs. 1 lit. a VO Nr. 596/2014 entfallen lassen kann. Daher kann bei denjenigen zwingenden Beispielen des Art. 12 Abs. 2 VO Nr. 596/2014, die sich dem Art. 12 Abs. 1 lit. a VO Nr. 596/2014 zuordnen lassen, die Tatbestandsmäßigkeit bei Erfüllung der Voraussetzungen des Art. 13 Abs. 1 VO Nr. 596/2014 entfallen. Dies gilt im Ausgangspunkt für Art. 12 Abs. 2 lit. a, lit. b, lit. c und lit. e VO Nr. 596/2014 (zu diesen ausführlich Art. 12 VO 596/2014 Rz. 216 ff.).

7 4. **Verhältnis zu den *Safe-harbour*-Bestimmungen des Art. 5 VO Nr. 596/2014.** Unterfällt ein bestimmtes Verhalten bereits den *Safe-harbour*-Bestimmungen des Art. 5 VO Nr. 596/2014, liegt insoweit auf keinen Fall eine Marktmanipulation vor, so dass dessen Voraussetzungen vorrangig zu beachten sind[3]. Auf das Vorliegen einer zulässigen Marktpraxis kommt es dann nicht an. Liegt ein Verhalten außerhalb dieser *Safe-harbour*-Tatbestände, kann es sich gleichwohl als legitim erweisen (Erwägungsgrund 11 VO Nr. 596/2014), etwa wenn es die Voraussetzungen des Tatbestandsausschlusses nach Art. 12 Abs. 1 lit. a letzter Halbsatz bzw. des Art. 13 Abs. 1 VO Nr. 596/2014 erfüllt[4]. Erforderlich ist dafür aber, dass es von der zuständigen Behörde als zulässige Marktpraxis festgelegt wurde (Rz. 18 ff., zur Festlegung Rz. 68 ff.). Die BaFin hat in Deutschland derzeit keine zulässigen Marktpraktiken festgelegt (Rz. 100).

8 III. **Regelungszweck.** Der Tatbestandsausschluss für ein Handeln nach zulässiger Marktpraxis bei Vorliegen legitimer Gründe soll sicherstellen, dass ein Verhalten, das zwar tatbestandsmäßig dem Marktmanipulationsverbot unterfallen würde, dessen Durchführung aber **Vorteile für die Marktfunktionen** bringt, nicht verhindert wird[5]. Der Tatbestandsausschluss knüpft damit teleologisch an die Zwecke des Marktmanipulationsverbots an und sichert diese weiter ab, weil das Verbot lediglich Eingriffe bzw. Beschränkungen der Funktionsfähigkeit des Finanzmarkts verhindern soll (Art. 12 VO 596/2014 Rz. 21 ff.). Erweist sich ein **Verhalten** als **für die Marktfunktionen förderlich** (vgl. Art. 13 Abs. 2 lit. c VO Nr. 596/2014) und wird es deshalb – nach eingehender Überprüfung durch die jeweils zuständige Behörde (Rz. 34) – auf einem bestimmten Markt formell anerkannt, ist es vor dem Hintergrund des Zwecks des Marktmanipulationsverbots nicht gerechtfertigt, dieses

---

1 *Schmolke* in Klöhn, Art. 13 MAR Rz. 15; *Sorgenfrei/Saliger* in Park, Kapitalmarktstrafrecht, Kap. 6.1. Rz. 135.
2 Weitergehend *Schmolke* in Klöhn, Art. 13 MAR Rz. 115: „... die ‚Vorspiegelung falscher Tatsachen' oder die ‚Verwendung sonstiger Kunstgriffe oder Formen der Täuschung' kann niemals legitime Gründe iSd Art. 13 MAR haben"; a.A. tendenziell *Mock* in KölnKomm. WpHG, § 20a WpHG Rz. 260.
3 *Grundmann* in Staub, HGB, Bankvertragsrecht 2, 5. Aufl. 2017, 6. Teil, 3. Abschnitt, D Rz. 479.
4 *Grundmann* in Staub, HGB, Bankvertragsrecht 2, 5. Aufl. 2017, 6. Teil, 3. Abschnitt, D Rz. 478; vgl. *Karst*, Das Marktmanipulationsverbot gem. § 20a WpHG, 2011, S. 178 f.
5 ESMA, Opinion on intended Accepted Market Practice on liquidity contracts notified by the Comision Nacional del Mercado de Valores, ESMA/2016/1663 v. 16.12.2016, S. 5; *Mock* in Ventoruzzo/Mock, Market Abuse Regulation, Article 13 Rz. B.13.03; *Schmolke* in Klöhn, Art. 13 MAR Rz. 2; zur fehlenden Verbotswürdigkeit eines solchen Verhaltens *Armour/Awrey/Davies/Enriques/Gordon/Meyer/Payne*, Principles of Financial Regulation, 1st ed. 2016, S. 192.

Verhalten **zu untersagen**[1]. In diesem Sinne betont Erwägungsgrund 42 Satz 1 VO Nr. 596/2014, dass „unbeschadet des Zwecks dieser Verordnung und ihrer unmittelbar anwendbaren Bestimmungen ... eine Person, die Geschäfte abschließt oder Kauf- bzw. Verkaufsaufträge ausführt, die so betrachtet werden können, dass sie den Tatbestand einer Marktmanipulation erfüllen, geltend machen [kann], dass sie legitime Gründe hatte, diese Geschäfte abzuschließen oder Aufträge auszuführen, und dass diese nicht gegen die zulässige Praxis auf dem betreffenden Markt verstoßen." Die detaillierten materiellen und formellen Vorgaben an die Festlegung einer zulässigen Marktpraxis (Rz. 35 ff., Rz. 68 ff.) machen den Tatbestandsausschluss für die Praxis operabel und tragen so zur Rechtssicherheit bei.

Bei der Beurteilung der Zulässigkeit von Marktpraktiken spielen das **Selbstverständnis der Marktteilnehmer** und die Selbstregulierungsmechanismen der Märkte auch im neuen Recht eine Rolle. Dies schlägt sich verfahrensrechtlich in der Pflicht nieder, insbesondere auch Spitzenverbände der betroffenen Wirtschaftskreise, wie Emittenten, Wertpapierdienstleistungsunternehmen und Betreiber von Märkten, vor der Festlegung einer zulässigen Marktpraxis anzuhören (Rz. 74). Ferner sind u.a. Börsenordnungen, aber auch Verhaltenskodices und sonstige Verhaltensempfehlungen eine wichtige Handlungsanleitung zur Festlegung zulässiger Marktpraktiken[2].   9

Die beschränkte räumliche Geltung einer zulässigen Marktpraxis für den Zuständigkeitsbereich mitgliedstaatlicher Behörden (Rz. 16 f.) führt zu einer **Durchbrechung des Vollharmonisierungsansatzes** der MAR mit Blick auf das Marktmanipulationsverbot (dazu Vor Art. 12 ff. VO Nr. 596/2014 Rz. 20) und schafft damit die Gefahr von Aufsichtsarbitrage. Die schon unter der MAD I bekannte Begrenzung auf nationale Märkte soll dem Umstand Rechnung tragen, dass es durchaus unterschiedliche Marktgegebenheiten auch innerhalb der EU geben kann[3]. Der erste Entwurf der MAR aus 2011 sah noch keine Möglichkeit der Anerkennung legitimer Marktpraktiken vor[4]. Dagegen äußerte der Rat der EU erhebliche Bedenken und so wurde letztlich die Möglichkeit der Festlegung zulässiger Marktpraktiken doch aufgenommen, allerdings mit gegenüber dem ersten Entwurf deutlich konkreteren materiellen Vorgaben und gesteigerten Anforderungen an die Zusammenarbeit zwischen den zuständigen Behörden und der ESMA, durch die Aufsichtsarbitrage zumindest eingedämmt werden[5].   10

IV. Dogmatische Einordnung. Einer Handlung, die im Einklang mit einer zulässigen Marktpraxis steht und legitime Gründe hat, steht nicht lediglich ein Rechtfertigungsgrund zur Seite[6], sondern diese Handlung erfüllt schon gar nicht den Tatbestand eines Marktmanipulationsverbots (Art. 15, 12 Abs. 1 lit. a VO Nr. 596/2014)[7]. Ob es sich bei der Bestimmung um einen *safe harbour* handelt[8] oder nicht[9], hat nur begriffliche Bedeutung. In der Sache erscheint eine Bezeichnung als *safe harbour* zu weitgehend[10], da Art. 13 Abs. 1 bzw. Art. 12 Abs. 1 lit. a letzter Halbsatz VO Nr. 596/2014 nur den Tatbestand des Art. 12 Abs. 1 lit. a VO Nr. 596/2014 ausschließt, eine Marktmanipulation aber nach den anderen Varianten des Art. 12 Abs. 1 VO Nr. 596/2014 gleichwohl vorliegen kann, auch wenn dies eher theoretischer Natur sein mag (Rz. 5).   11

Die Abs. 2–11 des Art. 13 VO Nr. 596/2014 enthalten an die zuständigen Behörden und an ESMA adressierte **Vorgaben materieller und verfahrensrechtlicher Art** und damit keine unmittelbar gegenüber den Marktteilnehmern wirkende Bestimmungen. Gleichwohl wurde ihr Geltungsbeginn durch Art. 39 Abs. 2 VO Nr. 596/2014 mit demjenigen der Art. 15 und 12 VO Nr. 596/2014 gleichgeschaltet[11]. Dies ist verwunderlich, da die   12

---

1 *Schmolke* in Klöhn, Art. 13 MAR Rz. 2; *Zetzsche* in Gebauer/Teichmann, Europäisches Privat- und Unternehmensrecht, § 7 C. Rz. 70: „Schutz von Marktusancen"; vgl. *Mock* in KölnKomm. WpHG, § 20a WpHG Rz. 258.
2 Ebenso *Mock* in KölnKomm. WpHG, § 20a WpHG Rz. 264.
3 *Moloney*, EU Securities and Financial Markets Regulation, S. 750.
4 *Moloney*, EU Securities and Financial Markets Regulation, S. 751; *Sorgenfrei/Saliger* in Park, Kapitalmarktstrafrecht, Kap. 6.1. Rz. 135.
5 *Moloney*, EU Securities and Financial Markets Regulation, S. 751; *Schmolke* in Klöhn, Art. 13 MAR Rz. 3.
6 So aber *Schmolke* in Klöhn, Art. 13 MAR Rz. 7 f. unter Verweis auf die Verteilung der Nachweislast.
7 *Diversy/Köpferl* in Graf/Jäger/Wittig, Wirtschafts- und Steuerstrafrecht, 2. Aufl. 2017, § 38 WpHG Rz. 81; *Racky* in Meyer/Veil/Rönnau, Handbuch zum Marktmissbrauchsrecht, § 16 Rz. 8; *Sorgenfrei/Saliger* in Park, Kapitalmarktstrafrecht, Kap. 6.1. Rz. 130; unklar *Zetzsche* in Gebauer/Teichmann, Europäisches Privat- und Unternehmensrecht, § 7 C. Rz. 70 f., der einerseits davon spricht, dass die Handlungen „vom Tatbestand ausgenommen" sein können, andererseits aber auch davon, dass eine „tatbestandsmäßige Handelsmanipulation gem. Art. 12 Abs. 1 lit. a MAR gerechtfertigt" sein kann; für einen Tatbestandsausschluss zu § 20a Abs. 2 WpHG a.F. *Fleischer* in Fuchs, § 20a WpHG Rz. 76; *Haouache/Mülbert* in Habersack/Mülbert/Schlitt, Handbuch der Kapitalmarktinformation, § 27 Rz. 65; *Mock* in KölnKomm. WpHG, § 20a WpHG Rz. 257; *Schröder*, Handbuch Kapitalmarktstrafrecht, 3. Aufl. 2015, Rz. 536; für Rechtfertigungsgrund aber *Bisson/Kunz*, BKR 2005, 186, 189; s. auch *Kuthe*, ZIP 2004, 883, 787; *Spindler*, NJW 2004, 3449, 3453.
8 ESMA, Opinion on intended Accepted Market Practice on liquidity contracts notified by the Comision Nacional del Mercado de Valores, ESMA/2016/1663 v. 16.12.2016, S. 3; zu § 20a Abs. 2 WpHG a.F. auch *Fleischer* in Fuchs, § 20a WpHG Rz. 76.
9 Vgl. CESR, MAD Level 3 – first set of CESR guidance and information on the common operation of the Directive, CESR/04-505b, 2.6.
10 *Schmolke* in Klöhn, Art. 13 MAR Rz. 7; *Zetzsche* in Gebauer/Teichmann, Europäisches Privat- und Unternehmensrecht, § 7 C. Rz. 70: „zu euphorisch".
11 Außer Art. 13 Abs. 7 und 11 VO Nr. 596/2014, die bereits seit dem 2.7.2014 anwendbar sind.

Übergangsvorschrift des Art. 13 Abs. 11 Unterabs. 2 VO Nr. 596/2014 nur diejenigen zulässigen Marktpraktiken in den betreffenden Mitgliedstaaten weitergelten lässt, die dort vor dem 2.7.2014 festgelegt wurden (Rz. 116f.). Der Wille des europäischen Gesetzgebers war anscheinend in der Phase zwischen Inkrafttreten und Anwendbarkeit der MAR (Art. 12 VO Nr. 596/2014 Rz. 47) darauf gerichtet, dass etwaig anerkannte Marktpraktiken bereits den Anforderungen des Art. 13 Abs. 2ff. VO Nr. 596/2014 genügen. Praktisch relevant ist die Frage nicht geworden, da in dieser Phase in keinem Mitgliedstaat eine neue zulässige Marktpraxis anerkannt wurde[1].

13 **V. Voraussetzungen der Ausnahme (Art. 13 Abs. 1 VO Nr. 596/2014).** In der Sache setzt Art. 13 Abs. 1 VO Nr. 596/2014 ebenso wie Art. 12 Abs. 1 lit. a letzter Halbsatz VO Nr. 596/2014 voraus, dass die Person, die ein Geschäft abschließt, einen Handelsauftrag erteilt oder eine andere Handlung vornimmt, **nachweist**, dass das Geschäft, der Auftrag oder die Handlung **legitime Gründe** hat und im Einklang mit einer **zulässigen Marktpraxis** gem. Art. 13 VO Nr. 596/2014 steht.

14 **1. Erfasste Marktmanipulationshandlungen.** Der Tatbestandsausschluss des Art. 13 Abs. 1 VO Nr. 596/2014 bzw. des Art. 12 Abs. 1 lit. a letzter Halbsatz VO Nr. 596/2014 bezieht sich nach seinem Wortlaut und seiner systematischen Stellung zunächst auf Marktmanipulationen i.S.d. Art. 12 Abs. 1 lit. a VO Nr. 596/2014 (Rz. 5), mithin auf den Abschluss eines Geschäfts, die Erteilung eines Handelsauftrags sowie jede andere Handlung, die falsche oder irreführende Signale hinsichtlich des Angebots, der Nachfrage oder des Preises eines Finanzinstruments, eines damit verbundenen Waren-Spot-Kontrakts oder eines auf Emissionszertifikaten beruhenden Auktionsobjekts gibt oder bei der dies wahrscheinlich ist oder die ein anormales oder künstliches Kursniveau eines oder mehrerer Finanzinstrumente, eines damit verbundenen Waren-Spot-Kontrakts oder eines auf Emissionszertifikaten beruhenden Auktionsobjekts sichert oder bei der dies wahrscheinlich ist (Art. 12 VO 596/2014 Rz. 49ff.). Das Handeln nach einer zulässigen Marktpraxis bei Vorliegen legitimer Gründe schließt daher die Tatbestandsmäßigkeit für eine andere in Art. 12 Abs. 1 VO Nr. 596/2014 genannten Manipulationsvarianten, insbesondere Art. 12 Abs. 1 lit. b VO Nr. 596/2014[2], nicht aus (Rz. 5).

15 Neben dem Tatbestandsausschluss für Marktmanipulationen nach Art. 12 Abs. 1 lit. a VO Nr. 596/2014 bezieht sich der Tatbestandsausschluss des Art. 13 Abs. 1 VO Nr. 596/2014 richtigerweise auch auf diejenigen **zwingenden Beispiele von Marktmanipulationen nach Art. 12 Abs. 2 VO Nr. 596/2014**, die als Unterfälle des Art. 12 Abs. 1 lit. a VO Nr. 596/2014 einzuordnen sind (Rz. 6). Dies gilt grundsätzlich für Art. 12 Abs. 2 lit. a, lit. b, lit. c und lit. e VO Nr. 596/2014 (zu diesen ausführlich Art. 12 VO 596/2014 Rz. 216ff.). Lässt sich eine Marktmanipulation im Einzelfall allerdings auch (zusätzlich) einer anderen Manipulationsvariante zuordnen und wird deren Verwirklichung nicht durch Art. 12 Abs. 1 lit. a VO Nr. 596/2014 verdrängt, dann kann gleichwohl ein Verstoß gegen das Marktmanipulationsverbot vorliegen.

16 **2. Räumlicher Geltungsbereich (Art. 13 Abs. 2 Satz 2 VO Nr. 596/2014).** Der Geltungsbereich einer zulässigen Marktpraxis wird grundsätzlich durch die zuständige Behörde innerhalb der Festlegung der zulässigen Marktpraxis bestimmt. Ihrer Entscheidung – orientiert an den Vorgaben des Art. 13 Abs. 2ff. VO Nr. 596/2014 – obliegt es deshalb auch, ob sie die zulässige Marktpraxis nur für bestimmte Märkte anerkennt oder auf alle Märkte erstreckt[3]. Erforderlich ist in jedem Fall eine **gegenständliche Bestimmung der Geltung** z.B. für den organisierten Markt, für bestimmte multilaterale Handelssysteme oder eben für alle Märkte.

17 **Grenzen** sind der jeweils zuständigen Behörde in **räumlicher Hinsicht** gesetzt[4]. Nach Art. 13 Abs. 2 Satz 2 VO Nr. 596/2014 wird eine Marktpraxis, die von einer zuständigen Behörde auf einem bestimmten Markt als zulässige Marktpraxis festgelegt wurde, nicht als zulässig auf anderen Märkten betrachtet, wenn sie nicht von den für diese anderen Märkte zuständigen Behörden gem. Art. 13 VO Nr. 596/2014 anerkannt worden ist. „Eine Praxis, die auf einem bestimmten Markt akzeptiert ist, kann auf anderen Märkten erst als zulässig betrachtet werden, nachdem sie von den für diese anderen Märkte zuständigen Behörden offiziell zugelassen worden ist." (Erwägungsgrund 42 VO Nr. 596/2014). Daraus folgt, dass eine zuständige Behörde eine zulässige Marktpraxis nur **für diejenigen Märkte** festlegen kann, die ihrem **Zuständigkeitsbereich** unterliegen. Die BaFin kann daher zulässige Marktpraktiken nur für Märkte innerhalb der Bundesrepublik Deutschland festlegen.

18 **3. Einklang mit zulässiger Marktpraxis.** Der Geschäftsabschluss, die Handelsauftragserteilung oder die andere Handlung (dazu Art. 12 VO 596/2014 Rz. 44ff.) muss im Einklang mit einer zulässigen Marktpraxis nach Art. 13 VO Nr. 596/2014 stehen[5]. Art. 3 Abs. 1 Nr. 9 VO Nr. 596/2014 definiert eine zulässige Marktpraxis als eine bestimmte Marktpraxis, die **von einer zuständigen Behörde** gem. Art. 13 VO Nr. 596/2014 **anerkannt**

---

1 Alle Stellungnahmen sind abrufbar unter: https://www.esma.europa.eu/databases-library/esma-library/%2522Accepted%2520Market%2520practices%2522.
2 *Moloney*, EU Securities and Financial Markets Regulation, S. 750; *Schmolke* in Klöhn, Art. 13 MAR Rz. 15.
3 A.A. zu § 20a Abs. 2 WpHG *Mock* in KölnKomm. WpHG, § 20a WpHG Rz. 270.
4 *Schmolke* in Klöhn, Art. 13 MAR Rz. 60. S. aber *Zetzsche* in Gebauer/Teichmann, Europäisches Privat- und Unternehmensrecht, § 7 C. Rz. 74, der davon ausgeht, dass der räumliche Geltungsbereich nicht klar festgelegt sei.
5 *Schmolke* in Klöhn, Art. 13 MAR Rz. 19ff.

wurde. Eine Marktpraxis kann grundsätzlich jede konkrete Aktivität oder Praxis auf den Finanzmärkten sein[1]. Insoweit weicht die Legaldefinition des Art. 3 Abs. 1 Nr. 9 VO Nr. 596/2014 jedenfalls begrifflich leicht von derjenigen in Art. 1 Nr. 5 RL 2003/6/EG (MAD I) ab, wonach es sich bei einer zulässigen Marktpraxis um eine Gepflogenheit handeln musste, die auf dem jeweiligen Markt nach vernünftigem Ermessen erwartet werden konnten und von der zuständigen Behörde anerkannt wurde. Während Letztere nämlich neben der formellen Anerkennung auch ausdrücklich auf inhaltliche Anforderungen abstellte, verzichtet Art. 3 Abs. 1 Nr. 9 VO Nr. 596/2014 darauf und stellt vom Wortlaut allein auf die tatsächliche Anerkennung durch eine zuständige Behörde ab.

Ein Geschäftsabschluss, eine Handelsauftragserteilung oder eine andere Handlung kann grundsätzlich im Einklang mit einer formell anerkannten und auch den formellen und materiellen Voraussetzungen des Art. 13 Abs. 2 ff. VO Nr. 596/2014 entsprechenden Marktpraxis stehen. Weitergehend kommt aber auch in Betracht, dass eine zulässige Marktpraxis zwar formell anerkannt wurde, ihrerseits aber nicht die Voraussetzungen des Art. 13 VO Nr. 596/2014 erfüllt. Schließlich kann eine Handlung einer Marktpraxis entsprechen, die nach den Kriterien des Art. 13 Abs. 2 VO Nr. 596/2014 anerkennungsfähig ist, von der zuständigen Behörde aber formell nicht anerkannt wurde oder erst nach der Vornahme der Handlung anerkannt wird. Inwieweit ein **Tatbestandsausschluss** in Betracht kommt, kann für diese Fallkonstellationen **nicht einheitlich beantwortet werden**. 19

a) **Vorherige formelle Festlegung bei Erfüllung der Voraussetzungen des Art. 13 VO Nr. 596/2014.** Ein Tatbestandsausschluss kommt – vorbehaltlich der sonstigen Voraussetzungen (Rz. 28 ff.) – jedenfalls dann in Betracht, wenn der Geschäftsabschluss, die Handelsauftragserteilung oder die andere Handlung im Einklang mit einer zulässigen Marktpraxis steht, die formell ordnungsgemäß anerkannt wurde und ihrerseits die materiellen Voraussetzungen des Art. 13 Abs. 2 VO Nr. 596/2014 erfüllt. Die zulässige Marktpraxis wird von Art. 3 Abs. 1 Nr. 9 VO Nr. 596/2014 als eine bestimmte Marktpraxis definiert, die von einer zuständigen Behörde gem. Art. 13 VO Nr. 596/2014 **anerkannt wurde**. Ein Handeln im Einklang mit einer zulässigen Marktpraxis kann daher vom Wortlaut nur vorliegen, wenn eine solche durch eine zuständige Behörde **vor der Vornahme der Handlung** anerkannt wurde. Die vorherige Anerkennung (Festlegung) ist also vom Wortlaut für die Verbotsausnahme konstitutiv. Soweit dem Wortlaut darüber hinaus durch seinen Verweis auf eine zulässige Marktpraxis **nach Art. 13 VO Nr. 596/2014** entnommen werden könnte, dass auch die materiellen Anforderungen des Art. 13 Abs. 2 VO Nr. 596/2014 und die Verfahrensvorgaben des Art. 13 Abs. 3 ff. VO Nr. 596/2014 neben die Festlegung als Formalakt hinzutreten müssen, ist jedenfalls bei einem Handeln im Einklang mit einer zulässigen Marktpraxis, die diese Voraussetzungen erfüllt, ein Tatbestandsausschluss gegeben. 20

b) **Vorherige formelle Festlegung ohne Erfüllung der Voraussetzungen des Art. 13 VO Nr. 596/2014.** Steht eine Handlung im Einklang mit einer formell anerkannten Marktpraxis, die ihrerseits nicht den **Voraussetzungen des Art. 13 VO Nr. 596/2014** genügt, schließt dies – bei Bestehen legitimer Gründe (Rz. 28 f.) – die Tatbestandsmäßigkeit gleichwohl aus. Die Bezugnahme auf den ganzen Art. 13 VO Nr. 596/2014 im Tatbestandsausschluss ist daher überschießend[2]. Art. 13 Abs. 2 VO Nr. 596/2014 enthält nämlich als materielle Verfahrensnorm nur Verhaltensvorgaben für die zuständigen Behörden und nicht für die Marktteilnehmer (Rz. 12). Eine materiell fehlerhafte Festlegung durch eine zuständige Behörde kann deshalb nicht ohne weiteres zum Nachteil der Marktteilnehmer gereichen. 21

In Deutschland stimmt dies auch mit den maßgeblichen verwaltungsrechtlichen Wertungen überein. Grundsätzlich sind beim Vollzug europäischen Sekundärrechts (indirekter Vollzug) europäische verfahrensrechtliche Vorgaben zu beachten[3]. Soweit das Unionsrecht – wie vorliegend – keine gegensätzlichen Regelungen trifft, kommt das nationale Verwaltungsrecht zur Anwendung[4]. Da die Festlegung dogmatisch als Verwaltungsakt in Form einer Allgemeinverfügung einzuordnen ist (Rz. 68), kann sich der Bürger nach nationalem Verwaltungsrecht auf einen bestandskräftigen Verwaltungsakt verlassen. Ein Verwaltungsakt bleibt nach § 43 Abs. 2 VwVfG nämlich wirksam, solange und soweit er nicht zurückgenommen, widerrufen, anderweitig aufgehoben oder durch Zeitablauf oder auf andere Weise erledigt ist[5]. Formelle oder materielle Fehler beeinträchtigen seine Wirksamkeit – in den Grenzen des § 44 VwVfG (Rz. 24) – nicht. Auf Basis der MAR spricht dafür auch das formali- 22

---

1 Dazu *Schmolke* in Klöhn, Art. 13 MAR Rz. 20 ff.
2 So auch *Diversy/Köpferl* in Graf/Jäger/Wittig, Wirtschafts- und Steuerstrafrecht, 2. Aufl. 2017, § 38 WpHG Rz. 82, allerdings ohne nähere Begründung.
3 S. nur EuGH v. 19.6.1990 – C-213/89, ECLI:EU:C:1990:257 – The Queen/Secretary of State for Transport, Slg. 1990, I-2433 = NJW 1991, 2271; *Stelkens* in Stelkens/Bonk/Sachs, VwVfG, 8. Aufl. 2014, Eu.VerwR Rz. 144; *Nettesheim* in Grabitz/Hilf, Das Recht der Europäischen Union, 40. Aufl. 2009, Art. 249 EGV Rz. 241; *Ruffert* in Calliess/Ruffert, EUV/AEUV, 4. Aufl. 2011, Art. 197 AEUV Rz. 10.
4 EuGH v. 21.9.1983 – C-205-215/82, ECLI:EU:C:1983:233 – Deutsches Milchkontor, Slg. 1983, 2633/265: „Soweit das Gemeinschaftsrecht […] hierfür [Verwaltungsvollzug] keine gemeinsamen Vorschriften enthält, gehen die nationalen Behörden bei dieser Durchführung der Gemeinschaftsregeln nach den formellen und materiellen Bestimmungen des nationalen Rechts vor […]".
5 Vgl. *Mock* in KölnKomm. WpHG, § 20a WpHG Anh. I – § 7 MaKonV Rz. 21 zu einer formellen Anerkennung nach § 20a WpHG a.F.

sierte Verfahren der Überprüfung und der Beendigung der Festlegung einer zulässigen Marktpraxis durch die zuständige Behörde und die ESMA gem. Art. 13 Abs. 8 VO Nr. 596/2014 i.V.m. Art. 12 f. DelVO 2016/908. Es ist daher aus Gründen der Rechtssicherheit geboten, dass sich jedermann auf eine anerkannte zulässige Marktpraxis berufen kann, solange sie nicht gem. Art. 13 Abs. 8 VO Nr. 596/2014 geändert oder beendet wurde. Hieraus folgt, dass Geschäftsabschlüsse, Handelsauftragserteilungen und andere Handlungen, die einer **zum Zeitpunkt ihrer Vornahme** anerkannten Marktpraxis entsprachen und legitime Gründe hatten, als unverboten gelten müssen, und zwar auch dann, wenn die Festlegung fragwürdig oder gar anfänglich rechtswidrig war oder mittlerweile rechtswidrig geworden ist. In derartigen Fällen sind insbesondere auch Strafverfolgungsbehörden und -gerichte an die Festlegung gebunden, selbst wenn sie die Zulässigkeit der Marktpraxis anders beurteilen als die jeweils zuständige Behörde. Insoweit besteht eine Verwaltungsakzessorietät des Kapitalmarktstraf- bzw. sanktionenrechts[1].

23 Gleiche Erwägungen gelten erst recht im Falle einer nur **formell fehlerhaften Festlegung** durch die zuständige Behörde, wenn also etwa das Kooperationsverfahren mit der ESMA nicht ordnungsgemäß eingehalten wurde. Auch insoweit kann ein Fehler der zuständigen Behörde oder der ESMA nicht denjenigen Marktteilnehmern zum Nachteil gereichen, die ihre Handlungen nach der anerkannten zulässigen Marktpraxis ausrichten und auch im Übrigen legitime Gründe für ihr Vorgehen haben (Rz. 28 f.).

24 Eine Grenze ist erst erreicht, wenn die Festlegung als **nichtig** i.S.v. § 44 VwVfG gelten muss[2]. Bei besonders schweren Rechtsfehlern, die der Allgemeinverfügung „auf die Stirn geschrieben sind" genießen die Marktteilnehmer keinen Vertrauensschutz. Das kommt insbesondere in Betracht, wenn eine unzuständige Behörde die Festlegung trifft. Unter dem Gesichtspunkt der **fehlenden legitimen Gründe** ist zudem dann eine Ausnahme zu machen, wenn der Marktteilnehmer die (materielle) **Rechtswidrigkeit** der Festlegung **sicher kennt** und gleichwohl nach der zulässigen Marktpraxis handelt (Rz. 29).

25 **c) Fehlen der formellen Festlegung bei Erfüllung der materiellen Voraussetzungen.** Gegensätzlich stellt sich die Situation im Falle einer fehlenden formellen Festlegung bei Vorliegen der materiellen Voraussetzungen des Art. 13 Abs. 2 VO Nr. 596/2014 und damit einer Anerkennungsfähigkeit dar. In diesem Fall sind die **Voraussetzungen des Tatbestandsausschlusses nicht erfüllt**[3]. Dies bestätigt auch Erwägungsgrund 42 Satz 2 VO Nr. 596/2014, der besagt, dass eine „zulässige Marktpraxis ... nur von der zuständigen Stelle festgelegt werden [kann], die für die Beaufsichtigung des betreffenden Marktes in Bezug auf Marktmissbrauch zuständig ist." Es kommt darauf an, dass eine Festlegung durch eine zuständige Behörde gegeben ist. Liegt diese nicht vor, kommt auch kein Tatbestandsausschluss in Betracht. Nur so kann im Zusammenhang mit der zulässigen Marktpraxis ein Mindestmaß an Rechtssicherheit erreicht werden und zudem die Aufsichtsarbitrage geringgehalten werden (Rz. 10). Es ist nämlich gerade das durch Art. 13 Abs. 3 ff. VO Nr. 596/2014 vorgegebene Verfahren und die darin vorgesehene Einbindung der anderen zuständigen Behörden und der ESMA, die Transparenz über die zulässigen Marktpraktiken und insbesondere eine Vereinheitlichung zwischen den Mitgliedstaaten zumindest möglich machen. Ganz in diesem Sinne betont auch Erwägungsgrund 1 Satz 1 DelVO 2016/908, dass die Festlegung gemeinsamer Kriterien, Verfahren und Anforderungen zur Entwicklung einheitlicher Regelungen hinsichtlich der zulässigen Marktpraxis beitragen, die Klarheit des ihr zugrunde liegenden Rechtsrahmens verbessern sowie faire und effiziente Verhaltensweisen der Marktteilnehmer untereinander fördern soll. Auch deshalb muss das Verfahren, das schon vom Wortlaut zur konstitutiven Voraussetzung erhoben wird, zuvor unbedingt durchlaufen worden sein, damit ein Tatbestandsausschluss vom Verbot der Marktmanipulation nach Art. 12 Abs. 1 lit. a VO Nr. 596/2014 in Betracht kommt.

26 Davon unberührt muss eine entsprechende Übereinstimmung der Handlung mit einer grundsätzlich anerkennungsfähigen Marktpraxis aber im Rahmen des Ermessens bei der Einleitung von Aufsichtsmaßnahmen, ebenso wie bei der verwaltungs-, straf- und ordnungswidrigkeitenrechtlichen Sanktionierung berücksichtigt werden. Zudem ist zu berücksichtigen, dass Handlungen, die etwa die Liquidität oder die Effizienz des Marktes befördern, insbesondere soweit sie mit den Handelsregeln an einem bestimmten Markt übereinstimmen, auch ohne die Anerkennung als zulässige Marktpraxis nicht dem Marktmanipulationsverbot unterfallen müssen[4], was aber eine Frage der Erfüllung der übrigen Tatbestandsvoraussetzungen des Art. 12 VO Nr. 596/2014 ist.

---

1 I.E. ebenso zu § 20a Abs. 2 WpHG a.F. *Schröder*, Handbuch Kapitalmarktstrafrecht, 3. Aufl. 2015, Rz. 538; *Mock* in KölnKomm. WpHG, § 20a WpHG Anh. I – § 7 MaKonV Rz. 15; *Fleischer* in Fuchs, § 20a WpHG Rz. 81.
2 Vgl. *Mock* in KölnKomm. WpHG, § 20a WpHG Anh. I – § 7 MaKonV Rz. 21 zu einer formellen Anerkennung nach § 20a WpHG a.F.
3 *Diversy/Köpferl* in Graf/Jäger/Wittig, Wirtschafts- und Steuerstrafrecht, 2. Aufl. 2017, § 38 WpHG Rz. 82; *Schmolke* in Klöhn, Art. 13 MAR Rz. 23 f.; a.A. *Racky* in Meyer/Veil/Rönnau, Handbuch zum Marktmissbrauchsrecht, § 16 Rz. 6; *Sorgenfrei/Saliger* in Park, Kapitalmarktstrafrecht, Kap. 6.1. Rz. 122; *Zetzsche* in Gebauer/Teichmann, Europäisches Privat- und Unternehmensrecht, § 7 C. Rz. 73. § 20a Abs. 2 Satz 3 WpHG a.F. hatte in Umsetzung von Art. 2 Abs. 2 DurchfRL 2004/72/EG demgegenüber noch bestimmt, dass eine Marktpraxis nicht bereits deshalb unzulässig ist, weil sie zuvor nicht ausdrücklich anerkannt wurde. Auch insoweit war freilich zweifelhaft, wie die Vorschrift mit § 20a Abs. 2 Satz 2 WpHG a.F. in Einklang zu bringen war, wonach als zulässige Marktpraxis „nur" galt, was als solche von der BaFin anerkannt wurde.
4 ESMA, Final Report – Draft technical standards on the Market Abuse Regulation, ESMA/2015/1455, S. 30.

d) Nachträgliche formelle Festlegung. Die **nachträgliche Festlegung** einer zulässigen Marktpraxis ist unter der MAR – anders als noch im Rahmen des § 20a Abs. 2 WpHG a.F.[1] – **nicht möglich** bzw. nicht geeignet, eine verbotene Handlung *ex post* zu legalisieren[2]. Dabei ist unerheblich, ob die materiellen Festlegungsvoraussetzungen vorgelegen haben oder nicht. Zwar ist es nach deutschem Recht grundsätzlich möglich, Allgemeinverfügungen mit Rückwirkung zu erlassen, insbesondere soweit dies zum Vorteil des Bürgers geschieht[3]. Das Unionsrecht macht mit den Voraussetzungen im Tatbestandsausschluss allerdings zwingende andere Vorgaben. Es verlangt nämlich, dass die Festlegung bereits vor der Vornahme der Handlung anerkannt **wurde** (Rz. 25). Deshalb darf eine Rückwirkung auch nicht durch die Anwendung nationalen Verwaltungsrechts – etwa in Form einer rückwirkenden Allgemeinverfügung – erzeugt und damit die unionsrechtlichen Vorgaben konterkariert werden.

27

4. Legitime Gründe. Neben dem Einklang mit einer zulässigen Marktpraxis verlangt der Tatbestandsausschluss das Vorliegen legitimer Gründe für die Handlung[4]. Unabhängig vom Einklang mit einer zulässigen Marktpraxis (Rz. 18 ff.) kommt ein Tatbestandsausschluss dann nicht in Betracht, wenn hinter dem Geschäftsabschluss, der Handelsauftragserteilung oder der anderen Handlung ein **rechtswidriger Grund** verbirgt (Erwägungsgrund 42 Satz 1 VO Nr. 596/2014). Dabei können diese rechtswidrigen Gründe sowohl bei derjenigen Person vorliegen, die die zulässige Marktpraxis ausführt, als auch bei derjenigen Person, die von ihrer Ausführung profitiert[5]. Das Erfordernis war schon durch Art. 1 Nr. 1a RL 2003/6/EG (MAD I) vorgegeben und geht historisch auf den *regular user test* des englischen und angloamerikanischen Rechts zurück, wonach ein Handeln aus *legitimate business reasons* nicht marktmissbräuchlich ist, was dort mit einer Darlegungs- und Nachweispflicht des betreffenden Marktteilnehmers verbunden wird[6].

28

Eine am Zweck des Art. 13 VO Nr. 596/2014 orientierte Auslegung ergibt, dass die Gründe nicht mit den subjektiven Beweggründen, Motiven, Absichten, Zwecken oder Zielen des Handelnden gleichzusetzen sind[7], obwohl diese bei der Beurteilung durchaus eine Rolle spielen. Im Rahmen des Marktmanipulationsverbots ist es grundsätzlich unerheblich, ob eine Transaktion der Geldwäsche, Steuerhinterziehung oder Zwangsvollstreckungsvereitelung – für sich genommen freilich illegitime Gründe (!) – dient[8]. Vielmehr geht es nur um **kapitalmarktrechtlich relevanten Gründe**, die sowohl objektive als auch subjektive und nicht zuletzt normative Elemente haben, wobei die objektiven Wirkungen, subjektiven Ziele und der wirtschaftliche Sinn der Transaktion auch und gerade in Bezug auf den jeweiligen Markt im Vordergrund stehen[9]. **Legitim** i.S.v. Art. 12 Abs. 1 lit. a letzter Halbsatz bzw. Art. 13 Abs. 1 VO Nr. 596/2014 sind Gründe, die kapitalmarktrechtlich anzuerkennen sind und damit nicht den anerkannten Prinzipien, Strukturen, Mechanismen, Funktionsbedingungen und der Integrität der jeweiligen Märkte zuwiderlaufen. Legitim ist grundsätzlich etwa das Ausnutzen von Kurs- oder Zinsdifferenzen bei sog. Arbitragegeschäften (vgl. Art. 12 VO Nr. 596/2014 Rz. 97)[10] und bloße Spekulationen. **Illegitim** sind hingegen Handlungen, deren Wirkung, Ziel und Sinn sich in der marktfunktionswidrigen Preisbeeinflussung erschöpfen, wobei eine Preisbeeinflussungsabsicht nicht zwingend vorliegen muss. Zudem stehen

29

---

1 Zu § 20a Abs. 2 WpHG a.F. hatte die Begründung des Regierungsentwurfs noch formuliert, dass eine Anerkennung durch die BaFin auch *ex post* erfolgen könne (Begr. RegE AnSVG, BT-Drucks. 15/3174, 37). Ausdrücklichen Eingang in das Gesetz hat die nachträgliche Anerkennung in § 7 Abs. 2 MaKonV erhalten, wonach die BaFin auch nach der Einleitung eines Verfahrens wegen Marktmanipulation – und damit notwendig auch nach der Vornahme der Manipulationshandlung – noch eine Marktpraxis im Eilverfahren anerkennen konnte. Die Kritik an der Formulierung im Regierungsentwurf aus dem Schrifttum hatte den Finanzausschuss zusätzlich zu der Einfügung des „klarstellenden" § 20a Abs. 2 Satz 3 WpHG a.F. veranlasst, wonach eine Marktpraxis nicht bereits deshalb unzulässig sein sollte, weil sie zuvor nicht ausdrücklich anerkannt wurde. Dieser Zusatz hatte freilich die Diskussion zum alten Recht, ob das Vorliegen einer formellen Anerkennung konstitutive Voraussetzung des Tatbestandsausschlusses sei, erst ausgelöst.
2 A.A. *Schmolke* in Klöhn, Art. 13 MAR Rz. 24.
3 *Mock* in KölnKomm. WpHG, § 20a Anh. I – § 7 MaKonV Rz. 16.
4 *Racky* in Meyer/Veil/Rönnau, Handbuch zum Marktmissbrauchsrecht, § 16 Rz. 7; *Schmolke* in Klöhn, Art. 13 MAR Rz. 27 f.; *Sorgenfrei/Saliger* in Park, Kapitalmarktstrafrecht, Kap. 6.1. Rz. 163. Kritisch zu dem Tatbestandsmerkmal *Diversy/Köpferl* in Graf/Jäger/Wittig, Wirtschafts- und Steuerstrafrecht, 2. Aufl. 2017, § 38 WpHG Rz. 83: „weist kaum feststellbare Konturen auf".
5 ESMA, Final Report – Draft technical standards on the Market Abuse Regulation, ESMA/2015/1455, S. 31.
6 *Fleischer*, Gutachten F zum 64. DJT, F118 f.; *Sorgenfrei/Saliger* in Park, Kapitalmarktstrafrecht, Kap. 6.1. Rz. 163. Nach RegE. AnSVG, S. 37 zu § 20a Abs. 2 WpHG a.F. handelte es sich bei den legitimen Gründen um ein subjektives Element, das lediglich dann zu verneinen sei, wenn festgestellt werden könne, dass der Handelnde in betrügerischer oder manipulativer Absicht gehandelt habe. In der Sache überzeugte es freilich nicht, so „durch die Hintertür" das nicht mehr im geltenden Recht enthaltene Erfordernis der Preisbeeinflussungsabsicht sowie das dem Marktmanipulationsrecht seit jeher fremde Erfordernis der Betrugs(= Bereicherungs)absicht einzuführen.
7 *Schmolke* in Klöhn, Art. 13 MAR Rz. 28.
8 A.A. *Zetzsche* in Gebauer/Teichmann, Europäisches Privat- und Unternehmensrecht, § 7 C. Rz. 76; so wie hier oder ähnlich zu § 20a Abs. 2 WpHG a.F. *Vogel* in 6. Aufl., § 20a WpHG Rz. 179; *Fleischer* in Fuchs, § 20a WpHG Rz. 79; *Mock* in KölnKomm. WpHG, § 20a WpHG Rz. 271; *Schwark* in Schwark/Zimmer, § 20a WpHG Rz. 57.
9 In diese Richtung auch *Schmolke* in Klöhn, Art. 13 MAR Rz. 28; a.A. *Zetzsche* in Gebauer/Teichmann, Europäisches Privat- und Unternehmensrecht, § 7 C. Rz. 76.
10 Vgl. *Schmolke* in Klöhn, Art. 13 MAR Rz. 28; *Sorgenfrei/Saliger* in Park, Kapitalmarktstrafrecht, Kap. 6.1. Rz. 163 unter Verweis auf die Praxis der britischen FSA (FCA).

hinter einer Handlung keine legitimen Gründe, wenn der Manipulator **positive Kenntnis** davon hat, dass die festgelegte Marktpraxis nicht die Voraussetzungen des Art. 13 Abs. 2 VO Nr. 596/2014 erfüllt und er gleichwohl danach handelt und damit die Festlegung rechtsmissbräuchlich ausnutzt[1]. In diesem Fall läuft die Ausführung der Marktpraxis nämlich den kapitalmarktrechtlichen Schutzzwecken des Marktmanipulationsrechts gerade zuwider. Grundsätzlich legitim ist es aber, sich auch dann auf die Festlegung der Marktpraxis zu stützen, wenn mittlerweile Zweifel an der Zulässigkeit aufgekommen sind.

30 **5. Nachweiserfordernis.** Art. 12 Abs. 1 lit. a letzter Halbsatz und Art. 13 Abs. 1 VO Nr. 596/2014 sprechen davon, dass die Person, die eine Handlung nach Art. 12 Abs. 1 lit. a VO Nr. 596/2014 vornimmt, **nachweisen muss**, dass das Geschäft, der Auftrag oder die Handlung legitime Gründe hat und im Einklang mit der zulässigen Marktpraxis gem. Art. 13 VO Nr. 596/2014 steht[2].

31 Das Nachweiserfordernis kann sich richtigerweise **sachlich** schon nur auf den **Einklang** des Verhaltens **mit** einer **zulässigen Marktpraxis** und nicht auf das Vorliegen legitimer Gründe beziehen. Die legitimen Gründe sind nämlich als Ausschlussgrund konzipiert (Rz. 28f.). Deshalb kann von einem Marktteilnehmer nicht verlangt werden, dass er nachweist, dass sein Verhalten mit allen nur denkbaren kapitalmarktrechtlichen Verhaltensanforderungen und Prinzipien übereinstimmt. In diese Richtung deutet auch Erwägungsgrund 42 VO Nr. 596/2014, wonach „von einer Rechtsverletzung ausgegangen werden [könnte], wenn die zuständige Behörde **feststellt**, dass sich hinter den betreffenden Geschäften oder Handelsaufträgen ein rechtswidriger Grund verbirgt." Deshalb tragen Marktteilnehmer für die quasi Rückausnahme vom Tatbestandsausschluss wegen des **Fehlens legitimer Gründe** weder im aufsichtsrechtlichen und erst recht nicht im straf- oder bußgeldrechtlichen Verfahren eine Darlegungs- oder Beibringungslast.

32 Doch auch soweit ein Marktteilnehmer nach Art. 12 Abs. 1 lit. a letzter Halbsatz bzw. Art. 13 Abs. 1 VO Nr. 596/2014 nachweisen muss, ob eine Handlung im Einklang mit einer zulässigen Marktpraxis steht, bezieht sich das Nachweiserfordernis nur auf **Tatsachen-** und **nicht auf Rechtsfragen**. Ob ein Verhalten rechtlich im Einklang mit einer zulässigen Marktpraxis steht muss von der BaFin bzw. den Gerichten in eigener Verantwortung entschieden werden. Der Manipulator ist damit im **Verwaltungsverfahren** nur dafür verantwortlich, diejenigen Tatsachen beizubringen, die ergeben, dass sein Verhalten im Einklang mit einer zulässigen Marktpraxis steht. Die Subsumtion und damit die rechtliche Beurteilung ist Aufgabe der Aufsichtsbehörde bzw. später der Gerichte. Nur insoweit besteht also eine Ausnahme vom auch im Verwaltungsverfahren des indirekten Vollzugs der MAR geltenden Amtsermittlungsgrundsatz (vgl. § 24 Abs. 1 Satz 1 VwVfG).

33 Davon zu unterscheiden ist ein **Straf- oder Bußgeldverfahren**. Insoweit sind es Tatfragen, was zulässige Marktpraxis ist und aus welchen Gründen der Betroffene handelte, die von Amts wegen zu ermitteln sind. Der Nichteinklang mit einer zulässigen Marktpraxis bzw. das Nichtvorliegen legitimer Gründe sind zur Überzeugung der Ermittlungsbehörden oder der Gerichte festzustellen, ohne dass den Beschuldigten bzw. Betroffenen eine Beweislast träfe. Vielmehr sind im Zweifel sogar die den Beschuldigten bzw. Betroffenen günstigeren Tatsachen zu unterstellen (*in dubio pro reo*). Soweit die §§ 119, 120 WpHG auf Art. 15 VO Nr. 596/2014 und damit auch mittelbar auf die Nachweisbestimmung in Art. 12 Abs. 1 lit. a letzter Halbsatz bzw. Art. 13 Abs. 1 VO Nr. 596/2014 verweisen, ist deren Wortlaut unions- und verfassungsrechtskonform zu reduzieren. Zwar lässt der EGMR durchaus eine Beweislastverschiebung auch zu Lasten des Angeklagten zu[3]. Ausweislich der Formulierung in Art. 5 Abs. 2 RL 2014/57/EU ist der europäische Gesetzgeber aber für die strafrechtliche Sanktionierung gerade von seiner im aufsichtsrechtlichen Bereich geltenden Nachweilastverteilung (Rz. 30ff.) abgerückt. Denn die jedenfalls für den Straftatbestand des § 119 Abs. 1 Nr. 2 WpHG eigentlich maßgebliche Definition der Marktmanipulation in **Art. 5 Abs. 2 RL 2014/57/EU (CRIM-MAD)** (Art. 15 VO Nr. 596/2014 Rz. 4ff.) kennt ganz in diesem Sinne gerade **kein Nachweiserfordernis**, sondern formuliert, dass eine Manipulation dann nicht vorliegt, wenn „die Person, die die Transaktion getätigt oder den Handelsauftrag erteilt hat, ... sich auf einen rechtmäßigen Grund stützen [kann] und die Transaktion oder der Handelsauftrag ... im Einklang mit der zugelassenen Marktpraxis auf dem betreffenden Handelsplatz [steht]"[4]. Die insofern richtlinienwidrige Umsetzung der CRIM-MAD durch den Verweis auf Art. 15 VO Nr. 596/2014 muss durch einen Verzicht auf das Nachweiserfordernis im Strafverfahren und richtigerweise auch im Ordnungswidrigkeitenverfahren korrigiert werden[5].

---

1 Vgl. *Mock* in KölnKomm. WpHG, § 20a WpHG Rz. 273.
2 *Schmolke* in Klöhn, Art. 13 MAR Rz. 9ff. Kritisch *Sorgenfrei/Saliger* in Park, Kapitalmarktstrafrecht, Kap. 6.1. Rz. 129. Bereits die Ausnahme vom Verbot der Marktmanipulation nach Art. 1 Nr. 2 lit. a RL 2003/6/EG (MAD I) war als Beweislastumkehr formuliert. Der deutsche Gesetzgeber hatte diese Formulierung in § 20a Abs. 2 WpHG nicht übernommen, weshalb Diskussionen über die Richtlinienkonformität der deutschen Umsetzung geführt wurden. S. *Fleischer* in Fuchs, § 20a WpHG Rz. 77; *Mock* in KölnKomm. WpHG, § 20a WpHG Rz. 275ff.; *Sorgenfrei/Saliger* in Park, Kapitalmarktstrafrecht, Kap. 6.1. Rz. 130.
3 *Schmolke* in Klöhn, Art. 13 MAR Rz. 11 m.N.
4 Darauf weisen auch *Sorgenfrei/Saliger* in Park, Kapitalmarktstrafrecht, Kap. 6.1. Rz. 129 hin.
5 Ebenso im Ergebnis *Sorgenfrei/Saliger* in Park, Kapitalmarktstrafrecht, Kap. 6.1. Rz. 129. Im Übrigen ist der Verweis in § 38 WpHG auf Art. 15 statt auf Art. 5 CRIM-MAD aber richtlinienkonform, s. *Sajnovits/Wagner*, WM 2017, 1189.

VI. Zuständigkeit für die Festlegung einer zulässigen Marktpraxis (Art. 13 Abs. 2 VO Nr. 596/2014).

Zuständig für die Festlegung einer zulässigen Marktpraxis ist nur eine **zuständige Behörde i.S.d. MAR**. Eine solche ist nach Art. 3 Abs. 1 Nr. 12 VO Nr. 596/2014 eine gem. Art. 22 VO Nr. 596/2014 benannte zuständige Behörde. Nach § 4 Abs. 3b WpHG ist dies für die Bundesrepublik Deutschland die **Bundesanstalt für Finanzdienstleistungsaufsicht (BaFin)**[1]. Auf anderem Weg oder durch andere Stellen – auch (Straf-) Gerichte – darf eine förmliche Festlegung zulässiger Marktpraktiken nicht erfolgen[2], und in diesem Sinne hat die BaFin ein **Festlegungsmonopol**[3]. Eine durch die BaFin anerkannte zulässige Marktpraxis ist allerdings räumlich auf das Hoheitsgebiet der Bundesrepublik Deutschland beschränkt (Rz. 16 f.).

VII. Materielle Kriterien für eine zulässige Marktpraxis (Art. 13 Abs. 2 Satz 1 VO Nr. 596/2014).

Eine nicht abschließende Aufzählung materieller **Kriterien für die Zulässigkeit einer Marktpraxis** enthält Art. 13 Abs. 2 VO Nr. 596/2014[4]. Die Vorschrift ist unmittelbar nur an die zuständigen Behörden adressiert (Rz. 12). Zugleich gibt die Norm Marktteilnehmern aber auch Kriterien an die Hand, um die Verbotswidrigkeit eines Marktverhaltens im Rahmen des Art. 12 Abs. 1 lit. a VO Nr. 596/2014 zu beurteilen, da sie Strukturprinzipien benennt, die für einen effizient funktionierenden Finanzmarkt unumgänglich sind. Aus der Vorschrift ist zu entnehmen, dass ein Verhalten insbesondere dann manipulativ und verbotswürdig sein kann, wenn es

- die Markttransparenz,
- das Funktionieren der Marktkräfte und das richtige Zusammenspiel von Angebot und Nachfrage,
- die Marktliquidität und -effizienz,
- die Marktstruktur,
- die Marktintegrität verbundener Märkte oder
- die Strukturmerkmale des betreffenden Marktes

beeinträchtigt, d.h. verletzt oder gefährdet. Dabei müssen nicht alle Kriterien kumulativ erfüllt sein, sondern es ist eine Abwägung der Kriterien im Einzelfall erforderlich.

Die Art. 3–9 DelVO 2016/908 legen die Kriterien des Art. 13 Abs. 2 VO Nr. 596/2014 näher fest, indem sie Pflichten bei der Festlegung einer zulässigen Marktpraxis an die zuständigen Behörden adressieren. Die Sicherung der genannten Strukturprinzipien soll im Wesentlichen durch eine aktive Einbindung derjenigen Personen sichergestellt werden, die **zulässige Marktpraxis ausführen** sowie derjenigen Personen, die von der Ausführung der zulässigen Marktpraxis profitieren könnten, indem sie eine andere Person benennen, die die zulässige Marktpraxis ausführt (**Begünstigter**)[5]. Im Einzelfall können die Strukturprinzipien aber bereits durch die gegebenen Marktbedingungen gewährleistet sein, etwa soweit bereits bestehende gesetzliche Vorschriften oder Handelsregeln hinreichende Transparenz sicherstellen.

1. Markttransparenz (Art. 13 Abs. 2 lit. a VO Nr. 596/2014). Nach Art. 13 Abs. 2 lit. a VO Nr. 596/2014 muss die Marktpraxis und ihre Ausführung für den **gesamten Markt hinreichend transparent** sein[6]. Eine Transparenz nur im Verhältnis zu Teilen des Markts oder gar nur einzelnen Marktteilnehmern gegenüber genügt grundsätzlich nicht. Hinreichende Transparenz bedeutet, dass Marktteilnehmer sich in zumutbarer Weise über die Marktpraxis, aber auch darüber, ob und inwieweit eine konkrete Handlung der Marktpraxis entspricht, unterrichten können. Hieraus folgt, dass das Transparenzerfordernis im Grundsatz nur durch **Publizität** erfüllt wird, die ad hoc, aber auch dadurch hergestellt werden kann, dass bestimmte Geschäftsarten im Einklang mit dem Regelwerk eines Marktes nachvollziehbar offengelegt werden. Dabei muss auf Strukturbedingungen des jeweiligen Markts Rücksicht genommen werden. Auf nichtorganisierten Märkten herrscht strukturbedingt weniger Transparenz als auf organisierten Märkten, was dazu führt, dass auf diesen Märkten zusätzliche Anstrengungen unternommen werden müssen[7]. Es kann aber auch auf OTC-Märkten die erforderliche Transparenz hergestellt werden, so dass Handlungen auf diesen nicht per se aus dem Anwendungsbereich zulässiger Marktpraktiken ausgenommen sind[8].

Da Art. 13 Abs. 2 VO Nr. 596/2014 und seine Konkretisierung in Art. 3 DelVO 2016/908 nur **Vorgaben an die zuständigen Behörden** adressieren (Rz. 12), müssen diese sicherstellen, dass bei der späteren Vornahme von

---

1 Schmolke in Klöhn, Art. 13 MAR Rz. 63 ff.; Sorgenfrei/Saliger in Park, Kapitalmarktstrafrecht, Kap. 6.1. Rz. 132.
2 Vgl. Mock in KölnKomm. WpHG, § 20a WpHG Anh. I – § 7 MaKonV Rz. 2; Fleischer in Fuchs, § 20a WpHG Rz. 80.
3 Treffend sprach Fleischer in Fuchs, § 20a WpHG Rz. 80 zur zulässigen Marktpraxis nach § 20a Abs. 2 WpHG a.F. von einem Anerkennungsmonopol der BaFin.
4 ESMA, Opinion on intended Accepted Market Practice on liquidity contracts notified by the Comision Nacional del Mercado de Valores, ESMA/2016/1663 v. 16.12.2016, S. 3; Mock in Ventoruzzo/Mock, Market Abuse Regulation, Article 13 Rz. B.13.02. Kritisch zu den Kriterien Zetzsche in Gebauer/Teichmann, Europäisches Privat- und Unternehmensrecht, § 7 C. Rz. 70.
5 Art. 2 Abs. 3 lit. b DelVO 2016/908.
6 Racky in Meyer/Veil/Rönnau, Handbuch zum Marktmissbrauchsrecht, § 16 Rz. 14 ff.; Schmolke in Klöhn, Art. 13 MAR Rz. 33 ff.; Sorgenfrei/Saliger in Park, Kapitalmarktstrafrecht, Kap. 6.1. Rz. 139 f.
7 Vgl. ESMA, Final Report – Draft technical standards on the Market Abuse Regulation, ESMA/2015/1455, S. 31.
8 Vgl. ESMA, Final Report – Draft technical standards on the Market Abuse Regulation, ESMA/2015/1455, S. 31.

Art. 13 VO Nr. 596/2014 | Zulässige Marktpraxis

Handlungen im Einklang mit einer zulässigen Marktpraxis durch die beteiligten Marktteilnehmer hinreichende Transparenz hergestellt wird. Entsprechende Verpflichtungen können dabei grundsätzlich aufgrund bereits bestehender gesetzlicher Vorschriften – etwa zur Beteiligungspublizität – bestehen oder aber als Bedingungen für die Ausführung der zulässigen Marktpraxis in die Festlegung als Allgemeinverfügung (Rz. 68) mit aufgenommen werden.

39 Was unter einem **erheblichen Grad an Transparenz** zu verstehen ist, konkretisiert Art. 3 DelVO 2016/908. Bei den Transparenzanforderungen unterscheidet dieser nach den Phasen vor der ersten Ausführung einer Marktpraxis als zulässige Marktpraxis, derjenigen nach der ersten Anwendung einer Marktpraxis als zulässige Marktpraxis und derjenigen nach Beendigung der Ausführung einer Marktpraxis.

40 Nach Art. 3 Abs. 1 lit. a DelVO 2016/908 muss durch die zuständige Behörde gewährleistet werden, dass bereits **vor der ersten Ausführung** einer Marktpraxis als zulässige Marktpraxis folgende Informationen für den Markt transparent gemacht werden[1]:
  (i) die Identität der künftigen Begünstigten und ausführenden Personen sowie Angabe dazu, wer von ihnen für die Erfüllung der Transparenzanforderungen nach Art. 3 Abs. 1 lit. b und lit. c DelVO 2016/908 verantwortlich ist,
  (ii) Angaben der Finanzinstrumente, auf die die zulässige Marktpraxis angewandt werden soll,
  (iii) der Zeitraum, in dem die zulässige Marktpraxis ausgeführt werden soll, und die Situationen oder Bedingungen, die zu einer vorübergehenden Unterbrechung, Aussetzung oder Beendigung ihrer Ausführung führen können,
  (iv) Angabe der Handelsplätze, auf denen die zulässige Marktpraxis ausgeführt werden soll, und gegebenenfalls Angaben der Möglichkeit, Geschäfte außerhalb eines Handelsplatzes abzuschließen sowie
  (v) gegebenenfalls die Nennung der Höchstbeträge an Bargeld und der Anzahl der Finanzinstrumente, die von der zulässigen Marktpraxis erfasst werden sollen.
Die zuständige Behörde muss insoweit sicherstellen, dass diejenigen Personen, die beabsichtigen eine zulässige Marktpraxis auszuführen oder von der Ausführung begünstigt werden, diese Informationen im Vorfeld der Ausführung transparent machen.

41 Weitergehend hat die zuständige Behörde gem. Art. 3 Abs. 1 lit. b DelVO 2016/908 sicherzustellen, dass **ab der ersten Anwendung** einer Marktpraxis als zulässige Marktpraxis[2]:
  (i) eine regelmäßige Vorlage detaillierter Angaben zu Handelstätigkeiten im Zusammenhang mit der Ausführung der zulässigen Marktpraxis, beispielsweise die Anzahl der abgeschlossenen Geschäfte, das Handelsvolumen, der durchschnittliche Umfang der Geschäfte und der angezeigten durchschnittlichen Spreads und Preise der abgeschlossenen Geschäfte[3] erfolgt sowie
  (ii) alle Änderungen an bereits bekanntgegebenen Informationen zur zulässigen Marktpraxis, einschließlich Änderungen bei den verfügbaren Ressourcen in Form von Bargeld und Finanzinstrumenten, Änderungen hinsichtlich der Identität der die zulässige Marktpraxis ausführenden Personen (Rz. 43) sowie alle Änderungen bei der Allokation von Bargeld oder Finanzinstrumenten in den Konten des Begünstigten und der Personen, die die zulässige Marktpraxis ausführen, bekanntgegeben werden.
Die durch Art. 13 Abs. 2 lit. a VO Nr. 596/2014 verpflichtete zuständige Behörde kann eine entsprechende Transparenz ab der ersten Anwendung nur durch die Einbindung anderer Marktteilnehmer gewährleisten, deren Beteiligung sie deshalb vor bzw. in der Festlegung sicherstellen muss (vgl. Rz. 68 ff.).

42 Gem. Art. 3 Abs. 1 lit. c DelVO 2016/908 hat die zuständige Behörde zudem sicherzustellen, dass im Falle einer **Beendigung der Ausführung** der zulässigen Marktpraxis auf Initiative der Person, die sie ausgeführt hat, des Begünstigten oder beider, Transparenz hergestellt wird über[4]:
  (i) die Tatsache, dass die Ausführung der zulässigen Marktpraxis eingestellt wird;
  (ii) eine Beschreibung der Art und Weise der Ausführung der zulässigen Marktpraxis;
  (iii) die Gründe oder Ursachen für die Einstellung der Ausführung der zulässigen Marktpraxis.
Da es auch insoweit um Informationen geht, die nur von Marktteilnehmern stammen können, die bislang Handlungen im Einklang mit der betreffenden zulässigen Marktpraxis vorgenommen haben, Art. 13 Abs. 2 VO Nr. 596/2014 i.V.m. Art. 3 DelVO 2016/908 aber nur Pflichten an die zuständigen Behörden adressiert, geht es auch hier darum, dass die zuständigen Behörden entsprechende spätere Meldungen durch die Marktteilnehmer sicherstellen (vgl. Rz. 41).

---

1 *Schmolke* in Klöhn, Art. 13 MAR Rz. 34.
2 *Schmolke* in Klöhn, Art. 13 MAR Rz. 35.
3 Wenn an einem einzigen Handelstag mehrere Geschäfte getätigt werden, können tägliche aggregierte Zahlen für die betreffenden Kategorien von Angaben zulässig sein (Art. 3 Abs. 1 Unterabs. 2 DelVO 2016/908).
4 *Schmolke* in Klöhn, Art. 13 MAR Rz. 36.

Neben der Transparenz gegenüber dem Markt müssen die zuständigen Behörden gem. Art. 3 Abs. 2 DelVO 2016/908 dafür Sorge tragen, dass bestimmte **Meldungen durch Marktteilnehmer** an sie erfolgen[1]. Art. 3 Abs. 2 lit. a DelVO 2016/908 verpflichtet dazu sicherzustellen, dass **vor Ausführung** einer Marktpraxis als zulässige Marktpraxis Informationen über die Absprachen oder Verträge zwischen den identifizierten Begünstigten (Rz. 36) und den Personen, die die Marktpraxis nach deren Festlegung als zulässige Marktpraxis ausführen werden, an die zuständigen Behörden übermittelt werden. Zudem müssen die zuständigen Behörden sicherstellen, dass ihnen **ab Beginn der Ausführung** regelmäßige Berichte mit detaillierten Angaben zu den getätigten Geschäften und zur Funktionsweise etwaiger Absprachen oder Verträge zwischen dem Begünstigten und den Personen, die die zulässige Marktpraxis ausführen, zugehen (Art. 3 Abs. 2 lit. b DelVO 2016/908). 43

2. Gewährleistung des Funktionierens der Marktkräfte und des Zusammenspiels von Angebot und Nachfrage (Art. 13 Abs. 2 lit. b VO Nr. 596/2014). Gem. Art. 13 Abs. 2 lit. b VO Nr. 596/2014 kommt es für eine zulässige Marktpraxis zudem darauf an, ob durch sie das Funktionieren der Marktkräfte und das richtige Zusammenspiel von Angebot und Nachfrage in hohem Grade gewährleistet werden[2]. Bei diesem Kriterium handelt es sich um eine **originär wettbewerbsrechtliche Erwägung**. Eine entsprechende Zwecksetzung ist gleichwohl auch im vorliegenden Zusammenhang gerechtfertigt, da das Marktmanipulationsrecht gerade eine im Sinne der Allokationseffizienz erforderliche einwandfreie Preisbildung sicherstellen soll und dafür auch das Funktionieren der Marktkräfte und das Zusammenspiel von Angebot und Nachfrage entscheidende Faktoren sind (vgl. Art. 12 VO Nr. 596/2014 Rz. 22). 44

Näher konkretisiert wird das Kriterium durch Art. 4 DelVO 2016/908. Nach Art. 4 Abs. 1 Satz 1 DelVO 2016/908 muss die zuständige Behörde zunächst berücksichtigen, ob die Marktpraxis die **Möglichkeiten** anderer Marktteilnehmer **einschränkt, auf Geschäfte zu reagieren**. Dies kann z.B. bei bestimmten Manipulationsstrategien im Hochfrequenz- bzw. algorithmischen Handel der Fall sein, da diese typischerweise die Reaktionsmöglichkeiten beeinträchtigen sollen bzw. langsamere Reaktionszeiten anderer Marktteilnehmer ausnutzen. Entsprechende Handlungsweisen können daher nicht als zulässige Marktpraxis festgelegt werden. 45

Zudem muss gem. Art. 4 Abs. 1 Satz 2 DelVO 2016/908 die **Art der Personen**, die die Marktpraxis nach ihrer Festlegung als zulässige Marktpraxis **ausführen dürfen**, berücksichtigt werden. Im Einzelnen ist zu berücksichtigen, 46
(a) ob es sich um beaufsichtigte Personen (Rz. 47) handelt;
(b) ob die Personen Mitglieder eines Handelsplatzes sind, an dem die zulässige Marktpraxis angewendet erden soll;
(c) ob die Personen Aufzeichnungen über Aufträge und Geschäfte im Zusammenhang mit der Marktpraxis führen, die es ermöglichen, diese Praxis leicht von anderen Handelsaktivitäten zu unterscheiden. Dies kommt etwa durch die Führung gesonderter Konten für die Ausführung der zulässigen Marktpraxis in Betracht, um insbesondere nachzuweisen, dass erteilte Aufträge getrennt und einzeln erfasst und Aufträge von verschiedenen Kunden nicht zusammengefasst werden;
(d) ob die Personen spezielle interne Verfahren eingeführt haben, die die sofortige Identifizierung der Aktivitäten, die mit der Marktpraxis im Zusammenhang stehen und die sofortige Bereitstellung der betreffenden Auftrags- und Geschäftsaufzeichnungen auf Ersuchen der zuständigen Behörde ermöglichen;
(e) ob sie über die notwendigen Ressourcen verfügen, um die Einhaltung der für die zulässige Marktpraxis festgelegten Bedingungen jederzeit überwachen und gewährleisten zu können und
(f) ob sie die unter Art. 4 Abs. 1 Satz 2 lit. c DelVO 2016/908 genannten Aufzeichnungen mindestens fünf Jahre lang aufbewahren.

Eine **beaufsichtigte Person** ist gem. Art. 1 DelVO 2016/908 entweder eine zugelassene Wertpapierfirmen gemäß der RL 2014/65/EU (Art. 1 lit. a DelVO 2016/908), ein zugelassenes Kreditinstitute gemäß der RL 2013/36/EU (Art. 1 lit. b DelVO 2016/908), eine finanzielle Gegenparteien i.S.v. Art. 2 Abs. 8 VO Nr. 648/2012 (Art. 1 lit. c DelVO 2016/908), jede Person, die der Zulassung, organisatorischen Anforderungen und der Beaufsichtigung seitens der „zuständigen Finanzbehörde" oder einer „nationalen Regulierungsbehörde" i.S.d. VO Nr. 1227/2011 unterliegt (Art. 1 lit. d DelVO 2016/908), jede Person, die der Zulassung, organisatorischen Anforderungen und der Beaufsichtigung seitens der zuständigen Behörden, Regulierungsbehörden oder Agenturen unterliegt, die für Waren-Spot- oder Derivatemärkte zuständig sind (Art. 1 lit. e DelVO 2016/908) sowie Anlagenbetreiber mit der Verpflichtung zur Einhaltung der Anforderungen der RL 2003/87/EG über ein System für den Handel mit Treibhausgasemissionszertifikaten (Art. 1 lit. f DelVO 2016/908)[3]. 47

Mit der Berücksichtigung der **personenbezogenen Kriterien** in Art. 4 Abs. 1 lit. a und lit. b DelVO 2016/908 ist die Wertung verbunden, dass ein Verhalten von Personen, die diese Kriterien erfüllen, tendenziell weniger 48

---

1 *Schmolke* in Klöhn, Art. 13 MAR Rz. 37 f.
2 *Racky* in Meyer/Veil/Rönnau, Handbuch zum Marktmissbrauchsrecht, § 16 Rz. 18 f.; *Schmolke* in Klöhn, Art. 13 MAR Rz. 41 ff.; *Sorgenfrei/Saliger* in Park, Kapitalmarktstrafrecht, Kap. 6.1. Rz. 143 f.
3 Dazu auch *Schmolke* in Klöhn, Art. 13 MAR Rz. 43.

dazu geeignet ist, das Funktionieren der Marktkräfte zu beeinträchtigen[1]. In der Tat sind diese Personen bereits durch andere Regulierungsmaßnahmen, aber auch etwa durch Art. 16 VO Nr. 596/2014 zu umfassenden Compliancemaßnahmen verpflichtet, und werden zudem laufend überwacht (s. Art. 16 VO Nr. 596/2014 Rz. 19 ff.). Gleichwohl hat der europäische Gesetzgeber darauf verzichtet, die Ausführung zulässiger Marktpraktiken generell solchen Personen vorzubehalten[2]. Vielmehr müssen die zuständigen Behörden im Einzelfall entscheiden, ob eine entsprechende Beaufsichtigung erforderlich ist um die Gewährleistung der Kriterien des Art. 13 Abs. 2 VO Nr. 596/2014 sicherzustellen[3]. Insgesamt beziehen sich die personenbezogenen Kriterien nur auf die Person, die die zulässige Marktpraxis ausführt (Rz. 36), und nicht auf den Begünstigten (Rz. 36)[4].

49 Systematisch zweifelhaft ist die **Berücksichtigung der Erfüllung gewisser Informations- und Aufzeichnungsvorgaben** durch Art. 4 Abs. 1 lit. c, lit. d und lit. f DelVO 2016/908 (Rz. 46). Zwar ist zutreffend, dass den Behörden durch entsprechende Pflichten ihre **spätere Überwachung** erleichtert wird (Erwägungsgrund 5 DelVO 2016/908). Gleichermaßen ist es für die Überwachung bedeutsam, dass die Ausführung der Marktpraxis von anderen Handelsaktivitäten unterschieden werden kann, die die betreffenden Personen für eigene Rechnung oder für Rechnung von Kunden durchführen (Erwägungsgrund 5 DelVO 2016/908). Unklar ist aber, inwieweit entsprechende Pflichten im Vorfeld absichern, dass durch die Ausführung einer zulässigen Marktpraxis das Funktionieren der Marktkräfte und das Zusammenspiel von Angebot und Nachfrage nicht gefährdet werden.

50 Gem. Art. 4 Abs. 2 DelVO 2016/908 hat die zuständigen Behörden zudem zu berücksichtigen, inwieweit durch die Marktpraxis eine **Vorabliste mit Handelsbedingungen** für ihre Ausführung als zulässige Marktpraxis, einschließlich **Beschränkungen für Preise und Volumen** und **Beschränkungen bei Positionen**, festgelegt wird[5].

51 Schließlich muss die zuständige Behörde gem. Art. 4 Abs. 3 DelVO 2016/908 beurteilen, inwieweit die Marktpraxis und die Absprache bzw. der Vertrag für ihre Ausführung es der Person, die die zulässige Marktpraxis ausführt (Rz. 36), ermöglicht, **unabhängig vom Begünstigten** (Rz. 36) zu handeln, ohne dessen Anweisungen, Informationen oder Einflussnahmen im Hinblick auf die Art und Weise der Durchführung des Handels ausgesetzt zu sein (Art. 4 Abs. 3 lit. a DelVO 2016/908)[6]. Ferner muss sie auch die **Vermeidung von Interessenskonflikten** zwischen dem Begünstigten und den Kunden der die zulässige Marktpraxis ausführenden Person sicherstellen (Art. 4 Abs. 3 lit. b DelVO 2016/908). Diese Voraussetzungen gewährleisten, dass die die Marktpraxis ausführende Personen keiner dem Interesse des freien Wettbewerbs entgegenstehenden Einflussnahme durch den von der Ausführung Begünstigten ausgesetzt wird. Die Aufsichtsbehörde muss anhand der ihr zur Verfügung gestellten Vertragsdokumente (Rz. 40) die entsprechende Unabhängigkeit prüfen und im Falle einer Nichtgewährleistung diese entweder sicherstellen lassen oder die zulässige Marktpraxis beenden (Rz. 96 ff.).

52 **3. Positive Auswirkungen auf Marktliquidität und -effizienz (Art. 13 Abs. 2 lit. c VO Nr. 596/2014).** Nach Art. 13 Abs. 2 lit. c VO Nr. 596/2014 muss die zuständige Behörde berücksichtigen, ob die Marktpraxis sich **positiv** auf die Marktliquidität und -effizienz auswirkt[7]. Das Kriterium ist damit am engsten mit der Zwecksetzung der zulässigen Marktpraxis verbunden (Rz. 8 ff.), da es hervorhebt, dass eine Marktpraxis sich als förderlich erweisen muss und nur so ihr Ausschluss aus dem Verbotstatbestand gerechtfertigt werden kann. Es genügt nicht, dass die Marktpraxis Liquidität und Effizienz nur nicht beeinträchtigen.

53 Erwägungsgrund 7 DelVO 2016/908 präzisiert, dass bei der Bewertung der Auswirkungen auf Marktliquidität und -effizienz die zuständigen Behörden das **Ziel dieser Marktpraktiken** berücksichtigen sollen[8]. Besteht dieses darin, den regulären Handel mit illiquiden Finanzinstrumenten zu fördern, *abusive squeezes* zu verhindern oder die Absprache von Offerten zu fördern, wenn das Risiko besteht, dass es keine Gegenparteien für einen Handel gibt oder ordnungsgemäße Geschäfte zu ermöglichen, wenn ein Teilnehmer eine beherrschende Stellung innehat, wird entsprechendes Vorgehen regelmäßig zu einer Beförderung der Liquidität beitragen. Im Umkehrschluss können Marktpraktiken, durch die Liquidität – etwa durch eine Verknappung von Angebot oder Nachfrage (*cornering, abusive squeeze*) – verringert wird, nicht als zulässige Marktpraxis festgelegt werden. Erwägungsgrund 7 DelVO 2016/908 stellt weiter klar, dass entsprechend liquiditätsbefördernde Ziele in Bezug auf den Preis auch darin bestehen, Preisschwankungen aufgrund übermäßiger Spreads und eines begrenzten Angebots bzw. einer begrenzten Nachfrage bei einem Finanzinstrument möglichst gering zu halten, ohne einen Markttrend zu gefährden, für Preistransparenz zu sorgen oder eine faire Preisbewertung in Märkten zu ermöglichen, in denen die meisten Geschäfte außerhalb eines Handelsplatzes durchgeführt werden. Damit wird die

---

1 Vgl. ESMA, Final Report – Draft technical standards on the Market Abuse Regulation, ESMA/2015/1455, S. 32, Rz. 125 ff.; dazu auch *Schmolke* in Klöhn, Art. 13 MAR Rz. 42.
2 Vgl. ESMA, Final Report – Draft technical standards on the Market Abuse Regulation, ESMA/2015/1455, S. 32; *Schmolke* in Klöhn, Art. 13 MAR Rz. 42.
3 Vgl. ESMA, Final Report – Draft technical standards on the Market Abuse Regulation, ESMA/2015/1455, S. 32.
4 Vgl. ESMA, Final Report – Draft technical standards on the Market Abuse Regulation, ESMA/2015/1455, S. 32.
5 *Schmolke* in Klöhn, Art. 13 MAR Rz. 46.
6 *Schmolke* in Klöhn, Art. 13 MAR Rz. 47.
7 *Schmolke* in Klöhn, Art. 13 MAR Rz. 49 ff. Das Kriterium geht damit deutlich weiter als § 8 Abs. 1 Nr. 2 MaKonV, der lediglich verlangte, dass die jeweilige Gepflogenheit die Liquidität und Leistungsfähigkeit des Markts nicht beeinträchtigt.
8 *Schmolke* in Klöhn, Art. 13 MAR Rz. 50.

Rolle von **Market Makern, Liquidity Providern** und **Designated Sponsors** deutlich in Bezug genommen[1]. Ein gleiches Ziel besteht auch bei sog. **Liquiditätskontrakten (liquidity agreements)**[2] (Rz. 103 f.), die in einigen Mitgliedstaaten bereits unter dem Regime der MAD I anerkannt waren und über deren Anerkennung auch unter der MAR derzeit diskutiert wird.

Art. 5 DelVO 2016/908 konkretisiert das Vorgehen der zuständigen Behörden bei der Bewertung der Frage, ob ein Verhalten Liquidität und Effizienz fördert, indem er ihr aufgibt, dass sie zumindest die folgenden Handelsumstände in Bezug auf einen betreffenden Markt bzw. ein betreffendes Finanzinstrument oder eine Gruppe von Finanzinstrumenten berücksichtigen muss: 54

(a) Handelsvolumen;
(b) Anzahl der Aufträge im Auftragsbuch (Ordertiefe);
(c) Tempo der Durchführung der Geschäfte;
(d) volumengewichteter Durchschnittspreis eines einzigen Handelstages, täglicher Schlusskurs;
(e) Geld-Brief-Spanne, Preisschwankung und -volatilität;
(f) Regelmäßigkeit von Angeboten oder Geschäften.

4. Auswirkungen auf das ordnungsgemäße Funktionieren des Marktes (Art. 13 Abs. 2 lit. d VO Nr. 596/ 2014). Gem. Art. 13 Abs. 2 lit. d VO Nr. 596/2014 muss die zuständige Behörde ferner berücksichtigen, ob die Marktpraxis dem **Handelsmechanismus** des betreffenden Marktes Rechnung trägt und es den Marktteilnehmern erlaubt, **angemessen** und rechtzeitig auf die durch die Marktpraxis entstehende neue Marktsituation **zu reagieren**[3]. Wird z.B. ein wirtschaftlich begründeter Preisverfall bei einem Finanzinstrument vorübergehend künstlich (etwa durch *pumping and dumping* oder *painting the tape*) aufgehalten (Art. 12 VO Nr. 596/2014 Rz. 112 f. und Rz. 102 f.), nimmt dies den anderen Marktteilnehmern die Möglichkeit, sich rechtzeitig von dem Finanzinstrument zu trennen. Derartige Praktiken können deshalb die Marktintegrität ernsthaft gefährden. Unterschiedliche Reaktionszeiten in unterschiedlichen Märkten ist dabei freilich Rechnung zu tragen. Im reinen Hochfrequenz- bzw. algorithmischen Handel haben die Marktteilnehmer ganz andere Reaktionszeiten als auf einem „gemischten" Markt, auf dem auch *slow trader* aktiv sind[4]. 55

Das Kriterium des Art. 13 Abs. 2 lit. d VO Nr. 596/2014 wird durch Art. 6 DelVO 2016/908 näher konkretisiert[5]. Danach hat die zuständige Behörde bei ihrer Entscheidung zunächst zu berücksichtigen, ob die Marktpraxis **Auswirkungen auf die Preisbildungsprozesse** auf einem Handelsplatz hat (Art. 6 Abs. 1 lit. a DelVO 2016/908). Positive Auswirkungen können insbesondere darin liegen, dass die Marktpraxis die Beurteilung von Preisen und Aufträgen im Auftragsbuch erleichtern könnte (Art. 6 Abs. 1 lit. b Halbsatz 1 DelVO 2016/908). Für die Zwecke dieser Beurteilung wird auch eine Marktpraxis berücksichtigt, bei der Geschäfte und Aufträge in Echtzeit vom Marktbetreiber oder der Wertpapierfirma bzw. Marktbetreibern, die ein MTF oder OTF betreiben, überwacht werden (Art. 6 Abs. 1 Unterabs. 2 DelVO 2016/908)[6]. Eine negative Auswirkung auf den Preisbildungsprozess können insoweit insbesondere Manipulationspraktiken im Hochfrequenz- bzw. algorithmischen Handel haben, die gerade darauf gerichtet sind, den Preisbildungsprozess zu stören[7] (Art. 12 VO Nr. 596/2014 Rz. 235 ff.). 56

Ferner ist gem. Art. 6 Abs. 1 lit. b Halbsatz 2 DelVO 2016/908 zu berücksichtigen, ob die zu tätigenden Geschäfte oder die zu erteilenden Aufträge für ihre Ausführung als zulässige Marktpraxis den **Handelsregeln des jeweiligen Handelsplatzes zuwiderlaufen**. Praktiken, die den Handelsregeln auf einem Markt zuwiderlaufen, können selbstverständlich auf diesem Markt auch nicht als zulässige Marktpraktiken anerkannt werden. 57

Weitergehend ist nach Art. 6 Abs. 1 lit. c DelVO 2016/908 bedeutsam, inwieweit die in Art. 3 DelVO 2016/908 genannten **Transparenzanforderungen**, einschließlich der Bekanntgabe auf der Website des betreffenden Handelsplatzes, erfüllt werden und, sofern zutreffend, ob die entsprechenden Informationen gleichzeitig auf den Websites der Begünstigten veröffentlicht werden. Die Verknüpfung mit den Transparenzanforderungen trägt dem Umstand Rechnung, dass es Marktteilnehmern nur dann möglich ist, angemessen auf eine Marktpraxis zu reagieren, wenn möglichst alle Informationen zu ihrer Ausführung öffentlich bekannt sind. 58

---

1 *Sorgenfrei/Saliger* in Park, Kapitalmarktstrafrecht, Kap. 6.1. Rz. 146.
2 S. Notification of the CNMV received by ESMA on 19 September 2016, S. 10, Anhang zu ESMA, Opinion on Intended Accepted Market Practice on liquidity contracts notified by the Comisión Nacional del Mercado de Valores, ESMA/2016/1663, abrufbar unter: https://www.esma.europa.eu/sites/default/files/library/2016-1663_-_on_intended_accepted_market_practice_on_liquidity_contracts_notified_by_the_cnmv.pdf.
3 *Schmolke* in Klöhn, Art. 13 MAR Rz. 51 ff.; *Sorgenfrei/Saliger* in Park, Kapitalmarktstrafrecht, Kap. 6.1. Rz. 147 ff. Vgl. bereits § 8 Abs. 1 Nr. 4 MaKon, wonach maßgeblich war, ob die Gepflogenheit mit dem Handelsmechanismus auf dem Markt vereinbar ist und den anderen Marktteilnehmern eine angemessene und rechtzeitige Reaktion erlaubt. Insoweit sollten die Marktprinzipien der Effizienz und Fairness im Vordergrund stehen, s. BR-Drucks. 18/05, 22.
4 *Sorgenfrei/Saliger* in Park, Kapitalmarktstrafrecht, Kap. 6.1. Rz. 148.
5 *Schmolke* in Klöhn, Art. 13 MAR Rz. 51 ff.
6 *Schmolke* in Klöhn, Art. 13 MAR Rz. 52.
7 *Sorgenfrei/Saliger* in Park, Kapitalmarktstrafrecht, Kap. 6.1. Rz. 148.

59 Gem. Art. 6 Abs. 1 lit. d DelVO 2016/908 ist zudem bedeutsam, inwieweit mit der Marktpraxis eine Vorabliste von Situationen oder Bedingungen aufgestellt wird, in bzw. unter denen ihre Ausführung als zulässige Marktpraxis **vorübergehend ausgesetzt** oder **eingeschränkt** wird. Dies betrifft etwa besondere Handelsperioden oder -phasen wie Auktionsphasen, Übernahmen, Erstplatzierungen, Kapitalerhöhungen oder Zweitplatzierungen. Die CNMV hat in ihrer Marktpraxis für Liquiditätskontrakte (*liquidity contracts*) (Rz. 103) insoweit hervorgehoben, dass die zulässige Marktpraxis *ex ante* bestimmte Situationen bzw. Umstände benennt, in denen die zulässige Marktpraxis suspendiert wird. Dies betrifft u.a. IPOs und SPOs in denen Stabilisierungsmaßnahmen nach Art. 5 VO Nr. 596/2014 durchgeführt werden, den Zeitraum zwischen der Ankündigung eines öffentlichen Übernahmeangebots bis zum Zeitpunkt des Settlements und denjenigen während Rückkaufprogrammen[1].

60 Schließlich hat die zuständige Behörde gem. Art. 6 Abs. 2 DelVO 2016/908 zu berücksichtigen, inwieweit eine Marktpraxis es ermöglicht, dass mit ihrer Ausführung verbundene Aufträge während der **Eröffnungs- oder Schlussauktionsphase** eines Handelstages erteilt und ausgeführt werden (lit. a) oder mit ihrer Ausführung verbundene Aufträge oder Geschäfte in Perioden erteilt bzw. getätigt werden, in denen **Stabilisierungen und Rückkäufe** stattfinden (lit. b). Beide Phasen sind besonders für Manipulationen anfällig (Art. 12 VO Nr. 596/2014 Rz. 82, 227 ff.; Art. 5 VO Nr. 596/2014 Rz. 27).

61 **5. Risiken für die Integrität verbundener Märkte (Art. 13 Abs. 2 lit. e VO Nr. 596/2014).** Gem. Art. 13 Abs. 2 lit. e VO Nr. 596/2014 muss die zuständige Behörde berücksichtigen, ob die Marktpraxis Risiken für die Integrität direkt oder indirekt verbundener, geregelter oder nicht geregelter Märkte für das betreffende Finanzinstrument innerhalb der Europäischen Union schafft[2]. Es geht dabei nur um Auswirkungen von innerhalb der Europäischen Union belegenen Märkten, nicht hingegen um solche außerhalb der Europäischen Union. Insoweit werden der bereits von Art. 13 Abs. 2 lit. b und lit. d VO Nr. 596/2014 adressierte Marktintegritäts- bzw. Marktfunktionenschutz auch auf verbundene EU-Märkte erstreckt. Zugleich konkretisiert die DelVO 2016/908, welche Umstände überhaupt Risiken für die Integrität eines Marktes bedeuten können, was gleichermaßen auch für den Markt relevant sein kann, für den die zulässige Marktpraxis gilt. Die Integrität verbundener Märkte kann durch die Ausführung einer auf einem Markt zulässigen Marktpraxis insbesondere dadurch gefährdet werden, dass sich die handelsbasierten Praktiken wegen der (internationalen) Verflechtung der Kapitalmärkte auf andere Märkte auswirkt. Dies kommt etwa in Betracht, wenn ein Finanzinstrument im Inland und im Ausland börsennotiert ist, der Inlandspreis künstlich „gepumpt" wird und dann auch der Auslandspreis steigt[3].

62 Art. 7 DelVO 2016/908 präzisiert, welche Aspekte die zuständigen Behörden bei dieser Beurteilung zu berücksichtigen haben[4]. Gem. Art. 7 lit. a DelVO 2016/908 ist dies zunächst die Frage, ob die mit der Ausführung der Marktpraxis nach deren Festlegung als zulässige Marktpraxis verbundenen **Geschäfte** den zuständigen Behörden regelmäßig **gemeldet werden**. Entsprechende Meldungen haben die zuständigen Behörden bereits gem. Art. 3 Abs. 2 DelVO 2016/908 sicherzustellen (Rz. 43). Insoweit wird die Aufsichtstätigkeit der zuständigen Behörden unterstützt und sichergestellt, dass sie negative Auswirkungen auf die Integrität verbundener Märkte *ex post* überhaupt feststellen können. Wenn Aufsichtsbehörden nämlich entsprechende Informationen über die auf einem Markt unter Anwendung einer zulässigen Marktpraxis getätigten Geschäfte erlangen, können sie schneller beurteilen, ob diese Geschäfte Auswirkungen auf verbundene Märkte nehmen. Soweit diese Märkte in anderen Mitgliedstaaten belegen sind, müssen die zuständigen Behörden dieser Mitgliedstaaten im Rahmen der Verpflichtung zur Zusammenarbeit nach Art. 25 Abs. 1 VO Nr. 596/2014 informiert werden.

63 Art. 7 lit. b DelVO 2016/908 verlangt, dass die zuständige Behörde berücksichtigt, ob die **Ressourcen** (Bargeld oder Finanzinstrumente), die der Ausführung der zulässigen Marktpraxis zugeteilt werden, **ausreichend** sind und den Zielen der zulässigen Marktpraxis selbst entsprechen[5]. Inwieweit dieses Kriterium die Risiken für die Integrität verbundener Märkte beschränken soll, ist unklar.

64 Gem. Art. 7 lit. c–lit. g DelVO 2016/908 werden zudem bestimmte **Anforderungen** an die an der Ausführung **beteiligten Personen** gestellt. Die zuständige Behörde muss insoweit:

(c) die **Art und Höhe der Vergütung** für erbrachte Dienstleistungen im Rahmen der Ausführung einer zulässigen Marktpraxis und die Frage, ob diese Vergütung als Pauschale festgelegt wird berücksichtigen. Soweit eine variable Vergütung geplant ist, darf sie nicht zu einem Verhalten führen, das der Marktintegrität oder dem ordnungsgemäßen Funktionieren des Marktes abträglich ist, und muss der zuständigen Behörde zwecks Bewertung mitgeteilt werden.

---

1 S. Notification of the CNMV received by ESMA on 19 September 2016, S. 10, Anhang zu ESMA, Opinion on Intended Accepted Market Practice on liquidity contracts notified by the Comisión Nacional del Mercado de Valores, ESMA/2016/1663, abrufbar unter: https://www.esma.europa.eu/sites/default/files/library/2016-1663_-_on_intended_accepted_market_practice_on_liquidity_contracts_notified_by_the_cnmv.pdf.
2 *Schmolke* in Klöhn, Art. 13 MAR Rz. 54f.
3 Sog. Preisimport, vgl. aber auch § 24 Abs. 2 Satz 4 BörsG, der Anlegerschutz bewirken soll, zutr. *Schwark* in Schwark/Zimmer, § 20a WpHG Rz. 64.
4 *Schmolke* in Klöhn, Art. 13 MAR Rz. 55.
5 *Schmolke* in Klöhn, Art. 13 MAR Rz. 55, der zur Klarheit auf die englische Sprachfassung verweist.

Ferner muss sie berücksichtigen,

(d) ob die Arten von Personen, die die zulässige Marktpraxis ausführen werden, eine **angemessene Trennung** der für die Ausführung der zulässigen Marktpraxis bestimmten Aktiva **von den Aktiva ihrer Kunden** oder ihren eigenen Aktiva gewährleisten, wenn dies für den betrachteten Markt angebracht ist,

(e) ob die jeweiligen Pflichten der Begünstigten und der die zulässige Marktpraxis ausführenden Personen oder gegebenenfalls die gemeinsamen Pflichten beider eindeutig festgelegt sind,

(f) ob die Arten von Personen, die die zulässige Marktpraxis ausführen werden, über eine **organisatorische Struktur** und **geeignete interne Regelungen** verfügen, die gewährleisten, dass die mit der zulässigen Marktpraxis verbundenen handelsbezogenen Entscheidungen gegenüber anderen Abteilungen innerhalb dieser Person geheim bleiben und unabhängig von Kundenaufträgen, Portfolioverwaltung oder für eigene Rechnung platzierten Aufträgen getroffen werden und

(g) ob ein **geeignetes Berichtsverfahren** zwischen dem Begünstigten und der Person, die die zulässige Marktpraxis ausführen wird, besteht, das den Austausch von Informationen ermöglicht, die gegebenenfalls zur Erfüllung der jeweiligen gesetzlichen oder vertraglichen Verpflichtungen notwendig sind.

Die Kriterien stimmen teilweise mit denen des Art. 4 Abs. 1 Satz 2 DelVO 2016/908 überein, durch den die Anforderungen an die Gewährleistung des Funktionierens der Marktkräfte und des Zusammenspiels von Angebot und Nachfrage präzisiert werden (Rz. 45 ff.).

6. Untersuchung der Marktpraxis (Art. 13 Abs. 2 lit. f VO Nr. 596/2014). Art. 13 Abs. 2 lit. f VO Nr. 596/ 2014 verlangt von den zuständigen Behörden zudem die Berücksichtigung des **Ergebnisses von Ermittlungen** der zuständigen Behörde selbst oder anderer zuständiger Behörden zu der entsprechenden Marktpraxis[1]. Insoweit ist maßgeblich, ob eine Verletzung der Marktmissbrauchsbestimmungen oder der geltenden Verhaltensregeln festgestellt wurde, und zwar unabhängig davon, ob diese auf dem betreffenden Markt oder auf einem anderen direkt oder indirekt verbundenen Markt in der Europäischen Union festgestellt wurden. Dabei hat die zuständige Behörde gem. Art. 8 DelVO 2016/908 insbesondere zu berücksichtigen, ob **Untersuchungen** in den von ihnen – gemeint sind alle zuständigen Behörden – überwachten Märkten zu Ergebnissen geführt haben, die die **Festlegung als zulässige Marktpraxis in Frage stellen** könnten. Die Vorschrift bezweckt nicht nur eine **Verbreiterung der Beurteilungsgrundlage**, sondern trägt auch der engen Verflechtung der Kapitalmärkte in der Europäischen Union Rechnung und hat ersichtlich zum Ziel, eine – rechtlich allerdings mögliche (s. Rz. 10) – **unterschiedliche Beurteilung** der Zulässigkeit ein und derselben Marktpraxis zu **vermeiden**. Sie wird durch die Konsultationsverfahren nach Art. 13 Abs. 3 VO Nr. 596/2014 flankiert (Rz. 75 ff.).

Zu berücksichtigen sind nur **Erkenntnisse aus anderweitigen Ermittlungstätigkeiten** im Zusammenhang mit der betreffenden Marktpraxis, gleich, ob es sich um straf- oder bußgeldrechtliche Ermittlungen oder Ermittlungen im Zusammenhang mit kapitalmarktrechtlichen Aufsichts- oder Überwachungsverfahren handelt, und gleich, ob es sich um einzelfallbezogene Ermittlungen im Zusammenhang mit konkreten Marktmissbrauchsfällen oder um Ermittlungen im Zusammenhang mit der abstrakten Anerkennung einer Marktpraxis handelt[2]. Inländische Behörden sind u.a. Handelsüberwachungsstellen und Strafverfolgungsbehörden bzw. Strafgerichte. Zuständige ausländische Stellen sind u.a. ausländische Aufsichtsbehörden und Strafverfolgungsorgane. Zu berücksichtigen sind nicht bloß Erkenntnisse über Tatsachen, z.B. die Auswirkungen einer Marktpraxis auf das Funktionieren des Markts, sondern auch Erkenntnisse über die rechtliche Würdigung, insbesondere über die Vereinbarkeit mit Marktmissbrauchsrecht und Verhaltensregeln der betreffenden Märkte[3].

7. Strukturmerkmale des Marktes (Art. 13 Abs. 2 lit. g VO Nr. 596/2014). Art. 13 Abs. 2 lit. g VO Nr. 596/ 2014 verlangt die Berücksichtigung der Strukturmerkmale des betreffenden Marktes und dabei u.a., ob es sich um einen geregelten Markt handelt, welche Finanzinstrumente gehandelt werden, welche Marktteilnehmer vertreten sind und welcher Anteil am Handel auf dem betreffenden Markt auf Privatanleger entfällt[4]. Art. 9 DelVO 2016/908 präzisiert, welche Aspekte bei der Beurteilung insbesondere zu beachten sind. Gem. Art. 9 lit. a DelVO 2016/908 sind dies die potentiellen **Auswirkungen der Marktpraxis auf die Interessen von Privatanlegern**, wenn die Marktpraxis Finanzinstrumente betrifft, die auf Märkten gehandelt werden, in denen Privatanleger aktiv sind. Insoweit sind ausdrücklich Anlegerschutzerwägungen (zum durch die MAR bewirkten überindividuellen Anlegerschutz s. Art. 12 VO Nr. 596/2014 Rz. 24 ff.) bei der Beurteilung der Erfüllung der materiellen Kriterien des Art. 13 Abs. 2 VO Nr. 596/2014 zu berücksichtigen[5]. Art. 9 lit. b DelVO 2016/908 präzisiert weiter, dass es für die Zulässigkeit eine Rolle spielt, ob die Marktpraxis für Privatanleger die Wahrscheinlichkeit erhöht, Gegenparteien bei Finanzinstrumenten geringer Liquidität zu finden, ohne dass ihre Risikobelastung steigt. Insoweit ist erneut an Market Maker und Liquidity Provider, aber auch an Liquiditätskon-

---

1 *Schmolke* in Klöhn, Art. 13 MAR Rz. 56 f.; *Sorgenfrei/Saliger* in Park, Kapitalmarktstrafrecht, Kap. 6.1. Rz. 151 f.
2 *Sorgenfrei/Saliger* in Park, Kapitalmarktstrafrecht, Kap. 6.1. Rz. 151.
3 *Sorgenfrei/Saliger* in Park, Kapitalmarktstrafrecht, Kap. 6.1. Rz. 151.
4 *Schmolke* in Klöhn, Art. 13 MAR Rz. 58 f.; *Sorgenfrei/Saliger* in Park, Kapitalmarktstrafrecht, Kap. 6.1. Rz. 153.
5 *Schmolke* in Klöhn, Art. 13 MAR Rz. 59.

trakte[1], zu denken, die gerade diese Funktion wahrnehmen können. Neben den Auswirkungen auf Privatanleger und dem Einfluss der Marktpraxis auf deren Marktverhalten, zählt zu den Strukturmerkmalen die **Art und der Grad der Regulierung und Überwachung** der betreffenden Märkte sowie die **Art der gehandelten Finanzinstrumente**.

68 **VIII. Verfahren der Festlegung (Art. 13 Abs. 3–6 VO Nr. 596/2014). 1. Verfahrensart und Rechtsnatur der Festlegung.** Das Verfahren der Festlegung durch die BaFin ist ein **Verwaltungsverfahren** und kein Normsetzungsverfahren. Die Festlegung erfolgt deshalb in Deutschland durch eine **Allgemeinverfügung** und nicht durch Rechtsnormsetzung[2]. Die **MAR** macht für den **indirekten Vollzug des Art. 13 VO Nr. 596/2014** hinsichtlich der Verfahrensart und der Rechtsnatur der Festlegung **keine Vorgaben**, so dass sich diese nach nationalem Recht richtet. Den Mitgliedstaat ist deshalb von Seiten des Unionsrechts freigestellt, ob das Verfahren als Verwaltungsverfahren oder als Normsetzungsverfahren ausgestaltet wird. Dass in anderen Rechtsordnungen, etwa im französischen Recht, seit jeher eine ausgeprägte Normsetzungskompetenz der Verwaltung anerkannt wird, besagt deshalb nichts über die Rechtsqualität des deutschen Verfahrens[3]. Da die Festlegung der BaFin als Verwaltungsbehörde übertragen ist und ihr vom deutschen Gesetzgeber in diesem Zusammenhang keine Normsetzungsbefugnis in Form einer Verordnungsbefugnis übertragen wurde, kann es sich bei dem Verfahren – wie schon bei § 20a Abs. 2 WpHG a.F.[4] – nur um ein Verwaltungsverfahren handeln.

69 Das Verfahren der Festlegung richtet sich in erster Linie nach den besonderen **Verfahrensvorschriften des Art. 13 VO Nr. 596/2014**. Soweit dieser speziellere, auch vom deutschen Verwaltungsrecht abweichende Vorgaben macht, sind diese vorrangig anzuwenden. Für alle Fragen, die durch Art. 13 Abs. 3ff. VO Nr. 596/2014 und auch im Übrigen durch das vorrangig anwendbare Unionsrecht nicht prädeterminiert sind, ist das **VwVfG des Bundes** maßgeblich.

70 Die Gründe, die in der Vorauflage für ein Normsetzungsverfahren angeführt wurden[5], können jedenfalls für die Neuregelung durch die MAR nicht mehr überzeugen. Hinzu kommt, dass diese Auffassung zu **verfassungsrechtlichen Bedenken** gegen § 20a Abs. 2 WpHG a.F. führte[6]. So wurde etwa auf die Ausführungen in BR-Drucks. 18/05, 20 verwiesen, in der von der „abstrakt-generellen Wirkung" der Anerkennung einer zulässigen Marktpraxis gesprochen wurde, die gerade für Rechtsnormen kennzeichnend sei. Zudem wurde auf das Erfordernis der Bekanntgabe im (elektronischen)[7] Bundesanzeiger (§ 10 Abs. 1 Satz 1 MaKonV) verwiesen, in dem typischerweise Rechtsverordnungen verkündet werden (vgl. Art. 82 Abs. 1 Satz 2 GG, § 1 Abs. 1 Gesetz über die Verkündung von Rechtsverordnungen vom 30.1.1950, BGBl. 1950, S. 23).

71 Die **Festlegung** als Ergebnis des Verwaltungsverfahrens ist ein Verwaltungsakt in Form einer **Allgemeinverfügung**. Die Entscheidung ergeht auf dem Gebiet des öffentlichen Rechts und ist auf unmittelbare Rechtswirkung nach außen gerichtet[8]. Der Verwaltungsakt wird allerdings nicht gegenüber einer bestimmten Person erteilt. Es handelt sich vielmehr um eine Allgemeinverfügung (§ 35 Satz 2 VwVfG). Regelmäßig wird es sich um eine adressatenbezogene Allgemeinverfügung (§ 35 Satz 2 Alt. 1 VwVfG), mithin die Regelung eines in der Zukunft liegenden räumlich und zeitlich begrenzten Sachverhalts gegenüber allen potentiell hiervon Betroffenen handeln[9]. Es genügt dabei, dass der Personenkreis im Zeitpunkt des Eintritts des Sachverhalts – hier also der Vornahme der als zulässige Marktpraxis festgelegten Handlung – bestimmbar ist[10]. Im Einzelfall kann aber auch an die Einordnung

---

1 S. Notification of the CNMV received by ESMA on 19 September 2016, S. 14, Anhang zu ESMA, Opinion on Intended Accepted Market Practice on liquidity contracts notified by the Comisión Nacional del Mercado de Valores, ESMA/2016/1663, abrufbar unter: https://www.esma.europa.eu/sites/default/files/library/2016-1663_-_on_intended_accepted_market_practice_on_liquidity_contracts_notified_by_the_cnmv.pdf.
2 *Racky* in Meyer/Veil/Rönnau, Handbuch zum Marktmissbrauchsrecht, § 16 Rz. 9; a.A. *Sorgenfrei/Saliger* in Park, Kapitalmarktstrafrecht, Kap. 6.1. Rz. 159.
3 Auch sonst waren die Anerkennungsformen unter dem MAD I Regime sehr unterschiedlich, s. nur *Mock* in KölnKomm. WpHG, § 20a WpHG Anh. I – § 7 MaKonV Rz. 14.
4 Schon zu § 20a Abs. 2 WpHG a.F. hat die herrschende Meinung mit überzeugenden Argumenten vertreten, dass es sich bei dem Anerkennungsverfahren um ein Verwaltungsverfahren und bei der Anerkennungsentscheidung um einen Verwaltungsakt in Gestalt einer Allgemeinverfügung handelte. S. *Fleischer* in Fuchs, § 20a WpHG Rz. 81; *Mock* in KölnKomm. WpHG, § 20a WpHG Anh. I – § 7 MaKonV Rz. 7ff.; *Schröder*, Handbuch Kapitalmarktstrafrecht, Rz. 530; *Schwark* in Schwark/Zimmer, § 20a WpHG Rz. 59; *Karst*, Das Marktmanipulationsverbot gem. § 20a WpHG, 2011, S. 194; a.A. *Vogel* in 6. Aufl., § 20a WpHG Rz. 183ff., wonach die besseren Argumente für eine Rechtsverordnung und damit ein Normsetzungsverfahren gesprochen hätten.
5 S. bereits *Vogel* in 4. Aufl. des Kommentars Rz. 146; 5. Aufl. des Kommentars Rz. 182. Der Begründung von *Vogel* auch zum neuen Recht folgend *Sorgenfrei/Saliger* in Park, Kapitalmarktstrafrecht, Kap. 6.1. Rz. 159ff.
6 Dies anerkennend auch *Vogel* in 6. Aufl., § 20a WpHG Rz. 183. Gegen die Einordnung als Rechtsnorm auch *Mock* in KölnKomm. WpHG, § 20a WpHG Anh. I – § 7 MaKonV Rz. 7ff.
7 Mit dem vom Bundestag am 10.11.2011 angenommenen Gesetz zur Änderung von Vorschriften über Verkündung und Bekanntmachungen ... (BR-Drucks. 747/11 v. 25.11.2011) wird der (gedruckte) Bundesanzeiger eingestellt und eine dauerhaft verfügbare elektronische Veröffentlichung unter der Bezeichnung „Bundesanzeiger" eingeführt.
8 Vgl. *Mock* in KölnKomm. WpHG, § 20a WpHG Anh. I – § 7 MaKonV Rz. 7.
9 Vgl. *Mock* in KölnKomm. WpHG, § 20a WpHG Anh. I – § 7 MaKonV Rz. 7.
10 *Stelkens* in Stelkens/Bonk/Sachs, 8. Aufl. 2014, § 35 VwVfG Rz. 284 m.w.N.

als sachbezogene Allgemeinverfügung (§ 35 Satz 2 Alt. 2 und 3 VwVfG) gedacht werden, insbesondere soweit sich die zulässige Marktpraxis nur auf einen ganz bestimmten Markt bezieht und dieser Markt als Sache i.S.d. § 35 Satz 2 VwVfG eingeordnet wird. Der Sachbegriff des § 35 Satz 2 VwVfG wird heute überwiegend sehr weit ausgelegt und ihm unterfallen insbesondere auch Sachgesamtheiten, wie Anstalten und öffentlichen Einrichtungen[1]. Eine Erfassung etwa der Frankfurter Wertpapierbörse unter den Sachbegriff ist deshalb nicht fernliegend. Gleich ob es sich im Einzelfall um eine adressaten- oder eine sachbezogene Allgemeinverfügung handelt, gilt sie generell für alle Marktteilnehmer, die auf dem jeweils bestimmten Markt eine der in der Festlegung umschriebene Handlung vornehmen wollen. Durch die Anforderungen an die Konkretisierung der zulässigen Marktpraxis und dem in der Festlegung enthaltenen Marktbezug (Rz. 85 f.) wird sichergestellt, dass die Festlegung durch Allgemeinverfügung – in Abgrenzung zur Rechtsnorm – einen hinreichend **konkreten Sachverhalt** betrifft.

2. Einleitung des Verfahrens und Vorbereitung einer Festlegung. Wann eine Behörde ein Verfahren zur Festlegung einleiten kann oder sogar muss, lässt Art. 13 VO Nr. 596/2014 offen. Art. 13 Abs. 2 VO Nr. 596/2014 bestimmt lediglich, dass eine zuständige Behörde eine zulässige Marktpraxis festlegen „kann". Es gilt daher die verwaltungsverfahrensrechtliche Norm des § 22 Satz 1 VwVfG, wonach die Behörde nach pflichtgemäßem Ermessen entscheidet, ob und wann sie ein Verwaltungsverfahren durchführt. Da bei Vorliegen der materiellen Voraussetzungen des Art. 13 Abs. 2 VO Nr. 596/2014 aber eine Pflicht zu einer Festlegung bestehen kann (vgl. Rz. 109 ff.), ist ein etwaig bestehendes Ermessen der BaFin zur Einleitung eines Festlegungsverfahrens jedenfalls dann auf null reduziert, wenn sie **hinreichende Anhaltspunkte** dafür erlangt hat, dass eine bestimmte Marktpraxis die materiellen **Voraussetzungen des Art. 13 Abs. 2 VO Nr. 596/2014 erfüllen könnte**. § 7 Abs. 1 Satz 1 MaKonV sah noch ausdrücklich eine Pflicht der BaFin vor, über die Anerkennung einer Gepflogenheit als zulässige Marktpraxis zu entscheiden, wenn sie im Rahmen ihrer Aufsichtstätigkeit Kenntnis von einer Gepflogenheit erhält, die in den Regelungsbereich des § 20a Abs. 1 Satz 1 Nr. 2 WpHG a.F. fiel[2]. Auch wenn das neue Recht eine entsprechende Regelung nicht mehr vorsieht, ist die Einleitung eines Festlegungsverfahrens nach wie vor in erster Linie mit der Aufsichtstätigkeit der BaFin verknüpft. Entscheidend ist deshalb, welche Informationen die BaFin in diesem Rahmen über bestimmte Gepflogenheiten erlangt, die die materiellen Voraussetzungen des Art. 13 Abs. 2 VO Nr. 596/2014 erfüllen könnten.

Unter dem Regime der MAR bleibt es dabei, dass **kein formelles Antragsverfahren** vorgesehen ist[3]. Das bedeutet aber nur, dass ein Antrag zur Einleitung eines Verfahrens nicht erforderlich ist (§ 22 Nr. 2 VwVfG) und dass andererseits die BaFin auf einen „förmlichen" Antrag hin nicht tätig werden muss (§ 22 Nr. 1 VwVfG). Werden der BaFin von Marktteilnehmern Informationen zur Kenntnis gebracht, die eine bestimmte Marktpraxis als den Voraussetzungen des Art. 13 Abs. 2 VO Nr. 596/2014 genügend erscheinen lassen, muss sie diese Informationen bei der Frage der Einleitung eines Festlegungsverfahrens allerdings berücksichtigen. Zudem steht es Marktteilnehmern offen, einen Antrag auf Festlegung einer bestimmten Marktpraxis bei der BaFin zu stellen. Sofern ein Marktteilnehmer Rechtsschutz gegen die Nichtfestlegung einer bestimmten Marktpraxis durch die BaFin anstrebt, ist die vorherige Stellung eines entsprechenden Antrags sogar Voraussetzung für die Zulässigkeit einer späteren Verpflichtungsklage (Rz. 112).

Art. 2 Abs. 1 DelVO 2016/908 verlangt von der zuständigen Behörde, dass die Marktpraxis anhand der in Art. 13 Abs. 2 VO Nr. 596/2014 niedergelegten und in der DelVO 2016/908 näher ausgeführten Kriterien bewertet wird (Rz. 35 ff.). Zusätzlich sind die zuständigen Behörden dazu verpflichtet, in angemessenem Umfang die relevanten Stellen, darunter zumindest **bestimmte Marktteilnehmer, sowie andere Behörden**, dazu **anzuhören**, ob es zweckmäßig ist, eine Marktpraxis als zulässige Marktpraxis festzulegen[4]. Die Vorschrift stellt sicher, dass externer Sachverstand eingebunden und die berechtigten Interessen derjenigen berücksichtigt werden, die von der Anerkennungsentscheidung betroffen sind. Im Einzelnen begründet Art. 2 Abs. 1 Satz 2 DelVO 2016/908 eine **Pflicht**, die dort Genannten zu beteiligen, soweit dies für eine sachgerechte Entscheidung erforderlich ist. Auch unter Berücksichtigung eines Verfahrensgestaltungsspielraums der BaFin darf von der Beteiligung allenfalls dann abgesehen werden, wenn es um tatsächlich und rechtlich eindeutig gelagerte Fälle geht. Zu beteiligen sind Vertreter der Emittenten, z.B. die Deutsche Kreditwirtschaft (DK), Wertpapierfirmen, Kreditinstitute, Investoren, z.B. Repräsentanten der Gruppe der professionellen Anleger aber auch Anlegerschutzvereinigungen, Teilnehmer am Markt für Emissionszertifikate, Betreiber eines multilateralen Handelssystems (MTF) oder eines organisierten Handelssystems (OTF) und Betreiber eines geregelten Marktes, z.B. Deutsche Börse AG, sowie andere Behörden, deren Aufgabenbereiche von der Anerkennung der Marktpraxis berührt werden wie etwa Börsenaufsichtsbehörden. Welche Stellen konkret anzuhören sind muss die BaFin nach pflichtgemäßem Ermessen insbesondere davon abhängig machen, für welche Märkte die zulässige Marktpraxis vorgesehen ist, bzw. wel-

---

1 *Stelkens* in Stelkens/Bonk/Sachs, 8. Aufl. 2014, § 35 VwVfG Rz. 316 m.w.N.
2 BR-Drucks. 18/05, 19. Damit setzte der Verordnungsgeber Art. 2 Abs. 2, 3 Abs. 1 Durchführungsrichtlinie 2004/72/EG um.
3 Rechtspolitisch wurde bereits zum alten Recht kritisiert, dass das Anerkennungsverfahrens mit der Aufsichtstätigkeit wegen möglicher Verletzungen des Marktmanipulationsverbots verknüpft und kein Antragsverfahren mit dem klaren Ziel der Zulässigerklärung bestimmter Marktpraktiken vorgesehen war. Dazu *Mock* in KölnKomm. WpHG, § 20a WpHG Anh. I – § 7 MaKonV Rz. 5.
4 *Schmolke* in Klöhn, Art. 13 MAR Rz. 66.

che Märkte von ihr betroffen werden können und welche Marktteilnehmer bzw. Behörden auf diesen Märkten aktiv sind. Die BaFin sollte bei diesem Anhörungsverfahren den Beteiligten angemessene Fristen für die Abgabe von Stellungnahmen setzen. Die Fristen sollten allerdings nicht zu lang gesetzt werden, um im Sinne der Wandlungsfreudigkeit und Schnelllebigkeit der Kapitalmärkte ein zügiges Festlegungsverfahren zu gewährleisten.

75 **3. Information anderer Behörden und der ESMA (Art. 13 Abs. 3 VO Nr. 596/2014).** Vor der Festlegung einer zulässigen Markpraxis verpflichtet Art. 13 Abs. 3 Satz 1 VO Nr. 596/2014 die zuständige Behörde, die **ESMA** und die **anderen zuständigen Behörden** über ihre Absicht, eine zulässige Marktpraxis festzulegen, in Kenntnis zu setzen und dabei über die Einzelheiten der Bewertung zu **informieren**, durch die belegt wird, dass die Marktpraxis den Kriterien des Art. 13 Abs. 2 VO Nr. 596/2014 entspricht (Rz. 35 ff.)[1]. Zeitlich muss diese Information mindestens **drei Monate vor der beabsichtigten Einführung** der zulässigen Marktpraxis erfolgen (Art. 13 Abs. 3 Satz 2 VO Nr. 596/2014).

76 Gem. Art. 10 Abs. 1 DelVO 2016/908 müssen die zuständigen Behörden ihre Absicht, eine zulässige Marktpraxis festzulegen, per Post oder E-Mail **gleichzeitig** an die **ESMA** und die **anderen zuständigen Behörden** melden, wobei sie eine vorgegebene Liste von Kontaktstellen nutzen, die von den zuständigen Behörden und der ESMA bereitgestellt und regelmäßig gepflegt wird. Es besteht mithin eine Pflicht zur Meldung auch an die zuständigen Behörden der anderen Mitgliedstaaten, wobei insoweit alle zuständigen Behörden aller Mitgliedstaaten gemeint sind, auch wenn zahlreiche mit der jeweiligen Marktpraxis überhaupt nicht in Berührung kommen mögen[2].

77 Gem. Art. 10 Abs. 2 DelVO 2016/908 muss die Meldung eine Erklärung dazu enthalten, dass beabsichtigt wird, eine zulässige Marktpraxis festzulegen, und für welches konkrete Datum diese Absicht besteht (Art. 10 Abs. 2 lit. a DelVO 2016/908). Weitergehend[3] muss die Meldung Angaben zu der meldenden zuständigen Behörde und den innerhalb der Behörde zuständigen Kontaktpersonen (Name, Titel, dienstliche Telefonnummer und E-Mail-Adresse) enthalten (Art. 10 Abs. 2 lit. b DelVO 2016/908). Die Marktpraxis als solche muss bereits ausführlich beschrieben werden, indem Angaben

(i) zu den Arten von Finanzinstrumenten und Handelsplätzen, in denen die zulässige Marktpraxis angewendet werden soll,

(ii) zu der Art von Personen, die die zulässige Marktpraxis ausführen dürfen,

(iii) zu den von der zulässigen Marktpraxis begünstigten Personen,

(iv) darüber, ob die Marktpraxis für einen festgelegten Zeitraum durchgeführt werden kann, sowie

(v) von Situationen oder Bedingungen, die zu einer vorübergehenden Unterbrechung, Aussetzung oder Beendigung der Praxis führen können, gemacht werden (Art. 10 Abs. 2 lit. c DelVO 2016/908).

Ferner muss der Grund angegeben werden, aus dem die Praxis eine Marktmanipulation gem. Art. 12 VO Nr. 596/2014 darstellen könnte (Art. 10 Abs. 2 lit. d DelVO 2016/908)[4]. Insoweit ist eine rechtliche Bewertung erforderlich.

78 Schließlich müssen als **Kernstück der Meldung** genaue **Angaben zu der gem. Art. 13 Abs. 2 VO Nr. 596/2014 durchgeführten Bewertung** enthalten sein (Art. 10 Abs. 2 lit. e DelVO 2016/908). Welche Angaben insoweit in welcher Form zu machen sind, wird durch Art. 10 Abs. 3 i.V.m. dem Anhang der DelVO 2016/908 näher bestimmt.

79 Gem. Art. 10 Abs. 3 DelVO 2016/908 muss die Meldung die folgende im Anhang zur DelVO 2016/908 enthaltene ausgefüllte Tabelle enthalten[5]:

Zulässige Marktpraxis (ZMP) für *[Name der ZMP einfügen]*
Geplantes Datum der Einführung der ZMP:
[Datum einfügen, an dem die ZMP von der meldenden zuständigen Behörde eingeführt werden soll]
Beschreibung der ZMP:
[Text einfügen, einschließlich Nennung der Arten der Finanzinstrumente und der Handelsplätze, auf denen die ZMP ausgeführt werden soll; der Arten von Personen, die die ZMP ausführen dürfen; der Art der Begünstigten sowie Angabe, ob die Marktpraxis für einen festgelegten Zeitraum ausgeführt werden kann, und aller Situationen oder Bedingungen, die zu einer vorübergehenden Unterbrechung, Aussetzung oder Beendigung der Praxis führen können]
Gründe, aus denen die Praxis eine Marktmanipulation darstellen könnte
[Text einfügen]

---

1 *Schmolke* in Klöhn, Art. 13 MAR Rz. 68 ff.; *Sorgenfrei/Saliger* in Park, Kapitalmarktstrafrecht, Kap. 6.1. Rz. 154 ff.
2 Nur eine *Soll-Vorschrift* enthielt § 9 Abs. 1 Satz 2 MaKonV, wonach zuständige Stellen anderer Mitgliedstaaten der EU und anderer Vertragsstaaten des EWiR, die den Handel mit Finanzinstrumenten überwachen, beteiligt werden sollen, insbesondere wenn sie für die Überwachung von mit dem jeweiligen Markt vergleichbaren Märkten zuständig sind.
3 Dazu auch *Schmolke* in Klöhn, Art. 13 MAR Rz. 69 f.
4 *Schmolke* in Klöhn, Art. 13 MAR Rz. 71.
5 Dazu auch *Schmolke* in Klöhn, Art. 13 MAR Rz. 74.

Bewertung	
Liste der berücksichtigten Kriterien	Schlussfolgerung der zuständigen Behörde und Begründung
a) Grad der Transparenz für den Markt	[Text mit der Begründung für dieses Kriterium einfügen]
b) Grad der Gewährleistung des Funktionierens der Marktkräfte und des richtigen Zusammenspiels von Angebot und Nachfrage.	[Text mit der Begründung für dieses Kriterium einfügen]
c) Auswirkung auf Marktliquidität und -effizienz	[Text mit der Begründung für dieses Kriterium einfügen]
d) Der Handelsmechanismus des betreffenden Marktes und die Möglichkeit für Marktteilnehmer, angemessen und rechtzeitig auf die durch die Marktpraxis entstehende neue Marktsituation zu reagieren.	[Text mit der Begründung für dieses Kriterium einfügen]
e) Risiken für die Integrität direkt oder indirekt verbundener, geregelter oder nicht geregelter Märkte für das betreffende Finanzinstrument innerhalb der Union.	[Text mit der Begründung für dieses Kriterium einfügen]
f) Ergebnis der Ermittlungen der zuständigen Behörden bzw. anderer Behörden zu der entsprechenden Marktpraxis, insbesondere ob eine Verletzung der Marktmissbrauchsbestimmungen oder der geltenden Verhaltensregeln festgestellt wurde, unabhängig davon, ob direkt oder indirekt auf dem betreffenden Markt oder verbundenen Märkten in der Union.	[Text mit der Begründung für dieses Kriterium einfügen]
g) Strukturmerkmale des betreffenden Marktes, u.a., ob es sich um einen geregelten Markt handelt, welche Finanzinstrumente gehandelt werden, welche Marktteilnehmer vertreten sind und welcher Anteil am Handel auf dem betreffenden Markt auf Privatanleger entfällt.	[Text mit der Begründung für dieses Kriterium einfügen]

4. Mitwirkung der ESMA (Art. 13 Abs. 4–5 VO Nr. 596/2014). Nachdem die ESMA und die anderen zuständigen Behörden gem. Art. 13 Abs. 3 VO Nr. 596/2014 über die Absicht, eine zulässige Marktpraxis festzulegen, informiert wurden, gelten für das Verfahren und ihre weitere Beteiligung die Abs. 4 und 5 des Art. 13 VO Nr. 596/2014. Art. 13 Abs. 4 VO Nr. 596/2014 verpflichtet die ESMA zunächst zur Abgabe einer Stellungnahme. Art. 13 Abs. 5 VO Nr. 596/2014 stellt klar, dass die zuständige Behörde auch entgegen einer ablehnenden Stellungnahme der ESMA die zulässige Marktpraxis festlegen kann, dann aber zu einer Veröffentlichung der Gründe für ihre Abweichung (*comply or explain*) verpflichtet ist. 80

a) Stellungnahmen der ESMA (Art. 13 Abs. 4 VO Nr. 596/2014). Art. 13 Abs. 4 Satz 1 VO Nr. 596/2014 verpflichtet die ESMA dazu, **innerhalb von zwei Monaten** nach Erhalt der Meldung durch eine zuständige Behörde (Rz. 34) ihr gegenüber eine **Stellungnahme** abzugeben, in der sie bewertet, ob die zulässige Marktpraxis mit Art. 13 Abs. 2 VO Nr. 596/2014 und den entsprechenden Konkretisierungen in der DelVO 2016/908 (Rz. 35 ff.) vereinbar ist[1]. Zusätzlich, und über den Prüfungsumfang der zuständigen Behörde hinausgehend, prüft die ESMA nach Art. 13 Abs. 4 Satz 2 VO Nr. 596/2014, ob das **Vertrauen in den Finanzmarkt der Union** durch die Festlegung der zulässigen Marktpraxis **gefährdet** würde[2]. Die Stellungnahme wird auf der Website der ESMA veröffentlicht (Art. 13 Abs. 4 Satz 3 VO Nr. 596/2014). 81

In der **Phase zwischen** dem **Eingang der Meldung** (Rz. 75) und der nach Art. 13 Abs. 4 Satz 1 VO Nr. 596/2014 abzugebenden **Stellungnahme** gibt Art. 11 Abs. 1 Satz 1 DelVO 2016/908 der ESMA auf, auf eigene Initiative oder auf Ersuchen einer zuständigen Behörde ein Verfahren zur Übermittlung von vorläufigen Stellungnahmen, Bedenken, Einsprüchen oder gegebenenfalls Ersuchen um Klarstellungen in Bezug auf die gemeldete Marktpraxis einzuleiten[3]. Die meldende zuständige Behörde kann der ESMA weitere Klarstellungen zu der gemeldeten Marktpraxis übermitteln (Art. 11 Abs. 1 Satz 2 DelVO 2016/908). Soweit es in der Zwischenphase zu grundlegenden oder wesentlichen Änderungen durch die zuständige Behörde kommt, stellt die ESMA das Verfahren der Abgabe einer Stellungnahme zu der gemeldeten Praxis ein (Art. 11 Abs. 2 Satz 1 Nr. DelVO 2016/908). Liegt in der grundlegenden bzw. wesentlichen Änderung die Meldung des Vorhabens einer neuen festzulegenden Marktpraxis, leitet die ESMA ein neues Stellungnahmeverfahren ein (Art. 11 Abs. 2 Satz 2 DelVO 2016/908). Die Zwei-Monats-Frist des Art. 13 Abs. 4 Satz 1 VO Nr. 596/2014 beginnt in diesem Fall von dem Zeitpunkt an neu zu laufen, zu dem die vollständigen Informationen zur neuen festzulegenden Marktpraxis der ESMA zugegangen sind. 82

b) Verfahren bei Abweichung von der ESMA-Stellungnahme (Art. 13 Abs. 5 VO Nr. 596/2014). Art. 13 Abs. 5 VO Nr. 596/2014 stellt klar, dass die **zuständige Behörde** trotz der Einbindung der ESMA grundsätzlich 83

---

1 *Schmolke* in Klöhn, Art. 13 MAR Rz. 75.
2 *Schmolke* in Klöhn, Art. 13 MAR Rz. 77.
3 *Schmolke* in Klöhn, Art. 13 MAR Rz. 78.

Herrin des Festlegungsverfahrens bleibt und eine zulässige Marktpraxis auch dann festlegen kann, wenn diese der nach Art. 13 Abs. 4 VO Nr. 596/2014 abgegebenen Stellungnahme der ESMA zuwiderläuft. In diesem Fall ist eine zuständige Behörde allerdings verpflichtet, innerhalb von 24 Stunden nach der Festlegung der zulässigen Marktpraxis eine Bekanntmachung auf ihrer Website zu veröffentlichen, in der sie die Gründe für ihr Vorgehen vollständig darlegt und auch darauf eingeht, warum die zulässige Marktpraxis keine Gefahr für das Vertrauen in den Markt darstellt (**comply or explain**)[1]. In diesem Fall muss die Behörde also auch auf das zusätzlich von der ESMA zu berücksichtigende Kriterium des Marktvertrauensschutzes eingehen und dieses in ihrer Beurteilung berücksichtigen[2].

84 **5. Verfahren bei divergierenden Ansichten zwischen zuständigen Behörden (Art. 13 Abs. 6 VO Nr. 596/2014).** Anders als die ESMA, die über ihre Stellungnahmen grundsätzlich nur in das Verfahren zwischen der Meldung über die Absicht der Festlegung und der Festlegung selbst einwirken kann, können die anderen zuständigen Behörden auch **nach der Festlegung** einer zulässigen Marktpraxis zum Ausdruck bringen, dass sie der Auffassung sind, dass diese Marktpraxis die materiellen Anforderungen des Art. 13 Abs. 2 VO Nr. 596/2014 nicht erfüllt (Art. 13 Abs. 6 Unterabs. 1 VO Nr. 596/2014)[3]. Kommt es zu einer solchen Stellungnahme, wird zwischen den beteiligten Behörden mit Unterstützung durch die ESMA ein **Verhandlungsverfahren nach Art. 19 VO Nr. 1095/2010** mit dem Ziel eingeleitet, zu einer Einigung hinsichtlich der Beurteilung der zulässigen Marktpraxis zu gelangen[4]. Kommt es in diesem Verfahren zu keiner Einigung zwischen den beteiligten zuständigen Behörden, hat die ESMA gem. Art. 13 Abs. 6 Unterabs. 2 VO Nr. 596/2014 eine **Letztentscheidungskompetenz** und kann gem. Art. 19 Abs. 3 VO Nr. 1095/2010 einen Beschluss an die Behörde richten[5]. Richtigerweise wurde darauf hingewiesen, dass eine solche Entscheidung nur in Betracht kommt, wenn die jeweilige nationale Behörde eine beurteilungsfehlerhafte Entscheidung getroffen hat[6].

85 **6. Festlegung und Bekanntgabe durch Veröffentlichung auf Website.** Die Festlegung der zulässigen Marktpraxis, in Deutschland als Allgemeinverfügung (Rz. 68), erfolgt gem. Art. 2 Abs. 3 DelVO 2016/908 auf der Website der zuständigen Behörde[7], in Deutschland mithin auf der Website der BaFin. Die Veröffentlichung auf der Website ist die gem. §§ 43, 41 VwVfG erforderliche Bekanntgabe (Rz. 88) des Verwaltungsakts in Form einer Allgemeinverfügung. Welchen Inhalt die Festlegung haben muss, wird durch Art. 2 Abs. 3 DelVO 2016/908 näher konkretisiert.

86 Gem. Art. 2 Abs. 3 DelVO 2016/908 muss die Veröffentlichung und damit auch die Festlegung der zulässigen Marktpraxis **folgende Angaben enthalten**[8]:

(a) eine Beschreibung der Arten von Personen, die die zulässige Marktpraxis ausführen dürfen[9],

(b) eine Beschreibung der Arten von Personen oder Personengruppen, die von der Ausführung der zulässigen Marktpraxis profitieren könnten, indem sie sie entweder direkt ausführen oder eine andere Person benennen, die die zulässige Marktpraxis ausführt („Begünstigter"),

(c) eine Beschreibung der Art des Finanzinstruments, auf das sich die zulässige Marktpraxis bezieht,

(d) eine Angabe dazu, ob die zulässige Marktpraxis für einen festgelegten Zeitraum durchgeführt werden kann, und eine Beschreibung der Situationen oder Bedingungen, die zu einer vorübergehenden Unterbrechung, Aussetzung oder Beendigung der Praxis führen können.

– Zusätzlich das Datum, ab dem die zulässige Marktpraxis anwendbar sein soll. Fehlt es an einer entsprechenden Angabe, gilt die zulässige Marktpraxis erst zwei Wochen nach der Veröffentlichung als bekanntgegeben und ist damit auch erst ab diesem Zeitpunkt wirksam (Rz. 88).

Die Angaben decken sich teilweise mit denjenigen, die bereits in der Meldung an die ESMA und die anderen zuständigen Behörden enthalten sein mussten (Rz. 76). Es handelt sich insoweit um **Mindestangaben**, die zwingend bei der Festlegung gemacht werden müssen. Wie bereits bei der Meldung an die ESMA und die anderen zuständigen Behörden ist auch insoweit auf die im Anhang zur DelVO 2016/908 abgedruckte Vorlage zurückzugreifen.

---

1 *Schmolke* in Klöhn, Art. 13 MAR Rz. 84.
2 Zum Vertrauensbegriff im Finanzmarktrecht *Mülbert/Sajnovits*, ZfPW 2016, 1 ff.; *Mülbert/Sajnovits*, German Law Journal 18 (2017), 1 ff.
3 *Schmolke* in Klöhn, Art. 13 MAR Rz. 90 ff.
4 *Schmolke* in Klöhn, Art. 13 MAR Rz. 91.
5 *Schmolke* in Klöhn, Art. 13 MAR Rz. 96.
6 *Schmolke* in Klöhn, Art. 13 MAR Rz. 93.
7 *Schmolke* in Klöhn, Art. 13 MAR Rz. 81 f. § 10 MaKonV sah noch eine Veröffentlichung von Anerkennungsentscheidungen der BaFin auf ihrer Website und im elektronischen Bundesanzeiger vor.
8 *Schmolke* in Klöhn, Art. 13 MAR Rz. 82.
9 Art. 2 Abs. 3 Unterabs. 2 DelVO 2016/908 stellt klar, dass diese Personen für alle handelsbezogenen Entscheidungen, darunter für die Erteilung eines Auftrags, die Stornierung oder Änderung eines Auftrags und den Abschluss eines Geschäfts oder die Ausführung eines Geschäfts im Zusammenhang mit der zulässigen Marktpraxis verantwortlich bleiben. Dazu *Schmolke* in Klöhn, Art. 13 MAR Rz. 83.

Gem. Art. 2 Abs. 3 DelVO 2016/908 ist nur eine Festlegung, mithin eine **positive Anerkennungsentscheidung** zu veröffentlichen und damit bekanntzugeben. Das Verfahren des Art. 2 DelVO 2016/908 muss allerdings auch im Falle einer Änderung einer zulässigen Marktpraxis nach Art. 12 DelVO 2016/908 berücksichtigt werden, weshalb auch insoweit eine Veröffentlichung erforderlich wird (Art. 12 Abs. 5 DelVO 2016/908). Gleiches gilt gem. Art. 12 Abs. 6 DelVO 2016/908 zudem im Falle der Beendigung der Festlegung einer zulässigen Marktpraxis (Rz. 96 ff.)[1]. Nicht veröffentlicht und damit nicht bekanntgegeben werden muss die Entscheidung, ein bestimmtes Verhalten nicht als zulässige Marktpraxis anzuerkennen. Eine entsprechende Entscheidung entfaltet auch keine Rechtswirkung dahingehend, dass dieses Verhalten einen Verstoß gegen das Marktmanipulationsverbot darstellt. Allerdings wird einer Entscheidung eine starke Indizwirkung hinsichtlich der Beurteilung eines Verhaltens in einem etwaig anstehenden Verwaltungsverfahren zukommen. Unabhängig von einer Rechtspflicht dürfte es im Hinblick auf den Zweck der Vorschrift, eine gleichmäßige Information aller Marktteilnehmer und sonstigen Betroffenen zu gewährleisten, naheliegen, auch negative Anerkennungsentscheidungen in geeigneter Weise zu publizieren[2]. Ist der Nichtentscheidung über eine Anerkennung ein Antrag eines Marktteilnehmers vorausgegangen, sollte diesem gegenüber bekanntgegeben werden, dass es nicht zu einer Anerkennung gekommen ist und somit auch seinem Antrag nicht entsprochen wurde. 87

Art. 2 Abs. 3 Unterabs. 1 DelVO 2016/908 enthält mit dem Veröffentlichungserfordernis eine gegenüber § 41 VwVfG speziellere verwaltungsverfahrensrechtliche Vorschrift zur **Bekanntgabe der Festlegung** einer zulässigen Marktpraxis[3]. Die maßgebliche Kompetenz der EU auch zum Erlass solch verwaltungsverfahrensrechtlicher Bestimmungen folgt dabei unmittelbar aus der Sachkompetenz des Art. 114 AEUV. Statt ortsüblich (§ 41 Abs. 4 Satz 1 VwVfG) erfolgt die Bekanntgabe auf der Website der BaFin. Der Verwaltungsakt gilt nach § 41 Abs. 4 Satz 3 VwVfG grundsätzlich zwei Wochen nach der ortsüblichen Bekanntmachung als bekannt gegeben. Gem. § 41 Abs. 4 Satz 4 VwVfG kann in einer Allgemeinverfügung aber ein hiervon **abweichender Tag**, jedoch frühestens der auf die Bekanntmachung folgende Tag **bestimmt werden**. Fehlt es in der Festlegung einer datumsmäßigen Bestimmung des Anwendungsbeginns (Rz. 86), greift die Regelung des § 41 Abs. 4 Satz 4 VwVfG ein und die Festlegung gilt erst zwei Wochen nach der Veröffentlichung als bekanntgegeben. Die Bekanntgabe ist gem. § 43 Abs. 1 VwVfG Wirksamkeitsvoraussetzung für die Festlegung. Ist eine frühere Wirksamkeit von der BaFin gewünscht, muss sie einen entsprechend vorgelagerten Anwendungsbeginn festlegen. Dieser kann grundsätzlich frühestens einen Tag nach dem Tag der Veröffentlichung liegen. Das Unionsrecht enthält weder in Art. 13 noch in der DelVO 2016/908 Vorgaben zum Anwendungsbeginn, die die verfahrensrechtlichen Bestimmungen des VwVfG insoweit verdrängen würden. 88

7. Wirksamkeit einer festgelegten zulässigen Marktpraxis. Voraussetzung der Wirksamkeit einer festgelegten zulässigen Marktpraxis ist gem. Art. 13 VO Nr. 596/2014 und § 42 VwVfG die **Festlegung durch eine zuständige Behörde** (Rz. 34) und die **öffentliche Bekanntgabe durch Veröffentlichung** auf der Website (Rz. 85 ff.)[4]. Zudem dürfen **keine Nichtigkeitsgründe** vorliegen (Rz. 24). Im Übrigen bleibt auch eine rechtswidrige zulässige Marktpraxis wirksam, bis sie sich durch Zeitablauf erledigt, geändert oder beendet wird (Rz. 96 ff.). 89

8. Verhältnis zu anderen Verfahren. Das **Verfahren der Festlegung** einer zulässigen Marktpraxis selbst hat **keine unmittelbaren Auswirkungen auf andere Verfahren**, seien es konkret-individuelle Überwachungsverfahren wegen eines Verstoßes gegen Art. 12 Abs. 1 lit. a VO Nr. 596/2014 oder aber Bußgeld- bzw. Strafverfahren. Entsprechende Verfahren müssen insbesondere nicht ausgesetzt werden um den Ausgang des Festlegungsverfahrens abzuwarten. Nach der MAR kann ein Handeln im Einklang mit einer zulässigen Marktpraxis nämlich nur dann zu einem Tatbestandsausschluss vom Verbot der Marktmanipulation nach Art. 15, 12 Abs. 1 lit. a VO Nr. 596/2014 führen, wenn die entsprechende Marktpraxis **vor der Vornahme der Handlung festgelegt wurde** und damit das Verfahren der Festlegung zum Zeitpunkt der Handlung bereits abgeschlossen war (Rz. 25 f.)[5]. 90

---

1 § 10 Abs. 1 Satz 1 MaKonV sah eine entsprechende Pflicht noch nicht vor. Zutreffend wurde aber insoweit vertreten, dass auch über solche Entscheidungen eine entsprechende Bekanntgabe erfolgen müsse. S. nur *Mock* in KölnKomm. WpHG, § 20a WpHG Anh. I – § 10 MaKonV Rz. 2.
2 Strenger zu § 10 Abs. 1 Satz 1 MaKonV *Mock* in KölnKomm. WpHG, § 20a WpHG Anh. I – § 10 MaKonV Rz. 3: richtlinienkonforme Anwendung des § 10 Abs. 1 Satz 1 MaKonV.
3 Vgl. *Stelkens* in Stelkens/Bonk/Sachs, 8. Aufl. 2014, § 41 VwVfG Rz. 242 unter Verweis auf sekundärrechtliche Bekanntgaberegelungen in Art. 6 Abs. 2 ZK und Art. 16 Abs. 3 MZK.
4 Vgl. *Mock* in KölnKomm. WpHG, § 20a WpHG Anh. I – § 7 MaKonV Rz. 15, 19 zu § 20a Abs. 2 WpHG a.F.
5 Im Gegensatz dazu sah § 7 Abs. 2 MaKonV noch vor, dass wenn ein möglicher Verstoß gegen § 20a Abs. 1 Satz 1 Nr. 2 WpHG einer Gepflogenheit auf dem betreffenden Markt entsprach, die BaFin vor der Feststellung des Verstoßes über die Anerkennung der Gepflogenheit als zulässige Marktpraxis entscheiden musste (BR-Drucks. 18/05, 19). Insoweit bestand ein Vorrang des Anerkennungsverfahrens. Bei besonderer Eilbedürftigkeit enthielt § 7 Abs. 2 Satz 1 MaKonV in Umsetzung von Art. 3 Abs. 4 Durchführungsrichtlinie 2004/72/EG sogar ein vereinfachtes Verfahren, indem die BaFin bei der Entscheidung über die Anerkennung von der Berücksichtigung anderweitiger Erkenntnisse gem. § 8 Abs. 2 MaKonV und von dem Erfordernis der Beteiligung anderweitiger Stellen gem. § 9 MaKonV befreit wurde. Die so getroffene Entscheidung über die Anerkennung wirkte aber nur für den Einzelfall, war also Verwaltungsakt und nicht Allgemeinverfügung und musste auch nicht gem. § 10 MaKonV – wohl aber gem. § 39 VwVfG dem Betroffenen – bekannt gegeben werden.

Art. 13 VO Nr. 596/2014 | Zulässige Marktpraxis

Dass eine Marktpraxis nach Vornahme einer Handlung als zulässig anerkannt wird, ist jedoch mittelbar im Rahmen des Ermessens beim Erlass von Verwaltungssanktionen bzw. beim Bußgeld- und Strafrahmen zu berücksichtigen.

91 Auswirkungen auf andere Verfahren hat eine bereits vor der Vornahme der Handlung **erfolgte Festlegung** der zulässigen Marktpraxis. Der dann mögliche Tatbestandsausschluss beim Handeln im Einklang mit der zulässigen Marktpraxis gilt nämlich nicht nur für die BaFin im Rahmen von Überwachungs-, Verwaltungssanktions- und Bußgeldverfahren, sondern auch für die Staatsanwaltschaft und für die Gerichte. Dass die Staatsanwaltschaft, ein VG oder ein Strafgericht die entsprechende Marktpraxis für unzulässig hält, ist unerheblich. Im Ergebnis nichts anderes gilt allerdings auch im umgekehrten Fall, in dem die BaFin die Festlegung verweigert, obwohl die Staatsanwaltschaft oder ein Gericht von einer zulässigen Marktpraxis ausgeht, da bloße Anerkennungsfähigkeit nicht genügt (Rz. 25 f.) und der BaFin ein Festlegungsmonopol zukommt (Rz. 34).

92 **IX. Überprüfungen, Beendigungen und Änderungen der Festlegung einer zulässigen Marktpraxis (Art. 13 Abs. 8 VO Nr. 596/2014).** Die zuständigen Behörden müssen gem. Art. 13 Abs. 8 VO Nr. 596/2014 regelmäßig und mindestens alle zwei Jahre eine von ihnen festgelegte zulässige Marktpraxis überprüfen und dabei insbesondere wesentliche Änderungen im Umfeld des betreffenden Marktes, beispielsweise geänderte Handelsregeln oder Änderungen an der Infrastruktur des Marktes, berücksichtigen, um zu entscheiden, ob diese Praxis beibehalten oder ob die Festlegung beendet wird oder ob die Bedingungen für ihre Zulässigkeit geändert werden sollen[1]. Damit soll gewährleistet werden, dass die Verfolgung der Marktmanipulation der hohen Veränderungs- und Modernisierungsgeschwindigkeit des Handels mit Finanzinstrumenten Schritt hält. Gem. Art. 12 Abs. 2 DelVO 2016/908 besteht zudem unter bestimmten Voraussetzungen eine Pflicht zur Einleitung eines Bewertungsverfahrens.

93 **1. Überprüfungen durch Bewertungsverfahren.** Die zuständigen Behörden müssen alle von ihnen festgelegten zulässigen Marktpraktiken regelmäßig und mindestens alle zwei Jahre überprüfen (**Durchführung eines Bewertungsverfahrens**). Wann und in welchen Intervallen eine entsprechende Überprüfung stattfindet, steht grundsätzlich im Ermessen der jeweils zuständigen Behörde (s. aber Rz. 94). Im Rahmen der Überprüfung müssen gem. Art. 13 Abs. 8 VO Nr. 596/2014 insbesondere wesentliche Änderungen im Umfeld des betreffenden Marktes, beispielsweise geänderte Handelsregeln[2] oder Änderungen an der Infrastruktur des Marktes berücksichtigt werden. Art. 12 Abs. 1 DelVO 2016/908 bestimmt zudem, dass überprüft wird, ob die Bedingungen gem. Art. 13 Abs. 2 VO Nr. 596/2014, auch in seiner Präzisierung durch Abschnitt 2 DelVO 2016/908 (Rz. 35 ff.), weiterhin erfüllt sind. Da Art. 13 DelVO 2016/908 bestimmte Kriterien benennt, die bei der Entscheidung darüber, ob die Festlegung einer Marktpraxis beendet oder geändert werden muss, berücksichtigt werden müssen (Rz. 96 ff.), ist auch diesen Aspekten richtigerweise bereits im Rahmen der Überprüfung nachzugehen. Die Überprüfung dient nämlich gerade der Feststellung, ob die Festlegung einer zulässigen Marktpraxis beibehalten, beendet oder geändert werden muss. Deswegen muss zusätzlich überprüft werden:

(a) inwieweit die Begünstigten oder die die zulässige Marktpraxis ausführenden Personen die im Rahmen der zulässigen Marktpraxis festgelegten Bedingungen erfüllen,

(b) inwieweit das Verhalten der Begünstigten oder der die zulässige Marktpraxis ausführenden Personen dazu geführt hat, dass die Kriterien von Art. 13 Abs. 2 VO Nr. 596/2014 nicht mehr erfüllt werden,

(c) inwieweit die zulässige Marktpraxis seit einiger Zeit von den Marktteilnehmern nicht mehr genutzt wird,

(d) ob eine wesentliche Änderung im Umfeld des betreffenden Marktes dazu führt, dass Bedingungen für die Festlegung der zulässigen Marktpraxis nicht mehr erfüllt werden können oder müssen, insbesondere (i) ob das Ziel der zulässigen Marktpraxis unerreichbar geworden ist; (ii) ob sich die weitere Nutzung der festgelegten zulässigen Marktpraxis nachteilig auf die Integrität oder Effizienz der Märkte auswirken könnte, die der Aufsicht durch die zuständige Behörde unterliegen und (iii) ob eine Situation besteht, die unter eine der allgemeinen Bestimmungen für die Beendigung fällt, die in der festgelegten zulässigen Marktpraxis selbst enthalten sind.

94 Daneben gibt es Fälle, in denen die zuständige Behörde zwingend und unmittelbar ein Überprüfungsverfahren einleiten muss (**gebundene Entscheidung**). Art. 12 Abs. 2 DelVO 2016/908 bestimmt insoweit, dass abgesehen von der regelmäßigen Überprüfung nach Art. 13 Abs. 8 VO Nr. 596/2014 das in Art. 12 Abs. 1 DelVO 2016/908 genannte Bewertungsverfahren auch eingeleitet wird, wenn

(a) **Sanktionen** im Zusammenhang mit einer festgelegten zulässigen Marktpraxis verhängt werden;

(b) aufgrund einer **wesentlichen Änderung im Marktumfeld** i.S.v. Art. 13 Abs. 8 VO Nr. 596/2014 eine oder mehrere Bedingungen für die Zulässigkeit einer festgelegten Praxis nicht mehr erfüllt sind;

(c) eine zuständige Behörde begründeten Anlass zu der Vermutung hat, dass Begünstigte der zulässigen Marktpraxis oder durchführende Personen gegen die MAR verstoßen oder verstoßen haben.

---

1 *Schmolke* in Klöhn, Art. 13 MAR Rz. 100 ff.; *Sorgenfrei/Saliger* in Park, Kapitalmarktstrafrecht, Kap. 6.1. Rz. 136.
2 Die als solche nicht auf ihre Recht- oder Zweckmäßigkeit zu überprüfen sind.

Hat die Durchführung des Bewertungsverfahrens ergeben, dass eine Beendigung der Festlegung oder eine Änderung der Voraussetzungen einer zulässigen Marktpraxis erforderlich sind, muss die zuständige Behörde entsprechende Verfahren einleiten. Ansonsten kann das Ergebnis des Bewertungsverfahrens auch in der Entscheidung über die **Beibehaltung** der zulässigen Marktpraxis liegen. In jedem Fall muss die zuständige Behörde die **ESMA** über das Ergebnis des Bewertungsverfahrens **informieren** (Art. 12 Abs. 4 DelVO 2016/908). 95

2. Beendigungen und Änderungen. Das Ergebnis des Bewertungsverfahrens kann auch sein, dass eine Beendigung oder Änderung der Festlegung einer zulässigen Marktpraxis vorgenommen werden muss. Art. 12 Abs. 3 DelVO 2016/908 präzisiert insoweit, dass die zuständigen Behörden entweder Änderungen der Bedingungen für die Zulässigkeit oder die Beendigung der Festlegung der zulässigen Marktpraxis unter Berücksichtigung der Kriterien des Art. 13 DelVO 2016/908 vorschlagen muss, falls die Bewertung ergibt, dass eine festgelegte zulässige Marktpraxis die in Abschnitt 2 DelVO 2016/908 genannten Bedingungen der ursprünglichen Bewertung der zuständigen Behörden **nicht mehr erfüllt.** Eine entsprechende Pflicht zur Beendigung oder zur Änderung der Festlegung besteht erst recht, wenn eine Festlegung schon **ursprünglich** die **Anforderungen** des Art. 13 DelVO 2016/908 **nicht erfüllt** hat. Art. 13 lit. a–e DelVO 2016/908 benennt die Kriterien, die bei dieser Beurteilung zu berücksichtigen sind (Rz. 93). 96

Schlägt eine zuständige Behörde vor, die Bedingungen für die Zulässigkeit einer festgelegten zulässigen Marktpraxis zu ändern, muss sie gem. Art. 12 Abs. 5 DelVO 2016/908 die **Anforderungen von Art. 2 DelVO 2016/908** voll erfüllen (dazu Rz. 94)[1]. Beschließt eine zuständige Behörde die Beendigung der Festlegung einer festgelegten zulässigen Marktpraxis, veröffentlicht sie die betreffende Entscheidung (vgl. Rz. 85 ff.) und teilt dies gleichzeitig allen anderen zuständigen Behörden und der ESMA mit, wobei sie das Datum der Beendigung mit Blick auf die Aktualisierung der Liste von zulässigen Marktpraktiken, die ESMA gem. Art. 13 Abs. 9 VO Nr. 596/2014 veröffentlicht (Rz. 114), angibt. 97

Verwaltungsrechtlich stellt sich die Beendigung der Festlegung einer zulässigen Marktpraxis in Deutschland entweder als **Rücknahme** (§ 48 VwVfG) oder **Widerruf** (§ 49 VwVfG) der als Allgemeinverfügung erlassenen zulässigen Marktpraxis dar, je nachdem, ob diese von Anfang an rechtswidrig war (Rücknahme) oder sich nur die äußeren Umstände inzwischen dergestalt geändert haben, dass eine neuerliche Festlegung nicht mehr zulässig wäre (Widerruf). Rücknahme oder Widerruf ergehen erneut als Allgemeinverfügung (**actus contrarius**). Die Änderung stellt sich verwaltungsrechtlich ebenfalls als Rücknahme oder Widerruf, verbunden mit einem Neuerlass einer Allgemeinverfügung dar. Beendigung und Änderung **wirken nur für die Zukunft** und dürfen sich nicht rückwirkend zu Lasten der Marktteilnehmer auswirken[2]. 98

X. Erarbeitung und Erlass technischer Regulierungsstandards (Art. 13 Abs. 7 VO Nr. 596/2014). Um eine durchgängige Harmonisierung des Art. 13 VO Nr. 596/2014 sicherzustellen wird die ESMA durch Art. 13 Abs. 7 Unterabs. 1 VO Nr. 596/2014 zur Ausarbeitung von Entwürfen technischer Regulierungsstandards verpflichtet, in denen die Kriterien, das Verfahren und die Anforderungen für die Festlegung einer zulässigen Marktpraxis gemäß den Abs. 2, 3 und 4 des Art. 13 VO Nr. 596/2014 sowie die Anforderungen an ihre Beibehaltung, Beendigung der Festlegung oder Änderung der Bedingungen festgelegt werden. Die Entwürfe technischer Regulierungsstandards hatte die ESMA gem. Art. 13 Abs. 7 Unterabs. 2 VO Nr. 596/2014 bis zum 3.7.2015 der Europäischen Kommission vorzulegen. Der entsprechende Final Report – Draft technical standards on the Market Abuse Regulation vom 28.9.2015 (ESMA/2015/1455) wurde der Europäischen Kommission sodann übermittelt. Auf Basis der Entwürfe hat die Europäische Kommission die Delegierte Verordnung (EU) 2016/908 der Kommission vom 26.2.2016 zur Ergänzung der Verordnung (EU) Nr. 596/2014 des Europäischen Parlaments und des Rates durch technische Regulierungsstandards für die Kriterien, das Verfahren und die Anforderungen für die Festlegung einer zulässigen Marktpraxis und die Anforderungen an ihre Beibehaltung, Beendigung der Festlegung oder Änderung der Bedingungen für ihre Zulässigkeit erlassen. 99

XI. Geltende zulässige Marktpraktiken. 1. Bundesrepublik Deutschland. In der **Bundesrepublik Deutschland** gibt es derzeit **keine von der BaFin als zulässig anerkannten Marktpraktiken** i.S.v. § 20a Abs. 2 WpHG a.F., §§ 7–10 MaKonV oder Art. 13 VO Nr. 596/2014, und die BaFin sah bislang auch keine Veranlassung, proaktiv tätig zu werden, um nicht durch zu eng gefasste Anerkennungen den Markt faktisch zu behindern[3]. 100

2. Andere Mitgliedstaaten. a) Fortgeltende zulässige Marktpraktiken (Art. 13 Abs. 11 Satz 2 VO Nr. 596/2014). In anderen Mitgliedstaaten der Europäischen Union sind – soweit ersichtlich – derzeit folgende Marktpraktiken anerkannt, die teils unter die Übergangsvorschrift des Art. 13 Abs. 11 Satz 2 VO Nr. 596/2014 (Rz. 117) fallen und teils neu erlassen wurden[4]: In **Österreich** hat die Finanzmarktaufsichtsbehörde in der Marktpraxisverordnung (BGBl. II Nr. 1/2005) sog. *Kompensgeschäfte in ausgewählten Schuldverschreibungen* als zulässige Marktpraxis anerkannt. Die gemeinten Schuldverschreibungen werden praktisch nur außerbörslich gehandelt; die Marktpraxisverordnung lässt es zu, den Börsenpreis dem außerbörslichen durch zu markt- 101

---

1 *Schmolke* in Klöhn, Art. 13 MAR Rz. 104.
2 Vgl. *Mock* in KölnKomm. WpHG, § 20a WpHG Anh. I – § 7 MaKonV Rz. 37.
3 S. hierzu *Fleischer* in Fuchs, § 20a WpHG Rz. 87; *Dreyling*, Der Konzern 2005, 1, 3.
4 S. http://www.esma.europa.eu und dort zu „Accepted Market Practices".

adäquaten Kursen abgeschlossene geringfügige Kompensgeschäfte anzupassen, ohne dass bei diesen Geschäften der wirtschaftlich Berechtigte wechselt[1]. In **Frankreich** hat die Autorité des Marchés Financiers (AMF) durch zwei Entscheidungen je vom 22.3.2005 als zulässige Marktpraktiken anerkannt, *Aktienrückkaufprogramme* auch zu dem Zweck des späteren Erwerbs eines anderen Unternehmens durchzuführen und zwecks Durchführung von Aktienrückkaufprogrammen einen investment service provider zu beauftragen, durch Aktienkäufe und -verkäufe die Liquidität des Marktes zu stärken. In **Spanien** hat die Comisión Nacional del Mercado de Valores mit Circular 3/2007 vom 19.12.2007 *Liquidity Contracts*, d.h. Verträge von Emittenten mit Finanzintermediären, die als market makers oder designated sponsors Liquidität herstellen und so einen regulären Handel ermöglichen, als zulässige Marktpraxis anerkannt. Parallel und inhaltsgleich sind auch in **Portugal** *Liquidity Contracts* von der Comissão do Mercado de Valores Mobiliários seit 19.8.2008 als zulässige Marktpraxis anerkannt worden. In **Griechenland** ist am 2.1.2009 der *Rückkauf eigener Aktien* zur Bezahlung des Erwerbs von Aktien eines anderen Emittenten als zulässige Marktpraxis anerkannt worden. Die Consob hat in **Italien** am 19.3.2009 zum einen bestimmte *Liquidity Enhancement Agreements* und zum anderen den *Kauf eigener Aktien*, um eine warehouse position aufzubauen, als zulässige Marktpraktiken anerkannt. In den **Niederlanden** hat das Finanzministerium am 4.5.2011 bestimmte *Liquidity Agreements* als zulässige Marktpraktiken anerkannt[2].

102 Die genannten zulässigen Marktpraktiken im europäischen Ausland beziehen sich auf Handlungen, die jeweils auf bestimmten Märkten im jeweiligen Ausland getätigt werden. Derartige Auslandshandlungen können gleichwohl nach den Regeln des internationalen Kapitalmarktrechts auch deutschem Recht unterfallen, wenn sie – auch – ein an einem inländischen Markt gehandeltes Finanzinstrument betreffen, was bei **cross-venue-** oder **cross-product-Manipulationen** (Art. 12 VO Nr. 596/2014 Rz. 94 ff.) der Fall sein kann. In solchen Fällen kann ein und dasselbe Verhalten in dem anderen Mitgliedstaat erlaubt sein, in Deutschland aber einen Verstoß gegen das Marktmanipulationsverbot darstellen, der von der BaFin zu ahnden ist. Dieses auf den ersten Blick eigenartige Ergebnis ist **zwingende Folge der räumlichen Beschränkung** der Festlegung einer zulässigen Marktpraxis auf Märkte, die im Zuständigkeitsbereich der jeweiligen Behörde belegen sind (Rz. 16 f.), und kann nicht durch die Anwendung des europarechtlichen Grundsatzes der gegenseitigen Anerkennung gelöst werden[3], die im vorliegenden Zusammenhang gerade nicht vorgesehen ist. Insbesondere das materielle Kriterium des Art. 13 Abs. 2 lit. e VO Nr. 596/2014 zeigt, dass entsprechende Auswirkungen auf verbundene Märkte ein Risiko der Anerkennung einer Marktpraxis bedeuten können (Rz. 61 ff.). Art. 13 Abs. 2 lit. e VO Nr. 596/2014 will durch die Berücksichtigung ebensolcher Auswirkung gerade verhindern, dass zulässige Marktpraktiken anerkannt werden, die sich auf verbundene Märkte auswirken. Kommt es dann später tatsächlich zu einer entsprechenden Auswirkung, kann das Verhalten nicht deshalb aus dem Tatbestand der Marktmanipulation herausfallen, weil es in dem Markt, auf den es sich primär ausgewirkt hat, zugelassen war. Da alle zuständigen Behörden über die zulässigen Marktpraktiken anderer Behörden informiert werden (Rz. 75 ff.) haben sie vielmehr Gelegenheit, entsprechende Praktiken auch auf ihren Märkten als zulässige Marktpraxis anzuerkennen, wenn sie der Auffassung sind, dass alle Kriterien des Art. 13 Abs. 2 VO Nr. 596/2014 erfüllt sind. Wenn nicht, steht ihnen das Verfahren nach Art. 13 Abs. 6 VO Nr. 596/2014 offen (Rz. 84).

103 **b) Neu anerkannte zulässige Marktpraktiken bzw. laufende Festlegungsverfahren.** Zulässige Marktpraktiken auf Basis des Art. 13 VO Nr. 596/2014 wurden durch die zuständigen Behörden mehrerer Mitgliedstaaten festgelegt. Die Comisión Nacional del Mercado de Valores (CNMV) als zuständige Behörde für **Spanien** hat allerdings die ESMA über ihre Absicht, eine zulässige Marktpraxis festzulegen, in Kenntnis gesetzt und dabei über die Einzelheiten der Bewertung informiert, durch die belegt werden soll, dass die Marktpraxis den Kriterien des Art. 13 Abs. 2 VO Nr. 596/2014 entspricht (vgl. Rz. 35 ff.). Die vorgeschlagene zulässige Marktpraxis betrifft Liquiditätskontrakte und entspricht im Wesentlichen der insoweit schon bislang in Spanien anerkannten zulässigen Marktpraxis für entsprechende Liquiditätskontrakte[4]. Weitere europäische Aufsichtsbehörden sind dem Beispiel Spaniens gefolgt und haben ihre – teils auch schon unter Geltung der RL 2003/6/EG (MAD I) geltenden – zulässigen Marktpraktiken betreffend Liquiditätskontrakte erneuert[5].

104 Die **ESMA** hat zur spanischen Ankündigung zu der Feststellung einer zulässigen Marktpraxis für Liquiditätskontrakte bereits im Dezember 2016 ausführlich gem. Art. 13 Abs. 4 VO Nr. 596/2014 Stellung genommen. Darin kommt sie im Ergebnis dazu, dass der – zwischenzeitlich im Konsultationsverfahren nachgebesserte – Vor-

---

1 *Kalss/Oppitz/Zollner*, Kapitalmarktrecht, 2. Aufl. 2015, § 22 III.B.2., S. 793 ff.
2 S. hierzu bereits *Mock* in KölnKomm. WpHG, § 20a WpHG Rz. 298.
3 So aber *Vogel* in 6. Aufl., § 20a WpHG Rz. 205.
4 Ausführlich zu der vorgeschlagenen Marktpraxis: Notification of the CNMV received by ESMA on 19 September 2016, S. 11 ff., Anhang zu ESMA, Opinion on Intended Accepted Market Practice on liquidity contracts notified by the Comisión Nacional del Mercado de Valores, ESMA/2016/1663, abrufbar unter: https://www.esma.europa.eu/sites/default/files/library/2016-1663_-_on_intended_accepted_market_practice_on_liquidity_contracts_notified_by_the_cnmv.pdf.
5 *Zur Portugisischen Ankündigung*: Opinion of the European Securities and Markets Authority (ESMA) of 27 September 2017 Relating to the intended Accepted Market Practice on liquidity contracts notified by the Comissão do mercado de valores mobiliários, abrufbar unter: https://www.esma.europa.eu/sites/default/files/library/esma70-145-171_opinion_on_cmvm_amp_on_liquidity_contracts.pdf.

schlag die **Kriterien des Art. 13 erfüllt**[1]. Die ausführliche Stellungnahme zeigt, dass Liquiditätskontrakte unter dem MAR-Regime als zulässige Marktpraxis anerkannt werden können, da sie die Voraussetzungen des Art. 13 Abs. 2 VO Nr. 596/2014 erfüllen können. Im April 2017 hat die ESMA dann mit einer Opinion zu einer Konvergenz zwischen den zulässigen Marktpraktiken betreffend Liquiditätskontrakte in unterschiedlichen Mitgliedstaaten nachgelegt[2]. In nachfolgenden Stellungnahmen – etwa zur zulässigen Marktpraxis der portugiesischen Aufsichtsbehörde, die ebenfalls Liquiditätskontrakte betrifft – hat sich die ESMA sodann auf die ausführliche Stellungnahme zu der spanischen Marktpraxis bezogen[3].

XII. Potentiell anerkennungsfähige Marktpraktiken in Deutschland. De lege ferenda wurde im Schrifttum schon zum Regime unter der MAD I erwogen, bestimmte Marktpraktiken als zulässige Marktpraxis anzuerkennen. Die Praxis ist gespalten, da ihrer Einschätzung nach Anerkennungen nur unter engen Voraussetzungen erfolgen werden und den Umkehrschluss nahelegen, dass ein Verhalten, das diese Voraussetzungen nicht erfüllt, als Marktmanipulation zu qualifizieren ist. In jedem Fall ist im Rahmen eines Anerkennungsverfahrens sorgfältig zu prüfen, ob und wie die Voraussetzungen des Art. 13 VO Nr. 596/2014 bei entsprechenden Praktiken eingehalten werden. Die Vorgaben der MAR und der sie konkretisierenden DelVO 2016/908 sind insoweit deutlich präziser als die früheren nationalen Vorgaben des § 20a Abs. 2 WpHG a.F. und der MaKonV. 105

Die BaFin hatte unter dem Regime der RL 2003/6/EG (MAD I) zwei Vorschläge für die Anerkennung zulässiger Marktpraktiken an CESR zur Diskussion übermittelt. Letztlich kam es aber nicht zu einem entsprechenden Erlass[4]. Der erste Vorschlag betraf die Methoden bei der **Feststellung von Handelspreisen** bei bestimmten staatlichen Anleihen, Pfandbriefen und Schuldverschreibungen von Unternehmen[5]. Der zweite Vorschlag betraf die **Tätigkeit eines lead manager** bei der Feststellung eines ersten Handelspreises von Wertpapieren und Bezugsrechten an der Frankfurter Wertpapierbörse[6]. Weitere Vorschläge zu § 20a Abs. 2 WpHG a.F. aus dem Schrifttum betrafen den **Handel mit Wertpapierblöcken**[7], die **Tätigkeit von designated sponsors**[8], **Market Makern**[9] und **Skontroführern**[10] sowie bestimmte **Formen von Aktienrückkäufen**[11] und bestimmte dem Art. 5 VO Nr. 596/2014 nicht unterfallende **Stabilisierungsmaßnahmen**[12]. 106

In Anbetracht der Festlegung einer zulässigen Marktpraxis für bestimmte **Liquiditätskontrakte** in Spanien (Rz. 103) und anderen Mitgliedstaaten und der umfassenden Stellungnahme der ESMA zur Erfüllung der Voraussetzungen des Art. 13 Abs. 2 VO Nr. 596/2014 (Rz. 104), kann auch in Deutschland über die Anerkennungsfähigkeit und ggf. sogar über die Pflicht zur Festlegung einer entsprechenden Marktpraxis nachgedacht werden. Gleiches gilt für die Tätigkeit von Market Makern, Liquidity Providern und Designated Sponsors. Die diesbezügliche Zurückhaltung der BaFin mag auch damit zu erklären sein, dass diese Verhaltensweisen unabhängig von der Anerkennung einer entsprechenden zulässigen Marktpraxis, tatbestandlich nicht der Verbotsvorschrift unterfallen[13]. Für die Marktteilnehmer würde eine ausdrückliche Anerkennung gleichwohl ein Mehr an Rechtssicherheit bedeuten. 107

Der Vorschlag den Hochfrequenzhandel als zulässige Marktpraxis anzuerkennen[14] hat sich demgegenüber spätestens mit der deutlichen Erfassung manipulativen Hochfrequenz- und algorithmischen Handels durch Art. 12 VO Nr. 596/2014 erledigt (s. Art. 12 VO Nr. 596/2014 Rz. 235 ff.). 108

---

1 S. ESMA, Opinion on Intended Accepted Market Practice on liquidity contracts notified by the Comisión Nacional del Mercado de Valores, ESMA/2016/1663, S. 6 ff., abrufbar unter: https://www.esma.europa.eu/sites/default/files/library/2016-1663_-_on_intended_accepted_market_practice_on_liquidity_contracts_notified_by_the_cnmv.pdf.
2 Abrufbar unter: https://www.esma.europa.eu/sites/default/files/library/esma70-145-76_opinion_on_point_of_convergence_of_liquidity_contract_amps.pdf.
3 Opinion of the European Securities and Markets Authority (ESMA) of 27 September 2017 Relating to the intended Accepted Market Practice on liquidity contracts notified by the Comissão do mercado de valores mobiliários, abrufbar unter: https://www.esma.europa.eu/sites/default/files/library/esma70-145-171_opinion_on_cmvm_amp_on_liquidity_contracts.pdf.
4 S. hierzu *Mock* in KölnKomm. WpHG, § 20a WpHG Rz. 284.
5 Dazu *Mock* in KölnKomm. WpHG, § 20a WpHG Rz. 284 mit Erläuterung.
6 Dazu *Mock* in KölnKomm. WpHG, § 20a WpHG Rz. 284 mit Erläuterung; ferner *Knauth/Käsler*, WM 2006, 1041, 1049; gegen eine Anerkennung *Grüger*, BKR 2007, 437, 445.
7 *Feuring/Berrar* in Habersack/Mülbert/Schlitt, Unternehmensfinanzierung am Kapitalmarkt, 3. Aufl. 2013, § 39 Rz. 78; *Mock* in KölnKomm. WpHG, § 20a WpHG Rz. 284.
8 *Feuring/Berrar* in Habersack/Mülbert/Schlitt, Unternehmensfinanzierung am Kapitalmarkt, 3. Aufl. 2013, § 39 Rz. 78; *Mock* in KölnKomm. WpHG, § 20a WpHG Rz. 288; *Pfüller/Anders*, WM 2003, 2445, 2448.
9 *Mock* in KölnKomm. WpHG, § 20a WpHG Rz. 288; *Pfüller/Anders*, WM 2003, 2445, 2448.
10 *Mock* in KölnKomm. WpHG, § 20a WpHG Rz. 288; *Pfüller/Anders*, WM 2003, 2445, 2448; implizit auch *Feuring/Berrar* in Habersack/Mülbert/Schlitt, Unternehmensfinanzierung am Kapitalmarkt, 3. Aufl. 2013, § 39 Rz. 78.
11 *Feuring/Berrar* in Habersack/Mülbert/Schlitt, Unternehmensfinanzierung am Kapitalmarkt, 3. Aufl. 2013, § 39 Rz. 82; *Mock* in KölnKomm. WpHG, § 20a WpHG Rz. 289.
12 Dazu *Mock* in KölnKomm. WpHG, § 20a WpHG Rz. 290; ablehnend *Grüger*, BKR 2008, 101, 105 f.
13 *Racky* in Meyer/Veil/Rönnau, Handbuch zum Marktmissbrauchsrecht, § 16 Rz. 47 ff.
14 *Forst*, BKR 2009, 454, 456.

109 **XIII. Rechtsschutz.** Hinsichtlich des Rechtsschutzes im Zusammenhang mit der Festlegung einer zulässigen Marktpraxis macht die **MAR keine Vorgaben.** Da in Deutschland das Festlegungsverfahren als Verwaltungsverfahren und die Festlegung selbst als Allgemeinverfügung zu klassifizieren ist (Rz. 68 ff.), steht Marktteilnehmern grundsätzlich der **Verwaltungsrechtsweg** offen. Ein **Rechtsschutzinteresse** kann durchaus bestehen: Marktteilnehmer, die sich bestimmter Marktpraktiken bedienen wollen, können ein berechtigtes Interesse an einer Anerkennung dieser Praktiken haben. Umgekehrt können Marktteilnehmer wie z.B. Privatkunden oder auch professionelle Kunden ein Interesse daran haben, gegen die Anerkennung einer Marktpraxis als zulässig vorzugehen. Ob und in welcher Form in derartigen Konstellationen Rechtsschutz gewährt wird, richtet sich nach den allgemeinen Vorschriften[1].

110 Dabei kann durchaus eine **Widerspruchs- und Klagebefugnis** (§ 42 Abs. 2 VwGO) bestehen[2], da die vorherige Festlegung konstitutive Voraussetzung des Tatbestandsausschlusses ist (Rz. 25 f.) und Marktteilnehmer daher ein berechtigtes Interesse an einer Festlegung haben können. Es erscheint auch nicht pauschal zweifelhaft, ob sich die Rechtsposition der Marktteilnehmer, die von einer ggf. zu Unrecht als zulässig anerkannten, in Wahrheit manipulativen Marktpraxis betroffen sind, bereits zu einem subjektiven Recht verdichtet. Richtigerweise ist dies eine Frage des Einzelfalls.

111 Was das **Vorgehen gegen eine festgelegte zulässige Marktpraxis** anbelangt, sind grundsätzlich Widerspruch und Anfechtungsklage statthaft. Eine **Anfechtungsklage** setzt nach § 68 Abs. 1 VwGO die vorherige erfolglose Durchführung eines Widerspruchsverfahrens voraus. Für die Frist zur Einlegung des Widerspruchs ist entscheidend, ob die Festlegung mit einer Rechtsbehelfsbelehrung versehen war (dann einen Monat ab Bekanntgabe, § 70 Abs. 1 VwGO) oder nicht (dann ein Jahr ab Bekanntgabe, §§ 70 Abs. 2, 58 Abs. 2 VwGO). Fraglich ist insoweit, wie sich die Rechtsprechung des BVerwG und des BVerfG zur Bestandskraft von Verkehrszeichen auswirkt. Die Klagefrist richtet sich nach § 74 VwGO.

112 Die Einleitung eines Verfahrens zur Festlegung steht grundsätzlich im pflichtgemäßen Ermessen der BaFin (Rz. 72). Ist dieses Ermessen auf null reduziert (Rz. 72), ist nach einem vorherigen erfolglosen Antrag sowie der erfolglosen Durchführung eines Widerspruchsverfahrens auch eine **Verpflichtungsklage** auf Erlass einer Allgemeinverfügung statthaft[3]. So kann die Festlegung einer zulässigen Marktpraxis begehrt oder aber der Umfang der Festlegung einer zulässigen Marktpraxis erweitert werden. Ein vorheriger Antrag und die Durchführung eines Widerspruchsverfahrens gegen seine Ablehnung ist auch dann erforderlich, wenn der Verwaltungsakt – wie vorliegend – ohne Antrag ergehen kann oder sogar von Amts wegen erlassen werden muss[4]. Bleibt die BaFin auf den Antrag hin untätig, steht die Möglichkeit einer Untätigkeitsklage offen (§ 75 VwGO). Da negative Anerkennungsentscheidungen (Rz. 87) keine Rechtswirkung entfalten und insbesondere keine Verwaltungsakte darstellen, kommt ein direktes Vorgehen in Form einer Anfechtungsklage gegen sie nicht in Betracht.

113 Instanzverwaltungsgerichte können, letztinstanzliche VG müssen die Frage der Unionsrechtskonformität einer Festlegungs- bzw. Nichtfestlegungsentscheidung durch die BaFin dem **EuGH** im Wege des **Vorabentscheidungsverfahrens** vorlegen. Ist allerdings ein Strafgericht inzidenter mit einer zulässigen Marktpraxis befasst, ist es selbst und auch der EuGH an die Festlegung durch die zuständige Behörde gebunden (vgl. Rz. 34), weshalb insoweit keine Vorlage gem. Art. 267 AEUV in Betracht kommt (Verwaltungsakzessorietät).

114 **XIV. Veröffentlichung durch die ESMA (Art. 13 Abs. 9 VO Nr. 596/2014).** Art. 13 Abs. 9 VO Nr. 596/2014 verpflichtet die **ESMA** auf ihrer Website alle zulässigen Marktpraktiken in Form einer **Liste** zu **veröffentlichen**, in welcher auch anzugeben ist, in welchen Mitgliedstaaten (und auf welchen Märkten) die jeweilige zulässige Marktpraxis anwendbar ist[5].

115 **XV. Überwachung und Bericht durch die ESMA (Art. 13 Abs. 10 VO Nr. 596/2014).** Art. 13 Abs. 10 VO Nr. 596/2014 verpflichtet die ESMA die Anwendung der zulässigen Marktpraxis zu überwachen und der Europäischen Kommission jährlich einen **Bericht** über deren Anwendung auf den betreffenden Märkten vorzulegen.

116 **XVI. Übermittelung und Fortgeltung der vor dem 2.7.2014 festgelegten zulässigen Marktpraxis (Art. 13 Abs. 11 VO Nr. 596/2014).** Gem. Art. 13 Abs. 11 Unterabs. 1 VO Nr. 596/2014 haben die zuständigen Behörden der ESMA die zulässigen Marktpraktiken zu übermitteln, die sie **vor dem 2.7.2014** festgelegt haben. Die

---

1 Ebenso *Mock* in KölnKomm. WpHG, § 20a WpHG Anh. I – § 7 MaKonV Rz. 26.
2 Angezweifelt wurden zu § 20a WpHG a.F. die. Insoweit wurde vertreten, dass es zweifelhaft erscheine, ob sich die Rechtsposition der Marktteilnehmer, die von einer ggf. zu Unrecht als zulässig anerkannten, in Wahrheit manipulativen Marktpraxis betroffen sind, bereits zu einem subjektiven Recht verdichtet (*Mock* in KölnKomm. WpHG, § 20a WpHG Anh. I – § 7 MaKonV Rz. 27). Gegen das Bestehen eines subjektiv-öffentliches Rechts auf Anerkennung einer Marktpraxis wurde § 20a Abs. 2 Satz 3 WpHG angeführt, wonach die Anerkennung nicht zwingende Voraussetzung für die Annahme der Zulässigkeit einer Marktpraxis sei (*Mock* in KölnKomm. WpHG, § 20a WpHG Anh. I – § 7 MaKonV Rz. 28).
3 Tendenziell auch *Schmolke* in Klöhn, Art. 13 MAR Rz. 26 zum öffentlich-rechtlichen Anspruch auf beurteilungsfehlerfreie Entscheidung.
4 Vgl. BVerwG v. 31.8.1995 – 5 C 11/94, BVerwGE 99, 158 ff.; *Brenner* in Sodann/Ziekow, 4. Aufl. 2014, § 75 VwGO Rz. 25.
5 *Schmolke* in Klöhn, Art. 13 MAR Rz. 88.

Übermittlung musste innerhalb von drei Monaten nach dem Inkrafttreten der in Art. 13 Abs. 7 VO Nr. 596/2014 genannten technischen Regulierungsstandards durch die Kommission am 11.6.2016, also bis zum 11.9.2016 erfolgen. Auf der Website der ESMA wird nicht ersichtlich, ob alle zuständigen Behörden dieser Pflicht nachgekommen sind. Nicht erfasst von der Vorschrift werden zulässige Marktpraktiken, die auf Basis der MAD I-Umsetzung in den Mitgliedstaaten in der Phase zwischen dem 22.7.2014 und dem Anwendungsbeginn der MAR am 3.7.2016 (Art. 12 VO Nr. 596/2014 Rz. 47) hätten erlassen werden können. Da in dieser Phase aber keine zuständige Behörde entsprechende Marktpraktiken erlassen hat, kann dahinstehen, warum für diese Phase keine Regelung getroffen wurde. Naheliegend ist, dass der europäische Gesetzgeber nach dem Inkrafttreten der MAR am 2.7.2014 ein Interesse hatte, dass zulässige Marktpraktiken sich bereits an den Kriterien des Art. 13 VO Nr. 596/2014 orientieren, wenngleich dessen maßgeblichen Bestimmungen gem. Art. 39 Abs. 2 VO Nr. 596/2014 erst seit dem 3.7.2016 anwendbar sind.

Die in Art. 13 Abs. 11 Unterabs. 1 VO Nr. 596/2014 genannten zulässigen Marktpraktiken gelten nach der **Übergangsregelung** in Art. 13 Abs. 11 Unterabs. 2 VO Nr. 596/2014 in dem betreffenden Mitgliedstaat weiter, bis die zuständige Behörde auf der Grundlage der Stellungnahme der ESMA gem. Art. 13 Abs. 4 VO Nr. 596/2014 einen Beschluss hinsichtlich ihrer Weiterführung gefasst hat. So soll ein reibungsloser Übergang zur Anwendung der MAR erleichtert werden (Erwägungsgrund 76 VO Nr. 596/2014). Die Übermittlung im Zeitraum zwischen dem 11.6.2016 und dem 11.9.2016 ist dabei aber Voraussetzung, da Art. 13 Abs. 11 Unterabs. 1 VO Nr. 596/2014 explizit auf die in Art. 13 Abs. 11 Unterabs. 1 VO Nr. 596/2014 genannte zulässige Marktpraxis abstellt. Dies bestätigt auch Erwägungsgrund 76 VO Nr. 596/2014, wonach für die Geltung der Übergangsregelung erforderlich ist, dass die „Marktpraxis der ESMA innerhalb eines vorgeschriebenen Zeitraums notifiziert wird". 117

Art. 14 Verbot von Insidergeschäften und unrechtmäßiger Offenlegung von Insiderinformationen

Folgende Handlungen sind verboten:
a) das Tätigen von Insidergeschäften und der Versuch hierzu,
b) Dritten zu empfehlen, Insidergeschäfte zu tätigen, oder Dritte dazu zu verleiten, Insidergeschäfte zu tätigen, oder
c) die unrechtmäßige Offenlegung von Insiderinformationen.

In der Fassung vom 16.4.2014 (ABl. EU Nr. L 173 v. 12.6.2014, S. 1), geändert durch Berichtigung vom 21.10.2016 (ABl. EU Nr. L 287 v. 21.10.2016, S. 320).

Schrifttum: *Beneke/Thelen*, Die Schutzgesetzqualität des Insiderhandelsverbots gem. Art. 14 Marktmissbrauchsverordnung, BKR 2017, 12. S. im Übrigen Vor Art. 7 ff. VO Nr. 596/2014 und das Allgemeine Schrifttumsverzeichnis.

I. Regelungsgehalt – Insiderverbote	1	1. Strafrechtliche und ordnungswidrigkeitsrechtliche Sanktionen 5
II. Normentwicklung	3	2. Zivilrechtliche Folgen 9
III. Rechtsfolgen eines Verstoßes gegen Art. 14 VO Nr. 596/2014	5	3. Verwaltungsrechtliche Folgen und Sanktionen . 16

I. Regelungsgehalt – Insiderverbote. Art. 14 VO Nr. 596/2014 (MAR) verbietet Insidergeschäfte und die unrechtmäßige Offenlegung von Insiderinformationen. Dazu formuliert die Vorschrift drei Verbote (kurz: Insiderhandelsverbote), deren **Tatbestandsmerkmale** – ohne in den Verboten selbst zitiert zu werden – aber in **anderen Bestimmungen** der Marktmissbrauchsverordnung enthalten sind: 1
– Art. 11 lit. a VO Nr. 596/2014 verbietet das Tätigen von Insidergeschäften und den Versuch hierzu. Die danach verbotenen Insidergeschäfte sind Gegenstand der Regelung des Art. 8 Abs. 1, 3–5 und Art. 9 VO Nr. 596/2014.
– Art. 11 lit. b VO Nr. 596/2014 verbietet es, Dritten zu empfehlen, Insidergeschäfte zu tätigen, oder Dritte dazu zu verleiten, Insidergeschäfte zu tätigen. Die hiernach verbotenen Handlungen sind Gegenstand der Regelung in Art. 8 Abs. 2, 4 und 5 VO Nr. 596/2014.
– Art. 11 lit. c VO Nr. 596/2014 verbietet die unrechtmäßige Offenlegung von Insiderinformationen und überlässt es Art. 10 bzw. 11 VO Nr. 596/2014 zu regeln, unter welchen Voraussetzungen eine unrechtmäßige bzw. rechtmäßige Offenlegung von Insiderinformationen vorliegt.
Der für sämtliche Verbote maßgebliche Begriff der **Insiderinformation** ist – gleichsam vor die Klammer gezogen – mit seinen verschiedenen Begriffskomponenten in Art. 7 VO Nr. 596/2014 definiert.

Die Trennung der Insiderhandelsverbote in die Verbotsnorm des Art. 14 VO Nr. 596/2014 (**Blankettnorm**, bei der es sich wegen des Verweises durch ein- und denselben Normgeber, um ein sog. unechtes Blankett handelt) 2

Art. 14 VO Nr. 596/2014 | Verbot von Insidergeschäften

einerseits und die die einzelnen Verbote tatbestandlich festlegenden **Ausfüllungsnormen** der Art. 7–11 VO Nr. 596/2014 andererseits, wiederholt sich – als echtes Blankett – auf der Sanktionsebene: Die straf- bzw. bußgeldrechtlichen (i.S.v. Art. 30 VO Nr. 596/2014 verwaltungsrechtlichen) Sanktion für Verstöße gegen die verschiedenen Insiderhandelsverbot sind in § 119 Abs. 3 Nr. 1–3 und Abs. 4 bzw.in § 120 Abs. 14 WpHG geregelt, wobei die letztere, ordnungswidrigkeitsrechtliche Bestimmung ihrerseits in einem Blankettverweis auf die strafrechtliche Bestimmung und besteht und regelt, ordnungswidrig handele, wer eine in § 119 Abs. 3 und 4 WpHG bezeichnete Handlung leichtfertig begehe.

3 **II. Normentwicklung.** Art. 14 VO Nr. 596/2014 entspricht funktional und in seiner Regelungsstruktur der **Vorgängervorschrift** im deutschen Recht in Gestalt von § 14 WpHG a.F. Zur historischen Entwicklung des europäischen Insiderrechts als Richtlinienrecht und einer Umsetzung in Deutschland hin zur in allen Mitgliedstaaten geltenden Regelung in der Marktmissbrauchsverordnung s. Vor Art. 7 ff. VO Nr. 596/2014 Rz. 1 ff. Wie bisher werden die Insiderhandelsverbote, wie vorstehend beschrieben, blankettartig formuliert und in Ausfüllungsnormen ausgeführt. Dabei werden die Insiderhandelsverbote allerdings, abweichend von der bisherigen Verbotsregelung in § 14 Abs. 1 WpHG a.F. neu gruppiert und formuliert (näher hierzu Vor Art. 7 ff. VO Nr. 596/2014 Rz. 19).

4 Die ursprünglich im ABl. EU Nr. L 173 v. 12.6.2014, S. 1 (25 f.), veröffentlichte Fassung von Art. 14 lit. b VO Nr. 596/2014 ist in ABl. EU Nr. L 287 v. 21.10.2016, S. 320 (322), zur heutigen Fassung dieser Vorschriften **berichtigt** worden. Dabei ist die Formulierung „Dritte anzustiften" durch die Formulierung „Dritte dazu zu verleiten" ersetzt worden.

5 **III. Rechtsfolgen eines Verstoßes gegen Art. 14 VO Nr. 596/2014. 1. Strafrechtliche und ordnungswidrigkeitsrechtliche Sanktionen. Verstöße** gegen das Verbot von Insidergeschäften und unrechtmäßiger Offenlegung von Insiderinformationen nach Art. 14 VO Nr. 596/2014 sowie gegen die Vorschriften zur Veröffentlichung von Insiderinformationen nach Art. 17 Abs. 1, 2, 4, 5 und 8 VO Nr. 596/2014 unterliegen nach Maßgabe der RL 2014/57/EU vom 16.4.2014 (oben Rz. 15) ausgestalteten **strafrechtlichen Sanktionen** und den sich aus Art. 30 VO Nr. 596/2014 ergebenden **verwaltungsrechtlichen Maßnahmen und Sanktionen**.

6 Der deutsche Gesetzgeber hat **Verstöße gegen die Verbote des Art. 14 lit. a–c VO Nr. 596/2014** mit § 119 Abs. 3 und 4 WpHG bzw. § 120 Abs. 14 WpHG ausschließlich mit strafrechtlichen bzw. ordnungswidrigkeitsrechtlich Sanktionen belegt[1] und dabei keine Differenzierung zwischen Geschäften von Primärinsidern und Sekundärinsidern vorgenommen (Vor Art. 7 ff. VO Nr. 596/2014 Rz. 27, Art. 8 VO Nr. 596/2014 Rz. 9, Art. 10 VO Nr. 596/2014 Rz. 8). **Strafbar** nach § 119 Abs. 3 WpHG ist lediglich vorsätzliches Handeln. Dazu ist es erforderlich, dass sich der Vorsatz – d.h. das Wissen und Wollen der Verwirklichung des objektiven Tatbestand – auf alle Merkmale des gesetzlichen objektiven Tatbestands bezieht (näher hierzu Art. 8 VO Nr. 596/2014 Rz. 9). Nach § 119 Abs. 4 WpHG ist auch der Versuch strafbar. **Ordnungswidrig** handelt nach § 120 Abs. 14 WpHG nur, „wer eine in § 119 Abs. 3 Nr. 1–3 bezeichnete Handlung leichtfertig begeht", d.h. **leichtfertig** gegen eines der Insiderhandelsverbote nach Art. 14 lit. a–c VO Nr. 596/2014 verstößt. Leichtfertig handelt, wer die gebotene Sorgfalt in einem ungewöhnlich hohen Maße verletzt (Art. 8 VO Nr. 596/2014 Rz. 9). Zu weiteren Einzelheiten der straf- und ordnungswidrigkeitsrechtlichen Sanktion von Verstößen gegen Art. 14 lit. a–c VO Nr. 596/2014 s. Art. 8 VO Nr. 596/2014 Rz. 10 ff., Art. 10 VO Nr. 596/2014 Rz. 69 sowie die Erläuterungen in § 119 WpHG Rz. 87 ff. und § 120 WpHG Rz. 337 f.

7 Durch die Neufassung von § 38 Abs. 3 Nr. 1 WpHG (a.F.) über die Strafbarkeit nach Art. 14 VO Nr. 596/2014 verbotenen Insidergeschäften und § 39 Abs. 3d Nr. 2 WpHG (a.F.) über die Strafbarkeit einer nach Art. 15 VO Nr. 596/2014 verbotenen Marktmanipulation durch das 1. FiMaNoG zum 2.7.2016 (entsprechend Art. 39 Abs. 1 VO Nr. 596/2014) einerseits bei Gültigkeit von Art. 14 bzw. 15 VO Nr. 596/2014 erst zum 3.7.2016 (Art. 39 Abs. 2 VO Nr. 596/2014) andererseits ist es zu keiner **Lücke in der Ahndbarkeit von Insiderhandel und Marktmanipulation** gekommen; dazu Vor Art. 7 ff. VO Nr. 596/2014 Rz. 17.

8 Die unrechtmäßige Offenlegung von Insiderinformationen (Art. 14 lit. c i.V.m. Art. 8 VO Nr. 596/2014) kann auch eine unzulässige **Offenbarung eines Geheimnisses nach § 404 AktG** darstellen und nach Maßgabe dieser Vorschrift strafbar sein.

9 **2. Zivilrechtliche Folgen.** Ein Verstoß gegen die Verbotsbestimmungen des Art. 14 lit. a–c VO Nr. 596/2014 kann auch **zivilrechtliche Konsequenzen** haben[2]. Fraglich ist zunächst, ob die **Geschäfte in Insiderpapieren**, die unter Verstoß eines Insiders gegen Art. 14 lit. a–c VO Nr. 596/2014 zustande kamen, nach **§ 134 BGB nichtig** sind. Bei der Beantwortung dieser Frage darf als unstreitig gelten, dass nicht jedes gesetzlich verbotene oder unter Verstoß gegen ein gesetzliches Verbot zustande gekommene Rechtsgeschäft als nichtig zu betrachten ist.

---

1 Zu sehr mittelbaren „verwaltungsrechtlichen Folgen" eines Verstoßes gegen die Insiderhandelsverbote des Art. 14 VO Nr. 596/2014 s. *Szesny*, DB 2016, 1420, 1425.

2 Zu den zivilrechtlichen Folgen eines Verstoßes gegen § 14 Abs. 1 Nrn. 1–3 WpHG a.F. *Steinhauer*, S. 73 ff., 111 („Keine zivilrechtlichen Haftungsansprüche gegen Insider wegen der Vornahme von Insidergeschäften"); *Sethe* in Assmann/Schütze, Kapitalanlagerecht, § 8 Rz. 160 ff.; *Wolf* in FS Döser, S. 255 ff.

Die Rechtsfolge der Nichtigkeit nach § 134 BGB tritt vielmehr nur dann ein, wenn Sinn und Zweck des in Frage stehenden Verbotsgesetzes dies verlangen[1]. Das wird schon regelmäßig für den Fall verneint, dass sich das Verbot nicht gegen beide Vertragsparteien richtet, sondern nur gegen eine derselben[2]. Dies gilt für Geschäfte, deren Vornahme gegen ein Strafgesetz verstößt, wie es das Insiderhandelsverbot nach Art. 14 VO Nr. 596/2014 i.V.m. § 119 Abs. 3 und 4 WpHG darstellt, jedenfalls dann, wenn sich das strafrechtliche Verbot nur gegen eine der Vertragsparteien richtet und die anderen am Vertrag Beteiligten weder Kenntnis von dem Verstoß haben noch mit einem solchen rechnen[3]. Darüber hinaus hat das Verbot von Insidergeschäften auch nicht das Verbot des Gegenstands (des Inhalts) der fraglichen Wertpapiergeschäfte zum Gegenstand, so dass auch aus dieser Sicht von der vorgenannten Regel nicht abgewichen zu werden braucht[4].

Gegenteilige Argumente[5] lassen sich auch aus **Sinn und Zweck des Insiderhandelsverbots** nicht herleiten: Weder wird durch den Verstoß gegen dieses Verbot ein Marktteilnehmer zu einem Wertpapiergeschäft mit schlechterdings nicht zu duldendem Inhalt verleitet, noch ist – wegen der straf- und ordnungswidrigkeitsrechtlichen Folgen eines Insidergeschäfts die Nichtigkeitsfolge geboten, um eine auf andere Weise nicht erreichbare, für die Durchsetzung des Verbots aber zwingende Sanktion bereitzustellen. Des Weiteren ist darauf hinzuweisen, dass die Nichtigkeitsfolge solcher Geschäfte schon deshalb eine fragliche Konsequenz des Insiderhandelsverbots wäre, weil sich selbst nach der Änderung der AGB für Wertpapiergeschäfte, welche den Selbsteintritt der Kreditinstitute (i.S.d. Selbsteintritts des Kommissionärs nach § 400 HGB) zugunsten von dokumentationspflichtigen Kommissionsgeschäften (§§ 383, 384 Abs. 2 HGB i.V.m. § 666 BGB) ausschließen (Nr. 1 Sonderbedingungen für Wertpapiergeschäfte der Banken bzw. Bedingungen für Wertpapiergeschäfte der Sparkassen)[6], nur schwer wird feststellen lassen, welcher Marktteilnehmer Insiderpapiere an den Insider verkauft oder von ihm erworben hat. Die gesetzlich vorgesehene Rechtsfolge liefe damit überwiegend leer und würde zudem den Wertpapierhandel mit unüberschaubaren Risiken sowie Rückabwicklungsproblemen belasten und verunsichern. Hinzu kommt, dass es ohnehin mehr oder weniger Zufall ist, wer unter den kauf- oder verkaufswilligen Aktionären gerade Vertragspartner des Insiders oder eines Marktteilnehmers wurde. Diese Gesichtspunkte wird man umso eher zu vernachlässigen bereit sein, als sich – nicht zu erkennen – straf- und ordnungswidrigkeitsrechtliche Sanktionen kapitalmarktrechtlicher Verhaltenspflichten im Allgemeinen und des Insiderrechts im Besonderen im Rückzug befinden. Wäre dies der Fall, mag man unter Hintanstellung rechtsdogmatischer Bedenken zu dem Ergebnis gelangen, dem Schutzbedürfnis des einzelnen Anlegers und des Kapitalmarkts insgesamt müsse dadurch Rechnung getragen werden, dass die verbotswidrigen Rechtsgeschäfte (d.h. das regelmäßig zwischen Banken als Kommissionären zustande kommende Erwerbs- oder Ausführungsgeschäft sowie das Kommissionsgeschäft zwischen Insider und Bank) gem. § 134 BGB nichtig anzusehen sein, was dem Anleger erlauben würde, das vom Insider verbotswidrig Erlangte (d.h. Aktien und Kaufpreis) im Wege der bereicherungsrechtlichen Rückabwicklung herauszuverlangen und dadurch seine Verluste wieder auszugleichen[7].

Die vorstehenden Erwägungen tragen auch das Urteil, ein Insidergeschäft sei nicht als solches **sittenwidrig i.S.v. § 138 BGB** und damit nichtig[8]. Wenn sich ein Insidergeschäft „in derart unerträglicher Weise gegen den Vertragspartner" richten würde, wie dies behauptet wird[9], müsste dies – da es nicht um den Schutz eines individuellen Vertragspartners geht, sondern um die Vertragspartner von Insidergeschäften eines Insiders generell – schon die Nichtigkeit nach § 134 BGB zur Folge haben. Hinzu kommt der Umstand, dass sich die Vertragspartner des Geschäfts mit Insiderpapieren regelmäßig nicht kennen und eine persönliche Täuschung des – die Vorenthaltung der Insiderinformation gegenüber dem Markt hinweggedacht – transaktionswilligen Gegenüber ausscheidet. Wenn schon die aktive Täuschung des dem Täuschenden bekannten Vertragspartners nicht zur Sittenwidrigkeit eines Geschäfts führen soll[10], so ist schwerlich zu erkennen, wie sich ein Insidergeschäft im

---

1 St. Rspr., etwa BGH v. 5.5.1992 – X ZR 134/90, BGHZ 118, 182 (188 m.w.N.); *Armbruster*, MünchKomm. BGB, 7. Aufl. 2015, § 134 Rz. 110; *Sethe* in Assmann/Schütze, Kapitalanlagerecht, § 8 Rz. 160. Für die Insiderverbote des Art. 14 VO Nr. 596/2014 *Klöhn* in Klöhn, Art. 14 MAR Rz. 116.
2 *Ellenberger* in Palandt, 77. Aufl. 2017, § 134 BGB Rz. 9 m.w.N.
3 *Ellenberger* in Palandt, 77. Aufl. 2017, § 134 BGB Rz. 8, 9.
4 Gegen Nichtigkeit nach § 134 BGB auch *Buck-Heeb*, Kapitalmarktrecht, Rz. 390 ff. (392); *Krauel*, S. 308; *Klöhn* in Köln-Komm. WpHG, § 15 WpHG Rz. 515; *Lenenbach*, Kapitalmarktrecht, Rz. 13.202; *Mennicke* in Fuchs, § 14 WpHG Rz. 423, 440; *Schäfer* in Schäfer/Hamann, Kapitalmarktgesetze, § 14 WpHG Rz. 96; *Schäfer* in Marsch-Barner/Schäfer, Handbuch börsennotierte AG, Rz. 14.106; *Schwark/Kruse* in Schwark/Zimmer, § 14 WpHG Rz. 4; *Sethe* in Assmann/Schütze, Kapitalanlagerecht, § 8 Rz. 160; *Steinhauer*, S. 90.
5 Zu solchen namentlich *Wolf* in FS Döser, S. 255, 260 f.
6 Abgedruckt u.a. in Baumbach/Hopt, HGB, (8) S. 2212 ff. Zum Ausschluss des Selbsteintritts *Hopt* ebd., AGB-WP-Geschäfte 1 Rz. 2 (S. 2213) und § 400 HGB Rz. 2.
7 *Wolf* in FS Döser, S. 255, 260 ff.
8 Für die Insiderverbote des Art. 14 VO Nr. 596/2014 *Klöhn* in Klöhn, Art. 14 MAR Rz. 117.
9 *Mennicke* in Fuchs, § 14 WpHG Rz. 427. Für eine „Umstandssittenwidrigkeit" des Insidergeschäfts auch *Steinhauer*, S. 94.
10 Nach BGH v. 14.12.1987 – II ZR 166/87, NJW 1988, 902, 903, ist es „zutreffend …, daß ein zweiseitiges Rechtsgeschäft dann nicht gem. § 139 I BGB nichtig ist, wenn die Sittenwidrigkeit ausschließlich in der Täuschung des Vertragspartners besteht".

Kontext anonymer Marktgeschäfte in „unerträglicher Weise" gegen den Vertragspartner richten soll[1]. Auch eine Anfechtung des Insidergeschäfts durch den Nichtinsider nach § 119 Abs. 1 oder Abs. 2 BGB[2] oder § 123 Abs. 1 Alt. 1 BGB[3] scheidet nach ganz h.M. aus. Im ersten Fall liegt weder ein Erklärungsirrtum als Irrtum in der Erklärungshandlung noch ein Inhaltsirrtum als Irrtum über die Geschäftsart oder den Inhalt des Erklärungsinhalts noch ein Irrtum über eine Person oder die erworbene Sache vor[4]. Im zweiten Fall kommt allenfalls eine Täuschung durch Verschweigen unter **Verletzung einer Aufklärungspflicht** in Betracht, doch handelt es sich bei der Offenlegungspflicht von Insiderinformationen nach Art. 17 VO Nr. 596/2014 nicht um eine auf Zwei-Parteien-Austauschbeziehungen zugeschnittene Aufklärungspflicht[5]. Aus dem gleichen Grund scheidet auch eine **Haftung des Insiders aus** *culpa in contrahendo* (§§ 311 Abs. 2 und 3, 241 Abs. 2, 280 Abs. 1 BGB) aus[6]. Das ist in Markttransaktionen nicht anders als in Zwei-Personen-Verhältnissen, auch als *Face-to-face*-Geschäfte bezeichnet, wie etwa beim Unternehmenskauf, beim Erwerb einer bedeutenden Beteiligung oder beim Paketerwerb[7].

12 Umstritten ist die Frage, ob das Insiderhandelsverbot des Art. 14 VO Nr. 596/2014 ein **Schutzgesetz** i.S.d. § 823 Abs. 2 BGB ist, dessen Verletzung gegenüber dem durch den Verstoß geschädigten Anleger schadensersatzpflichtig macht. Diese Frage wird ist nach wie vor zu verneinen. Die Marktmissbrauchsverordnung gibt keinen Grund zu der Annahme, mit den Insiderhandelsverboten des Art. 14 lit. a–c VO Nr. 596/2014 sollte, anders als bisher[8], mehr als das überindividuelle Rechtsgut der Funktionsfähigkeit der Finanzmärkte geschützt werden[9]. Für Art. 14 lit. a–c VO Nr. 596/2014 gilt diesbezüglich das Gleiche wie zur Veröffentlichung von Insiderinformationen nach Art. 17 VO Nr. 596/2014 (Art. 17 VO Nr. 596/2014 Rz. 11, Art. 17 VO Nr. 596/2014 Rz. 308 f.). Nicht wegen fehlender Schutzgesetzeigenschaft des § 263 StGB, sondern mangels Aufklärungspflicht (Rz. 10) scheidet auch eine Haftung des Insiders gegenüber dem Anleger nach § 823 Abs. 2 BGB i.V.m. § 263 StGB aus[10].

13 Dagegen kann die **unrechtmäßige Offenlegung von Insiderinformationen** (Art. 14 lit. c i.V.m. Art. 8 VO Nr. 596/2014) eine unzulässige **Offenbarung eines Geheimnisses** nach § 404 AktG darstellen und wegen des Schutzgesetzcharakters dieser Bestimmung[11] zu Schadensersatzpflichten zumindest gegenüber der Gesellschaft und ihren Aktionären führen[12].

14 Eine Haftung wegen vorsätzlicher sittenwidriger Schädigung nach § 826 BGB ist allenfalls im Rahmen von Transaktionen im Zwei-Personen-Verhältnis (bei sog. *Face-to-face*-Geschäften) denkbar, nicht aber im Regelfall der Abwicklung von Geschäften in Insiderpapieren über Handelsmärkte, bei denen die Verwendung von Insiderinformationen und der Verstoß gegen ein Insiderhandelsverbot nach Art. 14 VO Nr. 596/2014 die Absicht sittenwidriger Schädigung nicht zu begründen vermag[13].

---

1 I.E. ebenso *Klöhn* in KölnKomm. WpHG, § 15 WpHG Rz. 516; *Sethe* in Assmann/Schütze, Kapitalanlagerecht, § 8 Rz. 161.
2 *Klöhn* in Klöhn, Art. 14 MAR Rz. 118.
3 *Klöhn* in KölnKomm. WpHG, § 15 WpHG Rz. 518; *Klöhn* in Klöhn, Art. 14 MAR Rz. 119; *Schäfer* in Marsch-Barner/Schäfer, Handbuch börsennotierte AG, Rz. 14.108; *Sethe* in Assmann/Schütze, Kapitalanlagerecht, § 8 Rz. 161. I.E. auch *Mennicke* in Fuchs, § 14 WpHG Rz. 430 ff.
4 *Klöhn* in KölnKomm. WpHG, § 15 WpHG Rz. 517; *Mennicke* in Fuchs, § 14 WpHG Rz. 429 (in Bezug auf Eigenschaftsirrtum nach § 119 Abs. 2 BGB).
5 Dagegen soll nach *Sethe* in Assmann/Schütze, Kapitalanlagerecht, § 8 Rz. 161 bei *Face-to-face*-Geschäften „eine arglistige Täuschung des Anlegers durch den Insider in Frage kommen".
6 *Klöhn* in KölnKomm. WpHG, § 15 WpHG Rz. 519 f.; *Klöhn* in Klöhn, Art. 14 MAR Rz. 120 f.; *Wolf* in FS Döser, S. 255, 257 f. A.A. *Sethe* in Assmann/Schütze, Kapitalanlagerecht, § 8 Rz. 161.
7 A.A. *Kaiser*, WM 1997, 1557, 1558 f.; *Mennicke*, S. 624 f.; *Mennicke* in Fuchs, § 14 WpHG Rz. 433; *Sethe* in Assmann/Schütze, Kapitalanlagerecht, § 8 Rz. 161.
8 *Assmann* in 6. Aufl., Vor § 12 WpHG Rz. 49
9 Zu Art. 14 i.V.m. Art. 8 und 10 VO Nr. 596/2014 *Buck-Heeb*, Kapitalmarktrecht, Rz. 390; *Klöhn* in Klöhn, MAR, Einl. Rz. 72, Art. 14 MAR Rz. 9 („dienen die Insiderverbote nicht dem individuellen Anlegerschutz"), 22 und 122; *Schäfer* in Marsch-Barner/Schäfer, Handbuch börsennotierte AG, Rz. 14.107; *Veil* in Meyer/Veil/Rönnau, Handbuch zum Marktmissbrauchsrecht, § 7 Rz. 103. A.A. *Beneke/Thelen*, BKR 2017, 12, 14. Zu § 14 WpHG a.F. Begr. RegE 2. FFG, BT-Drucks. 12/6679, 47, 57; *Caspari*, ZGR 1994, 530, 532; *Dickersbach*, S. 198 f.; *J. Hartmann*, S. 249; *F. Immenga*, ZBB 1995, 197, 205; *Kaiser*, WM 1997, 1557, 1559 f.; *Klöhn* in KölnKomm. WpHG, § 15 WpHG Rz. 521; *Kümpel*, Bank- und Kapitalmarktrecht, 3. Aufl. 2004, Rz. 16.67 ff.; *Lenenbach*, Kapitalmarktrecht, Rz. 13.198; *Mennicke*, S. 618 ff.; *Pawlik* in KölnKomm. WpHG, 1. Aufl. 2007, § 14 WpHG Rz. 3; *Schwark/Kruse* in Schwark/Zimmer, § 14 WpHG Rz. 4 ff.; *Sethe* in Assmann/Schütze, Kapitalanlagerecht, § 8 Rz. 162; *Steinhauer*, S. 108. A.A. *Assmann*, AG 1994, 196, 204 (aufgegeben); *Claussen*, AG 1997, 306, 307; *Hopt* in Bankrechts-Handbuch, 4. Aufl. 2011, § 107 Rz. 6; *Krauel*, S. 307; *Schwark* in Schwark, Kapitalmarktrechts-Kommentar, 3. Aufl. 2004, Vor § 12 WpHG Rz. 9 (aufgegeben); *Trüg*, S. 194.
10 *Sethe* in Assmann/Schütze, Kapitalanlagerecht, § 8 Rz. 163.
11 Unstreitig, s. etwa *Oetker* in K. Schmidt/Lutter, Aktiengesetz, 3. Aufl. 2015, § 404 AktG Rz. 1; *Otto* in Großkomm. AktG, 4. Aufl. 1997, § 404 AktG Rz. 3.
12 Hierzu und zur möglichen Verletzung weiterer Geheimnisschutzvorschriften *Kaiser*, WM 1997, 1557, 1561 f.; zu den mit Insiderhandeln verbundenen Geheimnispflichtverletzungen von Wirtschaftsprüfern s. *Hopt* in Bankrechts-Handbuch, 2. Aufl. 2001, § 107 Rz. 87 f.
13 Ebenso *Klöhn* in KölnKomm. WpHG, § 15 WpHG Rz. 521; *Klöhn* in Klöhn, Art. 14 MAR Rz. 122 (Sittenwidrigkeit kann „nicht allein mit dem Verstoß gegen das Insiderverbot begründet werden"); *Schäfer* in Marsch-Barner/Schäfer, Handbuch börsennotierte AG, Rz. 14. 109.

Der straf- oder ordnungswidrigkeitsrechtlich zu ahndende **Verstoß etwa eines Wertpapierhändlers oder eines** **Vermögensverwalters** gegen eines der Verbote des Art. 14 VO Nr. 596/2014 wird regelmäßig, neben Ansprüchen aus Vertragspflichtverletzung, auch ein außerordentliches Kündigungsrecht des Unternehmens auslösen, in dem dieser angestellt ist oder für das dieser tätig wird. Im Falle der **Insidertat eines Organmitglieds** wird in der Regel ein Verstoß gegen §§ 76, 93, 116 AktG in Betracht kommen[1]. 15

3. Verwaltungsrechtliche Folgen und Sanktionen. Nach Art. 30 Abs. 1 Unterabs. 1 VO Nr. 596/2014 übertragen die Mitgliedstaaten – unbeschadet strafrechtlicher Sanktionen und unbeschadet der Aufsichtsbefugnisse der zuständigen Behörden nach Art. 23 VO Nr. 596/2014 – im Einklang mit nationalem Recht den zuständigen Behörden die Befugnis, angemessene **verwaltungsrechtliche Sanktionen und andere verwaltungsrechtliche Maßnahmen** in Bezug unter anderem auf Art. 14 VO Nr. 596/2014 zu ergreifen. Dabei haben die Mitgliedstaaten gem. Art. 30 Abs. 2 Unterabs. 1 VO Nr. 596/2014 sicherzustellen, dass die zuständigen Behörden im Einklang mit dem nationalen Recht über die Befugnis verfügen, im Falle von Verstößen unter anderem gegen die vorgenannten Bestimmungen die in Art. 30 Abs. 2 Unterabs. 1 lit. a–j VO Nr. 596/2014 aufgeführten verwaltungsrechtlichen Sanktionen und die verwaltungsrechtlichen Maßnahmen zu verhängen bzw. zu ergreifen. **Zuständig** für die verwaltungsrechtlichen Sanktionen und Maßnahmen sind gem. Art. 22 Satz 1 VO Nr. 596/2014 – unbeschadet der Zuständigkeiten der Justizbehörden – eine von jedem Mitgliedstaat zu benennende („einzige") Behörde, die über die in Art. 23 Abs. 2 VO Nr. 596/2014 zur Wahrnehmung ihrer sich aus der Marktmissbrauchsverordnung ergebenden Aufgaben erforderlichen Aufsichts- und Ermittlungsbefugnisse verfügen muss und diese nach Maßgabe von Art. 23 Abs. 1 VO Nr. 596/2014 wahrzunehmen hat. **Zuständige Behörde** i.S.d. Art. 22 Satz 1 VO Nr. 596/2014 ist nach § 6 Abs. 5 Satz 1 WpHG die BaFin. 16

Die **Voraussetzungen** für die Verhängung bzw. Wahrnehmung der in Art. 30 Abs. 2 Unterabs. 1 lit. a–j VO Nr. 596/2014 aufgeführten verwaltungsrechtlichen Sanktionen bzw. Maßnahmen in Bezug auf Verstöße gegen die Insiderverbote des Art. 14 VO Nr. 596/2014 sind im deutschen Recht vor allem in § 6 WpHG zu finden. Die **Befugnis der zuständigen Behörde** nach Art. 30 Abs. 2 Unterabs. 1 lit. a VO Nr. 596/2014, eine Anordnung zu erlassen, wonach die für einen Verstoß verantwortliche Person die Verhaltensweise einzustellen und von einer Wiederholung abzusehen hat, folgt für die BaFin als nach § 6 Abs. 5 Satz 1 WpHG zuständiger Behörde etwa aus und nach Maßgabe von **§ 6 Abs. 6 Satz 1 Nr. 2 WpHG**. Weitere Befugnisse der BaFin im Falle von Verstößen gegen die Verbote des Art. 14 VO Nr. 596/2014 ergeben sich etwa aus **§ 6 Abs. 2 Satz 4 WpHG** (demzufolge die BaFin den Handel mit einzelnen oder mehreren Finanzinstrumenten vorübergehend untersagen oder die Aussetzung des Handels in einzelnen oder mehreren Finanzinstrumenten an Märkten, an denen Finanzinstrumente gehandelt werden, anordnen kann, soweit dies zur Durchsetzung u.a. der Verbote des Art. 14 VO Nr. 596/2014 oder zur Beseitigung oder Verhinderung von Missständen nach § 6 Abs. 1 WpHG geboten ist), aus **§ 6 Abs. 7 i.V.m. Abs. 6 Satz 1 Nr. 2 WpHG** (demzufolge die BaFin es einer natürlichen Person, die für einen Verstoß verantwortlich ist, für einen Zeitraum von bis zu zwei Jahren untersagen kann, Geschäfte für eigene Rechnung in den in Art. 2 Abs. 1 VO Nr. 596/2014 genannten Finanzinstrumenten und Produkten zu tätigen), aus **§ 6 Abs. 8 i.V.m. Abs. 6 Satz 1 Nr. 2 WpHG** (demzufolge die BaFin einer Person, die bei einem von ihr beaufsichtigten Unternehmen tätig ist, für einen Zeitraum von bis zu zwei Jahren die Ausübung der Berufstätigkeit untersagen kann, wenn diese Person vorsätzlich gegen unter anderem ein Verbot des Art. 14 VO Nr. 596/2014 oder gegen eine Anordnung der BaFin, die sich auf diese Vorschriften bezieht, verstoßen hat und dieses Verhalten trotz Verwarnung durch die Bundesanstalt fortsetzt) oder aus **§ 6 Abs. 9 i.V.m. Abs. 6 Satz 1 Nr. 2 WpHG** (demzufolge die BaFin bei einem Verstoß gegen unter anderem Art. 14 VO Nr. 596/2014 oder eine ihr erlassene vollziehbare Anordnung, die sich auf diese Vorschrift bezieht, auf ihrer Internetseite eine Warnung unter Nennung der natürlichen oder juristischen Person oder der Personenvereinigung, die den Verstoß begangen hat, sowie der Art des Verstoßes veröffentlichen kann). Darüber hinaus kann die BaFin die Erlaubnis zum Betrieb von Bankgeschäften oder zur Erbringung von Finanzdienstleistungen i.S.v. § 32 KWG nach **§ 35 Abs. 2 Nr. 7 KWG** aufheben, wenn das jeweilige Institut nachhaltig unter anderem gegen Art. 14 VO Nr. 596/2014 oder sich auf diese Bestimmungen beziehende Anordnungen der BaFin verstoßen hat. Zur **Verfolgung von Verstößen** gegen Art. 14 VO Nr. 596/2014 stehen der BaFin etwa Auskunfts- und Durchsuchungsrechte, Rechte zur Sicherstellung oder Beschlagnahme von Gegenständen und Herausgaberechte nach Maßgabe von § 6 Abs. 3 Satz 2, Abs. 12 Sätze 1, 3 und 4, Abs. 13 Satz 1, § 7 Abs. 1 und 2 sowie § 8 WpHG zu. Zur Erfüllung ihrer Aufgaben kann die BaFin nach § 6 Abs. 17 WpHG bei Ermittlungen oder Überprüfungen auch Wirtschaftsprüfer oder Sachverständige einsetzen. 17

§ 125 Abs. 1 Satz WpHG verpflichtet die BaFin zur **Bekanntmachung von Maßnahmen und Sanktionen wegen Verstößen gegen die Verbote des Art. 14 VO Nr. 596/2014**. Danach macht die Aufsichtsbehörde Entscheidungen über Maßnahmen und Sanktionen, die wegen Verstößen unter anderem gegen die Verbote des Art. 14 VO Nr. 596/2014 erlassen wurden, unverzüglich nach Unterrichtung der natürlichen oder juristischen Person, gegen die die Maßnahme oder Sanktion verhängt wurde, auf ihrer Internetseite nach Maßgabe von § 125 Abs. 2 ff. WpHG bekannt. Dies gilt nach § 125 Abs. 1 Satz 2 WpHG nicht für Entscheidungen über Ermittlungsmaßnahmen. 18

---

1 *Hopt* in Bankrechts-Handbuch, 2. Aufl. 2001, § 107 Rz. 90 ff. bzw. 83 f. und 3. Aufl. 2007, § 107 Rz. 119.

Art. 15 Verbot der Marktmanipulation
Marktmanipulation und der Versuch hierzu sind verboten.

In der Fassung vom 16.4.2014 (ABl. EU Nr. L 173 v. 12.6.2014, S. 1).

Schrifttum: S. Vor Art. 12 ff. VO Nr. 596/2014.

I. Regelungsgegenstand 1	VI. Rechtsfolgen eines Verstoßes gegen Art. 15 VO Nr. 596/2014 31
II. Regelungssystematik 2	1. Straf- und ordnungswidrigkeitenrechtliche Sanktionierung 31
1. Verhältnis zu Art. 12 VO Nr. 596/2014 2	a) Sanktionierungssystem der §§ 119, 120 WpHG 31
2. Verhältnis zu Ausnahmetatbeständen 3	b) Auswirkungen der Reform des Marktmissbrauchsrechts für Alt-Taten (Generalamnestie?) 36
3. Verhältnis zur CRIM-MAD und zum nationalen Recht 4	
III. Regelungszweck 10	
IV. Anwendungsbereich 13	2. Aufsichtsrechtliche Sanktionierung 41
V. Verbot der Marktmanipulation und deren Versuch 14	3. Verhältnis von straf- und aufsichtsrechtlicher Sanktionierung 43
1. Marktmanipulation 14	4. Zivilrechtliche Sanktionierung 45
2. Versuch einer Marktmanipulationshandlung nach Art. 12 VO Nr. 596/2014 15	a) Ansprüche geschädigter Anleger 45
a) Versuch einer Marktmanipulation nach Art. 12 Abs. 1 lit. a und b VO Nr. 596/2014 . 21	aa) Kein Schadensersatzanspruch nach § 823 Abs. 2 BGB 45
b) Versuch einer Marktmanipulation nach Art. 12 Abs. 1 lit. c VO Nr. 596/2014 22	bb) Haftung nach § 826 BGB 49
	cc) Haftung nach § 98 WpHG 50
c) Versuch einer Marktmanipulation nach Art. 12 Abs. 1 lit. d VO Nr. 596/2014 23	b) Ansprüche geschädigter Unternehmen/ Emittenten 51
d) Versuch der zwingenden Beispiele einer Marktmanipulation nach Art. 12 Abs. 2 VO Nr. 596/2014 26	c) Nichtigkeit von Rechtsgeschäften (§ 134 BGB) 52
	d) Kein Rechtsverlust 53

1 **I. Regelungsgegenstand.** Der mit „Verbot der Marktmanipulation" überschriebene Art. 15 VO Nr. 596/2014 verbietet Marktmanipulationen und Versuche hierzu. Begrifflich rekurriert Art. 15 VO Nr. 596/2014 auf die **Definition der Marktmanipulation** in Art. 12 VO Nr. 596/2014, wobei zudem die Einschränkungen durch die Art. 5, 6 und 13 VO Nr. 596/2014 zu berücksichtigen sind. **Verboten** sind sowohl die **vollständig durchgeführte Marktmanipulation** (Rz. 14) als auch deren **Versuch** (Rz. 15 ff.). Durchgeführt ist eine Marktmanipulation, wenn alle Handlungen, Erfolge und etwaigen subjektiven Voraussetzungen, die in Art. 12 VO Nr. 596/2014 genannt sind, voll erfüllt sind. Ein Versuch kann vorliegen, wenn eine in Art. 12 VO Nr. 596/2014 genannte Verhaltensweise begonnen, aber nicht zu Ende geführt wird bzw. werden kann. Durch die Erstreckung des Verbotsregimes auf den Versuch einer Marktmanipulation wurde das MAR-Regime im Vergleich zur RL 2003/6/EG (MAD I) deutlich verschärft[1].

2 **II. Regelungssystematik. 1. Verhältnis zu Art. 12 VO Nr. 596/2014.** Der Art. 15 VO Nr. 596/2014 ist die zentrale Verbotsvorschrift des Marktmanipulationsrechts. Sachlich ausgefüllt wird das Verbot durch die in Art. 12 VO Nr. 596/2014 enthaltene Legaldefinition der Marktmanipulation[2]. Nach diesem umfasst der Begriff „Marktmanipulation" für die Zwecke der MAR nämlich die in Art. 12 Abs. 1 VO Nr. 596/2014 genannten Handlungen. Zudem gelten als Marktmanipulation die in Art. 12 Abs. 2 VO Nr. 596/2014 genannten Handlungen. Damit formt erst Art. 12 VO Nr. 596/2014 aus, welche Handlungsweisen Art. 15 VO Nr. 596/2014 konkret verbietet.

3 **2. Verhältnis zu Ausnahmetatbeständen.** Unter den allgemeinen Bestimmungen der MAR (Art. 1–6 VO Nr. 596/2014), und damit vor die Klammer gezogen, stehen die *Safe-Harbour*-Bestimmungen zu Rückkaufprogrammen und Stabilisierungsmaßnahmen nach Art. 5 VO Nr. 596/2014, die gleichermaßen für die Insiderverbote und für das Marktmanipulationsverbot gelten. Eine Verhaltensweise, die die Voraussetzungen eines *safe harbour* erfüllt, stellt weder einen Verstoß gegen Art. 14 noch gegen Art. 15 VO Nr. 596/2014 dar. Gleiches gilt für die Bereichsausnahme für Maßnahmen der Geldpolitik, der Staatsschuldenverwaltung sowie der Klima- und Agrarpolitik nach Art. 6 VO Nr. 596/2014. Unmittelbar nur das Marktmanipulationsregime betreffend – im systematischen Zusammenhang mit der Definitionsnorm des Art. 12 VO Nr. 596/2014 – enthält Art. 13 VO Nr. 596/2014 Voraussetzungen für eine Ausnahme vom Verbotstatbestand des Art. 12 Abs. 1 lit. a VO Nr. 596/2014 im Falle des Handelns nach einer zulässigen Marktpraxis.

---
[1] *Grundmann* in Staub, HGB, Bankvertragsrecht 2, 5. Aufl. 2017, 6. Teil, 3. Abschnitt, A Rz. 265; *Schmolke* in Klöhn, Art. 15 MAR Rz. 8.
[2] *Schmolke* in Klöhn, Art. 15 MAR Rz. 1.

3. Verhältnis zur CRIM-MAD und zum nationalen Recht.

Art. 5 RL 2014/57/EU (**CRIM-MAD**) verpflichtet die Mitgliedstaaten – anders als noch die RL 2003/6/EG (MAD I) – dazu, jedenfalls (Mindestharmonisierung) schwerwiegende und vorsätzliche Marktmanipulationen strafrechtlich zu ahnden (Vor Art. 12 ff. VO Nr. 596/2014 Rz. 38 f.)[1]. Art. 5 Abs. 2 RL 2014/57/EU enthält eine eigene **Definition der Marktmanipulation**[2]. Dieser lautet:

(2) Für die Zwecke dieser Verordnung umfasst der Begriff der Marktmanipulation folgende Handlungen:
a) Vornahme einer Transaktion, Erteilung eines Handelsauftrags oder jegliche sonstige Handlung, die Folgendes umfasst:
   i) Geben falscher oder irreführender Signale hinsichtlich des Angebots oder des Preises eines Finanzinstruments oder damit verbundenen Waren-Spot-Kontrakts oder der Nachfrage danach oder
   ii) Beeinflussung des Preises eines oder mehrerer Finanzinstrumente oder eines damit verbundenen Waren-Spot-Kontrakts, um ein anormales oder künstliches Preisniveau zu erzielen[3],
   es sei denn, die Person, die die Transaktion getätigt oder den Handelsauftrag erteilt hat, kann sich auf einen rechtmäßigen Grund stützen und die Transaktion oder der Handelsauftrag stehen im Einklang mit der zugelassenen Marktpraxis auf dem betreffenden Handelsplatz;
b) Vornahme einer Transaktion, Erteilung eines Handelsauftrags oder jegliche sonstige Tätigkeit oder Handlung, die den Preis eines oder mehrerer Finanzinstrumente oder eines damit verbundenen Waren-Spot-Kontrakts beeinflusst, unter Vorspiegelung falscher Tatsachen oder unter Verwendung sonstiger Kunstgriffe oder Formen der Täuschung;
c) Verbreitung von Informationen über die Medien, einschließlich des Internets, oder mithilfe sonstiger Mittel, die falsche oder irreführende Signale hinsichtlich Angebot, Nachfrage oder Preis eines Finanzinstruments oder eines damit verbundenen Waren-Spot-Kontrakts aussenden oder den Preis eines oder mehrerer Finanzinstrumente oder eines damit verbundenen Waren-Spot-Kontrakts beeinflussen, um ein anormales oder künstliches Preisniveau zu erzielen, sofern die Personen, die diese Informationen verbreitet haben, durch die Verbreitung dieser Informationen einen Vorteil oder Gewinn für sich selbst oder für Dritte erzielen, oder
d) Übermittlung falscher oder irreführender Informationen, Bereitstellung falscher oder irreführender Ausgangsdaten, oder jede andere Handlung, durch die die Berechnung eines Referenzwerts manipuliert wird.

Im Ausgangspunkt wollte der europäische Gesetzgeber der MAR und der CRIM-MAD eine übereinstimmende Definition vorgeben. Für die Definition in Art. 5 Abs. 2 RL 2014/57/EU hat er im Wesentlichen auf Textbausteine aus der MAR zurückgegriffen. So heißt es in der deutschen Sprachfassung des Art. 5 Abs. 2 RL 2014/57/EU: „Für die Zwecke dieser Verordnung [sic!] umfasst der Begriff Marktmanipulation …"[4]. Insgesamt sind die beiden Definitionen – wenn auch in den unterschiedlichen Sprachfassungen kleinere Abweichungen bestehen – jedenfalls in der Regel deckungsgleich auszulegen[5]. Allerdings ist der Tatbestand der Marktmanipulation nach Art. 5 Abs. 2 RL 2014/57/EU teils enger gefasst als Art. 12 Abs. 1 VO Nr. 596/2014[6]. So stellen auf Emissionszertifikaten beruhende Auktionsobjekte kein taugliches Tatobjekt i.S.d. Art. 5 Abs. 2 RL 2014/57/EU dar[7]. Zudem reicht dessen Wortlaut die Wahrscheinlichkeit eines falschen oder irreführenden Signals, der Erzielung eines anormalen oder künstlichen Preisniveaus bzw. der Preisbeeinflussung in den Varianten des Abs. 2 lit. a–c – anders als bei Art. 12 Abs. 1 lit. a–c VO Nr. 596/2014 – nicht aus[8]. Über Art. 12 Abs. 1 lit. c VO Nr. 596/2014 hinausgehend verlangt Art. 5 Abs. 2 lit. c RL 2014/57/EU, dass der Manipulator für sich oder einen anderen aus der Verbreitung der Informationen einen Vorteil oder Gewinn erzielen muss[9]. Schließlich sieht Art. 5 Abs. 2 lit. a RL 2014/57/EU – anders als Art. 12 Abs. 1 lit. a VO Nr. 596/2014 – für die zulässige Marktpraxis kein Nachweiserfordernis vor, was bei einem Straftatbestand auf erhebliche Bedenken stößt (näher Art. 13 VO Nr. 596/2014 Rz. 33).

Bei der **Umsetzung der Vorgaben der RL 2014/57/EU** in § 119 Abs. 1 WpHG entschied sich der deutsche Gesetzgeber für einen (mittelbaren) Verweis auf die MAR, genauer auf Art. 15 VO Nr. 596/2014[10]. Die Umsetzung

---

1 *Schmolke* in Klöhn, Art. 15 MAR Rz. 51.
2 Dazu *Mock* in Ventoruzzo/Mock, Market Abuse Regulation, Article 15 Rz. B.15.08; *Schmolke* in Klöhn, Art. 15 MAR Rz. 50 ff.; *Schmolke*, AG 2016, 434, 437; *Kudlich*, AG 2016, 459, 461 f.; *Poelzig*, NZG 2016, 492, 495.
3 Die deutsche Übersetzung der Subvariante ist unglücklich. Die englische Sprachfassung spricht hier klar von „secures the price of one or several financial instruments or a related spot commodity contract at an abnormal or artificial level" und integriert dementsprechend kein subjektives Element („um"). Dazu *Schmolke* in Klöhn, Art. 15 MAR Rz. 54.
4 *Kudlich*, AG 2016, 459, 462.
5 *Poelzig*, NZG 2016, 492, 495.
6 *Schmolke* in Klöhn, Art. 15 MAR Rz. 52.
7 *Schmolke* in Klöhn, Art. 15 MAR Rz. 53.
8 *de Schmidt* in Just/Voß/Ritz/Becker, § 20a WpHG Rz. 396; *Schmolke* in Klöhn, Art. 15 MAR Rz. 54 ff.
9 *Schmolke* in Klöhn, Art. 15 MAR Rz. 56.
10 *Kudlich*, AG 2016, 459, 461 f.; *Poelzig*, NZG 2016, 492, 495; *Bator*, BKR 2016, 1, 2.

Art. 15 VO Nr. 596/2014 | Verbot der Marktmanipulation

ist weitestgehend richtlinienkonform (s. aber Art. 13 VO Nr. 596/2014 Rz. 33, da der europäische Gesetzgeber eine Übereinstimmung der Begriffsbestimmungen in der MAR und der CRIM-MAD anstrebte (Rz. 30). Soweit in dem Verweis auf Art. 15 VO Nr. 596/2014 eine Erweiterung liegt, ist dies aus Sicht der Vorgaben in der RL 2014/57/EU schon deshalb grundsätzlich unproblematisch, weil diese nur mindestharmonisierende Vorgaben macht (Rz. 4).

8   Im Verhältnis zu den **Sanktionsnormen** der §§ 119 Abs. 1, 120 Abs. 15 Nr. 2 WpHG handelt es sich bei Art. 15 i.V.m. Art. 12 VO Nr. 596/2014 um **blankettausfüllende Normen:** Jene verweisen (im Falle des § 119 Abs. 1 WpHG mittelbar, nämlich über § 120 WpHG) auf diese.

9   Allerdings verlangt die Strafvorschrift des § 119 Abs. 1 WpHG weitergehend als Art. 15 i.V.m. Art. 12 VO Nr. 596/2014 die **tatsächliche Einwirkung** auf den Marktpreis oder einen Referenzwert sowie Vorsatz. Erst über § 119 Abs. 4 WpHG, der die Strafbarkeit des Versuchs anordnet, kommt auch eine Strafbarkeit ohne tatsächliche Einwirkung auf den Marktpreis oder einen Referenzwert in Betracht (dazu § 119 WpHG Rz. 71 ff.). Die §§ 119, 120 WpHG begründen insgesamt keine gegenüber Art. 15, 12 f. VO Nr. 596/2014 andersartige Verhaltensnormen, sondern nur speziellere straf- bzw. ordnungswidrigkeitenrechtliche Normen, die zusätzliche Voraussetzungen aufstellen. Einen Einfluss auf die Auslegung und die Anwendung der aufsichtsrechtlichen Normen kommt ihnen nicht zu (Vor Art. 12 ff. VO Nr. 596/2014 Rz. 50).

10 **III. Regelungszweck.** Zum allgemeinen Regelungszweck des Marktmanipulationsverbots s. die Kommentierung zu Art. 12 VO Nr. 596/2014 Rz. 21 ff.

11 Art. 15 Alt. 2 VO Nr. 596/2014 verbietet den Versuch einer Marktmanipulation und schafft insofern eine wesentliche Neuerung gegenüber dem Regime unter der RL 2003/6/EG (MAD I)[1]. Erwägungsgrund 41 Satz 1 VO Nr. 596/2014 erläutert, dass die Erstreckung auf den Versuch der **Ergänzung des Verbots der Marktmanipulation dient.** Die Ausweitung der Verbotsvorschriften auf den Versuch zeigt, dass das europäische Recht **potentiell schädliche Verhaltensweisen** als solche und unabhängig von ihren Auswirkungen auf den Markt unterbinden will. Es ist sogar das erklärte Ziel des europäischen Gesetzgebers, nicht nur schädliche Einwirkungen auf den Markt zu verhindern, sondern bereits Verhaltensweisen, die eine Schädigungseignung aufweisen (vgl. Art. 12 VO Nr. 596/2014 Rz. 48). Die sachliche Rechtfertigung für die Erstreckung auf den bloßen Versuch sieht der europäische Gesetzgeber darin, dass auch der Versuch einer Marktmanipulation (eines Marktmissbrauchs) negative Wirkungen für die Integrität der Finanzmärkte und das Vertrauen der Anleger in diese Märkte haben kann (vgl. Erwägungsgrund 13 RL 2014/57/EU)[2].

12 Durch die Ausweitung des Verbots auf den Versuch ist es Aufsichts- bzw. Strafverfolgungsbehörden ebenso wie Gerichten möglich, frühzeitig einzugreifen bzw. gefahrträchtiges Verhalten mit Sanktionen zu belegen (Erwägungsgrund 41 Satz 2 VO Nr. 596/2014). Deshalb sollen die zuständigen Behörden durch das Verbot der versuchten Marktmanipulation in die Lage zu versetzen werden, bereits bei entsprechenden Versuchshandlungen mit präventiven und repressiven Mitteln gegen Manipulatoren vorzugehen (Erwägungsgrund 41 Satz 4 VO Nr. 596/2014).

13 **IV. Anwendungsbereich.** Zum sachlichen, persönlichen, räumlichen und zeitlichen Anwendungsbereich bzw. Geltungsbereich des Marktmanipulationsverbots s. die Kommentierung zu Art. 12 VO Nr. 596/2014 Rz. 27 ff., 38 ff., 41 ff. und 47.

14 **V. Verbot der Marktmanipulation und deren Versuch. 1. Marktmanipulation.** Art. 15 Alt. 1 VO Nr. 596/2014 verbietet zunächst jede Marktmanipulation, womit die **vollständige Durchführung** einer der in Art. 12 Abs. 1 oder Abs. 2 VO Nr. 596/2014 genannten **Handlung** und der **Eintritt** der von diesen Normen jeweils vorausgesetzten **Wirkungen/Erfolge** gemeint ist. In strafrechtlicher Diktion würde man von einer **Vollendung** sprechen, wobei im kapitalmarktrechtlichen Zusammenhang die Strafrechtsdogmatik nicht entscheidend ist. Maßgeblich ist allein, dass alle Tatbestandsvoraussetzungen einer der Varianten des Art. 12 Abs. 1 lit. a–d VO Nr. 596/2014 bzw. der zwingenden Beispiele des Art. 12 Abs. 2 VO Nr. 596/2014 voll erfüllt sind. Hinsichtlich der Wirkungen – z.B. der Herbeiführung eines anormalen oder künstlichen Kursniveaus (Art. 12 VO Nr. 596/2014 Rz. 67 ff.) – ist zu berücksichtigen, dass Art. 12 Abs. 1 lit. a–d VO Nr. 596/2014 jeweils auch die **Wahrscheinlichkeit** bzw. **Eignung** des Eintritts der Wirkung genügen lassen (vgl. Art. 12 VO Nr. 596/2014 Rz. 48).

15 **2. Versuch einer Marktmanipulationshandlung nach Art. 12 VO Nr. 596/2014.** Das Vorliegen eines Versuchs i.S.d. Art. 15 Alt. 2 VO Nr. 596/2014 bestimmt sich **einheitlich** nach **unions- und kapitalmarktrechtlichen** und nicht nach deutschen strafrechtsdogmatischen **Maßstäben.** Es handelt sich bei den Art. 15 und 12 VO Nr. 596/2014 um aufsichtsrechtliche, also öffentlich-rechtliche Verhaltensnormen. Auch wenn sie in einem engen Zusammenhang mit den straf- und ordnungswidrigkeitenrechtlichen Sanktionsvorschriften stehen, enthalten sie für sich genommen nur aufsichtsrechtliche Verbote, die nicht nur straf- oder bußgeldrechtlich, sondern auch verwaltungsrechtlich bedeutsam sind (Vor Art. 12 ff. VO Nr. 596/2014 Rz. 50 f.).

---

1 *Schmolke* in Klöhn, Art. 15 MAR Rz. 8.
2 *Schmolke* in Klöhn, Art. 15 MAR Rz. 9.

Der Versuch einer Marktmanipulation liegt nach diesen Maßstäben vor, wenn eine in Art. 12 Abs. 1 lit. a–d 16
bzw. Art. 12 Abs. 2 VO Nr. 596/2014 genannte **Handlungsweise begonnen**, aber noch **nicht zu Ende geführt**
wurde, sie im Falle ihrer vollständigen Durchführung aber (hypothetisch) zum Eintritt einer von Art. 12 Abs. 1
oder 2 VO Nr. 596/2014 genannten Wirkung geführt bzw. eine Wahrscheinlichkeit oder Eignung zu dieser
Wirkung gehabt hätte[1]. Dabei liegt ein Verstoß gegen Art. 15 Alt. 2 VO Nr. 596/2014 in der Regel nur vor,
wenn die Durchführung aus **außerhalb der Sphäre** des Manipulators **liegenden Gründe** verhindert wurde,
nicht aber, wenn er die Durchführung freiwillig beendete. Dies gilt jedenfalls, soweit die defizitäre Handlung
nicht bereits vom jeweiligen Auffangtatbestand („sonstige Handlung") der entsprechenden Manipulationsvariante erfasst wird[2]. Nur wenn diese Voraussetzungen erfüllt sind, kann von einer hinreichenden Gefahr für die
Schutzgüter des Marktmanipulationsverbots ausgegangen werden, die die Erstreckung des Verbots auf den
Versuch legitimieren (Rz. 10 ff.). Eine Abgrenzung zwischen Versuch und bloßer Vorbereitungshandlung ist
bei dieser Auslegung entbehrlich[3], da der Manipulator seinen Versuch regelmäßig schon „beendet" hat. Zu
weitgehend wäre es, den Versuch auch auf alle Fälle zu erstrecken, in denen die Handlung schon objektiv nicht
dazu geeignet ist, den Erfolg herbeizuführen[4]. Der sog. „**untaugliche Versuch**" ist daher **nicht erfasst**. Anhaltspunkte für dieses Verständnis liefert Erwägungsgrund 41 VO Nr. 596/2014. Nach dessen Satz 3 kann sich ein
Versuch nämlich „unter anderem auf Situationen erstrecken, in denen die Aktivität begonnen, aber nicht vollendet wird, beispielsweise aufgrund technischen Versagens oder eines Handelsauftrags, der nicht ausgeführt
wird." **Nicht maßgeblich** ist, ob eine Handlung tatsächliche Auswirkungen etwa auf den Kurs eines Finanzinstruments hatte, da die durchgeführte Manipulation nach Art. 15 Alt. 1 VO Nr. 596/2014 in allen Varianten
des Art. 12 VO Nr. 596/2014 auch die Eignung bzw. Wahrscheinlichkeit zu dieser Wirkung genügen lässt[5].

Im Ausgangspunkt unmaßgeblich ist die **Intention des Manipulators**[6]. Dies hat jedenfalls für das aufsichts- 17
rechtliche Verbot nach Art. 15, 12 VO Nr. 596/2014 zu gelten, da insoweit eine von der – auch unionsweiten
Strafrechtsdogmatik – unabhängige Auslegung angezeigt ist (Rz. 15 und Vor Art. 12 ff. Rz. 50 f.)[7]. Verlangt freilich schon der Grundtatbestand das Vorliegen eines subjektiven Elements (Art. 12 VO Nr. 596/2014 Rz. 73 ff.),
muss dieses auch bei einem Versuch erfüllt sein. Zwar hatte die Europäische Kommission mit der Erweiterung
auf den Versuch in ihrem ursprünglichen Entwurfsvorschlag durchaus vor Augen, gerade Fälle zu erfassen, in
denen klare Beweise für die *Absicht* zur Manipulation vorlagen, es aber eben nicht zu einem Auftrag oder Geschäft kam[8]. In die finale Fassung der MAR haben diese Erwägungen aber keinen Eingang gefunden. Erkennt
man an, dass nicht für alle Marktmanipulationsvarianten die Verwirklichung subjektiver Voraussetzungen erforderlich ist (Art. 12 VO Nr. 596/2014 Rz. 73 ff.), können sie folgerichtig auch nicht für den Versuchstatbestand erforderlich sein. Das bedeutet nicht, dass der Beweis für eine klare Absicht nicht ein Indiz für das Vorliegen eines Versuchs sein kann. Es muss aber immer geprüft werden, ob eine Handlung i.S.d. Art. 12 VO
Nr. 596/2014 zumindest begonnen wurde und im Falle ihrer Durchführung auch tatsächlich oder wahrscheinlich zu einer der von Art. 12 VO Nr. 596/2014 genannten Wirkungen geführt hätte. Nach welchen Kriterien
das Vorliegen eines verbotenen Versuchs einer Marktmanipulation konkret bestimmt wird, hängt ganz wesentlich von der jeweiligen Marktmanipulationsvariante nach Art. 12 Abs. 1 bzw. Abs. 2 VO Nr. 596/2014 ab. Der
Verzicht auf ein kapitalmarktrechtliches Vorsatzerfordernis auch beim Versuch bedeutet nicht, dass eine Sanktionierung – gleich ob verwaltungsrechtlich oder strafrechtlich – nicht vom Vorliegen subjektiver Voraussetzungen abhängig gemacht werden kann bzw. sogar muss (vgl. Rz. 31 ff.)[9].

Mit § 119 Abs. 4 WpHG, wonach der Versuch einer Marktmanipulation nach § 119 Abs. 1 Nr. 2 i.V.m. § 120 18
Abs. 15 Nr. 2 WpHG strafbar ist, setzt der deutsche Gesetzgeber die Vorgaben in Art. 6 Abs. 2 RL 2014/57/EU
um. Nur auf den ersten Blick erscheint diese Norm wegen Art. 15 Alt. 2 VO Nr. 596/2014 entbehrlich. Da aber
§ 119 Abs. 1 WpHG für die Strafbarkeit zusätzliche – in Art. 15, 12 VO Nr. 596/2014 nicht genannte – Voraussetzungen aufstellt (Rz. 31 f.), ist eine separate nationale Anordnung der Versuchsstrafbarkeit unumgänglich.
Für die Strafbarkeit nach § 119 Abs. 4 WpHG sind – anders als für die Verwirklichung einer versuchten Marktmanipulation nach Art. 15 Alt. 2 VO Nr. 596/2014 – die strafrechtsdogmatischen Regeln des nationalen Straf-

---

1 Anders und teils weiter *Schmolke* in Klöhn, Art. 15 MAR Rz. 13 ff.
2 In diesem Sinne auch *Schmolke* in Klöhn, Art. 15 MAR Rz. 14 f., für den eine defizitäre Handlung nur bei Art. 12 Abs. 1
  lit. c VO Nr. 596/2014 in Betracht kommt, da er die Auffangtatbestände des Art. 12 Abs. 1 lit. a und b VO Nr. 596/2014
  besonders weit versteht. Gegen diese Auslegung spricht freilich auch Erwägungsgrund 41 VO Nr. 596/2014, den
  Schmolke als „unglücklich formuliert" bezeichnet.
3 Zur Abgrenzung in seinem Konzept *Schmolke* in Klöhn, Art. 15 MAR Rz. 25 f.
4 Insofern zutreffend *Schmolke* in Klöhn, Art. 15 MAR Rz. 30.
5 S. deutlich auch Erwägungsgrund 19 Satz 2 des Kommissionsvorschlags zur Marktmissbrauchsverordnung: „Der Versuch der Marktmanipulation sollte unterschieden werden von Situationen, in denen Handlungen nicht die gewünschte
  Wirkung auf den Kurs eines Finanzinstruments haben."
6 A.A. *Schmolke* in Klöhn, Art. 15 MAR Rz. 31.
7 A.A. *Schmolke* in Klöhn, Art. 15 MAR Rz. 31 unter Verweis auch auf die europäische strafrechtliche Dogmatik.
8 Vorschlag für Verordnung des Europäischen Parlaments und des Rates über Insider-Geschäfte und Marktmanipulation
  (Marktmissbrauch)/* KOM/2011/0651 endgültig – 2011/0295 (COD), Begründung 3.4.1.4. und Erwägungsgrund 19.
9 A.A. *Schmolke* in Klöhn, Art. 15 MAR Rz. 31.

Art. 15 VO Nr. 596/2014 | Verbot der Marktmanipulation

rechts maßgeblich, jedenfalls solange die RL 2014/57/EU keine vorrangingen Regelungen enthält. Entscheidend ist, dass der Täter Tatentschluss hatte und nach seiner Vorstellung von der Tat unmittelbar zu ihr angesetzt hat[1]. Nur in diesem Rahmen kommt auch ein Rücktritt vom Versuch als persönlicher Strafaufhebungsgrund[2] in Betracht.

19 Eine entsprechende Regelung zur Anordnung der Ahndbarkeit des Versuchs für den **Ordnungswidrigkeitentatbestand** fehlt in § 120 WpHG, obgleich der Versuch einer Ordnungswidrigkeit wegen § 13 Abs. 2 OWiG auch nur im Fall einer ausdrücklichen gesetzlichen Regelung ahndbar ist. Der Ordnungswidrigkeitentatbestand des § 120 Abs. 15 Nr. 2 WpHG enthält aber – anders als § 119 Abs. 1 WpHG – keine zusätzlichen Erfolgsanforderungen sondern erschöpft sich in einem Verweis auf Art. 15 VO Nr. 596/2014, so dass der Versuch der Marktmanipulation schon wegen des Gesamtverweises auf beide Alternativen des Art. 15 VO Nr. 596/2014 als Ordnungswidrigkeit ahndbar ist.

20 Zu den **Straf-** und **Ordnungswidrigkeitentatbeständen** ausführlich §§ 119, 120 WpHG Rz. 35ff. bzw. Rz. 342 und knapp unten Rz. 31ff.

21 **a) Versuch einer Marktmanipulation nach Art. 12 Abs. 1 lit. a und b VO Nr. 596/2014.** Tatbestandliche Handlung einer Marktmanipulation nach Art. 12 Abs. 1 lit. a oder b VO Nr. 596/2014 ist der **Abschluss eines Geschäfts**, die **Erteilung eines Handelsauftrags** sowie jede andere Handlung, die eine der genannten Wirkungen nach sich zieht bzw. eine Eignung dazu aufweist. Ein **Versuch** einer handelsgestützten Marktmanipulation nach Art. 15 Alt. 2, 12 Abs. 1 lit. a oder b VO Nr. 596/2014 kommt in Betracht, wenn es bei einem avisierten **Geschäft** (zum Begriff s. Art. 12 VO Nr. 596/2014 Rz. 52) gerade nicht zu einem Abschluss (zum Begriff s. Art. 12 VO Nr. 596/2014 Rz. 53) kommt, insbesondere weil Umstände außerhalb der Sphäre des Manipulators – z.B. wenn ein Geschäft wegen Manipulationsverdachts vom Skontoführer abgelehnt wird – den Geschäftsabschluss verhindert haben. Gleiches gilt, wenn ein **Handelsauftrag** abgegeben wird, es aber aus bestimmten, nicht in der Person des Manipulators liegenden, Gründen nicht zum Zugang des Handelsauftrags kommt. Das kann bei einem technischen Versagen der Übermittlungswege oder auch dann der Fall sein, wenn ein eingeschalteter Bote den Auftrag nicht übermittelt. Für die Versuchsalternative des Art. 15 VO Nr. 596/2014 ist neben der begonnenen Handlung erforderlich, dass das Geschäft bzw. der Handelsauftrag bei seinem *gedachten* Abschluss bzw. seiner Erteilung die von Art. 12 Abs. 1 lit. a bzw. b VO Nr. 596/2014 genannten Wirkungen bzw. eine Eignung zu ebendiesen gehabt hätte. Die **Gefahrenschwelle** für die Schutzgüter des Marktmanipulationsverbots wird in der Regel nur überschritten sein, wenn es aus Sicht des Manipulators nur vom Zufall abhing, dass es nicht zu einem Geschäftsabschluss kam oder der Handelsauftrag nicht eingegangen ist, nicht aber zum Beispiel, wenn er zwar einen entsprechenden Handelsauftrag einzugeben beabsichtigte und dazu auch Vorbereitungen traf, letztlich aber doch davon Abstand nahm[3].

22 **b) Versuch einer Marktmanipulation nach Art. 12 Abs. 1 lit. c VO Nr. 596/2014.** Die tatbestandliche Handlung im Rahmen einer informationsgestützten Marktmanipulation nach Art. 12 Abs. 1 lit. c VO Nr. 596/2014 ist die **Verbreitung von Informationen**. Für das Verbreiten der Informationen genügt die Kundgabe gegenüber mindestens einer Person, weshalb über die **Abgabe** einer Erklärung hinaus auch deren **Zugang** bei mindestens einer Person erforderlich ist. Hierfür muss die Information in der Weise in den Herrschaftsbereich mindestens einer Person gelangen, dass diese von der Information Kenntnis nehmen kann (Art. 12 VO Nr. 596/2014 Rz. 178). Eine **versuchte Marktmanipulation** i.S.d. Art. 15 Alt. 2, 12 Abs. 1 lit. c VO Nr. 596/2014 kommt deshalb in Betracht, wenn eine Information **zwar abgegeben** wird, sie aber **keiner Person zugeht**. Aus welchen Gründen es nicht zum Zugang kommt, etwa aufgrund eines technischen Defekts, ist grundsätzlich nicht maßgeblich. Sofern eine Information, die die Voraussetzungen des Art. 12 Abs. 1 lit. c VO Nr. 596/2014 erfüllt, abgegeben wurde und sie im Falle ihres (gedachten) Zugangs die von Art. 12 Abs. 1 lit. c VO Nr. 596/2014 genannten Wirkungen bzw. eine Eignung oder Wahrscheinlichkeit zu diesen aufgewiesen hätte, liegt darin eine versuchte Marktmanipulation. Wenn der Manipulator nach der Abgabe den Zugang durch **eigenes Tätigwerden** verhindert und damit quasi – in strafrechtlicher Diktion – zurücktritt, hat dies für den Verstoß gegen Art. 15 Alt. 2 VO Nr. 596/2014 keine Auswirkung. Im Rahmen der Sanktionierung (Rz. 31 ff.) muss ein solches Verhalten aber zugunsten des Manipulators berücksichtigt werden. **Nicht genügend** ist es aber auch hier, wenn die verbreitete Information schon objektiv nicht dazu geeignet ist, auch nur wahrscheinlich ein irreführendes Signal zu senden oder ein anormales oder künstliches Kursniveau herbeizuführen[4].

23 **c) Versuch einer Marktmanipulation nach Art. 12 Abs. 1 lit. d VO Nr. 596/2014.** Als tatbestandliche Handlung verlangt Art. 12 Abs. 1 lit. d VO Nr. 596/2014 alternativ (i) die Übermittlung falscher oder irreführender Angaben bezüglich eines Referenzwerts, (ii) die Bereitstellung falscher oder irreführender Ausgangsdaten bezüglich eines Referenzwerts oder (iii) eine sonstige Handlung, durch die die Berechnung eines Referenzwerts manipuliert wird (ausführlich Art. 12 VO Nr. 596/2014 Rz. 201ff.). Diese Handlungsweisen müssen jeweils ge-

---

1 Vgl. *Diversy/Knöpfle* in Graf/Jäger/Wittig, Wirtschafts- und Steuerstrafrecht, § 38 WpHG Rz. 238.
2 Zu diesem *Diversy/Knöpfle* in Graf/Jäger/Wittig, Wirtschafts- und Steuerstrafrecht, § 38 WpHG Rz. 240f.
3 Weiter *Schmolke* in Klöhn, Art. 15 MAR Rz. 13ff.
4 A.A. *Schmolke* in Klöhn, Art. 15 MAR Rz. 17f.

eignet sein, einen Referenzwert zu manipulieren, müssen aber nicht tatsächlich auf einen solchen einwirken (Art. 12 VO Nr. 596/2014 Rz. 213)[1]. Subjektiv muss der Manipulator bei den ersten beiden Handlungsvariante Kenntnis oder fahrlässige Unkenntnis davon haben, dass die Angaben bzw. Ausgangsdaten unrichtig oder irreführend sind, bei den sonstigen Handlungen, durch die die Berechnung eines Referenzwerts manipuliert wird, muss er vorsätzlich oder fahrlässig handeln (Art. 12 VO Nr. 596/2014 Rz. 214 f.).

Für den **Versuch** nach Art. 15 Alt. 2 VO Nr. 596/2014 ist **objektiv** erforderlich, dass eine der genannten Handlungsweisen begonnen aber nicht zu Ende geführt wurde[2]. Bei der ersten Handlungsvariante (**Übermittlung**) muss der Manipulator etwa mit der Übermittlung falscher oder irreführender Angaben begonnen haben, es darf aber nicht zum Zugang bei einem Dritten (dem Administrator) gekommen sein, der für die Übermittlung objektiv erforderlich ist (Art. 12 VO Nr. 596/2014 Rz. 206). Die Handlungsweise der **Bereitstellung** von falschen oder irreführenden Ausgangsdaten ist bereits dann voll verwirklicht, wenn der Manipulator aktiv Ausgangsdaten für Administratoren von Referenzwerten verfügbar macht, diese mithin auf die Daten selbständig zugreifen können (Art. 12 VO Nr. 596/2014 Rz. 209). Nicht erforderlich ist, dass sie bereits auf die Daten zugegriffen haben. Ein Versuch kommt daher in Betracht, wenn z.B. eine Datenbank für den Zugriff der Administratoren beeinflusst wird und dort falsche oder irreführende Ausgangsdaten hinterlegt werden, die Administratoren aber trotz Zugangs noch nicht auf die Daten zugegriffen haben. Die Handlungsvariante der **sonstigen Handlungen**, durch die die Berechnung eines Referenzwerts manipuliert wird, erfasst jede andere Form der Beeinflussung eines Referenzwerts (Art. 12 VO Nr. 596/2014 Rz. 212). Die möglichen Handlungsweisen, die einen Versuch darstellen, sind deshalb sehr weit. Ob eine bestimmte Verhaltensweise bereits als Versuch einzuordnen ist, muss sich teleologisch danach bemessen, ob die konkrete Handlung bereits eine derart große Gefahr für die Integrität des jeweiligen Referenzwerts bedeutete, dass ein aufsichtsbehördlichen oder gar sanktionenrechtliches Einschreiten erforderlich ist, um die Integrität des Finanzmarkts und das Vertrauen der Anleger (Rz. 9) zu gewährleisten. **Nicht genügend** ist es auch für die Versuchsvariante des Art. 12 Abs. 1 lit. d VO Nr. 596/2014, wenn die jeweilige Handlung schon objektiv ungeeignet ist, den tatbestandlichen Erfolg (wahrscheinlich) zu erreichen[3].

Da der Manipulationstatbestand des Art. 12 Abs. 1 lit. d VO Nr. 596/2014 in allen Varianten ein **subjektives Element** erfordert, muss auch bei der Verwirklichung des Versuchstatbestands Kenntnis oder fahrlässige Unkenntnis von der Unrichtigkeit oder Irreführungseignung der Angabe bzw. Vorsatz oder Fahrlässigkeit hinsichtlich der Manipulation durch eine sonstige Handlung vorliegen (vgl. Art. 12 VO Nr. 596/2014 Rz. 214 f.).

d) Versuch der zwingenden Beispiele einer Marktmanipulation nach Art. 12 Abs. 2 VO Nr. 596/2014. Nach **Art. 12 Abs. 2 lit. a VO Nr. 596/2014** gelten als Marktmanipulation alle Handlungen, die zur Sicherung einer marktbeherrschenden Stellung in Bezug auf das Angebot oder die Nachfrage nach einem Finanzinstrument, damit verbundenen Waren-Spot-Kontrakt oder auf Emissionszertifikaten beruhenden Auktionsobjekten, mit der tatsächlichen oder wahrscheinlichen Folge einer unmittelbaren oder mittelbaren Festsetzung des Kaufs- oder Verkaufspreises oder anderer unlauterer Handelsbedingungen führt oder hierzu geeignet ist (Art. 12 VO Nr. 596/2014 Rz. 217 ff.). Die Manipulationshandlung ist die **Sicherung einer marktbeherrschenden Stellung** über das Angebot oder die Nachfrage von bzw. nach Finanzinstrumenten, damit verbundenen Waren-Spot-Kontrakt oder auf Emissionszertifikaten beruhenden Auktionsobjekten. Ein **Versuch** kann vorliegen, wenn der Manipulator mit Vorbereitungshandlungen zur Sicherung einer marktbeherrschenden Stellung ansetzt und von diesen Vorbereitungshandlungen bereits eine Gefahr für die geschützten Rechtsgüter ausgeht. Zudem setzt das Vorliegen eines Versuchs voraus, dass die *hypothetische* Durchführung der Sicherung auf die in der Norm genannten Instrumente bezogen wäre und zu der tatsächlichen oder wahrscheinlichen Folge einer unmittelbaren oder mittelbaren Festsetzung des Kauf- oder Verkaufspreises oder anderer unlauterer Handelsbedingungen führen würde oder hierzu geeignet wäre. Zur Sicherung einer marktbeherrschenden Stellung bedarf es **weder Vorsatz noch Fahrlässigkeit** (Art. 12 VO Nr. 596/2014 Rz. 221), weshalb sich auch die Versuchsverwirklichung nur nach objektiven Kriterien bestimmt.

Als Marktmanipulationen gelten gem. **Art. 12 Abs. 2 lit. b VO Nr. 596/2014** der Kauf oder Verkauf von Finanzinstrumenten an einem Handelsplatz bei Handelsbeginn oder bei Handelsschluss mit der tatsächlichen oder wahrscheinlichen Folge, dass Anleger, die aufgrund der angezeigten Kurse, einschließlich der Eröffnungs- und Schlusskurse, tätig werden, irregeführt werden. Tatbestandliche Handlung ist bei diesem zwingenden Beispiel einer Marktmanipulation der **Kauf oder Verkauf** von Finanzinstrumenten **bei Handelsbeginn oder bei Handelsschluss** (Art. 12 VO Nr. 596/2014 Rz. 227 ff.). Der Kauf oder Verkauf wird nicht streng zivilrechtlich, sondern kapitalmarktrechtlich als Orders verstanden (Art. 12 VO Nr. 596/2014 Rz. 228). Ein **Versuch** kommt in Betracht, wenn ein avisierter Kauf oder Verkauf nicht zustande kommt oder aber bereits ein Handelsauftrag nicht dem Empfänger zugeht (vgl. Rz. 21). Die Gründe für das Scheitern der Order müssen grundsätzlich außerhalb der Sphäre des Manipulators liegen (vgl. Rz. 16). Zudem ist für die Verwirklichung dieser Versuchsalternative des Art. 15 VO Nr. 596/2014 erforderlich, dass der Kauf bzw. Verkauf bei seinem *gedachten* Ab-

---

1 A.A. *Schmolke* in Klöhn, Art. 15 MAR Rz. 19 für Var. 3, die er als „klassisches Erfolgsdelikt" bezeichnet.
2 Insoweit auch *Schmolke* in Klöhn, Art. 15 MAR Rz. 22.
3 A.A. *Schmolke* in Klöhn, Art. 15 MAR Rz. 23.

schluss bzw. der Handelsauftrag bei seinem *gedachten* Eingang bzw. seiner Ausführung die tatsächliche oder wahrscheinliche Folge gehabt hätte, dass Anleger, die aufgrund der angezeigten Kurse, einschließlich der Eröffnungs- und Schlusskurse, tätig werden, irregeführt werden.

28 Nach **Art. 12 Abs. 2 lit. c VO Nr. 596/2014** gelten bestimmte Manipulationsformen im Hochfrequenz- und algorithmischen Handel als Marktmanipulation (Art. 12 VO Nr. 596/2014 Rz. 235 ff.). Als tatbestandliche Handlung fordert Art. 12 Abs. 2 lit. c VO Nr. 596/2014 die **Erteilung von Kauf- oder Verkaufsaufträgen** an einem Handelsplatz, einschließlich deren Stornierung oder Änderung, mittels aller zur Verfügung stehenden Handelsmethoden, auch in elektronischer Form, beispielsweise durch **algorithmische und Hochfrequenzhandelsstrategien**. Für die Erteilung von Kauf- oder Verkaufsaufträgen sind auch hier nicht zivilrechtliche (im Sinne des bürgerlichen Auftrags- und Kaufrechts), sondern kapitalmarktrechtliche Maßstäbe anzulegen (Art. 12 VO Nr. 596/2014 Rz. 237). Ein Handelsauftrag ist erteilt, wenn er dem Adressaten **zugegangen** ist; nicht erforderlich ist, dass er bereits im Orderbuch eingestellt ist. Ein **Versuch** kann daher insbesondere vorliegen, wenn Handelsaufträge abgegeben werden, dem Adressaten aber nicht zugehen (vgl. Rz. 27), und die Kauf- oder Verkaufsaufträge im Falle ihrer erfolgreichen Erteilung die in Art. 12 Abs. 2 lit. c VO Nr. 596/2014 genannten Wirkungen entfaltet hätten.

29 Nach **Art. 12 Abs. 2 lit. d VO Nr. 596/2014** gilt als Marktmanipulation jede Ausnutzung eines gelegentlichen oder regelmäßigen Zugangs zu den traditionellen oder elektronischen Medien durch **Abgabe einer Stellungnahme** zu einem Finanzinstrument, einem damit verbundenen Waren-Spot-Kontrakt oder einem auf Emissionszertifikaten beruhenden Auktionsobjekt (oder indirekt zu dessen Emittenten), wobei zuvor **Positionen** in diesem Instrument **eingegangen wurden** und **anschließend** (nach der Stellungnahme) **Nutzen aus den Auswirkungen der Stellungnahme auf den Kurs** dieses Finanzinstruments, eines damit verbundenen Waren-Spot-Kontrakts oder eines auf Emissionszertifikaten beruhenden Auktionsobjekts **gezogen wird**, ohne dass der Öffentlichkeit gleichzeitig dieser Interessenkonflikt ordnungsgemäß und wirksam mitgeteilt wird (Art. 12 VO Nr. 596/2014 Rz. 245 ff.). Der Nutzen wird regelmäßig aus der gewinnbringenden oder verlustreduzierenden Auflösung der Position in dem betreffenden Instrument gezogen (Art. 12 VO Nr. 596/2014 Rz. 250). Ein **Versuch** kommt in Betracht, wenn einzelne oder alle dieser Handlungen zwar begonnen aber nicht zu Ende geführt wurden. Die Gefahrenschwelle für die Schutzgüter des Marktmanipulationsverbots wird in der Regel erst überschritten sein, wenn eine entsprechende Stellungnahme abgegeben wurde und zuvor auch Positionen in dem Finanzinstrument eingenommen worden, die anschließende Ausnutzung des Kurseffekts aber gescheitert ist.

30 Nach **Art. 12 Abs. 2 lit. e VO Nr. 596/2014** gilt als Marktmanipulation der Kauf oder Verkauf von Emissionszertifikaten oder deren Derivaten auf dem Sekundärmarkt vor der Versteigerung gemäß der VO Nr. 1031/2010 mit der Folge, dass der Auktionsclearingpreis für die Auktionsobjekte auf anormaler oder künstlicher Höhe festgesetzt wird oder dass Bieter, die auf den Versteigerungen bieten, irregeführt werden (Art. 12 VO Nr. 596/2014 Rz. 254 ff.). Hinsichtlich Kauf und Verkauf gelten hier die Ausführungen oben Rz. 21, 27 ganz entsprechend, so dass ein **Versuch** in Betracht kommt, wenn Kauf- oder Verkaufsorders abgegeben werden, aber nicht zugehen, oder wenn der Kauf- oder Verkauf aus sonstigen, außerhalb der Sphäre des Manipulators liegenden Gründen scheitert.

31 **VI. Rechtsfolgen eines Verstoßes gegen Art. 15 VO Nr. 596/2014. 1. Straf- und ordnungswidrigkeitenrechtliche Sanktionierung. a) Sanktionierungssystem der §§ 119, 120 WpHG.** Die **Strafvorschriften des WpHG** finden sich nach ihrer Reformierung durch das 1. und 2. Finanzmarktnovellierungsgesetz in § 119 WpHG. Nach § 119 Abs. 1 WpHG wird mit Freiheitsstrafe bis zu fünf Jahren oder mit Geldstrafe bestraft, wer eine in § 120 Abs. 2 Nr. 3 oder § 120 Abs. 15 Nr. 2 WpHG bezeichnete vorsätzliche Handlung begeht und dadurch einwirkt auf

1. den inländischen Börsen- oder Marktpreis eines Finanzinstruments, eines damit verbundenen Waren-Spot-Kontrakts, einer Ware i.S.d. § 2 Abs. 5 oder eines ausländischen Zahlungsmittels i.S.d. § 51 des Börsengesetzes,
2. den Preis eines Finanzinstruments oder eines damit verbundenen Waren-Spot-Kontrakts an einem organisierten Markt, einem multilateralen oder organisierten Handelssystem in einem anderen Mitgliedstaat oder in einem anderen Vertragsstaat des Abkommens über den Europäischen Wirtschaftsraum,
3. den Preis einer Ware i.S.d. § 2 Abs. 5 oder eines ausländischen Zahlungsmittels i.S.d. § 51 des Börsengesetzes an einem mit einer inländischen Börse vergleichbaren Markt in einem anderen Mitgliedstaat oder in einem anderen Vertragsstaat des Abkommens über den Europäischen Wirtschaftsraum oder
4. die Berechnung eines Referenzwertes im Inland oder in einem anderen Mitgliedstaat oder in einem anderen Vertragsstaat des Abkommens über den Europäischen Wirtschaftsraum.

32 Für das Marktmanipulationsverbot des Art. 15 VO Nr. 596/2014 ist auf der Tatbestandsseite der Verweis auf **§ 120 Abs. 15 Nr. 2 WpHG** maßgeblich. Nach diesem handelt ordnungswidrig, wer **gegen die VO Nr. 596/2014 verstößt**, indem er **vorsätzlich** oder **leichtfertig entgegen Art. 15 VO Nr. 596/2014** eine Marktmanipulation begeht. Da Art. 15 VO Nr. 596/2014 nur statuiert, dass Marktmanipulation und der Versuch hierzu verboten sind, ist für den Ordnungswidrigkeitentatbestand des § 120 Abs. 15 Nr. 2 WpHG und damit auch für den Straftatbestand des § 119 Abs. 1 WpHG die begriffliche Ausfüllung der Marktmanipulation durch Art. 12

VO Nr. 596/2014 maßgeblich (vgl. Rz. 2). Weder § 120 Abs. 15 Nr. 2 WpHG noch § 119 Abs. 1 WpHG sind durch die Verweisungsketten auf Art. 15 VO Nr. 596/2014 und mittelbar auf Art. 12 VO Nr. 596/2014 unbestimmt[1]. Für die Verwirklichung des Straftatbestands des § 120 Abs. 1 WpHG genügt aber der vorsätzliche Verstoß gegen § 120 Abs. 15 Nr. 2 WpHG nicht für sich, sondern es bedarf zusätzlich einer **tatsächlichen Einwirkung** auf eines der in den § 119 Abs. 1 Nr. 1, 2 und 4 WpHG bezeichneten **Manipulationsobjekte**. Der Einwirkungserfolg ist nicht bloß objektive Strafbarkeitsbedingung und auch nicht im technischen Sinne des § 18 StGB eine Erfolgsqualifikation, sondern gehört zum strafrechtlichen Unrecht und muss seinerseits vom Vorsatz umfasst sein (§ 15 StGB). Allerdings ist zu berücksichtigen, dass nach § 119 Abs. 4 WpHG auch der Versuch strafbar ist (dazu § 119 WpHG Rz. 127 ff.).

Der deutsche Gesetzgeber setzt mit der Strafvorschrift des § 119 Abs. 1 Alt. 2 WpHG die Vorgaben des **Art. 5 Abs. 1 bzw. Art. 6 Abs. 2 RL 2014/57/EU weitestgehend** richtlinienkonform um (Rz. 5 f.)[2]. Art. 5 Abs. 1 RL 2014/57/EU verpflichtet die Mitgliedstaaten dazu, sicherzustellen, dass Marktmanipulation gem. Art. 5 Abs. 2 RL 2014/57/EU zumindest in schweren Fällen und bei Vorliegen von Vorsatz eine Straftat darstellt; Art. 6 Abs. 2 RL 2014/57/EU verpflichtet sie dazu, sicherzustellen, dass auch der Versuch der in Art. 5 RL 2014/57/EU genannten Tat strafbar ist. Regelungstechnisch hat sich der deutsche Gesetzgeber bei der Sanktionierung des Marktmanipulationsverbots in §§ 119, 120 WpHG für die Aufstellung von Blanketttatbeständen entschieden, die zu ihrer wesentlichen tatbestandlichen Ausfüllung auf die Bestimmungen der VO Nr. 596/2014 verweisen[3]. Dies gilt auch für den Straftatbestand des § 119 Abs. 1 WpHG, der über den Verweis auf § 120 Abs. 2 Nr. 3 WpHG an Art. 15 VO Nr. 596/2014 anknüpft, obgleich die für die strafrechtliche Ahndung maßgebliche RL 2014/57/EU (CRIM-MAD), deren Umsetzung § 119 Abs. 1 Nr. 1, 2 und 4 WpHG dient, eine eigene Definition der Marktmanipulation kennt (Rz. 4). Im Ergebnis ist der regelungstechnische Verweis des deutschen Gesetzgebers auf Art. 15 VO Nr. 596/2014 statt auf Art. 5 Abs. 2 RL 2014/57/EU aber unschädlich, da der europäische Gesetzgeber beiden Begriffsbestimmungen denselben Regelungsgehalt zumessen wollte und die mit dem Verweis auf Art. 15, 12 VO Nr. 596/2014 verbundenen Erweiterungen (Rz. 5 f.) grundsätzlich deshalb unschädlich sind, weil Art. 5 Abs. 2 RL 2014/57/EU lediglich mindestharmonisierende Vorgaben macht (Rz. 5). Etwas anderes gilt nur für die zulässige Marktpraxis nach Art. 12 Abs. 1 lit. a letzter Halbsatz VO Nr. 596/2014: Anders als die kapitalmarktrechtliche Norm des Art. 12 VO Nr. 596/2014 sieht nämlich Art. 5 Abs. 2 RL 2014/57/EU insoweit kein Nachweiserfordernis vor, welches bei einem Straftatbestand auf erhebliche Bedenken stößt (näher Art. 13 VO Nr. 596/2014 Rz. 33).

Die **ordnungswidrigkeitenrechtliche Sanktionierung** des Marktmanipulationsverbots, die zugleich Anknüpfungspunkt der Strafrechtsnorm ist (Rz. 31), enthält § 120 Abs. 15 Nr. 2 WpHG. Mit ihr setzt der deutsche Gesetzgeber die Vorgaben des Art. 30 VO Nr. 596/2014 um[4]. Nach § 120 Abs. 15 Nr. 2 WpHG handelt ordnungswidrig, wer gegen die VO Nr. 596/2014 verstößt, indem er vorsätzlich oder leichtfertig entgegen Art. 15 VO Nr. 596/2014 eine Marktmanipulation begeht. Dass ein bestimmter Erfolg eintritt, ist für den Ordnungswidrigkeitentatbestand nicht erforderlich. Der § 119 Abs. 15 Nr. 2 WpHG hat zwei objektive und eine subjektive Voraussetzung. Der Manipulator muss (i) gegen die VO Nr. 596/2014 gerade (ii) durch die Begehung einer Marktmanipulation nach Art. 15 MAR verstoßen. Stellt ein Verhalten keinen Verstoß gegen die MAR dar, dann stellt es auch keine Ordnungswidrigkeit i.S.d. § 120 Abs. 15 Nr. 2 WpHG dar (Rz. 32). Zudem muss er mit Vorsatz oder leichtfertig[5] (grob fahrlässig) gehandelt haben. Näher § 120 WpHG Rz. 342 ff.

Bei § 120 WpHG ist der **deutlich ausgeweitete Bebußungsrahmen** besonders hervorzuheben. Auch insoweit mach Art. 30 Abs. 2 VO Nr. 596/2014 bereits konkrete Mindestvorgaben[6]. Ein Verstoß gegen das Verbot der Marktmanipulation nach § 120 Abs. 15 Nr. 2 WpHG kann gem. § 120 Abs. 18 Satz 1 WpHG gegen eine natürliche Person mit einer Geldbuße von bis zu fünf Millionen Euro geahndet werden[7]. Gegenüber einer juristischen Person oder Personenvereinigung kann nach § 120 Abs. 18 Satz 2 WpHG darüber hinaus eine höhere Geldbuße verhängt werden; diese darf den höheren der Beträge von fünfzehn Millionen Euro und (gemeint ist „oder") 15 Prozent des Gesamtumsatzes, den die juristische Person oder Personenvereinigung im der Behördenentscheidung vorausgegangenen Geschäftsjahr erzielt hat, nicht überschreiten, kann also bei einem entsprechend hohen Jahresumsatz auch deutlich über 15 Millionen Euro liegen (§ 120 WpHG Rz. 376 ff.)[8]. Dies gilt insbesondere wegen der Definition des Gesamtumsatzes in § 120 Abs. 23 WpHG. Soweit es sich bei der juristischen Person oder Personenvereinigung um ein Mutterunternehmen oder um eine Tochtergesellschaft handelt,

---

1 A.A. Bergmann/Vogt, wistra 2016, 347.
2 Begr. RegE, BT-Drucks. 18/7482, 64.
3 Begr. RegE, BT-Drucks. 18/7482, 64.
4 Schmolke in Klöhn, Art. 15 MAR Rz. 38.
5 Zum Begriff im Kapitalmarktrecht ausführlich von Buttlar/Hammermaier, ZBB 2017, 1 ff.
6 Schmolke in Klöhn, Art. 15 MAR Rz. 38.
7 Poelzig, NZG 2016, 492, 497.
8 Insoweit hat sich der deutsche Gesetzgeber richtlinienkonform dafür entschiede, auf den jeweils höheren Betrag als Obergrenze abzustellen, obgleich er sich nach der Richtlinie auch für einen Wert hätte entscheiden können. So auch *Teigelack/Dolff*, BB 2016, 387, 389; *Poelzig*, NZG 2016, 492, 498; *Kudlich*, AG 2016, 459, 464.

ist nämlich nach § 120 Abs. 23 Unterabs. 2 WpHG anstelle des Gesamtumsatzes der juristischen Person oder Personenvereinigung der jeweilige **Gesamtbetrag in dem Konzernabschluss des Mutterunternehmens** maßgeblich[1]. Ferner kann nach § 120 Abs. 18 Satz 3 WpHG die Ordnungswidrigkeit mit einer Geldbuße bis zu dem dreifachen Betrag des aus dem Verstoß gezogenen wirtschaftlichen Vorteils geahndet werden. Der wirtschaftliche Vorteil umfasst erzielte Gewinne und vermiedene Verluste und kann geschätzt werden (§ 120 Abs. 18 Satz 4 WpHG)[2]. Hierbei handelt es sich um eine – weil potenzierte – über § 17 Abs. 4 OWiG hinausgehende Möglichkeit der Vorteilsabschöpfung[3]. Die Anwendung des § 17 Abs. 2 OWiG ist durch § 120 Abs. 25 Satz 1 WpHG ausdrücklich ausgeschlossen, so dass der Bußgeldrahmen auch bei einer fahrlässigen, genauer gesagt einer leichtfertigen (Rz. 32) Marktmanipulation nicht eingeschränkt ist.

36 **b) Auswirkungen der Reform des Marktmissbrauchsrechts für Alt-Taten (Generalamnestie?).** Nach der Reformierung des Marktmissbrauchsrechts in Deutschland durch die MAR und das 1. FiMaNoG ist im Schrifttum eine Diskussion um die Existenz einer **temporären Ahndungslücke** mit der Folge einer **Generalamnestie** für Alt-Taten geführt worden. Das 1. FiMaNoG ist bereits am 2.7.2016 in Kraft getreten und hat an diesem Tag die Straf- und Ordnungswidrigkeitentatbestände des WpHG geändert. Die von den geänderten Bestimmungen des WpHG in Bezug genommen Vorschriften der VO Nr. 596/2014 (insbesondere Art. 15) waren aber gem. Art. 39 Abs. 2 VO Nr. 596/2014 erst ab dem 3.7.2016 anwendbar. Nach einer Auffassung im Schrifttum soll dies dazu geführt haben, dass diejenigen straf- und ordnungswidrigkeitenrechtlichen Blankettregelungen des WpHG (§§ 38, 39 WpHG i.d.F. des 1. FiMaNoG), die am 2.7.2016 auf Vorschriften der VO Nr. 596/2014 verwiesen, ins Leere gingen. Dieser Leerverweis soll nicht nur zu einer 24-stündige Ahndungslücke, sondern wegen des in § 2 Abs. 3 StGB geregelten **Lex-mitior-Grundsatzes** auch zu einer Straflosigkeit bzw. zu einem Ahndungsverbot auch derjenigen bzw. auch für diejenigen Verstöße geführt haben, die vor dem 2.7.2016 begangen und bis zu diesem Tag nicht rechtskräftig abgeurteilt wurden[4]. Der 5. Strafsenat des BGH hat dieser Auffassung schnell widersprochen[5] und folgte damit Stellungnahmen der BaFin[6], der Bundesregierung[7] und einer Stimme im Schrifttum[8]. Nach ihnen hat die Bezugnahme in §§ 38 und 39 WpHG a.F. auf Art. 14 und 15 VO Nr. 596/2014 am 2.7.2016 nicht zu einem Leerverweis, sondern vielmehr dazu geführt, dass diese Vorschriften der MAR vor ihrer unmittelbaren unionsrechtlichen Anwendbarkeit am 3.7.2016 in Deutschland bereits ab dem 2.7.2016 durch den Bundesgesetzgeber für anwendbar erklärt wurden[9].

37 Entscheidend für die Auffassung, die von einer **temporären Ahnungslücke am 2.7.2016** ausgeht, spricht, dass § 39 WpHG in der Fassung des 1. FiMaNoG neben der Zuwiderhandlung gegen das in Art. 15 VO Nr. 596/2014 geregelte Verbot der Marktmanipulation ausdrücklich voraussetzt, dass der Täter durch sein Verhalten gerade *gegen* die MAR verstößt. Dabei handelt es sich nicht lediglich um eine rechtlich irrelevante Formulierung[10] sondern um ein **zusätzliches Tatbestandsmerkmal**, das neben dem Zuwiderhandeln gegen die in Art. 15, 12 VO Nr. 596/2014 formulierten Verbote ebenfalls erfüllt seinen muss[11]. Die Verwirklichung dieses Tatbestandsmerkmals, des Verstoßes gegen die MAR, war am 2.7.2016 aber unmöglich, da die MAR an diesem Tag noch nicht anwendbar war und gegen nicht anwendbares Recht nicht verstoßen werden kann[12].

38 Davon zu trennen ist die Frage, ob die temporäre Ahnungslücke am 2.7.2016 wegen des in § 2 Abs. 3 StGB geregelten **Lex-mitior-Grundsatzes** zu einer Straflosigkeit derjenigen Verstöße führt, die vor dem 2.7.2016 begangen und bis zu diesem Tag nicht rechtskräftig abgeurteilt wurden. Um diese Rechtsfolge zu vermeiden hat der deutsche Gesetzgeber zwischenzeitlich mit **§ 51 WpHG** reagiert, der anordnet, dass Straftaten bzw. Ordnungswidrigkeiten nach § 38 bzw. § 39 WpHG in der bis zum Ablauf des 1.7.2016 geltenden Fassung, abweichend von § 2 Abs. 3 StGB, nach den zum Zeitpunkt der Tat geltenden Bestimmungen geahndet werden. Dieses Gesetz dürfte sowohl verfassungs- als auch unionsrechtskonform sein, da das schützenswerte Vertrauen in diese versehentliche und nur kurzeitige Ahndungslücke kaum ins Gewicht fällt und die rückwirkende Außerkraftsetzung den *Lex-mitior*-Grundsatz auch nicht in seinem Wesen beeinträchtigt[13].

---

1 Kritisch dazu *Poelzig*, NZG 2016, 492, 498.
2 *Poelzig*, NZG 2016, 492, 499.
3 *Poelzig*, NZG 2016, 492, 499.
4 So erstmals *Rothenfußer*, Generalamnestie im Kapitalmarktrecht?, in Börsen-Zeitung vom 7.7.2016, Ausgabe 128, S. 13; sodann *Rothenfußer/Jäger*, NJW 2016, 2689 ff.; *Rossi*, ZIP 2016, 2437 ff.; *Lorenz/Zierden*, HRRS 2016, 443 ff.; für das Marktmanipulationsverbot auch *Bergmann/Vogt*, wistra 2016, 347 ff.; *Gaede*, wistra 2017, 41 ff.; *Bülte/Müller*, NZG 2017, 205 ff.
5 BGH v. 10.1.2017 – 5 StR 532/16, WM 2017, 172 ff. = AG 2017, 153 ff. = NZG 2017, 236 mit Anm. *Brand/Hotz*.
6 BaFin, Keine Strafbarkeitslücke im Kapitalmarktrecht, Meldung vom 8.7.2016, abrufbar unter: https://www.bafin.de/SharedDocs/Veroeffentlichungen/DE/Pressemitteilung/2016/pm_160708_bz_keine_ahndungsluecke.html.
7 RegB 2. Finanzmarktnovellierungsgesetz, BT-Drucks. 18/10936, 218 f.
8 *Klöhn/Büttner*, ZIP 2016, 1801 ff.
9 BGH v. 10.1.2017 – 5 StR 532/16 Rz. 8, WM 2017, 172 = AG 2017, 153.
10 BGH v. 10.1.2017 – 5 StR 532/16 Rz. 11, WM 2017, 172 = AG 2017, 153.
11 Vgl. *Bülte/Müller*, NZG 2017, 205, 208 f.
12 Vgl. *Bülte/Müller*, NZG 2017, 205, 208 f.
13 Tendenziell auch *Sajnovits/Wagner*, WM 2017 Heft 25; a.A. *Rossi*, ZIP 2016, 2437, 2446 f.; *Gaede*, wistra 2017, 41, 48 f.

Das neue europäische und nationale Marktmissbrauchsrecht hat neben der temporären Ahndungslücke am 2.7. 39
2016 aber auch dazu geführt, dass nunmehr das **pflichtwidrige Verschweigen** kapitalmarktrelevanter Informationen überhaupt **nicht** mehr **als Ordnungswidrigkeit oder Straftat ahndbar** ist[1]. Seit dem 2.7.2016 existiert nämlich weder ein der Regelung des § 38 Abs. 2 Nr. 1 i.V.m. §§ 39 Abs. 2 Nr. 11, 20a Abs. 1 Satz 1 Nr. 1 Alt. 2 WpHG a.F. entsprechendes echtes Unterlassungsdelikt[2], noch lässt sich eine Strafbarkeit wegen Marktmanipulation durch Unterlassen gem. §§ 38 Abs. 1 Nr. 2, 39 Abs. 3d Nr. 2 WpHG, Art. 15, 12 VO Nr. 596/2014 – quasi ersatzweise – unter Rückgriff auf die allgemeine Regelung des § 13 Abs. 1 StGB konstruieren[3]. Dies ist eine zwingende Folge der unmittelbar anwendbaren und insoweit vollharmonisierenden Regelungen in Art. 15 und 12 VO Nr. 596/2014. Im Gegensatz zur vormals maßgeblichen nationalen Vorschrift des § 20a Abs. 1 Satz 1 Nr. 1 Alt. 2 WpHG a.F. beschränkt die MAR den Tatbestand der Marktmanipulation nämlich ausdrücklich auf *aktive* Handlungen (Art. 12 VO Nr. 596/2014 Rz. 180 f.).

Vor dem Hintergrund des in § 2 Abs. 3 StGB, Art. 49 Abs. 1 Satz 3 GRC sowie in Art. 7 Abs. 1 EMRK geregel- 40
ten **Lex-mitior-Grundsatzes** führt diese unionsrechtlich bedingte Änderung des Marktmissbrauchsrechts dazu, dass sämtliche bislang nicht rechtskräftig abgeurteilten Fälle eines **pflichtwidrigen Verschweigens kapitalmarktrelevanter Umstände** i.S.d. § 38 Abs. 2 Nr. 1 i.V.m. §§ 39 Abs. 2 Nr. 11, 20a Abs. 1 Satz 1 Nr. 1 Alt. 2 WpHG a.F. nicht mehr strafrechtlich verfolgt werden können. Diese Konsequenz kann auch § 51 Abs. 1 WpHG nicht verhindern, da die Unterlassenstrafbarkeit nicht nur temporär, sondern dauerhaft entfallen ist. Eine rückwirkende Aufhebung des *Lex-mitior*-Grundsatzes würde insofern jedenfalls an den Grenzen scheitern, die Art. 49 Abs. 1 Satz 3 und Art. 52 GRC dem Gesetzgeber ziehen[4].

2. Aufsichtsrechtliche Sanktionierung. Art. 30, 31 und 34 VO Nr. 596/2014 verlangen von den Mitgliedstaa- 41
ten die Schaffung eines **verwaltungsrechtlichen Sanktionensystems**[5], wobei die Norm **Mindestregeln** vorgibt[6] Die Vorgaben der MAR in diesen Artikeln machten – ähnlich wie sonst Richtlinien – zahlreiche Umsetzungsaktivitäten der nationalen Gesetzgeber erforderlich. In Deutschland wurden die entsprechenden Vorschriften durch das 1. FiMaNoG in nationales Recht umgesetzt, wobei sich die Nummerierung des gesamten WpHG durch das 2. FiMaNoG geändert hat. Nach der Generalklausel des Art. 30 Abs. 1 VO Nr. 596/2014 müssen die Mitgliedstaaten den Aufsichtsbehörden – unbeschadet strafrechtlicher Sanktionen (Rz. 31 ff.) – die Befugnis übertragen, angemessene verwaltungsrechtliche Sanktionen und andere verwaltungsrechtliche Maßnahmen in Bezug auf Verstöße u.a. gegen das Marktmanipulationsverbot erlassen zu können. Zu diesen verwaltungsrechtlichen Sanktionen gehören aus Sicht des europäischen Gesetzgebers auch die Ordnungswidrigkeitentatbestände, die der deutsche Gesetzgeber in § 120 Abs. 15 Nr. 2 WpHG geregelt hat (Rz. 34 f.). Daneben kann die BaFin als zuständige Aufsichtsbehörde (Art. 22 VO Nr. 596/2014 i.V.m. § 6 Abs. 5 WpHG) nach § 6 Abs. 6 WpHG zur Verhinderung weiterer Verstöße gegen Art. 15 VO Nr. 596/2014 für einen Zeitraum von bis zu zwei Jahren die **Einstellung** der den Verstoß begründenden Handlungen oder Verhaltensweisen **verlangen**. Nach § 6 Abs. 7 WpHG kann sie einer natürlichen Person, die für einen Verstoß gegen Art. 15 VO Nr. 596/2014 verantwortlich ist, für einen Zeitraum von bis zu zwei Jahren sogar untersagen, **Geschäfte für eigene Rechnung** in den in Art. 2 Abs. 1 VO Nr. 596/2014 genannten Finanzinstrumenten und Produkten **zu tätigen**. Weiter kann die BaFin nach § 6 Abs. 8 WpHG einer Person, die bei einem von der BaFin beaufsichtigten Unternehmen tätig ist, für einen Zeitraum von bis zu zwei Jahren die **Ausübung der Berufstätigkeit** untersagen, wenn diese Person vorsätzlich gegen Art. 15 VO Nr. 596/2014 verstoßen hat und dieses Verhalten trotz Verwarnung durch die BaFin fortsetzt. Näher § 6 WpHG Rz. 162 ff.

Neben diesen „klassischen" aufsichtsrechtlichen Sanktionsmechanismen setzt das neue Marktmissbrauchsrecht 42
verstärkt auf das sog. **naming and shaming**[7]. Gem. § 6 Abs. 9 WpHG **kann** die BaFin bei einem Verstoß gegen Art. 15 VO Nr. 596/2014 oder einem solchen gegen eine vollziehbare Anordnung, die sich auf diese Vorschriften bezieht, auf ihrer Internetseite eine **Warnung** unter Nennung der natürlichen oder juristischen Person oder der Personenvereinigung, die den Verstoß begangen hat, sowie der Art des Verstoßes **veröffentlichen**. Nach § 125 Abs. 1 Satz 1 WpHG (Umsetzung von Art. 34 VO Nr. 596/2014) **muss** die BaFin **Entscheidungen über Maßnahmen und Sanktionen**, die wegen Verstößen gegen Art. 15 VO Nr. 596/2014 erlassen wurden, unverzüglich nach Unterrichtung der natürlichen oder juristischen Person, gegen die die Maßnahme oder Sanktion verhängt wurde, auf ihrer Internetseite **bekannt machen**. Dies gilt nicht für Entscheidungen über Ermittlungsmaßnahmen (§ 125 Abs. 1 Satz 2 WpHG). Nur unter besonderen Voraussetzungen (§ 125 Abs. 3 WpHG) kann die BaFin die Veröffentlichung aufschieben (§ 125 Abs. 3 Nr. 1 WpHG), anonymisieren (§ 125 Abs. 3 Nr. 2 WpHG) oder (vorläufig) sogar ganz unterlassen (§ 125 Abs. 3 Nr. 3 WpHG). Nach § 125 Abs. 4 WpHG hat die BaFin bei nicht bestands- oder nicht rechtskräftigen Entscheidungen einen Hinweis hinzuzufügen, woraus sich

---

1 Dazu ausführlich *Sajnovits/Wagner*, WM 2017, 1189; dem zustimmend auch *Saliger*, WM 2017, 2329.
2 A.A. *Schmolke* in Klöhn, Vor Art. 12 MAR Rz. 149.
3 Dazu ausführlich *Sajnovits/Wagner*, WM 2017, 1189.
4 Dazu ausführlich *Sajnovits/Wagner*, WM 2017, 1198.
5 Näher auch *Schmolke* in Klöhn, Art. 15 MAR Rz. 38 ff.
6 *Schmolke* in Klöhn, Art. 15 MAR Rz. 41.
7 Dazu ausführlich *Nartowska/Knierbein*, NZG 2016, 256; ferner *Schmolke* in Klöhn, Art. 15 MAR Rz. 44 ff.

sogleich ergibt, dass sich die Bekanntmachungspflicht nach § 125 Abs. 1 Satz 1 WpHG auch auf derartige Entscheidungen erstreckt. Für die Ermessensvorschrift des § 6 Abs. 9 WpHG bleiben damit nur Verstöße gegen vollziehbare Anordnungen.

43   3. **Verhältnis von straf- und aufsichtsrechtlicher Sanktionierung.** Nach Erwägungsgrund 72 Satz 2 VO Nr. 596/2014 sind die Mitgliedstaaten in „Übereinstimmung mit dem nationalen Recht ... nicht verpflichtet, für ein und dasselbe Vergehen sowohl verwaltungsrechtliche als auch strafrechtliche Sanktionen zu verhängen ... [;] dies steht ihnen jedoch frei, wenn dies nach ihrem jeweiligen nationalen Recht zulässig ist." Zugleich betont aber Erwägungsgrund 23 RL 2014/57/EU, dass es den Mitgliedstaaten obliegt, einen Verstoß gegen den Grundsatz **„ne bis in idem"** zu verhindern[1]. Dieser in Art. 50 Europäische Grundrechtecharta und Art. 4 des 7. Zusatzprotokoll der EMRK niedergelegt Grundsatz verbietet auch eine Doppelbestrafung durch Strafsanktionen einerseits und die gleichzeitige Verhängung von Verwaltungssanktionen mit Strafcharakter andererseits[2]. Im deutschen Recht wird eine Doppelbestrafung bereits durch § 21 OWiG verhindert[3]. Die sonstigen Verwaltungssanktionen (Rz. 41 f.) haben regelmäßig keinen Strafcharakter.

44   Der **EuGH** hat in drei Judikaten im **März 2018** entschieden, dass der Grundsatz **ne bis in idem** (Doppelbestrafungsverbot) zum Schutz der finanziellen Interessen der Union und ihrer Finanzmärkte auf Basis des Art. 52 Abs. 1 Europäische Grundrechtecharta **beschränkt** werden kann[4]. Insoweit könne „das Ziel, die Integrität der Finanzmärkte und das Vertrauen der Öffentlichkeit in die Finanzinstrumente zu schützen, eine Kumulierung von Verfolgungsmaßnahmen und Sanktionen strafrechtlicher Natur, wie sie nach der in den Ausgangsverfahren fraglichen Regelung zulässig ist, rechtfertigen, wenn zur Erreichung eines solchen Ziels mit diesen Verfolgungsmaßnahmen und Sanktionen komplementäre Zwecke verfolgt werden, die gegebenenfalls verschiedene Aspekte desselben rechtswidrigen Verhaltens betreffen."[5] Voraussetzung dafür sei aber, dass die Beschränkung nicht über das hinausgehe, was zur Erreichung dieser Ziele zwingend erforderlich sei[6].

45   **4. Zivilrechtliche Sanktionierung. a) Ansprüche geschädigter Anleger. aa) Kein Schadensersatzanspruch nach § 823 Abs. 2 BGB.** Der Verstoß gegen Art. 15 VO Nr. 596/2014 begründet für Anleger **keinen Schadensersatzanspruch** nach § 823 Abs. 2 BGB. Art. 15 VO Nr. 596/2014 ist kein Schutzgesetz i.S.d. § 823 Abs. 2 BGB. Die Norm vermittelt weder Individualschutz, noch würde sich ein Schadensersatzanspruch in das kapitalmarktrechtliche Haftungssystem sinnvoll einfügen. Das Unionsrecht gebietet keine zwingende andere Beurteilung.

46   Auf Basis der tradierten Schutzgesetzdogmatik des § 823 Abs. 2 BGB vermittelt Art. 15 VO Nr. 596/2014 **keinen Individualschutz**. Gleiches wurde in der Rechtsprechung und im Schrifttum auch überwiegend zu § 20a WpHG a.F. vertreten[7]. Art. 15 VO Nr. 596/2014 weist insofern keine wesentlichen Unterschiede zu § 20a WpHG a.F. auf[8]. Die Auslegung des Art. 15 VO Nr. 596/2014 bzw. der diesen ausfüllenden Definitionsnorm des Art. 12 VO Nr. 596/2014, auch im Regelungsgefüge der MAR, ergibt vielmehr, dass die Norm keinen Individualschutz vermittelt. Während der **Wortlaut** von Art. 15, 12 VO Nr. 596/2014 und die **Erwägungsgründe** der VO Nr. 596/2014 noch indifferent sind und jedenfalls keine Hinweise für eine Individualschutzvermittlung enthalten (Art. 12 VO Nr. 596/2014 Rz. 24 f.), sprechen **systematische Erwägungen** klar gegen eine intendierte Individualschutzvermittlung. Anders als etwa bei der VO Nr. 462/2013 (Ratingagenturen-VO) (Art. 35a) und

---

1 S. *Schmolke* in Klöhn, Art. 15 MAR Rz. 74.
2 EGMR v. 4.3.2014 – 18640/10 u.a. – Grande Stevens v. Italien, NJOZ 2015, 712; EuGH v. 26.2.2013 – C-617/10, ECLI:EU:C:2013:105, NJW 2013, 1415; dazu *Schmolke* in Klöhn, Art. 15 MAR Rz. 75; *Ventoruzzo*, EBOR 16 (2015), 145 ff.; knapp auch *Poelzig*, NZG 2016, 492, 500 f.; *Veil*, ZGR 2016, 305, 308 f.
3 S. *Schmolke* in Klöhn, Art. 15 MAR Rz. 75.
4 EuGH v. 20.3.2018 – C-524/15, ECLI:EU:C:2018:197, EWS 2018, 107; EuGH v. 20.3.2018 – C-537/16, ECLI:EU:C:2018:193, RIW 2018, 357; EuGH v. 20.3.2018 – C-596/16 und C-597/16, ECLI:EU:C:2018:192, EuZW 2018, 301 = WM 2018, 1094.
5 EuGH v. 20.3.2018 – C-596/16 und C-597/16, ECLI:EU:C:2018:192, EuZW 2018, 301 = WM 2018, 1094 Rz. 42.
6 EuGH v. 20.3.2018 – C-596/16 und C-597/16, ECLI:EU:C:2018:192, EuZW 2018, 301 = WM 2018, 1094 Rz. 43.
7 BGH v. 13.12.2011 – XI ZR 51/10 Rz. 19 ff. – IKB, BGHZ 192, 90 = AG 2012, 209; *Mülbert/Steup* in Habersack/Mülbert/Schlitt, Unternehmensfinanzierung am Kapitalmarkt, 3. Aufl., § 41 Rz. 286; *Vogel* in 6. Aufl., § 20a WpHG Rz. 31; *Bachmann*, JZ 2012, 578, 579; *Fleischer*, DB 2004, 2031, 2032 f.; *Schmolke*, ZBB 2012, 165, 168 f.; *Groß*, WM 2002, 477, 484; *Maier-Reimer/Webering*, WM 2002, 1857, 1864; *Maier-Reimer/Paschos* in Habersack/Mülbert/Schlitt, Handbuch der Kapitalmarktinformation, § 29 Rz. 160; *Möllers* in Derleder/Knops/Bamberger, Handbuch zum deutschen und europäischen Bankrecht, § 69 Rz. 37; *Barnert*, WM 2002, 1473, 1483; *Edelmann*, BB 2004, 2031, 2032; *Schuster*, ZHR 167 (2003), 193, 215; *Schwark* in Schwark/Zimmer, § 20a WpHG Rz. 7; *Schwark* in FS Kümpel, 2003, S. 485, 498 f.; *Weber*, NJW 2003, 18, 20; **a.A.** *Mock* in KölnKomm. WpHG, § 20a WpHG Rz. 487 f.; *Altenhain*, BB 2002, 1874, 1875; *Ekkenga*, ZIP 2004, 781 ff.; *Fuchs/Dühn*, BKR 2002, 1063, 1066; *Grüger*, WM 2010, 247, 250 ff.; *Hellgardt*, Kapitalmarktdeliktsrecht, S. 330; *Hellgardt*, DB 2012, 673, 678; *Leisch*, ZIP 2004, 1573, 578; *Lenzen*, ZBB 2002, 279, 284; *Sprau* in Palandt, 75. Aufl. 2016, § 823 BGB Rz. 71.
8 So auch *Schmolke* in Klöhn, Art. 15 MAR Rz. 82 ff.; *Sajnovits*, Financial-Benchmarks, S. 289 ff.; *Wagner* in MünchKomm. BGB, 7. Aufl. 2017, § 823 BGB Rz. 509; *Klöhn* in Kalss/Fleischer/Vogt (Hrsg.), Gesellschafts- und Kapitalmarktrecht in Deutschland, Österreich und der Schweiz, 2013, S. 229, 235 f.; a.A. auch allein auf Basis der deutschen Schutzgesetzdogmatik *Poelzig*, ZGR 2015, 801, 829; *Zetzsche*, ZHR 179 (2015), 490, 494; tendenziell auch *Seibt*, ZHR 177 (2013), 388, 424; *Seibt/Wollenschläger*, AG 2014, 593, 607; *Hellgardt*, AG 2012, 154, 165 f.

der VO Nr. 1286/2014 (PRIIP-VO) (Art. 11), in denen der europäische Gesetzgeber unmittelbar anwendbare zivilrechtlichen Anspruchsgrundlagen normiert hat, setzt er beim Marktmissbrauchsregimes nämlich ausschließlich auf eine aufsichts- und sanktionenrechtliche Durchsetzung[1]. Hätte er einen zivilrechtlichen Schutz individueller Anleger angestrebt, hätte es nahegelegen, eine ausdrückliche Regelung aufzunehmen.

Ein Schadensersatzanspruch würde sich aber – unabhängig von der Frage der Individualschutzvermittlung – auch **nicht** sinnvoll **in das kapitalmarktrechtliche Haftungsregime einfügen.** Die ganz herrschende Meinung fordert für einen Schadensersatzanspruch nach § 823 Abs. 2 BGB zusätzlich zur Individualschutzvermittlung des verletzten Gesetzes, dass sich der Schadensersatzanspruch in das haftungsrechtliche Gesamtsystem einfügen muss. Deliktischer Schutz vor primären Vermögensschäden wird im deutschen Deliktsrecht nur sehr zurückhaltend gewährt. Diese bewusste Entscheidung des Gesetzgebers würde konterkariert, wenn der Verstoß gegen jedes Gesetz, das auch die Interessen Einzelner schützt, sogleich zu einer Haftung bei primären Vermögensschäden führen würde[2]. Dies wird insbesondere im Kapitalmarktrecht offenbar. Würde auch ein fahrlässiger Verstoß gegen das Marktmanipulationsverbot zu einer Haftung für primäre Vermögensschäden eines zunächst nicht begrenzten und begrenzbaren Kreises von Anspruchsstellern führen, verlören nicht nur die Haftung für vorsätzliche sittenwidrige Schädigung nach § 826 BGB, sondern auch die spezialgesetzlichen Haftungstatbestände des Kapitalmarktrechts weitgehend an Bedeutung. Mit Blick auf die großen Überschneidungsbereiche zwischen informationsgestützten Marktmanipulationen und fehlerhaften *Ad-hoc*-Mitteilungen würde dieser Konflikt insbesondere die haftungsbegrenzende Funktion der §§ 97 Abs. 2 und 98 Abs. 2 WpHG nivellieren und die Entscheidung des Gesetzgebers gegen einen allgemeinen kapitalmarktrechtlichen (Informations-)haftungstatbestand unterlaufen[3].

Das **Unionsrecht** zwingt zu keiner anderen Beurteilung[4]. In jüngerer Zeit wird im deutschen Kapitalmarktrechtsschrifttum zwar zunehmend vertreten, das Unionsrecht gebiete eine zivilrechtliche Ahndung bestimmter Verstöße, wobei auf die Rechtsprechung des EuGH in den Sachen *Courage*, *Manfredi* und *Muñoz* sowie auf allgemeine Überlegungen zum unionsrechtlichen Gebot der effektiven Rechtsdurchsetzung und auf die gesamtgesellschaftlichen Vorzüge eines *private enforcement* verwiesen wird[5]. Für das Marktmanipulationsverbot können diese Überlegungen allerdings nicht durchgreifen. Der **Grundsatz effektiver Durchsetzung des Unionsrechts** – auch in seiner Konkretisierung durch den EuGH – gebietet **keine** pauschale und undifferenzierte **Pflicht zur Gewährleistung zivilrechtlicher Schadensansprüche** bei Verstößen gegen sämtliches europäisches (Verordnungs-)Recht. Die Erwägungen des EuGH in den genannten Urteilen können schon deshalb nicht vorbehaltlos auf das Marktmissbrauchsrecht übertragen werden, weil sich der europäische Gesetzgeber in der MAR in voller Kenntnis der Divergenzen zwischen den Mitgliedstaaten nicht mit einer zivilrechtlichen Haftung und der damit verbundenen Einbindung Privater befasst hat, sondern etwa über Whistleblower-Systeme auf ganz andere Weise Private an der Rechtsdurchsetzung beteiligt[6]. Diese positive Entscheidung des europäischen Gesetzgebers muss zur Wahrung institutioneller Balance[7] grundsätzlich auch vom EuGH akzeptiert werden[8]. Die ergänzend vorgebrachten Überlegungen zu gesamtgesellschaftlichen Vorzüge privater Rechtsdurchsetzungsmechanismen stützen sich im Marktmissbrauchsrecht zudem allenfalls auf Vermutungen und sind nicht empirisch belegt. All dies spricht gegen eine zwingende Einwirkung des Unionsrechts auf die Schutzgesetzdogmatik des § 823 Abs. 2 BGB.

bb) Haftung nach § 826 BGB. Eine zivilrechtliche Haftung kommt bei einer Marktmanipulation – **in engen Grenzen** – aber nach § 826 BGB in Betracht. Dafür muss **objektiv** eine **sittliche Verkehrspflicht**[9] zum Schutz

---

1 S. *Schmolke* in Klöhn, Art. 15 MAR Rz. 82 ff.; *Schmolke*, NZG 2016, 721; *Sajnovits*, Financial-Benchmarks, S. 289 ff.; insoweit auch *Poelzig*, ZGR 2015, 801, 809.
2 So auch *Verse*, ZHR 170 (2006), 398, 407 m.w.N.
3 So auch *Bachmann* in Bachmann/Casper/Schäfer/Veil, Steuerungsfunktionen des Haftungsrechts im Gesellschafts- und Kapitalmarktrecht, 2007, S. 93, 101 für bürgerlich-rechtliche Informationshaftung. Vgl. auch *Verse*, ZHR 170 (2006), 398, 407 im Zusammenhang mit der Durchgriffshaftung auf Organwalter, bei deren Bejahung über § 823 Abs. 2 BGB die gesetzgeberische Entscheidung für eine grundsätzliche Innenhaftung der Geschäftsleiterhaftung berücksichtigt werden müsse.
4 So auch *Schmolke* in Klöhn, Art. 15 MAR Rz. 85 ff.; *Sajnovits*, Financial-Benchmarks, S. 298 ff.
5 *Poelzig*, ZGR 2015, 801; *Poelzig*, NZG 2016, 492, 501; *Seibt/Wollenschläger*, AG 2014, 593, 607; *Beneke/Thele*, BKR 2017, 12; *Seibt*, ZHR 177 (2013), 388, 424 f.; *Tountopoulos*, ECFR 2014, 297, 315 ff.; *Mock* in KölnKomm. WpHG, § 20a WpHG Rz. 478 ff.; für informationsbezogene Manipulationen auch *Hellgardt*, AG 2012, 154, 163 ff.; offen für ZGR 2016, 305, 322 ff. der sich für ein Eingreifen des Gesetzgebers ausspricht; *Maume*, ZHR 180 (2016), 358, 368; a.A. etwa *Schmolke* in Klöhn, Art. 15 MAR Rz. 85 ff., 89 ff.; *Schmolke*, NZG 2016, 721, 723 ff.; *Sajnovits*, Financial-Benchmarks, S. 298, 300 ff.; *Buck-Heeb*, Kapitalmarktrecht, 9. Aufl. 2017, § 7 II Rz. 614 f., S. 194 f.; *Spindler* in beck-online.GROSSKOMMENTAR, Stand: 16.10.2016, § 823 BGB Rz. 374.
6 So auch *Schmolke*, NZG 2016, 721, 727; *Schmolke* in Klöhn, Art. 15 MAR Rz. 94.
7 *Schmolke*, NZG 2016, 721, 722 ff.; vgl. auch *Grigoleit*, ZHR 177 (2013), 264, 275 ff.; *W.-H. Roth*, ZHR 179 (2015), 668, 674 ff., 684.
8 *Schmolke* in Klöhn, Art. 15 MAR Rz. 89 ff.; *Sajnovits*, Financial-Benchmarks, S. 300 f.; vgl. auch *Rebhahn*, ZfPW 2016, 281, 287.
9 Vgl. *Oechsler* in Staudinger, Neubearbeitung 2014, § 826 BGB Rz. 36.

fremden (individuellen) Vermögens verletzt sein. Da das Marktmanipulationsverbot gerade nicht dem Schutz fremden individuellen Vermögens dient (Rz. 46), genügt ein Verstoß gegen dieses für sich genommen nicht[1]. Ganz in diesem Sinne hat der BGH etwa im IKB-Urteil hervorgehoben, dass für „die Annahme der Sittenwidrigkeit weder der Verstoß gegen eine gesetzliche Vorschrift noch die Tatsache eines eingetretenen Vermögensschadens [genügt]; vielmehr muss sich die besondere Verwerflichkeit des Verhaltens aus dem verfolgten Ziel, den eingesetzten Mitteln, der zutage tretenden Gesinnung oder den eingetretenen Folgen ergeben"[2]. Neben dem Verstoß gegen die guten Sitten erfordert § 826 BGB den **Vorsatz des Deliktstäters**[3]. Das Vorsatzerfordernis des § 826 BGB bezieht sich auf die die Sittenwidrigkeit des Verhaltens begründenden Umständen, den Eintritt des Schadens sowie die Kausalität des schädigenden Verhaltens.

50   cc) **Haftung nach § 98 WpHG.** Eine zivilrechtliche Haftung kommt zudem gem. § 98 WpHG in Betracht, wenn eine informationsgestützte Marktmanipulation gem. Art. 12 Abs. 1 lit. c VO Nr. 596/2014 zugleich eine **Veröffentlichung unwahrer Insiderinformationen** in einer *Ad-hoc*-Mitteilung nach Art. 17 VO Nr. 596/2014 darstellt und die weiteren Voraussetzungen des § 98 WpHG erfüllt sind. Die unterlassene unverzügliche Veröffentlichung von Insiderinformationen, die nach § 97 WpHG zu einer Schadensersatzpflicht führen kann, ist unter dem neuen Marktmissbrauchsregime keine Marktmanipulation mehr (Art. 12 VO Nr. 596/2014 Rz. 180 f.), so dass es insoweit zu keinen Überschneidungen mehr kommt.

51   b) **Ansprüche geschädigter Unternehmen/Emittenten.** Eine Marktmanipulation mit Bezug auf bestimmte Finanzinstrumente kann zudem zu einem Schaden beim jeweiligen Emittenten des Finanzinstruments führen, insbesondere sofern die durch Manipulationen gesteigerte Volatilität die Kapitalkosten des Emittenten erhöht. Für den Emittenten kommen grundsätzlich ein Anspruch nach § 823 Abs. 1 BGB wegen eines Eingriffs in den eingerichteten und ausgeübten Gewerbebetrieb[4], bei informationsgestützten Manipulationen ein Anspruch aus § 824 BGB wegen Kreditgefährdung[5] und – ebenso wie bei Anlegern – ein Anspruch aus § 826 BGB in Betracht[6]. Ausscheiden muss auch insofern ein Anspruch aus § 823 Abs. 2 BGB, da das Marktmanipulationsverbot auch gegenüber Emittenten keinen Individualschutz vermittelt[7].

52   c) **Nichtigkeit von Rechtsgeschäften (§ 134 BGB).** Bei einem **einseitigen Verstoß** gegen das Verbot (handelsgestützter) Marktmanipulationen kommt **keine Nichtigkeit** des jeweiligen Rechtsgeschäfts in Betracht[8]. Maßgebliche Voraussetzung einer sich aus einem Verbotsgesetz ergebenden Nichtigkeit i.S.d. § 134 BGB ist, dass der Normzweck des Verbotsgesetzes die Nichtigkeit des jeweiligen Rechtsgeschäfts gebietet[9]. Der Normzweck des Marktmanipulationsverbots, der insbesondere darin liegt, die Funktionsfähigkeit und die Integrität der Märkte sicherzustellen (Art. 12 VO Nr. 596/2014 Rz. 21 ff.), spricht bei einseitige Verstößen klar gegen eine Nichtigkeit, da es den reibungslosen Ablauf anonymen Markthandels erheblich stören würde, wenn sich jeder Vertragspartner Gedanken darüber machen müsste, ob das von ihm abgeschlossene Geschäft wegen eines Verstoßes der Gegenseite gegen Art. 15 VO Nr. 596/2014 ggf. nichtig sein könnte[10]. Bei einem **beiderseitigen Verstoß**, etwa bei der Vornahme von *wash sales* (Art. 12 VO Nr. 596/2014 Rz. 91), wird man aber regelmäßig von einer Nichtigkeit nach § 134 BGB ausgehen können, wenn sich die Nichtigkeit nicht bereits im Einzelfall aus § 117 Abs. 1 BGB ergibt[11].

53   d) **Kein Rechtsverlust.** Der Verstoß gegen das Marktmanipulationsverbot führt, auch wenn er durch den Erwerb von Finanzinstrumenten erfolgt, bzw. sich dieser Erwerb bei einer informationsgestützten Marktmanipu-

---

1   Vgl. BGH v 11.11.1985 – II ZR 109/84, BGHZ 96, 231, 236 f = AG 1986, 76; *Oechsler* in Staudinger, Neubearbeitung 2014, § 826 BGB Rz. 54.
2   BGH v 13.12.2011 – XI ZR 51/10 Rz. 28 – IKB, BGHZ 192, 90, 101 f. = AG 2012, 209; vgl. auch BGH v 19.7.2004 – II ZR 402/02 – Infomatec II, BGHZ 160, 149, 157 = AG 2004, 546; *Sprau* in Palandt, § 826 BGB Rz. 4; kritisch *Oechsler* in Staudinger, Neubearbeitung 2014, § 826 BGB Rz. 58a, der insoweit eine systemwidrige Vermischung mit dem Vorsatzerfordernis befürchtet und die Frage der verwerflichen Gesinnung im Rahmen der Prüfung eines Entschuldigungsgrundes stellen will.
3   BGH v 19.7.2004 – II ZR 402/02 – Infomatec I, BGHZ 160, 149 = AG 2004, 546.
4   *Mock* in KölnKomm. WpHG, § 20a WpHG Rz. 498; *Ekkenga*, ZIP 2004, 781, 782.
5   *Mock* in KölnKomm. WpHG, § 20a WpHG Rz. 500 ff.; *Ekkenga*, ZIP 2004, 781, 782.
6   *Mock* in KölnKomm. WpHG, § 20a WpHG Rz. 504.
7   *Mock* in KölnKomm. WpHG, § 20a WpHG Rz. 499.
8   *Schmolke* in Klöhn, Art. 15 MAR Rz. 103 f.; vgl. zu § 20a WpHG a.F. *Schäfer* in Schäfer/Hamann, Kapitalmarktgesetze, § 20a WpHG Rz. 83.
9   Zur Unterscheidung zwischen Verbotsgesetzeigenschaft und Nichtigkeitssanktion *Sack/Seibl* in Staudinger, Neubearbeitung 2011, § 134 BGB Rz. 34; *Armbrüster* in MünchKomm. BGB, 7. Aufl. 2015, § 134 BGB Rz. 41 f. Aus der Auslegung des Verbotsgesetzes ergibt sich auch, ob dieses die Nichtigkeit des *gesamten* Rechtsgeschäfts gebietet oder ein „geltungserhaltende Reduktion" in Betracht kommt. Dazu eingehend *Verse/Wurmnest*, AcP 204 (2004), 855, 859 ff., 866 f. (zu EU-beihilferechtswidrigen Verträgen).
10 Ebenso *Schmolke* in Klöhn, Art. 15 MAR Rz. 103 f.; zum alten Recht *Schäfer* in Schäfer/Hamann, Kapitalmarktgesetze, § 20a WpHG Rz. 83; *Vogel* in 6. Aufl., § 20a Rz. 32
11 Zu § 20a WpHG a.F. *Vogel* in 6. Aufl., § 20a WpHG Rz. 32; *Fleischer* in Fuchs, § 20a WpHG Rz. 155 *Mock* in KölnKomm. WpHG, § 20a WpHG Rz. 511 ff.

lation an die Verbreitung von Informationen anschließt, zu keinem Rechtsverlust bei den jeweiligen Finanzinstrumenten. Die Vorschriften zum Rechtsverlust im deutschen Recht, etwa in § 20 AktG oder § 44 WpHG, sind durchweg auf die **Verletzung von Mitteilungspflichten** bezogen und dienen dazu, Meldepflichtige dazu anzuhalten, ihren Pflichten nachzukommen, um so die (Kapitalmarkt-)Publizität zu erhöhen. Dieser Zweck lässt sich nicht auf da Marktmanipulationsverbot übertragen. Die analoge Anwendung der Vorschriften über einen Rechtsverlust (z.B. § 44 WpHG) liegt schon wegen der fehlenden Vergleichbarkeit fern. Ohne eine normative Anknüpfung lässt sich der schwerwiegende Eingriff in die privatrechtliche Rechtsposition, der in einem Rechtsverlust liegt, nicht rechtfertigen, obgleich es rechtspolitisch durchaus bedenkenswert ist, einen Rechtsverlust bei bestimmten Formen des Marktmissbrauchs anzuordnen.

Art. 16 Vorbeugung und Aufdeckung von Marktmissbrauch

(1) Marktbetreiber und Wertpapierfirmen, die einen Handelsplatz betreiben, haben gemäß Artikel 31 und 54 r Richtlinie 2014/65/EU wirksame Regelungen, Systeme und Verfahren zur Vorbeugung und Aufdeckung von Insidergeschäften, Marktmanipulation, versuchten Insidergeschäften und versuchter Marktmanipulation zu schaffen und aufrechtzuerhalten.
Eine in Unterabsatz 1 genannte Personen meldet Aufträge und Geschäfte, einschließlich deren Stornierung oder Änderung, die Insidergeschäfte, Marktmanipulationen oder versuchte Insidergeschäfte oder versuchte Marktmanipulationen sein könnten, unverzüglich der zuständigen Behörde des Handelsplatzes.
(2) Wer beruflich Geschäfte vermittelt oder ausführt, muss wirksame Regelungen, Systeme und Verfahren zur Aufdeckung und Meldung von verdächtigen Aufträgen und Geschäften schaffen und aufrechterhalten. Wann immer die betreffende Person den begründeten Verdacht hat, dass ein Auftrag oder ein Geschäft in Bezug auf ein Finanzinstrument – wobei es unerheblich ist, ob dieser bzw. dieses auf einem Handelsplatz oder anderweitig erteilt oder ausgeführt wurde – Insiderhandel oder Marktmanipulation oder den Versuch hierzu darstellt, so unterrichtet sie unverzüglich die zuständige Behörde nach Absatz 3.
(3) Unbeschadet des Artikels 22 gelten für die Meldungen von Personen, die beruflich Geschäfte vermitteln oder ausführen, die Vorschriften des Mitgliedstaats, in dem sie registriert sind oder in dem sie ihre Hauptniederlassung haben oder, bei Zweigniederlassungen, die Vorschriften des Mitgliedstaats ihrer Zweigniederlassung. Die Meldung erfolgt bei der zuständigen Behörde dieses Mitgliedstaats.
(4) Die zuständigen Behörden nach Absatz 3, denen verdächtige Aufträge und Geschäfte gemeldet werden, teilen dies unverzüglich den für die betreffenden Handelsplätze zuständigen Behörden mit.
(5) Um eine durchgehende Harmonisierung dieses Artikels zu gewährleisten, arbeitet die ESMA Entwürfe technischer Regulierungsstandards aus, um Folgendes festzulegen:
a) angemessene Regelungen, Systeme und Verfahren für die Einhaltung der Vorschriften in den Absätzen 1 und 2 durch Personen und
b) die von Personen zur Einhaltung der Vorschriften in den Absätzen 1 und 2 zu nutzenden Mitteilungsmuster.
Die ESMA legt der Kommission diese Entwürfe technischer Regulierungsstandards bis zum 3. Juli 2016 vor.
Der Kommission wird die Befugnis übertragen, die in Unterabsatz 1 genannten technischen Regulierungsstandards nach Artikel 10 bis 14 der Verordnung (EU) Nr. 1095/2010 zu erlassen.
In der Fassung vom 16.4.2014 (ABl. EU Nr. L 173 v. 12.6.2014, S. 1), geändert durch Berichtigung vom 21.10.2016 (ABl. EU Nr. L 287 v. 21.10.2016, S. 320) und Berichtigung vom 21.12.2016 (ABl. EU Nr. L 348 v. 21.12.2016, S. 83).

**Delegierte Verordnung (EU) 2016/957 der Kommission vom 9. März 2016
zur Ergänzung der Verordnung (EU) Nr. 596/2014 des Europäischen Parlaments und des Rates im Hinblick auf technische Regulierungsstandards für die geeigneten Regelungen, Systeme und Verfahren sowie Mitteilungsmuster zur Vorbeugung, Aufdeckung und Meldung von Missbrauchspraktiken oder verdächtigen Aufträgen oder Geschäften**

Art. 1 Begriffsbestimmungen

Für die Zwecke dieser Verordnung gelten folgende Begriffsbestimmungen:
a) „Meldung verdächtiger Geschäfte und Aufträge" (Verdachtsmeldung) ist die gemäß Artikel 16 Absätze 1 und 2 der Verordnung (EU) Nr. 596/2014 zu übermittelnde Meldung verdächtiger Geschäfte und Aufträge, die Insidergeschäfte, Marktmanipulation oder versuchte Insidergeschäfte oder versuchte Marktmanipulation sein könnten, einschließlich deren Stornierung oder Änderung.

b) „elektronische Hilfsmittel" sind elektronische Geräte für die Verarbeitung (einschließlich der digitalen Komprimierung), Speicherung und Übertragung von Daten über Kabel, Funk, optische Technologien oder andere elektromagnetische Verfahren;
c) „Gruppe" bezeichnet eine Gruppe im Sinne des Artikels 2 Absatz 11 der Richtlinie 2013/34/EU des Europäischen Parlaments und des Rates (5);
d) „Auftrag" bezeichnet jeden Auftrag, einschließlich aller Quotes, unabhängig davon, ob ihr Zweck in der Ersterteilung, Änderung, Aktualisierung oder Stornierung eines Auftrags besteht sowie unabhängig von dessen Art.

In der Fassung vom 9.3.2016 (ABl. EU Nr. L 160 v. 17.6.2016, S. 1).

Art. 2 Allgemeine Anforderungen

(1) Personen, die gewerbsmäßig Geschäfte vermitteln oder ausführen, schaffen und unterhalten Regelungen, Systeme und Verfahren zur Sicherung
a) der wirksamen und fortlaufenden Überwachung aller eingegangenen und übermittelten Aufträge und aller ausgeführten Geschäfte für die Zwecke der Aufdeckung und Identifizierung von Aufträgen und Geschäften, die Insidergeschäfte, Marktmanipulation oder versuchte Insidergeschäfte bzw. versuchte Marktmanipulation darstellen könnten;
b) der Übermittlung von Verdachtsmeldungen an die zuständigen Behörden entsprechend den Anforderungen dieser Verordnung und unter Verwendung des im Anhang enthaltenen Musters.

(2) Die in Absatz 1 genannten Verpflichtungen gelten für Aufträge und Geschäfte im Zusammenhang mit allen Arten von Finanzinstrumenten, und sie gelten unabhängig
a) von der Eigenschaften, in der jemand den Auftrag erteilt oder das Geschäft ausgeführt hat;
b) von den Arten der Kunden, die betroffen sind;
c) davon, ob die Erteilung der Aufträge oder die Ausführung der Geschäfte an einem Handelsplatz oder außerhalb eines Handelsplatzes erfolgt ist.

(3) Betreiber von Märkten und Wertpapierfirmen, die einen Handelsplatz betreiben, schaffen und unterhalten Regelungen, Systeme und Verfahren zur Sicherung
a) der wirksamen und fortlaufenden Überwachung aller eingegangenen Aufträge und aller ausgeführten Geschäfte für die Zwecke der Vorbeugung, Aufdeckung und Identifizierung von Insidergeschäften, Marktmanipulation sowie versuchten Insidergeschäften und versuchter Marktmanipulation;
b) der Übermittlung von Verdachtsmeldungen an zuständige Behörden entsprechend den Anforderungen dieser Verordnung und unter Verwendung des im Anhang enthaltenen Musters.

(4) Die in Absatz 3 genannten Verpflichtungen gelten für Aufträge und Geschäfte im Zusammenhang mit allen Arten von Finanzinstrumenten, und sie gelten unabhängig
a) von der Eigenschaft, in der jemand den Auftrag erteilt oder das Geschäft ausgeführt hat;
b) von den Arten der Kunden, die betroffen sind.

(5) Personen, die gewerbsmäßig Geschäfte vermitteln oder ausführen, Betreiber von Märkten und Wertpapierfirmen, die einen Handelsplatz betreiben, stellen sicher, dass die Regelungen, Systeme und Verfahren nach den Absätzen 1 und 3
a) geeignet sind und in einem angemessenen Verhältnis zu Umfang, Größe und Art ihrer Geschäftstätigkeit stehen;
b) regelmäßig bewertet werden, zumindest durch jährliche Audits und interne Überprüfungen, und dass gegebenenfalls eine Aktualisierung erfolgt;
c) für die Zwecke der Einhaltung dieser Verordnung unmissverständlich schriftlich dokumentiert sind, einschließlich Änderungen und Aktualisierungen, und dass die dokumentierten Informationen für einen Zeitraum von fünf Jahren aufbewahrt werden.

Die in Unterabsatz 1 genannten Personen stellen der zuständigen Behörde auf Anfrage die dort unter den Buchstaben b und c genannten Informationen zur Verfügung.

In der Fassung vom 9.3.2016 (ABl. EU Nr. L 160 v. 17.6.2016, S. 1).

Art. 3 Vorbeugung, Überwachung und Aufdeckung

(1) Die Regelungen, Systeme und Verfahren nach Artikel 2 Absätze 1 und 3
a) ermöglichen einzelne und vergleichende Untersuchungen zu allen innerhalb der Systeme des Handelsplatzes und – im Fall von Personen, die gewerbsmäßig Geschäfte vermitteln oder ausführen – auch außerhalb eines Handelsplatzes ausgeführten Geschäften und erteilten, geänderten, stornierten oder abgelehnten Aufträgen;
b) produzieren Warnmeldungen, mit denen Tätigkeiten angezeigt werden, die weitere Untersuchungen für die Zwecke der Aufdeckung von Insidergeschäften oder Marktmanipulation oder des Versuchs hierzu erforderlich machen;
c) decken das gesamte Spektrum der Handelsaktivitäten der betreffenden Personen ab.

(2) Personen, die gewerbsmäßig Geschäfte vermitteln oder ausführen, sowie Betreiber von Märkten und Wertpapierfirmen, die einen Handelsplatz betreiben, stellen der zuständigen Behörde auf Anfrage Informationen zur Verfügung, die die Eignung ihrer Systeme und deren angemessenes Verhältnis zu Umfang, Größe und Art ihrer Geschäftstätigkeit belegen, einschließlich Informationen zum Grad der Automatisierung dieser Systeme.

(3) In einem Umfang, der geeignet ist und in einem angemessenen Verhältnis zu Umfang, Größe und Art ihrer Geschäftstätigkeit steht, setzen Betreiber von Märkten und Wertpapierfirmen, die einen Handelsplatz betreiben, Softwaresysteme

und Verfahren ein, die die Vorbeugung und Aufdeckung von Insidergeschäften, Marktmanipulation oder versuchten Insidergeschäften oder versuchter Marktmanipulation unterstützen.

Die in Unterabsatz 1 genannten Systeme und Verfahren umfassen eine Software zum verzögerten automatischen Lesen, Wiederabrufen und Analysieren von Orderbuchdaten, die über ausreichend Kapazität für den Einsatz im algorithmischen Handel verfügt.

(4) Personen, die gewerbsmäßig Geschäfte vermitteln oder ausführen, sowie Betreiber von Märkten und Wertpapierfirmen, die einen Handelsplatz betreiben, schaffen und unterhalten Regelungen und Verfahren, die gewährleisten, dass bei der Überwachung, Aufdeckung und Identifizierung von Geschäften und Aufträgen, die Insidergeschäfte, Marktmanipulation oder versuchte Insidergeschäfte bzw. versuchte Marktmanipulation sein könnten, in angemessenem Umfang personelle Untersuchungen vorgenommen werden.

(5) Betreiber von Märkten und Wertpapierfirmen, die einen Handelsplatz betreiben, schaffen und unterhalten Regelungen und Verfahren, die auch bei der Vorbeugung von Insidergeschäften, Marktmanipulation oder versuchten Insidergeschäften oder versuchter Marktmanipulation in angemessenem Umfang personelle Untersuchungen gewährleisten.

(6) Eine Person, die gewerbsmäßig Geschäfte vermittelt oder ausführt, hat das Recht, die Wahrnehmung der Aufgaben im Zusammenhang mit der Überwachung, Aufdeckung und Identifizierung von Aufträgen und Geschäften, die Insidergeschäfte, Marktmanipulation oder versuchte Insidergeschäfte bzw. versuchte Marktmanipulation sein könnten, im Wege einer schriftlichen Vereinbarung auf eine juristische Person zu übertragen, die derselben Gruppe angehört. Die Person, die diese Aufgaben überträgt, bleibt in vollem Umfang für die Erfüllung aller ihr aus dieser Verordnung und aus Artikel 16 der Verordnung (EU) Nr. 596/2014 erwachsenden Pflichten verantwortlich und muss sicherstellen, dass die Regelung eindeutig dokumentiert ist und die Aufgaben und Verantwortlichkeiten zugewiesen und abgestimmt wurden, einschließlich der Dauer der Übertragung.

(7) Eine Person, die gewerbsmäßig Geschäfte vermittelt oder ausführt, kann die Analyse von Daten, einschließlich von Order- und Geschäftsdaten, und die Erstellung der Warnmeldungen, die sie benötigt, um Aufträge und Geschäfte, die Insidergeschäfte, Marktmanipulation oder versuchte Insidergeschäfte oder versuchte Marktmanipulation sein könnten, zu überwachen, zu entdecken und zu identifizieren, im Wege einer schriftlichen Vereinbarung auf einen Dritten („den Anbieter") übertragen. Die Person, die diese Aufgaben überträgt, bleibt in vollem Umfang für die Erfüllung aller ihr aus dieser Verordnung und aus Artikel 16 der Verordnung (EU) Nr. 596/2014 erwachsenden Pflichten verantwortlich und erfüllt jederzeit die folgenden Bedingungen:

a) Sie sorgt für die Erhaltung der Fachkenntnisse und der Ressourcen, die erforderlich sind, um die Qualität der erbrachten Dienstleistungen sowie die Angemessenheit der Organisationsstruktur der Anbieter zu bewerten, die Aufsicht über übertragene Dienste auszuüben und die mit der Übertragung verbundenen Risiken kontinuierlich zu steuern.

b) Sie hat unmittelbaren Zugang zu allen relevanten Informationen betreffend die Datenanalyse und die Erstellung von Warnmeldungen.

Die schriftliche Vereinbarung enthält die Beschreibung der Rechte und Pflichten der Person, die eine Übertragung der in Unterabsatz 1 genannten Aufgaben vornimmt, sowie der Rechte und Pflichten des Anbieters. Außerdem ist anzugeben, bei Vorliegen welcher Gründe die Person, die die Aufgaben überträgt, die Vereinbarung kündigen kann.

(8) Im Rahmen der Regelungen und Verfahren nach Artikel 2 Absätze 1 und 3 tragen Personen, die gewerbsmäßig Geschäfte vermitteln oder ausführen, sowie Betreiber von Märkten und Wertpapierfirmen, die einen Handelsplatz betreiben, dafür Sorge, dass die Informationen, die die in Bezug auf Aufträge und Geschäfte, die Insidergeschäfte, Marktmanipulation oder versuchte Insidergeschäfte bzw. versuchte Marktmanipulation sein könnten, durchgeführten Untersuchungen belegen und die Gründe für die Übermittlung oder Nichtübermittlung einer Verdachtsmeldung ausweisen, für einen Zeitraum von fünf Jahren aufbewahrt werden. Diese Informationen sind der zuständigen Behörde auf Anfrage vorzulegen.

Die in Unterabsatz 1 genannten Personen stellen sicher, dass bei den Regelungen und Verfahren nach Artikel 2 Absätze 1 und 3 die Vertraulichkeit der in Unterabsatz 1 genannten Informationen garantiert wird und gewahrt bleibt.

In der Fassung vom 9.3.2016 (ABl. EU Nr. L 160 v. 17.6.2016, S. 1).

Art. 4 Schulung

(1) Personen, die gewerbsmäßig Geschäfte vermitteln oder ausführen, sowie Betreiber von Märkten und Wertpapierfirmen, die einen Handelsplatz betreiben, organisieren und veranstalten effiziente und umfassende Schulungsmaßnahmen für das Personal, das an der Überwachung, Aufdeckung und Identifizierung von Geschäften und Aufträgen beteiligt ist, die Insidergeschäfte, Marktmanipulation oder den Versuch hierzu darstellen könnten, wobei auch das mit der Bearbeitung von Aufträgen und Geschäften befasste Personal mit einbezogen wird. Die Schulungsmaßnahmen finden regelmäßig statt, sind für diese Zwecke geeignet und stehen in einem angemessenen Verhältnis zu Umfang, Größe und Art der Geschäftstätigkeit.

(2) Betreiber von Märkten und Wertpapierfirmen, die einen Handelsplatz betreiben, bieten die in Unterabsatz 1 genannten Schulungen außerdem für Mitarbeiter an, die in die Vorbeugung von Insidergeschäften, Marktmanipulation oder versuchten Insidergeschäften oder versuchter Marktmanipulation einbezogen sind.

In der Fassung vom 9.3.2016 (ABl. EU Nr. L 160 v. 17.6.2016, S. 1).

Art. 5 Meldepflichten

(1) Personen, die gewerbsmäßig Geschäfte vermitteln oder ausführen, sowie Betreiber von Märkten und Wertpapierfirmen, die einen Handelsplatz betreiben, schaffen und unterhalten wirksame Regelungen, Systeme und Verfahren, mit deren Hilfe sie zwecks Übermittlung einer Verdachtsmeldung beurteilen können, ob ein Auftrag oder ein Geschäft ein Insidergeschäft, eine Marktmanipulation oder den Versuch hierzu darstellen könnte. Gebührende Beachtung zu schenken

ist dabei im Rahmen dieser Regelungen, Systeme und Verfahren den Merkmalen, die nach Artikel 8 und 12 der Verordnung (EU) Nr. 596/2014 ein tatsächliches oder versuchtes Insidergeschäft bzw. eine tatsächliche oder versuchte Marktmanipulation ausmachen, wie auch den Indikatoren für Marktmanipulation, die in nicht erschöpfender Aufzählung in Anhang I dieser Verordnung genannt und in der Delegierten Verordnung (EU) 2016/522 der Kommission weiter spezifiziert werden,.

(2) Alle in Absatz 1 genannten Personen, die an der Bearbeitung ein und desselben Auftrags oder Geschäfts beteiligt sind, tragen die Verantwortung für die Entscheidung darüber, ob eine Verdachtsmeldung übermittelt wird.

(3) Die in Absatz 1 genannten Personen gewährleisten, dass im Rahmen einer Verdachtsmeldung übermittelte Informationen auf Tatsachen und Untersuchungen basieren, wobei sie alle ihnen zur Verfügung stehenden Informationen berücksichtigen.

(4) Die in Absatz 1 genannten Personen sorgen für Verfahren, mit denen sie gewährleisten, dass die Person, zu der die Verdachtsmeldung übermittelt wurde, und andere Personen, die nicht aufgrund ihrer Funktion oder Position innerhalb der meldenden Person von der Übermittlung der Verdachtsmeldung Kenntnis haben müssen, nicht über die Tatsache unterrichtet werden, dass eine Verdachtsmeldung an die zuständige Behörde übermittelt wurde oder übermittelt werden wird bzw. übermittelt werden soll.

(5) Die in Absatz 1 genannten Personen füllen die Verdachtsmeldung aus, ohne die Person, auf die sich die Verdachtsmeldung bezieht, und andere Personen, die nicht von der bevorstehenden Übermittlung einer Verdachtsmeldung Kenntnis haben müssen, darüber zu unterrichten, was für Auskunftsersuchen in Bezug auf die Person, auf die sich die Verdachtsmeldung bezieht, zum Zweck des Ausfüllens bestimmter Felder gilt.

In der Fassung vom 9.3.2016 (ABl. EU Nr. L 160 v. 17.6.2016, S. 1).

Art. 6 Zeitpunkt der Verdachtsmeldungen

(1) Personen, die gewerbsmäßig Geschäfte vermitteln oder ausführen, sowie Betreiber von Märkten und Wertpapierfirmen, die einen Handelsplatz betreiben, stellen sicher, dass sie über wirksame Regelungen, Systeme und Verfahren verfügen, um gemäß Artikel 16 Absätze 1 und 2 der Verordnung (EU) Nr. 596/2014 bei Auftreten eines begründeten Verdachts auf ein tatsächliches oder versuchtes Insidergeschäft bzw. eine tatsächliche oder versuchte Marktmanipulation unverzüglich eine Verdachtsmeldung zu übermitteln.

(2) Hat sich der Verdacht aufgrund von Folgeereignissen oder späteren Informationen ergeben, beinhalten die Regelungen, Systeme und Verfahren nach Absatz 1 die Möglichkeit der Übermittlung von Verdachtsmeldungen in Bezug auf Geschäfte und Aufträge aus der Vergangenheit.

In solchen Fällen erläutern die Personen, die gewerbsmäßig Geschäfte vermitteln oder ausführen, und die Betreiber von Märkten und Wertpapierfirmen, die einen Handelsplatz betreiben, der zuständigen Behörde in der Verdachtsmeldung die zeitliche Verzögerung zwischen dem mutmaßlichen Verstoß und der Übermittlung der Verdachtsmeldung unter Bezugnahme auf die spezifischen Umstände des Falls.

(3) Personen, die gewerbsmäßig Geschäfte vermitteln oder ausführen, sowie Betreiber von Märkten und Wertpapierfirmen, die einen Handelsplatz betreiben, übermitteln der zuständigen Behörde alle zusätzlichen sachdienlichen Informationen, von denen sie nach der ursprünglichen Übermittlung der Verdachtsmeldung Kenntnis erhalten, und stellen alle von der zuständigen Behörde angeforderten Informationen und Unterlagen bereit.

In der Fassung vom 9.3.2016 (ABl. EU Nr. L 160 v. 17.6.2016, S. 1).

Art. 7 Inhalt der Verdachtsmeldungen

(1) Personen, die gewerbsmäßig Geschäfte vermitteln oder ausführen, sowie Betreiber von Märkten und Wertpapierfirmen, die einen Handelsplatz betreiben, verwenden bei Übermittlung einer Verdachtsmeldung das im Anhang enthaltene Muster.

(2) Die in Absatz 1 genannten Personen, die eine Verdachtsmeldung übermitteln, füllen die für die gemeldeten Aufträge oder Geschäfte relevanten Informationsfelder eindeutig und detailliert aus. Die Verdachtsmeldung enthält zumindest die folgenden Angaben:

a) eine Identifikation der Person, die die Verdachtsmeldung übermittelt, und im Fall von Personen, die gewerbsmäßig Geschäfte vermitteln oder ausführen, auch die Eigenschaft, in der die die Verdachtsmeldung übermittelnde Person agiert, speziell bei Handel für eigene Rechnung oder bei Ausführung von Aufträgen im Namen von Dritten;

b) eine Beschreibung des Auftrags oder des Geschäfts, einschließlich:
   i) Art des Auftrags und Art des Handels, insbesondere Blockgeschäfte, und wo die Tätigkeit in Erscheinung trat,
   ii) Preis und Volumen;

c) die Gründe, weshalb der Verdacht besteht, dass der Auftrag oder das Geschäft ein Insidergeschäft, eine Marktmanipulation oder den Versuch hierzu darstellt;

d) die Mittel zur Identifizierung aller Personen, die an dem Auftrag oder Geschäft, der bzw. das ein Insidergeschäft, eine Marktmanipulation oder den Versuch hierzu darstellen könnte, beteiligt sind, einschließlich der Person, die den Auftrag erteilt oder ausgeführt hat, und der Person, in deren Namen der Auftrag erteilt oder ausgeführt wurde;

e) alle anderen Informationen und Belege, die für die Zwecke der Aufdeckung, Untersuchung und Verfolgung von Insidergeschäften, Marktmanipulation sowie versuchten Insidergeschäften und versuchter Marktmanipulation als für die zuständige Behörde relevant gelten könnten.

In der Fassung vom 9.3.2016 (ABl. EU Nr. L 160 v. 17.6.2016, S. 1).

Art. 8 Möglichkeiten der Übermittlung

(1) Personen, die gewerbsmäßig Geschäfte vermitteln oder ausführen, sowie Betreiber von Märkten und Wertpapierfirmen, die einen Handelsplatz betreiben, verwenden für die Übermittlung der Verdachtsmeldung, einschließlich aller Belege oder Anhänge, an die zuständige Behörde gemäß Artikel 16 Absätze 1 und 3 der Verordnung (EU) Nr. 596/2014 die von dieser zuständigen Behörde angegebenen elektronischen Mittel.

(2) Die zuständigen Behörden veröffentlichen auf ihrer Website die in Unterabsatz 1 genannten elektronischen Mittel. Diese elektronischen Mittel gewährleisten die Wahrung der Vollständigkeit, Integrität und Vertraulichkeit der Informationen während der Übermittlung.

In der Fassung vom 9.3.2016 (ABl. EU Nr. L 160 v. 17.6.2016, S. 1).

Art. 9 Inkrafttreten

Diese Verordnung tritt am Tag nach ihrer Veröffentlichung im *Amtsblatt der Europäischen Union* in Kraft.
Sie gilt ab dem 3. Juli 2016.

In der Fassung vom 9.3.2016 (ABl. EU Nr. L 160 v. 17.6.2016, S. 1).

Schrifttum: S. Vor Art. 12 ff. VO Nr. 596/2014.

I. Regelungsgegenstand	1
II. Regelungssystematik	3
III. Regelungszweck	7
IV. Anwendungsbereich	9
1. Sachlicher Anwendungsbereich	9
2. Persönlicher Anwendungsbereich/Normadressaten	12
3. Räumlicher Anwendungs-, Geltungs- und Zuständigkeitsbereich	15
4. Zeitlicher Anwendungsbereich	18
V. **Pflichten zur Vorbeugung, Überwachung und Aufdeckung von Marktmissbrauch (Art. 16 Abs. 1 und 2 VO Nr. 596/2014)**	19
1. Ausdrückliche Überwachungspflichten des Art. 16 VO Nr. 596/2014	19
2. Proportionalitätsgebot	20
3. Marktbetreiber und Wertpapierfirmen, die einen Handelsplatz betreiben (Art. 16 Abs. 1 Unterabs. 1 VO Nr. 596/2014)	21
a) Dogmatische Einordnung des Art. 16 Abs. 1 VO Nr. 596/2014	22
b) Wirksame Vorbeugung	23
c) Wirksame Überwachung und Aufdeckung .	25
d) Konkrete Ausgestaltung des Vorbeugungs- und Überwachungssystems	26
e) Bewertung und Dokumentation	31
4. Personen, die beruflich Geschäfte vermitteln oder ausführen (Art. 16 Abs. 2 Halbsatz 1 VO Nr. 596/2014)	35
a) Wirksame Überwachung und Aufdeckung .	36
b) Delegation innerhalb der Unternehmensgruppe und Ausgliederung	37
c) Bewertung und Dokumentation	40
VI. **Verdachtsmeldungen (Art. 16 Abs. 1 und 2 VO Nr. 596/2014)**	41
1. Meldepflichten (Art. 16 Abs. 1 Unterabs. 2 und Abs. 2 Satz 2 VO Nr. 596/2014)	42
2. Pflicht zur Einrichtung von Meldesystemen . .	44
3. Zuständigkeit für Verdachtsmeldungen	46
4. Voraussetzungen der Meldepflicht	47
a) Bezugspunkt des Verdachts	48
b) Verdachtszeitpunkt	51
c) Verdachtsgrad	52
d) Tatsachen und Untersuchungen als Grundlagen des begründeten Verdachts	54
5. Zeitpunkt der Verdachtsmeldung (Art. 6 DelVO 2016/957)	55
VII. **Meldungsadressaten und Meldungsmodalitäten**	57
1. Meldungsadressaten (Art. 16 Abs. 1 Unterabs. 2 und Abs. 3 VO Nr. 596/2014)	57
2. Form und Inhalt der Verdachtsmeldung	59
3. Übermittlung der Verdachtsmeldungen	63
VIII. **Umgang der zuständigen Behörde mit Verdachtsmeldungen – Weiterleitungspflicht (Art. 16 Abs. 4 VO Nr. 596/2014)**	64
IX. **Konkretisierungsermächtigung (Art. 16 Abs. 5 VO Nr. 596/2014)**	65
X. Aus- bzw. Durchführungsverbot	66

I. Regelungsgegenstand. Der mit „Vorbeugung und Aufdeckung von Marktmissbrauch" überschriebene Art. 16 VO Nr. 596/2014 ist die zentrale Norm der MAR für die Inpflichtnahme **Privater** zur Durchsetzung (*enforcement*) des Marktmissbrauchsregimes. Dabei richtet sich Art. 16 VO Nr. 596/2014 an zwei unterschiedliche Personengruppen. Zum einen an Marktbetreiber und Wertpapierfirmen, die einen Handelsplatz betreiben (Abs. 1) und zum anderen an Personen, die beruflich Geschäfte vermitteln oder ausführen (Abs. 2). Die Heranziehung dieser Privaten zur Rechtsdurchsetzung findet auf zwei Stufen statt. Auf der **ersten Stufe** werden die Normadressaten **dazu verpflichtet, angemessene Überwachungssysteme** zur Aufdeckung und Überwachung von Verstößen gegen die Art. 14 und 15 VO Nr. 596/2014 einzurichten und zu betreiben (Art. 16 Abs. 1 Unterabs. 1 und Abs. 2 Satz 1 VO Nr. 596/2014). Marktbetreiber und Wertpapierfirmen, die einen Handelsplatz betreiben, trifft auf dieser Stufe zusätzlich die Pflicht, entsprechende Systeme auch zur **Vorbeugung** von Marktmissbrauch vorzuhalten. Auf der **zweiten Stufe** sind beide Personengruppen zur unverzüglichen Meldung festgestellter Verstöße (**Verdachtsmeldung**) an die jeweils zuständige Behörde verpflichtet (Art. 16 Abs. 1 Unterabs. 2 und Abs. 2 Satz 2 VO Nr. 596/2014). Nähere Ausgestaltungsvorgaben zum Aufsichts- bzw. Vorbeugungssystem und zu den Verdachtsmeldungen werden durch die gem. Art. 16 Abs. 5 VO Nr. 596/2014 erlassene Delegierte Verordnung (EU) 2016/957 (DelVO 2016/957) gemacht.

Art. 16 VO Nr. 596/2014 | Vorbeugung und Aufdeckung von Marktmissbrauch

2 Für Personen, die beruflich Geschäfte vermitteln oder ausführen, erklärt Art. 16 Abs. 3 VO Nr. 596/2014 partiell das nationale **Recht des Mitgliedstaates**, in dem sie ihre Hauptniederlassung oder, bei einer Zeitniederlassung, die Vorschriften des Mitgliedstaats ihrer Zweitniederlassung, für anwendbar. Abweichend von der allgemeinen Zuständigkeit im Zusammenhang mit der Überwachung des Marktmissbrauchsregimes verpflichtet Art. 16 Abs. 3 VO Nr. 596/2014 diese Personen nämlich dazu, die nach Art. 16 Abs. 2 Satz 2 VO Nr. 596/2014 erforderliche Verdachtsmeldung bei der nach dem nationalen Recht **für ihre Aufsicht zuständigen Behörde** vorzunehmen. Diese Behörde ist dann nach Art. 16 Abs. 4 VO Nr. 596/2014 verpflichtet, die Meldung unverzüglich der für den betreffenden Handelsplatz zuständigen Behörde mitzuteilen.

3 **II. Regelungssystematik.** Systematisch überzeugend steht Art. 16 VO Nr. 596/2014 am Ende des mit „Insiderinformationen, Insidergeschäfte, unrechtmäßige Offenlegung von Insiderinformationen und Marktmanipulation" überschriebenen Kapitel 2 der MAR. Seine Stellung in diesem Kapitel, das auch die Verbotsnormen der Art. 14 und 15 VO Nr. 596/2014 sowie die maßgeblichen Definitionsnormen für diese enthält, zeigt, dass die Norm bezweckt, Marktmissbrauch vorzubeugen und effektiv aufzudecken (Rz. 7). Zugleich **flankiert** Art. 16 VO Nr. 596/2014 aber auch die **Ermittlungs- und Sanktionsbefugnisse** der zuständigen Behörden nach den Art. 22 ff. und 30 ff. VO Nr. 596/2014 bzw. deren jeweiliger nationaler Umsetzung, da die Behörden sowohl bei der Aufdeckung als auch bei der anschließenden Sanktionierung auf die Verdachtsmeldungen und die sonstige Informationssammlung der Normadressaten angewiesen sind. Parallele und ergänzende Meldepflichten im Zusammenhang mit potentiellem Marktmissbrauch enthalten auch andere Rechtsakte, wie die VO Nr. 1031/2010 (Emissionszertifikate-VO), die VO Nr. 1227/2011 (REMIT) oder die VO Nr. 2016/2011 (Benchmark-VO)[1].

4 **Art. 16 VO Nr. 596/2014** orientiert sich in seiner **Systematik** an den **verschiedenen Adressaten**, mithin den Marktbetreibern und Wertpapierfirmen, die einen Handelsplatz betreiben, (Abs. 1), den Personen, die beruflich Geschäfte vermitteln oder ausführen (Abs. 2) und den zuständigen Behörden nach Art. 16 Abs. 3 VO Nr. 596/2014 (Abs. 4). Diese Regelungstechnik führt zu Wiederholungen, da sich die Meldepflichten für die unterschiedlichen Personengruppen letztlich nicht unterscheiden (Rz. 42). Sinnvoll ist die Differenzierung freilich hinsichtlich der Überwachungspflichten, da Art. 16 Abs. 1 VO Nr. 596/2014 an Marktbetreiber und Wertpapierfirmen, die einen Handelsplatz betreiben, strengere Pflichten adressiert. Von den Meldepflichten für Marktbetreiber und Wertpapierfirmen, die einen Handelsplatz betreiben, sowie für Personen, die beruflich Geschäfte ausführen, ist die Meldepflicht für die zuständigen nationalen Behörden nach Art. 16 Abs. 3 VO Nr. 596/2014 zu unterscheiden. Eine solche Behörde ist nach Art. 16 Abs. 4 VO Nr. 596/2014 verpflichtet, die an sie gemachten Verdachtsmeldungen unverzüglich an die zuständige Behörde des betreffenden Handelsplatzes weiterzuleiten. Die Meldepflicht nach Art. 16 Abs. 4 VO Nr. 596/2014 fällt systematisch aus dem Kontext des Art. 16 VO Nr. 596/2014, da sie Pflichten an eine ansonsten nicht (zwingend) im Rahmen der MAR verpflichtete Behörde adressiert (Rz. 57 f.). Ihre Stellung in Art. 16 VO Nr. 596/2014 rechtfertigt sich aufgrund der Sachnähe zu den Meldepflichten nach Art. 16 Abs. 2 und 3 VO Nr. 596/2014.

5 Die von der Europäischen Kommission auf Grundlage von Entwürfen der ESMA erlassene **DelVO 2016/957** zur Festlegung angemessener Regelungen, Systeme und Verfahren für die Einhaltung der Vorschriften in den Abs. 1 und 2 des Art. 16 VO Nr. 596/2014 und der von Personen zur Einhaltung der Vorschriften in den Abs. 1 und 2 des Art. 16 VO Nr. 596/2014 zu nutzenden Mitteilungsmuster, unterscheidet systematisch nicht so deutlich wie Art. 16 VO Nr. 596/2014 nach den unterschiedlichen Adressaten. Nach den in Art. 1 DelVO 2016/957 enthaltenen allgemeinen Begriffsbestimmungen konkretisieren und präzisieren die Art. 2–4 DelVO 2016/957 die in Art. 16 Abs. 1 Unterabs. 1 und Abs. 2 Satz 1 VO Nr. 596/2014 enthaltenen Überwachungspflichten. Innerhalb der einzelnen Artikel unterscheidet zwar auch die DelVO 2016/957 zwischen den Adressaten des Art. 16 VO Nr. 596/2014, mithin zwischen (i) Marktbetreibern und Wertpapierfirmen, die einen Handelsplatz betreiben, und (ii) Personen, die beruflich Geschäfte vermitteln oder ausführen. Inhaltlich werden – abgesehen von der Pflicht auch zur Vorbeugung, die nur Marktbetreiber und Wertpapierfirmen, die einen Handelsplatz betreiben, trifft – aber inhaltlich identische Anforderungen gestellt. Ohne eine Unterscheidung nach den in die Pflicht genommenen Personen machen sodann die Art. 5–8 DelVO 2016/957 präzisierende Vorgaben für die Verdachtsmeldungen nach Art. 16 Abs. 1 Unterabs. 2 und Abs. 1 Satz 2 VO Nr. 596/2014.

6 Echte Level 3-Maßnahmen in Form von Leitlinien und Empfehlungen der ESMA liegen bislang zu Art. 16 VO Nr. 596/2014 nicht vor. Allerdings hat die ESMA **Q&As** veröffentlicht, die auch Art. 16 VO Nr. 596/2014 betreffen und ganz ähnlich wie Leitlinien und Empfehlungen zu einer weiteren – wenn auch nicht rechtlich bindenden – Präzisierung der aufsichtsrechtlichen Vorgaben beitragen werden (s. Vor Art. 12 ff. VO Nr. 596/2014 Rz. 43)[2].

7 **III. Regelungszweck.** Die **Überwachungspflichten für Marktbetreiber und Wertpapierfirmen, die einen Handelplatz betreiben,** sollen einheitliche Marktbedingungen für die der MAR unterfallenden Handelsplätze

---

[1] Dazu *Zetzsche* in Gebauer/Teichmann, Europäisches Privat- und Unternehmensrecht, § 7 C. Rz. 34.
[2] ESMA, Questions and Answers on the Market Abuse Regulation, ESMA70-145-111, Version 11, Last updated on 23 March 2018, Q6.1, abrufbar unter: https://www.esma.europa.eu/sites/default/files/library/esma70-145-111_qa_on_mar.pdf.

und Handelssysteme gewährleisten (Erwägungsgrund 45 VO Nr. 596/2014). Daneben lassen sie sich, ebenso wie die zusätzliche **Verpflichtung von Personen, die beruflich Geschäfte vermitteln oder ausführen**, ganz in den Kontext der Inpflichtnahme Privater zur Aufdeckung von Marktmissbrauch stellen (Erwägungsgrund 1 Satz 2 DelVO 2016/957)[1]. Die Überwachungspflichten gewährleisten erst, dass Marktbetreiber und Wertpapierfirmen, die einen Handelsplatz betreiben, sowie Personen, die beruflich Geschäfte vermitteln oder ausführen, Marktmissbrauch überhaupt erkennen können und stellen damit eine wesentliche Voraussetzung für effektive Verdachtsmeldungen dar (Erwägungsgrund 1 Satz 3 DelVO 2016/957). Der Zweck ebendieser Verdachtsmeldungen besteht darin, den zuständigen Behörden, in Deutschland mithin der BaFin, die ihnen obliegende **Überwachung der Einhaltung der Verbote der Art. 14 und 15 VO Nr. 596/2014 zu erleichtern**. Dabei geht es nicht nur um die Effektuierung der präventiven Überwachungsaufgabe der BaFin, aktuell bestehende Gefahren für die Integrität der Kapitalmärkte abwehren zu können[2]. Vielmehr gehört zu den Überwachungsaufgaben der jeweils zuständigen nationalen Behörde auch, dafür Sorge zu tragen, dass Verstöße straf- und bußgeldrechtlich verfolgt werden. Insoweit hat die Meldepflicht auch einen repressiven Hintergrund[3]. Eine Besonderheit stellt die Pflicht für Marktbetreiber zur **vorbeugenden Verhinderung von Marktmissbrauch** dar. Diese geht weiter als die Pflichten zur Aufdeckung und Meldung begangener Verstöße, da sie Marktbetreiber und Wertpapierfirmen, die einen Handelsplatz betreiben, zur (präventiven) Verhinderung von Marktmissbrauch instrumentalisiert und ihnen damit originär den zuständigen Behörden obliegende Aufgaben zuweist. Insgesamt will die Regelung eine unionsweit einheitliche Methodik und Vorgehensweise fördern und stellt deshalb im Verordnungswege zwingend einheitliche Anforderungen an die Überwachungssysteme und an die Verdachtsmeldungen (Erwägungsgrund 2 DelVO 2016/957).

Art. 16 VO Nr. 596/2014 führt zu einer **Inpflichtnahme Privater** bei der staatlichen Überwachung des Marktmissbrauchsrechts[4]. Da eine solche Inpflichtnahme bei den Adressaten Kosten verursacht, Ressourcen bindet und die Kundenbindung berührt, nämlich Interessenkonflikte begründen kann[5], ist sie bereits im Rechtssetzungsprozess der MAD I auf Kritik insbesondere aus der Kreditwirtschaft gestoßen[6]. Im Zuge der Novellierung des Marktmissbrauchsregimes wurden verfassungsrechtlich teils berechtigte Bedenken kaum noch vorgebracht und so enthält die MAR – anders als noch die MAD I – sehr weitgehende ausdrückliche Überwachungspflichten (Rz. 25, 36). Gleichwohl stößt die Inpflichtnahme Privater in Gestalt von Aufsichts- und Anzeigepflichten aber an verfassungsrechtliche Grenzen, da sie in die Berufsfreiheit der Verpflichteten und in das Recht auf informationelle Selbstbestimmung der von der Anzeige Betroffenen eingreift[7]. Dabei gilt es allerdings zu beachten, dass die grundrechtliche Beurteilung – vorbehaltlich der Grenzen der Solange-Rechtsprechung des BVerfG – nicht am Maßstab des Grundgesetzes, sondern des **europäischen Grundrechtsschutzes** stattfinden muss (s. Vor Art. 12 ff. VO Nr. 596/2014 Rz. 55). Dieser ist seit dem Vertrag von Lissabon durch die Europäische Grundrechtecharta institutionalisiert. Das Unionsrecht ist seit längerem jedenfalls hinsichtlich der Einbindung Privater auch in die originäre Staatsaufgabe der Rechtsdurchsetzung großzügiger, als es einem verbreiteten deutschen Grundrechtsverständnis entspricht. Zudem ist zu berücksichtigen, dass die in die Pflicht genommenen Finanzintermediäre aufgrund ihrer Funktion im Finanzmarkt eine besondere Verantwortung für die Integrität der Märkte haben, die es eher rechtfertigt, ihnen auch Pflichten aufzuerlegen. Hinzu kommt, dass sie auch faktisch die einzigen sind, die frühzeitig dazu in der Lage sind, Marktmissbrauch zu erkennen. Schließlich werden die von Art. 16 VO Nr. 596/2014 Verpflichteten (Rz. 12 f.) die gesteigerten Kosten – jedenfalls zum Teil – an die Kunden weitergeben[8]. Die dem – auch im europäischen Grundrechtsschutz maßgeblichen – Verhältnismäßigkeitsgrundsatz Rechnung tragende Grenze liegt hinsichtlich der Überwachungspflichten im **Proportionalitätsgebot** (Rz. 20) und hinsichtlich der Verdachtsmeldungen in den **Anforderungen an die Verdachtsschwelle** (Rz. 52 f.). So wird der seit langem beschworenen Gefahr einer Flut unbegründeter Verdachtsanzeigen[9] gegengesteuert, eine Befürchtung, die sich im Übrigen schon zu § 10 WpHG a.F. in der Praxis nicht bewahrheitet hatte[10].

---

1 *Zetzsche* in Gebauer/Teichmann, Europäisches Privat- und Unternehmensrecht, § 7 C. Rz. 32; *Grundmann* in Staub, HGB, Bankvertragsrecht 2, 5. Aufl. 2017, 6. Teil, 3. Abschnitt, D Rz. 485.
2 Hierauf beschränkte *Schwintek*, WM 2005, 861, 863 den Zweck des § 10 WpHG a.F.
3 Ebenso zum alten Recht (§ 10 WpHG a.F.) *v. Hein* in Schwark/Zimmer, § 10 WpHG Rz. 1: § 10 WpHG „dient sowohl repressiven als auch präventiven Zwecken".
4 Ebenso zum alten Recht (§ 10 WpHG a.F.) *v. Hein* in Schwark/Zimmer, § 10 WpHG Rz. 4; *Heinrich* in KölnKomm. WpHG, § 10 WpHG Rz. 4 mit Verweis auf *Diekmann/Sustmann*, NZG 2004, 929, 933; *Schlette/Bouchon* in Fuchs, § 10 WpHG Rz. 2.
5 Vgl. *Diekmann/Sustmann*, NZG 2004, 929, 933.
6 Instruktiv *Schwintek*, WM 2005, 861, 862 f. mit dortiger Fn. 7, 22 f. m.N.
7 S. aber *Szesny*, Finanzmarktaufsicht und Strafprozess, 2008, S. 209 ff., der den Eingriff für unverhältnismäßig hält und die Gefahr eines Verstoßes gegen den *Nemo-tenetur*-Grundsatz sieht, wenn ein Mitarbeiter eines Wertpapierdienstleistungsunternehmens durch die Verdachtsanzeige riskiere, selbst wegen Beihilfe verfolgt zu werden.
8 Dazu – durchaus kritisch – *Bianchi/Di Noia/Gargantini* in Meyer u.a., Finance and Investment – The European Case, S. 253, 262.
9 Vgl. *Szesny*, Finanzmarktaufsicht und Strafprozess, 2008, S. 208 f.
10 Zutr. *v. Hein* in Schwark/Zimmer, § 10 WpHG Rz. 6 m.N.

Art. 16 VO Nr. 596/2014 | Vorbeugung und Aufdeckung von Marktmissbrauch

9 **IV. Anwendungsbereich. 1. Sachlicher Anwendungsbereich.** In sachlicher Hinsicht beziehen sich die **Überwachungspflichten** zur Vorbeugung und Aufdeckung auf **(versuchte) Insidergeschäfte** und **(versuchte) Marktmanipulationen**. Welches Verhalten einen (versuchten) Insiderverstoß bzw. eine (versuchte) Marktmanipulation darstellt, wird allein durch die entsprechenden Begriffsbestimmungen der MAR in den Art. 7–13 VO Nr. 596/2014 bzw. durch die diese weiter präzisierenden Vorschriften festgelegt. Näher daher die dortige Kommentierung.

10 Die Pflicht zur Verdachtsmeldung nach Art. 16 Abs. 1 Unterabs. 2 VO Nr. 596/2014 bezieht sich auf Aufträge und Geschäfte, einschließlich deren Stornierung oder Änderung, und – so ist zu ergänzen –, soweit sich die betreffende Transaktion auf ein in den sachlichen Anwendungsbereich der VO Nr. 596/2014 einbezogenes Instrument (dazu Art. 12 VO Nr. 596/2014 Rz. 27 ff.) bezieht. Entscheidend ist nur die jeweilige Transaktion, unabhängig davon, wer sie vorgenommen oder erteilt hat. Deutlicher kommt dieser sachliche Anwendungsbereich in Art. 2 Abs. 2 und 4 DelVO 2016/957 zum Ausdruck, die freilich im unmittelbaren Zusammenhang mit der vorgelagerten Überwachungspflicht stehen. Nach diesen Vorschriften gelten die Pflichten nach Art. 2 Abs. 1 und 3 DelVO 2016/957 für Aufträge und Geschäfte im Zusammenhang mit **allen Arten von Finanzinstrumenten** unabhängig von der Eigenschaft, in der jemand den Auftrag erteilt oder das Geschäft ausgeführt hat, und den Arten der Kunden, die betroffen sind. Gleiches muss komplementär auch für die Meldepflicht gelten. Der Begriff des Finanzinstruments muss allerdings weiter verstanden werden als die Definition in Art. 3 Abs. 1 Nr. 1 (dazu Art. 12 VO Nr. 596/2014 Rz. 22 ff.). Es gibt nämlich keinen Anhaltspunkt dafür, dass der die Verbotsvorschrift des Art. 15 VO Nr. 596/2014 ergänzende Art. 16 VO Nr. 596/2014 sich auf die Vorbeugung und Aufdeckung von Marktmanipulationen in Finanzinstrumenten beschränken und die von Art. 15, 14 VO Nr. 596/2014 gleichermaßen geschützten mit Finanzinstrumenten verbundenen **Waren-Spot-Kontrakte** (Art. 12 VO Nr. 596/2014 Rz. 35), die **auf Emissionszertifikaten beruhenden Auktionsobjekte** (Art. 12 VO Nr. 596/2014 Rz. 36) und Referenzwerte (Art. 12 VO Nr. 596/2014 Rz. 37) ausklammern will. Eine Pflicht zur Verdachtsmeldung besteht daher auch, wenn ein Geschäft oder ein Auftrag in Bezug auf ebensolche Instrumente einen Marktmissbrauch darstellen könnte.

11 Die Meldepflichten des Art. 16 Abs. 1 Unterabs. 2 und des Abs. 2 Satz 2 VO Nr. 596/2014 beziehen sich auf Geschäfte und Aufträge, wobei nur Art. 16 Abs. 1 Unterabs. 2 VO Nr. 596/2014 betont, dass nicht nur deren Abschluss bzw. deren Neuerteilung, sondern auch die Stornierung oder Änderung von Geschäften oder Aufträgen erfasst sind. **Geschäfte** sind alle Transaktionen mit Finanzinstrumenten, damit verbundenen Waren-Spot-Kontrakten oder auf Emissionszertifikaten beruhenden Auktionsobjekten, womit nicht nur deren Erwerb (Kauf) oder Veräußerung (Verkauf), sondern z.B. auch Sicherungsgeschäfte wie Sicherungszession, -übereignung, Treuhandschaften oder Verpfändungen gemeint sind (Art. 12 VO Nr. 596/2014 Rz. 52). Zusätzlich erfasst sind auch die Stornierung und die Änderung ebensolcher Geschäfte[1]. Unerheblich ist, ob das Geschäft **an einem bestimmten Handelsplatz oder außerhalb (OTC)** abgeschlossen wurde. Art. 16 Abs. 2 Satz 2 VO Nr. 596/2014 hebt dies – anders als Art. 16 Abs. 1 Unterabs. 2 VO Nr. 596/2014 – ausdrücklich hervor. Was unter einem **Auftrag** i.S.d. Art. 16 VO Nr. 596/2014 zu verstehen ist, wird – obgleich es sich mangels einer dahingehenden Konkretisierungsermächtigung für die MAR um keine verbindliche Definition handelt – durch Art. 2 lit. d DelVO 2016/957 umschrieben. Danach bezeichnet „Auftrag" jeden Auftrag, einschließlich aller Quotes, unabhängig davon, ob ihr Zweck in der Ersterteilung, Änderung, Aktualisierung oder Stornierung eines Auftrags besteht sowie unabhängig von dessen Art. Diese Umschreibung eines Auftrags stimmt auch mit dem allgemeinen Begriffsverständnis des Handelsauftrags i.S.d. Art. 12 überein, wonach die in Art. 12 Abs. 1 lit. a und b VO Nr. 596/2014 genannten Handelsaufträge nicht streng zivilrechtlich im Sinne des bürgerlichen Auftrags- und Kaufrechts, sondern kapitalmarktrechtlich als **Orders** zu verstehen sind (Art. 12 VO Nr. 596/2014 Rz. 56). Über das Begriffsverständnis des Art. 12 Abs. 1 lit. a VO Nr. 596/2014 geht Art. 16 VO Nr. 596/2014 aber insoweit hinaus, als unter den Auftrag auch eine bloße Stornierung fällt (vgl. Art. 12 VO Nr. 596/2014 Rz. 57), was sich eindeutig aus dem Wortlaut des Art. 16 VO Nr. 596/2014 ergibt. Der Ort, an dem der Auftrag vorgenommen wird, ist auch insoweit unmaßgeblich.

12 **2. Persönlicher Anwendungsbereich/Normadressaten.** Normadressaten des Art. 16 VO Nr. 596/2014 sind nach dessen Abs. 1 zunächst Marktbetreiber und Wertpapierfirmen, die einen Handelsplatz betreiben[2]. Der Begriff des **Marktbetreibers** wird in der MAR nicht näher bestimmt, doch bietet sich insoweit ein Rückgriff auf Art. 4 Abs. 1 Nr. 18 RL 2014/65/EU (MiFID II) an, nach dem ein Marktbetreiber eine Person ist, die das Ge-

---

1 *Grundmann* in Staub, HGB, Bankvertragsrecht 2, 5. Aufl. 2017, 6. Teil, 3. Abschnitt, D Rz. 484.
2 Die ursprüngliche Fassung der MAR – vor ihrer Konsolidierung durch die Berichtigung der Verordnung Nr. 596/2014 des Europäischen Parlaments und des Rates vom 16. April 2014 über Marktmissbrauch (Marktmissbrauchsverordnung) und zur Aufhebung der Richtlinie 2003/6/EG des Europäischen Parlaments und des Rates und der Richtlinien 2003/124/EG, 2003/125/EG und 2004/72/EG der Kommission, ABl. EU Nr. L 287 v. 21.10.2016, S. 320 – verwendete statt des Begriffs Marktbetreiber noch den Begriff Betreiber von Märkten. Die alte Terminologie findet sich auch noch in der DelVO 2016/957. Die Anpassung an die Terminologie der MiFID II ist zu begrüßen. Unerfreulich ist, dass die DelVO 2016/957 bislang noch nicht angepasst wurde. In dieser Kommentierung wird die Terminologie der konsolidierten MAR zugrunde gelegt.

schäft eines geregelten Marktes verwaltet und/oder betreibt und die auch der geregelte Markt selbst sein kann. Eine **Wertpapierfirma** ist nach Art. 3 Abs. 1 Nr. 2 VO Nr. 596/2014 eine Wertpapierfirma i.S.v. Art. 4 Abs. 1 Nr. 1 RL 2014/65/EU, mithin jede juristische Person, die im Rahmen ihrer üblichen beruflichen oder gewerblichen Tätigkeit gewerbsmäßig eine oder mehrere Wertpapierdienstleistungen für Dritte erbringt und/oder eine oder mehrere Anlagetätigkeiten ausübt. Normadressat des Art. 16 Abs. 1 VO Nr. 596/2014 ist eine Wertpapierfirma nur, wenn sie **einen Handelsplatz betreibt**. Ein Handelsplatz bezeichnet nach Art. 3 Abs. 1 Nr. 10 VO Nr. 596/2014 einen Handelsplatz i.S.v. Art. 4 Abs. 1 Nr. 24 RL 2014/65/EU, mithin einen geregelten Markt, ein MTF oder ein OTF. Für das Betreiben gelten insoweit die gleichen Voraussetzungen wie für den Marktbetreiber, die Wertpapierfirma muss mithin das Geschäft eines Handelsplatzes verwalten und/oder betreiben oder der Handelsplatz selbst sein.

Personen, die beruflich Geschäfte vermitteln oder ausführen, werden durch Art. 16 Abs. 2 VO Nr. 596/2014 sowohl zur Einrichtung und Unterhaltung von Überwachungssystemen (Abs. 2 Satz 1) als auch zur Vornahme von Verdachtsmeldungen (Abs. 2 Satz 2) verpflichtet[1]. Gem. Art. 3 Abs. 1 Nr. 28 VO Nr. 596/2014 fällt unter den Begriff der „**Person, die beruflich Geschäfte vermittelt oder ausführt**" eine Person[2], die beruflich mit der Entgegennahme und Übermittlung von Aufträgen oder der Ausführung von Geschäften mit Finanzinstrumenten befasst ist[3]. Für den Begriff der Geschäfte und Aufträge ist auf die Ausführungen zum sachlichen Anwendungsbereich Rz. 9 ff. zu verweisen. Die Definition der Personen, die beruflich Geschäfte vermitteln oder ausführen, ist aktivitätsbezogen und weist anders als die Adressaten der Pflichten nach Art. 16 Abs. 1 VO Nr. 596/2014 keinen ausdrücklichen Bezug zur MiFID II auf[4]. Allgemein fallen unter den Tatbestand nicht bereits Art. 16 Abs. 1 VO Nr. 596/2014 unterfallende[5] **Wertpapierfirmen** i.S.d. Art. 4 Abs. 1 Nr. 1 RL 2014/65/EU (MiFID II), die Geschäfte ausführen oder vermitteln, was regelmäßig bei der **Anlagevermittlung**[6] i.S.d. Anhang I Abschnitt A Nr. 1 RL 2014/65/EU und bei **Wertpapierdienstleistungen** i.S.d. Anhang I Abschnitt A Nr. 2 RL 2014/65/EU[7] der Fall sein wird. Darüber hinaus fallen ausweislich der ESMA Q&As (Rz. 6) in den persönlichen Anwendungsbereich auch Investment Managementfirmen wie AIFMD-Manager bzw. Firmen und UCITS-Management Firmen, ebenso wie professionelle Trader (*propretary traders*)[8]. Es ist grundsätzlich auch denkbar, dass **natürliche Personen** Normadressaten sind. Eine Überforderung ist bei alledem nicht zu fürchten, da die Überwachungspflichten dem Proportionalitätsgebot folgend in ihrer Intensität dem Geschäftsumfang angepasst sind (Rz. 20)[9].

Die MAR macht keine Vorgaben dazu, welche **Stellen und Personen innerhalb der juristischen Person bzw. der Organisation**, die als Marktbetreiber oder Wertpapierfirma ein Pflichtenadressat ist, für die Einrichtung und Unterhaltung der Überwachungssysteme und für die Verdachtsmeldungen zuständig sind. Ohne entsprechende unionsrechtliche Vorgaben richtet sich diese Zuständigkeit nach dem jeweils anwendbaren nationalen Unternehmensrecht bzw. sonstigen nationalen Korporationsrecht. Bei Kapitalgesellschaften ist das vertretungsberechtigte Organ berufen[10].

3. Räumlicher Anwendungs-, Geltungs- und Zuständigkeitsbereich. Der internationale kapitalmarktrechtliche Anwendungs- und Geltungsbereich des Art. 16 VO Nr. 596/2014 ist eine Frage des internationalen Kapitalmarktrechts und damit eine solche des internationalen Verwaltungsrechts, da die kapitalmarkt- und aufsichtsrechtliche Norm des Art. 16 VO Nr. 596/2014 zum Verwaltungsrecht zählt (**öffentlich-rechtliches Gebot**). Im Ausgangspunkt ist zwischen dem internationalen Anwendungs- und dem internationalen Geltungsbereich der Norm zu unterscheiden. Der **Anwendungsbereich** des Art. 16 VO Nr. 596/2014 im Sinne der räumlichen Ver-

---

1 Die ursprüngliche Fassung der MAR – vor ihrer Konsolidierung durch die Berichtigung der Verordnung Nr. 596/2014 des Europäischen Parlaments und des Rates vom 16. April 2014 über Marktmissbrauch (Marktmissbrauchsverordnung) und zur Aufhebung der Richtlinie 2003/6/EG des Europäischen Parlaments und des Rates und der Richtlinien 2003/124/EG, 2003/125/EG und 2004/72/EG der Kommission, ABl. EU Nr. L 348 v. 21.12.2016, S. 83 – verwendete statt des Begriffs beruflich noch den Begriff gewerbsmäßig. Die alte Terminologie findet sich auch noch in der DelVO 2016/957. Unerfreulich ist, dass die DelVO 2016/957 bislang noch nicht angepasst wurde. In dieser Kommentierung wird die Terminologie der konsolidierten MAR zugrunde gelegt.
2 Gem. Art. 3 Abs. 1 Nr. 13 VO Nr. 596/2014 bezeichnet der Begriff Person sowohl natürliche, als auch juristische Personen.
3 *Renz/Leibold* in Meyer/Veil/Rönnau, Handbuch zum Marktmissbrauchsrecht, § 25 Rz. 2.
4 ESMA, Questions and Answers on the Market Abuse Regulation, ESMA70-145-111, Version 11, Last updated on 23 March 2018, Section 1, S. 6, abrufbar unter: https://www.esma.europa.eu/sites/default/files/library/esma70-145-111_qa_on_mar.pdf.
5 *Renz/Leibold* in Meyer/Veil/Rönnau, Handbuch zum Marktmissbrauchsrecht, § 25 Rz. 2.
6 *Renz/Leibold* in Meyer/Veil/Rönnau, Handbuch zum Marktmissbrauchsrecht, § 25 Rz. 2.
7 *Renz/Leibold* in Meyer/Veil/Rönnau, Handbuch zum Marktmissbrauchsrecht, § 25 Rz. 2; *Grundmann* in Staub, HGB, Bankvertragsrecht 2, 5. Aufl. 2017, 6. Teil, 3. Abschnitt, D Rz. 485.
8 Gem. Art. 3 Abs. 1 Nr. 13 VO Nr. 596/2014 bezeichnet der Begriff Person sowohl natürliche, als auch juristische Personen.
9 Gem. Art. 3 Abs. 1 Nr. 13 VO Nr. 596/2014 bezeichnet der Begriff Person sowohl natürliche, als auch juristische Personen.
10 Vgl. zu § 10 WpHG a.F. *v. Hein* in Schwark/Zimmer, § 10 WpHG Rz. 12.

ortung der Sachverhalte, auf welche die Norm anwendbar ist (*jurisdiction to prescribe*), ist demgegenüber nicht zwingend auf die Europäische Union beschränkt[1]. Vielmehr können Anwendungsbereiche öffentlich-rechtlicher Normen durchaus grenzüberschreitende Sachverhalte einschließen, was völkerrechtlich unbedenklich ist, wenn nur ein tragfähiger inländischer Anknüpfungspunkt (*genuine link*) besteht[2]. Der **Geltungsbereich** des Art. 16 VO Nr. 596/2014 im Sinne des Gebietes, in dem Gerichte und Behörden an Art. 16 VO Nr. 596/2014 gebunden sind und die Norm anzuwenden und durchzusetzen (*jurisdiction to enforce*) haben, ist auf die Europäische Union beschränkt[3]. Der **Zuständigkeitsbereich** richtet sich nach Art. 22 VO Nr. 596/2014 (Art. 12 VO Nr. 596/2014 Rz. 46) Näher zum Ganzen Art. 12 VO Nr. 596/2014 Rz. 41 ff.

16 Die Pflicht des Art. 16 Abs. 1 VO Nr. 596/2014 trifft **Marktbetreiber und Wertpapierfirmen**, die einen Handelsplatz betreiben. Entscheidend ist für beide Adressaten die Begriffsbestimmung der RL 2014/65/EU (MiFID II), die sowohl für Marktbetreiber, als auch für Wertpapierfirmen auf eine **Niederlassung/einen Sitz in der Europäischen Union** abstellt. Die ebenfalls von der MiFID II mit in die Pflicht genommenen Drittstaatenfirmen, die in der EU durch die Einrichtung einer Zweigniederlassung Wertpapierdienstleistungen erbringen oder Anlagetätigkeiten ausüben (Art. 39 ff. RL 2014/65/EU), werden von Art. 16 Abs. 1 VO Nr. 596/2014 nicht in die Pflicht genommen, können aber unter Art. 16 Abs. 2 VO Nr. 596/2014 fallen. Art. 16 Abs. 1 Unterabs. 2 VO Nr. 596/2014 verpflichtet nur Marktbetreiber mit Sitz innerhalb der EU dazu, Überwachungs- und Vorbeugungssysteme einzurichten und Verdachtsmeldungen vorzunehmen. Für die den Verdachtsmeldungen zugrunde liegenden Geschäfte und Aufträge ist aber die weltweite Anwendbarkeit der Verbote der Art. 14 und 15 VO Nr. 596/2014 maßgeblich (Art. 12 VO Nr. 596/2014 Rz. 41 ff.), so dass es nicht darauf ankommt, wo die entsprechenden Aufträge oder Geschäfte vorgenommen wurden.

17 Hinsichtlich der Pflichten nach Art. 16 Abs. 2 VO Nr. 596/2014 ist der **räumliche Anwendungsbereich** weiter gefasst. Art. 16 Abs. 2 VO Nr. 596/2014 richtet sich an Personen, die beruflich Geschäfte vermitteln oder ausführen und adressiert dabei **rein aktivitätsbezogen Pflichten** an Personen, die innerhalb der Europäischen Union/des EWR – so ist zu ergänzen – entsprechend beruflich tätig sind. **Unerheblich** ist, **wo** diese Personen ihren **Sitz** – oder im Falle natürlicher Personen, ihren **Wohnort** – haben. Auch der räumliche Anwendungsbereich wird durch die Tätigkeit bestimmt. Die Tätigkeit innerhalb der EU stellt den völkerrechtlich erforderlichen *genuine link* dar.

18 **4. Zeitlicher Anwendungsbereich.** In zeitlicher Hinsicht sind die allgemeinen Vorgaben zum zeitlichen Anwendungsbereich der MAR (Art. 39 Abs. 1 und 2 VO Nr. 596/2014) auch für Art. 16 VO Nr. 596/2014 relevant, weshalb die in ihm an die Marktteilnehmer adressierten Pflichten **seit dem 3.7.2016** gelten (Art. 12 VO Nr. 596/2014 Rz. 47). Lediglich Art. 16 Abs. 5 VO Nr. 596/2014 gilt gem. Art. 39 Abs. 2 VO Nr. 596/2014 bereits seit dem 2.7.2014. Die DelVO 2016/957 ist gem. Art. 9 DelVO 2016/957 an den Geltungsbeginn der Pflichten für die Marktteilnehmer angepasst. Daraus folgt, dass bereits seit dem 3.7.2016 alle von der Verordnung erfassten Adressaten den Vorgaben entsprechende Überwachungssysteme implementiert haben und Verdachtsmeldungen vornehmen müssen.

19 **V. Pflichten zur Vorbeugung, Überwachung und Aufdeckung von Marktmissbrauch (Art. 16 Abs. 1 und 2 VO Nr. 596/2014). 1. Ausdrückliche Überwachungspflichten des Art. 16 VO Nr. 596/2014.** Art. 16 Abs. 1 Unterabs. 1 und Abs. 2 Satz 1 VO Nr. 596/2014 verpflichtet ihre Adressaten ausdrücklich zum Betreiben wirksamer Regelungen, Systeme und Verfahren zur Vorbeugung und Aufdeckung von Insidergeschäften, Marktmanipulation, versuchten Insidergeschäften und versuchter Marktmanipulation[4]. Damit enthält die MAR zur Sicherstellung effektiver Verdachtsmeldungen anders als im Rahmen der Meldepflichten nach Art. 17 ff. VO Nr. 596/2014 und anders als noch § 10 WpHG a.F. **ausdrückliche Überwachungsvorgaben** auch in Form von Einrichtungspflichten. Freilich entsprach es auch schon zu §§ 10 und 15 WpHG a.F. der h.M. im Schrifttum, dass den Melde- bzw. Mitteilungspflichten „Compliancepflichten" vorgelagert sind[5]. D.h. die Adressaten mussten auch schon unter § 10 WpHG a.F. durch geeignete Maßnahmen sicherstellen, dass sie ihrer Verpflichtung aus § 10 WpHG a.F. nachkommen können. Insoweit schaffen die ausdrücklichen Vorgaben des Art. 16 VO Nr. 596/2014 für die Marktteilnehmer/betreiber ein Stück weit Rechtssicherheit, wenngleich die nicht abschließend festgelegte und vom Einzelfall abhängige Ausgestaltung (Rz. 26 ff.) gewisse Rechtsunsicherheiten fortbestehen lässt.

20 **2. Proportionalitätsgebot.** Die Überwachungspflichten des Art. 16 VO Nr. 596/2014 genügen dem Verhältnismäßigkeitsprinzip, indem sie von den Normadressaten nur in dem Maße fordert, Überwachungssysteme einzurichten und zu unterhalten, in dem diese **erforderlich** sind, um Marktmanipulationen und Insiderhandel

---

1 S. nur *Mülbert*, AG 1986, 1, 4 f.; *Linke*, Europäisches internationales Verwaltungsrecht, 2001, S. 28 f. m.N.
2 S. nur *Mülbert*, AG 1986, 1, 5; *Linke*, Europäisches internationales Verwaltungsrecht, 2001, S. 94 f. m.N.
3 Vgl. RegE, BT-Drucks. 12/6679, 54 (= RegE des Zweiten Finanzmarktförderungsgesetzes) zu § 20a WpHG und der Beschränkung des Geltungsbereichs auf das Inland.
4 *Mock* in Ventoruzzo/Mock, Market Abuse Regulation, Article 16 Rz. B.16.03.
5 *Vogel* in 6. Aufl., § 10 WpHG Rz. 39, 44; vgl. zu § 15 WpHG a.F. *Sajnovits*, WM 2016, 765, 768 f.; *Klöhn* in KölnKomm. WpHG, § 15 WpHG Rz. 100; *Assmann* in 6. Aufl., § 15 WpHG Rz. 252.

aufzudecken, und es der **Größe des Pflichtadressaten** sowie dem **Umfang seiner Geschäftstätigkeit** entspricht (Proportionalitätsgebot)[1]. Normativen Ausdruck findet das Proportionalitätsgebot bereits im Wortlaut des Art. 16 Abs. 1 Unterabs. 1 und des Abs. 2 Satz 1 VO Nr. 596/2014, die beide von *wirksamen* Regelungen, Systemen und Verfahren sprechen. Das Attribut „wirksam" bringt nicht nur eine Mindestanforderung zum Ausdruck, sondern drückt bereits aus, dass nicht mehr als erforderlich von den Adressaten eingefordert wird. Konkreter wird Art. 2 Abs. 5 DelVO 2016/957, nach dem die Adressaten des Art. 16 VO Nr. 596/2014 sicherstellen müssen, dass ihre Regelungen, Systeme und Verfahren **geeignet** sind und in einem **angemessenen Verhältnis zu Umfang, Größe und Art** ihrer Geschäftstätigkeit stehen (Art. 2 Abs. 5 lit. a DelVO 2016/957). Ferner verpflichtet Art. 3 Abs. 3 DelVO 2016/957 zur Einrichtung der Systeme in einem Umfang, „der geeignet ist und in einem angemessenen Verhältnis zu Umfang, Größe und Art ihrer Geschäftstätigkeit steht, setzen Betreiber von Märkten und Wertpapierfirmen, die einen Handelsplatz betreiben, Softwaresysteme und Verfahren ein, die die Vorbeugung und Aufdeckung von Insidergeschäften, Marktmanipulation oder versuchten Insidergeschäften oder versuchter Marktmanipulation unterstützen." Das Proportionalitätsgebot verlangt von den Normunterworfenen, dass diese ihre Überwachungssysteme im Rahmen einer **eigenen Risikoeinschätzung** einrichten und aufrechterhalten[2]. Ein Verstoß gegen Art. 16 VO Nr. 596/2014 wird daher jedenfalls dann vorliegen, wenn die eigene Risikoeinschätzung zu dem Ergebnis führt, dass überhaupt kein (automatisiertes) Überwachungssystem vorgehalten werden muss[3].

3. Marktbetreiber und Wertpapierfirmen, die einen Handelsplatz betreiben (Art. 16 Abs. 1 Unterabs. 1 VO Nr. 596/2014). Marktbetreiber und Wertpapierfirmen, die einen Handelsplatz betreiben, müssen gem. Art. 16 Abs. 1 Unterabs. 1 VO Nr. 596/2014 wirksame Regelungen, Systeme und Verfahren zur Vorbeugung und Aufdeckung von Insidergeschäften, Marktmanipulation versuchten Insidergeschäften und versuchter Marktmanipulation gem. Art. 31 und 54 RL 2014/65/EU (MiFID II) schaffen und aufrechterhalten. Diese Vorgaben werden durch die DelVO 2016/957 näher konkretisiert, wobei die Art. 3 und 4 DelVO 2016/957 insoweit auch konkrete Ausgestaltungsvorgaben vorsehen. Die DelVO 2016/957 enthält zudem Überprüfungs- und Dokumentationspflichten.

a) Dogmatische Einordnung des Art. 16 Abs. 1 VO Nr. 596/2014. Der Verweis des Art. 16 Abs. 1 VO Nr. 596/2014 auf die Art. 31 und 54 RL 2014/65/EU ist **nicht lediglich deklaratorisch**. Vielmehr gelten die **richtlinienförmigen Umsetzungsvorgaben der Art. 31 und 54 RL 2014/65/EU** im Anwendungsbereich der MAR **unmittelbar** in allen Mitgliedstaaten der Europäischen Union[4]. Die Regelungstechnik eines Verweises einer unmittelbar anwendbaren Verordnung auf Richtlinienvorgaben findet sich auch in Art. 5 VO Nr. 596/2014, der für Rückkaufprogramme auf Bestimmungen der RL 2017/1132 verweist (Art. 5 VO Nr. 596/2014 Rz. 40f.). Art. 16 Abs. 1 VO Nr. 596/2014 führt aber nicht nur zur unmittelbaren Anwendbarkeit, sondern auch zu einer **zeitlichen Vorverlagerung**, da die in der MiFID II enthaltenen Vorgaben von den Adressaten des Art. 16 Abs. 1 VO Nr. 596/2014 bereits seit dem 3.7.2016 eingehalten werden müssen, während die Mitgliedstaaten für die Umsetzung der Art. 31 und 54 RL 2014/65/EU bis zum 3.1.2018 Zeit hatten. Insgesamt treten die Pflichten zur Einrichtung und Unterhaltung eines Überwachungssystems neben sonstige spezialgesetzliche Compliancepflichten[5].

b) Wirksame Vorbeugung. Marktbetreiber und Wertpapierfirmen, die einen Handelsplatz betreiben, sind dazu verpflichtet, wirksame Regelungen, Systeme und Verfahren zur **Vorbeugung** von (versuchten) Insidergeschäften und (versuchter) Marktmanipulation zu betreiben. Art. 3 Abs. 5 DelVO 2016/957 konkretisiert, dass Marktbetreiber und Wertpapierfirmen, die einen Handelsplatz betreiben, Regelungen und Verfahren betreiben, schaffen und unterhalten müssen, die auch bei der Vorbeugung in **angemessenem Umfang** personelle Untersuchungen gewährleisten. So soll sichergestellt werden, dass an den Handelsplätzen geeignete Handelsregeln gelten, die dazu beitragen, Marktmissbrauch bereits zu verhindern (Erwägungsgrund 5 Satz 1 DelVO 2016/957). Damit werden Marktbetreiber und Wertpapierfirmen, die einen Handelsplatz betreiben, zur **Prävention** stärker in die Pflicht genommen als Personen, die beruflich Geschäfte vermitteln oder ausführen, da Letztere nur verpflichtet sind, Überwachungssystemen zur Aufdeckung von Marktmissbrauch zu betreiben (Rz. 36). Diese Verpflichtungen gelten nach Art. 3 Abs. 4 DelVO 2016/957 für **alle Aufträge und Geschäfte** im Zusammenhang mit allen Arten von Finanzinstrumenten, und unabhängig von der Eigenschaft, in der jemand den Auftrag erteilt oder das Geschäft ausgeführt hat sowie von den Arten der Kunden, die betroffen sind.

Die **nähere Ausgestaltung** des Überwachungssystems zur Vorbeugung von Marktmissbrauch in den Art. 3 und 4 DelVO 2016/957 verläuft parallel zu jener zur wirksamen Überwachung und Aufdeckung (Rz. 25), so dass auf die gemeinsamen Erläuterungen zu den Konkretisierungen der DelVO 2016/957 verwiesen wird (Rz. 26ff.). Die konkretisierenden Vorgaben der DelVO 2016/957, wie etwa Art. 2 Abs. 3 lit. a DelVO 2016/957, nach dem

---

[1] Dazu auch *Renz/Leibold* in Meyer/Veil/Rönnau, Handbuch zum Marktmissbrauchsrecht, § 25 Rz. 5 f.
[2] *Renz/Leibold* in Meyer/Veil/Rönnau, Handbuch zum Marktmissbrauchsrecht, § 25 Rz. 6.
[3] A.A wohl *Renz/Leibold* in Meyer/Veil/Rönnau, Handbuch zum Marktmissbrauchsrecht, § 25 Rz. 6.
[4] *Grundmann* in Staub, HGB, Bankvertragsrecht 2, 5. Aufl. 2017, 6. Teil, 3. Abschnitt, D Rz. 483.
[5] Vgl. *Zetzsche* in Gebauer/Teichmann, Europäisches Privat- und Unternehmensrecht, § 7 C. Rz. 33.

Marktbetreiber und Wertpapierfirmen, die einen Handelsplatz betreiben, auch zur Vorbeugung Regelungen, Systeme und Verfahren zur Sicherung einer wirksamen und fortlaufenden Überwachung aller eingegangenen Aufträge und aller ausgeführten Geschäfte betreiben, schaffen und unterhalten, ebenso wie die weiteren Vorgaben zum Überwachungssystem in Art. 3 DelVO 2016/957 sind aber eher auf die Überwachung als auf die Vorbeugung von Marktmissbrauch zugeschnitten (Rz. 26 ff.). Für die effektive Vorbeugung ist – wie Erwägungsgrund 5 Satz 1 Nr. 2016/957 immerhin andeutet – viel eher die **Implementierung bestimmter Handelsregeln** erforderlich, die schon die Erteilung bzw. die Vornahme marktmissbräuchlicher Aufträge bzw. Geschäfte erschwert oder zumindest eine spätere Identifizierung der Täter und eine Untersuchung der jeweiligen Vorgänge erleichtert. Insoweit enthalten aber weder die VO Nr. 596/2014 noch die DelVO 2016/957 präzisierende Vorgaben, so dass die konkreten Anforderungen für die Marktbetreiber und Wertpapierfirmen, die einen Handelsplatz betreiben, nur schwer zu bestimmen sind.

25 **c) Wirksame Überwachung und Aufdeckung.** Kernstück der Pflichten des Art. 16 Abs. 1 Unterabs. 1 VO Nr. 596/2014 sind die Vorgaben zur Einrichtung und Unterhaltung von Systemen zur **Überwachung des Marktgeschehens** und zur **Aufdeckung von (versuchtem) Marktmissbrauch**. Die Verpflichtung des Art. 2 Abs. 3 lit. a DelVO 2016/957 zur Sicherung einer wirksamen und fortlaufenden Überwachung aller eingegangenen Aufträge und aller ausgeführten Geschäfte gilt nämlich insbesondere für die laufende Marktüberwachung. Die **nähere Ausgestaltung** der Überwachungssysteme in den Art. 3 und 4 DelVO 2016/957 verläuft parallel zu jener zur wirksamen Vorbeugung von Marktmissbrauch (Rz. 23 f.), so dass auf die gemeinsamen Erläuterungen zu den präzisierenden Ausführungen der DelVO 2016/957 verwiesen wird (Rz. 26 ff.).

26 **d) Konkrete Ausgestaltung des Vorbeugungs- und Überwachungssystems.** Näher Vorgaben zur Ausgestaltung des Vorbeugungs- und Überwachungssystems enthalten die Art. 3 und 4 DelVO 2016/957[1]. Nach Art. 3 Abs. 1 lit. a DelVO müssen die Überwachungssysteme nach Art. 2 Abs. 1 und 3 DelVO 2016/957 einzelne und vergleichende Untersuchungen zu allen innerhalb der Systeme des Handelsplatzes ausgeführten, erteilten, geänderten, stornierten oder abgelehnten Aufträgen und Geschäften ermöglichen. Die Überwachungssysteme müssen nach Art. 3 Abs. 1 lit. c DelVO 2016/957 das gesamte Spektrum der Handelsaktivitäten der betreffenden Personen abdecken, was Teil des Proportionalitätsgebots (Rz. 20) ist.

27 Das Vorbeugungs- und Überwachungssystem muss nach Art. 3 Abs. 1 lit. b DelVO 2016/957 zunächst so eingerichtet sein, dass es **Warnmeldungen produzieren** kann, mit denen verdächtige Tätigkeiten angezeigt werden. Nach Art. 3 Abs. 3 DelVO 2016/957 sind „Softwaresysteme" und „Verfahren" in einem Umfang einzusetzen, der geeignet ist und in einem angemessenen Verhältnis zu Umfang, Größe und Art ihrer Geschäftstätigkeit steht. Ein gänzlicher Verzicht auf automatisierte Überwachungssysteme wird heutzutage aber kaum denkbar sein[2]. Erforderlich ist damit eine **Automatisierung von Warnmeldungen**, mithin die Einrichtung von IT-Systemen. Diese **IT-Systeme** müssen dazu in der Lage sein, verdächtige Geschäfte bzw. Aufträge zu erkennen und zu kennzeichnen (sog. **Flagging oder Alert**) und so deren nähere (personelle) Untersuchung zu ermöglichen (Erwägungsgrund 1 Satz 4 DelVO 2016/957 und Art. 3 Abs. 3 DelVO 2016/957)[3]. Art. 3 Abs. 3 Unterabs. 2 DelVO 2016/957 präzisiert insoweit, dass die Softwaresysteme zum verzögerten automatischen Lesen, Wiederabrufen und Analysieren von Orderbuchdaten in der Lage sein und auch über ausreichend Kapazität für den Einsatz im algorithmischen Handel verfügen müssen[4]. Die Systeme müssen z.B. gewährleisten, dass im Zusammenhang mit Insidergeschäften ein Flagging von (großvolumigen) Aufträgen oder Geschäften erfolgt, die unmittelbar oder sehr kurz vor einer den jeweiligen Emittenten betreffenden Ad-hoc-Mitteilung abgeschlossen bzw. eingegeben werden. Solche Orders bzw. Geschäfte bergen nämlich häufig die Gefahr eines Insiderverstoßes. Wann ein Auftrag oder ein Geschäft großvolumig ist sollte nicht absolut, sondern relativ mit Blick auf das Handelsvolumen und die Handelsfrequenz des jeweils betroffenen Finanzinstruments bestimmt werden. Insgesamt muss die Ausgestaltung des IT-Systems, wie die Überwachungspflichten insgesamt, dem Proportionalitätsgebot (Rz. 20) genügen.

28 Neben der automatisierten Überwachung müssen Regelungen und Verfahren geschaffen, betrieben und unterhalten werden, die gewährleisten, dass bei der Überwachung, Aufdeckung und Identifizierung von Geschäften und Aufträgen, die einen Marktmissbrauch darstellen könnten, in angemessenem Umfang **personelle Untersuchungen** vorgenommen werden (Art. 3 Abs. 4 DelVO 2016/957). Ebensolche personellen Untersuchungen müssen Marktbetreiber und Wertpapierfirmen, die einen Handelsplatz betreiben, nach Art. 3 Abs. 5 DelVO

---

1 Dazu auch *Renz/Schwarz*, CB 2016, 431; *Renz/Leibold* in Meyer/Veil/Rönnau, Handbuch zum Marktmissbrauchsrecht, § 25 Rz. 4 ff.; *Renz/Leibold*, CCZ 2016, 157.

2 A.A. *Renz/Leibold* in Meyer/Veil/Rönnau, Handbuch zum Marktmissbrauchsrecht, § 25 Rz. 6, wonach beim Depot-A-Geschäft auch eine nichtautomatisierte Überwachung denkbar sein soll. Für das Depot-B-Geschäft weisen sie jedoch darauf hin, dass die zuständigen Aufsichtsbehörden dazu tendieren, dass jedes Wertpapierdienstleistungsunternehmen ein automatisiertes Überwachungssystem vorzuhalten hat.

3 *Frisch* in Derleder/Knops(Bamberger, Deutsches und europäisches Bank- und Kapitalmarktrecht, § 9 Rz. 308; vgl. auch *Renz/Leibold* in Meyer/Veil/Rönnau, Handbuch zum Marktmissbrauchsrecht, § 25 Rz. 7.

4 *Wertpapierdienstleistungsunternehmen* mussten auch schon bislang für den algorithmischen Handel entsprechende Vorkehrungen vorsehen. Dazu BaFin, Rundschreiben 6/2013 (BA) vom 18.12.2013, S. 13; *Fuchs* in Fuchs, § 33 WpHG Rz. 144j.

2016/957 auch im Rahmen der Vorbeugung von Marktmissbrauch gewährleisten. Neben den IT-Systemen (Rz. 27) muss daher immer auch eine angemessene persönliche Überprüfung von verdächtigen Aufträgen und Geschäften stattfinden. Die personelle Untersuchung knüpft, wie Erwägungsgrund 1 Satz 4 DelVO 2016/957 andeutet, zwar zumeist an eine automatisierte Warnmeldung an. Darin dürfen sich die personellen Untersuchungen aber selbst bei einem aktuellen technischen Standards genügenden IT-System nicht beschränken. Zusätzliche personelle Untersuchungen, etwa bei **informellen oder formellen Eingaben von Marktteilnehmern**, müssen auch neben der Auswertung der automatisierten Warnmeldungen noch vorgenommen werden. Im **Umfeld besonderer Marktsituationen** – etwa bei einem ungewöhnlich starken Kursverfall – kann die zusätzliche Überprüfung von großvolumigen Aufträgen oder Geschäften erforderlich sein. Schließlich müssen insgesamt auch **stichprobenartig** personelle Untersuchungen von Geschäften und Aufträgen erfolgen.

Damit die Mitarbeiter von Marktbetreibern und Wertpapierfirmen, die einen Handelsplatz betreiben, (potentiellen) Marktmissbrauch überhaupt erkennen und das Marktgeschehen effektiv überwachen können, müssen Marktbetreiber und Wertpapierfirmen, die einen Handelsplatz betreiben, nach Art. 4 Abs. 1 Satz 1 DelVO 2016/957 **effiziente und umfassende Schulungsmaßnahmen** für das Personal organisieren, das an der Überwachung, Aufdeckung und Identifizierung von Geschäften und Aufträgen beteiligt ist. In diese Schulungsmaßnahmen ist auch das Personal mit einzubeziehen, das mit der Bearbeitung von Aufträgen und Geschäften befasst ist[1]. Gem. Art. 4 Abs. 2 DelVO 2016/957 müssen Marktbetreiber und Wertpapierfirmen, die einen Handelsplatz betreiben, entsprechende Schulungsmaßnahmen auch für die Mitarbeiter anbieten, die in die Vorbeugung von Marktmissbrauch (Rz. 23 f.) einbezogen sind. Die Schulungsmaßnahmen müssen regelmäßig stattfinden, geeignet sein und in einem angemessenen Verhältnis zu Umfang, Größe und Art der Geschäftstätigkeit stehen (Art. 4 Abs. 1 Satz 2 DelVO 2016/957). Auch insoweit richtet sich der Pflichtenumfang des Art. 16 VO Nr. 596/2014 am Proportionalitätsgebot (Rz. 20) aus. In welchen Intervallen die Schulungsmaßnahmen vorzunehmen und wie intensiv sie durchzuführen sind, lässt sich daher nicht pauschal beantworten. 29

Marktbetreiber und Wertpapierfirmen, die einen Handelsplatz betreiben, müssen gem. Art. 3 Abs. 2 DelVO 2016/957 der zuständigen Behörde, in Deutschland mithin der BaFin, auf Anfrage **Informationen** zur Verfügung stellen, welche die **Eignung** ihrer Systeme und deren angemessenes Verhältnis zu Umfang, Größe und Art ihrer Geschäftstätigkeit **belegen**. Diese Meldungen müssen auch Informationen zum Grad der Automatisierung der Systeme (Rz. 27) beinhalten. 30

e) **Bewertung und Dokumentation.** Marktbetreiber und Wertpapierfirmen, die einen Handelsplatz betreiben, müssen nach Art. 2 Abs. 5 Unterabs. 1 lit. b DelVO 2016/957 sicherstellen, dass ihre Vorbeugungs- und Überwachungssysteme regelmäßig bewertet werden. Diese **Bewertung** erfordert zumindest **ein jährliches Audit**, mithin eine externe Überprüfung sowie zusätzliche **interne Überprüfungen**. Externe Überprüfungen müssen von geeigneten Stellen – Wirtschaftskanzleien, Wirtschaftsprüfungsgesellschaften – vorgenommen werden. Soweit eine durchgeführte interne oder externe Bewertung dies veranlasst, müssen die bestehenden Überwachungs- und Vorbeugungssysteme aktualisiert werden. Der BaFin sind auf Anfrage die im Rahmen der Bewertung erlangten Informationen zum Überwachungssystem zur Verfügung zu stellen (Art. 2 Abs. 5 Unterabs. 2 DelVO 2016/957). 31

Zudem müssen Marktbetreiber und Wertpapierfirmen, die einen Handelsplatz betreiben, gem. Art. 2 Abs. 5 Unterabs. 1 lit. c DelVO 2016/957 sicherstellen, dass ihre Vorbeugungs- und Überwachungssysteme unmissverständlich schriftlich dokumentiert sind. Diese **Dokumentation** hat auch alle Änderungen und Aktualisierungen zu enthalten und ist insgesamt für einen Zeitraum von **fünf Jahren aufzubewahren**. Auch insoweit müssen Marktbetreiber und Wertpapierfirmen, die einen Handelsplatz betreiben, der BaFin auf Anfrage alle dokumentierten Informationen zur Verfügung stellen (Art. 2 Abs. 5 Unterabs. 2 DelVO 2016/957). 32

Neben der Dokumentation des eigenen Vorbeugungs- und Überwachungssystems verpflichtet Art. 3 Abs. 8 DelVO 2016/957 Marktbetreiber und Wertpapierfirmen, die einen Handelsplatz betreiben, dazu, alle **Informationen über verdächtige Geschäfte** oder **Aufträge**, die das Überwachungssystem erkennt, über die durchgeführten **Untersuchungen** und über die **Gründe** für die Übermittlung oder Nichtübermittlung einer Verdachtsmeldung für einen **Zeitraum von fünf Jahren aufzubewahren**[2]. Auch diese Informationen müssen der zuständigen Behörde auf Anfrage vorgelegt werden. Ausweislich des 12. Erwägungsgrundes der DelVO 2016/957 ist die Aufbewahrung und Zugänglichkeit der übermittelten Verdachtsmeldungen wie auch der Analysen, die zu verdächtigen Aufträgen und Geschäften durchgeführt wurden, letztlich aber nicht zu einer Verdachtsmeldung führten, ein wichtiger Bestandteil der Verfahren zur Aufdeckung eines Marktmissbrauchs. Zudem ist es nach Einschätzung des europäischen Gesetzgebers auch für die Marktbetreiber und Wertpapierfirmen, die einen Handelsplatz betreiben, bei der Beurteilung späterer verdächtiger Aufträge oder Geschäfte hilfreich, wenn sie die im Zusammenhang mit übermittelten Verdachtsmeldungen durchgeführten Analysen abrufen und so prüfen können, wie vergangene verdächtige Aufträge und Geschäfte behandelt wurden (Erwägungsgrund 12 Satz 2 DelVO 2016/957). Ferner sind die zu verdächtigen Aufträgen und Geschäften durchgeführten 33

---

[1] Vgl. *Renz/Leibold* in Meyer/Veil/Rönnau, Handbuch zum Marktmissbrauchsrecht, § 25 Rz. 17.
[2] *Renz/Leibold* in Meyer/Veil/Rönnau, Handbuch zum Marktmissbrauchsrecht, § 25 Rz. 18.

Art. 16 VO Nr. 596/2014 | Vorbeugung und Aufdeckung von Marktmissbrauch

Untersuchungen, bei denen im Anschluss keine Verdachtsmeldung übermittelt wurde, eine wertvolle Grundlage, um die Überwachungssysteme weiterzuentwickeln und um wiederholt auftretende Verdächtige frühzeitig zu erkennen (Erwägungsgrund 12 Satz 3 DelVO 2016/957). Schließlich dienen die genannten Unterlagen gegenüber der BaFin zum Nachweis der Erfüllung der Anforderungen der MAR und erleichtern Letzterer die Wahrnehmung ihrer Überwachungs-, Ermittlungs- und Durchsetzungsaufgaben (Erwägungsgrund 12 Satz 4 DelVO 2016/957).

34   Bei der gesamten Dokumentation müssen Marktbetreiber und Wertpapierfirmen, die einen Handelsplatz betreiben, nach Art. 3 Abs. 8 Unterabs. 2 DelVO 2016/957 sicherstellen, dass die **Vertraulichkeit** der gesammelten Informationen garantiert wird und gewahrt bleibt. Das erfordert, dass insbesondere personenbezogene Daten hinreichend vor unberechtigten Zugriffen auch innerhalb des Unternehmens gesichert werden.

35   **4. Personen, die beruflich Geschäfte vermitteln oder ausführen (Art. 16 Abs. 2 Halbsatz 1 VO Nr. 596/2014).** Personen, die beruflich Geschäfte vermitteln oder ausführen (Rz. 13), müssen wirksame Regelungen, Systeme und Verfahren zur Aufdeckung von verdächtigen Aufträgen und Geschäften schaffen und aufrechterhalten (Art. 16 Abs. 2 Satz 1 VO Nr. 596/2014). Anders als Marktbetreiber und Wertpapierfirmen, die einen Handelsplatz betreiben, sind sie nicht dazu verpflichtet Vorbeugungssysteme einzurichten und zu unterhalten (vgl. zu diesen Rz. 23 f.). Die näheren Ausgestaltungsvorgaben finden sich in der DelVO 2016/957. Anders als bei Marktbetreibern und Wertpapierfirmen, die einen Handelsplatz betreiben, enthält die DelVO 2016/957 zudem ausdrückliche Bestimmungen zu einer möglichen Delegation und Ausgliederung von Überwachungspflichten. Zudem sieht die DelVO 2016/957 – ebenso wie für Marktbetreiber und Wertpapierfirmen, die einen Handelsplatz betreiben – periodische Bewertungs- und Dokumentationspflichten vor.

36   **a) Wirksame Überwachung und Aufdeckung.** Art. 16 Abs. 2 Satz 1 VO Nr. 596/2014 verlangt von Personen, die beruflich Geschäfte vermitteln oder ausführen, Systemen zur **Überwachung des Marktgeschehens** und zur **Aufdeckung von (versuchtem) Marktmissbrauch** einzurichten und zu unterhalten. Die Verpflichtung des Art. 2 Abs. 3 lit. a DelVO 2016/957 zur Sicherung einer wirksamen und fortlaufenden Überwachung aller eingegangenen Aufträge und aller (ausgeführten) Geschäfte gilt im Rahmen der laufenden Marktüberwachung auch für sie. Die **nähere Ausgestaltung** des Überwachungssystems zur wirksamen Überwachung und Aufdeckung in den Art. 3 und 4 DelVO 2016/957 verläuft **ganz parallel** zu jener bei Marktbetreibern und Wertpapierfirmen, die einen Handelsplatz betreiben, so dass auf die dortigen Erläuterungen zu den konkretisierenden Ausführungen der DelVO 2016/957 vollumfänglich verwiesen werden kann (Rz. 26 ff.)[1]. Bei Personen, die beruflich Geschäfte vermitteln oder ausführen, ist die Berücksichtigung des Proportionalitätsgebots (Rz. 20) von besonderer Bedeutung, da diese – anders als Marktbetreiber und Wertpapierfirmen, die einen Handelsplatz betreiben – ganz regelmäßig in Art und Umfang kleinere Geschäftsbetriebe unterhalten werden. Nur dem Umfang und der Art ihrer Geschäftstätigkeit müssen die Überwachungssysteme i.S.d. Art. 16 Abs. 2 Satz 1 VO Nr. 596/2014 genügen. Dem tragen die Vorschriften zur Delegation und Auslagerung (Rz. 27 ff.) flankierend Rechnung.

37   **b) Delegation innerhalb der Unternehmensgruppe und Ausgliederung.** Personen, die beruflich Geschäfte vermitteln oder ausführen, haben nach Art. 3 Abs. 6 Satz 1 DelVO 2016/957 das Recht, die Wahrnehmung der Überwachung, Aufdeckung und Identifizierung von Aufträgen und Geschäften, die ein Marktmissbrauch sein könnten, im Wege einer **schriftlichen Vereinbarung** auf eine **juristische Person**, die derselben Gruppe angehört, zu übertragen[2]. Der Begriff **Gruppe** bezeichnet nach Art. 1 lit. c DelVO 2016/957 eine Gruppe i.S.d. Art. 2 Abs. 11 der RL 2013/34/EU (**Bilanz-Richtlinie**). Die Person, die diese Aufgaben übertragt, bleibt in vollem Umfang für die Erfüllung aller ihr aus der MAR und insbesondere aus Art. 16 VO Nr. 596/2014 erwachsenden Pflichten verantwortlich (Art. 3 Abs. 6 Satz 1 Halbsatz 1 DelVO 2016/957)[3]. Die delegierende Person muss zudem sicherstellen, dass ihre Vereinbarungen einschließlich der Dauer der Delegation eindeutig dokumentiert sind und die Aufgaben und Verantwortlichkeiten zugewiesen und abgestimmt wurden (Art. 3 Abs. 6 Satz 1 Halbsatz 2 DelVO 2016/957). Durch eine Übertragung soll es ermöglicht werden, Ressourcen gemeinsam zu nutzen, Überwachungssysteme zentral zu entwickeln und aufrechtzuerhalten und im Rahmen der Überwachung von Aufträgen und Geschäften neue Fähigkeiten zu entwickeln (Erwägungsgrund 4 Satz 2 DelVO 2016/957). Die zuständige Behörde muss in einem solchen Fall die Möglichkeit haben, die Tauglichkeit der Systeme, Regelungen und Verfahren der Person, der die Aufgaben übertragen werden, zu beurteilen (Erwägungsgrund 4 Satz 3 DelVO 2016/957). Durch die Delegation werden die Meldepflichten (Rz. 41 ff.) sowie die Pflicht zur Einhaltung der Ge- und Verbote der MAR nicht berührt (Art. 3 Abs. 6 Satz 1 Halbsatz 1 DelVO 2016/957 und Erwägungsgrund 4 Satz 4 DelVO 2016/957).

38   Bestimmte Tätigkeiten, die Personen, die beruflich Geschäfte vermitteln oder ausführen, nach Art. 16 Abs. 2 Satz 1 VO Nr. 596/2014 im Rahmen der Überwachung durchführen müssen, können nach Art. 3 Abs. 7 DelVO 2016/957 **auf einen Dritten ausgegliedert** werden[4]. Diese Ausgliederung kann nur (i) die Analyse von Daten,

---

[1] Vgl. *Grundmann* in Staub, HGB, Bankvertragsrecht 2, 5. Aufl. 2017, 6. Teil, 3. Abschnitt, D Rz. 485.
[2] *Renz/Leibold* in Meyer/Veil/Rönnau, Handbuch zum Marktmissbrauchsrecht, § 25 Rz. 14 ff.
[3] *Renz/Leibold* in Meyer/Veil/Rönnau, Handbuch zum Marktmissbrauchsrecht, § 25 Rz. 16.
[4] *Renz/Leibold* in Meyer/Veil/Rönnau, Handbuch zum Marktmissbrauchsrecht, § 25 Rz. 16.

einschließlich von Order- und Geschäftsdaten und (ii) die Erstellung der Warnmeldungen betreffen. Die Ausgliederung auf einen Dritten erfordert – ebenso wie die Delegation innerhalb der Gruppe (Rz. 37) – eine schriftliche Vereinbarung. Die **schriftliche Vereinbarung** muss die Beschreibung der Rechte und Pflichten der Person, die Aufgaben ausgegliedert hat, sowie der Rechte und Pflichten des Dritten, an den Aufgaben ausgegliedert wurden, enthalten (Art. 3 Abs. 7 Unterabs. 2 DelVO 2016/957)[1]. Außerdem ist in der schriftlichen Vereinbarung anzugeben, bei Vorliegen welcher Gründe die Person, die die Aufgaben ausgegliedert, die Vereinbarung kündigen kann (Art. 3 Abs. 7 Unterabs. 2 DelVO 2016/957). Den **Dritten** bezeichnet die DelVO 2016/957 als den **Anbieter**. Nähere Vorgaben zu seiner Person werden – anders als bei der Delegation innerhalb der Gruppe, die nur an eine juristische Person erfolgen kann (Rz. 37) – nicht gemacht. Dementsprechend ist zwar theoretisch auch eine Ausgliederung an eine natürliche Person denkbar. Praktisch erscheint es aber ausgeschlossen, dass eine natürliche Person die auszugliedernden Tätigkeiten effektiv wahrnehmen kann, was der Ausgliedernde aber immer sicherstellen muss (Rz. 39).

Die **Person, die** die genannten Aufgaben (Rz. 38) **ausgliedert** bleibt nach Art. 3 Abs. 7 Unterabs. 1 Satz 2 DelVO 2016/957 **in vollem Umfang** für die Erfüllung aller ihr aus der MAR und aus Art. 16 VO Nr. 596/2014 erwachsenden Pflichten **verantwortlich**[2]. Sie muss zudem jederzeit **für die Erhaltung der Fachkenntnisse und der Ressourcen sorgen**, die erforderlich sind, um die Qualität der erbrachten Dienstleistungen sowie die Angemessenheit der Organisationsstruktur der Anbieter (Rz. 38) zu bewerten, die Aufsicht über übertragene Dienste auszuüben und die mit der Übertragung verbundenen Risiken kontinuierlich zu steuern (Art. 3 Abs. 3 Unterabs. 1 Satz 2 lit. a DelVO 2016/957). Zudem muss sie einen **unmittelbaren Zugang** zu allen relevanten Informationen betreffend die Datenanalyse und die Erstellung von Warnmeldungen haben (Art. 3 Abs. 3 Unterabs. 1 Satz 2 lit. b DelVO 2016/957). 39

c) **Bewertung und Dokumentation.** Im Rahmen der Bewertung und Dokumentation gelten die oben dargestellten Anforderungen für Marktbetreiber und Wertpapierfirmen, die einen Handelsplatz betreiben, ganz entsprechend (Rz. 31 ff.). Auch Personen, die beruflich Geschäfte vermitteln oder ausführen, müssen nach Art. 2 Abs. 5 Unterabs. 1 lit. b DelVO 2016/957 sicherstellen, dass ihre Überwachungssysteme regelmäßig bewertet werden. An die Bewertung müssen sich – soweit erforderlich – Aktualisierungen des Überwachungssystems anschließen. Der BaFin müssen auf Anfrage die im Rahmen der Bewertung erlangten Informationen zum Überwachungssystem zur Verfügung gestellt werden (Art. 2 Abs. 5 Unterabs. 2 DelVO 2016/957). Zudem müssen auch Personen, die beruflich Geschäfte vermitteln oder ausführen, gem. Art. 2 Abs. 5 Unterabs. 1 lit. c DelVO 2016/957 sicherstellen, dass ihre Regelungen, Systeme und Verfahren zur Überwachung von Marktmissbrauch unmissverständlich schriftlich dokumentiert sind. Diese **Dokumentation** muss auch alle Änderungen und Aktualisierungen enthalten und insgesamt für einen Zeitraum von **fünf Jahren aufbewahrt werden**. Auch insofern müssen Marktbetreiber und Wertpapierfirmen, die einen Handelsplatz betreiben, der BaFin auf Anfrage alle dokumentierten Informationen zur Verfügung stellen (Art. 2 Abs. 5 Unterabs. 2 DelVO 2016/957). Neben der Dokumentation des eigenen Überwachungssystems verpflichtet Art. 3 Abs. 8 DelVO 2016/957 Personen, die beruflich Geschäfte vermitteln oder ausführen, dazu, alle Informationen über verdächtige Geschäfte oder Aufträge, die das Überwachungssystem erkennt, über die durchgeführten Untersuchungen und über die Gründe für die Übermittlung oder Nichtübermittlung einer Verdachtsmeldung, für einen **Zeitraum von fünf Jahren aufzubewahren**. Bei der gesamten Dokumentation muss nach Art. 3 Abs. 8 Unterabs. 2 DelVO 2016/957 die **Vertraulichkeit** der gesammelten Informationen garantiert und gewahrt bleiben. Das erfordert eine hinreichende Sicherung auch innerhalb des Unternehmens vor unberechtigten Zugriffen vor allem auf personenbezogene Daten[3]. 40

VI. **Verdachtsmeldungen (Art. 16 Abs. 1 und 2 VO Nr. 596/2014).** Marktbetreiber und Wertpapierfirmen, die einen Handelsplatz betreiben, sowie Personen, die beruflich Geschäfte vermitteln oder ausführen, sind nach Art. 16 Abs. 1 Unterabs. 2 bzw. Abs. 2 Satz 2 VO Nr. 596/2014 verpflichtet, verdächtige Geschäfte und Aufträge der jeweils zuständigen Behörde (Rz. 57 f.) zu melden[4]. Art. 1 lit. a DelVO 2016/957 definiert die **Verdachtsmeldung** dementsprechend als die gem. Art. 16 Abs. 1 und 2 VO Nr. 596/2014 „zu übermittelnde Meldung verdächtiger Geschäfte und Aufträge die Insidergeschäfte, Marktmanipulation oder versuchte Insidergeschäfte oder versuchte Marktmanipulation sein könnten, einschließlich deren Stornierung oder Änderung." Nähere Vorgaben zu den sekundärrechtlichen Meldepflichten, insbesondere zu der Pflicht ein Meldesystem einzurichten, zu den Voraussetzungen der Meldepflicht und zum Zeitpunkt der Verdachtsmeldung finden sich in der DelVO 2016/957. 41

1. **Meldepflichten (Art. 16 Abs. 1 Unterabs. 2 und Abs. 2 Satz 2 VO Nr. 596/2014).** Die Meldepflicht sowohl für Marktbetreiber und Wertpapierfirmen, die einen Handelsplatz betreiben, als auch für Personen, die beruf- 42

---

1 *Renz/Leibold* in Meyer/Veil/Rönnau, Handbuch zum Marktmissbrauchsrecht, § 25 Rz. 16.
2 *Renz/Leibold* in Meyer/Veil/Rönnau, Handbuch zum Marktmissbrauchsrecht, § 25 Rz. 16.
3 *Renz/Leibold* in Meyer/Veil/Rönnau, Handbuch zum Marktmissbrauchsrecht, § 25 Rz. 18.
4 Dazu auch *Renz/Leibold* in Meyer/Veil/Rönnau, Handbuch zum Marktmissbrauchsrecht, § 25 Rz. 10 ff.; *Schäfer* in Marsch-Barner/Schäfer, Hdb. börsennotierte AG, Rz. 14.97.

lich Geschäfte vermitteln oder ausführen, folgt bereits unmittelbar aus Art. 16 Abs. 1 Unterabs. 2 bzw. Abs. 2 Satz 2 VO Nr. 596/2014. **Marktbetreiber und Wertpapierfirmen, die einen Handelsplatz betreiben**, sind nach Art. 16 Abs. 1 Unterabs. 2 VO Nr. 596/2014 dazu verpflichtet, Aufträge und Geschäfte, einschließlich deren Stornierung oder Änderung, unverzüglich der zuständigen Behörde des Handelsplatzes (Rz. 57) zu melden, soweit diese Insidergeschäfte, Marktmanipulationen oder versuchte Insidergeschäfte oder versuchte Marktmanipulationen sein könnten. **Personen, die beruflich Geschäfte vermitteln oder ausführen,** müssen nach Art. 16 Abs. 2 Satz 2 VO Nr. 596/2014 die zuständige Behörde nach Art. 16 Abs. 3 (Rz. 58) unverzüglich unterrichten, wann immer sie den begründeten Verdacht haben, dass ein Auftrag oder ein Geschäft in Bezug auf ein Finanzinstrument – wobei es unerheblich ist, ob dieser bzw. dieses auf einem Handelsplatz oder anderweitig erteilt oder ausgeführt wurde – Insiderhandel oder Marktmanipulation oder den Versuch hierzu darstellt.

43 Unmaßgeblich für die Meldepflicht ist die Art der Beteiligung an dem potentiell marktmissbräuchlichen Auftrag oder Geschäft. Dies betont Art. 5 Abs. 2 DelVO 2016/957, nach dem alle in Art. 5 Abs. 1 DelVO 2016/957 genannten Personen, die an der Bearbeitung ein und desselben Auftrags oder Geschäfts beteiligt sind, jeder für sich die Verantwortung für die Entscheidung tragen, ob eine Verdachtsmeldung übermittelt wird.

44 **2. Pflicht zur Einrichtung von Meldesystemen. Effiziente Verdachtsmeldungen** sind nur möglich, wenn die Meldepflichtigen über angemessene Überwachungssysteme verfügen, die es ihnen ermöglichen, verdächtige Aufträge oder Geschäfte zu erkennen. Abgesehen von den bereits dargestellten Pflichten, Überwachungssystem einzurichten (Rz. 25 und 36), muss sichergestellt werden, dass verdächtige Geschäfte und Aufträge untersucht werden können und dass in diesem Rahmen beurteilt werden kann, ob die betreffenden Geschäfte oder Aufträge eine Verdachtsmeldung tatsächlich erforderlich machen. Art. 5 Abs. 1 DelVO 2016/957 verpflichtet deshalb Marktbetreiber und Wertpapierfirmen, die einen Handelsplatz betreiben, sowie Personen, die beruflich Geschäfte vermitteln oder ausführen, dazu, wirksame **Regelungen, Systeme und Verfahren** zu schaffen und zu unterhalten, mit deren Hilfe sie **beurteilen können**, ob ein Auftrag oder ein Geschäft einen (versuchten) Marktmissbrauch darstellen könnte. Die Beurteilungen im Rahmen dieser Meldesysteme müssen an den Vorgaben der Art. 8 und 12 VO Nr. 596/2014 ausgerichtet sein. Unterstützend wird es sich anbieten, wenn sich die Meldepflichtigen – ebenso wie die Aufsichtsbehörden – an den Indikatoren für Marktmanipulation, die in nicht erschöpfender Aufzählung in Anhang I der MAR genannt und in der DelVO 2016/522 weiter spezifiziert werden, orientieren (Art. 5 Abs. 1 Satz 2 DelVO 2016/957).

45 Damit die **effektive Aufklärung eines Marktmissbrauchs** und eine sich ggf. anschließende Sanktionierung nicht gefährdet werden, müssen die meldepflichtigen Personen gem. Art. 5 Abs. 4 DelVO 2016/957 gewährleisten, dass die Person, über die eine Verdachtsmeldung übermittelt wurde, und andere Personen, die nicht aufgrund ihrer Funktion oder Position innerhalb der meldenden Person von der Übermittlung der Verdachtsmeldung Kenntnis haben müssen, **nicht** über die getätigte oder geplante Verdachtsmeldung **informiert werden**. Dementsprechend müssen die Verdachtsmeldungen ohne eine Einbeziehung der Person ausgefüllt werden, auf die sich die Verdachtsmeldung bezieht (Art. 5 Abs. 6 DelVO 2016/957). Der zum Teil unverständliche Art. 5 Abs. 6 DelVO 2016/957 verlangt zudem, dass auch andere Personen, die nicht von der bevorstehenden Übermittlung einer Verdachtsmeldung Kenntnis haben müssen (Art. 5 Abs. 4 DelVO 2016/957), auch im Rahmen von Auskunftsersuchen im Zusammenhang mit der Ausfüllung bestimmter Felder der Verdachtsmeldung (Rz. 62), nicht über die Umstände der Verdachtsmeldung und die gemeldete Person informiert werden.

46 **3. Zuständigkeit für Verdachtsmeldungen.** Soweit ein Marktbetreiber oder ein Unternehmen Pflichtenadressat ist, enthält die VO Nr. 596/2014keine Vorgaben dazu, welche **Stelle** und **Personen innerhalb der juristischen Person bzw. der Organisation** dafür zuständig sind, Verdachtsmeldungen vorzunehmen. Ohne entsprechende unionsrechtliche Vorgaben richtet sich diese Zuständigkeit nach dem **jeweils anwendbaren Unternehmensrecht bzw. dem sonstigen nationalen Korporationsrecht**. Bei Kapitalgesellschaften ist das geschäftsführende und vertretungsberechtigte Organ berufen[1] (Rz. 14), bei einer Aktiengesellschaft mithin der Vorstand. Der Vorstand – bzw. das sonst zuständige Organ – kann die Pflicht aber **delegieren**. Es handelt sich bei der Verdachtsmeldung nämlich um eine Maßnahme der dem Vorstand zugewiesenen Geschäftsführung, die sich nach allgemeinen Grundsätzen[2] nicht nur horizontal auf einzelne Vorstandsmitglieder, sondern auch in der Vertikale auf Entscheidungsgremien nachgeordneter Unternehmensebenen und sogar an Einzelpersonen delegieren lässt[3].

47 **4. Voraussetzungen der Meldepflicht.** Die Voraussetzungen der Meldepflicht für Marktbetreiber und Wertpapierfirmen, die einen Handelsplatz betreiben, einerseits und für Personen, die beruflich Geschäfte vermitteln oder ausführen, andererseits, unterscheiden sich zwar auf der Verordnungsebene ihrem Wortlaut nach. In der Sache enthalten die Vorschriften aber ganz parallele Anforderungen, was nicht zuletzt auch die identische

---

1 Vgl. *v. Hein* in Schwark/Zimmer, § 10 WpHG Rz. 12; *Vogel* in 6. Aufl., § 10 WpHG Rz. 10; a.A. *Schlette/Bouchon* in Fuchs, § 10 WpHG Rz. 4: Compliance-Beauftragter.
2 Zu diesen nur *Kort* in Großkomm. AktG, 5. Aufl. 2015, § 76 AktG Rz. 34, 49; *Fleischer* in Fleischer, Handbuch des Vorstandsrechts, 2006, § 1 Rz. 52 ff.
3 Vgl. *Mülbert/Sajnovits*, WM 2017, 2001, 2003 zu Art. 17 Abs. 4 VO Nr. 596/2014; *Mülbert* in FS Stilz, 2012, S. 411, 417 zu § 15 Abs. 3 WpHG a.F.

Pflichtenlage im Rahmen der DelVO 2016/957 deutlich macht. Voraussetzung einer Meldepflicht ist, dass ein Geschäft oder Auftrag als Bezugspunkt zu einem bestimmten Verdachtszeitpunkt einen begründeten Verdacht auf einen Verstoß gegen das Marktmissbrauchsrechts entstehen lässt[1]. Ein solcher begründeter Verdacht liegt dabei erst bei dem Erreichen eines bestimmten Verdachtsgrades vor[2].

a) Bezugspunkt des Verdachts. Bezugspunkte des Verdachts können nach Art. 16 Abs. 1 Unterabs. 1 VO Nr. 596/2014 **Aufträge** oder **Geschäfte, einschließlich** deren **Stornierung** oder **Änderung** sein. Art. 16 Abs. 2 Satz 2 VO Nr. 596/2014 ergänzt zutreffend und für beide Pflichtadressaten maßgeblich, dass es sich um Aufträge oder Geschäfte (einschließlich deren Stornierung der Änderung) **in Bezug auf** ein **Finanzinstrument** handeln muss. Der Begriff des Finanzinstruments muss aber weiter verstanden werden, als nach Art. 3 Abs. 1 Nr. 1 VO Nr. 596/2014 Rz. 10. Es gibt nämlich keinen Anhaltspunkt dafür, dass der die Verbotsvorschriften der Art. 14 und 15 VO Nr. 596/2014 ergänzende Art. 16 VO Nr. 596/2014 sich nur auf die Vorbeugung und Aufdeckung von Marktmissbrauch in Finanzinstrumenten beschränken und die von Art. 15 VO Nr. 596/2014 gleichermaßen geschützten mit Finanzinstrumenten verbundenen **Waren-Sport-Kontrakte** und die **auf Emissionszertifikaten beruhenden Auktionsobjekte** ausklammern will. Bezugspunkt eines Verdachts kann daher auch ein Geschäft oder ein Auftrag mit Bezug auf ebensolche Instrumente sein.

48

In dem Bezugspunkt des Verdachts liegt die erste Begrenzung der Meldepflicht. Der Verdacht eines Verstoßes gegen das Verbot des Insiderhandels oder der Marktmanipulation als solcher löst nämlich noch keine Meldepflicht aus. Der Verstoß muss **zusätzlich** durch ein Geschäft oder einen Auftrag (Rz. 10 f.) mit Bezug zu einem Finanzinstrument begangen worden sein („transaktionsbezogene Marktmissbrauchshandlungen"[3]). Deshalb besteht **keine Meldepflicht**, wenn der Verdacht lediglich einen Verstoß gegen das **insiderrechtlich Offenlegungs- und Empfehlungsverbot** gem. Art. 14 lit. b bzw. lit. c VO Nr. 596/2014 oder eine **handlungs- oder informationsgestützte Marktmanipulation** (Vor Art. 12 ff. VO Nr. 596/2014 Rz. 65, 57 ff.) zum Gegenstand hat. Diese Eingrenzung, die bereits der Rechtslage nach § 10 Abs. 1 Satz 1 WpHG a.F. entsprach, ist *de lege lata* nicht nur aus bußgeldrechtlicher Sicht[4], sondern auch aus aufsichtsrechtlicher Sicht hinzunehmen[5]. Sie ist im Übrigen auch in der Sache gerechtfertigt, da die vorgelagerte umfängliche Überwachungspflicht der meldepflichtigen Marktteilnehmer gerade auf einen Marktmissbrauch durch Geschäfte oder Aufträge in Bezug auf Finanzinstrumente ausgerichtet ist (Rz. 26 ff.). Nur in diesen Fällen besteht ein privilegierter Informationszugang, der es letztlich rechtfertigt, originäre Behördenaufgaben Privaten zuzuweisen (vgl. Rz. 8).

49

Eine Meldepflicht besteht zudem nur, wenn der Adressat an dem Geschäft oder Auftrag **selbst beteiligt ist**, so dass ein bei einem anderen Unternehmen, Institut oder Betreiber verdächtiges Geschäft oder ein verdächtiger Auftrag auch dann nicht zur Meldung verpflichtet, wenn es dem Adressaten zufällig zur Kenntnis gelangt[6]. Die Art der Beteiligung ist dabei aber unerheblich (vgl. Art. 5 Abs. 2 DelVO 2016/957). Selbst beteiligt ist der Adressat, wenn er durch einen Marktteilnehmer in die Ausführung des Geschäfts eingebunden ist oder etwa den Auftrag bzw. seine Änderung oder Stornierung entgegennimmt. Der Wortlaut des Art. 16 VO Nr. 596/2014 erfasst auch marktmissbrauchsverdächtige Geschäfte oder Aufträge eines **Organmitglieds oder Mitarbeiters eines Normadressaten**[7]. Unproblematisch ist das, wenn das Organmitglied oder der Mitarbeiter wie jeder andere Dritte Geschäfte oder Aufträge mit Bezug auf Finanzinstrumente unter Beteiligung eines Meldepflichtigen tätigt oder wenn er lediglich bei Gelegenheit der Arbeit marktmissbräuchliche Eigengeschäfte eingeht[8]. Diskutiert wurde zu § 10 Abs. 1 WpHG a.F. allerdings die Frage, ob vor dem Hintergrund des *Nemo-tenetur*-Grundsatzes eine Meldepflicht auch dann besteht, wenn die marktmissbräuchlichen Geschäfte oder Aufträge dem Meldepflichtigen als eigene zuzurechnen wären und er sich deshalb durch die Verdachtsmeldung selbstbezichtigen müsste[9]. Richtigerweise ist der *Nemo-tenetur*-Grundsatz auf natürliche Personen beschränkt, so dass ein „delinquentes Unternehmen" ohne weiteres selbstanzeigepflichtig sein kann[10].

50

b) Verdachtszeitpunkt. Der Wortlaut des Art. 16 VO Nr. 596/2014 enthält weder in Abs. 1 Unterabs. 1 noch in Abs. 2 Satz 2 eine zwingende Eingrenzung, nach der die Verdachtsfeststellung und das verdächtige Geschäft

51

---

1 Dazu auch FCA, Handbook, Release 26, March 2018, SUP 15/2, Section 15.10.
2 Vgl. FCA, Handbook, Release 26, March 2018, SUP 15/2, Section 15.10.4.
3 So *Heinrich* in KölnKomm. WpHG, § 10 WpHG Rz. 28 zu § 10 WpHG a.F.
4 *Vogel* in 6. Aufl., § 10 WpHG Rz. 16.
5 Hieran zu § 10 WpHG a.F. zweifelnd, weil dieser generell auf §§ 14, 20a, 30h und 30j WpHG verweist, *v. Hein* in Schwark/Zimmer, § 10 WpHG Rz. 15. Kritisch auch *Vogel* in 6. Aufl., § 10 WpHG Rz. 16.
6 Vgl. zu § 10 WpHG a.F. *Vogel* in 6. Aufl., § 10 WpHG Rz. 17; *Heinrich* in KölnKomm. WpHG, § 10 WpHG Rz. 29.
7 Vgl. zu § 10 WpHG a.F. *Vogel* in 6. Aufl., § 10 WpHG Rz. 17.
8 Ebenso *Heinrich* in KölnKomm. WpHG, § 10 WpHG Rz. 29.
9 *Renz/Leibold* in Meyer/Veil/Rönnau, Handbuch zum Marktmissbrauchsrecht, § 25 Rz. 2; vVgl. zu § 10 WpHG a.F. *Vogel* in 6. Aufl., § 10 WpHG Rz. 17.
10 In diesem Sinne *Renz/Leibold* in Meyer/Veil/Rönnau, Handbuch zum Marktmissbrauchsrecht, § 25 Rz. 2; zu § 10 WpHG a.F. *Gebauer* in GS Bosch, S. 31, 46 mit Verweis auf BVerfG v. 26.2.1997 – 1 BvR 2172/96, BVerfGE 95, 220, 242; ferner auch *Vogel* in 6. Aufl., § 10 WpHG Rz. 17; vgl. auch zur Ad-hoc-Mitteilungspflicht *Sajnovits*, WM 2016, 765; a.A. Böse, Wirtschaftsaufsicht und Strafverfolgung, 2006, S. 196 ff.

oder der verdächtige Auftrag zeitlich zusammenfallen müssten. In welchem **zeitlichen Abstand zum Bezugspunkt** (Rz. 48) der Verdacht entsteht, ist deshalb **unmaßgeblich**. Eine Meldepflicht besteht auch, wenn der Verdacht lange nach einem Geschäftsabschluss bzw. einem Auftragseingang konstituiert wird. Art. 16 Abs. 1 Unterabs. 2 VO Nr. 596/2014 spricht nur davon, dass Aufträge und Geschäfte, die ein Marktmissbrauch „sein könnten", gemeldet werden müssen. Zu welchem Zeitpunkt die Aufträge oder Geschäfte stattgefunden haben, wird dadurch nicht festgelegt. Erwägungsgrund 11 DelVO 2016/957 stellt besonders deutlich klar, dass **Folgeereignisse** oder die **Verfügbarkeit der Informationen** unter Umständen dazu führen können, dass ein begründeter Verdacht auf Insidergeschäfte oder Marktmanipulation oder versuchte Insidergeschäfte oder versuchte Marktmanipulation erst **geraume Zeit nach der verdächtigen Tätigkeit** auftritt. Und Erwägungsgrund 11 Satz 2 DelVO 2016/957 hebt anschließend hervor, dass darin kein Grund liegen könne, die verdächtige Tätigkeit der zuständigen Behörde nicht zu melden. Demgemäß erklärt Art. 6 Abs. 2 DelVO 2016/957, dass wenn sich der Verdacht aufgrund von Folgeereignissen oder späteren Informationen ergibt, das Meldesystem (Rz. 44 f.) die Möglichkeit der Übermittlung von Verdachtsmeldungen in Bezug auf Geschäfte und Aufträge aus der Vergangenheit gerade vorsehen muss (!). Auch Art. 16 Abs. 2 Satz 2 VO Nr. 596/2014 steht dem nicht entgegen. Dieser regelt, dass eine Meldepflicht besteht, wann immer eine meldepflichtige Person den begründeten Verdacht hat, dass ein Auftrag oder ein Geschäft einen Marktmissbrauch „darstellt". Dass „darstellt" im Präsens steht, deutet nicht auf ein zwingendes zeitliches Zusammenfallen von Verdachtsbezugspunkt (Rz. 48) und Verdachtsfeststellung hin. Dies wird besonders durch die einleitenden Worte des Art. 16 Abs. 2 Satz 2 VO Nr. 596/2014 deutlich: „Wann immer die betreffende Person den begründeten Verdacht hat"[1].

52 **c) Verdachtsgrad.** Für Marktbetreiber und Wertpapierfirmen, die einen Handelsplatz betreiben, und für Personen, die beruflich Geschäfte vermitteln oder ausführen, ist die Meldepflicht an denselben Verdachtsgrad geknüpft. Erforderlich ist ein **begründeter Verdacht**. Zwar spricht Art. 16 Abs. 1 Unterabs. 2 VO Nr. 596/2014 von einer Meldepflicht für Aufträge und Geschäfte, die ein Marktmissbrauch „sein könnten", während Art. 16 Abs. 2 Satz 2 VO Nr. 596/2014 einen „begründeten Verdacht" fordert[2]. Trotz dieser begrifflichen Unterscheidung zeigen die konkretisierenden Vorgaben der DelVO 2016/957, dass der erforderliche Verdachtsgrad für eine Meldepflicht für beide von Art. 16 VO Nr. 596/2014 erfassten Personengruppen identisch ist. Dies unterstreicht zum einen Art. 6 Abs. 1 DelVO 2016/957, der für beide Personengruppen vorschreibt, dass sie sicherzustellen haben, dass sie eine Verdachtsmeldung bei Bestehen eines begründeten Verdachts übermitteln. Gleiches gilt für Erwägungsgrund 10 Satz 1 DelVO 2016/957, wonach Meldungen verdächtiger Aufträge und Geschäfte der jeweils zuständigen Behörde unverzüglich übermittelt werden sollten, sobald ein begründeter Verdacht vorliegt. Eine davon nochmals abweichende Terminologie findet sich zwar in Erwägungsgrund 9 DelVO 2016/957, nach dem Marktbetreiber und Wertpapierfirmen, die einen Handelsplatz betreiben, sowie Personen, die beruflich Geschäfte vermitteln oder ausführen, nicht alle eingegangenen Aufträge oder ausgeführten Geschäfte melden sollten, die einen internen Alarm ausgelöst haben, da dies der Forderung nach einer Beurteilung auf Einzelfallbasis, ob „hinreichende Verdachtsgründe" vorliegen, entgegen stünde. Diese Überlegungen stellen aber das Erfordernis eines begründeten Verdachts nicht in Abrede, da auch *hinreichende Verdachtsgründe* einen begründeten Verdacht konstituieren können.

53 Ein Verdacht liegt nach allgemeinen Grundsätzen vor, wenn es nach der Lebenserfahrung bezüglich Marktmissbräuchen auf Kapitalmärkten konkret möglich erscheint, dass ein Insiderverstoß oder eine Marktmanipulation oder ein Versuch hierzu vorliegt. Wann der Verdacht *begründet* ist und deshalb eine Meldepflicht auslöst, ist damit noch nicht gesagt. Zu dem auf Grundlage des Art. 6 Abs. 9 RL 2003/6/EG (MAD I) erlassenen § 10 Abs. 1 WpHG a.F. wurde teils dafür eingetreten, an den strafprozessualen Anfangsverdacht nach § 152 StPO anzuknüpfen[3]. Richtigerweise war aber auch insoweit und ist **unzweifelhaft nach neuem Recht** eine **kapitalmarkt- und unionsrechtlich autonome Auslegung** erforderlich[4]. Um die zuständigen Behörden nicht mit letztlich unbegründeten Verdachtsmeldungen zu überschütten[5], ist ein Verdacht (nur) begründet, wenn der Meldepflichtige nach eingehender personeller Untersuchung eines Auftrags oder Geschäfts zu der **Überzeugung** gelangt, dass ein Verstoß gegen Art. 14 oder 15 VO Nr. 596/2014 durch Verwirklichung aller Tatbestandsmerkmale **überwiegend wahrscheinlich (> 50 %)** ist. Diese Schwelle wird bei den handelsgestützten Manipulationen nach Art. 12 Abs. 1 lit. a und b VO Nr. 596/2014 regelmäßig dann überschritten sein, wenn ein Verhalten die im Indizienkatalog nach Anhang I A. und B. zu Art. 12 VO Nr. 596/2014 genannten Umstände erfüllt (dazu Art. 12 Nr. 596/2014 Rz. 80 ff., 158 ff.). Nur durch eine solche restriktive Auslegung wird auch der Verhältnismäßigkeitsgrundsatz gewahrt (Rz. 6).

---

1 Zu § 10 Abs. 1 WpHG a.F. wurde wegen des Gesetzeswortlauts („Feststellung von Tatsachen, die den Verdacht begründen, dass mit einem Geschäft ... verstoßen wird", nicht: „werden wird" oder „worden ist") vertreten, dass Verdachtsfeststellung und verdächtiges Geschäft zeitlich zusammenfallen müssten. S. *Vogel* in 6. Aufl., § 10 WpHG Rz. 23; *Schlette/Bouchon* in Fuchs, § 10 WpHG Rz. 8.
2 Die englische Sprachfassung lautet: „reasonable suspicion".
3 v. *Hein* in Schwark/Zimmer, § 10 WpHG Rz. 21; *Schlette/Bouchon* in Fuchs, § 10 WpHG Rz. 5.
4 *Vogel* in 6. Aufl., § 10 WpHG Rz. 15a.
5 Vgl. auch *Vogel* in 6. Aufl., § 10 WpHG Rz. 15a; v. *Hein* in Schwark/Zimmer, § 10 WpHG Rz. 21.

d) Tatsachen und Untersuchungen als Grundlagen des begründeten Verdachts. Dem begründeten Verdacht 54
(Rz. 52 f.) müssen Tatsachen und Untersuchungen zugrunde liegen, wobei auch die Untersuchungen auf Tatsachen beruhen müssen. Art. 5 Abs. 3 DelVO 2016/957 formuliert insofern eindeutig, dass die Meldepflichtigen gewährleisten müssen, dass im Rahmen einer Verdachtsmeldung übermittelte Informationen auf **Tatsachen** und **Untersuchungen** basieren, wobei sie alle ihnen zur Verfügung stehenden Informationen berücksichtigen. Insoweit lässt sich Erwägungsgrund 10 Satz 2 DelVO 2016/957 unmissverständlich entnehmen, dass bei der Untersuchung dazu, ob ein Auftrag oder ein Geschäft als verdächtig anzusehen ist, *nicht* von Spekulationen oder Annahmen, sondern von Tatsachen ausgegangen werden sollte. Daraus folgt, dass Tatsachen, mithin konkrete in der Vergangenheit oder Gegenwart liegende Ereignisse, Vorgänge oder Zustände, die dem Beweis zugänglich sind, festgestellt werden müssen[1]. Prognosen, Gerüchte oder Vermutungen sind daher nicht genügend[2]. Festgestellt sind Tatsachen erst, wenn sie in objektiv nachvollziehbarer Weise zur Überzeugung einer Person feststehen, nicht aber, wenn noch objektive Anhaltspunkte für Zweifel bestehen. Auch daraus folgt, dass eine Vermutung nicht genügt[3]. Aus Vermutungen und Gerüchten kann sich der begründete Verdacht deshalb nicht konstituieren. Allerdings bestehen bei entsprechenden Vermutungen **Nachforschungspflichten**, die dann die Vermutung nach entsprechenden Untersuchungen zu einem begründeten Verdacht verdichten können[4].

5. Zeitpunkt der Verdachtsmeldung (Art. 6 DelVO 2016/957). Meldungen verdächtiger Aufträge und Geschäfte müssen der jeweils zuständigen Behörde **unverzüglich** übermittelt werden, sobald ein begründeter Verdacht vorliegt, dass diese Aufträge oder Geschäfte Insidergeschäfte, Marktmanipulation oder versuchte Insidergeschäfte oder versuchte Marktmanipulation sein könnten (vgl. Erwägungsgrund 10 Satz 1 DelVO 2016/957 sowie Art. 6 Abs. 1 DelVO 2016/957). Unverzüglich kann hier – auch im unionsrechtlichen Kontext – als „ohne schuldhaftes Zögern" verstanden werden. Es kommt damit auf ein Kennen oder Kennenmüssen derjenigen Umstände an, die den begründeten Verdacht konstituieren. Sobald ein begründeter Verdacht nach den oben Rz. 52 f. dargestellten Grundsätzen entsteht, muss die Verdachtsmeldung erfolgen. 55

Hat sich der Verdacht aufgrund von **Folgeereignissen** oder **späteren Informationen** ergeben, müssen die Regelungen, Systeme und Verfahren zur Verdachtsmeldung ermöglichen, Verdachtsmeldungen in Bezug auf Geschäfte und Aufträge **aus der Vergangenheit** zu übermitteln (Art. 6 Abs. 2 Unterabs. 1 DelVO 2016/957). In solchen Fällen müssen die Meldepflichtigen in der Verdachtsmeldung unter Bezugnahme auf die spezifischen Umstände des Falls erläutern, wie es zu der zeitlichen Verzögerung zwischen dem mutmaßlichen Verstoß und der Übermittlung der Verdachtsmeldung kam (Art. 6 Abs. 2 Unterabs. 2 DelVO 2016/957). Zudem müssen die Meldepflichtigen gem. Art. 6 Abs. 3 DelVO 2016/957 der zuständigen Behörde auch alle zusätzlichen sachdienlichen Informationen, von denen sie nach der ursprünglichen Übermittlung der Verdachtsmeldung Kenntnis erhalten, übermitteln und ihr auch sonst alle angeforderten Informationen und Unterlagen bereitstellen. 56

VII. Meldungsadressaten und Meldungsmodalitäten. 1. Meldungsadressaten (Art. 16 Abs. 1 Unterabs. 2 und Abs. 3 VO Nr. 596/2014). Marktbetreiber und Wertpapierfirmen, die einen Handelsplatz betreiben, müssen Verdachtsmeldungen gegenüber der für den von ihnen betriebenen Handelsplatz jeweils zuständigen Behörde vornehmen. Entscheidend ist die Belegenheit des jeweiligen Handelsplatzes. Es geht aber bei der Zuständigkeit nicht um die allgemeine Zuständigkeit für die Überwachung des Handelsplatzes, die etwa für Börsen bei den Börsenaufsichten liegt (§ 3 Abs. 1 BörsG), sondern um die Zuständigkeit i.S.d. Art. 22 VO Nr. 596/2014. Auf Basis der Ermächtigung des Art. 22 VO Nr. 596/2014 ist die **BaFin** die zuständige Behörde (§ 6 Abs. 5 WpHG). Näher Art. 22 VO Nr. 596/2014 Rz. 6. 57

Einen davon ggf. abweichenden Meldungsadressaten bestimmt Art. 16 Abs. 3 VO Nr. 596/2014. Nach ihm gelten für Meldungen von **Personen, die beruflich Geschäfte mit Finanzinstrumenten erteilen oder ausführen**, unbeschadet der Zuständigkeiten der für den Handelsplatz zuständigen Behörde (Rz. 57), die Vorschriften des Mitgliedstaats, in dem sie registriert sind oder in dem sie ihre Hauptniederlassung haben, oder, bei Zweigniederlassungen, die Vorschriften des Mitgliedstaats ihrer Zweigniederlassung (Art. 16 Abs. 3 Satz 1 VO Nr. 596/2014). Die Meldung muss gegenüber der zuständigen Behörde dieses Mitgliedstaats erfolgen (Art. 16 Abs. 3 Satz 2 VO Nr. 596/2014). Die für diese Personen zuständige Behörde ist in Deutschland ebenfalls die BaFin. Wenn aber etwa eine der Aufsicht der BaFin unterstehende nach Art. 16 Abs. 2 VO Nr. 596/2014 zur Meldung verpflichtete Person der BaFin eine Meldung über ein verdächtiges Geschäft übermittelt, dass auf einem Handelsplatz in einem anderen Mitgliedstaat ausgeführt wurde, dann muss die BaFin die Meldung an die für den Handelsplatz zuständige Behörde unverzüglich weiterleiten (Art. 16 Abs. 4 VO Nr. 596/2014). 58

---

1 Vgl. zu § 10 WpGF a.F. *Vogel* in 6. Aufl., § 10 WpHG Rz. 12.
2 Vgl. zu § 10 WpHG a.F. *Vogel* in 6. Aufl., § 10 WpHG Rz. 12; *Schlette/Bouchon* in Fuchs, § 10 WpHG Rz. 5; Ritz in Just/Voß/Ritz/Becker, § 10 WpHG Rz. 15.
3 *Vogel* in 6. Aufl., § 10 WpHG Rz. 12.
4 Ganz ausdrücklich hebt ESMA hervor, dass Nachforschungspflichten bestehen. ESMA, Rz. 143: „where preliminary analysis is required, this should be conducted as quickly as practicable."

Art. 16 VO Nr. 596/2014 | Vorbeugung und Aufdeckung von Marktmissbrauch

59   **2. Form und Inhalt der Verdachtsmeldung.** Verdachtsmeldungen müssen sowohl von Marktbetreibern und Wertpapierfirmen, die einen Handelsplatz betreiben, als auch von Personen, die beruflich Geschäfte vermitteln oder ausführen, unter Verwendung des in Anhang 1 zur DelVO 2016/957 enthaltenen Musters vorgenommen werden (Art. 7 Abs. 1 DelVO 2016/957). Diese sog. **STORs** (Suspicious Transaction and Order Reports) sind dabei möglichst vollständig und detailliert auszufüllen (Art. 7 Abs. 2 Satz 1 DelVO 2016/957). Jede Verdachtsmeldung muss aber zumindest die Angaben nach Art. 7 Abs. 2 Satz 2 DelVO 2016/957 enthalten. Durch die Angaben in dem Muster sollen die zuständigen Behörden in die Lage versetzt werden, den Verdacht zu beurteilen und geeignete Maßnahmen einzuleiten (Erwägungsgrund 7 Satz 1 DelVO 2016/957). Durch die unionsweit **vereinheitlichte Form** der Meldung soll zudem ein effizienter Austausch zwischen den zuständigen Behörden unterschiedlicher Mitgliedstaaten im Fall von grenzüberschreitenden verdächtigen Geschäften oder Aufträgen erleichtert werden (Erwägungsgrund 6 Satz 1 und 2 DelVO 2016/957).

60   Die Verdachtsmeldung muss nach Art. 7 Abs. 2 Satz 2 DelVO 2016/957 zumindest die folgenden **Pflichtangaben** enthalten:
   a) eine Identifikation der Person, die die Verdachtsmeldung übermittelt, und im Fall von Personen, die beruflich Geschäfte vermitteln oder ausführen, auch die Eigenschaft, in der die die Verdachtsmeldung übermittelnde Person agiert, speziell bei Handel für eigene Rechnung oder bei Ausführung von Aufträgen im Namen von Dritten;
   b) eine Beschreibung des (verdächtigen) Auftrags oder des Geschäfts, einschließlich:
      i. Art des Auftrags und Art des Handels, insbesondere Blockgeschäfte, und wo die Tätigkeit in Erscheinung trat,
      ii. Preis und Volumen;
   c) die Gründe, weshalb der Verdacht besteht, dass der Auftrag oder das Geschäft ein Insidergeschäft, eine Marktmanipulation oder den Versuch hierzu darstellt;
   d) die Mittel zur Identifizierung aller Personen, die an dem Auftrag oder Geschäft, der bzw. das ein Insidergeschäft, eine Marktmanipulation oder den Versuch hierzu darstellen könnte, beteiligt sind, einschließlich der Person, die den Auftrag erteilt oder ausgeführt hat, und der Person, in deren Namen der Auftrag erteilt oder ausgeführt wurde;
   e) alle anderen Informationen und Belege, die für die Zwecke der Aufdeckung, Untersuchung und Verfolgung von Insidergeschäften, Marktmanipulation sowie versuchten Insidergeschäften und versuchter Marktmanipulation als für die zuständige Behörde relevant gelten könnten.

61   Damit die zuständige Behörde den Verdacht beurteilen und geeignete Maßnahmen einleiten kann, ist es insbesondere erforderlich, dass **personenbezogene Daten** übermittelt werden, anhand derer die Identifizierung der an den verdächtigen Aufträgen und Geschäften beteiligten Personen vorgenommen werden kann (Erwägungsgrund 7 Satz 3 DelVO 2016/957). Alle Informationen sollten zudem bereits von Beginn an zur Verfügung gestellt werden, so dass sich die zuständige Behörde im Verlauf der Untersuchung nicht erneut mit Auskunftsersuchen an den Meldepflichtigen wenden muss (Erwägungsgrund 7 Satz 4 DelVO 2016/957). Damit die Übermittlung aller relevanten Daten möglichst einfach ist, können die Meldepflichtigen zusammen mit dem Muster auch alle weiteren als notwendig erachteten Unterlagen und Materialien in Form eines **Anhangs** einreichen (Erwägungsgrund 8 DelVO 2016/957).

62   Die Meldungen müssen durch Ausfüllen des folgenden Musters (STOR) erfolgen:

Muster für Verdachtsmeldungen

Abschnitt 1 – Identität des Unternehmens/der Person, das/die die Verdachtsmeldung übermittelt	
Personen, die gewerbsmäßig Geschäfte vermitteln oder ausführen/Betreiber von Märkten und Wertpapierfirmen, die einen Handelsplatz betreiben – In jedem Fall genau anzugeben:	
Name der natürlichen Person	[Vorname(n) und Nachname(n) der natürlichen Person, die beim meldenden Unternehmen für Verdachtsmeldungen zuständig ist.]
Position innerhalb des meldenden Unternehmens	[Position der natürlichen Person, die beim meldenden Unternehmen für Verdachtsmeldungen zuständig ist.]
Name des meldenden Unternehmens	[Vollständiger Name des meldenden Unternehmens, einschließlich für juristische Personen: – Rechtsform entsprechend der Eintragung im Register des Landes, nach dessen Recht es gegründet wurde, falls zutreffend, und – Rechtsträger-Kennung (Legal Entity Identifier, LEI) entsprechend LEI-Code nach ISO 17442, falls zutreffend.]
Name des meldenden Unternehmens	[Vollständige Anschrift (z.B. Straße, Hausnummer, Postleitzahl, Stadt, Bundesland/Provinz) und Land.]

Eigenschaft, in der das Unternehmen in Bezug auf die Aufträge und Geschäfte gehandelt hat, die Insidergeschäfte, Marktmanipulation oder versuchte Insidergeschäfte oder versuchte Marktmanipulation darstellen könnten	[Beschreibung der Eigenschaft, in der das meldende Unternehmen in Bezug auf den Auftrag/die Aufträge und das Geschäft/die Geschäfte gehandelt hat, bei dem/denen es sich um Insidergeschäfte, Marktmanipulation oder versuchte Insidergeschäfte oder versuchte Marktmanipulation handeln könnte, z.B. Auftragsausführung für Kunden, Eigenhandel, Betrieb eines Handelsplatzes, systematischer Internalisierer.]
Art der Handelstätigkeit des meldenden Unternehmens (Marktpflege, Arbitrage usw.) und Art des von ihm gehandelten Instruments (Wertpapiere, Derivate usw.)	(sofern verfügbar)
Verhältnis zu der Person, auf die sich die übermittelte Verdachtsmeldung bezieht	[Beschreibung aller unternehmensbezogenen, vertraglichen oder organisatorischen Regelungen bzw. Umstände oder Beziehungen]
Ansprechpartner für weitere Auskunftsersuchen	[Ansprechpartner innerhalb des meldenden Unternehmens für weitere Auskunftsersuchen in Bezug auf diese Meldung (z.B. Compliance-Beauftragter) und entsprechende Kontaktangaben: – Vorname(n) und Nachname(n); – Position des Ansprechpartners innerhalb des meldenden Unternehmens; – dienstliche E-Mail-Adresse.]
Abschnitt 2 – Geschäft/Auftrag	

Beschreibung des Finanzinstruments:	[Beschreibung des Finanzinstruments, das Gegenstand der Verdachtsmeldung ist, mit folgenden genauen Angaben:
	– vollständige Bezeichnung oder Beschreibung des Finanzinstruments;
	– Kennzeichen des Finanzinstruments (Code) gemäß einer gegebenenfalls nach Art. 26 der Verordnung (EU) Nr. 600/2014 angenommenen Delegierten Verordnung der Kommission oder andere Codes;
	– Art des Finanzinstruments entsprechend der zur Klassifizierung des Finanzinstruments verwendeten Taxonomie und damit verbundener Code (ISO 10962 CFI-Code).]
	[Zusätzliche Elemente für Aufträge und Geschäfte in Bezug auf OTC-Derivate]
	(Die nachstehende Datenliste ist nicht erschöpfend.)
	– Identifizierung des Typs des OTC-Derivats (z.B. Differenzkontrakte (CFD), Swaps, Kreditausfalloptionen (CDS) und Freiverkehrsoptionen (OTC-Optionen) unter Verwendung der Typen nach Art. 4 Abs. 3 Buchstabe b der Durchführungsverordnung (EU) Nr. 1247/2012 der Kommission.
	– Beschreibung der Merkmale des OTC-Derivats mit zumindest folgenden Angaben, sofern für den speziellen Derivatetyp relevant:
	  – Nominalwert (Nennwert);
	  – Kurswährung, Stückelung;
	  – Fälligkeitstermin;
	  – Premium(kurs);
	  – Zinssatz.
	– Beschreibung zumindest nachfolgender Aspekte, sofern für den speziellen Typ von OTC-Derivat relevant:
	– Spanne, Zahlung bei Abschluss und Nominalgröße oder -wert des zugrunde liegenden Finanzinstruments;
	– Geschäftskonditionen wie Ausübungspreis, Vertragsbedingungen (z.B. Spread-Betting-Gewinne oder -Verluste je Tick-Bewegung).
	– Beschreibung des dem OTC-Derivat zugrunde liegenden Finanzinstruments mit folgenden genauen Angaben:
	– Vollständige Bezeichnung des zugrunde liegenden Finanzinstruments oder Beschreibung des Finanzinstruments;
	– Kennzeichen des Finanzinstruments (Code) gemäß der gegebenenfalls nach Art. 26 der Verordnung (EU) Nr. 600/2014 anzunehmenden Delegierten Verordnung der Kommission oder andere Codes;
	– Art des Finanzinstruments entsprechend der zur Klassifizierung des Finanzinstruments verwendeten Taxonomie und damit verbundener Code (ISO 10962 CFI-Code).]

Datum und Uhrzeit von Geschäften oder Aufträgen, die Insidergeschäfte, Marktmanipulation oder versuchte Insidergeschäfte oder versuchte Marktmanipulation darstellen könnten	[Angabe des Datums/der Daten und der Uhrzeit(en) des Auftrags/der Aufträge oder des Geschäfts/der Geschäfte unter Angabe der Zeitzone.]
Markt, auf dem der Auftrag oder das Geschäft getätigt wurde	[Genaue Angabe von: – Name und Code zur Identifizierung des Handelsplatzes, des systematischen Internalisierers oder der organisierten Handelsplattform außerhalb der Union, wo der Auftrag erteilt und das Geschäft ausgeführt wurde (gemäß der nach Art. 26 der Verordnung (EU) Nr. 600/2014 angenommenen Delegierten Verordnung der Kommission) oder – wenn der Auftrag an keinem der oben genannten Plätze erteilt oder das Geschäft an keinem dieser Plätze ausgeführt wurde, bitte Angabe von „außerhalb eines Handelsplatzes".]
Ort (Land)	[Vollständiger Name des Landes und ISO-3166-1-Ländercode aus zwei Buchstaben.] [Genaue Angabe von: – Ort der Auftragserteilung (sofern verfügbar); – Ort der Auftragsausführung.]
Beschreibung des Auftrags oder des Geschäfts	[Beschreibung zumindest der folgenden Merkmale des Auftrags/der Aufträge oder des Geschäfts/der Geschäfte, zu dem/denen die Meldung übermittelt wurde – Referenznummer des Geschäfts/Auftrags; Bezugsnummer (sofern vorhanden); – Datum und Zeitpunkt der Abrechnung; – Ankaufspreis/Verkaufspreis; – Volumen/Menge der Finanzinstrumente [Gibt es mehrere Aufträge oder Geschäfte, die Insidergeschäfte, Marktmanipulation oder versuchte Insidergeschäfte oder versuchte Marktmanipulation darstellen könnten, können genaue Angaben zu deren Preisen und Volumen der zuständigen Behörde in einem Anhang zur Verdachtsmeldung übermittelt werden.] – Information zur Auftragserteilung unter Angabe zumindest folgender Punkte: – Art des Auftrags (z.B. „Kauf mit Obergrenze xEUR"); – Art und Weise der Auftragserteilung (z.B. elektronisches Orderbuch); – Zeitpunkt der Auftragserteilung; – Person, die den Auftrag tatsächlich erteilt hat; – Person, die den Auftrag tatsächlich erhalten hat; – Art und Weise der Auftragsübermittlung. – Information zur Auftragsstornierung oder -änderung (falls zutreffend): – Uhrzeit der Änderung oder Stornierung; – Person, die den Auftrag geändert oder storniert hat; – Art der Änderung (z.B. Änderung des Preises oder der Menge) und Umfang der Änderung; [Gibt es mehrere Aufträge oder Geschäfte, die Insidergeschäfte, Marktmanipulation oder versuchte Insidergeschäfte oder versuchte Marktmanipulation darstellen könnten, können genaue Angaben zu deren Preisen und Volumen der zuständigen Behörde in einem Anhang zur Verdachtsmeldung übermittelt werden.] – Art und Weise der Auftragsänderung (z.B. per E-Mail, Telefon usw.).]
Abschnitt 3 – Beschreibung der Art des Verdachts	
Art des Verdachts	[Genaue Angabe der Art des Verstoßes, der bei den gemeldeten Aufträgen oder Geschäften vorliegen könnte: – Marktmanipulation; – Insidergeschäfte; – versuchte Marktmanipulation; – versuchte Insidergeschäfte.]

Gründe für den Verdacht	[Beschreibung der Tätigkeit (Geschäfte und Aufträge, Art und Weise der Auftragserteilung oder der Ausführung des Geschäfts und Merkmale der Aufträge und Geschäfte, die sie verdächtig machen) und der Umstände, unter denen die meldende Person auf die Angelegenheit aufmerksam wurde, sowie genaue Darlegung der Gründe für den Verdacht.
	Die Beschreibung könnte Folgendes umfassen (nicht erschöpfende Orientierungskriterien):
	– bei Finanzinstrumenten, die zum Handel zugelassen sind/oder an einem Handelsplatz zugelassen sind, eine Beschreibung der Orderbuch-Interaktion/-Geschäfte, die Insidergeschäfte, Marktmanipulation oder versuchte Insidergeschäfte oder versuchte Marktmanipulation darstellen könnten;
	– bei OTC-Derivaten detaillierte Angaben zu Geschäften oder Aufträgen in Bezug auf den zugrunde liegenden Vermögenswert und Informationen zu etwaigen Verbindungen zwischen Geldmarktgeschäften bezüglich des zugrunde liegenden Vermögenswertes und den gemeldeten Geschäften mit OTC-Derivaten.]
Abschnitt 4 – Identität der Person, deren Aufträge oder Geschäfte Insidergeschäfte, Marktmanipulation oder versuchte Insidergeschäfte bzw. versuchte Marktmanipulation darstellen könnten („verdächtige Person")	
Name	[Für natürliche Personen: Vorname(n) und Nachname(n).]
	[Für juristische Personen: vollständiger Name, einschließlich Rechtsform entsprechend der Eintragung im Register des Landes, nach dessen Recht es gegründet wurde, falls zutreffend, und Rechtsträger-Kennung (Legal Entity Identifier, LEI) entsprechend LEI-Code nach ISO 17442, falls zutreffend.]
Geburtsdatum	[Nur für natürliche Personen.]
	[JJJJ-MM-TT]
Nationale Identifikationsnummer (falls zutreffend)	[Falls in dem betreffenden Mitgliedstaat zutreffend.]
	[Nummer und/oder Text]
Anschrift	[Vollständige Anschrift (z.B. Straße, Hausnummer, Postleitzahl, Stadt, Bundesland/Provinz) und Land.]
Angaben zur Beschäftigung: – Ort – Position	[Angaben zur Beschäftigung der verdächtigen Person aus internen Informationsquellen des meldenden Unternehmens (z.B. Kontodokumentation im Fall von Kunden, Mitarbeiterinformationssystem im Fall von Beschäftigten des meldenden Unternehmens).]
Kontonummer(n)	[Nummern der Geld- und Wertpapierkonten, alle gemeinsamen Konten oder alle Vollmachten für das Konto des verdächtigen Unternehmens/der verdächtigen Person.]
Kundenkennzeichen im Rahmen der Meldung von Geschäften nach Verordnung (EU) Nr. 600/2014 über Märkte für Finanzinstrumente (oder ein anderer Code zur Identifizierung)	[Falls die verdächtige Person Kunde des meldenden Unternehmens ist.]
Verhältnis zum Emittenten der betreffenden Finanzinstrumente (falls zutreffend und falls bekannt)	[Beschreibung aller unternehmensbezogenen, vertraglichen oder organisatorischen Regelungen oder Umstände oder Beziehungen]
Abschnitt 5 – Zusätzliche Informationen	
Hintergrundinformationen oder alle sonstigen Informationen, die nach Ansicht des meldenden Unternehmens für den Bericht von Belang sind	
[Die nachstehende Liste ist nicht erschöpfend. – die Position der verdächtigen Person (z.B. Kleinanleger, Institutionen); – die Art der Intervention des verdächtigen Unternehmens/der verdächtigen Person (für eigene Rechnung, im Auftrag eines Kunden, Sonstiges); – die Größe des Portfolios des verdächtigen Unternehmens/der verdächtigen Person; – das Datum der Aufnahme der Geschäftsbeziehung mit dem Kunden, sofern das verdächtige Unternehmen/die verdächtige Person Kunde der meldenden Person/des meldenden Unternehmens ist; – die Art der Tätigkeit des Trading Desk, sofern vorhanden, des verdächtigen Unternehmens;	

- Muster der Handelstätigkeit des verdächtigen Unternehmens/der verdächtigen Person. Als Orientierung nachfolgend einige Beispiele für Informationen, die nützliche sein könnten:
    - Handelsgewohnheiten des verdächtigen Unternehmens/der verdächtigen Person in Bezug auf den Einsatz von Hebelfinanzierung und Leerverkäufe, und Häufigkeit der Nutzung;
    - Vergleichbarkeit des Umfangs des gemeldeten Auftrags/Geschäfts mit dem durchschnittlichen Umfang der von dem verdächtigen Unternehmen/der verdächtigen Person in den vergangenen 12 Monaten erteilten Aufträgen/ausgeführten Geschäften;
    - Gewohnheiten des verdächtigen Unternehmens/der verdächtigen Person bezüglich der Emittenten, deren Wertpapiere es/sie in den vergangenen 12 Monaten gehandelt hat, oder bezüglich der in diesem Zeitraum gehandelten Art von Finanzinstrumenten, speziell der Aspekt, ob sich der gemeldete Auftrag/das gemeldete Geschäft auf einen Emittenten bezieht, dessen Wertpapiere das verdächtige Unternehmen/die verdächtige Person im vorangegangenen Jahr gehandelt hat.
- Andere Unternehmen/Personen, die bekanntermaßen in die Aufträge oder Geschäfte einbezogen sind, die Insidergeschäfte, Marktmanipulation oder versuchte Insidergeschäfte oder versuchte Marktmanipulation darstellen könnten:
    - Namen;
    - Tätigkeit (z.B. Auftragsausführung für Kunden, Eigenhandel, Betrieb eines Handelsplatzes, systematischer Internalisierer usw.).]

Abschnitt 6 – Beigefügte Unterlagen

[Auflistung der zusammen mit dieser Verdachtsmeldung übermittelten Belege und Materialien.
Beispielsweise gehören zu diesen Unterlagen E-Mails, Gesprächsaufzeichnungen, Auftrags-/Geschäftsunterlagen, Bestätigungen, Brokerberichte, Vollmachten und Medienkommentare, sofern zutreffend.
Werden die in Abschnitt 2 dieses Musters genannten detaillierten Informationen zu den Aufträgen/Geschäften in einem separaten Anhang bereitgestellt, ist der Titel dieses Anhangs anzugeben.]

63 **3. Übermittlung der Verdachtsmeldungen.** Die Übermittlung der Verdachtsmeldung muss gem. Art. 8 Abs. 1 DelVO 2016/957 unter Verwendung der von der jeweils zuständigen Behörde bereitgestellten **elektronischen Mittel** erfolgen. Art. 8 Abs. 2 Satz 1 DelVO 2016/957 verpflichtet die jeweils zuständigen Behörden dazu, diese elektronischen Mittel auf ihrer Website zu veröffentlichen. Diese elektronischen Mittel müssen die Wahrung der Vollständigkeit, Integrität und Vertraulichkeit der Informationen während der Übermittlung gewährleisten (Art. 8 Abs. 2 Satz 2 DelVO 2016/957). Die **BaFin** hat auf ihrer Website für die Übermittlung der STORs das **elektronische Fachverfahren „Verdachtsmeldungen nach MAR"** über das **MVP-Portal** zur Verfügung gestellt[1]. Die elektronische Einreichung der STORs ist erst ab der Freischaltung eines Meldepflichtigen zum Fachverfahren „Verdachtsmeldungen nach MAR" möglich. Dafür ist der im MVP-Portal[2] auszufüllende Antrag unterschrieben und den im Infoblatt aufgeführten, weiteren Unterlagen an die BaFin zu senden.

64 **VIII. Umgang der zuständigen Behörde mit Verdachtsmeldungen – Weiterleitungspflicht (Art. 16 Abs. 4 VO Nr. 596/2014).** Die zuständige Behörde nach Art. 16 Abs. 3 VO Nr. 596/2014 (Rz. 58) ist gem. Art. 16 Abs. 4 VO Nr. 596/2014 dazu verpflichtet, ihr gemeldete verdächtige Aufträge und Geschäfte **unverzüglich** der für den **betreffenden Handelsplatz zuständigen Behörde** (Rz. 57) mitzuteilen. Mitteilen bedeutet, dass die gesamte Verdachtsmeldung inklusive aller mitübersandten zusätzlichen Materialien und Informationen der zuständigen Behörde des betreffenden Handelsplatzes zu übersenden ist. Unverzüglich heißt auch hier ohne schuldhaftes Zögern und wird in der Regel eine Übersendung am gleichen Tag erfordern. Keine Probleme ergeben sich, wenn die nach Art. 16 Abs. 3 VO Nr. 596/2014 zuständige Behörde mit der für den Handelsplatz zuständigen Behörde übereinstimmt (Rz. 58).

65 **IX. Konkretisierungsermächtigung (Art. 16 Abs. 5 VO Nr. 596/2014).** Art. 16 Abs. 5 Unterabs. 1 VO Nr. 596/2014 überträgt der **ESMA** die Befugnis zur durchgehenden Harmonisierung des Art. 16 VO Nr. 596/2014 Entwürfe technischer Regulierungsstandards auszuarbeiten. In diesen müssen angemessene Regelungen, Systeme und Verfahren für die Einhaltung der Vorschriften in den Art. 16 Abs. 1 und 2 VO Nr. 596/2014 (Art. 16 Abs. 5 Unterabs. 1 lit. a VO Nr. 596/2014) sowie die von meldepflichtigen Personen zur Einhaltung der Vorschriften in den Art. 16 Abs. 1 und 2 VO Nr. 596/2014 zu nutzenden Mitteilungsmuster (Art. 16 Abs. 5 Unterabs. 1 lit. a VO Nr. 596/2014) festgelegt werden. Diese Entwürfe hatte die ESMA der Europäischen Kommission nach Art. 16 Abs. 5 Unterabs. 2 VO Nr. 596/2014 bis zum 3.7.2016 vorzulegen. Der **Europäischen Kommission** überträgt sodann Art. 16 Abs. 5 Unterabs. 3 VO Nr. 596/2014 die Befugnis, die genannten technischen Regulierungsstandards nach Art. 10–14 VO Nr. 1095/2010 zu erlassen. Letzteres ist durch den Erlass der DelVO 2016/957 geschehen.

66 **X. Aus- bzw. Durchführungsverbot. Kapitalmarktrechtlich** besteht grundsätzlich **kein Verbot**, marktmissbrauchsverdächtige Aufträge oder Geschäfte **aus- bzw. durchzuführen**[3]. Dass der europäische Gesetzgeber sich

---
[1] S. https://www.bafin.de/DE/DieBaFin/Service/MVPportal/Verdacht_MAR/verdacht_mar_node.html.
[2] S. https://portal.mvp.bafin.de/MvpPortalWeb/app/login.html.
[3] Ebenso *v. Hein* in Schwark/Zimmer, § 10 WpHG Rz. 23; *Heinrich* in KölnKomm. WpHG, § 10 WpHG Rz. 55; *Schlette/Bouchon* in Fuchs, § 10 WpHG Rz. 17; s. auch bereits Rz. 5.

zu dieser Frage nicht eindeutig positioniert hat, sorgt aber zumindest für Rechtsunsicherheit. Der mit der Ausführung eines verdächtigen Auftrags oder Geschäfts Beauftragte steht nämlich vor dem Dilemma, den Auftrag bzw. die Durchführung des Geschäfts entweder abzulehnen, was zivilrechtliche Konsequenzen haben kann, oder aber den Auftrag bzw. das Geschäft auszuführen und dadurch Gefahr zu laufen, sich an einem Verstoß gegen die Marktmissbrauchsverbote der MAR zu beteiligen[1]. Im Rechtssetzungsverfahren der MAR ist kein Vorschlag zu einem ausdrücklichen Ausführungsverbot in Entwurfsfassungen und erst recht nicht in die endgültige Fassung eingegangen. Im Kommissionsvorschlag zur MAD I war zwar ein Ausführungsverbot für Finanzintermediäre vorgesehen, dieses wurde aber im weiteren Verfahren wieder gestrichen[2]. Ohne eine ausdrückliche gesetzliche Grundlage kann keinesfalls aus der bloßen Meldepflicht auch eine weitergehende **privatrechtliche Einschränkung** der **vertraglichen Abschlussfreiheit** hergeleitet werden[3]. Eine andere Frage ist, ob die Aus- bzw. Durchführung dringend verdächtiger Aufträge oder Geschäfte die **Zuverlässigkeit** des Unternehmens beeinträchtigen kann, woran sich bei einer Bejahung **aufsichtsrechtliche Konsequenzen** knüpfen können[4].

Ein Aus- bzw. Durchführungsverbot kann sich im Einzelfall wegen der **straf. bzw. ordnungswidrigkeitenrechtlichen Flankierung** der Marktmissbrauchsverbote der MAR in den §§ 119, 120 WpHG ergeben. Stellt sich nämlich die Aus- bzw. Durchführung selbst als straf- bzw. ahndbare Beteiligung an einem Marktmissbrauch dar, dann ist diese dem Finanzintermediär verboten[5]. Das führt zu der schwierigen Frage, wann **professionsadäquates Verhalten** straf- bzw. bußgeldrechtlich relevant sein kann[6]. Diese Relevanz ist jedenfalls dann unstreitig zu bejahen, wenn der Beteiligte sicher weiß, dass er an einer Straf- bzw. Ordnungswidrigkeit beteiligt ist[7]. Umstritten ist, ob und wann bedingter Vorsatz oder nur Fahrlässigkeit zu einer Beteiligungsstrafbarkeit führen können. Die Rechtsprechung stellt darauf ab, ob das erkannte Risiko derart hoch ist, dass **die Förderung** eines erkennbar tatgeneigten Täters bereits **in der Tatbeteiligung angelegt** ist[8]. Insofern wurde zutreffend darauf hingewiesen, dass für die Frage, ob eine Förderung in der Tatbeteiligung bereits angelegt ist, die kapitalmarktrechtliche Wertung, dass es kein ausdrückliches Aus- bzw. Durchführungsverbot gibt, berücksichtigt werden muss. Dies hat zur Folge, dass es nicht als entsprechende Förderung gewertet werden darf, wenn ein verdächtiger Auftrag oder ein verdächtiges Geschäft im normalen Geschäftsgang durchgeführt wird und unmittelbar eine allen Anforderungen entsprechende Verdachtsmeldung abgegeben wird[9].

Kapitel 3
Offenlegungsvorschriften

Art. 17 Veröffentlichung von Insiderinformationen

(1) Ein Emittent gibt der Öffentlichkeit Insiderinformationen, die unmittelbar diesen Emittenten betreffen, unverzüglich bekannt.

Der Emittent stellt sicher, dass die Insiderinformationen in einer Art und Weise veröffentlicht werden, die der Öffentlichkeit einen schnellen Zugang und eine vollständige, korrekte und rechtzeitige Bewertung ermöglicht, und dass sie gegebenenfalls in dem amtlich bestellten System gemäß Artikel 21 der Richtlinie 2004/109/EG des Europäischen Parlaments und des Rates veröffentlicht werden. Der Emittent darf die Veröffentlichung von Insiderinformationen nicht mit der Vermarktung seiner Tätigkeiten verbinden. Der Emittent veröffentlicht alle Insiderinformationen, die er der Öffentlichkeit mitteilen muss, auf seiner Website und zeigt sie dort während eines Zeitraums von mindestens fünf Jahren an.

Dieser Artikel gilt für Emittenten, die für ihre Finanzinstrumente eine Zulassung zum Handel an einem geregelten Markt in einem Mitgliedstaat beantragt oder genehmigt haben, bzw. im Falle von Instrumenten, die nur auf einem multilateralen oder organisierten Handelssystem gehandelt werden, für Emitten-

---

1 Vgl. zu § 10 WpHG a.F. *Vogel* in 6. Aufl., § 10 WpHG Rz. 46; *Spindler*, NJW 2004, 3449, 3450; Stellungnahme Nr. 26/04 des Handelsrechtsausschusses des DAV (abrufbar unter: http://www.anwaltverein.de/03/05/2004/26-04.pdf).
2 Instruktiv *Schwintek*, WM 2005, 861, 866. Art. 6 Nr. 5 des Kommissionsvorschlages der Marktmissbrauchsrichtlinie (KOM [2001] 281 endgültig v. 30.5.2001) hatte noch bestimmt, dass Finanzintermediäre marktmissbrauchsverdächtige „Geschäfte nicht durchführen dürfen und entsprechende Aufträge von Kunden ablehnen müssen".
3 Vgl. *Vogel* in 6. Aufl., § 10 WpHG Rz. 46; zur verfassungsrechtlichen Problematik des geldwäscherechtlichen „Stillhaltegebots" s. *Fülbier* in Fülbier/Aepfelbach/Langweg, § 11 GwG Rz. 153 ff.
4 Vgl. *Vogel* in 6. Aufl., § 10 WpHG Rz. 46.
5 Vgl. *Vogel* in 6. Aufl., § 10 WpHG Rz. 47.
6 Vgl. *Vogel* in 6. Aufl., § 10 WpHG Rz. 47.
7 BGH v. 1.8.2000 – 5 StR 624/99, BGHSt 46, 107; BGH v. 20.9.1999 – 5 StR 729/98, NStZ 2000, 34.
8 BGH v. 1.8.2000 – 5 StR 624/99, BGHSt 46, 107; BGH v. 20.9.1999 – 5 StR 729/98, NStZ 2000, 34.
9 *Schwintek*, WM 2005, 861, 867.

ten, die für ihre Finanzinstrumente eine Zulassung zum Handel auf einem multilateralen oder organisierten Handelssystem in einem Mitgliedstaat erhalten haben oder die für ihre Finanzinstrumente eine Zulassung zum Handel auf einem multilateralen Handelssystem in einem Mitgliedstaat beantragt haben.

(2) Jeder Teilnehmer am Markt für Emissionszertifikate gibt Insiderinformationen in Bezug auf ihm gehörende Emissionszertifikate für seine Geschäftstätigkeit, darunter Luftverkehr gemäß Anhang I der Richtlinie 2003/87/EG und Anlagen im Sinne von Artikel 3 Buchstabe e jener Richtlinie, die der betreffende Marktteilnehmer, dessen Mutterunternehmen oder ein verbundenes Unternehmen besitzt oder kontrolliert und für dessen betriebliche Angelegenheiten der Marktteilnehmer, dessen Mutterunternehmen oder ein verbundenes Unternehmen vollständig oder teilweise verantwortlich ist, öffentlich, wirksam und rechtzeitig bekannt. In Bezug auf Anlagen umfasst diese Offenlegung die für deren Kapazität und Nutzung erheblichen Informationen, darunter die geplante oder ungeplante Nichtverfügbarkeit dieser Anlagen.

Unterabsatz 1 gilt nicht für Teilnehmer am Markt für Emissionszertifikate, wenn die Emissionen der Anlagen oder Luftverkehrstätigkeiten in ihrem Besitz, unter ihrer Kontrolle oder ihrer Verantwortlichkeit im Vorjahr eine bestimmte Kohlendioxidäquivalent-Mindestschwelle nicht überschritten haben und, sofern dort eine Verbrennung erfolgt, deren thermische Nennleistung eine bestimmte Mindestschwelle nicht überschreitet.

Der Kommission wird die Befugnis übertragen, gemäß Artikel 35 zur Anwendung der im Unterabsatz 2 dieses Absatzes vorgesehenen Ausnahme delegierte Rechtsakte zur Festlegung einer Kohlendioxidäquivalent-Mindestschwelle und einer Mindestschwelle für die thermische Nennleistung zu erlassen.

(3) Der Kommission wird die Befugnis übertragen, delegierte Rechtsakte gemäß Artikel 35 zur Festlegung der zuständigen Behörde für die Mitteilungen gemäß den Absätzen 4 und 5 des vorliegenden Artikels zu erlassen.

(4) Ein Emittent oder ein Teilnehmer am Markt für Emissionszertifikate, kann auf eigene Verantwortung die Offenlegung von Insiderinformationen für die Öffentlichkeit aufschieben, sofern sämtliche nachfolgenden Bedingungen erfüllt sind:

a) die unverzügliche Offenlegung wäre geeignet die berechtigten Interessen des Emittenten oder Teilnehmers am Markt für Emissionszertifikate zu beeinträchtigen,

b) die Aufschiebung der Offenlegung wäre nicht geeignet, die Öffentlichkeit irrezuführen,

c) der Emittent oder Teilnehmer am Markt für Emissionszertifikate kann die Geheimhaltung dieser Informationen sicherstellen.

Im Falle eines zeitlich gestreckten Vorgangs, der aus mehreren Schritten besteht und einen bestimmten Umstand oder ein bestimmtes Ereignis herbeiführen soll oder hervorbringt, kann ein Emittent oder Teilnehmer am Markt für Emissionszertifikate auf eigene Verantwortung die Offenlegung von Insiderinformationen zu diesem Vorgang vorbehaltlich des Unterabsatzes 1 Buchstaben a, b und c aufschieben.

Hat ein Emittent oder ein Teilnehmer am Markt für Emissionszertifikate die Offenlegung von Insiderinformationen nach diesem Absatz aufgeschoben, so informiert er die gemäß Absatz 3 festgelegte zuständige Behörde unmittelbar nach der Offenlegung der Informationen über den Aufschub der Offenlegung und erläutert schriftlich, inwieweit die in diesem Absatz festgelegten Bedingungen erfüllt waren. Alternativ können Mitgliedstaaten festlegen, dass die Aufzeichnung einer solchen Erläuterung nur auf Ersuchen der gemäß Absatz 3 festgelegten zuständigen Behörde übermittelt werden muss.

(5) Zur Wahrung der Stabilität des Finanzsystems kann ein Emittent, bei dem es sich um ein Kreditinstitut oder ein Finanzinstitut handelt, auf eigene Verantwortung die Offenlegung von Insiderinformationen, einschließlich Informationen im Zusammenhang mit einem zeitweiligen Liquiditätsproblem und insbesondere in Bezug auf den Bedarf an zeitweiliger Liquiditätshilfe seitens einer Zentralbank oder eines letztinstanzlichen Kreditgebers, aufschieben, sofern sämtliche nachfolgenden Bedingungen erfüllt sind:

a) die Offenlegung der Insiderinformationen birgt das Risiko, dass die finanzielle Stabilität des Emittenten und des Finanzsystems untergraben wird;

b) der Aufschub der Veröffentlichung liegt im öffentlichen Interesse;

c) die Geheimhaltung der betreffenden Informationen kann gewährleistet werden, und

d) die gemäß Absatz 3 festgelegte zuständige Behörde hat dem Aufschub auf der Grundlage zugestimmt, dass die Bedingungen gemäß Buchstaben a, b, und c erfüllt sind.

(6) Für die Zwecke des Absatzes 5 Buchstaben a bis d setzt der Emittent die gemäß Absatz 3 festgelegte zuständige Behörde von seiner Absicht in Kenntnis, die Offenlegung der Insiderinformationen auf-

zuschieben, und legt Nachweise vor, dass die Voraussetzungen gemäß Absatz 5 Buchstaben a, b, und c vorliegen. Die gemäß Absatz 3 festgelegte zuständige Behörde hört gegebenenfalls die nationale Zentralbank oder, falls eingerichtet, die makroprudenzielle Behörde oder andernfalls die folgenden Stellen an:

a) falls es sich bei dem Emittenten um ein Kreditinstitut oder eine Wertpapierfirma handelt, die gemäß Artikel 133 Absatz 1 der Richtlinie 2013/36/EU des Europäischen Parlaments und des Rates benannte Behörde;

b) in anderen als den in Buchstabe a genannten Fällen jede andere für die Aufsicht über den Emittenten zuständige nationale Behörde.

Die gemäß Absatz 3 festgelegte zuständige Behörde stellt sicher, dass der Aufschub für die Offenlegung von Insiderinformationen nur für den im öffentlichen Interesse erforderlichen Zeitraum gewährt wird. Die gemäß Absatz 3 festgelegte zuständige Behörde bewertet mindestens wöchentlich, ob die Voraussetzungen gemäß Absatz 5 Buchstaben a, b und c noch vorliegen.

Wenn die gemäß Absatz 3 festgelegte zuständige Behörde dem Aufschub der Veröffentlichung von Insiderinformationen nicht zustimmt, muss der Emittent die Insiderinformationen unverzüglich offenlegen.

Dieser Absatz gilt für Fälle, in denen der Emittent nicht beschließt, die Offenlegung von Insiderinformationen gemäß Absatz 4 aufzuschieben.

Verweise in diesem Absatz auf die gemäß Absatz 3 festgelegte zuständige Behörde in diesem Absatz lassen die Befugnis der zuständigen Behörde, ihre Aufgaben gemäß Artikel 23 Absatz 1 wahrzunehmen, unberührt.

(7) Wenn die Offenlegung von Insiderinformationen gemäß Absatz 4 oder 5 aufgeschoben wurde und die Vertraulichkeit [der] dieser Insiderinformationen nicht mehr gewährleistet ist, muss der Emittent die Öffentlichkeit so schnell wie möglich über diese Informationen informieren.

Dieser Absatz schließt Sachverhalte ein, bei denen ein Gerücht auf eine Insiderinformation Bezug nimmt, die gemäß Absatz 4 oder 5 nicht offengelegt wurden, wenn dieses Gerücht ausreichend präzise ist, dass zu vermuten ist, dass die Vertraulichkeit dieser Information nicht mehr gewährleistet ist.

(8) Legt ein Emittent oder ein Teilnehmer am Markt für Emissionszertifikate oder eine in ihrem Auftrag oder für ihre Rechnung handelnde Person im Zuge der normalen Ausübung ihrer Arbeit oder ihres Berufs oder der normalen Erfüllung ihrer Aufgaben gemäß Artikel 10 Absatz 1 Insiderinformationen gegenüber einem Dritten offen, so veröffentlicht er diese Informationen vollständig und wirksam, und zwar zeitgleich bei absichtlicher Offenlegung und unverzüglich im Fall einer nicht absichtlichen Offenlegung. Dieser Absatz gilt nicht, wenn die die Informationen erhaltende Person zur Verschwiegenheit verpflichtet ist, unabhängig davon, ob sich diese Verpflichtung aus Rechts- oder Verwaltungsvorschriften, einer Satzung oder einem Vertrag ergibt.

(9) Insiderinformationen in Bezug auf Emittenten, deren Finanzinstrumente zum Handel an einem KMU-Wachstumsmarkt zugelassen sind, können auf der Website des Handelsplatzes anstatt der Website des Emittenten angezeigt werden, falls der Handelsplatz sich für die Bereitstellung dieser Möglichkeit für Emittenten auf jenem Markt entscheidet.

(10) Um einheitliche Bedingungen für die Anwendung dieses Artikels sicherzustellen, arbeitet die ESMA Entwürfe technischer Durchführungsstandards zur Festlegung

a) der technischen Mittel für die angemessene Bekanntgabe von Insiderinformationen gemäß den Absätzen 1, 2, 8 und 9 und

b) der technischen Mittel für den Aufschub der Bekanntgabe von Insiderinformationen gemäß den Absätzen 4 und 5 aus.

Die ESMA legt der Kommission diese Entwürfe technischer Durchführungsstandards bis zum 3. Juli 2016 vor.

Der Kommission wird die Befugnis übertragen, die in Unterabsatz 1 genannten technischen Durchführungsstandards nach Artikel 15 der Verordnung (EU) Nr. 1095/2010 zu erlassen.

(11) Die ESMA gibt Leitlinien für die Erstellung einer nicht abschließenden indikativen Liste der in Absatz 4 Buchstabe a genannten berechtigten Interessen des Emittenten und von Fällen heraus, in denen die Aufschiebung der Offenlegung von Insiderinformationen gemäß Absatz 4 Buchstabe b geeignet ist, die Öffentlichkeit irrezuführen.

In der Fassung vom 16.4.2014 (ABl. EU Nr. L 173 v. 12.6.2014, S. 1), geändert durch Berichtigung vom 21.10.2016 (ABl. EU Nr. L 287 v. 21.10.2016, S. 320) und Berichtigung vom 21.12.2016 (ABl. EU Nr. L 348 v. 21.12.2016, S. 83).

**Delegierte Verordnung (EU) 2016/522 der Kommission vom 17. Dezember 2015
zur Ergänzung der Verordnung (EU) Nr. 596/2014 des Europäischen Parlaments und des Rates im Hinblick auf eine
Ausnahme für bestimmte öffentliche Stellen und Zentralbanken von Drittstaaten, die Indikatoren für
Marktmanipulation, die Schwellenwerte für die Offenlegung, die zuständige Behörde, der ein Aufschub zu melden ist,
die Erlaubnis zum Handel während eines geschlossenen Zeitraums und die Arten meldepflichtiger Eigengeschäfte
von Führungskräften**

(Auszug)

Art. 1 Gegenstand und Anwendungsbereich

Diese Verordnung legt detaillierte Bestimmungen im Hinblick auf Folgendes fest:
1. die Ausdehnung der Ausnahme von den in der Verordnung (EU) Nr. 596/2014 festgelegten Verpflichtungen und Verboten auf bestimmte öffentliche Stellen und Zentralbanken von Drittstaaten bei der Ausübung ihrer Geld- und Wechselkurspolitik und Politik zur Staatsschuldenverwaltung;
2. …
3. die Schwellenwerte für die Offenlegung von Insiderinformationen durch Teilnehmer am Markt für Emissionszertifikate;
4. die zuständige Behörde, der ein Aufschub bei der Offenlegung von Insiderinformationen zu melden ist;
5. …
6. …

In der Fassung vom 17.12.2015 (ABl. EU Nr. L 88 v. 5.4.2016, S. 1).

Art. 2 Begriffsbestimmungen

Für die Zwecke dieser Verordnung bezeichnet der Ausdruck „Dividendenwert" die in Artikel 4 Absatz 1 Nummer 44 Buchstabe a der Richtlinie 2014/65/EU des Europäischen Parlaments und des Rates genannte Klasse übertragbarer Wertpapiere.

In der Fassung vom 17.12.2015 (ABl. EU Nr. L 88 v. 5.4.2016, S. 1).

Art. 5 Kohlendioxidäquivalent-Mindestschwelle und Mindestschwelle für die thermische Nennleistung

1. Für die Zwecke von Artikel 17 Absatz 2 Unterabsatz 2 der Verordnung (EU) Nr. 596/2014 liegt
   a) die Kohlendioxidäquivalent-Mindestschwelle bei 6 Mio. Tonnen pro Jahr;
   b) die Mindestschwelle für die thermische Nennleistung bei 2 430 MW.
2. Die in Absatz 1 festgelegten Mindestschwellen sollten auf Konzernebene gelten und sich auf alle Geschäftstätigkeiten beziehen, einschließlich Luftverkehrstätigkeiten oder Anlagen, die der betreffende Akteur des Emissionszertifikate-Marktes, dessen Mutterunternehmen oder ein verbundenes Unternehmen besitzt oder kontrolliert und für dessen betriebliche Angelegenheiten der Marktteilnehmer, dessen Mutterunternehmen oder ein verbundenes Unternehmen vollständig oder teilweise verantwortlich ist.

In der Fassung vom 17.12.2015 (ABl. EU Nr. L 88 v. 5.4.2016, S. 1).

Art. 6 Festlegung der zuständigen Behörde

1. Die zuständige Behörde, der ein Emittent von Finanzinstrumenten den Aufschub bei der Offenlegung von Insiderinformationen gemäß Artikel 17 Absätze 4 und 5 der Verordnung (EU) Nr. 596/2014 melden muss, ist in jedem der folgenden Fälle die zuständige Behörde des Mitgliedstaats, in dem der Emittent registriert ist:
   a) wenn und solange Dividendenwerte des Emittenten zum Handel zugelassen sind oder mit seinem Einverständnis gehandelt werden oder der Emittent für sie die Zulassung zum Handel an einem Handelsplatz in dem Mitgliedstaat beantragt hat, in dem er registriert ist;
   b) wenn und solange keine Dividendenwerte des Emittenten zum Handel zugelassen sind oder mit seinem Einverständnis gehandelt werden oder der Emittent für sie keine Zulassung zum Handel an einem Handelsplatz in einem Mitgliedstaat beantragt hat, vorausgesetzt, es existieren andere Finanzinstrumente des Emittenten, die zum Handel zugelassen sind oder mit seinem Einverständnis gehandelt werden oder für die er die Zulassung zum Handel an einem Handelsplatz in dem Mitgliedstaat beantragt hat, in dem er registriert ist.

2. In allen anderen Fällen, einschließlich solchen, in denen der Emittent in einem Drittstaat eingetragen ist, ist die zuständige Behörde, der ein Emittent von Finanzinstrumenten den Aufschub bei der Offenlegung von Insiderinformationen melden muss, die zuständige Behörde des Mitgliedstaats, in dem
   a) Dividendenwerte des Emittenten zum Handel zugelassen sind oder mit seinem Einverständnis gehandelt werden oder der Emittent für diese erstmals die Zulassung zum Handel an einem Handelsplatz beantragt hat;
   b) andere Finanzinstrumente des Emittenten zum Handel zugelassen sind oder mit seinem Einverständnis gehandelt werden oder für die er erstmals die Zulassung zum Handel an einem Handelsplatz beantragt hat, wenn und solange keine Dividendenwerte des Emittenten zum Handel zugelassen sind oder mit seinem Einverständnis gehandelt werden oder der Emittent für diese keine Zulassung zum Handel an einem Handelsplatz in einem Mitgliedstaat beantragt hat.

Sind die maßgeblichen Finanzinstrumente des Emittenten zum Handel zugelassen oder werden mit seinem Einverständnis gehandelt oder hat der Emittent für sie gleichzeitig die erstmalige Zulassung zum Handel an Handelsplätzen in mehr als einem Mitgliedstaat beantragt, so meldet er den zu erwartenden Aufschub der zuständigen Behörde des Handelsplatzes, der im Hinblick auf die Liquidität der relevanteste Markt im Sinne der gemäß Artikel 26 Absatz 9 Buchstabe b der Verordnung (EU) Nr. 600/2014 des Europäischen Parlaments und des Rates zu erlassenden Delegierten Verordnung der Kommission ist.

3. Für die Zwecke der Meldungen nach Artikel 17 Absatz 4 der Verordnung (EU) Nr. 596/2014 meldet ein Teilnehmer am Markt für Emissionszertifikate den Aufschub bei der Offenlegung von Insiderinformationen der zuständigen Behörde des Mitgliedstaats, in dem der Teilnehmer am Markt für Emissionszertifikate registriert ist.

In der Fassung vom 17.12.2015 (ABl. EU Nr. L 88 v. 5.4.2016, S. 1).

Art. 11 Inkrafttreten und Geltung

Diese Verordnung tritt am zwanzigsten Tag nach ihrer Veröffentlichung im *Amtsblatt der Europäischen Union* [veröffentlicht am 5.4.2016] in Kraft.
Sie gilt ab dem 3. Juli 2016.

In der Fassung vom 17.12.2015 (ABl. EU Nr. L 88 v. 5.4.2016, S. 1).

Durchführungsverordnung (EU) 2016/1055 der Kommission vom 29. Juni 2016 zur Festlegung technischer Durchführungsstandards hinsichtlich der technischen Mittel für die angemessene Bekanntgabe von Insiderinformationen und für den Aufschub der Bekanntgabe von Insiderinformationen gemäß Verordnung (EU) Nr. 596/2014 des Europäischen Parlaments und des Rates (ABl. EU Nr. L 173 vom 30.6.2016, S. 47)

Art. 1 Begriffsbestimmungen

Für die Zwecke dieser Verordnung gilt folgende Begriffsbestimmung:
„Elektronische Hilfsmittel" sind elektronische Geräte für die Verarbeitung (einschließlich der digitalen Komprimierung), Speicherung und Übertragung von Daten über Kabel, Funk, optische Technologien oder andere elektromagnetische Verfahren.

In der Fassung vom 29.6.2016 (ABl. EU Nr. L 173 v. 30.6.2016, S. 47).

Art. 2 Mittel für die Bekanntgabe von Insiderinformationen

(1) Emittenten und Teilnehmer am Markt für Emissionszertifikate geben Insiderinformationen mithilfe technischer Mittel bekannt, die gewährleisten,
a) dass Insiderinformationen folgendermaßen verbreitet werden:
   i) nichtdiskriminierend an eine möglichst breite Öffentlichkeit;
   ii) unentgeltlich;
   iii) zeitgleich in der gesamten Union.
b) dass Insiderinformationen unmittelbar oder über einen Dritten an die Medien übermittelt werden, bei denen die Öffentlichkeit vernünftigerweise davon ausgeht, dass sie die Informationen tatsächlich verbreiten. Diese Übermittlung erfolgt mit elektronischen Hilfsmitteln, die die Vollständigkeit, Integrität und Vertraulichkeit der Informationen bei der Übertragung gewährleisten. Dabei wird Folgendes unmissverständlich klar:
   i) die übermittelten Informationen sind Insiderinformationen;
   ii) die Identität des Emittenten oder des Teilnehmers am Markt für Emissionszertifikate: der vollständige rechtsgültige Name;
   iii) die Identität der mitteilenden Person: Vorname, Nachname, Position beim Emittenten oder Teilnehmer am Markt für Emissionszertifikate;
   iv) der Gegenstand der Insiderinformationen;
   v) Datum und Uhrzeit der Übermittlung an die Medien.

Die Emittenten und Teilnehmer am Markt für Emissionszertifikate tragen Sorge für die Vollständigkeit, Integrität und Vertraulichkeit, indem ein eventueller Ausfall oder eine eventuelle Unterbrechung der Übermittlung der Insiderinformationen unverzüglich behoben wird.

(2) Teilnehmer am Markt für Emissionszertifikate, die gemäß Artikel 4 der Verordnung (EU) Nr. 1227/2011 zur Veröffentlichung von Insiderinformationen verpflichtet sind, können die zum Zweck der Bekanntgabe von Insiderinformationen in dieser Verordnung vorgesehenen technischen Mittel zur Offenlegung von Insiderinformationen gemäß Artikel 17 Absatz 2 der Verordnung (EU) Nr. 596/2014 nutzen, sofern die offenzulegenden Insiderinformationen im Wesentlichen den gleichen Inhalt haben und die für die Offenlegung verwendeten technischen Mittel gewährleisten, dass die Insiderinformationen an die einschlägigen Medien übermittelt werden.

In der Fassung vom 29.6.2016 (ABl. EU Nr. L 173 v. 30.6.2016, S. 47).

Art. 3 Anzeigen von Insiderinformationen auf einer Website

Die in Artikel 17 Absatz 1 und 9 der Verordnung (EU) Nr. 596/2014 genannten Websites müssen folgende Anforderungen erfüllen:
a) Die auf ihnen angezeigten Insiderinformationen müssen für die Nutzer diskriminierungsfrei und unentgeltlich zugänglich sein;
b) die Nutzer der Website müssen die Insiderinformationen in einem leicht auffindbaren Abschnitt der Website ausfindig machen können;

Art. 17 VO Nr. 596/2014 | Veröffentlichung von Insiderinformationen

c) sie müssen gewährleisten, dass die offengelegten Insiderinformationen eindeutige Angaben zu Datum und Uhrzeit der Bekanntgabe enthalten und dass die Informationen in chronologischer Reihenfolge aufgelistet werden.

In der Fassung vom 29.6.2016 (ABl. EU Nr. L 173 v. 30.6.2016, S. 47).

Art. 4 Mitteilung der aufgeschobenen Offenlegung von Insiderinformationen und schriftliche Erläuterung

(1) Zum Aufschub der Offenlegung von Insiderinformationen gemäß Artikel 17 Absatz 4 Unterabsatz 3 der Verordnung (EU) Nr. 596/2014 nutzen die Emittenten und Teilnehmer am Markt für Emissionszertifikate technische Mittel, mit denen für folgende Informationen auf einem dauerhaften Datenträger Zugänglichkeit, Lesbarkeit und Pflege gewährleistet sind:

a) Datum und Uhrzeit:
  i) des erstmaligen Vorliegens der Insiderinformationen beim Emittenten oder Teilnehmer am Markt für Emissionszertifikate;
  ii) der Entscheidung über den Aufschub der Offenlegung von Insiderinformationen;
  iii) der wahrscheinlichen Bekanntgabe der Insiderinformationen durch den Emittenten oder Teilnehmer am Markt für Emissionszertifikate;
b) Identität der Personen beim Emittenten oder Teilnehmer am Markt für Emissionszertifikate mit Zuständigkeit für:
  i) die Entscheidung über den Aufschub der Bekanntgabe und den Beginn und das voraussichtliche Ende des Aufschubs;
  ii) die Gewährleistung der fortlaufenden Überwachung der Bedingungen für den Aufschub;
  iii) die Entscheidung über die Bekanntgabe der Insiderinformationen;
  iv) die Vorlage der geforderten Informationen über den Aufschub und der schriftlichen Erläuterung bei der zuständigen Behörde;
c) Nachweis für die in Artikel 17 Absatz 4 der Verordnung (EU) Nr. 596/2014 genannte erstmalige Erfüllung der Bedingungen und für jegliche Änderung dieser Erfüllung während des Aufschubs, einschließlich
  i) intern und gegenüber Dritten herbeigeführte Informationshindernisse, um den Zugang zu Insiderinformationen durch andere Personen als diejenigen zu verhindern, die sie für die normale Ausübung ihrer Arbeit, ihres Berufs oder ihrer Aufgaben beim Emittenten oder Teilnehmer am Markt für Emissionszertifikate benötigen;
  ii) die getroffenen Vorkehrungen zur schnellstmöglichen Bekanntgabe der einschlägigen Insiderinformationen, wenn keine Vertraulichkeit mehr gewährleistet ist.

(2) Die Emittenten und Teilnehmer am Markt für Emissionszertifikate setzen die zuständige Behörde schriftlich über einen Aufschub der Bekanntgabe von Insiderinformationen in Kenntnis und übermitteln die schriftliche Erläuterung dieses Aufschubs über die bei der zuständigen Behörde bestehende bzw. von ihr benannte Anlaufstelle unter Verwendung der von der zuständigen Behörde festgelegten elektronischen Hilfsmittel.

Die zuständigen Behörden veröffentlichen jeweils auf ihrer Website die bei der zuständigen Behörde bestehende bzw. von ihr benannte Anlaufstelle und die elektronischen Hilfsmittel nach Unterabsatz 1. Durch diese elektronischen Hilfsmittel wird die Vollständigkeit, Integrität und Vertraulichkeit der Informationen bei der Übertragung gewährleistet.

(3) Die in Absatz 2 genannten elektronischen Hilfsmittel gewährleisten, dass die Mitteilung eines Aufschubs der Bekanntgabe von Insiderinformationen folgende Informationen enthält:

a) die Identität des Emittenten oder des Teilnehmers am Markt für Emissionszertifikate: den vollständigen rechtsgültigen Namen;
b) die Identität der mitteilenden Person: Vorname, Nachname, Position beim Emittenten oder Teilnehmer am Markt für Emissionszertifikate;
c) die Kontaktangaben der mitteilenden Person: dienstliche E-Mail-Adresse und Telefonnummer;
d) Angaben zu den offengelegten Insiderinformationen, die aufgeschoben wurden: Titel der Aufschuberklärung; Referenznummer, sofern im System zur Verbreitung der Insiderinformationen eine vorhanden ist; Datum und Uhrzeit der Bekanntgabe der Insiderinformationen;
e) Datum und Uhrzeit der Entscheidung über den Aufschub der Bekanntgabe von Insiderinformationen;
f) die Identität aller für die Entscheidung über den Aufschub der Bekanntgabe von Insiderinformationen verantwortlichen Personen.

(4) Wird die schriftliche Erklärung eines Aufschubs der Offenlegung von Insiderinformationen nur auf Ersuchen der zuständigen Behörde gemäß Artikel 17 Absatz 4 Unterabsatz 3 der Verordnung (EU) Nr. 596/2014 vorgelegt, stellen die in Absatz 2 dieses Artikels genannten elektronischen Hilfsmittel sicher, dass diese schriftliche Erklärung die in Absatz 3 dieses Artikels genannten Informationen umfasst.

In der Fassung vom 29.6.2016 (ABl. EU Nr. L 173 v. 30.6.2016, S. 47).

Art. 5 Mitteilung der Absicht, die Offenlegung von Insiderinformationen aufzuschieben

(1) Für die Zwecke des Aufschubs der Offenlegung von Insiderinformationen gemäß Artikel 17 Absatz 5 der Verordnung (EU) Nr. 596/2014 legt ein Emittent, bei dem es sich um ein Kreditinstitut oder ein Finanzinstitut handelt, der zuständigen Behörde über die bei der zuständigen Behörde bestehende bzw. von ihr benannte Anlaufstelle eine schriftliche Mitteilung vor, in der er seine Absicht erklärt, die Offenlegung von Insiderinformationen im Interesse der Wahrung der Stabilität des Finanzsystems aufzuschieben, wobei die Vollständigkeit, Integrität und Vertraulichkeit der Informationen gewährleistet wird.

Übermittelt der Emittent die Mitteilung gemäß Unterabsatz 1 elektronisch, verwendet er dafür die in Artikel 4 Absatz 2 dieser Verordnung genannten elektronischen Hilfsmittel.

(2) Die zuständige Behörde teilt dem Emittenten ihre Entscheidung darüber mit, ob sie anhand der gemäß Absatz 1 übermittelten schriftlichen Informationen, deren Vollständigkeit, Integrität und Vertraulichkeit gewährleistet wird, dem Aufschub der Offenlegung zustimmt oder nicht.

(3) Der Emittent verwendet dieselben technischen Hilfsmittel wie bei der Übermittlung der in Absatz 1 genannten Mitteilung an die zuständige Behörde, um die zuständige Behörde über neue Informationen in Kenntnis zu setzen, die ihre Entscheidung bezüglich des Aufschubs der Offenlegung von Insiderinformationen beeinflussen könnten.

In der Fassung vom 29.6.2016 (ABl. EU Nr. L 173 v. 30.6.2016, S. 47).

Art. 6 Inkrafttreten

Diese Verordnung tritt am Tag nach ihrer Veröffentlichung im *Amtsblatt der Europäischen Union* in Kraft.
Sie gilt ab dem 3. Juli 2016.

In der Fassung vom 29.6.2016 (ABl. EU Nr. L 173 v. 30.6.2016, S. 47).

Schrifttum: *Ackermann*, Grundrechte juristischer Personen im kartellrechtlichen Sanktionenverfahren: Ein Reformhindernis?, NZKart 2015, 17; *van Aerssen*, Erwerb eigener Aktien und Wertpapierhandelsgesetz: Neues von der Schnittstelle Gesellschaftsrecht/Kapitalmarktrecht, WM 2000, 391; *Arnold*, Verantwortung und Zusammenwirken des Vorstands und Aufsichtsrats bei Compliance-Untersuchungen, ZGR 2014, 76; *Assmann*, Die Konzernfinanzierung und das Kapitalmarktrecht, in Lutter/Scheffler/Uwe H. Schneider (Hrsg.), Handbuch Konzernfinanzierung, 1998, S. 332; *Assmann*, Erwerbs-, Übernahme- und Pflichtangebote nach dem Wertpapiererwerbs- und Übernahmegesetz aus der Sicht der Bietergesellschaft, AG 2002, 114; *Assmann*, Übernahmeangebote im Gefüge des Kapitalmarktrechts, insbesondere in Lichte des Insiderrechts, der Ad hoc-Publizität und des Manipulationsverbots, ZGR 2002, 697; *Assmann*, Ad-hoc-Publizitätspflichten im Zuge von Enforcementverfahren zur Überprüfung der Rechnungslegung nach §§ 342b ff. HGB und §§ 37n ff. WpHG, AG 2006, 261; *Assmann*, Unternehmenszusammenschlüsse und Kapitalmarktrecht, ZHR 172 (2008), 635; *Bacher/Dörner*, Ad-hoc-Publizität nach dem WpHG samt Verbesserungsvorschläge, StB 2002, 52; *Bachmann*, Kapitalmarktrechtliche Probleme bei der Zusammenführung von Unternehmen, ZHR 172 (2008), 597; *Bachmann*, Ad-hoc-Publizität nach „Geltl", DB 2012, 2206; *Baetge* (Hrsg.), Insiderrecht und Ad-hoc-Publizität, 1995; *BaFin*, Emittentenleitfaden der Bundesanstalt für Finanzdienstleistungsaufsicht, 2009; *BaFin*, Art. 17 MAR – Veröffentlichung von Insiderinformationen (FAQs), Stand 20.6.2017, abrufbar unter https://www.bafin.de/SharedDocs/Downloads/DE/FAQ/dl_faq_mar_art_17_Ad-hoc.html; *BaFin*, Art. 17 Abs. 2 MAR – Veröffentlichung von Insiderinformationen durch Teilnehmer am Markt für Emissionszertifikate (FAQs), Stand 21.12.2017, https://www.bafin.de/SharedDocs/Downloads/DE/FAQ/dl_faq_mar_art_17_Zertifikate emittenten.pdf?__blob=publicationFile&v=2; *Bartmann*, Ad-hoc-Publizität im Konzern, 2017; *Bayer*, Erkrankungen von Vorstandsmitgliedern – Rechtlicher Rahmen, empirische Studie, Empfehlungen an Praxis und Regelsetzer, in FS Hommelhoff, 2012, S. 87; *BAWe/Deutsche Börse*, Insiderhandelsverbote und Ad hoc-Publizität nach dem Wertpapierhandelsgesetz, 2. Aufl. 1998; *Becker*, Das neue Wertpapierhandelsgesetz, 1995; *Bedkowski*, Der neue Emittentenleitfaden der BaFin, BB 2009, 394; *Bednarz*, Pflichten des Emittenten bei einer unterlassenen Mitteilung von Directors' Dealings, AG 2005, 835; *Behn*, Ad-hoc-Publizität und Unternehmensverbindungen – Informationszugang des Emittenten im faktischen Konzern, 2012; *Benzinger*, Zivilrechtliche Haftungsansprüche im Zusammenhang mit Insiderhandelsverbot und Ad-hoc-Publizität, 2008; *Bernards*, Verpflichtung zur sofortigen Veröffentlichung nach den Vorschriften des Wertpapierhandelsgesetzes, WPrax 1995, 383; *Bodenhöfer-Alte*, Selbstbefreiung von der Ad-hoc-Publizitätspflicht gem. § 15 Abs. 3 WpHG, 2016; *Bosse*, Melde- und Informationspflichten nach dem Aktiengesetz und dem Wertpapierhandelsgesetz im Zusammenhang mit dem Rückkauf eigener Aktien, ZIP 1999, 2047; *Bosse*, Wesentliche Neuregelungen ab 2007 aufgrund des Transparenzrichtlinie-Umsetzungsgesetzes für börsennotierte Unternehmen, DB 2007, 39; *Brandi/Süßmann*, Neue Insiderregeln und Ad-hoc-Publizität – Folgen für Ablauf und Gestaltung von M&A-Transaktionen, AG 2004, 642; *Braun/Rotter*, Können Ad-hoc-Mitteilungen Schadensersatzansprüche im Sinne der allgemeinen zivilrechtlichen Prospekthaftung auslösen?, BKR 2003, 918; *Buck-Heeb*, Informationsorganisation im Kapitalmarktrecht – Compliance zwischen Informationsmanagement und Wissensorganisationspflichten, CCZ 2009, 18; *Buck-Heeb*, Wissenszurechnung, Informationsorganisation und Ad-hoc-Mitteilungspflicht bei Kenntnis eines Aufsichtsratsmitglieds, AG 2015, 801; *Buck-Heeb*: Wissenszurechnung und Verschwiegenheitspflicht von Aufsichtsratsmitgliedern, WM 2016, 1469; *Buck-Heeb*, Neuere Rechtsprechung zur Haftung wegen fehlerhafter oder fehlender Kapitalmarktinformation, NZG 2016, 1125; *Buck-Heeb/Dieckmann*, Informationsdeliktshaftung von Vorstandsmitgliedern und Emittenten, AG 2008, 681; *Bürgers*, Das Anlegerschutzverbesserungsgesetz, BKR 2004, 424; *Büche*, Die Pflicht zur Ad-hoc-Publizität als Baustein eines integrierten Finanzmarkts, 2005; *Bunz*, Ad-hoc-Pflichten im Rahmen von Compliance-Audits, NZG 2016, 1249; *Burgard*, Ad-hoc-Publizität bei gestreckten Sachverhalten und mehrstufigen Entscheidungsprozessen, ZHR 162 (1998), 51; *von Buttlar*, Kapitalmarktrechtliche Pflichten in der Insolvenz, BB 2010, 1355; *Cahn*, Entscheidungen des Bundesaufsichtsamtes für den Wertpapierhandel, WM 1998, 272; *Cahn*, Grenzen des Markt- und Anlegerschutzes durch das WpHG, ZHR 162 (1998), 1; *Cahn/Götz*, Ad-hoc-Publizität und Regelpublizität, AG 2007, 221; *Caspari*, Die Problematik der erheblichen Kursbeeinflussung einer publizitätspflichtigen Tatsache, in Baetge (Hrsg.), Insiderrecht und Ad-hoc-Publizität, 1995, S. 65; *Claussen*, Insiderhandelsverbot und Ad-hoc-Publizität, 1996; *Claussen/Florian*, Der Emittentleitfaden, AG 2005, 753; *Diehl/Loistl/Rehkugler*, Effiziente Kapitalmarktkommunikation, 1998; *Diekmann/Sustmann*, Gesetz zur Verbesserung des Anlegerschutzes (Anlegerschutzverbesserungsgesetz – AnSVG), NZG 2004, 929; *Dier/Fürhoff*, Die geplante europäische Marktmissbrauchsrichtlinie, AG 2002, 604; *Dreher*, Leniency-Anträge und Kapitalmarktrecht, WuW 2010, 731; *Dreyling*, Erste Erfahrungen mit dem WpHG – Ad-hoc-Publizität, Insiderrecht, Verfahrensnormen, in Bankrechtstag 1995: Das Zweite Finanzmarktförderungsgesetz in der praktischen Umsetzung, 1996, S. 158; *Dreyling*, Die Umsetzung der Marktmissbrauchs-Richtlinie über Insider-Geschäfte und Marktmanipulation, Der Konzern 2005, 1; *Dreyling/Schäfer*, Insiderrecht und Ad-hoc-Publizität: Praxis und Entwicklungstendenzen, 2001; *Edelmann*, Haftung von Vorstandsmitgliedern für fehlerhafte Ad-hoc-Mitteilungen – Besprechung der Infomatec-Urteile des BGH, BB 2004, 2031; *Eichner,* Insiderrecht und Ad-hoc-Publizität nach dem Anlegerschutzverbesserungsgesetz, 2009; *Ekkenga,* Anlegerschutz, Rechnungslegung und Kapitalmarkt, 1998; *Ekkenga,* Die Ad hoc-Publizität im System der Marktordnungen – Plädoyer für eine kapitalmarktrechtliche statt gesellschaftsrechtliche Interpretation des § 15 WpHG, ZGR 1999, 165; *Ekkenga,* Individuelle Entscheidungsprozesse im recht der Ad-hoc-Publizität, NZG 2013, 1081; *Ensthaler/Bock/Strübbe,* Publizitätspflichten beim Handel von Energieprodukten an der EEX – Reichweite des geänderten § 15 WpHG, BB 2006, 733; *ESMA,* Final Report – Draft technical standards on the Market Abuse Regulation, 28. September 2015, ESMA/2015/8/1455, abrufbar unter https://www.esma.europa.eu/sites/default/files/library/2015/11/2015-esma-1455_-_final_report_mar_ts.pdf; *ESMA,* Final Report – Guidelines on the Market Abuse Regulation – market soundings and delay of disclosure of inside information, 13. July 2016, ESMA/2016/1130, abrufbar unter https://www.esma.europa.eu/sites/default/files/library/2016-1130_final_report_on_mar_guidelines.pdf; *ESMA,* Leitlinien für Alternative Leistungskennzahlen, Stand 5.10.2015, ESMA/2015/1415 („APM-Leitlinien"), abrufbar unter https://www.esma.europa.eu/sites/default/files/library/2015/10/2015-esma-1415de.pdf; *ESMA,* MAR-Leitlinien – Aufschub der Offenlegung von Insiderinformationen, 20.10.2016 – ESMA/2016/1478 DE, abrufbar unter https://www.esma.europa.eu/sites/default/files/library/esma-2016-1478_de.pdf; *ESMA,* Questions and Answers On the Market Abuse Regulation (MAR), ESMA70-145-11, Version 11, last updated on 23 March 2018, abrufbar unter https://www.esma.europa.eu/sites/default/files/library/esma70-145-111_qa_on_mar.pdf; *Feddersen,* Aktienoptionsprogramme für Führungskräfte aus kapitalmarktrechtlicher und steuerlicher Sicht, ZHR 161 (1997), 269; *Findeisen,* Die Bedeutung der haftungsbegründenden Kausalität einer fehlerhaften Ad-hoc-Mitteilung für die Anlageentscheidung des Schadensersatzklägers, NZG 2007, 692; *Findeisen/Backhaus,* Umfang und Anforderungen an die haftungsbegründende Kausalität bei der Haftung nach § 826 BGB für fehlerhafte Ad-hoc-Mitteilungen, WM 2007, 100; *Fink,* Gilt „nemo tenetur se ipsum accusare" auch für juristische Personen?, wistra 2014, 457; *Fleischer,* Ad-hoc-Publizität beim einvernehmlichen vorzeitigen Ausscheiden des Vorstandsvorsitzenden, NZG 2007, 401; *Fleischer,* Zur zivilrechtlichen Teilnehmerhaftung für fehlerhafte Kapitalmarktinformation nach deutschem und US-amerikanischen Recht, AG 2008, 265; *Fleischer,* Schwere Erkrankung des Vorstandsvorsitzenden und Ad-hoc-Publizität, in FS Uwe H. Schneider, 2011, S. 333; *Fleischer/Schmolke,* Gerüchte im Kapitalmarktrecht, AG 2007, 841; *Florstedt,* Fehlerhafte Ad-hoc-Publizität und Anspruchsberechtigung, AG 2017, 557; *Forst,* Die ad-hoc-pflichtige Massenentlassung, DB 2009, 607; *Franken,* Das Spannungsverhältnis der allgemeinen Publizität zum Auskunftsrecht des Aktionärs, in FS Budde, 1995, S. 214; *Fülbier,* Regulierung der Ad-hoc-Publizität, 1998; *Fürhoff,* Kapitalmarktrechtliche Ad-hoc-Publizität zur Vermeidung von Insiderkriminalität, 2000; *Fürhoff,* Neuregelung der Ad-hoc-Publizitätspflicht auf europäischer Ebene – Auswirkungen auf § 15 WpHG und systematische Einordnung, AG 2003, 80; *Fürhoff/Wölk,* Aktuelle Fragen zur Ad-hoc-Publizität, WM 1997, 449; *Gehrt,* Die neue Ad-hoc-Publizität nach § 15 Wertpapierhandelsgesetz, 1997; *Gelhausen/Hönsch,* Das neue Enforcement-Verfahren für Jahres-Konzernabschlüsse, AG 2005, 511; *Gerke/Bank/Lucht,* Die Wirkungen des WpHG auf die Informationspolitik der Unternehmen, Die Bank 1996, 612; *Goertz/Fischer,* Bußgeldverfahren und -praxis der BaFin bei Verstößen gegen WpHG-Meldepflichten, Der Konzern 2014, 485; *Götze,* Ad-hoc-Publizitätspflicht bei Zulassung einer Due Diligence durch AG-Vorstand?, BB 1998, 2326; *Götze/Carl,* Konzernrechtliche Aspekte der Transparenzpflichten nach der EU-Marktmissbrauchsverordnung, Der Konzern 2016, 529; *Gottschalk,* Die deliktische Haftung für fehlerhafte Ad-hoc-Mitteilungen, DStR 2005, 1648; *Graßl,* Die neue Marktmissbrauchsverordnung der EU, DB 2015, 2066; *Grimme/von Buttlar,* Neue Entwicklungen in der Ad-hoc-Publizität, WM 2003, 901; *Groß,* Haftung für fehlerhafte oder fehlende Regel- oder ad-hoc-Publizität, WM 2002, 477; *Groß,* Befreiung von der Ad-hoc-Publizität nach § 15 Abs. 3 WpHG, in FS Uwe H. Schneider, 2011, S. 385; *Grub/Streit,* Börsenzulassung und Insolvenz, BB 2004, 1397; *Grundmann,* Europäisches Schuldvertragsrecht, ZGR-Sonderheft 15, 1999; *Gruson/Wiegmann,* Die Ad-hoc-Publizitätspflicht nach amerikanischem Recht und die Auslegung von § 15 WpHG, AG 1995, 173; *Gunßer,* Ad-hoc-Publizität bei Unternehmenskäufen und -übernahmen, 2008; *Gunßer,* Ad-hoc-Veröffentlichungspflicht bei zukunftsbezogenen Sachverhalten, NZG 2008, 855; *Habbe/Gieseler,* Beweiserleichterungen bei (angeblich) fehlerhaften Ad-hoc-Mitteilungen, NZG 2016, 454; *Habermann,* Mitteilungs- und Bekanntmachungspflichten im Zusammenhang mit Konzernumstrukturierungsmaßnahmen im Versicherungsbereich, VersR 1998, 801; *Habersack,* Verschwiegenheitspflicht und Wissenszurechnung – insbesondere im Konzern und mit Blick auf die Pflicht zur Ad-hoc-Publizität, DB 2016, 1551; *Happ/Semler,* Ad-hoc-Publizität im Spannungsfeld von Gesellschaftsrecht und Anlegerschutz – Zum Begriff der „Tatsache" in § 15 WpHG bei mehrstufigen Entscheidungsprozessen, ZGR 1998, 117; *Harbarth,* Ad-hoc-Publizität beim Unternehmenskauf, ZIP 2005, 1898; *Harm,* Compliance in Wertpapierdienstleistungsunternehmen und Emittenten von Finanzinstrumenten, 2008; *Heider/Hirte,* Ad-hoc-Publizität hoc-Publizität bei zeitlich gestreckten Vorgängen, GWR 2012, 429; *Heidmeier,* Die Ad-hoc-Publizität gemäß § 44a BörsG im System der Berichtspflichten für börsennotierte Aktiengesellschaften, AG 1992, 110; *Hemeling,* Gesellschaftsrechtliche Fragen der Due Diligence beim Unternehmenskauf, ZHR 169 (2005), 274; *Henze,* Der Schadensersatzanspruch des Anlegers bei fehlerhaften Ad-hoc-Mitteilungen in der Rechtsprechung des BGH, in FS Schwark, 2009, S. 425; *Herfs,* Weiter im Blindflug – Zur Ad-hoc-Pflicht bei gestreckten Geschehensabläufen aus Sicht der Praxis, DB 2013, 1350; *Hirte,* Die Ad-hoc-Publizität im System des Aktien- und Börsenrechts, in Bankrechtstag 1995 – Das Zweite Finanzmarktförderungsgesetz in der praktischen Umsetzung, 1996, S. 47; *Hirte,* Ad-hoc-Publizität und Krise der Gesellschaft. Aktuelle Fragen im Grenzbereich zwischen Kapitalmarkt- und Insolvenzrecht, ZInsO 2006, 1289; *Holzborn/Israel,* Das Anlegerschutzverbesserungsgesetz, WM 2004, 1948; *Hopt,* Insiderwissen und Interessenkonflikte im europäischen und deutschen Bankrecht, in FS Heinsius, 1991, S. 289; *Hopt,* Zum neuen Wertpapierhandelsgesetz – Stellungnahme für den Finanzausschuss des Deutschen Bundestages, WM-Festgabe für Thorwald Hellner vom 9. Mai 1994, S. 29; *Hopt,* Grundsatz- und Praxisprobleme nach dem Wertpapierhandelsgesetz, ZHR 159 (1995), 135; *Hopt,* Verhaltenspflichten des Vorstands der Zielgesellschaft bei feindlichen Übernahmen, in FS Lutter, 2000, S. 1361; *Hutter/Kaulamo,* Das Transparenzrichtlinie-Umsetzungsgesetz: Änderungen der anlassabhängigen Publizität, NJW 2007, 471; *Hutter/Kaulamo,* Transparenzrichtlinie-Umsetzungsgesetz: Änderungen der Regelpublizität und das neue Veröffentlichungsregime für Kapitalmarktinformationen, NJW 2007, 550; *Hutter/Stürwald,* EM.TV und die Haftung für fehlerhafte Ad-hoc-Mitteilungen, NZG 2005, 2428; *Ihrig,* Ad-hoc-Pflicht bei gestreckten Geschehensabläufen aus Sicht der Praxis, DB 2013, 1350; *Ihrig,* Ad-hoc-Pflicht bei gestreckten Geschehensabläufen – Praxisfragen aus dem „Gelt"-Urteil des EuGH, in VGR (Hrsg.), Gesellschaftsrecht in der Diskussion 2012, 2013, S. 113; *Ihrig,* Wissenszurechnung im Kapitalmarktrecht – untersucht anhand der Pflicht zur Ad-hoc-Publizität gemäß Art. 17 MAR, ZHR 181 (2017), 381; *Ihrig/Kranz,* Das Gelt/Daimler-Verfahren in der nächsten Runde – Keine abschließende Weichenstellung des BGH für die Ad-hoc-Publizität bei gestreckten Geschehensabläufen,

AG 2013, 515; *Ihrig/Kranz*, EuGH-Entscheidung Geltl/Daimler: „Selbstbefreiung" von der Ad-hoc-Publizitätspflicht, BB 2013, 451; *Jürgens/Rapp*, Ad-hoc-Publizität: Ablauf und Technik, Die Bank 2/1995, 97; *Kaserer/Nowak*, Die Anwendung von Ereignisstudien bei Ad-hoc-Mitteilungen, ZfB 71 (2001), 1353; *Kersting*, Der Neue Markt der Deutsche Börse AG, AG 1997, 222; *Kersting*, Das Erfordernis des Gleichlaufs von Emittenten- und anlegerinteresse als Voraussetzung für den Aufschub der Veröffentlichung einer Insiderinformation, ZBB 2011, 442; *Kiem/Kotthoff*, Ad-hoc-Publizität bei mehrstufigen Entscheidungsprozessen, DB 1995, 1999; *Klein*, Praktische Erfahrungen eines Weltkonzerns mit Vorschriften der Ad-hoc-Publizität in Deutschland und im Ausland, in Bankrechtstag 1995: Das Zweite Finanzmarktförderungsgesetz in der praktischen Umsetzung, 1996, S. 95; *Kleinmann*, Die Ausgestaltung der Ad-hoc-Publizität nach § 15 WpHG, 1998; *Kleinmann*, Die Wirkung der Ad-hoc-Publizität nach § 15 WpHG, Finanz Betrieb 1999, 254; *von Klitzing*, Die Ad-hoc-Publizität: Zwischen europäischer Vorgabe und nationaler Umsetzung und zwischen Kapitalmarkt und Gesellschaftsrecht, 1999; *Klöhn*, Die Regelung selektiver Informationsweitergabe gem. § 15 Abs. 1 Satz 4 u. 5 WpHG – eine Belastungsprobe, WM 2010, 1869; *Klöhn*, Der Aufschub der Ad-hoc-Publizität wegen überwiegender Geheimhaltungsinteressen des Emittenten (§ 15 Abs. 3 WpHG), ZHR 198 (2014), 55; *Klöhn*, Kollateralschaden und Haftung wegen fehlerhafter Ad-hoc-Publizität, NZG 2015, 53; *Klöhn*, Ad-hoc-Publizität und Insiderverbot nach „Lafonta", NZG 2015, 809; *Klöhn*, Kapitalmarktinformationshaftung für Corporate-Governance-Mängel, ZIP 2015, 1145; *Klöhn*, Ad-hoc-Publizität und Insiderverbot im neuen Marktmissbrauchsrecht, AG 2016, 423; *Klöhn*, Der Aufschub der Ad-hoc-Publizität zum Schutz der Finanzstabilität, ZHR 181 (2017), 746; *Klöhn*, Die (Ir-)Relevanz der Wissenszurechnung im neuen Recht der Ad-hoc-Publizität und des Insiderhandelsverbots, NZG 2017, 1285; *Klöhn/Schmolke*, Der Aufschub der Ad-hoc-Publizität nach Art. 17 Abs. 4 MAR zum Schutz der Unternehmensreputation, ZGR 2016, 866; *Koch*, Neuerungen im Insiderrecht und der Ad-hoc-Publizität, DB 2005, 267; *Koch*, Veröffentlichung von Insiderinformationen, in Veil (Hrsg.), Europäisches Kapitalmarktrecht, 2011, S. 297; *Koch*, die Ad-hoc-Publizität nach dem Kommissionsentwurfs einer Marktmissbrauchsverordnung, BB 2012, 1365; *Koch*, Wissenszurechnung aus dem Aufsichtsrat, ZIP 2015, 1757; *Koch*, Beschlusserfordernis und rechtmäßiges Alternativverhalten bei der Selbstbefreiung nach § 15 Abs. 3 WpHG, in FS Köndgen, 2016, S. 329; *Kocher*, Ad-hoc-Publizität und Insiderhandel bei börsennotierten Anleihen, WM 2013, 1305; *Kocher/Sebastian Schneider*, Zuständigkeitsfragen im Rahmen der Ad-hoc-Publizität; ZIP 2013, 1607; *Kocher/Widder*, Ad-hoc-Publizität in Unternehmenskrise und Insolvenz, NZI 2010, 925; *Kocher/Widder*, Ad-hoc-Publizität bei M&A-Transaktionen, CFL 2011, 88; *Köndgen*, Die Ad hoc-Publizität als Prüfstein informationsrechtlicher Prinzipien, in FS Druey, 2002, S. 791; *Körner*, Infomatec und die Haftung von Vorstandsmitgliedern für falsche ad hoc-Mitteilungen, NJW 2004, 3386; *Kort*, Die Haftung der AG nach §§ 826, 31 BGB bei fehlerhaften Ad-hoc-Mitteilungen, NZG 2005, 496; *Krämer/Kiefner*, Ad-hoc-Publizität nach dem Final report der ESMA, AG 2016, 621; *Krämer/Teigelack*, Gestaffelte Selbstbefreiungen bei gegenläufigen Insiderinformationen?, AG 2012, 20; *Kraft*, Das nemo tenetur-Prinzip und die sich daraus ergebenden Rechte des Beschuldigten in der polizeilichen Vernehmung, 2002; *Krause*, Ad-hoc-Publizität und haftungsrechtlicher Anlegerschutz, ZGR 2002, 799; *Krause*, Kapitalmarktrechtliche Compliance: neue Pflichten und drastisch verschärfte Sanktionen nach der EU-Marktmissbrauchsverordnung, CCZ 2014, 248; *Krause/Brellochs*, Insiderrecht und Ad-hoc-Publizität bei M&A- und Kapitalmarkttransaktionen im europäischen Rechtsvergleich – ein Beitrag zum Begriff der Insiderinformation im kommenden EU-Marktmissbrauchsrecht, AG 2013, 309; *Kremer*, Kooperation des Unternehmens mit der Staatsanwaltschaft im Compliance-Bereich, in FS Uwe H. Schneider, 2011, S. 701; *Kübler*, Institutioneller Gläubigerschutz oder Kapitalmarkttransparenz? Rechtsvergleichende Überlegungen zu den „stillen Reserven", ZHR 159 (1995), 550; *Kümpel*, Aktuelle Fragen der Ad hoc-Publizität, AG 1997, 66; *Kumpan*, Ad-hoc-Publizität nach der Marktmissbrauchsverordnung, DB 2016, 2039; *Kuthe*, Änderungen des Kapitalmarktrechts durch das Anlegerschutzverbesserungsgesetz, ZIP 2004, 883; *Lebherz*, Emittenten-Compliance-Organisation zur Sicherstellung eines rechtskonformen Publizitätsverhaltens, 2008; *Lebherz*, Publizitätspflichten bei der Übernahme börsennotierter Unternehmen, WM 2010, 154; *Leis/Nowak*, Ad-hoc-Publizität nach § 15 WpHG, 2001; *Lettl*, Die wettbewerbswidrige Ad hoc-Mitteilung, ZGR 2003, 853; *Letzel*, Ad-hoc-Publizität: Änderungen durch das 4. Finanzmarktförderungsgesetz, WM 2003, 1757; *Leuering*, Die Ad-hoc-Pflicht auf Grund der Weitergabe von Insiderinformationen (§ 15 I 3 WpHG), NZG 2005, 12; *Leuering*, Behandlung zukünftiger Umstände im Recht der Ad-hoc-Publizität, DStR 2008, 1287; *Leuering*, Praxisprobleme der Ad-hoc-Mitteilungspflicht, in VGR (Hrsg.), Gesellschaftsrecht in der Diskussion 2008, 2009, S. 171; *Leuschner*, Zum Kausalitätserfordernis des § 826 BGB bei unrichtigen Ad-hoc-Mitteilungen, ZIP 2008, 1050; *Leyendecker-Langner/Kleinhenz*, Emittentenhaftung für Insiderwissen im Aufsichtsrat bei fehlender Selbstbefreiung nach § 15 Abs. 3 WpHG, AG 2015, 72; *Liekefett*, Due diligence bei M&A-Transaktionen, 2005; *Loistl*, Empirisch fundierte Messung kursrelevanter Tatsachen, Die Bank 4/1995, S. 232; *Matusche*, Insider und Insidertatsachen im Wertpapierhandelsgesetz, in Herrmann/Bergen/Wackerbarth (Hrsg.), Deutsches und Internationales Bank- und Wirtschaftsrecht im Wandel, 1997, S. 100; *Mayer-Uellner*, Kapitalmarktrechtliche Unternehmenspublizität über soziale Medien, NZG 2013, 1052; *Mennicke*, Ad-hoc-Publizitätspflicht bei gestreckten Entscheidungsprozessen und die Notwendigkeit einer Befreiungsentscheidung des Emittenten, NZG 2009, 1059; *Mennicke*, Steine statt Brot – weiterhin keine Rechtssicherheit zur Ad-hoc-Publizität bei sog. gestreckten Entscheidungsprozessen, ZBB 2013, 244; *Merkner/Sustmann*, Insiderrecht und Ad-hoc-Publizität, Das Anlegerschutzverbesserungsgesetz „in der Fassung durch den Emittentenleitfaden der BaFin", NZG 2005, 729; *Merkner/Sustmann*, Reform des Marktmissbrauchsrechts: die Vorschläge der europäischen Kommission zur Verschärfung des Insiderrechts, AG 2012, 315; *Messerschmidt*, Die neue Ad-hoc-Publizitätspflicht bei mehrstufigen Entscheidungsprozessen – Ist der Aufsichtsrat damit überflüssig?, BB 2004, 2538; *Mock*, Berichts-, Auskunfts- und Publizitätspflichten des besonderen Vertreters, AG 2008, 839; *Möller*, Verfassungsrechtliche Überlegungen zum „nemo-tenetur"-Grundsatz und zur strafmildernden Berücksichtigung von Geständnissen, JR 2005, 324; *Möllers*, Anlegerschutz durch Aktien- und Kapitalmarktrecht, ZGR 1997, 334; *Möllers*, Das europäische Kapitalmarktrecht im Umbruch, ZBB 2003, 390; *Möllers*, Die unterlassene Ad-hoc-Mitteilung als sittenwidrige Schädigung gem. § 826 BGB, WM 2003, 2393; *Möllers*, Wechsel von Organmitgliedern und „key playern": Kursbeeinflussungspotential und Pflicht zur Ad-hoc-Publizität, NZG 2005, 459; *Möllers*, Insiderinformation und Befreiung von der Ad-hoc-Publizität nach § 15 Abs. 3 WpHG, WM 2005, 1393; *Möllers*, Zur „Unverzüglichkeit" einer Ad-hoc-Mitteilung im Kontext nationaler und europäischer Dogmatik, in FS Horn, 2006, S. 473; *Möllers*, Der BGH, die BaFin und der EuGH: Ad-hoc-Publizität nach einer unternehmerischen vorzeitigen Ausscheiden des Vorstandsvorsitzenden Jürgen Schrempp, NZG 2008, 330; *Möllers/Rotter* (Hrsg.), Ad-hoc-Publizität, 2003; *Monheim*, Ad-hoc-Publizität nach dem Anlegerschutzverbesserungsgesetz, 2007; *Mülbert*, Die Selbstbefreiung nach § 15 Abs. 3 WpHG durch den Aufsichtsrat in FS Stilz, 2014, S. 411; *Mülbert/Sajnovits*, Der Aufschub der Ad-hoc-Publizitätspflicht bei Internal Investigations, WM 2017, 2001 (Teil I), 2041 (Teil II); *Nießen*, Harmonisierung der kapitalmarktrechtlichen Transparenzregeln durch das TUG, NZG 2007, 41; *Nietsch*, Schadensersatzhaftung wegen Verstoßes gegen Ad-hoc-Publizitätspflichten nach dem Anlegerschutzverbesserungsgesetz, BB 2005, 785; *Nikoleyczik*, Ad-hoc-Publizität bei zukunftsbezogenen Sachverhalten – der Fall „Schrempp", GWR 2009, 82; *Noack*, Neue Publizitätspflichten und Publizitätsmedien für Unternehmen – eine Bestandsaufnahme nach EHUG und TUG, WM 2007, 377; *Nowak*, Ad hoc-Publizität bei M&A-Transaktionen, DB 1999, 601; *Nowak*, Eignung von Sachverhalten in Ad-hoc-Mitteilungen zur erheblichen Kursbeeinflussung, ZBB 2001, 449; *Ott*, Der Grundsatz „nemo tenetur se ipsum accusare", (Zürich u.a.) 2012; *Pache*, Das europäische Grundrecht auf einen fairen Prozess, NVwZ 2001, 1342; *Pananis*, Zur Abgrenzung von Insidertatsache und ad-hoc-publizitätspflichtigem Sachverhalt bei mehrstufigen Entscheidungsprozessen, WM 1997, 460; *Parmentier*, Ad-hoc-Publizität bei Börsengang und Aktienplatzierung, NZG 2007, 407; *Pattberg/Bredohl*, Der Vorgang der Selbstbefreiung von der Ad-hoc-Publizitätspflicht, NZG 2013, 87; *Pavlova*, Anlassbezogene Informationspflichten der Emittenten nach dem Wertpapierhandelsgesetz, 2008; *Pellens*, Ad-hoc-Publizitätspflicht des Managements börsennotierter Unternehmen nach § 44a BörsG, AG 1991, 62; *Pellens/Fülbier*, Publizitätspflichten nach dem Wertpapierhandelsgesetz, DB 1994, 1381; *Pellens/Fülbier*, Ad-hoc-Publizität, DBW 1995, 255; *Pellens/Fülbier*, Gestaltung der Ad-hoc-Publizität unter Einbeziehung internationaler Vorgehensweisen, in Baetge (Hrsg.), Insiderrecht und Ad-hoc-Publizität, 1995, S. 23; *Petsch*, Kapitalmarktrechtliche Informationspflichten versus Geheimhaltungsinteressen des Emittenten, 2012; *Pfitzer/Streib*, Bestimmungen über die Unternehmenspublizität im Rahmen des Wertpapierhandelsgesetzes, BB 1995, 1947; *Pirner/Lebherz*, Wie nach dem Transparenzrichtlinie-Umsetzungsgesetz publiziert werden muss, AG 2007, 19; *Poelzig*, Insider- und Marktmanipulationsverbot im neuen Marktmissbrauchsrecht, NZG 2015, 528; *Poelzig*, Die Neuregelung der Offenlegungsvorschriften durch die Marktmissbrauchsverordnung, NZG 2016, 761; *Pötzsch*, Der Diskussionsentwurf des Dritten Finanzmarktförderungsgesetzes, AG 1997, 193; *Pötzsch*, Das Dritte Finanzmarktförderungsgesetz, WM 1998, 949; *Queck*, Die Geltung des nemo-tenetur-Grundsatzes zugunsten von Unternehmen, 2005; *Rattunde/Berner*, Insolvenz einer börsennotierten Aktiengesellschaft, WM 2003, 1313; *Renz/Leibold*, Die neuen strafrechtlichen Sanktionsregelungen im Kapitalmarktrecht, CCZ 2016, 157; *Renzenbrink/Holzner*, Das Verhältnis von Kapitalerhaltung und Ad-hoc-Haftung, BKR 2002, 434; *Retsch*, Die Selbstbefreiung nach der Marktmissbrauchsverordnung, NZG 2016, 1201; *Rickert/Heinrichs*, Wissenszurechnung und Wissensorganisation im Aufsichtsrat, GWR 2017, 112; *Riedel*, Falsche Ad-hoc-Mitteilungen, wistra 2001, 447; *Röder*, Die Informationswirkung von Ad hoc-Mitteilungen, ZfB 70 (2000), 567; *Röder/Merten*, Ad-hoc-Publizitätspflicht bei arbeitsrechtlich relevanten Maßnahmen, NZA 2005, 268; *Rodewald-Siems*, Haftung für die „frohe Botschaft" – Rechtsfolgen falscher Ad-hoc-Mitteilungen, BB 2001, 2437; *Rogall*, die Selbstbelastungsfreiheit vor neuen Herausforderungen, in FS Werner Beulke, 2015, S. 973; *Roth*, Das Verhältnis zwischen verwaltungsrechtlichen Mitwirkungspflichten und dem Grundsatz *nemo tenetur se ipsum accusare*, ZStrR 2011, 296; *Rubel*, Erfüllung von WpHG-Pflichten in der Insolvenz durch Insolvenzverwalter oder Vorstand?, AG 2009, 615; *Rützel*, Der aktuelle Stand der Rechtsprechung zur Haftung bei Ad-hoc-Mitteilungen, AG 2003, 69; *Sajnovits*, Ad-hoc-Publizität und Wissenszurechnung, WM 2016, 765; *Sangiovanni*, Die Ad-hoc-Publizität im deutschen und italienischen Recht, 2003; *Schander/Lucas*, Die Ad-hoc-Publizität im Rahmen von Übernahmevorhaben, DB 1997, 2109; *Schlitt/Schäfer*, Alte und neue Fragen im Zusammenhang mit 10 %-Kapitalerhöhungen, AG 2005, 67; *Schlittgen*, Die Ad-hoc-Publizität nach § 15 WpHG, 2000; *Sven H. Schneider*, Befreiung des Emittenten von Wertpapieren von der Veröffentlichungspflicht nach § 15 WpHG, BB 2001, 1214; *Sven H. Schneider*, Selbstbefreiung von der Pflicht zur Ad-hoc-Publizität, BB 2005, 897; *Uwe H. Schneider/Gilfrich*, Die Entscheidung des Emittenten über die Befreiung von der Ad-hoc-Publizität, BB 2007, 53; *Schockenhoff*, Geheimhaltung von Compliance-Verstößen, NZG 2015, 409; *Schockenhoff/Wagner*, Ad-hoc-Publizität beim Aktienrückkauf, AG 1999, 548; *Scholz*, Ad-hoc-Publizität und Freiverkehr, NZG 2016, 1286; *Sönke Schröder*, Die Selbstbefreiung von der Ad-hoc-Publizitätspflicht nach § 15 Absatz 3 WpHG, 2011; *Schruff/Nowak/Feinendegen*, Ad-hoc-Publizitätspflicht des Jahresergebnisses gemäß § 15 WpHG: Wann muss veröffentlicht werden?, BB 2001, 719; *Schürnbrand*, Wissenszurechnung im Konzern – unter besonderer Berücksichtigung von Doppelmandaten, ZHR 181 (2017), 357; *Schumacher*, Ad-hoc-Publizitätspflichten börsennotierter Fußballclubs, NZG 2001, 769; *Schumacher/Schwartz/Lüke*, Investor Relations Management und Ad-hoc-Publizität, 2001; *Schwark*, Das neue Kapitalmarktrecht, NJW 1987, 2041; *Schwarze*, Ad-hoc-Publizität und die Problematik der Notierungsaussetzung, in Baetge (Hrsg.), Insiderrecht und Ad-hoc-Publizität, 1995, S. 97; *Schwintek*, Das Anlegerschutzverbesserungsgesetz, 2005; *Schwintowski*, Die Zurechnung des Wissens von Mitgliedern des Aufsichtsrats in einem oder mehreren Unternehmen, ZIP 2015, 617; *Seibold*, Der Fall Götze – Transfermarkt und Ad-hoc-Publizität, NZG 2013, 809; *Seibt/Bremkamp*, Erwerb eigener Aktien und Ad-hoc-Publizitätspflicht, AG 2008, 469; *Seibt/Cziupka*, Rechtspflichten und Best Practices für Vorstands- und Aufsichtsratshandeln bei der Kapitalmarkt-Compliance, AG 2015, 93; *Seibt/Wollenschläger*, Revision des Marktmissbrauchsrechts durch Marktmissbrauchsverordnung und Richtlinie über strafrechtliche Sanktionen für Marktmanipulation, AG 2014, 593; *Simon*, Die neue Ad-hoc-Publizität, Der Konzern 2005, 13; *Sladeczek*, Die Ad-hoc-Publizitätspflicht gem. § 15 WpHG, BuW 2000, 456; *Speier*, Insiderhandel und Ad-hoc-Publizität nach Anlegerschutzverbesserungsgesetz: rechtliche Grundlagen und ausgewählte Fragen in einem veränderten kapitalmarktrechtlichen Gewand, 2009; *Spindler*, Kapitalmarktreform in Permanenz – Das Anlegerschutzverbesserungsgesetz, NJW 2004, 3449; *Spindler/Speier*, Die neue Ad-hoc-Publizität im Konzern, BB 2005, 2031; *Staake*, Die Vorverlagerung der Ad-hoc-Publizitätspflicht bei mehrstufigen Entscheidungsprozessen – Hemmnis oder Gebot einer guten Corporate Governance?, BB 2007, 1573; *Steinhauer*, Insiderhandelsverbot und Ad-hoc-Publizität, 1999; *Steinrück*, Das Interesse des Kapitalmarkts am Aufschub der Ad-hoc-Publizität, 2018; *Strieder*, Abgrenzung der Regelberichterstattung von Ad-hoc-Publizität, Finanz Betrieb 2002, 735; *Struck*, Ad-hoc-Publizitätspflicht zum Schutz der Anleger vor vermögensschädigendem Wertpapierhandel, 2003; *Szesny*, Finanzmarktaufsicht und Strafprozess, 2008; *Szesny*, § 4 Abs. 3 WpPG: Mitwirkungspflicht trotz Selbstbelastungsgefahr?, BB 2010, 1995; *Teigelack*, Ad-hoc-Mitteilungspflicht bei Zivilprozessen, BB 2016, 1604; *Thomale*, Wissenszurechnung im Gesellschaftsstrafrecht – deutsche Unternehmen vor französischen Strafgerichten, AG 2015, 641; *Thelen*, Schlechte Post in eigener Sache: Die Pflicht des Emittenten zur Ad-hoc-Mitteilung potentieller Gesetzesverstöße, ZHR 182 (2018), 66; *Thümmel*, Haftung für geschönte Ad-hoc-Meldungen: Neues Risikofeld für Vorstände oder ergebnisorientierte Einzelfallrechtsprechung?, DB 2001, 2331; *Thümmel*, Haftung für fehlerhafte oder fehlende Regel- oder Ad-hoc-Publizität, WM 2002, 477; *Thümmel*, Persönliche Haftung von Managern und Aufsichtsräten, 5. Aufl. 2016; *Tilp/Weiss*, Verjährung von Schadensersatzansprüchen wegen Verletzung von Ad-hoc-Publizitätspflichten, WM 2016, 914; *Tippach*, Das Insiderhandelsverbot und die besonderen Rechtspflichten der Banken, 1995; *Tollkühn*, Die Ad-hoc-Publizität nach dem Anlegerschutzverbesserungsgesetz, ZIP 2004, 2215; *Vaupel,* Zum Tatbestandsmerkmal der erheblichen Kursbeeinflussung bei der Ad hoc Publizität, WM 1999, 521; *Veil,* Die Ad-hoc-Publizitätshaftung im System kapitalmarktrechtlicher Informationshaftung, ZHR 167 (2003), 365; *Veil,* Europäisches Insiderrecht 2.0 – Konzeption und Grundsatzfragen der Reform durch MAR und CRIM-MAD, ZBB 2014, 85; *Veith,* Die Befreiung von der Ad-hoc-Publizitätspflicht nach § 15 III WpHG, NZG 2005, 254; *Verse,* Doppelmandate und Wissenszurechnung im Konzern, AG 2015, 413; *Waldhausen,* Die ad-hoc-publizitätspflichtige Tatsache – Eine Untersuchung zu § 15 Abs. 1 Satz 1 WpHG unter Berücksichtigung der Ad-hoc-Publizität im Vereinigten Königreich, 2002; *Warmer,* Börsenzulassung und Insolvenz der Aktiengesellschaft, 2009; *Weisgerber,* Neue Informationskultur durch das Zweite Finanzmarktförderungsgesetz, WM 1995, 19 f.; *U. Weiß,* Selbstbezichtigungsfreiheit und vollstreckungsrechtliche Vermögensauskunft, NJW 2014, 503; *W. Weiß,* Haben juristische Personen ein Aussageverweigerungsrecht?, JZ 1998, 289; *W. Weiß,* Der Schutz des Rechts auf Aussageverweigerung durch die EMRK, NJW 1999, 2236; *Wertenbruch,* Die Ad-hoc-Publizität bei der Fußball-AG, WM 2001, 193; *Widder,* Vorsorgliche Ad-hoc-Meldungen und vorsorgliche Selbstbefreiungen nach § 15 Abs. 3 WpHG, DB 2008, 1480; *Widder,* Befreiung von der Ad-hoc-Publizität ohne Selbstbefreiungsbeschluss?, BB 2009, 967; *Widder,* Ad-hoc-Publizität bei gestreckten Sachverhalten – BGH legt Auslegungsfragen dem EuGH vor, GWR 2011, 1; *Widder/Bedkowski,* Ad-hoc-Publizität im Vorfeld öffentlicher Übernahmen – Kritische Überlegungen zu § 15 WpHG im übernahmerechtlichen Kontext, BKR 2007, 405; *Widder/Gallert,* Ad-hoc-Publizität infolge der Weitergabe von Insiderinformationen – Sinn und Unsinn von § 15 I 3 WpHG, NZG 2006, 451; *Wilken/Hagemann,* Compliance-Verstöße und Insiderrecht, BB 2016, 67; *Wittich,* Erfahrungen mit der Ad-hoc-Publizität in Deutschland, AG 1997, 1; *Wittich,* Übernahmen und die Regelungen des Wertpapierhandelsgesetzes, in v. Rosen/Seifert (Hrsg.), Die Übernahme börsennotierter Unternehmen, 1999, S. 377; *Wölk,* Ad-hoc-Publizität – Erfahrungen aus der Sicht des Bundesaufsichtsamtes für den Wertpapierhandel, AG 1997, 73; *Wünsche,* Kommentar zu BGH-Urt. vom 7.1.2008, II ZR 229/05 (ComROAD VI), BB 2008, 691; *Wüsthoff,* Der Auskunftsanspruch des Aktionärs nach § 131 Aktiengesetz zwischen Insider-Verboten und der Ad hoc-Publizität nach dem Wertpapierhandelsgesetz, 2000; *Ziemons,* Neuerungen im Insiderrecht und bei der Ad hoc-Publizität durch die Marktmissbrauchsrichtlinie und das Gesetz zur Verbesserung des Anlegerschutzes, NZG 2004, 537; *Zimmer,* Die Selbstbefreiung: Achillesferse der Ad-hoc-Publizität?, in FS Schwark, 2009, S. 669.

S. auch Vor Art. 7 ff. VO Nr. 596/2014 und Art. 11 VO Nr. 596/2014 sowie das Allgemeine Schrifttumsverzeichnis.

I. Regelungsgegenstand der Vorschrift 1
1. Ad-hoc-Publizität und weitere Veröffentlichungstatbestände 1
2. Regelungszweck, Schutzgut und Stellung der Ad-hoc-Publizität im System von Publizitäts- und Transparenzvorschriften 7
3. Normentwicklung und Rechtsquellen 13

II. Pflicht des Emittenten zur Veröffentlichung von Insiderinformationen (Art. 17 Abs. 1 VO Nr. 596/2014) 18
1. Adressat der Veröffentlichungspflicht 19
   a) Emittent als Verpflichteter 19
   b) Ausführung der Emittentenpflicht 25
2. Insiderinformation mit unmittelbarem Emittentenbezug 30
   a) Regel 30
   b) Den Emittenten unmittelbar betreffende Insiderinformationen im Einzelnen 35
      aa) Im Tätigkeitsbereich des Emittenten eingetretene Insiderinformationen 36
      bb) Von außen kommende Insiderinformationen 40
         (1) Insiderinformationen ohne unmittelbaren Emittentenbezug 41
         (2) Insiderinformationen mit unmittelbarem Emittentenbezug 45
   c) Kenntnis der Insiderinformationen und Wissenszurechnung 50
      aa) Wissen und Wissenszurechnung 50
      bb) Zurechnung unternehmensintern vorhandenen Wissens und Wissenszurechnung im Konzern 52
      cc) Zurechnung unternehmensexternen Wissens 60
3. Unverzügliche Veröffentlichung 63
4. Ausschluss der Veröffentlichungspflichten 70
   a) Spezialgesetzlicher Ausschluss 71
   b) Geheimhaltungs- und Vertraulichkeitsschutz 72
   c) Persönlichkeitsrecht 73
   d) Selbstbelastungsverbot (Nemo tenetur-Grundsatz) 76

5. Aufschub der Ad-hoc-Publizität (Art. 17 Abs. 4–7, 10 und 11 VO Nr. 596/2014) 88
   a) Übersicht 88
   b) Aufschub der Veröffentlichung durch Emittenten (Art. 17 Abs. 4 VO Nr. 596/2014) . . . 89
      aa) Aufschub auf eigene Verantwortung – Zuständigkeit – Zeitraum 89
      bb) Für alle Emittenten geltende Aufschubgründe (Art. 17 Abs. 4 Unterabs. 1 und 2 VO Nr. 596/2014) 100
         (1) Eignung zur Beeinträchtigung der berechtigten Interessen des Emittenten (Art. 17 Abs. 4 Unterabs. 1 lit. a VO Nr. 596/2014) 101
            (a) Kriterium und Rechtsquellen 101
            (b) Regel 105
            (c) Regelbeispiele 108
            (d) Interessenabwägung 120
         (2) Keine Irreführung der Öffentlichkeit . . 122
         (3) Gewährleistung der Vertraulichkeit . . 125
         (4) Klarstellung: Zeitlich gestreckter Vorgang (Art. 17 Abs. 4 Unterabs. 2 VO Nr. 596/2014) 130
      cc) Aufschubgrund „Wahrung der Stabilität des Finanzsystems" für Kreditinstitute oder Finanzinstitute (Art. 17 Abs. 5 und 6 VO Nr. 596/2014) 131
   c) Überprüfung und Wegfall der Aufschubgründe – Information der BaFin über den Aufschub (Art. 17 Abs. 4 Unterabs. 3 und Abs. 7 VO Nr. 596/2014) 135
      aa) Wegfall der Aufschubgründe 135
      bb) Befreiungsmitteilung – Mitteilung des Aufschubs an die BaFin (Art. 17 Abs. 4 Unterabs. 3 Satz 1 VO Nr. 596/2014) . . 143
   d) Wegfall einer Insiderinformation während des Aufschubs 150
6. Veröffentlichung von Insiderinformationen . . . 152
   a) Veröffentlichung von eingetretenen Insiderinformationen 153
      aa) Anforderungen an Inhalt und Sprache der Veröffentlichung 153

(1) Inhalt	154	
(2) Sprache	166	
bb) Verfahren zur Herbeiführung der Offenlegung und Art und Weise der Veröffentlichung	175	
(1) Übersicht	175	
(2) Vorabmitteilung an BaFin und Handelsplätze	178	
(3) Medien der Veröffentlichung	185	
(4) Veröffentlichung auf der Website des Emittenten (Art. 17 Abs. 1 Unterabs. 2 Satz 3, Abs. 9 VO Nr. 596/2014)	190	
(5) Komplementäre Pflichten und Verantwortlichkeiten des Emittenten	193	
b) Erneute Veröffentlichung bereits veröffentlichter, aber erheblich veränderter Insiderinformationen (Aktualisierung einer Ad-hoc-Mitteilung)	198	
c) Berichtigung einer Veröffentlichung von Insiderinformationen	202	
d) Veröffentlichung bei Wegfall der Aufschubberechtigung und Mitteilung der Aufschubgründe an die BaFin (Art. 17 Abs. 4 Unterabs. 3 und Abs. 7 VO Nr. 596/2014)	207	
e) Veröffentlichungspflicht bei berechtigter Weitergabe von Insiderinformationen (Art. 17 Abs. 8 VO Nr. 596/2014)	210	
7. Veröffentlichungspflichten in besonderen Anwendungsfällen	211	
a) Wertpapiererwerbs-, Übernahme- und Pflichtangebote	211	
b) Nicht dem WpÜG unterfallende Anteilserwerbe (Mergers & Acquisitions)	218	
c) Squeeze-out (§§ 327a ff. AktG)	222	
d) Erwerb eigener Aktien nach § 71 Abs. 1 Nr. 8 AktG	224	
e) Außerordentliche Erträge oder Aufwendungen	227	
f) Wechsel von Organmitgliedern und Personen in Schlüsselpositionen	228	
g) Informationen über Organmitglieder sowie über strafbare Handlungen und Ordnungswidrigkeiten des Emittenten und im Emittentenunternehmen	232	
h) Verwaltungs- und Gerichtsverfahren	237	
i) Veränderungen des Stimmrechtsanteils (§§ 33 ff. WpHG)	240	
j) Eigengeschäfte von Führungskräften („Directors' Dealings" – Art. 19 VO Nr. 596/2014)	243	
k) Enforcement-Verfahren (§§ 106 ff. WpHG)	244	
III. Pflicht von Teilnehmern am Markt für Emissionszertifikate zur Veröffentlichung von Insiderinformationen (Art. 17 Abs. 2 VO Nr. 596/2014)	254	
1. Adressat der Veröffentlichungspflicht (Art. 17 Abs. 2 Unterabs. 1 VO Nr. 596/2014)	255	
2. Offenzulegende Insiderinformationen (Art. 17 Abs. 2 Unterabs. 1 Sätze 1 und 2 VO Nr. 596/2014)	258	
3. Aufschub der Offenlegung (Art. 17 Abs. 4 VO Nr. 596/2014)	261	
a) Voraussetzungen des Aufschubs	261	
b) Wegfall des Aufschubs und Offenlegung der Insiderinformationen	267	
4. Veröffentlichung von Insiderinformationen	270	
a) Veröffentlichung von Insiderinformationen nach Art. 17 Abs. 2 Unterabs. 1 Satz 1 VO Nr. 596/2014	271	
b) Veröffentlichung nach Aufschub (Art. 17 Abs. 4 Unterabs. 3 und Abs. 7 VO Nr. 596/2014)	279	
c) Aktualisierung und Berichtigung von Veröffentlichungen	281	
d) Veröffentlichungspflicht bei berechtigter Weitergabe von Insiderinformationen (Art. 17 Abs. 8 VO Nr. 596/2014)	284	
IV. Veröffentlichungspflicht bei berechtigter Weitergabe von Insiderinformationen gegenüber Dritten (Art. 17 Abs. 8 VO Nr. 596/2014)	285	
V. Ermächtigungen der Kommission und der ESMA (Art. 17 Abs. 3, 10 und 11 VO Nr. 596/2014)	295	
VI. Verstöße und Rechtsfolgen	298	
1. Ordnungswidrigkeiten	299	
a) Erfasste Verstöße	299	
b) Verantwortlichkeit	304	
2. Schadensersatz	307	
a) Haftung des Emittenten	307	
b) Haftung von Organmitgliedern	312	
3. Fehlerhafte Ad-hoc-Mitteilung als Wettbewerbshandlung	313	
4. Verwaltungsrechtliche Folgen und Sanktionen	314	

1 **I. Regelungsgegenstand der Vorschrift. 1. Ad-hoc-Publizität und weitere Veröffentlichungstatbestände.** Art. 17 VO Nr. 596/2014 hat die **Veröffentlichung von Insiderinformationen durch den Emittenten** zum Gegenstand. Der Kern der Vorschrift ist in Art. 17 Abs. 1 Unterabs. 1 VO Nr. 596/2014 in nur wenigen Worten beschrieben: Ein Emittent hat der Öffentlichkeit Insiderinformationen, die ihn unmittelbar betreffen, unverzüglich bekannt zu geben. Nicht minder knapp und prägnant beschreibt Erwägungsgrund 49 VO Nr. 596/2014 **Sinn und Zweck** sowie den **Regelungsgehalt** von Art. 17 VO Nr. 596/2014: „Die öffentliche Bekanntgabe von Insiderinformationen durch Emittenten ist von wesentlicher Bedeutung, um Insidergeschäften und der Irreführung von Anlegern vorzubeugen. Die Emittenten [werden] daher verpflichtet ..., der Öffentlichkeit Insiderinformationen so bald wie möglich bekanntzugeben. Diese Verpflichtung kann jedoch unter besonderen Umständen den berechtigten Interessen des Emittenten abträglich sein. Unter solchen Umständen [ist] eine aufgeschobene Offenlegung erlaubt ..., vorausgesetzt, eine Irreführung der Öffentlichkeit durch den Aufschub ist unwahrscheinlich und der Emittent kann die Geheimhaltung der Informationen gewährleisten. Der Emittent ist nur verpflichtet, Insiderinformationen offenzulegen, wenn er die Zulassung des Finanzinstruments zum Handel beantragt oder genehmigt hat."

2 Art. 17 Abs. 1 Unterabs. 1 VO Nr. 596/2014 stimmt im Wesentlichen mit dem überein, was **zuvor in § 15 Abs. 1 Satz 1 WpHG a.F.** geregelt war und spätestens seit der Einführung dieser Bestimmung durch das Zweite

Finanzmarktförderungsgesetz im Jahre 1994[1] zur Umsetzung der Richtlinie 89/592/EWG vom 13.11.1989 zur Koordinierung der Vorschriften betreffend Insidergeschäfte[2] als Ad-hoc-Publizität bezeichnet wurde und auch weiterhin als solche bezeichnet werden darf. Art. 17 Abs. 1 Unterabs. 1 VO Nr. 596/2014 weitgehend wortgleich, lautete § 15 Abs. 1 Satz 1 WpHG (a.F.) in seiner letzten die Ad-hoc-Publizitätspflicht regelnden Fassung: „Ein Inlandsemittent von Finanzinstrumenten muss Insiderinformationen, die ihn unmittelbar betreffen, unverzüglich veröffentlichen". Der weitgehend gleiche Wortlaut Art. 17 Abs. 1 Unterabs. 1 VO Nr. 596/2014 und § 15 Abs. 1 Satz 1 WpHG a.F. einerseits sowie der Umstand, dass § 15 Abs. 1 Satz 1 WpHG a.f. der Umsetzung der EU-Richtlinien zum Insiderrecht diente, deren Grundgedanke auch mit der Marktmissbrauchsverordnung weiterverfolgt wird, andererseits, erlauben und verlangen zugleich eine Kontinuität in der Anwendung der Rechtsgrundsätze zur Ad-hoc-Publizität[3]. Diese hat allerdings auch ihre Grenzen, denn Art. 17 VO Nr. 596/2014, die zu dieser Bestimmung auf Level 2 und Level 3 der europäischen Rechtssetzung ergangenen Regelungen, der auf diese Vorschriften bezogene § 26 WpHG und die einschlägigen Bestimmungen der Verordnung zur Konkretisierung von Anzeige-, Mitteilungs- und Veröffentlichungspflichten nach dem Wertpapierhandelsgesetz (Wertpapierhandelsanzeigeverordnung – WpAV) unterscheiden sich hinsichtlich zahlreicher Details nicht unerheblich von den Vorschriften von § 15 WpHG a.F. und der u.a. für dessen Anwendung maßgeblichen Wertpapierhandelsanzeige- und Insiderverzeichnisverordnung (WpAIV) a.F.

Auch wenn die Voraussetzungen zur unverzüglichen Veröffentlichung einer Insiderinformation vorliegen, kann die Pflicht zur Veröffentlichung unter den Voraussetzungen von Art. 17 Abs. 4 und 5 VO Nr. 596/2014 (dazu Rz. 88 ff.) **aufgeschoben** werden oder **aus gesetzlichen oder rechtlichen Gründen entfallen** (dazu Rz. 70 ff.). 3

Über die Ad-hoc-Publizität nach Art. 17 Abs. 1 Unterabs. 1 VO Nr. 596/2014 hinaus enthält Art. 17 VO Nr. 596/2014 – auch darin § 15 WpHG a.F. vergleichbar[4] – zwei **weitere Offenlegungstatbestände**, die sich allerdings als Annex zu Ersterer darstellen: (1) Wenn die Offenlegung von Insiderinformationen gem. Art. 17 Abs. 4 oder 5 VO Nr. 596/2014 aufgeschoben wurde und die Vertraulichkeit der dieser Insiderinformationen nicht mehr gewährleistet ist, muss der Emittent die Öffentlichkeit nach **Art. 17 Abs. 7 VO Nr. 596/2014** so schnell wie möglich über diese Informationen informieren. (2) Legt ein Emittent oder ein Teilnehmer am Markt für Emissionszertifikate oder eine in ihrem Auftrag oder für ihre Rechnung handelnde Person im Zuge der normalen Ausübung ihrer Arbeit oder ihres Berufs oder der normalen Erfüllung ihrer Aufgaben gem. Art. 10 Abs. 1 VO Nr. 596/2014 Insiderinformationen gegenüber einem Dritten offen, so muss er diese Informationen nach **Art. 17 Abs. 8 Satz 1 VO Nr. 596/2014** vollständig und wirksam veröffentlichen: bei absichtlicher Offenlegung zeitgleich mit derselben und im Fall einer nicht absichtlichen Offenlegung unverzüglich nach deren Entdeckung. Diese Offenlegungspflicht entfällt nach Art. 17 Abs. 8 Satz 2 VO Nr. 596/2014 in beiden Varianten allerdings dann, wenn die Person, die die Informationen erhält, zur Verschwiegenheit verpflichtet ist, und zwar unabhängig davon, ob sich diese Verpflichtung aus Rechts- oder Verwaltungsvorschriften, einer Satzung oder einem Vertrag ergibt. 4

Auch Art. 17 VO Nr. 596/2014 erlaubt **keine freiwillige Ad-hoc-Publizität**[5]: sei es, indem ein Emittent die Veröffentlichung von Informationen, die keine Insiderinformationen sind, als Ad-hoc-Meldung tituliert, oder sei es, dass ein nicht der Ad-hoc-Publizität unterliegender Emittent Veröffentlichungen im Stile von Ad-hoc-Mitteilungen vornimmt. Eine Ad-hoc-Mitteilung darf vielmehr nur dann veröffentlicht werden, wenn einer der in Rz. 1 und Rz. 4 angeführten Veröffentlichungstatbestände erfüllt ist und eine Pflicht zur Veröffentlichung der Insiderinformation besteht. 5

---

1 BGBl. I 1994, 1749. Zur Ad-hoc-Publizität, wie sie im Zuge der Umsetzung der Börsenzulassungsrichtlinie 79/279/EWG vom 5.3.1979 (ABl. EG Nr. L 66 v. 16.3.1979, S. 21) durch die Börsengesetznovelle 1986 (Börsenzulassungs-Gesetz vom 16.12.1986, BGBl. I 1986, 2478) zunächst in § 44a BörsG a.F. geregelt war, sowie zur Weiterentwicklung der Ad-hoc-Publizität nach ihrer Überführung in § 15 WpHG (a.F.), namentlich zu ihrer Neugestaltung im Zuge der Umsetzung der Marktmissbrauchsrichtlinie 2003/6/EG vom 28.1.2003 (ABl. EU Nr. L 96 v. 12.4.2003, S. 16) und der zu dieser ergangenen Durchführungsrichtlinie 2003/124/EG vom 22.12.2003 (ABl. EU Nr. L 339 v. 24.12.2003, S. 70) durch das Anlegerschutzverbesserungsgesetz (AnSVG) vom 28.10.2004 (BGBl. I 2004, 2630), s. *Assmann* in 6. Aufl., § 15 WpHG Rz. 1 ff., 8 ff. (Normentwicklung § 15 WpHG a.F.), 20 ff. (Entwicklung der Ad-hoc-Publizität). Ebd. auch zur Stellung der Ad-hoc-Publizität nach § 15 WpHG a.F. im System der Kapitalmarktpublizität.
2 ABl. EG Nr. L 334 v. 18.11.1989, S. 30.
3 Zur Übertragbarkeit der „bisherigen Überlegungen zu § 15 WpHG a.F. ... auf Art. 17 MAR" auch *Buck-Heeb*, Kapitalmarktrecht, Rz. 402. Ebenso *Grundmann* in Staub, Bd. 11/1, 5. Aufl. 2017, 6. Teil Rz. 494; *Hopt/Kumpan* in Schimansky/Bunte/Lwowski, § 107 Rz. 134.
4 Über die Verpflichtung zur Ad-hoc-Publizität in § 15 Abs. 1 Satz 1 Halbs. 1 WpHG a.F. hinaus, musste nach § 15 Abs. 1 Satz 4 WpHG a.F. derjenige, der als Emittent oder als eine Person, die in dessen Auftrag oder auf dessen Rechnung handelt, im Rahmen seiner Befugnis einem anderen Insiderinformationen mitteilt oder zugänglich macht, die Information zeitgleich veröffentlichen, es sei denn, der andere ist rechtlich zur Vertraulichkeit verpflichtet. Des Weiteren verpflichtete § 15 Abs. 1 Satz 5 WpHG a.F. den Emittenten oder die Person, die einem anderen befugtermaßen, aber unwissentlich eine Insiderinformation mitgeteilt oder zugänglich gemacht hat, die Veröffentlichung unverzüglich nachzuholen. Näher *Assmann* in 6. Aufl., § 15 WpHG Rz. 40.
5 Zu § 15 WpHG a.F. s. *Assmann* in 6. Aufl., § 15 WpHG Rz. 40.

6 Veröffentlichte Ad-hoc-Mitteilungen waren gem. § 10 Abs. 1 Satz 1 WpPG a.F. nach Inkrafttreten des WpPG zum 1.7.2015 und der Aufhebung der Vorschrift zum 1.7.2012[1] in ein sog. **Jährliches Dokument** aufzunehmen, das dem Publikum nach Maßgabe von § 10 Abs. 1 Satz 2 WpPG a.F. zur Verfügung zu stellen und nach § 10 Abs. 2 WpPG a.F. bei der BaFin zu hinterlegen war. Die Vorschrift, die auf europarechtliche Vorgaben zurückging, ist auch unter dem Regelungsregime der Marktmissbrauchsverordnung nicht wiederbelebt worden.

7 **2. Regelungszweck, Schutzgut und Stellung der Ad-hoc-Publizität im System von Publizitäts- und Transparenzvorschriften.** Wenn der an früherer Stelle (Rz. 1) zitierte Erwägungsgrund 49 VO Nr. 596/2014 die Bedeutung von Art. 17 VO Nr. 596/2014 vor allem darin sieht, Insidergeschäften und der Irreführung von Anlegern vorzubeugen, so bringt dies den **Zweck der Ad-hoc-Publizität** als insiderrechtliche Präventivmaßnahme zum Ausdruck, der ihre Bedeutung als Publizitätsinstrument im Gefüge der kapitalmarktrechtlichen Publizitäts- und Transparenzpflichten[2] zur Seite steht. Der Ad-hoc-Publizität kommt damit eine **Doppelfunktion als Publizitäts- und Präventionsinstrument** zu:

8 Als **insiderrechtliche Präventivmaßnahme** soll die Ad-hoc-Publizität verhindern, dass die mit den publizitätspflichtigen Sachverhalten vertrauten Insider missbräuchliche Vorteile aus ihrem Informationsvorsprung ziehen können[3]. Die unverzügliche Veröffentlichung der publizitätspflichtigen Insiderinformation entzieht dem Insiderhandel den Boden. Mit der Publizierung werden die kursrelevanten Sachverhalte öffentlich bekannt und verlieren dadurch ihre Rechtsqualität als Insiderinformationen. Darüber hinaus soll die Ad-hoc-Publizität verhindern, dass das Anlegerpublikum irregeführt wird und Finanzinstrumente zu Kursen kauft oder verkauft, welche die publizitätspflichtigen Sachverhalte nicht widerspiegeln. Aufgrund der mit dem 4. FFG vom 21.6.2002[4] neu in das WpHG eingefügten und fortgeltenden §§ 37b und 37c WpHG a.F. (heute §§ 97 bzw. 98 WpHG), denen zufolge unterlassene, verspätete oder unwahre Ad-hoc-Veröffentlichungen schadensersatzpflichtig machen, ist die Funktion der Ad-hoc-Publizität, mit den Insiderhandelsverboten (Vor Art. 7 ff. VO Nr. 596/2014 Rz. 29) zur informationellen Chancengleichheit der Marktteilnehmer[5] beizutragen, erheblich aufgewertet worden.

9 Als Publizitätsinstrument **ergänzt die Ad-hoc-Publizität die Regelpublizität** von Emittenten und steht selbstständig neben derselben[6]. Vor der Regelung in Art. 17 VO Nr. 596/2014 noch direkt im Anschluss an die Insiderhandelsverbote nach § 14 WpHG a.F. geregelt und den insiderhandelspräventiven Charakter der Ad-hoc-Publizität herausstellend, ist diese in der Marktmissbrauchsverordnung in einem eigenen Kapitel über Offenlegungsvorschriften platziert und unterstreicht dadurch die Rolle der Ad-hoc-Publizität als Publizitätsinstrument. Heute ist es – anders als noch bei Einführung der Ad-hoc-Publizität zunächst in § 44a BörsG a.F. und dann in § 15 WpHG a.F.[7] – im Hinblick auf die Ergänzungsfunktion der Ad-hoc-Publizität selbstverständlich, dass „Ereignisse, die im Rahmen der Regelpublizität darzustellen sind, … unter bestimmten Voraussetzungen bereits vor der Veröffentlichung im Rahmen der Regelpublizität der in § 15 WpHG [a.F.] geregelten Ad-hoc-Publizität unterliegen"[8]. Dementsprechend kann mit der Veröffentlichung von Informationen, die – wie etwa Informationen über Geschäftsergebnisse – auch Gegenstand der Regelpublizität sind, nicht bis zum nächsten Regelpublizitätstermin gewartet werden, wenn es sich um Informationen handelt, die für sich genommen nicht öffentlich bekannt und kurserheblich und damit ad-hoc-publizitätspflichtig sind[9]. Im Rahmen der Ad-hoc-Publizität ist dann allerdings „lediglich die Insiderinformation, also die Information, welcher erhebliches Preisbeeinflussungspotential zukommt, zu veröffentlichen, nicht jedoch der gesamte Jahresabschluss, Quartals- oder Zwischenbericht"[10].

---

1 Art. 1 Nr. 11 des Gesetzes zur Umsetzung der Richtlinie 2010/73/EU und zur Änderung des Börsengesetzes vom 26.6.2012, BGBl. I 2012, 1375, 1378.
2 *Assmann* in 6. Aufl., § 15 WpHG Rz. 3 ff.
3 Ausführlich *Assmann* in 6. Aufl., § 15 WpHG Rz. 7 und v.a. Rz. 32 ff. und Vor § 12 WpHG Rz. 38 f. Zu Art. 17 VO Nr. 596/2014 *Buck-Heeb*, Kapitalmarktrecht, Rz. 404, 406; *Grundmann* in Staub, Bd. 11/1, 5. Aufl. 2017, 6. Teil Rz. 488; *Hopt/Kumpan* in Schimansky/Bunte/Lwowski, § 107 Rz. 133.
4 BGBl. I 2002, 2010.
5 Im Gegensatz zur Gewährleistung von Chancengleichheit durch *Beseitigung* von Informationsvorsprüngen (als Element der Insiderhandelsprävention) wurde dies auch als „positiver" Schutz der Chancengleichheit der Anleger verstanden. S. *Hopt*, ZHR 159 (1995), 147; *Geibel/Schäfer* in Schäfer/Hamann, Kapitalmarktgesetze, § 15 WpHG Rz. 5; *Pananis*, WM 1997, 460 ff.
6 *BaFin*, Emittentenleitfaden 2013, S. 55. Ausführlich dazu *Assmann* in 6. Aufl., § 15 WpHG Rz. 1 f. und v.a. Rz. 35 ff.; *Koch* in Veil, Europäisches Kapitalmarktrecht, § 19 Rz. 56; *Veil/Brüggemeier* in Meyer/Veil/Rönnau, Handbuch zum Marktmissbrauchsrecht, § 10 Rz. 11. I.E. auch *Klöhn* in Klöhn, Art. 17 MAR Rz. 38 („Ad-hoc-Publizität und Regelpublizität stehen in Idealkonkurrenz zueinander, das heißt, sie verdrängen einander nicht").
7 Dazu *Assmann* in 6. Aufl., § 15 WpHG Rz. 35 f.
8 Bekanntmachung des seinerzeitigen *BAWe* zum Verhältnis von Regelpublizität und Ad-hoc-Publizität vom 9.7.1996, BAnz. v. 19.7.1996, S. 8167. Ebenso *BaFin*, Emittentenleitfaden 2013, S. 55.
9 *BaFin*, Emittentenleitfaden 2013, S. 55 („Daher lösen Geschäftsvorfälle, sofern es sich um Insiderinformationen handelt, schon vor der Veröffentlichung im Rahmen der Regelpublizität die Ad-hoc-Publizitätspflicht aus. Gleiches gilt für Geschäftsergebnisse"); *Cahn/Götz*, AG 2007, 221, 222; *Fürhoff/Wölk*, WM 1997, 449, 450; *Hirte*, S. 51 (Pflicht zur „Vorab"-Mitteilung"); *Kümpel*, AG 1997, 66, 70; *Schäfer* in Dreyling/Schäfer, Rz. 324; *Geibel/Schäfer* in Schäfer/Hamann, Kapitalmarktgesetze, § 15 WpHG Rz. 8; *Wölk*, AG 1997, 73, 76.
10 *BaFin*, Emittentenleitfaden 2013, S. 55 (Hervorhebung im Eingangszitat hinzugefügt).

Auch **gegenüber anderen „Pflichten zur Kapitalmarkttransparenz bzw. -kommunikation** (z.B. Mitteilung bedeutender Stimmrechtsveränderungen, Publizitätsvorschriften nach dem Wertpapiererwerbs- und Übernahmegesetz oder dem Wertpapierprospektgesetz, Veröffentlichungspflichten im Zusammenhang mit Aktienrückkaufprogrammen, Transparenzvorschriften hinsichtlich der Erhebung einer Anfechtungsklage)" hat die Ad-hoc-Publizität Vorrang[1], es sei denn, in den fraglichen Vorschriften – wie etwa in § 10 Abs. 6 WpÜG[2] im Hinblick auf die Pflicht zur Veröffentlichung der Entscheidung zur Abgabe eines Wertpapiererwerbs- oder Übernahmeangebots[3] – ist ein anderes bestimmt. Der der Umsetzung der übernahmerechlichen Publizitätspflichten nach der Übernahmerichtlinie dienende § 10 Abs. 6 WpÜG ist keine Bereichsausnahme[4] zu Art. 17 VO Nr. 596/2014, sondern eine den Besonderheiten von Wertpapiererwerbsangeboten – speziell von Übernahmeangeboten – geschuldete Sonderregelung in Bezug auf die Veröffentlichung der Entscheidung eines Bieters zur Abgabe eines Wertpapiererwerbsangebots. Europarechtlich fundiert, stellt sie keinen deutschen, von Art. 17 VO Nr. 596/2014 verdrängten Sodnerweg dar[5]. So oder so ist bis auf weiteres von der fortdauernden Anwendbarkeit des § 10 Abs. 6 WpÜG auszugehen und Bietern anzuraten, die Veröffentlichung eines Wertpapiererwerbs- oder Übernahmeangebots nach Maßgabe von § 6 WpÜG vorzunehmen. 10

In beiderlei Hinsicht – Ad-hoc-Publizität sowohl als Publizitäts- als auch als Präventionsinstrument – ist **Normzweck** der Ad-hoc-Publizität nicht der Schutz der Individualinteressen der Anleger, sondern ausschließlich die Sicherung der **Funktionsfähigkeit des Kapitalmarkts**. Daran hat sich weder im Zuge der Entwicklung der Ad-hoc-Publizität unter § 15 WpHG a.F.[6] noch in Bezug auf Art. 17 VO Nr. 596/2014 etwas geändert. Wie § 15 WpHG a.F.[7] dient auch Art. 17 VO Nr. 596/2014 nur dem Schutz des „Vertrauen[s] der Öffentlichkeit in die Märkte" (etwa Erwägungsgrund 2, 32, 44 VO Nr. 596/2014) und des „Vertrauens der Investoren" (etwa Erwägungsgrund 23, 24 VO Nr. 596/2014) – synonym Vertrauen der Marktteilnehmer (Erwägungsgrund 58 VO Nr. 596/2014) oder Anleger (etwa Erwägungsgrund 55 VO Nr. 596/2014) und damit des Anlegerpublikums als Gesamtheit der potentiellen Anleger[8]. Gegenstand der Marktmissbrauchsverordnung ist es nach ausdrücklicher Bestimmung des Art. 1 VO Nr. 596/2014, „die Integrität der Finanzmärkte in der Union sicherzustellen und den Anlegerschutz und das Vertrauen der Anleger in diese Märkte zu stärken". Deshalb handelte bzw. handelt es sich bei § 15 WpHG a.F. – woran sich auch im Hinblick auf Art. 17 VO Nr. 596/2014 nichts geändert hat (näher Rz. 308) – um **kein Schutzgesetz** i.S.d. § 823 Abs. 2 BGB. Schutzgut dieser Vorschriften war bzw. ist, anders lassen sich die vorstehenden Äußerungen nicht deuten, allein die Sicherung der **Funktionsfähigkeit des Kapitalmarkts**[9]. Wo ein individueller Anlegerschutz gewollt ist, ist dieser weiterhin Gegenstand spezieller mitgliedstaatlicher Vorschriften in Umsetzung entsprechenden Gemeinschaftssekundärrechts, wie in Deutschland 11

---

1 Zu § 15 WpHG a.Fl. s. *Assmann* in 6. Aufl., § 15 WpHG Rz. 38 f. Zu Art. 17 VO Nr. 596/2014 *Buck-Heeb*, Kapitalmarktrecht, Rz. 407; *Hopt/Kumpan* in Schimansky/Bunte/Lwowski, § 107 Rz. 134.
2 § 10 Abs. 6 WpÜG – in ihrer auf Art. 16 Abs. 6 Nr. 1 Erstes Finanzmarktförderungsgesetz vom 30.6.2016, BGBl. I 2016, 1514, zum Zwecke der Anpassung der Vorschrift an die VO Nr. 596/2014 zurückgehenden Fassung – bestimmt, dass Art. 17 VO Nr. 596/2014 „nicht für Entscheidungen zur Abgabe eines Angebots" gilt.
3 *BaFin*, Emittentenleitfaden 2013, S. 55. Im Ausgangspunkt zu § 15 WpHG a.F. unstreitig. Die Vielzahl von Fällen, in denen sich die Frage stellt, inwieweit die Ad-hoc-Publizität neben oder ergänzend zu den im WpÜG geregelten Informationspflichten tritt, wird von dieser Vorschrift allerdings nicht berührt. So vertreten etwa der RegE zum WpÜG (BT-Drucks. 14/7034, 40) und die h.M. – *Bachmann*, ZHR 172 (2008), 597, 615; *Hirte* in KölnKomm. WpÜG, § 10 WpÜG Rz. 102; *Thoma/Stöcker* in Baums/Thoma, § 10 WpÜG Rz. 149; *Wackerbarth* in MünchKomm. AktG, 2. Aufl. 2004, Bd. 9/1, § 10 WpÜG Rz. 81; *Walz* in Haarmann/Schüppen, FrankfurtKomm. WpÜG, § 10 WpÜG Rz. 62 – die Ansicht, dass Eckdaten eines beabsichtigten Angebots, welche in einer Veröffentlichung nach § 10 WpÜG nicht aufgeführt werden müssen (weil sie in diesem Zeitpunkt regelmäßig noch nicht feststehen) und auch tatsächlich nicht aufgeführt wurden, „bei ihrem Vorliegen nach § 15 WpHG zu veröffentlichen" seien. Näher hierzu *Assmann* in Assmann/Pötzsch/Uwe H. Schneider, WpÜG, § 10 WpÜG Rz. 78.
4 So aber *Klöhn* in Klöhn, Art. 17 MAR Rz. 5: „Aufgrund des Vorrangs des Europarechts geht der Ausschluss gem. § 10 Abs. 6 WpÜG freilich ins Leere ... Der deutsche Gesetzgeber kann ohne europarechtliche Opt-out-Möglichkeit keine Bereichsausnahme von einer EU-Verordnung schaffen. Art. 17 wird daher nicht durch §§ 10 Abs. 6, 35 Abs. 2 WpÜG verdrängt".
5 Zum Verhältnis von Art. 10 Abs. 6 WpÜG und Art. 17 VO Nr. 596/2014 ebenso *Hopt/Kumpan* in Schimansky/Bunte/Lwowski, § 107 Rz. 155. A.A. *Klöhn* in Klöhn, Art. 17 MAR Rz. 5: „Verhältnis ungeklärt"; Veil/Brüggemeier in Meyer/Veil/Rönnau, Handbuch zum Marktmissbrauchsrecht, § 10 Rz. 14.
6 *Assmann* in 6. Aufl., § 15 WpHG Rz. 28.
7 Für diese Vorschrift kam dies schon in den Gesetzesmaterialien zu ihrer Erstfassung zum Ausdruck, namentlich im Bericht des Finanzausschusses des Deutschen Bundestages zum 2. FFG, demzufolge die Ad-hoc-Publizität dazu beitragen solle, dass sich keine unangemessenen Marktpreise infolge mangelhafter oder fehlender Information bildeten und die für die Funktionsfähigkeit der Kapitalmärkte notwendige Markttransparenz hergestellt werde. Bericht des Finanzausschusses des Deutschen Bundestages (2. FFG), BT-Drucks. 12/7918, 102. Ebenso etwa *Lenenbach*, Kapitalmarktrecht, Rz. 13.249; *Oulds* in Kümpel/Wittig, Bank- und Kapitalmarktrecht, Rz. 14.233 f.; *Pfüller* in Fuchs, § 15 WpHG Rz. 53 ff.; *Zimmer/Kruse* in Schwark/Zimmer, § 15 WpHG Rz. 6, 135.
8 *Buck-Heeb*, Kapitalmarktrecht, Rz. 481; *Ihrig*, ZHR 181 (2017), 381, 390; *Klöhn* in Klöhn, Vor Art. 17 MAR Rz. 35 ff., Art. 17 MAR Rz. 5. Nach *Hopt/Kumpan* in Schimansky/Bunte/Lwowski, § 107 Rz. 168, bezweckt Art. 17 VO Nr. 596/2014 auch den Individualschutz.
9 Zu § 15 WpHG a.F. RegE 4. FFG, BR-Drucks. 936/01 (neu) v. 14.11.2001, 245.

Art. 17 VO Nr. 596/2014 | Veröffentlichung von Insiderinformationen

der §§ 97 und 98 WpHG. Schon von daher kann auch ein Versäumnis der BaFin als zuständige Behörde zur Überwachung der Einhaltung der Ad-hoc-Publizität **keine Amtspflichtverletzung** i.S.d. § 839 BGB darstellen, die geeignet wäre, eine Staatshaftung zu begründen (Art. 34 GG). Darüber hinaus nimmt die BaFin die ihre Aufgaben und Befugnisse nur im öffentlichen Interesse wahr (§ 4 Abs. 4 FinDAG).

12 Nicht zum Normzweck des Art. 17 VO Nr. 596/2014 gehört das Interesse der Aktionäre des Emittenten, aufgrund der Veröffentlichung von Insiderinformationen **Compliance-Kontrolle** ausüben zu können[1]. Wäre dem so, wäre es unverständlich, warum nur kurserhebliche Insiderinformationen und nicht alle einem Emittenten nachteilige Compliance-Verstöße zu veröffentlichen wären. Der Versuch, die die Ad-hoc-Publizität nach Art. 17 VO Nr. 596/2014 um einen solchen Schutzgegenstand anzureichern, zielt vor allem auf eine Einschränkung von Geheimhaltungsinteressen von Emittenten und eine zweckwidrige Einschränkung des Rechts zum Aufschub von Insiderinformationen nach Art. 17 Abs. 4 VO Nr. 596/2014.

13 **3. Normentwicklung und Rechtsquellen.** Art. 17 Abs. 1 Unterabs. 2 Satz 1 und Unterabs. 3 VO Nr. 596/2014 beruhen auf einer im ABl. EU Nr. L 287 v. 21.10.2016, S. 320 (323) vorgenommenen **Berichtigung**. Dabei wurde die Formulierung in Art. 17 Abs. 1 Unterabs. 2 Satz 1 „Die Emittenten stellen sicher, dass die Insiderinformationen in einer Art und Weise veröffentlicht werden, die es der Öffentlichkeit ermöglicht, schnell auf sie zuzugreifen, falls vorhanden, und sie vollständig, korrekt und rechtzeitig zu bewerten, und dass sie in dem amtlich bestellten System ..." durch die Formulierung „Die Emittenten stellen sicher, dass die Insiderinformationen in einer Art und Weise veröffentlicht werden, die es der Öffentlichkeit ermöglicht, schnell auf sie zuzugreifen und sie vollständig, korrekt und rechtzeitig zu bewerten, und dass sie gegebenenfalls in dem amtlich bestellten System ..." ersetzt. In Art. 17 Abs. 1 Unterabs. 3 VO Nr. 596/2014 traten an die Stelle der Worte „beantragt oder erhalten haben," die Worte „beantragt oder genehmigt haben".

14 Dieser Berichtigung folgend, wurden in ABl. EU Nr. L 348 v. 21.12.2016, S. 83 (84/85) **weitere Berichtungen** vorgenommen, die Art. 17 Abs. 1 Unterabs. 1 und 2 VO Nr. 596/2014 betrafen: Zum einen wurde Unterabs. 1 dahingehend berichtigt, dass die Formulierung „Emittenten geben der Öffentlichkeit Insiderinformationen, die unmittelbar den diesen Emittenten betreffen, so bald wie möglich bekannt" durch die Formulierung „Ein Emittent gibt der Öffentlichkeit Insiderinformationen, die unmittelbar diesen Emittenten betreffen, unverzüglich bekannt" ersetzt wurde[2]. Zum anderen **trat an die Stelle der Formulierung** des Unterabs. 2 „Die Emittenten stellen sicher, dass die Insiderinformationen in einer Art und Weise veröffentlicht werden, die es der Öffentlichkeit ermöglicht, schnell auf sie zuzugreifen und sie vollständig, korrekt und rechtzeitig zu bewerten, und dass sie gegebenenfalls in dem amtlich bestellten System gemäß Artikel 21 der Richtlinie 2004/109/EG des Europäischen Parlaments und des Rates ... veröffentlicht werden. Die Emittenten dürfen die Veröffentlichung von Insiderinformationen nicht mit der Vermarktung ihrer Tätigkeiten verbinden. Die Emittenten veröffentlichen alle Insiderinformationen, die sie der Öffentlichkeit mitteilen müssen, auf ihrer Website und zeigen sie dort während eines Zeitraums von mindestens fünf Jahren an." die Formulierung „Der Emittent stellt sicher, dass die Insiderinformationen in einer Art und Weise veröffentlicht werden, die der Öffentlichkeit einen schnellen Zugang und eine vollständige, korrekte und rechtzeitige Bewertung ermöglicht, und dass sie gegebenenfalls in dem amtlich bestellten System gemäß Artikel 21 der Richtlinie 2004/109/EG des Europäischen Parlaments und des Rates veröffentlicht werden. Der Emittent darf die Veröffentlichung von Insiderinformationen nicht mit der Vermarktung seiner Tätigkeiten verbinden. Der Emittent veröffentlicht alle Insiderinformationen, die er der Öffentlichkeit mitteilen muss, auf seiner Website und zeigt sie dort während eines Zeitraums von mindestens fünf Jahren an."

15 Zahlreiche Bestimmung von Art. 17 VO Nr. 596/2014 **bauen auf solchen der Marktmissbrauchsrichtlinie 2003/6/EG auf**[3]: Art. 17 Abs. 1 VO Nr. 596/2014 entspricht Art. 6 Abs. 1 und (in seinem Unterabs. 3) Art. 9 Abs. 3 der Marktmissbrauchsrichtlinie 2003/6/EG. Art. 17 Abs. 4, 17 Abs. 8 und 17 Abs. 10 VO Nr. 596/2014 entsprechen Art. 6 Abs. 2, Art. 6 Abs. 3 Unterabs. 1 und 2 bzw. Art. 6 Abs. 10 Spiegelstriche 1 und 2 der Marktmissbrauchsrichtlinie 2003/6/EG vom 28.1.2003.

16 Der Ermächtigung in Art. 17 Abs. 2 und 3 VO Nr. 596/2014 folgend, ist die **Delegierte Verordnung (EU) 2016/522 der Kommission vom 17.12.2015**[4] zur Ergänzung der Marktmissbrauchsverordnung im Hinblick u.a. auf eine Ausnahme für bestimmte öffentliche Stellen und Zentralbanken von Drittstaaten, die Schwellen-

---

1 So aber *Klöhn* in KölnKomm. WpHG, § 15 WpHG Rz. 101 („Compliance-Dimension" der Ad-hoc-Publizität), 200 („verbesserte Kontrolle des Vorstands"), 202 („Aufdeckung von Missmanagement und Treupflichtverstößen"); *Klöhn* in Klöhn, Art. 17 MAR Rz. 13; *Klöhn*, ZHR 198 (2014), 55 (68 ff., 79 f.).
2 Die ursprüngliche Fassung war eine wörtliche Übersetzung des englischen Texts (Hervorhebung hinzugefügt) „An issuer shall inform the public as soon as possible of inside information which directly concerns that issuer". Sie entsprach der Formulierung in Art. 6 Abs. 1 RL 2003/6/EG vom 28.1.2003 (ABl. EG Nr. L 96 v. 12.4.2003, S. 16): „Die Mitgliedstaaten sorgen dafür, dass alle Emittenten von Finanzinstrumenten Insider-Informationen, die sie unmittelbar betreffen, so bald als möglich der Öffentlichkeit bekannt geben".
3 Richtlinie 2003/6/EG vom 28. Januar 2003 über Insider-Geschäfte und Marktmanipulation (Marktmissbrauch), ABl. EG Nr. L 96 v. 12.4.2003, S. 16. S. dazu die Entsprechungstabelle in Anhang II der RL 2003/6/EG vom 28.1.2003.
4 ABl. EU Nr. L 88 v. 5.4.2016, S. 1.

werte für die Offenlegung sowie die zuständige Behörde, der ein Aufschub zu melden ist, ergangen. Der Text der Delegierten Verordnung ist nach dem Text von Art. 17 VO Nr. 596/2014, in den für die Anwendung dieser Vorschrift einschlägigen Teilen wiedergegeben. Um einheitliche Bedingungen für die Anwendung von Art. 17 VO Nr. 596/2014 sicherzustellen, hat die Kommission aufgrund der Ermächtigung in Art. 17 Abs. 10 VO Nr. 596/2014 die **Durchführungsverordnung (EU) 2016/1055 vom 29.6.2016**[1] zur Festlegung technischer Durchführungsstandards hinsichtlich der technischen Mittel für die angemessene Bekanntgabe von Insiderinformationen und für den Aufschub der Bekanntgabe von Insiderinformationen erlassen. Der Text der Durchführungsverordnung ist nach demjenigen von Art. 17 VO Nr. 596/2014 und dem Text der Delegierten Verordnung (EU) 2016/522 wiedergegeben. Die Vorschriften sowohl der Delegierten Verordnung wie der Durchführungsverordnung werden im Folgenden, ohne weitere Angabe von deren Fundstelle, unter Nennung der Verordnungsnummer zitiert.

Bei der Anwendung von Art. 17 VO Nr. 596/2014 sowie der zu dieser Vorschrift ergangenen Delegierten Verordnung und der Durchführungsverordnung (Rz. 16) sind die **MAR-Leitlinien der ESMA** zum Aufschub der Offenlegung von Insiderinformationen vom 20.10.2016[2] und die **FAQs** – Frequently Asked Questions – **der BaFin** zur Veröffentlichung von Insiderinformationen (Stand 20.6.2017[3]) zu beachten. Die ESMA-Leitlinien enthalten, entsprechend dem Auftrag in Art. 17 Abs. 11 VO Nr. 596/2014, eine nicht abschließende indikative Liste der in Art. 17 Abs. 4 lit. a VO Nr. 596/2014 genannten berechtigten Interessen des Emittenten und von Fällen, in denen die Aufschiebung der Offenlegung von Insiderinformationen gem. Art. 17 Abs. 4 lit. b VO Nr. 596/2014 geeignet ist, die Öffentlichkeit irrezuführen. Die Leitlinien sind, was ihre Einordnung in die Rechtsquellen angeht, ungeachtet der Erwähnung ihrer Geltung „für zuständige Behörden *und Emittenten*" in den Leitlinien[4], nicht mehr als die zuständigen Behörden[5] bindende[6], aber für die Gerichte unverbindliche Regeln (s. schon Art. 11 VO Nr. 596/2014 Rz. 75). Entsprechendes gilt für die **FAQ-Dokumente der BaFin** in Gestalt von „Art. 17 MAR – Veröffentlichung von Insiderinformationen (FAQs)" und von „Ad-hoc-Publizität: Fragen und Antworten zu Veröffentlichungen von Insiderinformationen zu Emissionszertifikaten" (Vor Art. 7 ff. VO Nr. 596/2014 Rz. 37 und Vor Art. 7 ff. VO Nr. 596/2014 – Schrifttum).

II. Pflicht des Emittenten zur Veröffentlichung von Insiderinformationen (Art. 17 Abs. 1 VO Nr. 596/2014).

Nach Art. 17 Abs. 1 Unterabs. 1 VO Nr. 596/2014 muss ein **Emittent** der Öffentlichkeit Insiderinformationen, die ihn unmittelbar betreffen, unverzüglich bekanntgeben. Zur entsprechenden Pflicht von **Teilnehmer am Markt für Emissionszertifikate** nach Art. 17 Abs. 2 VO Nr. 596/2014 s. Rz. 254 ff.

1. Adressat der Veröffentlichungspflicht. a) Emittent als Verpflichteter. Ad-hoc-publizitätspflichtig ist nach Art. 17 Abs. 1 Unterabs. 1 VO Nr. 596/2014 nur ein **Emittent** von Finanzinstrumenten und nicht das Geschäftsführungsorgan, seine Mitglieder oder einzelne seiner Mitglieder[7]. Ein **Emittent** ist nach Art. 3 Abs. 1 Nr. 21 VO Nr. 596/2014 – unbeschadet der hierauf aufbauenden Konkretisierung in Art. 17 Abs. 1 Unterabs. 1 VO Nr. 596/2014 – eine juristische Person des privaten oder öffentlichen Rechts, die Finanzinstrumente emittiert oder deren Emission vorschlägt, wobei der Emittent im Fall von Hinterlegungsscheinen, die Finanzinstrumente repräsentieren, der Emittent der repräsentierten Finanzinstrumente ist. Können Emittenten nur **juristische Personen des privaten oder öffentlichen Rechts** sein, scheiden Personen(handels)gesellschaften als Emittenten aus[8]. Ein **Finanzinstrument** im Sinne dieser Vorschrift ist nach Art. 3 Abs. 1 Nr. 1 VO Nr. 596/2014 ein Finanzinstrument i.S.v. Art. 4 Abs. 1 Nr. 15 der Richtlinie 2014/65/EU des Europäischen Parlaments und des Rates vom 15.5.2014 über Märkte für Finanzinstrumente sowie zur Änderung der Richtlinien 2002/92/EG und 2011/61/EU (MiFID II)[9]. Diese Vorschrift verweist zur Bestimmung des Begriffs „Finanzinstrumente" ihrerseits auf die in Anhang I Abschnitt C der vorgenannten Richtlinie angeführten und in Art. 3 VO Nr. 596/2014 Rz. 2 ff. wiedergegebenen Instrumente, und umfassen vor allem übertragbare Wertpapiere, Geldmarktinstrumente, Anteile an Organismen für gemeinsame Anlagen, Optionen, Terminkontrakte (Futures) und Termin-

---

1 ABl. EU Nr. L 173 v. 30.6.2016, S. 47.
2 *ESMA*, MAR-Leitlinien – Aufschub der Offenlegung, s. Schrifttum zu Art. 17 VO Nr. 596/2014.
3 *BaFin*, Art. 17 MAR (FAQs), s. Schrifttum zu Art. 17 VO Nr. 596/2014.
4 *ESMA*, MAR-Leitlinien – Aufschub der Offenlegung, S. 3 Rz. 1 (Hervorhebung hinzugefügt).
5 Mit Schreiben vom 6.12.2016 (WA 27-Wp 2001-2016/0058), abrufbar unter https://www.bafin.de/SharedDocs/Veroef fentlichungen/DE/Anlage/161205_Aufschub_Insiderinformationen_ESMA.html, hat die BaFin der ESMA – entsprechend ihren diesbezüglichen Verpflichtungen nach Art. 16 Abs. 3 Unterabs. 2 VO Nr. 1095/2010 (Rz. 1) – mitgeteilt, diesen Leitlinien nachzukommen.
6 Art. 16 Abs. 3 Unterabs. 1 VO Nr. 1095/2010 (Rz. 1) lautet: „Um innerhalb des ESFS kohärente, effiziente und wirksame Aufsichtspraktiken zu schaffen und eine gemeinsame, einheitliche und kohärente Anwendung des Unionsrechts sicherzustellen, gibt die Behörde Leitlinien und Empfehlungen für die zuständigen Behörden und die Finanzmarktteilnehmer heraus."
7 *Klöhn* in KölnKomm. WpHG, § 15 WpHG Rz. 48; *Klöhn* in Klöhn, Art. 17 MAR Rz. 58, 60; *Veil/Brüggemeier* in Meyer/Veil/Rönnau, Handbuch zum Marktmissbrauchsrecht, § 10 Rz. 37.
8 *Kumpan*, DB 2016, 2039; *Schäfer* in Marsch-Barner/Schäfer, Handbuch börsennotierte AG, Rz. 15.11; *Veil/Brüggemeier* in Meyer/Veil/Rönnau, Handbuch zum Marktmissbrauchsrecht, § 10 Rz. 29.
9 ABl. EU Nr. L 173 v. 12.6.2014, S. 349.

geschäfte (Forwards) sowie Emissionszertifikate, für die sich in Art. 17 Abs. 2 und 4 VO Nr. 596/2014 Sondervorschriften zur Ad-hoc-Publizität finden.

20 Ergibt sich schon aus der Bestimmung des Anwendungsbereichs der Marktmissbrauchsverordnung in Art. 2 Abs. 1 VO Nr. 596/2014, dass sich diese nur auf **Finanzinstrumente** bezieht, für die ein **Markt** vorhanden ist. Art. 17 Abs. 1 Unterabs. 3 VO Nr. 596/2014 spezifiziert dies für den Anwendungsbereich der Ad-hoc-Publizität nach Art. 17 Abs. 1 Unterabs. 1 (Alt. 1) VO Nr. 596/2014 dahingehend, dass diese nur **Emittenten** trifft, die *entweder* für ihre Finanzinstrumente eine Zulassung zum Handel an einem **geregelten Markt** in einem Mitgliedstaat beantragt oder genehmigt haben, *oder* – im Falle von Instrumenten, die ausschließlich auf einem **multilateralen oder organisierten Handelssystem** gehandelt werden – für ihre Finanzinstrumente eine Zulassung zum Handel auf einem multilateralen oder organisierten Handelssystem in einem Mitgliedstaat erhalten oder für ihre Finanzinstrumente eine Zulassung zum Handel auf einem multilateralen Handelssystem in einem Mitgliedstaat beantragt haben. Im Hinblick auf die Zulassung von Finanzinstrumenten zum **Handel an einem geregelten Markt** sind damit neben einem Zulassungsantrag des Emittenten selbst auch der Antrag eines Dritten, den der Emittent veranlasst oder dem er nachträglich zustimmt. In Bezug auf Finanzinstrumente, die *allein* auf einem **multilateralen oder organisierten Handelssystem** gehandelt werden, reicht nur im Falle der geplanten Zulassung zu einem multilateralen Handelssystem der Antrag auf Zulassung aus; im Falle des geplanten Handels von Finanzinstrumenten in einem organisierten Handelssystem setzt eine Ad-hoc-Publizitätspflicht des Emittenten erst mit der Zulassung zum Handel ein. Die vorstehenden Bestimmungen gewährleisten, dass die Ad-hoc-Publizitätspflicht eines Emittenten nur dann entstehen kann, wenn die Zulassung zum Handel auf einem der erfassten Märkte mit ihrem Wissen und Wollen erfolgt[1]. Nach alledem bestimmt sich der **Normadressat** der Ad-hoc-Publizität nach Art. 17 VO Nr. 596/2014 allein danach, auf welchem Markt in der EU die von ihm emittierten Finanzinstrumente zugelassen sind oder gegebenenfalls eine Zulassung beantragt ist[2]. Darin weicht die Vorschrift vom bisher geltenden Herkunftslandsprinzip[3] ab, in dessen Umsetzung in § 15 Abs. 1 Satz 1 WpHG a.F. nur ein „Inlandsemittent" – d.h. ein Emittent, für den (nach den fortgeltenden Vorschriften von § 2 Abs. 13 und 14 WpHG) „die Bundesrepublik Deutschland der Herkunftsstaat" war[4] – der Pflicht zur Ad-hoc-Publizität unterlag.

21 **Geregelter Markt** i.S.v. Art. 17 Abs. 3 VO Nr. 596/2014 ist nach Art. 3 Abs. 1 Nr. 6 VO Nr. 596/2014 ein geregelter Markt i.S.v. Art. 4 Abs. 1 Nr. 21 RL 2014/65/EU (Rz. 19), d.h. ein von einem Marktbetreiber i.S.v. Art. 3 Abs. 1 Nr. 5 VO Nr. 596/2014 „betriebenes und/oder verwaltetes multilaterales System, das die Interessen einer Vielzahl Dritter am Kauf und Verkauf von Finanzinstrumenten innerhalb des Systems und nach seinen nichtdiskretionären Regeln in einer Weise zusammenführt oder das Zusammenführen fördert, die zu einem Vertrag in Bezug auf Finanzinstrumente führt, die gemäß den Regeln und/oder den Systemen des Marktes zum Handel zugelassen wurden, sowie eine Zulassung erhalten hat und ordnungsgemäß und gemäß Titel III dieser Richtlinie funktioniert". In **Deutschland** finden sich geregelte Märkte nur in Form der **regulierten Märkte** der Börsen, die mehrere Marktsegmente (Teilbereiche des regulierten Markts, § 42 BörsG) aufweisen können. Von Art. 17 Abs. 3 VO Nr. 596/2014 werden allerdings nur solche Emittenten erfasst, die für ihre Finanzinstrumente eine Zulassung zum Handel an einem geregelten Markt in einem Mitgliedstaat selbst beantragt oder die Beantragung durch Dritte genehmigt haben (Rz. 20).

22 Ein **multilaterales Handelssystem** i.S.v. Art. 17 Abs. 3 VO Nr. 596/2014 ist nach Art. 3 Abs. 1 Nr. 7 VO Nr. 596/2014 ein multilaterales Handelssystem (auch *Multilateral Trading Facility – MTF*) i.S.v. Art. 4 Abs. 1 Nr. 22 RL 2014/65/EU (Rz. 19) und – dieser Bestimmung entsprechend – § 2 Abs. 8 Nr. 8 WpHG, d.h. ein von einer Wertpapierfirma i.S.v. Art. 3 Abs. 1 Nr. 2 VO Nr. 596/2014 oder einem Marktbetreiber i.S.v. Art. 3 Abs. 1 Nr. 5 VO Nr. 596/2014 betriebenes „multilaterales System, das die Interessen einer Vielzahl Dritter am Kauf und Verkauf von Finanzinstrumenten innerhalb des Systems und nach nichtdiskretionären Regeln in einer Weise zusammenführt, die zu einem Vertrag gemäß Titel II dieser Richtlinie führt". Näher Art. 3 VO Nr. 596/2014 Rz. 15. In Deutschland stellt der zumeist an einer Börse eingerichtete **Freiverkehr** ein multilaterales Handelssystem dar. Anders als bisher[5], unterliegen damit auch Emittenten, deren Finanzinstrumente ausschließlich

---

1 Entsprechend heißt es in Erwägungsgrund 49 Satz 5 VO Nr. 596/2014: „Der Emittent ist nur verpflichtet, Insiderinformationen offenzulegen, wenn er die Zulassung des Finanzinstruments zum Handel beantragt oder genehmigt hat".
2 *Grundmann* in Staub, Bd. 11/1, 5. Aufl. 2017, 6. Teil Rz. 493 („unabhängig vom Sitz, allein auf Grund der Zulassung der von ihm emittierten Effekten").
3 *Assmann* in 6. Aufl., § 15 WpHG Rz. 42 f.
4 Zur Anknüpfung der Ad-hoc-Publizität an den Begriff des Inlandsemittenten und zu dessen Bestimmung s. *Assmann* in 6. Aufl., § 15 WpHG Rz. 44 ff.
5 Nach § 15 Abs. 1 Satz 1 WpHG a.F. i.V.m. § 2 Abs. 7 i.V.m. Abs. 6 WpHG a.F. beschränkte sich die Ad-hoc-Publizität auf die Emittenten von Finanzinstrumenten, die zum Handeln an einem organisierten Markt i.S.v. § 2 Abs. 5 WpHG zugelassen waren, weshalb der keinen organisierten Markt darstellende Freiverkehr i.S.v. § 48 BörsG nicht erfasst wurde. Einer Ad-hoc-Publizitätspflicht unterlagen in den Freiverkehr einbezogene Unternehmen allenfalls kraft entsprechenden Regelwerks des Trägers des an der jeweiligen Börse eingerichteten Freiverkehrs. S. *Assmann* in 6. Aufl., § 15 WpHG Rz. 43, 46.

im Freiverkehr gehandelt werden oder die einen Antrag auf Zulassung zum (Einbeziehung in den) Freiverkehr gestellt haben (Rz. 20), der Ad-hoc-Publizität nach Art. 17 VO Nr. 596/2014[1].

Ein **organisiertes Handelssystem** (auch *Organised Trading Facility – OTF*) i.S.v. Art. 17 Abs. 3 VO Nr. 596/2014 ist nach Art. 3 Abs. 1 Nr. 8 VO Nr. 596/2014 ein System oder eine Fazilität in der Union i.S.v. Art. 4 Abs. 1 Nr. 23 RL 2014/65/EU (Rz. 19), d.h. „ein multilaterales System, bei dem es sich nicht um einen geregelten Markt [Rz. 21] oder ein MTF [Rz. 22] handelt und das die Interessen einer Vielzahl Dritter am Kauf und Verkauf von Schuldverschreibungen, strukturierten Finanzprodukten, Emissionszertifikaten oder Derivaten innerhalb des Systems in einer Weise zusammenführt, die zu einem Vertrag gemäß Titel II dieser Richtlinie führt". Näher Art. 3 VO Nr. 596/2014 Rz. 17.

23

Die Bestimmung des Art. 17 VO Nr. 596/2014 kennt keine die **Ad-hoc-Publizität in Konzernen** betreffende **Konzernklausel**[2], wie sie noch die Definition des Primärinsiders in § 13 Abs. 1 Nr. 1 WpHG a.F. in seiner ursprünglichen, durch das Anlegerschutzverbesserungsgesetz vom 28.10.2004 (AnSVG)[3] geänderten Fassung, zumindest ansatzweise kannte und die bestimmte Konzernunternehmen aufgrund ihrer bloßen Konzernzugehörigkeit einer Ad-hoc-Publizitätspflicht unterwerfen würde. Das bedeutet, dass jedes Konzernunternehmen auch im Hinblick auf die Ad-hoc-Publizität als rechtlich selbstständiges Unternehmen zu betrachten ist, das nur dann der Ad-hoc-Publizität nach Art. 17 Abs. 1 Unterabs. 1 VO Nr. 596/2014 unterliegt, wenn es selbst Emittent und als solcher von der Insiderinformation unmittelbar betroffen ist[4]. Daran fehlt es etwa bei der Konzernmuttergesellschaft, die keine Emittentin i.S.v. Art. 17 Abs. 1 Unterabs. 1 und 3 VO Nr. 596/2014 ist, wenn sie über Insiderinformationen verfügt, die eine börsennotierte Tochtergesellschaft betreffen[5]. Gleiches gilt für den Fall, dass ein Konzernunternehmen, das kein Emittent i.S.v. Art. 17 Abs. 1 Unterabs. 1 und 3 VO Nr. 596/2014 ist, Wertpapiere anbietet, die Rechte zum Bezug von im Inland börsenzugelassenen Wertpapieren eines anderen Konzernunternehmens mit Emittenteneigenschaft gewähren; Emittent der Papiere, deren Bezug dadurch ermöglicht wird, ist allein das an dem inländischen organisierten Markt notierte Unternehmen[6]. Zur Frage, wann Insiderinformationen Konzernunternehmen i.S.v. Art. 17 Abs. 1 Unterabs. 3 VO Nr. 596/2014 unmittelbar betreffen, s. Rz. 49.

24

b) Ausführung der Emittentenpflicht. Die Pflicht zur Veröffentlichung von Insiderinformationen nach Art. 17 Abs. 1 Unterabs. 1 VO Nr. 596/2014 trifft den Emittenten. Wahrzunehmen hat sie dessen **Vorstand**[7]. Für ihre **ordnungsgemäße Erfüllung** haftet der Vorstand ordnungswidrigkeitsrechtlich nach § 9 OWiG bzw. subsidiär nach § 130 OWiG (Rz. 304) und zivilrechtlich nach § 93 Abs. 2 AktG (Rz. 312) gegenüber der Gesellschaft. Der **Aufsichtsrat** ist zur Veröffentlichung von Insiderinformationen nicht befugt[8], hat allerdings, wenn zu erkennen ist, dass die Offenlegung durch den Vorstand bereits hätte erfolgen müssen, auf die Pflichterfüllung durch den Vorstand hinzuwirken[9]. Zur Diskussion um Veröffentlichungspflichten des Aufsichtsrats s. Rz. 57 und zur Entscheidungsbefugnis desselben über den Aufschub der Veröffentlichung einer Insiderinformation nach Art. 17 Abs. 4 VO Nr. 596/2014 s. Rz. 89 ff.

25

Die Pflicht des Emittenten zur Veröffentlichung von Insiderinformationen **endet nicht mit der Insolvenz des Emittenten**[10]. Sie besteht vielmehr als vom Vorstand zu erfüllende Pflicht des Emittenten fort, wobei der Insolvenzverwalter den Vorstand nach § 24 WpHG zu unterstützen hat[11]. Streng genommen endet die Pflicht zur

26

---

1 Etwa *Buck-Heeb*, Kapitalmarktrecht, Rz. 410; *Grundmann* in Staub, Bd. 11/1, 5. Aufl. 2017, 6. Teil Rz. 137.
2 *Burgard*, ZHR 162 (1998), 51, 58; *Hopt*, ZHR 159 (1995), 135, 151; *Geibel/Schäfer* in Schäfer/Hamann, Kapitalmarktgesetze, § 15 WpHG Rz. 29; *Ihrig*, ZHR 181 (2017), 381, 411; *Waldhausen*, S. 172, 197.
3 BGBl. I 2004, 2630.
4 *Hopt/Kumpan* in Schimansky/Bunte/Lwowski, § 107 Rz. 138; *Ihrig*, ZHR 181 (2017), 381, 411; *Klöhn* in Klöhn, Art. 17 MAR Rz. 59.
5 *Assmann* in Lutter/Scheffler/Uwe H. Schneider, Handbuch Konzernfinanzierung, Rz. 12.43; *Hopt*, ZHR 159 (1995), 135, 151; *Schäfer* in Dreyling/Schäfer, Rz. 350; *Frowein* in Habersack/Mülbert/Schlitt, Kapitalmarktinformation, § 10 Rz. 9. Zu Art. 17 VO Nr. 596/2014 *Hopt/Kumpan* in Schimansky/Bunte/Lwowski, § 107 Rz. 135.
6 Vgl. *Assmann* in Lutter/Scheffler/Uwe H. Schneider, Handbuch Konzernfinanzierung, Rz. 12.43; *Pfüller* in Fuchs, § 15 WpHG Rz. 91.
7 *Habersack* in MünchKomm. AktG, 4. Aufl. 2014, § 116 AktG Rz. 51, 62 (m.w.N); *Klöhn* in Klöhn, Art. 17 MAR Rz. 60; *Veil/Brüggemeier* in Meyer/Veil/Rönnau, Handbuch zum Marktmissbrauchsrecht, § 10 Rz. 38.
8 Etwa *Habersack* in MünchKomm. AktG, 4. Aufl. 2014, § 116 AktG Rz. 51, 62; *Veil/Brüggemeier* in Meyer/Veil/Rönnau, Handbuch zum Marktmissbrauchsrecht, § 10 Rz. 38.
9 *Habersack* in MünchKomm. AktG, 4. Aufl. 2014, § 116 AktG Rz. 51.
10 Vgl. *BaFin*, Emittentenleitfaden 2013, S. 50; *von Buttlar*, BB 2010, 1355, 1355; *Geibel/Schäfer* in Schäfer/Hamann, Kapitalmarktgesetze, § 15 WpHG Rz. 30; *Grub/Streit*, BB 2004, 1397, 1399; *Hirte*, ZInsO 2006, 1289, 1292; *Klöhn* in Klöhn, Art. 17 MAR Rz. 62; *Pfüller* in Fuchs, § 15 WpHG Rz. 265 f.; *Rattunde/Berner*, WM 2003, 1313, 1314; *Rubel*, AG 2009, 615, 616; *Veil/Brüggemeier* in Meyer/Veil/Rönnau, Handbuch zum Marktmissbrauchsrecht, § 10 Rz. 36; *Warmer*, S. 101 ff.; *Zimmer/Kruse* in Schwark/Zimmer, § 15 WpHG Rz. 20.
11 *Klöhn* in Klöhn, Art. 17 MAR Rz. 62. Im Ausgangspunkt ebenso *Veil/Brüggemeier* in Meyer/Veil/Rönnau, Handbuch zum Marktmissbrauchsrecht, § 10 Rz. 39, doch soll der Insolvenzverwalter für die Veröffentlichung von Ad-hoc-Mitteilungen zuständig sein, wenn diese einen Massebezug aufweisen. Zur Auseinandersetzung vor der Einfügung des § 11

Veröffentlichung von Insiderinformationen nicht einmal mit der **Einstellung der Notierung** der im regulierten Markt zugelassenen Finanzinstrumente des Emittenten, weil – wie sich aus § 39 Abs. 1 BörsG ergibt – die Einstellung der Notierung nach § 25 Abs. 1 Satz 1 Nr. 2 BörsG nicht mit der Beendigung der Zulassung der Finanzinstrumente zum Börsenhandel nach § 39 BörsG gleichzusetzen ist, die fraglichen Instrumente also nach wie vor zum Handel an einem inländischen organisierten Markt zugelassen sind. Dem ist allerdings nicht zu folgen[1], weil die Einstellung der Notierung im regulierten Markt nach § 25 Abs. 1 Satz 1 Nr. 2 BörsG eine endgültige und – anders als die bloße Aussetzung des Handels nach § 25 Abs. 1 Satz 1 Nr. 1 BörsG – nicht nur zeitweilige Beendigung der Notierung sowie des Börsenhandels darstellt und die Geschäftsführung der Börse nach § 39 Abs. 1 Alt. 1 BörsG gleichzeitig zum Widerruf der Zulassung ermächtigt. Auch wenn die Geschäftsführung von ihrem diesbezüglichen Ermessen noch keinen Gebrauch gemacht hat, setzt die (zum Widerruf der Zulassung berechtigende) Einstellung der Notierung doch voraus, dass ein ordnungsgemäßer Börsenhandel mit den fraglichen Instrumenten nicht mehr gewährleistet ist. Bereits mit der Einstellung der Notierung und nicht erst mit dem Widerruf der Zulassung der fraglichen Instrumente wird dem Publikum unmissverständlich vor Augen geführt, dass die Voraussetzungen für die Bildung eines Börsenpreises für die fraglichen Papiere und damit auch ein wesentlicher Bezugspunkt zur Ermittlung der Kurserheblichkeit einer Insiderinformation entfallen sind, kurz: dass die Emittentenpapiere keine Insiderpapiere mehr darstellen.

27 Ebenso wenig wie der Insolvenzverwalter in der Insolvenz des Inlandsemittenten zum Adressaten der Ad-hoc-Publizität wird, wird es auch der nach § 147 Abs. 2 AktG von der Hauptversammlung oder einem nach § 14 AktG zuständigen Gericht auf Antrag von Aktionären zur Geltendmachung der in § 147 Abs. 1 Satz 1 AktG bezeichneten Ersatzansprüche der Gesellschaft bestellte **besondere Vertreter**[2]. Mit seiner Bestellung wird der besondere Vertreter zwar gesetzlicher Vertreter und damit Organ der Gesellschaft, doch beschränken sich seine Aufgaben und Rechte auf die Geltendmachung der Ersatzansprüche und nur in diesem Aufgabenbereich verdrängt er die anderen Vertretungsorgane und namentlich den Vorstand[3]. Die Pflicht des Emittenten aus Art. 17 Abs. 1 Unterabs. 1 VO Nr. 596/2014 wird damit durch die Bestellung eines besonderen Vertreters ebenso wenig berührt wie die Pflicht des Vorstands, für Erfüllung der Emittentenpflicht zu sorgen.

28 Daran ändert sich auch dann nichts, wenn es um **Insiderinformationen** geht, welche **im Zusammenhang mit der Geltendmachung der Ersatzansprüche durch den besonderen Vertreter entstehen** und von denen der besondere Vertreter auch oder gar ausschließlich Kenntnis erlangt. In beiden Fällen ist es zur Geltendmachung der Ersatzansprüche nicht erforderlich, dass die Pflicht des Emittenten zur Veröffentlichung von Insiderinformationen von dem besonderen Vertreter statt von dem Vorstand des Emittenten vorgenommen wird. Selbst wenn man mit der überwiegenden Ansicht eine Auskunfts- und Berichtspflicht des besonderen Vertreters gegenüber dem Vorstand und dem Aufsichtsrat der Gesellschaft im Hinblick auf Vorgänge im Zusammenhang mit der Geltendmachung der Ansprüche ablehnen wollte[4], würde dies den besonderen Vertreter doch nicht hindern, die fragliche Information zum Zwecke ihrer Veröffentlichung oder der Prüfung der Voraussetzungen einer verzögerten Veröffentlichung an den Vorstand weiterzugeben. Eine solche Weitergabe entspräche einer gesetzlichen Pflicht des besonderen Vertreters, wäre zudem unerlässlich, um die Veröffentlichung durch den Emittenten herbeizuführen und träfe zudem auf Adressaten, die ihrerseits einer besonderen gesetzlichen Vertraulichkeitspflicht und den haftungsbewehrten Insiderhandelsverboten des Art. 14 VO Nr. 596/2014 unterliegen[5]. Dessen ungeachtet ist es in der Sache auch nur der Vorstand und nicht der besondere Vertreter, der die Verhältnisse des Emittenten so kennt, dass er umfassend und verlässlich prüfen kann, ob ein Aufschub der Veröffentlichung der Insiderinformation nach Art. 17 Abs. 4 VO Nr. 596/2014 in Betracht kommt. Eine Gefahr für die Geltendmachung der Ersatzansprüche kann sich damit nicht verbinden: zum einen wegen der vorstehend angeführten Pflichten des Vorstands im Umgang mit der Information und zum anderen, weil den Betroffenen die Information im Falle ihrer unverzüglichen Veröffentlichung durch den besonderen Vertreter ohnehin zeitnah bekannt würde.

WpHG a.F. über die Verpflichtung des Insolvenzverwalters durch das Transparenzrichtlinie-Umsetzungsgesetz v. 5.1.2007, BGBl. I 2007, 10 – heute § 24 WpHG – s. *Grub/Streit*, BB 2004, 1397, 1408 f.; *Hirte*, ZInsO 2006, 1289, 1295 ff.; *Mock* in Uhlenbruck, 14. Aufl. 2015, § 80 InsO Rz. 38; *Rattunde/Berner*, WM 2003, 1313, 1315 ff.; *Warmer*, S. 100 f. A.A. *von Buttlar*, BB 2010, 1355, 1356 („keine abschließende Zuständigkeitsverteilung"); *Pfüller* in Fuchs, § 15 WpHG Rz. 267 ff. (Pflicht des Insolvenzverwalters).

1 Ebenso *Geibel/Schäfer* in Schäfer/Hamann, Kapitalmarktgesetze, § 15 WpHG Rz. 30.
2 *Klöhn* in Klöhn, Art. 17 MAR Rz. 60; *Kocher/Sebastian Schneider*, ZIP 2013, 1607, 1612. A.A. *Mock*, AG 2008, 839, 847 f.
3 S. statt vieler *Bezzenberger* in Großkomm. AktG, 4. Aufl. 1999, § 147 AktG Rz. 52; *Hüffer/Koch*, § 147 AktG Rz. 7; *Spindler* in K. Schmidt/Lutter, § 147 AktG Rz. 23. Zur Organstellung des besonderen Vertreters schon BGH v. 18.12.1980 – II ZR 140/79, AG 1981, 223; LG München v. 6.9.2007 – 5HK O 12570/07, AG 2007, 756, 757.
4 LG München v. 6.9.2007 – 5HK O 12570/07, AG 2007, 756, 760. S. auch, jeweils m.w.N., *Kling*, ZGR 2009, 190, 219; *Mock*, AG 2008, 839 ff.; *Schröer* in MünchKomm. AktG, 2. Aufl. 2004, § 147 AktG Rz. 46; *Spindler* in K. Schmidt/Lutter, § 147 AktG Rz. 28. Anders *Bezzenberger* in Großkomm. AktG, 4. Aufl. 1999, § 147 AktG Rz. 58.
5 Noch zu §§ 14 und 15 WpHG a.F. anders *Mock*, AG 2008, 839, 848, der seine Ansicht „nicht zuletzt" auf die fehlende Auskunfts- und Berichtspflicht des besonderen Vertreters stützt.

Im Übrigen ist die Situation dem Fall der **gesetzlichen Vertretung des Emittenten durch den Aufsichtsrat** (etwa § 111 Abs. 2 Sätze 2 und 3, § 112, § 246 Abs. 2 Satz 2, § 249 Abs. 1 Satz 1 AktG[1]) vergleichbar. Auch dieser erlangt durch die Wahrnehmung seiner Aufgabe nicht eine ausschließliche Annexkompetenz und -pflicht zur Veröffentlichung von Insiderinformationen, die etwa dann entstehen können, wenn der Aufsichtsrat über die Wahrnehmung seiner Aufgabe einen Beschluss fasst. 29

2. Insiderinformation mit unmittelbarem Emittentenbezug. a) Regel. Die Verpflichtung zur Ad-hoc-Publizität setzt eine **Insiderinformation** voraus. Unter welchen Voraussetzungen eine Information eine Insiderinformation darstellt, ist Art. 7 VO Nr. 596/2014 zu entnehmen. Doch muss ein Emittent nach Art. 11 Abs. 1 Unterabs. 1 VO Nr. 596/2014 nicht jede Insiderinformation, die er besitzt, veröffentlichen, sondern nur eine solche, die ihn **unmittelbar betrifft**. Der Begriff der Insiderinformation ist damit für Art. 17 VO Nr. 596/2014 kein anderer als der in Art. 7 VO Nr. 596/2014 umschriebene und für die Insiderhandelsverbote nach Art. 14 VO Nr. 596/2014 geltende[2]. Vielmehr schränkt Art. 17 Abs. 1 Unterabs. 1 VO Nr. 596/2014 lediglich den Kreis von Insiderinformationen ein, die ein Emittent ad hoc zu veröffentlichen hat. Durch das Erfordernis des **unmittelbaren Emittentenbezugs** der zu veröffentlichenden Information wird eine Universalzuständigkeit von Emittenten – d.h. eines jeden Emittenten – zur Veröffentlichung von Insiderinformationen über Emittenten oder die von ihnen emittierten Finanzinstrumente vermieden. Darüber hinaus wird damit dem Emittenten ein Vorrang im Umgang mit ihn betreffenden Insiderinformationen eingeräumt, der etwa gem. Art. 17 Abs. 4 VO Nr. 596/2014 das Recht umfasst, die Veröffentlichung solcher Insiderinformationen aufzuschieben. 30

Einschränkungen der Pflicht von Emittenten zur Ad-hoc-Veröffentlichung von Insiderinformationen fanden sich im europäischen und angeglichenen mitgliedstaatlichen Insiderrecht von Anfang an. Die EG-Insiderrichtlinie vom 13.11.1989[3] umsetzend, waren nach der ursprünglichen Fassung von **§ 15 WpHG (a.F.)** nur Tatsachen ad-hoc-publizitätspflichtig, die im Tätigkeitsbereich des Emittenten eingetreten und nicht öffentlich bekannt waren, vorausgesetzt sie waren wegen der Auswirkungen auf die Vermögens- oder Finanzlage oder auf den allgemeinen Geschäftsverlauf des Emittenten geeignet, den Börsenpreis der zugelassenen Wertpapiere erheblich zu beeinflussen, oder im Fall zugelassener Schuldverschreibungen die Fähigkeit des Emittenten, seinen Verpflichtungen nachzukommen, zu beeinträchtigen. Diese Anforderungen an eine ad-hoc-publizitätspflichtige Tatsache hatte vor allem zur Folge, dass nicht jede emittenten- und wertpapierbezogene Insiderinformation auch der Ad-hoc-Publizität unterlag und der Begriff der ad-hoc-publizitätspflichtigen Tatsache erheblich enger war als derjenige der Insidertatsache[4]. Dieses Defizit wurde mit der Marktmissbrauchsrichtlinie 2003/6/EG vom 28.1.2003 (Rz. 15) und der zu dieser ergangenen Durchführungsrechtsakte[5] behoben. Mit der Umsetzung der Richtlinien in deutsches Recht durch das Anlegerschutzverbesserungsgesetz (Rz. 24) schränkte § 15 Abs. 1 Satz 1 WpHG a.F. die Ad-hoc-Publizitätspflicht eines Emittenten von da an auf solche Insiderinformationen ein, die ihn selbst unmittelbar betrafen. Diese Beschränkung hat Art. 17 VO Nr. 596/2014 übernommen, weshalb zu deren Anwendung weitgehend auf die Grundsätze zurückgegriffen werden kann, die sich zu diesem Merkmal unter § 15 Abs. 1 Satz 1 WpHG a.F. herausgebildet hatten. 31

Unter welchen Voraussetzungen davon auszugehen ist, dass eine Insiderinformation einen Emittenten unmittelbar betrifft, ist in Art. 17 VO Nr. 596/2014 nicht näher geregelt. Dagegen bestimmte § 15 Abs. 1 Satz 3 WpHG a.F., eine Insiderinformation betreffe den Emittenten insbesondere dann unmittelbar, wenn sie sich auf Umstände beziehe, die **in seinem Tätigkeitsbereich eingetreten** sei. Fraglos und ganz unabhängig von dieser Vorschrift ist davon auszugehen, dass dies auch unter Art. 17 VO Nr. 596/2014 der Fall ist[6]. Da § 15 Abs. 1 Satz 3 WpHG a.F. aber nur ein Regelbeispiel für eine Insiderinformation mit unmittelbarem Emittentenbezug anführt, stand[7] und steht aber ebenso außer Zweifel, dass auch Insiderinformationen, die nicht im Tätigkeitsbereich des Emittenten eingetreten sind und mithin **von außen kommen**, einen Emittenten unmittelbar betreffen können[8]. 32

---

1 S. etwa *Hüffer/Koch*, § 112 AktG Rz. 1; *Hopt/Roth* in Großkomm. AktG, 4. Aufl. 2005, § 112 AktG Rz. 55 ff.
2 *Klöhn* in Klöhn, Art. 17 MAR Rz. 63; *Schäfer* in Marsch-Barner/Schäfer, Handbuch börsennotierte AG, Rz. 15.17; *Veil*, ZBB 2014, 85, 93; *Veil/Brüggemeier* in Meyer/Veil/Rönnau, Handbuch zum Marktmissbrauchsrecht, § 10 Rz. 42.
3 Richtlinie des Rates vom 13. November 1989 zur Koordinierung der Vorschriften betreffend Insider-Geschäfte, ABl. EG Nr. L 334 v. 18.11.1989, S. 30.
4 Dazu *Assmann* in 6. Aufl., § 15 WpHG Rz. 51 und ausführlich 3. Aufl., Rz. 36.
5 S. dazu Vor Art. 7 ff. VO Nr. 596/2014 Rz. 11. Im vorliegenden Zusammenhang von Bedeutung: Richtlinie 2003/124/EG vom 22. Dezember 2003 zur Durchführung der Richtlinie 2003/6/EG betreffend die Begriffsbestimmung und die Veröffentlichung von Insider-Informationen und die Begriffsbestimmung der Marktmanipulation, ABl. EU Nr. L 339 v. 24.12.2003, S. 70; Richtlinie 2004/72/EG vom 29. April 2004 zur Durchführung der Richtlinie 2003/6/EG (Zulässige Marktpraktiken, Definition von Insider-Informationen in Bezug auf Warenderivate, Erstellung von Insider-Verzeichnissen, Meldung von Eigengeschäften und Meldung verdächtiger Transaktionen […]), ABl. EU Nr. L 162 v. 30.4.2004, S. 70.
6 Für die Fortgeltung der unter dieser Vorschrift entwickelten Grundsätze auch *Grundmann* in Staub, Bd. 11/1, 5. Aufl. 2017, 6. Teil Rz. 494, 498 ff.; *Hopt/Kumpan* in Schimansky/Bunte/Lwowski, § 107 Rz. 140; *Kumpan*, DB 2016, 2039, 2041; *Schäfer* in Marsch-Barner/Schäfer, Handbuch börsennotierte AG, Rz. 15.17; *Veil*, ZBB 2014, 85, 93.
7 SchoR RegE AnSVG, BT-Drucks. 15/3174 v. 24.5.2004, 35; *Assmann* in 6. Aufl., § 15 WpHG Rz. 55.
8 *Assmann* in 6. Aufl., § 15 WpHG Rz. 55, 63 ff. Zu Art. 17 VO Nr. 596/2014 *Hopt/Kumpan* in Schimansky/Bunte/Lwowski, § 107 Rz. 140.

33   Insiderinformationen, die sich auf die von einem Emittenten begebenen **Finanzinstrumente** beziehen, muss der Emittent ebenfalls nur dann ad hoc veröffentlichen, wenn diese Informationen ihn **unmittelbar betreffen**[1]. Erforderlich ist mithin, dass Insiderinformationen über Finanzinstrumente „außerdem den Emittenten selbst und nicht nur die von ihm emittierten Finanzinstrumente betreffen"[2]. Ein solcher Emittentenbezug fehlt, wenn es um Insiderinformationen über Finanzinstrumente geht, welche für den Emittenten nur dadurch von Bedeutung sind, dass sie die Marktverhältnisse für die Emission oder den Handel solcher Finanzinstrumente beeinflussen. Das ist etwa der Fall, wenn der Emittent nicht öffentlich bekannte Informationen über die Veränderung der Besteuerung bestimmter Finanzinstrumente oder über Aufträge Dritter erhält, die von ihm emittierte Finanzinstrumente betreffen[3]. Außer Frage stand dagegen schon immer, dass im Falle **derivativer Finanzinstrumente** – d.h. von Instrumenten, deren Preis sich unmittelbar oder mittelbar auf andere Finanzinstrumente bezieht (Art. 7 Abs. 1 lit. a und Art. 2 Abs. 1 Unterabs. 1 lit. d VO Nr. 596/2014, § 2 Abs. 3 WpHG) – der Emittent dieser Instrumente nur zur Veröffentlichung derjenigen Insiderinformationen verpflichtet, die ihn selbst betreffen, und nicht etwa auch solcher Insiderinformationen, die sich lediglich auf den Basiswert („underlying") – d.h. das Finanzinstrument, auf das sich das fragliche derivative Instrument bezieht – oder auf dessen Emittenten beziehen[4].

34   Veröffentlichen kann der Emittent eine ihn unmittelbar betreffende Insiderinformation nur dann, wenn sie ihm bekannt ist (zu Art. 17 VO Nr. 596/2014 als „Wissensnorm" s. Rz. 51). Das ist regelmäßig dann der Fall, wenn der auch zur Erfüllung der Veröffentlichungspflicht tätig werdende Vorstand bzw. einzelne Mitglieder desselben (Rz. 25) **Kenntnis der Insiderinformation** haben. Wie anderes Wissen auch, so ist dem Emittenten nach den Grundsätzen der **Wissenszurechnung** an juristische Personen unter bestimmten Voraussetzungen aber auch das Wissen der Mitglieder anderer Organe und Mitarbeiter zurechenbar. Ist eine dem Vorstand eines Emittenten nicht bekannte, aber dem Emittentenwissen zurechenbare Insiderinformation nicht veröffentlicht worden, so hat dies zur Folge, dass der Emittent gegen seine Pflicht zur Veröffentlichung von Insiderinformationen nach Art. 17 Abs. 1 Unterabs. 1 VO Nr. 596/2014 verstieß und er darüber hinaus nach Maßgabe von § 97 und § 98 WpHG zum Schadensersatz verpflichtet ist. Die über die Zurechnung von Vorstandswissen hinausgehende Wissenszurechnung ist in Bezug auf die Erfüllung der Pflicht zur Veröffentlichung von Insiderinformationen nicht unbedenklich, entspricht aber ganz herrschender Ansicht, die das ungeschriebene Tatbestandsmerkmal der Kenntnis des Emittenten von einer ihn unmittelbar betreffenden Insiderinformationen als Bestandteil der Pflicht des Emittenten zur unverzüglichen Veröffentlichung der Insiderinformationen ansieht. Näher hierzu bei Rz. 50.

35   **b) Den Emittenten unmittelbar betreffende Insiderinformationen im Einzelnen.** Zur Beantwortung der Frage, welche Insiderinformationen den Emittenten unmittelbar betreffen, bietet sich auch unter Art. 17 VO Nr. 596/2014 die Unterscheidung zwischen Insiderinformationen an, die im Tätigkeitsbereich des Emittenten eingetreten sind und solchen, die von außen kommen. Das ist schon deshalb sinnvoll, weil die Ersteren – darin ist den zu § 15 Abs. 1 Sätze 1 und 3 WpHG a.F. entwickelten Grundsätzen zu folgen – den Emittenten stets unmittelbar betreffen. Gleichwohl sind begriffliche Anstrengungen zur trennscharfen **Abgrenzung** der im Tätigkeitsbereich des Emittenten eingetretenen von den von außen kommenden Insiderinformationen müßig. Sie waren es schon unter § 15 WpHG a.F., da auch dieser im Tätigkeitsbereich des Emittenten eingetretene Insiderinformationen in § 15 Abs. 1 Satz 3 WpHG a.F. nur als Regelbeispiel für den Emittenten unmittelbar betreffenden Insiderinformationen aufführte (Rz. 32), und sie ist es erst unter Art. 17 VO Nr. 596/2014, da dieser kein vorstehender Bestimmung entsprechendes Regelbeispiel enthält. Insiderinformationen, von denen sich nicht eindeutig sagen lässt, ob sie im Tätigkeitsbereich des Emittenten eingetreten sind, sind dann daraufhin zu überprüfen, ob sie, als von außen kommend, den Emittenten unmittelbar betreffen. Unerheblich ist im Übrigen, ob ein innerer oder von außen kommender Vorgang den in- oder ausländischen Tätigkeitsbereich des Emittenten unmittelbar betrifft[5].

36   **aa) Im Tätigkeitsbereich des Emittenten eingetretene Insiderinformationen.** Zu den klassischen Vorgängen, die im Tätigkeitsbereich des Emittenten eingetreten sind, zählen die **Maßnahmen der Geschäftsführung** und

---

1   Soweit die in den Vorauflagen, zuletzt 6. Aufl., § 15 WpHG Rz. 56, vertretene Ansicht, auch Insiderinformationen über Finanzinstrumente des Emittenten, die diese nicht nur als reine Marktinformationen betreffen, könnten einen Emittentenbezug aufweisen, dahingehend verstanden werden können, damit sei der unmittelbare Emittentenbezug solcher Informationen entbehrlich oder *per se* gegeben, wird diese in vorstehendem Sinne konkretisiert.
2   Zuletzt *BaFin*, Emittentenleitfaden 2013, S. 51. So auch schon *Geibel/Schäfer* in Schäfer/Hamann, Kapitalmarktgesetze, § 15 WpHG Rz. 88; *Pfüller* in Fuchs, § 15 WpHG Rz. 161; *Sönke Schröder*, S. 72 f.; *Versteegen* in KölnKomm. WpHG, 1. Aufl. 2007, § 15 WpHG Rz. 58, 76 („Bezug gerade zum Emittenten" erforderlich); *Zimmer/Kruse* in Schwark/Zimmer, § 15 WpHG Rz. 34. Für Art. 17 VO Nr. 596/2014 *Buck-Heeb*, Kapitalmarktrecht, Rz. 413 (Verkaufsaufträge Dritter betreffend Finanzinstrumente des Emittenten anführend); *Veil/Brüggemeier* in Meyer/Veil/Rönnau, Handbuch zum Marktmissbrauchsrecht, § 10 Rz. 48.
3   Letztes Beispiel bei *Buck-Heeb*, Kapitalmarktrecht, Rz. 413.
4   Schon *Assmann* in 6. Aufl., § 15 WpHG Rz. 57; *BaFin*, Emittentenleitfaden 2013, S. 52; *Eichner*, S. 102; *Pfüller* in Fuchs, § 15 WpHG Rz. 178. i.E. wohl ebenso *Grundmann* in Staub, Bd. 11/1, 5. Aufl. 2017, 6. Teil Rz. 504.
5   So schon zu § 15 Abs. 1 Satz 1 WpHG a.F. *Fürhoff/Wölk*, WM 1997, 449, 451; *Geibel* in Schäfer/Hamann, Kapitalmarktgesetze, § 15 WpHG Rz. 37.

die **Akte anderer Organe** des Emittenten, gleich ob sie im räumlich-betrieblichen Bereich des Unternehmens oder außerhalb desselben vorgenommen wurden. Dazu zählen etwa **Beschlüsse** des Vorstands jedweder Art[1], dessen Entscheidung, von der Ermächtigung der Hauptversammlung zur Durchführung eines Rückkaufprogramms Gebrauch zu machen[2], Vertragsabschlüsse durch ein Vorstandsmitglied oder einen Bevollmächtigten des Unternehmens, der Beschluss des Aufsichtsrats zur Abberufung eines Vorstandsmitglieds, die Billigung oder Ablehnung eines zustimmungspflichtigen Geschäfts durch den Aufsichtsrat, dessen Feststellung des Jahresabschlusses usw. Auch die (Feststellung der) Fehlerhaftigkeit einer Pressemeldung ist – Kurserheblichkeit der diesbezüglichen Information vorausgesetzt – eine im Unternehmensbereich eingetretene Insiderinformation, die im Wege einer Ad-hoc-Mitteilung zu berichten ist[3]. Darüber hinaus können auch bloße **Absichten, Pläne oder Vorhaben** des Vorstands eine Ad-hoc-Veröffentlichungspflicht auslösen, wenn sie die übrigen Voraussetzung einer Insiderinformation erfüllen (Art. 7 VO Nr. 596/2014 Rz. 20 ff.).

Spätestens seit der *Geltl*-Entscheidung des EuGH vom 28.6.2012[4] steht außer Frage, dass auch nicht abgeschlossene unternehmensinterne Entwicklungs-, Planungs- und Entscheidungsprozesse der Ad-hoc-Publizität unterliegen. Das bedeutet vor allem, dass jede einzelne Stufe eines **mehrstufigen Entscheidungsprozesses** Gegenstand einer vom Emittenten ad hoc zu publizierenden Insiderinformation sein kann (Art. 7 VO Nr. 596/2014 Rz. 49 ff.). Bei zukunftsbezogenen Informationen die hinreichende Wahrscheinlichkeit zum Eintritt derselben (Art. 7 VO Nr. 596/2014 Rz. 56 ff.) sowie im Übrigen und bei Informationen über eingetretene Tatsachen auf jeder Entscheidungsstufe die Kurserheblichkeit[5] der jeweiligen Information unterstellt, kann so schon der schiere Plan des Vorstands eine der Ad-hoc-Publizitätspflicht unterworfene Insiderinformation darstellen (Art. 7 VO Nr. 596/2014 Rz. 20 ff. und Rz. 52). Will der Emittent die mit einer solch frühzeitigen Information verbundenen Nachteile vermeiden, ist er auf den Weg des Aufschubs der Veröffentlichung nach Maßgabe von Art. 7 Abs. 4 VO Nr. 596/2014 verwiesen[6]. Allein der Umstand, dass noch der erforderliche **Zustimmungsbeschluss des Aufsichtsrats aussteht**, ist damit noch kein hinreichender Grund, um die Veröffentlichung einer Information aufzuschieben, die sich auf einen dem Beschluss vorausgehenden Planungsakt oder Vorstandsbeschluss bezieht und eine Insiderinformation darstellt, kann dies aber unter besonderen Umständen sein. Entsprechend heißt es in Erwägungsgrund 50 VO Nr. 596/2014 zu b): „vom Geschäftsführungsorgan eines Emittenten getroffene Entscheidungen oder abgeschlossene Verträge, die der Zustimmung durch ein anderes Organ des Emittenten bedürfen, um wirksam zu werden, sofern die Struktur eines solchen Emittenten die Trennung zwischen diesen Organen vorsieht und eine Bekanntgabe der Informationen vor der Zustimmung zusammen mit der gleichzeitigen Ankündigung, dass die Zustimmung noch aussteht, die korrekte Bewertung der Informationen durch das Publikum gefährden würde".

Im Unternehmensbereich des Emittenten eingetreten sind auch **Beschlüsse und Handlungen des Aufsichtsrats**, wie etwa dessen Beschluss, gegen ein aktuelles oder ehemaliges Vorstandsmitglied eine Schadensersatzklage geltend zu machen sowie die Einreichung einer solchen Klage[7]. Eine davon zu unterscheidende Frage ist, ob und wer diese Information, wenn es sich bei ihr um eine Insiderinformation handelt, nach Art. 17 Abs. 1 Unterabs. 1 VO Nr. 596/2014 zu veröffentlichen oder gegebenenfalls eine Befreiungsentscheidung nach Art. 17 Abs. 4 VO Nr. 596/2014 zu treffen hat; dazu unten Rz. 57 ff. und 96 f. Eindeutig im Tätigkeitsbereich des Emittenten eingetreten sind auch **unternehmensbezogene Handlungen von Angestellten** und **Vorgänge, die sich im räumlich-betrieblichen Bereich des Unternehmens zugetragen** haben. Dazu gehören etwa Erfindungen, die Entwicklung neuer Produkte, Unfälle, Unterschlagungen, Veruntreuungen und namentlich Compliance-Verstöße etwa in Gestalt von Schmiergeldzahlungen.

Die **BaFin** hat in ihren Emittentenleitfaden 2013 (S. 53) einen als „Empfehlung" und keinesfalls als erschöpfend oder abschließend zu verstehenden **Katalog von Umständen und Ereignissen** aufgenommen, die im Tätigkeitsbereich des Emittenten eingetreten und ad hoc zu veröffentlichen sind. Der Katalog ist in Art. 7 VO Nr. 596/2014 Rz. 95 wiedergegeben und kann auch für die Anwendung von Art. 17 VO Nr. 596/2014 herangezogen werden[8]. Bei den in diesem angeführten Sachverhalten handelt es sich um solche, die typischerweise auch kurserheblich sind, über deren tatsächliche Kursrelevanz im konkreten Fall damit jedoch noch nichts ausgesagt ist. So sind in Bezug auf die Beurteilung der Kurserheblichkeit eines der in dem Katalog genannten Sach-

---

1 Etwa *Frowein* in Habersack/Mülbert/Schlitt, Kapitalmarktinformation, § 10 Rz. 26; *Geibel/Schäfer* in Schäfer/Hamann, Kapitalmarktgesetze, § 15 WpHG Rz. 82; *Hopt/Kumpan* in Schimansky/Bunte/Lwowski, § 107 Rz. 140.
2 Entgegen *Claussen/Florian*, AG 2005, 753, 754, kann diese auch eine Insiderinformation darstellen, denn das Marktpublikum kennt zwar die Entscheidung der Hauptversammlung, nicht aber den Zeitpunkt, zu dem sich der Vorstand entschließt, von der ihm erteilten Ermächtigung Gebrauch zu machen und das Rückkaufprogramm einzuleiten.
3 OLG München v. 15.12.2014 – Kap. 3/10 – HRE Musterentscheid, juris Rz. 448 ff., in den Fundstellen NZG 2015, 399 und ZIP 2015, 689 nicht abgedruckt.
4 EuGH (2. Kammer) v. 28.6.2012 – C-19/11, ECLI:EU:C:2012:397 – Geltl, AG 2012, 555.
5 Allgemein Art. 7 VO Nr. 596/2014 Rz. 78 ff. und für Informationen über zukünftige Umstände oder Ereignisse i.S.v. Art. 7 Abs. 1 und Abs. 2 Satz 1 VO Nr. 596/2014: Art. 7 VO Nr. 596/2014 Rz. 46, 80 und 90.
6 Schon *Assmann* in Assmann/U. H. Schneider, WpHG, 6. Aufl., § 15 WpHG Rz. 60 zur Befreiung von der Ad-hoc-Publizität nach § 15 Abs. 3 WpHG a.F.
7 OLG Frankfurt v. 20.8.2014 – 23 Kap. 1/08, AG 2015, 37, 38 Rz. 114 ff. bzw. 142 ff.
8 *Hopt/Kumpan* in Schimansky/Bunte/Lwowski, § 107 Rz. 141.

verhalte vor allem Faktoren wie die Größe und Struktur des Unternehmens, die Verhältnisse der betroffenen Branche, die für das Unternehmen maßgebliche Wettbewerbssituation und die sich daraus ergebenden Markterwartungen zu berücksichtigen. Der Katalog ist selbst in den ihm so gezogenen Grenzen rechtlich unverbindlich und vermag, da er nur potentiell ad-hoc-publizitätspflichtige Vorgänge benennt, nicht einmal Bindungswirkungen für die Aufsichtsbehörde zu entfalten.

40 bb) **Von außen kommende Insiderinformationen.** Ebenfalls vom Emittenten ad hoc zu publizieren sind Insiderinformationen in Bezug auf Umstände oder Ereignisse, die nicht im Tätigkeitsbereich des Emittenten eingetreten sind, sondern von außen kommen, ihn aber gleichwohl unmittelbar betreffen. Nach den Erfahrungen der BaFin in Bezug auf die Anwendung von § 15 Abs. 1 Satz 3 WpHG a.F. betreffen nur wenige von außen kommende Umstände den Emittenten unmittelbar[1], was darauf zurückzuführen sein mag, dass sich die die ganz überwiegende Zahl der diesbezüglich in Frage kommenden Informationen sich nur auf die Wettbewerber und Marktteilnehmer sowie entsprechend nur die Wettbewerbs- und Marktverhältnisse des Emittenten bezieht und diesen damit nur mittelbar betrifft. Lässt sich in den bloßen Wettbewerbs- und Marktbezug von Informationen ein abstraktes Kriterium für Informationen, die einen Emittenten nur mittelbar betreffen, sehen, so ist es gleichwohl sinnvoll, eine **fallgruppenweise Präzisierung** des Merkmals der unmittelbaren Betroffenheit eines Emittenten vorzunehmen[2]. Diese kann, neben dem vorstehend angeführten Kriterium, auch auf dasjenige von der BaFin angeführte und auf die Nähe von Insiderhandelsverboten und Ad-hoc-Publizität abstellende zurückgreifen, nach dem „grundsätzlich immer dann eine Ad-hoc-Publizitätspflicht anzunehmen [ist], wenn eine unmittelbar den Emittenten betreffende Information einen solchen Konkretisierungsgrad erlangt hat, dass sie ein Insiderhandelsverbot auslöst"[3]. Die Argumentationslinie der BaFin fortsetzend, kann man es als Indiz für die unmittelbare Betroffenheit eines Emittenten durch eine von außen kommende Information ansehen, wenn ein verständiger Anleger diese Information als für die Finanzinstrumente eines bestimmten Emittenten kurserheblich ansehen, d.h. die Information wahrscheinlich als Teil der Grundlage seiner Anlageentscheidung in Bezug auf die Finanzinstrumente dieses Emittenten nutzen würde (s. Art. 7 VO Nr. 596/2014 Rz. 78).

41 **(1) Insiderinformationen *ohne* unmittelbaren Emittentenbezug.** Von außen kommend und den Emittenten nicht unmittelbar betreffend sind Umstände und Ereignisse, die zu den **allgemeinen Marktdaten** zu rechnen sind und damit die für jeden Marktteilnehmer maßgeblichen Wirtschafts- und Wettbewerbsverhältnisse bestimmen[4]. Bei solchen Informationen fehlt es mitunter schon an einer präzisen und vor allem kursspezifischen Information i.S.d. Art. 7 VO Nr. 596/2014 und damit an der Eigenschaft, Insiderinformation zu sein (Art. 7 VO Nr. 596/2014 Rz. 61 f.). Haben einzelne Marktdaten dagegen spezifische kurserhebliche Auswirkungen auf einen oder eine Gruppe von Emittenten, so kann es sich bei diesen durchaus um den Emittenten unmittelbar betreffende Insiderinformationen handeln[5]. Die Entwicklung einzelner **Rohstoffpreise** dürfte deshalb nur in seltenen Fällen Gegenstand einer den Emittenten unmittelbar betreffenden Insiderinformation sein, nämlich dann, wenn sie für den fraglichen Emittenten einen gerade ihn betreffenden *außergewöhnlichen* Produktionskostenfaktor darstellen, der dessen Preisgestaltung nachhaltig beeinflusst[6]. Der Umstand allein, dass ein Marktteilnehmer vor allen anderen von der bevorstehenden Veränderung von Marktdaten erfährt, ist nicht ausreichend, um seine unmittelbare Betroffenheit zu begründen[7]. Bei Marktdaten dürfte es sich aber regelmäßig um öffentlich, zumindest bereichsspezifisch bekannte Informationen handeln.

42 Auch **Markterwartungen**, die von einer vom Emittenten ad-hoc oder auf andere Weise veröffentlichten **Prognose** (zu Prognosen als ad-hoc-publizitätspflichtige Informationen Art. 7 VO Nr. 596/2014 Rz. 28 ff.) abwei-

---

1 *BaFin*, Emittentenleitfaden 2013, S. 51.
2 Ebenso *Spindler*, NJW 2004, 3449, 3451.
3 *BaFin*, Emittentenleitfaden 2013, S. 51.
4 Ebenso *BaFin*, Emittentenleitfaden 2013, S. 51; *Brandi/Süßmann*, AG 2004, 642, 649; *Bressler* in BuB, Rz. 7/779i; *Buck-Heeb*, Kapitalmarktrecht, Rz. 293; *Bürgers*, BKR 2004, 424, 426; *Eichner*, S. 103; *Frowein* in Habersack/Mülbert/Schlitt, Kapitalmarktinformation, § 10 Rz. 32; *Geibel/Schäfer* in Schäfer/Hamann, Kapitalmarktgesetze, § 15 WpHG Rz. 84; *Harbarth*, ZIP 2005, 1898, 1903; *Holzborn/Israel*, WM 2004, 1952; *Hopt* in Schimansky/Bunte/Lwowski, 4. Aufl. 2011, § 107 Rz. 82, 26; *Klöhn* in Klöhn, Art. 17 MAR Rz. 81, 89; *Koch* in Veil, Europäisches Kapitalmarktrecht, § 19 Rz. 41; *Kuthe*, ZIP 2004, 883, 885; *Schäfer* in Marsch-Barner/Schäfer, Handbuch börsennotierte AG, Rz. 15.17; *Simon*, Der Konzern 2005, 13, 17; *Tollkühn*, ZIP 2004, 2215, 2216; *Ziemons*, NZG 2004, 537, 541; *Zimmer/Kruse* in Schwark/Zimmer, § 15 WpHG Rz. 38. Im Grundsatz wie hier, aber im Detail anders *Versteegen* in KölnKomm. WpHG, 1. Aufl. 2007, § 15 WpHG Rz. 85 ff.
5 Beispiel in Art. 7 VO Nr. 596/2014 Rz. 61. Auch *Büche*, S. 181 f.; *Eichner*, S. 103; *Schäfer* in Marsch-Barner/Schäfer, Handbuch börsennotierte AG, Rz. 15.17; *Simon*, Der Konzern 2005, 13, 17. A.A. *Versteegen* in KölnKomm. WpHG, 1. Aufl. 2007, § 15 WpHG Rz. 88.
6 I.E. ebenso *Simon*, Der Konzern 2005, 13, 17; *Ziemons*, NZG 2004, 537, 541. A.A. *Versteegen* in KölnKomm. WpHG, 2. Aufl. 2014, § 15 WpHG Rz. 88, der allerdings ohne Grund insinuiert, die hier vertretene Ansicht wolle Marktdaten bereits dann Emittentenbezug zuschreiben, wenn sie für den Emittenten „von großer Bedeutung" sei.
7 Ebenso *Eichner*, S. 103. Anders aber wohl *Simon*, Der Konzern 2005, 13, 17, der Marktdaten für vom Emittenten zu veröffentlichen ansieht, wenn dieser „Vorabkenntnisse von solchen unternehmensexternen Umständen" erlangt, wie bspw. als Teilnehmer an einer „Kanzlerrunde".

chen, sind allein dadurch keine den Emittenten unmittelbar betreffenden Informationen und scheiden schon von daher und ungeachtet des Umstands, dass solche Markterwartungen i.d.R. keine öffentlich unbekannten Informationen darstellen dürften, aus dem Kreis der ad-hoc-publizitätspflichtigen Informationen aus[1].

Nach den – freilich zu keiner Zeit rechtsverbindlichen, die Prüfung der Veröffentlichungspflicht im Einzelfall keineswegs ersetzenden, aber zumindest Fingerzeige selbst für die aufsichtsrechtliche Praxis gebenden – **Empfehlungen des Komitees der europäischen Aufsichtsbehörden (CESR)**[2], der Vorgängerorganisation der Europäischen Wertpapier- und Marktaufsichtsbehörde ESMA, handelt es sich bei folgenden Informationen, auch wenn sie Insiderinformationen darstellen, um den **Emittenten lediglich mittelbar betreffende Informationen:** 43
- allgemeine Marktstatistiken,
- zukünftig zu veröffentlichende Ratingergebnisse, Research-Studien, Empfehlungen oder Vorschläge, die den Wert der börsennotierten Finanzinstrumente betreffen,
- allgemeine Zinssatzentwicklungen, Zinssatzentscheidungen,
- Entscheidungen der Regierungsbehörden bezüglich der Besteuerung, der Regulierung, des Schuldenmanagements,
- Entscheidungen über Regeln zur Marktaufsicht,
- wichtige Verfügungen durch Behörden oder andere öffentliche Institutionen (z.B. löst die Information, die Aufsicht habe Untersuchungen in Aktien des Emittenten wegen des Verdachts der Verletzung wertpapierhandelsrechtlicher Vorschriften aufgenommen, keine Ad-hoc-Publizitätspflicht aus),
- Entscheidungen über die Regeln der Indexzusammensetzung und -berechnung,
- Entscheidungen der Börsen, der Betreiber außerbörslicher Handelsplattformen und von Behörden zur jeweiligen Marktregulierung,
- Entscheidungen der Wettbewerbs- und Marktüberwachungsbehörden hinsichtlich börsennotierter Unternehmen,
- Kauf- und Verkaufsaufträge in den Finanzinstrumenten des Emittenten,
- Veränderung in den Handelsbedingungen (u.a. Wechsel des Zulassungs- oder Handelssegments, Wechsel des Handelsmodells z.B. vom fortlaufenden Handel in das Einzelauktionsmodell, Wechsel des Market Makers).

Darüber hinaus geht die **BaFin** in folgenden Fällen regelmäßig von einer **nur mittelbaren Betroffenheit** des Emittenten aus[3]: 44
- Informationen über allgemeine Wirtschaftsdaten, politische Ereignisse, Arbeitslosenzahlen, Naturereignisse oder z.B. die Ölpreisentwicklung,
- Information über eine für den Emittenten relevante Veränderung der Situation des Konkurrenten (z.B. bevorstehende Insolvenz eines Konkurrenten),
- Informationen, die nur das Finanzinstrument selbst betreffen, z.B. Erwerb oder Veräußerung eines größeren Aktienpaketes durch eine Investmentgesellschaft aus Anlagegesichtspunkten,
- Aktiensplits.

(2) Insiderinformationen *mit* unmittelbarem Emittentenbezug. Zu den von außen kommenden und den Emittenten **unmittelbar betreffenden** Informationen über Umstände oder Ereignisse sind vor allem solche zu zählen, die ihre Quelle zwar nicht im Tätigkeitsbereich des Emittenten haben, diesen aber **ausschließlich oder maßgeblich betreffen**. Dazu gehören etwa: die Information, dass ein Emittent mit einem **Großauftrag** bedacht werden soll, vorausgesetzt, es handelt sich um eine diesem bekannt gewordene präzise Information i.S.d. Art. 7 Abs. 1 VO Nr. 596/2014[4]; Informationen über die **Änderung eines externen Ratings** des Emittenten, namentlich eine Herabstufung[5]; oder die **Entscheidung einer Behörde** in Angelegenheiten des Emittenten, wie bspw. die Entscheidung einer Finanz- oder Verwaltungsbehörde, welche die Bildung von Rückstellungen oder eine 45

---

1 I.E. ebenso *BaFin*, Emittentenleitfaden 2013, S. 51.
2 CESR's Advice on Level 2 Implementing Measures for the proposed Market Abuse Directive, CESR/02-089d, Rz. 36, nachfolgend wiedergegeben in der Übersetzung der Empfehlungen in BaFin, Emittentenleitfaden 2013, S. 54.
3 *BaFin*, Emittentenleitfaden 2013, S. 52. Kritisch zu den im Emittentenleitfaden (und wohl auch den in den CESR-Empfehlungen, s. Rz. 43) aufgeführten Fällen mittelbarer Betroffenheit *Geibel/Schäfer* in Schäfer/Hamann, Kapitalmarktgesetze, § 15 WpHG Rz. 103 f.
4 Droht eine frühzeitige Ad-hoc-Veröffentlichung das Zustandekommen des Geschäfts zu vereiteln, so kann der Emittent nach Art. 17 Abs. 4 VO Nr. 596/2014 die Veröffentlichung aufschieben.
5 RegE AnSVG, BT-Drucks. 15/3174 v. 24.5.2004, 35; *Bürgers*, BKR 2004, 424, 426; *Langenbucher*, Aktien- und Kapitalmarktrecht, § 17 Rz. 27; *Lenenbach*, Kapitalmarktrecht, Rz. 13.274; *Oulds* in Kümpel/Wittig, Bank- und Kapitalmarktrecht, Rz. 14.243; *Simon*, Der Konzern 2005, 13, 16, der zu und in Fn. 14 auf die frühere anderweitige Ansicht verweist; *Versteegen* in KölnKomm. WpHG, 1. Aufl. 2007, § 15 WpHG Rz. 94. A.A. *Geibel/Schäfer* in Schäfer/Hamann, Kapitalmarktgesetze, § 15 WpHG Rz. 87 i.V.m. Rz. 86; *Zimmer/Kruse* in Schwark/Zimmer, § 15 WpHG Rz. 37. Allgemein zur Änderungen des Kreditratings als eine den Emittenten unmittelbar betreffende Insiderinformation *Klöhn* in Klöhn, Art. 17 MAR Rz. 92, 441 ff.

preiserhebliche Prognosekorrektur verlangt[1]. Darüber hinaus betrifft nicht nur die Einreichung und Zustellung der **Klage** eines Dritten gegen den Emittenten[2] den Emittenten unmittelbar, sondern auch die Entwicklung von **gerichtlichen Verfahren**[3], namentlich von **Zivilprozessen**[4] und unter diesen insbesondere solche, mit denen die Kläger erhebliche Schadensersatzforderungen gegen den Emittenten geltend machen. In diesem Zusammenhang ist zu berücksichtigen, dass jeder Verfahrensschritt als Zwischenschritt zu einem rechtskräftigen Verfahrensabschluss bei entsprechender Kurserheblichkeit der Information eine Insiderinformation darstellen kann[5], wobei die Gerichtsöffentlichkeit noch nicht die Bereichsöffentlichkeit i.S.d. der öffentlichen Bekanntheit eines Verfahrensvorgangs herstellt[6]. Zur Selbstbefreiung des Emittenten nach Art. 17 Abs. 4 Unterabs. 1 VO Nr. 596/2014 s. Rz. 88 ff. Entscheidungen Dritter oder externe Ereignisse, die den Emittenten nur reflexartig und wie andere Marktteilnehmer betreffen, sind keine Insiderinformationen mit unmittelbarem Emittentenbezug[7].

46 Zu den von außen kommenden, den Emittenten unmittelbar betreffenden Umständen oder Ereignissen gehören des Weiteren dem Emittenten bekanntwerdende **Vorhaben zur Ausübung von Aktionärsrechten**, vorausgesetzt, diese sind jeweils hinreichend wahrscheinlich und kurserheblich Art. 7 Abs. 4 Unterabs. 1 VO Nr. 596/2014). Dazu gehören vor allem Vorhaben eines Mehrheitsaktionärs etwa in Gestalt eines Entschlusses zur Einleitung eines „**Squeeze-out**"[8], aber auch solche von Minderheitsaktionären, wie etwa das Verlangen einer Sonderprüfung nach § 142 Abs. 2 Satz 1 AktG oder die Stellung eines Antrags nach § 148 Abs. 1 AktG auf Zulassung, im eigenen Namen die in § 147 Abs. 1 Satz 1 AktG bezeichneten Ersatzansprüche der Gesellschaft geltend machen zu dürfen.

47 Weniger eindeutig als diese Vorgänge sind solche, die eine eingetretene oder vernünftigerweise zu erwartende **Veränderung in der Aktionärsstruktur** des Emittenten zum Gegenstand haben. So bestehen etwa Zweifel, ob „**einfache**" **Veränderungen** in der Struktur der Anteilseigner, welche keine Kontrollmehrheit begründen[9], vorhandene Mehrheiten oder Minderheiten nicht berühren und damit auch keine Änderung bei der Wahrnehmung gesetzlicher oder satzungsmäßiger Mehrheits- oder Minderheitenrechte erwarten lassen, den Emittenten unmittelbar berühren. Das wird zwar vereinzelt mit dem Hinweis verneint, in solchen Fällen fehle es an einem unmittelbaren Einfluss auf die zukünftige Vermögens- und Finanzlage, den Geschäftsverlauf oder die Geschäftspolitik des Emittenten[10], doch vermischt diese Ansicht die Merkmale zur Bestimmung einer Insiderinformation (namentlich das Kriterium der Kurserheblichkeit einer Information) mit dem Merkmal der Unmittelbarkeit, das der Separierung ad-hoc-publizitätspflichtiger von nicht ad-hoc-publizitätspflichtigen Insiderinformationen dient[11]. Deshalb wird man von außen kommende Informationen über die Veränderungen der Aktionärsstruktur des Emittenten, die in Bezug auf den Emittenten als kurserheblich und damit als Insiderinformationen zu qualifizieren sind, auch als diesen unmittelbar betreffend zu betrachten haben[12].

---

1 Etwa *BaFin*, Emittentenleitfaden 2013, S. 52; *Simon*, Der Konzern 2005, 13, 16.
2 Bei entsprechender Eintrittswahrscheinlichkeit auch der dem Emittenten mitgeteilte Entschluss; *Versteegen* in KölnKomm. WpHG, 1. Aufl. 2007, § 15 WpHG Rz. 95.
3 *BaFin*, Emittentenleitfaden 2013, S. 57.
4 *Teigelack*, BB 2016, 1604, 1607 ff., zur unmittelbaren Betroffenheit eines Emittenten S. 1608.
5 *Teigelack*, BB 2016, 1604, 1608.
6 *BaFin*, Emittentenleitfaden 2013, S. 57/58.
7 *Eichner*, S. 103; *Geibel/Schäfer* in Schäfer/Hamann, Kapitalmarktgesetze, § 15 WpHG Rz. 79; *Lenenbach*, Kapitalmarktrecht, Rz. 13.274. Besondere Hervorhebung bei *Zimmer/Kruse* in Schwark/Zimmer, § 15 WpHG Rz. 37, obwohl, soweit erkennbar, niemand Gegenteiliges behauptet.
8 *BaFin*, Emittentenleitfaden 2013, S. 51, 59; *Buck-Heeb*, Kapitalmarktrecht, Rz. 416; *Diekmann/Sustmann*, NZG 2004, 929, 934; *Frowein* in Habersack/Mülbert/Schlitt, Kapitalmarktinformation, § 10 Rz. 53 (häufig, aber nicht zwingend); *Hopt/Kumpan* in Schimansky/Bunte/Lwowski, § 107 Rz. 140; *Klöhn* in Klöhn, Art. 17 MAR Rz. 92, 398 ff.; *Simon*, Der Konzern 2005, 13, 16; *Versteegen* in KölnKomm. WpHG, 1. Aufl. 2007, § 15 WpHG Rz. 95. S. auch Rz. 83 ff.
9 Das Erfordernis der Erlangung einer Kontrollmehrheit als Voraussetzung einer den Emittenten unmittelbar berührenden Information in Bezug auf die Veränderung der Aktionärsstruktur wird überwiegend abgelehnt. Vgl. etwa *Bürgers*, BKR 2004, 424, 426; *Frowein* in Habersack/Mülbert/Schlitt, Kapitalmarktinformation, § 10 Rz. 29; *Holzborn/Israel*, WM 2004, 1948, 1952; *Kuthe*, ZIP 2004, 883, 885; *Langenbucher*, Aktien- und Kapitalmarktrecht, § 17 Rz. 23; *Simon*, Der Konzern 2005, 13, 16. A.A. *Nietsch*, BB 2005, 785, 786.
10 So *Brandi/Süßmann*, AG 2004, 642, 656 f. Ähnlich *Versteegen* in KölnKomm. WpHG, 1. Aufl. 2007, § 15 WpHG Rz. 93.
11 Ebenso *Gunßer*, S. 160; *Kuthe*, ZIP 2004, 883, 884.
12 Auch (i.E.) *Bürgers*, BKR 2004, 424, 426; *Geibel/Schäfer* in Schäfer/Hamann, Kapitalmarktgesetze, § 15 WpHG Rz. 90; *Holzborn/Israel*, WM 2004, 1948, 1952. Enger *Brandi/Süßmann*, AG 2004, 642, 657 (Kontrollwechsel ähnliche strategische Beteiligung und nicht bloß reine Finanzbeteiligung); *Langenbucher*, Aktien- und Kapitalmarktrecht, § 17 Rz. 23 (jedenfalls bei signifikanten „Machtverschiebungen oder Umgruppierungen im Aktionärskreis", zur Schwelle nach unten aber offen); *Frowein* in Habersack/Mülbert/Schlitt, Kapitalmarktinformation, § 10 Rz. 29 (Veränderungen in der Beteiligungsstruktur nur dann, wenn die Gesellschaft Kenntnis habe, dass diese strategischer Natur seien und in ihrer „Wirkung der in der Regierungsbegründung genannten Übermittlung eines Übernahmeangebots nach §§ 29 ff. WpÜG vergleichbar sein" könnten). A.A. im Grundsatz *Zimmer/Kruse* in Schwark/Zimmer, § 15 WpHG Rz. 41, mit Anerkennung einer Ausnahme (in Rz. 42) für den Fall, dass „im Bereich der Unternehmensverwaltung Entscheidungen mit Bezug zu der Veränderung der Aktionärsstruktur bzw. zu der Abgabe [eines] Übernahmeangebots getroffen werden (müssen)".

Sofern die übrigen Voraussetzungen einer Insiderinformation gegeben sind, ist dementsprechend auch die Kenntnis des **Emittenten als Zielgesellschaft** von einem bevorstehenden **Wertpapiererwerbsangebot** und erst recht von einem **bevorstehenden Übernahmeangebot**[1] auf von ihm emittierte Aktien – anders als Informationen über Aufträge Dritter zum Verkauf oder Erwerb von Wertpapieren des Emittenten (Rz. 33) – als Kenntnis einer ihn unmittelbar betreffenden Insiderinformation anzusehen. 48

Ist der Emittent ein verbundenes Unternehmen (i.S.d. § 15 AktG), so können ihn auch **zahlreiche Vorgänge im Konzern** unmittelbar betreffen, denn ohne die Berücksichtigung der Einordnung eines Emittenten in den Konzernverbund ist eine zutreffende Beurteilung seiner wirtschaftlichen Lage nicht möglich[2]. Das ist insbesondere bei Ereignissen der Fall, die bei einer „**voll konsolidierten Tochter**" (s. §§ 290 ff. HGB) des ad-hoc-publizitätspflichtigen Emittenten eintreten[3]. Als veröffentlichungspflichtige Insiderinformation kommen weiter Ereignisse in Betracht, die **bei der Muttergesellschaft oder einer Schwestergesellschaft des Emittenten** eingetreten sind[4], vorausgesetzt es handelt sich um für die Papiere des Letzteren kurserhebliche Informationen. Die Überlegung, eine der Ad-hoc-Publizitätspflicht unterliegende Tochtergesellschaft sei nicht ad-hoc-publizitätspflichtig, wenn die börsennotierte Muttergesellschaft ad-hoc-publizitätspflichtig sei[5], fand schon in § 15 WpHG a.F. keine Grundlage und ist deshalb abzulehnen[6]. Ist die Information aber von der Ersteren ad hoc publiziert, ist sie öffentlich bekannt und verliert damit ihre Eigenschaft als Insiderinformation. Im Übrigen will aber auch die Ansicht, die eine der Ad-hoc-Publizität unterliegende Tochtergesellschaft einer nicht börsennotierten Muttergesellschaft grundsätzlich nicht unmittelbar von Umständen betroffen sieht, die bei der Muttergesellschaft eingetreten sind, Ausnahmen von dieser Regel zulassen[7]. Zu diesen sollen etwa Umstände zählen, welche die Fähigkeiten des Mutterunternehmens betreffen, seinen Verpflichtungen gegenüber der Tochtergesellschaft nachzukommen[8]. 49

c) **Kenntnis der Insiderinformationen und Wissenszurechnung. aa) Wissen und Wissenszurechnung.** Wie bereits an früherer Stelle (Rz. 34) ausgeführt, ist eine den Emittenten unmittelbar betreffende Insiderinforma- 50

---

1 RegE AnSVG, BT-Drucks. 15/3174 v. 24.5.2004, 35; *BaFin*, Emittentenleitfaden 2013, S. 51, 53, 59; *Brandi/Süßmann*, AG 2004, 642, 654 f.; *Buck-Heeb*, Kapitalmarktrecht, Rz. 415; *Bürgers*, BKR 2004, 424, 426; *Diekmann/Sustmann*, NZG 2004, 929, 934; *Frowein* in Habersack/Mülbert/Schlitt, Kapitalmarktinformation, § 10 Rz. 30; *Geibel/Schäfer* in Schäfer/Hamann, Kapitalmarktgesetze, § 15 WpHG Rz. 95; *Grundmann* in Staub, Bd. 11/1, 5. Aufl. 2017, 6. Teil Rz. 505; *Gunßer*, S. 141; *Hopt/Kumpan* in Schimansky/Bunte/Lwowski, § 107 Rz. 140, 146; *Klöhn* in KölnKomm. WpHG, § 15 WpHG Rz. 133; *Simon*, Der Konzern 2005, 13, 16; *Tollkühn*, ZIP 2004, 2215, 2216; *Versteegen* in KölnKomm. WpHG, 1. Aufl. 2007, § 15 WpHG Rz. 93.
2 Bei Differenzen im Detail i.E. ebenso *Burgard*, ZHR 162 (1998), 51, 96; *Cahn*, ZHR 162 (1998), 1, 30 f.; *Eichner*, S. 105 („Im Konzern gilt, dass jedes Unternehmen, für welches eine Insiderinformation kurserheblich ist, grundsätzlich der Ad-hoc-Publizitätspflicht unterliegt"); *Fürhoff/Wölk*, WM 1997, 449, 451 f.; *Geibel/Schäfer* in Schäfer/Hamann, Kapitalmarktgesetze, § 15 WpHG Rz. 8; *Hopt*, ZHR 159 (1995), 135, 151; *Hopt/Kumpan* in Schimansky/Bunte/Lwowski, § 107 Rz. 138; *von Klitzing*, S. 108 ff.; *Klöhn* in KölnKomm. WpHG, § 15 WpHG Rz. 51, 90, 94; *Nietsch*, BB 2005, 785, 786; *Waldhausen*, S. 198 ff.; *Wölk*, AG 1997, 73, 77. A.A. *Spindler/Speier*, BB 2005, 2031, 2032; *Versteegen* in KölnKomm. WpHG, 1. Aufl. 2007, § 15 WpHG Rz. 96 (mit Ausnahmen Rz. 96 f.). Zur Darstellung der Konzernproblematik *Schäfer* in Dreyling/Schäfer, Rz. 389 ff.
3 *Buck-Heeb*, Kapitalmarktrecht, Rz. 414; *Cahn*, ZHR 162 (1998), 1, 31; *Frowein* in Habersack/Mülbert/Schlitt, Kapitalmarktinformation, § 10 Rz. 27; *Klöhn* in KölnKomm. WpHG, § 15 WpHG Rz. 92; *Klöhn* in Klöhn, Art. 17 MAR Rz. 97; *Oulds* in Kümpel/Wittig, Bank- und Kapitalmarktrecht, Rz. 14.243; *Pfüller* in Fuchs, § 15 WpHG Rz. 207 f.; *Simon*, Der Konzern 2005, 13, 16; *Spindler/Speier*, BB 2005, 2031; *Veil/Brüggemeier* in Meyer/Veil/Rönnau, Handbuch zum Marktmissbrauchsrecht, § 10 Rz. 61; *Zimmer/Krause* in Schwark/Zimmer, § 15 WpHG Rz. 45. Ebenso (aber auch über den Konsolidierungskreis hinausgehend) *Geibel/Schäfer* in Schäfer/Hamann, Kapitalmarktgesetze, § 15 WpHG Rz. 98 i.V.m. Rz. 99.
4 *Frowein* in Habersack/Mülbert/Schlitt, Kapitalmarktinformation, § 10 Rz. 27; *Kuthe*, ZIP 2004, 883, 885; *Pfüller* in Fuchs, § 15 WpHG Rz. 209; *Simon*, Der Konzern 2005, 13, 16 f.; *Spindler/Speier*, BB 2005, 2031, 2034; *Veil/Brüggemeier* in Meyer/Veil/Rönnau, Handbuch zum Marktmissbrauchsrecht, § 10 Rz. 70. I.E. auch *Klöhn* in Klöhn, Art. 17 MAR Rz. 103 bzw. 104. A.A. im Grundsätzlichen *Geibel/Schäfer* in Schäfer/Hamann, Kapitalmarktgesetze, § 15 WpHG Rz. 100; *Tollkühn*, ZIP 2004, 2215, 2216 f.; *Versteegen* in KölnKomm. WpHG, 1. Aufl. 2007, § 15 WpHG Rz. 97. Nach *Zimmer/Kruse* in Schwark/Zimmer, § 15 WpHG Rz. 48, ist die Tochtergesellschaft von Ereignissen bei der Muttergesellschaft oder einer Schwestergesellschaft (von wenigen Ausnahmen abgesehen) immer nur mittelbar betroffen.
5 *Möllers*, ZBB 2003, 390, 391; erwogen von *Spindler/Speier*, BB 2005, 2031, 2034, aber i.E. ebenfalls verworfen.
6 Ebenso *Eichner*, S. 104; *Kuthe*, ZIP 2004, 883, 885; *Versteegen* in KölnKomm. WpHG, 1. Aufl. 2007, § 15 WpHG Rz. 97; *Veil/Brüggemeier* in Meyer/Veil/Rönnau, Handbuch zum Marktmissbrauchsrecht, § 10 Rz. 67. A.A. *Schäfer* in Marsch-Barner/Schäfer, Handbuch börsennotierte AG, Rz. 15.58.
7 *Geibel/Schäfer* in Schäfer/Hamann, Kapitalmarktgesetze, § 15 WpHG Rz. 100; *Grundmann* eines Staub, Bd. 11/1, 5. Aufl. 2017, 6. Teil Rz. 506; *Tollkühn*, ZIP 2004, 2215, 2216 f. (Ereignisse bei der Muttergesellschaft haben „in der Regel keine Auswirkungen" auf die Tochter); *Veil/Brüggemeier* in Meyer/Veil/Rönnau, Handbuch zum Marktmissbrauchsrecht, § 10 Rz. 66; *Versteegen* in KölnKomm. WpHG, 1. Aufl. 2007, § 15 WpHG Rz. 97 (unmittelbare Betroffenheit der Tochter nur in Ausnahmefällen).
8 Vgl. *Geibel/Schäfer* in Schäfer/Hamann, Kapitalmarktgesetze, § 15 WpHG Rz. 100. Auch *Veil/Brüggemeier* in Meyer/Veil/Rönnau, Handbuch zum Marktmissbrauchsrecht, § 10 Rz. 66 („... wenn sich die Solvenz der Muttergesellschaft erheblich verschlechtert und die Tochtergesellschaft aufgrund eines bestehenden Cash-Pools von dieser Entwicklung betroffen ist").

tion von diesem nur dann nach Art. 17 Abs. 1 Unterabs. 1 VO Nr. 596/2014 zu veröffentlichen, wenn er **von der Insiderinformation Kenntnis hat**. Dabei handelt es sich um ein ungeschriebenes pflichtenbegründendes Tatbestandsmerkmal[1], das dem Umstand Rechnung trägt, dass ein Emittent nur – wie es in Art. 17 Abs. 1 Unterabs. 1 VO Nr. 596/2014 heißt – „bekannt geben" kann, was ihm selbst bekannt ist. Es braucht deshalb nicht des Rückgriffs auf die Verpflichtung zur „unverzüglichen" Veröffentlichung[2] nebst deren Umschreibung als „ohne schuldhaftes Zögern"[3] (§ 121 Abs. 1 Satz 1 BGB) – näher dazu Rz. 63 ff. – und damit der Heranziehung eines Merkmals, das sich ersichtlich nur auf die rechtzeitige[4] Erfüllung einer eingetretenen Erfüllung und nicht auf die Begründung der zu erfüllende Pflicht selbst bezieht.

51 Gleiches gilt für den – durchweg ebenfalls im Zusammenhang mit dem Erfordernis unverzüglicher Veröffentlichung erörterten – Umstand, dass im Hinblick auf das Wissen von Emittenten i.S.v. Art. 17 VO Nr. 596/2014 und damit das Wissen einer „juristischen Person des privaten oder öffentlichen Rechts" (zum Emittentenbegriff Rz. 19) eine **Wissenszurechnung** stattfindet, die sich nach verbandsrechtlichen Grundsätzen[5] richtet: Das ist keine Frage des Verschuldens und des Kennenmüssens der juristischen Person oder ihrer Organe[6], sondern eine verbandsrechtliche Frage der Zurechnung von Wissen an eine juristische Person. Deshalb gibt auch der Hinweis auf die Verschuldensregelung der §§ 97 Abs. 2 und 98 Abs. 2 WpHG – demzufolge ein Emittent nicht auf Schadenersatz wegen unterlassener unverzüglicher Veröffentlichung von Insiderinformationen oder wegen Veröffentlichung unwahrer Insiderinformationen in Anspruch genommen werden kann, wenn er nachweist, dass die Unterlassung nicht auf Vorsatz oder grober Fahrlässigkeit beruht bzw. dass er die Unrichtigkeit der Insiderinformation nicht gekannt hat und die Unkenntnis nicht auf grober Fahrlässigkeit beruht – nichts für die Beantwortung der Frage her, ob überhaupt und welches Wissen, das im Vorstand oder einzelnen Vorständen des Emittenten nicht vorhanden ist, dem Emittenten zuzurechnen ist: In beiden Fällen wird im Hinblick auf den objektiven Tatbestand der Schadensersatznormen vorhandenes oder zugerechnetes Wissen bzw. Nichtwissen bereits vorausgesetzt, einerseits im Hinblick auf die Unterlassung der unverzüglichen Veröffentlichung einer objektiv zu veröffentlichenden Insiderinformationen bzw. andererseits im Hinblick auf die Unwahrheit einer veröffentlichten Insiderinformation. Darüber hinaus ist das für die zivilrechtliche Haftung nach diesen Vorschriften maßgebliche Verschulden ohnehin von der Beurteilung der Frage zu unterscheiden, wann eine

---

1 H.M. Ausführlich *Ihrig*, ZHR 181 (2017), 381, 385, 412. Weiter *Buck-Heeb*, CCZ 2009, 18, 20; *Buck-Heeb*, AG 2015, 801; *Ekkenga*, NZG 2013, 1081, 1085; *Frowein* in Habersack/Mülbert/Schlitt, Kapitalmarktinformation, § 10 Rz. 128; *Habersack*, DB 2016, 1551, 1554; *Klöhn* in KölnKomm. WpHG, § 15 Rz. 98; *Leyendecker-Langner/Kleinhenz*, AG 2015, 72, 76; *Pfüller* in Fuchs, § 15 Rz. 328; *Sajnovits*, WM 2016, 765 f. Dem steht die systemwidrige – auch bei kapitalmarktrechtlichen Informationspflichten gilt, dass Sollen Können impliziert (*ultra posse nemo obligatur*) und es sich bei der Haftung für verspätete Ad-hoc-Mitteilungen nicht um eine Gefährdungshaftung handelt; zum Kapitalmarkt speziell *Buck-Heeb*, CCZ 2009, 18, 20; *Ihrig*, ZHR 181 (2017), 381, 385 – Meinung gegenüber, die Pflicht zur Veröffentlichung trete bereits in dem Zeitpunkt ein, in dem diese objektiv vorliege; *Braun* in Möllers/Rotter, § 8 Rz. 47; *Klöhn*, NZG 2017, 1285 ff.; *Klöhn* in Klöhn, Art. 17 MAR Rz. 105 mit hanebüchener Deutung des Merkmals „unmittelbar betroffen ist" („Dies ergibt sich schon aus dem Wortlaut der Norm, der – anders als Artt. 8, 10 – gerade nicht verlangt, dass der Emittent *über eine Insiderinformation verfügt*, sondern nur, dass er von dieser Insiderinformation *unmittelbar betroffen wird*"; Hervorhebung im Original), mit welchem der Kreis von Insiderinformationen beschränkt wird, im Hinblick auf die der einzelne Emittent veröffentlichungspflichtig sein soll; *Lebherz*, S. 102; *Schäfer* in Marsch-Barner/Schäfer, Handbuch börsennotierte AG, Rz. 15.20 (Pflicht zur Ad-hoc-Publizität „enthält kein kognitives Element"; unabhängig von einer Kenntnis des Vorstandes entsteht die Ad-hoc-Publizitätspflicht daher – soweit die übrigen Voraussetzungen gegeben sind –, wenn die Insiderinformation objektiv entsteht); *Spindler/Speier*, BB 2005, 2031, 2032; *Ziemons*, NZG 2004, 537, 541.

2 Die ganz herrschende Meinung im Schrifttum behandelt das Problem der Wissenszurechnung, systematisch verfehlt, als ein solches der Pflicht zur unverzüglichen Offenlegung einer Insiderinformation. Namentlich *Buck-Heeb*, CCZ 2009, 18, 20, 22; *Klöhn* in KölnKomm. WpHG, § 15 WpHG Rz. 99 ff., 103 ff.; *Klöhn*, NZG 2017, 1285, 1289; *Klöhn* in Klöhn, Art. 17 MAR Rz. 105; *Pfüller* in Fuchs, § 15 Rz. 400 ff.; *Sajnovits*, WM 2016, 765, 765/766; *Versteegen* in KölnKomm. WpHG, 1. Aufl. 2007, § 15 WpHG Rz. 119 f. Obwohl in eine andere Richtung gehend, tappen im Ausgangspunkt ihrer Erwägungen auch *Veil/Brüggemeier* in Meyer/Veil/Rönnau, Handbuch zum Marktmissbrauchsrecht, § 10 Rz. 17 in diese Falle. Sachlich folgenreich ist die Differenz in der Deutung des Merkmals „unverzüglich" nicht, da auch nach der h.M. das aus dem Merkmal abgeleitete „Kennenmüssen" auf die Frage einer wertenden Wissenszurechnung hinausläuft, obwohl Wissenmüssen und Wissenszurechnung nicht deckungsgleich sind.

3 In der ursprünglichen Fassung der Vorschrift in wortgetreuer Übersetzung der englischen Fassung der Vorschrift („as soon as possible") mit der Formulierung „so bald wie" übersetzt, wurde die Übersetzung anschließend in „unverzüglich" berichtigt (Rz. 14). Im Schrifttum wurde die ursprüngliche Fassung so ausgelegt, dass sich in der Sache nichts gegenüber der § 15 Abs. 1 Satz 1 WpHG a.F. und dem Erfordernis einer „unverzüglichen" Veröffentlichung geändert habe. So *Buck-Heeb*, Kapitalmarktrecht, 8. Aufl. 2016, Rz. 395; *Kumpan* DB 2016, 2039, 2042; *Hopt/Kumpan* in Schimansky/Bunte/Lwowski, § 107 Rz. 150). Für die berichtigte Fassung *Klöhn* in Klöhn, Art. 17 MAR Rz. 116. Dem wäre auch hier gefolgt worden. Unberichtigt hätte die Formulierung der Rechtsanwendung in Deutschland aber den verwirrenden Rückgriff auf § 121 Abs. 1 Satz 1 BGB und die Deutung des in Europa singulären Erfordernisses „ohne schuldhaftes Zögern" im *Hinblick auf die damit verbundenen Verschuldensanforderungen* erspart.

4 Ebenso *Hellgardt*, Kapitalmarktdeliktsrecht, S. 258 („Die Unverzüglichkeit bestimmt die Rechtzeitigkeit").

5 *Ekkenga*, NZG 2013, 1081, 1085.

6 *Ihrig*, ZHR 181 (2017), 381, 393.

unverzügliche Veröffentlichung hätte erfolgen müssen[1]. Nach alledem ist die Frage, ob ein Emittent Kenntnis einer ihn unmittelbar betreffenden Insiderinformationen hat, nur durch Wissenszurechnung zu beantworten[2]. Dabei ist zwischen der Zurechnung unternehmensintern vorhandenen Wissens (Rz. 52 ff.) und der Zurechnung des Wissens Dritter (Rz. 60 ff.) zu unterscheiden, die für den Emittenten tätig werden.

bb) Zurechnung unternehmensintern vorhandenen Wissens und Wissenszurechnung im Konzern. In Bezug auf die **Zurechnung unternehmensintern vorhandenen Wissens** ist heute, bei Unterschieden in der Zurechnungsgrundlage[3] und Differenzierungen im Detail, grundsätzlich anerkannt, dass der Emittent sich das Wissen des Vorstands, d.h. aller Vorstände, aber auch einzelner Vorstandsmitglieder als organschaftliche Vertreter zurechnen lassen muss[4]. Soweit es sich um privat erlangtes Wissen handelt, ist dieses dem Emittenten – jedenfalls außerhalb des rechtsgeschäftlichen Bereichs[5] – allerdings nur zurechenbar, wenn gegenüber dem Emittenten eine Pflicht zur Weiterleitung des Wissens besteht[6]. Bei rein privatem Wissen (etwa im Falle der Rücktrittsabsicht, die die noch nicht über den engen persönlichen Bereich hinausgelangt ist) handelt es sich schon nicht um eine Insiderinformation (Art. 7 VO Nr. 596/2014 Rz. 21), weshalb – obschon im Ergebnis zu verneinen[7] – die Frage müßig ist, ob ein solches privates Wissen eines Organmitglieds dem Emittenten zuzurechnen ist. Im Übrigen wird die Zurechnung von unternehmensintern vorhandenem Wissen im Gefolge der Entscheidung des BGH vom 2.2.1996[8] entlang **wissensbezogener Organisationpflichten** vorgenommen. Danach muss eine juristische Person so organisiert sein, dass (1) „Informationen, deren Relevanz für andere Personen innerhalb dieser Organisation bei den konkret Wissenden erkennbar ist, tatsächlich an jene Personen weitergegeben" („Informationsweiterleitungspflicht"[9]), (2) diese Informationen, soweit sie speicherungsbedürftig einzustufen[10], gespeichert (Informationsspeicherungspflicht), und (3) im maßgeblichen Zeitpunkt nachgefragt („Informationsabfragepflicht") werden[11]. Bei der heute üblichen Ausrichtung der Zurechnung von Wissen an juristische Personen an diesen Grundsätzen wird übergangen, dass sie für das Auftreten juristischer Personen im rechtsgeschäftlichen Bereich geschaffen sind und gewährleisten sollen, dass ein Vertragspartner, der mit einer juristischen Person einen Vertrag schließe, „im Prinzip nicht schlechter gestellt [werde], als wenn er es nur mit einer einzigen natürlichen Person zu tun hätte"[12]. Entsprechend werden die vorstehend angeführten

---

1 Ebenso *Sajnovits*, WM 2016, 765, 766, 773.
2 A.A. *Klöhn* in Klöhn, Art. 17 MAR Rz. 111 ff., der in der Manier des Entdeckers eines unter anderem Namen längst bekannten Kontinents behauptet, es gehe nicht um Wissenszurechnung, sondern um Informations- und Wissensorganisationspflichten, als seien diese, die rechtskonforme organbezogene Wissenszurechnung ergänzend, nicht längst Bestandteil der heute ganz h.M.
3 Nach überwiegender Ansicht § 31 BGB analog: Etwa *Fleischer* in Spindler/Stilz, § 78 AktG Rz. 53; *Habersack/Foerster* in Großkomm. AktG, 5. Aufl. 2015, § 78 AktG Rz. 38; *Hüffer/Koch*, § 78 AktG Rz. 24; *Sajnovits*, WM 2016, 765, 770; *K. Schmidt* Gesellschaftsrecht, 4. Aufl. 2002, § 10 V 2b (S. 286 f.); *Spindler* in MünchKomm. AktG, 4. Aufl. 2014, § 78 AktG Rz. 93; *Weber* in Hölters, § 78 AktG Rz. 15. Nach a.A., v.a. in der Kommentarliteratur zum GmbHG, § 166 Abs. 1 und 2 BGB: Etwa *Zöllner/Noack* in Baumbach/Hueck, 21. Aufl. 2017, § 35 GmbHG Rz. 147; *Kleindiek* in Lutter/Hommelhoff, 19. Aufl. 2016, § 35 GmbHG Rz. 58. Die insoweit pragmatisch verfahrende Rechtsprechung – namentlich BGH v. 8.12.1989 – V ZR 246/87, NJW 1990, 975, 976, und BGH v. 2.2.1996 – V ZR 239/94, NJW 1996, 1339, 1340 = AG 1996, 220 – betont, die Frage der Wissenszurechnung von Organvertretern juristischer Personen lasse sich nicht mit logisch-begrifflicher Stringenz, sondern nur in wertender Beurteilung entscheiden.
4 Etwa, jeweils m.w.N., BGH v. 8.12.1989 – V ZR 246/87, NJW 1990, 975, 976; BGH v. 2.2.1996 – V ZR 239/94, NJW 1996, 1339, 1340 = AG 1996, 220; BGH v. 12.11.1998 – IX ZR 145/98, NJW 1999, 284, 286 m.w.N. zu Rechtsprechung und Schrifttum. In Bezug auf die Ad-hoc-Publizität *Ihrig*, ZHR 181 (2017), 381, 395; *Sajnovits*, WM 2016, 765, 770.
5 Zur Zurechnung des privat erlangten Wissens eines Vorstandsmitglieds, der an einem Geschäft mitwirkt, für das dieses Wissen von Bedeutung ist, *Vedder* in Grigoleit, 1. Aufl. 2013, § 78 AktG Rz. 26; *Wiesner* in MünchHdb. Gesellschaftsrecht, Bd. 4, § 23 Rz. 31.
6 H.M.: *Habersack/Foerster* in Großkomm. AktG, 5. Aufl. 2015, § 78 AktG Rz. 38; *Hüffer/Koch*, § 78 AktG Rz. 24; *Mertens/Cahn* in KölnKomm. AktG, 3. Aufl. 2013, § 76 AktG Rz. 88; *Sajnovits*, WM 2016, 765, 770; *Spindler* in MünchKomm. AktG, 4. Aufl. 2014, § 78 AktG Rz. 98; *Wiesner* in MünchHdb. Gesellschaftsrecht, Bd. 4, § 23 Rz. 31. A.A., aber ohne nähere Begründung und unter unzutreffender Berufung, BGH v. 8.12.1989 – V ZR 246/87, NJW 1990, 975, 976; *Weber* in Hölters, § 78 AktG Rz. 16. Im Grundsätzlichen im Hinblick auf Art. 17 VO Nr. 596/2014 weitergehend *Ihrig*, ZHR 181 (2017), 381, 397 ff., 398: sowohl rein privates Wissen als auch privat *erlangtes* Wissen zum Emittenten, aber (ebd., S. 399) wie hier eine gesetzliche Verschwiegenheitspflicht als Schranke für die Wissenszurechnung anerkennend.
7 *Ihrig*, ZHR 181 (2017), 381, 400 f.
8 BGH v. 2.2.1996 – V ZR 239/94, NJW 1996, 1339, 1341 = AG 1996, 220.
9 BGH v. 2.2.1996 – V ZR 239/94, NJW 1996, 1339, 1341 = AG 1996, 220.
10 BGH v. 2.2.1996 – V ZR 239/94, NJW 1996, 1339, 1341 (zu aa) = AG 1996, 220: Ob eine Information speicherungsbedürftig war, d.h. „überhaupt gespeichert werden mußte, hängt davon ab, mit welcher Wahrscheinlichkeit sie später rechtserheblich werden konnte. Zu beurteilen ist das nach dem Zeitpunkt der Wahrnehmung und nicht nach einem erst später erreichten Wissensstand."
11 BGH v. 2.2.1996 – V ZR 239/94, NJW 1996, 1339, 1341 (zu bb)) = AG 1996, 220: „Wissen kann man den Inhalt von Speichern [und damit der juristischen Person] daher nur zurechnen, soweit ein besonderer Anlaß besteht, sich seiner in der konkreten Situation (noch) zu vergewissern. Auch das richtet sich nach der Zumutbarkeit: Maßgeblich sind auch hier vor allem die Bedeutung des Anlasses und die Schwierigkeit der Suche."
12 BGH v. 2.2.1996 – V ZR 239/94, NJW 1996, 1339, 1340 (zu C.2.a)) = AG 1996, 220.

Wissensorganisationspflichten auch zur Zurechnung des in einem Emittentenunternehmen vorhandenen Wissens übertragen[1].

53 Damit zusammenhängend wird vernachlässigt, dass **Wissenszurechnung normorientiert** vorzunehmen ist[2] und Wissensorganisationspflichten als Grundlage von Wissenszurechnung sich an der in Frage stehenden Norm, für deren Anwendung es auf Wissen der juristischen Person ankommt, und den Normzusammenhang, in dem diese Norm steht, auszurichten hätten, so wie es das Gericht im Falle der vorstehenden Entscheidung auch seinerseits tatsächlich – bewusst oder unbewusst – getan hat. Das von diesem als Grundlage für die „Pflicht zur ordnungsgemäßen Kommunikation" verwandte „Gleichstellungsargument"[3] etwa mag bei juristischen Personen und Organisationen für deren Teilnahme am Rechtsverkehr und für die Verletzung von Aufklärungspflichten angebracht sein, passt aber nur sehr beschränkt für die Wissenszurechnung an einen Emittenten in Bezug auf die Erfüllung kapitalmarktrechtlicher Informationspflichten. Statt auf das Gleichstellungsargument ist hier vielmehr darauf abzustellen, dass es einem Emittenten nicht zugutekommen soll, dass in seinem Unternehmen vorhandenes Wissen über den Emittenten unmittelbar betreffende Insiderinformationen aus weder verbands- noch kapitalmarktrechtlich anzuerkennenden Gründen nicht zu denen gelangen, die – würden sie über diese verfügen – diese veröffentlichen müssten oder über die Aufschiebung einer Veröffentlichung zu befinden hätten. Allein dies sicherzustellen und zu vermeiden, dass Insiderinformationen nicht in den Vorstand gelangen und diesen zur Entscheidung über deren Veröffentlichung zwingen, ist Gegenstand der hier in Frage kommenden **Organisationspflicht**.

54 Entsprechend heißt es im Emittentenleitfaden der BaFin 2013, versteckt in Ausführungen zu Emittentenorganisationspflichten zur Schaffung der Voraussetzungen für eine unverzügliche Veröffentlichung von Insiderinformationen: „Wenn die Insiderinformation an einer Stelle des Unternehmens entsteht, die nicht berechtigt ist, über die Veröffentlichung zu entscheiden, muss durch die unternehmensinterne **Organisation** sichergestellt sein, dass die **Information unverzüglich einer entscheidungsberechtigten Person oder Gremium zugeleitet wird**"[4]. Dabei wird die diesbezügliche Organisationspflicht weitgehend auf eine **Instruktionspflicht** von Mitarbeitern zu beschränken sein und unter diesen wiederum auf solche, die an zentraler betrieblicher Stelle des Unternehmens tätig werden. Was die Ausgestaltung der Instruktionspflicht angeht, ist dem Umstand Rechnung zu tragen, dass es nicht diese Mitarbeiter, sondern die Vorstände sind, die über die Qualifikation einer Information als Insiderinformation zu befinden haben. Diese wird deshalb Teil der im Hinblick auf ihre Befolgung zu überwachenden organisatorischen Anweisung sein, Informationen, die auch auf der in Frage kommenden Stufe oder Sparte des Emittenten vernünftigerweise als für die Unternehmensleitung erheblich einzustufen sind, an die Unternehmensleitung und von dieser gegebenenfalls hierfür eingerichteten Abteilung oder Stabsstelle – auch ihrerseits unverzüglich, aber unter Einräumung einer angemessenen Prüfungsfrist – weiterzuleiten.

55 Die Wissensorganisationspflicht ist Teil der Pflicht des Vorstands zur Organisation des Unternehmens, die er mit der **Sorgfalt** eines ordentlichen und gewissenhaften Geschäftsleiters vorzunehmen hat (§§ 76 Abs. 1, 77 Abs. 1, 93 Abs. 1 Satz 1 AktG). **Ist der Wissensorganisationspflicht Genüge getan**, können dem Emittenten Insiderinformationen, über die Personen verfügen, die keine Organmitglieder sind, nicht zugerechnet werden. Das gilt insbesondere für Wissen über Gesetzesverstöße (Compliance-Verstöße) unterhalb der Vorstandsebene. Umgekehrt steht außer Frage, dass **die Nichtveröffentlichung einer dem Emittenten aufgrund einer unzureichenden Wissensorganisationspflicht** zuzurechnenden Insiderinformation gegen die Pflicht zur unverzüglichen Veröffentlichung einer Insiderinformation verstößt.

56 Wissen, das **Mitarbeiter** eines Emittenten aufgrund einer Tätigkeit erlangt haben, die sie gesetzlich zur **vertraulichen Behandlung** desselben zwingt, kann dem Emittenten nicht zugerechnet werden. Das gilt namentlich für Wissen, das ein Mitarbeiter oder Organ des Emittenten (sog. **Doppelmandat**) oder eine vom Emittenten entsandte Person im **Aufsichtsrat** eines anderen Unternehmens erlangt hat und das nach § 116 Satz 1 i.V.m. § 93 Abs. 1 Satz 3 AktG vertraulich zu behandeln ist. Bei der Pflicht des Aufsichtsrats zur vertraulichen Behandlung der in diesem Amt erlangten Informationen handelt es sich um eine solche, die gegenüber allen Personen gilt, mit Ausnahme derjenigen, die zu den Organmitgliedern der Gesellschaft gehören, um deren Aufsichtsrat es sich handelt[5]. Eine Aufsichtsratsmitglied kann nicht im Vorhinein generell oder für bestimmte Themenberei-

---

1 Namentlich *Buck-Heeb*, CCZ 2009, 18, 23 f. Auch *Veil/Brüggemeier* in Meyer/Veil/Rönnau, Handbuch zum Marktmissbrauchsrecht, § 10 Rz. 19 f., 25 ff.
2 Ebenso *Ihrig*, ZHR 181 (2017), 381, 390 f.
3 BGH v. 2.2.1996 – V ZR 239/94, NJW 1996, 1339, 1340/1341 = AG 1996, 220.
4 *BaFin*, Emittentenleitfaden 2013, S. 70, Hervorhebungen hinzugefügt.
5 BGH v. 26.4.2016 – XI ZR 108/15, AG 2016, 493, 495 Rz. 32 m.w.N., mit der Begründung (in Rz. 32 und 33): „[32] Nur wenn diese Verschwiegenheitsverpflichtung absolut gilt, ist gewährleistet, dass der Aufsichtsrat seine gesetzliche Überwachungs- und Beratungsfunktion erfüllen kann, da diese das notwendige Korrelat zu den umfassenden Informationsrechten des Aufsichtsrats bildet ... und der Vorstand den Aufsichtsrat frühzeitig über sensible Vorfälle, Daten und Vorhaben informieren kann, ohne dass er die Weitergabe – speziell an das finanzierende Kreditinstitut und die Hausbank – und die damit verbundenen wirtschaftlichen Nachteile für das Unternehmen befürchten muss... [33] Eine Kollision der Pflichten des Aufsichtsratsmitglieds gegenüber seinem Arbeitgeber und der Gesellschaft, in deren Aufsichtsrat er gewählt oder ent-

che von der Verschwiegenheitspflicht entbunden werden[1], so dass sich auch in einem solchen Falle das erlangte Wissen dem Emittenten nicht zurechnen lässt.

Vor allem im Zusammenhang mit der **Untersuchung von Compliance-Verstößen**, die der Aufsichtsrat veranlasst und überwacht, weil der Vorstand in die Verstöße verstrickt ist oder sein könnte[2], kann es dazu kommen, dass der **Aufsichtsrat** oder einzelne seiner Mitglieder (insbesondere Mitglieder eines dazu gebildeten Ausschusses oder Mitglieder des Präsidiums) den Emittenten unmittelbar betreffende Insiderinformationen erhalten. Ist dies der Fall, stellt sich die Frage, ob dem Emittenten das **Wissen des Aufsichtsrats oder einzelner seiner Mitglieder zuzurechnen** ist. Das wird im Schrifttum im Grundsatz nahezu einhellig verneint und nur auf den **Ausnahmefall** beschränkt, dass das Insiderwissen sich auf eine Maßnahme des Aufsichtsrats bezieht, für die dieser ausschließlich vertretungs- und geschäftsführungsbefugt ist[3]. Dabei hat die ganz herrschende Meinung vor allem Maßnahmen im Bereich der Personalkompetenz des Aufsichtsrats und im Vorfeld endgültiger Personalentscheidungen vor Augen, doch unterliegen entsprechende Informationen in diesem Stadium dem Vertraulichkeitsgebot und sind schon deshalb, wie sich aus dem Folgenden (Rz. 58) ergibt, dem Emittenten nicht zurechenbar. Gegen die Zurechnung spricht, dass der Aufsichtsrat nicht zu denen gehört, die dem Vorstand als Geschäftsführungs- und Vertretungsorgan des Emittenten Wissen zur Erfüllung rechtsgeschäftlicher oder anderweitiger rechtlicher Verpflichtungen zu liefern haben und auf die Lieferung solchen Wissens gerichtete Wissensorganisationspflichten allein den Vorstand treffen[4]. In verfehlter normzweckorientierter und erschreckend *effet utile*-orientierter Auslegung sowie unter gänzlicher Negierung der von dem Gebot einer autonomen Auslegung europäischen Verordnungsrechts überhaupt nicht betroffenen und insoweit europarechtlich respektierten verbandsrechtlichen Gegebenheiten des dualistischen Organsystems von Vorstand und Aufsichtsrat wird neuerdings in Bezug auf Art. 17 VO Nr. 596/2014 allerdings die Auffassung vertreten, dass „Insiderinformationen, die *genuin* im Aufsichtsrat oder seinen Ausschüssen entstehen oder dort erstmals bekannt werden, dem Emittenten zuzurechnen sind und dessen Verpflichtung zur unverzüglichen Offenlegung begründen"[5]. Zur Frage des **Aufschubs der Veröffentlichung** („Selbstbefreiung") von Insiderinformationen, die – wie vorstehend als Ausnahmefall der Zurechnung behandelt – nur dem Aufsichtsrat bekannt und dem Emittenten ausnahmsweise zurechenbar sind, s. Rz. 95.

Scheidet damit eine Zurechnung von **Wissen des Aufsichtsrats** an den Emittenten schon aufgrund der verbandsrechtlichen Stellung des Aufsichtsrats aus, so steht der Wissenszurechnung auch das diese Stellung sichernde **Vertraulichkeitsgebot** entgegen. In dem Umfang, in dem die Wahrung von Vertraulichkeit verbandsrechtlich verlangt und geschützt wird, kann nicht gleichzeitig eine Wissenszurechnung aufgrund gegenläufiger verbandsrechtlicher Pflichten, allen voran eine diesbezügliche Wissensorganisationspflicht, erfolgen. Dementsprechend ist mit der ganz herrschenden Meinung davon auszugehen, dass eine Wissenszurechnung spätestens dort ihre Grenze finden muss, wo die Zurechnung von Wissen gegen eine organschaftliche Pflicht zur Verschwiegenheit verstoßen würde[6].

Nach Rechtsprechung und Literatur lässt sich auch das **Wissen einer Konzerngesellschaft** nicht allein wegen der Einbindung der Unternehmen in einen Konzern (i.S.v. §§ 15 ff. AktG) einer anderen Konzerngesellschaft zurechnen[7]. Das gilt sowohl für faktische Konzerne wie Vertragskonzerne, insbesondere reicht auch ein Beherrschungsvertrag, trotz des sich aus § 308 Abs. 2 Satz 1 AktG ergebenden Weisungsrechts des herrschenden Unternehmens, nicht für eine einseitige oder wechselseitige Zurechnung von Wissen aus[8]. Für eine Wissens-

---

sandt wurde, rechtfertigt eine Durchbrechung der Verschwiegenheitspflicht nicht, da diese wegen der meist nebenberuflichen Tätigkeit als Aufsichtsratsmitglied ganz bewusst im System angelegt ist und dieses Spannungsfeld vom Gesetzgeber gesehen und, wie der Straftatbestand des § 404 I Nr. 1 AktG deutlich belegt." Aus dem Schrifttum *Verse*, AG 2015, 413, 417; *Schubert* in MünchKomm. BGB, 7. Aufl. 2015, § 166 BGB Rz. 49 ff.; *Hüffer/Koch*, § 78 AktG Rz. 25; *Thomale*, AG 2015, 641, 649 f.; *Buck-Heeb*, AG 2015, 801, 810 f.; *Koch*, ZIP 2015, 1757, 1762 f. A.A. *Schwintowski*, ZIP 2015, 617, 621 ff.

1 BGH v. 26.4.2016 – XI ZR 108/15 (OLG München), AG 2016, 493, 495/496 Rz. 34; *Mülbert/Sajnovits*, NJW 2016, 2540, 2542.
2 Etwa *Arnold*, ZGR 2014, 76, 103 und 106.
3 *Koch*, ZIP 2015, 1757, 1765 (Zurechnung nur dann, „wenn es um Maßnahmen aus seinem originären gesetzliche Aufgabenbereich geht"); *Leyendecker-Langner/Kleinhenz*, AG 2015, 72, 73 (Insiderwissen, das „innerhalb seines originären gesetzlichen Aufgabenbereichs entstanden ist"); *Mertens/Cahn* in KölnKomm. AktG, 3. Aufl. 2013, § 116 AktG Rz. 47; *Lutter/Krieger/Verse*, Rechte und Pflichten des Aufsichtsrats, 6. Aufl. 2014, Rz. 513; *Ihrig/Kranz*, BB 2013, 451, 456; *Mülbert* in FS Stilz, S. 411, 422; *Rickert/Heinrichs*, GWR 2017, 112, 113/114. A.A. allein *Schwintowski*, ZIP 2015, 617.
4 Zu letzterem Aspekt namentlich *Koch*, ZIP 2015, 1757, 1761.
5 *Ihrig*, ZHR 181 (2017), 381, 407.
6 BGH v. 26.4.2016 – XI ZR 108/15, AG 2016, 493, 495 Rz. 32 f.; *Verse*, AG 2015, 413, 417; *Schubert* in MünchKomm. BGB, 7. Aufl. 2015, § 166 BGB Rz. 49 ff.; *Hüffer/Koch*, § 78 AktG Rz. 25; *Mülbert/Sajnovits*, NJW 2016, 2540, 2541; *Thomale*, AG 2015, 641, 649 f.; *Buck-Heeb*, AG 2015, 801, 810 f.; *Koch*, ZIP 2015, 1757, 1762 f. A.A. *Schwintowski*, ZIP 2015, 617, 621 ff.
7 S. etwa, m.w.N. *Fleischer* in Spindler/Stilz, § 78 AktG Rz. 56b. In Bezug auf Art. 17 VO Nr. 596/2014 *Ihrig*, ZHR 181 (2017), 381, 411; *Veil/Brüggemeier* in Meyer/Veil/Rönnau, Handbuch zum Marktmissbrauchsrecht, § 10 Rz. 22.
8 *Fleischer* in Spindler/Stilz, § 78 AktG Rz. 56b; *Spindler* in MünchKomm. AktG, 4. Aufl. 2014, § 78 AktG Rz. 99. Keine Herleitung einer Wissenszurechnung im Vertragskonzern durch eine (nicht bestehende) Konzernleitungspflicht: *Veil/Brüggemeier* in Meyer/Veil/Rönnau, Handbuch zum Marktmissbrauchsrecht, § 10 Rz. 22.

zurechnung zwischen Konzernunternehmen bedarf es vielmehr eines über die Konzernierung hinausgehenden Zurechnungsgrunds[1]. Einen solchen hat die Rechtsprechung bisher in zwei Fällen angenommen: Zum einen für den Fall, dass eine Gesellschaft ihr obliegende Aufgaben durch eine andere, wissende Konzerngesellschaft erledigen lässt[2]; und zum anderen für denjenigen, dass eine Konzerngesellschaft auf einen Datenbestand der anderen Konzerngesellschaft ohne weiteres zugreifen konnte und auch konkreten Anlass hatte, auf diesen zuzugreifen[3]. Nach davon abweichender Ansicht soll demgegenüber eine Wissenszurechnung im Konzern entscheidend davon abhängen, „ob und inwieweit der Emittent die Herrschaftsmacht hat, die von Art. 17 MAR geforderte Wissensorganisation auf andere Konzernunternehmen zu erstrecken und diese in das System der Identifizierung und Weiterleitung insiderrelevanter Informationen einzubeziehen"[4].

60 **cc) Zurechnung unternehmensexternen Wissens.** Wie sich aus vorstehenden Ausführungen ergibt, ist Hinblick auf das Wissen eines Emittenten das in einem anderen Konzernunternehmen vorhandene Wissen aufgrund des konzernrechtlichen Trennungsbetriebs als unternehmensexternes Wissen zu betrachten und dem Emittenten in der Regel nicht zuzurechnen (Rz. 59). Auch im Übrigen gilt der **Grundsatz**, dass einem Emittenten unternehmensexternes Wissen im Hinblick auf das Wissen des Emittenten von ihn unmittelbar betreffenden Insiderinformationen und der Veröffentlichung solcher Informationen nach Art. 17 Abs. 1 Unterabs. 1 VO Nr. 596/2014 **nicht zurechenbar** ist[5], es sei denn es liegen **besondere Zurechnungsgründe** vor.

61 Ein solcher besonderer Zurechnungsgrund wird darin gesehen, dass eine unternehmensexterne Person, die der Emittent mit einem **Auftrag oder** einer **Geschäftsbesorgung** betraut, im Rahmen dieses Auftrags oder dieser Geschäftsbesorgung typischerweise über Insiderinformationen verfügt[6]. Dem gleichzustellen wäre der Fall, dass die mit dem Auftrag oder der Geschäftsbesorgung betraute Person im Zuge der Ausführung des Auftrags oder der Geschäftsbesorgung typischerweise Insiderinformationen erlangt. Diese wenig wahrscheinlichen Szenarien der Wissenszurechnung müssen im Übrigen auch der Bewältigung durch Wissensorganisation zugänglich sein, etwa dergestalt, dass der Emittent verlangt, dass ihm vorhandenes oder erlangtes, ihn betreffendes Insiderwissen unverzüglich offenbart wird.

62 Erlangen eine unternehmensexterne Person oder ein unternehmensexternes Unternehmen, die vom Vorstand mit der **Untersuchung von einzelnen Unternehmenssparten oder Compliance-Verstößen** beauftragt wurden, im Zuge ihrer Tätigkeit den Emittenten betreffende und dem Vorstand bislang unbekannte Insiderinformationen, so handelt es sich auch hierbei um keine untypische oder nicht vorhersehbare und damit zurechenbare Wissenserlangung. Diese kann durchaus von Bedeutung werden, wenn der Emittent seine Wissensorganisationspflichten erfüllt hat und ihm das den Beauftragten bekannt gewordene Wissen von Mitarbeitern nicht als eigenes Wissen zuzurechnen ist. Doch auch hier müssen sich die Risiken einer solchen Wissenszurechnung durch entsprechende wissensorganisationsbezogene Absprachen mit den Beauftragten beherrschen lassen. Wird die Untersuchung – was bei Untersuchungen von Compliance-Verstößen naheliegt – durch den Aufsichtsrat veranlasst und ist nur diesem zu berichten, so wäre auf vorstehende Weise erlangtes Wissen der Beauftragten dem Aufsichtsrat zur Kenntnis zu bringen. Aufgrund der Vertraulichkeit der vom Aufsichtsrat erlangten Informationen (Rz. 57) ist damit das Wissen der Beauftragten weder direkt noch indirekt – in Gestalt von dem Aufsichtsrat mitgeteiltem Wissen – dem Emittenten zuzurechnen.

63 **3. Unverzügliche Veröffentlichung.** Ein Emittent muss der Öffentlichkeit Insiderinformationen, die ihn unmittelbar betreffen, nach Art. 17 Abs. 1 Unterabs. 1 VO Nr. 596/2014 **unverzüglich bekannt geben**. In der ursprünglichen Fassung der Vorschrift wurde – in wortgetreuer Übersetzung der englischen Fassung der Vorschrift („as soon as possible") – verlangt, der Emittent habe die ihn unmittelbar betreffende Insiderinformation „so bald wie" möglich bekannt zu geben, um danach – der Fassung von § 15 Abs. 1 Satz 1 WpHG a.F. entsprechend – zur heutigen Formulierung „unverzüglich" berichtigt zu werden[7]. Die Vorschrift soll sicherstellen, dass der Emittent die ihm bekannten Insiderinformationen schnellstmöglich, d.h. unverzüglich und damit „ohne schuldhaftes Zögern" (Rz. 50) vornimmt, um die Ziele der Ad-hoc-Publizität – Prävention von Insidergeschäften und Marktpublizität (Rz. 7 ff.) – effektiv durchzusetzen. Die Pflicht zur unverzüglichen Veröffentlichung gilt auch für die dem Emittenten, d.h. dem Vorstand oder einzelnen Vorständen, nicht bekannten, ihn aber unmittelbar betreffenden und ihm im Wege der verbandsrechtlichen Wissenszurechnung zurechenbaren Insiderinformationen.

---

1 Zu solchen möglichen Zurechnungsgründen s. *Fleischer* in Spindler/Stilz, § 78 AktG Rz. 56d–56f.
2 BGH v. 13.10.2000 – V ZR 349/99, NJW 2001, 359, 360.
3 BGH v. 14.7.1993 – IV ZR 153/92, NJW 1993, 2807 f.; BGH v. 13.12.1989 – IVa ZR 177/88, NJW-RR 1990, 285, 286. Dazu *Veil/Brüggemeier* in Meyer/Veil/Rönnau, Handbuch zum Marktmissbrauchsrecht, § 10 Rz. 23.
4 *Ihrig*, ZHR 181 (2017), 381, 411. Diese Auffassung beruht auf der in der nachfolgenden Fußnote wiedergegebenen Prämisse über die Wissenszurechnung an juristische Personen.
5 *Ihrig*, ZHR 181 (2017) 381, 394 f., 395: „Das Wissen Dritter, die nicht in die Wissensorganisation des Emittenten einbezogen sind und die er ohne deren Mitwirkungsbereitschaft selbst bei äußerster Ausnutzung seiner rechtlichen Gestaltungsbefugnisse auch nicht einbeziehen kann, kann dem Emittenten nicht zugerechnet werden. Zu Wissen des Emittenten kann dieses Wissen erst dann werden, wenn es in seine Unternehmenssphäre gelangt ist".
6 *Pfüller* in Fuchs, § 15 WpHG Rz. 405.
7 S. dazu Rz. 14 und Rz. 50.

Die Vorschrift ist, auch was das den Umstand angeht, dass nicht schuldhaft mit der Veröffentlichung gezögert werden darf, dem objektiven Tatbestand des Art. 17 Abs. 1 Unterabs. 1 VO Nr. 596/2014 zugehörig und hat m.a.W. **pflichtenkonkretisierenden Charakter**[1]. Das Merkmal „unverzüglich" hat damit weder etwas mit dem Verschuldenserfordernis (Vorsatz oder Leichtfertigkeit) im Hinblick auf die bußgeldrechtliche Sanktion eines Verstoßes gegen Art. 17 Abs. 1 Unterabs. 1 VO Nr. 596/2014 nach § 120 Abs. 15 Nr. 6 WpHG zu tun noch mit demjenigen aus § 97 Abs. 2 und § 98 Abs. 2 WpHG in Bezug auf die Schadensersatzansprüche gegen den Emittenten wegen unterlassener, verspäteter oder unwahrer Ad-hoc-Veröffentlichungen nach § 97 Abs. 1 und § 98 Abs. 1 WpHG. Sie ist aber, entgegen dem Verständnis der ganz herrschenden Meinung, nicht in dem Sinne pflichtenbegründend, dass sich dem Merkmal entnehmen ließe, dass und unter welchen Voraussetzungen der Emittent ihm unbekanntes Wissen hätte kennen müssen, um ihm dies als bekannt zuzurechnen (dazu schon Rz. 50 f.). 64

Wenn zur Konkretisierung der Pflicht zur unverzüglichen Veröffentlichung einer den Emittenten unmittelbar betreffenden Insiderinformation auf die die Frist zur Anfechtung von Willenserklärungen regelnde Bestimmung des **§ 121 Abs. 1 Satz 1 BGB** zurückgegriffen wird[2], nach der unverzüglich „ohne schuldhaftes Zögern" bedeutet (Rz. 50), so handelt es sich dabei **nicht um ein Verschuldensregelung** in Bezug auf die Veröffentlichungspflicht[3] und ihre unterschiedliche Sanktionierung im Falle ihrer Verletzung (vorstehend Rz. 64), sondern um die objektive Pflicht zur rechtzeitigen[4] Bekanntgabe der Insiderinformation. Dem tragen de facto auch die Anforderungen Rechnung, wie sie unter § 15 Abs. 1 Satz 1 WpHG a.F. an die unverzügliche Veröffentlichung von Insiderinformationen gestellt wurden, weshalb diese auch bei der gebotenen autonomen Auslegung[5] der Verordnungsvorschrift des Art. 17 Abs. 1 Unterabs. 1 VO Nr. 596/2014 weiter herangezogen werden können. Danach ist eine dem Emittenten oder die einer Person bekannt gewordene und dem Emittenten zurechenbare und diesen unmittelbar betreffende Insiderinformation sofort zu veröffentlichen, es sei denn, die Umstände des Einzelfalls rechtfertigen eine Verzögerung der Veröffentlichung und die Veröffentlichung erfolgt damit ohne schuldhaftes Zögern oder, synonym, so bald wie nach den Umständen möglich. 65

Zu den Umständen, die eine **Verzögerung der Veröffentlichung rechtfertigen**, gehört regelmäßig die dem Emittenten obliegende Prüfung der Frage, ob eine Information eine den Emittenten unmittelbar betreffende Insiderinformation darstellt und eine Veröffentlichungspflicht nach Art. 17 Abs. 1 Satz 1 VO Nr. 596/2014 eingetreten ist. Hierzu ist dem Emittenten – sowohl im Hinblick auf eine gegebenenfalls erforderliche Sachverhaltsaufklärung als auch in Bezug auf die rechtliche Beurteilung – stets ein angemessener **Prüfungszeitraum** einzuräumen[6], der auch den für die Prüfung einer Befreiungsentscheidung für den Fall des Vorliegens einer veröffentlichungspflichtigen Insiderinformation und gegebenenfalls die Heranziehung externer Berater[7] erforderlichen Zeitrahmen (dazu Rz. 93) einschließt. Was im Einzelfall ein angemessener Prüfungszeitraum ist, richtet sich nach der Kompliziertheit und Komplexität des jeweiligen Sachverhalts. Nach Ablauf dieser Frist, die bei offenkundig ad-hoc-publizitätspflichtigen Insiderinformationen auch völlig eindeutig kann, ist die fragliche Information allerdings ohne weiteres Zögern bekannt zu geben. Dabei ist es unerheblich, ob die ad-hoc-publizitätspflichtige Tatsache in- oder außerhalb von eventuellen **Handelszeiten**, namentlich Börsenhandelszeiten, eingetreten ist und bei unverzüglicher Veröffentlichung in vorstehendem Sinne in- oder außerhalb bestehender Handelszeiten der Bereichsöffentlichkeit bekannt (gegeben) würde[8]. 66

Sind dem Emittenten, d.h. seinem Vorstand oder einzelnen seiner Vorstände, ihn unmittelbar betreffende Insiderinformationen nicht bekannt geworden, ihm aber **im Wege der Wissenszurechnung zurechenbar** 67

---

1 *Hellgardt*, Kapitalmarktdeliktsrecht, S. 258; *Klöhn* in KölnKomm. WpHG, § 15 WpHG Rz. 100.
2 *BaFin*, Emittentenleitfaden 2013, S. 70. Ganz herrschende Meinung, s. § 15 WpHG Rz. 248. Zur Rechtfertigung etwa *Buck-Heeb*, CCZ 2009, 18, 20. Zu Art. 17 VO Nr. 596/2014 *Buck-Heeb*, Kapitalmarktrecht, Rz. 419.
3 *Hellgardt*, Kapitalmarktdeliktsrecht, S. 258 („kein gesondertes Verschuldensmerkmal"); *Klöhn* in KölnKomm. WpHG, § 15 WpHG Rz. 100.
4 *Hellgardt*, Kapitalmarktdeliktsrecht, S. 258 („Die Unverzüglichkeit bestimmt die Rechtzeitigkeit").
5 So schon die zutreffende Forderung von *Lebherz*, S. 87 ff., in Bezug auf die Auslegung des – Art. 6 RL 2003/6/EG vom 28.1.2003 (ABl. EG Nr. L 96 v. 12.4.2003, S. 16) – umsetzenden § 15 Abs. 1 Satz 1 WpHG a.F., allerdings übersehend, dass man die Auslegung dieser Vorschrift auch unter Heranziehung des Rechtsgedankens von § 121 Abs. 1 Satz 1 BGB i.E. durchaus als deckungsgleich mit einer autonomen Auslegung betrachten konnte.
6 *Buck-Heeb*, Kapitalmarktrecht, Rz. 419. Ebenso in Habersack/Mülbert/Schlitt, Kapitalmarktinformation, § 10 Rz. 128; *Geibel/Schäfer* in Schäfer/Hamann, Kapitalmarktgesetze, § 15 WpHG Rz. 122; *Happ/Semler*, ZGR 1998, 117, 129; *Hopt/Kumpan* in Schimansky/Bunte/Lwowski, § 107 Rz. 150; *Klöhn* in KölnKomm. WpHG, § 15 WpHG Rz. 103; *Klöhn*, AG 2016, 423, 430; *Klöhn* in Klöhn, Art. 17 MAR Rz. 122 ff., 129 f.; *Lenenbach*, Kapitalmarktrecht, Rz. 13.325; *Renz/Rippel*, BuB, Rz. 7/747; *Versteegen* in KölnKomm. WpHG, 1. Aufl. 2007, § 15 WpHG Rz. 122; *Waldhausen*, S. 46; *Zimmer/Kruse* in Schwark/Zimmer, § 15 WpHG Rz. 49.
7 Zu § 15 WpHG a.F. *BaFin*, Emittentenleitfaden 2013, S. 60. S. schon RegE 2. FFG, BT-Drucks. 12/6679, 48; *Assmann* in 6. Aufl., § 15 WpHG Rz. 249. Ferner *Eichner*, S. 129; *Frowein* in Habersack/Mülbert/Schlitt, Kapitalmarktinformation, § 10 Rz. 128; *Hopt* in Schimansky/Bunte/Lwowski, 4. Aufl. 2011, § 107 Rz. 106.
8 *BaFin*, Emittentenleitfaden 2013, S. 70. Ausführlich dazu schon das Schreiben der BaFin vom 8.2.2002, in den hierfür maßgeblichen Teilen wiedergegeben bei *Assmann* in 6. Aufl., § 15 WpHG Rz. 250. Ebenso *Geibel/Schäfer* in Schäfer/Hamann, Kapitalmarktgesetze, § 15 WpHG Rz. 125; *Versteegen* in KölnKomm. WpHG, 1. Aufl. 2007, § 15 WpHG Rz. 125; auch *Zimmer/Kruse* in Schwark/Zimmer, § 15 WpHG Rz. 51.

(Rz. 50 ff.), so fehlt es vom Zeitpunkt der Zurechenbarkeit an deren unverzüglicher Veröffentlichung. Das ist eine zwangsläufige Folge der Wissenszurechnung und des Zurechnungsgrunds unzureichender Wissensorganisation. Letzteres hat wohl die BaFin im Auge, wenn sie ausführt, falls die Insiderinformation an einer Stelle des Unternehmens entstehe, die nicht berechtigt sei, über die Veröffentlichung zu entscheiden, müsse durch die unternehmensinterne Organisation sichergestellt sein, dass die Information unverzüglich einer entscheidungsberechtigten Person oder Gremium zugeleitet werde[1].

68 Im Hinblick auf die Beurteilung der Frage, ob eine Veröffentlichung unverzüglich vorgenommen wurde, kann sich der Emittent im Übrigen nicht darauf berufen, er sei nicht darauf vorbereitet gewesen, eine Veröffentlichungspflicht zu erkennen, zu prüfen und vorzunehmen oder der Möglichkeit eines Aufschubs der Veröffentlichung nachzugehen, denn der Emittent ist verpflichtet, alle hierfür erforderlichen **Vorkehrungen** zu treffen, so dass er seine Veröffentlichungs- und Mitteilungspflichten unverzüglich wahrnehmen kann[2]. Dazu heißt es im Emittentenleitfaden der BaFin[3]: „Der Emittent ist verpflichtet, organisatorische Vorkehrungen zu treffen, um eine notwendige Veröffentlichung unverzüglich durchzuführen. Hierzu gehört u.a., dass bei vorhersehbaren Insiderinformationen entsprechende Vorarbeiten geleistet werden, die eine zeitliche Verzögerung weitestgehend vermeiden. … Dem Emittenten bleibt Zeit, mögliche Auswirkungen eines Ereignisses sorgfältig daraufhin zu prüfen, ob ein veröffentlichungspflichtiger Umstand vorliegt. Notfalls ist der Emittent angehalten, sich des Rates von Experten zu bedienen. Eine Grenze ist bei rechtsmissbräuchlichem Verhalten zu ziehen." Eventuell erforderliche **Übersetzungen** dürfen die Veröffentlichung nicht verzögern[4].

69 Die Beantwortung der lange Zeit umstrittenen Frage, was ein erster Schritt und was ein **Zwischenschritt** in einem **gestreckten Sachverhalt** ist sowie unter welchen Voraussetzungen und wann er vom Emittenten zu veröffentlichen ist, richtet sich nach der *Geltl*-Entscheidung des EuGH[5] und den auf dieser basierenden Bestimmungen des Art. 7 Abs. 2 Satz 2 und Abs. 3 VO Nr. 596/2014 (dazu ausführlich Art. 7 VO Nr. 596/2014 Rz. 23 f. und 49 ff.). Nach ersterer kann jeder „Zwischenschritt eines zeitlich gestreckten Vorgangs … selbst eine Reihe von Umständen oder ein Ereignis in dem diesen Begriffen im Allgemeinen zugeschriebenen Sinn" und damit eine präzise Information darstellen[6], was Art. 7 Abs. 2 Satz 2 VO Nr. 596/2014 in die Regel fasst, dass „im Fall eines zeitlich gestreckten Vorgangs, der einen bestimmten Umstand oder ein bestimmtes Ereignis herbeiführen soll oder hervorbringt, dieser betreffende zukünftige Umstand bzw. das betreffende zukünftige Ereignis und auch die Zwischenschritte in diesem Vorgang, die mit der Herbeiführung oder Hervorbringung dieses zukünftigen Umstandes oder Ereignisses verbunden sind, in dieser Hinsicht als präzise Information" zu betrachten sind. Deren Qualifikation als Insiderinformationen hängt dann als Information über den eingetretenen Zwischenschritt von ihrer Kursrelevanz (Art. 7 VO Nr. 596/2014 Rz. 53 und Rz. 54 f.) und als zukunftsbezogene Information von ihrer Eintrittswahrscheinlichkeit und Kursrelevanz ab (Art. 7 VO Nr. 596/2014 Rz. 53 und Rz. 56 ff.), was Art. 7 VO Nr. 596/2014 in die eher redundante Formulierung packt, ein Zwischenschritt in einem gestreckten Vorgang sei als eine Insiderinformation zu betrachten, falls er für sich genommen die Kriterien für Insiderinformationen gem. Art. 7 VO Nr. 596/2014 erfülle. Zu Einzelheiten zu den Voraussetzungen, unter denen dies der Fall ist, s. Art. 7 VO Nr. 596/2014 Rz. 53 ff. Wann immer ein (erster oder weiterer) Zwischenschritt eine Insiderinformation darstellt, die den Emittenten unmittelbar betrifft, hat der Emittent den jeweiligen Zwischenschritt nach Art. 17 Abs. 1 Unterabs. 1 VO Nr. 596/2014 **unverzüglich offenzulegen** oder – wie sich auch Art. 7 Abs. 4 Unterabs. 2 VO Nr. 596/2014 entnehmen lässt – nach Maßgabe und unter den Voraussetzungen von Art. 17 Abs. 4 Unterabs. 1 und 2 VO Nr. 596/2014 die Offenlegung **aufzuschieben**.

70 **4. Ausschluss der Veröffentlichungspflichten.** Auch wenn die Voraussetzungen einer Veröffentlichungspflicht nach Art. 17 Abs. 1 Unterabs. 1 VO Nr. 596/2014 gegeben sind, können Gesetz und Recht einer solchen entgegenstehen und nicht lediglich ein Recht auf Aufschub der Veröffentlichung gewähren.

71 **a) Spezialgesetzlicher Ausschluss.** Ein **spezialgesetzlicher Ausschluss** der Pflicht zur Veröffentlichung von Insiderinformationen findet sich allein in § 10 Abs. 6 WpÜG, demzufolge Art. 17 VO Nr. 596/2014 nicht für Entscheidungen eines Bieters zur Abgabe eines Angebots gilt. Deren Veröffentlichung richtet sich vielmehr ausschließlich nach dem auch unter der Marktmissbrauchsverordnung anwendbaren (s. dazu Rz. 10) § 10 Abs. 1 Satz 1 WpÜG.

---

1 *BaFin*, Emittentenleitfaden 2013, S. 70.
2 Ebenso *Frowein* in Habersack/Mülbert/Schlitt, Kapitalmarktinformation, § 10 Rz. 128; *Klöhn* in KölnKomm. WpHG, § 15 WpHG Rz. 103; *Sven H. Schneider*, BB 2005, 897, 901; *Versteegen* in KölnKomm. WpHG, 1. Aufl. 2007, § 15 WpHG Rz. 119; *Zimmer/Kruse* in Schwark/Zimmer, § 15 WpHG Rz. 50.
3 *BaFin*, Emittentenleitfaden 2013, S. 70.
4 In Bezug auf die Veröffentlichung einer Insiderinformationen in mehreren Sprachen *BaFin*, Emittentenleitfaden 2013 S. 80: „Wird eine Insiderinformation in mehreren Sprachen veröffentlicht, darf die Übersetzung die Veröffentlichung nicht verzögern, d.h. mit der Veröffentlichung darf nicht abgewartet werden, bis eine oder alle Übersetzungen der Mitteilung vorliegen".
5 EuGH (2. Kammer) v. 28.6.2012 – C-19/11, ECLI:EU:C:2012:397 – Geltl, AG 2012, 555.
6 EuGH (2. Kammer) v. 28.6.2012 – C-19/11, ECLI:EU:C:2012:397 – Geltl, AG 2012, 555 Ls. 1 (556 Rz. 31).

b) **Geheimhaltungs- und Vertraulichkeitsschutz.** Die Pflicht zur Veröffentlichung von Insiderinformationen nach Art. 17 Abs. 1 Unterabs. 1 VO Nr. 596/2014 ist nicht generell ausgeschlossen, weil es sich bei diesen um Informationen handelt, die **Geschäfts- oder Betriebsgeheimnisse** oder **vertrauliche Informationen** darstellen. Interessen des Emittenten an der Geheimhaltung oder am Schutz der Vertraulichkeit einer Insiderinformation können, auf welcher rechtlichen Grundlage sie auch immer beruhen, nur im Rahmen des Rechts zum Aufschub der Veröffentlichung von Insiderinformationen nach Art. 17 Abs. 4 Unterabs. 1 VO Nr. 596/2014 i.V.m. § 6 WpAV (Text der Vorschrift bei Rz. 104) Berücksichtigung finden (Rz. 88 ff.). Nach diesen Bestimmungen setzt die Befreiung des Emittenten von der Pflicht zur Veröffentlichung von Insiderinformationen jedenfalls voraus, dass die Veröffentlichung geeignet ist, seine berechtigten Interessen zu beeinträchtigen (Art. 17 Abs. 4 Unterabs. 1 lit. a VO Nr. 596/2014), wobei nach § 6 Satz 1 WpAV allgemein dann von einem berechtigten Interesse des Emittenten auszugehen ist, wenn seine Interessen an der Geheimhaltung der Information die Interessen des Kapitalmarkts an einer vollständigen und zeitnahen Veröffentlichung überwiegen (Rz. 105). 72

c) **Persönlichkeitsrecht.** Anders als der Geheimnis- und der Vertraulichkeitsschutz kann das **allgemeine Persönlichkeitsrecht** die Pflicht zur Veröffentlichung von Insiderinformationen nach Art. 17 Abs. 1 Unterabs. 1 VO Nr. 596/2014 generell ausschließen. Dabei kann sich ein **Emittent** allerdings weder darauf berufen, schon die Pflicht zur Veröffentlichung von Insiderinformationen oder von bestimmten Insiderinformationen an sich verletzte sein allgemeines **Persönlichkeitsrecht als Emittent**. Dem steht schon entgegen, dass das BVerfG den personellen Schutzbereich dieses Rechts – wegen des Bezugs von Art. 1 Abs. 1, 2 Abs. 1 GG als Grundlage desselben zur natürlichen Person – nicht generell auf juristische Personen erstreckt[1] und auch die Zivilgerichte ein allgemeine Persönlichkeitsrecht juristischer Personen nur eingeschränkt in dem Umfang anerkennen, „als sie aus ihrem Wesen als Zweckschöpfung des Rechts und ihren Funktionen dieses Rechtsschutzes bedürfen", was bislang nur für den Fall angenommen wurde, dass „sie in ihrem sozialen Geltungsanspruch als Arbeitgeber oder als Wirtschaftsunternehmen betroffen werden"[2]. Schon das ist indes bei der Veröffentlichung von Insiderinformationen nach Art. 17 Abs. 1 Unterabs. 1 VO Nr. 596/2014 nicht zu erkennen. 73

Das schließt es allerdings nicht aus, dass mit der Veröffentlichung einer Insiderinformation das **allgemeine Persönlichkeitsrecht einer natürlichen Person** nach Art. 1 Abs. 1 und 2 Abs. 1 GG sowie Art. 7 und 8 der Charta der Grundrechte der Europäischen Union – etwa das eines Organmitglieds, auf die sich die Insiderinformation bezieht – verletzt würde und die Veröffentlichung schon deshalb ausgeschlossen ist. Eine solche Verletzung ist etwa dann anzunehmen, wenn personenbezogene Informationen – wie beispielsweise die Feststellung einer schweren **Erkrankung** des Vorsitzenden des Vorstands des Emittenten oder eines herausragenden Spielers eines Fußballclubs mit Emittenteneigenschaft[3] – als kurserheblich zu betrachten sind und nach Art. 17 Abs. 1 VO Nr. 596/2014 veröffentlicht werden[4]. Dabei versteht sich von selbst, dass die Veröffentlichung einer schweren Erkrankung überhaupt nur in Frage kommt, wenn das Wissen hierüber den engen persönlichen Bereich des Erkrankten verlassen hat (nur dann kommt überhaupt eine diesbezügliche Insiderinformation in Betracht, Art. 7 VO Nr. 596/2014 Rz. 21) und damit – etwa weil die Erkrankung dem Vorstand bekannt wurde – dem Emittenten zurechenbar ist[5]. Auch wenn die Veröffentlichung der Insiderinformation einer schweren Erkrankung durch den Emittenten das allgemeine Persönlichkeitsrecht des Vorstandsvorsitzenden in Gestalt namentlich von dessen Recht auf informationelle Selbstbestimmung verletzt, so stünde dies doch einer Veröffentlichung der Insiderinformation nicht unter allen Umständen entgegen. Anders als bei Eingriffen in die allgemeine Verhaltensfreiheit wird das allgemeine Persönlichkeitsrecht nicht schrankenlos gewährt, sondern unterliegt der Schranke der verfassungsmäßigen Ordnung und daher einem einfachen Gesetzesvorbehalt[6]. **Einschränkungen des Rechts auf „informationelle Selbstbestimmung"** sind nach der Rechtsprechung des BVerfG nur im überwiegenden Allgemeininteresse zulässig: „Sie bedürfen einer verfassungsgemäßen gesetzlichen Grundlage, die dem rechtsstaatlichen Gebot der Normenklarheit entsprechen muss. Bei seinen Regelungen hat der Gesetzgeber ferner den Grundsatz der Verhältnismäßigkeit zu beachten."[7] Diese Voraussetzungen 74

---

1 Ausdrücklich abgelehnt in Bezug auf das Verbot der Selbstbezichtigung in BVerfG v. 26.2.1997 – 1 BvR 2172/96, BVerfGE 95, 220, 241 = NJW 1997, 1841 Ls. 2, 1844; dazu Rz. 77. Auch wenn es an einer generelle Ablehnung der Einbeziehung von juristischen Personen in den persönlichen Schutzbereich des allgemeinen Persönlichkeitsrechts durch das BVerfG fehlt, wird doch generell angenommen, dass eine solche nur auf „abgesenktem Schutzniveau" erfolgen könne. S. dazu *di Fabio* in Maunz/Dürig, Stand Juli 2001, Art. 2 GG Rz. 224.
2 BGH v. 3.6.1986 – VI ZR 102/85, NJW 1986, 2951, 2952 m.w.N.
3 *Klöhn* in KölnKomm. WpHG, § 15 WpHG Rz. 149; *Klöhn* in Klöhn, Art. 17 MAR Rz. 379 f.; *Fleischer* in FS Uwe H. Schneider, S. 333, 348 ff.; *Schumacher*, NZG 2001, 776; *Wertenbruch*, WM 2001, 193.
4 Dazu etwa *Klöhn* in KölnKomm. WpHG, § 15 WpHG Rz. 151; *Klöhn* in Klöhn, Art. 17 MAR Rz. 380 f.
5 Ebenso *Ihrig*, ZHR 181 (2017), 381, 401 f.
6 S. *di Fabio* in Maunz/Dürig, Stand Juli 2001, Art. 2 GG Rz. 133 m.w.N.
7 BVerfG v. 15.12.1983 – 1 BvR 209/83, BVerfGE 61, 1, 44 = NJW 1984, 419 Ls. 2, 422; BVerfG v. 31.1.1989 – 1 BvL 17/87, BVerfGE 29, 256, 269 = NJW 1989, 891, 892: „Das Grundrecht auf die freie Entfaltung der Persönlichkeit ist allerdings nicht schrankenlos gewährleistet. Es kann nach Art. 2 Abs. 1 GG nur im Rahmen der verfassungsmäßigen Ordnung ausgeübt werden. Insbesondere ist die gerichtliche Klärung der eigenen Abstammung nur aufgrund gesetzlicher Ausgestaltung möglich. Diese verletzt Art. 2 Abs. 1 i.V.m. Art. 1 Abs. 1 GG erst dann, wenn der Gesetzgeber dabei einen verfassungswidrigen Zweck verfolgt oder den Grundsatz der Verhältnismäßigkeit verletzt."

sind in der Pflicht zur Veröffentlichung von Insiderinformation nach Art. 17 Abs. 1 Unterabs. 1 VO Nr. 596/ 2014 für den Fall als erfüllt anzusehen, dass die Abwägung zwischen einerseits Informationsinteressen der Allgemeinheit an funktionsfähigen Kapitalmärkten und der informationellen Chancengleichheit des Marktpublikums mit anderseits den Geheimhaltungsinteressen und dem Recht auf informationelle Selbstbestimmung der Person, auf die sich die Insiderinformation bezieht, zugunsten der Ersteren ausfällt und der mit der Veröffentlichung verbundene Eingriff sich angesichts der zu erwartenden Folgen des zu veröffentlichenden Umstands oder Ereignisses für das Unternehmen als verhältnismäßig erweist[1].

75 Kommt der Emittent zu dem Befund, der Persönlichkeitsschutz der Person, auf die sich Insiderinformation bezieht, überwiege die Interessen der Allgemeinheit und des Marktpublikums an der Veröffentlichung der Information, kann die **Veröffentlichung unterbleiben**, ohne dass es des Aufschubs derselben nach Art. 17 Abs. 4 Unterabs. 1 VO Nr. 596/2014 bedarf. Gelangt er zum gegenteiligen Ergebnis, kann er sich von der Veröffentlichung der Insiderinformationen nach Art. 17 Abs. 4 Unterabs. 1 VO Nr. 596/2014 befreien, vermag dabei allerdings nicht geltend zu machen, dies im Interesse der betroffenen Person zu tun, um ihr Persönlichkeitsrecht zu respektieren und ihr Beeinträchtigungen durch die Veröffentlichung zu ersparen. Vielmehr kann er die Veröffentlichung nur aufschieben, wenn diese seine berechtigten Interessen beeinträchtigen würde (Art. 17 Abs. 4 Unterabs. 1 VO Nr. 596/2014 i.V.m. § 6 WpAV). Die Interessen Dritter darf er dabei nur berücksichtigen, soweit deren Verletzung die Beeinträchtigung seiner berechtigten Interessen nach sich zöge (dazu Rz. 105 und Rz. 121). Dessen ungeachtet steht einer Veröffentlichung der fraglichen Insiderinformation nach Art. 17 Abs. 1 VO Nr. 596/2014 nichts entgegen, wenn die von dieser betroffene Person der Veröffentlichung zustimmt[2].

76 **d) Selbstbelastungsverbot (*Nemo tenetur*-Grundsatz).** Ein rechtlicher Grund für den Ausschluss einer Veröffentlichungspflicht nach Art. 17 Abs. 1 Unterabs. 1 VO Nr. 596/2014 ist der *Nemo tenetur*-Grundsatz, d.h. der Rechtsgrundsatz, dass **niemand verpflichtet ist, sich selbst zu belasten** (*nemo tenetur se ipsum accusare*). Greift dieser Grundsatz ein, entfällt eine Veröffentlichungspflicht des Emittenten, ohne dass er von der Möglichkeit des Aufschubs der Pflicht zur Veröffentlichung der dafür in Betracht kommenden Insiderinformation Gebrauch machen müsste[3], was ihn allerdings nicht von den Verboten des Art. 14 VO Nr. 596/2014, namentlich der unbefugten Weitergabe der Insiderinformation, befreit[4]. Das schließt es nicht aus, dass der Emittent und seine Rechtsberater, schon um mögliche Folgen einer anderweitigen rechtlichen Beurteilung des Ausschlusses des Art. 17 VO Nr. 596/2014 durch den Rechtsgrundsatz vorzubeugen, den **Weg des Aufschubs der Offenlegung** der in Betracht kommenden Insiderinformation nach Art. 17 Abs. 4 VO Nr. 596/2014 beschreiten, um sich hinsichtlich der berechtigten Interessen des Emittenten am Aufschub auf den *Nemo tenetur*-Grundsatz zu berufen. Auch in diesem Fall, in dem die Bestimmungen des Art. 17 Abs. 4 VO Nr. 596/2014 und die Folgepflichten eines Aufschubs zu beachten sind, kommt es in Bezug auf die berechtigten Interessen des Emittenten am Aufschub vor allem, und nachfolgend näher behandelt, auf die Geltung und den Anwendungsbereich des *Nemo tenetur*-Grundsatzes in Europa und Deutschland an. Der *Nemo tenetur*-Grundsatz kommt vor allem im Zusammenhang mit der Aufdeckung von und dem Verdacht auf **Compliance-Verstöße** beim Emittenten und der damit aufkommenden Frage in Betracht, ob der Emittent zur Offenlegung der diesbezüglichen Erkenntnisse als Insiderinformationen nach Art. 17 Abs. 1 Unterabs. 1 VO Nr. 596/2014 verpflichtet ist. Dabei ist davon auszugehen, dass bereits der Verdacht auf Compliance-Verstöße eine Insiderinformation darstellen kann (dazu und zu den diesbezüglichen Voraussetzungen Art. 7 VO Nr. 596/2014 Rz. 13 ff.).

---

1 Ebenso *Bayer* in FS Hommelhoff, S. 87, 95; *Fleischer* in FS Uwe H. Schneider, S. 333, 350, 351 („… dürfte eine Ad-hoc-Publizitätspflicht über einen drohenden krankheitsbedingten Ausfall jedenfalls bei Vorstandsvorsitzenden von DAX-30-Unternehmen nicht von vornherein unverhältnismäßig sein"); *Klöhn* in KölnKomm. WpHG, § 15 WpHG Rz. 336; *Klöhn* in Klöhn, Art. 17 MAR Rz. 382; *Petsch*, S. 313.
2 Ebenso *Klöhn* in Klöhn, Art. 17 MAR Rz. 379 (Ein „Eingriff in das allgemeine Persönlichkeitsrecht [ist] möglich, da dieses Recht grundsätzlich zur Disposition des Grundrechtsinhabers steht").
3 *Seibt*, Bankrechtstag 2017, S. 81, 100 f., geht zwar (S. 100) davon aus, der Geschäftsleitung komme im Falle einer im Rahmen von „Internal Investigations" erfolgenden Aufdeckung eines wirtschaftlich und für den Aktienkurs bedeutsamen Compliance-Verstoßes („selbst auch bei Compliance-Verstößen durch aktives Handeln von Vorstandsmitgliedern", S. 101), der den zuständigen Verwaltungs- und Strafbehörden bislang unbekannt geblieben sei, „in der Regel (Ausnahme: Nacherklärungs- und Berichtigungspflichten im Steuerrecht) ein unternehmerisches Ermessen im Sinne der Business Judgement Rule (vgl. § 93 Abs. 1 Satz 2 AktG) bei Beantwortung der Frage zu, ob das Unternehmen den Compliance-Verstoß der zuständigen Verwaltungs- und/oder Strafbehörde meldet". Gleichwohl scheint er (S. 101) auch bei Eingreifen des *Nemo tenetur*-Grundsatzes am Erfordernis eines Aufschubs der Veröffentlichung eines als Insiderinformation zu qualifizierenden Compliance-Verstoßes festzuhalten, wenn er folgert, dann sei „es aber auch wertungskonsequent, die Veröffentlichung einer wirtschaftlich bedeutsamen Compliance-Verletzung, die an sich als Insiderinformation qualifiziert, aufschieben zu können …, und zwar nötigenfalls bis die Qualifikation als Insiderinformation deshalb [wegfalle], weil Verwaltungssanktionen bzw. Schadenersatzansprüche Dritter verjährt" seien.
4 Schon *Assmann* in 6. Aufl., § 15 WpHG Rz. 91; *Pfüller* in Fuchs, § 15 WpHG Rz. 284. A.A. *Klöhn* in KölnKomm. WpHG, § 15 WpHG Rz. 160 mit dem verfehlten Hinweis, der „Konflikt" mit dem *Nemo tenetur*-Grundsatz folge „nämlich nicht aus der Ad-hoc-Publizitätspflicht selbst, sondern aus dem Ordnungswidrigkeitenrecht".

Der *Nemo tenetur*-Grundsatz ist auch **dem deutschen Recht als allgemeiner Rechtsgrundsatz bekannt**[1]. Er hat sich im sowohl im Strafgesetzbuch (Anzeigepflicht von Straftaten nach § 138 StGB[2]), in der StPO (Aussageverweigerungsrecht eines Zeugen wegen Gefahr der Selbstbezichtigung nach §§ 55 Abs. 1 StPO und des Beschuldigten nach § 136 Abs. 1 Satz 2 StPO) niedergeschlagen[3] und hat seine Grundlage und Verankerung im Allgemeinen Persönlichkeitsrecht (Art. 2 Abs. 1 GG) und der Unantastbarkeit der Menschenwürde (Art. 1 Abs. 1 GG)[4] sowie – vielfach übersehen oder vernachlässigt – im Rechtsstaatsprinzip (Art. 20 Abs. 3, 28 Abs. 1 GG)[5] und seinen Ausprägungen (Art. 19 Abs. 4, 20 Abs. 3, 101 und 103 Abs. 1 GG). Wegen des Bezugs der in Art. 1 Abs. 1, 2 Abs. 1 GG zur natürlichen Person, der mangelnden Strafbarkeit juristischer Personen sowie den Annahme, der Konflikt der Selbstbezichtigung treffe allein diese, hat das BVerfG unter Berufung auf Art. 19 Abs. 3 GG („Die Grundrechte gelten auch für inländische juristische Personen, soweit sie ihrem Wesen nach auf diese anwendbar sind.") allerdings entschieden, dass der vom GG gewährte Schutz vor Selbstbezichtigung nur natürlichen Personen zukommt[6]. Nach der Feststellung des EuGH in einem Urteil aus dem Jahre 1989[7] entspricht dies der Rechtslage in den übrigen (der seinerzeitigen) Mitgliedstaaten der EU. Ob das BVerfG zu einem anderen Urteil gelangen würde, wenn sich die juristische Person durch eine rechtlich gebotene Veröffentlichung nach ausländischem Strafrecht, das – wie die Schweiz gem. Art. 102 des schweizerischen StGB – die Strafbarkeit juristischer Personen kennt und diese nicht auf Gesellschaften mit Sitz in der Schweiz beschränkt[8], strafbar machte, ist offen. Zu denken ist etwa an Compliance-Verstöße in Gestalt von Korruption in der hundertprozentigen schweizerischen Tochter eines deutschen Emittenten, der dafür in der Schweiz mit Strafe zu rechnen hätte. Eine Modifikation der Rechtsprechung des BVerfG erscheint hier einerseits – wegen der Begründung der Nichtanwendbarkeit des *Nemo tenetur*-Grundsatzes auf juristische Personen mit deren mangelnden Strafbarkeit – zwar angezeigt, ist aber andererseits – weil das BVerfG das Verbot des Zwangs zur Selbstbezichtigung zugleich mit unmaßgeblich mit der Menschenwürde in Verbindung bringt[9] – nicht zwingend. Eine Ausprägung des *Nemo tenetur*-Grundsatzes fand sich im Übrigen auch in § 4 Abs. 9 WpHG a.F.[10] und findet sich heute in § 6 Abs. 15 WpHG, doch beschränkt sich das aus diesen Vorschrift folgende Auskunftsverweigerungsrecht ausschließlich auf Auskunftsrechte und Auskunftsersuchen der BaFin, kann also nicht den Ausschluss der Offenlegung einer Insiderinformation begründen oder den Aufschub derselben rechtfertigen.

77

Können sich auf den vom GG gewährten Schutz vor Selbstbezichtigung nur natürlichen Personen berufen, so steht ein aus **Art. 6 Abs. 1 Satz 1 der Europäischen Menschenrechtskonvention (EMRK)** abzuleitender **Schutz vor Selbstbezichtigung** auch juristischen Personen zu. Zwar genießen die in der EMRK niedergelegten Rechte keinen Verfassungsrang, doch ist die EMRK nach der Rechtsprechung des BVerfG Teil des positiven Rechts Deutschlands und mithin auch dann anwendbar, wenn die von der EMRK gewährten Rechte weiter gehen als grundgesetzlich eingeräumte Schutzpositionen[11]. Darüber hinaus bestimmt die EMRK als geltendes deutsches Recht nicht nur die Auslegung der Grundrechte des Grundgesetzes[12], sondern auch die Auslegung von Gesetzen, um diese „im Einklang mit den völkerrechtlichen Verpflichtungen der Bundesrepublik Deutschland auszulegen und anzuwenden, selbst wenn sie zeitlich später erlassen worden sind als ein geltender völker-

78

---

1 BGH v. 4.8.1992 – 1 StR 382/92, NStZ 1993, 50, 51 (Hervorhebung hinzugefügt, Nachweise weggelassen): „Der Umstand, daß derjenige, der an einer Tat beteiligt (oder dessen zumindest verdächtig) ist, wegen der Nichtanzeige dieser Tat nicht bestraft werden kann …, ändert daran nichts. Dieses Ergebnis beruht wohl nicht etwa darauf, daß bei dem Täter … kein Verhalten vorläge, das nicht auch die Merkmale des Tatbestands § 138 StGB erfüllen würde, sondern ist *Ausfluß des Rechtsgrundsatzes, daß niemand sich selbst belasten muß* …".
2 S. *Kremer* in FS Uwe H. Schneider, S. 701, 713.
3 S. etwa *Möller*, JR 2005, 324, 325.
4 BVerfG v. 15.10.2004 – 2 BvR 1316/04, NJW 2005, 352. S. auch *Fink*, wistra 2014, 457, 459; *Kraft*, S. 142 ff.; *Queck*, S. 121 ff.; *U. Weiß*, NJW 2014, 503, 504.
5 BVerfG v. 6.2.2002 – 2 BvR 1249/01, NJW 2002, 1411, 1412. S. auch *Fink*, wistra 2014, 457, 458.
6 BVerfG v. 26.2.1997 – 1 BvR 2172/96, BVerfGE 95, 220, 241 = NJW 1997, 1841 Ls. 2, 1844. Kritisch dazu und anders etwa *Ackermann*, NZKart 2015, 17, 19 f.; *Rogall* in FS Werner Beulke, 2015, S. 973, 983 ff.; *Szesny*, S. 82 f.; *W. Weiß*, JZ 1998, 289 ff.; *W. Weiß*, Der Schutz des Rechts auf Aussageverweigerung durch die EMRK, NJW 1999, 2236, 2237.
7 EuGH v. 18.10.1989 – C-374/87, EuZW 1991, 412, 414 Rz. 29, in Bezug auf das Recht zur Verweigerung der Zeugenaussage gegen sich selbst.
8 Zum Fall der *Alstom SA* (mit Sitz in Frankreich) etwa *Nadelhofer do Canto*, Millionenbusse gegen Alstom-Tochter wegen ungenügender Vorkehren gegen Bestechung Besprechung des Strafbefehls der Schweizerischen Bundesanwaltschaft gegen die Alstom Network Schweiz AG vom 22.11.2011, GesKR (Gesellschafts- und Kapitalmarktrecht, Zürich) 2012, 129, 133.
9 BVerfG v. 26.2.1997 – 1 BvR 2172/96, NJW 1997, 1841, 1843/1344.
10 Zum Auskunftsverweigerungsrecht als Ausdruck des *Nemo tenetur*-Grundsatzes s. *Szesny*, BB 2010, 1995.
11 Schon BVerfG v. 15.12.1965 – 1 BvR 513/65, NJW 1966, 243, 244; *Meyer-Ladewig* in Meyer-Ladewig, Europäische Menschenrechtskonvention, 3. Aufl. 2011, Einleitung Rz. 33; *Queck*, S. 108 f. m.w.N.
12 BVerfG v. 26.3.1987 – 2 BvR 589/79 u.a., BVerfGE 74, 358, 370 = NJW 1987, 2427, mit dem Vorbehalt, „sofern dies nicht zu einer Einschränkung oder Minderung des Grundrechtsschutzes nach dem Grundgesetz führt". Das ist hier allerdings auszuschließen ist, weil Art. 6 Abs. 1 Satz 1 EMRK in Bezug auf den auch für juristische Personen geltenden *Nemo tenetur*-Grundsatz über den Schutz des GG hinausgeht.

rechtlicher Vertrag"[1]. Die sich aus der Europäischen Menschenrechtskonvention (EMRK), insbesondere Art. 6 Abs. 1 Satz 1 EMRK ergebenden Rechte werden durch die Rechte der Charta der Grundrechte der Europäischen Union (GRC) nicht verdrängt[2]. Nach der weitesten Lesart von Art. 52 Abs. 3 GRC kommt es über dessen Satz 1 nicht nur zu einem Schrankentransfer, sondern auch zu einer Übernahme der entsprechenden EMRK-Bestimmungen *in toto*[3].

79 Nach **Art. 6 Abs. 1 Satz 1 EMRK** hat jede Person ein Recht darauf, dass über eine gegen sie erhobene strafrechtliche Anklage von einem unabhängigen und unparteiischen, auf Gesetz beruhenden Gericht in einem fairen Verfahren, öffentlich und innerhalb angemessener Frist verhandelt wird[4]. Nach der Rechtsprechung des Europäischen Gerichtshofs für Menschenrechte (EGMR) umfasst das in dieser Vorschrift statuierte „Recht auf ein faires Verfahren" den *Nemo tenetur*-Grundsatz, das heißt das Recht, sich nicht selbst belasten zu müssen[5]. Zu dem aus dem *Nemo tenetur*-Grundsatz folgenden Schweigerecht gehört neben dem Aussageverweigerungsrecht, dem Auskunftsverweigerungsrecht und dem Recht zur Verweigerung der Vorlage freiwillig angefertigter Unterlagen[6] auch das Recht, entgegen einer gesetzlichen Publizitätsvorschrift von der Veröffentlichung selbstbelastender Informationen abzusehen.

80 Das Erfordernis der „**strafrechtlichen Anklage**" („criminal charge") in Art. 6 Abs. 1 Satz 1 EMRK ist konventionsautonom auszulegen[7], unter Anwendung der vom EGMR entwickelten Kriterien, „nämlich erstens, wie das innerstaatliche Recht das Verfahren qualifiziert, zweitens die Art der Zuwiderhandlung und drittens die Art und Schwere der dem Betroffenen drohenden Sanktion."[8]

81 – Nicht erforderlich, dass eine formelle **Anklage** erhoben oder ein zur Anklage führendes Verfahren eingeleitet worden ist[9]. Vielmehr greift das Schweige- oder Geheimhaltungsrecht schon dann ein, wenn der Betreffende aufgrund einer Auskunft, Aussage oder Offenlegung „damit rechnen muss, strafrechtlich belangt zu werden."[10] Damit schützt der *Nemo tenetur*-Grundsatz des Art. 6 Abs. 1 Satz 1 EMRK eine Person generell davor, Informationen preisgeben zu müssen, mit denen sie „aktiv"[11] an einer späteren Verurteilung einschließlich der Festsetzung einer Geldbuße mitwirken würde[12]. Als eine solche Mitwirkung ist auch die sichere Veranlassung entsprechender Verfahren aufgrund der im Wege einer Ad-hoc-Veröffentlichung zu verbreitenden Information über Compliance-Verstöße anzusehen.

---

1 BVerfG v. 26.3.1987 – 2 BvR 589/79 u.a., BVerfGE 74, 358, 370 = NJW 1987, 2427 – mit dem Hinweis, ein gegenteiliger Wille des Gesetzgebers müsse klar bekundet worden sein. Beispielhaft wird die StPO angeführt, doch bestehen keine Zweifel, dass dies auch für andere Gesetze und deren Bestimmungen gilt, die – wie die Ad-hoc-Publizitätspflicht eines Emittenten nach § 15 Abs. 1 Satz 1 WpHG a.F. und Art. 17 Abs. 4 Unterabs. 1 VO Nr. 596/2014 – den Träger eines Rechts nach der EMRK zu Informationen veranlassen oder zwingen, mit denen er sich selbst einem straf- oder ordnungswidrigkeitsrechtlichen Verfahren aussetzen würde. Entsprechend hat sich auch das BVerwG bei der Ausübung seines Verfahrensermessens bei der Normenkontrolle nach § 47 Abs. 5 Satz 1 VwGO für verpflichtet angesehen, die Artikel der Menschenrechtskonvention – im konkreten Fall Art. 6 Abs. 1 EMRK – vorrangig zu beachten. Aus dem Schrifttum *Meyer-Ladewig* in Meyer-Ladewig, Europäische Menschenrechtskonvention, 3. Aufl. 2011, Einleitung Rz. 33; *Queck*, S. 109.
2 S. Art. 52 Abs. 1–3 GRC. *Borowsky* in Meyer, Charta der Grundrechte der Europäischen Union, 4. Aufl. 2014, Art. 52 Rz. 29 f.
3 *Borowsky* in Meyer, Charta der Grundrechte der Europäischen Union, 4. Aufl. 2014, Art. 52 Rz. 30 m.w.N. in Fn. 11.
4 Art. 6 Abs. 1 Satz 1 EMRK lautet: „Jede Person hat ein Recht darauf, dass über Streitigkeiten in Bezug auf ihre zivilrechtlichen Ansprüche und Verpflichtungen oder über eine gegen sie erhobene strafrechtliche Anklage von einem unabhängigen und unparteiischen, auf Gesetz beruhenden Gericht in einem fairen Verfahren, öffentlich und innerhalb angemessener Frist verhandelt wird."
5 EGMR v. 3.5.2001 – 31827/96, NJW 2002, 499 Ls. 3: „Auch wenn das in Art. 6 I EMRK nicht ausdrücklich gesagt ist, entspricht das Recht, zu schweigen und sich nicht selbst zu beschuldigen, international allgemein anerkannten Grundsätzen und ist ein Kernstück des von Art. 6 I EMRK garantierten fairen Verfahrens." S. auch *Meyer-Ladewig* in Meyer-Ladewig, Europäische Menschenrechtskonvention, 3. Aufl. 2011, Art. 6 Rz. 131 m.w.N.; *Ott*, S. 106 f.; *Queck*, 2005, S. 106 f. Ungeachtet der vorstehend widergegebenen Rechtsprechung des EGMR und mit nicht überzeugenden Gründen zweifelnd *Fink*, wistra 2014, 457, 462.
6 EGMR v. 3.5.2001 – 31827/96, NJW 2002, 499, 501 Rz. 64. S. auch *Kruse*, Compliance und Rechtsstaat – Zur Freiheit von Selbstbelastung bei International Investigations, 2014, S. 22 f.; *Ott*, Der Grundsatz „nemo tenetur se ipsum accusare", (Zürich u.a.) 2012, S. 112 ff.; *Queck*, Die Geltung des nemo-tenetur-Grundsatzes zugunsten von Unternehmen, 2005, S. 106.
7 EGMR v. 3.5.2001 – 31827/96, NJW 2002, 499 Ls. 1. S. dazu auch *W. Weiß*, NJW 1999, 2236.
8 Ständige Rechtsprechung, etwa EGMR v. 3.5.2001 – 31827/96, NJW 2002, 499, 500 Rz. 44 m.w.N.
9 *Ott*, S. 100 f.; *W. Weiß*, NJW 1999, 2236.
10 *Roth*, ZStrR 2011, 296, 311 m.w.N.; ebenso *Ott*, S. 111. So hat der EGMR bereits die Verpflichtung einer Person, bei einem Verhör durch eine Finanzbehörde anwesend zu sein, um Fragen zum Tatvorwurf zu beantworten, als Verstoß gegen Art. 6 Abs. 1 Satz 1 EMRK angesehen, wenn die Finanzbehörden die Informationen an die strafrechtlichen Ermittlungsbehörden weitergeben dürfen; EGMR v. 4.10.2005 – 6563/03 – Shannon, abrufbar unter www.hrr-strafrecht.de/hrr/egmr/03/6563-03.php.
11 *Roth*, ZStrR 2011, 296, 312.
12 S. auch EGMR v. 25.3.2015 – 54648/09DE, NStZ 2015, 412, 414 Rz. 49 ff., 415 Rz. 59 ff.

– Auch das Erfordernis der **strafrechtlichen Anklage** ist autonom auszulegen. Ob eine *strafrechtliche* Sanktion vorliegt, hängt nicht von der nationalstaatlichen rechtlichen Qualifikation der Rechtsfolge, sondern von der „Art und Schwere der dem Betroffenen drohenden Sanktion" ab[1] und umfasst **auch Geldbußen**[2]. Eine „strafrechtliche Anklage" ist mithin auch dann gegeben, wenn der Betreffende Informationen preisgäbe, die ordnungswidrigkeitsrechtliche gravierende bußgeldbewehrte Sanktionen nach sich ziehen würde. Ungeachtet des im Einzelfall vorliegenden Compliance-Verstoßes kommt diesbezüglich vor allem die Einleitung eines Ordnungswidrigkeitsverfahrens und die Verhängung einer Geldbuße gegen den Emittenten nach § 30 Abs. 1 OWiG (mit Geldbußen nach Maßgabe von § 30 Abs. 2 OWiG) in Betracht.   82

– Dass sich auch **juristische Personen des Privatrechts** auf den *Nemo tenetur*-Grundsatz aus Art. 6 Abs. 1 Satz 1 EMRK und das aus diesem folgende Schweigerecht berufen können, ist heute allgemein anerkannt[3]. Inwieweit dies auch für juristische Personen als Adressaten der Ad-hoc-Publizitätspflicht aus § 15 Abs. 1 Satz 1 WpHG a.F. und der Offenlegungspflicht aus Art. 17 Abs. 4 Unterabs. 1 VO Nr. 596/2014 gilt, weil sie im Falle der Wahrnehmung ihrer Pflichten der straf- oder ordnungswidrigkeitsrechtlichen Verfolgung ausgesetzt sein könnte, ist im Schrifttum bislang unerörtert[4]. Dafür ist aber im Ergebnis anerkannt, dass sich ein **Vorstandsmitglied**, das sich durch eine von ihm zu veranlassende Ad-hoc-Mitteilung des Emittenten der Gefahr einer straf- oder bußgeldrechtlichen Verfolgung aussetzen würde, anders als die Vorstandsmitglieder, bei denen dies nicht der Fall ist, auf den *Nemo tenetur*-Grundsatz berufen und von der Vornahme der Veröffentlichung absehen kann[5]. Es ist nicht erkennbar, weshalb dies im Hinblick auf die den Emittenten direkt treffende Pflicht zur Ad-hoc-Publizität und eine für diesen Fall zu erwartende straf- oder bußgeldrechtlichen Verfolgung anders sein sollte.   83

Der *Nemo tenetur*-Grundsatz Art. 6 Abs. 1 Satz 1 EMRK wird auch durch **Garantenpflicht oder andere gesetzliche Pflichten** desjenigen, der sich auf den Grundsatz beruft, **nicht zurückgedrängt**. In einer Entscheidung vom 29.11.1963 hat der 4. Strafrechtssenat des BGH[6] zwar ausgeführt, der Verpflichtete müsse – ungeachtet des Umstands, dass er sich dadurch der Gefahr gerichtlicher Verfolgung aussetze – seine Warn- oder Anzeigepflicht (nach § 138 StGB) erfüllen, wenn er eine diesbezügliche Garantenpflicht habe, doch standen dem Gericht dabei nur solche Garantenpflichten vor Augen, die auf einer besonders engen Beziehung zwischen der verpflichteten Person und derjenigen beruhen, zugunsten derer die Pflicht besteht. Eine solche Garantenpflicht kann hier aber weder zwischen Emittenten noch dem Vorstand zu denjenigen angenommen werden, deren Interessen oder Schutz die Ad-hoc-Publizität dient, wie insbesondere zu Aktionären des Emittenten oder zum Marktpublikum.   84

Besteht ein Recht des Emittenten, unter Berufung auf den *Nemo tenetur*-Grundsatz nach Art. 6 Abs. 1 Satz 1 EMRK die Veröffentlichung einer Insiderinformation zu verweigern, so ist es jedenfalls für die Ausübung dieses Rechts unschädlich, wenn darüber **entscheidende Vorstände** (auch) **Eigeninteressen verfolgen** (wie etwa die Vermeidung der eigenen strafrechtlichen oder ordnungswidrigkeitsrechtlichen Verfolgung). Eine – im Hinblick auf die Anforderungen aus § 93 AktG – pflichtwidrige Entscheidung über die Nichtveröffentlichung einer Insiderinformation unter Berufung auf das Recht des Emittenten zur Unterlassung der Veröffentlichung[7] vermag das Recht des Emittenten nach Art. 6 Abs. 1 Satz 1 EMRK nicht zu infizieren.   85

---

1 EGMR v. 3.5.2001 – 31827/96, NJW 2002, 499 Ls. 1, 500 Rz. 44; EGMR v. 4.3.2014 – 18640/10, 18647/10, 18663/10, 18668/10, 18698/10, Neue Juristische Online-Zeitschrift (NJOT) 2015, 712, 714 f. Rz. 94 ff., insb. Rz. 97 – beck-online.

2 EGMR v. 21.2.1984 – ohne Az. – Öztürk, NJW 1985, 1273 f. Rz. 50 ff., insb. Rz. 53 Abs. 2: „Mögen die Geldbußen in mancher Hinsicht weniger belastend erscheinen als Geldstrafen, so haben sie dennoch den Charakter einer Bestrafung beibehalten, durch den sich strafrechtliche Sanktionen gewöhnlich auszeichnen"; EGMR v. 3.5.2001 – 31827/96, NJW 2002, 499 Ls. 2; EGMR v. 4.3.2014 – 18640/10, 18647/10, 18663/10, 18668/10, 18698/10, Neue Juristische Online-Zeitschrift (NJOT) 2015, 712, 715 Rz. 97 f.

3 S. etwa EuGH v. 18.10.1989 – C-374/87, EuZW 1991, 412 Rz. 30: „Was Artikel 6 der Europäischen Menschenrechtskonvention angeht, so ist zwar einzuräumen, daß sich ein Unternehmen, gegen das eine Untersuchung auf dem Gebiet des Wettbewerbsrechts durchgeführt wird, auf diese Vorschrift berufen kann". Aus dem Schrifttum *Fink*, wistra 2014, 457, 461 m.w.N.; *Meyer-Ladewig* in Meyer-Ladewig, Europäische Menschenrechtskonvention, 3. Aufl. 2011, Art. 6 Rz. 138; *Queck*, Die Geltung des nemo-tenetur-grundsatzes zugunsten von Unternehmen, 2005, S. 107 f.; *W. Weiß*, JZ 1998, 289, 291 f.; *W. Weiß*, NJW 1999, 2236, 2241.

4 Eine Ausnahme mögen *Seibt/Cziupka*, AG 2015, 93, 103, bilden, wenn diese ausführen: „Fallen delinquentes Verhalten und interne Zuständigkeit für die Mitteilung allerdings auseinander, sind sowohl der Emittent als auch die intern für die Mitteilung zuständigen Führungskräfte von der Ad-hoc-Mitteilung entbunden". Allerdings ist die Logik von deren Argumentation nicht recht zu erkennen, da sie für den Fall, in dem das intern für Ad-hoc-Veröffentlichungen zuständige Organmitglied für den Compliance-Verstoß verantwortlich ist, eine Verpflichtung zur Vornahme der Ad-hoc-Publizität annehmen und lediglich davon ausgehen, die Unterlassung der Veröffentlichung könne keine „ordnungswidrigkeitsrechtliche Bebußung" auslösen.

5 *Altenhain* in KölnKomm. WpHG, § 39 WpHG Rz. 30; *Klöhn* in KölnKomm. WpHG, § 15 WpHG Rz. 160; *Klöhn*, ZIP 2015, 1145, 1154; *Seibt/Cziupka*, AG 2015, 93, 103. I.E. auch, ohne explizite Berufung auf den *Nemo tenetur*-Grundsatz, *Assmann* in 6. Aufl., § 15 WpHG Rz. 91.

6 BGH v. 29.11.1963 – 4 StR 390/63, NJW 1964, 731, 732.

7 Vgl. zu dem dabei zu beachtenden Koordinatensystem *Kremer* in FS Uwe H. Schneider, S. 701, 713 f.

86 Ebenso wenig steht der Berufung auf den *Nemo tenetur*-Grundsatz nach Art. 6 Abs. 1 Satz 1 EMRK entgegen, dass die unterbleibende Veröffentlichung von Insiderinformationen dazu führt, Dritten – wie etwa in Korruptionsfällen den durch diese nicht zum Zuge gekommenen Wettbewerbern – die **Möglichkeit der Verfolgung zivilrechtlicher Ansprüche** (etwa aus § 33 GWB) **zu nehmen**. Das ist, wie die unterbleibende behördliche Verfolgung eines Compliance-Verstoßes und die unterbleibende Information aktueller oder potentieller Anteilseigner des Emittenten, eine zwangsläufige Folge des dies bezüglich vorrangigen *Nemo tenetur*-Grundsatzes.

87 Der *Nemo tenetur*-Grundsatz nach Art. 6 Abs. 1 EMRK ist auch Bestandteil der **Charta der Grundrechte der Europäischen Union** (GRC). Gemäß den Erläuterungen des Präsidiums des Konvents entspricht Art. 47 Abs. 2 GRC[1] dem Art. 6 Abs. 1 EMRK[2]. Da der *Nemo tenetur*-Grundsatz nach Art. 47 Abs. 2 GRC aber keineswegs weiter geht als der sich aus Art. 6 Abs. 1 EMRK ergebende, kommt es durch die erstgenannte Vorschrift weder zu einer Erweiterung noch des Anwendungsbereichs des *Nemo tenetur*-Grundsatzes noch der Letztgenannten. Zudem werden die sich aus der EMRK ergebenden Rechte durch die Rechte der GRC nicht verdrängt[3]. Ob Art. 47 GRC auch auf juristische Personen Anwendung findet, kann deshalb dahinstehen. Entsprechendes gilt für den *Nemo tenetur*-Grundsatz wie er in **Art. 14 Abs. 3 des Internationalen Paktes über bürgerliche und politische Rechte** (IPbpR)[4] verankert ist. Viel spricht dafür, dass dieser den gleichen Anwendungsbereich wie Art. 6 Abs. 1 Satz 1 EMRK hat, doch kann dies dahinstehen, weil der auf Art. 14 Abs. 3 IPbpR gestützte *Nemo tenetur*-Grundsatz weder hinsichtlich seines Anwendungsbereichs noch hinsichtlich seiner Ausprägung weiter geht als derjenige aus Art. 6 Abs. 1 Satz 1 EMRK[5].

88 **5. Aufschub der Ad-hoc-Publizität (Art. 17 Abs. 4–7, 10 und 11 VO Nr. 596/2014). a) Übersicht. Die Bestimmungen des Art. 17 Abs. 4–7 sowie 10 und 11 VO Nr. 596/2014 über den Aufschub** der Veröffentlichung von Insiderinformationen unterscheiden zwischen Emittenten und Teilnehmern am Markt für Emissionszertifikate. Im Hinblick auf Emittenten, die Kreditinstitute oder Finanzinstitute i.S.v. Art. 3 Abs. 1 Nr. 3 bzw. Nr. 4 VO Nr. 596/2014 sind, erweitert Art. 17 Abs. 5 VO Nr. 596/2014 die für alle Emittenten geltenden Befreiungsgründe des Art. 17 Abs. 4 Unterabs. 1 VO Nr. 596/2014 um einen solchen zur Wahrung der Stabilität des Finanzsystems, erlaubt den damit begründeten Aufschub gem. Art. 17 Abs. 6 Unterabs. 1 VO Nr. 596/2014 allerdings nur mit Zustimmung der BaFin. Dagegen gibt es für alle anderen Emittenten und Teilnehmern am Markt für Emissionszertifikate weder eine Verpflichtung, die Zustimmung der BaFin für einen Aufschub einzuholen, noch eine solche, die Aufsichtsbehörde vom Aufschub in Kenntnis zu setzten. Dafür sind sie – wie die Emittenten, die Kreditinstitute oder Finanzinstitute sind und die Veröffentlichung von Insiderinformationen mit Zustimmung der BaFin aufgeschoben haben, im Übrigen auch – nach Art. 17 Abs. 4 Unterabs. 3 Satz 1 VO Nr. 596/2014 dazu verpflichtet, die BaFin unmittelbar nach Offenlegung der vom Aufschub betroffenen Insiderinformationen zu informieren und schriftlich zu erläutern, inwieweit die Voraussetzungen eines Aufschubs erfüllt waren. Die BaFin hat allerdings kundgegeben, dass sie auch weiterhin – wie dies zuvor verlangt war – eine Vorabmitteilung mit der Mitteilung des Aufschubs und der Erläuterung der Aufschubgründe vor der Offenlegung der Insiderinformationen akzeptiert (dazu Rz. 147).

89 **b) Aufschub der Veröffentlichung durch Emittenten (Art. 17 Abs. 4 VO Nr. 596/2014). aa) Aufschub auf eigene Verantwortung – Zuständigkeit – Zeitraum.** In Bezug auf die Befreiung von der Ad-hoc-Publizität nach § 15 Abs. 3 Satz 1 WpHG a.F. war umstritten, ob diese eine **Befreiungsentscheidung** des Emittenten voraussetzte oder eine Legalausnahme für den Fall darstellte, dass die in dieser Vorschrift genannten Voraussetzungen gegeben waren[6]. Diesem Streit soll nun durch Art. 17 Abs. 4 Satz 1 VO Nr. 596/2014 der Boden entzogen sein: Während § 15 Abs. 3 Satz 1 WpHG a.F. noch bestimmte, der Emittent sei von der Pflicht zur Veröffentlichung nach § 15 Abs. 1 Satz 1 WpHG a.F. solange befreit, wie die Voraussetzungen einer Befreiung gegeben seien, werden nunmehr zum einen die Formulierung des Art. 17 Abs. 4 Satz 1 VO Nr. 596/2014, ein Emittent könne „auf eigene Verantwortung die Offenlegung von Insiderinformationen für die Öffentlichkeit aufschieben, sofern sämtliche nachfolgenden Bedingungen erfüllt seien", zum anderen diejenige des Art. 17 Abs. 4 Unterabs. 3 Satz 1 VO Nr. 596/2014 „Hat ein Emittent … die Offenlegung von Insiderinformationen nach diesem Absatz aufgeschoben", sowie darüber hinaus diejenige des Art. 4 Abs. 1 lit. b Nr. 1 DurchfVO 2016/1055 (Rz. 16), in dem von einer „Entscheidung über den Aufschub" die Rede ist, als eindeutige Belege für das Erfordernis einer bewuss-

---

1 ABl. EG Nr. C 364 v. 18.12.2000, S. 1. Art. 47 Abs. 2 GRC lautet: „Jede Person hat ein Recht darauf, dass ihre Sache von einem unabhängigen, unparteiischen und zuvor durch Gesetz errichteten Gericht in einem fairen Verfahren, öffentlich und innerhalb angemessener Frist verhandelt wird. Jede Person kann sich beraten, verteidigen und vertreten lassen."
2 S. *Eser* in Meyer, Charta der Grundrechte der Europäischen Union, 4. Aufl. 2014, Art. 47 Rz. 20; *Pache*, NVwZ 2001, 1342, 1343 f.; *Pernice/Mayer* in Grabitz/Hilf, Das Recht der Europäischen Union, 40. Aufl. 2009, EUV Titel I. Rz. 268.
3 S. Art. 52 Abs. 1–3 GRC; *Borowsky* in Meyer, Charta der Grundrechte der Europäischen Union, 4. Aufl. 2014, Art. 52 Rz. 29 f.
4 Deutsche Fassung abgedruckt in BGBl. II 1973, 1534.
5 Auch nach *Ott*, S. 164, können Art. 14 Abs. 3 IPbpR jedenfalls keine über Art. 6 Abs. 1 Satz 1 EMRK hinausgehenden Garantien entnommen werden.
6 Dazu ausführlich *Assmann* in 6. Aufl., § 15 WpHG Rz. 165 a ff. Zur Rechtsprechung und zum Meinungsstand vor dem Inkrafttreten der Marktmissbrauchsverordnung s. *Mülbert* in FS Stilz, S. 411, 412 ff.

ten („aktiven") Befreiungsentscheidung durch den Emittenten gesehen[1]. Dabei wird geflissentlich übersehen, dass Art. 17 Abs. 4 Satz 1 VO Nr. 596/2014 weitgehend die Formulierung von Art. 6 Abs. 2 Satz 2 der Marktmissbrauchsrichtlinie 2003/6/EG vom 28.1.2003 übernimmt[2], die mit § 15 Abs. 3 Satz 1 WpHG a.F. in deutsches Recht umgesetzt werden sollte. Dieses wiederum hätte bei richtlinienkonformer Auslegung ohne weiteres zur Annahme führen müssen, die Befreiung von der Ad-hoc-Publizität nach § 15 Abs. 3 Satz 1 WpHG a.F. verlange eine Befreiungsentscheidung des Emittenten, hätte die Richtlinie solches bestimmt, was aber nach Auslegung der Richtlinienvorschrift durch die Mitgliedstaaten Europas mit den elaboriertesten Kapitalmärkten – etwa in Frankreich, Großbritannien und Schweden, aber auch in der Schweiz – nicht der Fall war[3]. Diese deuteten Art. 6 Abs. 2 Satz 2 RL 2003/6/EG vielmehr als Legalausnahme. Auch soweit im Schrifttum die Auffassung vertreten wird, Art. 17 Abs. 4 VO Nr. 596/2014 gehe „ebenso wie Art. 4 DurchführungsVO (EU) 2016/1055 klar davon aus", dass eine Befreiungsentscheidung erforderlich sei, wird allerdings eingeräumt, „weder die MAR noch Art. 4 DurchführungsVO (EU) 2016/1055" enthielten eine klare Vorgabe dahingehend, „dass die Rechtsfolge des fehlenden Beschlusses zwingend im Fortfall des Geheimhaltungsprivilegs gem. Art. 17 Abs. 4 bestünde"[4].

Diejenigen, die den Aufschub der Veröffentlichung einer Insiderinformation nach Art. 17 Abs. 4 Satz 1 VO Nr. 596/2014 nur unter der Voraussetzung einer **bewussten („aktiven") Befreiungsentscheidung** durch den Emittenten als zulässig betrachten, können sich, über ihre bisherigen Argumente hinaus, nun allenfalls darauf berufen, dass die BaFin als zuständige nationale Aufsichtsbehörde an ihrer bisherigen Deutung im Sinne des Erfordernisses einer Befreiungsentscheidung festhält[5] und auch die ESMA als europäische Aufsichtsbehörde eine Befreiungsentscheidung für geboten erachtet[6]. Allerdings geht auch die vom Bundesministerium der Finanzen erlassene WpAV – nicht anders als die von ihr abgelöste WpAIV unter § 15 Abs. 3 WpHG a.F.[7] – implizit von einer Befreiungsentscheidung des Emittenten aus[8]. Das ist Grund genug, Emittenten zu empfehlen, sich nicht auf den geschilderten Streit einzulassen, und, ungeachtet aller Zweifel über die Qualifizierung einer Information als Insiderinformation, die Möglichkeit zum Aufschub einer Insiderinformation nach Art. 17 Abs. 4 Satz 1 VO Nr. 596/2014 so zu deuten, dass sie eine Befreiungsentscheidung verlangt.

90

Tatsächlich war der Streit um das Erfordernis einer Befreiungsentscheidung nicht über das Bemühen entstanden, diejenigen, die aus Nachlässigkeit eine Insiderinformation übersehen haben, deren Veröffentlichung aber

91

---

1 *Buck-Heeb*, Kapitalmarktrecht, Rz. 431; *Hopt/Kumpan* in Schimansky/Bunte/Lwowski, § 107 Rz. 151; *Koch* in FS Köndgen, S. 329, 337; *Klöhn* in Klöhn, Art. 17 MAR Rz. 184 („Die besseren Gründe sprechen nach wie vor gegen einen automatischen Ausschluss der Befreiungsmöglichkeit allein wegen des fehlenden Beschlusses"); *Kumpan*, DB 2016, 2039, 2039 f.; *Mülbert* in FS Stilz, S. 411, 413 f.; *Mülbert/Sajnovits*, WM 2017, 2001, 2003; *Poelzig*, NZG 2016, 761, 765; *Renz/Rippel*, BuB, Rz. 7/753; *Retsch*, NZG 2016, 1201, 1205; *Schäfer* in Marsch-Barner/Schäfer, Handbuch börsennotierte AG, Rz. 15.29; *Seibt/Wollenschläger* AG 2014, 593, 600; *Seibt*, Bankrechtstag 2017, S. 81, 103 („Aus dem Tatbestandsmerkmal ‚auf eigene Verantwortung' ist zu folgern, dass ein aktives Handeln des Emittenten erforderlich ist"); *Söhner*, BB 2017, 259, 261; *Teigelack*, BB 2016, 1604, 1607; *Veil*, ZBB/JBB 2014, 85, 92/93; *Veil/Brüggemeier* in Meyer/Veil/Rönnau, Handbuch zum Marktmissbrauchsrecht, § 10 Rz. 133. *Graßl*, DB 2015, 2066, 2069, sieht keine Festlegung der Marktmissbrauchsverordnung auf eine bewusste Entscheidung, weist aber darauf hin, die ESMA habe sich für das Erfordernis einer aktiven Entscheidung ausgesprochen. Noch zu § 15 WpHG a.F. a.A., kein Beschlusserfordernis annehmend: *Bodenhöfer-Alte*, Selbstbefreiung, S. 141 ff. 153); *Ihrig*, Ad-hoc-Publizität-hoc-Publizität, S. 113, 129; *Ihrig/Kranz*, BB 2013, 451, 453; *Klöhn* in KölnKomm. WpHG, § 15 WpHG Rz. 224, 315 ff.; *Kuthe*, ZIP 2004, 883, 885; *Nietsch*, BB 2005, 785, 786; *Zimmer/Kruse* in Schwark/Zimmer, § 15 WpHG Rz. 54.
2 Richtlinie 2003/6/EG vom 28. Januar 2003 über Insider-Geschäfte und Marktmanipulation (Marktmissbrauch), ABl. EU Nr. L 96 v. 12.4.2003, S. 16, 21. Die Vorschrift lautet: „Ein Emittent darf die Bekanntgabe von Insider-Informationen gemäß Absatz 1 auf eigene Verantwortung aufschieben, wenn diese Bekanntgabe seinen berechtigten Interessen schaden könnte, sofern diese Unterlassung nicht geeignet ist, die Öffentlichkeit irrezuführen, und der Emittent in der Lage ist, die Vertraulichkeit der Information zu gewährleisten".
3 Ausführlich *Bodenhöfer-Alte*, Selbstbefreiung, S. 157 ff. (182 ff.), 216 f., zur Schweiz S. 176 ff.; *Krause/Brellochs*, AG 2013, 309, 321 (Großbritannien), 324 (Niederlande), 330 (Italien).
4 *Klöhn* in Klöhn, Art. 17 MAR Rz. 182 bzw. 183.
5 *BaFin*, Art. 17 MAR (FAQ), S. 4 f. unter III.1. Schon im Emittentenleitfaden 2013 der *BaFin*, S. 59, heißt es: „Der Wortlaut des § 15 Abs. 3 WpHG könnte so verstanden werden, dass eine Befreiung automatisch erfolgt. Bezieht man jedoch § 8 Abs. 5 WpAIV mit ein, ergibt sich, dass die Befreiung aktiv in Anspruch genommen werden muss."
6 *ESMA*, MAR-Leitlinien – Aufschub der Offenlegung, S. 3 Rz. 4: „Die vorliegenden Leitlinien sollen den Emittenten bei ihrer Entscheidung, die Offenlegung von Insiderinformationen gemäß Artikel 17 Absatz 4 der MAR aufzuschieben, durch Beispiele Hilfestellung leisten"; *ESMA*, Final Report – Draft technical standards, S. 52 Rz. 239, ohne Begründung, aber klarer Ansage, in einem rechtlich unverbindlichen Report: „MAR specifies that the disclosure is delayed under the issuer's responsibility. Delays in disclosure of inside information are decided by the issuers themselves. The issuers are therefore expected to have in place a minimum level of organisation and a process to conduct a prior assessment whether an information is an inside information, whether its disclosure needs to be delayed and for how long." *Klöhn*, AG 2016, 423, 431, sieht darin allerdings (zu Recht) keine Festlegung der ESMA in Bezug auf die Frage, „ob der Emittent auch dann nicht gegen Art. 17 Abs. 1 VO Nr. 596/2014 verstößt, wenn er die Meldung gem. Art. 17 Abs. 4 MAR aufschieben könnte, dies aber gleichwohl nicht bewusst tut".
7 § 8 Abs. 5 WpAIV a.F.; dazu *Assmann* in 6. Aufl., § 15 WpHG Rz. 165b, 165d. Die Vorschrift wurde nicht in die WpAV übernommen.
8 Etwa § 1 Nr. 5, § 3a Abs. 5 Nr. 1, § 7 Nr. 2 WpAV.

de iure hätte aufgeschoben werden dürfen und vielleicht zwischenzeitlich gar nicht mehr existiert, vor den Folgen ihrer Nachlässigkeit zu bewahren. Misslich erschien das Erfordernis einer Befreiungsentscheidung vielmehr vor allem in dem Fall, dass ein Emittent – nach Prüfung der Sach- und Rechtslage – mit guten Gründen und *bona fide* davon ausgingen, es läge keine Insiderinformation vor, dementsprechend keinen Bedarf sah, die Veröffentlichung der fraglichen Information vorzunehmen, aber **die Voraussetzungen für einen Aufschub vorlagen.** Der Bedarf, solche Emittenten vor den Folgen ihrer Falschbeurteilung zu schützen, scheint entfallen, nachdem der BGH in seiner *Daimler*-Entscheidung vom 23.4.2013 in einem *obiter dictum* feststellte[1], ein Emittent könne sich darauf berufen, sich in Kenntnis der Qualifikation einer Information als Insiderinformation für einen Aufschub entschieden zu haben, wenn die weiteren Voraussetzungen zum Aufschub tatsächlich vorgelegen haben. Der Schädiger könne mithin geltend machen, „dass der Schaden auch bei **rechtmäßigem Alternativverhalten** eingetreten wäre". Unter diesen Voraussetzungen wäre der Emittent zwar mit einiger Wahrscheinlichkeit vor Schadensersatzansprüchen wegen unterlassener oder verspäteter Veröffentlichung einer Insiderinformation geschützt[2], nicht aber – wie der Fall *Schrempp* (*Daimler*) gezeigt hat[3] – der verantwortliche Vorstand vor den bußgeldrechtlichen Folgen seines Verhaltens. Nicht allein deshalb und ungeachtet der Empfehlung, dem Aufschub der Veröffentlichung einer Insiderinformation eine Befreiungsentscheidung vorausgehen zu lassen, ist daran **festzuhalten,** dass die Marktmissbrauchsverordnung eine solche nicht verlangt und die Einordnung von Art. 17 Abs. 4 VO Nr. 596/2014 als **Legalausnahme** auch praktikabel ist. Auf die diesbezüglichen, entsprechend geltenden Ausführungen in der Vorauflage[4] zu § 15 WpHG a.F. ist zu verweisen.

92 Geht man als Emittent zur Vermeidung von Risiken vom Erfordernis einer **Befreiungsentscheidung** aus, so stellt sich die Frage, wann diese zu treffen ist, wer diese zu treffen hat und in welcher Form sie vorzunehmen ist. Was den **Zeitpunkt** betrifft, zu dem die Befreiungsentscheidung zu treffen ist, ist diese spätestens zu dem Zeitpunkt vorzunehmen, zu dem der Emittent die Insiderinformation veröffentlichen müsste, kurz: unverzüglich nachdem die Insiderinformation dem Vorstand bzw. einem der Vorstände bekannt wurde oder, falls es daran mangels ordnungsgemäßer Wissensorganisation fehlt, dem Emittenten zugerechnet wird[5]. Aber auch hier ist dem Emittenten, ohne dass darin ein schuldhaftes Zögern läge, ein angemessener Zeitraum zur Prüfung der Möglichkeit zum Aufschub der Offenlegung und gegebenenfalls zur Heranziehung externen Sachverstands zu geben[6]. Die Befreiungsentscheidung ist **Sache des Vorstands**, kann aber **delegiert** werden[7], wobei die BaFin davon ausgeht, dass dies nur in der Weise geschehen kann, dass mindestens ein Vorstandsmitglied an der Entscheidung beteiligt ist[8]. Es bestehen keine Bedenken dagegen, dass diese Entscheidung oder eine solche ausschließlich des Vorstands von einer nicht mit einem Vorstand besetzten Ad-hoc-Kommission o.Ä. vorbereitet wird[9]. Darin, dass die ESMA[10], wie die BaFin selbst bemerkt, lediglich von einer verantwortlichen Person zur

---

1 BGH v. 23.4.2013 – II ZB 7/09, AG 2013, 518, 521 Rz. 33.
2 Das ist für *Schäfer* in Marsch-Barner/Schäfer, Handbuch börsennotierte AG, Rz. 15.28, der Grund dafür, dem Streit um die rechtliche Qualifikation der Befreiung von der Pflicht zur Veröffentlichung von Insiderinformationen keine allzu große Bedeutung beizumessen.
3 Zum Verlauf des Bußgeldverfahrens s. BaFin-Journal 3/09, S. 4, abrufbar unter https://www.bafin.de/DE/Publikationen Daten/BaFinJournal/AlleAusgaben/bafinjournal_alle_node.html?cms_gtp=7952436_unnamed%253D11.
4 *Assmann* in 6. Aufl., § 15 WpHG Rz. 165e f.
5 Zu § 15 WpHG a.F. verlangten *Uwe H. Schneider/Gilfrich*, BB 2007, 53, 55f., die Entscheidung müsse zeitnah zur Entstehung der Veröffentlichungspflicht getroffen werden.
6 *BaFin*, Emittentenleitfaden 2013, S. 60.
7 *Frowein* in Habersack/Mülbert/Schlitt, Kapitalmarktinformation, § 10 Rz. 75; *Kocher/Sebastian Schneider*, ZIP 2013, 1607, 1608 ff.; *Mülbert* in FS Stilz, S. 411, 412 ff.; *Mülbert/Sajnovits*, WM 2017, 2001, 2003; *Pfüller* in Fuchs, § 15 WpHG Rz. 425; *Retsch*, NZG 2016, 1201, 1205 f.; *Schäfer* in Marsch-Barner/Schäfer, Handbuch börsennotierte AG, Rz. 15.30; *Veil/Brüggemeier* in Meyer/Veil/Rönnau, Handbuch zum Marktmissbrauchsrecht, § 10 Rz. 135.
8 *BaFin*, MAR (FAQ) S. 4/5 zu III.1. Im Emittentenleitfaden 2013 der *BaFin*, S. 59, heißt es sogar noch enger, für die Befreiungsentscheidung sei ein Beschluss des geschäftsführenden Organs herbeizuführen. Ebenso: *Hopt/Kumpan* in Schimansky/Bunte/Lwowski, § 107 Rz. 151 (m.w.N.): auf einen mit Vorstandsmitgliedern und Externen besetzten Ausschuss delegierbar; zugleich die verbandsrechtliche Begründung nachreichend; *Veil/Brüggemeier* in Meyer/Veil/Rönnau, Handbuch zum Marktmissbrauchsrecht, § 10 Rz. 135 („Allerdings muss berücksichtigt werden, dass die Erfüllung der Ad-hoc-Publizität zu den zentralen kapitalmarktrechtlichen Pflichten eines Emittenten zählt, deren Erfüllung mit erheblichen Sanktionen sichergestellt wird. Aus diesem Grund ist die Beteiligung zumindest eines Vorstandsmitglieds an der Aufschubentscheidung notwendig"). Vor allem aber, so ist zu ergänzen, ist – auch bei Vorliegen der vom Vorstand zu prüfenden rechtlichen Voraussetzungen – die Inanspruchnahme einer Befreiung von der Ad-hoc-Veröffentlichung einer Insiderinformation eine unter Vorstandsbeteiligung zu treffende unternehmerische Entscheidung. Zu § 15 Abs. 3 WpHG a.F. ebenso *Seibt/Wollenschläger*, AG 2014, 593, 600; *Kumpan*, DB 2016, 2039, 2043: Zu Art. 17 Abs. 4 VO Nr. 596/2014 auch *Seibt*, Bankrechtstag 2017, S. 81, 100.
A.A. *Klöhn* in Klöhn, Art. 17 MAR Rz. 186 („Die zwingende Mitwirkung eines Vorstandsmitglieds ist aus kapitalmarktrechtlicher Sicht nicht erforderlich"), 191 (auch gesellschaftsrechtlich nicht geboten); *Seibt*, Bankrechtstag 2017, S. 81, 103.
9 *Veil/Brüggemeier* in Meyer/Veil/Rönnau, Handbuch zum Marktmissbrauchsrecht, § 10 Rz. 135.
10 ESMA, Final Report – Draft technical standards, S. 52 Rz. 239: „There should be person(s) appointed within the issuer responsible for taking such decision. This person(s) should be clearly identified within the issuer and should have the

Entscheidung bezüglich der Selbstbefreiung spricht und ein Vorstandsmitglied in diesem Zusammenhang als Beispiel anführt, sieht die BaFin keinen Grund für eine Änderung ihrer Verwaltungspraxis und führt dafür an, die Ausführungen der ESMA richteten sich „in erster Linie an das ‚one-tier-system'"(monistisches System). Das lässt sich den Ausführungen allerdings ebenso wenig entnehmen wie es, was die BaFin suggeriert, in einem „two-tier-system" (dualistischem System) wie dem deutschen keineswegs zwingend ist, dass der Vorstand des Emittenten die Befreiungsentscheidung selbst oder unter Beteiligung eines seiner Mitglieder treffen müsse und nicht einem von ihm eingesetzten, kompetent besetzten, instruierten und überwachten Gremium überlassen könnte. Solche Vorbehalte waren auch dem Schrifttum zur Selbstbefreiung nach § 15 Abs. 3 WpHG a.F. fremd. In diesem herrschte die Meinung vor, die Befreiungsentscheidung könne der Compliance- oder Rechtsabteilung übertragen werden[1] und sei lediglich einer Pflicht zur Dokumentation der Selbstbefreiungsentscheidung[2] unterworfen. Daran soll auch in Bezug auf Art. 17 Abs. 4 VO Nr. 596/2014 festzuhalten sein[3]. Da eine Befreiungsentscheidung, auch wenn festgestellt wurde, dass die rechtlichen Voraussetzungen einer solchen vorliegen, immer noch eine die Vor- und Nachteile des Aufschubs abwägende unternehmerische Entscheidung verlangt, und darüber hinaus für den Fall, dass eine Befreiung beschlossen wurde, eine Reihe organisatorischer Vorkehrungen und Maßnahmen zur Geheimhaltung der fraglichen Insiderinformationen zu treffen sind, die ihrerseits erhebliche Haftungsrisiken mit sich bringen, sprechen allerdings pragmatische Gründe für die Beteiligung mindestens eines Vorstands. Hinsichtlich der **Form der Befreiungsentscheidung** enthalten weder das Gesellschaftsrecht noch Art. 17 VO Nr. 596/2014 Vorgaben, so dass diese auch formlos und damit auch konkludent erfolgen kann[4]. Zur Frage, ob und unter welchen Voraussetzungen der **Aufsichtsrat** eine Selbstbefreiungsentscheidung treffen muss, s. Rz. 95 f.

Wer auch immer die **Befreiungsentscheidung** zu treffen befugt ist: Die dafür vorgesehene Person oder das dafür vorgesehen Gremium muss zur Wahrung des Unverzüglichkeitserfordernisses, sowohl für den Fall der Entscheidung für eine Veröffentlichung als auch für denjenigen einer Befreiung, stets **erreichbar** sein bzw. **zusammentreten können**[5]. Die Person bzw. das Gremium sind schon im Hinblick auf die Folgepflichten einer Befreiungsentscheidung nach Art. 17 Abs. 4 Satz 1 VO Nr. 596/2014, namentlich in Gestalt der Pflicht zur Geheimhaltung der Insiderinformationen sowie der Offenlegungspflichten nach Art. 17 Abs. 4 Unterabs. 3 VO Nr. 596/2014, und § 7 WpAV zur **Dokumentation** ihrer Befassung bzw. ihres Zusammentretens und ihrer Entscheidung gehalten (dazu auch Rz. 99). Im Hinblick auf die von Art. 17 Abs. 4 Unterabs. 3 VO Nr. 596/2014 verlangte Mitteilung gegenüber der BaFin nach der Beendigung des Aufschubs der Veröffentlichung von Insiderinformationen und die hierbei zu unterbreitenden Informationen nach Maßgabe von Art. 4 Abs. 1 DurchfVO 2016/1055 und von § 7 WpAV empfiehlt es sich, die Dokumentation an diesen Anforderungen – auf die hier zu verweisen ist – auszurichten. Zwingend ist die Dokumentation nicht, denn die im Hinblick auf die Mitteilungspflicht gegenüber der BaFin erforderlichen Angaben können auch ohne eine solche nachträglich erstellt werden. Das kann schon im Hinblick darauf nicht anders sein, dass – das gilt im Hinblick auf Art. 17 Abs. 4 VO Nr. 596/2014 wie zuvor zu § 15 WpHG a.F. – auch eine **konkludente Befreiungsentscheidung** für ausreichend erachtet wird (Rz. 92 a.E.). Eine **Form** für die Befreiungsentscheidung ist ohnehin nicht vorgesehen[6]. Die Befreiungsentscheidung kann im Übrigen auch **vorsorglich bei Zweifeln** über das Bestehen einer Veröffentlichungspflicht – namentlich bei Zweifeln darüber, ob es sich bei einer Information um eine Insiderinformation handelt – getroffen werden[7], wohingegen eine vorsorglich für die mögliche zukünftige Kenntnis ei-

---

necessary decision-making power (e.g. a managing board member or a senior executive director), considering the major importance of the decision. ESMA does not consider appropriate to specify which positions such person(s) should have within the issuer, considering the variety of organisational structures issuers may have, but the issuer should ensure that a person responsible for the delay is always clearly identified. In addition, before taking a decision allowing the delay of publication of inside information, this person(s) should conduct an assessment on whether the three conditions set forth in Article 17(4) for delaying are fulfilled."

1 *Groß* in FS Uwe H. Schneider, S. 385, 392; *Sven H. Schneider*, BB 2005, 897, 900. Auch *Frowein* in Habersack/Mülbert/Schlitt, Kapitalmarktinformation, § 10 Rz. 75; *Uwe H. Schneider/Gilfrich*, BB 2007, 56.
2 *Uwe H. Schneider/Gilfrich*, BB 2007, 53, 56.
3 Sehr weitgehend und ohne Einschränkungen *Buck-Heeb*, Kapitalmarktrecht, Rz. 431 (m.w.N.): „Dabei kommt es nicht darauf an, wer die Aufschubentscheidung innerhalb des Emittenten trifft, sofern es nur derjenige ist, der nach den unternehmensinternen Regelungen zuständig ist".
4 *Hopt/Kumpan* in Schimansky/Bunte/Lwowski, § 107 Rz. 151; *Klöhn* in Klöhn, Art. 17 MAR Rz. 192. Zu § 15 WpHG a.F. *Harbarth*, ZIP 2005, 1898, 1906; *Mennicke*, NZG 2009, 1059, 1062; *Mülbert* in FS Stilz, 2014, S. 411, 422; *Sven H. Schneider*, BB 2005, 897, 900; *Seibt*, Bankrechtstag 2017, S. 81, 103.
5 *Buck-Heeb*, Kapitalmarktrecht, Rz. 431. Ähnlich *ESMA*, Final Report – Draft technical standards. S. 51 Rz. 232.
6 *Hopt/Kumpan* in Schimansky/Bunte/Lwowski, § 107 Rz. 151.
7 *Frowein* in Habersack/Mülbert/Schlitt, Kapitalmarktinformation, § 10 Rz. 122; *Harbarth*, ZIP 2005, 1898, 1907; *Ihrig* in VGR, S. 132 f.; *Ihrig/Kranz*, BB 2013, 451, 457 f.; *Klöhn* in Klöhn, Art. 17 MAR Rz. 187 („für den Fall, dass eine hinreichend konkret bezeichnete ad-hoc-pflichtige Information vorliegt"); *Pfüller* in Fuchs, § 15 WpHG Rz. 474 ff.; *Mülbert/Sajnovits*, WM 2017, 2041, 2042; *Pattberg/Bredol*, NZG 2013, 87, 88 f.; *Schäfer* in Marsch-Barner/Schäfer, Handbuch börsennotierte AG, Rz. 15.32; *Widder*, BB 2007, 572, 573; *Widder*, DB 2008, 1480, 1481 ff. Kritisch *Fleischer*, NZG 2007, 402, 404. A.A. *Gunßer*, S. 87 f.; *Gunßer*, NZG 2008, 855, 856.

94 Wenn Art. 17 Abs. 1 Unterabs. 1 VO Nr. 596/2014 davon spricht, ein Emittent könne „auf eigene Verantwortung" die Offenlegung von Insiderinformationen für die Öffentlichkeit aufschieben, so steht dies vor allem dafür, dass der Emittent selbst zu prüfen hat, ob die Befreiungsvoraussetzungen gegeben sind und für die Rechtmäßigkeit des Aufschubs haftet. Weder ist die Berechtigung des Aufschubs davon abhängig, dass die BaFin von der Absicht eines solchen informiert wird und sie ihre diesbezügliche Zustimmung erteilt, noch davon, dass ihr der Aufschub mitgeteilt wird. Mitteilungspflichten gegenüber der BaFin greifen nach Art. 17 Abs. 4 Unterabs. 3 Satz 1 VO Nr. 596/2014 vielmehr erst dann ein, wenn der Emittent die aufgrund des Aufschubs nicht veröffentlichten Insiderinformationen nach Wegfall eines der Befreiungsgründe bei Fortbestehen der Insiderinformationen veröffentlicht. Einen der möglichen Fälle des Wegfalls eines Befreiungsgrunds führt Art. 17 Abs. 7 Unterabs. 1 VO Nr. 596/2014 auf: Ist die Vertraulichkeit von Insiderinformationen, deren Offenlegung aufgeschoben wurde, nicht mehr gewährleistet, muss der Emittent die Öffentlichkeit so schnell wie möglich über diese Informationen in Kenntnis setzen.

Ausnahmsweise soll auch und nur der **Aufsichtsrat für eine Befreiungsentscheidung zuständig** sein, wenn die Insiderinformation dadurch entsteht, dass das Insiderwissen eine Entscheidung des Aufsichtsrats in einem Bereich betrifft, in dem dieser ausschließlich vertretungs- und geschäftsführungsbefugt ist[2] (zur entsprechenden Frage der Zurechnung solchen Wissens schon Rz. 57). Dazu wird vor allem auf Maßnahmen bei der Personalkompetenz des Aufsichtsrats im Vorfeld endgültiger Personalentscheidungen hingewiesen; hierunter fallen aber auch Beschlüsse über die Erhebung einer Schadensersatzklage gegen einen gegenwärtigen oder ehemaligen Vorstand. Jedoch ist nicht zu erkennen, inwieweit hier ein Bedarf für eine Befreiungsentscheidung besteht, da solches Wissen des Aufsichtsrats der Vertraulichkeit unterliegt (Rz. 56 f. und Rz. 58), von daher dem Emittenten nicht zugerechnet wird[3] und folglich auch keine Pflicht desselben zur Veröffentlichung von Insiderinformationen nach Art. 17 Abs. 1 Unterabs. 1 VO Nr. 596/2014 auslösen kann.

96 Dafür, dass der Aufsichtsrat – um die Durchsetzung des Zwecks der Ad-hoc-Publizität auch hier nicht an den Besonderheiten des dualistischen Systems für Aktiengesellschaften scheitern zu lassen – für diese Fälle als Emittent und Veröffentlichungspflichtiger zu betrachten sei, gibt Art. 17 VO Nr. 596/2014 nichts her (Rz. 25). Da aber dem EuGH eine gerade von ihm rigoros verfolgten Effet-utile-Methode der Auslegung europäischen Rechts (dazu Vor Art. 7 ff. VO Nr. 596/2014 Rz. 28) solche Schritte weitaus eher zuzutrauen sind als die Auslegung von Art. 17 Abs. 4 VO Nr. 596/2014 als Legalausnahme (Rz. 89 f.), ist dem **Aufsichtsrat** zu raten, unter hier in Frage stehenden Umständen **vorsorglich auch eine Befreiungsentscheidung** zu treffen. Bei Wegfall der Befreiungsvoraussetzungen hätte der Aufsichtsrat[4] bzw. der – aufgrund geringer Sitzungsfrequenzen des Aufsichtsrats und der Schwierigkeiten bei der kurzfristigen Einberufung dieses Gremiums – zur Prüfung des Fortbestands der Befreiungsvoraussetzungen bei fortbestehender Insiderinformation berufene Aufsichtsratsvorsitzende oder das Aufsichtsratspräsidium den Vorstand unverzüglich zu informieren und damit die Veröffentlichung nach Art. 17 Abs. 4 Unterabs. 3, Abs. 7 Unterabs. 1 VO Nr. 596/2014 einzuleiten[5].

97 Art. 17 Abs. 4 VO Nr. 596/2014 enthält keine Vorgaben über die **Dauer (Zeitraum) der Befreiung** oder eine **Höchstgrenze** derselben[6]. Letztere ergibt sich allerdings mittelbar daraus, die die Befreiung nur solange anhalten darf wie der Befreiungsgrund und die einzelnen Befreiungsvoraussetzungen gegeben sind. Wenn in Erwägungsgrund 50 lit. b VO Nr. 596/2014 davon die Rede ist, „die Bekanntgabe von Informationen [könne] *für einen befristeten Zeitraum* verzögert werden" (Hervorhebung hinzugefügt), so bezieht sich dies erkennbar nur auf den Fall, dass es um einen Aufschub der Veröffentlichung geht, weil „die finanzielle Überlebensfähigkeit des Emittenten stark und unmittelbar gefährdet ist", und stellt keine allgemein gültige Zeitgrenze des Aufschubs dar[7].

---

1 Für einen Vorratsbeschluss *Bedkowski*, BB 2009, 394, 398; *Sven H. Schneider*, BB 2005, 897, 900. Für den Fall, dass noch keine hinreichenden Informationen vorliegen, wie hier *Frowein* in Habersack/Mülbert/Schlitt, Kapitalmarktinformation, § 10 Rz. 72, 122; *Harbarth*, ZIP 2005, 1898, 1907. Vorratsbeschlüsse mit dem „geltenden Recht" nicht vereinbar: *Uwe H. Schneider/Gilfrich*, BB 2007, 53, 55.
2 *Klöhn* in Klöhn, Art. 17 MAR Rz. 193; *Mülbert* in FS Stilz, S. 411, 420 ff.; *Mülbert/Sajnovits*, WM 2017, 2001, 2003; *Retsch*, NZG 2016, 1201, 1206; *Veil/Brüggemeier* in Meyer/Veil/Rönnau, Handbuch zum Marktmissbrauchsrecht, § 10 Rz. 135.
3 Das wird durchweg übersehen, um dann zwangsläufig einen Bedarf für eine Selbstbefreiung durch den Aufsichtsrat anzunehmen: *Groß* in FS Uwe H. Schneider, S. 385, 392; *Kocher/Sebastian Schneider*, ZIP 2013, 1607, 1611; *Retsch*, NZG 2016, 1201, 1206.
4 *Schäfer* in Marsch-Barner/Schäfer, Handbuch börsennotierte AG, Rz. 15.31.
5 Auch *Schäfer* in Marsch-Barner/Schäfer, Handbuch börsennotierte AG, Rz. 15.31, geht von der Pflicht zur Veröffentlichung durch den Vorstand aus.
6 Zu Art. 17 Abs. 4 VO Nr. 596/2014 ebenso *Klöhn* in Klöhn, Art. 17 MAR Rz. 291.
7 Das übersehen *Mülbert/Sajnovits*, WM 2017, 2001, 2005, die im Übrigen aber – wie hier – von keiner zeitlichen Befreiungsgrenze ausgehen.

Erst recht gibt Art. 17 Abs. 4 VO Nr. 596/2014 nichts für die Annahme her, die Befreiung sei „auf das knappestmögliche Maß" zu reduzieren[1].

Die Befreiungsentscheidung setzt **keine zeitgleiche vorsorgliche Anfertigung einer „Notfall-Ad-hoc-Mitteilung"** voraus und ist deshalb auch nicht Bestandteil der Befreiungsmitteilung nach Art. 17 Abs. 4 Unterabs. 3 Satz 1 VO Nr. 596/2014. Um aber gegebenenfalls rasch reagieren und die Veröffentlichung der hinsichtlich ihrer Offenlegung aufgeschobenen Insiderinformationen nach Wegfall eines der Aufschubgründe so schnell wie möglich (Rz. 139) veröffentlichen zu können, ist es erforderlich, Strukturen zu schaffen und Vorkehrungen zu treffen, die eine sofortige Veröffentlichung ermöglichen[2]. Dazu sollte nach der BaFin auch der **Entwurf eines Veröffentlichungstextes** gehören, der gemäß dem jeweiligen Stand zügig angepasst werden könne. Dabei müsse auch sichergestellt werden, dass der Text zum Veröffentlichungszeitpunkt schnell freigegeben und veröffentlicht werden könne. 98

Die **Dokumentation** aller Schritte eines Aufschubs der Offenlegung von Insiderinformationen einschließlich der Aufschubgründe für den Aufschub und die Intervalle der Überprüfung der fortdauernden Erfüllung der Aufschubvoraussetzungen ist keine Voraussetzung der Rechtmäßigkeit des Aufschubs oder eine diesen begleitende Pflicht des Emittenten. Zu empfehlen ist ihre Vornahme gleichwohl, weil sie schon im Hinblick auf die Befreiungsmitteilung nach Art. 17 Abs. 4 Unterabs. 3 Satz 1 VO Nr. 596/2014 als Teil der **Sorgfaltspflichten der Organmitglieder** des Emittenten anzusehen ist. 99

bb) Für alle Emittenten geltende Aufschubgründe (Art. 17 Abs. 4 Unterabs. 1 und 2 VO Nr. 596/2014). Nach Art. 17 Abs. 4 Unterabs. 1 VO Nr. 596/2014 kann ein **Emittent** auf eigene Verantwortung die Offenlegung von Insiderinformationen für die Öffentlichkeit aufschieben, sofern sämtliche der in lit. a–c dieser Vorschrift aufgeführten **Voraussetzungen** erfüllt sind. Das ist der Fall, wenn (1) die unverzügliche Offenlegung geeignet wäre, die berechtigten Interessen des Emittenten zu beeinträchtigen, (2) die Aufschiebung der Offenlegung nicht geeignet wäre, die Öffentlichkeit irrezuführen, und (3) der Emittent die Geheimhaltung dieser Informationen sicherstellen kann. **Art. 17 Abs. 4 Unterabs. 2 VO Nr. 596/2014** stellt klar, dass ein Emittent auch im Falle eines **zeitlich gestreckten Vorgangs** unter den vorstehend angeführten Voraussetzungen auf eigene Verantwortung die Offenlegung von Insiderinformationen zu diesem Vorgang aufschieben kann (Rz. 130). 100

(1) Eignung zur Beeinträchtigung der berechtigten Interessen des Emittenten (Art. 17 Abs. 4 Unterabs. 1 lit. a VO Nr. 596/2014). (a) Kriterium und Rechtsquellen. Nach Art. 6 Abs. 2 Satz 1 RL 2003/6/EG (Rz. 15) hat der Aufschub der Bekanntgabe von Insiderinformationen durch den Emittenten zur Voraussetzung, dass die „Bekanntgabe seinen **berechtigten Interessen schaden könnte**". Diese Vorschrift setzte § 15 Abs. 3 Satz 1 WpHG a.F. mit der Bestimmung um, der Emittent sei von der „Pflicht zur Veröffentlichung nach Absatz 1 Satz 1 ... solange befreit, wie es der Schutz seiner berechtigten Interessen erforder[e]". Nach Art. 17 Abs. 4 Unterabs. 1 Satz 1 lit. a VO Nr. 596/2014 darf der Emittent nunmehr die „Offenlegung von Insiderinformationen" aufschieben, sofern die unverzügliche Offenlegung „geeignet [wäre] die berechtigten Interessen des Emittenten oder Teilnehmers am Markt für Emissionszertifikate zu beeinträchtigen". Die Formulierungen unterscheiden sich dem Wortlaut nach, doch ist ihnen gemeinsam, dass **berechtigte Interessen des Emittenten** einen Aufschub der Offenlegung von Insiderinformationen rechtfertigen. Gegenüber der Marktmissbrauchsrichtlinie 2003/6/EG unterscheidet sich Art. 17 Abs. 4 Unterabs. 1 Satz 1 lit. a VO Nr. 596/2014 im Wesentlichen nur insoweit, als dort die *Möglichkeit* der Beeinträchtigung der Interessen des Emittenten verlangt wurde, während hier auf die *Eignung* zur Interessenbeeinträchtigung abgestellt wird. In der Sache macht dies aber keinen Unterschied. Diese Regelungen wiederum unterscheiden sich dem Wortlaut und dem Regelungsansatz nach von § 15 Abs. 3 Satz 1 WpHG a.F. nur insofern, als Letzterer den Aufschub – eher strenger – nur gewähren wollte, wenn er zum Schutz der Interessen *erforderlich* sei. Im Hinblick auf die Frage, was berechtigte Interessen des Emittenten zum Aufschub der Veröffentlichung von Insiderinformationen sein könnten, beschränken sich die Erwägungsgründe zur VO Nr. 596/2014 auf einige „nicht erschöpfende Fallbeispiele" (Erwägungsgrund 50 VO Nr. 596/2014), lassen in deren Zusammenhang aber erkennen, dass die berechtigten Interessen des Emittenten aus den „**Interessen der vorhandenen und potenziellen Aktionäre**"[3] abzuleiten sind. Diese Sichtweise entspricht fraglos nicht dem Stand des deutschen Verbandsrechts zur Bestimmung des Unternehmensinteres- 101

---

1 *Grundmann* in Staub, Bd. 11/1, 5. Aufl. 2017, 6. Teil Rz. 512. Die hierfür angeführte Verlautbarung von *BAWe/Deutsche Börse*, Insiderhandelsverbote und Ad hoc-Publizität nach dem Wertpapierhandelsgesetz, 2. Aufl. 1998, S. 47 und 53, sowie das weitere hier angeführte Schrifttum sind überholt. Von einer zeitlichen Beschränkung des Aufschubs ist schon in den Emittentenleitfäden der BaFin, namentlich derer von 2009 (S. 66 ff.) und 2013 (S. 59 ff.) zu § 15 Abs. 3 WpHG a.F., nichts zu finden.
2 Hierzu und zum Folgenden *BaFin*, MAR, (FAQ), IV.6. S. 9.
3 Erwägungsgrund 50 VO Nr. 596/2014 zum Fallbeispiel unter lit. a: „... kann die Bekanntgabe von Informationen für einen befristeten Zeitraum verzögert werden, sollte eine derartige Bekanntgabe die Interessen der *vorhandenen und potenziellen Aktionäre* erheblich gefährden ..."; Hervorhebung hier und in der Rz. nicht im Original. In vorstehend hervorgehobenen Satzteil wortgleich *ESMA*, MAR-Leitlinien – Aufschub der Offenlegung, S. 5 Rz. 8 unter lit. b. Hieran anknüpfend auch *Klöhn* in Klöhn, Art. 17 MAR Rz. 146; *Steinrück*, S. 108 f.; *Veil/Brüggemeier* in Meyer/Veil/Rönnau, Handbuch zum Marktmissbrauchsrecht, § 10 Rz. 98.

ses[1], doch ist bei der Bestimmung des Emittenteninteresses i.S.v. Art. 17 Abs. 4 VO Nr. 596/2014 nicht dieses, sondern – in autonomer Auslegung dieser Verordnung – die europäische kapitalmarktrechtliche Deutung desselben zugrunde zu legen[2]. Dabei ist die Ableitung des berechtigten Emittenteninteresses aus den „Interessen der vorhandenen und potenziellen Aktionäre" als Bezugnahme auf die Interessen der Aktionäre des die Veröffentlichung der Insiderinformation aufschiebenden Emittenten zu betrachten[3]. Dagegen sind die Interessen der potenziellen Aktionäre – d.h. letztlich des Marktpublikums oder gar, verdinglicht, des Kapitalmarkts[4] – im Rahmen der nach Art. 17 Abs. 4 VO Nr. 596/2014 erforderlichen eine **Interessenabwägung** zwischen berechtigten Interessen des Emittenten und Interessen des Kapitalmarkts (dazu Rz. 105) zur Geltung zu bringen.

102 Abgesehen davon, dass die Frage der Erforderlichkeit richtlinienkonform auszulegen war und Art. 17 Abs. 4 Unterabs. 1 Satz 1 lit. a VO Nr. 596/2014 den Einsatz des Schutzes der Interessen des Emittenten durch den Aufschub der Veröffentlichung von Insiderinformationen eher großzügiger formuliert, sowie angesichts des Umstands, dass es allen vorgenannten Vorschriften um den Schutz der berechtigten Interessen des Emittenten am Aufschub geht, kann deshalb weitgehend auf die **Grundsätze zurückgegriffen werden**, wie sie sich im Hinblick auf die Auslegung des fraglichen Merkmals in **§ 15 Abs. 3 Satz 1 WpHG a.F.** herausgebildet hatten. Diesbezüglich ist allerdings zu berücksichtigen, dass sich diese Grundsätze ihrerseits an **§ 6 WpAIV a.F.** ausrichteten[5]. Das ist indes weniger bedenklich als der Übernahme der Grundsätze zur Bestimmung des berechtigten Interesses vom Emittenten am Aufschub der Offenlegung von Insiderinformationen sogar förderlich: Zum einen entsprach § 6 WpAIV a.F. im Wesentlichen Art. 3 Abs. 1 der DurchfRL 2003/124/EG vom 22.12.2003[6] und hatte damit eine Grundlage im Gemeinschaftsrecht; *zum anderen* sind die Bestimmungen des § 6 WpAIV a.F., bis auf geringe Änderungen, wortgleich in den zur Auslegung dessen, was berechtigte Interessen für eine aufgeschobene Veröffentlichung sind, maßgeblichen § 6 WpAV übernommen worden.

103 Dabei versteht sich von selbst, dass **§ 6 WpAV**, der konkretisiert, wann berechtigte Interessen für eine verzögerte Veröffentlichung von Insiderinformationen vorliegen, nur insoweit zur Anwendung kommt, als er der Marktmissbrauchsverordnung sowie der Delegierten Verordnung (EU) 2016/522, der Durchführungsverordnung (EU) 2016/1055 (beide Rz. 16) und den nach Art. 17 Abs. 11 VO Nr. 596/2014 ergangenen „MAR-Leitlinien – Aufschub der Offenlegung von Insiderinformationen" der ESMA[7] nicht widerspricht. Das ist indes *prima facie* schon deshalb anzunehmen, weil die vorgenannten Rechtsquellen keine inhaltlichen Vorgaben zu „berechtigten Interessen des Emittenten" enthalten und § 6 WpAV auch mit den Ausführungen in Erwägungsgrund 10 VO Nr. 596/2014 in Einklang steht.

104 **§ 6 WpAV lautet:**

„[1]Berechtigte Interessen, die nach Artikel 17 Absatz 4 der Verordnung (EU) Nr. 596/2014 von der Pflicht zur sofortigen Veröffentlichung nach Artikel 17 Absatz 1 und 2 der Verordnung (EU) Nr. 596/2014 befreien können, liegen vor, wenn die Interessen des Emittenten an der Geheimhaltung der Information die Interessen des Kapitalmarktes an einer vollständigen und zeitnahen Veröffentlichung überwiegen. [2]Dies kann insbesondere dann der Fall sein, wenn

1. das Ergebnis oder der Gang laufender Verhandlungen über Geschäftsinhalte, die geeignet wären, im Fall ihres öffentlichen Bekanntwerdens den Börsen- oder Marktpreis erheblich zu beeinflussen, von der Veröffentlichung wahrscheinlich beeinträchtigt würden und eine Veröffentlichung die Interessen der Anleger ernsthaft gefährden würde, oder
2. durch das Geschäftsführungsorgan des Emittenten abgeschlossene Verträge oder andere getroffene Entscheidungen zusammen mit der Ankündigung bekannt gegeben werden müssten, dass die für die Wirksamkeit der Maßnahme erforderliche Zustimmung eines anderen Organs des Emittenten noch aussteht, und dies die sachgerechte Bewertung der Information durch das Publikum gefährden würde, wenn der Emittent dafür gesorgt hat, dass die endgültige Entscheidung so schnell wie möglich getroffen wird."

---

1 S. zur Übersicht etwa *Fleischer* in Spindler/Stilz, Aktiengesetz, 2. Aufl. 2015, § 76 AktG Rz. 24 ff. und *Spindler* in MünchKomm. AktG, 4. Aufl. 2014, § 76 AktG Rz. 63 ff.
2 I.E. ebenso *Bartmann*, S. 343 ff.; *Klöhn/Schmolke*, ZGR 2016, 866, 874 ff.; *Klöhn* in Klöhn, Art. 17 MAR Rz. 146 ff.; *Mülbert/Sajnovits*, WM 2017, 2001, 2004; *Veil/Brüggemeier* in Meyer/Veil/Rönnau, Handbuch zum Marktmissbrauchsrecht, § 10 Rz. 98.
3 Im Ausgangspunkt auch *Klöhn*, ZHR 178 (2014), 55, 75, und *Klöhn* in Klöhn, Art. 17 MAR Rz. 146, der – in Anknüpfung an die Benennung „potenzieller Aktionäre" in Erwägungsgrund 50 VO Nr. 596/2014 und in *ESMA*, MAR-Leitlinien – Aufschub der Offenlegung, S. 5 Rz. 8 lit. b – auch die Interessen derjenigen Aktionäre, „die während der Geheimhaltungsphase Aktien des Emittenten erwerben", berücksichtigt sehen möchte. Dagegen spricht schon, dass die differenzierende Ermittlung von Interessen von Aktionären, die bei dem Aufschub Aktionäre des Emittenten waren, und solchen, die während des Aufschubs Aktionäre wurden, sowie die Zusammenführung dieser Interessen zum Emittenteninteresse sowohl theoretisch fragwürdig als auch praktisch nicht leistbar ist. A.A. *Steinrück*, S. 95 ff., der – insb. S. 108 f. und S. 112 ff. – das Interesse „potenzieller Anleger" als „Kapitalmarktinteressen" deutet, dessen damit verbundene Intention sich aber wesentlich besser und ohne begriffliche Artistik in der nach diesseitiger Ansicht weiterhin erforderlichen Interessenabwägung – s. Rz. 105 – verwirklichen lässt, wie sie *Steinrück* denn auch selbst – ebd. S. 112 – vor Augen hat.
4 *Steinrück*, S. 95 ff., 108, 112.
5 Zur Fortgeltung des WpAIV nach dem Inkrafttreten der Marktmissbrauchsverordnung und zu ihrer Neufassung als WpAV s. Vor Art. 7 ff. VO Nr. 596/2014 Rz. 42.
6 ABl. EU Nr. L 339 v. 24.12.2003, S. 70.
7 *ESMA*, MAR-Leitlinien – Aufschub der Offenlegung, s. Schrifttum zu Art. 17 VO Nr. 596/2014.

(b) Regel. Bei der Beantwortung der Frage, welches berechtigte Interessen des Emittenten sind, ist allein von den **Interessen des Emittenten selbst** auszugehen; Interessen Dritter sind hierbei nicht zu berücksichtigen (näher Rz. 121). Nach § 6 Satz 1 WpAV ist als **Regel** immer dann von einem berechtigten Interesse des Emittenten auszugehen, wenn seine Interessen an der Geheimhaltung der Information die Interessen des Kapitalmarkts an einer vollständigen und zeitnahen Veröffentlichung überwiegen. Im Gegensatz dazu wird Art. 17 Abs. 4 Unterabs. 1 lit. a VO Nr. 596/2014 im Schrifttum so verstanden, dass in Bezug auf die Berechtigung eines Aufschubs ausschließlich auf die Interessen des Emittenten abzustellen sei und eine **Interessenabwägung** zwischen berechtigten Interessen des Emittenten und Interessen des Kapitalmarkts entfalle[1]. Ausweislich § 6 Satz 1 WpAV beurteilt dies der Verordnungsgeber jedoch offenkundig anders und sieht sich durch keine der in Betracht kommenden gemeinschaftsrechtlichen Rechtquellen (s. Rz. 103) daran gehindert, entsprechend der früheren Regelung in § 6 Satz 1 WpAIV (a.F.) und gestützt auf seine ihm durch § 26 Abs. 4 Satz 1 Nr. 4 WpHG eingeräumte Verordnungsermächtigung eine Interessenabwägung zu verlangen. Dabei kann er sich darauf berufen, dass auch Art. 6 Abs. 2 Satz 1 RL 2003/6/EG (Rz. 15), der durch § 15 Abs. 3 Satz 1 WpHG a.F. umgesetzt wurde und die Vorlage für Art. 17 Abs. 4 Unterabs. 1 lit. a VO Nr. 596/2014 bildet (Rz. 101), selbst keine solche Interessenabwägung verlangte und § 6 Satz 1 WpAIV a.F. nicht als richtlinienwidrig betrachtet wurde. Dafür konnte von jeher das Argument streiten, dass nur „berechtigte" Interessen des Emittenten geschützt werden: Bezogen auf die Verpflichtung des Emittenten zur Offenlegung von Insiderinformation und den Schutzzweck der Ad-hoc-Publizität bedeutet dies, dass jede Ausweitung der Interessen des Emittenten als berechtigte Interessen auf Kosten der Interessen des Kapitalmarkts als Gesamtheit der Interessen der Marktteilnehmer und insbesondere der Anleger geht. Die Qualifizierung von Interessen des Emittenten als hinsichtlich des Aufschubs der Offenlegung von Insiderinformationen berechtigt ist dementsprechend nicht ohne eine Beurteilung der durch den Offenlegungsaufschub beeinträchtigten Interessen vor allem aktueller und potenzieller Anteilseigner möglich.

Regelmäßig ist ein **berechtigtes Interesse des Emittenten** am Aufschub der Offenlegung einer Insiderinformationen dann anzunehmen, wenn mit überwiegender Wahrscheinlichkeit („eher als nicht")[2] die Veröffentlichung *einerseits* den Erfolg, den Eintritt oder die Durchführbarkeit des Ereignisses, auf das sich die Insiderinformation bezieht, gefährden oder *andererseits* den Eintritt bzw. die Herbeiführung von für den Emittenten negativer, aber durch geeignete Maßnahmen abwendbarer konkreter Ereignisse bzw. Umstände herbeiführen würde und dem Emittenten daraus ein nicht unerheblicher Nachteil entstünde[3]. Nicht ausreichend ist es, wenn der Emittent davon ausgeht, die Veröffentlichung der Insiderinformationen, namentlich im Falle negativer Insiderinformationen, würde seiner Geschäftsentwicklung nicht förderlich sein[4]. Deshalb wird die Schwelle für die Anerkennung berechtigter Interessen zu niedrig angesetzt, wenn es für ein berechtigtes Interesse an Aufschub der Veröffentlichung einer Insiderinformation bereits ausreichen soll, dass durch eine Veröffentlichung der Information unternehmerische Ziele oder Entwicklungen vereitelt, gefährdet oder erheblich beeinträchtigt würden[5]. Die überwiegende **Wahrscheinlichkeit** der Beeinträchtigung der Interessen des Emittenten ist auch hier (wie bei der Beurteilung der Kurserheblichkeit einer Insiderinformation, Art. 7 VO Nr. 596/2014 Rz. 78 ff.) aus der Sicht eines verständigen, mit den Marktgegebenheiten vertrauten Anlegers zu beurteilen[6].

Der Aufschub der Offenlegung von Informationen, die aufgrund **zwingender gesetzlicher Vorschriften zu veröffentlichen** sind, kann nicht auf berechtigte Interessen des Emittenten gestützt werden. Dazu gehört etwa der Verlust der Hälfte des Grundkapitals des Emittenten nach § 92 Abs. 1 AktG[7].

(c) Regelbeispiele. Den Auftrag von Art. 17 Abs. 11 VO Nr. 596/2014 ausführend, hat die **ESMA** „eine nicht abschließende indikative **Liste der berechtigten Interessen des Emittenten**, die von einer unverzüglichen Offenlegung von Insiderinformationen aller Wahrscheinlichkeit nach beeinträchtigt wären"[8]. Die „Leitlinien sol-

---

1 *Buck-Heeb*, Kapitalmarktrecht, Rz. 434; *Hopt/Kumpan* in Schimansky/Bunte/Lwowski, § 107 Rz. 153; *Klöhn*, AG 2016, 423, 430; *Mülbert/Sajnovits*, WM 2017, 2001, 2003; *Poelzig*, NZG 2016, 761, 764; *Retsch*, NZG 2016, 1201, 1202; *Schäfer* in Marsch-Barner/Schäfer, Handbuch börsennotierte AG, Rz. 15.33.
2 Ähnlich *Sven H. Schneider*, BB 2005, 897, 898: es reicht, wenn die Veröffentlichung den berechtigten Interessen schaden könnte.
3 Ebenso *Sönke Schröder*, S. 92.
4 Ähnlich *Simon*, Der Konzern 2005, 13, 20 (schlechte Geschäftsentwicklung, negative Kennzahlen); *Versteegen* in KölnKomm. WpHG, 1. Aufl. 2007, § 6 WpAIV Rz. 22.
5 *Buck-Heeb*, Kapitalmarktrecht, Rz. 434; *Hopt/Kumpan* in Schimansky/Bunte/Lwowski, § 107 Rz. 152; *Hopt/Kumpan*, ZGR 2017, 765, 783; *Kumpan*, DB 2016, 2039, 2044; *Langenbucher*, Aktien- und Kapitalmarktrecht, § 17 Rz. 34 ff.; *Simon*, Der Konzern 2005, 13, 19; *Veith*, NZG 2005, 254, 257.
6 Ebenso *Zimmer* in FS Schwark, S. 669, 672; *Zimmer/Kruse* in Schwark/Zimmer, § 15 WpHG Rz. 56, 61. Noch geringere, allerdings wenig präzise Anforderungen stellt *Versteegen* in KölnKomm. WpHG, 1. Aufl. 2007, § 15 Anh. § 6 WpAIV Rz. 13: „gewisse (nicht notwendig überwiegende) Wahrscheinlichkeit". *Geibel/Schäfer* in Schäfer/Hamann, Kapitalmarktgesetze, § 15 WpHG Rz. 132, verlangen „ausreichende Erfolgswahrscheinlichkeit". Das Kriterium der überwiegenden Wahrscheinlichkeit entspricht der Formulierung der ESMA in *ESMA*, MAR-Leitlinien – Aufschub der Offenlegung, S. 3 Rz. 2, wonach die Beeinträchtigung „wahrscheinlich" zu erwarten sein muss.
7 *Hopt/Kumpan* in Schimansky/Bunte/Lwowski, § 107 Rz. 159.
8 *ESMA*, MAR-Leitlinien – Aufschub der Offenlegung, S. 3 Rz. 2.

len den Emittenten bei ihrer Entscheidung, die Offenlegung von Insiderinformationen gemäß Artikel 17 Absatz 4 der MAR aufzuschieben, durch **Beispiele** Hilfestellung leisten". Die Leitlinien in Bezug auf berechtigte Interessen des Emittenten für den Aufschub der Offenlegung von Insiderinformationen lauten[1]:

„Für die Zwecke von Artikel 17 Absatz 4 Buchstabe a der MAR können sich die Fälle, in denen die unverzügliche Offenlegung von Insiderinformationen geeignet wäre, die berechtigten Interessen des Emittenten zu beeinträchtigen, auf folgende nicht erschöpfende Umstände beziehen:

a. Der Emittent führt Verhandlungen, deren Ergebnis durch die unverzügliche öffentliche Bekanntgabe wahrscheinlich gefährdet würde. Beispiele für solche Verhandlungen sind Verhandlungen über Fusionen, Übernahmen, Aufspaltungen und Spin-offs, Erwerb oder Veräußerung wesentlicher Vermögenswerte oder Unternehmenszweige, Umstrukturierungen und Reorganisationen. [Näher Rz. 109]

b. Die finanzielle Überlebensfähigkeit des Emittenten ist stark und unmittelbar gefährdet – auch wenn er noch nicht unter das geltende Insolvenzrecht fällt –, und die unverzügliche Bekanntgabe von Insiderinformationen würde die Interessen der vorhandenen und potentiellen Aktionäre erheblich beeinträchtigen, indem der Abschluss der Verhandlungen gefährdet würde, die eigentlich zur Gewährleistung der finanziellen Erholung des Emittenten gedacht sind. [Näher Rz. 113]

c. Die Insiderinformationen beziehen sich auf vom Geschäftsführungsorgan eines Emittenten getroffene Entscheidungen oder abgeschlossene Verträge, die gemäß dem innerstaatlichen Recht oder den Statuten des Emittenten der Zustimmung durch ein anderes Organ des Emittenten (abgesehen von der Hauptversammlung der Aktionäre) bedürfen, um wirksam zu werden, sofern die folgenden Voraussetzungen erfüllt sind:
   i. Die unverzügliche Offenlegung dieser Informationen vor einer endgültigen Entscheidung würde die korrekte Bewertung der Informationen durch das Publikum gefährden und
   ii. der Emittent hat dafür gesorgt, dass die endgültige Entscheidung so schnell wie möglich getroffen wird. [Näher Rz. 110]

d. Der Emittent hat ein Produkt entwickelt oder eine Erfindung getätigt, und die unverzügliche Offenlegung dieser Information würde aller Wahrscheinlichkeit nach die Rechte des geistigen Eigentums des Emittenten gefährden.

e. Der Emittent plant den Erwerb oder Verkauf einer wesentlichen Beteiligung an einem anderen Unternehmen, und die Offenlegung dieser Information würde aller Wahrscheinlichkeit nach die Durchführung dieses Plans gefährden.

f. Ein zuvor angekündigtes Geschäft unterliegt der Genehmigung durch eine staatliche Behörde, wobei diese Genehmigung von weiteren Anforderungen abhängt, und die unverzügliche Offenlegung dieser Anforderungen wird sich aller Wahrscheinlichkeit nach auf die Fähigkeit des Emittenten, diese Anforderungen zu erfüllen, auswirken und somit den Erfolg des Geschäfts letztendlich verhindern."

109 Das Beispiel „**Gefährdung laufender Vertragsverhandlungen**" in lit. a. der vorstehend wiedergegebenen MAR-Leitlinien folgt Erwägungsgrund 50 lit. a Teilsatz 1 VO Nr. 596/2014 und ist identisch mit dem Regelbeispiel in § 6 Satz 2 Nr. 1 WpAV (Rz. 104), das in seinem Wortlaut – Ersetzung der Formulierung „wahrscheinlich erheblich beeinträchtigt" in § 6 Satz 2 Nr. 1 WpAIV a.F. durch „wahrscheinlich beeinträchtigt" – dem Beispiel der Leitlinien angepasst wurde. Erfasst sind erkennbar auf Vertragsabschlüsse gerichtete Verhandlungen jedweder Art, die für das Unternehmen von solcher Bedeutung sind, dass sie Gegenstand von Insiderinformationen sein können[2], darüber hinaus aber auch Verhandlungen mit Behörden in Bezug auf Compliance-Verstöße[3]. Eine **wahrscheinliche Beeinträchtigung** ist auch hier als überwiegende Wahrscheinlichkeit anzusehen[4]. Wenn davon abweichend in lit. a der MAR-Leitlinien von „wahrscheinlich *gefährdet*" die Rede ist, so ist damit nicht nur die Gefährdung (etwa im Sinne des Abbruchs oder des Scheiterns) eingeleiteter Verhandlungen gemeint, sondern jede Beeinträchtigung derselben[5]. Die Annahme, die „Anforderungen an die Wahrscheinlichkeit der Beeinträchtigung der Verhandlungen [hingen] davon ab, wie hoch der drohende Verlust der Geschäftschance" sei[6], ist aus der Luft gegriffen.

110 Darüber hinaus entspricht das auch in Erwägungsgrund 50 lit. b VO Nr. 596/2014 angeführte und in lit. c der MAR-Leitlinien übernommene Beispiel „**Ausstehende Zustimmung durch ein anderes Organ des Emittenten**" dem Regelbeispiel in **§ 6 Satz 2 Nr. 2 WpAV**. Auch diese Bestimmung wurde, durch Ergänzung der ursprünglichen Fassung in § 6 Satz 2 Nr. 2 WpAIV a.F. um den letzten Satzteil, dem einschlägigen Teil der MAR-

---

1 *ESMA*, MAR-Leitlinien – Aufschub der Offenlegung, S. 4f. Rz. 8. Zur Vorbereitung und Behandlung der Selbstbefreiungsfälle in *ESMA*, Final Report – Guidelines, aus denen diese Leitlinien hervorgegangen sind, s. *Krämer/Kiefner*, AG 2016, 621 ff.
2 Zum Aufschub der Veröffentlichung von Insiderinformationen im Zusammenhang mit Vertragsverhandlungen *Mülbert/Sajnovits*, WM 2017, 2041, 2042f.
3 *Mülbert/Sajnovits*, WM 2017, 2041, 2043; *Seibt/Cziupka*, AG 2015, 93, 101, 103f.
4 S. Rz. 106; § 15 WpHG Rz. 138.
5 So schon *Assmann* in 6. Aufl., § 15 WpHG Rz. 140.
6 *Klöhn* in Klöhn, Art. 17 MAR Rz. 199.

Leitlinie angepasst. Besonderer Beachtung bedarf der Umstand, dass das in § 6 Satz 2 Nr. 2 WpAV angeführte Regelbeispiel nicht deshalb einen Aufschub der Ad-hoc-Veröffentlichung gestattet, weil die Respektierung der Entscheidungsfreiheit anderer Organe – in der Regel des Aufsichtsrats – dieses verlangt. Vielmehr macht das Regelbeispiel den Aufschub der Ad-hoc-Veröffentlichung allein davon abhängig, dass der in der Veröffentlichung anzubringende Hinweis auf die ausstehende Zustimmung eines anderen Organs **die sachgerechte Bewertung der Information durch das Publikum gefährden** würde[1]. Das bedeutet, dass *nicht per se* jede noch ausstehende Zustimmung eines anderen Organs den Aufschub einer Ad-hoc-Veröffentlichung nach § 6 Satz 2 Nr. 2 WpAV erlaubt. Zur Frage, ob dessen ungeachtet ein Aufschub der Veröffentlichung einer Insiderinformation – aufgrund der allgemeinen Befreiungsregel des § 6 Satz 1 WpAV – allein wegen noch erforderlichen Zustimmung eines anderen Organs zulässig ist, s. Rz. 112. Des Weiteren verlangt die Ausnahme, dass der Emittent dafür gesorgt hat, dass die **endgültige Entscheidung so schnell wie möglich getroffen** wird. Das heißt, im Zeitpunkt des Aufschubs müssen bereits Vorkehrung getroffen sein oder spätestens mit dem Aufschub dahingehend getroffen werden, dass die Entscheidung, die abzuwarten ist, zu dem nach Recht, Gesetz und Satzung sowie nach nicht änderbaren äußeren Umständen nächstmöglichen Zeitpunkt getroffen werden.

Soweit es im Hinblick auf die nach lit. c der MAR-Leitlinien (Rz. 108) und § 6 Satz 2 Nr. 2 WpAV noch ausstehende „**Zustimmung durch ein anderes Organ des Emittenten**" geht, d.h. in der Regel um die noch ausstehende **Zustimmung des Aufsichtsrats**, hält ein Teil des noch zur entsprechenden Bestimmung des § 6 Satz 2 Nr. 2 WpAIV a.F. publizierten Schrifttums die Gefahr einer nicht sachgerechten Bewertung der Veröffentlichung durch das Publikum dann als ausgeräumt, wenn die Zustimmung des Aufsichtsrats als wahrscheinlich.gelten dürfe[2]. Sehr viel weitergehend ist sogar geltend gemacht worden, die Veröffentlichung dürfe nur dann unterbleiben, wenn mit einem *ablehnenden* Votum „ernsthaft zu rechnen" sei[3]. Sehr viel enger dagegen ist die Ansicht, der Aufschubtatbestand sei nur dann nicht erfüllt, wenn die Zustimmung des Aufsichtsrats sicher sei[4]. Das würde so oder so den für die Entscheidung über eine Ad-hoc-Veröffentlichung verantwortlichen Vorstand dazu zwingen, eine „Prognose darüber anzustellen, wie wahrscheinlich eine Weigerung des Aufsichtsrats ist, einer bestimmten Maßnahme des Vorstands seine Zustimmung zu erteilen"[5]. Solchen Konsequenzen ist jedoch im Interesse der Funktionsfähigkeit der aktienrechtlichen Organisationsverfassung und der betroffenen Emittenten zu begegnen: Die zustimmende oder ablehnende Haltung des Aufsichtsrats zu einer Entscheidung des Vorstands ist (gerade bei börsennotierten Unternehmen wie den erfassten Emittenten) selbst dann nicht sicher prognostizierbar, wenn alle Mitglieder oder Gruppen Zustimmung signalisieren. Aber um eine solche auch nur halbwegs sichere Prognose zu erhalten, könnte der Vorstand des Emittenten zu sondierenden Gesprächen mit dem Aufsichtsrat gezwungen sein, welche entweder nur Teile des Aufsichtsrats einbeziehen oder den Aufsichtsrat zu einer unsorgfältigen und/oder verfrühten Befassung mit einem Sachverhalt zwingen: weder das eine noch das andere ist rechtlich hinnehmbar. Jenseits solcher Fälle wäre eine Prognose dem Vorstand schon deshalb schlechterdings nicht zuzumuten, weil dies eine Beurteilung des Verhaltens des Gremiums und seiner Mitglieder verlangen würde, welches die gedeihliche Zusammenarbeit der Organe beschädigen und das Gegenteil dessen hervorrufen würde, was prognostiziert wurde. Und schließlich würde eine solche Prognose, wie auch immer sie ausfällt, die Entscheidungsfreiheit der Mitglieder des Aufsichtsorgans erheblich beeinträchtigen.

Lit. c der MAR-Leitlinien (Rz. 108) und § 6 Satz 2 Nr. 2 WpAV enthalten keine abschließende Antwort auf die Frage, unter welchen Voraussetzungen ein Emittent wegen einer noch **ausstehenden Zustimmung eines anderen Organs** auch ohne mögliche Irreführung des Publikums für den Fall der Veröffentlichung einer Insiderinformation zum Aufschub der Offenlegung derselben berechtigt sein soll[6]. Das kam schon vor dem Inkrafttreten der Marktmissbrauchsverordnung und noch zu § 6 Satz 2 Nr. 2 WpAIV a.F. in der Ansicht der BaFin zum Ausdruck, ein berechtigtes Interesse des Emittenten könne „z.B. auch dann vorliegen, wenn die Veröffentlichung einer bereits vom Geschäftsführungsorgan getroffenen Maßnahme die ausstehende **Zustimmung durch den Aufsichtsrat** oder die Durchführbarkeit der Maßnahme gefährden würde"[7]. Dem ist auch unter

---

1 Ebenso *Pfüller* in Fuchs, § 15 WpHG Rz. 457; *Sönke Schröder*, S. 209; *Staake*, BB 2007, 1573, 1575; *Versteegen* in Köln-Komm. WpHG, 1. Aufl. 2007, § 15 Anh. § 6 WpAIV Rz. 39, 41.
2 *Veith*, NZG 2005, 254, 256. Ebenfalls Prognosen verlangend, aber andere Wahrscheinlichkeitsurteile zugrunde legend: *Harbarth*, ZIP 2005, 1898, 1905 (Der Aufschub ist nur dann unberechtigt, wenn die Entscheidung des Aufsichtsrats als „sicher" anzusehen ist); *Sven H. Schneider*, BB 2005, 897, 899 („Möglichkeit eines ablehnenden Beschlusses" ist Aufschubgrund).
3 *Bachmann*, ZHR 172 (2008), 597, 633 zu VI.1., 610 ff. Dagegen *Assmann*, ZHR 172 (2008), 635, 648 ff. Dem kommt i.E. nahe *Staake*, BB 2007, 1573, 1575 ff.: Veröffentlichungspflicht regelmäßig mit Vorstandsbeschluss.
4 *Gunßer*, S. 91 f., 94.
5 So *Veith*, NZG 254, 256.
6 Dies unterstellend, rügt *Messerschmidt*, BB 2004, 2538, zu Recht, das Abwarten der Zustimmung des Aufsichtsrats nur in Einzelfällen stehe im Widerspruch zum Aktiengesetz.
7 *BaFin*, Emittentenleitfaden 2013, S. 60, mit dem Hinweis S. 61: „Bei einer Befreiung sollte jedoch im Hinblick auf die erforderliche Vertraulichkeit eine endgültige Entscheidung in einem angemessenen Zeitraum herbeigeführt werden. Ggf. sollte die Entscheidung in entsprechenden Ausschüssen erfolgen, um eine zeitnahe Veröffentlichung herbeizuführen." S. auch Art. 7 VO Nr. 596/2014 Rz. 23.

Art. 17 Abs. 4 Unterabs. 1 VO Nr. 596/2014 zu folgen[1]. Dabei ist dieser Ansicht durch das *Geltl*-Urteil des EuGH[2] nicht der Boden entzogen worden, denn die Feststellung, jeder der erforderlichen Zustimmung durch ein Organ des Emittenten vorausgehende Zwischenschritt eines zeitlich gestreckten Vorgangs könne eine Insiderinformation darstellen, besagt nichts über die Berechtigung zum Aufschub der den Zwischenschritt betreffenden Insiderinformation. Auch wenn dies einer Besonderheit des dualistischen Systems des Verbandsrecht geschuldet ist, das aber die Anerkennung durch das Gemeinschaftsrecht gefunden hat[3], ist deshalb weiterhin davon auszugehen, dass die Veröffentlichung einer Insiderinformation über einen Vorgang, der noch der Zustimmung des Aufsichtsrats bedarf, vor der Entscheidung des Organs regelmäßig – und ohne dass es insoweit eines Urteils über die wahrscheinliche Abstimmung des Gremiums oder dessen wahrscheinlichen Umgangs mit einer möglichen Vorabveröffentlichung bedürfte – geeignet ist, den Erfolg, den Eintritt oder die Durchführbarkeit des Ereignisses, auf das sich die Insiderinformation bezieht, zu gefährden. Deshalb ist mit der BaFin festzuhalten, dass eine Befreiung von der Ad-hoc-Publizitätspflicht „angesichts der dem Aufsichtsrat nach dem Aktienrecht zugewiesenen gesetzlichen Aufgaben zur Überwachung des Vorstands ... bei mehrstufigen Entscheidungsprozessen ... regelmäßig zulässig" ist[4]. Lit. c der MAR-Leitlinien (Rz. 108) stellt im Übrigen, übereinstimmend mit der dazu bisher schon einhelligen Ansicht[5] – explizit klar, dass vergleichbare Überlegung im Hinblick auf die ausstehende **Zustimmung der Hauptversammlung** nicht in Frage kommen.

113 Beispiel b. der MAR-Leitlinien „**Gefährdung der finanziellen Überlebensfähigkeit des Emittenten**" entspricht Erwägungsgrund 50 lit. b VO Nr. 596/2014 und dem in Art. 3 Abs. 1 lit. a Satz 1 DurchfRL 2003/124/EG (Rz. 102) aufgeführten Fallbeispiel. Angesprochen sind Informationen über die **Sanierungsbedürftigkeit** eines Unternehmens sowie **Sanierungsmaßnahmen**. An ihrer Geheimhaltung durch Aufschub der Veröffentlichung diesbezüglicher Insiderinformationen wurde dem Emittenten schon bisher ein berechtigtes Interesse für den Fall zugestanden, dass ernsthafte Sanierungsaussichten bestehen[6].

114 Über die in den MAR-Leitlinien der ESMA (Rz. 108) und in § 6 Satz 2 Nr. 1 und Nr. 2 WpAV gegebenen Regelbeispiele hinaus, lassen sich als **weitere Beispiele** für ein berechtigtes Interesse des Emittenten an einem Aufschub von Insiderinformationen anführen:

– **Entdeckung von Rohstoffvorkommen**, wobei die Abbaurechte oder der Erwerb der von Grundstücken zur Ausbeutung derselben erst noch zu sichern sind[7].

– Als Folge der Veröffentlichung drohen dem Emittenten erhebliche **Wettbewerbsnachteile** oder **unverhältnismäßigen Kostensteigerungen**[8]. Letzteres kann etwa der Fall sein bei der Veröffentlichung der Entdeckung einer Rohstoffquelle, wenn die zum Abbau notwendigen Grundstücke noch zu erwerben sind.

– **Aufschub der Veröffentlichung von unerwarteten Geschäftszahlen oder Prognoseabweichungen** bis zum Zeitpunkt einer nach dem Finanzkalender des Emittenten unmittelbar bevorstehenden Regelberichterstattung. Zu veröffentlichungspflichtigen **Prognosen, Prognoseabweichungen und Prognosekorrekturen** s. Rz. 115.

– **Stellung von *Leniency*-Anträgen** auf Erlass einer Geldbuße im Zusammenhang mit der unternehmensinternen Aufdeckung und Anzeige von Kartellverstößen im Hinblick auf die Gewährleistung der von den Wettbewerbsbehörden verlangte Vertraulichkeit[9].

– **Wechsel in Schlüsselpositionen**, namentlich in Vorstand und Aufsichtsrat, wenn der Wechsel planvoll vollzogen werden soll und zwar die ausscheidende Person oder die als Neubesetzung vorgesehene Person bekannt sind, nicht aber der jeweilige Gegenpart und die Modalitäten des Wechsels einschließlich von dessen

---

1 Erwägungsgrund 50 lit. b VO Nr. 596/2014; *Hopt/Kumpan* in Schimansky/Bunte/Lwowski, § 107 Rz. 154; *Klöhn* in Klöhn, Art. 17 MAR Rz. 226 f.
2 EuGH (2. Kammer) v. 28.6.2012 – C-19/11, ECLI:EU:C:2012:397 – Geltl, AG 2012, 555.
3 Art. 38–42 der Verordnung (EG) Nr. 2157/2001 vom 8. Oktober 2001 über das Statut der Europäischen Gesellschaft (SE), ABl. EG Nr. L 294 v. 10.11.2001, S. 1.
4 *BaFin*, Emittentenleitfaden 2013, S. 61. Im Grundsatz auch *Eichner*, S. 114; *Geibel* in Schäfer/Hamann, Kapitalmarktgesetze, § 14 WpHG Rz. 66 („indizielle Wirkung"); *Harbarth*, ZIP 2005, 1898, 1905; *Lebherz*, S. 114 f.; *Merkner/Sustmann*, NZG 2005, 729, 737; *Möllers*, WM 2005, 1393, 1396; *Sven H. Schneider*, BB 2005, 897, 899; *Veith*, NZG 2005, 254, 256. Enger *Sönke Schröder*, S. 214 ff., 217 (nicht pauschal ab Vorliegen der zusätzlichen Voraussetzungen möglich, aber „in relativ weitem Maße" zulässig). Kritisch *Bachmann*, ZHR 172 (2008), 597, 608 ff. und gegen dessen Kritik wiederum *Assmann*, ZHR 172 (2008), 635, (648 ff.); *Diekmann/Sustmann*, NZG 2004, 929, 934 f.; *Messerschmidt*, BB 2004, 2538, 2539; *Schlitt/Schäfer*, AG 2005, 67, 74 („nur in Ausnahmefällen"); *Staake*, BB 2007, 1573, 1577 f.; *Ziemons*, NZG 2004, 537, 541.
5 *Assmann* in 6. Aufl., § 15 WpHG Rz. 146.
6 Etwa *Klöhn* in KölnKomm. WpHG, § 15 WpHG Rz. 261; *Kocher/Widder*, NZI 2010, 925, 928 f.; *Pfüller* in Fuchs, § 15 WpHG Rz. 261 f.
7 *Frowein* in Habersack/Mülbert/Schlitt, Kapitalmarktinformation, § 10 Rz. 102; *Hopt/Kumpan* in Schimansky/Bunte/Lwowski, § 107 Rz. 155.
8 Auch *Hopt/Kumpan* in Schimansky/Bunte/Lwowski, § 107 Rz. 155; *Tollkühn*, ZIP 2004, 2215, 2218; *Versteegen* in KölnKomm. WpHG, 1. Aufl. 2007, § 15 Anh. § 6 WpAIV Rz. 49; *Zimmer/Kruse* in Schwark/Zimmer, § 15 WpHG Rz. 62.
9 *Dreher*, WuW 2010, 731, 738 f.; *Mülbert/Sajnovits*, WM 2017, 2041, 2043.

Bereitschaft zur Veränderung[1], dies aber nur für den Fall, dass bei Veröffentlichung einer diesbezüglich eingetretenen Insiderinformationen – etwa der Bereitschaft eines Vorstandsvorsitzenden, unter gewissen Voraussetzungen und Nachfolgeregelungen aus dem Vorstand des Emittenten auszuscheiden – der Wechsel gefährdet wäre.

Vor allem im Hinblick auf die Pflicht zur Veröffentlichung von **Prognosen, Prognoseabweichungen und Prognosekorrekturen** verdient die **Verwaltungspraxis der BaFin** besondere Aufmerksamkeit, wobei zur Behandlung derselben einschließlich Unternehmensplandaten auf die Ausführungen in Art. 7 VO Nr. 596/2014 Rz. 25 ff. und Rz. 28 ff. zu verweisen ist. Bemerkenswert ist dabei vor allem die Kreation von Insiderinformationen und die Verpflichtung zur Veröffentlichung derselben durch die Postulierung einer – wider eigenem Bekunden permanenten – **Pflicht zur Beobachtung des Marktes und des eigenen Geschäfts** im Hinblick auf aufgestellte Prognosen. Im Einzelnen verlautbart die BaFin zur Veröffentlichungspflicht unter Art. 17 Abs. 1 Unterabs. 1 VO Nr. 596/2014 (Hervorhebung hinzugefügt): 115
„Hat der Emittent eine **Prognose erstellt**, so muss sie, wenn sie erheblich kursrelevant ist, veröffentlicht werden. In der Folgezeit ist der Emittent nicht verpflichtet, seine Prognose fortlaufend zu überprüfen. Allerdings muss er einzelne bedeutende Geschäftsvorfälle zum Anlass nehmen zu **prüfen, ob er die Prognose aufrechterhalten kann**. Hierbei ist zu berücksichtigen, dass diese Geschäftsvorfälle selbst Insiderinformationen sein können. Kommt er bei der Prüfung der Geschäftsvorfälle zu dem Ergebnis, dass er die ursprüngliche **Prognose aufrechterhalten kann**, dann bedarf es keiner Veröffentlichung nach Art. 17 MAR darüber. Stellt er aber fest, dass er sein **Ergebnisziel wahrscheinlich deutlich verfehlt/übertrifft**, sodass sich hieraus ein erhebliches Preisbeeinflussungspotential ableiten lässt, so muss er die Prognose im Wege einer Veröffentlichung nach Art. 17 MAR aktualisieren.
Weicht die **Markterwartung in der Folge von seiner Prognose ab**, so muss er diese nicht mittels Veröffentlichung nach Art. 17 MAR korrigieren, sofern er an seiner Prognose festhält. Anderes gilt aber, wenn der Emittent durch Signale, zum Beispiel durch Aussagen zum Geschäftsverlauf für den restlichen Prognosezeitraum beispielsweise in Interviews oder Analystenmeetings in Bezug auf das prognostizierte Ergebnis, diese Markterwartung erkennbar selbst verursacht hat.
Hat der Emittent lediglich eine **Jahresprognose** veröffentlicht und stellt er bei der Aufstellung unterjähriger Geschäftszahlen fest, dass diese von der Markterwartung oder den vergleichbaren Vorjahreszahlen abweichen, können diese Ergebnisse auch dann eine Pflicht zur Veröffentlichung nach Art. 17 MAR auslösen, auch wenn an der ursprünglichen Jahresprognose festgehalten wird. Vergleichsmaßstab ist dann je nach Aktualität das jeweilige Vorjahresergebnis oder die Markterwartung diesbezüglich. Umgekehrt kann die Veröffentlichung von Quartalszahlen oder Halbjahreszahlen eine Pflicht zur Korrektur der Jahresprognose auslösen, wenn trotz des noch andauernden Geschäftsjahres und ausstehender Geschäftsvorfälle dennoch nicht damit gerechnet werden kann, die Jahresprognose zu halten."

Im Hinblick auf **Wertpapiererwerbs- und Übernahmeangebote** nach dem WpÜG ist regelmäßig ein berechtigtes Interesse des **Bieters** an der Nichtveröffentlichung eines diesbezüglichen Vorhabens bis zu dem Zeitpunkt einer nach § 10 Abs. 1 Satz 1 WpÜG zu veröffentlichenden Entscheidung über die Abgabe eines Angebots anzunehmen[2]. Dabei darf die Zustimmung des Aufsichtsrats abgewartet werden, soweit sie für die Wirksamkeit eines Angebots erforderlich ist (arg. ex § 10 Abs. 1 Satz 2 WpÜG)[3]. Der dafür maßgebliche Grund – der Umstand, dass eine der Entscheidung zur Abgabe eines Angebots vorausgehende Meldung über ein bevorstehendes Angebot den Erfolg desselben nachhaltig gefährden oder die Kosten desselben erheblich vergrößern kann – vermag den Aufschub entsprechender Veröffentlichungspflichten bei **Anteils- und Unternehmenserwerbsvorgängen ("M&A-Transaktionen")** allerdings regelmäßig nicht zu begründen[4]. Hier müssen vielmehr konkrete Umstände vorliegen, die die Annahme als wahrscheinlich erscheinen lassen, eine Veröffentlichung werde die diesbezüglichen Verhandlungen und damit den Erfolg der Transaktion gefährden oder nicht akzeptable Preisveränderungen nach sich ziehen[5]. Jedenfalls kann auch hier die Veröffentlichung des Vertragsabschlusses bis zu einer eventuell erforderlichen Zustimmung des Aufsichtsrats des Emittenten[6] oder ggf. auch der anderen Partei aufgeschoben werden. 116

Erfährt die Zielgesellschaft von einem bevorstehenden **Wertpapiererwerbs- und Übernahmeangebot**, so sollte sie, auch wenn es sich dabei um eine Insiderinformation handeln sollte, entsprechend § 10 Abs. 6 WpÜG 117

---

1 Krämer/Kiefner, AG 2016, 621, 626.
2 Vgl. Assmann, AG 2002, 114, 117; Brandi/Süßmann, AG 2004, 642, 652; Gunßer, S. 137; Pfüller in Fuchs, § 15 WpHG Rz. 448; Versteegen in KölnKomm. WpHG, 1. Aufl. 2007, § 15 WpHG Rz. 134; Zimmer in FS Schwark, S. 669, 673.
3 Assmann in Assmann/Pötzsch/Uwe H. Schneider, § 10 WpÜG Rz. 16 ff.
4 Ähnliche Vorbehalte bei Brandi/Süßmann, AG 2004, 642, 653/654; Geibel/Schäfer in Schäfer/Hamann, Kapitalmarktgesetze, § 15 WpHG Rz. 97; Gunßer, S. 97.
5 Vgl. BaFin, Emittentenleitfaden 2013, S. 59; Gunßer, S. 97; Frowein in Habersack/Mülbert/Schlitt, Kapitalmarktinformation, § 10 Rz. 84; Langenbucher, Aktien- und Kapitalmarktrecht, § 17 Rz. 39; Pfüller in Fuchs, § 15 WpHG Rz. 448; Versteegen in KölnKomm. WpHG, 1. Aufl. 2007, § 15 Anh. § 6 WpAIV Rz. 50; Zimmer in FS Schwark, S. 669, 674.
6 Brandi/Süßmann, AG 2004, 642, 654.

solange keiner Pflicht zur Ad-hoc-Veröffentlichung unterliegen, wie der Bieter von einer Veröffentlichungspflicht nach § 10 Abs. 1 Satz 1 WpÜG befreit ist[1]. Im Übrigen kann sie aber auch – davon unabhängig – ein berechtigtes Interesse am Aufschub einer eventuellen Verpflichtung zur Ad-hoc-Veröffentlichung haben. Insbesondere kann sie ein eigenes berechtigtes Interesse an der Abgabe eines Angebots oder an dessen Scheitern haben. Das gilt auch für den Fall, dass Dritte über Transaktionen in Bezug auf Wertpapiere der Zielgesellschaft verhandeln und das Wissen darüber eine Insiderinformation in Bezug auf die Zielgesellschaft darstellt.

118 Besteht der nicht öffentlich bekannte Verdacht, dass es beim Emittenten zu **Compliance-Verstößen** gekommen ist, so ist der Emittent nach dem *Nemo tenetur*-Grundsatz und im Rahmen von dessen Anwendungsbereichs im Einzelfall (Rz. 77 ff.) nicht zur Veröffentlichung seiner Erkenntnisse als Insiderinformationen verpflichtet (Rz. 76). Das schließt es nicht aus, dass der Emittent und seine Rechtsberater, etwa um den möglichen Folgen einer anderweitigen rechtlichen Beurteilung des Ausschlusses des Art. 17 VO Nr. 596/2014 durch den Rechtsgrundsatz aus dem Wege zu gehen, einen **Aufschub der Offenlegung** nach Art. 17 Abs. 4 VO Nr. 596/2014 vorziehen und sich hinsichtlich der berechtigten Interessen des Emittenten am Aufschub auf den *Nemo tenetur*-Grundsatz berufen.

119 Auch unabhängig vom Eingreifen des *Nemo tenetur*-Grundsatzes wird im Schrifttum ein berechtigtes Interesse des Emittenten anerkannt, nicht öffentlich bekannte **Compliance-Verstöße geheim zu halten** und nicht ad hoc veröffentlichen zu müssen, wenn nur eine vernünftige Aussicht auf deren dauerhafte Geheimhaltung oder Geheimhaltung bis zur Verjährung von möglichen Schadensersatzansprüchen oder Bußgeldern gegenüber dem Emittenten verjährt sind[2]. Gleiches gilt für die **Einleitung interner oder externer Untersuchungen** (*Internal* oder *External Investigations*) zur Aufdeckung von nicht bereits öffentlich bekannten Compliance-Verstößen[3] oder des eine Insiderinformation darstellenden Verdachts auf solche. Abgesehen davon, dass der bloße Verdacht von Compliance-Verstößen, auch wenn er bereits als solcher als Insiderinformation anzusehen ist (dazu Art. 7 VO Nr. 596/2014 Rz. 40), im Falle seiner Veröffentlichung das Marktpublikum irreführen und dem Emittenten schaden kann, wird eine solche die Aufdeckung durch den Emittenten und gegebenenfalls auch durch Behörden beeinflussen und in der Regel erschweren. Vor allem kann sie dazu führen, dass die Betroffenen durch die auch ihnen dann offenbarten Informationen Beweismaterial manipulieren oder beseitigen. Bei der Entscheidung über einen Aufschub der Veröffentlichung von Insiderinformationen über die Einleitung interner oder externer Untersuchungen sollte der Emittent aber bedenken, dass sich die Vertraulichkeit der Informationen im Verlauf der Durchführung solche Untersuchungen – etwa der Befragung von Mitarbeitern – immer schwieriger gewährleisten lassen.

120 **(d) Interessenabwägung.** Um die sofortige Veröffentlichung von Insiderinformationen aufschieben zu können, müssen nach § 6 Satz 1 WpAV die Interessen des Emittenten an der Geheimhaltung der Information die Interessen des Kapitalmarktes an einer vollständigen und zeitnahen Veröffentlichung überwiegen. Bei der hierfür auch weiterhin (dazu Rz. 105) vorzunehmenden Interessenabwägung[4] sind die **Folgen**, die eine nicht zeitnahe Veröffentlichung der Insiderinformation für den **Kapitalmarkt**, und das heißt namentlich für die aktuellen und potenziellen **Anteilseigner** des Emittenten, mit sich bringen würde, in Rechnung zu stellen. Bestehen zwar berechtigte Erwartungen am Erfolg von Maßnahmen zur Beseitigung eines negativen ad-hoc-publizitätspflichtigen Ereignisses (etwa einer Illiquidität des Emittenten), so kann doch gleichwohl das Interesse des Kapitalmarkts an zeitnahen Informationen einem Aufschub der zu veröffentlichenden Insiderinformation entgegenstehen, wenn der Eintritt des Erfolges nicht kurzfristig zu erwarten ist[5]. Allein der Umstand, dass jede verspätete Veröffentlichung einer Insiderinformation für den Zeitraum des Veröffentlichungsaufschubs einen „falschen Kurs" mit sich bringt, ist eine zwangsläufige Folge des Aufschubs und vermag nicht bereits als solche das Interesse des Emittenten am Aufschub der Veröffentlichung entfallen zu lassen (Rz. 122).

121 Bei der Interessenabwägung sind nur die berechtigten **Interessen des Emittenten zu berücksichtigen** und nicht die Interessen, die dritte Personen – wie Verhandlungspartner, Vertragspartner, Anteilseigner oder sons-

---

1 Ebenso *Gunßer*, S. 144; *Langenbucher*, Aktien- und Kapitalmarktrecht, § 17 Rz. 40; *Pfüller* in Fuchs, § 15 WpHG Rz. 450. I.E. auch *Frowein* in Habersack/Mülbert/Schlitt, Kapitalmarktinformation, § 10 Rz. 81.
2 *Klöhn/Schmolke*, ZGR 2016, 866, 877; *Mülbert/Sajnovits*, WM 2017, 2041, 2042; *Schockenhoff*, NZG 2015, 409, 413 („... solange die Aufdeckungswahrscheinlichkeit unterhalb der 50 %-Schwelle liegt").
3 *Bunz*, NZG 2016, 1249, 1255; *Klöhn* in KölnKomm. WpHG, § 15 WpHG Rz. 319; *Klöhn/Schmolke*, ZGR 2016, 866, 877; *Pfüller* in Fuchs, § 15 WpHG Rz. 483, 493 ff.; *Mülbert/Sajnovits*, WM 2017, 2041, 2042; *Wilken/Hagemann*, BB 2016, 67, 71.
4 Zu § 15 Abs. 3 WpHG a.F. war dies ganz h.M., *Assmann* in 6. Aufl., § 15 WpHG Rz. 136 ff. Dazu sowie zu den hierbei zu beachtenden Grundsätzen *BaFin*, Emittentenleitfaden 2013, S. 60; *Cahn/Götz*, AG 2007, 221, 223; *Hopt*, ZHR 159 (1995), 133, 157; *Langenbucher*, Aktien- und Kapitalmarktrecht, § 17 Rz. 34; *Lebherz*, S. 115 ff.; *Lenenbach*, Kapitalmarktrecht, Rz. 13.297; *Seibt/Bremkamp*, AG 2008, 469, 473; *Renz/Rippel*, BuB, Rz. 7/755; *Sven H. Schneider*, BB 2005, 897, 898; *Simon*, Der Konzern 2005, 13, 19; *Spindler/Speier*, BB 2005, 2031, 2033; *Tollkühn*, ZIP 2004, 2215, 2218; *Veith*, NZG 2005, 254, 256 f.; *Zimmer/Kruse* in Schwark/Zimmer, § 15 WpHG Rz. 57, 58. A.A. *Versteegen* in KölnKomm. WpHG, 1. Aufl. 2007, § 15 Anh. § 6 WpAIV Rz. 17 f.
5 A.A. *Versteegen* in KölnKomm. WpHG, 1. Aufl. 2007, § 15 Anh. § 6 WpAIV Rz. 14, 16.

tige Dritte – an einer Verzögerung der Ad-hoc-Mitteilung haben können[1]. Allerdings ist zu beachten, dass es ein schutzwürdiges Interesse des Emittenten darstellen kann, dass die **Interessen Dritter** durch eine Ad-hoc-Veröffentlichung nicht verletzt werden[2]. So würde die Veröffentlichung des Umstands, dass demjenigen, der den Erwerb eines Pakets von Wertpapieren des Emittenten plant, die Möglichkeit einer „Due-diligence-Prüfung" eingeräumt wurde, nicht nur die Interessen der potenziellen Vertragsparteien, sondern auch diejenigen des Emittenten am Zustandekommen der Transaktion verletzen. Gleiches gilt für **Konzernsachverhalte:** Konzerninteressen und Interessen eines Konzernunternehmens können zugleich diejenigen des Emittenten als Konzernspitze oder konzerneingebundenes Unternehmen sein, denn die Konzernierung ist Merkmal der wirtschaftlichen und finanziellen Lage des Emittenten[3].

(2) Keine Irreführung der Öffentlichkeit. Auch wenn die Interessen des Emittenten an der Geheimhaltung der Information berechtigt sind und die Interessen des Kapitalmarkts an einer vollständigen und zeitnahen Veröffentlichung überwiegen, darf die Aufschiebung der Offenlegung nach Art. 17 Abs. 4 Unterabs. 1 lit. b VO Nr. 596/2014 doch nur erfolgen, wenn sie nicht geeignet ist, die Öffentlichkeit – d.h. dem Zweck der Bestimmung entsprechend: der Kapitalmarktöffentlichkeit i.S.d. Teilnehmer an diesem Markt und damit nicht nur einer Bereichsöffentlichkeit[4] – irrezuführen. Für die Beurteilung der Frage, ob eine Irreführung zu befürchten ist, ist eine ***Ex-ante*-Betrachtung** erforderlich[5]: Maßgeblich ist der Zeitpunkt des Eintritts der Veröffentlichungspflicht. Eine Irreführung ist nicht bereits darin zu sehen, dass wegen des Aufschubs der Veröffentlichung der Insiderinformation ein Informationsungleichgewicht besteht[6] und sich wegen der Nichteinbeziehung der Insiderinformation in den Preis der betroffenen Wertpapiere ein „**falscher Kurs**" bildet[7]. Beides ist die zwangsläufige Folge eines jeden Aufschubs der Veröffentlichung[8]. 122

Im Übrigen warf das Irreführungsverbot schon in Bezug auf § 15 Abs. 3 Satz WpHG a.F. einige Zweifel an seiner **Auslegung und** seiner **Funktion** zur Selektion der Fälle eines zulässigen von denjenigen eines unzulässigen Aufschubs einer Ad-hoc-Veröffentlichung auf[9]. Der Versuch, das Merkmal durch die Differenzierung zwischen positiven und negativen Insiderinformationen zu konkretisieren[10], wurde im Schrifttum zu Recht ganz überwiegend abgelehnt[11], denn mehr als die „Tendenzaussage", bei positiven Insiderinformationen sei eine Irreführung eher zu verneinen, bei negativen Insiderinformationen dagegen eher zu bejahen, bringt er nicht hervor. Eine **eigenständige Abgrenzungsfunktion** war und ist dem Irreführungsverbot aber nicht abzuerkennen, wenn man anderweitige Marktinformationen oder anderweitiges Verhalten des Emittenten als Bezugspunkt 123

---

1 *BaFin*, Emittentenleitfaden 2013, S. 60 a.E.; *Hopt/Kumpan* in Schimansky/Bunte/Lwowski, § 107 Rz. 152; *Geibel/Schäfer* in Schäfer/Hamann, Kapitalmarktgesetze, § 15 WpHG Rz. 130; *Oulds* in Kümpel/Wittig, Bank- und Kapitalmarktrecht, Rz. 14.251; *Pfüller* in Fuchs, § 15 WpHG Rz. 438; *Sven H. Schneider*, BB 2005, 897, 898; *Veil/Brüggemeier* in Meyer/Veil/Rönnau, Handbuch zum Marktmissbrauchsrecht, § 10 Rz. 102; *Veith*, NZG 2005, 254, 257; *Versteegen* in KölnKomm. WpHG, 1. Aufl. 2007, § 15 Anh. § 6 WpAIV Rz. 12.
2 Ähnlich *Brandi/Süßmann*, AG 2004, 642, 649 (Verhandlungen Dritter über Sachverhalte, die den Emittenten unmittelbar betreffen, an denen er aber nicht beteiligt ist, können berechtigtes Interesse an Nichtveröffentlichung auslösen); *Frowein* in Habersack/Mülbert/Schlitt, Kapitalmarktinformation, § 10 Rz. 105.
3 *Eichner*, S. 115; *Frowein* in Habersack/Mülbert/Schlitt, Kapitalmarktinformation, § 10 Rz. 88; *Hopt/Kumpan* in Schimansky/Bunte/Lwowski, § 107 Rz. 153; *Pfüller* in Fuchs, § 15 WpHG Rz. 209, 211; *Sönke Schröder*, S. 103 (S. 100 ff. umfassend zu den berechtigten Interessen des Emittenten im Konzern); *Spindler/Speier*, BB 2005, 2031, 2033 (für eine „konzernweite Interpretation" des Merkmals berechtigter Interessen); *Versteegen* in KölnKomm. WpHG, 1. Aufl. 2007, § 15 Anh. § 6 WpAIV Rz. 12.
4 Ebenso *Klöhn* in Klöhn, Art. 17 MAR Rz. 249 („das breite Anlegerpublikum").
5 *Pfüller* in Fuchs, § 15 WpHG Rz. 477; *Ziemons*, NZG 2004, 537, 543.
6 *BaFin*, Emittentenleitfaden 2013, S. 61; *Frowein* in Habersack/Mülbert/Schlitt, Kapitalmarktinformation, § 10 Rz. 110; *Geibel/Schäfer* in Schäfer/Hamann, Kapitalmarktgesetze, § 15 WpHG Rz. 135; *Hopt/Kumpan* in Schimansky/Bunte/Lwowski, § 107 Rz. 156; *Klöhn* in Klöhn, Art. 17 MAR Rz. 253; *Lenenbach*, Kapitalmarktrecht, Rz. 13.302; *Veil/Brüggemeier* in Meyer/Veil/Rönnau, Handbuch zum Marktmissbrauchsrecht, § 10 Rz. 123; *Veith*, NZG 2005, 254, 257 (mehr als bloßes Fehlen einer Information erforderlich).
7 OLG Stuttgart v. 22.4.2009 – 20 Kap. 1/08, AG 2009, 454, Rz. 122 = ZIP 2009, 962, 970; *Frowein* in Habersack/Mülbert/Schlitt, Kapitalmarktinformation, § 10 Rz. 110; *Harbarth*, ZIP 2005, 1898, 1905; *Hopt/Kumpan* in Schimansky/Bunte/Lwowski, § 107 Rz. 156; *Klöhn* in KölnKomm. WpHG, § 15 WpHG Rz. 291; *Mülbert/Sajnovits*, WM 2017, 2001, 2004; *Simon*, Der Konzern 2005, 13, 20; *Teigelack*, BB 2016, 1604, 1607; *Zimmer/Kruse* in Schwark/Zimmer, § 15 WpHG Rz. 67.
8 Ebenso *Pfüller* in Fuchs, § 15 WpHG Rz. 477.
9 *Simon*, Der Konzern 2005, 13, 20: „Zweifelhaftes Tatbestandsmerkmal, das weder durch den europäischen noch den deutschen Gesetzgeber näher erläutert wurde". Auch *Geibel/Schäfer* in Schäfer/Hamann, Kapitalmarktgesetze, § 15 WpHG Rz. 135: Kein eigenständiges Tatbestandsmerkmal, „da das Verhalten des Emittenten bereits bei der Güterabwägung zwischen seinen berechtigten Interessen und dem Informationsinteresse des Kapitalmarktes zu berücksichtigen ist".
10 *Brandi/Süßmann*, AG 2004, 642, 649; *Ziemons*, NZG 2004, 537, 543.
11 *Buck-Heeb*, Kapitalmarktrecht, Rz. 448; *Eichner*, S. 116; *Frowein* in Habersack/Mülbert/Schlitt, Kapitalmarktinformation, § 10 Rz. 110; *Geibel/Schäfer* in Schäfer/Hamann, Kapitalmarktgesetze, § 15 WpHG Rz. 1; *Gunßer*, S. 99 f.; *Harbarth*, ZIP 2005, 1898, 1905; *Möllers*, WM 2005, 1393, 1396; *Oulds* in Kümpel/Wittig, Bank- und Kapitalmarktrecht, Rz. 14.253; *Simon*, Der Konzern 2005, 13, 20; *Sönke Schröder*, S. 129; *Veith*, NZG 2005, 254, 257; *Versteegen* in KölnKomm. WpHG, 1. Aufl. 2007, § 15 WpHG Rz. 156; *Zimmer/Kruse* in Schwark/Zimmer, § 15 WpHG Rz. 67.

wählt: Dann ist eine Irreführung immer dann anzunehmen, wenn dem Publikum Informationen vorliegen, die mit der zu veröffentlichenden Insiderinformation im Widerspruch stehen oder der Emittent durch sein sonstiges Verhalten, einschließlich seines anderweitigen Informationsverhaltens[1], Vorstellungen weckt („Signale sendet"), die im Lichte der Insiderinformation unzutreffend sind[2] oder „im Markt schon konkrete Informationen ‚gehandelt' werden, so dass ein weiteres Schweigen des Emittenten dazu in die Irre führt"[3]. Letzteres entspricht Leitlinie c) der nachfolgend Rz. 124 wiedergegebenen ESMA-Leitlinien zum Aufschub der Offenlegung von Insiderinformationen.

124 Letztgenannte Sachverhalte entsprechen auch dem, was die ESMA in den **„MAR-Leitlinien – Aufschub der Offenlegung von Insiderinformationen"** unter Rz. 9 lit. c „Fälle, in denen der Aufschub der Offenlegung von Insiderinformationen geeignet ist, die Öffentlichkeit irrezuführen" anführt, um damit zugleich die vorstehend ausgeführte Funktion des Merkmals zu bestätigen. Die auch hinsichtlich der aufgeführten Irreführungsfälle nicht abschließenden (s. Rz. 108), aber eine Befreiung ausschließenden[4] Leitlinien lauten[5]:
„Für die Zwecke von Artikel 17 Absatz 4 Buchstabe b der MAR umfassen die Fälle, in denen der Aufschub der Offenlegung von Insiderinformationen geeignet ist, die Öffentlichkeit irrezuführen, mindestens folgende Umstände:
a. Die Insiderinformationen, deren Offenlegung der Emittent aufzuschieben beabsichtigt, unterscheiden sich wesentlich von der früheren öffentlichen Ankündigung des Emittenten hinsichtlich des Gegenstands, auf den sich die Insiderinformationen beziehen, oder
b. die Insiderinformationen, deren Offenlegung der Emittent aufzuschieben beabsichtigt, betreffen die Tatsache, dass die finanziellen Ziele des Emittenten aller Wahrscheinlichkeit nach nicht erreicht werden, wobei diese Ziele zuvor öffentlich bekanntgegeben worden waren, oder
c. die Insiderinformationen, deren Offenlegung der Emittent aufzuschieben beabsichtigt, stehen im Gegensatz zu den Markterwartungen[6], wobei diese Erwartungen auf Signalen beruhen, die der Emittent zuvor an den Markt gesendet hatte, zum Beispiel durch Interviews, Roadshows oder jede andere Art der vom Emittenten organisierten oder genehmigten Kommunikation."

125 **(3) Gewährleistung der Vertraulichkeit.** Die Aufschiebung der Offenlegung von Insiderinformationen ist nach Art. 17 Abs. 4 Unterabs. 1 lit. c VO Nr. 596/2014 schließlich nur unter der weiteren Voraussetzung gestattet, dass der Emittent „die Geheimhaltung dieser Informationen sicherstellen" kann. Diese Bedingung übernimmt, mit nur geringer Abweichung im Wortlaut, diejenige des Art. 6 Abs. 2 Satz 1 RL 2003/6/EG vom 28.1. 2003 (Rz. 15). Deren Fassung – „sofern ... der Emittent in der Lage ist, die Vertraulichkeit der Information zu gewährleisten" – war auch sprachlich die Vorlage ihrer Umsetzung in § 15 Abs. 3 Satz 1 WpHG a.F.

126 Zur Frage, unter welchen **Voraussetzungen** anzunehmen ist, dass der Emittent die Geheimhaltung der hinsichtlich ihrer Veröffentlichung aufzuschiebenden Insiderinformationen sicherstellen kann, war **§ 7 Nr. 2 WpAIV a.F.** zu entnehmen, dazu habe der Emittent wirksame Vorkehrungen dafür zu treffen, dass andere Personen als solche, deren Zugang zu Insiderinformationen für die Wahrnehmung ihrer Aufgaben beim Emitten-

---

1 *BaFin*, Emittentenleitfaden 2013, S. 61; *Gunßer*, S. 99; *Ziemons*, NZG 2004, 537, 543.
2 I.E. ebenso *BaFin*, Emittentenleitfaden 2013, S. 61 („Der Emittent darf aber während des Befreiungszeitraums aktiv keine Signale setzen, die zu der noch nicht veröffentlichten Insiderinformation in Widerspruch stehen"). Auch *Buck-Heeb*, Kapitalmarktrecht, Rz. 447; *Eichner*, S. 116; *Geibel/Schäfer* in Schäfer/Hamann, Kapitalmarktgesetze, § 15 WpHG Rz. 135 (der Emittent hat durch „eigenes Zutun eine Nachrichten- oder Gerüchtelage geschaffen, auf Grund derer erhebliche Fehlvorstellungen in der Öffentlichkeit über die Umstände, die Gegenstand der Veröffentlichung sein sollen, entstanden sind"); *Hopt/Kumpan* in Schimansky/Bunte/Lwowski, § 107 Rz. 156; *Hopt/Kumpan*, ZGR 2017, 765, 783; *Klöhn* in Klöhn, Art. 17 MAR Rz. 251; *Lenenbach*, Kapitalmarktrecht, Rz. 13.302; *Mülbert/Sajnovits*, WM 2017, 2041, 2043 f.; *Oulds* in Kümpel/Wittig, Bank- und Kapitalmarktrecht, Rz. 14.253; *Pfüller* in Fuchs, § 15 WpHG Rz. 480, 482; *Schwintek*, S. 34; *Schäfer* in Marsch-Barner/Schäfer, Handbuch börsennotierte AG, Rz. 15.35; *Seibt/Bremkamp*, AG 2008, 469, 477; *Seibt*, Bankrechtstag 2017, S. 81, 106; *Simon*, Der Konzern 2005, 13, 20; *Tollkühn*, ZIP 2004, 2215, 2218 f.; *Veil/Brüggemeier* in Meyer/Veil/Rönnau, Handbuch zum Marktmissbrauchsrecht, § 10 Rz. 123; *Veith*, NZG 2005, 254, 257 f.; *Ziemons*, NZG 2004, 537, 543. Grundsätzlich zustimmend *Sönke Schröder*, S. 131 ff. Ablehnend und eine stärkere Berücksichtigung des Emittenteninteresses verlangend, für die Interessenabwägung aber wenig operationale Kriterien anbietend, *Zimmer* in FS Schwark, S. 669, 676 ff. (678).
3 OLG Stuttgart v. 22.4.2009 – 20 Kap. 1/08, AG 2009, 454 Rz. 122 = ZIP 2009, 962, 970.
4 Die Leitlinien sind in diesem Sinne nicht nur „indikativ": *Steinrück* S. 159; ebenso *Veil/Brüggemeier* in Meyer/Veil/Rönnau, Handbuch zum Marktmissbrauchsrecht, § 10 Rz. 124.
5 ESMA, MAR-Leitlinien – Aufschub der Offenlegung, S. 5 f. Rz. 9.
6 Ausführlich hierzu *Seibt*, Bankrechtstag 2017, S. 81, 106 f. S. 106: „Zwar können zur Bestimmung der Markterwartungen auch Umstände wie etwa die Einschätzungen von Finanzanalysten (insbes. anerkannte Analystenkonsensus) berücksichtigt werden... Jedoch ist auch in diesem Fall – und entgegen einer offenbar neuen BaFin-Verwaltungspraxis – notwendiger Anknüpfungspunkt das eigene Verhalten des Emittenten und dadurch am Markt gesetzte Signale..., z.B. durch eine ‚Vermarktung' bestimmter Finanzanalyseberichte oder eines von der Gesellschaft entwickelten oder ausdrücklich in Bezug genommen ‚Analysts' Consensus'; eine bloße Verlinkung von Drittanalysen auf der Website des Emittenten wird für eine eigene Signalgebung in der Regel nicht ausreichen. Eine Zurechnung des Auftretens Dritter am Markt zum Emittenten mit einer daraus folgenden ‚Sperrung' des Veröffentlichungsaufschubs ist somit nicht vorzunehmen".

ten unerlässlich sei, **keinen Zugang zu diesen Informationen** erlangten. Der Verordnungsgeber übernahm in dieser Bestimmung Art. 3 Abs. 2 lit. a DurchfRL 2003/124/EG (Rz. 102). Eine entsprechende Vorschrift fehlt in der dem Art. 17 VO Nr. 596/2014 angepassten WpAV, was damit begründet wird, ihr Inhalt ergebe sich nunmehr unmittelbar aus Art. 17 Abs. 7 VO Nr. 596/2014. Dass dies gerade hinsichtlich der Bestimmung des § 7 Nr. 2 WpAIV a.F. nicht zutrifft, ist jedoch folgenlos, ist die seinerzeit von Art. 3 Abs. 2 lit. a DurchfRL 2003/124/EG und § 7 Nr. 2 WpAIV a.F. gegebene Antwort auf die Frage, wann die Vertraulichkeit einer Insiderinformation während der Befreiung von der Veröffentlichungspflicht gewährleistet ist, doch die im Hinblick auf die Verbote von Insidergeschäften nach Art. 14 VO Nr. 596/2014 und den Zweck des Insiderrechts Naheliegendste und kaum mehr als eine Klarstellung. Dabei braucht nicht einmal mehr über die Auslegung des Begriffs „**unerlässlich**", wie er sich in Art. 3 Abs. 2 lit. a DurchfRL 2003/124/EG und § 7 Nr. 2 WpAIV a.F. fand, gestritten zu werden[1], lässt sich der *Grøngaard und Bang*-Entscheidung vom 22.11.2005[2] im Hinblick auf das Weitergabeverbot nach § 14 Abs. 1 Nr. 2 WpHG a.F. und heutigen Art. 10 Abs. 1 Unterabs. 1 VO Nr. 596/2014 doch entnehmen, dass die Weitergabe von Insiderinformationen innerhalb des Unternehmens und an Dritte nur dann als gerechtfertigt anzusehen ist, wenn sie für die Ausübung einer Beschäftigung oder eines Berufs oder für die normale Erfüllung einer Aufgabe unerlässlich und verhältnismäßig ist, was bedeutet, dass ohne die Weitergabe eine Beschäftigung oder ein Beruf oder die Erfüllung einer Aufgabe nicht ordnungsgemäß ausgeübt werden kann und die jeweils in Frage stehende Tätigkeit darüber hinaus im Lichte einer Abwägung zwischen dem Zweck des Weitergabeverbots und dem Grund der Tätigkeit gerechtfertigt ist (dazu Art. 10 VO Nr. 596/2014 Rz. 20).

Art. 3 Abs. 2 lit. b DurchfRL 2003/124/EG (Rz. 102) verlangte zusätzlich, der Emittent habe zum Zweck der Kontrolle des Zugangs zu Insiderinformationen auch sicherzustellen, dass jede Person, die Zugang zu derlei Informationen hat, die sich daraus ergebenden rechtlichen sowie regulatorischen Pflichten anerkennt und sich der Sanktionen bewusst ist, die bei einer missbräuchlichen Verwendung bzw. bei einer nicht ordnungsgemäßen Verbreitung derartiger Sanktionen verhängt werden. Dass sich ein solches Erfordernis weder in § 7 WpAIV a.F. fand noch in der WpAV zu finden ist und darüber hinaus auch für die Sicherstellung der Vertraulichkeit nach Art. 17 Abs. 4 Unterabs. 1 lit. c VO Nr. 596/2014 nicht eigens zu verlangen ist, folgt daraus, dass dieses **Anerkennungs- und Aufklärungserfordernis** in § 15b Abs. 1 Satz 3 WpHG a.F. aufgenommen wurde und heute in Art. 18 Abs. 2 Unterabs. 1 VO Nr. 596/2014 Eingang gefunden hat[3]. Letzterer verlangt, dass Emittenten oder in ihrem Auftrag oder für ihre Rechnung handelnde Personen alle erforderlichen Vorkehrungen treffen, um dafür zu sorgen, dass alle auf der Insiderliste erfassten Personen[4] die aus den Rechts- und Verwaltungsvorschriften erwachsenden Pflichten schriftlich anerkennen und sich der Sanktionen bewusst sind, die bei Insidergeschäften und unrechtmäßiger Offenlegung von Insiderinformationen Anwendung finden.

Welche **Vorkehrungen** der Emittent zu treffen hat, um die Geheimhaltung der Insiderinformationen während des Aufschubs ihrer Veröffentlichung zu gewährleisten, hängt von seinen Verhältnissen und den konkreten Umständen im Zusammenhang mit dem Aufschub zusammen. Er mag dazu „zumindest vorübergehend die Schaffung einer **Compliance-Struktur** mit der Einrichtung strikter Vertraulichkeitsbereiche und klarer Regeln, unter welchen Voraussetzungen eine Insiderinformation in- und extern weitergegeben werden kann"[5], sowie die Einrichtung einer *Compliance* Abteilung mit entsprechendem Leiter erwägen, doch ist dies nicht generell und zwingend erforderlich[6]. Beschränkt sich die Kenntnis von der Insiderinformation etwa auf den nur aus wenigen Mitgliedern bestehenden Vorstand des Emittenten, kann schon ein wechselseitiges Versprechen, die Information an niemanden weiterzugeben, ausreichen[7]. Eine **Dokumentation** der ergriffenen Maßnahmen zur Gewährleistung der Geheimhaltung der Insiderinformationen ist ebenfalls nicht zwingend geboten[8], aber zum

---

1 Dazu noch *Assmann* in 6. Aufl., § 15 WpHG Rz. 162.
2 EuGH v. 22.11.2005 – C-384/02, ECLI:EU:C:2005:708 – Grøngaard und Bang, NJW 2006, 133, 134 Rz. 34.
3 I.E. zu § 15 Abs. 3 WpHG ebenso *Frowein* in Habersack/Mülbert/Schlitt, Kapitalmarktinformation, § 10 Rz. 115; *Geibel/Schäfer* in Schäfer/Hamann, Kapitalmarktgesetze, § 15 WpHG Rz. 136; *Harbarth*, ZIP 2005, 1898, 1906; *Lenenbach*, Kapitalmarktrecht, Rz. 13.305; *Sönke Schröder*, S. 147; *Tollkühn*, ZIP 2004, 2215, 2219; *Veith*, NZG 2005, 254, 258; *Ziemons*, NZG 2004, 537, 543; *Zimmer* in FS Schwark, S. 669, 678. RegE AnSVG, BT-Drucks. 15/3174, 35, führt das Erfordernis als ein sich aus § 15 Abs. 3 WpHG ergebendes an, obwohl es weder im Wortlaut dieser Bestimmung noch in demjenigen des § 7 WpAIV einen Niederschlag gefunden hat.
4 Das sind nach Art. 18 Abs. 1 lit. a VO Nr. 596/2014 alle Personen, die Zugang zu Insiderinformationen haben, wenn diese Personen für sie – d.h. die zur Führung einer Insiderliste Verpflichteten – auf Grundlage eines Arbeitsvertrags oder anderweitig Aufgaben wahrnehmen, durch die diese Zugang zu Insiderinformationen haben, wie Berater, Buchhalter oder Ratingagenturen.
5 *Brandi/Süßmann*, AG 2004, 642, 650, als generelle Anforderung aber überzogen.
6 Ebenso *Hopt/Kumpan* in Schimansky/Bunte/Lwowski, § 107 Rz. 157; *Klöhn* in Klöhn, Art. 17 MAR Rz. 276; *Oulds* in Kümpel/Wittig, Bank- und Kapitalmarktrecht, Rz. 14.254; *Versteegen* in KölnKomm. WpHG, 1. Aufl. 2007, § 15 WpHG Rz. 164. A.A. *Brandi/Süßmann*, AG 2004, 642, 650; *Tollkühn*, ZIP 2004, 2215, 2218.
7 Im Grundsatz ebenso *Seibt/Bremkamp*, AG 2008, 469, 478: dokumentiertes wechselseitiges Versprechen ist ausreichend.
8 *Hopt/Kumpan* in Schimansky/Bunte/Lwowski, § 107 Rz. 157; *Klöhn* in Klöhn, Art. 17 MAR Rz. 311; *Zimmer/Kruse* in Schwark/Zimmer, § 15 WpHG Rz. 71. S. darüber hinaus die in der nachfolgenden Fn. angeführte Schrifttum. Anders *Brandi/Süßmann*, AG 2004, 642, 650, allerdings ohne Begründung, woraus sich diese Pflicht ergeben soll. Diesen folgend, aber ebenfalls ohne Begründung, *Schwintek*, S. 35.

Zwecke des Nachweises der Erfüllung der Voraussetzungen des Aufschubs der Veröffentlichung der Insiderinformationen und wegen der zivilrechtlichen und ordnungswidrigkeitsrechtlichen Sanktionen eines unzulässigen Aufschubs der Veröffentlichung von Insiderinformationen anzuraten[1]. Des Zusammenhangs halber ist darauf hinzuweisen, dass die Personen, die Zugang zu über Insiderwissen haben, über ihre Pflichten im Umgang mit den Insiderinformationen sowie darüber **zu belehren** sind, welche Sanktionen bei Insidergeschäften und unrechtmäßiger Offenlegung von Insiderinformationen Anwendung finden (Art. 18 Abs. 2 VO Nr. 596/2014)[2].

129 Nicht nur die Einreichung und Zustellung der **Klage** eines Dritten gegen den Emittenten, sondern auch die Entwicklung von **gerichtlichen Verfahren**, namentlich von Zivilprozessen, sind den Emittenten regelmäßig unmittelbar betreffende Informationen und können damit ad-hoc-publizitätspflichtige Insiderinformationen darstellen (Rz. 45). Die Veröffentlichung solcher Insiderinformationen aufzuschieben, kann durchaus im berechtigten Interesse des Emittenten liegen, doch dürfte die Vertraulichkeit allenfalls bei kurserheblichen Verfahrensschritten zu gewährleisten sein, über die ausschließlich der Emittenten informiert wird. Das ist in Zivilprozessen nicht denkbar, so dass bei diesen mangels in gewährleistender Vertraulichkeit der vorgenannten Insiderinformationen ein diese betreffender Veröffentlichungsaufschub regelmäßig ausscheidet[3].

130 **(4) Klarstellung: Zeitlich gestreckter Vorgang (Art. 17 Abs. 4 Unterabs. 2 VO Nr. 596/2014).** Wenn Art. 17 Abs. 4 Unterabs. 2 VO Nr. 596/2014 bestimmt, im Falle eines zeitlich gestreckten Vorgangs, der aus mehreren Schritten besteht und einen bestimmten Umstand oder ein bestimmtes Ereignis herbeiführen soll oder hervorbringt, könne ein Emittent auf eigene Verantwortung die Offenlegung von Insiderinformationen zu diesem Vorgang vorbehaltlich der Erfüllung der in Art. 17 Abs. 4 Unterabs. 1 VO Nr. 596/2014 aufgeführten Voraussetzungen aufschieben, so handelt es sich dabei weder um eine weitere Bedingung für den Aufschub der Offenlegung einer Insiderinformation noch wird mit der Vorschrift eine zusätzliche Bedingung für den Aufschub einer Insiderinformation über einen Zwischenschritt eingeführt. Vielmehr handelt es sich bei Art. 17 Abs. 4 Unterabs. 2 VO Nr. 596/2014 lediglich um eine **Klarstellung**: Kann jeder Zwischenschritt eines zeitlich gestreckten Sachverhalts eine Insiderinformation sein (Art. 7 Abs. 2 Satz 2 VO Nr. 596/2014, dazu Art. 7 VO Nr. 596/2014 Rz. 49 ff.), so muss – wenn die Information über den konkreten Zwischenschritt „für sich genommen die Kriterien für Insiderinformationen ... erfüllt" (Art. 7 Abs. 3 VO Nr. 596/2014) und damit eine Insiderinformation darstellt – deren Offenlegung auch nach Art. 17 Abs. 4 Unterabs. 1 VO Nr. 596/2014 aufgeschoben werden können.

131 **cc) Aufschubgrund „Wahrung der Stabilität des Finanzsystems" für Kreditinstitute oder Finanzinstitute (Art. 17 Abs. 5 und 6 VO Nr. 596/2014).** Ist der **Emittent ein ad-hoc-publizitätspflichtiges Kreditinstitut oder ein Finanzinstitut** i.S.v. Art. 3 Abs. 1 Nr. 3 bzw. Nr. 4 VO Nr. 596/2014, so kann er die Veröffentlichung von Insiderinformationen, wie jeder andere Emittent auch, unter den in Art. 17 Abs. 4 Unterabs. 1 VO Nr. 596/2014 aufgeführten Voraussetzungen aufschieben (Art. 17 Abs. 6 Unterabs. 4 VO Nr. 596/2014)[4]. Darüber hinaus kann er aber auch nach **Art. 17 Abs. 5 lit. a–d VO Nr. 596/2014** die Offenlegung von Insiderinformationen – einschließlich von Informationen im Zusammenhang mit einem zeitweiligen Liquiditätsproblem und insbesondere in Bezug auf den Bedarf an zeitweiliger Liquiditätshilfe seitens einer Zentralbank oder eines letztinstanzlichen Kreditgebers – **zur Wahrung der der Stabilität des Finanzsystems aufschieben**, sofern sämtliche der in dieser Bestimmung aufgeführten **Voraussetzungen** (Bedingungen) erfüllt sind[5]. Diese sind: *erstens*, dass die Offenlegung der Insiderinformationen das Risiko birgt, die finanzielle Stabilität des Emittenten und des Finanzsystems zu untergraben; *zweitens*, dass der Aufschub der Veröffentlichung im öffentlichen Interesse liegt; *drittens*, dass die Geheimhaltung der betreffenden Informationen gewährleistet werden; und *viertens*, dass die BaFin als gem. Art. 17 Abs. 3 VO Nr. 596/2014 festgelegte zuständige Behörde die vorgenannten Vo-

---

1 Ebenso *Diekmann/Sustmann*, NZG 2004, 935; *Frowein* in Habersack/Mülbert/Schlitt, Kapitalmarktinformation, § 10 Rz. 116; *Gunßer*, S. 102; *Harbarth*, ZIP 2005, 1898, 1906; *Hopt/Kumpan* in Schimansky/Bunte/Lwowski, § 107 Rz. 157; *Klöhn* in Klöhn, Art. 17 MAR Rz. 311; *Simon*, Der Konzern 2005, 13, 21; *Sven H. Schneider*, BB 2005, 902; *Veith*, NZG 2005, 254, 259; *Versteegen* in KölnKomm. WpHG, 1. Aufl. 2007, § 15 WpHG Rz. 164.
2 Im Zusammenhang mit Art. 17 Abs. 4 VO Nr. 596/2014 auch *Klöhn* in Klöhn, Art. 17 MAR Rz. 278.
3 Auch *Teigelack*, BB 2016, 1604, 1609 f.
4 Ebenso *Klöhn* in Klöhn, Art. 17 MAR Rz. 316; *Schäfer* in Marsch-Barner/Schäfer, Handbuch börsennotierte AG, Rz. 15.38 (dieser Aufschubgrund verdrängt die Möglichkeit des Aufschubs nach Art. 17 Abs. 4 Unterabs. 1 VO Nr. 596/2014 nicht); *Veil/Brüggemeier* in Meyer/Veil/Rönnau, Handbuch zum Marktmissbrauchsrecht, § 10 Rz. 148.
5 Erwägungsgrund 52 Sätze 1 und 2 VO Nr. 596/2014 MAR: „Um das öffentliche Interesse zu schützen, die Stabilität des Finanzsystems zu wahren und um beispielsweise zu verhindern, dass sich Liquiditätskrisen von Finanzinstituten aufgrund eines plötzlichen Abzugs von Mitteln zu Solvenzkrisen entwickeln, kann es unter besonderen Umständen angemessen sein, Kreditinstituten und Finanzinstituten einen Aufschub der Offenlegung systemrelevanter Insiderinformationen zu gestatten. Dies kann insbesondere für Informationen im Zusammenhang mit zeitweiligen Liquiditätsproblemen gelten, bei denen Zentralbankkredite, einschließlich Krisen-Liquiditätshilfe seitens einer Zentralbank, erforderlich sind und die Offenlegung der Informationen systemische Auswirkungen hätte." S. auch *Hopt/Kumpan* in Schimansky/Bunte/Lwowski, § 107 Rz. 160: „Diese Befreiungsmöglichkeit ist vor dem Hintergrund der Bankenkrise von Northern Rock und der Société Générale sowie der im Zuge der Finanzmarktkrise durchgeführten Stresstests der Banken zu sehen". Ebenso *Klöhn*, AG 2016, 423, 432; *Klöhn*, ZHR 181 (2017), 746 ff.; *Klöhn* in Klöhn, Art. 17 MAR Rz. 313.

raussetzungen als erfüllt betrachtet und dem Aufschub zugestimmt hat. Ist in **konzernrechtlichen Zusammenhängen** nicht die finanzielle Stabilität des Emittenten, sondern die einer nicht ad-hoc-publizitätspflichtigen systemrelevanten Tochtergesellschaft gegeben, ist Art. 17 Abs. 5 VO Nr. 596/2014 weder direkt noch analog[1] anwendbar. Da es sich bei der finanziellen Instabilität einer systemrelevanten Tochtergesellschaft um eine Insiderinformation handelt, die auch den Emittenten unmittelbar betrifft, muss dieser die Insiderinformation nach Art. 17 Abs. 1 Unterabs. 1 VO Nr. 596/2014 veröffentlichen oder prüfen, ob er diese unter den Voraussetzungen des Art. 17 Abs. 4 Unterabs. 1 VO Nr. 596/2014 aufschieben kann. Das wird regelmäßig der Fall sein, wenn die Veröffentlichung aufgeschoben werden soll, um die Beseitigung der finanziellen Instabilität der Tochter zu erreichen und konzernhaftungsrechtliche Folgen des Scheiterns der Stabilisierung der Tochter zu vermeiden. Dass mit dieser Aufschiebung der Offenlegung die Öffentlichkeit irregeführt würde – eine Voraussetzung, die für den Aufschub der Veröffentlichung von Insiderinformationen nicht erfüllt sein muss –, ist hier in Bezug auf den Emittenten, seine Finanzinstrumente und den Kapitalmarkt regelmäßig nicht zu erkennen. Der analogen Anwendung des Art. 17 Abs. 5 VO Nr. 596/2014 zum Aufschub veröffentlichungspflichtiger Insiderinformationen zum Schutz des öffentlichen Interesses der Stabilität bedarf es in solchen Fällen nicht.

Um die Voraussetzung des Art. 17 Abs. 5 lit. d VO Nr. 596/2014 zu erfüllen und die Zustimmung der BaFin zum Aufschub der Veröffentlichung von Insiderinformationen zu erhalten, muss der Emittent gem. Art. 17 Abs. 6 Unterabs. 1 Satz 1 die die **BaFin von seiner Absicht in Kenntnis setzen**, die Offenlegung der Insiderinformationen aufzuschieben. Die Vorschrift verlangt, mit der Mitteilung Nachweise vorzulegen, aus denen sich ergibt, dass die Voraussetzungen gem. Art. 17 Abs. 5 lit. a–c VO Nr. 596/2014 erfüllt sind. Die Mitteilung der Absicht, die Offenlegung von Insiderinformationen aufzuschieben, muss im Übrigen nach Maßgabe von **Art. 5 DurchfVO 2016/1055** (Rz. 16; der Text ist im Anschluss an den Text von Art. 17 VO Nr. 596/2014 wiedergegeben) erfolgen. Die BaFin hört nach Art. 17 Abs. 6 Unterabs. 1 Satz 2 VO Nr. 596/2014 in den dort angeführten Fällen die in der Vorschrift genannten Behörden an und stellt nach Art. 17 Unterabs. 2 Satz 1 VO Nr. 596/2014 sicher, dass der Aufschub für die Offenlegung von Insiderinformationen **nur für den im öffentlichen Interesse erforderlichen Zeitraum** gewährt wird. Darüber hinaus muss die BaFin als zuständige Behörde nach Art. 17 Unterabs. 2 Satz 2 VO Nr. 596/2014 mindestens wöchentlich **bewerten**, ob die für den Aufschub nach Art. 17 Abs. 5 lit. a–c VO Nr. 596/2014 erforderlichen **Voraussetzungen noch vorliegen**. 132

Zu den **Voraussetzungen**, die für die Zustimmung der BaFin zum Aufschub der Veröffentlichung von Insiderinformationen i.S.v. nach Art. 17 Abs. 5 VO Nr. 596/2014 gegeben sein müssen, gehört, dass der Aufschub der Veröffentlichung **im öffentlichen Interesse** liegt (Art. 17 Abs. 5 lit. b VO Nr. 596/2014). Ein solches ist aber nur anzunehmen, wenn das „öffentliche und wirtschaftliche Interesse am Aufschub der Offenlegung gegenüber dem Interesse des Marktes am Erhalt der Informationen, die Gegenstand des Aufschubs sind, überwiegt"[2]. Für diesen Fall wird eine Irreführung der Öffentlichkeit und des Marktpublikums in Kauf genommen. Zum Erfordernis der **Gewährleistung der Geheimhaltung** der betreffenden Informationen gelten die Ausführungen in Rz. 125 ff. entsprechend. 133

Der Emittent ist von der Ad-hoc-Veröffentlichung der Insiderinformation bis zur Entscheidung der Behörde über die **Zustimmung** zum Aufschub der Veröffentlichung nach Art. 17 Abs. 5 VO Nr. 596/2014, welche als Verwaltungsakt i.S.d. § 35 VwVfG ergeht, befreit. Das gilt auch für den Fall, dass dem Aufschub die **Zustimmung versagt** wird, es sei denn, die Voraussetzungen des Aufschubs lagen offenkundig nicht vor[3]. Bei Versagung der Zustimmung muss der Emittent die Insiderinformationen unverzüglich nach Zustellung der diesbezüglichen Entscheidung offenlegen (Art. 17 Abs. 6 Unterabs. 3 i.V.m. Abs. 1 VO Nr. 596/2014). Bei **Erteilung der Zustimmung** ist der Emittent von der Veröffentlichung für den im öffentlichen Interesse erforderlichen Zeitraum (Art. 17 Abs. 6 Unterabs. 2 Satz 1 VO Nr. 596/2014) befreit. Dabei **überprüft** – "bewertet" (Art. 17 Abs. 6 Unterabs. 2 Satz 2 VO Nr. 596/2014) – die Behörde allerdings mindestens wöchentlich, ob die Voraussetzungen gem. Art. 17 Abs. 5 lit. a, b und c VO Nr. 596/2014 noch vorliegen (Art. 17 Abs. 6 Unterabs. 2 Satz 1 VO Nr. 596/2014), um gegebenenfalls – ebenfalls als selbständiger Verwaltungsakt oder gegebenenfalls in Ausübung eines bei Erteilung der Zustimmung vorgenommenen Widerrufsvorbehalts – mitzuteilen, dass der Aufschub der Ad-hoc-Veröffentlichung im öffentlichen Interesse nach Art. 17 Abs. 5 VO Nr. 596/2014 nicht mehr 134

---

1 A.A. *Klöhn*, ZHR 181 (2017), 746, 753 f., 778; *Klöhn* in Klöhn, Art. 17 MAR Rz. 327: „Es darf vermutet werden, dass der MAR-Gesetzgeber die konzernweite Dimension der Norm schlicht übersehen hat". Dem ist zu widersprechen, da die Vorschrift erkennbar nur die systemrelevanten Solvenzkrisen eines Ad-hoc-Publizitätspflichten unterworfenen *Emittenten* und den Aufschub der Ad-hoc-Publizität zum Nachteil seiner Aktionäre und des Publikums zum Gegenstand hat.
2 Erwägungsgrund 52 Satz 3 VO Nr. 596/2014. Ebenso *Hopt/Kumpan* in Schimansky/Bunte/Lwowski, § 107 Rz. 162; *Klöhn*, ZHR 181 (2017), 746, 752, 762 f.; *Klöhn* in Klöhn, Art. 17 MAR Rz. 348; *Zetzsche* in Gebauer/Teichmann, § 7 C. Rz. 185.
3 Im Ansatz wie *Klöhn* in Klöhn, Art. 17 MAR Rz. 327, der sich für eine Ausnahme für „rechtsmissbräuchliche Anträge …, dh für offensichtlich unbegründete Anträge" ausspricht. Wenn darüber hinaus verlangt wird, dass ein Antrag „allein zu dem Zweck gestellt [wurde], die Befreiungswirkung während der Schwebezeit auszunutzen", so stellt dies nur nicht vor unüberwindbare Beweisprobleme und ist damit nur dann akzeptabel, wenn man den objektiven Umstand eines offensichtlich unbegründeten Antrags als Nachweis dieses subjektiven Element akzeptiert.

gerechtfertigt ist. In diesem Falle ist die aufgeschobene Insiderinformation entweder entsprechend der Anordnung der Behörde oder entsprechend Art. 17 Abs. 6 Unterabs. 3 VO Nr. 596/2014 nach Art. 17 Abs. 1 VO Nr. 596/2014 in ihrer zu diesem Zeitpunkt bestehenden Form zu veröffentlichen.

135 c) **Überprüfung und Wegfall der Aufschubgründe – Information der BaFin über den Aufschub (Art. 17 Abs. 4 Unterabs. 3 und Abs. 7 VO Nr. 596/2014). aa) Wegfall der Aufschubgründe.** § 7 Nr. 1 WpAV lässt sich im Hinblick auf den Aufschub durch eine Befreiungsentscheidung entnehmen, dass die Gründe, die für die Befreiung maßgeblich waren, **regelmäßig zu überprüfen** sind[1].

136 Der **Aufschub** für die Veröffentlichung einer Insiderinformation nach Art. 17 Abs. 4 Unterabs. 1 und Abs. 5 VO Nr. 596/2014 ist **solange zulässig**, wie die Gründe für die Befreiung gegeben sind[2]. Dabei geht der Verordnungsgeber offenbar davon aus, dass von den Befreiungsvoraussetzungen nachträglich nur das Erfordernis der Sicherstellung der Geheimhaltung dieser Informationen wegfallen kann und bestimmt in Art. 17 Abs. 7 Unterabs. 1 VO Nr. 596/2014, dass der Emittent in diesem Fall die Öffentlichkeit so schnell wie möglich über diese Informationen in Kenntnis setzen muss. Dabei ist – wenngleich seltener und damit praktisch weniger bedeutsam – durchaus denkbar, dass durch die Änderungen innerer und äußerer Umstände des Emittenten oder einer Kombination solcher Umstände auch andere der in Art. 17 Abs. 4 Unterabs. 1 und Abs. 5 VO Nr. 596/2014 genannten Bedingungen wegfallen können. Zu denken ist etwa daran, dass Vertragsverhandlungen mit Kreditinstituten zur Beseitigung eines eingetretenen Liquiditätsengpasses, um derentwillen die Offenlegung eines solchen zu Recht aufgeschoben wurden, scheitern und kein berechtigtes Interesse mehr am Aufschub der Offenlegung des Liquiditätsproblems besteht. Da sich solche Fälle in Nichts von dem geregelten unterscheiden, sind auf diese **Art. 17 Abs. 4 Abs. 1 Unterabs. 1 und Abs. 5 VO Nr. 596/2014 entsprechend anwendbar**. Die **Vertraulichkeit der Insiderinformationen ist nicht mehr gewährleistet**, wenn es Anhaltspunkte gibt, die die Lückenhaftigkeit der ergriffenen Maßnahmen, die nicht hinreichende Umsetzung geeigneter Maßnahmen oder die sonstige Ungeeignet eingeleiteter und umgesetzter Maßnahmen erkennen lassen. Das kann etwa durch Fälle der unzulässigen internen Weitergabe von Insiderinformationen zutage treten, doch muss es sich hierbei wie bei allen anderen Anhaltspunkten um Vorgänge handeln, deren Wiederholung nicht durch Nachbesserungen auszuschließen ist. Hierbei dürfte die Häufung von Vertraulichkeitsdefiziten oder die schon in einem nachweisbaren Einzelfall nicht feststellbare Ursache der Vertraulichkeitsverletzung ein Indiz dafür darstellen, dass die Vertraulichkeit gewährleistet werden kann oder nicht mehr zu gewährleisten ist.

137 Art. 17 Abs. 7 Unterabs. 1 VO Nr. 596/2014 verlangt nicht, dass der Emittent die Vertraulichkeit nicht mehr gewährleisten kann, sondern lediglich, dass die Vertraulichkeit „nicht mehr gewährleistet ist". Das bedeutet, dass es unerheblich ist, ob die Gründe für die nicht mehr zu gewährleistende Vertraulichkeit in der **Sphäre des Emittenten zu suchen sind, oder der Sphäre unternehmensexterner Dritter** entstammen, die wegen ihrer Beschäftigung, ihres Berufs oder ihrer Aufgabe Kenntnis der nicht veröffentlichten Insiderinformationen erhalten haben[3]. Ist es etwa zu einer unberechtigten Weitergabe der fraglichen Insiderinformationen gekommen, von der der Emittent ausschließen kann oder zu können glaubt, dass sie nicht aus seiner Sphäre heraus vorgenommen wurde, so darf er, anders als etwa die BaFin dies noch im Hinblick auf § 15 Abs. 3 WpHG a.F. annehmen konnte[4], den Aufschub der Veröffentlichung nicht ohne weiteres fortsetzen. Hier ist es dann allerdings an ihm, für die Gewährleistung der Vertraulichkeit zu sorgen, was in der Regel nur schwer gelingen und deshalb zur unverzüglich Veröffentlichung der Insiderinformationen zwingen dürfte.

138 Bezogen auf das Vorliegen und die Fortdauer der Gewährleistung der Vertraulichkeit der Insiderinformationen, deren Offenlegung aufgeschoben wurde, führt **Art. 17 Abs. 7 Unterabs. 2 VO Nr. 596/2014** einen besonderen Fall an, in dem davon auszugehen ist, dass die Vertraulichkeit von Insiderinformationen, deren Veröffentlichung aufgeschoben wurde, nicht mehr gewährleistet ist. Er bestimmt, dass diese Insiderinformationen so schnell wie möglich zu veröffentlichen sind, wenn sie **Gegenstand eines Gerüchts sind, das ausreichend präzise ist**, um die Vermutung zu rechtfertigen, die Vertraulichkeit dieser Information sei nicht mehr gewährleistet. Das entspricht der Definition der BaFin, die – über vorstehende Begriffsbestimmung nicht hinausgehend – ein Gerücht dann als ausreichend präzise ansieht, „wenn die daraus abzuleitende Information darauf schließen lässt, dass ein Informationsleck entstanden ist, wobei dessen Herkunft unerheblich ist, so dass die Vertraulich-

---

[1] Ebenso *Buck-Heeb*, Kapitalmarktrecht, Rz. 454; *Klöhn* in KölnKomm. WpHG, § 15 WpHG Rz. 309; *Retsch*, NZG 2016, 1201, 1206.

[2] *Buck-Heeb*, Kapitalmarktrecht, Rz. 433; *Klöhn* in Klöhn, Art. 17 MAR Rz. 15, 135, 299; *Renz/Rippel*, BuB, Rz. 7/757 (Pflicht zur Veröffentlichung nach Ablauf des Befreiungszeitraums); *Veil/Brüggemeier* in Meyer/Veil/Rönnau, Handbuch zum Marktmissbrauchsrecht, § 10 Rz. 162.

[3] *ESMA*, Final Report – Draft technical standards, S. 53 Rz. 243; *BaFin*, MAR (FAQ), S. 5 zu III.2. Auch *Buck-Heeb*, Kapitalmarktrecht, Rz. 450; *Hopt/Kumpan* in Schimansky/Bunte/Lwowski, § 107 Rz. 157; *Hopt/Kumpan*, ZGR 2017, 765, 784; *Krause*, CCZ 2014, 248, 256; *Klöhn*, AG 2016, 423, 431; *Mülbert/Sajnovits*, WM 2017, 2001, 2006; *Retsch*, NZG 2016, 1201, 1205; *Schäfer* in Marsch-Barner/Schäfer, Handbuch börsennotierte AG, Rz. 15.35; *Seibt/Wollenschläger*, AG 2015, 593, 600; *Seibt*, Bankrechtstag 2017, S. 81, 107. A.A. zu Art. 17 Abs. 1 Unterabs. 1 VO Nr. 596/2014 *Krause*, CZZ 2014, 256.

[4] *BaFin*, Emittentenleitfaden 2013, S. 61 a.E.

keit nicht länger als gewahrt gelten kann"¹. Das heißt nichts anderes als dass das Gerücht jedenfalls auch Informationen enthält, die sich weitgehend mit den nicht veröffentlichten Insiderinformationen decken². Dies festzustellen bereitet indes weitaus weniger Schwierigkeiten als die Beantwortung der Frage, unter welchen Voraussetzungen der Emittent von der Existenz eines Gerüchts mit dem fraglichen Inhalt ausgehen muss, wobei zu bedenken ist, dass es zu den Charakteristika eines Gerüchts gehört, dass sein Inhalt unverbürgt und Zweifeln ausgesetzt ist, deshalb auch möglichen Veränderungen unterliegt, sich diffus verbreitet und hinsichtlich seiner Verbreitung in seinen möglichen verschiedenen Formen schwer festzustellen ist. Mit diesen Schwierigkeiten lässt sich bei der Anwendung von Art. 17 Abs. 4 Abs. 1 Unterabs. 2 VO Nr. 596/2014 und der sich aus dieser Bestimmung ergebenden Pflicht zur schnellstmöglichen Offenlegung der hinsichtlich ihrer Veröffentlichung aufgeschobenen Insiderinformationen nur auf die Weise umgehen, dass dem Vorstand des Emittenten oder Personen, deren Wissen dem Vorstand zurechenbar ist, sichere Informationen darüber vorliegen, dass Dritte im oder außerhalb des Unternehmens Nachrichten erhalten haben und gegebenenfalls auch verbreiten, deren Inhalt sich mit den fraglichen Insiderinformationen weitgehend deckt.

Liegt ein ausreichend **präzises Gerücht** i.S.d. Art. 17 Abs. 7 Unterabs. 2 VO Nr. 596/2014 vor, so ist die Insiderinformationen **so schnell wie möglich zu veröffentlichen**. Das heißt, dass dem Emittenten weder die Möglichkeit bleibt geltend zu machen, er habe seinerseits alles getan, um die Vertraulichkeit der Insiderinformationen zu gewährleisten, noch die Möglichkeit, die Ursachen des „Informationslecks" zu ergründen und Maßnahmen zur sicheren Wiederherstellung der Vertraulichkeit der hinsichtlich ihrer Veröffentlichung aufgeschobenen Insiderinformationen zu ergreifen³. Das Erfordernis „so schnell wie möglich" ist im Übrigen nicht anders auszulegen als das Erfordernis einer unverzüglichen Offenlegung. 139

Mit der BaFin ist des Weiteren davon auszugehen, dass die **willkürliche Streuung diffuser Informationen**, die „einem Verbreiten von falschen oder irreführenden Informationen gleichkommt" und in der Absicht erfolgt, „dem Emittenten richtig stellende Informationen zu entlocken", nicht als ausreichend präzise anzusehen sind⁴, geschweige denn ein Gerücht bilden. So präzise solche Distinktionen auch scheinen, so schwer wird es doch wiederum im Einzelfall sein, den Sachverhalt zu ermitteln, der es erlaubt, Gerüchte von der gezielten Streuung diffuser Informationen in provokativer Absicht zu unterscheiden. Sie erweisen sich damit als nutzlos. 140

Insiderinformationen, deren Offenlegung aufgeschoben wurde, können unter Beendigung des Aufschubs der Veröffentlichung – jedenfalls aus insiderrechtlicher Sicht – **jederzeit veröffentlicht werden**, auch wenn die Voraussetzungen für den Aufschub, namentlich die Sicherstellung der Geheimhaltung der Insiderinformationen, weiter gegeben sind. Dabei hat der Emittent allerdings – namentlich im Hinblick auf die Veröffentlichung der Insiderinformationen – die gleichen Vorschriften zu beachten, wie sie für den Wegfall der Aufschubgründe gelten. 141

Die Insiderinformationen, deren Offenlegung gem. Art. 17 Abs. 4 oder 5 VO Nr. 596/2014 aufgeschoben wurde und die nach Ablauf des Befreiungszeitraums, namentlich nach dem Wegfall eines Aufschiebungsgrunds nach Art. 17 Abs. 7 Unterabs. 1 VO Nr. 596/2014, unverzüglich zu veröffentlichen ist, ist **mit dem Inhalt zu veröffentlichen**, den sie im Zeitpunkt der danach vorzunehmenden Veröffentlichung hat (Rz. 207). Zu **Einzelheiten zur Veröffentlichung** der gemäß vorstehenden Ausführungen nach oder entsprechend Art. 17 Abs. 7 Unterabs. 1 VO Nr. 596/2014 offenzulegenden Insiderinformationen s. Rz. 207 ff. 142

bb) Befreiungsmitteilung – Mitteilung des Aufschubs an die BaFin (Art. 17 Abs. 4 Unterabs. 3 Satz 1 VO Nr. 596/2014). Unmittelbar nach der gem. Art. 17 Abs. 7 VO Nr. 596/2014 vorgenommenen Offenlegung der Insiderinformationen, die Gegenstand eines Aufschubs nach Art. 17 Abs. 4 Unterabs. 1 VO Nr. 596/2014 waren, muss der Emittent nach Art. 17 Abs. 4 Unterabs. 3 Satz 1 VO Nr. 596/2014 die zuständige Behörde **über den Aufschub informieren** und dieser **schriftlich erläutern**, inwieweit die in der Art. 17 Abs. 1 Unterabs. 1 VO 143

---

1 *BaFin*, MAR (FAQ), III.3. S. 5. Wenig konkreter der Versuch der Konkretisierung dieses Kriteriums durch *Veil/Brüggemeier* in Meyer/Veil/Rönnau, Handbuch zum Marktmissbrauchsrecht, § 10 Rz. 131, im Anschluss an *Retsch*, NZG 2016, 1201, 1205, denen zufolge „eine ausreichende Präzision" vorliegen soll, „wenn das Gerücht einen hohen Grad an Genauigkeit und" – was soll das sein? – „Substanz hat".
2 Ähnlich *Hopt/Kumpan* in Schimansky/Bunte/Lwowski, § 107 Rz. 157 („Von einem ausreichend präzisen Gerücht wird man ausgehen können, wenn das Gerücht wesentliche Umstände enthält, die in dem Fall, dass eine Ad-hoc-Mitteilung dazu erfolgen würde, in dieser Mitteilung enthalten sein müssten"); *Kumpan*, DB 2016, 2039, 2044. Im Ausgangspunkt auch *Veil/Brüggemeier* in Meyer/Veil/Rönnau, Handbuch zum Marktmissbrauchsrecht, § 10 Rz. 131. Weitergehend und grundlos ein normatives Element in die Feststellung eines objektiven Tatbestandsmerkmals bringend, *Klöhn* in Klöhn, Art. 17 MAR Rz. 289 („Hinreichend präzise ist das Gerücht nicht bereits dann, wenn es wesentliche Umstände enthält, die auch in der Ad-hoc-Meldung enthalten sein müssten, ... sondern nur, wenn es den Schluss rechtfertigt, der Emittent habe seine Pflichten gem. Art. 17 Abs. 4 lit. c) [VO Nr. 596/2014] verletzt ... Es müssen also Informationen kursieren, über die typischerweise nur der Emittent verfügen kann").
3 ESMA, Final Report – Draft technical standards, S. 53 Rz. 243; *Hopt/Kumpan* in Schimansky/Bunte/Lwowski, § 107 Rz. 157, i.E. auch *Klöhn* in Klöhn, Art. 17 MAR Rz. 284 f., 290, Art. 17 Abs. 7 Unterabs. 2 VO Nr. 596/2014 als „eine unwiderlegliche Vermutung der Pflichtverletzung gem. Art. 17 Abs. 4 lit. c)" VO Nr. 596/2014 deutend.
4 *BaFin*, MAR (FAQ), III.3. S. 5.

Nr. 596/2014 festgelegten Bedingungen erfüllt waren (sog. **Befreiungsmitteilung**). Nach Art. 17 Abs. 4 Unterabs. 3 Satz 1 VO Nr. 596/2014 können Mitgliedstaaten davon abweichend festlegen, dass die Aufzeichnung einer solchen Erläuterung nur auf Ersuchen der gem. Abs. 3 festgelegten zuständigen Behörde übermittelt werden muss. Davon hat Deutschland keinen Gebrauch gemacht, und es ist auch nicht zu erwarten, dass eine Regelung gewählt werden wird, die mit der bisherigen Praxis einer vom Emittenten ausgehenden Befreiungsmitteilung bricht.

144 Zur Frage, welche Behörde **zuständige Behörde** i.S.v. Art. 17 Abs. 4 Unterabs. 3 Satz 1 VO Nr. 596/2014 ist, führt die BaFin unter Bezugnahme auf **Art. 6 DelVO 2016/522** (Text abgedruckt nach demjenigen von Art. 17 VO Nr. 596/2014) aus[1]: „Zur Festlegung der zuständigen Behörden für die Befreiungsmitteilungen war der Kommission die Befugnis übertragen worden, einen delegierten Rechtsakt zu erlassen (Art. 17 Abs. 3 MAR). Auf Basis des *Technical Advice* von ESMA hat die Kommission in ihrer Delegierten Verordnung (EU) 2016/522 vom 17.12.2015 in deren Art. 6 festgelegt, dass zuständig grundsätzlich die Behörde desjenigen Mitgliedstaates ist, in dem der Emittent [als juristische Person des privaten oder öffentlichen Rechts] registriert ist (vgl. Abs. 1a). Hat der Emittent keine Finanzinstrumente in dem Mitgliedstaat zum Handel zugelassen, in dem er seinen Sitz hat, oder werden diese nicht mit seinem Einverständnis gehandelt und hat er auch keinen Antrag für die Zulassung zum Handel gestellt, stellt Art. 6 Abs. 2a) der Verordnung in diesem Fall auf die Behörde des Staates ab, in dem die Finanzinstrumente erstmals zum Handel zugelassen sind oder mit Einverständnis des Emittenten gehandelt werden oder der Emittent für diese erstmals die Zulassung zum Handel an einem Handelsplatz beantragt hat." Für Emittenten, die – so der Regelfall des Art. 6 Abs. 1 DelVO 2016/522 – in Deutschland ihren Sitz haben. hier ins Handelsregister eingetragen sind und deren Dividendenwerte oder andere Finanzinstrumente zum Handel zugelassen sind, ist die danach zuständige Behörde die BaFin.

145 Die Mitteilung an die BaFin und die schriftliche Erläuterung haben der nach Art. 4 DurchfVO 2016/1055 (Rz. 16; der Text ist im Anschluss an den Text von Art. 17 VO Nr. 596/2014 wiedergegeben) erforderlichen **Art und Weise** und mit den in dieser Bestimmung genannten **Angaben** zu erfolgen. § 7 WpAV verlangt „in Ergänzung zu den Vorschriften der Durchführungsverordnung (EU) 2016/1055 folgende Angaben …: 1. alle Zeitpunkte, an denen der Fortbestand der Gründe überprüft wurde, sowie 2. den Vor- und Familiennamen sowie die Geschäftsanschriften und Rufnummern aller Personen, die an der Entscheidung über die Befreiung beteiligt waren". Über Art. 17 Abs. 4 Unterabs. 3 Satz 1 VO Nr. 596/2014 hinausgehend ist nach Art. 4 Abs. 2 DurchfVO 2016/1055 eine **schriftliche Mitteilung über die Selbstbefreiung** sowie die Übermittlung der schriftlichen Erläuterung erforderlich. Darin ist nach Auffassung der BaFin „weniger ein Schriftformerfordernis im Sinne des Bürgerlichen Gesetzbuches zu sehen als vielmehr eine Konkretisierung der in Art. 17 Abs. 4 Unterabs. 3 MAR geforderten ,Information' der Behörde nach der Veröffentlichung"[2]. Da eine Befreiungsentscheidung keine zeitgleiche Anfertigung einer **„Notfall-Ad-hoc-Mitteilung"** voraussetzt (Rz. 98), ist eine solche auch nicht mit der Befreiungsmitteilung nach Art. 17 Abs. 4 Unterabs. 3 Satz 1 VO Nr. 596/2014 vorzulegen[3].

146 Wenn Art. 17 Abs. 4 Unterabs. 1 VO Nr. 596/2014 verlangt, die in der Vorschrift genannten Mitteilungen hätten **„unmittelbar nach"** der gem. Art. 17 Abs. 7 VO Nr. 596/2014 vorgenommenen Offenlegung der Insiderinformationen zu erfolgen, so ist damit die **unverzügliche** Mitteilung gemeint[4]. Nach der Praxis der BaFin bedeutet dies, dass eine Übermittlung der Selbstbefreiung Stunden nach der Veröffentlichung der Ad-hoc-Meldung und insbesondere am nächsten Morgen in der Regel nicht rechtzeitig sein wird. Im Einzelfall wird es aber als nicht völlig ausgeschlossen angesehen, dass eine verzögerte Übermittlung noch rechtzeitig erfolgt ist, doch bedürfe es hierzu allerdings einer besonderen Begründung für die Verzögerung.

147 Nach § 15 Abs. 3 Satz 3, Abs. 4 Satz 1 WpHG a.F. waren Insiderinformationen, deren Offenlegung aufgeschoben war, allgemein vor deren Veröffentlichung der BaFin mitzuteilen. An die Stelle einer solchen **Vorabmitteilung** ist die in Rz. 143 f. behandelte nachträgliche Mitteilung nach Art. 17 Abs. 4 Unterabs. 3 Satz 1 VO Nr. 596/2014 getreten. Gleichwohl sieht die BaFin die Verpflichtung nach Art. 17 Abs. 4 Unterabs. 3 Satz 1 VO Nr. 596/2014 als erfüllt an, wenn die Befreiungsmitteilung weiterhin zeitgleich mit einer Vorabmitteilung über die Insiderinformationen übersandt wird[5]. Für Inlandsemittenten, MFT-Emittenten und OTF-Emittenten ist eine Vorabmitteilung der zu veröffentlichenden Insiderinformationen nach § 26 Abs. 1 WpHG aber weiterhin erforderlich und dementsprechend mit den nach Art. 17 Abs. 4 Unterabs. 3 Satz 1 VO Nr. 596/2014 erforderlichen Erläuterungen zu verbinden (Rz. 178 ff.).

148 Art. 4 Abs. 3 lit. b DurchfVO 2016/1055 (Rz. 16) verlangt, dass die Befreiungsmitteilung neben der Identität des Emittenten auch „die Identität der mitteilenden Person: Vorname, Nachname, Position beim Emittenten oder Teilnehmer am Markt für Emissionszertifikate" enthält. Die Frage, wie zu verfahren ist, wenn der Emittent einen **Dienstleister zur Veröffentlichung und Verbreitung der Ad-hoc-Meldung** eingeschaltet hat (dazu

---
1 *BaFin*, MAR (FAQ), IV.10. S. 11.
2 *BaFin*, MAR (FAQ), IV.7. S. 10.
3 *BaFin*, MAR (FAQ), IV.6. S. 10.
4 Hierzu und zum Folgenden *BaFin*, MAR (FAQ), IV.4. S. 9. Auch *Buck-Heeb*, Kapitalmarktrecht, Rz. 507.
5 *BaFin*, MAR (FAQ), IV.4. S. 9.

Rz. 185 und Rz. 195) und ob in diesem Falle die Befreiungsmitteilung auch von den im Sinne vorstehender Vorschrift „mitteilenden Personen … beim Emittenten" zu unterzeichnen ist, beantwortet die BaFin wie folgt[1]: „Die BaFin hat bereits darauf hingewiesen, dass – sofern der Emittent einen Dienstleister zur Veröffentlichung und Verbreitung der Ad-hoc-Meldung eingeschaltet hat – nach wie vor die gleichzeitige Übermittlung der Selbstbefreiung im Rahmen der Vorabmeldung gem. § 15 Abs. 1 WpHG [heute § 26 Abs. 1 WpHG] den Anforderungen aus Art. 17 Abs. 4 Unterabs. 3 MAR ebenfalls gerecht wird. Im Rahmen der Vorabmeldung über den Dienstleister ist die Vorlage von pdf-Dokumenten nicht möglich, so dass insofern eine unterschriebene Mitteilung durch den Übermittelnden oder eine durch zumindest ein Vorstandsmitglied unterschriebene Begründung der Selbstbefreiung nicht möglich ist. In gleicher Weise ist auch bei Übermittlung einer Befreiung gem. Art. 17 Abs. 4 Unterabs. 3 MAR unmittelbar nach der Veröffentlichung eine Unterschrift entbehrlich, falls dies aufgrund des gewählten Mediums nicht möglich ist. Gleichwohl muss selbstverständlich sichergestellt sein, dass erkennbar ist, von wem die Mitteilung stammt, Art. 4 Abs. 1b) der DVO (EU) 2016/1055, und dass sich derjenige an das Mitgeteilte gebunden fühlt und dies verantwortet."

Die Befreiungsmitteilung soll nach Art. 4 Abs. 2 Unterabs. 1 VO Nr. 596/2014 „unter Verwendung der von der zuständigen Behörde **festgelegten elektronischen Hilfsmittel**" erfolgen. Dazu hat die BaFin informiert, Befreiungsmitteilungen seien weiterhin und „bis auf Weiteres entsprechend § 9 WpAIV" – das heißt, nach Änderung der WpAIV, entsprechend § 9 Abs. 1 Satz 1 WpAV – „schriftlich mittels Telefax an die BaFin zu übersenden"[2]. In diesem Zusammenhang weist die BaFin darauf hin, dass auch die einschlägigen Newsprovider optional bei der Verarbeitung der Meldung über die Veröffentlichung der Insiderinformation weiterhin die Möglichkeit anböten, Informationen zur Selbstbefreiung vertraulich an die BaFin zu übermitteln, was ebenfalls weiterhin akzeptiert werde. Befreiungsmitteilungen an die BaFin sollen an das Ad-hoc-Publizität-FAX 0228/4108-200 geschickt werden[3]. 149

d) Wegfall einer Insiderinformation während des Aufschubs. Verliert eine Information während des Aufschubs ihrer Veröffentlichung **ihre Eigenschaft als Insiderinformation**, etwa weil den Gegenstand des Aufschubs bildende Vorhaben oder Vertragsverhandlungen scheitern, so ist der Emittent nicht nur berechtigt, sondern zur Vermeidung der Irreführung der Öffentlichkeit und des Marktpublikums sogar verpflichtet, von der Veröffentlichung der Information abzusehen[4]. Ein Beispiel hierfür ist ein „Liquiditätsengpass, hervorgerufen durch die Kündigung einer Kreditlinie durch die Hausbank des Emittenten", der als Insiderinformation zu veröffentlichen wäre und dessen Offenlegung nach Art. 17 Abs. 4 Unterabs. 1 VO Nr. 596/2014 zu Recht im Hinblick auf die Suche nach einem anderen Kreditgeber aufgeschoben wurde. Nimmt die Bank „schließlich die Kündigung der Kreditlinie zurück", so ist der Liquiditätsengpass behoben und es liegt keine Insiderinformation mehr vor[5]. 150

Anders verhält es sich, wenn der Grund, der einer Information die Eigenschaft als Insiderinformation nimmt, gleichzeitig **eine neue Insiderinformation** darstellt. Das ist etwa dann der Fall, wenn Gespräche zwischen einem Emittenten, der Interesse an einem „freundliches" Übernahmeangebot hat, und der Zielgesellschaft – für beide eine sie unmittelbar betreffende Insiderinformation – abgebrochen werden, weil die Gesprächspartner über wesentliche Punkte der Übernahme keine Einigung erzielen können und der Bieter der Zielgesellschaft erklärt, unter diesen Umständen ein „feindliches" Übernahmeangebot abzugeben. Eine solche Erklärung wäre als eine die Zielgesellschaft als Emittentin unmittelbar betreffende Information über ein zukünftiges Ereignis zu behandeln und als Insiderinformation zu qualifizieren, wenn vernünftigerweise zu erwarten wäre, dass es in Zu- 151

---

1 *BaFin*, MAR (FAQ), IV.7. S. 10/11.
2 *BaFin*, MAR (FAQ), IV.9. S. 11.
3 *BaFin*, MAR (FAQ), IV.8. S. 11.
4 Zu § 15 Abs. 3 WpHG a.F.: *BaFin*, Emittentenleitfaden 2013, S. 59 („Der Gesetzgeber hat bewusst in Kauf genommen, dass solche Insiderinformationen dann nicht mehr veröffentlicht werden und auch keine Mitteilung über die vorgenommene Befreiung gegenüber der BaFin erfolgt"); *Assmann* in 6. Aufl., § 15 WpHG Rz. 173 mit ausführlicher Begründung; *Bachmann*, ZHR 172 (2008), 597, 611 ff.; *Diekmann/Sustmann*, NZG 2004, 929, 935; *Geibel/Schäfer* in Schäfer/Hamann, Kapitalmarktgesetze, § 15 WpHG Rz. 139; *Harbarth*, ZIP 2005, 1898, 1906; *Kuthe*, ZIP 2004, 883, 886; *Langenbucher*, Aktien- und Kapitalmarktrecht, § 17 Rz. 45; *Lenenbach*, Kapitalmarktrecht, Rz. 13.308; *Merkner/Sustmann*, NZG 2005, 729, 738; *Pfüller* in Fuchs, § 15 Rz. 495; *Renz/Rippel*, BuB, Rz. 7/757; *Simon*, Der Konzern 2005, 13, 22; *Schäfer* in Marsch-Barner/Schäfer, Handbuch börsennotierte AG, Rz. 15.26, 15.37; *Sven H. Schneider*, BB 2005, 897, 901; *Versteegen* in Köln-Komm. WpHG, 1. Aufl. 2007, § 15 WpHG Rz. 193; *Zimmer* in FS Schwark, S. 669, 680; *Zimmer/Kruse* in Schwark/Zimmer, § 15 WpHG Rz. 75. Entsprechend zu Art. 17 VO Nr. 596/2014 *ESMA*, Questions and Answers, 5.2., S. 12 f. („Where the issuer has delayed the disclosure of inside information in accordance with Article 17(4) of MAR and the information subsequently loses the element of price sensitivity, that information ceases to be inside information and thus is considered outside the scope of Article 17(1) of MAR. Therefore, the issuer is neither obliged to publicly disclose that information nor to inform the competent authority in accordance with the last paragraph of Article 17(4) that disclosure of such information was delayed"); *Klöhn* in Klöhn, Art. 17 MAR Rz. 301; *Veil/Brüggemeier* in Meyer/Veil/Rönnau, Handbuch zum Marktmissbrauchsrecht, § 10 Rz. 164. A.A. zu § 15 Abs. 3 WpHG a.F. *Bürgers*, BKR 2004, 424, 426; *Gunßer*, S. 106; *Klöhn* in KölnKomm. WpHG, § 15 WpHG Rz. 328 (um der Aufsichtsbehörde eine Überprüfung des Aufschubs zu erlauben); *Tollkühn*, ZIP 2004, 2215, 2219 f.
5 Auch für Art. 17 Abs. 4 Unterabs. 1 VO Nr. 596/2014 gültiges Beispiel zu § 15 Abs. 3 WpHG a.F. in *BaFin*, Emittentenleitfaden 2013, S. 59/60.

kunft eintreten werde (Art. 7 Abs. 2 Satz 1 VO Nr. 596/2014) und nicht lediglich als eine nicht ernst zu nehmende Drohung während oder bei Abbruch der Gespräche qualifiziert werden könnte[1]. Sich auf die ihre Deutung des Vorhabens als ernst oder nicht ernst zu nehmend stützend, könnte die Zielgesellschaft von einer Veröffentlichung der Insiderinformation absehen, könnte umgekehrt aber auch – schon um verbotene Insidergeschäfte aus ihrer Sphäre heraus und das Problem der Geheimhaltung dieser Information zu verhindern – eine Veröffentlichung vornehmen, ohne daran durch ein verbands- oder übernahmerechtliches Vereitelungsverbot gehindert zu sein[2].

152 **6. Veröffentlichung von Insiderinformationen.** Der Emittent ist nach Art. 17 Abs. 1 Unterabs. 1 und Unterabs. 2 Satz 1 VO Nr. 596/2014 verpflichtet, eine ihn unmittelbar betreffende Insiderinformationen unverzüglich (Rz. 63 ff.) und in einer Art und Weise zu veröffentlichen, die der Öffentlichkeit einen schnellen Zugang und eine vollständige, korrekte und rechtzeitige Bewertung ermöglicht. Wie die Veröffentlichung zu geschehen hat, damit die Öffentlichkeit einen schnellen Zugang zu derselben erfährt und wie sie aussehen muss, damit eine vollständige, korrekte und rechtzeitige Bewertung ihrer Angaben – namentlich der offenzulegenden Insiderinformationen – möglich ist, regelt Art. 17 VO Nr. 596/2014 nicht selbst, sondern zahlreiche auf dieser Bestimmung und der Ermächtigung in Art. 17 Abs. 10 VO Nr. 596/2014 fußenden Bestimmungen.

153 **a) Veröffentlichung von eingetretenen Insiderinformationen. aa) Anforderungen an Inhalt und Sprache der Veröffentlichung.** Der Inhalt (einschließlich Form und Stil) sowie die Sprache der Veröffentlichung von Insiderinformationen sind in Art. 17 VO Nr. 596/2014 und den zu dieser Vorschrift ergangenen europäischen Rechtsakte nur rudimentär geregelt. In Art. 17 Abs. 2 Unterabs. 2 Satz 1 VO Nr. 596/2014 findet sich nur das allgemeine Erfordernis, die Veröffentlichung habe „eine vollständige, korrekte und rechtzeitige Bewertung" ihrer Angaben zu ermöglichen, und Art. 17 Abs. 1 Unterabs. 2 Satz 2 VO Nr. 596/2014 lässt sich darüber hinaus nur entnehmen, der Emittent dürfe die Veröffentlichung von Insiderinformationen nicht mit der Vermarktung seiner Tätigkeiten verbinden (dazu Rz. 159 f.). Auch in der vorwiegend mit der Herbeiführung und der Art und Weise der Veröffentlichung befassten Durchführungsverordnung (EU) 2016/1055 (Rz. 16) fehlen form-, sprach- und inhaltsbezogene Vorschriften. Um diese Lücke zu schließen und eine strukturierte Veröffentlichung zu gewährleisten, finden sich in § 3b bzw. § 4 WpAV Vorschriften zu Sprache bzw. zu Inhalt und Form.

154 **(1) Inhalt.** Nach dem „**Inhalt der Veröffentlichung**" überschriebenen, aber auch **Form und Stil** der Veröffentlichung ansprechenden **§ 4 Abs. 1 WpAV** sind

„¹[in] der Veröffentlichung nach Artikel 17 Absatz 1 und 2 der Verordnung (EU) Nr. 596/2014 ... anzugeben:

1. in der Kopfzeile
    a) eine deutlich hervorgehobene Überschrift „Veröffentlichung von Insiderinformationen nach Artikel 17 der Verordnung (EU) Nr. 596/2014",
    b) ein als Betreff erkennbares Schlagwort, das den wesentlichen Inhalt der Veröffentlichung zusammenfasst,
2. zum Emittenten oder Teilnehmer am Markt für Emissionszertifikate
    a) sein Name und
    b) seine Anschrift,
3. die internationalen Wertpapierkennnummern der vom Emittenten ausgegebenen Aktien, Options- und Wandelanleihen sowie Genussscheine mit Ausstattungsmerkmalen, die den Aktien vergleichbar sind, soweit sie zum Handel an einem inländischen organisierten Markt zugelassen sind oder für sie eine solche Zulassung beantragt wurde, sowie die Börse und das Handelssegment, für die die Zulassung besteht oder beantragt wurde; hat der Emittent weitere Finanzinstrumente ausgegeben, für die eine Zulassung besteht oder beantragt wurde, genügt die Angabe einer Internetadresse, unter der er die entsprechenden Angaben für diese Finanzinstrumente in einer stets aktuellen und vollständigen Datei bereitzustellen hat, wobei die Hauptseite einen deutlich erkennbaren Hinweis auf eine Seite mit Informationen für Anleger zu enthalten hat, unter der die Datei leicht aufzufinden sein muss,
4. die zu veröffentlichende Information,
5. Datum des Eintritts der der Information zugrunde liegenden Umstände,
6. eine kurze Erklärung, inwieweit die Information den Emittenten oder Teilnehmer am Markt für Emissionszertifikate unmittelbar betrifft, soweit sich dies nicht schon aus den Angaben zu Nummer 4 ergibt, sowie
7. eine Erklärung, aus welchen Gründen die Information geeignet ist, im Fall ihres öffentlichen Bekanntwerdens den Kurs der Finanzinstrumente oder den Kurs damit verbundener derivativer Finanzinstrumente erheblich zu beeinflussen, soweit sich dies nicht schon aus den Angaben zu Nummer 4 ergibt.

---
1 Anders als hier behandelt *Buck-Heeb*, Kapitalmarktrecht, Rz. 441, diesen Fall als solchen, in dem sich das Problem der Nachholung einer aufgeschobenen Ad-hoc-Publizität stellt.
2 Art. 10 Abs. 6 WpÜG bezieht sich nur auf Veröffentlichungspflichten des Bieters und § 33 WpÜG betrifft nur Handlungen des Vorstands der Zielgesellschaft nach Veröffentlichung der Entscheidung des Bieters zur Abgabe eines Angebots.

²Die Veröffentlichung soll kurz gefasst sein. ³Ist nach Artikel 17 Absatz 8 Verordnung (EU) Nr. 596/2014 eine Person, die im Auftrag oder auf Rechnung des Emittenten oder Teilnehmers am Markt für Emissionszertifikate handelt, veröffentlichungspflichtig, so hat sie den Emittenten oder Teilnehmer am Markt für Emissionszertifikate hierüber unverzüglich zu informieren und in der Veröffentlichung durch Nennung ihres Namens und ihrer Anschrift ihre Urheberschaft kenntlich zu machen."

Werden in Ad-hoc-Mitteilung **Leistungskennzahlen** genannt, so muss es sich um Kennzahlen handeln, die im Geschäftsverkehr **üblich** sind und einen **Vergleich** mit den zuletzt genutzten Kennzahlen ermöglichen[1]. Das war in § 15 Abs. 1 Satz 6 WpHG a.F. ausdrücklich angeordnet, wobei nur solche Kennzahlen als „üblich" anzusehen waren, die von einer großen Zahl von Unternehmen über einen gewissen Zeitraum tatsächlich verwandt wurden[2]. Der Emittentenleitfaden der BaFin deutete dazu jedoch an, dass auch branchenspezifisch übliche Kennzahlen „übliche" Kennzahlen i.S.d. § 15 Abs. 1 Satz 6 WpHG sein können[3]. Erforderlich ist die Publikation von Kennzahlen als Insiderinformationen durch eine Veröffentlichung nach Art. 17 Abs. 1 Unterabs. 1 VO Nr. 596/2014 allerdings nur dann, wenn der Kennzahl selbst – i.d.R. im Verhältnis zu derjenigen im vorausgegangenen Vergleichszeitraum – ein erhebliches Kursbeeinflussungspotential zukommt[4]. Gleichwohl kann ihr auch im Hinblick auf die Illustration eines anderen Umstands oder Ereignisses eine Bedeutung zukommen, die ihre Nennung in einer Ad-hoc-Mitteilung rechtfertigt.

155

In ihrem Emittentenleitfaden 2013 hat die BaFin einen **Katalog von Kennzahlen** vorgelegt, die von Unternehmen besonders häufig verwendet werden und – kraft ausdrücklichen Hinweises der BaFin auch unter Art. 17 VO Nr. 596/2014 fortgeltend[5] – als **üblich** anzusehen sind[6]. In diesem sind aufgeführt:

156

- „Umsatz (Umsatzerlöse, sales, revenue),
- Ergebnis pro Aktie (EPS – earnings per share),
- Jahresüberschuss (net profit),
- Cashflow,
- Ergebnis vor Zinsen und Steuern (EBIT – earnings before interest and taxes),
- Ergebnis vor Steuern (EBT – earnings before taxes),
- Dividende pro Aktie (dividends per share),
- Ergebnis vor Steuern, Zinsen und Abschreibungen (EBITDA – earnings before interest, taxes, depreciation and amortization),
- Ergebnismarge (in Prozent der Umsätze),
- Eigenkapitalquote,
- Ergebnis der gewöhnlichen Geschäftstätigkeit,
- Betriebliches Ergebnis,
- Operatives Ergebnis vor Sondereinflüssen."

Auch zum Erfordernis der **Vergleichbarkeit** der verwandten Kennzahlen mit den zuletzt genutzten Kennziffern kann auf Verlautbarungen der BaFin in einem Schreiben vom 26.11.2002[7] zurückgegriffen werden, das trotz seiner Aufhebung, aber bei weitgehend übernommenen Ausführungen im Emittentenleitfaden 2013 der BaFin[8], hilfreiche und im Hinblick auf die heutige Rechtsquellenlage entsprechend anzuwendende Hinweise enthält:

157

„Um die vom Gesetzgeber vorgesehene Vergleichbarkeit mit vorher verwendeten Kennzahlen sicherzustellen, sind in der Ad-hoc-Meldung neben den genutzten Kennzahlen die entsprechenden Zahlen des Vergleichszeitraumes und/oder die prozentualen Veränderungen gegenüber dem Vergleichszeitraum anzugeben. Hierdurch wird auch die Verschleierung schlechter Ergebnisse durch den Wechsel der zuletzt verwendeten Kennzahlen verhindert. Zusätzlich sollte darauf hingewiesen werden, wenn sich gegenüber dem Vergleichszeitraum Änderungen im Konsolidierungskreis des Emittenten ergeben haben oder ein Wechsel der Bilanzierungsmethode erfolgt ist.

---

1 So § 15 Abs. 1 Satz 6 WpHG a.F. Dazu *BaFin*, Emittentenleitfaden 2013, IV.2.2.10 S. 56 f. Die diesbezüglichen Ausführungen gelten nach *BaFin*, MAR (FAQ), III.4. S. 5, auch unter Art. 17 VO Nr. 596/2014 fort und stehen mit den nachfolgend erwähnten APM-Leitlinien der ESMA in Einklang. Ausführlich zur Auslegung von § 15 Abs. 1 Satz 6 WpHG a.F.: § 15 WpHG Rz. 193 ff.
2 Auch *Pfüller* in Fuchs, § 15 WpHG Rz. 391.
3 *BaFin*, Emittentenleitfaden 2013, S. 57.
4 *BaFin*, Emittentenleitfaden 2013, S. 57.
5 *BaFin*, MAR (FAQ), III.4. S. 5.
6 *BaFin*, Emittentenleitfaden 2013, S. 57.
7 Schreiben der BaFin vom 26.11.2002 (WA 22-W-2310-18/2002): Konkretisierung üblicher Kennzahlen i.S.v. § 15 Abs. 1 Satz 2 WpHG. In diesem wird der nachfolgend aufgeführte Katalog ausdrücklich als „eine positive Festlegung solcher Kennzahlen ..., die derzeit den Anforderungen der von § 15 Abs. 1 Satz 2 WpHG geforderten Üblichkeit entsprechen" bezeichnet.
8 *BaFin*, Emittentenleitfaden 2013, S. 57.

Nur so ist eine Vergleichbarkeit möglich und sichergestellt, dass Marktteilnehmer die wesentlichen Informationen schnell erkennen und verarbeiten können.

Im Übrigen wird empfohlen, in einer Ad-hoc-Meldung bzw. in den Erläuterungen zu einer Ad-hoc-Meldung mehrere Kennzahlen anzugeben, um den Kapitalmarktteilnehmern ein differenzierteres und aussagefähigeres Bild der Lage des Emittenten zu geben."

158 Werden alternative am Kapitalmarkt allgemein geläufige Finanzkennzahlen verwandt, müssen diese den Anforderungen der **ESMA-Leitlinien für Alternative Leistungskennzahlen**[1] („APM-Leitlinien") genügen[2]. Dazu verlautbart die BaFin: „Die nach den APM-Leitlinien erforderlichen Erläuterungen durch den Emittenten (§§ 33, 34, §§ 41–43 ESMA APM-Leitlinien) können im Wege der Verweisung vorgenommen werden (§ 45 ESMA APM-Leitlinien), beispielsweise durch Verweisung auf die Internetseite des Emittenten, auf der die Erläuterungen nachlesbar sind oder auf andere zuvor veröffentlichte Dokumente des Emittenten, die diese Veröffentlichungen der APM enthalten und für die Nutzer bereits verfügbar und leicht zugänglich sind. Der Text der Veröffentlichungsmeldung selbst ist, wie bisher, auf die wesentlichen veröffentlichungspflichtigen Informationen und Erläuterungen zu beschränken."[3]

159 Nach Art. 17 Abs. 1 Unterabs. 2 Satz 2 VO Nr. 596/2014 darf der Emittent die Veröffentlichung von Insiderinformationen nicht mit der Vermarktung seiner Tätigkeiten verbinden und dementsprechend in die Veröffentlichung auch **keine werbliche Darstellung** etwa der Entwicklung seiner Geschäftsfelder oder einzelner Produkte aufnehmen. Das war auch unter § 15 Abs. 2 Satz 1 WpHG a.F. nicht anders, nach dem sonstige Angaben, die die Voraussetzungen des § 15 Abs. 1 WpHG a.F. offensichtlich nicht erfüllen, d.h. keine Insiderinformationen darstellen und auch zu deren Verständnis aus der Sicht eines verständigen Anlegers nicht erforderlich sind, auch in Verbindung mit ad hoc veröffentlichungspflichtigen Informationen, nicht veröffentlicht werden durften[4]. Lässt man die speziellen, sich in Art. 17 Abs. 1 Unterabs. 2 Satz 2 VO Nr. 596/2014 nicht wiederfindenden Regelungen des § 15 Abs. 2 Satz 1 WpHG a.F. außer Betracht, können deren Grundsätze auch für die Anwendung des Vermarktungsverbots herangezogen werden. So können etwa auch danach „Reaktionen auf Angriffe durch Mitbewerber des Unternehmens, die eigene Bewertung von Mitbewerbern oder die Kommentierung allgemeiner wirtschaftlicher Entwicklungen nicht Gegenstand von Ad-hoc-Meldungen" sein[5].

160 Darüber hinaus lässt sich dem Vermarktungsverbot des Art. 17 Abs. 1 Unterabs. 2 Satz 2 VO Nr. 596/2014 aber auch – wie dies schon im Hinblick auf § 15 Abs. 2 Satz 1 WpHG a.F. erfolgte – der Grundsatz entnehmen, Veröffentlichungen nach Art. 17 Abs. 1 Unterabs. 1 VO Nr. 596/2014 seien **ausschließlich „auf die vom Gesetzgeber vorgegebenen Inhalte zu beschränken"**[6]. Diese können – wie sich schon aus § 4 Abs. 1 Satz 1 Nr. 5–7 WpAV folgern lässt – im Einzelfall durchaus Angaben verlangen, die über die bloße Mitteilung der Insiderinformationen nach § 4 Abs. 1 Satz 1 Nr. 4 WpAV hinausgehen und zum inhaltlichen Verständnis der Insiderinformationen wie zu ihrem Verständnis als kurserhebliche Informationen (§ 4 Abs. 1 Satz 2 Nr. 7 WpAV) erforderlich sind.

161 Die Regelung in § 4 Abs. 1 Satz 2 WpAV, die Veröffentlichung solle **kurz gefasst sein**, ist so zu verstehen, dass sie in ihren nach § 4 Abs. 1 Satz 1 WpAV verlangten Angaben, die über die bloße Mitteilung der Insiderinformation nach § 4 Abs. 1 Satz 1 Nr. 4 WpAV hinausgehen, so kurz sein müssen, wie es zum Verständnis der Information und ihrer Eigenschaft als Insiderinformation im vorstehenden Sinne durch den verständigen Anleger erforderlich ist. Nach den Vorstellungen der BaFin zu der wortgleichen Bestimmung **des § 4 Abs. 1 Satz 2 WpAIV a.F.** sollte die Meldung „möglichst nicht mehr als 10 bis 20 Zeilen" umfassen und keine Zitate von Organmitgliedern, Vertragspartnern oder anderen Personen enthalten[7]. Soweit sich aus den kapitalmarktrechtlichen Regelungen anderer Staaten, in denen ebenfalls Finanzinstrumente des Emittenten zum Handel zugelassen sind, die Notwendigkeit ergibt, bestimmte weitere Informationen (etwa *Disclaimer*) an den Wortlaut der Ad-hoc-Meldung anzufügen, wird dies von der BaFin allerdings nicht beanstandet, doch sollten diese Informationen nach deren Ausführungen nach Möglichkeit vom Wortlaut der Meldung getrennt werden[8]. Dagegen werden Emittenten, die zu solchen zusätzlichen Informationen nicht verpflichtet sind, aufgefordert, von deren Gebrauch abzusehen.

162 Während § 4 Abs. 1 Satz 1 Nr. 1 lit. a WpAIV a.F. die **Kennzeichnung der Veröffentlichung** durch die deutlich hervorgehobene Überschrift „Ad-hoc-Meldung nach § 15 WpHG" verlangte, ist nach § 4 Abs. 1 Satz 1 Nr. 1 lit. a WpAV in „der Veröffentlichung nach Artikel 17 Absatz 1 und 2" VO Nr. 596/2014 – ebenfalls deutlich hervorgehoben – die **Überschrift** „Veröffentlichung von Insiderinformationen nach Artikel 17 der Verordnung (EU) Nr. 596/2014" erforderlich.

---

1 *ESMA*, Leitlinien für Alternative Leistungskennzahlen, Stand 5.10.2015, ESMA/2015/1415 („APM-Leitlinien"), abrufbar unter https://www.esma.europa.eu/sites/default/files/library/2015/10/2015-esma-1415de.pdf;
2 *BaFin*, MAR (FAQ), III.4. S. 5.
3 *BaFin*, MAR (FAQ), III.4. S. 5/6.
4 *Assmann* in 6. Aufl., § 15 WpHG Rz. 199 ff.
5 *BaFin*, Emittentenleitfaden 2013, S. 63.
6 *BaFin*, Emittentenleitfaden 2013, S. 63.
7 *BaFin*, Emittentenleitfaden 2013, S. 63.
8 *BaFin*, Emittentenleitfaden 2013, S. 63.

Wie die alte Vorschrift in § 4 Abs. 1 Satz 1 Nr. 1 lit. b WpAIV a.F. verlangt auch § 4 Abs. 1 Satz 1 Nr. 1 lit. b 163
WpAV ein **als Betreff erkennbares Schlagwort**, das den wesentlichen Inhalt der Veröffentlichung zusammenfasst. Zur alten Vorschrift hat die BaFin in ihrem Emittentenleitfaden 2013[1] einen dementsprechend fraglos übertragbaren und nicht abschließenden **Katalog von Schlagworten** aufgeführt:
- „Liquiditätsprobleme/Überschuldung, Mergers & Acquisitions,
- Geschäftszahlen,
- Ausschüttungen,
- Kooperationen/Zusammenarbeit,
- Kapitalmaßnahmen,
- Strategische Unternehmensentscheidungen,
- Personal,
- Recht/Prozesse,
- Sonstiges."

Eine kurze **Erklärung nach § 4 Abs. 1 Satz 1 Nr. 6 WpAV**, „inwieweit die Information den Emittenten oder 164
Teilnehmer am Markt für Emissionszertifikate **unmittelbar betrifft**, soweit sich dies nicht schon aus den Angaben zu Nummer 4" – d.h. der Insiderinformation selbst – ergibt, ist regelmäßig nicht erforderlich, wenn die Insiderinformationen im Tätigkeitsbereich des Emittenten eingetreten sind. Hier ist in der Regel bereits aus der jeweiligen Insiderinformation erkennbar, dass es sich um eine den Emittenten unmittelbar betreffende Insiderinformation handelt.

Dementsprechend verlangt § 4 Abs. 1 Satz 1 Nr. 6 WpAV eine „Erklärung, aus welchen Gründen die Informa- 165
tion geeignet ist, im Fall ihres öffentlichen Bekanntwerdens den Kurs der Finanzinstrumente oder den Kurs damit verbundener derivativer Finanzinstrumente erheblich zu beeinflussen, soweit sich dies nicht schon aus den Angaben zu Nummer 4 [d.h. der Insiderinformation selbst] ergibt". Letzteres ist etwa dann der Fall, wenn es sich um Umstände oder Ereignisse handelt, die als solche und ohne zusätzliche Informationen als gewichtig und kurserheblich erkennbar sind. Dagegen ist etwa bei Transaktionen jedweder Art die Bedeutung derselben für die Kursentwicklung des Emittenten nicht ohne Information über ihre Größenordnung oder anderweitige Erläuterungen erkennbar. So sind bei Unternehmenskäufen und -verkäufen „zumindest auch die Größenordnung des Kaufpreises" und bei Unternehmenskäufen und -verkäufen „die Größenordnung des Volumens und die Vertragslaufzeit eines bedeutenden Auftrags" anzugeben[2]. Eine Vertraulichkeitsvereinbarung vermag nach den Ausführungen der BaFin im Emittentenleitfaden 2013 diese Verpflichtung nicht abzubedingen, doch soll der Emittent nicht verpflichtet sein, die Details einer Vereinbarung (z.B. gewährte Rabatte oder Sonderkonditionen) zu veröffentlichen[3]. Im Hinblick auf die Angaben zur Größenordnung soll etwa im Falle eines einstelligen Millionenbetrags die Angabe des auf die nächste Million auf- oder abgerundeten Betrags genügen; bei größeren Beträgen soll in jedem Fall ein Betrag bzw. eine Betragsspanne anzugeben sein. Alternativ, heißt es, könnten auch die erwarteten Ergebnisauswirkungen der Maßnahme angegeben werden[4].

(2) **Sprache.** Wie der Inhalt ist auch die Sprache der Veröffentlichung von Insiderinformationen nach Art. 17 166
Abs. 1 Unterabs. 1 VO Nr. 596/2014 weder in der Marktmissbrauchsverordnung noch in den zu Art. 17 VO Nr. 596/2014 ergangenen europäischen Rechtsakten geregelt. Das ist darauf zurückzuführen, dass die Sprache der Veröffentlichung kapitalmarktbezogener Informationen, wie diejenige von Insiderinformationen, **Gegenstand der Transparenzrichtlinie** – RL 2004/109/EG vom 15.12.2004[5] – sowie einer diesbezüglichen DurchfRL 2007/14/EG vom 8.3.2007[6] war. Bis zur Umsetzung dieser Richtlinie durch das Transparenzrichtlinie-Umsetzungsgesetz (TUG)[7] waren Ad-hoc-Veröffentlichungen „in deutscher Sprache" vorzunehmen (§ 5 Abs. 1 Satz 1 WpAIV a.F.). Das galt gleichermaßen für Emittenten mit Sitz im Inland wie für solche mit Sitz im Ausland.

---

1 *BaFin*, Emittentenleitfaden 2013, S. 62.
2 Zu der gleichlautenden Bestimmung von § 4 Abs. 1 Satz 1 Nr. 7 WpAIV a.F. *BaFin*, Emittentenleitfaden 2013, S. 63.
3 *BaFin*, Emittentenleitfaden 2013, S. 63.
4 *BaFin*, Emittentenleitfaden 2013, S. 63 in Fn. 29.
5 Richtlinie 2004/109/EG vom 15. Dezember 2004 zur Harmonisierung der Transparenzanforderungen in Bezug auf Informationen über Emittenten, deren Wertpapiere zum Handel auf einem geregelten Markt zugelassen sind, und zur Änderung der Richtlinie 2001/34/EG, ABl. EU Nr. L 390 v. 31.12.2004, S. 38.
6 ABl. EU Nr. L 69 v. 8.3.2007, S. 27.
7 Gesetz zur Umsetzung der Richtlinie 2004/109/EG des Europäischen Parlaments und des Rates zur Harmonisierung der Transparenzanforderungen in Bezug auf Informationen über Emittenten, deren Wertpapiere zum Handel auf einem geregelten Markt zugelassen sind, und zur Änderung der Richtlinie 2001/34/EG (Transparenzrichtlinie-Umsetzungsgesetz – TUG) vom 5.1.2007, BGBl. I 2007, 10. Die Umsetzung der Durchführungsrichtlinie erfolgte durch die Verordnung vom 13.3.2008 zur Umsetzung der Richtlinie 2007/14/EG der Kommission vom 8. März 2007 mit Durchführungsbestimmungen zu bestimmten Vorschriften der Richtlinie 2004/109/EG zur Harmonisierung der Transparenzanforderungen in Bezug auf Informationen über Emittenten, deren Wertpapiere zum Handel an einem geregelten Markt zugelassen sind (TranspRLDV), BGBl. I 2008, 408.

Eine zeitgleiche Fassung „in englischer Sprache" war erlaubt (§ 5 Abs. 2 Satz 1 WpAIV a.F.). Als Ausnahme von der Regel konnte die BaFin gestatten, dass Emittenten mit Sitz im Ausland die Veröffentlichung ausschließlich in englischer Sprache vornehmen, wenn dadurch eine ausreichende Unterrichtung der Öffentlichkeit nicht gefährdet erschien (§ 5 Abs. 2 Satz 2 WpAIV a.F.). Diese vergleichsweise unkomplizierte Regelung ist mit der Änderung der WpAIV durch Art. 2 TUG erheblich differenziert worden. Danach wurde sowohl die Transparenzrichtlinie als auch – in der Umsetzung der diese novellierenden Transparenzrichtlinie-Änderungsrichtlinie 2013/50/EU vom 22.10.2013[1] durch Art. 11 des Gesetzes zur Umsetzung der Transparenzrichtlinie-Änderungsrichtlinie vom 20.11.2015 – § 3b WpAIV a.F. geändert[2]. Vorausgegangen war eine Änderung des § 3b WpAIV a.F. durch Art. 3 des Gesetzes zur Umsetzung der Richtlinie 2010/73/EU und zur Änderung des Börsengesetzes vom 26.6.2012[3]. Die letzte Fassung von § 3b WpAIV a.F. ging mit lediglich redaktionellen Änderungen zur Anpassung der Regelungen an die Marktmissbrauchsverordnung in § 3b WpAV über.

167 Nach § 3b Abs. 6 WpAV sind die allgemeinen Bestimmungen in § 3 Abs. 1–5 WpAV zur Sprache von Anzeige-, Mitteilungs- und Veröffentlichungspflichten nach dem WpHG auch auf Veröffentlichungen nach Art. 17 Abs. 1, 2 und 6–9 VO Nr. 596/2014 anwendbar. Die Sprachregelung unterscheidet zwischen unterschiedlichen Klassen von Veröffentlichungspflichtigen. **§ 3b WpAV** über die „**Sprache der Veröffentlichung**" lautet:

„(1) ¹Emittenten, deren Sitz im Ausland ist, oder Emittenten, für die die Bundesrepublik Deutschland der Herkunftsstaat nach § 2 Absatz 13 Nummer 2 des Wertpapierhandelsgesetzes ist oder die bei der Bundesanstalt einen Prospekt in englischer Sprache für die Wertpapiere, auf die sich die Information bezieht, hinterlegt haben, können die Veröffentlichung ausschließlich in englischer Sprache vornehmen. ²Im Übrigen gelten die Absätze 2 bis 4.

(2) ¹Sind Wertpapiere eines Emittenten, für den die Bundesrepublik Deutschland nach § 2 Absatz 13 des Wertpapierhandelsgesetzes der Herkunftsstaat ist, lediglich zum Handel an einem organisierten Markt im Inland zugelassen, so ist die Information in deutscher Sprache zu veröffentlichen. ²Sind die Wertpapiere zum Handel an einem organisierten Markt im Inland und in einem oder mehreren anderen Mitgliedstaaten der Europäischen Union oder in einem oder mehreren anderen Vertragsstaaten des Abkommens über den Europäischen Wirtschaftsraum zugelassen, so ist die Information in deutscher oder englischer Sprache und nach Wahl des Emittenten in einer Sprache, die von den zuständigen Behörden der betreffenden Mitgliedstaaten der Europäischen Union oder der betreffenden Vertragsstaaten des Abkommens über den Europäischen Wirtschaftsraum akzeptiert wird, oder in englischer Sprache zu veröffentlichen.

(3) ¹Ein Inlandsemittent im Sinne des § 2 Absatz 14 Nummer 2 des Wertpapierhandelsgesetzes muss die Information in deutscher oder in englischer Sprache veröffentlichen. ²Ein Emittent, der seinen Sitz im Inland hat und dessen Wertpapiere nicht im Inland, sondern in mehr als einem anderen Mitgliedstaat der Europäischen Union oder Vertragsstaat des Abkommens über den Europäischen Wirtschaftsraum zum Handel an einem organisierten Markt zugelassen sind, hat die Information nach seiner Wahl in einer von den zuständigen Behörden der betreffenden Mitgliedstaaten der Europäischen Union oder der betreffenden Vertragsstaaten des Abkommens über den Europäischen Wirtschaftsraum akzeptierten Sprache oder in englischer Sprache zu veröffentlichen; er kann sie zusätzlich auch in deutscher Sprache veröffentlichen.

(4) Sind Wertpapiere eines Inlandsemittenten im Sinne des § 2 Absatz 14 des Wertpapierhandelsgesetzes mit einer Mindeststückelung von 100 000 Euro oder einem am Ausgabetag entsprechenden Gegenwert in einer anderen Währung zum Handel an einem organisierten Markt im Inland oder in einem oder mehreren Mitgliedstaaten der Europäischen Union oder in einem oder mehreren Vertragsstaaten des Abkommens über den Europäischen Wirtschaftsraum zugelassen, so hat er die Information abweichend von den Absätzen 2 und 3 in englischer Sprache oder in einer Sprache zu veröffentlichen, die von der Bundesanstalt und im Falle der Zulassung in anderen Mitgliedstaaten der Europäischen Union oder Vertragsstaaten des Abkommens über den Europäischen Wirtschaftsraum von den zuständigen Behörden dieser Staaten akzeptiert wird.

(5) Absatz 4 gilt entsprechend für Inlandsemittenten im Sinne des § 2 Absatz 14 des Wertpapierhandelsgesetzes von Wertpapieren mit einer Mindeststückelung von 50 000 Euro oder einem am Ausgabetag entsprechenden Gegenwert in einer anderen Währung, die bereits vor dem 31. Dezember 2010 zum Handel an einem organisierten Markt in einem oder mehreren Mitgliedstaaten der Europäischen Union oder in einem anderen Vertragsstaat des Abkommens über den Europäischen Wirtschaftsraum zugelassen wurden, solange derartige Wertpapiere ausstehen.

---

1 Richtlinie 2013/50/EU des Europäischen Parlaments und des Rates vom 22. Oktober 2013 zur Änderung der Richtlinie 2004/109/EG des Europäischen Parlaments und des Rates zur Harmonisierung der Transparenzanforderungen in Bezug auf Informationen über Emittenten, deren Wertpapiere zum Handel auf einem geregelten Markt zugelassen sind, der Richtlinie 2003/71/EG des Europäischen Parlaments und des Rates betreffend den Prospekt, der beim öffentlichen Angebot von Wertpapieren oder bei deren Zulassung zum Handel zu veröffentlichen ist, sowie der Richtlinie 2007/14/EG der Kommission mit Durchführungsbestimmungen zu bestimmten Vorschriften der Richtlinie 2004/109/EG, ABl. EU Nr. L 294 v. 6.11.2013, S. 13.
2 BGBl. I 2015, 2029.
3 BGBl. I 2012, 1375.

(6) Die Absätze 1 bis 5 gelten entsprechend für Veröffentlichungen nach Artikel 17 Absatz 1, 2 und 6 bis 9 und für Meldungen nach Artikel 19 Absatz 1 der Verordnung (EU) Nr. 596/2014 der MTF-Emittenten im Sinne des § 2 Absatz 15 des Wertpapierhandelsgesetzes, der OTF-Emittenten im Sinne des § 2 Absatz 16 des Wertpapierhandelsgesetzes und der Teilnehmer am Markt für Emissionszertifikate."

Als Ausgangspunkt und Regelfall erfasst **§ 3b Abs. 2 Satz 1 WpAV** Emittenten, für die **Deutschland der Herkunftsstaat** i.S.v. § 2 Abs. 13 WpHG ist und deren Wertpapiere ausschließlich zum Handel „einem organisierten Markt im Inland" – das ist am **regulierten Markt** i.S.v. § 32 BörsG – zugelassen sind. Sie müssen die Veröffentlichung in deutscher Sprache vornehmen[1]. 168

Emittenten, für die Deutschland der Herkunftsstaat i.S.v. § 2 Abs. 13 WpHG ist, deren Wertpapiere aber **zusätzlich zur Notierung am regulierten Markt in einem oder mehreren anderen EU- oder EWR-Staaten zugelassen** sind, haben nach **§ 3b Abs. 2 Satz 2 WpAV** die Information in deutscher oder englischer Sprache zu veröffentlichen *und zusätzlich* zu der hiernach gewählten Sprache, nach Wahl des jeweiligen Emittenten, in einer von der Behörde des jeweiligen EU- oder EWR-Staats oder akzeptierten Sprache oder in der in internationalen Finanzkreisen gebräuchlichen englischen Sprache zu veröffentlichen[2]. Das kann dazu führen, dass der Emittent in Englisch veröffentlicht und auch als Wahlsprache die englische Sprache wählt, doch entspricht dies nicht der Intention des Gesetzes, das in diesen Fällen ganz offenbar eine zweisprachige Veröffentlichung erreichen will[3]. 169

Ein **Inlandsemittent i.S.v. § 2 Abs. 14 Nr. 2 WpHG**, d.h. ein Emittent, für den nicht nach § 2 Abs. 13 WpHG Deutschland, sondern ein **anderer EU- oder EWR-Staat der Herkunftsstaat** ist, dessen Wertpapiere aber ausschließlich zum Handel im regulierten Markt als einem inländischen organisierten Markt (Rz. 168) zugelassen sind (zum Begriff Rz. 179), muss die Insiderinformation nach **§ 3b Abs. 3 Satz 1 WpAV** in deutscher oder in englischer Sprache veröffentlichen[4]. 170

Ein **Emittent mit Sitz im Inland** hat, dessen **Wertpapiere aber nicht im Inland**, sondern in mehr als einem anderen EU- oder EWR-Staat zum Handel an einem organisierten Markt zugelassen sind, hat die Information nach seiner Wahl in einer von den zuständigen Behörden der betreffenden EU- oder EWR-Staaten akzeptierten Sprache oder in englischer Sprache zu veröffentlichen (**§ 3b Abs. 3 Satz 2 Halbsatz 1 WpAV**). Dem Emittenten ist es jedoch freigestellt, die Veröffentlichung zusätzlich auch in deutscher Sprache vorzunehmen (**§ 3b Abs. 3 Satz 2 Halbsatz 2 WpAV**)[5]. 171

Sind **Wertpapiere eines Inlandsemittenten** i.S.v. § 2 Abs. 14 WpHG mit einer Mindeststückelung von 100.000 Euro zum Handel an einem organisierten Markt im Inland oder in einem oder mehreren EU- oder EWR-Staaten zugelassen, so hat der Emittent nach **§ 3b Abs. 4 WpAV** die Information – abweichend von § 3b Abs. 2 und 3 WpAV – in englischer Sprache oder in einer Sprache zu veröffentlichen, die von der BaFin und im Falle der Zulassung in anderen EU- oder EWR-Staaten von den zuständigen Behörden dieser Staaten akzeptiert wird[6]. Weisen die Wertpapiere eine Mindeststückelung von nur 50.000 Euro auf, waren sie aber bereits vor dem 31.12.2010 zum Handel an einem der vorgenannten Märkte zugelassen, so gilt die vorstehende Regelung gem. **§ 3b Abs. 5 WpAV** entsprechend[7]. 172

Emittenten mit Sitz im Ausland oder **Emittenten, für die nach § 2 Abs. 13 Nr. 2 WpHG Deutschland der Herkunftsstaat ist** oder Emittenten, die bei der Bundesanstalt einen **Prospekt in englischer Sprache** für die Wertpapiere hinterlegt haben, auf die sich die Information bezieht, können die Veröffentlichung ausschließlich in englischer Sprache vornehmen (**§ 3b Abs. 1 Satz 1 WpAV**). Sofern sie diese Möglichkeit nicht in Anspruch nehmen, gelten die Regelungen in den Abs. 2–4 auch für sie (**§ 3b Abs. 1 Satz 2 WpAV**). § 3b Abs. 1 WpAV gilt für die Sprache der Veröffentlichung der Insiderinformationen und wirft die Frage auf, ob der Emittent, der die Veröffentlichung von Insiderinformationen ausschließlich in Englisch vornehmen kann, auch die **Befreiungsmitteilung** nach Art. 17 Abs. 4 Unterabs. 3 Satz 1 VO Nr. 596/2014 in und nur in Englisch übermitteln darf. Die BaFin beantwortet sie dahingehend, dass sie zur Wahrung des Unmittelbarkeitsgebotes in Art. 17 173

---

1 Die Regelung entspricht Art. 20 Abs. 1 und 2 der diesbezüglich nicht geänderten Transparenzrichtlinie 2004/109/EG (Rz. 166).
2 Auch diese Regelung entspricht Art. 20 Abs. 1 und 2 der diesbezüglich nicht geänderten Transparenzrichtlinie 2004/109/EG (Rz. 166).
3 In der Begründung zum RegE TUG, BT-Drucks. 16/2498, 50, heißt es, neben der ersten Wahl zwischen der deutschen und englischen Sprache müsse „außerdem" in einer der anderen zur Wahl stehenden Sprachen erfolgen.
4 Diese Regelung entspricht der Sonderregelung in Art. 21 Abs. 3 i.V.m. Art. 20 Abs. 3 Unterabs. 1 der diesbezüglich nicht geänderten Transparenzrichtlinie 2004/109/EG (Rz. 166). S. dazu *Assmann* in 6. Aufl., § 15 WpHG Rz. 209a.
5 § 3b Abs. 3 Satz 2 WpAV entspricht Art. 21 Abs. 1 i.V.m. Art. 20 Abs. 3 Unterabs. 1 der diesbezüglich nicht geänderten Transparenzrichtlinie 2004/109/EG (Rz. 166) umgesetzt. S. dazu *Assmann* in 6. Aufl., § 15 WpHG Rz. 209a.
6 Die Vorschrift entspricht Art. 20 Abs. 6 der diesbezüglich nicht geänderten Transparenzrichtlinie 2004/109/EG (Rz. 166).
7 Diese Regelung geht zurück auf eine den Stückelungsbetrag von 50.000 auf 100.000 Euro erhöhende Änderung des § 3b Abs. 4 WpAV durch Art. 3 des Gesetzes zur Umsetzung der Richtlinie 2010/73/EU und zur Änderung des Börsengesetzes vom 26.6.2012 (Rz. 166).

Abs. 4 Unterabs. 3 Satz 1 VO Nr. 596/2014 die unverzügliche Übermittlung der Selbstbefreiungsentscheidung in englischer Sprache akzeptiert, jedoch eine deutsche Übersetzung nachzureichen ist[1].

174 Auch wenn die Veröffentlichung der Insiderinformation in mehreren Sprachen vorzunehmen ist, hat sie **unverzüglich** zu erfolgen[2]. Deshalb sind Vorkehrungen zu treffen, dass allfällige Übersetzungen der unverzüglichen Veröffentlichung der Information nicht entgegenstehen[3]. Zum Erfordernis der unverzüglichen Veröffentlichung Rz. 63 ff.

175 **bb) Verfahren zur Herbeiführung der Offenlegung und Art und Weise der Veröffentlichung. (1) Übersicht.** Ist der Emittent ein Inlandsemittent, ein MTF-Emittent oder ein OTF-Emittent (dazu Rz. 179 ff.), hat er nach § 26 Abs. 1 WpHG die offenzulegenden Insiderinformationen vor ihrer Veröffentlichung im Wege einer **Vorabmitteilung** der BaFin und den Geschäftsführungen der Handelsplätze, an denen seine Finanzinstrumente zum Handel zugelassen oder in den Handel einbezogen sind, mitzuteilen sowie unverzüglich nach ihrer Veröffentlichung dem Unternehmensregister i.S.d. § 8b HGB zur Speicherung zu übermitteln (Rz. 178 ff.). Unmittelbar nach der Veröffentlichung müssen diese Emittenten die Insiderinformationen dem Unternehmensregister i.S.v. § 8b HGB zur Speicherung zu übermitteln (Rz. 193).

176 Zum Verfahren zur **Herbeiführung der Offenlegung** und zur **Art und Weise der Veröffentlichung** von nach Art. 17 Abs. 1 Unterabs. 1 VO Nr. 596/2014 zu publizierenden Insiderinformationen bestimmt Art. 17 Abs. 1 Unterabs. 2 Satz 1 VO Nr. 596/2014 allgemein, diese müsse so erfolgen, dass sie der Öffentlichkeit einen schnellen Zugang und eine vollständige, korrekte und rechtzeitige Bewertung ermögliche. Um dies zu gewährleisten enthält Art. 2 DurchfVO 2016/1055 (Rz. 16) Vorschriften über die Bekanntgabe von Insiderinformationen. Zu diesen treten gem. § 3a Abs. 5 WpAV die in § 3a Abs. 1–4 WpAV enthaltenen Vorschriften hinzu, soweit sie diejenigen von Art. 2 DurchfVO 2016/1055 (Rz. 16) ergänzen[4].

177 Zusammen mit der ordnungsgemäßen Veröffentlichung von Insiderinformationen nach den vorgenannten Bestimmungen muss der Emittent nach Art. 17 Abs. 1 Unterabs. 2 Satz 3 VO Nr. 596/2014 alle Insiderinformationen, die er der Öffentlichkeit mitzuteilen hat, **auf seiner Website veröffentlichen** und sie dort während eines Zeitraums von mindestens fünf Jahren anzeigen. Art. 3 DurchfVO 2016/1055 bestimmt, welchen Anforderungen diese Website zu genügen hat. Zu den Anforderungen an die Website des Emittenten s. Rz. 190. Die Veröffentlichung von Insiderinformationen allein auf der Website des Emittenten ist unzureichend[5]. Im Hinblick auf die Veröffentlichung der Insiderinformationen nach Art. 17 Abs. 1 VO Nr. 596/2014 sowie der einschlägigen Bestimmungen der DurchfVO 2016/1055 (Rz. 16) und der WpAV kann der Emittent auf hierauf **spezialisierte Dienstleister** – unter diesen namentlich die Deutsche Gesellschaft für Ad-hoc-Publizität (DGAP) – zurückgreifen.

178 **(2) Vorabmitteilung an BaFin und Handelsplätze.** Wenn es sich bei dem Emittenten um einen **Inlandsemittenten**, einen **MTF-Emittenten** oder einen **OTF-Emittenten** handelt, hat dieser gem. **§ 26 Abs. 1 WpHG** der BaFin und den Geschäftsführungen der Handelsplätze, an denen seine Finanzinstrumente zum Handel zugelassen oder in den Handel einbezogen sind, die Insiderinformationen vor deren Veröffentlichung mitzuteilen.

179 **Inlandsemittenten** sind nach § 2 Abs. 14 WpHG *sowohl* Emittenten, für die Deutschland der Herkunftsstaat ist[6], mit Ausnahme solcher Emittenten, deren Wertpapiere nicht im Inland, sondern lediglich in einem anderen Mitgliedstaat der EU oder einem anderen Vertragsstaat des EWR zugelassen sind[7], *als auch* Emittenten, für die nicht Deutschland, sondern ein anderer Mitgliedstaat der Europäischen EU oder ein anderer Vertragsstaat des EWR der Herkunftsstaat ist[8], deren Wertpapiere aber nur im Inland zum Handel an einem organisierten Markt zugelassen sind. Zu Einzelheiten s. § 2 WpHG Rz. 229 ff.

---

1 BaFin, MAR (FAQ), IV.5. S. 9/10.
2 BaFin, Emittentenleitfaden 2013, S. 70: „Bei Veröffentlichungen der Insiderinformation in verschiedenen Sprachen ist das Gebot der Unverzüglichkeit zu beachten".
3 BaFin, Emittentenleitfaden 2013, S. 70: „Wird eine Insiderinformation in mehreren Sprachen veröffentlicht, darf die Übersetzung die Veröffentlichung nicht verzögern, d.h. mit der Veröffentlichung darf nicht abgewartet werden, bis eine oder alle Übersetzungen der Mitteilung vorliegen".
4 Die Ergänzung wird vom Referentenentwurf des Bundesministeriums der Finanzen für eine Dritte Verordnung zur Änderung der Wertpapierhandelsverordnung (WpAIV) vom 9.5.2017 (abrufbar über die Website http://www.bundesfinanzministerium.de/Content/DE/Gesetzestexte/Gesetze_Verordnungen/2017-05-09-WpAIV.html), S. 13, als notwendig bezeichnet, weil die unmittelbar geltende Durchführungsverordnung (EU) 2016/1055 „den praxisrelevanten Bereich nicht umfassend regelt".
5 BaFin, MAR (FAQ) IV.1. S. 8.
6 Das sind die in § 2 Abs. 13 WpHG genannten Emittenten. Näher hierzu § 2 WpHG Rz. 217 ff.
7 Letzteres allerdings nur, „soweit sie in diesem anderen Staat Veröffentlichungs- und Mitteilungspflichten nach Maßgabe der Richtlinie 2004/109/EG des Europäischen Parlaments und des Rates vom 15. Dezember 2004 zur Harmonisierung der Transparenzanforderungen in Bezug auf Informationen über Emittenten, deren Wertpapiere zum Handel auf einem geregelten Markt zugelassen sind, und zur Änderung der Richtlinie 2001/34/EG (ABl. EU Nr. L 390, 38) unterliegen".
8 Das sind alle Emittenten, für die nicht Deutschland der Herkunftsstaat i.S.v. § 2 Abs. 13 WpHG ist und die ihren Sitz in einem Mitgliedstaat der EU oder dem EWR haben.

Als **MTF-Emittenten** kommen nach § 2 Abs. 15 WpHG zwei Klassen von Emittenten von Finanzinstrumenten in Betracht: *Zum einen* Emittenten, die ihren Sitz im Inland haben und die für ihre Finanzinstrumente eine Zulassung zum Handel auf einem multilateralen Handelssystem[1] im Inland oder in einem anderen Mitgliedstaat der EU oder einem anderen Vertragsstaat des EWR oder die Einbeziehung in den Freiverkehr beantragt oder genehmigt haben, wenn diese Finanzinstrumente nur auf multilateralen Handelssystemen oder im Freiverkehr gehandelt werden, mit Ausnahme solcher Emittenten, deren Finanzinstrumente nicht im Inland, sondern lediglich in einem anderen Mitgliedstaat der EU oder einem anderen Vertragsstaat des EWR zugelassen sind, wenn sie in diesem Staat den Anforderungen des Art. 21 RL 2004/109/EG unterliegen; und *zum anderen* diejenigen Emittenten, die ihren Sitz nicht im Inland haben und die für ihre Finanzinstrumente eine Zulassung zum Handel auf einem multilateralen Handelssystem im Inland oder die Einbeziehung in den Freiverkehr beantragt oder genehmigt haben, wenn diese Finanzinstrumente nur auf multilateralen Handelssystemen im Inland oder im Freiverkehr gehandelt werden. Zu Einzelheiten s. § 2 WpHG Rz. 233 ff. 180

Auch in Bezug auf **OTF-Emittenten** ist nach § 2 Abs. 16 WpHG zwischen zwei Klassen von Emittenten von Finanzinstrumenten unterscheiden: Bei der *ersten* handelt es sich um Emittenten von Finanzinstrumenten, die ihren Sitz im Inland haben und die für ihre Finanzinstrumente eine Zulassung zum Handel an einem organisierten Handelssystem im Inland oder in einem anderen Mitgliedstaat oder einem anderen Vertragsstaat des Abkommens über den Europäischen Wirtschaftsraum beantragt oder genehmigt haben, vorausgesetzt diese Finanzinstrumente werden nur auf organisierten Handelssystemen gehandelt, mit Ausnahme solcher Emittenten, deren Finanzinstrumente nicht im Inland, sondern lediglich in einem anderen Mitgliedstaat oder einem anderen Vertragsstaat des Abkommens über den Europäischen Wirtschaftsraum zugelassen sind, soweit sie in diesem Staat den Anforderungen des Art. 21 RL 2004/109/EG unterliegen. Bei der *zweiten* geht es um Emittenten von Finanzinstrumenten, die ihren Sitz nicht im Inland haben und die für ihre Finanzinstrumente nur eine Zulassung zum Handel an einem organisierten Handelssystem im Inland beantragt oder genehmigt haben. Zu Einzelheiten s. § 2 WpHG Rz. 239 ff. 181

Im Hinblick auf die **Handelsplätze**, deren Geschäftsführungen die Vorabmitteilung zu erhalten haben, ist es unerheblich, ob der Emittent die Zulassung oder die Einbeziehung i.S.v. Art. 17 Abs. 1 Unterabs. 3 VO Nr. 596/2014 beantragt oder genehmigt hat[2]. Die Information der Geschäftsführungen anderer Handelsplätze als diejenigen, die kraft gesetzlicher Regelung des § 26 Abs. 1 WpHG vorab zu informieren sind, stellt ein Verstoß gegen das Weitergabeverbot des Art. 14 lit. c VO Nr. 596/2014 dar[3]. Zu den als Handelsplätze erfassten Märkten s. § 2 WpHG Rz. 259. 182

In der Vorabmitteilung nach § 26 Abs. 1 WpHG sind nach **§ 8 WpAV** folgende **Angaben** zu machen: „1. der Wortlaut der vorgesehenen Veröffentlichung, 2. der vorgesehene Zeitpunkt der Veröffentlichung und ein Ansprechpartner des Emittenten mit Rufnummer". 183

Zu **Art und Form der Vorabmitteilungen** bestimmt **§ 9 WpAV**: 184

„(1) ¹Mitteilungen nach § 8 [WpAV, d.h. Vorabmitteilungen nach § 26 Abs. 1 WpHG] sind schriftlich mittels Telefax zu übersenden. ²Auf Verlangen der Bundesanstalt ist die eigenhändig unterschriebene Mitteilung auf dem Postweg nachzureichen. ³Gleiches können auch die Geschäftsführungen der Handelsplätze im Sinne des § 26 Absatz 1 des Wertpapierhandelsgesetzes verlangen, sofern sie nach diesen Vorschriften eine Mitteilung erhalten.

(2) Die Bundesanstalt kann die Möglichkeit eröffnen, die Mitteilungen nach § 8 [WpAV, d.h. Vorabmitteilungen nach § 26 Abs. 1 WpHG] im Wege der Datenfernübertragung zu übersenden, sofern dem jeweiligen Stand der Technik entsprechende Maßnahmen zur Sicherstellung von Datenschutz und Datensicherheit getroffen werden, die insbesondere die Vertraulichkeit und Unversehrtheit der Daten gewährleisten, und sofern im Fall der Nutzung allgemein zugänglicher Netze dem jeweiligen Stand der Technik entsprechende Verschlüsselungsverfahren angewendet werden."

(3) **Medien der Veröffentlichung.** Die zu veröffentlichenden Insiderinformationen sind durch den Emittenten oder einen Dritten, dessen diesbezüglicher Dienstleistungen sich der Emittent bedient (dazu Rz. 195), **Medien zuzuleiten** (Art. 2 DurchfVO 2016/1055, § 3a Abs. 1 Satz 1 WpAV). Diese Übermittlung muss mit elektronischen Hilfsmitteln erfolgen, die die Vollständigkeit, Integrität und Vertraulichkeit der Informationen bei der Übertragung gewährleisten (Art. 2 Abs. 1 lit. b Satz 2 DurchfVO 2016/1055). Dabei gehen die Bestimmungen davon aus, dass es für die Erfüllung der in Art. 17 Abs. 1 Unterabs. 1 VO Nr. 596/2014 angeführten Veröffentlichungsziele nicht ausreicht, die Veröffentlichung der Insiderinformationen in nur einem Medium vorzunehmen; vielmehr ist dazu eine Veröffentlichung in einem **Bündel von Medien** (dazu Rz. 189) erforderlich ist[4]. 185

---

1 Das ist nach § 2 Abs. 8 Satz 1 Nr. 8, Abs. 11 WpHG ein System, das die Interessen einer Vielzahl von Personen am Kauf und Verkauf von Finanzinstrumenten innerhalb des Systems und nach festgelegten Bestimmungen in einer Weise zusammenbringt, die zu einem Vertrag über den Kauf dieser Finanzinstrumente führt.
2 *BaFin*, MAR (FAQ), II.4. S. 5.
3 *BaFin*, MAR (FAQ), II.4. S. 5.
4 *BaFin*, Emittentenleitfaden 2013, S. 67 zu den bisherigen, insoweit aber durch Art. 17 VO Nr. 596/2014 und die diese Bestimmungen konkretisierenden Rechtsakte nicht geänderten Anforderungen an die Veröffentlichung von Insiderinformationen (dazu *BaFin*, MAR (FAQ) zu IV.1. S. 8).

Art. 17 VO Nr. 596/2014 | Veröffentlichung von Insiderinformationen

Der den Medien zur Veröffentlichung zugeleitete, als Ad-hoc-Mitteilung zu veröffentlichende Text muss aber stets derselbe sein.

186 Zu den Medien, denen die Insiderinformationen zur Veröffentlichung zuzuleiten sind, müssen **qualifizierte Medien** gehören, das heißt solche gehören,
- bei denen mit der Öffentlichkeit vernünftigerweise davon ausgegangen werden kann, dass sie Insiderinformationen in der gesamten Europäischen Union und in den übrigen Vertragsstaaten des Abkommens über den Europäischen Wirtschaftsraum tatsächlich verbreiten (Art. 2 DurchfVO 2016/1055, § 3a Abs. 1 Satz 1 WpAV), und
- die die Insiderinformationen so rasch und so zeitgleich wie möglich, nichtdiskriminierend an eine möglichst breite Öffentlichkeit und unentgeltlich für die Adressaten in allen Mitgliedstaaten der Europäischen Union und in den übrigen Vertragsstaaten des Abkommens über den Europäischen Wirtschaftsraum aktiv verbreiten können (Art. 2 Abs. 1 Unterabs. 1 lit. a i)–iii) DurchfVO 2016/1055, § 3a Abs. 2 Satz 1 Nr. 1 WpAV).

187 Im Hinblick auf **alle Medien**, denen die Insiderinformationen zur Veröffentlichung zugeleitet werden, muss gewährleistet sein:
- hinsichtlich der **Art und Weise der Übermittlung** des Texts der zu veröffentlichenden Insiderinformationen, dass
  (1) der Absender der Information sicher identifiziert werden kann,
  (2) ein hinreichender Schutz gegen unbefugte Zugriffe oder Veränderung der Daten besteht und die Vertraulichkeit und Sicherheit der Übersendung auch im Übrigen durch die Art des genutzten Übertragungswegs oder durch eine Verschlüsselung der Daten nach dem Stand der Technik sichergestellt ist, und
  (3) Übertragungsfehler oder -unterbrechungen unverzüglich behoben werden können, und
- hinsichtlich des **Inhalts der Übermittlung**, dass gem. § 3a Abs. 2 Satz 1 Nr. 3 WpAV und Art. 2 Abs. 1 Unterabs. 1 lit. b DurchfVO 2016/1055 mitgeteilt wird,
  (1) dass die übermittelten Informationen Insiderinformationen sind,
  (2) der Name des Emittenten als Veröffentlichungspflichtiger einschließlich seiner Anschrift,
  (3) ein als Betreff erkennbares Schlagwort, das den wesentlichen Inhalt der Veröffentlichung zusammenfasst (§ 3a Abs. 2 Satz 1 Nr. 3 lit. b; Art. 2 Abs. 1 Unterabs. 1 lit. b iv) DurchfVO 2016/1055 spricht vom „Gegenstand der Insiderinformationen"),
  (4) das Ziel, die Insiderinformationen als eine vorgeschriebene Information europaweit zu verbreiten,
  (5) die die Identität der mitteilenden Person mit Angaben zu Vorname, Nachname und Position beim Emittenten, sowie
  (6) das Datum und die Uhrzeit der Übermittlung.

188 Zu den für die Veröffentlichung von Insiderinformationen nach Maßgabe der vorstehenden Bestimmungen **in Betracht kommenden Medien** gehören – wie bisher und nach § 5 WpAIV a.F. obligatorisch – elektronisch betriebene Informationsverbreitungssysteme sowie News Provider, Nachrichtenagenturen, bedeutende nationale und europäische Zeitungen und Finanzwebseiten[1]. Veröffentlichungen allein auf der Website des Emittenten oder in sozialen Medien im Internet oder in nur regional verbreiteten Tageszeitungen vermögen die vorstehend aufgeführten Anforderungen an die Veröffentlichung von Insiderinformationen nach Art. 17 Abs. 1 Unterabs. 1 VO Nr. 596/2014 nicht zu erfüllen. Ist die Veröffentlichung durch die in dieser Vorschrift sowie Art. 2 DurchfVO 2016/1055 und § 3a Abs. 1–4 WpAV vorgeschriebenen Medien ordnungsgemäß erfolgt, ist der Emittent frei, die Insiderinformationen auch anderweitig zu veröffentlichen.

189 Wie schon unter der durch die Marktmissbrauchsverordnung abgelösten WpAIV a.F. ist das zur Veröffentlichung einer Insiderinformationen **zusammenzustellende Medienbündel**, das heißt „die Zahl der unterschiedlichen Medienarten und der eingesetzten Medien einer Medienart ... nach den Besonderheiten des Einzelfalls" zu bestimmen, „zu denen insbesondere die Aktionärsstruktur des Emittenten sowie Zahl und Ort seiner Börsenzulassungen gehören"[2]. Dabei ist hinsichtlich des Medienmixes allerdings dem Umstand Rechnung zu tragen, dass es eine europaweit zeitgleiche Information des Marktpublikums zu erreichen gilt, was im Einzelfall aber auch durch den Einsatz nur eines, dafür aber geeigneten Medium erreicht werden kann[3].

190 **(4) Veröffentlichung auf der Website des Emittenten (Art. 17 Abs. 1 Unterabs. 2 Satz 3, Abs. 9 VO Nr. 596/2014).** Nach Art. 17 Abs. 1 Unterabs. 2 Satz 3 VO Nr. 596/2014 muss der Emittent alle Insiderinformationen, die er der Öffentlichkeit mitzuteilen hat, **auf seiner Website veröffentlichen** und sie dort während ei-

---

[1] *BaFin*, Emittentenleitfaden 2013, S. 67. Als in Betracht kommende Informationsverbreitungssysteme benennt *Söhner*, BB 2017, 259 etwa Bloomberg, Reuters, dpa-RFX, Dow Jones, vwd und DGAP.
[2] *BaFin*, Emittentenleitfaden 2013, S. 67.
[3] *BaFin*, Emittentenleitfaden 2013, S. 68.

nes Zeitraums von mindestens fünf Jahren anzeigen. Die Veröffentlichung von Insiderinformationen allein auf der Website des Emittenten ist unzureichend (Rz. 177). Gem. Art. 3 a–c DurchfVO 2016/1055 muss diese Website folgende Anforderungen erfüllen: a) Die auf ihnen angezeigten Insiderinformationen müssen für die Nutzer diskriminierungsfrei und unentgeltlich zugänglich sein; b) die Nutzer der Website müssen die Insiderinformationen in einem leicht auffindbaren Abschnitt der Website ausfindig machen können; c) es muss gewährleistet sein, dass die offengelegten Insiderinformationen eindeutige Angaben zu Datum und Uhrzeit der Bekanntgabe enthalten und dass die Informationen in chronologischer Reihenfolge aufgelistet werden.

Die Verpflichtung des Emittenten, die mitzuteilenden Insiderinformationen auf seiner Website veröffentlichen und sie dort während eines Zeitraums von mindestens fünf Jahren anzuzeigen gilt nur für Insiderinformationen, die ab dem Zeitpunkt des Wirksamwerdens der MAR – d.h. dem 2.7.2016 – veröffentlicht worden sind[1]. Insiderinformationen, die vor diesem Zeitpunkt veröffentlicht wurden, unterfallen der bisherigen Anzeigepflicht von einem Monat (§ 5 Satz 1 Nr. 2 WpAV). Eine längere Anzeige ist aber möglich. 191

Nach Art. 17 Abs. 9 VO Nr. 596/2014 können Insiderinformationen in Bezug auf Emittenten, deren Finanzinstrumente zum Handel an einem **KMU-Wachstumsmarkt** (Art. 3 Nr. 11 VO Nr. 596/2014; zum Begriff Art. 3 VO Nr. 596/2014 Rz. 20) zugelassen sind, auf der **Website des Handelsplatzes** anstatt der Website des Emittenten angezeigt werden, falls der jeweilige Handelsplatz sich für die Bereitstellung dieser Möglichkeit für Emittenten auf jenem Markt entscheidet. Das ist als weitere Maßnahme anzusehen, die als MTF ausgestalteten Wachstumsmärkte für kleine und mittlere Unternehmen attraktiver zu gestalten, um solchen Emittenten den Zugang zu Kapital zu erleichtern. 192

(5) Komplementäre Pflichten und Verantwortlichkeiten des Emittenten. Handelt es sich bei dem Emittenten um einen **Inlandsemittenten, einen MTF-Emittenten** oder einen **OTF-Emittenten** (Rz. 179 ff.), hat er gem. § 26 Abs. 1 WpHG die offengelegten Insiderinformationen unverzüglich nach ihrer Veröffentlichung, d.h. – entsprechend § 121 Abs. 1 Satz 1 BGB – ohne schuldhaftes Zögern (Rz. 50), dem **Unternehmensregister** i.S.d. § 8b HGB zur **Speicherung** zu übermitteln[2]. S. dazu § 26 WpHG Rz. 12 f. Art. 17 VO Nr. 596/2014 und die zu dieser Vorschrift ergangenen Rechtsakte sehen nicht mehr vor, dass der BaFin und der Geschäftsführung der jeweils betroffenen Handelsplätze **Veröffentlichungsbelege** unter Angabe des Textes der Veröffentlichung, der Medien, an die die Information gesandt wurde, sowie des genauen Zeitpunkts der Versendung an die Medien vorgelegt werden müssen. Dem trägt § 3c Satz 2 WpAV und der Umstand Rechnung, dass in die WpAV keine § 5a WpAIV a.F. vergleichbare Regelung aufgenommen wurde. 193

In Bezug auf die Herbeiführung und Vornahme der Veröffentlichung der Insiderinformationen muss der Emittent nach § 3a Abs. 3 WpAV **sechs Jahre** lang in der Lage sein, der BaFin **auf Anforderung mitzuteilen** und hat dementsprechend zu **dokumentieren und aufzubewahren**[3]: Informationen über 194

– die Person, die die Information an die Medien gesandt hat,
– die verwandten Sicherheitsmaßnahmen für die Übersendung an die Medien,
– den Tag und die Uhrzeit der Übersendung an die Medien,
– das Mittel der Übersendung an die Medien und
– gegebenenfalls alle Daten zu einer Verzögerung der Veröffentlichung.

Der Veröffentlichungspflichtige kann, wie bereits erwähnt (Rz. 185), die Herbeiführung der Veröffentlichung in der Weise **auf einen Dritten delegieren**, dass er diesen – in der Regel einen auf die Erledigung solcher Aufgaben spezialisierten Dienstleister – mit der Veranlassung der Veröffentlichung beauftragt. In diesem Fall bleibt er aber nach § 3a Abs. 4 WpAV für die Erfüllung seiner Veröffentlichungspflicht verantwortlich. Das heißt, dass der Emittent in der Lage sein muss, der Aufsichtsbehörde die in § 3a Abs. 3 WpAV angeführten Angaben zu erteilen. Insbesondere im Hinblick auf die Möglichkeit, dass der Dritte sich aus dem Geschäft zurückzieht oder nach einer Insolvenz wegfällt, muss der Veröffentlichungspflichtige dafür Sorge tragen, die fraglichen Informationen erteilen zu können. Dessen ungeachtet ist nach § 3a Abs. 4 Halbs. 2 WpAV **auch der Dritte** zur Erfüllung der Anforderungen aus § 3a Abs. 3 WpAV mit allen sich daraus insbesondere aufsichtsrechtlich ergebenden Konsequenzen verpflichtet. 195

Darüber hinaus muss der Emittenten nach Art. 2 Abs. 1 Unterabs. 2 DurchfVO 2016/1055 für die „Vollständigkeit, Integrität und Vertraulichkeit" der Zuleitung von Insiderinformationen an die Medien sorgen, die die Insiderinformationen veröffentlichen sollen, „indem ein eventueller **Ausfall oder eine eventuelle Unterbrechung der Übermittlung** der Insiderinformationen unverzüglich behoben wird". Das setzt entsprechende Vorkehrun- 196

---

1 So und zum Folgenden *BaFin*, MAR (FAQ), IV.2. S. 9.
2 Diese Bestimmung ist vor dem Hintergrund der Bestimmung des Art. 17 Abs. 1 Unterabs. 2 Satz 1 VO Nr. 596/2014 zu sehen, nach der Emittent sicherstellt, „dass die Insiderinformationen … gegebenenfalls in dem amtlich bestellten System gemäß Artikel 21 der Richtlinie 2004/109/EG des Europäischen Parlaments und des Rates veröffentlicht werden".
3 Diese Vorschrift soll sicherstellen, dass die zuständige Behörde die Einhaltung der Transparenzpflichten des Veröffentlichungspflichtigen überwachen kann. Sie entspricht § 3a Abs. 3 WpAIV, die der Umsetzung von Art. 12 Abs. 5 Satz 2 der Durchführungsrichtlinie zur Transparenzrichtlinie 2007/14/EG (Rz. 95) diente.

gen voraus. Nicht verantwortlich ist der Emittenten dagegen für **technische Systemfehler im Verantwortungsbereich der Medien**, an die die Information versandt wurde (§ 3 Abs. 2 Satz 2 WpAV). Ebenso wenig ist er dafür verantwortlich, dass die einzelnen Medien die ihnen zugeleiteten Insiderinformationen auch tatsächlich veröffentlichen[1].

197 Nach Art. 17 Abs. 1 Unterabs. 2 Satz 2 VO Nr. 596/2014 darf der Emittent die Veröffentlichung von Insiderinformationen **nicht mit der Vermarktung seiner Tätigkeiten verbinden**. Das ist bei allen Angaben im Zusammenhang mit den zu veröffentlichenden Insiderinformationen der Fall, die für das Verständnis von deren Inhalt nicht erforderlich sind und eine werbliche Darstellung der Tätigkeit des Emittenten, wie etwa seiner Geschäftspolitik oder seiner Produkte, beinhalten. Dem Emittenten ist es mithin versagt, die Notwendigkeit der Veröffentlichung von Insiderinformationen mit der Chance zur Anleger- oder Kundenkommunikation zu nutzen, oder zu versuchen, negative Insiderinformationen durch anderweitige positive Botschaften auszugleichen. Näher hierzu bereits oben Rz. 159.

198 **b) Erneute Veröffentlichung bereits veröffentlichter, aber erheblich veränderter Insiderinformationen (Aktualisierung einer Ad-hoc-Mitteilung).** Wie schon § 15 WpHG a.F. enthält auch Art. 17 VO Nr. 596/2014 keine Vorschriften, die eine Pflicht zur **Aktualisierung** einer Ad-hoc-Mitteilung begründen. In § 4 Abs. 2 WpAV – wie zuvor in der entsprechenden Bestimmung der WpAIV, Text bei Rz. 201 – wird aber der Inhalt einer Veröffentlichung von Insiderinformationen für den Fall geregelt, dass **wegen einer erheblichen Veränderung** einer bereits veröffentlichten Insiderinformation erneut eine Veröffentlichung nach Art. 17 Abs. 1 Unterabs. 1 VO Nr. 596/2014 zu erfolgen hat. Dabei enthält die Bestimmung selbst keine Angaben, unter welchen Voraussetzungen „erneut eine Veröffentlichung" zu erfolgen hat, sondern setzt ganz offenbar voraus, dass sich die Beantwortung der Frage, ob die „Veränderung" ad-hoc-publizitätspflichtig ist, an den Voraussetzungen des Art. 17 Abs. 1 Unterabs. 1 VO Nr. 596/2014 auszurichten hat. Danach muss der neue Umstand, der die Veränderung zu dem bereits ad hoc publizierten bewirkt, selbst eine (den Emittenten unmittelbar betreffende) Insiderinformation darstellen[2]: sei es, weil die Abweichung des bereits gemeldeten vom neuen Sachverhalt, oder sei es, weil der neue Sachverhalt für sich genommen die Kurserheblichkeit der diesbezüglichen Information begründet. Kein neuer Umstand ist die auf eine Ad-hoc-Veröffenlichung folgende Reaktion des Marktes, wie auch immer sie der Emittent beurteilt[3].

199 In beiden der vorgenannten Fälle ist der zu meldende Umstand oder das mitzuteilende Ereignis eine eigenständige, der Ad-hoc-Publizität unterliegende Insiderinformation, und das legt die Frage nahe, ob es auch hier nicht ausreicht, die zu veröffentlichenden Angaben im Wege einer Ad-hoc-Veröffentlichung nach Art. 17 Abs. 1 Unterabs. 1 VO Nr. 596/2014 i.V.m. § 4 Abs. 1 WpAV zu publizieren. Aus aufsichtsrechtlicher Sicht bestehen hierbei nach den Ausführungen der Aufsichtsbehörde offenbar keine Bedenken, wenn es im Emittentenleitfaden heißt, es sei „dem Emittenten in diesen Fällen unbenommen, die Angaben im Rahmen einer ‚normalen' Ad-hoc-Meldung" statt in einer solchen nach Maßgabe von § 4 Abs. 2 WpAV zu veröffentlichen[4]. Dagegen ist nichts einzuwenden, da außer in dem Falle, in dem das neue Ereignis auch ohne die frühere Meldung für sich genommen verständlich und kurserheblich ist, auch in einer „normalen" Ad-hoc-Mitteilung zum Verständnis der Information auf die mit ihr verbundene „Veränderung" einzugehen wäre und damit keine anderen Angaben zu machen sind, als sie § 4 Abs. 2 WpAV verlangt. Deshalb ist zu empfehlen, jedenfalls immer dann eine Ad-hoc-Mitteilung nach Maßgabe von § 4 Abs. 2 WpAV zu wählen, wenn die Umstände, über die die alte und die neue Meldung zu informieren hat, artgleich sind. Das wiederum darf, als Faustregel, immer dann angenommen werden, wenn in der neuen Meldung das gleiche Schlagwort (i.S.d. § 4 Abs. 1 Satz 1 Nr. 1 lit. b und Abs. 2 Nr. 1 lit. b WpAV) zu verwenden wäre.

200 Auch die Aktualisierungsmeldung kann **aufgeschoben** werden[5], wenn die Voraussetzungen des Art. 17 Abs. 4 und 5 VO Nr. 596/2014 erfüllt sind. Im Hinblick auf die **Veröffentlichung** einer Aktualisierungsmeldung gelten im Übrigen die Bestimmungen zur **Sprache** derselben nach § 3b WpAV (Rz. 166 ff.), zur **Vorabmitteilung** (Rz. 178) und zur **nachträglichen Mitteilung** (Rz. 193) nach § 26 Abs. 1 WpHG sowie zu den **weiteren Pflichten** des Emittenten bezüglich der Veröffentlichung einer Insiderinformation (Rz. 194 ff.).

---

1 *BaFin*, Emittentenleitfaden 2013, S. 67.
2 Zu § 15 WpHG a.F. geht auch die *BaFin*, Emittentenleitfaden 2013, S. 64, „davon aus, dass eine Aktualisierung nur dann zu erfolgen hat, wenn der Aktualisierung ein erhebliches Preisbeeinflussungspotenzial zukommt". Ebenso *Frowein* in Habersack/Mülbert/Schlitt, Kapitalmarktinformation, § 10 Rz. 127; *Gunßer*, S. 118; *Harbarth*, ZIP 2005, 1898, 1907; *Lenenbach*, Kapitalmarktrecht, Rz. 13.331; *Versteegen* in KölnKomm. WpHG, 1. Aufl. 2007, § 15 WpHG Rz. 235. Zu Art. 17 VO Nr. 596/2014 s. *ESMA*, Final Report, Rz. 223 („ESMA would like to remind that when there is a change in a published inside information, and the change itself constitutes a new inside information, this new information is covered by the inside information's provisions within MAR, and the full process of public disclosure would have to take place (again)"); *Veil/Brüggemeier* in Meyer/Veil/Rönnau, Handbuch zum Marktmissbrauchsrecht, § 10 Rz. 179.
3 *Klöhn* in KölnKomm. WpHG, § 15 WpHG Rz. 420; *Veil/Brüggemeier* in Meyer/Veil/Rönnau, Handbuch zum Marktmissbrauchsrecht, § 10 Rz. 180.
4 *BaFin*, Emittentenleitfaden 2013, S. 64.
5 Ebenso *Veil/Brüggemeier* in Meyer/Veil/Rönnau, Handbuch zum Marktmissbrauchsrecht, § 10 Rz. 179.

Zum **Inhalt einer Aktualisierungsmeldung** bestimmt § 4 Abs. 2 WpAV: 201

„(2) Hat wegen einer erheblichen Veränderung der bereits veröffentlichten Information erneut eine Veröffentlichung nach einer Insiderinformation nach Artikel 17 Absatz 1 Unterabsatz 2 oder Absatz 2 in Verbindung mit Absatz 1 Unterabsatz 2 der Verordnung (EU) Nr. 596/2014 zu erfolgen, so muss sie enthalten:
1. in der Kopfzeile
    a) eine deutlich hervorgehobene Überschrift „Aktualisierung einer Veröffentlichung von Insiderinformationen nach Artikel 17 der Verordnung (EU) Nr. 596/2014",
    b) ein Schlagwort im Sinn des Absatzes 1 Satz 1 Nr. 1 Buchstabe b,
2. nach den Angaben im Sinn des Absatzes 1 Satz 1 Nr. 2 und 3 die Medien, an die die Information gesandt wurde, sowie den Zeitpunkt dieser Versendung,
3. die zu veröffentlichende Information über die veränderten Umstände und
4. die Angaben im Sinn des Absatzes 1 Satz 1 Nr. 5 bis 7."

c) Berichtigung einer Veröffentlichung von Insiderinformationen. Unrichtige Informationen in Ad-hoc-Mitteilungen wurden von jeher als Ordnungswidrigkeiten erfasst und werden dies auch weiterhin. Nach § 120 Abs. 15 Nr. 6 WpHG handelt ordnungswidrig, „wer gegen die Verordnung (EU) Nr. 596/2014 verstößt, indem er vorsätzlich oder leichtfertig … entgegen Artikel 17 Absatz 1 Unterabsatz 1 oder Artikel 17 Absatz 2 Unterabsatz 1 Satz 1 eine Insiderinformation nicht, *nicht richtig, nicht vollständig,* nicht in der vorgeschriebenen Weise oder nicht rechtzeitig bekannt gibt" (Hervorhebung hinzugefügt). Ungeachtet der präventiven Wirkungen der Bußgeldbewehrung von Falschmeldungen in Ad-hoc-Mitteilungen stellte § 15 Abs. 2 Satz 2 WpHG a.F. darüber hinaus sicher, dass **„unwahre Tatsachen" unverzüglich** mittels einer Veröffentlichung nach § 15 Abs. 1 WpHG a.F. **berichtigt werden**. Eine vergleichbare Bestimmung findet sich in Art. 17 VO Nr. 596/2014 nicht, doch ist – ausweislich der Regelungen in § 4 Abs. 3 und § 8 Abs. 2 WpAV – auch weiterhin von der Verpflichtung zur Berichtigung fehlerhafter Ad-hoc-Mitteilungen auszugehen[1]. 202

Gegenstand der Berichtigung sind **unwahre Informationen** in Veröffentlichungen von Insiderinformationen. Darunter fallen auch unwahre Informationen in solchen Veröffentlichungen, die nicht nach Art. 17 Abs. 1 Unterabs. 1 VO Nr. 596/2014 als Insiderinformationen zu veröffentlichen waren und deren Veröffentlichung hätte unterlassen werden müssen[2]. Dementsprechend braucht es sich auch bei der Information, die im Wege der Berichtigung zu veröffentlichen ist, nicht um eine Insiderinformation zu handeln. **Unwahr** sind nur solche Informationen oder Informationsbestandteile, die dem Beweis zugänglich sind, d.h. „nicht den Gegebenheiten entsprechen"[3]. Unwahre Informationen sind auch dann zu berichtigen, wenn ihre Unwahrheit bereits öffentlich bekannt wurde[4]. 203

Zum **Inhalt einer Berichtigung** bestimmt § 4 Abs. 3 WpAV: 204

„(3) Die Berichtigung einer Veröffentlichung von Insiderinformationen nach Artikel 17 Absatz 1 Unterabsatz 2 oder Absatz 2 in Verbindung mit Absatz 1 Unterabsatz 2 der Verordnung (EU) Nr. 596/2014 hat zu enthalten:
1. in der Kopfzeile
    a) eine deutlich hervorgehobene Überschrift „Berichtigung einer Veröffentlichung von Insiderinformationen nach Artikel 17 der Verordnung (EU) Nr. 596/2014",
    b) ein Schlagwort im Sinn des Absatzes 1 Satz 1 Nr. 1 Buchstabe b,
2. nach den Angaben im Sinn des Absatzes 1 Satz 1 Nr. 2 und 3 den Inhalt der Veröffentlichung der unwahren Information, die Medien, an die die Information gesandt wurde, sowie den Zeitpunkt dieser Versendung,
3. die wahre Information und
4. die Angaben im Sinn des Absatzes 1 Satz 1 Nr. 5 bis 7, bezogen auf die wahre Information."

Im Falle der Berichtigung einer Veröffentlichung von Insiderinformationen sind nach § 8 Abs. 2 Satz 1 WpAV in der **Vorabmitteilung nach § 26 Abs. 1 WpHG** nur in derjenigen an die BaFin „zusätzlich die Gründe für die Veröffentlichung der zu berichtigenden Information darzulegen". Gem. § 8 Abs. 2 Satz 2 WpAV gilt § 6 Abs. 15 Satz 1 WpHG über das Auskunftsverweigerungsrecht entsprechend. Zu **Art und Form der Mitteilung** sind die Bestimmungen von § 9 WpAV zu beachten (Rz. 184). 205

Der **Verstoß gegen die Berichtigungspflicht** selbst ist keine bußgeldrechtlich bewehrte Ordnungswidrigkeit und kann deshalb allenfalls verwaltungsrechtliche Maßnahmen[5] der BaFin (dazu Rz. 314 ff.) auslösen. 206

---

1 Auch *Schäfer* in Marsch-Barner/Schäfer, Handbuch börsennotierte AG, Rz. 15.46. Nach *Veil/Brüggemeier* in Meyer/Veil/Rönnau, Handbuch zum Marktmissbrauchsrecht, § 10 Rz. 181, folgt „eine Pflicht zur Berichtigung bereits aus Art. 17 Abs. 1 MAR [VO Nr. 596/2014]".
2 Ebenso *Eichner*, S. 123; *Grimme/von Buttlar*, WM 2003, 901, 904; *Lenenbach*, Kapitalmarktrecht, Rz. 13.330; *Renz/Rippel*, BuB, Rz. 7/762 (Berichtigungspflichtig sind „falsche, erfundene oder übertriebene Meldungen unwahrer Informationen");*Versteegen* in KölnKomm. WpHG, 1. Aufl. 2007, § 15 WpHG Rz. 243. Wohl auch *Klöhn* in KölnKomm. WpHG, § 15 WpHG Rz. 409.
3 Vgl. *BaFin*, Emittentenleitfaden 2013, S. 89 (zu Angaben i.S.v. § 20a Abs. 1 Satz 1 Nr. 1 WpHG a.F.).
4 Vgl. *BaFin*, Emittentenleitfaden 2013, S. 64; *Renz/Rippel*, BuB, Rz. 7/762.
5 Schon *Grimme/von Buttlar*, WM 2003, 901, 904.

207 **d) Veröffentlichung bei Wegfall der Aufschubberechtigung und Mitteilung der Aufschubgründe an die BaFin (Art. 17 Abs. 4 Unterabs. 3 und Abs. 7 VO Nr. 596/2014).** Wurde die Offenlegung von Insiderinformationen gem. Art. 17 Abs. 4 oder 5 VO Nr. 596/2014 aufgeschoben und fallen Aufschubgründe – namentlich die Gewährleistung der Vertraulichkeit der nicht offengelegten Insiderinformationen – weg, muss der Emittent nach **Art. 17 Abs. 7 Unterabs. 1 VO Nr. 596/2014** die **Veröffentlichung nachholen**, das heißt die Öffentlichkeit so schnell wie möglich über diese Insiderinformationen informieren (Rz. 139). Die Insiderinformation, deren Offenlegung gem. Art. 17 Abs. 4 oder 5 VO Nr. 596/2014 aufgeschoben wurde, ist mit dem **Inhalt** zu veröffentlichen, den sie im Zeitpunkt der danach vorzunehmenden Veröffentlichung hat[1]. Hat die Information während des Aufschubs ihre **Eigenschaft als Insiderinformation verloren**, so ist der Emittent nicht nur berechtigt, sondern zur Vermeidung der Irreführung der Öffentlichkeit und des Marktpublikums auch verpflichtet, von der Veröffentlichung der Information abzusehen (Rz. 150), jedoch kann der Grund, der einer Information die Eigenschaft als Insiderinformation nimmt, zugleich Gegenstand einer neuen Insiderinformation und wie eine solche zu veröffentlichen sein (Rz. 151). Weiterhin entfällt, wenn die Information während des Aufschubs ihre Eigenschaft als Insiderinformation verloren hat, auch Pflicht eines Inlandsemittenten, eines MTF-Emittenten oder einen OTF-Emittenten nach § 26 Abs. 1 WpHG, der BaFin und den Geschäftsführungen der Handelsplätze, an denen seine Finanzinstrumente zum Handel zugelassen oder in den Handel einbezogen sind, die Insiderinformationen vor deren Veröffentlichung mitzuteilen (zu dieser Pflicht Rz. 178).

208 Im Übrigen gelten für den Inhalt (Rz. 154), die Sprache[2] (Rz. 166 ff.) und die Medien der Veröffentlichung (Rz. 185) sowie die Verpflichtung des Emittenten zur Veröffentlichung der Insiderinformationen auf seiner Website (Rz. 190) und die in Rz. 194 ff. aufgeführten komplementären Pflichten und Verantwortlichkeiten des Emittenten, die Bestimmungen wie sie für eine solche ohne Aufschub der Offenlegung der Insiderinformationen anzuwenden gewesen wären[3]. Ist der Emittenten ein Inlandsemittent, ein MTF-Emittent oder ein OTF-Emittent (Rz. 178) gilt dies nach § 26 Abs. 1 WpHG auch für die Verpflichtung zu Vorabmitteilungen an die BaFin und die Geschäftsführung der betroffenen Handelsplätze (Rz. 179 ff.) und die Übermittlung der Insiderinformationen zur Speicherung an das Unternehmensregister unverzüglich nach ihrer Veröffentlichung (Rz. 193).

209 Davon unabhängig muss nach **Art. 17 Abs. 4 Unterabs. 3 Satz 1 VO Nr. 596/2014** jeder Emittent, der die Veröffentlichung von Insiderinformationen nach Art. 17 Abs. 4 Unterabs. 1 VO Nr. 596/2014 aufgeschoben hat, unmittelbar nach der Offenlegung der Informationen die zuständige Behörde[4] **über den Aufschub der Offenlegung informieren** und schriftlich erläutern, inwieweit die in diesem Absatz festgelegten Bedingungen erfüllt waren[5]. Wie bereits an früherer Stelle (Rz. 147) ausgeführt, akzeptiert es die BaFin, wenn ein zur Vorabmitteilung nach § 26 Abs. 1 WpHG verpflichteter Inlandsemittent, MTF-Emittent oder OTF-Emittent (vorstehend Rz. 207) diese Anforderungen bereits mit der Vorabmitteilung verbindet. Emittenten, die die Veröffentlichung von Insiderinformationen als **Kreditinstitut oder Finanzinstitut nach Art. 17 Abs. 5 VO Nr. 596/2014** „zur Wahrung der Stabilität des Finanzsystems" aufgeschoben haben, brauchten hierfür nach Art. 17 Abs. 6 VO Nr. 596/2014 die Zustimmung der BaFin, haben dazu bereits die notwendigen Angaben und Nachweise übermitteln müssen und unterliegen deshalb keiner Art. 17 Abs. 4 Unterabs. 3 Satz 1 VO Nr. 596/2014 vergleichbaren Pflicht zur Offenlegung und Erläuterung des Aufschubs. Hat eine Insiderinformation während des Aufschubs ihrer Veröffentlichung **ihre Eigenschaft als Insiderinformation verloren** und ist deshalb nicht mehr zu veröffentlichen (Rz. 150, Rz. 207), besteht auch keine Mitteilungspflicht nach Art. 17 Abs. 4 Unterabs. 3 Satz 1 VO Nr. 596/2014 gegenüber der zuständigen Behörde[6].

---

1 *BaFin*, Emittentenleitfaden 2013, S. 60: „Liegt nach Ablauf des Befreiungszeitraums noch eine Insiderinformation vor ist die Insiderinformation in ihrer zum Veröffentlichungszeitpunkt aktuellen Fassung zu veröffentlichen"); ebd. S. 62: „Sollte ein Befreiungssachverhalt ... vorliegen und verändern sich die zugrunde liegenden Umstände im Laufe des Befreiungszeitraums bis zum Zeitpunkt der Veröffentlichung der Ad-hoc Mitteilung, ist hinsichtlich des Datums des Eintritts der Information auf diese geänderten Umstände abzustellen". So auch die ganz h.M. zu § 15 Abs. 3 WpHG a.F.: *Assmann* in 6. Aufl., § 15 WpHG Rz. 172 mit ausführlicher Begründung; *Bachmann*, ZHR 172 (2008), 597, 611 f.; *Eichner*, S. 121; *Frowein* in Habersack/Mülbert/Schlitt, Kapitalmarktinformation, § 10 Rz. 126; *Harbarth*, ZIP 2005, 1898, 1906 f.; *Kümpel/Veil*, Wertpapierhandelsgesetz, S. 100; *Lenenbach*, Kapitalmarktrecht, Rz. 13.308; *Merkner/Sustmann*, NZG 2005, 729, 738; *Pfüller* in Fuchs, § 15 WpHG Rz. 495; *Sven H. Schneider*, BB 2005, 897, 901; *Sönke Schröder*, S. 175; *Schwintek*, S. 35; *Simon*, Der Konzern 2005, 13, 22; *Veith*, NZG 2005, 254, 258; *Zimmer* in FS Schwark, S. 669, 680; *Zimmer/Kruse* in Schwark/Zimmer, § 15 WpHG Rz. 76. Ebenso zu Art. 17 VO Nr. 596/2014 *Klöhn* in Klöhn, Art. 17 MAR Rz. 300; *Veil/Brüggemeier* in Meyer/Veil/Rönnau, Handbuch zum Marktmissbrauchsrecht, § 10 Rz. 163. A.A. *Holzborn/Israel*, WM 2004, 1948, 1952; *Tollkühn*, ZIP 2004, 2215, 2220.
2 Hierzu speziell § 3b Abs. 6 WpAV: „Die Absätze 1 bis 5 [über die Sprache der Veröffentlichung] gelten entsprechend für Veröffentlichungen nach Artikel 17 Absatz 1, 2 und 6 bis 9 ... der Verordnung (EU) Nr. 596/2014."
3 Auch *Schäfer* in Marsch-Barner/Schäfer, Handbuch börsennotierte AG, Rz. 15.37.
4 S. dazu die Festlegung der zuständigen Behörde in Art. 6 DelVO 2016/522 (Rz. 16); der Text der Vorschrift ist nach dem von Art. 17 MAR wiedergegeben.
5 Die in Art. 17 Abs. 4 Unterabs. 3 Satz 2 VO Nr. 596/2014 vorgesehene Alternative ist in Deutschland nicht gewählt worden.
6 So zur Mitteilungspflicht nach § 15 Abs. 3 Satz 3, Abs. 4 WpHG a.F. *BaFin*, Emittentenleitfaden 2013, S. 59; *Sven H. Schneider*, BB 2005, 897, 901; *Veith*, NZG 2005, 254, 258. Kritisch, aber i.E. ebenso, *Versteegen* in KölnKomm. WpHG, 1. Aufl. 2007, § 15 WpHG Rz. 193. A.A. *Bachmann*, ZHR 172 (2008), 597, 612 f.; *Klöhn* in Klöhn, Art. 17 MAR Rz. 305; *Zimmer/Kruse* in Schwark/Zimmer, § 15 WpHG Rz. 77; *Zimmer* in FS Schwark, 2009, S. 669, 680.

Für die **Mitteilung des Aufschubs** und die Erläuterung der Aufschubgründe nach Art. 17 Abs. 4 Unterabs. 3 Satz 1 VO Nr. 596/2014 enthält Art. 4 DurchfVO 2016/1055 (Rz. 16) unter dem Titel „Mitteilung der aufgeschobenen Offenlegung von Insiderinformationen und schriftliche Erläuterung" folgende Regelung: 209a

„(1) Zum Aufschub der Offenlegung von Insiderinformationen gemäß Artikel 17 Absatz 4 Unterabsatz 3 der Verordnung (EU) Nr. 596/2014 nutzen die Emittenten und Teilnehmer am Markt für Emissionszertifikate technische Mittel, mit denen für folgende Informationen auf einem dauerhaften Datenträger Zugänglichkeit, Lesbarkeit und Pflege gewährleistet sind:

a) Datum und Uhrzeit:
   i) des erstmaligen Vorliegens der Insiderinformationen beim Emittenten oder Teilnehmer am Markt für Emissionszertifikate;
   ii) der Entscheidung über den Aufschub der Offenlegung von Insiderinformationen;
   iii) der wahrscheinlichen Bekanntgabe der Insiderinformationen durch den Emittenten oder Teilnehmer am Markt für Emissionszertifikate;

b) Identität der Personen beim Emittenten oder Teilnehmer am Markt für Emissionszertifikate mit Zuständigkeit für:
   i) die Entscheidung über den Aufschub der Bekanntgabe und den Beginn und das voraussichtliche Ende des Aufschubs;
   ii) die Gewährleistung der fortlaufenden Überwachung der Bedingungen für den Aufschub;
   iii) die Entscheidung über die Bekanntgabe der Insiderinformationen;
   iv) die Vorlage der geforderten Informationen über den Aufschub und der schriftlichen Erläuterung bei der zuständigen Behörde;

c) Nachweis für die in Artikel 17 Absatz 4 der Verordnung (EU) Nr. 596/2014 genannte erstmalige Erfüllung der Bedingungen und für jegliche Änderung dieser Erfüllung während des Aufschubs, einschließlich
   i) intern und gegenüber Dritten herbeigeführte Informationshindernisse, um den Zugang zu Insiderinformationen durch andere Personen als diejenigen zu verhindern, die sie für die normale Ausübung ihrer Arbeit, ihres Berufs oder ihrer Aufgaben beim Emittenten oder Teilnehmer am Markt für Emissionszertifikate benötigen;
   ii) der getroffenen Vorkehrungen zur schnellstmöglichen Bekanntgabe der einschlägigen Insiderinformationen, wenn keine Vertraulichkeit mehr gewährleistet ist.

(2) Die Emittenten und Teilnehmer am Markt für Emissionszertifikate setzen die zuständige Behörde schriftlich über einen Aufschub der Bekanntgabe von Insiderinformationen in Kenntnis und übermitteln die schriftliche Erläuterung dieses Aufschubs über die bei der zuständigen Behörde bestehende bzw. von ihr benannte Anlaufstelle unter Verwendung der von der zuständigen Behörde festgelegten elektronischen Hilfsmittel.

Die zuständigen Behörden veröffentlichen jeweils auf ihrer Website die bei der zuständigen Behörde bestehende bzw. von ihr benannte Anlaufstelle und die elektronischen Hilfsmittel nach Unterabsatz 1. Durch diese elektronischen Hilfsmittel wird die Vollständigkeit, Integrität und Vertraulichkeit der Informationen bei der Übertragung gewährleistet.

(3) Die in Absatz 2 genannten elektronischen Hilfsmittel gewährleisten, dass die Mitteilung eines Aufschubs der Bekanntgabe von Insiderinformationen folgende Informationen enthält:

a) die Identität des Emittenten oder des Teilnehmers am Markt für Emissionszertifikate: den vollständigen rechtsgültigen Namen;
b) die Identität der mitteilenden Person: Vorname, Nachname, Position beim Emittenten oder Teilnehmer am Markt für Emissionszertifikate;
c) die Kontaktangaben der mitteilenden Person: dienstliche E-Mail-Adresse und Telefonnummer;
d) Angaben zu den offengelegten Insiderinformationen, die aufgeschoben wurden: Titel der Aufschuberklärung; Referenznummer, sofern im System zur Verbreitung der Insiderinformationen eine vorhanden ist; Datum und Uhrzeit der Bekanntgabe der Insiderinformationen;
e) Datum und Uhrzeit der Entscheidung über den Aufschub der Bekanntgabe von Insiderinformationen;
f) die Identität aller für die Entscheidung über den Aufschub der Bekanntgabe von Insiderinformationen verantwortlichen Personen.

(4) Wird die schriftliche Erklärung eines Aufschubs der Offenlegung von Insiderinformationen nur auf Ersuchen der zuständigen Behörde gemäß Artikel 17 Absatz 4 Unterabsatz 3 der Verordnung (EU) Nr. 596/2014 vorgelegt, stellen die in Absatz 2 dieses Artikels genannten elektronischen Hilfsmittel sicher, dass diese schriftliche Erklärung die in Absatz 3 dieses Artikels genannten Informationen umfasst."

Dauerhafter Datenträger, auf dem die von Art. 4 DurchfVO 2016/1055 verlangten Informationen zu speichern sind, ist auch in diesem Zusammenhang, entsprechend der Begriffsbestimmung des Art. 2 Nr. 10 RL 2011/83/EU[1],

---

1 Art. 2 Nr. 10 Richtlinie 2011/83/EU des Europäischen Parlaments und des Rates vom 25. Oktober 2011 über die Rechte der Verbraucher, zur Abänderung der Richtlinie 93/13/EWG des Rates und der Richtlinie 1999/44/EG des Europäischen Parlaments und des Rates sowie zur Aufhebung der Richtlinie 85/577/EWG des Rates und der Richtlinie 97/7/EG des Europäischen Parlaments und des Rates, ABl. EU Nr. L 304 v. 22.11.2011, S. 64, bestimmt als dauerhaften Datenträger „jedes Medium, das es dem Verbraucher oder dem Unternehmer gestattet, an ihn persönlich gerichtete Informationen derart zu speichern, dass er sie in der Folge für eine für die Zwecke der Informationen angemessene Dauer einsehen kann, und das die unveränderte Wiedergabe der gespeicherten Informationen ermöglicht".

jedes Medium, das es gestattet Informationen derart zu speichern, dass die Behörde sie in der Folge für eine für die Zwecke der Informationen angemessene Dauer einsehen kann, und das die unveränderte Wiedergabe der gespeicherten Informationen ermöglicht. Neben Papier kommen damit sämtliche gebräuchlichen elektronischen Datenträger in Betracht, Letztere jedoch nur insoweit, als die auf ihnen gespeicherten Informationen weder vom Speichernden noch vom Informationsempfänger inhaltlich verändert werden können.

210 **e) Veröffentlichungspflicht bei berechtigter Weitergabe von Insiderinformationen (Art. 17 Abs. 8 VO Nr. 596/2014).** Zur Pflicht zur Veröffentlichung von Insiderinformationen, die berechtigterweise weitergegeben wurden, nach Art. 17 Abs. 8 VO Nr. 596/2014 s. Rz. 285 ff.

211 **7. Veröffentlichungspflichten in besonderen Anwendungsfällen. a) Wertpapiererwerbs-, Übernahme- und Pflichtangebote.** Die einzige Bestimmung des WpÜG in Bezug auf **Wertpapiererwerbs- und Übernahmeangebote**, die sich mit Pflichten zur Ad-hoc-Publizität beschäftigt[1], ist der gem. § 34 WpÜG auf Übernahmeangebote anwendbare § 10 Abs. 6 WpÜG. Nach dieser Vorschrift ist Art. 17 VO Nr. 596/2014 auf **Entscheidungen des Bieters** als Emittent i.S.d. Art. 17 Abs. 1 Unterabs. 1 VO Nr. 596/2014 zur Abgabe eines Angebots nicht anwendbar (schon Rz. 10). Das bedeutet, dass die Entscheidung eines Bieters zur Abgabe eines Angebots (samt aller in diesem Zusammenhang nach § 10 Abs. 1 und 3 WpÜG zu veröffentlichenden Angaben) ausschließlich nach den Vorschriften des § 10 WpÜG zu veröffentlichen ist und keine Ad-hoc-Meldepflicht des Bieters nach Art. 17 VO Nr. 596/2014 auslöst.

212 Da Art. 17 VO Nr. 596/2014, wie zuvor nach herrschender Ansicht auch § 15 WpHG a.F.[2], einen universellen Anwendungsbereich hat und nur in dem Umfang von anderen Publizitätsregulierungen verdrängt wird als diesbezügliche Spezialbestimmungen dies vorsehen, darüber hinaus § 10 Abs. 6 WpÜG eine die Ad-hoc-Publizität nach Art. 17 VO Nr. 596/2014 verdrängende Wirkung nur im Hinblick auf die nach § 10 Abs. 1 und 3 WpÜG vorzunehmenden Veröffentlichungen in Bezug auf die Entscheidung zur Abgabe eines Angebots zukommt, können auch alle dieser Entscheidung **vorausgehenden Vorgänge** Insiderinformationen sein und eine Pflicht zur Ad-hoc-Veröffentlichung auslösen[3]. Das bedeutet, dass schon das **Vorhaben des Vorstands** zur Abgabe eines Übernahmeangebots ein ad-hoc-publizitätspflichtiger Umstand sein kann und ein späterer Beschluss des Vorstands oder gar eine eventuell erforderliche Zustimmung des Aufsichtsrats der Bietergesellschaft nicht unter Berufung auf § 10 Abs. 6 WpÜG abgewartet werden dürfen. Der Bieter ist auch insoweit gehalten, die Möglichkeit des Aufschubs der Ad-hoc-Veröffentlichung des fraglichen Umstands nach Art. 17 Abs. 4 Unterabs. 1 VO Nr. 596/2014 zu prüfen. Dabei darf er regelmäßig davon ausgehen, dass er an der Nichtveröffentlichung eines diesbezüglichen Vorhabens bis zu dem Zeitpunkt einer nach § 10 Abs. 1 Satz 1 WpÜG ein berechtigtes Interesse hat (dazu Rz. 116).

213 **Erfährt die Zielgesellschaft von dem Vorhaben eines Wertpapiererwerbs- und Übernahmeangebots**, d.h. erlangt sie Kenntnis von demselben[4], so kann diese Information, wie für jeden Dritten (Rz. 212), auch für sie eine von ihr ad hoc zu publizierende Insiderinformation darstellen (Rz. 48)[5], doch sollte sie – entsprechend § 10 Abs. 6 WpÜG – solange keiner Pflicht zur Ad-hoc-Veröffentlichung unterliegen, wie der Bieter von einer Veröffentlichungspflicht nach § 10 Abs. 1 Satz 1 WpÜG befreit ist (Rz. 117)[6]. Bedarf es nach dieser Ansicht keines Aufschubs der Veröffentlichung dieser Insiderinformationen, ist der Zielgesellschaft angesichts der diesbezüglichen rechtlichen Unsicherheit dennoch anzuraten, einen Aufschub der Veröffentlichung dieser sie betreffenden Insiderinformation vorzunehmen, wenn sie daran ein berechtigtes Interesse hat (Rz. 117), etwa weil sie Kenntnis von dem Vorhaben zusammen mit dem Angebot von Verhandlungen über dasselbe erhalten hat und willens ist, in diese einzutreten[7].

214 Ob das **Vorhaben oder der Entschluss des potenziellen Bieters**, vor der Entscheidung über die Abgabe eines Angebots **Gespräche mit der potenziellen Zielgesellschaft** aufzunehmen, schon für sich genommen eine nach Art. 17 VO Nr. 596/2014 offenzulegende Insiderinformation darstellt, hängt davon ab, ob bereits aufgrund dieses Umstands die Abgabe des Angebots als hinreichend wahrscheinlich angesehen werden darf, was regelmäßig zu

---

1 Auch die Marktmissbrauchsrichtlinie und die Durchführungsrichtlinie 2003/124/EG (Rz. 1) sowie die Übernahmeangebotsrichtlinie (Richtlinie 2004/25/EG vom 21.4.2004, ABl. EG Nr. L 142 v. 30.4.2004, S. 12) schweigen; s. *Brandi/Süßmann*, AG 2004, 642, 651.
2 *Assmann* in 6. Aufl., § 15 WpHG Rz. 75.
3 *Brandi/Süßmann*, AG 2004, 642, 652; *Eichner*, S. 169; *Gunßer*, S. 135; *Hopt/Kumpan*, ZGR 2017, 765, 815; *Versteegen* in KölnKomm. WpHG, 1. Aufl. 2007, § 15 WpHG Rz. 134. Auch *Seibt*, Bankrechtstag 2017, S. 81, 94, wenn er seine Aussage, „auch unter der Geltung der MAR" dürften „bei bloßen Vorbereitungshandlungen und Verfahrensvereinbarungen (sog. Evaluierungsphase im Gegensatz zur sog. Beschlussphase) noch keine Insiderinformation vorliegen" unter den Vorbehalt der „Umstände des Einzelfalls" stellt.
4 Ebenso *Klöhn* in Klöhn, Art. 17 MAR Rz. 390.
5 *Klöhn* in Klöhn, Art. 17 MAR Rz. 388 ff.
6 A.A. *Klöhn*, in Klöhn, Art. 17 MAR Rz. 392, der schon den Ausschluss der Veröffentlichungspflicht des Emittenten nach § 10 Abs. 6 WpÜG ablehnt (dazu bereits näher in Rz. 10).
7 Zur Aufschubmöglichkeit *Klöhn* in Klöhn, Art. 17 MAR Rz. 391.

verneinen ist[1]. Gleiches gilt, wenn lediglich ein „nicht bindendes Angebotsschreiben" („non binding indicative offer letter") vorliegt[2]. Und nicht anders verhält es sich, wenn die Zielgesellschaft dem potenziellen Bieter (oder später einem „White Knight") die Möglichkeit einer **Due Diligence Prüfung** einräumt[3], es sei denn außergewöhnliche Umstände sprechen dafür, dass diese Maßnahme bereits eine konkrete und kursrelevante Information im Hinblick auf die Angebotsabgabe darstellt[4]. Dagegen kann der Abschluss eines **Letter of Intent**, in dem bereits Eckpunkte eines Angebots, eines zukünftigen Vorgehens des Bieters nach einem erfolgreichen Angebot oder die Haltung des Managements der Zielgesellschaft zu einem Angebot festgeschrieben werden, eine Insiderinformation sowohl im Hinblick auf die Bietergesellschaft wie die Zielgesellschaft darstellen[5]. **Vereinbarungen** zwischen Bieter und Zielgesellschaft auf Vorstandsebene, die keiner Zustimmung der Aufsichtsräte der Beteiligten bedürfen, sind nach Art. 17 VO Nr. 596/2014 offenzulegen, wenn sie als kurserheblich anzusehen sind. Für zustimmungsbedürftige Vereinbarung gelten die Regeln über mehrstufige Entscheidungsprozesse (Rz. 37, Art. 7 VO Nr. 596/2014 Rz. 49 ff.)[6]. Schließlich kann auch eine Information über den **Abbruch von Gesprächen** eine Insiderinformation darstellen, wenn sie aufgrund der besonderen Umstände des Einzelfalls, namentlich zusätzlichen Informationen über das beabsichtigte weitere Vorgehen der Parteien, als kurserheblich anzusehen ist (dazu näher Rz. 151).

Ist die **Entscheidung eines Bieters zur Abgabe eines Angebots** ausschließlich nach den Vorschriften des § 10 WpÜG zu veröffentlichen[7], so stellen Informationen über **Eckdaten eines beabsichtigten Angebots**, die in einer Veröffentlichung nach § 10 WpHG nicht aufgeführt werden müssen und die, weil sie im Zeitpunkt der Veröffentlichung der Entscheidung noch nicht vorlagen, auch tatsächlich nicht aufgeführt wurden, regelmäßig Insiderinformationen dar, die der Emittent nach Art. 17 Abs. 1 Unterabs. 1 VO Nr. 596/2014 zu veröffentlichen hat[8]. Nicht anders soll es sich für alle übrigen **nach der Veröffentlichung der Entscheidung** zur Abgabe eines Angebots **eintretenden Ereignisse** verhalten: Sie sollen, sofern sie nur die Voraussetzungen einer den Bieter betreffenden Insiderinformation erfüllen und ihre Veröffentlichung nicht nach Art. 17 Abs. 4 Unterabs. 1 VO Nr. 596/2014 aufgeschoben werden kann, vom Bieter ad hoc zu publizieren sein[9]. 215

Entsprechendes gilt für **Pflichtangebote nach §§ 35 ff. WpÜG**. Zwar erklärt § 35 Abs. 1 Satz 4 WpÜG im Hinblick auf die sich aus § 35 Abs. 1 Satz 1 WpÜG ergebende Verpflichtung, die Erlangung der Kontrolle über eine Zielgesellschaft zu veröffentlichen, u.a. § 10 Abs. 6 WpÜG für anwendbar, doch wird dadurch die Pflicht zur Veröffentlichung von Insiderinformationen nach Art. 17 VO Nr. 596/2014 nur in dem Umfange verdrängt als es um die Veröffentlichung der Kontrollerlangung geht. Vor oder nach derselben eingetretene Ereignisse sind, soweit kurserheblich und den Bieter als Emittenten betreffend, ganz unabhängig von anderweitigen übernahmerechtlichen Veröffentlichungs- und Meldepflichten gem. Art. 17 Abs. 1 Unterabs. 1 VO Nr. 596/2014 zu veröffentlichen. Ein Aufschub der Veröffentlichung ist auch hier nur unter den Voraussetzungen des Art. 17 Abs. 4 Unterabs. 1 VO Nr. 596/2014 möglich. 216

Da die **Zielgesellschaft** durch **Kontrollerwerbsvorgänge** i.S.v. § 35 WpÜG unmittelbar betroffen ist[10], können auch **damit im Zusammenhang stehende Vorgänge** die unmittelbare Betroffenheit der Zielgesellschaft begründen und eine Pflicht zur Ad-hoc-Publizität auslösen. Vielfach wird eine Pflicht der Zielgesellschaft aber 217

---

1 Ebenso *BaFin*, Emittentenleitfaden 2013, S. 58: „Bei der Bietergesellschaft ist die interne Entscheidung, mit einer potenziellen Zielgesellschaft Vorgespräche aufzunehmen, grundsätzlich noch keine Insiderinformation. Gleiches gilt für die umgekehrte Situation. Dieser Entschluss ist grundsätzlich noch nicht hinreichend konkret, so dass eine Insiderinformation noch nicht angenommen werden kann. Ebenso liegt regelmäßig im Zeitpunkt der Beauftragung von Beratern (z.B. von Rechtsanwälten, Banken, Unternehmensberatern) noch keine Insiderinformation vor, da es sich hierbei um reine Vorbereitungshandlungen handelt"; *Hopt/Kumpan* in Schimansky/Bunte/Lwowski, § 107 Rz. 146.
2 *BaFin*, Emittentenleitfaden 2013, S. 58, *Hopt/Kumpan* in Schimansky/Bunte/Lwowski, § 107 Rz. 146.
3 Speziell im Hinblick auf die Ad-hoc-Publizität auch *Brandi/Süßmann*, AG 2004, 642, 655; *Geibel/Schäfer* in Schäfer/Hamann, Kapitalmarktgesetze, § 15 WpHG Rz. 96; *Hemeling*, ZHR 169 (2005), 274, 285; *Hopt/Kumpan* in Schimansky/Bunte/Lwowski, § 107 Rz. 146; *Zimmer/Kruse* in Schwark/Zimmer, § 15 WpHG Rz. 42. Zur Zulässigkeit der Weitergabe von Insiderinformationen an ernsthaft als „White Knight" in Betracht kommende Bieter *Hopt/Kumpan*, ZGR 2017, 765, 804 f.
4 Zu solchen Umständen (etwa der Durchführung einer bloßen „confirmatory due diligence") *Frowein* in Habersack/Mülbert/Schlitt, Kapitalmarktinformation, § 10 Rz. 40; vgl. auch *Brandi/Süßmann*, AG 2004, 642, 655; *Hopt/Kumpan* in Schimansky/Bunte/Lwowski, § 107 Rz. 146. A.A. *Pfüller* in Fuchs, § 15 WpHG Rz. 248, der der Einräumung einer *Due Diligence* bereits als solcher („Vorbereitungshandlung") Kursrelevanz zusprechen will.
5 Ähnlich *BaFin*, Emittentenleitfaden 2013, S. 58; *Frowein* in Habersack/Mülbert/Schlitt, Kapitalmarktinformation, § 10 Rz. 41; *Gunßer*, S. 112; *Hopt/Kumpan* in Schimansky/Bunte/Lwowski, § 107 Rz. 146; *Veith*, NZG 2005, 254, 255.
6 Undifferenziert *Geibel/Schäfer* in Schäfer/Hamann, Kapitalmarktgesetze, § 15 WpHG Rz. 93, die eine Verpflichtung zur Ad-hoc-Mitteilung „*in der Regel* bereits mit Abschluss der entsprechenden Vereinbarungen auf Vorstandsebene" annehmen (Hervorhebung hinzugefügt).
7 A.A. *Klöhn* in Klöhn, Art. 17 MAR Rz. 393, der die Anwendbarkeit von § 10 Abs. 6 WpÜG ablehnt (dazu bereits näher in Rz. 10).
8 *Assmann* in Assmann/Pötzsch/Uwe H. Schneider, § 10 WpÜG Rz. 78. S. auch *Kocher/Widder*, CFL 2011, 88, 89.
9 *BaFin*, Emittentenleitfaden 2013, S. 55.
10 Speziell zum Kontrollerwerb als Auslöser eines Pflichtangebots *Brandi/Süßmann*, AG 2004, 642, 653; *Krause/Pötzsch* in Assmann/Pötzsch/Uwe H. Schneider, § 35 WpÜG Rz. 183.

schon deshalb entfallen, weil der Bieter den zu einem Pflichtangebot führenden Vorgang bereits seinerseits nach § 35 Abs. 1 Satz 1 WpÜG öffentlich gemacht hat.

218 **b) Nicht dem WpÜG unterfallende Anteilserwerbe (Mergers & Acquisitions).** Plant ein Emittent den Aufbau oder die Erweiterung einer Beteiligung an einer Zielgesellschaft durch den **Erwerb von Finanzinstrumenten**, ohne dass hierauf das WpÜG Anwendung findet, so können bereits diesbezügliche Informationen und erst recht solche über weitere Schritte zur Umsetzung dieses Vorhabens Insiderinformationen darstellen. Dabei ist es unerheblich, dass der Emittent bei der Umsetzung seines Vorhabens durch entsprechende sog. **M&A-Transaktionen** selbst keine Insiderinformation verwendet und damit kein Insidergeschäft tätigt (Art. 9 Abs. 5 VO Nr. 596/2014 und Art. 9 VO Nr. 596/2014 Rz. 23; Art. 8 VO Nr. 596/2014 Rz. 32). Das gilt für kleinere börsliche oder außerbörsliche Transaktionen zum **Ausbau einer bestehenden Beteiligung** bis hin zum außerbörslichen Erwerb größerer **Aktienpakete** nicht anders als für den Fall des einem **Gesamtplan** folgenden sukzessiven Auf- oder Ausbau einer Beteiligung des Emittenten an einer Zielgesellschaft (Art. 8 VO Nr. 596/2014 Rz. 59). Dass der Emittenten hierbei keine Insiderinformationen *nutzt*, bedeutet indes nicht, dass es sich bei seinem Vorhaben – nicht nur für Dritte (Art. 7 VO Nr. 596/2014 Rz. 20, Art. 8 VO Nr. 596/2014 Rz. 59), sondern auch für ihn selbst (Art. 8 VO Nr. 596/2014 Rz. 64) – um eine Information handelt, die, Kurserheblichkeit vorausgesetzt, eine Insiderinformation darstellt, die er nach Art. 17 Abs. 1 Unterabs. 1 VO Nr. 596/2014 zu veröffentlichen hat. Anderweitige Veröffentlichungspflichten, wie etwa solche nach §§ 33 ff. WpHG, stehen einer Pflicht des Emittenten zur Veröffentlichung der Insiderinformation nach Art. 17 Abs. 1 Unterabs. 1 VO Nr. 596/2014 nicht entgegen, die dieser allerdings nach Art. 17 Abs. 4 Unterabs. 1 VO Nr. 596/2014 wird **aufschieben** können[1]. Eine entsprechende Veröffentlichungspflicht kann bei den in Frage stehenden Erwerbs- und Veräußerungsvorgängen aber auch den **Verkäufer** treffen, wenn dieser seinerzeit als Emittent der Pflicht zur Veröffentlichung von Insiderinformationen nach Art. 17 Abs. 1 Unterabs. 1 VO Nr. 596/2014 unterliegt und die Veräußerung der Papiere, etwa als Aufgabe einer namhaften Beteiligung an der Zielgesellschaft, für die von ihm emittierten Finanzinstrumente als kurserheblich anzusehen ist.

219 Die Beantwortung der Frage, inwieweit nicht dem WpÜG unterfallende Anteilserwerbe in Gestalt von M&A-Transaktionen auch eine Pflicht der über die Vorgänge informierten **Zielgesellschaft** zur Ad-hoc-Publizität auslösen können, wurde unter § 15 WpHG a.F. im Schrifttum bisweilen vom **Umfang der fraglichen Transaktion** abhängig gemacht[2]. Dem war und ist auch unter der Geltung der Marktmissbrauchsverordnung weiterhin nicht zu folgen, denn für die Beantwortung dieser Frage kommt es allein darauf an, ob die von den fraglichen Vorgängen ausgehende Veränderung in der Aktionärsstruktur die Zielgesellschaft unmittelbar betrifft[3], und dies hängt nicht vom Ausmaß der Änderung ab. Dieses ist vielmehr allein im Hinblick auf die Beurteilung der Kurserheblichkeit von Bedeutung. Erfährt die Zielgesellschaft, etwa indem sie von einer der Parteien um die Gewährung einer Due-diligence-Prüfung ersucht wird, von einer geplanten Transaktion in Bezug auf von ihr emittierte Wertpapiere, so kann diese nicht öffentlich bekannte Information mithin eine Pflicht zur Ad-hoc-Publizität auslösen, wenn die Durchführung des Geschäfts als hinreichend wahrscheinlich zu betrachten und kurserheblich ist und nicht nach Art. 17 Abs. 4 Unterabs. 1 VO Nr. 596/2014 aufgrund eigener berechtigter Interessen aufgeschoben werden kann.

220 Für **Vorgänge im Vorfeld eines Entschlusses** eines Emittenten zur Eingehung einer M&A-Transaktion – etwa in Gestalt von **Vorgesprächen** mit dem potenziellen Verkäufer bzw. der Zielgesellschaft, einer dem potenziellen Erwerber (Emittenten) von der Zielgesellschaft eingeräumten **Due Diligence Prüfung** oder des Abschlusses eines **Letter of Intent** mit dem potenziellen Verkäufer – gelten die Ausführungen bei Rz. 214 entsprechend. Kommt es zwischen mehreren Beteiligten zu der Absprache, dass der Verkäufer dem in einem **Auktionsverfahren** oder in einem auktionsähnlichen Verfahren Meistbietenden die zu veräußernden Wertpapiere der Zielgesellschaft verkauft, so stellt dies, wegen des ungewissen Zustandekommens einer solchen Transaktion, für die Bieter-Emittenten regelmäßig keinen ad hoc zu publizierenden Umstand dar. Dagegen kann dies aus der Sicht der von der Transaktion betroffenen und von dem Verfahren Kenntnis erlangenden Zielgesellschaft eine Insiderinformation darstellen[4]. Wenn die Veröffentlichung ihres Wissens das in ihrem Interesse liegende Zustandekommen der Transaktion gefährden würde, kann sie sich jedoch nach Art. 17 Abs. 4 Unterabs. 1 VO Nr. 596/2014 von deren Veröffentlichung befreien. Wird die Transaktion nach ihrem Zustandekommen veröffentlicht oder anderweitig öffentlich bekannt, verliert sie ihre Eigenschaft als Insiderinformation, so dass die Pflicht zur nachholenden Veröffentlichung nach Art. 17 Abs. 7 Unterabs. 1 VO Nr. 596/2014 entfällt (Rz. 207 f.), ohne dass es darauf ankommt, ob dem öffentlichen Bekanntwerden eine unberechtigte Weitergabe einer Insiderinformation zugrunde lag oder nicht.

---

1 *ESMA*, MAR-Leitlinien – Aufschub der Offenlegung, S. 4 f. Rz. 8 lit. e.; s. Rz. 108.
2 *Brandi/Süßmann*, AG 2004, 642, 656 f.; *Parmentier*, NZG 2007, 407, 414, die die Beurteilung der Transaktion als die Zielgesellschaft unmittelbar betreffend von der dieser bekannten Erlangung oder Aufgabe einer Kontrollposition des Erwerbers und der von dem Erwerber beabsichtigten Veränderung in der strategischen Ausrichtung der Gesellschaft abhängig machen will. Auch *Versteegen* in KölnKomm. WpHG, 1. Aufl. 2007, § 15 WpHG Rz. 93.
3 Wie hier generell bejahend *Kuthe*, ZIP 2004, 883, 885.
4 *BaFin*, Emittentenleitfaden 2013, S. 58/59; *Gunßer*, S. 119.

Der **Abschluss eines Verschmelzungsvertrags** stellt eine nach Art. 17 Abs. 1 Unterabs. 1 VO Nr. 596/2014 ver- 221
öffentlichungspflichtige Insiderinformation dar[1]. Aber auch Informationen über diesem vorausgehende und
auf dessen Zustandekommen gerichtete Ereignisse können publizitätspflichtige Insiderinformationen darstellen: sei es als Informationen über eingetretene Ereignisse im Rahmen eines zeitlich gestreckten Vorgangs (Art. 7
VO Nr. 596/2014 Rz. 20, 23) oder sei es als solche über den Vertrag als zukünftiges Ereignis (Art. 7 VO
Nr. 596/2014 Rz. 22 bzw. Rz. 23).

c) **Squeeze-out (§§ 327a ff. AktG).** Aufgrund von Art. 7 Ziff. 2 des am 1.1.2002 in Kraft getretenen Gesetzes 222
zur Regelung von öffentlichen Angeboten zum Erwerb von Wertpapieren und Unternehmensübernahmen vom
20.12.2001[2] ist das Aktienrecht um die §§ 327a–327f AktG über den „**Ausschluss von Minderheitsaktionären**"
erweitert worden. Die Vorschriften räumen einem Aktionär, dem 95 % des Grundkapitals einer Aktiengesellschaft gehören, das Recht ein, die übrigen Minderheitsaktionäre durch Beschluss der Hauptversammlung gegen
Zahlung einer Barabfindung zwangsweise aus der Gesellschaft auszuschließen.

Die **Entscheidung des Hauptaktionärs zur Durchführung eines „Squeeze-out"** kann nicht nur für den Aktio- 223
när selbst, sondern auch – sobald sie Kenntnis von der Absicht des Hauptaktionärs erlangt – für die Zielgesellschaft (Emittenten)[3] eine publizitätspflichtige Insiderinformation darstellen, denn aufgrund der mit dem Squeeze-out einhergehenden Folgen für die Aktionärsstruktur der Gesellschaft ist die Entscheidung ein sie unmittelbar berührendes Ereignis[4]. Dabei dürfte die Entscheidung des Hauptaktionärs, von der die Zielgesellschaft
spätestens durch die Unterbreitung des Verlangens eines Übertragungsbeschlusses der Gesellschaft nach § 327a
Abs. 1 Satz 1 AktG erfährt, für die Wertpapiere der Zielgesellschaft regelmäßig kurserheblich sein[5]. Ob sie dies
auch für die Wertpapiere des Hauptaktionärs ist, hängt von den Umständen des Einzelfalls ab. Schon zu einer
frühen, durch das AnSVG (Rz. 24) geänderten Fassung von § 15 WpHG hieß es in einem Schreiben der Aufsichtsbehörde vom 26.4.2002 (Ad-hoc-Publizität und neues Übernahmerecht, zu Abs. 1 Satz 2): „Hierbei können auch steuerliche Vorteile für den Hauptaktionär zu berücksichtigen sein, wenn beispielsweise die vollständige Übernahme einer Tochtergesellschaft zu einer Neubewertung führt, da möglicherweise die Gewinne der
Tochtergesellschaft steuermindernd mit den eigenen Verlusten verrechnet werden können. Die Entscheidung
über die Durchführung des Squeeze-out oder die Festlegung der Höhe der Barabfindung wird jedoch nur in
Ausnahmefällen geeignet sein, den Börsenpreis der zugelassenen Wertpapiere des Hauptaktionärs erheblich zu
beeinflussen." Diese Ausführungen hatten weder für die bis zur Geltung der Marktmissbrauchsverordnung
maßgebliche Fassung des § 15 WpHG[6] noch haben sie für die Anwendung von Art. 17 VO Nr. 596/2014 ihre
Berechtigung verloren. Entsprechendes gilt für die Entscheidung über die Höhe der Barabfindung, wie sie auch
schon in dem vorstehend zitierten Schreiben angesprochen ist.

d) **Erwerb eigener Aktien nach § 71 Abs. 1 Nr. 8 AktG.** Unter den vielfältigen Möglichkeiten des Emittenten, 224
Aktien nach § 71 Abs. 1 AktG zurück zu erwerben, kommt dem Erwerb eigener Aktien nach dem durch Art. 1
Nr. 5 lit. a des Gesetzes zur Kontrolle und Transparenz im Unternehmensbereich (KonTraG) vom 27.4.1998[7]
eingeführten **§ 71 Abs. 1 Nr. 8 AktG**, der keinerlei Zweckbezug des Aktienrückerwerbs vorgibt oder herzustellen verlangt, besondere Bedeutung zu. Da er aus komplexen Entscheidungszusammenhängen hervorgeht, wirft
er auch im Hinblick auf Ad-hoc-Publizitätspflichten verschiedene Fragen auf, denen sich die Aufsichtsbehörde
in ihrem (im Kern nach wie vor aktuellen) **Schreiben vom 28.6.1999** zugewandt hatte[8].

Der Erwerb eigener Aktien nach § 71 Abs. 1 Nr. 8 AktG erfolgt auf der Grundlage eines entsprechenden Be- 225
schlusses der Hauptversammlung, in dem der Vorstand u.a. ermächtigt werden kann, die eigenen Aktien ohne
weiteren Hauptversammlungsbeschluss einzuziehen. Nicht dieser **Ermächtigungsbeschluss**[9], sondern die **Beschlüsse des Vorstands und des Aufsichtsrats**, der Hauptversammlung eine Ermächtigung des Vorstands zum
Erwerb eigener Aktien nach § 71 Abs. 1 Nr. 8 AktG **vorzuschlagen**, stellen vor die Frage einer Ad-hoc-Publizi-

---

1 *BaFin*, Emittentenleitfaden 2013, S. 53.
2 BGBl. I 2001, 3822, 3838 f.
3 *BaFin*, Emittentenleitfaden 2013, S. 59: „Der Beschluss des Hauptaktionärs, ein Squeeze-out durchzuführen, kann eine
veröffentlichungspflichtige Insiderinformation sein, sobald der Emittent hiervon Kenntnis erlangt, (spätestens z.B. der
Zugang des entsprechenden Verlangens des Hauptaktionärs beim Vorstand der Gesellschaft gemäß § 327a AktG)";
Klöhn in Klöhn, Art. 17 MAR Rz. 401.
4 I.E. ebenso *BaFin*, Emittentenleitfaden 2013, S. 59; *Frowein* in Habersack/Mülbert/Schlitt, Kapitalmarktinformation, § 10
Rz. 30, 53; *Hopt/Kumpan* in Schimansky/Bunte/Lwowski, § 107 Rz. 147; *Klöhn* in KölnKomm. WpHG, § 15 WpHG
Rz. 133; *Klöhn* in Klöhn, Art. 17 MAR Rz. 400, 402; *Pfüller* in Fuchs, § 15 WpHG Rz. 252. A.A. *Zimmer/Kruse* in
Schwark/Zimmer, § 15 WpHG Rz. 44, denen zufolge nur der aktienrechtliche Squeeze-out den „Emittenten (im weitesten Sinne) unmittelbar" betrifft.
5 I.E. ebenso *Klöhn* in Klöhn, Art. 17 MAR Rz. 400.
6 *Assmann* in 6. Aufl., § 15 WpHG Rz. 84.
7 BGBl. I 1998, 786, 792.
8 Schreiben des seinerzeitigen *BAWe* an die Vorstände der börsennotierten Aktiengesellschaften betreffend den Erwerb
eigener Aktien nach § 71 Abs. 1 Satz 1 Nr. 8 vom 28.6.1999, abgedruckt in WM 2000, 438 unter 2.a. Zu diesem ausführlich *van Aerssen*, WM 2000, 391; *Bosse*, ZIP 1999, 2047.
9 Ebenso *Bosse*, ZIP 1999, 2047, 2048 f.; *Schäfer* in Dreyling/Schäfer, Rz. 454; *Schockenhoff/Wagner*, AG 1999, 548, 555.

tätspflicht. Eine solche ist indes regelmäßig zu verneinen, da keinem dieser Beschlüsse – selbst wenn man sie als präzise Information i.S.d. Art. 7 Abs. 1 und 2 VO Nr. 596/2014 betrachten wollte – je für sich genommen Kurserheblichkeit zukommen wird, und zwar selbst dann nicht, wenn an der Zustimmung der Hauptversammlung keine Zweifel bestünden, denn auch in diesem Fall bliebe unsicher, wann und in welchem Umfang der Vorstand tatsächlich von der Ermächtigung Gebrauch macht[1].

226 Dagegen ist der **Beschluss des Vorstands**, von der ihm durch die Hauptversammlung eingeräumten **Ermächtigung Gebrauch zu machen**, eine zu veröffentlichende Insiderinformationen, vorausgesetzt er ist kurserheblich[2]. In der Veröffentlichung des Beschlusses ist – unter Bezugnahme auf die Ermächtigung der Hauptversammlung – der wesentliche Inhalt des Beschlusses anzugeben[3]. Verlangt der Ermächtigungsbeschluss für den Erwerb eigener Aktien durch den Vorstand die Zustimmung des Aufsichtsrats, so liegt allein darin noch kein hinreichender Grund, die Veröffentlichung der Insiderinformation aufzuschieben (Rz. 37). Auch das in Erwägungsgrund 50 lit. b VO Nr. 596/2014 angeführte und in lit. c. der MAR-Leitlinien übernommene und darüber hinaus auch in § 6 Satz 2 Nr. 2 WpAV (Regel-)Beispiel einer für die Wirksamkeit eines Beschlusses noch ausstehende Zustimmung durch ein anderes Organ des Emittenten (Rz. 110) erlaubt einen Aufschub der Veröffentlichung wegen einer ausstehenden Entscheidung des Aufsichtsrats nicht *per se*, sondern setzt u.a. voraus, dass die unverzügliche Offenlegung des zustimmungsbedürftigen Beschlusses vor einer Entscheidung des Aufsichtsrats die korrekte Bewertung der Informationen durch das Publikum gefährden würde (näher Rz. 56).

227 **e) Außerordentliche Erträge oder Aufwendungen.** Ob außerordentliche Erträge oder Aufwendungen nach Art. 17 Abs. 1 Unterabs. 1 VO Nr. 596/2014 zu veröffentlichen sind, ist im Wesentlichen eine Sache ihrer Kurserheblichkeit. Als außerordentliche Erträge oder Aufwendungen mit regelmäßig erheblichem Preisbeeinflussungspotential führt die BaFin im Emittentenleitfaden[4] an:

- „Gewinne/Verluste aus der Veräußerung ganzer Betriebe, wesentlicher Betriebsteile oder bedeutender Beteiligungen;
- außerplanmäßige Abschreibungen auf Grund eines außergewöhnlichen Ereignisses, z.B. Stilllegung von Betrieben, Enteignung, Zerstörung von Betrieben durch Katastrophen;
- außergewöhnliche Schadensfälle, etwa verursacht durch Unterschlagungen;
- Erträge/Aufwendungen auf Grund des Ausgangs eines für das Unternehmen existentiellen Prozesses;
- Entschädigungen bei Massenentlassungen;
- Gewinne/Verluste aus Umwandlungen;
- Erträge auf Grund eines allgemeinen Forderungsverzichts der Gläubiger (sog. Sanierungsgewinn), sowie
- einmalige Zuschüsse der öffentlichen Hand zur Umstrukturierung von Branchen."

228 **f) Wechsel von Organmitgliedern und Personen in Schlüsselpositionen.** Beim **Wechsel oder Ausscheiden von Organmitgliedern** ist die entscheidende Frage die der Kurserheblichkeit des Vorgangs, die freilich eng mit der Stellung und dem Einfluss der jeweiligen Person im Unternehmen zusammenhängt[5]. Unerheblich ist dagegen, ob der Personalwechsel im Anhang zum Jahresabschluss (§ 285 Satz 1 Nr. 10 HGB) anzugeben ist oder nicht[6]. Zur Ad-hoc-Publizitätspflicht in Bezug auf Personalveränderungen beim Emittenten innerhalb der Führungsebene heißt es im Emittentenleitfaden der BaFin[7]: „Personalveränderungen innerhalb der Führungsebene

---

1 Schreiben des *BAWe* vom 28.6.1999, WM 2000, 438, unter Hinweis auf eine mögliche Ad-hoc-Publizitätspflicht für den Sonderfall, dass „schon zu einem früheren Zeitpunkt die überwiegende Wahrscheinlichkeit für die Umsetzung der Aktienrückkaufsermächtigung besteht". Ebenso *Bosse*, ZIP 1999, 2047, 2048; *Schäfer* in Dreyling/Schäfer, Rz. 453; *Schockenhoff/Wagner*, AG 1999, 548, 553f.; *Seibt/Bremkamp*, AG 2008, 472; *van Aerssen*, WM 2000, 391, 401, aber kritisch zu der vom *BAWe* angeführten Ausnahme (ebd. S. 400).
2 Schreiben des seinerzeitigen *BAWe* vom 28.6.1999, WM 2000, 438. Auch *Bosse*, ZIP 1999, 2047, 2049; *Frowein* in Habersack/Mülbert/Schlitt, Kapitalmarktinformation, § 10 Rz. 49; *Geibel/Schäfer* in Schäfer/Hamann, Kapitalmarktgesetze, § 15 WpHG Rz. 77; *Leis/Nowak*, S. 55; *Schäfer* in Dreyling/Schäfer, Rz. 456f.; *Schockenhoff/Wagner*, AG 1999, 548, 555f.; *van Aerssen*, WM 2000, 391, 399f., 401, 406. Nach a.A. ist diese Aussage zu pauschal: *Seibt/Bremkamp*, AG 2008, 469, 470f.
3 Schreiben des seinerzeitigen *BAWe* vom 28.6.1999, WM 2000, 438.
4 *BaFin*, Emittentenleitfaden 2013, S. 58.
5 Das OLG Stuttgart v. 15.2.2007 – 901 Kap 1/06, AG 2007, 250, 252ff., und der BGH v. 25.2.2008 – II ZB 9/07, AG 2008, 380, 382, haben die Frage, ob (die Absicht) des einvernehmlichen Ausscheidens des Vorstandsvorsitzenden der seinerzeitigen DaimlerChrysler AG ein ad hoc zu publizierender Vorgang sei, (zu Recht) nur implizit behandelt und lediglich von der Eintrittswahrscheinlichkeit des beabsichtigten zukünftigen Ereignisses als Bestandteil der Erfordernisse einer präzisen Information und der Kurserheblichkeit derselben abhängig gemacht. Dazu *Fleischer*, NZG 2007, 401, 402f., der (ebd. S. 403) einige Aspekte für die Beurteilung der Kursrelevanz eines Organwechsels anführt und damit implizit die hier vertretene Ansicht bestätigt. Zu Art. 7, 17 VO Nr. 596/2014 auch *Krause* in Meyer/Veil/Rönnau, Handbuch zum Marktmissbrauchsrecht, § 6 Rz. 155ff.
6 *Geibel/Schäfer* in Schäfer/Hamann, Kapitalmarktgesetze, § 15 WpHG Rz. 76. Anders noch *Zimmer* in Schwark, Kapitalmarktrechts-Kommentar, 3. Aufl. 2004, § 15 WpHG Rz. 74.
7 *BaFin*, Emittentenleitfaden 2013, S. 57.

eines Unternehmens können im Einzelfall eine Ad-hoc-Publizitätspflicht auslösen. Insbesondere wenn es sich um die Berufung oder Abberufung von Organmitgliedern in Schlüsselpositionen handelt, d.h. wenn es sich um Personen handelt, bei denen eine maßgebliche Einwirkung auf den Geschäftsverlauf zu erwarten ist oder bislang bestand, kann eine solche Veränderung ein erhebliches Preisbeeinflussungspotential besitzen. So kann das überraschende Ausscheiden des Vorsitzenden oder des Sprechers des Organs oder das Ausscheiden eines Gründungsmitglieds aus einem Organ eine Signalwirkung für den Kapitalmarkt haben. Bei Unternehmen, deren Entwicklung von der Innovationsfähigkeit oder Kreativität einzelner Personen abhängt, können dies auch Personalveränderungen außerhalb der Organe in den Bereichen Forschung und Entwicklung oder Design sein." Zu einem zu erwartenden Ausfall oder Ausscheiden eines Organmitglieds oder einer Person mit Schlüsselstellung im Unternehmen infolge **schwerer Erkrankung** sowie einem möglichen Ausschluss der Veröffentlichung einer solchen Information durch das Persönlichkeitsrecht des Betroffenen s. Rz. 74.

Was für den Wechsel von Organmitgliedern gilt, gilt entsprechend auch für den Wechsel **anderer Schlüsselpositionen** im Unternehmen, denn die Kurserheblichkeit von Personalia ist zwar regelmäßig, nicht aber zwangsläufig und in jedem Fall an eine Organstellung des Betreffenden gebunden[1]. Dessen ungeachtet sind es vielfach weniger die Personalwechsel als solche, welche die Kurserheblichkeit einer Information ausmachen, als die **Umstände**[2], die diesen zugrunde liegen oder mit ihnen verbunden sind. Deshalb ist es auch unerheblich, ob man dem Spieler eines Fußballclubs, der Emittent ist, eine Schlüsselposition beim Emittenten zuweist[3], oder eine solche unter Hinweis auf ein diesbezügliches Erfordernis der Einbindung der betreffenden Personen in die Unternehmensorganisation ablehnt, denn auch im letzteren Fall handelt es sich bei der Verletzung oder dem anderweitigen Ausfall eines prominenten Spielers eines solchen Fußballclubs um eine präzise Information, die kurserheblich sein kann.   229

Neben dem Wechsel oder dem Ausscheiden von Organmitgliedern und Personen in Schlüsselpositionen kann auch **der Grund der Personalveränderung** eine selbstständige Insiderinformation darstellen, die mit der bloßen Personalveränderung zu veröffentlichen ist. Darüber hinaus kann auch der Wechsel oder das Ausscheiden von Organmitgliedern und Personen in Schlüsselpositionen Kurserheblichkeit erst aufgrund von Informationen über den Grund der Personalveränderung erlangen. In diesem Falle ist es erforderlich, dass mit der Veröffentlichung der Insiderinformation nach Art. 17 Abs. 1 Unterabs. 1 VO Nr. 596/2014 i.V.m. § 4 Abs. 1 Satz 1 Nr. 4 WpAV gem. § 4 Abs. 1 Satz 1 Nr. 4 WpAV (Text der WpAV-Bestimmungen in Rz. 154) auch bekannt gegeben wird, aus welchen Gründen der Information über die Personalveränderung Kurserheblichkeit zukommt[4]. Eine davon zu unterscheidende Frage ist die, ob der Anlass der Personalveränderung – etwa eine Erkrankung des Ausscheidenden – aus anderen Gründen nicht nach Art. 17 Abs. 1 Unterabs. 1 VO Nr. 596/2014 (mit-)veröffentlicht werden muss.   230

Zur Frage, ob der geplante oder beschlossene Wechsel von Organmitgliedern und Personen in Schlüsselpositionen, der eine Insiderinformation darstellt, einen **Aufschub der Veröffentlichung** derselben nach Art. 17 Abs. 4 Unterabs. 1 VO Nr. 596/2014 erlaubt, s. Rz. 114.   231

g) Informationen über Organmitglieder sowie über strafbare Handlungen und Ordnungswidrigkeiten des Emittenten und im Emittentenunternehmen. Über das Ausscheiden oder den Wechsel von Organmitgliedern und Personen in Schlüsselpositionen hinaus steht außer Frage, dass auch andere Informationen über diese Personen präzise Informationen sein und, soweit sie den Umständen nach als kurserheblich zu betrachten sind, veröffentlichungspflichtige Insiderinformationen darstellen können. Das gilt namentlich für schwere **Erkrankungen** von Personen in Organstellung (insbesondere den Vorstandsvorsitzenden) oder Schlüsselpositionen[5], die – je nach den Umständen – erhebliche Nachteile für das Unternehmen erwarten lassen, sei es durch Leistungsminderung bis hin zu ihrem Ausfall oder sei es durch ein zu erwartendes Ausscheiden aus dem Amt oder der Position im Unternehmen. Solche für die Kurserheblichkeit der Information maßgeblichen Umstände sind Teil der Insiderinformation und mit nach Art. 17 Abs. 1 VO Nr. 596/2014 zu veröffentlichen. So oder so ist im Hinblick auf die Veröffentlichung von Informationen über Krankheiten und ihre Auswirkungen für den Emittenten stets zu prüfen, inwieweit dieser das allgemeine Persönlichkeitsrecht der erkrankten Person nach Art. 1 Abs. 1 und 2 Abs. 1 GG sowie Art. 7 und 8 der Charta der Grundrechte der Europäischen Union entgegensteht (dazu Rz. 74). Wegen der Organ- oder Schlüsselstellung dieser Personen beim Emittenten und der zu erwartenden Folgen für dasselbe handelt es sich hierbei jedenfalls um Informationen, die den Emittenten unmittelbar betreffen[6].   232

---

1 *Geibel/Schäfer* in Schäfer/Hamann, Kapitalmarktgesetze, § 15 WpHG Rz. 76; *Klöhn* in KölnKomm. WpHG, § 15 WpHG Rz. 149; *Klöhn* in Klöhn, Art. 17 MAR Rz. 418; *Krause* in Meyer/Veil/Rönnau, Handbuch zum Marktmissbrauchsrecht, § 6 Rz. 150 f. Auch *Frowein* in Habersack/Mülbert/Schlitt, Kapitalmarktinformation, § 10 Rz. 51.
2 *Frowein* in Habersack/Mülbert/Schlitt, Kapitalmarktinformation, § 10 Rz. 52; *Fleischer*, NZG 2007, 401, 403.
3 *Klöhn* in KölnKomm. WpHG, § 15 WpHG Rz. 149; *Schumacher*, NZG 2001, 776; *Wertenbruch*, WM 2001, 193.
4 A.A. *Klöhn* in KölnKomm. WpHG, § 15 WpHG Rz. 151, wobei aber unklar bleibt, ob dessen Ausführungen (zu der mit der angeführten Vorschrift der WpAV wortlautgleichen Bestimmung in § 4 Abs. 1 Satz 1 Nr. 7 WpAIV) nur für den Fall gelten sollen, dass es sich um eine *krankheitsbedingte* Personalveränderung handelt.
5 *Klöhn* in Klöhn, Art. 17 MAR Rz. 419.
6 *Klöhn* in Klöhn, Art. 17 MAR Rz. 419.

233 Daneben sind aber auch **andere personenbezogenen Informationen** – etwa solche über steuerliche und straf- und ordnungswidrigkeitsrechtliche Ermittlungen gegen eine Person (zu speziellen Fall strafbarer Handlungen einer Person näher Rz. 234) – denkbar, die je nach den Umständen des Einzelfalls für die vom Emittenten ausgegebenen Finanzinstrumente kurserheblich sein können. Auch hier kann das Persönlichkeitsrecht der betroffenen Person, insbesondere in seiner Ausprägung als Recht zur informationellen Selbstbestimmung, einer Veröffentlichung diesbezüglicher Insiderinformationen entgegenstehen (dazu Rz. 74). Dabei ist der Schutz der Person, auf die sich die Information bezieht, „umso intensiver, je näher die Daten der Intimsphäre des Betroffenen stehen, die als unantastbarer Bereich privater Lebensgestaltung gegenüber aller staatlicher Gewalt Achtung und Schutz beansprucht"[1].

234 Auch pflichtwidriges Verhalten und namentlich strafbare Handlungen von Mitgliedern der **Organe des Emittenten**, die diese im Rahmen ihrer Organtätigkeit begangen haben, oder strafbare Handlungen Dritter, die von Organen im Rahmen ihrer Organtätigkeit veranlasst wurden, sind regelmäßig als im Tätigkeitsbereich des Emittenten eingetretene Ereignisse zu betrachten und kommen deshalb, sofern die diesbezügliche Information auch als kurserheblich anzusehen ist, als Gegenstand einer Veröffentlichung nach Art. 17 Abs. 1 Unterabs. 1 VO Nr. 596/2014 in Betracht[2]. Auch in einer solchen kann ein Eingriff in das informationelle Selbstbestimmungsrecht der betroffenen Person gesehen werden (Rz. 74), doch ist der Eingriff in Gestalt der Veröffentlichung in diesem Fall regelmäßig als verhältnismäßig zu betrachten. Auch können sich der Emittent und die nicht betroffenen Organmitglieder, die Veröffentlichungen nach Art. 17 Abs. 1 Unterabs. 1 VO Nr. 596/2014 für den Emittenten vorzunehmen haben, in diesem Fall nicht auf die Verletzung eines Persönlichkeitsrechts berufen (Rz. 73 bzw. Rz. 74).

235 Anders ist die Rechtslage, wenn das Organmitglied, welches die Veröffentlichung vorzunehmen hätte, sich damit einer Straftat oder einer Ordnungswidrigkeit bezichtigen würde. In diesem Fall besteht für den Emittenten keine Pflicht zur Offenlegung, weil sich das betroffene Organmitglied auf den *Nemo tenetur*-Grundsatz – d.h. den Rechtsgrundsatz, dass **niemand verpflichtet ist, sich selbst zu belasten** (*nemo tenetur se ipsum accusare*) – berufen kann, der hier bereits in seiner Verankerung im nationalen deutschen Recht eingreift (dazu Rz. 77)[3].

236 Wiederum anders ist es, wenn sich der **Emittent**, aufgrund von Vorgängen in seinem Unternehmen oder infolge von ihm nach § 31 BGB analog zurechenbaren Handlungen von Organmitgliedern, mit der Veröffentlichung derselben nach Art. 17 Abs. 1 Unterabs. 1 VO Nr. 596/2014 einer Straftat oder einer mit gravierenden Bußgeldern bewehrten Ordnungswidrigkeit (Rz. 82) bezichtigen würde. Selbst in letzterem Falle steht dem Emittent nach hier vertretener Auffassung – dazu ausführlich Rz. 78 ff. – ein Recht zur Verweigerung nach dem *Nemo tenetur*-Grundsatz zu (schon Rz. 118), hier vor allem in seiner Verankerung in Art. 6 Abs. 1 Satz 1 der Europäischen Menschenrechtskonvention (EMRK), s. Rz. 78 ff., darüber hinaus aber auch in Art. 47 Abs. 2 der Charta der Grundrechte der Europäischen Union (GRC) und Art. 14 Abs. 3 des Internationalen Paktes über bürgerliche und politische Rechte (IPbpR), s. Rz. 87. Doch hat der Emittent, auch unabhängig vom Eingreifen des *Nemo tenetur*-Grundsatzes, ein berechtigtes Interesse, **nicht öffentlich bekannte Compliance-Verstöße** geheim zu halten und nicht ad hoc zu veröffentlichen, wenn nur eine vernünftige Aussicht auf deren dauerhafte Geheimhaltung oder Geheimhaltung bis zur Verjährung von möglichen Schadensersatzansprüchen oder Bußgeldern gegenüber dem Emittenten verjährt sind (Rz. 119). Gleiches gilt für die die **Einleitung interner oder externer Untersuchungen** zur Aufdeckung von nicht bereits öffentlich bekannten Compliance-Verstößen oder des eine Insiderinformation darstellenden Verdachts auf solche (Rz. 119).

237 h) **Verwaltungs- und Gerichtsverfahren.** Ob Vorgänge im Zusammenhang mit einem den Emittenten betreffenden **Verwaltungsverfahren oder Gerichtsverfahren** – etwa Zivilprozessen[4] – nach Art. 17 Abs. 1 Unterabs. 1 VO Nr. 596/2014 zu veröffentliche sind, hängt davon ab, ob es sich bei diesen jeweils um eine Insiderinformation handelt[5]. Ist dies der Fall, so unterliegt der Emittent eine Veröffentlichungspflicht nur, wenn ihn die Information über ein Verwaltungs- oder Gerichtsverfahren unmittelbar betrifft. Daran bestehen keine Zweifel, wenn der Emittent (oder ein Konzernunternehmen, Rz. 24 und Rz. 49) selbst ein solches Verfahren initiiert. Nichts anderes hat aber auch für den Fall zu gelten, dass das jeweilige Verfahren von Dritten in Gang gesetzt wurde und der Emittent (oder ein Konzernunternehmen) Verfahrensbeteiligter wird, den der Ausgang des Verfahrens (bspw. als Beklagter oder als Betroffener eines Bußgeldverfahrens) unmittelbar trifft[6].

238 Die Einreichung und Zustellung der **Klage** eines Dritten gegen den Emittenten betrifft den Emittenten unmittelbar. Gleiches gilt für die einzelnen Etappen des **gerichtlichen Verfahrens**, namentlich von **Zivilprozessen**, die namhafte Schadensersatzforderungen gegen den Emittenten zum Gegenstand haben. Zu Einzelheiten zu

---

1 BVerfG v. 24.6.1993 – 1 BvR 689/92, BVerfGE 89, 69, 82 f. = NZV 1993, 413, 414 m.w.N. zur Rspr. des BVerfG.
2 *Klöhn* in Klöhn, Art. 17 MAR Rz. 424 f. (für die Verletzung von Sorgfalts- und Treuepflichten) und Rz. 428 f. (für strafbare Handlungen des Managements).
3 Die Anwendung des Grundsatzes im Zusammenhang mit Ad-hoc-Publizitätspflichten (mit nicht schlüssiger Begründung) ablehnend *Klöhn* in Klöhn, Art. 17 MAR Rz. 429.
4 Speziell zu Ad-hoc-Publizitätspflichten im Zusammenhang mit diesen *Teigelack*, BB 2016, 1604 ff.
5 Dazu *Krause* in Meyer/Veil/Rönnau, Handbuch zum Marktmissbrauchsrecht, § 6 Rz. 169 ff.
6 *Klöhn* in Klöhn, Art. 17 MAR Rz. 430.

Vorstehend s. Rz. 45. Soweit diesbezügliche Informationen Insiderinformationen sind, kommt zur Wahrung der berechtigten Interessen des Emittenten die **Aufschiebung** der Veröffentlichung der Insiderinformationen in Betracht, doch dürfte diese in der Regel ausscheiden, weil es sich – außer bei kurzfristigen Aufschüben – als schwer erweisen dürfte, angesichts zahlreicher Verfahrensbeteiligter und der Öffentlichkeit der einschlägigen Verfahren die Vertraulichkeit solcher Informationen zu gewährleisten (dazu Rz. 129).

Eine unmittelbare Betroffenheit des Emittenten ist nicht gegeben, wenn der Betreffende in einem Verfahren lediglich (wie etwa in Verfahren vor den Kartellbehörden) **Beigeladener** ist und ihn die Entscheidung (etwa als Wettbewerber die Entscheidung über die Freigabe eines Zusammenschlussvorhabens) nur mittelbar trifft. Dagegen ist die Entscheidung einer Wettbewerbsbehörde zur **Eröffnung eines Verwaltungsverfahrens** – auch als Folge der Stellung eines sog. *Leniency*-**Antrags** (auf Erlass einer Geldbuße im Zusammenhang mit der unternehmensinternen Aufdeckung von Kartellverstößen und der damit faktisch verbundenen Selbstbezichtigung in Bezug auf einen Wettbewerbsverstoß)[1] – als eine den Antragsteller unmittelbar betreffende ad-hoc-publizitätspflichtige Information zu betrachten[2]. In diesem Falle ist der Emittent darauf angewiesen, die für *Leniency*-Anträge von den Wettbewerbsbehörden verlangte Vertraulichkeit durch Selbstbefreiung von der Pflicht zur Ad-hoc-Publizität nach Maßgabe von § 15 Abs. 3 WpHG herbeizuführen. Ein solches Bedürfnis wird sich, je nach Einzelfall und der mit diesem verbundenen Kurserheblichkeit der Information, bereits in dem Zeitpunkt einstellen, in dem die Entscheidung zur Stellung eines *Leniency*-Antrags fällt oder der Emittent, unabhängig vom Verfahrensausgang, Maßnahmen ergreift, die für sich genommen (wie möglicherweise die Bildung von Rückstellungen)[3] kurserheblich sind und damit Insiderinformationen darstellen. Im Hinblick auf die Voraussetzungen einer Selbstbefreiung nach Art. 17 Abs. 4 Unterabs. 1 VO Nr. 596/2014 ist der Aufschub einer Veröffentlichung für die Stellung des Antrags und die Einleitung eines Verwaltungsverfahrens grundsätzlich als zum Schutz der berechtigten Interessen des Emittenten erforderlich anzusehen[4]. Jedoch wird man in der Regel davon auszugehen haben, dass dieses Schutzinteresse nur bis spätestens zu dem Zeitpunkt besteht, in dem die Kartellbehörde mit Ermittlungen bei anderen Unternehmen (den Kartellbeteiligten) beginnt oder (aufgrund bereits vorhandener Erkenntnisse) erklärt, keinen Anlass zu solchen weiteren Ermittlungen zu sehen[5].

i) Veränderungen des Stimmrechtsanteils (§§ 33 ff. WpHG). §§ 33 ff. WpHG, denen zufolge **Veränderungen bedeutender Beteiligungen an börsennotierten Gesellschaften** melde- und veröffentlichungspflichtig sind (§§ 33 Abs. 1 Satz 1, 38 ff. WpHG), waren weder *lex specialis* zu § 15 WpHG a.F.[6] noch sind dies zu Art. 17 Abs. 1 Unterabs. 1 VO Nr. 596/2014. **Meldepflichtige Emittenten**, die Beteiligungen an einem anderen Unternehmen erwerben oder veräußern, müssen deshalb stets prüfen, ob die nach §§ 33 ff. WpHG meldepflichtige (§ 33 Abs. 1 Satz 1, Abs. 2 WpHG) Veränderung von Stimmrechten an einem börsennotierten Unternehmen eine sie betreffende nicht öffentlich bekannte, kurserhebliche und damit zu veröffentlichende Insiderinformation ist[7].

In gleicher Weise steht – wie schon zu § 15 WpHG a.F. – außer Frage, dass die Anwendung von Art. 17 Abs. 1 Unterabs. 1 VO Nr. 596/2014 auch auf **von §§ 33 ff. WpHG *nicht* erfasste Veränderungen** der Beteiligung eines Emittenten an einer nicht börsennotierten Gesellschaft in Betracht kommt[8]. Das kann selbst dann nicht anders sein, wenn man § 33 Abs. 1 Satz 1, Abs. 2 WpHG als Sonderregelung zu Art. 17 Abs. 1 Unterabs. 1 VO Nr. 596/2014 betrachten wollte, denn der Umstand, dass ein Emittent nicht der schematisch (nach dem Erreichen, Überschreiten oder Unterschreiten von Schwellenwerten) eingreifenden Veröffentlichungspflicht nach §§ 33 ff. WpHG unterliegt, schließt die Kurserheblichkeit von Informationen über solche Anteilsveränderungen und damit die Pflicht, diese nach Art. 17 Abs. 1 Unterabs. 1 VO Nr. 596/2014 offenzulegen, nicht aus. Umgekehrt befreit die Veröffentlichung der Veränderung einer bedeutenden Beteiligung nach Art. 17 Abs. 1 Unterabs. 1 VO Nr. 596/2014 durch den nach § 33 Abs. 1 Satz 1, Abs. 2 WpHG meldepflichtigen Emittenten weder den Meldepflichtigen von seiner Meldepflicht noch den Emittenten, der Adressat der Meldung ist und diese nach § 38 WpHG zu veröffentlichen hat, von seiner diesbezüglichen Veröffentlichungspflicht[9].

---

1 Zu solchen Anträgen und den von ihnen aufgeworfenen kapitalmarktrechtlichen Fragen ausführlich *Dreher*, WuW 2010, 731 ff. S. auch Rz. 114.
2 Anders in diesem Ausgangspunkt *Dreher*, WuW 2010, 731, 733, i.E. (ebd. S. 734 ff.) aber ebenso.
3 *BaFin*, Emittentenleitfaden 2013, S. 57. S. auch Rz. 45.
4 Ebenso *Dreher*, WuW 2010, 731, 738 ff. Abwägungsrelevant sei „der voraussichtliche finanzielle Erfolg eines Leniency-Antrags in Form der Herabsetzung einer Geldbuße nach unternehmensinterner Aufdeckung des Kartellsachverhalts" als Folge einer Kooperation mit der Kartellbehörde (ebd. S. 739).
5 Darin ist *Dreher*, WuW 2010, 731, 739 f. (mit weiteren Einzelheiten) zu folgen.
6 Ebenso *Uwe H. Schneider* in 6. Aufl., Vor § 21 WpHG Rz. 58; *Burgard*, ZHR 162 (1998), 51, 74; *Frowein* in Habersack/Mülbert/Schlitt, Kapitalmarktinformation, § 10 Rz. 28; *Parmentier*, NZG 2007, 407, 413; *Versteegen* in KölnKomm. WpHG, 1. Aufl. 2007, § 15 WpHG Rz. 135; *Zimmer/Kruse* in Schwark/Zimmer, § 15 WpHG Rz. 15. A.A. *Caspari* in Baetge, S. 71; *Schäfer* in Dreyling/Schäfer, Rz. 326; *Geibel/Schäfer* in Schäfer/Hamann, Kapitalmarktgesetze, § 15 WpHG Rz. 11; *Gehrt*, S. 140.
7 *Uwe H. Schneider* in 6. Aufl., Vor § 21 WpHG Rz. 58.
8 Ebenso *Caspari* in Baetge, S. 71.
9 Auch *BAWe/Deutsche Börse*, Insiderhandelsverbote, S. 41. Ebenso *Versteegen* in KölnKomm. WpHG, 1. Aufl. 2007, § 15 WpHG Rz. 135.

242 **Das nach § 38 WpHG veröffentlichungspflichtige Unternehmen**, das zugleich Adressat des Art. 17 Abs. 1 Unterabs. 1 VO Nr. 596/2014 ist, hat die Meldung nach § 33 Abs. 1 Satz 1, 21 Abs. 2 WpHG sowohl nach Maßgabe von § 38 WpHG als auch nach Art. 17 Abs. 1 Unterabs. 1 VO Nr. 596/2014 zu veröffentlichen. Dem lässt sich auch nicht entgegenhalten, § 38 WpHG sei *lex specialis* zu Art. 17 Abs. 1 Unterabs. 1 VO Nr. 596/2014[1]. Allerdings ist zu beachten, dass die Veränderungsinformation, um eine Insiderinformation darzustellen und nach Art. 17 Abs. 1 Unterabs. 1 VO Nr. 596/2014 zu veröffentlichen zu sein, kurserheblich sein muss und nicht öffentlich bekannt sein darf. An Letzterem wird es aber möglicherweise fehlen, wenn die Meldung den nach § 38 WpHG veröffentlichungspflichtigen Emittenten erreicht. Sind dagegen beide Voraussetzungen gegeben, so kommt der Emittent nicht um eine Veröffentlichung nach Art. 17 Abs. 1 Unterabs. 1 VO Nr. 596/2014 herum.

243 **j) Eigengeschäfte von Führungskräften („Directors' Dealings" – Art. 19 VO Nr. 596/2014).** Wie §§ 33 ff. WpHG ist Art. 19 VO Nr. 596/2014, der an die Stelle von § 15a WpHG a.F. tritt und nach dem Eigengeschäfte von Führungskräften eines Emittenten i.S.v. Art. 19 Abs. 1 und Abs. 7 VO Nr. 596/2014 dem Emittenten und der zuständigen Behörde zu melden und nach Maßgabe von Art. 19 Abs. 3 und Abs. 6 VO Nr. 596/2014 durch den Emittenten zu veröffentlichen sind, nicht *lex specialis* zu Art. 17 Abs. 1 Unterabs. 1 VO Nr. 596/2014[2]. Daran ändert auch der Umstand nichts, dass Art. 19 VO Nr. 596/2014 in räumlicher Nähe zu Art. 17 VO Nr. 596/2014 steht, unterscheiden sich beide Vorschriften doch in den Tatbestandsvoraussetzungen, der Art und Weise, in der die jeweilige Mitteilung an den Veröffentlichungspflichtigen von diesem zu veröffentlichen ist, und im Normzweck. Allerdings sind von Art. 19 VO Nr. 596/2014 erfassten Geschäfte – anders als Transaktionen, die eine Veränderung der Beteiligungsstruktur beim Emittenten bewirken[3] – regelmäßig weder als im Tätigkeitsbereich des Emittenten eingetreten oder diesen unmittelbar betreffend[4] noch als kurserheblich anzusehen[5].

244 **k) Enforcement-Verfahren (§§ 106 ff. WpHG).** An verschiedenen Stellen des in §§ 106 WpHG ff. (i.V.m. §§ 342b ff. HGB) geregelten Enforcement-Verfahrens – ein Verfahren, mit dem überprüft werden soll, ob die **Rechnungslegungswerke** eines Emittenten (d.h. der Jahresabschluss nebst Lagebericht und gegebenenfalls der Konzernabschluss nebst Konzernlagebericht) **ordnungsgemäß erstellt wurden** (s. § 342b Abs. 2 Satz 1 HGB, § 106 WpHG)[6] – stellt sich dem Emittenten die Frage, ob er zu einer Ad-hoc-Mitteilung verpflichtet ist[7]. Dabei bestehen an der Anwendbarkeit des Art. 17 Abs. 1 Unterabs. 1 VO Nr. 596/2014 keine Zweifel, denn die Regelung des Enforcement-Verfahrens ist nicht als *lex specialis* zu verstehen, welches generell die Vorschriften über die Ad-hoc-Publizität verdrängt.

245 Die Frage nach Ad-hoc-Publizitätspflichten wird sich dem Emittenten erstmalig stellen, wenn er von der **Einleitung des Verfahrens** erfährt. Diese wird regelmäßig von der Deutschen Prüfstelle für Rechnungslegung (DPR) als Prüfstelle i.S.d. § 342b HGB ausgehen und kann erstens eine bloße „stichprobenartige", zweitens eine durch Verdachtsmomente veranlasste („anlassbezogene") oder eine von der BaFin aufgrund dort vorliegender Erkenntnisse verlangte („verlangt-anlassbezogene") Prüfung zum Gegenstand haben. Die Benachrichtigung des Emittenten ist zunächst auf die Herbeiführung von dessen Kooperation bei Prüfung der Abschlüsse, der diesen zugrundeliegenden Unterlagen und der Buchführung gerichtet. Auch wenn die Verfahrenseinleitung und die Durchführung des Verfahrens von den Mitarbeitern der DPR und der BaFin vertraulich zu behandeln ist (§ 342c HGB bzw. § 21 WpHG) und keine der das Enforcement-Verfahren regelnden Vorschriften eine Einleitungspublizität kennt, fehlt Letzteren doch auch eine Bestimmung, welche den Emittenten zur vertraulichen Behandlung der Einleitung des Verfahrens berechtigt oder verpflichtet. Deshalb ist die Mitteilung von der Einleitung des Enforcement-Verfahrens als eine Information zu betrachten, die – wenn man sie nicht schon als eine in seinem Tätigkeitsbereich eingetretene Information betrachten will – ihn jedenfalls unmittelbar betrifft.

246 Geht man davon aus, dass die Information über die Einleitung des Enforcement-Verfahrens – wegen der Vertraulichkeitsverpflichtung der Mitarbeiter der DPR und der BaFin – den Emittenten als öffentlich unbekannte erreicht, so kommt es im Hinblick auf die Beantwortung der Frage, ob sie eine ad hoc zu publizierende Insiderinformation ist, zunächst darauf an, ob es sich um eine **präzise Information** i.S.d. Art. 7 Abs. 1 und Abs. 2 VO

---

1 So aber, allerdings noch im Hinblick auf § 15 Abs. 1 Satz 1 WpHG a.F. vor seiner Änderung durch das AnSVG (Rz. 24), *Geibel* in Schäfer/Hamann, Kapitalmarktgesetze, § 15 WpHG Rz. 9, der allerdings im Schwerpunkt darauf abstellte, dass in einem solchen Fall die Voraussetzungen einer Veröffentlichungspflicht nach § 15 Abs. 1 Satz 1 WpHG a.F. nicht vorlägen. Zu § 15 WpHG a.F. i.E. wie hier *BAWe/Deutsche Börse*, Insiderhandelsverbote, S. 41. Auch *Versteegen* in KölnKomm. WpHG, 1. Aufl. 2007, § 15 WpHG Rz. 135.
2 Zu § 15 WpHG a.F. *Assmann* in 6. Aufl., § 15 WpHG Rz. 96.
3 Ebenso *Bednarz*, AG 2005, 835, 840; *Dreyling*, Der Konzern 2005, 1, 3; *Gunßer*, S. 84 f., 160; *Kuthe*, ZIP 2004, 883, 885.
4 *Klöhn* in Klöhn, Art. 17 MAR Rz. 409 (mit Einschränkung in Rz. 410 für den Fall der Fundamentalwertrelevanz der Geschäfte).
5 Auch *Frowein* in Habersack/Mülbert/Schlitt, Kapitalmarktinformation, § 10 Rz. 54; *Gunßer*, S. 167; *Pfüller* in Fuchs, § 15 WpHG Rz. 295; *Versteegen* in KölnKomm. WpHG, 1. Aufl. 2007, § 15 WpHG Rz. 135. *Hopt/Kumpan* in Schimansky/Bunte/Lwowski, § 107 Rz. 147.
6 S. auch *Gelhausen/Hönsch*, Das neue Enforcement-Verfahren für Jahres-Konzernabschlüsse, AG 2005, 511; *Assmann*, AG 2006, 261 ff.
7 Dazu *Assmann*, AG 2006, 261 ff.

Nr. 596/2014 handelt. Dagegen könnte sprechen, dass das Enforcement-Verfahren auf die Überprüfung der Einhaltung der Rechnungslegungsvorschriften gerichtet ist, über die eine Aussage erst am Ende des Verfahrens möglich ist, und die deshalb eine zukunftsbezogene Information darstellt, welche nach Art. 7 Abs. 2 Satz 1 VO Nr. 596/2014 nur dann eine Insiderinformation darstellt, wenn vernünftiger erwartet werden kann, dass sie in Zukunft eintreten werde. Dem ist indes zumindest für den Fall nicht zu folgen, dass es sich um eine anlassbezogene Einleitung eines Enforcement-Verfahrens handelt: Zunächst ist die Einleitung eines solchen Verfahrens fraglos eine Tatsache und als solche eine präzise Information. Des Weiteren darf eine anlassbezogene Prüfung nach § 342b Abs. 2 Satz 3 Nr. 1, 4 HGB und §§ 102 Abs. 1 Satz 1, 108 Abs. 2 WpHG nur dann eingeleitet werden, wenn konkrete Anhaltspunkte für einen Verstoß gegen **Rechnungslegungsvorschriften** vorliegen und ein öffentliches Interesse an der Prüfung besteht. Das wiederum setzt voraus, dass die DPR bzw. die BaFin Grund für die Annahme eines hinreichend wahrscheinlichen und nicht ganz unerheblichen Verstoßes des Emittenten gegen Rechnungslegungsvorschriften haben. Geben sie dies durch die Einleitung eines Verfahrens kund, kann auch der verständige Anleger davon ausgehen, dass ein Verstoß hinreichend wahrscheinlich ist[1].

Eine Information muss aber, um eine ad-hoc-veröffentlichungspflichtige Insiderinformation darzustellen, auch als **kurserheblich** i.S.d. Art. 7 Abs. 1 und Abs. 4 Unterabs. 1 VO Nr. 596/2014 zu betrachten sein. Das wird man im Falle einer lediglich stichprobenartig veranlassten Prüfung vorbehaltlos verneinen können[2]. Im Falle einer von der DPR oder der BaFin ausgehenden anlassbezogenen Prüfung wird man dagegen eher von einer regelmäßig kurserheblichen Information auszugehen haben[3], denn ein anlassbezogenes Prüfverfahren darf nur dann eingeleitet werden, wenn konkrete Anhaltspunkte für einen nicht ganz unerheblichen Verstoß gegen Rechnungslegungsvorschriften vorliegen. Ist die Einleitung eines Enforcement-Verfahrens unter Berücksichtigung dieser Gesichtspunkte und der Umstände des Einzelfalls als ad hoc zu publizierende Insiderinformation zu betrachten, so kann der Emittent die Veröffentlichung der Information nur noch aufschieben, wenn die Voraussetzungen des Art. 17 Abs. 4 Unterabs. 1 VO Nr. 596/2014 i.V.m. § 6 WpAV gegeben sind. Berechtigte Interessen am **Aufschub der Veröffentlichung** wird man hier etwa für den Fall bejahen können, dass der Emittent begründeten Anlass dafür hat, den Verdacht eines Verstoßes gegen Rechnungslegungsvorschriften entkräften zu können und die Veröffentlichung der Einleitung einer Prüfung geeignet wäre, dem Unternehmen erheblich zu schaden[4].

Wirkt der Emittent bei der Prüfung mit, so teilt die DPR dem Emittenten das Ergebnis ihrer Prüfung mit (§ 342b Abs. 5 Satz 1 HGB). Erklärt der Emittent sich mit dem **Ergebnis einverstanden**, so meldet die DPR dies der BaFin (§ 342b Abs. 6 Satz 1 Nr. 3 HGB). Hat die Prüfung, mit der sich der Emittent einverstanden erklärte, einen Fehler ergeben, so ordnet die BaFin nach § 109 Abs. 2 Satz 1 WpHG an, dass das Unternehmen den festgestellten Fehler samt den wesentlichen Teilen der Begründung der Feststellung unverzüglich nach Maßgabe von § 109 Abs. 2 Satz 4 WpHG zu veröffentlichen hat. Da diese Veröffentlichung, wie es auch bei einer solchen im Wege einer Veröffentlichung nach Art. 17 Abs. 1 Unterabs. 1 VO Nr. 596/2014 der Fall wäre, unverzüglich zu erfolgen hat, § 109 Abs. 2 Satz 4 WpHG aber eine Alternative im Hinblick auf die Art der Veröffentlichung eröffnet, welche die Veröffentlichung über ein elektronisches Informationsverbreitungssystem einschließt, verdrängt diese Vorschrift Art. 17 VO Nr. 596/2014[5]. Die Sonderregelung in § 109 Abs. 2 Satz 1 WpHG ist zudem weiter als die des Art. 17 Abs. 1 Unterabs. 1 VO Nr. 596/2014, da sie auch zur Veröffentlichung eines Fehlers bei der Rechnungslegung zwingt, der für sich genommen oder wegen seiner Abweichung vom Einleitungsverdacht nicht als kurserheblich zu betrachten wäre. Schließlich geht § 109 Abs. 2 Satz 1 WpHG der Pflicht zur Veröffentlichung nach Art. 17 Abs. 1 Unterabs. 1 VO Nr. 596/2014 vor, damit der Emittent sein aus § 109 Abs. 1 Satz 3 WpHG folgendes Recht wahren kann, bei der BaFin den Antrag zu stellen, die Behörde möge von der Anordnung der Bekanntmachung des Ergebnisses der Prüfung absehen, weil die Veröffentlichung geeignet sei, seinen berechtigten Interessen zu schaden.

Wirkt der Emittent bei der Prüfung mit, erklärt sich aber mit dem ihm von der DPR mitgeteilten Ergebnis der Prüfung **nicht einverstanden**, so hängt die Beurteilung der Frage, ob es sich bei Ergebnismitteilung um eine Insiderinformation handelt, im Wesentlichen von der Kurserheblichkeit des Ergebnisses ab. Dagegen spricht nicht, dass das Ergebnis mangels Zustimmung des Emittenten als ein nur vorläufiges anzusehen ist und nach der erforderlichen Prüfung durch die BaFin auf der zweiten Stufe des Enforcement-Verfahrens (§§ 109 Abs. 1 Satz 2 Nr. 1, 107 Abs. 1 Satz 5 WpHG) durch ein anderes ersetzt werden kann, denn die schon bei Einleitung des Verfahrens erforderlichen (und die Eigenschaft der Verfahrenseinleitung als Insiderinformation mitbegründenden) Verdachtsmomente für einen nicht ganz unerheblichen Verstoß des Emittenten gegen

---
1 Ebenso *Pfüller* in Fuchs, § 15 WpHG Rz. 301.
2 Auch *Klöhn* in Klöhn, Art. 17 MAR Rz. 433.
3 Auch *Klöhn* in Klöhn, Art. 17 MAR Rz. 433.
4 In Anlehnung an § 109 Abs. 2 Satz 3 WpHG, welcher der BaFin erlaubt, auf Antrag des Emittenten von einer Veröffentlichung des Ergebnisses der Prüfung der BaFin nach § 109 Abs. 1 WpHG abzusehen. Auch *Pfüller* in Fuchs, § 15 WpHG Rz. 302.
5 Zu § 15 WpHG a.F. ebenso *Pfüller* in Fuchs, § 15 WpHG Rz. 303. A.A. *Versteegen* in KölnKomm. WpHG, 1. Aufl. 2007, § 15 WpHG Rz. 137.

Rechnungslegungsvorschriften (Rz. 146) haben sich im Falle der Feststellung eines Fehlers eher noch erhärtet. Allerdings kann der festgestellte Verstoß gegen Rechnungslegungsvorschriften für sich genommen so gering sein oder so sehr vom anfänglichen Verdacht abweichen, dass das mitgeteilte Ergebnis der Prüfung nicht als kurserheblich zu betrachten ist. Ist jedoch von der Kurserheblichkeit des Ergebnisses auszugehen, ist der Aufschub seiner Veröffentlichung nach Art. 17 Abs. 4 Unterabs. 1 VO Nr. 596/2014 zu prüfen, welcher hier nach der allgemeinen Regel für den Fall in Betracht kommt, dass die Veröffentlichung geeignet wäre, den berechtigten Interessen des Unternehmens zu schaden.

250 Die **Bereitschaft zur Mitwirkung** an einer von der DPR eingeleiteten Prüfung selbst ist in der Regel – sofern ihr nicht aufgrund ganz außergewöhnlicher Umstände eine besondere Signalwirkung zukommt – nicht als kurserhebliche Information zu betrachten und darf deshalb auch nicht Gegenstand einer Veröffentlichung nach Art. 17 Abs. 1 Unterabs. 1 VO Nr. 596/2014 sein. Dagegen bestehen keine Bedenken, wenn der Emittent mit der Veröffentlichung des kurserheblichen Ergebnisses der Prüfung der DPR seine Nichtanerkennung desselben kundgibt.

251 **Ordnet die BaFin**, nachdem der Emittent sich *nicht* mit dem Ergebnis der Prüfung durch die DPR einverstanden erklärt hat, **eine Prüfung der Rechnungslegung an**, so kann sie dies und den Grund der Anordnung nach § 108 Abs. 1 Satz 2 Nr. 1 WpHG im Bundesanzeiger bekannt machen (§ 107 Abs. 1 Satz 5 WpHG). Da die Anordnung einer Prüfung auf der zweiten Stufe eine zwangsläufige Folge der Nichtanerkennung des Prüfungsergebnisses der DPR darstellt und deshalb auch nicht als kurserheblich anzusehen ist, ist der Emittent, der das kurserhebliche Ergebnis der DPR-Prüfung mit dem Hinweis seiner Nichtanerkennung ad hoc publiziert hat, nicht verpflichtet, in einer weiteren Ad-hoc-Mitteilung auch die fragliche Anordnung der BaFin in einer Ad-hoc-Mitteilung zu veröffentlichen.

252 **Verweigert der Emittent die Mitwirkung an einer Prüfung durch die DPR**, so kann die **BaFin** die Prüfung durchsetzen, indem sie gem. §§ 108 Abs. 1 Satz 2 Nr. 1, 107 Abs. 1 Satz 5 WpHG nach § 107 WpHG auf zweiter Stufe eine Prüfung der Rechnungslegung anordnet, bei der sie sich nach § 107 Abs. 3 WpHG der DPR sowie anderer Einrichtungen bedienen kann. Auch diese Anordnung ist eine zwangsläufige Folge der Nichtmitwirkung an dem von der DPR eingeleiteten und grundsätzlich ad hoc zu publizierenden Enforcement-Verfahren der ersten Stufe und ist deshalb mangels Kurserheblichkeit nicht ad hoc zu publizieren. Stellt die BaFin als Ergebnis der Prüfung einen Fehler bei der Rechnungslegung fest (§ 109 Abs. 1 WpHG), so ist dieser samt den wesentlichen Teilen der Begründung der Feststellung nach § 109 Abs. 2 Satz 1 WpHG unverzüglich nach Maßgabe von § 109 Abs. 2 Satz 4 WpHG zu veröffentlichen. Aus den bereits (Rz. 249) dargelegten Gründen verdrängt diese Vorschrift die Pflicht zur Ad-hoc-Publizität nach Art. 17 VO Nr. 596/2014.

253 Ergibt die Prüfung durch die BaFin **keine Beanstandungen**, so teilt die Behörde dies dem Unternehmen nach § 109 Abs. 3 WpHG mit. Geht man davon aus, dass die Einleitung eines Enforcement-Verfahrens, insbesondere wegen der hierfür erforderlichen Verdachtsmomente, regelmäßig eine ad hoc zu veröffentlichende Insiderinformation ist, so wird auch der Feststellung, dass sich der Einleitungsverdacht nicht bestätigt hat, regelmäßig Kurserheblichkeit zukommen, so dass diese Information nach Art. 17 Abs. 1 Unterabs. 1 VO Nr. 596/2014 zu veröffentlichen ist.

254 **III. Pflicht von Teilnehmern am Markt für Emissionszertifikate zur Veröffentlichung von Insiderinformationen (Art. 17 Abs. 2 VO Nr. 596/2014).** Neben den Emittenten von Finanzinstrumenten sind nach Art. 17 Abs. 2 Unterabs. 1 VO Nr. 596/2014 auch Teilnehmer am Markt für Emissionszertifikate zur Veröffentlichung bestimmter Insiderinformationen verpflichtet. Sie sind mit der Marktmissbrauchsverordnung erstmals zu Adressaten einer Ad-hoc-Publizitätspflicht geworden. Das wiederum ist darauf zurückzuführen, dass erst mit der Marktmissbrauchsverordnung Emissionszertifikate nebst anderen auf diesen beruhenden Auktionsobjekten oder Derivaten zu Finanzinstrumenten (Art. 3 Abs. 1 Nr. 1 VO Nr. 596/2014 i.V.m. Art. 4 Abs. 1 Nr. 15 RL 2014/65/EU; s. Art. 3 VO Nr. 596/2014 Rz. 2 ff.) und damit zum Gegenstand des Insiderrechts wurden (s. Art. 7 VO Nr. 596/2014 Rz. 100). Art. 17 VO Nr. 596/2014 enthält Sondervorschriften für die Teilnehmer am Markt für Emissionszertifikate namentlich im Hinblick auf die Bestimmung der publizitätspflichtigen Teilnehmer und die von ihnen ad hoc zu publizierenden Informationen, unterwirft sie aber im Hinblick auf die Veröffentlichung von Insiderinformationen weitgehend gleichen Anforderungen. Deshalb kann bei der Darstellung der Pflicht von Teilnehmern am Markt für Emissionszertifikate zur Veröffentlichung von Insiderinformationen überwiegend auf die für Emittenten geltenden Vorschriften Bezug genommen werden. Über die Verpflichtung zur Veröffentlichung von Insiderinformationen nach Art. 17 Abs. 2 VO Nr. 596/2014 hinaus gilt auch für Teilnehmer am Markt für Emissionszertifikate die Pflicht zur Veröffentlichung von Insiderinformationen, deren Offenlegung aufgeschoben wurde und deren Vertraulichkeit nicht mehr gewährleistet ist (Rz. 262 ff.) sowie die Veröffentlichungspflicht nach Art. 17 Abs. 8 VO Nr. 596/2014 bei befugter Weitergabe einer Insiderinformation[1].

255 **1. Adressat der Veröffentlichungspflicht (Art. 17 Abs. 2 Unterabs. 1 VO Nr. 596/2014).** Der Veröffentlichungspflicht nach Art. 17 Abs. 2 Unterabs. 1 VO Nr. 596/2014 unterliegen Teilnehmer am Markt für Emis-

---

[1] *BaFin*, Art. 17 Abs. 2 MAR – Emissionszertifikate (FAQs), S. 4.

sionszertifikate. Bei diesen handelt es sich um Personen, die an dem – auf der Grundlage der mehrfach geänderten RL 2003/87/EG[1] geschaffenen – **europäischen Emissionshandel** teilnehmen, das heißt einem Markt, auf dem zertifizierte Berechtigungen für die Emission von Treibhausgasen – Emissionszertifikate – gehandelt werden, ohne die bestimmte Unternehmen bei den nach Anhang I dieser Richtlinie beschriebenen Tätigkeiten Treibhausgase der in Anhang Insiderinformationen dieser Richtlinie angeführten Art nicht oder nur unterhalb einer bestimmten Menge freisetzen dürfen. Betroffen hiervon waren zunächst im Wesentlichen nur Unternehmen der Energiewirtschaft und Schwerindustrie. Seit 2012 ist auch der innereuropäische Luftverkehr in das System für den Handel mit Treibhausgasemissionszertifikaten in der EU (*European Union Emissions Trading System, EU ETS*) einbezogen[2].

Vor diesem Hintergrund definiert Art. 3 Abs. 1 Nr. 20 VO Nr. 596/2014 als **Teilnehmer am Markt für Emissionszertifikate** Personen, die Geschäfte, einschließlich der Erteilung von Handelsaufträgen, mit Emissionszertifikaten und anderen darauf beruhenden Auktionsobjekten oder Derivaten betreiben, und die nicht unter die Ausnahme von Art. 17 Abs. 2 Unterabs. 2 VO Nr. 596/2014 fallen. Durch den in Art. 17 Abs. 2 Unterabs. 1 Satz 1 VO Nr. 596/2014 enthaltenen Einschub „Insiderinformationen in Bezug auf ihm gehörende Emissionszertifikate *für seine Geschäftstätigkeit*" ist nach Darlegung der BaFin klargestellt, dass lediglich solche Teilnehmer zur Veröffentlichung von Insiderinformationen verpflichtet sind, die Anlagen oder Luftverkehrstätigkeiten betreiben, wozu „unter Umständen ... auch (rechtlich selbständige) Handelseinheiten gehören [können], wenn sie einem Unternehmen mit Tätigkeiten i.S.d. RL 2003/87/EG zugehörig sind"[3]. Außer Frage steht, dass sonstige Marktteilnehmer, wie etwa Kreditinstitute oder Broker, den Vorgaben des Art. 17 Abs. 2 VO Nr. 596/2014 nicht unterliegen. **Emissionszertifikate** sind nach Art. 3 Abs. 1 Nr. 19 VO Nr. 596/2014 Emissionszertifikate i.S.v. Anhang I Abschnitt C Nr. 11 RL 2014/65/EU (s. Art. 3 VO Nr. 596/2014 Rz. 2 ff.) und damit um solche nach Art. 3 lit. a RL 2003/87/EG (s. Rz. 255 und Art. 3 VO Nr. 596/2014 Rz. 28), d.h. um Zertifikate, die zur Emission (Freisetzung) von Treibhausgasen (Art. 3 lit. c dieser Richtlinie) in die Atmosphäre aus Quellen einer Anlage (Art. 3 lit. e dieser Richtlinie[4]) von einer Tonne Kohlendioxidäquivalent (Art. 3 lit. j dieser Richtlinie) in einem bestimmten Zeitraum berechtigen. 256

Als Teilnehmer am Markt für Emissionszertifikate unterliegen der Veröffentlichungspflicht nach Art. 17 Abs. 2 Unterabs. 1 VO Nr. 596/2014 nur solche Unternehmen, denen selbst **Emissionszertifikate gehören** und nicht etwa auch bloße Interessenten am Erwerb von Emissionszertifikaten. Aber auch die nach vorstehender Vorschrift veröffentlichungspflichtigen Teilnehmer am Markt für Emissionszertifikate unterliegen einer Veröffentlichungspflicht gem. Art. 17 Abs. 2 Unterabs. 2 VO Nr. 596/2014 nur, wenn die Emissionen der Anlagen oder Luftverkehrstätigkeiten in ihrem Besitz, unter ihrer Kontrolle oder ihrer Verantwortlichkeit **bestimmte Schwellenwerte überschreiten**, nämlich im Vorjahr die **Kohlendioxidäquivalent-Mindestschwelle** von 6 Mio. Tonnen pro überschritten haben und, sofern eine Verbrennung erfolgt, deren **thermische Nennleistung** die Mindestschwelle von 2.430 MW (Megawatt) überschreitet. Nach Erwägungsgrund 14 DelVO 2016/522 der Kommission vom 17.12.2015 (Rz. 16) sind die Schwellenwerte kumulativ zu berücksichtigen, d.h. dass die Überschreitung eines der beiden Schwellenwerte genügt, um Veröffentlichungspflichten nach Art. 17 Abs. 2 VO Nr. 596/2014 auszulösen[5]. Hinsichtlich des **CO_2-Ausstoßes der Unternehmen**, so führt die BaFin[6] aus, sei eine „Vorjahresbetrachtung (1. Jan. bis 31. Dez.)" vorzunehmen, da es sich hierbei um die über ein Jahr hinweg kumulierten Emissionen handele, die von den Anlagen regelmäßig ermittelt würden. Die Jahreswerte von 2017 seien dabei für Veröffentlichungen zwischen dem 1.5.2018 und 30.4.2019 heranzuziehen; für Veröffentlichungen zwischen dem 3.1. und 30.4.2018 seien entsprechend die Werte des Jahres 2016 zugrunde zu legen, für Veröffentlichungen ab dem 1.5.2019 die des Jahres 2018. In Bezug auf den Schwellenwert der **thermischen Nennleistung** (Feuerungswärmeleistung – FWL) sei hingegen eine Stichtagsbetrachtung zum 31.12. des Vorjahres vorzunehmen. Zu unterscheiden sei zwischen der technisch möglichen und der tatsächlich genehmigten FWL. 257

---

1 Richtlinie 2003/87/EG des Europäischen Parlaments und des Rates vom 13. Oktober 2002 über ein System für den Handel mit Treibhausgasemissionszertifikaten in der Gemeinschaft [...], ABl. EU Nr. L 275 v. 25.10.2003, S. 32; umgesetzt durch Gesetz zur Umsetzung der Richtlinie 2003/87/EG über ein System für den Handel mit Treibhausgasemissionszertifikaten in der Gemeinschaft vom 8.7.2004, BGBl. I 2004, 1578; Änderungen durch: Richtlinie 2008/101/EG vom 19.11.2008, ABl. EU Nr. L 8 v. 13.1.2009, S. 3; Richtlinie 2009/29/EG vom 23.4.2009, ABl. EU Nr. L 140 v. 5.6.2009; Verordnung (EG) Nr. 219/2009 vom 11.3.2009, ABl. EU Nr. L 87 v. 31.3.2009, S. 109.
2 Richtlinie 2008/101/EG des Europäischen Parlaments und des Rates vom 19. November 2008 zur Änderung der Richtlinie 2003/87/EG zwecks Einbeziehung des Luftverkehrs in das System für den Handel mit Treibhausgasemissionszertifikaten in der Gemeinschaft, ABl. EU Nr. L 8 v. 13.1.2009, S. 3.
3 *BaFin*, Art. 17 Abs. 2 MAR – Emissionszertifikate (FAQs), S. 1.
4 Eine „Anlage" ist nach dieser Richtlinienbestimmung „eine ortsfeste technische Einheit, in der eine oder mehrere der in Anhang I genannten Tätigkeiten sowie andere unmittelbar damit verbundene Tätigkeiten durchgeführt werden, die mit den an diesem Standort durchgeführten Tätigkeiten in einem technischen Zusammenhang stehen und die Auswirkungen auf die Emissionen und die Umweltverschmutzung haben können".
5 Auch *BaFin*, Art. 17 Abs. 2 MAR – Emissionszertifikate (FAQs), S. 1/2.
6 Auch *BaFin*, Art. 17 Abs. 2 MAR – Emissionszertifikate (FAQs), S. 2, unter Verweis auf ESMA Questions and Answers On the Market Abuse Regulation (MAR), Stand: 14.12.2017 (ESMA70-145-111, Version 10).

Art. 17 VO Nr. 596/2014 | Veröffentlichung von Insiderinformationen

Die BaFin geht von einer Veröffentlichungspflicht nach Art. 17 Abs. 2 VO Nr. 596/2014 aus, sobald entweder der technisch mögliche oder die tatsächlich genehmigte FWL die Schwelle von 2.430 MW überschreitet, weshalb der jeweils geringere Wert entscheidend ist.

257a Die vorstehend angeführten Schwellenwerte hat die Kommission, entsprechend ihrer Ermächtigung in Art. 17 Abs. 2 Unterabs. 3 VO Nr. 596/2014, in Art. 5 Nr. 1 DelVO 2016/522 festgelegt. Dabei stellt sie in Art. 5 Nr. 2 DelVO 2016/522 klar, dass die Mindestschwellen auf **Konzernebene** gelten und sich auf alle **Geschäftstätigkeiten** beziehen, einschließlich Luftverkehrstätigkeiten oder Anlagen, die der betreffende Akteur des Emissionszertifikate-Marktes, dessen Mutterunternehmen oder ein verbundenes Unternehmen besitzt oder kontrolliert und für dessen betriebliche Angelegenheiten der Marktteilnehmer, dessen Mutterunternehmen oder ein verbundenes Unternehmen vollständig oder teilweise verantwortlich ist. Mit der Festlegung der Schwellenwerte, sollen – in den Worten des Erwägungsgrunds 51 Satz 2 VO Nr. 596/2014 – die Offenlegungspflichten „auf diejenigen Betreiber im Rahmen des EU-EHS [gemeint EU-ETS] zu beschränken, von denen aufgrund ihrer Größe und Tätigkeit zu erwarten ist, dass sie den Preis von Emissionszertifikaten, darauf beruhenden Auktionsobjekten oder damit verbundenen derivativen Finanzinstrumenten und das Bieten in den Versteigerungen gemäß der Verordnung (EU) Nr. 1031/2010 erheblich beeinflussen können", um so dem Markt eine nutzlose Berichterstattung zu ersparen und die Kosteneffizienz der vorgesehenen Maßnahme zu wahren.

257b Auch wenn Adressat der Veröffentlichungspflicht nach Art. 17 Abs. 2 VO Nr. 596/2014 der am Markt für Emissionszertifikate teilnehmende Inhaber der Zertifikate ist (Rz. 256 f.), soll sich der Marktmissbrauchsverordnung nach Verlautbarungen der BaFin nicht entnehmen lassen, dass diese **Veröffentlichungspflicht** bei Erfüllung bestimmter Voraussetzungen nicht **delegiert** werden dürfte. Ein entsprechendes Verbot erscheine auch nach Sinn und Zweck nicht geboten. Zu den Einzelheiten schreibt die BaFin: „Damit dürfte es im Grundsatz zulässig sein, dass eine Tochtergesellschaft, die Zertifikate besitzt und deren Anlagen in relevanter Weise betroffen sind, die **Veröffentlichungspflicht auf die Konzernmutter delegiert**. Dabei dürfte dann auch unerheblich sein, ob die Konzernmutter selbst Marktteilnehmerin ist oder nicht. Da das Mutterunternehmen aber nicht originäre Adressatin des Art. 17 Abs. 2 VO Nr. 596/2014 ist, muss dieses bei der Veröffentlichung dann klarstellen, für wen es diese Veröffentlichungspflicht erfüllt. Liegen Insiderinformationen für mehrere (Tochter-)Gesellschaften vor, sind auch mehrere Mitteilungen zu veröffentlichen. Delegiert werden kann lediglich die tatsächliche Veröffentlichung; dies darf allerdings nicht dazu führen, dass nur eine zusammenfassende Mitteilung für mehrere Normadressaten veröffentlicht wird. Daneben bleibt aber auch in diesem Fall bei Verstößen ggf. eine eigene Verantwortlichkeit der Tochter bestehen."[1] Die Annahme der Möglichkeit einer Pflichtendelegation erscheint zweifelhaft, kann sich der nach Art. 17 Abs. 1 bzw. 2 VO Nr. 596/2014 Veröffentlichungspflichtige zwar bei der Erledigung seiner Pflichten der Hilfe Dritter bedienen, doch bleibt er dabei selbst der Veröffentlichungspflichtige.

258 **2. Offenzulegende Insiderinformationen (Art. 17 Abs. 2 Unterabs. 1 Sätze 1 und 2 VO Nr. 596/2014).** Gegenstand der Veröffentlichungspflicht von Art. 17 Abs. 2 VO Nr. 596/2014 sind Insiderinformationen in Bezug auf Emissionszertifikate i.S.v. Art. 7 Abs. 1 lit. c, Abs. 2, 3 und 4 VO Nr. 596/2014. Dazu und namentlich zur Bestimmung der Kurserheblichkeit von Informationen in Bezug auf Emissionszertifikate s. Art. 7 VO Nr. 596/2014 Rz. 100 f. So wie ein Emittent nach Art. 17 Abs. 1 Unterabs. 1 VO Nr. 596/2014 nur Insiderinformationen veröffentlichen muss, die ihn unmittelbar betreffen, sind auch die Insiderinformationen, die ein Teilnehmer am Markt für Emissionszertifikate „öffentlich, wirksam und rechtzeitig bekannt" geben muss, eingeschränkt: Offenzulegen sind vom Teilnehmer am Markt für Emissionszertifikate nach Art. 17 Abs. 2 Unterabs. 1 Satz 1 VO Nr. 596/2014 nur **Insiderinformationen in Bezug auf ihm gehörende Emissionszertifikate für seine Geschäftstätigkeit**. Dabei fällt die Umschreibung des Geschäftsbereichs des Eigentümers der Emissionszertifikate allerdings weit aus. Nicht nur zur Bestimmung der Schwellenwerte, die ein Teilnehmer am Markt für Emissionszertifikate erfüllen muss, um Adressat von Art. 17 Abs. 2 Unterabs. 1 VO Nr. 596/2014 zu sein (Rz. 257), sondern auch zur Festlegung des Kreises offenzulegender Insiderinformationen findet sich in dieser Vorschrift eine weitreichende Bestimmung des Geschäftsbereichs des Eigentümers von Emissionszertifikaten: Sie umfasst den Luftverkehr gem. Anhang I der RL 2003/87/EG sowie Anlagen i.S.v. Art. 3 lit. e dieser Richtlinie, die der betreffende Marktteilnehmer, dessen Mutterunternehmen oder ein verbundenes Unternehmen besitzt oder kontrolliert und für dessen betriebliche Angelegenheiten der Marktteilnehmer, dessen Mutterunternehmen oder ein verbundenes Unternehmen vollständig oder teilweise verantwortlich ist. Auch bei autonomer Auslegung ist unter dem Begriff „besitzt" die tatsächliche betriebliche Nutzung und unter dem Begriff „kontrollierte" der rechtlich vermittelte beherrschende Einfluss eines Unternehmens auf ein anderes zu verstehen, wobei auch hier entsprechend § 17 Abs. 2 AktG davon auszugehen ist, dass das Unternehmen, das über die Mehrheit der Stimmrechte an einem anderen Unternehmen verfügt, das Letztere beherrscht.

259 **In Bezug auf Anlagen** sind nach Art. 17 Abs. 2 Unterabs. 1 Satz 2 VO Nr. 596/2014 allerdings nur solche **Informationen** offenzulegen, die für deren **Kapazität und Nutzung** erheblich sind, darunter die geplante oder ungeplante Nichtverfügbarkeit dieser Anlagen. Damit ist gewährleistet, dass – wie es in Erwägungsgrund 51 Satz 4 VO Nr. 596/2014 heißt – die offenzulegende Information „die physischen Aktivitäten der weitergeben-

---

[1] Auch BaFin, Art. 17 Abs. 2 MAR – Emissionszertifikate (FAQs), S. 5.

den Partei und nicht deren eigene Pläne oder Strategien für den Handel von Emissionszertifikaten, darauf beruhenden Auktionsobjekten oder damit verbundenen derivativen Finanzinstrumenten betreffen". Da dies nicht nur für Anlagen, sondern auch für den **Luftverkehr** gilt, sind auch für diesen nur Informationen über „die physischen Aktivitäten" der dem Luftverkehr zuzurechnenden Teilnehmer am Markt für Emissionszertifikate in Bezug auf denselben offenlegungspflichtig. Kommen damit sowohl für Anlagen als auch den Luftverkehr Informationen über „nicht-physische Aktivitäten" nicht als veröffentlichungspflichtig in Betracht, ist es unerheblich, ob es im Hinblick auf die Offenlegungspflicht nach Art. 17 Abs. 2 Unterabs. 1 VO Nr. 596/2014 um Insiderinformationen handelt[1]. Zu den Maßnahmen oder Ereignissen **in Bezug auf Anlagen** eines Teilnehmers am Markt für Emissionszertifikate, die Insiderinformationen sein können, gehören **beispielsweise** „die teilweise Stilllegung oder endgültige Betriebsstilllegung von Anlagen, Investitionsentscheidungen im Hinblick auf die Errichtung neuer Anlagen, Änderungen in der Energieeffizienz von großen Anlagen etwa durch Entscheidung zur Modernisierung zur effizienteren Nutzung von Energie oder der Wechsel von Brennstoffen innerhalb einer Anlage."[2] Im Hinblick auf die **Luftverkehrstätigkeit** eines Teilnehmers am Markt für Emissionszertifikate können als veröffentlichungspflichtige Insiderinformationen **beispielsweise** „ein (teilweiser) Flottenausfall (Strecke, Flugzeug), eine Flottenaufstockung (Strecke, Flugzeug) oder ein Wechsel der Flugzeuge (z.B. in neue Modelle, die erheblich weniger CO2 emittieren) in Betracht kommen"[3].

259a Nach Auffassung der BaFin können darüber hinaus „grundsätzliche **Entscheidungen der Regulierungsbehörden**, z.B. im Hinblick auf die allgemeine Zulässigkeit verwendeter Brennstoffe, die kostenlose Zuteilungsquote oder andere strukturelle Reformen des Europäischen Emissionshandels (EU-ETS) als externe Faktoren zwar Insiderinformationen darstellen", sind „aber von den Teilnehmern am Markt für Emissionszertifikate nicht nach Art. 17 Abs. 2 VO Nr. 596/2014 zu veröffentlichen"[4]. Anders soll es sich mit **wesentlichen Kapazitätsverringerungen und (teilweise) Betriebseinstellungen**. Sie sind von Anlagenbetreibern, die eine kostenlose Zuteilung von Emissionsberechtigungen erhalten, der Deutschen Emissionshandelsstelle (DEHSt) nach § 22 Zuteilungsverordnung 2020 mitzuteilen und sind davon unabhängig als Insiderinformationen zu veröffentlichen, wobei schon die Absicht bzw. einzelne Handlungen zur Vornahme einer wesentlichen Kapazitätsverringerung oder (teilweisen) Betriebseinstellung nach Art. 17 Abs. 2 VO Nr. 596/2014 zu veröffentlichende Insiderinformationen darstellen können[5]. Die „zusätzliche Veröffentlichung der dadurch ggf. zu viel vor der Neuberechnung durch die DEHSt ausgegebenen Berechtigungen ist" dagegen nach beizupflichtender Auffassung der BaFin „nicht erforderlich, da diese an die DEHSt zurückgegeben werden müssen"[6]. Im Hinblick auf den **Inhalt der Veröffentlichung** betrachtet die BaFin sowohl den Geschäftsvorfall als solchen als auch das mit der betroffenen Kapazität verbundene Kohlendioxidäquivalent für veröffentlichungspflichtig[7]. Eine gesonderte Ausweisung des Kohlendioxidäquivalents soll dagegen unterbleiben können, wenn in der Ad-hoc-Mitteilung mindestens genaue Angaben zur Dauer des Geschäftsvorfalls, des betroffenen Betriebsstoffes und der dadurch bedingten Einschränkung (betroffene Kapazität) erfolgen.

260 Insiderinformationen in Bezug auf Emissionszertifikate, die nach vorstehenden Regeln nicht nach Art. 17 Abs. 1 Unterabs. 1 VO Nr. 596/2014 offenzulegen sind, können aber gleichwohl solche sein, die den Teilnehmer am Markt für Emissionszertifikate **als Emittenten unmittelbar betreffen**. Allerdings dürfte es sich hierbei um Informationen handeln, die in der Regel nicht geeignet sind, die Kurse der Finanzinstrumente des Emittenten erheblich zu beeinflussen. Darüber hinaus steht außer Frage, dass – wie es die Sorge von Erwägungsgrund 51 Satz 7 VO Nr. 596/2014 ist – Teilnehmer am Markt für Emissionszertifikate, die bestimmte Informationen nicht nach Art. 17 Abs. 1 Unterabs. 1 VO Nr. 596/2014 veröffentlichen müssen, „dessen ungeachtet in Bezug auf sämtliche anderen Insiderinformationen, zu denen sie Zugang haben, das Verbot von Insidergeschäften" zu beachten haben.

261 **3. Aufschub der Offenlegung (Art. 17 Abs. 4 VO Nr. 596/2014). a) Voraussetzungen des Aufschubs.** Wie ein Emittent kann auch ein Teilnehmer am Markt für Emissionszertifikate nach Art. 17 Abs. 4 Unterabs. 1 VO Nr. 596/2014 auf eigene Verantwortung die Offenlegung von Insiderinformationen für die Öffentlichkeit aufschieben[8]. Bezogen auf Letztere ist dies **zulässig, wenn** a) die unverzügliche Offenlegung geeignet wäre, die be-

---

1 Erwägungsgrund 51 Satz 6 VO Nr. 596/2014 sieht dies als Problem der Kurserheblichkeit solcher Informationen: „Da im Fall von Teilnehmern am Markt für Emissionszertifikate mit aggregierten Emissionen oder einer thermischen Nennleistung in Höhe oder unterhalb des festgelegten Schwellenwerts die Informationen über die physischen Aktivitäten dieser Teilnehmer als nicht maßgeblich für die Offenlegung betrachtet werden, sollte von diesen Informationen auch angenommen werden, dass sie keine erheblichen Auswirkungen auf die Preise der Emissionszertifikate und der darauf beruhenden Auktionsobjekte oder auf die damit verbundenen derivativen Finanzinstrumente haben".
2 *BaFin*, Art. 17 Abs. 2 MAR – Emissionszertifikate (FAQs), S. 2.
3 *BaFin*, Art. 17 Abs. 2 MAR – Emissionszertifikate (FAQs), S. 3.
4 *BaFin*, Art. 17 Abs. 2 MAR – Emissionszertifikate (FAQs), S. 3, Hervorhebung hinzugefügt.
5 *BaFin*, Art. 17 Abs. 2 MAR – Emissionszertifikate (FAQs), S. 3.
6 *BaFin*, Art. 17 Abs. 2 MAR – Emissionszertifikate (FAQs), S. 3.
7 Hierzu und zum folgenden *BaFin*, Art. 17 Abs. 2 MAR – Emissionszertifikate (FAQs), S. 5.
8 *BaFin*, Art. 17 Abs. 2 MAR – Emissionszertifikate (FAQs), S. 3.

rechtigten Interessen des Teilnehmers am Markt für Emissionszertifikate zu beeinträchtigen, b) die Aufschiebung der Offenlegung nicht geeignet wäre, die Öffentlichkeit irrezuführen, und c) der Teilnehmer am Markt für Emissionszertifikate die Geheimhaltung dieser Informationen sicherstellen kann. Diese Voraussetzungen für den Aufschub der Offenlegung von Insiderinformationen sind auch für den Aufschub der Veröffentlichung von Insiderinformationen in Bezug auf Emissionszertifikate durch Emittenten und Teilnehmer am Markt für Emissionszertifikate maßgeblich.

262　Dass die aufgrund von Art. 17 Abs. 11 VO Nr. 596/2014 ergangenen „MAR-Leitlinien Aufschub der Offenlegung von Insiderinformationen" des ESMA (Stand 20.10.2016) nicht auf den Aufschub der Offenlegungen von Insiderinformationen in Bezug auf Emissionszertifikate durch Teilnehmer am Markt für Emissionszertifikate anwendbar sind[1], ändert allerdings nichts daran, dass die Erläuterungen der **Aufschubverantwortlichkeiten** und **Aufschubvoraussetzungen** im Hinblick auf die Veröffentlichungspflichten von Emittenten auch hier entsprechend gelten, soweit sie nicht den Besonderheiten geschuldet sind, dass es sich bei den von einem Emittent offenzulegenden oder dem Offenlegungsaufschub zu unterstellenden Insiderinformationen um Informationen für den *Kapitalmarkt* statt wie hier um Informationen für den *Markt für Emissionszertifikate* handelt.

263　Das gilt in besonderem Maße für die Voraussetzung, dass die unverzügliche Offenlegung geeignet wäre, **die berechtigten Interessen** des Teilnehmers am Markt für Emissionszertifikate zu beeinträchtigen. Hierzu kann nur auf die allgemeinen Erläuterungen in Rz. 101 verwiesen werden, da sich die übrigen Ausführungen in Rz. 102 ff. und zu den Regelbeispielen in Rz. 108 ff. an den berechtigten Interessen eines Emittenten in Abwägung zu den Interessen des Kapitalmarkts ausrichten, wie sie auch Gegenstand der hierbei herangezogenen und nur auf Emittenten bezogenen Bestimmungen des § 6 WpAV und der (aufgrund des Auftrags und der Ermächtigung in Art. 17 Abs. 11 VO Nr. 596/2014 erstellten) Leitlinien „MAR-Leitlinien – Aufschub der Offenlegung" der ESMA[2] sind. Soweit dies nicht der Fall ist, kann auch auf die Ausführungen zu Rz. 106 verwiesen werden, in der als **Regel** – und auf Teilnehmer am Markt für Emissionszertifikate übertragbar – festgehalten wird, ein berechtigtes Interesse am Aufschub der Offenlegung einer Insiderinformationen sei dann anzunehmen, wenn mit überwiegender Wahrscheinlichkeit („eher als nicht") die Veröffentlichung *einerseits* den Erfolg, den Eintritt oder die Durchführbarkeit des Ereignisses, auf das sich die Insiderinformation bezieht, gefährden oder *andererseits* den Eintritt bzw. die Herbeiführung von für den Emittenten negativer, aber durch geeignete Maßnahmen abwendbarer konkreter Ereignisse bzw. Umstände herbeiführen würde und dem Emittenten daraus ein nicht unerheblicher Nachteil entstünde. Auch ein Teilnehmer am Markt für Emissionszertifikate kann danach seine für Angebot und Nachfrage nach und den Preis von Emissionszertifikaten relevanten „physischen Aktivitäten" in Bezug auf Anlagen sowie den Luftverkehr und seine Einrichtungen – etwa Maßnahmen oder Ereignisse in Bezug auf die Kapazität und Nutzung derselben, einschließlich der geplanten oder ungeplanten Nichtverfügbarkeit (Art. 17 Abs. 2 Unterabs. 1 Satz 2 VO Nr. 596/2014) – aufschieben, wenn die Offenlegung diesbezüglicher Informationen deren Erfolg gefährden und dem Teilnehmer Schaden zufügen würde, der über die mögliche Verteuerung dazu benötigter Emissionszertifikate hinausgeht. Auch in Bezug auf die Interessen der Teilnehmer am Markt für Emissionszertifikate gilt, dass diese nur berechtigt sind, wenn sie in einer **Abwägung** mit den Interessen des Markts für Emissionszertifikate und seiner Teilnehmer diese überwiegen. Die diesbezüglichen Ausführungen zur Interessenabwägung in Bezug auf den Informationsaufschub durch Emittenten in Rz. 120 f. gelten hier entsprechend.

264　Ebenso verhält es sich mit den Erläuterungen in Rz. 122 ff. zu der Voraussetzung, die Aufschiebung der Offenlegung dürfe **nicht geeignet sein, die Öffentlichkeit irrezuführen**. Auch sie bauen überwiegend auf dem Verhältnis von Emittent und Kapitalmarkt und den Besonderheiten von kapitalmarktrelevanter Insiderinformationen auf. Eine Ausnahme davon stellen die Feststellungen in Rz. 122 dar, für die Beurteilung der Frage, ob eine Irreführung zu befürchten ist, sei eine *Ex-ante*-Betrachtung erforderlich, und eine Irreführung sei nicht bereits darin zu sehen, dass wegen des Aufschubs der Veröffentlichung der Insiderinformation ein Informationsungleichgewicht, das heißt ein Informationsdefizit der Marktteilnehmer entstehe, denen die Information durch den Aufschub vorenthalten wird. Die Bedeutung dieser Voraussetzung zur Differenzierung zwischen Fällen eines zulässigen von denjenigen eines unzulässigen Aufschubs dürfte hier noch geringer sein als in Bezug auf den Veröffentlichungsaufschub durch Emittenten.

265　Dagegen gelten die Ausführungen zu den Merkmalen des **Aufschubs auf eigene Verantwortung**, zu den **Zuständigkeiten für den Aufschub** und zum **Zeitraum des Aufschubs** in Rz. 89 ff. entsprechend auch für die Verhältnisse der Teilnehmer am Markt für Emissionszertifikate. Da es sich bei diesen nicht zwingend um eine AG oder KGaA handeln muss, lässt sich allgemein sagen, dass die Kompetenz zur Entscheidung über einen Aufschub der Offenlegung von Insiderinformationen generell bei der Geschäftsführung des Unternehmens liegt, aber auch hier delegierbar ist, solange an der Entscheidung ein Mitglied der Geschäftsführung beteiligt ist. Darüber hinaus kann auch zum Erfordernis, der Teilnehmer am Markt für Emissionszertifikate müsse die **Geheimhaltung** der hinsichtlich ihrer Veröffentlichung aufgeschobenen Insiderinformationen sicherstellen können, auf die entsprechenden Erläuterungen zum Aufschub durch Emittenten in Rz. 125 ff. verwiesen werden.

---

[1] *BaFin*, Art. 17 Abs. 2 MAR – Emissionszertifikate (FAQs), S. 4.
[2] *ESMA*, MAR-Leitlinien – Aufschub der Offenlegung, s. Schrifttum zu Art. 17 VO Nr. 596/2014.

Die Regelung des Art. 17 Abs. 4 Unterabs. 2 VO Nr. 596/2014, die nicht mehr als klarstellt, im Falle eines **zeit-** 266 **lich gestreckten Vorgangs**, der aus mehreren Schritten besteht und einen bestimmten Umstand oder ein bestimmtes Ereignis herbeiführen soll oder hervorbringt, könne unter den Voraussetzungen Art. 17 Abs. 4 Unterabs. 1 VO Nr. 596/2014 die Offenlegung von Insiderinformationen zu jedem einzelnen dieser Schritte aufgeschoben werden, gilt gleichermaßen für Emittenten und Teilnehmer am Markt für Emissionszertifikate. Deshalb kann die Erläuterung zu dieser Bestimmung im Zusammenhang mit Emittentenpflichten in Rz. 130 verwiesen werden.

b) Wegfall des Aufschubs und Offenlegung der Insiderinformationen. Wie § 7 Nr. 1 WpAV zu entnehmen 267 ist, ist der Fortbestand der Gründe, die für die Befreiung maßgeblich waren, **regelmäßig zu überprüfen** (Rz. 135 ff.). Der **Aufschub** für die Veröffentlichung einer Insiderinformation nach Art. 17 Abs. 4 Abs. 1 Unterabs. 1 und Abs. 5 VO Nr. 596/2014 ist **solange zulässig**, wie die Gründe für die Befreiung gegeben sind (Rz. 136). Entfällt einer der Aufschubgründe, muss der Teilnehmer am Markt für Emissionszertifikate die Insiderinformation so schnell wie möglich offenlegen und die zuständige Behörde nach Art. 17 Abs. 4 Unterabs. 3 Satz 1 VO Nr. 596/2014 unmittelbar nach der Offenlegung der Informationen **über den Aufschub der Offenlegung informieren**[1]. Dabei ist schriftlich zu erläutern, inwieweit die in Art. 17 Abs. 4 Unterabs. 1 VO Nr. 596/2014 genannten Voraussetzungen erfüllt waren. Eine Pflicht zur **Vorabmitteilung** der Veröffentlichung nebst Mitteilung der Aufschubgründe gegenüber der BaFin besteht nicht.

Dass Art. 17 VO Nr. 596/2014 keine Bestimmung enthält, die den Teilnehmer am Markt für Emissionszertifika- 268 te, der die **Veröffentlichung** offenzulegender Insiderinformationen aufgeschoben hat, nach Wegfall der Aufschubgründe *explizit* verpflichtet, diese fraglichen Insiderinformationen unverzüglich offenzulegen, ist ein Mangel der Vorschrift. Unverständlich ist vor allem, weshalb Art. 17 Abs. 1 Unterabs. 1 VO Nr. 596/2014 über die Offenlegungspflicht für den Fall, dass die Vertraulichkeit der fraglichen Insiderinformationen nicht mehr gewährleistet ist, neben dem **Emittenten** als Pflichtenadressat nicht auch den **Teilnehmer am Markt für Emissionszertifikate** nennt. Das kann indes nicht so verstanden werden, als seien Teilnehmer am Markt für Emissionszertifikate nicht verpflichtet, Insiderinformationen, deren Offenlegung Gegenstand des Aufschubs nach Art. 17 Abs. 4 Unterabs. 1 VO Nr. 596/2014 war, nach Wegfall der Aufschubvoraussetzungen offenzulegen, geht doch die Mitteilungspflicht an die zuständige Behörde nach Art. 17 Abs. 4 Unterabs. 3 Satz 1 VO Nr. 596/ 2014 von einer vorhergehenden Offenlegung aus. Diesbezüglich darf davon ausgegangen werden, dass hiermit nicht nur eine Offenlegung gemeint ist, die der Teilnehmer am Markt für Emissionszertifikate ohne diesbezügliche Verpflichtung und ohne Einhaltung der vorgeschriebenen Art und Weise der Veröffentlichung einer Insiderinformation vorgenommen hat. Dementsprechend hat die Offenlegung der Insiderinformationen nach Wegfall eines der Aufschubgründe entsprechend Art. 17 Abs. 4 Unterabs. 1 VO Nr. 596/2014 **so schnell wie möglich** (Rz. 139), das ist gleichbedeutend mit unverzüglich (dazu Rz. 63 ff.), zu erfolgen. Auch die BaFin hegt hieran keinen Zweifel und geht davon aus, dass „Art. 17 Abs. 7 VO Nr. 596/2014 ... auch auf Teilnehmer am Markt für Emissionszertifikate Anwendung" findet[2]. Deshalb müsse der Emittent die Öffentlichkeit so schnell wie möglich informieren, wenn bei einem Aufschub die Vertraulichkeit der Insiderinformation nicht mehr gewährleistet sei. Eine Veröffentlichungspflicht bestehe auch bei ausreichend präzisen Gerüchten und der daraus folgenden Vermutung, dass die Vertraulichkeit der Insiderinformation nicht mehr gewährleistet sei, gleich, bei wem die Vertraulichkeitslücke liege.

Die Bestimmungen des **Art. 17 Abs. 4 Unterabs. 3 Satz 1 VO Nr. 596/2014** über die unmittelbar nach Offenle- 269 gung vorzunehmende **Information** der zuständigen Behörde über den Aufschub der Offenlegung und die **Erläuterung** der Aufschubgründe entsprechen denjenigen in Bezug auf die Pflichten des Emittenten. Die diesbezüglichen Ausführungen in Rz. 143 ff. – namentlich zu den Bestimmungen in **Art. 4 DurchfVO 2016/1055** (Rz. 16; der Text ist im Anschluss an den Text von Art. 17 VO Nr. 596/2014 wiedergegeben), der sich ausdrücklich an Emittenten und Teilnehmer am Markt für Emissionszertifikate wendet, und der ebenfalls gleichermaßen auf die Vorgenannten anwendbare auf **§ 7 WpAV** – gelten deshalb für die Pflichten der Teilnehmer am Markt für Emissionszertifikate entsprechend[3]. Gleiches gilt für den in Rz. 150 f. behandelten Wegfall einer Insiderinformation während des Aufschubs der Offenlegung derselben. Die nach Art. 6 Abs. 3 DelVO 2016/522 zu bestimmende **zuständige Behörde** ist für Teilnehmer am Markt für Emissionszertifikate die Behörde des Mitgliedstaates, in dem der Teilnehmer registriert ist. Für in Deutschland registrierte Teilnehmer ist die BaFin für die Entgegennahme der Begründung zuständig. Nach deren Verlautbarung sind Befreiungsentscheidungen unverzüglich nach Veröffentlichung der Insiderinformation mittels Fax an die Rufnummer +49 228 4108 200 (Adhoc-Fax) zu übersenden[4].

---

1 *BaFin*, Art. 17 Abs. 2 MAR – Emissionszertifikate (FAQs), S. 4.
2 Auch zum Folgenden *BaFin*, Art. 17 Abs. 2 MAR – Emissionszertifikate (FAQs), S. 4.
3 *BaFin*, Art. 17 Abs. 2 MAR – Emissionszertifikate (FAQs), S. 4: „Hinsichtlich der Information der zuständigen Behörde über einen etwaigen Aufschub haben auch Teilnehmer am Markt für Emissionszertifikate die Anforderungen des Art. 4 der DVO 2016/1055 zu beachten (Abs. 1: vorzuhaltende Informationen; Abs. 2: schriftliche Information über Erläuterung des Aufschubs gegenüber Behörde; Abs. 3: Pflichtinformationen in Mitteilung)".
4 *BaFin*, Art. 17 Abs. 2 MAR – Emissionszertifikate (FAQs), S. 4.

270 **4. Veröffentlichung von Insiderinformationen.** Für die Veröffentlichung von Insiderinformationen durch einen Teilnehmer am Markt für Emissionszertifikate – sei es eine originäre nach Art. 17 Abs. 2 Unterabs. 1 VO Nr. 596/2014 oder eine solche nach dem Aufschub der Veröffentlichung i.S.v. Art. 17 Abs. 4 Unterabs. 3 Satz 1, Abs. 7 Unterabs. 1 VO Nr. 596/2014 – gelten im Hinblick auf Inhalt und Form weitgehend, aber nicht durchgehend gleiche Bestimmungen wie für Emittenten.

271 a) **Veröffentlichung von Insiderinformationen nach Art. 17 Abs. 2 Unterabs. 1 Satz 1 VO Nr. 596/2014.** Teilnehmer am Markt für Emissionszertifikate müssen offenzulegende Insiderinformationen (Rz. 258 ff.) nach Art. 17 Abs. 2 VO Nr. 596/2014 **öffentlich, wirksam und rechtzeitig bekannt geben**. Mit dieser Formulierung wird auf eine ähnliche Formulierung zurückgegriffen, die Art. 17 Abs. 1 Unterabs. 2 Satz 1 im VO Nr. 596/2014 im Hinblick auf die Anforderungen an die Art und Weise der nach Art. 17 Abs. 1 Unterabs. 1 VO Nr. 596/2014 unverzüglich vorzunehmenden Veröffentlichung gebraucht (Rz. 152)[1]. Da Art. 17 Abs. 2 VO Nr. 596/2014 für den **Zeitpunkt** der von Teilnehmern am Markt für Emissionszertifikate vorzunehmenden Veröffentlichung darüber hinaus aber keine Vorgaben enthält, und nicht erkennbar ist, welch andere als eine **unverzügliche Bekanntgabe** nach den Vorstellungen des Verordnungsgebers eine „rechtzeitige Bewertung" (i.S.v. Art. 17 Abs. 1 Unterabs. 2 Satz 1 VO Nr. 596/2014) oder rechtzeitige Bekanntgabe (i.S.v. Art. 17 Abs. 2 Unterabs. 1 Satz 1 VO Nr. 596/2014) sein soll, hat auch die Offenlegung von Insiderinformationen in Bezug auf ihm gehörende Emissionszertifikate nach Maßgabe der entsprechenden Regeln in Bezug auf die Veröffentlichung von Insiderinformationen nach Art. 17 Abs. 1 Unterabs. 2 Satz 1 im VO Nr. 596/2014 unverzüglich – dazu Rz. 63 ff., 152, 174 – zu erfolgen. Jedenfalls ist nicht erkennbar, warum im Hinblick auf die Verhinderung von Insidergeschäften und die Information der Teilnehmer am Markt für Emissionszertifikate andere Anforderungen gestellt sein sollten als sie für Emittenten in Gestalt von deren Verpflichtung zur unverzüglichen Veröffentlichung von Insiderinformationen.

272 Wenn Art. 17 Abs. 2 Unterabs. 1 Satz 1 VO Nr. 596/2014 verlangt, die Bekanntgabe habe **öffentlich und wirksam** zu erfolgen, so geschieht dies – wie in Bezug auf die veröffentlichungspflichten von Emittenten – auch hier, indem die speziellen Bestimmungen eingehalten werden, die **den Inhalt sowie die Art und Weise der Veröffentlichung** nach Art. 17 Abs. 2 Unterabs. 1 Satz 1 VO Nr. 596/2014 zum Gegenstand haben und weitgehend mit denen für Emittenten entsprechen.

273 Zu **Inhalt, Form und Stil** der Veröffentlichung sind die Bestimmungen in § 4 Abs. 1 WpAV zu beachten. Sie sind in Rz. 154 wiedergegeben.

274 Für die **Sprache der Veröffentlichung** fehlen Regelungen in Art. 17 VO Nr. 596/2014 und der DurchfVO 2016/1055 (Rz. 16), jedoch bestimmt § 3b Abs. 6 WpAV über die „Sprache der Veröffentlichung", dass die in seinen Abs. 1–5 zu findenden Vorschriften „für Veröffentlichungen nach Art. 17 Abs. 1, 2 und 6 bis 9 [VO Nr. 596/2014]" entsprechend gelten sollen. Dabei wird verkannt, dass es sich bei § 3b Abs. 1–5 WpAV um ausschließlich emittentenbezogene Sprachregelungen handelt, die auf die Teilnehmer am Markt für Emissionszertifikate nicht passen. Den Verhältnissen am Markt für Emissionszertifikate – bei dem es sich um einen europäischen Markt handelt, bei dem aber im Hinblick auf seine Teilnehmer am Sitz des jeweiligen Teilnehmers anzuknüpfen ist – noch am nächsten kommt dabei die Regelung in § 3b Abs. 2 Satz 2 WpAV (zu dieser Bestimmung s. Rz. 169). Sie knüpft im Ausgangspunkt an den Sitz des fraglichen Unternehmens an und trägt dem Umstand Rechnung, dass seine Finanzinstrumente in mehreren Mitgliedstaaten gehandelt werden. Für diesen Fall ordnet sie an, dass „die Information in deutscher oder englischer Sprache und nach Wahl des Emittenten in einer Sprache, die von den zuständigen Behörden der betreffenden Mitgliedstaaten der Europäischen Union oder der betreffenden Vertragsstaaten des Abkommens über den Europäischen Wirtschaftsraum akzeptiert wird, oder in englischer Sprache zu veröffentlichen" ist.

275 Die **Herbeiführung und der Vorgang der Veröffentlichung** in Gestalt der hierbei einzusetzenden **technischen Mittel** der von einem Teilnehmer am Markt für Emissionszertifikate zu veröffentlichenden Insiderinformationen richtet sich an den gleichen Vorschriften wie sie für Emittenten gelten, d.h. nach Art. 2 DurchfVO 2016/1055 (Rz. 16) und den Bestimmungen in § 3a Abs. 1–5 WpAV, soweit sie diejenigen der erstgenannten Vorschrift ergänzen von ergänzen. Die diesbezüglichen Ausführungen zu den **Medien der Veröffentlichung** in Rz. 185 ff. gelten entsprechend. Zur Veröffentlichung der Insiderinformationen auf ihrer **Website** sind Teilnehmer am Markt für Emissionszertifikate – anders als Emittenten (Rz. 190) nicht verpflichtet.

276 Erwägungsgrund 51 Satz 5 VO Nr. 596/2014 geht auf den Umstand ein, dass Teilnehmer am Markt für Emissionszertifikate – namentlich Unternehmen der Energiewirtschaft – bereits nach Art. 4 **VO Nr. 1227/2011 (REMIT) vom 25.10.2011 über die Integrität und Transparenz des Energiegroßhandels**[2] wegen der gleichen Insiderinformationen, die nach Art. 17 Abs. 2 VO Nr. 596/2014 zu veröffentlichen sind, einer entsprechenden

---

1 Auch in Art. 4 Abs. 1 Satz 2 VO Nr. 1227/2011 (ABl. EU Nr. L 326 v. 8.12.2011, S. 1), der eine Verpflichtung zur Veröffentlichung von Insiderinformationen über Energiegroßhandelsprodukte enthält (dazu näher Rz. 276), ist – ohne weitere Konkretisierung – von der Verpflichtung die Rede, die Insiderinformationen „rechtzeitig" bekannt zu geben.
2 ABl. EU Nr. L 326 v. 8.12.2011, S. 1.

Ad-hoc-Mitteilungspflicht unterliegen. Vor diesem Hintergrund wird zu erwägen gegeben: „Soweit die Teilnehmer am Markt für Emissionszertifikate, insbesondere gemäß der Verordnung (EU) Nr. 1227/2011, bereits gleichwertige Anforderungen zur Offenlegung von Insiderinformationen erfüllen, sollte die Pflicht zur Offenlegung von Insiderinformationen in Bezug auf Emissionszertifikate nicht dazu führen, dass mehrfach obligatorische Meldungen mit im Wesentlichen gleichem Inhalt gemacht werden müssen". Dem hat **Art. 2 Abs. 2 DurchfVO 2016/1055** (Rz. 16) in der Weise Rechnung getragen, dass er Teilnehmern am Markt für Emissionszertifikate, die gem. Art. 4 VO Nr. 1227/2011 zur Veröffentlichung von Insiderinformationen verpflichtet sind, die Möglichkeit eröffnet, die zum Zweck der Bekanntgabe von Insiderinformationen in dieser vorgesehenen **technischen Mittel zur Offenlegung von Insiderinformationen** für eine nach Art. 17 Abs. 2 VO Nr. 596/2014 vorzunehmende Veröffentlichung zu nutzen, sofern die offenzulegenden Insiderinformationen im Wesentlichen den gleichen Inhalt haben und die für die Offenlegung verwendeten technischen Mittel gewährleisten, dass die Insiderinformationen an die einschlägigen Medien übermittelt werden. Bei den nach Art. 4 VO Nr. 1227/2011 offenzulegenden Insiderinformationen handelt es sich nach Art. 2 Nr. 1 VO Nr. 1227/2011 um solche, die direkt oder indirekt ein oder mehrere Energiegroßhandelsprodukte – nach Art. 2 Nr. 4 dieser Verordnung sind dies Verträge für die Versorgung mit Strom oder Erdgas, deren Lieferung in der Union erfolgt, und Verträge, die den Transport von Strom oder Erdgas in der Union betreffen, sowie Derivate zu diesen Vertragsgegenständen – betreffen und für den Fall ihres öffentlichen Bekanntwerdens, die Preise dieser Energiegroßhandelsprodukte wahrscheinlich erheblich beeinflussen würden. Bei Unternehmen der Energiewirtschaft liegt es auf der Hand, dass bestimmte Maßnahmen oder Vorhaben gleichermaßen Insiderinformationen in Bezug auf die vorgenannten Verträge[1] und solche in Bezug auf Emissionszertifikate sein können. Sind die angeführten Voraussetzungen gegeben, können die Teilnehmer am Markt für Emissionszertifikate „lediglich eine Veröffentlichung nach REMIT vornehmen, vorausgesetzt, die Information wird mithilfe einer Plattform für die Bekanntgabe von Insiderinformationen bekannt gegeben, sofern die Insiderinformationen den einschlägigen Medien mitgeteilt wird. Hierzu gehören etwa Nachrichtenagenturen, die europaweit verbreitet sind. Umgekehrt erfüllen Veröffentlichungen nach MAR stets auch die Anforderungen nach REMIT. Eine Veröffentlichung allein über die Website genügt den Anforderungen nach MAR nicht ... Sollte keine Deckungsgleichheit bestehen, kann Art. 2 Abs. 2 der DVO 2016/1055 nicht in Anspruch genommen werden."[2] In der Veröffentlichung nach Art. 4 Abs. 1 VO Nr. 1227/2011 (REMIT) ist zudem deutlich zu machen, dass es sich zusätzlich zu dieser um eine Veröffentlichung gem. Art. 17 Abs. 2 VO Nr. 596/2014 handelt[3]. Für die effektive und rechtzeitige Veröffentlichung von Insiderinformationen nach Art. 4 Abs. 1 VO Nr. 1227/2011 ist auf das entsprechende Merkblatt der Bundesnetzagentur zu verweisen[4].

Darüber hinaus unterliegen auch Teilnehmer am Markt für Emissionszertifikate – wie Emittenten – gewissen, der Veröffentlichungspflicht **komplementären Verpflichtungen und Verantwortlichkeiten** in Bezug auf die Veröffentlichung nach Art. 17 Abs. 2 Unterabs. 1 VO Nr. 596/2014. Zu diesen gehören durch entsprechende Anforderung der Behörde ausgelöste **Mitteilungspflichten gegenüber der BaFin** nach § 3a Abs. 2 WpAV, deren Erfüllung die Dokumentation der mitzuteilenden Umstände impliziert (Rz. 194). Wie Emittenten (Rz. 195) können auch Teilnehmer am Markt für Emissionszertifikate die für eine Veröffentlichung erforderlichen **Maßnahmen auf Dritte delegieren**, bleiben für deren ordnungsgemäße Vornahme aber nach § 3 Abs. 4 WpAV verantwortlich. Schließlich muss auch ein Teilnehmer am Markt für Emissionszertifikate Art. 2 Abs. 1 Unterabs. 2 DurchfVO 2016/1055 (Rz. 16) für die „Vollständigkeit, Integrität und Vertraulichkeit" der **Zuleitung von Insiderinformationen an die Medien** sorgen, die die Insiderinformationen veröffentlichen sollen, „indem ein eventueller Ausfall oder eine eventuelle Unterbrechung der Übermittlung der Insiderinformationen unverzüglich behoben wird" (näher Rz. 196). Eine Art. 17 Abs. 1 Unterabs. 2 Satz 2 VO Nr. 596/2014 vergleichbare Regelung, nach der ein Emittent die Veröffentlichung von Insiderinformationen nicht mit der **Vermarktung seiner Tätigkeiten** verbinden darf, findet sich für Veröffentlichungen nach Art. 17 Abs. 2 Unterabs. 1 VO Nr. 596/2014 durch Teilnehmer am Markt für Emissionszertifikate nicht.

277

Zu einer **Vorabmitteilung** der zu veröffentlichenden Insiderinformationen an die zuständige Behörde ist ein Teilnehmer am Markt für Emissionszertifikate – anders als ein Emittent (Rz. 178) – nicht verpflichtet.

278

---

1 Art. 4 Abs. 1 Satz 2 VO Nr. 1227/2011 nennt Informationen über die Kapazität und die Nutzung von Anlagen zur Erzeugung und Speicherung, zum Verbrauch oder zur Übertragung/Fernleitung von Strom oder Erdgas bzw. Informationen, die die Kapazität und die Nutzung von Flüssiggasanlagen, einschließlich der geplanten oder ungeplanten Nichtverfügbarkeit dieser Anlagen, betreffen, und erstreckt die zu veröffentlichenden Insiderinformationen – vergleichbar Art. 17 Abs. 2 Unterabs. 1 Satz 1 VO Nr. 596/2014 – auf solche „in Bezug auf das Unternehmen oder auf Anlagen, die sich im Eigentum des betreffenden Marktteilnehmers oder seines Mutterunternehmens oder eines verbundenen Unternehmens befinden oder von diesem kontrolliert werden oder für deren betriebliche Angelegenheiten dieser Marktteilnehmer oder dieses Unternehmen ganz oder teilweise verantwortlich ist".
2 *BaFin*, Art. 17 Abs. 2 MAR – Emissionszertifikate (FAQs), S. 6.
3 Auch *BaFin*, Art. 17 Abs. 2 MAR – Emissionszertifikate (FAQs), S. 6 („sollte deutlich gemacht werden ...").
4 *Bundesnetzagentur*, Merkblatt 1 – Effektive und rechtzeitige Veröffentlichung von Insider-Informationen gemäß Art. 4 Abs. 1 REMIT (Verordnung (EU) Nr. 1227/2011), Stand 22.7.2014, abrufbar unter https://remit.bundesnetzagentur.de/REMIT/DE/Informationen/Dokumente/Merkblaetter/start.html.

279 **b) Veröffentlichung nach Aufschub (Art. 17 Abs. 4 Unterabs. 3 und Abs. 7 VO Nr. 596/2014).** Wie ein Emittent (Rz. 207) muss ein Teilnehmer am Markt für Emissionszertifikate die Insiderinformationen, deren Veröffentlichung er nach Art. 17 Abs. 4 Unterabs. 1 VO Nr. 596/2014 aufgeschoben hat, nachholen, wenn die Aufschubgründe weggefallen sind (Rz. 268), und hat darüber hinaus nach Art. 17 Abs. 4 Unterabs. 3 Satz 1 VO Nr. 596/2014 die zuständige Behörde über den Aufschub der Offenlegung zu informieren und schriftlich zu erläutern, inwieweit die in diesem Absatz festgelegten Bedingungen erfüllt waren (dazu Rz. 267 ff.). Im Hinblick auf die Veröffentlichung der Insiderinformationen nach Aufschub von deren Offenlegung sind die gleichen Vorschriften zu beachten wie bei der Veröffentlichung von Insiderinformationen ohne Aufschub (Rz. 271 ff.).

280 Wenn während des Aufschubs nach Art. 17 Abs. 4 Unterabs. 1 VO Nr. 596/2014 eine **Insiderinformation ihre Eigenschaft als Insiderinformation verloren** hat, muss die Veröffentlichung der ursprünglichen Insiderinformation unterbleiben (Rz. 150). Allerdings kann der Grund, der einer Information die Eigenschaft als Insiderinformation nimmt, zugleich Gegenstand einer neuen Insiderinformation und wie eine solche zu veröffentlichen sein (Rz. 151).

281 **c) Aktualisierung und Berichtigung von Veröffentlichungen.** § 4 Abs. 2 bzw. Abs. 4 und § 8 Abs. 2 WpAV, die nicht nur für Emittenten, sondern auch für Teilnehmer am Markt für Emissionszertifikate gelten, wird die Pflicht zur Aktualisierung bzw. Berichtigung einer Insiderinformation entnommen (Rz. 198 f. bzw. Rz. 202 f.).

282 § 4 Abs. 2 WpAV geht im Hinblick auf Teilnehmer am Markt für Emissionszertifikate davon aus, dass bei erheblichen Veränderung einer bereits veröffentlichten Insiderinformation erneut eine Veröffentlichung nach Art. 17 Abs. 2 Unterabs. 1 Satz 1 VO Nr. 596/2014 zu erfolgen hat (dazu Rz. 198 f.) und schreibt den **Inhalt der Aktualisierung** vor. Die Bestimmung ist in Rz. 201 wiedergegeben. Zur **Veröffentlichung** der Aktualisierung ist auf die Ausführungen in Rz. 271 ff. zu verweisen.

283 § 4 Abs. 3 WpAV bezieht sich nur auf den **Inhalt der Berichtigung** einer Veröffentlichung von Insiderinformationen nach Art. 17 Abs. 2 Unterabs. 1 Satz 1 VO Nr. 596/2014, doch wird dieser Vorschrift, zusammen mit der in § 8 Abs. 2 WpAV für den Fall einer Berichtigung enthaltenen Regelungen, entnommen, dass unrichtige Veröffentlichungen im Wege einer neuen Veröffentlichung nach Art. 17 Abs. 2 Unterabs. 1 Satz 1 VO Nr. 596/ 2014 zu berichtigen sind. Zum **Gegenstand der Berichtigung** – unwahre Informationen in Veröffentlichungen von Insiderinformationen – und zur **Veröffentlichung** der Aktualisierung ist auf die Ausführungen zu Rz. 203 bzw. Rz. 271 ff. zu verweisen. Die in § 8 Abs. 2 WpAV in Bezug genommene Regelung des § 26 Abs. 1 WpHG ist zwar auf Veröffentlichungen von Teilnehmern am Markt für Emissionszertifikate nicht anwendbar, doch lässt sich aus der Vorschrift schließen, dass in die Berichtigung der Veröffentlichung von Insiderinformationen **keine zusätzlichen Gründe** für die Berichtigung aufzunehmen sind.

284 **d) Veröffentlichungspflicht bei berechtigter Weitergabe von Insiderinformationen (Art. 17 Abs. 8 VO Nr. 596/2014).** Zur Pflicht eines Teilnehmers am Markt für Emissionszertifikate zur Veröffentlichung von Insiderinformationen, die berechtigterweise weitergegeben wurden, nach Art. 17 Abs. 8 VO Nr. 596/2014 s. die Ausführungen im Folgenden (Rz. 285 ff.).

285 **IV. Veröffentlichungspflicht bei berechtigter Weitergabe von Insiderinformationen gegenüber Dritten (Art. 17 Abs. 8 VO Nr. 596/2014).** Art. 17 Abs. 8 VO Nr. 596/2014 begründet eine Veröffentlichungspflicht eines Emittenten oder ein Teilnehmer am Markt für Emissionszertifikate oder eine in deren Auftrag oder für deren Rechnung handelnde Person für den Fall einer **berechtigten Weitergabe** von Insiderinformationen durch einen Emittenten oder einen Teilnehmer am Markt für Emissionszertifikate oder eine in deren Auftrag oder für deren Rechnung handelnde Person **gegenüber einem Dritten** im Zuge von deren normaler Ausübung ihrer Arbeit oder ihres Berufs oder der normalen Erfüllung ihrer Aufgabe gem. Art. 10 Abs. 1 VO Nr. 596/2014 (Art. 10 VO Nr. 596/2014 Rz. 17 ff.). Die Vorschrift findet mithin auf den Fall der unberechtigten Weitergabe von Insiderinformationen keine Anwendung[1]. Mit der Bestimmung wird die Berechtigung der Weitergabe vorausgesetzt, nicht begründet[2]. Art. 17 Abs. 8 VO Nr. 596/2014 tritt an die Stelle der Vorschriften in § 15 Abs. 1 Satz 4 und Satz 5 WpHG a.F., durch die seinerzeit Art. 6 Abs. 3 RL 2003/6/EG vom 28.1.2003 (Rz. 15) umgesetzt wurde. Beide erstgenannten Vorschriften dienen bzw. dienten der Verwirklichung der **informationellen Chancengleichheit** der Marktteilnehmer, indem sie gewährleisten, dass Dritte von Insiderinformationen grundsätzlich nicht zu einem früheren Zeitpunkt als die Öffentlichkeit erfahren. **Dritter** ist, wie es in der Bestimmung des § 15 Abs. 1 Satz 4 WpHG a.F. schon im Wortlaut zum Ausdruck kam („Wer als Emittent oder

---

1 Ganz h.M., etwa *Bachmann* in FS Schwark, S. 331, 341; *Buck-Heeb*, Kapitalmarktrecht, Rz. 505; *Eichner*, S. 123 f.; *Leuering*, NZG 2005, 12, 14; *Pfüller* in Fuchs, § 15 WpHG Rz. 363; *Sönke Schröder*, S. 155 f. (unter Zurückweisung des Arguments, dies führe zu einer „Privilegierung" des unbefugt Weitergebenden); *Schwintek*, S. 36; *Simon*, Der Konzern 2005, 13, 18; *Versteegen* in KölnKomm. WpHG, 1. Aufl. 2007, § 15 WpHG Rz. 223; *Zimmer/Kruse* in Schwark/Zimmer, § 15 WpHG Rz. 87. Implizit auch *Veil/Brüggemeier* in Meyer/Veil/Rönnau, Handbuch zum Marktmissbrauchsrecht, § 10 Rz. 184, 190. A.A., aber mit unschlüssiger Argumentation und ohne Nachweis einer planwidrigen Regelungslücke, *Klöhn*, WM 2010, 1869, 1880 f.; *Klöhn* in Klöhn, WpHG, § 15 WpHG Rz. 379 (analoge Anwendung); *Klöhn* in Klöhn, Art. 17 MAR Rz. 480 f. (Rz. 480: analoge Anwendung).
2 *Grundmann* in Staub, Bd. 11/1, 5. Aufl. 2017, 6. Teil Rz. 190.

als eine Person, die in dessen Auftrag oder auf dessen Rechnung handelt, im Rahmen seiner Befugnis *einem anderen* Insiderinformationen mitteilt oder zugänglich macht", Hervorhebung hinzugefügt), jede andere Person als die Insiderinformationen weitergebende Person[1].

Adressaten der Verpflichtung zur Veröffentlichung einer Insiderinformation nach Art. 17 Abs. 1 Unterabs. 1, Abs. 7 VO Nr. 596/2014 sind ausschließlich Emittenten und Teilnehmer am Markt für Emissionszertifikate[2]. Nach Art. 17 Abs. 8 Satz 1 VO Nr. 596/2014 sind jedoch nicht nur diese, sondern auch die in deren Auftrag oder für ihre Rechnung handelnden Personen zur Veröffentlichung verpflichtet. Das ist der entgleisten sprachlichen Fassung von Art. 17 Abs. 8 VO Nr. 596/2014 nicht ohne weiteres zu entnehmen, spricht sie doch davon, „er" habe die weitergegebene Information vollständig und wirksam zu veröffentlichen. Das Personalpronomen „er" passt fraglos auf den Emittenten und den Teilnehmer am Markt für Emissionszertifikate, aber nur schwerlich auf die in deren Auftrag oder für ihre Rechnung handelnde Person. Gleichwohl ist nach Sinn und Zweck der Vorschrift auch eine Veröffentlichung der weitergegebenen Insiderinformationen durch diese Person als gewollt anzusehen, wie es sich aus der sprachlichen Fassung von § 15 Abs. 1 Sätze 4 und 5 WpHG a.F., an deren Stelle Art. 17 Abs. 8 VO Nr. 596/2014 tritt, unzweideutig ergab. Auch § 4 Abs. 1 Satz 3 WpAV (der Text der Vorschrift ist in Rz. 154 wiedergegeben) geht eindeutig von einer Veröffentlichungspflicht der im Auftrag oder für Rechnung eines Emittenten oder eines Teilnehmers am Markt für Emissionszertifikate handelnden Personen aus.

286

Für den Fall der **Veröffentlichungspflicht einer Person, die im Auftrag oder für Rechnung** eines Emittenten oder eines Teilnehmers am Markt für Emissionszertifikate handelt, nach Art. 17 Abs. 8 VO Nr. 596/2014 ordnet § 4 Abs. 1 Satz 3 WpAV (Text bei Rz. 154) an, dass die Person den Emittenten oder Teilnehmer am Markt für Emissionszertifikate hierüber unverzüglich zu informieren und in der Veröffentlichung durch Nennung ihres Namens und ihrer Anschrift ihre **Urheberschaft** kenntlich zu machen hat. Eine Person handelt **für Rechnung** eines Emittenten oder eines Teilnehmers am Markt für Emissionszertifikate, wenn sie in offener oder verdeckter **Stellvertretung für einen derselben** tätig wird, d.h. die Folgen ihres Handelns nicht sie, sondern den Emittenten bzw. den Teilnehmer am Markt für Emissionszertifikate treffen sollen (s. Art. 8 VO Nr. 596/2014 Rz. 25, Art. 11 VO Nr. 596/2014 Rz. 21). Darüber hinaus erfasst Art. 17 Abs. 8 Satz 1 VO Nr. 596/2014 aber auch jede Weitergabe einer Insiderinformation im Rahmen eines Handelns im **Auftrag** des Emittenten oder eines Teilnehmers am Markt für Emissionszertifikate, worunter hier jede mit Wissen und Wollen des Auftraggebers erfolgende entgeltliche oder unentgeltliche Geschäftsbesorgung für dieselben zu verstehen ist[3].

287

Erfolgte die Weitergabe nach dem Wortlaut von Art. 17 Abs. 8 Satz 1 VO Nr. 596/2014 „**absichtlich**" (englische Fassung: *intentional*), d.h. wissentlich zum Zwecke der Weitergabe[4], so muss „er", d.h. der Emittent, dem das Handeln der anderen der in dieser Bestimmung genannten Personen zugerechnet wird, die weitergegebene Insiderinformation „vollständig und wirksam" zeitgleich mit der Weitergabe veröffentlichen. Das wird fraglos nur bei planvoller Weitergabe einer solchen Insiderinformation gelingen, da nur so zeitgleich die Veröffentlichung erfolgen kann.

288

Erfolgte die **Weitergabe** nach dem Wortlaut von Art. 17 Abs. 8 Satz 1 VO Nr. 596/2014 „**nicht absichtlich**", d.h. unwissentlich und ohne das Ziel der Weitergabe, wäre sie bei bewusster Weitergabe aber rechtmäßig weitergegeben worden, so muss die weitergegebene Insiderinformation ebenfalls „vollständig und wirksam", in diesem Falle aber unverzüglich veröffentlicht werden. Das bedeutet, die Veröffentlichung muss ohne schuldhaftes Zögern erfolgen, sobald der Emittent oder eine andere Person, dem ersteren zurechenbar, die unbeabsich-

289

---

1 A.A. *Klöhn* in Klöhn, Art. 17 MAR Rz. 474: Art. 17 Abs. 8 VO Nr. 596/2014 verlange, dass *der Emittent* die Information *gegenüber einem Dritten* offenlege, weshalb die Offenlegung innerhalb des Emittenten nicht von der Norm erfasst sei; *Veil/Brüggemeier* in Meyer/Veil/Rönnau, Handbuch zum Marktmissbrauchsrecht, § 10 Rz. 188 („Dritter ist ... nur derjenige, der außerhalb der rechtlichen Organisationsstruktur des Emittenten steht"). Die trennscharfe Beantwortung der „Frage, unter welchen Voraussetzungen eine Person dem Emittenten zuzuordnen ist" (*Klöhn* in Klöhn, Art. 17 MAR Rz. 475), bereitet dieser Ansicht – nicht nur im Hinblick auf Konzernverhältnisse – erhebliche Probleme.
2 Für die Veröffentlichungspflicht letzterer auch nach Aufschub der Veröffentlichung einer Insiderinformation nach Art. 17 Abs. 1 Unterabs. 1 und Abs. 7 VO Nr. 596/2014 s. Rz. 268.
3 Die rechtsgeschäftliche Grundlage des Handelns des Beauftragten ist ebenso unerheblich wie die Ausgestaltung des Auftrags, etwa im Hinblick auf ein Weisungsrecht des Auftraggebers oder einen Aufwendungsersatzanspruch des Beauftragten. So aber zu § 15 Abs. 1 Satz 4 WpHG a.F. *Leuering*, NZG 2005, 12, 13. Wie hier, in Bezug auf § 15 Abs. 1 Satz 4 WpHG a.F., *Frowein* in Habersack/Mülbert/Schlitt, Kapitalmarktinformation, § 10 Rz. 58; *Geibel/Schäfer* in Schäfer/Hamann, Kapitalmarktgesetze, § 15 WpHG Rz. 110; *Pfüller* in Fuchs, § 15 Rz. 351; *Simon*, Der Konzern 2005, 13, 18 (jedes vertragliche Schuldverhältnis); *Versteegen* in KölnKomm. WpHG, 1. Aufl. 2007, § 15 WpHG Rz. 220. Zu Art. 17 VO Nr. 596/2014 *Klöhn* in Klöhn, Art. 17 MAR Rz. 467; *Veil/Brüggemeier* in Meyer/Veil/Rönnau, Handbuch zum Marktmissbrauchsrecht, § 10 Rz. 185.
4 In § 15 Abs. 1 Sätze 4 und 5 WpHG a.F. standen für die Begriffe „absichtlich" und „nicht absichtlich" die synonymen Begriffe „wissentlich" und „unwissentlich" differenziert. Auch *Klöhn*, AG 2016, 423, 430 sieht darin keine Änderung zum bisherigen Recht, will aber eine absichtliche Offenlegung schon in einer grob fahrlässigen Weitergabe sehen. I.E. auch *Veil/Brüggemeier* in Meyer/Veil/Rönnau, Handbuch zum Marktmissbrauchsrecht, § 10 Rz. 196 („Erfasst ist jedes vorsätzliche Handeln... Grobe Fahrlässigkeit ist hingegen nicht ausreichend").

Art. 17 VO Nr. 596/2014 | Veröffentlichung von Insiderinformationen

tigte Weitergabe erkennt. In beiden vorgenannten Fällen ist Weitergabe auch die durch **Zugänglichmachung** erfolgte Kenntniserlangung des Dritten (Art. 10 VO Nr. 596/2014 Rz. 11, 13 f.)[1].

290 Die von der Vorschrift verlangte **absichtliche Offenlegung** muss sich – wie schon zuvor die wissentliche Weitergabe nach § 15 Abs. 1 Sätze 4 und 5 WpHG a.F.[2] – sowohl auf die Weitergabe als auch auf die Eigenschaft der weitergegebenen Information, Insiderinformation zu sein, beziehen: Wer nicht weiß, dass er eine Insiderinformation weitergibt, geht von einem Vorgang aus, der zweifellos keine Pflicht zur Ad-hoc-Publizität auslöst und den Weitergebenden damit auch nicht zu einer gleichzeitigen Veröffentlichung zu veranlassen vermag. Von wissentlicher Mitteilung oder Zugänglichmachung einer Insiderinformation lässt sich im Übrigen nur ausgehen, wenn sie auch **willentlich** erfolgt. Die Weitergabe einer Information, die **nicht als Insiderinformation erkannt** wurde, kann deshalb erst dann eine nachholende Veröffentlichungspflicht auslösen, wenn der Vorgang bemerkt wird[3].

291 Art. 17 Abs. 8 Satz 1 VO Nr. 596/2014 spricht nur von **Insiderinformationen** und nicht von Insiderinformationen, die den Emittenten betreffen, sei es unmittelbar, wie es Art. 17 Abs. 1 Unterabs. 1 VO Nr. 596/2014 tut, oder sei es mittelbar. Da es aber völlig systemwidrig wäre, wenn Emittenten – anders als andere Insider – eine berechtigterweise weitergegebene Insiderinformation sollten veröffentlichen müssen, die sie nicht betrifft, um damit zugleich an die Stelle des nach Art. 17 Abs. 1 Unterabs. 1 VO Nr. 596/2014 für die fragliche Insiderinformation veröffentlichungspflichtigen Emittenten zu treten, ist davon auszugehen, dass auch mit Insiderinformationen i.S.v. Art. 17 Abs. 8 VO Nr. 596/2014 nur solche gemeint sind, die den Emittenten **unmittelbar betreffen**[4]. Die **Veröffentlichung** nach Art. 17 Abs. 8 Satz 1 VO Nr. 596/2014 hat unter Beachtung der für die Veröffentlichungen i.S. Art. 17 Abs. 1 Unterabs. 1 VO Nr. 596/2014 geltenden Vorschriften (Rz. 152 ff.)[5], namentlich der §§ 3a Abs. 5 Nr. 1, 3b Abs. 6 und 4 Abs. 1 WpAV. Ein **Aufschub** der aus Art. 17 Abs. 8 VO Nr. 596/2014 folgenden Veröffentlichungspflicht nach § 15 Abs. 4 Unterabs. 1 VO Nr. 596/2014 ist nicht möglich, da diese Vorschrift es nur erlaubt, sich unter den in ihr genannten Voraussetzungen von der Veröffentlichung nach Art. 17 Abs. 1 Unterabs. 1 VO Nr. 596/2014 zu befreien[6].

292 Kommt es für die Beantwortung der Frage, ob eine Insiderinformation weitergegeben wurde, auf den Zeitpunkt der Weitergabe an, so ist die zu veröffentlichende Insiderinformation so offenzulegen wie sie sich im **Zeitpunkt der Veranlassung der Veröffentlichung** darstellt. Ist die weitergegebene Insiderinformation zwischenzeitlich öffentlich bekannt, macht eine nachholende Veröffentlichung der seinerzeit weitergegebenen Information keinen Sinn mehr[7], denn die Vorschrift schützt die informationelle Chancengleichheit der Marktteilnehmer, die nach dem öffentlichen Bekanntwerden der fraglichen Information gegeben ist, und stellt keine Sanktion für das Verhalten desjenigen dar, der sie unwissentlich oder nicht willentlich weitergegeben hat. Wie die Pflicht zur Veröffentlichung einer absichtlich/wissentlich weitergegebenen Insiderinformation **entfällt auch die Pflicht zur Nachholung** einer nicht absichtlich/unwissentlich weitergegebenen Insiderinformation, wenn die Person, der die Insiderinformation mitgeteilt oder zugänglich gemacht wurde, rechtlich zur **Vertraulichkeit** verpflichtet ist[8].

293 Der **Zweck** des Art. 17 Abs. 8 VO Nr. 596/2014 liegt gleichwohl nicht in erster Linie in der Offenlegung der berechtigterweise – absichtlich oder unabsichtlich – weitergegebenen Insiderinformationen, sondern darin, im Interesse der Verhinderung von Insidergeschäften, sicherzustellen, dass die Weitergabe von Insiderinformationen

---

1 Die Art. 17 Abs. 8 Satz 1 VO Nr. 596/2014 entsprechende frühere Regelung in § 15 Abs. 1 Sätze 4 und 5 WpHG a.F. (dazu *Assmann* in 6. Aufl., § 15 WpHG Rz. 112 ff.) erwähnte neben der Mitteilung die Zugänglichmachung ausdrücklich, doch handelte es sich dabei um eine deutsche Besonderheit der Umsetzung von Art. 6 Abs. 3 RL 2003/6/EG vom 28.1. 2003 (Rz. 31), die den in dieser Bestimmung verwandten Begriff der Weitergabe in Mitteilung und Zugänglichmachung aufspaltet. Ebenso *Schäfer* in Marsch-Barner/Schäfer, Handbuch börsennotierte AG, Rz. 15.23.
2 *Assmann* in 6. Aufl., § 15 WpHG Rz. 115.
3 Zu § 15 Abs. 1 Sätze 4 und 5 WpHG a.F. *Assmann* in 6. Aufl., § 15 WpHG Rz. 123 f.
4 So schon zu § 15 Abs. 1 Sätze 4 und 5 WpHG a.F. *Assmann* in 6. Aufl., § 15 WpHG Rz. 114: „Nur solche Insiderinformationen ist der Emittent zu veröffentlichen verpflichtet und nur solche Insiderinformationen sind deshalb auch von denjenigen zu veröffentlichen, die in seinem Auftrag oder für seine Rechnung handeln. Es ist nicht erkennbar, dass die im Zusammenhang mit der Ad-hoc-Publizitätspflicht des Emittenten stehende Regelung die Normadressaten des § 15 Abs. 1 Satz 4 und 5 WpHG zur Veröffentlichung einer jeden ihnen bekannten Insiderinformation verpflichten wollte und damit weitergehen sollte als die Verpflichtung des Emittenten nach § 15 Abs. 1 Satz 1 WpHG". A.A. *Buck-Heeb*, Kapitalmarktrecht, Rz. 502, die zudem, ohne dass es dafür Anhaltspunkte im Wortlaut gibt, davon ausgeht, dass nur der unmittelbare Emittentenbezug fehlen dürfe; *Klöhn* in Klöhn, Art. 17 MAR Rz. 468 ff. (Rz. 468. „erfasst [ist] daher auch die Offenlegung von Insiderinformationen, die den Emittenten höchstens mittelbar betreffen"); *Schäfer* in Marsch-Barner/Schäfer, Handbuch börsennotierte AG, Rz. 15.23.
5 I.E. auch *Buck-Heeb*, Kapitalmarktrecht, Rz. 502, allerdings besteht die Mitteilungsplicht gegenüber dem Unternehmensregister gem. § 26 Abs. 1 WpHG nur für Inlandsemittenten oder ein MTF-Emittenten (s. Rz. 193).
6 So schon zu § 15 Abs. 1 Sätze 4 und 5 WpHG a.F. ausführlich § 15 WpHG Rz. 121; *Geibel/Schäfer* in Schäfer/Hamann, Kapitalmarktgesetze, § 15 WpHG Rz. 118; *Klöhn* in KölnKomm. WpHG, § 15 WpHG Rz. 386; *Lenbach*, Kapitalmarktrecht, Rz. 13.296; *Sönke Schröder*, S. 149; *Versteegen* in KölnKomm. WpHG, 1. Aufl. 2007, § 15 WpHG Rz. 229.
7 I.E. auch *Versteegen* in KölnKomm. WpHG, 1. Aufl. 2007, § 15 WpHG Rz. 228.
8 Ebenso *Pfüller* in Fuchs, § 15 WpHG Rz. 389.

im Zuge der normalen Ausübung ihrer Arbeit oder ihres Berufs oder der normalen Erfüllung ihrer Aufgaben nur erfolgt, wenn die Vertraulichkeit der Insiderinformationen gewährleistet ist. Dementsprechend entfällt nach **Art. 17 Abs. 8 Satz 2 VO Nr. 596/2014** die Pflicht zur Veröffentlichung der gem. Art. 10 Abs. 1 VO Nr. 596/2014 rechtmäßig weitergegebenen Insiderinformationen, wenn die Informationen erhaltende Person **zur Verschwiegenheit verpflichtet** ist, unabhängig davon, ob sich diese Verpflichtung aus Rechts- oder Verwaltungsvorschriften, einer Satzung oder einem Vertrag ergibt[1].

Zu den angeführten **Quellen von Verschwiegenheitspflichten** gehören berufliche Verschwiegenheitspflichten wie die von anwaltlichen Beratern (§ 43a Abs. 2 BRAO, § 2 Berufsordnung der Rechtsanwälte), Wirtschaftsprüfern (§ 43 Abs. 1 Satz 1 WPO), Steuerberatern (§ 57 Abs. 1 Satz 1 StBerG) und Richtern (§§ 43, 45 Abs. 1 DRiG), ebenso wie die von Beamten im Allgemeinen (§§ 61 f. BBG, § 39 BRRG) und Mitarbeitern einer Aufsichtsbehörde im Besonderen (etwa nach § 21 WpHG, § 9 KWG und § 9 WpÜG für die Beschäftigten der BaFin und § 10 BörsG für die Börsenaufsichtsbehörde oder Behörde, der Aufgaben und Befugnisse der Börsenaufsichtsbehörde nach § 3 Abs. 7 BörsG übertragen worden sind). Darüber hinaus sind aber auch die **insiderrechtlichen Verbote** des Art. 14 VO Nr. 596/2014, die diejenigen, denen Insiderinformationen weitergegeben oder zugänglich gemacht werden, zu beachten haben, namentlich das Weitergabeverbot nach Art. 14, 10 VO Nr. 596/2014, Rechtsvorschriften zur Verschwiegenheit i.S.d. Art. 17 Abs. 8 VO Nr. 596/2014[2]. Gleichwohl ist Emittenten schon zur Dokumentation und Kontrolle der Weitergabe von Insiderinformationen, aber auch zum Zwecke der Absicherung der Rechtmäßigkeit dieses Verhaltens und zur Vermeidung von bußgeld- und schadensersatzbewehrten Veröffentlichungspflichten, zu raten, die Informationsweitergabe mit einer **vertraglichen Verpflichtung** des Empfängers der Insiderinformationen zur vertraulichen Behandlung derselben zu verbinden, die gleichzeitig mit den Insiderhandelsverboten konforme Regelungen zur Weitergabe der Informationen in der Sphäre des Empfängers, etwa der beratenden Anwaltskanzlei, enthalten sollte. 294

V. Ermächtigungen der Kommission und der ESMA (Art. 17 Abs. 3, 10 und 11 VO Nr. 596/2014). In Art. 17 Abs. 3 VO Nr. 596/2014 wird der Kommission wird die Befugnis übertragen, delegierte Rechtsakte zur Festlegung der zuständigen Behörde für die Mitteilungen gem. Art. 17 Abs. 4 und 5 VO Nr. 596/2014 nach Maßgabe von Art. 35 VO Nr. 596/2014 über die Ausübung der Befugnisübertragung betreffend den Erlass Delegierter Rechtsakte zu erlassen. Dem ist die Kommission mit der DelVO 2016/522 vom 17.12.2015 (Rz. 16) nachgekommen. 295

Art. 17 Abs. 10 Unterabs. 2 und 3 VO Nr. 596/2014 enthält Ermächtigungen der ESMA zur Ausarbeitung Entwürfe technischer Durchführungsstandards zur Festlegung der in Art. 17 Abs. 10 Unterabs. 1 lit. a und b VO Nr. 596/2014 aufgeführten technischen Mittel (sog. technischen Durchführungsstandards) und zur Vorlage derselben an die Kommission. Aufgrund von **Art. 17 Abs. 10 Unterabs. 3 VO Nr. 596/2014** ist die Kommission ermächtigt, diese technischen Durchführungsstandards nach Maßgabe von Art. 15 VO Nr. 1095/2010[3] über „Technische Durchführungsstandards" zu erlassen. Das ist – aufgrund der entsprechenden Vorarbeiten – in Gestalt der DurchfVO 2016/1055 vom 29.6.2016 (Rz. 16) geschehen. 296

Art. 17 Abs. 11 VO Nr. 596/2014 ermächtigt die ESMA Leitlinien für die Erstellung einer nicht abschließenden indikativen Liste der in Art. 17 Abs. 4 lit. a VO Nr. 596/2014 genannten berechtigten Interessen des Emittenten und von Fällen herauszugeben, in denen die Aufschiebung der Offenlegung von Insiderinformationen gem. Art. 17 Abs. 4 lit. b VO Nr. 596/2014 geeignet ist, die Öffentlichkeit irrezuführen. Das ist mit der Herausgabe der „MAR-Leitlinien – Aufschub der Offenlegung von Insiderinformationen" vom 20.10.2016 (Rz. 17) geschehen. 297

VI. Verstöße und Rechtsfolgen. Verstöße gegen die in Art. 17 VO Nr. 596/2014 enthaltenen Vorschriften können bußgeldgeldrechtliche (Rz. 299 ff.) und zivilrechtliche, hinsichtlich Letzterer vor allem schadensersatz- 298

---

1 Zu § 15 Abs. 1 Satz 4 WpHG a.F. unstreitig; s. *Assmann* in 6. Aufl. § 15 WpHG Rz. 117. Zu Art. 17 Abs. 8 VO Nr. 596/2014 ebenso *Klöhn* in Klöhn, Art. 17 MAR Rz. 482; *Veil/Brüggemeier* in Meyer/Veil/Rönnau, Handbuch zum Marktmissbrauchsrecht, § 10 Rz. 192. I.E. auch *Grundmann* in Staub, Bd. 11/2, 5. Aufl. 2018, Achter Teil Rz. 516: Gesetz oder Vertrag.
2 Streitig, ausführlich *Assmann* in 6. Aufl., § 15 WpHG Rz. 117 ff. Wie hier *Eichner*, S. 124; *Falkenhausen/Widder*, BB 2005, 225, 227; *Pfüller* in Fuchs, § 15 WpHG Rz. 384; *Simon*, Der Konzern 2005, 13, 19; *Widder/Gallert*, NZG 2006, 451, 453; *Zimmer/Kruse* in Schwark/Zimmer, § 15 WpHG Rz. 89 („nach dem Wegfall der Unterscheidung zwischen Primär- und Sekundärinsidern [im Bereich des Verbotstatbestands] nunmehr unbestreitbar"). A.A., aber mit dem schon seinerzeit unhaltbaren (s. *Assmann* in 6. Aufl., § 15 WpHG Rz. 117) Argument, nur spezielle und ausdrückliche Vertraulichkeitsvereinbarungen seien ausreichend, *Geibel/Schäfer* in Schäfer/Hamann, Kapitalmarktgesetze, § 15 WpHG Rz. 115; *Holzborn/Israel*, WM 2004, 1948, 1952. A.A. mit dem Argument, das Weitergabeverbot – seinerzeit des § 14 Abs. 1 Nr. 2 WpHG (a.F.) – könne keine Regelung darstellen, die den Empfänger der Information „rechtlich zur Vertraulichkeit" verpflichte, weil dadurch § 15 Abs. 1 Satz 4 WpHG (a.F.) kein Anwendungsbereich verbliebe (dagegen *Assmann* in 6. Aufl., § 15 WpHG Rz. 118) *Klöhn* in KölnKomm. WpHG, § 15 WpHG Rz. 384; *Leuering*, NZG 2005, 12, 15; *Sönke Schröder*, S. 106 f.; *Schwintek*, S. 37; *Versteegen* in KölnKomm. WpHG, 1. Aufl. 2007, § 15 WpHG Rz. 225 (die Bestimmung würde sonst „eben leer laufen"). A.A. für Art. 17 VO Nr. 596/2014 *Veil/Brüggemeier* in Meyer/Veil/Rönnau, Handbuch zum Marktmissbrauchsrecht, § 10 Rz. 193, mit der Begründung, andernfalls „verbliebe kein Anwendungsbereich, da stets Art. 10 MAR [VO Nr. 596/2014] eingreifen würde".
3 ABl. EU Nr. L 331 v. 15.12.2010, S. 84.

Art. 17 VO Nr. 596/2014 | Veröffentlichung von Insiderinformationen

rechtliche Folgen (Rz. 307 ff.) nach sich ziehen. Strafrechtliche Sanktionen eines Verstoßes gegen die Pflicht zur Ad-hoc-Publizität nach Art. 17 Abs. 1 VO Nr. 596/2014 und damit in Zusammenhang stehende Pflichten gibt es nicht. Solche kommen allenfalls für den Fall in Betracht, dass der Verstoß gegen Art. 17 Abs. 1 VO Nr. 596/ 2014 zugleich einen Verstoß gegen andere strafbewehrte Pflichten darstellt, wie etwa einen Verstoß gegen das Verbot der Marktmanipulation nach Art. 15 VO Nr. 596/2014 i.V.m. § 119 Abs. 1 WpHG oder einen solchen gegen § 400 Abs. 1 Nr. 1 AktG.

299 **1. Ordnungswidrigkeiten. a) Erfasste Verstöße.** Die vorsätzliche oder leichtfertige **Verletzung der Pflicht zur Veröffentlichung von Insiderinformationen** nach Art. 17 Abs. 1 Unterabs. 1 oder Art. 17 Abs. 2 Unterabs. 1 Satz 1 VO Nr. 596/2014 sowie weiterer der in Art. 17 VO Nr. 596/2014 geregelten Pflichten um die Veröffentlichung von Insiderinformationen stellt eine **Ordnungswidrigkeit** dar (§ 120 Abs. 15 Nr. 6–11 WpHG) und kann nach § 120 Abs. 18 Satz 1 WpHG mit einer Geldbuße bis zu einer Million Euro geahndet werden. Gegenüber einer juristischen Person oder Personenvereinigung kann darüber hinaus nach § 120 Abs. 18 Satz 2 Nr. 2 WpHG eine höhere Geldbuße verhängt werden, die allerdings den höheren der Beträge von zweieinhalb Millionen Euro und 2 Prozent des Gesamtumsatzes, den die juristische Person oder Personenvereinigung im der Behördenentscheidung vorangegangenen Geschäftsjahr erzielt hat, nicht überschreiten darf. Und auch darüber hinaus kann die Ordnungswidrigkeit nach § 120 Abs. 18 Satz 3 WpHG mit einer Geldbuße bis zum Dreifachen des aus dem Verstoß gezogenen wirtschaftlichen Vorteils geahndet werden, wobei der wirtschaftliche Vorteil nach § 120 Abs. 18 Satz 4 WpHG erzielte Gewinne und vermiedene Verluste umfasst und geschätzt werden kann.

300 Im Einzelnen handelt nach § 120 Abs. 15 Nr. 6–11 WpHG ordnungswidrig, „wer **gegen die Verordnung (EU) Nr. 596/2014 verstößt**, indem er vorsätzlich oder leichtfertig …

   6. entgegen Artikel 17 Absatz 1 Unterabsatz 1 oder Artikel 17 Absatz 2 Unterabsatz 1 Satz 1 eine Insiderinformation nicht, nicht richtig, nicht vollständig, nicht in der vorgeschriebenen Weise oder nicht rechtzeitig bekannt gibt,
   7. entgegen Artikel 17 Absatz 1 Unterabsatz 2 Satz 1 eine Veröffentlichung nicht sicherstellt,
   8. entgegen Artikel 17 Absatz 1 Unterabsatz 2 Satz 2 die Veröffentlichung einer Insiderinformation mit einer Vermarktung seiner Tätigkeiten verbindet,
   9. entgegen Artikel 17 Absatz 1 Unterabsatz 2 Satz 3 eine Insiderinformation nicht, nicht richtig, nicht vollständig, nicht in der vorgeschriebenen Weise oder nicht rechtzeitig veröffentlicht oder nicht mindestens fünf Jahre lang auf der betreffenden Website anzeigt,
   10. entgegen Artikel 17 Absatz 4 Unterabsatz 3 Satz 1 die zuständige Behörde nicht, nicht richtig, nicht vollständig, nicht in der vorgeschriebenen Weise oder nicht rechtzeitig über den Aufschub einer Offenlegung informiert oder den Aufschub einer Offenlegung nicht, nicht richtig, nicht vollständig, nicht in der vorgeschriebenen Weise oder nicht rechtzeitig erläutert,
   11. entgegen Artikel 17 Absatz 8 Satz 1 eine Insiderinformation nicht, nicht richtig, nicht vollständig, nicht in der vorgeschriebenen Weise oder nicht rechtzeitig veröffentlicht …"

301 Ebenso handelt nach § 120 Abs. 1 Nr. 2 und 3 WpHG ordnungswidrig, wer entgegen **§ 26 Abs. 1 WpHG** eine Information nicht oder nicht rechtzeitig übermittelt oder eine Mitteilung nicht, nicht richtig, nicht vollständig oder nicht rechtzeitig macht. In diesen Fällen kann die Ordnungswidrigkeit nach § 120 Abs. 24 WpHG mit einer Geldbuße bis zu zweihunderttausend Euro geahndet werden.

302 Zu **Einzelheiten** ist auf die Erläuterung zu diesen Bestimmungen in § 120 WpHG Rz. 90 f., Rz. 377 zu verweisen.

303 Das Verhalten der Person, die eine der in Art. 17 VO Nr. 596/2014 statuierten Pflichten verletzt, kann – über die Verwirklichung der vorstehend aufgeführten Ordnungswidrigkeiten hinaus – auch nach **anderweitigen Ordnungswidrigkeits- und Strafvorschriften** bußgeld- bzw. strafbedroht sein. Unter diesen kommt im Hinblick auf die Verletzung der Veröffentlichungspflichten des Emittenten nach Art. 17 Abs. 1 Unterabs. 1 VO Nr. 596/2014 vor allem das **Verbot der Marktmanipulation** nach Art. 15, 12 und 13 VO Nr. 596/2014 in Betracht[1], dessen Verletzung – je nach dem betroffenen Gebot oder Verbot – eine Ordnungswidrigkeit nach § 120 Abs. 2 Nr. 3, Abs. 15 Nr. 2 WpHG darstellen kann. Zu Einzelheiten hierzu s. die Erläuterung zu § 120 WpHG Rz. 107 f.

304 **b) Verantwortlichkeit.** Emittenten als juristische Personen sind wegen fehlender Handlungsfähigkeit nicht schuldfähig. Bei Ordnungswidrigkeiten können deshalb in erster Linie gegen die **Vorstandsmitglieder** einer Aktiengesellschaft verhängt werden. **§ 9 OWiG** lässt es zu, besondere persönliche Merkmale, welche die Möglichkeit der Ahndung erst begründen, aber nur in der Person eines Vertretenen (§ 9 Abs. 1 OWiG) bzw. Betriebsinhabers (§ 9 Abs. 2 OWiG) vorliegen, auf den für den Vertretenen bzw. Betriebsinhaber handelnden

---

[1] Ebenso *Schäfer* in Marsch-Barner/Schäfer, Handbuch börsennotierte AG, Rz. 15.51; *Zimmer/Kruse* in Schwark/Zimmer, § 15 WpHG Rz. 128 ff.

Vertreter bzw. Beauftragten anzuwenden. Das hat zur Folge, dass mit der „Merkmalsüberwälzung" auch eine „Pflichtenüberwälzung" auf die Vorstandsmitglieder erfolgt und diese für Ordnungswidrigkeiten nach § 120 Abs. 15 Nr. 6–11 WpHG einzustehen haben (dazu § 120 WpHG Rz. 345). Dagegen ist die Verantwortlichkeit von Vorstandsmitgliedern wegen der selbstständigen Ordnungswidrigkeit der **Verletzung von Aufsichtspflichten nach § 130 OWiG** subsidiär[1] und kommt deshalb nur dann zur Anwendung, wenn § 9 OWiG im Hinblick auf Ordnungswidrigkeiten nach § 120 Abs. 15 Nr. 6–11 WpHG auf einzelne Vorstände nicht zur Anwendung käme oder man § 9 OWiG im Hinblick auf Pflichten und Verstöße nach bzw. gegen Art. 17 VO Nr. 596/2014 generell nicht für anwendbar hielte. Nach § 130 OWiG handelt ordnungswidrig, wer als Vorstandsmitglied vorsätzlich oder fahrlässig die Aufsichtsmaßnahmen unterlässt, die erforderlich sind, um in dem Unternehmen Zuwiderhandlungen gegen Pflichten zu verhindern, die den Vorstand als solchen treffen und deren Verletzung mit Geldbuße bedroht ist. Zu diesen Pflichten gehören diejenigen aus Art. 17 VO Nr. 596/2014.

§ 30 OWiG ermöglicht es jedoch, auch **gegen die Gesellschaft** eine Geldbuße festzusetzen, wenn z.B. das verantwortliche Vorstandsmitglied eine Ordnungswidrigkeit begangen hat. Als solche kommen hier die in Rz. 151 ff. aufgeführten Ordnungswidrigkeiten in Betracht. Wie bereits in Rz. 304 angeführt, trifft nach anderer Ansicht die Geldbuße den Emittenten direkt. Nach anderer Ansicht[2] trifft die Geldbuße, mit der ein dem Emittenten zurechenbarer Verstoß gegen Ordnungswidrigkeiten geahndet wird, diesen direkt. 305

Nach der Neufassung des § 30 OWiG durch das Zweite Gesetz zur Bekämpfung der Umweltkriminalität vom 27.6.1994[3] können Geldbußen gegen die Gesellschaft auch bei Ordnungswidrigkeiten von **Generalbevollmächtigten, Prokuristen** und **Handlungsbevollmächtigten** festgesetzt werden, die in leitender Stellung im Betrieb der Gesellschaft tätig sind (§ 30 Abs. 1 Nr. 4 OWiG). 306

2. Schadensersatz. a) Haftung des Emittenten. Verstößt ein Emittent gegen die Verpflichtungen nach § 26 Abs. 1 WpHG oder nach Art. 17 Abs. 1, 7 oder 8 VO Nr. 596/2014, so ist er nach **§ 26 Abs. 3 Satz 1 WpHG** einem anderen nur unter den Voraussetzungen der §§ 97 und 98 WpHG zum Ersatz des daraus entstehenden Schadens verpflichtet. Schadensersatzansprüche, die auf anderen Rechtsgrundlagen beruhen, bleiben nach **§ 26 Abs. 3 Satz 1 WpHG** aber davon unberührt. Zu Schadensersatzansprüchen nach **§ 97 WpHG** wegen unterlassener unverzüglicher Veröffentlichung von Insiderinformationenwegen Veröffentlichung und nach **§ 98 WpHG** wegen unwahrer Insiderinformationen ist auf die Erläuterungen zu diesen Vorschriften zu verweisen. 307

Weiterhin handelt es sich auch bei Art. 17 VO Nr. 596/2014 – wie zuvor schon bei § 15 WpHG a.F. – um **kein Schutzgesetz i.S.d. § 823 Abs. 2 BGB**[4] (dazu schon Rz. 11). Zu der – bei Erlass des WpHG als Art. 1 des 2. FFG vom 26.7.1994[5] durch § 15 WpHG (a.F.) abgelösten – Regelung der Ad-hoc-Publizität in § 44a BörsG (a.F.) wurde zwar überwiegend die Meinung vertreten, bei der Vorschrift handele es sich um ein Schutzgesetz i.S.d. § 823 Abs. 2 BGB, dessen Verletzung schadensersatzrechtliche Konsequenzen nach sich ziehen könne[6], doch enthielt der neue § 15 WpHG (a.F.) in seinem Abs. 6 die unmissverständliche Regelung: „Verstößt der Emittent gegen die Verpflichtung nach Absatz 1, 2 oder 3, so ist er einem anderen nicht zum Ersatz des daraus entstehenden Schadens verpflichtet. Schadensersatzansprüche, die auf anderen Rechtsgrundlagen beruhen, bleiben unberührt." Die danach mit dem Ausschluss der zivilrechtlichen Haftung für fehlerhafte, verspätete oder unterlassene Ad-hoc-Mitteilungen immer stärker zutage tretende Lücke im Anlegerschutz hat der Gesetzgeber mit dem 4. FFG vom 21.6.2002[7] durch die neuen §§ 37b und 37c WpHG (a.F.) schließen wollen, und dies, wie der neue, auf diese Vorschriften bezogene § 15 Abs. 6 WpHG gedeutet wurde, abschließend. §§ 37b und37c WpHG (a.F.) sind heute §§ 97 und 98 WpHG und der nach seiner Einführung unverändert gebliebene § 15 Abs. 6 WpHG a.F. ist, nach Inkrafttreten der Marktmissbrauchsverordnung, unverändert in § 26 Abs. 3 WpHG übernommen worden. Den Ausschluss von § 15 WpHG a.F. als Schutzgesetz, der den verschiedenen Fassungen von § 15 Abs. 6 WpHG a.F. entnommen, sah die ganz herrschende Meinung als im Einklang mit den mit § 15 WpHG a.F. umgesetzten Richtlinien, zunächst der Insiderrichtlinie vom 13.11.1989 (Rz. 31) und dann der auf dieser aufbauenden Marktmissbrauchsrichtlinie 2003/6/EG vom 28.1.2003 (Rz. 15), deren Konzept und Vorschriften zur Veröffentlichung von Insiderinformationen die Marktmissbrauchsverordnung übernommen hat[8]. 308

---

1 *Vogel* in 6. Aufl., § 39 WpHG Rz. 62 und hier *Spoerr*, § 120 WpHG Rz. 411.
2 *Dreyling/Schäfer*, Rz. 499 ff.; *Geibel/Schäfer* in Schäfer/Hamann, Kapitalmarktgesetze, § 15 WpHG Rz. 206; *Lenenbach*, Kapitalmarktrecht, Rz. 13.337; *Zimmer/Kruse* in Schwark/Zimmer, § 15 WpHG Rz. 452 („Sonderdelikte kraft gesetzlicher Regelung").
3 BGBl. I 1994, 1440.
4 Ebenso *Buck-Heeb*, Kapitalmarktrecht, Rz. 481; *Schäfer* in Marsch-Barner/Schäfer, Handbuch börsennotierte AG, Rz. 15.15.1953; *Thümmel*, Persönliche Haftung, Rz. 425. A.A. *Hopt/Kumpan* in Schimansky/Bunte/Lwowski, § 107 Rz. 168.
5 BGBl. I 1994, 1749.
6 *Assmann*, ZGR 1994, 494, 529 m.w.N. A.A. *Schwark*, 2. Aufl. 1994, § 44 BörsG Rz. 14.
7 BGBl. I 2002, 2010.
8 So schon Bericht des Finanzausschusses des Deutschen Bundestages (2. FFG), BT-Drucks. 12/7918, 102; Begr. RegE 4. FFG, BR-Drucks. 936/01 (neu) v. 14.11.2001, 245; RegE AnSVG, BT-Drucks. 15/3174 v. 24.5.2004, 35; *BaFin*, Emittentenleitfaden 2013, S. 45. Aus der Rechtsprechung BVerfG v. 24.9.2002 – 2 BvR 742/02, ZIP 2002, 1986; BGH v. 19.7.

309 Die Marktmissbrauchsverordnung wiederum enthält keinen Anhaltspunkt, **Schutzgut des Art. 17 VO Nr. 596/2014** über die Veröffentlichung von Insiderinformationen solle nunmehr auch die Interessen des individuellen Anlegers sein, und dies dergestalt sein, dass Verstöße gegen die Veröffentlichungspflichten nach Art. 17 VO Nr. 596/2014 Schadensersatzansprüche zur Folge haben müssten. Allzu dürftig, um einen Anhaltspunkt für die Schutzgesetzqualität des Art. 17 VO Nr. 596/2014 abzugeben, ist der Hinweis auf Erwägungsgrund 49 Satz 1 VO Nr. 596/2014, die öffentliche Bekanntgabe von Insiderinformationen durch Emittenten sei „von wesentlicher Bedeutung, um Insidergeschäften und der *Irreführung von Anlegern* vorzubeugen" (Hervorhebung hinzugefügt)[1]. Im Lichte anderer Ausführungen in den Erwägungsgründen und in der Marktmissbrauchsverordnung, namentlich, Art. 1 VO Nr. 596/2014 (dazu Rz. 11), lässt sich die Formulierung „Irreführung von Anlegern" weniger als auf den einzelnen Anleger bezogene, denn auf die Anleger in ihrer Gesamtheit, d.h. das Markpublikum, deuten. Abgesehen davon kann es mangels Kompetenz der EU im Bereich zivilrechtlichen Schadensersatzes für kapitalmarktrechtliche Verhaltenspflichten auch nicht Sache der Marktmissbrauchsverordnung sein, Aussagen über die zivilrechtliche Haftungsbewehrung zu treffen. Diese zum Schutz des Anlegers einzusetzen, ist Sache des nationalen Gesetzgebers, und der deutsche hat dies in Gestalt von Art. 15 Abs. 6 WpHG a.F. und § 26 Abs. 3 Satz 1 WpHG eindeutig dahingehend getan, dass er Schadensersatzansprüche von Anlegern wegen der Verletzung von Pflichten zur Offenlegung von Insiderinformationen auf die in §§ 97 und 98 WpHG geregelten beschränkt[2].

310 § 26 Abs. 3 Satz 1 WpHG steht, neben anderen Gründen, auch dem Versuch[3] entgegen, Ad-hoc-Mitteilungen als Prospekte i.S.d. **allgemein-zivilrechtlichen Prospekthaftung** zu betrachten und sie den diesbezüglichen Haftungsgrundsätzen zu unterwerfen[4]. Das gilt auch für den Fall missbräuchlicher Ad-hoc-Veröffentlichungen, d.h. der Veröffentlichung von Informationen, die keine veröffentlichungspflichtige Insiderinformation darstellen.

311 Dessen ungeachtet kann der Emittent, dessen Organe oder verfassungsmäßig berufene Vertreter falsche Ad-hoc-Mitteilungen veröffentlichen oder Ad-hoc-Mitteilungen pflichtwidrig unterlassen, je nach den Umständen des Einzelfalls und dem Verhalten der Organe zugleich den **Betrugstatbestand des § 263 StGB** verletzen und sich so nach § 823 Abs. 2 BGB i.V.m. § 31 BGB analog schadensersatzpflichtig machen oder zum Schadensersatz verpflichtende **vorsätzlich sittenwidrige Schädigung** nach § 826 BGB i.V.m. § 31 BGB analog begehen. Würden diese und andere (namentlich vertragliche und quasivertragliche) Haftungstatbestände durch den Umstand, dass das Verhalten des Emittenten zugleich seine Ad-hoc-Publizitätspflichten verletzt, von Art. 17 VO Nr. 596/2014 verdrängt, hätte dies eine sachlich nicht vertretbare Bevorzugung des Emittenten gegenüber anderen Unternehmen mit sich gebracht[5].

312 **b) Haftung von Organmitgliedern.** Aus § 26 Abs. 3 Satz 2 WpHG folgt nicht nur, dass Schadensersatzansprüche gegen den Emittenten aus anderen Gründen als der Verletzung von Veröffentlichungspflichten und den diese betreffenden §§ 97 und 98 WpHG von der Regelung des § 15 Abs. 3 Satz 1 WpHG unberührt bleiben, sondern auch die Haftung anderer Personen aufgrund anderweitiger Rechtsgrundlagen. Das gilt namentlich für **Haftung der Organmitglieder des Emittenten** für Verstöße gegen die den Emittenten aus Art. 17 VO Nr. 596/2014 i.V.m. den Vorschriften der DurchfVO 2016/1055 (Rz. 16) und der WpAV treffenden Pflichten[6]. Der Verstoß gegen diese Pflichten stellt regelmäßig eine **Pflichtverletzung i.S.d. § 93 Abs. 1 AktG** dar[7], für die die

---

2004 – II ZR 217/03 – Infomatec I, BGHZ 160, 134 = AG 2004, 543 f.; BGH v. 9.5.2005 – II ZR 287/02 – EM.TV, AG 2005, 609, 610. Bericht des Finanzausschusses des Deutschen Bundestages (2. FFG), BT-Drucks. 12/7918, 102; Begr. RegE 4. FFG, BR-Drucks. 936/01 (neu) v. 14.11.2001, 245. Aus dem Schrifttum etwa *Caspari*, ZGR 1994, 530, 533; *Eichner*, S. 95; *Geibel/Schäfer* in Schäfer/Hamann, Kapitalmarktgesetze, § 15 WpHG Rz. 196; *Groß*, WM 2002, 477, 482; *Krause*, ZGR 2002, 799, 808 ff.; *Pfüller* in Fuchs, § 15 WpHG Rz. 537; *Rodewald/Siems*, BB 2001, 2437, 2439; *Steinhauer*, S. 134; *Thümmel*, DB 2001, 2331, 2332; *Versteegen* in KölnKomm. WpHG, 1. Aufl. 2007, § 15 WpHG Rz. 268; *Waldhausen*, S. 50 („de lege lata bindend"); *Zimmer/Kruse* in Schwark/Zimmer, § 15 WpHG Rz. 6, 135. A.A. *Gehrt*, S. 23 ff., 25; *von Klitzing*, S. 220 ff. Kritisch zur Schutzgutbestimmung (des Gesetzgebers) insb. *Hopt*, ZHR 159 (1995), 158 ff., 161. Zweifelnd an der Wirksamkeit des Ausschlusses einer „Haftung gem. § 823 Abs. 2 BGB iVm Art. 17 Abs. 1, 7, 8 MAR [VO Nr. 596/2014]" *Klöhn* in Klöhn, Art. 17 MAR Rz. 589.

1 So aber *Hopt/Kumpan* in Schimansky/Bunte/Lwowski, § 107 Rz. 168.
2 Selbst wenn es, wie *Hellgardt*, AG 2012, 154, 164 f., meint, unionsrechtlichen Vorgaben zur zivilrechtlichen Sanktionierung von Verordnungen geben sollte, wäre diesen mit §§ 97, 98 WpHG Genüge getan und würden keinesfalls die Anerkennung von Art. 17 VO Nr. 596/2014 als Schutzgesetz i.S.v. § 823 Abs. 2 BGB – eine Norm, die in anderen Mitgliedstaaten der EU mangels diesbezüglicher Rechtsangleichung zudem kein Äquivalent hat – erforderlich machen. Ebenso *Buck-Heeb*, Kapitalmarktrecht, Rz. 482.
3 So *Braun/Rotter*, BKR 2003, 918.
4 BGH v. 19.7.2004 – II ZR 218/03 – Infomatec I, BGHZ 160, 134 = AG 2004, 543. Ebenso etwa *Edelmann*, BB 2004, 2031; *Körner*, NJW 2004, 3386. Schon vor „Infomatec" *Krause*, ZGR 2002, 799, 826 ff.
5 So im Hinblick auf § 15 WpHG a.F. Bericht des Finanzausschusses des Deutschen Bundestages (2. FFG), BT-Drucks. 12/7918, 102.
6 Übersicht zur Haftung wegen Verstoßes gegen Pflichten nach § 15 WpHG a.F. i.V.m. den Vorschriften der WpAIV a.F. bei *Fleischer* in Assmann/Schütze, Kapitalanlagerecht, § 6 Rz. 11 ff.
7 *Thümmel*, Persönliche Haftung, Rz. 423.

Vorstandsmitglieder nach § 93 Abs. 2 AktG allerdings nur gegenüber der Gesellschaft haften. Unter besonderen Umständen kann aber eine Außenhaftung von Vorstandsmitgliedern unter dem Gesichtspunkt der Haftung wegen **unrichtiger Darstellungen i.S.v. § 400 Abs. 1 Nr. 1 AktG** i.V.m. § 823 Abs. 2 BGB[1], wegen **vorsätzlicher sittenwidriger Schädigung** nach § 826 BGB[2] und wegen **betrügerischen Verhaltens** gem. § 823 Abs. 2 BGB i.V.m. § 263 StGB[3] in Betracht kommen.

3. Fehlerhafte Ad-hoc-Mitteilung als Wettbewerbshandlung. In einer Ad-hoc-Mitteilung, die nicht in vollem Umfang den Tatsachen entspricht und irreführend ist, kann nach einem Urteil des OLG Hamburg[4] eine unlautere **Wettbewerbshandlung** (geschäftliche Handlung i.S.v. §§ 3, 2 Abs. 1 Nr. 1 UWG) und eine **irreführende Werbung** (irreführende geschäftliche Handlung i.S.v. § 5 UWG) gesehen werden. Der Umstand, dass die Mitteilung als „Ad-hoc-Mitteilung nach § 15" – gemeint war § 15 WpHG a.F. – bezeichnet worden sei, stehe dem nicht entgegen, denn im Hinblick auf den fehlerhaften Teil der Mitteilung könne der Emittent sich nicht darauf berufen, zum Zwecke der Information der Kapitalanleger gehandelt zu haben[5].

313

4. Verwaltungsrechtliche Folgen und Sanktionen. Nach Art. 30 Abs. 1 Unterabs. 1 VO Nr. 596/2014 übertragen die Mitgliedstaaten – unbeschadet strafrechtlicher Sanktionen und unbeschadet der Aufsichtsbefugnisse der zuständigen Behörden nach Art. 23 VO Nr. 596/2014 – im Einklang mit nationalem Recht den zuständigen Behörden die Befugnis, angemessene **verwaltungsrechtliche Sanktionen und andere verwaltungsrechtliche Maßnahmen** in Bezug unter anderem auf Art. 17 Abs. 1, 2, 4, 5 und 8 VO Nr. 596/2014 zu ergreifen. Dabei haben die Mitgliedstaaten gem. Art. 30 Abs. 2 Unterabs. 1 VO Nr. 596/2014 sicherzustellen, dass die zuständigen Behörden im Einklang mit dem nationalen Recht über die Befugnis verfügen, im Falle von Verstößen u.a. gegen die vorgenannten Bestimmungen die in Art. 30 Abs. 2 Unterabs. 1 lit. a–j VO Nr. 596/2014 aufgeführten verwaltungsrechtlichen Sanktionen und die verwaltungsrechtlichen Maßnahmen zu verhängen bzw. zu ergreifen. **Zuständig** für die verwaltungsrechtlichen Sanktionen und Maßnahmen ist gem. Art. 22 Satz 1 VO Nr. 596/2014 – unbeschadet der Zuständigkeiten der Justizbehörden – eine von jedem Mitgliedstaat zu benennende („einzige") Behörde, die über die in Art. 23 Abs. 2 VO Nr. 596/2014 zur Wahrnehmung ihrer sich aus der VO Nr. 596/2014 ergebenden Aufgaben erforderlichen Aufsichts- und Ermittlungsbefugnisse verfügen muss und diese nach Maßgabe von Art. 23 Abs. 1 VO Nr. 596/2014 wahrzunehmen hat. **Zuständige Behörde** i.S.d. Art. 22 Satz 1 VO Nr. 596/2014 ist nach § 6 Abs. 5 Satz 1 WpHG die BaFin.

314

---

1 § 400 Abs. 1 Nr. 1 AktG ist Schutzgesetz i.S.v. § 823 Abs. 2 BGB. S., jeweils m.w.N., BGH v. 17.9.2001 – II ZR 178/99, BGHZ 149, 10 = AG 2002, 43, 44; BGH v. 16.12.2004 – 1 StR 420/03, AG 2005, 162, 163; BGH v. 19.7.2004 – II ZR 218/03 – Infomatec I, BGHZ 160, 134, 141 = AG 2004, 543, 544; BGH v. 19.7.2004 – II ZR 402/02 – Infomatec II, BGHZ 160, 149 = AG 2004, 546; BGH v. 9.5.2005 – II ZR 287/02 – EM.TV, AG 2005, 609, 610. Nach BGH v. 19.7.2004 – II ZR 218/03 – Infomatec I, BGHZ 160, 134, 141 m.w.N. = AG 2004, 543, 544 (wortgleich „Infomatec II", s. vorstehend), unterfallen Ad-hoc-Mitteilungen, die nicht den Vermögensstand der Gesellschaft in seiner Gesamtheit betreffen, sondern nur jeweils einzelne Aspekte desselben – wie etwa einzelne Geschäftsabschlüsse – umfassen, nicht unter den Begriff der Darstellungen i.S.d. § 400 Abs. 1 Nr. 1 AktG. Etwa *Oetker* in K. Schmidt/Lutter, § 400 AktG Rz. 2; *Otto* in Großkomm. AktG, 3. Aufl. 1997, § 400 AktG Rz. 4; *Schaal* in MünchKomm. AktG, 4. Aufl. 2017, § 400 AktG Rz. 3. Zur Anwendung der Norm auf Veröffentlichungen nach § 15 WpHG a.F./Art. 17 VO Nr. 596/2014 s. *Buck-Heeb*, Kapitalmarktrecht, Rz. 482 (Problem, dass Ad-hoc-Mitteilungen nicht den Eindruck der Vollständigkeit erwecken); *Fleischer* in Assmann/Schütze, Kapitalanlagerecht, § 6 Rz. 17 („Ausnahmsweise können auch Ad-hoc-Mitteilungen den Tatbestand des § 400 Abs. 1 Nr. 1 AktG verwirklichen"); *Thümmel*, Persönliche Haftung, Rz. 425 („ist aber bei Ad-hoc-Meldungen oft vom Tatbestand her nicht einschlägig").

2 BGH v. 19.7.2004 – II ZR 217/03 – Infomatec I, BGHZ 160, 134 = AG 2004, 543; BGH v. 19.7.2004 – II ZR 218/03 – Infomatec Ia, AG 2004, 543; BGH v. 19.7.2004 – II ZR 402/02 – Infomatec II, BGHZ 160, 149 = AG 2004, 546; BGH v. 9.5. 2005 – II ZR 287/02 – EM.TV, AG 2005, 609; BGH v. 28.11.2005 – II ZR 80/04 – Comroad I, AG 2007, 322; BGH v. 28.11. 2005 – II ZR 246/04 – Comroad II, AG 2007, 324; BGH v. 26.6.2006 – II ZR 153/05 – Comroad III, AG 2007, 169; BGH v. 4.6.2007 – II ZR 147/05 – Comroad IV, AG 2007, 620; BGH v. 4.6.2007 – II ZR 173/05 – Comroad V, AG 2007, 623; BGH v. 7.1.2008 – II ZR 229/05 – Comroad VI, AG 2008, 252; BGH v. 7.1.2008 – II ZR 68/06 – Comroad VII, AG 2008, 254; BGH v. 3.3.2008 – II ZR 310/06 – Comroad VIII, AG 2008, 377. Aus dem Schrifttum etwa *Buck-Heeb*, Kapitalmarktrecht, Rz. 483 ff.; *Buck-Heeb/Dieckmann*, AG 2008, 681; *Edelmann*, BB 2004, 2031; *Findeisen*, NZG 2007, 692; *Findeisen/Backhaus*, WM 2007, 100; *Fleischer*, AG 2008, 265; *Fleischer* in Assmann/Schütze, Kapitalanlagerecht, § 6 Rz. 19 ff.; *Gottschalk*, DStR 2005, 1648; *Hutter/Stürwald*, NZG 2005, 2428; *Kort*, NZG 2005, 496; *Krause*, ZGR 2002, 799, 820; *Kümpel/Veil*, Wertpapierhandelsgesetz, S. 105 f.; *Leuschner*, ZIP 2008, 1050; *Möllers*, WM 2003, 2393; *Rützel*, AG 2003, 69; *Thümmel*, Persönliche Haftung, Rz. 424; *Schäfer* in Marsch-Barner/Schäfer, Handbuch börsennotierte AG, Rz. 15.54; *Wünsche*, BB 2008, 691.

3 S. auch *Buck-Heeb*, Kapitalmarktrecht, Rz. 479; *Fleischer* in Assmann/Schütze, Kapitalanlagerecht, § 6 Rz. 18; *Thümmel*, Persönliche Haftung, Rz. 425. Zum Sonderfall, dass die Ad-hoc-Publizitätspflicht verletzt wird, um Insidergeschäfte möglich zu machen, s. *Steinhauer*, S. 127 ff.

4 OLG Hamburg v. 19.7.2006 – 5 U 10/06, ZIP 2006, 1921.

5 Nach *Klöhn* in Klöhn, Art. 17 MAR Rz. 591, stellt eine fehlerhafte Ad-hoc-Veröffentlichung keine geschäftliche Handlung i.S.v. §§ 3, 2 Abs. 1 Nr. 1 UWG dar, es sei denn, es werden „offensichtlich unrichtige oder offensichtlich nicht veröffentlichungspflichtige Informationen veröffentlicht". Das entspricht allerdings weitgehend den Ausführungen des OLG Hamburg v. 19.7.2006 – 5 U 10/06, ZIP 2006, 1921, nach denen in einer Ad-hoc-Mitteilung (nach § 15 WpHG a.F.) eine Wettbewerbshandlung i.S.v. § 3 UWG und eine Werbung i.S.v. § 5 UWG jedenfalls dann gesehen werden kann, „wenn der mitgeteilte Inhalt nicht vollen Umfanges den Tatsachen entspricht und irreführend ist" (Leitsatz).

315 Die **Voraussetzungen** für die Verhängung bzw. Wahrnehmung der in Art. 30 Abs. 2 Unterabs. 1 lit. a–j VO Nr. 596/2014 aufgeführten verwaltungsrechtlichen Sanktionen bzw. Maßnahmen in Bezug auf Verstöße gegen die Insiderverbote des Art. 14 VO Nr. 596/2014 sind im deutschen Recht vor allem in § 6 WpHG zu finden. Die **Befugnis der zuständigen Behörde** nach Art. 30 Abs. 2 Unterabs. 1 lit. a VO Nr. 596/2014, eine Anordnung zu erlassen, wonach die für einen Verstoß verantwortliche Person die Verhaltensweise einzustellen und von einer Wiederholung abzusehen hat, folgt für die BaFin als nach § 6 Abs. 5 Satz 1 WpHG zuständiger Behörde aus und nach Maßgabe von **§ 6 Abs. 6 Satz 1 Nr. 2 WpHG**. Weitere Befugnisse der BaFin im Falle von Verstößen gegen die Verbote des Art. 17 VO Nr. 596/2014 ergeben sich etwa aus **§ 6 Abs. 2 Satz 4 WpHG** (demzufolge die BaFin den Handel mit einzelnen oder mehreren Finanzinstrumenten vorübergehend untersagen oder die Aussetzung des Handels in einzelnen oder mehreren Finanzinstrumenten an Märkten, an denen Finanzinstrumente gehandelt werden, anordnen kann, soweit dies zur Durchsetzung u.a. der Gebote des Art. 17 VO Nr. 596/2014 oder zur Beseitigung oder Verhinderung von Missständen nach § 6 Abs. 1 WpHG geboten ist), aus **§ 6 Abs. 7 i.V.m. Abs. 6 Satz 1 Nr. 2 WpHG** (demzufolge die BaFin es einer natürlichen Person, die für einen Verstoß gegen Art. 17 Abs. 1, 2, 4, 5 und 8 VO Nr. 596/2014 verantwortlich ist, für einen Zeitraum von bis zu zwei Jahren untersagen kann, Geschäfte für eigene Rechnung in den Art. 2 Abs. 1 VO Nr. 596/2014 genannten Finanzinstrumenten und Produkten zu tätigen), aus **§ 6 Abs. 8 i.V.m. Abs. 6 Satz 1 Nr. 2 WpHG** (demzufolge die BaFin einer Person, die bei einem von ihr beaufsichtigten Unternehmen tätig ist, für einen Zeitraum von bis zu zwei Jahren die Ausübung der Berufstätigkeit untersagen kann, wenn diese Person vorsätzlich gegen unter anderem ein Verbot des Art. 17 VO Nr. 596/2014 oder gegen eine Anordnung der BaFin, die sich auf diese Vorschriften bezieht, verstoßen hat und dieses Verhalten trotz Verwarnung durch die Bundesanstalt fortsetzt) oder aus **§ 6 Abs. 9 i.V.m. Abs. 6 Satz 1 Nr. 2 WpHG** (demzufolge die BaFin bei einem Verstoß gegen unter anderem Art. 17 VO Nr. 596/2014 oder eine von ihr erlassene vollziehbare Anordnung, die sich auf diese Vorschrift bezieht, auf ihrer Internetseite eine Warnung unter Nennung der natürlichen oder juristischen Person oder der Personenvereinigung, die gegen den Verstoß begangen hat, sowie der Art des Verstoßes veröffentlichen kann). Darüber hinaus kann die BaFin die Erlaubnis zum Betrieb von Bankgeschäften oder zur Erbringung von Finanzdienstleistungen i.S.v. § 32 KWG nach **§ 35 Abs. 2 Nr. 7 KWG** aufheben, wenn das jeweilige Institut nachhaltig unter anderem gegen Art. 17 Abs. 1, 2, 4, 5 oder 8 VO Nr. 596/2014 oder sich auf diese Bestimmungen beziehende Anordnungen der BaFin verstoßen hat. Zur **Verfolgung von Verstößen** gegen Art. 17 VO Nr. 596/2014 stehen der BaFin etwa Auskunftsrechte und das Recht zur Beantragung der Beschlagnahme von Gegenständen nach Maßgabe von § 6 Abs. 3 Satz 2 i.V.m. Abs. 15 und Abs. 13 Satz 1 WpHG zu. Wird eine nach Art. 17 VO Nr. 596/2014 gebotene Veröffentlichung oder Mitteilung nicht, nicht richtig, nicht vollständig oder nicht in der vorgeschriebenen Weise erfüllt, kann die BaFin diese im Wege der **Ersatzvornahme** nach **§ 6 Abs. 14 WpHG** auf Kosten des Pflichtigen vornehmen. Zur Erfüllung ihrer Aufgaben kann die BaFin nach § 6 Abs. 17 WpHG bei Ermittlungen oder Überprüfungen auch Wirtschaftsprüfer oder Sachverständige einsetzen.

316 § 125 Abs. 1 Satz WpHG verpflichtet die BaFin zur **Bekanntmachung von Maßnahmen und Sanktionen wegen Verstößen gegen Art. 17 Abs. 1, 2, 4, 5 und 8 VO Nr. 596/2014**. Danach macht die Aufsichtsbehörde Entscheidungen über Maßnahmen und Sanktionen, die wegen Verstößen unter anderem gegen die vorstehend angeführten Bestimmungen erlassen wurden, unverzüglich nach Unterrichtung der natürlichen oder juristischen Person, gegen die die Maßnahme oder Sanktion verhängt wurde, auf ihrer Internetseite nach Maßgabe von § 125 Abs. 2 ff. WpHG bekannt. Dies gilt nach § 125 Abs. 1 Satz 2 WpHG nicht für Entscheidungen über Ermittlungsmaßnahmen.

317 Nach § 73 Abs. 1 Satz 1 Nr. 2 WpHG und nach Maßgabe von § 73 Abs. 1 Sätze 3 und 4 WpHG kann der **Betreiber eines multilateralen oder organisierten Handelssystems** den **Handel mit einem Finanzinstrument aussetzen** oder dieses **Instrument vom Handel ausschließen**, wenn dies zur Sicherung eines ordnungsgemäßen Handels oder zum Schutz des Publikums geboten erscheint, insbesondere, wenn der Verdacht einer Nichtveröffentlichung von Insiderinformationen entgegen Art. 17 VO Nr. 596/2014 in Bezug auf das Finanzinstrument besteht. Im Falle einer solchen Maßnahme hat der Betreiber auch den Handel mit Derivaten, die mit diesem Finanzinstrument verbunden sind oder sich auf dieses beziehen, auszusetzen oder den Handel mit diesen Instrumenten einzustellen, wenn dies zur Verwirklichung der Ziele der Maßnahme nach § 73 Abs. 1 Satz 1 WpHG erforderlich ist. Die ergriffenen Maßnahmen veröffentlicht der Betreiber und teilt sie unverzüglich der BaFin mit (§ 73 Abs. 1 Satz 4 WpHG). Wird ein Finanzinstrument oder Derivat, das Gegenstand solcher Maßnahmen ist, auch an einem anderen inländischen multilateralen oder organisierten Handelssystem gehandelt, so hat auch der Betreiber dieses Systems nach § 73 Abs. 2 WpHG entsprechende Maßnahmen zu treffen. Die **BaFin** hat nach § 73 Abs. 3 Satz 1 WpHG die nach dieser Regelung ergriffenen **Betreiber-Maßnahmen** gemäß § 73 Abs. 2 Satz 1 WpHG **unverzüglich zu veröffentlichen** und der Europäischen Wertpapier- und Marktaufsichtsbehörde (ESMA) sowie den zuständigen Behörden der anderen Mitgliedstaaten der Europäischen Union und der Vertragsstaaten des Abkommens über den Europäischen Wirtschaftsraum zu übermitteln.

Art. 18 Insiderlisten[1]

(1) Emittenten oder alle in ihrem Auftrag oder für ihre Rechnung handelnden Personen sind verpflichtet,
a) eine Liste aller Personen aufzustellen, die Zugang zu Insiderinformationen haben, wenn diese Personen für sie auf Grundlage eines Arbeitsvertrags oder anderweitig Aufgaben wahrnehmen, durch die diese Zugang zu Insiderinformationen haben, wie Berater, Buchhalter oder Ratingagenturen (im Folgenden „Insiderliste"),
b) die Insiderliste im Einklang mit Absatz 4 rasch zu aktualisieren sowie
c) der zuständigen Behörde die Insiderliste auf deren Ersuchen unverzüglich zur Verfügung zu stellen.
(2) Emittenten oder alle in ihrem Auftrag oder für ihre Rechnung handelnden Personen treffen alle erforderlichen Vorkehrungen, um dafür zu sorgen, dass alle auf der Insiderliste erfassten Personen die aus den Rechts- und Verwaltungsvorschriften erwachsenden Pflichten schriftlich anerkennen und sich der Sanktionen bewusst sind, die bei Insidergeschäften, unrechtmäßiger Offenlegung von Insiderinformationen Anwendung finden.
Übernimmt eine andere Person im Auftrag oder für die Rechnung des Emittenten die Erstellung und Aktualisierung der Insiderliste, so ist der Emittent auch weiterhin voll verantwortlich dafür, dass die Verpflichtungen dieses Artikels eingehalten werden. Der Emittent behält das Recht, die Insiderliste einzusehen.
(3) Die Insiderliste umfasst mindestens
a) die Identität aller Personen, die Zugang zu Insiderinformationen haben,
b) den Grund der Aufnahme in die Insiderliste,
c) das Datum, an dem diese Person Zugang zu Insiderinformationen erlangt hat sowie die entsprechende Uhrzeit und
d) das Datum der Erstellung der Insiderliste.
(4) Emittenten oder jede in ihrem Namen bzw. für ihre Rechnung handelnde Person aktualisiert die Insiderliste unter Nennung des Datums der Aktualisierung unverzüglich, wenn
a) sich der Grund für die Erfassung bereits erfasster Personen auf der Insiderliste ändert,
b) eine neue Person Zugang zu Insiderinformationen erlangt hat und daher in die Insiderliste aufgenommen werden muss und
c) eine Person keinen Zugang zu Insiderinformationen mehr hat.
Bei jeder Aktualisierung sind Datum und Uhrzeit der Änderung anzugeben, durch die die Aktualisierung erforderlich wurde.
(5) Emittenten oder jede in ihrem Namen bzw. für ihre Rechnung handelnde Person bewahrt die Insiderliste für einen Zeitraum von mindestens fünf Jahren nach der Erstellung oder Aktualisierung auf.
(6) Emittenten, deren Finanzinstrumente zum Handel an KMU-Wachstumsmärkten zugelassen sind, sind von der Pflicht zur Erstellung einer Insiderliste befreit, wenn die folgenden Bedingungen erfüllt sind:
a) Der Emittent ergreift alle erforderlichen Vorkehrungen, damit alle Personen, die Zugang zu Insiderinformationen haben, die aus den Rechts- und Verwaltungsvorschriften erwachsenden Pflichten anerkennen und sich der Sanktionen bewusst sind, die bei Insidergeschäften und unrechtmäßiger Offenlegung von Insiderinformationen und Marktmanipulation zur Anwendung kommen, und
b) der Emittent ist in der Lage, der zuständigen Behörde auf Anfrage die in diesem Artikel genannte Insiderliste bereitzustellen.
(7) Dieser Artikel gilt für Emittenten, die für ihre Finanzinstrumente eine Zulassung zum Handel an einem geregelten Markt in einem Mitgliedstaat beantragt oder genehmigt haben, bzw. im Falle eines Instruments, das nur auf einem multilateralen oder organisierten Handelssystem gehandelt wird, eine Zulassung zum Handel auf einem multilateralen oder organisierten Handelssystem in einem Mitgliedstaat erhalten haben oder für ihre Finanzinstrumente eine Zulassung zum Handel auf einem multilateralen Handelssystem in einem Mitgliedstaat beantragt haben.
(8) Die Absätze 1 bis 5 gelten auch für
a) Teilnehmer am Markt für Emissionszertifikate, betreffend Insiderinformationen in Bezug auf Emissionszertifikate im Rahmen von physischen Aktivitäten dieses Teilnehmers am Markt für Emissionszertifikate;
b) alle Versteigerungsplattformen, Versteigerer und die Auktionsaufsicht bezüglich Versteigerungen von Emissionszertifikaten und anderen darauf beruhenden Auktionsobjekten, die gemäß der Verordnung (EU) Nr. 1031/2010 abgehalten werden.

---

[1] Der Zweitautor, der für die Aktualisierung der Kommentierung alleine verantwortlich zeichnet, dankt seinem wiss. Mitarbeiter, Herrn *Fabian Schwarzfischer*, für hilfreiche Vorarbeiten.

(9) Um einheitliche Bedingungen für die Anwendung dieses Artikels sicherzustellen, arbeitet die ESMA Entwürfe technischer Durchführungsstandards zur Festlegung des genauen Formats der Insiderlisten und des Formats für deren Aktualisierungen gemäß diesem Artikel aus.

Die ESMA legt der Kommission diese Entwürfe technischer Durchführungsstandards bis zum 3. Juli 2016 vor.

Der Kommission wird die Befugnis übertragen, die in Unterabsatz 1 genannten technischen Durchführungsstandards nach Artikel 15 der Verordnung (EU) Nr. 1095/2010 zu erlassen.

In der Fassung vom 16.4.2014 (ABl. EU Nr. L 173 v. 12.6.2014, S. 1), geändert durch Berichtigung vom 21.10.2016 (ABl. EU Nr. L 287 v. 21.10.2016, S. 320) und Berichtigung vom 21.12.2016 (ABl. EU Nr. L 348 v. 21.12.2016, S. 83).

Durchführungsverordnung (EU) 2016/347 der Kommission vom 10. März 2016 zur Festlegung technischer Durchführungsstandards im Hinblick auf das genaue Format der Insiderlisten und für die Aktualisierung von Insiderlisten gemäß der Verordnung (EU) Nr. 596/2014 des Europäischen Parlaments und des Rates

Art. 1 Begriffsbestimmungen

Für die Zwecke dieser Verordnung gilt folgende Begriffsbestimmung:
„Elektronische Hilfsmittel" sind elektronische Geräte für die Verarbeitung (einschließlich der digitalen Komprimierung), Speicherung und Übertragung von Daten über Kabel, Funk, optische Technologien oder andere elektromagnetische Verfahren.

In der Fassung vom 10.3.2016 (ABl. EU Nr. L 65 v. 11.3.2016, S. 49).

Art. 2 Format für die Erstellung und Aktualisierung der Insiderliste

(1) Emittenten, Teilnehmer am Markt für Emissionszertifikate, Versteigerungsplattformen, Versteigerer und die Auktionsaufsicht oder alle in ihrem Auftrag oder für ihre Rechnung handelnden Personen stellen sicher, dass ihre Insiderliste in separate Abschnitte gegliedert ist, die sich auf unterschiedliche Insiderinformationen beziehen. Bei Feststellung neuer Insiderinformationen gemäß Artikel 7 der Verordnung (EU) Nr. 596/2014 sind der Insiderliste neue Abschnitte hinzuzufügen.
Jeder Abschnitt der Insiderliste enthält nur Angaben zu den Einzelpersonen, die Zugang zu der für diesen Abschnitt relevanten Insiderinformation haben.

(2) Die in Absatz 1 genannten Personen können in ihre Insiderliste einen ergänzenden Abschnitt mit den Angaben zu den Einzelpersonen einfügen, die jederzeit zu allen Insiderinformationen Zugang haben („permanente Insider").
Die Angaben zu den permanenten Insidern, die in den ergänzenden Abschnitt nach Unterabsatz 1 aufgenommen wurden, werden nicht in den anderen Abschnitten der Insiderliste nach Absatz 1 aufgeführt.

(3) Die in Absatz 1 genannten Personen erstellen die Insiderliste in einem elektronischen Format entsprechend Vorlage 1 von Anhang I und aktualisieren sie regelmäßig.
Wenn die Insiderliste den ergänzenden Abschnitt nach Absatz 2 enthält, erstellen die in Absatz 1 genannten Personen diesen Abschnitt in einem elektronischen Format entsprechend Vorlage 2 von Anhang I und aktualisieren ihn regelmäßig.

(4) Das in Absatz 3 genannte elektronische Format gewährleistet jederzeit

a) die Vertraulichkeit der enthaltenen Informationen durch die Beschränkung des Zugangs zur Insiderliste auf eindeutig festgelegte Personen aus dem Kreis des Emittenten, des Teilnehmers am Markt für Emissionszertifikate, der Versteigerungsplattform, des Versteigerers und der Auktionsaufsicht oder derjenigen, die in ihrem Auftrag oder für ihre Rechnung handeln, für die dieser Zugang aufgrund des Charakters ihrer Funktion oder ihrer Position notwendig ist;
b) die Genauigkeit der in der Insiderliste enthaltenen Informationen;
c) den Zugang zu vorherigen Fassungen der Insiderliste und deren Abruf.

(5) Die Übermittlung der Insiderliste nach Absatz 3 erfolgt unter Verwendung der von der zuständigen Behörde festgelegten elektronischen Hilfsmittel. Die zuständigen Behörden veröffentlichen die zu verwendenden elektronischen Hilfsmittel auf ihrer Website. Diese elektronischen Hilfsmittel gewährleisten, dass die Vollständigkeit, Integrität und Vertraulichkeit der Informationen während der Übertragung gewahrt bleiben.

In der Fassung vom 10.3.2016 (ABl. EU Nr. L 65 v. 11.3.2016, S. 49).

Art. 3 Emittenten an KMU-Wachstumsmärkten

Für die Zwecke von Artikel 18 Absatz 6 Buchstabe b der Verordnung (EU) Nr. 596/2014 stellt ein Emittent, dessen Finanzinstrumente zum Handel an KMU-Wachstumsmärkten zugelassen sind, der zuständigen Behörde auf Anfrage eine Insiderliste entsprechend der Vorlage in Anhang II und in einem Format bereit, das die Wahrung der Vollständigkeit, Integrität und Vertraulichkeit der Informationen während der Übertragung gewährleistet.

In der Fassung vom 10.3.2016 (ABl. EU Nr. L 65 v. 11.3.2016, S. 49).

Art. 4 Inkrafttreten

Diese Verordnung tritt am Tage nach ihrer Veröffentlichung im Amtsblatt der Europäischen Union in Kraft.
Sie gilt ab dem 3. Juli 2016.

In der Fassung vom 10.3.2016 (ABl. EU Nr. L 65 v. 11.3.2016, S. 49).

Anhang I
Vorlage 1

Insiderliste: Abschnitt in Bezug auf [Bezeichnung der geschäftsspezifischen oder ereignisbasierten Insiderinformation]

Datum und Uhrzeit (der Einrichtung dieses Abschnitts der Insiderliste, d. h., wann diese Insiderinformation identifiziert wurde): [JJJJ-MM-TT; hh:mm UTC (Koordinierte Weltzeit)]

Datum und Uhrzeit (letzte Aktualisierung): [JJJJ-MM-TT, hh:mm UTC (Koordinierte Weltzeit)]

Datum der Übermittlung an die zuständige Behörde: [JJJJ-MM-TT]

Vorname(n) des Insiders	Nachname(n) des Insiders	Geburtsname(n) des Insiders (falls abweichend)	Dienstliche Telefonnummern(n) (Durchwahl und mobil)	Name und Anschrift des Unternehmens	Funktion und Grund für die Einstufung als Insider	Erlangung des Zugangs (Datum und Uhrzeit der Erlangung des Zugangs zu Insiderformationen)	Ende (Datum und Uhrzeit der Beendigung des Zugangs zu Insiderinformationen)	Geburtsdatum	Nationale Identifikationsnummer (falls zutreffend)	Private Telefonnummern (Festnetz und mobil)	Vollständige Privatanschrift (Straße; Hausnummer; Stadt; Postleitzahl; Land)
[Text]	[Text]	[Text]	[Nummern (kein Leerzeichen)]	[Anschrift von Emittent/Teilnehmer am Markt für Emissionszertifikate/Versteigerungsplattform/Versteigerer/Auktionsaufsicht oder Drittem des Insiders]	[Text mit Beschreibung von Rolle, Funktion und Grund für die Aufnahme in diese Liste]	[JJJJ-MM-TT, hh:mm UTC]	[JJJJ-MM-TT, hh:mm UTC]	[JJJJ-MM-TT]	[Nummer und/oder Text]	[Nummern (kein Leerzeichen)]	[Text: genaue Privatanschrift des Insiders Straße und Hausnummer Stadt Postleitzahl Land]

Art. 18 VO Nr. 596/2014 | Insiderlisten

Vorlage 2

Abschnitt „Permanente Insider" der Insiderliste

Datum und Uhrzeit (der Einrichtung des Abschnitts „Permanente Insider"): [JJJJ-MM-TT; hh:mm UTC (Koordinierte Weltzeit)]

Datum und Uhrzeit (letzte Aktualisierung): [JJJJ-MM-TT; hh:mm UTC (Koordinierte Weltzeit)]

Datum der Übermittlung an die zuständige Behörde: [JJJJ-MM-TT]

Vorname(n) des Insiders	Nachname(n) des Insiders	Geburts- name(n) des Insiders (falls abweichend)	Dienstliche Telefon- nummern(n) (Durchwahl und mobil)	Name und Anschrift des Unternehmens	Funktion und Grund für die Einstufung als Insider	Aufnahme (Datum und Uhrzeit der Aufnahme in den Abschnitt „Permanente Insider")	Geburts- datum	Nationale Identifika- tionsnummer (falls zutref- fend)	Private Tele- fonnummern (Festnetz und mobil)	Vollständige Privatanschrift (Straße; Haus- nummer; Stadt; Postleitzahl; Land)
[Text]	[Text]	[Text]	[Nummern (kein Leer- zeichen)]	[Anschrift von Emittent/Teil- nehmer am Markt für Emissions- zertifikate/ Versteige- rungsplatt- form/ Versteigerer/ Auktions- aufsicht oder Drittem des Insiders]	[Text mit Beschreibung von Rolle, Funktion und Grund für die Aufnahme in diese Liste]	[JJJJ-MM-TT, hh:mm UTC]	[JJJJ-MM-TT]	[Nummer und/oder Text]	[Nummern (kein Leer- zeichen)]	[Text: genaue Privatanschrift des Insiders Straße und Hausnummer Stadt Postleitzahl Land]

Anhang II

Vorlage für die Insiderliste zur Einreichung durch Emittenten von Finanzinstrumenten, die zum Handel an KMU-Wachstumsmärkten zugelassen sind

Datum und Uhrzeit (Erstellung): [JJJJ-MM-TT, hh:mm UTC (Koordinierte Weltzeit)]

Datum der Übermittlung an die zuständige Behörde: [JJJJ-MM-TT]

Vorname(n) des Insiders	Nachname(n) des Insiders	Geburtsname(n) des Insiders (falls abweichend)	Dienstliche Telefonnummern(n) (Durchwahl und mobil)	Name und Anschrift des Unternehmen	Funktion und Grund für die Einstufung als Insider	Erlangung (Datum und Uhrzeit der Erlangung des Zugangs zu Insiderinformationen)	Ende (Datum und Uhrzeit der Beendigung des Zugangs zu Insiderinformationen)	Nationale Identifikationsnummer (falls zutreffend) Oder anderenfalls Geburtsdatum	Vollständige Privatanschrift (Straße; Hausnummer; Stadt; Postleitzahl; Land) (Falls zum Zeitpunkt der Abforderung durch die zuständige Behörde verfügbar)	Private Telefonnummern (Festnetz und mobil) (Falls zum Zeitpunkt der Abforderung durch die zuständige Behörde verfügbar)
[Text]	[Text]	[Text]	[Nummern (kein Leerzeichen)]	[Anschrift von Emittent oder Drittem des Insiders]	[Text mit Beschreibung von Rolle, Funktion und Grund für die Aufnahme in diese Liste]	[JJJJ-MM-TT, hh:mm UTC]	[JJJJ-MM-TT, hh:mm UTC]	[Nummer und/oder Text oder JJJJ-MM-TT für das Geburtsdatum]	[Text: genaue Privatanschrift des Insiders - Straße und Hausnummer - Stadt - Postleitzahl - Land]	[Nummern (kein Leerzeichen)]

Art. 18 VO Nr. 596/2014 | Insiderlisten

Schrifttum: *Bedkowski*, Der neue Emittentenleitfaden der BaFin, BB 2009, 394; *Brandi/Süßmann*, Neue Insiderregeln und Ad-hoc-Publizität – Folgen für Ablauf und Gestaltung von M&A-Transaktionen, AG 2004, 642; *Burg/Marx*, Der neue Emittentenleitfaden der BaFin (2009) – Unter besonderer Berücksichtigung des Erfordernisses eines Freistellungsbeschlusses nach § 15 Abs. 3 Satz 1 WpHG, AG 2009, 487; *Bürgers*, Das Anlegerschutzverbesserungsgesetz, BKR 2004, 424; *von Buttlar*, Kapitalmarktrechtliche Pflichten in der Insolvenz, BB 2010, 1355; *Claussen/Florian*, Der Emittentenleitfaden, AG 2005, 745; *Diekmann/Sustmann*, Gesetz zur Verbesserung des Anlegerschutzes (Anlegerschutzverbesserungsgesetz – AnSVG), NZG 2004, 929; *von Falkenhausen/Widder*, Die befugte Weitergabe von Insiderinformationen nach dem AnSVG, BB 2005, 225; *Giering/Sklepek*, Insider-Compliance nach der Kapitalmarktmissbrauchsreform, CB 2016, 274; *Grothaus*, Reform des Insiderrechts: Großer Aufwand – viel Rechtsunsicherheit – wenig Nutzen?, ZBB 2005, 62; *Gurlit*, Gläserne Banken- und Kapitalmarktaufsicht? – Zur Bedeutung des Informationsfreiheitsgesetzes des Bundes für die Aufsichtspraxis, WM 2009, 773; *Haßler*, Insiderlisten gem. Art. 18 MMVO und ihre praktische Handhabung, DB 2016, 1920; *Holzborn/Israel*, Das Anlegerschutzverbesserungsgesetz – Die Veränderungen im WpHG, VerkProspG und BörsG und ihre Auswirkungen in der Praxis, WM 2004, 1948; *von Ilberg/Neises*, Die Richtlinien-Vorschläge der EU Kommission zum „Einheitlichen Europäischen Prospekt" und zum „Marktmissbrauch" aus Sicht der Praxis – Hintergrund, Inhalt und Kritik, WM 2002, 635; *Kirschhöfer*, Führung von Insiderverzeichnissen bei Emittenten und externen Dienstleistern, Der Konzern 2005, 22; *Koch*, Neuerungen im Insiderrecht und der Ad-hoc-Publizität, DB 2005, 267; *Krämer/Heinrich*, Emittentenleitfaden „reloaded": Eine Bestandsaufnahme der Neuauflage des Emittentenleitfadens der BaFin, ZIP 2009, 1737; *Krause*, Kapitalmarktrechtliche Compliance: neue Pflichten und drastisch verschärfte Sanktionen nach der EU-Marktmissbrauchsverordnung, CCZ 2014, 248; *Leuering*, Die Ad-hoc-Pflicht auf Grund der Weitergabe von Insiderinformationen (§ 15 I 3 WpHG), NZG 2005, 12; *von der Linden*, Das neue Marktmissbrauchsrecht im Überblick, DStR 2016, 1036; *Lührs/Korff*, Der Zeitpunkt für das Führen von Insiderverzeichnissen, ZIP 2008, 2159; *Merkner/Sustmann*, Insiderrecht und Ad-Hoc-Publizität – Das Anlegerschutzverbesserungsgesetz „in der Fassung durch den Emittentenleitfaden der BaFin", NZG 2005, 729; *Möllers/Wenninger*, Informationsansprüche gegen die BaFin im Lichte des neuen Informationsfreiheitsgesetzes (IFG), ZHR 170 (2006), 455; *v. Neumann-Cosel*, Die Reichweite des Insiderverzeichnisses nach § 15b WpHG, 2008; *Poelzig*, Die Neuregelung der Offenlegungsvorschriften durch die Marktmissbrauchsverordnung, NZG 2016, 761; *Renz/Leibold*, Die neuen strafrechtlichen Sanktionsregelungen im Kapitalmarktrecht, CCZ 2016, 157; *Rodewald/Tüxen*, Neuregelung des Insiderrechts nach dem Anlegerschutzverbesserungsgesetz (AnSVG) – Neue Organisationsanforderungen für Emittenten und ihre Berater, BB 2004, 2249; *Schlitt*, Kapitalmarktrechtliche Folgepflichten eines börsennotierten Unternehmens, in Habersack/Mülbert/Schlitt (Hrsg.), Unternehmensfinanzierung am Kapitalmarkt, 4. Aufl. 2019, § 38; *Uwe H. Schneider/ von Buttlar*, Die Führung von Insiderverzeichnissen: Neue Compliance-Pflichten für Emittenten, ZIP 2004, 1621; *Schwintek*, Das Anlegerschutzverbesserungsgesetz, 2005; *Seibt/Wollenschläger*, Revision des Marktmissbrauchsrechts durch Marktmissbrauchsverordnung und Richtlinie über strafrechtliche Sanktionen für Marktmanipulation, AG 2014, 593; *Simons*, Die Insiderliste (Art. 18 MMVO), CCZ 2016, 221; *Simons*, Gesetzgebungskunst. Ein Hilferuf aus dem Maschinenraum des Kapitalmarktrechts, AG 2016, 651; *Simons*, (Weitere) Zweifelsfragen zur Insiderliste, CCZ 2017, 182; *Söhner*, Praxis-Update Marktmissbrauchsverordnung: Neue Leitlinien und alte Probleme, BB 2017, 259; *Steidle/Waldeck*, Die Pflicht zur Führung von Insiderverzeichnissen unter dem Blickwinkel der informationellen Selbstbestimmung, WM 2005, 868; *Tollkühn*, Die Ad-hoc-Publizität nach dem Anlegerschutzverbesserungsgesetz, ZIP 2004, 2215; *Villeda*, Prävention und Repression von Insiderhandel, 2010; *Wieneke/Schulz*, Durchführung eines Delistings, AG 2016, 809; *Zimmer*, Finanzmarktrecht – Quo Vadis?, BKR 2004, 421; *Zimmer*, Insiderverzeichnisse, in FS Hüffer, 2010, S. 1153.

I. Hintergrund und Regelungsziel 1	c) Permanente Insider (Art. 2 Abs. 2 Unterabs. 1 DurchfVO 2016/347) 52
1. Entstehungsgeschichte 1	3. Inhalt der Liste (Art. 18 Abs. 3 VO Nr. 596/2014) 54
2. Regelungsgegenstand und -ziel 6	a) Allgemeine Angaben und Sprache der Liste 54
3. Vereinbarkeit mit den Grundrechten 9	b) Angaben über die zu erfassenden Personen . 56
II. Persönlicher Anwendungsbereich 10	c) Grund für die Aufnahme sowie Zeitangaben 58
1. Überblick 10	d) Besonderheiten bei Permanenten Insidern . 61
2. Emittenten von Finanzinstrumenten (Art. 18 Abs. 7 VO Nr. 596/2014) 12	**IV. Pflicht zur Aktualisierung der Insiderliste (Art. 18 Abs. 1 lit. b, Abs. 4 VO Nr. 596/2014)** 64
3. Teilnehmer am Markt für Emissionszertifikate und Versteigerer (Art. 18 Abs. 8 VO Nr. 596/2014) 15	1. Auslöser der Aktualisierungspflicht 64
	2. Frist 67
4. Im Auftrag oder für Rechnung eines Emittenten handelnde Personen (Art. 18 Abs. 1 Alt. 2 VO Nr. 596/2014) 17	**V. Übermittlung an die zuständige Behörde (Art. 18 Abs. 1 lit. c VO Nr. 596/2014)** 68
III. Führung und Inhalt der Insiderliste 28	**VI. Aufklärungspflicht (Art. 18 Abs. 2 VO Nr. 596/2014)** 70
1. Listenführungspflicht (Art. 18 Abs. 1 lit. a VO Nr. 596/2014) 28	1. Aufklärungspflichtiger 70
a) Anlassbezogene Liste 29	2. Inhalt der Aufklärung 71
b) Permanente Liste (Art. 2 Abs. 2 DurchfVO 2016/347) 32	3. Form der Aufklärung und schriftliches Anerkenntnis 73
c) Qualifizierung der Liste 33	4. Zeitpunkt und Wiederholung der Aufklärung . 75
d) Aufbau, Format und Führung der Liste (Art. 2 DurchfVO 2016/347) 34	**VII. Aufbewahrung (Art. 18 Abs. 5 VO Nr. 596/2014)** 76
2. In die Insiderliste aufzunehmende Personen (Art. 18 Abs. 1 lit. a VO Nr. 596/2014) 40	1. Art der Aufbewahrung 76
a) Überblick 40	2. Aufbewahrungsfrist 77
b) Einzelfälle 45	3. Vertraulichkeit und Pflicht zur Löschung 79

VIII. Erleichterungen für KMU-Wachstumsmärkte-Emittenten (Art. 18 Abs. 6 VO Nr. 596/2014) 80
  1. Voraussetzungen der Befreiung 81
  2. Rechtsfolgen, insbesondere Schatteninsiderliste 84
  3. Vereinfachte Insiderliste 86
  4. Auswirkungen auf Dienstleister 88
IX. Verordnungsermächtigungen (Art. 18 Abs. 9 VO Nr. 596/2014 und § 26 Abs. 4 Satz 1 Nr. 5 WpHG) 89

X. Zuständige Behörde 91
XI. Rechte des Betriebsrats 93
XII. Sanktionen 96
  1. Bußgeld 96
  2. Verwaltungsrechtliche Sanktionen 99
  3. Strafvorschriften 100
  4. Zivilrechtliche Sanktionen 103
XIII. Ansprüche nach dem Informationsfreiheitsgesetz 106

I. Hintergrund und Regelungsziel. 1. Entstehungsgeschichte. Die Vorschrift ist am 3.7.2016 in Kraft getreten und tritt in Deutschland an die Stelle des bisherigen § 15b WpHG a.F. Mit der **Überführung in direkt anwendbares Unionsrecht** geht auch ein **Wechsel in der Terminologie** einher: die gem. § 15b WpHG a.F. zu führenden Insiderverzeichnisse heißen nunmehr Insiderlisten.   **1**

Die durch das Anlegerschutzverbesserungsgesetz[1] eingefügte Regelung des **§ 15b WpHG a.F.** beruhte auf Art. 6 Abs. 3 Unterabs. 3 der **Marktmissbrauchsrichtlinie**[2]. Art. 6 Abs. 3 Unterabs. 3 lautete: „Die Mitgliedstaaten sehen vor, dass Emittenten oder in ihrem Auftrag oder für ihre Rechnung handelnde Personen ein Verzeichnis der Personen führen, die für sie auf Grundlage eines Arbeitsvertrags oder anderweitig tätig sind und Zugang zu Insider-Informationen haben. Die Emittenten bzw. die in ihrem Auftrag oder die für ihre Rechnung handelnden Personen müssen dieses Verzeichnis regelmäßig aktualisieren und der zuständigen Behörde auf Anfrage übermitteln." Die Kommission verabschiedete am 29.4.2004 eine Durchführungsrichtlinie[3], die in ihrem Art. 5 die Insiderverzeichnisse regelte. Die Regelungen der Durchführungsrichtlinie wurden in Deutschland teils in § 15b WpHG a.F. (Aufklärungspflicht), teils in den §§ 14-16 WpAIV a.F.[4] (Inhalt, Berichtigung, Aufbewahrung und Vernichtung) umgesetzt.   **2**

Die am 16.4.2014 erlassene und ab dem 3.7.2016 geltende **Marktmissbrauchsverordnung** (VO Nr. 596/2014) führte zur Aufhebung der Marktmissbrauchsrichtlinie und regelt die Insiderlisten nunmehr unionsweit einheitlich. Der europäische Normengeber hielt fest, dass es sich bei Insiderlisten um ein wichtiges Instrument bei der Untersuchung möglichen Marktmissbrauchs handle, bemängelte indes den aus den **unterschiedlichen Anforderungen der einzelnen Mitgliedstaaten** hinsichtlich der erforderlichen Datenfelder erwachsenden unnötigen Verwaltungsaufwand[5]. Um **unionsweit einheitliche Standards** für das Format und die Aktualisierung von Insiderlisten zu schaffen, erließ die Europäische Kommission am 10.3.2016 die **Durchführungsverordnung (EU) 2016/347**[6]. Die DurchfVO 2016/347 enthält auch zwei Anhänge, die Vorlagen für die allgemeinen Insiderlisten sowie speziell für die vereinfachte Insiderliste für solche Emittenten, die zum Handel an KMU-Wachstumsmärkten zugelassen sind, beinhalten.   **3**

Art. 18 VO Nr. 596/2014 führt in Einzelheiten zu einer **Verschärfung des bisherigen Rechts**, insbesondere im Hinblick auf die in der Insiderliste aufzunehmenden Informationen (s. dazu Rz. 54 ff.). Der Neuregelung wurde im Schrifttum aus diesem Grunde bereits „inquisitorischer Impetus" vorgeworfen[7]. Gleichzeitig hat sich – im Einklang mit den sonstigen Regelungen zur Insiderhandelsprävention – der **Anwendungsbereich** durch Art. 18   **4**

---

[1] Gesetz zur Verbesserung des Anlegerschutzes (Anlegerschutzverbesserungsgesetz – AnSVG) vom 28.10.2004 (BGBl. I 2004, 2630).
[2] Richtlinie 2003/6/EG des Europäischen Parlaments und des Rates vom 28. Januar 2003 über Insider-Geschäfte und Marktmanipulation (Marktmissbrauch), ABl. EU Nr. L 96 v. 12.4.2003, S. 16. Ausführlich zur Entstehung von Art. 6 Abs. 3 Unterabs. 3 RL 2003/6/EG s. Sethe in 6. Aufl., § 15b WpHG Rz. 9.
[3] Richtlinie 2004/72/EG der Kommission vom 29. April 2004 zur Durchführung der Richtlinie 2003/6/EG des Europäischen Parlaments und des Rates – Zulässige Marktpraktiken, Definition von Insider-Informationen in Bezug auf Warenderivate, Erstellung von Insider-Verzeichnissen, Meldung von Eigengeschäften und Meldung verdächtiger Transaktionen, ABl. EU Nr. L 162 v. 30.4.2004, S. 70. Ausführlich zur Entstehung der Durchführungsrichtlinie s. Sethe in 6. Aufl., § 15b WpHG Rz. 10.
[4] Verordnung zur Konkretisierung von Anzeige-, Mitteilungs- und Veröffentlichungspflichten sowie der Pflicht zur Führung von Insiderverzeichnissen nach dem Wertpapierhandelsgesetz (Wertpapierhandelsanzeige- und Insiderverzeichnisverordnung – WpAIV) vom 13.12.2004 (BGBl. I 2004, 3376). Die bisherigen §§ 12–14 WpAIV sind mit Wirkung zum 3.1.2018 aufgehoben worden durch die 3. Verordnung zur Änderung der Wertpapierhandelsanzeige- und Insiderverzeichnisverordnung v. 2.11.2017 (BGBl. I 2017, 3727). Durch diese Änderungsverordnung wurden die Insiderlisten auch aus dem Name der Verordnung gestrichen, die nun WpAV heißt.
[5] Erwägungsgrund 56 zur VO Nr. 596/2014.
[6] Durchführungsverordnung (EU) 2016/347 der Kommission vom 10. März 2016 zur Festlegung technischer Durchführungsstandards im Hinblick auf das genaue Format der Insiderlisten und für die Aktualisierung von Insiderlisten gemäß der Verordnung (EU) Nr. 596/2014 des Europäischen Parlaments und des Rates, ABl. EU Nr. L 65 v. 11.3.2016, S. 49. Die Vorschriften der DurchfVO sind hinter dem Text des Art. 18 VO Nr. 596/2014 zu Beginn dieser Kommentierung abgedruckt.
[7] *Simons*, CCZ 2017, 182, 188.

Art. 18 VO Nr. 596/2014 | Insiderlisten

Abs. 7 und 8 VO Nr. 596/2014 erheblich **erweitert**. Die Regelungen wurden gegenüber § 15b WpHG a.F. auf Emittenten ausgedehnt, deren Finanzinstrumente eine Zulassung zum Handel auf einem **multilateralen oder organisierten Handelssystem** erhalten haben oder die für ihre Finanzinstrumente eine Zulassung zum Handel auf einem multilateralen Handelssystem beantragt haben. Neu ist, dass auch **Teilnehmer am Markt für Emissionszertifikate** sowie **Versteigerungsplattformen, Versteigerer und die Auktionsaufsicht** bezüglich der Versteigerung von Treibhausgasemissionszertifikaten nach der VO Nr. 1031/2010 von der Pflicht zur Führung von Insiderlisten erfasst werden (s. dazu Rz. 15 f.).

5 Der 2005 von der BaFin erstmals veröffentlichte und für die damaligen Insiderverzeichnisse 2009 zuletzt aktualisierte **Emittentenleitfaden**[1] kann aufgrund der Überführung in direkt anwendbares Unionsrecht nicht mehr ohne weiteres für die Auslegung von Art. 18 VO Nr. 596/2014 zugrunde gelegt werden[2]. Als Auslegungshilfe können jedoch die **FAQ der BaFin** zu Insiderlisten dienen, in denen die BaFin für die Praxis besonders relevante Fragestellungen, die durch die Einführung des Art. 18 VO Nr. 596/2014 aufgeworfen wurden, beantwortet hat[3]. Zudem hat die **ESMA** einen Abschlussbericht zum Entwurf der Durchführungsbestimmungen[4] sowie ein paar wenige „Questions & Answers"[5] veröffentlicht, die jeweils Hinweise zum Auslegungsansatz der europäischen Aufsichtsbehörden geben und daher für die Interpretation herangezogen werden können.

6 **2. Regelungsgegenstand und -ziel.** Die Regelung verpflichtet Emittenten, Teilnehmer am Markt für Emissionszertifikate und bestimmte Dienstleister (Listenführungsverpflichtete), in einer Liste alle Personen zu erfassen, die bestimmungsgemäß Zugang zu Insiderinformationen (dazu Rz. 43) haben. Weiterhin muss der Normadressat diesen Personenkreis über die rechtlichen Pflichten belehren, die sich aus dem Zugang zu Insiderwissen ergeben. Die Normadressaten werden damit besonderen Organisationspflichten im Hinblick auf die Compliance mit insiderrechtlichen Vorschriften unterworfen. Wie auch die Beispiele der § 25a Abs. 1 Satz 1 KWG, §§ 23, 80 WpHG belegen, bedient sich der Gesetzgeber verstärkt des Instruments der **unternehmensinternen Prävention** durch Organisations-, Anzeige- und Registrierungspflichten, um Verstöße gegen das Insiderrecht zu verhindern. Die Emittenten, Teilnehmer am Markt für Emissionszertifikate und Wertpapierdienstleistungsunternehmen werden als Teile des Aufsichtssystems begriffen. Der Gesetzgeber verlagert Bausteine der Aufsicht in die Unternehmen und macht diese zu seinem verlängerten Arm, was dort einen erheblichen bürokratischen Aufwand verursacht[6]. Der Unionsrechtsgeber hat auf die Kritik an der Überbürokratisierung reagiert und mit Art. 18 Abs. 6 VO Nr. 596/2014 Erleichterungen geschaffen für Emittenten, deren Finanzinstrumente zum Handel an KMU-Wachstumsmärkten zugelassen sind; der praktische Effekt dieser Regelung dürfte allerdings gering sein (dazu Rz. 80 ff.).

7 Der Vorschrift des Art. 18 VO Nr. 596/2014 kommen vier Funktionen zu. (1) Die Führung der Liste erleichtert es den von Art. 18 Abs. 1 VO Nr. 596/2014 erfassten Adressaten, innerhalb ihres Wirkungskreises den Fluss der Insiderinformationen zu überwachen und damit ihren Geheimhaltungspflichten nachzukommen (**Organisations- und Überwachungsfunktion**)[7]. (2) Die Aufklärung der Personen mit Zugang zu Insiderwissen bewirkt, dass diesem Personenkreis das Insiderhandelsverbot vor Augen geführt wird. Dadurch verstärkt sich die Abschreckungswirkung des strafrechtlich sanktionierten Verbots (**Abschreckungsfunktion**)[8]. (3) Die Vorschrift ermöglicht und erleichtert der zuständigen Behörde die Überwachung von Insidergeschäften und erfüllt damit eine Art. 26 VO Nr. 600/2014 (MiFIR) vergleichbare Funktion. Die der zuständigen Behörde auf Verlangen zuzusendende Liste dient als Ermittlungswerkzeug (**Strafverfolgungsfunktion**)[9]. (4) Zudem wird erreicht, dass in einem späteren Strafverfahren gegen eine nach Art. 18 Abs. 2 VO Nr. 596/2014 belehrte Person der

---

1 Zum Leitfaden und seiner Aktualisierung s. *Claussen/Florian*, AG 2005, 745 ff.; *Krämer/Heinrich*, ZIP 2009, 1737 ff.; *Bedkowski*, BB 2009, 394 ff.; *Burg/Marx*, AG 2009, 487 ff. Es handelt sich um eine norminterpretierende Verwaltungsvorschrift, die keine Bindungswirkung entfaltet, BGH v. 25.2.2008 – II ZB 9/07, AG 2008, 380, 382.
2 Eine überarbeitete Version des Emittentenleitfadens durch die BaFin wurde bis Redaktionsschluss dieses Kommentars noch nicht vorgelegt. Auf Anfrage teilt die BaFin mit, dass in Zukunft der Emittentenleitfaden in unterschiedlichen Modulen nach und nach aktualisiert erscheinen wird.
3 BaFin, FAQ zu Insiderlisten nach Art. 18 der Marktmissbrauchsverordnung (EU) Nr. 596/2014, Stand: 13.1.2017, abrufbar unter https://www.bafin.de/SharedDocs/Downloads/DE/FAQ/dl_faq_mar_art_18_insiderlisten.pdf;jsessionid=5E97 476645D9A82012F0B60021951DE1.2_cid372?__blob=publicationFile&v=8 (im Folgenden: BaFin, FAQ Insiderlisten).
4 ESMA, Final Report: Draft technical standards on the Market Abuse Regulation, 28.9.2015, ESMA/2015/1455.
5 ESMA, Questions and Answers On the Market Abuse Regulation (MAR), ESMA70-145-111, Version 11, Stand: 23.3. 2018.
6 Diesen Aufwand kritisieren auch *Bürgers*, BKR 2004, 424, 426; *von Falkenhausen/Widder*, BB 2005, 225; *Holzborn/Israel*, WM 2004, 1948, 1952; *Pfüller* in Fuchs, § 15b WpHG Rz. 12; *Uwe H. Schneider/von Buttlar*, ZIP 2004, 1621; *Heinrich* in KölnKomm. WpHG, § 15b WpHG Rz. 5; *Zimmer*, BKR 2004, 421, 422.
7 Erwägungsgrund 57 zur VO Nr. 596/2014. S. auch *Poelzig*, NZG 2016, 761, 767; *Heinrich* in KölnKomm. WpHG, § 15b WpHG Rz. 4.
8 *Heinrich* in KölnKomm. WpHG, § 15b WpHG Rz. 4.
9 Erwägungsgrund 6 zur DurchfVO 2016/347. Zuvor bereits *Pfüller* in Fuchs, § 15b WpHG Rz. 2; kritisch dazu *von Ilberg/Neises*, WM 2002, 635, 647 und *Steidle/Waldeck*, WM 2005, 868, 871 f. (unter Hinweis auf das Recht auf informationelle Selbstbestimmung); grundsätzlich ablehnend *Brandi/Süßmann*, AG 2004, 642, 644.

Vorsatz leichter nachweisbar ist; das Vorliegen eines Verbotsirrtums ist nach der Belehrung unwahrscheinlich (**Durchsetzungsfunktion**)[1].

Erwägungsgrund Nr. 57 zur VO Nr. 596/2014 stellt fest, dass sowohl die Emittenten als auch die zuständigen Behörden in der Lage sein müssen, die Insiderinformationen, zu denen die einzelnen Insider Zugang haben, sowie den Zeitpunkt, zu dem sie den Zugang erhalten haben, zu ermitteln (zu den Folgen s. Rz. 33). Die Vorgaben der Marktmissbrauchsverordnung führen im Ergebnis dazu, dass Emittenten eine Pflicht zu organisatorischen Maßnahmen und zu internen Kontrollverfahren trifft. Art. 18 Abs. 2 VO Nr. 596/2014 schreibt zudem eine Aufklärung der Mitarbeiter vor. Angesichts dieser beiden Vorgaben ist es zumindest für größere Unternehmen in der Praxis nur noch ein kleiner Schritt, gleich eine **unternehmensinterne Compliance-Richtlinie** zu verabschieden[2] und im Unternehmen bekannt zu machen.

3. Vereinbarkeit mit den Grundrechten. Teilweise wird bezweifelt, dass die Regelung des Art. 18 VO Nr. 596/2014 mit dem Recht auf informationelle Selbstbestimmung im Einklang steht[3]. Auf Grund des Charakters der Marktmissbrauchsverordnung ist die Vereinbarkeit der erforderlichen Angaben nicht mehr am Maßstab des Grundgesetzes, sondern an der EU-Grundrechtecharta zu messen[4]. In Betracht kommt hier insbesondere Art. 8 GRCh, der das Recht auf Schutz der personenbezogenen Daten verbürgt, sowie gegebenenfalls Art. 7 GRCh, der die Achtung des Privat- und Familienlebens einschließlich der Kommunikation verlangt. Die durch Art. 18 VO Nr. 596/2014 vorgesehene Datenerfassung in der Insiderliste stellt jedenfalls einen **Eingriff in Art. 7 GRCh** dar. Dieser Eingriff dürfte aber den **Anforderungen von Art. 52 Abs. 1 GRCh** entsprechen, da er der Verhinderung von Insiderhandel dient und nicht über das erforderliche Maß hinausgeht. Dies gilt jedenfalls für die explizit im Anhang I zur DurchfVO 2016/347 aufgeführten Daten, einschließlich des privaten Wohnsitzes und der privaten Telefonnummern des Eingetragenen. Derartige Daten ermöglichen einen Abgleich, ob etwa von Ehe- oder Lebenspartnern Geschäfte vorgenommen wurden, die einen Verstoß gegen Art. 14 VO Nr. 596/2014 darstellen. Bezweifeln kann man allein, ob die von der BaFin angenommene **Pflicht zur Angabe eines Zweitwohnsitzes** (s. Rz. 57) eine hinreichende gesetzliche Grundlage i.S.d. Art. 52 Abs. 1 Satz 1 GRCh aufweist. Die Vorlagen 1 und 2 in Anhang I zur DurchfVO 2016/347 verlangen allerdings die Angabe der „vollständigen" Privatanschrift. Darunter lässt sich ohne Überschreitung der Wortlautgrenze auch noch die Pflicht zur Angabe aller Privatanschriften fassen, so dass auch insoweit ein Grundrechtsverstoß ausscheiden dürfte.

II. Persönlicher Anwendungsbereich. 1. Überblick. Die Vorschrift verpflichtet zum einen Emittenten von Finanzinstrumenten i.S.d. Art. 18 Abs. 7 VO Nr. 596/2014 und Teilnehmer am Markt für Emissionszertifikate sowie Versteigerer an diesen Märkten i.S.d. Art. 18 Abs. 8 VO Nr. 596/2014 und zum anderen die in ihrem Auftrag oder für ihre Rechnung handelnden Personen zur Führung einer Insiderliste. Beide Personenkreise unterliegen **eigenständigen Pflichten** zur Führung einer Insiderliste und zur Aufklärung[5]. Die im Auftrag oder für Rechnung eines Emittenten, Marktteilnehmers oder Versteigerers handelnden Personen werden also nicht dem Emittenten zugerechnet, so dass ihre Pflicht zur Führung des Verzeichnisses und zur Aufklärung entfiele. Zudem ist der Emittent, Marktteilnehmer oder Versteigerer nicht verpflichtet, die von ihm eingeschalteten Dienstleister über ihre Pflichten aus Art. 18 Abs. 1, 2 VO Nr. 596/2014 aufzuklären. Es ist grundsätzlich Aufgabe des Rechtsunterworfenen, sich selbst um die Einhaltung aufsichtsrechtlichen Pflichten zu kümmern[6]. Dies gilt trotz des **missverständlichen Wortlauts von Art. 18 Abs. 1 VO Nr. 596/2014** („oder"), der eine Alternativität der Verpflichtung nahezulegen scheint[7]. Auch die BaFin hat bereits zu erkennen gegeben, dass sie nach wie vor von einer Verpflichtung zur Führung einer Insiderliste sowohl des Emittenten als auch des Dienstleisters ausgeht[8]. Bereits Art. 6 Abs. 3 Unterabs. 3 der Marktmissbrauchsrichtlinie enthielt diese missverständliche Formulierung, wurde aber allgemein (z.B. durch § 15b Abs. 1 Satz 1 WpHG a.F.: „und") so verstanden, dass sowohl Emittenten als auch Dienstleister verpflichtet sein sollten. Vor allem spricht dafür aber die Überlegung, dass es ansonsten zu empfindlichen Schutzlücken käme, wenn ein Dienstleister von der Pflicht zur Führung einer Insiderliste entbunden wäre, weil eine erforderliche Aufklärung durch den Emittenten unterblieben ist[9].

Das Erfordernis, eine Insiderliste nach den Maßgaben des Art. 18 VO Nr. 596/2014 zu führen, befreit Emittenten nicht davon, eine **separate Liste** von Führungskräften und mit ihnen in enger Beziehung stehenden Personen nach Art. 19 Abs. 5 Unterabs. 2 Satz 1 VO Nr. 596/2014 **für Managers' Transactions** zu führen.

---

1 *Schröder*, Hdb. Kapitalmarktstrafrecht, Rz. 238 f.; *Villeda*, S. 298 betont zu Recht, dass allein die Aufnahme einer Person in das Insiderverzeichnis noch keinen Beleg für eine Kenntnis der Information darstellt und folglich nicht vom Nachweis des Vorsatzes entbindet. Trotzdem entsteht eine gewisse Vermutung. S. zum Ganzen auch Rz. 33.
2 Ebenso zum alten Recht *Uwe H. Schneider/von Buttlar*, ZIP 2004, 1621, 1623.
3 *Simons*, CCZ 2017, 182, 189; *Giering/Sklepek*, CB 2016, 274, 276 f.
4 Ebenso *Simons*, CCZ 2017, 182 (188); *Giering/Sklepek*, CB 2016, 274, 275 f.
5 Ebenso BaFin, FAQ Insiderlisten, Stand: 13.1.2017, II.2.; *Simons*, CCZ 2016, 221, 221; *Simons*, CCZ 2017, 182, 182; s. auch *Pfüller* in Fuchs, § 15b WpHG Rz. 16 (zu § 15b WpHG a.F.).
6 Ebenso *Pfüller* in Fuchs, § 15b WpHG Rz. 22; *Heinrich* in KölnKomm. WpHG, § 15b WpHG Rz. 31.
7 Ebenso *Simons*, CCZ 2016, 221, 221; *Simons*, CCZ 2017, 182, 182.
8 BaFin, FAQ Insiderlisten, Stand: 13.1.2017, II.2.
9 Vgl. *Pfüller* in Fuchs, § 15b WpHG Rz. 22.

12 **2. Emittenten von Finanzinstrumenten (Art. 18 Abs. 7 VO Nr. 596/2014).** Art. 18 Abs. 7 VO Nr. 596/2014 regelt den persönlichen Anwendungsbereich der Pflicht zur Führung von Insiderlisten und zur Aufklärung nach Art. 18 Abs. 1 und 2 VO Nr. 596/2014. Die Regelung stellt einen Gleichlauf zu Art. 17 Abs. 1 Unterabs. 3 VO Nr. 596/2014 her, so dass diejenigen Emittenten, die der Pflicht zur Ad-hoc-Publizität unterliegen, auch Insiderlisten führen müssen. Zur Führung von Insiderlisten und zur Aufklärung sind Emittenten (Art. 3 Abs. 1 Nr. 21 VO Nr. 596/2014, s. Art. 3 VO Nr. 596/2014 Rz. 30) von Finanzinstrumenten i.S.v. Art. 3 Abs. 1 Nr. 1 VO Nr. 596/2014 (s. Art. 3 VO Nr. 596/2014 Rz. 2-7) verpflichtet. Eine erste Erweiterung des Anwendungsbereichs gegenüber dem bisherigen § 15b WpHG a.F. ergibt sich aus der **erweiterten Definition des Finanzinstruments**, worunter jetzt etwa auch Emissionszertifikate fallen (dazu Art. 3 VO Nr. 596/2014 Rz. 28). Anders als nach bisheriger Rechtslage erfasst der Anwendungsbereich gem. Art. 18 Abs. 7 VO Nr. 596/2014 nunmehr neben Emittenten, die für ihre Finanzinstrumente eine **Zulassung an einem geregelten Markt** i.S.v. Art. 3 Abs. 1 Nr. 6 VO Nr. 596/2014 (s. Art. 3 VO Nr. 596/2014 Rz. 13 f.) in einem Mitgliedstaat beantragt oder erhalten haben, auch Emittenten, deren Finanzinstrumente eine Zulassung zum Handel auf einem **multilateralen Handelssystem (Multilateral Trading Facilities, MTF)** i.S.v. Art. 3 Abs. 1 Nr. 7 VO Nr. 596/2014 (s. Art. 3 VO Nr. 596/2014 Rz. 15 f.) beantragt oder erhalten haben, sowie Emittenten, die für ihre Finanzinstrumente eine Zulassung an einem organisierten Handelssystem (Organised Trading Facilities, OTF) i.S.v. Art. 3 Abs. 1 Nr. 8 VO Nr. 596/2014 (s. Art. 3 VO Nr. 596/2014 Rz. 17) erhalten haben. Nach wie vor sind nur solche Emittenten listenführungspflichtig, die an der Notierung ihrer Finanzinstrumente aktiv mitgewirkt haben. Im Rahmen von MTFs und OTFs sind dabei drei Konstellationen denkbar: (1) der Emittent hat selbst einen Antrag auf Zulassung/Einbeziehung zum Handel gestellt; (2) der Emittent hat einen Dritten beauftragt, einen solchen Antrag zu stellen; (3) der Emittent hat die Zulassung bzw. Einbeziehung seiner Finanzinstrumente zum Handel durch einen Dritten genehmigt[1]. In Deutschland betrifft diese Änderung praktisch vor allem solche Emittenten, deren Wertpapiere auf ihren Antrag in den **Freiverkehr gem. § 48 BörsG** einbezogen sind bzw. die einen entsprechenden Einbeziehungsantrag gestellt haben. Anders als unter § 15b WpHG a.F. sind sie nun dazu verpflichtet, eine Insiderliste nach Art. 18 VO Nr. 596/2014 zu führen[2]. **Ausgenommen von der Pflicht** zur Führung von Insiderlisten sind daher nur noch solche Emittenten, deren Finanzinstrumente allein „over the counter" (OTC) gehandelt werden.

13 Für **Emittenten aus Drittstaaten** außerhalb der Europäischen Union besteht keine abweichende Regelung; auch sie haben den Pflichten nach Art. 18 VO Nr. 596/2014 in vollem Umfang nachzukommen, soweit sie die zuvor genannten Kriterien erfüllen. Die bisherige Differenzierung des § 15b WpHG a.F., die die Pflicht zur Führung eines Insiderverzeichnisses davon abhängig machte, ob der Emittent als Inlandsemittent i.S.d. § 2 Abs. 7 WpHG a.F. zu qualifizieren war, spielt für die Pflicht zur Führung einer Insiderliste nach Art. 18 VO Nr. 596/2014 keine Rolle mehr. Da die Verordnung unmittelbar in der gesamten EU Anwendung findet, stellt sich allein die Frage, **welche Aufsichtsbehörde für die Überwachung zuständig ist**. Dies richtet sich nach den allgemeinen Zuständigkeitsregelungen (s. Rz. 91 f.).

14 Da Art. 18 Abs. 1 VO Nr. 596/2014 keine Konzernklausel enthält, erfasst die Vorschrift nur den Emittenten der Finanzinstrumente, nicht auch mit ihm **verbundene Unternehmen**. Konzernunternehmen und deren Mitarbeiter können jedoch im Einzelfall als im Auftrag des Emittenten handelnde Person anzusehen sein (s. Rz. 26)[3].

15 **3. Teilnehmer am Markt für Emissionszertifikate und Versteigerer (Art. 18 Abs. 8 VO Nr. 596/2014).** Art. 18 Abs. 8 lit. a VO Nr. 596/2014 erweitert den Anwendungsbereich der Pflichten nach Art. 18 Abs. 1-5 VO Nr. 596/2014 auch auf Teilnehmer am Markt für Emissionszertifikate i.S.v. Art. 3 Abs. 1 Nr. 20 VO Nr. 596/2014 (s. Art. 3 VO Nr. 596/2014 Rz. 29 und Art. 17 VO Nr. 596/2014 Rz. 255-257b). Da diese Definition auf die Ausnahme des Art. 17 Abs. 2 Unterabs. 2 VO Nr. 596/2014 verweist, gelten die konzernweiten Mindestwerte gem. Art. 5 DelVO Nr. 2016/522 auch für Art. 18 Abs. 8 lit. a VO Nr. 596/2014. Die Erweiterung auf Teilnehmer am Markt für Emissionszertifikate ist eine Konsequenz der Ausweitung des Marktmissbrauchsrechts auf Emissionszertifikate. Die Ausweitung ist allerdings im Rahmen von Art. 18 VO Nr. 596/2014 sachlich begrenzt. Denn die Marktteilnehmer sind nur zur Führung von Insiderlisten betreffend Insiderinformationen in Bezug auf Emissionszertifikate im Rahmen von **ihren physischen Aktivitäten am Markt für Emissionszertifikate** verpflichtet. Nicht erfasst sind damit rein finanzielle Operationen der Marktteilnehmer, auch wenn das Wissen darum eine Insiderinformation begründet, sondern nur solche Insiderinformationen i.S.v. Art. 7 Abs. 1 lit. c VO Nr. 596/2014, die realwirtschaftliche Aktivitäten betreffen[4].

---

1 BaFin, FAQ Insiderlisten, Stand: 13.1.2017, II.1.
2 *Poelzig*, NZG 2016, 761, 763; *Haßler*, DB 2016, 1920, 1920; *Krause*, CCZ 2014, 248, 250.
3 So auch BaFin, FAQ Insiderlisten, Stand: 13.1.2017, V.2.; nicht überzeugend dagegen *Semrau* in Klöhn, Art. 18 MAR Rz. 23, der bei Emittenten, die Holdinggesellschaften sind, den Begriff des „auf dessen Rechnung" dahin verstehen will, dass auch Tochtergesellschaften als Dienstleister (s. Rz. 18 ff.) erfasst seien.
4 Zu dieser Gegenüberstellung s. Erwägungsgrund 8 zur Verordnung (EU) Nr. 1227/2011 des Europäischen Parlaments und des Rates v. 25.10.2011 über die Integrität und Transparenz des Energiegroßhandelsmarkts, ABl. EU Nr. L 326 v. 8.12.2011, S. 1.

Gem. Art. 18 Abs. 8 lit. b VO Nr. 596/2014 sind auch **Versteigerungsplattformen** (Art. 26 und 30 VO Nr. 1031/2010), **Versteigerer** (Art. 3 Nr. 20 VO Nr. 1031/2010) und die **Auktionsaufsicht** (Art. 24 f. VO Nr. 1031/2010) bei der Versteigerung von Emissionszertifikaten und anderen darauf beruhenden Aktionsobjekten, die gemäß der VO Nr. 1031/2010[1] abgehalten werden, von den Pflichten der Abs. 1-5 erfasst. Diese müssen Insiderlisten hinsichtlich solcher Insiderinformation führen, die einen Bezug zu der Versteigerung aufweisen Es geht also ausschließlich um marktbezogene Insiderinformationen, nicht dagegen um Informationen bezüglich des Rechtsträgers der Normadressaten oder bezüglich anderer Tätigkeitsbereiche. Diese Gruppe von Normadressaten sind nicht schon als „Dienstleister" (dazu sogleich Rz. 18) erfasst, weil sie nicht „im Auftrag" oder „für Rechnung" einzelner Marktteilnehmer handeln. Letztlich entsteht so eine Ungleichbehandlung zwischen dem Markt für Emissionszertifikate und den Märkten für sonstige Finanzinstrumente. Die Marktbetreiber der letzteren Märkte unterliegen keiner Pflicht zur Führung von Insiderverzeichnissen. 16

4. Im Auftrag oder für Rechnung eines Emittenten handelnde Personen (Art. 18 Abs. 1 Alt. 2 VO Nr. 596/2014). Neben dem Emittenten sind auch „alle in seinem Auftrag oder für seine Rechnung handelnden Personen" in Art. 18 Abs. 1 VO Nr. 596/2014 genannt. Damit sind nur solche Dritte gemeint, deren Aufgabe nicht allein darin besteht, im Auftrag oder für Rechnung des Listenführungsverpflichteten[2] die **Insiderliste zu erstellen oder zu aktualisieren.** Diese spezielle Gruppe von Hilfspersonen wird in Art. 18 Abs. 2 Unterabs. 2 VO Nr. 596/2014 behandelt[3]. Daraus ergibt sich zunächst, dass es grundsätzlich zulässig ist, die Führung der Liste auf eine Hilfsperson zu delegieren. Jedoch verbleibt die **Verantwortlichkeit** für die ordnungsgemäße Führung der Insiderliste allein **beim delegierenden Listenführungsverpflichteten**[4]. Die Hilfspersonen sind daher keine eigenen Adressaten von Art. 18 VO Nr. 596/2014; ihnen obliegt aufgrund von Art. 18 Abs. 2 Unterabs. 2 Satz 2 VO Nr. 596/2014 allein die Pflicht, dem aufgrund der Verordnung Listenführungsverpflichteten jederzeit Einsicht in die Insiderliste zu gewähren. Ansonsten ergeben sich ihre Pflichten allein aus dem Vertragsverhältnis mit dem Listenführungsverpflichteten. 17

Demgegenüber sind von Art. 18 Abs. 1 Alt. 2 VO Nr. 596/2014 Personen[5] erfasst, die **in sonstigen Bereichen im Auftrag oder für Rechnung des Emittenten** tätig sind. Solche Personen sind zur **Führung eigener Insiderlisten** sowie zu eigener Aufklärung und Belehrung verpflichtet. Die BaFin bezeichnet diesen Personenkreis schlagwortartig als „**Dienstleister**"[6], die ESMA nennt „**advisors and consultants**" als Beispiele[7]. Im Zusammenhang mit den Dienstleistern stellen sich zwei grundsätzliche Auslegungsfragen: (1) Zunächst ist unklar, ob nur solche Dienstleister erfasst sind, die im Auftrag oder für Rechnung von Emittenten handeln, oder auch solche, die für die nach Art. 18 Abs. 8 VO Nr. 596/2014 zur Führung von Insiderlisten Verpflichtete (s. Rz. 15 f.) tätig sind. Der Wortlaut von Abs. 8 erstreckt die Pflichten der Abs. 1-5 lediglich auf Teilnehmer am Markt für Emissionszertifikate sowie auf Versteigerungsplattformen, Versteigerer und die Auktionsaufsicht, nicht aber auf die für diese tätigen Dienstleister. Allerdings kann der Verweis bei weitem Verständnis auch so gelesen werden, dass die in Art. 18 Abs. 8 VO Nr. 596/2014 Genannten an die Stelle der Emittenten treten, so dass dann auch die in ihrem Auftrag tätigen Dienstleister erfasst sind. In diesem Sinne listet Art. 2 Abs. 1 DurchfVO 2016/347 „Emittenten, Teilnehmer am Markt für Emissionszertifikate, Versteigerungsplattformen, Versteigerer und die Auktionsaufsicht oder alle in ihrem Auftrag oder für ihre Rechnung handelnden Personen" als Listenführungsverpflichtete auf[8]. Für dieses weite Verständnis spricht auch der Sinn und Zweck der Regelung, die wesentlich in der Prävention von Insiderhandel besteht (Rz. 7). Hinsichtlich der Möglichkeit und Anreize für Insiderhandel bei Dienstleistern bzw. ihren Mitarbeitern besteht aber kein Unterschied zwischen Dienstleistern, die für Emittenten von Finanzinstrumenten tätig sind, und solchen, die für Teilnehmer am Markt für Emissionszertifikate, für Versteigerungsplattformen, Versteigerer oder die Auktionsaufsicht tätig sind. Es ist nicht ersichtlich, dass der Verordnungsgeber die letztgenannten Dienstleister anders behandeln wollte als die für Emittenten tätigen Dienstleister. Damit ist festzuhalten, dass Art. 18 Abs. 1 Alt. 2 VO Nr. 596/2014 die Dienstleister sämtlicher primär Verpflich- 18

---

1 Verordnung (EU) Nr. 1031/2010 der Kommission vom 12. November 2010 über den zeitlichen und administrativen Ablauf sowie sonstige Aspekte der Versteigerung von Treibhausgasemissionszertifikaten gemäß der Richtlinie 2003/87/EG des Europäischen Parlaments und des Rates über ein System für den Handel mit Treibhausgasemissionszertifikaten in der Gemeinschaft, ABl. EU Nr. L 302 v. 18.11.2010, S. 1.
2 *Semrau* in Klöhn, Art. 18 MAR Rz. 47 weist zu Recht darauf hin, dass trotz des Wortlauts von Art. 18 Abs. 2 Unterabs. 2 VO Nr. 596/2014, der nur Emittenten erwähnt, nicht ersichtlich ist, weshalb andere Listenführungsverpflichtete die Führung der Liste nicht auch delegieren können sollten.
3 ESMA, Questions and Answers On the Market Abuse Regulation (MAR), ESMA70-145-111, Version 11, Stand: 23.3.2018, A10.2.
4 BaFin, FAQ Insiderlisten, Stand: 13.1.2017, II.2; ebenso *Pfüller* in Fuchs, § 15b WpHG Rz. 11d.
5 Als Person gilt gem. Art. 3 Nr. 13 VO Nr. 596/2014 jede natürliche und juristische Person. Der Begriff der juristischen Person ist dabei weit zu verstehen und umfasst auch Personengesellschaften und ähnliches; zutreffend *Semrau* in Klöhn, Art. 18 MAR Rz. 13.
6 BaFin, FAQ Insiderlisten, Stand: 13.1.2017, II.3.
7 ESMA, Questions and Answers On the Market Abuse Regulation (MAR), ESMA70-145-111, Version 11, Stand: 23.3.2018, A10.2.
8 Dies übersieht *Semrau* in Klöhn, Art. 18 MAR Rz. 12 mit Fn. 8, der ohne Begründung davon ausgeht, dass nur die Dienstleister von Emittenten erfasst seien.

teter erfasst, also auch **Dienstleister, die für Teilnehmer am Markt für Emissionszertifikate, Versteigerungsplattformen, Versteigerer oder die Auktionsaufsicht tätig sind**. Selbstverständlich erstreckt sich die Listenführungspflicht dieser Dienstleister aber auch nur auf solche Insiderinformationen, für welche die Teilnehmer am Markt für Emissionszertifikate bzw. die Versteigerer etc. selbst listenführungspflichtig sind (s. dazu Rz. 15 f.). (2) Trotz des Wortlauts von Art. 18 Abs. 1 VO Nr. 596/2014, der eine alternative Listenführungspflicht von Emittenten und Dienstleistern vorzuschreiben scheint (*„oder"*), bleibt es dabei, dass sowohl der Emittent als auch der Dienstleister zum Führen einer Insiderliste verpflichtet sind (s. Rz. 10). Es existiert auch weiterhin keine Möglichkeit des Emittenten, sich durch bloßen Verweis auf die Insiderliste des Dienstleisters von seiner eigenen Listenführungspflicht nach Art. 18 Abs. 1 VO Nr. 596/2014 zu befreien.

19 Der Tatbestand der „in seinem Auftrag oder für seine Rechnung handelnden Personen" des Art. 18 Abs. 1 Alt. 2 VO Nr. 596/2014 ist vage und verursacht daher Rechtsunsicherheit[1]. Eine Auslegung muss zwei Gesichtspunkte berücksichtigen: (1) Zu Recht betonte die BaFin im Emittentenleitfaden zu § 15b WpHG a.F.[2], dass der Begriff „Auftrag" weit zu verstehen ist und sich nicht auf den „Auftrag" i.S.d. § 675 BGB beschränkt. Es ist nicht anzunehmen, dass sich dieses Verständnis unter der Marktmissbrauchsverordnung ändern wird. Im Gegenteil: Da die Verordnung autonom auszulegen ist, kann es auf dogmatische Abgrenzungen des deutschen Rechts nicht ankommen. Ebenfalls weit zu verstehen ist die gesetzliche Formulierung „für Rechnung", die gerade nicht nur Kommissionsgeschäfte meint. Dies ergibt sich daraus, dass, soweit ersichtlich, die Marktmissbrauchsverordnung in den anderen Amtssprachen gerade keine Begriffe verwendet, die im juristischen Sprachgebrauch mit bestimmten Vertragstypen gleichgesetzt werden könnten[3]. Auch der Sinn und Zweck der Regelung erfordert ein weites Verständnis des Wortlauts. Denn die Möglichkeit eines Zugangs zu Insiderinformationen hängt nicht mit bestimmten Vertragstypen zusammen. Die Tatbestandsmerkmale „im Auftrag" oder „für Rechnung" sind also dahingehend zu verstehen, dass alle Personen erfasst werden, die (zumindest auch) **im Interesse des Emittenten handeln**[4]. Auf die Natur des zwischen Emittenten und Drittem bestehenden Rechtsverhältnisses kommt es nicht an; gemeint sind daher auch gesetzliche Schuldverhältnisse (wie das Beispiel des Insolvenzverwalters zeigt, s. Rz. 22)[5] und der eher theoretische Fall eines bloßen Gefälligkeitsverhältnisses[6], solange das Schuld- bzw. Gefälligkeitsverhältnis im Interesse des Emittenten erbracht wird. Dieses weite Verständnis entspricht der Rechtslage beim Insiderhandelsverbot, das sich gerade auch nicht nur an Personen richtet, die mit dem Emittenten in *vertraglichen* Beziehungen stehen. Deshalb kann der von der BaFin für diesen Personenkreis geprägte Begriff „Dienstleister" zu Missverständnissen Anlass geben. (2) Dieses weite Verständnis der Tatbestandsmerkmale würde dazu führen, dass sämtliche Arten der Geschäftsbesorgung in den Anwendungsbereich von Art. 18 VO Nr. 596/2014 fallen. Aufgrund der systematischen Stellung der Norm und ihres Zwecks (s. Rz. 6 f.) ist eine einschränkende Auslegung geboten. Erfasst werden nur solche im Auftrag und für Rechnung handelnde Personen, die aufgrund ihrer Tätigkeit **bestimmungsgemäß** (s. dazu im Einzelnen Rz. 41) **Kenntnis von Insiderinformationen** (s. dazu im Einzelnen Rz. 43) erlangen. Denn die Vorschrift dient gerade der Prävention des Insiderhandels. Es lässt sich daher zusammenfassend feststellen, dass nur solche Dienstleister gemeint sind, die (zumindest auch) im Interesse des Emittenten tätig werden und dabei typischerweise Zugang zu Insiderinformationen haben[7]. Eine Beschränkung auf Personen, die *überwiegend* im Interesse des Emittenten tätig sind, ist nicht erforderlich, da das Merkmal des bestimmungsgemäßen Zugangs zu Insiderinformationen bereits eine ausreichende Eingrenzung erlaubt[8].

20 Die Pflichten des Art. 18 VO Nr. 596/2014 treffen nur die Emittenten und Dienstleister, nicht aber auch sonstige **Dritte**. Gibt ein Dienstleister den Auftrag weiter, so fällt der **Subunternehmer** nicht unter Art. 18 VO Nr. 596/2014, da er nicht unmittelbar im Auftrag oder für Rechnung des Emittenten handelt, sondern für den (Haupt-) Dienstleister arbeitet. Dieser muss den Subunternehmer in seine Insiderliste aufnehmen und belehren[9].

---

1 Dies beklagt etwa *Schäfer* in Marsch-Barner/Schäfer, Hdb. börsennotierte AG, Rz. 14.98.
2 BaFin, Emittentenleitfaden 2013 S. 96.
3 Beispielsweise lautet die englische Fassung „or persons acting on their behalf or for their account". Vgl. auch die französische Version „toute personne agissant en leur nom ou pour leur compte".
4 Ebenso *Neusüß* in Just/Voß/Ritz/Becker, § 15b WpHG Rz. 6; *Pfüller* in Fuchs, § 15b WpHG Rz. 18; a.A. *Brandi/Süßmann*, AG 2004, 642, 644, die nur Kommissionsverhältnisse i.S.d. §§ 383 ff. HGB als erfasst ansehen; a.A. auch *v. Neumann-Cosel*, S. 63 ff., der nur Personen erfasst, die überwiegend im Interesse des Emittenten tätig sind.
5 Abweichend aber *Leuering*, NZG 2005, 12, 13; *v. Neumann-Cosel*, S. 59 ff., die nur vertragliche Schuldverhältnisse erfassen wollen; unklar *Zimmer* in FS Hüffer, 2010, S. 1153, 1158, der „insbesondere vertragliche Schuldverhältnisse" als erfasst ansieht und „gesetzliche Schuldverhältnisse … im Allgemeinen" nicht hinreichend findet, aber gleichwohl den aufgrund Gesetzes tätigen Insolvenzverwalter auf Rechnung des Emittenten handelnde Person erfasst.
6 A.A. zu § 15b WpHG a.F. *v. Neumann-Cosel*, S. 59 f., der meint, die Anwendung von § 15b WpHG a.F. wirke so abschreckend, dass dann keine Gefälligkeit mehr gewährt würde. Daher müsse man die Norm einschränkend auslegen.
7 Ähnlich *Semrau* in Klöhn, Art. 18 MAR Rz. 15.
8 *Zimmer* in Schwark/Zimmer, § 15b WpHG Rz. 8; *Zimmer* in FS Hüffer, 2010, S. 1153, 1157; a.A. *v. Neumann-Cosel*, S. 63 ff.
9 *Heinrich* in KölnKomm. WpHG, § 15b WpHG Rz. 23; *Pfüller* in Fuchs, § 15b WpHG Rz. 20 f.; *Simons*, CCZ 2016, 221, 221 f.; a.A. *Steidle/Waldeck*, WM 2005, 868, 870, die annehmen, der Subunternehmer müsse eine eigene Insiderliste führen. So auch *Semrau* in Klöhn, Art. 18 MAR Rz. 14, der sich für seine Auffassung zu Unrecht auf *Simons*, CCZ 2016, 221, 221 f. beruft.

Art. 18 Abs. 1 lit. a VO Nr. 596/2014 nennt als Beispiele für Dienstleister **Berater, (externe) Buchhalter und** 21
Ratingagenturen (zu diesen Rz. 24). Es handelt sich also wesentlich um Angehörige freier Berufe, insbesondere
auch **Rechtsanwälte, Steuerberater, Wirtschaftsprüfer** sowie **Unternehmensberater**. Die bisher geltende Ausnahme des § 15b Abs. 1 Satz 4 WpHG a.F., derzufolge Abschlussprüfer i.S.d. § 323 Abs. 1 Satz 1 HGB kein Insiderverzeichnis zu führen hatten, findet in der Marktmissbrauchsverordnung keine Entsprechung. Auch **Abschlussprüfer** sind dementsprechend zur Führung einer Insiderliste nach Art. 18 VO Nr. 596/2014 verpflichtet[1]. Um Dienstleister des Emittenten oder Marktteilnehmers handelt es sich auch in dem Fall, dass einzelne Organmitglieder einen Berater zuziehen. Sie müssen dann nicht selbst eine Insiderliste führen, sondern der Berater wird im Auftrag des Emittenten bzw. Marktteilnehmers tätig und ist in dessen Liste aufzunehmen[2]. Von Art. 18 VO Nr. 596/2014 sind auch **Gutachter** erfasst, die vom Emittenten oder Marktteilnehmer mit einer Prüfung beauftragt werden, bei der sie bestimmungsgemäß Zugang zu Insiderinformationen haben. Bei **Hochschullehrern** ist zu differenzieren. Werden sie kraft ihrer dienstlichen Stellung tätig, handeln sie in hoheitlicher Funktion und unterfallen deshalb nicht Art. 18 VO Nr. 596/2014 (s. Rz. 26). Werden sie dagegen als Privatgutachter beauftragt oder sind sie als Auftragnehmer in Drittmittelprojekten tätig, gelten sie als Gutachter und müssen Art. 18 VO Nr. 596/2014 beachten[3]. Eine entsprechende Differenzierung nimmt die BaFin bei **Notaren** vor[4].

Auch der **Insolvenzverwalter** eines Emittenten ist von den Vorgaben des Art. 18 VO Nr. 596/2014 betroffen[5]. 22
Zwei Fragen sind auseinander zu halten: (1) Die Rechtsprechung hat entschieden, dass die den Vorstand des Emittenten treffenden wertpapierhandelsrechtlichen Pflichten trotz der Eröffnung des Insolvenzverfahrens weiterhin den Vorstand des Emittenten treffen[6]. Denn der Insolvenzverwalter habe allein die Masse zu verwalten; nicht alle öffentlich-rechtlichen Pflichten gingen automatisch auf ihn über. Überträgt man diesen Gedanken auf Art. 18 VO Nr. 596/2014, ist weiterhin das geschäftsführende Organ verpflichtet, für den Emittenten eine Insiderliste zu führen und der Aufklärungspflicht innerhalb des Unternehmens nachzukommen[7]. Mit § 24 WpHG hat der Gesetzgeber diese Rechtsprechung kodifiziert. (2) Daneben trifft den Insolvenzverwalter aber aus seiner Rechtsstellung eine eigenständige Pflicht, für seine Kanzlei eine Insiderliste zu führen und die bei ihm tätigen Mitarbeiter zu belehren[8]. Art. 18 Abs. 1 VO Nr. 596/2014 erfasst ausdrücklich auch Personen als Dienstleister, die auf Rechnung des Emittenten tätig sind. Der Insolvenzverwalter wird kraft der herrschenden Amtstheorie[9] gerade nicht als Organ des Emittenten, sondern materiell-rechtlich wie prozessual im eigenen Namen und aus eigenem Recht, jedoch mit Wirkung für und gegen die Masse tätig. Mithin handelt er auf Rechnung des Emittenten. Der Umstand, dass er nicht vertraglich bestellt wird, schadet nicht, denn mit dem von der BaFin geprägten missverständlichen Begriff des Dienstleisters werden alle Personen erfasst, die (zumindest auch) im Interesse des Emittenten handeln; die Natur der Rechtsbeziehung ist unbeachtlich (s. Rz. 19). Somit ist der Insolvenzverwalter in der Liste des Emittenten als Dienstleister zu führen und muss seinerseits für die eigenen Mitarbeiter eine eigene Insiderliste führen[10].

Erfasst ist weiterhin die **Investor-Relations-Agentur**, die den Emittenten bei Maßnahmen zur Beziehungs- 23
pflege zu Investoren berät. Sie erhält im Rahmen dieser Tätigkeit typischerweise Zugang zu Insiderinformationen. Ein **Übersetzungsbüro**[11], das Ad-hoc-Mitteilungen oder vertrauliche Vertragsentwürfe übersetzt, oder die **Druckerei**[12], die Prospekte druckt, erhalten ebenfalls bestimmungsgemäß Kenntnis von Insiderinformationen.

Ratingagenturen, die ein vom Emittenten in Auftrag gegebenes Rating erstellen („solicited rating"), handeln 24
im Interesse des Emittenten (Art. 18 Abs. 1 lit. a VO Nr. 596/2014). Sie kommen zudem im Rahmen der Befragung des Emittenten bestimmungsgemäß mit Insiderinformationen in Berührung. In einer derartigen Konstellation unterfallen sie daher unzweifelhaft dem Anwendungsbereich des Art. 18 VO Nr. 596/2014. Anders ist

---

1 *Pfüller* in Fuchs, § 15b WpHG Rz. 31a; *Simons*, CCZ 2016, 221, 222; *Renz/Leibold*, CCZ 2016, 157, 161.
2 *v. Neumann-Cosel*, S. 72 f.; a.A. *Kirschhöfer*, Der Konzern 2005, 22, 25.
3 Ebenso *Heinrich* in KölnKomm. WpHG, § 15b WpHG Rz. 27; *Pfüller* in Fuchs, § 15b WpHG Rz. 28; *Neusüß* in Just/Voß/Ritz/Becker, § 15b WpHG Rz. 7.
4 Vergleiche noch zum dahingehend identisch auszulegenden § 15b WpHG: BaFin, Emittentenleitfaden 2013 S. 97; ebenso *Pfüller* in Fuchs, § 15b WpHG Rz. 27; *Neusüß* in Just/Voß/Ritz/Becker, § 15b WpHG Rz. 7; a.A. *Heinrich* in KölnKomm. WpHG, § 15b WpHG Rz. 24.
5 Zustimmend *Neusüß* in Just/Voß/Ritz/Becker, § 15b WpHG Rz. 8.
6 So in Bezug auf Meldepflichten nach den §§ 21 ff. WpHG a.F. BVerwG v. 13.4.2005 – 6 C 4/04, ZIP 2005, 1145, 1148 mit Anm. *Ott*; *Heinrich* in KölnKomm. WpHG, § 15b WpHG Rz. 27; anders noch VG Frankfurt/M. v. 29.1.2004 – 9 E 4228/03 (V), ZIP 2004, 469.
7 So auch *von Buttlar*, BB 2010, 1355 (1359).
8 I.E. auch *von Buttlar*, BB 2010, 1355 (1359).
9 Vgl. die Nachweise bei *Ott/Vuia* in MünchKomm. InsO, 3. Aufl. 2013, § 80 InsO Rz. 27.
10 *Zimmer* in Schwark/Zimmer, § 15b WpHG Rz. 12; *Zimmer* in FS Hüffer, 2010, S. 1153, 1158; *Pfüller* in Fuchs, § 15b WpHG Rz. 24; *Heinrich* in KölnKomm. WpHG, § 15b WpHG Rz. 27; a.A. *v. Neumann-Cosel*, S. 77 f.
11 Ebenso *Semrau* in Klöhn, Art. 18 MAR Rz. 20; zum alten Recht auch *Neusüß* in Just/Voß/Ritz/Becker, § 15b WpHG Rz. 7.
12 *Koch*, DB 2005, 267, 270.

dies jedoch trotz des umfassenden Wortlautes des Art. 18 Abs. 1 lit. a VO Nr. 596/2014, falls eine Ratingagentur aus eigener Initiative oder auf Veranlassung eines Dritten (z.B. eines Investors) ein Rating erstellt („unsolicited rating")[1]. Die Agentur handelt in diesem Fall nicht im Auftrag oder für Rechnung des Emittenten und wird daher nicht von Art. 18 VO Nr. 596/2014 erfasst. Zudem werden unsolicited ratings nur aufgrund öffentlich zugänglicher Informationen erstellt, so dass es auch an der Möglichkeit des Zugangs zu Insiderinformationen fehlt.

25 **Kreditinstitute** sind dann als Dienstleister i.S.d. Art. 18 VO Nr. 596/2014 anzusehen, wenn sie über die allgemeinen Bankdienstleistungen (z.B. Kontobeziehung) hinausgehende Dienstleistungen erbringen und damit im Interesse oder in der Sphäre des Emittenten tätig werden[2]. Zu den Dienstleistungen, die mit Zugang zu Insiderwissen verbunden sind, gehören sicherlich die Beratung anlässlich eines Börsengangs, einer Kapitalmaßnahme oder einer Akquisition (Einbindung der Bereiche Corporate Finance oder Mergers & Acquisitions). Fraglich ist, ob auch die Kreditvergabe schon eine Dienstleistung darstellt, bei der das Institut bestimmungsgemäß Zugang zu Insiderinformationen erhält. Die BaFin ordnete nach alter Rechtslage die Kreditvergabe als allgemeine Bankdienstleistung ein und lehnte die Anwendung des § 15b WpHG a.F. ohne nähere Begründung ab[3]. Ganz so eindeutig ist dieses Ergebnis jedoch nicht, wenn man bedenkt, dass die Emittenten aufgrund von § 18 KWG ihre wirtschaftlichen Verhältnisse offenlegen müssen. Zudem werden viele Emittenten seit Umsetzung der Vorgaben von Basel II einem externen oder internen Kreditrating unterzogen werden. Daher hat das Kreditinstitut durchaus Zugang zu sensiblen Informationen. Allerdings verfolgen sowohl die Vorgabe des § 18 KWG als auch das Kreditrating allein das Ziel, eine leichtfertige Kreditvergabe zu verhindern[4]. Die Prüfung der Kreditwürdigkeit liegt daher ausschließlich im Interesse des kreditgewährenden Instituts und seiner Einleger, nicht aber im Interesse des Emittenten. Damit fehlt es an einem „Tätigwerden für den Emittenten". Wird dagegen das Kreditinstitut über die reine Kreditgewährung hinaus beratend tätig und entwickelt im Zusammenhang mit der Kreditvergabe ein Corporate-Finance-Konzept, erbringt es seine Leistung im Interesse des Emittenten und unterliegt auch nach neuer Rechtslage den Vorgaben des Art. 18 VO Nr. 596/2014[5]. Zu beachten ist im Übrigen, dass Kreditinstitute doppelt von der Pflicht des Art. 18 VO Nr. 596/2014 betroffen sein können. Sind ihre eigenen Finanzinstrumente börsenzugelassen, unterfallen sie in ihrer Eigenschaft als Emittent der Vorschrift des Art. 18 VO Nr. 596/2014. Erbringen sie darüber hinaus noch Dienstleistungen an Kunden, die ihrerseits Zugang zu Insiderinformationen haben, ist das Kreditinstitut zugleich als Dienstleister aus Art. 18 VO Nr. 596/2014 verpflichtet[6].

26 **Nicht erfasst** sind dagegen Behörden, Gerichte, Staatsanwaltschaften und die Polizei, da sie nicht im Interesse des Emittenten, sondern zur Erfüllung der ihnen obliegenden gesetzlichen Aufgaben tätig werden[7]. Daher rechnet die BaFin Notare, die kraft ihres öffentlichen Amtes tätig sind, ebenfalls nicht zu den erfassten Personen (s. Rz. 21 a.E.). Auch **Lieferanten** und **Abnehmer** unterfallen nicht dem Art. 18 VO Nr. 596/2014, da Austauschbeziehungen dadurch gekennzeichnet sind, dass jede Vertragspartei nur im eigenen Interesse tätig wird[8]. Das gleiche gilt für Aktienanalysten und Journalisten[9]. Mangels Konzernklausel sind auch **verbundene Unternehmen** nicht von den Pflichten aus Art. 18 VO Nr. 596/2014 betroffen (s. Rz. 14)[10]. Eine Pflicht zur Führung einer (eigenständigen) Insiderliste kommt aber dann in Betracht, wenn das verbundene Unternehmen oder seine Organmitglieder oder Angestellten aufgrund der Gestaltung des Einzelfalls zum Kreis der Dienstleister zu zählen ist und deshalb über Zugang zu Insiderinformationen verfügt[11]. Denkbar ist auch, dass ein verbundenes Unternehmen mit der Führung der Insiderliste des Listenführungsverpflichteten beauftragt wird (vgl. Rz. 17)[12]. Hilfspersonen von Aufsichtsratsmitgliedern des Emittenten werden regelmäßig vom Emittenten entlohnt und sind daher keine Dienstleister, sondern in die Insiderliste des Emittenten aufzunehmen (s. Rz. 21)[13]. Nur wenn sie nicht für den Emittenten tätig werden, sondern vom Aufsichtsratsmitglied privat angestellt wurden, unterliegen sie nicht Art. 18 VO Nr. 596/2014, da es an der unmittelbaren Rechtsbeziehung zum Emittenten fehlt. **Groß-**

---

1 Ebenso zur alten Rechtslage *Pfüller* in Fuchs, § 15b WpHG Rz. 33; *Neusüß* in Just/Voß/Ritz/Becker, § 15b WpHG Rz. 7.
2 Dem folgend BaFin, FAQ Insiderlisten, Stand: 13.1.2017, II.4.
3 BaFin, Emittentenleitfaden 2013 S. 97; ebenso *Uwe H. Schneider/von Buttlar*, ZIP 2004, 1621, 1624; *Schwintek*, Das Anlegerschutzverbesserungsgesetz, S. 42 f.; *Heinrich* in KölnKomm. WpHG, § 15b WpHG Rz. 26.
4 *Bock* in Boos/Fischer/Schulte-Mattler, KWG, CRR-VO, § 18 KWG Rz. 3.
5 A.A. *Pfüller* in Fuchs, § 15b WpHG Rz. 23 (zur alten Rechtslage).
6 *Schwintek*, Das Anlegerschutzverbesserungsgesetz, S. 43.
7 Zu § 15b WpHG a.F. auch BaFin, Emittentenleitfaden 2013 S. 97. Diese rechtspolitische Entscheidung kritisiert *Kirschhöfer*, Der Konzern 2005, 22, 26; dagegen zu Recht a.A. *Pfüller* in Fuchs, § 15b WpHG Rz. 28.
8 So i.E. zu § 15b WpHG auch BaFin, Emittentenleitfaden 2013 S. 97; *Neusüß* in Just/Voß/Ritz/Becker, § 15b WpHG Rz. 9; *Uwe H. Schneider/von Buttlar*, ZIP 2004, 1621, 1624.
9 *Semrau* in Klöhn, Art. 18 MAR Rz. 22.
10 Zustimmend zum dahingehend identischen § 15b WpHG a.F. BaFin, Emittentenleitfaden 2013 S. 97; *v. Neumann-Cosel*, S. 73 f.
11 BaFin, FAQ Insiderlisten, Stand: 13.1.2017, V.2.
12 *Semrau* in Klöhn, Art. 18 MAR Rz. 11, 47.
13 Ebenso zu § 15b WpHG a.F. *Heinrich* in KölnKomm. WpHG, § 15b WpHG Rz. 30.

und **Mehrheitsaktionäre** sind dagegen nicht im Interesse des Emittenten tätig. Vielmehr nehmen sie ihre Rechte als Gesellschafter innerhalb des Unternehmens regelmäßig im Eigeninteresse wahr[1].
Die Dienstleister sind zur selbstständigen Führung einer eigenen Insiderliste verpflichtet (s. Rz. 51).

27

III. Führung und Inhalt der Insiderliste. 1. Listenführungspflicht (Art. 18 Abs. 1 lit. a VO Nr. 596/2014). Anders als bei § 15b WpHG a.F. sind bei Art. 18 Abs. 1 lit. a VO Nr. 596/2014 zwei Gründe zur Führung von Insiderlisten zu unterscheiden: Es gibt wie bislang schon **anlassbezogene Listen**; daneben ist es aber auch möglich, eine Insiderliste hinsichtlich der „permanenten Insider" gem. Art. 2 Abs. 2 DurchfVO 2016/347 zu führen. Nach dem Wortlaut von Art. 2 Abs. 2 DurchfVO 2016/347 stellt die letztgenannte Liste lediglich einen besonderen Abschnitt der einheitlichen Liste dar. Praktisch bildet dieser Abschnitt aber den **Grundstock einer permanenten Liste**, die daneben zeitweise um transaktions- oder ereignisbasierte Abschnitte ergänzt wird und zusammen mit diesen dann die **einheitliche Insiderliste** bildet[2]. Gem. Art. 18 Abs. 6 VO Nr. 596/2014 sind Emittenten, deren Finanzinstrumente zum Handel an KMU-Wachstumsmärkten zugelassen sind, unter bestimmten Voraussetzungen von der Pflicht zur Führung einer Insiderliste befreit (s. Rz. 81 ff.).

28

a) Anlassbezogene Liste. Die Pflicht zur Führung der **anlassbezogenen Insiderliste** wird ausgelöst, sobald im Unternehmen **Insiderinformationen vorhanden sind** oder **sich abzeichnen**, dass solche Informationen mit Wahrscheinlichkeit entstehen werden[3]. Mit dem Begriff der Insiderinformation wird auf Art. 7 Abs. 1 VO Nr. 596/2014 Bezug genommen. Es muss sich also um nicht öffentlich bekannte präzise Informationen handeln, die direkt oder indirekt (lit. a) Emittenten oder Finanzinstrumente bzw. (lit. b) Warenderivate oder direkt damit verbundene Waren-Spot-Kontrakte bzw. (lit. c) Emissionszertifikate oder darauf beruhende Auktionsobjekte betreffen. Allerdings kann nicht jede Insiderinformation die Listenführungspflicht auslösen. Bereits aus dem Wortlaut von Art. 18 Abs. 1 lit. a VO Nr. 596/2014 ergibt sich, dass es sich um Insiderinformationen handeln muss, zu denen Unternehmensangehörigen einen besonderen „Zugang" haben. Nach dem Vordruck für eine Insiderliste in Anhang I Vorlage 1 zur DurchfVO 2016/347 geht es – allein – um „geschäftsspezifische oder ereignisbasierte" Insiderinformation (englisch: „deal-specific or event-based"). In Erwägungsgrund 57 zur VO Nr. 596/2014 ist von „Insiderinformationen mit direktem oder indirektem Bezug zum Emittenten" die Rede. Das Regelungsziel des Art. 18 VO Nr. 596/2014, der auf eine unternehmensinterne Prävention abzielt (s. Rz. 7), spricht dafür, diesen Gedanken zu verallgemeinern und die Listenführungspflicht auf solche Informationen zu beschränken, die einen **direkten oder indirekten Bezug zum Emittenten bzw. zu den physischen Aktivitäten des Teilnehmers am Markt für Emissionszertifikate bzw. zu der Versteigerung von Emissionszertifikaten** aufweisen. Erfasst sind daher zunächst den Emittenten „unmittelbar" betreffende Informationen, deren Veröffentlichung im Rahmen der Ad-hoc-Publizität nach Art. 17 Abs. 1 VO Nr. 596/2014 zu erfolgen hat, sowie solche Insiderinformationen, die Teilnehmer am Markt für Emissionszertifikate nach Art. 17 Abs. 2 Unterabs. 1 VO Nr. 596/2014 zu veröffentlichen haben[4]. Die Listenführungspflicht erstreckt sich damit auch auf solche Informationen, deren Veröffentlichung wegen Art. 17 Abs. 4 oder 5 VO Nr. 596/2014 vorübergehend ausgesetzt ist. Weniger eindeutig ist, welche weiteren Insiderinformationen eine Listenführungspflicht auslösen. Im Ausgangspunkt muss beachtet werden, dass Art. 18 VO Nr. 596/2014 nicht auf die Veröffentlichungspflicht nach Art. 17 Abs. 1 VO Nr. 596/2014, sondern direkt auf den Begriff der Insiderinformation in Art. 7 Abs. 1 VO Nr. 596/2014 Bezug nimmt. Daher kann es sich auch um Informationen handeln, die zwar Insiderinformationen i.S.d. Art. 7 Abs. 1 VO Nr. 596/2014 sind, die den Emittenten aber nicht „unmittelbar" betreffen und daher nicht nach Art. 17 Abs. 1 VO Nr. 596/2014 zu veröffentlichen sind. Trotzdem muss es sich um Insiderinformationen handeln, zu denen Unternehmensangehörige aufgrund der Art der Information einen privilegierten Zugang haben. Dies ist nur dann der Fall, wenn die Insiderinformation in irgendeiner Weise den Emittenten, Teilnehmer am Markt für Emissionszertifikate oder die Versteigerung betrifft, so dass auch bei unternehmensextern entstandenen Informationen davon ausgegangen werden kann, dass Unternehmensangehörige besondere Kenntnisnahmemöglichkeiten haben, die Dritten nicht ohne weiteres offenstehen[5]. Keine Listenführungspflicht entsteht deshalb bei solchen Insiderinformationen, die keinerlei Bezug zum Emittenten oder seinen Fi-

29

---

1 *Pfüller* in Fuchs, § 15b WpHG Rz. 29a; *Uwe H. Schneider/von Buttlar*, ZIP 2004, 1621, 1624; *v. Neumann-Cosel*, S. 113 f.; unklar *Schwintek*, Das Anlegerschutzverbesserungsgesetz, S. 44, der den Zugang zu Insiderwissen der Mitarbeiter des Emittenten aus ihrer Beteiligung am Emittenten oder an verbundenen Unternehmen als erfasst ansieht. Er klärt aber nicht, wie ein Mitarbeiter des Emittenten über seine gesellschaftsrechtliche Beteiligung an verbundenen Unternehmen Zugang zu Insiderkenntnissen bei Emittenten erlangt. Zudem wird der Mitarbeiter dann gerade nicht in seiner Funktion als Beschäftigter des Emittenten tätig. Nur in dieser ist er aber von Art. 18 VO Nr. 596/2014 erfasst.
2 ESMA, Final Report: Draft technical standards on the Market Abuse Regulation, 28.9.2015, ESMA/2015/1455, Rz. 284 f.
3 A.A. *Semrau* in Klöhn, Art. 18 MAR Rz. 35, der davon ausgeht, dass die Listenführungspflicht normalerweise erst zu dem Zeitpunkt entstehe, zu dem auch die Veröffentlichung nach Art. 17 Abs. 1 VO Nr. 596/2014 erforderlich ist.
4 Eine dem Art. 17 Abs. 2 Unterabs. 2 VO Nr. 596/2014 entsprechende de-minimis-Schwelle enthält Art. 18 Abs. 8 lit. a VO Nr. 596/2014 nicht, so dass die Listenführungspflicht eingreift, sobald eine Insiderinformation gem. Art. 17 Abs. 2 Unterabs. 1 VO Nr. 596/2014 vorliegt.
5 Beispiel nach *Simons*, CCZ 2017, 182, 183: Der Emittent erfährt, dass die Zusammensetzung des Börsenindex, dem er angehört, bald geändert werden soll, und diese Information hat Kursbeeinflussungspotential hinsichtlich der eigenen Aktien des Emittenten. Dies ist keine veröffentlichungspflichtige Insiderinformation gem. Art. 17 Abs. 1 VO Nr. 596/2014,

nanzinstrumenten bzw. zum Teilnehmer am Markt für Emissionszertifikate oder zur Versteigerung aufweisen. Dies ist etwa der Fall bei einer Insiderinformation, die sich ausschließlich auf einen anderen Emittenten bezieht.

30 Die Listenführungspflicht muss bereits **im Vorfeld der Entstehung von Insiderinformationen** eingreifen, da andernfalls ihre präventive Funktion (s. Rz. 6) leer liefe. Dies gilt auch unter der Marktmissbrauchsverordnung, obwohl nach Art. 2 Abs. 1 Unterabs. 1 Satz 2 DurchfVO 2016/347 ein neuer Abschnitt erst bei Feststellung einer neuen Insiderinformation gem. Art. 7 VO Nr. 596/2014 anzulegen ist. Der Ausdruck „Feststellung" (englisch: „identification") kann ohne weiteres so ausgelegt werden, dass damit die **Identifikation einer möglichen zukünftigen Insiderinformation** gemeint ist. Dies erfordert allerdings, dass es sich tatsächlich um eine mögliche Insiderinformation handelt, das heißt, dass eine gewisse Mindestwahrscheinlichkeit der Realisierung besteht und im Falle des Eintritts tatsächlich eine Insiderinformation entsteht[1]. Die BaFin erlaubt ausdrücklich, eine Insiderliste schon im Vorfeld des Entstehens einer Insiderinformation anzulegen[2]. Die praktische Konsequenz besteht darin, dass zum Zeitpunkt der Eröffnung des Listenabschnitts die dort aufgeführten Personen bereits nach Art. 18 Abs. 2 VO Nr. 596/2014 aufgeklärt werden müssen (s. Rz. 70 ff.). Die Gegenansicht zum alten Recht[3] wollte den Zeitpunkt der Listenführungspflicht noch weiter vorverlagern und darauf abstellen, ob typischerweise damit zu rechnen ist, dass eine Person im Unternehmen Zugang zu Insiderinformationen erlangen wird. Nach der Marktmissbrauchsverordnung überzeugt dies aber nicht mehr. Denn derartige Personen können anlassunabhängig als „permanente Insider" geführt werden (dazu sogleich Rz. 32), so dass keine Notwendigkeit besteht, den Tatbestand für die anlassbezogene Liste noch weiter vorzuverlagern. In Bezug auf Emittenten sind die Unterschiede zur hier vertretenen Ansicht nur marginal, denn bei börsennotierten Unternehmen ist sowohl abstrakt wie konkret immer damit zu rechnen, dass Insiderinformationen (z.B. Gewinnwarnungen) entstehen. Betrachtet man aber **Dienstleister**, sind die Unterschiede beträchtlich. Jede wirtschaftsrechtlich orientierte Anwaltskanzlei müsste eine Insiderliste führen, denn typischerweise ziehen börsennotierte Unternehmen Wirtschaftsanwälte zu Rate. Allerdings erhält nicht jede dieser Kanzleien auch Mandate, die Insiderinformationen beinhalten. Und nicht jede Wirtschaftsrechtskanzlei, die börsennotierte Unternehmen berät, kommt automatisch in Kontakt mit Insiderinformationen (z.B. bei der arbeitsrechtlichen oder steuerrechtlichen Beratung). Daher versagt die typisierende Betrachtungsweise und man wird die Führung einer Insiderliste erst verlangen können, wenn der erste Auftrag eines börsennotierten Unternehmens zu einem insiderrechtlich potentiell relevanten Vorgang ansteht. Gleichgültig welcher Ansicht man folgt, beantwortet sich auch eine in der Praxis auftauchende Frage, nämlich ob aus dem Umstand, dass eine **Insiderliste angelegt wurde**, zwingend gefolgert werden kann, dass **bereits zu diesem Zeitpunkt eine Insiderinformation** vorlag mit der Folge einer Ad-hoc-Publizitätspflicht. Einen solchen zwingenden Zusammenhang kann man – wie dargelegt – nicht herstellen[4].

31 Die **Listenführungspflicht endet** (bezüglich eines anlassbezogenen Listenabschnitts), wenn die Insiderinformation veröffentlicht wird oder sich die Insiderinformation bzw. das Projekt erledigt hat[5]. Eine Erledigung der Insiderinformation ist jedenfalls dann gegeben, wenn die Veröffentlichung der Information aller Wahrscheinlichkeit nach keinerlei Kursreaktion mehr auslösen würde, etwa, weil ihre Unwahrheit offensichtlich ist (Beispiel: die vom Aufsichtsrat bereits intern als neue Vorstandsvorsitzende auserkorene Person verstirbt, bevor die Personalie publik gemacht worden ist). Bezweifeln könnte man hingegen, ob es ausreicht, dass sich das betreffende Projekt, auf das sich die Insiderinformation bezieht, erledigt hat[6]. Für den Tatbestand der Insiderinformation i.S.v. Art. 7 Abs. 1 VO Nr. 596/2014 kommt es nicht darauf an, ob die Information wahr ist (s. Art. 7 VO Nr. 596/2014 Rz. 16), sondern ob es sich um eine nicht öffentlich bekannte Information mit Kursbeeinflussungspotential handelt. Der Umstand, dass ein geheim gehaltenes Projekt nicht mehr weiterverfolgt wird, lässt aber nicht automatisch das Kursbeeinflussungspotential der darauf bezogenen Information entfallen. Wird ein Projekt endgültig aufgegeben, entfällt allerdings der Umstand oder das Ereignis i.S.v. Art. 7 Abs. 2 VO 596/2014, auf den/das sich die Information bezieht. Wenn anschließend wahrheitswidrig ein gleichlautendes Gerücht verbreitet wird, erscheint es deshalb bereits fraglich, ob es sich noch um dieselbe Insiderinformation handelt, aufgrund derer die Liste geführt werden musste. Entscheidend ist aber, dass nach Art. 18 VO Nr. 596/2014 nur dann eine Listenführungspflicht besteht, wenn die betreffende Insiderinformation einen direkten oder indirekten Bezug zum Emittenten bzw. zu den physischen Aktivitäten des Teilnehmers am Markt für Emissionszertifikate bzw. zur Versteigerung von Emissionszertifikaten aufweist (s. Rz. 29). Dieser Bezug entfällt, wenn der Emittent oder Teilnehmer am Markt für Emissionszertifikate das Projekt aufgibt. Ein anschließend verbreitetes falsches Gerücht kann keine Pflicht zur Fortführung der Liste begründen, wie aufgrund eines gänzlich frei

---

weil es an einem unmittelbaren Emittentenbezug fehlt. Trotzdem erhält der Emittent privilegierten Zugang zu der Information, so dass es gerechtfertigt erscheint, in diesem Fall eine Listenführungspflicht anzunehmen.
1 *Simons*, CCZ 2017, 182, 184.
2 BaFin, FAQ Insiderlisten, Stand: 13.1.2017, IV.2.; zustimmend *Simons*, CCZ 2017, 182, 184.
3 *Lührs/Korff*, ZIP 2008, 2159 ff.
4 So auch BaFin, FAQ Insiderlisten, Stand: 13.1.2017, IV.2; *Haßler*, DB 2016, 1920, 1922; *Simons*, CCZ 2017, 182, 183 f.
5 BaFin, FAQ Insiderlisten, Stand: 13.1.2017, IV.4.; *Haßler*, DB 2016, 1920, 1922.
6 In diesem Sinne BaFin, FAQ Insiderlisten, Stand: 13.1.2017, IV.4 ähnlich *Simons*, CCZ 2017, 182, 185.

erfundenen Gerüchts auch keine erstmalige Listenführungspflicht entsteht. Die Aufbewahrungspflicht (dazu Rz. 76 ff.) stellt sicher, dass die zuständige Behörde auch nach Beendigung der Listenführung die alte Liste einsehen kann, um herauszufinden, wer das falsche Gerücht verbreitet haben könnte. Eine Fortführung der Liste ist dafür nicht erforderlich.

b) **Permanente Liste (Art. 2 Abs. 2 DurchfVO 2016/347).** Es besteht keine Pflicht, einen Abschnitt über „permanente Insider" gem. Art. 2 Abs. 2 DurchfVO 2016/347 (zum Begriff Rz. 52) und damit eine **permanente Insiderliste** zu führen. Ziel eines solchen Listenabschnitts ist es, Mehrfacheintragungen derselben Person in verschiedenen anlassbezogenen Abschnitten der Liste zu vermeiden[1]. Damit bietet sich ein Abschnitt über permanente Insider nur für die Insiderlisten von **Emittenten, Teilnehmer am Markt für Emissionszertifikate, Versteigerer und die Auktionsaufsicht** an. Zwar werden in Erwägungsgrund 4 zur DurchfVO 2016/347 auch die Insiderlisten von Dienstleistern genannt. In der Praxis werden diese aber davon keinen Gebrauch machen können, weil sie den Tatbestand nicht erfüllen. Denn Dienstleister haben naturgemäß nur projektbezogenen Zugriff auf Insiderinformationen, so dass bei keinem Berufsträger einer Unternehmensberatung, Wirtschaftsprüfungsgesellschaft oder Anwaltskanzlei zu erwarten ist, dass dieser Zugang zu sämtlichen Insiderinformationen seines Klienten hat. Da auch Dienstleister nur eine einzige Liste führen müssen (s. Rz. 34) wäre sogar erforderlich, dass ein Berufsträger Zugang zu sämtlichen Insiderinformationen sämtlicher Klienten hat, um ihn als permanenten Insider zu qualifizieren. Die mit der Einrichtung eines besonderen Listenabschnitts über permanente Insider verbundene **Verwaltungsvereinfachung** geht mit dem Nachteil einher, dass nach Ansicht der ESMA zu vermuten ist, dass permanente Insider ab dem Zeitpunkt ihrer Eintragung in die Liste Zugang zu sämtlichen Insiderinformationen des betreffenden Listenführungsverpflichteten während des gesamten Zeitraums der Existenz der jeweiligen Insiderinformation haben[2]. Da bei permanenten Insidern die Pflicht wegfällt, anzugeben, wann der Zugang zu einer Insiderinformation erlangt und wann beendet wurde (s. Rz. 62), ist diese Vermutung im Ausgangspunkt sachgerecht. Allerdings erhöht sich dadurch die Gefahr, dass Geschäfte von permanenten Insidern als Verstöße gegen Art. 8 VO Nr. 596/2014 angesehen werden[3], obwohl die betreffende Person möglicherweise gar keine positive Kenntnis von der konkreten Insiderinformation hatte[4]. Es ist daher zweifelhaft, welche Beweiskraft einer solchen Vermutung in der Praxis beigemessen werden kann. Allerdings ist zu erwarten, dass der EuGH aufgrund von Effektivitätserwägungen auf einer gewissen **Mindestbeweiskraft** bestehen wird.

c) **Qualifizierung der Liste.** Die Insiderliste ist kein öffentliches Register, sondern eine interne vertrauliche Aufzeichnung, die unter Verschluss zu halten ist (s. Rz. 79). Aktionäre oder Dritte haben kein Recht auf Auskunft oder Einsicht (zu Einzelheiten s. Rz. 79). Die Liste gibt der zuständigen Behörde Anhaltspunkte über mögliche Insider, belegt aber nicht im Sinne einer unwiderleglichen Vermutung, dass jemand tatsächlich über eine Insiderinformation verfügte. Allerdings geht von der **Eintragung in die Insiderliste die widerlegliche Vermutung** aus, dass der Eingetragene ab dem angegebenen Zugangszeitpunkt (welcher nicht der Zeitpunkt der Aufnahme in die Liste, sondern auch erst der spätere Entstehungszeitpunkt der Insiderinformation sein kann, dazu Rz. 54) Zugang zu der Insiderinformation hatte. Welche Bedeutung dieser Vermutung zukommt, ist eine Frage des Einzelfalls. Gibt es allerdings bei einem anlassbezogenen Listenabschnitt (zu permanenten Insidern s. Rz. 32) keine plausible Erklärung, weshalb der Eingetragene trotz einer formal fehlerfreien Eintragung tatsächlich in Unkenntnis der konkreten Information gewesen sein könnte, ist dies ein starkes Indiz für die positive Kenntnis der Insiderinformation.

d) **Aufbau, Format und Führung der Liste (Art. 2 DurchfVO 2016/347).** Die Marktmissbrauchsverordnung hat hinsichtlich des Aufbaus der Insiderlisten größere Neuerungen gebracht. Ziel der Neuregelung ist es, durch eine Rechtsvereinheitlichung einerseits die Kosten für Emittenten zu senken, die in verschiedenen Mitgliedstaaten tätig sind, und andererseits den zuständigen Behörden die für ihre Ermittlungen notwendigen Informationen zur Verfügung zu stellen[5]. Inwieweit mit der Vereinheitlichung tatsächlich Kosteneinsparungseffekte für multinationale Unternehmen einhergehen, ist eine Frage des Einzelfalls. Eindeutig ist jedoch, dass sich der Verwaltungsaufwand durch die neuen Vorgaben für sämtliche Listenführungsverpflichtete gegenüber dem bisherigen Recht erheblich erhöht. Nach Art. 2 Abs. 1 DurchfVO 2016/347 hat jeder Listenführungsverpflichtete eine **einheitliche Insiderliste** zu führen, die in Abschnitte zu unterteilen ist, welche sich auf unterschiedliche In-

---

1 Vgl. Erwägungsgrund 4 zur DurchfVO 2016/347.
2 ESMA, Final Report: Draft technical standards on the Market Abuse Regulation, 28.9.2015, ESMA/2015/1455, Rz. 285.
3 Zwar liegt ein Verstoß gegen das Insiderhandelsverbot nur dann vor, wenn der Insider „unter Nutzung" der Insiderinformation handelt und dies ist jedenfalls dann zu verneinen, wenn die Person nicht über eine Insiderinformation verfügt (vgl. Art. 8 VO Nr. 596/2014 Rz. 31 m.w.N.). Das Problem besteht aber gerade darin, dass die Eintragung in den Abschnitt über permanente Insider dokumentiert, dass eine Person theoretisch ständigen Zugriff auf sämtliche Insiderinformationen hat. Auch wenn die Aufnahme in eine Insiderliste nicht zwingend besagt, dass jemand tatsächlich über eine Insiderinformation verfügt (dazu sogleich Rz. 33), geht doch von der Liste eine gewisse Vermutungsregel aus.
4 So auch *Simons*, CCZ 2016, 221, 223.
5 Erwägungsgrund 2 zur DurchfVO 2016/347; ESMA, Final Report: Draft technical standards on the Market Abuse Regulation, 28.9.2015, ESMA/2015/1455, Rz. 264.

siderinformationen beziehen[1]. Hierdurch ist es nicht mehr möglich, die Insiderliste wie die ehemaligen Insiderverzeichnisse gem. § 15b WpHG a.F. nach Funktions- und Vertraulichkeitsbereichen zu gliedern[2]. Nach dem eindeutigen Wortlaut von Art. 2 Abs. 1 DurchfVO 2016/347 haben auch Dienstleister (zum Begriff Rz. 18 f.) eine einheitliche Insiderliste zu führen. Sie dürfen also nicht für jeden Klienten eine eigene Liste führen, sondern haben die **Insiderinformationen sämtlicher Klienten in eine einheitliche Liste** aufzunehmen. Dies ermöglicht zwar der zuständigen Behörde einen schnellen Zugriff auf die Daten sämtlicher Insider eines Dienstleisters, kann aber erhebliche Folgeprobleme nach sich ziehen. Anders als bisher kann allerdings nicht davon ausgegangen werden, dass der Dienstleister mit einer Übermittlung der umfassenden Liste an die zuständige Behörde seine Verschwiegenheitspflichten gegenüber den anderen, von der Datenabfrage eigentlich gar nicht betroffenen Klienten bricht. Denn gem. Art. 23 Abs. 4 VO Nr. 596/2014 gilt eine **Informationserteilung im Einklang mit der Verordnung nicht als Verstoß gegen vertragliche oder gesetzliche Verschwiegenheitspflichten** (anders noch Art. 12 Abs. 3 RL 2003/6/EG – Marktmissbrauchsrichtlinie). Aufgrund der normhierarchischen Stellung der Marktmissbrauchsverordnung gilt dies auch für Konflikte mit der Datenschutz-Grundverordnung (VO 2016/679). Die Pflicht zur Führung einer einheitlichen Liste kann aber unter Umständen zu Geheimhaltungsproblemen bei den Dienstleistern führen, weil die Anzahl derjenigen Personen, die Zugriff auf die Gesamtliste haben, stark begrenzt werden muss (zur Vertraulichkeit der Liste s. Rz. 79). Für **jede neue (zukünftige) Insiderinformation ist ein neuer Abschnitt** anzulegen. Dabei ist die jeweilige Insiderinformation in der Überschrift des Abschnitts so zu bezeichnen, dass Verwechslungen ausgeschlossen sind. Dies bedeutet freilich nicht, dass mit der Bezeichnung auch der Inhalt der Insiderinformation offenzulegen ist. Ansonsten wäre die listenführende Person und jeder, der Einsicht in die Liste nimmt, sofort in allen Listenabschnitten als Insider zu führen. Deshalb bietet es sich in der Praxis an, unverfängliche Projektbezeichnungen („Jahresabschluss") oder Codenamen („Projekt Alpha") zu verwenden[3]. Im letzteren Fall muss allerdings sichergestellt werden, dass bei Übermittlung der Liste an die zuständige Behörde (s. Rz. 68) eine Erläuterung beigefügt wird, aus der sich zweifelsfrei ergibt, welcher Vorgang mit dem Codenamen gemeint ist.

35 Die Liste ist gem. Art. 2 Abs. 3 DurchfVO 2016/347 in einem **elektronischen Format** zu führen. Während die Verordnung dem Listenführungsverpflichteten die Wahl der Software und des Dateiformats überlässt, enthält Art. 2 Abs. 4 DurchfVO 2016/347 eine Reihe von Anforderungen an die Datei, in der die Insiderliste geführt wird. Demnach muss jederzeit die **Vertraulichkeit** der in der Liste enthaltenen Informationen gewährleistet sein, indem nur ein **eindeutig festgelegter Personenkreis** Zugang zu der Liste hat. Nach dem Wortlaut von Art. 2 Abs. 4 lit. a DurchfVO 2016/347 darf es sich nur um Personen aus dem Kreis des Listenführungsverpflichteten handeln. Dies steht in Widerspruch zu der in Art. 18 Abs. 2 Unterabs. 2 VO Nr. 596/2014 eingeräumten Möglichkeit, die Listenführung auf eine externe Hilfsperson zu delegieren (s. Rz. 17). Daher ist Art. 2 Abs. 4 lit. a DurchfVO 2016/347 im Lichte der höherrangigen Grundverordnung so auszulegen, dass auch Hilfspersonen bzw. ihren Angestellten Zugang zu der Liste eingeräumt werden darf, denn andernfalls wäre es nicht möglich, die Listenführung auf Externe zu delegieren. In jedem Fall dürfen nur solche Personen Zugriff erhalten, für die dieser Zugang aufgrund des „Charakters" (englisch: „nature") ihrer Funktion oder ihrer Position notwendig ist (s. Rz. 46). Um diese Anforderungen umzusetzen, ist es nicht ausreichend, die Liste durch ein einheitliches Passwort zu schützen. Vielmehr ist es erforderlich, jedem Zugangsberechtigten eine eigene Zugangsberechtigung (Benutzername und Passwort) zuzuweisen. Weiterhin muss sichergestellt werden, dass die gewählte Dateiform jederzeit die **Genauigkeit der in der Liste enthaltenen Informationen** gewährleistet. Es geht also nicht um die inhaltliche Richtigkeit, sondern darum, dass die eingetragenen Informationen unverfälscht wiedergegeben werden (in diese Richtung weisen auch die englische Fassung: „accuracy" und die französische Fassung: „l'exactitude"). Um diese Anforderungen zu erfüllen, muss die Datei so konfiguriert werden, dass stets nachvollziehbar ist, wer zu welchem Zeitpunkt welche Änderungen vorgenommen hat. Gleichzeitig muss im Rahmen der technischen Möglichkeiten ausgeschlossen werden, dass der Inhalt der Datei durch unberechtigte Zugriffe, etwa durch Hacker, Computerviren und dergleichen, verfälscht werden kann. Die Pflicht zur Gewährleistung der Genauigkeit der in der Liste enthaltenen Informationen schließt es nach Auffassung der BaFin nicht aus, die **Insiderliste mit dem Personalinformationssystem oder ähnlichen Datenbanken zu verknüpfen**, sofern sichergestellt ist, dass die Insiderliste bei jedem Zugriff vollständig und aktuell ist[4]. Vorbild scheint § 14 Satz 2 WpAIV a.F. zu sein, der die Bezugnahme auf ein anderes, die erforderlichen Daten enthaltendes Verzeichnis ermöglichte. Eine solche Verknüpfung der Insiderliste mit anderen Datenbanken erscheint vor dem Hintergrund von Art. 2 Abs. 4 DurchfVO 2016/347 aber nur dann zulässig, wenn die anderen Datenbanken die Voraussetzungen dieser Vorschrift erfüllen. Problematisch ist dies insbesondere mit Blick auf die zugriffsberechtigten Personen und die vollständige Nachvollziehbarkeit von Änderungen. Sofern für den Be-

---

[1] Anders offenbar *Semrau* in Klöhn, Art. 18 MAR Rz. 38, wonach lediglich „im Rechtssinne" eine Liste vorliege, während technisch mehrere Listen möglich seien. Dies ist mit den Vorgaben von Art. 2 Abs. 1 DurchfVO 2016/347 kaum zu vereinbaren.
[2] *Haßler*, DB 2016, 1920, 1921; *Renz/Leibold*, CCZ 2016, 157, 161; *Söhner*, BB 2017, 259, 262.
[3] *Simons*, CCZ 2016, 221, 228.
[4] BaFin, FAQ Insiderlisten, Stand: 13.1.2017, VI.5.

arbeiter des Personalinformationssystems nicht ersichtlich ist, welche Personen in der Insiderliste geführt werden, und von dort nur die Stammdaten der Insider, nicht aber inhaltliche Informationen wie z.B. der Grund der Einstufung als Insider übernommen werden, dürfte es zulässig sein, die Zugriffsberechtigung des Personalinformationssystems weiter zu fassen als die Berechtigung zur Bearbeitung der Insiderliste. In jedem Fall muss aber die Nachvollziehbarkeit von Datenänderungen gewährleistet sein. Eine Verknüpfung entspricht z.B. nicht den gesetzlichen Anforderungen, wenn es möglich ist, in einer Personaldatenbank die privaten Telefonnummern eines Insiders auch mit Wirkung für die Insiderliste zu ändern, ohne dass dies automatisch unter Angabe der ändernden Person und des Datums der Änderung als Aktualisierung der Insiderliste eingetragen wird. Unzulässig ist es auch, wenn Dienstleister wie z.B. Anwaltskanzleien die **Insiderliste allein anhand einer Zeiterfassungssoftware** erstellen. Zwar erlaubt eine solche Software, genau nachzuvollziehen, wer in welcher Zeitspanne an welchem Fall gearbeitet hat. Sie unterscheidet jedoch nicht danach, ob man bestimmungsgemäß oder nur zufällig Zugang zu Insiderinformationen hatte und enthält auch nicht die weiteren erforderlichen Informationen (zu diesen sogleich Rz. 37). Schließlich muss jederzeit gewährleistet sein, dass **frühere Versionen der Insiderliste** noch bestehen und abrufbar sind. Auf diese Weise können auch fälschlich oder unberechtigt gelöschte Daten wiedergewonnen werden. Diese Anforderung setzt voraus, dass es einzelnen Zugangsberechtigten technisch nicht möglich sein darf, frühere Versionen der Insiderliste vollständig zu löschen. Zusätzlich muss aber auch für eine Datensicherung gesorgt sein, die auf unabhängigen Datenträgern gespeicherte Kopien der früheren Listenversionen für eine mögliche Wiederherstellung bereithält. Findet eine Verknüpfung mit anderen Datenbanken statt, ist sicherzustellen, dass auch deren Daten – sofern sie Relevanz für die Insiderliste haben – nach Änderungen ohne weiteres wiederhergestellt werden können. Frühere Versionen sind bis zum Ende der Aufbewahrungsfrist (s. Rz. 77) bereitzuhalten.

Der genaue **Aufbau der anlassbezogenen Insiderliste** ergibt sich aus Anhang I Vorlage 1 zur DurchfVO 2016/347, die zu Beginn dieser Kommentierung abgedruckt ist. 36

Vorlage 1 regelt lediglich einzelne Abschnitte der Insiderliste. Alle dort geforderten Angaben beziehen sich auf eine einzelne Insiderinformation. Demgegenüber verlangt Art. 18 Abs. 3 lit. d VO Nr. 596/2014, dass das Erstellungsdatum der Insiderliste als solcher anzugeben ist. Daraus kann man schließen, dass eine Insiderliste – jedenfalls sobald sie mehr als einen Abschnitt umfasst – einen **allgemeinen Vorspann** enthalten muss. Dort sollte sich die Bezeichnung als „Insiderliste gem. Art. 18 VO Nr. 596/2014", die Angabe des Listenführungsverpflichteten und das Datum der Erstellung der Liste finden. Letzteres ist insbesondere wichtig bei solchen Listenführungsverpflichteten, die – wie etwa kleinere Emittenten – zeitweise gar keine Insiderliste führen müssen. Die eigentliche Insiderliste bzw. jeder neue Abschnitt muss eine Kopfzeile sowie darunter eine Tabelle mit 12 Spalten enthalten. Die **Kopfzeile** enthält allgemeine Angaben zur betreffenden Insiderinformation sowie einzelne auf diese Information bezogene Daten. Die **Spalten eins bis fünf** sowie **neun bis zwölf** enthalten die Daten des Insiders, die **Spalten sechs bis acht** Angaben zum Zugang zur betreffenden Insiderinformation (ausführlich zu den einzelnen Angaben Rz. 56 ff.). 37

Daneben ist es nach Art. 2 Abs. 2 DurchfVO 2016/347 möglich, einen **ergänzenden Abschnitt mit Angaben zu permanenten Insidern**, das heißt Personen, die jederzeit zu allen Insiderinformationen Zugang haben, in die Insiderliste einzufügen (s. Rz. 32). Die Vorgaben zum **Aufbau** dieses Abschnitts der Insiderliste ergeben sich aus Anhang I Vorlage 2 zur DurchfVO 2016/347, die ebenfalls zu Beginn dieser Kommentierung abgedruckt ist. 38

Der Abschnitt über permanente Insider muss eine **Kopfzeile** sowie eine **Tabelle mit 11 Spalten** enthalten. Der Aufbau gleicht im Wesentlichen den anlassbezogenen Listenabschnitten mit dem Unterschied, dass nicht der Zeitpunkt des Zugangs und der Beendigung des Zugangs zu der einzelnen Insiderinformation anzugeben ist (zu den Einzelheiten der Angaben über permanente Insider s. Rz. 61 ff.). 39

2. In die Insiderliste aufzunehmende Personen (Art. 18 Abs. 1 lit. a VO Nr. 596/2014). a) Überblick. Hinsichtlich der Personen, die in der Insiderliste zu erfassen sind, stellt Art. 18 Abs. 1 lit. a VO Nr. 596/2014 zwei Voraussetzungen auf. Die Personen müssen für den Listenführungsverpflichteten aufgrund eines Arbeitsvertrags oder anderweitiger Aufgabenwahrnehmung tätig sein und aufgrund dieser Tätigkeit bestimmungsgemäß Zugang zu Insiderinformationen haben (zur Art der erfassten Insiderinformationen s. Rz. 29). 40

Wie bereits die Vorgängerregelung des Art. 6 Abs. 3 Unterabs. 3 RL 2003/6/EG (Marktmissbrauchsrichtlinie) erfasst Art. 18 Abs. 1 lit. a VO Nr. 596/2014 solche Personen, die für den Listenführungsverpflichteten **auf Grundlage eines Arbeitsvertrags oder anderweitig tätig** sind (englisch: „under a contract of employment, or otherwise")[1]. Obwohl also die Formulierung von derjenigen des § 15b WpHG a.F. abweicht, kann auf die bisherige Auslegung zurückgegriffen werden, da die frühere deutsche Umsetzungsnorm richtlinienkonform auszulegen war[2]. Der Begriff des Arbeitsverhältnisses ist damit wie bisher weit zu verstehen. Es kommt nicht auf die 41

---

1 Während sich die deutsche Formulierung leicht geändert hat, ist die englische Fassung (mit Ausnahme eines Kommas) identisch geblieben.
2 S. Sethe in 6. Aufl., § 15b WpHG Rz. 38.

Art des Vertrags an[1], sondern auf die Tatsache, dass die Person innerhalb des Unternehmens **tatsächlich beschäftigt** ist, so dass auch die Bestellung zum Organ ohne Anstellungsvertrag, die freie Mitarbeit[2] und faktische Arbeitsverhältnisse ausreichen. Die Beschäftigung beim Listenführungsverpflichteten muss weder eine Vollzeitstelle sein noch eine ausschließliche Tätigkeit, so dass auch eine reine Nebentätigkeit ausreicht[3]. Bloße Gefälligkeitsverhältnisse sind ebenfalls erfasst (z.B. unentgeltlich mitarbeitende Familienangehörige), solange die Person nur in das Unternehmen eingebunden ist[4]. Die gleiche Bedeutung dürfte es haben, wenn die BaFin von einer „zugewiesenen professionellen Aufgabe" spricht[5]. Ein Kriterium hierfür ist die Weisungsabhängigkeit des Betroffenen, ein anderes die direkte Einbindung der Person in Betriebsabläufe oder die faktische Wahrnehmung von Organaufgaben, auch wenn sich die Bestellung später als fehlerhaft erweist. Abzugrenzen ist dieser weit verstandene Personenkreis der Mitarbeiter von den Selbstständigen[6], die ihrerseits aber in die Kategorie der Dienstleister fallen, sofern sie im Interesse des Emittenten tätig sind (s. Rz. 18 f.).

42 Aus den Vorlagen in Anhang I zur DurchfVO 2016/347, die die Angabe von Vor- und Familien- sowie Geburtsname und des Geburtsdatums verlangen, könnte man im Umkehrschluss ableiten, dass **juristische Personen** von Art. 18 Abs. 1 lit. a VO Nr. 596/2014 nicht erfasst seien[7]. Dagegen spricht, dass in der Grundverordnung keine solche Einschränkung enthalten ist und keine Anzeichen bestehen, dass die Kommission beim Erlass der DurchfVO von der bisherigen Praxis abweichen und gegen die höherrangige VO Nr. 596/2014 verstoßen wollte. Da die Vorlagen in Anhang I zur DurchfVO 2016/347 aber keinerlei Abweichungen zulassen, ist es nicht mehr zulässig, bei juristischen Personen statt der Namens- und Geburtsdaten die Handelsregisternummer oder ähnliches aufzunehmen[8]. Stattdessen ist etwa bei Dienstleistern ein konkreter Ansprechpartner in die Liste aufzunehmen. In der **Spalte „Name und Anschrift des Unternehmens"** folgen dann die Angaben zu der juristischen Person[9].

43 Die für den Emittenten oder Dienstleister tätige Person muss **aufgrund der wahrgenommenen Aufgaben Zugang zu Insiderinformationen** haben. Es geht also um solche Personen, die „typischerweise"[10] mit Insiderinformationen in Berührung kommen. Diese Formulierung bringt zum Ausdruck, dass es nicht darum gehen kann, ob das Arbeitsverhältnis der betroffenen Person gezielt darauf angelegt ist, mit Insiderinformationen umzugehen. Das Merkmal „typischerweise" setzt voraus, dass ein Ursachenzusammenhang zwischen der Eigenschaft als Beschäftigter und dem Zugang zu Insiderinformationen besteht[11]. Gerade weil die Person beim Emittenten oder Dienstleister mit einer bestimmten Aufgabe betraut wurde, muss sie regelmäßig oder anlassbezogen Zugang zu Insiderinformationen haben. **Nicht ausreichend** ist daher ein bloß **zufälliger Zugang** zu solchen Informationen oder gar ein **widerrechtlicher Zugang** oder eine **Kenntniserlangung bei Gelegenheit** einer anderen Tätigkeit[12]. Der Tatbestand setzt damit voraus, dass der Listenführungsverpflichtete seinen Mitarbeiter so beschäftigt hat, dass dieser stets Zugang zu Insiderinformationen hat oder dass er anlässlich eines bestimmten Projekts mit Insiderinformationen in Kontakt kommen kann[13]. Die Abgrenzung kann im Einzelfall schwierig sein und es ist dem Listenführungsverpflichteten in gewisser **Ermessensspielraum** zuzugestehen, im Rahmen dessen er sich entscheiden kann, eine Person im Zweifelsfall vorsorglich in die Liste aufzunehmen[14]. Dieser Ermessensspielraum in Bezug auf die Aufnahme in die Liste wird aber durch seine Funktion begrenzt. Haben innerhalb einer großen Abteilung regelmäßig nur einzelne Personen bestimmungsgemäß Zugriff auf Insiderinformationen, darf nicht die ganze Abteilung in die Insiderliste aufgenommen werden, son-

---

1 Ebenso zu § 15b WpHG a.F. BaFin, Emittentenleitfaden 2013, S. 98; *Neusüß* in Just/Voß/Ritz/Becker, § 15b WpHG Rz. 12.
2 Dazu, noch hinsichtlich § 15b WpHG a.F., *Schwintek*, Das Anlegerschutzverbesserungsgesetz, S. 44.
3 So auch *Pfüller* in Fuchs, § 15b WpHG Rz. 52.
4 So zu § 15b WpHG a.F. *Zimmer* in FS Hüffer, 2010, S. 1153, 1160; wohl auch *Heinrich* in KölnKomm. WpHG, § 15b WpHG Rz. 22 („jedes Schuldverhältnis"). Enger jedoch *Schwintek*, Das Anlegerschutzverbesserungsgesetz, S. 44, der ein vertragliches Verhältnis verlangt.
5 BaFin, FAQ Insiderlisten, Stand: 13.1.2017, V.1.
6 Anders offenbar *Schwintek*, Das Anlegerschutzverbesserungsgesetz, S. 44, der auch alle unternehmensexternen Dritte als für den Emittenten „tätig" ansehen will.
7 So zum alten Recht mit Blick auf § 14 Satz 1 Nr. 3 WpAIV *v. Neumann-Cosel*, S. 83 f.
8 So aber die h.M. zum alten Recht, s. *Sethe* in 6. Aufl., § 15b WpHG Rz. 38; *Eckhold* in Schäfer/Hamann, Kapitalmarktgesetze, § 15b WpHG Rz. 31; *Heinrich* in KölnKomm. WpHG, § 15b WpHG Rz. 23 a.E.; *Zimmer* in FS Hüffer, 2010, S. 1153, 1160; *Zimmer* in Schwark/Zimmer, § 15b WpHG Rz. 21; wohl auch *Grothaus*, ZBB 2005, 62, 67.
9 BaFin, FAQ Insiderlisten, Stand: 13.1.2017, II.3.
10 So zum alten Recht BaFin, Emittentenleitfaden 2013, S. 96.
11 So zum alten Recht *Heinrich* in KölnKomm. WpHG, § 15b WpHG Rz. 41.
12 *Haßler*, DB 2016, 1920, 1922; *Simons*, CCZ 2016, 221, 224; zum alten Recht auch BaFin, Emittentenleitfaden 2013, S. 98; *Pfüller* in Fuchs, § 15b WpHG Rz. 59.
13 Aufgrund der Definition der Insiderinformation unterfallen auch solche Personen nicht dem Anwendungsbereich des Art. 18 Abs. 1 lit. a VO Nr. 596/2014, die erst nach einer Ad-hoc-Veröffentlichung gem. Art. 17 VO Nr. 596/2014 von der Information Kenntnis erlangen. Denn zu diesem Zeitpunkt hat die Information ihren Charakter als Insiderinformation bereits verloren.
14 So bereits zu § 15b WpHG a.F. *Eckhold* in Schäfer/Hamann, Kapitalmarktgesetze, § 15b WpHG Rz. 36.

dern nur der abgegrenzte Personenkreis. Die BaFin nennt als Beispiel Mitarbeiter der IT-Abteilung, die aufgrund ihrer Administratorenrechte Zugang zum internen E-Mail-Verkehr oder den Datenbanken des Listenführungsverpflichteten haben (s. auch Rz. 47)[1]. Allein die faktische Zugriffsmöglichkeit genügt nicht für die Aufnahme in die Liste. IT-Mitarbeiter sind demnach nur dann in die Liste aufzunehmen, wenn sie aufgrund eines konkreten Projekts Zugang zu Insiderinformationen erhalten. Nicht zulässig ist es auch, der Einfachheit halber alle Mitarbeiter des Listenführungsverpflichteten pauschal in die Liste aufzunehmen[2]. Die Funktion der Insiderliste als Ermittlungswerkzeug für die zuständige Behörde würde so vereitelt. Nur wenn es sich um ein kleines Unternehmen mit sehr wenigen Mitarbeitern handelt, bei denen wirklich alle Beschäftigten bestimmungsgemäß Zugang zu Insiderinformationen haben, wie z.B. bei Ad-hoc-Dienstleistern, umfasst die Insiderliste alle im Betrieb tätigen Personen. Erlangt ein Mitarbeiter **rechtswidrig oder zufällig Zugang zu Insiderinformationen**, muss er dann im Nachhinein in die Liste aufgenommen werden, wenn dem Listenführungsverpflichteten diese Kenntniserlangung bekanntgeworden ist[3]. Eine solche Handhabung ermöglicht der zuständigen Behörde eine wirkungsvolle Kontrolle und stellt keine übermäßige Belastung für den Listenführungsverpflichteten dar.

Über das Kriterium des „Zugangs" zu Insiderinformationen soll sichergestellt werden, dass in der Liste nicht nur diejenigen aufgeführt werden, die **tatsächlich über Insiderinformationen verfügen**, sondern auch diejenigen, die bestimmungsgemäß die bloße **Möglichkeit der Kenntniserlangung** haben, also künftig mit Insiderinformationen in Kontakt kommen könnten[4]. Letzteres setzt eine gewisse Prognose voraus. Die Möglichkeit der Kenntniserlangung haben regelmäßig die Personen, die entweder selbst die Insiderinformation schaffen oder an die eine solche weitergegeben wird, weil sie zur Erfüllung ihrer betrieblichen Aufgabe benötigen[5]. 44

b) **Einzelfälle**. Erfasst sind zunächst die **Führungspersonen des Unternehmens**. Hierbei kann man auf die Definition des Art. 3 Abs. 1 Nr. 25 VO Nr. 596/2014 zurückgreifen, der diesen Personenkreis umschreibt. Unter Berücksichtigung dieser Vorgaben sind als Führungspersonen vor allem die Mitglieder des Geschäftsführungsorgans (insbesondere also **Vorstandsmitglieder der AG, geschäftsführungs- und vertretungsbefugte persönlich haftende Gesellschafter der KGaA und Geschäftsführer der GmbH**) zu nennen. Auch die **Mitglieder der Aufsichtsorgane** zählen zu diesem Personenkreis (unabhängig davon, ob sie entsandt oder gewählt wurden und welche sonstige Tätigkeit sie noch ausüben). Schließlich gehören die in Art. 3 Abs. 1 Nr. 25 lit. b VO Nr. 596/2014 erwähnten „**höheren Führungskräfte**" hierzu. Die in Art. 3 Abs. 1 Nr. 26 lit. a–c VO Nr. 596/2014 genannten Angehörigen sind hingegen grundsätzlich nicht aufzunehmen, sondern nur ausnahmsweise dann, wenn sie im Einzelfall für den Emittenten tätig werden und bestimmungsgemäß Zugang zu Insiderinformationen haben. 45

Innerhalb der Angestellten des Unternehmens sind nur solche Personen von Art. 18 VO Nr. 596/2014 erfasst, die entsprechend der ihnen zugewiesenen Aufgabe bestimmungsgemäß Zugang zu Insiderinformationen haben, also vor allem Mitarbeiter der Bereiche **Compliance**, **M&A**, **Controlling** und **Bilanzierung** (soweit sie mit Jahresabschluss und Zwischenabschlüssen bzw. -berichten Berührung haben)[6]. Sämtliche Personen, die an der Entscheidung über einen Aufschub der Ad-hoc-Publizität nach Art. 17 Abs. 4 oder 5 VO Nr. 596/2014 beteiligt waren, sind aufzunehmen. Personen, die diese Entscheidung vorbereitet oder begleitet haben, sind ebenfalls in die Insiderliste zu benennen[7]. Gleiches gilt für die **Personen, die die Insiderliste führen**[8], seien es interne Mitarbeiter oder Dritte i.S.v. Art. 18 Abs. 2 Unterabs. 2 VO Nr. 596/2014 bzw. deren Mitarbeiter. Auch **Vorstandsassistenten** haben regelmäßig Zugang zu Insiderinformationen[9]. Gleiches gilt für Mitglieder des **Betriebsrats** und des **Wirtschaftsausschusses**[10]. Ebenfalls in den Anwendungsbereich fallen **Sekretariate** der Personen, die Zugang zu Insiderinformationen haben, sofern es zu den Aufgaben des Sekretariats gehört, bei der Tätigkeit zuzuarbeiten, bei der bestimmungsgemäß Zugang zu Insiderinformationen erlangt wird[11]. Fraglich ist, ob auch 46

---

1 BaFin, FAQ Insiderlisten, Stand: 13.1.2017, V.1.
2 Vgl. BaFin, FAQ Insiderlisten, Stand: 13.1.2017, VI.1.; zur bisherigen Rechtslage auch *Schwintek*, Das Anlegerschutzverbesserungsgesetz, S. 44; *Rodewald/Tüxen*, BB 2004, 2249, 2252; *Uwe H. Schneider/von Buttlar*, ZIP 2004, 1621, 1626; *Zimmer* in FS Hüffer, 2010, S. 1153, 1162.
3 BaFin, FAQ Insiderlisten, Stand: 13.1.2017, V.1; a.A. *Simons*, CCZ 2016, 221, 224 (müssen gar nicht aufgenommen werden).
4 Ähnlich *Semrau* in Klöhn, Art. 18 MAR Rz. 26. So auch bereits zu § 15b WpHG BaFin, Emittentenleitfaden 2013, S. 98 oben; *Pfüller* in Fuchs, § 15b WpHG Rz. 58; *v. Neumann-Cosel*, S. 93; *Zimmer* in FS Hüffer, 2010, S. 1153, 1162.
5 *v. Neumann-Cosel*, S. 106.
6 So auch *Pfüller* in Fuchs, § 15b WpHG Rz. 69.
7 So noch zu § 15 Abs. 3 WpHG a.F. BaFin, Emittentenleitfaden 2013, S. 96 f., 99; *Tollkühn*, ZIP 2004, 2215, 2219.
8 *Wehowsky* in Erbs/Kohlhaas, Strafrechtliche Nebengesetze, Stand 01/2018, 218. ErgLfg., W 57a, § 15b WpHG Rz. 5.
9 Anders als Art. 3 Abs. 1 Nr. 25 lit. b VO Nr. 596/2014 setzt Art. 18 Abs. 1 lit. a VO Nr. 596/2014 nicht voraus, dass die Mitarbeiter eigenverantwortlich strategische Entscheidungen über zukünftige Entwicklungen und Geschäftsperspektiven des Unternehmens treffen können, dazu Art. 19 VO Nr. 596/2014 Rz. 31. Daher sind bei Art. 18 Abs. 1 lit. a VO Nr. 596/2014 auch Vorstandsassistenten ohne Letztentscheidungsmacht erfasst.
10 So auch zum alten Recht *Pfüller* in Fuchs, § 15b WpHG Rz. 70.
11 So auch *Semrau* in Klöhn, Art. 18 MAR Rz. 31.

das Sekretariat eines Aufsichtsratsmitglieds noch erfasst ist, da das Mandat höchstpersönlicher Natur ist[1]. Der Gesichtspunkt der höchstpersönlichen Natur ist nicht ausschlaggebend. Es kommt entscheidend darauf an, wie das Sekretariat eingesetzt wird. Erhält es bestimmungsgemäß Zugang zu Insiderinformationen, ist es von Art. 18 VO Nr. 596/2014 erfasst. **Fahrer von Organmitgliedern** sind nicht den Sekretariaten gleichgestellt, denn sie erhalten nicht *bestimmungsgemäß* Zugang zu Insiderinformationen[2].

47 Die **Mitarbeiter der IT-Abteilung**, die aufgrund ihrer Administratorrechte Zugang zum internen E-Mail-Verkehr oder den Datenbanken des Listenführungsverpflichteten haben, sind nicht in die Insiderliste aufzunehmen. Denn es sind nur Personen aufzunehmen, die *bestimmungsgemäß* Zugang zu Insiderinformationen haben. Damit reicht der zufällige oder bei Gelegenheit einer anderen Tätigkeit erlangte Zugang zu Insiderinformationen gerade nicht aus (s. Rz. 43). Es gehört nicht zu den Aufgaben der Administratoren, sich mit dem Inhalt von Dateien und Mails auseinander zu setzen. Administratoren oder IT-Mitarbeiter haben daher keinen bestimmungsgemäßen Zugang zum Inhalt von insiderrelevanten E-Mails oder Datenbanken[3].

48 Andere Bereiche des Unternehmens, z.B. die **Rechtsabteilung**, die übrigen **Finanzbereiche**, die **Produktion**, die **Forschung und Entwicklung** und die **Werbeabteilung**, dürften kaum regelmäßigen Zugang zu Insiderinformationen haben. Sie sind also nur dann erfasst, wenn sie anlassbezogenen Zugang haben.

49 Bei Listenführungsverpflichtigen, die in einen **Konzern** eingebunden sind, wird die Frage diskutiert, ob Organmitglieder verbundener Unternehmen oder Mitarbeiter des dortigen Beteiligungsmanagements im Rahmen der Konzernleitung als von Art. 18 VO Nr. 596/2014 erfasst angesehen werden können[4]. Sie können zwar im Einzelfall im Rahmen der ihnen zugewiesenen Aufgabe über Insiderinformationen verfügen, was sicherlich dafürspräche, sie einzubeziehen. Allerdings fehlt bei Art. 18 VO Nr. 596/2014 eine Konzernklausel (s. Rz. 14, 26). Die Organmitglieder und Mitarbeiter eines verbundenen Unternehmens gelten nicht als Beschäftigte des Listenführungspflichtigen und unterfallen daher grundsätzlich nicht dem Anwendungsbereich des Art. 18 VO Nr. 596/2014[5]. Nur falls der einzelne Mitarbeiter der Mutter- oder Tochtergesellschaft in die Betriebsabläufe des Listenführungspflichtigen eingebunden ist (s. Rz. 41), wird er/sie für den Listenführungspflichtigen tätig[6] und ist im Falle des bestimmungsgemäßen Zugangs zu Insiderinformationen in die Insiderliste des Listenführungspflichtigen einzutragen[7]. Eine andere Frage ist, ob das verbundene Unternehmen selbst eine Insiderliste führen muss (dazu Rz. 14, 26) und die mit der Beteiligung befassten Mitarbeiter in diese Liste aufzunehmen sind. Aktionäre der Gesellschaft sind ebenfalls nicht für das Unternehmen tätig und daher nicht zu erfassen (s. auch Rz. 26).

50 Art. 18 VO Nr. 596/2014 gilt unmittelbar in sämtlichen Mitgliedstaaten der EU, so dass alle dort tätigen Mitarbeiter zweifellos erfasst sind. Da das Insiderrecht eine extraterritoriale Wirkung entfaltet, sind aber auch die entsprechenden **Mitarbeiter in Drittstaaten** in die Insiderliste aufzunehmen[8].

51 Ein Zweck der Insiderliste ist es, die Insiderüberwachung zu vereinfachen und der zuständigen Behörde Ermittlungen zu erleichtern. Schaltet der Emittent, Teilnehmer am Markt für Emissionszertifikate oder Versteigerer **externe Dienstleister** ein, müssen diese eine eigene Insiderliste führen (s. Rz. 27). Damit die zuständige Behörde überhaupt weiß, dass und wann ein Dienstleister eingeschaltet wurde, muss in der Insiderliste des primär

---

1 Diese Frage wirft *Schlitt* in Habersack/Mülbert/Schlitt, Unternehmensfinanzierung am Kapitalmarkt, Rz. 38.55, auf und kommt zutreffend dem Befund, dass eine Aufnahme nicht erforderlich ist, wenn diese Mitarbeiter eines anderen Unternehmens sind, in dem das Aufsichtsratsmitglied tätig ist; ohne Differenzierung aber *Neusüß* in Just/Voß/Ritz/Becker, § 15b WpHG Rz. 19.
2 So zutreffend noch zu § 15b WpHG a.F. *v. Neumann-Cosel*, S. 118 ff.; a.A. *Merkner/Sustmann*, NZG 2005, 729, 733 f.
3 BaFin, FAQ Insiderlisten, Stand: 13.1.2017, V.1.; *Haßler*, DB 2016, 1920, 1922; zum alten Recht auch *Pfüller* in Fuchs, § 15b WpHG Rz. 73; *Heinrich* in KölnKomm. WpHG, § 15b WpHG Rz. 40; *Neusüß* in Just/Voß/Ritz/Becker, § 15b WpHG Rz. 20.
4 So *Schlitt* in Habersack/Mülbert/Schlitt, Unternehmensfinanzierung am Kapitalmarkt, Rz. 38.56; *Kirschhöfer*, Der Konzern 2005, 22, 25; *Uwe H. Schneider/von Buttlar*, ZIP 2004, 1621, 1624; ebenso wohl *Schwintek*, Das Anlegerschutzverbesserungsgesetz, S. 44.
5 So bereits zur alten Rechtslage BaFin, Emittentenleitfaden 2013, S. 97; *Brandi/Süßmann*, AG 2004, 642, 644; weiter dagegen *Pfüller* in Fuchs, § 15b WpHG Rz. 74 f., der die Konzernlenkungsfunktion ausreichen lässt, um ein Tätigwerden für den Listenführungsverpflichteten zu bejahen; dem folgend bezüglich Art. 18 VO Nr. 596/2014 *Haßler*, DB 2016, 1920, 1922.
6 Demgegenüber will *Haßler*, DB 2016, 1920, 1922 auch Unternehmensverträge i.S.v. §§ 291 ff. AktG als vertragliche Grundlage ausreichen lassen. Das würde aber zu einer Differenzierung zwischen vertraglichen und faktischen Konzernen führen, die dem Schutzzweck von Art. 18 VO Nr. 596/2014 kaum zu rechtfertigen ist.
7 Zur alten Rechtslage auch BaFin, Emittentenleitfaden 2013, S. 97; weiter offenbar *Wehowsky* in Erbs/Kohlhaas, Strafrechtliche Nebengesetze, Stand 01/2018, 218. ErgLfg., W 57a, § 15b WpHG Rz. 5 („Organmitglieder und leitende Angestellte des herrschenden Unternehmens, die den Konzern leiten"): weiter auch *v. Neumann-Cosel*, S. 121 ff., der letztlich keine Einbindung in die Betriebsabläufe des Emittenten verlangt, sondern nur den Zugang zu Insiderinformationen.
8 *Semrau* in Klöhn, Art. 18 MAR Rz. 34. So auch zur Rechtslage unter § 15b WpHG a.F. (der nur in Deutschland galt) *Kirschhöfer*, Der Konzern 2005, 22, 24; *Uwe H. Schneider/von Buttlar*, ZIP 2004, 1621, 1625; *Heinrich* in KölnKomm. WpHG, § 15b WpHG Rz. 39; *Pfüller* in Fuchs, § 15b WpHG Rz. 34; *v. Neumann-Cosel*, S. 129 f.

Listenführungsverpflichteten die **Beauftragung von Dienstleistern** vermerkt werden, so dass die Liste alle externen Personen (gleichgültig, ob juristische oder natürliche Person, s. Rz. 42) enthält, die bestimmungsgemäß Zugang zu Insiderinformationen haben. Da der Dienstleister eine eigene Insiderliste führen muss, ist der Emittent bei der Führung seiner Insiderliste nicht verpflichtet, seinerseits auch alle vom Dienstleister oder von dessen Subunternehmer (s. dazu Rz. 20) eingeschalteten Mitarbeiter aufzulisten. Ausreichend, aber auch erforderlich, ist die Nennung eines Ansprechpartners des (Dienstleistungs-)Unternehmens, über den das Unternehmen selbst erfasst wird (s. Rz. 42)[1].

c) **Permanente Insider (Art. 2 Abs. 2 Unterabs. 1 DurchfVO 2016/347).** Listenführungsverpflichtete können fakultativ einen gesonderten Abschnitt über permanente Insider gem. Art. 2 Abs. 2 DurchfVO 2016/347 anlegen (s. Rz. 32). Die darin aufzunehmenden permanenten Insider müssen zunächst die Mindestvoraussetzungen des Art. 18 Abs. 1 lit. a VO Nr. 596/2014 erfüllen, d.h. sie müssen aufgrund eines Arbeitsvertrags oder anderweitiger Aufgabenwahrnehmung für den Listenführungsverpflichteten tätig sein und aufgrund dieser Tätigkeit bestimmungsgemäß Zugang zu Insiderinformationen haben (s. Rz. 41). Aus dem Kreis der aufzunehmenden Personen kommen als permanente Insider allerdings nur solche in Frage, „die auf Grund des Charakters ihrer Funktion oder Position **jederzeit Zugang zu allen Insiderinformationen** […] haben"[2]. Die Anforderungen an den Tatbestand des permanenten Insiders sind daher **weitaus strenger als bei den bisher bekannten „Funktionsinsidern"**[3]. Als solche konnten etwa Mitarbeiter der Finanzabteilung für alle auf den Finanzinformationen beruhenden Insiderinformationen eingestuft werden[4]. Demgegenüber kann „permanenter Insider" nur sein, wer „jederzeit" Zugang zu „allen" Informationen hat, so dass es sich nur um wenige Personen handelt[5]. Anders als teilweise nahegelegt wird[6], kommt es aber auch bei permanenten Insidern nicht darauf an, dass diese tatsächliche Kenntnis sämtlicher Insiderinformationen haben. Wie im Grundfall der aufzunehmenden Personen (s. Rz. 44) reicht der Zugang zu den Insiderinformationen aus. Damit kann permanenter Insider jeder sein, der aufgrund seiner Stellung jederzeit berechtigt ist, sich Kenntnis sämtlicher erfasster Insiderinformationen (dazu Rz. 29) zu verschaffen. Dies trifft aufgrund des aktienrechtlichen Grundsatzes der Gesamtverantwortung[7] auf **jedes Vorstandsmitglied** zu[8]. Darüber hinaus können im Einzelfall auch weitere Personen mit entsprechenden Kompetenzen ausgestattet sein, wie z.B. **Mitglieder ein speziellen Ad-hoc-Mitteilungskomitees** oder die **Leitung der Abteilung Recht**[9].

Auch wenn die Aufnahme einer großen Zahl von permanenten Insidern eine erhebliche Verwaltungsvereinfachung bedeutet, dürfen die strengen Tatbestandsvoraussetzungen nicht verwässert werden. Dies gilt deshalb, weil es aufgrund des sachlich nicht eingegrenzten Tatbestands nicht möglich ist, einzelnen Personen nur die Kenntnis bzw. den Zugang zu bestimmten Arten von Insiderinformationen – wie etwa Finanzdaten – zuzuschreiben. Als permanenter Insider dürfen daher nur Personen geführt werden, die Zugang zu jeder Art von Insiderinformation haben. Damit einhergehend soll nach Ansicht der ESMA die Eintragung eine tatsächliche Vermutung begründen, dass die eingetragene Person Zugang zu sämtlichen Insiderinformationen des betreffenden Listenführungsverpflichteten während des gesamten Zeitraums der Existenz der jeweiligen Insiderinformation hat[10]. Diese Vermutung ist sehr weitreichend (s. Rz. 32) und würde entwertet, wenn etwa bisher als Funktionsinsider geführte Personen pro forma zu permanenten Insidern erklärt würden.

3. **Inhalt der Liste (Art. 18 Abs. 3 VO Nr. 596/2014). a) Allgemeine Angaben und Sprache der Liste.** Die in die Insiderliste aufzunehmenden Mindestangaben ergeben sich aus Art. 18 Abs. 3 VO Nr. 596/2014. Einzelheiten über den Inhalt der Insiderliste regelt die DurchfVO 2016/347, dort insbesondere die Vorlagen 1 und 2 in Anhang I (zu den Besonderheiten für Emittenten, deren Finanzinstrumente zum Handel an KMU-Wachstumsmärkten zugelassen sind, s. Rz. 86 f.). Die danach erforderlichen Angaben sind noch vom Umfang der Verordnungsermächtigung gedeckt (s. Rz. 89)[11]. Sobald die Liste aus mehreren Abschnitten besteht, sollte sie einen allgemeinen Vorspann enthalten, die einzelnen Abschnitte jeweils eine Kopfzeile (zum Aufbau der Liste s. Rz. 36 f.). In den **Vorspann** ist die Bezeichnung als „Insiderliste gem. Art. 18 VO Nr. 596/2014", die Angabe des Listenführungsverpflichteten und das Datum der Erstellung der Liste aufzunehmen. Die **Kopfzeile** muss zunächst die **Insiderinformation** bezeichnen, auf die sich der betreffende Listenabschnitt bezieht. Ebenfalls in der Kopfzeile anzugeben ist der Zeitpunkt, zu dem die Insiderinformation „identifiziert" wurde, d.h. der Tat-

---

1 BaFin, FAQ Insiderlisten, Stand: 13.1.2017, II.3.; *Pfüller* in Fuchs, § 15b WpHG Rz. 53; *Schlitt* in Habersack/Mülbert/Schlitt, Unternehmensfinanzierung am Kapitalmarkt, Rz. 38.57; *Simons*, CCZ 2016, 221, 225.
2 Erwägungsgrund 4 zur DurchfVO 2016/347.
3 BaFin, FAQ Insiderlisten, Stand: 13.1.2017, V.3.; *Semrau* in Klöhn, Art. 18 MAR Rz. 40.
4 Ausführlich *Sethe* in 6. Aufl., § 15b WpHG Rz. 31 f.
5 *Haßler*, DB 2016, 1920, 1922; *Simons*, CCZ 2016, 221, 223.
6 S. insbesondere *Söhner*, BB 2017, 259, 262.
7 S. nur *Seibt* in K. Schmidt/Lutter, § 77 AktG Rz. 18 m.w.N.
8 A.A. *Semrau* in Klöhn, Art. 18 MAR Rz. 40 mit Fn. 33, der aber auf die tatsächliche Kenntnis und nicht auf den „Zugang" abstellt.
9 Insoweit zutreffend *Söhner*, BB 2017, 259, 262.
10 ESMA, Final Report: Draft technical standards on the Market Abuse Regulation, 28.9.2015, ESMA/2015/1455, Rz. 285.
11 A.A. *Semrau* in Klöhn, Art. 18 MAR Rz. 53.

bestand von Art. 7 Abs. 1 VO Nr. 596/2014 erfüllt wurde. Wird bei einer ex ante absehbaren Insiderinformation bereits im Vorfeld ein Abschnitt der Insiderliste angelegt (s. Rz. 30), so bleibt dieses Feld zunächst offen und wird erst bei Entstehung der Insiderinformation ausgefüllt. Sobald feststeht, dass die Insiderinformation nicht zur Entstehung gelangen wird, ist der entsprechende Listenabschnitt zu löschen. Schließlich enthält die Kopfzeile den Zeitpunkt der letzten Aktualisierung und ggf. das Datum der Übermittlung an die zuständige Behörde.

55 Hinsichtlich der **Sprache der Insiderliste** existieren keine expliziten Vorgaben in der VO Nr. 596/2014. Auch die DurchfVO 2016/347 regelt nicht, in welcher Sprache die Angaben zu machen sind, weil die ESMA dies als nicht von ihrem Mandat zur Konkretisierung der Insiderliste erfasst ansah[1]. Aus dem Umstand, dass andere Verordnungen sehr wohl Sprachenregelungen enthalten (s. z.B. Art. 7 VO Nr. 1286/2014) kann im Umkehrschluss geschlossen werden, dass es nicht zulässig ist, allein durch behördliche Vorgaben eine Sprachenregelung verbindlich vorzugeben. Damit dürfte es auch nicht zulässig sein, durch eine nationale Rechtsverordnung auf Grundlage von § 26 Abs. 4 Nr. 5 WpHG, derzufolge „die Art und Weise der Übermittlung" der Insiderliste geregelt werden darf, die Sprache für Einreichungen bei der BaFin festzulegen[2]. Dagegen spricht nicht nur das Unionsrecht, sondern auch bereits der systematische Vergleich zur Nr. 6 desselben Absatzes, derzufolge in der Rechtsverordnung zu Art. 19 VO Nr. 596/2014 neben der „Art und Weise der Übermittlung" auch die Sprache explizit erwähnt wird. Damit darf die Insiderliste **in allen 24 Amtssprachen** der EU erstellt werden. Diese sind Bulgarisch, Dänisch, Deutsch, Englisch, Estnisch, Finnisch, Französisch, Griechisch, Irisch (Gälisch), Italienisch, Kroatisch, Lettisch, Litauisch, Maltesisch, Niederländisch, Polnisch, Portugiesisch, Rumänisch, Schwedisch, Slowakisch, Slowenisch, Spanisch, Tschechisch und Ungarisch. Aus Konsistenzgründen muss die Liste aber einheitlich in einer bestimmten Sprache abgefasst sein. Praktisch relevant wird dies insbesondere dann, wenn sich ein Listenführungsverpflichteter eines Dienstleisters aus einem anderen Mitgliedstaat bedient, der dadurch selbst verpflichtet ist, eine eigene Insiderliste zu führen (s. Rz. 18). Ein solcher Dienstleister darf seine Insiderliste in der eigenen Amtssprache führen, auch wenn sie bei der für die Überwachung des primär Listenführungsverpflichteten zuständigen Behörde einzureichen ist (dazu Rz. 92). Trotz der fehlenden Sprachvorgabe ist es zweckmäßig, die Insiderliste in einer von der zuständigen Behörde bevorzugten Sprache zu verfassen[3]. Bei der BaFin sind daher Einreichungen auf Deutsch oder Englisch zweckmäßig.

56 **b) Angaben über die zu erfassenden Personen.** Als personenbezogene Mindestangaben fordert Art. 18 Abs. 3 VO Nr. 596/2014 Informationen zur Identität der Personen, die Zugang zu Insiderinformationen haben (Art. 18 Abs. 3 lit. a VO Nr. 596/2014), zum Grund der Aufnahme in die Insiderliste (Art. 18 Abs. 3 lit. b VO Nr. 596/2014) sowie zu Datum und Uhrzeit der Erlangung des Zugangs zur Insiderinformation (Art. 18 Abs. 3 lit. c VO Nr. 596/2014). Diese noch recht allgemeinen Vorgaben wurden durch **Vorlage 1 in Anhang 1 der DurchfVO 2016/347** (abgedruckt zu Beginn der Kommentierung) konkretisiert. Die dort gemachten Vorgaben sind verpflichtend und können auch nicht unter Hinweis auf Datenschutzregeln von Drittstaaten unterschritten werden[4]. Die Spalten eins bis fünf sowie neun bis zwölf regeln die personenbezogenen Angaben.

57 Inhaltlich wurden die Anforderungen im Vergleich zur bisherigen Rechtslage gesteigert. In den **ersten drei Spalten** der Tabelle sind Vor- und Nachnamen sowie ggf. ein abweichender Geburtsname des Insiders vollständig anzugeben. Nach dem eindeutigen Wortlaut ist ein früherer Ehe- oder Lebenspartnerschaftsname, wenn der Insider nach Scheidung oder Verwitwung bzw. Beendigung der Lebenspartnerschaft wieder seinen Geburtsnamen angenommen hat (vgl. § 1355 Abs. 5 Satz 2 BGB bzw. § 3 Abs. 3 Satz 2 LPartG), nicht anzugeben. Die **vierte Spalte** betrifft die dienstlichen Telefonnummern des Insiders; hier sind sämtliche Durchwahlnummern und auch Mobilnummern anzugeben. Damit korrespondiert die **elfte Spalte**, in die sämtliche privaten Telefonnummern, Festnetz und Mobil, des Insiders einzutragen sind. Der Verordnungsgeber weist dieser Information einen hohen Stellenwert für die Ermittlungen zu. Erklärte Zielsetzung ist es, auf diese Weise eine schnelle Analyse des Handelsverhaltens von Insidern zu ermöglichen sowie Verbindungen zwischen Insidern und Beteiligten an verdächtigen Handelsaktivitäten herstellen und ermitteln zu können, welche Kontakte zwischen ihnen bestanden[5]. Die Durchführung der Telekommunikationsüberwachung richtet sich nicht nach § 100a StPO oder § 100g StPO, sondern nach § 7 Abs. 1 WpHG (zu den Einzelheiten s. § 7 WpHG Rz. 6 ff.). In der **fünften Spalte** sind Name und Anschrift des listenführungspflichtigen Unternehmens anzugeben. Dies ist insbesondere dann von Bedeutung, wenn es sich nicht um direkte Angestellte, sondern etwa um Berater von Organmitgliedern (s. Rz. 21) handelt. Mit der Zuordnung einer Person zum eigenen Unternehmen anerkennt der Listenführungsverpflichtete regelmäßig auch die Aufklärungspflicht gem. Art. 18 Abs. 2 VO Nr. 596/2014 (dazu Rz. 70 ff.). In der **neunten Spalte** ist das Geburtsdatum anzugeben. Die **zehnte Spalte** findet auf deutsche Staatsangehörige grundsätzlich keine Anwendung, da es keine nationale Identifikationsnummer gibt. Da Vorlage 1 von Anhang I zur DurchfVO 2016/347 den Aufbau der Insiderliste verbindlich vorschreibt, darf die entsprechende Spalte

---

1 ESMA, Final Report: Draft technical standards on the Market Abuse Regulation, 28.9.2015, ESMA/2015/1455, Rz. 296.
2 So aber *Simons*, CCZ 2016, 221, 226.
3 I.E. ähnlich *Poelzig*, NZG 2016, 761, 767.
4 So auch BaFin, FAQ Insiderlisten, Stand: 13.1.2017, VI.4.
5 Erwägungsgrund 6 zur DurchfVO 2016/347.

aber nicht weggelassen werden. Das Feld kann jedoch leer bleiben, insbesondere ist nicht die Steuer-Identifikationsnummer anzugeben[1]. Sofern eine Person über eine im Ausland vergebene Identifikationsnummer verfügt, ist diese einzutragen. Dies gilt auch für Personen, die mehrere Staatsangehörigkeiten haben und durch ihre zweite Staatsbürgerschaft über eine nationale Identifikationsnummer verfügen[2]. In der **zwölften Spalte** ist schließlich die vollständige Privatanschrift des Insiders anzugeben. Nach Auffassung der BaFin müssen dabei auch eventuelle Zweitwohnsitze vollständig angegeben werden (zur Vereinbarkeit mit den Grundrechten s. Rz. 9)[3]. Da derartige Informationen regelmäßig nicht im Personalinformationssystem erfasst sein werden und dem Arbeitgeber häufig gar nicht bekannt sein dürfte, dass ein Angestellter über einen Zweitwohnsitz verfügt, ist hier eine besondere Befragung der in die Liste aufzunehmenden Personen erforderlich. Es bietet sich an, derartige Befragungen bereits im Vorfeld bzw. bei Neueinstellungen von Personen vorzunehmen, die als potentielle Insider in Frage kommen.

c) **Grund für die Aufnahme sowie Zeitangaben.** Die Insiderliste wird nur dann ihren Funktionen gerecht (dazu s. Rz. 6f.), wenn auch der Grund für die Erfassung der jeweiligen Person in der Liste vermerkt ist. Daher verlangt Art. 18 Abs. 3 lit. b VO Nr. 596/2014 entsprechende Angaben in der Insiderliste. Konkretisiert wird dies durch die sechste bis achte Spalte der durch Vorlage 1 in Anhang I zur DurchfVO 2016/347 vorgegebenen Tabelle (abgedruckt zu Beginn der Kommentierung). 58

In der **sechsten Spalte** sind die Funktion der Person und der Grund für die Einstufung als Insider anzugeben. Nach den Erläuterungen in der Tabelle ist nicht nur die Funktion anzugeben, sondern auch die „Rolle" der Person zu beschreiben. Damit dürfte es nicht ausreichen, den Insider als „Mitarbeiter der Rechtsabteilung" zu beschreiben[4]. Der Verordnungsgeber weist dieser Information vielmehr eine wichtige Bedeutung zu, was sich auch daran zeigt, dass eine spätere Änderung des Erfassungsgrundes gem. Art. 18 Abs. 4 lit. a VO Nr. 596/2014 explizit als Anlass für die Aktualisierung der Insiderliste genannt wird. Es muss daher aus der Eintragung hervorgehen, ob es sich um jemanden handelt, der auf die Ausgestaltung der Insiderinformation inhaltlichen Einfluss nehmen kann, oder ob die betreffende Person aufgrund ihrer Funktion lediglich passiv Kenntnis der Insiderinformation erhält. Dazu dürften grobe Rollenbeschreibungen wie „Federführung Erarbeitung des Übernahmepreises" oder „Mitarbeit bei der due diligence" ausreichen. In der **siebten Spalte** ist der Zeitpunkt der Erlangung des Zugangs zur Insiderinformation anzugeben. Dies sollte im Regelfall der Zeitpunkt sein, zu dem eine Person in die Insiderliste aufgenommen wird, da sie ab diesem Zeitpunkt und der damit einhergehenden Aufklärung berechtigt ist, die Insiderinformation zu erfahren. Im Falle einer krankheits- oder urlaubsbedingten Abwesenheit ist der spätere Zeitpunkt zu vermerken, zu dem die Person tatsächlichen Zugang zu der Information hatte. Hatte eine Person bereits vor Aufnahme in die Liste Zugang zu der Insiderinformation, ist der tatsächliche Zugangszeitpunkt anzugeben. Nach Ansicht der BaFin ist es zulässig, für eine Gruppe von Beteiligten einheitlich den Zeitpunkt der Entstehung der Insiderinformation einzutragen, etwa wenn diese durch einen Gremienbeschluss entsteht[5]. Sofern bekannt ist, dass einzelne Mitglieder der Gruppe zu abweichenden Zeitpunkten davon erfahren, könne sogleich dieser individualisierte Zeitpunkt vermerkt werden. Eine solche gruppenmäßige Erfassung kann in der Praxis eine erhebliche Verwaltungsvereinfachung bewirken. Sie ist aber nur dann mit den Vorgaben der DurchfVO 2016/347 vereinbar, wenn sichergestellt ist, dass kein Gruppenmitglied vor dem angegebenen Zeitpunkt schon Zugang zu der Insiderinformation hatte. Außerdem leidet in einem solchen Fall die Beweisfunktion der Insiderliste (dazu Rz. 33), weil ein Gruppenmitglied plausibel darlegen kann, dass es zum angegebenen Gruppenzeitpunkt tatsächlich noch keine Kenntnis der Information hatte. In der **achten Spalte** ist zu verzeichnen, ab welchem Zeitpunkt der betreffende Insider keinen Zugang mehr zu der Insiderinformation hatte. Der ehemalige Insider ist also weiter in dem betreffenden Listenabschnitt zu führen, nur wird durch die Angabe in der achten Spalte deutlich, dass die Person ab dem angegebenen Datum nicht mehr als Insider gilt. Dies ist jedenfalls der Fall, wenn die betreffende Person verstirbt oder aus dem Unternehmen ausscheidet[6]. Selbstverständlich erlischt mit dem Ausscheiden nicht das bislang erworbene Wissen, aber es ist davon auszugehen, dass der bisherige Insider, aufgrund der Vertraulichkeitspflichten seiner ehemaligen Kollegen, keine weiteren Entwicklungen mehr erfährt. Weniger eindeutig ist dies, wenn der Insider lediglich unternehmens- oder konzernintern in eine andere Position wechselt. Hier hängt es stark von der Rolle ab, die der bisherige Insider gespielt hat, ob zu erwarten ist, dass er auch weiterhin privilegierten Informationszugang haben wird. So ist insbesondere bei solchen Personen, die aufgrund ihrer bisherigen Funktion aktiven Einfluss auf die Ausgestaltung der Insiderinformation nehmen konnten, zu erwarten, dass diese auch weiterhin in den Informationsfluss einbezogen werden. Dies ist ein Fall, in dem lediglich gem. Art. 18 Abs. 4 lit. a VO Nr. 596/2014 die Eintragung in der sechsten Spalte zu aktualisieren ist, der Insider aber nicht ausgetragen werden darf. 59

---

1 BaFin, FAQ Insiderlisten, Stand: 13.1.2017, VI.5.
2 A.A. *Simons*, CCZ 2017, 182, 188; anders noch *Simons*, CCZ 2016, 221, 225. Ähnlich wie hier *Haßler*, DB 2016, 1920, 1921.
3 BaFin, FAQ Insiderlisten, Stand: 13.1.2017, VI.6; ablehnend *Simons*, CCZ 2017, 182, 187, 189.
4 A.A. *Semrau* in Klöhn, Art. 18 MAR Rz. 54.
5 BaFin, FAQ Insiderlisten, Stand: 13.1.2017, VI.1.
6 BaFin, FAQ Insiderlisten, Stand: 13.1.2017, IV.4.

Wer hingegen reine Hilfsarbeiten verrichtet hat (z.B. Präsentationen des Projekts ausgedruckt und verteilt hat), wird nach einer Versetzung in aller Regel vom weiteren Informationsfluss abgeschnitten sein. Die gleichen Grundsätze gelten im Falle einer längeren (mindestens mehrwöchigen) krankheitsbedingten Abwesenheit, hier ist ggf. ein erneuter Zugang zur Insiderinformation nach Rückkehr zu vermerken. Urlaub führt dagegen grundsätzlich nicht dazu, dass der Zugang zur Insiderinformation endet, da Mitarbeiter mit Zugang zu Insiderinformationen in der Regel auch im Urlaub in Kontakt zu ihrem Arbeitgeber bleiben und über wichtige Entwicklungen informiert werden.

60 Alle in die Insiderliste aufzunehmenden **Zeitangaben** sind gem. ISO 8601 vorzunehmen[1]. Das Datumsformat ist daher jjjj-mm-tt, das Zeitformat hh:mm. Außerdem ist der Unterschied der verwendeten Zonenzeit zur koordinierten Weltzeit anzufügen. In Deutschland ist dies +01:00 während der MEZ, bzw. +02:00 während der MESZ.

61 **d) Besonderheiten bei Permanenten Insidern.** Vorlage 2 in Anhang I zur DurchfVO 2016/347 regelt die Angaben zu permanenten Insidern (abgedruckt zu Beginn der Kommentierung). Während die personenbezogene Angaben gleich sind, werden die Angaben über Zeitpunkt und Ende des Zugangs zur Insiderinformation durch Angaben zur Aufnahme als permanenter Insider ersetzt.

62 In der **Kopfzeile** ist zunächst der Zeitpunkt der Einrichtung des Abschnitts über permanente Insider anzugeben. Außerdem ist der Zeitpunkt der letzten Aktualisierung anzugeben sowie ggf. das Datum der Übermittlung an die zuständige Behörde. Die **ersten sechs Spalten** der Tabelle gleichen den entsprechenden Spalten der anlassbezogenen Listenabschnitte (s. Rz. 57). Aus der in der sechsten Spalte vorzunehmenden Rollen- und Funktionsbeschreibung muss sich ergeben, weshalb die Person die Anforderungen an einen „permanenten Insider" (s. Rz. 52 f.) erfüllt. Da die Insiderliste nicht nur internen Zwecken dient, sondern auch maßgeblich ein Ermittlungswerkzeug für die zuständige Behörde ist, dürfen keine Personen in den Abschnitt „permanente Insider" aufgenommen werden, die die Voraussetzungen offensichtlich nicht erfüllen. In der **siebten Spalte** ist der Zeitpunkt der Aufnahme in den Abschnitt über permanente Insider anzugeben, nicht anzugeben ist hingegen der Zeitpunkt, zu dem der permanente Insider Zugang zu einzelnen Insiderinformationen erhalten hat[2]. Nach Ansicht der ESMA ist zu vermuten, dass die eingetragene Person ab dem Zeitpunkt der Eintragung als permanenter Insider Zugang zu sämtlichen Insiderinformationen des betreffenden Listenführungsverpflichteten während des gesamten Zeitraums der Existenz der jeweiligen Insiderinformation hat[3]. Gleichzeitig muss die Person zu diesem Zeitpunkt aus allen anlassbezogenen Listenabschnitten ausgetragen werden. In Art. 2 Abs. 2 Unterabs. 2 DurchfVO 2016/347 ist zwar missverständlich nur die Rede davon, dass die in den Abschnitt über permanente Insider aufzunehmenden Angaben nicht in den anderen Listenabschnitten aufgeführt werden. Zusammen mit Erwägungsgrund 4 zur DurchfVO 2016/347 ist das aber so zu verstehen, dass permanente Insider in den anderen Listenabschnitten überhaupt nicht mehr (als aktuelle Insider) geführt werden müssen. Sie dürfen auch freiwillig nicht in die anderen Listenabschnitte als aktuelle Insider aufgenommen werden, weil die Liste sonst widersprüchlich würde. Da die permanenten Insider auch nach ihrer Austragung noch als ehemalige Projektinsider in den anderen Listenabschnitten aufgeführt sind, lässt sich auch später nachvollziehen, ab wann die betreffende Person bereits vor Aufnahme in den Abschnitt über permanente Insider Zugang zu einzelnen Insiderinformationen hatte. Die **achte bis elfte Spalte** entspricht den Spalten neun bis zwölf der anlassbezogenen Listenabschnitte (s. Rz. 57).

63 Nicht geregelt ist die **Beendigung der Eintragung als permanenter Insider**. Mit dem Ende der Funktion, aufgrund derer ein ständiger Zugang zu sämtlichen Insiderinformationen besteht, endet automatisch auch die Einstufung als permanenter Insider. Die betreffende Person ist daher aus dem Abschnitt über permanente Insider auszutragen. Da anders als bei den anlassbezogenen Abschnitten keine Spalte mit einem Enddatum besteht, ist die Person aus diesem Listenabschnitt vollständig zu löschen. Stattdessen ist der ehemalige permanente Insider gleichzeitig in alle zu diesem Zeitpunkt existierenden anlassbezogenen Abschnitte aufzunehmen. Als Datum des Zugangs zur Insiderinformation ist dabei stets das Entstehungsdatum der jeweiligen Insiderinformation anzugeben, da aufgrund der Eintragung als permanenter Insider zu vermuten war, dass die Person ab diesem Zeitpunkt Zugang hatte. Inwieweit die ehemalige permanente Insider aus den anlassbezogenen Abschnitten ausgetragen werden darf, hängt davon ab, welche Funktionen er noch im Unternehmen wahrnimmt. Dabei gelten die oben genannten Grundsätze über die Beendigung des Zugangs (s. Rz. 59). Im Todesfall oder in dem seltenen Fall, dass die Person ohne jeden Übergang oder anschließende Beratungstätigkeit vollständig aus dem Unternehmen ausscheidet, kann die Eintragung in die anlassbezogenen Abschnitte unterbleiben, sofern der Zeitpunkt der Löschung aus dem Abschnitt über permanente Insider eindeutig dokumentiert ist.

64 **IV. Pflicht zur Aktualisierung der Insiderliste (Art. 18 Abs. 1 lit. b, Abs. 4 VO Nr. 596/2014). 1. Auslöser der Aktualisierungspflicht.** Nach Art. 18 Abs. 1 lit. b VO Nr. 596/2014 muss der Listenführungsverpflichtete

---

1 BaFin, FAQ Insiderlisten, Stand: 13.1.2017, VI.7. Der ISO-Standard ist abrufbar unter https://www.iso.org/iso-8601-date-and-time-format.html.
2 BaFin, FAQ Insiderlisten, Stand: 13.1.2017, VI.2.
3 ESMA, Final Report: Draft technical standards on the Market Abuse Regulation, 28.9.2015, ESMA/2015/1455, Rz. 285.

die Insiderliste „im Einklang mit Abs. 4" aktualisieren. Allerdings enthält Art. 18 VO Nr. 596/2014 keine dem § 15 Satz 1 WpAIV a.F. vergleichbare Generalklausel, derzufolge die Insiderliste bei jeder Unrichtigkeit zu aktualisieren wäre. Vielmehr listet Art. 18 Abs. 4 VO Nr. 596/2014 Aktualisierungsgründe enumerativ auf. Die englische („in the following circumstances") und französischen Sprachfassung („dans les circonstances suivantes") legen nahe, dass es sich nicht um Regelbeispiele, sondern um eine abschließende Aufzählung handeln könnte. Dies wäre deshalb überraschend, weil Art. 18 Abs. 4 VO Nr. 596/2014 keine Pflicht zur Aktualisierung für den Fall vorsieht, dass die Insiderliste inhaltlich fehlerhaft wird, insbesondere dadurch, dass sich die persönlichen Daten der dort aufgeführten Personen ändern. Diese Lücke schließt aber Art. 2 Abs. 3 DurchfVO 2016/347. Demnach ist der Listenführungsverpflichtete nicht nur verpflichtet, die Liste gemäß den Vorgaben der Vorlagen 1 und 2 in Anhang I aufzubauen, sondern auch, die entsprechenden Abschnitte regelmäßig zu aktualisieren[1]. Einer solchen **Aktualisierungspflicht aufgrund anfänglicher oder nachträglicher Unrichtigkeit der eingetragenen personenbezogenen Daten** steht auch nicht der höherrangige Art. 18 Abs. 4 VO Nr. 596/2014 entgegen. Neben dem in der deutschen Sprachfassung offenerem Wortlaut spricht insbesondere das Regelungsziel, eine lückenlose Aufsicht zu gewährleisten, entscheidend gegen den abschließenden Charakter der in Art. 18 Abs. 4 VO Nr. 596/2014 genannten Aktualisierungsgründe. Denn dieses Regelungsziel wäre ernsthaft gefährdet, wenn etwa Angaben zu permanenten Insidern nach mehreren Jahren fast vollständig unrichtig geworden sind (z.B. Namensänderung durch Eheschließung, Umzug und Änderung der Telefonnummern), ohne dass eine Aktualisierungspflicht bestünde. Aus diesem Grunde ist eine Aktualisierungspflicht in Einklang mit Art. 2 Abs. 3 DurchfVO 2016/347 auch dann anzunehmen, wenn sich persönliche Informationen der in der Insiderliste erfassten Personen ändern[2].

Nach Art. 18 Abs. 4 lit. a VO Nr. 596/2014 ist die Insiderliste zu aktualisieren, wenn sich der **Grund für die Erfassung** bereits erfasster Personen auf der Insiderliste **ändert**. Damit ist insbesondere auch die Rolle gemeint, die ein Insider hinsichtlich der Insiderinformation einnimmt, ob er auf diese also inhaltlich Einfluss nehmen kann oder lediglich aufgrund seiner Tätigkeit Kenntnis davon erhält (s. Rz. 59). Aus dieser Zielrichtung ergibt sich auch, wann eine Aktualisierungspflicht entsteht. Dies ist immer dann der Fall, wenn sich die Rolle der betreffenden Person entscheidend verändert, etwa indem eine Person, die bislang lediglich zugearbeitet hat, gestalterische Verantwortung übertragen bekommt. Auch der Abzug einer Person von einer Führungsaufgabe, aufgrund derer Kontakt zu der Insiderinformation bestand, stellt eine relevante Rollenänderung dar. Die Aktualisierungsgründe von Art. 18 Abs. 4 lit. b und lit. c VO Nr. 596/2014, wonach die Liste zu aktualisieren ist, wenn **neue Personen zur Liste hinzuzufügen** sind oder wenn in der Liste erfasste **Personen keinen Zugang zu Insiderinformationen mehr haben**, werfen keine besonderen Auslegungsfragen auf. Insoweit kann auf die Ausführungen zur Aufnahme und Austragung verwiesen werden (s. Rz. 59). Wie bereits dargelegt, sind urlaubs- oder kurzzeitige krankheitsbedingte Abwesenheiten kein Grund für die Aktualisierung (s. Rz. 59). Diese in Art. 18 Abs. 4 VO Nr. 596/2014 aufgeführten Fallgruppen sind, wie ausgeführt (s. Rz. 64), lediglich Beispiele. Eine Vielzahl **weiterer Konstellationen** ist denkbar, aus denen sich eine Aktualisierungspflicht gem. Art. 2 Abs. 3 DurchfVO 2016/347 ergibt. So lösen etwa Veränderungen im Kreis der Personen, die die Insiderliste führen (z.B. Wechsel in der Person des Compliance-Beauftragten), die Aktualisierungspflicht aus. Ebenfalls eine Aktualisierung stellt es dar, wenn eine neue (potentielle) Insiderinformation identifiziert und ein neuer Listenabschnitt angelegt oder ein bestehender Listenabschnitt gelöscht wird.

Während die Vorlagen 1 und 2 in Anhang I zur DurchfVO 2016/347 verlangen, dass in der Kopfzeile des jeweiligen Abschnitts **Datum und Uhrzeit der letzten Aktualisierung** anzugeben sind, verlangt Art. 18 Abs. 4 Unterabs. 2 VO Nr. 596/2014, dass bei jeder Aktualisierung **Datum und Uhrzeit der Änderung** anzugeben sind, durch die diese Aktualisierung erforderlich wurde. Damit ist also der Zeitpunkt gemeint, zu dem sich der tatsächliche Umstand geändert hat, auf den sich die Aktualisierung bezieht. Handelt es sich um eine nachträgliche Berichtigung (ist etwa eine Telefonnummer falsch angegeben), kann der Zeitpunkt auch vor dem Zeitpunkt liegen, zu dem der entsprechende Abschnitt der Insiderliste angelegt wurde. Diese Angabe ist neben der aktualisierten Eintragung zu machen und bleibt – anders als die Zeitangabe in der Kopfzeile – auch nach der nächsten Aktualisierung bestehen. Damit wird gewährleistet, dass bei einer Lektüre der Insiderliste sofort ersichtlich ist, welche Eintragungen bereits in der Ursprungsfassung des entsprechenden Listenabschnitts enthalten waren, welche nachträglich berichtigt wurden, weil sie ursprünglich falsch waren, und welche später aktualisiert wurden.

2. Frist. Art. 18 Abs. 1 lit. b VO Nr. 596/2014 verpflichtet die Listenführungsverpflichteten, die von ihnen zu führenden Insiderlisten „rasch" zu aktualisieren. Demgegenüber ist in Art. 18 Abs. 4 VO Nr. 596/2014 von einer „unverzüglichen" Aktualisierung die Rede. Damit ist aber in beiden Fällen dasselbe gemeint[3]. Dies zeigt der Vergleich mit den anderen Sprachfassungen von Art. 18 VO Nr. 596/2014. Sowohl in der englischen als auch in der französischen Fassung ist die Formulierung („promptly" bzw. „rapidement") in beiden Absätzen einheitlich. Fraglich ist, ob diese Anforderung nur für die in Art. 18 Abs. 4 VO Nr. 596/2014 explizit aufgeführten Ak-

---
1 I.E. ebenso *Semrau* in Klöhn, Art. 18 MAR Rz. 63.
2 I.E. auch *Simons*, CCZ 2017, 182, 188; *Simons*, CCZ 2016, 221, 229.
3 Ebenso *Pfüller* in Fuchs, § 15b WpHG Rz. 11c.

tualisierungspflichten gilt. In Art. 2 Abs. 3 DurchfVO 2016/347 ist nämlich davon die Rede, dass die entsprechenden Abschnitte „regelmäßig" zu aktualisieren seien. Dabei handelt es sich aber um einen Übersetzungsfehler der deutschen Fassung. In anderen Sprachfassungen ist kein Zeitelement enthalten (auf Englisch heißt es: „shall draw up and keep the insider list up to date", auf Französisch heißt es: „établissent et tiennent à jour la liste d'initiés"). Nicht ausreichend ist daher in allen Aktualisierungsfällen eine regelmäßige, in bestimmten Zeitabständen vorgenommene Aktualisierung. Art. 18 Abs. 4 VO Nr. 596/2014 fordert vielmehr, dass die Aktualisierung der Insiderliste **„unverzüglich" bzw. „rasch"** zu geschehen hat. Unverzüglich darf dabei aber nicht mittels § 121 Abs. 1 Satz 1 BGB als „ohne schuldhaftes Zögern" verstanden werden. Dies zeigen schon die Formulierungen „rasch", „promptly" und „rapidement", die – anders als eine Formulierung wie „without undue delay" – nicht auf eine Pflichtwidrigkeit, sondern **allein auf das Zeitelement** abstellen. Damit ist das Erfordernis rein objektiv, ohne Rücksicht auf subjektive Entschuldigungsgründe des betreffenden Listenführungsverpflichteten zu interpretieren. Die **Frist beginnt** mit der Kenntnis des Listenführungsverpflichteten von der tatsächlichen Veränderung. Trotz des Merkmals „rasch" ist dem Listenführungsverpflichteten aber eine angemessene Frist zur Prüfung des Vorliegens der Tatbestandsvoraussetzungen und – allerdings nur bei schwierigen und nicht vorhersehbaren Fallkonstellationen – zur Einholung von Rechtsrat oder einer Auskunft der zuständigen Behörde einzuräumen. Ansonsten würde die Verlässlichkeit der Insiderliste und damit das Regelungsziel des Art. 18 VO Nr. 596/2014 beeinträchtigt. Steht die Aktualisierungspflicht von vornherein völlig außer Frage, ist die Frist eine sofortige. Der Meldepflichtige muss substantiiert darlegen, dass er rasch gehandelt hat.

68 **V. Übermittlung an die zuständige Behörde (Art. 18 Abs. 1 lit. c VO Nr. 596/2014).** Art. 18 Abs. 1 lit. c VO Nr. 596/2014 verpflichtet den Listenführungsverpflichteten dazu, der zuständigen Behörde (s. Rz. 91 f.) die Insiderliste auf deren Ersuchen unverzüglich zur Verfügung zu stellen. Unverzüglich ist dabei als „so schnell wie möglich" zu verstehen (s. die englische Fassung: „as soon as possible"). Da die Insiderliste stets aktuell zu halten ist (s. Rz. 67) bedeutet dies, dass die Liste unter **normalen Umständen sofort zu übermitteln** ist. Dies gilt jedenfalls, sofern das Vorlegungsersuchen während eines Werktages zu den normalen Geschäftszeiten eingeht. Während dieser Zeiten muss stets ein Mitarbeiter anwesend sein, der über hinreichende Zugangsrechte verfügt, um die Liste – ggf. mit Erläuterungen zur Bedeutung von Codenamen (vgl. Rz. 34) – an die zuständige Behörde zu versenden. Es ist nicht erforderlich, dass die zuständige Behörde einen konkreten Grund für das Übermittlungsverlangen der Insiderliste hat[1]. Sofern die zuständige Behörde keine weiteren Erläuterungen beifügt, ist lediglich die aktuelle Insiderliste zu übermitteln. Aus der Pflicht des Art. 2 Abs. 4 lit. c VO Nr. 596/2014, den jederzeitigen Zugang und Abruf der früheren Fassungen sicherzustellen, ergibt sich implizit, dass die zuständige Behörde auch das Recht hat, die **Übermittlung früherer Fassungen der Insiderliste** zu verlangen. Nur so lässt sich zuverlässig überprüfen, ob der Listenführungsverpflichtete seinen Pflichten aus Art. 18 VO Nr. 596/2014 bzw. der DurchfVO 2016/347 umfassend nachgekommen ist. Zudem können sich im Zuge von insiderrechtlichen Ermittlungen frühere Versionen der Insiderliste als hilfreich erweisen.

69 Hinsichtlich der Modalitäten der Übermittlung enthält Art. 18 Abs. 1 lit. c VO Nr. 596/2014 keine Regelung. Spezifischere Anforderungen ergeben sich aus Art. 2 Abs. 5 DurchfVO 2016/347. Demnach legt die zuständige Behörde das zur Übermittlung zu verwendende **elektronische Hilfsmittel** fest und veröffentlicht dieses auf ihrer **Website**. Die festgelegten elektronischen Hilfsmittel müssen gewährleisten, dass die Vollständigkeit, Integrität und Vertraulichkeit der Informationen während der Übertragung gewahrt bleiben. Die BaFin hat sich in ihren FAQs zu Art. 18 VO Nr. 596/2014 zur Übermittlungsmethode geäußert. Demnach haben Übermittlungen an die BaFin per Secure Mail, d.h. einer elektronisch gesicherten Übertragung per E-Mail, zu geschehen, wofür eine einmalige Registrierung erforderlich ist[2].

70 **VI. Aufklärungspflicht (Art. 18 Abs. 2 VO Nr. 596/2014). 1. Aufklärungspflichtiger.** Gem. Art. 18 Abs. 2 Unterabs. 1 VO Nr. 596/2014 hat der Listenführungsverpflichtete Vorkehrungen dafür zu treffen, dass die in seiner Insiderliste erfassten Personen die aus den Rechts- und Verwaltungsvorschriften dem Insiderrecht erwachsenden Pflichten schriftlich anerkennen und sich der Sanktionen bewusst sind, die bei Insidergeschäften und unrechtmäßiger Offenlegung von Insiderinformationen Anwendung finden. Diese Pflichten gelten nach dem eindeutigen Wortlaut für sämtliche Listenführungsverpflichtete. Damit sind auch Dienstleister erfasst, die in der Vorgängernorm des § 15b Abs. 1 Satz 3 WpHG a.F. vergessen worden waren[3]. In Art. 18 Abs. 2 Unterabs. 1 VO Nr. 596/2014 ist von einer Aufklärung direkt gar nicht die Rede; verlangt wird nur, dass „Vorkehrungen" getroffen werden, damit die in der Insiderliste geführten Personen die einschlägigen Rechtspflichten „anerkennen" und sich der bei Verstößen drohenden Sanktionen „bewusst" sind. Ein solches Anerkenntnis und Bewusstsein kann der Listenführungsverpflichtete aber nur erreichen, indem er die Eingetragenen zuvor selbst aufklärt[4] oder Dritte (etwa die Hilfsperson, die die Insiderliste führt; vgl. Rz. 17) damit betraut. Der Wortlaut von Art. 18 Abs. 2 Unterabs. 1 VO Nr. 596/2014 scheint alternativ eine Aufklärung durch den Emittenten oder den Dienstleister zuzulassen. Da aber beide getrennte Insiderlisten zu führen haben (s. Rz. 27, 51), ist dies so zu

---

1 I.E. ebenso *Simons*, CCZ 2016, 221, 229.
2 BaFin, FAQ Insiderlisten, Stand: 13.1.2017, VII.1.
3 Dazu ausführlich *Sethe* in 6. Aufl., § 15b WpHG Rz. 69.
4 Zutreffend *Simons*, CCZ 2016, 221, 227.

verstehen, dass jeder Listenführungsverpflichtete **die in seiner eigenen Insiderliste erfassten Personen** aufzuklären hat[1].

2. Inhalt der Aufklärung. Der Inhalt der notwendigen Aufklärung ergibt sich aus der von den in der Insiderliste geführten Person zu erbringenden Reaktion. Diese müssen zunächst die sich **aus den „Rechts- und Verwaltungsvorschriften ergebenden Pflichten"** (englisch: „legal and regulatory duties") anerkennen. Da nicht genauer spezifiziert wird, welche „Rechts- und Verwaltungsvorschriften" im Einzelnen gemeint sind, ist dies mit Blick auf den Sachzusammenhang und die im Anschluss genannten Sanktionen für Insidergeschäfte und unrechtmäßige Offenlegung zu konkretisieren. Relevant sind also die einschlägigen Normen des Insiderrechts, insbesondere die Art. 7, 8, 10 und 14 VO Nr. 596/2014. Die BaFin hat einen **Mustertext für die Belehrung** veröffentlicht[2], in welchem zusätzlich auch noch Auszüge aus Art. 2 und 3 VO Nr. 596/2014, namentlich Definitionen, abgedruckt sind. Es ist aber nicht zwingend erforderlich, diese Normen in Originalauszügen abzudrucken, da sich daraus direkt keine Pflichten ergeben. Der Anwendungsbereich und die zum Verständnis der Pflichten notwendigen Definitionen können genauso gut in beigefügten Erläuterungen mitgeteilt werden. Die in dem Mustertext enthaltenen Erläuterungen sind äußerst knapp und dürften juristischen Laien kaum zu einem hinreichenden Verständnis der Rechtslage verhelfen. Da den Listenführungsverpflichteten die Pflicht trifft, „alle erforderlichen Vorkehrungen zu treffen", ist zu verlangen, dass die Erläuterungen so gegeben werden, dass die Adressaten diese auch tatsächlich verstehen können[3]. Damit erweist sich der Mustertext der BaFin als für den praktischen Regelfall nur begrenzt geeignet.

Die Aufklärung muss schließlich dazu führen, dass sich die eingetragenen Personen der **Sanktionen bewusst** sind, die bei Insidergeschäften oder einer unrechtmäßigen Offenlegung von Insiderinformationen drohen. Die BaFin empfiehlt in ihrem Mustertext, hierfür Auszüge aus §§ 119 und 120 WpHG sowie den § 125 WpHG in Gänze abzudrucken. Damit dürfte ein hinreichendes Bewusstsein für die drohenden Sanktionen zu schaffen sein.

3. Form der Aufklärung und schriftliches Anerkenntnis. An die Form der Aufklärung betroffener Personen stellt Art. 18 Abs. 2 Unterabs. 1 VO Nr. 596/2014 keine besonderen Anforderungen. Der Pflicht, hinreichende Vorkehrungen zu treffen, kann im Regelfall aber nur mittels einer schriftlichen Aufklärung genügt werden, die der aufzuklärenden Person die Möglichkeit gibt, den Inhalt der Pflichten und Sanktionen in Ruhe zur Kenntnis zu nehmen. Es muss auch ein kompetenter Ansprechpartner für eventuelle **Rückfragen** genannt werden, sofern die Aufklärung nicht von Person zu Person erfolgt. Da keine besonderen Formerfordernisse bestehen, kann die Aufklärung selbstverständlich auch in Textform, etwa per automatisierter E-Mail erfolgen[4]. Eine Vorgabe hinsichtlich der **Sprache der Aufklärung** besteht nicht. Hinreichende Vorkehrungen sind allerdings nur dann getroffen, wenn die aufzuklärende Person die Informationen in einer Sprache erhält, derer sie selbst mächtig ist. Sofern ein Listenführungsverpflichteter **Arbeitnehmer im Ausland** in die Insiderliste aufnimmt, muss er diesen die einschlägigen Informationen grundsätzlich in Landessprache zur Verfügung stellen[5]. Bei ausländischen Dienstleistern wird das Problem dadurch entschärft, dass diese selbst zur Aufklärung ihrer Arbeitnehmer verpflichtet sind (s. Rz. 70), so dass es ihnen keine größeren Schwierigkeiten bereiten sollte, dies in Landessprache zu tun.

Die auf der Insiderliste erfassten Personen haben – anders als nach alter Rechtslage – die ihnen erwachsenden Pflichten schriftlich anzuerkennen (Art. 18 Abs. 2 Unterabs. 1 VO Nr. 596/2014). Die Formulierung „anerkennen" (englisch: „acknowledges") ist dabei nicht sehr glücklich gewählt. Denn die Geltung der Rechtsvorschriften hängt selbstverständlich nicht von einem **„Anerkenntnis"** der davon betroffenen Personen ab. Die Norm zeigt daher einen pädagogischen Impetus, den Rechtsunterworfenen eine Art „innere Zustimmung" zum Recht abzuverlangen. Eine solche kann allerdings weder rechtlich verlangt noch praktisch durchgesetzt werden. Die Pflicht zum Anerkenntnis ist daher allein als Pflicht zur „Kenntnisnahme", im Sinne eines **inhaltlichen Nachvollzugs**, zu verstehen. Eine solche Kenntnisnahme minimiert das Risiko unbeabsichtigter Verstöße aufgrund von Rechtsirrtümern und verfolgt daher einen legitimen Zweck. Insoweit sind Arbeitnehmer bei Geltung des deutschen Arbeitsrechts aufgrund ihrer Treuepflicht zur Anerkennung verpflichtet. Im Falle des Verstoßes greifen die üblichen arbeitsrechtlichen Mechanismen[6]. Da die Aufklärung erst nach Eintragung in die Insiderliste zu erfolgen hat (s. sogleich Rz. 75), kann das Anerkenntnis nicht zur Bedingung des Zugangs zur Insiderinformation gemacht werden. Weigert sich ein Insider aber hartnäckig, die Anerkennungserklärung abzugeben, muss er im Extremfall von dem betreffenden Projekt abgezogen und sein weiterer **Zugang zu der Insiderinformation beendet** werden. Das Erfordernis, dass das Anerkenntnis schriftlich zu erfolgen habe, ist nicht i.S.v. § 126 BGB zu

---

1 So auch BaFin, FAQ Insiderlisten, Stand: 13.1.2017, III.1.; *Simons*, CCZ 2016, 221 (227).
2 Abrufbar unter https://www.bafin.de/SharedDocs/Downloads/DE/Formular/WA/fo_Art_18MAR_WA25_doc.doc?__blob=publicationFile&v=3.
3 A.A. *Simons*, CCZ 2016, 221, 227 (keine Rechtspflicht zu Erläuterungen).
4 So der Vorschlag von *Simons*, CCZ 2016, 221, 227.
5 Die Gegenauffassung von *Simons*, CCZ 2017, 182, 186 verkennt, dass den Listenführungsverpflichteten durch die Formulierung „Vorkehrungen treffen" eine umfassende Organisationspflicht trifft, die sich nicht in einzelne formale Schritte, wie das Verfassen eines Merkblatts, auflösen lässt.
6 *Simons*, CCZ 2016, 221, 228.

verstehen, sondern als Norm des Unionsrechts autonom auszulegen. Es reicht daher auch ein **Anerkenntnis in Textform**, sofern sichergestellt ist, dass die Kenntnisnahme auch im Nachgang noch festgestellt werden kann[1]. Empfehlenswert ist es daher, die Belehrung sowie das Anerkenntnis identisch auszugestalten, um unnötige Komplikationen zu vermeiden und eine einheitliche Dokumentation zu gewährleisten. Das Erfordernis des schriftlichen Anerkenntnisses bezieht sich dem eindeutigen Wortlaut nach nur auf die aus den Rechts- und Verwaltungsvorschriften erwachsenden Pflichten, nicht hingegen auf die drohenden Sanktionen. Letzterer muss sich der Aufzuklärende lediglich bewusst sein. Es ist daher nicht erforderlich, den Aufzuklärenden auch die Kenntnis der Sanktionsnormen schriftlich bestätigen zu lassen[2], sofern nur sichergestellt ist, dass er davon Kenntnis erlangt hat. Das Muster der BaFin, das eine einheitliche Unterschrift unter sämtliche Rechtsnormen verlangt, geht daher über das rechtlich verpflichtende Maß hinaus.

75 **4. Zeitpunkt und Wiederholung der Aufklärung.** Die Belehrung des Insiders über die Pflichten und Sanktionen nach Art. 18 Abs. 2 Unterabs. 1 VO Nr. 596/2014 hat bei der erstmaligen Aufnahme in die Insiderliste zu erfolgen, unabhängig davon, ob der Insider als normaler Insider oder als permanenter Insider i.S.d. Art. 2 Abs. 2 Unterabs. 1 DurchfVO 2016/347 zu qualifizieren ist. Eine Frist für die Aufklärung ist nicht vorgesehen. Diese kann aber nur dann ihren Zweck erreichen, wenn die Aufklärung **zeitnah nach Aufnahme in die Insiderliste** erfolgt. Da die Aufklärung ohne weiteres standardisiert werden kann, ist bei einer geplanten Aufnahme die Aufklärung sofort vorzunehmen. Dies gilt auch dann, wenn im konkreten Fall kaum Raum für Rechtsverstöße bleibt, weil die Insiderinformation kurz danach veröffentlicht wird[3]. Sofern Insider in einen neuen Abschnitt der Insiderliste eingetragen werden oder nach einer Austragung erneut in die Insiderliste eingetragen werden, ist grundsätzlich keine erneute Aufklärung durch den Emittenten oder Dienstleister erforderlich. Diesbezüglich gilt der Grundsatz „einmal belehrt, immer belehrt"[4]. Etwas anderes gilt aber immer dann, wenn konkrete Anhaltspunkte dafür bestehen, dass sich die Person ihrer Pflichten nicht umfassend bewusst sein könnte. Auch bei einer inhaltlichen Änderung (nicht lediglich Neunummerierung) der einschlägigen Rechtsvorschriften ist – bei einer neuen Aufnahme in die Insiderliste – eine erneute Belehrung erforderlich[5].

76 **VII. Aufbewahrung (Art. 18 Abs. 5 VO Nr. 596/2014). 1. Art der Aufbewahrung.** Art. 18 Abs. 5 VO Nr. 596/2014 statuiert eine Pflicht zur Aufbewahrung der Insiderliste, trifft selbst aber keine Regelung dazu, in welcher Form die Insiderliste aufzubewahren ist. Art. 2 Abs. 3 Unterabs. 1 DurchfVO 2016/347 bestimmt jedoch, dass die Listenführungsverpflichteten die Insiderliste in einem elektronischen Format zu führen haben (dazu ausführlich Rz. 35). Anforderungen an die Art der Aufbewahrung lassen sich aus Art. 2 Abs. 4 lit. c DurchfVO 2016/347 ableiten. Demnach muss der Zugang zu früheren Fassungen der Insiderliste und deren Abruf „jederzeit" gewährleistet sein. Damit ist nicht nur angesprochen, dass der Zugriff auf die Daten schnell möglich sein muss. Vielmehr wird damit auch ein Höchstmaß an Datensicherheit verlangt (dazu bereits Rz. 35). Dies zeigt insbesondere die französische Sprachfassung, derzufolge der Abruf „en toutes circonstances" gewährleistet sein muss.

77 **2. Aufbewahrungsfrist.** Die Daten sind nach ihrer Erstellung **mindestens fünf Jahre** aufzubewahren, Art. 18 Abs. 5 VO Nr. 596/2014. Dabei bezieht sich die Aufbewahrungsfrist nicht auf die Liste an sich, sondern auf den jeweiligen Abschnitt und beginnt mit der letzten Aktualisierung. Insofern weicht die Marktmissbrauchsverordnung von der bisher geltenden nationalen Regelung des § 16 Abs. 2 WpAIV a.F. ab, der infolge einer überschießenden Umsetzung der Vorgaben der Durchführungsrichtlinie zur Marktmissbrauchsrichtlinie eine Aufbewahrungspflicht von sechs Jahren vorsah. Die Formulierung „mindestens" fünf Jahre ist nicht als Ermächtigung an die Mitgliedstaaten gedacht, eventuell im nationalen Recht eine längere Aufbewahrungsfrist vorzusehen. Die Formulierung soll allein klarstellen, dass aus dem Marktmissbrauchsrecht selbst keine Pflicht zur Löschung der Insiderliste folgt (s. gleich Rz. 79).

78 Ein **Delisting des Listenführungsverpflichteten** berührt die Aufbewahrungsfrist von fünf Jahren ebenso wenig wie die **Beendigung des Mandatsverhältnisses** eines Dienstleisters, weil es sich um eine Pflicht handelt, die der zuständigen Behörde auch retrospektiv noch die Verfolgung von Insidertaten ermöglichen soll[6].

79 **3. Vertraulichkeit und Pflicht zur Löschung.** Da die Insiderliste personenbezogene Daten enthält und Insiderinformationen enthalten kann, ist sie so aufzubewahren, dass nur die im Unternehmen für die Führung der Insiderliste verantwortlichen Personen (z.B. Vorstand), die mit der Führung der Insiderliste konkret beauftragten Personen (z.B. Compliance-Mitarbeiter) oder die aufgrund ihres Berufs einer gesetzlichen Verschwiegenheitspflicht unterliegenden Personen (z.B. Wirtschaftsprüfer), die zwingend auf diese Informationen angewiesen sind, Zugang haben, Art. 2 Abs. 4 lit. a DurchfVO 2016/347 (dazu ausführlich Rz. 35). Sowohl die **aktuelle Insiderliste** als auch **frühere Versionen** sind **streng vertraulich** zu behandeln. Grund für die angeordnete Geheimhal-

---

[1] BaFin, FAQ Insiderlisten, Stand: 13.1.2017, III.2.; *Semrau* in Klöhn, Art. 18 MAR Rz. 45; *Simons*, CCZ 2016, 221, 227 f.
[2] So aber *Simons*, CCZ 2016, 221, 227.
[3] Weniger streng *Simons*, CCZ 2016, 221, 228.
[4] BaFin, FAQ Insiderlisten, Stand: 13.1.2017, III.3.
[5] Zutreffend *Simons*, CCZ 2016, 221, 227; ähnlich *Semrau* in Klöhn, Art. 18 MAR Rz. 46.
[6] *Wieneke/Schulz*, AG 2016, 809, 818.

tung sind das Weitergabeverbot von Insiderinformationen und der Datenschutz[1]. *Koch* schlägt vor, dass besonders sensible Eintragungen in die Insiderliste verschlüsselt vorgenommen werden dürfen[2]. Dieser Standpunkt überzeugt nicht, denn die gesamte Insiderliste besteht aus sensiblen Eintragungen und ist daher insgesamt geheim zu halten. Aus der Vertraulichkeit der Insiderliste folgt weiterhin, dass ein Auskunftsanspruch der Aktionäre nach § 131 AktG ausgeschlossen ist[3]. Die in der Insiderliste eingetragenen Personen können dagegen nach Art. 15 VO 2016/679 (Datenschutz-Grundverordnung) Auskunft über den sie betreffenden Eintrag verlangen[4]. Wie mit den Insiderlisten nach Ablauf der Aufbewahrungspflicht zu verfahren ist, wird weder durch Art. 18 VO Nr. 596/2014 noch durch die DurchfVO 2016/347 näher geregelt. Allerdings folgt aus der Formulierung des Art. 18 Abs. 5 VO Nr. 596/2014 eindeutig, dass eine längere Aufbewahrung als fünf Jahre nicht ausgeschlossen sein soll. Daher ergibt sich aus dem Marktmissbrauchsrecht selbst keine Löschungspflicht. Eine solche folgt aber im Regelfall aus Art. 17 Abs. 1 lit. a VO 2016/679. Demnach sind personenbezogene Daten zu löschen, wenn sie für die Zwecke, für die sie erhoben wurden, nicht mehr notwendig sind. Sofern der Listenführungsverpflichtete keine Kenntnis davon hat, dass Ermittlungen laufen oder unmittelbar bevorstehen, für die die betreffenden Daten erforderlich sein könnten, sind Insiderlisten also aus Datenschutzgründen **nach Ablauf der Aufbewahrungsfrist zu löschen**[5].

VIII. Erleichterungen für KMU-Wachstumsmärkte-Emittenten (Art. 18 Abs. 6 VO Nr. 596/2014). Eine Ausnahme von der Pflicht zur Führung einer Insiderliste sieht Art. 18 Abs. 6 VO Nr. 596/2014 unter gewissen Voraussetzungen für Emittenten, deren Finanzinstrumente zum Handel an KMU-Wachstumsmärkten zugelassen sind, vor. Der Begriff des KMU-Wachstumsmarkts wird in Art. 3 Abs. 1 Nr. 11 VO Nr. 596/2014 näher definiert (näher dazu Art. 3 VO Nr. 596/2014 Rz. 20). 80

1. Voraussetzungen der Befreiung. Die Ausnahme von der Pflicht zur Führung einer Insiderliste gilt für Emittenten, deren Finanzinstrumente zum Handel an KMU-Wachstumsmärkten zugelassen sind. Obwohl der Wortlaut dies offenlässt, ist diese Voraussetzung so zu verstehen, dass die Finanzinstrumente **ausschließlich an einem KMU-Wachstumsmarkt** zum Handel zugelassen sein dürfen. Es ist daher unschädlich, wenn die Finanzinstrumente ohne Antrag des Emittenten noch in den Handel anderer MTFs einbezogen sind; es darf aber nicht die Zulassung zum Handel an einem geregelten Markt oder zu einem MTF, das nicht die Voraussetzungen eines KMU-Wachstumsmarkt erfüllt, erfolgt sein. Die Befreiung ist darüber hinaus an zwei zusätzliche Voraussetzungen geknüpft: Der Emittent muss seine Mitarbeiter umfassend aufklären und er muss in der Lage sein, der zuständigen Behörde auf Anfrage dennoch eine Insiderliste zur Verfügung zu stellen. Für diese vereinfachte Insiderliste gelten gem. Art. 3 DurchfVO 2016/347 i.V.m. Anhang II besondere Anforderungen. 81

Zunächst hat der Emittent gem. Art. 18 Abs. 6 lit. a VO Nr. 596/2014 alle erforderlichen Vorkehrungen dafür zu treffen, dass alle Personen mit Zugang zu Insiderinformationen die Pflichten in Bezug auf den Umgang mit Insiderinformationen aus den **einschlägigen Rechts- und Verwaltungsvorschriften anerkennen** und sich der Sanktionen von Insidergeschäften, Marktmanipulation und fehlerhafter Kapitalmarktinformation bewusst sind. Diese Anforderungen entsprechen fast genau den in Art. 18 Abs. 2 VO Nr. 596/2014 statuierten Aufklärungspflichten (dazu Rz. 71 ff.). Allerdings hat nach Art. 18 Abs. 6 lit. a VO Nr. 596/2014 das Anerkenntnis der Pflichten nicht schriftlich zu erfolgen. Da die Aufklärung im Falle der Befreiung von der Listenführungspflicht aber nicht so zielgenau erfolgen kann, ist hier eine grundlegendere und anlassunabhängige Information erforderlich. Aufzuklären sind alle Personen, die Zugang zu Insiderinformationen haben. Diesen sind einerseits die insiderrechtlichen Regelungen, insbesondere Art. 7, 8, 10 und 14 VO Nr. 596/2014, zu erklären. Andererseits sind sie ausdrücklich auf die drohenden Sanktionen bei Verstößen hinzuweisen. Auch wenn Art. 18 Abs. 6 lit. a VO Nr. 596/2014 dies nicht verlangt, wird es sich in der Praxis aus Dokumentationsgründen anbieten, die Aufzuklärenden schriftlich (bzw. in Textform) bestätigen zu lassen, dass und worüber sie aufgeklärt wurden. Lässt sich im Einzelfall die Erfüllung der Voraussetzungen nämlich nicht belegen, entfällt der Grund für die Befreiung und es drohen Bußgelder wegen Verletzung der Listenführungspflicht. 82

Darüber hinaus muss der Emittent gem. Art. 18 Abs. 6 lit. b VO Nr. 596/2014 dazu in der Lage sein, der zuständigen Behörde **auf Anfrage eine Insiderliste bereitzustellen**. Dieses Erfordernis macht einen erheblichen Teil der Entlastung für kleinere Emittenten wieder zunichte, indem sie faktisch doch dazu gezwungen sind, eine Schatteninsiderliste zu führen[6]. Allerdings enthält Art. 18 Abs. 6 lit. b VO Nr. 596/2014 keine Zeitvorgabe, sondern sieht nur vor, dass „auf Anfrage" die Insiderliste bereitzustellen ist. Damit dürfen an die Übermittlung der Schatteninsiderliste nicht dieselben Anforderungen wie an die Übermittlung einer regulären Insiderliste gem. 83

---

1 So bereits zu § 15b WpHG a.F.: *Heinrich* in KölnKomm. WpHG, § 15b WpHG Rz. 56; *Diekmann/Sustmann*, NZG 2004, 929, 933.
2 *Koch*, DB 2005, 267, 270; *Pfüller* in Fuchs, § 15b WpHG Rz. 41.
3 *Heinrich* in KölnKomm. WpHG, § 15b WpHG Rz. 57; *Diekmann/Sustmann*, NZG 2004, 929, 933.
4 *Heinrich* in KölnKomm. WpHG, § 15b WpHG Rz. 58; *Diekmann/Sustmann*, NZG 2004, 929, 933; *Simons*, CCZ 2016, 221, 228; i.E. auch *Pfüller* in Fuchs, § 15b WpHG Rz. 90.
5 Ebenso *Semrau* in Klöhn, Art. 18 MAR Rz. 68.
6 Ebenso *Pfüller* in Fuchs, § 15b WpHG Rz. 12a, 17a; *Simons*, CCZ 2016, 221, 222; *Haßler*, DB 2016, 1920, 1922; *Linden*, DStR 2016, 1036, 1039; *Seibt/Wollenschläger*, AG 2014, 593, 601.

Art. 18 Abs. 1 lit. c VO Nr. 596/2014 gestellt werden (s. dazu Rz. 68). Es reicht vielmehr aus, wenn der Emittent aufgrund der Anfrage die Insiderliste erstellt und sodann übermittelt.

84 **2. Rechtsfolgen, insbesondere Schatteninsiderliste.** Sofern die Voraussetzungen des Art. 18 Abs. 6 VO Nr. 596/2014 gegeben sind, ist der Emittent **von der Pflicht zur Erstellung einer Insiderliste befreit.** Die Befreiung scheint sich ihrem Wortlaut nach allein auf die Pflicht gem. Art. 18 Abs. 1 lit. a VO Nr. 596/2014 zu beziehen. Dies ist aber eine zu enge Lesart, denn die meisten der sonstigen in Art. 18 VO Nr. 596/2014 geregelten Pflichten setzen die Pflicht zur Erstellung der Insiderliste voraus, so dass sie entweder gar nicht erfüllt werden können oder ihre Erfüllung keinen Sinn ergibt, wenn die erste Pflicht suspendiert ist. Dies betrifft namentlich die Pflicht, die Insiderliste gem. Art. 18 Abs. 1 lit. b, Abs. 4 VO Nr. 596/2014 zu aktualisieren, die Pflicht zur Aufklärung der in die Liste eingetragenen Personen gem. Art. 18 Abs. 2 VO Nr. 596/2014, und die Pflicht zur Aufbewahrung der Insiderliste gem. Art. 18 Abs. 5 VO Nr. 596/2014. Unklar ist, inwieweit die Pflicht, gem. Art. 18 Abs. 1 lit. c VO Nr. 596/2014 der zuständigen Behörde die Insiderliste auf deren Ersuchen unverzüglich zur Verfügung zu stellen (dazu Rz. 68 f.), anwendbar bleibt. Gem. Art. 18 Abs. 6 lit. b VO Nr. 596/2014 muss der Emittent in der Lage sein, auf Anfrage der Behörde eine Insiderliste bereitzustellen. Dies ist aber allein eine organisatorische Anforderung; eine Übermittlungspflicht ergibt sich daraus nicht. Daher ist davon auszugehen, dass Art. 18 Abs. 1 lit. c VO Nr. 596/2014 auch bei einer Befreiung von der Pflicht zur Erstellung der Insiderliste anwendbar bleibt. Allerdings ist in Art. 18 Abs. 6 lit. b VO Nr. 596/2014 nicht davon die Rede, dass der Emittent auch in der Lage sein muss, die Insiderliste „unverzüglich" bereitzustellen. Wenn dies nicht verlangt werden kann, muss auch die Übermittlungspflicht entsprechend modifiziert werden, so dass lediglich eine Pflicht zur Übermittlung der Insiderliste nach ihrer Erstellung besteht.

85 Der Emittent muss gem. Art. 18 Abs. 6 lit. b VO Nr. 596/2014 in der Lage sein, auf Anfrage der zuständigen Behörde eine Insiderliste bereitzustellen. Diese Pflicht wird durch Art. 3 DurchfVO 2016/347 sowie die Vorlage in Anhang II konkretisiert. Es handelt sich zunächst um eine **Organisationspflicht.** Der Emittent muss seinen Geschäftsablauf so einrichten, dass er in der Lage ist, auf Anfrage die gemäß der Vorlage erforderlichen Daten (zu diesen sogleich Rz. 87) zur Verfügung zu stellen. Damit geht die Pflicht einher, diese Daten – etwa den Zeitpunkt, zu dem ein Insider Zugang zu einer Insiderinformation erlangt hat – überhaupt erst zu erfassen. Der Emittent wird dadurch de facto verpflichtet, eine **Schatteninsiderliste** zu führen. Für den Aufbau dieser Schatteninsiderliste bestehen zwar keine Vorgaben (diese beziehen sich erst auf die nach Anfrage der zuständigen Behörde zu erstellende vereinfachte Insiderliste), es erscheint aber naheliegend, dass man sich in der Praxis dafür bereits an der Vorlage in Anhang II zur DurchfVO 2016/347 orientiert. Soweit in der vereinfachten Insiderliste Angaben unterlassen werden können, wenn die entsprechenden Informationen zum Zeitpunkt der Erstellung der Liste nicht zur Verfügung stehen (dazu sogleich Rz. 87), ergeben sich daraus auch Grenzen der Organisationspflicht. Soweit die Schatteninsiderliste Insiderinformationen enthält, unterliegt sie dem Offenlegungsverbot gem. Art. 10 VO Nr. 596/2016. Die Anforderungen von Art. 2 Abs. 4 DurchfVO 2016/347 gelten aber nicht für die Schatteninsiderliste.

86 **3. Vereinfachte Insiderliste.** Auf Anfrage der zuständigen Behörde muss der Emittent gem. Art. 18 Abs. 1 lit. c VO Nr. 596/2014 i.V.m. Art. 3 DurchfVO 2016/347 eine vereinfachte Insiderliste entsprechend der Vorlage in Anhang II zur DurchfVO 2016/347 erstellen. Dabei stellt Erwägungsgrund 9 zur DurchfVO 2016/347 ausdrücklich klar, dass die vereinfachte Insiderliste nicht zwingend in elektronischer Form zu erstellen ist. Daher ist insbesondere auch eine in Papierform erstellte Insiderliste zulässig. Die Anforderungen an den Aufbau der vereinfachten Liste ergeben sich unabhängig von deren Format aus Anhang II zur DurchfVO 2016/347, der zu Beginn dieser Kommentierung abgedruckt ist.

87 Der Aufbau der vereinfachten Insiderliste ähnelt wesentlich dem Aufbau der regulären Insiderliste (dazu Rz. 37). Auch die vereinfachte Insiderliste sollte einen **allgemeinen Vorspann** enthalten. Dort sollte sich die Bezeichnung als „Insiderliste gem. Art. 3 DurchfVO 2016/347" und die Angabe des Listenführungsverpflichteten finden. Die eigentliche vereinfachte Insiderliste ist, anders als die reguläre Insiderliste, **nicht in unterschiedliche Abschnitte** für einzelne Insiderinformationen zu gliedern, da es an einer Vorgabe entsprechend Art. 2 Abs. 1 DurchfVO 2016/347 fehlt. Sollten zum Zeitpunkt der Listenerstellung mehrere Insiderinformationen bestehen, sind in den Zeilen über die Erlangung des Zugangs und ggf. das Ende des Zugangs die Angaben für die einzelnen Informationen getrennt aufzuführen. Die vereinfachte Insiderliste beginnt mit einer **Kopfzeile**, in der Datum und Uhrzeit der Erstellung sowie das Datum der Übermittlung an die zuständige Behörde anzugeben sind. Es folgt eine **Tabelle mit 11 Spalten**, die im Wesentlichen der regulären Insiderliste gleicht. Soweit die Spalten identisch sind, gilt für die Ausfüllung der hier aufkommenden Angaben auf die obigen Erläuterungen verwiesen (s. Rz. 57–60). Anders als in der regulären Insiderliste ist in der vereinfachten Liste zwar eigentlich keine Angabe über das **Geburtsdatum** des Insiders zu machen; dieses ist aber anstatt der nationalen Identifikationsnummer in die **neunte Spalte** aufzunehmen, soweit nicht ausnahmsweise eine im Ausland vergebene Identifikationsnummer existiert. Außerdem müssen Angaben zur Privatanschrift sowie zu den privaten Telefonnummern des *Insiders nur dann gemacht werden,* wenn sie zum Zeitpunkt der „Abforderung" durch die zuständige Behörde verfügbar sind. Relevant wird dies insbesondere bei externen Beratern, die in die Liste aufzunehmen sind. Bei eigenen Arbeitnehmern wird man im Regelfall erwarten können, dass der Emittent über die Privatanschrift so-

wie jedenfalls eine private Telefonnummer verfügt. Nicht zu rechtfertigen ist vor dem Hintergrund dieser Erleichterungen aber eine Pflicht zur Angabe des Zweitwohnsitzes.

4. Auswirkungen auf Dienstleister. Der Anwendungsbereich von Art. 18 Abs. 6 VO Nr. 596/2014 ist nach dem eindeutigen Wortlaut alleine auf die Emittenten beschränkt, deren Finanzinstrumente zum Handel an einem KMU-Wachstumsmarkt zugelassen sind. Soweit diese Emittenten Dienstleister beschäftigen, die gem. Art. 18 Abs. 1 lit. a VO Nr. 596/2014 selbst zur Erstellung einer Insiderliste verpflichtet sind, erstreckt sich die **Befreiung nicht auf die Dienstleister**[1]. Dies wird auch dadurch unterstrichen, dass in Art. 3 sowie Anhang II zur DurchfVO 2016/347 immer nur von den Emittenten die Rede ist. Dienstleister haben deshalb reguläre Insiderlisten zu führen, auch wenn sie einen Emittenten beraten, der gem. Art. 18 Abs. 6 VO Nr. 596/2014 von der Pflicht zur Führung einer eigenen Insiderliste befreit ist. Diese Vorschrift strebt lediglich eine Entlastung kleinerer Emittenten, nicht aber von Beratern und sonstigen Dienstleistern an. Sofern der Emittent aufgefordert wird, eine vereinfachte Insiderliste zu erstellen, ist in diese aber auch ein Verweis auf die Dienstleister aufzunehmen. Dafür gelten die allgemeinen Grundsätze (s. Rz. 51).

88

IX. Verordnungsermächtigungen (Art. 18 Abs. 9 VO Nr. 596/2014 und § 26 Abs. 4 Satz 1 Nr. 5 WpHG). Art. 18 Abs. 9 VO Nr. 596/2014 bestimmt, dass die ESMA technische Durchführungsstandards zu entwerfen hat, die das genaue Format der Insiderlisten und das Format für ihre Aktualisierung festlegen sollen, um unionsweit einheitliche Bedingungen für die Anwendung des Art. 18 VO Nr. 596/2014 zu schaffen. Dieser Pflicht ist die ESMA nachgekommen, indem sie am 28.9.2015 Entwürfe der Durchführungsbestimmungen für alle Bereiche der VO Nr. 596/2014 vorgelegt hat[2]. Auf Grundlage dieser Empfehlungen hat die Kommission am 10.3.2016 die DurchfVO 2016/347 erlassen, die gleichzeitig mit der VO Nr. 596/2014 ab dem 3.7.2016 Gültigkeit beansprucht. Teilweise wird die Auffassung vertreten, die nach der DurchfVO 2016/347 vorgeschriebenen Detailinformationen (wie Telefonnummern, Privatadressen und nationale Identifikationsnummern) seien nicht mehr von Art. 18 Abs. 9 VO Nr. 596/2014 gedeckt, weil danach nur das „genaue ‚Format'" der Insiderliste, nicht aber deren Inhalt, geregelt werden dürfe[3]. Dem ist nicht zu folgen. Art. 18 Abs. 3 lit. a VO Nr. 596/2014, wonach Angaben zur „Identität aller Personen, die Zugang zu Insiderinformationen haben" in die Insiderliste aufzunehmen sind, ist mit Blick auf das Regelungsziel der Insiderhandelsprävention (s. Rz. 7) auszulegen. Daher genügt es nicht, den Namen und das Geburtsdatum zu erfassen; vielmehr handelt es sich bei der Insiderliste um ein ausgelagertes Ermittlungswerkzeug. Deshalb dürften dort alle diejenigen Informationen erfasst werden, die die Aufsichts- und Ermittlungsbehörden benötigen, um mögliche Insiderhandelsfälle den auf der Liste erfassten Personen zurechnen zu können. Da Insiderhandel häufig unter Verwendung von Scheinfirmen etc. getätigt wird, benötigen die Behörden Anhaltspunkte, um das tatsächliche Handeln einzelner natürlicher Personen zurechnen zu können. Dafür sind Adressen und Daten über Telekommunikationsanschlüsse erforderlich.

89

Der deutsche Gesetzgeber hat in § 26 Abs. 4 Satz 1 Nr. 5 WpHG das Bundesministerium der Finanzen ermächtigt, per Rechtsverordnung „die Art und Weise der Übermittlung einer Insiderliste" zu regeln. Gem. Art. 2 Abs. 5 DurchfVO 2016/347 ist es eigentlich Aufgabe der zuständigen Behörde (dies ist gem. Art. 22 VO Nr. 596/2014 i.V.m. § 6 Abs. 5 Satz 1 WpHG die BaFin), die zulässigen elektronischen Hilfsmittel für die Übermittlung der Insiderliste festzulegen und auf ihrer Website zu veröffentlichen. Das Bundesfinanzministerium hat von der Ermächtigung des § 26 Abs. 4 Satz 1 Nr. 5 WpHG bislang noch keinen Gebrauch gemacht, so dass sich die Frage nach der Unionsrechtswidrigkeit einer solchen Verordnung (noch) nicht stellt. Sollte das Bundesfinanzministerium die Verordnungskompetenz gem. § 26 Abs. 4 Satz 2 WpHG auf die BaFin weiterübertragen, wäre eine solche von der BaFin selbst erlassene Verordnung in jedem Fall unionsrechtskonform. Aber auch für den Fall, dass das Bundesfinanzministerium selbst eine Verordnung erlassen sollte, dürfte noch kein Verstoß gegen Art. 2 Abs. 5 DurchfVO 2016/347 anzunehmen sein. Regelungsziel dieser Norm ist die Einheitlichkeit der Vorgaben für die Normadressaten sicherzustellen. Rechtssetzungskompetenzen im mitgliedstaatlichen Bereich sollen dadurch nicht übertragen werden.

90

X. Zuständige Behörde. Da die Verordnung unmittelbar in der gesamten EU Anwendung findet, sind die Pflichten für sämtliche Emittenten, die in den Anwendungsbereich von Art. 18 VO Nr. 596/2014 fallen, gleich. Damit ist aber noch nicht gesagt, **welche Aufsichtsbehörde für die Überwachung zuständig ist**. Dies richtet sich nicht nach der allgemeinen Zuständigkeitsregelung des Art. 22 Satz 1 und Satz 3 VO Nr. 596/2014. Dort sind lediglich die Kompetenzen zur Verfolgung von Insiderhandel und Marktmanipulation geregelt, was durch die Bezugnahme auf den Ort der (Tat-)Handlung deutlich wird. Die Zuständigkeit zur Überwachung von Publizitäts- und Listenführungspflichten ist damit nicht gemeint, denn es wäre arbiträr, danach zu differenzieren, an welchem Ort etwa fehlerhafte Eintragungen in eine Insiderliste vorgenommen werden. Auch die RL 2003/6/EG (Marktmissbrauchsrichtlinie) knüpfte in Art. 10 ebenfalls an den Tatort an. Trotzdem galt gem. § 15b Abs. 1 Satz 1 WpHG a.F. im Einklang mit Art. 21 Abs. 1 und 3 i.V.m. Art. 2 Abs. 1 lit. i und lit. j RL 2004/109/EG (Transparenzrichtlinie) die Pflicht zur Führung von Insiderverzeichnissen nur für Inlandsemittenten. Diese

91

---

[1] A.A. *Semrau* in Klöhn, Art. 18 MAR Rz. 71.
[2] ESMA, Final Report: Draft technical standards on the Market Abuse Regulation, 28.9.2015, ESMA/2015/1455.
[3] *Semrau* in Klöhn, Art. 18 MAR Rz. 53.

Begrenzung besteht auf Ebene der Zuständigkeitsverteilung fort. Die Zuständigkeit für die Überwachung von Art. 18 VO Nr. 596/2014 richtet sich daher, wie bei den unionsrechtlich begründeten Veröffentlichungspflichten (z.B. Ad-hoc-Mitteilungen gem. Art. 17 VO Nr. 596/2014), nach den **vorrangigen Spezialregelungen in Art. 21 Abs. 1 und 3 i.V.m. Art. 2 Abs. 1 lit. i und lit. j RL 2004/109/EG**, die in Deutschland durch § 2 Abs. 13 und 14 WpHG umgesetzt wurden.

92 Damit ist die **BaFin** zuständige Behörde i.S.v. Art. 18 VO Nr. 596/2018 für alle **Inlandsemittenten** i.S.v. § 2 Abs. 14 WpHG. Wegen des Sachzusammenhangs erstreckt sich diese Zuständigkeit auch auf die durch Inlandsemittenten beauftragten **Dienstleister** (s. Rz. 17 ff.) und zwar unabhängig davon, wo diese Dienstleister ihren Sitz haben. Die gleichen Regeln gelten für **Teilnehmer am Markt für Emissionszertifikate** und ihre Dienstleister.

93 **XI. Rechte des Betriebsrats.** Fraglich ist, ob dem Betriebsrat hinsichtlich der Frage des „Ob" der Errichtung einer Insiderliste ein **Mitbestimmungsrecht** zusteht. Einschlägig erscheint der Tatbestand des § 87 Abs. 1 Nr. 6 BetrVG, doch stellt die Insiderliste keine technische Einrichtung dar, denn es findet keine vom menschlichen Erfassungsvermögen unabhängige technische, d.h. automatisierte Aufzeichnung des Verhaltens oder der Leistung der Arbeitnehmer statt[1]. Technische Einrichtungen werden nur erfasst, wenn sie unmittelbar – ohne Hinzutreten weiterer Mittel – die Überwachungsergebnisse produzieren[2]. Insiderlisten werden nicht automatisch erstellt, sondern beruhen auf den Angaben, die der die Insiderliste führende Mitarbeiter erhebt. Die herrschende Meinung sieht den Tatbestand aber auch dann als einschlägig an, wenn die Daten zwar nicht automatisch erhoben, wohl aber ausgewertet werden, was bei elektronisch geführten Insiderlisten der Fall wäre[3]. Das Mitbestimmungsrecht scheitert jedenfalls daran, dass es nach dem Gesetz nur eingreift „soweit eine gesetzliche oder tarifliche Regelung nicht besteht"[4]. Denn in diesem Fall hat der Unternehmer keinen Handlungsspielraum mehr. Sind die Voraussetzungen des Art. 18 Abs. 1 lit. a VO Nr. 596/2014 erfüllt, ist die Errichtung der Insiderliste gesetzlich vorgeschrieben. Vorliegend wird ein mögliches Mitbestimmungsrecht des Betriebsrats also durch diese zwingende gesetzliche Vorgabe verdrängt. Gleiches gilt hinsichtlich des „Wie" der Führung der Insiderliste, da dies in der DurchfVO 2016/347 abschließend festgelegt wird.

94 Von der Mitbestimmung zu trennen ist die Frage, ob der Listenführungsverpflichtete **den Betriebsrat** über die Errichtung einer Insiderliste **informieren** muss. Dies wird zu Recht unter Hinweis auf das Gebot der vertrauensvollen Zusammenarbeit bejaht[5]. Denn das Informationsrecht greift nicht erst ein, wenn konkrete Aufgaben des Betriebsrats aktuell betroffen sind, sondern bereits dann, wenn sie potentiell betroffen sein können[6]. Zwar wurde festgestellt, dass ein Mitbestimmungsrecht ausscheidet. Dennoch muss der Betriebsrat zumindest die Einhaltung der Vorgaben der Datenschutz-Grundverordnung (VO 2016/679) zugunsten der Arbeitnehmer überprüfen können (§ 80 Abs. 1 Nr. 1 BetrVG)[7] und ist daher über die Errichtung der Insiderliste zu informieren.

95 Der Betriebsrat darf jedoch nur abstrakt und generell prüfen, dass Beschäftigte, die ihren **Auskunftsanspruch** nach Art. 15 VO 2016/679 (s. Rz. 79) geltend machen, eine Auskunft zu den über sie gespeicherten Daten erhalten. Das nach altem Recht anzunehmende Recht, die Datenfelder zu prüfen[8], kann nach der VO Nr. 596/2014 nicht mehr bejaht werden. Denn die Vorlagen 1 und 2 in Anhang I zur DurchfVO 2016/347 schreiben die Datenfelder der Insiderliste abschließend vor, so dass dem einzelnen Listenführungsverpflichteten keinerlei Ermessensspielraum zum Aufbau der Insiderliste mehr verbleibt. Ein Überprüfungsrecht scheitert deshalb erneut darin, dass zwingende gesetzliche Vorschriften bestehen.

96 **XII. Sanktionen. 1. Bußgeld.** Art. 30 Abs. 1 Unterabs. 1 lit. a, Abs. 2 lit. i, lit. j VO Nr. 596/2014 bestimmt, dass die Mitgliedstaaten im Fall von Verstößen gegen Art. 18 VO Nr. 596/2014 Sanktionen zu verhängen haben und den zuständigen Behörden die Befugnis erteilen müssen, Bußgelder zu verhängen. Diesem Erfordernis ist der deutsche Gesetzgeber in § 120 WpHG nachgekommen. **Verstöße gegen die Pflichten zur Führung, Aktualisierung, Übermittlung oder Aufbewahrung einer Insiderliste sowie zur Aufklärung der eingetragenen Person** nach Art. 18 VO Nr. 596/2014 (s. Rz. 28 ff., 64 ff., 68 f., 76 ff. sowie Rz. 70 ff.) stellen eine **Ordnungswidrigkeit** nach § 120 Abs. 15 Nr. 12, 13, 14, 15 bzw. 16 WpHG dar. Verantwortlich für diese Pflichten ist die Geschäftsführung des Listenführungsverpflichteten bzw. dieser selbst, sollte es sich (etwa bei einem Dienstleister) nicht um eine juristische Person handeln.

97 Kommt der Listenführungsverpflichtete einem Verlangen der zuständigen Behörde nach **Übermittlung der Insiderliste nicht oder nicht rechtzeitig** nach, stellt dies eine Ordnungswidrigkeit nach § 120 Abs. 15 Nr. 14 WpHG dar. Ein Fall nicht rechtzeitiger Übermittlung wird vorliegen, wenn die von der zuständigen Behörde

---

1 *Richardi* in Richardi, 16. Aufl. 2018, § 87 BetrVG Rz. 496 f.
2 *Richardi* in Richardi, 16. Aufl. 2018, § 87 BetrVG Rz. 515.
3 So nun auch BAG v. 13.12.2016 – 1 ABR 7/15, NZG 2017, 657, 660; s. außerdem *Kania* und *Franzen* in ErfurtKomm. ArbR, 18. Aufl. 2018, § 87 BetrVG Rz. 49.
4 *Heinrich* in KölnKomm. WpHG, § 15b WpHG Rz. 8.
5 *Heinrich* in KölnKomm. WpHG, § 15b WpHG Rz. 8.
6 *Kania* in ErfurtKomm. ArbR, 18. Aufl. 2018, § 80 BetrVG Rz. 17 ff.
7 *Kania* in ErfurtKomm. ArbR, 18. Aufl. 2018, § 80 BetrVG Rz. 3.
8 Dazu *Sethe* in 6. Aufl., § 15b WpHG Rz. 68.

angeforderte Insiderliste erst nach Ablauf von zwei Werktagen eingeht (s. Rz. 68). Verantwortlich für die Pflicht zur Übermittlung der Insiderliste ist wiederum die Geschäftsführung bzw. der Dienstleister, sollte es sich nicht um eine juristische Person handeln.

Nach § 120 Abs. 18 Satz 1 WpHG können Ordnungswidrigkeiten in Zusammenhang mit Insiderlisten nach § 120 Abs. 15 Nr. 12–16 WpHG eine Geldbuße von 500.000 Euro für Privatpersonen und nach § 120 Abs. 18 Satz 2 Nr. 3 WpHG von bis 1.000.000 Euro für juristische Personen oder Personenvereinigungen nach sich ziehen. Alternativ besteht die Möglichkeit einer Ahndung mit Geldbuße bis zur dreifachen Höhe des aus dem Verstoß gezogenen wirtschaftlichen Vorteils, wobei hiervon erzielte Gewinne und vermiedene Verluste erfasst werden und eine Schätzung vorgenommen werden kann (§ 120 Abs. 18 Sätze 3 und 4 WpHG). Zu weiteren Einzelheiten vgl. die Kommentierung zu § 120 WpHG. 98

2. Verwaltungsrechtliche Sanktionen. Die zuständige Behörde kann nach Maßgabe von Art. 30 Abs. 1 Unterabs. 1 lit. a, Abs. 2 VO Nr. 596/2014 darüber hinaus auch auf weitere verwaltungsrechtliche Maßnahmen zurückgreifen. Hierzu zählen insbesondere die Unterlassungsverfügung und die öffentliche Verwarnung. Außerdem werden Verstöße gegen die Pflicht zur ordnungsgemäßen Führung einer Insiderliste nach Maßgabe der Art. 34 Abs. 1 VO Nr. 596/2014 i.V.m. § 125 WpHG nach Verhängung von Sanktionen auf der Website der BaFin veröffentlicht („*naming and shaming*"). Bezweckt wird hierdurch eine generalpräventive Wirkung[1]. Bei Verantwortlichkeit der juristischen Person sind die Namen der handelnden Organmitglieder und intern Verantwortlichen nicht zu nennen[2]. Es ist nicht erforderlich, dass die BaFin mit der Veröffentlichung darauf wartet, dass der Bußgeldbescheid rechtskräftig ist – in diesem Falle ist lediglich auf die fehlende Bestands- oder Rechtskraft hinzuweisen. 99

3. Strafvorschriften. Kommt der für die Führung der Insiderliste Verantwortliche seiner Pflicht nicht oder nicht ordnungsgemäß nach, um dadurch eine tateinheitlich begangene eigene Insiderstraftat zu verschleiern, tritt die begangene Ordnungswidrigkeit nach § 21 Abs. 1 Satz 1 OWiG zurück (**Subsidiarität**). Sie lebt jedoch wieder auf, wenn keine Strafe verhängt wird (§ 21 Abs. 2 OWiG). Dies gilt etwa für den Fall, dass das Strafverfahren nach §§ 153, 153a, 154a, 170 Abs. 2 StPO eingestellt wird. 100

Kommt der Verantwortliche seiner Pflicht zur (vollständigen) Führung der Insiderliste nicht nach, um die anstehende Insiderstraftat eines anderen zu ermöglichen, kann er **Mittäter des Insiderdelikts** sein, wenn er selbst ebenfalls Insider ist und die übrigen Voraussetzungen der Mittäterschaft vorliegen. Verfügt er nicht über Insiderinformationen oder fehlen die Voraussetzungen der Mittäterschaft, kann ein Fall der **Beihilfe zum Insiderhandel** oder ein Fall der **Begünstigung** (§ 257 StGB) gegeben sein. 101

Weigert sich der Verantwortliche, die Insiderliste an die zuständige Behörde zu übermitteln, um eine begangene Insiderstraftat zu verschleiern, kann eine (versuchte) **Strafvereitelung** (§ 259 StGB) vorliegen. 102

4. Zivilrechtliche Sanktionen. Die Führung und Aktualisierung der Insiderliste obliegen dem Listenführungsverpflichteten allein kraft Aufsichtsrechts im Interesse des Marktschutzes. Individuelle Anleger sollen nicht geschützt werden. Die Art. 18 Abs. 1, 4 VO Nr. 596/2014 stellen deshalb **keine Schutzgesetze i.S.d. § 823 Abs. 2 BGB** dar[3]. Im Übrigen sind Schadensersatzansprüche einzelner Anleger auch nur schwer vorstellbar. Deshalb ist auch ein an sich möglicher[4] Anspruch aus § 826 BGB blanke Theorie. 103

Der Emittent oder Teilnehmer am Markt für Emissionszertifikate ist grundsätzlich **nicht verpflichtet, die von ihm eingeschalteten Dienstleister** über ihre Pflichten aus Art. 18 VO Nr. 596/2014 **aufzuklären**. Es ist grundsätzlich Aufgabe des Rechtsunterworfenen, sich selbst um die aufsichtsrechtlichen Pflichten zu kümmern (s. Rz. 10). Kommt ein Dienstleister daher seinen Pflichten aus Art. 18 VO Nr. 596/2014 nicht nach, kann er gezahlte Bußgelder nicht vom Emittenten oder Teilnehmer am Markt für Emissionszertifikate unter dem Gesichtspunkt einer Verletzung vertraglicher Nebenpflichten (§§ 280 Abs. 1 Satz 1, 241 Abs. 2 BGB) erstattet verlangen[5]. 104

Die Aufklärungspflicht des Art. 18 Abs. 2 Unterabs. 1 VO Nr. 596/2014 besteht ebenfalls nur im Interesse einer funktionierenden Aufsicht. Die Norm ist **kein Schutzgesetz** i.S.d. § 823 Abs. 2 BGB[6]. Der einzelne Mitarbeiter des Emittenten oder Dienstleisters kann also nicht Schadensersatz von seinem Arbeitgeber mit dem Argument verlangen, wäre er zutreffend aufgeklärt worden, hätte er die Insiderstraftat nicht begangen. Die Aufklärung soll bewirken, dass den Mitarbeitern das Insiderhandelsverbot vor Augen geführt und so die Abschreckungswirkung des strafrechtlich sanktionierten Verbots aufgefrischt wird (s. Rz. 7). Grundsätzlich liegt es aber in der alleinigen Verantwortung des Mitarbeiters, sich über die Reichweite strafrechtlicher Verbote zu informieren. Wenn überhaupt, kann der Mitarbeiter im Strafverfahren geltend machen, er habe nicht vorsätzlich gehandelt, und unterstützend darauf hinweisen, dass er nie über die Strafbarkeit des Insiderhandels aufgeklärt wurde. Zi- 105

---

1 BaFinJournal Juli 2016, S. 23.
2 *Haßler*, DB 2016, 1920, 1923; *Renz/Leibold*, CCZ 2016, 157, 169; *Poelzig*, NZG 2016, 492, 500.
3 So auch *Heinrich* in KölnKomm. WpHG, § 15b WpHG Rz. 64; *Pfüller* in Fuchs, § 15b WpHG Rz. 104.
4 *Zimmer* in Schwark/Zimmer, § 15b WpHG Rz. 44; *Pfüller* in Fuchs, § 15b WpHG Rz. 105 m.w.N.
5 So auch *Zimmer* in Schwark/Zimmer, § 15b WpHG Rz. 45; *v. Neumann-Cosel*, S. 205 f.
6 *Heinrich* in KölnKomm. WpHG, § 15b WpHG Rz. 65.

vilrechtliche Ansprüche erwachsen aus der unterbliebenen Aufklärung jedoch **nicht**, zumal kein Anspruch darauf besteht, nicht strafrechtlich verfolgt zu werden[1].

106 **XIII. Ansprüche nach dem Informationsfreiheitsgesetz.** Soweit die BaFin zuständige Behörde i.S.d. Art. 18 VO Nr. 596/2014 ist (s. dazu Rz. 92), unterfällt sie dem Anwendungsbereich des Informationsfreiheitsgesetzes. Pläne für eine Bereichsausnahme zugunsten von Bundesbank und BaFin[2] konnten sich zu Recht nicht durchsetzen und wären auch systemwidrig gewesen[3], denn bereits das IFG selbst regelt das Spannungsverhältnis zwischen Informationsanspruch und Geheimnisschutz. Der Anspruch der Bürger nach §§ 1, 2 IFG richtet sich auf alle Informationen, die die Bundesbehörden im Rahmen ihrer behördlichen Aufgabenerfüllung erlangen[4], wozu auch die von der BaFin im Wege von Art. 18 Abs. 1 lit. c VO Nr. 596/2014 erlangten Informationen über den Inhalt der Insiderliste gehören[5]. Allerdings sind die nach Art. 18 Abs. 1 VO Nr. 596/2014 erlangten Informationen nicht für eine Veröffentlichung bestimmt, sondern dienen ausschließlich den in Rz. 7 genannten Zwecken. Vorliegend greift daher zum Schutz der betroffenen Emittenten und Dienstleister die Geheimhaltungsvorschrift des § 3 Nr. 4 IFG i.V.m. § 21 WpHG ein. Da die Insiderlisten auch dazu dienen, strafrechtliche Sachverhalte aufzuklären, wäre zudem auch die Ausnahme des § 3 Nr. 1 lit. g IFG einschlägig. Schließlich ist auf den durch § 5 IFG vermittelten Schutz Dritter hinzuweisen, soweit in den Insiderlisten personenbezogene Daten über sie enthalten sind[6]. Im Ergebnis kommt daher eine Auskunftspflicht der BaFin über die Inhalte der ihr vorliegenden Insiderlisten nicht in Betracht.

Art. 19 Eigengeschäfte von Führungskräften[7]

(1) Personen, die Führungsaufgaben wahrnehmen, sowie in enger Beziehung zu ihnen stehende Personen melden dem Emittenten oder dem Teilnehmer am Markt für Emissionszertifikate und der in Absatz 2 Unterabsatz 2 genannten zuständigen Behörde

a) in Bezug auf Emittenten jedes Eigengeschäft mit Anteilen oder Schuldtiteln dieses Emittenten oder damit verbundenen Derivaten oder anderen damit verbundenen Finanzinstrumenten;

b) in Bezug auf Teilnehmer am Markt für Emissionszertifikate jedes Eigengeschäft mit Emissionszertifikaten, darauf beruhenden Auktionsobjekten oder deren damit verbundenen Derivaten.

Diese Meldungen sind unverzüglich und spätestens drei Geschäftstage nach dem Datum des Geschäfts vorzunehmen.

Unterabsatz 1 gilt ab dem Zeitpunkt, an dem der sich aus den Geschäften ergebende Gesamtbetrag den in Absatz 8 beziehungsweise 9 genannten Schwellenwert innerhalb eines Kalenderjahrs erreicht hat.

(1a) Die in Absatz 1 genannte Meldepflicht gilt nicht für Geschäfte mit Finanzinstrumenten in Verbindung mit in jenem Absatz genannten Anteilen oder Schuldtiteln des Emittenten, wenn zum Zeitpunkt des Geschäfts eine der folgenden Voraussetzung vorliegt:

a) Das Finanzinstrument ist ein Anteil oder eine Aktie an einem Organismus für gemeinsame Anlagen, bei dem die Risikoposition gegenüber den Anteilen oder Schuldtiteln des Emittenten 20 % der von dem Organismus für gemeinsame Anlagen gehaltenen Vermögenswerte nicht übersteigt.

b) Das Finanzinstrument stellt eine Risikoposition gegenüber einem Portfolio von Vermögenswerten dar, bei dem die Risikoposition gegenüber den Anteilen oder Schuldtiteln des Emittenten 20 % der Vermögenswerte des Portfolios nicht übersteigt;

c) Das Finanzinstrument ist ein Anteil oder eine Aktie an einem Organismus für gemeinsame Anlagen oder stellt eine Risikoposition gegenüber einem Portfolio von Vermögenswerten dar, und die Person, die Führungsaufgaben wahrnimmt, oder eine zu ihr in enger Beziehung stehende Person kennt und konnte die Anlagezusammensetzung oder die Risikoposition eines solchen Organismus für gemeinsame Anlagen bzw. eines solchen Portfolios von Vermögenswerten gegenüber den Anteilen oder Schuldtiteln des Emittenten nicht kennen, und darüber hinaus besteht für diese Person kein

---

1 Dem folgend *v. Neumann-Cosel*, S. 204 f.
2 Stellungnahme des Bundesrates zum Entwurf eines Gesetzes zur Umsetzung der aufsichtsrechtlichen Vorschriften der Zahlungsdiensterichtlinie (Zahlungsdiensteumsetzungsgesetz), BR-Drucks. 827/08, 3.
3 *Gurlit*, WM 2009, 773, 774.
4 Zu Einzelheiten *Möllers/Wenninger* in KölnKomm. WpHG, § 8 WpHG Rz. 70 ff. Grundlegend zum Verhältnis des IFG zum WpHG auch *Möllers/Wenninger*, ZHR 170 (2006), 455 ff.
5 *Gurlit*, WM 2009, 773, 776.
6 Zum Streit über das Verhältnis zwischen § 3 Nr. 4 IFG einerseits und §§ 5, 6 IFG andererseits *Gurlit*, WM 2009, 773, 777 m.w.N.
7 Der Zweitautor, der für die Aktualisierung der Kommentierung alleine verantwortlich zeichnet, dankt seinem wiss. Mitarbeiter, Herrn *Fabian Schwarzfischer*, für hilfreiche Vorarbeiten.

Grund zu der Annahme, dass die Anteile oder Schuldtitel des Emittenten die in Buchstabe a oder Buchstabe b genannten Schwellenwerte überschreiten.

Sind Informationen über die Anlagezusammensetzung des Organismus für gemeinsame Anlagen oder die Risikoposition gegenüber dem Portfolio von Vermögenswerten verfügbar, unternimmt die Person, die Führungsaufgaben wahrnimmt, oder eine zu ihr in enger Beziehung stehende Person alle zumutbaren Anstrengungen, um diese Informationen zu erhalten.

(2) Zum Zweck von Absatz 1 und unbeschadet des Rechts der Mitgliedstaaten, über die in diesem Artikel genannten hinausgehende Meldepflichten festzulegen, müssen alle Eigengeschäfte von in Absatz 1 genannten Personen zuständigen Behörden von diesen Personen gemeldet werden.

¹Für diese Meldungen gelten für die in Absatz 1 genannten Personen die Vorschriften des Mitgliedstaats, in dem der Emittent oder Teilnehmer am Markt für Emissionszertifikate registriert ist. Die Meldungen sind innerhalb von drei Arbeitstagen nach dem Datum des Geschäfts bei der zuständigen Behörde dieses Mitgliedstaats vorzunehmen. Ist der Emittent nicht in einem Mitgliedstaat registriert, erfolgt diese Meldung bei der zuständigen Behörde des Herkunftsmitgliedstaats im Einklang mit Artikel 2 Absatz 1 Buchstabe i der Richtlinie 2004/109/EG, oder, wenn eine solche Behörde nicht besteht, der zuständigen Behörde des Handelsplatzes.

(3) Der Emittent oder Teilnehmer am Markt für Emissionszertifikate stellt sicher, dass die Informationen, die im Einklang mit Absatz 1 gemeldet werden, unverzüglich und spätestens drei Geschäftstage nach dem Geschäft so veröffentlicht werden, dass diese Informationen schnell und nichtdiskriminierend im Einklang mit den in Artikel 17 Absatz 10 Buchstabe a genannten Standards zugänglich sind.

Der Emittent oder Teilnehmer am Markt für Emissionszertifikate greift auf Medien zurück, bei denen vernünftigerweise davon ausgegangen werden kann, dass sie die Informationen tatsächlich an die Öffentlichkeit in der gesamten Union weiterleiten, und gegebenenfalls ist das in Artikel 21 der Richtlinie 2004/109/EG amtlich bestellte System zu nutzen.

Das nationale Recht kann abweichend davon auch bestimmen, dass eine zuständige Behörde die Informationen selbst veröffentlichen kann.

(4) Dieser Artikel gilt für Emittenten die

a) für ihre Finanzinstrumente eine Zulassung zum Handel an einem geregelten Markt beantragt oder genehmigt haben, bzw.

b) im Falle von Instrumenten, die nur auf einem multilateralen oder organisierten Handelssystem gehandelt werden, für Emittenten, die eine Zulassung zum Handel auf einem multilateralen oder organisierten Handelssystem erhalten haben oder die für ihre Finanzinstrumente eine Zulassung zum Handel auf einem multilateralen Handelssystem beantragt haben.

(5) Die Emittenten und Teilnehmer am Markt für Emissionszertifikate setzen die Personen, die Führungsaufgaben wahrnehmen, von ihren Verpflichtungen im Rahmen dieses Artikels schriftlich in Kenntnis. Die Emittenten und Teilnehmer am Markt für Emissionszertifikate erstellen eine Liste der Personen, die Führungsaufgaben wahrnehmen, sowie der Personen, die zu diesen in enger Beziehung stehen.

Personen, die Führungsaufgaben wahrnehmen, setzen die zu ihnen in enger Beziehung stehenden Personen schriftlich von deren Verpflichtungen im Rahmen dieses Artikels in Kenntnis und bewahren eine Kopie dieses Dokuments auf.

(6) Die Meldung von Geschäften nach Absatz 1 muss folgende Angaben enthalten:

a) Name der Person;

b) Grund der Meldung;

c) Bezeichnung des betreffenden Emittenten oder Teilnehmers am Markt für Emissionszertifikate;

d) Beschreibung und Kennung des Finanzinstruments;

e) Art des Geschäfts bzw. der Geschäfte (d.h. Erwerb oder Veräußerung), einschließlich der Angabe, ob ein Zusammenhang mit der Teilnahme an Belegschaftsaktienprogrammen oder mit den konkreten Beispielen gemäß Absatz 7 besteht;

f) Datum und Ort des Geschäfts bzw. der Geschäfte und

g) Kurs und Volumen des Geschäfts bzw. der Geschäfte. Bei einer Verpfändung, deren Konditionen eine Wertänderung bedingen, sollten dieser Umstand und der Wert zum Zeitpunkt der Verpfändung offengelegt werden.

(7) Zu den für die Zwecke von Absatz 1 zu meldenden Geschäften gehören auch:

a) das Verpfänden oder Verleihen von Finanzinstrumenten durch oder im Auftrag einer der in Absatz 1 genannten Person, die Führungsaufgaben wahrnimmt, oder einer mit dieser enge verbundenen Person;

b) von Personen, die beruflich Geschäfte vermitteln oder ausführen, oder einer anderen Person im Auftrag einer der in Absatz 1 genannten Personen, die Führungsaufgaben wahrnehmen oder mit zu solchen Personen enger verbunden ist, unternommene Geschäfte, auch wenn dabei ein Ermessen ausgeübt wird;
c) Geschäfte im Sinne der Richtlinie 2009/138/EG des Europäischen Parlaments und des Rates, die im Rahmen einer Lebensversicherung getätigt werden, wenn
   i) der Versicherungsnehmer eine in Absatz 1 genannte Person ist, die Führungsaufgaben wahrnimmt, oder eine Person, die mit einer solchen Person eng verbunden ist,
   ii) der Versicherungsnehmer das Investitionsrisiko trägt und
   iii) der Versicherungsnehmer über die Befugnis oder das Ermessen verfügt, Investitionsentscheidungen in Bezug auf spezifische Instrumente im Rahmen dieser Lebensversicherung zu treffen oder Geschäfte in Bezug auf spezifische Instrumente für diese Lebensversicherung auszuführen.

Für die Zwecke von Buchstabe a muss eine Verpfändung von Wertpapieren oder eine ähnliche Sicherung von Finanzinstrumenten im Zusammenhang mit der Hinterlegung der Finanzinstrumente in ein Depotkonto nicht gemeldet werden, sofern und solange eine derartige Verpfändung oder andere Sicherung nicht dazu dient, eine spezifische Kreditfazilität zu sichern.

Für die Zwecke von Buchstabe b brauchen Geschäfte, die in Anteilen oder Schuldtiteln eines Emittenten bzw. Derivaten oder anderen damit verbundenen Finanzinstrumenten von Führungskräften eines Organismus für gemeinsame Anlagen ausgeführt wurden, bei denen die Person, die Führungsaufgaben wahrnimmt, oder eine zu ihr in enger Beziehung stehende Person investiert hat, nicht gemeldet zu werden, wenn die Führungskraft des Organismus für gemeinsame Anlagen bei ihren Transaktionen über vollen Ermessensspielraum verfügt, was ausschließt, dass die Führungskraft von Anlegern in diesem Organismus für gemeinsame Anlagen irgendwelche direkten oder indirekten Anweisungen oder Empfehlungen bezüglich der Zusammensetzung des Portfolios erhält.

Sofern der Versicherungsnehmer eines Versicherungsvertrags gemäß diesem Absatz verpflichtet ist, Geschäfte zu melden, obliegt dem Versicherungsunternehmen keine Verpflichtung, eine Meldung vorzunehmen.

(8) Absatz 1 gilt für Geschäfte, die getätigt werden, nachdem innerhalb eines Kalenderjahrs ein Gesamtvolumen von 5000 EUR erreicht worden ist. Der Schwellenwert von 5000 EUR errechnet sich aus der Addition aller in Absatz 1 genannten Geschäfte ohne Netting.

(9) Eine zuständige Behörde kann beschließen, den in Absatz 8 genannten Schwellenwert auf 20000 EUR anzuheben, und sie setzt die ESMA von ihrer Entscheidung, einen höheren Schwellenwert anzunehmen, und die Begründung für ihre Entscheidung unter besonderer Bezugnahme auf die Marktbedingungen in Kenntnis, bevor sie diesen Schwellenwert anwendet. Die ESMA veröffentlicht auf ihrer Website die Liste der Schwellenwerte, die gemäß diesem Artikel anwendbar sind, sowie die von den zuständigen Behörden vorgelegten Begründungen für diese Schwellenwerte.

(10) Dieser Artikel gilt auch für Geschäfte von Personen, die, die bei Versteigerungsplattformen, Versteigerern und der Auktionsaufsicht, die an Auktionen gemäß der Verordnung (EU) Nr. 1031/2010 beteiligt sind, Führungsaufgaben wahrnehmen, sowie für Personen, die zu solchen Personen in enger Beziehung stehen, soweit ihre Geschäfte Emissionszertifikate, deren Derivative und darauf beruhende Auktionsprodukte umfassen. Diese Personen teilen ihre Geschäfte je nach Einschlägigkeit den Versteigerungsplattformen, den Versteigerern und der Auktionsaufsicht mit, sowie der zuständigen Behörde, bei welcher die Versteigerungsplattform, der Versteigerer und die Auktionsaufsicht gegebenenfalls registriert sind. Die entsprechend übermittelte Information wird von der Versteigerungsplattform, den Versteigerern, der Auktionsaufsicht oder der zuständigen Behörde gemäß Absatz 3 veröffentlicht.

(11) Unbeschadet der Artikel 14 und 15 darf eine Person, die bei einem Emittenten Führungsaufgaben wahrnimmt, weder direkt noch indirekt Eigengeschäfte oder Geschäfte für Dritte im Zusammenhang mit den Anteilen oder Schuldtiteln des Emittenten oder mit Derivaten oder anderen mit diesen in Zusammenhang stehenden Finanzinstrumenten während eines geschlossenen Zeitraums von 30 Kalendertagen vor Ankündigung eines Zwischenberichts oder eines Jahresabschlussberichts tätigen, zu deren Veröffentlichung der Emittent verpflichtet ist:
a) gemäß den Vorschriften des Handelsplatzes, auf dem die Anteile des Emittenten zum Handel zugelassen sind, oder
b) gemäß nationalem Recht.

(12) Unbeschadet der Artikel 14 und 15 darf ein Emittent einer Person, die Führungsaufgaben bei ihr wahrnimmt, erlauben Eigengeschäfte oder Geschäfte für Dritte während eines geschlossenen Zeitraums gemäß Absatz 11 vorzunehmen, vorausgesetzt, dass diese Geschäfte entweder

a) im Einzelfall aufgrund außergewöhnlicher Umstände, wie beispielsweise schwerwiegende finanzielle Schwierigkeiten, die den unverzüglichen Verkauf von Anteilen erforderlich machen, oder
b) durch die Merkmale des betreffenden Geschäfts für Handel bedingt sind, die im Rahmen von Belegschaftsaktien oder einem Arbeitnehmersparplan, von Pflichtaktien oder von Bezugsberechtigungen auf Aktien oder Geschäfte getätigt werden, wenn sich die nutzbringende Beteiligung an dem einschlägigen Wertpapier nicht ändert.

(13) Die Kommission wird ermächtigt, delegierte Rechtsakte nach Artikel 35 zu erlassen, in denen festgelegt wird, unter welchen Umständen der Handel während eines geschlossenen Zeitraums durch den Emittenten gemäß Absatz 12 erlaubt werden kann, einschließlich der Umstände, die als außergewöhnlich zu betrachten wären, und der Arten von Geschäften, die eine Erlaubnis zum Handel rechtfertigen würden.

(14) Der Kommission wird die Befugnis übertragen, gemäß Artikel 35 in Bezug auf die Festlegung der Arten von Geschäften, welche die in Absatz 1 genannte Anforderung auslösen, delegierte Rechtsakte zu erlassen.

(15) Damit Absatz 1 einheitlich angewendet wird, arbeitet die ESMA Entwürfe technischer Durchführungsstandards in Bezug auf das Format und ein Muster aus, in dem die in Absatz 1 genannten Informationen gemeldet und veröffentlicht werden müssen.
Die ESMA legt der Kommission bis zum 3. Juli 2015 diese Entwürfe technischer Durchführungsstandards vor.
Der Kommission wird die Befugnis übertragen, die in Unterabsatz 1 genannten technischen Durchführungsstandards nach Artikel 15 der Verordnung (EU) Nr. 1095/2010 zu erlassen.

In der Fassung vom 16.4.2014 (ABl. EU Nr. L 173 v. 12.6.2014, S. 1), geändert durch Verordnung (EU) 2016/1011 vom 8.6.2016 (ABl. EU Nr. L 171 v. 29.6.2016, S. 1), Berichtigung vom 21.10.2016 (ABl. EU Nr. L 287 v. 21.10.2016, S. 320), Berichtigung vom 15.11.2016 (ABl. EU Nr. L 306 v. 15.11.2016, S. 43) und Berichtigung vom 21.12.2016 (ABl. EU Nr. L 348 v. 21.12.2016, S. 83).

Delegierte Verordnung (EU) 2016/522 der Kommission vom 17. Dezember 2015
zur Ergänzung der Verordnung (EU) Nr. 596/2014 des Europäischen Parlaments und des Rates im Hinblick auf eine Ausnahme für bestimmte öffentliche Stellen und Zentralbanken von Drittstaaten, Indikatoren für Marktmanipulation, die Schwellenwerte für die Offenlegung, die zuständige Behörde, der ein Aufschub zu melden ist, die Erlaubnis zum Handel während eines geschlossenen Zeitraums und die Arten meldepflichtiger Eigengeschäfte von Führungskräften
(Auszug)

Art. 1 Gegenstand und Anwendungsbereich

Diese Verordnung legt detaillierte Bestimmungen im Hinblick auf Folgendes fest:
1. …
2. …
3. …
4. …
5. die Umstände, unter denen der Handel während eines geschlossenen Zeitraums durch den Emittenten erlaubt werden kann;
6. die Arten von Geschäften, die die Pflicht zur Meldung von Eigengeschäften von Führungskräften auslösen.

In der Fassung vom 17.12.2015 (ABl. EU Nr. L 88 v. 5.4.2016, S. 1).

Art. 7 Handel während eines geschlossenen Zeitraums

1. Eine Person, die bei einem Emittenten Führungsaufgaben wahrnimmt, darf während eines geschlossenen Zeitraums im Sinne des Artikels 19 Absatz 11 der Verordnung (EU) Nr. 596/2014 Geschäfte tätigen, wenn dabei folgende Bedingungen erfüllt sind:
   a) einer der in Artikel 19 Absatz 12 der Verordnung (EU) Nr. 596/2014 genannten Umstände trifft zu;
   b) die Person, die Führungsaufgaben wahrnimmt, kann nachweisen, dass das betreffende Geschäft nicht zu einem anderen Zeitpunkt als während des geschlossenen Zeitraums ausgeführt werden kann.
2. Unter den in Artikel 19 Absatz 12 Buchstabe a der Verordnung (EU) Nr. 596/2014 genannten Umständen legt eine Person, die Führungsaufgaben wahrnimmt, dem Emittenten vor jeder etwaigen Handelstätigkeit während eines geschlossenen Zeitraums einen begründeten schriftlichen Antrag vor, um dessen Zustimmung zum unverzüglichen Verkauf von Anteilen dieses Emittenten während eines geschlossenen Zeitraums einzuholen.

In dem schriftlichen Antrag wird das geplante Geschäft beschrieben und erläutert, weshalb der Verkauf von Anteilen die einzige sinnvolle Möglichkeit zur Beschaffung der erforderlichen Finanzmittel ist.

In der Fassung vom 17.12.2015 (ABl. EU Nr. L 88 v. 5.4.2016, S. 1).

Art. 19 VO Nr. 596/2014 | Eigengeschäfte von Führungskräften

Art. 8 Außergewöhnliche Umstände

1. Bei der Entscheidung darüber, ob der unverzügliche Verkauf seiner Anteile während eines geschlossenen Zeitraums gestattet werden kann, nimmt der Emittent eine fallspezifische Bewertung des von der Person, die Führungsaufgaben wahrnimmt, gemäß Artikel 7 Absatz 2 eingereichten schriftlichen Antrags vor. Der Emittent hat das Recht, den unverzüglichen Verkauf von Anteilen nur dann zu gestatten, wenn die Umstände eines solchen Verkaufs als außergewöhnlich angesehen werden können.

2. Die in Absatz 1 genannten Umstände werden als außergewöhnlich angesehen, wenn sie äußerst dringend, unvorhergesehen und zwingend sind und sie nicht von der Person, die Führungsaufgaben wahrnimmt, verursacht werden und sich deren Kontrolle entziehen.

3. Bei der Prüfung, ob die in dem schriftlichen Antrag nach Artikel 7 Absatz 2 beschriebenen Umstände außergewöhnlich sind, berücksichtigt der Emittent unter anderem Indikatoren dafür, ob und inwieweit

   a) im Zusammenhang mit der Person, die Führungsaufgaben wahrnimmt, zum Zeitpunkt der Übermittlung ihres Antrags eine rechtlich durchsetzbare finanzielle Verpflichtung oder ein rechtlich durchsetzbarer finanzieller Anspruch vorlag;

   b) die Person, die Führungsaufgaben wahrnimmt, Zahlungen zu leisten hat oder sich in einer Situation befindet, die auf vor Beginn des geschlossenen Zeitraums eingetretene Umstände zurückzuführen ist und die Zahlung einer Summe an Dritte, einschließlich Steuerschulden, erforderlich macht, und sie eine finanzielle Verpflichtung oder einen finanziellen Anspruch nicht auf andere Weise als durch den unverzüglichen Verkauf von Anteilen hinreichend erfüllen kann.

In der Fassung vom 17.12.2015 (ABl. EU Nr. L 88 v. 5.4.2016, S. 1).

Art. 9 Merkmale des Handels während eines geschlossenen Zeitraums

Der Emittent darf einer Person, die bei ihm Führungsaufgaben wahrnimmt, unter bestimmten Umständen gestatten, während eines geschlossenen Zeitraums Geschäfte auf eigene Rechnung oder auf Rechnung Dritter zu tätigen, und zwar unter anderem dann, wenn

a) die Person, die Führungsaufgaben wahrnimmt, im Rahmen eines Arbeitnehmerbeteiligungsprogramms Finanzinstrumente erhalten oder gewährt bekommen hat und dabei die folgenden Bedingungen erfüllt sind:

   i) das Arbeitnehmerbeteiligungsprogramm und dessen Bedingungen wurden zuvor vom Emittenten nach den nationalen Rechtsvorschriften gebilligt, und in den Bedingungen des Arbeitnehmerbeteiligungsprogramms werden der Zeitplan für die Vergabe oder Gewährung von Finanzinstrumenten sowie der Betrag der vergebenen oder gewährten Finanzinstrumente oder die Grundlage angegeben, auf der ein solcher Betrag berechnet wird, wobei keinerlei Ermessen ausgeübt werden kann;

   ii) die Person, die Führungsaufgaben wahrnimmt, verfügt hinsichtlich der Annahme der vergebenen oder gewährten Finanzinstrumente über keinerlei Ermessensspielraum;

b) die Person, die Führungsaufgaben wahrnimmt, im Rahmen eines Arbeitnehmerbeteiligungsprogramms, das sich über einen geschlossenen Zeitraum erstreckt, Finanzinstrumente erhalten oder gewährt bekommen hat, sofern in Bezug auf die Konditionen, die Periodizität, den Zeitpunkt der Vergabe, die Gruppe der bezugsberechtigten Personen und den Betrag der zu vergebenden Finanzinstrumente ein vorab geplanter und organisierter Ansatz verfolgt wird, und die Vergabe oder Gewährung von Finanzinstrumenten in einem vorgegebenen Rahmen stattfindet, in dem etwaige Insiderinformationen keinen Einfluss auf die Vergabe oder Gewährung haben;

c) die Person, die Führungsaufgaben wahrnimmt, Optionen oder Optionsscheine ausübt oder die ihr im Rahmen eines Arbeitnehmerbeteiligungsprogramms zugewiesenen Wandelschuldverschreibungen umwandelt, wenn das Laufzeitende derartiger Optionen, Optionsscheine oder Wandelschuldverschreibungen in einen geschlossenen Zeitraum fällt, und sie die Anteile verkauft, die im Anschluss an die Ausübung oder Umwandlung erworben wurden, und dabei alle folgenden Bedingungen erfüllt sind:

   i) die Person, die Führungsaufgaben wahrnimmt, meldet dem Emittenten ihre Entscheidung zur Ausübung oder Umwandlung mindestens vier Monate vor Laufzeitende;

   ii) die Entscheidung der Person, die Führungsaufgaben wahrnimmt, ist unwiderruflich;

   iii) die Person, die Führungsaufgaben wahrnimmt, hat vom Emittenten vorab die Genehmigung für ihr Vorhaben erhalten;

d) die Person, die Führungsaufgaben wahrnimmt, im Rahmen eines Arbeitnehmerbeteiligungsprogramms Finanzinstrumente des Emittenten erwirbt und dabei alle folgenden Bedingungen erfüllt sind:

   i) die Person, die Führungsaufgaben wahrnimmt, ist dem Arbeitnehmerbeteiligungsprogramm vor dem geschlossenen Zeitraum beigetreten, es sei denn, sie konnte aufgrund des Zeitpunkts ihres Beschäftigungsbeginns nicht zu einem anderen Zeitpunkt in das Programm aufgenommen werden;

   ii) die Person, die Führungsaufgaben wahrnimmt, nimmt während des geschlossenen Zeitraums keine Änderungen an den Bedingungen für ihre Teilnahme am Arbeitnehmerbeteiligungsprogramm vor oder beendet ihre Teilnahme am Programm;

   iii) die Käufe sind gut im Einklang mit den Bestimmungen des Arbeitnehmerbeteiligungsprogramms organisiert, und für die Person, die Führungsaufgaben wahrnimmt, besteht weder ein Anspruch noch eine legale Möglichkeit, die Bedingungen während des geschlossenen Zeitraums zu ändern, oder die Käufe sollen im Rahmen des Programms zu einem festen Termin stattfinden, der in den geschlossenen Zeitraum fällt;

e) die Person, die Führungsaufgaben wahrnimmt, direkt oder indirekt Finanzinstrumente transferiert oder erhält, sofern die Finanzinstrumente zwischen zwei Konten der Person, die Führungsaufgaben wahrnimmt, transferiert werden und ein solcher Transfer nicht zu einer Änderung des Preises von Finanzinstrumenten führt;
f) die Person, die Führungsaufgaben wahrnimmt, Pflichtaktien oder Bezugsberechtigungen des Emittenten erwirbt und die Frist für einen solchen Erwerb nach den für den Emittenten geltenden Satzungen oder Vorschriften in einen geschlossenen Zeitraum fällt, vorausgesetzt, dass die Person, die Führungsaufgaben wahrnimmt, dem Emittenten Belege für die Gründe vorlegen kann, weshalb der Erwerb nicht zu einem anderen Zeitpunkt stattfindet und der Emittent mit dieser Erklärung zufrieden ist.

In der Fassung vom 17.12.2015 (ABl. EU Nr. L 88 v. 5.4.2016, S. 1).

Art. 10 Zu meldende Geschäfte

1. Nach Artikel 19 der Verordnung (EU) Nr. 596/2014 und zusätzlich zur Meldung von Geschäften im Sinne des Artikels 19 Absatz 7 der genannten Verordnung müssen Personen, die bei einem Emittenten oder Teilnehmer am Markt für Emissionszertifikate Führungsaufgaben wahrnehmen, sowie von in enger Beziehung zu ihnen stehenden Personen dem Emittenten oder dem Teilnehmer am Markt für Emissionszertifikate und der zuständigen Behörde ihre Geschäfte melden.

   Diese zu meldenden Geschäfte umfassen sämtliche Eigengeschäfte von Personen, die Führungsaufgaben wahrnehmen, die – in Bezug auf Emittenten – mit den Anteilen oder Schuldinstrumenten des Emittenten oder Derivaten oder anderen damit verbundenen Finanzinstrumenten in Zusammenhang stehen, und die – in Bezug auf Teilnehmer am Markt für Emissionszertifikate – mit Emissionszertifikaten, darauf beruhenden Auktionsobjekten oder deren damit verbundenen Derivaten in Zusammenhang stehen.

2. Zu den zu meldenden Geschäften zählen
   a) Erwerb, Veräußerung, Leerverkauf, Zeichnung oder Austausch;
   b) Annahme oder Ausübung einer Aktienoption, einschließlich der Führungskräften oder Arbeitnehmern im Rahmen ihres Vergütungspakets gewährten Aktienoptionen, und die Veräußerung von Anteilen, die aus der Ausübung einer Aktienoption resultieren;
   c) Eingehen oder Ausüben von Aktienswaps;
   d) Geschäfte mit oder im Zusammenhang mit Derivaten, einschließlich Geschäften mit Barausgleich;
   e) Abschluss von Differenzkontrakten über ein Finanzinstrument des betreffenden Emittenten oder über Emissionszertifikate oder darauf beruhenden Auktionsobjekten;
   f) Erwerb, Veräußerung oder Ausübung von Rechten, einschließlich von Verkaufs- und Kaufoptionen, sowie Optionsscheine;
   g) Zeichnung einer Kapitalerhöhung oder Schuldtitelemission;
   h) Geschäfte mit Derivaten und Finanzinstrumenten im Zusammenhang mit einem Schuldtitel des betreffenden Emittenten, einschließlich Kreditausfallswaps;
   i) an Bedingungen geknüpfte Geschäfte bei Eintritt dieser Bedingungen und tatsächliche Ausführung der Geschäfte;
   j) automatische und nicht automatische Umwandlung eines Finanzinstruments in ein anderes Finanzinstrument, einschließlich des Austauschs von Wandelschuldverschreibungen in Aktien;
   k) getätigte oder erhaltene Zuwendungen und Spenden sowie entgegengenommene Erbschaften;
   l) ausgeführte Geschäfte mit an einen Index gekoppelten Produkten, Wertpapierkörben und Derivaten, sofern nach Artikel 19 der Verordnung (EU) Nr. 596/2014 eine Meldung vorgeschrieben ist;
   m) Geschäfte, die mit Anteilen an Investitionsfonds ausgeführt werden, darunter alternative Investmentfonds (AIF) gemäß Artikel 1 der Richtlinie 2011/61/EU des Europäischen Parlaments und des Rates, sofern nach Artikel 19 der Verordnung (EU) Nr. 596/2014 eine Meldung vorgeschrieben ist;
   n) Geschäfte, die vom Verwalter eines AIF ausgeführt werden, in den die Person, die Führungsaufgaben wahrnimmt, oder eine eng mit ihr verbundene Person investiert hat, sofern nach Artikel 19 der Verordnung (EU) Nr. 596/2014 eine Meldung vorgeschrieben ist;
   o) Geschäfte, die von einem Dritten im Rahmen eines einzelnen Portfolioverwaltungs- oder Vermögensverwaltungsmandats im Namen oder zugunsten einer Person, die Führungsaufgaben wahrnimmt, oder einer eng mit ihr verbundenen Person ausgeführt werden;
   p) Leihgeschäfte mit Anteilen oder Schuldtiteln des Emittenten oder mit Derivaten oder anderen damit verbundenen Finanzinstrumenten.

In der Fassung vom 17.12.2015 (ABl. EU Nr. L 88 v. 5.4.2016, S. 1).

Art. 11 Inkrafttreten und Geltung

Diese Verordnung tritt am zwanzigsten Tag nach ihrer Veröffentlichung im *Amtsblatt der Europäischen Union* in Kraft. Sie gilt ab dem 3. Juli 2016.

In der Fassung vom 17.12.2015 (ABl. EU Nr. L 88 v. 5.4.2016, S. 1).

**Durchführungsverordnung (EU) 2016/523 der Kommission vom 10. März 2016
zur Festlegung technischer Durchführungsstandards im Hinblick auf das Format und die Vorlage für die Meldung
und öffentliche Bekanntgabe der Eigengeschäfte von Führungskräften gemäß Verordnung (EU) Nr. 596/2014
des Europäischen Parlaments und des Rates**

Art. 1 Begriffsbestimmungen

Für die Zwecke dieser Verordnung gilt folgende Begriffsbestimmung: „Elektronische Hilfsmittel" sind elektronische Geräte für die Verarbeitung (einschließlich der digitalen Komprimierung), Speicherung und Übertragung von Daten über Kabel, Funk, optische Technologien oder andere elektromagnetische Verfahren.

In der Fassung vom 10.3.2016 (ABl. EU Nr. L 88 v. 5.4.2016, S. 19).

Art. 2 Format und Vorlage für die Meldung

(1) Personen, die Führungsaufgaben wahrnehmen, sowie in enger Beziehung zu ihnen stehende Personen tragen dafür Sorge, dass für die Einreichung der Meldungen der Geschäfte gemäß Artikel 19 Absatz 1 der Verordnung (EU) Nr. 596/2014 die im Anhang enthaltene Vorlage für Meldungen verwendet wird.

(2) Personen, die Führungsaufgaben wahrnehmen, sowie in enger Beziehung zu ihnen stehende Personen tragen dafür Sorge, dass die Übermittlung der in Absatz 1 genannten Meldungen mit elektronischen Hilfsmitteln erfolgt. Bei diesen elektronischen Hilfsmitteln ist sichergestellt, dass die Vollständigkeit, Integrität und Vertraulichkeit der Informationen während der Übermittlung gewahrt werden und dass Gewissheit über die Quelle der übermittelten Informationen besteht.

(3) Die zuständigen Behörden geben die elektronischen Mittel nach Absatz 2, die für Übermittlungen an sie zu verwenden sind, im Einzelnen auf ihrer Website bekannt.

In der Fassung vom 10.3.2016 (ABl. EU Nr. L 88 v. 5.4.2016, S. 19).

Art. 3 Inkrafttreten

Diese Verordnung tritt am Tag nach ihrer Veröffentlichung im *Amtsblatt der Europäischen Union* in Kraft.
Sie gilt mit Wirkung vom 3. Juli 2016.

In der Fassung vom 10.3.2016 (ABl. EU Nr. L 88 v. 5.4.2016, S. 19).

Anhang
**Vorlage für die Meldung und öffentliche Bekanntgabe der Geschäfte von Personen, die Führungsaufgaben
wahrnehmen, sowie in enger Beziehung zu ihnen stehenden Personen**

1		Angaben zu den Personen, die Führungsaufgaben wahrnehmen, sowie zu den in enger Beziehung zu ihnen stehenden Personen
a)	Name	*[Für natürliche Personen: Vor- und Familienname(n).]* *[Für juristische Personen: vollständiger Name einschließlich Rechtsform wie im Register, in dem sie eingetragen ist, vermerkt, falls zutreffend.]*
2		Grund der Meldung
a)	Position/Status	*[Für Personen, die Führungsaufgaben wahrnehmen: ihre Position beim Emittenten, dem Teilnehmer am Markt für Emissionszertifikate/der Versteigerungsplattform/dem Versteigerer/ der Auktionsaufsicht, z.B. Geschäftsführer, Finanzvorstand.]* *[Für in enger Beziehung zu ihnen stehende Personen:* *– Angabe, dass die Meldung eine Person betrifft, die in enger Beziehung zu einer Person steht, die Führungsaufgaben wahrnimmt;* *– Name und Position der betreffenden Person, die Führungsaufgaben wahrnimmt.]*
b)	Erstmeldung/ Berichtigung	*[Angabe, dass dies eine Erstmeldung oder eine Berichtigung früherer Meldungen ist. Im Falle einer Berichtigung ist der Fehler zu erläutern, der mit dieser Meldung berichtigt wird.]*
3		Angaben zum Emittenten, zum Teilnehmer am Markt für Emissionszertifikate, zur Versteigerungsplattform, zum Versteigerer oder zur Auktionsaufsicht
a)	Name	*[Vollständiger Name der Einrichtung.]*
b)	LEI	*[Legal-Entity-Identifier-Code gemäß ISO 17442 LEI-Code.]*
4		Angaben zum Geschäft/zu den Geschäften: Dieser Abschnitt ist zu wiederholen für i) jede Art von Instrument, ii) jede Art von Geschäft, iii) jedes Datum und iv) jeden Platz, an dem Geschäfte getätigt wurden
a)	Beschreibung des Finanzinstruments, Art des Instruments Kennung	– Angabe zur Art des Instruments: – eine Aktie, ein Schuldtitel, ein Derivat oder ein Finanzinstrument, das mit einer Aktie oder einem Schuldtitel verbunden ist; – ein Emissionszertifikat, ein auf einem Emissionszertifikat beruhendes Auktionsobjekt oder ein mit einem Emissionszertifikat verbundenes Derivat.

		– Kennung des Instruments gemäß Delegierter Verordnung der Kommission zur Ergänzung der Verordnung (EU) Nr. 600/2014 des Europäischen Parlaments und des Rates im Hinblick auf technische Regulierungsstandards für die Meldung von Geschäften an die zuständigen Behörden, angenommen gemäß Artikel 26 der Verordnung (EU) Nr. 600/2014.]	
b)	Art des Geschäfts	[Beschreibung der Art des Geschäfts, gegebenenfalls anhand der Art des Geschäfts nach Artikel 10 der Delegierten Verordnung (EU) 2016/522 der Kommission, angenommen gemäß Artikel 19 Absatz 14 der Verordnung (EU) Nr. 596/2014, oder eines konkreten Beispiels gemäß Artikel 19 Absatz 7 der Verordnung (EU) Nr. 596/2014. Gemäß Artikel 19 Absatz 6 Buchstabe e der Verordnung (EU) Nr. 596/2014 ist anzugeben, ob das Geschäft mit der Teilnahme an einem Belegschaftsaktienprogramm im Zusammenhang steht.]	
c)	Preis(e) und Volumen	Preis(e)	Volumen
		[Wenn an einem Tag und an einem Geschäftsort mehr als ein Geschäft derselben Art (Kauf, Verkauf, Kreditvergabe, Kreditaufnahme ...) mit demselben Finanzinstrument oder Emissionszertifikat ausgeführt wird, sind in diesem Feld die Preise und Volumina dieser Geschäfte zu melden, und zwar in zwei Spalten wie oben dargestellt unter Einfügung so vieler neuer Zeilen wie nötig. Unter Verwendung des Datenstandards für Preis und Menge, einschließlich gegebenenfalls der Preiswährung und der Mengenwährung im Sinne der Delegierten Verordnung der Kommission zur Ergänzung der Verordnung (EU) Nr. 600/2014 des Europäischen Parlaments und des Rates im Hinblick auf technische Regulierungsstandards für die Meldung von Geschäften an die zuständigen Behörden, angenommen gemäß Artikel 26 der Verordnung (EU) Nr. 600/2014.]	
d)	Aggregierte Informationen – Aggregiertes Volumen – Preis	[Die Volumina mehrerer Geschäfte werden aggregiert, wenn diese Geschäfte – dasselbe Finanzinstrument oder Emissionszertifikat betreffen; – derselben Art sind; – am selben Tag abgeschlossen werden und – am selben Geschäftsort abgeschlossen werden. Unter Verwendung des Datenstandards für Mengen, gegebenenfalls einschließlich der Mengenwährung im Sinne der Delegierten Verordnung der Kommission zur Ergänzung der Verordnung (EU) Nr. 600/2014 des Europäischen Parlaments und des Rates im Hinblick auf technische Regulierungsstandards für die Meldung von Geschäften an die zuständigen Behörden, angenommen gemäß Artikel 26 der Verordnung (EU) Nr. 600/2014.]	
		[Preisinformationen: – bei einem einzelnen Geschäft der Preis dieses Geschäfts; – bei Aggregation der Mengen mehrerer Geschäfte der gewichtete Durchschnittspreis der aggregierten Geschäfte. Unter Verwendung des Datenstandards für Mengen, gegebenenfalls einschließlich der Mengenwährung im Sinne der Delegierten Verordnung der Kommission zur Ergänzung der Verordnung (EU) Nr. 600/2014 des Europäischen Parlaments und des Rates im Hinblick auf technische Regulierungsstandards für die Meldung von Geschäften an die zuständigen Behörden, angenommen gemäß Artikel 26 der Verordnung (EU) Nr. 600/2014.]	
e)	Datum des Geschäfts	[Datum des konkreten Tages, an dem das gemeldete Geschäft abgeschlossen wurde. Mittels Datumsformat der ISO 8601: JJJJ-MM-TT; UTC.]	
f)	Ort des Geschäfts	[Name und Kennung des Handelsplatzes gemäß MiFID, des systematischen Internalisierers oder einer organisierten Handelsplattform außerhalb der Union als Ort des Geschäftsabschlusses im Sinne der Delegierten Verordnung der Kommission zur Ergänzung der Verordnung (EU) Nr. 600/2014 des Europäischen Parlaments und des Rates im Hinblick auf technische Regulierungsstandards für die Meldung von Geschäften an die zuständigen Behörden, angenommen gemäß Artikel 26 der Verordnung (EU) Nr. 600/2014, oder wenn das Geschäft nicht an einem der oben genannten Orte abgeschlossen wurde, bitte angeben „außerhalb eines Handelsplatzes".]	

In der Fassung vom 10.3.2016 (ABl. EU Nr. L 88 v. 5.4.2016, S. 19).

Schrifttum (auch zur Vorgängernorm des § 15a WpHG): Agrawal/Jaffe, Does Section 16b deter insider trading by target managers?, Journal of Financial Economics 39 (1995), 295; Ams, Directors' Dealings and Insider Trading in Germany, 2010; Bajo/Petracci, Do what insiders do: Abnormal performances after the release of insiders' relevant transactions. Studies in Economics and Finance 23 (2006), 94; Baums, Bericht der Regierungskommission Corporate Governance, 2001; Baums, Anlegerschutz und Neuer Markt, ZHR 166 (2002), 375; Benesh/Pari, Performance of Stocks Recommended on the Basis of Insider Trading Activity, The Financial Review 22 (1987), 145; Bettis/Vickrey/Vickrey, Mimickers of Corporate Insiders Who Make Large-Volume Trades, Financial Analysts Journal 53, 5 (1997), 57; Bode, Die Anwendung von § 15a WpHG bei Geschäften innerhalb eines Konzerns, AG 2008, 648; von Buttlar, Directors' Dealings: Änderungsbedarf auf Grund der Marktmissbrauchsrichtlinie, BB 2003, 2133; von Buttlar, Kapitalmarktrechtliche Pflichten in der Insolvenz, BB

2010, 1355; *Commandeur*, Das Handelsverbot für Führungskräfte nach Art. 19 Abs. 11 MMVO – ausgewählte Anwendungsprobleme und rechtspolitische Bewertung, ZBB 2018, 114; *Deutsche Bank*, Directors' Dealings in Europe, 2004; *Diekgräf*, Directors' Dealings. Paradigmenwechsel im europäischen Marktmissbrauchsrecht, 2017; *Diekmann/Sustmann*, Gesetz zur Verbesserung des Anlegerschutzes (Anlegerschutzverbesserungsgesetz – AnSVG), NZG 2004, 929; *von Dryander/Schröder*, Gestaltungsmöglichkeiten für die Gewährung von Aktienoptionen an Vorstandsmitglieder im Lichte des neuen Insiderrechts, WM 2007, 534; *Dymke*, Directors' Dealings am deutschen Kapitalmarkt – eine empirische Bestandsaufnahme, Finanz-Betrieb 2007, 450; *Engelhart*, Meldepflichtige und meldefreie Geschäftsarten bei Directors' Dealings (§ 15a WpHG), AG 2009, 856; *Erkens*, Directors' Dealings nach neuem WpHG, Der Konzern 2005, 29; *Finnerty*, Insiders and Market Efficiency, Journal of Finance 31 (1976), 1141; *Fischer zu Cramburg/Hannich*, Directors' Dealings – Eine juristische und empirische Analyse des Handels von Organmitgliedern mit Aktien des eigenen Unternehmens, Studien des Deutschen Aktieninstituts, hrsg. von R. von Rosen, Heft 19, 2002; *Fleischer*, Directors' Dealings, ZIP 2002, 1217; *Fleischer*, Empfiehlt es sich, im Interesse des Anlegerschutzes und zur Förderung des Finanzplatzes Deutschland das Kapitalmarkt- und Börsenrecht neu zu regeln?, Gutachten zum 64. DJT, 2002, S. F 1; *Friederich/Gregory/Matatko/Tonks*, Short-run Returns around the Trades of Corporate Insiders on the London Stock Exchange, European Financial Management, 8 (2002), 7; *Gregory/Matatko/Tonks*, Detecting Information from Directors' Trades: Signal Definition and Variable Size Effects, Journal of Business Finance & Accounting 24 (1997), 309; *Großmann/Nikoleyczik*, Praxisrelevante Änderungen des Wertpapierhandelsgesetzes – Die Auswirkungen des Vierten Finanzmarktförderungsgesetzes, DB 2002, 2031; *Grothaus*, Reform des Insiderrechts: Großer Aufwand – viel Rechtsunsicherheit – wenig Nutzen?, ZBB 2005, 62; *Gunßer*, Ad-hoc-Publizität bei Unternehmenskäufen und -übernahmen, 2008; *Gurlit*, Gläserne Banken- und Kapitalmarktaufsicht?, WM 2009, 773; *Hagen-Eck/Wirsch*, Gestaltung von Directors' Dealings und die Pflichten nach § 15a WpHG, DB 2007, 504; Handelsrechtsausschuss des DAV, Stellungnahme zum Regierungsentwurf eines Gesetzes zur Verbesserung des Anlegerschutzes (Anlegerschutzverbesserungsgesetz – AnSVG), NZG 2004, 703; *Hannich*, Mitteilung und Veröffentlichung der Geschäfte von Führungskräften mit Aktien des „eigenen" Unternehmens gemäß § 15a WpHG, 2014; *Heidorn/Meyer/Pietrowia*, Performance-Effekte nach Directors' Dealings in Deutschland, Italien und den Niederlanden, Arbeitsberichte der HfB – Business School of Finance & Management, Nr. 57, Frankfurt a.M. 2004; *Hellgardt*, Zivilrechliche Gewinnabschöpfung bei Verstößen gegen das Handelsverbot des Art. 19 Abs. 11 MAR? – Zur bereicherungsrechtlichen Herausgabepflicht als Konsequenz unionsrechtlicher Vorgaben, AG 2019, 602; *Helm*, Pflichten des Wertpapierdienstleistungsunternehmens in der Finanzportfolioverwaltung bei Directors' Dealings nach der Marktmissbrauchsverordnung, ZIP 2016, 2201; *Hillier/Marshall*, The Market Evaluation of Information in Directors' Trades, Journal of Business Finance & Accounting 29 (2002), 77; *Hitzer/Wasmann*, Von § 15a WpHG zu Art. 19 MMVO: Aus Directors' Dealings werden Managers' Transactions, DB 2016, 1483; *Hower-Knobloch*, Directors' Dealings gem. § 15a WpHG, 2007; *Jaffe*, Special Information and Insider Trading, Journal of Business 47 (1974), 410; *Jeng/Metrick/Zeckhauser*, Estimating the Returns to Insider Trading: A Performance-Evaluation Perspective, Review of Economics & Statistics 85 (2003), 453; *King/Roell*, Insider Trading, Economic Policy 1988, 165; *Klawitter/Schlitt*, Kapitalmarktrechtliche Folgepflichten eines börsennotierten Unternehmens, in Habersack/Mülbert/Schlitt (Hrsg.), Unternehmensfinanzierung am Kapitalmarkt, 4. Aufl. 2019, § 38; *Kraack*, Directors' Dealings bei Erwerbs- und Übernahmeangeboten, AG 2016, 57; *Kumpan*, Die neuen Regelungen zu Directors' Dealings in der Marktmissbrauchsverordnung, AG 2016, 446; *Kuthe*, Änderungen des Kapitalmarktrechts durch das Anlegerschutzverbesserungsgesetz, ZIP 2004, 883; *Lee/Bishara*, Recent Canadian Experience on the Profitability of Insider Trades, The Financial Review 24 (1989), 235; *Letzel*, Directors' Dealings in der Unternehmenspraxis, BKR 2002, 862; *von der Linden*, Das neue Marktmissbrauchsrecht im Überblick, DStR 2016, 1036; *Madden*, The Performance of Common Stocks After Intensive Trading by Insiders, The Financial Review 14 (1979), 27; *Maume/Kellner*, Directors' Dealings unter der EU-Marktmissbrauchsverordnung, ZGR 2017, 273; *Merkner/Sustmann*, Insiderrecht und Ad-Hoc-Publizität – Das Anlegerschutzverbesserungsgesetz „in der Fassung durch den Emittentenleitfaden der BaFin", NZG 2005, 729; *Mutter*, Die Holdinggesellschaft als reziproker Familienpool – Pflichten nach WpHG und WpÜG, DStR 2007, 2013; *Osterloh*, Directors' Dealings, 2007; *Pavlova*, Anlassbezogene Informationspflichten der Emittenten nach dem Wertpapierhandelsgesetz, 2008; *Pfüller*, Directors' Dealings, in Habersack/Mülbert/Schlitt (Hrsg.), Handbuch der Kapitalmarktinformation, 2. Aufl. 2013, § 23; *Pirner/Lebherz*, Wie nach dem Transparenzrichtlinie-Umsetzungsgesetz publiziert werden muss, AG 2007, 19; *Pluskat*, Die durch das Anlegerschutzverbesserungsgesetz geänderte Regelung der Directors' Dealings vor dem Hintergrund der Richtlinie zur Durchführung der Marktmissbrauchsrichtlinie, BKR 2004, 467; *Pluskat*, Die Regelung der Directors' Dealings nach § 15a WpHG im Lichte der europäischen Marktmissbrauchsrichtlinie, Finanz-Betrieb 2004, 219; *Pluskat*, Die Neuregelung der Directors' Dealings in der Fassung des Anlegerschutzverbesserungsgesetzes, DB 2005, 1097; *Poelzig*, Die Neuregelung der Offenlegungsvorschriften durch die Marktmissbrauchsverordnung, NZG 2016, 761; *Pope/Morris/Peel*, Insider Trading – Some Evidence on Market Efficiency and Directors' Share Dealings in Great Britain, Journal of Business Finance & Accounting 17 (1990), 359; *Posegga*, Anlegerschutz bleibt durch ex-post-Transparenz bei Directors' Dealings auf der Strecke, BKR 2002, 1061; *Przewlocka*, Die rechtliche Regelung von Directors' Dealings in Deutschland und Polen, 2007; *Rau*, Meldepflichtige Wertpapiergeschäfte von Organmitgliedern („Directors' Dealings"), Die Unternehmung, 2003, 393; *Rau*, Directors' Dealings am deutschen Aktienmarkt, empirische Analyse meldepflichtiger Wertpapiergeschäfte, 2004; *Riedl*, Transparenz und Anlegerschutz am deutschen Kapitalmarkt – Eine empirische Analyse am Beispiel meldepflichtiger Wertpapiergeschäfte nach § 15a WpHG (Directors' Dealings), 2008; *Riedl/Marten*, Directors' Dealings, DBW 2010, 553; *von Rosen*, Aktienoptionen für Führungskräfte und Insiderrecht, WM 1998, 1810; *von Rosen* in Aktienmarkt und Marktmanipulation, Studien des Deutschen Aktieninstituts, Heft 27, 2004, S. 7; *Rozeff/Zaman*, Market Efficiency and Insider Trading – New Evidence, Journal of Business 61 (1988), 25; *Rozeff/Zaman*, Overreaction and Insider Trading – Evidence from Growth and Value Portfolios, Journal of Finance 53 (1998), 701; *Rubner/Pospiech*, Die EU-Marktmissbrauchsverordnung – verschärfte Anforderungen an die kapitalmarktrechtliche Compliance auch für den Freiverkehr, GWR 2016, 228; *Rudolph*, Viertes Finanzmarktförderungsgesetz – ist der Name Programm?, BB 2002, 1036; *Schäfer*, Directors' Dealings, in Marsch-Barner/Schäfer (Hrsg.), Handbuch börsennotierte AG, 4. Aufl. 2018, § 16; *Uwe H. Schneider*, Der pflichtenauslösende Sachverhalt bei „Directors' Dealings", BB 2002, 1817; *Uwe H. Schneider*, Meldepflichtige Wertpapiergeschäfte von Organmitgliedern („Directors' Dealings") im Konzern, AG 2002, 473; *Schuster*, Kapitalmarktrechtliche Verhaltenspflichten von Organmitgliedern am Beispiel des § 15a WpHG, ZHR 167 (2003), 193; *Schwintek*, Das Anlegerschutzverbesserungsgesetz, 2005; *Seibt/Wollenschläger*, Revision des Marktmissbrauchsrechts durch

Marktmissbrauchsverordnung und Richtlinie über strafrechtliche Sanktionen für Marktmanipulation, AG 2014, 593; *Sethe*, Anlegerschutz im Recht der Vermögensverwaltung, 2005; *Seyhun*, Insiders' Profits, Costs of Trading, and Market Efficiency, Journal of Financial Economics 16 (1986), 189; *Simons*, Gesetzgebungskunst. Ein Hilferuf aus dem Maschinenraum des Kapitalmarktrechts, AG 2016, 651; *Söhner*, Praxis-Update Marktmissbrauchsverordnung: Neue Leitlinien und alte Probleme, BB 2017, 259; *Stenzel*, Managementbeteiligungen und Marktmissbrauchsverordnung, DStR 2017, 883; *Stüber*, Directors' Dealings nach der Marktmissbrauchsverordnung, DStR 2016, 1221; *Süßmann* in Park (Hrsg.), Kapitalmarktstrafrecht, 2. Aufl. 2008, Teil 4 Kap. 3 T1 = S. 779 ff.; *Taylor*, Teaching an Old Law New Tricks: Rethinking Section 16, 39 Ariz. L. Rev. (1997), 1315; *Tebroke/Wollin*, Directors' Dealings, Informationseffizienz und Handelsstrategien, Die Unternehmung 2005, 31; *Veil*, Gewinnabschöpfung im Kapitalmarktrecht, ZGR 2005, 155; *Veil*, Europäisches Insiderrecht 2.0 – Konzeption und Grundsatzfragen der Reform durch MAR und CRIM-MAD, ZBB 2014, 85; *Weiler/Tollkühn*, Die Neuregelung des „directors' dealing" nach dem Vierten Finanzmarktförderungsgesetz, DB 2002, 1923.

I. Entstehungsgeschichte	1
II. Regelungsgegenstand, Regelungsvorbilder und praktische Bedeutung	7
1. Inhalt der Regelung und Auslegung der Norm .	7
2. Ziele der Regelung	8
3. Regelungsvorbilder und -alternativen	14
a) Ausländische Regelungsvorbilder	14
b) Vollständiges Handelsverbot	15
c) Pre-trading disclosure	16
4. Tatsächliche Bedeutung der Regelung	17
III. Meldepflicht (Art. 19 Abs. 1 VO Nr. 596/2014)	18
1. Sachlicher Anwendungsbereich	18
a) Emittenten von Finanzinstrumenten (Art. 19 Abs. 4 VO Nr. 596/2014)	19
b) Teilnehmer am Markt für Emissionszertifikate (Art. 3 Abs. 1 Nr. 20 VO Nr. 596/2014)	22
c) Versteigerungsplattformen, Versteigerer und Auktionsaufsicht (Art. 19 Abs. 10 VO Nr. 596/2014)	23
2. Persönlicher Anwendungsbereich	24
a) Personen mit Führungsaufgaben (Art. 3 Abs. 1 Nr. 25 VO Nr. 596/2014)	24
aa) Überblick	24
bb) Leitungs- und Verwaltungsorgane von AG, SE und GmbH	25
cc) Aufsichtsorgane von AG, KGaA, SE und GmbH	27
dd) Persönlich haftende Gesellschafter und Komplementärgesellschaften	29
ee) top executives	31
ff) Organmitglieder von Mutter- oder Tochtergesellschaften	32
gg) Fehlerhaft bestellte Organe	33
hh) In der Insiderliste erfasste Personen ...	34
ii) Insolvenzverwalter	35
jj) Aktionäre, Kommanditisten und sonstige Gesellschafter	36
kk) Beginn und Ende der Stellung als Führungsperson	38
b) Eng verbundene Personen (Art. 3 Abs. 1 Nr. 26 VO Nr. 596/2014)	40
aa) Überblick	40
bb) Ehepartner und gleichgestellte Partner .	42
cc) Unterhaltsberechtigte Kinder	45
dd) Weitere Verwandte	47
ee) Juristische Person, Treuhand und Personengesellschaft	49
c) Dritte	57
3. Meldepflichtige Geschäfte	58
a) Erfasste Instrumente bei Eigengeschäften der Führungskräfte von Emittenten (Art. 19 Abs. 1 Unterabs. 1 lit. a) VO Nr. 596/2014) .	59
aa) Überblick	59
bb) Anteile	61
cc) Schuldtitel	62
dd) Derivate und sonstige Finanzinstrumente	63
b) Erfasste Instrumente bei Eigengeschäften der Führungskräfte von Teilnehmern am Markt für Emissionszertifikate, Versteigerungsplattformen, Versteigerern und der Auktionsaufsicht (Art. 19 Abs. 1 Unterabs. 1 lit. b) VO Nr. 596/2014)	68
c) Erfasste Geschäftsarten (Art. 19 Abs. 1, Abs. 7 VO Nr. 596/2014)	69
aa) Überblick	69
bb) Begriff des Eigengeschäfts (Art. 19 Abs. 1 Unterabs. 1 VO Nr. 596/2014) . .	71
cc) Weitere meldepflichtige Geschäfte (Art. 19 Abs. 7 VO Nr. 596/2014)	79
dd) Besonderheiten bei Investitionen in Portfolios (Art. 19 Abs. 1a VO Nr. 596/2014)	89
ee) Regelbeispiele (Art. 10 Abs. 2 DelVO 2016/522)	92
ff) Einschaltung von Intermediären; eigene Meldepflichten für Finanzdienstleister?	110
4. Mindestschwelle (Art. 19 Abs. 8, 9 VO Nr. 596/2014)	111
IV. Meldung (Art. 19 Abs. 6 VO Nr. 596/2014) . .	116
1. Überblick	116
2. Adressat und Übermittlung der Meldung	118
3. Inhalt und Form der Meldung	120
a) Angaben zur meldenden Person	121
b) Angaben zum Grund der Meldung	122
c) Angaben zum Unternehmen	123
d) Angaben zum Geschäft	124
e) Pflicht zu erläuternden Angaben?	129
4. Meldefrist	130
V. Veröffentlichung der Meldung (Art. 19 Abs. 3 VO Nr. 596/2014)	134
1. Überblick	134
2. Art der Veröffentlichung	137
3. Inhalt der Veröffentlichung	140
4. Veröffentlichungsfrist und Nachweis der Veröffentlichung	141
5. Weiterleitung an das Unternehmensregister ..	144
VI. Vorbeugende Organisationspflichten (Art. 19 Abs. 5 VO Nr. 596/2014)	145
1. Pflichten der Unternehmen	146
a) Pflicht zur Information der Führungspersonen	146
b) Pflicht zur Listenführung	149
2. Pflichten von Führungspersonen	152
VII. Periodisches Handelsverbot für Führungskräfte (Art. 19 Abs. 11 VO Nr. 596/2014) ...	153
1. Regelungsziel	153
2. Anwendungsbereich	154
a) Sachlicher Anwendungsbereich	154
b) Persönlicher Anwendungsbereich	155

3. Handelsverbot 157
   a) Erfasste Finanzinstrumente 157
   b) Erfasste Geschäftsarten 158
4. Verbotszeitraum („closed period") 161
   a) Grundlagen 161
   b) Erfasste Veröffentlichungen 162
   c) Fristberechnung 167
5. Ausnahmen vom Handelsverbot (Art. 19 Abs. 12 VO Nr. 596/2014) 169
   a) Antragserfordernis 170
   b) Erteilung der Ausnahme 171
   c) Erlaubnistatbestände 174
      aa) Außergewöhnliche Umstände .. 175
      bb) Transaktionen ohne Ausnutzung von Informationsvorteilen 177
   d) Rechtsfolgen der Erlaubniserteilung 184
6. Zivilrechtliche Rechtsfolgen 185
   a) Auswirkungen auf die Transaktion 185
   b) Schadensersatzansprüche 186
   c) Bereicherungsrechtliche Gewinnabschöpfung 187
7. Vereinbarkeit mit den europäischen Grundrechten und rechtspolitische Beurteilung 188

VIII. **Anwendbares Recht, zuständige Behörde und Aufsichtskompetenzen** 190
IX. **Verordnungsermächtigungen (Art. 19 Abs. 13, 14, 15 VO Nr. 596/2014)** 194

X. **Sanktionen** 197
1. Bußgelder 197
   a) Verstoß gegen die Mitteilungspflicht 197
   b) Verstoß gegen die Veröffentlichungspflicht 198
   c) Verstoß gegen die Pflicht zur Übermittlung der Information an das Unternehmensregister und zur Unterrichtung der BaFin . 199
   d) Verstoß gegen die Organisationspflichten des Art. 19 Abs. 5 VO Nr. 596/2014 200
   e) Verstoß gegen das Handelsverbot des Art. 19 Abs. 11 VO Nr. 596/2014 201
2. Strafrechtliche Sanktionen 202
3. Naming and shaming 203
4. Zivilrechtliche Sanktionen 204

XI. **Verhältnis des Art. 19 VO Nr. 596/2014 zu weiteren Publizitätspflichten innerhalb und außerhalb der Marktmissbrauchsverordnung** 206
1. Ad-hoc-Publizität (Art. 17 VO Nr. 596/2014) . 207
2. Mitteilungs- und Veröffentlichungspflichten bei Veränderungen des Stimmrechtsanteils (§§ 33 ff. WpHG) 208
3. Gesellschaftsrechtliche Regelungen 209
4. Bilanzrechtliche Vorschriften 210
5. Ansprüche nach dem Informationsfreiheitsgesetz 211

1 **I. Entstehungsgeschichte.** Art. 19 VO Nr. 596/2014 regelt Offenlegungspflichten und Verbote mit Blick auf Eigengeschäften von Führungskräften sowie von mit diesen verbundenen Personen. Die Vorschrift ersetzt mit Wirkung ab 3.7.2016 den **bisherigen § 15a WpHG a.F.**[1], der wiederum auf Art. 6 Abs. 4 der Marktmissbrauchsrichtlinie[2] beruhte. Während es sich eingebürgert hatte, die Regelung des § 15a WpHG a.F. mit dem englischen Ausdruck „Directors' Dealings" zu bezeichnen[3], lautet die amtliche Überschrift der englischen Fassung von Art. 19 VO Nr. 596/2014 nunmehr **„Managers' Transactions"**, so dass mit der Neuregelung auch ein Wechsel der Terminologie einhergeht.

2 Vorschläge zur Regelung der Eigengeschäfte von Führungskräften existierten auf europäischer Ebene bereits lange vor der Marktmissbrauchsrichtlinie. Eine im Ansatz gesellschaftsrechtliche Regelung der Managers' Transactions fand sich schon im geänderten Vorschlag der Verordnung über das **Statut für Europäische Aktiengesellschaften** vom 30.4.1975[4]. Nach dessen Art. 82 Abs. 1 sollten die Vorstands- und Aufsichtsratsmitglieder einer Europäischen Aktiengesellschaft (Societas Europaea – SE) sowie diejenigen Personen, die für deren Rechnungslegungskontrolle verantwortlich waren, verpflichtet sein, alle unmittelbar oder mittelbar gehaltenen eigenen Aktien und diejenigen ihrer Ehegatten und minderjährigen Kinder oder vorgeschobener Personen innerhalb von 20 Tagen in Namensaktien umzuwandeln oder bei einer Bank zu hinterlegen. Zudem war in Art. 82 Abs. 2 die unverzügliche Meldung an das Europäische Handelsregister vorgeschrieben. Zusätzlich sah Art. 82 Abs. 2 eine periodische Meldepflicht vor, wonach die erfassten Personen viermal jährlich Käufe und Verkäufe an das Handelsregister zu melden hatten. Art. 82 Abs. 5 sah schließlich eine Gewinnabschöpfungsregel vor. Jeder innerhalb von 6 Monaten ab Kauf oder Verkauf von Aktien der Gesellschaft entstandene Gewinn, den eine der in Art. 82 Abs. 1 erfassten Personen erzielte, stand der Gesellschaft zu und war an diese innerhalb von 8 Tagen abzuführen. Da sich die im Jahre 2001 verabschiedete Verordnung[5] auf bloße Rahmenregelungen beschränkt, wurde auf eine Regelung der Managers' Transactions bei der SE letztlich verzichtet.

3 Nachdem Deutschland bereits 2002 durch das **Vierte Finanzmarktförderungsgesetz**[6] die Regelung des § 15a WpHG a.F. erlassen hatte[7], erfuhren die Managers' Transactions auf europäischer Ebene erstmalig eine Rege-

---

1 Zur Entstehungsgeschichte des § 15a WpHG a.F. s. *Sethe* in 6. Aufl., § 15a WpHG Rz. 1 ff.
2 Richtlinie 2003/6/EG des Europäischen Parlaments und des Rates vom 28. Januar 2003 über Insider-Geschäfte und Marktmanipulation (Marktmissbrauch), ABl. EU Nr. L 96 v. 12.4.2003, S. 16.
3 Dazu *Sethe* in 6. Aufl., § 15a WpHG Rz. 9.
4 Abgedruckt in Lutter, Europäisches Gesellschaftsrecht, 2. Aufl. 1984, S. 363, 385 f.
5 Verordnung (EG) Nr. 2157/2001 des Rates vom 8. Oktober 2001 über das Statut der Europäischen Gesellschaft (SE), ABl. EG Nr. L 294 v. 10.11.2001, S. 1.
6 *Gesetz zur weiteren Fortentwicklung des Finanzplatzes Deutschland (Viertes Finanzmarktförderungsgesetz)* vom 21.6.2002 (BGBl. I 2002, 2010, berichtigt S. 2316).
7 In der Entwurfsbegründung wird als Regelungsvorbild ausdrücklich auf Art. 16 des US-amerikanischen Securities Exchange Act 1934 verwiesen, s. RegE 4. FMFG, BT-Drucks. 14/8017, 88.

lung durch **Art. 6 Abs. 4 RL 2003/6/EG (Marktmissbrauchsrichtlinie)**[1]. Während der ursprüngliche Richtlinienvorschlag keine derartige Regelung vorsah[2], hat der Ausschuss für Wirtschaft und Währung vor dem Hintergrund der positiven US-amerikanischen Erfahrungen eine Regelung der Managers' Transactions in der Marktmissbrauchsrichtlinie empfohlen[3]. Er stützte seinen Vorschlag auf folgende Gründe: (1) Eine derartige Regelung gewährleiste mehr Gerechtigkeit zwischen den Anlegern. (2) Sie begrenze Insidergeschäfte präventiv, da diese später zu melden seien. (3) Sie unterstütze die Anleger bei der Ermittlung des „wahren Preises" eines Unternehmens am Markt, da US-amerikanischen Studien zufolge „Insider" eine bessere Rendite erzielten als andere Anleger. (4) Bei der Regelung der Managers' Transactions handle es sich um einen zuverlässigen und wirksamen Mechanismus, der in den Vereinigten Staaten seit Jahrzehnten zur allgemeinen Zufriedenheit angewandt werde. (5) Die Regelung bringe schließlich Vorteile für die makrofinanzielle Stabilität mit sich, da „Insider" verkauften, wenn die Kurse der Wertpapiere ein unrealistisch hohes Niveau erreichten, und kauften, wenn die Wertpapiere unterbewertet seien[4]. In Ergänzung der Marktmissbrauchsrichtlinie verabschiedete die Kommission am 29.4. 2004 eine Durchführungsrichtlinie[5], die in ihren Art. 1 Nrn. 1, 2 und Art. 6 die Managers' Transactions regelte.

Die **Marktmissbrauchsverordnung** (VO Nr. 596/2014) hat die Regelung der Managers' Transactions nicht nur im Wege einer unmittelbar anwendbaren Verordnung EU-weit harmonisiert, sondern auch inhaltlich erheblich erweitert und verschärft. Neben dem erhöhten Detaillierungsgrad der Regelung hat sich insbesondere ihr **Anwendungsbereich** enorm erweitert, indem auch solche Emittenten erfasst sind, die für ihre Finanzinstrumente eine Zulassung zum Handel auf einem multilateralen oder organisierten Handelssystem erhalten haben oder die für ihre Finanzinstrumente eine Zulassung zum Handel auf einem multilateralen Handelssystem beantragt haben. Zudem werden nun auch Führungskräfte erfasst, die bei Teilnehmern am Markt für Emissionszertifikate sowie bei Versteigerungsplattformen, Versteigerern und der Auktionsaufsicht, die an Auktionen gemäß der Verordnung (EU) Nr. 1031/2010[6] beteiligt sind, beschäftigt sind. Hinsichtlich der **Mitteilungsfrist** ist durch Art. 19 VO Nr. 596/2014 eine deutliche Verschärfung der Rechtslage eingetreten, indem die Meldung spätestens drei Geschäftstage nach Abschluss des Geschäfts erfolgen muss, während nach alter Rechtslage eine Frist von fünf Tagen bestand. Sachlich neu ist insbesondere das **periodische Handelsverbot** in Art. 19 Abs. 11 und 12 VO Nr. 596/2014, das es Führungskräften und mit diesen verbundenen Personen untersagt, innerhalb bestimmter Perioden vor Veröffentlichung von wichtigen Kapitalmarktinformationen Eigengeschäfte vorzunehmen. Diese Regelung war weder in dem ursprünglichen Kommissionsentwurf aus dem Jahr 2011[7], noch in dem geänderten Entwurf von 2012[8] enthalten, sondern wurde – in einer Rumpffassung – durch den Ausschuss für Wirtschaft und Währung vorgeschlagen[9] und dann nach Überarbeitungen im weiteren Verlauf des Gesetzgebungsverfahrens[10] in die endgültige Fassung gebracht. Trotz der Regelung in Verordnungsform handelt es sich hinsichtlich der Meldepflichten **lediglich** um eine **Mindestharmonisierung**. Dies ergibt sich aus Art. 19 Abs. 2 Unterabs. 1 VO Nr. 596/2014, der ausdrücklich das Recht der Mitgliedstaaten, über die in Art. 19 VO Nr. 596/2014 genannten hinausgehende Meldepflichten festzulegen, unberührt lässt[11]. Damit ist es den Mitgliedstaaten etwa auch möglich, die in Art. 19 Abs. 8 VO Nr. 596/2014 vorgesehene Mindestschwelle abzusen-

---

1 Die dadurch notwendigen Änderungen des § 15a WpHG a.F. erfolgten durch das Gesetz zur Verbesserung des Anlegerschutzes (Anlegerschutzverbesserungsgesetz – AnSVG) vom 28.10.2004 (BGBl. I 2004, 2630). Zu den Änderungen s. *Sethe* in 6. Aufl., § 15a WpHG Rz. 2 f.
2 Vorschlag der Kommission für eine Richtlinie des Europäischen Parlaments und des Rates über Insider-Geschäfte und Marktmanipulation (Marktmissbrauch) v. 30.5.2001, KOM (2001) 281 endg. – 2001/0118(COD), ABl. EG Nr. C 240 E v. 28.8.2001, S. 265.
3 Änderungsantrag Nr. 40 im Bericht des Ausschusses für Wirtschaft und Währung vom 27. Februar 2002 über den Vorschlag für eine Richtlinie des Europäischen Parlaments und des Rates über Insider-Geschäfte und Marktmanipulation (Marktmissbrauch) (KOM (2001) 281 – C5-0262/2001 – 2001/0118(COD)), S. 33 f.
4 Zur weiteren Entstehungsgeschichte von Art. 6 Abs. 4 Marktmissbrauchsrichtlinie *Sethe* in 6. Aufl., § 15a WpHG Rz. 24.
5 Richtlinie 2004/72/EG der Kommission vom 29. April 2004 zur Durchführung der Richtlinie 2003/6/EG des Europäischen Parlaments und des Rates – Zulässige Marktpraktiken, Definition von Insider-Informationen in Bezug auf Warenderivate, Erstellung von Insider-Verzeichnissen, Meldung von Eigengeschäften und Meldung verdächtiger Transaktionen, ABl. EU Nr. L 162 v. 30.4.2004, S. 70. Zu den Vorarbeiten ausführlich *Sethe* in 6. Aufl., § 15a WpHG Rz. 25.
6 Verordnung (EU) Nr. 1031/2010 der Kommission vom 12. November 2010 über den zeitlichen und administrativen Ablauf sowie sonstige Aspekte der Versteigerung von Treibhausgasemissionszertifikaten gemäß der Richtlinie 2003/87/EG des Europäischen Parlaments und des Rates über ein System für den Handel mit Treibhausgasemissionszertifikaten in der Gemeinschaft, ABl. EU Nr. L 302 v. 18.11.2010, S. 1.
7 EU-Kommission, Vorschlag für [eine] Verordnung des Europäischen Parlaments und des Rates über Insider-Geschäfte und Marktmanipulation (Marktmissbrauch) v. 20.10.2011, COM(2011) 651.
8 EU-Kommission, Geänderter Vorschlag für eine Verordnung des Europäischen Parlaments und des Rates über Insider-Geschäfte und Marktmanipulation (Marktmissbrauch) v. 25.7.2012, COM(2012) 421.
9 Ausschuss für Wirtschaft und Währung, Bericht über den Vorschlag für eine Verordnung des Europäischen Parlaments und des Rates über Insider-Geschäfte und Marktmanipulation (Marktmissbrauch) (COM(2011)0651 – C7-0360/2011 – 2011/0295(COD)), v. 22.10.2012, A7-0347/2012, S. 45 f.
10 S. insbesondere Änderungsantrag 2 Sharon Bowles im Namen des Ausschusses für Wirtschaft und Währung v. 4.9.2013, A7-0347/2, S. 163. S. zum Gesetzgebungsverfahren auch *Commandeur*, ZBB 2018, 114, 116 f.
11 Zu Recht kritisch zur Verfehlung der Vollharmonisierung *Seibt/Wollenschläger*, AG 2014, 593, 600.

ken oder gänzlich aufzuheben (dazu Rz. 115). Aufgrund der Ermächtigungen in Art. 19 Abs. 13 und 14 VO Nr. 596/2014 (sowie aufgrund weiterer Ermächtigungen in anderen Normen der VO) und gestützt auf „technische Vorarbeiten" der ESMA[1] hat die Kommission am 17.12.2015 die **Delegierte Verordnung (EU) 2016/522**[2] erlassen, die in Art. 7–9 Einzelheiten zu der Ausnahme von dem periodischen Handelsverbot regelt und in Art. 10 die zu meldenden Geschäfte konkretisiert. Aufgrund von Vorarbeiten der ESMA[3] hat die Kommission zudem am 10.3.2016 die **Durchführungsverordnung (EU) 2016/523**[4] erlassen, die das Format für die Meldungen festlegt und in ihrem Anhang eine detailliertere Vorlage enthält. Sowohl die DelVO 2016/522 als auch die DurchfVO 2016/523 beanspruchen gleichzeitig mit der VO Nr. 596/2014 seit dem 3.7.2016 unmittelbare Geltung.

5 Bereits vor Inkrafttreten wurde Art. 19 VO Nr. 596/2014 durch Art. 56 VO 2016/1011[5] geändert. Neu eingefügt wurde Abs. 1a, der eine Ausnahme von der Meldepflicht vorsieht, wenn die **Eigengeschäfte mittels Investmentfonds** vorgenommen werden (dazu Rz. 89 f.) sowie Unterabs. 3 zu Abs. 7, der wiederum eine Ausnahme für Eigengeschäfte mittels Investmentfonds vorsieht (dazu Rz. 87). Hinzu kommt ein Überprüfungsauftrag an die Kommission sowie eine daran anschließende Ermächtigung zum Erlass eines delegierten Rechtsaktes, die neu in Art. 38 Abs. 3 und 4 VO Nr. 596/2014 eingefügt wurden. Die Einfügungen sind gleichzeitig mit der restlichen Regelung des Art. 19 VO Nr. 596/2014 seit dem 3.7.2016 anwendbar (s. Art. 59 Abs. 3 VO 2016/1011).

6 Da die Reform des Marktmissbrauchsrechts die **Veröffentlichungs- und Speicherpflichten** der Transparenzrichtlinie 2004/109/EG[6] unberührt gelassen hat, richten sich diese weiterhin nach Art. 21 RL 2004/109/EG. Für deutsche Inlandsemittenten ist daher die Umsetzungsvorschrift des **§ 26 Abs. 2 WpHG** maßgeblich. Da Art. 21 RL 2004/109/EG zu einer Zeit erlassen wurde, als die Pflichten des Marktmissbrauchsrechts nur für Emittenten galten, deren Finanzinstrumente zum Handel an einem geregelten Markt zugelassen sind bzw. eine solche Zulassung beantragt haben, sind keine Übermittlungs- und Speichervorschriften für MTF- und OTF-Emittenten vorgesehen. Der deutsche Gesetzgeber hat die Pflicht des § 26 Abs. 2 WpHG im Einklang mit dem Anwendungsbereich des Art. 19 VO Nr. 596/2014 auch auf solche Emittenten erweitert[7]. Dabei handelt es sich um eine überschießende Richtlinienumsetzung, die jedenfalls wegen der Weiterentwicklung des Marktmissbrauchsregimes auch unionsrechtlich auf keine Bedenken stößt. Außerdem hat der deutsche Gesetzgeber in § 26 Abs. 4 Nr. 6 und 7 WpHG Verordnungsermächtigungen hinsichtlich der Details der Meldungen nach Art. 19 Abs. 1 und 3 VO Nr. 596/2014 aufgenommen. Das Bundesministerium der Finanzen hat diese Ermächtigungen durch **§§ 10 und 11 Wertpapierhandelsanzeigeverordnung – WpAV**[8] ausgeübt. Im Wesentlichen verweisen diese aber wiederum auf die DurchfVO 2016/523. Allerdings erlaubt der deutsche Gesetzgeber durch § 10 Satz 2 WpAV der Bundesanstalt für Finanzdienstleistungsaufsicht, zusätzlich zur Veröffentlichung nach Art. 19 Abs. 3 Unterabs. 1 VO Nr. 596/2014 die Mitteilungen auch selbst auf ihrer Internetseite zu veröffentlichen.

7 **II. Regelungsgegenstand, Regelungsvorbilder und praktische Bedeutung. 1. Inhalt der Regelung und Auslegung der Norm.** Die Vorschrift verpflichtet Personen, die bei einem Emittenten, Teilnehmern am Markt für Emissionszertifikate sowie bei Versteigerungsplattformen, Versteigerern oder der Auktionsaufsicht Führungs-

---

1 ESMA, Final Report: ESMA's technical advice on possible delegated acts concerning the Market Abuse Regulation, 3.2.2015, ESMA/2015/224, S. 41 ff.
2 Delegierte Verordnung (EU) 2016/522 der Kommission vom 17. Dezember 2015 zur Ergänzung der Verordnung (EU) Nr. 596/2014 des Europäischen Parlaments und des Rates im Hinblick auf eine Ausnahme für bestimmte öffentliche Stellen und Zentralbanken von Drittstaaten, die Indikatoren für Marktmanipulation, die Schwellenwerte für die Offenlegung, die zuständige Behörde, der ein Aufschub zu melden ist, die Erlaubnis zum Handel während eines geschlossenen Zeitraums und die Arten meldepflichtiger Eigengeschäfte von Führungskräften, ABl. EU L 88 v. 5.4.2016, S. 1. Die betreffenden Vorschriften sind im Anschluss an den Text von Art. 19 VO Nr. 596/2014 zu Beginn dieser Kommentierung abgedruckt.
3 ESMA, Final Report: Draft technical standards on the Market Abuse Regulation, 28.9.2015, ESMA/2015/1455, S. 64 ff.
4 Durchführungsverordnung (EU) 2016/523 der Kommission vom 10. März 2016 zur Festlegung technischer Durchführungsstandards im Hinblick auf das Format und die Vorlage für die Meldung und öffentliche Bekanntgabe der Eigengeschäfte von Führungskräften gemäß Verordnung (EU) Nr. 596/2014 des Europäischen Parlaments und des Rates, ABl. EU Nr. L 88 v. 5.4.2016, S. 19. Die Verordnung ist im Anschluss an den Text von Art. 19 VO Nr. 596/2014 zu Beginn dieser Kommentierung abgedruckt.
5 Verordnung (EU) 2016/1011 des Europäischen Parlaments und des Rates vom 8. Juni 2016 über Indizes, die bei Finanzinstrumenten und Finanzkontrakten als Referenzwert oder zur Messung der Wertentwicklung eines Investmentfonds verwendet werden, und zur Änderung der Richtlinien 2008/48/EG und 2014/17/EU sowie der Verordnung (EU) Nr. 596/2014, ABl. EU Nr. L 171 v. 29.6.2016, S. 1.
6 Richtlinie 2004/109/EG des Europäischen Parlaments und des Rates vom 15. Dezember 2004 zur Harmonisierung der Transparenzanforderungen in Bezug auf Informationen über Emittenten, deren Wertpapiere zum Handel auf einem geregelten Markt zugelassen sind, und zur Änderung der Richtlinie 2001/34/EG, ABl. EU Nr. L 390 v. 31.12.2004, S. 38.
7 S. (zur Erweiterung auf MTF-Emittenten) RegE 1. FiMaNoG, BT-Drucks. 18/7482, 60 sowie (zur Erweiterung auf OTF-Emittenten) RegE 2. FiMaNoG, BT-Drucks. 18/10936, 230.
8 Verordnung zur Konkretisierung von Anzeige-, Mitteilungs- und Veröffentlichungspflichten nach dem Wertpapierhandelsgesetz (Wertpapierhandelsanzeigeverordnung – WpAV) vom 13.12.2004 (BGBl. I 2004, 3376). Die Änderungen erfolgten durch die Dritte Verordnung zur Änderung der Wertpapierhandelsanzeige- und Insiderverzeichnisverordnung vom 2.11.2017 (BGBl. I 2017, 3727).

aufgaben wahrnehmen, eigene Geschäfte in deren Anteilen oder Schuldtiteln oder in darauf bezogenen Finanzinstrumenten dem Emittenten, Marktteilnehmer etc. und der zuständigen Behörde unverzüglich und spätestens innerhalb von drei Geschäftstagen nach dem Abschluss des Geschäftes mitzuteilen, Art. 19 Abs. 1 Unterabs. 3 VO Nr. 596/2014. Die Mitteilungspflicht trifft außerdem in enger Beziehung zur Person mit Führungsaufgaben stehende Personen. Hierunter sind bestimmte Angehörige sowie juristische Personen zu verstehen, bei denen die Person mit Führungsaufgaben oder deren Angehörige Führungsaufgaben wahrnehmen. Schließlich sind alle juristischen Personen, Gesellschaften und Einrichtungen mitteilungspflichtig, die direkt oder indirekt von einer Person mit Führungsaufgaben oder deren Angehörigen kontrolliert werden, die zugunsten einer solchen Person gegründet wurden oder deren wirtschaftliche Interessen weitgehend denen einer solchen Person entsprechen. In der englischsprachigen Fassung des Art. 19 VO Nr. 596/2014 wird dafür der Ausdruck **Managers' Transactions** verwendet, der sich auch in Deutschland durchgesetzt hat. Die Mitteilung erfolgt an den Emittenten, Teilnehmer am Markt für Emissionszertifikate bzw. Versteigerungsplattform etc. und an die zuständige Behörde (zur Bestimmung der zuständigen Behörde s. Rz. 190 ff.). Das Unternehmen ist seinerseits verpflichtet, die mitgeteilten Geschäfte unverzüglich zu veröffentlichen und dem Unternehmensregister mitzuteilen. Für die Anwendung der Norm durch die Praxis kann insbesondere auf die „**Questions & Answers**" der **ESMA** zurückgegriffen werden, in denen diese Fragen aus der Praxis beantwortet hat[1]. Hintergründe zu den Regelungen der Delegierten Verordnung finden sich in dem Abschlussbericht der ESMA[2]. Bezüglich der Einzelheiten der vorgeschriebenen Veröffentlichung finden sich hilfreiche Details im Abschlussbericht der ESMA zum Entwurf der Durchführungsbestimmungen[3]. Auf nationaler Ebene hat die **BaFin** eine Reihe von Fragen in speziellen **FAQ zu Art. 19 VO Nr. 596/2014** beantwortet[4]. Der 2005 von der BaFin erstmals veröffentlichte und 2009 aktualisierte Emittentenleitfaden kann dagegen, aufgrund der Überführung in direkt anwendbares Unionsrecht, nicht mehr ohne weiteres für die Auslegung von Art. 19 VO Nr. 596/2014 zugrunde gelegt werden[5].

2. Ziele der Regelung. Ziel der Vorschrift ist die Verbesserung der Kapitalmarktpublizität. Im Einzelnen werden ihr folgende Wirkungen zugeschrieben:

Bezweckt ist zunächst eine Erhöhung der **Markttransparenz**[6] und damit der Informationseffizienz der Kapitalmärkte[7]. Die Norm erstreckt die Angabepflicht über den Anteilsbesitz von Organmitgliedern, die zuvor nur im Rahmen der Primärmarktpublizität galt (VO 809/2004/EG Anhang I Ziff. 17.2), auf den Sekundärmarkt[8] und ergänzt die sonstigen Publizitätsvorschriften, insbesondere die Ad-hoc-Publizität nach Art. 17 VO Nr. 596/2014.

Die Anleger sollen darüber informiert werden, wenn die Personen mit Führungsaufgaben sich von Aktien oder darauf bezogenen Finanzinstrumenten „ihres" Unternehmens trennen oder wenn sie solche Papiere erwerben. Diese Personen haben im Regelfall einen Wissensvorsprung über die Verhältnisse des Emittenten. Ihre Geschäfte in Finanzinstrumenten des Emittenten erlauben Rückschlüsse auf die gegenwärtige oder künftige Unternehmensentwicklung und entfalten daher eine **Indikatorwirkung**[9] für das breite Publikum (**informierte Transaktionsentscheidung**[10]). Empirische Untersuchungen aus den USA[11], Kanada[12], Groß-

---

1 ESMA, Questions and Answers On the Market Abuse Regulation (MAR), ESMA70-145-111, Version 11, Stand: 23.3. 2018.
2 ESMA, Final Report: ESMA's technical advice on possible delegated acts concerning the Market Abuse Regulation, 3.2. 2015, ESMA/2015/224.
3 ESMA, Final Report: Draft technical standards on the Market Abuse Regulation, 28.9.2015, ESMA/2015/1455.
4 BaFin, FAQ zu Eigengeschäften von Führungskräften nach Art. 19 der Marktmissbrauchsverordnung (EU) Nr. 596/2014 (Stand: 1.2.2018), abrufbar unter https://www.bafin.de/SharedDocs/Downloads/DE/FAQ/dl_faq_mar_art_19_DD.pdf?__blob=publicationFile&v=21.
5 Eine überarbeitete Version des Emittentenleitfadens wurde bis Redaktionsschluss dieses Kommentars noch nicht vorgelegt. Auf Anfrage teilt die BaFin mit, dass in Zukunft der Emittentenleitfaden in unterschiedlichen Modulen nach und nach aktualisiert erscheinen wird.
6 Erwägungsgrund 58 VO Nr. 596/2014; zustimmend *Hitzer/Wasmann*, DB 2016, 1483, 1484.
7 Grundlegend *Fama*, Efficient Capital Markets: A Review of Theory and Empirical Work, Journal of Finance 25 (1970), 383 ff.; *Fama*, Efficient Capital Markets: II, Journal of Finance 46 (1991), 1575 ff.; s. auch *Hellgardt*, Kapitalmarktdeliktsrecht, S. 123 ff.
8 *Fleischer*, NZG 2006, 561, 564.
9 *Commandeur*, ZBB 2018, 114, 117; *Fleischer*, NZG 2006, 561, 565; *Maume/Kellner*, ZGR 2017, 273, 277 ff.; *Osterloh*, Directors' Dealings, S. 65 ff.; *Pfüller* in Habersack/Mülbert/Schlitt, Hdb. Kapitalmarktinformation, § 23 Rz. 7; *Schäfer* in Marsch-Barner/Schäfer, Hdb. börsennotierte AG, Rz. 16.2.
10 Erwägungsgrund 59 VO Nr. 596/2014.
11 Vgl. *Jaffe*, Journal of Business 47 (1974), 410 ff.; *Finnerty*, Journal of Finance 31 (1976), 1141 ff.; *Seyhun*, Journal of Financial Economics 16 (1986), 189 ff.; *Benesh/Pari*, The Financial Review 22 (1987), 145 ff.; *Madden*, The Financial Review 14 (1979), 27 (34); *Rozeff/Zaman*, Journal of Business 61 (1988), 25 (39); *Rozeff/Zaman*, Journal of Finance 53 (1997), 701 ff.; *Bettis/Vickery/Vickrey*, Financial Analysts Journal 53, 5 (1997), 57 ff.; *Jeng/Metrick/Zeckhauser*, Review of Economics & Statistics 85 (2003), 543 ff.; *Fleischer*, Gutachten zum 64. DJT, 2002, S. F 123; *Fleischer*, ZIP 2002, 1217, 1220 m.w.N.; *Weiler/Tollkühn*, DB 2002, 1923, 1925 Fn. 22; s. auch *Riedl/Marten*, DBW 2010, 553, 555 f. Die Untersuchung von *Rau*, Directors' Dealings, S. 84 ff., beurteilt diese Studien eher kritisch.
12 *Lee/Bishara*, The Financial Review 24 (1989), 235 ff.; *Rau*, Directors' Dealings, S. 106 f.

britannien[1], Italien, den Niederlanden und Deutschland[2] zeigen, dass Unternehmensinsider bei Geschäften mit Aktien ihres Unternehmens überdurchschnittlich erfolgreich sind. Einige, aber nicht alle Untersuchungen kommen zu dem Ergebnis, dass auch Outsider, die in ihren Anlageentscheidungen Managers' Transactions nachbilden, überdurchschnittlich erfolgreich sind. Dabei sind vor allem die Kaufentschlüsse von Unternehmensinsidern nachahmenswert[3], während die Verkaufsentschlüsse oft auf nicht unternehmensbezogenen Motiven beruhen und aus ihnen daher seltener Rückschlüsse auf das Unternehmen gezogen werden können. Dennoch lohnt auch die Nachahmung der Verkaufsentscheidungen, die hilft, größere Verluste zu vermeiden[4]. Auch zeigt sich bei kleineren und mittleren Unternehmen eine deutlichere Überrendite als bei Großunternehmen; die Überrendite ist zudem bei Gesellschaften mit hohem Streubesitz der Aktien größer[5]. Die Nachbildung der Geschäfte von Vorständen lassen deutlich höhere Renditen erwarten als die von Aufsichtsratsmitgliedern[6]. Geschäfte von juristischen Personen, die im Besitz oder in Abhängigkeit von einer Führungsperson stehen[7], entfalten ebenfalls eine Indikatorwirkung, während dies nicht für Geschäfte von Angehörigen der Führungsperson gilt[8]. Angesichts der mit Managers' Transactions verbundenen Indikatorwirkung verwundert es nicht, dass auch hierzulande dem Kauf- und Verkaufsverhalten der Personen mit Führungsaufgaben besondere Aufmerksamkeit zuteilwird[9]. Die Regelung des Art. 19 VO Nr. 596/2014 ist insofern unvollständig, als der Anleger nicht erfährt, in welchem Umfang die Unternehmensleitung Anteile besitzt (s. Rz. 71), denn nur Bewegungen im Anteilsbesitz sind meldepflichtig. Die Indikatorwirkung von Managers' Transactions birgt aber auch **Gefahren** für den Anleger. Beruhen die von der Person mit Führungsaufgaben vorgenommenen Transaktionen auf Motiven, die mit der Entwicklung des Emittenten in keinem Zusammenhang stehen (etwa der Beseitigung eines Liquiditätsengpasses zur Begleichung privater Steuerschulden), kann das Publikum zu Fehlschlüssen verleitet werden[10]. Die Meldepflicht kann von der Unternehmensleitung sogar bewusst ausgenutzt werden, um über private Aktienkäufe Vertrauen in ein Unternehmen zu signalisieren, das keines Vertrauens mehr würdig ist[11].

11 Die Meldepflicht der Personen mit Führungsaufgaben bewirkt, dass das breite Anlegerpublikum an deren Wissensvorsprung über die Verhältnisse des Emittenten zumindest indirekt teilhat. Damit wohnt der Bestimmung ein Element der **Anlegergleichbehandlung** inne[12]. Innerhalb ihres Anwendungsbereichs geht sie über die Wirkung des Insiderhandelsverbots und der Ad-hoc-Publizität hinaus, da sie auch Fälle erfasst, in denen die Erheblichkeitsschwelle des Art. 7 VO Nr. 596/2014 nicht erreicht ist. Eine umfassende Anlegergleichbehandlung wird durch Art. 19 VO Nr. 596/2014 allerdings nicht verwirklicht. Denn dem Publikum ist nicht der ggf. vorhandene Wissensvorsprung oder die Einschätzung der Person mit Führungsaufgaben von der Zukunft des Unternehmens mitzuteilen (es sei denn, die Voraussetzungen des Art. 17 VO Nr. 596/2014 lägen vor), sondern nur die (vermutete) Reaktion der Personen mit Führungsaufgaben hierauf. Die Vorteile, die Personen mit Führungsaufgaben aus einem solchen Wissensvorsprung zufließen, werden damit (zumindest teilweise) eingeebnet[13]. Allerdings führt die Meldefrist von drei Tagen dazu, dass eventuelle Informationsvorsprünge oftmals schon wieder überholt sind (s. Rz. 130)[14].

---

1 *King/Roell*, Economic Policy 1988, 165 ff.; *Pope/Morris/Peel*, Journal of Business Finance & Accounting 17 (1990), 359 ff.; *Gregory/Matatko/Tonks*, Journal of Business Finance & Accounting 24 (1997), 309 ff.; *Friederich/Gregory/Matatko/Tonks*, European Financial Management 8 (2002), 7 ff.; *Hillier/Marshall*, Journal of Business Finance & Accounting 29 (2002), 77 ff.; *Rau*, Directors' Dealings, S. 102 ff.
2 *Ams*, Directors' Dealings, S. 85 ff.; *Bajo/Petracci*, Studies in Economics and Finance 23 (2006), 94 ff.; *Deutsche Bank*, Directors' Dealings in Europe, S. 19 ff.; *Heidorn/Meyer/Pietrowia*, S. 15 ff.; *Hower-Knobloch*, S. 108 f.; *Rau*, Die Unternehmung 2003, 393 ff.; *Rau*, Directors' Dealings, S. 221; *Riedl*, Transparenz, S. 193; *Riedl/Marten*, DBW 2010, 553, 556; *Tebroke/Wollin*, Die Unternehmung 2005, 31 ff. Zurückhaltender *Dymke*, Finanz-Betrieb 2007, 450, 458 ff. S. auch *Pavlova*, S. 131.
3 *Tebroke/Wollin*, Die Unternehmung 2005, 31, 49; *Rau*, Directors' Dealings, S. 221 f. (jeweils für Deutschland); *Bettis/Vickrey/Vickrey*, Financial Analysts Journal 53, 5 (1997), 57 ff.; *Heidorn/Meyer/Pietrowia*, S. 25 (für Deutschland und die Niederlande, während das Ergebnis von Italien eher bei Verkäufen eine Nachahmung empfehlenswert erscheinen lässt).
4 *Rau*, Directors' Dealings, S. 222.
5 *Tebroke/Wollin*, Die Unternehmung 2005, 31, 49 f.; *Rau*, Directors' Dealings, S. 222 f.; *Riedl*, Transparenz, S. 194, 221 f.; s. auch *Ams*, Directors' Dealings, S. 108 ff.
6 *Rau*, Directors' Dealings, S. 223; anders die Feststellungen von *Riedl*, Transparenz, S. 233 f.
7 *Riedl*, Transparenz, S. 234.
8 *Riedl*, Transparenz, S. 235.
9 *Riedl*, Transparenz, S. 236. Es gibt erste Fonds, die ihre Anlagestrategie nach den gemeldeten Directors' Dealings ausrichten, *Rau*, Directors' Dealings, S. 2 m.w.N.
10 Kritisch deshalb auch *Uwe H. Schneider*, AG 2002, 473, 475.
11 Vgl. die bei *Fleischer*, ZIP 2002, 1217, 1220, beschriebenen Fälle „Intershop" und „Comroad".
12 *Diekgräf*, Directors' Dealings, S. 39 ff.; *Osterloh*, Directors' Dealings, S. 72 f.; *Maume/Kellner*, ZGR 2017, 273, 279; *Schäfer* in Marsch-Barner/Schäfer, Hdb. börsennotierte AG, Rz. 16.2; *Pfüller* in Fuchs, § 15a WpHG Rz. 26.
13 Eine Pflicht zur Abführung der erzielten Gewinne kennt das deutsche Recht nicht. Zu den Folgen von Verstößen gegen das Handelsverbot s. Rz. 187.
14 *Hower-Knobloch*, S. 185 f.

Die Vorschrift soll mittelbar der Prävention des Insiderhandels und der Marktmanipulation dienen[1] und damit die **Marktintegrität** erhalten, denn sie erhöhe das Entdeckungsrisiko[2]. Diese Vorstellung des Unionsrechtsgebers mutet auf den ersten Blick etwas naiv an. Eine Person mit Führungsaufgaben, die einen vorsätzlichen Insiderverstoß begeht oder begehen will, wird sich schwerlich an die mit einem bloßen Bußgeld bewehrte Vorschrift des Art. 19 VO Nr. 596/2014 halten, die zudem als mitbestrafte Nachtat gelten dürfte. Allerdings zeigt der Fall *Kengeter*, dass die Meldepflichten in der Praxis durchaus zu ernsthaften Ermittlungen wegen Insiderhandels Anlass geben können[3]. Entscheidend ist vielmehr ein anderer Gedanke. Melden einige Personen mit Führungsaufgaben Geschäfte mit Finanzinstrumenten, kann die zuständige Behörde gezielt untersuchen, ob auch andere Personen mit Führungsaufgaben solche Geschäfte getätigt haben und ob diese Geschäfte im Zusammenhang mit dem Wissen über Insiderinformationen stehen. Art. 19 VO Nr. 596/2014 entfaltet seine präventive Wirkung daher allenfalls durch die Ungewissheit jeder Person mit Führungsaufgaben über das Verhalten der übrigen Personen mit Führungsaufgaben. Ein Insider kann nur dann hoffen, beim Insiderhandel unentdeckt zu bleiben, wenn er sicher ist, als Einzige der Führungspersönlichkeiten Kenntnis einer bestimmten Tatsache zu haben, oder wenn alle Personen mit Führungsaufgaben beim Insiderhandel einvernehmlich zusammenwirken[4]. Dieser Abschreckungseffekt wird aber zu Recht als gering eingestuft[5].

12

Das **periodische Handelsverbot** gem. Art. 19 Abs. 11 VO Nr. 596/2014 stellt einen institutionellen Schutz gegen Insiderhandel dar[6], indem – unabhängig von den Voraussetzungen des Art. 8 VO Nr. 596/2014 – Geschäfte, die abstrakt die Gefahr der Ausnutzung eines Informationsvorsprungs bergen, umfassend untersagt sind. Gleichzeitig zeigt Art. 19 Abs. 12 VO Nr. 596/2014, der Ausnahmen von dem Handelsverbot von einer Gestattung durch den Emittenten abhängig macht, dass dem Emittenten eine Art „Eigentumsrecht" an dem potentiellen Insiderwissen seiner Führungskräfte zugesprochen wird. Dies spricht dafür, das Handelsverbot auch mit zivilrechtlichen Sanktionen zugunsten des Emittenten zu versehen (s. Rz. 187).

13

3. Regelungsvorbilder und -alternativen. a) Ausländische Regelungsvorbilder. Archetypus einer Meldepflicht für Managers' Transactions ist s. 16(a) des US-amerikanischen Securities Exchange Act 1934[7], der durch s. 403 des Sarbanes-Oxley Act 2002[8] noch verschärft wurde. S. 16(b) sieht zudem eine Abführungspflicht für alle innerhalb von sechs Monaten erzielten Spekulationsgewinne vor („Short Swing Profit Rule")[9]. In Großbritannien war die Regelung der Managers' Transactions gesellschaftsrechtlich verankert (s. 324 Companies Act 1985, ergänzt durch die ss. 325–329 und schedule 13)[10] und erfasste gleichermaßen börsennotierte und nicht notierte Gesellschaften; dies schmälerte jedoch die kapitalmarktrechtliche Bedeutung der ss. 324 et seq. nicht. Denn börsen-

14

---

1 EU-Kommission, Vorschlag für [eine] Verordnung des Europäischen Parlaments und des Rates über Insider-Geschäfte und Marktmanipulation (Marktmissbrauch) v. 20.10.2011, COM(2011) 651, S. 12; *Schäfer* in Marsch-Barner/Schäfer, Hdb. börsennotierte AG, Rz. 16.2.
2 Vgl. Erwägungsgrund 59 VO Nr. 596/2014.
3 S. Börsen-Zeitung v. 2.2.2017, S. 1 („Staatsanwaltschaft ermittelt gegen Carsten Kengeter"), wonach die potentiellen Insidergeschäfte des damaligen Vorstandsvorsitzenden der Deutschen Börse AG „den Vorschriften des Wertpapierhandelsgesetzes entsprechend gemeldet" wurden. In der Folge trat Herr Kengeter von seiner Position zurück; s. Börsen-Zeitung v. 27.10.2017, S. 1 („Carsten Kengeter tritt zum Jahresende zurück").
4 Unmittelbarer ist der Zusammenhang von Managers' Transactions und Insiderprävention in den USA. Um jeden Anreiz zu Insiderhandel zu unterbinden, müssen Organmitglieder/Aktionäre mit bedeutender Beteiligung, die innerhalb der letzten sechs Monate sowohl Käufe als auch Verkäufe in Aktien des Emittenten getätigt haben, evtl. Gewinne an die Gesellschaft abführen (s. 16(b) SEA – sog. Short Swing Profit Rule). Den Anspruch kann der Emittent oder ein Aktionär durchsetzen. Um die Anspruchsberechtigung überhaupt erkennen zu können, wird der Emittent und die Aktionäre auf die Meldepflicht der Directors' Dealings nach s. 16(a) SEA angewiesen. Die Wirksamkeit der Short Swing Profit Rule ist empirisch nicht eindeutig nachweisbar, *Agrawal/Jaffe*, Journal of Financial Economics 39 (1995), 295 ff. Positiver dagegen *Veil*, ZGR 2005, 155, 176 („geeignet, verhaltenssteuernd zu wirken").
5 *Hower-Knobloch*, S. 170, unter Hinweis auf spieltheoretische Überlegungen; ebenso *Pfüller* in Fuchs, § 15a WpHG Rz. 28; anders die Einschätzung von *Zimmer/Osterloh* in Schwark/Zimmer, § 15a WpHG Rz. 11, die aber die abschreckende Wirkung des Insiderhandelsverbots mit der Regelung zu den Managers' Transactions vermischen.
6 Allgemein auch *Semrau* in Klöhn, Art. 19 MAR Rz. 7.
7 Zur Entstehungsgeschichte der Vorschrift und ihrer Regelungsphilosophie *Taylor*, 39 Ariz. L. Rev. (1997), 1315, 1319 f.; *Fleischer*, ZIP 2002, 1217, 1221 f.
8 Aus dem deutschen Schrifttum zum Sarbanes-Oxley Act 2002 *Henssler*, Der Einfluss des Sarbanes-Oxley Acts auf die Fortentwicklung des deutschen Gesellschaftsrechts, Der Konzern 2003, 255; *Atkins*, Der Sarbanes-Oxley Act: Zielsetzungen, Inhalt und Implementierungsstand, Der Konzern 2003, 260; *Kley*, Neue Corporate Governance Regeln in den USA und Europa – Mehr Probleme als Lösungen?, Der Konzern 2003, 264; *Sünner*, Auswirkungen des Sarbanes-Oxley Act im Ausland, Der Konzern 2003, 268; *Lehne*, Stand der europäischen Corporate Governance-Entwicklung, Der Konzern 2003, 272, 274 f.; *Gordon*, The Conference on New Corporate Governance Regulators in the USA and Europe, Der Konzern 2003, 275; *Gruson/Kubicek*, Der Sarbanes-Oxley-Act, Corporate Governance und das deutsche Aktienrecht, AG 2003, 337 (I), 393 (II).
9 Dazu *Hellgardt*, AG 2018, 602, 603 f.; *Hellgardt*, Kapitalmarktdeliktsrecht, S. 100 f. Zur rechtspolitischen Frage der Einführung einer solchen Pflicht ins deutsche Recht *Veil*, ZGR 2005, 155, 171 ff.
10 Zu Einzelheiten *Fleischer*, ZIP 2002, 1217, 1221 ff. m.w.N. Inzwischen findet sich die Regelung im Kapitalmarktrecht, vgl. sec. 73A(3) und 96A(1) Financial Services and Markts Act 2000.

notierte Gesellschaften waren nach s. 329 verpflichtet, die Meldungen an die Börse weiterzuleiten. Eine frühe Regelung der Managers' Transactions fand sich zudem in Spanien, das bereits in den Jahren 1988 und 1991 diese Frage regelte[1]. Die Schweiz hat hingegen erst seit 1.7.2005 eine Regelung der sog. Management-Transaktionen[2].

15 **b) Vollständiges Handelsverbot.** Die Alternative zu einer Mitteilungspflicht über erfolgte Managers' Transactions („post-trading disclosure") wäre ein völliges Verbot des Handels von Personen mit Führungsaufgaben in Anteilen oder Schuldtiteln „ihres" Unternehmens. Gegen ein absolutes Handelsverbot spricht der Verhältnismäßigkeitsgrundsatz[3]. Der damit verbundene Eingriff in die von Art. 16 GrCh geschützte wirtschaftliche Betätigungsfreiheit bzw. das Eigentumsrecht gem. Art. 17 GrCh der Personen mit Führungsaufgaben wäre zu groß. Außerdem ist eine Beteiligung der Führungspersonen am Emittenten oft gerade gewünscht, um eine Identifikation mit dem Unternehmen zu erreichen. Diesem Ziel dienen Aktienoptionsprogramme für Führungskräfte. Durch die Marktmissbrauchsverordnung wurde nun erstmals ein dem deutschen Recht bis dahin unbekanntes periodisches Handelsverbot in Art. 19 Abs. 11 VO Nr. 596/2014 eingeführt (s. dazu ausführlich Rz. 153 ff.).

16 **c) Pre-trading disclosure.** Diskutiert wurde weiterhin eine Verpflichtung zur Offenlegung beabsichtigter Managers' Transactions („pre-trading disclosure")[4]. Auch diese Alternative überzeugt nicht. Zum einen wäre das Vorstandsmitglied, das Geschäfte in Anteilen oder Schuldtiteln des Unternehmens plant, nach Ankündigung der geplanten Geschäfte nicht verpflichtet, diese dann auch tatsächlich vorzunehmen. Marktmanipulationen, die gerade vermieden werden sollen, wären Tür und Tor geöffnet[5]. Zum anderen wäre eine pre-trading disclosure unverhältnismäßig. Der Kurs der Anteile oder Schuldtitel würde durch die Ankündigung der geplanten Managers' Transactions sofort beeinflusst, so dass das Vorstandsmitglied stets einen schlechteren Preis bekommt als vor der Ankündigung: Bei einem angekündigten Verkauf würde der Kurs voraussichtlich sinken und der Vorstand würde weniger für seine Finanzinstrumente erlösen. Beim angekündigten Kauf würde die Person mit Führungsaufgaben auf Grund der Ankündigung voraussichtlich einen höheren Preis zu zahlen haben. Der Vorteil der anderen Marktteilnehmer wäre demgegenüber nicht allzu groß, da die Information bei der pre-trading disclosure nur unwesentlich früher an den Markt gelangt als bei der post-trading disclosure. Die Personen mit Führungsaufgaben könnten auf Grund der damit einhergehenden Schlechterstellung am Markt von Geschäften mit Finanzinstrumenten abgehalten werden. Der mit Art. 19 VO Nr. 596/2014 verfolgte Zweck der Bekanntmachung von Informationen mit Indikatorwirkung wäre vereitelt. Im Ergebnis würde eine pre-trading disclosure auch die mit Aktienoptionsprogrammen verfolgte Bindung der Führungsebene an „ihr" Unternehmen konterkarieren[6].

17 **4. Tatsächliche Bedeutung der Regelung.** Die Zahl der Meldungen ist zunächst stark angestiegen und pendelt sich jetzt auf einem recht hohen Niveau ein. Die Zahl der Bußgeldverfahren ist vergleichsweise gering und nahm in der Vergangenheit nahezu kontinuierlich ab. Seit Inkrafttreten der Marktmissbrauchsverordnung ist wieder ein deutlicher Anstieg der Meldungen zu verzeichnen, der sich einerseits durch die Erweiterung des sachlichen Anwendungsbereiches, andererseits durch die Erfassung von Emittenten an OTF und MTF erklären lässt[7]. Gemessen an der Zahl der gemeldeten Managers' Transactions ist die Zahl der Bußgeldverfahren und verhängten Bußgelder gering. Die Jahresberichte der BaFin nennen folgende Zahlen:

Jahr	Meldungen	Bußgeldverfahren					
		neu eröffnet	vom Vorjahr	Gesamt	eingestellt	Buße verhängt	offen am Jahresende
ab 7/2002	1067	3	0	3	0	0	3
2003	1980	112	3	115	4	4 (bis 20 000 €)	107
2004	2723	61	107	168	7	9 (bis 14 000 €)	152
2005	5118	2	152	154	59	3 (bis 7 500 €)	92

---

1 *Deutsche Bank*, Directors' Dealings in Europe, S. 13.
2 Dazu etwa *Fritschi*, Die Offenlegung von Management-Transaktionen, 2011; *von Planta*, Meldung von Management-Transaktionen in FS Rolf H. Weber, 2011, S. 353 ff.
3 Ebenso *Maume/Kellner*, ZGR 2017, 273, 283; *Pfüller* in Fuchs, § 15a WpHG Rz. 26a. Zu den Vorteilen des Transparenzmodells gegenüber einem Verbotsmodell *Elster*, Europäisches Kapitalmarktrecht – Recht des Sekundärmarktes, 2002, S. 323 ff.
4 Befürwortend etwa Stellungnahme des Bundesrats, BT-Drucks. 14/8017, 165; *Fried*, Reducing the Profitability of Insider Trading through Pretrading Disclosure, 71 S. Cal. L. Rev. (1998), 303; *Großmann/Nikoleyczik*, DB 2002, 2031, 2033; *Rudolph*, BB 2002, 1036, 1040; ablehnend *Pfüller* in Fuchs, § 15a WpHG Rz. 26; *Posegga*, BKR 2002, 1061 f.; *Schuster*, ZHR 167 (2003), 193, 210 f.; *Weiler/Tollkühn*, DB 2002, 1923, 1927. Zur rechtspolitischen Fragestellung ausführlich auch *Fleischer*, ZIP 2002, 1217, 1227 f.; *Fleischer*, Gutachten zum 64. DJT, 2002, S. F 124 f.
5 Das Gegenargument von *Maume/Kellner*, ZGR 2017, 273, 282, eine solche Marktmanipulation sei bereits durch Art. 15 VO Nr. 596/2014 verboten bzw. eine Stornierung stelle verbotenen Insiderhandel dar, ist nur dann zutreffend, wenn man von einer tatsächlichen Durchsetzung dieser Verbote ausgeht.
6 Eine solche Bindung empfiehlt das Deutsche Aktieninstitut den Emittenten, *Fischer zu Cramburg/Hannich*, Directors' Dealings, S. 60 f.; *Leven*, Directors' Dealings: Zur Umsetzung der neuen Meldepflichten, AG 2003, R 52.
7 BaFin, Jahresbericht 2016, S. 183.

Jahr	Meldungen	Bußgeldverfahren					
		neu eröffnet	vom Vorjahr	Gesamt	eingestellt	Buße verhängt	offen am Jahresende
2006	4687	11	92	103	71	8 (bis 5 000 €)	24
2007	4603	5	24	29	10	10 (bis 37 500 €)	9
2008	4978	7	9	16	5	2 (bis 10 000 €)	9
2009	2673	4	9	13	1 (Freispruch)	1 (2 000 €)	11
2010	2258	3	11	14	3	1 (4 000 €)	10
2011	2869	2	10	12	4	4 (bis 12 000 €)	4
2012	2281	7	4	11	1	2 (bis 35 000 €)	8
2013	2187	2	8	10	1	1 (5 500 €)	8
2014	1800	2	8	10	0	3 (bis 15 000 €)	7
2015	1809	3	7	10	4	0	6
2016	2879	1	6	7	1	0	6
2017	2789	n.a.	n.a.	n.a.	n.a.	n.a.	n.a.

III. Meldepflicht (Art. 19 Abs. 1 VO Nr. 596/2014). 1. Sachlicher Anwendungsbereich. Die Meldepflicht bezieht sich nur auf Personen mit Führungsaufgaben (und in enger Beziehung zu ihnen stehende Personen) bei bestimmten Emittenten von Finanzinstrumenten (Rz. 19 ff.), bei Teilnehmern am Markt für Emissionszertifikate (Rz. 22) und bei Versteigerungsplattformen, Versteigerern und der Auktionsaufsicht (Rz. 23). 18

a) Emittenten von Finanzinstrumenten (Art. 19 Abs. 4 VO Nr. 596/2014). Vom Anwendungsbereich des Art. 19 Abs. 1 VO Nr. 596/2014 sind zunächst die Führungspersonen von Emittenten erfasst. Anders als bei der Vorgängerregelung des § 15a WpHG a.F. werden nicht nur Führungskräfte von Aktienemittenten, sondern grundsätzlich aller Emittenten von Finanzinstrumenten erfasst. Damit kommen, anders als bislang, nicht nur Aktiengesellschaften und Kommanditgesellschaften auf Aktien, sondern insbesondere auch GmbHs (und weitere Unternehmensträger), die Schuldverschreibungen ausgeben, als Emittenten i.S.d. Art. 19 VO Nr. 596/2014 in Betracht. Art. 3 Abs. 1 Nr. 21 VO Nr. 596/2014 stellt aber klar, dass es sich um eine juristische Person handeln muss. Dies ist nicht technisch zu verstehen, so dass auch Personengesellschaften erfasst sein können (z.B. Kommanditgesellschaften), nicht aber natürliche Personen (argumentum e contrario Art. 3 Abs. 1 Nr. 13 VO Nr. 596/2014). Obwohl nach dem Wortlaut von Art. 19 Abs. 4 VO Nr. 596/2014 die Emittenten sämtlicher Finanzinstrumente erfasst sind, bezieht sich die Meldepflicht gem. Art. 19 Abs. 1 Unterabs. 1 lit. a) VO Nr. 596/2014 und das Handelsverbot gem. Art. 19 Abs. 11 VO Nr. 596/2014 lediglich auf Geschäfte mit Anteilen oder Schuldtiteln sowie *damit* verbundenen Derivaten oder Finanzinstrumenten. Daraus lässt sich schließen, dass nur **Emittenten von Anteilen oder Schuldtiteln** vom sachlichen Anwendungsbereich des Art. 19 VO Nr. 596/2014 erfasst sind, nicht aber solche Emittenten, die ausschließlich andere Finanzinstrumente oder Derivate emittieren. Diese Erweiterung des Anwendungsbereiches – zusammen mit einer Ausdehnung der erfassten Geschäfte (dazu Rz. 69 ff.) – überzeugt, weil die Indikatorwirkung eines Eigengeschäftes für den Markt nicht nur bei Aktien, sondern bei Schuldtiteln gegeben und unabhängig von der Rechtsform des Emittenten ist. 19

Art. 19 Abs. 4 VO Nr. 596/2014 präzisiert den Kreis der erfassten Emittenten. Der Anwendungsbereich umfasst demnach neben Emittenten, die für ihre Finanzinstrumente (d.h. Anteile oder Schuldtitel, s. zuvor Rz. 19) eine **Zulassung an einem geregelten Markt** i.S.v. Art. 3 Abs. 1 Nr. 6 VO Nr. 596/2014[1] beantragt oder genehmigt haben (Art. 19 Abs. 4 lit. a) VO Nr. 596/2014), auch Emittenten, deren Finanzinstrumente eine Zulassung zum Handel auf einem **multilateralen Handelssystem (Multilateral Trading Facilities, MTF)** i.S.v. Art. 3 Abs. 1 Nr. 7 VO Nr. 596/2014[2] beantragt oder erhalten haben, sowie Emittenten, die für ihre Finanzinstrumente eine Zulassung an einem organisierten Handelssystem (Organised Trading Facilities, OTF) i.S.v. Art. 3 Abs. 1 Nr. 8 VO Nr. 596/2014[3] erhalten haben (Art. 19 Abs. 4 lit. b) VO Nr. 596/2014). Obwohl Art. 19 Abs. 4 VO Nr. 596/2014 anders als die Parallelregelungen in Art. 17 Abs. 1 Unterabs. 3 sowie Art. 18 Abs. 7 VO Nr. 596/2014 nicht die Einschränkung enthält, dass sich der geregelte Markt bzw. das MTF oder OTF „in einem Mitgliedstaat" befinden muss, gilt im Ergebnis nichts Abweichendes. Dies ergibt sich bereits daraus, dass die Definitionen des geregelten Marktes sowie von MTF und OTF jeweils auf eine Genehmigung durch einen Mitgliedstaat verweisen[4]. 20

---

1 S. *Assmann*, Art. 3 VO Nr. 596/2014 Rz. 13 f.
2 S. *Assmann*, Art. 3 VO Nr. 596/2014 Rz. 15 f.
3 S. *Assmann*, Art. 3 VO Nr. 596/2014 Rz. 17.
4 *Semrau* in Klöhn, Art. 19 MAR Rz. 15.

Nach wie vor sind nur Führungskräfte solcher Emittenten erfasst, die an der Notierung ihrer Finanzinstrumente aktiv mitgewirkt haben[1]. Im Rahmen von MTFs und OTFs sind dabei drei Konstellationen denkbar: (1) der Emittent hat selbst einen Antrag auf Zulassung/Einbeziehung zum Handel gestellt; (2) der Emittent hat einen Dritten beauftragt, einen solchen Antrag zu stellen; (3) der Emittent hat die Zulassung bzw. Einbeziehung seiner Finanzinstrumente zum Handel durch einen Dritten genehmigt[2]. In Deutschland betrifft diese Änderung praktisch vor allem solche Emittenten, deren Wertpapiere auf ihren Antrag in den **Freiverkehr gem. § 48 BörsG** einbezogen sind bzw. die einen entsprechenden Einbeziehungsantrag gestellt haben. Anders als unter § 15a WpHG a.F. sind ihre Führungskräfte nun dazu verpflichtet, Eigengeschäfte nach Art. 19 VO Nr. 596/2014 zu melden[3]. **Ausgenommen von der Pflicht** zur Meldung von Eigengeschäften sind daher nur noch Führungskräfte solcher Emittenten, deren Anteile oder Schuldtitel allein „over the counter" (OTC) gehandelt werden.

21 Hierdurch tritt eine **deutliche Erweiterung des Anwendungsbereichs** im Vergleich zu § 15a WpHG a.F. ein. Die bisherige Regelung erfasste nur die Finanzinstrumente von Emittenten an geregelten Märkten. Zielsetzung des erweiterten Anwendungsbereiches des Art. 19 VO Nr. 596/2014 ist es, wie sich aus Erwägungsgrund 8 VO Nr. 596/2014 ergibt, auf die Zunahme des Handels auf multilateralen Handelssystemen zu reagieren und durch eine Berücksichtigung dieser Handelssysteme den Anlegerschutz zu verbessern und die Marktintegrität zu wahren.

22 **b) Teilnehmer am Markt für Emissionszertifikate (Art. 3 Abs. 1 Nr. 20 VO Nr. 596/2014).** Vom Anwendungsbereich der Pflichten nach Art. 19 VO Nr. 596/2014 werden auch die Führungskräfte von Teilnehmern am Markt für Emissionszertifikate i.S.v. Art. 3 Abs. 1 Nr. 20 VO Nr. 596/2014[4] erfasst (Art. 19 Abs. 1 VO Nr. 596/2014). Da diese Definition auf die Ausnahme des Art. 17 Abs. 2 Unterabs. 2 VO Nr. 596/2014 verweist, gelten die konzernweiten Mindestwerte gem. Art. 5 DelVO 2016/522 auch für Art. 19 VO Nr. 596/2014. Die Erweiterung auf Teilnehmer am Markt für Emissionszertifikate ist eine Konsequenz der Ausweitung des Marktmissbrauchsrechts auf Emissionszertifikate. Bei der konkreten Ausgestaltung der Pflichten nach Art. 19 VO Nr. 596/2014 existieren im Grundsatz keine Abweichungen gegenüber den Führungskräften von Emittenten. Das periodische Handelsverbot gilt allerdings nicht für diese Führungskräfte, da Art. 19 Abs. 11 VO Nr. 596/2014 seinem eindeutigen Wortlaut nach nur Führungskräfte von Emittenten erfasst.

23 **c) Versteigerungsplattformen, Versteigerer und Auktionsaufsicht (Art. 19 Abs. 10 VO Nr. 596/2014).** Eine zusätzliche Erweiterung des Anwendungsbereichs der Meldepflichten ist durch Art. 19 Abs. 10 VO Nr. 596/2014 erfolgt. Demnach unterliegen auch die Führungspersonen von Versteigerungsplattformen (Art. 26 und 30 VO Nr. 1031/2010), Versteigerern (Art. 3 Nr. 20 VO Nr. 1031/2010) und der Auktionsaufsicht (Art. 24 f. VO Nr. 1031/2010), die an Auktionen gemäß der VO Nr. 1031/2010 beteiligt sind, sowie diesen nahestehende Personen den Meldepflichten nach Art. 19 VO Nr. 596/2014. Die Ausweitung ist allerdings sachlich begrenzt. Erfasst sind nur Eigengeschäfte mit Emissionszertifikaten oder deren Derivaten und darauf beruhenden Auktionsprodukten. Die Mitteilung nach Art. 19 Abs. 1 VO Nr. 596/2014 hat in diesem Falle sowohl an die jeweilige Versteigerungsplattform, den Versteigerer oder die zuständige Auktionsaufsicht zu erfolgen als auch an die zuständige Behörde, bei der die Versteigerungsplattform, der Versteigerer oder die Auktionsaufsicht registriert ist.

24 **2. Persönlicher Anwendungsbereich. a) Personen mit Führungsaufgaben (Art. 3 Abs. 1 Nr. 25 VO Nr. 596/2014). aa) Überblick.** Die Vorschrift wendet sich an Personen mit Führungsaufgaben bei Emittenten i.S.d. Art. 19 Abs. 4 VO Nr. 596/2014, Teilnehmern am Markt für Emissionszertifikate i.S.d. Art. 3 Abs. 1 Nr. 20 VO Nr. 596/2014, Versteigerungsplattformen i.S.d. Art. 26 und 30 VO Nr. 1031/2010, Versteigerern i.S.d. Art. 3 Nr. 20 VO Nr. 1031/2010 und der Auktionsaufsicht i.S.d. Art. 24 f. VO Nr. 1031/2010. Gem. Art. 3 Abs. 1 Nr. 25 lit. a) VO Nr. 596/2014 fallen unter den Begriff der Person mit Führungsaufgaben zunächst die Mitglieder der Verwaltungs-, Leitungs- und Aufsichtsorgane, also **Organmitglieder im formellen Sinne** (dazu Rz. 25–30). Daneben werden auch höhere Führungskräfte, die regelmäßigen Zugang zu das Unternehmen direkt oder indirekt betreffenden Insiderinformationen haben und darüber hinaus auch unternehmerische Entscheidungen über die zukünftigen Entwicklungen und Geschäftsperspektiven des Unternehmens treffen können (**Organ im materiellen Sinne**), nach Maßgabe des Art. 3 Abs. 1 Nr. 25 lit. b) VO Nr. 596/2014 dem persönlichen Anwendungsbereich des Art. 19 Abs. 1 VO Nr. 596/2014 unterworfen (dazu Rz. 31–37). Maßgeblich für die Bestimmung des Kreises der Führungspersonen ist das **Gesellschaftsstatut** des jeweiligen Emittenten. Ist das deutsche Recht maßgebend, gelten die nachfolgenden Ausführungen (Rz. 25 ff.). Ist ein ausländisches Gesellschaftsstatut maßgebend, ist nach diesem zu bestimmen, wer zu den Mitgliedern eines Leitungs-, Verwaltungs- oder Aufsichtsorgans des Emittenten gehört und wer als top executive gilt.

25 **bb) Leitungs- und Verwaltungsorgane von AG, SE und GmbH.** Mitglieder eines Leitungsorgans i.S.d. Art. 3 Abs. 1 Nr. 25 lit. a) Var. 2 VO Nr. 596/2014 sind bei einer **Aktiengesellschaft** die Mitglieder des **Vorstands**

---

[1] BaFin, FAQ Managers' Transactions, Stand: 1.2.2018, II.1; ebenso Hitzer/Wasmann, DB 2016, 1483, 1483; Seibt/Wollenschläger, AG 2014, 593, 595; Stüber, DStR 2016, 1221, 1222.
[2] BaFin, FAQ Managers' Transactions, Stand: 1.2.2018, II.1.
[3] Graßl, DB 2015, 2066, 2069; Hitzer/Wasmann, DB 2016, 1483, 1483; Seibt/Wollenschläger, AG 2014, 593, 595; Stüber, DStR 2016, 1221, 1222.
[4] S. Assmann, Art. 3 VO Nr. 596/2014 Rz. 29 und Art. 17 VO Nr. 596/2014 Rz. 255–257b.

(§ 76 Abs. 2 Satz 1 und 2 AktG). Auch die stellvertretenden Vorstandsmitglieder (§ 94 AktG) sind erfasst[1], da es sich bei ihnen – entgegen der äußerst missverständlichen Bezeichnung – um vollwertige Vorstandsmitglieder handelt[2]. Der **Arbeitsdirektor** ist nach § 76 Abs. 2 Satz 3 AktG, § 13 Abs. 1 Satz 1 Montan-MitbestG, § 13 MitbestErgG, § 33 Abs. 1 Satz 1 MitbestG ebenfalls gleichberechtigtes Mitglied des Geschäftsführungsorgans und unterfällt daher ebenfalls Art. 19 Abs. 1 VO Nr. 596/2014[3]. Die zur AG gemachten Ausführungen gelten entsprechend für die dualistisch verfasste **SE**, bei der folglich die Mitglieder des Leitungsorgans (Art. 39 SE-VO) und ihre Stellvertreter (§ 40 Abs. 9 SEEG) erfasst sind[4]. Bei der monistisch verfassten SE sind die Mitglieder des Verwaltungsrats (Art. 43 SE-VO) und die geschäftsführenden Direktoren (§ 40 SEEG) Führungspersonen i.S.d. Art. 3 Abs. 1 Nr. 25 lit. a) Var. 1 VO Nr. 596/2014 und daher von den Pflichten des Art. 19 VO Nr. 596/2014 erfasst.

Wenn eine **GmbH** Schuldverschreibungen emittiert, ist ihr **Geschäftsführer** als Mitglied eines Leitungsorgans i.S.d. Art. 3 Abs. 1 Nr. 25 lit. a) Var. 2 VO Nr. 596/2014 anzusehen. Darüber hinaus können aber auch **(Allein-)Gesellschafter** der GmbH – abhängig von ihren tatsächlichen Einflussmöglichkeiten auf die Geschäftsführung – als Mitglieder eines Leitungsorgans einzustufen sein. Die Gesellschafter sind in ihrer Gesamtheit ein notwendiges Gesellschaftsorgan der GmbH[5]. Wegen der sachlichen Allzuständigkeit der Gesellschafter[6] können sie im Gesellschaftsvertrag (oder der Gesellschaftspraxis) mit umfassenden Geschäftsführungskompetenzen ausgestattet werden[7]. Wenn sie dabei Kompetenzen wahrnehmen, die mit denen eines Geschäftsführers vergleichbar sind, fallen sie unter die Definition des Art. 3 Abs. 1 Nr. 25 lit. a) Var. 2 VO Nr. 596/2014[8]. Das gilt auch dann, wenn es sich bei dem Gesellschafter um eine **juristische Person** handelt[9]. Dies folgt aus der Legaldefinition in Art. 3 Abs. 1 Nr. 13 VO Nr. 596/2014, derzufolge der Ausdruck „Person" auch juristische Personen einschließt. Die Beschränkung der Organstellung auf natürliche Personen ist eine Besonderheit des deutschen Gesellschaftsrechts, die für die Auslegung der Marktmissbrauchsverordnung keine Gültigkeit beanspruchen kann. Auch **fakultative GmbH-Organe mit Geschäftsführungskompetenz** fallen unter Art. 3 Abs. 1 Nr. 25 lit. a) Var. 2 VO Nr. 596/2014[10] ebenso wie ein **fakultatives Organ der KGaA**, dem strategische Aufgaben der Geschäftsführung übertragen wurden[11].

cc) **Aufsichtsorgane von AG, KGaA, SE und GmbH.** Art. 3 Abs. 1 Nr. 25 lit. a) Var. 3 VO Nr. 596/2014 erstreckt den Anwendungsbereich von Art. 19 VO Nr. 596/2014 auf Mitglieder von Aufsichtsorganen. Dies sind bei der **Aktiengesellschaft** und der **Kommanditgesellschaft auf Aktien** die **Mitglieder des Aufsichtsrats**, bei der dualistisch verfassten **SE** die **Mitglieder des Aufsichtsorgans** (Art. 40 SE-VO)[12]. Bei einer mitbestimmten Gesellschaft ist es gleichgültig, ob es sich um Vertreter der Anteilseignerseite oder der Arbeitnehmerseite handelt[13]. Der Aufsichtsrat kennt keine stellvertretenden Aufsichtsratsmitglieder, sondern nur Ersatzmitglieder, die bei Wegfall eines Mitglieds des Aufsichtsrats nachrücken (§ 101 Abs. 3 AktG). Die **Ersatzmitglieder** werden von Art. 19 Abs. 1 VO Nr. 596/2014 erst erfasst, nachdem sie nachgerückt sind, denn erst dann haben sie eine Stellung als Mitglied des Organs inne[14].

Bei einer **GmbH** sind **(Allein-)Gesellschafter** regelmäßig als Mitglieder eines Aufsichtsorgans einzustufen, sofern sie nicht schon als Mitglieder eines Leitungsorgans anzusehen sind (s. Rz. 26). Die Gesellschafter einer GmbH verfügen aufgrund ihres Weisungsrechts über allumfassende Informationsmöglichkeiten und sind daher im Hinblick auf ihren Zugang zu Insiderwissen bezüglich der emittierten Finanzinstrumente dem Aufsichtsrat einer Aktiengesellschaft mindestens ebenbürtig. Jedenfalls besteht ein kategorialer Unterschied zwischen GmbH-Gesellschaftern und Aktionären, der sich bereits daran zeigt, dass die GmbH grundsätzlich über kein spezielles Aufsichtsorgan verfügt. Die GmbH-Gesellschafter sind nur dann ausnahmsweise nicht als Mitglieder eines Aufsichtsorgans einzustufen, wenn ein anderes Organ besteht, auf das umfassend die Aufsichtskompetenzen der Gesellschafter übertragen sind, so dass die Gesellschafter letztlich nur eine den Aktionären vergleich-

---

1 Ebenso *Kumpan*, AG 2016, 446, 448; der hier vertretenen Ansicht folgen jetzt auch *Zimmer/Osterloh* in Schwark/Zimmer, § 15a WpHG Rz. 55, die allerdings den hier vertretenen Standpunkt als a.A. kennzeichnen.
2 Einzelheiten bei *Hüffer/Koch*, § 94 AktG Rz. 1 f.; *Diekgräf*, Directors' Dealings, S. 207.
3 Zustimmend *Diekgräf*, Directors' Dealings, S. 207.
4 *Zimmer/Osterloh* in Schwark/Zimmer, § 15a WpHG Rz. 55.
5 *K. Schmidt* in Scholz, 11. Aufl. 2014, § 45 GmbHG Rz. 5.
6 *K. Schmidt* in Scholz, 11. Aufl. 2014, § 46 GmbHG Rz. 1.
7 Dies übersieht *Semrau* in Klöhn, Art. 19 MAR Rz. 28, der GmbH-Gesellschafter allenfalls als top executives nach Art. 3 Abs. 1 Nr. 25 lit. b) VO Nr. 596/2014 erfasst ansieht.
8 Ohne genaue Zuordnung im Rahmen von Art. 3 Abs. 1 Nr. 25 VO Nr. 596/2014 im Ergebnis auch BaFin, FAQ Managers' Transactions, Stand: 1.2.2018, II.4.
9 BaFin, FAQ Managers' Transactions, Stand: 1.2.2018, II.4.
10 BaFin, FAQ Managers' Transactions, Stand: 1.2.2018, II.3.
11 Zustimmend *Osterloh*, Directors' Dealings, S. 351; *Zimmer/Osterloh* in Schwark/Zimmer, § 15a WpHG Rz. 66; *Pfüller* in Fuchs, § 15a WpHG Rz. 69.
12 *Zimmer/Osterloh* in Schwark/Zimmer, § 15a WpHG Rz. 57.
13 So auch *Kumpan*, AG 2016, 446, 448.
14 Zustimmend *Diekgräf*, Directors' Dealings, S. 207; *Kumpan*, AG 2016, 446, 448 f.

bare Stellung haben (dazu Rz. 36). Bei einer **mitbestimmten GmbH** fallen die Aufsichtsratsmitglieder unter Art. 3 Abs. 1 Nr. 25 lit. a) Var. 3 VO Nr. 596/2014, gleiches gilt für die Mitglieder eines **fakultativen Aufsichtsrats** gem. § 52 Abs. 1 GmbHG. Bei sonstigen fakultativen Organen, insbesondere einem **Beirat** oder **Gesellschafterausschuss**, kommt es entscheidend auf die Kompetenzen an. Sofern das Gesellschaftsorgan Kompetenzen wahrnimmt, die mit einem Aufsichtsrat vergleichbar sind, sind seine Mitglieder von Art. 3 Abs. 1 Nr. 25 lit. a) Var. 3 VO Nr. 596/2014 erfasst[1]. Dasselbe gilt für ein fakultatives Aufsichtsorgan bei der KGaA.

29 dd) **Persönlich haftende Gesellschafter und Komplementärgesellschaften.** Anders als in § 15a Abs. 2 WpHG a.F. werden die persönlich haftenden Gesellschafter in Art. 3 Abs. 1 Nr. 25 VO Nr. 596/2014 nicht mehr ausdrücklich erwähnt. Damit sind sie aber nicht aus dem Kreis der meldepflichtigen Personen herausgefallen[2]. Bereits § 15a Abs. 2 WpHG a.F. stellte eine auf die deutschen gesellschaftsrechtlichen Gegebenheiten zugeschnittene Interpretation von Art. 1 Nr. 1 DurchfRL 2004/72/EG dar, der dem heutigen Art. 3 Abs. 1 Nr. 25 VO Nr. 596/2014 entspricht, und persönlich haftende Gesellschafter auch nicht ausdrücklich erwähnte[3]. Entscheidend ist daher, ob ein persönlich haftender Gesellschafter die Tatbestandsvoraussetzungen von Art. 3 Abs. 1 Nr. 25 VO Nr. 596/2014 erfüllt. Bei einer **Kommanditgesellschaft** (und ggf. einer OHG), die Schuldverschreibungen emittiert, obliegt die Geschäftsführung und Vertretung den **Komplementären** (§§ 114 ff., 125 ff., 161 Abs. 2, 164, 170 HGB). Ähnlich ist die Lage bei der **Kommanditgesellschaft auf Aktien**. Dort wird die Geschäftsführung und Vertretung von den **persönlich haftenden Gesellschaftern** wahrgenommen (§ 278 Abs. 2 AktG i.V.m. §§ 161 Abs. 2, 114 ff., 125 ff. HGB sowie § 283 AktG). Die persönlich haftenden Gesellschafter bilden damit das Leitungsorgan der KG/KGaA und sind nach Art. 3 Abs. 1 Nr. 25 lit. a) Var. 2 VO Nr. 596/2014 mitteilungspflichtig. Sind einzelne persönlich haftende Gesellschafter **von der Geschäftsführung und Vertretung ausgeschlossen**, sind sie nicht Mitglied des Leitungsorgans und unterfallen daher nicht Art. 3 Abs. 1 Nr. 25 lit. a) Var. 2 VO Nr. 596/2014[4]. Damit ist aber noch nicht gesagt, ob solche persönlich haftenden Gesellschafter nicht von einem anderen Tatbestand des Art. 3 Abs. 1 Nr. 25 VO Nr. 596/2014 erfasst sind. Diesbezüglich muss man zwischen den Gesellschaftsformen differenzieren. Bei einer **gesetzestypischen KG** nehmen die von der Geschäftsführung ausgeschlossenen Komplementäre eine wichtige Überwachungsfunktion wahr, die sich insbesondere an dem weitgehenden Kontrollrecht des § 118 HGB zeigt. Es liegt daher nahe, von der Geschäftsführung ausgeschlossene Komplementäre als Mitglieder eines Überwachungsorgans gem. Art. 3 Abs. 1 Nr. 25 lit. a) Var. 3 VO Nr. 596/2014, ähnlich wie die GmbH-Gesellschafter (zu diesen Rz. 28) – zu qualifizieren. Etwas anderes gilt nur, wenn ein Beirat o.Ä. eingerichtet ist, auf den die Überwachungsfunktion übertragen ist. Anders ist die Situation bei der **KGaA**. Dort bleiben die von der Geschäftsführung und Vertretung Ausgeschlossenen zwar persönlich haftende Gesellschafter, haben aber nur noch gesellschaftsrechtliche Kompetenzen und keine Organfunktionen mehr[5]. Insbesondere sind sie auch nicht als Aufsichtsorgan zu qualifizieren, da diese Funktion bereits durch den Aufsichtsrat wahrgenommen wird. Daher sind die von der Geschäftsführung und Vertretung ausgeschlossenen persönlich haftenden Gesellschafter der KGaA keine Organmitglieder im formellen Sinne. Sie fallen auch nicht in die Gruppe der sonstigen Personen mit Führungsaufgaben, da sie keine „höhere Führungskraft" darstellen und gerade nicht befugt sind, unternehmerische Entscheidungen über zukünftige Entwicklungen und Geschäftsperspektiven für den Emittenten i.S.d. Art. 3 Abs. 1 Nr. 25 lit. b) VO Nr. 596/2014 zu treffen. Der weder geschäftsführungs- noch vertretungsbefugte Komplementär der KGaA unterfällt daher nicht den Pflichten des Art. 19 Abs. 1 VO Nr. 596/2014[6]. Das ist konsequent, wenn man bedenkt, dass auch die „top executives" nur erfasst sind, wenn sie Zugang zu Insiderinformationen haben *und* entscheidungsbefugt sind (s. Rz. 31); der bloß leichtere Zugang zu Insiderinformationen reicht gerade nicht, um als Führungskraft im materiellen Sinne eingestuft zu werden[7].

30 Handelt es sich bei dem geschäftsführungs- und vertretungsbefugten persönlich haftenden Gesellschafter der KG oder KGaA um eine **Komplementär-Gesellschaft**, ist diese unzweifelhaft von Art. 3 Abs. 1 Nr. 25 lit. a) Var. 2 VO Nr. 596/2014 erfasst, muss also eigene Geschäfte melden und unterliegt dem Handelsverbot gem. Art. 19 Abs. 11 VO Nr. 596/2014. Dabei ist es – vorbehaltlich der internationalprivatrechtlichen Anerkennung der Rechtsfähigkeit – unerheblich, ob die Komplementärgesellschaft ihren Sitz innerhalb der Europäischen Union oder in einem Drittstaat hat. Die **Mitglieder des Geschäftsführungsorgans der Komplementär-Gesellschaft** sind ebenfalls mitteilungspflichtig, denn bei ihnen handelt es sich um sonstige Personen, die regelmäßig Zugang zu Insiderinformationen haben und die – vermittelt über den Gesellschaftsvertrag der KG bzw. die Satzung der KGaA und den Gesellschaftsvertrag der Komplementärgesellschaft – zu wesentlichen unternehmerischen Entscheidungen für die KG bzw. KGaA befugt sind, wie dies Art. 3 Abs. 1 Nr. 25 lit. b) VO Nr. 596/2014

---

1 BaFin, FAQ Managers' Transactions, Stand: 1.2.2018, II.3.
2 Vgl. BaFin, FAQ Managers' Transactions, Stand: 1.2.2018, II.2, wonach sich durch die Neuregelung grundsätzlich keine Änderung des persönlichen Anwendungsbereichs ergeben habe.
3 Dies übersieht *Kumpan*, AG 2016, 446, 449; zutreffend hingegen *Fett/Stütz*, NZG 2017, 1121, 1130.
4 *Diekgräf*, Directors' Dealings, S. 209.
5 *Assmann/Sethe* in Großkomm. AktG, 4. Aufl. 1992 ff., § 278 AktG Rz. 105 m.w.N.
6 A.A. *Osterloh*, Directors' Dealings, S. 353 f.; *Zimmer/Osterloh* in Schwark/Zimmer, § 15a WpHG Rz. 53; *Pfüller* in Fuchs, § 15a WpHG Rz. 58, 67.
7 Dies übersehen *Zimmer/Osterloh* in Schwark/Zimmer, § 15a WpHG Rz. 53; *Pfüller* in Fuchs, § 15a WpHG Rz. 67.

verlangt[1]. Wenn die Geschäftsführung der Kommanditgesellschaft bzw. der Kommanditgesellschaft auf Aktien bei einer Komplementär-Gesellschaft liegt, sind es gerade deren Organmitglieder, die den Wissensvorsprung in Bezug auf die KG/KGaA besitzen und bei ihr die maßgeblichen Entscheidungen treffen; sie sind „top executives"[2].

ee) **top executives.** Als Person, die Führungsaufgaben wahrnimmt, gelten aber auch sonstige Personen, die – ohne Organ zu sein – als höhere Führungskraft regelmäßig Zugang zu Insiderinformationen haben und zu wesentlichen unternehmerischen Entscheidungen ermächtigt sind, Art. 3 Abs. 1 Nr. 25 lit. b) VO Nr. 596/2014. Es handelt sich damit um Personen im Unternehmen, **nicht aber um externe Personen**, wie Berater, Dienstleister oder Rechnungsprüfer, da diesen keine Entscheidungsfunktion in Bezug auf die Geschäftsführung zukommt. Sie müssen „**befugt**" sein, für die Gesellschaft, entweder allein oder als Mitglieder eines Kollektivorgans eigenverantwortlich strategische Entscheidungen über zukünftige Entwicklungen und Geschäftsperspektiven des Unternehmens zu treffen[3]. Die Entscheidungen müssen also eine grundsätzliche Bedeutung haben, denn Eigengeschäften kommt nur dann eine Indikatorfunktion zu, wenn sie von Personen mit solch weitreichenden Kompetenzen getroffen werden. Zusätzlich müssen diese Personen regelmäßig Zugang zu Insiderinformationen haben und somit über einen Wissensvorsprung mit direktem oder indirektem Bezug zum Emittenten verfügen. Damit sind im Ergebnis nur top executives, d.h. Mitglieder der ersten Führungsebene, erfasst[4]. Allein die Stellung als leitender Angestellter des Unternehmens oder als Prokurist rechtfertigt noch nicht die Einordnung als top executive[5]; vielmehr muss im Einzelfall geprüft werden, wie weit der Zugang zu Informationen und die Entscheidungsbefugnis reichen. Sobald der Geschäftsleitung ein Zustimmungsvorbehalt oder ein Letztentscheidungsrecht zusteht, fehlt der Person die Kompetenz zur eigenverantwortlichen Entscheidung und sie ist nicht mitteilungspflichtig[6]. Außerdem zeigt der Begriff „Führungskraft" (Art. 3 Abs. 1 Nr. 25 lit. b) VO Nr. 596/2014), dass nur solche Personen erfasst sind, die über ihnen nachgeordnete Mitarbeiter verfügen. Das Merkmal der Führung setzt eine Führungsmöglichkeit voraus. Nicht erfasst sind daher etwa Eigenhändler von Wertpapierfirmen, die zwar ungeheure Kapitalsummen transferieren können, denen jedoch keine Mitarbeiter unterstellt sind[7]. Angesichts der bei deutschen Aktiengesellschaften vorherrschenden Aufgabenverteilung dürfte daher allenfalls die Führungsebene direkt unterhalb der Geschäftsleitung unter die sonstigen Personen mit Führungsaufgaben fallen (z.B. **Generalbevollmächtigte oder Mitglieder des erweiterten Vorstands**[8]).

ff) **Organmitglieder von Mutter- oder Tochtergesellschaften.** Die Marktmissbrauchsverordnung enthält, wie bereits die Marktmissbrauchsrichtlinie 2003/6, keine Konzernklausel. Dementsprechend gehören die Organwalter von anderen konzernzugehörigen Unternehmen als solche nicht zu den Adressaten der Mitteilungspflicht des Art. 19 Abs. 1 VO Nr. 596/2014[9]. Aufgrund des gesellschaftsrechtlichen Trennungsprinzips handelt es sich bei ihnen bereits nicht um Personen „innerhalb des Emittenten", wie von Art. 3 Abs. 1 Nr. 25 VO Nr. 596/2014 vorausgesetzt[10]. Fraglich ist, wie Angestellte oder Organmitglieder von Tochterunternehmen oder der Muttergesellschaft einzuordnen sind, wenn sie ausnahmsweise maßgeblich erfassten Unternehmen über einen entsprechenden **Einfluss auf die Geschäftsführung verfügen und Zugang zu Insiderinformationen** des erfassten Unternehmens haben. Ein Teil des Schrifttums bejaht die Eigenschaft als top executive[11]. Hiergegen könnte man einwenden, mit einer solchen Einordnung würde das Fehlen einer Konzernklausel umgangen. Diese Sichtweise überzeugt jedoch nicht. Allein der Umstand, dass es sich um einen Konzernsachverhalt handelt, führt nicht zu einem Tatbestandsausschluss. Maßgeblich ist daher auch innerhalb von Konzernen die allgemeine top-exective-Regelung[12]. Angestellte oder Organmitglieder von Tochterunternehmen oder der Muttergesellschaft können daher im Einzelfall unter den Tatbestand fallen, wenn sie Zugang zu Insiderinformationen haben und wenn sie nicht nur tatsächlich in der Lage sind, sondern die **rechtliche Befugnis** (z.B. aufgrund eines Vertrags) besitzen, strategische Entscheidungen für das erfasste Unternehmen zu treffen[13]. Die Bedeutung der Einbeziehung des

---

1 A.A. *Fischer zu Cramburg/Hannich*, Directors' Dealings, S. 23 (OHG als Komplementärin einer KGaA).
2 So auch *Osterloh*, Directors' Dealings, S. 355 f.; *Zimmer/Osterloh* in Schwark/Zimmer, § 15a WpHG Rz. 54; *Pfüller* in Fuchs, § 15a WpHG Rz. 78.
3 Ebenso auch *Kumpan*, AG 2016, 446, 449; *Linden*, DStR 2016, 1036, 1039.
4 *Hitzer/Wasmann*, DB 2016, 1483, 1483; *Kumpan*, AG 2016, 446, 449; *Stenzel*, DStR 2017, 883, 887.
5 So aber *Kuthe*, ZIP 2004, 883, 886 in Bezug auf leitende Angestellte; zu Recht a.A. *Zimmer/Osterloh* in Schwark/Zimmer, § 15a WpHG Rz. 62; *Pfüller* in Fuchs, § 15a WpHG Rz. 75.
6 *Franke/Schulenburg* in Umnuß, Corporate Compliance Checklisten, Kapitel 3 Rz. 13.
7 *Kumpan*, AG 2016, 446, 449.
8 *Hitzer/Wasmann*, DB 2016, 1483, 1483; *Kumpan*, AG 2016, 446, 449.
9 Ebenso *Schäfer* in Marsch-Barner/Schäfer, Hdb. börsennotierte AG, § 16 Rz. 7; *Götze/Carl*, Der Konzern 2016, 529, 539; s. auch BaFin, FAQ Managers' Transactions, Stand: 1.2.2018, II.2 („keine Änderungen im Vergleich zur bisherigen Rechtslage").
10 *Kumpan*, AG 2016, 446, 449.
11 *Pfüller* in Fuchs, § 15a WpHG Rz. 76 f.
12 I.E. ebenso BaFin, FAQ Managers' Transactions, Stand: 1.2.2018, II.5.
13 A.A. *Semrau* in Klöhn, Art. 19 MAR Rz. 28, der meint, in diesen Fällen fehle es bereits an einer Tätigkeit „innerhalb" des Unternehmens. Dies überzeugt aber dann nicht, wenn man ausschließlich auf Personen abstellt, denen eine besondere Befugnis zu unternehmerischen Entscheidungen zukommt.

materiellen Organbegriffs in Art. 19 VO Nr. 596/2014 dürfte in der Praxis der deutschen AG eher gering ausfallen. Hier kommen nur Konstellationen in Betracht, in denen das Konzernrecht den Einfluss legitimiert, wie etwa bei einem Beherrschungsvertrag. Anders ist die Bedeutung dieses Tatbestandsmerkmals für die KG und KGaA (s. Rz. 30). Auch bei einer GmbH können die Mitglieder des Geschäftsführungsorgans eines Allein- oder Mehrheitsgesellschafters als top executives einzustufen sein, je nachdem welche Stellung dem Gesellschafter selbst zukommt (dazu Rz. 26 und Rz. 28).

33 **gg) Fehlerhaft bestellte Organe.** Auch fehlerhaft bestellte Organe unterliegen der Mitteilungspflicht, solange sie die Organfunktion tatsächlich ausüben, das Organverhältnis also in Vollzug gesetzt und noch nicht beendet wurde[1]. Selbst wenn man die fehlerhaft bestellten Organe nicht als Personen mit Führungsaufgaben einordnen wollte, unterfallen sie zumindest der Kategorie der höheren Führungskraft, die regelmäßig Zugang zu Insiderinformationen hat und zu wesentlichen unternehmerischen Entscheidungen ermächtigt ist und deren Eigengeschäfte deshalb ebenfalls Indikatorwirkung zukommen kann[2].

34 **hh) In der Insiderliste erfasste Personen.** Nicht jede Person, die in einer Insiderliste nach Art. 18 VO Nr. 596/2014 aufgelistet ist, unterfällt auch dem Tatbestand des Art. 19 VO Nr. 596/2014. Die Insiderliste erfasst alle Personen, die Zugang zu Insiderwissen haben, während Art. 3 Abs. 1 Nr. 25 lit. b) VO Nr. 596/2014 zeigt, dass der Anwendungsbereich des Art. 19 VO Nr. 596/2014 auf Personen beschränkt ist, die „regelmäßig" Zugang zu Insiderinformationen haben[3]. Nicht jede in die Insiderliste aufzunehmende Person gehört auch zugleich dem Personenkreis an, der beim Emittenten Führungsaufgaben wahrnimmt[4] und dessen Transaktionen daher Indikatorwirkung beigemessen werden kann.

35 **ii) Insolvenzverwalter. Wird das Unternehmen insolvent,** bleibt der Vorstand bzw. der Geschäftsführer im Amt (vgl. § 263 AktG, § 65 Abs. 1 GmbHG) und auch die persönlich haftenden Gesellschafter einer KG verlieren nicht ihre Stellung (vgl. § 143 Abs. 1 HGB). Allerdings wird dem Geschäftsführungsorgan die Verfügungsbefugnis entzogen, diese geht auf den Insolvenzverwalter über (§ 80 Abs. 1 InsO). Das **Geschäftsführungsorgan oder die geschäftsführenden Gesellschafter** sind jedoch immer noch Organ der Gesellschaft und deshalb weiterhin nach Art. 19 VO Nr. 596/2014 verpflichtet[5], was § 24 WpHG klarstellt. Da den privaten Eigengeschäften der Organwalter Indikatorfunktion zukommt, hat gerade in einer Krisensituation das Publikum ein Interesse daran zu wissen, ob der Organwalter an eine Sanierung des Unternehmens glaubt oder nicht. Gegen ein Fortbestehen der Meldepflicht könnte zwar der Umstand sprechen, dass das geschäftsführende Organ mit Eröffnung des Insolvenzverfahrens seinen unmittelbaren Einfluss auf die Geschäfte des Unternehmens verliert. Für Art. 19 VO Nr. 596/2014 ist es jedoch ausreichend, wenn eine Person den formellen, nicht aber auch den materiellen Organbegriff des Art. 3 Abs. 1 Nr. 25 lit. b) VO Nr. 596/2014 verwirklicht. Denn das tatsächliche Ausmaß des Einflusses auf die Geschicke des Unternehmens wird gerade nicht zum Maßstab gemacht, wenn es um die Erfassung der Organmitglieder i.S.d. Art. 3 Abs. 1 Nr. 25 lit. a) VO Nr. 596/2014 geht. Zusätzlich zum Vorstand wird auch der **Insolvenzverwalter** von Art. 19 VO Nr. 596/2014 i.V.m. Art. 3 Abs. 1 Nr. 25 lit. b) VO Nr. 596/2014 erfasst[6]. Mit seiner Bestellung gehört er zu den höheren Führungskräften, denn aufgrund seiner durch die InsO vermittelten Befugnisse hat er die Möglichkeit, eigenverantwortlich strategische Entscheidungen über zukünftige Entwicklungen und Geschäftsperspektiven des Unternehmens zu treffen[7]. Seine Entscheidungen haben eine grundsätzliche Bedeutung. Schließlich verfügt er über einen Wissensvorsprung mit direktem oder indirektem Bezug zum Unternehmen. Tätigt der Insolvenzverwalter private Geschäfte in erfassten Finanzinstrumenten, unterfällt er damit Art. 19 VO Nr. 596/2014[8]. Gleiches gilt für **Abwickler** und **Sonderbeauftragte** i.S.v. §§ 37 f., 45c KWG und § 307 VAG[9].

36 **jj) Aktionäre, Kommanditisten und sonstige Gesellschafter.** Die **Hauptversammlung** der Aktiengesellschaft wird, auch wenn sie Entscheidungen über Fragen der Geschäftsführung nach § 119 Abs. 2 AktG trifft, dadurch nicht zu einem Verwaltungs-, Leitungs- oder Aufsichtsorgan. Einfache **Aktionäre** werden daher von Art. 19 VO Nr. 596/2014 nicht erfasst. Fraglich ist, ob ein **unternehmerisch tätiger Hauptaktionär** Art. 19 VO Nr. 596/2014 unterfallen kann. Zwar leitet der Vorstand die Gesellschaft eigenverantwortlich (§ 76 Abs. 1 AktG). Gewinnt jedoch der Hauptaktionär einen tatsächlichen Einfluss auf das Schicksal der Gesellschaft und gelangt er dabei an Insiderwissen, könnte man argumentieren, die dem Art. 19 VO Nr. 596/2014 zugrunde lie-

---

1 Ebenso *Diekgräf*, Directors' Dealings, S. 206; s. zu § 15a WpHG a.F. auch *Zimmer/Osterloh* in Schwark/Zimmer, § 15a WpHG Rz. 58.
2 Ebenso *Kumpan*, AG 2016, 446, 448.
3 Ähnlich *Kumpan*, AG 2016, 446, 449; s. auch bereits *Pluskat*, DB 2005, 1097, 1098 f.; *Pluskat*, BKR 2004, 467, 470.
4 *Pfüller* in Habersack/Mülbert/Schlitt, Hdb. Kapitalmarktinformation, § 23 Rz. 20; im Ergebnis auch *Heinrich* in Köln-Komm. WpHG, § 15a WpHG Rz. 41 a.E.; a.A. *Diekmann/Sustmann*, NZG 2004, 929, 936.
5 So in Bezug auf Meldepflichten nach §§ 33 ff. WpHG: BVerwG v. 13.4.2005 – 6 C 4/04, ZIP 2005, 1145, 1148 mit Anm. *Ott*; anders noch VG Frankfurt/M. v. 29.1.2004 – 9 E 4228/03 (V), ZIP 2004, 469; *von Buttlar*, BB 2010, 1355, 1358.
6 So auch *Kumpan*, AG 2016, 446, 449.
7 Zustimmend *Kalss*, Kapitalmarktrecht, § 19 Rz. 19.
8 So auch *Osterloh*, Directors' Dealings, S. 350; *von Buttlar*, BB 2010, 1355, 1358.
9 *Pfüller* in Fuchs, § 15a WpHG Rz. 81.

genden Wertungen erforderten ein Eingreifen des Tatbestands. Diese Sichtweise überzeugt im Ergebnis jedoch nicht. Der Umstand, dass der Vorgang u.U. wegen des Verstoßes gegen § 76 Abs. 1 AktG verbandsrechtlich unzulässig ist, spielt für die kapitalmarktrechtliche Beurteilung an sich keine Rolle, da diese den Markt schützen will, nicht die gesellschaftsrechtlich vorgegebene Machtverteilung. Allerdings stellt Art. 3 Abs. 1 Nr. 25 lit. b) VO Nr. 596/2014 ausdrücklich darauf ab, ob die Person „**befugt**" ist, für die Gesellschaft strategische Entscheidungen zu treffen. Da eine solche Kompetenz dem Mehrheitsaktionär gerade nicht zusteht, kann er nicht als top executive eingeordnet werden (s. auch Rz. 32)[1].

Die gleichen Grundsätze gelten für **Kommanditisten**. Diese sind gem. §§ 164, 170 HGB grundsätzlich von der Geschäftsführung und Vertretung ausgeschlossen und daher weder Organmitglieder, noch top executives. Allerdings kann ein Kommanditist durch den Gesellschaftsvertrag zur Geschäftsführung ermächtigt und mit weitreichender (rechtsgeschäftlicher) Vertretungsmacht ausgestattet werden[2]. In diesem Fall ist der **geschäftsführende Kommanditist** als Leitungsorgan i.S.d. Art. 3 Abs. 1 Nr. 25 lit. a) Var. 2 VO Nr. 596/2014 zu qualifizieren. Dies gilt auch, wenn es sich um eine juristische Person handelt (vgl. Art. 3 Abs. 1 Nr. 13 VO Nr. 596/2014). Deren Geschäftsführer sind dann wiederum top executives i.S.d. Art. 3 Abs. 1 Nr. 25 lit. b) VO Nr. 596/2014. Zu GmbH-Gesellschaftern s. Rz. 26, 28.

kk) Beginn und Ende der Stellung als Führungsperson. Die Mitteilungspflicht beginnt mit Übernahme der formellen Organstellung (zur fehlerhaften Bestellung s. Rz. 33) oder der Stellung als top executive, wobei zu diesem Zeitpunkt bereits gehaltene Finanzinstrumente nicht zu melden sind (s. Rz. 10, 71)[3]. Sie **endet**, sobald die Person mit Führungsaufgaben ihre Organstellung verliert (Ablauf der Amtszeit, Widerruf der Bestellung, Abberufung aus wichtigem Grund etc.) bzw. die Stellung als „top executive" beendet wird und sie damit keinen Einfluss mehr auf wesentliche unternehmerische Entscheidungen hat oder den Zugang zu Insiderinformationen verliert. Auf die Beendigung eines zusätzlich geschlossenen Anstellungsvertrags kommt es nicht an[4]. Denn mit dem Verlust der Stellung als Führungsperson endet auch die Möglichkeit zum Einblick in die Interna des Emittenten, so dass Transaktionen der ehemaligen Führungsperson eine Indikatorwirkung fehlt. Auf den Umstand, dass einer ehemaligen Person mit Führungsaufgaben aus dem Anstellungsvertrag u.U. noch Ansprüche auf Bezüge zustehen, kommt es nicht an.

Ebenso wie der nationale Gesetzgeber in der Vergangenheit, hat auch der europäische Normengeber **keine nachwirkende Mitteilungspflicht** angeordnet[5]. Man wird zwar argumentieren können, dass die Person mit Führungsaufgaben auch nach dem Ausscheiden aus dem Amt noch über Kenntnisse der Interna des Emittenten verfügt[6]. Jedoch ist die Wahrscheinlichkeit, dass die Transaktionen einer **ehemaligen Person mit Führungsaufgaben** auf ganz anderen Motiven beruhen als dem Einblick in die Unternehmensinterna, insbesondere bei einem unfreiwilligen Ausscheiden, recht groß. Vor diesem Hintergrund könnte eine fortwirkende Mitteilungspflicht eher zur Verwirrung als zum Nutzen des Publikums beitragen. Daher ist die Entscheidung des Unionsrechtsgebers nicht nur de lege lata hinzunehmen, sondern auch de lege ferenda nicht zu beanstanden.

b) Eng verbundene Personen (Art. 3 Abs. 1 Nr. 26 VO Nr. 596/2014). aa) Überblick. Die Ausdehnung der Mitteilungspflicht für Führungskräfte in Art. 19 Abs. 1 VO Nr. 596/2014 auf „in enger Beziehung zu ihnen stehende Personen", dient dem Ziel, **Umgehungen zu verhindern**[7] und Personen zu erfassen, die am **Wissensvorsprung** der Führungsperson teilhaben[8]. Der Ausdruck „in enger Beziehung stehende Personen" wird als solcher nicht legaldefiniert. Allerdings definiert Art. 3 Abs. 1 Nr. 26 VO Nr. 596/2014 die Gruppe der „eng verbundenen Personen", womit aber offensichtlich derselbe Personenkreis gemeint sein soll[9]. Das ist nicht nur aus der in manchen anderen Sprachfassungen gleichlautenden Formulierung zu schließen[10], sondern auch daraus, dass

---

1 *Pfüller* in Fuchs, § 15a WpHG Rz. 80.
2 *Roth* in Baumbach/Hopt, § 164 HGB Rz. 7.
3 *Pavlova*, S. 179; *Pfüller* in Fuchs, § 15a WpHG Rz. 57a; *Zimmer/Osterloh* in Schwark/Zimmer, § 15a WpHG Rz. 90.
4 Anders aber *Pfüller* in Fuchs, § 15a WpHG Rz. 57, wonach bei beendeter Organstellung, aber fortbestehendem Anstellungsvertrag auch die Meldepflicht fortbestehe.
5 Entsprechende rechtspolitische Forderungen finden sich bei *Kalss*, Kapitalmarktrecht, § 15 Rz. 15; *Zimmer/Osterloh* in Schwark/Zimmer, § 15a WpHG Rz. 91; *Kumpan*, AG 2016, 446, 449; zuvor bereits *von Buttlar*, BB 2003, 2133, 2136; *Erkens*, Der Konzern 2005, 29, 33; *Fischer zu Cramburg/Hannich*, Directors' Dealings, S. 23 f., 62; *Osterloh*, Directors' Dealings, S. 356, 611 ff.; *Schuster*, ZHR 167 (2003), 193, 206; offen gelassen bei *Fleischer*, ZIP 2002, 1217, 1226.
6 So etwa *Kumpan*, AG 2016, 446, 449.
7 So auch *Heinrich* in KölnKomm. WpHG, § 15a WpHG Rz. 42.
8 *Pfüller* in Fuchs, § 15a WpHG Rz. 83; *Kumpan*, AG 2016, 446, 450.
9 So auch BaFin, FAQ Managers' Transactions, Stand: 1.2.2018, II.6.
10 Der Hinweis von *Maume/Kellner*, ZGR 2017, 273, 287 auf die gleichlautende englische Sprachfassung greift zu kurz, denn während auf der einen Seite in der englischen („person closely associated"), niederländischen („nauw verbonden persoon") und spanischen Sprachfassung („persona estrechamente vinculada") eine einheitliche Begrifflichkeit gewählt wird, unterscheiden sich die gewählten Formulierungen in der französischen („personne étroitement liée" in Art. 3 Abs. 1 Nr. 26 VO Nr. 596/2014 und „personnes ayant un lien étroit" in Art. 19 Abs. 1 VO Nr. 596/2014) und italienischen Version („persona strettamente legata" in Art. 3 Abs. 1 Nr. 26 VO Nr. 596/2014 und „persone a loro strettamente associate" in Art. 19 Abs. 1 VO Nr. 596/2014) ebenso wie in der deutschen Fassung.

die Marktmissbrauchsverordnung an keiner anderen Stelle die „eng verbundene Person" erwähnt, so dass die Definition des Art. 3 Abs. 1 Nr. 26 VO Nr. 596/2014 anderenfalls obsolet wäre. Art. 3 Abs. 1 Nr. 26 VO Nr. 596/2014 listet vier Fälle von eng verbundenen Personen auf, von denen die ersten drei Familien- und Verwandtschaftsverhältnisse betreffen (dazu Rz. 42–48), der vierte hingegen Beziehungen zu juristischen Personen und weiteren Gesellschaftsformen (dazu Rz. 49–56).

41 Die Mitteilungspflicht trifft die **eng verbundene Person selbst**, nicht die Person mit Führungsaufgaben[1] (und zwar selbst dann, wenn sie sich der Führungsperson als Vertreter bedienen). Dies ergibt sich bereits aus dem Wortlaut von Art. 19 Abs. 1 VO Nr. 596/2014. Grundsätzlich ist es Aufgabe der betroffenen Personen selbst, sich um ihre öffentlich-rechtlichen Pflichten zu kümmern. Die Führungsperson ist aber aufgrund von Art. 19 Abs. 5 Unterabs. 2 VO Nr. 596/2014 verpflichtet, die eng verbundene Person über ihre Pflichten aufzuklären (ausführlich Rz. 152). Soweit es sich um die Mitteilungspflicht minderjähriger Kinder handelt, sind die Eltern kraft ihres Sorgerechts nach §§ 1626 Abs. 1, 1629 Abs. 1 BGB verpflichtet, die Belange des Kindes wahrzunehmen[2]. Die Führungsperson muss also darauf hinwirken, dass der andere Elternteil bei der Erfüllung der Mitteilungspflicht mitwirkt. Die **Eigenschaft** als eng verbundene Person **endet grundsätzlich mit dem Tod der Führungskraft**[3]. Insoweit kommt es allerdings darauf an, ob noch eine Ausnutzung von Insiderwissen zu befürchten ist. Dies ist etwa nicht der Fall, wenn die bislang eng verbundene Person das Wertpapierdepot der verstorbenen Führungskraft erbt[4]. Hat aber die Führungskraft der eng verbundenen Person noch vor ihrem Tod Informationen mitgeteilt oder stellt gar die (noch nicht öffentlich bekannte) Nachricht über den Tod der Führungskraft eine Insiderinformation dar und verkauft etwa die Ehefrau noch schnell ihre Aktien, bevor sie das Unternehmen über den Todesfall informiert, gibt es keinen Grund, solche Transaktionen von der Meldepflicht auszunehmen.

42 **bb) Ehepartner und gleichgestellte Partner.** Mit dem Tatbestandsmerkmal „**Ehepartner**" knüpft Art. 3 Abs. 1 Nr. 26 lit. a) Var. 1 VO Nr. 596/2014 an den familienrechtlichen Status der Ehe an. Voraussetzung ist das wirksame Bestehen einer Ehe. Damit verweist die Marktmissbrauchsverordnung – obwohl hinsichtlich der Ehe, anders als etwa bei der Lebenspartnerschaft oder der Unterhaltspflicht, nicht ausdrücklich auf nationales Recht Bezug genommen wird – auf das jeweils anwendbare nationale Familienrecht. Es kann nicht davon ausgegangen werden, dass der Unionsrechtsgeber im Rahmen des Marktmissbrauchsrechts eine autonome familienrechtliche Terminologie begründen wollte. Nach deutschem Familienrecht setzt eine wirksame Ehe die Eheschließung nach § 1310 BGB voraus. Eine nicht vor dem Standesbeamten geschlossene Ehe kann unter den engen Voraussetzungen des § 1310 Abs. 3 BGB geheilt werden („hinkende Ehen"). Seit der Einführung der gleichgeschlechtlichen Ehe zum 1.10.2017[5] sind auch **gleichgeschlechtliche Ehepartner** von Art. 3 Abs. 1 Nr. 26 lit. a) Var. 1 VO Nr. 596/2014 erfasst. Die Ehe endet mit Rechtskraft eines Aufhebungsurteils (§ 1313 Satz 2 BGB), eines Scheidungsurteils (§ 1564 Satz 2 BGB) oder mit dem Tod eines der Ehegatten. Die Anknüpfung an die Ehe ist eine rein formale. Es kann daher nicht darauf ankommen, ob die Ehe intakt ist oder die Ehepartner getrennt leben (§ 1567 Abs. 1 BGB). Der Zustand des **Getrenntlebens** – zumal innerhalb derselben Wohnung (vgl. § 1567 Abs. 1 Satz 2 BGB) – kann leicht fingiert werden, indem man vor einer meldepflichtigen Transaktion ein Zerwürfnis vorspiegelt und sich nach Abwicklung der Transaktion versöhnt. Das Getrenntleben ist daher als Anknüpfungspunkt für ein Entfallen der Mitteilungspflicht ungeeignet[6]. Die Mitteilungspflicht besteht auch in dieser Zeit fort.

43 Der Ausdruck „**Partner [...], der nach nationalem Recht einem Ehepartner gleichgestellt ist**" in Art. 3 Abs. 1 Nr. 26 lit. a) Var. 2 VO Nr. 596/2014 bezieht sich auf gesetzlich geregelte Verbindungen unterhalb der Ehe, wie im deutschen Familienrecht die Verbindung gleichgeschlechtlicher Lebenspartner nach § 1 Abs. 1 Satz 1 des Gesetzes über die Eingetragene Lebenspartnerschaft[7] oder im französischen Recht den pacte civil de solidarité, der unabhängig vom Geschlecht der Partner eingegangen werden kann. Die deutsche Lebenspartnerschaft wird begründet durch Schließung einer Lebenspartnerschaft nach § 1 LPartG. Sie endet mit Rechtskraft eines Aufhebungsurteils (§ 15 Abs. 1 LPartG) oder bei Tod eines der Lebenspartner. Die Mitteilungspflicht des Lebenspartners einer Person mit Führungsaufgaben besteht weiter, selbst wenn die Lebenspartner getrennt leben; es gelten die zur Ehe gemachten Ausführungen (Rz. 42) entsprechend. Mit der Einführung der Eheschließung zwischen zwei Personen gleichen Geschlechts ist das LPartG nicht aufgehoben worden, allerdings können in Zukunft keine neuen Lebenspartnerschaften mehr begründet werden, so dass deren Bedeutung voraussichtlich stark abnehmen wird.

---

1 Ebenso *Fleischer*, ZIP 2002, 1217, 1226; *Heinrich* in KölnKomm. WpHG, § 15a WpHG Rz. 42.
2 So jetzt auch *Pfüller* in Fuchs, § 15a WpHG Rz. 111.
3 Ohne Einschränkung BaFin, FAQ Managers' Transactions, Stand: 1.2.2018, IV.9.
4 Insoweit zutreffend BaFin, FAQ Managers' Transactions, Stand: 1.2.2018, IV.9.
5 Gesetz zur Einführung des Rechts auf Eheschließung für Personen gleichen Geschlechts v. 20.7.2017 (BGBl. I 2017, 2787).
6 Dies übersieht *Letzel*, BKR 2002, 862, 865. Zutreffend dagegen *Heinrich* in KölnKomm. WpHG, § 15a WpHG Rz. 44; *Osterloh*, Directors' Dealings, S. 434 f.; *Pfüller* in Fuchs, § 15a WpHG Rz. 84.
7 Das Gesetz über die Eingetragene Lebenspartnerschaft ist als Art. 1 des Gesetzes zur Beendigung der Diskriminierung gleichgeschlechtlicher Gemeinschaften – Lebenspartnerschaftsgesetz vom 16.2.2001 (BGBl. I 2001, 266) erlassen worden.

Gleichgestellte Lebenspartnerschaften i.S.d. Art. 3 Abs. 1 Nr. 26 lit. a) Var. 2 VO Nr. 596/2014 sind von einer **nichtehelichen Lebensgemeinschaft** als bloßem Zusammenleben zweier Personen zu unterscheiden. Die Mitteilungspflicht erstreckt sich nicht auf die nichteheliche Lebensgemeinschaft, weil der Unionsrechtsgeber das bloße Zusammenleben in häuslicher Gemeinschaft gerade nicht als geeigneten Anknüpfungspunkt der Mitteilungspflicht ansah[1]. Das Merkmal „demselben Haushalt angehört" wird lediglich in Art. 3 Abs. 1 Nr. 26 lit. c) VO Nr. 596/2014 verwendet, dort aber mit dem Tatbestandsmerkmal „Verwandte" kombiniert. Im deutschen Familienrecht ist daher die Definition des § 1589 BGB einschlägig. Da der nichteheliche Lebenspartner als solcher kein „Verwandter" ist, unterfallen die Partner einer nichtehelichen Lebensgemeinschaft nach wie vor nicht Art. 19 Abs. 1 VO Nr. 596/2014. Auch **Verlobte** sind keine gleichgestellten Partner i.S.d. Art. 3 Abs. 1 Nr. 26 lit. a) Var. 2 VO Nr. 596/2014 und deshalb – sowie in Folge fehlender Erfüllung des Verwandtschaftskriteriums – nicht meldepflichtig[2]. 44

cc) Unterhaltsberechtigte Kinder. Die Mitteilungspflicht erstreckt sich auf die nach nationalem Recht unterhaltsberechtigten Kinder der Person mit Führungsaufgaben (Art. 3 Abs. 1 Nr. 26 lit. b) VO Nr. 596/2014). Richtet sich die Unterhaltspflicht nach deutschem Recht (vgl. Art. 3 f. UnthProt[3]), sind folgende Grundsätze maßgebend: Erfasst sind **leibliche Kinder und Adoptivkinder** (dazu sogleich Rz. 46) dieser Person, **nicht aber Pflegekinder**. Denn das Tatbestandsmerkmal „unterhaltsberechtigt" knüpft gerade an die Verwandtschaft an (§ 1601 BGB). Bei minderjährigen Kindern kommt es nur auf die Stellung als unterhaltsberechtigtes Kind an, nicht auch darauf, ob im konkreten Fall ein Unterhaltsbedarf besteht. Denn sonst könnte ein Vorstand sein Kind mit ausreichendem Vermögen versorgen, so dass dieses sich aus den Erträgen ernähren kann und der Unterhaltsbedarf nach § 1602 Abs. 2 BGB entfiele. Der Vorstand könnte nach der Vermögensgewährung über sein dann nicht mitteilungspflichtiges Kind die Geschäfte mit Finanzinstrumenten abwickeln. Daher sind **grundsätzlich alle minderjährigen Kinder** erfasst[4]. Volljährige Kinder sind solange erfasst, wie sie sich in ihrer ersten Ausbildung befinden und noch nicht in der Lage sind, sich selbst zu unterhalten[5]. Art. 3 Abs. 1 Nr. 26 lit. b) VO Nr. 596/2014 stellt ausdrücklich nur auf die Unterhaltsberechtigung ab; ob tatsächlich Unterhalt bezahlt wird, ist nicht ausschlaggebend[6]. Weiterhin kommt es nicht darauf an, ob die unterhaltsberechtigten Kinder im selben Haushalt leben, wie die Person mit Führungsaufgaben. Dies ergibt sich aus einem Vergleich mit Art. 3 Abs. 1 Nr. 26 lit. c) VO Nr. 596/2014, in dem das Merkmal der Angehörigkeit zum selben Haushalt ausdrücklich für Verwandte normiert wurde, so dass es im Gegenschluss nicht für unterhaltsberechtigte Kinder gilt. Ist die Unterhaltsberechtigung entfallen, sind Kinder, wie andere Verwandte der Führungsperson, nur dann mitteilungspflichtig, wenn sie im selben Haushalt leben (dazu Rz. 48). **Nichteheliche Kinder** unterfallen dem Tatbestand erst dann, wenn die Vaterschaft anerkannt oder rechtskräftig festgestellt ist. 45

Über § 1754 Abs. 1 BGB gilt auch ein **adoptiertes minderjähriges Kind** als leibliches Kind der annehmenden Ehegatten (zur Adoption Volljähriger s. Rz. 47). Im Falle einer Adoption nur durch eine Person wird nur zu dieser ein verwandtschaftliches Verhältnis begründet (§ 1754 Abs. 2 BGB). In beiden Fällen erlischt die Verwandtschaft des Adoptierten zu seiner bisherigen Familie (§ 1755 Abs. 1 BGB). Der maßgebliche Zeitpunkt für die Begründung der Unterhaltspflicht und damit für das Eingreifen von Art. 19 Abs. 1 VO Nr. 596/2014 ergibt sich aus § 1751 Abs. 4 BGB, also sobald die Eltern des Kindes die erforderliche Einwilligung erteilt haben und das Kind in die Obhut des Annehmenden mit dem Ziel der Annahme aufgenommen ist. 46

dd) Weitere Verwandte. Die Mitteilungspflicht erfasst weiterhin **andere Verwandte** der Person mit Führungsaufgaben, die zum Zeitpunkt der Tätigung des meldepflichtigen Geschäfts seit mindestens einem Jahr demselben Haushalt angehören (Art. 3 Abs. 1 Nr. 26 lit. c) VO Nr. 596/2014). Der Grad der Verwandtschaft ist unmaßgeblich. Eine wirtschaftliche Abhängigkeit (z.B. Unterhaltspflicht) von der Person mit Führungsaufgaben wird nicht vorausgesetzt, da Art. 3 Abs. 1 Nr. 26 lit. c) VO Nr. 596/2014 anders als Art. 3 Abs. 1 Nr. 26 lit. b) VO Nr. 596/2014 auf das Tatbestandsmerkmal der Unterhaltsberechtigung verzichtet. Eine Verwandtschaft wird dadurch begründet, dass eine Person von der anderen abstammt (Blutsverwandtschaft, § 1589 Satz 1 und 2 BGB). Bei der **Adoption eines Volljährigen** wird ein verwandtschaftliches Verhältnis nur zu dem Annehmenden begründet. Die übrigen Verwandtschaftsverhältnisse werden durch die Adoption nicht berührt (§ 1770 Abs. 2 BGB). Ein adoptierter Volljähriger fällt also nur dann unter die Pflicht des Art. 19 Abs. 1 VO Nr. 596/2014, wenn er von der Person mit Führungsaufgaben selbst adoptiert wurde, nicht aber, wenn ihn allein dessen Ehegatte angenommen hat (§ 1770 Abs. 1 Satz 2 BGB)[7]. Von Art. 3 Abs. 1 Nr. 26 VO Nr. 596/2014 nicht erfasst 47

---

1 *Schuster*, ZHR 167 (2003), 193, 209, hält diesen Vorschlag für realisierbar und wünschenswert.
2 Im Ergebnis ebenso *Pfüller* in Fuchs, § 15a WpHG Rz. 84.
3 Protokoll über das auf Unterhaltspflichten anzuwendende Recht v. 23.11.2007 („UnthProt"). Die EG ist dem Protokoll aufgrund des Beschlusses des Rates vom 30. November 2009 über den Abschluss des Haager Protokolls vom 23. November 2007 über das auf Unterhaltspflichten anzuwendende Recht durch die Europäische Gemeinschaft (2009/941/EG), ABl. EU Nr. L 331 v. 16.12.2009, S. 17 beigetreten.
4 Ebenso *Osterloh*, Directors' Dealings, S. 438; im Ergebnis auch *Pfüller* in Fuchs, § 15a WpHG Rz. 88.
5 Ebenso BaFin, Emittentenleitfaden 2013, S. 74; *Heinrich* in KölnKomm. WpHG, § 15a WpHG Rz. 44.
6 So zum alten Recht auch BaFin, Emittentenleitfaden 2013, S. 74; a.A. *Pfüller* in Fuchs, § 15a WpHG Rz. 87b.
7 Zur Wirkung der Volljährigenadoption statt vieler *Maurer* in MünchKomm. BGB, 7. Aufl. 2017, § 1770 BGB Rz. 2 ff.

sind **Stiefkinder einer Person mit Führungsaufgaben**, denn diese sind mit dem Ehegatten verwandt, nicht aber mit der Führungsperson[1].

48 Das Merkmal „**demselben Haushalt angehören**" ist nur dann erfüllt, wenn die Verwandten sich mit der Führungsperson tatsächlich eine Wohnung oder ein Haus teilen, nicht aber, wenn sie im selben Haus verschiedene Wohnungen bewohnen[2]. Es muss eine Wohn- und Wirtschaftsgemeinschaft bestehen[3]. Ist der Verwandte im Haushalt der Führungsperson mit Erst- oder Zweitwohnsitz gemeldet, reicht dies aus[4]. Wurde die Meldung versäumt, kann dennoch eine Wohn- und Wirtschaftsgemeinschaft bestehen, denn der melderechtliche Wohnsitz ist keine zwingende Voraussetzung für Art. 19 VO Nr. 596/2014.

49 **ee) Juristische Person, Treuhand und Personengesellschaft.** Mitteilungspflichtig als eng verbundene Person[5] nach Art. 19 Abs. 1 VO Nr. 596/2014 ist auch eine juristische Person, Treuhand oder Personengesellschaft, wenn sie

– von einer Person mit Führungsaufgaben oder von einer der Führungsperson eng verbundenen (natürlichen) Person geleitet wird (Art. 3 Abs. 1 Nr. 26 lit. d) Var. 1 VO Nr. 596/2014),
– wenn sie direkt oder indirekt von einer Person mit Führungsaufgaben oder von einer der Führungsperson eng verbundenen (natürlichen) Person kontrolliert wird (Art. 3 Abs. 1 Nr. 26 lit. d) Var. 2 VO Nr. 596/2014),
– wenn sie zugunsten einer Person mit Führungsaufgaben oder einer der Führungsperson eng verbundenen (natürlichen) Person gegründet wird (Art. 3 Abs. 1 Nr. 26 lit. d) Var. 3 VO Nr. 596/2014) oder
– wenn ihre wirtschaftlichen Interessen weitgehend denen einer Person mit Führungsaufgaben oder einer der Führungsperson eng verbundenen (natürlichen) Person entsprechen (Art. 3 Abs. 1 Nr. 26 lit. d) Var. 4 VO Nr. 596/2014).

50 Die Definition des Art. 3 Abs. 1 Nr. 6 lit. d) VO Nr. 596/2014 bezieht sich auf **kein bestimmtes Gesellschaftsrechtssystem**, sondern ist autonom auszulegen. Erfasst werden sollen solche juristische Personen und Personenvereinigungen, „die ein Ermessen für die Führungskraft ausüben" (Erwägungsgrund 58 zur VO Nr. 596/2014). Damit kommt es nicht auf die Klassifikation nach nationalem Gesellschaftsrecht an. Erfasst sind in- oder ausländische juristische Personen, Gesellschaften (z.B. Personenhandelsgesellschaften oder Gesellschaften bürgerlichen Rechts) oder Einrichtungen (z.B. Stiftungen, Trusts). Auch wenn die ausdrücklich genannte „Treuhand" wohl vor allem den englischen Trust im Blick hat, die der Treuhand des deutschen Rechts nur geringe Ähnlichkeiten hat[6], sind vom Wortlaut und Zweck der Regelung auch rein vertragliche Konstellationen, wie die deutsche Treuhand, erfasst. Der Einfachheit halber wird im Folgenden der Ausdruck „Entität" als pars pro toto verwendet.

51 Die weite gesetzliche Formulierung, wonach jede Entität mitteilungspflichtig ist, bei der die Führungsperson maßgeblichen Einfluss auf die Geschäftsführung ausüben kann, erfasst auch den Emittenten bzw. die anderen vom sachlichen Anwendungsbereich umfassten Unternehmen selbst, da die Führungsperson gerade diese leitet. Der Tatbestand des Art. 19 Abs. 1 VO Nr. 596/2014 enthält damit gleichsam einen „Zirkelschluss", da nicht nur die Führungspersonen, sondern auch das die Managers'-Transactions-Pflichten auslösende Unternehmen selbst mitteilungspflichtig würde. Das Unternehmen würde als eine zum eigenen Vorstand „in enger Beziehung stehende Person" eingeordnet und müsste dann Geschäfte in eigenen Finanzinstrumenten, Optionen etc. melden. Dies ist erkennbar nicht der Zweck der Zurechnungsnorm des Art. 3 Abs. 1 Nr. 26 lit. d) Var. 1 VO Nr. 596/2014, wie sich insbesondere an der getrennten Veröffentlichungspflicht des Art. 19 Abs. 3 VO Nr. 596/2014 zeigt, die gerade das Unternehmen selbst adressiert. Mit den Tatbestandsmerkmalen „juristische Person", „Treuhand" oder „Personengesellschaft" ist also **ein anderes Unternehmen als der Emittent bzw. die anderen erfassten Unternehmen** gemeint[7]. Das sachlich erfasste Unternehmen selbst gilt also nie als eine in enger Beziehung stehende Person i.S.d. Art. 3 Abs. 1 Nr. 26 lit. d) VO Nr. 596/2014. Dies hat auch Konsequenzen für eine weitere Fallgestaltung. Ist die Person mit Führungsaufgaben nicht nur beim Emittenten etc. (z.B. Vorstand), sondern gleichzeitig auch noch bei einem anderen Unternehmen Organmitglied (z.B. Aufsichtsratsmitglied), muss der Emittent die Geschäfte in Finanzinstrumenten des anderen Unternehmens nur dann mitteilen, wenn das andere Unternehmen selbst unter Art. 19 VO Nr. 596/2014 fällt und der Emittent in Bezug auf dieses Unternehmen die Voraussetzungen als eng verbundene Person erfüllt.

52 Nach dem Wortlaut des Art. 3 Abs. 1 Nr. 26 lit. d) VO Nr. 596/2014 ist eine Entität bereits dann meldepflichtig, wenn ihre Führungsaufgaben von einer „Person, die Führungsaufgaben [beim Emittenten etc.] wahrnimmt",

---

1 *Osterloh*, Directors' Dealings, S. 437 f.
2 *Schwintek*, Anlegerschutzverbesserungsgesetz, S. 53; *Erkens*, Der Konzern 2005, 29, 33.
3 So auch BaFin, Emittentenleitfaden 2013, S. 74.
4 *Osterloh*, Directors' Dealings, S. 447.
5 Unter Art. 19 Abs. 1 VO Nr. 596/2014 können juristische Personen auch unter den Begriff der „Person, die Führungsaufgaben wahrnimmt" fallen; s. Rz. 26.
6 *S. Kulms* in Basedow/Hopt/Zimmermann, Handwörterbuch des Europäischen Privatrechts, Bd. II, S. 1501, 1502.
7 BaFin, FAQ Managers' Transactions, Stand: 1.2.2018, II.7.; zustimmend *Schäfer* in Marsch-Barner/Schäfer, Hdb. börsennotierte AG, Rz. 16.11; *Kumpan*, AG 2016, 446, 450.

wahrgenommen werden. Aufgrund des identischen Wortlauts, liegt es nahe, für die Auslegung der Formulierung „Führungsaufgaben wahrgenommen werden", auf Art. 3 Abs. 1 Nr. 25 VO Nr. 596/2014 zu rekurrieren. Dadurch würde Art. 19 VO Nr. 596/2014 aber einen ungeheuer weiten Anwendungsbereich gewinnen, denn es würde schon der Fall eines Doppelaufsichtsratsmandats beim Emittenten etc. und einer anderen Entität ausreichen, um letztere zu einer meldepflichtigen eng verbundenen Person zu machen. Eine solch weite Auslegung würde weit über das Ziel der Vorschrift, Umgehungen der Mitteilungspflicht zu verhindern, hinausgehen. Es ist daher eine **einschränkende Auslegung** geboten, um den Anwendungsbereich auf das notwendige Maß zu begrenzen[1]. Ziel ist es, solche Sachverhaltskonstellationen zu erfassen, in denen die Führungsperson oder ihre Angehörigen bei einer Entität die **Geschäftsführungsbefugnis** zusteht, durch die sie die **Entscheidungen** dieser Entität maßgeblich **beeinflussen** oder sie **wirtschaftliche Vorteile ziehen** können. Auch ESMA und BaFin teilen die Auffassung, dass Art. 3 Abs. 1 Nr. 26 lit. d) VO Nr. 596/2014 insoweit einschränkend auszulegen ist[2], wobei sich die Ansätze zur Einschränkung im Detail unterscheiden. Die ESMA will allein darauf abstellen, ob die Person, die Führungsaufgaben beim Emittenten etc. wahrnimmt, oder eine mit ihr eng verbundene natürliche Person bei der anderen Entität eine Funktion innehat, die es ihr ermöglicht, **Geschäfte mit Finanzinstrumenten** des Emittenten etc. durch diese Entität **abzuschließen oder zu beeinflussen**[3]. Die BaFin verweist auf die Ausführungen der ESMA[4], ergänzt diese aber um einen alternativen zweiten Tatbestand, der letztlich auf eine zweistufige Prüfung hinausläuft[5], welche die BaFin bereits zu § 15a WpHG a.F. entwickelt hatte[6]. Die Meldepflicht der Entität soll demnach auch dann eingreifen, wenn es der Person, die Führungsaufgaben beim Emittenten etc. wahrnimmt, (oder einer mit ihr eng verbundenen natürlichen Person) auch ohne eigene Entscheidungsmacht durch den Einsatz der Entität möglich ist, **für sich selbst einen signifikanten wirtschaftlichen Vorteil zu sichern**. Dies bejaht die BaFin, wenn der Führungsperson oder einer ihr eng verbundenen natürlichen Person mindestens 50 % der Gesellschaftsanteile, der Stimmrechte oder der Gewinne der Entität zugerechnet werden können[7]. Andersherum soll nach Auffassung der BaFin eine Eigenschaft als eng verbundene Person per se ausgeschlossen sein, wenn es sich um eine **gemeinnützige Entität** handelt[8]. Dem liegt die Annahme zugrunde, der Vorstand könne keinen nennenswerten wirtschaftlichen Vorteil aus Geschäften der gemeinnützigen Gesellschaft oder Einrichtung ziehen[9]. Unabhängig davon, dass diese Annahme angreifbar ist[10], kann es alleine darauf nicht ankommen. Wenn die Führungskraft oder ihr Angehöriger die Finanzgeschäfte der gemeinnützigen Entität steuern kann, wird diese zu einer meldepflichtigen Person, auch wenn die Erträge nicht direkt ausgeschüttet werden (können). Entscheidend ist, dass von den Transaktionen einer solchen gemeinnützigen Einrichtung durchaus eine Indikatorwirkung für den Markt ausgehen kann[11]. Abgesehen von dieser Einschränkung erscheinen die beiden Ansätze aber im Ergebnis geeignet, den zu weit geratenen Tatbestand des Art. 3 Abs. 1 Nr. 26 lit. d) VO Nr. 596/2014 auf ein verhältnismäßiges Maß zu korrigieren. Wichtig ist, dass nur solche – aber eben auch alle – Konstellationen erfasst werden, in den die **Geschäfte der anderen Entität** die in Art. 19 VO Nr. 596/2014 vorausgesetzte **Indikatorwirkung** entfalten. Dazu ist es nicht zwingend notwendig, dass die handelnde natürliche Person selbst unmittelbar von den Finanzgeschäften profitiert. Für die Anwendung von Art. 19 VO Nr. 596/2014 ergibt sich daraus in der Tat eine zweistufige Prüfung: Zunächst ist zu untersuchen, ob der Führungsperson oder einer ihr eng verbundenen natürlichen Person bei der entsprechenden Entität entweder Entscheidungsmacht in Bezug auf Geschäfte in Finanzinstrumenten des Emittenten etc. zukommt und/oder ihr aus solchen Geschäften ein signifikanter wirtschaftlicher Vorteil erwächst. Erst in einem zweiten Schritt wird dann geprüft, ob eine der Tatbestandsvarianten des Art. 3 Abs. 1 Nr. 26 lit. d) VO Nr. 596/2014 vorliegt, das heißt, die Führungsperson oder die ihr eng verbundene natürliche Person die andere Entität leitet, diese direkt oder indirekt kontrolliert, diese zugunsten der Führungsperson oder der ihr eng verbunde-

---

1 So auch BaFin, FAQ Managers' Transactions, Stand: 1.2.2018, II.9. Ebenso zu § 15a WpHG a.F. OLG Stuttgart v. 17.11. 2010 – 20 U 2/10, juris Rz. 698 (insoweit nicht abgedruckt in AG 2011, 93); *Schwintek*, Anlegerschutzverbesserungsgesetz, S. 54.
2 ESMA, Q&A MAR, ESMA70-145-111, Version 11, Stand: 23.3.2018, 7.7; BaFin, FAQ Managers' Transactions, Stand: 1.2.2018, II.9.
3 ESMA, Q&A MAR, ESMA70-145-111, Version 11, Stand: 23.3.2018, 7.7.
4 BaFin, FAQ Managers' Transactions, Stand: 1.2.2018, II.9.
5 BaFin, FAQ Managers' Transactions, Stand: 1.2.2018, II.10; zustimmend *Götze/Carl*, Der Konzern 2016, 529, 540.
6 Vgl. BaFin, Emittentenleitfaden 2013, S. 75. Kritisch zu diesem Konzept *Zimmer/Osterloh* in Schwark/Zimmer, § 15a WpHG Rz. 75, 82.
7 BaFin, FAQ Managers' Transactions, Stand: 1.2.2018, II.10; *Schäfer* in Marsch-Barner/Schäfer, Hdb. börsennotierte AG, Rz. 16.12; kritisch dagegen *Pflüger* in Fuchs, § 15a WpHG Rz. 106b.
8 BaFin, FAQ Managers' Transactions, Stand: 1.2.2018, II.8.
9 So die Begründung bei BaFin, Emittentenleitfaden (2013), S. 75; zustimmend *Heinrich* in KölnKomm. WpHG, § 15a WpHG Rz. 50; *Pflüger* in Fuchs, § 15a WpHG Rz. 107.
10 *Schäfer* in Marsch-Barner/Schäfer, Hdb. börsennotierte AG, Rz. 16.11 weist darauf hin, dass auch für gemeinnützige Gesellschaften und Einrichtungen die Möglichkeit besteht, bis zu einem Drittel der Erträge an den Vorstand oder seine Familie auszuzahlen, ohne dass hierdurch der Status der Gemeinnützigkeit berührt wird.
11 Dies ist etwa der Fall, wenn der Vorstand eines Emittenten, anstatt an eine gemeinnützige Einrichtung zu spenden, deren Vermögensverwaltung übernimmt und dabei maßgeblich Geschäfte mit den Finanzinstrumenten des Emittenten tätigt. Hier liegt der wirtschaftliche Vorteil in der ersparten Spende.

nen Person gegründet wurde oder sich die wirtschaftlichen Interessen der Entität weitgehend mit denen einer Person mit Führungsaufgaben oder einer dieser eng verbundenen Person decken. Im Folgenden werden die Einzelheiten zu diesem zweiten Schritt angesprochen:

53 Andere Entitäten gelten gem. Art. 3 Abs. 1 Nr. 26 lit. d) Var. 1 VO Nr. 596/2014 als eng verbunden, wenn ihre **Führungsaufgaben** von einer Person mit Führungsaufgaben (beim Emittenten etc.) oder deren Angehörigen **wahrgenommen** werden, diese also die Stellung eines Organs im formellen oder materiellen Sinne innehat. Der Tatbestand ist damit extrem weit, da Doppelmandate und zahlreiche Konzernstrukturen erfasst werden, bei denen eine Person zwar eine Führungsaufgabe wahrnimmt, aber keinen wirtschaftlichen Vorteil aus den Aktiengeschäften dieser Gesellschaften bzw. Einrichtungen zieht. Daher ist der Tatbestand deutlich zu großzügig formuliert und bedarf der in Rz. 52 beschriebenen einschränkenden Auslegung[1]. Eine Organstellung ohne Entscheidungsmacht reicht also etwa dann aus, wenn der Führungskraft oder der ihr eng verbundenen natürlichen Person ein erheblicher Gewinnanteil zusteht.

54 Weiterhin erfasst Art. 3 Abs. 1 Nr. 26 lit. d) Var. 2 VO Nr. 596/2014 die Konstellation, dass die Person mit Führungsaufgaben oder eine ihr eng verbundene Person die Entität **direkt oder indirekt kontrolliert**. Ausreichend ist die bloße Möglichkeit der Kontrolle[2]. Eine solche Kontrolle wird etwa über das Stimmrecht, über das Recht zur Entsendung/Abberufung von Organmitgliedern oder durch einen Beherrschungsvertrag ermöglicht[3]. Bereits Art. 3 Abs. 1 Nr. 26 lit. d) Var. 2 VO Nr. 596/2014 lässt die indirekte Kontrolle ausreichen. Zusätzlich stellt Art. 3 Abs. 1 Nr. 13 VO Nr. 596/2014 klar, dass auch juristische Personen unter den Personenbegriff fallen und daher (direkt) kontrollierende Person i.S.d. Art. 3 Abs. 1 Nr. 26 lit. d) Var. 2 VO Nr. 596/2014 sein können. Damit sind also auch mehrstufige Konzernstrukturen erfasst. Zur Konkretisierung des **Begriffs der Kontrolle** wird von einer Ansicht vorgeschlagen, auf die Kriterien zur Zurechnung von Stimmrechten in § 34 WpHG bzw. § 29 WpÜG abzustellen[4]. Eine andere Ansicht im Schrifttum will stattdessen an die § 1 Abs. 8 KWG a.F., § 290 HGB anknüpfen[5]. Entscheidend ist zunächst, dass alle Konstellationen erfasst werden müssen, die dem Normzweck des Art. 19 VO Nr. 596/2014, Geschäfte mit Indikatoreignung zu veröffentlichen, entsprechen. Außerdem muss für die Auslegung des Art. 19 VO Nr. 596/2014 eine Basis im Unionsrecht selbst gefunden werden. In sachlicher Hinsicht soll die Veröffentlichungspflicht nach dem oben (Rz. 52) Gesagten sowohl Fallgestaltungen erfassen, in denen die Führungskraft oder die ihr eng verbundene Person Entscheidungsmacht bei der Entität ausübt, als auch solche, in denen ihr die wirtschaftlichen Vorteile der Geschäfte der Entität maßgeblich zugutekommen (s. auch sogleich Rz. 56). Das spricht dagegen, allein an die formelle Einflussmacht durch Stimmrechte anzuknüpfen, da hierdurch nur ein Teil der kritischen Fälle erfasst werden kann. Demgegenüber geht es bei den bilanzrechtlichen Kontrollkriterien sowohl um formelle Kontrollrechte als auch um wirtschaftliche Risiken. Dies entspricht weitestgehend dem Regelungszweck von Art. 19 VO Nr. 596/2014. Daher ist es vorzugswürdig, zur Bestimmung der Kontrolle i.S.d. Art. 3 Abs. 1 Nr. 26 lit. d) Var. 2 VO Nr. 596/2014 an die Konsolidierungskriterien von Art. 22 Abs. 1 Bilanzrichtlinie 2013/34[6] anzuknüpfen, die in Deutschland durch § 290 HGB umgesetzt wurden.

55 Art. 3 Abs. 1 Nr. 26 lit. d) Var. 3 VO Nr. 596/2014 erfasst den Fall, dass eine Entität **zugunsten der Personen mit Führungsaufgaben oder einer ihr eng verbundenen Person gegründet** wurde[7]. Dieser Fall wird häufig einhergehen mit der Innehabung einer Organstellung oder der Kontrolle der Stimmrechte, so dass es sich letztlich bei der Aufnahme dieser Gestaltung um eine Klarstellung handelt, um Umgehungen zu verhindern[8]. Entscheidend muss sein, dass die Entität in irgendeiner Weise durch die Führungskraft bzw. durch eine dieser eng verbundenen Person kontrolliert wird oder diesen die Erträge zugutekommen. Sobald diese Umstände wegfallen, etwa indem die Führungskraft oder die ihr eng verbundene Person alle Gesellschaftsanteile veräußert, endet auch die Eigenschaft der Entität als eng verbundene Person, unabhängig davon, zu welchem Zweck sie ursprünglich einmal gegründet wurde.

56 Abschließend erwähnt Art. 3 Abs. 1 Nr. 26 lit. d) Var. 4 VO Nr. 596/2014 schließlich die Konstellation, in der die Personen mit Führungsaufgaben oder deren Angehörige zwar keine irgendwie geartete Kontrolle über die Entität ausüben, ihnen aber die **wirtschaftlichen Vorteile** von Geschäften zugutekommen, die die juristische

---

1 Ebenso BaFin, FAQ Managers' Transactions, Stand: 1.2.2018, II.9.; *Götze/Carl*, Der Konzern 2016, 529, 540; zur alten Rechtslage bereits *Erkens*, Der Konzern 2005, 29, 34; *Bode*, AG 2008, 648 ff.
2 *Pfüller* in Fuchs, § 15a WpHG Rz. 102.
3 *Schwintek*, Anlegerschutzverbesserungsgesetz, S. 55.
4 *Sethe* in 6. Aufl., § 15a WpHG Rz. 58; *Pfüller* in Fuchs, § 15a WpHG Rz. 103.
5 *Schäfer* in Marsch-Barner/Schäfer, Hdb. börsennotierte AG, Rz. 16.12; *Zimmer/Osterloh* in Schwark/Zimmer, § 15a WpHG Rz. 80 f.; *Pfüller* in Fuchs, § 15a WpHG Rz. 101.
6 Richtlinie 2013/34/EU des Europäischen Parlaments und des Rates vom 26. Juni 2013 über den Jahresabschluss, den konsolidierten Abschluss und damit verbundene Berichte von Unternehmen bestimmter Rechtsformen und zur Änderung der Richtlinie 2006/43/EG des Europäischen Parlaments und des Rates und zur Aufhebung der Richtlinien 78/660/EWG und 83/349/EWG des Rates, ABl. EU Nr. L 182 v. 29.6.2013, S. 19.
7 Zur Holdinggesellschaft als reziproker Familienpool *Mutter*, DStR 2007, 2013 ff.; *Kocher*, BB 2012, 721, 722.
8 Ebenso die Einschätzung von *Pfüller* in Fuchs, § 15a WpHG Rz. 104.

Person, Gesellschaft oder Einrichtung in Finanzinstrumenten des Emittenten etc. tätigt. Beispiel hierfür sind Trusts, Stiftungen, die einen nennenswerten Teil der Erträge an die Familie der Führungsperson ausschütten, oder Spezial-AIF nach §§ 273 ff. KAGB (zu natürlichen Personen als Treuhänder s. Rz. 86).

c) Dritte. Da der Katalog der mitteilungspflichtigen Personen **abschließend** ist, unterliegen sonstige, in Art. 19 Abs. 1 VO Nr. 596/2014 i.V.m. Art. 3 Abs. 1 Nr. 26 VO Nr. 596/2014 nicht genannte, Personen **keiner eigenständigen Meldepflicht**, selbst wenn sie wirtschaftlich auf Rechnung der Person mit Führungsaufgaben oder seiner Angehörigen handeln (z.B. Vermögensverwalter, Fondsmanager s. Rz. 110)[1]. Die Mitteilungspflicht trifft in diesen Fällen immer nur die Person mit Führungsaufgaben oder die ihr eng verbundene Person selbst[2]. 57

3. Meldepflichtige Geschäfte. Mit der Erweiterung des sachlichen Anwendungsbereichs auf Teilnehmer am Markt für Emissionszertifikate (s. Rz. 22) sowie auf Versteigerungsplattformen, Versteigerer und die Auktionsaufsicht (s. Rz. 23) geht eine **Aufspaltung der erfassten mitteilungspflichtigen Geschäfte** einher. Eine übergreifende Zurechnung der meldepflichtigen Geschäfte findet nicht statt. Ist also etwa ein Teilnehmer am Markt für Emissionszertifikate zugleich eine börsennotierte Aktiengesellschaft, so erweitert dieser Umstand nicht die Meldepflichten der Führungskräfte von Versteigerungsplattformen, die über ihre Zusammenarbeit mit dem Unternehmen etwa auch Informationen erlangen, die für die Bewertung der Aktien relevant sein können. Im Folgenden erfolgt deshalb eine getrennte Darstellung der meldepflichtigen Geschäfte, je nachdem ob es sich um eine Führungskraft (oder eine dieser eng verbundenen Person) eines Emittenten (dazu Rz. 59–67), eines Teilnehmers am Markt für Emissionszertifikate, einer Versteigerungsplattform, eines Versteigerers oder der Auktionsaufsicht handelt (dazu Rz. 68). Anschließend wird dann die für alle erfassten Geschäftsarten gleich zu beantwortende Frage behandelt, wann ein „Eigengeschäft" vorliegt (dazu Rz. 69 ff.). Da es sich bei den Meldepflichten nach Art. 19 VO Nr. 596/2014 lediglich um Mindestharmonisierung handelt (s. Rz. 4), können einzelne Mitgliedstaaten theoretisch den Kreis der meldepflichtigen Geschäfte durch nationales Recht weiter ausdehnen. 58

a) Erfasste Instrumente bei Eigengeschäften der Führungskräfte von Emittenten (Art. 19 Abs. 1 Unterabs. 1 lit. a) VO Nr. 596/2014). aa) Überblick. Die Mitteilungspflicht nach Art. 19 Abs. 1 Unterabs. 1 lit. a) VO Nr. 596/2014 wird durch jedes Eigengeschäft einer Führungsperson oder einer ihr eng verbundenen Person mit Anteilen oder Schuldtiteln des Emittenten sowie damit verbundenen Derivaten oder anderen damit verbundenen Finanzinstrumenten ausgelöst. Die Regelung des Art. 19 Abs. 1 VO Nr. 596/2014 führt damit zu einer **erheblichen Erweiterung des Anwendungsbereich** der Meldepflicht im Vergleich zu § 15a Abs. 1 Satz 1 WpHG a.F., der nur zur Meldung von Geschäften in Aktien und sich darauf beziehenden Finanzinstrumenten verpflichtete. 59

Art. 19 Abs. 1 VO Nr. 596/2014 bezieht sich ausdrücklich nur auf Transaktionen in Anteilen oder Schuldtiteln des Emittenten bzw. damit verbundenen Derivaten oder Finanzinstrumenten, **nicht** aber auch auf Transaktionen in Anteilen oder Schuldtiteln des **Mutterunternehmens oder eines Schwester-, Tochter- oder Enkelunternehmens** des Emittenten bzw. diesbezüglichen Derivaten[3]. Diese Beschränkung mag man rechtspolitisch bedauern[4], doch kann man die bewusste Entscheidung des europäischen Normengebers nicht durch eine Analogie oder den Hinweis auf eine Umgehung des Art. 19 Abs. 1 VO Nr. 596/2014 überwinden[5]. Denn angesichts der Vielzahl der in einem Konzern denkbaren Sachverhaltskonstellationen wird man schwerlich eine gemeinsame Analogiebasis finden. Es bleibt immerhin die Möglichkeit, in bestimmten Konstellationen auch Organwalter oder Mitarbeiter von Mutter- oder Tochtergesellschaften des Emittenten als Person mit Führungsaufgaben hinsichtlich des Emittenten zu qualifizieren (s. Rz. 32). Nur insoweit ist auch von einer hinreichenden Indikatorwirkung der Transaktion auszugehen. 60

bb) Anteile. Erfasst sind zunächst Anteile des Emittenten, Art. 19 Abs. 1 Unterabs. 1 lit. a) Var. 1 VO Nr. 596/2014. Der Begriff des „Anteils" wird in der Marktmissbrauchsverordnung nicht definiert (auf Englisch ist schlicht von „shares" die Rede, auf Französisch von „actions"). Im Rahmen der Wertpapierdefinition von Art. 4 Abs. 1 Nr. 44 lit. a) RL 2014/65/EU (auf die mittels der Definition des Finanzinstruments in Art. 3 Abs. 1 Nr. 1 VO Nr. 596/2014 i.V.m. Art. 4 Abs. 1 Nr. 15, Anhang I Abschn. C Abs. 1 RL 2014/65/EU auch das Marktmissbrauchsrecht verweist) ist die Rede von „Aktien oder Anteilen an Gesellschaften, Personengesellschaften oder anderen Rechtspersönlichkeiten". Nicht Teil der Begriffsbestimmung ist die Verbriefung, die erst im Anschluss in der Definition auftaucht, so dass „Anteil" als Obergriff für verbriefte und nicht verbriefte **Eigenkapitalbeteiligungen unabhängig von der Gesellschaftsform** erscheint. Dieser umfassende Ansatz kann im Ausgangspunkt auch für Art. 19 Abs. 1 VO Nr. 596/2014 herangezogen werden, wie insbesondere der Vergleich mit der Vorgängerregelung des Art. 6 Abs. 4 Satz 1 Marktmissbrauchsrichtlinie 2003/6 zeigt, wo ganz spezifisch von „Eigengeschäften mit Aktien" die Rede war. Damit erfasst die Definition des Anteils unzweifelhaft **Aktien**, die **zum Handel** auf einem geregelten Markt **zugelassen sind** bzw. für die eine solche Zulassung beantragt ist oder die 61

---

[1] *Heinrich* in KölnKomm. WpHG, § 15a WpHG Rz. 43.
[2] Ebenso *Helm*, ZIP 2016, 2201, 2203.
[3] Ebenso *Pfüller* in Fuchs, § 15a WpHG Rz. 53.
[4] *Uwe H. Schneider*, AG 2002, 473, 475 f.
[5] *Uwe H. Schneider*, AG 2002, 473, 475 f.

auf Antrag des Emittenten auf einem MTF oder OTF gehandelt werden bzw. für die ein Antrag zum Handel auf einem MTF gestellt ist (s. Rz. 20). Fraglich ist, ob auch Geschäfte mit Anteilen erfasst sind, die über keine solche (beantragte) Zulassung verfügen (wie z.B. Vorzugsaktien ohne Stimmrecht, wenn nur die Stammaktien des Emittenten zugelassen sind) oder die sogar überhaupt nicht zulassungsfähig sind (wie z.B. GmbH-Anteile, wenn Schuldtitel der GmbH an einem der genannten Märkte zugelassen sind). Art. 19 Abs. 4 VO Nr. 596/2014 beantwortet diese Frage nicht, denn dort ist lediglich geregelt, welche *Emittenten* in den sachlichen Anwendungsbereich der Meldepflicht fallen[1]. Zu § 15a WpHG a.F. vertrat die BaFin die Auffassung, dass Geschäfte in allen vom Emittenten ausgegebenen Aktien erfasst seien, unabhängig davon, ob es sich um eine Aktiengattung handelt, die zum Börsenhandel zugelassen ist[2]. Demgegenüber sollen nach Ansicht der BaFin von der Nachfolgeregelung des Art. 19 VO Nr. 596/2014, trotz der enormen Ausdehnung des Anwendungsbereichs, nur Geschäfte in solchen Anteilen erfasst sein, die an einem geregelten Markt bzw. MTF/OTF gehandelt werden[3]. Im Wortlaut von Art. 19 Abs. 1 Unterabs. 1 lit. a) VO Nr. 596/2014 findet diese Auslegung freilich keine Stütze, denn dort ist von „Eigengeschäften mit Anteilen [...] dieses Emittenten" die Rede und anschließend folgen die Derivate und sonstigen verbundenen Finanzinstrumente, die offensichtlich nicht über eine entsprechende Zulassung verfügen müssen. Entscheidend ist daher, ob der Regelungszweck es erfordert, dass auch Transaktionen in nicht zugelassenen Anteilen erfasst werden. Dies hängt davon ab, inwieweit solchen Geschäften eine Indikatorwirkung für die Bewertung der zugelassenen Finanzinstrumente zugesprochen werden kann. Denn Ziel des Art. 19 VO Nr. 596/2014 ist es, die Integrität des Handels mit den zugelassenen Finanzinstrumenten zu bewahren. Dafür spricht auch Art. 2 Abs. 1 lit. d) VO Nr. 596/2014, der den Anwendungsbereich des Marktmissbrauchsrechts u.a. auf solche nicht zugelassenen Finanzinstrumente erstreckt, deren Kurs oder Wert sich auf die zugelassenen Instrumente auswirkt. Im Detail muss man daher differenzieren: Soweit es sich nur um unterschiedliche Gattungen einer Anteilsart handelt, von denen mindestens eine auf einem relevanten Markt zugelassen ist, sollte die Meldepflicht auch auf Geschäfte in den anderen Gattungen erstreckt werden. Hier besteht ein derart enger Zusammenhang bei der Bewertung der Anteilsrechte, dass von einer Indikatorwirkung der Geschäfte in den anderen Gattungen auszugehen ist. Da von den im deutschen Recht bekannten Gesellschaftsanteilen lediglich Aktien zulassungsfähig sind, betrifft dies in Deutschland lediglich Aktiengesellschaften und KGaAs. Wie bislang sind daher **Geschäfte in nicht zugelassenen Aktiengattungen** eines Aktienemittenten von der Mitteilungspflicht umfasst. Anders sieht es aus bei Emittenten, die lediglich Schuldtitel zum Handel an einem geregelten Markt, MTF oder OTF zugelassen haben[4]. Die Risiko/Rendite-Profile solcher Schuldtitel unterscheiden sich wesentlich von denen der Gesellschaftsanteile des Emittenten, also etwa der GmbH-Anteile. Deshalb sind die Signale, die von Geschäften in derartigen Anteilen für die Bewertung der Schuldtitel ausgehen, sehr viel diffuser als bei Geschäften mit einer Parallelgattung von Anteilen. Im Ergebnis sind daher Geschäfte in **Anteilen von GmbHs**[5] **und Kommanditgesellschaften** ebenso wenig meldepflichtig[6], wie Geschäfte in Aktien von solchen Aktiengesellschaften, die **überhaupt keine Aktiengattung zum Handel** an einem geregelten Markt, MTF oder OTF **zugelassen** haben. Soweit Anteile nach dem Vorstehenden von der Meldepflicht umfasst sind, kommt es nicht darauf an, an welchem Markt das konkrete Geschäft getätigt wurde (vgl. Art. 2 Abs. 3 VO Nr. 596/2014)[7].

62 cc) **Schuldtitel.** Nach Art. 19 Abs. 1 Unterabs. 1 lit. a) Var. 2 VO Nr. 596/2014 lösen auch Geschäfte mit Schuldtiteln des Emittenten eine Meldepflicht aus. Eine solche Pflicht war in der Vorgängerregelung des Art. 6 Abs. 4 Marktmissbrauchsrichtlinie 2003/6 noch nicht enthalten. Durch die Änderung hat sich insbesondere der Kreis der vom sachlichen Anwendungsbereich der Pflichten umfassten Emittenten erheblich erweitert (s. ausführlich Rz. 20). Der Begriff des Schuldtitels wird in der Marktmissbrauchsverordnung lediglich im Rahmen einer explizit auf die Anwendung von Art. 5 VO Nr. 596/2014 beschränkten Definition erwähnt. Dort, wie auch in Art. 4 Abs. 1 Nr. 44 lit. b) RL 2014/65/EU (auf den mittels der Definition des Finanzinstruments in Art. 3 Abs. 1 Nr. 1 VO Nr. 596/2014 i.V.m. Art. 4 Abs. 1 Nr. 15, Anhang I Abschn. C Abs. 1 RL 2014/65/EU auch das Marktmissbrauchsrecht verweist), erscheint der Schuldtitel in dem Zusammenhang „Schuldverschreibungen

---

1 Anders offenbar *Semrau* in Klöhn, Art. 19 MAR Rz. 45, der lediglich auf die Ausführungen zum sachlichen Anwendungsbereich verweist.
2 BaFin, Emittentenleitfaden 2013, S. 76; zustimmend *Oulds* in Kümpel/Wittig, Bank- und Kapitalmarktrecht, Rz. 14.277.
3 BaFin, FAQ Managers' Transactions, Stand: 1.2.2018, II.11. Ebenso *Kumpan*, AG 2016, 446, 451; *Semrau* in Klöhn, Art. 19 MAR Rz. 45 (jeweils ohne Begründung oder Diskussion des Problems).
4 Bereits zum alten Recht wurde die Frage diskutiert, ob die Meldepflicht für Aktiengeschäfte gem. § 15a WpHG a.F. im Wege einer europarechtskonformen Auslegung auch auf Emittenten zu erstrecken sei, die lediglich Schuldtitel emittiert hatten; s. ausführlich Sethe in 6. Aufl., § 15a WpHG Rz. 28.
5 I.E. ebenso *Diekgräf*, Directors' Dealings, S. 118 f.
6 Solche Gesellschaftsanteile können auch nicht Gegenstand eines Derivats oder Finanzinstruments i.S.v. Art. 19 Abs. 1 Unterabs. 1 lit. a) Var. 3 und 4 VO Nr. 596/2014 sein, weil sich diese nur auf wertpapiermäßig verbriefte Gesellschaftsanteile beziehen; vgl. Anhang I Abschn. C Abs. 1 RL 2014/65/EU. Dies ist ein systematisches Argument gegen die Einbeziehung als „Anteil", da andernfalls eine Regelungslücke bezüglich derivativer Geschäfte hinsichtlich dieser Anteile bestünde.
7 ESMA, Final Report: ESMA's technical advice, ESMA/2015/224, S. 43; zustimmend *Kumpan*, AG 2016, 446, 452; *Semrau* in Klöhn, Art. 19 MAR Rz. 45.

und sonstige verbriefte Schuldtitel", woraus geschlossen werden kann, dass „Schuldtitel" ein Obergriff ist (ebenso wie Anteil, s. zuvor Rz. 61), der sowohl verbriefte als auch nicht verbriefte Instrumente umfasst. Letztlich bietet sich erneut eine umfassende Definition an, die im Ausgangspunkt **sämtliche Formen der Fremdkapitalfinanzierung** umfasst. Dafür sprechen auch die anderen Sprachformen, wenn auf Englisch von „debt instruments" oder auf Französisch von „titres de créance" die Rede ist. Erneut stellt sich die Frage, ob nur Geschäfte in solchen Schuldtiteln erfasst sind, die selbst über eine **Zulassung zum Handel auf einem geregelten Markt, MTF oder OTF** verfügen bzw. für die ein Zulassungsantrag an einem geregelten Markt oder MTF gestellt wurde[1]. Trotz des Wortlauts von Art. 19 Abs. 1 Unterabs. 1 lit. a) VO Nr. 596/2014, der keine solche Begrenzung vorsieht, ist auch hier die Frage entscheidend, inwieweit Transaktionen in nicht zum Handel zugelassenen Schuldtiteln eine **Indikatorwirkung für die Bewertung der zugelassenen Aktien oder Schuldtitel** zukommt (vgl. Art. 2 Abs. 1 lit. d) VO Nr. 596/2014). Wie bereits bei den Anteilsrechten muss man differenzieren: Sofern ein Emittent **lediglich Aktien zum Handel zugelassen** hat, scheidet eine Meldepflicht für Geschäfte in privat oder OTC-gehandelten Schuldtiteln grundsätzlich aus. Insoweit fehlt es an einer hinreichenden Vergleichbarkeit des Risiko/Rendite-Profils (s. Rz. 61). Etwas anderes gilt aber für solche Schuldtitel, deren Zahlungsströme direkt mit der Bewertung der Aktien korreliert sind, wie **Wandelanleihen und ähnliche Instrumente**. Hat der Emittent dagegen sowohl **zum Handel zugelassene Schuldtitel** als auch andere Schuldtitel emittiert, kommt es auf die Vergleichbarkeit der Schuldtitel mit Blick auf die bewertungsrelevanten Kriterien an. Vergleichbar sind insbesondere gleichrangige Schuldtitel mit ähnlichen Fälligkeitszeitpunkten, da insoweit gleichzeitig ein Liquiditätsbedarf beim Emittenten entstehen wird, der aus denselben Mitteln zu befriedigen ist. Auch die Besicherung mit denselben Assets kann zu einer Vergleichbarkeit führen. Insoweit kommt es allerdings darauf an, in welchem Rangverhältnis die Sicherungsrechte stehen. Veräußern Führungskräfte des Emittenten nachrangig besicherte Schuldtitel, muss dies keine Relevanz für die vorrangig gesicherten Tranchen haben, während andersherum stets eine Indikatorwirkung zu bejahen sein wird. Schuldtitel mit ähnlich langen Laufzeiten können mit Blick auf den im Marktzins zum Ausdruck kommenden Risikoaufschlag vergleichbar sein, auch wenn sie unterschiedliche Fälligkeitszeitpunkte haben. Ist eine Vergleichbarkeit dagegen nicht gegeben oder lediglich sehr vage, kommt den Transaktionen in den nicht zugelassenen Schuldtiteln keine Indikatorwirkung zu und eine Meldepflicht scheidet aus.

dd) Derivate und sonstige Finanzinstrumente. Art. 19 Abs. 1 Unterabs. 1 lit. a) Var. 3 und 4 VO Nr. 596/ 2014 erstreckt die Meldepflicht auf Geschäfte in mit Anteilen oder Schuldtiteln des Emittenten verbundenen **Derivaten oder anderen mit Anteilen oder Schuldtiteln verbundenen Finanzinstrumenten**. Der Begriff „Derivat" wird ebenfalls nicht in der Marktmissbrauchsverordnung definiert. Im Bereich der Marktregulierung verweist Art. 2 Abs. 1 Nr. 29 VO Nr. 600/2014 zur Definition der Derivate auf Art. 4 Abs. 1 Nr. Nr. 44 lit. c) sowie Anhang I Abschn. C Abs. 4–10 RL 2014/65/EU. Diese Definition kann auch für das Marktmissbrauchsrecht übernommen werden. Damit verliert das Merkmal des Derivats allerdings seine Eigenständigkeit und geht vollständig in der Regelung von Art. 19 Abs. 1 Unterabs. 1 lit. a) Var. 4 VO Nr. 596/2014 auf, derzufolge Geschäfte in Finanzinstrumenten, die mit Anteilen oder Schuldtiteln des Emittenten verbunden sind, die Meldepflicht auslösen. Die BaFin verweist zur Konkretisierung auf Art. 2 Abs. 1 lit. d) VO Nr. 596/2014[2], der wiederum über Art. 3 Abs. 1 Nr. 1 VO Nr. 596/2014 i.V.m. Art. 4 Abs. 1 Nr. 15 RL 2014/65/EU das gesamte Spektrum der in Anhang I Abschn. C RL 2014/65/EU aufgeführten Finanzinstrumente – und damit auch sämtliche Derivate – umfasst. Daher werden im Folgenden Derivate und andere Finanzinstrumente gemeinsam behandelt. Zu den Besonderheiten bei Anteilen an Organismen für gemeinsame Anlagen s. Rz. 90).

Die Mitteilungspflicht wird nur durch Transaktionen in solchen Finanzinstrumenten ausgelöst, die mit Anteilen oder Schuldtiteln des Emittenten verbunden sind. Mit dieser Formulierung sind Finanzinstrumente gemeint, deren **Preis unmittelbar oder mittelbar von dem der Anteile oder Schuldtitel abhängt**. Eine mittelbare Abhängigkeit besteht insbesondere bei **Fondsanteilen und anderen Portfoliogestaltungen**, die durch Art. 19 Abs. 1a VO Nr. 596/2014 einer besonderen Regelung zugeführt wurden (dazu ausführlich Rz. 89 ff.). Durch die gesonderte Nennung wird betont, dass insbesondere **Derivate** erfasst sind, also alle als Festgeschäfte oder Optionsgeschäfte ausgestalteten Termingeschäfte, deren Preis unmittelbar oder mittelbar vom Börsen- oder Marktpreis der Aktien oder Schuldtitel des Emittenten abhängt (Anhang I Abschn. C Abs. 1 RL 2014/65/ EU). Es spielt keine Rolle, ob der Emittent die sich auf seine Aktien oder Schuldtitel beziehenden Finanzinstrumente selbst begeben hat oder ob sie von dritter Seite emittiert wurden[3].

Als **unmittelbar mit Anteilen oder Schuldtiteln** verbundene Finanzinstrumente erfasst sind Rechte auf den Bezug von Aktien oder Schuldtiteln, also alle Wertpapiere und -rechte, bei denen Gläubigern ein Umtauschrecht auf Aktien oder Schuldtitel des Emittenten eingeräumt wird. Damit sind zunächst einfache **Bezugsrechte** erfasst, wie sie etwa im Rahmen einer Kapitalerhöhung ausgegeben werden[4]. Unter den Tatbestand zu sub-

---
[1] Ohne Diskussion bejahend BaFin, FAQ Managers' Transactions, Stand: 1.2.2018, II.11; *Kumpan*, AG 2016, 446, 451; *Semrau* in Klöhn, Art. 19 MAR Rz. 45.
[2] BaFin, FAQ Managers' Transactions, Stand: 1.2.2018, II.11.
[3] *Letzel*, BKR 2002, 862, 867; *Schäfer* in Marsch-Barner/Schäfer, Hdb. börsennotierte AG, Rz. 16.4.
[4] Vgl. BaFin, FAQ Managers' Transactions, Stand: 1.2.2018, II.15.

sumieren sind außerdem **Wandelanleihen** und **Wandelgenussrechte**, gleichgültig, ob sie vom Emittenten oder von einem Dritten ausgegeben werden[1]. Erfasst sind **Optionsscheine**, unabhängig davon, ob sie verbrieft sind, und unabhängig davon, ob der Optionsschein noch mit der Anleihe verbunden ist oder nicht[2]. Der Tatbestand erstreckt sich auf die **Call- und die Put-Option**. Es ist gleichgültig, ob die Option nur zum tatsächlichen Kauf bzw. Verkauf der Aktien bzw. Schuldtitel (physical delivery) oder zum Bezug des Differenzbetrags berechtigt. **Nicht erfasst** werden dagegen reine **Schuldverschreibungen**[3]; werden sie vom Emittenten selbst begeben, fallen sie aber ggf. unter Art. 19 Abs. 1 Unterabs. 1 lit. a) Var. 2 VO Nr. 596/2014 (s. zuvor Rz. 62). Bei **Genussrechten** hängt die Anwendung des Tatbestands von ihrer Ausstattung ab. Aktienähnliche Genussrechte unterfallen der Bestimmung, da ihr Preis auf Grund ihrer aktienähnlichen Ausgestaltung zumindest mittelbar vom Preis der Aktien abhängt, während obligationsähnliche Genussrechte grundsätzlich nicht erfasst sind[4]. Etwas anderes gilt nur, wenn der Emittent Schuldverschreibungen emittiert hat, die in ihrer Laufzeit und Ausstattung den obligationsähnlichen Genussrechten gleichen, denn dann hängt die Bewertung mittelbar vom Preis der Schuldverschreibung ab.

66 Unternehmen räumen ihrer Geschäftsleitung immer häufiger anstelle von Aktienoptionsprogrammen schuldrechtliche Ansprüche auf den Gewinn ein, der mit der Ausübung einer Option („**stock appreciation rights**") oder mit dem Verkauf von Aktien des Emittenten („**phantom stock plans**") verbunden gewesen wäre[5]. Da es sich lediglich um schuldrechtliche Ansprüche handelt, wird diese Zusage gesellschaftsrechtlich als börsenbezogene Tantieme beurteilt[6]. Kapitalmarktrechtlich handelt es sich um Derivate i.S.d. Art. 2 Abs. 1 Nr. 29 VO Nr. 600/2014 i.V.m. Art. 4 Abs. 1 Nr. Nr. 44 lit. c) sowie Anhang I Abschn. C Abs. 4 RL 2014/65/EU[7], d.h. um Terminkontrakte in Bezug auf Wertpapiere, die in bar abgerechnet werden. Für die Bejahung eines Derivats ist eine Verbriefung keine zwingende Voraussetzung. Sie müssen auch nicht selbst zum Handel an einem geregelten Markt, MTF oder OTF zugelassen sein; ausreichend ist, dass das underlying unter Art. 19 Abs. 1 Unterabs. 1 lit. a) Var. 1 oder 2 VO Nr. 596/2014 fällt (dazu Rz. 61 f.).

67 Auch bloße **schuldrechtliche Gestaltungen** sind erfasst, wie sich an Art. 3 Abs. 1 Nr. 1 VO Nr. 596/2014 i.V.m. Art. 4 Abs. 1 Nr. 15 und Anhang I Abschnitt C Abs. 4 RL 2014/65/EU zeigt. Dennoch will sie ein Teil des Schrifttums ausnehmen. Die Argumentation ist dabei höchst unterschiedlich. Die BaFin meint, es handele sich nicht um Finanzinstrumente, da sie weder handel- noch abtretbar seien[8]. Diese Auffassung findet aber keinerlei Grundlage in der unionsrechtlichen Definition des Finanzinstruments. Dort wird lediglich der Inhalt der verschiedenen Finanzinstrumente definiert, nicht aber Eigenschaften wie Verbriefung oder Übertragbarkeit. Vielmehr zeigt gerade die Gegenüberstellung von Anhang I Abschnitt C Abs. 1 RL 2014/65/EU, der aus der Klasse aller Wertpapiere lediglich „*übertragbare* Wertpapiere" als Finanzinstrument einordnet, dass die anderen in den folgenden Absätzen definierten Unterfälle des Finanzinstruments nicht zwingend übertragbar sein müssen. Wäre die Übertragbarkeit dem Begriff des Finanzinstruments immanent, hätte sie bei den Wertpapieren nicht eigens genannt werden müssen. Entscheidend ist, dass dem Inhaber der „stock appreciation rights" und der „phantom stock plans" das Recht auf Zahlung einer Geldsumme eingeräumt wird, wenn das underlying eine bestimmte Schwelle erreicht oder überschreitet[9]. Eine andere Ansicht verneint den für Derivate für notwendig erachteten hinausgeschobenen Erfüllungszeitpunkt[10], da letztlich nur eine Schuldverschreibung zurückgezahlt werde. Hierzu ist darauf hinzuweisen, dass Anhang I Abschn. C Abs. 4 RL 2014/65/EU nirgends das Erfordernis eines hinausgeschobenen Erfüllungszeitpunkts ausdrücklich aufstellt. Der deutsche Gesetzgeber, der dieses Erfordernis in § 2 Abs. 3 Nr. 1 WpHG (der für Art. 19 VO Nr. 596/2014 keine Relevanz hat) aufgenommen hat, wollte damit den Begriff des Termingeschäfts vor die Klammer ziehen[11]. Anhang I Abschnitt C Abs. 4 RL

---

1 *Schäfer* in Marsch-Barner/Schäfer, Hdb. börsennotierte AG, Rz. 16.5; *Fleischer*, ZIP 2002, 1217, 1225; *Heinrich* in KölnKomm. WpHG, § 15a WpHG Rz. 31.
2 So bereits zu § 15a WpHG a.F. der Bericht des Finanzausschusses vom 21.3.2002, BT-Drucks. 14/8601, 18 f.; *Fleischer*, ZIP 2002, 1217, 1225; ebenso *Pfüller* in Fuchs, § 15a WpHG Rz. 140a.
3 Ebenso *Heinrich* in KölnKomm. WpHG, § 15a WpHG Rz. 31; *Osterloh*, Directors' Dealings, S. 169; *Oulds* in Kümpel/Wittig, Bank- und Kapitalmarktrecht, Rz. 14.278.
4 Zustimmend *Franke/Schulenburg* in Umnuß, Corporate Compliance Checklisten, Kapitel 3 Rz. 7.
5 Einzelheiten zu derartigen „phantom stock plans" und „stock appreciation rights" bei *Baums*, Aktienoptionen für Vorstandsmitglieder, in FS Claussen, 1997, S. 3, 6; *Feddersen*, Aktienoptionsprogramme für Führungskräfte aus kapitalmarktrechtlicher und steuerlicher Sicht, ZHR 161 (1997), 269, 285 f.; *Hoffmann-Becking*, Gestaltungsmöglichkeiten bei Anreizsystemen, NZG 1999, 797, 801; *Weiß*, Aktienoptionspläne für Führungskräfte, 1999, S. 21, 57.
6 *Hoffmann-Becking*, NZG 1999, 797, 801; *Uwe H. Schneider*, BB 2002, 1817, 1821.
7 Ebenso *Hitzer/Wasmann*, DB 2016, 1483, 1485; *Osterloh*, Directors' Dealings, S. 169. Die BaFin (Emittentenleitfaden 2013, S. 32), nimmt sie ohne Begründung aus dem Kreis der Insiderpapiere aus; es handele sich nicht um Finanzinstrumente. So auch *Zimmer/Osterloh* in Schwark/Zimmer, § 15a WpHG Rz. 37, und *Kumpan* in Schwark/Zimmer, § 2 WpHG Rz. 39. Offen gelassen bei *Engelhart*, AG 2009, 856, 859 Fn. 31.
8 BaFin, FAQ Managers' Transactions, Stand: 1.2.2018, II.12.; zustimmend: *Söhner*, BB 2017, 259, 264.
9 So auch *Hitzer/Wasmann*, DB 2016, 1483, 1485.
10 *Klasen*, AG 2006, 24, 28.
11 Begr. RegE FRUG, BT-Drucks. 16/4028, 55 (dieses Definitionselement ist durch die nachfolgenden Änderungen im Wesentlichen gleich geblieben).

2014/65/EU nennt aber den Begriff des „Derivatkontrakts" und nicht des Terminkontrakts als Oberbegriff. Maßgeblich für ein Derivat ist, dass sich dieses auf ein „underlying" bezieht, nicht aber, wann es erfüllt werden muss. Im vorliegenden Zusammenhang ist aber entscheidend, dass Art. 10 Abs. 2 lit. d) DelVO 2016/522 Geschäfte mit und im Zusammenhang mit Derivaten erfasst und dabei ausdrücklich auch Geschäfte mit Barausgleich als meldepflichtige Geschäfte nennt[1]. Dieser Tatbestand ist vorliegend gegeben, denn die Gesellschaft zahlt gerade die Kursdifferenz, die zwischen der Zuteilung der virtuellen Aktien und dem späteren Einlösungsstichtag entsteht (phantom stocks), oder bildet Optionsprogramme nach (stock appreciation rights), bei denen sich der Zahlungsanspruch an der Kursdifferenz zwischen dem festgelegten Ausgangskurs und dem späteren tatsächlichen Börsenkurs orientiert[2]. Eine weitere Ansicht stellt darauf ab, dass es sich bei den „stock appreciation rights" und den „phantom stock plans" um besondere Ausprägungen einer Tantiemevereinbarung handele[3]. Hiergegen ist einzuwenden, dass auch die „echten" Optionen Teil der Entlohnung und damit tantiemeähnlich sind. Für die Qualifikation als Finanzinstrument kommt es nicht darauf an, warum ein Recht eingeräumt wird, sondern nur auf dessen inhaltliche Ausgestaltung. Art. 19 VO Nr. 596/2014 enthält daher nur sehr begrenzte Ausnahmen für arbeitsrechtliche Gestaltungen (s. Rz. 74). Wieder andere meinen, mangels Einwirkungspotential auf die geschützte Funktionsfähigkeit des Kapitalmarktes seien „stock appreciation rights" und „phantom stock plans" insiderrechtlich unproblematisch und daher nicht vom Begriff des Finanzinstruments erfasst[4]. Art. 3 Abs. 3 VO Nr. 596/2014 zeigt jedoch, dass das Marktmissbrauchsrecht auch solche Gestaltungen erfassen soll, in denen der durch Insiderinformationen erlangte Wissensvorsprung über schuldrechtliche Gestaltungen gewinnbringend genutzt wird. Im Übrigen verkennt diese Ansicht, dass es bei Art. 19 VO Nr. 596/2014 nicht auf Insiderpapiere ankommt, sondern die Norm an den Begriff des Finanzinstruments anknüpft. „Stock appreciation rights" und „phantom stock plans" unterfallen daher grundsätzlich Art. 19 VO Nr. 596/2014[5].

b) Erfasste Instrumente bei Eigengeschäften der Führungskräfte von Teilnehmern am Markt für Emissionszertifikate, Versteigerungsplattformen, Versteigerern und der Auktionsaufsicht (Art. 19 Abs. 1 Unterabs. 1 lit. b) VO Nr. 596/2014). Die Führungskräfte von Teilnehmern am Markt für Emissionszertifikate sowie ihnen eng verbundene Personen müssen gem. Art. 19 Abs. 1 Unterabs. 1 lit. b) VO Nr. 596/2014 **Eigengeschäfte mit Emissionszertifikaten**[6], darauf beruhenden **Auktionsobjekten** oder damit **verbundenen Derivaten** melden. Für dieselben Geschäfte sind gem. Art. 19 Abs. 10 Satz 1 VO Nr. 596/2014 die Führungskräfte von Versteigerungsplattformen, Versteigerern und der Auktionsaufsicht sowie ihnen eng verbundene Personen meldepflichtig. Der Begriff des Emissionszertifikats wird legaldefiniert in Art. 3 Abs. 1 Nr. 19 VO Nr. 596/2014 i.V.m. Anhang I Abschn. C Abs. 11 RL 2014/65/EU. Demnach handelt es sich um Anteile, deren Übereinstimmung mit den Anforderungen der Richtlinie 2003/87/EG (Emissionshandelssystem) anerkannt ist. Der Begriff des Auktionsobjekts wird in Art. 4 VO Nr. 1031/2010 legaldefiniert. Es handelt sich um standardisierte elektronische Kontrakte, mittels derer Emissionszertifikate zum Verkauf angeboten werden. Derivate in Bezug auf Emissionszertifikate sind von Anhang I Abschn. C Abs. 4 RL 2014/65/EU umfasst. Insoweit kann auf die obigen Ausführungen zu Derivaten, die mit Anteilen oder Schuldtiteln verbunden sind, verwiesen werden (s. Rz. 63 ff.).

c) Erfasste Geschäftsarten (Art. 19 Abs. 1, Abs. 7 VO Nr. 596/2014). aa) Überblick. Die Regelung des Art. 19 VO Nr. 596/2014 hat gegenüber der Vorgängernorm des § 15a WpHG a.F. zu einer **erheblichen Ausweitung der meldepflichtigen Geschäfte** geführt. So sind nun auch **passive Erwerbe**, etwa durch Erbschaft, erfasst. Außerdem sind nun auch bestimmte Geschäfte meldepflichtig, durch die lediglich eine vorübergehende Übertragung von Finanzinstrumenten stattfindet, nämlich das **Verpfänden und Verleihen**. Nach Auffassung des Verordnungsgebers ist es eine für den Markt wesentliche Information, wenn eine Führungskraft Finanzinstrumente verpfändet, um von Dritten Kredit zu erhalten[7]. Art. 10 Abs. 1 Unterabs. 2 DelVO 2016/522 konkretisiert den Umfang der meldepflichtigen Geschäfte dementsprechend dahin, dass es ausreicht, dass die Transaktion mit den erfassten Instrumenten „in Zusammenhang steht" (auf Englisch: „relating to"). Der Begriff des Eigengeschäfts in Art. 19 Abs. 1 Unterabs. 1 VO Nr. 596/2014 ist daher extensiv auszulegen, darunter fallen im Grundsatz **alle Formen des Erwerbs und der Veräußerung von Finanzinstrumenten**, unabhängig davon,

---

1 Das Argument von *Kumpan*, AG 2016, 446, 451 mit Fn. 76, phantom stocks fielen nicht unter Art. 10 Abs. 2 lit. b) DelVO 2016/522, da es sich nicht um echte Optionen handele, läuft daher leer.
2 So im Ergebnis auch *Hitzer/Wasmann*, DB 2016, 1483, 1485; *Holzborn* in Marsch-Barner/Schäfer, Hdb. börsennotierte AG, Rz. 54.13.
3 *Lenenbach*, Kapitalmarktrecht, Rz. 13.91 ff., 13.370. Ebenso *Schäfer* in Schäfer/Hamann, Kapitalmarktgesetze, § 2 WpHG Rz. 18, § 14 WpHG Rz. 14, der sich auf den Emittentenleitfaden stützt, der seinerseits aber – wie nun auch die FAQ der BaFin – gerade eine andere Begründung lieferte.
4 So im Ergebnis *Kumpan*, AG 2016, 446, 451; ebenso zu § 15a WpHG a.F. *Hagen-Eck/Wirsch*, DB 2007, 504; *Klasen*, AG 2006, 24, 28; *von Dryander/Schröder*, WM 2007, 534, 535 f. Ebenso *Merkner/Sustmann*, NZG 2005, 729, 730 (allerdings mit der wichtigen Einschränkung, dass die Zuteilung und Ausübung der Rechte vorab festgelegt sein müssten).
5 Ebenso *Stenzel*, DStR 2017, 883, 887; *Hitzer/Wasmann*, DB 2016, 1483, 1485 f.; *Franke/Schulenburg* in Umnuß, Corporate Compliance-Checklisten, Kapitel 3 Rz. 8; a.A. *Kumpan*, AG 2016, 445, 451.
6 Daher ohne jede über die gesetzliche Regelung hinausgehende Aussage BaFin, FAQ Managers' Transactions, Stand: 1.2.2018, IV.14.
7 Erwägungsgrund 58 VO Nr. 596/2014.

ob der Erwerb oder die Veräußerung aktiv oder passiv geschieht, entgeltlich oder unentgeltlich, einseitig oder zweiseitig ist[1].

70 Die **Regelungssystematik** hinsichtlich der Art der meldepflichtigen Geschäfte **ist äußerst unübersichtlich** und bedarf daher vorab einer kurzen Erläuterung: Die Meldepflicht betrifft gem. Art. 19 Abs. 1 Unterabs. 1 VO Nr. 596/2014 grundsätzlich jegliche „Eigengeschäfte". Für Geschäfte mittels Organismen für gemeinsame Anlagen und eng verwandte Gestaltungen enthält Art. 19 Abs. 1a VO Nr. 596/2014 Einschränkungen, die dem Umstand geschuldet sind, dass die von der Meldepflicht erfassten Finanzinstrumente häufig nur einen Teil des Portfolios ausmachen, auf welches sich derartige Geschäfte beziehen. Art. 19 Abs. 7 VO Nr. 596/2014 führt zusätzliche Geschäftsarten auf, die ebenfalls eine Meldepflicht begründen. Dabei handelt es sich um eine Erweiterung des Begriffs des Eigengeschäfts durch drei Regelbeispiele. Schließlich konkretisiert Art. 10 Abs. 2 DelVO 2016/522 den Gesamtkreis der meldepflichtigen Geschäfte durch eine Auflistung von 16 nicht abschließenden[2] Regelbeispielen. Fällt ein konkretes Geschäft nicht unter die explizit genannten Regelbeispiele, kann sich trotzdem eine Meldepflicht nach Art. 19 Abs. 1 Unterabs. 1 oder Abs. 7 VO Nr. 596/2014 ergeben. Daher werden im Folgenden zunächst diese allgemeinen Kriterien dargestellt, ehe anschließend die Einschränkungen für Fondsgestaltungen und die Regelbeispiele erläutert werden.

71 **bb) Begriff des Eigengeschäfts (Art. 19 Abs. 1 Unterabs. 1 VO Nr. 596/2014).** Die Mitteilungspflicht gem. Art. 19 Abs. 1 Unterabs. 1 VO Nr. 596/2014 wird ausgelöst, sobald eine der erfassten Personen Eigengeschäfte mit Anteilen oder Schuldverschreibungen des Emittenten bzw. Emissionszertifikaten oder Auktionsobjekten oder damit verbundenen Finanzinstrumenten, insbesondere Derivaten[3], vornimmt. Der Begriff des Eigengeschäfts ist dabei umfassend zu verstehen. Obwohl im Rahmen des Handelsverbots nach Art. 19 Abs. 11 VO Nr. 596/2014 der Zusatz „direkt oder indirekt" hinzugefügt wurde, hat der Begriff des Eigengeschäfts in Art. 19 Abs. 1 Unterabs. 1 VO Nr. 596/2014 dadurch keine Einschränkung erfahren, da „jedes" Eigengeschäft meldepflichtig ist (s. auch Rz. 158). Die Neuregelung hat insbesondere aufgrund der weiten Formel des Art. 10 Abs. 1 Unterabs. 2 DelVO 2016/522, die bereits jeden „Zusammenhang" zu einem erfassten Instrument ausreichen lässt, den **Begriff des Eigengeschäfts erheblich ausgedehnt** und erfasst nun **jegliche Erwerbs- und Veräußerungsvorgänge**, etwa auch den passiven Erwerb durch eine Erbschaft (dazu Rz. 104). Obwohl der wesentliche Zweck der Meldung in der Indikatorwirkung besteht, die von solchen Geschäften ausgeht, die auf einer eigenen Initiative der meldepflichtigen Person beruhen, ist diese Ausweitung systemkonform. Denn wenn der Markt erfährt, dass eine Führungskraft ein erhebliches Aktienpaket geerbt hat, kommt der Meldung über einen anschließenden Verkauf eine andere Bedeutung zu, als wenn es sich um die Veräußerung von zuvor selbst erworbenen Aktien handelt. Damit geht auch von Meldungen, die nur den passiven Erwerb und ähnliches betreffen, eine indirekte Indikatorwirkung aus. Vor dem Hintergrund dieser **umfassenden Transparenz** ist es allerdings nicht nachvollziehbar, weshalb der Verordnungsgeber darauf verzichtet hat, den Führungskräften eine Offenlegung des Anfangsbestands an erfassten Finanzinstrumenten aufzugeben[4].

72 Sofern der meldepflichtige Vorgang nach deutschem Recht in ein Verpflichtungs- und Verfügungsgeschäft aufgespalten werden kann (zu rein schuldrechtlichen Gestaltungen s. Rz. 67), spricht der Zweck der Meldepflicht dafür, bereits die **Vornahme des schuldrechtlichen Geschäfts**[5] und nicht erst die dingliche Erfüllung als maßgeblichen Zeitpunkt anzusehen[6]. Soweit eine Äußerung der BaFin dahin gedeutet wird, dass erst der dingliche Vollzug die Meldepflicht auslösen solle[7], ist diese Auffassung mit den Vorgaben der Marktmissbrauchsverord-

---

1 Ebenso *Kumpan*, AG 2016, 446, 452; *Stenzel*, DStR 2017, 883, 887; gegen die Einbeziehung eines passiven Erwerbs bei Finanzinstrumenten, die im Rahmen von Vergütungsprogrammen ausgegeben werden, jedoch *Söhner*, BB 2017, 259, 264.
2 Erwägungsgründe 28, 29 DelVO 2016/522.
3 Sehr aufschlussreich ist der Aufsatz von *Ryser/Weber*, Hedging durch Spitzenkräfte aus börsen- und aktienrechtlicher Sicht, GesKR 2010, 296 ff., der beschreibt, wie Spitzenkräfte sich bei aufgeschobenen, aktienbasierten Vergütungen mittels (privater) Hedging-Transaktionen der Aktienkursrisiken entledigen, die mit diesen Vergütungsinstrumenten verbunden sind.
4 Rechtspolitische Kritik auch bei *Kumpan*, AG 2016, 446, 452.
5 *Kraack*, AG 2016, 57, 66; *Kumpan*, AG 2016, 446, 454; *Poelzig*, NZG 2016, 761, 767; anders möglicherweise *Semrau* in Klöhn, Art. 19 MAR Rz. 47 (jeder denkbare Erwerb oder Veräußerung). Das Abstellen auf das schuldrechtliche Geschäft entspricht der ganz h.M. zum alten Recht; s. *von Buttlar*, BB 2003, 2133, 2137; *Erkens*, Der Konzern 2005, 29, 35; *Fischer zu Cramburg/Royé* in Heidel, § 15a WpHG Rz. 4; *Pluskat*, Finanz-Betrieb 2004, 219, 221; *Pluskat*, DB 2005, 1097, 1099; *Uwe H. Schneider*, AG 2002, 473, 474; *Uwe H. Schneider*, BB 2002, 1817, 1818 f.; *Zimmer/Osterloh* in Schwark/Zimmer, § 15 WpHG Rz. 39.
6 So aber zur alten Rechtslage *Fleischer*, ZIP 2002, 1217, 1226.
7 BaFin, FAQ Managers' Transactions, Stand: 1.2.2018, IV.2. Dort geht es um den Fall, dass der dingliche Vollzug eines unbedingt abgeschlossenen schuldrechtlichen Geschäfts „vom Eintritt bestimmter Bedingungen abhängt". Es geht also gerade *nicht* um den Normalfall einer Erfüllung des zuvor abgeschlossenen Verpflichtungsgeschäfts, sondern um *zusätzliche* Bedingungen für den Eintritt der Erfüllung; dies übersieht *Stenzel*, DStR 2017, 883, 887. Ein denkbarer Anwendungsfall ist ein Eigentumsvorbehalt bei einem nach § 929 Satz 1 BGB übereigneten Wertpapier, der dazu führt, dass die Erfüllung erst mit vollständiger Kaufpreiszahlung eintritt. Diese Deutung ist (jedenfalls teilweise) konsistent mit Art. 10 Abs. 2 lit. i) DelVO 2016/522, demzufolge bei einem bedingten Geschäft der Eintritt der Bedingung und die tatsächliche Ausführung des Geschäfts eine (zusätzliche) Meldung erforderlich macht; ausführlich dazu Rz. 76. Als Grundsatz formuliert aber auch die BaFin, dass auf das schuldrechtliche Verpflichtungsgeschäft abzustellen sei; BaFin, FAQ Managers' Transactions, Stand: 1.2.2018, IV.1.

nung nicht zu vereinbaren[1]. Eine Anknüpfung an die Entstehung des (schuldrechtlichen) Anspruchs ist bereits aufgrund der unionsrechtlichen Natur der Marktmissbrauchsverordnung geboten. Da die meisten Mitgliedstaaten kein Abstraktions- und Trennungsprinzip kennen, ergibt die Auslegung des Art. 19 Abs. 1 Unterabs. 1 VO Nr. 596/2014, dass der Erwerbsvorgang mit dem Abschluss des schuldrechtlichen Geschäfts vorliegt. Die gegenteilige Auslegung hätte zur Folge, dass die Mitteilungspflicht innerhalb der Union zu unterschiedlichen Zeitpunkten ausgelöst würde. Damit wäre das mit der Marktmissbrauchsverordnung verfolgte Ziel einer Harmonisierung der Managers' Transactions verfehlt. Vor allem spricht aber das Regelungsziel der Meldepflicht für die Anknüpfung an das Verpflichtungsgeschäft. Ziel der Regelung ist die Erhöhung der Markttransparenz. An sich wäre bereits die ernsthafte Absicht einer Veräußerung oder eines Erwerbs von Finanzinstrumenten eine für den Markt wichtige Information. Da gegen eine pre-trading disclosure jedoch erhebliche Bedenken bestehen (s. Rz. 16), kommt als nächstmöglicher geeigneter Anknüpfungszeitpunkt nur die Vornahme des schuldrechtlichen Geschäfts in Betracht. Ein Abstellen auf die dingliche Erfüllung kommt dagegen zur Erreichung größtmöglicher Markttransparenz zu spät, wenn schuldrechtliches und dingliches Geschäft gestreckt sind. Eine solche Streckung stellt im Bereich des Effektenkommissionsgeschäfts jedoch gerade den Regelfall dar[2]. Außerdem wäre eine Umgehung der Mitteilungspflicht dadurch möglich, dass die Erfüllung des Wertpapiergeschäfts auf den Zeitpunkt des Ausscheidens der Führungsperson aus dem Amt vereinbart wird[3]. Weiteres Ziel der Vorschrift ist die Verhinderung von Insidergeschäften. Die Verwertung dieses Wissens erfolgt jedoch bereits mit dem schuldrechtlichen Geschäft, nicht erst mit dem dinglichen Übertragungsakt[4]. Schließlich knüpfen eine Vielzahl der in Art. 10 Abs. 2 DelVO 2016/522 genannten Regelbeispiele (z.B. lit. b, c, d, e, g, h) an schuldrechtliche Vorgänge an, so dass jedenfalls in diesen Fällen eine Anknüpfung an ein dingliches Ausführungsgeschäft eindeutig gegen die gesetzlichen Vorgaben verstoßen würde. Etwas anderes gilt nur für den Sonderfall der **formnichtigen Schenkung**, die erst gem. § 518 Abs. 2 BGB durch die Bewirkung geheilt wird. Hier kann man nicht an das Verpflichtungsgeschäft anknüpfen, weil dieses aufgrund von § 125 Satz 1 i.V.m. § 518 Abs. 1 BGB keine bindende Wirkung hat, so dass die für eine Indikationswirkung erforderliche Gewissheit fehlt, dass es tatsächlich zu einer Transaktion mit dem betreffenden Finanzinstrument kommen wird.

Der Lehrbuchfall des Eigengeschäfts ist der **Kauf** und **Verkauf** von Finanzinstrumenten. Dabei ist unerheblich, ob das Geschäft auf einem geregelten Markt, einem MTF/OTF oder OTC, im In- oder Ausland erfolgt[5]. Unerheblich ist auch, ob es auf dem Primärmarkt erfolgt (Zuteilung neuer Aktien oder Schuldtitel aufgrund der Zeichnung durch eine Führungsperson, vgl. Art. 10 Abs. 2 lit. a) und g) DelVO 2016/522)[6] oder über den Sekundärmarkt abgewickelt wird. Die Meldepflicht nach Art. 19 Abs. 1 Unterabs. 1 VO Nr. 596/2014 erfasst – anders als nach bisherigem Recht – jede Art von Erwerbs- und Veräußerungsvorgang, auch wenn dieser **auf keiner bewussten Entscheidung** der Führungskraft oder der ihr eng verbundenen Person beruht oder **unentgeltlich** erfolgt. Damit ist auch ein **Rechtsübergang durch Hoheitsakt (z.B. Zwangsversteigerung)** oder kraft Gesetzes erfasst. Das zeigt sich beispielhaft an Art. 10 Abs. 2 lit. k) DelVO 2016/522, der auch Zuwendungen, Spenden und Erbschaften zu den meldepflichtigen Geschäften zählt (dazu Rz. 103f.). Deshalb stellt auch die Entgegennahme von **Gratisaktien** oder die Zuteilung von **Bezugsrechten** (ohne Gegenleistung) ein „eigenes Geschäft" dar. Gleiches gilt für die von der Hauptversammlung beschlossene **Kapitalmaßnahmen und Strukturveränderungen**, die mit einer Veränderung im Aktienbestand einhergehen (z.B. Tausch von Aktien im Rahmen einer Fusion), sowie für von der Gesellschaft ausgehende Maßnahmen in Bezug auf die Finanzinstrumente (z.B. Aktiensplits oder die Auszahlung einer Aktiendividende), vgl. Art. 10 Abs. 2 lit. a) und j) DelVO 2016/522. Zwar ist mit diesen Vorgängen selbst keinerlei Indikatorwirkung verbunden und auch kein Insiderhandel zu befürchten. Aber derartige Meldungen erleichtern es, nachfolgende Meldungen (etwa über die Veräußerung der unentgeltlich erhaltenen Finanzinstrumente) besser einzuordnen. Eine Indikatorwirkung entfaltet dagegen die **Wahl zwischen einer Barauszahlung der Dividende oder einer Aktiengewährung**, die daher ebenfalls meldepflichtig ist[7].

Die Meldepflicht nach Art. 19 Abs. 1 Unterabs. 1 lit. a) VO Nr. 596/2014 umfasst auch den Erwerb von Aktien und Finanzinstrumenten auf **arbeitsvertraglicher Grundlage** oder als **Vergütungsbestandteil**, eine Bereichsausnahme (wie in der ursprünglichen Fassung von § 15a WpHG a.F.) besteht insoweit nicht[8]. Auch hier gilt im

---

1 Soweit sich *Stenzel*, DStR 2017, 883, 887 mit Fn. 57, auf eine Aussage der ESMA stützt, übersieht er, dass sich diese ausschließlich auf den Sonderfall bezieht, dass im Arbeitsvertrag eine aktien(-options-)basierte Vergütung vereinbart wird. In diesem Fall löst der Abschluss des Arbeitsvertrags noch keine Meldepflicht aus (s. sogleich Rz. 74). Der besondere Klarstellungsbedarf für diese Situation zeigt aber, dass grundsätzlich bereits die schuldrechtliche Vereinbarung die Meldepflicht begründet.
2 Zu den Einzelheiten der Erfüllung eines Kommissionsgeschäfts *Lenenbach*, Kapitalmarktrecht, Rz. 4.45 ff.
3 Hierauf weist *Uwe H. Schneider*, AG 2002, 473, 474, zu Recht hin.
4 *Uwe H. Schneider*, BB 2002, 1817, 1819.
5 ESMA, Final Report: ESMA's technical advice, ESMA/2015/224, S. 43; zustimmend *Kumpan*, AG 2016, 446, 452; *Semrau* in Klöhn, Art. 19 MAR Rz. 345.
6 BaFin, FAQ Managers' Transactions, Stand: 1.2.2018, II.13.
7 So zum alten Recht BaFin, Emittentenleitfaden 2013, S. 85; *Engelhart*, AG 2009, 856, 865; *Zimmer/Osterloh* in Schwark/Zimmer, § 15a WpHG Rz. 41.
8 So auch *Hitzer/Wasmann*, DB 2016, 1483, 1485; a.A. *Söhner*, BB 2017, 259, 264.

Grundsatz, dass bereits die Entstehung des Anspruchs die Meldepflicht auslöst (s. Rz. 72). Nach Auffassung der ESMA ist allerdings ausnahmsweise nicht bereits der Abschluss der Vergütungsvereinbarung meldepflichtig, wenn der Bezug der Finanzinstrumente darin von bestimmten Bedingungen (wie der Erreichung bestimmter Erfolgskennziffern) abhängig gemacht wird[1]. In diesem Fall ist erst der Bezug der Aktien oder Finanzinstrumente zu melden (für Optionen s. Art. 10 Abs. 2 lit. b) DelVO 2016/522). Diese Auslegung überzeugt. Zwar beruht der unmittelbare Erwerb von Finanzinstrumenten auf arbeitsvertraglicher Grundlage oder als Vergütungsbestandteil grundsätzlich auf einem Entschluss der Führungsperson, sondern folgt einem im Anstellungsvertrag bzw. von der Hauptversammlung festgelegten „Fahrplan". Der Zeitpunkt und Umfang der Zuteilung der Aktien oder Optionen hängt infolgedessen nicht von einer eigenen Entscheidung des Vorstands ab, so dass die reine Zuteilung weder Indikatorwirkung entfaltet, noch Insiderhandel ermöglicht. Allerdings erfährt der Markt durch solche Meldungen, wie viele Finanzinstrumente zu welchem Zeitpunkt welcher Person zugeteilt wurden und kann daher bei einer anschließenden Verkaufsmeldung besser einschätzen, ob der Vorstand sämtliche Vergütungsbestandteile unmittelbar versilbert hat oder nur einen Teil davon. Überzeugend ist auch, dass erst die spätere Zuteilung und nicht bereits der Abschluss des Anstellungsvertrags oder der Beschluss der Hauptversammlung die Meldepflicht auslöst, wenn der Umfang der Zuteilung noch von zukünftigen Faktoren abhängt. Denn eine sofortige Meldung, die lediglich den Inhalt der Vergütungsvereinbarung wiedergeben könnte, hätte für den Markt keinen sinnvollen Informationsgehalt, weil daraus nicht hervorgeht, zu welchem Zeitpunkt der Führungskraft welche Anzahl an Finanzinstrumenten zugeteilt werden[2]. Anders ist dies in Fällen, in denen von vornherein feststeht, zu welchem Zeitpunkt eine Führungskraft welche Finanzinstrumente erhalten wird; eine solche Vergütungsabrede ist unmittelbar zu melden. Dieselben Erwägungen gelten für **virtuelle Optionen** und **virtuelle Aktien**. Der Erwerb der virtuellen Rechte, die Derivate darstellen (s. Rz. 66 f.)[3], auf arbeitsvertraglicher Grundlage oder als Vergütungsbestandteil ist grundsätzlich mitteilungspflichtig, sofern nicht die Voraussetzungen der virtuellen Zuteilung von ungewissen zukünftigen Faktoren abhängen.

75 Der spätere **Verkauf der Option** oder die **spätere Ausübung der Option** bzw. der **spätere Verkauf der auf arbeitsrechtlicher Grundlage erhaltenen Finanzinstrumente** sind gem. Art. 10 Abs. 2 lit. a) und f) DelVO 2016/522 ebenfalls als „Eigengeschäfte" erfasst. Ebenso wie der Erwerb virtueller Rechte ist auch die später erfolgte Erklärung gegenüber dem Emittenten, den Barausgleich zu verlangen, d.h. die virtuellen Optionen „auszuüben" oder die virtuellen Aktien zu „verkaufen", mitteilungspflichtig. Der gegen die Anwendung des Art. 19 VO Nr. 596/2014 auf „**phantom stock plans**" und „**stock appreciation rights**" vorgebrachte Einwand, dass die Veröffentlichung keinerlei Informationswert für den Markt habe[4], vermag nicht zu überzeugen. Das dem Vorstand eingeräumte Gestaltungsrecht, die virtuellen Optionen auszuüben oder die virtuellen Aktien zu verkaufen, löst an den Wertpapiermärkten dieselben Reaktionen aus, die eine tatsächlich ausgeführte Transaktion ausgelöst hätte. Eine Indikatorwirkung ist daher mit der Ausübung dieser Rechte verbunden. Gegen die hier befürwortete Lösung wird weiterhin der Einwand erhoben, es seien keine Insiderpapiere betroffen[5]. Dies trifft nicht zu, da es sich bei „phantom stock plans" und „stock appreciation rights" um Derivate handelt, die zumindest von Art. 2 Abs. 3 VO Nr. 596/2014 erfasst sind und eine Meldepflicht nach Art. 10 Abs. 2 lit. d) DelVO 2016/522 auslösen. Nach Art. 10 Abs. 1 Unterabs. 2 DelVO 2016/522 reicht es zur Annahme eines Eigengeschäfts bereits aus, dass die Transaktion mit den erfassten Instrumenten „in Zusammenhang" steht. Dies ist bei virtuellen Instrumenten, deren Wert sich nach den Anteilen, Schuldtiteln oder Derivaten richtet, zweifellos der Fall. Der Einwand, eine solche Mitteilung würde den Kapitalmarkt verwirren, überzeugt ebenfalls nicht, denn die Meldung muss natürlich ein zutreffendes Bild des Geschäftsvorfalls geben und deshalb auch erwähnen, dass es sich um „phantom stock plans" und „stock appreciation rights" handelt. Das bloße **Verfallen lassen** einer (virtuellen) Option ist dagegen nicht meldepflichtig. Zwar erfasst Art. 8 Abs. 1 Satz 2 VO Nr. 596/2014 auch die Stornierung oder Änderung eines bereits erhaltenen Auftrags als Insidergeschäft. Dies erfordert aber immer einen aktiven Eingriff in einen bereits geschlossenen Vertrag, der andernfalls unverändert ausgeführt würde. Das Unterlassen eines Geschäfts aufgrund einer Insiderinformation stellt dagegen keinen Fall des verbotenen Insiderhandels dar. Daher erfordert die Insiderprävention keine Meldepflicht. Eine solche ist auch ansonsten nicht zu begründen, da von dem Verfallen lassen der Option keine Indikatorwirkung ausgeht.

76 Für den Fall, dass der schuldrechtliche Anspruch **aufschiebend bedingt** ist, ist nach Maßgabe des Art. 10 Abs. 2 lit. i) Alt. 1 DelVO 2016/522 zum Zeitpunkt, zu dem die Bedingung eintritt, eine Meldung nach Art. 19 Abs. 1

---

1 ESMA, Q&A MAR, ESMA70-145-111, Version 11, Stand: 23.3.2018, 7.5.
2 Durch diese Erwägungen lassen sich auch die Bedenken entkräften, die die ESMA ursprünglich gegen eine Ausnahme von der unmittelbaren Meldepflicht mit Blick auf die uneingeschränkte Pflicht des Art. 19 Abs. 1 Unterabs. 1 VO Nr. 596/2014 angemeldet hatte; vgl. ESMA, Final Report: ESMA's technical advice, ESMA/2015/224, S. 50. Nach Art. 19 Abs. 1 Unterabs. 1 VO Nr. 596/2014 kann keine Meldung gefordert werden, die keinen sinnvollen Informationsgehalt aufweist.
3 Eine Meldepflicht wäre im Übrigen aufgrund von Art. 10 Abs. 1 Unterabs. 2 DelVO 2016/522 auch dann zu bejahen, wenn man – entgegen dem hier vertretenen Standpunkt – die Eigenschaft als Derivat oder Finanzinstrument ablehnt; s. dazu sogleich im Haupttext bei Rz. 75.
4 *Söhner*, BB 2017, 259, 264.
5 Vgl. *Uwe H. Schneider*, BB 2002, 1817, 1821.

VO Nr. 596/2014 zu machen¹. In den Erwägungsgründen wird ausgeführt, dass zum Zeitpunkt des Vertragsschlusses keine Meldung erfolgen solle, damit der Markt nicht verwirrt wird, falls die Bedingung später nicht eintreten sollte². Diese Auffassung hätte indes zur Konsequenz, dass zum Zeitpunkt des Kauf- oder Verkaufsentschlusses der Person mit Führungsaufgaben gar keine Meldung zu machen wäre, sondern allein im zufälligen Zeitpunkt des Eintritts der Bedingung. Der Informationswert für den Markt wäre deutlich geringer als bei der Mitteilung des vorangegangenen Geschäftsabschlusses, von dem die eigentliche Indikatorwirkung ausgeht. Zudem hätte es die Führungsperson bei der Vereinbarung von Potestativbedingungen in der Hand, die Mitteilungspflicht nach eigenem Belieben hinauszuschieben. Eine anderweitige Auslegung, wie sie sich in den Erwägungsgründen der DelVO 2016/522 findet, ist daher mit den höherrangigen Vorgaben von Art. 19 Abs. 1 Unterabs. 1 VO Nr. 596/2014 nicht zu vereinbaren. Deshalb ist bereits der **unter einer aufschiebenden Bedingung stehende Geschäftsabschluss mitzuteilen**³. Eine Irreführung des Marktes ist dann ausgeschlossen, wenn die Meldung eindeutig zu erkennen gibt, dass es sich um ein aufschiebend bedingtes Geschäft handelt, und die nachfolgende – durch Art. 10 Abs. 2 lit. i) DelVO 2016/522 vorgeschriebene – Mitteilung auf die erste Meldung Bezug nimmt. Unterbleibt die zweite Meldung, darf der Markt daraus schließen, dass die Bedingung nicht eingetreten ist. Ist ein Kauf **auflösend bedingt**, kommt der spätere Eintritt der Bedingung einem Wiederverkauf gleich. Handelt es sich um einen Verkauf, wirkt die Bedingung wie ein erneuter Kauf. Unproblematisch zu bejahen ist eine Meldepflicht, wenn es sich um eine Potestativbedingung handelt, denn das Auslösen der Bedingung durch die Person mit Führungsaufgaben entfaltet die gleiche Indikatorwirkung wie ein Geschäftsabschluss. Nachdem Art. 19 Abs. 1 Unterabs. 1 VO Nr. 596/2014 aber auch Geschäftsvorfälle erfasst, die nicht auf einem Willensentschluss der meldepflichtigen Person beruhen (s. Rz. 73), wird man eine Meldepflicht auch bei anderen als Potestativbedingungen bejahen müssen. Denn durch die Rückabwicklung der Transaktion infolge des Bedingungseintritts ändert sich der Bestand an Finanzinstrumenten der meldepflichtigen Person, was wiederum eine andere Interpretation nachfolgender Meldungen ermöglicht. Daher ist sowohl der Geschäftsabschluss als auch der spätere Bedingungseintritt mitteilungspflichtig. Art. 10 Abs. 2 lit. i) DelVO 2016/522 steht dieser Auslegung nicht entgegen, denn diese Norm erfasst – trotz ihres umfassenden Wortlauts – nur aufschiebende Bedingungen⁴.

Die für bedingte Rechtsgeschäfte geltenden Erwägungen lassen sich auch bei der Beantwortung der Frage heranziehen, ob die Rückabwicklung einer Transaktion auf Grund von **Leistungsstörungen** mitteilungspflichtig ist. Kommt es zur Rückabwicklung der Transaktion aufgrund einer Leistungsstörung, ist grundsätzlich eine Meldung erforderlich, da nur so die von Art. 19 Abs. 1 Unterabs. 1 VO Nr. 596/2014 angestrebte Transparenz über die Veränderungen im Bestand an Finanzinstrumenten erreicht wird.

Soweit die Mitteilungspflicht das schuldrechtliche Geschäft betrifft, muss das nachfolgende **dingliche Geschäft** grundsätzlich **nicht nochmals** gemeldet werden, selbst wenn es dem schuldrechtlichen Geschäft zeitlich nicht unmittelbar nachfolgt⁵.

cc) Weitere meldepflichtige Geschäfte (Art. 19 Abs. 7 VO Nr. 596/2014). Art. 19 Abs. 7 VO Nr. 596/2014 erweitert den Kreis der meldepflichtigen Geschäfte um drei Fallkonstellationen. Die Gemeinsamkeit dieser Fallgruppen besteht darin, dass jeweils bestimmte Merkmale des Eigengeschäfts i.S.d. Art. 19 Abs. 1 Unterabs. 1 VO Nr. 596/2014 nicht vorliegen oder zweifelhaft sind. Es handelt sich daher nicht um bloße Klarstellungen oder Regelbeispiele, sondern um eine **materielle Ausweitung der meldepflichtigen Geschäfte**. Die Regelung ist insoweit nicht abschließend, als es daneben selbstverständlich bei der allgemeinen Meldepflicht nach Art. 19 Abs. 1 Unterabs. 1 VO Nr. 596/2014 i.V.m. Art. 10 Abs. 1 Unterabs. 2 DelVO 2016/522 bleibt. Da die Fallgruppen des Art. 19 Abs. 7 VO Nr. 596/2014 aber die Meldepflicht sachlich erweitern, sind sie als solche abschließend⁶. Auch durch die Regelbeispiele in Art. 10 Abs. 2 DelVO 2016/522 erfährt die Meldepflicht nach Art. 19 Abs. 7 VO Nr. 596/2014 keine Ausweitung, sondern lediglich eine Konkretisierung. Die Meldepflicht nach Art. 19 Abs. 7 VO Nr. 596/2014 betrifft zunächst die Fallgruppe der Verpfändung und des Verleihens von Finanzinstrumenten. Damit wird die Meldepflicht auf Fälle ausgedehnt, in denen (jedenfalls zunächst) eine bloß vorübergehende Überlassung von Finanzinstrumenten ohne Gewinnrealisierung erfolgt (dazu Rz. 80 ff.). Die zweite Fallgruppe betrifft den Einsatz von Vermögensverwaltern mit eigenem Entscheidungsermessen. Dabei stellt sich die Frage, inwieweit Geschäften noch eine Indikatorwirkung zugesprochen werden kann, wenn die Anlageentscheidungen gar nicht mehr von der meldepflichtigen Person selbst getroffen werden (dazu Rz. 84 ff.).

---

1 S. auch BaFin, FAQ Managers' Transactions, Stand: 1.2.2018, IV.2.
2 Erwägungsgrund 30 DelVO 2016/522.
3 A.A. *Poelzig*, NZG 2016, 761, 768. Wie hier zum alten Recht *Pfüller* in Fuchs, § 15a WpHG Rz. 118; teilweise a.A. *Heinrich* in KölnKomm. WpHG, § 15a WpHG Rz. 54; *Zimmer/Osterloh* in Schwark/Zimmer, § 15a WpHG Rz. 40, die nur bei Potestativbedingungen eine sofortige Meldepflicht bejahen und sonst auf den Bedingungseintritt abstellen.
4 S. Erwägungsgrund 30 DelVO 2016/522: „bei Eintritt der betreffenden Bedingung/en, d. h., wenn das fragliche Geschäft tatsächlich stattfindet".
5 *Heinrich* in KölnKomm. WpHG, § 15a WpHG Rz. 52; *Osterloh*, Directors' Dealings, S. 171; differenzierend *Erkens*, Der Konzern 2005, 29, 35.
6 Anders wohl *Kumpan*, AG 2016, 446, 452.

Die dritte Fallgruppe schließt daran an und umfasst Geschäfte, die im Rahmen von atypischen Lebensversicherungsverträgen getätigt werden (dazu Rz. 88).

80 Art. 19 Abs. 7 Unterabs. 1 lit. a) VO Nr. 596/2014 begründet eine Meldepflicht auch für den Fall, dass eine meldepflichtige Person die **Finanzinstrumente verpfändet oder verleiht**. Obwohl dies im Wortlaut der Norm keinen Niederschlag gefunden hat, sind von dieser Meldepflicht nur solche Finanzinstrumente erfasst, die auch unter die Meldepflicht nach Art. 19 Abs. 1 Unterabs. 1 VO Nr. 596/2014 fallen (dazu Rz. 59 ff.), in der Praxis also vor allem Aktien und Schuldverschreibungen des Emittenten, bei dem die Führungskraft beschäftigt ist. Dafür spricht auch die Regelung des Art. 10 Abs. 2 lit. p) DelVO 2016/522, der lediglich Leihgeschäfte mit Anteilen oder Schuldtiteln des Emittenten oder mit Derivaten oder anderen damit verbundenen Finanzinstrumenten als meldepflichtige Geschäft einordnet. Art. 19 Abs. 7 Unterabs. 2 VO Nr. 596/2014 beschränkt die Meldepflicht im Falle der Verpfändung auf den Fall, dass diese der **Sicherung einer spezifischen Kreditfazilität** dient.

81 Bislang war die **Verpfändung von Finanzinstrumenten** nicht als meldepflichtiges Geschäften erfasst, da für die Führungskraft grundsätzlich keine Möglichkeit der Gewinnrealisierung besteht[1]. Daher fällt sie auch nicht unter den Begriff des Eigengeschäfts i.S.d. Art. 19 Abs. 1 Unterabs. 1 VO Nr. 596/2014. Demgegenüber weist der Verordnungsgeber darauf hin, dass das Verpfänden von Anteilen im Falle einer plötzlichen und unvorhergesehenen Veräußerung erhebliche und **potentiell destabilisierende Auswirkungen auf das Unternehmen** haben könne. Nur durch eine Veröffentlichung der Verpfändung werde es dem Markt bekannt, dass die Wahrscheinlichkeit beispielsweise einer wesentlichen Änderung im Anteilsbesitz, einer Zunahme des Angebots von Anteilen auf dem betreffenden Markt oder des Verlustes von Stimmrechten bei dem betreffenden Emittenten gestiegen sei[2]. Diese Ausführungen zeigen, dass der europäische Normgeber die Meldepflicht bei Managers' Transactions **mit den Stimmrechtsmeldungen nach Art. 9 ff. RL 2004/109/EG (Transparenzrichtlinie) verwechselt** hat. Denn nur in besonderen Konstellationen (z.B. bei Gründungsgesellschaftern) werden Führungskräfte über eine derart hohe Beteiligung am Emittenten verfügen, dass durch eine Zwangsversteigerung ihrer Anteile die beispielhaft genannten Folgen eintreten könnten. Zudem betreffen sämtliche dieser Folgen nur die Konstellation, dass Anteilsrechte verpfändet werden, während die Regelung auch Schuldtitel und derivative Finanzinstrumente umfasst. Ein sinnvolles Regelungsziel lässt sich aus den Ausführungen des Verordnungsgebers daher nur sehr begrenzt ableiten, insbesondere, wenn man davon ausgeht, dass die **Verwertung der verpfändeten Finanzinstrumente** als solche eine **eigenständige Meldepflicht** auslöst (vgl. Rz. 73)[3], so dass es sich bei der Meldung nach Art. 19 Abs. 7 Unterabs. 1 lit. a) Var. 1 VO Nr. 596/2014 lediglich um eine „Vorwarnung" handelt. Daher ist Art. 19 Abs. 7 Unterabs. 1 lit. a) Var. 1 VO Nr. 596/2014 eng auszulegen. Trotzdem wird man die Regelung jedenfalls auf die **Sicherungsübereignung** erstrecken müssen, da insoweit nicht an der unionsrechtlichen Terminologie des „Verpfändens" festgehalten werden darf. Dafür spricht auch, dass in Art. 19 Abs. 7 Unterabs. 2 VO Nr. 596/2014, der die Meldepflicht konkretisiert, von einer Verpfändung „oder ähnlichen Sicherung" die Rede ist. Nicht erfasst ist allerdings nach dem eindeutigen Wortlaut von Art. 19 Abs. 7 Unterabs. 1 lit. a) VO Nr. 596/2014 der Fall, dass ein **Dritter der Führungskraft Finanzinstrumente verpfändet**. Eine solche Inpfandnahme ist auch nicht nach Art. 19 Abs. 1 Unterabs. 1 VO Nr. 596/2014 meldepflichtig, da vor Eintritt des Sicherungsfalls noch kein Zuwachs im Bestand der Finanzinstrumente der Führungskraft stattfindet, dem eine Indikatorwirkung zukommen könnte oder der aus Transparenzgründen gemeldet werden müsste. Etwas anderes muss allerdings dann gelten, wenn der Führungskraft oder der eng verbundenen Person als Pfandgläubiger zugleich das Stimmrecht aus Aktien übertragen wird, etwa im Wege einer unwiderruflichen Vollmacht. Denn in diesem Fall kann sich, je nach Zahl der verpfändeten Aktien, der Einfluss in der Hauptversammlung erheblich erhöhen.

82 Die Meldepflicht besteht gem. Art. 19 Abs. 7 Unterabs. 2 VO Nr. 596/2014 nur, sofern und solange die Verpfändung dazu dient, eine **spezifische Kreditfazilität zu sichern**[4]. Damit sind insbesondere solche Pfandrechte nicht von der Meldepflicht des Art. 19 Abs. 7 Unterabs. 1 lit. a) Var. 1 VO Nr. 596/2014 erfasst, die – wie das **Depotpfandrecht** nach Nr. 14 AGB-Banken – dazu dienen, sämtliche Ansprüche aus dem Vertragsverhältnis zu sichern[5]. Nur bei Pfandrechten, die der Absicherung eines spezifischen Kreditrisikos dienen, sieht der Verordnungsgeber ein hinreichendes Risiko, dass die Hingabe der Finanzinstrumente letztlich als Gegenleistung für die Valuta angesehen werden könnte.

83 Neben der Verpfändung löst auch das **Verleihen von Finanzinstrumenten** nach Maßgabe von Art. 19 Abs. 7 Unterabs. 1 lit. a) Var. 2 VO Nr. 596/2014 eine Meldepflicht aus. Wiederholt wird dies in Art. 10 Abs. 2 lit. p)

---

1 Dazu ausführlich *Sethe* in 6. Aufl., § 15a WpHG Rz. 81.
2 Erwägungsgrund 58 VO Nr. 596/2014.
3 So auch *Semrau* in Klöhn, Art. 19 MAR Rz. 49.
4 Insoweit war der Wortlaut der Originalfassung der Marktmissbrauchsverordnung fehlerhaft, da es dort hieß, die Verpfändung müsse nicht gemeldet werden, „sofern und solange eine derartige Verpfändung oder andere Sicherung dazu dient, eine spezifische Kreditfazilität zu sichern". Demgegenüber stellt Erwägungsgrund 58 VO Nr. 596/2014 klar, dass die Meldepflicht genau andersherum nur im Zusammenhang mit der Absicherung von Kreditfazilitäten besteht.
5 So auch *Semrau* in Klöhn, Art. 19 MAR Rz. 49. Ebenso *Kumpan*, AG 2016, 446, 452, allerdings auf Grundlage des gegenteiligen Wortlauts der Originalfassung.

DelVO 2016/522, der die Meldepflicht auch für den Fall vorsieht, dass sich die Führungsperson die Finanzinstrumente leiht. Der Begriff der Leihe ist dabei weit auszulegen, die Meldepflicht erfasst daher neben der klassischen **Wertpapierleihe** auch **Wertpapierpensionsgeschäfte und Repo-Geschäfte**. Alle diese Geschäfte stellen keine lediglich vorübergehenden Überlassungen dar, denn der Pensionsnehmer bzw. der Entleiher erwirbt die Wertpapiere und gewährt später andere Wertpapiere gleicher Art und Menge zurück[1]. Daher wurden schon nach bisherigem Recht Pensionsgeschäfte und Wertpapierleihen als „eigene Geschäfte" eingeordnet[2], so dass auch bereits ein Eigengeschäft i.S.d. Art. 19 Abs. 1 VO 596/2014 bejaht werden kann. Dass der Tatbestand nochmals explizit in Art. 19 Abs. 7 Unterabs. 1 lit. a) Var. 2 VO Nr. 596/2014 aufgenommen wurde, mag sich daraus erklären, dass Wertpapierleihen häufig im Zusammenhang mit Leerverkäufen stehen und die Europäische Union diese generell unter eine strengere Aufsicht stellen will[3]. Da bei einer Wertpapierleihe bereits ein Eigengeschäft i.S.d. Art. 19 Abs. 1 Unterabs. 1 VO 596/2014 vorliegt, kann auch für den Fall des **Entleihens** eine Meldepflicht bejaht werden. Auch Schutzzweckgesichtspunkte sprechen für die Meldepflicht bei Leihgeschäften[4]. Da Wertpapierdarlehen das Volleigentum vermitteln[5] und den Inhaber während der Leihzeit so stellen wie nach einem Wertpapierkauf, kann sich mit ihnen auch eine Indikatorfunktion verbinden. Zudem ließe sich Art. 19 VO 596/2014 leicht umgehen, wollte man Wertpapierdarlehen generell ausnehmen. Keine Meldepflicht wird durch die Rückübertragung nach beendeter Leihe des Wertpapiers ausgelöst[6], da sich dieser Vorgang bereits aus der ursprünglichen Meldung über die Wertpapierleihe ergibt[7]. Stattdessen führen aber die Aufhebung der Rückübertragungspflicht, die Änderung des Wertpapierdarlehens in einen Kauf und ähnliche Gestaltungen, die zu einem endgültigen Rechtsübergang führen, zu einer erneuten Meldepflicht.

Art. 19 Abs. 7 lit. b) VO Nr. 596/2014 erstreckt die Meldepflicht auf Geschäfte, die von **Personen, die beruflich Geschäfte vermitteln oder ausführen**, sowie von anderen, **von der Führungskraft beauftragten Personen**, vorgenommen werden, unabhängig davon, ob die handelnde Person hierbei ein eigenes Ermessen ausüben darf. Konkretisiert wird die Meldepflicht zunächst durch Art. 10 Abs. 2 lit. n) DelVO 2016/522, wonach Geschäfte meldepflichtig sind, die vom **Verwalter eines AIF** ausgeführt werden, in den die Führungskraft investiert hat. Diese Konkretisierung steht unter der Einschränkung „sofern nach Art. 19 der Verordnung (EU) Nr. 596/2014 eine Meldung vorgeschrieben ist". Damit wird auf die generellen Ausnahmen für Fonds in Art. 19 Abs. 1a VO Nr. 596/2014 verwiesen (dazu Rz. 89 ff.). Eine weitere Konkretisierung erfolgt durch Art. 10 Abs. 2 lit. o) DelVO 2016/522, wonach Geschäfte zu melden sind, die von einem Dritten im Rahmen eines **individuellen Portfolioverwaltungs- oder Vermögensverwaltungsmandats** für eine Führungsperson oder eine mit ihr eng verbundene Person durchgeführt werden. Art. 19 Abs. 7 Unterabs. 3 VO Nr. 596/2014 beschränkt die Meldepflicht bei Geschäften, die durch Verwalter von Organismen für gemeinsame Anlagen vorgenommen werden, wenn der Verwalter vollständiges Ermessen hat und Weisungen der Führungskraft oder ihr nahestehenden Person ausgeschlossen sind.

84

Die Erstreckung der Meldepflicht auf Geschäfte, die im Rahmen einer Vermögensverwaltung vorgenommen werden, überzeugt. Denn obwohl der Vermögensverwalter die Anlageentscheidungen in der Regel selbstständig trifft[8] und damit regelmäßig ohne Wissen der Führungsperson Wertpapiere erwirbt, fehlt es nicht an der **Indikatorwirkung**[9]. Denn der Vermögensinhaber behält **bei einer individuellen Vermögensverwaltung** zahlreiche Möglichkeiten der Einflussnahme. So kann die Führungsperson auch bei einer Vermögensverwaltung ihren Wissensvorsprung dadurch ausnutzen, dass sie dem Vermögensverwalter gezielte Informationen (auch unterhalb der Erheblichkeitsschwelle des Insidertatbestands) zukommen lässt[10]. Führungskräfte können ihren Vermögensverwalter zudem als argloses Werkzeug einsetzen, indem sie aufgrund ihres Insiderwissens die Anlage-

85

---

1 *Oulds* in Kümpel/Wittig, Bank- und Kapitalmarktrecht, Rz. 14.104.
2 *Sethe* in 6. Aufl., § 15a WpHG Rz. 82; BaFin, Emittentenleitfaden 2013, S. 86; *Heinrich* in KölnKomm. WpHG, § 15a WpHG Rz. 56; a.A. *Süßmann* in Park, Kapitalmarktstrafrecht, Teil 4 Kap. 3 T1 Rz. 7 (= S. 781); a.A. auch *Engelhart*, AG 2009, 856, 862 ff.
3 So die Vermutung von *Kumpan*, AG 2016, 446, 452.
4 A.A. *Engelhart*, AG 2009, 856, 864, der der Auffassung ist, dass der Wertpapierleihe keinerlei Indikatorfunktion zukomme. Eine solche bestehe nur, wenn die Finanzinstrumente am Ende der Laufzeit endgültig beim Vertragspartner verbleiben sollen.
5 BGH v. 16.3.2009 – II ZR 302/06, AG 2009, 441, 442.
6 BaFin, FAQ Managers' Transactions, Stand: 1.2.2018, IV.12.
7 Auch ansonsten begründet das dingliche Erfüllungsgeschäft keine eigenständige Meldepflicht, auch wenn es in erheblichem zeitlichem Abstand zum Verpflichtungsgeschäft steht; s. Rz. 78.
8 Dabei handelt er entweder nach freiem Ermessen oder nach vorher vereinbarten Anlagezielen; *Balzer*, Vermögensverwaltung, 1999, S. 14 f.; *Sethe*, Anlegerschutz, S. 15 ff.
9 So aber *Maume/Kellner*, ZGR 2017, 273, 291; *Semrau* in Klöhn, Art. 19 MAR Rz. 50.
10 Dass der Verordnungsgeber derartige Konstellationen für naheliegend hält, zeigt bereits die Erstreckung der Meldepflicht auf eng verbundene Personen. Damit sollen Umgehungen des Art. 19 VO Nr. 596/2014 verhindert werden (s. Rz. 40). Diese Erwägung gilt erst recht für Transaktionen, die der Vermögensverwalter einer Führungsperson vornimmt, denn die Vorteile dieser Geschäfte fließen hier nicht nur nahen Angehörigen, sondern sogar der Führungsperson unmittelbar zu. Der Anreiz zu solchen Umgehungen ist daher ebenso groß wie bei der Zwischenschaltung naher Angehöriger.

richtlinien entsprechend ändern[1]. Schließlich steht dem Kunden eines Vermögensverwalters das unentziehbare[2] Recht zu, dem Vermögensverwalter im Einzelfall bindende Weisungen hinsichtlich des Erwerbs oder der Veräußerung einzelner Finanzinstrumente zu erteilen[3]. Die Zwischenschaltung eines Vermögensverwalters bewirkt also kein generelles Entfallen der Indikatorfunktion von Managers' Transactions und der mit Art. 19 VO Nr. 596/2014 bezweckten Vorbeugefunktion gegen Insiderhandel. Dieses Ergebnis wird im Übrigen auch dem Umstand gerecht, dass das Aufsichtsrecht von einer funktionalen Betrachtung ausgeht. Maßgeblich ist nicht die formale (sachenrechtliche) Einordnung eines Vorgangs, sondern die dahinterstehenden wirtschaftlichen Vorgänge und die Schaffung vollständiger Transparenz hinsichtlich der Eigengeschäfte von Führungspersonen. Gegen den hier vertretenen Standpunkt wurde in der Vergangenheit eingewandt, dass im Regelfall der Vermögensverwalter gerade keinen gezielten Weisungen unterliege, die Mehrzahl deutscher Unternehmensleiter nicht kriminell sei und daher Meldungen über die von Vermögensverwaltern getätigten Transaktionen das Publikum verwirrten[4]. Seit der Einführung von Art. 19 Abs. 1 Unterabs. 1 lit. b) VO Nr. 596/2014 lässt sich diese Auffassung nicht mehr vertreten. Auch eine Verwirrung des Publikums ist nicht zu befürchten; sie wird bereits dadurch ausgeschlossen, dass Art. 19 Abs. 6 lit. e) VO Nr. 596/2014 verlangt, dass die genaue Art des Geschäfts anzugeben ist. Hier ist anzugeben, dass es sich um ein Wertpapiergeschäft im Rahmen der Vermögensverwaltung handelt.

86 Entgegen der früheren Aufsichtspraxis der BaFin, derzufolge nur Geschäfte bei Vermögensverwaltung in Form des Vertretermodells meldepflichtig sein sollten[5], erfasst Art. 19 Abs. 7 Unterabs. 1 lit. b) VO Nr. 596/2014 Geschäfte im Rahmen einer **Vermögensverwaltung** in Form des **Vertretermodells** als auch in Form des **Treuhandmodells**[6]. Dies ergibt sich eindeutig aus der Konkretisierung in Art. 10 Abs. 2 lit. o) DelVO 2016/522, der von Geschäften „im Namen" (entspricht dem Vertretermodell) sowie „zugunsten" (entspricht dem Treuhandmodell) der Führungskraft bzw. eng verbundenen Person spricht[7]. Im Rahmen des Treuhandmodells kann der Treuhänder als „eng verbundene Person" i.S.d. Art. 3 Abs. 1 Nr. 26 lit. d) VO Nr. 596/2014 zu klassifizieren sein, so dass die Meldepflicht direkt auf den Vermögensverwalter übergeht (dazu Rz. 110).

87 Die Meldepflicht gem. Art. 19 Abs. 7 Unterabs. 1 lit. b) VO Nr. 596/2014 erfasst nicht nur die individuelle, sondern auch die **kollektive Vermögensverwaltung**. Insoweit kann einerseits der **Erwerb oder die Veräußerung von Anteilen an Investmentfonds** eine Meldepflicht begründen (vgl. Art. 10 Abs. 2 lit. m) DelVO 2016/522), andererseits können auch **Geschäfte** meldepflichtig sein, **die der Verwalter ausführt** (für AIFs vgl. Art. 10 Abs. 2 lit. n) DelVO 2016/522). Im ersten Fall ist die Indikatorwirkung dann geschwächt, wenn es sich um einen weit diversifizierten Fonds handelt, der lediglich zu einem geringen Anteil auch in Anteile oder Schuldtitel des Emittenten bzw. damit verbundene Finanzinstrumente investiert hat. Deshalb sieht Art. 19 Abs. 1a VO Nr. 596/2014 für diese Konstellation Ausnahmen vor (dazu Rz. 89 f.), die im Zusammenspiel mit den Anlagegrenzen des Art. 52 OGAW-RL[8] dazu führen, dass **Anlagen in OGAWs grundsätzlich meldefrei** sind (s. Rz. 90). Bei den Geschäften, die der Verwalter einer kollektiven Vermögensanlage vornimmt, ist ebenfalls Zweifel an der Indikatorwirkung angebracht, da dessen Anlageentscheidungen häufig nicht mit der Führungskraft bzw. der dieser eng verbundenen Person abgestimmt sein werden. Aufgrund der Vielzahl der Anleger unterscheiden sich Wertpapiergeschäfte durch Fondsmanager erheblich von den Anlageentscheidungen individueller

---

1 Trotz der abstrakten Formulierung von Anlagerichtlinien lässt sich so eine gezielte „Feinsteuerung" erreichen. So kann z.B. ein Vermögensinhaber, der Führungsperson eines Versicherungskonzerns ist und Werte dieses Emittenten in seinem Depot hat, gezielte Verkäufe dieser Wertpapiere auslösen, indem er in die Anlagerichtlinien die Vorgabe aufnimmt, dass generell keine Anlage in Versicherungswerten erfolgen soll. Dadurch veranlasst die Führungsperson den arglosen Vermögensverwalter zum Verkauf der Aktien.
2 Zum Teil wird vorgeschlagen, die Weisungsbefugnis des Vermögensinhabers abzubedingen, so dass ihm die Möglichkeit genommen wird, Einfluss zu nehmen; *Casper*, WM 1999, 363, 367; *Hagen-Eck/Wirsch*, DB 2007, 504, 508 f.; *von Rosen*, WM 1998, 1810. Diese Ansicht verkennt aber, dass es keine verdrängende Vollmacht geben kann, wenn das Auftragsverhältnis – wie bei der Vermögensverwaltung der Fall – allein den Interessen des Auftraggebers/Vollmachtgebers dient; so bereits BGH v. 13.5.1971 – VII ZR 310/69, WM 1971, 956; näher dazu *Schubert* in MünchKomm. BGB, 7. Aufl. 2015, § 168 BGB Rz. 21 f. Der Vermögensinhaber muss als Geschäftsherr jederzeit die Befugnis haben, die Vermögensverwaltung inhaltlich zu beeinflussen; *Sethe*, Anlegerschutz, S. 90 f.; s. auch OLG Köln v. 20.9.1996 – 20 U 140/95, WM 1997, 570, 573 mit Anm. *Balzer*, EWiR 1997, 647 f., wonach ein völliges Abbedingen des Weisungsrechts in AGB gegen § 307 BGB verstößt.
3 *Sethe*, Anlegerschutz, S. 18, 100.
4 So die Befürchtung des Handelsrechtsausschuss des DAV, Stellungnahme zum Regierungsentwurf eines Gesetzes zur Verbesserung des Anlegerschutzes, NZG 2004, 703, 705. Ebenso *Schäfer* in Marsch-Barner/Schäfer, Hdb. börsennotierte AG, 3. Aufl. 2014, § 16 Rz. 15.
5 BaFin, Emittentenleitfaden 2013, S. 86; ausführliche Kritik daran bei *Sethe* in 6. Aufl., § 15a WpHG Rz. 87 f.
6 Im Vertretermodell agiert der Vermögensverwalter als Stellvertreter des Vermögensinhabers, während er im Treuhandmodell Vollrechtsinhaber des verwalteten Vermögens wird und dieses lediglich auf Rechnung des Treugebers betreut.
7 Ebenso *Helm*, ZIP 2016, 2201, 2203.
8 *Richtlinie 2009/65/EG des Europäischen Parlaments und des Rates vom 13. Juli 2009 zur Koordinierung der Rechts- und Verwaltungsvorschriften betreffend bestimmte Organismen für gemeinsame Anlagen in Wertpapieren (OGAW) (Neufassung), ABl. EU Nr. L 302 v. 17.11.2009, S. 32.*

Vermögensverwalter. Die oben gemachten Ausführungen zur Indikatorwirkung von Geschäften im Rahmen der individuellen Vermögensverwaltung (Rz. 85) lassen sich daher auf Fondsgestaltungen nur begrenzt übertragen. Dem trägt der nachträglich durch Art. 56 VO 2016/1011 eingefügte (dazu Rz. 5) Art. 19 Abs. 7 Unterabs. 3 VO Nr. 596/2014 Rechnung. Demnach besteht **keine Meldepflicht, wenn das Fondsmanagement über vollen Ermessensspielraum verfügt**. Ein Ermessensspielraum des Fondsmanagements alleine genügt allerdings nicht. Gerade bei kleineren Fonds, bei denen sich Fondsmanagement und Investoren persönlich kennen, besteht eine mit der individuellen Vermögensverwaltung vergleichbare Situation, selbst wenn das Fondsmanagement formal über alle Freiheiten verfügt. Deshalb verlangt Art. 19 Abs. 7 Unterabs. 3 VO Nr. 596/2014 zusätzlich einen **Ausschluss jeder direkten oder indirekten Anweisung oder Empfehlung** von den Anlegern an das Fondsmanagement bezüglich der Zusammensetzung des Portfolios. Ein solcher Ausschluss muss sich eindeutig aus den Anlagebedingungen ergeben. Anders als bei der individuellen Vermögensverwaltung sind solche Anlagebedingungen bei Fonds ohne weiteres denkbar, da das Management einer Vielzahl unterschiedlicher Anleger verpflichtet ist und daher bereits im Ausgangspunkt nicht das Interesse einzelner Anleger bevorzugen darf. Sofern die Anlagebedingungen ausdrücklich vorsehen, dass die Führungskraft oder die eng verbundene Person keinerlei Einfluss auf die Investitionsentscheidungen des Fondsmanagements nehmen kann, fehlt es an der meldepflichtbegründenden Indikatorwirkung und auch eine Umgehung der gesetzlichen Meldepflichten scheidet aus.

Schließlich wird auch für Geschäfte, die **im Rahmen einer Lebensversicherung** vorgenommen werden, durch Art. 19 Abs. 7 Unterabs. 1 lit. c) VO Nr. 596/2014 eine Meldepflicht begründet. Hierdurch sollen Umgehungsgeschäfte unter der Verwendung von Versicherungsmänteln vermieden werden[1]. Es handelt sich daher um aus kontinentaleuropäischer Sicht **atypische Lebensversicherungsverträge**, nämlich um Policen, die in ihrer Wirkungsweise eher der Vermögensverwaltung gleichen und dem Versicherungsnehmer aktive Eingriffe in die Anlagepolitik ermöglichen. Für den Begriff der Lebensversicherung verweist Art. 19 Abs. 7 Unterabs. 1 lit. c) VO Nr. 596/2014 auf „Solvency II"[2], wo in Anhang II die unterschiedlichen Zweige der Lebensversicherung definiert werden. Damit eine Meldepflicht für im Rahmen einer Lebensversicherung getätigte Geschäfte entsteht, ist zunächst erforderlich, dass der Versicherungsnehmer entweder eine Führungsperson oder eine ihr eng verbundene Person ist (Art. 19 Abs. 7 Unterabs. 1 lit. c) i) VO Nr. 596/2014). Des Weiteren muss der Versicherungsnehmer das Investitionsrisiko tragen (Art. 19 Abs. 7 Unterabs. 1 lit. c) ii) VO Nr. 596/2014). Dies ist insoweit nicht der Fall, wie die Versicherungspolice dem Versicherungsnehmer bestimmte Ablaufleistungen oder Rückkaufwerte während der Laufzeit garantiert (vgl. § 169 VVG). Bereits aus diesem Grund begründen die typischen deutschen Versicherungspolicen keine Meldepflicht. Entscheidend ist schließlich, dass der **Versicherungsnehmer** die Befugnis oder das Ermessen dazu haben muss, **Investitionsentscheidungen bezüglich spezifischer Instrumente** im Rahmen der Lebensversicherung zu treffen (Art. 19 Abs. 7 Unterabs. 1 lit. c) iii) VO Nr. 596/2014). Diese Regelung zeigt, dass nicht die typische Lebensversicherung, sondern lediglich Ausnahmekonstellationen, in denen die Versicherung als reine Hülle der eigenen Anlagepolitik verwendet wird, als Schutz vor Umgehung erfasst sein sollen. Die praktische Bedeutung der Meldepflicht dürfte sich daher, jedenfalls in Deutschland, in Grenzen halten. Art. 19 Abs. 7 Unterabs. 4 VO Nr. 596/2014 stellt im Zusammenhang mit Lebensversicherungen noch klar, dass das **Versicherungsunternehmen selbst keine Meldepflicht** treffe, sofern der Versicherungsnehmer dazu verpflichtet ist, das Eigengeschäft zu melden.

dd) Besonderheiten bei Investitionen in Portfolios (Art. 19 Abs. 1a VO Nr. 596/2014). Sofern eine Führungskraft oder eine dieser eng verbundene Person Geschäfte mit Investmentfonds oder ähnlichen Instrumenten tätigt (vgl. Art. 10 Abs. 2 lit. m) DelVO 2016/522), stellt sich das Problem, dass die für die Meldepflicht relevanten Instrumente regelmäßig lediglich einen **Teil des Portfolios** des Fonds ausmachen. Würde der Gesetzgeber in dieser Situation auf eine Meldepflicht verzichten, könnten meldepflichtige Personen Fondsgestaltungen mit hohen Anteilen der Instrumente ihres Emittenten verwenden, um die Meldepflicht zu umgehen. Wenn andersherum aber jedes Fondsgeschäft nur deshalb meldepflichtig wird, weil das Portfolio auch einen geringen Anteil meldepflichtiger Instrumente enthält, wäre einerseits die Indikatorwirkung derartiger Meldungen ernsthaft in Frage zu stellen und könnte es andererseits zu erheblichen Rechtsverstößen kommen, wenn sich die meldepflichtige Person gar nicht bewusst ist, dass der von ihr erworbene Fonds zu einem kleinen Bruchteil auch in meldepflichtige Instrumente investiert hat. Um dieses Dilemma zu lösen, hat der Verordnungsgeber durch Art. 56 VO 2016/1011 nachträglich Art. 19 Abs. 1a VO Nr. 596/2014 eingefügt (dazu Rz. 5). Dieser sieht vor, dass Geschäfte mit Anteilen an Investmentfonds und ähnlichen Instrumenten mit Bezug auf Finanzinstrumente i.S.v. Art. 19 Abs. 1 Unterabs. 1 lit. a) VO Nr. 596/2014[3] nur dann meldepflichtig sind, wenn die Wertpapiere der betroffenen Emittenten zum Zeitpunkt des Geschäfts **mehr als 20 % des Fondsvermögens** aus-

---

1 *Schäfer* in Marsch-Barner/Schäfer, Hdb. börsennotierte AG, Rz. 16.15.
2 Richtlinie 2009/138/EG des Europäischen Parlaments und des Rates vom 25. November 2009 betreffend die Aufnahme und Ausübung der Versicherungs- und der Rückversicherungstätigkeit (Solvabilität II) (Neufassung), ABl. EU Nr. L 335 v. 17.12.2009, S. 1.
3 Der Wortlaut von Art. 19 Abs. 1a Unterabs. 1 VO Nr. 596/2014 nimmt zwar den gesamten Abs. 1 in Bezug. Sodann werden aber nur „Anteile oder Schuldtitel des Emittenten" genannt, so dass Fondsgestaltungen in Bezug auf Emissionszertifikate und dergleichen von der Ausnahme nicht erfasst werden.

machen. Die BaFin hatte in ihrer Verwaltungspraxis zuvor eine Grenze von 50 % zugrunde gelegt[1]. Die 20 %-Grenze stellt eine gegriffene Größe dar, der als solche immer eine gewisse Willkürlichkeit anhaftet. Deshalb wurde die Kommission durch Art. 38 Abs. 3 VO Nr. 596/2014 beauftragt, nach Anhörung der ESMA dem Europäischen Parlament und dem Rat bis zum 3.7.2019 einen **Bericht über die Angemessenheit der Schwelle** zu erstatten. Sollte sich diese als anpassungsbedürftig erweisen, ist die Kommission gem. Art. 38 Abs. 4 VO Nr. 596/2014 ermächtigt, die **Anpassung durch einen delegierten Rechtsakt** vorzunehmen.

90 Die Ausnahme bezieht sich gem. Art. 19 Abs. 1a Unterabs. 1 lit. a) VO Nr. 596/2014 zunächst auf Geschäfte mit Anteilen oder Aktien an einem **Organismus für gemeinsame Anlagen**, bei dem die Risikoposition gegenüber den Anteilen oder Schuldtiteln des Emittenten 20 % der von dem Organismus für gemeinsame Anlagen gehaltenen Vermögenswerte nicht übersteigt. Organismus für gemeinsame Anlagen ist ein Oberbegriff für AIF und OGAW (vgl. Art. 4 Abs. 1 lit. a) und lit. ao) RL 2011/61/EU [AIFM-RL][2]). Da allerdings OGAWs gem. Art. 52 Abs. 1 lit. a) RL 2009/65/EG (OGAW-RL)[3] höchstens 5 % ihres Sondervermögens in Wertpapiere ein und desselben Emittenten investieren dürfen (diese Grenze darf durch mitgliedstaatliches Recht gem. Art. 52 Abs. 2 RL 2011/61/EU auf höchstens 10 % angehoben werden; so etwa § 206 Abs. 1 KAGB), sind Anlagen in **OGAWs damit grundsätzlich von der Meldepflicht ausgenommen**[4]. Damit bleiben lediglich Anlagen in AIFs, welche die 20 %-Grenze überschreiten können. Art. 19 Abs. 1a Unterabs. 1 lit. b) VO Nr. 596/2014 erstreckt die Freistellung auf **Finanzinstrumente, die eine Risikoposition gegenüber einem Portfolio an Vermögenswerten** darstellen, wenn die meldepflichtigen Titel im Rahmen dieses Portfolios die 20 %-Grenze nicht überschreiten. Von dieser Regelung sind insbesondere **Zertifikate, indexbezogene Produkte** und ähnliche Strukturen erfasst, bei denen ein Emittent eine Schuldverschreibung begibt, deren **Zahlungsströme sich an der Wertentwicklung eines bestimmten Portfolios orientieren**, ohne dass eine indirekte Anlage in die Vermögenswerte dieses Portfolios erfolgen würde. In der Praxis ist es nicht einfach, die genaue prozentuale Zusammensetzung von Fonds oder virtuellen Risikoportfolien zu eruieren, insbesondere wenn diese Information als Teil eines Geschäftsgeheimnisses behandelt wird[5]. Daher enthält Art. 19 Abs. 1a VO Nr. 596/2014 ein abgestuftes System. Sind Informationen über die Zusammensetzung des Portfolios (theoretisch) erhältlich, verpflichtet Art. 19 Abs. 1a Unterabs. 2 VO Nr. 596/2014 die meldepflichtige Person dazu, **alle zumutbaren Anstrengungen** zu unternehmen, um diese Informationen zu erhalten. Dazu reicht es nicht aus, sich auf öffentlich zugängliche Quellen zu beschränken, vielmehr muss auch der direkte Kontakt mit dem Fondsmanagement gesucht werden[6]. Da im Voraus nicht erkennbar ist, ob Informationen verfügbar sind, wird man stets entsprechende Bemühungen verlangen müssen. Bleiben diese Bemühungen erfolglos, weil die Informationen nicht öffentlich zugänglich oder die zugänglichen Informationen nicht auf dem neuesten Stand sind[7] oder die meldepflichtige Person die zutreffenden Information trotz pflichtgemäßer Anstrengung nicht gefunden hat, greift die **Gutglaubensausnahme** gem. Art. 19 Abs. 1a Unterabs. 1 lit. c) VO Nr. 596/2014 ein. Demnach sind Geschäfte mit Fonds und ähnlichen Finanzinstrumenten auch bei Überschreiten der 20 %-Grenze von der Meldepflicht ausgenommen, wenn die meldepflichtige Person die Zusammensetzung der Anlage nicht kennt, nicht kennen konnte und auch keinen Grund zur Annahme hatte, dass die Grenze überschritten wurde. Diese Ausnahme wird durch den Regelungszweck der Veröffentlichungspflicht (dazu Rz. 8 ff.) geboten. Wenn eine meldepflichtige Person weder weiß noch wissen kann, dass sie indirekt in von der Meldepflicht betroffene Finanzinstrumente investiert, kann von dem Geschäft weder eine Indikatorwirkung für andere Anleger ausgehen, noch ist ein Verstoß gegen das Insiderhandelsverbot zu befürchten.

91 Nach dem eindeutigen Wortlaut bezieht sich die in Art. 19 Abs. 1a VO Nr. 596/2014 verankerte 20 %-Grenze nur auf die Meldepflicht nach Art. 19 Abs. 1 VO 596/2014. Damit sind aber selbstverständlich auch die Fälle gemeint, in denen sich die Meldepflicht erst durch die Erweiterung gem. Art. 19 Abs. 7 VO Nr. 596/2014 ergibt (dazu Rz. 79 ff.). Nach dem Sinn und Zweck der Regelung wird man die Ausnahme zudem auch auf das Handelsverbot des Art. 19 Abs. 11 VO Nr. 596/2014 anwenden müssen (s. ausführlich Rz. 158)[8].

---

1 BaFin, Emittentenleitfaden 2013, S. 76.
2 Richtlinie 2011/61/EU des Europäischen Parlaments und des Rates vom 8.6.2011 über die Verwalter alternativer Investmentfonds und zur Änderung der Richtlinien 2003/41/EG und 2009/65/EG und der Verordnungen (EG) Nr. 1060/2009 und (EU) Nr. 1095/2010 (Text von Bedeutung für den EWR), ABl. EU Nr. L 174 v. 1.7.2011, S. 1.
3 Richtlinie 2009/65/EG des Europäischen Parlaments und des Rates vom 13.7.2009 zur Koordinierung der Rechts- und Verwaltungsvorschriften betreffend bestimmte Organismen für gemeinsame Anlagen in Wertpapieren (OGAW) (Neufassung), ABl. EU Nr. L 302 v. 17.11.2009, S. 32.
4 Gem. Art. 52 Abs. 3 und 4 RL 2009/65/EG (OGAW-RL) können die Anlagegrenzen für Wertpapiere, die von bestimmten Gebietskörperschaften begeben oder garantiert werden, auf 35 %, für Schuldverschreibungen, die von Kreditinstituten begeben werden, auf 25 % angehoben werden. In diesen Sonderfällen könnten auch einmal Investments in einen OGAW von der Meldepflicht erfasst sein.
5 Eingehend hierzu *Helm*, ZIP 2016, 2201, 2206 f.; s. auch ESMA, Final Report: ESMA's technical advice, ESMA/2015/224, S. 46 („notwithstanding the practical difficulty to fulfil the notification requirement").
6 Vgl. ESMA, Final Report: ESMA's technical advice, ESMA/2015/224, S. 46.
7 Abzustellen ist diesbezüglich immer auf die zuletzt veröffentlichten Daten, selbst wenn diese bereits mehrere Wochen oder Monate alt sind, zutreffend *Helm*, ZIP 2016, 2201, 2207.
8 So auch *Diekgräf*, Directors' Dealings, S. 230 f.; *Helm*, ZIP 2016, 2201, 2207.

ee) **Regelbeispiele (Art. 10 Abs. 2 DelVO 2016/522).** Art. 19 Abs. 14 VO Nr. 596/2014 ermächtigt die Kommission zum Erlass delegierter Rechtsakte in Bezug auf die Festlegung der Arten von Geschäften, welche die Meldepflicht auslösen. Dies hat die Kommission mittels Art. 10 DelVO 2016/522 getan. Dieser enthält zunächst eine Generalklausel in Abs. 1 Unterabs. 2 (dazu Rz. 71) und listet sodann anhand von 16 nicht abschließenden[1] Regelbeispielen die zu meldenden Geschäfte im Detail auf, Art. 10 Abs. 2 DelVO 2016/522. Diese Regelbeispiele, die in sich leider nicht nach einem bestimmten System sortiert sind, sind teils sehr weit, teils sehr eng gefasst und enthalten viele Redundanzen. Im Folgenden werden die einzelnen Fallgruppen erläutert:

92

Art. 10 Abs. 2 lit. a) DelVO 2016/522 führt die wichtigsten Fälle des Eigengeschäfts auf, nämlich den Erwerb, die Veräußerung, den Leerverkauf, die Zeichnung und den Austausch von Finanzinstrumenten. **Erwerb und Veräußerung** bilden den Standardfall eines Eigengeschäfts, wobei es nicht auf das dingliche Erfüllungs-, sondern auf das schuldrechtliche Verpflichtungsgeschäft ankommt (s. bereits Rz. 72). Ein **Leerverkauf** stellt nach der Legaldefinition in Art. 2 Abs. 1 lit. b) VO Nr. 236/2012 (Leerverkaufsverordnung)[2] einen Verkauf von Aktien oder Schuldinstrumenten dar, die sich zum Zeitpunkt des Eingehens der Verkaufsvereinbarung nicht im Eigentum des Verkäufers befinden, einschließlich eines Verkaufs, bei dem der Verkäufer zum Zeitpunkt des Eingehens der Verkaufsvereinbarung die Aktien oder Schuldinstrumente geliehen hat oder eine Vereinbarung getroffen hat, diese zu leihen, um sie bei der Abwicklung zu liefern. Obwohl beim Leerverkauf der Bestand an eigenen Finanzinstrumenten im Ergebnis nicht verändert wird, kommt ihm eine starke Indikatorwirkung zu, weil damit auch dann auf sinkende Kurse gesetzt werden kann, wenn man das betreffende Finanzinstrument nicht (in entsprechender Zahl) im eigenen Portfolio hält. Die **Zeichnung** eines Finanzinstruments ist die klassische Primärmarkttransaktion und daher ebenfalls meldepflichtig[3]. Für die Zeichnung einer Kapitalerhöhung oder Schuldtitelemission wiederholt Art. 10 Abs. 2 lit. g) DelVO 2016/522 die Meldepflicht (s. Rz. 99). Der Ausdruck **Austausch** ist weit zu verstehen. Darunter fallen zunächst schuldrechtliche Tauschgeschäfte i.S.v. § 480 BGB, aber auch gesellschafts- und börsenrechtliche Transaktionen, durch die das konkrete Finanzinstrument aus- oder umgetauscht wird (z.B. Aktiensplits, s. Rz. 73). Soweit das Finanzinstrument durch die Transaktion durch ein anderes Finanzinstrument ersetzt wird, kommt auch eine Meldepflicht nach Art. 10 Abs. 2 lit. j) DelVO 2016/522 in Betracht (s. Rz. 102).

93

Die Regelung des **Art. 10 Abs. 2 lit. b) DelVO 2016/522** behandelt **Aktienoptionen**. Obwohl die hier geregelten Fälle auch bereits von Art. 10 Abs. 2 lit. f) und h) DelVO 2016/522 erfasst würden, unterstreicht die besondere Behandlung die praktische Wichtigkeit dieser Geschäfte. Art. 10 Abs. 2 lit. b) DelVO 2016/522 erfasst sowohl die **Annahme** als auch die **Ausübung** von Aktienoptionen sowie die **Veräußerungen** von Anteilen, die aus der Ausübung der Aktienoption resultieren. Praktische Relevanz hat insbesondere der Zusatz, die Pflicht erfasse auch Aktienoptionen, die im Rahmen eines Vergütungspakets für Führungspersonen ausgegeben oder ausgeübt werden. Damit wird deutlich, dass **keine Ausnahme für arbeitsrechtliche Gestaltungen** besteht (ausführlich Rz. 74). Nicht von Art. 10 Abs. 2 lit. b) DelVO 2016/522 erfasst werden virtuelle Optionen, da es sich hierbei nicht um eine echte Option handelt[4]. Derartige Gestaltungen können aber nach Art. 10 Abs. 2 lit. c) oder d) DelVO 2016/522 eine Meldepflicht auslösen.

94

Art. 10 Abs. 2 lit. c) DelVO 2016/522 bestimmt, dass auch das Eingehen oder die Ausübung von **Aktienswaps** meldepflichtige Eigengeschäfte darstellen. Auch dieser Fall ist lediglich aus Veranschaulichungsgründen gesondert aufgeführt. Aktienswaps stellen Derivate und Finanzinstrumente gemäß Anhang I Abschn. C Abs. 4 RL 2014/65/EU dar und sind daher auch bereits von Art. 10 Abs. 2 lit. d) DelVO 2016/522 erfasst. Mittels eines Aktienswaps kann eine meldepflichtige Person sich z.B. gegen Wertverluste ihrer Aktien absichern, ohne diese zu verkaufen, oder andersherum auf einen Wertanstieg der Aktien setzen, ohne diese kaufen zu müssen. Damit kommt Aktienswaps eine wichtige Indikatorfunktion zu.

95

Art. 10 Abs. 2 lit. d) DelVO 2016/522 bildet den Grundtatbestand für **Geschäfte mit Derivaten**, indem sämtliche Geschäfte „mit oder im Zusammenhang" mit Derivaten erfasst sind. Derivate sind gem. Art. 2 Abs. 1 Nr. 29 VO Nr. 600/2014 i.V.m. Art. 4 Abs. 1 Nr. 44 lit. c) RL 2014/65/EU Finanzinstrumente i.S.v. Anhang I Abschn. C Abs. 4–10 RL 2014/65/EU (s. bereits Rz. 63). Derivate sind gem. Art. 2 Abs. 1 lit. d) VO Nr. 596/2014 von der Meldepflicht erfasst, soweit ihr Kurs oder Wert von einem Finanzinstrument abhängt, das an einem geregelten Markt, MTF oder OTF gehandelt wird bzw. für welches ein Zulassungsantrag gestellt wurde. Damit ist das gesamte Spektrum von Derivaten erfasst (ausführlich Rz. 65 ff.). Wichtig, wenn auch lediglich klarstellend, ist der Zusatz, dass auch **Geschäfte mit Barausgleich** erfasst sind. Damit unterfallen auch sämtliche **virtuellen Gestaltungen**, wie „phantom stock plans" und „stock appreciation rights", der Meldepflicht (s. Rz. 74 f.).

96

Wegen des umfassenden Charakters der Meldepflicht nach Art. 10 Abs. 2 lit. d) DelVO 2016/522 stellt auch **Art. 10 Abs. 2 lit. e) DelVO 2016/522**, der den Abschluss von **Differenzkontrakten** über ein Finanzinstru-

97

---
[1] Erwägungsgründe 28, 29 DelVO 2016/522.
[2] Verordnung (EU) Nr. 236/2012 des Europäischen Parlaments und des Rates vom 14. März 2012 über Leerverkäufe und bestimmte Aspekte von Credit Default Swaps (Text von Bedeutung für den EWR), ABl. EU Nr. L 86 v. 24.3.2012, S. 1.
[3] BaFin, FAQ Managers' Transactions, Stand: 1.2.2018, II.13.
[4] Ebenso *Kumpan*, AG 2016, 446, 451.

ment des Emittenten oder über Emissionszertifikate oder darauf beruhenden Auktionsobjekten erfasst, lediglich eine klarstellende Veranschaulichung dar.

98 Art. 10 Abs. 2 lit. f) DelVO 2016/522 bestimmt, dass auch der **Erwerb, die Veräußerung oder Ausübung von Rechten**, einschließlich von Verkaufs- und Kaufoptionen, sowie Optionsscheine meldepflichtig sind. Soweit es sich dabei um die ausdrücklich angesprochenen Optionen und Optionsscheine handelt, stellen diese lediglich Unterformen der Derivate dar und sind daher auch bereits von Art. 10 Abs. 2 lit. d) DelVO 2016/522 erfasst. Erwirbt also eine Person mit Führungsaufgaben (ohne dass es sich um Vergütungsbestandteile handelt, dazu Rz. 74) Wandelanleihen, Bezugsrechte oder Optionsscheine, ist sowohl der Erwerb dieser Finanzinstrumente als auch die spätere Ausübung des Umtausch- bzw. Bezugsrechts mitteilungspflichtig[1].

99 Nach **Art. 10 Abs. 2 lit. g) DelVO 2016/522** stellen die **Zeichnung einer Kapitalerhöhung oder Schuldtitelemission** meldepflichtige Geschäfte nach Art. 19 Abs. 1 Unterabs. 1 VO Nr. 596/2014 dar. Hierbei handelt es sich um einen Unterfall zu Art. 10 Abs. 2 lit. a) DelVO 2016/522, der bereits umfassend jede Zeichnung eines Finanzinstruments erfasst.

100 Gem. **Art. 10 Abs. 2 lit. h) DelVO 2016/522** sind auch Geschäfte mit **Derivaten** und Finanzinstrumenten **im Zusammenhang mit einem Schuldtitel** des betreffenden Emittenten, einschließlich von Kreditausfallswaps (**Credit Default Swaps**), meldepflichtig. Dies hätte sich auch zwanglos bereits aus der allgemeinen Regelung des Art. 10 Abs. 2 lit. d) DelVO 2016/522 ergeben. Der Hauptzweck der Regelung besteht daher darin, die Meldepflicht für Credit Default Swaps hervorzuheben. Erfasst sind damit Ausfallversicherungen für die Schuldtitel des Emittenten. Mithilfe solcher Finanzinstrumente kann sich eine meldepflichtige Person von ihrem Kreditrisiko lösen, ohne die entsprechenden Schuldtitel zu veräußern. Derartigen Geschäften kommt daher eine wichtige Indikatorwirkung für den Markt zu.

101 Die Regelung des **Art. 10 Abs. 2 lit. i) DelVO 2016/522** erfasst einen kleinen Ausschnitt der bedingten Geschäfte, nämlich die **aufschiebenden Bedingungen**. Dies ergibt sich aus Erwägungsgrund 30 zur DelVO 2016/522, der mit dem Eintritt der Bedingung die Durchführung des Geschäfts gleichsetzt. Nach Art. 10 Abs. 2 lit. i) DelVO 2016/522 löst auch der Eintritt der Bedingung und die tatsächliche Ausführung des Geschäfts eine Meldepflicht aus. Diese Meldungen treten aber nicht an die Stelle, sondern ergänzen die Pflicht, den Abschluss des bedingten Geschäfts als solchen zu melden (s. ausführlich Rz. 76).

102 Gem. **Art. 10 Abs. 2 lit. j) DelVO 2016/522** löst auch die **Umwandlung eines Finanzinstruments in ein anderes Finanzinstrument** eine Meldepflicht aus, unabhängig davon, ob sie automatisch oder nicht automatisch erfolgt. Die Regelung erfasst also insbesondere alle Arten von **Call-Optionen** sowie **Bezugsrechte**. Beispielhaft genannt wird der „Austausch" von **Wandelschuldverschreibungen** in Aktien. Auch die Ausübung des Bezugsrechts begründet demnach eine Meldepflicht[2]. Dies ist vom Schutzzweck der Meldepflicht gedeckt, denn von der Wahl zwischen Ausübung oder Verkauf des Bezugsrechts geht durchaus eine Indikatorfunktion aus.

103 Umstritten war nach bisheriger Rechtslage, ob die Meldepflicht auch bei Schenkungen eingreift[3]. Diese Frage wird nunmehr durch **Art. 10 Abs. 2 lit. k) DelVO 2016/522** dahingehend beantwortet, dass auch **getätigte oder erhaltene Zuwendungen und Spenden** meldepflichtige Geschäfte i.S.d. Art. 19 Abs. 1 Unterabs. 1 VO Nr. 596/2014 darstellen. Der Wortlaut des Art. 19 Abs. 1 Unterabs. 1 VO Nr. 596/2014, der lediglich von „Eigengeschäften", nicht aber von Entgeltlichkeit spricht, deckt diese Auslegung zweifellos. Sie ist auch unter Berücksichtigung der Regelungstendenz, eine umfassende Publizität der Transaktionen meldepflichtiger Personen zu gewährleisten, folgerichtig[4]. Meldungen über erhaltene Schenkungen oder Spenden (z.B. an gemeinnützige juristische Personen, die die Definition von Art. 3 Abs. 1 Nr. 26 lit. d) VO Nr. 596/2014 erfüllen) entfalten dadurch eine **Indikatorwirkung**, dass sie dem Markt im Zusammenhang mit einer darauffolgenden (oder unterlassenen) Veräußerung eine Einschätzung ermöglichen, wie die meldepflichtige Person die Renditeaussichten der kostenfrei erhaltenen Finanzinstrumente einschätzt. Zudem würde eine Ausnahme für Schenkungen vielfältige Umgehungsmöglichkeiten eröffnen und die **Insiderhandelsprävention** schwächen, wenn etwa die meldepflichtige Person Finanzinstrumente an eine befreundete Person „verschenkt", die diese dann unmittelbar veräußert. Da ein (möglicherweise verzögerter und getarnter) Rücklauf des Veräußerungserlöses sowie die Umgehungsabsicht nur sehr schwer zu beweisen sind, müssen auch die Schenkungen meldepflichtig sein. Auch die Spende von Finanzinstrumenten an eine gemeinnützige Organisation, die etwa von der meldepflichtigen Person selbst mitverwaltet wird, kann zur Ausnutzung von positiven Insiderinformationen missbraucht werden. Die meldepflichtige Person lässt der gemeinnützigen Organisation so einen zusätzlichen Vermögensvorteil (die Differenz zwischen Marktwert und tatsächlichem Wert des Finanzinstruments nach Bekanntwerden der Insiderinformation) zukommen, ohne diesen selbst bezahlen zu müssen.

---

1 Zu Bezugsrechten BaFin, FAQ Managers' Transactions, Stand: 1.2.2018, II.15.; zum alten Recht auch *Osterloh*, Directors' Dealings, S. 172 sowie *Uwe H. Schneider*, BB 2002, 1817, 1819 (in Bezug auf die Wandelanleihe).
2 BaFin, FAQ Managers' Transactions, Stand: 1.2.2018, II.15.
3 Ausführlich dazu *Sethe* in 6. Aufl., § 15a WpHG Rz. 78.
4 Kritisch jedoch *Schäfer* in Marsch-Barner/Schäfer, Hdb. börsennotierte AG, Rz. 16.13.

Nach früherer Rechtslage ging die h.M. davon aus, dass gesetzliche Rechtserwerbe, wie eine Erbschaft, nicht 104
von der Meldepflicht erfasst seien[1]. Demgegenüber stellt Art. 10 Abs. 2 lit. k) DelVO 2016/522 klar, dass auch
„entgegengenommene Erbschaften" meldepflichtig sind. Damit ist jedenfalls die **erbrechtliche Universalsukzession** erfasst. Fraglich ist, ob aus dem Wortlaut „entgegengenommen" gefolgert werden kann, dass erst die
positive Annahme bzw. der Ablauf der Ausschlagungsfrist gem. § 1943 HS. 2 BGB das meldepflichtige Ereignis
darstellt und nicht die bereits im Zeitpunkt des Todes des Erblassers eintretende Universalsukzession (vgl.
§§ 1922 Abs. 1, 1942 Abs. 1 BGB)[2]. Die Formulierung „entgegengenommen" drückt aber – in Abgrenzung zu
den Zuwendungen und Spenden – lediglich aus, dass die Erbschaft nur durch den Vermögensempfänger meldepflichtig ist. Problematisch ist eine **Meldepflicht im Zeitpunkt des Anfalls der Erbschaft** aber möglicherweise unter dem Gesichtspunkt des Art. 19 Abs. 1 Unterabs. 2 VO Nr. 596/2014, der verlangt, dass die Meldung
spätestens drei Tage nach dem Datum des Geschäfts abzugeben ist. Wenn bereits die Universalsukzession als
solche meldepflichtig ist, wird diese Frist in der Praxis häufig nicht eingehalten werden. Dies spricht aber nicht
gegen die Meldepflicht, sondern ist im Rahmen der Ahndung zu berücksichtigen, da gem. § 120 Abs. 15 Nr. 17
WpHG die verspätete Meldung nur dann eine Ordnungswidrigkeit darstellt, wenn sie zumindest auf Leichtfertigkeit beruht. Würde man dagegen mit der BaFin auf den Ablauf der Ausschlagefrist abstellen, könnte der
Erbe die Meldung vorsätzlich sechs Wochen (vgl. § 1944 BGB) ohne jede Sanktion verzögern. Dies ist mit dem
unionsrechtlichen Effektivitätsprinzip nicht zu vereinbaren. Auch die **Auseinandersetzung der Erbschaft** kann
eine erneute Meldepflicht auslösen[3], weil erst dadurch ein einzelner Erbe die alleinige Verfügungsmacht über
die im Nachlass befindlichen Finanzinstrumente erlangt. Des Weiteren ist davon auszugehen, dass der Ausdruck „entgegengenommene Erbschaft" weit auszulegen ist und auch den Fall umfasst, dass die meldepflichtige
Person die betreffenden Finanzinstrumente durch ein **Vermächtnis** zugewendet erhält (§ 2174 BGB). Auch das
Vermächtnis fällt grundsätzlich mit dem Erbfall an (§ 2176 BGB), so dass auch hier die Meldung in der Praxis
häufig verspätet erfolgen wird, was aber nur dann Konsequenzen hat, wenn die Verzögerung vorsätzlich oder
leichtfertig verursacht wird. Nicht von der Mitteilungspflicht nach Art. 19 Abs. 1 Unterabs. 1 VO Nr. 596/2014
erfasst, ist dagegen der Fall, dass eine Führungsperson verstirbt und **durch eine eng verbundene Person beerbt**
wird, da mit dem Tod insoweit die Eigenschaft als eng verbundene Person endet (s. Rz. 41)[4].

Nach **Art. 10 Abs. 2 lit. l) DelVO 2016/522** unterliegen auch Geschäfte mit indexgebundenen Produkten, 105
Wertpapierkörben („Baskets") und Derivaten der Meldepflicht. Dabei handelt es sich um Finanzinstrumente,
deren Wert mittelbar von den Anteilen oder Schuldverschreibungen des Emittenten abhängt (s. Rz. 64). Allerdings steht die Meldepflicht unter der Einschränkung, dass nach Art. 19 VO Nr. 596/2014 eine Meldung vorgeschrieben ist. Diese Regelung ist keineswegs zirkulär[5], sondern verweist auf die 20 %-Grenze nach Art. 19
Abs. 1a Unterabs. 1 lit. b) VO Nr. 596/2014 (dazu ausführlich Rz. 90). Indexgebundene Finanzinstrumente unterfallen demnach nur dann der Meldepflicht, wenn den Anteilen oder Schuldtiteln des Emittenten mindestens
20 % Gewichtung innerhalb des Indizes zukommen. Damit werden die meisten indexbezogenen Finanzinstrumente keine Meldepflicht begründen.

Art. 10 Abs. 2 lit. m) DelVO 2016/522 enthält eine Parallelvorschrift für Geschäfte, die mit Anteilen an Investmentfonds ausgeführt werden. Da Investitionen in OGAWs grundsätzlich meldefrei sind (s. Rz. 90), betrifft 106
dies in der Praxis allein die beispielhaft genannten AIF gem. Art. 1 RL 2011/61/EU. Auch hier gilt ausdrücklich
die Einschränkung, dass die Meldung nur erforderlich ist, sofern das Portfolio des Fonds die 20 %-Grenze überschreitet. Insoweit wird auf die obigen Ausführungen verwiesen (s. Rz. 89 ff.).

Die Regelung des **Art. 10 Abs. 2 lit. n) DelVO 2016/522** bezieht sich auf die besondere Meldepflicht gem. 107
Art. 19 Abs. 7 Unterabs. 1 lit. b) VO Nr. 596/2014 bei Anlageentscheidungen, die durch das Management von
AIF getroffen werden, die gem. Art. 19 Abs. 7 Unterabs. 3 VO Nr. 596/2014 nur dann eingreift, wenn die meldepflichtige Person diese Anlageentscheidungen beeinflussen konnte (ausführlich dazu Rz. 87).

Art. 10 Abs. 2 lit. o) DelVO 2016/522 regelt wiederum den Parallelfall der Anlageentscheidungen, die im Rahmen einer individuellen Vermögensverwaltung durch den Verwalter getroffen werden und ebenfalls unter 108
Art. 19 Abs. 7 Unterabs. 1 lit. b) VO Nr. 596/2014 fallen (ausführlich dazu Rz. 85 f.). Anders als bei Fondsinvestitionen besteht hier keine Ausnahme, weil der Verordnungsgeber – zu Recht – davon ausgeht, dass im Rahmen
indiviueller Vermögensverwaltung ein Einfluss des Vermögensinhabers auf die Anlageentscheidungen niemals
gänzlich ausgeschlossen werden kann.

Die Regelung des **Art. 10 Abs. 2 lit. n) DelVO 2016/522** unterwirft alle Leihgeschäfte mit Anteilen oder 109
Schuldtiteln des Emittenten oder mit Derivaten oder anderen damit verbundenen Finanzinstrumenten einer

---

1 Ausführlich dazu Sethe in 6. Aufl., § 15a WpHG Rz. 80.
2 In diese Richtung BaFin, FAQ Managers' Transactions, Stand: 1.2.2018, IV.7. Anders Kumpan, AG 2016, 446, 453 f., der
auf die Änderung der „sachenrechtlichen Zuordnung" abstellt und annimmt, damit entstehe die Meldepflicht erst „mit
dem tatsächlichen Erhalt der Finanzinstrumente". Bei einer Erbschaft tritt sowohl die Universalsukzession als auch die
Besitzerlangung gem. § 857 BGB aber bereits mit dem Tod des Erblassers ein.
3 Zutreffend BaFin, FAQ Managers' Transactions, Stand: 1.2.2018, IV.7.
4 BaFin, FAQ Managers' Transactions, Stand: 1.2.2018, IV.9.
5 So aber Kumpan, AG 2016, 446, 454 (vor Einfügung des Art. 19 Abs. 1a VO Nr. 596/2014).

Meldepflicht. Damit geht die Norm über Art. 19 Abs. 7 Unterabs. 1 lit. a) Var. 2 VO Nr. 596/2014 hinaus, der lediglich das Verleihen durch die meldepflichtige Person erfasst. Da aber Leihgeschäfte bereits unter den Tatbestand des Eigengeschäfts i.S.v. Art. 19 Abs. 1 Unterabs. 1 VO Nr. 596/2014 subsumiert werden können, wird zurecht auch der Fall des Entleihens durch die meldepflichtige Person geregelt. Die Meldepflicht erfasst neben der klassischen **Wertpapierleihe** auch **Wertpapierpensionsgeschäfte und Repo-Geschäfte**. Zu den Einzelheiten s. Rz. 83.

110 **ff) Einschaltung von Intermediären; eigene Meldepflichten für Finanzdienstleister?** Ein „Eigengeschäft" i.S.v. Art. 19 Abs. 1 Unterabs. 1 VO Nr. 596/2014 setzt nicht voraus, dass die Führungsperson oder die ihr eng verbundene Person die Transaktion höchstpersönlich vornehmen. Erfasst sind auch Konstellationen, in denen sie sich dazu eines **Stellvertreters** bedienen[1]. Dies gilt nicht nur für Dauervollmachten wie bei der Vermögensverwaltung (dazu ausführlich Rz. 84 ff.), sondern auch für Einzelvollmachten. Darüber hinaus bedarf es für die Zurechnung noch nicht einmal einer direkten Verpflichtung der Führungskraft oder der ihr eng verbundenen Person, wie die Beispiele der durch einen Fondsverwalter getroffenen oder im Rahmen einer atypischen Lebensversicherung ausgeführten Anlageentscheidungen zeigen (s. Rz. 87 f.). Die **Mitteilungspflicht verbleibt** auch bei Zwischenschaltung eines Stellvertreters oder Finanzintermediärs grundsätzlich **bei der Führungsperson oder der ihr eng verbundenen Personen** und trifft nicht etwa den Finanzintermediär. Dies stellt Art. 19 Abs. 7 Unterabs. 4 VO Nr. 596/2014 ausdrücklich für den Sonderfall der Lebensversicherung klar (s. Rz. 88). Aber auch ansonsten verbleibt die Meldepflicht grundsätzlich bei der Führungsperson oder der ihr eng verbundenen Person. Dies ergibt sich schon daraus, dass sonstige Dritte (wie etwa Finanzintermediäre) gar nicht vom persönlichen Anwendungsbereich der Meldepflicht erfasst sind. Selbstverständlich kann ein Intermediär auch als Bote oder Stellvertreter die Abgabe der Meldungen übernehmen; dadurch ändert sich aber nicht der Adressat der Mitteilungspflicht, der bei einer pflichtwidrigen Unterlassung auch die Sanktionen zu tragen hat (s. Rz. 117). Eine **eigene Meldepflicht für Finanzintermediäre** kommt aber ausnahmsweise dann in Betracht, wenn diese als eng verbundene Person gem. Art. 3 Abs. 1 Nr. 26 lit. d) VO Nr. 596/2014 einzustufen sind. Diese Regelung erfasst insbesondere auch Treuhandkonstellationen (s. Rz. 50, 56), so dass etwa bei einer Vermögensverwaltung im Rahmen eines Treuhandmodells eine **eigene Meldepflicht für den Treuhänder** entsteht. Dies betrifft aber ausschließlich Konstellationen, in denen treuhänderisch die individuellen Interessen gerade der Führungskraft oder der ihr eng verbundenen Person wahrgenommen werden. Handelt es sich dagegen um eine kollektive Vermögensverwaltung, ist die Voraussetzung, dass die wirtschaftlichen Interessen der Entität weitgehend denen der Führungskraft oder eng verbundenen natürlichen Person entsprechen müssen, nicht gegeben. Eine solche Verwaltung dient gleichermaßen den Interessen sämtlicher Anleger, weshalb nur ein teilweiser Interessengleichlauf besteht.

111 **4. Mindestschwelle (Art. 19 Abs. 8, 9 VO Nr. 596/2014).** Eine Meldepflicht nach Art. 19 Abs. 1 VO Nr. 596/2014 entsteht erst, nachdem der Meldepflichtige **innerhalb eines Kalenderjahres** Geschäfte mit einem Gesamtvolumen von **5.000 Euro** getätigt hat, Art. 19 Abs. 1 Unterabs. 3, Abs. 8 Satz 1 VO Nr. 596/2014. Damit soll erreicht werden, dass der Markt nicht mit einer Vielzahl an Meldungen überschwemmt wird[2], deren Indikatorwirkung – angesichts des geringen wirtschaftlichen Risikos – sehr begrenzt ist. Andererseits muss verhindert werden, dass meldepflichtige Personen ihre Geschäfte so aufteilen, dass sie mit dem einzelnen Geschäft unterhalb der Meldeschwelle bleiben. Deshalb werden die Geschäfte für die Zwecke der Mindestschwelle jeweils im Zeitraum eines Kalenderjahres addiert. Indem die Regelung an das Kalenderjahr und **nicht an die letzten 12 Monate** anknüpft, wird es den meldepflichtigen Personen ermöglichen, um den Jahreswechsel herum durch Aufspaltung der Transaktion Geschäfte im Umfang von bis zu 10.000 Euro binnen weniger Tage meldefrei durchzuführen. Dieser handwerkliche Fehler des Verordnungsgebers ist aber aufgrund des eindeutigen Wortlauts von Art. 19 Abs. 8 Satz 1 VO Nr. 596/2014 hinzunehmen.

112 Für die **Berechnung der Mindestschwelle** gelten grundsätzlich die gleichen Regeln wie zu den nach Art. 19 Abs. 6 lit. g) VO Nr. 596/2014 zu machenden Angaben zu Kurs und Volumen des Geschäfts (dazu Rz. 127). Besonderheiten bestehen jedoch zum einen bei **Spenden, Schenkungen oder Erbschaften**. Während diese im Rahmen der Meldung mit „0 Euro" anzugeben sind, ist für die Berechnung der Mindestschwelle der Marktwert der erhaltenen oder weggegebenen Finanzinstrumente maßgeblich. Dabei ist auf den im Rahmen der Nachhandelstransparenz gem. Art. 6, 10, 20 und 21 VO Nr. 600/2014 veröffentlichten Kurs am Tag der Annahme der Zuwendung oder – falls an diesem Tag kein Kurs veröffentlicht wurde – auf den nächsten darauffolgend veröffentlichten Kurs abzustellen[3]. Diese Differenzierung ist erforderlich, denn der Umstand, dass auch Spenden, Schenkungen und Erbschaften die Meldepflicht auslösen (dazu Rz. 103 f.), darf nicht dadurch konterkariert werden, dass etwa eine umfangreiche Erbschaft allein deshalb nicht gemeldet werden muss, weil der Erbe innerhalb desselben Kalenderjahres keine sonstigen Transaktionen tätigt. Schwierigkeiten entstehen bei der **Kalkulation des Schwellenwertes im Falle von Derivaten**. Die ESMA hat diesbezüglich Leitlinien formuliert, die sich

---

1 *Süßmann* in Park, Kapitalmarktstrafrecht, Teil 4 Kap. 3 T1 Rz. 4 (= S. 780).
2 Erwägungsgrund 58 VO Nr. 596/2014.
3 ESMA, Q&A MAR, ESMA70-145-111, Version 11, Stand: 23.3.2018, 7.4; BaFin, FAQ Managers' Transactions, Stand: 1.2.2018, III.4.

allerdings nur auf den Fall beziehen, dass ein Arbeitgeber der Führungsperson Optionen als Vergütungsbestandteil gewährt[1]: Bei solchen Optionen solle für die Berechnung der Mindestschwelle derjenige Wert maßgeblich sein, welchen der Emittent als Arbeitgeber der Option wirtschaftlich zuschreibt. Wenn ein solcher Wert nicht bekannt ist, solle der Wert der Option anhand anerkannter ökonomischer Preisbestimmungsmodelle ermittelt werden. Damit dürfte insbesondere die Black-Scholes-Formel gemeint sein[2]. Dieser Ansatz läuft darauf hinaus, dass letztlich nur der fehlende Kauf- oder Veräußerungspreis der Option geschätzt wird, so dass man daraus schließen kann, dass ansonsten offenbar der **Preis des Derivats maßgeblich** sein soll, bei einer Option also die (Stillhalte-)Prämie. Während diese Preisangabe im Rahmen der Meldung zutreffend ist[3], eignet sie sich nicht für die Berechnung des Schwellenwertes[4]. Deshalb wird teilweise vorgeschlagen, zu simulieren, welche Zahlungen bei einem realen Leistungsaustausch angefallen wären und dann aus diesen einen fiktiven Ausübungspreis zu ermitteln[5]. Wollte man einem solchen Ansatz folgen, muss allerdings sichergestellt sein, dass der Ausübungspreis *für die Zwecke der Kalkulation der Mindestschwelle* nicht doppelt berücksichtigt werden darf[6]. Das Problem ist aber, dass es eine Vielzahl von Derivatkontrakten gibt, bei denen es überhaupt nicht möglich ist, diese ex ante in Kauf- oder Verkaufsgeschäfte hinsichtlich des underlying umzurechnen. Mittels derartiger Kontrakte ist es aber ohne weiteres möglich, das Kursrisiko eines Finanzinstruments zu übernehmen oder andersherum auf eine andere Partei abzuwälzen, so dass diesen Verträgen eine erhebliche Indikatorfunktion zukommt[7]. Da derartige Kontrakte häufig sogar gar keine Zahlung im Vertragsschlusszeitpunkt erfordern und keinen bestimmbaren Marktwert haben[8], würden sie auch nach dem Ansatz der ESMA bei Berechnung der Mindestschwelle unberücksichtigt bleiben. Dieses Ergebnis ließe sich de lege lata nur vermeiden, wenn man Art. 19 Abs. 8 VO Nr. 596/2014 teleologisch so reduzieren würde, dass jeder Derivatkontrakt sofort meldepflichtig ist. Da eine Verletzung der Meldepflicht aber gem. § 120 Abs. 15 Nr. 17 WpHG bußgeldbewehrt ist, käme dies einer verbotenen Analogie gleich und scheidet daher aus. Dem europäischen Verordnungsgeber, der das Problem offensichtlich übersehen hat, ist aber de lege ferenda zu raten, die Mindestschwelle für Derivate aufzuheben. Solange dies nicht geschehen ist, ist es de lege lata überzeugender, keine Korrektur bei der Berücksichtigung von Derivaten vorzunehmen, sondern angesichts des Gesetzeswortlauts auf den Preis des Derivats abzustellen. Sofern das Eigengeschäft **nicht in Euro** vorgenommen wird, ist für die Berechnung des Schwellenwertes auf den Wechselkurs am Ende des Tages der Geschäftsvornahme abzustellen; soweit verfügbar, ist der von der Europäischen Zentralbank veröffentlichte Kurs maßgeblich[9]. Für die Berechnung des Schwellenwertes sind sämtliche Transaktionen in den verschiedenen von Art. 19 Abs. 1 Unterabs. 1 VO Nr. 596/2014 erfassten

---

1 ESMA, Q&A MAR, ESMA70-145-111, Version 11, Stand: 23.3.2018, 7.6.
2 *Black/Scholes*, 81 Journal of Political Economy 637 (1973). Eine gut verständliche Darstellung findet sich bei *Franke/Hax*, Finanzwirtschaft des Unternehmens und Kapitalmarkt, 6. Aufl. 2009, S. 387 ff.
3 So auch die Preisangabe im Rahmen der Meldung gem. Ziff. 4 lit. c) Anhang DurchfVO 2016/523 i.V.m. Anhang I Tabelle 2 Ziff. 33 (und ggf. Ziff. 34) i.V.m. Tabelle 1 DelVO 2017/590. Danach ist bei Optionskontrakten die Prämie des Derivatkontrakts pro Basiswert oder Indexpunkt anzugeben.
4 Da der Preis eines Derivats lediglich den ökonomischen Wert widerspiegelt, der es ausmacht, sich bereits im Voraus die Möglichkeit und die Konditionen eines späteren Geschäfts zu sichern, wird die Prämie der angestrebten Indikatorfunktion nur bedingt gerecht. Denn der Preis hängt von Faktoren wie der Volatilität des Finanzinstruments ab, die in keinerlei Zusammenhang zu der Indikatorfunktion hinsichtlich des underlying stehen.
5 In diese Richtung hatte die ESMA in einer früheren Stellungnahme angeregt, für die Bestimmung des Wertes der Transaktion bei Derivaten mit physischem Settlement auf den gezahlten bzw. erhaltenen Gesamtbetrag abzustellen und bei Derivaten mit einem Cash Settlement auf den Nominalwert der Transaktion, multipliziert mit dem Referenzpreis, ESMA, Final Report: ESMA's technical advice, ESMA/2015/224, S. 45. Zustimmend *Semrau* in Klöhn, Art. 19 MAR Rz. 55; *Kumpan*, AG 2016, 446, 455; *Maume/Kellner*, ZGR 2017, 273 (288 f.).
6 Beispiel: Eine Führungskraft kauft zum Preis von 100 Euro eine Option, die ihr das Recht gewährt, binnen zwei Monaten 100 Aktien des Emittenten zum Preis von 2.500 Euro zu kaufen. Der Kauf dieser Option wäre nach der geschilderten Ansicht mit 2.600 Euro für die Schwellenwertberechnung anzusetzen. Übt die Führungskraft die Option einen Monat später aus und erwirbt die Aktien für 2.500 Euro, darf dies nicht dazu führen, dass nun ein Gesamtvolumen von 5.100 Euro anzunehmen ist und damit eine Meldepflicht entsteht. Vielmehr muss der Wert beider Geschäfte für die Zwecke der Mindestschwelle bei 2.600 Euro bleiben.
7 Beispiel: Führungskraft A schließt mit B einen Vertrag mit einer Laufzeit von einem Jahr, der sich auf die Aktien des Emittenten bezieht. Sollte der Aktienkurs nach genau einem Jahr höher sein als der Referenzkurs zum Zeitpunkt des Vertragsschlusses, verpflichtet sich B, dem A eine Ausgleichszahlung von 1 Mio. Euro pro Euro Abweichung vom Referenzkurs zu leisten. Sollte der Aktienkurs dagegen nach dem Jahr gegenüber dem Referenzkurs abgefallen sein, ist A verpflichtet, dem B einen Ausgleich von 1 Mio. Euro pro Euro Abweichung vom Referenzkurs zu bezahlen. Ein solcher Vertrag zeigt eindeutig, dass A von einem steigenden Aktienkurs ausgeht und ein erhebliches finanzielles Risiko eingeht, um davon zu profitieren. Es lässt sich aber nicht bei Abschluss des Vertrags berechnen, wie viele Aktien A hätte kaufen müssen, um denselben erwarteten Gewinn zu erzielen (und dasselbe Verlustrisiko zu tragen), weil dies davon abhängt, um wieviel der Kurs genau steigen wird, was auch A nicht wissen kann.
8 Dies gilt etwa für das in der vorherigen Fußnote genannte Beispiel. Da ein solcher Vertrag die Risiken symmetrisch verteilt, hat er bei einem informationseffizienten Markt einen Wert von 0 Euro, denn ex ante ist ein Anstieg oder Kursabfall genau gleich wahrscheinlich. Deshalb wird die Gegenpartei auch keine Prämie für das Eingehen eines solchen Vertrags verlangen.
9 ESMA, Q&A MAR, ESMA70-145-111, Version 11, Stand: 23.3.2018, 7.1.

Finanzinstrumenten zu addieren, so dass der Bagatellbetrag dem Meldepflichtigen nicht mehrfach (für jede Wertpapiergattung) zur Verfügung steht. Art. 19 Abs. 8 Satz 2 VO Nr. 596/2014 stellt in diesem Zusammenhang ausdrücklich klar, dass bei der Berechnung des Schwellenwertes auch **kein Netting**, das heißt ein Gegenrechnen von Erwerbs- und Veräußerungsgeschäften, stattfindet. Diese Regelung basiert auf einer richtigen Überlegung, denn gerade gegenläufigen Geschäften, die innerhalb eines kurzen Zeitraums von höchstens einem Jahr getätigt werden, kann eine starke Indikatorfunktion zukommen.

113 Bei der Berechnung werden die Geschäfte einer **Führungsperson** und der ihr **eng verbundenen Personen nicht zusammengerechnet**[1]. Der Wortlaut von Art. 19 Abs. 8 VO Nr. 596/2014 lässt sowohl eine Zusammenrechnung (s. insbesondere Satz 2: „Der Schwellenwert ... errechnet sich aus der Addition aller in Absatz 1 genannten Geschäfte ...") als auch getrennte Schwellen für jeden Meldepflichtigen zu[2]. Gegen eine Zusammenrechnung der Geschäfte von Führungspersonen und nahestehenden Personen spricht aber, dass auch die Meldepflichten für jede Person getrennt bestehen und nicht etwa die Führungskraft für die von einer ihr eng verbundenen Person getätigte Geschäfte meldepflichtig ist (s. Rz. 41). Sofern intendiert gewesen wäre, trotz selbständiger Meldepflichten die Mindestschwelle für alle verbundenen Personen gemeinsam zu berechnen, wäre zu erwarten gewesen, dass dies in einer eindeutigen Formulierung (wie früher in § 15a Abs. 1 Satz 5 WpHG a.F.: „Gesamtsumme der Geschäfte einer Person mit Führungsaufgaben und der mit dieser Person in einer engen Beziehung stehenden Personen") zum Ausdruck gebracht wird. Zudem gibt es für Meldepflichtige grundsätzlich keine rechtliche Handhabe, Informationen über die Transaktionen der anderen meldepflichtigen Personen zu erhalten[3]. Auch führt die Nichtaggregation zu einer gewissen Erleichterung im Hinblick auf die oftmals als zu niedrig angesehene Mindestschwelle von lediglich 5.000 Euro (dazu sogleich Rz. 115). Für eine gemeinsame Meldeschwelle von Führungsperson und eng verbundenen Personen wird demgegenüber geltend gemacht, dass auf diese Weise die Umgehung der Meldepflicht durch eine Aufspaltung des Eigengeschäftes unter mehreren Meldepflichtigen verhindert werden könne[4]. Sofern es sich um eng verbundene natürliche Personen (etwa Ehegatten und Kinder) handelt, ist dieses Risiko mit der Gefahr abzuwägen, dass bei einer Aggregation die Mindestschwelle allein deshalb überschritten werden könnte, weil mehrere meldepflichtige Personen ohne jeden Zusammenhang zu Insiderwissen und ohne jede Abstimmung miteinander jeweils ein Bagatellgeschäft tätigen und dem Markt daher fälschlicherweise eine Handelstätigkeit von meldewürdigem Ausmaß suggeriert wird. Problematisch ist die fehlende Zusammenrechnung allein bei **juristischen Personen** und anderen in Art. 3 Abs. 1 Nr. 26 lit. d) VO Nr. 596/2014 genannten Entitäten, insbesondere, wenn diese von der Führungskraft allein beherrscht oder allein in ihrem Interesse tätig sind. Da sich solche Einheiten (etwa GmbH & Co. KGs mit einer identischen Komplementär-GmbH) **theoretisch unendlich vervielfältigen lassen**[5], bilden letztlich vor allem die Transaktionskosten zur Aufsetzung solcher Vehikel sowie das Risiko, durch eine Vielzahl gleichartiger Geschäfte an der Grenze der Mindestschwelle automatisierte Routinen zur Aufdeckung von Insiderhandel auszulösen, Grenzen einer möglichen Umgehung. Bei einer Mindestschwelle von 5.000 Euro dürften die Transaktionskosten und das Entdeckungsrisiko bei der erforderlichen weitreichenden Aufspaltung noch so hoch sein, dass eine absichtliche Umgehung der Mindestschwelle – auch in Anbetracht der bei Verstößen gegen die Meldepflicht und das Insiderhandelsverbot drohenden Sanktionen – kaum rentabel erscheint. Sollte die Mindestschwelle in einzelnen Mitgliedstaaten hingegen gem. Art. 19 Abs. 9 VO Nr. 596/2014 auf 20.000 Euro angehoben werden (dazu Rz. 115), lassen sich bereits durch den Einsatz von vier Vehikeln (zusammen mit der persönlichen Freigrenze) Transaktionen im Umfang von 100.000 Euro im Kalenderjahr (bzw. 200.000 Euro innerhalb weniger Tage um einen Jahreswechsel herum; s. Rz. 111) meldefrei durchführen. In diesem Fall gewinnen die Argumente für eine Zusammenrechnung aus Gründen des Umgehungsschutzes erheblich an Gewicht.

114 Wird die **Mindestschwelle überschritten**, besteht nach dem eindeutigen Wortlaut von Art. 19 Abs. 1 Unterabs. 3 und Abs. 8 Satz 1 VO Nr. 596/2014 **keine Pflicht zur rückwirkenden Meldung** aller bereits im laufenden Kalenderjahr getätigten Geschäfte[6]. Diese Änderung gegenüber der bisherigen Rechtslage ist zu begrüßen, da insbesondere nach einem gewissen Zeitraum zwischen den Geschäften eine Nachmeldung keinerlei Indikatorwirkung mehr entfaltet[7]. Fraglich ist, ob auch das die **Überschreitung der Mindestschwelle auslösende Ge-**

---

1 So auch ESMA, Q&A MAR, ESMA70-145-111, Version 11, Stand: 23.3.2018, 7.3; BaFin, FAQ Managers' Transactions, Stand: 1.2.2018, III.1.; *Schäfer* in Marsch-Barner/Schäfer, Hdb. börsennotierte AG, Rz. 16.17; *Semrau* in Klöhn, Art. 19 MAR Rz. 56; *Kumpan*, AG 2016, 446, 455; *Stüber*, DStR 2016, 1221, 1222; *von der Linden*, DStR 2016, 1036, 1040; a.A. *Maume/Kellner*, ZGR 2017, 273, 289 f.; wohl auch *Krause*, CCZ 2014, 248, 257. Anders wohl auch noch ESMA, Final Report: ESMA's technical advice, ESMA/2015/224, S. 42.
2 Insoweit zutreffend *Maume/Kellner*, ZGR 2017, 273, 289.
3 *Kumpan*, AG 2016, 446, 455.
4 *Maume/Kellner*, ZGR 2017, 273, 290; so auch noch *Sethe* in 6. Aufl., § 15a WpHG Rz. 94.
5 Die Annahme von *Maume/Kellner*, ZGR 2017, 273, 290 mit Fn. 110, es erscheine unrealistisch, dass mehr als drei nahestehende Personen tatsächlich Transaktionen innerhalb eines Jahres durchführen, ist in wirklichen Umgehungsfällen wohl etwas naiv.
6 BaFin, FAQ Managers' Transactions, Stand: 1.2.2018, III.2.; *Hitzer/Wasmann*, DB 2016, 1483, 1487; *Kumpan*, AG 2016, 446, 455; *Seibt/Wollenschläger*, AG 2014, 596, 601.
7 So bereits *Sethe* in 6. Aufl., § 15a WpHG Rz. 94.

schäft selbst meldepflichtig ist[1]. Dagegen scheint der Wortlaut des Art. 19 Abs. 8 Satz 1 VO Nr. 596/2014 zu sprechen, demzufolge nur solche Geschäfte meldepflichtig sind, die getätigt wurden, *nachdem* die Mindestschwelle überschritten wurde, während Art. 19 Abs. 1 Unterabs. 3 VO Nr. 596/2014 eher die gegenteilige Auslegung nahelegt. Für eine Erfassung des die Grenze überschreitenden Geschäfts sprechen aber gewichtige teleologische Erwägungen. Denn ansonsten wäre es möglich, Geschäfte in unbegrenzter Höhe ohne Auslösung der Meldepflicht zu tätigen, wenn zuvor in dem entsprechenden Kalenderjahr erst Transaktionen mit einem Gesamtvolumen von höchstens 5.000 Euro vorgenommen wurden. Die BaFin hat keine Bedenken gegen die **freiwillige Meldung** von Geschäften unterhalb der Mindestschwelle[2].

Im ersten Entwurf zur Marktmissbrauchsverordnung war vorgesehen, die **Mindestschwelle** einheitlich **auf 20.000 Euro anzuheben**[3]. Im Schrifttum war zuvor die geringe Höhe des vormals durch Art. 6 Abs. 2 RL 2004/72/EG vorgegebenen Schwellenwerts von 5.000 Euro bemängelt worden[4]. Der Vorschlag, die Meldeschwelle auf 20.000 Euro hochzusetzen, stieß aber im weiteren Verlauf des Gesetzgebungsverfahrens auf Widerstand. Das Europäische Parlament schlug letztlich die Regelung vor, die Schwelle bei 5.000 Euro zu belassen, aber eine **Anhebung auf 20.000 Euro durch die nationale Behörde** zuzulassen[5]. Basierend auf diesem Vorschlag erlaubt Art. 19 Abs. 9 VO Nr. 596/2014 es der zuständigen Behörde, in Deutschland also der BaFin, den Schwellenwert der Meldepflicht nach Art. 19 Abs. 8 VO Nr. 596/2014 auf 20.000 Euro zu erhöhen. Art. 19 Abs. 9 Satz 1 VO Nr. 596/2014 verlangt von der zuständigen Behörde in diesem Fall, die ESMA von der Erhöhung des Schwellenwertes in Kenntnis zu setzen und die Entscheidung über die Erhöhung des Schwellenwertes zu begründen, bevor der erhöhte Schwellenwert angewendet wird. Die ESMA soll dann auf ihrer Homepage die jeweils in den Mitgliedstaaten anzuwendenden erhöhten Schwellenwerte und die hierfür abgegebene Begründung der nationalen Aufsichtsbehörde veröffentlichen[6]. Inhaltlich ist Art. 19 Abs. 9 VO Nr. 596/2014 daher in vielerlei Hinsicht eine Kompromissregelung, die es ermöglicht, nationale Sonderwege zu beschreiten und damit die einheitliche Anwendung der Regelungen über Managers' Transactions infrage stellt[7]. Die Erhöhungsmöglichkeit des Art. 19 Abs. 9 VO Nr. 596/2014 erlaubt es immerhin, auf die unterschiedlich hohen Vergütungen von Führungspersonen in den jeweiligen Mitgliedstaaten Bezug zu nehmen und insofern eine sachgerechte Ausgestaltung der Meldeschwelle zu gewährleisten[8]. Die in der Vergangenheit erhobene Forderung, verschieden hohe Mindestschwellen für unterschiedliche Marktsegmente zu definieren[9], lässt sich damit aber nicht umsetzen. Zunächst lässt Art. 19 Abs. 9 Satz 1 VO Nr. 596/2014 der zuständigen Behörde nur die Wahl, den Schwellenwert von 5.000 Euro auf 20.000 Euro anzuheben; **Zwischenstufen sind nicht vorgesehen**. Außerdem wird man die Regelung so verstehen müssen, dass eine Behörde die Erhöhung nur einheitlich für den ihr unterstehenden persönlichen Anwendungsbereich der Verordnung (zu diesem Rz. 190 f.) beschließen kann. Da es sich bei den Meldepflichten der Art. 19 VO Nr. 596/2014 nur um eine Mindestharmonisierung handelt (s. Rz. 4), kann der nationale Gesetzgeber aber auch beschließen, **die Mindestschwelle unter 5.000 Euro abzusenken** oder **gänzlich aufzuheben**. Eine Anhebung über 20.000 Euro oder die Festsetzung auf einen Betrag zwischen 5.000 Euro und 20.000 Euro ermöglicht Art. 19 Abs. 2 Unterabs. 1 VO Nr. 596/2014 demgegenüber nicht, da es sich dabei um Unterschreitungen des unionsrechtlich zwingend vorgegebenen Mindeststandards handeln würde.

IV. Meldung (Art. 19 Abs. 6 VO Nr. 596/2014). 1. Überblick. Wenn die Voraussetzungen von Art. 19 Abs. 1 Unterabs. 1 oder Abs. 7 VO Nr. 596/2014 gegeben sind und die Mindestschwelle nach Art. 19 Abs. 8 VO Nr. 596/2014 überschritten ist, muss die meldepflichtige Person die Transaktion, je nach Fall, dem Emittenten oder dem Teilnehmer am Markt für Emissionszertifikate und der zuständigen Behörde mitteilen. Die nach Art. 19 Abs. 10 VO Nr. 596/2014 meldepflichtigen Personen müssen die Mitteilung an die Versteigerungsplattform, den Versteigerer oder die Auktionsaufsicht sowie die zuständige Behörde, bei welcher die Versteigerungs-

---

1 Dafür BaFin, FAQ Managers' Transactions, Stand: 1.2.2018, III.2.; *Semrau* in Klöhn, Art. 19 MAR Rz. 54.
2 BaFin, FAQ Managers' Transactions, Stand: 1.2.2018, III.3.
3 S. EU-Kommission, Vorschlag für [eine] Verordnung des Europäischen Parlaments und des Rates über Insider-Geschäfte und Marktmanipulation (Marktmissbrauch) v. 20.10.2011, COM(2011) 651, S. 42.
4 *Diekmann/Sustmann*, NZG 2004, 929, 936; *Grothaus*, ZBB 2005, 62, 68; *Hower-Knobloch*, S. 186; *Schäfer* in Marsch-Barner/Schäfer, Hdb. börsennotierte AG, Rz. 16.16; *von Rosen* in Aktienmarkt und Marktmanipulation, Studien des Deutschen Aktieninstituts, Heft 27, 2004, S. 8; Gemeinsame Stellungnahme des Deutschen Aktieninstituts e.V. und des Bundesverbandes der Deutschen Industrie e.V. zum Entwurf eines Gesetzes zur Verbesserung des Anlegerschutzes (Anlegerschutzverbesserungsgesetz – AnSVG) vom 25.3.2004, S. 6; *Fischer zu Cramburg/Royé* in Heidel, § 15a WpHG Rz. 5; *Fischer zu Cramburg*, AG 2004, R168; *Heinrich* in KölnKomm. WpHG, § 15a WpHG Rz. 59 f.; *Pfüller* in Habersack/Mülbert/Schlitt, Hdb. Kapitalmarktinformation, § 22 Rz. 34; *Riedl/Marten*, DBW 2010, 553, 555; *Riedl*, Transparenz, S. 59 f.; *Ringleb* in Ringleb/Kremer/Lutter/v. Werder, Deutscher Corporate Governance Kodex, 4. Aufl. 2010, Rz. 1240 („de-minimis-Regelung hat wohl nur noch Placebocharakter").
5 S. Änderungsantrag 2 Sharon Bowles im Namen des Ausschusses für Wirtschaft und Währung v. 4.9.2013, A7-0347/2, S. 161 f.
6 Zum Zeitpunkt des Redaktionsschlusses dieser Auflage fanden sich auf der Homepage der ESMA keine solche Veröffentlichungen.
7 Ähnlich *Diekgräf*, Directors' Dealings, S. 131; *Veil*, ZBB 2014, 85, 94; *Seibt/Wollenschläger*, AG 2014, 596, 601.
8 *Diekgräf*, Directors' Dealings, S. 131; *Parmentier*, BKR 2013, 133, 139.
9 So insbesondere *Sethe* in 6. Aufl., § 15a WpHG Rz. 94.

plattform, der Versteigerer oder die Auktionsaufsicht registriert sind, machen. Der Inhalt der Meldung ist durch Art. 19 Abs. 6 VO Nr. 596/2014 vorgegeben. Die genaue Form ergibt sich aus der DurchfVO 2016/523, die in ihrem Anhang eine detaillierte Vorlage für die Meldung enthält (abgedruckt zu Beginn dieser Kommentierung). Eigentliches Ziel der Meldung ist aber nicht das eigene Unternehmen, sondern die Öffentlichkeit. Deshalb muss anschließend der Emittent oder der Teilnehmer am Markt für Emissionszertifikate die erhaltene Meldung gem. Art. 19 Abs. 3 VO Nr. 596/2014 unverzüglich veröffentlichen. Entsprechendes gilt gem. Art. 19 Abs. 10 Satz 3 VO Nr. 596/2014 für die Versteigerungsplattform, den Versteigerer oder die Auktionsaufsicht oder die insoweit zuständige Behörde. Soweit deutsches Recht Anwendung findet, müssen Emittenten die Meldung gem. § 26 Abs. 2 WpHG an das Unternehmensregister weiterleiten und der BaFin darüber Mitteilung machen. Die Einschaltung von Dienstleistern für die Meldung ist zulässig, entbindet die meldepflichtige Person oder das zur Veröffentlichung verpflichtete Unternehmen aber nicht von seinen gesetzlichen Pflichten (s. bereits Rz. 110).

117 Der meldepflichtigen Person steht es frei, ob sie die Mitteilung selbst vornimmt oder hierzu einen Dritten, z.B. einen **Veröffentlichungsdienstleister** oder (hinsichtlich der Meldung bei der zuständigen Behörde) den Emittenten, Teilnehmer am Markt für Emissionszertifikate etc. beauftragt. Die Meldepflicht verbleibt aber bei der meldepflichtigen Person, so dass die Einschaltung eines Dritten eine Organisations- und Überwachungspflicht auslöst[1]. Der Meldungspflichtige, dem auch nach Einholung von Rechtsrat noch Zweifel über das Vorliegen der Tatbestandsvoraussetzungen bleiben[2], kann freiwillig eine **vorbeugende Meldung** machen[3], um sich vor den bei Verstößen gegen Art. 19 VO Nr. 596/2014 drohenden Sanktionen (s. Rz. 197 ff.) zu schützen.

118 **2. Adressat und Übermittlung der Meldung.** Nach Art. 19 Abs. 1 Unterabs. 1 VO Nr. 596/2014 muss ein Meldepflichtiger, der Führungskraft bei einem Emittenten bzw. einem Teilnehmer am Markt für Emissionszertifikate oder eine untern solchen eng verbundene Person ist, sowohl dem **Emittenten** bzw. **Teilnehmer am Markt für Emissionszertifikate** als auch der gem. Art. 19 Abs. 2 Unterabs. 2 VO Nr. 596/2014 **zuständigen Behörde** (zur Bestimmung der Zuständigkeit s. Rz. 190 f.) das Eigengeschäft in **inhaltsgleichen Meldungen** mitteilen. Meldepflichtige, die Führungskräfte oder diesen eng verbundene Personen bei **Versteigerungsplattformen, Versteigerern** oder der **Auktionsaufsicht** sind, müssen die Meldung gem. Art. 19 Abs. 10 Satz 2 VO Nr. 596/2014 gegenüber diesen Unternehmen und derjenigen Behörde, bei der das betreffende Unternehmen registriert ist, abgeben. Die Mitteilung an das Unternehmen dient – vermittelt durch die nachfolgende Veröffentlichung – der Markttransparenz, die an die zuständige Behörde dem Ziel einer effektiven Überwachung[4]. An beide Adressaten ist eine separate Meldung zu richten.

119 Für die Übermittlung der Meldung an die zuständige Behörde sind gem. Art. 2 Abs. 2 und 3 DurchfVO 2016/523 die von der betreffenden Behörde bekannt gegebenen elektronischen Hilfsmittel zu verwenden[5]. Sofern die Meldung an die **BaFin als zuständige Behörde** zu richten ist, gelten für die Übermittlung folgende Grundsätze: Wenn der **Meldepflichtige** die Meldung **selbst** vornimmt, ist das Meldeformular grundsätzlich per Fax zu übersenden, wobei die BaFin dafür die spezielle Faxnummer +49 (0) 228/4108-62963 eingerichtet hat[6]. Sofern die meldepflichtige Person einen **Veröffentlichungsdienstleister** einschaltet, steht diesem zusätzlich die Möglichkeit offen, die Meldung in Form einer XML-Datei an das MVP-Portal der BaFin zu übermitteln[7].

120 **3. Inhalt und Form der Meldung.** Der **Inhalt** der Mitteilung ergibt sich aus **Art. 19 Abs. 6 VO Nr. 596/2014**. Der Inhalt dieser meldepflichtigen Angaben wird durch das für die Mitteilung zu verwendende Muster im Anhang zur DurchfVO 2016/523 (abgedruckt zu Beginn dieser Kommentierung) konkretisiert, welches zugleich die **Form der Meldung** vorgibt[8]. Die Verwendung eines einheitlichen Formulars soll den Meldungsprozess effizienter gestalten und gleichzeitig gewährleisten, dass die Öffentlichkeit unionsweit vergleichbare Informationen erhält[9]. Es darf deshalb **kein anderes Formular** als das im Anhang zur DurchfVO 2016/523 enthaltene Muster verwendet werden[10]. Soweit deutsches Recht Anwendung findet, richtet sich die **Sprache der Meldung** nach § 3b WpAV. Danach ist die Meldung, je nach Konstellation, in deutscher oder englischer Sprache zu machen.

---

1 So auch BaFin, FAQ Managers' Transactions, Stand: 1.2.2018, IV.7.
2 Insoweit dürften sich die Kriterien der ISION-Rechtsprechung des BGH übertragen lassen; vgl. BGH v. 20.9.2011 – II ZR 234/09, AG 2011, 876, 877.
3 BGH v. 22.4.1991 – II ZR 231/90, BGHZ 114, 203, 215 = AG 1991, 270, 273 (zu § 20 AktG).
4 *Pfüller* in Fuchs, § 15a WpHG Rz. 142.
5 Dies übersieht *Semrau* in Klöhn, Art. 19 MAR Rz. 59, wenn es heißt, es existierten keine Vorgaben zur Art der Übermittlung der Meldung. Die Nichtbeachtung der Vorgaben ist gem. § 120 Abs. 15 Nr. 17 WpHG sogar bußgeldbewehrt.
6 BaFin, FAQ Managers' Transactions, Stand: 1.2.2018, VIII.5.
7 Vgl. BaFin, FAQ Managers' Transactions, Stand: 1.2.2018, VIII.7. Danach steht den Meldepflichtigen selbst diese Übertragung nicht offen, weil der Zugang zum MVP-Portal an besondere technische Voraussetzungen geknüpft ist und deshalb grundsätzlich nur für spezialisierte Veröffentlichungsdienstleister vorgesehen ist.
8 *Die BaFin* stellt auf ihrer Homepage eine Word-Version dieses Formulars zur Verfügung. Es ist abrufbar unter https://www.bafin.de/SharedDocs/Downloads/DE/Formular/WA/fo_Art_19MAR_doc.docx?__blob=publicationFile&v=6.
9 Erwägungsgrund 1 DurchfVO 2016/523.
10 BaFin, FAQ Managers' Transactions, Stand: 1.2.2018, VIII.1.

Das Meldeformular enthält keine Pflicht zur Angabe des Datums und zur Unterschrift des Meldepflichtigen, beides darf aber freiwillig hinzugefügt werden[1]. Das Formular stellt keine unverbindliche Verwaltungsvorschrift dar, sondern basiert auf Art. 2 Abs. 1 DurchfVO 2016/523. Wird das **Formular nicht verwendet** oder **falsch ausgefüllt**, kann dies eine **Ordnungswidrigkeit** gem. § 120 Abs. 15 Nr. 17 WpHG darstellen, wonach auch die Abgabe einer Meldung „nicht in der vorgeschriebenen Weise" erfasst ist. Die Vorlage ist zu Beginn der Kommentierung abgedruckt und wird im Folgenden erläutert.

a) Angaben zur meldenden Person. Gem. Art. 19 Abs. 6 lit. a) VO Nr. 596/2014 ist zunächst der Name der meldepflichtigen Person anzugeben. Ziff. 1 lit. a) Anhang DurchfVO 2016/523 konkretisiert diese Pflicht. Demnach sind bei natürlichen Personen sämtliche Vor- und Familiennamen anzugeben. Weitere Angaben zur Person, wie etwa Geburtsdatum oder Anschrift, müssen nicht angegeben werden. Bei juristischen Personen und Personenvereinigungen sind deren vollständiger Name sowie ihre Rechtsform anzugeben, wobei bei einer Eintragung im Handelsregister die dort vermerkten Daten zu verwenden sind.

b) Angaben zum Grund der Meldung. Als zweites ist der Grund der Meldung anzugeben, Art. 19 Abs. 6 lit. b) VO Nr. 596/2014. Diese Vorgabe wird in Ziff. 2 Anhang DurchfVO 2016/523 konkretisiert. Nach Ziff. 2 lit. a) Anhang DurchfVO 2016/523 muss die **Position oder der Status** der meldepflichtigen Person offengelegt werden. Für Personen, die Führungsaufgaben wahrnehmen, ist hier die dienstliche Position anzugeben. Handelt es sich um eine eng verbundene Person, ist zunächst dieser Umstand und sodann der Name und die Position der betreffenden Führungsperson anzugeben, zu dem die meldepflichtige Person in enger Beziehung steht. Nach dem eindeutigen Wortlaut der Meldungsvorlage muss der **Grund des Näheverhältnisses** nicht offengelegt werden[2]. Insbesondere muss bei eng verbundenen Personen i.S.v. Art. 3 Abs. 1 Nr. 26 lit. d) VO Nr. 596/2014 (zu diesen Rz. 49 ff.) nicht angegeben werden, in welcher Weise die Führungskraft mit der betreffenden Gesellschaft in Beziehung steht[3]. Sofern solche Angaben freiwillig erfolgen, müssen sie aber zutreffend sein, da ansonsten eine Marktmanipulation gem. Art. 15 VO Nr. 596/2014 in Betracht kommt. Darüber hinaus ist gem. Ziff. 2 lit. b) DurchfVO 2016/523 beim Grund der Meldung zu spezifizieren, ob es sich um eine Erstmeldung oder um die Berichtigung einer fehlerhaften früheren Meldung handelt, wobei im zweiten Fall zu erläutern ist, welcher Fehler berichtigt wurde.

c) Angaben zum Unternehmen. Gem. Art. 19 Abs. 6 lit. c) VO Nr. 596/2014 ist weiterhin der betreffende Emittent oder Teilnehmer am Markt für Emissionszertifikate zu nennen, Entsprechendes gilt gem. Art. 19 Abs. 10 VO Nr. 596/2014 für Versteigerungsplattformen, Versteigerer oder die Auktionsaufsicht. Ziff. 3 Anhang DurchfVO 2016/523 konkretisiert diese Pflicht. Demnach ist an dieser Stelle zunächst der vollständige Name der Einrichtung zu nennen und darüber hinaus auch deren Legal-Entity-Identifier-Code gemäß ISO 17442 LEI-Code. Zum Namen gehört insbesondere auch der Rechtsformzusatz.

d) Angaben zum Geschäft. Gem. Art. 19 Abs. 6 lit. d)–g) VO Nr. 596/2014 sind folgende weitere Angaben zu machen: Beschreibung und Kennung des Finanzinstruments; Art des Geschäfts bzw. der Geschäfte (d.h. Erwerb oder Veräußerung), einschließlich der Angabe, ob ein Zusammenhang mit der Teilnahme an Belegschaftsaktienprogrammen oder mit den konkreten Beispielen gem. Art. 19 Abs. 7 VO Nr. 596/2014 besteht; Datum und Ort des Geschäfts bzw. der Geschäfte; Kurs und Volumen des Geschäfts bzw. der Geschäfte. Diese Angaben zum konkreten Geschäft werden in Ziff. 4 Anhang DurchfVO 2016/523 konkretisiert. Handelt es sich nicht um eine einzige einheitliche Transaktion, ist der entsprechende Abschnitt des Meldeformulars **mehrfach auszufüllen** und zwar für jede Art von Instrument, jede Art von Geschäft, jedes Datum und jeden Ausführungsort.

In der Meldung sind zunächst **Angaben zum Finanzinstrument** zu machen, auf welches sich das meldepflichtige Geschäft bezieht. Ziff. 4 lit. a) Anhang DurchfVO 2016/523 verlangt insoweit eine „Beschreibung des Finanzinstruments" sowie Angaben zur Art des Finanzinstruments. Letzteres wird dahingehend konkretisiert, dass anzugeben ist, ob es sich um eine Aktie, einen Schuldtitel, ein Derivat oder ein Finanzinstrument, das mit einer Aktie oder einem Schuldtitel verbunden ist, handelt, oder ob ein Emissionszertifikat, ein auf einem Emissionszertifikat beruhendes Auktionsobjekt oder ein mit einem Emissionszertifikat verbundenes Derivat vorliegt. Damit wird also auf die gem. Art. 19 Abs. 1 Unterabs. 1 VO Nr. 596/2014 erfassten Instrumente Bezug genommen (zu diesen ausführlich Rz. 59 ff.). Außerdem ist die **Kennung des Finanzinstruments** nach Maßgabe der DelVO 2017/590[4] zu nennen. Dabei handelt es sich gemäß Anhang I Tabelle 2 Ziff. 41 i.V.m. Anhang I Tabelle 1 DelVO 2017/590 um die zwölfstellige ISIN nach ISO 6166.

Nach Ziff. 4 lit. b) Anhang DurchfVO 2016/523 ist die **Art des Geschäfts** anzugeben, das heißt, das Geschäft ist zu beschreiben, wobei ggf. auf die Regelbeispiele gem. Art. 10 Abs. 2 DelVO 2016/522 (s. Rz. 92 ff.) oder auf die

---

1 BaFin, FAQ Managers' Transactions, Stand: 1.2.2018, VIII.8.
2 So auch *Semrau* in Klöhn, Art. 19 MAR Rz. 68.
3 S. die Beispielsmeldung bei BaFin, FAQ Managers' Transactions, Stand: 1.2.2018, X.2.
4 Delegierte Verordnung (EU) 2017/590 der Kommission vom 28. Juli 2016 zur Ergänzung der Verordnung (EU) Nr. 600/2014 des Europäischen Parlaments und des Rates durch technische Regulierungsstandards für die Meldung von Geschäften an die zuständigen Behörden (Text von Bedeutung für den EWR), ABl. EU Nr. L 87 v. 31.3.2017, S. 449.

besonderen Meldepflichten gem. Art. 19 Abs. 7 VO Nr. 596/2014 (s. Rz. 79 ff.) zu verweisen ist. Lediglich dann, wenn keine dieser besonderen Regelungen einschlägig ist, muss das Geschäft individuell beschrieben werden. Damit die Meldung ihrer Indikatorfunktion (s. Rz. 10) gerecht werden kann, ist nicht nur das Geschäft im engeren Sinne (etwa die Vornahme des Barausgleichs eines Swap-Geschäfts) zu beschreiben, sondern es sind auch **Angaben zur Wirkungsweise des Finanzinstruments** zu machen. Diese müssen nicht auf die technischen Details hochkomplexer Finanzinstrumente eingehen, es muss aber auch für den durchschnittlichen Anleger erkennbar sein, ob der Meldepflichtige mittels des betreffenden Geschäfts von einer Kurssteigerung oder einem Absinken des Kurses des Underlying profitiert und wie in groben Zügen der Zusammenhang aussieht. Sofern mehrere Meldungen hinsichtlich desselben Finanzinstruments erfolgen (z.B. zunächst Kauf, dann später Ausübung einer Option), kann auf die frühere Meldung Bezug genommen werden[1]. Gem. Art. 19 Abs. 6 lit. e) VO Nr. 596/2014 ist zudem anzugeben, wenn ein Zusammenhang zu der Teilnahme an **Belegschaftsaktienprogrammen** besteht. Dieser Begriff ist weit zu verstehen und umfasst auch solche Programme, die sich lediglich an den Vorstand oder ausgewählte Führungskräfte wenden[2]. Sofern eine **Transaktion über ein Gemeinschaftsdepot** abgewickelt wird, muss auch dies als Erläuterung hinsichtlich der Art des Geschäftes kenntlich gemacht werden[3].

127 Ziff. 4 lit. c) und d) Anhang DurchfVO 2016/523 konkretisieren die Angaben zu **Preis und Volumen** des Eigengeschäfts, die nach Art. 19 Abs. 6 lit. g) VO Nr. 596/2014 zu machen sind. Erforderlich sind zunächst **individuelle Angaben** zu jedem Geschäft, d.h. auch zu jeder Teilausführung. Sofern am selben Tag und Geschäftsort mehr als ein Geschäft derselben Art mit demselben Finanzinstrument ausgeführt wurden, können die Geschäfte zusammen im gleichen Formularabschnitt gemeldet werden; sie sind dann in jeweils einer Zeile nach Preis und Volumen aufzuführen. Preis und Menge sind unter Zugrundelegung der Datenstandards der DelVO 2017/590 anzugeben. Demnach richtet sich die Angabe des Preises nach Anhang I Tabelle 2 Ziff. 33 (und ggf. Ziff. 34) i.V.m. Tabelle 1 DelVO 2017/590. Danach ist grundsätzlich der Preis ohne Provision und aufgelaufene Zinsen anzugeben. Für bestimmte Arten von derivativen Finanzinstrumenten bestehen ausdrückliche Sonderregeln. Das Volumen ist nach Anhang I Tabelle 2 Ziff. 30 (und ggf. Ziff. 31) i.V.m. Tabelle 1 DelVO 2017/590 darzustellen. Danach ist grundsätzlich die Anzahl der Einheiten des Finanzinstruments oder die Anzahl der Derivatkontrakte im Geschäft zu nennen, es kann aber auch der Nominalwert oder der monetäre Wert des Finanzinstruments angegeben werden[4]. In ihren Musterbeispielen präferiert die BaFin die zweite Darstellungsweise, so dass die Menge durch den Gesamtkaufpreis der einzelnen Transaktion dargestellt wird und sich die Anzahl der Finanzinstrumente errechnen lässt, wenn man diesen Gesamtpreis durch den vorher angegebenen Einzelpreis teilt[5]. Art. 19 Abs. 6 lit. g) Satz 2 VO Nr. 596/2014 verlangt, dass im Falle von **Verpfändungen**, deren Konditionen eine Wertänderung zulassen, der Umstand dieser Wertänderung (nicht aber dessen Ausmaß) und der Wert zum Zeitpunkt der Verpfändung anzugeben sind. Da der Begriff der Verpfändung auch die Sicherungsübereignung erfasst (s. Rz. 81), fallen hierunter nach deutschem Recht insbesondere solche Geschäfte, bei denen keine akzessorische Verpfändung vorliegt, sondern die Sicherungsabrede nach dem Willen der Parteien auch auf zukünftige Kreditforderungen (ohne Zusammenhang mit der Absicherung einer spezifischen Kreditfazilität sind Verpfändungen gar nicht meldepflichtig, Rz. 82) erstreckt werden soll. Erfolgt der Rechtserwerb unentgeltlich, etwa im Wege einer **Erbschaft, Spende oder Schenkung**, ist als Preis bei der Meldung[6] „0 Euro" anzugeben[7]. Sofern am selben Tag und Geschäftsort mehr als ein Geschäft derselben Art mit demselben Finanzinstrument ausgeführt wurden, sind gem. Ziff. 4 lit. d) Anhang DurchfVO 2016/523 auch **aggregierte Informationen** zur Verfügung zu stellen. Dazu ist das Volumen aller Geschäfte, welche die zuvor genannten Kriterien erfüllen, zusammen anzugeben. Sofern einzelne Geschäfte nicht aggregiert werden können, ist ihr Preis auch hier individuell anzugeben, ansonsten ist der gewichtete Durchschnittspreis der aggregierten Geschäfte zu nennen. Die Preis- und Mengenangaben richten sich wiederum nach Anhang I Tabelle 2 Ziff. 30 (und ggf. 31) und 33 (und ggf. Ziff. 34) i.V.m. Tabelle 1 DelVO 2017/590. Ein Netting gegenläufiger Geschäfte ist unzulässig[8]. Die BaFin vertritt die Auffassung, die Angabe von aggregierten Informationen sei eine „zusätzliche Option", die offenbar also nicht verpflichtend angesehen wird[9]. Dies ist mit dem eindeutigen Wortlaut der Art. 2 Abs. 1 DurchfVO 2016/523 nicht vereinbar, wonach die Verwendung des im Anhang angegebenen Formulars verpflichtend ist. Aggregierte Informationen erlauben dem Publikum ein schnelles Verständnis der gemeldeten Transaktion und verhindern, dass sich die Anleger die eigentliche Information selbst berechnen müssen. Nur in Fällen, in denen keine verschiedenen Teilausführungen vorliegen, so dass sich nichts aggregieren lässt, kann die entsprechende Zeile leer bleiben.

---

1 So auch das Beispiel bei BaFin, FAQ Managers' Transactions, Stand: 1.2.2018, X.5.
2 Zutreffend Semrau in Klöhn, Art. 19 MAR Rz. 68.
3 BaFin, FAQ Managers' Transactions, Stand: 1.2.2018, IV.13.
4 Zur Berechnung bei Derivaten s. ESMA, Final Report: ESMA's technical advice, ESMA/2015/224, S. 45.
5 BaFin, FAQ Managers' Transactions, Stand: 1.2.2018, VIII.3.
6 Zur abweichenden Behandlung bei der Berechnung der Mindestschwelle s. Rz. 112.
7 ESMA, Q&A MAR, ESMA70-145-111, Version 11, Stand: 23.3.2018, 7.4; BaFin, FAQ Managers' Transactions, Stand: 1.2. 2018, IV.11.
8 Erwägungsgrund 2 DurchfVO 2016/523.
9 BaFin, FAQ Managers' Transactions, Stand: 1.2.2018, VIII.2. Zustimmend Semrau in Klöhn, Art. 19 MAR Rz. 68.

Ferner muss die Meldung Angaben zu **Datum und Ort des Geschäfts** oder der Geschäfte enthalten, Art. 19 Abs. 6 lit. f) VO Nr. 596/2014. Sofern zwischen Verpflichtungsgeschäft und dinglicher Erfüllung zu unterscheiden ist, bezieht sich die Meldung grundsätzlich auf das Verpflichtungsgeschäft (s. Rz. 72)[1]. Gem. Ziff. 4 lit. e) Anhang DurchfVO 2016/523 ist als Datum des Geschäfts der konkrete Tag, an dem das gemeldete Geschäft geschlossen wurde, im Datumsformat der ISO 8601: JJJJ-MM-TT nach der koordinierten Weltzeit (UTC) anzugeben. Bei in Deutschland geschlossenen Geschäften ist daher bei Geltung der Mitteleuropäischen Zeit (MEZ) eine, bei Geltung der Mitteleuropäischen Sommerzeit (MESZ) sind zwei Stunden zur UTC zu addieren und dies ist durch die Zusätze +01:00 (MEZ) oder +02:00 (MESZ) kenntlich zu machen[2]. Maßgeblich ist das Datum am Ort des Geschäftsabschlusses. Bei der **Zeichnung von Finanzinstrumenten** ist nicht der Zeitpunkt des schuldrechtlichen Verpflichtungsgeschäfts (i.e. Annahme der Zeichnung durch den Emittenten) anzugeben, da der Zeichnende hiervon in der Regel keine Kenntnis besitzt, sondern das Datum, an dem die meldepflichtige Person Kenntnis von der Annahme des Zeichnungsauftrages erlangt hat[3]. Bei **interessewahrenden Orders** ist der Tag der Auftragserteilung an die Bank maßgeblich[4]. Ist eine **Schenkung formunwirksam**, ist erst das Datum der Bewirkung, zu dem gem. § 518 Abs. 2 BGB Heilung eintritt, in der Meldung anzugeben (s. Rz. 72 a.E.)[5]. Als Ort des Geschäftes ist der Handelsplatz zu nennen, an dem das Geschäft abgeschlossen wurde. Die Angabe richtet sich nach Anhang I Tabelle 2 Ziff. 36 i.V.m. Tabelle 1 DelVO 2017/590, die auf den vierstelligen Code zur Identifizierung von Handelsplätzen gemäß ISO 10383 („MIC") verweist. Sofern das Geschäft anderweitig abgeschlossen wurde, ist als Ort des Geschäftes „außerhalb eines Handelsplatzes" anzugeben. Dies betrifft etwa auch **Erbschaften** oder **Schenkungen**[6].

128

e) **Pflicht zu erläuternden Angaben?** Art. 19 VO Nr. 596/2014 enthält keine Verpflichtung, die Meldung über die vorgeschriebenen Angaben hinaus mit **erläuternden Informationen** zu ergänzen. Der Meldepflichtige muss sich insbesondere nicht zu Anlass und Motiv des Erwerbs oder der Veräußerung erklären. Der Meldepflichtige ist jedoch nicht gehindert, freiwillig die Motive der Transaktion aufzudecken. Die Meldung muss allerdings aus sich heraus verständlich sein, also dem Leser vermitteln, welche Art Geschäft getätigt wurde (s. Rz. 126). Selbst bei individuellen Geschäften, wie Schenkungen oder Erbschaften, müssen die **anderen beteiligten Personen nicht offengelegt** werden[7]. Auch wenn die andere Person selbst meldepflichtig ist (z.B. Schenkung von Aktien an eine Familienstiftung), muss dieser Umstand nicht in der Meldung der Führungskraft offengelegt werden, sondern wird dem Publikum dadurch bekannt, dass auch die andere (eng verbundene) Person eine eigene korrespondierende Meldung macht. Eine äußere Grenze bildet das Marktmanipulationsverbot gem. Art. 15 VO Nr. 596/2014. So darf die Meldung nicht missverständlich oder gar unwahr sein. Für den Fall, dass eine Meldung zwar den formellen Anforderungen genügt, aber dazu geeignet ist, falsche Signale an den Markt zu senden, darf der Meldepflichtige dem mit ergänzenden Erläuterungen entgegenwirken. Diese können entweder in der Meldung selbst oder begleitend (etwa im Wege einer zeitgleich mit der Veröffentlichung der Meldung herausgegebenen Pressemitteilung) erfolgen.

129

4. **Meldefrist.** Die Meldung an die zuständige Behörde und das Unternehmen muss gem. Art. 19 Abs. 1 Unterabs. 2 VO Nr. 596/2014 **unverzüglich** erfolgen. Die anderen Sprachfassungen (englisch: promptly, französisch: rapidement) zeigen, dass damit kein Verschuldenselement wie bei § 121 Abs. 1 Satz 1 BGB gemeint ist, sondern eine Pflicht zur objektiv schnellstmöglichen Übermittlung. Dies wird direkt anschließend dahin konkretisiert, dass die Meldung spätestens **drei Geschäftstage nach dem Datum des Geschäfts** vorzunehmen ist. Obwohl in der Praxis die Drei-Tages-Regel dominiert, macht die Formulierung „spätestens" deutlich, dass es sich um eine Höchstfrist handelt. Im Einzelfall kann daher auch eine nach Tagen abgegebene Meldung verspätet sein[8], etwa wenn die bereits am Tag der Transaktion vorbereitete Meldung zurückgehalten wird, um den Veröffentlichungszeitpunkt aus taktischen Gründen zu verzögern (z.B. um zunächst andere den Emittenten betreffende Nachrichten zu veröffentlichen und damit die Auswirkung der Meldung zu begrenzen). Gegenüber der bisherigen Meldefrist von fünf Werktagen stellt die Höchstfrist von drei Geschäftstagen eine Verbesserung dar, weil auf diese Weise die informationelle Effizienz des Kapitalmarktes durch schnellere Einarbeitung von Eigengeschäften in den Preis von Finanzinstrumenten gestärkt wird[9]. Hinsichtlich des genauen Verständnisses der Drei-Tages-Regel herrscht allerdings Unsicherheit. Dies liegt daran, dass Art. 19 Abs. 2 Unterabs. 2 Satz 2 VO Nr. 596/2014 für die Meldung an die zuständige Behörde abweichend von einer Frist von drei „Arbeitstagen"

130

---

1 BaFin, FAQ Managers' Transactions, Stand: 1.2.2018, IV.1.
2 BaFin, FAQ Managers' Transactions, Stand: 1.2.2018, VIII.4.
3 BaFin, FAQ Managers' Transactions, Stand: 1.2.2018, II.14.
4 BaFin, FAQ Managers' Transactions, Stand: 1.2.2018, IV.3.
5 BaFin, FAQ Managers' Transactions, Stand: 1.2.2018, IV.10, X.6.
6 S. das Beispiel BaFin, FAQ Managers' Transactions, Stand: 1.2.2018, X.5.
7 S. das Beispiel BaFin, FAQ Managers' Transactions, Stand: 1.2.2018, X.5: „Annahme einer Erbschaft … in einer Erbengemeinschaft mit einer Person, die nicht den Meldepflichten nach Art. 19 MAR unterliegt".
8 Zutreffend *Maume/Kellner*, ZGR 2017, 273, 288.
9 Möglichkeiten für eine von *Maume/Kellner*, ZGR 2017, 273, 287 befürchtete „Arbitrage" hinsichtlich der abweichenden Rechtslage in den USA, wo eine Meldepflicht von zwei Tagen gilt, sind dagegen nicht ersichtlich. Dies wäre nur dann zu befürchten, wenn der Meldepflichtige wählen könnte, nach welchem Rechtsregime die Meldung abzugeben ist.

spricht (von einer unverzüglichen Meldung ist hier gar nicht mehr die Rede)[1]. Während manche Sprachfassungen denselben Ausdruck verwenden[2], werden nicht nur auf Deutsch, sondern auch in anderen Fassungen unterschiedliche Begriffe gewählt[3]. Inhaltlich kann kein Zweifel bestehen, dass die **Begriffe Arbeitstag und Geschäftstag einheitlich zu verstehen** sind[4]. Maßgeblich ist daher zunächst das Unverzüglichkeitserfordernis von Art. 19 Abs. 1 Unterabs. 2 VO Nr. 596/2014 und erst in zweiter Linie die Drei-Tages-Frist. Sofern man in der Wiederholung der **Frist in Art. 19 Abs. 2 Unterabs. 2 VO Nr. 596/2014** mehr als nur eine Illustration ohne eigenständigen Regelungsgehalt sehen will, bezieht sich diese Frist ihrem eindeutigen Wortlaut nach lediglich auf die Meldung gegenüber der Behörde. Damit wäre die Meldung gegenüber dem Unternehmen unverzüglich, spätestens drei Tage nach dem Geschäft vorzunehmen, die Meldung gegenüber der Behörde dagegen innerhalb von drei Tagen nach dem Geschäft. Diese Differenzierung kann insoweit sachgemäß sein, als die Meldung gegenüber dem Unternehmen grundsätzlich so rechtzeitig erfolgen muss, dass diesem noch eine rechtzeitige Veröffentlichung gem. Art. 19 Abs. 3 VO Nr. 596/2014 möglich ist, wofür die Frist ebenfalls höchstens drei Geschäftstage ab dem Geschäftsabschluss beträgt (dazu Rz. 141). Eine **Mitteilung an das Unternehmen** ist daher **grundsätzlich verspätet**, wenn sie so kurz vor Ablauf des dritten Tages erfolgt, dass keine **rechtzeitige Veröffentlichung** mehr erfolgen kann. Dagegen können die drei Tage für die Übermittlung an die zuständige Behörde voll ausgeschöpft werden.

131 Fraglich ist, welche **Regelungen zur Fristenberechnung** auf Art. 19 VO Nr. 596/2014 anwendbar sind und wie daher der Begriff des Arbeits-/Geschäftstags auszulegen ist. Insoweit werden die unterschiedlichsten Vorschläge gemacht: Während die BaFin zunächst die Wochentage, die keine Feiertage sind, erfassen wollte[5], änderte sie später ihre Ansicht und will nun auch die Samstage nicht mehr als Arbeitstag einstufen[6]. Für die Bestimmung der Feiertage sei auf den Sitz des Emittenten sowie die Dienstsitze der BaFin (Hessen und Nordrhein-Westfalen) abzustellen[7]. Im Schrifttum findet die Auffassung, dass der Samstag für die Fristberechnung nicht zu berücksichtigen sei, überwiegend Zustimmung[8]. Hinsichtlich der Rechtsgrundlage zur Berechnung der Fristen wird teilweise auf die §§ 186ff. BGB abgestellt[9]. Demgegenüber wird aber zutreffend darauf hingewiesen, dass nationale Regelungen nicht relevant seien, sondern eine unionsrechtliche Begriffsbestimmung erfolgen müsse[10]. In diesem Sinne werden Anleihen bei unterschiedlichen unionsrechtlichen Rechtsakten vorgeschlagen, so bei Art. 24 der Fusionskontroll-Durchführungsverordnung[11] oder bei Art. 4 Nr. 37 Zahlungsdiensterichtlinie[12]. Die BaFin äußerst sich überhaupt nicht zur Rechtsgrundlage ihrer (geänderten) Auffassung. Eine Analogie zu Spezialregelungen, deren Anwendungsbereich ausdrücklich beschränkt ist[13], ist aber auch im Unionsrecht nur zulässig, soweit eine Regelungslücke besteht. Dies ist indes nicht der Fall, denn soweit ein unionsrechtlicher Sekundärrechtsakt keine eigenen Vorschriften zur Fristenberechnung enthält, greift die **Europäische Fristenverordnung**[14] ein, die in weiten Bereichen den §§ 186ff. BGB gleicht. Der Anwendungsbereich erfasst gem. Art. 1 Europäische Fristenverordnung alle Sekundärrechtsakte der EWG und ihrer Nachfolgeorganisationen, also insbesondere europäische Verordnungen[15]. Damit unterfallen auch die in Art. 19 VO Nr. 596/2014 statu-

---

1 Kritisch unter dem Gesichtspunkt schlechter Gesetzgebungstechnik *Simons*, AG 2016, 651, 653.
2 So heißt es auf Französisch einheitlich „jours ouvrés", auf Italienisch „giorni lavorativi", auf Niederländisch „werkdagen".
3 So heißt es auf Englisch zunächst „business days", sodann aber „working days", auf Spanisch zunächst „días hábiles", sodann aber „días laborables".
4 So auch BaFin, FAQ Managers' Transactions, Stand: 1.2.2018, IV.4.; *Schäfer* in Marsch-Barner/Schäfer, Hdb. börsennotierte AG, Rz. 16.20; *Semrau* in Klöhn, Art. 19 MAR Rz. 61; *Diekgräf*, Directors' Dealings, S. 133; *Hitzer/Wasmann*, DB 2016, 1483, 1486; *Kiesewetter/Parmentier*, BB 2013, 2371, 2376; *Stüber*, DStR 2016, 1221, 1224.
5 BaFin, FAQ Managers' Transactions, Stand: 3.6.2016, IV.11.
6 BaFin, FAQ Managers' Transactions, Stand: 1.2.2018, IV.4.
7 BaFin, FAQ Managers' Transactions, Stand: 1.2.2018, IV.4. Demgegenüber will *Semrau* in Klöhn, Art. 19 MAR Rz. 62 allein auf die Feiertage am Sitz des Emittenten abstellen.
8 *Semrau* in Klöhn, Art. 19 MAR Rz. 61; *Hitzer/Wasmann*, DB 2016, 1483, 1486; offen gelassen demgegenüber von *Simons*, AG 2016, 651, 654; *Stüber*, DStR 2016, 1221, 1224.
9 *Schäfer* in Marsch-Barner/Schäfer, Hdb. börsennotierte AG, Rz. 16.19.
10 *Diekgräf*, Directors' Dealings, S. 224; *Semrau* in Klöhn, Art. 19 MAR Rz. 61.
11 Verordnung (EG) Nr. 802/2004 der Kommission vom 21. April 2004 zur Durchführung der Verordnung (EG) Nr. 139/2004 des Rates über die Kontrolle von Unternehmenszusammenschlüssen (Text von Bedeutung für den EWR), ABl. EU Nr. L 133 v. 30.4.2004, S. 1; für eine Anlehnung an diese Verordnung *Semrau* in Klöhn, Art. 19 MAR Rz. 61 mit Fn. 89 und 92.
12 Richtlinie (EU) 2015/2366 des Europäischen Parlaments und des Rates vom 25. November 2015 über Zahlungsdienste im Binnenmarkt, zur Änderung der Richtlinien 2002/65/EG, 2009/110/EG und 2013/36/EU und der Verordnung (EU) Nr. 1093/2010 sowie zur Aufhebung der Richtlinie 2007/64/EG (Text von Bedeutung für den EWR), ABl. EU Nr. L 337 v. 23.12.2015, S. 35. Für eine Anlehnung an die Zahlungsdiensterichtlinie *Hitzer/Wasmann*, DB 2016, 1483, 1486.
13 So gilt die Definition des Arbeitstages in Art. 24 VO Nr. 802/2004 ausdrücklich nur für diese Verordnung sowie die Fusionskontrollverordnung; die Definition des Geschäftstags in Art. 4 Nr. 37 RL 2015/2366 gilt ausdrücklich nur „für die Zwecke dieser Richtlinie".
14 Verordnung (EWG, EURATOM) Nr. 1182/71 des Rates vom 3. Juni 1971 zur Festlegung der Regeln für Fristen, Daten und Termine, ABl. EWG Nr. L 124 v. 8.6.1971, S. 1.
15 S. nur *Grothe* in MünchKomm. BGB, 7. Aufl. 2015, § 186 BGB Rz. 2.

ierten Termine und Fristen der Europäischen Fristenverordnung[1]. Gem. Art. 2 Abs. 2 Europäische Fristenverordnung sind als Arbeitstage alle Tage außer Feiertagen, Sonntagen und Sonnabenden zu berücksichtigen. Damit steht eindeutig fest, dass der **Samstag nicht als Arbeitstag** zählt. Als nicht haltbar erweist sich vor dem Hintergrund von Art. 2 Abs. 1 Europäische Fristenverordnung die Auffassung der BaFin zu den zu berücksichtigenden Feiertagen. Nach Art. 2 Abs. 1 Unterabs. 1 Europäische Fristenverordnung sind alleine die **nationalen Feiertage desjenigen Mitgliedstaates relevant, in dem die Meldung abzugeben ist** (das bestimmt sich nach Art. 19 Abs. 2 Unterabs. 2 Satz 1 VO Nr. 596/2014, s. Rz. 191). Entsprechende Listen mit den nationalen Feiertagen werden regelmäßig im Amtsblatt der EU veröffentlicht[2].

Die **Frist beginnt** nach dem eindeutigen Wortlaut des Art. 19 Abs. 1 Unterabs. 2, Abs. 2 Unterabs. 2 Satz 2 VO Nr. 596/2014 mit der **Vornahme des Geschäfts**, auf die Kenntnis des Meldepflichtigen (etwa vom Anfall einer Erbschaft, s. Rz. 104) kommt es nicht an[3]. Maßgeblich ist dabei das Datum des die Meldepflicht auslösenden Geschäfts, grundsätzlich beginnend mit der Entstehung der Verpflichtung, nicht erst ein eventueller späterer dinglicher Rechtserwerb (s. Rz. 72). Schaltet die meldepflichtige Person einen Stellvertreter oder Vermögensverwalter ein (s. Rz. 84 ff.), trifft sie eine Organisations- und Überwachungspflicht, dafür zu sorgen, dass die Meldungen rechtzeitig erfolgen[4]. Da Vermögensverwalter ihre Kunden häufig nur in periodischen Abständen über die Entwicklung des Depots informieren, sind insoweit besondere Vereinbarungen notwendig. Wird die Meldepflicht dadurch ausgelöst, dass die **Mindestschwelle überschritten** ist, beginnt die Frist mit der Transaktion, durch welche die Schwelle überschritten wird. Bei der Fristberechnung wird gem. Art. 3 Abs. 1 Unterabs. 2 Europäische Fristenverordnung der Tag des Geschäftsschlusses nicht mitgerechnet. Da es sich um eine nach Arbeitstagen zu berechnende Frist handelt, werden gem. Art. 3 Abs. 3 Europäische Fristenverordnung die **Samstage, Sonn- und Feiertage nicht mitgezählt.** Die **Frist endet** gem. Art. 3 Abs. 2 lit. b) Europäische Fristenverordnung um **24 Uhr des letzten Tages** der Frist. Fällt der letzte Tag der Frist auf einen Samstag, Sonntag oder Feiertag, endet die Frist gem. Art. 3 Abs. 4 Unterabs. 1 Europäische Fristenverordnung erst mit Ablauf des nächsten Arbeitstags.

Die Möglichkeit einer **Fristverlängerung** durch die zuständige Behörde ist nicht vorgesehen. Sofern die Mitteilung nicht fristgerecht eingereicht werden kann (z.B. weil der Meldepflichtige erst nach Fristablauf vom Anfall einer Erbschaft erfahren hat; vgl. Rz. 104), sollte der Mittelungspflichtige – schon um ein Ordnungswidrigkeitenverfahren abzuwenden – zusammen mit der nachgereichten Mitteilung eine schlüssige Begründung für die Verzögerung übermitteln (ggf. mit Unterlagen, die die Gründe der Verzögerung belegen). Es besteht aber keine Verpflichtung, Angaben zu machen, die die mitteilungspflichtige Person oder einen der in § 383 Abs. 1 Nr. 1-3 der ZPO bezeichneten Angehörigen der Gefahr strafrechtlicher Verfolgung oder eines Verfahrens nach dem Gesetz über Ordnungswidrigkeiten aussetzen würde[5].

V. Veröffentlichung der Meldung (Art. 19 Abs. 3 VO Nr. 596/2014). 1. Überblick. Der Emittenten oder Teilnehmer am Markt für Emissionszertifikate muss gem. Art. 19 Abs. 3 VO Nr. 596/2014 sicherstellen, dass die von der Führungsperson oder der zu ihr in enger Beziehung stehenden Person übermittelte Meldung unverzüglich und **spätestens drei Geschäftstage nach dem Geschäft veröffentlicht** wird. Entsprechende Verpflichtungen treffen gem. Art. 19 Abs. 10 Satz 3 VO Nr. 596/2014 Versteigerungsplattformen, Versteigerer und die Auktionsaufsicht für Meldungen, die sie gem. Art. 19 Abs. 10 Satz 2 VO Nr. 596/2014 erhalten haben. Sofern deutsches Recht Anwendung findet, ist der Emittent gem. § 26 Abs. 2 WpHG verpflichtet, die Meldung nach ihrer Veröffentlichung unverzüglich dem **Unternehmensregister** zur Speicherung zu übersenden und die **Veröffentlichung der BaFin mitzuteilen.**

Versäumt der Meldepflichtige eine Mitteilung an das veröffentlichungspflichtige Unternehmen, erlangt dieses aber **auf andere Weise von der meldepflichtigen Transaktion Kenntnis**, greift die Veröffentlichungspflicht des Art. 19 Abs. 3 VO Nr. 596/2014 nach dem eindeutigen Wortlaut nicht ein. Auch eine analoge Anwendung der Veröffentlichungspflicht auf von Führungskräften oder eng verbundenen Personen pflichtwidrig unterlassene Meldungen kommt nicht in Betracht, denn dazu müsste das Unternehmen selbst die Meldung erstellen, was ihm – auch bei grundsätzlicher Kenntnis des Geschäftsvorfalls – regelmäßig nicht möglich sein wird. Stattdessen trifft das Unternehmen ex ante eine Belehrungs- und Listenführungspflicht (dazu Rz. 146 ff.). Wird trotz dieser Belehrung eine Meldung unterlassen, umfasst die Pflicht zur Sicherstellung einer unverzüglichen Veröffentlichung auch die Pflicht, bei anderweitiger Kenntnis von dem Geschäft auf die meldepflichtige Person dahingehend einzuwirken, dass diese die Meldung abgibt. Ohne eine solche Einwirkung verstößt das Unterneh-

---

1 Darauf weist zutreffend *Diekgräf,* Directors' Dealings, S. 224 hin (anders aber offenbar S. 132).
2 S. z.B. für 2018: Bekanntmachung der Kommission (2018/C 8/06): Feiertage im Jahr 2018, ABl. EU Nr. C 8 v. 11.1.2018, S. 14. Für Deutschland sind erfasst: Neujahr, Karfreitag, Ostermontag, Tag der Arbeit, Christi Himmelfahrt, Pfingstmontag, Tag der deutschen Einheit, 1. Weihnachtstag, 2. Weihnachtstag.
3 Die fehlende Kenntnis ist aber bei den subjektiven Voraussetzungen der Bußgeldsanktion zu berücksichtigen. Eine verspätete Meldung ist gem. § 120 Abs. 15 Nr. 17 WpHG nur ahndbar, wenn der Verstoß vorsätzlich oder leichtfertig geschieht. Beruht die Unkenntnis auf Leichtfertigkeit, kann also auch bei Unkenntnis von dem Geschäft ein Bußgeld verhängt werden.
4 BaFin, FAQ Managers' Transactions, Stand: 1.2.2018, IV.5.
5 BaFin, Emittentenleitfaden 2013, S. 79.

men gegen seine Pflichten aus Art. 19 Abs. 3 VO Nr. 596/2014 und kann dafür mit einem Bußgeld gem. § 120 Abs. 15 Nr. 18 WpHG belegt werden.

136 Ist über das Vermögen der Gesellschaft das **Insolvenzverfahren** eröffnet, bleiben – wie § 24 Abs. 1 WpHG zeigt – die Pflichten aus Art. 19 Abs. 3 VO Nr. 596/2014 bestehen; sie treffen weiterhin das Geschäftsführungsorgan und nicht den Insolvenzverwalter (s. auch Rz. 35), weil dieser allein die Aufgabe hat, die Masse zu verwalten, und damit nicht automatisch alle öffentlich-rechtlichen Pflichten auf ihn übergehen. Da die Pflicht aus Art. 19 Abs. 3 VO Nr. 596/2014 sich nicht auf die Masse bezieht, ist er nicht Adressat der kapitalmarktrechtlichen Veröffentlichungspflicht; diese verbleibt also beim Geschäftsführungsorgan der Gesellschaft[1]. Die dabei entstehenden Kosten gehen gem. § 24 Abs. 1 WpHG zu Lasten der Masse.

137 **2. Art der Veröffentlichung.** Nach Maßgabe des Art. 19 Abs. 3 Unterabs. 1 VO Nr. 596/2014 müssen die Unternehmen sicherstellen, dass die Meldungen von Führungskräften und diesen eng verbundenen Personen so veröffentlicht werden, dass die Informationen **schnell und nichtdiskriminierend** zugänglich sind. Art. 19 Abs. 3 Unterabs. 1 VO Nr. 596/2014 verpflichtet die Unternehmen daher nicht selbst zur Veröffentlichung; eine Sicherstellung kann auch darin bestehen, externe Dienstleister zu beauftragen[2], wobei die Formulierung deutlich macht, dass die Letztverantwortlichkeit für die Durchführung der Veröffentlichung beim Unternehmen bleibt (s. auch Rz. 117). Zur Konkretisierung wird auf die in Art. 17 Abs. 10 lit. a) VO Nr. 596/2014 genannten Standards verwiesen[3], d.h. auf Art. 2 DurchfVO 2016/1055[4]. Demnach ist zusätzlich erforderlich, dass die Informationen einer möglichst **breiten Öffentlichkeit** bekanntgegeben werden, sowie, dass die Verbreitung **unentgeltlich** (für die Empfänger[5]) und **zeitgleich in der gesamten EU** erfolgt (Art. 2 Abs. 1 lit. a) DurchfVO 2016/1055). Art. 19 Abs. 3 Unterabs. 2 VO Nr. 596/2014 verlangt den Einsatz von Medien, bei denen vernünftigerweise davon ausgegangen werden kann, dass die Informationen tatsächlich an die Öffentlichkeit in der gesamten EU weiterleiten. Diese Anforderungen werden in Art. 2 Abs. 1 lit. b) DurchfVO 2016/1055 weiter konkretisiert. Demnach muss die Übermittlung mit elektronischen Hilfsmitteln erfolgen, die die **Vollständigkeit, Integrität und Vertraulichkeit der Informationen bei der Übertragung** gewährleisten. Des Weiteren muss aus der Nachricht deutlich hervorgehen, dass es sich um eine Meldung über die Eigengeschäfte von Führungskräften handelt, wer Absender der Information ist (sowohl das Unternehmen als auch die mitteilende Person), was Gegenstand der Meldung ist und das Datum und die Uhrzeit der Übermittlung. Ein eventueller Ausfall oder eine eventuelle Unterbrechung der Übermittlung müssen unverzüglich behoben werden. Das Unternehmen muss das seinerseits Erforderliche tun, um die Nachricht auf den Weg zu bringen. Es reicht zur „Sicherstellung" jedoch nicht aus, lediglich die Nachricht abzusenden, sondern das Unternehmen muss sich auch vergewissern, dass die Nachricht angekommen ist (z.B. durch einen Faxsendebericht, eine E-Mail-Lesebestätigung)[6]. Gem. Art. 19 Abs. 3 Unterabs. 2 VO Nr. 596/2014 genügt es aber, dass **vernünftigerweise davon ausgegangen werden kann**, dass die gewählten Medien die Informationen tatsächlich an die Öffentlichkeit in der gesamten Union weiterleiten. Tun sie dies dann tatsächlich nicht, geht dies nicht zu Lasten des veröffentlichungspflichtigen Unternehmens. Weiß das Unternehmen allerdings aus der Vergangenheit, dass bestimmte Medien seine Meldungen nicht publizieren, darf nicht mehr davon ausgegangen werden, dass diese Medien zur Veröffentlichung geeignet sind.

138 Die zuständige Behörde kann kontrollieren, ob das veröffentlichungspflichtige Unternehmen diese Vorgaben eingehalten hat. Zudem muss gewährleistet sein, dass die zuständige Behörde die Informationsströme nachvollziehen kann. Dies kann sich beispielsweise im Zuge von Ermittlungen wegen Insiderhandels als notwendig erweisen.

139 Gem. Art. 19 Abs. 3 Unterabs. 3 VO Nr. 596/2014 kann das nationale Recht auch eine **Veröffentlichung durch die zuständige Behörde** selbst vorsehen. Im deutschen Recht räumt § 10 Satz 2 WpAV der BaFin die Möglichkeit einer zusätzlichen Bekanntgabe der Information auf ihrer Homepage ein. Die BaFin hat dazu eine spezielle Datenbank eingerichtet, in der sie alle eingegangenen Meldungen veröffentlicht. Diese Datenbank ist unter https://portal.mvp.bafin.de/database/DealingsInfo/ zugänglich.

140 **3. Inhalt der Veröffentlichung.** Gem. Art. 19 Abs. 3 Unterabs. 1 VO Nr. 596/2014 sind die Informationen, die im Einklang mit Art. 19 Abs. 1 VO Nr. 596/2014 gemeldet werden, zu veröffentlichen. Damit sind alle gem. Art. 19 Abs. 6 VO Nr. 596/2014 abgegebenen Meldungen gemeint, auch wenn sie sich auf Geschäfte beziehen, die nur nach Art. 19 Abs. 7 VO Nr. 596/2014 meldepflichtig sind. Hinsichtlich des Inhalts der Veröffentlichung

---
1 Ebenso *von Buttlar*, BB 2010, 1355, 1358f.
2 Dies ist in der Praxis der Regelfall, vgl. *Hitzer/Wasmann*, DB 2016, 1483, 1486; *Stüber*, DStR 2016, 1221, 1224.
3 Dagegen liest *Söhner*, BB 2017, 259, 263 den Verweis auf Art. 17 Abs. 10 lit. a) VO Nr. 596/2014 fälschlich als Bezugnahme (auch) auf Art. 17 Abs. 1 VO Nr. 596/2014 und verlangt daher, die Meldungen müssten wie Ad-hoc-Mitteilungen zwingend für fünf Jahre auf der Website des Unternehmens veröffentlicht werden.
4 Durchführungsverordnung (EU) 2016/1055 der Kommission vom 29. Juni 2016 zur Festlegung technischer Durchführungsstandards hinsichtlich der technischen Mittel für die angemessene Bekanntgabe von Insiderinformationen und für den Aufschub der Bekanntgabe von Insiderinformationen gemäß Verordnung (EU) Nr. 596/2014 des Europäischen Parlaments und des Rates (Text von Bedeutung für den EWR), ABl. EU Nr. L 173 v. 30.6.2016, S. 47.
5 Vgl. Erwägungsgrund 1 DurchfVO 2016/1055.
6 *Pirner/Lebherz*, AG 2007, 19, 21.

kann auf die zur Meldung gemachten Ausführungen verwiesen werden (s. dazu Rz. 120 ff.). Auch die Sprache der Veröffentlichung richtet sich nach der Sprache der Meldung (zu dieser s. Rz. 120).

4. Veröffentlichungsfrist und Nachweis der Veröffentlichung. Gem. Art. 19 Abs. 3 Unterabs. 1 VO Nr. 596/ 2014 muss das veröffentlichungspflichtige Unternehmen sicherstellen, dass die im Einklang mit Art. 19 Abs. 1 VO Nr. 596/2014 gemeldeten Geschäfte **unverzüglich und spätestens drei Geschäftstage** nach dem Geschäft veröffentlicht werden. Auch hier zeigen die anderen Sprachfassungen (englisch: promptly, französisch: rapidement), dass „unverzüglich" nicht auf ein Verschulden abstellt, sondern die objektiv schnellstmögliche Veröffentlichung meint; auch der Ausdruck „Geschäftstage" ist gleichsinnig wie die Geschäfts- bzw. Arbeitstage in Art. 19 Abs. 1 Unterabs. 2, Abs. 2 Unterabs. 2 Satz 2 VO Nr. 596/2014 zu verstehen. Für die Bestimmung der Frist gelten wiederum die Vorschriften der Europäischen Fristenverordnung (s. Rz. 131), so dass die Samstage, Sonntage und nationalen Feiertage des Mitgliedstaats, in dem das veröffentlichungspflichtige Unternehmen seinen Sitz hat (vgl. Art. 2 Abs. 1 Unterabs. 1 Europäische Fristenverordnung), nicht mitgerechnet werden. Damit besteht ein **Gleichlauf mit der Meldefrist der Führungskraft** bzw. eng verbundenen Person: Sowohl die Meldung an das Unternehmen als auch die Veröffentlichung ebendieser Meldung durch das Unternehmen müssen unverzüglich und spätestens drei Geschäftstage nach dem Geschäftsabschluss erfolgen. Dieser Gleichlauf ist indes kein Grund für gesetzgeberischen Änderungsbedarf[1]; vielmehr ist ein möglicher Konflikt dadurch aufzulösen, dass die meldepflichtige Person für die Meldung gegenüber dem Unternehmen (nicht aber gegenüber der Behörde, s. Rz. 130) grundsätzlich die Drei-Tages-Frist nicht voll ausschöpfen darf, sondern das Unternehmen so rechtzeitig informieren muss, dass eine pflichtgemäße Veröffentlichung möglich ist. Gegenüber den Führungskräften kann eine Pflicht zur rechtzeitigen Information auch dienstvertraglich geregelt werden[2]. Dies ist aber nicht zwingend erforderlich (und hinsichtlich der eng verbundenen Personen auch gar nicht möglich), da sich die Pflicht zur rechtzeitigen Übermittlung an das Unternehmen bereits aus Art. 19 Abs. 1 Unterabs. 2 VO Nr. 596/2014 ergibt. Gleichzeitig wird das Unternehmen seiner Pflicht zur „Sicherstellung" einer unverzüglichen Veröffentlichung nur gerecht, wenn **Routinen** bereitstehen, die eine **schnellstmögliche Veröffentlichung** eingehender Meldungen ermöglichen. Dazu können die meldepflichtigen Personen direkt an einen externen Dienstleister verwiesen werden, sofern sichergestellt ist, dass dieser eine sofortige Veröffentlichung gemäß den gesetzlichen Anforderungen (zu diesen Rz. 137) bewirken kann. Oder das Unternehmen muss selbst eine interne Stelle einrichten, die in der Lage ist, auch nach Ende der üblichen Geschäftszeiten innerhalb kurzer Zeit eine solche Veröffentlichung zu bewirken. Eine gewisse Entlastung tritt dadurch ein, dass das Fristende gem. Art. 3 Abs. 4 Unterabs. 1 Europäische Fristenverordnung stets auf einen Arbeitstag fällt, so dass an Wochenenden und (nationalen) Feiertagen keine Mitarbeiter abgestellt werden müssen.

Für den **Beginn der Frist** und die **Fristberechnung** kann auf die obigen Ausführungen zur Meldefrist verwiesen werden, s. Rz. 132).

Inlandsemittenten, MTF-Emittenten oder OTF-Emittenten i.S.v. § 2 Abs. 14–16 WpHG – also Emittenten mit Sitz im Inland, deren Finanzinstrumente (auch) eine Zulassung zum Handel an einem inländischen Handelsplatz haben, oder ausländische Emittenten, deren Finanzinstrumente über eine Zulassung zum Handel an einem inländischen Handelsplatz, nicht aber in ihrem Herkunftsstaat, verfügen – sind nach § 26 Abs. 2 WpHG verpflichtet, der **BaFin die Veröffentlichung mitzuteilen**. Die Einzelheiten dieser Mitteilung ergeben sich gem. § 11 WpAV aus § 3c WpAV. Demnach ist die Veröffentlichung unter Angabe des Textes, der Medien, an die die Information gesandt wurde, sowie des genauen Zeitpunkts der Versendung an die Medien mitzuteilen. Die Mitteilung hat unverzüglich, nicht jedoch vor der Veröffentlichung der Meldung zu erfolgen. Erfolgt die Übermittlung durch das Unternehmen selbst, hat sie grundsätzlich per Fax zu erfolgen. Werden spezielle Veröffentlichungsdienstleister eingeschaltet, können diese die Mitteilung auch per E-Mail an die E-Mail-Adresse a19mar@bafin.de oder in Form einer XML-Datei an das MVP-Portal der BaFin übertragen.

5. Weiterleitung an das Unternehmensregister. § 26 Abs. 2 WpHG verpflichtet **Inlandsemittenten, MTF-Emittenten oder OTF-Emittenten** zudem, die ihnen übermittelte Information an das Unternehmensregister zur Speicherung weiterzuleiten. Diese Regelung beruht auf Art. 19 Abs. 3 Unterabs. 2 a.E. VO Nr. 596/2014. Sie gilt nur für Emittenten, nicht aber für die anderen veröffentlichungspflichtigen Unternehmen, da nur bei den Emittenten ein hinreichender Zusammenhang zur Gesellschaft besteht, der eine Abspeicherung im Zusammenhang mit den gesellschafts- und handelsrechtlichen Unterlagen sinnvoll erscheinen lässt. Der Inhalt der Eintragung in das Unternehmensregister richtet sich nach den für die Veröffentlichung geltenden Vorschriften (s. Rz. 140). Der Pflicht zur Weiterleitung an das Unternehmensregister muss der Emittent unverzüglich (zu diesem Merkmal s. Rz. 141) nachkommen. Allerdings darf die Nachricht an das Unternehmensregister nicht vor der Veröffentlichung der Meldung erfolgen, um einem möglichen Insiderhandel vorzubeugen. Fraglich ist, ab wann von einer Veröffentlichung auszugehen ist, da der Emittent die Mitteilung an eine Vielzahl von Medien

---

[1] So aber *Semrau* in Klöhn, Art. 19 MAR Rz. 64; *Poelzig*, NZG 2016, 761, 769. S. auch ESMA, Final Report: ESMA's technical advice, ESMA/2015/224, S. 44.
[2] Dies empfehlen *Maume/Kellner*, ZGR 2017, 273, 288; *Schäfer* in Marsch-Barner/Schäfer, Hdb. börsennotierte AG, Rz. 16.20.

senden muss. Wollte man auch die Veröffentlichung im zeitlich letzten Printmedium abwarten, würde das Unternehmensregister mit einer Verzögerung von mehreren Tagen informiert. Ausreichend ist daher, dass die Information über die elektronischen Medien (Ticker, Internet) verbreitet wurde[1]. Der BaFin steht eine Überwachungskompetenz zu und sie kann Anordnungen zur Durchsetzung der gesetzlichen Pflicht treffen, die geeignet und erforderlich sind (§ 8b Abs. 3 Satz 3, 5 HGB i.V.m. § 6 Abs. 3 Satz 1 und 3, Abs. 15, Abs. 16, §§ 13, 18, 21 WpHG). Zudem steht ihr das Recht der Ersatzvornahme zu (§ 8b Abs. 3 Satz 4 HGB).

145 **VI. Vorbeugende Organisationspflichten (Art. 19 Abs. 5 VO Nr. 596/2014).** Gem. Art. 19 Abs. 5 Unterabs. 1 VO Nr. 596/2014 sind Emittenten und Teilnehmer am Markt für Emissionszertifikate dazu verpflichtet, ihre Führungskräfte über deren Verpflichtungen im Rahmen von Art. 19 VO Nr. 596/014 **zu informieren** sowie eine **Liste aller Personen** mit Führungsaufgaben und der ihnen eng verbundenen Personen zu erstellen. Die Führungskräfte sind ihrerseits gem. Art. 19 Abs. 5 Unterabs. 2 VO Nr. 596/2014 dazu verpflichtet, die ihnen eng verbundenen Personen über deren Meldepflichten zu informieren. Entsprechendes gilt gem. Art. 19 Abs. 10 Satz 1 VO Nr. 596/2014 für Versteigerungsplattformen, Versteigerer und die Auktionsaufsicht sowie deren Führungskräfte. Anders als beim periodischen Handelsverbot (dazu Rz. 154) ist eine Ausnahme nicht angebracht, da auch bei diesen Unternehmen das gleiche Interesse an einer umfassenden Rechtsbefolgung besteht. Bei Art. 19 Abs. 5 VO Nr. 596/2014 handelt es sich um **vorbeugende Organisationspflichten**, die dazu dienen, Verstöße gegen die Meldepflichten oder das Handelsverbot möglichst zu minimieren. Die Regelung folgt dabei einem allgemeinen Trend, beaufsichtigte Unternehmen selbst in die Rechtsdurchsetzung einzubeziehen. Gegenüber der bisherigen Rechtslage ergibt sich daraus ein organisatorischer Mehraufwand[2]. Da die Unternehmen aber aufgrund der kurzen Veröffentlichungspflicht auf die Kooperation der meldepflichtigen Personen angewiesen sind (s. Rz. 141), schaffen die konkreten Organisationspflichten Rechtssicherheit, wenn es darum geht, ob etwa die Verspätung einer Veröffentlichung auf Leichtfertigkeit beruht.

146 **1. Pflichten der Unternehmen. a) Pflicht zur Information der Führungspersonen.** Nach Art. 19 Abs. 5 Unterabs. 1 Satz 1 VO Nr. 596/2014 sind die Unternehmen dazu verpflichtet, ihre Führungspersonen über die ihnen im Rahmen des Art. 19 VO Nr. 596/2014 obliegenden Pflichten zu informieren. Die Informationspflicht bezieht sich auf **sämtliche Führungskräfte**, die unter Art. 3 Abs. 1 Nr. 25 VO Nr. 596/2014 fallen (s. dazu Rz. 24 ff.). Sachlich ist über alle Pflichten zu informieren, die sich für die Führungskraft aus Art. 19 VO Nr. 596/2014 ergeben. Das betrifft in erster Linie die **Meldepflicht** gem. Art. 19 Abs. 1 und 7 VO Nr. 596/2014, einschließlich der Konkretisierung durch Art. 10 DelVO 2016/522 (dazu Rz. 58 ff.). Auch wenn sich die Information an juristische Laien richtet, ist es notwendig, der Führungskraft das Ausmaß und die Details des Tatbestands zu verdeutlichen. Dazu sollte mindestens die Liste der Regelbeispiele in Art. 10 Abs. 2 DelVO 2016/522 zur Verfügung gestellt werden. Wichtig ist auch die Information darüber, **wie eine Meldung abzugeben ist** (dazu Rz. 116 ff.). Im Zusammenhang mit der **Meldefrist** sollte die Führungskraft darüber aufgeklärt werden, dass auch das Unternehmen die Meldung spätestens drei Tage nach dem Geschäftsabschluss veröffentlichen muss, weshalb die Meldung rechtzeitig genug eingehen muss, um dem Unternehmen die Erfüllung seiner eigenen Pflichten zu ermöglichen. Auch wenn diese Information nicht vom Tatbestand des Art. 19 Abs. 5 Unterabs. 1 Satz 1 VO Nr. 596/2014 gefordert ist, kann ihr Unterlassen den Vorwurf der Leichtfertigkeit hinsichtlich einer verspäteten Veröffentlichung einer nicht mehr früh genug übermittelten Meldung begründen. Des Weiteren sind die Führungskräfte über ihre Pflichten zur **Aufklärung der ihnen eng verbundenen Personen** gem. Art. 19 Abs. 5 Unterabs. 2 VO Nr. 596/2014 zu informieren. In diesem Zusammenhang sind den Führungskräften geeignete Informationsmaterialien zur Weiterleitung an die eng verbundenen Personen zur Verfügung zu stellen. Sofern die Führungskräfte in den Anwendungsbereich des **periodischen Handelsverbots** fallen (dazu Rz. 154), sind sie auch auf die Verbote des Art. 19 Abs. 11 VO Nr. 596/2014 hinzuweisen.

147 Art. 19 Abs. 5 Unterabs. 1 Satz 1 VO Nr. 596/2014 verlangt, dass die Führungsperson **schriftlich** in Kenntnis zu setzen ist. Da es sich um eine unionsrechtliche Vorschrift handelt, ist damit nicht die Formvorschrift des § 126 BGB gemeint[3], vielmehr bedarf die Schriftformerfordernis einer autonomen Auslegung[4]. Zu fordern ist daher lediglich, dass die Führungspersonen in einer Form in Kenntnis gesetzt werden, die eine Dokumentation und abrufbare Aufbewahrung sowie Leserlichkeit der Information gewährleistet[5]. Das entspricht einem Standard, der dem Textformerfordernis (§ 126b BGB) gleicht, so dass etwa auch eine Belehrung per E-Mail ausreicht[6]. Art. 19 Abs. 5 Unterabs. 1 Satz 1 VO Nr. 596/2014 verlangt lediglich, dass die Führungskraft über ihre Verpflichtungen **in Kenntnis gesetzt** wird. Im Vergleich dazu stellt Art. 18 Abs. 2 Unterabs. 1 VO Nr. 596/2014 weitaus strengere Anforderungen auf, wenn dort verlangt wird, die Personen müssten die gesetzlichen Pflichten schriftlich anerkennen und sich möglicher Sanktionen bewusst sein (dazu Art. 18 VO Nr. 596/2014 Rz. 74). Im

---

1 *Pirner/Lebherz*, AG 2007, 19, 25.
2 Krit. deshalb *Stüber*, DStR 2016, 1221, 1224.
3 Dies übersehen *Maume/Kellner*, ZGR 2017, 273, 288.
4 Ähnlich *Poelzig*, NZG 2016, 761, 769; *Stüber*, DStR 2016, 1221, 1224.
5 *Semrau* in Klöhn, Art. 19 MAR Rz. 70; *Hitzer/Wasmann*, DB 2016, 1483, 1486; *Poelzig*, NZG 2016, 761, 769; *Stüber*, DStR 2016, 1221, 1224.
6 Zutreffend *Hitzer/Wasmann*, DB 2016, 1483, 1486.

Rahmen von Art. 19 Abs. 5 Unterabs. 1 Satz 1 VO Nr. 596/2014 ist daher keine dokumentierte Bestätigung des Empfangs oder gar des inhaltlichen Nachvollzugs der zur Verfügung gestellten Informationen gesetzlich erforderlich. Anders als bei Art. 19 Abs. 5 Unterabs. 2 VO Nr. 596/2014 ist das Unternehmen auch nicht gesetzlich dazu verpflichtet, eine Kopie des zur Verfügung gestellten Dokuments aufzubewahren[1]. Da die Durchführung der Dokumentation aber von der zuständigen Behörde überprüft werden kann und das Unterlassen oder Fehler der Information gem. § 120 Abs. 15 Nr. 19 WpHG eine Ordnungswidrigkeit darstellen, ist den Unternehmen in der Praxis zu raten, die Informationsmitteilung aufzubewahren und sich den Erhalt der Information von der Führungsperson quittieren zu lassen[2].

Zum **Zeitpunkt der Information** sowie zum Erfordernis einer (periodischen) **Wiederholung** schweigt sich das Gesetz aus. Da es sich um eine vorbeugende Informationspflicht handelt, kann das Unternehmen nicht abwarten, bis eine Führungskraft erstmalig ein Eigengeschäft tätigt. Vielmehr geht es gerade darum, der Führungskraft im Voraus zu verdeutlichen, was ein meldepflichtiges Eigengeschäft ist und wann das Handelsverbot eingreift. Um diesen Zweck erfüllen zu können, muss die Informationserteilung direkt **bei Übernahme der Position mit Führungsaufgaben** geschehen[3]. Eine Pflicht zur Wiederholung bzw. **Aktualisierung der Information** wird man jedenfalls bei einer **Änderung der gesetzlichen Grundlagen** oder wesentlicher Auslegungsgrundsätze der zuständigen Behörde annehmen müssen. Dagegen gibt es für eine Pflicht zur periodischen Wiederholung der Informationserteilung keine gesetzliche Grundlage. Zeigt sich allerdings, dass einer Führungskraft trotz früherer Information die **Rechtslage** in einer für die Erfüllung ihrer Pflichten wesentlichen Hinsicht **nicht bewusst ist**, ist das Unternehmen seiner Pflicht, die Führungskraft in Kenntnis zu setzen, nicht hinreichend gerecht geworden. Dies gilt erst recht, wenn eine **Führungskraft gegen Art. 19 VO Nr. 596/2014 verstößt**. In diesen Fällen ist eine erneute Information zwingend erforderlich.

b) Pflicht zur Listenführung. Darüber hinaus verpflichtet Art. 19 Abs. 5 Unterabs. 1 Satz 2 VO Nr. 596/2014 die Unternehmen, eine Liste zu erstellen, die alle Führungspersonen und ihnen eng verbundene Personen enthält. Entgegen geäußerten Befürchtungen droht hierdurch **keine Dopplung zur Pflicht des Art. 18 VO Nr. 596/2014**, eine Insiderlisten zu führen[4]. Dies zeigt sich, wenn man sich den unterschiedlichen Anwendungsbereich und die jeweiligen Funktionen von Art. 18 und 19 VO Nr. 596/2014 verdeutlicht. Art. 19 VO Nr. 596/2014 betrifft nur solche Personen, deren Transaktionen eine Indikatorwirkung für die Bewertung der Finanzinstrumente zukommt. Demgegenüber erfasst Art. 18 VO Nr. 596/2014 den viel umfassenderen Kreis der Personen, die bestimmungsgemäß Zugang zu Insiderinformationen haben und erfordert eine sehr viel detailliertere Liste. Ziel der Listenführungspflicht des Art. 19 Abs. 5 Unterabs. 1 Satz 2 VO Nr. 596/2014 ist es lediglich, dem Unternehmen selbst, aber auch der zuständigen Behörde[5] einen **Überblick über die Adressaten des Art. 19 VO Nr. 596/2014** zu ermöglichen.

Die Verordnung enthält keine Angaben zu **Inhalt und Aufbau der Liste**. Um den Regelungszweck erfüllen zu können, reicht es aus, wenn die Führungspersonen und die diesen eng verbundenen Personen eindeutig identifizierbar sind. Dazu reicht grundsätzlich die **Nennung des Namens**, sprich des Vor- und Nachnamens aus[6], bei juristischen Personen sind Name und Sitz anzugeben[7]. Lediglich bei Namensgleichheiten, die zu einer Verwechslung führen könnten, ist zusätzlich zum Namen ein weiteres Identifikationsmerkmal (wie das Geburtsdatum oder die Position beim Unternehmen) aufzunehmen[8]. Eine Aufteilung nach Führungskräften und eng verbundenen Personen bzw. eine Zuordnung der einzelnen Personen zu den Gruppen und eine Angabe der Gründe für die Eigenschaft als eng verbundene Person sind gesetzlich nicht erforderlich, können aber gerade in größeren Unternehmen hilfreich sein, um die Übersichtlichkeit der Liste zu bewahren. Sofern keine weiteren Informationen aufgenommen werden (etwa eine Unterteilung nach Führungskräften und jeweils ihnen eng verbundenen Personen), sollte die Liste alphabetisch geführt werden. Art. 19 Abs. 5 Unterabs. 1 VO Nr. 596/2014 sieht keinen ausdrücklichen **Auskunftsanspruch des Unternehmens** gegen die Führungsperson hinsichtlich der ihr eng verbundenen Personen vor. Ein solcher Anspruch ergibt sich jedoch aus gesellschaftsrechtlichen Grundsätzen, je nach Konstellation etwa als Nebenpflicht aus dem Organ- und Dienstverhältnis oder aus der gesellschaftsrechtlichen Treuepflicht der Führungsperson gegenüber der Gesellschaft. Sofern die Führungsperson ihrer Mitteilungspflicht nicht rechtzeitig nachkommt, ist das Unternehmen zur Durchsetzung des Auskunftsanspruchs verpflichtet. Eine dadurch eintretende Verzögerung bei der Listenerstellung kann dann nicht

---

1 *Schäfer* in Marsch-Barner/Schäfer, Hdb. börsennotierte AG, Rz. 16.8 verweist insoweit auf die gewöhnlichen Aufbewahrungspflichten des Handels- und Gesellschaftsrechts.
2 So auch *Schäfer* in Marsch-Barner/Schäfer, Hdb. börsennotierte AG, Rz. 16.8; *Semrau* in Klöhn, Art. 19 MAR Rz. 71.
3 *Semrau* in Klöhn, Art. 19 MAR Rz. 73 empfiehlt, die Belehrung möglichst vorzuziehen, damit die zukünftige Führungskraft die Möglichkeit erhält, noch vor der Übernahme des Amtes meldefrei Dispositionen zu treffen.
4 S. *Maume/Kellner*, ZGR 2017, 273, 288, die insoweit Redundanzen und Ineffizienzen befürchten.
5 *Seibt/Wollenschläger*, AG 2014, 593, 601.
6 So auch BaFin, FAQ Managers' Transactions, Stand: 1.2.2018, V.1. Demgegenüber geht *Semrau* in Klöhn, Art. 19 MAR Rz. 76 von einer Pflicht zur Eintragung von Name und Wohnadresse oder Name, Geburtsdatum und Geburtsort aus.
7 *Semrau* in Klöhn, Art. 19 MAR Rz. 76.
8 BaFin, FAQ Managers' Transactions, Stand: 1.2.2018, V.1.

zu Lasten des Unternehmens gehen. Sofern alle rechtlichen Möglichkeiten ausgeschöpft werden, kann kein Bußgeld nach Maßgabe des § 120 Abs. 15 Nr. 20 WpHG wegen einer unvollständige Liste verhängt werden, da dem Unternehmen weder vorsätzliches noch leichtfertiges Handeln zur Last gelegt werden kann. Gleiches gilt, wenn eine Führungskraft einzelne eng verbundene Personen verheimlicht[1]; dies gilt allerdings nur, sofern die Existenz dieser Person dem Unternehmen nicht anderweitig bekannt ist (dies dürfte regelmäßig bei Ehegatten und minderjährigen Kindern der Fall sein, die in der Lohnbuchhaltung erfasst werden).

151 Art. 19 Abs. 5 Unterabs. 1 Satz 2 VO Nr. 596/2014 verlangt lediglich, dass eine Liste der Führungspersonen und diesen nahestehenden Personen zu erstellen ist. Sinn und Zweck der Listenführungspflicht sprechen jedoch dafür, dass das Unternehmen darüber hinaus zur **laufenden Aktualisierung der Liste** verpflichtet ist[2]. Insoweit sind auch Führungskräfte verpflichtet, neu hinzukommende eng verbundene Personen kurzfristig nachzumelden[3]. Besondere Fristen für die Aktualisierung bestehen nicht. Im Allgemeinen genügt es daher, wenn die Aktualisierung periodisch (etwa monatlich) erfolgt, etwa um neu geborene Kinder, Ehegatten oder neu gegründete Gesellschaften aufzunehmen. Ändert sich die Zusammensetzung der Führungsriege des Unternehmens, sollte die Liste (ggf. zusammen mit der Information neu hinzugekommener Führungskräfte) zeitnah aktualisiert werden. Wird eine Liste nicht aktualisiert, handelt es sich um eine nicht vollständige Liste i.S.v. § 120 Abs. 15 Nr. 20 WpHG, so dass ein Bußgeld verhängt werden kann.

152 **2. Pflichten von Führungspersonen.** Gem. Art. 19 Abs. 5 Unterabs. 2 VO Nr. 596/2014 sind auch die Führungspersonen selbst dazu verpflichtet, die ihnen eng verbundenen Personen von deren im Rahmen des Art. 19 VO Nr. 596/2014 bestehenden Pflichten schriftlich in Kenntnis zu setzen. Zu informieren sind alle eng verbundenen Personen i.S.v. Art. 3 Abs. 1 Nr. 26 VO Nr. 596/2014 bzw. deren gesetzliche Vertreter. Im Falle der eng verbundenen Personen beschränkt sich die Aufklärung auf die **Meldepflichten des Art. 19 VO Nr. 596/2014**, einschließlich der Vorgaben zur Durchführung der Meldung und der Meldefrist. Zu **Form und Umfang der Information** gelten die obigen Ausführungen entsprechend (s. Rz. 147). Das Unternehmen sollte seinen Führungskräften entsprechende Informationsblätter für die Information der eng verbundenen Personen zur Verfügung stellen (s. Rz. 146). Die Informationspflicht entsteht **bei Übernahme des Amtes als Führungskraft** hinsichtlich aller zu diesem Zeitpunkt vorhandenen eng verbundenen Personen. Sobald eine eng verbundene Person hinzukommt (etwa durch Eheschließung oder Gründung einer Gesellschaft), ist diese unverzüglich zu informieren. Hinsichtlich einer Wiederholung der Information gelten die obigen Grundsätze entsprechend (s. Rz. 148). Darüber hinaus trifft die Führungsperson gem. Art. 19 Abs. 5 Unterabs. 2 VO Nr. 596/2014 die Pflicht, eine Kopie des Dokuments, mittels dessen sie die ihr nahestehenden Personen in Kenntnis gesetzt hat, aufzubewahren. Gem. § 120 Abs. 15 Nr. 21 WpHG muss das Dokument mindestens fünf Jahre lang aufbewahrt werden; ansonsten kann ein Bußgeld verhängt werden. Auch in diesem Fall empfiehlt es sich, über die gesetzlichen Pflichten hinaus, die eng verbundenen Personen den Empfang der Informationen quittieren zu lassen.

153 **VII. Periodisches Handelsverbot für Führungskräfte (Art. 19 Abs. 11 VO Nr. 596/2014). 1. Regelungsziel.** Die Marktmissbrauchsverordnung hat erstmals ein dem deutschen Recht zuvor unbekanntes periodisches Handelsverbot (sog. „closed periods") eingeführt[4]. Zuvor war ein gesetzliches Handelsverbot rechtspolitisch umstritten[5], zur Beurteilung der Neuregelung s. Rz. 189. **Regelungsvorbilder** finden sich einerseits im englischen, österreichischen und US-amerikanischen Recht, aber auch in der freiwilligen Unternehmenspraxis, wobei bereits Erwägungsgrund 24 zur Marktmissbrauchsrichtlinie 2003/6 die **freiwillige Einrichtung** von Handelszeitfenstern („window trading") anregte[6]. Regelungsziel des periodischen Handelsverbotes ist es, die Marktintegrität zu wahren und für Anlegergleichbehandlung zu sorgen[7]. Das Handelsverbot stellt damit funktional gesehen eine **Ergänzung des Insiderhandelsverbots** aus Art. 14 VO Nr. 596/2014 dar, wie die Formulierung „unbeschadet der Art. 14 und 15" unterstreicht[8]. Die Idee ist, dass im Vorfeld zu verpflichtenden Veröffentlichungen der Anreiz dazu, die zugrunde liegenden Informationen für eigene Zwecke zu nutzen, besonders hoch ist[9]. Zu-

---

1 Ähnlich *Hitzer/Wasmann*, DB 2016, 1483, 1486.
2 *Kiesewetter/Parmentier*, BB 2013, 2371, 2377; *Seibt/Wollenschläger*, AG 2014, 593, 601; *Stüber*, DStR 2016, 1221, 1225.
3 *Semrau* in Klöhn, Art. 19 MAR Rz. 75.
4 Ausführlich zur Entstehungsgeschichte von Art. 19 Abs. 11 VO Nr. 596/2014 *Diekgräf*, Directors' Dealings, S. 143 ff.
5 Gegen ein periodisches Handelsverbot *Sethe* in 6. Aufl., § 15a WpHG Rz. 16; *Osterloh*, Directors' Dealings, S. 541; *Schuster*, ZHR 167 (2003), 193, 211 f.; befürwortend dagegen *Baums*, ZHR 166 (2002), 375, 379; DAI, Stellungnahme zum 4. FFG, September 2001; *Fischer zu Cramburg/Hannich*, Directors' Dealings, S. 52 f., 60 f.; *Großmann/Nikoleyczik*, DB 2002, 2031, 2033; Grundsatzkommission Corporate Governance, Corporate Governance-Grundsätze (‚Code of Best Practice') für börsennotierte Gesellschaften vom Juli 2001, II. 4. lit. h; *von Rosen*, WM 1998, 1810; *Rudolph*, BB 2002, 1036, 1040.
6 S. zu den Regelungsvorbildern ausführlich *Hellgardt*, AG 2018, 602, 603 ff.; s. auch *Commandeur*, ZBB 2018, 114, 115 f.; *Diekgräf*, Directors' Dealings, S. 162 ff.; *Poelzig*, NZG 2016, 761, 769.
7 *Diekgräf*, Directors' Dealings, S. 160; *Kumpan*, AG 2016, 446, 456; *Fleischer*, ZIP 2002, 1217, 1228; *Rudolph*, BB 2002, 1036, 1040.
8 Vgl. ESMA, Q&A MAR, ESMA70-145-111, Version 11, Stand: 23.3.2018, 7.8; *Veil*, ZBB 2014, 85, 95; *Kumpan*, AG 2016, 446, 456.
9 Ähnlich *Commandeur*, ZBB 2018, 114, 117; *Kumpan*, AG 2016, 446, 456; *Poelzig*, NZG 2016, 761, 769; *Veil*, ZBB 2014, 85, 95.

gleich besteht nur in diesem Zusammenhang ein hinreichend sicherer Anhaltspunkt für die Existenz von Insiderinformationen, der den mit einem solchen Verbot verbundenen Eingriff zu rechtfertigen vermag (s. Rz. 188). Die Grundintention des Insiderhandelsverbotes, **Anlegergleichbehandlung** durch die Einebnung der Ausnutzung von Informationsvorsprüngen zu erreichen, wird durch ein periodisches Handelsverbot für Führungspersonen in stärkerem Ausmaß verwirklicht[1]. Nicht außer Acht gelassen werden dürfen hierbei jedoch die **Nachteile**, die mit einem periodischen Handelsverbot für Führungskräfte einhergehen, namentlich die Beeinträchtigung der Indikatorwirkung von Managers' Transactions, die dazu beitragen, dass „weiche" Informationen unterhalb der Grenze der Insiderinformation durch die Offenlegung eingepreist werden können[2]. Zudem stellt ein Handelsverbot einen weitreichenden Eingriff dar, durch den aber nur eine besondere Untergruppe der Insiderinformationen erfasst werden kann. Für das Handelsverbot existiert keine Art. 19 Abs. 2 Unterabs. 1 VO Nr. 596/2014 korrespondierende Öffnungsklausel (dazu Rz. 4). Daher ist davon auszugehen, dass der **nationale Gesetzgeber keine abweichenden Regelungen** treffen darf. Den Emittenten bleibt es freilich unbenommen, ihren Führungskräften vertraglich strengere Pflichten aufzuerlegen[3].

2. Anwendungsbereich. a) Sachlicher Anwendungsbereich. Nach dem Wortlaut des Art. 19 Abs. 11 VO Nr. 596/2014 gilt das periodische Handelsverbot nur für **Emittenten von Finanzinstrumenten**. Anders als bei den Meldepflichten des Art. 19 Abs. 1 Unterabs. 1 VO Nr. 596/2014 findet **keine Erstreckung auf Teilnehmer am Markt für Emissionszertifikate** statt. Trotz des insoweit missverständlichen Wortlauts von Art. 19 Abs. 10 Satz 1 VO Nr. 596/2014 („Dieser Artikel gilt auch …") ist davon auszugehen, dass auch **Versteigerungsplattformen, Versteigerer und die Auktionsaufsicht** nicht unter den Anwendungsbereich des Handelsverbots fallen. Dafür spricht zunächst die systematische Stellung von Art. 19 Abs. 10 VO Nr. 596/2014, der die Annahme nahelegt, dass lediglich die vorstehenden Absätze entsprechende Anwendung finden sollten. Vor allem sprechen aber teleologische Argumente gegen eine Ausdehnung des Handelsverbots auf den Handel mit Emissionszertifikaten. Denn der Wert solcher Zertifikate wird im Allgemeinen nicht durch die Bekanntgabe von Finanzinformationen der Marktteilnehmer beeinträchtigt. Hinsichtlich der von Art. 19 Abs. 10 VO Nr. 596/2014 erfassten Unternehmen kommt hinzu, dass deren Führungskräften kein privilegierter Zugang zu den Unternehmensinterna der Teilnehmer am Markt für Emissionszertifikate zukommt. Damit findet das Verbot lediglich auf Emittenten Anwendung[4]. Die Konkretisierung des Emittentenbegriffs in **Art. 19 Abs. 4 VO Nr. 596/2014** (dazu Rz. 19 ff.) gilt ausweislich des eindeutigen Wortlauts („Dieser Artikel gilt für Emittenten die …") auch für das Handelsverbot in Art. 19 Abs. 11 VO Nr. 596/2014. Damit fallen nicht nur Eigenkapitalemittenten, sondern auch Emittenten von Schuldtiteln, wie GmbHs oder KGs, in den Anwendungsbereich des Verbots.

b) Persönlicher Anwendungsbereich. Das Handelsverbot des Art. 19 Abs. 11 VO Nr. 596/2014 gilt ausweislich des Wortlautes lediglich für die **Führungskräfte** des Emittenten. Damit sind alle unter Art. 3 Abs. 1 Nr. 25 VO Nr. 596/2014 fallenden natürlichen und juristischen Personen erfasst (s. dazu Rz. 24 ff.), also alle Organe im formellen und materiellen Sinne[5]. Dagegen erstreckt sich das Handelsverbot nach dem eindeutigen Wortlaut **nicht** auf den Führungskräften **eng verbundene Personen** gem. Art. 3 Abs. 1 Nr. 26 VO Nr. 596/2014[6]. Dafür, dass es sich dabei nicht um ein bloßes Redaktionsversehen handelt, spricht einerseits, dass auch Erwägungsgrund 61 VO Nr. 596/2014 lediglich von Führungskräften spricht, und dass andererseits – anders als bei der Meldepflicht – nicht nur Eigengeschäfte, sondern auch Geschäfte für Dritte verboten sind. Damit sind die Geschäfte eng verbundener Personen dann von dem Verbot erfasst, wenn sie im Wege unmittelbarer oder mittelbarer Stellvertretung durch die Führungskraft getätigt werden. Nach den oben genannten Grundsätzen zu Eigengeschäften (s. Rz. 86) sind auch Geschäfte der eng verbundenen Personen (wie jedes anderen Dritten) von dem Verbot erfasst, wenn sie im Namen oder auf Rechnung der Führungsperson vorgenommen werden[7]. Dies wird durch die Formulierung „indirektes Eigengeschäft" noch einmal unterstrichen[8]. Aufgrund dieser besonderen Regelungen kommt daher auch eine Erstreckung des Verbots auf eng verbundene Personen durch eine **analoge Anwendung nicht in Betracht**. Das folgt auch bereits daraus, dass es sich um einen tiefgreifenden Grundrechtseingriff handelt, der gem. Art. 52 Abs. 1 Satz 1 GrCh auch im Unionsrecht einer gesetzlichen Ermächtigungsgrundlage bedarf. Im Ergebnis existiert ein periodisches Handelsverbot für nahestehende Personen daher

---

1 Ebenso *Veil*, ZBB 2014, 85, 95; *Fleischer*, ZIP 2002, 1217, 1228.
2 So bereits *Fleischer*, ZIP 2002, 1217, 1228; zustimmend *Veil*, ZBB 2014, 85, 95; *Kumpan*, AG 2016, 446, 456.
3 So auch *Semrau* in Klöhn, Art. 19 MAR Rz. 90.
4 Ohne Diskussion des Problems i.E. auch *Diekgräf*, Directors' Dealings, S. 204 f.
5 Für eine Erweiterung de lege ferenda auf Personen, die in besonderem Umfang in die Finanzberichterstattung einbezogen sind, *Diekgräf*, Directors' Dealings, S. 215.
6 Ebenso ESMA, Q&A MAR, ESMA70-145-111, Version 11, Stand: 23.3.2018, 7.9; *Schäfer* in Marsch-Barner/Schäfer, Hdb. börsennotierte AG, Rz. 14.57; *Diekgräf*, Directors' Dealings, S. 212; *Commandeur*, ZBB 2018, 114, 118; *von der Linden*, DStR 2016, 1036, 1040; *Kraack*, AG 2016, 57, 67; *Stenzel*, DStR 2017, 883, 888; *Seibt/Wollenschläger*, AG 2014, 593, 602; a.A. ohne Begründung *Krause*, CCZ 2014, 248, 257.
7 Ebenso *Commandeur*, ZBB 2018, 114, 119; *Poelzig*, NZG 2016, 761, 770; *Stüber*, DStR 2016, 1221, 1226.
8 Mit dieser Formulierung können die Geschäfte der eng verbundenen Personen aber nicht „durch die Hintertür" einem eigenen Handelsverbot unterworfen werden; zutreffend *Stüber*, DStR 2016, 1221, 1226; offener aber *Commandeur*, ZBB 2018, 114, 119.

nur, wenn das Geschäft durch die Führungsperson vorgenommen wird oder bei wirtschaftlicher Betrachtung nicht als Geschäft der nahestehenden Person, sondern der Führungsperson zu qualifizieren ist.

156 Die Beschränkung des persönlichen Anwendungsbereichs des Handelsverbotes auf Führungspersonen kann rechtspolitisch nicht überzeugen. Durch das fehlende Handelsverbot für nahestehende Personen sind der **Umgehung des Handelsverbotes** für Führungspersonen Tür und Tor geöffnet[1]. Zwar mag es theoretisch möglich sein, einzelne Umgehungsgeschäfte als **„indirekte" Eigengeschäfte** einzuordnen und damit dem Verbot zu unterwerfen[2]. Dafür muss aber nicht nur bewiesen werden, dass die Führungsperson der eng verbundenen Person Informationen hat zukommen lassen (was unterhalb der Schwelle zur Insiderinformation allenfalls arbeitsvertraglich oder gesellschaftsrechtlich unzulässig ist), sondern es muss auch nachgewiesen werden, dass der Führungskraft selbst zumindest anteilig die Vorteile der Transaktion zugutegekommen sind[3]. Genau solche Beweisprobleme haben dazu geführt, die Meldepflicht auch auf die Geschäfte nahestehender Personen zu erstrecken (s. Rz. 40). Die auch während des Handelsverbots der Führungskraft fortbestehenden Meldepflichten für eng verbundene Personen geben der zuständigen Behörde einen ersten Anhaltspunkt für mögliche Umgehungen. Aber allein die Kenntnis eines Geschäfts durch eng verbundene Personen ersetzt noch nicht den Nachweis der Umgehung des Eigenhandelsverbots für die Führungskraft.

157 **3. Handelsverbot. a) Erfasste Finanzinstrumente.** Das Handelsverbot bezieht sich gem. Art. 19 Abs. 11 VO Nr. 596/2014 auf **Anteile** oder **Schuldtitel** des Emittenten sowie **Derivate** und andere **mit den Anteilen oder Schuldtiteln in Zusammenhang stehende Finanzinstrumente**. Trotz der leicht abweichenden Formulierung ist davon auszugehen, dass sich das Verbot auf dieselben Finanzinstrumente bezieht, **wie die Meldepflicht** gem. Art. 19 Abs. 1 Unterabs. 1 lit. a) VO Nr. 596/2014[4]. Deshalb kann insoweit auf die obigen Ausführungen verwiesen werden, s. Rz. 59 ff.

158 **b) Erfasste Geschäftsarten.** Vom Handelsverbot sind gem. Art. 19 Abs. 11 VO Nr. 596/2014 zunächst alle **direkten und indirekten Eigengeschäfte** von Führungspersonen erfasst. Die Unterteilung in direkte und indirekte Eigengeschäfte findet keine Entsprechung bei den Meldepflichten, sondern rührt aus der Verwandtschaft zum Insiderhandelsverbot her, welches in Art. 8 Abs. 1 Satz 1 VO Nr. 596/2014 ebenfalls direkte und indirekte Insidergeschäfte unterscheidet[5]. Direkt sind alle Eigengeschäfte, die im eigenen Namen und auf eigene Rechnung der Führungsperson erfolgen, ein indirektes Geschäft liegt dagegen vor, wenn ein Dritter als Stellvertreter der Führungsperson oder in deren Auftrag auf deren Rechnung handelt[6]. Da die Meldepflicht nach Art. 19 Abs. 1 Abs. 1 lit. a) VO Nr. 596/2014 „jedes" Eigengeschäft erfasst, besteht insoweit kein sachlicher Unterschied. Auch die nach **Art. 19 Abs. 7 VO Nr. 596/2014 meldepflichtigen Geschäfte** (dazu Rz. 79 ff.) unterfallen als indirekte Eigengeschäfte dem Handelsverbot[7]. Das Verpfänden oder Verleihen ermöglicht der Führungskraft, indirekt den Wert des Finanzinstruments zu realisieren, indem bei der Wertpapierleihe die zur Rückgewähr erforderlichen Wertpapiere erst nach Eintritt des auf der Veröffentlichung beruhenden Kursverlusts am Markt zurückgekauft werden, oder bei der Verpfändung der Sicherungsfall vorsätzlich herbeigeführt wird, bevor die Finanzinstrumente einen Kursverlust erleiden. Auch die in Art. 19 Abs. 7 lit. b) und c) VO Nr. 596/2014 aufgeführten Geschäfte sind als mittelbare Eigenschäfte erfasst[8]. Um die Konsistenz der Regelung zu wahren, müssen auch die **Ausnahmen gem. Art. 19 Abs. 1a und Abs. 7 Unterabs. 2 und 3 VO Nr. 596/2014** (s. zu diesen Rz. 82, 87, 89 ff.) auf das Handelsverbot durchschlagen[9]. Dabei handelt es sich jeweils um Fälle, in denen **keine Nutzung von Insiderinformationen** oder weichen Informationen zu befürchten ist, weil entweder die Führungskraft keinerlei Einfluss auf die Anlageentscheidung hat oder sich diese nur minimal auf vom Insiderhandelsverbot erfasste Finanzinstrumente auswirkt, so dass nur ein geringer Anreiz besteht, den eigenen Wissensvorsprung auszunutzen. Auch wenn hinsichtlich der 20 %-Grenze des Art. 19 Abs. 1a VO Nr. 596/2014 ein gewisser Restanreiz verbleiben mag, so wäre es wertungswidersprüchlich, derartige Geschäfte mangels Indikatorwirkung von der Meldepflicht freizustellen, sie aber trotzdem dem seiner systematischen Stellung nach an die Meldepflicht anknüpfenden Handelsverbot zu unterwerfen[10]. Damit umfasst das Handelsverbot **grundsätzlich dieselben Eigengeschäfte**, auf die sich auch die **Meldepflicht** bezieht. Eine Ausnahme ist le-

---

1 So auch *Diekgräf*, Directors' Dealings, S. 213.
2 BaFin, FAQ Managers' Transactions, Stand: 1.2.2018, VI.1.; *Diekgräf*, Directors' Dealings, S. 242; *Poelzig*, NZG 2016, 761, 770; *Stüber*, DStR 2016, 1221, 1226.
3 Anders offenbar *Diekgräf*, Directors' Dealings, S. 242, wonach es ausreichen soll, dass die Führungskraft die Transaktionsentscheidung selbst getroffen oder maßgeblich beeinflusst hat. In diesem Fall handelt es sich aber um ein verbotenes Geschäft für Dritte und nicht um ein indirektes Eigengeschäft.
4 So auch (ohne Hinweis auf den unterschiedlichen Wortlaut) *Semrau* in Klöhn, Art. 19 MAR Rz. 80.
5 *Diekgräf*, Directors' Dealings, S. 239.
6 *Poelzig*, NZG 2016, 761, 770.
7 I.E. ebenso *Diekgräf*, Directors' Dealings, S. 229 f. unter Verweis auf Erwägungsgrund 58 VO Nr. 596/2014.
8 *Schäfer* in Marsch-Barner/Schäfer, Hdb. börsennotierte AG, Rz. 14.59.
9 Ebenso für Art. 19 Abs. 1a VO Nr. 596/2014 *Diekgräf*, Directors' Dealings, S. 230 f.; *Helm*, ZIP 2016, 2201, 2207; offen gelassen von *Schäfer* in Marsch-Barner/Schäfer, Hdb. börsennotierte AG, Rz. 14.59.
10 Handelt es sich um wirkliche Insiderinformationen, verbleibt es zudem bei dem Insiderhandelsverbot des Art. 8 VO Nr. 596/2014, welches keine dem Art. 19 Abs. 1a VO Nr. 596/2014 vergleichbare Ausnahme kennt.

diglich hinsichtlich solcher Geschäfte zu machen, auf deren Zustandekommen die Führungskraft **keinerlei Einfluss nehmen kann**. Solche Geschäfte sind, obwohl ihnen selbst keinerlei direkte Indikatorfunktion zukommt, deshalb meldepflichtig, weil der Markt die Bedeutung vorhergehender oder nachfolgender Transaktionen dann besser einschätzen kann (vgl. Rz. 71). Dabei handelt es sich insbesondere um den **Anfall einer Erbschaft** (s. Rz. 104), aber auch um den Fristablauf oder den Bedingungseintritt eines vor Beginn des Handelsverbots abgeschlossenen **aufschiebend befristeten oder bedingten** Geschäfts[1]. Auch die Rückabwicklung eines vor Verbotsbeginn **auflösend befristeten oder bedingten** Geschäfts innerhalb der Verbotsperiode ist vom Regelungszweck des Verbots nicht erfasst, obwohl derartige Rückabwicklungen eine Meldepflicht auslösen (s. Rz. 76). Insoweit gilt aber eine **Gegenausnahme für Potestativbedingungen**. Diese darf die Führungskraft während des Handelsverbots auch dann nicht herbeiführen, wenn die Bedingung befristet ist und die Frist während des Handelsverbots abläuft.

Darüber hinaus erstreckt sich das periodische Handelsverbot auch auf **Geschäfte**, die die Führungsperson **für Dritte** tätigt. Ein Geschäft für einen Dritten liegt vor, wenn die Führungskraft in fremdem Namen oder in eigenem Namen auf fremde Rechnung handelt[2]. Fraglich ist, ob auch solche Handlungen, die der Vorstand nach §§ 76, 78 AktG bzw. der Geschäftsführer nach § 35 GmbHG (ggf. i.V.m. §§ 114, 125 HGB) für den Emittenten vornimmt, ebenfalls vom periodischen Handelsverbot erfasst sind, etwa die Emission neuer Finanzinstrumente oder Aktienrückkäufe[3]. Bereits der Wortlaut von Art. 19 Abs. 11 VO Nr. 596/2014[4] spricht dafür, dass der **Emittent kein Dritter** i.S.d. Handelsverbots ist[5]. Auch Art. 5 VO Nr. 596/2014, der Rückkaufprogramme und Stabilisierungsmaßnahmen unter gewissen Voraussetzungen vom Insiderhandelsverbot ausnimmt, spricht dafür, dass Geschäfte des Emittenten nicht bzw. nicht gänzlich unter das Handelsverbot fallen[6]. Schließlich zeigt die Ausnahmeregelung des Art. 19 Abs. 12 lit. b) Var. 4 VO Nr. 596/2014, dass der Verordnungsgeber selbst davon ausging, dass während des Verbotszeitraums Wertpapieremissionen erfolgen dürfen[7]. Unter teleologischen Gesichtspunkten erscheint es dagegen nicht fernliegend, die Ausnutzung von Sonderwissen auch zugunsten des Emittenten zu verbieten. So erstreckt sich das Insiderhandelsverbot grundsätzlich auch auf Geschäfte, die Organwalter zugunsten des Emittenten tätigen (s. Art. 8 VO Nr. 596/2014 Rz. 25). Gegen ein Handelsverbot für den Emittenten spricht aber, dass die Finanzierungsaktivitäten der Unternehmen massiv behindert würden, wenn sie während insgesamt bis zu vier Monaten im Jahr[8] keine Kapitalmaßnahmen vornehmen dürften[9]. Eine derart weitreichende Einschränkung lässt sich weder dem Wortlaut noch der Ratio des Art. 19 Abs. 11 VO Nr. 596/2014 entnehmen.

Wie die Meldepflicht (s. Rz. 72) und das Insiderhandelsverbot (s. Art. 8 VO Nr. 596/2014 Rz. 18 m.w.N.) bezieht sich das Handelsverbot grundsätzlich auf das **schuldrechtliche Verpflichtungsgeschäft**. Denn das Verbot soll verhindern, dass Führungskräfte ihr Sonderwissen einsetzen können, um besondere Gewinne zu erzielen oder Verluste zu vermeiden. Dafür kommt es aber auf den Zeitpunkt des schuldrechtlichen Geschäfts an, da in diesem Moment nicht nur die Leistungspflichten entstehen, sondern vor allem das Verhältnis von Leistung und Gegenleistung festgesetzt wird und damit die Möglichkeit des Sondergewinns entsteht. Das hat zur Folge, dass solche Geschäfte, die bereits vor dem Zeitraum des periodischen Handelsverbotes schuldrechtlich unbedingt geschlossen wurden, auch während des Handelsverbotes **dinglich vollzogen werden dürfen**[10]. Steht der dingliche Vollzug eines vor Verbotsbeginn geschlossenen schuldrechtlichen Geschäfts noch unter einer Bedingung (etwa bei einem **Eigentumsvorbehalt**), so stellt der Bedingungseintritt keinen Verstoß gegen das Handelsverbot dar, selbst wenn er durch die Führungskraft beeinflusst wird. Denn aufgrund der unbedingten schuldrechtlichen Verpflichtung ist der Eintritt der Rechtsänderung lediglich eine Frage der Zeit, bietet aber keinerlei Möglichkeit, von einem Informationsvorsprung zu profitieren. Etwas anderes gilt, wenn ein vor Verbotsbeginn abgeschlossener **schuldrechtlicher Vertrag** während des Handelsverbots **einvernehmlich aufgehoben** oder ein zuvor **formnichtig abgeschlossener Schenkungsvertrag** durch Übereignung der Finanzinstrumente während des Verbotszeitraums geheilt wird. In letzterem Fall stellt ausnahmsweise der dingliche Vollzug das maßgebli-

---

1 Ähnlich *Semrau* in Klöhn, Art. 19 MAR Rz. 81, der sich für seine Auffassung aber zu Unrecht auf die FAQs der BaFin beruft. BaFin, FAQ Managers' Transactions, Stand: 1.2.2018, VI.6. behandelt ausschließlich den dinglichen Vollzug eines *unbedingt* und *unbefristet* abgeschlossenen Verpflichtungsgeschäftes während des Verbotszeitraums; dazu sogleich Rz. 160.
2 *Diekgräf*, Directors' Dealings, S. 246; *Poelzig*, NZG 2016, 761, 770; ähnlich auch *Semrau* in Klöhn, Art. 19 MAR Rz. 80.
3 *Poelzig*, NZG 2016, 761, 770; *Stüber*, DStR 2016, 1221, 1226.
4 Darauf weist zurecht *Diekgräf*, Directors' Dealings, S. 246 mit Fn. 1047 hin.
5 I.E. auch BaFin, FAQ Managers' Transactions, Stand: 1.2.2018, VII.4.; *Semrau* in Klöhn, Art. 19 MAR Rz. 80; *Diekgräf*, Directors' Dealings, S. 246 ff.; *Stüber*, DStR 2016, 1221, 1226; offenlassend dagegen *Poelzig*, NZG 2016, 761, 770.
6 *Poelzig*, NZG 2016, 761, 770.
7 *Diekgräf*, Directors' Dealings, S. 248.
8 Vgl. *Kumpan*, AG 2016, 446, 456.
9 Ähnlich *Diekgräf*, Directors' Dealings, S. 248.
10 Ebenso BaFin, FAQ Managers' Transactions, Stand: 1.2.2018, VI.6. unter Verweis auf die Wertung von Art. 9 Abs. 3 lit. a) VO Nr. 596/2014. Dieses Rückgriffs bedarf es nicht mehr, wenn man sich vergewärtigt, dass das Handelsverbot grundsätzlich nur das schuldrechtliche Verpflichtungsgeschäft erfasst.

che Geschäft dar, weil zuvor keine wirksame Verpflichtung bestand (s. Rz. 72). Auch stellt es einen Verstoß gegen das Handelsverbot dar, wenn die Führungskraft während des Handelsverbots **von einem zuvor geschlossenen Vertrag zurücktritt** (vgl. Rz. 77). Endet die Rücktrittsfrist während des Handelsverbots, kann es aber einen Verstoß gegen § 242 BGB darstellen, wenn sich die andere Partei bei einer späteren Ausübung des Rücktrittsrechts auf die Verfristung beruft. Eine **Anfechtung i.S.d. §§ 119, 120 BGB** erfolgt aufgrund des Handelsverbots noch „unverzüglich" i.S.v. § 121 Abs. 1 Satz 1 BGB, wenn sie erst (ggf. unmittelbar) nach Ablauf des Handelsverbots erfolgt.

161 **4. Verbotszeitraum („closed period"). a) Grundlagen.** Das Verbot erstreckt sich gem. Art. 19 Abs. 11 VO Nr. 596/2014 auf einen **geschlossenen Zeitraum („closed period") von 30 Kalendertagen** vor der Ankündigung eines **Zwischenberichts** oder eines **Jahresabschlusses**. Die Formulierung „*Ankündigung*" ist misslungen und sollte im Einklang mit anderen Sprachfassungen[1] grundsätzlich als „Veröffentlichung" verstanden werden[2]. Eine Veröffentlichung in diesem Sinne ist aber auch schon dann gegeben, wenn alle **wesentlichen Finanzinformationen bereits vorab veröffentlicht** werden[3]. Während das Datum der Veröffentlichung von Jahresabschlüssen oder Zwischenberichten meist im Voraus feststeht, wird der Zeitpunkt derartiger Vorabmeldungen zumeist unsicher sein. Deshalb kann die Vorverlegung der Frist in der Praxis zu Unsicherheit hinsichtlich des genauen Fristbeginns führen. Es empfiehlt sich daher für die Emittenten, im Rahmen der Information nach Art. 19 Abs. 5 Unterabs. 1 Satz 1 VO Nr. 596/2014 insbesondere solche Führungskräfte, die mit der Aufstellung und Veröffentlichung der Berichte nicht unmittelbar befasst sind, im Voraus auf die Möglichkeit einer Vorabveröffentlichung und deren Konsequenzen hinzuweisen. Das periodische Handelsverbot umfasst einen Zeitraum von 30 Kalendertagen vor der Veröffentlichung eines verpflichtend zu veröffentlichenden periodischen Berichtes.

162 **b) Erfasste Veröffentlichungen.** Die Regelung erfasst **Zwischenberichte** und **Jahresabschlussberichte**, zu deren Veröffentlichung der Emittent entweder aufgrund der **Vorschriften des Handelsplatzes**, auf dem die Anteile des Emittenten zum Handel zugelassen sind (Art. 19 Abs. 11 lit. a) VO Nr. 596/2014), oder **aufgrund nationalen Rechts** (Art. 19 Abs. 11 lit. b) VO Nr. 596/2014) verpflichtet ist. Beide Alternativen werfen Fragen auf. Nach dem eindeutigen Wortlaut von Art. 19 Abs. 11 lit. a) VO Nr. 596/2014 sind nur die Veröffentlichungspflichten von Handelsplätzen erfasst, auf denen Anteile des Emittenten gehandelt werden[4]. Damit findet Art. 19 Abs. 11 lit. a) VO Nr. 596/2014 auf Schuldtitelemittenten keine Anwendung[5]. Dies bringt Erleichterungen für MTF- und OTF-Emittenten von Schuldtiteln, die nicht unter die Publizitätspflichten des WpHG/der Transparenzrichtlinie fallen (dazu sogleich Rz. 163). Da bei Emittenten von Schuldtiteln die Möglichkeiten des Insiderhandels sehr viel begrenzter sind als bei Eigenkapitalemittenten, ist diese Abstufung sachgerecht. Sollte ein Emittent sowohl Anteile als auch Schuldtitel zum Handel an unterschiedlichen Handelsplätzen zugelassen haben, gilt das Handelsverbot gem. Art. 19 Abs. 11 lit. a) VO Nr. 596/2014 nur vor der Veröffentlichung solcher Berichte, die nach der Handelsordnung desjenigen Handelsplatzes vorgeschrieben sind, an dem die Anteile notiert sind. Art. 19 Abs. 11 lit. b) VO Nr. 596/2014 erfasst nicht nur die (allein) auf nationalem Recht beruhenden Veröffentlichungspflichten, sondern insbesondere auch die auf Unionsrecht basierenden Veröffentlichungspflichten. Für **deutsche Inlandsemittenten, MTF-Emittenten oder OTF-Emittenten** i.S.v. § 2 Abs. 14–16 WpHG sind daher allem die bilanzrechtlichen Offenlegungspflichten, die Veröffentlichungspflichten nach §§ 114, 115 WpHG sowie der jeweiligen Börsen- oder Handelsordnung des Handelsplatzes, an dem ihre Anteile oder Schuldtitel zum Handel zugelassen sind, maßgeblich (zur Rechtslage in anderen Mitgliedstaaten s. Rz. 166). Im Einzelnen:

163 Die wichtigste Veröffentlichungspflicht i.S.v. Art. 19 Abs. 11 lit. b) VO Nr. 596/2014 ist im deutschen Recht die Pflicht zur **Offenlegung des geprüften (konsolidierten) Jahresabschlusses und des Lageberichts gem. § 325**

---

1 Anders als die deutsche Sprachfassung verweist beispielsweise die englische Version mit der Formulierung „30 calendar days before the *announcement* of an interim financial report or a year-end report" sinnvollerweise nicht auf die Ankündigung, sondern auf den Zeitpunkt der Veröffentlichung. Ein einheitliches Muster ergibt sich hieraus indes nicht, auch andere Sprachfassungen wie die französische und italienische sind, ähnlich wie die deutsche, so formuliert, dass sie auf die Ankündigung Bezug nehmen, wohingegen die spanische Version wie die englische Sprachfassung auf den Zeitpunkt der Verkündung abstellt. Zum gleichen Befund kommen *Commandeur*, ZBB 2018, 114, 119; *Poelzig*, NZG 2016, 761, 770; *Simons*, AG 2016, 651, 652; nur auf die englische Fassung abstellend dagegen *Diekgräf*, Directors' Dealings, S. 221.
2 S. auch ESMA, Final Report: ESMA's technical advice, ESMA/2015/224, S. 50 („the relevant date for the computation of the closed period is the date of publication of such [...] reports."). I.E. ebenso *Semrau* in Klöhn, Art. 19 MAR Rz. 88; *Diekgräf*, Directors' Dealings, S. 221; *Schäfer* in Marsch-Barner/Schäfer, Hdb. börsennotierte AG, Rz. 14.57; *Commandeur*, ZBB 2018, 114, 119; *Stüber*, DStR 2016, 1221, 1226; *Hitzer/Wasmann*, DB 2016, 1483, 1488; *Söhner*, BB 2017, 259, 263; *Poelzig*, NZG 2016, 761, 770; *Maume/Kellner*, ZGR 2017, 273, 293; *Helm*, ZIP 2016, 2201, 2202.
3 ESMA, Q&A MAR, ESMA70-145-111, Version 11, Stand: 23.3.2018, 7.2; BaFin, FAQ Managers' Transactions, Stand: 1.2. 2018, VI.2.; *Semrau* in Klöhn, Art. 19 MAR Rz. 88, der allerdings Bedenken im Hinblick auf den Wortlaut von Art. 19 Abs. 11 VO Nr. 596/2014 hegt. Demgegenüber will *Diekgräf*, Directors' Dealings, S. 222 f. im Wege einer Analogie den Fristbeginn ab der Vorabveröffentlichung berechnen. Die vermeintliche Regelungslücke besteht aber nicht; wenn man den Wortlaut „Ankündigung" bzw. „announcement" ernst nimmt, ist die Vorabinformation bereits von der Regelung umfasst.
4 Ebenso Erwägungsgrund 61 VO Nr. 596/2014.
5 *Rubner/Pospiech*, GWR 2016, 228, 229; dem folgend *Diekgräf*, Directors' Dealings, S. 216 mit Fn. 938.

HGB. Diese Offenlegung muss bei solchen Emittenten, deren Finanzinstrumente an einem organisierten Markt i.S.v. § 2 Abs. 11 WpHG notiert sind oder die die Zulassung an einem solchen Markt beantragt haben, und die nicht Schuldtitel mit einer Mindeststückelung von 100.000 Euro begeben haben, **innerhalb von vier Monaten** nach dem Abschlussstichtag des Geschäftsjahres geschehen (§ 325 Abs. 4 HGB). Die Offenlegung erfolgt gem. § 325 Abs. 2 HGB im (elektronischen) Bundesanzeiger und lässt gem. § 114 Abs. 1 Satz 1 a.E. WpHG die Pflicht zur Veröffentlichung eines Jahresfinanzberichts i.S.v. § 114 WpHG entfallen. Für **MTF- oder OTF-Emittenten** beträgt die Offenlegungsfrist gem. § 325 Abs. 1a Satz 1 HGB **ein Jahr** nach dem Abschlussstichtag des Geschäftsjahres. Entsprechendes gilt gem. **§ 325a HGB für Emittenten mit Sitz in einem anderen Mitgliedstaat der EU/des EWR**, die in Deutschland eine **Zweigniederlassung** unterhalten. Schließlich sind Inlandsemittenten mit Sitz im Ausland, deren Aktien oder Schuldtitel allein zum Handel an einem inländischen organisierten Markt zugelassen sind und die keine Zweigniederlassung in Deutschland unterhalten oder als Drittstaatemittent Deutschland gem. § 4 Abs. 1 WpHG als Herkunftsstaat gewählt haben, gem. § 114 WpHG (regelmäßig zusammen mit § 117 WpHG) zur Veröffentlichung eines Jahresfinanzberichts binnen vier Monaten nach Ablauf des Geschäftsjahrs verpflichtet. Inlandsemittenten gem. § 2 Abs. 14 i.V.m. 13 WpHG, also Emittenten mit Sitz in Deutschland, deren Aktien oder Schuldtitel (zumindest auch) zum Handel an einem organisierten Markt im Inland zugelassen sind, sowie Emittenten mit Sitz im Ausland, deren Aktien oder Schuldtitel allein zum Handel an einem inländischen organisierten Markt zugelassen sind, sind gem. **§ 115 WpHG zur Veröffentlichung von Halbjahresfinanzberichten** verpflichtet, die ebenfalls das Handelsverbot auslösen[1]. Dagegen handelt es sich bei der durch § 115 Abs. 7 WpHG eingeräumten Möglichkeit, unterjährig freiwillig Finanzinformationen zu erstellen, die den Vorgaben für Halbjahresfinanzberichte genügen, nicht um eine gesetzliche Veröffentlichungspflicht, so dass das Handelsverbot gem. Art. 19 Abs. 11 lit. b) VO Nr. 596/2014 durch derartige freiwillige Veröffentlichungen nicht ausgelöst wird[2].

Veröffentlichungspflichten der Handelsplätze lösen gem. Art. 19 Abs. 11 lit. a) VO Nr. 596/2014 nur für Eigenkapitalemittenten ein Handelsverbot aus (s. Rz. 162). Erfasst sind alle Pflichten zur Veröffentlichung von **Zwischenberichten** und **Jahresabschlussberichten**. Letzteres wird neben der Offenlegungspflicht nach § 325 HGB insbesondere dann relevant, wenn die **einjährige Offenlegungspflicht** des § 325 Abs. 1a Satz 1 HGB durch die Handelsordnung **verkürzt** wird. So verlangt etwa § 21 Abs. 1 lit. a) Freiverkehr-AGB FWB (Stand: 3.1.2018) die Übermittlung des geprüften (konsolidierten) Jahresabschlusses und des Lageberichts binnen sechs Monaten nach Ablauf des Geschäftsjahres. Sofern – wie regelmäßig der Fall – der Jahresabschluss anschließend durch den Handelsplatz veröffentlicht wird – s. z.B. § 35 Freiverkehr-AGB FWB (Stand: 3.1.2018) –, zählt das **Übermittlungserfordernis als Veröffentlichungspflicht** gem. Art. 19 Abs. 1 lit. a) VO Nr. 596/2014[3]. Alles andere würde dem Sinn und Zweck des Handelsverbots zuwiderlaufen. So würde nach der Gegenauffassung das Handelsverbot nicht bei der Veröffentlichung des Jahresabschlusses durch die Frankfurter Börse ausgelöst, dann aber bei der Offenlegung im Bundesanzeiger gem. § 325 HGB, obwohl diese bis zu sechs Monate später erfolgen kann, so dass das Handelsverbot keinerlei Funktion mehr hätte. Schließlich erfolgt auch die Offenlegung nach § 325 Abs. 2 HGB technisch gesehen durch den Bundesanzeiger und nicht durch den Emittenten selbst. Handelsplatzbetreiber, die ihren Emittenten die Pflicht zur Einreichung von Zwischenberichten und Jahresabschlussberichten auferlegen, sind aber im Gegenzug verpflichtet, für eine unverzügliche Veröffentlichung zu sorgen. Sofern ein Jahresabschluss bereits einmal durch einen Handelsplatz veröffentlicht wurde, löst die **spätere Veröffentlichung desselben Abschlusses** im Bundesanzeiger **kein erneutes Handelsverbot** aus. Bereits der Wortlaut des Art. 19 Abs. 11 VO Nr. 596/2014 spricht gegen ein erneutes Handelsverbot, weil es sich um denselben Bericht handelt. Entscheidend ist aber, dass nach der erstmaligen Veröffentlichung der Regelungszweck des Handelsverbotes entfallen ist. Fraglich ist, welche **Anforderung an einen Zwischenbericht** zu stellen sind, damit dieser das Handelsverbot auslöst. Unstreitig ist, dass solche Zwischenberichte, die den **Anforderungen des § 115 Abs. 2 WpHG** genügen müssen, ein Handelsverbot auslösen. Dies ist etwa bei den Halbjahresfinanzberichten gem. § 21 Abs. 1 lit. b) Freiverkehr-AGB FWB (Stand: 3.1.2018) der Fall[4]. Das gilt allerdings nur, sofern die **Berichte verpflichtend** sind und nicht lediglich – wie etwa bei § 53 Abs. 6 BörsO FWB (Stand: 11.6.2018) der Fall – optional erstellt werden können, um einer anderweitigen Berichtspflicht zu entgehen[5]. Dafür spricht, dass sich weder der Markt noch die Führungskräfte darauf verlassen können, dass der Emittent auch tatsächlich derartige Finanzberichte veröffentlichen wird. Teilweise wird ein Zwischenbericht auch bereits dann angenommen, wenn der Emittent nicht verpflichtet ist, konkrete Finanzzahlen zu veröffentlichen, sondern – wie dies z.B. bei einer Quartalsmitteilung nach § 53 Abs. 2 BörsO FWB (Stand: 11.6.2018) der Fall ist – lediglich Informationen veröffentlicht werden müssen, die eine Beurteilung über die Entwicklung der Geschäftstätigkeit des Emittenten während des Quartals ermög-

---

[1] *Maume/Kellner*, ZGR 2017, 273, 293; *Stüber*, DStR 2016, 1221, 1226.
[2] Ebenso *Poelzig*, NZG 2016, 761, 770. Wohl auch *Semrau* in Klöhn, Art. 19 MAR Rz. 84 (der sich allerdings auf § 104 Abs. 7 WpHG bezieht).
[3] I.E. auch BaFin, FAQ Managers' Transactions, Stand: 1.2.2018, VI.5. (ohne Diskussion des Problems); a.A. *Semrau* in Klöhn, Art. 19 MAR Rz. 85.
[4] Ebenso BaFin, FAQ Managers' Transactions, Stand: 1.2.2018, VI.5.
[5] So auch BaFin, FAQ Managers' Transactions, Stand: 1.2.2018, VI.4.; *Diekgräf*, Directors' Dealings, S. 221.

lichen[1]. Sofern in einem solchen Bericht lediglich „wesentliche Ereignisse" aufzunehmen sind, wird die Auffassung vertreten, dass dann stets Kursrelevanz vorliege und deshalb ein Handelsverbot nach Art. 19 Abs. 11 VO Nr. 596/2014 begründet sei[2]. Gegen ein periodisches Handelsverbot nach Art. 19 Abs. 11 VO Nr. 596/2014 aufgrund solcher rein deskriptiver Berichte sprechen jedoch mehrere Gründe. Zunächst vermag das Argument potentieller Kursrelevanz mitgeteilter Tatsachen nicht zu überzeugen, da nach ganz h.M. auch im Vorlauf von Ad-hoc-Mitteilungen kein periodisches Handelsverbot eingreift (dazu sogleich Rz. 165). Darüber hinaus ist für eine Quartalsmitteilung eine bloße deskriptive Darstellung ausreichend, ohne dass eine Bilanz oder eine Gewinn- und Verlustrechnung erforderlich ist. Insoweit besteht keine hinreichende Vergleichbarkeit zu den anderen von Art. 19 Abs. 11 VO Nr. 596/2014 erfassten Berichten[3].

165 Im Schrifttum wird gefordert, dass ein Handelsverbot auch **im Vorfeld von Ad-hoc-Mitteilungen** eingreifen müsse, da diesen Meldungen Ereignisse zugrunde liegen, denen größere Marktrelevanz als verpflichtend vorgeschriebenen Finanzberichten zukomme[4]. Dieser Vorschlag ist weitgehend auf Ablehnung gestoßen. So wird argumentiert, dass Ad-hoc-Mitteilungen den Markt nur punktuell über relevante Teilaspekte kursbeeinflussender Ereignisse informierten und nicht dazu gedacht seien, umfassend über die Vermögens- und Ertragslage des Emittenten zu informieren[5]. Ein Handelsverbot im Vorfeld von Ad-hoc-Mitteilungen muss daher sowohl wegen der anderen Zielsetzung der Ad-hoc-Publizität als auch wegen mangelnder Planbarkeit ausscheiden[6]. Der entscheidende Punkt ist aber, dass im Falle einer noch nicht erfolgten, aber bevorstehenden Ad-hoc-Mitteilung ein Handelsverbot gem. Art. 19 Abs. 11 VO Nr. 596/2014 redundant wäre, da bereits das Insiderhandelsverbot des Art. 14 VO Nr. 596/2014 eingreift, das genau auf diese Situation zugeschnitten ist. Etwas anders gilt nur dann, wenn eine Ad-hoc-Mitteilung aufgrund vorheriger Planung dazu eingesetzt werden soll, wesentliche Ergebnisse des das Handelsverbot auslösenden Berichts vorab zu veröffentlichen (dazu sogleich Rz. 168).

166 In den **anderen Mitgliedstaaten der EU** gelten grundsätzlich ähnliche gesetzliche Veröffentlichungspflichten i.S.v. Art. 19 Abs. 11 lit. b) VO Nr. 596/2014. Denn die Pflichten zur Veröffentlichung von Jahres- und Halbjahresfinanzberichten finden ihre unionsrechtliche Grundlage in Art. 4 und 5 Transparenzrichtlinie 2004/109[7], die Pflicht zur Offenlegung des geprüften Jahresabschlusses dient der Umsetzung von Art. 30 Bilanzrichtlinie 2013/34[8].

167 **c) Fristberechnung.** Für die Fristenberechnung gilt die Europäische Fristenverordnung (s. Rz. 131). Die Frist wird gem. Art. 19 Abs. 11 VO Nr. 596/2014 rückwärts berechnet und **beginnt 30 Kalendertage vor „Ankündigung"** (s. Rz. 161) der entsprechenden Veröffentlichung. Bei der rückwärtigen Berechnung der Frist zählt gem. Art. 3 Abs. 1 Unterabs. 2 Europäische Fristenverordnung der Tag der Veröffentlichung nicht mit. Da die Frist nach Kalendertagen zu berechnen ist, werden auch Samstage, Sonn- und Feiertage mitgezählt (vgl. auch Art. 3 Abs. 3 Europäische Fristenverordnung). Fällt der rückwärtig bestimmte Fristbeginn auf einen Feiertag, führt dies aufgrund der Ausnahme des Art. 3 Abs. 4 Unterabs. 2 Europäische Fristenverordnung nicht zu einer Verkürzung der Frist. Die **Frist endet im Zeitpunkt der (Vorab-)Veröffentlichung** des betreffenden Berichts[9]. Zwar endet die Frist gem. Art. 3 Abs. 2 lit. b) Europäische Fristenverordnung grundsätzlich erst um 24 Uhr des letzten Tages der Frist. Diese Regelung passt aber ihrem Regelungszweck nach nicht auf rückwärts berechnete Fristen. Ab dem Zeitpunkt der Veröffentlichung ist die zuvor existierende Informationsasymmetrie aufgehoben und der Regelungszweck des Handelsverbotes entfällt, so dass keine Rechtfertigung dafür besteht, das Handelsverbot künstlich zu verlängern[10].

---

1 § 53 BörsenO FWB (Stand: 11.6.2018) verlangt hierfür eine Beschreibung der wesentlichen Ereignisse und Geschäfte des Mitteilungszeitraums einschließlich einer Beurteilung ihrer Auswirkungen auf die Finanzlage des Emittenten sowie darüber hinaus eine Beschreibung der Finanzlage und des Geschäftsergebnisses des Emittenten.
2 *Maume/Kellner*, ZGR 2017, 273, 294; ähnlich *Poelzig*, NZG 2016, 761, 770; a.A. BaFin, FAQ Managers' Transactions, Stand: 1.2.2018, VI.3.
3 Zutreffend *Commandeur*, ZBB 2018, 114, 120; *Stüber*, DStR 2016, 1221, 1226; allgemein zum geringer werdenden Umfang von Zwischenmitteilungen *Simons/Kallweit*, BB 2016, 322 ff. I.E. ebenso BaFin, FAQ Managers' Transactions, Stand: 1.2.2018, VI.3.; *Söhner*, BB 2017, 259, 264; *Hitzer/Wasmann*, DB 2016, 1483, 1487 f.; *Stenzel*, DStR 2017, 883, 888.
4 *Krämer/Heinrich* in VGR, Gesellschaftsrecht in der Diskussion 2015, 2016, S. 23, 35.
5 *Stüber*, DStR 2016, 1221, 1226 f.
6 So im Ergebnis auch *Schäfer* in Marsch-Barner/Schäfer, Hdb. börsennotierte AG, Rz. 14.57; *Semrau* in Klöhn, Art. 19 MAR Rz. 89; *Poelzig*, NZG 2016, 761, 770; *Maume/Kellner*, ZGR 2017, 273, 295.
7 Richtlinie 2004/109/EG des Europäischen Parlaments und des Rates vom 15. Dezember 2004 zur Harmonisierung der Transparenzanforderungen in Bezug auf Informationen über Emittenten, deren Wertpapiere zum Handel auf einem geregelten Markt zugelassen sind, und zur Änderung der Richtlinie 2001/34/EG, ABl. EU Nr. L 390 v. 31.12.2004, S. 38.
8 Richtlinie 2013/34/EU des Europäischen Parlaments und des Rates vom 26. Juni 2013 über den Jahresabschluss, den konsolidierten Abschluss und damit verbundene Berichte von Unternehmen bestimmter Rechtsformen und zur Änderung der Richtlinie 2006/43/EG des Europäischen Parlaments und des Rates und zur Aufhebung der Richtlinien 78/660/EWG und 83/349/EWG des Rates (Text von Bedeutung für den EWR), ABl. EU Nr. L 182 v. 26.6.2013, S. 19.
9 ESMA, Q&A MAR, ESMA70-145-111, Version 11, Stand: 23.3.2018, 7.2; *Diekgräf*, Directors' Dealings, S. 223.
10 So auch *Diekgräf*, Directors' Dealings, S. 223; a.A. *Semrau* in Klöhn, Art. 19 MAR Rz. 91, der erst ab dem nächsten Handelstag wieder einen Handel zulassen will, da der Markt die neuen Informationen erst verarbeiten müsse. Eine solche Verarbeitung geschieht im Falle von Finanzkennzahlen aber innerhalb weniger Sekunden.

Da es sich um eine rückwärts zu berechnende Frist handelt, können besondere Probleme auftreten, wenn sich der **Zeitpunkt der Veröffentlichung verschiebt**[1]. Wird die Veröffentlichung während des Laufs der Frist gegenüber dem geplanten Termin vorgezogen, fallen plötzlich Tage rückwirkend in den Verbotszeitraum, an denen die Führungskraft noch nichts von dem Handelsverbot wissen konnte[2]. Art. 19 Abs. 11 VO Nr. 596/2014 stellt allerdings keine subjektiven Tatbestandsvoraussetzungen auf[3], so dass eine Exculpation nicht in Betracht kommt. Es ist auch kein Grund ersichtlich, weshalb eine vorgezogene Veröffentlichung zur Entlastung der Führungskräfte führen sollte, da diese (jedenfalls eine bestimmte Gruppe der Führungskräfte) es selbst in der Hand hat, den Veröffentlichungszeitpunkt zu bestimmen. Würde eine vorgezogene Veröffentlichung den Verbotszeitraum verkürzen, wäre dies eine leichte Umgehungsmöglichkeit. Etwas anderes würde nur dann gelten, wenn die vorgezogene Veröffentlichung rechtlich verpflichtend wäre und nicht vorhersehbar war. Anders als die Ad-hoc-Publizität stehen im Rahmen der Regelpublizität die Veröffentlichungsfristen aber von vornherein fest und berechnen sich in der Regel nach dem Abschlussstichtag (s. die in Rz. 163 genannten Beispiele). Eine Pflicht zur sofortigen oder vorgezogenen Veröffentlichung des Finanzberichts ist nicht vorgesehen; allenfalls ist eine Ad-hoc-Mitteilungspflicht gem. Art. 17 VO Nr. 596/2014 hinsichtlich der wesentlichen Inhalte des Finanzberichts denkbar, wenn etwa ein unerwarteter Gewinneinbruch zu verzeichnen ist oder ähnliches. Das Handelsverbot gilt aber nicht im Vorfeld der Ad-hoc-Mitteilung (s. Rz. 165), so dass insoweit keine Anpassung erforderlich ist. Es kann ganz im Gegenteil erforderlich sein, für den Fall, dass bereits im Vorfeld eine Vorabbekanntmachung der wesentlichen Ergebnisse im Wege einer Ad-hoc-Mitteilung geplant wird, aus Gründen des Umgehungsschutzes die Verbotsfrist ausnahmsweise ab der im Voraus geplanten Ad-hoc-Mitteilung zu berechnen. Denn **mit der Veröffentlichung der wesentlichen Ergebnisse** der Mitteilung **entfällt** grundsätzlich auch der Regelungszweck des **Handelsverbots**, weil keine relevante Informationsasymmetrie mehr besteht. Verzögert sich die Veröffentlichung dagegen, führt dies dazu, dass sich der Zeitraum, währenddessen die Führungskräfte subjektiv von einem Handelsverbot ausgehen, verlängert. Ein taktischer Einsatz solcher Verzögerungen zur Ermöglichung verbotener Geschäfte[4], erscheint dagegen keine reale Gefahr. Denn die gesetzlichen oder untergesetzlichen Veröffentlichungspflichten bestimmen selbst den spätesten Zeitpunkt der Veröffentlichung, so dass es noch kein Missbrauch sein kann, diesen Zeitraum – entgegen einer früheren Planung – gänzlich auszunutzen. Sollte der Abschluss tatsächlich schon viel früher festgestellt worden sein, greifen bei kursrelevanten Inhalten das Insiderhandelsverbot und die Ad-hoc-Publizitätspflicht. Sofern diesbezüglich Nachweisprobleme bestehen, die durch ein generelles Handelsverbot verhindert werden könnten, muss die Veröffentlichungsfrist des betreffenden Abschlusses (etwa die Einjahresfrist des § 325 Abs. 1a HGB) verkürzt werden. Das Verschieben des ursprünglich geplanten Veröffentlichungszeitraums kann daher zu einer Benachteiligung der Führungskräfte führen, löst aber keinen Bedarf aus, die gesetzliche Regelung etwa durch eine teleologische Reduktion oder ähnliches abzuändern.

5. Ausnahmen vom Handelsverbot (Art. 19 Abs. 12 VO Nr. 596/2014). Das periodische Handelsverbot des Art. 19 Abs. 11 VO Nr. 596/2014 gilt nicht absolut. Vielmehr ermöglicht Art. 19 Abs. 12 VO Nr. 596/2014 es dem Emittenten, einzelnen Führungspersonen Ausnahmen vom Handelsverbot zu gewähren. Die Regelung wird durch Art. 7–9 DelVO 2016/522 konkretisiert. Formelle Voraussetzung der Befreiung ist ein Antrag der betreffenden Führungskraft und eine Erlaubniserteilung durch den Emittenten. Eine Ausnahme setzt in der Sache voraus, dass ein Erlaubnistatbestand nach Art. 12 Abs. 1 lit. a) oder b) VO Nr. 596/2014 gegeben ist. Die Befreiungsmöglichkeit ist erforderlich, um die **Verhältnismäßigkeit des Handelsverbots zu wahren** (dazu Rz. 188). Dieser Umstand steht in einem Spannungsverhältnis zu dem Postulat des Verordnungsgebers, die **Ausnahmetatbestände eng auszulegen**[5].

a) Antragserfordernis. Art. 7 Abs. 2 DelVO 2016/522 verlangt für eine Befreiung nach Art. 19 Abs. 12 lit. a) VO Nr. 596/2014 einen schriftlichen Antrag der Führungsperson. Ein entsprechendes Antragserfordernis ist für die Fälle des Art. 19 Abs. 12 lit. b) VO Nr. 596/2014 nicht ausdrücklich geregelt. Da aber auch in diesen Fällen eine Erlaubniserteilung durch den Emittenten notwendig ist, wird in der Regel ebenfalls ein **Antrag erforderlich** sein. Für diesen gelten dann allerdings nicht die besonderen **Form- und Begründungsanforderungen des Art. 7 Abs. 2 DelVO 2016/522**. Die Erlaubnis zur Vornahme des Eigengeschäfts während eines periodischen Handelsverbots nach Art. 19 Abs. 11 VO Nr. 596/2014 muss **vor der Vornahme des Geschäfts beantragt und erteilt** werden[6]. Im Einzelfall muss der Antrag bereits vor Beginn des Verbotszeitraums gestellt werden (s. Rz. 180). Der Antrag auf Zulassung des Handels während eines geschlossenen Zeitraums hat nach Maßgabe des Art. 7 Abs. 2 Unterabs. 1 DelVO 2016/522 **schriftlich** zu erfolgen. Damit ist nicht die strenge Schriftform des § 126 BGB gemeint, vielmehr genügt in der Regel ein Antrag in Textform. Gem. Art. 7 Abs. 2 Unterabs. 2 DelVO 2016/522 ist in dem Antrag das geplante Geschäft zu beschreiben und darüber hinaus zu er-

---

1 Problembeschreibung ohne eigenen Lösungsansatz de lege lata bei *Diekgräf*, Directors' Dealings, S. 226 ff.
2 Für eine Ausnahme von dem Verbot daher *Stüber*, DStR 2016, 1221, 1227 mit Fn. 56.
3 Zutreffend *Diekgräf*, Directors' Dealings, S. 226.
4 So das Szenario bei *Diekgräf*, Directors' Dealings, S. 227.
5 Erwägungsgrund 61 VO Nr. 596/2014; Erwägungsgrund 22 DelVO 2016/522.
6 Erwägungsgrund 21 DelVO 2016/522; ebenso *Stüber*, DStR 2016, 1221, 1227.

läutern, weshalb die erforderlichen Mittel nicht auf anderem Wege aufgebracht werden können. In allen Fällen ist zu beachten, dass die Führungskraft gem. Art. 7 Abs. 1 lit. b) DelVO 2016/522 nachweisen muss, dass das betreffende Geschäft **nicht zu einem anderen Zeitpunkt** als während des geschlossenen Zeitraums ausgeführt werden kann.

171 **b) Erteilung der Ausnahme.** Für die Erteilung der Ausnahme vom Handelsverbot nach Art. 19 Abs. 12 VO Nr. 596/2014 ist der Emittent zuständig. Dieses Konzept hat im Schrifttum **Kritik** erfahren[1]. Gegen die Zuständigkeit des Emittenten für die Befreiungsentscheidung wird vorgebracht, dass das Handelsverbot **kein privates Rechtsgut** betreffe, sondern der Marktfairness diene und insofern als öffentliches Gut nicht der Disposition einzelner Marktteilnehmer unterworfen sein könne (s. aber Rz. 187)[2]. Darüber hinaus wird kritisiert, dass in Anbetracht der Nähe zwischen Führungsperson und den beim Emittenten zur Entscheidung Verantwortlichen **Interessenkonflikte** vorprogrammiert seien, so dass es sachgerechter gewesen wäre, die Entscheidung über die Befreiung vom Handelsverbot vom Börsen- respektive Marktbetreiber treffen zu lassen[3]. Dieser Kritik ist zuzugestehen, dass in der Theorie eine Entscheidungskompetenz des Börsen- oder Marktbetreibers objektiv geeigneter erscheint, um neutrale und von persönlichen Beziehungen unabhängige Entscheidungen zu erreichen. Es muss aber berücksichtigt werden, dass es dem Emittenten keineswegs freisteht, die Entscheidung über die Befreiung vom Handelsverbot des Art. 19 Abs. 11 VO Nr. 596/2014 nach freiem Ermessen zu fällen; vielmehr enthalten die Art. 8 und 9 DelVO 2016/522 inhaltlich sehr **konkrete Vorgaben**, wann ausnahmsweise eine Befreiung vom Handelsverbot erfolgen kann. Darüber hinaus darf weder der Kosten- noch der Zeitfaktor der Befreiungsentscheidung außer Acht gelassen werden. Schließlich fügt sich die Entscheidung des europäischen Normengebers, den Emittenten mit der Entscheidung über die Befreiung vom Handelsverbot zu betrauen, in die Gesamtkonzeption der Marktmissbrauchsverordnung ein. Hierbei ist insbesondere an die ebenfalls vom Emittenten zu treffende Entscheidung über die Selbstbefreiung von der Ad-hoc-Publizität nach Art. 17 Abs. 4 VO Nr. 596/2014 zu denken[4]. Obwohl dies nicht gesetzlich vorgeschrieben ist, erscheint es sinnvoll, dass der Emittent die Aufsicht über die Erteilung von Befreiungsentscheidungen informiert[5], da ansonsten unnötige Ermittlungen wegen Verstößen gegen das Handelsverbot drohen.

172 Innerhalb des Emittenten ist auf die nach anwendbarem Gesellschaftsrecht geltenden **Vertretungsregeln** abzustellen. Demzufolge ist in der **AG und SE** grundsätzlich der Vorstand nach Maßgabe des § 76 AktG für die Erteilung der Ausnahme vom Handelsverbot zuständig (auch wenn es sich um Mitglieder des Aufsichtsrats handelt[6]). Sofern es sich bei der Führungsperson um ein Mitglied des Vorstands handelt, ist die interne Entscheidung gem. § 112 AktG vom Aufsichtsrat zu treffen[7]. Bei der **KGaA** und bei der **KG** sind grundsätzlich die geschäftsführenden persönlich haftenden Gesellschafter zuständig (§ 278 Abs. 2 AktG bzw. § 125 HGB). Bei der **GmbH** sind grundsätzlich die Geschäftsführer gem. § 35 GmbHG zuständig, die Befreiung eines Alleingeschäftsführer obliegt dagegen der Gesellschafterversammlung[8]. Sofern es um die Befreiung eines Gesellschaftergeschäftsführers geht, ist dieser für die betreffende Entscheidung nach Maßgabe des § 47 Abs. 4 Satz 2 GmbHG von der Abstimmung über die Erlaubniserteilung auszuschließen. In der Theorie besonders problematisch erscheint die Erlaubniserteilung bei der Einmann-GmbH oder die Konstellation, dass sämtliche Gesellschaftergeschäftsführer gleichzeitig eine Befreiung begehren. Zwar unterliegt der Alleingesellschafter grundsätzlich keinem Stimmverbot nach § 47 Abs. 4 GmbHG[9], angesichts der Argumente, die schon generell gegen die Befreiungszuständigkeit des Emittenten sprechen (s. Rz. 171), könnte man aber daran denken, die Entscheidung in diesen Konstellationen ausnahmsweise der zuständigen Behörde oder dem Marktbetreiber zu übertragen. Im Ergebnis ist eine solche Ausnahme, die dem eindeutigen Wortlaut von Art. 19 Abs. 12 VO Nr. 596/2014 zuwiderläuft, aber nicht zu begründen. Etwaige Bedenken hinsichtlich der Parteilichkeit der Entscheidung von nur ausnahmsweise stimmberechtigten Gesellschaftern können durch die bestehende Treupflichtbindung der abstimmenden Gesellschafter, die sich auch auf die Befreiungsentscheidung bezieht, entkräftet werden. Außerdem ist dem Emittenten in diesem Fall kein rechtlicher Beurteilungsspielraum einzuräumen (dazu Rz. 184), sondern die Entscheidung ist rechtlich vollständig überprüfbar. Eine im Eigeninteresse getroffene Befreiungsentscheidung, die nicht durch einen Erlaubnistatbestand gedeckt ist, entfaltet daher keine Rechtfertigungswirkung.

---

1 *Commandeur*, ZBB 2018, 114, 120 f.; *Kumpan*, AG 2016, 446, 457; *Maume/Kellner*, ZGR 2017, 273, 295 f.; *Veil*, ZBB 2014, 85, 95 f.
2 *Maume/Kellner*, ZGR 2017, 273, 296. Dem folgend *Commandeur*, ZBB 2018, 114, 120.
3 *Kumpan*, AG 2016, 446, 457; ähnlich *Commandeur*, ZBB 2018, 114, 120; *Veil*, ZBB 2014, 85, 95, wonach die Betrauung des Emittenten mit der Befreiungsentscheidung systemfremd sei.
4 Ebenso *Seibt/Wollenschläger*, AG 2014, 593, 602; s. auch *Kumpan*, AG 2016, 446, 457.
5 Zutreffend *Commandeur*, ZBB 2018, 114, 122.
6 A.A. *Semrau* in Klöhn, Art. 19 MAR Rz. 93, der eine Parallele zu Vergütungsentscheidungen zieht und daher die Hauptversammlung für zuständig hält.
7 So auch *Schäfer* in Marsch-Barner/Schäfer, Hdb. börsennotierte AG, Rz. 14.58; *Diekgräf*, Directors' Dealings, S. 259; *Commandeur*, ZBB 2018, 114, 121; *Maume/Kellner*, ZGR 2017, 273, 295; *Poelzig*, NZG 2016, 761, 771; *Seibt/Wollenschläger*, AG 2014, 593, 602; *Stenzel*, DStR 2017, 883, 888; *Stüber*, DStR 2016, 1221, 1227.
8 Zutreffend *Maume/Kellner*, ZGR 2017, 273, 295 mit Fn. 135.
9 S. nur *Drescher* in MünchKomm. GmbHG, 2. Aufl. 2016, § 47 GmbHG Rz. 187.

Nach Art. 19 Abs. 12 VO Nr. 596/2014 darf der Emittent der vom Handelsverbot betroffenen Führungsperson die Vornahme eines Eigengeschäftes während des periodischen Handelsverbotes erlauben. Der Wortlaut spricht demnach dafür, dass es im Ermessen des Emittenten steht, der Führungsperson die Ausnahmeerlaubnis zur Vornahme des Eigengeschäftes zu erteilen[1]. In Anbetracht des engen Anwendungsbereichs, der nur sehr restriktiv und begrenzt Ausnahmen vom Handelsverbot zulässt, ist jedoch davon auszugehen, dass beim Vorliegen außergewöhnlicher Umstände i.S.d. Art. 8 Abs. 2 und 3 DelVO 2016/522 eine **gebundene Entscheidung des Emittenten** vorliegt und er die Erlaubnis zur Vornahme des Eigengeschäftes erteilen muss[2]. Dagegen scheint Art. 8 Abs. 1 Satz 2 DelVO 2016/522 dafür zu sprechen, dass dem Emittenten ein Ermessen zukommt, auch jenseits solcher außergewöhnlichen Umstände im Einzelfall eine Befreiung zu gewähren. Dies ist aber nicht der Fall, da die Befreiung als solche gem. Art. 19 Abs. 12 lit. a) VO Nr. 596/2014 nur bei Vorliegen von außergewöhnlichen Umständen zulässig ist[3]. Im Falle einer Befreiung nach Art. 19 Abs. 12 lit. b) VO Nr. 596/2014 kommt dem Emittenten dagegen gem. **Art. 9 Halbsatz 1 DelVO 2016/522** grundsätzlich ein Ermessen zu. Es ist aber zu bedenken, dass der Emittent in diesen Konstellationen regelmäßig auf **dienstvertraglicher oder gesellschaftsrechtlicher Grundlage zur Genehmigung verpflichtet** sein wird. Handelt es sich um eine Transaktion, die im Rahmen eines aktien- oder optionsbasierten Vergütungsprogramms erfolgt, kann der Emittent durch die Verweigerung seiner Zustimmung seine Pflicht zur Bezahlung der vereinbarten Vergütung verletzen. Sofern es sich um einen allgemeinen Erlaubnistatbestand für Vergütungsprogramme handelt, kann die Befreiung auch in genereller Form im Voraus erteilt werden[4]. Eine Befreiungsentscheidung, die **offensichtlich nicht durch einen Erlaubnistatbestand** gedeckt ist, entfaltet keine Rechtfertigungswirkung (s. Rz. 184).

c) **Erlaubnistatbestände.** Art. 19 Abs. 12 VO Nr. 596/2014 enthält zwei Fallgruppen von Erlaubnistatbeständen: Einerseits Fälle, in denen sich die Führungsperson in einer Notlage befindet, die einen sofortigen Verkauf von Anteilen erforderlich macht, und zum anderen Konstellationen, in denen aufgrund der Art des Geschäfts ein Ausnutzen von Wissensvorsprüngen ausgeschlossen werden kann[5]. Der Anwendungsbereich der Ausnahmen vom Handelsverbot ist nach dem Willen des europäischen Verordnungsgebers **eng auszulegen**[6]. Dies fügt sich stimmig in die Rechtsprechung des EuGH ein, der davon ausgeht, dass Ausnahmevorschriften in europäischen Rechtsakten grundsätzlich eng auszulegen sind und der Anwendungsbereich auf das unbedingt Erforderliche beschränkt bleibt[7]. Die enge Auslegung europäischer Ausnahmevorschriften ist darauf zurückzuführen, dass Normen, denen intensive Kompromisse im Normgebungsprozess zwischen den verschiedenen Organen der unionsrechtlichen Normgebung zugrunde liegen, nicht durch eine zu weitreichende Auslegung zunichte gemacht werden sollen[8]. Im Falle der Ausnahmen gem. Art. 19 Abs. 12 VO Nr. 596/2014 ist aber zu bedenken, dass diese Regelungen erforderlich sind, um die Verhältnismäßigkeit des Handelsverbotes zu wahren (s. Rz. 188). Dies kann im Einzelfall eine **erweiternde Auslegung** erfordern, damit nicht das Handelsverbot im konkreten Fall als Verstoß gegen höherrangiges Primärrecht erscheint (s. Rz. 176).

aa) **Außergewöhnliche Umstände.** Eine Ausnahme vom Handelsverbot des Art. 19 Abs. 11 VO Nr. 596/2014 kann zunächst dann erfolgen, wenn im Einzelfall außergewöhnliche Umstände vorliegen, die den unverzüglichen Verkauf von Anteilen erforderlich machen (Art. 19 Abs. 12 lit. a) VO Nr. 596/2014). Maßgeblich sind gem. Art. 8 Abs. 1 Satz 1 DelVO 2016/522 grundsätzlich nur die **im Antrag der Führungskraft genannten Umstände**. Die Führungskraft kann daher im Falle einer versagten Erlaubnis nicht aufgrund von Umständen Schadensersatz verlangen, die sie selbst in ihrem Antrag gem. Art. 7 Abs. 2 DelVO 2016/522 nicht aufgeführt hat. Außergewöhnliche Umstände sind nach der Legaldefinition des Art. 8 Abs. 2 DelVO 2016/522 dann gegeben, wenn die Umstände äußerst dringend, unvorhergesehen und zwingend sind und nicht von der Person, die Führungsaufgaben wahrnimmt, verursacht worden sind und sich deren Kontrolle entziehen[9]. Erstes Element der Definition der außergewöhnlichen Umstände ist deren **äußerste Dringlichkeit**. Eine solche ist nur dann gegeben, wenn keine zumutbare Möglichkeit besteht, den Finanzbedarf erst nach Ablauf des 30-tägigen Handelsverbots zu befriedigen. Insofern muss dargetan werden, dass und weshalb der Gläubiger zu keinerlei kurzfristiger Stundung bereit ist. Selbst bei Unfällen oder anderen Unglücksfällen wie Naturkatastrophen entstehen in der Regel keine sofortigen finanziellen Verpflichtungen. Zu bedenken ist auch, dass bei Entgeltforderungen

---

1 Für ein Ermessen des Emittenten *Kumpan*, AG 2016, 446, 457.
2 I.E. ebenso *Maume/Kellner*, ZGR 2017, 273, 295, die ihre Auffassung auf den grundrechtlichen Einschlag sowie das Treueverhältnis zwischen Gesellschaft und Gesellschafter stützen; offen dagegen *Diekgräf*, Directors' Dealings, S. 260.
3 Ebenso *Diekgräf*, Directors' Dealings, S. 252 f.
4 *Semrau* in Klöhn, Art. 19 MAR Rz. 94.
5 Vgl. Erwägungsgrund 24 DelVO 2016/522.
6 Erwägungsgrund 61 VO Nr. 596/2014; Erwägungsgrund 22 DelVO 2016/522. De lege ferenda für eine Erweiterung der Ausnahmetatbestände plädierend *Commandeur*, ZBB 2018, 114, 121.
7 S. z.B. EuGH v. 14.10.2010 – C-428/09, ECLI:EU:C:2010:612 – Union syndicale Solidaires Isère, Slg. 2010, I-9961 Rz. 40; EuGH v. 13.9.2007 – C-307/05, ECLI:EU:C:2007:509 – Del Cerro Alonso, Slg. 2007, I-7109 Rz. 39; s. auch *Diekgräf*, Directors' Dealings, S. 250 f. m.w.N.
8 *Riesenhuber*, Europäische Methodenlehre, § 10 Rz. 62 f. m.w.N.
9 *Semrau* in Klöhn, Art. 19 MAR Rz. 97 geht zutreffend davon aus, dass diese Voraussetzungen lediglich in Extremsituationen gegeben sind.

Verzug gem. § 286 Abs. 3 BGB regelmäßig erst 30 Tage nach Zugang einer Rechnung eintritt, so dass in solchen Fällen niemals eine äußerste Dringlichkeit besteht. Je später der Befreiungsantrag während des Verbotszeitraums gestellt wird, desto höhere Anforderungen sind an die Darlegung der Dringlichkeit zu stellen. Während der letzten Tage der Verbotsfrist dürfte diese Voraussetzung nur in wenigen, krassen Fällen erfüllt sein, etwa bei der Lösegeldforderung eines Entführers. Ferner müssen die Umstände, die eine Ausnahme vom Handelsverbot rechtfertigen können, für die Führungsperson **unvorhersehbar** gewesen sein. Unvorhersehbar sind Umstände nur dann, wenn sie auch bei sorgfältiger Dokumentation aller eingegangenen Zahlungspflichten nicht hätten bekannt sein können. Damit können vertraglich eingegangene Zahlungspflichten grundsätzlich keine Ausnahme begründen, denn diese müssen in der Regel nicht zwingend eingegangen werden, können aber jedenfalls grundsätzlich so ausgestaltet werden, dass sie nicht während der folgenden 30 Tage fällig werden. **Zwingend** sind die Umstände insbesondere dann, wenn die Führungskraft über keine Möglichkeit verfügt, den kurzfristigen Finanzbedarf anderweitig zu decken. Dabei sind auch im Vergleich zum Wertpapierverkauf nachteilige Konditionen, wie Kreditzinsen, grundsätzlich in Kauf zu nehmen. Ein Notverkauf der Anteile kommt nur dann in Betracht, wenn keine legalen und zumutbaren Möglichkeiten bestehen, den Finanzbedarf anderweitig zu decken. Art. 8 Abs. 3 DelVO 2016/522 listet **Indikatoren** dafür auf, wann außergewöhnliche Umstände vorliegen können. Diese sind ebenfalls eng auszulegen[1]. Mindestvoraussetzung ist gem. Art. 8 Abs. 3 lit. a) DelVO 2016/522, dass zum Zeitpunkt der Übermittlung des Antrags eine rechtlich durchsetzbare Verpflichtung oder ein rechtlich durchsetzbarer Anspruch gegen die Führungsperson vorlag. Naturalobligationen wie Spielschulden i.S.v. § 762 BGB oder der Wunsch, durch Bewirkung der Kaufpreiszahlung den Verkäufer bei einem formnichtigen Grundstückskaufvertrag zur Heilung gem. § 311b Abs. 1 Satz 2 BGB zu bewegen, können daher niemals eine äußerste Dringlichkeit begründen. Zusätzlich ist gem. Art. 8 Nr. 3 lit. b) DelVO Nr. 596/2014 zu prüfen, ob die Führungsperson Zahlungen zu leisten hat oder eine Situation eintritt, in der Umstände, die dem Handelsverbot zeitlich vorgelagert sind, die Zahlung einer Summe an Dritte erforderlich macht, wobei als Beispiel Steuerschulden genannt werden. Aufgrund der gebotenen engen Auslegung kann dies wiederum nur für solche Steuerschulden u.ä. Zahlungspflichten (z.B. Bußgelder) gelten, die entweder in ihrer Entstehung, jedenfalls aber in der Höhe für die Führungskraft unvorhersehbar waren. Dies ist nur dann der Fall, wenn auch ein fachkundiger Berater (etwa ein Steuerberater oder Strafverteidiger) eine derartige Belastung gar nicht vorhergesehen oder für höchst unwahrscheinlich gehalten hat. In jedem Fall ist es erforderlich, dass die finanzielle Verpflichtung oder der finanzielle Anspruch nur durch den unverzüglichen Verkauf der Anteile hinreichend erfüllt werden kann.

176 Die Ausnahme nach Art. 19 Abs. 12 lit. a) VO Nr. 596/2014 bezieht sich dem eindeutigen Wortlaut nach nur auf den Fall, dass zur Deckung des außergewöhnlichen Finanzbedarfs ein **Verkauf von Anteilen** erforderlich wird. Diese **Einschränkung ist sachwidrig** und – trotz des Gebots der engen Auslegung von Ausnahmetatbeständen – wegen **Verstoßes gegen höherrangiges Primärrecht** zu erweitern. Zunächst ist nicht ersichtlich, welche Rechtfertigung dafür besteht, ausschließlich die Verwertung von Anteilen zu erlauben. Eine wörtliche Auslegung würde dazu führen, dass Führungskräfte von Emittenten, die ausschließlich Schuldtitel emittiert haben, von der Ausnahme gänzlich ausgeschlossen sind. Auch solche Führungskräfte, die nur in Schuldtitel in erheblichem Umfang investiert haben, werden benachteiligt. Die Ungleichbehandlung lässt sich vor dem allgemeinen Gleichheitssatz des Art. 20 GrCh nicht rechtfertigen. Wenn es der Verordnungsgeber für vertretbar hält, unter besonderen Umständen den Handel mit Anteilsrechten zuzulassen, ist kein sachlicher Gesichtspunkt erkennbar, der unter denselben Voraussetzungen ein Verbot des Verkaufs von Schuldtiteln zu rechtfertigen vermöchte. Ganz im Gegenteil bietet der **Verkauf von Schuldtiteln** aufgrund der festgelegten Zahlungsströme in aller Regeln weitaus weniger Möglichkeiten zum Ausnutzen von Informationsasymmetrien. Vor diesem Hintergrund hätte sich möglicherweise eine Beschränkung auf Schuldtitel rechtfertigen lassen, nicht aber deren Ausschluss vom Erlaubnistatbestand. Ein Ausschluss der Verwertung **derivativer Finanzinstrumente** lässt sich dagegen mit deren Komplexität rechtfertigen, welche im Einzelfall dazu führen kann, dass die für die Befreiung zuständigen Personen beim Emittenten die wirtschaftlichen Konsequenzen des Derivats nicht richtig einschätzen können. Des Weiteren hält auch die Beschränkung der Verwertungsmöglichkeiten auf den Verkauf einer Überprüfung anhand höherrangigen Rechts, speziell des Eigentumsgrundrechts von Art. 17 Abs. 1 GrCh, nicht stand, weil sie die Führungskraft faktisch zur Aufgabe des Eigentums zwingen kann. In vielen Fällen wird sich ein außergewöhnlicher Finanzbedarf kurzfristig dadurch abwenden lassen, dass die Führungskraft dem Gläubiger die Anteile oder Schuldtitel **verpfändet oder zur Sicherung übereignet**[2]. Diese Option verschafft der Führungskraft einen Zeitgewinn, den sie dazu nutzen kann, die benötigten Finanzmittel anderweitig zu beschaffen und sodann die Finanzinstrumente wieder auszulösen. Dagegen zwingt Art. 19 Abs. 12 lit. a) VO Nr. 596/2014 die Führungskraft indirekt dazu, die benötigten Finanzmittel durch einen sofortigen Verkauf der Finanzinstrumente zu beschaffen. Es ist nicht ersichtlich, unter welchem Gesichtspunkt eine solche Beschränkung dem Erforderlichkeitsgrundsatz gem. Art. 52 Abs. 1 Satz 2 GrCh gerecht werden könnte. Art. 19 Abs. 12 lit. a) VO

---

1 Ebenso *Diekgräf*, Directors' Dealings, S. 253.
2 S. auch *Kumpan*, AG 2016, 446, 457. Die Beschränkung auf den Verkauf betont dagegen ESMA, Final Report: ESMA's technical advice, ESMA/2015/224, S. 53.

Nr. 596/2014 ist deshalb im Wege einer primärrechtskonformen Auslegung über den Wortlaut hinaus auch auf die Verwertung von Schuldtiteln sowie auf solche Verwertungsarten wie die Verpfändung oder Sicherungsübereignung zu erweitern, die die Führungskraft nicht zur Aufgabe des Eigentums an den Finanzinstrumenten zwingen. Auch eine Erweiterung auf indirekte Eigengeschäfte kann im Einzelfall in Betracht kommen, etwa wenn die Führungskraft eine eng verbundene Person (z.B. eine Familienstiftung) dazu veranlasst, zur Deckung des außergewöhnlichen Finanzbedarfs Anteile zu veräußern[1].

bb) Transaktionen ohne Ausnutzung von Informationsvorteilen. Als weiteren Erlaubnistatbestand nennt Art. 19 Abs. 12 lit. b) VO Nr. 596/2014 die Teilnahme an verschiedenen Programmen sowie Fälle, in denen sich die wirtschaftliche Beteiligung durch die Transaktion nicht ändert. Konkretisierungen in Form von nicht abschließenden[2] Fallgruppen enthält Art. 9 DelVO 2016/522. Gemeinsam ist allen Fallgruppen, dass eine Ausnutzung von Informationsvorsprüngen durch das betreffende Geschäft regelmäßig ausgeschlossen ist. Trotz des leicht missverständlich formulierten Wortlautes des Art. 19 Abs. 12 lit. b) VO Nr. 596/2014, der von „Belegschaftsaktien" und „Arbeitnehmersparplan" spricht, findet Art. 19 Abs. 12 lit. b) VO Nr. 596/2014 auch **auf Organmitglieder Anwendung,** selbst wenn diese weder als Belegschaft noch als Arbeitnehmer zu qualifizieren sind[3]. Auch die Verwendung des Plurals führt nicht zum Ausschluss solcher Beteiligungsprogramme, an denen lediglich einzelne Führungspersonen teilnehmen[4]. Es ist ausreichend, wenn an einem bestimmten Programm, beispielsweise durch das Ausscheiden weiterer Beteiligter aus dem Unternehmen, lediglich eine einzige Führungsperson teilnimmt.

Eine Befreiungsmöglichkeit besteht zunächst bei **Arbeitnehmerbeteiligungsprogrammen,** in deren Rahmen die Führungsperson **Finanzinstrumente erhalten oder gewährt bekommen** hat, Art. 9 lit. a) DelVO 2016/522. Dazu müssen weitere Voraussetzungen vorliegen: Erstes ist erforderlich, dass das Beteiligungsprogramm und die zugrunde liegenden Bedingungen bereits vor dem Zeitraum des Handelsverbots im Einklang mit den hierfür anwendbaren Rechtsvorschriften vom Emittenten gebilligt, d.h. verbindlich beschlossen wurden. Dieser Beschluss ersetzt aber nicht die im Einzelfall nach Art. 19 Abs. 12 lit. b) VO Nr. 596/2014 erforderliche Ausnahmegenehmigung[5]. Das Arbeitnehmerbeteiligungsprogramm muss zweitens den Zeitplan für die Vergabe oder Gewährung von Finanzinstrumenten sowie den exakten Betrag der Finanzinstrumente oder zumindest die exakte Berechnungsgrundlage für diesen Betrag angeben, ohne dass die Möglichkeit für eine Ermessensausübung durch den Emittenten besteht. Drittens darf auch der Führungsperson bei der Annahme der Finanzinstrumente kein Ermessensspielraum zustehen. Diese Voraussetzungen stellen sicher, dass der Erhalt bzw. die Gewährung der Finanzinstrumente nicht von Umständen abhängen kann, die sich erst während des Handelsverbots ereignet haben. Eine Ausnutzung von während dieses Zeitraums erworbenen Sonderwissens ist damit ausgeschlossen.

Art. 9 lit. b) DelVO 2016/522 enthält weitere **Befreiungsmöglichkeiten bei Arbeitnehmerbeteiligungsprogrammen,** die sich über eine Verbotsperiode erstrecken. Für die Finanzinstrumente, die eine Führungsperson im Rahmen eines solchen Programms erhält oder gewährt bekommt, kann eine Ausnahme erteilt werden, wenn die Konditionen, die Periodizität, der Zeitpunkt der Vergabe, der Kreis der bezugsberechtigten Personen und der Betrag der Finanzinstrumente vor dem Handelsverbot geplant und organisiert wurden und die Vergabe oder Gewährung der Finanzinstrumente in einem vorgegebenen Rahmen geschehen, in dem jedweder Einfluss von Insiderinformationen auf die Vergabe oder Gewährung der Finanzinstrumente ausgeschlossen ist. Im Gegensatz zur ersten Fallgruppe sind die Voraussetzungen hier sehr viel vager und bedürfen einer Konkretisierung anhand der Leitlinie, dass ein Einfluss von Insiderinformationen auf die Entscheidungen ausgeschlossen sein muss. Dies ist allerdings nur dann der Fall, wenn die Konditionen bereits im Voraus unabänderlich festgelegt werden (dann greift allerdings bereits Art. 9 lit. a) DelVO 2016/522) oder wenn die verbleibenden Entscheidungsspielräume von einer Person ausgeübt werden, bei der aufgrund institutioneller Vorkehrungen ausgeschlossen ist, dass sie Zugang zu Insiderinformationen hat. Dies kann etwa ein Treuhänder oder Notar sein, der die Entscheidung auf Basis von Leistungsindikatoren trifft, welche keinen Zusammenhang zu Insiderinformationen aufweisen (etwa Mitarbeiterzufriedenheit oder erzielte Umsätze, jeweils in Bezug auf die konkreten Führungspersonen).

Eine weitere Ausnahme vom Handelsverbot des Art. 19 Abs. 11 VO Nr. 596/2014 enthält Art. 9 lit. c) DelVO 2016/522 für Konstellationen, in denen die Führungsperson **Rechte ausübt, die ihr im Rahmen eines Arbeitnehmerbeteiligungsprogrammes zugewiesen wurden,** etwa Optionen, Optionsscheine oder Wandelschuldverschreibungen, wenn das Laufzeitende derartiger Instrumente in einen geschlossenen Zeitraum fällt. Entgegen der missverständlichen Formulierung in der deutschen Fassung zeigen die anderen Sprachfassungen, dass keine

---

1 Zutreffend Diekgräf, Directors' Dealings, S. 253 f.
2 BaFin, FAQ Managers' Transactions, Stand: 1.2.2018, VII.2.
3 Ebenso BaFin, FAQ Managers' Transactions, Stand: 1.2.2018, VII.1.; Semrau in Klöhn, Art. 19 MAR Rz. 98; Diekgräf, Directors' Dealings, S. 255; Stenzel, DStR 2017, 883, 888; Hitzer/Wasmann, DB 2016, 1483, 1488.
4 Ebenso Stenzel, DStR 2017, 883, 888.
5 Zutreffend BaFin, FAQ Managers' Transactions, Stand: 1.2.2018, VII.3.; zustimmend Stenzel, DStR 2017, 883, 888.

generelle Ausnahme für die Ausübung von Optionen oder Optionsscheine gemeint ist, sondern nur solche Instrumente erfasst sind, die im Rahmen eines Beteiligungsprogramms ausgegeben wurden. Zusätzlich kann auch der Verkauf der durch Umwandlung oder Ausübung der Option erhaltenen Anteile gestattet werden. Damit die Ausnahmegenehmigung erteilt werden kann, müssen drei weitere Voraussetzungen erfüllt sein: die Führungsperson muss den Emittenten mindestens vier Monate vor dem Laufzeitende über die Entscheidung zur Ausübung der Umwandlung informiert haben, die Ausübungsentscheidung muss unwiderruflich sein und die Genehmigung durch den Emittenten muss vor Beginn des geschlossenen Zeitraums erfolgt sein, was einen entsprechend frühen Antrag voraussetzt. Entsprechendes muss nach dem Sinn der Regelung für den Verkauf der durch die Ausübung der Rechte erhaltenen Anteile gelten. Damit die Ausübungsentscheidung unwiderruflich ist, ist nicht nur eine Bindung der Führungskraft, sondern auch der anderen Partei – regelmäßig des Emittenten – erforderlich. Handelt es sich um ein einseitiges Gestaltungsrecht, ist dies unproblematisch der Fall. Anders ist es, wenn die Rechteausübung als unwiderruflicher Antrag i.S.v. § 145 BGB ausgestaltet ist, da die Führungskraft dann die andere Partei beeinflussen könnte, etwa den Antrag auf Ausübung eines Wandlungsrechts nicht anzunehmen. Sind diese Voraussetzungen gegeben, kann ausgeschlossen werden, dass Informationen, welche die Führungskraft während des geschlossenen Zeitraums erworben hat, das Geschäft beeinflusst haben.

181 Die Ausnahme nach Art. 9 lit. d) DelVO 2016/522 regelt den Fall des **entgeltlichen Erwerbs von Finanzinstrumenten** durch die Führungsperson **im Rahmen eines Arbeitnehmerbeteiligungsprogramms**. Dass nur entgeltliche Erwerbe erfasst sind, ergibt sich in Abgrenzung zu den anderen Ausnahmetatbeständen sowie aus den weiteren Voraussetzungen, die von „Kauf" sprechen[1]. Solche Käufe sind nur zulässig, wenn die Führungsperson dem Arbeitnehmerbeteiligungsprogramm bereits vor dem geschlossenen Zeitraum beigetreten ist, es sei denn, dass die Beschäftigung erst während des geschlossenen Zeitraums aufgenommen wurde und deshalb eine frühere Aufnahme in das Arbeitnehmerbeteiligungsprogramm nicht möglich war. Darüber hinaus darf die Führungsperson während des geschlossenen Zeitraums keine Änderungen an den Bedingungen für die Teilnahme an dem Arbeitnehmerbeteiligungsprogramm vornehmen oder die Teilnahme an dem Programm beenden. Schließlich verlangt der Ausnahmetatbestand, dass die Käufe „gut"[2] im Einklang mit den Bestimmungen des Arbeitnehmerbeteiligungsprogramms organisiert sein müssen und für die Führungsperson weder ein Änderungsanspruch noch eine legale Änderungsmöglichkeit der Bedingungen des Arbeitnehmerbeteiligungsprogramms besteht. Alternativ sind ist die letzte Bedingung auch erfüllt, wenn die Käufe nach dem Programm zu festen Terminen stattfinden müssen und ein solcher Termin in den geschlossenen Zeitraum fällt. Das Erfordernis, dass es der Führungskraft nicht möglich sein darf, während des Verbotszeitraums die Teilnahme an dem Programm zu beenden, zeigt, dass die Ausnahme nur solche Fälle erfassen kann, in denen aus dem Programm eine **Pflicht zum Kauf einer vorher spezifizierten Anzahl von Instrumenten zu vorher spezifizierten Konditionen** folgt. Ansonsten könnte der Rahmen eines solchen Beteiligungsprogramms genutzt werden, um den Führungskräften freie Kaufentscheidungen während der geschlossenen Zeiträume zu ermöglichen, was mit dem Regelungszweck des Verbots nicht vereinbar wäre.

182 Art. 9 lit. e) DelVO 2016/522 sieht eine Ausnahme vom Handelsverbot vor, wenn Finanzinstrumente lediglich zwischen zwei **Konten der Führungsperson transferiert werden** und hierdurch die Finanzinstrumente **keine Preisänderung** erfahren. Letzteres kann nicht ausgeschlossen werden, wenn der Transfer nicht direkt vollzogen, sondern über zwei gegenläufige Markttransaktionen simuliert wird, die den Eindruck eines Scheinhandels hervorrufen können. Da Art. 9 DelVO 2016/522 lediglich Regelbeispiele aufführt, kann diese Fallgruppe auf ähnliche Konstellationen erweitert werden. Immer dann, wenn lediglich technische Änderungen erfolgen, die die Stellung der Führungskraft nicht berühren, sind diese gem. Art. 19 Abs. 12 lit. b) VO Nr. 596/2014 zulässig. Beispiele sind Aktiensplits oder ein Wechsel zwischen Inhaber- und Namensaktien. Die Ausübung von Bezugsrechten im Rahmen von Kapitalerhöhungen sind dagegen nicht von der Ausnahme erfasst[3], da sich dadurch die wirtschaftliche Beteiligung tatsächlich verändert.

183 Schließlich ermöglicht Art. 9 lit. f) DelVO 2016/522 eine Befreiung für den Fall, dass die Führungsperson **Pflichtaktien oder Bezugsberechtigungen** des Emittenten erwirbt[4] und die Frist für den Erwerb nach Maßgabe der Satzung oder sonstigen Vorschriften des Emittenten in einen geschlossenen Zeitraum fällt. Eine solche Ausnahme kann nur erteilt werden, wenn die Führungsperson dem Emittenten Gründe darlegt, weshalb der Erwerb nicht zu einem anderen Zeitpunkt stattfindet und sich der Emittent mit der Erklärung zufriedengibt. Sofern in diesen Fällen die Frist durch den Emittenten selbst geschaffen wird, sind sehr hohe Anforderungen an

---

[1] Nicht erforderlich ist, dass der Kauf zum Marktpreis erfolgt. Vielmehr kann das Unternehmen der Führungskraft auch ermöglichen, die Finanzinstrumente unter Wert zu erwerben, und ihr damit unabhängig von der weiteren Wertentwicklung einen Mindestgewinn als Vergütungsbestandteil garantieren.
[2] Die deutsche Sprachfassung ist insoweit misslungen. Die englische Version spricht diesbezüglich lediglich vom Erfordernis der klaren Organisation („clearly organised"); diese Formulierung sollte auch für das deutsche Recht als Anknüpfungspunkt verwendet werden; *Kumpan*, AG 2016, 446, 458.
[3] A.A. *Diekgräf*, Directors' Dealings, S. 257 f., der diesen Fall Art. 9 lit. f) DelVO 2016/522 zuschlägt.
[4] Damit sind Instrumente gemeint, deren Erwerb Voraussetzung für die Übernahme einer Organstellung oder einer sonstigen Position beim Emittenten sind; *Diekgräf*, Directors' Dealings, S. 256 f.; *Semrau* in Klöhn, Art. 19 MAR Rz. 104.

die Ausnahmegenehmigung zu stellen. Es muss gute Gründe dafür geben, weshalb die Frist zwingend während der geschlossenen Periode endet bzw. es muss dargelegt werden, aus welchen Gründen ein Zusammenfallen des Fristendes mit einer geschlossenen Periode bei Festlegung der Bedingungen nicht absehbar war. Dies ist regelmäßig nur dann der Fall, wenn sich nach Festlegung der Bedingungen die Veröffentlichungsfristen geändert haben und keine zumutbare Möglichkeit bestand, die Konditionen des Programms entsprechend anzupassen. Kommt unter diesen Umständen eine Ausnahme in Betracht, muss die Führungskraft darlegen, weshalb es ihr nicht zumutbar ist, auf den Bezug der Instrumente während der geschlossenen Periode zu verzichten.

d) Rechtsfolgen der Erlaubniserteilung. Die **Erteilung einer rechtmäßigen Ausnahmegenehmigung** durch den Emittenten stellt einen **Rechtfertigungsgrund** für Verstöße gegen das Handelsverbot des Art. 19 Abs. 11 VO Nr. 596/2014 für die durch den jeweiligen Ausnahmetatbestand gedeckten Transaktionen dar. Solche Geschäfte dürfen daher nicht nach § 120 Abs. 15 Nr. 22 WpHG geahndet werden. Art. 19 Abs. 12 VO Nr. 596/2014 stellt aber ausdrücklich klar, dass die Erlaubniserteilung des Emittenten keinerlei Auswirkungen auf das Insiderhandelsverbot des Art. 14 VO Nr. 596/2014[1] sowie das Verbot der Marktmanipulation nach Art. 15 VO Nr. 596/2014 hat. Unklar ist, inwieweit die Erlaubniserteilung durch den Emittenten aufsichtsrechtlich überprüft werden kann und welche Rechtsfolgen es hat, wenn eine Ausnahme zu Unrecht erteilt wird[2]. Dazu ist zunächst festzustellen, dass Art. 19 Abs. 12 VO Nr. 596/2014, anders als Art. 17 Abs. 4 VO Nr. 596/2014, nicht die Einschränkung enthält, der Emittent handele „auf eigene Verantwortung". Zudem treffen die negativen Folgen einer zu Unrecht erteilten Ausnahmegenehmigung gem. § 120 Abs. 15 Nr. 22 WpHG die Führungskraft und nicht den Emittenten. Dies spricht dafür, dem Emittenten einen gewissen **Beurteilungsspielraum** einzuräumen, soweit es um die Auslegung unbestimmter Rechtsbegriffe, wie außergewöhnliche Umstände oder zufriedenstellende Gründe, geht. Dies gilt jedenfalls solange, wie die über die Befreiung beschließenden Personen nicht selbst von dieser profitieren (s. bereits Rz. 172). Soweit einschlägige und veröffentlichte Rechtsprechung existiert, ist diese zugrunde zu legen, wobei es auch zulässig sein muss, zweifelhafte Entscheidungen unterer Instanzen zur Überprüfung der Obergerichte zu stellen und insbesondere ein Vorabentscheidungsverfahren beim EuGH anzustrengen. Hält sich die Entscheidung des Emittenten im Rahmen dieses Beurteilungsspielraums und wird dennoch im Nachhinein durch ein Gericht als nicht durch den Erlaubnistatbestand gedeckt beanstandet, stellte die **formal korrekt ergangene Ausnahmegenehmigung** hinsichtlich des Bußgeldtatbestands von § 120 Abs. 15 Nr. 22 WpHG einen **Entschuldigungsgrund** dar. Wenn die zu befreiende Führungskraft selbst an der Entscheidung mitgewirkt hat, kommt aufgrund des offensichtlichen Interessenkonflikts dagegen eine Exculpation für einen Verstoß gegen das Handelsverbot grundsätzlich nicht in Betracht. Keine rechtfertigende oder entschuldigende Wirkung hat es auch, wenn zwar die materiellen Voraussetzungen eines Erlaubnistatbestands gegeben waren, die Führungskraft aber **keine Ausnahmegenehmigung beantragt** hat. Art. 19 Abs. 12 VO Nr. 596/2014 stellt unmissverständlich klar, dass die Befreiung von einer Genehmigungsentscheidung durch den Emittenten abhängt. Dies dient der Kontrolle durch den Emittenten und die zuständige Behörde und stellt keine bloße Formalie dar. Versagt der Emittent hingegen die Erlaubnis, obwohl die Voraussetzungen eines Erlaubnistatbestands gegeben sind, kann sich im Falle von Art. 19 Abs. 12 lit. a) VO Nr. 596/2014 aufgrund einer Verletzung dienst- oder gesellschaftsrechtlicher Pflichten ein **Schadensersatzanspruch** gem. § 280 Abs. 1 BGB ergeben. Auch insoweit ist dem Emittenten aber ein Beurteilungsspielraum einzuräumen. Eine Schadensersatzpflicht kommt daher nur dann in Betracht, wenn die Entscheidung des Emittenten in Widerspruch zu veröffentlichten Gerichtsurteilen steht oder es offensichtlich ist, dass die Tatbestandsvoraussetzungen erfüllt waren. Schließlich lassen sowohl das Handelsverbot als auch die Ausnahmegenehmigung die **Meldepflichten** gem. Art. 19 Abs. 1 und 7 VO Nr. 596/2014 **unberührt**. Die Führungskraft hat daher alle Geschäfte, die gegen das Handelsverbot verstoßen, aber auch solche, die auf einer wirksamen Gestattung beruhen, unverzüglich zu melden.

6. Zivilrechtliche Rechtsfolgen. a) Auswirkungen auf die Transaktion. Art. 19 Abs. 11 VO Nr. 596/2014 verbietet Führungskräften, innerhalb eines geschlossenen Zeitraums Eigengeschäfte vorzunehmen. Fraglich ist, welche zivilrechtlichen Auswirkungen es hat, wenn eine Führungskraft unter Verstoß gegen dieses Verbot Geschäfte tätigt. Nach einer Auffassung im Schrifttum soll es sich bei Art. 19 Abs. 11 VO Nr. 596/2014 um ein absolutes Verfügungsverbot handeln, so dass ein Verstoß die Nichtigkeit der Transaktion gem. § 134 BGB nach sich ziehe[3]. Dies wird damit begründet, dass die Marktmissbrauchsverordnung nach Art. 1 VO Nr. 596/2014 dem Schutz der Integrität der Finanzmärkte und damit der Allgemeinheit diene[4]. Diese Auffassung ist nicht haltbar, sondern verkehrt den bezweckten Marktschutz in sein Gegenteil[5]. Denn durch die Nichtigkeit würde auch die **andere Partei sanktioniert** und damit erhebliche Rechtsunsicherheit geschaffen, wenn etwa im Rahmen zentral geclearter Wertpapiertransaktionen eine Einzeltransaktion rückabgewickelt werden müsste. Das

---

[1] S. auch ESMA, Q&A MAR, ESMA70-145-111, Version 11, Stand: 23.3.2018, 7.8.
[2] Vgl. *Diekgräf*, Directors' Dealings, S. 260; *Poelzig*, NZG 2016, 761, 771; *Maume/Kellner*, ZGR 2017, 273, 299; *Commandeur*, ZBB 2018, 114, 122.
[3] *Maume/Kellner*, ZGR 2017, 273, 298.
[4] *Maume/Kellner*, ZGR 2017, 273, 298.
[5] Zutreffend *Schäfer* in Marsch-Barner/Schäfer, Hdb. börsennotierte AG, Rz. 14.60.

Verbot soll nicht den Inhalt des Geschäfts, sondern die Modalitäten des Zustandekommens verhindern[1]. Damit bleiben die **Geschäfte** trotz der Verletzung von Art. 19 Abs. 11 VO Nr. 596/2014 **wirksam**.

186 **b) Schadensersatzansprüche.** Fraglich ist aber, ob sich die Führungskraft durch einen Verstoß gegen Art. 19 Abs. 11 VO Nr. 596/2014 schadensersatzpflichtig machen kann[2]. Insoweit stellt sich das **gleiche Problem wie bei Verstößen gegen das Insiderhandelsverbot**[3]. Durch den Verstoß gegen das Handelsverbot erleiden die anderen Anleger keinen direkten Schaden. Vielmehr kann ein Handel unter Verstoß gegen das Verbot sogar dazu führen, dass noch nicht öffentlich bekannte Informationen schneller eingepreist werden. Schadensersatzansprüche einzelner Anleger scheiden damit aus. Auch ein Schadensersatzanspruch des Emittenten kommt nicht in Betracht, da der Emittent ebenfalls durch den Verstoß gegen das Handelsverbot keinen Schaden erleidet. Möglich erscheint allein ein Reputationsverlust, wenn es zu umfangreichen Verstößen gekommen ist. Ein solcher lässt sich aber nur schwer als Vermögensnachteil beziffern.

187 **c) Bereicherungsrechtliche Gewinnabschöpfung.** Denkbar erscheint es, dass Verstöße gegen das Handelsverbot bereicherungsrechtliche Gewinnabschöpfungsansprüche des Emittenten gem. § 812 Abs. 1 Satz 1 Alt. 2 BGB (Eingriffskondiktion) auslösen. Dagegen scheint allerdings zu sprechen, dass das Handelsverbot **kein privates Rechtsgut** betrifft, sondern das Chancengleichheit der Marktteilnehmer dient und insofern als öffentliches Gut einzustufen ist. Demgegenüber verlangt § 812 Abs. 1 Satz 1 Alt. 2 BGB den Eingriff in eine Rechtsposition mit Zuweisungsgehalt, deren Verwertung allein dem Gläubiger zusteht. Erforderlich ist damit, dass die Rechtsposition dem Gläubiger einen Nutzen vermittelt, den er selbst hätte realisieren können[4]. Dies ist beim Handelsverbot unstreitig nicht der Fall, denn eine verbotene Transaktion nimmt dem Emittenten nicht etwa eine rechtlich geschützte Möglichkeit, selbst den Gewinn durch das betreffende Geschäft zu realisieren. Dabei ist es irrelevant, dass der Emittent nach h.M. selbst nicht vom Handelsverbot erfasst wird (s. Rz. 159). Entscheidend ist, dass potentiell jeder Marktteilnehmer, nicht aber speziell der Emittent, aufgrund der gesetzlichen Verbots das Recht hat, dass keine verbotenen Transaktionen stattfinden. Damit handelt es sich nicht um ein subjektives Recht mit Zuweisungsgehalt zugunsten des Emittenten. Trotzdem könnte der Umstand, dass Art. 19 Abs. 11 VO Nr. 596/2014 eine unionsrechtliche Norm ist, dazu führen, dass dieses Tatbestandsmerkmal im Wege einer **unionsrechtskonformen Rechtsfortbildung** als gegeben anzusehen ist. Denn das Unionsrecht folgt dem Prinzip der funktionalen Instrumentalisierung des Einzelnen zur Durchsetzung unionsrechtlich begründeter Pflichten (ausführlich §§ 97, 98 WpHG Rz. 18 ff.). Die **Befreiungszuständigkeit des Emittenten** gem. Art. 19 Abs. 12 VO Nr. 596/2014 zeigt, dass der Verordnungsgeber dem Emittenten die Möglichkeit einräumt, über die Geltung des Handelsverbots zu disponieren. Damit besteht ein hinreichender Anknüpfungspunkt, um das Handelsverbot als dem Emittenten wie eine eigene Rechtsposition zugewiesen anzusehen. Verletzt eine Führungskraft das Handelsverbot und erzielt dadurch einen Gewinn, kann dieser daher gem. § 812 Abs. 1 Satz 1 Alt. 2 BGB vom Emittenten herausverlangt werden[5].

188 **7. Vereinbarkeit mit den europäischen Grundrechten und rechtspolitische Beurteilung.** Das Anteilseigentum wie auch die Inhaberschaft an Forderungen fällt in den sachlichen Schutzbereich der Eigentumsgarantie des Art. 17 Abs. 1 GrCh[6]. Ausfluss dieser Rechte ist es u.a. – vorbehaltlich einer Vinkulierung – eigenverantwortlich über die Veräußerung zu entscheiden. Art. 17 Abs. 1 Satz 1 Var. 3 GrCh schützt ausdrücklich auch das Recht, über rechtmäßig erworbenes Eigentum zu verfügen. Damit stellt das Handelsverbot des Art. 19 Abs. 11 VO Nr. 596/2014 einen Eingriff in das Eigentumsrecht des Art. 17 GrCh dar, der gemäß den Anforderungen des Art. 52 GrCh rechtfertigungsbedürftig ist. Gem. Art. 52 Abs. 1 Satz 2 GrCh muss der Eingriff einen legitimen Zweck, etwa einen **Gemeinwohlbelang**, verfolgen. Dies ist bei dem Handelsverbot der Fall, indem dieses dem Schutz der Marktintegrität und der Anlegergleichbehandlung dient (s. Rz. 153). Darüber hinaus muss der Eingriff im Hinblick auf dieses Ziel **verhältnismäßig und erforderlich** sein. Ein gewichtiges Argument für die Verhältnismäßigkeit des periodischen Handelsverbots ist die **Existenz der Ausnahmetatbestände** des Art. 19 Abs. 12 VO Nr. 596/2014[7]. Zu berücksichtigen ist darüber hinaus, dass Führungspersonen, die vom persönlichen Anwendungsbereich des Handelsverbotes erfasst werden, nur hinsichtlich von Eigengeschäfte mit Finanzinstrumenten des jeweiligen Emittenten dem periodischen Handelsverbot unterliegen. Der Erwerb und die Veräußerung weiterer Finanzinstrumente ist selbstverständlich auch während des Geltungszeitraums des periodischen Handelsverbotes des Art. 19 Abs. 11 VO Nr. 596/2014 zulässig. Im Ergebnis ist daher davon auszugehen, dass das Handelsverbot des Art. 19 Abs. 11 VO Nr. 596/2014 mit Art. 17 GrCh vereinbar ist[8].

---

1 *Commandeur*, ZBB 2018, 114, 123; *Poelzig*, NZG 2016, 761, 771.
2 Verneinend *Commandeur*, ZBB 2018, 114, 123.
3 Dazu ausführlich *Hellgardt*, Kapitalmarktdeliktsrecht, S. 323 ff. m.w.N.
4 Statt aller *Schwab* in MünchKomm. BGB, 7. Aufl. 2017, § 812 BGB Rz. 281 ff.
5 Dazu ausführlich *Hellgardt*, AG 2018, 602 ff.
6 Vgl. EuGH v. 22.1.2013 – C-283/11, ECLI:EU:C:2013:28 – Sky Österreich, Rz. 34. Demnach erstreckt sich der Schutzbereich von Art. 17 Abs. 1 GrCh „auf vermögenswerte Rechte, aus denen sich im Hinblick auf die Rechtsordnung eine gesicherte Rechtsposition ergibt, die eine selbständige Ausübung dieser Rechte durch und zugunsten ihres Inhabers ermöglicht".
7 Ebenso *Diekgräf*, Directors' Dealings, S. 161; *Commandeur*, ZBB 2018, 114, 124; *Poelzig*, NZG 2016, 761, 771.
8 So auch *Maume/Kellner*, ZGR 2017, 273, 298.

Die rechtspolitische Bewertung fällt indes gespalten aus: Die Zielsetzung des europäischen Normengebers, in besonders sensiblen und missbrauchsgefährdeten Zeiträumen Eigengeschäfte durch Führungspersonen zu verbieten, ist nachvollziehbar. Die **Einführung eines periodischen Handelsverbotes** ist – trotz der hiermit verbundenen negativen Auswirkungen auf die Versorgung des Marktes mit weichen Informationen während des Handelsverbotes – hinsichtlich der besonderen Gefährdungslage für die Integrität des Marktes und die Gleichbehandlung von Anlegern **zu begrüßen**. Um diese Zwecke zu erreichen, ist das periodische Handelsverbot in seiner derzeitigen Ausgestaltung jedoch nur bedingt geeignet. Dadurch, dass nur Führungspersonen i.S.d. Art. 3 Abs. 1 Nr. 25 VO Nr. 596/2014, nicht aber diesen **nahestehende Personen** nach Art. 3 Abs. 1 Nr. 26 VO Nr. 596/2014 vom periodischen Handelsverbot des Art. 19 Abs. 11 VO Nr. 596/2014 erfasst sind, sind **weitreichende Umgehungen** des periodischen Handelsverbotes zu befürchten (s. bereits Rz. 156)[1]. Bei der Beurteilung darf indes nicht außer Acht gelassen werden, dass zwischen einem Handelsverbot für Führungspersonen und diesen nahestehenden Personen gravierende Unterschiede existieren. Führungspersonen erhalten den Informationsvorsprung, der zur Grundlage des Geschäftes wird, auf Grund ihrer Tätigkeit für den Emittenten. Der Emittent kann dienstvertraglich besondere Regelungen mit der Führungsperson treffen und auf diese Weise das periodische Handelsverbot sinnvoll ausgestalten, beispielsweise erfolgsabhängige Vergütungen von gewissen Voraussetzungen abhängig machen. Zusätzlich besteht die Möglichkeit, dass der Emittent Ausnahmen vom Handelsverbot nach Maßgabe des Art. 19 Abs. 12 VO Nr. 596/2014 zulässt und insofern Rücksicht auf die Belange des Einzelfalles nimmt, um mögliche drastische finanzielle Konsequenzen des Handelsverbotes für die Führungsperson zu verhindern. Es sollte daher beobachtet werden, ob in der Praxis ein Anstieg der Meldungen von eng verbundenen Personen während der geschlossenen Zeiträume zu beobachten ist, was ein eindeutiger Hinweis auf Umgehungen wäre. In diesem Fall wäre eine zügige Reaktion des europäischen Verordnungsgebers wünschenswert.

VIII. Anwendbares Recht, zuständige Behörde und Aufsichtskompetenzen. Art. 19 Abs. 2 Unterabs. 2 VO Nr. 596/2014 legt fest, welches Recht auf die Meldepflichten Anwendung findet und weist zugleich der zuständigen Behörde des betreffenden Mitgliedstaates die Kompetenz zur Entgegennahme der Meldungen zu. Die Bestimmung des anwendbaren Rechts ist einerseits dann relevant, wenn ein Mitgliedstaat von der in Art. 19 Abs. 2 Unterabs. 1 VO Nr. 596/2014 eingeräumten Möglichkeit Gebrauch gemacht hat, **zusätzliche Meldepflichten** festzulegen. Andererseits bestimmt sich danach das **Verfahren**, das bei der Einreichung der Meldungen zu beachten ist. Obwohl Art. 19 Abs. 2 Unterabs. 2 Satz 2 VO Nr. 596/2014 die Zuständigkeit der Behörde nur hinsichtlich der Entgegennahme der Meldungen ausdrücklich regelt, ist davon auszugehen, dass sich die **Zuständigkeit** auf die Überwachung **aller durch Art. 19 VO Nr. 596/2014 statuierten Pflichten** erstreckt.

Gem. Art. 19 Abs. 2 Unterabs. 2 Satz 1 VO Nr. 596/2014 findet grundsätzlich das **Recht desjenigen Mitgliedstaates** Anwendung, in dem der Emittent oder Teilnehmer am Markt für Emissionszertifikate registriert ist. Damit ist nicht die Registrierung bei der nationalen Aufsichtsbehörde gemeint (diese wird erst in Satz 3 relevant), sondern die **Eintragung in das Handelsregister**. Es besteht insoweit ein Gleichlauf zwischen dem anwendbaren Gesellschaftsrecht und den Regelungen über Managers' Transactions. Ist der Emittent nicht in einem Mitgliedstaat ins Handelsregister eingetragen, gilt gem. Art. 19 Abs. 2 Satz 3 VO Nr. 596/2014 das Recht seines Herkunftsmitgliedstaates i.S.v. Art. 2 Abs. 1 lit. i Transparenzrichtlinie 2004/109. Da diese Regelung wegen der vorrangigen Anknüpfung an den EU-Satzungssitz nur für **Drittstaatemittenten** gilt, kommt es darauf an, welchen Mitgliedstaat diese **als Herkunftsmitgliedstaat gewählt** haben. Allerdings gilt Art. 2 Abs. 1 lit. i Transparenzrichtlinie 2004/109 nur für solche Emittenten, deren Finanzinstrumente an einem geregelten Markt gehandelt werden, während Art. 19 VO Nr. 596/2014 auch MTF- und OTF-Emittenten erfasst. In diesem Fall müssen die Regelungen über die Wahl des Herkunftsmitgliedstaates entsprechend angewendet werden. Damit gilt **deutsches Recht** für alle Emittenten und Teilnehmer am Markt für Emissionszertifikate mit **Satzungssitz in Deutschland** sowie für solche **Drittstaatemittenten**, die gem. § 4 WpHG **Deutschland als Herkunftsstaat** gewählt haben. Gem. Art. 19 Abs. 2 Satz 2 VO Nr. 596/2014 i.V.m. § 6 Abs. 5 Satz 1 WpHG ist die **BaFin** für die Überwachung dieser Unternehmen **zuständig**. Die Regelungen über die Bestimmung des anwendbaren Rechts gelten gem. Art. 19 Abs. 10 Satz 1 VO Nr. 596/2014 entsprechend für **Versteigerungsplattformen, Versteigerer** und die **Auktionsaufsicht**. Gem. Art. 19 Abs. 10 Satz 2 VO Nr. 596/2014 erfolgt die Überwachung dieser Unternehmen nicht durch die nach Art. 22 VO Nr. 596/2014 benannten Behörden, sondern durch diejenigen Behörden, bei denen die jeweiligen Unternehmen in ihrem Mitgliedstaat registriert sind.

Im Folgenden werden die behördlichen **Überwachungskompetenzen am Beispiel der BaFin** erläutert: Um die Einhaltung der Pflichten nach Art. 19 Abs. 1, 3 und 11 VO Nr. 596/2014 überwachen zu können, kann die BaFin von den Meldepflichtigen sowie den beteiligten Wertpapierdienstleistungsunternehmen Auskünfte und die Vorlage von Unterlagen sowie Aushändigung einer Kopie der Unterlagen verlangen sowie Personen laden und vernehmen (§ 6 Abs. 3 WpHG). Insbesondere steht es der BaFin zu, Angaben über Veränderungen im Bestand

---

1 Ähnlich bereits *Osterloh*, Directors' Dealings, S. 540.

von Finanzinstrumenten (§ 6 Abs. 3 Satz 2 Nr. 1 WpHG) und über die Identität weiterer Personen wie Auftraggeber oder berechtigter und verpflichteter Personen (§ 6 Abs. 3 Satz 2 Nr. 2 WpHG) zu verlangen. Gesetzliche Auskunfts- oder Aussageverweigerungsrechte sowie gesetzliche Verschwiegenheitspflichten bleiben unberührt (§ 6 Abs. 3 Satz 3 WpHG). Gem. § 6 Abs. 15 WpHG kann der zur Erteilung einer Auskunft Verpflichtete die Auskunft auf solche Fragen verweigern, deren Beantwortung ihn selbst oder einen der in § 383 Abs. 1 Nr. 1–3 ZPO bezeichneten Angehörigen der Gefahr strafgerichtlicher Verfolgung oder eines Verfahrens nach dem Gesetz über Ordnungswidrigkeiten aussetzen würde. Der Verpflichtete ist über sein Recht zur Verweigerung der Auskunft zu belehren und darauf hinzuweisen, dass es ihm nach dem Gesetz freistehe, jederzeit, auch schon vor seiner Vernehmung, einen von ihm zu wählenden Verteidiger zu befragen. Während der üblichen Arbeitszeit ist Bediensteten der BaFin und den von ihr beauftragten Personen das Betreten der Grundstücke und Geschäftsräume der nach § 6 Abs. 3 WpHG auskunftspflichtigen Personen zu gestatten (§ 6 Abs. 11 Satz 1 WpHG). Das Betreten außerhalb dieser Zeit oder das Betreten von Wohnungen ist ohne Einverständnis nur unter den in § 6 Abs. 11 Satz 2 WpHG genannten Bedingungen zulässig.

193 Die BaFin kann eine nach Art. 19 VO Nr. 596/2014 gebotene Mitteilung oder Veröffentlichung auf Kosten des Pflichtigen vornehmen, wenn die Veröffentlichungs- oder Mitteilungspflicht nicht, nicht richtig, nicht vollständig oder nicht in der vorgeschriebenen Weise erfüllt wird (**Möglichkeit der Ersatzvornahme** nach § 6 Abs. 14 WpHG, s. auch Rz. 144 a.E.). Widerspruch und Anfechtungsklage gegen soeben geschilderte Maßnahmen nach § 6 Abs. 3, 11, 14 haben keine aufschiebende Wirkung (§ 13 WpHG).

194 **IX. Verordnungsermächtigungen (Art. 19 Abs. 13, 14, 15 VO Nr. 596/2014).** Nach Maßgabe des Art. 19 Abs. 13 VO Nr. 596/2014 ist die Europäische Kommission dazu ermächtigt, gem. Art. 35 VO Nr. 596/2014 delegierte Rechtsakte zu erlassen, in denen Bestimmungen darüber getroffen werden, unter welchen Voraussetzungen der Handel während eines geschlossenen Zeitraums nach Art. 19 Abs. 12 VO Nr. 596/2014 genehmigt werden kann. Darüber hinaus umfasst die Ermächtigung, festzulegen, welche Umstände als außergewöhnlich zu betrachten sind und bei welcher Art von Geschäften eine Ausnahme vom periodischen Handelsverbot des Art. 19 Abs. 11 VO Nr. 596/2014 möglich ist. Von der Verordnungsermächtigung des Art. 19 Abs. 3 VO Nr. 596/2014 hat die Kommission durch den Erlass der Art. 7–9 DelVO 2016/522 Gebrauch gemacht.

195 Gem. Art. 19 Abs. 14 VO Nr. 596/2014 wird der Europäischen Kommission die Befugnis dazu übertragen, gem. Art. 35 VO Nr. 596/2014 delegierte Rechtsakte in Bezug auf die Festlegung der Arten von Geschäften, nach denen eine Mitteilungspflicht nach Art. 19 Abs. 1 VO Nr. 596/2014 ausgelöst wird, zu erlassen. Diese Befugnis hat die Kommission ausgeübt. Die Geschäfte, die eine Mitteilungspflicht nach Art. 19 Abs. 1 VO Nr. 596/2014 auslösen, sind in Art. 10 DelVO 2016/522 aufgeführt.

196 Um eine einheitliche Anwendung der Meldepflicht nach Art. 19 Abs. 1 VO Nr. 596/2014 zu gewährleisten, überträgt Art. 19 Abs. 15 VO Nr. 596/2014 der ESMA die Aufgabe, technische Durchführungsstandards hinsichtlich des Formats und Musters für die Meldung nach Art. 19 Abs. 1 VO Nr. 596/2014 auszuarbeiten. Zusätzlich enthält Art. 19 Abs. 15 VO Nr. 596/2014 die Ermächtigung an die Europäische Kommission, die erarbeiteten technischen Durchführungsstandards nach Art. 15 VO Nr. 1095/2010 zu erlassen. Von dieser Ermächtigung hat die Europäische Kommission mit dem Erlass der DurchfVO 2016/523 Gebrauch gemacht.

197 **X. Sanktionen. 1. Bußgelder. a) Verstoß gegen die Mitteilungspflicht.** Verstöße gegen die Meldepflicht des Art. 19 Abs. 1 VO Nr. 596/2014 (s. Rz. 18 ff.) stellen **Ordnungswidrigkeiten** nach § 120 Abs. 15 Nr. 17 WpHG dar, wobei sowohl die Führungsperson als auch die zu ihr in enger Beziehung stehende Person von der Bußgeldvorschrift erfasst werden. Als Zuwiderhandlung gilt die Nichtmeldung, die inhaltlich unrichtige Meldung, die unvollständige Meldung, die nicht rechtzeitige Meldung und die nicht in der vorgeschriebenen Art und Weise erfolgte Meldung gegenüber dem Emittenten und/oder der zuständigen Behörde. Der Täter muss vorsätzlich oder leichtfertig[1] gehandelt haben (vgl. das Beispiel in Rz. 146); einfache Fahrlässigkeit erfüllt den Tatbestand nicht. Das Bußgeld kann nach § 120 Abs. 18 Satz 1 WpHG bei natürlichen Personen bis zu 500.000 Euro betragen, gem. § 120 Abs. 18 Satz 2 Nr. 3 WpHG bei juristischen Personen bis zu 1.000.000 Euro. Darüber hinaus ermöglicht § 120 Abs. 18 Satz 3 WpHG, dass über diese Beträge hinaus die Geldbuße bis zum Dreifachen des aus dem Verstoß gezogenen wirtschaftlichen Vorteils betragen kann, dessen Höhe dafür geschätzt werden kann. Diese Vorschrift ist jedoch, wie die Parallelvorschrift des § 17 Abs. 4 Satz 2 OWiG, nur anzuwenden, wenn der wirtschaftliche Vorteil unmittelbar oder nach anderer Ansicht zumindest mittelbar aus der Ordnungswidrigkeit erlangt wurde[2]. Bei Verstößen gegen die Mitteilungspflicht entsteht jedoch kein Vorteil, da ein solcher bereits mit dem Kauf/Verkauf der Aktien oder Derivate entsteht und die Mitteilungspflicht lediglich an das bereits erfolgte Geschäft anknüpft, ohne dessen Wirksamkeitsvoraussetzung zu sein[3]. Zu weiteren Einzelheiten vgl. die Kommentierung zu § 120 WpHG.

---

1 A.A. *Heinrich* in KölnKomm. WpHG, § 15a WpHG Rz. 80, der „leichtfertig" mit „leicht fahrlässig" gleichsetzt.
2 Vgl. zu § 17 Abs. 4 OWiG *Sackreuther* in BeckOK/OWiG (Stand: 1.1.2018), § 17 OWiG Rz. 123 m.w.N.
3 *Osterloh*, Directors' Dealings, S. 200 f.; *Zimmer/Osterloh* in Schwark/Zimmer, § 15a WpHG Rz. 107; *Veil*, ZGR 2005, 155, 168 f.

b) Verstoß gegen die Veröffentlichungspflicht. Der Emittent ist verpflichtet, die Veröffentlichung der Information nach Art. 19 Abs. 3 VO Nr. 596/2014 sicherzustellen (s. Rz. 134 ff.). Der Verstoß gegen diese Pflicht unterliegt dem Bußgeldtatbestand des § 120 Abs. 15 Nr. 18 WpHG. Als Zuwiderhandlung gilt die Verletzung der Sicherstellungspflicht, die zu einer Nichtveröffentlichung, einer inhaltlich unrichtigen Veröffentlichung, einer unvollständigen Veröffentlichung, einer nicht rechtzeitigen Veröffentlichung oder einer nicht in der vorgeschriebenen Art und Weise erfolgte Veröffentlichung führt. Als Begehungsformen werden Vorsatz und Leichtfertigkeit erfasst. Das Bußgeld kann nach § 120 Abs. 18 Satz 2 Nr. 3 WpHG bis zu 1.000.000 Euro betragen. Zu weiteren Einzelheiten vgl. die Kommentierung zu § 120 WpHG.

198

c) Verstoß gegen die Pflicht zur Übermittlung der Information an das Unternehmensregister und zur Unterrichtung der BaFin. § 26 Abs. 2 WpHG verpflichtet den Emittenten, der nach Art. 19 Abs. 3 VO Nr. 596/2014 mitteilungspflichtig ist, diese Informationen unverzüglich, jedoch nicht vor der Mitteilung nach Art. 19 Abs. 3 VO Nr. 596/2014, an das Unternehmensregister zur Speicherung zu übermitteln und die BaFin hierüber zu informieren (s. Rz. 143 f.). Die Verletzung dieser Pflichten unterfällt den Tatbeständen des § 120 Abs. 1 Nr. 2 und 4 WpHG. Als Zuwiderhandlung gelten auch hier die Nichtübersendung und die nicht rechtzeitige Übermittlung. Außerdem ist das Unterlassen oder Verzögern der Benachrichtigung der BaFin erfasst. Da der Emittent die Übermittlung an das Unternehmensregister erst vornehmen darf, wenn die Information veröffentlicht ist, stellt sich die Frage, ob auch eine zu frühe Übermittlung an das Unternehmensregister den Tatbestand einer Ordnungswidrigkeit erfüllt. Die Formulierung „nicht rechtzeitig" umfasst sowohl die verspätete als auch die verfrühte Mitteilung, so dass der objektive Tatbestand bei einer vorzeitigen Übermittlung vorliegt. Je nach Übermittlungsart kann die Ordnungswidrigkeit auch schon am selben Tag, spätestens aber am Folgetag verwirklicht sein. Als Begehungsform wird lediglich Vorsatz erfasst (vgl. § 10 OWiG). Der Verstoß gegen die Pflicht zur Weiterleitung an das Unternehmensregister gem. § 26 Abs. 2 WpHG ist nach § 120 Abs. 24 WpHG mit einer Geldbuße bis zu 200.000 Euro, die Verletzung der Pflicht zur Unterrichtung der BaFin mit einer Geldbuße bis zu 100.000 Euro bewehrt. Zu weiteren Einzelheiten vgl. die Kommentierung zu § 120 WpHG.

199

d) Verstoß gegen die Organisationspflichten des Art. 19 Abs. 5 VO Nr. 596/2014. Gem. Art. 19 Abs. 5 Unterabs. 1 VO Nr. 596/2014 ist das Unternehmen verpflichtet, seine Führungskräfte von deren Pflichten in Kenntnis zu setzen und eine Liste aller vom Handelsverbot erfassten Personen zu erstellen (s. Rz. 146 ff.). Ein Verstoß gegen die Informationspflicht erfüllt den Bußgeldtatbestand des § 120 Abs. 15 Nr. 19 WpHG. Erfasst ist das Unterlassen der Information, die inhaltlich unrichtige oder unvollständige Information sowie die Information in einer anderen als der vorgeschriebenen Weise. Nach § 120 Abs. 15 Nr. 20 WpHG stellt es eine Ordnungswidrigkeit dar, die Liste nicht, nicht richtig oder nicht vollständig zu erstellen. Darüber hinaus ist nach Art. 19 Abs. 5 Unterabs. 2 VO Nr. 596/2014 die Führungskraft verpflichtet, die ihr eng verbundenen Personen schriftlich von deren Pflichten in Kenntnis zu setzen und eine Kopie davon aufzubewahren (s. Rz. 152). Gem. § 120 Abs. 15 Nr. 19 und 21 WpHG stellen Verstöße gegen diese Pflichten Ordnungswidrigkeiten dar. Zur fehlerhaften Information gilt das eben Gesagte. Zusätzlich ist es ahndbar, wenn eine Kopie des Informationsdokuments gar nicht oder nicht mindestens 5 Jahre lang aufbewahrt wird. Erfasst sind vorsätzliche und leichtfertige Verstöße. Das Bußgeld kann nach § 120 Abs. 18 Satz 1 WpHG bei natürlichen Personen bis zu 500.000 Euro betragen, gem. § 120 Abs. 18 Satz 2 Nr. 3 WpHG bei juristischen Personen bis zu 1.000.000 Euro. Zu weiteren Einzelheiten vgl. die Kommentierung zu § 120 WpHG.

200

e) Verstoß gegen das Handelsverbot des Art. 19 Abs. 11 VO Nr. 596/2014. Art. 19 Abs. 11 VO Nr. 596/2014 statuiert ein Handelsverbot für Führungskräfte während eines geschlossenen Zeitraums von 30 Tagen vor Ankündigung bestimmter Berichte (s. Rz. 153 ff.). Nach Maßgabe des § 120 Abs. 15 Nr. 22 WpHG ist ein Verstoß gegen das Handelsverbot des Art. 19 Abs. 11 VO Nr. 596/2014 bei vorsätzlicher oder leichtfertiger Begehungsweise bußgeldbewehrt. Das Bußgeld kann nach § 120 Abs. 18 Satz 1 WpHG bis zu 500.000 Euro betragen. Zusätzlich kann gem. § 120 Abs. 18 Satz 3 WpHG die Geldbuße bis zum Dreifachen des aus dem Verstoß gezogenen wirtschaftlichen Vorteils betragen, dessen Höhe dafür geschätzt werden kann. Ein solcher wirtschaftlicher Vorteil liegt in den Gewinnen oder vermiedenen Verlusten, die durch die verbotenen Geschäfte realisiert wurden. Zu weiteren Einzelheiten vgl. die Kommentierung zu § 120 WpHG.

201

2. Strafrechtliche Sanktionen. Im Übrigen können vorsätzliche Verletzungen der Pflichten aus Art. 19 VO Nr. 596/2014 im Einzelfall **Marktmanipulationen** nach Art. 15 VO Nr. 596/2014 darstellen, die nach § 119 Abs. 1 i.V.m. § 120 Abs. 15 Nr. 2 WpHG strafbewehrt sind[1]. Bei Verstößen gegen das Handelsverbots kommt auch eine Strafbarkeit wegen verbotenen **Insiderhandels** gem. § 119 Abs. 3 WpHG i.V.m. Art. 14 VO Nr. 596/2014 in Betracht.

202

3. Naming and shaming. Die BaFin darf festgestellte Verstöße gegen Art. 19 VO Nr. 596/2014 auf ihrer Homepage veröffentlichen, soweit dies zur Beseitigung von Missständen oder zu deren Verhinderung geeignet und erforderlich ist (§ 125 Abs. 1 WpHG). Diese im anglo-amerikanischen Recht unter dem Schlagwort „naming and shaming" bekannte Maßnahme hat indirekten Sanktionscharakter.

203

---

1 *Heinrich* in KölnKomm. WpHG, § 15a WpHG Rz. 83.

204 **4. Zivilrechtliche Sanktionen.** Bei einer Verletzung der Meldepflichten des Art. 19 VO Nr. 596/2014 kommen zivilrechtliche Sanktionen grundsätzlich nicht in Betracht. Allenfalls sind Schadensersatzansprüche nach **§ 826 BGB** denkbar[1]. In der Praxis scheitern derartige Ansprüche aber regelmäßig daran, dass die Anleger keinen kausalen Schaden erleiden, da die Auswirkung einer unterlassenen Meldung auf den Kurs nur schwer zu messen ist.

205 Zu den zivilrechtlichen Folgen von Verstößen gegen das Handelsverbot s. Rz. 185 ff.

206 **XI. Verhältnis des Art. 19 VO Nr. 596/2014 zu weiteren Publizitätspflichten innerhalb und außerhalb der Marktmissbrauchsverordnung.** Innerhalb und außerhalb der Marktmissbrauchsverordnung finden sich zahlreiche Regelungen, die eine Veröffentlichung von Erwerbs- und Veräußerungsvorgängen oder die Angabe der genauen Höhe des Anteilsbesitzes von Verwaltungsmitgliedern vorsehen.

207 **1. Ad-hoc-Publizität (Art. 17 VO Nr. 596/2014).** Die Pflichten zur Mitteilung und Veröffentlichung der Managers' Transactions aus Art. 19 VO Nr. 596/2014 und die Pflicht zur Abgabe von Ad-hoc-Mitteilungen nach Art. 17 VO Nr. 596/2014 bestehen **grundsätzlich nebeneinander**, da sich die Tatbestände von ihren Voraussetzungen und der Art und Weise der Herstellung von Publizität deutlich unterscheiden[2]. So ist beispielsweise bei einer kurserheblichen Änderung der Beteiligungsstruktur am Emittenten (z.B. Paketverkauf eines Vorstandsmitglieds) sowohl eine Ad-hoc-Mitteilung als auch ein Meldung der Managers' Transactions notwendig[3].

208 **2. Mitteilungs- und Veröffentlichungspflichten bei Veränderungen des Stimmrechtsanteils (§§ 33 ff. WpHG).** Eine Meldepflicht für den Anteilsbesitz selbst ergibt sich – sofern die Schwellenwerte überschritten sind – aus den §§ 33 ff., 38 WpHG. Die §§ 33 ff. WpHG sind keineswegs lex specialis zu den Art. 17, 19 VO Nr. 596/2014; vielmehr sind beide Regelungsbereiche auf Grund ihrer jeweils eigenen Zielsetzung, die sich auch in unterschiedlichen Tatbestandsvoraussetzungen (insbesondere in Bezug auf ihren persönlichen Anwendungsbereich und den unterschiedlichen Zeitvorgaben für eine Meldung) niederschlägt, **nebeneinander anzuwenden**[4].

209 **3. Gesellschaftsrechtliche Regelungen.** Der am 26.2.2002 publizierte und am 7.2.2017 letztmals aktualisierte **Deutsche Corporate Governance Kodex**[5] enthielt in der Fassung vom 5.2.2015 in seiner Ziff. 6.2 folgende Formulierung: „Über die gesetzliche Pflicht zur unverzüglichen Mitteilung und Veröffentlichung von Geschäften in Aktien der Gesellschaft hinaus soll der Besitz von Aktien der Gesellschaft oder sich darauf beziehender Finanzinstrumente von Vorstands- und Aufsichtsratsmitgliedern angegeben werden, wenn er direkt oder indirekt größer als 1 % der von der Gesellschaft ausgegebenen Aktien ist. Übersteigt der Gesamtbesitz aller Vorstands- und Aufsichtsratsmitglieder 1 % der von der Gesellschaft ausgegebenen Aktien, soll der Gesamtbesitz getrennt nach Vorstand und Aufsichtsrat im Corporate Governance Bericht angegeben werden." Diese Regelung ist unter der Geltung der Marktmissbrauchsverordnung in der Fassung vom 7.2.2017 aufgehoben worden, der Deutsche Corporate Governance Kodex enthält demnach keinerlei Empfehlungen mehr in Bezug auf Eigengeschäfte von Führungskräften. Begründet wurde dies seitens der Regierungskommission damit, dass es vermieden werden solle, die sehr komplexen und detaillierten Gesetzeswortlaut lediglich wiederzugeben[6]. Darüber hinaus stellt der Deutsche Corporate Governance Kodex auch hinsichtlich des periodischen Handelsverbotes des Art. 19 Abs. 11 VO Nr. 596/2014 keine Vorgaben auf. Diesbezüglich wurde von der Regierungskommission auf die mit einer Streichung von Ziff. 6.2 verbundenen bürokratischen Entlastungen verwiesen[7].

210 **4. Bilanzrechtliche Vorschriften.** Nach § 285 Nr. 9 lit. a und b HGB sind die Gesamtbezüge der Organmitglieder und damit auch Bezugsrechte anzugeben, es sei denn, die Ausnahmevorschrift des § 286 Abs. 4 HGB greift ein. § 285 Nr. 9 lit. a HGB enthält das Erfordernis, dass börsennotierte Aktiengesellschaften zusätzlich unter Namensnennung die Bezüge jedes einzelnen Vorstandsmitglieds, aufgeteilt nach erfolgsunabhängigen und er-

---

1 *Fischer zu Cramburg/Royé* in Heidel, § 15a WpHG Rz. 10; *Heinrich* in KölnKomm. WpHG, § 15a WpHG Rz. 84; *Osterloh*, Directors' Dealings, S. 202; *Przewlocka*, S. 42; *Schäfer* in Marsch-Barner/Schäfer, Hdb. börsennotierte AG, Rz. 16.24; *Schuster*, ZHR 167 (2003), 193, 215; *Zimmer/Osterloh* in Schwark/Zimmer, § 15a WpHG Rz. 110; im Ergebnis auch *Pfüller* in Fuchs, § 15a WpHG Rz. 199.
2 Ebenso *Heinrich* in KölnKomm. WpHG, § 15a WpHG Rz. 8. Missverständlich *Möllers* in Möllers/Rotter, Ad-hoc-Publizität, 2003, § 72 Rz. 29, der die Pflichten aus § 15 WpHG und § 15a WpHG als nebeneinander bestehend begreift, § 15a WpHG gleichwohl als lex specialis zu § 15 WpHG bezeichnet.
3 *Gunßer*, Ad-hoc-Publizität, S. 167 f.; im Ergebnis auch *Zimmer/Osterloh* in Schwark/Zimmer, § 15a WpHG Rz. 21.
4 *Fleischer*, ZIP 2002, 1217, 1229; *Pfüller* in Fuchs, § 15a WpHG Rz. 207 ff.; *Zimmer/Osterloh* in Schwark/Zimmer, § 15a WpHG Rz. 24. *Pavlova*, S. 288 f., kritisiert die unterschiedliche Terminologie bei der Bestimmung des Anwendungsbereichs von § 15a WpHG einerseits und §§ 33 ff. WpHG andererseits.
5 Die aktuelle Fassung ist abrufbar unter www.dcgk.de.
6 Regierungskommission Deutscher Corporate Governance Kodex, Erläuterungen der Änderungsvorschläge der Regierungskommission Deutscher Corporate Governance Kodex aus der Plenarsitzung vom 13.10.2016, S. 9, abrufbar unter http://www.dcgk.de/de/konsultationen/aktuelle-konsultationen.html?file=files/dcgk/usercontent/de/Konsultationen/2016/161102%20Erlaeuterungen%20der%20Aenderungsvorschlaege.pdf.
7 Regierungskommission Deutscher Corporate Governance Kodex, Erläuterungen der Änderungsvorschläge der Regierungskommission Deutscher Corporate Governance Kodex aus der Plenarsitzung vom 13.10.2016, S. 10.

folgsbezogenen Komponenten sowie Komponenten mit langfristiger Anreizwirkung, gesondert anzugeben haben. Dies gilt auch für Leistungen, die dem Vorstandsmitglied für den Fall der Beendigung seiner Tätigkeit zugesagt worden sind. Enthält der Jahresabschluss weitergehende Angaben zu bestimmten Bezügen, sind auch diese zusätzlich einzeln anzugeben. Die Hauptversammlung kann mit einer Drei-Viertel-Mehrheit für einen Zeitraum von bis zu 5 Jahren beschließen, diese Angaben nicht zu veröffentlichen (§ 286 Abs. 5 HGB). Gem. § 289a Abs. 2 Satz 1 HGB sind bei börsennotierten Aktiengesellschaften zudem die Grundzüge des Vergütungssystems der Gesellschaft für die in § 285 Nr. 9 HGB genannten Gesamtbezüge anzugeben. In §§ 314 Abs. 1 Nr. 6 lit. a, 315a Abs. 2 Satz 1 HGB finden sich für den Konzernabschluss parallele Regelungen.

5. Ansprüche nach dem Informationsfreiheitsgesetz. Die BaFin unterfällt dem Anwendungsbereich des Informationsfreiheitsgesetzes. Pläne für eine Bereichsausnahme zugunsten von Bundesbank und BaFin[1] konnten sich zu Recht nicht durchsetzen und wären auch systemwidrig gewesen[2], denn bereits das IFG selbst regelt das Spannungsverhältnis zwischen Informationsanspruch und Geheimnisschutz. Der Anspruch der Bürger nach §§ 1, 2 IFG richtet sich auf alle Informationen, die die Bundesbehörden im Rahmen ihrer behördlichen Aufgabenerfüllung erlangen[3], wozu auch die von der BaFin im Wege von Art. 19 VO Nr. 596/2014 erlangten Meldungen gehören. Da die nach Art. 19 Abs. 1 VO Nr. 596/2014 erlangten Informationen ohnehin gem. Art. 19 Abs. 3 VO Nr. 596/2014 veröffentlicht werden, kann die BaFin sich nicht auf Geheimhaltungsinteressen nach § 3 Nr. 4 IFG i.V.m. § 21 WpHG berufen[4]. Allerdings kann sie die Antragsteller gem. § 9 Abs. 3 IFG auf das Unternehmensregister verweisen, bei dem diese Informationen hinterlegt wird (s. Rz. 144)[5]. Soweit es dagegen um Ermittlungen im Zusammenhang mit Verletzungen des Handelsverbots gem. Art. 19 Abs. 11 VO Nr. 596/2014 geht, greift zum Schutz der betroffenen Emittenten und ihrer Führungskräfte die Geheimhaltungsvorschrift des § 3 Nr. 4 IFG i.V.m. § 21 WpHG ein. Da die Ermittlungsakten dazu dienen, strafrechtliche Sachverhalte aufzuklären, wäre zudem auch die Ausnahme des § 3 Nr. 1 lit. g IFG einschlägig. Im Ergebnis kommt daher eine Auskunftspflicht der BaFin über ihre Ermittlungen nicht in Betracht.

Art. 20 Anlageempfehlungen und Statistik

(1) Personen, die Anlageempfehlungen oder andere Informationen, durch die eine Anlagestrategie empfohlen oder vorgeschlagen wird, erstellen oder verbreiten, tragen in angemessener Weise dafür Sorge, dass die Informationen objektiv dargestellt und ihre Interessen oder Interessenkonflikte hinsichtlich der Finanzinstrumente, auf die diese Informationen sich beziehen, offengelegt werden.

(2) Öffentliche Stellen, die Statistiken oder Prognosen verbreiten, welche die Finanzmärkte erheblich beeinflussen könnten, haben dies auf objektive und transparente Weise zu tun.

(3) Um eine durchgehende Harmonisierung dieses Artikels sicherzustellen, arbeitet die ESMA Entwürfe technischer Durchführungsstandards aus, um die technischen Modalitäten für die in Absatz 1 genannten Personengruppen, für die objektive Darstellung von Anlageempfehlungen oder anderen Informationen mit Empfehlungen oder Vorschlägen zu Anlagestrategien sowie für die Offenlegung bestimmter Interessen oder Anzeichen für Interessenkonflikte festlegen.

Die ESMA legt der Kommission bis zum 3. Juli 2015 diese Entwürfe technischer Regulierungsstandards vor.

Der Kommission wird die Befugnis übertragen, die in Unterabsatz 1 genannten technischen Regulierungsstandards nach Artikel 10 bis 14 der Verordnung (EU) Nr. 1095/2010 zu erlassen.

Die in den in Absatz 3 genannten technischen Regulierungsstandards niedergelegten technischen Modalitäten finden keine Anwendung auf Journalisten, die einer gleichwertigen angemessenen Regelung – einschließlich einer gleichwertigen angemessenen Selbstregulierung – in den Mitgliedstaaten unterliegen, sofern mit einer solchen Regelung eine ähnliche Wirkung erzielt wird wie mit den technischen Modalitäten. Die Mitgliedstaaten teilen den Wortlaut dieser gleichwertigen angemessenen Regelung der Kommission mit.

In der Fassung vom 16.4.2014 (ABl. EU Nr. L 173 v. 12.6.2014, S. 1).

---

1 Stellungnahme des Bundesrates zum Entwurf eines Gesetzes zur Umsetzung der aufsichtsrechtlichen Vorschriften der Zahlungsdiensterichtlinie (Zahlungsdiensteumsetzungsgesetz), BR-Drucks. 827/08, 3.
2 *Gurlit*, WM 2009, 773 (774).
3 Zu Einzelheiten s. *Möllers/Wenniger* in KölnKomm. WpHG, § 8 WpHG Rz. 70 ff. Grundlegend zum Verhältnis des IFG zum WpHG auch *Möllers/Wenninger*, ZHR 170 (2006), 455 ff.
4 *Gurlit*, WM 2009, 773, 778.
5 *Gurlit*, WM 2009, 773, 776.

Art. 20 VO Nr. 596/2014 | Anlageempfehlungen und Statistik

**Delegierte Verordnung (EU) 2016/958 der Kommission vom 9. März 2016
zur Ergänzung der Verordnung (EU) Nr. 596/2014 des Europäischen Parlaments und des Rates im Hinblick auf die technischen Regulierungsstandards für die technischen Modalitäten für die objektive Darstellung von Anlageempfehlungen oder anderen Informationen mit Empfehlungen oder Vorschlägen zu Anlagestrategien sowie für die Offenlegung bestimmter Interessen oder Anzeichen für Interessenkonflikte**

Art. 1 Begriffsbestimmungen

Für die Zwecke dieser Verordnung gelten folgende Begriffsbestimmungen:

a) „Sachverständiger" bezeichnet eine Person im Sinne von Artikel 3 Absatz 1 Unterabsatz 34 Ziffer ii der Verordnung (EU) Nr. 596/2014, die wiederholt Anlageentscheidungen zu Finanzinstrumenten vorschlägt und die
   i) angibt, Erfahrungen oder Sachkenntnis im Finanzbereich zu besitzen, oder
   ii) ihre Empfehlungen in einer Art und Weise erteilt, die in anderen vernünftigerweise die Erwartung weckt, dass sie Erfahrungen oder Sachkenntnis im Finanzbereich besitzt;
b) „Gruppe" bezeichnet eine Gruppe im Sinne des Artikels 2 Absatz 11 der Richtlinie 2013/34/EU des Europäischen Parlaments und des Rates.

In der Fassung vom 9.3.2016 (ABl. EU Nr. L 160 v. 17.6.2016, S. 15).

Art. 2 Identität der Empfehlungen erstellenden Personen

(1) Personen, die Anlageempfehlungen oder andere Informationen, durch die eine Anlagestrategie empfohlen oder vorgeschlagen wird („Empfehlungen"), erstellen, müssen in allen von ihnen erstellten Empfehlungen klar und unmissverständlich ihre eigene Identität und folgende Angaben zur Identität etwaiger weiterer für die Erstellung der Empfehlung verantwortlicher Personen angeben:

a) Name und Berufsbezeichnung aller an der Erstellung der Empfehlung beteiligten natürlichen Personen;
b) wenn eine an der Erstellung einer Empfehlung beteiligte natürliche oder juristische Person auf Grundlage eines Vertrags, beispielsweise eines Arbeitsvertrags, oder anderweitig für eine juristische Person handelt, den Namen dieser juristischen Person.

(2) Handelt es sich bei der Empfehlungen erstellenden Person um eine Wertpapierfirma, ein Kreditinstitut oder eine für eine Wertpapierfirma oder ein Kreditinstitut im Rahmen eines Arbeitsvertrags oder anderweitig tätige natürliche Person, so muss diese Person in der Empfehlung zusätzlich zu den in Absatz 1 genannten Angaben die Identität der jeweils zuständigen Behörde offenlegen.

(3) Wenn es sich bei der Empfehlungen erstellenden Person nicht um eine der in Absatz 2 genannten Personen handelt, jedoch Selbstkontrollnormen oder Berufs- bzw. Standesregeln auf diese Person Anwendung finden, gewährleistet die Person, dass zusätzlich zu den in Absatz 1 festgelegten Angaben eine Bezugnahme auf die genannten Normen oder Regeln offengelegt wird.

In der Fassung vom 9.3.2016 (ABl. EU Nr. L 160 v. 17.6.2016, S. 15).

Art. 3 Allgemeine Bedingungen für die objektive Darstellung der Empfehlungen

(1) Personen, die Empfehlungen erstellen, sorgen dafür, dass ihre Empfehlungen folgende Anforderungen erfüllen:

a) Tatsachen deutlich von Auslegungen, Schätzungen, Stellungnahmen und anderen Arten nicht sachbezogener Informationen unterschieden werden;
b) alle wesentlichen Informationsquellen klar und unmissverständlich angegeben werden;
c) alle Informationsquellen zuverlässig sind bzw. bei Zweifeln an der Zuverlässigkeit der Quelle klar darauf hingewiesen wird;
d) alle Prognosen, Vorhersagen und angestrebten Kursziele klar und unmissverständlich als solche gekennzeichnet werden und dass auf die bei ihrer Erstellung oder Verwendung zugrunde gelegten wesentlichen Annahmen hingewiesen wird;
e) das Datum und der Zeitpunkt, zu dem die Erstellung der Empfehlung abgeschlossen wurde, klar und unmissverständlich angegeben wird.

(2) Wäre die Offenlegung der unter Absatz 1 Buchstaben b oder e geforderten Angaben im Vergleich zur Länge oder Form der abgegebenen Empfehlung unverhältnismäßig, unter anderem auch im Falle nichtschriftlicher Empfehlungen, die beispielsweise bei Sitzungen, Informationsveranstaltungen, Audio- oder Videokonferenzen sowie Interviews in Radio und Fernsehen oder auf Websites erteilt werden, so gibt die Empfehlungen erstellende Person in der Empfehlung den Ort an, an dem die geforderten Informationen für die Empfänger der Empfehlung kostenfrei unmittelbar und einfach zugänglich sind.

(3) Personen, die Empfehlungen erstellen, begründen jede von ihnen erstellte Empfehlung gegenüber der jeweils zuständigen Behörde auf deren Ersuchen.

In der Fassung vom 9.3.2016 (ABl. EU Nr. L 160 v. 17.6.2016, S. 15).

Art. 4 Zusätzliche Bedingungen für die objektive Darstellung von Empfehlungen durch die in Artikel 3 Absatz 1 Unterabsatz 34 Ziffer i der Verordnung (EU) Nr. 596/2014 genannten Personen und Sachverständigen

(1) Zusätzlich zu den in Artikel 3 genannten Informationen nehmen die in Artikel 3 Absatz 1 Unterabsatz 34 Ziffer i der Verordnung (EU) Nr. 596/2014 genannten Personen und Sachverständigen in die Empfehlung in klarer und unmissverständlicher Form die folgenden Angaben auf:

a) sollte die Empfehlung gegenüber dem Emittenten, auf den sie sich direkt oder indirekt bezieht, offengelegt und anschließend geändert worden sein, ein entsprechender Hinweis;
b) eine Zusammenfassung aller Bewertungsgrundlagen oder Methoden zur Bewertung eines Finanzinstruments oder des Emittenten eines Finanzinstruments oder zur Festsetzung eines angestrebten Kursziels für ein Finanzinstrument und der ihnen zugrunde gelegten Annahmen sowie eine Angabe und Zusammenfassung aller Änderungen in der Bewertung, den Bewertungsmethoden oder den zugrunde gelegten Annahmen;
c) sollte die Empfehlungen erstellende Person keine geschützten Modelle benutzt haben, eine Angabe des Ortes, an dem ausführliche Informationen zur Bewertung, den Bewertungsmethoden und den ihnen zugrunde gelegten Annahmen unmittelbar und leicht zugänglich sind;
d) sollte die Empfehlungen erstellende Person geschützte Modelle benutzt haben, eine Angabe des Ortes, an dem grundlegende Informationen zu den benutzten geschützten Modellen unmittelbar und leicht zugänglich sind;
e) die Bedeutung jeder erstellten Empfehlung, so beispielsweise der Empfehlung zu „Erwerb", „Veräußerung" oder „Halten", und der zeitliche Rahmen der Anlage, auf die sich die Empfehlung bezieht, werden ausreichend erläutert und vor etwaigen Risiken wird angemessen gewarnt, einschließlich einer Empfindlichkeitsanalyse der zugrunde gelegten Annahmen;
f) ein Verweis auf die vorgesehene Häufigkeit einer Aktualisierung der Empfehlung;
g) ein Hinweis auf das jeweilige Datum und den Zeitpunkt der in der Empfehlung genannten Kurse von Finanzinstrumenten;
h) wenn sich eine Empfehlung von denjenigen, die in den zwölf Monaten unmittelbar vor ihrer Veröffentlichung für dasselbe Finanzinstrument oder denselben Emittenten erstellt wurden, unterscheidet, ein klarer und unmissverständlicher Hinweis auf die Änderung(en) und auf den Zeitpunkt der früheren Empfehlung; und
i) eine Liste all ihrer Empfehlungen zu jedem Finanzinstrument oder Emittenten, die in den vorangegangenen zwölf Monaten verbreitet wurden, wobei für jede Empfehlung der Tag der Verbreitung, die Identität der in Artikel 2 Absatz 1 Buchstabe a genannten natürlichen Person(en), das Kursziel und der relevante Marktpreis zum Zeitpunkt der Weitergabe, die Ausrichtung der Empfehlung und die Gültigkeitsdauer des Kursziels oder der Empfehlung anzugeben sind.

(2) Wäre die Offenlegung der in Absatz 1 Buchstaben b, e oder l geforderten Informationen im Vergleich zur Länge oder Form der abgegebenen Empfehlung unverhältnismäßig, unter anderem auch im Falle nichtschriftlicher Empfehlungen, die beispielsweise bei Sitzungen, Informationsveranstaltungen, Audio- oder Videokonferenzen sowie Interviews in Radio und Fernsehen oder auf Websites erteilt werden, so gibt die Empfehlungen erstellende Person in der Empfehlung den Ort an, an dem die geforderten Informationen für die Empfänger der Empfehlung kostenfrei unmittelbar und einfach zugänglich sind.

In der Fassung vom 9.3.2016 (ABl. EU Nr. L 160 v. 17.6.2016, S. 15).

Art. 5 Allgemeine Bedingungen für die Offenlegung von Interessen und Interessenkonflikten

(1) Personen, die Empfehlungen erstellen, legen darin alle Beziehungen und Umstände offen, bei denen damit gerechnet werden kann, dass sie die Objektivität der Empfehlung beeinträchtigen, einschließlich etwaiger Interessen oder Interessenkonflikte ihrerseits oder aufseiten aller natürlichen oder juristischen Personen, die im Rahmen eines Vertrags, einschließlich eines Arbeitsvertrags, oder anderweitig für sie tätig sind und die an der Erstellung der Empfehlung beteiligt waren, an jedem Finanzinstrument oder Emittenten, die direkt oder indirekt Gegenstand der Empfehlung sind.

(2) Handelt es sich bei der Person, die die in Absatz 1 genannten Empfehlungen erstellt, um eine juristische Person, umfassen die nach Absatz 1 offenzulegenden Informationen auch etwaige Interessen oder Interessenkonflikte jeder zu dieser Gruppe gehörenden Person, die
a) den Personen, die an der Erstellung der Empfehlung beteiligt waren, bekannt sind oder hätten bekannt sein können, oder
b) den Personen, die an der Erstellung der Empfehlung zwar nicht beteiligt waren, jedoch vor deren Weitergabe Zugang zu der Empfehlung hatten oder hätten haben können, bekannt sind.

(3) Handelt es sich bei der Person, die die in Absatz 1 genannten Empfehlungen erstellt, um eine natürliche Person, umfassen die nach Absatz 1 offenzulegenden Informationen auch etwaige Interessen oder Interessenkonflikte aller eng mit ihr verbundenen Personen.

In der Fassung vom 9.3.2016 (ABl. EU Nr. L 160 v. 17.6.2016, S. 15).

Art. 6 Zusätzliche Bedingungen für die Offenlegung von Interessen und Interessenkonflikten durch die in Artikel 3 Absatz 1 Unterabsatz 34 Ziffer i der Verordnung (EU) Nr. 596/2014 genannten Personen und Sachverständigen

(1) Zusätzlich zu den in Artikel 5 verlangten Angaben nehmen die in Artikel 3 Absatz 1 Unterabsatz 34 Ziffer i der Verordnung (EU) Nr. 596/2014 genannten Personen und Sachverständigen in die Empfehlung die folgenden Informationen über ihre Interessen und Interessenkonflikte im Hinblick auf den Emittenten, auf den sich die Empfehlung direkt oder indirekt bezieht, auf:
a) wenn sie im Besitz einer Nettoverkaufs- oder -kaufposition sind, die die Schwelle von 0,5 % des gesamten emittierten Aktienkapitals des Emittenten überschreitet und die nach Artikel 3 der Verordnung (EU) Nr. 236/2012 und den Kapiteln III und IV der Delegierten Verordnung (EU) Nr. 918/2012 berechnet wurde, eine Erklärung dahingehend, ob es sich bei der Nettoposition um eine Verkaufs- oder Kaufposition handelt;
b) wenn die Anteile des Emittenten am gesamten emittierten Aktienkapital der Person oder des Sachverständigen 5 % überschreiten, eine entsprechende Erklärung;

c) wenn die die Empfehlung erstellende Person oder eine andere Person, die zu ein und derselben Gruppe gehört,
   i) ein Marktmacher oder Liquiditätsspender in den Finanzinstrumenten des Emittenten ist, eine entsprechende Erklärung;
   ii) in den vorangegangenen zwölf Monaten bei der öffentlichen Emission von Finanzinstrumenten des Emittenten federführend oder mitführend war, eine entsprechende Erklärung;
   iii) mit dem Emittenten eine Vereinbarung über die Erbringung von Wertpapierdienstleistungen gemäß Anhang I Abschnitte A und B der Richtlinie 2014/65/EU des Europäischen Parlaments und des Rates getroffen hat, eine entsprechende Erklärung, vorausgesetzt, dies hat nicht die Offenlegung vertraulicher Geschäftsinformationen zur Folge und die Vereinbarung war in den vorangegangenen zwölf Monaten in Kraft oder im gleichen Zeitraum ergab sich auf ihrer Grundlage die Verpflichtung zur Zahlung oder zum Erhalt einer Entschädigung, eine entsprechende Erklärung;
   iv) mit dem Emittenten eine Vereinbarung über die Erstellung von Anlageempfehlungen getroffen hat, eine entsprechende Erklärung.

(2) Handelt es sich bei der in Absatz 1 genannten Person um eine Wertpapierfirma, ein Kreditinstitut oder eine für eine Wertpapierfirma oder ein Kreditinstitut im Rahmen eines Vertrags, einschließlich eines Arbeitsvertrags, oder anderweitig tätige natürliche oder juristische Person, so muss diese Person in der Empfehlung zusätzlich zu den in Absatz 1 genannten Angaben die folgenden Informationen offenlegen:
a) eine Beschreibung der tatsächlichen organisatorischen oder verwaltungstechnischen internen Regelungen und etwaiger von ihr zur Verhinderung oder Vermeidung von Interessenkonflikten im Zusammenhang mit den Empfehlungen errichteter Informationsschranken;
b) eine Stellungnahme zu der Frage, ob die Vergütung der für sie im Rahmen eines Arbeitsvertrags oder anderweitig tätigen natürlichen oder juristischen Personen, die an der Erstellung der Empfehlung beteiligt waren, unmittelbar an Geschäfte bei Wertpapierdienstleistungen gemäß Anhang I Abschnitte A und B der Richtlinie 2014/65/EU oder anderweitige Geschäfte, die von ihr selbst oder einer derselben Gruppe angehörenden juristischen Person abgewickelt werden, gebunden ist, oder zu den Handelsgebühren, die sie selbst oder eine derselben Gruppe angehörende juristische Person erhalten;
c) eine Information zum Erwerbspreis und zum Datum des Erwerbs von Anteilen, wenn die natürlichen Personen, die im Rahmen eines Arbeitsvertrags oder anderweitig für die in Unterabsatz 1 genannte Person tätig sind und an der Erstellung der Empfehlung beteiligt waren, Anteile an dem Emittenten, auf den sich die Empfehlung direkt oder indirekt bezieht, vor ihrer öffentlichen Emission erhalten oder erwerben.

(3) Handelt es sich bei der in Absatz 1 genannten Person um eine Wertpapierfirma, ein Kreditinstitut oder eine für eine Wertpapierfirma oder ein Kreditinstitut im Rahmen eines Vertrags, einschließlich eines Arbeitsvertrags, oder anderweitig tätige natürliche oder juristische Person, so muss diese Person vierteljährlich den Anteil aller Empfehlungen, die auf „Erwerb", „Halten", „Veräußern" oder ähnlich für die vergangenen zwölf Monate lauten, sowie den Anteil der den genannten Kategorien entsprechenden Emittenten, für die diese Person in den vergangenen zwölf Monaten Wertpapierdienstleistungen gemäß Anhang I Abschnitte A und B der Richtlinie 2014/65/EU erbracht hat, offenlegen.

(4) Wäre die Offenlegung der in den Absätzen 1 und 2 genannten Informationen im Vergleich zur Länge oder Form der abgegebenen Empfehlung unverhältnismäßig, unter anderem auch im Falle nichtschriftlicher Empfehlungen, die beispielsweise bei Sitzungen, Informationsveranstaltungen, Audio- oder Videokonferenzen sowie Interviews in Radio und Fernsehen oder auf Websites erteilt werden, so gibt die Empfehlungen erstellende Person in der Empfehlung den Ort an, an dem die geforderten Informationen für die Empfänger der Empfehlung kostenfrei unmittelbar und einfach zugänglich sind.

In der Fassung vom 9.3.2016 (ABl. EU Nr. L 160 v. 17.6.2016, S. 15), geändert durch Berichtigung vom 27.4.2017 (ABl. EU Nr. L 110 v. 27.4.2017, S. 9).

Art. 7 Weitergabe von Empfehlungen durch den Ersteller

Gibt eine Empfehlungen erstellende Person eine von ihr erstellte Empfehlung weiter, so muss sie darin das Datum und den Zeitpunkt angeben, zu dem die Empfehlung erstmalig weitergegeben wurde.

In der Fassung vom 9.3.2016 (ABl. EU Nr. L 160 v. 17.6.2016, S. 15).

Art. 8 Regelungen für die Weitergabe von Empfehlungen

(1) Personen, die von einem Dritten erstellte Empfehlungen weitergeben, übermitteln den Empfängern dieser Empfehlungen die folgenden Informationen:
a) deren Identität, klar und unmissverständlich;
b) alle Beziehungen und Umstände, bei denen damit gerechnet werden kann, dass sie die objektive Darstellung der Empfehlung beeinträchtigen, einschließlich etwaiger Interessen oder Interessenkonflikte im Hinblick auf alle Finanzinstrumente oder Emittenten, die direkt oder indirekt Gegenstand der Empfehlung sind;
c) das Datum und den Zeitpunkt, zu dem die Empfehlung erstmalig weitergegeben wurde.

(2) Handelt es sich bei der in Absatz 1 genannten Person um eine Wertpapierfirma, ein Kreditinstitut oder eine für eine Wertpapierfirma oder ein Kreditinstitut im Rahmen eines Vertrags, einschließlich eines Arbeitsvertrags, oder anderweitig tätige natürliche oder juristische Person, so muss diese Person den Empfängern der Empfehlungen zusätzlich zu den in Absatz 1 genannten Informationen folgende Angaben übermitteln:
a) die Identität der jeweils zuständigen Behörde;

b) ihre eigenen Interessen oder Anzeichen von Interessenkonflikten nach Artikel 5 und Artikel 6 Absätze 1 und 2, sofern die betreffende Person nicht als Weitergabekanal von innerhalb derselben Gruppe erstellten Empfehlungen handelt, ohne ein Ermessen in Bezug auf die Auswahl der weiterzugebenden Empfehlung auszuüben.

In der Fassung vom 9.3.2016 (ABl. EU Nr. L 160 v. 17.6.2016, S. 15).

Art. 9 Zusätzliche Regelungen für die Weitergabe von Zusammenfassungen von oder Auszügen aus Empfehlungen

(1) Zusätzlich zu den in Artikel 8 genannten Informationen stellen Personen, die eine Zusammenfassung von oder einen Auszug aus einer von einem Dritten erstellten Empfehlung weitergeben, sicher, dass diese Zusammenfassung oder dieser Auszug

a) klar und nicht irreführend ist;
b) als Zusammenfassung oder Auszug gekennzeichnet ist;
c) einen unmissverständlichen Verweis auf die ursprüngliche Empfehlung enthält.

(2) Die in Absatz 1 genannten Personen stellen außerdem sicher, dass die Informationen zum Ersteller der in den Artikeln 2 bis 6 beschriebenen Empfehlung entweder unmittelbar in der Zusammenfassung oder dem Auszug selbst oder durch einen Hinweis auf den Ort, an dem die Informationen für die Empfänger der Zusammenfassung der oder des Auszugs aus der Empfehlung kostenfrei zugänglich sind, zur Verfügung gestellt werden.

In der Fassung vom 9.3.2016 (ABl. EU Nr. L 160 v. 17.6.2016, S. 15).

Art. 10 Zusätzliche Regelungen für die Weitergabe wesentlich veränderter Empfehlungen

(1) Zusätzlich zu den in Artikel 8 genannten Informationen stellen Personen, die eine von einem Dritten erstellte Empfehlung wesentlich verändert weitergeben, sicher, dass diese Information einen eindeutigen Hinweis auf die im Einzelnen vorgenommenen Änderungen enthalten.

(2) Die in Absatz 1 genannten Personen halten die in den Artikeln 2 bis 5 genannten Vorschriften im Hinblick auf die wesentliche Änderung ein und nehmen in die wesentlich geänderte Empfehlung einen Hinweis auf den Ort auf, an dem die in den Artikeln 2 bis 6 genannten Informationen in Bezug auf den Ersteller der ursprünglichen Empfehlung für die Empfänger der wesentlich geänderten Empfehlung kostenfrei zugänglich sind.

In der Fassung vom 9.3.2016 (ABl. EU Nr. L 160 v. 17.6.2016, S. 15).

Art. 11 Inkrafttreten

Diese Verordnung tritt am Tag nach ihrer Veröffentlichung im *Amtsblatt der Europäischen Union* in Kraft.
Sie gilt ab dem 3. Juli 2016.
Diese Verordnung ist in allen ihren Teilen verbindlich und gilt unmittelbar in jedem Mitgliedstaat.

In der Fassung vom 9.3.2016 (ABl. EU Nr. L 160 v. 17.6.2016, S. 15).

Schrifttum: Zum WpHG a.F.: *Fazley*, Regulierung der Finanzanalysten und Behavioral Finance, 2008; *Findeisen*, Über die Regulierung und die Rechtsfolgen von Interessenkonflikten in der Aktienanalyse von Investmentbanken, 2007; *Fuchs* (Hrsg.), Wertpapierhandelsgesetz (WpHG), 2. Aufl. 2016; *Göres*, Die Interessenkonflikte von Wertpapierdienstleistern und -Analysten bei der Wertpapieranalyse, 2004; *Göres*, Erläuterungen zur Finanzanalyseverordnung, in Kümpel/Hammen/Ekkenga (Hrsg.), Kapitalmarktrecht, Loseblatt (Stand 2006); *Habersack/Mülbert/Schlitt* (Hrsg.), Handbuch der Kapitalmarktinformation, 2. Aufl. 2013; *Hirte/Möllers* (Hrsg.), Kölner Kommentar zum WpHG, 2. Aufl. 2014; *Schilder*, Die Verhaltenspflichten von Finanzanalysten nach dem Wertpapierhandelsgesetz, 2005; *Schmidtke*, Die kapitalmarktrechtliche Regulierung von Finanzanalyse und Rating-Urteil durch das Wertpapierhandelsgesetz, 2010; *Schwalm*, Die Erstellung von Finanzanalysen nach § 34b WpHG, 2007; *Schwark/Zimmer* (Hrsg.), Kapitalmarktrechts-Kommentar, 4. Aufl. 2010; *Teigelack*, Finanzanalysen und Behavioral Finance, 2009; *Uhlir/Steiner*, Wertpapieranalyse, 1991; *Vogler*, Schadensersatzhaftung der Wertpapierdienstleistungsunternehmen für fehlerhafte Aktienanalyse, 2005.
Zur VO Nr. 596/2014: *Meyer/Veil/Rönnau*, Handbuch zum Marktmissbrauchsrecht, 2018; *Staub*, HGB, Bd. 11/1, 5. Aufl. 2016.

I. Allgemeines; Verhältnis zu Art. 36 DelVO 2017/565, § 85 WpHG 1	aa) Finanzinstrumente 7
II. Verhältnis des Art. 20 Abs. 1 Alt. 1 VO Nr. 596/2014 (Anlageempfehlung) zu Art. 20 Abs. 1 Alt. 2 VO Nr. 596/2014 (Anlagestrategieempfehlung bzw. -vorschlag) 3	bb) Verhältnis der „Anlageempfehlungen" zu den „anderen Informationen, mit denen eine Anlagestrategie empfohlen oder vorgeschlagen wird" 8
III. Erstellen, Verbreiten von Anlageempfehlungen oder anderen Informationen, durch die eine Anlagestrategie empfohlen oder vorgeschlagen wird (Art. 20 Abs. 1 VO Nr. 596/2014) . . 6	cc) Informationen, die einen Anlagevorschlag darstellen (Art. 34 Abs. 1 Unterabs. 34 Ziff. i VO Nr. 596/2014) 9
1. Erstellen, Verbreiten durch Wertpapierfirmen, Kreditinstitute, deren Arbeitnehmer oder für sie anderweitig tätige natürliche Personen 6	(1) Information 9
	(2) Vorschlag 13
	(3) Direkt, indirekt 17
a) Persönlicher Anwendungsbereich 6	(4) Bestimmtheit des Anlagevorschlags, Finanzinstruments, Emittenten 18
b) Sachlicher Anwendungsbereich 7	(5) Bestimmt für die Öffentlichkeit, Verbreitungskanäle 19

dd) Informationen mit Empfehlungen, Vorschlägen zu Anlagestrategien (Art. 3 Abs. 1 Unterabs. 35 VO Nr. 596/2014) . . 20
(1) Informationen, Empfehlungen, Vorschläge, explizit, implizit 20
(2) Bestimmte Anlagestrategie 21
(3) Finanzinstrumente, Emittenten 22
(4) Bestimmt für Verbreitungskanäle, Öffentlichkeit 23
ee) Erstellen oder Verbreiten 30
c) Pflichten bei der Erstellung einer Anlageempfehlung oder einer Empfehlung bzw. eines Vorschlags zu einer Anlagestrategie (Empfehlungen i.S.d. DelVO 2016/958) . . 38
aa) Angaben zu den erstellenden Personen und der Aufsichtsbehörde 38
bb) Verhalten bei der Erstellung einer Anlageempfehlung oder Anlagestrategieempfehlung (Empfehlung i.S.d. DelVO 2016/958) 39
cc) Darstellung der Anlageempfehlung oder Empfehlung bzw. des Vorschlags zu einer Anlagestrategie (Empfehlungen i.S.d. DelVO 2016/958) 40
(1) Objektive Darstellung 40
(a) Darzustellende Informationen 40
(b) Art der Offenlegung 54
(2) Offenlegung von Interessen und Interessenkonflikten 57
(a) Offenlegung bei konkreter Gefährdung (Art. 5 Abs. 1 DelVO 2016/958) 57
(b) Offenlegung bei abstrakter Gefährdung (Art. 6 DelVO 2016/958) 64
2. Unabhängige Analysten; Personen, deren Haupttätigkeit im Erstellen von Anlageempfehlungen besteht; die für diese tätigen Personen; Sachverständige (Art. 3 Abs. 1 Unterabs. 34 Ziff. i, Unterabs. 35 VO Nr. 596/2014; Art. 1 lit. a DelVO 2016/958) 76
a) Persönlicher Anwendungsbereich 76
b) Sachlicher Anwendungsbereich 81
c) Pflichten zu Angaben, Informationen, zur Offenlegung 82
3. Sonstige Personen (Art. 3 Abs. 1 Unterabs. 34 Ziff. ii, Unterabs. 35 VO Nr. 596/2014) 84
a) Persönlicher Anwendungsbereich 84
b) Sachlicher Anwendungsbereich 85
c) Pflichten zu Angaben, Informationen, zur Offenlegung 86
IV. **Weitergabe der Empfehlung durch den Ersteller (Art. 7 DelVO 2016/958)** 87
V. **Weitergabe von Dritten erstellter, im wesentlichen unveränderter Empfehlungen (Art. 8 DelVO 2016/958)** 88
1. Weitergabe durch Wertpapierfirmen, Kreditinstitute oder durch für diese tätige Personen . 88
a) Empfehlungen 88
b) Von Dritten 89
c) Weitergabe 90
d) Information und Offenlegung 91
aa) Identität 91
bb) Datum und Zeitpunkt 92
cc) Beziehungen und Umstände 93
dd) Identität der Behörde 95
ee) Art der Offenlegung 96
2. Weitergabe durch sonstige Personen 97
VI. **Weitergabe von Zusammenfassungen oder Auszügen aus Empfehlungen (Art. 9 DelVO 2016/958)** 98
1. Persönlicher Anwendungsbereich 98
2. Zusammenfassung, Auszug aus einer von einem Dritten erstellten Empfehlung, Weitergabe 99
3. Angaben, Informationen 100
a) Kennzeichnung als Zusammenfassung bzw. als Auszug; Hinweis auf die ursprüngliche Empfehlung 100
b) Art und Weise der Darstellung 101
VII. **Weitergabe wesentlich veränderter Empfehlungen (Art. 10 DelVO 2016/958)** 102
1. Persönlicher Anwendungsbereich 102
2. Weitergabe einer von einem Dritten erstellten Empfehlung unter wesentlichen Änderungen . 103
3. Angaben, Informationen, Art und Weise der Darstellung 105
VIII. **Journalisten (Art. 20 Abs. 3 Unterabs. 4 VO Nr. 596/2014)** 108
IX. **Öffentliche Stellen, die Statistiken oder Prognosen verbreiten (Art. 20 Abs. 2 VO Nr. 596/2014)** 112

1 **I. Allgemeines; Verhältnis zu Art. 36 DelVO 2017/565, § 85 WpHG.** Art. 20 VO Nr. 596/2014 (MAR) löst die RL 2003/6 (EG)[1] und 2003/125 (EG)[2] ab, die der § 34b WpHG a.F.[3] und die FinAnV a.F.[4] umgesetzt hatten. Das WpHG regelt in § 85 WpHG in beschränktem Umfang (Rz. 2a) nur noch Organisationsmaßnahmen. Art. 20 VO Nr. 596/2014 soll im Interesse der Funktionsfähigkeit der Finanzmärkte die Marktintegrität und das Vertrauen der Öffentlichkeit in Wertpapiere und Derivate schützen[5]. Die Vorschrift wurde im Einklang mit Art. 20 Abs. 3 VO Nr. 596/2014 durch die DelVO 2016/958[6] der Kommission konkretisiert. Sie wird durch die Art. 36 f. DelVO 2017/565[7] ergänzt. In der DelVO 2016/958 wird betont, dass es vor allem gelte, hohe Standards im Hinblick auf Fairness, Redlichkeit und Markttransparenz zu gewährleisten sowie zu verhindern, dass

---

1 Richtlinie 2003/6/EG des Europäischen Parlaments und des Rates vom 28. Januar 2003 über Insider-Geschäfte und Marktmanipulation (Marktmissbrauch), ABl. EU Nr. L 96 v. 12.4.2003, S. 16.
2 Richtlinie 2003/125/EG der Kommission vom 22. Dezember 2003 zur Durchführung der Richtlinie 2003/6/EG des Europäischen Parlaments und des Rates in Bezug auf die sachgerechte Darbietung von Anlageempfehlungen und die Offenlegung von Interessenkonflikten, ABl. EU Nr. L 339 v. 24.12.2003, S. 73.
3 In der Fassung des Finanzmarktrichtlinie-Umsetzungsgesetzes vom 16.7.2007 (BGBl. I 2007, 1330).
4 Verordnung über die Analyse von Finanzinstrumenten (Finanzanalyseverordnung) vom 17.12.2004 (BGBl. I 2004, 3522) geändert durch die Erste Verordnung zur Änderung der Finanzanalyseverordnung vom 20.7.2007 (BGBl. I 2007, 1430).
5 Erwägungsgrund VO Nr. 596/2014, Nr. 2.
6 DelVO 2016/958 der Kommission vom 9. März 2016, ABl. EU Nr. L 160 v. 17.6.2016, S. 15.
7 Abgedruckt bei § 85 WpHG.

die Öffentlichkeit in die Irre geführt werde[1]. Es müsse immer sichergestellt sein, dass die Informationen objektiv dargestellt und die Interessen und Interessenkonflikte wirksam offen gelegt werden[2]. Zusätzliche Pflichten seien solchen Personengruppen aufzuerlegen, bei denen ihrem Wesen und ihrer Tätigkeit nach generell mit erhöhten Risiken für die Marktintegrität und den Verbraucherschutz zu rechnen sei. Die objektive, klare und exakte Darstellung der Informationen und die Offenlegung der Interessen und Interessenkonflikte erfordere harmonisierte Standards für Anlageempfehlungen und andere Informationen mit Empfehlungscharakter sowie für für Vorschläge zu Anlagestrategien[3].

Art. 20 Abs. 1 VO Nr. 596/2014 (MAR) samt den Legaldefinitionen in Art. 3 Abs. 1 Unterabs. 34, 35 VO Nr. 596/2014 führt weitgehend nahtlos den Art. 6 Abs. 5 der RL 2003/6/EG sowie die RL 2003/125/EG fort. So entspricht Art. 1 Nr. 3 der RL 2003/125/EG nahezu wörtlich dem Art. 3 Abs. 1 Unterabs. 35 VO Nr. 596/2014. Ebenso deckt sich Art. 3 Abs. 1 Unterabs. 34 Ziff. i VO Nr. 596/2014 mit dem Art. 1 Nr. 4 lit. a der RL 2003/125/EG sowie Art. 3 Abs. 1 Unterabs. 34 Ziff. ii VO Nr. 596/2014 mit dem Art. 1 Nr. 4 lit. b der RL 2003/125/EG. Eine gewisse Verschiebung der Akzente hat die DelVO 2016/958 gebracht, die nur zwischen zwei Personengruppen unterscheidet, nämlich allen Personen einerseits und denjenigen Personen andererseits, die angesichts ihrer Eigenschaften und ihrer Tätigkeit die Marktintegrität und den Verbraucherschutz in erhöhtem Maß gefährden. Zu den „Intensivgefährdern" werden auch die Sachverständigen gezählt, die Art. 1 lit. a DelVO 2016/958 als Personen i.S.d. Art. 3 Abs. 1 Nr. 34 VO Nr. 596/2014 behandelt. Darüber hinaus reichende Anforderungen werden an Wertpapierfirmen (Art. 3 Abs. 1 Nr. 2 VO Nr. 596/2014) und Kreditinstitute sowie ihre Arbeitnehmer und an sonstige für sie tätige *natürliche* Personen gestellt. Es empfiehlt sich daher die der DelVO 2016/958 zugrunde liegende Unterscheidung zwischen den Normadressaten aufzugreifen und in der Kommentierung zunächst die Pflichten derjenigen Personengruppe zu behandeln, die am weitesten reichen, um anschließend auf diejenigen Personengruppen einzugehen, an die geringere Anforderungen gestellt werden.

Ergänzend statuieren die Art. 36 f. DelVO 2017/565 **besondere Organisationsvorschriften** zu Lasten von Wertpapierdienstleistungsunternehmen. Für diejenigen Unternehmen, die nicht in die Kategorie der Wertpapierfirmen i.S.d. Art. 36 f. DelVO 2017/565[4] fallen, ergeben sich die besonderen Organisationsmaßnahmen aus § 85 WpHG.

II. Verhältnis des Art. 20 Abs. 1 Alt. 1 VO Nr. 596/2014 (Anlageempfehlung) zu Art. 20 Abs. 1 Alt. 2 VO Nr. 596/2014 (Anlagestrategieempfehlung bzw. -vorschlag). Art. 20 Abs. 1 VO Nr. 596/2014 (MAR) hat sowohl „Anlageempfehlungen" als auch Informationen im Auge, durch die eine „Anlagestrategie empfohlen oder vorgeschlagen" wird. Die Legaldefinition der Begriffe „Empfehlung oder Vorschlag einer Anlagestrategie" erfolgt in Art. 3 Abs. 1 Unterabs. 34 Ziff. i und ii VO Nr. 596/2014, während der Begriff „Anlageempfehlungen" in Art. 3 Unterabs. 35 VO Nr. 596/2014 legaldefiniert wird. Beide Legaldefinitionen decken sich weitestgehend[5] mit den Legaldefinitionen der Art. 1 Nr. 3 und Nr. 4 lit. a der RL 2003/125/EG (Rz. 2). Die Legaldefinitionen weichen nämlich lediglich darin voneinander ab, dass Art. 3 Abs. 1 Unterabs. 34 Ziff. i VO Nr. 596/2014 nicht mehr den Begriff „Analyse" verwendet und ausschließlich auf die erstellten Information abhebt, dass er statt der Formulierung „o. Ä. tätigen Personen" die Formulierung „anderweitig tätige Personen" enthält[6] sowie darin, dass Art. 3 Abs. 1 Unterabs. 34 Ziff. i der VO Nr. 596/2014 statt des Begriffs der Anlageempfehlung den Begriff des Anlagevorschlags[7] verwendet.

Die Interpretation des Art. 20 Abs. 1 VO Nr. 596/2014 (MAR) wird dadurch erschwert, dass sich im Licht der Legaldefinitionen des Art. 3 Abs. 1 Unterabs. 34 Ziff. i, ii sowie des Art. 3 Abs. 1 Unterabs. 35 VO Nr. 596/2014 die Fallgruppen „Anlageempfehlungen" und „Empfehlung oder Vorschlag zu einer Anlagestrategie" **überschneiden**[8]. Hinzu kommt, dass einerseits gem. Art. 3 Abs. 1 Unterabs. 34 VO Nr. 596/2014 eine legaldefinierte

---

1 Erwägungsgrund DelVO 2016/958, Nr. 1.
2 Erwägungsgrund DelVO 2016/958, Nr. 2.
3 Erwägungsgrund DelVO 2016/958, Nr. 2.
4 Abgedruckt bei § 85 WpHG.
5 Die MAR definiert in Parallele zu Art. 1 Abs. Nr. 3 der RL 2003/125 den Begriff der „Anlageempfehlung" in Art. 3 Abs. 1 Unterabs. 35 VO Nr. 596/2014 unter Verzicht auf den Begriff der Analyse, wenn man davon absieht, dass der Begriff der „Anregung" im deutschen Text durch den Begriff „Vorschläge" ersetzt worden ist (im englischen und französischen Text werden weiterhin dieselben Begriffe [suggesting; suggerant] verwandt). Die Begriffe „Anregungen" und „Vorschläge" liegen so nahe beieinander, dass sie in ihrer Bedeutung praktisch nicht unterschieden werden können.
6 In den englischen Fassungen ist weiterhin von „or otherwise", in der französichen statt von „ou non" nunmehr von „ou autre" die Rede.
7 proposal; proposition.
8 *Rothenhöfer* in Meyer/Veil/Rönnau, Handbuch zum Marktmissbrauchsrecht, § 21 Rz. 10 hält nur die Reihung der Legaldefinitionen für missverständlich, da die Definitionen in Art. 3 Abs. 1 Unterabs. 34 VO Nr. 596/2014 an die Definition in Art. 3 Abs. 1 Unterabs. 35 VO Nr. 596/2014 anknüpft und deshalb eine umgekehrte Reihenfolge sinnvoll gewesen wäre. Dabei geht er davon aus, dass Art. 3 Abs. 1 Unterabs. 34 VO Nr. 596/2014 lediglich die in Art. 3 Abs. 1 Unterabs. 35 VO Nr. 596/2014 verwendete Formulierung „Empfehlungen oder Vorschläge zu Anlagestrategien" aufgreife und näher konkretisiere. Demzufolge ergebe sich aus Art. 3 Abs. 1 Unterabs. 35 VO Nr. 596/2014 der sachliche und aus Art. 3 Abs. 1 Unterabs. 34 VO Nr. 596/2014 der persönliche Anwendungsbereich. Mit dem Wortlaut dieser Vorschriften, die jeweils in

„Empfehlung oder Vorschlag einer Anlagestrategie" vorliegt, wenn eine Information in Form[1] eines Anlagevorschlags erteilt wird (Ziff. i) oder mit der Information eine Anlageentscheidung vorgeschlagen wird (Ziff. ii), wobei unklar ist, worin in Art. 3 Abs. 1 Unterabs. 34 VO Nr. 596/2014 das Spezifikum des dort in der Überschrift verwandten Begriffs der „Anlagestrategie" zu erblicken ist. Andererseits stellt Art. 3 Abs. 1 Unterabs. 35 VO Nr. 596/2014 für den von ihm legaldefinierten Begriff der „Anlageempfehlung" darauf ab, dass eine Empfehlung bzw. ein Vorschlag zu einer „Anlagestrategie" erfolgt[2]. Dieses Problem sollte man dadurch lösen, dass man die Begriffe „**Vorschläge zu Anlagestrategien**" in Art. 3 Abs. 1 Unterabs. 35 VO Nr. 596/2014 im **gleichen Sinn** interpretiert wie die Begriffe „**Anlagevorschlag**" bzw. „**Anlageentscheidung vorschlägt**" in Art. 3 Abs. 1 Unterabs. 34 Ziff. i, ii VO Nr. 596/2014[3]. In diese Richtung weist auch der Art. 2 Abs. 1 DelVO 2016/958, der die „Anlageempfehlungen" und „andere Informationen, durch die eine Anlagestrategie empfohlen oder vorgeschlagen wird" unter dem **Oberbegriff der „Empfehlungen"** zusammenfasst[4].

5   Ein weiteres durch das Nebeneinander der Art. 3 Abs. 1 Unterabs. 34 und Unterabs. 35 VO Nr. 596/2014 (MAR) verursachtes Problem resultiert aus der Verwendung des Begriffs der „**Anlageempfehlung**". Würde man sich streng an die Legaldefinition des Art. 3 Abs. 1 Unterabs. 35 VO Nr. 596/2014 halten, so müsste man sie auch dort zum Tragen bringen, wo Art. 3 Abs. 1 Unterabs. 34 Ziff. i VO Nr. 596/2014 den Begriff „Anlageempfehlung" verwendet. Umgekehrt müsste man in Art. 3 Abs. 1 Unterabs. 35 VO Nr. 596/2014 die dort verwandten Begriffe „Empfehlungen oder Vorschlägen zu Anlagestrategien" anhand der Legaldefinition des Art. 3 Abs. 1 Unterabs. 34 Ziff. i, ii VO Nr. 596/2014 konkretisieren. Dies würde zu offensichtlich unsinnigen Ergebnissen führen. Den Legaldefinitionen der Art. 3 Abs. 1 Unterabs. 34, 35 VO Nr. 596/2014 kann daher nur eingeschränkte Bedeutung zuerkannt werden[5].

6   **III. Erstellen, Verbreiten von Anlageempfehlungen oder anderen Informationen, durch die eine Anlagestrategie empfohlen oder vorgeschlagen wird (Art. 20 Abs. 1 VO Nr. 596/2014). 1. Erstellen, Verbreiten durch Wertpapierfirmen, Kreditinstitute, deren Arbeitnehmer oder für sie anderweitig tätige natürliche Personen. a) Persönlicher Anwendungsbereich.** Art. 20 Abs. 1 VO Nr. 596/2014 (MAR) erstreckt seinen Anwendungsbereich schlechthin auf „Personen". Zum Begriff der Person s. Art. 3 Abs. 1 Nr. 13 VO Nr. 596/2014. Zu ihnen zählen auch rechtsfähige Personenvereinigungen. Zum Begriff der **Wertpapierfirma** i.S.d. Art. 3 Abs. 1 Unterabs. 34 lit. a VO Nr. 596/2014 s. Art. 3 Abs. 1 Nr. 2 VO Nr. 596/2014[6]; zum Begriff des **Kreditinstituts** s. Art. 3 Abs. 1 Nr. 3 VO Nr. 596/2014. Die **Arbeitnehmer** i.S.d. Art. 3 Abs. 1 Unterabs. 34 lit. a VO Nr. 596/2014 müssen bei den Wertpapierfirmen oder den Kreditinstituten beschäftigt sein[7], die die Anlageempfehlung etc. erstellen (Rz. 30 ff.) oder verbreiten. Die **anderweitig tätigen natürlichen Personen** i.S.d. Art. 3 Abs. 1 Unterabs. 34 lit. a VO Nr. 596/2014 brauchen nicht wie Arbeitnehmer weisungsgebunden für die Wertpapierfirma oder das Kreditinstitut tätig zu werden. Es genügt, dass sie mit ihnen im Rahmen eines Dienstvertrages oder Geschäftsbesorgungsvertrages verbunden sind[8]. Allerdings stellt Art. 20 VO Nr. 596/2014 nicht auf jeden Arbeitnehmer oder auf jede andere mit der Wertpapierfirma bzw. dem Kreditinstitut verbundene Person ab, sondern nur auf solche Personen, die an der Erstellung oder Verbreitung von Anlageempfehlungen oder anderen Informationen (Rz. 9 ff.) **maßgeblich beteiligt** sind (Rz. 33).

7   **b) Sachlicher Anwendungsbereich. aa) Finanzinstrumente.** S. Erläuterungen zu den Art. 2 Abs. 1 und Art. 3 Abs. 1 Nr. 1 VO Nr. 596/2014.

8   **bb) Verhältnis der „Anlageempfehlungen" zu den „anderen Informationen, mit denen eine Anlagestrategie empfohlen oder vorgeschlagen wird".** S. dazu Rz. 2. Die Begriffe „Vorschläge zu Anlagestrategien" in Art. 3 Abs. 1 Unterabs. 35 VO Nr. 596/2014 sind im gleichen Sinne zu interpretieren wie der Begriff „Anlagevorschlag" in Art. 3 Abs. 1 Unterabs. 34 Ziff. i VO Nr. 596/2014[9].

---

sich abgeschlossene Legaldefinitionen enthalten, ist diese Interpretation nur schwer zu vereinbaren, zumal Art. 20 Abs. 1 VO Nr. 596/2014 mit der Formulierung „Anlageempfehlung" isoliert auf den Art. 3 Abs. 1 Unterabs. 35 VO Nr. 596/2014 und mit der Formulierung „Informationen, durch die eine Anlagestrategie empfohlen oder vorgeschlagen wird" isoliert auf den Art. 3 Abs. 1 Unterabs. 34 VO Nr. 596/2014 Bezug zu nehmen scheint.

1   „... Information ... einen bestimmten Anlagevorschlag ... darstellt". Dies ist in dem Sinn zu verstehen, dass die Information in einen Anlagevorschlag mündet (Rz. 14).
2   Mit anderen Worten: Für die Legaldefinition der „Anlagestrategie" wird auf einen Anlagevorschlag abgehoben und für die Legaldefinition der „Anlageempfehlung" wird auf die Anlagestrategie abgestellt. *Geier/Hombach/Schütt*, RdF 2017, 108 sprechen davon, dass die Definitionen der Anlageempfehlung und der Anlagestrategieempfehlung wechselseitig auf sich zu verweisen scheinen.
3   Ebenso i.E. *Rothenhöfer* in Meyer/Veil/Rönnau, Handbuch zum Marktmissbrauchsrecht, § 21 Rz. 22.
4   Nebeneinandergestellt in Form eines „Oder"-Verhältnisses, das im Sinne eines „sowohl als auch" zu lesen ist.
5   Ebenso *Geier/Hombach/Schütt*, RdF 2017, 108 f.
6   Es kommt nicht darauf an, ob die Erstellung von Anlageempfehlungen etc. das Hauptgeschäft der Wertpapierfirma (Art. 3 Abs. 1 Nr. 2 VO Nr. 596/2014) darstellt (ESMA70-145-111, Questions and Answers on the Market Abuse Regulation (MAR), Version 10, v. 14.12.2017, A8.3).
7   *Rothenhöfer* in Meyer/Veil/Rönnau, Handbuch zum Marktmissbrauchsrecht, § 21 Rz. 36.
8   *Rothenhöfer* in Meyer/Veil/Rönnau, Handbuch zum Marktmissbrauchsrecht, § 21 Rz. 37.
9   Ebenso i.E. *Rothenhöfer* in Meyer/Veil/Rönnau, Handbuch zum Marktmissbrauchsrecht, § 21 Rz. 22.

cc) **Informationen, die einen Anlagevorschlag darstellen (Art. 34 Abs. 1 Unterabs. 34 Ziff. i VO Nr. 596/ 2014). (1) Information.** Unter **Information ist** unabhängig von dem eingesetzten Kommunikationsmittel[1] **jede Mitteilung einer Tatsache**[2] einschließlich der Mitteilung eigenen **Empfindens,** der **Beurteilung** oder der **Prognose**[3] des aktuellen oder künftigen Wertes bzw. Kurses eines bzw. mehrerer (Rz. 22) bestimmter (Rz. 22) Finanzinstrument(s)[4] oder deren Emittenten zu verstehen[5]. Die mitgeteilten Tatsachen müssen nicht empirisch feststellbar sein. Anders als Art. 6 Abs. 5 RL 2003/6/EG verwendet Art. 20 Abs. 1 VO Nr. 596/2014 (MAR) nicht mehr den Begriff der Analyse. Daraus darf nicht gefolgert werden, dass Art. 20 Abs. 1 VO Nr. 596/2014 im Vergleich zu den RL 2003/6/EG und 2003/125/EG die Grenzen der Information weiter zieht. Bereits Art. 1 Nr. 3 der RL 2003/125/EG hatte nämlich seinen Anwendungsbereich über den Kreis der Analysen von Finanzinstrumenten oder von Emittenten hinaus ausgedehnt, indem er auch sonstige für Informationsverbreitungskanäle oder die Öffentlichkeit bestimmte explizite oder implizite Informationen mit Empfehlungscharakter erfasste. Noch deutlicher tritt dies in der englischen und der französischen Sprachfassung zu Tage[6]. Ebenso lassen die englische und die französische Sprachfassung[7] des Art. 20 Abs. 1 VO Nr. 596/2014 ohne weiteres den Schluss zu, dass die Anlageempfehlung einen über die Befindlichkeit oder ein Werturteil hinausgehenden Informationskern enthalten muss.

Unerheblich ist, ob die Information auf einer **besonderen Untersuchung** basiert und deshalb auch, ob sich diese Untersuchung der fundamentalen, marktpsychologischen, markttechnischen oder quantitativen Methode bedient hat. Die Informationen müssen allerdings nach dem Zweck des Art. 20 Abs. 1 VO Nr. 596/2014 (MAR) so konkret bzw. untermauert sein, dass sie aus der Perspektive eines Durchschnittsanlegers geeignet sind, eine auf sie gestützte Empfehlung oder Anregung zu tragen[8]. Unter dieser Voraussetzung fallen auch sog. technische Analysen[9] oder Übersichtstabellen in die Kategorie der „Information", ferner Mitteilungen über Gerüchte, wenn sie geeignet sind, die Empfehlung zu fundieren. Unerheblich ist, welches **Medium** zur Information eingesetzt wird[10].

Entgegen der ESMA[11] genügt es nicht, dass die **Information strukturiert** (structured) ist und für die Veröffentlichung geplant ist. Vielmehr sollte man weiterhin verlangen, dass die Information i.S.d. Art. 20 Abs. 1 VO Nr. 596/2014 (MAR) zumindest den **Eindruck einer inhaltlichen Auseinandersetzung** mit den betreffenden Finanzinstrumenten oder dessen Emittenten hervorruft[12]. Nur auf diese Weise lässt sich verhindern, dass bereits ein Hinweis darauf, dass alle DAX-Aktien liquide an der Börse gehandelt werden, als Anlageempfehlung mit all den damit verbundenen Veröffentlichungs- und Kontrollpflichten behandelt werden muss. Dem steht nicht entgegen, dass die Informationen i.S.d. Art. 20 VO Nr. 596/2014 **aus der Luft** gegriffen sein können[13]. Somit können auch Informationen, die nicht den Anforderungen der Art. 3, 4 der DelVO 2016/958 entsprechen[14], die Basis von Anlageempfehlungen bilden. Weitergehende Restriktionen des Anwendungsbereichs des Art. 20 Abs. 1 VO Nr. 596/2014 können bei der Auslegung des Begriffes der „Empfehlung" vorgenommen werden, die mit der Information verbunden sein muss.

Keine Informationen i.S.d. Art. 3 Abs. 1 Unterabs. 34, 35 VO Nr. 596/2014 (MAR) stellen dar: Ein Musterdepot, wenn zu den Finanzinstrumenten oder deren Emittenten keine weiteren Informationen gegeben werden[15], die den Eindruck einer inhaltlichen Auseinandersetzung erwecken; ferner die Portfolioempfehlung, die

---

1 ESMA70-145-111, Questions and Answers on the Market Abuse Regulation (MAR), Version 10, v. 14.12.2017, A8.1.
2 Abw. *Rothenhöfer* in Meyer/Veil/Rönnau, Handbuch zum Marktmissbrauchsrecht, § 21 Rz. 30 bei ausdrücklichen Empfehlungen.
3 ESMA, Questions and Answers v. 1.4.2016 (ESMA 2016/419), Question 3.
4 Art. 2 Abs. 1 Unterabs. 35 letzter Halbsatz VO Nr. 596/2014; z.B. Aussage, bestimmte Finanzinstrumente seien unterbewertet oder überbewertet oder richtig bewertet (ESMA70-145-111, Questions and Answers on the Market Abuse Regulation (MAR), Version 10, v. 14.12.2017, A8.4). Dagegen ist diese Voraussetzung nicht erfüllt, wenn ausschließlich über Sektoren, Kredite, Waren, makroökonomische Variablen, Industriebranchen, Währungskurse oder Zinssätze informiert wird (ESMA 70-21038340-40 v. 27.1.2017, Questions and Answers on the Market Abuse Regulation, Section 3, Answer 2).
5 *Rothenhöfer* in Meyer/Veil/Rönnau, Handbuch zum Marktmissbrauchsrecht, § 21 Rz. 12.
6 „… research or other recommandation"; „… travaux de recherche ou d'autres informations".
7 „recommandations or other information"; „recommandations ou d'autres informations".
8 Vgl. zum WpHG a.F. *Göres,* Erläuterungen zur Finanzanalyseverordnung, Rz. 26; *Schilder,* Verhaltenspflichten, S. 178.
9 Chart-Analysen; vgl. zum WpHG a.F. *Braun/Vogel,* ZfgKW 2003, 530, 531.
10 ESMA70-145-111, Questions and Answers on the Market Abuse Regulation (MAR), Version 10, v. 14.12.2017, A8.1.
11 ESMA70-145-111, Questions and Answers on the Market Abuse Regulation (MAR), Version 10, v. 14.12.2017, A8.1.
12 A.A. *Rothenhöfer* in Meyer/Veil/Rönnau, Handbuch zum Marktmissbrauchsrecht, § 21 Rz. 29 (weder Art. 3 Abs. 1 Nr. 34 noch Art. 3 Abs. 1 Nr. 35 VO Nr. 596/2014 enthalten den Begriff der Analyse, weshalb die Anhaltspunkte für eine enge Interpretation entfallen sind).
13 Vgl. zum WpHG a.F. *Möllers* in KölnKomm. WpHG, § 34b WpHG Rz. 80.
14 Vgl. auch zum WpHG a.F. *Uhlir/Steiner,* Wertpapieranalyse, 1991, S. 2; abw. *Findeisen,* Regulierung, S. 152; demzufolge die Analyse eine gewisse Methodik und Systematik der Informationsverarbeitung aufweisen müsse, die von Dritten nachvollzogen werden könne.
15 Vgl. zum WpHG a.F. *Schilder,* Verhaltenspflichten, S. 186; *Fuchs* in Fuchs, § 34b WpHG Rz. 24; abw. *Teigelack,* Finanzanalysen und Behavioral Finance, S. 247; *Schmidtke,* Regulierung, S. 156.

sich lediglich auf Regionen oder Branchen bezieht und keine einzelnen Finanzinstrumente oder deren Emittenten anspricht[1]; der Optionsscheinrechner oder ein vergleichbares Instrument, mit dessen Hilfe auf Grund von allgemein anerkannten Algorithmen statistische Daten ausgewertet werden können; ebenso wenig die ohne inhaltliche Auseinandersetzung mit dem Finanzinstrument oder dessen Emittenten abgegebene Anlageempfehlungen, sog Market Letters bzw. Market Colors[2] sowie Empfehlungslisten.

13 **(2) Vorschlag.** In der englischen Sprachfassung des Art. 3 Abs. 1 Unterabs. 34 VO Nr. 596/2014 (MAR) wird der in Art. 20 VO Nr. 596/2014 verwendete Begriff „suggesting" mittels des Begriffs „proposal" definiert. In gleicher Weise wird in der französischen Sprachfassung der Begriff „suggérant" mit Hilfe des Begriffes „proposition" konkretisiert. Der Art. 1 Nr. 4 lit. a RL 2003/125/EG hatte als Vorläufer des Art. 3 Abs. 1 Unterabs. 34 Ziff. i VO Nr. 596/2014 anstelle der Begriffe „proposal", „proposition", „Anlagevorschlag" noch die Begriffe „recommendation", „recommandation", „Anlageempfehlung" benutzt. Daraus ergibt sich, dass Art. 20 Abs. 1 VO Nr. 596/2014 auch andere Verhaltensweisen als Empfehlungen besonderen Anforderungen unterwerfen will. Allerdings gibt es keine scharfen Grenzen zu den Begriffen „Vorschlag", „proposal", „proposition"[3]. Sicherlich braucht derjenige, der etwas vorschlägt, nicht seine persönliche Autorität ins Spiel zu bringen. Andererseits enthält ein Vorschlag ebenso wie eine Empfehlung eine **Handlungsanweisung**, mag die Handlung auch stärker in das Belieben des Empfängers des Vorschlags gestellt sein. Im Unterschied zu Empfehlungen wird bei Vorschlägen nur deutlicher gemacht, dass der Vorschlag unverbindlich ist, dass das angeregte Verhalten möglicherweise nicht der Weisheit letzter Schluss ist. Der Vorschlag darf andererseits nicht nur als eine von mehreren Alternativen dargestellt werden, sondern muss den Anschein erwecken, dass seine Befolgung aus der Sicht des Vorschlagenden eine sinnvolle, jedenfalls bedenkenswürdige Handlungsvariante ist. Eine Empfehlung ist mithin lediglich eine Variante eines Vorschlags, in dem der Vorschlagende Dringlichkeit signalisiert oder besondere Autorität beansprucht. Deshalb kann bei der Interpretation des Begriffs des Vorschlags ohne weiteres die zum Begriff der Empfehlungen geführte Diskussion verwertet werden.

14 **Einzelheiten.** Die qualifizierte Information (Rz. 11) muss demnach einen Vorschlag oder – anders gewendet – der Vorschlag muss eine qualifizierte Information enthalten. **Keine Rolle** spielt es, ob der Anlagevorschlag **informeller Natur** ist. Wie bei Empfehlungen ist es unerheblich, dass der Vorschlag ausdrücklich als unverbindlich bezeichnet wird[4]. Unbeachtlich ist auch, dass der Vorschlag mit dem Hinweis gegeben wird, er sei weder objektiv noch unabhängig[5]. Irrelevant ist ferner, dass der Vorschlag **kurzfristig** erteilt wird oder dass er lediglich an **die Kunden des Empfängers** des Vorschlags **weitergegeben** werden soll[6]. Eine Branchenempfehlung wird nur dann als Vorschlag von Art. 20 Abs. 1 VO Nr. 596/2014 (MAR) erfasst, wenn sich dahinter erkennbar die Empfehlung bestimmter[7] Finanzinstrumente oder Emittenten verbirgt. Der Vorschlag darf sich nicht in einem Hinweis auf die Qualität bestimmter Finanzinstrumente erschöpfen. Es genügt im Rahmen des Art. 3 Abs. 1 Unterabs. 34 VO Nr. 596/2014 auch nicht, dass eine Beurteilung von Finanzinstrumenten erstellt wird, die, weil sie für diese günstig ist, die Finanzinstrumente als empfehlenswert erscheinen lässt[8]. Vielmehr muss für den Durchschnittsadressaten[9] auch der **Wille des Erstellers** der Information ersichtlich werden, ihm ein bestimmtes Anlageverhalten nahe zu bringen[10]. Dies ist bei der Beurteilung des aktuellen oder zukünftigen Kurses bzw. Wertes eines Finanzinstruments immer zu bejahen[11]. Andererseits sind Presseberichte über Empfehlungen Dritter oder Ratings[12] nicht ohne weiteres als eigene Vorschläge zu qualifizieren[13]. Bei reinem Werbe-

---

1 Vgl. zum WpHG a.F. *Fuchs* in Fuchs, § 34b WpHG Rz. 24; *Möllers* in KölnKomm. WpHG, § 34b WpHG Rz. 103; a.A. *Schmidtke*, Regulierung, S. 162.
2 Vgl. zum WpHG a.F. *Möllers* in KölnKomm. WpHG, § 34b WpHG Rz. 102.
3 *Rothenhöfer* in Meyer/Veil/Rönnau, Handbuch zum Marktmissbrauchsrecht, § 21 Rz. 19 verwendet die Begriffe „Empfehlung" und „Vorschlag" mit gleicher Bedeutung, wenn er ausführt, „dass das Vorliegen einer Empfehlung den Vorschlag einer Handlungsalternative voraus"-setzt, „die aus der Sicht des Empfehlenden sinnvoll ist".
4 Der Begriff der Empfehlung nähert sich damit dem Begriff des Vorschlags. Man kann auch umgekehrt sagen, dass der Begriff des Vorschlags, wenn er nicht nur die Darstellung einer Möglichkeit beinhaltet, ein Element der Empfehlung enthält.
5 ESMA, Final Report, Draft technical standards on the Market Abuse Regulation v. 28.9.2015 (ESMA/2015/1455), S. 72. S. dazu § 85 WpHG.
6 Abw. zum WpHG a.F. BaFin, Begr. zur FinAnV (2004), S. 2 zu den Sales- oder Morning-Notes.
7 Vgl. zum WpHG a.F. *Fett* in Schwark/Zimmer, Kapitalmarktrechts-Kommentar, § 34b WpHG Rz. 8.
8 Anders Art. 3 Abs. 1 Unterabs. 35 Alt. 2 VO Nr. 596/2014.
9 Vgl. zum WpHG a.F. *Fett* in Schwark/Zimmer, Kapitalmarktrechts-Kommentar, § 34b WpHG Rz. 6.
10 Abw. zum WpHG a.F. *Göres*, Erläuterungen zur Finanzanalyseverordnung, Rz. 27, dem zufolge nicht auf den Empfängerhorizont abgestellt wird; *Schilder*, Verhaltenspflichten, S. 180.
11 ESMA70-145-111, Questions and Answers on the Market Abuse Regulation (MAR), Version 10, v. 14.12.2017, A8.4. Insoweit kann man einen erst-recht-Schluss aus dem Art. 3 Abs. 1 Nr. 35 VO Nr. 596/2014 ziehen.
12 Vgl. zum WpHG a.F. Erwägungsgrund Nr. 20 der Verordnung (EG) Nr. 1060/2009 des Europäischen Parlaments und des Rates vom 16. September 2009 über Ratingagenturen, ABl. EU Nr. L 302 v. 17.11.2009, S. 1, 3.
13 Vgl. zum WpHG a.F. Art. 8 Abs. 3 der Richtlinie 2003/125/EG vom 22. Dezember 2003, ABl. EU Nr. L 339 v. 24.12. 2003; *Göres* in Handbuch Kapitalmarktinformation, § 24 Rz. 41; *Fett* in Schwark/Zimmer, Kapitalmarktrechts-Kommentar, § 34b WpHG Rz. 6.

material[1] wird man diesen Willen nur verneinen können, wenn klargestellt wird[2], dass es ausschließlich informieren soll[3]. Andererseits müssen Vorschläge mit qualifizierten Informationen (Rz. 11) gekoppelt sein[4], so dass der **bloße Vorschlag ohne Begründung** nicht zur Anwendbarkeit des Art. 20 VO Nr. 596/2014 führt.

Keinen Vorschlag enthält die Bewertung von in der **Vergangenheit** liegenden Ereignissen, sofern nicht zugleich zum gegenwärtigen oder künftigen Wert des Finanzinstruments Stellung bezogen wird[5]. Gleiches gilt für die Erläuterung bereits abgeschlossener Transaktionen im Rahmen der Vermögensverwaltung[6]. Nicht erfasst werden ferner mangels Vorschlags: Abbildung eines reinen Kurscharts ohne Prognose des zukünftigen Kursverlaufs[7]; die reine Produktbeschreibung; rein volkswirtschaftliche oder politische Analysen ohne direkte oder indirekte Anregungen zu bestimmtem Verhalten hinsichtlich einzelner Finanzinstrumente; die Untersuchung breit gestreuter Indices[8]; die Unternehmensbeschreibung ohne direkte oder indirekte Empfehlung einer bestimmten Anlageentscheidung; die bloße Wiedergabe von Unternehmensnachrichten ohne direkte oder indirekte Anregung einer bestimmten Anlageentscheidung; die reine Ad-hoc-Mitteilung, der Börsenzulassungs- oder Verkaufsprospekt u.Ä. oder sonstige nackte Informationen über Tatsachen[9]. Unerheblich ist andererseits, dass die Empfehlung lediglich einen geringfügigen nicht-monetären Vorteil begründet[10]. 15

Der Vorschlag muss ein oder mehrere bestimmte **Finanzinstrumente** (Rz. 7)[11] betreffen. Dies ist nicht der Fall, wenn sich die Informationen z.B. ausschließlich auf Währungskurse, Zinssätze, Waren, makroökonomische Variablen oder auf Industriebranchen beziehen und ein durchschnittlicher Anleger dies nicht dahin verstehen darf, dass die Informationen auf ein oder mehrere bestimmte Finanzinstrumente bezogen sind[12]. S. auch Rz. 22. 16

(3) Direkt, indirekt. Soweit es um das Verhalten von Wertpapierfirmen, Kreditinstituten, deren Arbeitnehmer oder der für sie anderweitig tätigen natürlichen Personen geht (Rz. 6), ist zu berücksichtigen, dass Art. 3 Abs. 1 Unterabs. 34 Ziff. ii VO Nr. 596/2014 (MAR) nicht anwendbar ist. Es kommt deshalb in der hier behandelten Fallgruppe, in der Wertpapierfirmen, Kreditinstitute, deren Arbeitnehmer oder die für sie anderweitig tätigen natürlichen Personen Vorschläge erstellen, nicht darauf an, ob diese Vorschläge direkter oder indirekter Natur sind, da beide Arten von Vorschlägen erfasst werden. Für einen „indirekten" Vorschlag genügt es, dass der angesprochene Kreis der Anleger die Erklärung naheliegenderweise[13] als auf Informationen gestützten Vorschlag begreift. Dies ist z.B. zu bejahen, wenn die Beurteilung des aktuellen oder zukünftigen Kurses bzw. Wertes eines Finanzinstruments hinreichend deutlich zum Ausdruck gelangt[14]. S. auch Rz. 20 zu den gleichbedeutenden Tatbestandsmerkmalen explizit/implizit. 17

(4) Bestimmtheit des Anlagevorschlags, Finanzinstruments, Emittenten. Das Tatbestandsmerkmal der Bestimmtheit des Anlagevorschlags (Art. 3 Abs. 1 Unterabs. 34 Ziff. i VO Nr. 596/2014 [MAR]) ist erfüllt, wenn der Anlagevorschlag auf ein bestimmtes oder mehrere bestimmte Finanzinstrumente (Rz. 22) oder auf einen oder mehrere bestimmte (Rz. 22) Emittenten bezogen ist. Näher dazu Rz. 22: Ein derartiger Bezug ist zu verneinen, falls lediglich auf einen früher erteilten Vorschlag bzw. auf eine früher erteilte Empfehlung verwiesen wird[15]. 18

---

1 Der zu den RL 2003/6/EG, 2003/125/EG entwickelte Grundsatz, dass reines Werbematerial, das weder als Finanzanalyse oder Ähnliches bezeichnet, noch in einer Weise dargestellt wird, dass es aus der Sicht eines durchschnittlichen Anlegers der angesprochenen Gruppe den Eindruck einer Finanzanalyse erweckt oder als objektive oder unabhängige Analyse ausgegeben wird, nicht von der Regulierung der Finanzanalysen erfasst wird, lässt sich unter Geltung der MAR und der Art. 36 Abs. 2 DelVO 2017/565 nicht ohne weiteres fortschreiben. Vgl. auch *Rothenhöfer* in Meyer/Veil/Rönnau, Handbuch zum Marktmissbrauchsrecht, § 23 Rz. 11.
2 Z.B. eindeutige Kennzeichnung als Marketingmitteilung (Art. 36 Abs. 2 Unterabs. 1 DelVO 2017/565 [abgedruckt bei § 85 WpHG]).
3 *Rothenhöfer* in Meyer/Veil/Rönnau, Handbuch zum Marktmissbrauchsrecht, § 21 Rz. 31.
4 Vgl. zum WpHG a.F. *Göres*, Interessenkonflikte, S. 229.
5 Vgl. zum WpHG a.F. *Göres* in Handbuch Kapitalmarktinformation, § 24 Rz. 35; *Möllers* in KölnKomm. WpHG, § 34b WpHG Rz. 86.
6 *Rothenhöfer* in Meyer/Veil/Rönnau, Handbuch zum Marktmissbrauchsrecht, § 21 Rz. 21.
7 *Rothenhöfer* in Meyer/Veil/Rönnau, Handbuch zum Marktmissbrauchsrecht, § 21 Rz. 21. Vgl. zum WpHG a.F. *Fuchs* in Fuchs, § 34b WpHG Rz. 20, 23; *Möllers* in KölnKomm. WpHG, § 34b WpHG Rz. 86; abw. *Teigelack*, Finanzanalysen und Behavioral Finance, S. 247.
8 Vgl. zum WpHG a.F. *Fuchs* in Fuchs, § 34b WpHG Rz. 24.
9 ESMA70-145-111, Questions and Answers on the Market Abuse Regulation (MAR), Version 10, v. 14.12.2017, A8.5; *Rothenhöfer* in Meyer/Veil/Rönnau, Handbuch zum Marktmissbrauchsrecht, § 21 Rz. 21.
10 A.A. *Geier/Hombach/Schütt*, RdF 2017, 108, 111.
11 ESMA70-145-111, Questions and Answers on the Market Abuse Regulation (MAR), Version 10, v. 14.12.2017, A8.2.
12 ESMA70-145-111, Questions and Answers on the Market Abuse Regulation (MAR), Version 10, v. 14.12.2017, A8.2.
13 A.A. zum WpHG a.F. *Schmidtke*, Regulierung, S. 161 (zwangsläufig).
14 ESMA70-145-111, Questions and Answers on the Market Abuse Regulation (MAR), Version 10, v. 14.12.2017, A8.4. Insoweit kann man einen erst-recht-Schluss aus dem Art. 3 Abs. 1 Nr. 35 VO Nr. 596/2014 ziehen.
15 ESMA70-145-111, Questions and Answers on the Market Abuse Regulation (MAR), Version 10, v. 14.12.2017, A8.6 (sofern mit der Verweisung nicht die früher geäußerte Ansicht bestätigt wird). In Betracht kommt auch eine Weitergabe der Empfehlung.

Art. 20 VO Nr. 596/2014 | Anlageempfehlungen und Statistik

19 **(5) Bestimmt für die Öffentlichkeit, Verbreitungskanäle.** Art. 3 Abs. 1 Unterabs. 35 VO Nr. 596/2014 (MAR) stellt anders als Art. 3 Abs. 1 Unterabs. 34 VO Nr. 596/2014 ausdrücklich darauf ab, dass der Vorschlag für „Verbreitungskanäle oder die Öffentlichkeit" vorgesehen ist. Die an Anlagevorschläge i.S.d. Art. 3 Abs. 1 Unterabs. 34 VO Nr. 596/2014 geknüpften Verhaltenspflichten machen jedoch nur dann Sinn, wenn wie in Art. 3 Abs. 1 Unterabs. 35 VO Nr. 596/2014 die Vorschläge für die Öffentlichkeit bestimmt sind und beispielsweise nicht lediglich in Situationen individueller Anlageberatung gemacht werden. S. zur Öffentlichkeit sowie den Verbreitungskanälen Rz. 23 f.

20 **dd) Informationen mit Empfehlungen, Vorschlägen zu Anlagestrategien (Art. 3 Abs. 1 Unterabs. 35 VO Nr. 596/2014). (1) Informationen, Empfehlungen, Vorschläge, explizit, implizit.** Art. 3 Abs. 1 Unterabs. 35 VO Nr. 596/2014 (MAR) definiert den Begriff der Anlageempfehlung dahin, dass hierunter Informationen mit expliziten oder impliziten Empfehlungen oder Vorschlägen zu Anlagestrategien (Rz. 21) in Bezug auf ein oder mehrere Finanzinstrumente (Rz. 7) oder Emittenten[1] zu verstehen sind, die für Verbreitungskanäle oder die Öffentlichkeit vorgesehen sind, einschließlich einer Beurteilung des aktuellen oder künftigen Wertes oder Kurses solcher Instrumente. Zu den Informationen s. Rz. 9 ff. Wie dargelegt (Rz. 13) stellen **Empfehlungen** qualifizierte Formen von Vorschlägen dar, so dass es letztlich nur darauf ankommt, ob die Informationen mit Vorschlägen zu Anlagestrategien verbunden sind. Zum Begriff des **Vorschlags** s. Rz. 13 ff. Die Vorschläge und Informationen können **explizit** oder **implizit** erfolgen. Dieser Sprachgebrauch entspricht dem Begriffspaar „direkt-indirekt" in Art. 3 Abs. 1 Unterabs. 34 Ziff. i VO Nr. 596/2014 (Rz. 17). Ist der Vorschlag kurz und konkret (z.B. „erwerben", „halten", „veräußern"), so kann man von einem expliziten Vorschlag sprechen[2]. Dort, wo Durchschnittsanleger des angesprochenen Kreises naheliegend[3] nicht ausdrücklich als Vorschäge formulierte Aussagen als durch Informationen unterlegte Vorschläge verstehen, handelt es sich um implizite Vorschläge. Unerheblich ist, ob die Adressaten der indirekten Empfehlung aus dieser die richtigen Schlüsse ziehen müssen[4]. Implizit werden mehrere Finanzinstrumente zur Anlage vorgeschlagen oder sogar empfohlen, wenn sich die Empfehlung auf eine Branche mit wenigen Emittenten bezieht und ein verständiger Empfänger dies als eine Anlageempfehlung für diese Finanzinstrumente interpretieren muss[5]. Die Beurteilung des aktuellen oder zukünftigen Kurses bzw. Wertes eines Finanzinstruments enthält einen impliziten Anlagevorschlag[6]. Dies stellt Art. 3 Abs. 1 Unterabs. 35 VO Nr. 596/2014 unwiderleglich klar[7].

21 **(2) Bestimmte Anlagestrategie.** Auch im Rahmen des Art. 3 Abs. 1 Unterabs. 35 VO Nr. 596/2014 (MAR) sollte man den Begriff „Anlagestrategie" im Sinne der Anlageentscheidung interpretieren (Rz. 3 f.)[8]. Dies entspricht dem Art. 1 Nr. 4 lit. a der RL 2003/125/EG, der anstelle des Begriffs der Anlagestrategien, den die RL 2003/6/EG in Art. 6 Abs. 5 verwandt hatte, mit dem Begriff der Anlageempfehlung gearbeitet hatte[9]. Es reicht deshalb aus, dass direkt oder indirekt ein bestimmter Vorschlag zu einem oder mehreren Finanzinstrumenten oder Emittenten gemacht wird. Damit werden auch die Fälle erfasst, in denen den Adressaten vorgeschlagen bzw. empfohlen wird, das freie Vermögen in bestimmter Weise in Finanzinstrumente einer bestimmten Art zu investieren.

22 **(3) Finanzinstrumente, Emittenten.** Zum Begriff des Finanzinstruments s. Rz. 7; zum Begriff des Emittenten s. Art. 3 Abs. 1 Nr. 21 VO Nr. 596/2014 (MAR). Die Finanzinstrumente bzw. Emittenten müssen für die Öffentlichkeit, repräsentiert durch verständige Durchschnittsanleger, zumindest **bestimmbar** sein[10]. Unerheblich ist, ob sich die Anlageempfehlung auf ein oder mehrere[11] Finanzinstrumente oder auf einen oder mehrere[12] Emittenten bezieht[13]. Es genügt ein mittelbarer Bezug, z.B. bei Derivaten, deren Preis/Kurs mit dem Preis/Kurs eines Finanzinstruments oder mehrere bestimmter Finanzinstrumente korreliert, oder bei einem weitgespann-

---

1 Art. 3 Abs. 1 Nr. 21 VO Nr. 596/2014.
2 *Rothenhöfer* in Meyer/Veil/Rönnau, Handbuch zum Marktmissbrauchsrecht, § 21 Rz. 20.
3 *Rothenhöfer* in Meyer/Veil/Rönnau, Handbuch zum Marktmissbrauchsrecht, § 21 Rz. 21 (deutlich).
4 A.A. zum WpHG a.F. *Schmidtke*, Regulierung, S. 161.
5 ESMA 70-21038340-40 v. 27.1.2017, Questions and Answers on the Market Abuse Regulation, Section 3, Answer 2.
6 *Rothenhöfer* in Meyer/Veil/Rönnau, Handbuch zum Marktmissbrauchsrecht, § 21 Rz. 21.
7 ESMA70-145-111, Questions and Answers on the Market Abuse Regulation (MAR), Version 10, v. 14.12.2017, A8.4. Jedenfalls käme die Variante „Anlageempfehlung" i.S.d. Art. 3 Abs. 1 Nr. 35 VO Nr. 596/2014 zum Tragen.
8 Ebenso i.E. *Rothenhöfer* in Meyer/Veil/Rönnau, Handbuch zum Marktmissbrauchsrecht, § 21 Rz. 22.
9 „recommandation d'investissement"; „investment recommandation".
10 ESMA70-145-111, Questions and Answers on the Market Abuse Regulation (MAR), Version 10, v. 14.12.2017, A8.2 (Sicht eines vernünftigen Anlegers); *Rothenhöfer* in Meyer/Veil/Rönnau, Handbuch zum Marktmissbrauchsrecht, § 21 Rz. 16.
11 Bezieht sich die Empfehlung z.B. als Teil einer Branchenanalyse eigenständig auf mehrere Finanzinstrumente, so ist Art. 20 VO Nr. 596/2014 selbständig auf jedes dieser Finanzinstrumente anzuwenden (ESMA70-145-111, Questions and Answers on the Market Abuse Regulation (MAR), Version 10, v. 14.12.2017, A8.10).
12 Bezieht sich die Empfehlung z.B. als Teil einer Branchenanalyse eigenständig auf mehrere Emittenten, so ist Art. 20 VO Nr. 596/2014 auf jeden dieser Emittenten anzuwenden (ESMA70-145-111, Questions and Answers on the Market Abuse Regulation (MAR), Version 10, v. 14.12.2017, A8.9).
13 ESMA70-145-111, Questions and Answers on the Market Abuse Regulation (MAR), Version 10, v. 14.12.2017, A8.9; A8.10.

ten Index, wenn damit nicht auf den Index als solchen, sondern ersichtlich auf die ihm zugrunde liegenden bestimmten Finanzinstrumente Bezug genommen wird[1]. Wenn ein Derivat auf einen Index von Finanzinstrumenten bezogen ist, soll der ESMA zufolge es auf das Derivat und nicht auf den Index ankommen[2].

(4) Bestimmt für Verbreitungskanäle, Öffentlichkeit. Gemäß Art. 3 Abs. 1 Unterabs. 35 VO Nr. 596/2014 (MAR) muss die Empfehlung bzw. der Vorschlag (Rz. 13 ff.) „für Verbreitungskanäle oder die Öffentlichkeit" vorgesehen sein. Damit wird die in Art. 1 Nr. 3 der RL 2003/125/EG verwandte Formulierung fortgeführt, in der davon die Rede ist, dass die Empfehlung eine Analyse oder eine sonstige für Informationsverbreitungskanäle oder die Öffentlichkeit[3] bestimmte Information mit Empfehlungen oder Anregungen zu Anlagestrategien darstellt. Die Empfehlungen bzw. die Vorschläge müssen mithin darauf angelegt sein, sie einem unbestimmten Personenkreis bekannt zu machen. Maßgeblich ist die *Absicht bei der Erstellung* der Anlageempfehlung (Rz. 27). Art. 20 VO Nr. 596/2014 greift mithin auch ein, falls eine für die Öffentlichkeit bestimmte Empfehlung bzw. der Vorschlag später nur versehentlich an die Öffentlichkeit gelangt. 23

Ein **Verbreitungskanal** hat die Funktion, die Information tatsächlich oder wahrscheinlich der Öffentlichkeit zugänglich zu machen[4]. Beispiele für Verbreitungskanäle sind Medien, die darauf spezialisiert sind, Informationen zu verbreiten, oder die Website von Erstellern[5]. Dabei ist der Begriff der **Öffentlichkeit** mit einer „großen Anzahl von Personen"[6] gleichzusetzen[7]. Von der Nutzung eines Verbreitungskanals oder einer Verbreitung in der Öffentlichkeit kann deshalb auch dann gesprochen werden, wenn die Empfehlung bzw. der Vorschlag nur für ein bestimmtes Segment von Kunden bestimmt ist[8]. Beispiele für Verbreitung: SMS an die „follower" des Empfehlenden; E-Mails an eine große Zahl von Personen[9]; Veröffentlichung auf einer Website, auch wenn auf die nur registrierte Nutzer zugreifen können[10]; E-Mails an einige Kunden, wenn zu erwarten ist, dass sie schnell mittels einer Internet-Plattform an eine große Zahl von Personen weitergeleitet werden. Es sollen auf diese Weise nur die Fälle einer **individuellen Beratung** aus dem Anwendungsbereich der Norm herausgenommen werden[11]. So heißt es in dem 3. Erwägungsgrund der RL 2003/125/EG, dass die Anlageberatung mittels einer persönlichen Empfehlung gegenüber einem bestimmten Kunden, die der Öffentlichkeit wahrscheinlich nicht zugänglich gemacht wird, nicht erfasst werden solle. Daran hat die MAR nichts geändert, wie ein Vergleich des Art. 3 Abs. 1 Unterabs. 35 VO Nr. 596/2014 (MAR) mit dem Art. 1 Nr. 3 RL 2003/125/EG ergibt. Gleich zu behandeln sind **Bewertungsgutachten** für Emittenten im Rahmen eines Wettbewerbs um ein Mandat. Ausschließlich für **interne Zwecke** erstellte Informationen fallen nicht unter Art. 20 VO Nr. 596/2014[12]. Das gilt gleichermaßen für Empfehlungen, die nur im Konzern[13] kursieren sollen. 24

Sales-Notes und Morning-Notes sowie andere informelle kurzfristige Anlageempfehlungen, die aus der Verkaufs- oder Handelsabteilung einer Wertpapierfirma stammen und an die Kunden weitergegeben werden, stellen ebenfalls **keine** Anlageempfehlungen dar, es sei denn, dass sie der Öffentlichkeit oder einer großen Anzahl von Personen zugänglich gemacht werden sollen oder wahrscheinlich zugänglich werden[14]. 25

---

1 Dax, sofern damit Bezugnahme auf alle im Dax enthaltenen Finanzinstrumente oder auf bestimmte Segmente des Dax und nicht nur die Entwicklung des Dax als solchen (Rz. 15 f.; *Rothenhöfer* in Meyer/Veil/Rönnau, Handbuch zum Marktmissbrauchsrecht, § 21 Rz. 16).
2 ESMA70-145-111, Questions and Answers on the Market Abuse Regulation (MAR), Version 10, v. 14.12.2017, A8.11.
3 Unbegrenzte Vielzahl von Personen oder große Anzahl von Personen (*Rothenhöfer* in Meyer/Veil/Rönnau, Handbuch zum Marktmissbrauchsrecht, § 21 Rz. 25).
4 Insoweit wird Art. 1 Nr. 7 RL 2003/125/EG fortgeschrieben (ESMA, Final Report, Draft technical standards on the Market Abuse Regulation v. 28.9.2015 [ESMA/2015/1455], S. 72). Ebenso *Rothenhöfer* in Meyer/Veil/Rönnau, Handbuch zum Marktmissbrauchsrecht, § 21 Rz. 23.
5 ESMA, Final Report, Draft technical standards on the Market Abuse Regulation v. 28.9.2015 (ESMA/2015/1455), S. 72.
6 „Large number of persons" (ESMA, Final Report, Draft technical standards on the Market Abuse Regulation v. 28.9.2015 [ESMA/2015/1455], S. 73).
7 Auslage in den Geschäftsräumen, Internet, sonstige Medien, auch ein entsprechend großer Post- oder E-Mail-Verteiler.
8 Zurückhaltend *Rothenhöfer* in Meyer/Veil/Rönnau, Handbuch zum Marktmissbrauchsrecht, § 21 Rz. 24.
9 Zurückhaltend *Rothenhöfer* in Meyer/Veil/Rönnau, Handbuch zum Marktmissbrauchsrecht, § 21 Rz. 24 (E-Mails an alle Kunden).
10 ESMA, Final Report, Draft technical standards on the Market Abuse Regulation v. 28.9.2015 (ESMA/2015/1455), S. 73; *Rothenhöfer* in Meyer/Veil/Rönnau, Handbuch zum Marktmissbrauchsrecht, § 21 Rz. 25.
11 ESMA, Final Report, Draft technical standards on the Market Abuse Regulation v. 28.9.2015 (ESMA/2015/1455), S. 73. Vgl. ferner zum WpHG a.F. Schreiben der BaFin zur Auslegung einzelner Begriffe der §§ 31 Abs. 2 Satz 4, 34b WpHG in Verbindung mit der FinAnV v. 21.12.2007, unter 3, in dem betont wird, dass die Anlageberatung die individuellen persönlichen, finanziellen, steuerlichen oder sonstigen Verhältnisse des Adressaten berücksichtigen muss. Nicht genügt es, dass die Empfehlung ausgewählten Kunden, etwa in Verbindung mit einem persönlichen Anschreiben, gegeben wird (vgl. zum WpHG a.F. *Möllers* in KölnKomm. WpHG, § 34b WpHG Rz. 89). Vgl. auch § 64 WpHG Rz. 2 ff.
12 *Rothenhöfer* in Meyer/Veil/Rönnau, Handbuch zum Marktmissbrauchsrecht, § 21 Rz. 27. Vgl. zum WpHG a.F. *Fuchs* in Fuchs, § 34b WpHG Rz. 27; *Möllers* in KölnKomm. WpHG, § 34b WpHG Rz. 90.
13 Dazu zählen nicht Finanzverbünde, wie die der Sparkassen.
14 Vgl. zum WpHG a.F. *Möllers* in KölnKomm. WpHG, § 34b WpHG Rz. 91; *Fazley*, Regulierung der Finanzanalysten und Behavioral Finance, S. 153.

26 **Andererseits** wird eine Empfehlung bzw. ein Vorschlag i.S.d. Art. 3 Abs. 1 Unterabs. 35 VO Nr. 596/2014 (MAR) für die Öffentlichkeit erstellt, wenn die Empfehlung an alle Kunden einer größeren Bank gerichtet[1] oder wenn eine Empfehlung einer **Vielzahl**[2] **ausgewählter Kunden** erteilt werden soll, ohne dass deren individuelle Situation bereits bei der Formulierung der Empfehlung berücksichtigt worden ist, oder wenn die Finanzanalyse in den Geschäftsräumen ausgelegt werden soll oder wenn ein Finanzanalyst einen Newsletter erstellt. Disclaimer sind immer bedeutungslos[3]. Unerheblich ist auch, ob die Empfehlung den Empfängern bereits aus anderen Quellen bekannt war oder hätte bekannt sein können.

27 Entscheidend ist, ob im **Moment der Erstellung** (Rz. 30) der Empfehlung bzw. des Vorschlag bzw. der Verbreitung der Empfehlung bzw. des Vorschlags **das Ziel verfolgt** wird[4], die Empfehlung bzw. den Vorschlag einem Verbreitungskanal oder der Öffentlichkeit (Rz. 24) zugänglich[5] zu machen. Die Vorschrift sagt nicht, auf wessen Willen abzustellen ist. Sachgerecht ist es, jeweils auf die **Person des Erstellers** (Rz. 30) oder des **Verbreitenden**[6] abzuheben, so dass diesen der Zweck der Erstellung bekannt sein muss. Es kann daher ein Fall, in dem ein Arbeitnehmer mit der Erstellung einer Analyse für den internen Gebrauch beauftragt wird, dessen Vorgesetzter aber bereits in diesem Moment beabsichtigt, die Analyse zu veröffentlichen, der Art. 20 VO Nr. 596/2014 (MAR) zwar nicht gegenüber diesem Arbeitnehmer[7], wohl aber in Richtung auf den Vorgesetzten und das verantwortliche Unternehmen eingreifen. Entscheidend ist grds. die Intention[8] im **Zeitraum**[9] **bis zum Abschluss der Empfehlung bzw. des Vorschlags**, weil nur bei dieser Auslegung die Rechtsfolge einer Verpflichtung zur objektiven Darstellung der Empfehlung bzw. des Vorschlags[10] Sinn macht. Rückwirkend nach Fertigstellung der Finanzanalyse können keine besonderen Verhaltensanforderungen mehr an die Personen gestellt werden, die die Analyse erarbeitet haben.

28 Wird erst **nach Erarbeitung** der Empfehlung bzw. des Vorschlags **geplant**, diese einem **unbestimmten Personenkreis zugänglich** zu machen, so handelt es sich nicht um den Fall einer Weitergabe oder um das öffentliche Verbreiten der Empfehlung etc., sondern um einen besonderen Fall des Erstellens (Rz. 30)[11]. Art. 7 DelVO 2016/958 geht nämlich ebenso wie die Art. 8ff. DelVO 2016/958 davon aus, dass die Empfehlung etc. bereits erstellt war, bevor die Weitergabe eingeleitet wird.

29 Auf die Öffentlichkeit oder die Informationskanäle kommt es auch an, wenn eine bereits erstellte Empfehlung bzw. ein erstellter Vorschlag (Rz. 13) **verbreitet** (Rz. 37) wird. In diesem Sinn stellt das Verbreiten die Weitergabe einer i.S.d. Art. 20 VO Nr. 596/2014 (MAR) „erstellten" Empfehlung etc. an die Öffentlichkeit bzw. in die Informationskanäle dar.

30 **ee) Erstellen oder Verbreiten. Erstellen bedeutet**, dass die Empfehlung i.S.d. Art. 2 Abs. 1 DelVO 2016/958[12] mit dem Ziel der Verbreitung unter einer Vielzahl von Personen (Rz. 23f.) inhaltlich erarbeitet[13], äußerlich gestaltet[14], von einer juristischen Person verantwortet[15] wird, unter Umständen auch, dass sie inhaltlich wesentlich verändert[16] oder in ihrem äußeren Erscheinungsbild wesentlich modifiziert wird. Sie wird auch erstellt, wenn ihr Inhalt wesentlich durch Weisungen beeinflusst wird. An der Erstellung sind auch diejenigen Personen beteiligt, die zu der Empfehlung ihrer Plazet geben oder wesentliche Kritik anmelden, die berücksichtigt wird.

---

1 Vgl. zum WpHG a.F. *Fuchs* in Fuchs, § 34b WpHG Rz. 26.
2 Zum WpHG a.F. abl. *Fuchs* in Fuchs, § 34b WpHG Rz. 27.
3 Vgl. zum WpHG a.F. *Fazley*, Regulierung der Finanzanalysten und Behavioral Finance, S. 152.
4 *Rothenhöfer* in Meyer/Veil/Rönnau, Handbuch zum Marktmissbrauchsrecht, § 21 Rz. 26. Vgl. zum WpHG a.F. *Möllers* in KölnKomm. WpHG, § 34b WpHG Rz. 88. Vgl. aber CESR's Technical Advice on Possible Implementing Measures of the Directive 2004/39/EC v. April 2005 (Ref.: CESR/05-290b), S. 21: die Verbreitung ist wahrscheinlich.
5 Ein Zugang i.S.d. § 130 BGB ist nicht erforderlich; vgl. aber zum WpHG a.F. *Göres*, Interessenkonflikte, S. 233.
6 Dies ist derjenige, der dafür verantwortlich ist, dass die Empfehlung an die Öffentlichkeit bzw. in Verbreitungskanäle „weitergegeben" wird. Das kann, wie sich aus Art. 7 DelVO 2016/958 ergibt, der Ersteller sein.
7 Dieser wird nicht als „Ersteller tätig", weil ihm der Wille fehlt, die Empfehlung der Öffentlichkeit zugänglich zu machen.
8 Abw. zum WpHG a.F. *Schmidtke*, Regulierung, S. 169.
9 Abw. *Rothenhöfer* in Meyer/Veil/Rönnau, Handbuch zum Marktmissbrauchsrecht, § 21 Rz. 26, der von der Vollendung der Erstellung auszugehen scheint.
10 Art. 3 DelVO 2016/958.
11 So wohl auch *Rothenhöfer* in Meyer/Veil/Rönnau, Handbuch zum Marktmissbrauchsrecht, § 21 Rz. 26.
12 Der Begriff „Empfehlung" i.S.d. DelVO 2016/958 ist der Oberbegriff zu den Begriffen „Anlageempfehlung" und „Empfehlung oder Vorschlag einer Anlagestrategie" i.S.d. Art. 3 Abs. 1 Unterabs. 34, 35 VO Nr. 596/2014 (Rz. 3f.).
13 *Rothenhöfer* in Meyer/Veil/Rönnau, Handbuch zum Marktmissbrauchsrecht, § 21 Rz. 42. Vgl. zum WpHG a.F. *Schwalm*, Finanzanalysen, S. 73; *Fuchs* in Fuchs, § 34b WpHG Rz. 28.
14 Vgl. zum WpHG a.F. *Göres*, Erläuterungen zur Finanzanalyseverordnung, Rz. 37; *Fett* in Schwark/Zimmer, Kapitalmarktrechts-Kommentar, § 34b WpHG Rz. 12.
15 ESMA, Final Report, Draft technical standards on the Market Abuse Regulation v. 28.9.2015 (ESMA/2015/1455), S. 74.
16 Beachte Rz. 103ff. Vgl. *Rothenhöfer* in Meyer/Veil/Rönnau, Handbuch zum Marktmissbrauchsrecht, § 21 Rz. 42; zum WpHG a.F. *Möllers* in KölnKomm. WpHG, § 34b WpHG Rz. 92; *Fett* in Schwark/Zimmer, Kapitalmarktrechts-Kommentar, § 34b WpHG Rz. 12.

Dort, wo eine Empfehlung i.S.d. Art. 2 Abs. 1 DelVO 2016/958[1], die zunächst für interne Zwecke erarbeitet worden ist, **auf Grund eines neuen Entschlusses an die Öffentlichkeit** gegeben wird, fallen Erstellung und Verbreitung (Rz. 30 ff.) weitgehend zusammen[2]. Somit wird die Empfehlung nicht von denjenigen Personen erstellt, die ursprünglich die Analyse erarbeitet haben; denn im Zeitpunkt der Erarbeitung der Empfehlung kam Art. 20 VO Nr. 596/2014 (MAR) noch nicht zum Tragen. Die Empfehlung wird nämlich erst in dem Moment erstellt, in dem ihre öffentliche Verbreitung ins Auge gefasst wird (Rz. 27). Die Erstellung beginnt in einem solchen Fall mit der Planung[3] der öffentlichen Verbreitung[4]. 31

Ähnlich ist die Rechtslage, falls eine Empfehlung einem **einzigen Kunden** zugänglich gemacht werden sollte[5]. Sie stellt keine Empfehlung i.S.d. DelVO 2016/958[6] dar. Erst wenn dieser Kunde die Empfehlung, auf die Art. 20 VO Nr. 596/2014 (MAR) nicht anzuwenden ist, im eigenen Namen öffentlich verbreiten lässt, „erstellt" er eine Empfehlung i.S.d. DelVO 2016/958[7]. Um das Erstellen einer Empfehlung i.S.d. DelVO 2016/958 handelt es deshalb immer, falls jemand eine individuelle Empfehlung (Rz. 19) erhalten hat, um sie anschließend in vollem Umfang[8] als eigene oder als für ihn von Dritten erarbeitete Empfehlung an einen unbestimmten Personenkreis weiterzugeben[9]. 32

Unerheblich ist es, ob die Empfehlungen i.S.d. DelVO 2016/958[10] im **Inland oder im Ausland erstellt** worden sind. **Erstellt werden sie (nur) von denjenigen Personen (***Ersteller***)**, die – auf welcher Ebene auch immer – faktisch darüber **entscheiden**, welche Informationen zur Grundlage der Empfehlung gemacht werden sollen[11]. Werden Empfehlungen in Teamwork erarbeitet werden, „erstellen" nicht nur die Vorgesetzten des Teams die Empfehlungen, sondern alle Mitglieder des Teams, die darüber mitentscheiden[12], ob eine Tatsache relevant ist, von welchen Werturteilen auszugehen ist sowie, welche Werturteile zu treffen sind[13]. 33

Auch die Wertpapierfirma[14] oder das Kreditinstitut erstellt, wenn die Empfehlung i.S.d. DelVO 2016/958[15] von Personen erstellt worden ist, denen die Organe bzw. Inhaber dieser Unternehmen kraft Arbeits- oder Geschäftsbesorgungsrechts Weisungen bezüglich des Inhalts der Analyse geben durften oder über die die Organe bzw. Inhaber dieser Unternehmen die Oberaufsicht innehatten[16]. Nicht entscheidend kommt es darauf an, ob im Einzelfall Weisungen erteilt worden sind. Unternehmen sind zweifellos für die Erstellung der Empfehlung verantwortlich, wenn sie in ihrem Unternehmen erarbeitet worden ist. Hat ein Unternehmen von einem Dritten eine für interne Zwecke erstellte Empfehlung erworben[17] und verbreitet es diese später, so haben seine Mitarbeiter ebenfalls diese Empfehlung erstellt, die an der Entscheidung über die Verbreitung maßgeblich beteiligt waren (Rz. 28). 34

Vergibt eine Wertpapierfirma oder ein Kreditinstitut (Auftraggeber) **den Auftrag für eine** Empfehlung i.S.d. DelVO 2016/958 an ein anderes[18] ihm verbundenes Unternehmen (Auftragnehmer), so wird sie von letzterem 35

---

1 Der Begriff „Empfehlung" i.S.d. DelVO 2016/958 ist der Oberbegriff zu den Begriffen „Anlageempfehlung" und „Empfehlung oder Vorschlag einer Anlagestrategie" i.S.d. Art. 3 Abs. 1 Unterabs. 34, 35 VO Nr. 596/2014 (Rz. 3 f.).
2 *Rothenhöfer* in Meyer/Veil/Rönnau, Handbuch zum Marktmissbrauchsrecht, § 21 Rz. 42. Vgl. zum WpHG a.F. *Fuchs* in Fuchs, § 34b WpHG Rz. 29.
3 Abw. *Rothenhöfer* in Meyer/Veil/Rönnau, Handbuch zum Marktmissbrauchsrecht, § 21 Rz. 43 (Verbreitung veranlasst).
4 Vgl. zum WpHG a.F. *Möllers* in KölnKomm. WpHG, § 34b WpHG Rz. 88.
5 Vgl. zum WpHG a.F. *Fuchs* in Fuchs, § 34b WpHG Rz. 29; *Fett* in Schwark/Zimmer, Kapitalmarktrechts-Kommentar, § 34b WpHG Rz. 12.
6 Der Begriff „Empfehlung" i.S.d. DelVO 2016/958 ist der Oberbegriff zu den Begriffen „Anlageempfehlung" und „Empfehlung oder Vorschlag einer Anlagestrategie" i.S.d. Art. 3 Abs. 1 Unterabs. 34, 35 VO Nr. 596/2014 (Rz. 3 f.).
7 *Rothenhöfer* in Meyer/Veil/Rönnau, Handbuch zum Marktmissbrauchsrecht, § 21 Rz. 42.
8 Wenn die Analyse nur in einer Zusammenfassung weitergegeben wird, greift Art. 9 DelVO 2016/958 ein.
9 Vgl. zum WpHG a.F. *Spindler*, NZG 2004, 1138, 1146; *Möllers* in KölnKomm. WpHG, § 34b WpHG Rz. 93.
10 Der Begriff „Empfehlung" i.S.d. DelVO 2016/958 ist der Oberbegriff zu den Begriffen „Anlageempfehlung" und „Empfehlung oder Vorschlag einer Anlagestrategie" i.S.d. Art. 3 Abs. 1 Unterabs. 34, 35 VO Nr. 596/2014 (Rz. 3 f.).
11 *Rothenhöfer* in Meyer/Veil/Rönnau, Handbuch zum Marktmissbrauchsrecht, § 21 Rz. 43. Vgl. zum WpHG a.F. *Fett* in Schwark/Zimmer, Kapitalmarktrechts-Kommentar, § 34b WpHG Rz. 15; *Fuchs* in Fuchs, § 34b WpHG Rz. 29 Vgl. ferner CESR, Technical Advice on Level 2 v. April 2005 (Ref.: CESR/05-291b), S. 20: jede Person, die an der Erstellung mitwirkt. *Göres*, Erläuterungen zur Finanzanalyseverordnung, Rz. 41 stellt zum WpHG a.F. auf die Personen ab, die das Analyseprodukt tatsächlich erarbeiten.
12 *Rothenhöfer* in Meyer/Veil/Rönnau, Handbuch zum Marktmissbrauchsrecht, § 21 Rz. 43. Wer lediglich zur Vorbereitung einer Analyse Daten besorgt, erstellt nicht; anders, wenn er zugleich eine Auswahl trifft.
13 Diese Interpretation des Begriffs des Erstellers ist insbesondere dort von Bedeutung, wo es um die Bändigung von Interessenkonflikten geht. Vgl. zum WpHG a.F. *Göres*, Interessenkonflikte, S. 126 f. Unklar *Schilder*, Verhaltenspflichten, S. 198, der Hilfspersonen ausklammern will.
14 Art. 3 Abs. 1 Nr. 2 VO Nr. 596/2014.
15 Der Begriff „Empfehlung" i.S.d. DelVO 2016/958 ist der Oberbegriff zu den Begriffen „Anlageempfehlung" und „Empfehlung oder Vorschlag einer Anlagestrategie" i.S.d. Art. 3 Abs. 1 Unterabs. 34, 35 VO Nr. 596/2014 (Rz. 3 f.).
16 So ESMA, Final Report, Draft technical standards on the Market Abuse Regulation v. 28.9.2015 (ESMA/2015/1455), S. 74 zu juristischen Personen. Vgl. auch *Rothenhöfer* in Meyer/Veil/Rönnau, Handbuch zum Marktmissbrauchsrecht, § 21 Rz. 44. Ähnlich zum WpHG a.F. *Möllers* in KölnKomm. WpHG, § 34b WpHG Rz. 162.
17 Diese Analyse ist in diesem Zeitpunkt noch nicht als Empfehlung i.S.d. DelVO 2016/958 zu qualifizieren.
18 Vgl. zum WpHG a.F. *Fuchs* in Fuchs, § 34b WpHG Rz. 40.

erstellt[1]. Der Umstand, dass der Auftragnehmer die Empfehlung etc. nicht als eigenes Produkt den interessierten Kreisen zugänglich machen will, ändert nichts an seiner Verantwortung[2]. Fraglich kann dort, wo der Auftragnehmer das Produkt nur seinem Auftraggeber zugänglich machen will, nur sein, ob es sich bei dem Produkt überhaupt um eine Empfehlung handelt. Diese Frage ist zu verneinen, wenn die Analyse aus der Sicht des Auftragnehmers lediglich dem Auftraggeber, nicht aber einem unbestimmten Personenkreis (Rz. 23) zugänglich gemacht werden soll. Ging der Auftragnehmer jedoch davon aus, dass die Analyse vom Auftraggeber verbreitet wird, so handelt es sich um eine Empfehlung, für die der Auftragnehmer verantwortlich ist[3]. Nur diese Interpretation entspricht dem vergleichbaren Fall, dass ein Arbeitnehmer eine (Anlage)Empfehlung für eine Wertpapierfirma oder ein Kreditinstitut als seinem Arbeitgeber anfertigt, bei dem der Arbeitnehmer ebenfalls als der Ersteller qualifiziert wird, obwohl er selbst das Produkt nicht dem Publikum zugänglich machen will und kann.

36 Die Rechtslage ändert sich, wenn der Auftragnehmer keine eigene Empfehlung i.S.d. DelVO 2016/958, sondern lediglich den **nach den Vorgaben des Auftraggebers** erstellten Inhalt einer von diesem zu verantwortenden Empfehlung etc. liefert (**z.B. sog. White-Label-Analyse**). In einem solchen Fall erstellt der Auftraggeber die Empfehlung[4].

37 Vom **Verbreiten** einer Empfehlung i.S.d. DelVO 2016/958[5] ist zu sprechen, wenn eine bereits für die Öffentlichkeit erstellte Empfehlung vom Ersteller (Rz. 27) in Informationskanälen dargeboten oder in anderer Weise der Öffentlichkeit zugänglich gemacht wird oder nach ihrer Erstellung (Rz. 30) **weitergegeben** wird[6]. Die Vorschrift differenziert in der deutschen Sprachfassung ebenso wenig wie Art. 20 Abs. 1 VO Nr. 596/2014 zwischen der „Weitergabe" an die Öffentlichkeit und einer „Weitergabe" an einen beschränkten Personenkreis oder auch nur an eine andere Person. Die englische Sprachfassung, die den Begriff „disseminates" verwendet, legt indessen nahe, dass Art. 7 der DelVO 2016/958 nur eine Weitergabe an die Öffentlichkeit bzw. eine Einspeisung in Verbreitungskanäle im Auge hat[7]. Sie muss zumindest mit der Weitergabe initiiert werden.

38 **c) Pflichten bei der Erstellung einer Anlageempfehlung oder einer Empfehlung bzw. eines Vorschlags zu einer Anlagestrategie (Empfehlungen i.S.d. DelVO 2016/958). aa) Angaben zu den erstellenden Personen und der Aufsichtsbehörde.** Gemäß Art. 2 Abs. 1 lit. a DelVO 2016/958 müssen der Name und die Berufsbezeichnung[8] aller[9] an der Erstellung der Empfehlung beteiligten natürlichen Personen[10] angegeben werden[11]. An der Erstellung beteiligt sind alle natürlichen Personen, die (mit)entscheiden, ob eine Information relevant ist, von welchen Werturteilen auszugehen ist, welche Werturteile zu treffen, welche Anlageempfehlungen bzw. Anlagevorschläge zu machen sind oder wie diese samt den Informationen darzubieten sind[12]. Keine Entscheidungen treffen diejenigen Personen, die lediglich die Entscheidung durch leitende Mitarbeiter oder Organe des Unternehmens vorbereiten. Auch der Name der als juristische Personen organisierten Wertpapierfirma oder des Kreditinstituts, für die die natürlichen Personen aufgrund eines Vertrages tätig wurden, müssen genannt werden[13]. Es kann durchaus sein, dass für eine juristische Person eine andere juristische Person und für diese

---

1 Vgl. zum WpHG a.F. *Fett* in Schwark/Zimmer, Kapitalmarktrechts-Kommentar, § 34b WpHG Rz. 16; *Möllers* in Köln-Komm. WpHG, § 34b WpHG Rz. 162.
2 *Fuchs* in Fuchs, § 34b WpHG Rz. 40.
3 Vgl. zum WpHG a.F. *Fuchs* in Fuchs, § 34b WpHG Rz. 40.
4 *Rothenhöfer* in Meyer/Veil/Rönnau, Handbuch zum Marktmissbrauchsrecht, § 22 Rz. 31. Vgl. zum WpHG a.F. *Fuchs* in Fuchs, § 34b WpHG Rz. 40; *Fett* in Schwark/Zimmer, Kapitalmarktrechts-Kommentar, § 34b WpHG Rz. 16. Im Übrigen sind die Mitarbeiter des Auftragnehmers so wie die Angestellten des Auftraggebers zu behandeln und deshalb als Ersteller, der Auftraggeber als das für die Erstellung verantwortliche Unternehmen zu benennen (vgl. zum WpHG a.F. *Göres*, Erläuterungen zur Finanzanalyseverordnung, Rz. 60 f.).
5 Der Begriff „Empfehlung" i.S.d. DelVO 2016/958 ist der Oberbegriff zu den Begriffen „Anlageempfehlung" und „Empfehlung oder Vorschlag einer Anlagestrategie" i.S.d. Art. 3 Abs. 1 Unterabs. 34, 35 VO Nr. 596/2014 (Rz. 3 f.).
6 Der Begriff des Verbreitens in Art. 20 Abs. 1 VO Nr. 596/2014 ist im Licht der DelVO 2016/958, die mit dem Begriff der Weitergabe (Art. 7 ff. DelVO 2016/958) arbeitet, der Oberbegriff. Abw. *Rothenhöfer* in Meyer/Veil/Rönnau, Handbuch zum Marktmissbrauchsrecht, § 21 Rz. 45 f. (keine Differenzierung zwischen der Weitergabe und dem Verbreiten).
7 A.A. *Geier/Hombach/Schütt*, RdF 2017, 108, 110; *Rothenhöfer* in Meyer/Veil/Rönnau, Handbuch zum Marktmissbrauchsrecht, § 21 Rz. 45 f., der immerhin fordert, dass die Empfehlung wahrscheinlich die Öffentlichkeit erreichen wird.
8 Mit Berufen ist die spezifische Funktion, nicht die hierarchische Stellung gemeint, in der die Ersteller bei der Erarbeitung der Finanzanalyse tätig geworden sind (*Rothenhöfer* in Meyer/Veil/Rönnau, Handbuch zum Marktmissbrauchsrecht, § 22 Rz. 28). Z.B. Analyst DVFA.
9 *Rothenhöfer* in Meyer/Veil/Rönnau, Handbuch zum Marktmissbrauchsrecht, § 22 Rz. 28.
10 Dies werden in der Regel Arbeitnehmer oder Personen sein, die für ein Unternehmen auf Grund eines Geschäftsbesorgungsvertrages oder Dienstverhältnisses tätig sind. Enger ESMA, Final Report, Draft technical standards on the Market Abuse Regulation v. 28.9.2015 (ESMA/2015/1455), S. 74 (Arbeitnehmer).
11 Art. 2 Abs. 1 lit. a DelVO 2016/958.
12 Ähnlich *Rothenhöfer* in Meyer/Veil/Rönnau, Handbuch zum Marktmissbrauchsrecht, § 22 Rz. 29.
13 Art. 2 Abs. 1 lit. b DelVO 2016/958. Es versteht sich von selbst, dass bei der Erstellung von Empfehlungen durch juristische Personen immer andere natürliche oder juristische Personen tätig werden müssen. Die Verträge müssen nicht wirksam sein. *Rothenhöfer* in Meyer/Veil/Rönnau, Handbuch zum Marktmissbrauchsrecht, § 22 Rz. 30 rückt das Weisungsrecht in den Vordergrund.

eine natürliche Person tätig wird. Dann ist der Name aller juristischen Personen aufzuführen[1]. Außerdem ist von den Wertpapierfirmen[2] und Kreditinstituten sowie den für sie als Ersteller von Empfehlungen tätigen natürlichen Personen der Namen der für sie zuständigen Behörde offen zu legen[3]. Art. 2 Abs. 1 DelVO 2016/958 lässt anders als Art. 2 Abs. 1 der RL 2003/125/EG nicht klar erkennen, **wer die Angaben zu machen** hat. Es wird nämlich lediglich zwischen den Personen, die die Empfehlungen erstellen („produce"), und den anderen Personen unterschieden, die für die Erstellung verantwortlich sind. Beide Personengruppen sind aber als Ersteller zu behandeln, so dass beide Personengruppen für die Aufnahme der sie jeweils betreffenden Angaben zu sorgen haben[4]. Zur Art der Offenlegung s. Rz. 54.

bb) Verhalten bei der Erstellung einer Anlageempfehlung oder Anlagestrategieempfehlung (Empfehlung i.S.d. DelVO 2016/958). Anders als § 3 Abs. 2 FinAnV a.F. regelt Art. 20 Abs. 1 VO Nr. 596/2014 (MAR) ebenso wie die DelVO 2016/958 im wesentlichen nur, *wie* **Informationen dargestellt** und **Interessenkonflikte** offen gelegt werden müssen. Dies ergibt sich klar aus den Überschriften zur DelVO 2016/958. Eine Ausnahme macht Art. 3 Abs. 3 der DelVO 2016/958, der die Ersteller verpflichtet, gegenüber der Aufsichtsbehörde auf deren Ersuchen hin die erstellte Empfehlung zu begründen[5]. **Organisationspflichten** werden in den Art. 36 f. DelVO 2017/565[6] und in § 85 WpHG statuiert. 39

cc) Darstellung der Anlageempfehlung oder Empfehlung bzw. des Vorschlags zu einer Anlagestrategie (Empfehlungen i.S.d. DelVO 2016/958). (1) Objektive Darstellung. (a) Darzustellende Informationen. Trennung von Tatsachen und Einschätzungen. In der Empfehlung[7] müssen die empirisch fassbaren Tatsachen[8] von allen unbeweisbaren Annahmen deutlich („clearly") unterschieden werden[9]. Zu diesen Annahmen zählen Interpretationen, Schätzungen, Prognosen, Stellungnahmen aller Art[10]. Es muss mithin deutlich werden, welche Informationen nachgewiesen werden können und welche durch die Persönlichkeit des Erstellers geprägt sind. Zur Art der Offenlegung s. Rz. 54. 40

Informationsquellen sind, sofern wesentlich[11], zumindest ihrer Art nach anzugeben[12]. Insbesondere ist anzugeben, ob der Emittent aktiv[13] Informationen geliefert hat[14]. Zur Art der Offenlegung s. Rz. 54. 41

Zuverlässigkeit der Informationsquellen. Gemäß dem Art. 3 Abs. 1 lit. c DelVO 2016/958 ist grundsätzlich mit verkehrserforderlicher Sorgfalt dafür zu sorgen[15], dass nur Informationsquellen genutzt werden, die allgemein als zuverlässig bekannt sind[16] oder sich im Einzelfall als zuverlässig erwiesen haben. Die Empfehlung[17] darf allerdings auch auf Gerüchte gestützt werden. Die Information ist dann das Gerücht und es kommt auf die Quelle an, aus der das Gerücht stammt. Wenn bei verkehrserforderlicher Sorgfalt Zweifel an der Zuverlässigkeit der Quelle erkennbar[18] sind, ist hierauf hinzuweisen. Zur Art der Offenlegung s. Rz. 54. 42

---

1 Art. 2 Abs. 1 lit. b DelVO 2016/958; abw. *Rothenhöfer* in Meyer/Veil/Rönnau, Handbuch zum Marktmissbrauchsrecht, § 22 Rz. 30.
2 Art. 3 Abs. 1 Nr. 2 VO Nr. 596/2014.
3 Art. 2 Abs. 2 DelVO 2016/958.
4 Art. 2 Abs. 1 der Richtlinie 2003/125/EG, die durch das WpHG a.F. umgesetzt wurde, unterscheidet demgegenüber zwischen den Personen die die Empfehlung erstellt haben (who prepared) und der juristischen Person, die für die Erstellung verantwortlich ist.
5 *Rothenhöfer* in Meyer/Veil/Rönnau, Handbuch zum Marktmissbrauchsrecht, § 22 Rz. 13.
6 Abgedruckt bei § 85 WpHG.
7 Der Begriff „Empfehlung" i.S.d. DelVO 2016/958 ist der Oberbegriff zu den Begriffen „Anlageempfehlung" und „Empfehlung oder Vorschlag einer Anlagestrategie" i.S.d. Art. 3 Abs. 1 Unterabs. 34, 35 VO Nr. 596/2014 (Rz. 3 f.).
8 Vgl. zu § 34b WpHG a.F. *Möllers* in KölnKomm. WpHG, § 34b WpHG Rz. 128; *Schwalm*, Finanzanalysen, S. 138.
9 Art. 3 Abs. 1 lit. a DelVO 2016/958; *Rothenhöfer* in Meyer/Veil/Rönnau, Handbuch zum Marktmissbrauchsrecht, § 22 Rz. 21.
10 Art. 3 Abs. 1 lit. a DelVO 2016/958 nennt Auslegungen, Schätzungen, Stellungnahmen. Zum WpHG a.F. *Schwalm*, Finanzanalysen, S. 138.
11 Diejenigen Informationsquellen sind wesentlich, die den zentralen Annahmen und Aussagen der Empfehlung bzw. des Vorschlags zugrunde liegen (*Rothenhöfer* in Meyer/Veil/Rönnau, Handbuch zum Marktmissbrauchsrecht, § 22 Rz. 22).
12 Art. 3 Abs. 1 lit. b DelVO 2016/958; *Rothenhöfer* in Meyer/Veil/Rönnau, Handbuch zum Marktmissbrauchsrecht, § 22 Rz. 22.
13 Unerheblich ist es, ob diese Informationen aufgegriffen worden sind.
14 Art. 3 Abs. 1 lit. b DelVO 2016/958. Vgl. zum WpHG a.F. *Möllers* in KölnKomm. WpHG, § 34b WpHG Rz. 132 (es genügt die pauschale Nennung der Art der Quelle, sofern es sich nicht um außergewöhnliche Quellen handelt).
15 Dies impliziert Organisationsmaßnahmen in Form von Anweisungen und Kontrollen (*Rothenhöfer* in Meyer/Veil/Rönnau, Handbuch zum Marktmissbrauchsrecht, § 22 Rz. 13).
16 *Rothenhöfer* in Meyer/Veil/Rönnau, Handbuch zum Marktmissbrauchsrecht, § 22 Rz. 23.
17 Der Begriff „Empfehlung" i.S.d. DelVO 2016/958 ist der Oberbegriff zu den Begriffen „Anlageempfehlung" und „Empfehlung oder Vorschlag einer Anlagestrategie" i.S.d. Art. 3 Abs. 1 Unterabs. 34, 35 VO Nr. 596/2014 (Rz. 3 f.).
18 *Rothenhöfer* in Meyer/Veil/Rönnau, Handbuch zum Marktmissbrauchsrecht, § 22 Rz. 23.

43 **Prognosen, Vorhersagen, Kursziele.** Das Gebot, Prognosen, Vorhersagen und angestrebte Kursziele in der Empfehlung[1] klar und unmissverständlich als solche zu kennzeichnen[2], überschneidet sich mit dem Gebot, Tatsachen deutlich von Auslegungen, Schätzungen Stellungnahmen zu unterscheiden. Bei Prognosen, Vorhersagen, Kursziele geht es jedoch nicht nur um eine klare Unterscheidung von Tatsachen, sondern auch um eine unmissverständliche Darstellungsweise (Rz. 54). Außerdem muss in der Empfehlung darauf hingewiesen werden, womit der Ersteller seine empirisch ungesicherten Meinungen, insbesondere seine Hochrechnungen und Vorhersagen, legitimiert[3]. Wesentlich sind hierbei diejenigen Annahmen, die, sofern sie nicht weitgehend selbstverständlich sind, für den Inhalt der Empfehlung von entscheidender[4] Bedeutung sind. Zur Art der Offenlegung s. Rz. 54.

44 **Datum und Zeitpunkt der Erstellung.** Die Angaben zu dem Datum und dem Zeitpunkt („time") der vollständigen Erstellung[5] sollen dem Anlegerpublikum erlauben, die Aktualität der Empfehlung[6] einzuschätzen[7]. Maßgeblich ist die Uhrzeit der Vollendung des Textes[8]. Außerdem werden die Anleger dadurch geschützt, dass das Datum und die Uhrzeit der in der Empfehlung angegebenen Kurse bzw. Preise der Finanzinstrumente (Rz. 7) sowie das Datum und die Uhrzeit der Verbreitung der Empfehlung (Art. 7 DelVO 2016/958) mitzuteilen sind[9]. Zur Art der Offenlegung s. Rz. 54.

45 **Angaben zur Unterrichtung des Emittenten.** Art. 4 Abs. 1 lit. a DelVO 2016/958 betrifft einen Fall eines drohenden Interessenkonfliktes[10], bei dem die abstrakte Gefahr der Voreingenommenheit zu Warnungen verpflichtet. Die Änderung der Empfehlung braucht nicht nachweislich dadurch ausgelöst worden zu sein, dass die Analyse dem Emittenten vorgelegt worden ist[11]. Eine Angabe ist auch geboten, wenn der Emittent nur auszugsweise informiert worden und die Empfehlung[12] danach mehr als bloß redaktionell[13] verändert worden ist[14]. Die englische und französische Fassung der DelVO 2016/958 deuten allerdings darauf hin, dass die gesamte Empfehlung dem Emittenten vorgelegt worden sein muss. Wenn man nur die Vorlage der vollständigen Empfehlung für bedeutsam halten würde, würde dies Umgehungen Tür und Tor öffnen. Die Vorschrift ist deshalb extensiv zu interpretieren. Andererseits besteht kein generelles Verbot der Vorlage an den Emittenten. Kommt es zu keiner Änderung der vorgelegten Empfehlung bzw. des vorgelegten Teils der Empfehlung, so braucht die Vorlage an den Emittenten nicht angegeben zu werden[15]. Anders ist die Situation, falls eine Empfehlung nach ihrer Verbreitung dem Emittenten vorgelegt und daraufhin wesentlich verändert wird, weil die Veränderung als neue Erstellung der Empfehlung zu bewerten ist[16]. Zur Art der Offenlegung s. Rz. 54.

46 **Zusammenfassung der Bewertungsgrundlagen oder Methoden und der zugrunde liegenden Annahmen**[17]. Bewertungsgrundlagen sind die Methoden samt den Annahmen und ihrer Änderungen, auf denen eine Empfehlung[18] basiert[19]. Die Zusammenfassung bringt es mit sich, dass nicht alle, sondern nur die wesentlichen An-

---

1 Der Begriff „Empfehlung" i.S.d. DelVO 2016/958 ist der Oberbegriff zu den Begriffen „Anlageempfehlung" und „Empfehlung oder Vorschlag einer Anlagestrategie" i.S.d. Art. 3 Abs. 1 Unterabs. 34, 35 VO Nr. 596/2014 (Rz. 3 f.).
2 Art. 3 Abs. 1 lit. d DelVO 2016/958.
3 Z.B. Erfahrung, Erwartungen des Marktes, Peergroup-Vergleich, Bewertungsmodelle; vgl. zum WpHG a.F. *Göres*, Erläuterungen zur Finanzanalyseverordnung, Rz. 51.
4 Vgl. auch vgl. zum WpHG a.F. *Schwalm*, Finanzanalysen, 139.
5 Art. 3 Abs. 1 lit. d DelVO 2016/958; *Geier/Hombach/Schütt*, RdF 2017, 108, 110.
6 Der Begriff „Empfehlung" i.S.d. DelVO 2016/958 ist der Oberbegriff zu den Begriffen „Anlageempfehlung" und „Empfehlung oder Vorschlag einer Anlagestrategie" i.S.d. Art. 3 Abs. 1 Unterabs. 34, 35 VO Nr. 596/2014 (Rz. 3 f.).
7 *Vogler*, Aktienanalyse, S. 167 f. weist auf die Probleme hin, die bei zeitversetzten Veröffentlichungen entstehen.
8 Art. 3 Abs. 1 lit.e DelVO 2016/958: „when the production of the recommendation was completed"; abw. *Rothenhöfer* in Meyer/Veil/Rönnau, Handbuch zum Marktmissbrauchsrecht, § 22 Rz. 25: Zeitpunkt der geistigen Fertigstellung, d.h. Zeitpunkt, bis zu dem Informationen berücksichtigt wurden. (es muss aber auch ins Gewicht fallen, dass bis zur Fertigstellung des Textes möglicherweise auf die Berücksichtigung bestimmter Informationen verzichtet worden ist, weil sie für irrelevant erachtet wurden).
9 Art. 4 Abs. 1 lit. g DelVO 2016/958; ESMA, Final Report, Draft technical standards on the Market Abuse Regulation v. 28.9.2015 (ESMA/2015/1455), S. 74.
10 Vgl. zum WpHG a.F. *Göres*, Interessenkonflikte, S. 56.
11 *Rothenhöfer* in Meyer/Veil/Rönnau, Handbuch zum Marktmissbrauchsrecht, § 23 Rz. 13.
12 Der Begriff „Empfehlung" i.S.d. DelVO 2016/958 ist der Oberbegriff zu den Begriffen „Anlageempfehlung" und „Empfehlung oder Vorschlag einer Anlagestrategie" i.S.d. Art. 3 Abs. 1 Unterabs. 34, 35 VO Nr. 596/2014 (Rz. 3 f.).
13 *Rothenhöfer* in Meyer/Veil/Rönnau, Handbuch zum Marktmissbrauchsrecht, § 23 Rz. 13.
14 Vgl. zum WpHG a.F. *Göres*, Erläuterungen zur Finanzanalyseverordnung, Rz. 65.
15 Vgl. zum WpHG a.F. in *Schmidtke*, Regulierung, S. 193.
16 A.A. *Rothenhöfer* in Meyer/Veil/Rönnau, Handbuch zum Marktmissbrauchsrecht, § 23 Rz. 13.
17 Art. 4 Abs. 1 lit. b Halbsatz 1 DelVO 2016/958.
18 Der Begriff „Empfehlung" i.S.d. DelVO 2016/958 ist der Oberbegriff zu den Begriffen „Anlageempfehlung" und „Empfehlung oder Vorschlag einer Anlagestrategie" i.S.d. Art. 3 Abs. 1 Unterabs. 34, 35 VO Nr. 596/2014 (Rz. 3 f.).
19 Dies soll es erlauben, die Empfehlungen besser zu verstehen und zu beurteilen, inwieweit sich die Ersteller durchgehend auf die von ihnen angenommenen Werturteile stützen und die Methoden konsequent einsetzen (4. Erwägungsgrund der DelVO 2016/958).

nahmen erkennbar werden müssen. Die Personen, die wahrscheinlich auf die Finanzanalyse ihre Anlageentscheidungen stützen, müssen die Aussagekraft der Empfehlung in groben Zügen einschätzen können[1]. Danach muss z.B. erkennbar werden, ob es sich um einen **Primär-** oder um einen **Sekundärresearch**, ob um eine sog. **Chart-** oder um eine **Fundamental-Analyse** oder um eine Mischform handelt[2]. (Nur) der Grundgedanke der Analyse ist anzugeben. Der Umfang der Angaben hängt nicht vom Umfang der Empfehlung ab[3]. Die **Bewertungsmethoden** müssen vertretbar sein[4]. Die offenzulegenden **Änderungen** der Bewertung, der Bewertungsmethoden oder der zugrunde liegenden Annahmen beziehen sich auf die von derselben Person zum selben Unternehmen, Branche, Land unmittelbar zuvor erstellte Empfehlung[5]. Zur Art der Offenlegung s. Rz. 54.

Ungeschützte Modelle (Art. 4 Abs. 1 lit. c DelVO 2016/958). Hat der Ersteller keine geschützten Modelle (dazu Rz. 48) verwandt, sondern z.B. eigene Modelle entwickelt, so sind die Bewertungsgrundlagen und Bewertungsmethoden in der Empfehlung[6] nicht nur zusammenfassend zu schildern, sondern es ist auch ein Ort anzugeben, an dem zu ihnen unmittelbar und in einfacher Weise ausführliche Informationen erhältlich sind. Zur Angabe des Ortes s. Rz. 55. Zur Art der Offenlegung s. Rz. 54. 47

Geschützte Modelle (Art. 4 Abs. 1 lit. d DelVO 2016/958). Geschützte Modelle sind Vorbilder oder Muster, Modellrechnungsformen, für die der Empfehlende oder Dritte urheberrechtlichen oder gewerblichen Rechtsschutz genießen und die auf dem Markt angeboten werden[7]. Dazu sollte man auch die Modelle zählen, die der Öffentlichkeit frei zugänglich[8] sind. Bei ihnen können sich die Anleger leichter selbst informieren. Dementsprechend sieht Art. 4 Abs. 1 lit. d DelVO 2016/958 vor, dass im Unterschied zu den ungeschützten Modellen keine ausführlichen Informationen zur Bewertung etc., sondern nur grundlegend[9] Informationen, d.h. Basisinformationen, erteilt werden müssen, die es den Anlegern ermöglichen, sich – ggf. gegen Bezahlung[10] – mit den notwendigen Details zu versorgen. Wenn ein urheberrechtlicher oder gewerblicher Rechtsschutz existiert, das Modell jedoch nicht auf dem Markt angeboten wird, so folgt aus der Pflicht, eine Stelle zu nennen, an der Informationen erhältlich sind, nicht die Pflicht, das Modell am Markt zugänglich zu machen oder jedes Detail des Modells offen zu legen[11]. Zur Art der Offenlegung s. Rz. 54. 48

Bedeutung der erstellten Empfehlung (Art. 4 Abs. 1 lit. e DelVO 2016/958). Die Ersteller haben die Bedeutung der Empfehlung[12] für die von ihnen angeregte Anlageentscheidung einschließlich des gewählten Zeithorizonts, für den die Empfehlung gilt, die Anlagerisiken[13] und die Empfindlichkeit[14] der Bewertungsparameter in Schlagworten zu erläutern. Die Erläuterung muss einem Durchschnittsanleger[15] der Zielgruppe ein **hinreichend kla-** 49

---

1 *Rothenhöfer* in Meyer/Veil/Rönnau, Handbuch zum Marktmissbrauchsrecht, § 23 Rz. 14. Vgl. zum WpHG a.F. *Göres*, Erläuterungen zur Finanzanalyseverordnung, Rz. 50.
2 Vgl. zum WpHG a.F. vgl. *Fazley*, Regulierung der Finanzanalysten und Behavioral Finance, S. 44 ff. zu den Analysekonzepten.
3 Zur Empfehlung zählen auch die Informationen, auf die sie gestützt ist (Rz. 14).
4 Näher zum WpHG a.F. *Möllers/Lebherz*, BKR 2007, 349, 351 f.
5 4. Erwägungsgrund der DelVO 2016/958; einschr. *Rothenhöfer* in Meyer/Veil/Rönnau, Handbuch zum Marktmissbrauchsrecht, § 23 Rz. 15 (grds.).
6 Der Begriff „Empfehlung" i.S.d. DelVO 2016/958 ist der Oberbegriff zu den Begriffen „Anlageempfehlung" und „Empfehlung oder Vorschlag einer Anlagestrategie" i.S.d. Art. 3 Abs. 1 Unterabs. 34, 35 VO Nr. 596/2014 (Rz. 3 f.).
7 Proprietary models. Abw. *Rothenhöfer* in Meyer/Veil/Rönnau, Handbuch zum Marktmissbrauchsrecht, § 23 Rz. 16: bei eigenen geschützten Modellen hat der Ersteller der Empfehlung ein gesteigertes Interesse an ihrer Geheimhaltung (ebenso ESMA/2015/1455, Final Report, Draft technical standards on the Market Abuse Regulation v. 28.9.2015, Ziff. 10.4.2.3 Rz. 361. Dies steht allerdings im Widerspruch zur Pflicht, Informationen zu diesen Modellen zumindest in der Weise zu erteilen, dass mitgeteilt wird, wo zu ihnen ausreichende Informationen zu finden sind, um die mit ihrer Hilfe erzielten Ergebnisse nachvollziehen zu können.
8 Dies ist insbesondere der Fall, wenn das Modell in einer Zeitschrift oder einer Monographie publiziert worden ist. A.A. ESMA/2015/1455, Final Report, Draft technical standards on the Market Abuse Regulation v. 28.9.2015, Ziff. 10.4.2.3 Rz. 361.
9 Die Bedeutung des englischen Begriffs „material" schwankt zwischen wesentlich, erheblich und grundlegend.
10 *Rothenhöfer* in Meyer/Veil/Rönnau, Handbuch zum Marktmissbrauchsrecht, § 23 Rz. 16.
11 ESMA/2015/1455, Final Report, Draft technical standards on the Market Abuse Regulation v. 28.9.2015, Ziff. 10.4.2.3 Rz. 361.
12 Der Begriff „Empfehlung" i.S.d. DelVO 2016/958 ist der Oberbegriff zu den Begriffen „Anlageempfehlung" und „Empfehlung oder Vorschlag einer Anlagestrategie" i.S.d. Art. 3 Abs. 1 Unterabs. 34, 35 VO Nr. 596/2014 (Rz. 3 f.).
13 Beispielsweise mit dem Emittenten oder der Aktie verbundene besondere Risiken, etwa infolge schwankenden Dollarkurses oder der Subventionsabhängigkeit, der Gefahr erheblicher Bußgeldzahlungen, schwebende Schadensersatzprozesse (vgl. zum WpHG a.F. *Möllers* in KölnKomm. WpHG, § 34b WpHG Rz. 137 ff.). Nicht hierher zählen Risiken, die sich aus den Tatsachenannahmen ergeben, die der Analyse zugrunde liegen (*Rothenhöfer* in Meyer/Veil/Rönnau, Handbuch zum Marktmissbrauchsrecht, § 23 Rz. 17). Auch die Schwächen der jeweiligen Methoden müssen nicht dargestellt werden (*Rothenhöfer* in Meyer/Veil/Rönnau, Handbuch zum Marktmissbrauchsrecht, § 23 Rz. 17).
14 Hierbei geht es darum, wie sehr eine Änderung der Annahmen das Ergebnis beeinflussen würde (Sensitivität). Nach *Rothenhöfer* in Meyer/Veil/Rönnau, Handbuch zum Marktmissbrauchsrecht, § 23 Rz. 17 dürfen die Anforderungen nicht überspannt werden; es seien daher lediglich Angaben zu den zentralen Annahmen geboten.
15 Abw. zum WpHG a.F. *Teigelack*, Finanzanalysen und Behavioral Finance, S. 163: verständiger Anleger.

res Bild von der Aussagekraft der Analyse liefern und die Empfehlung so konkretisieren, dass es zu keinen Missverständnissen und keinen von der Empfehlung nicht gedeckten Dispositionen kommt[1]. Dies ist insbesondere bei indirekten/impliziten Empfehlungen/Vorschlägen wichtig. Es ist aber auch darüber aufzuklären, welcher Inhalt mit einer Empfehlung verbunden ist, die direkt/explizit bestimmte Schlagworte verwendet[2]. Kursziele müssen nicht genannt werden[3]. Zur Art der Offenlegung s. Rz. 54.

50 **Häufigkeit der Aktualisierung** (Art. 4 Abs. 1 lit. f. DelVO 2016/958). Es muss der geplante Turnus der Aktualisierungen[4] der Empfehlung[5] und, sofern relevant, die zeitliche Abhängigkeit der Aktualisierung von bestimmten Ereignissen dargelegt werden.

51 **Datum und Zeitpunkt der Kurse** (Art. 4 Abs. 1 lit. g DelVO 2016/958). Unter Datum ist der Tag, Monat, das Jahr zu verstehen, unter Zeitpunkt die Uhrzeit (time), die für die in der Empfehlung[6] genannten Kurse der Finanzinstrumente maßgeblich ist. Zur Art der Offenlegung s. Rz. 54.

52 **Abweichung von früheren Empfehlungen** (Art. 4 Abs. 1 lit. h DelVO 2016/958), die dasselbe Finanzinstrument oder denselben Emittenten betreffen[7]. Es kommt auf die Abweichung[8] von dem Empfehlungstenor i.S.d. Art. 4 Abs. 1 lit. e DelVO 2016/958 früherer, auf dasselbe Finanzinstrument bzw. auf denselben Emittenten bezogener Empfehlungen[9] an. Vorausgesetzt wird, dass von einer Empfehlung abgewichen wird, die in den letzten 12 Monaten[10] veröffentlicht[11] worden ist. Da der klare und unmissverständliche (Rz. 54) Hinweis auf die Abweichung in die neu zu erstellende Empfehlung aufzunehmen ist, muss die Frist vom Tag (date) des Abschlusses der Erstellung der neuen Empfehlung an berechnet werden. Zur Art der Offenlegung s. Rz. 54.

53 **Liste der Empfehlungen** (Art. 4 Abs. 1 lit. i DelVO 2016/958). In der Empfehlung[12] sind auch all diejenigen Empfehlungen aufzuzählen, die in den letzten zwölf Monaten vor Abschluss der Erstellung (Rz. 30) zum selben Finanzinstrument oder, wenn sich die Empfehlung auf einen Emittenten bezieht, zum selben Emittenten veröffentlicht[13] worden sind. Anzugeben ist für jede frühere Empfehlung der Tag der Veröffentlichung[14]. Außerdem sind der Tenor[15] der Empfehlung, bei Empfehlungen zu Finanzinstrumenten das Kursziel sowie dessen Gültigkeitsdauer, die Gültigkeitsdauer der Empfehlung selbst und soweit natürliche Personen beteiligt sind, die Identität der Ersteller aufzuführen. Zur Art der Offenlegung s. Rz. 54.

54 **(b) Art der Offenlegung.** Die Art. 3, 4 der DelVO 2016/958 schreiben nur vereinzelt vor, wie die Offenlegung der Angaben in den Empfehlungen[16] zu erfolgen hat. Zum Teil ist davon die Rede, dass die Angaben „**klar und unmissverständlich**" sein müssen[17]; zum Teil wird lediglich auf die **Klarheit**[18] oder die **Deutlichkeit**[19] der Angaben Wert gelegt. Es ist nicht anzunehmen, dass in den Fällen des Art. 3 Abs. 1 lit. a, c DelVO 2016/958 Missverständnisse nicht verhütet werden müssen. Deshalb ist davon auszugehen, dass **alle Angaben** den Erfordernissen der Klarheit und Unmissverständlichkeit zu genügen haben, d.h. leicht verständlich und eindeutig sein müssen. In der englischen Sprachfassung heißt es zu diesem Erfordernis „clearly und prominently". Die Anga-

---

1 *Rothenhöfer* in Meyer/Veil/Rönnau, Handbuch zum Marktmissbrauchsrecht, § 23 Rz. 17.
2 Art. 4 Abs. 1 lit. e DelVO 2016/958 (Erwerb, Veräußerung, Halten). Vgl. zum WpHG a.F. *Göres*, Interessenkonflikte, S. 153.
3 Vgl. zum WpHG a.F. *Göres*, Interessenkonflikte, S. 155.
4 Maßgeblich ist die Verbreitung (*Rothenhöfer* in Meyer/Veil/Rönnau, Handbuch zum Marktmissbrauchsrecht, § 23 Rz. 18).
5 Der Begriff „Empfehlung" i.S.d. DelVO 2016/958 ist der Oberbegriff zu den Begriffen „Anlageempfehlung" und „Empfehlung oder Vorschlag einer Anlagestrategie" i.S.d. Art. 3 Abs. 1 Unterabs. 34, 35 VO Nr. 596/2014 (Rz. 3f.).
6 Der Begriff „Empfehlung" i.S.d. DelVO 2016/958 ist der Oberbegriff zu den Begriffen „Anlageempfehlung" und „Empfehlung oder Vorschlag einer Anlagestrategie" i.S.d. Art. 3 Abs. 1 Unterabs. 34, 35 VO Nr. 596/2014 (Rz. 3f.).
7 Dazu ESMA70-145-111, Questions and Answers on the Market Abuse Regulation (MAR), Version 10, v. 14.12.2017, A8.8, wenn sich die Empfehlung auf ein Derivat bezieht.
8 Abgewichen wird z.B. auch bei einer Herabstufung von „strong buy" auf „buy".
9 Der Begriff „Empfehlung" i.S.d. DelVO 2016/958 ist der Oberbegriff zu den Begriffen „Anlageempfehlung" und „Empfehlung oder Vorschlag einer Anlagestrategie" i.S.d. Art. 3 Abs. 1 Unterabs. 34, 35 VO Nr. 596/2014 (Rz. 3f.). Maßgeblich ist der Empfehlungstenor und/oder das Kursziel, nicht die Begründung (*Rothenhöfer* in Meyer/Veil/Rönnau, Handbuch zum Marktmissbrauchsrecht, § 23 Rz. 21).
10 Maßgeblich ist der Tag.
11 Maßgeblich ist die Einbringung in die Informationskanäle bzw. die Verbreitung in die Öffentlichkeit.
12 Der Begriff „Empfehlung" i.S.d. DelVO 2016/958 ist der Oberbegriff zu den Begriffen „Anlageempfehlung" und „Empfehlung oder Vorschlag einer Anlagestrategie" i.S.d. Art. 3 Abs. 1 Unterabs. 34, 35 VO Nr. 596/2014 (Rz. 3f.).
13 Maßgeblich ist die Einbringung in die Informationskanäle bzw. die Verbreitung in die Öffentlichkeit. Vgl. Rz. 87.
14 Maßgeblich ist die Einbringung in die Informationskanäle bzw. die Verbreitung in die Öffentlichkeit.
15 Z.B. Erwerb, Veräußern, Halten.
16 Der Begriff „Empfehlung" i.S.d. DelVO 2016/958 ist der Oberbegriff zu den Begriffen „Anlageempfehlung" und „Empfehlung oder Vorschlag einer Anlagestrategie" i.S.d. Art. 3 Abs. 1 Unterabs. 34, 35 VO Nr. 596/2014 (Rz. 3f.).
17 Art. 3 Abs. 1 lit. b, d, e sowie Art. 4 Abs. 1 Halbsatz 1 DelVO 2016/958.
18 Art. 3 Abs. 1 lit. c DelVO 2016/958.
19 Art. 3 Abs. 1 lit. a DelVO 2016/958.

ben dürfen mithin nicht in den Hintergrund treten, sondern müssen ins Auge fallen. Das zwingt nicht zu drucktechnischen Hervorhebung. Unter Umständen genügen bei entsprechender Gestaltung Formulierungen im Fließtext. Übertreibungen und Mehrdeutigkeiten sind zu vermeiden[1]. Die Informationsquellen sind nur ihrer Gattung nach zu benennen. Es ist dafür zu sorgen, dass die Angaben von den Personen, denen die Empfehlung zugänglich gemacht werden soll oder die sie wahrscheinlich erreichen wird[2], bei gebotener Aufmerksamkeit und Anstrengung leicht in ihrer Bedeutung und Tragweite erfasst werden können[3]. Die möglicherweise irrationale Art der Informationsaufnahme durch Anleger darf nicht ausgenutzt werden[4]. Auf das unterschiedliche Basiswissen der angepeilten[5] und der wahrscheinlich erreichten[6] durchschnittlichen[7] Adressaten ist Rücksicht zu nehmen. Es geht nicht an, dass eine Begrifflichkeit verwendet wird, die nur von professionellen Anlegern richtig verstanden wird, wenn die Analyse (wahrscheinlich) auch Privatkunden zugänglich sein wird[8]. In Parallele zum „plain-english-Gebot" der SEC[9] sind gut gegliedert[10] kurze Sätze zu bilden und möglichst aktive Sprachformen zu verwenden[11]. **Disclaimer**, die die Angaben unter Vorbehalt stellen, sind ohne Bedeutung; jedenfalls immer dann, wenn sie nicht klar und unmissverständlich formuliert sind[12]. Heißt es in der Empfehlung, dass sie sich nur an institutionelle Anleger wende, so ist das nur relevant, wenn diese Beschränkung bei ihrer Verbreitung beachtet wird.

Ausnahme: Falls die[13] gem. den Art. 3 Abs. 1 lit. b, e, Art. 4 Abs. 1 lit. b, e, i[14] DelVO 2016/958 vorgeschriebenen Angaben bzw. Informationen im Text der Empfehlung im Vergleich zur Länge oder Form der abgegebenen Empfehlung **unverhältnismäßig** Platz in Anspruch nehmen würden, darf an einen Ort verwiesen werden, an dem die zu erteilenden Informationen unmittelbar und einfach kostenfrei erhältlich sind[15]. Die Unverhältnismäßigkeit des Umfangs der Pflichtangaben ist zu bejahen, wenn sie die eigentliche Empfehlung in den Hintergrund drängen würden[16]. Von Bedeutung ist auch, mittels welchen Mediums die Empfehlung verbreitet wird. Bei Empfehlungen in Form von Anzeigen in Zeitungen wird ein großer Anhang wegen der damit verbundenen Kosten[17] eher unverhältnismäßig sein als bei einem Werbeschreiben oder einem Schreiben an eine Wirtschaftsredaktion[18]. Regelmäßig wird man die Unverhältnismäßigkeit bejahen müssen, wenn die Empfehlung mündlich oder in Form von Bildern erfolgt. Auch bei Interviews, Sitzungen und Konferenzen liegt es nahe, dass in der Empfehlung selbst sinnvollerweise nur beschränkt Angaben gemacht werden können. Es ist jedoch immer zu bedenken, dass etwa bei Sitzungen und Konferenzen Papiere übergeben werden können, falls sich die Empfänger der Empfehlung am selben Ort wie der Empfehlende befinden. Bei Fernsehsendungen oder Videos ist an „Laufbänder, Einblendungen von Internetadressen- oder Teletext-Seiten-Angaben" zu denken[19]. Kaum jemals dürfte die Grenze der Unverhältnismäßigkeit überschritten werden, wenn die Empfehlung schriftlich auf Websites erteilt wird, da man die Angaben bzw. Informationen, zu denen man auf der Website weiter klicken kann, als Teil der Empfehlung betrachten muss.

---

1 Vgl. zum WpHG a.F. *Möllers* in KölnKomm. WpHG, § 34b WpHG Rz. 152 (keine Fehlinterpretationen möglich); *Fuchs* in Fuchs, § 34b WpHG Rz. 36.
2 Vgl. zum WpHG a.F. *Fuchs* in Fuchs, § 34b WpHG Rz. 36.
3 Die Angaben müssen mithin auch in hinreichendem Maße konkret sein (vgl. zum WpHG a.F. *Schmidtke*, Regulierung, S. 218). Für Abstufung nach Privatkunden und professionelle Kunden *Rothenhöfer* in Meyer/Veil/Rönnau, Handbuch zum Marktmissbrauchsrecht, § 22 Rz. 24.
4 Vgl. § 63 WpHG Rz. 66; zum WpHG a.F. *Fazley*, Regulierung der Finanzanalysten und Behavioral Finance, S. 170 (deshalb z.B. keine Ausnutzung des sog. anchoring- oder framing-Effekts).
5 Vgl. hierzu zum WpHG a.F. *Göres*, Interessenkonflikte, S. 61.
6 Vgl. zum WpHG a.F. *Findeisen*, Regulierung, S. 183.
7 Vgl. zum „durchschnittlichen Anleger" im Rahmen des WpHG a.F. *Fazley*, Regulierung der Finanzanalysten und Behavioral Finance, S. 144 ff., 166. Abw. *Teigelack*, Finanzanalysen und Behavioral Finance, S. 163: verständiger Anleger.
8 Vgl. zum WpHG a.F. *Göres*, Interessenkonflikte, S. 54, wonach „hold", „retain", „market perform" verkaufen bedeutet. Ebenso *Möllers/Lebherz*, BKR 2007, 349, 357.
9 Vgl. zum WpHG a.F. *Göres*, Interessenkonflikte, S. 156 f.
10 *Rothenhöfer* in Meyer/Veil/Rönnau, Handbuch zum Marktmissbrauchsrecht, § 22 Rz. 24.
11 Zurückhaltend *Rothenhöfer* in Meyer/Veil/Rönnau, Handbuch zum Marktmissbrauchsrecht, § 22 Rz. 24. Ähnlich wie hier zum WpHG a.F. *Möllers* in KölnKomm. WpHG, § 34b WpHG Rz. 153; a.A. *Schmidtke*, Regulierung, S. 218. Vgl. die Sprachregeln der sog. „Leichten Sprache" bzw. „Einfachen Sprache".
12 Vgl. ESMA, Final Report, Draft technical standards on the Market Abuse Regulation v. 28.9.2015 (ESMA/2015/1455), S. 80.
13 *Rothenhöfer* in Meyer/Veil/Rönnau, Handbuch zum Marktmissbrauchsrecht, § 22 Rz. 27 nimmt an, dass für jede einzelne Angabe die Verhältnismäßigkeitsprüfung zu erfolgen.
14 In Art. 4 Abs. 2 DelVO 2016/958 wird auf lit. „l" Bezug genommen, den es in Art. 4 Abs. 1 DelVO 2016/958 nicht gibt. Es ist anzunehmen dass mit lit. „l" der Buchstabe „i" gemeint ist.
15 Art. 3 Abs. 2; Art. 4 Abs. 2 DelVO 2016/958.
16 *Rothenhöfer* in Meyer/Veil/Rönnau, Handbuch zum Marktmissbrauchsrecht, § 22 Rz. 27.
17 *Rothenhöfer* in Meyer/Veil/Rönnau, Handbuch zum Marktmissbrauchsrecht, § 22 Rz. 27.
18 Vgl. zum WpHG a.F. *Möllers* in KölnKomm. WpHG, § 34b WpHG Rz. 213 (unangemessen, wenn Angaben mehr Platz beanspruchen als die Analyse).
19 Vgl. zum WpHG a.F. *Möllers* in KölnKomm. WpHG, § 34b WpHG Rz. 214.

56 Ist die Offenlegung im Einzelfall unverhältnismäßig, so genügt in aller Regel eine **Verweisung auf eine Website**. Der Zugriff auf die Website ist auch dann kostenfrei, wenn der Empfänger der Empfehlung hierfür die üblichen Geräte erwerben und gegebenenfalls einen Internet-Provider bezahlen muss. Gleiches gilt für einen Faxabruf, für den der Empfänger nichts zu bezahlen braucht. Das Erfordernis der Unmittelbarkeit ist in einem solchen Fall ebenfalls erfüllt, weil der Empfänger der Empfehlung auf den Originaltext zugreifen kann. Unmittelbar erreichbar sind auch Personen oder Unternehmen, die auf Anfrage die Informationen zusenden, nicht aber Adressen, an denen man sich schriftliches Material abholen kann[1].

57 **(2) Offenlegung von Interessen und Interessenkonflikten. (a) Offenlegung bei konkreter Gefährdung (Art. 5 Abs. 1 DelVO 2016/958). Konkrete Gefährdung. Beziehungen**[2] und die äußeren **Umstände**[3] können Interessen sowie Interessenkonflikte begründen[4]. Sie sind von Bedeutung, wenn ihretwegen konkret damit gerechnet werden muss, dass sie in der Erstellungsphase die Objektivität der Empfehlung[5] in Hinblick auf die analysierten Finanzinstrumente (Rz. 7) oder die Emittenten (Rz. 18) beeinträchtigen, wenn sie mit anderen Worten einen Anreiz[6] begründen, die Empfehlung voreingenommen zu erarbeiten bzw. im eigenen oder im Interessen bestimmter Dritter auf den Inhalt der Empfehlung Einfluss zu nehmen[7].

58 Es reicht grundsätzlich aus, dass die **Anreize zur Manipulation nicht fern liegen**[8]. Ob ein Anreiz zur Voreingenommenheit fern liegt oder nicht, ist objektiv aus der Perspektive der mit Empfehlungen[9] befassten Verkehrskreise zu bestimmen. Hinsichtlich der konkreten Gefährdung ist zu berücksichtigen, welche Informationen für die Beteiligten nicht ganz fernliegend verfügbar sind. An der erforderlichen konkreten Gefährdung fehlt es dort, wo die mit der Erstellung (Rz. 27 ff.) der Empfehlung befassten Personen wirksam, etwa durch chinese walls (§ 80 WpHG Rz. 35 ff.), von Informationen über die aktuellen Interessen der Wertpapierfirma oder des Kreditinstitutes oder anderer beteiligter Personen abgeschnitten sind[10].

59 Es kommt primär auf die **Interessen und Interessenkonflikte derjenigen Personen** an, die die Empfehlung[11] erstellen (Rz. 27 ff.)[12]. Dem Wortlaut des Art. 5 Abs. 1 DelVO 2016/958 zufolge sind auch die Umstände und Beziehungen von Arbeitnehmern oder der selbstständig für den Ersteller tätigen Mitarbeitern zu berücksichtigen, wenn diese an der Erstellung der Empfehlung beteiligt (involved) waren. Dabei kann es nur um die Interessen und Interessenkonflikte derjenigen natürlichen Personen gehen, die derart maßgeblich in die Erstellung der Empfehlung eingeschaltet worden sind, dass sie zum Kreis der Ersteller gehören (Rz. 27). **Darüber hinaus** sind in Fällen, in denen die Empfehlung, wie regelmäßig hier, von einer juristischen Person erstellt wird, auch die Interessen und Interessenkonflikte der zu ihrer Gruppe[13] gehörenden Personen[14] zu beachten, sofern eine zur Gruppe zählende Person möglicherweise[15] zu der Empfehlung vor deren Weitergabe Zugang besitzt oder

---

1 *Rothenhöfer* in Meyer/Veil/Rönnau, Handbuch zum Marktmissbrauchsrecht, § 22 Rz. 27.
2 Es geht hier um Beziehungen zu Sachen oder anderen Personen.
3 Sie müssen nicht in der Sphäre der Ersteller oder der sonst relevanten Personen angesiedelt sein.
4 Ähnlich i.E. der 5. Erwägungsgrund DelVO 2016/958, der in den „Beziehungen und Umständen" die weitergehende Formulierung erblickt, wenn er ausführt, dass diese auch die Interessen oder Interessenkonflikte einschließen. Die Umstände und Beziehungen betreffen danach die Umgebung des Erstellers etc., während die Interessen und Interessenkonflikte auf der Ebene der Motivation des Erstellers etc. liegen.
5 Der Begriff „Empfehlung" i.S.d. DelVO 2016/958 ist der Oberbegriff zu den Begriffen „Anlageempfehlung" und „Empfehlung oder Vorschlag einer Anlagestrategie" i.S.d. Art. 3 Abs. 1 Unterabs. 34, 35 VO Nr. 596/2014 (Rz. 3 f.).
6 Der Anreiz muss nicht gewichtig sein; vgl. *Rothenhöfer* in Meyer/Veil/Rönnau, Handbuch zum Marktmissbrauchsrecht, § 22 Rz. 33: zum WpHG a.F. *Fett* in Schwark/Zimmer, Kapitalmarktrechts-Kommentar, § 34b WpHG Rz. 24.
7 Vgl. *Rothenhöfer* in Meyer/Veil/Rönnau, Handbuch zum Marktmissbrauchsrecht, § 22 Rz. 33; zum WpHG a.F. *Göres*, Interessenkonflikte, S. 33. Einschr. zum WpHG a.F. *Schmidtke*, Regulierung, S. 202 (maßgeblichen Beitrag).
8 Im Vorgänger der DelVO 2016/958, der RL 2003/125/EG v. 22.12.2003, ABl. EU Nr. L 339 v. 24.12.2003, S. 73, 75 ist in Art. 5 Abs. 1 von „reasonably be expected" die Rede. Abw. *Rothenhöfer* in Meyer/Veil/Rönnau, Handbuch zum Marktmissbrauchsrecht, § 22 Rz. 35, 37 (Beeinträchtigung der Objektivität … folgen kann; gerechnet werden kann, dass … beeinträchtigen; Möglichkeit eines Konflikts). Wie hier zum WpHG a.F. *Möllers* in KölnKomm. WpHG, § 34b WpHG Rz. 159.
9 Der Begriff „Empfehlung" i.S.d. DelVO 2016/958 ist der Oberbegriff zu den Begriffen „Anlageempfehlung" und „Empfehlung oder Vorschlag einer Anlagestrategie" i.S.d. Art. 3 Abs. 1 Unterabs. 34, 35 VO Nr. 596/2014 (Rz. 3 f.).
10 Vgl. auch den 7. Erwägungsgrund des Vorgängers der DelVO 2016/958, der RL 2003/125/EG v. 22.12.2003, ABl. EU Nr. L 339 v. 24.12.2003, S. 73; zum WpHG a.F. vgl. *Zimmermann* in Fuchs, § 33b WpHG Rz. 42; *Göres*, Erläuterungen zur Finanzanalyseverordnung, Rz. 77.
11 Der Begriff „Empfehlung" i.S.d. DelVO 2016/958 ist der Oberbegriff zu den Begriffen „Anlageempfehlung" und „Empfehlung oder Vorschlag einer Anlagestrategie" i.S.d. Art. 3 Abs. 1 Unterabs. 34, 35 VO Nr. 596/2014 (Rz. 3 f.).
12 Zu den Erstellern zählen auch die für die Erstellung verantwortlichen Unternehmen (Rz. 34); ebenso i.E. *Rothenhöfer* in Meyer/Veil/Rönnau, Handbuch zum Marktmissbrauchsrecht, § 22 Rz. 34.
13 Der Begriff der Gruppe wird in Art. 1 lit. b der DelVO 2016/958 legaldefiniert. Diese Verordnung verweist auf Art. 2 Abs. 11 der RL 2013/34/EU. Danach besteht eine Gruppe aus einem Mutterunternehmen und allen Tochterunternehmen (*Rothenhöfer* in Meyer/Veil/Rönnau, Handbuch zum Marktmissbrauchsrecht, § 22 Rz. 38).
14 Es muss sich hierbei nicht um juristische Personen handeln, wohl aber um Unternehmen. Man wird einen Schritt weiter gehen müssen, und auch für die für die der Gruppe zugehörigen Unternehmen tätigen Arbeitnehmer oder sonst tätigen Personen berücksichtigen müssen.
15 Diese Möglichkeit muss einem der Ersteller (Rz. 27 ff.) bekannt gewesen sein.

besessen hat oder möglicherweise[1] an der Erstellung der Empfehlung beteiligt[2] war[3]. Zu denken ist dabei an den Fall, dass die Empfehlung der Investment-Banking Abteilung eines Tochterunternehmens zur Prüfung vorgelegen hat. Soweit natürliche Personen als Ersteller tätig geworden sind, sind auch die Interessen sowie Interessenkonflikte aller eng[4] mit ihr verbundenen Personen offen zu legen[5].

Einzelfälle. In der Person des Erstellers (Rz. 27) erleidet die Unvoreingenommenheit Gefahr, wenn z.B. der Ersteller in Projekte des Investmentbankings eingebunden ist oder er für seine Verhältnisse[6] erhebliche[7] Bestände an Finanzinstrumenten besitzt, die er analysiert[8]. Entscheidend ist, dass die Gefahr nicht ganz fern liegt[9]. Die Gefahr eines Interessenkonfliktes löst auch eine Organfunktion des Erstellers beim Emittenten aus[10], ferner der Empfang von Geschenken des Emittenten, die nicht nur geringfügig sind[11], sowie der Empfang von Vergütungen seitens des Emittenten[12] in den letzten zwölf Monaten. Hierzu sollte man auch Vergütungen zählen, die der Ersteller oder das für die Erstellung verantwortliche Unternehmen mit großer Wahrscheinlichkeit in naher Zukunft erwarten darf. Die vom Dienstherren des Erstellers gezahlten Vergütungen können gleichermaßen dazu motivieren, das Gebot der Unvoreingenommenheit zu missachten. Die Gefahr parteiischer Finanzanalysen ist z.B. nicht von der Hand zu weisen, wenn der Ersteller (Rz. 27) eine Erfolgsprämie erhält, die am Kurserfolg des analysierten Finanzinstrumentes oder am Umsatz mit dem analysierten Emittenten orientiert wird[13]. Zwar behandelt Art. 6 Abs. 2 lit. b DelVO 2016/958 ebenfalls die Frage der Vergütung, allerdings nur als abstrakte (Rz. 59) Gefährdung. Man darf deshalb nicht in einem Umkehrschluss folgern, dass bei Erfolgsprämien der genannten Art ein Interessenkonflikt immer eher fern liegt[14]. 60

Die **für die Erstellung der Empfehlung**[15] **verantwortliche Wertpapierfirma bzw. das Kreditinstitut** (Rz. 6) kann geneigt sein, parteiische Empfehlungen als **Marketing-Instrument** einzusetzen, um neue Kunden für ihr/sein Investment-Banking-Geschäft oder für ein sonstiges Geschäft zu gewinnen[16] oder bestehende Investment-Banking-Geschäftsverbindungen zu halten oder auszubauen[17]. Die Unvoreingenommenheit wird ferner durch Aktivitäten als **Market-Maker** hinsichtlich des analysierten Finanzinstrumentes oder des analysierten Emittenten in Frage gestellt. Eine weitere Quelle der Voreingenommenheit kann daraus resultieren, dass das für die Erstellung der Empfehlung verantwortliche Unternehmen für das empfohlene Finanzinstrument als **Designated Sponsor** tätig wird[18] oder die Kurspflege übernommen hat[19]. Selbst wenn das für die Erstellung der Empfehlung verantwortliche Unternehmen oder ein mit ihm verbundenes Unternehmen keine Führungsrolle in dem Konsortium ausübt, das die empfohlene Finanzinstrumente emittiert, entzündet eine Beteiligung an dem **Konsortium**, das die Finanzinstrumente fest übernommen hat, typischerweise nicht unerhebliche Interessenkonflikte[20]. Gleiches gilt für **große Kredite**, die dem Emittenten gewährt wurden[21], auf den die Empfehlung zugeschnitten ist; bei angeschlagenen Emittenten auch kleinere Kredite. Es liegt auf der Hand, dass Interessenkonflikte zu besorgen sind, wenn **Organe** des für die Erstellung der Empfehlung verantwortlichen Unternehmens auch beim analysierten Emittenten tätig sind[22]. Die Objektivität der Empfehlung kann darüber hinaus Schaden erleiden, wenn das für die Erstellung der Empfehlung verantwortliche Unternehmen (Rz. 34) über **eigene Bestände an dem empfohlenen Finanzinstrument** oder an anderen Finanzinstrumenten des analysierten Emit- 61

---

1 Diese Möglichkeit muss erkennbar gewesen sein.
2 Es liegt in dieser Fallgruppe allerdings nahe, die Person selbst zu den Erstellern (Rz. 27 ff.) zu zählen.
3 Art. 5 Abs. 2 lit. a, b DelVO 2016/958.
4 Legaldefinition: Art. 3 Abs. 1 Nr. 26 VO Nr. 596/2014.
5 Art. 5 Abs. 3 DelVO 2016/958.
6 Vgl. zum WpHG a.F. *Göres*, Erläuterungen zur Finanzanalyseverordnung, Rz. 74.
7 Mindestens müssen die Schwellenwerte des Art. 6 Abs. 1 lit. a, b DelVO 2016/958 überschritten sein.
8 *Rothenhöfer* in Meyer/Veil/Rönnau, Handbuch zum Marktmissbrauchsrecht, § 22 Rz. 35 (es genügen Derivate). Vgl. zum WpHG a.F. *Göres*, Interessenkonflikte, S. 97, 135 f., 173, 198.
9 Einschr. zum WpHG a.F. *Schmidtke*, Regulierung, S. 202 (erheblich, nennenswert).
10 *Rothenhöfer* in Meyer/Veil/Rönnau, Handbuch zum Marktmissbrauchsrecht, § 22 Rz. 35 (auch auf der Basis eines Arbeits- oder Beratungsvertrages etc.). Vgl. zum WpHG a.F. *Göres*, Erläuterungen zur Finanzanalyseverordnung, Rz. 75; *Göres*, Interessenkonflikte, S. 150.
11 *Rothenhöfer* in Meyer/Veil/Rönnau, Handbuch zum Marktmissbrauchsrecht, § 22 Rz. 35. Vgl. zum WpHG a.F. *Göres*, Interessenkonflikte, S. 199: über das übliche Maß hinausgehen. Nicht geringfügig sind Einladungen der Emittenten zu Analystenveranstaltungen, bei denen diese die Reise- und Unterbringungskosten übernehmen (vgl. § 64 WpHG Rz. 84).
12 Vgl. *Grundmann* in Staub, HGB, 5. Aufl. 2016, Band 11/1 Rz. 541; zum WpHG a.F. *Göres*, Interessenkonflikte, S. 150.
13 Vgl. zum WpHG a.F. *Göres*, Interessenkonflikte, S. 48 f.; 95.
14 Kritisch zum WpHG a.F. *Göres*, Interessenkonflikte, S. 96.
15 Der Begriff „Empfehlung" i.S.d. DelVO 2016/958 ist der Oberbegriff zu den Begriffen „Anlageempfehlung" und „Empfehlung oder Vorschlag einer Anlagestrategie" i.S.d. Art. 3 Abs. 1 Unterabs. 34, 35 VO Nr. 596/2014 (Rz. 3 f.).
16 Vgl. zum WpHG a.F. *Göres*, Interessenkonflikte, S. 35.
17 Vgl. zum WpHG a.F. *Göres*, Interessenkonflikte, S. 36 ff., 42, 90, 144, 270.
18 Vgl. zum WpHG a.F. *Göres*, Interessenkonflikte, S. 91.
19 Vgl. zum WpHG a.F. *Göres*, Interessenkonflikte, S. 42.
20 Vgl. zum WpHG a.F. *Göres*, Interessenkonflikte, S. 37 f.
21 Vgl. zum WpHG a.F. *Göres*, Interessenkonflikte, S. 40, 270.
22 Vgl. zum WpHG a.F. *Göres*, Interessenkonflikte, S. 266.

tenten verfügt. Anreize, die Erstellung der Empfehlung parteiisch zu beeinflussen, können außerdem aus dem Interesse resultieren, den eigenen Bestand an Finanzinstrumenten möglichst gut abzusetzen oder dessen Kurs möglichst hoch zu halten[1]. Sogar die bloße Absicht, beträchtliche Eigenbestände aufzubauen, erzeugt nennenswerte Anreize zu Manipulationen, die offen gelegt werden sollten[2].

62 In der Empfehlung sind **alle** die konkrete Gefährdung (Rz. 57) begründenden Beziehungen und Umstände (Rz. 93), Interessen und Interessenkonflikte **offen zu legen**. Die Offenlegung sollte so in die Einzelheiten gehen, dass sich die Adressaten der Empfehlung eine sachkundige Meinung über Ausmaß und Art des Interesses oder Interessenkonflikts bilden können[3]. Es muss einem durchschnittlichen Adressaten des Personenkreises, dem die Empfehlung zugänglich gemacht werden soll oder dem sie wahrscheinlich zugänglich sein wird, die nicht fernliegende Gefahr einer Manipulation und ihre Intensität aufgezeigt werden. Die Gefahr eines information-overload (§ 63 WpHG Rz. 66) wird allerdings vielfach dazu zwingen, auf Einzelheiten weitgehend zu verzichten und sich mit abstrakt gehaltenen Informationen zu begnügen. Es existiert kein Zwang, bei Interessenkonflikten die Erstellung von Empfehlungen[4] zu unterlassen. Ob die Information über die Interessenkonflikte wesentliche Schutzwirkungen entfalten, ist zu bezweifeln[5].

63 **Art der Offenlegung.** Art. 5 DelVO 2016/958 sagt nicht, wie die Offenlegung der Beziehungen und Umstände sowie der Interessen und Interessenkonflikte zu geschehen hat. Es muss deshalb genügen, dass die Ausführungen zu den Beziehungen und Umständen sowie zu den Interessen und Interessenkonflikten verständlich erfolgen, d.h., dass sie von dem Kreis der Personen, denen sie zugänglich gemacht werden sollen oder die sie wahrscheinlich erreichen, bei gebotener Aufmerksamkeit und Anstrengung[6] leicht in ihrer Bedeutung und Tragweite erfasst werden können (näher Rz. 54). Auf diese Weise ist auch offen zu legen, bei welchem Personenkreis die Unvoreingenommenheit der Empfehlung beeinträchtigt sein kann. Es geht somit nicht an, dass Wertpapierfirmen und Kreditinstitute die Interessenkonflikte, die die an der Erstellung der Finanzanalyse mitwirkenden Personen betreffen, ausschließlich als eigene Interessenkonflikte ausgeben.

64 **(b) Offenlegung bei abstrakter Gefährdung (Art. 6 DelVO 2016/958).** In den Fällen abstrakter Gefährdung[7] i.S.d. Art. 6 DelVO 2016/958 wird die Gefährdung des Publikums durch Interessenkonflikte unwiderleglich vermutet. Dies ergibt sich daraus, dass in dieser Fallgruppe die Personen sowie Unternehmen ihre Interessen ohne Rücksicht auf konkrete Interessenkonflikte und etwaige organisatorische Informationsbarrieren sowie sonstige Maßnahmen der Konfliktminimierung offen zu legen haben.

65 **Anteile am emittierten Aktienkapital des Emittenten** (Art. 6 Abs. 1 lit. a, b DelVO 2016/958). Offen zu legen ist, dass eine Nettoverkaufs[8]- bzw. Nettokaufposition in den direkt oder indirekt empfohlenen Aktien des Emittenten[9] die Schwelle von 0,5 % des gesamten emittierten Aktienkapitals[10] des analysierten[11] Emittenten überschreitet. In welcher Höhe der Grenzwert überschritten wird, ist nicht anzugeben, sondern lediglich, dass es sich bei der Nettoposition um eine Verkaufs- oder um eine Kaufposition handelt[12]. Immer ist in der Empfehlung darüber aufzuklären, dass der Emittent einen Anteil von mehr als 5 % des gesamten emittierten Aktienkapitals[13] des Erstellers hält. Zur Art der Offenlegung s. Rz. 75.

66 **Marktmacher, Liquiditätsspender** (Art. 6 Abs. 1 lit. c Ziff. i DelVO 2016/958). Die Betätigung des Erstellers[14] als Marktmacher oder Liquiditätsspender in dem empfohlenen[15] Finanzinstrument oder im Hinblick auf Fi-

---

1 Vgl. zum WpHG a.F. *Göres*, Interessenkonflikte, S. 42, 90 f., 121, 143, 273.
2 Abw. zum WpHG a.F. *Göres*, Interessenkonflikte, S. 273.
3 6. Erwägungsgrund der DelVO 2016/958.
4 Der Begriff „Empfehlung" i.S.d. DelVO 2016/958 ist der Oberbegriff zu den Begriffen „Anlageempfehlung" und „Empfehlung oder Vorschlag einer Anlagestrategie" i.S.d. Art. 3 Abs. 1 Unterabs. 34, 35 VO Nr. 596/2014 (Rz. 3 f.).
5 Vgl. zum WpHG a.F. *Fazley*, Regulierung der Finanzanalysten und Behavioral Finance, S. 175.
6 Vgl. zum WpHG a.F. *Findeisen*, Regulierung, S. 182; *Vogler*, Aktienanalyse, S. 163.
7 Vgl. zum WpHG a.F. *Fuchs* in Fuchs, § 34b WpHG Rz. 43.
8 Die emittentenbezogene Nettoverkaufsposition ist die emittentenbezogene Verkaufsposition abzgl. der emittentenbezogenen Kaufposition. Erfasst werden auch Positionen, die sich aus dem Halten von strukturierten Finanzprodukten oder Derivaten ergeben (*Rothenhöfer* in Meyer/Veil/Rönnau, Handbuch zum Marktmissbrauchsrecht, § 23 Rz. 27).
9 Im Unterschied zu Art. 6 Abs. 1 lit. a der RL 2003/125/EG kommt es auf die andere Mitglieder der Gruppe (Art. 1 lit. b DelVO 2016/958) nicht an, da sich in Art. 6 der DelVO 2016/958 keine dem Art. 5 Abs. 2 DelVO 2016/958 vergleichbare Regelung findet. Der Umkehrschluss ist gerechtfertigt, weil es hier um eine abstrakte Gefährdung geht. Abw. *Rothenhöfer* in Meyer/Veil/Rönnau, Handbuch zum Marktmissbrauchsrecht, § 23 Rz. 30.
10 Zu berechnen nach Maßgabe des Art. 3 der VO Nr. 236/2012 und nach den Kapiteln III und IV der DelVO Nr. 918/2012.
11 Unerheblich ist, ob die Analyse des Emittenten mit einer direkten oder indirekten Empfehlung verbunden worden ist.
12 *Rothenhöfer* in Meyer/Veil/Rönnau, Handbuch zum Marktmissbrauchsrecht, § 23 Rz. 27.
13 Zu berechnen nach Maßgabe des Art. 3 der VO Nr. 236/2012 und nach den Kapiteln III und IV der DelVO Nr. 918/2012.
14 Im Unterschied zum Vorgänger der DelVO 2016/958, dem Art. 6 Abs. 1 lit. c der RL 2003/125/EG, kommt es auf die anderen Mitglieder der Gruppe (Art. 1 lit. b DelVO 2016/958) nicht an, da sich in Art. 6 der DelVO 2016/958 keine dem Art. 5 Abs. 2 DelVO 2016/958 vergleichbare Regelung findet. Der Umkehrschluss ist gerechtfertigt, weil es hier um eine abstrakte Gefährdung geht.
15 Unerheblich ist, ob die Empfehlung direkter oder indirekter Natur (Rz. 17) ist.

nanzinstrumente des analysierten[1] Emittenten sind nur soweit offen zu legen, als der Ersteller in dieser Rolle aktiv ist.

(Mit)Führende Rolle in einem Emissionskonsortium (Art. 6 Abs. 1 lit. c Ziff. ii DelVO 2016/958). Die Vorschrift hat Konsortien, d.h. Arbeitsgemeinschaften im Auge, die zur Übernahme und/oder[2] Platzierung von Finanzinstrumenten im Wege eines öffentlichen Angebotes gebildet worden sind. Es muss sich nicht notwendig um Außenkonsortien handeln. Keine Voraussetzung ist auch, dass die Konsortien die Finanzinstrumente zu einem Festpreis übernommen haben oder eine sonstige Garantie abgegeben haben oder dass die Emission abgeschlossen ist. Die Ersteller[3] sind federführend oder mitführend tätig, wenn sie im Rahmen der Konsortien **Geschäftsführungsbefugnisse**[4] erlangt haben[5]. Die bloße Möglichkeit, über Gesellschafterbeschlüsse die Geschäftsführung maßgeblich beeinflussen zu können[6], reicht nicht aus. Die Emission muss nicht direkt oder indirekt (Rz. 17) gerade das empfohlene Finanzinstrument, sondern braucht nur den analysierten[7] Emittenten oder eines seiner Finanzinstrumente zu betreffen[8]. Maßgeblich ist ein **Zeitraum von zwölf Monaten**, weil es in ihm nach den bisherigen Erfahrungen besonders häufig zu tendenziösen Analysen gekommen ist[9]. Irrelevant ist, dass keine konkrete Gefahr einer Manipulation entstanden ist (Rz. 64). War ein Kreditinstitut etc. **lediglich an einer Emission beteiligt**, die ein mit dem Emittenten verbundenes Unternehmen betraf, greift nicht Art. 6 Abs. 1 lit. c DelVO 2016/958, sondern dessen Art. 5 Abs. 1 ein. Nicht erfasst werden **Privatplatzierungen**[10]. 67

Vereinbarung der Erbringung von besonderen Wertpapierdienstleistungen (Art. 6 Abs. 1 lit. c Ziff. iii DelVO 2016/958). Zur Vereinbarung der Erbringung derartiger Wertpapierdienstleistungen s. § 2 Abs. 8 WpHG, der den Anhang I Abschnitt A und B der RL 2014/65/EU umsetzt. Sind derartige Vereinbarungen des Erstellers[11] mit einem analysierten[12] Emittenten oder mit dem Emittenten des empfohlenen[13] Finanzinstruments getroffen worden und sind die diesen Vereinbarungen entspringenden Hauptleistungs- und Sekundäransprüche in den vergangenen zwölf Monaten vor Abschluss der Erstellung der Empfehlung nicht beiderseits vollständig erfüllt worden, so sind diese Vereinbarungen (nur)[14] ihrer Art nach in der Empfehlung zu erwähnen. Der Inhalt der Vereinbarungen muss lediglich dann näher dargelegt werden, wenn er eine konkrete Gefahr i.S.d. Art. 5 Abs. 1 DelVO 2016/958 hatte entstehen lassen. Zur Art der Offenlegung s. Rz. 75. 68

Vereinbarung über die Erstellung von Anlageempfehlungen mit dem Emittenten (Art. 6 Abs. 1 lit. c Ziff. iv DelVO 2016/958). Es geht hier um Vereinbarungen des Erstellers[15] mit Emittenten, die analysiert[16] oder deren Finanzinstrumente empfohlen[17] werden sollen. Die Vereinbarung muss dem Wortlaut der Vorschrift zufolge Anlageempfehlungen (Rz. 3 f.) betreffen. Sie erfasst aber auch Anlagevorschläge (Rz. 3 f.). Anzugeben ist, dass die Anlageempfehlung oder der Anlagevorschlag aufgrund einer Vereinbarung mit dem Emittenten erstellt worden ist. Zur Art der Offenlegung s. Rz. 75. 69

Beschreibung der organisatorischen, verwaltungstechnischen Regelungen (Art. 6 Abs. 2 lit. a DelVO 2016/958). Diese Vorschrift entspricht weitgehend ihrem Vorläufer, dem Art. 6 Abs. 2 RL 2003/125/EG, in dem von 70

---

1 Unerheblich ist, ob die Analyse des Emittenten in eine direkte oder indirekte Empfehlung (Rz. 17) mündete.
2 Vgl. zum WpHG a.F. *Findeisen*, Regulierung, S. 210 ff.; einschr. *Schmidtke*, Regulierung, S. 210.
3 Im Unterschied zu Art. 6 Abs. 1 lit. d der RL 2003/125/EG kommt es nach der DelVO 2016/958 nicht auf die anderen Mitglieder der Gruppe (Art. 1 lit. b DelVO 2016/958) an, da sich in Art. 6 DelVO 2016/958 mit Ausnahme des Art. 6 Abs. 2 lit. b keine den Art. 5 Abs. 2 DelVO 2016/958 vergleichbare Regelung findet. Der Umkehrschluss ist gerechtfertigt, weil es hier um eine abstrakte Gefährdung geht.
4 In der englischen Sprachfassung heißt es „manager".
5 Vgl. zum WpHG a.F. *Möllers* in KölnKomm. WpHG, § 34b WpHG Rz. 176.
6 Art. 6 Abs. 1 lit. d der Richtlinie 2003/125/EG v. 22.12.2003, ABl. EU Nr. L 339 v. 24.12.2003, S. 73, 75, des Vorgängers der DelVO 2016/958, spricht von „mitführend", „co-lead manager", „chef de file associé".
7 Unerheblich ist, ob die Analyse des Emittenten in eine direkte oder indirekte Empfehlung (Rz. 17) mündet.
8 *Rothenhöfer* in Meyer/Veil/Rönnau, Handbuch zum Marktmissbrauchsrecht, § 23 Rz. 33.
9 Vgl. zum WpHG a.F. *Göres*, Interessenkonflikte, S. 40.
10 *Rothenhöfer* in Meyer/Veil/Rönnau, Handbuch zum Marktmissbrauchsrecht, § 23 Rz. 33. Vgl. zum WpHG a.F. *Göres*, Erläuterungen zur Finanzanalyseverordnung, Rz. 81.
11 Im Unterschied zu Art. 6 Abs. 1 lit. d der RL 2003/125/EG kommt es nach der DelVO 2016/958 nicht auf die anderen Mitglieder der Gruppe (Art. 1 lit. b DelVO 2016/958) an, da sich in Art. 6 der DelVO 2016/958 keine der Art. 5 Abs. 2 DelVO 2016/958 vergleichbare Regelung findet. Der Umkehrschluss ist gerechtfertigt, weil es hier um eine abstrakte Gefährdung geht.
12 Unerheblich ist, ob die Analyse des Emittenten mit einer direkten oder indirekten Empfehlung (Rz. 17) verbunden worden ist.
13 Unerheblich ist, ob die Empfehlung direkter oder indirekter Natur (Rz. 17) ist.
14 *Rothenhöfer* in Meyer/Veil/Rönnau, Handbuch zum Marktmissbrauchsrecht, § 23 Rz. 34.
15 Im Unterschied zu Art. 6 Abs. 1 lit. d der RL 2003/125/EG kommt es auf die anderen Mitglieder der Gruppe (Art. 1 lit. b DelVO 2016/958) nicht an, da sich in Art. 6 der DelVO 2016/958 keinem dem Art. 5 Abs. 2 DelVO 2016/958 vergleichbare Regelung findet. Der Umkehrschluss ist gerechtfertigt, weil es hier um eine abstrakte Gefährdung geht.
16 Unerheblich ist, ob die Analyse des Emittenten mit einer direkten oder indirekten Empfehlung (Rz. 17) verbunden worden ist.
17 Unerheblich ist, ob die Empfehlung direkter oder indirekter Natur (Rz. 17) ist.

„organisatorischen und verwaltungstechnischen Vereinbarungen"[1] die Rede ist. Gemäß Art. 6 Abs. 2 lit. a DelVO 2016/958 sind darunter interne Regelungen aller Art, auch Weisungen von Arbeitgebern oder informelle Abreden zu verstehen (Einzelfälle Rz. 71). Diese Regelungen müssen der Verhinderung von Interessenkonflikten dienen (vgl. § 80 WpHG Rz. 14 ff.). Insbesondere sind damit die Informationsschranken gemeint (vgl. § 80 WpHG Rz. 35). Zur Art der Offenlegung s. Rz. 75[2].

71 **Eine Regelung** ist etwa die Anweisung, wegen unvorteilhafter Analysen keine Kündigungen auszusprechen oder die Anweisung, dass Empfehlungen[3] vor ihrer Weitergabe bzw. öffentlichen Verbreitung weder den anderen Investmentbanking-Abteilungen noch dem Eigenhandel vorgelegt werden dürfen. Zu den Regelungen zählt an sich auch ein geeignetes konfliktminderndes Entlohnungssystem der im Research-Bereich beschäftigten Personen (vgl. dazu § 80 WpHG Rz. 59 f.). Mit den Informationsschranken sind z.B. „chinese walls" (§ 80 WpHG Rz. 35) gemeint, die zwischen der Research-Abteilung und den anderen Abteilungen, deren Tätigkeit gravierende Interessenkonflikte befürchten lässt, insbesondere zu den Handels- und Konsortialabteilungen, errichtet werden[4]. Dazu gehört auch, dass die Finanzinstrumente mit Beginn der Arbeit an der Empfehlung auf die Beobachtungsliste (§ 80 WpHG Rz. 47) gesetzt werden. Zur Art der Offenlegung s. Rz. 75[5].

72 **Vergütung** (Art. 6 Abs. 2 lit. b DelVO 2016/958). Die Vorschrift gebietet oder verbietet nicht bestimmte Formen einer Vergütung der für Wertpapierfirmen oder Kreditinstitute bei der Erstellung von Empfehlungen tätigen Personen[6]. In der Empfehlung ist lediglich offen zu legen, ob[7] die Vergütung unmittelbar mit den Wertpapierdienstleistungen, Handelsgebühren oder sonstigen Geschäften, wie z.B. Kreditgeschäften, verknüpft ist. Hierbei geht es um Geschäfte der Wertpapierfirma oder des Kreditinstituts als Ersteller oder um Geschäfte der Unternehmen, die der Gruppe[8] des Erstellers angehören. An der Unmittelbarkeit fehlt es beispielsweise, wenn sich die Vergütung der Arbeitnehmer am Gewinn der Wertpapierfirma etc. orientiert. Zur Art der Offenlegung s. Rz. 75.

73 **Erwerb von Anteilen vor ihrer Emission** (Art. 6 Abs. 2 lit. c DelVO 2016/958). Die Vorschrift entspricht dem Art. 6 Abs. 2 lit. c RL 2003/125/EG. Es geht hier um den Erwerb[9] von Finanzinstrumenten (Anteilen[10]) vor deren Zuteilung an das Publikum durch natürliche Personen, die als Ersteller[11] für Wertpapierfirmen[12] oder Kreditinstitute bei der Erstellung der Empfehlung tätig geworden sind. Diese natürlichen Personen müssen mithin selbst zu den Erstellern zählen. Es reicht nicht aus, dass sie den Erstellern lediglich zugearbeitet haben. Die Pflicht zur Offenlegung des Erwerbspreises und des Datum des Erwerbs[13] trifft sowohl die Wertpapierfirmen und Kreditinstitute als auch die für sie im Rahmen eines Arbeitsvertrages oder anderweitig tätigen natürlichen Personen in ihrer Eigenschaft als Ersteller von Anlageempfehlungen etc.[14] Zur Art der Offenlegung s. Rz. 75.

---

1 Wie sich aus dem englischen und französischen Text der RL 2003/125/EG ergibt, bedurfte es auch nach ihr keiner Vereinbarung.
2 Einschr. *Rothenhöfer* in Meyer/Veil/Rönnau, Handbuch zum Marktmissbrauchsrecht, § 23 Rz. 37 (nicht im Detail).
3 Der Begriff „Empfehlung" i.S.d. DelVO 2016/958 ist der Oberbegriff zu den Begriffen „Anlageempfehlung" und „Empfehlung oder Vorschlag einer Anlagestrategie" i.S.d. Art. 3 Abs. 1 Unterabs. 34, 35 VO Nr. 596/2014 (Rz. 3 f.).
4 Vgl. zum WpHG a.F. CESR's Technical Advice on Possible Implementing Measures of the Directive 2004/39/EC v. April 2005 (Ref.: CESR/05-290b), S. 21; *Möllers* in KölnKomm. WpHG, § 34b WpHG Rz. 250 ff.
5 Einschr. *Rothenhöfer* in Meyer/Veil/Rönnau, Handbuch zum Marktmissbrauchsrecht, § 23 Rz. 37 (nicht im Detail).
6 Allerdings wendet sich Art. 6 Abs. 1 DelVO 2016/958 nicht nur an Wertpapierfirmen (Art. 3 Abs. 1 Nr. 2 VO Nr. 596/2014) und Kreditinstitute, sondern auch an die für diese im Rahmen eines Vertrages etc. tätigen natürlichen und juristischen Personen in ihrer Rolle als Ersteller. Von daher ist es an sich überflüssig, dass in Art. 6 Abs. 2 lit. b DelVO 2016/958 nochmals auf die im Rahmen eines Arbeitsvertrags oder anderweitig tätigen natürlichen und juristischen Personen abgestellt wird, es sei denn, man schließt daraus, dass auch die Vergütungen derjenigen Arbeitnehmer etc. einer Wertpapierfirma (Art. 3 Abs. 1 Nr. 2 VO Nr. 596/2014) oder eines Kreditinstituts reguliert werden, die nicht zum Kreis der Ersteller zu rechnen sind. Da es um die Offenlegung von Interessenkonflikten geht, ist eine derartige Interpretation mit der ratio legis nicht zu vereinbaren.
7 „… if"; „… si" i.S.v. „wenn"; a.A. *Rothenhöfer* in Meyer/Veil/Rönnau, Handbuch zum Marktmissbrauchsrecht, § 23 Rz. 38.
8 Art. 1 lit. b DelVO 2016/958.
9 Erwerb im weiten Sinn, der den unentgeltlichen Erwerb einschließt (receive or purchase). Unter den Erwerb von Finanzinstrumenten vor der Emission fällt auch die bevorzugte Zeichnung bei der Emission durch das Emissionskonsortium. Maßgeblich ist, dass der Erwerb vorbörslich erfolgt ist (vgl. zu § 34b WpHG a.F. *Göres*, Interessenkonflikte, S. 51; *Göres*, Erläuterungen zur Finanzanalyseverordnung, Rz. 90). Die Entgegennahme von (unverbindlichen) Leistungsversprechen steht dem Erwerb gleich, wenn derartige Versprechen mit überwiegender Wahrscheinlichkeit erfüllt werden.
10 Enger *Rothenhöfer* in Meyer/Veil/Rönnau, Handbuch zum Marktmissbrauchsrecht, § 23 Rz. 39.
11 Das ergibt sich auch aus Art. 20 Abs. 1 VO Nr. 596/2014, der auf Personen abstellt, die Anlageempfehlungen etc. „erstellen oder verbreiten".
12 Art. 3 Abs. 1 Nr. 2 VO Nr. 596/2014.
13 Schuldrechtlicher Anspruch auf Lieferung, unabhängig davon, ob er von einer Bedingung abhängig ist (*Rothenhöfer* in Meyer/Veil/Rönnau, Handbuch zum Marktmissbrauchsrecht, § 23 Rz. 39).
14 Art. 6 Abs. 2 Halbsatz 1 DelVO 2016/958 nimmt auf Art. 6 Abs. 1 der Vorschrift Bezug und dieser auf Art. 3 Abs. 1 Unterabs. 34 Ziff. i VO Nr. 596/2014.

In der Vergangenheit erstellte Empfehlungen (Art. 6 Abs. 3 DelVO 2016/958). 74
Die Vorschrift entspricht weitgehend dem Vorgänger der DelVO 2016/958, dem Art. 6 Abs. 4 RL 2003/125/EG. Es sind *zum einen* die Prozentsätze[1] derjenigen in den vergangenen zwölf Monaten erstellten Empfehlungen[2] zu ermitteln, die jeweils in die Kategorien „Kaufen", „Halten" oder „Verkaufen" oder in ähnliche Kategorien fallen[3]. *Zum anderen* sind für jede dieser Kategorien die Prozentsätze[4] der in diesem Zeitraum erstellten Empfehlungen offen zu legen, die sich auf die Finanzinstrumente von Emittenten beziehen, an die die Ersteller (Rz. 27 ff.)[5] Wertpapierdienstleistungen[6] erbracht haben. Verbundene Unternehmen im Sinne der Gruppe[7] sind nicht einzubeziehen. Unerheblich ist, ob die Wertpapierdienstleistungen in wesentlichem Umfang erbracht worden sind. Zur Art der Offenlegung s. Rz. 75.

Art der Offenlegung. Dort, wo die Offenlegung der in Art. 6 Abs. 1 und 2 DelVO 2016/958 genannten Informationen in der Empfehlung verhältnismäßig ist, sind die für die Offenlegung konkreter Interessenkonflikte gem. Art. 5 Abs. 1 DelVO 2016/958 entwickelten Grundsätze (Rz. 57) zu beachten. Ist die Offenlegung unverhältnismäßig, so entspricht Art. 6 Abs. 3 DelVO 2016/958 weitestgehend den Art. 3 Abs. 2 und Art. 4 Abs. 2 DelVO 2016/958, auf die verwiesen werden kann (s. dazu Rz. 55). 75

2. Unabhängige Analysten; Personen, deren Haupttätigkeit im Erstellen von Anlageempfehlungen besteht; die für diese tätigen Personen; Sachverständige (Art. 3 Abs. 1 Unterabs. 34 Ziff. i, Unterabs. 35 VO Nr. 596/2014; Art. 1 lit. a DelVO 2016/958). a) Persönlicher Anwendungsbereich. Unabhängige Finanzanalysten (Art. 3 Abs. 1 Unterabs. 34 Ziff. i Alt. 1 VO Nr. 596/2014 [MAR]) sind Personen, die überwiegend[8] im Auftrag institutioneller Anleger tätig werden, für die sie Anlageinformationen sammeln[9]. Die Unabhängigkeit bezieht sich darauf, dass die Finanzanalysten ohne Weisungsbindung Anlageempfehlungen und Anlagevorschläge (Rz. 3 f.) erarbeiten oder in ihrem Unternehmen erarbeiten lassen, ohne mit einer Wertpapierfirma (Art. 3 Abs. 1 VO Nr. 596/2014) oder einem Kreditinstitut verbunden zu sein. Der Finanzanalyst ist auf die Erstellung von Anlageempfehlungen etc. spezialisiert. 76

Sonstige Personen, deren Haupttätigkeit in der Erstellung von Anlageempfehlungen und Anlagevorschlägen (Rz. 3 f.) besteht (Art. 3 Abs. 1 Unterabs. 34 Ziff. i Alt. 4 VO Nr. 596/2014 [MAR]). Dieser Auffangtatbestand erfasst Personen, die zwar nicht im Wesentlichen, jedoch mit mehr als 50 % ihrer Arbeitszeit in die Erstellung von Anlageempfehlungen etc. investieren[10], nicht jedoch unabhängige Analysten (Rz. 76), Wertpapierfirmen (Rz. 6)[11], Kreditinstitute (Rz. 6) und die für diese tätigen natürlichen Personen (Rz. 6). 77

Erfasst werden, wie sich aus der Formulierung „oder einer bei den genannten Einrichtungen" in Art. 3 Abs. 1 Unterabs. 34 Ziff. i VO Nr. 596/2014 (MAR) ergibt, auch die **selbstständig und unselbstständig tätigen natürlichen Personen**, die ein unabhängiger Finanzanalyst oder eine Person, deren Haupttätigkeit im Erstellen von Anlageempfehlungen besteht, entscheidend (Rz. 27 ff.) an der Erstellung der Empfehlungen beteiligt[12]. 78

Sachverständige. Mit diesem Begriff erfasst Art. 1 lit. a DelVO 2016/958 Personen, die *direkt*[13] und wiederholt bestimmte Anlageentscheidungen vorschlagen und außerdem entweder angeben, Erfahrungen und Sachkenntnis im Finanzbereich zu besitzen oder objektiv den Anschein von Erfahrung und Sachverstand[14] erwecken. In diesem Zusammenhang ist auch zu berücksichtigen, welchen beruflichen Werdegang eine Person genommen hat, ob von ihr bereits in der Vergangenheit beruflich Empfehlungen (Rz. 27 ff.) zu Finanzinstrumenten oder 79

---

1 Basis sind alle Empfehlungen (*Rothenhöfer* in Meyer/Veil/Rönnau, Handbuch zum Marktmissbrauchsrecht, § 23 Rz. 40).
2 Der Begriff „Empfehlung" i.S.d. DelVO 2016/958 ist der Oberbegriff zu den Begriffen „Anlageempfehlung" und „Empfehlung oder Vorschlag einer Anlagestrategie" i.S.d. Art. 3 Abs. 1 Unterabs. 34, 35 VO Nr. 596/2014 (Rz. 3 f.).
3 Offenlegungspflichtig sind Wertpapierfirmen, Kreditinstitute sowie die für diese tätigen natürlichen oder juristischen Personen. Die natürlichen oder juristischen Personen, die für Wertpapierfirmen oder Kreditinstitute tätig geworden sind, müssen als Ersteller (Rz. 27 ff.) tätig geworden sein, da man nur von ihnen erwarten kann, dass sie die nötigen Informationen hinsichtlich der relevanten Empfehlungen besitzen und es auch nur darauf ankommen kann, festzustellen, wie häufig bestimmte verantwortliche Personen bestimmte Prädikate verleihen. Das ergibt sich auch aus Art. 20 Abs. 1 VO Nr. 596/2014, der auf Personen abstellt, die Anlageempfehlungen etc. „erstellen oder verbreiten".
4 Basis sind die Empfehlungen der jeweiligen Kategorie.
5 Praktisch sind diese nur die Wertpapierfirma (Art. 3 Abs. 1 Nr. 2 VO Nr. 596/2014) oder das Kreditinstitut.
6 Anhang I Abschnitte A und B der RL 2014/65/EU.
7 Art. 1 lit. b DelVO 2016/958.
8 A.A. *Rothenhöfer* in Meyer/Veil/Rönnau, Handbuch zum Marktmissbrauchsrecht, § 21 Rz. 33 (das Erstellen von Anlageempfehlungen muss nicht deren Haupttätigkeit sein).
9 Vgl. zum WpHG a.F. *Göres*, Interessenkonflikte, S. 22.
10 Abw. zum WpHG a.F. *Möllers* in KölnKomm. WpHG, § 34b WpHG Rz. 117: Es wird ein Großteil der Arbeitszeit, Ressourcen oder Organisation zur Erstellung von Finanzanalysen eingesetzt.
11 ESMA70-145-111, Questions and Answers on the Market Abuse Regulation (MAR), Version 10, v. 14.12.2017, A8.3.
12 Ähnlich *Rothenhöfer* in Meyer/Veil/Rönnau, Handbuch zum Marktmissbrauchsrecht, § 21 Rz. 36 f.
13 *Rothenhöfer* in Meyer/Veil/Rönnau, Handbuch zum Marktmissbrauchsrecht, § 22 Rz. 1.
14 Hierfür spricht, dass eine nicht unerhebliche Zahl von Personen die Empfehlungen laufend zur Kenntnis nehmen oder dass diese Empfehlungen von den Medien weitergegeben werden (ESMA, Final Report, Draft technical standards on the Market Abuse Regulation v. 28.9.2015 [ESMA/2015/1455], S. 72); *Helm*, BKR 2018, 150, 151 ff.

Art. 20 VO Nr. 596/2014 | Anlageempfehlungen und Statistik

Emittenten erstellt worden sind, wie oft Empfehlungen erstellt werden und wie groß der Kreis der Personen ist, der die Empfehlungen befolgt oder weitergibt[1]. Die für die Sachverständigen tätigen selbstständigen und unselbstständigen Personen sind allenfalls als „sonstige Personen" (Rz. 84) dem Art. 20 VO Nr. 596/2014 (MAR) unterworfen, nicht aber bereits deshalb, weil sie bei der Erstellung der Anlagestrategieempfehlung mitwirken.

80 Für **Journalisten** (Art. 20 Abs. 3 Unterabs. 4 VO Nr. 596/2014 [MAR])[2] gelten Sonderregeln (näher Rz. 108).

81 **b) Sachlicher Anwendungsbereich.** Anlageempfehlungen, Empfehlungen bzw. Vorschläge zu einer Anlagestrategie, Finanzinstrumente, direkt-indirekt, explizit-implizit, Emittenten, Ersteller, bestimmt für die Öffentlichkeit. Insoweit ergeben sich keine Besonderheiten im Vergleich zu den Wertpapierfirmen, Kreditinstituten etc. Zum Begriff der Anlageempfehlungen s. Rz. 3 f.; zum Begriff der Empfehlung bzw. des Vorschlags zu einer Anlagestrategie s. Rz. 3 f.; zu den Begriffspaaren direkt-indirekt, explizit-implizit s. Rz. 17, 20; zum Begriff des Finanzinstruments und des Emittenten s. Rz. 7 zum Begriff des Erstellers s. Rz. 27 ff.; zur Bestimmung für die Öffentlichkeit s. Rz. 23 f.

82 **c) Pflichten zu Angaben, Informationen, zur Offenlegung.** Die unabhängigen Analysten (Rz. 76) und die Personen, deren Haupttätigkeit im Erstellen von Anlageempfehlungen besteht (Rz. 77), sowie die für diese tätigen Arbeitnehmer und sonstige Personen treffen *grundsätzlich* dieselben Pflichten wie Wertpapierfirmen und Kreditinstitute (Rz. 6 ff.). Gleiches gilt grundsätzlich für die Sachverständigen, selbst wenn sie an der Erstellung der Empfehlung nicht beteiligt waren (Rz. 79).

83 **Eine Ausnahme** gilt für die Pflicht, die Identität der jeweils zuständigen Behörde offen zu legen[3]. Soweit allerdings Selbstkontrollnormen oder Berufs- bzw. Standesregeln existieren, ist auf diese im Rahmen der Offenlegungspflichten zu verweisen[4]. Ferner kommt nicht die Pflicht zum Tragen, die organisatorischen und verwaltungstechnischen Regelungen zu beschreiben, die im Zusammenhang mit der Unterbindung von Interessenkonflikten, insbesondere mittels der Errichtung von Informationsschranken getroffen worden sind (Rz. 70)[5]. Auch braucht keine Stellung zu der Frage genommen werden, ob die Vergütung der für Finanzanalysten etc. tätigen Personen unmittelbar an Geschäfte mit Wertpapierdienstleistungen oder an anderweitige Geschäfte gebunden ist, die von dem Finanzanalysten etc. selber oder einer zu seiner Gruppe gehörenden juristischen Person abgewickelt worden sind[6]. Gleiches gilt für die Informationen zum Erwerbspreis und zum Datum des Erwerbs von Anteilen am Emittenten (Rz. 7)[7]. Schließlich entfällt die Pflicht, vierteljährlich den Anteil aller Empfehlungen in den Kategorien „erwerben", „halten", „veräußern" etc. (dazu Rz. 74) offen zu legen[8].

84 **3. Sonstige Personen (Art. 3 Abs. 1 Unterabs. 34 Ziff. ii, Unterabs. 35 VO Nr. 596/2014). a) Persönlicher Anwendungsbereich.** Art. 3 Abs. 1 Unterabs. 34 Ziff. ii VO Nr. 596/2014 (MAR) erfasst diejenigen Personen, die *weder* in die Kategorie der unabhängigen Finanzanalysten, Wertpapierfirmen, Kreditinstitute, Personen[9], deren Haupttätigkeit in der Erstellung von Anlageempfehlungen besteht, fallen, *noch* als natürliche Personen für diese oder selbst als Sachverständige tätig werden. Anders als nach dem Vorläufer der DelVO 2016/958, dem Art. 1 Nr. 5 RL 2003/125/EG, ist es gem. dem Art. 3 Abs. 1 Unterabs. 34 Ziff. ii i.V.m. Art. 20 VO Nr. 596/2014 unerheblich, ob die *nicht* dem Kreis der unabhängigen Finanzanalysten, Wertpapierfirmen etc. angehörenden Personen in Ausübung ihres Berufs oder im Rahmen ihrer Geschäftstätigkeit handeln, wenn sie eine Empfehlung[10] erteilen. Art. 3 Abs. 1 Unterabs. 35 VO Nr. 596/2014 schränkt den Personenkreis, der Empfehlungen oder Vorschläge zu Anlagestrategien erstellt, in keiner Weise ein. Das bedeutet allerdings nicht, dass gem. Art. 20 VO Nr. 596/2014 auch die nicht zum Kreis der unabhängigen Finanzanalysten etc. gehörende Personengruppe im gleichen Maße Pflichten zu beachten hätte, wie diejenige Personengruppe, von der erhöhte Risiken für die Marktintegrität und den Verbraucherschutz ausgehen. Dem Erwägungsgrund Nr. 2 der DelVO 2016/958 zufolge soll zwar die Regulierung *alle* Personen erfassen, die Empfehlungen erstellen und weitergeben, um sicherzustellen, dass die Informationen objektiv dargestellt und die Interessen sowie Interessenkonflikte wirksam[11] offen gelegt werden. Diese werden jedoch nicht den besonderen Regulierungen unterworfen, die den Personenkreis der Finanzanalysten etc. i.S.d. Art. 3 Abs. 1 Unterabs. 34 Ziff. i VO Nr. 596/2014 sowie die Sachverständigen (Rz. 79) treffen[12]. Für **Journalisten** existieren Sonderregeln (näher Rz. 108).

---

1 Erwägungsgrund Nr. 2 DelVO 2016/958.
2 In Art. 2 Abs. 3 DelVO 2016/958 wird nicht der Begriff des Journalisten verwandt, sondern ist ganz allgemein von Personen die Rede, die Selbstkontrollnormen oder Berufs- bzw. Standesregeln unterworfen sind.
3 Art. 2 Abs. 2 DelVO 2016/958.
4 Art. 2 Abs. 3 DelVO 2016/958; *Rothenhöfer* in Meyer/Veil/Rönnau, Handbuch zum Marktmissbrauchsrecht, § 22 Rz. 32.
5 Art. 6 Abs. 2 lit. a DelVO 2016/958; *Helm*, BKR 2018, 150, 151.
6 Art. 6 Abs. 2 lit. b DelVO 2016/958; *Helm*, BKR 2018, 150, 151.
7 Art. 6 Abs. 2 lit. c DelVO 2016/958; *Helm*, BKR 2018, 150, 151.
8 Art. 6 Abs. 3 DelVO 2016/958; *Helm*, BKR 2018, 150, 151.
9 *Rothenhöfer* in Meyer/Veil/Rönnau, Handbuch zum Marktmissbrauchsrecht, § 21 Rz. 38.
10 Der Begriff „Empfehlung" i.S.d. DelVO 2016/958 ist der Oberbegriff zu den Begriffen „Anlageempfehlung" und „Empfehlung oder Vorschlag einer Anlagestrategie" i.S.d. Art. 3 Abs. 1 Unterabs. 34, 35 VO Nr. 596/2014 (Rz. 3 f.).
11 In der englischen Sprachfassung der DelVO 2016/958 heißt es „effectively".
12 Erwägungsgrund Nr. 2 Satz 2 der DelVO 2016/958.

b) Sachlicher Anwendungsbereich. Anlageempfehlungen, Empfehlungen bzw. Vorschläge zu einer Anlagestrategie, Finanzinstrumente, direkt-indirekt, explizit-implizit, Emittenten, Ersteller, bestimmt für die Öffentlichkeit. Zu den Anlageempfehlungen, Empfehlungen bzw. Vorschläge zu einer Anlagestrategie s. Rz. 3 f.; zu den Finanzinstrumenten s. Rz. 7; zur Bestimmung für die Öffentlichkeit s. Rz. 23 f. Zwar ist Art. 3 Abs. 1 Unterabs. 34 Ziff. ii VO Nr. 596/2014 (MAR) nur einschlägig, wenn direkt eine Anlageentscheidung vorgeschlagen wird. Da sich Art. 20 VO Nr. 596/2014 jedoch auch auf den Art. 3 Abs. 1 Unterabs. 35 VO Nr. 596/2014 bezieht (Rz. 2), spielt hier die Einschränkung in Art. 3 Abs. 1 Unterabs. 34 Ziff. ii VO Nr. 596/2014 keine Rolle; denn Art. 3 Abs. 1 Unterabs. 35 VO Nr. 596/2014 erfasst sowohl explizite als auch implizite (Rz. 20) Empfehlungen bzw. Vorschläge (Rz. 13 ff.)[1]. Gleiches gilt für Empfehlungen bzw. Vorschläge, die ausschließlich Emittenten (Rz. 7) betreffen.

85

c) Pflichten zu Angaben, Informationen, zur Offenlegung. Personen, die *nicht* zum Kreis der unabhängigen Finanzanalysten, Wertpapierfirmen[2], Kreditinstitute, der Personen, deren Haupttätigkeit in der Erstellung von Anlageempfehlungen besteht, oder zum Kreis der für diese Personen tätigen natürlichen Personen sowie der Sachverständigen zählen, sind *grundsätzlich* den **gleichen Pflichten** unterworfen, wie Finanzanalysten und Sachverständige (Rz. 76, 79). Dies **gilt nicht für die Pflichten**, in die Empfehlung[3] aufzunehmen, *ob* diese dem Emittenten gegenüber offen gelegt und anschließend geändert worden ist (Rz. 45), welche Bewertungsgrundlagen/Methoden der Empfehlung zugrunde liegen (Rz. 46) und wo die Informationen zur Bewertung, zu den Bewertungsmethoden etc. erhältlich sind. Es existiert auch keine Pflicht, über die Bedeutung der Empfehlung, die geplante Häufigkeit der Aktualisierung der Empfehlung zu unterrichten. In die Empfehlung braucht ferner weder ein Hinweis auf das Datum/den Zeitpunkt der Kurse, auf Änderungen in Bezug auf frühere Empfehlungen, noch eine Liste der früheren Empfehlungen aufgenommen zu werden. Im Rahmen der Offenlegung von Interessen und Interessenkonflikten spielen die Schwellenwerte des Art. 6 Abs. 1 DelVO 2016/958 keine Rolle.

86

IV. Weitergabe der Empfehlung durch den Ersteller (Art. 7 DelVO 2016/958). Eine Anlageempfehlung (Rz. 3 f.) oder eine Anlagestrategieempfehlung (Rz. 3 f.) bedarf zu ihrer Erstellung nicht der Weitergabe. Vielmehr ist die Empfehlung schon dann erstellt (Rz. 27 ff.), wenn sie für die Weitergabe in Verbreitungskanäle oder an die Öffentlichkeit bestimmt ist (Rz. 23 f.), also verbreitet werden soll. Mit der Verbreitung wird die Empfehlung weitergegeben (Rz. 37)[4]. Gemäß Art. 7 DelVO 2016/958 hat der Ersteller (Rz. 27 ff.), der die Empfehlung weitergibt, in ihr das Datum und den Zeitpunkt (Uhrzeit; time) der *erstmaligen* Weitergabe der Empfehlung anzugeben[5]. Zur Frage, ob eine Empfehlung nur weitergegeben wird, wenn sie in Verbreitungskanäle eingespeist oder in sonstiger Weise in der Öffentlichkeit verbreitet wird oder zumindest verbreitet werden soll, s. Rz. 37. Das Tatbestandsmerkmal „Weitergabe" setzt nicht voraus, dass eine bereits erstellte Empfehlung noch nicht verbreitet worden ist[6]. Die Weitergabe durch den Ersteller kann mehrmals nacheinander erfolgen[7].

87

V. Weitergabe von Dritten erstellter, im wesentlichen unveränderter Empfehlungen (Art. 8 DelVO 2016/958).
1. Weitergabe durch Wertpapierfirmen, Kreditinstitute oder durch für diese tätige Personen. a) Empfehlungen. Damit sind sowohl Anlageempfehlungen (Rz. 3 f.) als auch Anlagevorschläge (Rz. 3 f.) gemeint. Voraussetzung für die Anwendung der Art. 9 und 10 DelVO 2016/958 ist, dass die weitergegebene Empfehlung weder zusammengefasst noch wesentlich verändert worden ist.

88

b) Von Dritten. „Dritter" i.S.d. Art. 8 Abs. 1 DelVO 2016/958 ist der Ersteller (Rz. 27 ff.) der Empfehlung[8]. Die Weitergabe erfolgt somit durch einen anderen als den Ersteller.

89

c) Weitergabe. Aus der englischen Sprachfassung der Vorschrift ergibt sich ebenso wie aus Art. 7 der DelVO 2016/958, dass mit dem Begriff „Weitergabe" die Verbreitung der bereits erstellten Empfehlung[9] gemeint ist. Keine Weitergabe im Rechtssinn findet daher statt, wenn die Empfehlung nur zur internen Verwendung bestimmt war. Dann ist die Empfehlung nämlich noch nicht i.S.d. Art. 20 Abs. 1 VO Nr. 596/2014 (MAR) „erstellt" (Rz. 27 ff.). Wird diese Analyse einem bestimmten Kunden ohne die Absicht der Verbreitung übermittelt, so wird sie ebenfalls nicht weitergegeben, weil sie noch nicht erstellt war. Gibt dieser Kunde anschließend die Analyse an einen unbestimmten Personenkreis weiter, so wird letzterer selbst zum Ersteller der Finanzanalyse

90

---

1 A.A. *Rothenhöfer* in Meyer/Veil/Rönnau, Handbuch zum Marktmissbrauchsrecht, § 21 Rz. 38.
2 Wertpapierdienstleistungsunternehmen (Art. 3 Abs. 1 Nr. 2 VO Nr. 596/2014).
3 Der Begriff „Empfehlung" i.S.d. DelVO 2016/958 ist der Oberbegriff zu den Begriffen „Anlageempfehlung" und „Empfehlung oder Vorschlag einer Anlagestrategie" i.S.d. Art. 3 Abs. 1 Unterabs. 34, 35 VO Nr. 596/2014 (Rz. 3 f.).
4 *Rothenhöfer* in Meyer/Veil/Rönnau, Handbuch zum Marktmissbrauchsrecht, § 21 Rz. 46.
5 *Rothenhöfer* in Meyer/Veil/Rönnau, Handbuch zum Marktmissbrauchsrecht, § 22 Rz. 41.
6 Anders zum WpHG a.F. *Spindler*, NZG 2004, 1138, 1146; *Schmidtke*, Regulierung, S. 224.
7 Arg. e Art. 8 Abs. 1 lit. c DelVO 2016/958; ESMA70-145-111, Questions and Answers on the Market Abuse Regulation (MAR), Version 10, v. 14.12.2017, A8.6.
8 Der Begriff „Empfehlung" i.S.d. DelVO 2016/958 ist der Oberbegriff zu den Begriffen „Anlageempfehlung" und „Empfehlung oder Vorschlag einer Anlagestrategie" i.S.d. Art. 3 Abs. 1 Unterabs. 34, 35 VO Nr. 596/2014 (Rz. 3 f.).
9 ESMA70-145-111, Questions and Answers on the Market Abuse Regulation (MAR), Version 10, v. 14.12.2017, A8.6.

(Rz. 27 ff.) und gibt sie weiter. Er ist jedoch nicht Dritter i.S.d. Art. 8 Abs. 1 DelVO 2016/958, so dass hier Art. 7 DelVO 2016/958 eingreift. Das Tatbestandsmerkmal „Weitergabe" setzt im Rahmen des Art. 8 DelVO 2016/958 nicht voraus, dass eine bereits erstellte Empfehlung noch nicht verbreitet worden ist[1]. Im Unterschied zu Art. 7 DelVO 2016/958 ist hier nur entscheidend, dass ein Dritter (Rz. 89) die Empfehlung weitergegeben hat. Die Weitergabe durch Dritte kann mehrmals nacheinander erfolgen[2]. Keine Weitergabe ist ein **Pressebericht** über eine von einem Dritten erstellte Empfehlung[3].

91 **d) Information und Offenlegung. aa) Identität.** Derjenige, der die Empfehlung weitergibt, hat gegenüber allen potentiellen Empfängern seine[4] Identität klar und unmissverständlich (Rz. 54) offen zu legen[5]. Anders als gem. Art. 3 DelVO 2016/958 braucht nur der Name, nicht aber die Berufsbezeichnung angegeben zu werden.

92 **bb) Datum und Zeitpunkt.** Anzugeben ist, wann die Empfehlung[6] *erstmalig*[7] weitergegeben worden ist[8]. Diese Information ist nicht nur dort erforderlich, wo der Ersteller (Rz. 27 ff., 87) die Empfehlung nicht selbst verbreitet hatte. Jeder Akt der weiteren Verbreitung ist eine erneute Weitergabe i.S.d. Art. 8 DelVO 2016/958. Daraus ergibt sich, dass das Datum und der Zeitpunkt (Uhrzeit, time) der Verbreitung zwar auch von demjenigen angegeben werden muss, der die Empfehlung *weiter*verbreitet. Es muss aber nicht über das Datum und die Uhrzeit der *Weiter*verbreitung informiert werden. Vielmehr ist in Parallele zu Art. 7 DelVO 2016/958 lediglich das Datum und die Uhrzeit der erstmaligen Weitergabe offen legen. Zur Art und Weise der Information s. Rz. 96.

93 **cc) Beziehungen und Umstände.** In Art. 8 Abs. 1 lit. b, Abs. 2 lit. b DelVO 2016/958 geht es *zum einen* um Beziehungen und Umstände (Rz. 57), die die **objektive Darstellung** (presentation) der Empfehlung[9] zu beeinträchtigen drohen. Gleiches gilt für die Interessen und Interessenkonflikte[10]. Die Beziehungen und Umstände etc. sind, sofern sie konkreter Natur sind, uneingeschränkt darzulegen. Die weitergebenden Dritten brauchen in der Regel aber nicht dafür zu sorgen, dass in der Empfehlung ausreichend die in der Person des Erstellers existierenden Interessenkonflikte präsentiert werden. Eine darauf gerichtete Offenlegungspflicht kommt nur dort in Betracht, wo die Empfehlung verändert[11] weitergegeben wird.

94 *Zum anderen* erlegt Art. 8 Abs. 2 lit. b DelVO 2016/958 den Wertpapierfirmen, Kreditinstituten sowie den für sie tätigen selbstständigen und unselbstständigen Personen die Pflicht auf, über die **Interessen und Interessenkonflikte** zu informieren, die das „**ob**" **der Weitergabe** der Empfehlung berühren[12]. Zu denken ist etwa an das eigene Interesse daran, mittels der Weitergabe der Empfehlung die Kurssteigerung eines Finanzinstruments auszulösen. Eine Ausnahme gilt dort, wo der Weitergebende als Verbreitungskanal (Rz. 24) für Empfehlungen, die von einem Unternehmen derselben Gruppe (Art. 1 lit. b DelVO 2016/958) erstellt worden sind, zu qualifizieren ist, der nicht berechtigt ist, zwischen den Empfehlungen, die weiterzugeben sind, auszuwählen.

95 **dd) Identität der Behörde.** Gemäß Art. 8 Abs. 2 lit. a DelVO 2016/958 ist die Aufsichtsbehörde zu nennen, die für die weitergebende Wertpapierfirma (Rz. 6), das Kreditinstitut (Rz. 6) oder für diejenigen Personen zuständig ist, die für sie tätig werden (Rz. 6).

---

1 Anders zum WpHG a.F. *Spindler*, NZG 2004, 1138, 1146; *Schmidtke*, Regulierung, S. 224.
2 Arg. e Art. 8 Abs. 1 lit. c DelVO 2016/958. Das was im Rahmen des Art. 7 DelVO 2016/958 gilt (ESMA70-145-111, Questions and Answers on the Market Abuse Regulation (MAR), Version 10, v. 14.12.2017, A8.6), muss erst recht im Rahmen des Art. 8 DelVO 2016/958 gelten.
3 Art. 8 Abs. 3 der RL 2003/125/EG v. 22.12.2003, ABl. EU Nr. L 339 v. 24.12.2003.
4 *Rothenhöfer* in Meyer/Veil/Rönnau, Handbuch zum Marktmissbrauchsrecht, § 22 Rz. 48.
5 Art. 8 Abs. 1 lit. a DelVO 2016/958.
6 Der Begriff „Empfehlung" i.S.d. DelVO 2016/958 ist der Oberbegriff zu den Begriffen „Anlageempfehlung" und „Empfehlung oder Vorschlag einer Anlagestrategie" i.S.d. Art. 3 Abs. 1 Unterabs. 34, 35 VO Nr. 596/2014 (Rz. 3 f.).
7 Erstmalig durch den Ersteller (Art. 7 DelVO 2016/958) oder durch Dritte (Art. 8 DelVO 2016/958). *Rothenhöfer* in Meyer/Veil/Rönnau, Handbuch zum Marktmissbrauchsrecht, § 22 Rz. 41 (Anleger sollen einschätzen können, ob und wie der Kurs der Finanzinstrumente reagiert hat).
8 Art. 8 Abs. 1 lit. c DelVO 2016/958.
9 Der Begriff „Empfehlung" i.S.d. DelVO 2016/958 ist der Oberbegriff zu den Begriffen „Anlageempfehlung" und „Empfehlung oder Vorschlag einer Anlagestrategie" i.S.d. Art. 3 Abs. 1 Unterabs. 34, 35 MAR (Rz. 3 f.).
10 Die Formulierung „einschließlich" (including) stellt die Interessen oder Interessenkonflikte den Beziehungen und Umständen gleich.
11 Es geht hier um die Fälle einer unwesentlichen Veränderung in Abgrenzung zu Art. 10 DelVO 2016/958, der die Fälle der wesentlichen Veränderung regelt.
12 Art. 8 Abs. 2 Halbsatz 1 DelVO 2016/958 zählt eine Reihe von Personen auf, die für die Weitergabe in Betracht kommen und verpflichtet sie, in Art. 8 Abs. 2 lit. b DelVO 2016/958 die eigenen Interessen oder Anzeichen von Interessenkonflikten offen zu legen. Falls Arbeitnehmer einer Wertpapierfirma in deren Auftrag an der Entscheidung über die Weitergabe der Empfehlung beteiligt sind, hindert diese Formulierung nicht, die Offenlegung der Interessen und Interessenkonflikte aller Personen zu fordern, die maßgeblich auf die Weitergabe der Empfehlung Einfluss nehmen. Unklar *Rothenhöfer* in Meyer/Veil/Rönnau, Handbuch zum Marktmissbrauchsrecht, § 22 Rz. 50, der zwischen „beteiligt" und „entscheiden" differenziert, obwohl Beteiligung i.S.d. Art. 5 Abs. 1 DelVO 2016/958 Einflussnahme voraussetzt, die Entscheidungen impliziert (*Rothenhöfer* in Meyer/Veil/Rönnau, Handbuch zum Marktmissbrauchsrecht, § 22 Rz. 34).

ee) **Art der Offenlegung.** Art. 8 DelVO 2016/958 ordnet nur in Hinblick auf die Angaben zur Identität der weitergebenden Person an, das diese klar und unmissverständlich (Rz. 54) gestaltet sein müssen. Daraus darf nicht geschlossen werden, dass bei den anderen in Art. 8 DelVO 2016/958 vorgeschriebenen Angaben auf die Verständnismöglichkeiten der angesprochenen oder möglicherweise berührten Verkehrskreise keine Rücksicht genommen zu werden braucht. Vielmehr gilt auch insoweit, dass die Informationen verständlich sein müssen (vgl. § 63 WpHG Rz. 64), allerdings nicht in dem Sinne unmissverständlich (Rz. 54), dass sie in den Vordergrund treten müssen.

2. Weitergabe durch sonstige Personen. Dieser Personenkreis hat nur seine Identität (Rz. 91), das Datum und die Uhrzeit der erstmaligen Weitergabe (Rz. 92) sowie die Interessen und Interessenkonflikte offen zu legen, die im Zusammenhang mit der Veränderung der Empfehlung eine Rolle spielen (Rz. 57 ff.). *Unerheblich* sind die Umstände und Beziehungen, die die Entscheidung über das „ob" der Weitergabe berühren. Zur Art und Weise der Offenlegung s. Rz. 96. Für Journalisten gelten Sonderregeln (Rz. 108).

VI. Weitergabe von Zusammenfassungen oder Auszügen aus Empfehlungen (Art. 9 DelVO 2016/958).
1. Persönlicher Anwendungsbereich. Art. 9 DelVO 2016/958 gilt nicht nur für Wertpapierfirmen (Rz. 6), Kreditinstitute (Rz. 6) sowie die für sie selbstständig oder unselbstständig tätigen natürlichen Personen (Rz. 6), sondern in gleicher Weise für alle anderen Personen, die eine Zusammenfassung oder einen Auszug aus einer nicht von ihnen, sondern von einem Dritten erstellten Empfehlung weitergeben. Für Journalisten gelten Sonderregeln (Rz. 108).

2. Zusammenfassung, Auszug aus einer von einem Dritten erstellten Empfehlung, Weitergabe. Art. 9 DelVO 2016/958 knüpft mit seiner Formulierung der „von einem Dritten erstellten Empfehlung" an Art. 8 DelVO 2016/958 an (Rz. 88). Die Empfehlung muss bereits von dem Dritten erstellt (Rz. 27 ff.) worden sein. Sie kann bereits in unverkürzter Form in Verbreitungskanäle eingespeist oder an die Öffentlichkeit weitergegeben worden sein. Die Vorschrift ist sowohl auf schriftliche als auch auf mündliche Empfehlungen anzuwenden. Von einer **Zusammenfassung** muss gesprochen werden, wenn sie beide Elemente einer Empfehlung[1], nämlich eine „Information" und eine „Empfehlung" bzw. einen „Anlagevorschlag", enthält[2]. Reine, nicht auf Informationen gestützte Empfehlungen sind keine Zusammenfassungen, selbst wenn sie auf Empfehlungen Dritter verweisen[3]. Starke Verkürzungen[4] der Finanzanalyse führen nicht dazu, dass nicht mehr von einer Zusammenfassung gesprochen werden kann, sofern noch ein Kernbestand an Informationen verbleibt. Die starke Verkürzung kann freilich einen Verstoß gegen das Gebot der Klarheit und das Verbot der Irreführung (Rz. 101) begründen. Im Unterschied zu Zusammenfassungen, in denen die Informationen und gegebenenfalls auch die Empfehlung neu formuliert werden, enthalten **Auszüge** Ausschnitte aus dem Originaltext der Empfehlung. Sie stellen damit einen Spezialfall einer wesentlich veränderten Empfehlung dar. Unerheblich ist, ob die Zusammenfassung einer Empfehlung oder der Auszug aus ihr schriftlich fixiert ist oder ob sie nur mündlich oder in sonstiger nicht-schriftlicher Form weitergegeben wird.

3. Angaben, Informationen. a) Kennzeichnung als Zusammenfassung bzw. als Auszug; Hinweis auf die ursprüngliche Empfehlung. Zusätzlich zu den in Art. 8 DelVO 2016/958 vorgeschriebenen Angaben (Rz. 91 ff.) hat der Weitergebende die Empfehlung als Zusammenfassung einer von einem Dritten erstellten (Rz. 27 ff.) Empfehlung oder als Auszug aus dieser Empfehlung zu kennzeichnen[5]. Außerdem ist die Ursprungsempfehlung zu benennen[6] sowie die Angaben i.S.d. Art. 2–6 DelVO 2016/958 zu machen, die den Ersteller der Ursprungsempfehlung betreffen[7].

b) Art und Weise der Darstellung. Die Zusammenfassungen und Auszüge dürfen nicht manipulieren oder in sonstiger Weise Irrtümer provozieren[8]. Sie müssen deshalb die wesentlichen Informationen und Aussagen der Originalempfehlung wiedergeben. Sie müssen aus der Perspektive eines verständigen Anlegers des Personenkreises, an den die Zusammenfassung bzw. der Auszug weitergegeben wird oder den die Zusammenfassung bzw. der Auszug wahrscheinlich erreicht, trotz einigen Vergröberungen im wesentlichen denselben Eindruck erwecken, den die Originalempfehlung hervorruft[9]. Der **Hinweis auf die ursprünglich** von dem Dritten[10] er-

---

1 Der Begriff „Empfehlung" i.S.d. DelVO 2016/958 ist der Oberbegriff zu den Begriffen „Anlageempfehlung" und „Empfehlung oder Vorschlag einer Anlagestrategie" i.S.d. Art. 3 Abs. 1 Unterabs. 34, 35 VO Nr. 596/2014 (Rz. 3 f.).
2 *Rothenhöfer* in Meyer/Veil/Rönnau, Handbuch zum Marktmissbrauchsrecht, § 21 Rz. 48. Vgl. zum WpHG a.F. *Fuchs* in Fuchs, § 34b WpHG Rz. 48.
3 Vgl. zum WpHG a.F. *Fuchs* in Fuchs, § 34b WpHG Rz. 48; *Möllers* in KölnKomm. WpHG, § 34b WpHG Rz. 204.
4 Vgl. zum WpHG a.F. *Göres*, Interessenkonflikte, S. 230.
5 Art. 9 Abs. 1 lit. b DelVO 2016/958. Der Hinweis kann – hinreichend deutlich (Rz. 101) – im Fließtext erfolgen (*Rothenhöfer* in Meyer/Veil/Rönnau, Handbuch zum Marktmissbrauchsrecht, § 22 Rz. 43).
6 Art. 9 Abs. 1 lit. c DelVO 2016/958. Zur Form s. Rz. 101.
7 Art. 9 Abs. 2 DelVO 2016/958.
8 Keine Irreführung; Art. 9 Abs. 1 lit. a DelVO 2016/958; *Rothenhöfer* in Meyer/Veil/Rönnau, Handbuch zum Marktmissbrauchsrecht, § 22 Rz. 42.
9 Abw. *Rothenhöfer* in Meyer/Veil/Rönnau, Handbuch zum Marktmissbrauchsrecht, § 22 Rz. 42: Gefahr eines Missverständnisses.
10 Art. 9 Abs. 1 lit. c DelVO 2016/958.

stellte (Rz. 89) **Empfehlung** soll ermöglichen, dass die Empfehlung im Original gelesen werden kann. Es ist deshalb unmissverständlich (Rz. 54) auf die Fundstelle zu verweisen, an der diese zu finden ist. Wurde sie mündlich erteilt, so ist mündlich auch der Ort und der Zeitpunkt zu mitzuteilen, an dem und zu dem die Originalempfehlung verbreitet worden ist. War die Empfehlung zwar erstellt (Rz. 27 ff.), vor ihrer Zusammenfassung etc. aber noch nicht verbreitet worden, so genügt ein Hinweis darauf, dass eine Originalempfehlung existiert. In die Zusammenfassung bzw. den Auszug müssen immer die in den Art. 2–6 DelVO 2016/958 vorgeschriebenen Informationen zum Ersteller (dem Dritten) aufgenommen werden, zumindest aber ein Hinweis auf den Ort, an dem diese Informationen einfach und kostenfrei erhältlich sind. Ein derartiger Hinweis reicht selbst dann aus, wenn es nicht unverhältnismäßig gewesen wäre, die Informationen zum Ersteller vollständig in die zusammengefasste oder auszugsweise wiedergegebene Empfehlung aufzunehmen.

102 **VII. Weitergabe wesentlich veränderter Empfehlungen (Art. 10 DelVO 2016/958). 1. Persönlicher Anwendungsbereich.** S. Rz. 98.

103 **2. Weitergabe einer von einem Dritten erstellten Empfehlung unter wesentlichen Änderungen.** Zur Person des „Dritten" s. Rz. 89. Die Weitergabe erfolgt mithin durch eine andere Person als den Ersteller der Empfehlung. Die Veränderung der Empfehlung kann sowohl deren Form als auch deren Inhalt betreffen. Sie ist immer „**wesentlich**", wenn die Empfehlung[1] in eine andere Richtung weist[2]. Gleiches gilt, falls die Informationsquellen oder die Bewertungsgrundlagen und -methoden, die gem. Art. 4 Abs. 1 lit. b DelVO 2016/958 offen zu legen sind, derart verändert werden, dass ein neues Durchdenken der Empfehlung angebracht ist[3]. Dies ist immer zu bejahen, wenn der der Empfehlung zugrunde gelegte Sachverhalt inklusive der Kennzahlen, Unternehmensdaten oder die Prognosen verändert worden ist. Dann ist sogar zu prüfen, ob eine neue Finanzanalyse erstellt worden ist, auf die die Art. 2 ff. DelVO 2016/958 anzuwenden sind.

104 Die wesentliche (Rz. 103)[4] Veränderung einer Empfehlung ist eine Variante einer Erstellung[5], bei der an sich die Art. 2 ff. DelVO 2016/958 in vollem Umfang eingreifen[6]. Der Art. 10 DelVO 2016/958 nimmt jedoch aus dem Begriff der Erstellung diejenigen Fälle heraus, in denen bereits eine von einem Dritten erstellte (Rz. 27 ff., 89) Empfehlung existiert und diese als Empfehlung eines Dritten **weitergegeben** wird. Der Weitergebende darf sich mithin die Empfehlung des Dritten **nicht zu Eigen**[7] gemacht haben, da er in einem solchen Fall die Empfehlung selbst erstellt haben würde (Rz. 32), selbst wenn diese als Plagiat erkennbar[8] wäre. Eine neue Empfehlung wird auch dann erstellt und nicht bloß eine Empfehlung Dritter weitergegeben, falls das empfohlene Finanzinstrument im Licht neuer Tatsachen beurteilt wird. Die Änderung schlägt mithin, wenn sie grundlegend ist, in eine Neuerstellung um.

105 **3. Angaben, Informationen, Art und Weise der Darstellung.** *Immer* sind die in Art. 8 DelVO 2016/958 genannten Angaben zu machen[9]. *Darüber hinaus* ist in die Empfehlung ein Hinweis aufzunehmen, der mit klaren Worten oder drucktechnisch hervorgehoben den geänderten Text der weitergegebenen Empfehlung kenntlich[10] macht[11]. Bei mündlichen Empfehlungen hat dies mündlich zu geschehen.

106 Da die Änderung der Empfehlung deren Erstellung nahe verwandt ist (Rz. 104), schreibt Art. 10 Abs. 2 DelVO 2016/958 vor, dass die Personen, die wesentlich geänderte Empfehlungen weitergeben, denselben **Informationspflichten** unterliegen, denen die Ersteller gem. den Art. 2–6 DelVO 2016/958 unterworfen sind. Hierbei ist danach zu unterscheiden, ob der Weitergebende zum Kreis der Wertpapierfirmen und Kreditinstitute sowie der für diese selbstständig oder unselbstständig tätigen Personen zählt *oder ob* er dem Kreis der selbstständigen Analysten oder Personen, deren Haupttätigkeit in der Erstellung von Anlageempfehlungen besteht, oder der Sachverständigen zuzurechnen ist.

107 Art. 10 DelVO 2016/958 gibt keine detaillierte Anweisungen für die **Art und Weise**, in der die Angaben und Informationen dargestellt werden müssen. Es liegt nahe, insoweit dieselben Anforderungen zu stellen, die bei

---

1 Der Begriff „Empfehlung" i.S.d. DelVO 2016/958 ist der Oberbegriff zu den Begriffen „Anlageempfehlung" und „Empfehlung oder Vorschlag einer Anlagestrategie" i.S.d. Art. 3 Abs. 1 Unterabs. 34, 35 VO Nr. 596/2014 (Rz. 3 f.).
2 *Rothenhöfer* in Meyer/Veil/Rönnau, Handbuch zum Marktmissbrauchsrecht, § 21 Rz. 48. Zum WpHG a.F. vgl. *Fuchs* in Fuchs, § 34b WpHG Rz. 46; abw. *Möllers* in KölnKomm. WpHG, § 34b WpHG Rz. 96 (wenn objektiv für die Anlageentscheidung von Bedeutung).
3 Vgl. zum WpHG a.F. *Fuchs* in Fuchs, § 34b WpHG Rz. 46; abw. *Schmidtke*, Regulierung, S. 157.
4 Vgl. zum WpHG a.F. *Göres*, Erläuterungen zur Finanzanalyseverordnung, Rz. 97, dem zufolge Änderungen wesentlich sind, wenn sie für einen verständigen Anleger von Bedeutung sind.
5 Rz. 27 ff.; vgl. zum WpHG a.F. *Fett* in Schwark/Zimmer, Kapitalmarktrechts-Kommentar, § 34b WpHG Rz. 33.
6 Abw. zum WpHG a.F. *Möllers* in KölnKomm. WpHG, § 34b WpHG Rz. 201.
7 Vgl. zum WpHG a.F. *Möllers* in KölnKomm. WpHG, § 34b WpHG Rz. 96. S. auch Rz. 32.
8 Zum WpHG a.F. a.A. *Fett* in Schwark/Zimmer, Kapitalmarktrechts-Kommentar, § 34b WpHG Rz. 33.
9 *Rothenhöfer* in Meyer/Veil/Rönnau, Handbuch zum Marktmissbrauchsrecht, § 22 Rz. 45.
10 A.A. *Rothenhöfer* in Meyer/Veil/Rönnau, Handbuch zum Marktmissbrauchsrecht, § 22 Rz. 45 (kein detaillierter Hinweis auf die im Einzelnen vorgenommenen Kürzungen).
11 Der Text der ursprünglichen Anlageempfehlung muss nicht übermittelt werden (*Rothenhöfer* in Meyer/Veil/Rönnau, Handbuch zum Marktmissbrauchsrecht, § 22 Rz. 45).

der Erstellung von Empfehlungen zu erfüllen sind (Rz. 54). Art. 10 DelVO 2016/958 schreibt außerdem vor, die Änderungen im einzelnen zu kennzeichnen sowie einen Ort zu benennen, an dem Informationen i.S.d. Art. 2-5 DelVO 2016/958 zum Ersteller[1] der Erstfassung der Empfehlung kostenfrei erhältlich sind. Auf Art. 6 DelVO 2016/958 wird nicht Bezug genommen. Der Weitergebende ist nicht daran gehindert, die Informationen zum ursprünglichen Ersteller in die weitergegebene Empfehlung aufzunehmen. Dort, wo es unverhältnismäßig ist (Rz. 55), die den Weitergebenden betreffenden Informationen in der veränderten Empfehlung darzustellen, darf er diese an einen Ort auszulagern, an dem diese einfach und kostenfrei erhältlich sind.

VIII. Journalisten (Art. 20 Abs. 3 Unterabs. 4 VO Nr. 596/2014).
Journalisten (journalists; journalistes) müssen nicht berufsmäßig tätig werden. Maßgeblich ist, ob die Empfehlung[2] aus der Perspektive eines durchschnittlichen Betrachters einer finanzorientierten Berichterstattung in einem engen Zusammenhang mit anderen presse- bzw. medientypischen Berichten aufweist, ob sie primär auf Meinungsbildung abzielt und redaktionell bearbeitet ist[3]. Die Verwendung der Formulierung „Journalist" legt eine typologische Betrachtungsweise nahe, die sich an den Realtypen journalistischer Tätigkeit orientiert.

108

In Art. 20 Abs. 3 Unterabs. 4 Satz 1 VO Nr. 596/2014 (MAR) ist weitgehend im Gefolge der Art. 3 Abs. 4, Art. 5 Abs. 5 der RL 2003/125/EG von „einer gleichwertigen angemessenen Regelung – einschließlich einer angemessenen Selbstregulierung -"[4]die Rede. Die im Rahmen der **Selbstregulierung statuierten Pflichten** müssen sich mithin auf die Pflicht zur Trennung von Tatsachen und Werturteilen erstrecken[5], ferner auf die Darlegung der wesentlichen Grundlagen und Maßstäbe der eigenen Werturteile, auf eine presseadäquate Prüfung der Zuverlässigkeit der Informationsquellen, auf die Angabe der für die Publizierung verantwortlichen Person sowie auf die Offenlegung[6] der nicht durch Organisation oder in sonstiger Weise ausgeschalteten Gefahren[7] eines Interessenkonfliktes. Auch Irreführungen müssen ausdrücklich verboten werden. Dieses Verbot muss gleichermaßen für die Zusammenfassungen von Empfehlungen (Rz. 98) gelten[8]. Die übliche journalistische Methode der Zuspitzung rechtfertigt es nicht, das Anlegerpublikum erhöhten Gefahren einer Fehlinvestition auszusetzen. Daran ändert der Umstand nichts, dass der Wirtschaftsteil der Presse möglicherweise etwas langweiliger wird. Die Selbstregulierungs-Regeln können in besonderer Weise an die Art der Darbietung in den jeweiligen Medien angepasst werden.

109

Nach Ansicht der **BaFin** zum WpHG a.F. entsprach der **Kodex des Deutschen Presserats** samt den journalistische(n) Verhaltensgrundsätze(n) und Empfehlungen des Deutschen Presserats zur Wirtschafts- und Finanzmarktberichterstattung vom 2.3.2006 in der Fassung vom 3.12.2008 den Anforderungen des Vorläufers des Art. 20 Abs. 3 Unterabs. 4 Satz 1 VO Nr. 596/2014 (MAR)[9].

110

Beachte auch Art. 21 VO Nr. 596/2014 (MAR).

111

IX. Öffentliche Stellen, die Statistiken oder Prognosen verbreiten (Art. 20 Abs. 2 VO Nr. 596/2014).
Der Begriff „öffentliche Stellen" (public institutions; institutions publiques) betrifft staatliche[10] oder staatsnahe[11] Stellen, die üblicherweise besonderes Vertrauen genießen. Sofern die von ihnen veröffentlichten Statistiken und Prognosen die Finanzmärkte[12] (Art. 1 VO Nr. 596/2014 [MAR]) erheblich beeinflussen[13], sind diese objektiv und transparent (transparent; transparente) zu verbreiten. In diesem Zusammenhang kann man sich an dem Transparenzgebot des Art. 5 Satz 1 der RL 93/13/EWG über missbräuchliche Klauseln in Verbraucherverträgen orientieren. Danach müssen die Klauseln klar und verständlich (vgl. § 63 WpHG Rz. 64) abgefasst sein.

112

---

1 Nicht zum Text der Erstfassung (Umkehrschluss aus Art. 9 Abs. 2 DelVO 2016/958); *Rothenhöfer* in Meyer/Veil/Rönnau, Handbuch zum Marktmissbrauchsrecht, § 22 Rz. 47.
2 Der Begriff „Empfehlung" i.S.d. DelVO 2016/958 ist der Oberbegriff zu den Begriffen „Anlageempfehlung" und „Empfehlung oder Vorschlag einer Anlagestrategie" i.S.d. Art. 3 Abs. 1 Unterabs. 34, 35 VO Nr. 596/2014 (Rz. 3 f.).
3 Ähnlich zum WpHG a.F. *Möllers* in KölnKomm. WpHG, § 34b WpHG Rz. 226; *Fett* in Schwark/Zimmer, Kapitalmarktrechts-Kommentar, § 34b WpHG Rz. 44; a.A. *Fuchs* in Fuchs, § 34b WpHG Rz. 10.
4 „eqivalent appropriate selfregulation, including equivalent appropriate selfregulation".
5 Vgl. zum WpHG a.F. *Fuchs* in Fuchs, § 34b WpHG Rz. 14. *Spindler*, NZG 2004, 1138, 1145, plädiert für eine Trennung der meinungsbildenden Beiträge und der Anlageempfehlungen.
6 Ein abstrakt und allgemein formulierter Hinweis auf mögliche Interessenkonflikte genügt nicht (anders wohl die Verwaltungspraxis der BaFin).
7 Vgl. zum WpHG a.F. *Fuchs* in Fuchs, § 34b WpHG Rz. 14.
8 Vgl. zum WpHG a.F. *Möllers* in FS Hopt, Bd. 2, S. 2247, 2251; abw. *Fuchs* in Fuchs, § 34b Rz. 15 will Irreführungen verboten wissen.
9 A.A. mit guten Gründen zum WpHG a.F. *Möllers*, AfP 2010, 107; krit. ferner *Flaig*, Wirtschaftsjournalismus und Markt, S. 192 ff.
10 A.A. *Grundmann* in Staub, HGB, 5. Aufl. 2016, Band 11/1 Rz. 542.
11 *Rothenhöfer* in Meyer/Veil/Rönnau, Handbuch zum Marktmissbrauchsrecht, § 23 Rz. 47 (Beliehene).
12 „Financial markets"; „marchés financiers". Zweifelnd *Rothenhöfer* in Meyer/Veil/Rönnau, Handbuch zum Marktmissbrauchsrecht, § 23 Rz. 48, ob die erhebliche Beeinflussung einzelner Finanzinstrumente genügt.
13 Vgl. Art. 3 Abs. 2 lit. b iv. VO Nr. 596/2014.

Art. 21 Weitergabe oder Verbreitung von Informationen in den Medien

Werden für journalistische Zwecke oder andere Ausdrucksformen in den Medien Informationen offengelegt oder verbreitet oder Empfehlungen gegeben oder verbreitet, sind bei der Beurteilung dieser Offenlegung und Verbreitung von Informationen für den Zweck von Artikel 10, Artikel 12 Absatz 1 Buchstabe c und Artikel 20 die Regeln der Pressefreiheit und der Freiheit der Meinungsäußerung in anderen Medien sowie der journalistischen Berufs- und Standesregeln zu berücksichtigen, es sei denn,

a) den betreffenden Personen oder mit diesen Personen in enger Beziehung stehenden Personen erwächst unmittelbar oder mittelbar ein Vorteil oder Gewinn aus der Offenlegung oder Verbreitung der betreffenden Information, oder

b) die Weitergabe oder Verbreitung erfolgt in der Absicht, den Markt in Bezug auf das Angebot von Finanzinstrumenten, die Nachfrage danach oder ihren Kurs irrezuführen.

In der Fassung vom 16.4.2014 (ABl. EU Nr. L 173 v. 12.6.2014, S. 1).

Schrifttum: *Klöhn* (Hrsg.), Marktmissbrauchsverordnung (MAR), 2018; *Klöhn/Büttner*, Finanzjournalismus und neues Marktmissbrauchrecht, WM 2016, 2241.

1 **I. Allgemeines.** Die Vorschrift soll im Interesse der Pressefreiheit und der Meinungsfreiheit sowie zugunsten der journalistischen Berufs- und Standesregeln die Tragweite der Art. 10, Art. 12 Abs. 1 lit. c, Art. 20 VO Nr. 596/2014 (MAR) einschränken[1].

2 **II. Anwendbarkeit. 1. Ausdrucksformen.** Die journalistischen Zwecke werden nur beispielhaft genannt. Der Begriff der „anderen Ausdrucksformen" (other form of expression; d'autres formes d'expression) ist so weit, dass Art. 21 VO Nr. 596/2014 alle Anlässe[2] und Formen erfasst, deretwegen Informationen und Empfehlungen geäußert oder verbreitet werden. Der Anwendungsbereich der Vorschrift ist deshalb nicht auf die journalistische Tätigkeit beschränkt, sondern erstreckt sich auf jegliche Informationsaktivitäten, denen die Grundsätze der europäischen Meinungs-und Pressefreiheit zugute kommen[3].

3 **2. Medien.** Der Begriff Medien bezieht sich sowohl auf die journalistische Tätigkeit als auch auf alle anderen Ausdrucksformen. Unerheblich ist, in welcher Art die Medien veröffentlichen.

4 **3. Informationen, Empfehlungen geben, verbreiten, offenlegen.** Zum Begriff der Informationen s. Art. 10, 12 Abs. 1 lit. c VO Nr. 596/2014. Der Begriff der Information geht über den der Insiderinformation hinaus[4]. Zum Begriff der Empfehlungen s. Art. 20 VO Nr. 596/2014 Rz. 3f. Die Informationen werden „offen gelegt", wenn Dritten die Kenntnisnahme einer Information ermöglicht wird, ohne dass sie damit einer breiten Öffentlichkeit zugänglich gemacht wird[5]. Informationen werden „verbreitet" (disseminated; diffusées), wenn sie der Öffentlichkeit zugänglich gemacht werden[6]. Auf eine besondere Absicht kommt es nicht an. Dem Wortlaut des Art. 21 Halbsatz 1 VO Nr. 596/2014 zufolge genügt es, dass Empfehlungen „gegeben" (produced; produites) werden. Insoweit geht es um das Vorfeld der Verbreitung in den Medien. Da die Rechtsfolgen aber an die Offenlegung und an die Verbreitung der Informationen bzw. Empfehlungen anknüpfen, ist dieses Tatbestandsmerkmal funktionslos und dahin zu verstehen, dass mit dem Begriff „gegeben" ebenfalls „offengelegt" gemeint ist.

5 **4. Journalistische Zwecke.** Es geht um die Tätigkeiten natürlicher und juristischer Personen, soweit diese den Inhalt periodischer Presseerzeugnisse gestalten und verbreiten[7]. Hauptberuflichkeit ist nicht erforderlich[8]. Journalistische Zwecke verfolgen Verleger und Herausgeber, die Autoren der Informationen, auch[9] die unmittelbar an der Herstellung und den Vertrieb der Druckwerke Beteiligten, Pressesprecher sowie Informanten der Journalisten.

6 **III. Vorrang der Regeln der Pressefreiheit und Meinungsfreiheit sowie der journalistischen Berufs-und Standesregeln. 1. Grundsatz.** Im Erwägungsgrund Nr. 77 der VO Nr. 596/2014 wird betont, dass die Regeln der Pressefreiheit und Meinungsfreiheit sowie der journalistischen Berufs- und Standesregeln im Einklang mit den Grundrechten und Grundsätzen, die in der Charta der Grundrechte der Europäischen Union anerkannt

---

1 Abw. *Klöhn/Büttner*, WM 2016, 2241, 2242.
2 In Art. 21 Halbsatz 1 VO Nr. 596/2014 ist einerseits von einem Zweck und andererseits von einer Form die Rede. Es ist anzunehmen, dass mit dem Begriff der Form ebenfalls der Anlass der Tätigkeit gemeint ist. Dies ergibt sich eindeutig aus der französischen Sprachfassung.
3 *Klöhn/Büttner*, WM 2016, 2241, 2243.
4 *Klöhn/Büttner*, WM 2016, 2241, 2242.
5 *Klöhn/Büttner*, WM 2016, 2241, 2242 (eine Offenlegung erfolgt auch dann, wenn eine Information innerhalb einer Redaktion weitergegeben wird).
6 *Klöhn/Büttner*, WM 2016, 2241, 2242 f. (keine Verbreitung, falls eine Information in einer Lokalzeitung oder in der Regel über Blogs bzw. Tweets veröffentlicht wird).
7 *Klöhn/Büttner*, WM 2016, 2241, 2242.
8 *Klöhn/Büttner*, WM 2016, 2241, 2242.
9 So *Klöhn/Büttner*, WM 2016, 2241, 2242 f.

sind, anzuwenden seien. Dies gelte insbesondere für die Grundsätze der Pressefreiheit und der freien Meinungsäußerung in anderen Medien[1] sowie im Hinblick auf die Regeln, die für den Journalistenberuf[2] gelten. Diese Freiheiten seien so zu berücksichtigen, wie sie in der EU und in den Mitgliedstaaten garantiert seien und wie sie in Art. 11 der Charta und den anderen einschlägigen Bestimmungen anerkannt würden.

2. Ausnahmen. a) Vorteil, Gewinn. Es geht hier um materielle oder immaterielle[3] Vorteile (advantage; avantage) derjenigen Personen, die i.S.d. Offenlegung oder Verbreitung (Rz. 4) informieren[4]. Der Gewinn (profits; bénéfices) ist eine Art eines solchen Vorteils. Zum Begriff „in enger Beziehung" s. Art. 19 Abs. 1 VO Nr. 596/2014[5]. 7

b) Irreführung des Marktes. Um eine irreführende Wirkung zu erzielen, muss die Information nicht notwendig falsch sein[6]. Vgl. im übrigen Erl. zu Art. 12 VO Nr. 596/2014. Es genügt nicht eine objektiv irreführende Wirkung. Vielmehr müssen die Informationen und Empfehlungen mit der Absicht (weiter)gegeben werden, die Finanzmärkte in die Irre zu führen[7]. 8

Kapitel 4
ESMA und zuständige Behörden

Art. 22 Zuständige Behörden

Unbeschadet der Zuständigkeiten der Justizbehörden benennen die Mitgliedstaaten eine einzige Behörde, die für die Zwecke dieser Verordnung zuständig ist. Die Mitgliedstaaten setzen die Kommission, die ESMA und die anderen zuständigen Behörden der anderen Mitgliedstaaten entsprechend in Kenntnis. Die zuständige Behörde gewährleistet die Anwendung der Bestimmungen dieser Verordnung in ihrem Hoheitsgebiet, auf alle in ihrem Hoheitsgebiet ausgeführten Handlungen und auf im Ausland ausgeführte Handlungen in Bezug auf Instrumente, die zum Handel an einem geregelten Markt zugelassen sind, für die eine Zulassung zum Handel auf einem solchen Markt beantragt wurde, die auf einer Versteigerungsplattform versteigert wurden oder die auf einem in ihrem Hoheitsgebiet betriebenen multilateralen oder organisierten Handelssystem gehandelt werden oder für die eine Zulassung zum Handel auf einem multilateralen Handelssystem in ihrem Hoheitsgebiet beantragt wurde.

In der Fassung vom 16.4.2014 (ABl. EU Nr. L 173 v. 12.6.2014, S. 1).

Schrifttum: *Gurlit*, Die Entwicklung des Banken- und Kapitalmarktaufsichtsrechts in den Jahren 2015/16, WM 2016, 2053; *Günther/Süßmann*, Überblick über die Energiehandelsregulierung, ER 2016, 118; *Jordans*, Zum aktuellen Stand der Finanzmarktnovellierung in Deutschland, BKR 2017, 273; *Maume*, Staatliche Rechtsdurchsetzung im deutschen Kapitalmarktrecht: eine kritische Bestandsaufnahme, ZHR 180 (2016), 358; *Parmentier*, Die Entwicklung des europäischen Kapitalmarktrechts 2014-2015, EuZW 2016, 45; *Poelzig*, Durchsetzung und Sanktionierung des neuen Marktmissbrauchsrechts, NZG 2016, 492; *von der Linden*, Das neue Marktmissbrauchsrecht im Überblick, DStR 2016, 1036.

I. Regelungsgehalt der Norm	1	III. Aufgabe der zuständigen nationalen Aufsichtsbehörde	7
II. Benennung der zuständigen nationalen Aufsichtsbehörde	3		

I. Regelungsgehalt der Norm. Art. 22 VO Nr. 596/2014 (MAR) regelt verbindlich, dass die **Mitgliedstaaten eine Behörde zu benennen haben, die sowohl für die Anwendung dieser Verordnung zuständig ist als auch als Ansprechpartner für die anderen nationalen zuständigen Behörden** der anderen Mitgliedstaaten, die ESMA und die EU-Kommission zur Verfügung stehen. Zudem regelt Art. 22 VO Nr. 596/2014, dass die zuständige Behörde die Anwendung der Bestimmungen der MAR in ihrem Zuständigkeitsbereich gewährleistet. 1

Damit hat Art. 22 VO Nr. 596/2014 zwar **unmittelbare Wirkung in den Mitgliedstaaten**; seine Regelungen bedürfen aber dennoch einer **weiteren Umsetzung durch die Mitgliedstaaten**. Denn schon vom Wortlaut her werden durch die Regelungen in Art. 22 VO Nr. 596/2014 zum einen die Mitgliedstaaten verpflichtet, ihre zu- 2

---

1 Dazu eingehend *Klöhn/Büttner*, WM 2016, 2241, 2247.
2 Dazu eingehend *Klöhn/Büttner*, WM 2016, 2241, 2246.
3 *Klöhn/Büttner*, WM 2016, 2241, 2244 (Besserstellung in der persönlichen Lage).
4 *Klöhn/Büttner*, WM 2016, 2241, 2244.
5 *Klöhn/Büttner*, WM 2016, 2241, 2244.
6 Vgl. Erwägungsgründe Nr. 44, 47 ff. VO Nr. 596/2014.
7 Weitergehend *Klöhn/Büttner*, WM 2016, 2241, 2244.

ständige nationale Aufsichtsbehörde zu benennen, und zum anderen wird die Aufgabenstellung für die benannten zuständigen nationalen Aufsichtsbehörden formuliert – und zwar in Form der Überwachung und Durchsetzung der Bestimmungen der MAR, ohne diesen Behörden unmittelbar Befugnisse einzuräumen.

3 II. **Benennung der zuständigen nationalen Aufsichtsbehörde.** Art. 22 Satz 1 VO Nr. 596/2014 verpflichtet die Mitgliedstaaten, eine zuständige nationale Aufsichtsbehörde zu benennen. Hierbei hat es sich nach der Regelung ausdrücklich um **eine einzige Behörde zu handeln**, die als zuständige Behörde im jeweiligen Mitgliedstaat zu benennen ist. Diese Benennung einer einzigen zuständigen nationalen Behörde dient auch der Eindeutigkeit und Klarheit der Zuständigkeit für die Zwecke dieser Verordnung, um für den Austausch der verschiedenen Informationen schnell den richtigen Ansprechpartner an der Hand zu haben.

4 In diesem Zusammenhang spielt die Formulierung in Art. 22 Satz 1 VO Nr. 596/2014 „unbeschadet der Zuständigkeiten der Justizbehörden" eine Rolle. Diese Benennung einer zuständigen nationalen Behörde **soll nicht in die Aufgabenverteilung zwischen Aufsichts- und Justizbehörden eingreifen** und Zuständigkeiten ändern. Insoweit ist Raum für die Zuständigkeit der Justizbehörden eröffnet, soweit es sich z.B. um strafrechtlichen Sanktionen wegen Verstößen gegen die MAR und um die richterliche Genehmigung bestimmter, besonders weitgehender Befugnisse der nationalen Behörde handelt. Diese Zuständigkeit steht neben der Benennung einer zuständigen nationalen Aufsichtsbehörde nach Art. 22 Satz 1 VO Nr. 596/2014.

5 Zum **Zwecke der Klarheit über die zuständige nationale Aufsichtsbehörde** sieht Art. 22 Satz 2 VO Nr. 596/2014 vor, dass die Mitgliedstaaten verpflichtet sind, sowohl die EU-Kommission als auch die ESMA und zusätzlich die anderen zuständigen Behörden der anderen Mitgliedstaaten über die benannte zuständige Behörde in Kenntnis zu setzen. Für Deutschland ist die **Bundesanstalt als zuständige nationale Aufsichtsbehörde benannt** worden[1].

6 Der deutsche Gesetzgeber hat mit der Umsetzung der Regelungen durch das 1. FiMaNoG in § 4 Abs. 3b WpHG a.F. gesetzlich geregelt, dass die Bundesanstalt die zuständige nationale Behörde ist. Hierbei hat er einen **gesetzlichen Vorbehalt in Bezug auf die Regelung in § 3 Abs. 5 BörsG** aufgenommen[2], der sich auf die Befugnis der Börsenaufsichtsbehörde bezieht, alle Anordnungen treffen zu können, um die Ordnung und den Geschäftsverkehr an der Börse aufrechtzuerhalten. Die Regelung zur Bestimmung der zuständigen Behörde wurde durch das 2. FiMaNoG insoweit angepasst, als durch die Neunummerierung des WpHG die Bestimmung der Bundesanstalt als grundsätzlich zuständiger Behörde nun in § 6 Abs. 5 WpHG verortet ist. Diese Regelung bestimmt sowohl, dass die Bundesanstalt zuständige Behörde nach verschiedenen EU-Verordnungen ist, als auch, dass sich der für die Börsenaufsichtsbehörden aufgenommene Vorbehalt nicht mehr nur auf § 3 Abs. 5 BörsG, sondern auch auf § 3 Abs. 11 und 12 BörsG sowie § 15 Abs. 7 BörsG bezieht[3]. Dieser Erweiterung des börsenrechtlichen Vorbehalts bezieht sich auf die Befugnisse der Börsenaufsichtsbehörde und deren Bestimmung als eine der zuständigen Behörden nach der VO Nr. 600/2014 (MiFIR).

7 III. **Aufgabe der zuständigen nationalen Aufsichtsbehörde.** Nach Art. 22 Satz 3 VO Nr. 596/2014 **gewährleistet die zuständige Behörde die Anwendung der Bestimmungen dieser Verordnung in ihrem Zuständigkeitsbereich.** Das Gewährleisten der Anwendung der Regelungen bedeutet sichern, sicherstellen, dafür sorgen, nicht aber ein Garantieren oder Bürgen. In der englischen Sprachfassung des Art. 22 Satz 3 VO Nr. 596/2014 ist dies formuliert als „shall ensure", also „soll sicherstellen". Das bedeutet, die Regelung in Art. 22 Satz 3 VO Nr. 596/2014 regelt, was die Aufgaben der jeweiligen zuständigen Aufsichtsbehörde sein sollen.

8 Konkret soll die zuständige nationale Aufsichtsbehörde **räumlich** die Anwendung der Bestimmungen der MAR sicherstellen

– in ihrem Hoheitsgebiet,
– auf alle in ihrem Hoheitsgebiet ausgeführten Handlungen und
– auf im Ausland ausgeführte Handlungen.

Das bedeutet, dass die zuständige nationale **Behörde nicht nur bezüglich der im Inland ausgeführten Handlungen, die dort auch Auswirkungen haben**, tätig werden soll, sondern auch dann, wenn die Handlungen im Inland ausgeführt werden und im Ausland Auswirkungen in Form eines Verstoßes gegen die Regelungen der MAR haben oder wenn die Verstöße durch im Ausland ausgeführte Handlungen auf das Marktgeschehen im Inland wirken.

9 Die zuständige nationale Aufsichtsbehörde soll die Anwendung der MAR-Vorschriften sicherstellen **in Bezug auf Instrumente**,

– die zum Handel an einem geregelten Markt zugelassen sind,
– für die eine Zulassung zum Handel auf einem solchen Markt beantragt wurde,

---

[1] Vgl. die von der EU-Kommission veröffentlichte Liste der zuständigen nationalen Aufsichtsbehörden nach Art. 22 VO Nr. 596/2014 unter https://ec.europa.eu/info/system/files/mar-2014-596-art-22-list_en.pdf.
[2] Vgl. Begr. RegE 1. FiMaNoG zu § 4 Abs. 3b WpHG, BT-Drucks. 18/7482, 12 und 58.
[3] Vgl. Begr. RegE 2. FiMaNoG zu den § 6 Abs. 5 WpHG-E, BT-Drucks. 18/10936, 38 und 225.

- die auf einer Versteigerungsplattform versteigert wurden oder
- die auf einem in ihrem Hoheitsgebiet betriebenen multilateralen oder organisierten Handelssystem gehandelt werden oder
- für die eine Zulassung zum Handel auf einem multilateralen Handelssystem in ihrem Hoheitsgebiet beantragt wurde.

Im **deutschen Recht** hat diese generelle **Aufgabenstellung** ihren Niederschlag in **§ 6 Abs. 2 i.V.m. § 1 Abs. 1 Nr. 8 lit. e WpHG** gefunden, der regelt, dass die Bundesanstalt auch in Bezug auf die MAR die Einhaltung der Verbote und Gebote überwacht und alle Anordnungen zu deren Durchsetzung treffen kann. Daneben geben eine Reihe weiterer Normen der Bundesanstalt Befugnisse zur Überwachung der Einhaltung der Regelungen der MAR. Dies reicht von der Befugnis zu Auskunfts- bzw. Vorlageersuchen nach § 6 Abs. 3 WpHG über die Regelung zur Abgabe von Sachverhalten an die Staatsanwaltschaft nach § 11 WpHG bis hin zur Durchführung von Bußgeldverfahren wegen Verstößen gegen die Regelungen der MAR nach §§ 120 Abs. 19 f., 121 WpHG.

Art. 23 Befugnisse der zuständigen Behörden

(1) Die zuständigen Behörde *[sic!]* nehmen ihre Aufgaben und Befugnisse wahlweise folgendermaßen wahr:
a) unmittelbar,
b) in Zusammenarbeit mit anderen Behörden oder den Marktteilnehmern,
c) indem sie als verantwortliche Behörde Aufgaben auf andere Behörden oder Marktteilnehmer übertragen,
d) durch Antrag bei den zuständigen Justizbehörden.

(2) Zur Wahrnehmung ihrer Aufgaben gemäß dieser Verordnung müssen die zuständigen Behörden nach nationalem Recht zumindest über die folgenden Aufsichts- und Ermittlungsbefugnisse verfügen:
a) Zugang zu jedweden Unterlagen und Daten in jeder Form zu haben und Kopien von ihnen zu erhalten oder anzufertigen;
b) von jeder Person, auch von solchen, die nacheinander an der Übermittlung von Aufträgen oder an der Ausführung der betreffenden Tätigkeiten beteiligt sind, sowie von deren Auftraggebern Auskünfte zu verlangen oder zu fordern und erforderlichenfalls zum Erhalt von Informationen eine Person vorzuladen und zu befragen;
c) in Bezug auf Warenderivate Informationen in genormten Formaten von Teilnehmern der entsprechenden Spotmärkte anzufordern, Meldungen über Geschäfte zu erhalten und direkt auf die Systeme der Händler zuzugreifen;
d) an anderen Orten als den privaten Wohnräumen natürlicher Personen Prüfungen und Ermittlungen vor Ort durchzuführen;
e) vorbehaltlich des Unterabsatzes 2 die Räumlichkeiten natürlicher und juristischer Personen zu betreten und Dokumente um Daten in jeder Form zu beschlagnahmen, wenn der begründete Verdacht besteht, dass Dokumente oder Daten, die sich auf den Gegenstand der Überprüfung oder Ermittlung beziehen, für den Nachweis von Insidergeschäften oder Marktmanipulation unter Verstoß gegen diese Verordnung relevant sein können;
f) eine Sache zwecks strafrechtlicher Verfolgung weiterzuverweisen;
g) bestehende Aufzeichnungen von Telefongesprächen oder elektronischen Mitteilungen oder Datenverkehrsaufzeichnungen im Besitz von Wertpapierfirmen, Kreditinstituten oder Finanzinstituten anzufordern;
h) bestehende Datenverkehrsaufzeichnungen im Besitz einer Telekommunikationsgesellschaft anzufordern, wenn der begründete Verdacht eines Verstoßes besteht und wenn diese Aufzeichnungen für die Untersuchung eines Verstoßes gegen Artikel 14 Buchstaben a oder b oder Artikel 15 relevant sein können, soweit dies nach nationalem Recht zulässig ist;
i) das Einfrieren oder die Beschlagnahme von Vermögenswerten oder beides zu beantragen;
j) den Handel mit den betreffenden Finanzinstrumenten auszusetzen;
k) die vorübergehende Einstellung von Handlungen zu verlangen, die gemäß der Auffassung der zuständigen Behörde gegen dieser *[sic!]* Verordnung verstoßen;
l) ein vorübergehendes Verbot der Ausübung der Berufstätigkeit zu verhängen und

m) alle erforderlichen Maßnahmen zu ergreifen, damit die Öffentlichkeit ordnungsgemäß informiert wird, unter anderem durch die Richtigstellung falscher oder irreführender offengelegter Informationen, einschließlich der Verpflichtung von Emittenten oder anderen Personen, die falsche oder irreführende Informationen verbreitet haben, eine Berichtigung zu veröffentlichen.

Falls gemäß dem nationalen Recht eine vorherige Genehmigung der zuständigen Justizbehörde des betreffenden Mitgliedstaats erforderlich ist, um Räumlichkeiten von den in Unterabsatz 1 Buchstabe e genannten natürlichen oder juristischen Personen zu betreten, wird von der in Unterabsatz 1 Buchstabe e genannten Befugnis erst nach Einholung dieser vorherigen Genehmigung Gebrauch gemacht.

(3) Die Mitgliedstaaten stellen durch geeignete Maßnahmen sicher, dass die zuständigen Behörden alle zur Wahrnehmung ihrer Aufgaben erforderlichen Aufsichts- und Ermittlungsbefugnisse haben.

Diese Verordnung lässt Gesetze sowie Rechts- und Verwaltungsvorschriften, die in Bezug auf Übernahmeangebote, Zusammenschlüsse und andere Transaktionen erlassen werden, die die Eigentumsverhältnisse oder die Kontrolle von Unternehmen betreffen und die durch die von den Mitgliedstaaten gemäß Artikel 4 der Richtlinie 2004/25/EG des Europäischen Parlaments und des Rates benannten Aufsichtsbehörden reguliert werden und zusätzlich zu den Anforderungen dieser Verordnung weitere Anforderungen auferlegen, unberührt.

(4) Wenn eine Person der zuständigen Behörde im Einklang mit dieser Verordnung Informationen meldet, gilt das nicht als Verstoß gegen eine etwaige vertraglich oder durch Rechts- oder Verwaltungsvorschriften geregelte Einschränkung der Offenlegung von Informationen und hat keine diesbezügliche Haftung der Person, die die Meldung erstattet hat, zur Folge.

In der Fassung vom 16.4.2014 (ABl. EU Nr. L 173 v. 12.6.2014, S. 1).

Schrifttum: S. Art. 22 VO Nr. 596/2014.

I. Übersicht über die Regelung 1
II. Art und Weise der Wahrnehmung der Befugnisse (Art. 23 Abs. 1 VO Nr. 596/2014) 5
III. Notwendige Befugnisse (Art. 23 Abs. 2 und 3 VO Nr. 596/2014) 11
 1. Mindestbefugnisse der zuständigen Behörde (Art. 23 Abs. 2 VO Nr. 596/2014) 11
  a) Zugang zu Unterlagen und Daten (Art. 23 Abs. 2 Unterabs. 1 lit. a VO Nr. 596/2014) . . 14
  b) Verlangen von Auskunft und Ladung von Personen (Art. 23 Abs. 2 Unterabs. 1 lit. b VO Nr. 596/2014) 15
  c) Erlangen von Informationen über Spotmärkte (Art. 23 Abs. 2 Unterabs. 1 lit. c VO Nr. 596/2014) 16
  d) Prüfungen und Ermittlungen vor Ort (Art. 23 Abs. 2 Unterabs. 1 lit. d VO Nr. 596/2014) 17
  e) Betretung von Wohnungen natürlicher Personen und Beschlagnahme (Art. 23 Abs. 2 Unterabs. 1 lit. e VO Nr. 596/2014) . . 18
  f) Abgaben zur Strafverfolgung (Art. 23 Abs. 2 Unterabs. 1 lit. f VO Nr. 596/2014) . . 20
  g) Verlangen von Aufzeichnungen von Telefongesprächen, elektronischen Mitteilungen oder Datenverkehrsaufzeichnungen (Art. 23 Abs. 2 Unterabs. 1 lit. g VO Nr. 596/2014) . . 21
  h) Verlangen von Datenverkehrsaufzeichnungen bei einer Telekommunikationsgesellschaft (Art. 23 Abs. 2 Unterabs. 1 lit. h VO Nr. 596/2014) 22
  i) Einfrieren oder Beschlagnahme von Vermögenswerten (Art. 23 Abs. 2 Unterabs. 1 lit. i VO Nr. 596/2014) 23
  j) Handelsaussetzung (Art. 23 Abs. 2 Unterabs. 1 lit. j VO Nr. 596/2014) 24
  k) Vorübergehende Untersagung von Handlungen entgegen der MAR (Art. 23 Abs. 2 Unterabs. 1 lit. k VO Nr. 596/2014) 25
  l) Vorübergehende Berufsausübungsverbote (Art. 23 Abs. 2 Unterabs. 1 lit. l VO Nr. 596/2014) 26
  m) Maßnahmen zur ordnungsgemäßen Information der Öffentlichkeit (Art. 23 Abs. 2 Unterabs. 1 lit. m VO Nr. 596/2014) 27
 2. Weitergehende Befugnisse (Art. 23 Abs. 3 VO Nr. 596/2014) 28
IV. Schutz von Informanten (Art. 23 Abs. 4 VO Nr. 596/2014) 30

1 **I. Übersicht über die Regelung.** Art. 23 VO Nr. 596/2014 (MAR) ist als Norm einer unmittelbar anwendbaren EU-Verordnung **unmittelbar anwendbares Recht**. Ungeachtet dessen ist für die dogmatische Einordnung von Art. 23 VO Nr. 596/2014 ein näherer Blick darauf nötig. Denn Art. 23 VO Nr. 596/2014 enthält in Abs. 4 eine Regelung, die unmittelbare Rechtswirkung entfaltet. Hierbei handelt es sich um den Schutz von Informanten. Die Regelungen in Art. 23 Abs. 1–3 VO Nr. 596/2014 fordern hingegen von den Mitgliedstaaten, dass diese **ihren zuständigen Aufsichtsbehörden bestimmte Befugnisse verleihen**. So haben die Mitgliedstaaten durch geeignete Maßnahmen sicherzustellen, dass die zuständigen Behörden alle zur Wahrnehmung ihrer Aufgaben erforderlichen Aufsichts- und Ermittlungsbefugnisse haben; insbesondere müssen die zuständigen Behörden nach dem nationalen Recht über bestimmte Mindestbefugnisse verfügen.

2 Das bedeutet, dass Art. 23 VO Nr. 596/2014 als unmittelbar geltende EU-Norm dennoch **teilweise zunächst einer Umsetzung durch den nationalen Gesetzgeber bedarf**. Denn wie die Mitgliedstaaten die Anforderungen umsetzen und ob und inwieweit sie über diese Mindestanforderungen hinausgehen, obliegt ihrer Entscheidung,

wobei sie die nationalen Gegebenheiten zu beachten haben. Die MAR ist in Bezug auf Art. 23 Abs. 2 VO Nr. 596/2014 eine sog. „hinkende" oder auch unvollständige Verordnung[1]. Die Vervollständigung muss durch die Umsetzung der wirksamen Vorgaben im nationalen Recht erfolgen.

Entsprechend sieht der Erwägungsgrund 62 VO Nr. 596/2014 vor, dass: „[e]ine **wirkungsvolle Aufsicht …** **durch eine Reihe wirksamer Instrumente und Befugnisse sowie von Ressourcen** für die zuständigen Behörden der Mitgliedstaaten **sichergestellt** [wird]. Diese Verordnung sieht daher insbesondere ein Mindestmaß an Aufsichts- und Untersuchungsbefugnissen vor, die den zuständigen Behörden der Mitgliedstaaten gemäß nationalem Recht übertragen werden sollten. Wenn es die nationalen Rechtsvorschriften erfordern, sollten diese Befugnisse durch Antrag bei den zuständigen Justizbehörden ausgeübt werden. Die zuständigen Behörden sollten bei der Ausübung ihrer Befugnisse gemäß dieser Richtlinie objektiv und unparteiisch vorgehen und bei ihrer Beschlussfassung unabhängig bleiben." 3

Die in Art. 23 Abs. 1–3 VO Nr. 596/2014 normierten Anforderungen der MAR an die Eingriffsbefugnisse der zuständigen Behörde werden im deutschen Recht **im WpHG umgesetzt**[2], teilweise auch korrespondierend im BörsG. Die Regelung der Befugnisse der Aufsichtsbehörde als unvollständige Verordnungsnormen in der MAR ist kein Einzelfall. Die gleiche rechtliche Konstruktion findet sich auch in anderen europäischen Verordnungen wieder. So hat der EU-Gesetzgeber beispielsweise auch in Art. 33 Abs. 2 VO Nr. 236/2012 (Leerverkaufs-VO) Vorgaben für Mindestbefugnisse der zuständigen nationalen Behörden normiert, die vom nationalen Gesetzgeber in nationales Recht umzusetzen sind. 4

II. Art und Weise der Wahrnehmung der Befugnisse (Art. 23 Abs. 1 VO Nr. 596/2014). Die zuständigen Behörden haben nach Art. 23 Abs. 1 VO Nr. 596/2014 die Möglichkeit, ihre Aufgaben und Befugnisse wahlweise auf **vier verschiedene Weisen** wahrzunehmen, und zwar: 5

- unmittelbar,
- in Zusammenarbeit mit anderen Behörden oder den Marktteilnehmern,
- indem sie als verantwortliche Behörde Aufgaben auf andere Behörden oder Marktteilnehmer übertragen,
- durch Antrag bei den Justizbehörden.

Bei dieser Regelung der Art und Weise der Ausübung der Befugnisse kann die Frage gestellt werden, ob es sich hierbei um eine **unmittelbar anzuwendende Regelung** handelt **oder** ob die Regelung zur Art und Weise der Nutzung der Befugnisse auch einer **Umsetzung ins nationales Recht bedarf**. Mit Blick auf die Funktion der Regelung handelt es sich nicht um eine eigene, europarechtlich normierte Befugnis für die zuständige Behörde, sondern um die Art und Weise der Ausübung der in Art. 23 Abs. 2 und 3 VO Nr. 596/2014 vorgesehenen Befugnisse. Nach dem Verständnis des deutschen Verwaltungsrechts kann es sich auch nicht um eine Regelung zum Auswahlermessen der zuständigen Behörde handeln, denn das Ermessen ist stets Teil der Rechtsfolge in Bezug auf einen vorgegebenen Tatbestand. Der Tatbestand der entsprechenden Befugnisnormen soll aber nach Art. 23 Abs. 2 VO Nr. 596/2014 vom nationalen Gesetzgeber im nationalen Recht verankert werden. Entsprechend handelt es sich hier nach deutschem Rechtsverständnis um das Aufzeigen des Handlungsspielraums für den nationalen Gesetzgeber bei der Normierung der entsprechenden Befugnisse für die zuständige Behörde im nationalen Recht und für die dort im Rahmen des Auswahlermessens berücksichtigungsfähigen Möglichkeiten. 6

Bei der Auswahl der Möglichkeiten nennt Art. 23 Abs. 1 lit. a VO Nr. 596/2014 die **Wahrnehmung der Aufgabe bzw. Befugnis unmittelbar durch die zuständige Behörde**. Das bedeutet, dass die Behörde selbst die Aufgabe ausführt oder ihre Befugnis nutzt. Hierbei handelt es sich um den „Normalfall" des Tätigwerdens der Behörde. Als ein Beispiel kann hier das Anfordern von Auskünften und Unterlagen von einem Marktteilnehmer durch die zuständige Aufsichtsbehörde genannt werden, im deutschen Recht beispielsweise gem. § 6 Abs. 3 Satz 1 WpHG. 7

Als zweite Möglichkeit sieht die Regelung in Art. 23 Abs. 1 lit. b VO Nr. 596/2014 vor, dass die zuständigen Behörden ihre **Aufgaben und Befugnisse in Zusammenarbeit mit anderen Behörden oder den Marktteilnehmern wahrnehmen**. Hier kann beispielsweise an eine Zusammenarbeit bei der Aufklärung von Anhaltspunkten für eine Marktmanipulation mit einer Handelsüberwachungsstelle gedacht werden. Entsprechende Regelungen finden sich z.B. in § 17 WpHG. Zudem kommt auch die Nutzung der Vorschriften über die Amtshilfe nach Art. 35 GG, §§ 4 ff. VwVfG in Betracht. Ungeachtet der Zusammenarbeit mit anderen Behörden verbleibt die Aufgabenstellung aber stets bei der benannten zuständigen Behörde, in Deutschland bei der Bundesanstalt. 8

Im Weiteren können nach dieser Regelung die zuständigen Behörden als verantwortliche Behörden ihre Aufgaben auf andere Behörden oder Marktteilnehmer übertragen. In Bezug auf diese **Delegationsmöglichkeit** kann beispielsweise an die Beauftragung eines Wirtschaftsprüfers mit einer Sonderprüfung nach § 88 Abs. 1 9

---

1 Zum Begriff beispielsweise: *Columbus/List*, Vollzugsprobleme „hinkender" Verordnungen, NL-BzAR 2008, 227; *Constantinesco*, Das Recht der Europäischen Gemeinschaften, 1977, Band I: Das institutionelle Recht, S. 562; *Ruffert* in Calliess/Ruffert, EUV/AEUV, 5. Aufl. 2016, Art. 288 AEUV Rz. 21.
2 Vgl. Regierungsbegründung zum 1. FiMaNoG, BT-Drucks. 18/7482, 1, 58 f.

Nr. 5 lit. a WpHG gedacht werden. Diese Möglichkeit der Übertragung von Aufgaben findet sich auch in § 6 Abs. 17 WpHG wieder, wonach von der Bundesanstalt auch Wirtschaftsprüfer und Sachverständige bei Ermittlungen oder Überprüfungen eingesetzt werden können. Die Betonung der zuständigen Behörde in Art. 23 Abs. 1 lit. c VO Nr. 596/2014 als verantwortliche Behörde drückt aus, dass auch bei der Delegation von Aufgaben die Verantwortung für die Überwachung der Regelungen der MAR bei der zuständigen Behörde verbleiben. Eben deshalb wurde sie nach Art. 22 VO Nr. 596/2014 als zuständige Behörde benannt. Ungeachtet dessen ist es ihr aber erlaubt, auch andere Behörden oder Marktteilnehmer in ihre Erfüllung der Aufgabe einzubeziehen. So führt auch der Erwägungsgrund 63 VO Nr. 596/2014 aus: „Auch die Marktteilnehmer und alle Wirtschaftsakteure sollten einen Beitrag zur Marktintegrität leisten. In dieser Hinsicht **sollte die Benennung einer einzigen zuständigen Behörde für Marktmissbrauch** eine Zusammenarbeit mit Marktteilnehmern oder **die Delegation von Aufgaben unter der Verantwortlichkeit der zuständigen Behörde** an die Marktteilnehmer zu dem Zweck, die wirksame Überwachung der Einhaltung der Bestimmungen dieser Verordnung zu gewährleisten, **nicht ausschließen.**" (Hervorhebung durch die Autorin, nicht im Original). Bezogen auf das deutsche Verwaltungsrecht gibt es dogmatisch keinen Unterschied zwischen der Aufgabenwahrnehmung in Zusammenarbeit mit anderen Behörden oder den Marktteilnehmern und der Delegationsmöglichkeit, bei der die zuständige Behörde aber dennoch stets zuständig bleibt.

10 Schließlich sieht Art. 23 Abs. 1 lit. d VO Nr. 596/2014 vor, dass die zuständigen Behörden ihre Aufgaben und Befugnisse auch durch das **Stellen von entsprechenden Anträgen bei den zuständigen Justizbehörden** wahrnehmen können. Als Beispiel kann hier die Befugnis zum Betreten von Räumlichkeiten und die Beschlagnahme von Dokumenten und Daten nach Art. 23 Abs. 2 lit. e i.V.m. Art. 23 Abs. 2 Unterabs. 2 VO Nr. 596/2014 genannt werden. Im WpHG findet sich die Ausgestaltung der Befugnisse durch eine entsprechende Antragstellung beispielsweise in § 6 Abs. 13 WpHG in Bezug auf die Beschlagnahme von Vermögensgegenständen und in § 7 Abs. 1 WpHG in Bezug auf die Herausgabe von Verkehrsdaten im Besitz eines Telekommunikationsbetreibers.

11 **III. Notwendige Befugnisse (Art. 23 Abs. 2 und 3 VO Nr. 596/2014). 1. Mindestbefugnisse der zuständigen Behörde (Art. 23 Abs. 2 VO Nr. 596/2014).** Um die Aufgaben nach der MAR wahrzunehmen, müssen die **zuständigen Behörden nach ihrem jeweiligen nationalem Recht** gem. Art. 23 Abs. 2 VO Nr. 596/2014 **bestimmte, näher ausgeführte Mindestbefugnisse** verfügen. Hierbei spricht der Normentext von Aufsichts- und Ermittlungsbefugnissen. Der Begriff der Ermittlungsbefugnisse ist hierbei nicht im strafrechtlichen Sinne zu verstehen, sondern als Befugnisse zur Sachverhaltsaufklärung durch die zuständige Behörde. Hierfür sind auch verwaltungsrechtliche Befugnisse ausreichend.

12 Notwendig ist aber die **nationale Umsetzung der geforderten Mindestbefugnisse** der zuständigen Behörde. In der nationalen deutschen Gesetzgebung erfolgte die Umsetzung der Anforderungen aus der MAR überwiegend mit dem 1. FiMaNoG[1]. Die entsprechenden Mindestbefugnisse wurden im Wesentlichen[2] im WpHG umgesetzt und die Bundesanstalt als zuständige Behörde hierfür bestimmt. Insoweit soll bereits an dieser Stelle und damit vorab für die folgende Kommentierung der geforderten Mindestbefugnisse **auf die Kommentierung der entsprechenden Befugnisnormen in den jeweiligen WpHG-Normen** verwiesen werden. Zur Vermeidung von Wiederholungen wird somit auf eine weitere nähere Kommentierung der verschiedenen Anforderungen an die Befugnisse der zuständigen Behörde verzichtet.

13 Die folgende **Kommentierung** der Mindestbefugnisse, die der jeweilige Mitgliedstaat seiner zuständigen Behörde jedenfalls übertragen muss, **folgt der Nummerierung in Art. 23 Abs. 2 VO Nr. 596/2014.**

14 a) **Zugang zu Unterlagen und Daten (Art. 23 Abs. 2 Unterabs. 1 lit. a VO Nr. 596/2014).** Die zuständigen Behörden müssen die Befugnis haben, Zugang zu jedweden Unterlagen und Daten in jeder Form zu haben und Kopien von ihnen zu verlangen oder anfertigen können. Das Verlangen nach Zugang umfasst insbesondere ein Ersuchen um Vorlage von Unterlagen. Die **Umsetzung** dieser Anforderung für die Bundesanstalt erfolgt in der Generalermächtigung in **§ 6 Abs. 3 Satz 1 und 2 WpHG** (vgl. § 6 WpHG Rz. 90 ff.).

15 b) **Verlangen von Auskunft und Ladung von Personen (Art. 23 Abs. 2 Unterabs. 1 lit. b VO Nr. 596/2014).** Zu den Mindestbefugnissen der zuständigen Behörden gehört auch, von jeder Person sowie von deren Auftraggebern Auskünfte zu verlangen oder zu fordern. Die zuständige Behörde muss auch die Befugnis haben, erforderlichenfalls eine Person vorzuladen und zu befragen, um Informationen zu erhalten. Zu den verpflichteten Personen sollen auch solche Personen gehören, die nacheinander an der Übermittlung von Aufträgen oder an der Ausführung der betreffenden Tätigkeiten beteiligt sind. Letztlich ist der Gegenstand der Klarstellung auch schon in der Forderung einer entsprechenden Befugnis gegenüber „jeder Person" enthalten. Die Umsetzung dieser Anforderungen erfolgt gleichfalls in **§ 6 Abs. 3 Satz 1 und 2 WpHG** (vgl. § 6 WpHG Rz. 90 ff.).

16 c) **Erlangen von Informationen über Spotmärkte (Art. 23 Abs. 2 Unterabs. 1 lit. c VO Nr. 596/2014).** Die zuständigen Behörden müssen die Befugnis besitzen, von Teilnehmern von entsprechenden Spotmärkten In-

---

1 Vgl. Regierungsbegründung zum 1. FiMaNoG, BT-Drucks. 18/7482, 1, 58 f.
2 Weitere Regelungen, die die Vorgaben umsetzen, finden sich z.B. in §§ 36a, 37 Abs. 1 Satz 1 Nr. 2, 44 Abs. 1 Satz 1 Nr. 1 KWG oder § 32 Abs. 2 BörsG.

formationen in Bezug auf Warenderivate **in genormten Formaten** anzufordern, **Meldungen über Geschäfte zu erhalten** und **direkt auf die Systeme der Händler zuzugreifen**. Die Umsetzung dieser Anforderung erfolgt in **§ 8 Abs. 2 WpHG** (vgl. § 8 WpHG Rz. 17 ff.).

d) Prüfungen und Ermittlungen vor Ort (Art. 23 Abs. 2 Unterabs. 1 lit. d VO Nr. 596/2014). Der zuständigen Behörde ist im nationalen Recht die Befugnis einzuräumen, **Prüfungen und Ermittlungen vor Ort** durchzuführen. Diese Befugnis soll sich auf alle Orte, außer auf die privaten Wohnräume natürlicher Personen beziehen. Die Umsetzung dieses Unterfalls der einzuräumenden Befugnisse erfolgt in **§ 6 Abs. 12 WpHG**, wie auch der folgende Unterfall bezüglich des Betretens der Wohnung natürlicher Personen (vgl. § 6 WpHG Rz. 205 ff.). 17

e) Betretung von Wohnungen natürlicher Personen und Beschlagnahme (Art. 23 Abs. 2 Unterabs. 1 lit. e VO Nr. 596/2014). Entsprechend der vorbenannten Befugnis muss die zuständige Behörde auch die Befugnis besitzen, die **Räumlichkeiten natürlicher und juristischer Personen zu betreten** und **Dokumente und Daten in jeder Form zu beschlagnahmen**. Diese Befugnis muss zumindest für die Fälle gegeben sein, bei denen der begründete Verdacht besteht, dass Dokumente oder Daten, die sich auf den Gegenstand der Überprüfung oder Ermittlung beziehen, **für den Nachweis von Insidergeschäften oder Marktmanipulation** unter Verstoß gegen diese Verordnung relevant sein können. Die deutsche Fassung der MAR enthält hier offensichtlichen einen Schreibfehler im ersten Teilsatz mit „Dokumente um Daten", die englische Fassung spricht von „documents and data". Die einzuräumende Mindestbefugnis wurde vom EU-Normsetzer unter den Vorbehalt des Art. 23 Abs. 2 Unterabs. 2 VO Nr. 596/2014 gestellt. Dieser sieht vor, dass die vorgenannte Befugnis unter dem Vorbehalt der vorherigen Genehmigung stehen darf, falls nach dem nationalen Recht eine vorherige Genehmigung der zuständigen Justizbehörde erforderlich ist, um Räumlichkeiten von den nach dieser Befugnis betroffenen natürlichen oder juristischen Personen zu betreten. 18

Die **Umsetzung** dieser Anforderung einschließlich der Regelungen bezüglich der grundsätzlich richterlichen Anordnung der Beschlagnahme erfolgt **in § 6 Abs. 12 WpHG** (vgl. § 6 WpHG Rz. 205 ff.). 19

f) Abgaben zur Strafverfolgung (Art. 23 Abs. 2 Unterabs. 1 lit. f VO Nr. 596/2014). Die zuständige Behörde muss die Befugnis besitzen, eine **Sache zwecks strafrechtlicher Verfolgung weiterzuverweisen**. Die Möglichkeit und auch Pflicht zur Anzeige von Tatsachen, die den Verdacht einer Straftat nach § 119 WpHG begründen, ist bereits eine „traditionelle" Befugnis der Bundesanstalt und nunmehr in **§ 11 WpHG** geregelt. Eine neuerliche Umsetzung war daher im Rahmen des 1. FiMaNoG nicht erforderlich (vgl. die Kommentierung zu § 11 WpHG). 20

g) Verlangen von Aufzeichnungen von Telefongesprächen, elektronischen Mitteilungen oder Datenverkehrsaufzeichnungen (Art. 23 Abs. 2 Unterabs. 1 lit. g VO Nr. 596/2014). Die zuständige Behörde muss die Befugnis besitzen, bestehende **Aufzeichnungen von Telefongesprächen oder elektronischen Mitteilungen oder Datenverkehrsaufzeichnungen im Besitz von Wertpapierfirmen, Kreditinstituten oder Finanzinstituten** anzufordern. Die **Umsetzung** dieser Anforderung erfolgt in **§ 7 Abs. 2 WpHG** (vgl. § 7 WpHG Rz. 29 ff.). 21

h) Verlangen von Datenverkehrsaufzeichnungen bei einer Telekommunikationsgesellschaft (Art. 23 Abs. 2 Unterabs. 1 lit. h VO Nr. 596/2014). Zu den Mindestbefugnissen der zuständigen Behörde gehört auch die Befugnis, bereits vorhandene **Datenverkehrsaufzeichnungen im Besitz einer Telekommunikationsgesellschaft** anzufordern, wenn der begründete Verdacht eines Verstoßes besteht und wenn diese Aufzeichnungen für die Untersuchung eines Verstoßes gegen das Verbot von Insiderhandel und Marktmanipulation nach Art. 14 lit. a oder b oder Art. 15 VO Nr. 596/2014 relevant sein können, soweit nach nationalem Recht zulässig ist. Die Umsetzung dieser Anforderung erfolgt in **§ 7 Abs. 1 WpHG** einschließlich der Regelung der Antragsberechtigung der Bundesanstalt für diesen Zugriff auf diese Telekommunikationsdaten (vgl. § 7 WpHG Rz. 6 ff.). 22

i) Einfrieren oder Beschlagnahme von Vermögenswerten (Art. 23 Abs. 2 Unterabs. 1 lit. i VO Nr. 596/2014). Eine weitere Befugnis, die das nationale Recht der zuständigen Behörde zumindest einräumen muss, ist die Befugnis das **Einfrieren oder die Beschlagnahme von Vermögenswerten** oder beides zu beantragen. Die Umsetzung dieser Anforderung in Form der **Antragsbefugnis der Bundesanstalt für eine richterliche Anordnung der Beschlagnahme** erfolgt in **§ 6 Abs. 13 WpHG** (vgl. § 6 WpHG Rz. 220 ff.). 23

j) Handelsaussetzung (Art. 23 Abs. 2 Unterabs. 1 lit. j VO Nr. 596/2014). Zur Wahrnehmung ihrer Aufgaben soll der zuständigen Behörde zudem die Befugnis eingeräumt werden, den **Handel mit den betreffenden Finanzinstrumenten auszusetzen**. Diese Befugnis steht der Bundesanstalt seit längerem zu. Sie ist nunmehr in **§ 6 Abs. 2 Satz 4 WpHG** verankert und bedurfte keiner erneuten Umsetzung (vgl. § 6 WpHG Rz. 76 ff.). 24

k) Vorübergehende Untersagung von Handlungen entgegen der MAR (Art. 23 Abs. 2 Unterabs. 1 lit. k VO Nr. 596/2014). Die zuständige Behörde muss zudem die Befugnis besitzen, die **vorübergehende Einstellung von Handlungen zu verlangen**, die nach ihrer Auffassung gegen die Regelungen der MAR verstoßen. Diese Befugnis ist in einer detaillierten Regelung in **§ 6 Abs. 6 WpHG** normiert (vgl. § 6 WpHG Rz. 146 ff.). 25

l) Vorübergehende Berufsausübungsverbote (Art. 23 Abs. 2 Unterabs. 1 lit. l VO Nr. 596/2014). Eine weitere Befugnis, die das nationale Recht der zuständigen Behörde zumindest einräumen soll, ist die **Befugnis ein vorübergehendes Verbot der Ausübung der Berufstätigkeit zu verhängen**. Diese für das deutsche Verwal- 26 tungsrecht eher ungewöhnliche Befugnis ist im WpHG mit der Regelung in § **6 Abs. 8 WpHG** umgesetzt (vgl. § 6 WpHG Rz. 162 ff.). Eine entsprechende Regelung ist auch in § 36a Abs. 1 KWG aufgenommen worden.

27 m) **Maßnahmen zur ordnungsgemäßen Information der Öffentlichkeit (Art. 23 Abs. 2 Unterabs. 1 lit. m VO Nr. 596/2014).** Letztlich muss die zuständige Behörde zumindest noch die Befugnis besitzen, **alle erforderlichen Maßnahmen zu ergreifen, damit die Öffentlichkeit ordnungsgemäß informiert wird**. Dies soll sie u.a. durch die Richtigstellung falscher oder irreführender offengelegter Informationen erfolgen, einschließlich der Verpflichtung von Emittenten oder anderen Personen, die falsche oder irreführende Informationen verbreitet haben, eine Berichtigung zu veröffentlichen. Diese Anforderung wird im deutschen Recht **auf unterschiedlichen Wegen** erreicht. So ist die Bundesanstalt gem. § 6 Abs. 2 Satz 4 WpHG befugt, Warnungen zu veröffentlichen, nach § 6 Abs. 14 WpHG Pflichtveröffentlichungen vorzunehmen und nach § 6 Abs. 2 Satz 3 WpHG alle Anordnungen zu treffen, um die Gebote und Verbote des WpHG und der das Rechtsgebiet betreffenden europäischen Verordnungen durchzusetzen, so auch der MAR (vgl. die Kommentierung der benannten Befugnisse in § 6 WpHG Rz. 67 ff., 72 ff., 226 ff.).

28 **2. Weitergehende Befugnisse (Art. 23 Abs. 3 VO Nr. 596/2014).** Art. 23 Abs. 3 Unterabs. 1 VO Nr. 596/2014 verpflichtet die Mitgliedstaaten, durch **geeignete Maßnahmen sicherzustellen**, dass die zuständigen nationalen Aufsichtsbehörden alle zur Wahrnehmung ihrer Aufgaben **erforderlichen Aufsichts- und Ermittlungsbefugnisse haben**. Die geeigneten Maßnahmen können gesetzgeberische Maßnahmen sein, mit denen – angepasst an das nationale Recht – die vorgegebenen Mindestbefugnisse ergänzt werden, aber auch tatsächlich Maßnahmen, wie die Sicherstellung einer hinreichenden personellen, technischen und sachlichen Ausstattung. Maßgeblich ist die Gewährleistung der Aufgabenwahrnehmung in Bezug auf die Regelungen der MAR durch eine durchsetzungsfähige zuständige Behörde. Insoweit beschränken sich die Pflichten der Mitgliedstaaten nicht allein auf die Umsetzung der Mindestbefugnisse nach Art. 23 Abs. 2 VO Nr. 596/2014, sondern diese bedürfen insoweit einer **Anpassung an die nationalen Verhältnisse und Bedingungen** und damit insoweit einer Erweiterung als vom Mitgliedstaat sichergestellt sein muss, dass der zuständigen Behörde zur Aufgabenwahrnehmung nach der MAR alle erforderlichen Befugnisse zustehen.

29 Art. 23 Abs. 3 Unterabs. 2 VO Nr. 596/2014 stellt zudem klar, dass die Regelungsmaterie der MAR die Gesetze sowie Rechts- und Verwaltungsvorschriften **unberührt** lässt, die in Bezug auf **Übernahmeangebote, Zusammenschlüsse und andere Transaktionen** erlassen werden, die die Eigentumsverhältnisse oder die Kontrolle von Unternehmen betreffen und die durch die von den Mitgliedstaaten gem. Art. 4 RL 2004/25/EG[1] benannten Aufsichtsbehörden reguliert werden und zusätzlich zu den Anforderungen der MAR weitere Anforderungen auferlegen.

30 **IV. Schutz von Informanten (Art. 23 Abs. 4 VO Nr. 596/2014).** Art. 23 Abs. 4 VO Nr. 596/2014 normiert einen **weitgehenden Schutz von Informanten, wenn diese Informationen an die zuständige Behörde geben**. Diese teilweise auch als „**Whistleblower**" bezeichneten **Hinweisgeber** stehen regelmäßig im Zwiespalt zwischen der Wahrung der Interessen der Allgemeinheit in Bezug auf die Ahndung massiver Rechtsverstöße und der persönlichen Konsequenzen für sie selbst, wenn bekannt wird, dass sie den Verstoß an eine zuständige Behörde gemeldet haben. Entsprechend sind inzwischen verschiedene europäische und nationale Regelungen getroffen worden, um ein bestimmtes Schutzniveau für Informanten zu schaffen.

31 Hintergrund der verschiedenen Bemühungen um einen **hinreichenden Schutz von Hinweisgebern** ist, dass bei nicht hinreichenden Schutzmaßnahmen und bestehender Furcht vor Vergeltung die Hinweise von Informanten unterbleiben. Informanten können den zuständigen Behörden jedoch durchaus Informationen geben, die diese bei der Aufdeckung und Sanktionierung von Insidergeschäften und Marktmanipulation benötigen und sie unterstützen[2]. Deshalb solle diese Verordnung angemessene Vorkehrungen ermöglichen, um Informanten zur Unterrichtung der zuständigen Behörden über mögliche Verstöße gegen diese Verordnung zu befähigen und sie vor Vergeltungsmaßnahmen zu schützen. Entsprechend ist die Regelung in Art. 23 Abs. 4 VO Nr. 596/2014 im **Zusammenspiel mit verschiedenen anderen Regelungen** zu sehen. So regelt z.B. **Art. 32 VO Nr. 596/2014**, dass die Mitgliedstaaten dafür sorgen sollen, dass die zuständigen Behörden wirkungsvolle Mechanismen schaffen, um die Meldung tatsächlicher oder möglicher Verstöße gegen die MAR zu ermöglichen. In **§ 23 Abs. 3 WpHG** ist zum Schutz von Informanten die Regelung enthalten, dass ein Anzeigenerstatter an die Bundesanstalt wegen dieser Anzeige nicht verantwortlich gemacht werden darf, es sei denn die Anzeige ist vorsätzlich oder grob fahrlässig unwahr erstattet worden[3]. Letztlich soll noch auf die **Hinweisgeberstelle** bei der Bundesanstalt hingewiesen werden[4], bei der Informanten auf unterschiedlichen Wegen, auch anonym, entsprechende Informationen

---

1 Richtlinie 2004/25/EG des Europäischen Parlaments und des Rates vom 21. April 2004 betreffend Übernahmeangebote, ABl. EU Nr. L 142 v. 30.4.2004, S. 12.
2 Vgl. Erwägungsgrund 74 VO Nr. 596/2014.
3 Entsprechende Regelungen sind infolge der allgemeinen Akzeptanz des hinreichenden Schutzes von Hinweisgebern auch in anderen finanzmarktrechtlichen Regelungen aufgenommen, wie z.B. in § 5 Abs. 7 BörsG.
4 Vgl. weitergehende Informationen auf der Internetseite der Bundesanstalt unter: www.bafin.de/DE/Aufsicht/Uebergreifend/Hinweisgeberstelle/hinweisgeberstelle_node.html.

der Bundesanstalt zur Verfügung stellen können. Beschäftigte in beaufsichtigten Unternehmen, die sich an die Hinweisgeberstelle der Bundesanstalt wenden, dürfen nach § 4d Abs. 6 FinDAG hierfür grundsätzlich weder arbeitsrechtlich noch strafrechtlich verantwortlich gemacht werden (vgl. auch Vor § 6 WpHG Rz. 61, 63 ff.).

Im Gleichklang mit den vorgenannten Normen regelt Art. 23 Abs. 4 VO Nr. 596/2014, dass eine **Meldung an die zuständige Behörde** für die meldende Person **nicht als Verstoß** gegen eine etwaige vertraglich oder durch Rechts- oder Verwaltungsvorschriften geregelte Einschränkung der Offenlegung von Informationen gilt und für sie **keine diesbezügliche Haftung auslöst**. Voraussetzung ist, dass die Meldung der Informationen im Einklang mit dieser Verordnung erfolgt. Maßgeblich ist damit, dass die Meldung unmittelbar an die Behörde gerichtet wird und nicht über die Presse oder einschlägige Whistleblower-Internetseiten. Die Meldung muss auch die Offenlegung von Marktmissbrauch und damit die Umsetzung der Regelungen der MAR bezwecken. Zweck der Meldung darf nicht allein eine Schädigung der angezeigten Person sein; insbesondere darf die Meldung nicht vorsätzlich unrichtig oder irreführend sein. 32

Art. 24 Zusammenarbeit mit der ESMA

(1) Die zuständigen Behörden arbeiten gemäß der Verordnung (EU) Nr. 1095/2010 für die Zwecke dieser Verordnung mit der ESMA zusammen.
(2) Die zuständigen Behörden stellen der ESMA gemäß Artikel 35 der Verordnung (EU) Nr. 1095/2010 unverzüglich alle für die Erfüllung ihrer Aufgaben erforderlichen Informationen zur Verfügung.
(3) Um einheitliche Bedingungen für die Anwendung dieses Artikels sicherzustellen, arbeitet die ESMA Entwürfe technischer Durchführungsstandards zur Festlegung der Verfahren und Formen des Informationsaustauschs gemäß Absatz 2 aus.
Die ESMA legt der Kommission bis zum 3. Juli 2016. diese Entwürfe technischer Durchführungsstandards vor.
Der Kommission wird die Befugnis übertragen, die in Unterabsatz 1 genannten technischen Durchführungsstandards nach Artikel 15 der Verordnung (EU) Nr. 1095/2010 zu erlassen.
In der Fassung vom 16.4.2014 (ABl. EU Nr. L 173 v. 12.6.2014, S. 1).

Schrifttum: S. Art. 22 VO Nr. 596/2014 und § 19 WpHG.

I. Regelungsgehalt der Norm 1	IV. Technische Durchführungsstandards zur Informationsübermittlung (Art. 24 Abs. 3 VO Nr. 596/2014) 8
II. Pflicht zur Zusammenarbeit (Art. 24 Abs. 1 VO Nr. 596/2014) 3	
III. Pflicht zur Informationsübermittlung an die ESMA (Art. 24 Abs. 2 VO Nr. 596/2014) 5	

I. Regelungsgehalt der Norm. Art. 24 VO Nr. 596/2014 (MAR) regelt die Pflicht der zuständigen Behörden 1 der Mitgliedstaaten, mit der ESMA zusammenzuarbeiten und alle zur Aufgabenerfüllung erforderlichen Informationen an die ESMA zu übermitteln. Zudem sieht die Regelung einen technischen Durchführungsstandard zur Festlegung der Verfahren und Formen des Informationsaustauschs gem. Abs. 2 vor. In Bezug auf die Pflicht zur Zusammenarbeit und zur Informationsübermittlung verweisen die Regelungen in Abs. 1 und 2 auf die VO Nr. 1095/2010 (ESMA-VO)[1]. Insoweit betont und regelt Art. 24 Abs. 1 und 2 VO Nr. 596/2014 die schon bestehenden europarechtlichen Pflichten der zuständigen Behörden nochmals.

In Umsetzung der VO Nr. 1095/2010 (ESMA-VO) waren die Mitgliedstaaten zudem verpflichtet, alle geeig- 2 neten Vorkehrungen zu treffen, um die wirksame Anwendung der ESMA-VO zu gewährleisten (Art. 78 VO Nr. 1095/2010). Entsprechend hat der deutsche Gesetzgeber im WpHG im Jahr 2011 in § 7a WpHG a.F., heute § 19 WpHG, die Pflicht der Bundesanstalt zur Zusammenarbeit mit der ESMA, insbesondere die Pflicht zur Informationsweitergabe an die ESMA, geregelt. Diese nationale Rechtspflicht der Bundesanstalt steht neben der europarechtlichen Pflicht und ergänzt sie auf nationaler Ebene.

II. Pflicht zur Zusammenarbeit (Art. 24 Abs. 1 VO Nr. 596/2014). Art. 24 Abs. 1 VO Nr. 596/2014 normiert 3 für die zuständigen Behörden eine **Pflicht zur Zusammenarbeit mit der ESMA** für die Zwecke der MAR ge-

---

[1] Verordnung (EU) Nr. 1095/2010 des Europäischen Parlaments und des Rates vom 24. November 2010 zur Errichtung einer Europäischen Aufsichtsbehörde (Europäische Wertpapier- und Marktaufsichtsbehörde), zur Änderung des Beschlusses Nr. 716/2009/EG und zur Aufhebung des Beschlusses 2009/77/EG der Kommission, ABl. EU Nr. L 331 v. 15.12.2010, S. 84, zuletzt geändert durch Richtlinie 2014/51/EU des Europäischen Parlaments und des Rates vom 16. April 2014, ABl. EU Nr. L 153 v. 22.5.2014, S. 1.

mäß der VO Nr. 1095/2010 (ESMA-VO). Diese Pflicht **geht über** die in Art. 24 Abs. 2 VO Nr. 596/2014 geregelte **Pflicht zur Information der ESMA hinaus**, ohne konkret eine Norm der ESMA-VO zu benennen. Die ESMA-VO enthält auch keine Norm, die explizit eine Pflicht zur Zusammenarbeit regelt, sondern die Vielzahl der unterschiedlichen Regelungen zu den Aufgaben, Befugnissen und gemeinsamen Aufgabenwahrnehmungen nach der ESMA-VO basieren auf der unausgesprochen zugrunde liegenden Pflicht der Zusammenarbeit der zuständigen Behörden mit der ESMA[1].

4 Der Schwerpunkt der über die Informationspflicht hinausgehenden Pflicht zur Zusammenarbeit liegt in der **Unterstützung der ESMA bei der Wahrnehmung ihrer Aufgabe als Koordinator** zwischen den zuständigen Behörden, insbesondere bei negativen Entwicklungen, nach Art. 31 VO Nr. 1095/2010 und in Bezug auf die Schaffung einer gemeinsamen Aufsichtskultur nach Art. 29 VO Nr. 1095/2010, einschließlich der Durchführung von vergleichenden Analysen („Peer review") nach Art. 30 VO Nr. 1095/2010. Die Pflicht zur Zusammenarbeit bezieht sich beispielsweise aber **auch auf die Verfahren zur Beilegung von Meinungsverschiedenheiten** nach Art. 19 VO Nr. 1095/2010 und den **Austausch in den Kollegien** nach Art. 21 VO Nr. 1095/2010.

5 **III. Pflicht zur Informationsübermittlung an die ESMA (Art. 24 Abs. 2 VO Nr. 596/2014).** Art. 24 Abs. 2 VO Nr. 596/2014 regelt als Unterfall von Abs. 1 nochmals eine Pflicht der zuständigen Behörden zur Übermittlung von Informationen. Hierbei **verweist** die Regelung auf die schon bestehende Pflicht zur Informationsweitergabe an die ESMA nach **Art. 35 VO Nr. 1095/2010 (ESMA-VO)**, nimmt diese in Bezug und untermauert diese nochmals, nun im Sachzusammenhang der MAR.

6 Die Pflicht zur Weitergabe bezieht sich auch nach Art. 24 Abs. 2 VO Nr. 596/2014 auf **alle für die ESMA für die Erfüllung ihrer Aufgaben erforderlichen Informationen**. Diese Formulierung bezieht sich auf alle ESMA-Aufgaben, nicht nur auf die speziell durch die MAR berührten Aufgabenstellungen. Entsprechend kann auf die in Art. 8 Abs. 1 VO Nr. 1095/2010 bestimmten Aufgaben der ESMA verwiesen werden. Hinsichtlich der Informationen aus der Überwachung der Einhaltung der Vorgaben aus der MAR wird es sich im Schwerpunkt um eine koordinierende Aufgabe handeln. Maßgeblich ist die Erforderlichkeit der Informationen für die Aufgabenerfüllung durch die ESMA. Bei dem Verlangen von Informationen hat die ESMA auch einschlägige bestehende Statistiken, die vom Europäischen Statistischen System und vom Europäischen System der Zentralbanken erstellt und verbreitet werden, zu berücksichtigen (Art. 35 Abs. 4 VO Nr. 1095/2010).

7 Eine weitere Einschränkung der Weitergabe von Informationen ergibt sich aus Art. 35 Abs. 1 VO Nr. 1095/2010. Denn Voraussetzung der Weitergabe ist, dass die zuständige Behörde **rechtmäßigen Zugang zu den einschlägigen Informationen** hat. Gleichfalls aus der Anwendung von Art. 35 Abs. 1 VO Nr. 1095/2010 ergibt sich, dass die Pflicht durch ein entsprechendes **Verlangen der ESMA** ausgelöst wird. Entsprechend beider Regelungen (Art. 24 Abs. 2 VO Nr. 596/2014 und Art. 35 Abs. 1 VO Nr. 1095/2010) haben die zuständigen Behörden der ESMA dann **unverzüglich** die betreffenden Informationen zur Verfügung zu stellen. Unverzüglich ist auch in diesem Zusammenhang als „ohne schuldhaftes Zögern" zu verstehen. Über die Pflicht zur Weitergabe hinausgehende Regelungen ergeben sich aus der ESMA-VO, wie z.B. zum Vorgehen der ESMA bei Nichtverfügbarkeit der Informationen, Vertraulichkeit etc.

8 **IV. Technische Durchführungsstandards zur Informationsübermittlung (Art. 24 Abs. 3 VO Nr. 596/2014).** Um einheitliche Bedingungen für die Anwendung von Art. 24 VO Nr. 596/2014 sicherzustellen, überträgt die Norm der **ESMA die Aufgabe, Entwürfe technischer Durchführungsstandards zur Festlegung der Verfahren und Formen des Informationsaustauschs** gem. Abs. 2 **auszuarbeiten**. Angestrebtes Ziel war, dass die ESMA der EU-Kommission bis zum 3.6.2016. diese Entwürfe technischer Durchführungsstandards vorlegt.

9 Mit der Norm wird zugleich der **EU-Kommission die Befugnis übertragen**, die in Art. 24 Abs. 3 Unterabs. 1 VO Nr. 596/2014 genannten **technischen Durchführungsstandards nach Art. 15 VO Nr. 1095/2010 zu erlassen**.

10 Mit Datum zum 6.2.2018 **hat die ESMA einen Final report** (ESMA70-145-398)[2] **mit einem Vorschlag zu einer Durchführungsverordnung veröffentlicht**. Die **darauf basierende Durchführungsverordnung** wurde als DurchfVO 2018/292[3] **durch die EU-Kommission am 26.2.2018 erlassen**. Die DurchfVO 2018/292[4] bestimmt gemeinsame Verfahren und Formulare für den Informationsaustausch und die Amtshilfe zwischen den zuständigen Stellen, um sicherzustellen, dass die zuständigen Behörden nach der VO Nr. 596/2014 effizient und fristgerecht zusammenarbeiten (vgl. Erwägungsgrund 1 der DurchfVO 2018/292). In diesem Sinne bestimmt die

---

1 Vgl. auch Erwägungsgründe 1 und 8 VO Nr. 596/2014.
2 Final report Draft Implementing Technical Standards on forms and procedures for cooperation under Article 24 and 25 of Regulation (EU) No 596/2014 on market abuse v. 6.2.2018, ESMA70-145-398, Veröffentlicht unter https://www.esma.europa.eu/sites/default/files/library/final_report_on_its_cooperation_mar.pdf.
3 Durchführungsverordnung (EU) 2018/292 der Kommission vom 26. Februar 2018 zur Festlegung technischer Durchführungsstandards im Hinblick auf Verfahren und Formulare für Informationsaustausch und Amtshilfe zwischen zuständigen Behörden gemäß der Verordnung (EU) Nr. 596/2014 des Europäischen Parlaments und des Rates über Marktmissbrauch, ABl. EU Nr. L 55 v. 27.2.2018, S. 34.
4 Der Text der DurchfVO 2018/292 ist abgedruckt hinter dem Text zu Art. 25 VO Nr. 596/2014.

DurchfVO 2018/292 zunächst den Terminus „sichere elektronische Mittel" (Art. 1 DurchfVO 2018/292) und fordert innerhalb von 30 Tagen nach Inkrafttreten der DurchfVO eine Benennung der Kontaktstellen durch die zuständigen Behörden gegenüber der ESMA. Die ESMA führt und aktualisiert eine Liste der benannten Kontaktstellen (Art. 2 DurchfVO 2018/292). Im Übrigen regelt die DurchfVO 2018/292 das grundsätzliche Verfahren der Amtshilfe (Art. 3–6 DurchfVO 2018/292) und ergänzende Vorgaben zur Informationseinholung (Art. 7 DurchfVO 2018/292) und zum unaufgeforderten Informationsaustausch (Art. 10 DurchfVO 2018/292), zur Einleitung einer Ermittlung oder Vor-Ort-Prüfung (Art. 8 DurchfVO 2018/292) sowie zur Einziehung finanzieller Sanktionen (Art. 9 DurchfVO 2018/292). Zudem regelt Art. 11 DurchfVO 2018/292 die Befugnis der Verwendung der übermittelten Informationen. Schließlich enthält die DurchfVO 2018/292 in ihren vier Anhängen verschiedene Formulare für diese Zusammenarbeit.

Im Hinblick auf die **Zusammenarbeit der zuständigen Behörden mit der ESMA** ist zudem auf die DurchfVO 2017/1158[1] zu verweisen, die den explizit in Art. 33 VO Nr. 596/2014 **geregelten Informationsaustausch zwischen den zuständigen Behörden und der ESMA regelt**. 11

Art. 25 Verpflichtung zur Zusammenarbeit

(1) Die zuständigen Behörden arbeiten in dem für die Zwecke dieser Verordnung erforderlichen Umfang untereinander und mit der ESMA zusammen, sofern nicht eine der in Abs. 2 genannten Ausnahmen anwendbar ist. Die zuständigen Behörden leisten den zuständigen Behörden anderer Mitgliedstaaten und der ESMA Amtshilfe. Insbesondere tauschen sie unverzüglich Informationen aus und kooperieren bei Ermittlungen sowie Überwachungs- und Durchsetzungsmaßnahmen.

Die Pflicht zur Zusammenarbeit und Amtshilfe nach Maßgabe von Unterabs. 1 gilt auch gegenüber der Kommission im Hinblick auf den Austausch von Informationen über Waren, bei denen es sich um landwirtschaftliche Produkte nach Anhang I AEUV handelt.

Die zuständigen Behörden und die ESMA arbeiten im Einklang mit der Verordnung (EU) Nr. 1095/2010 und insbesondere deren Art. 35 zusammen.

Haben die Mitgliedstaaten beschlossen, im Einklang mit Art. 30 Abs. 1 Unterabs. 2 strafrechtliche Sanktionen für die dort genannten Verstöße gegen die Bestimmungen dieser Verordnung niederzulegen, so sorgen sie dafür, dass angemessene Vorkehrungen bestehen, damit die zuständigen Behörden über die erforderlichen Befugnisse verfügen, um mit den zuständigen Justizbehörden ihres Zuständigkeitsbereichs Kontakt aufnehmen zu können, um bestimmte Informationen in Bezug auf strafrechtliche Ermittlungen oder Verfahren zu erhalten, die aufgrund möglicher Verstöße gegen diese Verordnung eingeleitet wurden, und stellen anderen zuständigen Behörden und der ESMA dasselbe bereit, um ihrer Verpflichtung nachzukommen, für die Zwecke dieser Verordnung miteinander sowie mit der ESMA zu kooperieren.

(2) Eine zuständige Behörde kann es nur unter den folgenden außergewöhnlichen Umständen ablehnen, der Anforderung von Informationen oder der Anfrage in Bezug auf die Zusammenarbeit bei einer Ermittlung zu entsprechen,

a) wenn die Weitergabe der relevanten Informationen die Sicherheit des ersuchten Mitgliedstaats beeinträchtigen könnte, insbesondere die Bekämpfung von Terrorismus und anderen schwerwiegenden Straftaten;

b) wenn ein Stattgeben dazu geeignet wäre, ihre eigene Untersuchung, ihre eigenen Durchsetzungsmaßnahmen oder gegebenenfalls eine strafrechtliche Ermittlung zu beeinträchtigen;

c) wenn aufgrund derselben Tat und gegen dieselben Personen bereits ein Verfahren vor einem Gericht des ersuchten Mitgliedstaats anhängig ist oder

d) wenn gegen diese Personen aufgrund derselben Tat bereits ein rechtskräftiges Urteil in dem ersuchten Mitgliedstaat ergangen ist.

(3) Die zuständigen Behörden und die ESMA arbeiten mit der durch die Verordnung (EG) Nr. 713/2009 des Europäischen Parlaments und des Rates (27) gegründeten Agentur für die Zusammenarbeit der Energieregulierungsbehörden (ACER) und den nationalen Regulierungsbehörden der Mitgliedstaaten zusammen, damit der Durchsetzung der einschlägigen Vorschriften ein koordiniertes Konzept zugrunde liegt, soweit Geschäfte, Handelsaufträge oder andere Maßnahmen oder Handlungen sich auf ein

---

1 Durchführungsverordnung (EU) 2017/1158 der Kommission vom 29. Juni 2017 zur Festlegung technischer Durchführungsstandards im Hinblick auf die Verfahren und Formen des Informationsaustauschs der zuständigen Behörden mit der Europäischen Wertpapier- und Marktaufsichtsbehörde im Sinne des Artikels 33 der Verordnung (EU) Nr. 596/2014 des Europäischen Parlaments und des Rates, ABl. EU Nr. L 167 v. 30.6.2017, S. 22. Der Text der DurchfVO 2017/1158 ist abgedruckt hinter dem Text zu Art. 33 VO 596/2014.

oder mehrere unter diese Verordnung fallende Finanzinstrumente sowie auf ein oder mehrere unter Art. 3, 4 und 5 der Verordnung (EU) Nr. 1227/2011 fallende Energiegroßhandelsprodukte beziehen. Die zuständigen Behörden berücksichtigen die Besonderheiten der Begriffsbestimmungen in Art. 2 der Verordnung (EU) Nr. 1227/2011 und die Bestimmungen der Art. 3, 4 und 5 der Verordnung (EU) Nr. 1227/2011, wenn sie Art. 7, 8 und 12 dieser Verordnung auf Finanzinstrumente anwenden, die sich auf Energiegroßhandelsprodukte beziehen.

(4) Die zuständigen Behörden übermitteln auf Ersuchen unverzüglich alle Informationen, die zu dem in Abs. 1 genannten Zweck erforderlich sind.

(5) Ist eine zuständige Behörde überzeugt, dass im Hoheitsgebiet eines anderen Mitgliedstaats gegen diese Verordnung verstoßende Handlungen erfolgen oder erfolgt sind oder dass Finanzinstrumente, die auf einem Handelsplatz in einem anderen Mitgliedstaat gehandelt werden, von derartigen Handlungen betroffen sind, so teilt sie dies der zuständigen Behörde des anderen Mitgliedstaats und der ESMA bzw. im Falle von Energiegroßhandelsprodukten der ACER so konkret wie möglich mit. Die zuständigen Behörden der verschiedenen beteiligten Mitgliedstaaten hören einander und die ESMA bzw. im Falle von Energiegroßhandelsprodukten die ACER in Bezug auf angemessene zu treffende Maßnahmen an und unterrichten einander über wesentliche zwischenzeitlich eingetretene Entwicklungen. Sie koordinieren ihre Maßnahmen, um etwaige Doppelarbeit und Überschneidungen bei der Anwendung von verwaltungsrechtlichen Sanktionen und anderen verwaltungsrechtlichen Maßnahmen auf grenzüberschreitende Fälle gem. Art. 30 und 31 zu vermeiden und leisten einander bei der Durchsetzung ihrer Entscheidungen Amtshilfe.

(6) Die zuständige Behörde eines Mitgliedstaats kann im Hinblick auf Prüfungen oder Ermittlungen vor Ort die Amtshilfe der zuständigen Behörde eines anderen Mitgliedstaats beantragen.

Eine beantragende zuständige Behörde kann die ESMA von jedem Antrag nach Unterabs. 1 in Kenntnis setzen. Im Falle grenzüberschreitender Ermittlungen oder Überprüfungen koordiniert die ESMA auf Ersuchen einer der zuständigen Behörden die Ermittlung oder Überprüfung.

Erhält eine zuständige Behörde einen Antrag einer zuständigen Behörde eines anderen Mitgliedstaats auf Durchführung von Überprüfungen vor Ort oder Ermittlungen, hat sie folgende Möglichkeiten:

a) Sie führt die Überprüfung oder Ermittlung vor Ort selbst durch;
b) sie gestattet der antragstellenden zuständigen Behörde, sich an der Überprüfung oder Ermittlung vor Ort zu beteiligen;
c) sie gestattet der antragstellenden zuständigen Behörde, die Überprüfung oder Ermittlung vor Ort selbst durchzuführen;
d) sie beauftragt Rechnungsprüfer oder Sachverständige mit der Durchführung der Überprüfung oder Ermittlung vor Ort;
e) sie teilt sich bestimmte mit der Wahrnehmung der Aufsichtstätigkeiten zusammenhängende Aufgaben mit den anderen zuständigen Behörden.

Die zuständigen Behörden können auch mit den zuständigen Behörden anderer Mitgliedstaaten bei der Einziehung von finanziellen Sanktionen zusammenarbeiten.

(7) Unbeschadet des Art. 258 AEUV kann eine zuständige Behörde, deren Informations- oder Amtshilfeersuchen gem. Abs. 1, 3, 4 und 5 nicht innerhalb einer angemessenen Frist Folge geleistet wird oder deren Informations- oder Amtshilfeersuchen abgelehnt wurde, die ESMA mit dieser Ablehnung oder Nichtfolgeleistung innerhalb einer angemessenen Frist befassen.

In diesen Fällen kann die ESMA – unbeschadet der Möglichkeit ihres Tätigwerdens gem. Art. 17 der Verordnung (EU) Nr. 1095/2010 – gem. Art. 19 der Verordnung (EU) Nr. 1095/2010 tätig werden.

(8) Die zuständigen Behörden arbeiten bei dem begründeten Verdacht, dass Handlungen, die unter Verstoß gegen diese Verordnung Insidergeschäfte, unrechtmäßige Offenlegung von Informationen oder Marktmanipulation darstellen, erfolgen oder erfolgt sind, mit den für die entsprechenden Spotmärkte jeweils zuständigen Regulierungsbehörden ihres Landes und von Drittstaaten zusammen und tauschen Informationen mit diesen aus. Diese Zusammenarbeit muss einen konsolidierten Überblick über die Finanz- und Spotmärkte sowie die Aufdeckung marktübergreifenden und grenzüberschreitenden Marktmissbrauchs und die Verhängung entsprechender Sanktionen gewährleisten.

In Bezug auf Emissionszertifikate sind die Zusammenarbeit und der Informationsaustausch gem. Unterabs. 1 auch mit folgenden Stellen zu gewährleisten:

a) der Auktionsaufsicht in Bezug auf Versteigerungen von Treibhausgasemissionszertifikaten und anderen darauf beruhenden Auktionsobjekten gemäß der Verordnung (EU) Nr. 1031/2010 und
b) zuständigen Behörden, Registerführern, einschließlich des Zentralverwalters, und anderen mit der Überwachung der Einhaltung gemäß der Richtlinie 2003/87/EG beauftragten öffentlichen Stellen.

Die ESMA unterstützt und koordiniert die Zusammenarbeit und den Informationsaustausch zwischen den zuständigen Behörden und den zuständigen Behörden und Regulierungsbehörden in anderen Mitgliedstaaten und Drittländern. Die zuständigen Behörden treffen nach Möglichkeit gem. Art. 26 Kooperationsvereinbarungen mit den für die betreffenden Spotmärkte zuständigen Regulierungsbehörden von Drittländern.

(9) Um einheitliche Bedingungen für die Anwendung dieses Artikels sicherzustellen, arbeitet die ESMA Entwürfe technischer Durchführungsstandards zur Festlegung der Verfahren und Formen des Informationsaustauschs und der Amtshilfe gemäß diesem Artikel aus.

Die ESMA legt der Kommission bis zum 3.7.2016 diese Entwürfe technischer Durchführungsstandards vor.

Der Kommission wird die Befugnis übertragen, die in Unterabs. 1 genannten technischen Durchführungsstandards nach Art. 15 der Verordnung (EU) Nr. 1095/2010 zu erlassen.

In der Fassung vom 16.4.2014 (ABl. EU Nr. L 173 v. 12.6.2014, S. 1).

Durchführungsverordnung (EU) 2018/292 der Kommission vom 26. Februar 2018
zur Festlegung technischer Durchführungsstandards im Hinblick auf Verfahren und Formulare für Informationsaustausch und Amtshilfe zwischen zuständigen Behörden gemäß der Verordnung (EU) Nr. 596/2014 des Europäischen Parlaments und des Rates über Marktmissbrauch

Art. 1 Begriffsbestimmungen

Für die Zwecke dieser Verordnung bezeichnet der Ausdruck „sichere elektronische Mittel" elektronische Geräte für die Verarbeitung (einschließlich der digitalen Kompression), Speicherung und Übertragung von Daten über Kabel, Funk, optische Technologien oder sonstige elektromagnetische Verfahren, die gewährleisten, dass die Vollständigkeit, Integrität und Vertraulichkeit der Informationen während der Übermittlung erhalten bleiben.

In der Fassung vom 26.2.2018 (ABl. EU Nr. L 55 v. 27.2.2018, S. 34).

Art. 2 Kontaktstellen

(1) Für die Zwecke der vorliegenden Verordnung benennen die zuständigen Behörden Kontaktstellen.

(2) Nähere Angaben zu diesen Kontaktstellen übermitteln die zuständigen Behörden der Europäischen Wertpapier- und Marktaufsichtsbehörde (ESMA) innerhalb von 30 Tagen nach Inkrafttreten dieser Verordnung. Sollte bei diesen Angaben eine Änderung eintreten, teilen sie dies der ESMA

(3) Die ESMA führt und aktualisiert für die zuständigen Behörden eine Liste der gemäß Absatz 1 benannten Kontaktstellen.

In der Fassung vom 26.2.2018 (ABl. EU Nr. L 55 v. 27.2.2018, S. 34).

Art. 3 Amtshilfeersuchen

(1) Eine um Amtshilfe ersuchende Behörde übermittelt ihr Ersuchen per Post, Fax oder mit einem sicheren elektronischen Mittel. Sie richtet ihr Ersuchen an die Kontaktstelle, die die ersuchte Behörde gemäß Artikel 2 benannt.

(2) Eine um Amtshilfe ersuchende zuständige Behörde verwendet das Formular in Anhang I und
a) führt die Information, die sie von der ersuchten Behörde wünscht, im Einzelnen auf;
b) weist, falls zutreffend, auf Punkte hin, die hinsichtlich der Vertraulichkeit der einzuholenden Informationen zu berücksichtigen sind.

(3) Die ersuchende Behörde kann dem Ersuchen alle Unterlagen oder Belege beifügen, die sie als erforderlich erachtet, um das Ersuchen zu stützen.

(4) In dringenden Fällen kann die ersuchende Behörde mündlich um Amtshilfe ersuchen. Sofern die ersuchte Behörde sich nicht mit einer anderen Vorgehensweise einverstanden erklärt, wird das mündliche Ersuchen anschließend unverzüglich unter Verwendung eines der in Absatz 1 genannten Mittel schriftlich bestätigt.

In der Fassung vom 26.2.2018 (ABl. EU Nr. L 55 v. 27.2.2018, S. 34).

Art. 4 Eingangsbestätigung

Sofern in dem Ersuchen nichts anderes bestimmt ist, übermittelt die ersuchte Behörde der gemäß Artikel 2 benannten Kontaktstelle innerhalb von zehn Arbeitstagen nach Eingang eines schriftlichen Amtshilfeersuchens per Post, Fax oder mit einem sicheren elektronischen Mittel eine Empfangsbestätigung. Diese Empfangsbestätigung wird anhand des Formulars in Anhang II ausgestellt und enthält, soweit möglich, das voraussichtliche Datum der Antwort.

In der Fassung vom 26.2.2018 (ABl. EU Nr. L 55 v. 27.2.2018, S. 34).

Art. 5 Beantwortung eines Amtshilfeersuchens

(1) Die um Amtshilfe ersuchte Behörde beantwortet das Amtshilfeersuchen per Post, Fax oder mit sicheren elektronischen Mitteln. Sofern in dem Ersuchen nichts anderes bestimmt ist, wird die Antwort an die gemäß Artikel 2 benannte Kontaktstelle gerichtet.

(2) Die um Amtshilfe ersuchte Behörde verwendet für die Beantwortung des Amtshilfeersuchens das Formular in Anhang III und

a) verlangt so bald wie möglich und in beliebiger Form weitere Klarstellungen, falls sie nicht sicher ist, welche Informationen genau erbeten werden;

b) unternimmt im Rahmen ihrer Befugnisse alle vertretbaren Schritte, um die erbetene Amtshilfe bereitzustellen;

c) führt Amtshilfeersuchen unverzüglich und in einer Weise aus, die sicherstellt, dass sämtliche erforderlichen behördlichen Maßnahmen zügig erfolgen können; dabei berücksichtigt sie die Komplexität des Ersuchens und die Notwendigkeit, Dritte oder andere zuständige Behörden zu beteiligen.

(3) Lehnt die ersuchte Behörde die Bereitstellung dieser Amtshilfe ganz oder teilweise ab, so unterrichtet sie die ersuchende Behörde so bald wie möglich mündlich oder schriftlich über ihre Entscheidung. Die ersuchte Behörde übermittelt ferner eine schriftliche Antwort gemäß Absatz 1, in der sie angibt, auf welche der in Artikel 25 Absatz 2 der Verordnung (EU) Nr. 596/2014 genannten außergewöhnlichen Umstände sie ihre Ablehnung stützt.

In der Fassung vom 26.2.2018 (ABl. EU Nr. L 55 v. 27.2.2018, S. 34).

Art. 6 Verfahren für die Übermittlung und Bearbeitung von Amtshilfeersuchen

(1) Die ersuchende und die ersuchte Behörde kommunizieren bezüglich des Amtshilfeersuchens und seiner Beantwortung unter Verwendung des schnellsten Mittels und tragen dabei den Anforderungen an die Vertraulichkeit, den Antwortzeiten, dem Volumen des zu übermittelnden Materials und der Benutzerfreundlichkeit des Zugriffs auf die Informationen durch die ersuchende Behörde Rechnung. Insbesondere hat die ersuchende Behörde auf Bitten um Klarstellungen der ersuchten Behörde unverzüglich zu antworten.

(2) Erhält die ersuchte Behörde Kenntnis von Umständen, die ihr voraussichtliches Antwortdatum um mehr als zehn Arbeitstage verzögern könnten, so teilt sie dies der ersuchenden Behörde unverzüglich mit.

(3) Gegebenenfalls übermittelt die ersuchte Behörde der ersuchenden Behörde ein regelmäßiges Feedback zum Fortgang des laufenden Ersuchens mit einem neu geschätzten voraussichtlichen Antwortdatum.

(4) Wenn das Ersuchen von der ersuchenden Behörde als dringend eingestuft wurde, vereinbaren die ersuchte und die ersuchende Behörde, wie häufig die ersuchte Behörde die ersuchende Behörde informiert.

(5) Die ersuchte und die ersuchende Behörde arbeiten zusammen, um sämtliche Schwierigkeiten, die bei der Ausführung eines Ersuchens entstehen können, zu beseitigen.

In der Fassung vom 26.2.2018 (ABl. EU Nr. L 55 v. 27.2.2018, S. 34).

Art. 7 Verfahren für Ersuchen um Einholung einer Erklärung von einer Person

(1) Falls die ersuchende Behörde im Zusammenhang mit einer Untersuchung oder Prüfung in ihrem Ersuchen um Einholung einer Erklärung von einer Person bittet, müssen die ersuchte und die ersuchende Behörde – vorbehaltlich gesetzlicher Einschränkungen oder Zwänge und etwaiger Unterschiede bei den Verfahrensvorschriften – Folgendes bewerten und berücksichtigen:

a) Rechte der Personen, bei denen die Erklärungen eingeholt werden sollen, einschließlich Fragen der Selbstbelastung, sofern relevant;

b) Art der Beteiligung der Mitarbeiter der ersuchenden Behörde (als Beobachter oder aktive Teilnehmer);

c) Rolle der Mitarbeiter der ersuchten und der ersuchenden Behörden bei der Einholung der Erklärung;

d) ob die Person, von der die Erklärung eingeholt werden soll, das Recht hat, sich von einem gesetzlichen Vertreter unterstützen zu lassen, und – falls sie dieses Recht hat – Umfang dieser Unterstützung bei der Einholung der Erklärung, auch bezüglich Aufzeichnungen oder Berichten über die Erklärung;

e) ob die Erklärung auf freiwilliger oder verpflichtender Basis eingeholt wird, falls diese Unterscheidung existiert;

f) ob – basierend auf den zum Zeitpunkt des Ersuchens verfügbaren Informationen – die Person, von der die Erklärung eingeholt werden soll, Zeuge oder Verdächtiger ist, falls diese Unterscheidung existiert;

g) ob – basierend auf den zum Zeitpunkt des Ersuchens verfügbaren Informationen – die Erklärung in einem Strafverfahren verwendet werden könnte oder verwendet werden soll;

h) die Zulässigkeit der Erklärung im Hoheitsgebiet der ersuchenden Behörde;

i) die Aufzeichnung der Erklärung und die dafür geltenden Verfahren, darunter auch, ob es sich um gleichzeitig festgehaltene oder zusammenfassend notierte schriftliche Protokolle oder um Audioaufzeichnungen oder audiovisuelle Aufzeichnungen handelt;

j) Verfahren zur Bescheinigung oder Bestätigung der Erklärung durch die Personen, die die Erklärung abgeben, darunter auch, ob eine solche Bescheinigung oder Bestätigung nach Einholung der Erklärung erfolgt; und

k) Verfahren für die Übermittlung der Erklärung durch die ersuchte Behörde an die ersuchende Behörde, Format und Frist.

(2) Die ersuchte und die ersuchende Behörde stellen sicher, dass Vorkehrungen getroffen wurden, die ihren Mitarbeitern eine effiziente Arbeitsweise ermöglichen; so muss es den Mitarbeitern unter anderem möglich sein, sich über gegebenenfalls erforderliche zusätzliche Informationen abzustimmen, unter anderem

a) zur Terminplanung;

b) zur Liste der Fragen, die der Person, von der eine Erklärung eingeholt werden soll, gestellt werden sollen;

c) zu Reisevorkehrungen, um unter anderem sicherzustellen, dass sich Vertreter der ersuchten und der ersuchenden Behörde treffen können, um vor der Einholung der Erklärung die Angelegenheit zu besprechen; und
d) zur Sprachenregelung.

In der Fassung vom 26.2.2018 (ABl. EU Nr. L 55 v. 27.2.2018, S. 34).

Art. 8 Verfahren für Ersuchen um Einleitung einer Ermittlung oder Vor-Ort-Prüfung

(1) Bei Amtshilfeersuchen im Hinblick auf die Durchführung von Vor-Ort-Prüfungen oder Ermittlungen nach Artikel 25 Absatz 6 der Verordnung (EU) Nr. 596/2014 stimmen sich die ersuchende und die ersuchte Behörde hinsichtlich der am besten geeigneten Vorgehensweise ab und prüfen dazu die in Artikel 25 Absatz 6 Unterabsatz 3 Buchstaben a bis e der Verordnung (EU) Nr. 596/2014 angeführten Möglichkeiten und insbesondere, ob die Durchführung einer gemeinsamen Vor-Ort-Prüfung oder Ermittlung zweckmäßig ist.

(2) Die ersuchte Behörde hält die ersuchende Behörde über den Fortgang der Ermittlungen oder Vor-Ort-Prüfungen auf dem Laufenden und übermittelt ihr umgehend alle gewonnenen Erkenntnisse.

(3) Bei der Entscheidung über die Einleitung gemeinsamer Ermittlungen oder Vor-Ort-Prüfungen berücksichtigen die ersuchende Behörde und die ersuchte Behörde mindestens alle folgenden Elemente:
a) den Inhalt der jeweiligen, von der ersuchenden Behörde erbetenen Amtshilfe, einschließlich sämtlicher Hinweise zur Angemessenheit der gemeinsamen Durchführung der Ermittlungen oder Vor-Ort-Prüfungen;
b) ob bei einer grenzüberschreitenden Angelegenheit beide Behörden separate Untersuchungen einleiten oder ob es sinnvoller wäre, die Angelegenheit gemeinsam zu untersuchen;
c) die gesetzlichen und regulatorischen Rahmenbedingungen in den jeweiligen Hoheitsgebieten, um sicherzustellen, dass beide Behörden mit den potenziellen Zwängen und gesetzlichen Einschränkungen bezüglich der Durchführung gemeinsamer Ermittlungen oder Vor-Ort-Prüfungen sowie etwaiger nachfolgender Verfahren, einschließlich Fragen im Zusammenhang mit dem Grundsatz ne bis in idem, vertraut sind;
d) die für Ermittlungen oder Vor-Ort-Prüfungen erforderliche Verwaltung und Leitung;
e) die Wahrscheinlichkeit, dass sie sich hinsichtlich der Tatsachenfeststellung einig werden;
f) die Zuweisung von Mitteln sowie die Beauftragung der Personen, die die Ermittlungen oder Vor-Ort-Prüfungen durchführen sollen;
g) die Möglichkeit, einen gemeinsamen Aktionsplan und eine Arbeitsplanung für jede der beteiligten Behörden festzulegen;
h) die Festlegung der von jeder Behörde – gemeinsam oder einzeln – zu ergreifenden Maßnahmen;
i) den Austausch der gesammelten Informationen und die Berichterstattung über die Ergebnisse der einzelnen Maßnahmen; sowie
j) sonstige fallspezifische Punkte.

(4) Wenn die ersuchende und die ersuchte Behörde beschließen, eine gemeinsame Ermittlung oder Vor-Ort-Prüfung durchzuführen, müssen sie
a) sich auf Verfahren für deren Durchführung und Abschluss einigen;
b) einen ständigen Dialog führen, um die Informationsbeschaffung und die Tatsachenfeststellung zu koordinieren;
c) bei der Durchführung der gemeinsamen Ermittlung oder Vor-Ort-Prüfung eng zusammenarbeiten und miteinander kooperieren;
d) sich bei den anschließenden Vollstreckungsverfahren gegenseitig unterstützen, soweit dies rechtlich zulässig ist, einschließlich bei der Koordinierung der sich aus der gemeinsamen Ermittlung oder Vor-Ort-Prüfung ergebenden (administrativen, zivil- oder strafrechtlichen) Verfahren oder sonstigen Durchsetzungsmaßnahmen oder gegebenenfalls bei der Streitbeilegung;
e) die konkreten gesetzlichen Vorschriften, die für den Gegenstand der gemeinsamen Ermittlung oder Vor-Ort-Prüfung gelten, ermitteln;
f) sofern zutreffend, zumindest:
  1. einen gemeinsamen Aktionsplan ausarbeiten, der u. a. den Gegenstand, die Art und den zeitlichen Ablauf der zu ergreifenden Maßnahmen benennt, und der die Etappenziele und die Aufgabenverteilung festlegt, wobei den Prioritäten der jeweiligen Behörden Rechnung zu tragen ist;
  2. jegliche gesetzlichen Beschränkungen oder Zwänge und jegliche Unterschiede bei den Verfahren im Hinblick auf Ermittlungs- und Vollstreckungsmaßnahmen oder andere Verfahren sowie die Rechte der Personen, die Gegenstand der Ermittlung sind, ermitteln und beurteilen;
  3. die konkreten gesetzlichen Berufsprivilegien, die das Ermittlungsverfahren sowie das Vollstreckungsverfahren beeinflussen könnten, einschließlich der Selbstbelastung, ermitteln und beurteilen;
  4. eine Strategie gegenüber Öffentlichkeit und Presse festlegen; sowie
  5. die beabsichtigte Verwendung der ausgetauschten Informationen festlegen.

In der Fassung vom 26.2.2018 (ABl. EU Nr. L 55 v. 27.2.2018, S. 34).

Art. 9 Verfahren bei Amtshilfe zur Einziehung finanzieller Sanktionen

(1) Bei Amtshilfeersuchen zur Einziehung finanzieller Sanktionen nach Artikel 25 Absatz 6 der Verordnung (EU) Nr. 596/2014 stimmen sich die ersuchende und die ersuchte Behörde hinsichtlich der am besten geeigneten Vorgehensweise ab. Die Behörden berücksichtigen die Maßnahmen, die die ersuchende Behörde in ihrem Hoheitsgebiet bereits ergriffen hat,

Art. 25 VO Nr. 596/2014 | Verpflichtung zur Zusammenarbeit

sowie die Rechtsvorschriften, die im Hoheitsgebiet der ersuchten Behörde für die Einziehung von Sanktionen anwendbar sind.

(2) Bei der Leistung der Amtshilfe oder der Bereitstellung der ersuchten Informationen nach dem vorliegenden Artikel handelt die ersuchte Behörde im Einklang mit den einschlägigen nationalen Rechtsvorschriften. Können die erbetene Amtshilfe oder die erbetenen Informationen von einer anderen Behörde oder einer anderen Stelle im Mitgliedstaat der ersuchten Behörde erbracht werden, so hat diese, sofern dies mit den nationalen Rechtsvorschriften in Einklang steht, der ersuchenden Behörde die entsprechenden Kontaktinformationen zu übermitteln und ihr vorzuschlagen, direkt mit der betreffenden Behörde oder Stelle Kontakt aufzunehmen.

In der Fassung vom 26.2.2018 (ABl. EU Nr. L 55 v. 27.2.2018, S. 34).

Art. 10 Unaufgeforderter Informationsaustausch

(1) Für die Zwecke der unaufgeforderten Übermittlung von Informationen gemäß Artikel 16 Absatz 4 und Artikel 25 Absatz 5 der Verordnung (EU) Nr. 596/2014 sowie in Fällen, in denen eine zuständige Behörde über Informationen verfügt, die ihres Erachtens für eine andere zuständige Behörde bei der Erfüllung von Aufgaben gemäß der Verordnung (EU) Nr. 596/2014 hilfreich sein könnten, übermittelt sie diese Informationen schriftlich per Post, Fax oder mit einem sicheren elektronischen Mittel an die Kontaktstelle, die die zuständige Behörde gemäß Artikel 2 benannt hat.

(2) Ist die zuständige Behörde, die Informationen zu übermitteln beabsichtigt, der Ansicht, dass eine Übermittlung dringend erforderlich ist, kann sie die andere Behörde zunächst mündlich informieren, vorausgesetzt, sie übermittelt die Informationen anschließend unverzüglich in schriftlicher Form.

(3) Übermittelt eine zuständige Behörde Informationen unaufgefordert, so verwendet sie dafür das in Anhang IV enthaltene Formular und weist dabei insbesondere auf etwaige Vertraulichkeitsaspekte hin.

In der Fassung vom 26.2.2018 (ABl. EU Nr. L 55 v. 27.2.2018, S. 34).

Art. 11 Zulässigkeit der Verwendung von Informationen und Einschränkungen

(1) Die ersuchende Behörde und die ersuchte Behörde vermerken in jedem Amtshilfeersuchen, in jeder Beantwortung eines Amtshilfeersuchens und jeder unaufgeforderten Übermittlung von Informationen gemäß den in den Anhängen enthaltenen Formularen Angaben zur Vertraulichkeit.

(2) Wenn die ersuchte Behörde zur Umsetzung des Ersuchens gezwungen ist, offenzulegen, dass die ersuchende Behörde das Ersuchen gestellt hat, so tut sie dies erst, nachdem sie sich mit der ersuchenden Behörde über die Art und den Umfang der erforderlichen Offenlegung verständigt und Letztere dieser Offenlegung zugestimmt hat. Wenn die ersuchende Behörde der Offenlegung nicht zustimmt, so kommt die ersuchte Behörde dem Ersuchen nicht nach; die ersuchende Behörde kann ihr Ersuchen zurückziehen oder aussetzen, bis sie in der Lage ist, der Offenlegung zuzustimmen.

(3) Die gemäß Artikel 10 zur Verfügung gestellten Informationen dürfen nur verwendet werden, um die Einhaltung oder Durchsetzung der Bestimmungen der Verordnung (EU) Nr. 596/2014 sicherzustellen, unter anderem, aber nicht ausschließlich, für die Einleitung, Durchführung oder Unterstützung von administrativen, zivilrechtlichen, strafrechtlichen sowie Disziplinarverfahren, die sich aus einem Verstoß gegen die Bestimmungen dieser Verordnung ergeben.

In der Fassung vom 26.2.2018 (ABl. EU Nr. L 55 v. 27.2.2018, S. 34).

Art. 12 Inkrafttreten und Anwendung

Diese Verordnung tritt am Tag nach ihrer Veröffentlichung im *Amtsblatt der Europäischen Union* in Kraft.

In der Fassung vom 26.2.2018 (ABl. EU Nr. L 55 v. 27.2.2018, S. 34).

Anhang I–IV

(nicht abgedruckt)

Schrifttum: S. Art. 22 VO Nr. 596/2014.

I. Regelungsgehalt der Norm 1	IV. Befassung der ESMA bei unzureichender Zusammenarbeit (Art. 25 Abs. 7 VO Nr. 596/2014) 29
II. Pflicht zur Zusammenarbeit (Art. 25 Abs. 1, 4–6 VO Nr. 596/2014) 2	V. Pflicht zur Zusammenarbeit mit der EU-Kommission (Art. 25 Abs. 1 Unterabs. 2 VO Nr. 596/2014) 31
1. Unaufgeforderte Hinweise auf Verstöße (Art. 25 Abs. 5 VO Nr. 596/2014) 7	VI. Zusammenarbeit mit Energieregulierungsbehörden (Art. 25 Abs. 3 VO Nr. 596/2014) . 32
2. Informationsaustausch (Art. 25 Abs. 1 und 4 VO Nr. 596/2014) 11	VII. Zusammenarbeit zur Überwachung von Spot- und Emissionszertifikatemärkten (Art. 25 Abs. 8 VO Nr. 596/2014) 36
3. Amtshilfe bei Maßnahmen vor Ort (Art. 25 Abs. 6 VO Nr. 596/2014) 14	VIII. Technische Durchführungsstandards zur Zusammenarbeit (Art. 25 Abs. 9 VO Nr. 596/2014) 41
4. Zusammenarbeit bei Sanktionen und Maßnahmen 19	
5. Vorkehrungen bei strafrechtlichen Sanktionen (Art. 25 Abs. 1 Unterabs. 4 VO Nr. 596/2014) . 20	
III. Ausnahmen von der Pflicht zum Informationsaustausch und zur Zusammenarbeit (Art. 25 Abs. 2 VO Nr. 596/2014) 24	

I. Regelungsgehalt der Norm.
Art. 25 VO Nr. 596/2014 (MAR) normiert in Abs. 1 eine Pflicht **zur Zusammenarbeit zwischen den zuständigen Behörden** und **mit der ESMA**, die in den weiteren Absätzen des Artikels weiter detailliert wird. **Ausnahmen** von dieser Pflicht sind in Abs. 2 unter engen Voraussetzungen geregelt. Zusätzlich regelt Art. 25 VO Nr. 596/2014 in Abs. 8 die **Befugnis zum Erlass von technischen Durchführungsstandards** zur Schaffung von einheitlichen Bedingungen. Die Pflichten zur Zusammenarbeit werden **ergänzt durch die Verpflichtung** der zuständigen Behörden zur **Zusammenarbeit mit der EU-Kommission, mit Energieregulierungsbehörden und mit den Regulierungsbehörden für Spot- und Emissionszertifikatemärkte**, um Marktmissbrauch i.S.d. MAR auch in marktübergreifenden Fällen effektiv bekämpfen zu können.

II. Pflicht zur Zusammenarbeit (Art. 25 Abs. 1, 4–6 VO Nr. 596/2014).
Die Regelungen in Art. 25 Abs. 1 VO Nr. 596/2014 **verpflichten die zuständigen Behörden untereinander und mit der ESMA zusammenzuarbeiten**. Diese grundsätzliche Pflicht wird weiter detailliert sowohl in Abs. 1 als auch in den weiteren Absätzen. Art. 25 Abs. 1 VO Nr. 596/2014 ist damit die Ausgangs- und Grundnorm, um den Pflichtenkatalog zur Zusammenarbeit näher zu betrachten.

Adressaten der Pflicht sind die **„zuständigen Behörden"**. Hierbei handelt es sich nach Art. 3 Abs. 1 Nr. 12 VO Nr. 596/2014 um die von den EU-Mitgliedstaaten nach Art. 22 VO Nr. 596/2014 benannten Behörden. Demgegenüber wird die Zusammenarbeit mit anderen Aufsichtsbehörden in Drittstaaten, wie Schweiz und USA, in Art. 26 und 29 VO Nr. 596/2014 geregelt.

Die Pflicht zur Zusammenarbeit kann des Weiteren unterschieden werden in Bezug auf die Stellen, auf die sich die Zusammenarbeit bezieht. Das sind zum einen die **anderen zuständigen Behörden**, die gleichfalls der Pflicht zur Zusammenarbeit nach Art. 25 Abs. 1 VO Nr. 596/2014 unterliegen. Diese Zusammenarbeit wird vornehmlich durch die Regelungen der MAR bestimmt und ggf. durch die ESMA koordiniert. Zum anderen bezieht sich die Zusammenarbeit auf die ESMA selbst. Diese **Zusammenarbeit der zuständigen Behörden mit der ESMA** wird zwar auch durch verschiedene Regelungen in der MAR bestimmt, wie durch Art. 24, 33 VO Nr. 596/2014. Vorrangig wird diese Zusammenarbeit aber durch die VO Nr. 1095/2010 (ESMA-VO)[1], insbesondere deren Art. 35, geregelt. Auf diese grundlegenden Bestimmungen verweisen die Regelungen der MAR immer wieder. Auch ohne ausdrückliche Verweisung finden die Regelungen der ESMA-VO als unmittelbar geltendes EU-Recht neben den Regelungen der MAR Anwendung. Die Regelungen der MAR konkretisieren nur die Regelungen der ESMA-VO in Bezug auf die Bedürfnisse der Umsetzung der MAR.

Der **Umfang der Zusammenarbeit** wird in Art. 25 Abs. 1 VO Nr. 596/2014 durch die Formulierung „in dem für die Zwecke dieser Verordnung erforderlichen Umfang" bestimmt. Diese auslegungsbedürftige Formulierung ist insofern weitgehend, als hiermit alle Maßnahmen zur Überwachung der Vorschriften der MAR, zur Überprüfung und Ermittlung von Sachverhalten, des Ergreifens von Sanktionen und anderen verwaltungsrechtlichen Maßnahmen und deren Durchsetzung umfasst sind. Eine Grenze ist erst mit dem Verlassen des Regelungsbereichs der MAR erreicht.

Aus der Pflicht zur **Zusammenarbeit** leitet Art. 25 Abs. 1 Unterabs. 1 VO Nr. 596/2014 die Gewährung von **Amtshilfe** ab. Diese Amtshilfe kann durch den **Austausch von Informationen** und durch die Kooperation bei **Ermittlungen** sowie bei **Überwachungs- und Durchsetzungsmaßnahmen** gewährt werden. Diese Teilaspekte der Kooperation werden durch die Regelungen in Art. 25 Abs. 4 VO Nr. 596/2014 zur Informationsweitergabe und in Art. 25 Abs. 6 VO Nr. 596/2014 zur Amtshilfe bei **Maßnahmen vor Ort** weiter konkretisiert. Zudem bestimmt Art. 25 Abs. 1 Unterabs. 4 VO Nr. 596/2014 eine Pflicht der Mitgliedstaaten zur **Sicherstellung der Informationsübermittlung bei einer Sanktionierung von Verstößen gegen die MAR durch Justizbehörden**. Ausgehend davon, dass die Amtshilfe auf Anforderung der anfragenden Behörde erfolgt, ist ein Unterfall der allgemeinen Pflicht zur Zusammenarbeit die in Art. 25 Abs. 5 VO Nr. 596/2014 geregelte **Pflicht zur unaufgeforderten Informationsweitergabe** bei Hinweisen auf Verstöße gegen die MAR in einem anderen Mitgliedstaat.

1. Unaufgeforderte Hinweise auf Verstöße (Art. 25 Abs. 5 VO Nr. 596/2014).
Zur Ermöglichung eines effektiven Vorgehens gegen Praktiken zum Marktmissbrauch, wie z.B. Marktmanipulationen oder Insiderhandel, sieht Art. 25 Abs. 5 VO Nr. 596/2014 vor, dass eine zuständige Behörde eine andere zuständige Behörde und die ESMA **über ihre Erkenntnisse über Marktmissbrauch** in dem anderen Mitgliedstaat oder an einem Handelsplatz in diesem **Mitgliedstaat informiert**. Eine entsprechende Pflicht besteht für die zuständige Behörde auch gegenüber der Agentur für die Zusammenarbeit der Energieregulierungsbehörden (ACER), wenn sie davon ausgeht, dass Energiegroßhandelsprodukte von dem Marktmissbrauch betroffen sind (vgl. hierzu Rz. 32, 34).

Diese Pflicht einer zuständigen Behörde setzt nicht voraus, dass eine Anfrage der entsprechenden (anderen) zuständigen Behörde vorliegt. Die Pflicht entsteht **auch ohne eine Aufforderung** zur Informationsübermittlung.

---

1 Verordnung (EU) Nr. 1095/2010 des Europäischen Parlaments und des Rates vom 24. November 2010 zur Errichtung einer Europäischen Aufsichtsbehörde (Europäische Wertpapier- und Marktaufsichtsbehörde), zur Änderung des Beschlusses Nr. 716/2009/EG und zur Aufhebung des Beschlusses 2009/77/EG der Kommission, ABl. EU Nr. L 331 v. 15.12.2010, S. 84, zuletzt geändert durch Richtlinie 2014/51/EU des Europäischen Parlaments und des Rates vom 16. April 2014, ABl. EU Nr. L 153 v. 22.5.2014, S. 1.

Art. 25 VO Nr. 596/2014 | Verpflichtung zur Zusammenarbeit

Voraussetzung ist allein, dass eine zuständige Behörde zu der Überzeugung gelangt ist, dass in dem anderen Mitgliedstaat Marktmissbrauch begangen wird oder begangen wurde oder dass auf einem Handelsplatz in diesem Mitgliedstaat Finanzinstrumente von einem Marktmissbrauch betroffen sind[1]. Diese Pflicht zu einem aktiven Tätigwerden und nicht nur dem Reagieren auf entsprechende Anforderungen geht über die übliche Amtshilfe hinaus. Sie ist somit Ausfluss der allgemeinen Pflicht zur Zusammenarbeit aus Art. 25 Abs. 1 Unterabs. 1 Satz 1 VO Nr. 596/2014.

9 Um den Marktmissbrauch zu verhindern bzw. schnellstmöglich zu unterbinden und aufzuklären, sieht Art. 25 Abs. 5 Satz 1 VO Nr. 596/2014 vor, dass die **Mitteilungen** der zuständigen Behörde an die andere Behörde und an die ESMA **so konkret wie möglich** sein sollen. Da Voraussetzung ist, dass die mitteilende Behörde zur Überzeugung gekommen ist, dass derartige Verstöße vorliegen, hat sie die Tatsachen darzulegen, die bei ihr zu der Überzeugung geführt haben. Je nach Fallkonstellation kann es zudem hilfreich sein, auch zusätzliche Hintergrundinformationen zu geben oder das Geschehen in den besonderen Kontext einzubetten. Nähere Vorgaben für einen solchen unaufgeforderten Informationsaustausch trifft Art. 10 DurchfVO 2018/292[2] und Anhang IV der DurchfVO 2018/292, der ein entsprechendes Formular hierfür vorsieht. Dieses Formular enthält auch den in Art. 10 Abs. 3 DurchfVO 2018/292 vorgesehenen Hinweis auf die Vertraulichkeit der übermittelten Informationen.

10 In Bezug auf geplante Maßnahmen **hören** die zuständigen Behörden der verschiedenen beteiligten Mitgliedstaaten **einander und die ESMA an**. Zudem **unterrichten sie sich gegenseitig über wesentliche zwischenzeitlich eingetretene Entwicklungen**. Dieses und die Pflicht zur Koordination ihrer Maßnahmen dient der Vermeidung von etwaiger Doppelarbeit und von Überschneidungen bei der Anwendung von verwaltungsrechtlichen Sanktionen und Maßnahmen nach Art. 30 VO Nr. 596/2014. Im Ergebnis dient auch diese Vorgabe dem Ziel, möglichst effektiv und effizient gegen Marktmanipulationen vorzugehen. In Bezug auf grenzüberschreitende Fälle soll die ESMA auf Ersuchen einer Behörde die Untersuchungen koordinieren[3]. Letztlich sind die zuständigen Behörden in diesen Fällen verpflichtet, einander bei der Durchsetzung ihrer Entscheidungen Amtshilfe zu leisten.

11 **2. Informationsaustausch (Art. 25 Abs. 1 und 4 VO Nr. 596/2014).** Art. 25 Abs. 1 Unterabs. 1 Satz 3 VO Nr. 596/2014 regelt die Pflicht der zuständigen Behörden zu einem **gegenseitigen Informationsaustausch**. Der Informationsaustausch ist in Art. 25 Abs. 1 Satz 3 VO Nr. 596/2014 als Unterfall der Amtshilfe bestimmt. Diese Pflicht wird in Art. 25 Abs. 4 VO Nr. 596/2014 weiter konkretisiert. Das Verfahren der Beantragung der Amtshilfe, insbesondere der Form der Beantragung, wird durch Art. 3 ff. DurchfVO 2018/292 und durch das in Anhang I der DurchfVO 2018/292 vorgegebene Formular weiter konkretisiert. Die ersuchte Behörde muss nach Art. 4 DurchfVO 2018/292 i.d.R. innerhalb von 10 Arbeitstagen nach Eingang eines schriftlichen Amtshilfeersuchens per Post, Fax oder mit sicheren elektronischen Mitteln eine Eingangsbestätigung an die ersuchende Behörde übersenden. Das hierfür zu verwendende Formular ist in Anhang II der DurchfVO 2018/292 vorgegeben.

12 Die zuständigen Behörden sind nach Art. 25 Abs. 4 VO Nr. 596/2014 verpflichtet, **auf Ersuchen alle erforderlichen Informationen unverzüglich zu übermitteln**. Dies wird nochmals in Art. 5 Abs. 2 lit. c DurchfVO 2018/292 betont. Unverzüglich bedeutet, wie im deutschen Recht, ohne schuldhaftes Zögern. Im Rahmen der Zusammenarbeit kann es daher angezeigt sein, Zwischennachricht über die Verzögerung und den jeweiligen Stand zu übermitteln, wenn sich die Bereitstellung der angefragten Informationen verzögert, sei es wegen des Umfangs oder tatsächlicher Schwierigkeiten (vgl. auch Art. 6 Abs. 2 und 3 DurchfVO 2018/292). Bezüglich der Erforderlichkeit der Informationen verweist Abs. 4 wiederum auf den in Abs. 1 genannten Zweck, also „für die Zwecke dieser Verordnung". Erforderlich sind Informationen damit, wenn sie im Rahmen der umfassenden Zusammenarbeit für die Überwachung, Durchsetzung und das Ergreifen von Maßnahmen und Sanktionen nach der MAR für die anfragende Behörde hilfreich sein können. Im deutschen Recht besteht parallel die Pflicht der Bundesanstalt zu einem entsprechenden Informationsaustausch nach § 18 Abs. 2 WpHG. Die Beantwortung des Amtshilfeersuchens hat nach Art. 5 Abs. 1 DurchfVO 2018/292 ebenfalls per Post, Fax oder mit sicheren elektronischen Mitteln mittels des im Anhang II der DurchfVO 2018/292 vorgesehenen Formular zu erfolgen.

13 In Bezug auf das Verfahren für **Ersuchen um Einholung einer Erklärung von einer Person** sieht Art. 7 DurchfVO 2018/292 weitere Vorgaben vor, wie die Wahrnehmung von Belehrungspflichten, die Art der Beteiligung von beschäftigten der ersuchenden Behörde, die Aufzeichnung der Erklärung etc. Für ein solches Ersuchen ist im vorgegebenen Formular in Anhang I der DurchfVO 2018/292 unter dem 2. Punkt verschiedene Angaben vorgesehen.

14 **3. Amtshilfe bei Maßnahmen vor Ort (Art. 25 Abs. 6 VO Nr. 596/2014).** Art. 25 Abs. 6 VO Nr. 596/2014 regelt die **Befugnis der zuständigen Behörde eines Mitgliedstaats zur Beantragung von Amtshilfe** durch eine

---

1 Vgl. auch Erwägungsgrund 67 VO Nr. 596/2014.
2 Der Text der DurchfVO 2018/292 ist abgedruckt hinter dem Text zu Art. 25 VO Nr. 596/2014.
3 Vgl. auch Erwägungsgrund 67 VO Nr. 596/2014 und die Vorschläge der EU-Kommission zur Neuausrichtung der Tätigkeit der ESMA auf deren Internetseite, z.B. unter https://ec.europa.eu/germany/news/20170920-reform-eu-finanzaufsicht_de.

andere zuständige Behörde eines anderen Mitgliedstaates im Hinblick auf Prüfungen oder Ermittlungen vor Ort. Weitergehende Vorgaben für die Ersuchen um Einleitung einer Ermittlung oder Vor-Ort-Prüfung sind in Art. 8 DurchfVO 2018/292 und durch die Formularvorgaben in Anhang I der DurchfVO 2018/292, insbesondere unter Punkt 4, enthalten. Die Nutzung dieser Befugnis steht im Ermessen der Behörde, die die Amtshilfe beantragt hat.

Die beantragende Behörde kann von der Anforderung der Amtshilfe zudem die **ESMA in Kenntnis setzen**. 15 Diese Kenntnis kann der ESMA dazu dienen, die Situation besser einschätzen zu können und über umfangreichere Hintergrundinformationen zu verfügen. Die Information löst aber noch keine Handlungspflichten bei der ESMA aus. Demgegenüber **hat die ESMA auf Ersuchen** einer der zuständigen Behörden die Ermittlung oder Überprüfung **zu koordinieren**, wenn es sich um grenzüberschreitende Ermittlungen oder Überprüfungen handelt. Fälle grenzüberschreitender Ermittlungen oder Überprüfungen sind nach den Ausführungen im Erwägungsgrund 67, letzter Satz, auch solche Fälle, bei denen der Marktmissbrauch grenzüberschreitende Auswirkungen hat. Maßgeblich für die Bewertung als „grenzüberschreitend" ist somit nicht nur ein grenzüberschreitendes marktmanipulierendes Vorgehen, sondern auch grenzüberschreitende Auswirkungen auf die verschiedenen Märkte. Dies steht auch im Einklang mit der Regelung zur Hinweispflicht auf Marktmanipulationen in Art. 25 Abs. 5 VO Nr. 596/2014, die gleichfalls auf die Handlung und die Auswirkung auf den Markt abstellt.

Art. 25 Abs. 6 Unterabs. 3 VO Nr. 596/2014 sieht für die zuständige Behörde, an die der Amtshilfeantrag der 16 zuständigen Behörde eines anderen Mitgliedstaats gerichtet ist, ein **Wahlrecht für die Gewährung der Amtshilfe** vor. Das bedeutet, dass die beantragende Behörde die Entscheidung über das „Ob" der Amtshilfe bezüglich der Durchführung von Ermittlungen oder Vor-Ort-Prüfungen trifft, während die amtshilfegewährende Behörde die Wahl über das „Wie" der Amtshilfe hat. Diese Aufteilung in die Entscheidung über das „Ob" und das „Wie" findet sich auch in Art. 37 Abs. 1 und 2 Nr. 236/2012 (Leerverkaufs-VO) wieder.

Als **abschließende Wahlmöglichkeiten** für die Gewährung der Amtshilfe bei Prüfungen oder Ermittlungen vor 17 Ort sieht die Regelung vor, dass die amtshilfegewährende Behörde:
a) die Überprüfung oder Ermittlung vor Ort selbst durchführt;
b) der antragstellenden zuständigen Behörde gestattet, sich an der Überprüfung oder Ermittlung vor Ort zu beteiligen;
c) der antragstellenden zuständigen Behörde gestattet, die Überprüfung oder Ermittlung vor Ort selbst durchzuführen;
d) Rechnungsprüfer oder Sachverständige mit der Durchführung der Überprüfung oder Ermittlung vor Ort beauftragt oder
e) sich bestimmte mit der Wahrnehmung der Aufsichtstätigkeiten zusammenhängende Aufgaben mit den anderen zuständigen Behörden teilt.

Die Wahl liegt im **Ermessen der amtshilfegewährenden Behörde**, wobei sie sowohl den jeweiligen Einzelfall, 18 die nationale Rechtslage, taktische Erwägungen und praktische Aspekte in ihre Entscheidungsfindung einfließen lassen wird.

4. Zusammenarbeit bei Sanktionen und Maßnahmen. Die Pflicht zur Zusammenarbeit und zum Informati- 19 onsaustausch der zuständigen Behörden bezieht sich auch auf Sachverhalte in Bezug auf das **Ergreifen und Umsetzen von verwaltungsrechtlichen Sanktionen und Maßnahmen**. Die Regelungen hierzu sind in Art. 25 VO Nr. 596/2014 an verschiedenen Stellen aufzufinden. So regelt schon Art. 25 Abs. 1 Unterabs. 1 Satz 2 VO Nr. 596/2014, dass die zuständigen Behörden bei Überwachungs- und Durchsetzungsmaßnahmen kooperieren. Nach Art. 25 Abs. 5 Satz 3 VO Nr. 596/2014 koordinieren die zuständigen Behörden ihre Maßnahmen in Bezug auf verwaltungsrechtliche Sanktionen und andere verwaltungsrechtliche Maßnahmen und leisten einander bei der Durchsetzung ihrer Entscheidungen Amtshilfe. Nach Art. 25 Abs. 6 letzter Satz VO Nr. 596/2014 können die zuständigen Behörden auch mit den zuständigen Behörden anderer Mitgliedstaaten bei der Einziehung von finanziellen Sanktionen zusammenarbeiten. In Art. 9 DurchfVO 2018/292 sind weitere Regelungen für die Amtshilfeersuchen zur Einziehung finanzieller Sanktionen enthalten. So haben sich beispielsweise die ersuchende und die ersuchte Behörde über die beste Vorgehensweise abzustimmen und die ersuchte Behörde hat Kontaktdaten zu übermitteln oder direkt mit der Vollstreckungsbehörde Kontakt aufzunehmen.

5. Vorkehrungen bei strafrechtlichen Sanktionen (Art. 25 Abs. 1 Unterabs. 4 VO Nr. 596/2014). Durch die 20 Regelung in Art. 25 Abs. 1 Unterabs. 4 VO Nr. 596/2014 werden zudem von den Mitgliedstaaten **Vorkehrungen für einen hinreichenden Informationsaustausch für den Fall** verlangt, dass sie für die in Art. 30 Abs. 1 Unterabs. 1 VO Nr. 596/2014 aufgeführten Verstöße gegen die Vorschriften der MAR **strafrechtliche Sanktionen** vorgesehen haben und nicht verwaltungsrechtliche Maßnahmen und Sanktionen durch die zuständige Behörde. Denn in einem solchen Fall befinden sich die Informationen, die auch für andere zuständige Behörden oder die ESMA von Relevanz sein können, primär bei den jeweiligen Justizbehörden und nicht bei den zuständigen Behörden, die nach den Regelungen der MAR und der ESMA-VO zur Zusammenarbeit und zum Informationsaustausch verpflichtet sind.

21　Daher begründet Art. 25 Abs. 1 Unterabs. 4 VO Nr. 596/2014 für die Mitgliedstaaten eine Pflicht zur Sicherstellung des Informationsaustauschs, wenn sie **im Einklang mit Art. 30 Abs. 1 Unterabs. 2 VO Nr. 596/2014 beschlossen haben, strafrechtliche Sanktionen** für die dort genannten Verstöße gegen die Bestimmungen dieser Verordnung niederzulegen. Hierbei ist es nicht erforderlich, dass für alle in Art. 30 Abs. 1 Unterabs. 1 VO Nr. 596/2014 aufgeführten Verstöße strafrechtliche Sanktionen vorgesehen haben, es genügt auch, dass für **einzelne Verstöße** strafrechtliche Sanktionen normiert sind, um in Bezug auf diese die Pflichten des Mitgliedstaates zur Sicherstellung des Informationsaustauschs entstehen zu lassen. In Bezug auf die **Rechtslage in Deutschland** hat der Gesetzgeber in Einklang mit den Regelungen in Art. 30 Abs. 1 Unterabs. 2 VO Nr. 596/2014 entschieden, dass Verstöße gegen das Verbot des Insiderhandels und der Marktmanipulation (Art. 14, 15 VO Nr. 596/2014) grundsätzlich strafrechtlich sanktioniert werden können (§ 119 WpHG).

22　Die sich hieraus ergebende Pflicht der Mitgliedstaaten ist die Gewährleistung angemessener Vorkehrungen, „damit die zuständigen Behörden über die erforderlichen Befugnisse verfügen, um mit den zuständigen Justizbehörden ihres Zuständigkeitsbereichs Kontakt aufnehmen zu können, um bestimmte Informationen in Bezug auf strafrechtliche Ermittlungen oder Verfahren zu erhalten, die aufgrund möglicher Verstöße gegen diese Verordnung eingeleitet wurden". D.h., der entsprechende Mitgliedstaat hat seiner **zuständigen Behörde die erforderlichen Befugnisse** – soweit noch nicht hinreichend vorhanden – einzuräumen, damit diese **von den zuständigen Justizbehörden** ihres Zuständigkeitsbereichs die notwendigen **Informationen zu strafrechtlichen Ermittlungen oder Verfahren wegen der Verstöße gegen die MAR erhalten**. Notwendig sind Informationen dann, wenn sie für die Umsetzung der MAR erforderlich sind. Im deutschen Recht sind entsprechende Informationsflüsse von den zuständigen Ermittlungsbehörden und Strafgerichten an die Bundesanstalt z.B. in § 122 WpHG vorgesehen.

23　Zudem müssen die zuständigen Behörden die Befugnis haben, anderen zuständigen Behörden und der ESMA „dasselbe" bereitzustellen. In der deutschen Übersetzung des Verordnungstextes bleibt vage, auf was sich „dasselbe" bezieht. Nach Sinn und Zweck der Regelung, dass die Behörden ihrer Pflicht zur Kooperation miteinander sowie mit der ESMA für die Zwecke der MAR nachkommen sollen, kann es sich hier nur um die **Informationen** handeln, **die den anderen zuständigen Behörden und der ESMA zur Verfügung gestellt werden** sollen, nicht die Befugnis zur Nachfrage bei den Justizbehörden o.Ä. Dies wird auch mit einem Blick auf die niederländische Fassung des Art. 25 Abs. 1 Unterabs. 4 VO Nr. 596/2014 deutlich, die regelt, dass diese Informationen („dat deze informatie") an die anderen zuständigen Behörden und die ESMA weitergegeben werden. Im deutschen Recht sind Hindernisse für einen solchen Informationsaustausch nicht erkennbar, vgl. §§ 11 Satz 4, 18 f., 21 Abs. 1 Satz 3 Nr. 2 und 5 WpHG.

24　**III. Ausnahmen von der Pflicht zum Informationsaustausch und zur Zusammenarbeit (Art. 25 Abs. 2 VO Nr. 596/2014).** Die **Weitergabe von angeforderten Informationen oder eine Anfrage in Bezug auf Zusammenarbeit bei einer Ermittlung** mit den in Art. 25 Abs. 1 VO Nr. 596/2014 genannten Stellen kann von einer zuständigen Behörde **nur unter besonderen Umständen** nach Art. 25 Abs. 2 VO Nr. 596/2014 abgelehnt werden. Der Verordnungsgeber hat hierfür vier alternative Fälle vorgesehen, die er als außergewöhnlich bezeichnet. Insoweit ist diese Regelung einer **Ausnahme eng auszulegen** und analogen Anwendungen nicht zugänglich. Die Behörde kann beim Eingreifen dieser ausdrücklich geregelten Ausnahmen ablehnen, der Anforderung von Informationen oder der Anfrage in Bezug auf die Zusammenarbeit bei einer Ermittlung zu entsprechen. Die Regelung ist somit als „Kann-Regelung" gefasst, so dass das „Ob" und der Umfang der Zusammenarbeit beim Vorliegen der Ausnahmen **im Ermessen der zuständigen Behörde** liegt. Das bedeutet, dass sie bei Vorliegen eines der vier Ausnahmefälle die Zusammenarbeit zwar ablehnen kann, aber nicht muss. Insoweit handelt es sich nicht um das Suspendieren der Pflicht zur Kooperation, sondern um Rechtfertigungsgründe für die Verweigerung einer hinreichenden Kooperation in einem konkreten Fall.

25　Zum ersten kann die zuständige Behörde die Weitergabe einer konkreten, relevanten Information ablehnen, wenn deren Weitergabe die **Sicherheit des ersuchten Mitgliedstaats beeinträchtigen könnte**, insbesondere die Bekämpfung von Terrorismus und anderen schwerwiegenden Straftaten. Dieser Fall ist nur in besonderen Einzelfällen vorstellbar, da die EU-Mitgliedstaaten insbesondere zum Schutz ihrer Sicherheit eng zusammenarbeiten und insoweit die Weitergabe von Informationen an die zuständige Behörde in einem anderen Mitgliedstaat regelmäßig kein Problem darstellen sollte. Dies gilt insbesondere auch bezüglich der Bekämpfung von Terrorismus und anderen schwerwiegenden Straftaten. Vorstellbar ist, dass der Rechtfertigungsgrund übergangsweise zum Tragen kommen, wenn in Bezug auf die hier betroffenen hochsensiblen Informationen z.B. Hinweise auf Informationslecks gerade bei der Empfängerstelle vorliegen.

26　Zum zweiten kann die zuständige Behörde die Weitergabe von geforderten Informationen und die Zusammenarbeit bei einer Ermittlung ablehnen, wenn hierdurch ihre **eigenen Untersuchungen, ihre eigenen Durchsetzungsmaßnahmen oder ggf. eine strafrechtliche Ermittlung beeinträchtigt würde**. Durch die Möglichkeit des Ablehnens der Anfrage soll die Effizienz der Maßnahme der Behörde, bei der angefragt wird, erhalten bleiben und nicht beeinträchtigt werden. Zudem fördert es die Konzentration des Vorgehens gegen Verstöße gegen die MAR bei einer Behörde.

Der dritte Fall einer Rechtfertigung zum Anlehnen einer Anfrage zur Informationsweitergabe und Zusammenarbeit liegt vor, wenn **aufgrund derselben Tat und gegen dieselben Personen bereits ein Verfahren vor einem Gericht des ersuchten Mitgliedstaats anhängig** ist. Diese Regelung entspricht dem Grundsatz der Verfahrensökonomie und wie im zuvor genannten Fall der Konzentration des Vorgehens bei der Behörde, die in ihrem Einschreiten gegen den Verstoß gegen die MAR verfahrenstechnisch schon weiter fortgeschritten ist. 27

Letztlich kann die zuständige Behörde die Anfrage ablehnen, wenn **gegen diese Personen aufgrund derselben Tat bereits ein rechtskräftiges Urteil** in dem ersuchten Mitgliedstaat ergangen ist. Das entspricht dem Grundsatz des „ne bis in idem", das auch im europäischen Strafrechts verankert ist[1]. In einem solchen Fall ist die Weitergabe der Information bzw. die Zusammenarbeit zu weiteren Ermittlungen nicht erforderlich. 28

IV. Befassung der ESMA bei unzureichender Zusammenarbeit (Art. 25 Abs. 7 VO Nr. 596/2014). Eine zuständige Behörde, deren **Informations- oder Amtshilfeersuchen** nach Art. 25 Abs. 1, 3, 4 und 5 VO Nr. 596/2014 **nicht innerhalb einer angemessenen Frist erfüllt** wird oder deren Informations- oder Amtshilfeersuchen abgelehnt wurde, kann hiermit die **ESMA innerhalb einer angemessenen Frist befassen**. Diese Befassung der ESMA schließt die Möglichkeit eines Vertragsverletzungsverfahrens nach Art. 258 AEUV nicht aus. Insbesondere im Hinblick auf die Klärung der ggf. streitigen Rechtfertigung der Ablehnung der Anfrage erscheint die primäre Befassung von ESMA mit der Frage zunächst vorzugswürdig. Die Bestimmung der angemessenen Frist für die Erfüllung der Ersuchen ist in Art. 25 Abs. 7 VO Nr. 596/2014 nicht näher ausgeführt. Sie ist daher im Einzelfall unter Berücksichtigung des Gegenstandes und Umfangs des Ersuchens und der Pflicht zur unverzüglichen Informationsübermittlung zu bestimmen. Die Möglichkeit der Befassung der ESMA mit dem Sachverhalt innerhalb einer angemessenen Frist ist nicht durch ein unverzüglich, im Sinne „ohne schuldhaftes Zögern" begrenzt, soll aber doch in zeitlicher Nähe zu der unzureichenden Zusammenarbeit erfolgen. So soll unnötiger Druck auf die Pflichterfüllung durch die zuständigen Behörden vermieden aber dennoch ein zeitnahes Reagieren der ESMA ermöglicht werden. 29

Die ESMA kann dann gem. Art. 19 VO Nr. 1095/2010 (ESMA-VO) zur Beilegung von **Meinungsverschiedenheiten** zwischen zuständigen Behörden in grenzübergreifenden Fällen tätig werden. Das bedeutet, dass die ESMA die betroffenen zuständigen Behörden zur **Schlichtung** auffordert und bei fehlendem Erfolg einen verbindlichen Beschluss zum weiteren Vorgehen im Streitfall fassen kann. Unbeschadet dieser Möglichkeit zur Streitschlichtung kann die ESMA auch nach Art. 17 VO Nr. 1095/2010 tätig werden, d.h. die **angebliche Verletzung der Pflicht zur Zusammenarbeit untersuchen, Empfehlungen zur Zusammenarbeit abgeben** oder Stellungnahmen der Kommission hierzu einholen. 30

V. Pflicht zur Zusammenarbeit mit der EU-Kommission (Art. 25 Abs. 1 Unterabs. 2 VO Nr. 596/2014). Eine **Pflicht zur Zusammenarbeit und Amtshilfe** besteht für die zuständigen Behörden nach Art. 25 Abs. 1 Unterabs. 2 VO Nr. 596/2014 auch **gegenüber der EU-Kommission**. Diese Pflicht zur Zusammenarbeit und Amtshilfe bezieht sich auf den Austausch von **Informationen über Waren**, bei denen es sich um **landwirtschaftliche Produkte** nach Anhang I AEUV handelt[2]. Zugleich wird diese Pflicht zur Zusammenarbeit und Amtshilfe durch die Verweisung auf den Unterabs. 1 auf die **Umsetzung der Regelungen der MAR**, insbesondere deren Anwendungsbereich gem. Art. 2 VO Nr. 596/2014, beschränkt. Insoweit bezieht sich diese Zusammenarbeit sachlich vornehmlich auf Informationen aus bzw. zu entsprechende Waren-Spot-Kontrakten (vgl. Art. 25 Abs. 8 VO Nr. 596/2014) und Derivaten mit Bezug auf entsprechende landwirtschaftliche Produkte. 31

VI. Zusammenarbeit mit Energieregulierungsbehörden (Art. 25 Abs. 3 VO Nr. 596/2014). Die zuständigen Behörden und die ESMA arbeiten gem. Art. 25 Abs. 3 VO Nr. 596/2014 auch mit der **Agentur für die Zusammenarbeit der Energieregulierungsbehörden (ACER) und den nationalen Regulierungsbehörden der Mitgliedstaaten** zusammen. Die ACER ist durch die VO Nr. 713/2009[3] gegründet worden. Diese EU-Agentur koordiniert und ergänzt die Arbeit der nationalen Energieregulierungsbehörden und kann z.B. auch unverbindliche Stellungnahmen und Empfehlungen abgeben und bestimmte Einzelfallentscheidungen treffen. Die Zusammenarbeit der zuständigen Behörden und der ESMA mit denen der Energieregulierung dient einem **koordinierten Vorgehen auf EU-Ebene, wenn Marktaktivitäten sich sowohl auf Finanzinstrumente nach MAR als auch auf Energiegroßhandelsprodukte** gem. Art. 3–5 VO Nr. 1227/2011 **beziehen**. 32

Art. 25 Abs. 3 VO Nr. 596/2014 bestimmt daher, dass die zuständigen Behörden bei der Auslegung der Art. 7, 8 und 12 VO Nr. 596/2014 hinsichtlich der Finanzinstrumente, die sich auf Energiegroßhandelsprodukte beziehen, die **Besonderheiten der Begriffsbestimmungen der Energieregulierung berücksichtigen** müssen. Aus- 33

---

[1] Vgl. Art. 54 des Schengener Durchführungsübereinkommens (SDÜ), Art. 4 des 7. Zusatzprotokolls zur EMRK und in Art. 50 der Europäischen Grundrechtecharta (GRCh).
[2] Konsolidierte Fassungen des Vertrags über die Europäische Union und des Vertrags über die Arbeitsweise der Europäischen Union, ABl. EU Nr. C 326 v. 26.10.2012, S. 47.
[3] Verordnung (EG) Nr. 713/2009 des Europäischen Parlaments und des Rates vom 13. Juli 2009 zur Gründung einer Agentur für die Zusammenarbeit der Energieregulierungsbehörden, ABl. EU Nr. L 211 v. 14.8.2009, S. 1.

Art. 25 VO Nr. 596/2014 | Verpflichtung zur Zusammenarbeit

drücklich verweist der Verordnungsgeber auf Art. 3, 4 und 5 VO Nr. 1227/2011[1], die neben Begriffsbestimmungen auch ein eigenes Verbot von Insiderhandel und Marktmanipulation und eine eigene Pflicht zur Veröffentlichung von Insiderinformationen enthalten.

34 Die Zusammenarbeit mit der ACER ist ergänzend zu Art. 25 Abs. 3 VO Nr. 596/2014 auch in **Art. 25 Abs. 5 VO Nr. 596/2014** vorgesehen. Entsprechend gilt die Pflicht zu **unaufgeforderten Mitteilungen** bei dem Verdacht von Verstößen gegen die Regelungen der MAR in Bezug auf Energiegroßhandelsprodukten auch gegenüber der ACER, die dann gleichfalls anzuhören ist und über neue Entwicklungen zu unterrichten ist. Die ESMA hat schon im Jahr 2013 mit der ACER ein entsprechendes MoU über die Beratung und Kooperation bezüglich Energiegroßhandel abgeschlossen[2].

35 Im deutschen Recht ist zur Umsetzung des Energiewirtschaftsgesetzes eine entsprechende Pflicht der Bundesanstalt zur Zusammenarbeit und zur entsprechenden **Mitteilungen an die Bundesnetzagentur und die Landeskartellbehörden in § 17 Abs. 2 WpHG** geregelt. Zudem sieht § 20 WpHG eine Zusammenarbeit der Bundesanstalt mit der EU-Kommission im Rahmen des Energiewirtschaftsgesetzes vor.

36 **VII. Zusammenarbeit zur Überwachung von Spot- und Emissionszertifikatemärkten (Art. 25 Abs. 8 VO Nr. 596/2014).** Nach Art. 25 Abs. 8 VO Nr. 596/2014 **arbeiten die zuständigen Behörden** bezüglich bestimmter Sachverhalte mit den für die jeweiligen **Spotmärkte zuständigen Regulierungsbehörden** ihres Landes und von Drittstaaten **zusammen und tauschen Informationen** mit diesen aus. Diese Pflicht ist einschlägig bei Sachverhalten, bei denen der begründete Verdacht besteht, dass Handlungen erfolgen oder erfolgt sind, die Insidergeschäfte, unrechtmäßige Offenlegung von Informationen oder Marktmanipulation darstellen, und somit gegen die Vorschriften der MAR verstoßen. Die Zusammenarbeit mit den anderen zuständigen Behörden und der ESMA bestimmt sich nach den übrigen Regelungen der MAR, insbesondere der Regelungen in Art. 24, 25 Abs. 1, 4–6 VO Nr. 596/2014, und der VO Nr. 1095/2010 (ESMA-VO).

37 **Ziel diese Zusammenarbeit** ist, einen **konsolidierten Überblick über die Finanz- und Spotmärkte** sowie die **Aufdeckung marktübergreifenden und grenzüberschreitenden Marktmissbrauchs und die Verhängung entsprechender Sanktionen** zu gewährleisten. Denn die Spotmärkte und die entsprechenden Derivatemärkte sind miteinander in einem solchen Maße vernetzt, dass Marktmissbrauch durchaus markt- und grenzüberschreitend erfolgen kann. Insoweit betont auch der Erwägungsgrund 20 VO Nr. 596/2014 die Bedeutung der Berücksichtigung der Spotmärkte für die Umsetzung der Ziele der MAR.

38 Letztlich sind **in Bezug auf Emissionszertifikate** die Zusammenarbeit und der Informationsaustausch gem. Art. 25 Abs. 8 Unterabs. 1 VO Nr. 596/2014 zusätzlich auch mit folgenden Stellen zu gewährleisten:

a) der **Auktionsaufsicht** in Bezug auf Versteigerungen von Treibhausgasemissionszertifikaten und anderen darauf beruhenden Auktionsobjekten gemäß der VO Nr. 1031/2010 und

b) zuständigen Behörden, Registerführern, einschließlich des Zentralverwalters, und anderen mit der **Überwachung** der Einhaltung gemäß der RL 2003/87/EG **beauftragten öffentlichen Stelle**n.

39 Im **deutschen Recht** ist in Bezug auf die Emissionszertifikatemärkte **parallel** zu der unionsrechtlichen Pflicht eine **Pflicht der Bundesanstalt zur Zusammenarbeit** mit den Börsenaufsichtsbehörden, den Handelsüberwachungsstellen sowie den zuständigen Behörden gemäß Treibhausgas-Emissionshandelsgesetz durch das 2. FiMaNoG in § 17 Abs. 3 WpHG normiert worden.

40 Die **Zusammenarbeit und den Informationsaustausch** zwischen den zuständigen Behörden und den zuständigen Behörden und Regulierungsbehörden in anderen Mitgliedstaaten und Drittländern wird gem. Art. 25 Abs. 8 Unterabs. 3 VO Nr. 596/2014 durch die **ESMA unterstützt und koordiniert**. Nach Möglichkeit sollen die zuständigen Behörden gem. Art. 26 VO Nr. 596/2014 Kooperationsvereinbarungen mit den für die betreffenden Spotmärkte zuständigen Regulierungsbehörden von Drittländern treffen. Insoweit kann auf die Ausführungen zu Art. 26 VO Nr. 596/2014 verwiesen werden.

41 **VIII. Technische Durchführungsstandards zur Zusammenarbeit (Art. 25 Abs. 9 VO Nr. 596/2014).** Die Regelung in Art. 25 Abs. 9 VO Nr. 596/2014 verpflichtet die **ESMA, Entwürfe technischer Durchführungsstandards zur Festlegung der Verfahren und Formen des Informationsaustauschs und der Amtshilfe** gemäß dieses Artikels zur Verpflichtung zur Zusammenarbeit der europäischen Behörden zur Umsetzung der MAR auszuarbeiten. Die Schaffung derartiger technischer Durchführungsstandards dient der Sicherstellung von einheitlichen Bedingungen zur Zusammenarbeit zwischen allen für die Umsetzung der MAR zuständigen Behörden.

42 Die ESMA sollte der Kommission bis zum 3.7.2016 Entwürfe technischer Durchführungsstandards vorlegen. In Anbetracht der Vielzahl von Standards zu den Regelungen der MAR hat sich die Erarbeitung und Veröffentlichung dieser Entwürfe technischer Durchführungsstandards verzögert. Die ESMA hat mit Datum vom 30.5.2017 einen **Final report zu einem Entwurf eines technischen Standards zur Zusammenarbeit** zwischen den

---

[1] Verordnung (EU) Nr. 1227/2011 des Europäischen Parlaments und des Rates vom 25. Oktober 2011 über die Integrität und Transparenz des Energiegroßhandelsmarkts ABl. EU Nr. L 326 v. 8.12.2011, S. 1.
[2] Veröffentlicht unter http://www.acer.europa.eu/en/remit/documents/mou%20acer%20esma.pdf.

zuständigen Behörden[1] vorgelegt. Dieser Final report enthält einen Entwurf eines technischen Durchführungsstandards.

Schließlich wird der EU-Kommission durch Art. 25 Abs. 9 VO Nr. 596/2014 die Befugnis übertragen, die entsprechenden technischen Durchführungsstandards nach Art. 15 VO Nr. 1095/2010 (ESMA-VO) zu erlassen. Auf Basis des Entwurfs der ESMA hat die EU-Kommission am 26.2.2018 den **technischen Durchführungsstandard** als DurchfVO 2018/292[2] **erlassen**. 43

Die DurchfVO 2018/292[3] **bestimmt gemeinsame Verfahren und Formulare** für den Informationsaustausch und die Amtshilfe zwischen den zuständigen Stellen, um sicherzustellen, dass die zuständigen Behörden nach der VO Nr. 596/2014 effizient und fristgerecht zusammenarbeiten (vgl. Erwägungsgrund 1 der DurchfVO 2018/292). In diesem Sinne bestimmt die DurchfVO 2018/292 zunächst den Terminus „sichere elektronische Mittel" (Art. 1 DurchfVO 2018/292) und fordert innerhalb von 30 Tagen nach Inkrafttreten der DurchfVO eine Benennung der Kontaktstellen durch die zuständigen Behörden gegenüber der ESMA. Die ESMA führt und aktualisiert eine Liste der benannten Kontaktstellen (Art. 2 DurchfVO 2018/292). Im Übrigen regelt die DurchfVO 2018/292 das grundsätzliche Verfahren der Amtshilfe (Art. 3–6 DurchfVO 2018/292) und ergänzende Vorgaben zur Informationseinholung (Art. 7 DurchfVO 2018/292) und zum unaufgeforderten Informationsaustausch (Art. 10 DurchfVO 2018/292), zur Einleitung einer Ermittlung oder Vor-Ort-Prüfung (Art. 8 DurchfVO 2018/292) sowie zur Einziehung finanzieller Sanktionen (Art. 9 DurchfVO 2018/292). Zudem regelt Art. 11 DurchfVO 2018/292 die Befugnis der Verwendung der übermittelten Informationen. Schließlich enthält die DurchfVO 2018/292 in ihren vier Anhängen verschiedene Formulare für diese Zusammenarbeit. 44

Art. 26 Zusammenarbeit mit Drittstaaten

(1) Die zuständigen Behörden der Mitgliedstaaten treffen erforderlichenfalls mit den Aufsichtsbehörden von Drittstaaten Kooperationsvereinbarungen über den Informationsaustausch mit Aufsichtsbehörden in Drittländern und die Durchsetzung von Verpflichtungen, die sich aus dieser Verordnung in Drittstaaten ergeben. Diese Kooperationsvereinbarungen stellen zumindest einen wirksamen Informationsaustausch sicher, der den zuständigen Behörden die Wahrnehmung ihrer Aufgaben im Rahmen dieser Verordnung ermöglicht.

Schlägt eine zuständige Behörde den Abschluss einer derartigen Vereinbarung vor, setzt sie die ESMA und die anderen zuständigen Behörden in Kenntnis.

(2) Die ESMA unterstützt und koordiniert nach Möglichkeit die Ausarbeitung von Kooperationsvereinbarungen zwischen den zuständigen Behörden und den jeweils zuständigen Aufsichtsbehörden von Drittstaaten.

Um einheitliche Bedingungen für die Anwendung dieses Artikels sicherzustellen, arbeitet die ESMA Entwürfe technischer Regulierungsstandards mit einem Muster für Kooperationsvereinbarungen aus, das die zuständigen Behörden der Mitgliedstaaten nach Möglichkeit verwenden.

Die ESMA legt der Kommission bis zum 3. Juli 2015. diese Entwürfe technischer Regulierungsstandards vor.

Der Kommission wird die Befugnis übertragen, die in Unterabsatz 2 genannten technischen Regulierungsstandards nach Artikel 10 bis 14 der Verordnung (EU) Nr. 1095/2010 zu erlassen.

Die ESMA erleichtert und koordiniert nach Möglichkeit auch den Informationsaustausch zwischen den zuständigen Behörden bei Informationen von Aufsichtsbehörden aus Drittländern, die für das Ergreifen von Maßnahmen nach Artikel 30 und 31 von Belang sein können.

(3) Die zuständigen Behörden treffen Kooperationsvereinbarungen über den Informationsaustausch mit den Aufsichtsbehörden von Drittländern nur, wenn die Garantien zum Schutz des Berufsgeheimnisses in Bezug auf die offengelegten Informationen jenen nach Artikel 27 mindestens gleichwertig sind. Ein derartiger Informationsaustausch muss der Wahrnehmung der Aufgaben dieser zuständigen Behörden dienen.

In der Fassung vom 16.4.2014 (ABl. EU Nr. L 173 v. 12.6.2014, S. 1).

---

[1] Vgl. S. 5 des Final report, Draft Implementing Technical Standards on forms and procedures for cooperation between competent authorities under Regulation (EU) No 596/2014 on market abuse v. 30.5.2017, ESMA70-145-100, veröffentlicht unter: https://www.esma.europa.eu/sites/default/files/library/esma70-145-100_final_report_draft_its_cooperation_between_ncas_art_25_of_mar.pdf.
[2] Durchführungsverordnung (EU) 2018/292 der Kommission vom 26. Februar 2018 zur Festlegung technischer Durchführungsstandards im Hinblick auf Verfahren und Formulare für Informationsaustausch und Amtshilfe zwischen zuständigen Behörden gemäß der Verordnung (EU) Nr. 596/2014 des Europäischen Parlaments und des Rates über Marktmissbrauch, ABl. EU Nr. L 55 v. 27.2.2018, S. 34.
[3] Der Text der DurchfVO 2018/292 ist abgedruckt hinter dem Text zu Art. 25 VO Nr. 596/2014.

Art. 26 VO Nr. 596/2014 | Zusammenarbeit mit Drittstaaten

Schrifttum: *Zetzsche/Lehmann*, Das Vereinigte Königreich als Drittstaat? – Die Auswirkungen des Brexit auf das Finanzmarktrecht, AG 2017, 651. S. auch bei Art. 22 VO Nr. 596/2014.

I. Regelungsgehalt der Norm 1	III. Vorgehen und koordinierende Funktion der ESMA 6
II. Voraussetzung und Inhalt der Kooperationsvereinbarungen mit Aufsichtsstellen in Drittländern 2	

1 **I. Regelungsgehalt der Norm.** Die Regelungen des Art. 26 VO Nr. 596/2014 (MAR) umfassen die **Möglichkeit des Abschlusses von Kooperationsvereinbarungen** mit Aufsichtsbehörden in **Drittstaaten** durch die zuständigen Behörden und das **Vorgehen bei der Vorbereitung** solcher Vereinbarungen sowie bestimmen den **Voraussetzungen** und den **Mindestinhalt** einer solchen Vereinbarung. Ähnliche Vorschriften sind auch in anderen kapitalmarktrechtlichen europäischen Verordnungen einhalten, wie z.B. in Art. 38 VO Nr. 236/2012 (Leerverkaufs-VO).

2 **II. Voraussetzung und Inhalt der Kooperationsvereinbarungen mit Aufsichtsstellen in Drittländern.** Art. 26 Abs. 1 Unterabs. 1 VO Nr. 596/2014 sieht vor, dass die zuständigen Behörden erforderlichenfalls **Kooperationsvereinbarungen mit Aufsichtsbehörden von Drittstaaten** abschließen. Mit dieser Formulierung wird **keine rechtliche Verpflichtung** der zuständigen Behörden normiert. Die Norm regt den Abschluss einer Vereinbarung an, soweit das erforderlich ist. Eine Erforderlichkeit ergibt sich aus der Zielsetzung der MAR und der Notwendigkeit der Umsetzung der Regelungen der MAR, um auch im Rahmen eines globalen Handels die Integrität der Finanzmärkte zu gewährleisten. Die Entscheidung zur Vorbereitung einer solchen Vereinbarung liegt also im Ermessen der Behörde, wobei die Entscheidung nicht justiziabel ist. Eine solche Kooperationsvereinbarung wird in der Regel als **Memorandum of Unterstanding** (MoU) abgeschlossen.

3 Als **Voraussetzung** für eine solche Vereinbarung normiert Art. 26 Abs. 3 VO Nr. 596/2014, dass der **Schutz des Berufsgeheimnisses** hinsichtlich der weitergegebenen Informationen mindestens ebenso gewährleistet ist wie dies in Art. 27 VO Nr. 596/2014 gefordert ist. Damit ist eine **Vergleichbarkeit des Datenschutzniveaus** Voraussetzung für den Abschluss einer entsprechenden Vereinbarung. Wie bei vielen vergleichbaren anderen Regelungen des Kapitalmarktrechts[1] ist also beim Abschluss solcher Kooperationsvereinbarungen die Wahrung des Berufsgeheimnisses einschließlich des Schutzes personenbezogener Daten zu gewährleisten. Hinsichtlich des geforderten **Maßstabs** beim Schutz des Berufsgeheimnisses kann auf die Ausführungen zu **Art. 27 VO Nr. 596/2014** verwiesen werden.

4 Der **Inhalt einer Kooperationsvereinbarung** ergibt sich aus Art. 26 Abs. 1 Unterabs. 1 VO Nr. 596/2014. Hierbei gibt die Norm den **Mindestinhalt** einer entsprechenden Kooperationsvereinbarung vor.

Der **Mindestinhalt** sind Vereinbarungen über:
– einen wirksamen Informationsaustausch mit Aufsichtsbehörden in Drittstaaten, den zuständigen Behörden die Wahrnehmung ihrer Aufgaben im Rahmen der MAR ermöglicht, und
– die Durchsetzung von Verpflichtungen, die sich aus der MAR ergeben.

5 **Zweck der Kooperationsvereinbarung** ist gem. Art. 26 VO Nr. 596/2014 die **Wahrnehmung der Aufgaben der zuständigen Behörde nach der MAR und die Durchsetzung der entsprechenden Pflichten.** Besondere Schwerpunkte der Aufgabenwahrnehmung sind durch die Mindestinhalte und durch die in Art. 26 Abs. 2 Unterabs. 5 VO Nr. 596/2014 benannten Maßnahmen nach Art. 30 f. VO Nr. 596/2014 zur Sanktionierung und dem verwaltungsrechtlichen Vorgehen gegen Verstöße gesetzt. Der geforderte wirksame Informationsaustausch zum Zwecke der Erfüllung der Aufgaben für die zuständigen Behörden ist letztlich so umfassend, dass sich hierunter alle Regelungen der Verordnung fassen lassen.

6 **III. Vorgehen und koordinierende Funktion der ESMA.** Nach Art. 26 Abs. 1 Unterabs. 2 VO Nr. 596/2014 hat eine **zuständige Behörde eine Pflicht zu einer Vorabinformation an die ESMA und die anderen zuständigen Behörden über ihren Vorschlag zum Abschluss einer Kooperationsvereinbarung** mit einer Aufsichtsstelle eines Drittlandes. Durch diese frühzeitige Information wird der ESMA ermöglicht – wie in Art. 26 Abs. 2 VO Nr. 596/2014 vorgesehen –, die **Ausarbeitung von Kooperationsvereinbarungen** zwischen den zuständigen Behörden und den jeweils zuständigen Aufsichtsbehörden von Drittstaaten in ihrem Bereich zu **unterstützen und zu koordinieren**. Zudem können auch andere zuständige Behörden, die sich gleichfalls nicht den Gedanken an eine Kooperationsvereinbarung mit dieser Aufsichtsstelle getragen haben, dieses parallele Vorgehen in ihre Überlegungen aufnehmen und sich mit der anderen zuständigen Behörde verständigen.

7 Im Rahmen ihrer koordinierenden Tätigkeit arbeitet die ESMA Entwürfe technischer Regulierungsstandards mit einem Muster für Kooperationsvereinbarungen aus. Ziel dieser Vorgabe durch die ESMA ist die Sicherstellung einheitlicher Bedingungen für die Anwendung dieses Artikels. Entsprechend sollen die zuständigen Behörden der Mitgliedstaaten das Muster für Kooperationsvereinbarungen nach Möglichkeit verwenden.

---

1 Vgl. z.B. Art. 75 VO Nr. 648/2012 (EMIR) oder Art. 38 VO Nr. 236/2012 (Leerverkaufs-VO).

Art. 26 Abs. 2 Unterabs. 3 VO Nr. 596/2014 sieht als Ziel vor, dass die ESMA der Kommission bis zum 3.7.2015 8
diese Entwürfe technischer Regulierungsstandards vorzulegen hatte. Der Kommission wird zudem die Befugnis
übertragen, diese technischen Regulierungsstandards nach Art. 10–14 VO Nr. 1095/2010 (ESMA-VO) zu erlassen. Bislang ist ein entsprechender technischer Regulierungsstandard bzw. ein Entwurf hierzu noch nicht veröffentlicht worden.

Die koordinierende Tätigkeit der ESMA geht über das Erstellen des technischen Regulierungsstandards und eines Musters für Kooperationsvereinbarungen deutlich hinaus und ist umfassend zu verstehen. Sie koordiniert 9
z.B. auch die Ausarbeitung der konkreten Kooperationsvereinbarung. Letztlich koordiniert die ESMA auch den
Informationsaustausch zwischen den zuständigen Behörden bei Informationen von Aufsichtsstellen aus Drittländern, die für das Ergreifen von Maßnahmen nach Art. 30 und 31 VO Nr. 596/2014 hinsichtlich verwaltungsrechtlicher Maßnahmen und Sanktionen von Belang sein können.

Art. 27 Berufsgeheimnis

(1) Vertrauliche Informationen, die gemäß dieser Verordnung empfangen, ausgetauscht oder übermittelt werden, unterliegen den Vorschriften der Absätze 2 und 3 zum Berufsgeheimnis.

(2) Alle im Rahmen dieser Verordnung zwischen zuständigen Behörden ausgetauschten Informationen, die Geschäfts- oder Betriebsbedingungen und andere wirtschaftliche oder persönliche Angelegenheiten betreffen, gelten als vertraulich und unterliegen den Anforderungen des Berufsgeheimnisses, es sei denn, ihre Weitergabe wird von den zuständigen Behörden zum Zeitpunkt der Übermittlung für zulässig erklärt oder ist für Gerichtsverfahren erforderlich.

(3) Alle Personen, die eine Tätigkeit bei der zuständigen Behörde oder bei einer Behörde oder einem Marktteilnehmer, an die bzw. den die zuständige Behörde ihre Befugnisse delegiert hat, ausüben oder ausgeübt haben, einschließlich der unter Anweisung der zuständigen Behörde tätigen Prüfer und Sachverständigen, sind zur Wahrung des Berufsgeheimnisses verpflichtet. Die unter das Berufsgeheimnis fallenden Informationen dürfen keiner anderen Person oder Behörde bekannt gegeben werden, es sei denn, dies geschieht aufgrund einer Rechtsvorschrift der Union oder eines Mitgliedstaats.

In der Fassung vom 16.4.2014 (ABl. EU Nr. L 173 v. 12.6.2014, S. 1).

Schrifttum: S. Art. 22 VO Nr. 596/2014 und § 21 WpHG.

I. Regelungsgehalt der Norm 1	IV. Befugnis zur Weitergabe im Rahmen des allgemeinen Berufsgeheimnisses (Art. 27 Abs. 3 VO Nr. 596/2014) 8
II. Adressaten des Berufsgeheimnisses (Art. 27 Abs. 3 VO Nr. 596/2014) 3	
III. Gegenstand des allgemeinen Berufsgeheimnisses (Art. 27 Abs. 1 und 3 VO Nr. 596/2014) . 7	V. Besonderer Schutz für die zwischen zuständigen Behörden ausgetauschten Informationen (Art. 27 Abs. 2 VO Nr. 596/2014) 10

I. Regelungsgehalt der Norm. Art. 27 VO Nr. 596/2014 (MAR) regelt das Berufsgeheimnis der zuständigen 1
Behörden und der Personen, die in die Aufsicht über die Regelungen der MAR einbezogen sind. Hierbei umfasst die Norm Regelungen **zur Weite und zu den Anforderungen des Berufsgeheimnisses.** Nach Art. 27
Abs. 1 VO Nr. 596/2014 unterliegen vertrauliche Informationen, die gemäß dieser Verordnung empfangen,
ausgetauscht oder übermittelt werden, den Vorschriften zum Berufsgeheimnis nach Art. 27 Abs. 2 und 3 VO
Nr. 596/2014. Die konkrete Ausgestaltung des Berufsgeheimnisses ergibt sich somit aus dem Regelungen der
Abs. 2 und 3. Hierbei enthält Abs. 3 die grundsätzlichen Regelungen und Abs. 2 spezielle Regelungen für Informationen, die zwischen den zuständigen Behörden ausgetauscht wurden.

Diese Regelung steht neben dem im nationalen Recht gleichfalls verankerten Berufsgeheimnis und wird durch 2
dieses ergänzt. Im deutschen Recht ist das Berufsgeheimnis mit der Verschwiegenheitspflicht in § 21 WpHG
verankert. Diese Parallelität der Regelungen zeigt sich auch in der Verweisung in Art. 27 Abs. 3 Satz 2 VO
Nr. 596/2014 auf Rechtsvorschriften der Mitgliedstaaten.

II. Adressaten des Berufsgeheimnisses (Art. 27 Abs. 3 VO Nr. 596/2014). Das Berufsgeheimnis nach Art. 27 3
Abs. 3 VO Nr. 596/2014 gilt nach Satz 1 für **alle Personen, die eine Tätigkeit bei der zuständigen Behörde
oder bei einer Behörde oder einem Marktteilnehmer, an die bzw. den die zuständige Behörde ihre Befugnisse delegiert hat**, ausüben oder ausgeübt haben. Hierbei spielt es keine Rolle, ob die tätig werdenden Personen natürliche oder juristische Personen sind und ob sie noch weiterhin hierfür tätig sind oder tätig waren. Maßgeblich ist, dass die Personen für die zuständige Behörde im Sinne der MAR tätig sind oder waren
oder für eine Behörde oder natürliche oder juristische Person tätig sind oder waren, auf die eine zuständige Behörde Befugnisse, also Aufgaben, delegiert hat. Relevant ist demzufolge die **Tätigkeit für eine Behörde oder**

Art. 27 VO Nr. 596/2014 | Berufsgeheimnis

Person, die in die Überwachung und Durchsetzung der Pflichten nach der MAR einbezogen sind. Nicht erforderlich ist nach dem Wortlaut hingegen, dass die Person selbst Aufgaben zur Überwachung oder Umsetzung der Regelungen der MAR übernommen hat.

4 Besonders hebt die Regelung die **von der zuständigen Behörde beauftragten Rechnungsprüfer und Sachverständigen** hervor, die von der vorgenannten Regelung mit umfasst sind. Die Formulierung „unter Anweisung der zuständigen Behörde tätig", beschreibt allein das Auftragsverhältnis zwischen diesen Personen und der zuständigen Behörde, dass also die grundsätzliche Aufsichtszuständigkeit bei der zuständigen Behörde verbleibt. Für das Eingreifen des Berufsgeheimnisses ist es nicht erforderlich, dass die zuständige Behörde z.B. dem Prüfer jeden Prüfungsschritt vorgibt. Das würde dem Sinn der Beauftragung widersprechen. Die benannten Prüfer und Sachverständigen haben bei einer entsprechenden Beauftragung bzw. Aufgabendelegation eine **doppelte Pflicht zur Wahrung des Berufsgeheimnisses**. Denn sie unterliegen in ihrer Tätigkeit als Rechnungsprüfer und Sachverständige ihren berufsständischen Berufsgeheimnissen und mit der Beauftragung zusätzlich dem Berufsgeheimnis nach Art. 27 VO Nr. 596/2014.

5 Keine besondere Erwähnung findet das **Berufsgeheimnis der jeweils zuständigen Behörde** selbst. Zweifellos gilt das Berufsgeheimnis – in Parallelität zu beauftragten Behörden – auch für die zuständige Behörde. Denn diese kann nur durch ihre Beschäftigten handeln, die ausdrücklich dem Berufsgeheimnis unterliegen. Zudem kann das Berufsgeheimnis nicht dadurch umgangen werden, dass Anträge auf Zugang zu entsprechenden Informationen an die zuständige Behörde gestellt werden, die von den für die Behörde tätigen Personen nicht weitergegeben werden dürfen[1].

6 Die vorgenannten Behörden und Personen sind gem. Art. 27 Abs. 3 Satz 1 VO Nr. 596/2014 an das Berufsgeheimnis gebunden. Dies bedeutet nach Art. 27 Abs. 3 Satz 2 VO Nr. 596/2014, dass sie die unter das Berufsgeheimnis fallenden **vertraulichen Informationen** grundsätzlich **keiner anderen Person oder Behörden weitergeben dürfen**. Die Regelung unterscheidet nicht zwischen natürlichen oder juristischen Person – die Weitergabe ist grundsätzlich weder an natürliche noch an juristische Personen einschließlich Personenhandelsgesellschaften zulässig.

7 **III. Gegenstand des allgemeinen Berufsgeheimnisses (Art. 27 Abs. 1 und 3 VO Nr. 596/2014).** Die Bezugnahme des **Berufsgeheimnisses auf vertrauliche Informationen** umfasst schon sprachlich nicht nur Betriebs- und Geschäftsgeheimnisse und personenbezogene Daten, sondern geht deutlich darüber hinaus. Der Umfang des Berufsgeheimnisses und damit auch der Auslegung des Begriffs „vertrauliche Informationen" war auch schon Gegenstand der Rechtsprechung des EuGH und bezogen auf die nationalen Berufsgeheimnisse der nationalen Rechtsprechung. In Anbetracht der Abweichungen beispielsweise zur deutschen Verschwiegenheitspflicht nach § 21 Abs. 1 WpHG ist an dieser Stelle besonders auf die bisherigen Entscheidungen des EuGH zu verweisen. So hat der EuGH im Urteil vom 12.11.2014[2] unter Bezugnahme auf die Schlussanträge[3] des Generalanwalts vom 4.9.2014 über die Verschwiegenheitspflicht nach Art. 54 Abs. 1 RL 2004/39/EG (MiFID I) entschieden, dass sich dieses auf drei Aspekte bezieht. Das **Berufsgeheimnis umfasst die Informationen**, die erstens dem sog. Bankgeheimnis unterliegen, zweitens durch das „Betriebsgeheimnis" der beaufsichtigten Unternehmen geschützt werden und drittens dem eigenen Geheimhaltungsinteresse der Aufsichtsbehörden unterliegen, dem sog. „aufsichtsrechtlichen Geheimnis"[4]. Das Berufsgeheimnis nach Art. 54 Abs. 1 RL 2004/39/EG ist in seiner Grundstruktur vergleichbar, so dass diese EuGH-Rechtsprechung unter Ausklammerung der weitergehenden Ausnahmen vom Berufsgeheimnis nach MiFID auch auf die VO Nr. 596/2014 (MAR) übertragen werden kann[5].

8 **IV. Befugnis zur Weitergabe im Rahmen des allgemeinen Berufsgeheimnisses (Art. 27 Abs. 3 VO Nr. 596/2014).** Eine ausdrückliche **Befugnis zur Weitergabe vertraulicher Informationen** sieht Art. 27 Abs. 3 Satz 2 VO Nr. 596/2014 vor, wenn die Weitergabe

– aufgrund einer Rechtsvorschrift der Union oder
– aufgrund einer Rechtsvorschrift eines Mitgliedstaats

erfolgt.

Damit baut die **Befugnis zur Weitergabe von vertraulichen Informationen** in Art. 27 Abs. 3 VO Nr. 596/2014 auf weiteren Normen des nationalen und unionsrechtlichen Rechts zur Berufsgeheimnisses und der vertraulichen Weitergabe von Informationen zwischen den zuständigen Behörden und der ESMA auf. Hierbei geht es

---

1 Vgl. hierzu auch die Rechtsprechung zur Verschwiegenheitspflicht der Bundesanstalt nach § 21 WpHG (s. § 21 WpHG Rz. 15).
2 EuGH v. 12.11.2014 – C-140/13, ECLI:EU:C:2014:2362 – Annett Altmann u.a./Bundesanstalt für Finanzdienstleistungsaufsicht, ZIP 2014, 2307.
3 Schlussanträge des Generalanwalts *Jääskinen* v. 4.9.2014 – C-140/03, ECLI:EU:C:2014:2168 – Annett Altmann u.a./Bundesanstalt für Finanzdienstleistungsaufsicht, ZIP 2014, 2052; Ersuchen um Vorabentscheidung: VG Frankfurt/M. v. 19.2.2013 – 7 K 4127/12.F, ZIP 2014, 40.
4 Vgl. Schlussanträge des Generalanwalts *Jääskinen* v. 4.9.2014 – C-140/03, ECLI:EU:C:2014:2168 – Annett Altmann u.a./Bundesanstalt für Finanzdienstleistungsaufsicht, ZIP 2014, 2052 Rz. 34–38.
5 Vgl. auch die weiteren Ausführungen zu weiteren Klageverfahren zum Berufsgeheimnis vor dem EuGH bei § 21 WpHG Rz. 23 ff.

nicht um eine allgemeine Befugnis zur Weitergabe von Informationen, sondern es muss eine Befugnis zur Weitergabe von vertraulichen Informationen vorliegen. Insoweit ist die Norm in dem bestehenden Gefüge von Befugnissen und ihrem Zusammenspiel mit den jeweils vorhandenen Grundsätzen des Datenschutzes und des Berufsgeheimnisses zu sehen.

Bezogen auf die Bundesanstalt bedeutet das, dass sie beispielsweise vertrauliche Informationen aufgrund Art. 35 VO Nr. 1095/2010 (ESMA-VO) an die ESMA weitergeben darf. Aufgrund nationaler Rechtsvorschriften ist die Bundesanstalt zur Weitergabe vertraulicher Informationen vor allem gem. §§ 17 ff. WpHG, insbesondere nach § 21 WpHG, befugt. 9

V. Besonderer Schutz für die zwischen zuständigen Behörden ausgetauschten Informationen (Art. 27 Abs. 2 VO Nr. 596/2014). Art. 27 Abs. 2 VO Nr. 596/2014 regelt als Teil des Berufsgeheimnisses einen **besonderen Schutz für die Informationen**, die zwischen den **zuständigen Behörden ausgetauscht wurden**. Dieser besondere Schutz umfasst die **Informationen, die im Rahmen der MAR** zwischen den zuständigen Behörden **ausgetauscht wurden**. Dieser besondere Schutz der ausgetauschten Informationen dient der Sicherstellung einer vertrauensvollen Zusammenarbeit und vor allem eines reibungslosen Informationsaustauschs, ohne Befürchtungen, dass sensible Informationen ohne Zustimmung der übermittelnden Behörde offenbart werden. Bei den übermittelten Informationen handelt es sich in erster Linie um solche, die nach Art. 25 VO Nr. 596/2014 ausgetauscht werden. Für die Zusammenarbeit und den Informationsaustausch nach den anderen europäischen kapitalmarktrechtlichen Regelungsmaterien gilt gleichfalls ein Berufsgeheimnis, dass in den dortigen Regelwerken eigenständig normiert ist. 10

Der besondere Schutz des Art. 27 Abs. 2 VO Nr. 596/2014 umfasst **alle ausgetauschten Informationen, die Geschäfts- oder Betriebsbedingungen und andere wirtschaftliche oder persönliche Angelegenheiten betreffen**. Diese Reglung ist recht weitgehend. Denn wenn sowohl der Terminus „Geschäfts- oder Betriebsbedingungen", als auch die Begrifflichkeit „andere wirtschaftliche oder persönliche Angelegenheiten" setzen nicht voraus, dass es sich um Geheimnisse, vertrauliche Tatsachen o.Ä. handeln muss. So umfassen **Geschäfts- oder Betriebsbedingungen** deutlich weitergehende Informationen als Geschäfts- oder Betriebsgeheimnisse. Insbesondere „andere wirtschaftliche Angelegenheiten" ist für sich ein sehr weitgehender Terminus, der nicht nur Informationen umfasst, die sich auf bestimmte Marktteilnehmer oder Kreise von Marktteilnehmer beziehen. 11

Diese ausgetauschten Informationen genießen insoweit einen besonderen Schutz, als sie **als vertraulich gelten**. Hiermit wird eine **Fiktion** geregelt, dass unabhängig davon, ob die Informationen bei der übermittelnden Behörde als vertraulich eingeordnet sind, die Informationen bei der empfangenden Behörde zunächst als vertraulich zu behandeln sind. Diese Informationen **unterliegen** damit bei der Empfängerbehörde den **Anforderungen des Berufsgeheimnisses**. 12

Diese Fiktion der Vertraulichkeit und der Geltung der Anforderungen des Berufsgeheimnisses **gelten nur dann nicht**, wenn **eine der beiden Ausnahmen** nach Art. 27 Abs. 2 VO Nr. 596/2014 einschlägig ist. Hiernach ist zum einen eine Weitergabe zulässig, wenn diese von den zuständigen Behörden zum Zeitpunkt der Übermittlung für zulässig erklärt wird. Durch diese **Genehmigung der Weitergabe** kann die übermittelnde Behörde einerseits ihre eigene Einschätzung der Vertraulichkeit oder Nicht-Vertraulichkeit der Information weitergeben und andererseits wird ihr die Möglichkeit gegeben, die Nutzung der übermittelten Informationen nachverfolgen zu können. Zum anderen ist auch ohne Genehmigung der übermittelnden Behörde die Weitergabe durch die empfangende Behörde dann zulässig, wenn dies **für gerichtliche Ermittlungen erforderlich** ist. Gerichtliche Ermittlungen bezieht sich auf strafrechtliche Ermittlungen, nicht zivilrechtliche Verfahren. Unabhängig davon, dass bei einer Weitergabe der vertraulichen Informationen zur Verwendung in einem Zivilverfahren das Berufsgeheimnis faktisch ausgehöhlt wäre, kann eine Sachverhaltsklärung im Zivilverfahren, in dem regelmäßig auch nicht der Amtsermittlungsgrundsatz gilt, nicht als „gerichtliche Ermittlung" bezeichnet werden. Zudem wird in der Rechtssprache der Begriff „Ermittlungen" regelmäßig mit der Strafverfolgung verbunden. Dieses Verständnis entspricht auch den vergleichbaren europarechtlichen Regelungen zum Berufsgeheimnis. Letztlich muss die Weitergabe der vertraulichen Informationen aus Sicht der Behörde hierfür **erforderlich** sein. 13

Art. 28 Datenschutz

In Bezug auf die Verarbeitung personenbezogener Daten im Rahmen dieser Verordnung führen die zuständigen Behörden ihre Aufgaben im Sinne dieser Verordnung im Einklang mit den nationalen Rechts- und Verwaltungsvorschriften zur Umsetzung der Richtlinie 95/46/EG aus. In Bezug auf die Verarbeitung personenbezogener Daten durch die ESMA im Rahmen dieser Verordnung beachtet die ESMA die Bestimmungen der Verordnung (EG) Nr. 45/2001.
Personenbezogene Daten werden nicht länger als fünf Jahre gespeichert.
In der Fassung vom 16.4.2014 (ABl. EU Nr. L 173 v. 12.6.2014, S. 1).

Art. 28 VO Nr. 596/2014 | Datenschutz

Schrifttum: *Albrecht*, Das neue Datenschutzrecht der EU, 2017; *Bundesbeauftragter für den Datenschutz und Informationsfreiheit*, Veröffentlichungen zum Thema Datenschutz-Grundverordnung, abrufbar unter: www.bfdi.bund.de; *Ehmann/ Selmayr*, Datenschutz-Grundverordnung, 2017, *Keppeler*, Die Datenschutz-Grundverordnung im Überblick, IPRB 2017, 224; *Paal/Pauly*, Datenschutz-Grundverordnung, 2016; *Plath*, BDSG/DSGVO, 3. Aufl. 2018.

I. Regelungsgehalt der Norm 1	2. Verarbeitung durch die ESMA 5
II. Verarbeitung personenbezogener Daten 2	III. Speicherung personenbezogener Daten 7
1. Verarbeitung durch eine zuständige Behörde . . 2	

1 **I. Regelungsgehalt der Norm.** Art. 28 VO Nr. 596/2014 (MAR) bestimmt die **bei der Verarbeitung personenbezogener Daten anzuwendenden Normen** und unterscheidet hierbei zwischen den zuständigen Behörden und der ESMA. Zudem regelt die Norm die **maximale Speicherdauer** für personenbezogene Daten.

2 **II. Verarbeitung personenbezogener Daten. 1. Verarbeitung durch eine zuständige Behörde.** Gem. Art. 28 Unterabs. 1 Satz 1 VO Nr. 596/2014 nehmen die zuständigen Behörden ihre Aufgaben im Sinne dieser Verordnung im Einklang mit den nationalen Rechts- und Verwaltungsvorschriften zur Umsetzung der RL 95/46/EG wahr, soweit dies die Verarbeitung personenbezogener Daten betrifft. Die RL 95/46/EG[1] zum Schutz natürlicher Personen bei der Verarbeitung personenbezogener Daten und zum freien Datenverkehr wurde 1995 erlassen. Sie dient dem Schutz der Privatsphäre von natürlichen Personen bei der Verarbeitung von personenbezogenen Daten. Im deutschen Recht wurde sie durch das Bundesdatenschutzgesetz (BDSG) umgesetzt.

3 Am 25.5.2018 wurde die RL 95/46/EG **durch die europäische Datenschutz-Grundverordnung** (VO 2016/679 – DSGVO)[2] **abgelöst.** Diese Änderung dient der Erneuerung und Vereinheitlichung der Vorschriften und einer besseren Kontrolle für die betroffenen Personen über ihre personenbezogenen Daten. In Bezug auf die hier vorliegende Verweisung auf die aufgehobene Richtlinie kommt seit dem 25.5.2018 Art. 94 VO 2016/679 über die Aufhebung der RL 95/46/EG zur Anwendung. Aus dieser Regelung ergibt sich zum einen, dass die RL 95/46/ EG mit Wirkung vom 25.5.2018 aufgehoben wurde, und dass Verweise auf die aufgehobene Richtlinie **als Verweise auf die neue DSGVO gelten**. Entsprechend ist die Verweisung in Art. 28 Satz 1 VO Nr. 596/2014 MAR als eine Verweisung auf die DSGVO zu lesen. Im Rahmen der Umsetzung der DSGVO wurde auch das BDSG mit Wirkung zum 25.5.2018 neu gefasst[3] und hierdurch an die neue Rechtslage angepasst[4].

4 Da die zuständige Behörde in Deutschland die Bundesanstalt ist, die wie jede Bundesbehörde verpflichtet ist, personenbezogene Daten in Einklang mit dem BDSG zu verarbeiten, wird diese nationale Rechtspflicht parallel auch nochmals europarechtlich untermauert.

5 **2. Verarbeitung durch die ESMA.** Gem. Art. 28 Unterabs. 1 Satz 2 VO Nr. 596/2014 **wendet die ESMA** bei der Verarbeitung personenbezogener Daten die **Bestimmungen der VO Nr. 45/2001**[5] an. Diese Verordnung regelt die **Pflichten der EU-Organe bei der Verarbeitung personenbezogener Daten**. Neben der Pflicht zur Bestellung eines Datenschutzbeauftragten bei jedem Organ und Informations- und Abwehrrechten der betroffenen Personen sieht die Verordnung beispielsweise eine strikte Zweckbestimmung, Erforderlichkeit, Vertraulichkeit und Sicherheit der Datenverarbeitung und die Aktualität der verarbeiteten personenbezogenen Daten vor. Personenbezogene Daten sind in diesem Zusammenhang alle Informationen über eine bestimmte oder bestimmbare natürliche Person, die Ausdruck ihrer physischen, physiologischen, psychischen, wirtschaftlichen, kulturellen oder sozialen Identität sind (Art. 2 lit. a VO Nr. 45/2001). Der Terminus „Verarbeiten" ist hierbei weit zu verstehen, er umfasst u.a. das Erheben, Speichern, die Veränderung, die Nutzung, die Weitergabe durch Übermittlung, Verbreitung oder jede andere Form der Bereitstellung, die Kombination oder die Verknüpfung sowie das Sperren, Löschen oder Vernichten der Daten (Art. 2 lit. b VO Nr. 45/2001). Diese Regelungen können nur zur Wahrung besonderer öffentlicher Interessen nach Art. 20 VO Nr. 45/2001 eingeschränkt werden, wie z.B. zur Verhütung und Verfolgung von Straftaten, wegen wichtigen wirtschaftlichen oder finanziellen Interessen eines Mitgliedstaates oder der EU oder wegen Kontroll-, Überwachungs- und Ordnungsaufgaben, die im Zusammenhang mit den beiden zuvor genannten Aspekten stehen.

---

1 Richtlinie 95/46/EG des Europäischen Parlaments und des Rates vom 24. Oktober 1995 zum Schutz natürlicher Personen bei der Verarbeitung personenbezogener Daten und zum freien Datenverkehr, ABl. EU Nr. L 281 v. 23.11.1995, S. 31.
2 Verordnung (EU) 2016/679 des Europäischen Parlaments und des Rates vom 27. April 2016 zum Schutz natürlicher Personen bei der Verarbeitung personenbezogener Daten, zum freien Datenverkehr und zur Aufhebung der Richtlinie 95/ 46/EG (Datenschutz-Grundverordnung), ABl. EU Nr. L 119 v. 4.5.2016, S. 1.
3 Gesetz zur Anpassung des Datenschutzrechts an die Verordnung (EU) 2016/679 und zur Umsetzung der Richtlinie (EU) 2016/680 (Datenschutz-Anpassungs- und -Umsetzungsgesetz EU – DSAnpUG-EU) vom 30.6.2017, BGBl. I 2017, 2097 v. 5.7.2017.
4 Vgl. die entsprechenden Veröffentlichungen des Bundesbeauftragten für Datenschutz und Informationsfreiheit (BfDI) auf der Homepage unter: https://www.bfdi.bund.de.
5 Verordnung (EG) Nr. 45/2001 des Europäischen Parlaments und des Rates vom 18. Dezember 2000 zum Schutz natürlicher Personen bei der Verarbeitung personenbezogener Daten durch die Organe und Einrichtungen der Gemeinschaft und zum freien Datenverkehr, ABl. EU Nr. L 8 v. 12.1.2001, S. 1.

Mit Blick auf die seit 25.5.2018 geltende VO 2016/679 (DSGVO)[1] wird die **VO Nr. 45/2001 derzeit überarbeitet**[2], um sie in Einklang mit diesen neuen Vorschriften zu bringen. Einen entsprechenden Vorschlag für diese Anpassung veröffentlichte die EU-Kommission am 10.1.2017[3]. Zu diesem Vorschlag sind schon mehrere Stellungnahmen abgegeben worden, so auch vom Europäischen Datenschutzbeauftragten (EDBA)[4]. Die **vermutlich im Laufe des Jahres 2018** finalisierte Fassung der Regelungen der Pflichten der EU-Organe bei der Verarbeitung personenbezogener Daten werden künftig sicherlich auch auf die Verarbeitung personenbezogener Daten nach MAR Anwendung finden. Der Entwurf der neuen Verordnung sieht in Art. 71 vor, dass Bezugnahmen auf die dann aufzuhebende VO Nr. 45/2001 als Bezugnahmen auf die neue Verordnung gelten. 6

III. Speicherung personenbezogener Daten. Gem. Art. 28 Unterabs. 2 VO Nr. 596/2014 dürfen personenbezogene Daten nicht länger als fünf Jahre gespeichert werden. Diese Regelung wird durch seit 25.5.2018 geltenden Art. 5 Abs. 1 lit. e VO 2016/679 insoweit modifiziert, als personenbezogene Daten dann in einer Form gespeichert werden müssen, die die Identifizierung der betroffenen Personen nur so lange ermöglicht, wie es für die Zwecke, für die sie verarbeitet werden, erforderlich ist; personenbezogene Daten dürfen länger gespeichert werden, soweit die personenbezogenen Daten vorbehaltlich der Durchführung geeigneter technischer und organisatorischer Maßnahmen, die von der VO 2016/679 (DSGVO) Verordnung zum Schutz der Rechte und Freiheiten der betroffenen Person gefordert werden, ausschließlich für im öffentlichen Interesse liegende Archivzwecke oder für wissenschaftliche und historische Forschungszwecke oder für statistische Zwecke gem. Art. 89 Abs. 1 VO 2016/679 verarbeitet werden („Speicherbegrenzung"). 7

Art. 29 Übermittlung personenbezogener Daten in Drittstaaten

(1) Die zuständige Behörde eines Mitgliedstaats darf personenbezogene Daten nur im Einzelfall in Drittstaaten übermitteln, wobei die Anforderungen der Richtlinie 95/46/EG erfüllt sein müssen. Die zuständige Behörde muss sicherstellen, dass die Übermittlung für die Zwecke dieser Verordnung erforderlich ist und der Drittstaat die Daten nicht in einen weiteren Drittstaat übermittelt, außer wenn dies ausdrücklich schriftlich genehmigt wurde und die von der zuständigen Behörde des Mitgliedstaats festgelegten Bedingungen erfüllt sind.

(2) Die zuständige Behörde eines Mitgliedstaats legt die von einer zuständigen Aufsichtsbehörde eines anderen Mitgliedstaats übermittelten personenbezogenen Daten nur dann einer zuständigen Behörde eines Drittstaats offen, wenn sie die ausdrückliche Zustimmung der zuständigen Behörde erhalten hat, von der die Daten stammen, und die Daten gegebenenfalls nur zu den Zwecken offengelegt werden, für die die zuständige Behörde ihre Zustimmung erteilt hat.

(3) Sieht eine Kooperationsvereinbarung den Austausch personenbezogener Daten vor, so sind die nationalen Rechts- und Verwaltungsvorschriften zur Umsetzung der Richtlinie 95/46/EG einzuhalten.

In der Fassung vom 16.4.2014 (ABl. EU Nr. L 173 v. 12.6.2014, S. 1).

Schrifttum: *Zetzsche/Lehmann,* Das Vereinigte Königreich als Drittstaat? – Die Auswirkungen des Brexit auf das Finanzmarktrecht, AG 2017, 651. S. auch bei Art. 22 VO Nr. 596/2014.

I. Regelungsgehalt der Norm 1	III. Besonderer Schutz für personenbezogene Daten einer anderen zuständigen Behörde (Art. 29 Abs. 2 VO Nr. 596/2014) 7
II. Übermittlung von personenbezogenen Daten in Drittstaaten (Art. 29 Abs. 1 VO Nr. 596/2014) . 2	IV. Anforderungen an Kooperationsvereinbarungen (Art. 29 Abs. 3 VO Nr. 596/2014) 11

---

1 Verordnung (EU) 2016/679 des Europäischen Parlaments und des Rates vom 27. April 2016 zum Schutz natürlicher Personen bei der Verarbeitung personenbezogener Daten, zum freien Datenverkehr und zur Aufhebung der Richtlinie 95/46/EG (Datenschutz-Grundverordnung), ABl. EU Nr. L 119 v. 4.5.2016, S. 1.
2 Vgl. die Ausführungen von *Hoffmann* in der cepStudie (Centrum für Europäische Politik) zu dem Vorhaben unter https://www.cep.eu/fileadmin/user_upload/cep.eu/Studien/EU-Datenschutzrecht/cepStudie_EU-Datenschutzrecht.pdf, S. 52 ff. und der derzeitige Entwurf einer neuen Verordnung unter http://eur-lex.europa.eu/legal-content/DE/TXT/?qid =1488205011179&uri=CELEX:52017PC0008.
3 Vorschlag für eine Verordnung des Europäischen Parlaments und des Rates zum Schutz natürlicher Personen bei der Verarbeitung personenbezogener Daten durch die Organe, Einrichtungen und sonstigen Stellen der Union, zum freien Datenverkehr und zur Aufhebung der Verordnung (EG) Nr. 45/2001 und des Beschlusses Nr. 1247/2002/EG, COM (2017) 8 final, 2017/0002 (COD), veröffentlicht unter https://ec.europa.eu/transparency/regdoc/rep/1/2017/DE/COM-2017-8-F1-DE-MAIN-PART-1.PDF.
4 Vgl. Stellungnahme des Europäischen Datenschutzbeauftragten vom 15.3.2017, veröffentlicht unter https://edps.europa.eu/sites/edp/files/publication/17-03-15_regulation_45-2001_de.pdf.

Art. 29 VO Nr. 596/2014 | Übermittlung personenbezogener Daten in Drittstaaten

1 **I. Regelungsgehalt der Norm.** Art. 29 VO Nr. 596/2014 (MAR) regelt **drei Aspekte** der Übermittlung von personenbezogenen Daten durch eine zuständige Behörde[1] an eine Aufsichtsbehörde in einem Drittstaat. Hierbei bestimmt sie die **Voraussetzungen für die Übermittlung** personenbezogener Daten durch eine zuständige Behörde in einen Drittstaat, normiert einen **besonderen Schutz** für die personenbezogenen Daten, die die zuständige Behörde **von einer anderen zuständigen Behörde erhalten hat**, und stellt zudem **besondere Anforderungen an Kooperationsvereinbarungen**, um den Schutz personenbezogener Daten zu gewährleisten.

2 **II. Übermittlung von personenbezogenen Daten in Drittstaaten (Art. 29 Abs. 1 VO Nr. 596/2014).** Gem. Art. 29 Abs. 1 Satz 1 VO Nr. 596/2014 darf die zuständige Behörde eines Mitgliedstaats personenbezogene Daten **nur im Einzelfall** in Drittstaaten übermitteln, wobei die **Anforderungen der RL 95/46/EG** erfüllt sein müssen. Die RL 95/46/EG[2] zum Schutz natürlicher Personen bei der Verarbeitung personenbezogener Daten und zum freien Datenverkehr wurde 1995 erlassen. Sie dient dem Schutz der Privatsphäre von natürlichen Personen bei der Verarbeitung von personenbezogenen Daten.

3 Am 25.5.2018 wurde diese Richtlinie **durch die europäische Datenschutz-Grundverordnung** (VO 2016/679 – DSGVO)[3] **abgelöst**. Diese Änderung dient der Erneuerung und Vereinheitlichung der Vorschriften und einer besseren Kontrolle für die betroffenen Personen über ihre personenbezogenen Daten. In Bezug auf die hier vorliegende Verweisung auf die aufgehobene Richtlinie kommt seit dem 25.5.2018 Art. 94 VO 2016/679 über die Aufhebung der RL 95/46/EG zu Anwendung. Aus dieser Regelung ergibt sich zum einen, dass die RL 95/46/EG mit Wirkung vom 25.5.2018 aufgehoben wurde, und zum anderen, dass Verweise auf die aufgehobene Richtlinie **als Verweise auf die neue DSGVO gelten**. Entsprechend ist die Verweisung in Art. 29 Abs. 1 Satz 1 VO Nr. 596/2014 als eine Verweisung auf die DSGVO zu lesen.

4 Hinsichtlich des **sachlichen Anwendungsbereichs** ergibt sich die Auslegung des Begriffs „personenbezogene Daten" auch aus der DSGVO, die durchaus auf dem bisherigen Verständnis aufbaut. So sind nach Art. 4 Nr. 1 VO 2016/679 **personenbezogene Daten** alle Informationen, die sich auf eine identifizierte oder identifizierbare natürliche Person beziehen; als identifizierbar wird eine natürliche Person angesehen, die direkt oder indirekt, insbesondere mittels Zuordnung zu einer Kennung wie einem Namen, zu einer Kennnummer, zu Standortdaten, zu einer Online-Kennung oder zu einem oder mehreren besonderen Merkmalen, die Ausdruck der physischen, physiologischen, genetischen, psychischen, wirtschaftlichen, kulturellen oder sozialen Identität dieser natürlichen Person sind, identifiziert werden kann.

5 Regelungen für die Übermittlung personenbezogener Daten **in Drittländer** sind im Kapitel V der DSGVO enthalten. Eine Übermittlung von personenbezogenen Daten in Drittländer ist danach **nur unter Einhaltung der in Art. 44–50 VO 2016/679 geregelten Vorgaben zulässig**. Das setzt voraus, dass die EU-Kommission einen Beschluss erlassen hat, dass das betreffende Drittland ein angemessenes Schutzniveau bietet (Art. 45 VO 2016/679), dass geeignete Garantien für einen Datenschutz, durchsetzbare Rechte und wirksame Rechtsbehelfe für betroffene Personen bestehen (Art. 46 VO 2016/679) oder die Voraussetzungen für eine Übermittlung als Ausnahme für bestimmte Fälle nach Art. 49 VO 2016/679 erfüllt sind[4]. Gem. Erwägungsgrund 103 VO 2016/679 darf die Kommission „mit Wirkung für die gesamte Union beschließen, dass ein bestimmtes Drittland ... ein angemessenes Datenschutzniveau bietet, und auf diese Weise in Bezug auf das Drittland ... in der gesamten Union Rechtssicherheit schaffen und eine einheitliche Rechtsanwendung sicherstellen". Für die Praxis des Austauschs wird eine Gleichwertigkeitsentscheidung der EU-Kommission eine deutliche Erleichterung bringen. Hinzuweisen ist noch auf die Pflicht, die betroffene Person über eine solche Übermittlung unter Berücksichtigung der Ausnahmen nach Art. 23 Abs. 1 VO 2016/679 nach Art. 14 Abs. 1 lit. f, Art. 15 Abs. 2 VO 2016/679 zu informieren.

6 Auch bei Vorliegen der datenschutzrechtlichen Voraussetzungen dürfen die zuständigen Behörden personenbezogene Daten gegenüber der Aufsichtsbehörde eines Drittstaates **nur im Einzelfall offenlegen**. Das bedeutet, dass die zuständige Behörde vor der Weiterleitung eine **Ermessensentscheidung über das „Ob" und damit auch den Umfang der weiterzuleitenden Informationen** trifft. Für diese Ermessensentscheidung gibt Art. 29

---

1 In Bezug auf die Bundesanstalt ist zugleich auf die Regelungen im Bundesdatenschutzgesetz vom 30.6.2016 zu verweisen. In Bezug auf die Weitergabe von personenbezogenen daten in Drittstaaten vgl. Veröffentlichung des Bundesbeauftragten für Datenschutz und Informationsfreiheit (BfDI), abrufbar unter: https://www.bfdi.bund.de/SharedDocs/Downloads/DE/Datenschutz/Kurzpapier_Drittlaender.pdf;jsessionid=816213F64306F9A87121489663E3E97B.2_cid354?__blob=publicationFile&v=3.

2 Richtlinie 95/46/EG des Europäischen Parlaments und des Rates vom 24. Oktober 1995 zum Schutz natürlicher Personen bei der Verarbeitung personenbezogener Daten und zum freien Datenverkehr, ABl. EU Nr. L 281 v. 23.11.1995, S. 31.

3 Verordnung (EU) 2016/679 des Europäischen Parlaments und des Rates vom 27. April 2016 zum Schutz natürlicher Personen bei der Verarbeitung personenbezogener Daten, zum freien Datenverkehr und zur Aufhebung der Richtlinie 95/46/EG (Datenschutz-Grundverordnung), ABl. EU Nr. L 119 v. 4.5.2016, S. 1.

4 Vgl. auch die Ausführungen der EU-Kommission unter https://ec.europa.eu/info/law/law-topic/data-protection/reform/rules-business-and-organisations/obligations/what-rules-apply-if-my-organisation-transfers-data-outside-eu_de.

Abs. 1 Satz 2 VO Nr. 596/2014 Rahmenbedingungen vor. Eine Weitergabe der Informationen ist nur zulässig ist, wenn die Rahmenbedingungen erfüllt sind. So muss die zuständige Behörde sicherstellen, dass die Übermittlung **für die Zwecke dieser Verordnung notwendig** ist. Das Sicherstellen des Zwecks kann nur durch schlüssige Darlegungen der Aufsichtsbehörde des Drittstaates, ggf. auf ausdrückliche Nachfrage der zuständigen Behörde, erfolgen. Zudem darf eine Weitergabe von personenbezogenen Daten nur mit der Maßgabe einer Vereinbarung erfolgen, dass das Drittland die übermittelten Daten nicht ohne ausdrückliche schriftliche Zustimmung der zuständigen Behörde an einen weiteren Drittstaat weitergibt. Diese **Vereinbarung eines Zustimmungsvorbehalts vor einer nochmaligen Weiterleitung** bindet damit die Aufsichtsbehörde des Drittstaates in gleicher Weise, wie auch die zuständige Behörde nach Art. 29 Abs. 2 VO Nr. 596/2014 an die Zustimmung gebunden ist, wenn sie die personenbezogenen Daten von einer übermittelnden zuständigen Behörde erlangt hat. Ungeachtet des Vorliegens dieser beiden Voraussetzungen sind aber auch **weitere Besonderheiten des Einzelfalls** in die Entscheidungsfindung einzubeziehen.

III. Besonderer Schutz für personenbezogene Daten einer anderen zuständigen Behörde (Art. 29 Abs. 2 VO Nr. 596/2014). Art. 29 Abs. 2 VO Nr. 596/2014 regelt **weitere Begrenzungen** für die Übermittlung von personenbezogenen Daten durch die zuständigen Behörden an eine Aufsichtsbehörde eines Drittstaates. Sachlich bezieht sich diese Begrenzung auf die **personenbezogenen Daten, die einer zuständigen Behörde vorliegen und die sie von einer anderen zuständigen Behörde erhalten hat.**

Eine Befugnis zur Offenlegung dieser personenbezogenen Daten gegenüber einer Aufsichtsbehörde eines Drittstaates besteht für eine zuständige Behörde nur, wenn **neben den allgemeinen Voraussetzungen des Art. 29 Abs. 1 VO Nr. 596/2014 zwei weitere Voraussetzungen** erfüllt sind.

Erste Voraussetzung für eine befugte Offenlegung von personenbezogenen Daten gegenüber einer Aufsichtsbehörde eines Drittstaates ist, dass **die zuständige Behörde die ausdrückliche Zustimmung der zuständigen Behörde erhalten hat, von der ihr die personenbezogenen Daten übermittelt wurden**. In Bezug auf die Weitergabe von personenbezogenen Daten gegenüber einer Aufsichtsbehörde eines Drittstaates ist keine besondere Befugnis zur Übermittlung für gerichtliche Ermittlungen normiert. In einem solchen Fall muss jedenfalls die Genehmigung der Übermittlung durch die übermittelnde Behörde vorliegen.

Zweite Voraussetzung für eine befugte Offenlegung von personenbezogenen Daten gegenüber einer Aufsichtsbehörde eines Drittstaates ist, dass die von der zunächst übermittelnden Behörde vorgenommene Zweckbindung eingehalten wird. Denn die Informationen dürfen lediglich zu den Zwecken offengelegt werden, für die die zuständige Behörde gegebenenfalls ihre Zustimmung erteilt hat. Die **Einhaltung der Zweckbindung** für zur Verfügung gestellte personenbezogene Daten ist eine übliche Bedingung bei der Weitergabe von Informationen im Rahmen der europäischen und internationalen Zusammenarbeit, wie z.B. auch in § 18 Abs. 7 Satz 6 und Abs. 10 Satz 2 WpHG.

IV. Anforderungen an Kooperationsvereinbarungen (Art. 29 Abs. 3 VO Nr. 596/2014). Art. 29 Abs. 3 VO Nr. 596/2014 verlangt, dass auch in Umsetzung einer Kooperationsvereinbarung, die den Austausch personenbezogener Daten vorsieht, die **nationalen Rechts- und Verwaltungsvorschriften zur Umsetzung der RL 95/46/EG (nunmehr VO 2016/679 [DSGVO]) einzuhalten sind**. Erwägungsgrund 69 VO Nr. 596/2014 führt hierzu aus: „Zur Gewährleistung des Informationsaustausches und der Zusammenarbeit mit Drittstaaten im Hinblick auf die wirksame Durchsetzung dieser Verordnung sollten die zuständigen Behörden Kooperationsvereinbarungen mit den entsprechenden Behörden in Drittstaaten abschließen. Jegliche Übermittlung personenbezogener Daten auf der Grundlage dieser Vereinbarungen sollte im Einklang mit der Richtlinie 95/46/EG und der Verordnung (EG) Nr. 45/2001 des Europäischen Parlaments und des Rates erfolgen."

Die Regelung spricht zwar nicht ausdrücklich von Kooperationsvereinbarungen mit Aufsichtsbehörden in Drittstaaten, bezieht sich aber auf diese. Kooperationsvereinbarungen mit anderen zuständigen Aufsichtsbehörden sind in Anbetracht der vielfältigen Pflichten zur Zusammenarbeit und zum Informationsaustausch entbehrlich. Diese **Anforderung an Kooperationsvereinbarungen mit Drittstaaten entspricht dem üblichen Standard und gewährleistet den Schutz der personenbezogenen Daten.** Ähnliche oder vergleichbare Regelung sind z.B. in Art. 38 Abs. 4 VO Nr. 236/2012 (Leerverkaufs-VO) und Art. 76 Unterabs. 2 VO Nr. 648/2012 (EMIR) enthalten.

Kapitel 5
Verwaltungsrechtliche Maßnahmen und Sanktionen

Art. 30 Verwaltungsrechtliche Sanktionen und andere verwaltungsrechtliche Maßnahmen

(1) Unbeschadet strafrechtlicher Sanktionen und unbeschadet der Aufsichtsbefugnisse der zuständigen Behörden nach Artikel 23 übertragen die Mitgliedstaaten im Einklang mit nationalem Recht den zuständigen Behörden die Befugnis, angemessene verwaltungsrechtliche Sanktionen und andere verwaltungsrechtliche Maßnahmen in Bezug auf mindestens die folgenden Verstöße zu ergreifen:

a) Verstöße gegen Artikel 14 und 15, Artikel 16 Absätze 1 und 2, Artikel 17 Absätze 1, 2, 4, 5 und 8, Artikel 18 Absätze 1 bis 6, Artikel 19 Absätze 1, 2, 3, 5, 6, 7 und 11 und Artikel 20 Absatz 1 und

b) Verweigerung der Zusammenarbeit mit einer Ermittlung oder einer Prüfung oder einer in Artikel 23 Absatz 2 genannten Anfrage.

Die Mitgliedstaaten können beschließen, keine Regelungen für die in Unterabsatz 1 genannten verwaltungsrechtlichen Sanktionen festzulegen, sofern die in Unterabsatz 1 Buchstaben a oder b genannten Verstöße bis zum 3. Juli 2016 gemäß dem nationalen Recht bereits strafrechtlichen Sanktionen unterliegen. Beschließen sie dies, so melden die Mitgliedstaaten der Kommission und der ESMA die entsprechenden Bestimmungen ihres Strafrechts in ihren Einzelheiten.

Die Mitgliedstaaten unterrichten die Kommission und die ESMA detailliert über die in den Unterabsätzen 1 und 2 genannten Vorschriften bis zum 3. Juli 2016. Sie melden der Kommission und der ESMA unverzüglich spätere Änderungen dieser Vorschriften.

(2) Die Mitgliedstaaten stellen sicher, dass die zuständigen Behörden im Einklang mit dem nationalen Recht über die Befugnis verfügen, im Falle von Verstößen gemäß Absatz 1 Unterabsatz 1 Buchstabe a mindestens die folgenden verwaltungsrechtlichen Sanktionen zu verhängen und die folgenden verwaltungsrechtlichen Maßnahmen zu ergreifen:

a) eine Anordnung, wonach die für den Verstoß verantwortliche Person die Verhaltensweise einzustellen und von einer Wiederholung abzusehen hat;

b) den Einzug der infolge des Verstoßes erzielten Gewinne oder der vermiedenen Verluste, sofern diese sich beziffern lassen;

c) eine öffentliche Warnung betreffend die für den Verstoß verantwortliche Person und die Art des Verstoßes;

d) den Entzug oder die Aussetzung der Zulassung einer Wertpapierfirma;

e) ein vorübergehendes Verbot für Personen, die in einer Wertpapierfirma Führungsaufgaben wahrnehmen, oder für jedwede andere für den Verstoß verantwortliche natürliche Person, in Wertpapierfirmen Führungsaufgaben wahrzunehmen;

f) bei wiederholten Verstößen gegen Artikel 14 oder 15 ein dauerhaftes Verbot für Personen, die in einer Wertpapierfirma Führungsaufgaben wahrnehmen, oder eine andere verantwortliche natürliche Person, in Wertpapierfirmen Führungsaufgaben wahrzunehmen;

g) ein vorübergehendes Verbot für Personen, die in einer Wertpapierfirma Führungsaufgaben wahrnehmen, oder eine andere verantwortliche natürliche Person, Eigengeschäfte zu tätigen;

h) maximale verwaltungsrechtliche finanzielle Sanktionen, die mindestens bis zur dreifachen Höhe der durch die Verstöße erzielten Gewinne oder vermiedenen Verluste gehen können, sofern diese sich beziffern lassen;

i) im Falle einer natürlichen Person maximale verwaltungsrechtliche finanzielle Sanktionen von mindestens

  i) bei Verstößen gegen Artikel 14 und 15 5 000 000 EUR bzw. in den Mitgliedstaaten, deren Währung nicht der Euro nicht ist, Sanktionen in entsprechender Höhe in der Landeswährung am 2. Juli 2014;

  ii) bei Verstößen gegen Art. 16 und 17 1 000 000 EUR bzw. in den Mitgliedstaaten, deren Währung nicht der Euro ist, Sanktionen in entsprechender Höhe in der Landeswährung am 2.7.2014 und

  iii) bei Verstößen gegen Art. 18, 19 und 20 500 000 EUR bzw. in den Mitgliedstaaten, deren Währung nicht der Euro ist, Sanktionen in entsprechender Höhe in der Landeswährung am 2.7.2014 und

j) im Falle einer juristischen Person maximale verwaltungsrechtliche finanzielle Sanktionen von mindestens
   i) bei Verstößen gegen Art. 14 und 15 15 000 000 EUR oder 15 % des jährlichen Gesamtumsatzes der juristischen Person entsprechend dem letzten verfügbaren durch das Leitungsorgan genehmigten Abschluss bzw. in den Mitgliedstaaten, deren Währung nicht der Euro ist, in entsprechender Höhe in der Landeswährung am 2.7.2014;
   ii) bei Verstößen gegen die Art. 16 und 17 2 500 000 EUR oder 2 % des jährlichen Gesamtumsatzes des Unternehmens entsprechend dem letzten verfügbaren durch das Leitungsorgan genehmigten Abschluss bzw. in den Mitgliedstaaten, deren Währung nicht der Euro ist, in entsprechender Höhe in der Landeswährung am 2.7.2014 und
   iii) bei Verstößen gegen Art. 18, 19 und 20 1 000 000 EUR bzw. in den Mitgliedstaaten, deren Währung nicht der Euro ist, in entsprechender Höhe in der Landeswährung am 2.7.2014.

Verweise auf die zuständige Behörde in diesem Absatz lassen die Befugnis der zuständigen Behörde, ihre Aufgaben gem. Art. 23 Abs. 1 wahrzunehmen, unberührt.

Falls es sich bei der juristischen Person um eine Muttergesellschaft oder eine Tochtergesellschaft handelt, die einen konsolidierten Abschluss gemäß der Richtlinie 2013/34/EU des Europäischen Parlaments und des Rates aufzustellen hat, bezeichnet „jährlicher Gesamtumsatz" für die Zwecke des Unterabs. 1 Buchstabe j Ziffern i und ii den jährlichen Gesamtumsatz oder die entsprechende Einkunftsart gemäß den einschlägigen Rechnungslegungsrichtlinien – Richtlinie 86/635/EWG des Rates in Bezug auf Banken, Richtlinie 91/674/EWG des Rates in Bezug auf Versicherungsunternehmen –, der bzw. die im letzten verfügbaren durch das Leitungsorgan genehmigten konsolidierten Abschluss der Muttergesellschaft an der Spitze ausgewiesen ist.

(3) Die Mitgliedstaaten können den zuständigen Behörden neben den in Abs. 2 aufgeführten Befugnissen weitere Befugnisse übertragen und höhere Sanktionen als die in jenem Absatz genannten verhängen.

In der Fassung vom 16.4.2014 (ABl. EU Nr. L 173 v. 12.6.2014, S. 1), geändert durch Berichtigung vom 21.12.2016 (ABl. EU Nr. L 348 v. 21.12.2016, S. 83).

Schrifttum: *Bäcker*, Das Grundgesetz als Implementationsgarant der Unionsgrundrechte, EuR 2015, 389; *v. Danwitz*, Europäisches Verwaltungsrecht, 2008; *Freund*, Straftatbestand und Rechtsfolgebestimmung, GA 1999, 509; *Frisch*, Gegenwärtiger Stand und Zukunftsperspektiven der Strafzumessungsdogmatik, ZStW 99 (1987), 349; *Hassemer*, Die Formalisierung der Strafzumessungsentscheidung, ZStW 90 (1978), 64; *Hodges*, Law and Corporate Behaviour, 2015; *Jarass*, Die Bindung der Mitgliedstaaten an die EU-Grundrechte, NVwZ 2012, 457; *Öberg*, The definition of criminal sanctions in the EU, EuCLR 2013, 273; *Ohler*, Grundrechtliche Bindungen der Mitgliedstaaten nach Art. 51 GRCh, NVwZ 2013, 1433; *Sieber/Satzger/von Heintschel-Heinegg* (Hrsg.), Europäisches Strafrecht 2. Aufl. 2014; *Streng*, Schuld, Vergeltung, Generalprävention, ZStW 92 (1980), 637; *Terhechte*, Verwaltungsrecht der Europäischen Union, 1. Aufl. 2011; *Thym*, Die Reichweite der EU-Grundrechte-Charta – Zu viel Grundrechtsschutz?, NVwZ 2013, 889; *Veil/Koch*, Auf dem Weg zu einem Europäischen Kapitalmarktrecht: die Vorschläge der Kommission zur Neuregelung des Marktmissbrauchs, WM 2011, 2297; *Veil*, Europäisches Insiderrecht 2.0 – Konzeption und Grundsatzfragen der Reform durch MAR und CRIM-MAD, ZBB 2014, 85.

I. Grundlagen 1	2. Inhaltliche Anforderungen nach Unionsrecht an die Sanktionen: Allgemeine Grundsätze und Regelungsstrategien im Vergleich 23
II. Grundrechtsschutz im Mehrebenensystem bei Art. 30 VO Nr. 596/2014 und seine Umsetzung in nationales Recht 9	3. Nicht finanzielle Sanktionen und Maßnahmen . 26
III. Zuständige Behörde 15	4. Finanzielle Sanktionen 28
IV. Auslösungstatbestände (Art. 30 Abs. 1 VO Nr. 596/2014) 17	5. Bedeutung des Schuldprinzips: Finanzielle Sanktionen ohne Vorwerfbarkeit? 32
V. Rechtsfolgen: Verwaltungsrechtliche Sanktionen und Maßnahmen (Art. 30 Abs. 2 VO Nr. 596/2014) 19	VI. Weitergehende Befugnisse und Sanktionen durch Mitgliedstaaten (Art. 30 Abs. 3 VO Nr. 596/2014) 37
1. Abgrenzung zwischen verwaltungsrechtlichen Sanktionen und verwaltungsrechtlichen Maßnahmen 19	

I. Grundlagen. Systematisch steht Art. 30 VO Nr. 596/2014 (MAR) in engem Zusammenhang mit Art. 23 VO Nr. 596/2014 und mit der RL 2014/57/EU (CSMAD)[1]. Art. 30 VO Nr. 596/2014 (MAR) ist gerade in Deutschland weichenstellend für einen auch intensiv präventiv-aufsichtlichen Vollzug (Art. 15 VO Nr. 596/2014 Rz. 37). Art. 23 VO Nr. 596/2014 sieht einen Katalog der von den Mitgliedstaaten an die zuständigen Behörden zu verleihenden Aufsichts- und Ermittlungsbefugnisse vor (s. hierzu Art. 23 VO Nr. 596/2014 Rz. 3). Art. 30

---

[1] Richtlinie 2014/57/EU des Europäischen Parlaments und des Rates vom 16. April 2014 über strafrechtliche Sanktionen bei Marktmanipulation (Marktmissbrauchsrichtlinie), ABl. EU Nr. L 173 v. 12.6.2014, S. 179.

Art. 30 VO Nr. 596/2014 | Verwaltungsrechtliche Sanktionen/Maßnahmen

VO Nr. 596/2014 ergänzt dies um Maßnahmen, die materiell das verbotswidrige Verhalten oder seine Folgen abstellen oder es sanktionieren. Die Vorschrift begründet eine Pflicht der Mitgliedstaaten, im Hinblick auf sanktionsbewehrte Tatbestände, Sanktionsarten und die finanzielle Sanktionshöhe (Obergrenze des Bußgeldrahmens) bestimmte inhaltliche Vorgaben einzuhalten: in Art. 30 Abs. 1 VO Nr. 596/2014, die Behörde mit Sanktionsbefugnissen auszustatten bei Verstößen gegen die in lit. a genannten materiellen Ge- oder Verbote sowie bei der Verweigerung der Zusammenarbeit mit einer Ermittlung, der Prüfung oder einer in Art. 23 Abs. 2 VO Nr. 596/2014 genannten Anfrage, lit. b. In Art. 30 Abs. 2 VO Nr. 596/2014 sind die einzelnen verwaltungsrechtlichen Sanktionen und Maßnahmen der Art nach detailliert aufgezählt, die in den Mitgliedstaaten mindestens vorgesehen werden müssen; für finanzielle Sanktionen wird schließlich der Bußgeldrahmen vorgegeben. Zeitlich sollten die Mitgliedstaaten gem. **Art. 39 Abs. 3 VO Nr. 596/2014** die Regelung des Art. 30 VO Nr. 596/2014 bis zum 3.7.2016 in nationales Recht umsetzen.

2   Den Zweck dieser Kombination von materieller Vollharmonisierung durch selbstvollziehendes Verordnungsrecht in Art. 7–21 VO Nr. 596/2014 und zurückhaltenderen Regelungen zur Rechtsdurchsetzung benennt Erwägungsgrund 66 VO Nr. 596/2014, wonach die zuständigen Behörden die Befugnisse nach der MAR im Rahmen eines Gesamtsystems **nationaler Rechtsvorschriften** ausüben sollen. Dies dient ausweislich des Erwägungsgrundes auch der Integration in das Rechtsschutzsystem. Dies schließt auch den Grundrechtsschutz ein.

3   Da die Verordnung selbst den Regelungsauftrag vorsieht, widerspricht dies nicht der Rechtsprechung des Europäischen Gerichtshofs, wonach die Mitgliedstaaten Verordnungen nicht umsetzen dürfen, wenn dies dazu führt, dass der gemeinschaftsrechtlichen Charakter des Rechtssatzes verloren geht[1]. Diese Rechtsprechung ist bei Art. 30 VO Nr. 596/2014 nicht einschlägig, auch wenn der Wortlaut des Art. 30 Abs. 1 VO Nr. 596/2014 nicht ganz eindeutig ist. Das Normwiederholungsverbot gilt nur für solche Bestimmungen, die aus sich heraus Pflichten des Einzelnen oder einer nationalen Behörde oder der Gerichte auferlegen oder Rechte verleihen. Eine Verordnung kann aber auch selbst eine Verpflichtung zum Erlass einer nationalen Regelung enthalten. Art. 291 Abs. 1 AEUV bestimmt, dass die Mitgliedstaaten alle zur Durchführung der verbindlichen Rechtsakte der Union erforderlichen Maßnahmen nach innerstaatlichem Recht ergreifen sollen. Die Umsetzungsvorschriften sind dann von den nationalen Gerichten am Maßstab der Verordnung zu messen[2].

4   Wie die Vorgaben des Art. 30 VO Nr. 596/2014 umgesetzt werden, richtet sich nach nationalem Recht. Unionsrechtlich lässt Art. 30 VO Nr. 596/2014 instrumentell verschiedene Regelungsstrategien zu: neben einer schlichten Delegation einer originär aus der MAR folgenden Befugnis ist die Schaffung einer nationalen Befugnisnorm zulässig, die inhaltlich den Vorgaben des Art. 30 VO Nr. 596/2014 entspricht. Damit erlaubt Art. 30 VO Nr. 596/2014 unionsrechtlich sowohl einen mittelbaren wie einen unmittelbaren Vollzug durch die mitgliedstaatlichen Behörden, worüber der nationale Gesetzgeber entscheiden kann[3]. Deutschland hat sich für die zweite Implementationsstrategie entschieden und **nationale vollständige Umsetzungsnormen** erlassen. Art. 24 des Kommissionsentwurfs sah mit einem Regelungsauftrag an die Mitgliedstaaten zur Normsetzung für verwaltungsrechtliche Maßnahmen und Sanktionen noch eine Festlegung auf den mittelbaren Vollzug vor; erst im Laufe des Verfahrens ist der Regelungsauftrag an die Mitgliedstaaten etwas zurückhaltender formuliert worden: Art. 30 Abs. 1 VO Nr. 596/2014 formuliert nunmehr nur noch den verbindlichen Regelungsauftrag, dass „die Mitgliedstaaten im Einklang mit dem nationalen Recht den zuständigen Behörden die Befugnis, angemessene verwaltungsrechtliche Sanktionen und andere verwaltungsrechtliche Maßnahmen [...] zu ergreifen", übertragen (Art. 30 Abs. 1 VO Nr. 596/2014) bzw. sicherstellen, „dass die zuständigen Behörden im Einklang mit dem nationalen Recht über die Befugnis verfügen, [...] mindestens die" (genannten) verwaltungsrechtlichen Sanktionen zu verhängen und verwaltungsrechtlichen Maßnahmen zu ergreifen (Art. 30 Abs. 2 VO Nr. 596/2014). Die generalklauselartige Weite (Art. 30 Abs. 1 VO Nr. 596/2014) und Offenheit (Art. 30 Abs. 3 VO Nr. 596/2014) verdeutlichen, dass der europäische Gesetzgeber **nationales Vollrecht** auf der Eingriffsseite jedenfalls zulässt.

5   Es handelt sich damit sowohl auf der instrumentellen als auch auf der inhaltlichen Seite um eine **Mindestharmonisierung**, die strengere und weitergehende Sanktionen und Sanktionen auch für andere Tatbestände ausdrücklich zulässt. Dies ergibt sich schon aus dem Wortlaut, der „mindestens" die geforderten Sanktionen verlangt, und wird in Art. 30 Abs. 3 VO Nr. 596/2014 nochmals zusätzlich klargestellt für Abs. 2 (näher dazu unter Rz. 37). Auch entstehungsgeschichtlich ergibt sich, dass Art. 30 VO Nr. 596/2014 mindestharmonisierend ist. Laut der Entwurfsbegründung zu Art. 24 sollen Mindestvorschriften für verwaltungsrechtliche Maßnahmen, Sanktionen und Geldbußen eingeführt werden. Die Mitgliedstaaten sollen aber nicht an der Festlegung höherer Standards gehindert sein[4].

---

1 EuGH v. 7.11.1972 – 20/72 – Belgien/Cobelex, Slg. 1972, 1055 Rz. 12/17; EuGH v. 10.10.1973 – 34/73 – Variola/Amministrazione italiana delle finanze, Slg. 1973, 981 Rz. 10 f.; EuGH v. 31.1.1978 – 94/77 – Zerbone, Slg. 1978, 99 Rz. 22/27.
2 *Ruffert* in Calliess/Ruffert, EUV/AEUV, Art. 288 AEUV Rz. 21 m.w.N.
3 Zur Typologie *v. Danwitz*, Europäisches Verwaltungsrecht, S. 313 f. m.w.N.
4 Vorschlag der Europäischen Kommission für eine Verordnung des Europäischen Parlaments und des Rates über Insider-Geschäfte und Marktmanipulation (Marktmissbrauch) KOM(2011) 651 endg., S. 14.

Das Kapitel zu verwaltungsrechtlichen Maßnahmen und Sanktionen geht auf **den Vorschlag der Europäischen** 6
Kommission für eine Verordnung über Insider-Geschäfte und Marktmanipulation (Marktmissbrauch)[1] zurück. Nach den Schlussfolgerungen im de Larosière-Bericht[2] und im CESR-Report[3] war seit der Marktmissbrauchsrichtlinie 2003/6/EG[4] (MAD) eine Reform erforderlich. Die Experten verzeichneten im Zuge der Finanz- und Wirtschaftskrise 2008 einen Bedarf an Rechtsvereinheitlichung wegen stark abweichender Sanktionsordnungen in den Mitgliedstaaten, die Unternehmen bzw. ihre Organe zur Ausnutzung von Regelungsunterschieden verleiteten, wobei der eigentlich allein valide Rechtfertigungsgrund der Regulierungsarbitrage gerade bei Sanktionsandrohungen für illegales Verhalten nur schwache oder keine Evidenz hat und hatte[5]. Zudem erforderten neue Entwicklungen[6] im Handel mit Finanzinstrumenten eine Anpassung. Damit ist die Entgrenzung und Virtualisierung von Handelsplätzen angesprochen. Die Regelung soll der Abschreckung vor Marktmissbrauch dienen. Ziel ist, die Integrität der Finanzmärkte zu schützen. Art. 1 VO Nr. 596/2014 legt fest, dass ein gemeinsamer Rechtsrahmen für Maßnahmen zur Verhinderung von Marktmissbrauch dazu dient, die Integrität der Finanzmärkte in der Union sicherzustellen und den Anlegerschutz sowie das Vertrauen der Anleger in diese Märkte zu stärken. Als wirksames Durchsetzungsinstrument sieht der Europäische Gesetzgeber eine Kombination von schlagkräftigen Untersuchungs-, wirksamen Aufsichtsbefugnissen und hohen finanziellen Sanktionen an; Erwägungsgründe 70 und 71 VO Nr. 596/2014.

Den Regelungsauftrag umgesetzt hat der deutsche Gesetzgeber zunächst in §§ 4, 39 Abs. 3b–3d WpHG durch 7
das 1. FiMaNoG[7] (s. hierzu ausführlich § 120 WpHG Rz. 12). Im WpHG nach dem 2. FiMaNoG[8] findet sich eine entsprechende Regelung in §§ 6, 120 Abs. 15 WpHG.

Art. 30 VO Nr. 596/2014 fand sich zunächst zerteilt in Art. 24, Art. 25 und Art. 26 im Entwurf[9]. Art. 24 und 8
Art. 25 des Entwurfs waren Grundlage für Art. 30 Abs. 1 VO Nr. 596/2014. Art. 24 des Entwurfs sah einen Regelungsauftrag an die Mitgliedstaaten vor zur Normsetzung von verwaltungsrechtlichen Sanktionen und Maßnahmen (dazu Rz. 4), die in den in Art. 25 definierten Fällen angewandt werden. Art. 26 stimmte inhaltlich mit den heutigen Abs. 2 und 3 überein. Im Gesetzgebungsverfahren hat der Europäische Gesetzgeber die Vorschrift dahingehend ergänzt, dass neben Aufsichtsbefugnissen der zuständigen Behörden nach Art. 23 VO Nr. 596/2014 auch **strafrechtliche Sanktionen unberührt** bleiben sollen, Art. 30 Abs. 1 Unterabs. 1 VO Nr. 596/2014[10]. Die strafrechtlichen Sanktionen folgen eigenen Regelungen in der zweiten Marktmissbrauchsrichtlinie (RL 2014/57/EU – CSMAD)[11], die als Ergänzungsrechtsakt zur MAR erlassen wurde, obwohl ihr Harmonisierungsgrad nicht geringer ist als der in Art. 30 ff. VO Nr. 596/2014. Hinsichtlich der strafrechtlichen Sanktionen musste es der Europäische Gesetzgeber bei einer Richtlinie belassen, denn Art. 83 Abs. 2 Satz 1 AEUV erlaubt eine Harmonisierung auf dem Gebiet des Strafrechts lediglich durch Richtlinien.

II. Grundrechtsschutz im Mehrebenensystem bei Art. 30 VO Nr. 596/2014 und seine Umsetzung in natio- 9
nales Recht. Der spezifisch kapitalmarktrechtliche Instrumentenmix aus verordnungsrechtlicher Harmonisie-

---

1 Vorschlag der Europäischen Kommission für eine Verordnung des Europäischen Parlaments und des Rates über Insider-Geschäfte und Marktmanipulation (Marktmissbrauch), KOM(2011) 651 endg.
2 Bericht der Hochrangigen Gruppe für Fragen der Finanzaufsicht in der EU unter dem Vorsitz von Jaques de Larosière vom 25.2.2009, Rz. 83 und 84 unter Verweis auf die tiefgreifenden Diskrepanzen zwischen den Mitgliedstaaten, die ein einheitliches System für „gleichwertige, rigorose und abschreckende Sanktionen, die auch effektiv durchgesetzt werden" erforderlich machten, abrufbar unter: http://ec.europa.eu/internal_market/finances/docs/de_larosiere_report_en.pdf, zuletzt abgerufen am 4.7.2018.
3 The Committee Of European Securities Regulators – CESR –, Executive Summary to the Report On Administrative Measures And Sanctions As Well As The Criminal Sanctions Available In Member States Under The Market Abuse Directive (MAD), February 2008, CESR/08-099, S. 2, abrufbar unter: https://www.esma.europa.eu/sites/default/files/library/2015/11/08_099.pdf, zuletzt abgerufen am 4.7.2018.
4 Richtlinie 2003/6/EG des Europäischen Parlaments und des Rates vom 28. Januar 2003 über Insider-Geschäfte und Marktmanipulation (Marktmissbrauch), ABl. EU Nr. L 96 v. 12.4.2003, S. 16.
5 *Veil*, ZBB 2014, 85, 78.
6 Erwägungsgrund 3 VO Nr. 596/2014 spricht von rechtlichen, kommerziellen und technologischen Entwicklungen seit Inkrafttreten der Marktmissbrauchsrichtlinie 2003/6/EG, die zu erheblichen Änderungen in der Finanzwelt geführt haben. Gemeint sind vor allem neue Handelsplattformen und außerbörsliche OTC (over the counter) – Instrumente, s. Arbeitsdokument der Kommissionsdienststellen, Zusammenfassung der Folgenabschätzung, SEK (2011) 1218 endg., S. 2, 6.
7 Erstes Gesetz zur Novellierung von Finanzmarktvorschriften auf Grund europäischer Rechtsakte (Erstes Finanzmarktnovellierungsgesetz – 1. FiMaNoG) vom 30.6.2016, BGBl. I 2016, 1514.
8 Zweites Gesetz zur Novellierung von Finanzmarktvorschriften auf Grund europäischer Rechtsakte (Zweites Finanzmarktnovellierungsgesetz – 2. FiMaNoG) vom 23.6.2017, BGBl. I 2017, 1693.
9 Vorschlag der Europäischen Kommission für eine Verordnung des Europäischen Parlaments und des Rates über Insider-Geschäfte und Marktmanipulation (Marktmissbrauch) KOM(2011) 651 endg., S. 50 ff.
10 Die Änderung geht auf den im sog. Trilog vereinbarten Kompromissvorschlag vom 25.6.2013 zwischen dem Europäischen Parlament, dem Rat und der Kommission zurück, Interinstitutional File 2011/0295 (COD) – 11384/13.
11 Richtlinie 2014/57/EU des Europäischen Parlaments und des Rates vom 16. April 2014 über strafrechtliche Sanktionen bei Marktmanipulation (Marktmissbrauchsrichtlinie), ABl. EU Nr. L 173 v. 12.6.2014, S. 179.

rung der materiellen Pflichten und verordnungsrechtlicher Mindestharmonisierung der verwaltungs- und bußgeldrechtlichen Rechtsdurchsetzung mit mitgliedstaatlichem mittelbarem Vollzug macht den Grundrechtsschutz komplex: So weit die materielle Mindestharmonisierung reicht, sind die materiellen Regelungen an den Grundrechten des Gemeinschaftsrechts zu messen, namentlich an der europäischen Grundrechtecharta (GRCh) und – allerdings bis zu einem EMRK-Beitritt der EU nur als allgemeine Rechtsgrundsätze und vermittelt über die GRCh – auch am konventionsrechtlichen Grundrechtsschutz. Das nationale Recht, welches die europäischen Mindestanforderungen umsetzt, sowie darauf beruhende Verwaltungsentscheidungen werden in diesem Fall nicht mehr an den Grundrechten des Grundgesetzes gemessen, sondern an den Unionsgrundrechten, die Vorrang genießen[1]. Soweit der nationale Gesetzgeber über die europäischen Mindestanforderungen hinausgehende nationale Vorschriften schafft, besteht Einigkeit darüber, dass die diesbezüglichen nationalen Handlungen an den Grundrechten des Grundgesetzes zu messen sind. Zudem greift die Bindung der EMRK-Vertragsstaaten an die EMRK und die Jurisdiktion des EGMR[2].

10   Problematisch ist, ob und wie weit in diesen Fällen – und mehr noch bei Vollzugsentscheidungen nationaler Behörden und Gerichte auf der Grundlage von europäisch induziertem nationalen Recht – nach Art. 51 Abs. 1 Satz 1 GRCh daneben eine Bindung auch an die EU-Grundrechtecharta reicht. Danach gilt die Charta für Organe, Einrichtungen und sonstige Stellen der Union unter Wahrung des Subsidiaritätsprinzips und für die **Mitgliedstaaten ausschließlich bei der Durchführung des Rechts der Union**. Das Unionsrecht umfasst dabei das Sekundärrecht wie die MAR und das auf Grundlage von Sekundärrecht und völkerrechtlichen Verträgen von Organen und Einrichtungen der Union geschaffene Tertiärrecht (also beispielsweise Durchführungsrichtlinien oder Delegierte Verordnungen der Kommission)[3].

11   Was unter „Durchführung des Rechts der Union" i.S.d. Art. 51 Abs. 1 Satz 1 GRCh zu verstehen ist, bedarf noch der Klärung. Naheliegend und wortlautgetreu wäre eine formale Betrachtung, die die Durchführung des Rechts des Mitgliedstaates als Gegensatz zur Durchführung des Rechts der Union sieht. In dieser Betrachtungsweise wäre der Erlass von Art. 30 VO Nr. 596/2014 und der Umsetzungsvorschriften in §§ 6, 120 WpHG an der GRCh zu messen, während Verwaltungsakte der BaFin und Bußgeldentscheidungen der deutschen Gerichte im Hinblick auf die Anwendung der materiellen Verbote der MAR (z.B. Art. 7 ff. VO Nr. 596/2014) an der GRCh zu messen, im Hinblick auf die eigenständigen Tatbestandsmerkmale der WpHG- und OWiG-Eingriffsnormen aber die Durchführung deutschen Rechts wären, für die allein das Grundgesetz und die EMRK gelten.

12   Der EuGH hat allerdings den nationalen Rechtsordnungen und ihren Grundrechtsordnungen bislang diesen Respekt verwehrt. Auch wenn die nationalen Behörden nationales Recht vollziehen, handele es sich um „Durchführung von Unionsrecht" i.S.d. Art. 51 Abs. 1 Satz 1 GRCh[4]. Dies bedeutet, dass schon bei einer indirekten Einwirkung des Unionsrechts auf den zu entscheidenden Lebenssachverhalt der europäische Grundrechtsschutz auch auf der Ebene der Anwendung nationalen Rechts gilt. Damit verliert die auf Abgrenzung von Kompetenzräumen zielende Vorschrift des Art. 51 Abs. 1 Satz 1 GRCh jede Konturierung. Zur Beantwortung der Frage, wann dies der Fall ist, zieht der EuGH ein – wenn auch eher vage konturiertes – Kriterienbündel heran[5]. Zu prüfen sei danach, ob mit der fraglichen nationalen Regelung die **Durchführung einer Bestimmung des Unionsrechts bezweckt** wird, **welchen Charakter diese Regelung** hat und ob mit ihr **andere als die unter das Unionsrecht fallenden Ziele** verfolgt werden, selbst wenn sie das Unionsrecht mittelbar beeinflussen kann, sowie ob es eine Regelung des Unionsrechts gibt, die für diesen Bereich spezifisch ist oder ihn beeinflussen kann. Die Mitgliedstaaten seien sogar auch dann an die Unionsgrundrechte gebunden, soweit das Unionsrecht den Mitgliedstaaten einen Gestaltungsspielraum einräumt, den der nationale Rechtsakt ausfüllt[6]. Dies sei z.B. der Fall, wenn unionsrechtlich ein Rahmen oder ein Mindeststandard festgesetzt wird. Dabei fordert das Unionsrecht zwar keinen genau bezeichneten nationalen Rechtsakt, die nationalen Handlungen sind jedoch am Unionsrecht zu messen. Nur wenn eine nationale Handlung dem Mitgliedstaat völlig frei steht und lediglich einen einfachen Sachzusammenhang mit einem Unionsrechtsakt aufweist, besteht keine Bindung an die GRCh[7]. Damit wird trotz den Mitgliedstaaten eingeräumter Spielräume eine Unitarisierung der Rechtslage eintreten,

---

1 EuGH v. 26.2.2013 – C-399/11, ECLI:EU:C:2013:107 – Melloni, Rz. 59, dies erkennt das BVerfG im Prinzip an: (für Richtlinien) BVerfG v. 12.10.1993 – 2 BvR 2134/92, 2 BvR 2159/92, BVerfGE 89, 155, 188; BVerfG v. 13.3.2007 – 1 BvF 1/05, BVerfGE 118, 79, 95 f.; BVerfG v. 30.6.2009 – 2 BvE 2/08 u.a., BVerfGE 123, 267, 354.
2 EGMR v. 30.6.2005 – 45036/98 – Bosphorus, NJW 2006, 197 Rz. 153 ff.
3 *Borowsky* in Meyer, Charta der Grundrechte der EU, Art. 51 Rz. 26, *Jarass*, NVwZ 2012, 457, 458; *Ohler*, NVwZ 2013, 1433.
4 EuGH v. 26.2.2013 – C-617/10, ECLI:EU:C:2013:105 – Åkerberg Fransson, Rz. 21.
5 EuGH v. 8.5.2013 – C-87/12, ECLI:EU:C:2013:291 – Ymeraga, Rz. 41; EuGH v. 6.3.2014 – C-206/13, ECLI:EU:C:2014:126 – Siragusa, Rz. 25; EuGH v. 10.7.2014 – C-198/13, ECLI:EU:C:2014:2055 – Hernández, Rz. 37.
6 EuGH v. 27.6.2006 – C-540/03, ECLI:EU:C:2006:429 – Parlament/Rat, Slg. 2006, I-5769 Rz. 104; EuGH v. 26.2.2013 – 617/10, ECLI:EU:C:2013:105 – Åkerberg Fransson, Rz. 29; EuGH v. 8.5.2014 – C-329/13, ECLI:EU:C:2014:815 – Stefan, Rz. 34 f.
7 EuGH v. 6.3.2014 – C-206/13, ECLI:EU:C:2014:126 – Siragusa, Rz. 26; EuGH v. 10.7.2014 – C-198/13, ECLI:EU: C:2014:2055 – Hernández, Rz. 35; EuGH v. 11.11.2014 – C-333/13, ECLI:EU:C:2014:2358 – Dano, Rz. 89 f.; s. auch *Bäcker*, EuR 2015, 389, 394 m.w.N.

was Art. 51 Abs. 2 GRCh verhindern will, wonach der Geltungsbereich des Unionsrechts nicht über die Zuständigkeiten der EU ausgedehnt werden dürfe[1]. Der Ausgangspunkt, den Mitgliedstaaten im Rahmen des Umsetzungsspielraums autonome Regelungen zu ermöglichen, wird wieder über die unitarische Grundrechtsbindung eingefangen.

Eine vermittelnde Linie lässt einen inhaltlichen Bezug zum Unionsrecht nicht ausreichen, sondern stellt eine inhaltliche Betrachtung an: Soweit Handlungen der Mitgliedstaaten unionsrechtlich genau bestimmt werden, gilt die GRCh, jenseits dieser inhaltlichen Determination gelten allein die nationalen Grundrechte. Es ergeben sich dann aus der Charta indirekt materielle Anforderungen an die Auslegung und Anwendung von Unionsrechtsakten, die die Mitgliedstaaten vollziehen. Dies ist die Linie des BVerfG[2], die deutsche Erfahrung vor Augen, dass eine zentrale Grundrechtsgeltung die Tendenz zur weitgehenden Sinnentleerung der Eigenstaatlichkeit der Länder, zum „Vollzugsföderalismus" im „unitarischen Bundesstaat" maßgebend befeuert hat: Der EuGH könne in *Åkerberg Fransson* nicht dahingehend falsch verstanden werden, dass jeder sachliche Bezug einer Regelung zum bloß abstrakten Anwendungsbereich des Unionsrechts oder rein tatsächliche Auswirkungen auf dieses genügten. Für die Bindung der Mitgliedstaaten an Unionsgrundrechte komme es daher maßgeblich darauf an, dass der nationale Rechtsakt vom Unionsrecht determiniert ist. Dies hat den Nachteil, dass ein und dieselbe staatliche Maßnahme in der Grundrechtsgeltung gespalten beurteilt wird: Soweit sie indirekt von Unionsrecht determiniert ist, gilt die GRCh, soweit sie darüber hinaus reicht, das GG. Aber diesen Nachteil der inhaltlichen Aufspaltung der Grundrechtsgeltung für ein und dieselbe staatliche Maßnahme je nach Herkunft ihrer gesetzlichen Programmierung hat auch die Lösung des EuGH: Auch bei seiner weiteren Sichtweise erkennt der EuGH an, dass im Bereich des unionsrechtlich unangetasteten Spielraums des mitgliedstaatlichen Gesetzgebers nationale Grundrechte parallel zu den Unionsgrundrechten Anwendung finden[3]; selbst das aber begrenzt dann, wenn nationale Grundrechte die Unionsgrundrechte einschränken und den Vorrang, die Einheit und die Wirksamkeit des Unionsrechts beeinträchtigen würden[4]. Gegen diese Sichtweise, die das Potential trägt, die Grundrechte des Grundgesetzes selbst jenseits europäischer Bindungen auf eine additiv und einem generellen Effektivitätsvorbehalt unterliegende Residualkategorien und damit auf eine folkloristische Bedeutung nach Art der deutschen Ländergrundrechte zu reduzieren, hat das BVerfG an die Identitätskontrolle erinnert[5]. Zweifelhaft ist, ob die hier manifeste Identitäts-, aber auch Kompetenz- (Macht-)frage aufgelöst werden kann durch ein „abgestuftes System europarechtlicher Standards"[6], wonach der Grad der Bestimmung des Lebenssachverhalts durch das Unionsrecht darüber entscheiden soll, wie stark die Unionsgrundrechte ausstrahlen: Je geringer die unionsrechtliche Bestimmung, desto weniger die Ausstrahlungswirkung der Unionsgrundrechte und damit ein weiter Spielraum, die Abwägungsentscheidung nach Kriterien des nationalen Verfassungsrechts zu treffen.

Die jeweilige Grundrechtsgeltung hat auch Folgen für die richterlichen Verwerfungsbefugnisse bei Unvereinbarkeit einfachen Rechts mit höherrangigem Recht. Formelle nationale Gesetze, die im Widerspruch zum Grundgesetz stehen, liegen ausschließlich im Verwerfungsmonopol des BVerfG (Art. 100 Abs. 1 GG). Die Prüfung nationaler Vorschriften auf die Vereinbarkeit mit Gemeinschaftsrecht erfolgt auch bei europarechtlichem Bezug zunächst durch die nationalen Gerichte, die nach Ausschöpfung aller Auslegungsmethoden einschließlich der europarechtskonformen Auslegung eine streitige Auslegungsfrage dem EuGH vorlegen können und in letzter Instanz sogar vorlegen müssen (Art. 267 Abs. 3 AEUV)[7]. Die Vereinbarkeit von nationalem Recht mit der EMRK ist durch die nationalen Gerichte im Wege völkerrechtsfreundlicher Auslegung herzustellen[8]. Obwohl die EMRK als völkerrechtlicher Vertrag nach Art. 59 Abs. 2 GG den Rang des Transformationsgesetzes und damit auf Ebene einfachen Bundesrechts steht, kommt ihr in der Normenhierarchie eine spezielle Bedeutung zu: Soweit Auslegungs- und Abwägungsspielräume bestehen, ist diejenige Auslegung zu bevorzugen, die zu einem konventionskonformen Ergebnis führt. Auch das Grundgesetz muss im Lichte der EMRK ausgelegt werden, sofern dies nicht zu einer von der Konvention selbst nicht beabsichtigten Einschränkung oder Minderung des grundgesetzlichen Grundrechtsschutzes führt[9]. Darüber hinaus kann derjenige, der sich durch eine vertragsstaatliche Handlung in seinen konventionsrechtlich garantierten Menschenrechten verletzt sieht, nach

---

1 Dazu *Ohler*, NVwZ 2013, 1433, 1438.
2 BVerfG v. 24.4.2013 – 1 BvR 1215/07, BVerfGE 133, 277.
3 EuGH v. 26.2.2013 – C-617/10, ECLI:EU:C:2013:105 – Åkerberg Fransson, Rz. 29.
4 EuGH v. 26.2.2013 – C-617/10, ECLI:EU:C:2013:105 – Åkerberg Fransson, Rz. 29. Dazu etwa *Ohler*, NVwZ 2013, 1433, 1435; *Thym*, NVwZ 2013, 889, 894; *Bäcker*, EuR 2015, 389, 393.
5 BVerfG v. 24.4.2013 – 1 BvR 1215/07, BVerfGE 133, 277, 315. Zur Identitätskontrolle BVerfG v. 15.12.2015 – 2 BvR 2735/14, BVerfGE 140, 317.
6 *Ohler*, NVwZ 2013, 1433, 1437 f.
7 Dazu *Ehricke* in Streinz, EUV/AEUV, Art. 267 AEUV Rz. 41 ff.; *Schwarze* in Schwarze/Becker/Hatje/Schoo, EU-Kommentar, Art. 267 AEUV Rz. 43 ff.
8 BVerfG v. 14.10.2004 – 2 BvR 1481/04, BVerfGE 111, 307; *Satzger* in Satzger/Schluckebier/Widmeier, StPO, 2. Aufl. 2016, Art. 1 EMRK Rz. 25 f.; *Meyer-Ladewig/Brunozzi* in Meyer-Ladewig/Nettesheim/von Raumer, Europäische Menschenrechtskonvention 4. Aufl. 2017, Art. 46 EMRK Rz. 29.
9 BVerfG v. 14.10.2004 – 2 BvR 1481/04, BVerfGE 111, 307, 317; *Satzger* in Satzger/Schluckebier/Widmeier, StPO, 2. Aufl. 2016, Art. 1 EMRK Rz. 25 f.;

Erschöpfung des nationalen Rechtswegs Individualbeschwerde vor dem EGMR nach Maßgabe von Art. 34, 35 EMRK erheben[1].

15 **III. Zuständige Behörde.** Für die Art. 30 ff. VO Nr. 596/2014 gilt die Definition des Art. 3 Abs. 1 Nr. 12 VO Nr. 596/2014, wonach eine zuständige Behörde die nach Art. 22 VO Nr. 596/2014 benannte Behörde ist, sofern in der MAR nicht etwas anderes bestimmt ist. Nach Art. 22 VO Nr. 596/2014 muss jeder Mitgliedstaat eine einzige zuständige Behörde benennen, die für die Zwecke der Verordnung zuständig ist und damit auch die Befugnisse nach Art. 30 VO Nr. 596/2014 wahrnimmt. Die zuständige Behörde gewährleistet die Anwendung der Bestimmungen in ihrem Hoheitsgebiet, auf alle in ihrem Hoheitsgebiet ausgeführten Handlungen und auf im Ausland ausgeführte Handlungen in Bezug auf Finanzinstrumente im Geltungsbereich der MAR (s. hierzu Art. 22 VO Nr. 596/2014 Rz. 7 f.). In Deutschland ist die Bundesanstalt für Finanzdienstleistungsaufsicht (BaFin) zuständig. Dies bestimmt § 6 Abs. 2 WpHG i.V.m. § 1 Abs. 1 Nr. 8 lit. e WpHG.

16 Innerhalb der BaFin sind Bußgeldverfahren einer organisatorisch verselbständigten Einheit zugewiesen (§ 121 WpHG Rz. 9 ff.). Der Aussagegehalt des Art. 30 VO Nr. 596/2014 reicht nicht weiter als die *Behörden*zuständigkeit. Über die gerichtliche Kontrolle oder gerichtlichen Sanktionsbefugnisse trifft Art. 30 VO Nr. 596/2014 keine Aussagen. Deshalb steht der Übergang der Verfolgungszuständigkeit bei Ordnungswidrigkeiten nach § 42 OWiG auf die zuständige Staatsanwaltschaft mit der MAR im Einklang. Art. 22 Satz 1 VO Nr. 396/2014 deutet die dann geänderte Rolle der Aufsichtsbehörde als Option auch im Gemeinschaftsrecht unmittelbar an.

17 **IV. Auslösungstatbestände (Art. 30 Abs. 1 VO Nr. 596/2014).** Bei Verstößen gegen Art. 14, 15, 16 Abs. 1 und 2, 17 Abs. 1, 2, 4, 5 und 8, Art. 18 Abs. 1–6, Art. 19 Abs. 1, 2, 3, 5, 6, 7 und 11 sowie Art. 20 Abs. 1 VO Nr. 596/2014 müssen die zuständigen Behörden mit verwaltungsrechtlichen Befugnissen für Sanktionen und Maßnahmen ausgestattet sein. Zentral sind dabei Verstöße gegen das Verbot des Insiderhandels in Art. 14 VO Nr. 596/2014 und das Verbot der Marktmanipulation in Art. 15 VO Nr. 596/2014 (vgl. Art. 14 VO Nr. 596/2014 Rz. 16 ff. und Art. 15 VO Nr. 596/2014 Rz. 14 ff.), die in schweren Fällen gem. der RL 2014/57/EU (CSMAD) auch mit Strafe bewehrt sein müssen. Neben der Vollendung ist auch der Versuch sanktionsbewehrt.

18 Nach Art. 30 Abs. 1 lit. b VO Nr. 596/2014 sollen die Mitgliedstaaten zudem Sanktionsbefugnisse der Behörden dafür schaffen, dass sich Betroffene bei der Ermittlung, Prüfung oder bei einer in Art. 23 Abs. 2 VO Nr. 596/2014 genannten Anfrage weigert, mit den Behörden zusammenzuarbeiten. Letzteres betrifft vor allem die Verweigerung von Informationen sowie den Zugang zu Unterlagen und Daten oder die Beeinträchtigung von Durchsuchungen (vgl. Art. 23 VO Nr. 596/2014 Rz. 16, 14, 17 f.).

19 **V. Rechtsfolgen: Verwaltungsrechtliche Sanktionen und Maßnahmen (Art. 30 Abs. 2 VO Nr. 596/2014). 1. Abgrenzung zwischen verwaltungsrechtlichen Sanktionen und verwaltungsrechtlichen Maßnahmen.** Das Begriffspaar von (verwaltungsrechtlichen) Maßnahmen und verwaltungsrechtlichen Sanktionen gehört zu den gefestigten autonomen Entwicklungen des europäischen Verwaltungsrechts, wobei gerade im Kapitalmarktrecht die **Terminologie** bedauerlicher Weise **zeitweilig uneinheitlich** war. Es handelt sich weniger um Gattungs-, als um Typusbegriffe, die in unterschiedlichen normativen Kontext auch unterschiedliche Bedeutung haben können. So wird teilweise der Begriff der Sanktion als Oberbegriff verwendet, der neben den echten Sanktionen auch Maßnahmen einschließt, die nicht sanktionieren, sondern eher den aufsichtsrechtswidrigen Zustand unmittelbar abstellen sollen. Dies war die Sichtweise der Kommission in der Vorbereitungsphase des neuen Kapitalmarktrechts, wonach ein weiter Sanktionsbegriff sämtliche verwaltungsrechtliche Maßnahmen ohne eigenständigen Sanktionscharakter wie Maßnahmen zur Wiederherstellung der Rechtmäßigkeit einschließe[2]. Auch der Richtlinienvorschlag zur RL 2003/6/EG (MAD)[3] hatte die „Sanktion" als Unterfall der Maßnahme formuliert, denn dort hieß es noch, dass „geeignete Maßnahmen ergriffen werden sollen, einschließlich im Verwaltungsverfahren erlassene Sanktionen und strafrechtliche Sanktionen entsprechend dem jeweiligen innerstaatlichen Recht."

20 In der MAR werden, zur vorherigen allgemeinen Rechtsentwicklung im Gemeinschaftsrecht zurückkehrend, die Begriffe nebeneinander und mit jeweils eigenständigem Gehalt verwendet. Grundlegend ausgebildet ist das Begriffspaar verwaltungsrechtliche Sanktionen und verwaltungsrechtliche Maßnahmen bereits in der Verordnung (EG, EURATOM) Nr. 2988/95 des Rates vom 18. Dezember 1995 über den Schutz der finanziellen Interessen der Europäischen Gemeinschaften[4]. In Art. 2 Abs. 1 dieser Verordnung steht, dass Kontrollen und verwaltungsrechtliche Maßnahmen und Sanktionen eingeführt werden, soweit sie erforderlich sind, um die ordnungsgemäße Anwendung des Gemeinschaftsrechts sicherzustellen. Diese präzise gemeinschaftsrechtliche

---

1 *Böse* in Sieber/Satzger/von Heintschel-Heinegg, Europäisches Strafrecht, 2. Aufl. 2014, § 52 Rz. 4 ff.; *Satzger* in Satzger/Schluckebier/Widmeier, StPO, 2. Aufl. 2016, Art. 34 EMRK Rz. 3.
2 Mitteilung der Kommission vom 8.12.2010 „Stärkung der Sanktionsregelungen im Finanzdienstleistungssektor", KOM (2010) 716 endg., S. 5.
3 Vorschlag für eine Richtlinie des Europäischen Parlaments und des Rates über Insider-Geschäfte und Marktmanipulation (Marktmissbrauch), KOM(2001) 281 endg.
4 Verordnung (EG, Euratom) Nr. 2988/95 des Rates vom 18. Dezember 1995 über den Schutz der finanziellen Interessen der Europäischen Gemeinschaften, ABl. EG Nr. L 312 v. 23.12.1995, S. 1.

Abgrenzung zwischen Sanktion und Maßnahme war auch in Art. 14 Marktmissbrauchsrichtlinie 2003/6/EG zugrunde gelegt, wonach die Mitgliedstaaten „unbeschadet" ihres Rechts, strafrechtliche Sanktionen vorzusehen, auch dafür Sorge zu tragen haben, dass bei Marktmissbrauch geeignete Verwaltungsmaßnahmen ergriffen werden oder im Verwaltungsverfahren zu erlassende Sanktionen verhängt werden.

Sanktionen belegen missbilligtes, rechtswidriges Verhalten mit einem Übel. Sie sind solche nachträglichen negativen Folgen, die nicht auf Rückgängigmachung oder Ausgleich von Folgen und auch nicht gegen Wiederholung gerichtet sind. Ihr Zweck ist nicht die Restitution, sondern die Prävention (Abschreckung) und eventuell Vergeltung. Die Kriminalstrafe ist eine Sanktion, sogar der typische Fall, aber keine verwaltungsrechtliche. Von der Kriminalstrafe unterscheidet sich die verwaltungsrechtliche Sanktion darin, dass die Rechtsordnung mit ihr ein geringeres Unwerturteil verbindet. Dies ermöglicht typischer Weise eine primäre Festsetzung durch Verwaltungsbehörden, diese Befugnis kann aber im gerichtlichen Kontrollverfahren auf das Gericht übergehen. Es schließt die Verhängung von Freiheitsstrafen aus. Demgegenüber sind verwaltungsrechtliche Maßnahmen solche verwaltungsrechtlichen (belastenden) Eingriffe, die einem anderen Zweck dienen als dem, vergangenes Verhalten zu sanktionieren. Beispiele sind Maßnahmen, die der Restitution des vorherigen, rechtmäßigen Zustandes dienen (Art. 4 Abs. 3 VO Nr. 2988/95) und Maßnahmen, die der Beseitigung oder Verhinderung eines rechtswidrigen Zustandes oder Verhaltens dienen, ausgenommen generalpräventive Maßnahmen. 21

Eine präzise Abgrenzung ist spätestens auf der Ebene der Umsetzung auch deshalb unumgänglich, weil bei genuinen Sanktionen, bei denen der Missbilligungs- und Abschreckungscharakter dominiert, ganz andere grundrechtliche materielle und prozedurale Garantien aufgerufen sind als bei präventiven Gefahrenabwehrmaßnahmen. Gleichwohl ist die Unterscheidung zwischen verwaltungsrechtlicher Sanktion und verwaltungsrechtlicher Maßnahme mitunter schwierig, da die Einordnung als Sanktion oder Maßnahme von der Rechtsordnung des jeweiligen Mitgliedstaates abhängt[1]. Für die von Art. 30 Abs. 2 VO Nr. 596/2014 verlangten Geldbußen hat der MAR-Verordnungsgeber indessen eine eindeutige Zuordnung zu den finanziellen Sanktionen vorgenommen. Demgegenüber ordnet der europäische Verordnungsgeber die anderen Rechtsfolgen als Beispiele für verwaltungsrechtliche Maßnahmen ein und versucht damit, sie unterhalb der Schwelle der Generalprävention und Abschreckung zu halten. Diese Zwecksetzung ist bei der Auslegung und Anwendung der entsprechenden Vorschriften zu beachten. 22

2. Inhaltliche Anforderungen nach Unionsrecht an die Sanktionen: Allgemeine Grundsätze und Regelungsstrategien im Vergleich. Die Frage, wie Verletzungen von Gemeinschaftsrecht und umgesetztem Richtlinienrecht in der nationalen Rechtsordnung sanktioniert sind, ist ein Dauerthema des Unionsrechts. Soweit es hierfür keine bereichsspezifische Regelung gibt, gelten die Grundsätze der **Wirksamkeit** (Effektivität) und **Gleichwertigkeit** (Äquivalenz): Die nach nationalem Recht vorgesehenen Maßnahmen müssen wirksam sein, um eine Rechtsdurchsetzung zu ermöglichen. Sie dürfen im Hinblick auf Gemeinschaftsrecht nicht substantiell schwächer sein als für vergleichbares nationales Recht. Dies ergibt sich – auch ohne gesonderte ausdrückliche fachrechtliche Normierung – schon aus europäischem Primärrecht. Gem. Art. 4 Abs. 3 EUV sind die Mitgliedstaaten verpflichtet, alle geeigneten Maßnahmen zu treffen, um die volle Wirksamkeit des Gemeinschaftsrechts zu gewährleisten. Das setzt aber nicht generell und zwingend *verwaltungs*rechtliche Maßnahmen und *verwaltungs*strafrechtliche Sanktionen voraus; auch Zivilrecht *kann* geeignet sein, wirksame Rechtsdurchsetzung zu gewährleisten[2]. Art. 30 VO Nr. 596/2014 lässt aber sekundärrechtlich ein allein zivilistisches Rechtsdurchsetzungskonzept nicht zu. Dabei müssen die Mitgliedstaaten, denen die Wahl der Sanktion verbleibt, darauf achten, dass Verstöße gegen das Gemeinschaftsrecht nach ähnlichen sachlichen und verfahrensrechtlichen Regeln geahndet werden wie nach Art und Schwere vergleichbare Verstöße gegen nationales Recht. Von den Mitgliedstaaten geschaffene Sanktionen müssen zudem jedenfalls wirksam, verhältnismäßig und abschreckend sein[3]. 23

Eine Sanktion oder Maßnahme ist dann **wirksam**, wenn sie die Einhaltung des EU-Rechts sicherstellt. Sie ist **verhältnismäßig**, wenn sie der Schwere des Verstoßes angemessen ist und nicht über das zur Erreichung der verfolgten Ziele notwendige Maß hinausgeht. **Abschreckend** soll die Sanktion oder Maßnahme schließlich dann sein, wenn sie schwer genug ist, um einen Urheber von einem weiteren Verstoß und andere potentielle Rechtsbrecher von einem erstmaligen Verstoß abzuhalten[4]. 24

---
1 Mitteilung der Kommission vom 8.12.2010 „Stärkung der Sanktionsregelungen im Finanzdienstleistungssektor", KOM (2010) 716 endg., S. 5.
2 Allgemein *Einsele*, ZHR 180 (2016), 233 ff.
3 EuGH v. 21.9.1989 – C-68/88, ECLI:EU:C:1989:339 – Kommission v. Griechenland, Slg. 1989, I-2965 Rz. 23 f.; EuGH v. 27.2.1997 – C-177/95, ECLI:EU:C:1997:89 – Ebony Maritime SA, Loten Navigation Co. Ltd v. Prefetto della Provincia di Brindisi u.a., Slg. 1997, I-1111 Rz. 35; EuGH v. 8.7.1999 – C-186/98, ECLI:EU:C:1999:376 – Nunes und de Matos, Slg. 1999, I-4883 Rz. 10, 12 ff.; EuGH v. 30.9.2003 – C-167/01, ECLI:EU:C:2003:512 – Kamer van Koophandel en Fabrieken voor Amsterdam v. Inspire Art Ltd, Slg. 2003, I-10155 Rz. 62 = AG 2003, 680; EuGH v. 11.10.2007 – C-460/06, ECLI:EU:C:2007:601 – Paquay v. Société d'architectes Hoet + Minne SPRL, Slg. 2007, I-8511 Rz. 52; *v. Danwitz*, Europäisches Verwaltungsrecht, S. 483 ff.; *Hindelang* in EnzEuR III, § 33 Rz. 18 ff.
4 Mitteilung der Kommission vom 8.12.2010 „Stärkung der Sanktionsregelungen im Finanzdienstleistungssektor", KOM (2010) 716, S. 5; zum Meinungsstand *Hodges*, Law and Corporate Behaviour, S. 89 ff. m.w.N.

25 Zur Umsetzung dieser Anforderungen einer geteilten Ergebnisverantwortung gibt es unterschiedliche Regelungsstrategien:
- Eine erste Regelungsstrategie ist es, es bei der primärrechtlichen Aussage aus Art. 4 Abs. 3 EUV zu belassen.
- Die zweite Regelungstechnik verankert die Trias wirksam, verhältnismäßig und abschreckend gesondert ausdrücklich sekundärrechtlich. Dieser Regelungsstrategie folgen teilweise die kapitalmarktrechtlichen Rechtsakte, indem sie ausdrücklich vorsehen, dass die Sanktionen und Maßnahmen wirksam, verhältnismäßig und abschreckend sein müssen (etwa Art. 41 Unterabs. 1 Satz 2 VO Nr. 236/2012 [Leerverkaufs-VO]; Art. 22 Abs. 3 Unterabs. 2 VO Nr. 648/2012 [EMIR]).
- Die dritte Regelungstechnik verzichtet auf die allgemeine Finalvorgabe, sondern buchstabiert sie aus, etwa indem sie die Rahmen detailliert vorgibt. Dieser Regelungstechnik entspricht Art. 30 VO Nr. 596/2014 und Art. 24 ff. VO Nr. 1286/2014 (PRIIP-VO). Mitunter werden konkrete Rahmen zusätzlich mit einem gesonderten sekundärrechtlichen Gebot der Abschreckung, Verhältnismäßigkeit und Wirksamkeit verkoppelt (Art. 22 Abs. 1 Unterabs. 1 Satz 2 VO Nr. 1286/2014 [PRIIP-VO]). Hierdurch ändert sich i.d.R. nichts, da die Mitgliedstaaten ohnehin, soweit die konkreten Vorgaben nicht mehr reichen, eigenständige Entscheidungsspielräume haben.

26 **3. Nicht finanzielle Sanktionen und Maßnahmen.** Zu den nicht finanziellen Sanktionen und Maßnahmen gehören gem. Art. 30 Abs. 2 lit. a–g VO Nr. 596/2014 Einstellungs- und Unterlassungsanordnungen, die zum Inhalt haben, dass die für den Verstoß verantwortliche Person die betreffende Verhaltensweise einstellt und von einer Wiederholung absieht (lit. a), der Einzug durch den Verstoß erzielter Gewinne oder vermiedener Verluste, sofern bezifferbar (lit. b), die öffentliche Warnung hinsichtlich der für den Verstoß verantwortlichen Person und der Art des Verstoßes (lit. c), der Entzug oder die Aussetzung der Zulassung einer Wertpapierfirma (lit. d), ein zeitweises Berufsverbot für verantwortliche Führungspersonen in einer Wertpapierfirma bzw. ein vorübergehendes Verbot für jede andere für den Verstoß verantwortliche natürliche Person, in Wertpapierfirmen Führungsaufgaben wahrzunehmen (lit. e) oder bei wiederholten Verstößen gegen Art. 14 VO Nr. 596/2014 (Verbot von Insiderhandel) oder gegen Art. 15 VO Nr. 596/2014 (Verbot der Marktmanipulation) ein dauerhaftes Berufsverbot für Führungspersonen oder für andere verantwortliche natürliche Personen, in Wertpapierfirmen Führungsaufgaben wahrzunehmen und schließlich ein vorübergehendes Verbot für Führungspersonen in einer Wertpapierfirma oder andere verantwortliche natürliche Personen, Eigengeschäfte zu tätigen (lit. g).

27 In Deutschland sind diese Bestimmungen umgesetzt in § 6 Abs. 6–10 WpHG (s. im Einzelnen § 6 WpHG Rz. 146–195).

28 **4. Finanzielle Sanktionen.** Als verwaltungsrechtliche finanzielle Sanktionen sieht Art. 30 Abs. 2 lit. h–j VO Nr. 596/2014 hohe Geldbußen vor, um eine möglichst große Abschreckungswirkung zu erzielen (Erwägungsgrund 70 Satz 2 VO Nr. 596/2014). Den Mitgliedstaaten wird aufgegeben, in Annäherung an die Kartellrechtspraxis wesentlich höhere Geldbußen vorzusehen als die Sanktionierungspraxis unter Geltung der RL 2003/6/EG (MAD) zeigte[1]. Dabei sollen möglichst hohe Geldbußandrohungen den Finanzmarktakteuren den Anreiz nehmen, Marktmissbrauch zu begehen, indem die zuständige Behörde solche Geldbußen nach Maßgabe der Fakten und Umstände festsetzen können muss, die Gewinne oder vermiedene Verluste übersteigen, die durch MAR-Verstöße erzielt worden sind[2]. Bei der Bußgeldbemessung sind allerdings je nach Sachlage verschiedene Faktoren zu berücksichtigen wie der Einzug eines festgestellten finanziellen Vorteile, die Schwere und Dauer des Verstoßes, erschwerende oder mildernde Umstände und die Notwendigkeit einer abschreckenden Wirkung von Geldbußen sowie eine mögliche Ermäßigung für die Zusammenarbeit mit der zuständigen Behörde (Erwägungsgrund 71 Satz 3 VO Nr. 596/2014, im Einzelnen dazu zu Art. 31 VO Nr. 596/2014 Rz. 7). So kann insbesondere die tatsächliche Höhe von Geldbußen, die in einem bestimmten Fall verhängt werden müssen, die in Art. 30 Abs. 2 lit. h VO Nr. 596/2014 festgesetzte Obergrenze oder die für sehr schwere Verstöße durch nationale Rechtsvorschriften festgesetzte höher liegende Obergrenze erreichen, während bei geringfügigen Verstößen im Fall einer Verständigung Geldbußen verhängt werden können, die weit unterhalb der Obergrenze liegen (Erwägungsgrund 71 Satz 4 VO Nr. 596/2014).

29 So sollen die Mitgliedstaaten nach Art. 30 Abs. 2 lit. h VO Nr. 596/2014 maximale verwaltungsrechtliche finanzielle Sanktionen vorsehen, die mindestens bis zur dreifachen Höhe der durch die Verstöße erzielten Gewinne oder vermiedenen Verluste gehen können, sofern diese bezifferbar sind. Bei Verstößen gegen das Insiderhandelsverbot, Art. 14 VO Nr. 596/2014, sowie das Verbot der Marktmanipulation, Art. 15 VO Nr. 596/2014, kann natürlichen Personen eine Geldbuße bis zu 5 Millionen Euro drohen. Für juristische Personen bemisst sich der Bußgeldrahmen bis zu 15 Millionen Euro oder 15 % des (Konzern-) Gesamtumsatzes des vorangegangenen Ge-

---

1 Im de Larosière-Bericht (s. Rz. 6 Fn. 2), Rz. 84, haben die Experten, die die Europäische Kommission mit der Begutachtung der Sanktionspraxis unter Geltung der MAD beauftragte, festgestellt, dass „zwischen den Geldbußen, die im Wettbewerbsbereich verhängt werden können und den Strafen für Finanzbetrug ein auffälliger Unterschied klafft". Diesen Unterschied soll Art. 30 Abs. 2 lit. h–j VO Nr. 596/2014 beseitigen.
2 Vorschlag der Europäischen Kommission für eine Verordnung des Europäischen Parlaments und des Rates über Insider-Geschäfte und Marktmanipulation (Marktmissbrauch) KOM(2011) 651, S. 14 f.

schäftsjahres. Bei Verstößen gegen Ad-hoc-Publizitätspflichten ist für natürliche Personen ein Bußgeldrahmen bis zu 1 Mio. Euro geregelt, Art. 30 Abs. 2 lit. i ii) VO Nr. 596/2014. Juristischen Personen droht insoweit eine Geldbuße bis 2,5 Mio. Euro oder 2 % des (Konzern-) Gesamtumsatzes des vorangegangenen Geschäftsjahres. Bei Verstößen gegen sonstige Pflichten wie das Führen von Insiderlisten, Eigengeschäften und Meldepflichten bei Directors' Dealings sowie bei Verstößen gegen Sorgfaltspflichten von Finanzanalysten (Art. 18–20 VO Nr. 596/2014) kann natürlichen Personen eine Geldbuße von mindestens bis zu 500.000 Euro und juristischen Personen bis zu 1 Mio. Euro auferlegt werden, Art. 30 Abs. 2 lit. i iii), lit. j iii) VO Nr. 596/2014.

Die drakonischen Bußgelddrohungen stehen ganz unter dem Postulat der Abschreckung. Der gemeinschaftliche Abschreckungsglauben führt zu einer Eskalation der Sanktionsrahmen, die wenig nachgewiesene Korrelation mit tatsächlicher Effektivität der Rechtsdurchsetzung hat[1]. **Bezugspunkt** des Abschreckungsgebotes sind die **gesetzlichen Bußgeldrahmen** der Mitgliedstaaten und nicht die jeweils **verhängte Einzelstrafe**. Der Abschreckungscharakter fließt in die behördliche oder gerichtliche Zumessungsentscheidung über die gesetzliche Obergrenze ein, die den Rahmen vorgibt; bei der tatrichterlichen Orientierung innerhalb des Rahmens ist der Abschreckungsgedanke in der Regel nicht gesondert berücksichtigungsfähig. Das Gemeinschaftsrecht entspricht hier den Grundsätzen, wie sie das Straf- und Ordnungswidrigkeitenrecht vorsehen: Die Rechtsprechung hält eine generalpräventive Abschreckung als Zumessungserwägung zwar für grundsätzlich möglich, bindet dies aber strikt an den Rahmen des individuell Schuldangemessenen[2]. Sie verlangt aber einschränkend das Vorliegen besonderer Umstände wie „eine gemeinschaftsgefährliche Zunahme solcher oder ähnlicher Straftaten, wie sie zur Aburteilung stehen"[3]. In sonstigen Fällen soll die abschreckende Wirkung der gesetzlichen Strafandrohung und Verurteilung ausreichen[4]. Teile der Literatur lehnen die Berücksichtigung von generalpräventiven Abschreckungszielen im Einzelfall sogar gänzlich ab, weil diese im Regelfall im gesetzlichen Strafrahmen konsumiert sind[5].

Dass verwaltungsrechtliche Sanktionen oder Maßnahmen abschreckend sein sollen, war bei den Gesetzgebungsarbeiten zur MAR zunächst noch im Normtext des Kommissionsvorschlags selbst vorgesehen (Art. 24 Abs. 1 Satz 2)[6]. Die MAR geht indes einen anderen Weg, indem sie die Finalvorgaben selbst ausgestaltet und den Mitgliedstaaten detaillierte Mindestvorgaben aufgibt. Betont wird dabei sehr stark, über das allgemeine Postulat der Wirksamkeit hinausgehend, die Abschreckung als Mittel wirksamer Rechtsdurchsetzung. Ersichtlich ging es dem Europäischen Gesetzgeber bei der Sanktionshöhe darum, möglichst hohe Obergrenzen festzulegen, um die Abschreckung zu maximieren und der Besorgnis entgegen zu wirken, dass die Behörden zu milde Sanktionen verhängen, wenn sie den Verstoß in Relation zu einer ihrer Auffassung nach angemessenen Geldbuße setzen. Ausweislich von **Erwägungsgrund 70 Satz 2 VO Nr. 596/2014** sollten die Aufsichtsbehörden mit ausreichenden Handlungsbefugnissen ausgestattet sein und auf **gleichwertige, starke und abschreckende Sanktionsregelungen** für alle Finanzvergehen zurückgreifen können. Weiterhin sollten die Sanktionen **wirksam durchgesetzt** werden können.

5. Bedeutung des Schuldprinzips: Finanzielle Sanktionen ohne Vorwerfbarkeit?

In Deutschland sind die Verwaltungssanktionen als Ordnungswidrigkeiten umgesetzt, die Vorsatz oder Fahrlässigkeit, also eine individuelle Vorwerfbarkeit voraussetzen. Art. 30 VO Nr. 596/2014 verhält sich nicht dazu, ob diese Voraussetzung dem Grunde nach – der *Höhe nach* ist sie nach Art. 31 VO Nr. 596/2014 zwingend Zumessungskriterium – unionsrechtlich *erlaubt* ist. Art. 30 VO Nr. 596/2014 ist aber nicht so zu verstehen, dass er die Mitgliedstaaten zwingt, eine objektive Bußgeldbewehrung ohne subjektive Vorwerfbarkeit vorzusehen. Die deutsche Umsetzung mit einem Vorwerfbarkeitserfordernis ist mithin verordnungskonform.

Man kann aber auch – auf unionsrechtlicher Ebene – die Frage stellen, ob eine *strict liability* ohne individuelles Verschulden bei den finanziellen Sanktionen des Art. 30 Abs. 2 lit. i VO Nr. 596/2014 überhaupt erlaubt wäre. Mithin ist nach dem Stand des Unionsrechts ungeklärt, ob die sich aus Art. 30 Abs. 2 lit. i VO Nr. 596/2014 ergebenden verwaltungsrechtlichen Sanktionen die subjektive Vorwerfbarkeit, also Schuld des Handelnden, vo-

---

1 Kritisch z.B. auch *Zeder*, NZWiSt 2017, 41, 47 („Hand des EP zur Repression"); *Weiß*, PinG 2017, 97, 103 (zum Datenschutzrecht).
2 Vgl. BGH v. 10.11.1954 – 5 StR 476/54, BGHSt 7, 28, 32 f.; BGH v. 4.8.1965 – 2 StR 282/65, BGHSt 20, 264, 267; BGH v. 28.2.1979 – 3 StR24/79, BGHSt 28, 318, 326; BGH v. 3.11.1982 – 3 StR 377/82, StV 1983, 14; BGH v. 17.8.1994 – 2 StR 343/94, NStZ 1995, 77 f.
3 Vgl. BGH v. 6.4.1962 – 4 StR 32/62, BGHSt 17, 321, 324; BGH v. 11.8.1982 – 2 StR 438/82, NStZ 1982, 463; BGH v. 16.2.1983 – 2 StR 436/82, StV 1983, 195; BGH v. 20.3.1983 – 4 StR 87/86, StV 1987, 100; BGH v. 21.3.2002 – 5 StR 566/01, wistra 2002, 260, 261; BGH v. 3.12.2003 – 5 StR 473/03, NStZ-RR 2004, 105 f., BGH v. 5.4.2005 – 4 StR 95/05, StV 2005, 387 f.; BGH v. 8.5.2007 – 4 StR 173/07, NStZ 2007, 702.
4 *Fischer*, 65. Aufl. 2018, § 46 StGB Rz. 11 f.
5 Vgl. *Schmidhäuser*, Strafrecht AT, 2. Aufl. 1984, 3/23; *Hassemer*, ZStW 90 (1978), 64, 96 f.; *Streng*, ZStW 92 (1980), 637, 667 ff.; *Frisch*, ZStW 99 (1987), 349, 370 f.; *Maurach/Gössel/Zipf*, Strafrecht AT-2, 8. Aufl. 2014, § 63 Rz. 90 ff., 100 ff.; *Freund*, GA 1999, 509, 534 f.
6 Vorschlag der Europäischen Kommission für eine Verordnung des Europäischen Parlaments und des Rates über Insider-Geschäfte und Marktmanipulation (Marktmissbrauch) KOM(2011) 651, S. 49.

raussetzen oder ob diese als *strict liability* bestehen und damit auch ergehen können, wenn Vorsatz oder Fahrlässigkeit bei Begehen des Regelverstoßes nicht nachweislich gegeben sind.

34 Der EuGH tendiert bislang dazu, dass das Unionsrecht der Schaffung von nationalen Straftatbeständen, die eine objektive Strafbarkeit begründen, nicht entgegensteht[1]. In einer politischen Absichtserklärung hatte der Rat der Europäischen Union die Frage des Schuldprinzips im Rahmen der Festlegung von Schlussfolgerungen für Musterbestimmungen als Orientierungspunkte für die Verhandlungen des Rates im Bereich des Strafrechts nach Inkrafttreten des Vertrags von Lissabon diskutiert und sich dazu entschieden, von einer Strafbarkeit für schuldloses Verhalten innerhalb der Strafgesetzgebung der EU abzusehen[2]. Für die Verwaltungssanktionen nach Art. 30 VO Nr. 596/2014 gilt dies nicht, weil es sich nicht um Kriminalstrafrecht handelt. Der EuGH unterscheidet insoweit zwischen strafrechtlichen Sanktionen und Sanktionen ohne strafrechtlichen Charakter. Nur für Normen strafrechtlicher Natur kommt ein Verbot „*nulla poena sine culpa*" überhaupt in Betracht[3]. Die Entscheidungen betrafen Fälle, in denen nationale Straftatbestände zur Ahndung von Verstößen gegen unionsrechtliche Verordnungsbestimmungen geschaffen wurden. Eine andere Frage ist, ob Rechtsakte der Union ihrerseits selbst eine Haftung für schuldloses Verhalten vorsehen können.

35 Die berühmte Aussage des BVerfG im Lissabon-Urteil, eine strafrechtliche Haftung ohne individuelle Schuld in Form von Vorsatz oder Fahrlässigkeit des Täters sei mit der Garantie der Menschenwürde gem. Art. 1 Abs. 1 GG unvereinbar und verstoße gegen den Identitätskern des Grundgesetzes, dürfte wegen der Fundierung in der Menschenwürde auf juristische Personen und wahrscheinlich auch auf Ordnungswidrigkeiten nicht ohne weiteres übertragbar sein[4]. Allerdings dürften sich wirksame Schranken gegen eine Haftung für schuldloses Handeln aus der EMRK ergeben. Obwohl nicht ausdrücklich in der Norm genannt, wird das Schuldprinzip von der Literatur in den Umfang der Garantie des Art. 7 EMRK hineingelesen[5]. Nach Art. 7 Abs. 1 Satz 1 EMRK darf niemand wegen einer Handlung oder Unterlassung verurteilt werden, die zur Zeit ihrer Begehung nach innerstaatlichem oder internationalem Recht nicht **strafbar** war. Den Begriff der Strafe legt der EGMR autonom aus unter Heranziehung folgender Kriterien[6]: Zunächst ist zu prüfen, ob eine Maßnahme eine Sanktion ist, die nach einer Verurteilung für eine strafbare Handlung auferlegt worden ist. Weiterhin kommt es auf die Natur der Maßnahme und ihren Zweck an sowie auf ihre Charakterisierung durch das innerstaatliche Recht, das vorgesehene Verfahren, den Vollzug und die Schwere der Maßnahme. Demnach fällt nicht nur die Kriminalstrafe unter den Begriff der Strafe i.S.v. Art. 7 EMRK, sondern auch andere Maßnahmen können umfasst sein, sofern diese nicht nur rein präventiver Natur sind, sondern im Zusammenhang mit der Sanktionierung begangenen Unrechts stehen[7]. So ist beispielsweise auch die Beschlagnahme von Grundstücken, welche nach nationalem Recht nur als Verwaltungsmaßnahme gilt, vom Begriff der Strafe i.s.v. Art. 7 EMRK umfasst, wenn sie aus Anlass einer Straftat in einem Strafverfahren angeordnet wird (*Sud Fondi SRL u.a.*)[8]. Die Maßnahme muss sich damit auf eine begangene Tat beziehen.

36 Die Sanktionen des Art. 30 Abs. 2 lit. i VO Nr. 596/2014 sind wegen ihrer Lösung von einer Folgenbeseitigung und Restitution sowie als Sanktionierung für begangene Verstöße gegen die MAR ohne präventiven Charakter als „Strafe" i.S.v. Art. 7 EMRK einzuordnen. Art. 7 EMRK verlangt dabei, dass eine Sanktionierung nur erfolgen dürfe, wenn auf subjektiver Tatbestandsseite voluntative und kognitive Elemente des Täters gegeben sind[9]. Eine *strict liability* wäre folglich ausgeschlossen und Art. 7 EMRK nur Genüge getan, wenn die Sanktion an ein vorsätzliches oder fahrlässiges Handeln anknüpft. So hat der EGMR in *Sud Fondi SRL u.a.* entschieden, dass Art. 7 EMRK für eine strafrechtliche Sanktion wie die Beschlagnahme von Grundstücken im Rahmen eines Strafver-

---

1 EuGH v. 10.7.1990 – C-326/88, ECLI:EU:C:1990:291 – Anklagemyndigheden v. Hansen & Søn I/S, Slg. 1990, I-2911 Rz. 15–19; EuGH v. 2.10.1991 – C-7/90, ECLI:EU:C:1991:363 – Vandevenne u.a., Slg. 1991, I-4371 Rz. 17 f.; EuGH v. 27.2.1997 – C-177/95, ECLI:EU:C:1997:89 – Ebony Maritime SA, Loten Navigation Co. Ltd v. Prefetto della Provincia di Brindisi u.a., Slg. 1997, I-1111 Rz. 36; EuGH v. 9.2.2012 – C-210/10, ECLI:EU:C:2012:64 – Urbán v. Vám- és Pénzügyőrség Észak-alföldi Regionális Parancsnoksága, Rz. 47 f.; EuGH v. 11.7.2002 – C-210/00, ECLI:EU:C:2002:440 – Käserei Champignon Hofmeister GmbH & Co. KG v. Hauptzollamt Hamburg-Jonas, Slg. 2002, I-6453 Rz. 48.
2 Schlussfolgerungen über „Musterbestimmungen als Orientierungspunkte für die Verhandlungen des Rates im Bereich des Strafrecht", Ratsdokument 16542/09 REV 1 v. 27.11.2009.
3 EuGH v. 11.7.2002 – C-210/00, ECLI:EU:C:2002:440 – Käserei Champignon Hofmeister GmbH & Co. KG v. Hauptzollamt Hamburg-Jonas, Slg. 2002, I-6453 Rz. 35, 44.
4 BVerfG v. 30.6.2009 – 2 BvE 2/08, BVerfGE 123, 267, 413; BVerfG v. 15.12.2015 – 2 BvR 2735/14, BVerfGE 140, 317.
5 *Kreicker* in Sieber/Satzger/von Heintschel-Heinegg, Europäisches Strafrecht, § 51 Rz. 87.
6 Sog. Welch-Kriterien: EGMR v. 9.2.1995 – 17440/90 – Welch/Vereinigtes Königreich, Rz. 27 ff.; EGMR v. 12.2.2008 – 21906/04 – Kafkaris/Zypern, Slg. 08-I Rz. 142.
7 *Meyer-Ladewig/Harrendorf/König* in Meyer-Ladewig/Nettesheim/von Raumer, Europäische Menschenrechtskonvention, 4. Aufl. 2017, Art. 7 EMRK Rz. 6 f.
8 EGMR v. 20.1.2009 – 75909/01 – Sud Fondi SRL u.a., Rz. 115; *Satzger* in Satzger/Schluckebier/Widmaier, StPO, 2. Aufl. 2016, Art. 7 EMRK Rz. 10.
9 So *Satzger* in Satzger/Schluckebier/Widmaier, StPO, Art. 7 EMRK Rz. 27, demzufolge Art. 7 EMRK eine individuelle Verantwortlichkeit zur Bedingung einer Strafe macht, aber nicht mit dem nationalstaatlichen Schuldprinzip gleichzusetzen sei.

fahrens, die Anknüpfung an ein kognitives und ein voluntatives Element der Person voraussetze und eine Strafe ohne Bestehen dieser subjektiven Elemente – und damit verschuldensunabhängig – nicht gerechtfertigt wäre[1].

VI. Weitergehende Befugnisse und Sanktionen durch Mitgliedstaaten (Art. 30 Abs. 3 VO Nr. 596/2014). 37
Art. 30 Abs. 3 VO Nr. 596/2014 sieht vor, dass die Mitgliedstaaten den zuständigen Behörden neben den in Abs. 2 genannten Befugnissen weitere Befugnisse einräumen können und die Behörden höhere Sanktionen verhängen dürfen. Hieraus ergibt sich, dass die MAR nur teilweise vollharmonisierend ist. Das verwaltungsrechtliche Durchsetzungsinstrumentarium ist nur mindestharmonisiert[2]. Auch im Hinblick auf die Tatbestandsseite ist Art. 30 Abs. 1 VO Nr. 596/2014 des verwaltungsrechtlichen Sanktionsregimes – ungeachtet des Fehlens einer Abs. 3 entsprechenden Öffnungsklausel – mindestharmonisierend. Art. 30 Abs. 3 VO Nr. 596/2014 lässt keinen Umkehrschluss zu. Nach dem Wortlaut von Art. 30 Abs. 1 VO Nr. 596/2014 müssen die zuständigen Behörden mit Befugnissen ausgestattet sein, angemessene verwaltungsrechtliche Sanktionen und Maßnahmen in Bezug auf **mindestens** die unter lit. a und b genannten Verstöße zu erlassen. Das „mindestens" spricht ebenfalls für eine Mindestharmonisierung. Der Kommissionsentwurf zur MAR hatte in seinem damaligen Art. 25 noch kein Prädikat „mindestens"; ersichtlich wurde im europäischen Gesetzgebungsverfahren der mindestharmonisierende Charakter ausgeweitet, um die mitgliedschaftlichen Verwaltungsrechtssysteme und die Eigenständigkeit der Mitgliedstaaten zu wahren.

Art. 31 Wahrnehmung der Aufsichtsbefugnisse und Verhängung von Sanktionen

(1) Die Mitgliedstaaten stellen sicher, dass die zuständigen Behörden bei der Bestimmung der Art und der Höhe der verwaltungsrechtlichen Sanktionen alle relevanten Umstände berücksichtigen, darunter gegebenenfalls

a) die Schwere und Dauer des Verstoßes;
b) der Grad an Verantwortung der für den Verstoß verantwortlichen Person;
c) die Finanzkraft der für den Verstoß verantwortlichen Person, wie sie sich zum Beispiel aus dem Gesamtumsatz einer juristischen Person oder den Jahreseinkünften einer natürlichen Person ablesen lässt;
d) die Höhe der von der für den Verstoß verantwortlichen Person erzielten Gewinne oder vermiedenen Verluste, sofern diese sich beziffern lassen;
e) das Ausmaß der Zusammenarbeit der für den Verstoß verantwortlichen Person mit der zuständigen Behörde, unbeschadet des Erfordernisses, die erzielten Gewinne oder vermiedenen Verluste dieser Person einzuziehen;
f) frühere Verstöße der für den Verstoß verantwortlichen Person und
g) die Maßnahmen, die von der für den Verstoß verantwortlichen Person ergriffen wurden, um zu verhindern, dass sich der Verstoß wiederholt.

(2) Bei der Ausübung ihrer Befugnisse zur Verhängung von verwaltungsrechtlichen Sanktionen oder anderen verwaltungsrechtlichen Maßnahmen nach Art. 30 arbeiten die zuständigen Behörden eng zusammen, um sicherzustellen, dass die Ausführung ihrer Aufsichts- und Ermittlungsbefugnisse sowie die verwaltungsrechtlichen Sanktionen, die sie verhängen und die anderen verwaltungsrechtlichen Maßnahmen, die sie treffen, wirksam und angemessen im Rahmen dieser Verordnung sind. Sie koordinieren ihre Maßnahmen im Einklang mit Art. 25, um etwaige Doppelarbeit und Überschneidungen bei der Ausübung ihrer Aufsichts- und Ermittlungsbefugnissen sowie bei der Verhängung von verwaltungsrechtlichen Sanktionen auf grenzüberschreitende Fälle zu vermeiden.

In der Fassung vom 16.4.2014 (ABl. EU Nr. L 173 v. 12.6.2014, S. 1 ff.).

Schrifttum: S. Art. 30 VO Nr. 596/2014.

---

1 EGMR v. 20.1.2009 – 75909/01 – Sud Fondi SRL u.a., Rz. 116 (Beschlagnahme von Grundstücken als Strafe). In den Urteilen *Streletz, Kessler* und *Krenz* sowie *K.-H. W.* hat der EGMR im Rahmen kriminalstrafrechtlicher Verurteilungen wegen Tötungen bei Fluchtversuchen an der Grenze der DDR die Vorhersehbarkeit einer strafrechtlichen Verurteilung für die Täter geprüft und bejaht. Implizit ließ der EGMR auch in diesen Urteilen erkennen, dass eine strafrechtliche Haftung ohne Vorhersehbarkeit und damit ohne Wissen um das Begehen einer rechtswidrigen Handlung mit Art. 7 EMRK nicht vereinbar wäre, EGMR v. 22.3.2001 – 34044/96, 35532/97, 44801/98 – Streletz u.a., Rz. 77 ff.; EGMR v. 22.3.2001 – 37201/97 – K.-H. W., Rz. 68 ff.
2 Anders sieht dies *Mennicke* in Fuchs, Vor §§ 12–14 WpHG Rz. 40h, die keine Mindestharmonisierung erblickt, sondern in Art. 30 Abs. 3 VO Nr. 596/2014 einen den Mitgliedstaaten eingeräumten Vollzugsspielraum hinsichtlich derivativer Befugnisse der Behörden aus der Verordnung selbst herleitet. S. auch *Veil/Koch*, WM 2011, 2297, 2298; *Veil*, ZBB 2014, 85, 78.

Art. 31 VO Nr. 596/2014 | Wahrnehmung der Aufsichtsbefugnisse und Verhängung von Sanktionen

I. Grundlagen 1	III. Kooperationsgebot und Vermeidung von Doppelsanktionierung (Art. 31 Abs. 2 VO Nr. 596/2014) 10
II. Kriterien zur Bestimmung der Art und Höhe einer verwaltungsrechtlichen Sanktion (Art. 31 Abs. 1 VO Nr. 596/2014) 5	

1 **I. Grundlagen.** Art. 31 Abs. 1 VO Nr. 596/2014 (MAR) stellt Vorgaben für die Sanktionsbemessung bei verwaltungsrechtlichen *Sanktionen* nach nationalem Recht auf. Die *zuständigen Behörden* sollen „alle relevanten" Umstände berücksichtigen; der Katalog der Kriterien ist nicht abschließend. Die Vorschrift wird im deutschen Recht durch die differenzierenden Bußgeldrahmen des § 120 WpHG in Verbindung mit den Zumessungsregeln in § 17 OWiG und dem ordnungswidrigkeitenrechtlichen Opportunitätsprinzip (§ 47 OWiG) umgesetzt; § 17 OWiG wird durch Spezialvorschriften in § 120 WpHG überlagert. Eine darüber hinausgehende, fachrechtliche Umsetzungsvorschrift im deutschen Recht existiert nicht (vgl. zu der Umsetzungsproblematik auch Rz. 4). Dies ist systemgerecht, denn das auf Umsetzung angelegte Konzept des Art. 31 VO Nr. 596/2014 soll gerade bestehende nationale Rechtsstrukturen in ihrer Eigenständigkeit wahren. Anhaltspunkte zur Bemessung im verwaltungsbehördlichen Bußgeldverfahren geben in Deutschland die WpHG-Bußgeldleitlinien II[1] der BaFin (dazu § 120 WpHG Rz. 386, 400 f.).

2 Art. 31 Abs. 2 VO Nr. 596/2014 sieht ein **Kooperationsgebot** der zuständigen Behörden vor, um eine **koordinierte Aufsicht** und Sanktionierung zu gewährleisten. Unklar ist das Verhältnis zu Art. 25 VO Nr. 596/2014: Dort sind detailliert die Befugnisse und Pflichten der zuständigen Behörden (in Deutschland: der BaFin) geregelt, Art. 31 Abs. 2 VO Nr. 596/2014 ergänzt diese Befugnis- und Pflichtennorm um eine Zielvorgabe („um zu"): es geht um Wirksamkeit und Angemessenheit, um Vermeidung von Doppelarbeit und Überschneidungen. Mit dem schüchternen Hinweis darauf, die zuständigen Behörden sollen neben „etwaiger Doppelarbeit" auch „Überschneidungen" bei der „Verhängung von verwaltungsrechtlichen Sanktionen auf grenzüberschreitende Fälle" vermeiden, verortet der europäische Verordnungsgeber das **rechtsstaatliche Verbot der Doppelsanktionierung**, das jüngst vom EuGH auch für Verwaltungssanktionen mit strafrechtlichem Charakter grundrechtlich anerkannt worden ist. (§ 120 WpHG Rz. 425) im Bußgeldrecht in der Behördenarbeit.

3 Die Regelung des Art. 31 VO Nr. 596/2014 fand sich schon im **Vorschlag der Europäischen Kommission** für eine Verordnung über Insider-Geschäfte und Marktmanipulation (Marktmissbrauch)[2]. Abs. 1 ist fast gleichlautend mit Art. 27 dieses Vorschlags. Abs. 2 fand sich zunächst in Art. 24. Im weiteren Gesetzgebungsverfahren hat der Verordnungsgeber die Vorschrift in Abs. 1 um die Regelung in lit. g ergänzt sowie sprachlich neu gefasst. Die noch im Entwurf[3] der Kommission in Art. 27 Abs. 2 vorgesehene Befugnis der ESMA, gem. Art. 16 VO Nr. 1095/2010 (ESMA-VO)[4] Leitlinien zur Art der verwaltungsrechtlichen Maßnahmen und Sanktionen sowie Höhe der Geldbußen zu erlassen, hat der Europäische Gesetzgeber nicht beibehalten.

4 Art. 39 Abs. 3 VO Nr. 596/2014 sieht vor, dass die Mitgliedstaaten Art. 31 Abs. 1 VO Nr. 596/2014 bis zum 3.7. 2016 in das nationale Recht umsetzen sollten. Zwar hat der deutsche Gesetzgeber mit dem Ersten Finanzmarktnovellierungsgesetz vom 30.6.2016[5] ein Ausführungsgesetz für die MAR erlassen. Für die Regelung des Art. 31 Abs. 1 VO Nr. 596/2014 ist darin jedoch keine Ausführungsbestimmung vorgesehen. Eine Begründung hierfür enthält der Regierungsentwurf nicht. Ein Verweis auf Art. 31 Abs. 1 VO Nr. 596/2014 findet sich lediglich in der Begründung zur Abbedingung von § 17 Abs. 2 OWiG nach § 39 Abs. 6 lit. a WpHG a.F. (§ 120 Abs. 25 WpHG n.F.) in den Fällen des § 39 Abs. 4 und 4a WpHG a.F. (§ 120 Abs. 17 und 18 WpHG n.F.). Eine wie in § 17 Abs. 2 OWiG vorgesehene pauschale Absenkung des Höchstmaßes bei fahrlässigem Handeln sei wegen Art. 30 VO Nr. 596/2014 nicht möglich. Gem. Art. 31 Abs. 1 VO Nr. 596/2014 sei zudem der Grad an Verantwortung bei der Bußgeldhöhe zu berücksichtigen. An gleicher Stelle heißt es, dass für die Höhe der Geldbuße § 17 OWiG gelten soll[6]. Daraus lässt sich schließen, dass der deutsche Gesetzgeber zu Recht davon ausging, dass mit § 17 OWiG im Übrigen den europarechtlichen Anforderungen genügt wird.

5 **II. Kriterien zur Bestimmung der Art und Höhe einer verwaltungsrechtlichen Sanktion (Art. 31 Abs. 1 VO Nr. 596/2014).** Die zuständigen Behörden der Mitgliedstaaten müssen bei der Auswahl einer geeigneten verwaltungsrechtlichen Sanktion **alle relevanten Umstände** berücksichtigen. Diesen **unbestimmten Rechtsbegriff**

---

[1] WpHG-Bußgeldleitlinien II der BaFin, abrufbar unter https://www.bafin.de/SharedDocs/Downloads/DE/Leitfaden/WA/dl_bussgeldleitlinien_2016.pdf?__blob=publicationFile&v=5; zuletzt abgerufen am 16.7.2018.
[2] Vorschlag der Europäischen Kommission für eine Verordnung des Europäischen Parlaments und des Rates über Insider-Geschäfte und Marktmanipulation (Marktmissbrauch), KOM(2011) 651 endg.
[3] Vorschlag der Europäischen Kommission für eine Verordnung des Europäischen Parlaments und des Rates über Insider-Geschäfte und Marktmanipulation (Marktmissbrauch), KOM(2011) 651 endg., S. 53 f.
[4] Verordnung (EU) Nr. 1095/2010 des Europäischen Parlaments und des Rates vom 24. November 2010 zur Errichtung einer Europäischen Aufsichtsbehörde (Europäische Wertpapier- und Marktaufsichtsbehörde), zur Änderung des Beschlusses Nr. 716/2009/EG und zur Aufhebung des Beschlusses 2009/77/EG der Kommission, ABl. EU Nr. L 331 v. 15.12.2010, S. 80.
[5] BGBl. I 2016, 1514.
[6] Begr. RegE, BT-Drucks. 18/7482, 66.

konkretisieren die in Art. 31 Abs. 1 lit. a–g VO Nr. 596/2014 genannten Kriterien und geben damit den Mitgliedstaaten und ihren zuständigen Behörden eine Rahmenvorgabe.

So sind die **Schwere** und **Dauer** des **Verstoßes** (lit. a), der **Grad an Verantwortung** der für den Verstoß verantwortlichen Person (lit. b), ihre **Finanzkraft** (lit. c), die Höhe ihrer erzielten bezifferbaren **Gewinne** oder **vermiedenen Verluste** (lit. d), ihre **Kooperationsbereitschaft** (lit. e) sowie **frühere Verstöße** (lit. f) und etwaige **Vorkehrungsmaßnahmen** der für den Verstoß verantwortlichen Person zur Verhinderung eines wiederholten Verstoßes (lit. g) zu berücksichtigen. Die Kriterien sind nicht abschließend („darunter"), müssen nicht in jedem Fall relevant sein („gegebenenfalls") und ergeben – mit Ausnahme von lit. d – eher eine qualitative als eine klare quantitative Richtschnur. Die Erfahrung mit der Straf- und Sanktionszumessung lehrt, dass abstrakt einheitliche Strafrahmen und allgemein vorgegebene Berücksichtigungskriterien zu sehr unterschiedlichen Ergebnissen im Einzelfall führen können. Vielerorts wird versucht, eine Einheitlichkeit durch Anwendungsleitlinien höherer Gerichte oder von Verwaltungsbehörden durch eine Fremd- oder Selbstprogrammierung der jeweiligen Anwendungsinstanz näher einzugrenzen.

Damit ist die Diagnose der Kommission vom 8.12.2010 in der Mitteilung zur „Stärkung der Sanktionsregelungen im Finanzdienstleistungssektor"[1], dass die Mitgliedstaaten bei der Anwendung von Sanktionen nicht die gleichen Kriterien zugrunde legten und dies zu unterschiedlichen Sanktionen führte, nur im ersten Teil definitiv therapiert. Faktoren wie der mit dem Verstoß verbundene Nutzen (sofern bezifferbar), die Finanzkraft und die mögliche Kooperationsbereitschaft des Urhebers haben die zuständigen Behörden nach Bekunden der Kommission bei der Festsetzung der Art und Höhe verwaltungsrechtlicher Sanktionen unter Geltung der RL 2003/6/EG (MAD)[2] nicht immer beachtet[3]. Gerade diese Kriterien sollen jedoch dazu dienen, dass die zuständigen Behörden unionsweit einheitliche, wirksame und verhältnismäßige Sanktionen verhängen. Zum Zwecke der Rechtsvereinheitlichung sind diese Aspekte nun in Art. 31 Abs. 1 lit. c–e VO Nr. 596/2014 genannt, allerdings nur als mögliche Kriterien. Die Vorgabe verbindlicher Kriterien hätte zwar mehr zur Vereinheitlichung beigetragen, gleichzeitig wäre aber der Ermessensspielraum der zuständigen Behörden in den Mitgliedstaaten hinsichtlich Art und Höhe der verwaltungsrechtlichen Sanktion dadurch zu sehr eingeschränkt worden. Insofern lässt sich der Kriterienkatalog als ermessensleitend, aber nicht ergebnispräjudizierend verstehen, sofern alle relevanten Umstände berücksichtigt werden. Nach **Erwägungsgrund 71 Satz 3 VO Nr. 596/2014** sollten bei der Verhängung von Sanktionen in besonderen Fällen **je nach Sachlage** Faktoren wie dem Einzug etwaiger festgestellter finanzieller Vorteile, der Schwere und Dauer des Verstoßes, erschwerenden oder mildernden Umständen und der Notwendigkeit einer abschreckenden Wirkung von Geldbußen Rechnung getragen und je nach Sachlage eine Ermäßigung für die Zusammenarbeit mit der zuständigen Behörde vorgesehen werden. Dies kann nach **Erwägungsgrund 71 Satz 4 VO Nr. 596/2014** dazu führen, dass insbesondere die tatsächliche Höhe von Geldbußen, die in einem bestimmten Fall verhängt werden müssen, die in der MAR festgesetzte Obergrenze oder die für sehr schwere Verstöße durch nationale Rechtsvorschriften festgesetzte höher liegende Obergrenze erreichen. Demgegenüber können bei geringfügigen Verstößen oder im Fall einer Verständigung Geldbußen verhängt werden, die weit unterhalb der Obergrenze liegen.

Art. 31 Abs. 1 VO Nr. 596/2014 wirft die Frage auf, ob die Anwendung der Kriterien innerhalb des abstrakten Bußgeldrahmens des Art. 30 VO Nr. 596/2014 durch mitgliedstaatliche Gesetze oder untergesetzliche Rechtsakte gebunden werden darf. Der Gesetzgeber des 1. FiMaNoG ging offenbar davon aus (s. Rz. 4), dass dies unzulässig sei, weil der Behörde in jedem Einzelfall der gesamte abstrakte Bußgeldrahmen zur Verfügung stehen müsse: deswegen sah er sich gezwungen, die Strafrahmenhalbierung bei Fahrlässigkeit in § 17 Abs. 2 OWiG abzubedingen. Liest man das „im Einzelfall" als Verbot jeder generalisierenden Vorabfestlegung, so könnte man selbst die Selbstprogrammierung der BaFin durch Bußgeldleitlinien für problematisch erachten.

Unberührt bleibt die **gerichtliche Vollkontrolle** bzw. eigenständige **Bußgeldbemessungskompetenz** der Gerichte. In mitgliedstaatlichen Systemen, bei denen die Gerichte eine eigenständige, originäre Bußgeldbemessungskompetenz haben, gelten die Anforderungen des Art. 31 VO Nr. 596/2014 auch für die **gerichtliche Entscheidung**.

III. Kooperationsgebot und Vermeidung von Doppelsanktionierung (Art. 31 Abs. 2 VO Nr. 596/2014).

Nach Art. 31 Abs. 2 Satz 1 VO Nr. 596/2014 arbeiten die zuständigen Behörden bei der Ausübung ihrer Aufsichts- und Sanktionsbefugnisse gem. Art. 30 VO Nr. 596/2014 eng zusammen. Art. 31 Abs. 2 VO Nr. 596/2014 bedarf **nicht** der Umsetzung in nationales Recht (arg. e contrario Art. 39 Abs. 3 VO Nr. 596/2014). Anders als Art. 31 Abs. 1 bezieht sich Art. 31 Abs. 2 VO Nr. 596/2014 nicht nur auf verwaltungsrechtliche Sanktionen, sondern darüber hinaus auch auf aufsichtsrechtliche Maßnahmen ohne Sanktionscharakter. In Art. 31 Abs. 2

---

1 Mitteilung der Kommission vom 8.12.2010 „Stärkung der Sanktionsregelungen im Finanzdienstleistungssektor", KOM (2010) 716, endg., S. 2.
2 Richtlinie 2003/6/EG des Europäischen Parlaments und des Rates vom 28. Januar 2003 über Insider-Geschäfte und Marktmanipulation (Marktmissbrauch), ABl. EU Nr. L 96 v. 12.4.2003, S. 16.
3 Mitteilung der Kommission vom 8.12.2010 „Stärkung der Sanktionsregelungen im Finanzdienstleistungssektor", KOM (2010) 716, endg., S. 9.

Satz 2 VO Nr. 596/2014 wird der Begriff der „Maßnahme" untechnisch als Oberbegriff für Verwaltungssanktionen und verwaltungsrechtliche Maßnahmen verwendet.

11 Art. 31 Abs. 2 VO Nr. 596/2014 gibt den Befugnissen und Pflichten des Art. 25 VO Nr. 596/2014 eine Zielvorgabe und inhaltliche Ausrichtung. Es geht zum einen um Effektivität (Wirksamkeit und Vermeidung von „Doppelarbeit"), zum anderen schützt die Kooperation auch die Beaufsichtigten (Sicherstellung von Angemessenheit und Vermeidung von „Überschneidungen"). Finanzmärkte sind oft transnational. Ein und dasselbe Verhalten kann Wirkungen auf verschiedenen Marktplätzen in verschiedenen Mitgliedstaaten haben. Die sehr allgemein gehaltene Vorgabe des Art. 31 Abs. 2 VO Nr. 596/2014 dient elementar der Rechtsstaatlichkeit, indem sie die Behörden verpflichtet, „überschneidende" Sanktionen zu vermeiden. Über den Wortlaut des Art. 31 Abs. 2 VO Nr. 596/2014 hinaus handelt es sich dabei nicht nur um eine Zielvorgabe, sondern in Verbindung mit dem **rechtsstaatlichen Verhältnismäßigkeitsgrundsatz** um eine elementare **Pflicht** (zum Doppelsanktionierungsverbot § 120 WpHG Rz. 425). Indessen gibt Art. 31 Abs. 2 VO Nr. 596/2014 die Mittel nicht im Einzelnen vor, sondern überlässt diese der weiteren Systembildung und Konkretisierung durch nationale Gesetzgeber, Regulierer und Gerichte. In Deutschland sind typische Rechtsinstitute das aufsichtliche Ermessen sowie der Ausschluss doppelter Verhängung von Bußgeldern nach rechtsstaatlichen Grundsätzen (§ 120 WpHG Rz. 425).

Art. 32 Meldung von Verstößen

(1) Die Mitgliedstaaten sorgen dafür, dass die zuständigen Behörden wirksame Mechanismen schaffen, um die Meldung tatsächlicher oder möglicher Verstöße gegen diese Verordnung zu ermöglichen.

(2) Die in Absatz 1 genannten Mechanismen umfassen mindestens Folgendes:

a) spezielle Verfahren für die Entgegennahme der Meldungen über Verstöße und deren Nachverfolgung, einschließlich der Einrichtung sicherer Kommunikationskanäle für derartige Meldungen;

b) einen angemessenen Schutz von Personen, die im Rahmen ihrer Erwerbstätigkeit auf der Grundlage eines Arbeitsvertrags beschäftigt sind, die Verstöße melden oder denen Verstöße zur Last gelegt werden, vor Vergeltungsmaßnahmen, Diskriminierung oder anderen Arten ungerechter Behandlung und

c) den Schutz personenbezogener Daten sowohl der Person, die den Verstoß meldet, als auch der natürlichen Person, die den Verstoß mutmaßlich begangen hat, einschließlich Schutz in Bezug auf die Wahrung der Vertraulichkeit ihrer Identität während aller Phasen des Verfahrens, und zwar unbeschadet der Tatsache, ob die Offenlegung von Informationen nach dem nationalen Recht im Rahmen der Ermittlungen oder des darauf folgenden Gerichtsverfahrens erforderlich sind.

(3) Die Mitgliedstaaten verpflichten Arbeitgeber, die in Bereichen tätig sind, die durch Finanzdienstleistungsregulierung geregelt werden, angemessene interne Verfahren einzurichten, über die ihre Mitarbeiter Verstöße gegen diese Verordnung melden können.

(4) Im Einklang mit nationalem Recht können die Mitgliedstaaten finanzielle Anreize für Personen, die relevante Informationen über mögliche Verstöße gegen diese Verordnung bereitstellen, unter der Voraussetzung gewähren, dass diese Personen nicht bereits zuvor anderen gesetzlichen oder vertraglichen Verpflichtungen zur Meldung solcher Informationen unterliegen, sowie unter der Voraussetzung, dass die Informationen neu sind und dass sie zur Verhängung einer verwaltungsrechtlichen oder einer strafrechtlichen Sanktion oder einer anderen verwaltungsrechtlichen Maßnahme für einen Verstoß gegen diese Verordnung führen.

(5) Die Kommission erlässt Durchführungsrechtsakte zur Festlegung der in Absatz 1 genannten Verfahren, einschließlich zur Meldung und Nachverfolgung von Meldungen und der Maßnahmen zum Schutz von Personen, die auf der Grundlage eines Arbeitsvertrags tätig sind, sowie Maßnahmen zum Schutz personenbezogener Daten. Diese Durchführungsrechtsakte werden gemäß dem in Artikel 36 Absatz 2 genannten Prüfverfahren erlassen.

In der Fassung vom 16.4.2014 (ABl. EU Nr. L 173 v. 12.6.2014, S. 1).

Schrifttum: *Eufinger*, Arbeits- und strafrechtlicher Schutz von Whistleblowern im Kapitalmarktrecht, WM 2016, 2336; *Fleischer/Schmolke*, Finanzielle Anreize von Whistleblowern im Europäischen Kapitalmarktrecht?, NZG 2012, 361; *Grobys/Panzer*, StichwortKommentar Arbeitsrecht, 2. Aufl., Edition 8, 2016; *Johnson*, Die Einführung des § 4d FinDAG: Beginn einer neuen Ära für Whistleblowing?, CB 2016, 468; *Klasen/Schaefer*, Whistleblower, Zeuge und „Beschuldigter" – Informationsweitergabe im Spannungsfeld grundrechtlicher Positionen, BB 2012, 641; *Mahnhold*, „Global Whistle" oder „deutsche Pfeife" – Whistleblowing-Systeme im Jurisdiktionskonflikt, NZA 2008, 737; *Pfeifle*, Finanzielle Anreize für Whistleblower im Kapitalmarktrecht, 2015; *Poelzig*, Durchsetzung und Sanktionierung des neuen Marktmissbrauchsrechts, NZG 2016, 492; *Rotsch/Wagner*, Die verfahrensrechtliche Relevanz der Einrichtung einzelner Compliance-Maßnahmen in Rotsch (Hrsg.), Criminal Compliance, 1. Aufl. 2015, § 34; *Park*, Kapitalmarktstrafrecht, 4. Aufl. 2017; *Rötting/Lang*, Das Lamfalussy-Verfahren im Umfeld der Neuordnung der europäischen Finanzaufsichtsstrukturen, EuZW 2012, 8 ff.

I. Grundlagen 1
II. Wirksame Meldemechanismen (Art. 32 Abs. 1
und 2 VO Nr. 596/2014) 7
   1. Regelungsinhalt 7
   2. Umsetzung in § 4d FinDAG 10
III. Interne Meldesysteme im regulierten Finanzdienstleistungssektor (Art. 32 Abs. 3 VO Nr. 596/2014) 22
IV. Finanzielle Anreize für Informanten (Art. 32 Abs. 4 VO Nr. 596/2014) 24
V. Durchführungsbefugnis der Europäischen Kommission (Art. 32 Abs. 5 VO Nr. 596/2014) 28

I. Grundlagen. Art. 32 VO Nr. 596/2014 (MAR) beinhaltet den Auftrag an die Mitgliedstaaten, wirksame Meldemechanismen zu schaffen, die durch Anreizsetzung und Schutzmaßnahmen für Informanten zu einer besseren Aufdeckung und Ahndung von Marktmissbrauch[1] beitragen sollen. Damit wird auch im Anwendungsbereich der MAR das sog. *whistleblowing* verfestigt. Wörtlich bedeutet *whistleblowing* „verpfeifen". Mittlerweile hat sich der aus dem Angloamerikanischen stammende Begriff in der Fachsprache durchgesetzt und steht als Oberbegriff für Hinweisgebersysteme, in denen Missstände oder Fehlverhalten bzw. Regelverstöße in einem Unternehmen an interne oder externe Stellen gemeldet werden[2]. Art. 32 VO Nr. 596/2014 bezweckt zum einen die **Verbesserung der einzelstaatlichen Vorschriften** zur **Entgegennahme und Überprüfung** durch die zuständigen Behörden **von Hinweisen zu tatsächlichem oder möglichem Marktmissbrauch** und anderer MAR-Verstöße[3]. Zum anderen sollen Unternehmen im finanzregulierten Bereich zur Einrichtung interner Meldesysteme verpflichtet werden. Ähnliche Regelungen finden sich in Art. 71 RL 2013/36/EU (Eigenmittelrichtlinie)[4], Art. 28 VO Nr. 1286/2014 (PRIIP-VO)[5], Art. 73 RL 2014/65/EU (MiFID II)[6] und Art. 99d RL 2014/91/EU (OGAW-V-Richtlinie)[7].

Die Regelungen sind in Deutschland für das externe *whistleblowing* mit § 4d FinDAG umgesetzt worden (dazu Rz. 10 ff.). Die Errichtung eines internen Meldesystems (Art. 32 Abs. 3 VO Nr. 596/2014) ordnet der deutsche Gesetzgeber für Wertpapierdienstleistungsunternehmen in § 80 Abs. 1 WpHG i.V.m. § 25a Abs. 1 Satz 6 Nr. 3 KWG an. § 80 Abs. 1 WpHG n.F. verweist dabei auf eine Vorschrift im KWG, die ein internes Meldesystem für Kredit- und Finanzdienstleistungsinstitute vorsieht. Daneben bestehen ähnliche Regelungen in § 5 Abs. 7 BörsG für Börsenträger und in § 23 Abs. 6 Nr. 3 VAG für Versicherungsunternehmen.

Nach Art. 32 **Abs. 1** VO Nr. 596/2014 sollen die Mitgliedstaaten dafür Sorge tragen, dass die **zuständigen Behörden wirksame Mechanismen** schaffen, um die **Meldung tatsächlicher oder möglicher Verstöße gegen die MAR** zu ermöglichen („externes *whistleblowing*"). Dabei haben die Mitgliedstaaten die in Art. 32 **Abs. 2** lit. a–c VO Nr. 596/2014 genannten **Mindestvorgaben** zu beachten, die vor allem dem Schutz der Informanten dienen. Der Verordnungsgeber geht davon aus (Erwägungsgrund 74 Satz 2 VO Nr. 596/2014), dass gerade die Furcht vor Vergeltung oder fehlende Anreize ursächlich dafür sind, dass wissende Personen Informationen zurückhalten. Die zuständigen Behörden sollen daher ein **Hinweisgebersystem** errichten, bei dem ein angemessener Schutz der Informanten, vor allem vor Vergeltung (Erwägungsgrund 74 Satz 5 VO Nr. 596/2014) gewährleistet wird. Daneben soll das Hinweisgebersystem aber auch einen angemessenen Schutz der Personen, gegen die sich die Vorwürfe richten, vorsehen. Dies umfasst den Schutz personenbezogener Daten, das Recht auf Verteidigung, das Recht auf Anhörung vor dem Erlass von Entscheidungen und gerichtliche Rechtsbehelfe dagegen (Erwägungsgrund 74 Satz 7 VO Nr. 596/2014).

Art. 32 **Abs. 3** VO Nr. 596/2014 ist eine Ergänzung zu Abs. 1, die das Konzept in die private Unternehmensorganisation hinein verlängert: die Mitgliedstaaten müssen die **Arbeitgeber in finanzregulierten Bereichen**

---

[1] Zur Definition von Marktmissbrauch, vgl. auch Erwägungsgrund 7 VO Nr. 596/2014: unrechtmäßige Handlungen an den Finanzmärkten wie Insidergeschäfte, unrechtmäßige Offenlegung von Insiderinformationen und Marktmanipulation.
[2] *Hodges*, Law and Corporate Behaviour, S. 520 ff.; *Mengel* in Grobys/Panzer-Heemeier, StichwortKommentar Arbeitsrecht, 3. Aufl. 2017, Rz. 1; *Bottmann* in Park, Kapitalmarktstrafrecht, Kap. 2.1, Rz. 42; *Rotsch/Wagner* in Rotsch, Criminal Compliance, § 34 Rz. 2 ff.
[3] Vorschlag der Europäischen Kommission für eine Verordnung des Europäischen Parlaments und des Rates über Insider-Geschäfte und Marktmanipulation (Marktmissbrauch), KOM(2011) 651 endg. S. 15; vgl. auch Erwägungsgrund 74 Satz 3 VO Nr. 596/2014.
[4] Richtlinie 2013/36/EU des Europäischen Parlaments und des Rates vom 26. Juni 2013 über den Zugang zur Tätigkeit von Kreditinstituten und die Beaufsichtigung von Kreditinstituten und Wertpapierfirmen, zur Änderung der Richtlinie 2002/87/EG und zur Aufhebung der Richtlinien 2006/48/EG und 2006/49/EG, ABl. EU Nr. L 176 v. 27.6.2013, S. 338.
[5] Verordnung (EU) Nr. 1286/2014 des Europäischen Parlaments und des Rates vom 26. November 2014 über Basisinformationsblätter für verpackte Anlageprodukte für Kleinanleger und Versicherungsanlageprodukte (PRIIP), ABl. EU Nr. L 352 v. 9.12.2014, S. 1.
[6] Richtlinie 2014/65/EU des Europäischen Parlaments und des Rates vom 15. Mai 2014 über Märkte für Finanzinstrumente sowie zur Änderung der Richtlinien 2002/92/EG und 2011/61/EU (Neufassung), ABl. EU Nr. L 173 v. 12.6.2014, S. 349.
[7] Richtlinie 2014/91/EU des Europäischen Parlaments und des Rates vom 23. Juli 2014 zur Änderung der Richtlinie 2009/65/EG zur Koordinierung der Rechts- und Verwaltungsvorschriften betreffend bestimmte Organismen für gemeinsame Anlagen in Wertpapieren (OGAW) im Hinblick auf die Aufgaben der Verwahrstelle, die Vergütungspolitik und Sanktionen, ABl. EU Nr. L 257 v. 28.8.2014, S. 186.

Art. 32 VO Nr. 596/2014 | Meldung von Verstößen

dazu verpflichten, **interne Meldesysteme** einzurichten („internes *whistleblowing*"). Art. 32 **Abs. 4** VO Nr. 596/2014 sieht die **Möglichkeit einer finanziellen Anreizsetzung** für Informanten vor.

5   Art. 32 VO Nr. 596/2014 setzt das Lamfalussy-Verfahren um, indem der Rahmenrechtssetzung durch europäisches Sekundärrecht („Level 1"; die MAR) eine Ermächtigung der Europäischen Kommission zum Erlass von Durchführungsbestimmungen („Level 2"[1]) beigestellt wird, Art. 32 Abs. 5 VO Nr. 596/2014. Auf Grundlage dieser Ermächtigung hat die Europäische Kommission als Level 2-Rechtsakt die Durchführungsrichtlinie (EU) Nr. 2015/2392[2] vom 17.12.2015 erlassen (DurchfRL). Diese konkretisiert das in Art. 32 Abs. 1 VO Nr. 596/2014 vorgesehene Meldeverfahren durch umfangreiche Detailregelungen (vgl. Rz. 28 ff.). Die europäische Entlastung des Level 1-Rechtsakts wird durch eine **Verordnungsermächtigung in § 4d Abs. 9 FinDAG** gespiegelt. Auf deren Grundlage ist die Verordnung zur Meldung von Verstößen gegen das Verbot der Marktmanipulation (**MarVerstMeldV**) vom 2.7.2016 erlassen worden, die der Durchsetzung der DurchfRL dient[3].

6   Die Regelung in Art. 32 VO Nr. 596/2014 befand sich ursprünglich in Art. 29 des **Verordnungsvorschlags**[4]. Im Gesetzgebungsverfahren erfuhr die Regelung wesentliche Änderungen. Auf Veranlassung des Europäischen Datenschutzbeauftragten (EDSB) hat der Verordnungsgeber den Fokus auf den Schutz personenbezogener Daten gelegt. In seiner Stellungnahme forderte der EDSB, dass die Identität der Informanten in allen Phasen des Verfahrens unbedingt geheim gehalten werden soll, sofern nicht ihre Offenlegung im Rahmen weiterer Untersuchungen oder anschließender Gerichtsverfahren nach nationalem Recht erforderlich ist[5]. Dieser Zusatz findet sich inhaltlich nunmehr in Art. 32 Abs. 2 lit. c VO Nr. 596/2014, denn dort heißt es, dass **unbeschadet** der Tatsache, ob die **Offenlegung** von Informationen nach dem nationalen Recht **im Rahmen der Ermittlungen** oder des darauf **folgenden Gerichtsverfahrens** erforderlich sind, die Wahrung der **Vertraulichkeit der Identität** sowohl der Informanten als auch der verantwortlichen Personen sichergestellt sein muss. Der Entwurf enthielt in Art. 29 Ziff. 1 lit. d noch eine weitere Regelung, die allerdings im Verordnungstext gestrichen worden ist. Danach sollten angemessene Verfahren von den Mitgliedstaaten eingerichtet werden zur Gewährleistung des **Rechts der Person**, auf die sich die Meldung bezieht, auf **Verteidigung und Anhörung vor dem Erlass einer Entscheidung** in Bezug auf diese Person und des Rechts, einen wirksamen **gerichtlichen Rechtsbehelf** gegen die diese Person betreffenden Entscheidungen und Maßnahmen einzulegen. Der Grund für die Streichung aus dem Verordnungstext lässt sich den Gesetzgebungsmaterialien nicht entnehmen. Dass die Mitgliedstaaten entsprechende Garantien beachten sollen, wird aber in Erwägungsgrund 74 Satz 7 VO Nr. 596/2014 ausdrücklich betont. Dies ist im Rahmen der Auslegung von Art. 32 VO Nr. 596/2014 zu berücksichtigen.

7   **II. Wirksame Meldemechanismen (Art. 32 Abs. 1 und 2 VO Nr. 596/2014). 1. Regelungsinhalt.** Art. 32 Abs. 1 VO Nr. 596/2014 regelt den Auftrag an die Mitgliedstaaten, die zuständigen Behörden (vgl. Art. 22 VO Nr. 596/2014 Rz. 1 ff.) mit **wirksamen** Mechanismen zur Meldung tatsächlicher oder möglicher Verstöße gegen die MAR auszustatten. Die Meldemechanismen sollen die Ermittlungsarbeit der zuständigen Behörden erleichtern, damit Verstöße gegen die MAR bestmöglich aufgedeckt werden können. In ihrer Mitteilung vom 8.12.2010 sah die Europäische Kommission einen Bedarf an einer unionsweiten Regelung zur Schaffung solcher Meldemechanismen. Die Kommission betonte dabei, dass es „Ziel der Meldemechanismen sein sollte, Personen (wie Mitarbeiter von Finanzinstituten), die mögliche Verstöße anderer Personen anzeigen („Whistleblower"), zu schützen."[6]

8   Art. 32 Abs. 2 VO Nr. 596/2014 nennt daher Mindestvorgaben, wie wirksame Meldemechanismen ausgestaltet sein sollen. Es sollen **besondere Verfahren** für die Entgegennahme der Meldungen über Verstöße und deren Nachverfolgung eingerichtet werden. Dafür sollen **sichere Kommunikationskanäle** bestehen (lit. a). Der Be-

---

1   Auf Level 3 soll eine einheitliche Durchsetzung der europarechtlichen Vorschriften in den Mitgliedstaaten durch die Arbeit der Europäischen Wertpapier- und Marktaufsichtsbehörde (ESMA) gewährleistet werden, insbesondere indem sie Leitlinien erlassen und Empfehlungen aussprechen kann. Entwürfe für technische Regulierungs- und Durchführungsstandards kann die ESMA allerdings nur dann entwickeln, wenn dem jeweiligen Unionsrechtsakt eine ausdrückliche Ermächtigung dazu existiert. Daneben hat sie auch weitreichende Eingriffsbefugnisse bei vermuteter unzureichender oder nicht ordnungsgemäßer Anwendung des Unionsrechts (vgl. dazu ausführlich Art. 33 VO Nr. 596/2014 Rz. 20 ff., 23 ff.).
2   Durchführungsrichtlinie (EU) 2015/2392 der Kommission vom 17. Dezember 2015 zur Verordnung (EU) Nr. 596/2014 des Europäischen Parlaments und des Rates hinsichtlich der Meldung tatsächlicher oder möglicher Verstöße gegen diese Verordnung, ABl. EU Nr. L 332 v. 18.12.2015, S. 126 ff.
3   Verordnung zur Meldung von Verstößen gegen das Verbot der Marktmanipulation (MarVerstMeldV) vom 2.7.2016, BGBl. I 2016, 1572.
4   Vorschlag der Europäischen Kommission für eine Verordnung des Europäischen Parlaments und des Rates über Insider-Geschäfte und Marktmanipulation (Marktmissbrauch), KOM(2011) 651 endg.
5   Stellungnahme des Europäischen Datenschutzbeauftragten zu den Vorschlägen der Kommission für eine Verordnung des Europäischen Parlaments und des Rates über Insider-Geschäfte und Marktmanipulation und für eine Richtlinie des Europäischen Parlaments und des Rates über strafrechtliche Sanktionen für Insider-Geschäfte und Marktmanipulation, ABl. EU Nr. C 177 v. 20.6.2012, S. 1, 10.
6   Mitteilung der Kommission vom 8.12.2010 „Stärkung der Sanktionsregelungen im Finanzdienstleistungssektor", KOM (2010) 716 endg., S. 17.

griff der Nachverfolgung ist missverständlich. Er könnte fälschlicherweise als Rückverfolgung der Meldung verstanden werden. Ein Blick in die englischsprachige Fassung („follow-up") und ein Vergleich mit der parallelen Regelung in Art. 28 VO Nr. 1286/2014 („Weiterverfolgung") legt jedoch näher, dass hier die Übermittlung weiterer Informationen zu einem bereits gemeldeten Verstoß gemeint ist. So heißt es auch in der vom Bundesministerium der Finanzen (BMF) zur DurchfRL erlassenen Rechtsverordnung in § 2 Abs. 1 MarVerstMeldV, dass die Bundesanstalt **spezielle** Kommunikationskanäle für die Entgegennahme von Verstoßmeldungen und die **Folgekommunikation** einrichtet (vgl. Rz. 30).

Zudem ist dem Europäischen Gesetzgeber vor allem ein **angemessener Schutz von Informanten und (möglichen) Verantwortlichen**, die Arbeitnehmer sind, vor Vergeltungsmaßnahmen, vor Diskriminierung oder anderer ungerechter Behandlung wichtig (Art. 32 Abs. 2 lit. b VO Nr. 596/2014). Dies soll verhindern, dass potentielle Informanten aus Furcht vor Vergeltung oder ungerechter Behandlung davon abgehalten werden, Hinweise auf Verstöße zu geben. **Erwägungsgrund 74 Satz 5 VO Nr. 596/2014** besagt insofern, dass die Informanten **zur Unterrichtung befähigt** werden sollen. Schließlich soll die **Sicherheit personenbezogener Daten** einschließlich des Schutzes in Bezug auf die Wahrung der Vertraulichkeit der Identität sowohl eines Informanten als auch eines für einen Verstoß (möglicherweise) Verantwortlichen während aller Phasen des Verfahrens, und zwar unbeschadet der Tatsache, ob die Offenlegung von Informationen nach dem nationalen Recht im Rahmen der Ermittlungen oder des darauf folgenden Gerichtsverfahrens erforderlich sind, gewährt werden (Art. 32 Abs. 2 lit. c VO Nr. 596/2014). Der Europäische Gesetzgeber fordert insofern ein hohes Datenschutzniveau. 9

2. Umsetzung in § 4d FinDAG. Im deutschen Recht sind die Regelungen des Art. 32 Abs. 1 und 2 VO Nr. 596/2014 in § 4d des Gesetzes über die Bundesanstalt für Finanzdienstleistungsaufsicht (FinDAG) umgesetzt worden. 10

**Gesetz über die Bundesanstalt für Finanzdienstleistungsaufsicht
(Finanzdienstleistungsaufsichtsgesetz – FinDAG)**

§ 4d Meldung von Verstößen; Verordnungsermächtigung

(1) Die Bundesanstalt errichtet ein System zur Annahme von Meldungen über potentielle oder tatsächliche Verstöße gegen Gesetze, Rechtsverordnungen, Allgemeinverfügungen und sonstige Vorschriften sowie Verordnungen und Richtlinien der Europäischen Union, bei denen es die Aufgabe der Bundesanstalt ist, deren Einhaltung durch die von ihr beaufsichtigten Unternehmen und Personen sicherzustellen oder Verstöße dagegen zu ahnden. Die Meldungen können auch anonym abgegeben werden.

(2) Die Bundesanstalt ist zu diesem Zweck befugt, personenbezogene Daten zu erheben, zu verarbeiten und zu nutzen, soweit dies zur Erfüllung ihrer Aufgaben erforderlich ist. Die eingehenden Meldungen unterliegen dem Datenschutz im Sinne des Bundesdatenschutzgesetzes.

(3) Die Bundesanstalt macht die Identität einer Person, die eine Meldung erstattet hat, nicht bekannt, ohne zuvor die ausdrückliche Zustimmung dieser Person eingeholt zu haben. Ferner gibt die Bundesanstalt die Identität einer Person, die Gegenstand einer Meldung ist, nicht preis. Die Sätze 1 und 2 gelten nicht, wenn eine Weitergabe der Information im Kontext weiterer Ermittlungen oder nachfolgender Verwaltungs- oder Gerichtsverfahren auf Grund eines Gesetzes erforderlich ist oder wenn die Offenlegung durch einen Gerichtsbeschluss oder in einem Gerichtsverfahren angeordnet wird.

(4) Die Bundesanstalt berichtet in ihrem Jahresbericht in abgekürzter oder zusammengefasster Form über die eingegangenen Meldungen. Der Bericht lässt keine Rückschlüsse auf die beteiligten Personen oder Unternehmen zu.

(5) Das Informationsfreiheitsgesetz findet auf die Vorgänge nach dem Hinweisgeberverfahren keine Anwendung.

(6) Mitarbeiter, die bei Unternehmen und Personen beschäftigt sind, die von der Bundesanstalt beaufsichtigt werden, oder bei anderen Unternehmen oder Personen beschäftigt sind, auf die Tätigkeiten von beaufsichtigten Unternehmen oder Personen ausgelagert wurden, und die eine Meldung nach Absatz 1 abgeben, dürfen wegen dieser Meldung weder nach arbeitsrechtlichen oder strafrechtlichen Vorschriften verantwortlich gemacht noch zum Ersatz von Schäden herangezogen werden, es sei denn, die Meldung ist vorsätzlich oder grob fahrlässig unwahr abgegeben worden.

(7) Die Berechtigung zur Abgabe von Meldungen nach Absatz 1 durch Mitarbeiter, die bei Unternehmen und Personen beschäftigt sind, die von der Bundesanstalt beaufsichtigt werden oder bei anderen Unternehmen oder Personen beschäftigt sind, die von der Bundesanstalt beaufsichtigt werden oder bei anderen Unternehmen oder Personen beschäftigt sind, die Tätigkeiten von beaufsichtigten Unternehmen oder Personen ausgelagert wurden, darf vertraglich nicht eingeschränkt werden. Entgegenstehende Vereinbarungen sind unwirksam.

(8) Die Rechte einer Person, die Gegenstand einer Meldung ist, insbesondere die Rechte nach den §§ 28 und 29 des Verwaltungsverfahrensgesetzes, nach den §§ 68 bis 71 der Verwaltungsgerichtsordnung und nach den §§ 137, 140, 141 und 147 der Strafprozessordnung werden durch die Einrichtung des Systems zur Meldung von Verstößen nach Absatz 1 nicht eingeschränkt.

(9) Das Bundesministerium der Finanzen kann durch Rechtsverordnung, die nicht der Zustimmung des Bundesrates bedarf, nähere Bestimmungen über Inhalt, Art, Umfang und Form der Meldung von Verstößen gegen Vorschriften der Verordnung (EU) Nr. 596/2014 des Europäischen Parlaments und des Rates vom 16. April 2014 über Marktmissbrauch (Marktmissbrauchsverordnung) und zur Aufhebung der Richtlinie 2003/6/EG des Europäischen Parlaments und des Rates und der Richtlinien 2003/124/EG, 2003/125/EG und 2004/72/EG der Kommission (ABl. Nr. L 173 vom 12.6.2014, S. 1), zur Konkretisierung des auf Grundlage von Artikel 32 Absatz 5 der Verordnung (EU) Nr. 596/2014 erlassenen Durchführungsrechtsakts der Europäischen Kommission erlassen. Das Bundesministerium der Finanzen kann die Ermächtigung durch Rechtsverordnung auf die Bundesanstalt übertragen.

11 Gem. § 4d FinDAG errichtet die BaFin ein Hinweisgebersystem zur Annahme von Meldungen über **potentielle oder tatsächliche Verstöße gegen** Gesetze, Rechtsverordnungen, Allgemeinverfügungen und sonstige Vorschriften sowie **Verordnungen** und Richtlinien **der Europäischen Union**, bei denen es die Aufgabe der Bundesanstalt ist, deren Einhaltung durch die von ihr beaufsichtigten Unternehmen und Personen sicherzustellen oder Verstöße dagegen zu ahnden. Nach § 6 Abs. 2 WpHG i.V.m. Art. 22 VO Nr. 596/2014 und Art. 30 VO Nr. 596/2014 ist die BaFin für die Wertpapiermarktaufsicht und innerhalb dieser auch für die Ahndung von Verstößen gegen die MAR (wie Insidertransaktionen und Marktmanipulation) zuständig.

12 Die Meldungen können nach § 4d Abs. 1 Satz 2 FinDAG auch anonym abgegeben werden. Die Wahrung der Anonymität kann allerdings in einem anschließenden Strafverfahren problematisch werden. Wenn die BaFin den anonym angezeigten Sachverhalt beispielsweise wegen Verdachts eines Insiderdelikts an die zuständige Staatsanwaltschaft weiterleitet, muss diese zunächst prüfen, ob die Einleitung eines Ermittlungsverfahrens möglich ist. Dafür bedarf es eines Anfangsverdachts[1] (§ 152 Abs. 2 StPO). Rückfragen können bei einer anonymen Anzeige nicht gestellt werden[2]. Dieser Umstand erschwert das weitere Prozedere. Daher muss der Inhalt der Meldung sorgfältig geprüft werden. Enthält sie lediglich pauschale Anschuldigungen, wird dies nicht ausreichen. Anders kann dies aussehen, wenn der Informant sehr detaillierte Angaben gemacht hat.

13 Hat der Whistleblower seine Identität gegenüber den Behörden preisgegeben und ist seine Zeugenaussage später in der Hauptverhandlung erforderlich, stellt sich die Frage, ob seine Identität zumindest gegenüber den Beteiligten an der Hauptverhandlung und vor allem gegenüber dem Angeklagten geheim gehalten werden kann. Nach §§ 68 Abs. 3, 247a StPO besteht grundsätzlich die Möglichkeit zum teilweisen Verzicht auf die Vernehmung zur Person bei gleichzeitiger Abschirmung. Diese Normen sollen jedoch ausweislich der Gesetzesbegründung Ermittler und V-Leute in Fällen von organisierter Kriminalität und Betäubungsmittelangelegenheiten schützen[3]. Voraussetzung ist eine schwerwiegende Gefährdung des Zeugen – § 68 Abs. 3 StPO verlangt eine Gefährdung von „Leben, Leib oder Freiheit des Zeugen". Dieser Gefährdungsgrad wird beim kapitalmarktrechtlichen *Whistleblowing* kaum erreicht sein. Die Geheimhaltung der Identität des Whistleblowers in der Hauptverhandlung ist derzeit mit den Mitteln der StPO nicht möglich[4]. Hinzukommt, dass der Wahrung der Anonymität des Whistleblowers auch dadurch Grenzen gesetzt sind, dass, wie § 4d Abs. 8 FinDAG klarstellt, Betroffene und/oder Beschuldigte ihrerseits Anhörungs- bzw. Akteneinsichtsrechte geltend machen können. Dies birgt Rechtsunsicherheiten für mögliche Informanten dahingehend, wie weit der Schutz ihrer Identität während des ganzen Verfahrens aufrechterhalten bleiben kann[5].

14 § 4d Abs. 2 FinDAG sieht den nach Art. 32 Abs. 2 lit. c VO Nr. 596/2014 bestimmten Schutz personenbezogener Daten vor. In Satz 1 befindet sich die von Art. 6 Abs. 3 Satz 1 lit. b i.V.m. Abs. 1 Satz 1 lit. c, e VO 2016/679 (DSGVO) geforderte Rechtsgrundlage für die Verwendung der Daten durch die BaFin. Satz 2 verweist für die Meldungen auf den einzuhaltenden Datenschutz nach „Bundesdatenschutzgesetz"; dies ist korrigierend als DSGVO i.V.m. dem BDSG zu verstehen[6]. § 4d Abs. 3 FinDAG regelt die Geheimhaltung der Identität sowohl des Informanten (Satz 1) als auch der verdächtigten Person (Satz 2). Aufgeweicht wird dieser Schutz dadurch, dass durch Gesetz oder Gerichtsbeschluss die BaFin dazu verpflichtet werden kann, die Identität der Personen preiszugeben (Satz 3). § 4d Abs. 5 FinDAG schließt die Anwendung des **Informationsfreiheitsgesetzes** aus. Dadurch wird deutlich, dass der Schutz der Persönlichkeitsrechte der Informationsfreiheit an dieser Stelle vorzugehen hat[7]. § 4d Abs. 4 FinDAG sieht schließlich vor, dass die BaFin einen Jahresbericht über die eingegangenen Meldungen erstellt, der keine Rückschlüsse auf die Beteiligten zulassen darf.

15 § 4d Abs. 6 FinDAG setzt den von Art. 32 Abs. 2 lit. b VO Nr. 596/2014 vorgesehenen Schutz von Informanten um, die Mitarbeiter von beaufsichtigten Unternehmen sind. Jedoch wird den Informanten kein absoluter Schutz gewährt. Dies ergibt sich bereits aus der unionsrechtlichen Vorgabe, dass der **Schutz angemessen** sein muss. Der deutsche Gesetzgeber differenziert beim Schutz nicht nach Zivil-, Arbeits- und Strafrecht, sondern nach dem Verschuldensgrad bei unwahren Informationen. § 4d Abs. 6 FinDAG regelt, dass der Hinweisgeber wegen der Meldung weder nach arbeitsrechtlichen oder strafrechtlichen Vorschriften verantwortlich gemacht noch zum Ersatz von Schäden herangezogen werden darf, **es sei denn, die Meldung ist vorsätzlich oder grob fahrlässig unwahr abgegeben worden.**

16 Damit enthält § 4d Abs. 6 FinDAG eine **Sondervorschrift zum allgemeinen Arbeitsrecht**. Dort hat sich richterrechtlich eine differenzierte Dogmatik entwickelt, die allerdings die Zulässigkeit von externem Whistleblo-

---

1 D.h. bei zureichenden tatsächlichen Anhaltspunkten, § 152 Abs. 2 StPO. Den Ermittlungsbehörden steht insofern ein Beurteilungsspielraum zu, vgl. BVerfG v. 8.11.1983 – 2 BvR 1138/83, NStZ 1984, 228; BGH v. 21.4.1988 – III ZR 255/86, NJW 1989, 96, 97.
2 *Mahnhold*, NZA 2008, 737, 739.
3 Begr. RegE, BT-Drucks. 12/989, 35f.
4 *Rotsch/Wagner* in Rotsch, Criminal Compliance, § 34 Rz. 67.
5 *Johnson*, CB 2016, 468, 470.
6 Hier wird das Zweite Gesetz zur Anpassung des Datenschutzrechts an die Verordnung (EU) 2016/679 und zur Umsetzung der Richtlinie (EU) 2016/680 (2. DSAnpUG-EU) voraussichtlich eine Konsolidierung bringen.
7 Begr. RegE, BR-Drucks. 19/16, 89.

wing an ein Verhältnismäßigkeitsgebot bindet. Eine Meldung von Regelverstößen des Arbeitgebers an Behörden ist nicht immer eine Verletzung der aus § 241 Abs. 2 BGB folgenden Loyalitätspflicht des Arbeitnehmers. § 241 Abs. 2 BGB ist verfassungskonform im Lichte der widerstreitenden grundrechtlich geschützten Interessen der Beteiligten auszulegen[1]. Der Schutz der Meinungsfreiheit aus Art. 5 GG erstreckt sich auch auf Anzeigen von Whistleblowern, sofern dies keine unverhältnismäßige Reaktion auf das Verhalten des Arbeitgebers darstellt[2]. Konventionsrechtlich unterfallen solche Anzeigen dem Recht aus Art. 10 EMRK[3]. Daneben hat das BVerfG die Erstattung einer Anzeige als staatsbürgerliche Pflicht eingeordnet, so dass es mit dem Rechtsstaatsprinzip grundsätzlich unvereinbar wäre, wenn der Arbeitgeber den Arbeitsvertrag nach § 626 BGB wegen einer erstatteten Anzeige kündigt (Widerspruch zu Art. 20 Abs. 3 GG i.V.m. Art. 2 Abs. 1 GG)[4]. Erforderlich ist arbeitsrechtlich, dass der Arbeitnehmer *ex ante* von der Wahrheit der Information überzeugt ist. Dabei muss er sorgfältig prüfen, ob seine Information genau und zuverlässig ist[5]. Ist die Meldung unzutreffend, kann sogar eine Strafbarkeit des Whistleblowers nach §§ 145d, 164, 185 ff. StGB drohen. Jüngst konkretisierte das BAG die Anforderungen an eine gerechtfertigte Informationsweitergabe bei vermuteten Straftaten: Demnach sei die Einschaltung der Ermittlungsbehörden durch einen Arbeitnehmer wegen eines vermeintlich strafbaren objektiven Verhaltens des Arbeitgebers nicht nur dann eine Pflichtverletzung, wenn die Angaben hinsichtlich des objektiven Verhaltens wissentlich unwahr oder leichtfertig getätigt wurden. Darüber hinaus sei es ebenfalls eine Verletzung der gegenüber dem Arbeitgeber bestehenden Loyalitätspflicht, wenn trotz korrekter Darstellung des Sachverhalts keinerlei Anhaltspunkte für den nach dem Straftatbestand erforderlichen Vorsatz vorlägen und die Haltlosigkeit des Vorwurfs erkennbar sei. Aus diesem Grund könne sich die Strafanzeige ebenfalls als leichtfertig und unangemessen erweisen[6].

In § 4d Abs. 6 FinDAG a.E. ist das Erfordernis einer sorgfältigen Prüfung der Information auf ihren Wahrheitsgehalt insoweit berücksichtigt, als ausdrücklich eine Ausnahme von der Freistellung der Verantwortlichkeit besteht, wenn die **Meldung vorsätzlich oder grob fahrlässig unwahr abgegeben** worden ist. Nur der gutgläubige Hinweisgeber ist schutzwürdig, wobei einfache Fahrlässigkeit die Gutgläubigkeit nicht ausschließt. Da neben tatsächlichen auch gerade „mögliche" bzw. „potentielle" Verstöße gemeldet werden sollen, bleibt eine Rechtsunsicherheit, wann der Arbeitnehmer davon ausgehen kann, dass bereits ein möglicher Verstoß vorliegt, den er melden darf, ohne für ihn nachteilige Konsequenzen fürchten zu müssen. In den meisten Fällen im Anwendungsbereich von § 4d FinDAG wird es sich um juristische Laien handeln, denen die Einschätzung, wann beispielsweise eine versuchte Marktmanipulation vorliegt bzw. der Entschluss dazu, in der Regel schwer fallen wird. An den anzulegenden Sorgfaltsmaßstab dürften aus diesen Gründen keine überhöhten Anforderungen zu stellen sein. Dies würde sonst das von Art. 32 VO Nr. 596/2014 bezweckte System einer effektiven Anreizsetzung lähmen.

Ein weiteres Abwägungskriterium nach allgemeinem Arbeitsrecht ist nach der viel beachteten Entscheidung des EGMR zu Art. 10 EMRK vom 21.7.2011 (*Heinisch*) das **öffentliche Interesse** an der Weitergabe der Information[7]. Diese Voraussetzung dürfte im Anwendungsbereich des § 4d FinDAG i.V.m. Art. 32 VO Nr. 596/2014 auf abstrakt-gesetzlicher Ebene bereits bejaht worden sein, so dass es in der Regel keiner weiteren Einzelfallprüfung mehr bedarf.

Des Weiteren verlangte die Rechtsprechung bisher, dass keine anderen, für den Arbeitgeber schonenderen Maßnahmen zur Verfügung stehen dürften, um den relevanten Verstoß zu beheben[8] – allerdings nur unter der Prämisse, dass dem Arbeitnehmer diese Maßnahmen auch zumutbar sind[9]. Soweit danach zunächst eine interne Auseinandersetzung als diskretere Maßnahme erforderlich wäre, bevor der Hinweisgeber sich an externe Stellen wenden darf, um eine verhaltensbedingte Kündigung auszuschließen, kann dies im Anwendungsbereich von § 4d FinDAG nicht mehr gelten. Das Erfordernis einer vorherigen betriebsinternen Aufklärung gibt weder der Wortlaut von Art. 32 VO Nr. 596/2014 noch § 4d Abs. 6 FinDAG her. Vielmehr stehen die internen Meldeverfahren im Rahmen einer Compliance-Struktur gleichberechtigt neben der Möglichkeit, einen Sachverhalt bei der zuständigen Aufsichtsbehörde zu melden. § 4d Abs. 6 FinDAG sieht eine Einschränkung lediglich bezogen auf die Gutgläubigkeit des Informanten hinsichtlich des Sachverhalts vor. Unter Berücksichtigung des Regelungszwecks von § 4d FinDAG, der die Ermittlungsarbeit der Behörden in seinem Anwendungsbereich erleichtern soll, kann das Erfordernis eines abgestuften Systems dahingehend, dass zunächst ein Verstoß intern zu melden ist, bevor die BaFin informiert wird, der Vorschrift nicht entnommen werden. Insofern ist die Regelung lex specialis. Dies wird teilweise kritisch gesehen mit der Begründung, dass die Regelung negative Auswir-

---

1 Dazu *Rotsch/Wagner* in Rotsch, Criminal Compliance, § 34 Rz. 29 ff.
2 BAG v. 15.12.2016 – 2 AZR 42/16, NJW 2017, 1833, 1834, BAG v. 3.7.2013 – 2 AZR 235/02, NZA 2004, 427.
3 EGMR v. 21.7.2011 – 28274/08 – Heinisch, NJW 2011, 3501.
4 BVerfG v. 2.7.2001 – 1 BvR 2049/00, NJW 2001, 3473, 3475.
5 EGMR v. 21.7.2011 – 28274/08 – Heinisch, NJW 2011, 3501, 3503; BAG v. 3.7.2013 – 2 AZR 235/02, NZA 2004, 427, 430.
6 BAG v. 15.12.2016 – 2 AZR 42/16, NJW 2017, 1833, 1834.
7 EGMR v. 21.7.2011 – 28274/08 – Heinisch, NJW 2011, 3501, 3503 Rz. 66.
8 EGMR v. 21.7.2011 – 28274/08 – Heinisch, NJW 2011, 3501, 3503; BAG v. 3.7.2003 – 2 AZR 235/02, BAGE 107, 36.
9 BAG v. 3.7.2003 – 2 AZR 235/02, BAGE 107, 36; BAG v. 7.12.2006 – 2 AZR 400/05, NZA 2007, 502, 503.

kungen auf bisher bestehende interne Hinweisgebersysteme haben könnte. Vorteile interner Hinweisgebersysteme seien die Möglichkeit, Unzulänglichkeiten und Gesetzesverstöße frühzeitig aufzuklären und zu sanktionieren, um weitere Schäden insbesondere infolge eines massiven Reputationsverlustes in der öffentlichen Wahrnehmung abzuwenden. Die von § 4d FinDAG eingeräumte Möglichkeit, sich sofort an die Behörden melden zu können, ohne Konsequenzen fürchten zu müssen, würde diese Vorteile nivellieren[1].

20 Der Gefahr eines Konflikts vor allem mit der nach § 80 Abs. 1 WpHG i.V.m. § 25a Abs. 1 Satz 6 Nr. 3 KWG vorgesehenen Compliance-Funktion möchten manche sogar durch eine einschränkende Auslegung von § 4d FinDAG entgegenwirken, indem in diesen Fällen stets eine vorherige betriebsinterne Klärung für den Arbeitnehmer als zumutbar angesehen wird[2]. Einer einschränkenden Auslegung widerspricht allerdings nicht nur der Wortlaut, sondern vor allem auch der Regelungszweck von § 4d Abs. 6 FinDAG i.V.m. Art. 32 VO Nr. 596/2014. Die Vorschriften bezwecken die erweiterte Aufklärung von Marktmissbrauch durch die BaFin. Um ein effektives Hinweisgebersystem bei der BaFin zu gewährleisten, muss den Informanten, die sich sofort an die BaFin wenden, ebenfalls Kündigungsschutz gewährt werden. Ein Konflikt zu Lasten der betriebsinternen Aufklärung ist empirisch nicht belegt. Die beiden Systeme könnten sich daher ebenso gut ergänzen. Je nach Sachlage kann der eine oder der andere Weg geeignet sein. Angesichts vieler verschiedener Faktoren, die in diesen Fällen eine Rolle spielen können, wie z.B. welche Stellung die beschuldigte Person im Unternehmen einnimmt, die Schwere des Vorwurfs, die Ausgestaltung der internen Compliance-Struktur sowie die Unternehmenskultur als solche und das Verhältnis der Mitarbeiter untereinander, kann eine kategorische Antwort zugunsten des Vorrangs einer innerbetrieblichen Aufklärung nicht überzeugen. Die klare gesetzgeberische Entscheidung in § 4d FinDAG, in dessen Anwendungsbereich das externe *whistleblowing* gleichberechtigt neben internen Hinweisgebersystemen funktionieren soll, steht einer Auslegung zugunsten einer vorrangigen innerbetrieblichen Klärung entgegen. Hierfür spricht auch in weiterer europarechtskonformer Auslegung, dass die DurchfRL nach Erwägungsgrund 2 Satz 2 vorsieht, dass Informanten ihre Meldung entweder über interne Verfahren erstatten können, sofern solche Verfahren bestehen, oder direkt an die zuständige Behörde.

21 § 4d Abs. 7 FinDAG stellt schließlich zum Schutz des Arbeitnehmers sicher, dass die Berechtigung zur externen Meldung tatsächlicher oder potentieller Verstöße an die BaFin nicht vertraglich eingeschränkt werden darf (Satz 1) und eine entsprechende vertragliche Abbedingung von Abs. 1 unwirksam ist (Satz 2). Dies dient dazu, dass der Arbeitgeber die von § 4d Abs. 1 und 6 FinDAG vorgesehene Möglichkeit externer Verstoßmeldungen nicht durch eine vertragliche Abrede wieder aushebeln kann. Der nach Art. 32 VO Nr. 596/2014 zu wahrende Schutz des Verdächtigen bzw. Angeschuldigten wird durch § 4d Abs. 8 FinDAG klargestellt. Danach werden die Anhörungs- und Akteneinsichtsrechte nach §§ 28, 29 VwVfG sowie die Verteidigungs- und Akteneinsichtsrechte aus §§ 137, 140, 141 und 147 StPO und die Möglichkeit eines Widerspruchs gegen einen Verwaltungsakt nach Maßgabe von §§ 68–71 VwGO nicht eingeschränkt[3]. Konkrete Maßnahmen gegen den Verdächtigen bzw. Angeschuldigten sind zudem nach wie vor erst nach zügiger und sorgfältiger Prüfung der Vorwürfe sowie der Belastbarkeit der Beweismittel zulässig[4].

22 **III. Interne Meldesysteme im regulierten Finanzdienstleistungssektor (Art. 32 Abs. 3 VO Nr. 596/2014).**
Art. 32 Abs. 3 VO Nr. 596/2014 sieht vor, dass die Mitgliedstaaten Arbeitgebern, die in Bereichen tätig sind, die der Finanzdienstleistungsregulierung unterliegen, die Verpflichtung auferlegen, angemessene interne Verfahren einzurichten, über die ihre Mitarbeiter Verstöße gegen die MAR melden können. Hintergrund der Regelung ist, dass Mitarbeiter von Finanzdienstleistungsunternehmen im regulierten Bereich in besonderer Nähe zu möglichen Verstößen gegen die MAR stehen. Die Regelung dient damit der effektiveren Verfolgung von Marktmissbrauchsfällen, wo sie am häufigsten zu erwarten sind oder wo jedenfalls systematisch Erkenntnisse über Marktmissbrauch von Marktteilnehmern auftreten.

23 In § 80 Abs. 1 Satz 1 WpHG (§ 33 WpHG a.F.) i.V.m. § 25a Abs. 1 Satz 6 Nr. 3 KWG ist die Regelung für Wertpapierdienstleistungsunternehmen umgesetzt. § 25a Abs. 1 Satz 6 Nr. 3 KWG regelt ein internes Hinweisgebersystem für Kredit- und Finanzdienstleistungsinstitute. Gem. § 80 Abs. 1 Satz 1 WpHG muss ein Wertpapierdienstleistungsunternehmen die organisatorischen Pflichten nach § 25a Abs. 1 und § 25e KWG einhalten. Eine ordnungsgemäße Geschäftsorganisation umfasst nach § 25a Abs. 1 Satz 6 Nr. 3 KWG einen Prozess, der es den Mitarbeitern unter Wahrung der Vertraulichkeit ihrer Identität ermöglicht, **Verstöße** gegen die VO Nr. 575/2013, die **VO Nr. 596/2014** oder die VO Nr. 1286/2014 oder gegen das KWG oder gegen die auf Grund des KWG erlassenen Rechtsverordnungen sowie etwaige strafbare Handlungen innerhalb des Unternehmens an geeignete Stellen zu berichten. Interessant ist, dass die vergleichbare Regelung in § 5 Abs. 7 BörsG **tatsächliche und mögliche Verstöße** gegen die MAR in Bezug nimmt[5], wohingegen in § 25a KWG lediglich die Rede von „**Verstößen**" ist. In Art. 32 Abs. 3 VO Nr. 596/2014 steht ebenfalls nur „Verstöße". Eine unterschiedliche Aus-

---

1 *Johnson*, CB 2016, 468, 470.
2 So *Eufinger*, WM 2016, 2336, 2340; *Klasen/Schaefer*, BB 2012, 641, 647.
3 Vgl. auch Erwägungsgrund 74 Satz 7 VO Nr. 596/2014.
4 *Mengel* in Grobys/Panzer, StichwortKommentar Arbeitsrecht, 2. Aufl., Edition 8, 2016, Whistleblowing, Rz. 9.
5 Wie Art. 32 Abs. 1 VO Nr. 596/2014 bzw. § 4d Abs. 1 FinDAG.

legung dürfte sich allerdings nicht ergeben. Unter den (Ober-)Begriff der „Verstöße" nach Art. 32 Abs. 3 VO Nr. 596/2014 fallen neben tatsächlichen auch mögliche Verstöße. Dafür spricht auch die Gesetzesbegründung zu der Umsetzungsvorschrift in § 25a Abs. 1 Satz 6 Nr. 3 KWG, wonach Wertpapierdienstleistungsunternehmen und Kreditinstitute angemessene Verfahren einrichten müssen, um die **Meldung potentieller Verstöße** zu ermöglichen[1]. Eine vergleichbare Regelung findet sich zudem in **§ 23 Abs. 6 Nr. 3 VAG** für Versicherungsunternehmen.

IV. Finanzielle Anreize für Informanten (Art. 32 Abs. 4 VO Nr. 596/2014).

Nach Art. 32 Abs. 4 VO Nr. 596/2014 können die Mitgliedstaaten Informanten einen finanziellen Anreiz setzen. Dies ist jedoch nur unter drei Voraussetzungen möglich:

- Erstens müssen die finanziellen Anreize im Einklang mit nationalem Recht stehen,
- zweitens ist erforderlich, dass die Informanten nicht bereits anderweitig gesetzlich oder vertraglich zur Meldung der Informationen verpflichtet sind und
- drittens müssen die Informationen neu sein und zur Verhängung einer verwaltungsrechtlichen oder einer strafrechtlichen Sanktion oder einer anderen verwaltungsrechtlichen Maßnahme für einen Verstoß gegen die MAR führen.

Erwägungsgrund 74 Satz 7 VO Nr. 596/2014 wiederholt diese Voraussetzungen. Das Erfordernis neuer Informationen sorgt dafür, dass nur bisher unbekannte Informationen belohnungswürdig sind und soll die Informanten daher zu einer raschen Meldung animieren.

Die Regelung ist **optional**; eine dahingehende Pflicht des Mitgliedstaates besteht im Allgemeinen nicht. Eine Pflicht, finanzielle Anreize für Informanten zu schaffen, lässt sich angesichts der klaren sekundärrechtlichen Gestaltungsoption für die Mitgliedstaaten auch nicht aus dem Effektivitätsgrundsatz (Art. 4 Abs. 3 EUV) ableiten. Lediglich aus dem Äquivalenzgrundsatz, wonach die Mitgliedstaaten für die Rechtsverwirklichung von Europarecht keine weniger wirksamen Mechanismen vorsehen dürfen als für die Durchsetzung ihres nationalen Rechts (Art. 30 VO Nr. 596/2014 Rz. 23), mag sich in Einzelfällen eine Verdichtung des mitgliedstaatlichen Umsetzungsspielraumes aus Art. 32 Abs. 4 VO Nr. 596/2014 ergeben. Der deutsche Gesetzgeber sah davon ab, eine Regelung zur finanziellen Anreizsetzung für Hinweisgeber in § 4d FinDAG aufzunehmen. Mögliche Begründung könnte die Vermeidung „unerwünschten Denunziantentums" sein[2].

Vorbild für die Regelung waren die 2010 im Rahmen des *Dodd-Frank Act* in den USA erlassenen Regelungen in sec. 21F des *Securities Exchange Act*[3]. Danach erhalten Whistleblower 10–30 %, wenn eine von ihnen freiwillig gelieferte neue Information dazu führt, dass die SEC gegen rechtswidrig handelnde Marktakteure eine Geldbuße von mindestens 1 Mio. US-Dollar verhängt[4]. Eine ausführliche Begründung, warum die Kommission ein Belohnungsprogramm nach US-amerikanischem Vorbild einführen wollte, fehlt. Es heißt lediglich, dass dadurch ein verbesserter Informationszugang verwirklicht werden soll und positive Abschreckungseffekte erzielt würden. Neben einem stärkeren Informantenschutz seien finanzielle Anreize höchst effektive Regulierungsstrategien, da sie nur mit geringen Kosten verbunden wären[5].

Vorteile finanzieller Anreize erblicken manche darin, dass Unternehmensangehörige als rationale Akteure im Rahmen einer Kosten-/Nutzenanalyse nur zu Meldungen bereit wären, wenn der Nutzen die Nachteile wie z.B. eine drohende Kündigung oder soziale Ächtung überwiegen würde. Eine finanzielle Belohnung könnte den Abwägungsprozess zugunsten einer Meldung beeinflussen. Die dadurch verstärkte Anzeigetätigkeit könnte zu einer höheren Aufklärungs- und Sanktionsrate der Kapitalmarktkriminalität führen, die wiederum das Anlegervertrauen in wohlfahrtsfördernder Weise steigern würde[6]. Dass finanzielle Belohnungen tatsächlich zu einer steigenden Anzeigebereitschaft führen, ist allerdings empirisch nicht gesichert. Das Handeln kann auch durch **weitere soziale Präferenzen** motiviert sein und muss gerade nicht auf einer reinen Kosten-Nutzenanalyse basieren[7]. Hinzukommt, dass bereits ein umfassender Schutz vor zivil- und dabei insbesondere arbeitsrechtlichen Konsequenzen sowie strafrechtlicher Verfolgung ausreichend sein kann, um Informanten zur Preisgabe ihres Wissens zu motivieren. Als Nachteile finanzieller Belohnungen werden sog. Crowding-out-Effekte diskutiert[8]. Der Whistleblower könnte sich gegen die Meldung entscheiden, da er wegen der Belohnung nicht mehr an eine

---

1 Begr. RegE 1.FiMaNoG, BT-Drucks. 18/7482, 70.
2 So *Sorgenfrei/Saliger* in Park, Kapitalmarktstrafrecht, Kap. 6.1, Rz. 37; *Poelzig*, NZG 2016, 492, 495.
3 Stellungnahme des Europäischen Wirtschafts- und Sozialausschusses zu der „Mitteilung der Kommission an das Europäische Parlament, den Rat, den Europäischen Wirtschafts- und Sozialausschuss und den Ausschuss der Regionen: Stärkung der Sanktionsregelungen im Finanzdienstleistungssektor" KOM(2010) 716 endg. (2011/C 248/18), ABl. EU Nr. C 248 v. 25.8.2011, S. 108, 110.
4 Dazu *Fleischer/Schmolke*, NZG 2012, 361, 363.
5 Commission Staff Working Paper, Impact Assessment, SEC(2011) 1217 final, S. 25, 49.
6 *Fleischer/Schmolke*, NZG 2012, 361, 364 m.w.N.
7 *Pfeifle*, Finanzielle Anreize für Whistleblower im Kapitalmarktrecht, 2015, § 5 Motivationswirkung finanzieller Anreize, S. 113.
8 *Fleischer/Schmolke*, NZG 2012, 361, 364 m.w.N.

selbstlose Tat glaube oder sich als Agent der Behörde fühle, in deren Abhängigkeit er sich begeben habe[1]. Eine solche vorgelagerte intrinsische Motivation dürfte allerdings vor dem Hintergrund, dass Insiderhandel und Marktmanipulation „bloß" Vermögensschäden in anonymen Märkten zur Folge habe, gering sein, weil sich die moralische Empörung anders als beispielsweise bei Körperverletzungsdelikten in Grenzen halten wird[2].

28 **V. Durchführungsbefugnis der Europäischen Kommission (Art. 32 Abs. 5 VO Nr. 596/2014).** Art. 32 Abs. 5 Satz 1 VO Nr. 596/2014 überträgt eine Durchführungsbefugnis im Hinblick auf die Ausgestaltung der Meldemechanismen auf die Europäische Kommission gem. Art. 291 Abs. 1 AEUV. Die Durchführungsrechtsakte erlässt sie nach dem in Art. 36 Abs. 2 VO Nr. 596/2014 genannten Prüfverfahren. Auf Grundlage von Art. 32 Abs. 5 VO Nr. 596/2014 hat die Europäische Kommission die **Durchführungsrichtlinie (EU) 2015/2392 vom 17.12.2015**[3] erlassen. Die Durchführungsrichtlinie musste bis spätestens 3.7.2016 durch Rechts- und Verwaltungsvorschriften in den Mitgliedstaaten umgesetzt werden. In Deutschland ist dies durch die bereits erwähnte Marktmanipulations-Verstoßmeldungsverordnung (MarVerstMeldV) geschehen.

29 Die DurchfRL 2015/2392 enthält detailreiche Vorschriften zur Festlegung der in Art. 32 Abs. 1 VO Nr. 596/2014 genannten Verfahren. Insbesondere sieht Art. 3 DurchfRL 2015/2392 vor, dass die zuständigen Behörden über Mitarbeiter verfügen müssen, die eigens für die Bearbeitung von Verstoßmeldungen eingesetzt werden (sog. spezielle Mitarbeiter). Diese werden explizit für ihre Aufgaben der Übermittlung von Informationen über die Meldeverfahren an interessierte Personen, die Entgegennahme und Nachverfolgung von Verstoßmeldungen und den Kontakt zur meldenden Person geschult. § 1 MarVerstMeldV setzt diese Vorgaben in deutsches Recht um. Nach § 1 Abs. 2 MarVerstMeldV haben die speziellen Beschäftigten die Aufgabe, Informationen über das Verfahren zu Verstoßmeldungen an interessierte Personen zu übermitteln (Nr. 1), Verstoßmeldungen entgegenzunehmen (Nr. 2) und die weitere Kommunikation mit der meldenden Person hinsichtlich der Verstoßmeldung (Folgekommunikation) zu führen, sofern die meldende Person ihre Identität preisgegeben hat oder eine ihre Anonymität wahrende Kontaktmöglichkeit besteht (Nr. 3).

30 Die Einrichtung der in Art. 32 Abs. 2 lit. a Halbs. 2 VO Nr. 596/2014 vorgesehenen sicheren Kommunikationskanäle wird in Art. 6 der DurchfRL reglementiert. Gemäß **Art. 6 Abs. 1 DurchfRL 2015/2392** haben die Mitgliedstaaten dafür Sorge zu tragen, dass die zuständigen Behörden (vgl. Art. 22 VO Nr. 596/2014 Rz. 3 ff.) für die Entgegennahme und Nachverfolgung von Verstoßmeldungen **unabhängige** und **autonome Kommunikationskanäle** einrichten, die sowohl sicher sind als auch die Vertraulichkeit gewährleisten (spezielle Kommunikationskanäle). Spezielle Kommunikationskanäle sind dabei nach Art. 6 Abs. 2 DurchfRL 2015/2392 dann unabhängig und autonom, wenn sie getrennt von den allgemeinen Kommunikationskanälen der zuständigen Behörde verlaufen, so gestaltet, eingerichtet und betrieben werden, dass die **Vollständigkeit, Integrität und Vertraulichkeit der Informationen** gewährleistet ist sowie der Zugang durch nicht berechtigte Mitarbeiter der zuständigen Behörde verhindert werden und schließlich die **Speicherung dauerhafter Informationen eingehender Meldungen** (Art. 7 DurchfRL 2015/2392) erfolgen kann, um Untersuchungen zu ermöglichen. Diese Vorgaben setzen § 2 (spezielle Kommunikationskanäle) und § 5 (Dokumentation von Verstoßmeldungen) MarVerstMeldV um.

31 Art. 8 DurchfRL 2015/2392 sieht ein **spezielles System zum Schutz von Personen, die im Rahmen eines Arbeitsvertrages tätig** sind, vor. Danach müssen die Mitgliedstaaten entsprechende Verfahren für einen **wirksamen Informationsaustausch** und für die **Zusammenarbeit** zwischen den zuständigen Behörden und anderen relevanten Behörden etablieren, die daran beteiligt sind, Personen, die im Rahmen eines Arbeitsvertrags tätig sind und der zuständigen Behörde Verstöße gegen die MAR melden oder denen ein solcher Verstoß zur Last gelegt wird, vor Vergeltung, Diskriminierung oder Benachteiligung anderer Art zu schützen, wie sie aufgrund der Meldung eines Verstoßes gegen die MAR oder in Verbindung damit entstehen kann (Art. 8 Abs. 1 DurchfRL 2015/2392). Gem. Art. 8 Abs. 2 DurchfRL 2015/2392 müssen diese Verfahren mindestens gewährleisten, dass den meldenden Personen **umfassende Informationen und Beratungen** zu den nach nationalem Recht verfügbaren Rechtsbehelfen und Verfahren zum Schutz vor Benachteiligung zur Verfügung stehen, einschließlich der Verfahren zur Einforderung einer finanziellen Entschädigung (lit. a). Meldende Personen erhalten von den zuständigen Behörden wirksame **Unterstützung gegenüber anderen relevanten Behörden**, die an ihrem Schutz vor Benachteiligung beteiligt sind, einschließlich der Bestätigung bei arbeitsrechtlichen Streitigkeiten, dass die meldende Person als Informant auftritt (lit. b). Diese Vorgaben setzt auf nationaler Ebene § 8 MarVerstMeldV um.

32 **Art. 9** DurchfRL 2015/2392 enthält Vorgaben für ein **Schutzverfahren für personenbezogene Daten**. Danach müssen die Mitgliedstaaten sicherstellen, dass die zuständigen Behörden die in Art. 7 DurchfRL 2015/2396 genannten Aufzeichnungen, also die eingegangenen Meldungen, in einem vertraulichen und sicheren System speichern. Zudem muss gewährleistet sein, dass nur die Mitarbeiter der zuständigen Behörde auf die Informationen Zugriff haben. Dies ist in § 6 MarVerstMeldV umgesetzt.

---

1 *Pfeifle*, Finanzielle Anreize für Whistleblower im Kapitalmarktrecht, 2015, § 5 Motivationswirkung finanzieller Anreize, S. 115 m.w.N.
2 *Fleischer/Schmolke*, NZG 2012, 361, 364 f.
3 Durchführungsrichtlinie (EU) 2015/2392 der Kommission vom 17. Dezember 2015 zur Verordnung (EU) Nr. 596/2014 des Europäischen Parlaments und des Rates hinsichtlich der Meldung tatsächlicher oder möglicher Verstöße gegen diese Verordnung, ABl. EU Nr. L 332 v. 18.12.2015, S. 126 ff.

Art. 33 Informationsaustausch mit der ESMA

(1) Die zuständigen Behörden stellen der ESMA jährlich aggregierte Informationen zu allen gemäß den Artikeln 30, 31 und 32 von den zuständigen Behörden verhängten verwaltungsrechtlichen Sanktionen, und anderen verwaltungsrechtlichen Maßnahmen bereit. Die ESMA veröffentlicht diese Informationen in einem Jahresbericht. Die zuständigen Behörden stellen der ESMA jährlich darüber hinaus anonymisierte, aggregierte Daten über alle Verwaltungsermittlungen, die im Rahmen jener Artikel erfolgen, bereit.

(2) Haben die Mitgliedstaaten beschlossen, im Einklang mit Artikel 30 Absatz 1 Unterabsatz 2 strafrechtliche Sanktionen für die dort genannten Verstöße festzulegen, so stellen ihre zuständigen Behörden jährlich der ESMA anonymisierte, aggregierte Daten zu allen von den Justizbehörden geführten strafrechtlichen Ermittlungen und gemäß den Artikel 30, 31 und 32 verhängten strafrechtlichen Sanktionen bereit. Die ESMA veröffentlicht die Daten zu den verhängten strafrechtlichen Sanktionen in einem Jahresbericht.

(3) Hat die zuständige Behörde verwaltungsrechtliche Sanktionen, strafrechtliche Sanktionen oder andere verwaltungsrechtliche Maßnahmen öffentlich bekanntgegeben, meldet sie diese zugleich der ESMA.

(4) Wenn eine veröffentlichte verwaltungsrechtliche Sanktion, strafrechtliche Sanktion oder andere verwaltungsrechtliche Maßnahme eine Wertpapierfirma betrifft, die gemäß der Richtlinie 2014/65/EU zugelassen ist, vermerkt die ESMA die veröffentlichte Sanktion oder Maßnahme im Register der Wertpapierfirmen, das gemäß Artikel 5 Absatz 3 der genannten Richtlinie erstellt worden ist.

(5) Um einheitliche Bedingungen für die Anwendung dieses Artikels sicherzustellen, arbeitet die ESMA Entwürfe technischer Durchführungsstandards zur Festlegung der Verfahren und Formen des Informationsaustauschs gemäß diesem Artikel aus.

Die ESMA legt diese Entwürfe technischer Durchführungsstandards der Kommission bis zum 3. Juli 2016 vor.

Der Kommission wird die Befugnis übertragen, die in Unterabsatz 1 genannten technischen Durchführungsstandards nach Artikel 15 der Verordnung (EU) Nr. 1095/2010 zu erlassen.

In der Fassung vom 16.4.2014 (ABl. EU Nr. L 173 v. 12.6.2014, S. 1)

**Durchführungsverordnung (EU) 2017/1158 der Kommission vom 29. Juni 2017
zur Festlegung technischer Durchführungsstandards im Hinblick auf die Verfahren und Formen des Informationsaustauschs der zuständigen Behörden mit der Europäischen Wertpapier- und Marktaufsichtsbehörde im Sinne des Artikels 33 der Verordnung (EU) Nr. 596/2014 des Europäischen Parlaments und des Rates**

Art. 1 Begriffsbestimmung

Für die Zwecke dieser Verordnung bezeichnet der Ausdruck „elektronische Mittel" elektronische Geräte für die Verarbeitung (einschließlich der digitalen Komprimierung), Speicherung und Übertragung von Daten über Kabel, Funk, optische Technologien oder andere elektromagnetische Verfahren.

In der Fassung vom 29.6.2017 (ABl. EU Nr. L 167 v. 30.6.2017, S. 22).

Art. 2 Kontaktstellen

(1) Jede zuständige Behörde benennt eine einzige Kontaktstelle für die Übermittlung der in Artikel 3 genannten Informationen und für die Kommunikation über alle Fragen in Zusammenhang mit der Übermittlung dieser Informationen.

(2) Die zuständigen Behörden melden die gemäß Absatz 1 benannten Kontaktstellen an die Europäische Wertpapier- und Marktaufsichtsbehörde (ESMA).

(3) Die ESMA benennt eine einzige Kontaktstelle für den Empfang der in den Artikeln 3 und 4 genannten Informationen und für die Kommunikation über alle Fragen im Zusammenhang mit dem Empfang dieser Informationen.

(4) Die ESMA gibt die in Absatz 2 genannte Kontaktstelle auf ihrer Website bekannt.

In der Fassung vom 29.6.2017 (ABl. EU Nr. L 167 v. 30.6.2017, S. 22).

Art. 3 Jährliche Übermittlung aggregierter Informationen

(1) Die zuständigen Behörden übermitteln der ESMA die in Artikel 33 Absätze 1 und 2 der Verordnung (EU) Nr. 596/2014 genannten Informationen unter Verwendung des in Anhang I der vorliegenden Verordnung enthaltenen Formulars.

(2) Die in Absatz 1 genannten Daten werden der ESMA alljährlich spätestens am 31. März übermittelt und umfassen alle Untersuchungen, Sanktionen und Maßnahmen, die im vorangehenden Kalenderjahr durchgeführt bzw. verhängt wurden.

(3) Die zuständigen Behörden übermitteln der ESMA die in Absatz 1 genannten Informationen mithilfe gesicherter elektronischer Mittel.

(4) Für die Zwecke des Absatzes 1 führt die ESMA aus und legt fest, welche sicheren elektronischen Mittel zu nutzen sind. Diese elektronischen Mittel gewährleisten, dass die Vollständigkeit, Integrität und Vertraulichkeit der Daten bei der Übermittlung gewahrt bleiben.

In der Fassung vom 29.6.2017 (ABl. EU Nr. L 167 v. 30.6.2017, S. 22).

Art. 4 Meldeverfahren und -formulare

(1) Die zuständigen Behörden melden der ESMA die in Artikel 33 Absatz 3 der Verordnung (EU) Nr. 596/2014 genannten Sanktionen und Maßnahmen unter Nutzung der Schnittstellen des IT-Systems und der einschlägigen Datenbank, die von der ESMA für den Empfang, die Speicherung und die Veröffentlichung von Informationen über diese Sanktionen und Maßnahmen eingerichtet wurden.

(2) Die in Absatz 1 genannten Sanktionen und Maßnahmen werden der ESMA in einem Meldebericht in dem in Anhang II festgelegten Format übermittelt.

In der Fassung vom 29.6.2017 (ABl. EU Nr. L 167 v. 30.6.2017, S. 22).

Art. 5 Ungültigkeitserklärung und Aktualisierung der Berichte

(1) Beabsichtigt eine zuständige Behörde, einen bestehenden Meldebericht, den sie der ESMA zuvor gemäß Artikel 4 übermittelt hat, für ungültig zu erklären, so annulliert sie den bestehenden Meldebericht und übermittelt einen neuen Meldebericht.

(2) Beabsichtigt eine zuständige Behörde, einen bestehenden Meldebericht, den sie der ESMA zuvor gemäß Artikel 4 übermittelt hat, zu aktualisieren, so übermittelt sie den Bericht mit aktualisierten Daten erneut.

In der Fassung vom 29.6.2017 (ABl. EU Nr. L 167 v. 30.6.2017, S. 22).

Art. 6 Inkrafttreten und Anwendung

Diese Verordnung tritt am zwanzigsten Tag nach ihrer Veröffentlichung im *Amtsblatt der Europäischen Union* in Kraft.

In der Fassung vom 29.6.2017 (ABl. EU Nr. L 167 v. 30.6.2017, S. 22).

Schrifttum: *Schmidt-Aßmann/Haubold* (Hrsg.), Der Europäische Verwaltungsverband, 2005; *Thiele*, Finanzaufsicht, 2014; *Weiß*, Der europäische Verwaltungsverbund, 2010.

I. Grundlagen: Regelungszweck, Entstehung und Hintergrund sowie Durchführungsstandards . . 1
II. Informationen zu verhängten verwaltungsrechtlichen Sanktionen und Maßnahmen sowie zu Verwaltungsermittlungen (Art. 33 Abs. 1 VO Nr. 596/2014) 12
  1. Informationen zu allen gem. Art. 30, 31 und 32 VO Nr. 596/2014 verhängten verwaltungsrechtlichen Sanktionen und anderen verwaltungsrechtlichen Maßnahmen 16
  2. Verwaltungsermittlungen 17
  3. Denkbare Rechtsfolgen der Meldungen nach Art. 33 VO Nr. 596/2014 20
4. Dreistufenmechanismus bei der Verletzung von Unionsrecht 23
III. Informationen zu verhängten strafrechtlichen Sanktionen und strafrechtlichen Ermittlungen (Art. 33 Abs. 2 VO Nr. 596/2014) 26
IV. Meldung öffentlich bekanntgegebener verwaltungsrechtlicher Sanktionen und Maßnahmen sowie öffentlich bekanntgegebener strafrechtlicher Sanktionen (Art. 33 Abs. 3 VO Nr. 596/2014) 27
V. Eintragung in das „Register" der Wertpapierfirmen (Art. 33 Abs. 4 VO Nr. 596/2014) 30
VI. Rechte der Betroffenen und Rechtsschutz . . . 31

1 **I. Grundlagen: Regelungszweck, Entstehung und Hintergrund sowie Durchführungsstandards.** Die Informationspflicht ist eine niedriginvasive Form der gemeinschaftsrechtlichen Konsolidierung nationaler Ausführung, die den üblichen Zwecken der Konsolidierung im Europäischen Verwaltungsverbund dient: Vereinheitlichung der Maßstäbe, Informationsgewinnung auf europäischer Ebene, Wirksamkeit des Vollzuges und Schließung von Vollzugslücken[1]. Art. 33 VO Nr. 596/2014 (MAR) dient der **Verwirklichung eines regen Informationsaustauschs** zwischen den für die Wertpapieraufsicht zuständigen Behörden der Mitgliedstaaten und der Europäischen Wertpapier- und Marktaufsichtsbehörde (*European Securities and Markets Authority* – ESMA)[2] über **alle** gem. Art. 30–32 VO Nr. 596/2014 in den Mitgliedstaaten **geführten verwaltungsrechtlichen und strafrechtlichen Verfahren einschließlich verhängter Sanktionen und ergriffener Verwaltungsmaßnahmen** (Art. 33 Abs. 1 und 2 VO Nr. 596/2014).

2 Zusätzlich werden die zuständigen nationalen Behörden zur **zeitgleichen Meldung** von in den Mitgliedstaaten **öffentlich bekanntgegebenen** verwaltungsrechtlichen **Sanktionen, Maßnahmen** und strafrechtlichen Sanktio-

---

1 *Stelkens* in Stelkens/Bonk/Sachs, VwVfG, 8. Aufl. 2014, 2. Teil Europäisches Verwaltungsrecht, Rz. 194; *Schneider*, NVwZ 2012, 65 f.; systematisch *Weiß*, Der europäische Verwaltungsverbund, 2010, S. 65 ff.; *von Bogdandy* in Hoffmann-Riem/Schmidt-Aßmann/Voßkuhle, Grundlagen des Verwaltungsrechts, § 25.
2 Die ESMA ist zusammen mit EBA (European Banking Authority) und EIOPA (European Insurance and Occupational Pensions Authority) Teil des Europäischen Finanzaufsichtssystems (ESFS) auf Mikro-Ebene, s. dazu *Jung/Bischof*, Europäisches Finanzmarktrecht, 1. Aufl. 2015, § 1 C. Rz. 11; *Walla* in Veil, Kapitalmarktrecht, 2. Aufl. 2015, 2. Kap. § 11 Rz. 39. Auf Makro-Ebene ist der Europäische Ausschuss für Systemrisiken (ESRB), der an die Europäische Zentralbank angegliedert ist, für die Aufsicht zum Schutz des Finanzsystems insgesamt zuständig (sog. Frühwarnsystem): dazu *Baur/Boegl*, BKR 2011, 177, 178 mit Verweis auf die Empfehlungen im Bericht der Hochrangigen Gruppe für Fragen der Finanzaufsicht in der EU unter dem Vorsitz von Jaques de Larosière vom 25.2.2009, abrufbar unter http://ec.europa.eu/internal_market/finances/docs/de_larosiere_report_de.pdf, zuletzt abgerufen am 22.11.2017.

nen an die ESMA verpflichtet (Art. 33 Abs. 3 VO Nr. 596/2014). Die gegenüber Wertpapierfirmen, die nach der RL 2014/65/EU (MiFID II)[1] zugelassen sind, erlassenen veröffentlichten Sanktionen und Maßnahmen, vermerkt die ESMA im nach Art. 5 Abs. 3 RL 2014/65/EU erstellten **Register der Wertpapierfirmen** (Art. 33 Abs. 4 VO Nr. 596/2014).

Zur Sicherstellung einheitlicher Bedingungen für die Anwendung von Art. 33 VO Nr. 596/2014 steht der ESMA die Befugnis zu, Entwürfe für **technische Durchführungsstandards** auszuarbeiten (Art. 33 Abs. 5 VO Nr. 596/2014). Die Kommission hat auf Grundlage eines entsprechenden Entwurfs der ESMA die Durchführungsverordnung (EU) 2017/1158 (DurchfVO) zur Festlegung technischer Durchführungsstandards im Hinblick auf die Verfahren und Formen des Informationsaustauschs der zuständigen Behörden mit der ESMA i.S.v. Art. 33 VO Nr. 596/2014 am 29.6.2017 erlassen[2]. Die technischen Durchführungsstandards enthalten keine strategischen oder politischen Entscheidungen, sondern dienen dazu, die Bedingungen für die Anwendung der kapitalmarktrechtlichen Rechtsakte (Art. 1 Abs. 2 VO Nr. 1095/2010 [ESMA-VO]) festzulegen (Art. 15 Abs. 1 Unterabs. 1 VO Nr. 1095/2010)[3]. Primärrechtliche Grundlage ist Art. 291 Abs. 2 AEUV, wonach als Ausnahme zum Subsidiaritätsprinzip (Art. 5 Abs. 2 EUV i.V.m. Art. 291 Abs. 1 AEUV) eine Rechtsetzungsbefugnis der Kommission für Durchführungsbestimmungen besteht, um die einheitliche Ausführung und Anwendung von Unionsrechts in den Mitgliedstaaten zu gewährleisten[4].

Die Informationsübermittlung durch die nationalen Aufsichtsbehörden an die ESMA soll „**die Transparenz ... verbessern und besser über die Funktionsweise der Sanktionsregelungen ... informieren**" (Erwägungsgrund 78 Satz 1 VO Nr. 596/2014). Damit trägt der Informationsaustausch im Europäischen Verwaltungsverbund zu einer stärkeren Aufsicht bei. Die mitgliedstaatlich übermittelten Informationen können als geeignete Erkenntnisquelle für mögliche Vollzugsdefizite auf nationaler Ebene dienen, die ein Einschreiten der ESMA von Amts wegen auf Grundlage der VO Nr. 1095/2010 (ESMA-VO)[5] (vor allem nach Art. 17 VO Nr. 1095/2010) erforderlich machen können.

Die ESMA ist als Bestandteil der komplexen und differenzierten europäischen Aufsichtsarchitektur[6] 2011 auf Grundlage der ESMA-VO errichtet worden (Art. 1 Abs. 1 VO Nr. 1095/2010). Sie ist Nachfolgerin des Aufsichtsausschusses *Committee of European Securities Regulators* (CESR), der als Austauschplattform der unionsweiten Koordinierung der zuständigen nationalen Wertpapieraufsichtsbehörden diente. Der Aufsichtsausschuss verfügte über keine eigenständigen Kompetenzen. Er unterstützte zwar die Kommission bei der Ausarbeitung technischer Durchführungsbestimmungen und sollte der einheitlichen Durchsetzung europäisch determinierter Regelungen des Kapitalmarktrechts in den Mitgliedstaaten verhelfen[7]. Getroffene Entscheidungen des CESR waren jedoch für die nationalen Aufsichtsbehörden und Finanzmarktteilnehmer unverbindlich[8]. Die ESMA hingegen ist im europäischen Integrationsprozess und in Reaktion auf die Folgen der Finanzmarktkrise zu einer **Europäischen Aufsichtsbehörde mit eigener Rechtspersönlichkeit** erhoben worden, die die Aufgaben von CESR übernommen hat und zusätzlich mit **weitreichenden Informationsrechten** (Art. 35 VO Nr. 1095/2010)

---

1 Richtlinie 2014/65/EU des Europäischen Parlaments und des Rates vom 15. Mai 2014 über Märkte für Finanzinstrumente sowie zur Änderung der Richtlinien 2002/92/EG und 2011/61/EU, ABl. EU Nr. L 173 v. 12.6.2014, S. 349.
2 Durchführungsverordnung (EU) 2017/1158 der Kommission vom 29. Juni 2017 zur Festlegung technischer Durchführungsstandards im Hinblick auf die Verfahren und Formen des Informationsaustauschs der zuständigen Behörden mit der Europäischen Wertpapier- und Marktaufsichtsbehörde im Sinne des Artikels 33 der Verordnung (EU) Nr. 596/2014 des Europäischen Parlaments und des Rates, ABl. EU Nr. L 167 v. 30.6.2017, S. 22.
3 Art. 15 VO Nr. 1095/2010 (ESMA-VO) – Technische Durchführungsstandards: „(1) Die Behörde kann technische Durchführungsstandards mittels Durchführungsrechtsakten gemäß Artikel 291 AEUV für die Bereiche entwickeln, die ausdrücklich in den in Artikel 1 Absatz 2 genannten Gesetzgebungsakten festgelegt sind. Die technischen Durchführungsstandards sind technischer Art und beinhalten keine strategischen oder politischen Entscheidungen, und ihr Inhalt dient dazu, die Bedingungen für die Anwendung der genannten Gesetzgebungsakte festzulegen. Die Behörde legt ihre Entwürfe technischer Durchführungsstandards der Kommission zur Zustimmung vor. (…)."
4 *Schoo* in Schwarze/Becker/Hatje/Schoo, EU-Kommentar, 3. Aufl.2012, Art. 291 AEUV Rz. 3; *Ruffert* in Calliess/Ruffert, EUV/AEUV, 5. Aufl. 2016, Art. 291 AEUV Rz. 2.
5 Verordnung (EU) Nr. 1095/2010 des Europäischen Parlaments und des Rates vom 24. November 2010 zur Errichtung einer Europäischen Aufsichtsbehörde (Europäische Wertpapier- und Marktaufsichtsbehörde), zur Änderung des Beschlusses Nr. 716/2009/EG und zur Aufhebung des Beschlusses 2009/77/EG der Kommission, ABl. EU Nr. L 331 v. 15.12.2010, S. 80, zuletzt geändert durch Art. 5 der Richtlinie 2014/51/EU des Europäischen Parlaments und des Rates vom 16. April 2014 zur Änderung der Richtlinien 2003/71/EG und 2009/138/EG und der Verordnungen (EG) Nr. 1060/2009, (EU) Nr. 1094/2010 und (EU) Nr. 1095/2010 im Hinblick auf die Befugnisse der Europäischen Aufsichtsbehörde (Europäische Aufsichtsbehörde für das Versicherungswesen und die betriebliche Altersversorgung) und der Europäischen Aufsichtsbehörde (Europäische Wertpapier- und Marktaufsichtsbehörde), ABl. EU Nr. L 153 v. 22.5.2014, S. 1.
6 Dazu *Thiele*, Finanzaufsicht 2014, S. 492 ff.
7 *Beck* in Schwark/Zimmer, § 7 WpHG Rz. 15; *Bougel*, The role of CESR in the enforcement of financial reporting IRZ 2009, 495 f.
8 S. dazu *Baur/Boegl*, BKR 2011, 177, 178; *Lehmann/Manger-Nestler*, EuZW 2010, 87, 88; *Kämmerer*, NVwZ 2011, 1281, 1282.

sowie **Rechtsetzungs-** (Art. 10, 15 VO Nr. 1095/2010) und **Interventionsbefugnissen** (Art. 17–19 VO Nr. 1095/2010) ausgestattet worden ist[1].

6 Hauptaufgabe der ESMA ist, die **Funktionsfähigkeit des Finanzsystems in Bezug auf Wertpapiere und Derivate zu erhalten und zu stärken** mittels einer **wirksamen und kohärenten Regulierung und Aufsicht** (Art. 8 Abs. 1 lit. a, b VO Nr. 1095/2010). Hierzu arbeitet sie Leitlinien und Empfehlungen sowie Entwürfe für technische Regulierungs- und Durchführungsstandards aus (Art. 8 Abs. 1 lit. a VO Nr. 1095/2010). Damit soll sie zur kohärenten Anwendung der verbindlichen Rechtsakte der Union beitragen, indem sie eine gemeinsame Aufsichtskultur schafft, die kohärente, effiziente und wirksame Anwendung des Aufsichtsrechts sicherstellt, eine Aufsichtsarbitrage verhindert, bei Meinungsverschiedenheiten zwischen den zuständigen Behörden vermittelt und diese beilegt (Art. 8 Abs. 1 lit. b VO Nr. 1095/2010). Nach dem gesetzlichen Leitbild handelt sie bei der Wahrnehmung ihrer Aufgaben unabhängig[2], objektiv und im alleinigen Interesse der Union (Art. 1 Abs. 5 Unterabs. 4 VO Nr. 1095/2010).

7 Neben der Regelung in Art. 33 VO Nr. 596/2014 verpflichtet vor allem auch Art. 25 Abs. 1 Unterabs. 1 Satz 3 VO Nr. 596/2014 zum behördlichen Informationsaustausch. Art. 25 VO Nr. 596/2014 ist im Vergleich zu Art. 33 VO Nr. 596/2014 weitergehend. Die Regelung statuiert die Verpflichtung zur Zusammenarbeit nicht nur mit der ESMA (vertikal), sondern auch zwischen den zuständigen Behörden untereinander (horizontal) und nicht im Nachhinein, sondern bereits bei Ermittlungen wegen des Verdachts eines Verstoßes gegen die MAR sowie bei Überwachungs- und Durchsetzungsmaßnahmen im Wege eines unverzüglichen[3] Informationsaustauschs sowie im Wege der Amtshilfe (dazu und zu Ausnahmen Art. 25 VO Nr. 596/2014 Rz. 2 ff., 24 ff.).

8 Systematisch betrachtet regelt Kapitel 4 der MAR grundlegend die **Zusammenarbeit zwischen der ESMA und den nationalen Aufsichtsbehörden** (s. Art. 24 VO Nr. 596/2014 Rz. 3 f.): Art. 24 Abs. 1 VO Nr. 596/2014 bestimmt insoweit, dass die zuständigen Behörden gemäß der VO Nr. 1095/2010 (ESMA-VO) für die Zwecke der MAR mit der ESMA zusammenarbeiten. Nach Art. 25 Abs. 1 Unterabs. 3 VO Nr. 596/2014 arbeiten die zuständigen Behörden und die ESMA im Einklang mit der ESMA-VO und insbesondere mit Art. 35 VO Nr. 1095/2010 zusammen, wonach allgemein Informationsrechte der ESMA gegenüber den nationalen zuständigen Behörden bestehen[4].

9 In Abgrenzung zu Art. 35 VO Nr. 1095/2010 (ESMA-VO) ist Art. 33 VO Nr. 596/2014 (MAR) eine spezialgesetzliche Regelung, die eine Übermittlungspflicht in Bezug auf die dort genannten jährlich aggregierten Infor-

---

1 Dazu *Schäfer* in Park, Kapitalmarktstrafrecht, Kap. 1.1. Rz. 12 ff.; *Walla* in Veil, Kapitalmarktrecht, 2. Aufl. 2014, § 11 Rz. 46 ff.; *Hitzer/Hauser*, BKR 2015, 52 ff.
2 Durchaus berechtigte Zweifel an der Unabhängigkeit der stimmberechtigten Mitglieder des Rats der Aufseher, der als Entscheidungsorgan der ESMA fungiert (Art. 40, 42 VO Nr. 1095/2010) äußern *Lehmann/Manger-Nestler*, EuZW 2010, 87, 89 und *Hitzer/Hauser*, BKR 2015, 52, 53 vor dem Hintergrund, dass die Mitglieder zugleich Leiter der nationalen zuständigen Behörden sind und damit zwingend in den nationalen Verwaltungsapparat eingebunden seien.
3 Also ohne schuldhaftes Zögern.
4 Art. 35 VO Nr. 1095/2010 (ESMA-VO) – Sammlung von Informationen:
„(1) Die zuständigen Behörden der Mitgliedstaaten stellen der Behörde auf Verlangen alle Informationen zur Verfügung, die sie zur Wahrnehmung der ihr durch diese Verordnung übertragenen Aufgaben benötigt, vorausgesetzt sie haben rechtmäßigen Zugang zu den einschlägigen Informationen und das Informationsgesuch ist angesichts der Art der betreffenden Aufgabe erforderlich.
(2) Die Behörde kann ebenfalls verlangen, dass ihr diese Informationen in regelmäßigen Abständen und in vorgegebenen Formaten zur Verfügung gestellt werden. Für solche Gesuche werden – soweit möglich – gemeinsame Berichtsformate verwendet.
(3) Auf hinreichend begründeten Antrag einer zuständigen Behörde eines Mitgliedstaats kann die Behörde sämtliche Informationen vorlegen, die erforderlich sind, damit die zuständige Behörde ihre Aufgaben wahrnehmen kann, und zwar im Einklang mit den Verpflichtungen aufgrund des Berufsgeheimnisses gemäß den sektoralen Rechtsvorschriften und Artikel 70.
(4) Bevor die Behörde Informationen gemäß diesem Artikel anfordert, berücksichtigt sie – zur Vermeidung doppelter Berichtspflichten – einschlägige bestehende Statistiken, die vom Europäischen Statistischen System und vom Europäischen System der Zentralbanken erstellt und verbreitet werden.
(5) Stehen diese Informationen nicht zur Verfügung oder werden sie von den zuständigen Behörden nicht rechtzeitig übermittelt, so kann die Behörde ein gebührend gerechtfertigtes und mit Gründen versehenes Ersuchen um Informationen an andere Aufsichtsbehörden, an das für Finanzen zuständige Ministerium – sofern dieses über aufsichtsrechtliche Informationen verfügt –, an die nationale Zentralbank oder an das statistische Amt des betreffenden Mitgliedstaats richten.
(6) Stehen diese Informationen nicht zur Verfügung oder werden sie nicht rechtzeitig gemäß Absatz 1 oder Absatz 5 übermittelt, so kann die Behörde ein gebührend gerechtfertigtes und mit Gründen versehenes Ersuchen direkt an die betreffenden Finanzmarktteilnehmer richten. Im dem mit Gründen versehenen Ersuchen wird erläutert, weshalb die Informationen über die einzelnen Finanzmarktteilnehmer notwendig sind. Die Behörde setzt die jeweils zuständigen Behörden von den Ersuchen gemäß dem vorliegenden Absatz und gemäß Absatz 5 in Kenntnis.
Die zuständigen Behörden unterstützen die Behörde auf Verlangen bei der Einholung der Informationen.
(7) Die Behörde darf vertrauliche Informationen, die sie im Rahmen dieses Artikels erhält, nur für die Wahrnehmung der ihr durch diese Verordnung übertragenen Aufgaben verwenden."

mationen und die Pflicht zur Meldung öffentlich bekanntgegebener Sanktionen und Verwaltungsmaßnahmen ohne individuelles Ersuchen durch die ESMA festsetzt. Dies bedeutet allerdings nicht, dass Art. 35 VO Nr. 1095/2010 damit verdrängt ist. Vielmehr kann die ESMA auf Grundlage von Art. 35 VO Nr. 1095/2010 beispielsweise in einem zweiten Schritt weitere Informationen anfordern, wenn sie wegen einer Information oder Meldung nach Art. 33 VO Nr. 596/2014 die Vermutung der Nichtanwendung oder fehlerhaften Anwendung der MAR durch eine nationale zuständige Behörde mit der Folge eines scheinbaren Verstoßes gegen Unionsrecht hat und ein Einschreiten nach Art. 17 VO Nr. 1095/2010 für erforderlich hält.

Der Informationsaustausch erweist sich im Gesamtgefüge der MAR damit als wichtiges aufsichtsrechtliches Mittel zur unmittelbaren und mittelbaren Kontrolle der nationalen Aufsicht von Marktmissbrauch, vor allem in grenzüberschreitenden Fällen. Dafür spricht auch Erwägungsgrund 67 Satz 1 VO Nr. 596/2014, wonach die zuständigen Behörden insbesondere bei Ermittlungen **zur Zusammenarbeit und zum Informationsaustausch** mit anderen zuständigen Behörden und Regulierungsbehörden sowie mit der ESMA verpflichtet sein sollten, falls nicht außergewöhnliche Umstände vorliegen (dazu Art. 25 VO Nr. 596/2014 Rz. 24 ff.), da Marktmissbrauch mitunter landesübergreifende Handlungen, noch häufiger aber transnationale Wirkungen zugrunde liegen. 10

Die Regelung des Art. 33 VO Nr. 596/2014 war im Wesentlichen bereits im Verordnungsvorschlag der Kommission in Art. 30 angelegt[1]. Allerdings enthielt der Vorschlag neben einer Informationspflicht der zuständigen nationalen Aufsichtsbehörden auch noch eine unmittelbare Informationspflicht der Justizbehörden (Art. 30 Abs. 1 MAR-E). Nach der Endfassung sind nur noch die zuständigen nationalen Aufsichtsbehörden zur Information gegenüber der ESMA verpflichtet; deren Informationspflicht erstreckt sich aber auch auf Daten zu strafrechtlichen Verfahren, die von den Justizbehörden geführt wurden. Damit ist auf nationaler Ebene nur noch eine Behörde zur Übermittlung sämtlicher von Art. 33 VO Nr. 596/2014 geforderter Informationen an die ESMA verpflichtet. Zudem bezogen sich die jährlich aggregierten Informationen im Entwurf der Kommission zunächst nur auf bereits „verhängte verwaltungsrechtliche Maßnahmen, Sanktionen und Geldbußen". Die Endfassung ist weitergehend, indem sie auch Informationen zu allen auf Grundlage von Art. 30–32 VO Nr. 596/2014 geführten Verwaltungsermittlungen und strafrechtlichen Ermittlungen fordert. Diese Ausweitung dient einer höheren Aufdeckungswahrscheinlichkeit möglicher Vollzugsdefizite auf nationaler Ebene, indem die zuständigen nationalen Aufsichtsbehörden auch **Daten zu eröffneten Ermittlungen, anhängigen Fällen und im betreffenden Zeitraum abgeschlossenen Fällen** (also auch zu eingestellten Verfahren) an die ESMA liefern müssen (Erwägungsgrund 78 Satz 2 VO Nr. 596/2014). 11

II. Informationen zu verhängten verwaltungsrechtlichen Sanktionen und Maßnahmen sowie zu Verwaltungsermittlungen (Art. 33 Abs. 1 VO Nr. 596/2014). Art. 33 Abs. 1 Satz 1 VO Nr. 596/2014 regelt die Pflicht der zuständigen nationalen Behörden, der ESMA jährlich aggregierte Informationen zu allen gemäß[2] **den Art. 30, 31 und 32 VO Nr. 596/2014 verhängten verwaltungsrechtlichen Sanktionen und anderen verwaltungsrechtlichen Maßnahmen** zur Verfügung zu stellen. **Zuständige Behörde** ist in Deutschland gem. Art. 3 Abs. 1 Nr. 12, Art. 22 VO Nr. 596/2014 i.V.m. § 6 Abs. 2 WpHG die Bundesanstalt für Finanzdienstleistungsaufsicht (BaFin). 12

Gem. Art. 2 Abs. 1 DurchfVO 2017/1158 hat jede zuständige Behörde eine **einzige Kontaktstelle** für die Übermittlung der Informationen nach Art. 33 VO Nr. 596/2014 i.V.m. Art. 3 DurchfVO 2017/1158 zu benennen. Die Kontaktstelle ist zudem für die Kommunikation über alle Fragen in Zusammenhang mit der Übermittlung zuständig. Diese Kontaktstelle muss der ESMA gemeldet werden (Art. 2 Abs. 2 DurchfVO 2017/1158). Dies dient dazu, die **Kommunikation zwischen den zuständigen Behörden und der ESMA zu erleichtern und unnötige Verzögerungen oder fehlgeschlagene Übermittlungen zu vermeiden** (Erwägungsgrund 2 DurchfVO 2017/1158). Die ESMA richtet ihrerseits eine Kontaktstelle für den Empfang der Informationen nach Art. 33 VO Nr. 596/2014 ein (Art. 2 Abs. 3 DurchfVO 2017/1158). Nach Art. 2 Abs. 4 DurchfVO 2017/1158 gibt die ESMA die Kontaktstellen der nationalen Aufsichtsbehörden auf ihrer Website bekannt. 13

Die geforderte „aggregierte" Darstellung lässt auch durch Zusammenfassung anonymisierte Berichtsformate zu. Stets anonymisiert müssen die Informationen über durchgeführte **Verwaltungsermittlungen sein** (Art. 33 Abs. 1 Satz 3 VO Nr. 596/2014). Art. 3 Abs. 1 DurchfVO 2017/1158 regelt, dass die zuständigen Behörden die Informationen unter Verwendung des in Anhang I enthaltenen Formulars[3] übermitteln sollen. Dies soll alljährlich spätestens am 31. März geschehen, wobei die Daten alle Untersuchungen, Sanktionen und Maßnahmen, die im vorangehenden Kalenderjahr durchgeführt bzw. verhängt wurden, umfassen müssen (Art. 3 Abs. 2 DurchfVO 2017/1158). Gemäß Erwägungsgrund 3 DurchfVO 2017/1158 soll die Verwendung eines Formulars mit detaillierten und harmonisierten Informationen gewährleisten, dass alle erforderlichen Informationen über die Sanktionen und Maßnahmen der zuständigen Behörden von der ESMA korrekt erkannt und registriert werden. 14

---

1 Vorschlag der Europäischen Kommission für eine Verordnung des Europäischen Parlaments und des Rates über Insider-Geschäfte und Marktmanipulation (Marktmissbrauch), KOM(2011) 651 endg., S. 55.
2 Im englischsprachigen Original heißt es „in accordance with Articles 30, 31 and 32".
3 Abrufbar unter http://eur-lex.europa.eu/legal-content/DE/TXT/?qid=1505495036813&uri=CELEX:32017R1158, zuletzt abgerufen am 5.7.2018.

15 Die Übermittlung erfolgt dabei mithilfe gesicherter elektronischer Mittel (Art. 3 Abs. 4 DurchfVO 2017/1158). Elektronische Mittel definiert Art. 1 DurchfVO 2017/1158 als elektronische Geräte für die Verarbeitung (einschließlich der digitalen Komprimierung), Speicherung und Übertragung von Daten über Kabel, Funk, optische Technologien oder andere elektromagnetische Verfahren. Die ESMA hat schließlich festzulegen, welche sicheren elektronischen Mittel zu nutzen sind, wobei diese gewährleisten müssen, dass die Vollständigkeit, Integrität und Vertraulichkeit der Daten bei der Übermittlung gewahrt bleiben (Art. 3 Abs. 4 DurchfVO 2017/1158).

16 **1. Informationen zu allen gem. Art. 30, 31 und 32 VO Nr. 596/2014 verhängten verwaltungsrechtlichen Sanktionen und anderen verwaltungsrechtlichen Maßnahmen.** Art. 30 VO Nr. 596/2014 gibt den Mitgliedstaaten vor, welche Verstöße gegen die MAR mindestens mit angemessenen verwaltungsrechtlichen Sanktionen oder Maßnahmen geahndet werden müssen, und definiert die Sanktionen und Maßnahmen entsprechend (Art. 30 VO Nr. 596/2014 Rz. 19 ff.). Dies ist bei Verstößen gegen Art. 14 bis 20 (insb. Verbot von **Insidergeschäften** und **Marktmanipulation**) der Fall. Zu melden sind, soweit die Tatbestände des Art. 30 MAR betroffen sind, auch Maßnahmen nach nationalem Recht, die von den unionsrechtlich definierten Mindestanforderungen abweichen. Abschnitt 1 des Formulars in Anhang I der DurchfVO 2017/1158 sieht dafür vor, dass die Zahl der Maßnahmen und Sanktionen (verhängt/veröffentlicht/angefochten) und die Zahl der von den Maßnahmen und Sanktionen betroffenen natürlichen und juristischen Personen angegeben wird. Sodann folgt eine tabellarische Darstellung hinsichtlich der Zahl der Maßnahmen und Sanktionen nach Art des Verstoßes und Art der Maßnahmen bzw. Sanktion. Dabei sind die Anzahl der finanziellen Sanktionen einschließlich aggregierter Geldbeträge, die Anzahl der nichtfinanziellen Sanktionen und Vergleichsbeschlüsse sowie diesbezüglich aggregierte Geldbeträge (falls im jeweiligen Mitgliedstaat anwendbar) bei Verstößen gegen die Verbote nach Art. 14 und 15 VO Nr. 596/2014 und bei anderen Verstößen zu vermerken.

17 **2. Verwaltungsermittlungen.** Sofern im Zusammenhang mit den Art. 30–32 VO Nr. 596/2014 Verwaltungsermittlungen gegen natürliche oder juristische Personen geführt wurden, ist dies der ESMA ebenfalls mittels des nach Anhang I der DurchfVO (2017/1158 vorgesehenen Formulars in Abschnitt 3 mitzuteilen. „Verwaltungsermittlungen" sind sämtliche Tätigkeiten der zuständigen nationalen Behörde, die auf eine behördliche Maßnahme oder einen Bußgeldbescheid gerichtet sind. Nicht unter „Verwaltungsermittlungen" fallen staatsanwaltliche Ermittlungen, und zwar auch dann, wenn sie Bußgelder, also verwaltungsrechtliche Sanktionen betreffen. Diese werden unter die strafrechtlichen Ermittlungen gefasst, die im Abschnitt 4 des Formulars gemäß Anhang I der DurchfVO 2017/1158 gelistet werden sollen.

18 Verwaltungsermittlungen, die eingestellt worden sind, fallen ebenfalls unter die Informationspflicht, da gerade diese wichtige Erkenntnisquellen über die Wirksamkeit von Verwaltungstätigkeit und mögliche Sanktionslücken geben können. Die Pflicht zur Information über eingestellte Ermittlungen ergibt sich auch zudem daraus, dass im Abschnitt 3 in Anhang I der DurchfVO 2017/1158 vorgesehenen Formular eine eigene Rubrik unter der Bezeichnung „Ohne weitere Maßnahmen **eingestellt**" existiert. Die Daten müssen Angaben **zur Zahl der aufgenommenen und abgeschlossenen Ermittlungen** sowie über das **Ergebnis der abgeschlossenen Ermittlungen** (Einleitung von Verwaltungsvollstreckungsverfahren/Befassung der Strafverfolgungsbehörden/Sonstige Maßnahmen wie Verbote oder die bereits erwähnten Einstellungen ohne weitere Maßnahmen) enthalten.

19 Die zu übermittelnden Informationen über Ermittlungen sollen konsistent und vergleichbar sein, damit zum Ausdruck kommt, welche Ermittlungstätigkeit im Rahmen der Marktmissbrauchsverordnung in einem bestimmten Jahr tatsächlich stattgefunden hat (Erwägungsgrund 4 Satz 1 DurchfVO 2017/1158). Auch dadurch wird deutlich, dass der Informationsaustausch neben der Transparenz auch der Kontrolle der Funktionsweise der nationalen Ermittlungstätigkeit durch die ESMA dient.

20 **3. Denkbare Rechtsfolgen der Meldungen nach Art. 33 VO Nr. 596/2014.** Gerade in diesen Fällen könnte die ESMA – auch unter Zuhilfenahme ihrer aus Art. 35 VO Nr. 1095/2010 (ESMA-VO) folgenden Informationsrechte – von Tatsachen Kenntnis erlangen, die die Vermutung begründen, dass die nationalen Aufsichtsbehörden die MAR oder eine auf Grundlage der MAR erlassene technische Regulierungs- oder Durchführungsbestimmung nicht angewandt oder nicht ordnungsgemäß angewandt haben, so dass dadurch eine Verletzung von Unionsrecht „vorzuliegen scheint". Bei Vorliegen dieser Voraussetzungen kann die ESMA ein Verfahren nach Art. 17 VO Nr. 1095/2010 einleiten. Art. 17 VO Nr. 1095/2010 sieht dabei zur Effektuierung der Aufsicht durch die ESMA über die zuständigen nationalen Behörden starke Eingriffsbefugnisse (sog. Drei-Stufen-Mechanismus)[1] vor[2]. Der Drei-Stufen-Mechanismus (dazu Rz. 23) soll dazu dienen, dass eine unzureichende oder nicht ordnungsgemäße Anwendung des kapitalmarktrechtlichen Unionsrechts durch die nationalen Behörden vermieden wird (Erwägungsgrund 27 Satz 2 und Erwägungsgrund 28 Satz 1 VO Nr. 1095/2010). Nach dem Willen des

---

1 Erwägungsgrund 28 VO Nr. 1095/2010; *Hitzer/Hauser*, BKR 2015, 52, 56.
2 Art. 17 VO Nr. 1095/2010 (ESMA-VO) – Verletzung von Unionsrecht (ohne Abs. 7, 8):
„(1) Hat eine zuständige Behörde **die in Artikel 1 Absatz 2 genannten Rechtsakte** nicht angewandt oder diese so angewandt, dass eine **Verletzung des Unionsrechts**, einschließlich der **technischen Regulierungs- und Durchführungsstandards**, die nach den Artikel 10 bis 15 festgelegt werden, **vorzuliegen scheint**, insbesondere weil sie es versäumt hat sicherzustellen, dass ein Finanzmarktteilnehmer den in den genannten Rechtsakten festgelegten Anforderungen genügt,

Verordnungsgebers soll der Drei-Stufen-Mechanismus dabei in Bereichen angewandt werden, in denen das Unionsrecht klare und unbedingte Verpflichtungen vorsieht (Erwägungsgrund 27 Satz 3 VO Nr. 1095/2010).

Fraglich ist, welche Anforderungen an die Tatbestandsvoraussetzung „vorzuliegen scheint" zu stellen sind. Zweifelhaft in diesem Zusammenhang ist, ob z.B. die elektronische Mitteilung im Wege des Formulars nach Anhang I der DurchfVO 2017/1158 zu Art. 33 VO Nr. 596/2014, wo lediglich eine Zusammenfassung aller aggregierter Informationen des letzten Jahres steht, genügende Anhaltspunkte für die Nichtanwendung oder nicht ordnungsgemäße Anwendung der MAR durch eine nationale Behörde geben kann. Der Wortlaut von Art. 17 Abs. 1 VO Nr. 1095/2010 (ESMA-VO) spricht eher für eine weite Auslegung, es reicht das scheinbare Vorliegen einer Unionsrechtsverletzung. Ein bestimmter Verdachtsgrad wird gerade nicht verlangt. Erwägungsgrund 28 Satz 2 VO Nr. 1095/2010 spricht davon, dass die ESMA befugt sein sollte, Nachforschungen über eine **vermutete** nicht ordnungsgemäße oder unzureichende Anwendung der Verpflichtungen nach dem Unionsrecht durch die nationalen Behörden in deren Aufsichtspraxis anzustellen, die durch eine Empfehlung abgeschlossen werden sollten. Ein Vergleich mit der englischen und französischen Fassung ergibt, dass dafür Mutmaßungen genügen sollen. In der englischen Fassung heißt es in *recital* 28: „… to investigate **alleged** incorrect or insufficient application of Union law obligations by national authorities in their supervisory practice". *Alleged* bedeutet „vorgeblich, mutmaßlich". In Art. 17 Abs. 1 VO Nr. 1095/2010 englischer Fassung heißt es: „Where a competent authority has not applied the acts referred to in Article 1(2), or has applied them in a way which **appears** to be a breach of Union law …". Genauso sind auch in der französischen Fassung sinngemäß entsprechende Formulierungen vorhanden. In considérant 28 steht: „… devrait être habilitée à enquêter sur les cas d'application **prétendument** incorrecte ou insuffisante du droit de l'Union par les autorités nationales dans leurs pratiques de surveillance, …". *Prétendument* bedeutet ebenfalls „vorgeblich, mutmaßlich". In Art. 17 Abs. 1 VO Nr. 1095/2010 französischer Fassung heißt es schließlich „qui **semble** constituer une violation du droit de l'Union". Auch nach der englischen und französischen Fassung von Art. 17 Abs. 1: VO Nr. 1095/2010 (ESMA-VO) ist damit ein weites Verständnis des „scheinbaren Vorliegens einer Unionsrechtsverletzung" angelegt. Berücksichtigt man zudem, dass der Drei-Stufen-Mechanismus die wirksame Durchsetzung der europäisch determinierten kapitalmarktrechtlichen Regelungen in den Mitgliedstaaten zum Ziel hat und damit eine effektive Aufsicht über die Tätigkeit der nationalen Aufsichtsbehörden gewährleisten soll, so dürfte ausreichen, dass sich die ESMA auf eine Vermutung stützen kann. Im Ergebnis ist dem Verordnungsgeber daran gelegen, die ESMA ohne große Hürden zum Handeln gegenüber den nationalen Behörden zu ermächtigen. Da es bei den Informationspflichten nach Art. 33 VO Nr. 596/2014 oft sogar um grenzüberschreitende Handlungen oder jedenfalls um Sachverhalte mit grenzüberschreitenden Wirkungen gehen

21

---

so nimmt die Behörde die **in den Absätzen 2, 3 und 6 des vorliegenden Artikels genannten Befugnisse wahr.** *[Hervorhebungen durch Verfasser]*
(2) Auf Ersuchen einer oder mehrerer zuständiger Behörden, des Europäischen Parlaments, des Rates, der Kommission oder der Interessengruppe Wertpapiere und Wertpapiermärkte oder von Amts wegen und nach Unterrichtung der betroffenen zuständigen Behörde **kann die Behörde eine Untersuchung der angeblichen Verletzung oder der Nichtanwendung des Unionsrechts durchführen.**
Unbeschadet der in Artikel 35 festgelegten Befugnisse **übermittelt die zuständige Behörde der Behörde unverzüglich alle Informationen, die Letztere für ihre Untersuchung für erforderlich hält.**
(3) Spätestens zwei Monate nach Beginn ihrer Untersuchung **kann die Behörde eine Empfehlung an die betroffene zuständige Behörde richten**, in der die Maßnahmen erläutert werden, die zur Einhaltung des Unionsrechts ergriffen werden müssen.
Die zuständige Behörde unterrichtet die Behörde innerhalb von zehn Arbeitstagen nach Eingang der Empfehlung über die Schritte, die sie unternommen hat oder zu unternehmen beabsichtigt, um die Einhaltung des Unionsrechts zu gewährleisten.
(4) Sollte die zuständige Behörde das Unionsrecht innerhalb eines Monats nach Eingang der Empfehlung der Behörde nicht einhalten, so kann die Kommission nach Unterrichtung durch die Behörde oder von Amts wegen eine förmliche Stellungnahme abgeben, in der die zuständige Behörde aufgefordert wird, die zur Einhaltung des Unionsrechts erforderlichen Maßnahmen zu ergreifen. Die förmliche Stellungnahme der Kommission trägt der Empfehlung der Behörde Rechnung.
Die Kommission gibt diese förmliche Stellungnahme spätestens drei Monate nach Abgabe der Empfehlung ab. Die Kommission kann diese Frist um einen Monat verlängern.
Die Behörde und die zuständigen Behörden übermitteln der Kommission alle erforderlichen Informationen.
(5) Die zuständige Behörde unterrichtet die Kommission und die Behörde innerhalb von zehn Arbeitstagen nach Eingang der in Absatz 4 genannten förmlichen Stellungnahme über die Schritte, die sie unternommen hat oder zu unternehmen beabsichtigt, um dieser förmlichen Stellungnahme nachzukommen.
(6) Unbeschadet der Befugnisse der Kommission nach Artikel 258 AEUV kann die Behörde für den Fall, dass eine zuständige Behörde der **in Absatz 4 genannten förmlichen Stellungnahme nicht innerhalb der dort gesetzten Frist nachkommt,** und dass es erforderlich ist, der Nichteinhaltung rechtzeitig ein Ende zu bereiten, um neutrale Wettbewerbsbedingungen auf dem Markt aufrecht zu erhalten oder wieder herzustellen beziehungsweise um das ordnungsgemäße Funktionieren und die Integrität des Finanzsystems zu gewährleisten, und sofern die einschlägigen Anforderungen der in Artikel 1 Absatz 2 genannten Rechtsakte auf Finanzmarktteilnehmer unmittelbar anwendbar sind, einen an einen Finanzmarktteilnehmer gerichteten Beschluss im Einzelfall erlassen, der diesen zum Ergreifen der Maßnahmen verpflichtet, die zur Erfüllung seiner Pflichten im Rahmen des Unionsrechts erforderlich sind, einschließlich der Einstellung jeder Tätigkeit." (alle Hervorhebungen durch Verfasser)

wird, können in diesem Zusammenhang insbesondere auffällige Diskrepanzen zwischen den Meldungen von zwei Mitgliedstaaten der ESMA schon ausreichenden Anlass geben, nach Art. 17 VO Nr. 1095/2010 einzuschreiten.

22 Weitere Fälle im Anwendungsbereich der MAR können sich im Rahmen von Art. 25 Abs. 7 VO Nr. 596/2014 ergeben, also wenn eine nationale Aufsichtsbehörde unberechtigterweise ein Informations- oder Amtshilfeersuchen einer anderen nationalen Aufsichtsbehörde nicht innerhalb einer angemessenen Frist Folge leistet oder ablehnt. Hier liegt es zwar nahe, dass die ESMA zunächst das Schlichtungsverfahren nach Art. 19 VO Nr. 1095/2010 (ESMA-VO) zur Beilegung der Meinungsverschiedenheit durchführt. Dies hindert sie jedoch nicht daran, bei tatsächlichen Anhaltspunkten für das Vorliegen einer Verletzung von Art. 25 Abs. 1 VO Nr. 596/2014 zusätzlich das Verfahren nach Art. 17 VO Nr. 1095/2010 einzuleiten.

23 **4. Dreistufenmechanismus bei der Verletzung von Unionsrecht.** Der **Drei-Stufen-Mechanismus** funktioniert dabei folgendermaßen: Auf Ersuchen einer oder mehrerer zuständiger (nationaler) Behörden, des Europäischen Parlaments, des Rates, der Kommission oder der Interessengruppe Wertpapiere und Wertpapiermärkte[1] oder von Amts wegen und nach Unterrichtung der betroffenen Behörde erfolgt **auf der ersten Stufe** eine Untersuchung der angeblichen Verletzung oder Nichtanwendung von Unionsrecht (Art. 17 Abs. 2 VO Nr. 1095/2010). Spätestens zwei Monate nach Beginn der Untersuchung kann die ESMA eine Empfehlung an die zuständige Behörde richten, in der die vorzunehmenden Maßnahmen erläutert werden, die zur Einhaltung des Unionsrechts erforderlich sind (Art. 17 Abs. 3 VO Nr. 1095/2010).

24 Wenn die zuständige Behörde das Unionsrecht innerhalb eines Monats nach Eingang der ESMA-Empfehlung immer noch nicht einhält, so kann auf der **zweiten Stufe** die Kommission durch Unterrichtung der ESMA oder von Amts wegen eine förmliche Stellungnahme abgeben (Art. 17 Abs. 4 Satz 1 VO Nr. 1095/2010). In der förmlichen Stellungnahme wird die zuständige Behörde dazu aufgefordert, die zur Einhaltung des Unionsrechts erforderlichen Maßnahmen zu ergreifen, wobei die Kommission der Empfehlung der ESMA Rechnung trägt (Art. 17 Abs. 4 Satz 2 VO Nr. 1095/2010). Innerhalb von zehn Arbeitstagen nach Eingang der förmlichen Stellungnahme hat die zuständige Behörde die Kommission und die ESMA darüber zu unterrichten, welche Schritte sie unternommen hat oder zu unternehmen beabsichtigt, um der förmlichen Stellungnahme zu entsprechen (Art. 17 Abs. 5 VO Nr. 1095/2010).

25 Auf der **dritten Stufe** wird die ESMA in Art. 17 Abs. 6 VO Nr. 1095/2010 schließlich dazu ermächtigt, als *ultima ratio* einen an einen beteiligten Finanzmarktteilnehmer gerichteten Beschluss zu erlassen, der diesen dazu verpflichtet, Maßnahmen zu ergreifen, die zur Erfüllung seiner Pflichten im Rahmen des Unionsrechts erforderlich sind, einschließlich der Einstellung jeder Tätigkeit. Dies gilt allerdings nur dann, wenn die zuständige Behörde der förmlichen Stellungnahme der Kommission nicht fristgemäß nachkommt und die Maßnahme erforderlich ist, um neutrale Wettbewerbsbedingungen auf dem Markt aufrecht zu erhalten oder wieder herzustellen beziehungsweise um das ordnungsgemäße Funktionieren und die Integrität des Finanzsystems zu gewährleisten und sofern die in Art. 1 Abs. 2 VO Nr. 1095/2010 einschlägigen Rechtsakte auf Finanzmarktteilnehmer unmittelbar anwendbar sind (was für die Marktmissbrauchsverbote der MAR der Fall ist). Der Beschluss nach Art. 17 Abs. 6 VO Nr. 1095/2010 hat dabei Vorrang vor früheren Beschlüssen der nationalen zuständigen Behörden in gleicher Sache (Art. 17 Abs. 7 VO Nr. 1095/2010).

26 **III. Informationen zu verhängten strafrechtlichen Sanktionen und strafrechtlichen Ermittlungen (Art. 33 Abs. 2 VO Nr. 596/2014).** Sofern die Mitgliedstaaten im Einklang mit Art. 30 Abs. 1 Unterabs. 2 VO Nr. 596/2014 **strafrechtliche Sanktionen** für die dort genannten Verstöße (wie gegen das Verbot von Insidergeschäften und Marktmanipulation) erlassen haben (vgl. z.B. in Deutschland: § 119 Abs. 3 WpHG), stellen die Mitgliedstaaten der ESMA jährlich aggregierte Daten zu von den Justizbehörden (s. Art. 30–32 VO Nr. 596/2014 verhängten strafrechtlichen Sanktionen und zu geführten strafrechtlichen Ermittlungen in **anonymisierter** Form zur Verfügung. Die Daten sind unter Verwendung des in Anhang I DurchfVO 2017/1158 enthaltenen Formulars (Abschnitt 2) zu übermitteln[2]. Im Aufbau ist Abschnitt 2 mit Abschnitt 1 (verwaltungsrechtliche Maßnahmen und Sanktionen) weitestgehend identisch (s. Rz. 8). In der Übersichtstabelle zu den Sanktionen insgesamt gibt es allerdings keine Rubrik für veröffentlichte Sanktionen, sondern nur zu verhängten und angefochtenen Sanktionen. Statt zu nichtfinanziellen Sanktionen sind Angaben zu Freiheitsentzügen zu machen. Daneben existiert eine Rubrik für Sonstiges.

27 **IV. Meldung öffentlich bekanntgegebener verwaltungsrechtlicher Sanktionen und Maßnahmen sowie öffentlich bekanntgegebener strafrechtlicher Sanktionen (Art. 33 Abs. 3 VO Nr. 596/2014).** Hat die zuständige nationale Behörde (in Deutschland die BaFin) verwaltungsrechtliche Sanktionen, strafrechtliche Sanktionen oder andere verwaltungsrechtliche Maßnahmen (vgl. zu den Begrifflichkeiten Art. 30 VO Nr. 596/2014 Rz. 22 ff.) **öffentlich bekanntgegeben**, so meldet sie dies der ESMA. Nach Art. 4 Abs. 1 DurchfVO 2015/1158 meldet die zuständige nationale Behörde unter Nutzung der Schnittstellen des IT-Systems und der einschlägigen Daten-

---

[1] Art. 37 VO Nr. 1095/2010 (ESMA-VO).
[2] S. Rz. 14 Fn. 3, abrufbar unter http://eur-lex.europa.eu/legal-content/DE/TXT/?qid=1505495036813&uri=CELEX:32017R1158, zuletzt abgerufen am 5.7.2018.

bank, die die ESMA für den Empfang, die Speicherung und die Veröffentlichung von Informationen über diese Sanktionen und Maßnahmen dafür eingerichtet hat. Das für die öffentlich bekanntgegebenen verwaltungsrechtlichen Sanktionen und Maßnahmen in Bezug genommene sog. **naming and shaming** wegen eines Verstoßes gegen die MAR ist in Art. 34 VO Nr. 596/2014 geregelt und in Deutschland in § 125 WpHG umgesetzt.

Dafür ist nach Art. 4 Abs. 2 i.V.m. Anhang II[1] DurchfVO 2015/1158 für den Meldebericht ein Format vorgesehen, das detaillierte Angaben über Rechtsrahmen, Kennung der Sanktion, Mitgliedstaat, Rechtsträgerkennung, Behördenkennung, Rechtsrahmen des Rechtsträgers, Art der Sanktion, vollständigen Namen des Sanktions-/Maßnahmeadressaten (Unternehmen/Person), über die nationale Behörde, die die Sanktion/Maßnahme verhängt hat, Wortlaut der Sanktion/Maßnahme in Landessprache oder Englisch, Erlassdatum sowie Ende der Geltungsdauer enthält. Dadurch kann die ESMA ebenfalls an Informationen gelangen, die die Vermutung begründen können, dass auf nationaler Ebene Vollzugsdefizite bestehen mit der Folge, dass die ESMA nach Art. 17 VO Nr. 596/2014 eine Untersuchung einleiten und alle diesbezüglichen Maßnahmen ergreifen kann, um die Einhaltung der MAR zu gewährleisten (s. Rz. 21 f.). 28

Der zuständigen Behörde wird auch hier **kein Ermessen** eingeräumt. Ist der Tatbestand erfüllt, ist sie verpflichtet, der ESMA die notwendigen Informationen zu übermitteln. Die Meldepflicht gilt nicht nur für verwaltungsrechtliche Maßnahmen und Sanktionen, sondern auch für strafrechtliche, soweit diese mitgliedstaatlich zu veröffentlichen sind. Sinngemäß dürfte es sich nur um solche Maßnahmen und Sanktionen handeln, die wegen Verstoßes gegen die MAR verhängt worden sind und nach Art. 32 VO Nr. 596/2014 oder weitergehendem nationalen Recht veröffentlichungspflichtig sind. Die mitgliedstaatliche Veröffentlichungspflicht von verwaltungsrechtlichen Maßnahmen und Sanktionen wegen MAR-Verstößen richtet sich nach Art. 34 VO Nr. 596/2014, die Veröffentlichung von strafrechtlichen Sanktionen nach Erwägungsgrund 18 RL 2014/57/EU (CSMAD). Danach können strafrechtliche Verbandssanktionen **die Veröffentlichung einer endgültigen Entscheidung über eine Sanktion unter Offenlegung der Identität der verantwortlichen juristischen Person umfassen**, wobei den Grundrechten, dem Grundsatz der Verhältnismäßigkeit und den Risiken für die Stabilität der Finanzmärkte und laufende Ermittlungen Rechnung zu tragen ist. Demzufolge soll die CSMAD **die Mitgliedstaaten nicht daran hindern, endgültige Entscheidungen über eine Verantwortlichkeit oder Sanktionen zu veröffentlichen.** 29

V. Eintragung in das „Register" der Wertpapierfirmen (Art. 33 Abs. 4 VO Nr. 596/2014). Sofern eine **Wertpapierfirma** betroffen ist, die gem. der RL 2014/65/EU (MiFID II)[2] zugelassen ist, vermerkt die ESMA die veröffentlichte verwaltungsrechtliche oder strafrechtliche Sanktion oder andere verwaltungsrechtliche Maßnahme im Register der Wertpapierfirmen, das nach Art. 5 Abs. 3 RL 2014/65/EU erstellt worden ist. Art. 5 Abs. 3 Unterabs. 1 RL 2014/65/EU gibt den Mitgliedstaaten auf, sämtliche Wertpapierfirmen in einem öffentlich zugänglichen Register zu registrieren. Dieses Register ist öffentlich zugänglich und enthält Informationen über die Dienstleistungen und/oder Tätigkeiten, für die die Wertpapierfirma zugelassen ist. Es wird regelmäßig aktualisiert und jede Zulassung muss der ESMA mitgeteilt werden. Auf dieser Grundlage hat die ESMA nach Art. 5 Abs. 3 Unterabs. 2 RL 2014/65/EU ein Verzeichnis sämtlicher Wertpapierfirmen in der Union zu erstellen. Dieses Verzeichnis enthält Informationen über die Dienstleistungen oder Tätigkeiten, für die jede einzelne Wertpapierfirma zugelassen ist, und es wird regelmäßig aktualisiert. Die ESMA veröffentlicht dieses Verzeichnis auf ihrer Website und aktualisiert es regelmäßig. Obwohl Art. 33 Abs. 4 VO Nr. 596/2014 das Wort Register verwendet und in der englischsprachigen Fassung ebenfalls *register* steht, dürfte damit nicht das von den Mitgliedstaaten geführte Register nach Art. 5 Abs. 1 Unterabs. 1 RL 2014/65/EU gemeint sein, denn zu Eintragungen in dieses ist die ESMA nicht befugt. Vielmehr ist das Verzeichnis nach Art. 5 Abs. 1 Unterabs. 2 RL 2014/65/EU, das die Informationen über die mitgliedstaatlich enthaltenen Eintragungen der nationalen Register zusammenführt, in Abs. 4 in Bezug genommen. Dort erfolgt der entsprechende Vermerk. Insoweit ist der Verweis in Art. 33 Abs. 4 VO Nr. 596/2014 auf Art. 5 Abs. 3 RL 2014/65/EU ungenau. 30

VI. Rechte der Betroffenen und Rechtsschutz. Fraglich ist, ob die Meldungen an die ESMA und deren Veröffentlichung ein zusätzlicher informationeller Eingriff sind. Das europäische Kapitalmarktrecht scheint davon auszugehen, dass es sich um einen Automatismus innerhalb eines einheitlichen Verwaltungsverbundes handelt. Sowohl für die jeweils nach nationalem Recht zuständigen Behörden als auch für die ESMA handelt es sich um eine **gebundene Entscheidung**. Sofern also die Voraussetzungen des Tatbestandes vorliegen, sind die Rechtsfolgen zwingend. Unproblematisch ist die anonymisierte Weitergabe, soweit die Anonymisierung auch wirksam ist. Hier fehlt es schon an einem Eingriffstatbestand. Anders dann, wenn eine Anonymisierung nicht vorgesehen ist wie bei Art. 33 Abs. 3 VO Nr. 596/2014. Grundsätzlich liegt in der Weitergabe personalisierter Informationen *an andere Behörden* ein Grundrechtseingriff[3]. Das gilt auch innerhalb eines horizontalen oder vertikalen Verwaltungsverbundes[4]. Eine – hier maßgebliche – Ausnahme könnte allerdings dann gelten, wenn die Informationen bereits veröffentlicht sind. Im Hinblick auf eine nicht anonymisierte Weitergabe von Informationen, 31

---

1 S. Rz. 14 Fn. 3.
2 Richtlinie 2014/65/EU des Europäischen Parlaments und des Rates vom 15. Mai 2014 über Märkte für Finanzinstrumente sowie zur Änderung der Richtlinien 2002/92/EG und 2011/61/EU, ABl. EU Nr. L 173 v. 12.6.2014, S. 349.
3 EuGH v. 1.10.2015 – C-201/14, ECLI:EU:C:2015:638, ZD 2015; *Hamacher*, IStR 2016, 171.
4 *Kment*, Grenzüberschreitendes Verwaltungshandeln, 2010, S. 686 ff.

namentlich zu abgeschlossenen Verfahren, geht die Verordnung von einem Automatismus und damit von einem gesetzlich geregelten Eingriff aus. Dies ist allerdings nur dann mit Art. 8 GRCh (Schutz personenbezogener Daten) und Art. 11 Satz 2 GRCh vereinbar, wenn die ESMA die auf nationaler Ebene getroffenen Schutzentscheidungen unverändert übernimmt und befolgt. Hierzu dürfte sie verpflichtet sein, da die ESMA gemäß Erwägungsgrund 79 VO Nr. 596/2014 der VO Nr. 45/2001 und der RL 95/46/EG unterliegt, die den Schutz natürlicher Personen bei der Verarbeitung personenbezogener Daten regeln. Wäre dies systematisch nicht gerechtfertigt, würde die Weitergabe gegen den grundgesetzlichen Grundrechtsschutz verstoßen und es wäre vorbeugend auf nationaler Ebene zu gewähren.

Art. 34 Veröffentlichung von Entscheidungen

(1) Vorbehaltlich des Unterabsatzes 3 veröffentlichen die zuständigen Behörden jede Entscheidung über die Verhängung einer verwaltungsrechtlichen Sanktion oder verwaltungsrechtlichen Maßnahme in Bezug auf einen Verstoß gegen diese Verordnung auf ihrer offiziellen Website unverzüglich nachdem die von der Entscheidung betroffene Person darüber informiert wurde. Dabei werden mindestens Art und Charakter des Verstoßes und die Identität der verantwortlichen Personen bekanntgemacht.

Unterabsatz 1 gilt nicht für Entscheidungen, mit denen Maßnahmen mit Ermittlungscharakter verhängt werden.

Ist jedoch eine zuständige Behörde der Ansicht, dass die Bekanntmachung der Identität einer von der Entscheidung betroffenen juristischen Personen oder der personenbezogenen Daten einer natürlichen Personen einer einzelfallbezogenen Bewertung der Verhältnismäßigkeit dieser Daten zufolge unverhältnismäßig wäre, oder würde die Bekanntmachung laufende Ermittlungen oder die Stabilität der Finanzmärkte gefährden, so handeln die zuständigen Behörden wie folgt:

a) Sie schieben die Veröffentlichung der Entscheidung auf, bis die Gründe für das Aufschieben weggefallen sind;

b) sie veröffentlichen die Entscheidung im Einklang mit dem nationalen Recht in anonymer Fassung, wenn diese anonyme Fassung einen wirksamen Schutz der betreffenden personenbezogenen Daten gewährleistet;

c) sie machen die Entscheidung nicht bekannt, wenn die zuständige Behörde der Auffassung ist, dass eine Veröffentlichung gemäß den Buchstaben a und b nicht ausreichend ist, um sicherzustellen, dass
   i) die Stabilität der Finanzmärkte nicht gefährdet würde, oder
   ii) die Verhältnismäßigkeit der Bekanntmachung derartiger Entscheidungen in Bezug auf unerhebliche Maßnahmen gewahrt bliebe.

Trifft eine zuständige Behörde die Entscheidung, die Entscheidung in anonymer Fassung gemäß Unterabsatz 3 Buchstabe b zu veröffentlichen, so kann sie die Veröffentlichung der einschlägigen Daten um einen angemessenen Zeitraum aufschieben, wenn vorhersehbar ist, dass die Gründe für die anonyme Veröffentlichung innerhalb dieses Zeitraums entfallen werden.

(2) Werden gegen die Entscheidung bei den nationalen Justiz-, Verwaltungs- oder sonstigen Behörden Rechtsbehelfe eingelegt, so machen die zuständigen Behörden auch diesen Sachverhalt und alle weiteren Informationen über das Ergebnis des Rechtsbehelfsverfahrens unverzüglich auf ihrer Website bekannt. Ferner wird jede Entscheidung, mit der eine mit Rechtsbehelfen angegriffene Entscheidung aufgehoben wird, ebenfalls bekanntgemacht.

(3) Die zuständigen Behörden stellen sicher, dass jede veröffentlichte Entscheidung im Einklang mit diesem Artikel vom Zeitpunkt ihrer Veröffentlichung an während eines Zeitraums von mindestens fünf Jahren auf ihrer Website zugänglich bleibt. Enthält die Bekanntmachung personenbezogene Daten, so bleiben diese so lange auf der Website der zuständigen Behörde einsehbar, wie dies nach den geltenden Datenschutzbestimmungen erforderlich ist.

In der Fassung vom 16.4.2014 (ABl. EU Nr. L 173 v. 12.6.2014, S. 1).

Schrifttum: *Brellochs*, Die Neuregelung der kapitalmarktrechtlichen Beteiligungspublizität – Anmerkungen aus Sicht der M&A- und Kapitalmarktpraxis, AG 2016, 157; *von Buttlar*, Bußgeld: Unternehmenspersönlichkeitsrechte bei der Veröffentlichung von Entscheidungen durch die Aufsicht, BaFinJournal 5/2015, 27; *von Buttlar*, Die Stärkung der Aufsichts- und Sanktionsbefugnisse im EU-Kapitalmarktrecht: ein neues „field of dreams" für Regulierer?, BB 2014, 451; *Fleischer*, Erweiterte Außenhaftung der Organmitglieder im Europäischen Gesellschafts- und Kapitalmarktrecht, ZGR 2004, 437; *Kubiciel*, Shame sanctions – Ehrenstrafen im Lichte der Straftheorien, ZStW 118 (2006), 44; *Nartowska/Knierbein*, Ausgewählte Aspekte des „Naming and Shaming" nach § 40c WpHG, NZG 2016, 256; *Reimer*, Adverse Publizität. Der Pranger im Verwaltungsrecht, JöR 58 (2010), 275; *Schmieszek/Langner*, Der Pranger: Instrument moderner Finanz- und Wirtschaftsregulierung?, WM 2014, 1893; *Uwer/Rademacher*, Das verfassungsrechtliche Rückwirkungsverbot bei der Bekanntmachung bankaufsichtlicher Maßnahmen nach § 60b KWG, BKR 2015, 145; *Veil*, Sanktionsrisiken für Emittenten und Geschäftsleiter im Kapitalmarktrecht, ZGR 2016, 305; *Wendt*, „Naming and Shaming" im Privatversicherungsrecht, VersR 2016, 1277. S. im Übrigen bei § 123 WpHG.

I. Grundlagen: Entstehungsgeschichte, Regelungsgegenstand und Regelungszweck 1	III. Modifizierte Veröffentlichung (Art. 34 Abs. 1 Unterabs. 3 und 4 VO Nr. 596/2014) 14
II. Veröffentlichungspflicht (Art. 34 Abs. 1 Unterabs. 1 und 2 VO Nr. 596/2014) 4	IV. Veröffentlichungsdauer (Art. 34 Abs. 3 VO Nr. 596/2014) 20

I. Grundlagen: Entstehungsgeschichte, Regelungsgegenstand und Regelungszweck. Art. 34 VO Nr. 596/2014 (MAR) regelt die **Veröffentlichung** bestimmter Entscheidungen zur Ahndung von Verstößen gegen die MAR. Art. 34 VO Nr. 596/2014 fällt in die Kategorie des **naming and shaming** (vgl. näher § 123 WpHG Rz. 1 ff.; Art. 29 VO Nr. 1286/2014 Rz. 2). Art. 34 VO Nr. 596/2014 ist gem. Art. 39 VO Nr. 596/2014 in § 125 WpHG in deutsches Recht umgesetzt worden (vgl. dortige Kommentierung).   1

Die Erwägungsgründe der MAR enthalten keine Angaben zum **Regelungszweck** der Vorschrift. In der Folgenabschätzung wird erwähnt, dass der Veröffentlichung von Sanktionen große Bedeutung bei der Stärkung der Transparenz und der Aufrechterhaltung des Vertrauens in die Finanzmärkte zukommt, und dass die Veröffentlichung verhängter Sanktionen zur Abschreckung beitragen und die Integrität der Märkte und den Anlegerschutz verbessern wird[1]. Ein klarer Regelungszweck wird hierdurch nicht formuliert[2]. Es geht hieraus jedoch hervor, dass es sich aus Sicht des europäischen Gesetzgebers nicht nur um eine präventive, sondern – jedenfalls soweit Sanktionen betroffen sind – wegen des Abschreckungszwecks auch um eine repressive Vorschrift handeln soll. Da Art. 34 VO Nr. 596/2014 die Veröffentlichung personenbezogener Daten vorsieht, hat er eine eigenständig sanktionierende Funktion: die Veröffentlichung belegt den Betroffenen mit einem empfindlichen Übel, indem sie seinen sozialen Geltungsanspruch beeinträchtigt (vgl. § 124 WpHG Rz. 13, 17). Die personenbezogene Nennung im Zusammenhang mit einem Marktmissbrauch bewirkt einen Reputationsverlust bei den betroffenen Personen und Unternehmen und hat damit eine eigene Sanktionswirkung[3]. Problematisch ist vor allem, dass der konkrete Grad der Auswirkung für die Bundesanstalt nicht kontrollierbar ist, da er von der Wahrnehmung der Öffentlichkeit abhängig ist[4].   2

Eine Vorschrift über die Veröffentlichung von Sanktionen war bereits im **ursprünglichen Entwurf der Kommission** in Art. 26 Abs. 3 enthalten[5]. Darin war eine Veröffentlichungspflicht vorgesehen, von der nur bei einer ernsthaften Gefährdung der Stabilität der Finanzmärkte durch die Veröffentlichung abgewichen werden durfte. Bei einem drohenden unverhältnismäßig großen Schaden für die Beteiligten sollte eine Anonymisierung erfolgen können. Diese Ursprungsfassung erfuhr erhebliche **Kritik durch den Europäischen Datenschutzbeauftragten**[6]. Namentlich hielt er die dortige Formulierung für unvereinbar mit den Grundrechten auf Schutz der Privatsphäre und Datenschutz und forderte entsprechende Anpassungen[7]. Wohl in Reaktion auf diese Kritik wurde die Regelung im Rahmen des Gesetzgebungsverfahrens in eine separate Vorschrift übernommen und in der nun vorliegenden Weise ausdifferenziert.   3

II. Veröffentlichungspflicht (Art. 34 Abs. 1 Unterabs. 1 und 2 VO Nr. 596/2014). Zuständige Behörde ist gem. Art. 3 Abs. 1 Nr. 12 i.V.m. Art. 22 VO Nr. 596/2014 i.V.m. § 6 Abs. 7 WpHG in Deutschland die Bundesanstalt für Finanzdienstleistungsaufsicht (BaFin).   4

Gem. Art. 34 Abs. 1 Unterabs. 1 Satz 1 VO Nr. 596/2014 darf die Veröffentlichung erst erfolgen, nachdem die von der Entscheidung betroffene Person darüber informiert wurde. Der Wortlaut in der deutschen Fassung   5

---
1 Commission Staff Working Paper Impact Assessment accompanying the document Proposal for a Regulation of the European Parliament and of the Council on insider dealing market manipulation (market abuse) and the Proposal for a Directive of the European Parliament and of the Council on criminal sanctions for insider dealing and market manipulation, SEC(2011) 1217 final, S. 169.
2 Dies kritisierte der Europäische Datenschutzbeauftragte ausdrücklich in seiner Stellungnahme: Stellungnahme des Europäischen Datenschutzbeauftragten zu den Vorschlägen der Kommission für eine Verordnung des Europäischen Parlaments und des Rates über Insider-Geschäfte und Marktmanipulation und für eine Richtlinie des Europäischen Parlaments und des Rates über strafrechtliche Sanktionen für Insider-Geschäfte und Marktmanipulation, ABl. EU Nr. C 177 v. 20.6.2012, S. 8.
3 *Wendt*, VersR 2016, 1277, 1278.
4 *Wendt*, VersR 2016, 1277, 1278.
5 Vorschlag für eine Verordnung des Europäischen Parlaments und des Rates über Insider-Geschäfte und Marktmanipulation (Marktmissbrauch), KOM(2011) 651 endg., S. 53.
6 Stellungnahme des Europäischen Datenschutzbeauftragten zu den Vorschlägen der Kommission für eine Verordnung des Europäischen Parlaments und des Rates über Insider-Geschäfte und Marktmanipulation und für eine Richtlinie des Europäischen Parlaments und des Rates über strafrechtliche Sanktionen für Insider-Geschäfte und Marktmanipulation, ABl. EU Nr. C 177 v. 20.6.2012, S. 7 ff.
7 Stellungnahme des Europäischen Datenschutzbeauftragten, ABl. EU Nr. C 177 v. 20.6.2012, S. 9.

lässt offen, ob eine **Information** über die Entscheidung erfolgt sein muss oder eine Information über die geplante Veröffentlichung (zu Verhältnis zwischen Information und Anhörung s. Art. 29 VO Nr. 1286/2014 Rz. 7). Aus der englischen Fassung ergibt sich jedoch, dass sich die Information auf die Entscheidung bezieht. Dass der Betroffene vor der Veröffentlichung **angehört** werden muss, folgt aus Art. 41 Abs. 2 lit. a GRCh und allgemeinen Rechtsgrundsätzen der Europäischen Union[1].

6 Eine Veröffentlichungspflicht nach Art. 34 Abs. 1 Unterabs. 1 und 2 VO Nr. 596/2014 besteht nur, wenn **Gegenstand der Entscheidung** eine verwaltungsrechtliche Sanktion oder verwaltungsrechtliche Maßnahme ist. Die Unterscheidung zwischen Maßnahmen und Sanktionen ist im europäischen Recht nicht eindeutig, da bestimmte administrative Schritte in einigen Mitgliedstaaten als Verwaltungssanktion, in anderen wiederum als Verwaltungsmaßnahme angesehen werden[2]. Hier wollte der europäische Gesetzgeber daher erkennbar alle staatlichen Reaktionen auf Verstöße gegen in der MAR genannten Ge- und Verbote erfassen. Nicht unter die Veröffentlichungspflicht fallen Entscheidungen, mit der **Maßnahmen mit Ermittlungscharakter** verfügt werden. Der Begriff ist nicht legaldefiniert. Maßnahmen mit Ermittlungscharakter sind solche Maßnahmen, die aufgrund von bloßen Anhaltspunkten eines relevanten Verstoßes erlassen werden, um das Vorliegen eines Verstoßes überhaupt erst überprüfen zu können. Dies dient dem Schutz des Maßnahmenadressaten vor einer Vorverurteilung durch die Öffentlichkeit.

7 Anders als in anderen Vorschriften, die die Veröffentlichung von Sanktionen betreffen, erfordert Abs. 1 **keine Unanfechtbarkeit** der veröffentlichten Maßnahme. Art. 34 Abs. 2 VO Nr. 596/2014 sieht jedoch vor, dass die Veröffentlichung auch Informationen über eingelegte Rechtsbehelfe und daraufhin ergehende Entscheidungen umfassen muss. Ordnet man die Veröffentlichung als eigenständige verwaltungsrechtliche Sanktion ein (vgl. Rz. 6), so steht die Veröffentlichung vor Bestandskraft in einem Spannungsverhältnis zur Unschuldsvermutung (vgl. § 123 WpHG Rz. 11). Dieses wird nur sehr eingeschränkt entschärft durch die Vorgabe aus Art. 34 Abs. 2 VO Nr. 596/2014, wonach über eingeleitete Rechtsbehelfsverfahren in der Veröffentlichung aufgeklärt werden muss. Dem ist Rechnung zu tragen durch eine konsequente Anwendung von Art. 34 Abs. 1 Unterabs. 3 VO Nr. 596/2014, wonach einzelfallbezogen zu prüfen ist, ob die Bekanntmachung der Identität einer von der Entscheidung betroffenen juristischen Personen oder der personenbezogenen Daten einer natürlichen Personen verhältnismäßig ist. Bei nicht rechtskräftigen Sanktionsentscheidungen ist eine personenbezogene Veröffentlichung im Regelfall nur dann verhältnismäßig, wenn es hierfür Gründe der Prävention gibt; wird die Veröffentlichung hingegen allein von repressiv-sanktionierenden Gründen getragen, bedarf es im Regelfall einer rechtskräftigen Entscheidung.

8 Aus der Formulierung „Vorbehaltlich des Unterabsatzes 3" ergibt sich, dass die **Veröffentlichungspflicht nach Art. 34 Abs. 1 Unterabs. 1 VO Nr. 596/2014 entfällt**, wenn einer der Ausnahmegründe nach Unterabs. 3 vorliegt. **Ausnahmegründe** sind die Unverhältnismäßigkeit der Bekanntmachung der Identität der Rechtsträger oder der Identität oder der personenbezogenen Daten der natürlichen Personen, die Gefährdung der Stabilität der Finanzmärkte und die Gefährdung laufender Ermittlungen. Zum Teil werden Bedenken gegen die Bestimmtheit dieser Ausnahmegründe und damit gegen die Bestimmtheit der Eingriffsgrundlage vorgebracht[3]. Feststellungen, ob eine Bekanntmachung der Identität einer von der Entscheidung betroffenen juristischen Person oder der personenbezogenen Daten einer natürlichen Person unverhältnismäßig wäre, liegen in der Entscheidungsgewalt der zuständigen Behörde. Sie hat dies anhand einer **einzelfallbezogenen Bewertung** zu überprüfen. Die Bekanntmachung dieser Daten ist unverhältnismäßig, wenn sie die Grenzen dessen überschreitet, was zur Erreichung der mit der Bekanntmachung zulässigerweise verfolgten Ziele geeignet und erforderlich ist und die verursachten Nachteile zu den angestrebten Zielen nicht außer Verhältnis stehen[4]. Hierdurch soll die Rechtmäßigkeit des Eingriffs in das Recht auf Privatleben und auf Datenschutz sichergestellt werden (§ 123 WpHG Rz. 28 ff.)[5].

9 Schließlich entfällt die Verpflichtung nach Art. 34 Abs. 1 Unterabs. 1 und 2 VO Nr. 596/2014 auch, wenn eine Bekanntmachung laufende Ermittlungen gefährdet. Die Veröffentlichung gefährdet laufende Ermittlungen, wenn zu besorgen ist, dass durch die Veröffentlichung **Beweisquellen getrübt oder Ermittlungsansätze vereitelt** werden. Die Möglichkeit darf nicht lediglich theoretisch sein, sondern muss sich auf konkrete tatsächliche Anhaltspunkte stützen können.

10 Die Verpflichtung nach Art. 34 Abs. 1 Unterabs. 1 und 2 VO Nr. 596/2014 entfällt auch, wenn eine Bekanntmachung die **Stabilität der Finanzmärkte gefährden** würde. Im ursprünglichen Kommissionsentwurf zum gleichlautenden Art. 29 VO Nr. 1286/2014 (PRIIP-VO) war wie auch im ursprünglichen Kommissionsentwurf

---

1 *Kallerhoff* in Stelkens/Bonk/Sachs, 8. Aufl. 2014, § 28 VwVfG Rz. 73; *Engel/Pfau* in Mann/Sennekamp/Uechtritz, 1. Aufl. 2014, § 28 VwVfG Rz. 102.
2 Mitteilung der Kommission an das Europäische Parlament, den Rat, den Europäischen Wirtschafts- und Sozialausschuss und den Ausschuss der Regionen, KOM(2010) 716 endg., S. 5.
3 *Schmieszek/Langner*, WM 2014, 1893, 1895 im Hinblick auf die für Eingriffe in das Datenschutzrecht aufgestellten hohen Anforderungen des EuGH: EuGH v. 20.5.2003 – C-465/00, C-138/01, C-139/01, ECLI:EU:C:2003:294 – Österreichischer Rundfunk u.a., Slg. 2003, I-4989 Rz. 77.
4 Vgl. EuGH v. 5.10.1994 – C-133/93, ECLI:EU:C:1994:364 – Crispoltoni, Slg. 1994, I-4863 Rz. 41.
5 *Schmieszek/Langner*, WM 2014, 1893, 1895.

zur MAR eine Veröffentlichungspflicht vorgesehen, „außer wenn eine solche Offenlegung die Stabilität der Finanzmärkte ernsthaft gefährden würde"[1]. Im Gesetzgebungsverfahren zur VO Nr. 1286/2014 kritisierte der Europäische Wirtschafts- und Sozialausschuss diese Formulierung in seiner Stellungnahme[2] dahingehend, dass unklar sei, wer eine solche **Gefährdung feststellen** solle und wie mit einer unterschiedlichen Beurteilung durch verschiedene Behörden umzugehen sei. Dieser Kritik ist auch die finale Fassung der MAR ausgesetzt. Die Konkretisierung des Art. 34 Abs. 1 Unterabs. 3 Var. 1 VO Nr. 596/2014, dass eine einzelfallbezogene Bewertung durch die zuständige Behörde erfolgen solle, erstreckt sich dem Wortlaut nach nicht auf die Varianten 2 und 3 des gleichen Unterabsatzes. Grundsätzlich kommen für die Feststellung einer ernsthaften Gefährdung der Finanzmärkte die Europäische Kommission, die nationalen Behörden oder die europäischen Aufsichtsbehörden in Betracht[3]. Eine Gefährdung der Stabilität der Finanzmärkte ist etwa anzunehmen, wenn die Bekanntmachung einer Entscheidung geeignet ist, **irrationale Panikreaktionen** an den Finanzmärkten auszulösen[4].

Art. 34 Abs. 1 Unterabs. 1 und 2 VO Nr. 596/2014 sieht eine **gebundene Entscheidung** der zuständigen Behörde vor. Ihr kommt weder Entschließungs- noch Auswahlermessen zu. Liegen die Voraussetzungen und kein Ausnahmegrund nach Art. 34 Abs. 1 Unterabs. 3 VO Nr. 596/2014 vor, so muss die zuständige Behörde die Entscheidung öffentlich bekannt machen. Durch die Einführung der Veröffentlichungspflicht wurde bewusst der bisher von den Mitgliedstaaten eingeräumte Ermessensspielraum für eine Veröffentlichung abgeschafft[5]. Dies erfolgte, weil aus Sicht des europäischen Gesetzgebers nicht ausreichend von der Möglichkeit der Veröffentlichung Gebrauch gemacht wurde[6]. Der Europäische Datenschutzbeauftragte **kritisierte** die Einführung einer Veröffentlichungspflicht, da diese die Berücksichtigung der Umstände des Einzelfalls nicht hinreichend erlaube und damit weniger verhältnismäßig sei[7]. Spielraum zur Wahrung der Verhältnismäßigkeit bietet allein Art. 34 Abs. 1 Unterabs. 3 VO Nr. 596/2014.

Die Bekanntmachung muss **unverzüglich** erfolgen. Da es sich um einen europäischen Rechtsakt handelt, kann hier nicht ohne weiteres auf die Legaldefinition in § 121 Abs. 1 Satz 1 BGB zurückgegriffen werden. In der Sache ergibt sich jedoch daraus kein Unterschied. Die Definition „ohne schuldhaftes Zögern" liegt angesichts des Wortlautes der englischen Fassung („without undue delay") nahe. Die Veröffentlichung muss auf der **offiziellen Website** der zuständigen Behörde, in Deutschland also auf www.bafin.de erfolgen.

Art. 34 Abs. 1 Unterabs. 1 Satz 2 VO Nr. 596/2014 sieht **Mindestvorgaben für den Inhalt** der Bekanntmachung vor. Sie hat Angaben zu Art und Charakter des Verstoßes und zur Identität der verantwortlichen Personen zu enthalten. Liegt kein Ausnahmegrund nach Art. 34 Abs. 1 Unterabs. 3 VO Nr. 596/2014 vor, so kann die Bundesanstalt auch nicht von der Veröffentlichung personenbezogener Daten absehen. Aus der Vorgabe von Mindestangaben ergibt sich im Umkehrschluss, dass die Bundesanstalt nicht verpflichtet ist, ihre Entscheidungen im Wortlaut zu veröffentlichen. Auch die Veröffentlichung von **Zusammenfassungen**, die den Mindestinhalt wiedergeben, ist von Art. 34 Abs. 1 Unterabs. 2 VO Nr. 596/2014 gedeckt. Art. 34 Abs. 2 VO Nr. 596/2014 erweitert den notwendigen Inhalt der Veröffentlichung, um gegen die Entscheidung eingelegte Rechtsbehelfe jeder Art sowie alle weiteren Informationen über das Ergebnis des **Rechtsbehelfsverfahrens** zu erfassen. Entstehen diese Informationen erst nachträglich, so sind sie unverzüglich (s. Rz. 12) zu ergänzen. Bekannt zu machen ist auch jede Entscheidung, die eine mit Rechtsbehelfen angegriffene Entscheidung aufhebt.

III. Modifizierte Veröffentlichung (Art. 34 Abs. 1 Unterabs. 3 und 4 VO Nr. 596/2014).

Art. 34 Abs. 1 Unterabs. 3 VO Nr. 596/2014 enthält eine **weitere Ermächtigungsgrundlage**, die einschlägig ist, wenn die Voraussetzungen der Art. 34 Abs. 1 Unterabs. 1 und 2 VO Nr. 596/2014 erfüllt sind, zugleich aber mindestens einer der Ausnahmegründe aus Art. 34 Abs. 1 Unterabs. 3 VO Nr. 596/2014 gegeben ist.

---

1 Art. 22 des Vorschlags der Europäischen Kommission für eine Verordnung des Europäischen Parlaments und des Rates über Basisinformationsblätter für Anlageprodukte, COM(2012) 352 final, S. 33.
2 Stellungnahme des Europäischen Wirtschafts- und Sozialausschusses zu dem „Vorschlag für eine Verordnung des Europäischen Parlaments und des Rates über Basisinformationsblätter für Anlageprodukte", ABl. EU Nr. C 11 v. 15.1.2013, S. 59, Ziff. 4.12.
3 Stellungnahme des Europäischen Wirtschafts- und Sozialausschusses zu dem „Vorschlag für eine Verordnung des Europäischen Parlaments und des Rates über Basisinformationsblätter für Anlageprodukte", ABl. EU Nr. C 11 v. 15.1.2013, S. 59, Ziff. 4.12.
4 Vgl. zu parallelem Wortlaut in § 123 WpHG: *Waßmer* in Fuchs, § 40b WpHG Rz. 15; *Zimmer/Cloppenburg* in Schwark/Zimmer, Kapitalmarktrechts-Kommentar, § 40b WpHG Rz. 3.
5 Commission Staff Working Paper Impact Assessment accompanying the document Proposal for a Regulation of the European Parliament and of the Council on insider dealing market manipulation (market abuse) and the Proposal for a Directive of the European Parliament and of the Council on criminal sanctions for insider dealing and market manipulation, SEC(2011) 1217 final, S. 169.
6 Commission Staff Working Paper Impact Assessment accompanying the document Proposal for a Regulation of the European Parliament and of the Council on insider dealing market manipulation (market abuse) and the Proposal for a Directive of the European Parliament and of the Council on criminal sanctions for insider dealing and market manipulation, SEC(2011) 1217 final, S. 26, 126; vgl. auch § 123 WpHG Rz. 21 zur geringen praktischen Bedeutung der Ermessensvorschrift in Deutschland.
7 Stellungnahme des Europäischen Datenschutzbeauftragten, ABl. EU Nr. C 177 v. 20.6.2012, S. 8.

Hinsichtlich der formellen und materiellen Voraussetzungen wird auf Rz. 4–13 verwiesen mit der Maßgabe, dass **mindestens einer der Ausnahmegründe** aus Art. 34 Abs. 1 Unterabs. 3 VO Nr. 596/2014 vorliegen muss.

15 Art. 34 Abs. 1 Unterabs. 3 VO Nr. 596/2014 ist nicht eindeutig zu entnehmen, ob der Bundesanstalt eine Ermessensentscheidung oder eine gebundene Entscheidung zusteht. Die Formulierung „so handeln die zuständigen Behörden wie folgt" (in der englischen Fassung: „shall") legt nahe, dass der zuständigen Behörde **kein Entschließungsermessen** eingeräumt ist. Liegt einer der Ausnahmegründe vor, so muss die zuständige Behörde zwingend eine Entscheidung über Art und Umfang der Ausnahme von der Veröffentlichung treffen. Eine unmodifizierte Veröffentlichung darf sie nicht mehr wählen. Hingegen besteht zwischen den Handlungsoptionen **Auswahlermessen** für die zuständige Behörde. Sie hat die Art und Weise der Ausnahme nach pflichtgemäßem Ermessen zu wählen und ist dabei insbesondere an den Verhältnismäßigkeitsgrundsatz gebunden. Sie muss also diejenige Handlungsoption wählen, die zur Abhilfe des Ausnahmegrundes geeignet, erforderlich und angemessen ist.

16 **Geeignet** ist die Handlungsoption, wenn sie den Ausnahmegrund beseitigt. Dabei stehen die Aufschiebung der Veröffentlichung (Art. 34 Abs. 1 Unterabs. 3 lit. a VO Nr. 596/2014) und die Anonymisierung (Art. 34 Abs. 1 Unterabs. 3 lit. b VO Nr. 596/2014) als Reaktion auf alle Ausnahmegründe zur Verfügung. Die zuständige Behörde kann diese Modifizierungen der Veröffentlichung also **sowohl zu dem Zweck** vornehmen, die Verhältnismäßigkeit im Hinblick auf das Recht auf Schutz persönlicher Daten herzustellen, als auch um zu gewährleisten, dass die Stabilität der Finanzmärkte oder laufende Ermittlungen nicht gefährdet werden. Es kann auch eine Anonymisierung „auf Zeit" nach Art. 34 Abs. 1 Unterabs. 4 VO Nr. 596/2014 erfolgen, indem die Bekanntmachung der einschlägigen Angaben um einen angemessenen Zeitraum aufgeschoben wird.

17 Der vollständige Verzicht auf die Bekanntmachung (Art. 34 Abs. 1 Unterabs. 3 lit. c VO Nr. 596/2014) hingegen darf **nur zu dem Zweck** gewählt werden, zu gewährleisten, dass entweder die Stabilität der Finanzmärkte nicht gefährdet wird oder bei Maßnahmen, die als geringfügig angesehen werden, bei einer Bekanntmachung solcher Entscheidungen die Verhältnismäßigkeit gewahrt ist. Im Umkehrschluss aus Art. 34 Abs. 1 Unterabs. 3 lit. c i) und ii) VO Nr. 596/2014 kann die Bundesanstalt nicht von der Bekanntmachung absehen, um zu gewährleisten, dass laufende Ermittlungen nicht gefährdet werden. Dies erklärt sich daraus, dass laufende Ermittlungen stets ein bloß temporärer Grund für eine Nichtbekanntmachung sind. Spätestens mit Abschluss der Ermittlungen stehen sie einer Bekanntmachung nicht mehr entgegen. Laufende Ermittlungen können daher stets durch einen Aufschub der Bekanntmachung nach Art. 34 Abs. 1 Unterabs. 3 lit. a VO Nr. 596/2014 ausreichend berücksichtigt werden. Ebenfalls aus einem Umkehrschluss aus Art. 34 Abs. 1 Unterabs. 3 lit. c ii) VO Nr. 596/2014 ergibt sich, dass die Bundesanstalt bei Maßnahmen, die nicht als geringfügig angesehen werden, nicht von einer Bekanntmachung absehen kann.

18 **Erforderlich** ist diejenige Handlungsoption, die unter den gleich geeigneten die Zwecke der Veröffentlichung, also den Anlegerschutz zu stärken und die Abschreckungswirkung der Sanktionen zu erhöhen, am wenigsten beeinträchtigt. Dabei kommt ausweislich des klaren Wortlautes ein vollständiger Verzicht auf die Bekanntmachung nur als **ultima ratio** in Betracht.

19 **Angemessen** ist die Handlungsoption, wenn die Beeinträchtigung der Ziele der Veröffentlichungspflicht nicht außer Verhältnis zu den Vorteilen hinsichtlich der Beseitigung der Ausnahmegründe steht. Hierbei muss die zuständige Behörde den Anlegerschutz und die angestrebte Abschreckungswirkung der Sanktionen abwägen gegen das Persönlichkeitsrecht der Sanktionsadressaten, die Funktionsfähigkeit der Finanzmärkte und das öffentliche Interesse an der Aufklärung der ermittelten Sachverhalte.

20 **IV. Veröffentlichungsdauer (Art. 34 Abs. 3 VO Nr. 596/2014).** Art. 34 Abs. 3 VO Nr. 596/2014 sieht eine **Mindestveröffentlichungsdauer** von fünf Jahren vor. Diese Regelung steht in einem Spannungsverhältnis zum Datenschutz. Aus diesem Grund ist Art. 34 VO Nr. 596/2014 in § 125 WpHG derart in deutsches Recht umgesetzt worden, dass die europäische Vorgabe einer Mindestveröffentlichungsdauer national als Höchstdauer ausgestaltet wurde. Art. 34 Abs. 3 VO Nr. 596/2014 trägt dem Datenschutz und dem Recht auf Schutz persönlicher Daten insofern Rechnung, als gem. Satz 2 personenbezogene Daten nur solange auf der offiziellen Website der zuständigen Behörde einsehbar bleiben, wie dies nach den geltenden Datenschutzbestimmungen erforderlich ist.

21 Aus Art. 34 Abs. 3 Satz 2 VO Nr. 596/2014 folgt ein subjektiv-öffentliches Recht auf Löschung. Fraglich ist jedoch, mittels welcher Klageart dieser Anspruch gerichtlich durchzusetzen wäre. Dies ist wiederum davon abhängig, ob die Löschung ein bloßer Realakt ist oder ob ihr ein Verwaltungsakt vorausgeht (vgl. § 123 WpHG Rz. 40 f., 61 f.). Da Art. 34 Abs. 3 Satz 2 VO Nr. 596/2014 eine Erforderlichkeitsprüfung voraussetzt, ist von einem der Löschung vorgeschalteten Verwaltungsakt auszugehen, und daher **Rechtsschutz** im Wege der Verpflichtungsklage zu begehren. Zum Inhalt des Löschungsanspruchs vgl. § 123 WpHG Rz. 63.

22 Auch aus Art. 34 Abs. 3 Satz 1 VO Nr. 596/2014 kann im Einzelfall ein Anspruch auf Löschung folgen, wenn die andauernde Veröffentlichung unverhältnismäßig ist.

Kapitel 6
Delegierte Rechtsakte und Durchführungsrechtsakte

Art. 35 Ausübung der Befugnisübertragung

(1) Die Befugnis zum Erlass delegierter Rechtsakte wird der Kommission unter den Bedingungen dieses Artikels übertragen.

(2) Die Befugnis zum Erlass delegierter Rechtsakte gemäß Artikel 6 Absätze 5 und 6, Artikel 12 Absatz 5, Artikel 17 Absatz 2 Unterabsatz 3, Artikel 17 Absatz 3[,] Artikel 19 Absätze 13 und 14 und Artikel 38 wird der Kommission auf unbestimmte Zeit ab dem 2. Juli 2014 übertragen.

(3) Die Befugnisübertragung gemäß Artikel 6 Absätze 5 und 6, Artikel 12 Absatz 5, Artikel 17 Absatz 2 Unterabsatz 3, Artikel 17 Absatz 3[,] Artikel 19 Absätze 13 und 14 und Artikel 38 kann vom Europäischen Parlament oder vom Rat jederzeit widerrufen werden. Der Beschluss über den Widerruf beendet die Übertragung der darin genannten Befugnisse. Er wird am Tag nach seiner Veröffentlichung im Amtsblatt der Europäischen Union oder zu einem in dem Beschluss angegebenen späteren Zeitpunkt wirksam. Die Gültigkeit von delegierten Rechtsakten, die bereits in Kraft sind, wird davon nicht berührt.

(4) Sobald die Kommission einen delegierten Rechtsakt erlässt, übermittelt sie diesen gleichzeitig dem Europäischen Parlament und dem Rat.

(5) Ein delegierter Rechtsakt, der gemäß Artikel 6 Absätze 5 oder 6, Artikel 12 Absatz 5, Artikel 17 Absatz 2 Unterabsatz 3, Artikel 17 Absatz 3, Artikel 19 Absätze 13 oder 14 oder Artikel 38 erlassen wurde, tritt nur in Kraft, wenn das Europäische Parlament und der Rat binnen drei Monaten nach seiner Übermittlung keine Einwände gegen ihn erheben oder wenn sowohl das Europäische Parlament als auch der Rat der Kommission vor Ablauf dieser Frist mitgeteilt haben, dass sie keine Einwände erheben werden. Dieser Zeitraum wird auf Initiative des Europäischen Parlaments oder des Rates um drei Monate verlängert.

In der Fassung vom 16.4.2014 (ABl. EU Nr. L 173 v. 12.6.2014, S. 1), geändert durch Verordnung (EU) 2016/1011 vom 8.6.2016 (ABl. EU Nr. L 171 v. 29.6.2016, S. 1).

Art. 35 VO Nr. 596/2014 nicht kommentiert. 1

Art. 36 Ausschussverfahren

(1) Die Kommission wird von dem gemäß dem Beschluss 2001/528/EG der Kommission[1] eingesetzten Europäischen Wertpapierausschuss unterstützt. Dieser Ausschuss ist ein Ausschuss im Sinne der Verordnung (EU) Nr. 182/2011.

(2) Wird auf diesen Absatz Bezug genommen, so gilt Artikel 5 der Verordnung (EU) Nr. 182/2011.

In der Fassung vom 16.4.2014 (ABl. EU Nr. L 173 v. 12.6.2014, S. 1).

Art. 36 VO Nr. 596/2014 nicht kommentiert. 1

---

1 Beschluss 2001/528/EG der Kommission vom 6. Juni 2001 zur Einsetzung des Europäischen Wertpapierausschusses (ABl. EG L 191 v. 13.7.2001, S. 45).

Kapitel 7
Schlussbestimmungen

Art. 37 Aufhebung der Richtlinie 2003/6/EG und ihrer Durchführungsmaßnahmen

Die Richtlinie 2003/6/EG und die Richtlinien 2004/72/EG, 2003/125/EG und 2003/124/EG der Kommission sowie die Verordnung (EG) Nr. 2273/2003 der Kommission werden mit Wirkung vom 3. Juli 2016 aufgehoben. Bezugnahmen auf die Richtlinie 2003/6/EG gelten als Bezugnahmen auf diese Verordnung und sind nach Maßgabe der Entsprechungstabelle in Anhang II dieser Verordnung zu lesen.

In der Fassung vom 16.4.2014 (ABl. EU Nr. L 173 v. 12.6.2014, S. 1), geändert durch Berichtigung vom 21.10.2016 (ABl. EU Nr. L 287 v. 21.10.2016, S. 320).

Schrifttum: S. Vor Art. 14 VO Nr. 596/2014 und im Übrigen das Allgemeine Schrifttumsverzeichnis.

1 Durch die Marktmissbrauchsverordnung wird, wie es Art. 1 VO Nr. 596/2014 formuliert, „ein gemeinsamer Rechtsrahmen für Insidergeschäfte, die unrechtmäßige Offenlegung von Insiderinformationen und Marktmanipulation (Marktmissbrauch) sowie für Maßnahmen zur Verhinderung von Marktmissbrauch geschaffen, um die Integrität der Finanzmärkte in der Union sicherzustellen und den Anlegerschutz und das Vertrauen der Anleger in diese Märkte zu stärken". War es auch schon das Ziel von Richtlinien, die sich mit den vorstehend aufgeführten Regelungsbereichen beschäftigten, einen gemeinsamen Rechtsrahmen für diese zu schaffen, so waren diese aber noch in mitgliedstaatliches Recht umzusetzen und für die Mitgliedstaaten nur „hinsichtlich des zu erreichenden Ziels verbindlich", während die Wahl der Form und der Mittel zur Umsetzung der Richtlinien entsprechend Art. 288 Abs. 3 AEUV den Mitgliedstaaten überlassen blieb. Auch wenn diese Richtlinien diesbezüglich mitunter sehr konkrete Regelungen vorgaben und von den Mitgliedstaaten direkt in mitgliedstaatliches Recht überführt wurden, ist – von der in Art. 37 Satz 1 VO Nr. 596/2014 angeführten Verordnung (EG) Nr. 2273/2003 mit begrenztem Regelungsrahmen abgesehen – doch erst mit der Marktmissbrauchsverordnung für die in Art. 1 angeführten Regelungsfelder ein einheitlicher Rechtsrahmen im Sinne von **in allen Mitgliedstaaten unmittelbar geltendem** Recht geschaffen worden.

2 Zwangsläufige Folge der Schaffung der Marktmissbrauchsverordnung war deshalb die Aufhebung namentlich der Marktmissbrauchsrichtlinie 2003/6/EG vom 28.1.2003[1] und der übrigen der in **Art. 37 Satz 1 VO Nr. 596/ 2014** aufgeführten und in den amtlichen Anmerkungen nachgewiesenen Richtlinien. Bei der in Art. 37 Satz 1 VO Nr. 596/2014 ohne Fundstelle angeführten RL 2004/72/EG handelt es sich um die Richtlinie der Kommission vom 29.4.2004 zur Durchführung der RL 2003/6/EG[2].

3 **Art. 37 Satz 2 VO Nr. 596/2014** stellt klar, dass alle nach dem Inkrafttreten der Marktmissbrauchsverordnung und der Aufhebung der Marktmissbrauchsrichtlinie 2003/6/EG noch in anderen Rechtsakten zu findende Bezugnahmen auf Letztere als solche auf die Marktmissbrauchsverordnung nach Maßgabe der Entsprechungstabelle in Anhang II VO Nr. 596/2014 (MAR) zu verstehen sind.

Art. 38 Bericht

Die Kommission erstattet dem Europäischen Parlament und dem Rat bis zum 3. Juli 2019 Bericht über die Anwendung dieser Verordnung und gegebenenfalls über die Erforderlichkeit einer Überarbeitung, einschließlich in Bezug

a) auf die Angemessenheit, gemeinsame Bestimmungen darüber einzuführen, dass alle Mitgliedstaaten verwaltungsrechtliche Sanktionen für Insidergeschäfte und Marktmanipulation festlegen müssen,

b) darauf, ob die Bestimmung des Begriffs Insiderinformationen dahingehend ausreichend ist, dass sie alle Informationen abdeckt, die für die zuständigen Behörden relevant sind, um wirksam gegen Marktmissbrauch vorzugehen,

---

1 Richtlinie 2003/6/EG vom 28. Januar 2003 über Insider-Geschäfte und Marktmanipulation (Marktmissbrauch), ABl. EU Nr. L 96 v. 12.4.2003, S. 16.
2 Richtlinie 2004/72/EG der Kommission vom 29. April 2004 zur Durchführung der Richtlinie 2003/6/EG des Europäischen Parlaments und des Rates – Zulässige Marktpraktiken, Definition von Insider-Informationen in Bezug auf Warenderivate, Erstellung von Insider-Verzeichnissen, Meldung von Eigengeschäften und Meldung verdächtiger Transaktionen, ABl. EU Nr. L 162 v. 30.4.2004, S. 70.

c) auf die Angemessenheit der Bedingungen, unter denen das Handelsverbot gemäß Artikel 19 Absatz 11 verhängt wird, hinsichtlich der Frage, ob das Verbot auch auf andere Umstände anwendbar sein sollte,

d) auf die Bewertung der Möglichkeit der Schaffung eines EU-Rahmens für die marktübergreifende Aufsicht über die Orderbücher in Bezug auf Marktmissbrauch, einschließlich Empfehlungen für einen solchen Rahmen, und

e) auf den Umfangs [sic! S. Rz. 1] der Anwendung der Referenzwert-Bestimmungen.

Im Hinblick auf Buchstabe a führt die ESMA eine Bestandsaufnahme der Anwendung verwaltungsrechtlicher Sanktionen durch sowie bei Mitgliedstaaten, die beschlossen haben, im Einklang mit Artikel 30 Absatz 1 strafrechtliche Sanktionen für in diesem Artikel niedergelegte Verstöße gegen diese Verordnung festzulegen, eine Bestandsaufnahme der Anwendung dieser strafrechtlichen Sanktionen in den Mitgliedstaaten. Diese Bestandsaufnahme umfasst auch Daten, die gemäß Artikel 33 Absätze 1 und 2 bereitgestellt werden.

Bis zum 3. Juli 2019 legt die Kommission nach Anhörung der ESMA dem Europäischen Parlament und dem Rat einen Bericht über das in Artikel 19 Absatz 1a Buchstaben a und b festgelegte Niveau der Schwellenwerte betreffend die von Führungskräften durchgeführten Geschäfte vor, bei denen die Anteile oder Schuldtitel des Emittenten Teil eines Organismus für gemeinsame Anlagen sind oder eine Risikoposition gegenüber einem Portfolio von Vermögenswerten darstellen, um zu bewerten, ob dieses Niveau angemessen ist oder angepasst werden sollte.

Die Kommission wird ermächtigt, die Anpassung der Schwellenwerte nach Artikel 19 Absatz 1a Buchstaben a und b mittels eines delegierten Rechtsakts gemäß Artikel 35 vorzunehmen, wenn die Kommission in diesem Bericht zu dem Schluss kommt, dass diese Schwellenwerte angepasst werden sollten.

In der Fassung vom 16.4.2014 (ABl. EU Nr. L 173 v. 12.6.2014, S. 1), geändert durch Verordnung (EU) 2016/1011 vom 8.6.2016 (ABl. EU Nr. L 171 v. 29.6.2016, S. 1) und Berichtigung vom 15.11.2016 (ABl. EU Nr. L 306 v. 15.11.2016, S. 43).

Schrifttum: S. Vor Art. 14 VO Nr. 596/2014 und im Übrigen das Allgemeine Schrifttumsverzeichnis.

Art. 38 Unterabs. 3 und 4 VO Nr. 596/2014 (MAR) wurden der **Vorschrift** durch Art. 56 Nr. 3 VO 2016/1011 vom 8.6.2016 (ABl. EU Nr. L 171 v. 29.6.2016, S. 1), berichtigt in ABl. EU Nr. L 306 v. 15.11.2016, S. 43, hinzugefügt. In Art. 38 Unterabs. 1 lit. e VO Nr. 596/2014 muss es statt „Umfangs" Umfang heißen. 1

Die Vorschrift legt der Kommission und der ESMA in **Art. 38 Unterabs. 1 bis 3 VO Nr. 596/2014** verschiedene **Evaluations- und Berichtspflichten** in Bezug auf verschiedene Aspekte der Anwendung und Vorschriften der Marktmissbrauchsverordnung und die Erforderlichkeit von deren Überarbeitung auf. 2

Damit in Zusammenhang steht die Ermächtigung der ESMA in **Art. 38 Unterabs. 4 VO Nr. 596/2014** die Anpassung der **Schwellenwerte nach Art. 19 Abs. 1a lit. a und b VO Nr. 596/2014** (betreffend die von Führungskräften durchgeführten Geschäfte, bei denen die Anteile oder Schuldtitel des Emittenten Teil eines Organismus für gemeinsame Anlagen sind oder eine Risikoposition gegenüber einem Portfolio von Vermögenswerten darstellen) mittels eines delegierten Rechtsakts gem. Art. 35 VO Nr. 596/2014 vorzunehmen, wenn die Kommission in ihrem nach Art. 38 Unterabs. 3 VO Nr. 596/2014 zu erstattenden Bericht zu dem Schluss kommt, dass diese Schwellenwerte angepasst werden sollten. 3

Art. 39 Inkrafttreten und Geltung

(1) Diese Verordnung tritt am zwanzigsten Tag nach ihrer Veröffentlichung im *Amtsblatt der Europäischen Union* in Kraft.

(2) Sie gilt ab dem 3. Juli 2016 mit Ausnahme von

a) Artikel 4 Absätze 2 und 3, der ab dem 3. Januar 2018 gilt, und

b) Artikel 4 Absätze 4 und 5, Artikel 5 Absatz 6, Artikel 6 Absätze 5 und 6, Artikel 7 Absatz 5, Artikel 11 Absätze 9, 10 und 11, Artikel 12 Absatz 5, Artikel 13 Absätze 7 und 11, Artikel 16 Absatz 5, Artikel 17 Absatz 2 Unterabsatz 3, Artikel 17 Absätze 3, 10 und 11, Artikel 18 Absatz 9, Artikel 19 Absätze 13, 14 und 15, Artikel 20 Absatz 3, Artikel 24 Absatz 3, Artikel 25 Absatz 9, Artikel 26 Absatz 2 Unterabsätze 2, 3 und 4, Artikel 32 Absatz 5 und Artikel 33 Absatz 5, die ab dem 2. Juli 2014 gelten.

(3) Die Mitgliedstaaten setzen Artikel 22, Artikel 23 und Artikel 30, Artikel 31 Absatz 1, Artikel 32 und Artikel 34 bis zum 3. Juli 2016 in nationales Recht um.

(4) Verweisungen in dieser Verordnung auf die Richtlinie 2014/65/EU und die Verordnung (EU) Nr. 600/2014 gelten vor dem 3. Januar 2018 als Verweisungen auf die Richtlinie 2004/39/EG und sind

Art. 39 VO Nr. 596/2014 | Inkrafttreten und Geltung

nach Maßgabe der Entsprechungstabelle in Anhang IV der Richtlinie 2014/65/EU zu lesen, sofern diese Entsprechungstabelle Vorschriften enthält, die auf die Richtlinie 2004/39/EG verweisen.

Sofern in den Vorschriften dieser Verordnung organisierte Handelssysteme, KMU-Wachstumsmärkte, Emissionszertifikate oder darauf beruhende Auktionsprodukte genannt werden, gelten diese Vorschriften bis zum 3. Januar 2018 nicht für organisierte Handelssysteme, KMU-Wachstumsmärkte, Emissionszertifikate oder darauf beruhende Auktionsprodukte.

In der Fassung vom 16.4.2014 (ABl. EU Nr. L 173 v. 12.6.2014, S. 1), geändert durch Verordnung (EU) 2016/1033 vom 23.6.2016 (ABl. EU Nr. L 175 v. 30.6.2016, S. 1).

Schrifttum: S. Vor Art. 14 VO Nr. 596/2014 und im Übrigen das allgemeine Schrifttumsverzeichnis.

1 Durch Art. 2 der VO 2016/1033 vom 23.6.2016 (ABl. EU Nr. L 175 v. 30.6.2016, S. 1) wurde – in beiden Fällen mit Wirkung vom 1.7.2016 – Art. 39 Abs. 2 VO Nr. 596/2014 (MAR) neu gefasst und Art. 39 Abs. 4 Unterabs. 1 und 2 VO Nr. 596/2014 geändert.

2 Die Marktmissbrauchsverordnung ist gem. **Art. 39 Abs. 1 VO Nr. 596/2014** am zwanzigsten Tag nach ihrer Veröffentlichung im Amtsblatt der Europäischen Union **in Kraft**. Diese erfolgte am 12.6.2014 im ABl. EU Nr. L 173 v. 12.6.2014, S. 1. Sie trat mithin am 2.7.2014 in Kraft.

3 Am 2.7.2014 in Kraft getreten, galten die Vorschriften der Marktmissbrauchsverordnung gem. **Art. 39 Abs. 2 VO Nr. 596/2014** jedoch erst ab dem 3.7.2016. Für die Art. 39 Abs. 2 lit. b VO Nr. 596/2014 aufgeführten Bestimmungen der Marktmissbrauchsverordnung ist jedoch eine frühere **Geltung** angeordnet, nämlich eine solche mit dem Inkrafttreten der Marktmissbrauchsverordnung (vorstehend Rz. 2), für die in Art. 39 Abs. 2 lit. a VO Nr. 596/2014 dagegen eines spätere, nämlich eine solche ab dem 3.1.2018.

4 Bei den in **Art. 18 Abs. 3 VO Nr. 596/2014** genannten Bestimmungen, die bis zum 3.7.2016 in nationales Recht umzusetzen waren, handelt es sich um solche über **zuständige Behörden** in den Mitgliedstaaten, deren Befugnisse und Aufgaben.

5 **Art. 18 Abs. 4 Unterabs. 1 VO Nr. 596/2014** stellt klar, dass **Verweisungen** aus Vorschriften der Marktmissbrauchsverordnung auf solche der RL 2014/65/EU vom 14.5.2014 über Märkte für Finanzinstrumente (MiFID II)[1] und die VO Nr. 600/2014 über Märkte für Finanzinstrumente (MiFIR)[2] vor dem 3.1.2018 – dem Zeitpunkt, ab dem die in Art. 39 Abs. 2 lit. a VO Nr. 596/2014 genannten Vorschriften in Kraft treten – als Verweisungen auf die RL 2004/39/EG vom 21.4.2003[3] gelten und unter Heranziehung der Entsprechungstabelle in Anhang IV der vorstehend angeführten RL 2014/65/EU (MiFID II) zu lesen sind, sofern diese Entsprechungstabelle Vorschriften enthält, die auf die RL 2004/39/EG verweisen.

6 **Art. 18 Abs. 4 Unterabs. 2 VO Nr. 596/2014** enthält die Bestimmung, dass Vorschriften der Marktmissbrauchsverordnung, in denen von organisierten Handelssystemen i.S.v. Art. 3 Abs. 1 Nr. 8 VO Nr. 596/2014, KMU-Wachstumsmärkten i.S.v. Art. 3 Abs. 1 Nr. 11 VO Nr. 596/2014 und Emissionszertifikaten i.S.v. Art. 3 Abs. 1 Nr. 19 VO Nr. 596/2014 oder darauf beruhende Auktionsprodukten die Rede ist, bis zum 3.1.2018 – dem Zeitpunkt, ab dem die in Art. 39 Abs. 2 lit. a VO Nr. 596/2014 genannten Vorschriften in Kraft treten – nicht für die Genannten gelten.

---

1 ABl. EU Nr. L 173 v. 12.6.2014, S. 349.
2 ABl. EU Nr. L 173 v. 12.6.2014, S. 84.
3 ABl. EU Nr. L 145 v. 30.4.2004, S. 1.

Verordnung (EU) Nr. 1286/2014
des Europäischen Parlaments und des Rates
vom 26. November 2014 über Basisinformationsblätter für verpackte Anlageprodukte für Kleinanleger und Versicherungsanlageprodukte (PRIIP)

Kapitel I
Gegenstand; Anwendungsbereich und Begriffsbestimmungen

Art. 1 [Gegenstand]

Diese Verordnung legt einheitliche Vorschriften für das Format und den Inhalt des Basisinformationsblatts, das von Herstellern von verpackten Anlageprodukten für Kleinanleger und Versicherungsanlageprodukten (packaged retail and insurance-based investment products – im Folgenden „PRIIP") abzufassen ist, sowie für die Bereitstellung des Basisinformationsblatts an Kleinanleger fest, um Kleinanlegern zu ermöglichen, die grundlegenden Merkmale und Risiken von PRIIP zu verstehen und zu vergleichen.

In der Fassung vom 26.11.2014 (ABl. EU Nr. L 352 v. 9.12.2014, S. 1).

Schrifttum: *Andresen/Gerold*, Basisinformationsblatt, PRIIPs-Verordnung: Neuer EU-weiter Standard der Produktinformation für Verbraucher, BaFinJournal August 2015, 31; *Baroch Castellvi*, Zum Anwendungsbereich der PRIIP-Verordnung auf Produkte von Lebensversicherern – was ist ein Versicherungsanlageprodukt?, VersR 2017, 129; *Gerold/Kohleick*, Aktuelle europäische Vorgaben für das Basisinformationsblatt nach der PRIIP-VO, RdF 2017, 276; *Heiss*, Anlegerschutz bei Versicherungsprodukten?, in Lorenz (Hrsg.), Karlsruher Forum 2014: Anlegerschutz durch Haftung nach deutschem und europäischem Kapitalmarktrecht, 2015, S. 41; *Heiss/Mönnich*, Versicherungsanlageprodukte im PRIPs-Vorschlag – Basisinformationsblatt statt *information overload*?: Keine wirkliche Klärung des Problems der Überinformation, VR 2013, 32; *Loacker*, Basisinformationen als Entscheidungshilfe, in FS Lorenz, 2014, S. 259; *Loritz*, Produktinformationsblätter nach dem neuen EU-Verordnungsvorschlag („PRIPs-Initiative") – Gedanken zur Konkretisierung von Zielsetzungen und Inhalt, WM 2014, 1513; *Möllers*, Europäische Gesetzgebungslehre 2.0: Die dynamische Rechtsharmonisierung im Kapitalmarktrecht am Beispiel von MiFID II und PRIIP, ZEuP 2016, 325; *Seitz/Juhnke/Seibold*, PIBs, KIIDs und nun KIDs – Vorschlag der Europäischen Kommission für eine Verordnung über Basisinformationsblätter für Anlageprodukte im Rahmen der PRIPs-Initiative, BKR 2013, 1; *Wilfling*, Ausgewählte rechtliche Aspekte der PRIIP-Verordnung, ZFR 2017, 525; *Wilfling/Komuczky*, Die Haftung für verpackte Anlageprodukte und Versicherungsanlageprodukte nach der PRIIP-Verordnung, ÖBA 2017, 697.

I. Einordnung der PRIIP-VO 1	3. Level 3-Maßnahmen 42
II. Entstehung der PRIIP-VO 11	4. Kritikpunkte 49
III. Regelungsgegenstände der PRIIP-VO 15	VI. Anwendungsbereich 55
IV. Ziele der PRIIP-VO 19	1. Zeitlicher Anwendungsbereich 55
1. Generelle Ziele: Anlegerschutz und Wettbewerb 19	2. Räumlicher Anwendungsbereich 60
2. Information und information overload 24	3. Persönlicher Anwendungsbereich 65
3. Verständlichkeit 28	4. Sachlicher Anwendungsbereich 67
4. Vergleichbarkeit 33	VII. Verhältnis zu anderen Informationsblättern 68
V. PRIIP-Regularien 37	VIII. Rechtsfolgen einer Missachtung der PRIIP-Pflichten 77
1. Level 1-Maßnahme (PRIIP-VO) 37	
2. Level 2-Maßnahmen 39	

I. Einordnung der PRIIP-VO. Die VO Nr. 1286/2014 über Basisinformationsblätter für verpackte Anlageprodukte für Kleinanleger und Versicherungsanlageprodukte (Regulation on Key Information Documents for Packaged Retail and Insurance-based Investment Products, PRIIP) gilt seit dem 1.1.2018. Sie enthält im Wesentlichen zum einen die Pflicht zur Erstellung eines (europäischen) Basisinformationsblatts und zum anderen dessen Zurverfügungstellung an den Kleinanleger. Rechtsgrundlage der Verordnung ist Art. 114 AEUV[1]. Eine Verordnung war als erforderlich angesehen worden, da nur so ein gemeinsamer **Standard** für Basisinformationsblätter aufgestellt werden kann[2]. Mit der PRIIP-VO wird eine **Vollharmonisierung** bezweckt[3]. Daher be- 1

---
[1] Kritisch hierzu *Wilhelmi* in Assmann/Wallach/Zetzsche, KAGB, Anh. zu § 166: Vorbemerkung PRIIP-VO Rz. 14 ff.
[2] Erwägungsgrund 4 Satz 1 VO Nr. 1286/2014.
[3] *Wilfling*, ZFR 2017, 525 f.; *Heiss/Mönnich*, VR 2013, 32, 33.

Art. 1 VO Nr. 1286/2014 | [Gegenstand]

steht für abweichende strengere oder weniger strenge nationale Bestimmungen nur dann ein Spielraum, wenn dies in der PRIIP-VO vorgesehen ist.

2 Art. 1 VO Nr. 1286/2014 stellt lediglich eine knappe **Zusammenfassung** dessen dar, worum es in der PRIIP-VO im Wesentlichen geht. Insofern kommt dieser Regelung allenfalls für die **Auslegung** der in der PRIIP-VO aufgeführten unterschiedlichen Pflichten Bedeutung zu[1]. Nicht erwähnt werden in Art. 1 VO Nr. 1286/2014 die in der PRIIP-VO ebenfalls geregelten aufsichtsrechtlichen Sanktionen und Maßnahmen (z.B. Bußgeld oder Produktverbot; s. Rz. 77 ff. sowie Art. 17 VO Nr. 1286/2014 Rz. 1 ff.) sowie die zivilrechtlichen Rechtsfolgen (s. Art. 11 VO Nr. 1286/2014) wegen Nichtbeachtung der PRIIP-Vorschriften.

3 Ein solches Informationsblatt ist ausschließlich bei einem Vertrag über ein sog. verpacktes Produkt (zum Begriff Art. 4 VO Nr. 1286/2014 Rz. 5), an welchem ein sog. **Kleinanleger** (zum Begriff Art. 4 VO Nr. 1286/2014 Rz. 40 ff.) beteiligt ist, zwingend erforderlich. Das bedeutet im Umkehrschluss, dass ein Basisinformationsblatt dann nicht notwendig ist, wenn sich das Anlageprodukt lediglich an professionelle Anleger richtet[2]. Da die PRIIP-VO unmittelbar geltendes EU-Recht darstellt, bedarf sie keiner gesonderten nationalen Umsetzung (zur Anpassung bzgl. „konkurrierender" Regelungen s. Rz. 68 ff.).

4 Zentraler Bestandteil der PRIIP-VO ist damit das für bestimmte Anlageprodukte vorgesehene Basisinformationsblatt. Die dort enthaltenen Informationen sind **vorvertragliche** Informationen (Art. 6 Abs. 1 Satz 1 VO Nr. 1286/2014; näher Art. 6 VO Nr. 1286/2014 Rz. 1 ff.). Von manchen wird das Basisinformationsblatt, ähnlich wie die wesentlichen Anlegerinformationen des KAGB, mit **KID** („Key Information Document") abgekürzt[3], teilweise aber auch als „**BIB**" (als Abkürzung für „Basisinformationsblatt") bezeichnet[4]. Neu an diesem Informationsblatt ist nicht nur, dass ein Informationsblatt europaweit einheitlich vorgeschrieben wird, sondern auch, dass der Kreis der erfassten Anlageprodukte sehr weit ist und die Pflicht zur Erstellung bzw. Zurverfügungstellung des Informationsblatts unabhängig vom gewählten Vertriebskanal besteht.

5 Das Basisinformationsblatt soll dazu dienen, dem Anleger auch in Bezug auf „verpackte" und damit häufig komplexe Anlageprodukte eine informierte Anlageentscheidung durch Vergleich von Informationsblättern verschiedener Anlageprodukte zu ermöglichen. Insofern geht es um Anlegerschutz durch Publizität bzw. Transparenz[5] und um den Ausgleich des **Informationsgefälles** zwischen Hersteller und Anleger. Insofern kann die PRIIP-VO als ein Element im Zusammenhang mit der „Perfektionierung der Publizitätsinstrumente" gesehen werden, dem „durchaus experimentelle(r) Charakter" zukommt[6]. Gerade aufgrund der „Verpackung" der Produkte ist es für den Kleinanleger häufig schwer zu erfassen, welche Chancen und Risiken mit einem Produkt konkret verbunden sind bzw. welche Kosten das Produkt mit sich bringt[7].

6 Die Bestrebungen, anlegergerechte Informationen durch kurze Zusammenfassungen der wesentlichen Punkte der avisierten Anlage zu schaffen, waren in Deutschland teilweise unabhängig vom **europäischen** Gesetzgeber verfolgt worden (z.B. Vermögensanlagen-Informationsblatt, Produktinformationsblatt)[8]. Inzwischen hat auch der europäische Gesetzgeber diese Möglichkeit eines Anlegerschutzes entdeckt. Zunächst wurde dies mit dem Art. 78 ff. der **OGAW IV-Richtlinie** (RL 2009/65/EG)[9] verlangten Key Investor Information Document (KIID) regulatorisch verwirklicht. Damit gilt die OGAW IV-Richtlinie als „erste Schritte" in Richtung einer solchen Transparenz[10]. Diese Vorgaben wurden vor allem mit §§ 164 Abs. 1, 166 bzw. 270 KAGB in deutsches Recht umgesetzt. Nunmehr wird durch die PRIIP-VO ein weiteres „europäisches" Informationsblatt vorgeschrieben.

7 Auch wenn das ursprüngliche Ziel von solchen kurzen Informationsblättern war, dass der Anleger diese auch, aber nicht ausschließlich zur Information heranzieht[11], wird das Basisinformationsblatt tatsächlich häufig das eigentliche Informationsmaterial für den durchschnittlichen Kleinanleger sein. Dieser wird andere **Informationsquellen**, wie etwa einen Prospekt, zumeist nicht nutzen. Kritisiert wird an der PRIIP-VO u.a., dass es da-

---

1 *Wilhelmi* in Assmann/Wallach/Zetzsche, KAGB, Anh. zu § 166: Art. 1 PRIIP-VO Rz. 1.
2 So auch ESAs, Q&A, General topics, Pkt. 2, S. 4, abrufbar unter https://esas-joint-committee.europa.eu/Publications/Technical%20Standards/JC%202017%2049%20%28JC_PRIIPs_QA_3rd%29.pdf (zuletzt abgerufen am 2.5.2018).
3 *Andresen/Gerold*, BaFinJournal August 2015, 31; s. auch „Leitlinien zur Anwendung der Verordnung (EU) Nr. 1286/2014 des Europäischen Parlaments und des Rates über Basisinformationsblätter für verpackte Anlageprodukte für Kleinanleger und Versicherungsanlageprodukte (PRIIP)", ABl. EU Nr. C 218 v. 7.7.2017, S. 11 unter 1. (1).
4 *Gerold*, BaFinJournal Mai 2017, 36; *Loacker* in FS Lorenz, 2014, S. 259, 266 ff.
5 Vgl. Erwägungsgrund 2 Satz 1 VO Nr. 1286/2014; kritisch *Assmann* in Assmann/Schütze, Handbuch des Kapitalanlagerechts, § 1 Rz. 95.
6 S. *Assmann* in Assmann/Schütze, Handbuch des Kapitalanlagerechts, § 1 Rz. 95.
7 Vgl. Erwägungsgrund 1 VO Nr. 1286/2014.
8 Zum bewussten „Vorgriff" des deutschen Gesetzgebers *Buck-Heeb*, JZ 2017, 279, 282; *Buck-Heeb*, ZHR 177 (2013), 310, 316.
9 Richtlinie 2009/65/EG des Europäischen Parlaments und des Rates vom 13. Juli 2009 zur Koordinierung der Rechts- und Verwaltungsvorschriften betreffend bestimmte Organismen für gemeinsame Anlagen in Wertpapieren (OGAW), ABl. EU Nr. L 302 v. 17.11.2009, S. 32.
10 Erwägungsgrund 2 Satz 2 VO Nr. 1286/2014.
11 Vgl. *Polifke* in Weitnauer/Boxberger/Anders, § 166 KAGB Rz. 4; *Voß* in Just/Voß/Ritz/Becker, § 31 WpHG Rz. 434.

mit nun in der „Produktlandschaft" noch mehr Informationsblätter gibt, die vom Umfang her eine knappe Zusammenfassung der wesentlichen Anlageinformationen liefern (vgl. Rz. 24 ff.)[1].

Abgesehen davon, dass der Umfang und die Detailliertheit des PRIIP-Basisinformationsblatts über die europäischen Anforderungen der OGAW IV-Richtlinie (RL 2009/65/EG) und damit die KAGB-Regelungen hinausgehen, soll nach einer Ansicht im Schrifttum auch die dort enthaltene Qualität der Informationen anders zu bewerten sein. Bei den Vorgaben der PRIIP-VO handelt es sich nicht um formal-juristische, sondern um ökonomisch-funktionale Hinweise[2]. 8

Zudem verfolgt die PRIIP-VO einen „horizontalen Ansatz"[3], da sie grundsätzlich für sämtliche „verpackte" Finanzanlage- und Versicherungsprodukte gilt. Die Pflicht zur Erstellung eines Basisinformationsblatts für PRIIP besteht unabhängig vom Vertriebskanal, d.h. es ist unerheblich, ob das Produkt beratungsfrei oder aufgrund einer Beratung erworben wird[4]. Um der PRIIP-VO gerecht zu werden, wurde das WpHG gem. Art. 2 des 1. Finanzmarktnovellierungsgesetzes (1. FiMaNoG) geändert[5]. Zur **Konkurrenz** s. Rz. 68 ff. 9

Die Rechtsanwendung der PRIIP-VO ist dadurch erschwert, dass sich die Regelungsstruktur relativ komplex auf verschiedene **Regulierungslevel** erstreckt (s. bei III., Rz. 15 ff.). Hinzu kommt, dass die EU-Kommission bereits Ende 2018 Vorschläge für eine Revision der PRIIP-VO unterbreiten soll (Art. 33 Abs. 1 Satz 1 VO Nr. 1286/2014). Die Hersteller und Produktanbieter müssen sich daher auf die jetzigen Regelungen einstellen, wohl wissend, dass diese alsbald voraussichtlich eine Änderung erfahren werden. 10

II. Entstehung der PRIIP-VO. Die Entstehungsgeschichte der PRIIP-VO ist geprägt von einem rechtspolitischen Ringen um deren Inhalte[6]. Bereits im Jahr 2009 hat die EU-Kommission Überlegungen zu einem übergreifenden Informationsblatt angestoßen und im Juli 2012 einen Verordnungsvorschlag unterbreitet[7]. Die nun geltende Verordnung stellt nach Ansicht der BaFin den „aktuell bestmöglichen politischen Kompromiss" dar[8]. Ursprünglich ging es hierbei nur um die Schaffung eines produktübergreifenden Informationsblatts für Kleinanleger, sodann um ein Informationsblatt auch für Versicherungsanlageprodukte. 11

Aufgrund der Schwierigkeiten bzgl. des in der PRIIP-VO vorgesehenen konkretisierenden delegierten Rechtsakts hatte die Kommission am 9.11.2016 beschlossen, die Geltung der PRIIP-Verordnung um 12 Monate auf den 1.1. 2018 zu **verschieben**[9]. Hintergrund war, dass der ECON-Ausschuss des Europäischen Parlaments im September 2016 die von der Kommission vorgesehenen Level-2-Maßnahmen zum PRIIP-Verfahren als irreführend und mangelhaft abgelehnt hatte[10], was so bislang im Rahmen der EU-Finanzmarktregulierung noch nicht geschehen war[11]. 12

Daher musste die Kommission neue Vorschläge für die – in der Verordnung an mehreren Stellen ausdrücklich vorgesehenen – technischen Regulierungsstandards erarbeiten. Die Schwierigkeit lag darin, eine sowohl für Anlageprodukte von Banken als auch von Wertpapierunternehmen und Versicherungen anwendbare Regelung zu finden. In Bezug auf den sodann geänderten Entwurf der EU-Kommission verweigerten die ESAs die Bestätigung. Daher war die Kommission zu Recht davon ausgegangen, dass es nicht förderlich ist, die PRIIP-VO Inkrafttreten zu lassen und die Regulierungsstandards „nachzuliefern". Am 12.4.2017 wurden schließlich die Technischen Regulierungsstandards in der **DelVO 2017/653**[12] veröffentlicht. Sie gelten, wie die PRIIP-VO, seit dem 1.1.2018. 13

Die Entstehungsgeschichte der PRIIP-VO macht deutlich, dass es sich hierbei (noch) nicht um eine Optimallösung handelt. Ob eine solche überhaupt möglich ist, soll an dieser Stelle nicht weiterverfolgt werden. Einer der Hauptvorwürfe ist, dass dem Kleinanleger ein „Flickenteppich an widersprüchlichen Informationen" geboten 14

---

1 S. nur etwa *Hemeling*, ZHR 181 (2017), 595, 598.
2 So *Heiss* in Karlsruher Forum 2014, S. 41, 50.
3 *Möllers*, ZEuP 2016, 325, 337.
4 Vgl. Ziff. 16 Satz 1 Leitlinien der Kommission, ABl. EU Nr. C 281 v. 7.7.2017, S. 11.
5 S. *Melovski/Ortkemper/Weisenfels*, BaFinJournal Januar 2016, 20, 22.
6 Zur Entstehungsgeschichte *Seitz/Juhnke/Seibold*, BKR 2013, 1, 2 f.
7 Zur Intransparenz des Verfahrens *Wilhelmi* in Assmann/Wallach/Zetzsche, KAGB, Anh. zu § 166: Vorbemerkungen PRIIP-VO Rz. 8 ff.
8 *Gerold*, BaFinJournal Mai 2017, 36, 37; vgl. auch *Loacker* in FS Lorenz, 2014, S. 259, 261 f.; so auch die Überschrift im Artikel von *Schrader*, Börsen-Zeitung v. 3.1.2018, S. 6.
9 Verordnung (EU) Nr. 2016/2340 vom 14. Dezember 2016 zur Änderung der Verordnung (EU) Nr. 1286/2014 über Basisinformationsblätter für verpackte Anlageprodukte für Kleinanleger und Versicherungsanlageprodukte im Hinblick auf den Geltungsbeginn, ABl. EU Nr. L 354, v. 23.12.2016, S. 35; dazu auch *Gerold*, BaFinJournal Mai 2017, 36 f.; *Gerold/Kohleick*, RdF 2017, 276.
10 Zu den Schwierigkeiten hinsichtlich der Level 2-Bestimmungen auch bzgl. anderen europäischen Rechtsakten s. *Buck-Heeb*, JZ 2017, 279, 283.
11 Vgl. *Wolfbauer*, ZFR 2017, 250.
12 Delegierte Verordnung (EU) 2017/653 der Kommission vom 8. März 2017 zur Ergänzung der Verordnung (EU) Nr. 1296/2014 des Europäischen Parlaments und des Rates über Basisinformationsblätter für verpackte Anlageprodukte für Kleinanleger und Versicherungsanlageprodukte (PRIIP) durch technische Regulierungsstandards in Bezug auf die Darstellung, den Inhalt, die Überprüfung und die Überarbeitung dieser Basisinformationsblätter sowie die Bedingungen für die Erfüllung der Verpflichtung zu ihrer Bereitstellung, ABl. EU Nr. L 100 v. 12.4.2017, S. 1.

Art. 1 VO Nr. 1286/2014 | [Gegenstand]

werde, so dass dieser verwirrt oder gar fehlinformiert werde[1]. Aus dem Geschilderten erklärt sich jedoch auch, weshalb in Art. 33 Abs. 1 Satz 1 VO Nr. 1286/2014 eine **Überprüfung** der PRIIP-VO durch die EU-Kommission bis spätestens 31.12.2018 angeordnet worden ist. Ob es hier besser gewesen wäre, in Parallele zur Verschiebung des Geltungsbeginns um ein Jahr auf den 1.1.2018, auch die Überprüfungsfrist um ein Jahr zu verlängern, braucht angesichts des Wortlauts der Norm nicht (mehr) erörtert zu werden.

15 **III. Regelungsgegenstände der PRIIP-VO.** Die PRIIP-VO enthält einheitliche Vorschriften für das Format, den Inhalt und die Bereitstellung des sog. Basisinformationsblatts für sämtliche strukturierten Produkte von Banken, Anlagegesellschaften oder Versicherungen. Sie bezieht sich nicht nur, wie noch die wesentlichen Anlegerinformationen im Rahmen der OGAW IV-Richtlinie (RL 2009/65/EG), auf sog. Investmentfonds (AIF und OGAW).

16 In Art. 1 ff. VO Nr. 1286/2014 finden sich einheitliche Vorschriften in Bezug auf die **Pflichten** von PRIIP-Herstellern, PRIIP-Beratern und PRIIP-Verkäufern, sowie Regelungen zum **Umfang** und **Inhalt** eines Basisinformationsblatts. Art. 11 VO Nr. 1286/2014 enthält zudem eine **Haftungsregelung**, die weitgehend auf das nationale Recht verweist.

17 In Art. 15 ff. VO Nr. 1286/2014 ist die Möglichkeit der nationalen Aufsichtsbehörde (in Deutschland: BaFin) sowie der europäischen Aufsichtsbehörden ESMA bzw. EIOPA zur Marktüberwachung und zur **Produktintervention** geregelt. Dabei kann vor allem vom Instrument des Produktverbots Gebrauch gemacht werden (s. Rz. 78). Art. 19 VO Nr. 1286/2014 regelt die **Beschwerdemöglichkeit** der Kleinanleger sowie die Ermöglichung von **Rechtsbehelfen** auch bei grenzüberschreitenden Streitigkeiten. Die denkbaren verwaltungsrechtlichen Sanktionen und andere Maßnahmen der Aufsichtsbehörden sind in den Art. 22 ff. VO Nr. 1286/2014 geregelt.

18 Art. 32 VO Nr. 1286/2014 enthält eine zeitlich befristete **Befreiung** von der Pflicht zur Erstellung eines Basisinformationsblatts für OGAW- und AIF-Anteile. Art. 33 VO Nr. 1286/2014 sieht eine Überprüfung der PRIIP-VO durch die EU-Kommission bis spätestens 31.12.2018 vor.

19 **IV. Ziele der PRIIP-VO. 1. Generelle Ziele: Anlegerschutz und Wettbewerb.** Durch die PRIIP-VO wird zwingend die Erstellung und Zurverfügungstellung eines EU-weit vereinheitlichten Basisinformationsblatts vorgeschrieben[2]. Dieses soll ein einfaches, höchstens drei DIN-A 4-Seiten umfassendes Dokument sein, das den Anleger leicht und verständlich mit den für seine Anlageentscheidung wesentlichen Informationen versorgt. Die bislang dargebotenen Informationen wurden als zu lang und für den einzelnen Kunden mangels Beschränkung auf „Schlüsselinformationen" unverständlich angesehen[3].

20 Hintergrund der Regulierung war daher die Erkenntnis, dass es für den Kleinanleger oft schwer zu durchschauen ist, welche Chancen und Risiken den verpackten Produkten innewohnen und welche Kosten damit verbunden sind. Die nunmehr in der PRIIP-VO vorgesehenen Basisinformationsblätter dienen damit als Ausgangspunkt für die **Investitionsentscheidung** des Kleinanlegers.

21 Das erklärte Ziel der PRIIP-VO ist die Verbesserung des Schutzes von Privatkunden und Anlegern (**Anlegerschutz**). Es soll laut BaFin das durch die Finanzkrise verlorengegangene **Vertrauen der Kleinanleger** in die Finanzdienstleistungsbranche wiederhergestellt werden. Dabei erwähnt die PRIIP-VO in diesem Zusammenhang zutreffend den Begriff des Verbrauchers nicht, sondern stellt auf den des Kleinanlegers ab, dessen Vertrauen wiederhergestellt werden müsse[4]. Dabei ist der Anlegerschutz hier insofern eingeschränkt, als er sich lediglich auf verpackte und damit nach Ansicht des Gesetzgebers komplizierte Produkte bezieht. Um einen Vergleich dieser mit einfacheren Anlageprodukten geht es hier nicht[5].

22 Als Mittel zur Verbesserung des Anlegerschutzes bzw. des Anlegervertrauens dient die Erhöhung der **Transparenz** auf dem Markt für Kleinanleger[6]. Ob das gesetzte Ziel durch ein (weiteres) Informationsblatt wirklich erreicht werden kann, ist eine andere Frage[7]. Bedeutung für die Anlageentscheidung wird dem Informations-

---

1 S. die Stellungnahme von Efama am 20.12.2017 mit dem Titel „EFAMA alerts that the new PRIIPs rules will confuse and mislead investors", abrufbar unter https://www.efama.org/Publications/Public/PRIPS/EFAMA%20Statement%20on%20PRIIPs%20-%20December%202017.pdf (zuletzt abgerufen am 2.5.2018); s. auch schon das gemeinsame Schreiben der Anlegerschutzorganisation Better Finance und dem europäischen Fondsverband Efama v. 14.10.2016, abrufbar unter https://www.efama.org/Pages/BETTER-FINANCE-AND-EFAMA-RELEASE-A-JOINT-LETTER-ON-PACKAGED-RETAIL-AND-INSURANCE-BASED-INVESTMENT-PRODUCTS.aspx (zuletzt abgerufen am 13.1.2018); s. auch *Schrader*, Börsen-Zeitung v. 3.1.2018, S. 6.
2 *Seitz/Juhnke/Seibold*, BKR 2013, 1.
3 *Heiss* in Karlsruher Forum 2014, S. 41, 48; vgl. auch Erwägungsgrund 1 VO Nr. 1286/2014.
4 Erwägungsgrund 2 Satz 1 VO Nr. 1286/2014; ähnlich Erwägungsgrund 5 Satz 1 VO Nr. 1286/2014; anders aber die BaFin, vgl. *Andresen/Gerold*, BaFinJournal August 2015, 31, 32, die den Begriff des „Verbrauchers" verwenden; zur Entwicklung vom Anleger- zum Verbraucherschutz s. *Buck-Heeb*, JZ 2017, 279, 284 f.; *Buck-Heeb*, ZHR 176 (2012), 66, 83 ff.; *Buck-Heeb*, ZHR 177 (2013), 310, 333 ff.; *Mülbert*, ZHR 177 (2013), 160 ff.
5 Vgl. *Wilhelmi* in Assmann/Wallach/Zetzsche, KAGB, Anh. zu § 166: Vorbemerkung PRIIP VO Rz. 3.
6 S. etwa die Stellungnahme des Europäischen Wirtschafts- und Sozialausschusses, ABl. EU Nr. C 75 v. 10.3.2017, S. 44 unter 1.2.
7 Kritisch etwa *Wilfling*, ZFR 2017, 525, 529.

blatt als Informationsquelle vorwiegend beim Direktvertrieb zukommen, während der Kunde bei der Beratung auf seinen Berater vertraut und nach der zivilrechtlichen Rechtsprechung auch vertrauen darf[1].

Mit der PRIIP-VO sollte auch das Bestehen ungleicher Wettbewerbsbedingungen und damit eine mögliche **Wett-** 23 **bewerbsverzerrung** behoben werden, die dadurch entstanden ist, dass je nach anbietendem Wirtschaftszweig und je nach nationaler Regulierung Unterschiede für die verschiedenen Produkte und Vertriebskanäle existierten[2].

2. Information und information overload. Die PRIIP-VO basiert auf zwei sich im Grunde widersprechenden, 24 hier ergänzend vorgesehenen **Prinzipien**[3]. Einerseits wird als Grundlage für eine Verbesserung des Anlegerschutzes das Prinzip der Information im Sinne des sog. **Informationsmodells** angesehen. Die Kleinanleger sollen den wirtschaftlichen Charakter sowie die Risiken eines Produkts besser verstehen können und deshalb gezielt die hierfür erforderlichen Informationen erhalten. Dabei ist Ziel ein einheitliches, vereinfachtes und standardisiertes Informationssystem. Die Festlegung von Informationspflichten dient dabei generell der Behebung von Informationsasymmetrien. Der Kunde/Verbraucher soll möglichst umfassend informiert werden, damit ihm gegenüber dem Anbieter/Hersteller keine Nachteile entstehen[4].

Die PRIIP-VO begnügt sich jedoch nicht damit, auf das sog. Informationsmodell abzustellen, sondern enthält 25 gleichzeitig die Befugnis für von vielen als paternalistisch bezeichnete Maßnahmen[5]. So sieht Art. 16 f. VO Nr. 1286/2014 ein **Produktverbot** für Versicherungsanlageprodukte und zusätzliche Eingriffskompetenzen bei Verstößen gegen die PRIIP-VO vor (s. Rz. 78)[6].

Ob detaillierte und dennoch zusammenfassende Informationsblätter generell für den Kleinanleger als positiv zu 26 sehen sind, wird unterschiedlich beurteilt. Teilweise wird kritisiert, dass der Gesetzgeber durch diese Vorgaben noch mehr zu einer Informationsflut („**information overload**")[7] beiträgt und dadurch einer Desinformation durch Überinformation Vorschub leistet[8].

Andere wiederum sehen in den Informationsblättern einen Versuch, die Überinformation des Kunden einzu- 27 dämmen[9], indem er erstens mit dem im Informationsblatt gewährten Überblick eine zwar knappe, aber doch hinreichende Grundlage für seine Anlageentscheidung erhält und zweitens vor allem Vorgaben bzgl. der Darstellung des Informationsblatts zur Übersichtlichkeit der Informationen beitragen[10]. Damit soll der Kunde nicht auf Information auf das Lesen ausführlicher Unterlagen angewiesen sein, die von ihm ohnehin häufig nicht mehr hinreichend wahrgenommen werden. Ob Informationsblätter wirklich einer Überinformation entgegenwirken können, ist bislang ebenso wenig bewiesen wie es das Gegenteil ist.

3. Verständlichkeit. Da die bislang vorhandenen Offenlegungsregelungen den Kleinanlegern häufig keine 28 Hilfe beim Verstehen eines verpackten Anlageprodukts, insbesondere der damit verbundenen Risiken und Kosten, waren, mussten die Anleger „zuweilen unvorhergesehene Verluste hinnehmen"[11]. Die Verständlichkeit der relevanten Produktinformationen zu erhöhen, ist daher erklärtes Ziel der PRIIP-VO.

Konkret soll die PRIIP-VO es den Kleinanlegern **ermöglichen**, die grundlegenden Merkmale und Risiken von 29 PRIIPs zu verstehen (Art. 1 VO Nr. 1286/2014). Die Bezugnahme auf eine bloße „Ermöglichung" bedeutet, dass es nicht darauf ankommt, ob der individuelle Kleinanleger das Basisinformationsblatt überhaupt liest bzw. die enthaltenen Angaben tatsächlich versteht. Entscheidender Bezugspunkt für die Verständlichkeit des Basisinformationsblatts ist der **durchschnittliche** Kleinanleger. Damit erfolgt hier, wie auch allgemein im Prospektrecht, eine Typisierung.

Was unter den Begriffen der Verständlichkeit und des (durchschnittlichen) Kleinanlegers genau zu verstehen 30 ist (Art. 4 Nr. 6 VO Nr. 1286/2014; näher dazu Art. 4 VO Nr. 1286/2014 Rz. 40 ff.), ist auch im Zusammenhang mit der PRIIP-VO noch teilweise unklar[12]. Insoweit tasten sich nicht nur im Aufsichtsrecht die nationalen Auf-

---

1 S. dazu *Buck-Heeb/Lang*, BeckOGK, § 675 BGB, Anlageberatung, Vermögensverwaltung, Stand: 31.1.2018, Rz. 437; für den Versicherungsbereich s. *Heiss* in Karlsruher Forum 2014, 41, 53.
2 S. auch Erwägungsgrund 3 VO Nr. 1286/2014.
3 *Wilhelmi* in Assmann/Wallach/Zetzsche, KAGB, Anh. zu § 166: Vorbemerkung PRIIP-VO Rz. 5 („Relativierung des sog. Informationsparadigmas").
4 *Andresen/Gerold*, BaFinJournal August 2015, 31, 32.
5 S. nur etwa *Buck-Heeb*, BKR 2017, 89, 96; *Dreher*, VersR 2013, 401, 410; *Grigoleit*, ZHR 177 (2013) 264, 303.
6 *Melovski/Ortkemper/Weisenfels*, BaFinJournal Januar 2016, 20, 22.
7 S. *Heiss/Mönnich*, VR 2013, 32 ff.; dazu allgemein statt vieler etwa *Stahl*, Information Overload am Kapitalmarkt, 2013; *Buck-Heeb*, ZHR 176 (2012), 66, 70, 75; *Möllers*, ZEuP 2016, 325, 333.
8 *Matusche-Beckmann* in Dauses/Ludwigs, EU-Wirtschaftsrecht, 42. EL August 2017, E. VI. Versicherungsrecht, Rz. 213; *Hemeling*, ZHR 181 (2017), 595, 598; *Lutter/Bayer/Schmidt*, Europäisches Unternehmens- und Kapitalmarktrecht, Rz. 14.168; kritisch auch *Heiss/Mönnich*, VR 2013, 32 ff.
9 Vgl. *Loacker* in FS Lorenz, 2014, S. 259, 267 ff. („Optimierung des Informationsmodells"); *Spindler* in Langenbucher/Bliesener/Spindler, 33. Kap. Rz. 112.
10 Vgl. *Loacker* in FS Lorenz, 2014, S. 259, 269.
11 So Erwägungsgrund 1 Satz 4 VO Nr. 1286/2014.
12 S. auch *Loritz*, WM 2014, 1513, 1516.

Art. 1 VO Nr. 1286/2014 | [Gegenstand]

sichtsbehörden, sondern auch auf zivilrechtlicher Ebene die Gerichte allmählich voran. Das wird teilweise angesichts der zentralen Bedeutung dieses Punktes im Hinblick auf die Pflichtenlage für den Produkthersteller wie für den Vertreiber und den Berater hinsichtlich einer Erfüllung der gestellten Voraussetzungen als misslich angesehen.

31 Ob ein durchschnittlicher Kleinanleger etwa die nach der DelVO 2017/653 anzustellenden Berechnungen verstehen kann, lässt sich teilweise bezweifeln. Anderes mag für die für den Anleger nach der DelVO 2017/653 an verschiedenen Stellen vorgeschriebenen Schaubilder und Tabellen gelten, die etwa das Resultat der Berechnungen zusammenfassen sollen. Diesen kann aber wiederum eine Pauschalierung nachgesagt werden, die zu Ungenauigkeiten führt.

32 Insofern ist es nur konsequent, dass Art. 33 Abs. 1 Unterabs. 1 VO Nr. 1286/2014 eine **Überprüfung** der PRIIP-VO durch die EU-Kommission bis spätestens zum 31.12.2018 vorsieht. Dabei steht auch die Beurteilung der Frage auf der Agenda, „ob die eingeführten Maßnahmen das Verständnis des durchschnittlichen Kleinanlegers in Bezug auf PRIIP und die Vergleichbarkeit der PRIIP verbessert haben"[1].

33 **4. Vergleichbarkeit.** Als weiteres Ziel benennt Art. 1 VO Nr. 1286/2014 die Vergleichbarkeit der unterschiedlichen PRIIP („horizontaler Vergleich"[2]). Anders als nach der RL 2009/65/EG (OGAW IV-Richtlinie) sollen nicht nur verschiedene Fondsprodukte miteinander verglichen werden können[3], sondern es sollen mit der PRIIP-VO erstmalig **alle Arten** komplexer Finanzprodukte gegeneinandergestellt werden können. Unerheblich ist daher, ob der Entwickler eine Bank, eine Versicherung oder eine Investmentgesellschaft ist[4]. Das bedeutet gleichzeitig, dass für verschiedene Produkte und Vertriebskanäle gleiche **Wettbewerbsbedingungen** gelten. Aufgrund des hohen Maßes an Vereinheitlichung bei der obligatorischen Bereitstellung von Informationen soll ihre Vergleichbarkeit unabhängig von deren Hersteller gewährleistet sein.

34 Damit soll ein Basisinformationsblatt nicht nur die Vergleichbarkeit von Produkten innerhalb eines bestimmten Sektors, sondern auch innerhalb verschiedener Sektoren sicherstellen. Es soll etwa eine Lebensversicherungspolice mit einer Anlage in einem Investmentfonds verglichen werden können[5]. Gerade hieran knüpft auch eine vielfältige Kritik im Schrifttum an, die schon per se die generelle Möglichkeit einer Vergleichbarkeit von völlig unterschiedlichen Anlageprodukten in Frage stellt, ohne dass eine einheitliche Darstellung dem Abhilfe leisten könnte.

35 Die Befürworter einer grundsätzlichen Vergleichbarkeit wiederum sehen eine solche durch den hohen Grad an **Standardisierung** garantiert[6], der durch eine Mustervorlage für das Informationsblatt (s. Rz. 36) sowie die Verwendung „grafischer Elemente" wie Tabellen und Diagrammen erreicht werden soll. Ob hiermit nicht im Einzelfall das Risiko einer übermäßigen Vereinfachung entsteht, so dass die „ermittelte Rangklasse nur augenscheinlich den Bedürfnissen des Anlegers entspricht"[7], und ob nicht dem Kleinanleger gegenüber deshalb eine Art (gesetzgeberisch vorzugebender) Warnhinweis bzgl. dieser Elemente zu erteilen sein sollte, kann an dieser Stelle nicht vertieft werden. Jedenfalls hat der Gesetzgeber der Standardisierung gegenüber der Möglichkeit einer **Produktgestaltungsfreiheit** in der Hoffnung einer besseren Vergleichbarkeit den Vorzug gegeben[8].

36 Um die Vergleichbarkeit der einzelnen Produkte so weit wie möglich zu gewährleisten, sieht Art. 9 DelVO 2017/653 vor, dass der PRIIP-Hersteller die Basisinformationen in Form der **Mustervorlage** vorlegt, die in Anhang I DelVO 2017/653 enthalten ist. Dabei werden auch die Reihenfolge der Abschnitte sowie deren Überschriften festgelegt. Auch wenn keine Vorgabe bzgl. der Länge der einzelnen Abschnitte besteht, ist diese schon jeweils dadurch beschränkt, dass die Gesamtlänge des Dokuments höchstens drei DIN-A 4-Seiten (Art. 6 Abs. 3 Satz 1 VO Nr. 1286/2014; Anhang I DelVO 2017/653 [„nicht mehr als drei DIN-A 4 Seiten"]) umfassen darf.

37 **V. PRIIP-Regularien. 1. Level 1-Maßnahme (PRIIP-VO).** Auch für den Anwendungsbereich der PRIIP-VO gilt inzwischen, dass für ein rechtskonformes Verhalten der Akteure ein bestimmter „Kanon" an Rechtsvorschriften heranzuziehen ist. Zunächst sind in Bezug auf verpackte Produkte die Regelungen der **PRIIP-VO** (Verordnung (EU) Nr. 1286/2014) relevant. Eine Änderung der PRIIP-Verordnung erfolgte am 14.12.2016, indem ihr Geltungsbeginn der Verordnung um zwölf Monate auf den 1.1.2018 verschoben wurde[9].

---

1 So Erwägungsgrund 36 Satz 3 VO Nr. 1286/2014.
2 *Voß* in Just/Voß/Ritz/Becker, § 31 WpHG Rz. 434.
3 S. *v. Ammon/Izzo-Wagner* in Baur/Tappen, § 166 KAGB Rz. 4.
4 Vgl. Stellungnahme des Europäischen Wirtschafts- und Sozialausschusses, ABl. EU Nr. C 75 v. 10.3.2017, S. 44, 45 unter 1.4.
5 *Andresen/Gerold*, BaFinJournal August 2015, 31, 33.
6 *Gerold*, BaFinJournal Mai 2017, 36, 38 f.; s. auch „Leitlinien zur Anwendung der Verordnung (EU) Nr. 1286/2014 des Europäischen Parlaments und des Rates über Basisinformationsblätter für verpackte Anlageprodukte für Kleinanleger und Versicherungsanlageprodukte (PRIIP)", ABl. EU Nr. C 218 v. 7.7.2017, S. 11, unter 1. (2); s. auch Erwägungsgrund 13 Satz 2 VO Nr. 1286/2014.
7 *W.-T. Schneider*, VersR 2017, 1429, 1432.
8 Kritisch auch *W.-T. Schneider* in Prölss/Martin, VVG, Art. 6 PRIIP-VO Rz. 1.
9 ABl. EU Nr. L 354 v. 23.12.2016, S. 35.

Spielräume für eine Ausgestaltung der Informationsblattanforderungen durch das nationale Recht bestehen nur rudimentär. Bei der **Auslegung** der PRIIP-VO gilt, wie bei EU-Rechtsakten allgemein, das Gebot der europarechtskonformen Auslegung. Dabei können auch die **Erwägungsgründe** der Verordnung als Auslegungshilfen herangezogen werden[1]. 38

2. Level 2-Maßnahmen. Die EU-Kommission hat inzwischen auf Level 2 die **Delegierte Verordnung (EU) 2017/653** vom 8.3.2017[2] erlassen, welche die Technischen Regulierungsstandards (**RTS**) zu dem nach der PRIIP-VO zwingenden Basisinformationsblatt für verpackte Produkte enthält[3]. Korrekturen der PRIIP-VO erfolgten durch die **Berichtigungen** am 11.5.2017[4], am 19.7.2017[5] und am 15.8.2017[6]. Damit ergibt sich auch hier für den Rechtsanwender die Schwierigkeit, sich den korrekten, aktuell geltenden Text der Delegierten Verordnung „zusammensuchen" zu müssen. 39

Die DelVO 2017/653 regelt auf insgesamt 52 Seiten, wie das höchstens dreiseitige Basisinformationsblatt formal und inhaltlich auszusehen hat. Die hier geregelten harmonisierten Einzelheiten sollen auch „den vorhandenen und laufenden Untersuchungen des Verbraucherverhaltens, einschließlich der Ergebnisse von Tests" Rechnung tragen[7]. Inhaltlich sind, abgesehen von zahlreichen Textbausteinen, etwa bestimmte mathematische Formeln zur Berechnung von Risikoklassen und Performance-Szenarien ebenso vorgeschrieben wie die konkrete Darstellung der Kosten. Jedenfalls erfolgten im Vorfeld der Vorschläge der ESAs hierzu Verbraucherbefragungen und Tests, welche die empirische Grundlage für die Standards liefern sollten[8]. 40

Außerdem haben die ESAs am 28.7.2017 der EU-Kommission den Entwurf einer technischen Empfehlung zu PRIIP mit ökologischen oder sozialen Zielen vorgelegt (environmental or social PRIIP, **EOS-PRIIP**)[9]. Damit wurde der Auftrag des Art. 8 Abs. 4 VO Nr. 1286/2014 zur Präzisierung der gesetzlichen Regelung erfüllt. 41

3. Level 3-Maßnahmen. Die EU-Kommission hat am 7.7.2017 „**Leitlinien**" zur Anwendung der PRIIP-VO ausgearbeitet, die ebenfalls zu berücksichtigen sind[10]. Diese Leitlinien sollen die Anwendung der PRIIP-Vorschriften vereinfachen, indem einer divergierenden nationalen Auslegung entgegengewirkt wird[11]. Die einzelnen 23 Leitlinien stützen sich auf Rückmeldungen nach einem von der EU-Kommission veranstalteten Fachseminar sowie auf verschiedene Anfragen aus der Finanzbranche an die Kommission, die EBA, die EIOPA und die ESMA[12]. Nach vier Ziffern Einleitung werden in insgesamt 19 Ziffern verschiedene Punkte der PRIIP-VO angesprochen und z.T. vertieft. 42

Die Leitlinien sind keine rechtlichen Vorschriften, so dass sie keine Level 2-Maßnahmen darstellen. Sie sind damit zwar **unverbindlich,** enthalten jedoch **Auslegungshinweise**, welche die Verwaltung insofern binden, als sie faktisch befolgt werden[13]. Aufgrund von zahlreichen Auslegungsunsicherheiten bzgl. des Gesetzes[14] kommt ihnen in der Praxis erhebliche Bedeutung zu. Dagegen haben sie, was sich schon dezidiert aus den Leitlinien ergibt, grundsätzlich keine Relevanz für das Zivilrecht[15]. Sofern es im Einzelfall also um einen Schadensersatzanspruch nach Art. 11 Abs. 2 VO Nr. 1286/2014 i.V.m. Art. 11 Abs. 1 VO Nr. 1286/2014 i.V.m. dem nationalen Recht geht, sind die Zivilgerichte grundsätzlich nicht zur Berücksichtigung der Leitlinien verpflichtet, Die für eine zivilrechtliche Haftung erforderliche Feststellung einer Pflichtverletzung i.S.d. Art. 8 VO Nr. 1286/2014 be- 43

---

1 *Oppermann/Classen/Nettesheim*, Europarecht, 7. Aufl. 2016, 141 ff.; *Krajewski/Rösslein* in Grabitz/Hilf/Nettesheim, Das Recht der Europäischen Union, 61. EL April 2017, Art. 296 AEUV Rz. 4 f.; *Wilfling*, ZFR 2017, 525, 526; Zur Funktion der Leitlinien der EU-Kommission als zusätzliche Auslegungshilfe, s. Ziff. 3 Satz 1 Leitlinien v. 7.7.2017, ABl. Nr. C 281 v. 7.7.2017, S. 11 (näher Rz. 42 ff.).
2 Delegierte Verordnung (EU) 2017/653 der Kommission vom 8. März 2017 zur Ergänzung der Verordnung (EU) Nr. 1296/2014 des Europäischen Parlaments und des Rates über Basisinformationsblätter für verpackte Anlageprodukte für Kleinanleger und Versicherungsanlageprodukte (PRIIP) durch technische Regulierungsstandards in Bezug auf die Darstellung, den Inhalt, die Überprüfung und die Überarbeitung dieser Basisinformationsblätter sowie die Bedingungen für die Erfüllung der Verpflichtung zu ihrer Bereitstellung, ABl. EU Nr. L 100 v. 12.4.2017, S. 1.
3 ABl. EU Nr. L 100 v. 12.4.2017, S. 1.
4 ABl. EU Nr. L 120 v. 11.5.2017, S. 31 (Berichtigung zweier Formeln auf S. 17, Anhang II in Punkt 13 und 17).
5 ABl. EU Nr. L 186 v. 19.7.2017, S. 17 (Berichtigung einzelner Gesetzesdetails sowie von Anhang VI).
6 ABl. EU Nr. L 210 v. 15.8.2017, S. 16 (Berichtigung der Tabelle 1 in Anhang VII).
7 Erwägungsgrund 17 Satz 3 VO Nr. 1286/2014.
8 *Andresen/Gerold*, BaFinJournal August 2015, 31, 34.
9 S. ESAs, Joint Technical Advice, JC 2017 43 v. 28.7.2017.
10 S. „Leitlinien zur Anwendung der Verordnung (EU) Nr. 1286/2014 des Europäischen Parlaments und des Rates über Basisinformationsblätter für verpackte Anlageprodukte für Kleinanleger und Versicherungsanlageprodukte (PRIIP)", ABl. EU Nr. C 218 v. 7.7.2017, S. 11.
11 Ziff. 3 Satz 1 Leitlinien der EU-Kommission, ABl. EU Nr. C 218 v. 7.7.2017, S. 11.
12 Ziff. 3 Satz 2 Leitlinien der EU-Kommission, ABl. EU Nr. C 218 v. 7.7.2017, S. 11.
13 *Gerold/Kohleick*, RdF 2017, 276, 277.
14 S. auch *Baroch Castellvi*, VersR 2017, 129.
15 S. „Leitlinien zur Anwendung der Verordnung (EU) Nr. 1286/2014 des Europäischen Parlaments und des Rates über Basisinformationsblätter für verpackte Anlageprodukte für Kleinanleger und Versicherungsanlageprodukte (PRIIP)", ABl. EU Nr. C 218 v. 7.7.2017, S. 11 unter 1. (4).

Art. 1 VO Nr. 1286/2014 | [Gegenstand]

misst sich aber nach den einschlägigen aufsichtsrechtlichen PRIIP-Regelungen, so dass auf diesem Wege auch die Leitlinien Eingang in die Beurteilung finden werden.

44 Damit verkompliziert sich einerseits das System der PRIIP-Regularien nochmals durch eine weitere heranzuziehende Rechtserkenntnisquelle[1], andererseits dienen die Hinweise der Kommission als Auslegungshilfe. Nur auf diese Weise soll einer divergierenden Auslegung in den Mitgliedstaaten in gewissem Maße entgegengewirkt werden können. Zudem sollen die Leitlinien bei der Überprüfung der PRIIP-VO, die nach Art. 33 VO Nr. 1286/2014 durch die EU-Kommission erfolgen soll, berücksichtigt werden[2].

45 Auf Level 3 haben die Europäischen Aufsichtsbehörden (European Supervisory Authorities, **ESAs**) noch offene Fragen in Bezug auf die PRIIP-VO in ihren „**Questions and answers**" (Q&A) beantwortet[3]. Diese sollen als Interpretationshilfe bei der Auslegung der PRIIP-VO bzw. der DelVO 2017/653 dienen, sind also ebenfalls insoweit rechtlich unverbindlich. Auch sie sollen eine gemeinsame aufsichtsrechtliche Auslegung und Praxis fördern.

46 Dieses Dokument umfasste mit Stand vom 18.8.2017 insgesamt 84 Fragen und Antworten. Inzwischen wurde mit Stand vom 20.11.2017 die dritte, aktualisierte Version der Q&A herausgegeben[4], die damit neu gegliedert wurden. Die Q&A werden auch künftig regelmäßig erweitert bzw. ergänzt und geben insbesondere zum Anwendungsbereich der PRIIP-VO, zum Beginn und Ende der Pflicht zur Erstellung eines Basisinformationsblatts, zur Zuständigkeit der Behörden bei grenzüberschreitenden Geschäften bzw. zur Verantwortlichkeit bei PRIIPs aus Drittstaaten nähere Hinweise. Sie beziehen sich zudem insbesondere auf die Ermittlung des Markt- und Kreditrisikoindikators sowie die Methoden zur Kostenberechnung.

47 Ergänzt werden die Q&A durch die Veröffentlichung von **Flussdiagrammen** durch die ESAs. Diese werden ausdrücklich als unverbindlich bezeichnet, d.h. sie entheben die PRIIP-Hersteller nicht von der eigenständigen Erstellung der Prozesse und Berechnungen für ihre Produkte[5]. Hingewiesen wird in diesem Dokument auch dezidiert darauf, dass die ESAs eine formale Position einnehmen können, die von derjenigen abweicht, die in diesem Dokument zum Ausdruck kommt. Inwieweit das Dokument dann den Rechtsanwendern überhaupt eine Hilfestellung geben kann, bleibt dabei offen.

48 Zusätzlich ergänzt werden die europäischen Interpretationshilfen durch nationale Auslegungsentscheidungen der jeweiligen Aufsichtsbehörden, d.h. in Deutschland der BaFin[6]. Solche liegen aber derzeit noch nicht vor.

49 **4. Kritikpunkte.** Ein häufig angeführter Kritikpunkt bzgl. der PRIIP-VO ist, dass sich (auch) bei der dort erfolgten Regulierung von verpackten Produkten „ein gigantisches Werk von Regelungen"[7] auf den Leveln 1 bis 3 herausgebildet hat. Zudem ist die Gesetzgebungstechnik an manchen Stellen durchaus verbesserungswürdig. So finden sich bzgl. mancher Vorgaben im Gesetz **Doppelungen**, die bei entsprechender Auslegung für die Rechtsanwendung nicht wirklich erforderlich gewesen wären. Als Beispiel kann der mehrfach in ähnlicher Weise geäußerte Hinweis darauf gesehen werden, dass das Basisinformationsblatt „präzise, redlich und klar" sein muss (vgl. Art. 6 Abs. 1 Satz 2 VO Nr. 1286/2014).

50 Teilweise wird auch kritisiert, dass es sich bei den Vorgaben zum Teil um **Selbstverständlichkeiten** handle[8]. Damit werden die Anforderungen an die Hersteller bzw. Verkäufer und Berater „aufgebläht" und dadurch unübersichtlicher. Der im Schrifttum ebenfalls erwähnte Kritikpunkt, in der Verordnung gebe es zahlreiche unbestimmte Rechtsbegriffe[9], gilt für das Recht ohnehin, will man sich nicht in unüberschaubaren Einzelfallregelungen verlieren. Die deutsche Rechtsanwendung vermag aber bislang damit relativ gut umzugehen.

51 Problematisch erscheint auch, dass allein die **Wortlautvorgaben** der PRIIP-VO und der DelVO 2017/653 sowie die vorgesehene Mustervorlage nahezu zwei engbeschriebene Seiten eines potenziellen Informationsblatts in Anspruch nehmen (Art. 9 DelVO 2017/653 und Anhang I DelVO 2017/653). Die Höchstgrenze für das Gesamtdokument, d.h. inklusive der dort vom PRIIP-Hersteller einzufügenden Hinweise, liegt aber ausdrücklich bei maximal drei DIN-A 4-Seiten (Art. 6 Abs. 4 Satz 1 VO Nr. 1286/2014), so dass – angesichts dieses begrenz-

---

1 S. pointiert *Löwer*, cash.online, https://www.cash-online.de/sachwertanlagen/2017/priips-verordnung-zur-verordnung-der-verordnung/378938 (zuletzt abgerufen am 2.5.2018): „eine Art Verordnung zur Verordnung der Verordnung".
2 Erwägungsgrund 8 Satz 3 VO Nr. 1286/2014.
3 ESAs, Questions and answers (Q&A) on the PRIIPs KID (Commission Delegated Regulation (EU) 2017/653), JC 2017 49, Stand: 20.11.2017, abrufbar unter https://esas-joint-committee.europa.eu/Publications/Technical%20Standards/JC%20 2017%2049%20%28JC_PRIIPs_QA_3rd%29.pdf (zuletzt abgerufen am 2.5.2018).
4 ESAs, Questions and answers (Q&A) on the PRIIPs KID (Commission Delegated Regulation (EU) 2017/653), JC 2017 49 v. 20.11.2017, abrufbar unter https://esas-joint-committee.europa.eu/Publications/Technical%20Standards/JC%202017% 2049%20%28JC_PRIIPs_QA_3rd%29.pdf (zuletzt abgerufen am 2.5.2018).
5 S. ESAs, PRIIPs – Flow diagram for the risk and reward calculations in the PRIIPs KID, JC-2017-49, 16.8.2017, abrufbar unter https://esas-joint-committee.europa.eu/Publications/Technical%20Standards/JC%202017%2049%20%28PRIIPs_ flow_diagram_risk_reward%29.pdf (zuletzt abgerufen am 2.5.2018).
6 S. *Gerold*, BaFinJournal Mai 2017, 36, 40.
7 *Luttermann*, ZIP 2015, 805, 808.
8 *Loritz*, WM 2014, 1513, 1518.
9 *W.-T. Schneider*, VersR 2017, 1429, 1432; kritisch *Hemeling*, ZHR 181 (2017), 595, 601.

ten Umfangs – im Einzelfall gewisse Schwierigkeiten bei der korrekten Erstellung des Informationsblatts zu befürchten sind.

Erschwert wird die Anwendung der PRIIP-VO auch dadurch, dass verschiedene Regelungen teilweise ineinandergreifen und manche daher auch nur noch rein deklaratorischen Charakter haben. Hinzu kommt, dass die gesetzlichen Regelungen der PRIIP-VO teilweise durch detaillierte **Verhaltensanweisungen** an die Kommission bzgl. des weiteren Umgangs mit der PRIIP-Regulierung angereichert sind, die so ausführlich nicht im Gesetzestext hätte enthalten sein müssen. 52

Als Beispiel hierfür sei Art. 33 Abs. 4 VO Nr. 1286/2014 genannt. Danach muss die Kommission bis zum 31.12. 2018 prüfen, inwieweit Online-Recheninstrumente dem Kleinanleger „zuverlässige und präzise Berechnungen" bieten. Was im Einzelfall zu prüfen ist, wird exakt aufgeführt. Diese der Rechtsanwendung nicht weiterhelfende Vorgabe an die EU-Kommission findet sich auch in den anderen konkretisierenden Überprüfungsanweisungen. Solche Regelungsteile spielen für den Rechtsanwender primär zunächst keine Rolle, verkomplizieren aber die Rechtsanwendung durch die damit erzielte Unübersichtlichkeit. 53

Abgesehen davon werden im Schrifttum auch zahlreiche inhaltliche Punkte an der PRIIP-VO kritisiert. Das beginnt bereits mit dem schon erwähnten Umstand, dass hinterfragt wird, ob die von der PRIIP-VO gewünschte Vergleichbarkeit angesichts der sehr divergierenden Produktmöglichkeiten überhaupt erzielbar sein kann. Inhaltliche Ablehnung erfahren aber auch manche Einzelregelungen. 54

VI. Anwendungsbereich. 1. Zeitlicher Anwendungsbereich. Die PRIIP-VO gilt nach **Art. 34 Unterabs. 2 VO Nr. 1286/2014** seit dem 1.1.2018. Das gilt gem. Art. 18 DelVO 2017/653 auch für die konkretisierende Delegierte Verordnung 2017/653. Eine Ausnahme findet sich vor allem in Bezug auf Anteile an Investmentvermögen, für die „wesentliche Anlegerinformationen" erstellt werden. Für diese gilt die PRIIP-VO erst ab dem 1.1.2020 (Art. 32 Abs. 1 VO Nr. 1286/2014; näher dazu Art. 32 VO Nr. 1286/2014 Rz. 2). 55

Da die PRIIP-VO für sog. Altfälle keine **Übergangsvorschrift** bzw. Bestandsschutzregelung enthält, gibt es keine zeitliche Begrenzung[1]. Das bedeutet, dass die Pflicht zur Erstellung eines Basisinformationsblatts auch für solche Anlageprodukte gilt, die an Kleinanleger **vor dem 1.1.2018** vertrieben bzw. diesen angeboten wurden und auch nach dem 1.1.2018 noch vertrieben bzw. angeboten werden[2]. 56

Bestätigt wird dies mittelbar durch Ziff. 12 der Leitlinien der EU-Kommission vom 7.7.2017. Dort wird in einer negativen Abgrenzung klargestellt, dass für solche Anlageprodukte, die Kleinanlegern ab dem 1.1.2018 nicht mehr angeboten werden und bei denen sich Änderungen bestehender Verpflichtungen lediglich auf vor diesem Datum vereinbarte Geschäftsbedingungen beziehen, kein Basisinformationsblatt erforderlich ist. 57

Erwägungsgrund 12 Satz 5 Halbsatz 2 VO Nr. 1286/2014 sieht vor, dass die Regelungen bzgl. der Abfassung und Überarbeitung der Basisinformationsblätter gelten, „solange das PRIIP an Sekundärmärkten gehandelt wird". Teilweise wird das so ausgelegt, dass PRIIP-Hersteller für solche PRIIP, deren Angebot am 1.1.2018 ausgeschlossen war, kein Basisinformationsblatt erstellen mussten, selbst wenn das Produkt an einem Sekundärmarkt zugelassen ist[3]. 58

Die **BaFin** scheint der Auffassung zu sein, dass die PRIIP-VO nicht für den Verkauf von Kleinanleger zu Kleinanleger über reine Vermittlungsplattformen gilt[4]. Ob die europäische Aufsichtsbehörde dies auch so sieht, ist offen. Zudem sind die Zivilgerichte bei einer Haftungsklage des Kleinanlegers nach Art. 11 VO Nr. 1286/2014 i.V.m. dem nationalen Recht grundsätzlich nicht an diese Auslegung des Gesetzes gebunden. 59

2. Räumlicher Anwendungsbereich. In der PRIIP-VO findet sich keine ausdrückliche Regelung zum räumlichen Anwendungsbereich. Jedenfalls erstreckt sich dieser auf das Gebiet der EU. Insofern stellt **Ziff. 10 der Leitlinien** der EU-Kommission[5] klar, dass die PRIIP-VO auf alle Hersteller, PRIIP-Verkäufer und PRIIP-Berater Anwendung findet, „wenn diese PRIIP Kleinanlegern innerhalb des Gebiets der Europäischen Union angeboten werden". 60

Damit werden grundsätzlich auch solche PRIIP-Hersteller oder PRIIP-Vertreiber von der PRIIP-VO erfasst, die in einem Drittland ansässig sind oder aus einem Drittland heraus agieren. Entscheidend ist allein, dass ein als PRIIP einzustufendes Finanzprodukt „Kleinanlegern **innerhalb des Gebiets der Europäischen Union**" (so Ziff. 10 Abs. 1 der Leitlinien[6]) angeboten wird. Das bedeutet, dass ein Basisinformationsblatt zur Verfügung zu 61

---

1 So auch Ziff. 11 der Leitlinien der EU-Kommission, ABl. EU Nr. C 281 v. 7.7.2017, S. 11.
2 *Gerold/Kohleick*, RdF 2017, 276, 279; *Wilfling*, ZFR 2017, 525, 528; so auch Ziff. 11 der Leitlinien der EU-Kommission, ABl. EU Nr. C 281 v. 7.7.2017, S. 11.
3 *Wilfling*, ZFR 2017, 525, 529.
4 S. das Zitat eines BaFin-Schreibens bei Cash-online v. 24.10.2017, abrufbar unter https://www.cash-online.de/berater/2017/priips-verordnung-entwarnung-fuer-den-zweitmarkt/399695 (zuletzt abgerufen am 2.5.2018); vgl. auch *Gerold/Kohleick*, RdF 2017, 276, 280.
5 ABl. EU Nr. C 281 v. 7.7.2017, S. 11.
6 ABl. EU Nr. C 281 v. 7.7.2017, S. 11.

Art. 1 VO Nr. 1286/2014 | [Gegenstand]

stellen ist, wenn Kleinanleger „innerhalb des Gebiets der Union beschließen, ein **Drittland-PRIIP** zu zeichnen oder zu erwerben" (Ziff. 10 Abs. 1 der Leitlinien). Das Zurverfügungstellen des Basisinformationsblatts ist eine typische, marktbezogene Verhaltenspflicht, die für alle in der EU geschlossenen Geschäfte zu erfüllen ist. Ob diese weitreichende Regelung nicht nur dann gilt, wenn der Nicht-EU-Hersteller bzw. -Vertreiber das Anlageprodukt in der EU anbietet, sondern auch dann, wenn die Initiative des Erwerbs vom Anleger ausgeht, bleibt in der Regelung offen.

62 Konsequenterweise ist die Herstellung bzw. Zurverfügungstellung eines Basisinformationsblatts dann nicht erforderlich, wenn die Transaktion außerhalb der EU stattfindet, weil etwa der EU-Kunde in einem Drittstaat lebt[1]. Dann wird das PRIIP ausschließlich in **Drittländern**, d.h. außerhalb der EU, vertrieben (Ziff. 10 Abs. 3 Leitlinien).

63 Kritisiert wird diese Leitlinie der EU-Kommission deshalb, weil unklar sei, ob es auf den Ort der Verkaufs- oder Beratungshandlung ankomme, oder ob der Ort, an dem das jeweilige Wertpapierdepot gelegen ist, als maßgeblich anzusehen ist. Als dritte Möglichkeit könne auch auf den Aufenthaltsort des Kleinanlegers abzustellen sein[2]. Als unsicher wird auch angesehen, ob bei einem Vertrieb außerhalb der EU selbst dann ein Basisinformationsblatt zu erstellen ist, wenn das Produkt nur vereinzelt auch im EU-Inland angeboten wird[3]. Aufgrund des Zwecks der PRIIP-VO dürfte das tendenziell zu bejahen sein.

64 Klargestellt wird in Erwägungsgrund 24 Satz 1 VO Nr. 1286/2014, dass die PRIIP-VO weder einen Europäischen Pass für eine grenzüberschreitende Vermarktung einführt, noch bestehende **Pass-Regelungen** für den grenzüberschreitenden Verkauf bzw. die grenzüberschreitende Vermarktung geändert werden.

65 **3. Persönlicher Anwendungsbereich.** Der persönliche Anwendungsbereich der PRIIP-VO erstreckt sich in Bezug auf die **Verpflichteten** einerseits auf den Hersteller und andererseits auf den Vertrieb. Letzterer umfasst sowohl die Beratung als auch den Verkauf (Art. 2 Abs. 1 VO Nr. 1286/2014; näher Art. 4 VO Nr. 1286/2014 Rz. 27 ff.).

66 **Geschützt** werden von der PRIIP-VO nur die sog. Kleinanleger. Definiert ist dieser Begriff in Art. 4 Nr. 6 VO Nr. 1286/2014 (näher Art. 4 VO Nr. 1286/2014 Rz. 40 ff.). Hierunter fallen auch sog. semi-professionelle Anleger.

67 **4. Sachlicher Anwendungsbereich.** Sobald ein PRIP (Art. 4 Nr. 1 VO Nr. 1286/2014), ein Versicherungsanlageprodukt (Art. 4 Nr. 2 VO Nr. 1286/2014) oder ein PRIIP (Art. 4 Nr. 3 VO Nr. 1286/2014) vorliegt, ist grundsätzlich der sachliche Anwendungsbereich der PRIIP-VO eröffnet (s. Art. 4 VO Nr. 1286/2014 Rz. 3 ff.). Art. 2 Abs. 2 VO Nr. 1286/2014 enthält jedoch einzelne Ausnahmen von diesem sachlichen Anwendungsbereich (näher Art. 2 VO Nr. 1286/2014 Rz. 10 ff.).

68 **VII. Verhältnis zu anderen Informationsblättern.** Neben dem Basisinformationsblatt der PRIIP-VO gibt es noch das Produktinformationsblatt der WpHG (**PIB**, § 64 Abs. 2 WpHG = § 31 Abs. 3a WpHG a.F.), das Vermögensanlagen-Informationsblatt (**VIB**, § 13 VermAnlG), die wesentlichen Anlegerinformationen (Key Investor Documents, **KID**, §§ 164 ff., 268, 297 Abs. 1 Satz 1 KAGB), welche auf der sog. OGAW IV-Richtlinie (RL 2009/65/EG) beruhen[4], sowie das Informationsblatt nach § 4 VVG-InfoV[5]. Mit dem Gesetz zur Ausübung von Optionen der EU-Prospektverordnung und zur Anpassung weiterer Finanzmarktgesetze vom 10.7.2018[6] ist in § 3a WpPG ein Wertpapier-Informationsblatt („WIB") geschaffen worden, das allerdings unter bestimmten Voraussetzungen nicht kumulativ vorgesehen ist, sondern vielmehr an die Stelle des Wertpapierprospekts tritt.

69 Die bislang geltenden, in anderen Gesetzen vorgesehenen Regelungen zu Informationsblättern bleiben auch nach Geltungsbeginn der PRIIP-VO grundsätzlich weiter **anwendbar** (vgl. auch Art. 3 VO Nr. 1286/2014). Die Möglichkeit, diesbezüglich rein nationale Regelungen zu schaffen, wird in Erwägungsgrund 8 VO Nr. 1286/2014 bestätigt. Danach berührt die PRIIP-VO nicht das Recht der Mitgliedstaaten, für nicht unter die PRIIP-VO fallende Produkte, die Bereitstellung von wesentlichen Informationen über Produkte zu regeln. Das geht auch mit dem Ziel der Vollharmonisierung (s. Rz. 1) konform.

70 In Bezug auf die rein nationalen Informationsblätter hat der deutsche Gesetzgeber entsprechende **Vorrangregelungen** für das PRIIP-Basisinformationsblatt vorgesehen. Damit gibt es kein Nebeneinander der bisherigen Informationsblatt-Regelungen und dem PRIIP-Basisinformationsblatt, sondern es ist im Zweifel ausschließlich das PRIIP-Informationsblatt vorgeschrieben. Das ist schon allein deshalb vorteilhaft, weil eine kumulative Anwendung europäischer und nationaler Produktinformationsblatt-Vorschriften in vielen Fällen zur Anfertigung

---

1 *Gerold/Kohleick*, RdF 2017, 276, 279.
2 *Wolfbauer*, ZFR 2017, 412.
3 *Wolfbauer*, ZFR 2017, 412.
4 *Buck-Heeb*, Kapitalmarktrecht, Rz. 1016.
5 Zum Vergleich des Basisinformationsblatts mit anderen Informationsblättern *Loritz*, WM 2014, 1513 ff.; s. auch *Möllers*, ZEuP 2016, 325, 334 ff.
6 BGBl. I 2018, 1102.

von zwei verschiedenen Produktinformationsblättern für jeweils ein Anlageprodukt geführt hätte. Unabhängig davon, wie man die Pflicht zur Erstellung eines Informationsblatts einordnet, wäre zumindest dann zu Recht von einem information overload auszugehen gewesen.

So hat der deutsche Gesetzgeber für die **Anlageberatung** in § 64 Abs. 2 WpHG das Verhältnis zwischen dem PRIIP-Basisinformationsblatt und dem auf rein nationaler Gesetzgebung basierenden, dem Privatkunden bei einer Anlageberatung zur Verfügung zu stellenden **WpHG-Produktinformationsblatt** geregelt. Teilweise geht die WpHG-Regelung bzgl. des Produktinformationsblatts über diejenige zum Basisinformationsblatt hinaus, stellt also eine überschießende, der effektiven Durchsetzung der MiFID dienende Gesetzgebung dar[1]. 71

Bei einer Anlageberatung ist nunmehr dem Privatkunden nur dann rechtzeitig ein kurzes und leicht verständliches Produktinformationsblatt über jedes Finanzinstrument zur Verfügung zu stellen, wenn kein Basisinformationsblatt nach der PRIIP-VO zu erstellen ist (§ 64 Abs. 2 WpHG)[2]. Außerhalb des Anwendungsbereichs der PRIIP-VO bleibt es damit bei der Pflicht zur Zurverfügungstellung eines Produktinformationsblatts[3]. Umgekehrt ist die Zurverfügungstellung eines Produktinformationsblatts nach § 64 Abs. 2 Satz 1 WpHG dann entbehrlich, wenn für das Finanzinstrument nach anderen Vorschriften, wie etwa der PRIIP-VO, ein Basisinformationsblatt vorliegt. 72

Auch **§ 13 Abs. 1 VermAnlG** enthält in der seit 1.1.2018 geltenden Fassung einen Vorrang der PRIIP-VO dahingehend, dass ein Vermögensanlagen-Informationsblatt nach dem VermAnlG nur dann zu erstellen ist, wenn kein Basisinformationsblatt nach der PRIIP-VO erforderlich ist. 73

Zudem können sich Überschneidungen mit dem Produktinformationsblatt, das für Versicherungsprodukte nach **§ 4 VVG-InfoV** zu erstellen ist, ergeben[4]. Danach haben Versicherer ihren potentiellen Kunden, wenn diese Verbraucher sind, ein Produktinformationsblatt zur Verfügung zu stellen. Hier ist inzwischen, eine regulatorische Anpassung des bisherigen § 4 VVG-InfoV an die PRIIP-VO erfolgt, wonach § 4 VVG-InfoV nicht für PRIIP-Produkte gilt (§ 4 Abs. 3 VVG-InfoV).[5] 74

§ 7a AltZertG[6] sieht lediglich für steuerlich begünstigte private Altersvorsorgeprodukte (Riester-Produkte, Basisrente-Produkte), die gem. Art. 2 Abs. 2 lit. e VO Nr. 1286/2014 aus dem Anwendungsbereich der PRIIP-VO herausfallen, die Erstellung eines (gesonderten) Produktinformationsblatts (sog. **Riester-PIB**) vor. 75

Das Verhältnis zwischen den PRIIP-Vorschriften zum Basisinformationsblatt und den Vorschriften zu Informationspflichten aus anderen **europäischen** Rechtsakten ist in **Art. 3 VO Nr. 1286/2014** für den Wertpapierbereich und den Versicherungsbereich ausdrücklich angesprochen (näher Art. 3 VO Nr. 1286/2014 Rz. 3, 7). Zum Verhältnis zur VO 2017/1129 (EU-Prospekt-VO)[7] s. Art. 3 VO Nr. 1286/2014 Rz. 5. Zum Verhältnis von Basisinformationsblatt und wesentlichen Anlegerinformationen i.S.d. **KAGB**, die ebenfalls auf eine europäische Regelung zurückgehen (RL 2009/65/EG, OGAW IV-Richtlinie) s. Art. 3 VO Nr. 1286/2014 Rz. 11. Das Verhältnis zu anderen europäischen Rechtsakten ist vor allem bei möglichen **Lücken** in der PRIIP-VO relevant, da dann unter Berücksichtigung des Sinns und Zwecks der PRIIP-VO auf diese Rechtsakte zurückgegriffen werden kann[8]. 76

VIII. Rechtsfolgen einer Missachtung der PRIIP-Pflichten. Die Missachtung der Pflicht zur ordnungsgemäßen Erstellung eines Basisinformationsblatts kann sowohl aufsichtsrechtliche als auch zivilrechtliche Folgen haben. Ein Verstoß gegen die PRIIP-VO kann zu einer **verwaltungsrechtlichen Sanktion** führen (Art. 22 ff. VO Nr. 1286/2014). So kann etwa die Nutzung eines regelwidrigen Informationsblatts verboten, dessen Neuerstellung angeordnet werden oder eine Warnung auf der Internetseite der BaFin erfolgen (vgl. § 10 WpHG[9]). 77

Sofern die Voraussetzungen vorliegen, können die Aufsichtsbehörden auch ein **Produktverbot** verhängen[10]. Die in der PRIIP-VO geregelte Marktüberwachung (Art. 15 VO Nr. 1286/2014) und Produktintervention (Art. 16 f. VO Nr. 1286/2014) bezieht sich dabei ausschließlich auf Versicherungsanlageprodukte (zur Definition s. Art. 4 Nr. 2 VO Nr. 1286/2014) bzw. die Finanztätigkeiten und -praktiken von Versicherungsunterneh- 78

---

1 Näher *Möllers* in KölnKomm. WpHG, § 31 WpHG Rz. 299.
2 S. auch *Seitz/Juhnke/Seibold*, BKR 2013, 1.
3 *Melovski/Ortkemper/Weisenfels*, BaFinJournal Januar 2016, 20, 22.
4 Dazu *W.-T. Schneider*, VersR 2017, 1429, 1431.
5 So die Regelung in der VVG-InfoV in der Fassung vom 6.3.2018, die seit 14.3.2018 gilt.
6 Altersvorsorge-Zertifizierungsgesetz.
7 Verordnung (EU) 2017/1129 vom 14. April 2018 über den Prospekt, der beim öffentlichen Angebot von Wertpapieren oder bei deren Zulassung zum Handel an einem geregelten Markt zu veröffentlichen ist und zur Aufhebung der Richtlinie 2003/71/EG, ABl. EU Nr. L 168 v. 30.6.2017, S. 12.
8 S. *Wilhelmi* in Assmann/Wallach/Zetzsche, KAGB, Anh. zu § 166: Vorbemerkung PRIIP-VO Rz. 9.
9 Diese Regelung wurde durch das 2. Finanzmarktnovellierungsgesetz (BGBl. I 2017, 1693) in das WpHG eingefügt und ist, obwohl die PRIIP-VO bereits seit dem 1.1.2018 gilt, (erst) seit dem 3.1.2018 in Kraft.
10 S. dazu auch die Hinweise der BaFin vom 15.1.2018 auf ihr homepage, abrufbar unter https://www.bafin.de/SharedDocs/Veroeffentlichungen/DE/Meldung/2018/meldung_180111_produktintervention_esas.html (zuletzt abgerufen am 2.5.2018); zum Produktverbot allgemein *Buck-Heeb*, BKR 2017, 89 ff.

Art. 2 VO Nr. 1286/2014 | [Anwendungsbereich]

men oder Rückversicherungsunternehmen, und damit auf die Interventionsbefugnisse der EIOPA bzw. der BaFin als nationaler Aufsichtsbehörde (näher Art. 16 VO Nr. 1286/2014 Rz. 10 ff.).

79 Ergänzt werden diese Produktinterventionsmöglichkeiten durch Interventionsregelungen in anderen Rechtsakten[1]. So ergeben sich die Befugnisse zur Produktüberwachung und -intervention bei Finanzinstrumenten sowie strukturierten Einlagen aus Art. 39 ff. VO Nr. 600/2014 (**MiFIR**)[2]. Bei Vermögensanlagen i.S.d. § 1 Abs. 2 VermAnlG folgen diese aus § 15 Abs. 1 Satz 1 WpHG, wonach der BaFin die Befugnisse des Art. 42 VO Nr. 600/2014 weitgehend auch für Vermögensanlagen zustehen. Damit existiert ein Gleichlauf der Interventionsmechanismen für alle Anlageprodukte[3].

80 Außerdem darf die Aufsichtsbehörde eine öffentliche Warnung aussprechen und Geldbußen verhängen (vgl. Art. 24 VO Nr. 1286/2014). Des Weiteren kann ein Verstoß gegen die Vorgaben der PRIIP-VO eine **zivilrechtliche Schadensersatzhaftung** gegenüber dem Kleinanleger zur Folge haben, die ggf. auch zu einer Rückabwicklung des Vertrags führt (s. Art. 11 VO Nr. 1286/2014 Rz. 1 ff.).

Art. 2 [Anwendungsbereich]

(1) Diese Verordnung gilt für PRIIP-Hersteller und Personen, die über PRIIP beraten oder sie verkaufen.
(2) Diese Verordnung gilt nicht für folgende Produkte:
   a) Nichtlebensversicherungsprodukte gemäß Anhang I der Richtlinie 2009/138/EG;
   b) Lebensversicherungsverträge, deren vertragliche Leistungen nur im Todesfall oder bei Arbeitsunfähigkeit infolge von Körperverletzung, Krankheit oder Gebrechen zahlbar sind;
   c) Einlagen, die keine strukturierten Einlagen im Sinne des Artikels 4 Absatz 1 Nummer 43 der Richtlinie 2014/65/EU sind;
   d) in Artikel 1 Absatz 2 Buchstaben b bis g, i und j der Richtlinie 2003/71/EG genannte Wertpapiere;
   e) Altersvorsorgeprodukte, die nach nationalem Recht als Produkte anerkannt sind, deren Zweck in erster Linie darin besteht, dem Anleger im Ruhestand ein Einkommen zu gewähren, und die dem Anleger einen Anspruch auf bestimmte Leistungen einräumen;
   f) amtlich anerkannte betriebliche Altersversorgungssysteme, die in den Anwendungsbereich der Richtlinie 2003/41/EG des Europäischen Parlaments und des Rates oder der Richtlinie 2009/138/EG fallen;
   g) individuelle Altersvorsorgeprodukte, für die nach nationalem Recht ein finanzieller Beitrag des Arbeitgebers erforderlich ist und die bzw. deren Anbieter weder der Arbeitgeber noch der Beschäftigte selbst wählen kann.

In der Fassung vom 26.11.2014 (ABl. EU Nr. L 352 v. 9.12.2014, S. 1).

Schrifttum: *Baroch Castellvi*, Zum Anwendungsbereich der PRIIP-Verordnung auf Produkte von Lebensversicherern – was ist ein Versicherungsanlageprodukt?, VersR 2017, 129; *Luttermann*, Kapitalmarktrechtliche Information bei Finanzprodukten (PRIIP), Privatautonomie (Vertragskonzept) und Vermögensordnung, ZIP 2015, 805; *Seitz/Juhnke/Seibold*, PIBs, KIIDs und nun KIDs – Vorschlag der Europäischen Kommission für eine Verordnung über Basisinformationsblätter für Anlageprodukte im Rahmen der PRIPs-Initiative, BKR 2013, 1.

I. Persönlicher Anwendungsbereich: Adressaten der Pflichten (Art. 2 Abs. 1 VO Nr. 1286/2014) 1	1. Überblick 5
II. Sachlicher Anwendungsbereich: Nicht erfasste Produkte (Art. 2 Abs. 2 VO Nr. 1286/2014) .. 5	2. Einzelne Produkte 10

1 I. **Persönlicher Anwendungsbereich: Adressaten der Pflichten (Art. 2 Abs. 1 VO Nr. 1286/2014).** Art. 2 Abs. 1 VO Nr. 1286/2014 regelt einen Teil des persönlichen Anwendungsbereichs der PRIIP-VO und benennt diejenigen, die den Pflichten aus der PRIIP-VO nachkommen müssen. Dieser Personenkreis ergibt sich bereits aus Art. 1 VO Nr. 1286/2014, so dass Art. 2 Abs. 1 VO Nr. 1286/2014 vorwiegend **klarstellender Charakter** zukommt.

2 Differenziert wird zwischen zwei Gruppen. In den Geltungsbereich der VO fallen zunächst die **Hersteller** von verpackten Produkten und von Versicherungsanlageprodukten. Definiert wird der Begriff des Herstellers in

---
[1] Erwägungsgrund 25 Satz 1 VO Nr. 1286/2014.
[2] Verordnung (EU) Nr. 600/2014 des Europäischen Parlaments und des Rates vom 15. Mai 2014 über Märkte für Finanzinstrumente und zur Änderung der Verordnung (EU) Nr. 648/2012, ABl. EU Nr. L 173 v. 12.6.2014, S. 84.
[3] *Wilhelmi* in Assmann/Wallach/Zetzsche, KAGB, Anh. zu § 166: Vorbemerkung PRIIP-VO Rz. 4.

Art. 4 Nr. 4 VO Nr. 1286/2014, so dass hiervon sowohl Rechtsträger als auch natürliche Personen erfasst sind, die PRIIP auflegen oder an einem bestehenden PRIIP Änderungen vornehmen (näher Art. 4 VO Nr. 1286/2014 Rz. 29 ff.).

Erfasst sind von der VO auch diejenigen, die über PRIIPs beraten. Im Hinblick auf den Begriff der **Beratung** findet sich in der PRIIP-VO keine gesonderte Definition, so dass unklar erscheint, wer zu dem davon erfassten Personenkreis gehört. Da Erwägungsgrund 5 Satz 2 und Satz 3 VO Nr. 1286/2014 betonen, dass die PRIIP-VO die RL 2014/65/EU (**MiFID II**) sowie die RL 2002/92/EG, und damit auch die ab dem 23.2.2018 geltende „Nachfolger"-Richtlinie RL 2016/97/EU (**Versicherungsvertriebsrichtlinie**) ergänzt, können bzgl. einer Definition diese herangezogen werden. Nach Art. 4 Abs. 1 Nr. 4 RL 2014/65/EU ist (Anlage-)Beratung die Abgabe persönlicher Empfehlungen an einen Kunden entweder auf dessen Aufforderung oder auf Initiative der Wertpapierfirma, nach Art. 1 Abs. 1 Nr. 15 RL 2016/97/EU ist Beratung die Abgabe einer persönlichen Empfehlung an einen Kunden, entweder auf dessen Wunsch oder auf Initiative des Versicherungsvertreibers. Insofern lässt sich Beratung i.S.d. PRIIP-VO **definieren** als die Abgabe einer persönlichen Empfehlung an einen Kleinanleger entweder auf dessen Wunsch oder auf Initiative des Vertreibers.

Zum Adressatenkreis der PRIIP-VO gehören des Weiteren diejenigen, welche die PRIIPs **verkaufen**. Sie werden zusammen mit den Beratern genannt. Beide Gruppen treffen die einheitliche Pflicht der hinreichenden Zurverfügungstellung. Das ist nach Art. 4 Nr. 5 VO Nr. 1286/2014 derjenige, welcher einem Kleinanleger einen PRIIP-Vertrag anbietet oder diesen mit ihm abschließt.

II. Sachlicher Anwendungsbereich: Nicht erfasste Produkte (Art. 2 Abs. 2 VO Nr. 1286/2014). 1. Überblick. Art. 2 Abs. 2 VO Nr. 1286/2014 regelt einen Teilbereich des sachlichen Anwendungsbereichs, indem diejenigen Produkte aufgezählt werden, für welche die PRIIP-VO nicht gelten soll. Damit wird der sachliche Anwendungsbereich der PRIIP-VO in verschiedenen Regelungen der Verordnung angesprochen. Eine erste Eingrenzung erfolgt bereits nach **Art. 1 VO Nr. 1286/2014**, wonach die Verordnung für verpackte Anlageprodukte für Kleinanleger und Versicherungsanlageprodukte (wiederum definiert in **Art. 4 Nr. 1–3 VO Nr. 1286/2014**) gelten soll. Damit ist der Anwendungsbereich des Basisinformationsblatts enger gefasst als etwa derjenige für das sog. WpHG-Produktinformationsblatt.

Eine weitere Eingrenzung erfolgt durch die in **Art. 2 Abs. 2 VO Nr. 1286/2014** enthaltene **Negativliste** mit sieben Produkt„gruppen". Bereits im Vorfeld der Regelung wurde angemerkt, dass ein solcher im Einzelfall zu Auslegungsschwierigkeiten führen kann[1]. Ziel dieser Bestimmung ist es, die PRIIP-VO nur für solche PRIIP gelten zu lassen, bei denen es die „Verpackung" den Kleinanlegern schwer macht, die Produkte zu verstehen bzw. zu vergleichen[2].

Teilweise ist die Nennung der Produkte, für welche die PRIIP-VO nicht gilt, rein **deklaratorisch**, weil es sich bei diesen, wie etwa Nichtlebensversicherungsprodukten, die lediglich der Absicherung des Todesfall- oder Arbeitsunfähigkeitsrisikos dienen, schon von vornherein nicht um Versicherungsanlageprodukte handelt. Damit ergibt sich das „Herausfallen" solcher Produkte aus dem Anwendungsbereich der PRIIP-VO bereits aus der Definition des Art. 4 Nr. 1–3 VO Nr. 1286/2014[3]. Nicht gesondert erwähnt wird in Art. 2 Abs. 2 VO Nr. 1286/ 2014 zudem, dass auch solche Anlageprodukte, die ausschließlich für professionelle Investoren konzipiert sind und sich ausdrücklich nicht an **Kleinanleger** richten, schon von vornherein nicht in den Anwendungsbereich der PRIIP-VO fallen[4].

Positiv als von der PRIIP-VO umfasst sind konkrete Produkte lediglich in den **Erwägungsgründen** der Verordnung genannt. So werden darunter u.a. „Investmentfonds, Lebensversicherungspolicen mit einem Anlageelement und strukturierte Produkte und strukturierte Einlagen" gefasst[5] (näher dazu bei Art. 4 VO Nr. 1286/2014 Rz. 11 ff.). Eine vergleichbare Regelung zu den Ausnahmetatbeständen des Art. 2 Abs. 2 lit. e, lit. f und lit. g VO Nr. 1286/2014 findet sich in Art. 91 Abs. 2 lit. b RL 2014/65/EU (MiFID II) sowie in Art. 2 Nr. 17 RL 2016/97/ EU (Versicherungsvertriebsrichtlinie, sog. IDD, Insurance Distribution Directive).

Nach Art. 33 Abs. 1 Unterabs. 1 Satz 3 VO Nr. 1286/2014 muss die Kommission bis spätestens 31.12.2018 u.a. eine **Überprüfung** der praktischen Anwendung der Bestimmungen der PRIIP-VO vornehmen. Das bezieht sich insbesondere auch auf die Ausnahmeregelungen in Art. 2 Abs. 2 VO Nr. 1286/2014. Zweifel an der Aufrechterhaltung dieser Ausnahmen werden vor allem in Anbetracht „der Notwendigkeit eines für den Verbraucherschutz und den Vergleich von Finanzprodukten" erforderlichen Standards angeführt[6].

---

1 *Seitz/Juhnke/Seibold*, BKR 2013, 1, 4.
2 Vgl. Erwägungsgrund 6 Satz 6 i.V.m. Erwägungsgrund 7 Satz 1 VO Nr. 1286/2014.
3 So auch *W.-T. Schneider* in Prölss/Martin, VVG, § 4 PRIIP-VO Rz. 9.
4 S. Erwägungsgrund 7 Satz 4 VO Nr. 1286/2014.
5 Erwägungsgrund 6 Satz 2 VO Nr. 1286/2014.
6 Vgl. Erwägungsgrund 36 Satz 5 VO Nr. 1286/2014, wobei die deutsche Übersetzung einen unvollständigen Satz enthält (engl.: „in view of the need for sound standards of consumer protection including comparisons between financial products").

Art. 2 VO Nr. 1286/2014 | [Anwendungsbereich]

10   **2. Einzelne Produkte.** Nicht erfasst von der PRIIP-VO sind **Nichtlebensversicherungsprodukte** gemäß Anhang I RL 2009/138/EG (Solvabilität II-Richtlinie; **Art. 2 Abs. 2 lit. a VO Nr. 1286/2014**). Dazu zählen beispielsweise Schadens-, Haftpflicht- und Unfallversicherungen[1], aber auch Krankenversicherungen[2]. Dabei geht es darum, dass diese Produkte keinen Rückkaufwert bieten, welcher Schwankungen der Wertentwicklung von bestimmten zugrunde liegenden Vermögens- oder Referenzwerten ausgesetzt ist[3]. Allerdings sieht das Umsetzungsgesetz zur Versicherungsvertriebsrichtlinie (sog. IDD)[4] vor, dass europaweit auch für Sachversicherungen ein Produktinformationsblatt zur Verfügung zu stellen ist.

11   Da die Zielsetzung der PRIIP-VO nicht auf solche Versicherungsprodukte passt, die keine Investitionsmöglichkeiten bieten, d.h. kein Anlageelement in sich tragen, sind diese in **Art. 2 Abs. 2 lit. b VO Nr. 1286/2014** vom Anwendungsbereich der Verordnung ausgenommen. Die Ausnahmetatbestände des Art. 2 Abs. 2 lit. a und lit. b VO Nr. 1286/2014 sind gleichlautend in Art. 91 lit. b RL 2014/65/EU (MiFID II) und Art. 2 Nr. 27 RL 2016/97/EU (Versicherungsvertriebsrichtlinie, IDD) enthalten.

12   Damit sind reine **Risikolebensversicherungen** ohne Rückkaufwert vom Anwendungsbereich der PRIIP-VO ausgeschlossen[5]. Auch die abgekürzte Todesfallversicherung sowie die selbständige Hinterbliebenen- bzw. Witwenversicherung sollen nach Äußerungen der BaFin hierzu zählen[6]. Zudem soll nach Ansicht der BaFin eine Risikolebens- und eine Berufsunfähigkeitsversicherung lediglich in denjenigen Fällen nicht als Versicherungsanlageprodukt einzuordnen sein, in denen diese nicht einem Sparprozess dienen[7].

13   Ausgenommen vom Anwendungsbereich der PRIIP-VO sind auch **Einlagen** oder **Zertifikate**, die klassische und keine strukturierten Einlagen darstellen (**Art. 2 Abs. 2 lit. c VO Nr. 1286/2014**). Dabei ist der Begriff der „strukturierten Einlage" so zu verstehen, wie er in Art. 4 Abs. 1 Nr. 43 RL 2014/65/EU (MiFID II) definiert wird (s. Art. 4 VO Nr. 1286/2014 Rz. 13). Diese MiFID II-Bestimmung ist wiederum in § 2 Abs. 19 WpHG in deutsches Recht umgesetzt. Dass in der MiFID II-Regelung zur genauen Bestimmung des Begriffs „Einlage" wiederum auf eine andere Richtlinie verwiesen und damit die Lesbarkeit der Regelung noch mehr erschwert wird, sei nur am Rande angemerkt. Von der PRIIP-VO sind damit solche Einlagen **ausgenommen**, bei denen nicht bei Fälligkeit eine Rückzahlung in voller Höhe erfolgen muss, und bei denen sich die Zahlung von Zinsen oder einer Prämie bzw. das Zins- oder Prämienrisiko aus einer Formel ergibt, die von bestimmten Drittfaktoren abhängig ist. Dazu zählen etwa Sichteinlagen, Fest- und Kündigungsgelder sowie Spareinlagen.

14   Außerdem gilt die PRIIP-VO nicht für bestimmte, in der **Prospektrichtlinie** von 2003 (RL 2003/71/EG) aufgezählte Produkte[8]. Da diese Wertpapiere bereits schon dem Prospektregime unterliegen, sollen sie nach dem Willen des Gesetzgebers nicht eine Pflicht zur Erstellung eines Basisinformationsblatts auslösen. Sie greift daher nicht für Anlageprodukte **ohne derivative Komponente**, wie etwa Staatsanleihen oder Landesschatzanweisungen, die wie **Aktien**[9] im Direktbesitz des Anlegers sind und deshalb regelmäßig nicht „verpackt" i.S.d. PRIIP-VO sind (**Art. 2 Abs. 2 lit. d VO Nr. 1286/2014**)[10].

15   Zudem gehören dazu Wertpapiere, die von einem EU-Mitgliedstaat oder einer Gebietskörperschaft eines Mitgliedstaats garantiert werden[11]. Ausgenommen vom Anwendungsbereich der PRIIP-VO sind auch bestimmte von Kreditinstituten dauernd oder wiederholt begebene Schuldverschreibungen, wenn die fraglichen Wertpapiere einfach strukturiert sind[12]. Diese Ausnahme wirkt in Bezug auf den Anwendungsbereich der PRIIP-VO irritierend, weil eine einfach strukturierte Schuldverschreibung regelmäßig kein schwer verständliches „verpacktes Produkt" i.S.d. PRIIP-VO sein wird. Weitere Ausnahmen betreffen immobilienbezogene Wertpapiere[13].

16   Auch für betriebliche und individuelle **Altersvorsorgeprodukte (Art. 2 Abs. 2 lit. e ff. VO Nr. 1286/2014)** gilt die PRIIP-VO nicht. Deren Ziel besteht nicht in der Anlage von Vermögen, sondern darin, „dem Anleger im

---

1   *Kohleick/Gerold/Werner/Gierse*, BaFinJournal August 2017, 34, 37 f.; *Loacker* in FS Lorenz, 2014, S. 259, 263.
2   Näher die in Anhang I der Solvabilität II-Richtlinie (RL 2009/138/EG v. 25.11.2009) aufgeführten Versicherungen.
3   *Seitz/Juhnke/Seibold*, BKR 2013, 1, 4.
4   Gesetz zur Umsetzung der Richtlinie (EU) 2016/97 des Europäischen Parlaments und des Rates vom 20.1.2016 über Versicherungsvertrieb und zur Änderung weiterer Gesetze, BGBl. I 2017, 2789.
5   S. *Poelzig*, ZBB 2015, 108, 109.
6   *Kohleick/Gerold/Werner/Gierse*, BaFinJournal August 2017, 34, 36; *Baroch Castellvi*, VersR 2017, 129, 133.
7   *Kohleick/Gerold/Werner/Gierse*, BaFinJournal August 2017, 34, 36; vgl. auch *Baroch Castellvi*, VersR 2017, 129, 133.
8   Richtlinie 2003/71/EG des Europäischen Parlaments und des Rates vom 4. November 2003 betreffend den Prospekt, der beim öffentlichen Angebot von Wertpapieren oder bei deren Zulassung zum Handel zu veröffentlichen ist, und zur Änderung der Richtlinie 2001/34/EG, ABl. EU Nr. L 345 v. 31.12.2003, S. 64, geändert durch Richtlinie 2010/73/EU vom 24.11.2010, anwendbar bis zum 20.7.2019 und sodann abgelöst durch die EU-Prospekt-VO (VO Nr. 2017/1129).
9   Darüber hinaus ist es nach § 64 Abs. 2 Satz 3 WpHG bei Aktien z.T. ausreichend, ein vereinfachtes standardisiertes Informationsblatt zu verwenden; näher *Buck-Heeb*, Kapitalmarktrecht, Rz. 809.
10 S. auch Erwägungsgrund 7 Satz 3 VO Nr. 1286/2014; s. auch *Andresen/Gerold*, BaFinJournal August 2015, 31, 32 f.; *Seitz/Juhnke/Seibold*, BKR 2013, 1, 4.
11 Art. 1 Abs. 2 lit. d RL 2003/71/EG.
12 Art. 1 Abs. 2 lit. f und lit. j RL 2003/71/EG.
13 Art. 1 Abs. 2 lit. g und lit. i RL 2003/71/EG.

Ruhestand ein Einkommen zu gewähren"[1]. Gemeint sind damit Altersvorsorgeverträge gem. § 1 AltZertG (sog. **Riester-Produkte**) und Basisrentenverträge gem. § 2 AltZertG (sog. **Rürup-Rente**). Diese werden vor allem als klassische oder fondsgebundene Rentenversicherungen und Fondssparpläne angeboten. Solche Altersvorsorgeprodukte zeichnen sich dadurch aus, dass sie steuerlich privilegiert und die Verträge behördlich zertifiziert, d.h. die Produkte anderweitig staatlich überwacht sind[2]. Allerdings wird sich ein Teil der **Überprüfung** der PRIIP-VO durch die EU-Kommission, welche gem. Art. **33 Abs. 1 Satz 1 VO Nr. 1286/2014** bis zum 31.12. 2018 zu erfolgen hat, auch auf die Überlegung beziehen, ob die o.g. Altersvorsorgeprodukte künftig doch in den Anwendungsbereich der PRIIP-VO aufgenommen werden sollen[3].

Ob auch traditionelle kapitalbildende Lebensversicherungen ein „nationales Altersvorsorgeprodukt" sein können, wird im Schrifttum kontrovers diskutiert (näher Art. 4 VO Nr. 1286/2014 Rz. 20). Der Anwendungsbereich der PRIIP-VO ist aber bei solchen Altersvorsorgeprodukten eröffnet, welche die Möglichkeit einer Investition bieten. Hier ist der Anwendungsbereich der PRIIP-VO eröffnet. 17

Art. 2 Abs. 2 lit. f Nr. Nr. 1286/2014 nimmt der Pensionsfonds-Richtlinie[4] oder der Solvabilität II-Richtlinie[5] unterfallende betriebliche Altersversorgungen vom Anwendungsbereich der PRIIP-VO aus. Umfasst sind davon nicht nur Pensionsfonds und Pensionskassen, sondern auch Direktversicherungen[6]. 18

Art. 2 Abs. 2 lit. g VO Nr. 1286/2014 enthält zudem eine Ausnahme für sonstige „betriebliche" Altersvorsorgeprodukte. Als Beispiel hierfür wird die von einer Unterstützungskasse abgeschlossene Rückdeckungsversicherung aufgeführt[7]. Auch die Altersvorsorge über berufsständische Versorgungswerke, die auf einer Pflichtmitgliedschaft beruht, soll in weiter Auslegung des Art. 2 Abs. 2 lit. g VO Nr. 1286/2014 in den Bereich dieser Ausnahme fallen[8]. 19

Art. 3 [Konkurrenzen]

(1) Fallen PRIIP-Hersteller im Sinne dieser Verordnung auch unter die Richtlinie 2003/71/EG, so gelten sowohl diese Verordnung als auch die Richtlinie 2003/71/EG.
(2) Fallen PRIIP-Hersteller im Sinne dieser Verordnung auch unter die Richtlinie 2009/138/EG, so gelten sowohl diese Verordnung als auch die Richtlinie 2009/138/EG.

In der Fassung vom 26.11.2014 (ABl. EU Nr. L 352 v. 9.12.2014, S. 1).

Schrifttum: S. Art. 1 VO Nr. 1286/2014.

I. Überblick 1	III. Konkurrenzverhältnis zur Solvabilität II-Richtlinie (Art. 3 Abs. 2 VO Nr. 1286/2014) 7
II. Konkurrenzverhältnis zur Prospektrichtlinie (Art. 3 Abs. 1 VO Nr. 1286/2014) 3	IV. Verhältnis zu anderen europäischen Rechtsakten 9

I. Überblick. Art. 3 VO Nr. 1286/2014 regelt einige **Konkurrenzen** in Bezug auf die PRIIP-Hersteller. Hintergrund ist, dass auf die Hersteller auch andere EU-Rechtsakte, welche die Informationsbereitstellung an die Anleger regeln, anwendbar sein können. Art. 3 VO Nr. 1286/2014 kommt insofern lediglich klarstellender Charakter zu, als ohnehin in Teilen keine „Überlagerung" bereits bestehender Regelungen durch die PRIIP-VO erfolgt wäre, da die zu erteilenden Informationen nicht völlig deckungsgleich sind. Relevant soll das **Nebeneinander** der PRIIP-VO mit anderen europäischen Rechtsakten jedoch vor allem deshalb sein, weil auf jene bei **Lücken** in der PRIIP-VO zurückgegriffen werden können soll[9]. 1

---

1 Erwägungsgrund 7 Satz 5 VO Nr. 1286/2014.
2 Vgl. *Kohleick/Gerold/Werner/Gierse*, BaFinJournal August 2017, 34, 37 f.
3 S. auch den Vorschlag der EU-Kommission v. 29.6.2017 zu einer Verordnung über ein europaweites privates Altersvorsorgeprodukt (**PEPP**), COM(2017) 343 final, wonach gem. Art. 23 Abs. 2 PEPP-VO-Entwurf die Anbieter und Vertreiber eines PEPP die Art. 5 Abs. 2 VO Nr. 1286/2014 und Art. 6–18 VO Nr. 1286/2014 einhalten müssen.
4 Richtlinie 2003/41/EG des Europäischen Parlaments und des Rates vom 3. Juni 2003 über die Tätigkeit und die Beaufsichtigung von Einrichtungen der betrieblichen Altersversorgung, ABl. EU Nr. L 235 v. 23.9.2003, S. 10, abgelöst zum 13.1.2019 durch die Richtlinie (EU) 2016/2341 des Europäischen Parlaments und des Rates vom 14. Dezember 2016 über die Tätigkeiten und die Beaufsichtigung von Einrichtungen der betrieblichen Altersversorgung (EbAV), ABl. EU Nr. L 354 v. 23.12.2016, S. 37.
5 Richtlinie 2009/138/EG des Europäischen Parlaments und des Rates vom 25. November 2009 betreffend die Aufnahme und Ausübung der Versicherungs- und der Rückversicherungstätigkeit (Solvabilität II), ABl. EU Nr. L 335 v. 17.12.2009, S. 1.
6 *Kohleick/Gerold/Werner/Gierse*, BaFinJournal August 2017, 34, 37 f.; s. auch *Baroch Castellvi*, VersR 2017, 129, 131 f.
7 *Baroch Castellvi*, VersR 2017, 129, 132.
8 *Kohleick/Gerold/Werner/Gierse*, BaFinJournal August 2017, 34, 38.
9 *Wilhelmi* in Assmann/Wallach/Zetzsche, KAGB, Anh. zu § 166: Vorbemerkung PRIIP-VO Rz. 11.

Art. 3 VO Nr. 1286/2014 | [Konkurrenzen]

2 Problematisch erscheint der Art. 3 VO Nr. 1286/2014 deshalb, weil er nur bestimmte Konkurrenzen im Sinne eines Nebeneinanders regelt, andere jedoch außen vor lässt (näher Rz. 9). Hinzu kommt, dass allein das Normverhältnis in Bezug auf die **PRIIP-Hersteller** geregelt wird, nicht aber das Verhältnis im Hinblick auf das öffentliche Anbieten durch einen PRIIP-Verkäufer (s. Rz. 10).

3 **II. Konkurrenzverhältnis zur Prospektrichtlinie (Art. 3 Abs. 1 VO Nr. 1286/2014).** Für den Wertpapierbereich wird das Nebeneinander von PRIIP-VO und **EU-Prospektrichtlinie** (RL 2003/71/EG)[1] festgelegt (Art. 3 Abs. 1 VO Nr. 1286/2014). Diese Richtlinie wurde mit dem WpPG in nationales Recht umgesetzt. Dabei ist zu beachten, dass die in der PRIIP-VO genannte Richtlinie durch die Änderungsrichtlinie 2010/73/EU modifiziert wurde, was mit dem Gesetz vom 26.6.2012 auch zu Änderungen im WpPG führte[2]. Zu berücksichtigen sind in diesem Zusammenhang auch die die Prospektrichtlinie „umsetzende" VO Nr. 809/2004[3] sowie die ändernde DelVO Nr. 486/2012 und DelVO Nr. 862/2012.

4 Aufgrund des Art. 3 Abs. 1 VO Nr. 1286/2014 werden die im **WpPG** enthaltenen, die Prospektrichtlinie umsetzenden Regelungen grundsätzlich weiterhin Geltung haben. Konkret bedeutet das, dass nach wie vor die Zusammenfassung der wertpapierrechtlichen Basisinformationen mit Warnhinweisen nach Art. 5 Abs. 2 RL 2003/71/EG (Prospektrichtlinie) erfolgen muss. Diese hat ebenso wie die Hinweise im Basisinformationsblatt, in allgemein verständlicher Sprache zu erfolgen[4].

5 In Art. 3 Abs. 1 VO Nr. 1286/2014 sollte die Nennung der Prospektrichtlinie bei einer künftigen **Überarbeitung** der PRIIP-VO durch die Erwähnung der **EU-Prospekt-VO (VO 2017/1129)**[5] ersetzt werden. Die EU-Prospekt-VO ist zum 20.7.2017 formal in Kraft getreten (Art. 49 Abs. 1 VO 2017/1129), ihre Regelungen gelten jedoch in weiten Teilen erst ab dem 21.7.2019. Die RL 2003/71/EG wird dann zu diesem Termin aufgehoben (Art. 46 Abs. 1 VO 2017/1129). Jedenfalls gelten ab diesem Zeitpunkt Bezugnahmen auf die RL 2003/71/EG als Bezugnahmen auf die EU-Prospekt-VO (Art. 46 Abs. 2 VO 2017/1129).

6 Art. 7 Abs. 7 Unterabs. 2 VO 2017/1129 sieht vor, dass derjenige, der eine **Prospektzusammenfassung** i.S.d. Art. 7 Abs. 1 VO 2017/1129 zu erstellen hat, die erforderlichen Inhalte über das Basisinformationsblatt i.S.d. PRIIP-VO ersetzen kann[6]. Insofern ist in der EU-Prospekt-VO für PRIIP-Hersteller eine **Erleichterung** vorgesehen. In diesem Fall erhöht sich die maximale Länge von sieben DIN-A 4-Seiten der Wertpapierprospekt-Zusammenfassung (Art. 7 Abs. 3 Satz 1 VO 2017/1129) um weitere drei DIN-A 4-Seiten (Art. 7 Abs. 7 Unterabs. 3 Satz 1 VO 2017/1129). Dabei wird der Inhalt des PRIIP-Basisinformationsblatts als separater Abschnitt der Prospektzusammenfassung beigefügt (Art. 7 Abs. 7 Unterabs. 3 Satz 2 VO 2017/1129).

7 **III. Konkurrenzverhältnis zur Solvabilität II-Richtlinie (Art. 3 Abs. 2 VO Nr. 1286/2014).** Für den **Versicherungsbereich** wird das Nebeneinander von PRIIP-VO und der Solvabilität II-Richtlinie (Art. 3 Abs. 2 VO Nr. 1286/2014)[7] festgeschrieben. Diese Richtlinie wurde u.a. durch die Omnibus II-Richtlinie (RL 2014/51/EU) geändert. Deren Umsetzung erfolgte zum 1.1.2016 mit dem Gesetz zur Modernisierung der Finanzaufsicht über Versicherungen (VAG). Diesbezüglich ist auch die DelVO 2015/35 vom 10.10.2014 zu beachten, welche die RL 2009/138/EG ergänzt[8].

8 Konkret bedeutet die Geltung der Solvabilität II-Richtlinie für den Versicherungsbereich, dass das Basisinformationsblatt neben die gem. Art. 185 RL 2009/138/EG erforderliche Informationsschrift des Versicherers tritt. Diese Informationspflicht wird daher nicht verdrängt, sondern durch die Informationspflicht der PRIIP-VO **ergänzt**.

9 **IV. Verhältnis zu anderen europäischen Rechtsakten.** In Bezug auf das Verhältnis zu weiteren europäischen Rechtsakten sagt Art. 3 VO Nr. 1286/2014 nichts aus. Erwägungsgrund 9 VO Nr. 1286/2014 bringt diesbezüg-

---

1 Richtlinie 2003/71/EG des Europäischen Parlaments und des Rates vom 4. November 2003 betreffend den Prospekt, der beim öffentlichen Angebot von Wertpapieren oder deren Zulassung zum Handel zu veröffentlichen ist, und zur Änderung der Richtlinie 2001/34/EG, ABl. EU Nr. L 345 v. 31.12.2003, S. 64, geändert durch Richtlinie 2010/73/EU vom 24.11.2010, anwendbar bis zum 20.7.2019 und sodann abgelöst durch die EU-Prospekt-VO (VO 2017/1129).
2 BGBl. I 2012, 1375.
3 Verordnung (EU) Nr. 809/2004 des Europäischen Parlaments und des Rates vom 24. April 2004 zur Umsetzung der Richtlinie 2003/71/EG des Europäischen Parlaments und des Rates betreffend die in Prospekten enthaltenen Informationen sowie das Format, die Aufnahme von Informationen mittels Verweis und die Veröffentlichung solcher Prospekte und die Verbreitung von Werbung, ABl. EU Nr. L 149 v. 30.4.2004, S. 1.
4 *Luttermann*, ZIP 2015, 805, 807.
5 Verordnung (EU) 2017/1129 des Europäischen Parlaments und des Rates vom 14. Juni 2017 über den Prospekt, der beim öffentlichen Angebot von Wertpapieren oder bei deren Zulassung zum Handel an einem geregelten Markt zu veröffentlichen ist und zur Aufhebung der Richtlinie 2003/71/EG, ABl. EU Nr. L 168 v. 30.6.2017, S. 12.
6 Vgl. schon *Schulz*, WM 2016, 1417, 1421; *Bronger/Scherer*, WM 2017, 460, 463.
7 Richtlinie 2009/138/EG des Europäischen Parlaments und des Rates vom 25. November 2009 betreffend die Aufnahme und Ausübung der Versicherungs- und der Rückversicherungstätigkeit (Solvabilität II), ABl. EU Nr. L 335 v. 17.12.2009, S. 1.
8 ABl. EU Nr. L 12 v. 17.1.2015, S. 1.

lich aber zum Ausdruck, dass die anderen Gesetzgebungsakte, nach denen den Anlegern Informationen bereitzustellen sind, **zusätzlich** zu dieser Verordnung weiterhin Anwendung finden. Dabei werden die in Art. 3 VO Nr. 1286/2014 genannten beiden Rechtsakte beispielhaft („unter anderem") aufgezählt. Das bedeutet, dass die Regelung des Art. 3 VO Nr. 1286/2014 nicht abschließend gemeint ist.

Das Verhältnis zu anderen europäischen Rechtsakten betrifft vor allem das Verhältnis der Pflichten aus der PRIIP-VO zu den sonstigen Informationspflichten der Vermittler bzw. der Berater und Verkäufer. Hier wird in Erwägungsgrund 5 VO Nr. 1286/2014 das Verhältnis zu den unionsrechtlichen „Maßnahmen im Bereich des Vertriebs" von Finanzprodukten angesprochen. Bereits bei der Schaffung der PRIIP-VO wurde gesehen, dass den in der **MiFID II** (RL 2014/65/EU)vorgesehenen und in nationales Recht umzusetzenden Regelungen Rechnung zu tragen ist, damit Widersprüche vermieden werden[1]. In Erwägungsgrund 5 VO Nr. 1286/2014 wird betont, die PRIIP-VO sei eine **Ergänzung** der Regelungen über „Verkaufsprozesse für diese Produkte" der MiFID II (Erwägungsgrund 5 Satz 2 VO Nr. 1286/2014). Das gilt vor allem in Bezug auf die Art. 24 ff. RL 2014/65/EU, Art. 44 ff. DelVO 2017/565[2]. 10

Das Verhältnis zwischen der PRIIP-VO und der **OGAW IV-Richtlinie** (RL 2009/65/EG) regelt Art. 32 VO Nr. 1286/2014 mit einer temporären Freistellung in Bezug auf OGAW-Fonds und AIF. **§ 307 Abs. 5 KAGB** stellt als Umsetzung der OGAW IV-Richtlinie (Art. 78 ff. RL 2009/65/EG)[3] bezüglich der Frage nach dem Verhältnis zwischen den wesentlichen Informationen i.S.d. KAGB und dem Basisinformationsblatt bzgl. semiprofessioneller Anleger auf die PRIIP-VO ab. Danach wird **wahlweise** die rechtzeitige Zurverfügungstellung von wesentlichen Anlegerinformationen i.S.d. KAGB oder eines PRIIP-Basisinformationsblatts verlangt. Da die PRIIP-VO erst zum 1.1.2018 in Kraft getreten ist, hatte die BaFin beschlossen, ihr Ermessen nach § 5 Abs. 6 KAGB dahingehend auszuüben, dass sie bis zum 1.1.2018 keine Durchsetzungsanordnung erlassen wird. Mit diesem Zeitpunkt endete jedoch die genannte Verwaltungspraxis. 11

Außerdem soll eine **Ergänzung** der in der **Versicherungsvermittlungsrichtlinie** (RL 2002/92/EG, IMD[4]; dort insbesondere Art. 12 und Art. 13) enthaltenen Maßnahmen bzgl. des Vertriebs von Versicherungsprodukten vorliegen. Vervollständigen ließen sich diese Angaben des Erwägungsgrunds 5 Satz 3 VO Nr. 1286/2014 dahingehend, dass die Versicherungsvermittlungsrichtlinie von 2002 mit Wirkung vom 23.2.2018 aufgehoben wurde (Art. 43 RL 2016/97) und seit diesem Zeitpunkt die Versicherungsvertriebsrichtlinie (sog. IDD) vom 20.1.2016 (RL 2016/97)[5] an deren Stelle trat (Art. 42 Abs. 1 Unterabs. 1 RL 2016/97). Diese sieht in den Art. 17 ff. und Art. 26 ff. Regelungen vor, die an den entsprechenden Bestimmungen der MiFID II orientiert sind. Unabhängig davon bleibt es bei einer Ergänzung der PRIIP-VO. 12

Das Prinzip der Ergänzung lässt sich auch auf eventuell bestehende Informationspflichten nach anderen Richtlinien erstrecken. Das gilt etwa auch dann, wenn im Einzelfall die Richtlinie bzgl. des **Fernabsatzes** von Finanzdienstleistungen einschlägig ist (RL 2002/65/EG[6]). Abgesehen davon bleiben strengere Pflichten der nationalen Regelung zu beachten, soweit in der Richtlinie lediglich Mindeststandards vorgegeben worden sind[7]. 13

Abgesehen davon sind die Mitgliedstaaten in Bezug auf **nationale Regelungen**, welche die Bereitstellung von wesentlichen Informationen über Nicht-PRIIP-Produkte anbelangen, frei. Das bestätigt ausdrücklich Erwägungsgrund 8 Satz 1 VO Nr. 1286/2014 (näher Art. 1 VO Nr. 1286/2014 Rz. 69). 14

---

1 Stellungnahme des Europäischen Wirtschafts- und Sozialausschusses, ABl. EU Nr. C 75 v. 10.3.2017, S. 44, 47 unter 3.8.
2 Delegierte Verordnung (EU) 2017/565 der Kommission vom 25. April 2016 zur Ergänzung der Richtlinie 2014/65/EU des Europäischen Parlaments und des Rates in Bezug auf die organisatorischen Anforderungen an Wertpapierfirmen und die Bedingungen für die Ausübung ihrer Tätigkeit sowie in Bezug auf die Definition bestimmter Begriffe für die Zwecke der genannten Richtlinie, ABl. EU Nr. L 87 v. 31.3.3017, S. 1.
3 Richtlinie 2009/65/EG des Europäischen Parlaments und des Rates vom 13. Juli 2009 zur Koordinierung der Rechts- und Verwaltungsvorschriften betreffend bestimmte Organismen für gemeinsame Anlagen in Wertpapieren (OGAW), ABl. EU Nr. L 203 v. 17.11.2009, S. 32.
4 Richtlinie 2002/92/EG des Europäischen Parlaments und des Rates vom 9. Dezember 2002 über Versicherungsvermittlung, ABl. EU Nr. L 9 v. 15.1.2003, S. 3.
5 Richtlinie (EU) 2016/97 des Europäischen Parlaments und des Rates vom 20. Januar 2016 über Versicherungsvertrieb (Neufassung); zur Umsetzung in deutsches Recht s. Gesetz zur Umsetzung der Richtlinie (EU) 2016/97 des Europäischen Parlaments und des Rates vom 20.1.2016 über Versicherungsvertrieb und zur Änderung weiterer Gesetze, v. 20.7.2017, BGBl. I 2017, 2789.
6 Richtlinie 2002/65/EG des Europäischen Parlaments und des Rates vom 23. September 2002 über den Fernabsatz von Finanzdienstleistungen an Verbraucher und zur Änderung der Richtlinie 90/619/EWG des Rates und der Richtlinien 97/7/EG und 98/27/EG, ABl. EU Nr. L 271 v. 9.10.2002, S. 16.
7 *Heiss* in Karlsruher Forum 2014, 41, 53.

Art. 4 [Begriffsbestimmungen]

Für die Zwecke dieser Verordnung bezeichnet der Ausdruck

1. „verpacktes Anlageprodukt für Kleinanleger" oder „PRIP" eine Anlage, einschließlich von Zweckgesellschaften im Sinne des Artikels 13 Nummer 26 der Richtlinie 2009/138/EG oder Verbriefungszweckgesellschaften im Sinne des Artikels 4 Absatz 1 Buchstabe an der Richtlinie 2011/61/EU des europäischen Parlaments und des Rates ausgegebener Instrumente, bei der unabhängig von der Rechtsform der Anlage der dem Kleinanleger rückzuzahlende Betrag Schwankungen aufgrund der Abhängigkeit von Referenzwerten oder von der Entwicklung eines oder mehrerer Vermögenswerte, die nicht direkt vom Kleinanleger erworben werden, unterliegt;
2. „Versicherungsanlageprodukt" ein Versicherungsprodukt, das einen Fälligkeitswert oder einen Rückkaufwert bietet, der vollständig oder teilweise direkt oder indirekt Marktschwankungen ausgesetzt ist;
3. „verpacktes Anlageprodukt für Kleinanleger und Versicherungsanlageprodukt" oder „PRIIP" jedes Produkt, das unter eine oder beide der folgenden Begriffsbestimmungen fällt:
   a) ein PRIP;
   b) ein Versicherungsanlageprodukt;
4. „Hersteller von verpackten Anlageprodukten für Kleinanleger und Versicherungsanlageprodukten" oder „PRIIP-Hersteller"
   a) ein Rechtsträger oder eine natürliche Person, der bzw. die PRIIP auflegt;
   b) ein Rechtsträger oder eine natürliche Person, der bzw. die Änderungen an einem bestehenden PRIIP, einschließlich Änderungen seines Risiko- und Renditeprofils oder der Kosten im Zusammenhang mit einer Anlage in das PRIIP, vornimmt;
5. „PRIIP-Verkäufer" eine Person, die einem Kleinanleger einen PRIIP-Vertrag anbietet oder diesen mit ihm abschließt;
6. „Kleinanleger"
   a) einen Kleinanleger im Sinne von Artikel 4 Absatz 1 Nummer 11 der Richtlinie 2014/65/EU;
   b) einen Kunden im Sinne der Richtlinie 2002/92/EG, wenn dieser nicht als professioneller Kunde im Sinne des Artikels 4 Absatz 1 Nummer 10 der Richtlinie 2014/65/EU angesehen werden kann;
7. „dauerhafter Datenträger" einen dauerhaften Datenträger im Sinne des Artikels 2 Absatz 1 Buchstabe m der Richtlinie 2009/65/EG;
8. „zuständige Behörden" die nationalen Behörden, die von einem Mitgliedstaat zur Überwachung der Anforderungen dieser Verordnung an PRIIP-Hersteller und Personen, die über PRIIP beraten oder sie verkaufen, benannt werden.

In der Fassung vom 26.11.2014 (ABl. EU Nr. L 352 v. 9.12.2014, S. 1).

Schrifttum: *Baroch Castellvi*, Zum Anwendungsbereich der PRIIP-Verordnung auf Produkte von Lebensversicherern – was ist ein Versicherungsanlageprodukt?, VersR 2017, 129; *Beyer*, Unionsrechtliche Neuregelung der Beratungs- und Informationspflichten für Versicherungsanlageprodukte, VersR 2016, 293; *Bürkle*, Sind konventionelle deutsche Lebensversicherungen europäische Versicherungsanlageprodukte?, VersR 2017, 331; *Kohleick/Gerold/Werner/Gierse*, Versicherungsanlageprodukte, BaFinJournal August 2017, 34; *Litten*, PRIIPs: Anforderungen an Basisinformationsblätter, DB 2016, 1679; *Loacker*, Basisinformationen als Entscheidungshilfe in FS Lorenz, 2014, S. 259; *Luttermann*, Kapitalmarktrechtliche Information bei Finanzprodukten (PRIIP), Privatautonomie (Vertragskonzept) und Vermögensordnung, ZIP 2015, 805; *W.-T. Schneider*, Beipackzettel mit Nebenwirkungen: rechtliche Probleme der PRIIP-Verordnung, VersR 2017, 1429; *Wilfling*, Ausgewählte rechtliche Aspekte der PRIIP-Verordnung, ZFR 2017, 525; *Wolfbauer*, Leitlinien der Kommission zur PRIIP-VO, ZFR 2017, 412.

I. Überblick 1	1. PRIIP-Hersteller als Informationsverpflichteter (Art. 4 Nr. 4 VO Nr. 1286/2014) 27
II. Sachlicher Anwendungsbereich 3	2. PRIIP-Verkäufer als Informationsverpflichteter (Art. 4 Nr. 5 VO Nr. 1286/2014) 35
1. Verpacktes Anlageprodukt für Kleinanleger (PRIP, Art. 4 Nr. 1 VO Nr. 1286/2014) 3	3. Kleinanleger als Schutzadressat (Art. 4 Nr. 6 VO Nr. 1286/2014) 40
a) Definition 3	
b) Beispiele 10	IV. Anderer dauerhafter Datenträger (Art. 4 Nr. 7 VO Nr. 1286/2014) 43
2. Versicherungsanlageprodukt (Art. 4 Nr. 2 VO Nr. 1286/2014) 15	
3. PRIIP (Art. 4 Nr. 3 VO Nr. 1286/2014) 21	V. Zuständige Behörden (Art. 4 Nr. 8 VO Nr. 1286/2014) 44
III. Persönlicher Anwendungsbereich 27	

I. Überblick. In Art. 4 VO Nr. 1286/2014 finden sich zahlreiche **Definitionen**, die im Zusammenhang mit anderen Artikeln der PRIIP-VO zu lesen sind. So ist die Definition des verpackten Produkts in Art. 4 Nr. 1 VO Nr. 1286/2014 und des Versicherungsanlageprodukts in Art. 4 Nr. 2 VO Nr. 1286/2014 etwa im Zusammenhang mit den in **Art. 2 Abs. 2 VO Nr. 1286/2014** enthaltenen **Ausnahmen** hinsichtlich der Produkte zu sehen, die nicht von der PRIIP-VO erfasst sein sollen.

Inhaltlich befasst sich Art. 4 VO Nr. 1286/2014 zunächst mit dem sachlichen und dem persönlichen Anwendungsbereich der PRIIP-VO. Sodann werden die Begriffe „dauerhafter Datenträger" und „zuständige Behörden" näher umrissen. Insgesamt werden zahlreiche Verbindungen zu auch in anderen europäischen Rechtsakten verwendeten Begrifflichkeiten hergestellt. Insofern wird es vor allem auf eine einheitliche Auslegung ankommen[1].

II. Sachlicher Anwendungsbereich. 1. Verpacktes Anlageprodukt für Kleinanleger (PRIP, Art. 4 Nr. 1 VO Nr. 1286/2014). a) Definition. Art. 4 Nr. 1 VO Nr. 1286/2014 definiert, wann ein verpacktes Anlageprodukt (packaged retail investment product, sog. PRIP) vorliegt. Diese Regelung ist im Zusammenhang mit den in **Art. 2 Abs. 2 VO Nr. 1286/2014** aufgeführten Ausnahmen zu sehen.

Der PRIIP-Gesetzgeber legt dabei nicht enumerativ fest, welche Finanzprodukte konkret als verpackte Anlage- oder Versicherungsanlageprodukte gelten, sondern gibt lediglich einzelne **Produktkriterien** für „verpackte Produkte" vor (Art. 4 Nr. 1 und 2 VO Nr. 1286/2014). Der Vorteil eines solchen Vorgehens wurde darin gesehen, dass es den Herstellern damit unmöglich gemacht wird, andere als die konkret genannten Produkte zu konstruieren, die dann nicht unter die PRIIP-VO fallen. Eine **Umgehung** der PRIIP-VO durch die Schaffung bestimmter, die gesetzliche Regelung umgehender Produktinnovationen dürfte damit schwerfallen[2].

Nach Art. 4 Nr. 1 VO Nr. 1286/2014 gelten als „verpackt" solche Anlageprodukte und -verträge, bei denen der an den Kleinanleger zurückzuzahlende Betrag bestimmten **Schwankungen** durch die Abhängigkeit von Referenzwerten oder von der Entwicklung eines oder mehrerer Vermögenswerte, die nicht direkt vom Anleger erworben werden, unterliegt. Außerdem werden bei einem PRIP die Anlagen vom Kunden nicht direkt durch den Erwerb oder das Halten der Vermögenswerte selbst getätigt. Vielmehr ist das Geld lediglich **indirekt** am Kapitalmarkt angelegt[3]. Damit werden Vermögenswerte „verpackt", so dass die Risiken und Kosten nicht die gleichen sind, wie wenn der Anleger die Vermögensgegenstände direkt halten würde.

Die besondere „Gefährlichkeit" und damit Aufklärungsbedürftigkeit in Bezug auf solche Produkte wird also darin gesehen, dass, anders als bei einem Direktbesitz, neben der Renditemöglichkeit auch Risiken, Produktmerkmale und Kostenstrukturen durch den Anlageproduktanbieter ausgestaltet werden[4]. Dadurch, dass der Kunde in Basiswerte investiert, die durch eine „Verpackung" zu einem neuen Produkt gemacht werden, steigt die **Komplexität** und Intransparenz für den Kleinanleger. Deshalb zählen auch etwa Investmentfonds zu den PRIP (vgl. Erwägungsgrund 6 Satz 2 VO Nr. 1286/2014).

Umgekehrt bedeutet dies, dass dann **kein verpacktes Produkt** vorliegt, wenn es sich um ein Produkt mit im Voraus für die gesamte Laufzeit festgelegter Rendite handelt[5]. Denn hier besteht für den Kunden schon von vornherein kein Anlagerisiko. Da etwa Aktien, Staatsanleihen bzw. Standardanleihen (sog. „plain vanilla-Anleihen") direkt gehalten werden, stellen sie keine PRIP dar[6].

Ein entsprechendes Risiko besteht auch dann nicht, wenn dem Kleinanleger ein Produkt **ohne Gegenleistung** zur Verfügung gestellt wird. Daher präzisiert Ziff. 6 der Leitlinien der EU-Kommission[7] den Begriff der PRIP i.S.d. Art. 4 Nr. 1 VO Nr. 1286/2014 dahingehend, dass solche Produkte nicht in den Anwendungsbereich der PRIIP-VO fallen, für deren Erwerb der Kleinanleger nicht zahlen muss. Dazu gehören solche Produkte, bei denen weder eine Zahlung erfolgt noch die Gefahr einer künftigen finanziellen Verpflichtung besteht. Für diese Anlageprodukte muss damit kein PRIIP-Basisinformationsblatt erstellt werden[8].

Nach Erwägungsgrund 6 Satz 1 Halbsatz 1 VO Nr. 1286/2014 soll die PRIIP-VO lediglich für von der **Finanzdienstleistungsbranche** aufgelegte Produkte gelten. Konsequent werden daher als Beispiele für PRIIP-Hersteller die Fondsmanager, Versicherungsunternehmen, Kreditinstitute und Wertpapierfirmen genannt[9]. Das be-

---

1 Vgl. *W.-T. Schneider* in Prölss/Martin, VVG, Art. 4 PRIIP-VO Rz. 1.
2 S. etwa EU Kommission, Communication from the Commission to the European Parliament and the Council, 20.4.2009, Packaged Retail Investment Products, COM (2009) 204 final, S. 3 f.; EU Kommission, PRIPs Workshop, 22.10.2009, Issues for Discussion, S. 2 ff.; *EU Kommission*, Consultation on legislative steps for the Packaged Retail Investment Products Initiative, 26.11.2010, Working Document, S. 5 ff.
3 *Melovski/Ortkemper/Weisenfels*, BaFinJournal Januar 2016, 20, 22.
4 *Seitz/Juhnke/Seibold*, BKR 2013, 1, 4.
5 So *Seitz/Juhnke/Seibold*, BKR 2013, 1, 4.
6 Vgl. *Jordans*, BKR 2017, 273, 276 f.
7 Leitlinien der Kommission, ABl. EU Nr. C 218 v. 7.7.2017, S. 11.
8 Vgl. auch *Wolfbauer*, ZFR 2017, 412.
9 Erwägungsgrund 12 Satz 1 VO Nr. 1286/2014.

Art. 4 VO Nr. 1286/2014 | [Begriffsbestimmungen]

deutet im Umkehrschluss, dass Produkte von Unternehmen außerhalb der Finanzdienstleistungsbranche nicht in den Anwendungsbereich der PRIIP-VO fallen sollen. Das muss auch dann gelten, wenn die von einem Unternehmen emittierten Wertpapiere im Einzelfall eine derivative Komponente aufweisen, wie dies etwa bei Wandelanleihen oder bestimmten Hybridanleihen sein kann[1].

10   b) **Beispiele.** Die **Abgrenzung**, ob ein Anlageprodukt in den Anwendungsbereich der PRIIP-VO fällt und damit ein Basisinformationsblatt zu erstellen ist oder nicht, obliegt vor allem dem Produkthersteller, aber auch dem Berater bzw. Verkäufer[2]. Aufgrund der drastischen aufsichtsrechtlichen **Sanktionen** und Maßnahmen (Art. 22 ff. VO Nr. 1286/2014) kommt der Frage, ob ein Basisinformationsblatt zu erstellen ist, in der Praxis erhebliche Bedeutung zu. Dagegen führt die Nichterstellung eines Basisinformationsblatts nicht zu einer zivilrechtlichen Haftung nach Art. 11 VO Nr. 1286/2014. Dort ist das Bestehen eines (fehlerhaften) Basisinformationsblatts Voraussetzung für einen Schadensersatzanspruch des Kleinanlegers, der seine Anlage im Vertrauen auf das Informationsblatt getätigt hat (näher Art. 11 VO Nr. 1286/2014 Rz. 16 ff.).

11   Als verpacktes Anlageprodukt gelten zwar grundsätzlich geschlossene und offene **Investmentfonds**. Allerdings existiert für OGAW- oder AIF-Investmentvermögen eine Übergangsregelung (Art. 32 VO Nr. 1286/2014), so dass die PRIIP-VO diesbezüglich erst nach dem 31.12.2019 gilt.

12   Bei **Vermögensanlagen** nach dem Vermögensanlagengesetz (VermAnlG) kommt es bei der Beurteilung, ob ein PRIIP vorliegt, auf die konkrete Anlage an. So werden etwa Treuhandvermögen gem. § 1 Abs. 2 Nr. 2 VermAnlG grundsätzlich als PRIP einzuordnen sein, da der Rückzahlungsbetrag regelmäßig von der Wertentwicklung der mittelbar erworbenen Vermögensgegenstände abhängt[3]. Dagegen werden Vermögensanlagen i.S.d. § 1 Abs. 2 Nr. 7 VermAnlG regelmäßig nicht als PRIP einzuordnen sein, da ein Anspruch auf Verzinsung und Rückzahlung bzw. Rückerwerb bzw. jedenfalls etwas Vergleichbares wie eine Verzinsung gewährt wird[4].

13   Zudem sollen **strukturierte Produkte** und **strukturierte Einlagen** als PRIP gelten[5]. Als strukturierte Finanzprodukte gelten nach der Definition der BaFin solche Finanzinstrumente, „die aus einem oder mehreren Basiswerten sowie einer derivativen Komponente bestehen", so dass die jeweilige Kombination eine bestimmte Erwartung in Bezug auf die Entwicklung der jeweiligen Basiswerte abbildet[6]. Bei der Frage, was alles unter diesen Begriff fällt, sind auch die Leitlinien der ESMA zu beachten, die im Hinblick auf Art. 25 Abs. 4 RL 2014/65/EU (MiFID II) erstellt wurden[7]. Insofern findet sich auch in Erwägungsgrund 7 Satz 3 VO Nr. 1286/2014 ein Verweis auf die MiFID II. In den ESMA-Leitlinien ist u.a. eine nicht abschließende Beispielliste bzgl. solcher strukturierten Einlagen enthalten. Darunter sollen etwa Wandelanleihen, Umtauschanleihen, CoCo-Bonds, Optionsscheine, Asset-Backed Securities und Zertifikate fallen[8]. **Abzugrenzen** sind solche strukturierten Anlageprodukte bzw. Einlagen von den sog. klassischen Einlagen und Zertifikaten[9].

14   Erfasst sein sollen nach Art. 4 Nr. 1 VO Nr. 1286/2014 ausdrücklich auch von **Zweckgesellschaften**[10] oder Verbriefungszweckgesellschaften[11] ausgegebene Finanzinstrumente, sofern sie die Voraussetzungen eines sog. PRIP erfüllen[12]. Damit sollen auch Aktien und Anteile von Zweck- und Holdinggesellschaften, die ein Produktanbieter errichtet, unter den Begriff des verpackten Produkts fallen, so dass auch eine Umgehung der PRIIP-VO auf diese Weise unmöglich ist[13].

15   **2. Versicherungsanlageprodukt (Art. 4 Nr. 2 VO Nr. 1286/2014).** Der Begriff „Versicherungsanlageprodukt" (insurance based investment product, **IBIP**) ist ein relativ neuer Begriff[14]. Versicherungsanlageprodukte sind

---

1   *Wilfling*, ZFR 2017, 525, 526; s. auch *Luttermann*, ZIP 2015, 805, 806.
2   S. Ziff. 5 der Leitlinien der Kommission, ABl. EU Nr. C 218 v. 7.7.2017, S. 11.
3   Vgl. *Maas* in Assmann/Schlitt/von Kopp-Colomb, WpPG/VermAnlG, § 1 VermAnlG Rz. 65.
4   *Maas* in Assmann/Schlitt/von Kopp-Colomb, WpPG/VermAnlG, § 1 VermAnlG Rz. 84, 87; *v. Ammon* in Siering/Izzo-Wagner, § 1 VermAnlG Rz. 86 ff.
5   So Erwägungsgrund 6 Satz 2 VO Nr. 1286/2014; näher auch *Wilfling*, ZFR 2017, 525, 527.
6   *Rummler*, BaFinJournal Dezember 2014, 13.
7   ESMA, Leitlinien zu komplexen Schuldtiteln und strukturierten Einlagen, 4.2.2016, ESMA/2015/1787 DE.
8   ESMA, Leitlinien zu komplexen Schuldtiteln und strukturierten Einlagen, 4.2.2016, ESMA/2015/1787 DE, S. 9 ff.
9   So Erwägungsgrund 7 Satz 3 VO Nr. 1286/2014.
10 Vgl. die Definition in Art. 13 Nr. 26 RL 2009/138/EG (Solvabilität II), ABl. EU Nr. L 335 v. 17.12.2009, S. 1, wonach dies ein Unternehmen ist, „unabhängig davon, ob es sich um eine Kapitalgesellschaft handelt oder nicht, das kein bestehendes Versicherungs- oder Rückversicherungsunternehmen ist und Risiken von Versicherungs- oder Rückversicherungsunternehmen übernimmt, wobei es diese Risiken vollständig über die Emission von Schuldtiteln oder einen anderen Finanzierungsmechanismus absichert, bei denen die Rückzahlungsansprüche der Kapitalgeber über solche Schuldtitel oder einen Finanzierungsmechanismus gegenüber den Rückversicherungsverpflichtungen des Unternehmens nachrangig sind".
11 Vgl. die Definition der Verbriefungszweckgesellschaften in Art. 4 Abs. 1 lit. an RL 2011/61/EU (AIFM-Richtlinie), ABl. EU Nr. L 174, v. 1.7.2011, S. 1.
12 Vgl. auch Erwägungsgrund 6 Satz 3 VO Nr. 1286/2014.
13 *Luttermann*, ZIP 2015, 805, 806.
14 Ausführlich dazu *Kohleick/Gerold/Werner/Gierse*, BaFinJournal August 2017, 34 ff.

grundsätzlich solche Versicherungsprodukte, die „einen Fälligkeitswert oder einen Rückkaufwert" bieten, welcher vollständig, teilweise direkt oder indirekt Marktschwankungen ausgesetzt ist. Das entspricht u.a. der **Definition** in Art. 91 Abs. 1 lit. b RL 2014/65/EU (MiFID II)[1], welche die RL 2002/92/EG (Vermittlerrichtlinie) ändert[2]. Durch die Einfügung des Begriffsteils „Anlage" erfolgt eine Gleichstellung von Finanzanlageprodukten und bestimmten Versicherungsprodukten[3]. Die Definition des Art. 4 Nr. 2 VO Nr. 1286/2014 ist im Zusammenhang mit den Ausnahmeregelungen des **Art. 2 Abs. 2 VO Nr. 1286/2014** zu sehen.

Neben den PRIIP-Anforderungen sind zudem noch die seit dem 23.2.2018 geltenden Vorgaben des **IDD**[4]-Umsetzungsgesetzes[5] zu beachten. Dieses enthält zusätzliche Anforderungen in Bezug auf den Vertrieb von Versicherungsanlageprodukten. 16

Damit werden von der PRIIP-VO solche Versicherungs(anlage)produkte erfasst, die nicht „einfach" sind, d.h. die keine Investitionsmöglichkeit bieten, sondern **Kapitalanlagen** darstellen, die in einen „Versicherungsmantel" eingebettet ist. Die Abgrenzung zwischen Versicherungsanlageprodukten und „einfachen" Versicherungsprodukten kann im Einzelfall in der Praxis Schwierigkeiten bereiten[6]. Betont wird, dass bei der Bewertung, ob ein Produkt ein Versicherungsanlageprodukt ist, insbesondere den wirtschaftlichen Merkmalen und Geschäftsbedingungen des jeweiligen Produkts Rechnung zu tragen ist[7]. 17

Was das im Einzelfall bedeutet, wird aber nicht explizit dargelegt. Eine „Einbettung" soll etwa bei einer fondsgebundenen **Lebensversicherung** der Fall sein[8], wobei es hier auf die Art der Ausgestaltung als Versicherungsanlageprodukt ankommt[9]. Insofern wird auch eine Sterbegeldversicherung als Versicherungsanlageprodukt gesehen[10]. 18

Die **BaFin**[11] nennt als Beispiele die kapitalbildende Lebensversicherung mit Überschussbeteiligung sowohl bei laufender Prämienzahlung als auch bei einem Einmalbetrag. Aufgeführt werden zudem aufgeschobene private Rentenversicherungen der dritten Schicht mit Überschussbeteiligung, wobei sowohl die Fälle „gegen laufende Prämienzahlung oder Einmalbetrag" als auch „lebenslange oder abgekürzte Rentenzahlung" erfasst sein sollen. Genannt werden zudem die fondsgebundene Lebensversicherung und aufgeschobene fondsgebundene Rentenversicherung, die Termfix-Lebensversicherung, wie z.B. die Ausbildungsversicherung, die lebenslange Todesfallversicherung, bei welcher die Überschussbeteiligung zur Verkürzung der Laufzeit verwendet wird sowie die Kapitalisierungsprodukte mit Überschussbeteiligung. 19

Offen bleibt dabei, ob vom Begriff „Versicherungsanlageprodukt" auch traditionelle **kapitalbildende Lebensversicherungen** erfasst sind. Die überwiegende Ansicht im Schrifttum bejaht dies zu Recht[12]. Ohne dies hier näher vertiefen zu können, dürfte ein entscheidendes Argument hierfür sein, dass der Gesetzgeber den PRIIP-Regelungen einen möglichst breiten Anwendungsbereich verschaffen[13] und alle Produkte erfassen wollte, bei denen der Kunde das Anlageprodukt nicht unmittelbar kauft[14]. 20

3. PRIIP (Art. 4 Nr. 3 VO Nr. 1286/2014). Art. 4 Nr. 3 VO Nr. 1286/2014 definiert den Begriff „PRIIP" (packaged retail and insurance-based investment products) als **Oberbegriff** für PRIP (Art. 4 Nr. 1 VO Nr. 1286/2014) und Versicherungsanlageprodukte (Art. 4 Nr. 2 VO Nr. 1286/2014). Ausgenommen davon sind allerdings, ohne dass dies an dieser Stelle des Gesetzes gesondert vermerkt wird, die in der **Negativaufzählung** in **Art. 2 Abs. 2 VO Nr. 1286/2014** aufgeführten Produkte (s. Art. 2 VO Nr. 1286/2014 Rz. 10 ff.). Insofern ist Art. 4 Nr. 1–3 VO Nr. 1286/2014 im Zusammenhang mit Art. 2 Abs. 2 VO Nr. 1286/2014 zu lesen. Die Erwähnung der Zusammenfassung der Nr. 1 (PRIP) und der Nr. 2 (Versicherungsanlageprodukt) zu einem PRIIP (Nr. 3) zeigt, dass letztendlich divergente Produkte zusammengefasst werden sollen. Gemeinsam ist diesen An- 21

---

1 S. auch die bei *Beyer*, VersR 2016, 293, 294 aufgeführten Entsprechungen.
2 Zur einheitlichen Auslegung der Definitionen des Begriffs „Versicherungsanlageprodukt" in der RL 2014/65/EU (MiFID II), der RL 2016/97/EU (Versicherungsvertriebsrichtlinie, IDD) sowie der VO Nr. 1286/2014 (PRIIP-VO) s. nur etwa *Heiss* in Karlsruher Forum 2014, 41, 45; *Poelzig*, ZBB 2015, 108, 109; *Bürkle*, VersR 2017, 331, 332.
3 Vgl. *Heiss* in Karlsruher Forum 2014, 41, 45 ff.
4 „Insurance Distribution Directive" (Versicherungsvertriebsrichtlinie), Richtlinie (EU) 2016/97 des Europäischen Parlaments und des Rates vom 20. Januar 2016 über Versicherungsvertrieb, ABl. EU Nr. L 26 v. 2.2.2016, S. 19.
5 Gesetz zur Umsetzung der Richtlinie (EU) 2016/97 des Europäischen Parlaments und des Rates vom 20.1.2016 über Versicherungsvertrieb und zur Änderung weiterer Gesetze vom 20.7.2017, BGBl. I 2017, 2789.
6 *Beyer*, VersR 2016, 293, 294; *Baroch Castellvi*, VersR 2017, 129 ff.
7 *Kohleick/Gerold/Werner/Gierse*, BaFinJournal August 2017, 34, 35.
8 Zur Diskussion *Frisch* in Derleder/Knops/Bamberger, § 54 Rz. 56.
9 *Beyer*, VersR 2016, 293, 294.
10 *Baroch Castellvi*, VersR 2017, 129, 135; *W.-T. Schneider* in Prölss/Martin, VVG, Art. 4 PRIIP-VO Rz. 10.
11 *Kohleick/Gerold/Werner/Gierse*, BaFinJournal August 2017, 34, 37.
12 *Baroch Castellvi*, VersR 2017, 129, 135; *Kohleick/Gerold/Werner/Gierse*, BaFinJournal August 2017, 34, 35; *Gerold/Kohleick*, RdF 2017, 276, 278 f.; *Heiss* in Karlsruher Forum 2014, S. 41, 45; *Loacker* in FS Lorenz, 2014, S. 259, 264; ablehnend *Beyer*, VersR 2016, 293, 295; *Reiff/Köhne*, VersR 2017, 649, 661.
13 So *W.-T. Schneider*, VersR 2017, 1429 f.
14 *Kohleick/Gerold/Werner/Gierse*, BaFinJournal August 2017, 34, 35.

lageprodukten, dass mit ihnen Risiken verbunden sind, die für einen Kleinanleger aufgrund der „Verpackung" der Produkte nicht ohne weiteres erkennbar sind.

22 Sofern in Bezug auf den sachlichen Anwendungsbereich der PRIIP-VO in der Praxis Zweifel bestehen, ist eine **Auslegung** anhand dieses Zwecks der VO vorzunehmen. Es sollen alle Produkte erfasst sein, bei denen dem Kleinanleger eine Investitionsmöglichkeit gegeben wird, bei welcher der zurückzuzahlende Betrag mittelbar bestimmten Schwankungen unterliegt.

23 Erwägungsgrund 6 Satz 2 VO Nr. 1286/2014 nennt als Beispiele für PRIIP u.a. „Investmentfonds, Lebensversicherungspolicen mit einem Anlageelement und strukturierte Produkte und strukturierte Einlagen". Art. 4 Nr. 3 VO Nr. 1286/2014 präzisiert in Bezug auf den Begriff „PRIIP" den **Anwendungsbereich** der PRIIP-VO nicht näher.

24 Zu den erfassten Produkten sollen nach Ansicht der **BaFin** im Wesentlichen fünf „Gruppen" gehören[1]. Das entspricht einer „Zusammenfassung" der in Art. 4 Nr. 1 und Nr. 2 VO Nr. 1286/2014 aufgeführten Punkte (s. Rz. 3 ff.). Zum einen sollen darunter strukturierte Finanzprodukte fallen. Das sind beispielsweise Optionsscheine, die in Versicherungen, Wertpapiere oder Bankprodukte verpackt sind. Des Weiteren sollen Finanzprodukte erfasst sein, deren Wert sich von Referenzwerten wie Aktien oder Wechselkursen ableitet. Gemeint sind damit Derivate. Zudem sollen geschlossene und offene Investmentfonds betroffen sein. Als vierte Gruppe sollen Versicherungsprodukte mit Anlagecharakter gelten, wie etwa kapitalbildende und fondsgebundene Lebensversicherungen und Hybrid-Produkte. Und schließlich sind auch Instrumente, die von Zweckgesellschaften ausgegeben werden, verpackte Anlageprodukte.

25 Der Anwendungsbereich der PRIIP-VO ist bewusst weit gewählt worden, damit keine **Umgehungen** möglich sind. So lässt sich eine Anwendung der Regelungen der PRIIP-VO nicht dadurch vermeiden, dass etwa für ein Produkt gezielt eine bestimmte Rechtsform, Bezeichnung oder Zweckbestimmung gewählt wird[2]. Mit dem weit gewählten Anwendungsbereich soll auch der Heterogenität der Finanzprodukte in den einzelnen EU-Mitgliedstaaten Rechnung getragen werden.

26 Bei der bis spätestens 31.12.2018 durchzuführenden **Überprüfung** der PRIIP-VO durch die EU-Kommission (Art. 33 VO Nr. 1286/2014) soll auch die Entstehung **neuer Arten** von PRIIP in die Überlegungen hinsichtlich einer Revision der PRIIP-VO einbezogen werden[3].

27 **III. Persönlicher Anwendungsbereich. 1. PRIIP-Hersteller als Informationsverpflichteter (Art. 4 Nr. 4 VO Nr. 1286/2014).** PRIIP-Hersteller kann nach Art. 4 Nr. 4 VO Nr. 1286/2014 sowohl ein Rechtsträger, d.h. eine juristische Person, als auch eine natürliche Person sein. Gleichzeitig schränkt Erwägungsgrund 6 Satz 1 VO Nr. 1286/2014 dies auf solche Rechtsträger und natürliche Personen ein, die der **Finanzdienstleistungsbranche** zuzuordnen sind[4].

28 Als Beispiele für die Herstellereigenschaft i.S.d. PRIIP-VO nennt Erwägungsgrund 12 Satz 1 VO Nr. 1286/2014 etwa Fondsmanager, Versicherungsunternehmen, Kreditinstitute oder Wertpapierfirmen[5], soweit ihre Anlageprodukte der PRIIP-VO unterfallen. Zutreffend wird im Schrifttum darauf hingewiesen, dass die Nennung von Fondsmanagern als Hersteller insofern nicht ganz korrekt ist, als die für den Fonds zuständige „Person" in Deutschland die Kapitalverwaltungsgesellschaft (KVG) ist[6].

29 PRIIP-Hersteller ist gem. Art. 4 Nr. 4 lit. a VO Nr. 1286/2014 jeder Rechtsträger oder jede natürliche Person, der bzw. die einen PRIIP **auflegt** (engl. manufacturer). Das wird bei verpackten Anlageprodukten i.S.d. Art. 4 Nr. 1 VO Nr. 1286/2014 regelmäßig der Emittent sein, bei Versicherungsanlageprodukten i.S.d. Art. 4 Nr. 2 VO Nr. 1286/2014 die Versicherungsgesellschaft[7].

30 Daneben gilt als PRIIP-Hersteller aber auch jeder, der an einem bestehenden PRIIP **Änderungen** vornimmt (Art. 4 Nr. 4 lit. b VO Nr. 1286/2014). Das gilt einschließlich der Änderungen des Risiko- und Renditeprofils oder der Kosten im Zusammenhang mit einer Anlage in das PRIIP. Hierbei handelt es sich aber („einschließlich") lediglich um eine nicht erschöpfende Aufzählung von Beispielen für Änderungen[8].

31 Damit wird etwa ein Vertreiber dann zum Hersteller i.S.d. PRIIP-VO und ist für die Erstellung eines Basisinformationsblatts verantwortlich, wenn er an einem bestehenden PRIIP bestimmte Änderungen vornimmt[9]. Dabei stellt sich die Frage, ob von einer solchen, die Herstellereigenschaft i.S.d. PRIIP-VO auslösenden „Änderung"

---

1 *Andresen/Gerold*, BaFinJournal August 2015, 31, 32; *Gerold*, BaFinJournal Mai 2017, 36, 38.
2 S. auch *Andresen/Gerold*, BaFinJournal August 2015, 31, 32.
3 Erwägungsgrund 36 Satz 1 VO Nr. 1286/2014.
4 S. auch *Wilfling*, ZFR 2017, 525, 526.
5 *Litten*, DB 2016, 1679, 1680; s. auch Erwägungsgrund 29 VO Nr. 1286/2014, wo auf „in der Banken-, Versicherungs-, Wertpapier- und Fondsbranche der Finanzmärkte" tätige Personen abgestellt wird.
6 *Gerold/Kohleick*, RdF 2017, 276, 279 Fn. 25.
7 *Wilfling/Komuczky*, ÖBA 2017, 697, 698.
8 So auch Ziff. 9 Unterabs. 3 Satz 1 Leitlinien der EU-Kommission, ABl. EU Nr. C 218 v. 7.7.2017, S. 11.
9 *Gerold/Kohleick*, RdF 2017, 276, 280.

schon bei minimalsten **Abweichungen** vom Ursprungstext gesprochen werden kann. Ursprünglich war auf eine „erhebliche" Veränderung abgehoben worden[1]. Diese Einschränkung findet sich in der jetzigen Gesetzesfassung nicht mehr.

Jedenfalls stellt nach Ziff. 9 Unterabs. 3 Satz 3 Leitlinien der EU-Kommission[2] die Notierung eines bestehenden PRIIP an einem Sekundärmarkt nicht automatisch eine Änderung i.S.d. Art. 4 Nr. 4 lit. b VO Nr. 1286/2014 dar. Der Begriff „Änderung am einem bestehenden PRIIP" in Art. 4 Nr. 4 VO Nr. 1286/2014 bezieht sich nach Ansicht der BaFin nicht auf bestehende PRIIP, d.h. auf die bereits abgeschlossenen Verträge, sondern auf das verfügbare Angebot im Erst- oder Zweitmarkt[3]. 32

Keine Angaben enthält die PRIIP-VO in Bezug auf Versicherungsanlageprodukte dazu, ob an alle Versicherungsnehmer eines Tarifs angebotene **Vertragsänderungen** eine erneute Pflicht bzgl. des Basisinformationsblatts auslösen können. Diesbezüglich hat sich die BaFin dahingehend geäußert, dass ein an alle Versicherungsnehmer eines Tarifs gerichtetes Vertragsänderungsangebot nicht notwendigerweise eine erneute Pflicht zur Erstellung bzw. Aktualisierung des Basisinformationsblatts auslöst. Anders soll das nur sein, wenn die Vertragsänderung eine Novation darstellt[4]. 33

Dem PRIIP-Hersteller obliegen drei **Pflichten:** die Erstellung des Basisinformationsblatts und dessen Veröffentlichung auf der Website des Herstellers (Art. 5 Abs. 1 VO Nr. 1286/2014), die regelmäßige Überprüfung der im Informationsblatt enthaltenen Informationen und, sofern erforderlich, dessen Überarbeitung (Art. 15 f. VO Nr. 1286/2014). 34

2. PRIIP-Verkäufer als Informationsverpflichteter (Art. 4 Nr. 5 VO Nr. 1286/2014). Als PRIIP-Verkäufer gilt nach Art. 4 Nr. 5 VO Nr. 1286/2014 diejenige Person, die dem Kleinanleger den PRIIP-Vertrag anbietet oder diesen mit ihm abschließt. Damit ist ausdrücklich als Verkäufer schon derjenige zu sehen, der ein PRIIP lediglich anbietet, ohne dass es zu einem Verkauf kommen muss. Erwägungsgrund 26 Satz 3 VO Nr. 1286/2014 bringt zudem zum Ausdruck, dass als PRIIP-Verkäufer (oder -Berater) sowohl Vermittler als auch die PRIIP-Hersteller gelten, sofern sie direkt beraten wegen oder das Produkt direkt an den Kleinanleger verkaufen. Das kann, etwa in Bezug auf Versicherungsanlageprodukte, auch ein Versicherungsvermittler i.S.d. § 59 VVG sein[5]. 35

Auch im sog. PRIIP-Verkäufer unterliegt nach der PRIIP-VO bestimmten Pflichten. Er schuldet nach den Art. 2 Abs. 1, Art. 13 Abs. 1 VO Nr. 1286/2014 die rechtzeitige **Zurverfügungstellung** des Basisinformationsblatts an den Kleinanleger. 36

Damit ist der Verkäufer grundsätzlich vom Hersteller zu unterscheiden. Sind Verkäufer und Hersteller **identisch,** muss der Hersteller sowohl die Pflichten der PRIIP-Hersteller zur Erstellung und Veröffentlichung des Basisinformationsblatts sowie zur Überprüfung und Aktualisierung (Art. 5 und Art. 10 VO Nr. 1286/2014) als auch die Pflichten der PRIIP-Verkäufer zur Bereitstellung (Art. 13 und Art. 14 VO Nr. 1286/2014) beachten[6]. 37

Unklar ist, ob ein Kleinanleger für ein Angebot im **Zweitmarkt** selbst KID-pflichtig werden kann. Nach dem Wortlaut des Art. 4 Nr. 5 VO Nr. 1286/2014 müsste der Kleinanleger in diesem Fall von den Verkäuferpflichten erfasst sein. Diesbezüglich wird jedoch überzeugend eine teleologische Reduktion vorgeschlagen, so dass hier eine Verkäufereigenschaft ausscheidet[7]. 38

Daneben existiert im Rahmen des PRIIP-Vertriebs noch eine weitere aus der PRIIP-VO verpflichtete Personengruppe, nämlich die **PRIIP-Berater.** Diese sind in den Definitionen der PRIIP-VO nicht enthalten, werden von den Pflichten her aber den PRIIP-Verkäufern gleichgestellt. Ausdrücklich auch auf die Berater erstrecken sich die Pflichten der Art. 13 und Art. 14 VO Nr. 1286/2014, so dass auch dieser dem Kleinanleger das Basisinformationsblatt ggf. zur Verfügung zu stellen hat. Zwar wird in der PRIIP-VO der Begriff der **Beratung** nicht definiert, da allerdings die PRIIP-VO die RL 2014/65/EU (MiFID II) sowie die RL 2002/92/EG und damit auch deren Nachfolgerichtlinie RL 2016/97/EU (Versicherungsvertriebsrichtlinie) ergänzt[8], können die dortigen Definitionen herangezogen werden (Art. 4 Abs. 1 Nr. 4 RL 2014/65/EU, Art. 1 Abs. 1 Nr. 15 RL 2016/97/EU). Beratung ist danach die Abgabe einer persönlichen Empfehlung an einen Kleinanleger entweder auf dessen Wunsch oder auf Initiative des Vertreibers. 39

3. Kleinanleger als Schutzadressat (Art. 4 Nr. 6 VO Nr. 1286/2014). Der Begriff „Kleinanleger"[9] wird in der PRIIP-VO angesichts der Erstreckung auf verpackte Anlageprodukte einerseits und Versicherungsanlageprodukte andererseits in zweifacher Weise definiert. Zum einen ist der Begriff wie der Begriff des „Privatkunden" 40

---

1 So *Seitz/Juhnke/Seibold*, BKR 2013, 1, 5.
2 Leitlinien der Kommission, ABl. EU Nr. C 218 v. 7.7.2017, S. 11.
3 *Gerold/Kohleick*, RdF 2017, 276, 280.
4 *Gerold/Kohleick*, RdF 2017, 276, 280.
5 *W.-T. Schneider*, VersR 2017, 1429, 1430.
6 So auch Erwägungsgrund 26 Satz 3 VO Nr. 1286/2014.
7 *Gerold/Kohleick*, RdF 2017, 276, 280.
8 S. Erwägungsgrund 5 Satz 2 und Satz 3 VO Nr. 1286/2014.
9 In der englischen Fassung wird der Begriff „retail investor" benutzt.

Art. 4 VO Nr. 1286/2014 | [Begriffsbestimmungen]

nach der RL 2014/65/EU (MiFID II) auszulegen. Danach sind Privatkunden in einer **Negativabgrenzung** all diejenigen Kunden, die keine professionellen Kunden sind. Zudem ist ein Kleinanleger ein Kunde i.S.d. RL 2002/92/EG (Vermittlerrichtlinie)[1], wenn dieser (ebenfalls) nicht als professioneller Kunde i.S.d. MiFID II angesehen wird.

41 Die Frage, ob der Begriff „Kleinanleger" ausschließlich auf die Definition in Annex II der RL 2014/65/EU (MiFID II) abstellt, bejahen die ESAs in ihren Q&A. Damit kommt es nicht darauf an, ob in einem Mitgliedstaat noch weitere Untergliederungen, wie etwa die des qualifizierten Anlegers (vgl. etwa § 2 Nr. 6 WpPG), des informierten Anlegers oder des **semi-professionellen Anlegers**, vorgesehen sind[2]. Das bedeutet für das deutsche Recht, dass auch sog. semiprofessionelle Anleger i.S.d. § 1 Abs. 19 Nr. 33 KAGB als „Kleinanleger" i.S.d. PRIIP-VO zu sehen sind. Insofern ist der deutsche Begriff des „Klein"-Anlegers missverständlich. Daher ist die englische Sprachfassung präziser, wenn dort von „retail investor" (Art. 4 Nr. 6 VO Nr. 1286/2014) und in Art. 4 Abs. 1 Nr. 11 RL 2014/65/EU (MiFID II) von „retail client" die Rede ist.

42 Als unklar wird diesbezüglich auch die Abgrenzung zum Begriff des „**Verbrauchers**" angesehen, der in der PRIIP-VO ebenfalls an einzelner Stelle erwähnt wird (vgl. Art. 33 Abs. 1 Satz 4 VO Nr. 1286/2014)[3]. Auch die VVG-InfoV hat für die dort erfassten Versicherungs(anlage)produkte auf den Verbraucherbegriff abgestellt. Es bestehen insofern Unterschiede zwischen den Begriffen, als nicht jeder Kleinanleger i.S.d. PRIIP-VO auch Verbraucher ist. Der Begriff des Kleinanlegers ist weiter als der des Verbrauchers und erfasst auch insbesondere solche Nichtverbraucher, welche die sehr hohen Hürden, die an die Einstufung als professioneller Kunde gestellt werden, nicht erfüllen[4]. Damit sind regelmäßig auch **kleine und mittlere Unternehmen** Kleinanleger i.S.d. Gesetzes, ohne dass sie aber als Verbraucher einzuordnen sind.

43 **IV. Anderer dauerhafter Datenträger (Art. 4 Nr. 7 VO Nr. 1286/2014).** Für die Definition des „anderen dauerhaften Datenträgers" in der PRIIP-VO wird auf die in der sog. OGAW IV-Richtlinie (RL 2009/65/EG) enthaltene Definition Bezug genommen (Art. 2 Abs. 1 lit. m RL 2009/65/EG). Danach wird als dauerhafter Datenträger jedes Medium gesehen, „das es einem Anleger gestattet, an ihn persönlich gerichtete Informationen derart zu speichern, dass der Anleger sie in der Folge für eine für die Zwecke der Informationen angemessene Dauer einsehen kann, und das die unveränderte Wiedergabe der gespeicherten Informationen ermöglicht" (Art. 2 Abs. 1 lit. m RL 2009/65/EG; s. auch § 1 Abs. 19 Nr. 8 KAGB; Art. 38 DurchfVO Nr. 583/2010)[5]. Konkret fällt damit neben Papier auch die Übermittlung auf elektronischem Wege, etwa über E-Mail, unter den Begriff des dauerhaften Datenträgers[6].

44 **V. Zuständige Behörden (Art. 4 Nr. 8 VO Nr. 1286/2014).** Zuständige Behörde ist die von einem Mitgliedstaat zur **Überwachung** der PRIIP-Pflichten benannte Behörde. In Deutschland ist zuständige Behörde grundsätzlich die BaFin[7]. Deutlich gemacht wird in Art. 4 Nr. 8 VO Nr. 1286/2014 zudem, dass die Aufsichtsbehörde sowohl den Hersteller als Verantwortlichen für die Herstellung, Veröffentlichung und Aktualisierung überwacht als auch diejenigen, die über PRIIP beraten oder diese verkaufen und für die konkrete Bereitstellung verantwortlich sind.

45 Die EU-Kommission hat in Ziff. 22 ihrer Leitlinien[8] präzisiert, dass die im Basisinformationsblatt zu nennende zuständige Behörde diejenige Behörde ist, in deren Staat der Hersteller seinen **Sitz** hat. Als eine andere Frage wird angesehen, zur Überwachung welcher PRIIP-Pflichten welche Aufsichtsbehörde zuständig ist[9], d.h. welche Behörde wann entscheiden kann, bzw. inwiefern ggf. eine Bindung an die Entscheidung einer anderen Behörde entsteht. Dabei hilft Art. 20 Abs. 1 VO Nr. 1286/2014 mit der Festschreibung einer Kooperation der Aufsichtsbehörden nur bedingt weiter[10]. Erwägungsgrund 24 VO Nr. 1286/2014 sieht vor, dass die zuständige Behörde des Mitgliedstaats, in welchem das konkrete PRIIP vermarktet wird, für die Überwachung dieser Vermarktung zuständig sein soll. Spezielle Anordnungsbefugnisse in Bezug auf die PRIIP-VO finden sich in § 47 KWG, § 308a VAG, § 4 Abs. 3l WpHG sowie § 5 Abs. 6a KAGB.

---

1 Die Richtlinie wurde durch die RL 2014/65/EU (MiFID II) überarbeitet.
2 ESAs, Questions and answers (Q&A) on the PRIIPs KID, JC 2017 49 v. 18.8.2017, abrufbar unter https://esas-joint-committee.europa.eu/Publications/Technical%20Standards/JC%202017%2049%20%28JC_PRIIPs_QA_Final%29.pdf (zuletzt abgerufen am 8.5.2018), Ziff. 1, S. 4; so auch die aktualisierte Fassung bei ESAs, Q&A v. 20.11.2017, General Topics, Ziff. 1, S. 4; abrufbar unter https://esas-joint-committee.europa.eu/Publications/Technical%20Standards/JC%202017%2049%20%28JC_PRIIPs_QA_3rd%29.pdf (zuletzt abgerufen am 8.5.2018).
3 Kritisch dazu *W.-T. Schneider*, VersR 2017, 1429, 1430.
4 Vgl. *Loacker* in FS Lorenz, 2014, S. 259, 265.
5 Vgl. auch die Schlussanträge der Generalanwältin in der Rs. C-375/15 v. 15.9.2016, Nr. 79 zum Begriff des „dauerhaften Datenträgers" (allerdings in anderem Zusammenhang); s. auch sodann EuGH v. 25.1.2017 – C-375/15, ECLI:EU:C:2017:38 – BAWAG/VKI, BKR 2017, 304 ff.
6 *Schneider-Deters* in Patzner/Döser/Kempf, § 1 KAGB Rz. 76.
7 Näher *Wilhelmi* in Assmann/Wallach/Zetzsche, KAGB, Anh. zu § 166: Art. 4 PRIIP-VO Rz. 20.
8 Leitlinien der Kommission, ABl. EU Nr. C 218 v. 7.7.2017, S. 11.
9 *Gerold/Kohleick*, RdF 2017, 279, 283.
10 Vgl. auch *Gerold/Kohleick*, RdF 2017, 279, 283.

Klargestellt wird in der Regelung mittelbar auch, dass ein Hersteller mit Sitz im Inland von der nationalen Aufsichtsbehörde überwacht wird, unabhängig davon, ob die von ihm angebotenen Produkte im **In- oder Ausland** vertrieben werden. Außerdem werden auch solche Basisinformationsblätter aus dem Ausland überwacht, die im Inland von Beratern oder Verkäufern angepriesen werden. Dass sich insofern Zuständigkeiten bzgl. **verschiedener nationaler Aufsichtsbehörden** ergeben können, liegt auf der Hand. 46

Kapitel II
Basisinformationsblatt

Abschnitt I
Abfassung des Basisinformationsblatts

Art. 5 [Abfassung und Veröffentlichung]

(1) Bevor Kleinanlegern ein PRIIP angeboten wird, fasst der PRIIP-Hersteller ein Basisinformationsblatt für dieses Produkt im Einklang mit den Anforderungen dieser Verordnung ab und veröffentlicht es auf seiner Website.

(2) Jeder Mitgliedstaat kann für die in diesem Mitgliedstaat vermarkteten PRIIP die Vorabmitteilung des Basisinformationsblatts durch den PRIIP-Hersteller oder die Person, die ein PRIIP verkauft, an die zuständige Behörde vorschreiben.

In der Fassung vom 26.11.2014 (ABl. EU Nr. L 352 v. 9.12.2014, S. 1).

Schrifttum: *Gerold*, Basisinformationsblatt, Anwendbarkeit der PRIIPs-Verordnung ab Anfang 2018 nun sicher, BaFin-Journal Mai 2017, 36; *Gerold/Kohleick*, Aktuelle europäische Vorgaben für das Basisinformationsblatt nach der PRIIP-VO, RdF 2017, 276; *Litten*, PRIIPs: Anforderungen an Basisinformationsblätter, DB 2016, 1679; *Loacker*, Basisinformationen als Entscheidungshilfe, in FS Lorenz, 2014, S. 259; *Seitz/Juhnke/Seibold*, PIBs, KIIDs und nun KIDs – Vorschlag der Europäischen Kommission für eine Verordnung über Basisinformationsblätter für Anlageprodukte im Rahmen der PRIPs-Initiative, BKR 2013, 1.

I. Verantwortung für das Informationsblatt (Art. 5 Abs. 1 VO Nr. 1286/2014) 1	II. Veröffentlichung des Informationsblatts (Art. 5 Abs. 1 VO Nr. 1286/2014) 14
1. Pflicht zur Abfassung des Informationsblatts .. 1	III. Keine Vorabnotifizierung (Art. 5 Abs. 2 VO Nr. 1286/2014) 18
2. Verantwortung des Herstellers 4	IV. Rechtsfolgen eines Verstoßes 21
3. Verantwortung des Herstellers für bestimmungswidrigen Vertrieb? 9	
4. Delegation 11	

I. Verantwortung für das Informationsblatt (Art. 5 Abs. 1 VO Nr. 1286/2014). 1. Pflicht zur Abfassung 1
des Informationsblatts. Art. 5 Abs. 1 VO Nr. 1286/2014 regelt einen Teil der Pflichten des PRIIP-Herstellers (Art. 4 Nr. 4 VO Nr. 1286/2014; dazu Art. 4 VO Nr. 1286/2014 Rz. 27 ff.) in Bezug auf das Basisinformationsblatt. Diese Bestimmung ist im Zusammenhang mit **Art. 7 VO Nr. 1286/2014** zu lesen, der eine Regelung bzgl. der zu verwendenden Amtssprache bzw. Amtssprachen enthält.

Art. 5 Abs. 1 VO Nr. 1286/2014 stellt in gewissem Umfang eine Wiederholung dessen dar, was bereits in **Art. 1** 2
VO Nr. 1286/2014 betont wird: Der Hersteller hat für jedes von ihm angebotene PRIIP-Produkt ein Basisinformationsblatt abzufassen. Hintergrund dafür soll sein, dass der Hersteller das Produkt am besten kennt[1]. Ausdrücklich gilt als hinreichende Abfassung eines Basisinformationsblatts i.S.d. Art. 5 VO Nr. 1286/2014 nur die Erstellung eines solchen, das „im Einklang mit den Anforderungen dieser Verordnung" steht. Außerdem ist in Art. 5 Abs. 1 VO Nr. 1286/2014 der Hinweis enthalten, dass die Veröffentlichung des Basisinformationsblatts auf der Website des Herstellers erfolgen muss.

In Art. 5 Abs. 1 VO Nr. 1286/2014 ist auch der **Zeitpunkt** der Herstellung und Veröffentlichung des Basisinformationsblatts vorgegeben. Beides hat vor einem Angebot des PRIIP an den Kleinanleger zu erfolgen, d.h. vor Vertriebsbeginn[2]. 3

---
1 S. Erwägungsgrund 12 Satz 1 VO Nr. 1286/2014.
2 S. Erwägungsgrund 12 Satz 3 VO Nr. 1286/2014.

Art. 5 VO Nr. 1286/2014 | [Abfassung und Veröffentlichung]

4 **2. Verantwortung des Herstellers.** Art. 5 VO Nr. 1286/2014 macht mittelbar auch deutlich, dass der Hersteller die **Verantwortung** für die (ordnungsgemäße) Erstellung des Basisinformationsblatts trägt[1]. Die Zuweisung der Verantwortung für das Informationsblatt an den PRIIP-Hersteller in Art. 5 Abs. 1 VO Nr. 1286/2014 ist nicht nur für mögliche aufsichtsrechtliche Maßnahmen i.S.d. Art. 22 ff. VO Nr. 1286/2014 bei Fehlerhaftigkeit des Basisinformationsblatts relevant, sondern auch für die in Art. 11 VO Nr. 1286/2014 vorgesehene zivilrechtliche **Haftung**.

5 Die Verantwortung für das Basisinformationsblatt umfasst auch die Verantwortung dafür, dass der Hersteller überhaupt die Anwendbarkeit der PRIIP-VO auf das von ihm konzipierte Produkt erkennt. Bekräftigt wird das nochmals in Ziff. 5 der Leitlinien der EU-Kommission, wo ebenfalls betont wird, dass der Hersteller für die korrekte Beurteilung der Anwendbarkeit der PRIIP-VO verantwortlich ist. Als Bewertungsmaßstab sollen dem Hersteller dabei insbesondere die wirtschaftlichen Merkmale jedes Finanzprodukts dienen.

6 In Art. 5 Abs. 1 VO Nr. 1286/2014 kommt zudem zum Ausdruck, dass Voraussetzung für die Abfassung des Basisinformationsblatts ist, dass das Produkt an **Kleinanleger** verkauft werden soll (zum Begriff Art. 4 VO Nr. 1286/2014 Rz. 40 ff.). Soll das Produkt dagegen nicht an Kleinanleger verkauft werden, besteht im Umkehrschluss auch keine Pflicht zur Erstellung eines Informationsblatts[2].

7 Hersteller kann gemäß der **Definition** in Art. 4 Nr. 4 lit. a VO Nr. 1286/2014 ein Rechtsträger oder eine natürliche Person sein. Als Hersteller gilt zunächst derjenige, der das Produkt „auflegt". Als Hersteller gilt nach Art. 4 Nr. 4 lit. b VO Nr. 1286/2014 aber auch derjenige, der an einem bestehenden PRIIP Änderungen am Risiko- und Renditeprofil oder an den Angaben bzgl. der Kosten vornimmt (näher Art. 4 VO Nr. 1286/2014 Rz. 30).

8 Aus dem Gesagten ergibt sich auch, dass sich der PRIIP-Hersteller seiner öffentlich-rechtlichen Verantwortung nicht entziehen kann. Daher ist es auch **unzulässig**, im Basisinformationsblatt einen **Disclaimer** vorzusehen, wonach der Hersteller die Verantwortlichkeit für das Informationsblatt ausschließt. Zu beachten ist auch, dass ein solcher Verantwortungsausschluss im Einzelfall gleichzeitig eine Irreführung des Kleinanlegers bedeuten kann (Art. 6 Abs. 1 Satz 2 VO Nr. 1286/2014). Bei diesem könnte nämlich durch einen solchen (unzulässigen) Verantwortungs- oder Haftungsausschluss der Eindruck entstehen, dass die vorgelegten Informationen zweifelhaft oder unrichtig sein könnten. Damit würde das Vertrauen in das Basisinformationsblatt grundsätzlich erschüttert und so dessen Sinn, dem Anleger das Verstehen und Vergleichen des PRIIP zu ermöglichen (Art. 1 VO Nr. 1286/2014) und somit eine Informationsgrundlage für seine Anlageentscheidung zu sein, konterkariert werden.

9 **3. Verantwortung des Herstellers für bestimmungswidrigen Vertrieb?** Nicht geregelt ist in der PRIIP-VO, ob und wenn ja inwiefern den Hersteller auch die Pflicht trifft, Vorsorge dafür zu tragen, dass das von ihm hergestellte PRIIP nicht vom Vertrieb **bestimmungswidrig angeboten** wird[3]. Unklar ist damit etwa, ob ein PRIIP, das nicht für Kleinanleger konzipiert und deshalb hierfür kein Basisinformationsblatt erstellt wurde, dann, wenn es faktisch trotzdem an Kleinanleger vertrieben wird, (nachträglich) zu einem basisinformationsblattpflichtigen Produkt werden kann.

10 Der Umstand, dass dann, wenn sich aus dem Vertrieb des Produkts für den Hersteller Anhaltspunkt dafür ergeben, dass das Basisinformationsblatt zu ergänzen oder zu korrigieren ist, dies aufgrund der Überprüfungs- und Überarbeitungspflicht des Art. 10 Abs. 1 VO Nr. 1286/2014 auch zu tun ist, hilft hier bei der Beurteilung nicht weiter. Art. 5 Abs. 1 VO Nr. 1286/2014 stellt nur auf die Zielsetzung des Herstellers, das Produkt (auch) künftig Kleinanlegern anzubieten, ab. Damit ist der Wortlaut der PRIIP-Regelung nicht ergiebig. Unter Berücksichtigung des Sinns und Zwecks der PRIIP-VO wird aber im Ergebnis eine korrigierte Zielmarktbestimmung durch den Hersteller und damit die **Erstellung eines Basisinformationsblatts** erforderlich sein[4]. Das wird nur dann unterbleiben können, wenn der Hersteller nach Feststellung des Missstands einen (künftigen) Vertrieb ausschließlich an professionelle Kunden sicherstellen kann.

11 **4. Delegation.** Da die PRIIP-VO die **Verantwortung** für das Basisinformationsblatt eindeutig festlegt, ist diese nach Angaben der BaFin **nicht delegierbar**. Das soll auch bei Auslagerungen gelten[5]. Das ist missverständlich ausgedrückt. Grundsätzlich ist die **Erstellung** des Basisinformationsblatts auf Dritte **delegierbar**, nicht aber die damit verbundene Primärverantwortung. Auch bei einer Verlagerung des Herstellungsprozesses auf Dritte kann sich der Hersteller nicht der nach PRIIP-VO bestehenden (aufsichtsrechtlichen) Verantwortung für

---

1 So dezidiert Erwägungsgrund 12 Satz 2 VO Nr. 1286/2014.
2 S. Erwägungsgrund 12 Satz 4 Halbsatz 1 VO Nr. 1286/2014.
3 Offengelassen bei *Gerold/Kohleick*, RdF 2017, 276, 280.
4 Vgl. auch § 295 Abs. 1 Satz 3 KAGB, wonach die AIF-Verwaltungsgesellschaften wirksame Vorkehrungen zur Verhinderung des Vertriebs an Privatkunden ergreifen müssen, wenn die Voraussetzungen für einen solchen Vertrieb nicht erfüllt sind; vgl. auch BaFin, Merkblatt (2013) zum Vertrieb von Anteilen oder Aktien an EU-AIF oder inländischen Spezial-AIF, die von einer EU-AIF-Verwaltungsgesellschaft verwaltet werden, an semiprofessionelle und professionelle Anleger in der Bundesrepublik Deutschland gemäß § 323 Kapitalanlagegesetzbuch (KAGB), zuletzt aktualisiert am 3.1.2018, unter III.2. zu den Angaben in Bezug auf die Vorkehrungen zur Verhinderung eines Vertriebs an Privatanleger.
5 *Gerold*, BaFinJournal Mai 2017, 36, 37.

das Basisinformationsblatt entziehen[1]. Ein anderer Punkt ist, dass der PRIIP-Hersteller ggf. jene bzgl. der von ihm zu zahlenden Schadensersatzleistungen wiederum in Regress nehmen kann[2].

Eine Delegation bietet sich laut Erwägungsgrund 12 VO Nr. 1286/2014 vor allem dann an, wenn dem Hersteller eine Erstellung aus praktischen Gründen „unmöglich" ist[3]. Das ist jedoch nicht mit einer Unmöglichkeit i.S.d. BGB gleichzusetzen. Vielmehr deutet die englische Fassung der PRIIP-VO („impractical") darauf hin, dass es in der freien (wirtschaftlichen) Entscheidung des PRIIP-Herstellers steht, jederzeit einen Dritten mit der Abfassung des Basisinformationsblatts zu beauftragen, ohne dass bestimmte Voraussetzungen erfüllt sein müssen[4]. 12

Insofern haftet der Hersteller zivilrechtlich im deutschen Recht ohnehin nach **§ 278 BGB** für das Handeln des Erfüllungsgehilfen, ohne dass eine Haftungsentlastung durch Delegation in Betracht kommt[5]. Allerdings ergibt sich im deutschen Recht bei Vorliegen einer deliktischen Haftung die Problematik, dass die Regelung des § 831 BGB eine Delegationsverantwortung durchaus vorsieht, d.h. der Geschäftsherr sich für die vom Verrichtungsgehilfen herbeigeführten Schäden exkulpieren kann. Ob insofern die Ausdehnung der Organisationspflichten im Rahmen des § 823 Abs. 1 korrigierend wirkt und die nach der PRIIP-VO zu tragende Verantwortung entsprechend „abbildet", wird sich weisen. 13

II. Veröffentlichung des Informationsblatts (Art. 5 Abs. 1 VO Nr. 1286/2014). Der Hersteller hat das Basisinformationsblatt auf seiner Website zu veröffentlichen, „bevor Kleinanlegern ein PRIIP angeboten wird" (Art. 5 Abs. 1 Halbsatz 1 VO Nr. 1286/2014). Damit hat die Erstellung und Veröffentlichung der Informationen bereits **vor** einem Angebot bzw. Vertrieb und damit erst recht vor einem Verkauf an Kleinanleger zu erfolgen. Dies soll unabhängig von einer Beratungssituation geschehen[6], da die PRIIP-VO nicht zwischen PRIIP, die mit oder ohne Beratung verkauft werden, unterscheidet[7]. Auch wenn der PRIIP-Hersteller keine PRIIP-Produkte verkauft, sondern dies ausschließlich durch Vermittler geschieht, hat er das Basisinformationsblatt abzufassen und auf seiner Website zu veröffentlichen[8]. 14

Die Veröffentlichung auf der **Website** soll eine „weitreichende Verbreitung und Verfügbarkeit der Basisinformationsblätter" sicherstellen[9]. Ursprünglich sollte es ausreichen, wenn der Hersteller das Informationsblatt „auf einer Website seiner Wahl" veröffentlicht[10]. In der endgültigen Gesetzesfassung ist aber nunmehr vorgeschrieben, dass dies auf der eigenen Website erfolgen muss. Damit genügt eine Veröffentlichung auf der **Website eines Dritten** nicht[11]. 15

Keine Regelung findet sich dazu, ob der Hersteller das Basisinformationsblatt deutlich hervorgehoben oder leicht **auffindbar** auf seiner Website zu veröffentlichen hat. Damit scheint es dem Hersteller grundsätzlich freizustehen, die konkrete Platzierung des Informationsblatts auf der Website nach Gutdünken vorzunehmen. Allerdings ist dies im Lichte des Zwecks der PRIIP-VO zu sehen, den Kleinanlegern die für eine fundierte Anlageentscheidung notwendigen Informationen zu vermitteln. 16

Aus dem Umstand, dass die kurze, prägnante und klare Abfassung des Basisinformationsblatts zwingend ist (Art. 6 Abs. 4 Satz 1, Art. 6 Abs. 1 Satz 2 VO Nr. 1286/2014), weil dieses ansonsten nicht genutzt wird[12], könnte geschlossen werden, dass auch auf der Website schwierig auffindbare Basisinformationsblätter unzulässig sind. Zudem wird das Ziel der „weitreichende(n) Verbreitung und **Verfügbarkeit** des Basisinformationsblatts" (Erwägungsgrund 12 Satz 6 VO Nr. 1286/2014) nur dadurch effektiv erreicht, dass das Informationsblatt auf der Website unschwer auffindbar ist. Unterstützt wird dies dadurch, dass jedenfalls die **Änderung** des Basisinformationsblatts nach Art. 10 VO Nr. 1286/2014 gem. Erwägungsgrund 22 Satz 2 DelVO 2017/653 „leicht zugänglich" sein sollen, d.h. dass sie „für Kleinanleger leicht zu finden" sein muss (Erwägungsgrund 22 Satz 1 DelVO 2017/653). Die Nichteinhaltung bzgl. der einfachen Auffindbarkeit des Basisinformationsblatts auf der Website ist jedoch weder bußgeldbewehrt noch kann sich hieraus ohne weiteres eine zivilrechtliche Haftung i.S.d. Art. 11 VO Nr. 1286/2014 ergeben. 17

III. Keine Vorabnotifizierung (Art. 5 Abs. 2 VO Nr. 1286/2014). Art. 5 Abs. 2 VO Nr. 1286/2014 stellt es den Mitgliedstaaten frei, eine Pflicht zur Vorabnotifizierung bei der nationalen Aufsichtsbehörde (in Deutschland: der BaFin) einzuführen. Der Vorteil eines solchen Vorgehens liegt darin, dass damit Verstößen gegen die 18

---

1 *Loacker* in FS Lorenz, 2014, S. 259, 266; *Gerold/Kohleick*, RdF 2017, 276, 279f.
2 Vgl. *Seitz/Juhnke/Seibold*, BKR 2013, 1, 5.
3 Erwägungsgrund 12 Satz 4 Halbsatz 2 VO Nr. 1286/2014; s. auch *Litten*, DB 2016, 1679, 1680; *Seitz/Juhnke/Seibold*, BKR 2013, 1, 5.
4 So auch *Wilhelmi* in Assmann/Wallach/Zetzsche, KAGB, Anh. zu § 166: Art. 5 PRIIP-VO Rz. 3.
5 Vgl. *Schmidt-Kessel* in Prütting/Wegen/Weinreich, § 278 BGB Rz. 1.
6 So *Voß* in Just/Voß/Ritz/Becker, § 31 WpHG Rz. 434f.
7 S. Ziff. 16 Satz 1 der Leitlinien der EU-Kommission, ABl. EU Nr. C 281 v. 7.7.2017, S. 11.
8 S. Ziff. 17 der Leitlinien der EU-Kommission, ABl. EU Nr. C 281 v. 7.7.2017, S. 11.
9 S. Erwägungsgrund 12 Satz 6 VO Nr. 1286/2014.
10 *Seitz/Juhnke/Seibold*, BKR 2013, 1, 5.
11 Wohl anders *W.-T. Schneider* in Prölss/Martin, VVG, Art. 5 PRIIP-VO Rz. 7.
12 Vgl. Erwägungsgrund 15 Satz 1 VO Nr. 1286/2014.

Vorgaben der PRIIP-VO nicht nur systematisch, sondern auch bereits präventiv begegnet werden kann. Der deutsche Gesetzgeber hat von einer solchen Regelung bislang abgesehen.

19 Insofern besteht „lediglich" eine ex post-Kontrolle des Basisinformationsblatts durch die BaFin. Diese bezieht sich sowohl auf das „Ob" eines Informationsblatts als auch auf das „Wie". Mit dem 1. Finanzmarktnovellierungsgesetz (1. FiMaNoG) erhielt die BaFin die für eine hinreichende Überwachung erforderlichen **Eingriffs- und Sanktionsbefugnisse**. In den entsprechenden Gesetzen, wie dem WpHG und dem VAG, ist lediglich eine Missstandsaufsicht vorgesehen und keine systematische Kontrolle. Ob dies so bleibt, wird u.a. davon abhängen, inwiefern die praktischen Erfahrungen mit dem Basisinformationsblatt zur Notwendigkeit einer weitergehenden Regelung führen.

20 Bei der Anwendung der Eingriffs- und Sanktionsbefugnisse hat die BaFin einen **Ermessensspielraum**. Dieser reduziert sich jedoch dann auf Null, wenn ein PRIIP-Hersteller ganz auf die Erstellung eines Basisinformationsblatts verzichtet, obwohl er dazu nach der PRIIP-VO verpflichtet wäre[1].

21 **IV. Rechtsfolgen eines Verstoßes.** Ein Verstoß gegen Art. 5 Abs. 1 i.V.m. Art. 7 Abs. 1 VO Nr. 1286/2014 kann mit aufsichtsrechtlichen Sanktionen oder Maßnahmen belegt werden (Art. 24 Abs. 1, Abs. 2 VO Nr. 1286/2014). Insbesondere kann dann, wenn das Basisinformationsblatt entgegen dieser Regelungen nicht in der vorgeschriebenen Weise abgefasst oder veröffentlicht wurde, ein **Bußgeld** sowohl bei vorsätzlicher als auch bei leichtfertiger Begehung verhängt werden (§ 120 Abs. 16 Ziff. 2 WpHG). Liegt ein Verstoß gegen Art. 5 Abs. 1 VO Nr. 1286/2014 oder dieser Regelung i.V.m. Art. 6, Art. 7 Abs. 2 VO Nr. 1286/2014 oder mit Art. 8 Abs. 1–3 VO Nr. 1286/2014 vor, ist ebenfalls die Verhängung eines Bußgelds möglich (§ 120 Abs. 16 Ziff. 1 WpHG).

22 Wird das erforderliche Basisinformationsblatt vom Hersteller überhaupt nicht erstellt, kommt eine **zivilrechtliche Haftung** nach Art. 11 VO Nr. 1286/2014 schon von vornherein nicht in Betracht. Diese Haftungsregelung basiert nämlich auf einem Vertrauen des Kleinanlegers auf das Informationsblatt, welches die Existenz eines solchen voraussetzt. Erfolgt die Erstellung des Basisinformationsblatts nicht nach den Anforderungen der PRIIP-VO, kommt es für eine zivilrechtliche Haftung darauf an, gegen welche Regelung konkret verstoßen worden ist. Dementsprechend kann unter den Voraussetzungen des Art. 11 VO Nr. 1286/2014 eine Haftung aufgrund der Verletzung der konkreten Regelung i.V.m. Art. 11 VO Nr. 1286/2014 in Betracht kommen.

Abschnitt II
Form und Inhalt des Basisinformationsblatts

Art. 6 [Form des Basisinformationsblatts]

(1) Die im Basisinformationsblatt enthaltenen Informationen sind vorvertragliche Informationen. Das Basisinformationsblatt muss präzise, redlich und klar sein und darf nicht irreführend sein. Es enthält die wesentlichen Informationen und stimmt mit etwaigen verbindlichen Vertragsunterlagen, mit den einschlägigen Teilen der Angebotsunterlagen und mit den Geschäftsbedingungen des PRIIP überein.

(2) Das Basisinformationsblatt ist eine eigenständige Unterlage, die von Werbematerialien deutlich zu unterscheiden ist. Es darf keine Querverweise auf Marketingmaterial enthalten. Es kann Querverweise auf andere Unterlagen, gegebenenfalls einschließlich eines Prospekts, enthalten, und zwar nur, wenn sich der Querverweis auf Informationen bezieht, die nach dieser Verordnung in das Basisinformationsblatt aufgenommen werden müssen.

(3) Abweichend von Absatz 2 dieses Artikels enthält das Basisinformationsblatt in dem Fall, in dem ein PRIIP dem Kleinanleger eine solche Palette von Anlageoptionen bietet, dass die Bereitstellung der Informationen in Bezug auf die zugrunde liegenden Anlagemöglichkeiten nach Artikel 8 Absatz 3 in einer einzigen, prägnanten und eigenständigen Unterlage nicht möglich ist, zumindest eine allgemeine Beschreibung der zugrunde liegenden Anlagemöglichkeiten sowie die Angabe, wo und wie detailliertere Dokumentationen zu vorvertraglichen Informationen in Bezug auf die Anlageprodukte, die die zugrunde liegenden Anlagemöglichkeiten absichern, zu finden ist.

(4) Das Basisinformationsblatt wird als kurze Unterlage abgefasst, die prägnant formuliert ist und ausgedruckt höchstens drei Seiten Papier im A4-Format umfasst, um für Vergleichbarkeit zu sorgen. Das Basisinformationsblatt

a) ist in einer Weise präsentiert und aufgemacht, die leicht verständlich ist, wobei Buchstaben in gut leserlicher Größe verwendet werden;

---

[1] *Gerold*, BaFinJournal Mai 2017, 36, 40.

b) legt den Schwerpunkt auf die wesentlichen Informationen, die Kleinanleger benötigen;
c) ist unmissverständlich und sprachlich sowie stilistisch so formuliert, dass das Verständnis der Informationen erleichtert wird, insbesondere durch eine klare, präzise und verständliche Sprache.

(5) Wenn in dem Basisinformationsblatt Farben verwendet werden, dürfen sie die Verständlichkeit der Informationen nicht beeinträchtigen, falls das Blatt in Schwarz und Weiß ausgedruckt oder fotokopiert wird.

(6) Wird die Unternehmensmarke oder das Logo des PRIIP-Herstellers oder der Gruppe, zu der er gehört, verwendet, darf sie bzw. es den Kleinanleger weder von den in dem Informationsblatt enthaltenen Informationen ablenken noch den Text verschleiern.

In der Fassung vom 26.11.2014 (ABl. EU Nr. L 352 v. 9.12.2014, S. 1).

Schrifttum: *Gerold/Kohleick*, Aktuelle europäische Vorgaben für das Basisinformationsblatt nach der PRIIP-VO, RdF 2017, 276; *Loacker*, Basisinformationen als Entscheidungshilfe, in FS Lorenz, 2014, S. 259; *Luttermann*, Kapitalmarktrechtliche Information bei Finanzprodukten (PRIIP), Privatautonomie (Vertragskonzept) und Vermögensordnung, ZIP 2015, 805; *Seitz/Juhnke/Seibold*, PIBs, KIIDs und nun KIDs – Vorschlag der Europäischen Kommission für eine Verordnung über Basisinformationsblätter für Anlageprodukte im Rahmen der PRIPs-Initiative, BKR 2013, 1.

I. Vorvertragliche Informationen (Art. 6 Abs. 1 VO Nr. 1286/2014)	1	b) Verbot der Irreführung	21
II. Umfang des Basisinformationsblatts (Art. 6 Abs. 4 Satz 1 VO Nr. 1286/2014)	2	2. Übereinstimmung mit anderen Unterlagen . . .	26
		3. Wesentlichkeit der Information	28
III. Darstellung des Basisinformationsblatts (Art. 6 Abs. 4, 5, 6 VO Nr. 1286/2014)	6	4. Abgrenzung zu Werbematerialien und anderen Unterlagen (Art. 6 Abs. 2 VO Nr. 1286/2014) . .	30
		a) Werbematerialien	30
IV. Inhalt des Basisinformationsblatts	12	b) Andere Informationen, Querverweise	34
1. Präzise, redlich, klar und nicht irreführend . . .	13	V. PRIIP mit einer Palette von Anlageoptionen (Art. 6 Abs. 3 VO Nr. 1286/2014)	37
a) Präzise, redlich und klar	14		

I. Vorvertragliche Informationen (Art. 6 Abs. 1 VO Nr. 1286/2014). Art. 6 Abs. 1 Satz 1 VO Nr. 1286/2014 1 betont ausdrücklich, dass es sich beim Basisinformationsblatt um vorvertragliche Informationen handelt. Schließlich sollen sie dem Anleger eine fundierte Anlageentscheidung ermöglichen. Auch die auf der OGAW IV-Richtlinie basierenden wesentlichen Anlegerinformationen i.S.d. KAGB werden als vorvertragliche Informationen gesehen[1]. Das ist vor allem im Hinblick auf eine Haftung bei Pflichtverletzung relevant (näher Art. 11 VO Nr. 1286/2014 Rz. 14 ff.)[2].

II. Umfang des Basisinformationsblatts (Art. 6 Abs. 4 Satz 1 VO Nr. 1286/2014). Der Umfang des Basis- 2 informationsblatts ist auf maximal **drei DIN-A4-Seiten** begrenzt (Art. 6 Abs. 4 Satz 1 VO Nr. 1286/2014). Eine **Erweiterung** des Umfangs ist selbst bei einem „berechtigten" Grund **nicht möglich**. Dem stehen der Wortlaut des Art. 6 Abs. 4 Satz 1 VO Nr. 1286/2014 sowie Ziff. 21 der Leitlinien der EU-Kommission[3] entgegen. Als problematisch erweist sich das, wenn sich ein Produkt als so komplex erweist, dass es in einem so kurzen Informationsblatt nicht mehr sinnvoll zusammengefasst werden kann[4]. In einem solchen Fall wirkt das Erfordernis eines Basisinformationsblatts insofern als Korrektur, als der Hersteller ein solches verpacktes Produkt dann nicht mehr für Kleinanleger konzipieren kann. Bzgl. professionellen Anlegern besteht sodann keine Basisinformationsblatt-Pflicht.

Die Einschränkung der Informationen auf sog. Schlüsselinformationen[5] in einem höchstens dreiseitigen Infor- 3 mationsblatt soll eine **Vergleichbarkeit** der Informationsblätter erleichtern. Ob es hierfür einer solchen engen Beschränkung bedurfte hätte, ist eine Frage, die hier nicht vertieft werden soll. Jedenfalls entspricht diese Seitenvorgabe derjenigen, die auch § 13 VermAnlG für das Vermögensanlagen-Informationsblatt vorsieht. Dagegen darf eine wesentliche Anlegerinformation i.S.d. §§ 164 ff. KAGB gem. Art. 6 DurchfVO Nr. 583/2010 nicht länger als nur zwei DIN-A 4-Seiten sein. Angesichts dieser Seitenvorgaben ist bei der Formulierung der Informationen zu berücksichtigen, dass schon die Wortlautvorgaben der PRIIP-VO bzw. der (zwingend zu verwendenden) Mustervorlage der DelVO 2017/653 (näher Art. 8 VO Nr. 1286/2014 Rz. 8) fast zwei Seiten in Anspruch nehmen.

---

1 Vgl. *v. Ammon/Izzo-Wagner* in Baur/Tappen, § 166 KAGB Rz. 4; *Patzner/Schneider-Deters* in Moritz/Jesch/Klebeck, § 166 KAGB Rz. 6.
2 Zur Lage bei den wesentlichen Anlegerinformationen i.S.d. KAGB s. *Patzner/Schneider-Deters* in Moritz/Jesch/Klebeck, § 166 KAGB Rz. 6 (nur deliktische Haftung).
3 ABl. EU Nr. C 281 v. 7.7.2017, S. 11.
4 Vgl. allgemein *Köndgen* in FS Hopt, 2009, S. 2113, 2134; *Beck* in FS Uwe H. Schneider, 2011, S. 89, 107; *Koch*, BKR 2012, 485, 487.
5 Vgl. *W.-T. Schneider* in Prölss/Martin, VVG, Art. 6 PRIIP-VO Rz. 7.

Art. 6 VO Nr. 1286/2014 | [Form des Basisinformationsblatts]

4   In diesem Zusammenhang wird auch die Anforderung des Art. 6 Abs. 4 Satz 2 lit. b VO Nr. 1286/2014, wonach das Basisinformationsblatt den Schwerpunkt auf die vom Kleinanleger benötigten „**wesentlichen** Informationen" legt, als deklaratorische Regelung zu sehen sein. Denn was als wesentlich anzusehen ist, wird schon in Art. 8 VO Nr. 1286/2014 sowie den Art. 1 ff. DelVO 2017/653 näher bestimmt. Dabei ist die Verwendung der Mustervorlage der DelVO 2017/653 zwingend vorgeschrieben. Für den Hersteller bleibt insofern in Verbindung mit der genannten Seitenbegrenzung für das Basisinformationsblatt schon von vornherein kein Spielraum (s. Rz. 29).

5   Dass bei kleiner **Schriftgröße** ein Mehr an Informationen möglich ist, sieht auch der PRIIP-Gesetzgeber und thematisiert daher auch diese. Nach Art. 6 Abs. 4 Satz 2 lit. a VO Nr. 1286/2014 sind „Buchstaben in gut leserlicher Größe" zu verwenden, so dass nicht durch die Wahl der Schriftgröße die Möglichkeit eines Mehr an Informationen besteht (s. auch Rz. 6 ff.).

6   **III. Darstellung des Basisinformationsblatts (Art. 6 Abs. 4, 5, 6 VO Nr. 1286/2014).** Art. 6 Abs. 4 VO Nr. 1286/2014 sieht bestimmte Vorgaben bzgl. der Darstellung des Basisinformationsblatts vor. Das bezieht sich vor allem auf die Seitenzahl, die Aufmachung, den Schwerpunkt sowie die sprachliche Darstellung. Der Präsentation der Basisinformationen kommt nach der PRIIP-VO daher zentrale Bedeutung zu. Das kommt auch dadurch zum Ausdruck, dass bereits in der Verordnung (Level 1) und nicht erst auf Level 2 bestimmte **Vorgaben** zur Darstellung gemacht werden. Denn letztendlich sind die Anforderungen an die Darstellung nichts anderes als eine Präzisierung der zentralen Vorgabe, dass das Basisinformationsblatt redlich und klar sein muss sowie nicht irreführend sein darf (Art. 6 Abs. 1 Satz 2 VO Nr. 1286/2014). Die Frage, ob dies nicht eine „klassische" Level 2-Aufgabe gewesen wäre[1], stellt sich nunmehr allenfalls im Zusammenhang mit der nach Art. 33 Abs. 1 Satz 1 VO Nr. 1286/2014 vorgesehenen Überprüfung der PRIIP-Verordnung.

7   Art. 6 Abs. 4 Satz 1 VO Nr. 1286/2014 verlangt nicht nur, dass das Informationsblatt in der gedruckten Version höchstens drei DIN-A4-Seiten umfassen darf (so auch Anhang I Satz 3 DelVO 2017/653), sondern gibt auch vor, dass die verwendeten Buchstaben „in gut leserlicher **Größe**" verwendet werden müssen (Art. 6 Abs. 4 Satz 2 lit. a VO Nr. 1286/2014). Hintergrund ist, dass der Kleinanleger das Basisinformationsblatt auch als solches erkennt und nicht fälschlich als Bestandteil des sog. Kleingedruckten sieht und es deshalb nicht zur Kenntnis nimmt (s. auch Rz. 5)[2].

8   Was das in Bezug auf die konkrete Schriftgröße bedeutet, wird offengelassen. Das entspricht dem, was bereits im Rahmen des KAGB und der wesentlichen Anlegerinformationen in Art. 5 Abs. 1 lit. a DurchfVO Nr. 583/2010 für inländische OGAW vorgesehen war. Insofern kann auf die dort gemachten Erfahrungen zurückgegriffen werden. Bei der Wahl einer kleinen Schriftgröße trägt der Hersteller das **Risiko**, dass das Informationsblatt als nicht mehr „prägnant" oder nicht mehr „präzise" oder „klar" angesehen wird. Da bei der Auslegung der PRIIP-VO stets deren Zweck zu beachten ist, sind die zahlreichen unbestimmten Rechtsbegriffe zwar grundsätzlich der Auslegung zugänglich, es bleibt dem Hersteller bei genauer Betrachtung aber kaum Spielraum im Hinblick auf die Gestaltung des Basisinformationsblatts[3].

9   Verlangt wird auch eine für den Kleinanleger verständliche **sprachliche** und stilistische Formulierung des Textes des Basisinformationsblatts. Insofern ist der Übergang zu den inhaltlichen Anforderungen (s. Rz. 12 ff.) fließend.

10 Der Hersteller kann bei der Erstellung des Basisinformationsblatts auch farbliche Darstellungen verwenden. Werden jedoch **Farben** verwendet, darf durch einen Schwarz-Weiß-Ausdruck durch den Kunden die Verständlichkeit der Informationen nicht beeinträchtigt werden (Art. 6 Abs. 5 VO Nr. 1286/2014). Das bedeutet, dass die Farben nicht so gewählt werden dürfen, dass der Kunde diese bei einem Schwarz-Weiß-Ausdruck nicht mehr unterscheiden kann. Das kann etwa der Fall sein, wenn im farbigen Original die Chancen des Anlageprodukts grün und dessen Risiken rot hinterlegt sind[4].

11 Schließlich ist bzgl. des **Logos** vorgesehen, dass es weder von den Informationen ablenken noch den Text verschleiern darf (Art. 6 Abs. 6 VO Nr. 1286/2014). Auch diese PRIIP-Vorgaben sind nicht neu. Bereits in Art. 5 Abs. 2 und 3 DurchfVO Nr. 583/2010 waren in Bezug auf inländische OGAW vergleichbare Vorgaben enthalten, so dass auf die diesbezüglich gemachten Erfahrungen zurückgegriffen werden kann. Hintergrund der Regelung ist, dass das Logo den Kleinanleger nicht von der Information ablenken darf oder diese gar verschleiert[5]. Insofern ist hier auch wieder die Vorgabe des Gesetzgebers maßgeblich, dass das Basisinformationsblatt nicht irreführend sein darf (Art. 6 Abs. 1 Satz 2 VO Nr. 1286/2014).

12 **IV. Inhalt des Basisinformationsblatts.** Die in Art. 6 VO Nr. 1286/2014 enthaltenen Anforderungen an den Inhalt des Basisinformationsblatts sind vor allem im Zusammenhang mit **Art. 8 VO Nr. 1286/2014** zu lesen,

---

1 S. auch *Loacker* in FS Lorenz, 2014, S. 259, 270.
2 Vgl. *W.-T. Schneider* in Prölss/Martin, VVG, Art. 6 PRIIP-VO Rz. 7.
3 A.A. *W.-T. Schneider* in Prölss/Martin, VVG, Art. 6 PRIIP-VO Rz. 7.
4 So *Seitz/Juhnke/Seibold*, BKR 2013, 1, 6; vgl. Art. 5 Abs. 2 DurchfVO Nr. 583/2010 für die wesentlichen Anlegerinformationen des KAGB.
5 So *W.-T. Schneider* in Prölss/Martin, VVG, Art. 6 PRIIP-VO Rz. 8.

wo genauere inhaltliche Vorgaben gemacht werden. Diese werden wiederum in der **DelVO 2017/653** präzisiert. Außerdem ist Art. 6 VO Nr. 1286/2014 in der Zusammenschau mit anderen Artikeln der PRIIP-VO zu lesen.

1. Präzise, redlich, klar und nicht irreführend. Das Basisinformationsblatt muss nach Art. 6 Abs. 1 Satz 2 VO Nr. 1286/2014 präzise, redlich und klar sein und darf nicht irreführend sein. Das wird als „oberste(r) Leitsatz für das KID" gesehen[1]. Dies entspricht im Wesentlichen dem, was in § 13 Abs. 6 Satz 3 VermAnlG auch für das Vermögensanlagen-Informationsblatt, in § 166 Abs. 3 Satz 2 KAGB bzw. Art. 5 Abs. 1 lit. b DurchfVO Nr. 583/2010 für die wesentlichen Anlegerinformationen (sog. KIID)[2] und in § 64 Abs. 2 Satz 2 WpHG für das Produktinformationsblatt verlangt wird. Die Anforderung, dass eine Information redlich und eindeutig sein muss und nicht irreführend sein darf, findet sich auch allgemein für die an die Kunden weitergegebenen Informationen der Wertpapierdienstleistungsunternehmen (§ 63 Abs. 6 Satz 1 WpHG) bzw. der Versicherungen (§ 1a Abs. 3 VVG).

a) Präzise, redlich und klar. Bereits die Auslegung des Begriffs „**präzise**" bereitet gewisse Schwierigkeiten[3]. Fraglich ist, ob „präzise" meint, dass das Basisinformationsblatt nicht fehlerhaft sein darf bzw. richtig sein muss, oder ob der Begriff weiter zu verstehen ist. Im Zusammenhang mit einer zivilrechtlichen Haftung nach Art. 11 Abs. 2 i.V.m. Abs. 1 VO Nr. 1286/2014 i.V.m. dem nationalen Recht wird hier von „ungenau" gesprochen, obwohl in der englischen Fassung stets von „accurate" bzw. „inaccurate" die Rede ist. Erwägungsgrund 22 Satz 2 VO Nr. 1286/2014 wiederum wird in der deutschen Fassung mit „fehlerhaft" übersetzt, wobei die englische Fassung hier wieder „inaccurate" verwendet.

Klarheit (in der englischen Fassung „clear") liegt dann vor, wenn keine mehrdeutige Auslegung der Angaben möglich ist[4].

Konkret bedeutet der Hinweis auf die Redlichkeit und **Klarheit** das vor allem, dass das verwendete Vokabular sowie der Schreibstil für einen **durchschnittlichen Kleinanleger** verständlich sein müssen[5]. Entscheidend kommt es auf den typisierten **Empfängerhorizont** an. Mit Typisierungen vermochte die deutsche Rechtsprechung bislang umzugehen, so dass dies keine dogmatischen Probleme aufwerfen dürfte. Anders kann das aber hier deshalb sein, weil sich der „Durchschnitt" nach dem bemisst, was der Hersteller als **Kundenzielmarkt** bestimmt hat (vgl. Art. 6 Abs. 3 lit. c Ziff. iii VO Nr. 1286/2014; s. Art. 8 VO Nr. 1286/2014 Rz. 50 ff.). Je nachdem, wie der Kleinanlegertyp, an den das PRIIP vermarktet werden soll, bestimmt wird, sind ggf. andere Formulierungen im Basisinformationsblatt zulässig bzw. erforderlich. Sofern das PRIIP nur an bestimmte kundige Empfängergruppen vermarktet werden soll, können etwa in vielen Fällen bei diesen Kunden Vorkenntnisse vorausgesetzt werden.

Etwas sperrig wirkt die Vorgabe der redlichen, klaren und nicht irreführenden Erstellung des Informationsblatts für den Rechtsanwender auch deshalb, weil Art. 6 Abs. 4 Satz 1 VO Nr. 1286/2014 diesen Ansatz noch unterstreicht, indem betont wird, dass das Informationsblatt „**prägnant formuliert**" sein muss. Auch Art. 6 Abs. 4 Satz 2 lit. c VO Nr. 1286/2014 greift diesen Gedanken auf und verlangt, dass das Informationsblatt „**unmissverständlich**" und so formuliert ist, „dass das Verständnis der Informationen erleichtert wird". Daher soll „insbesondere … eine klare, präzise und verständliche Sprache" verwendet werden. Eine Ergänzung erfahren diese Vorgaben des Art. 6 VO Nr. 1286/2014 auch durch Art. 7 VO Nr. 1286/2014, wo die zu verwendende **Sprache** geregelt wird.

Im Schrifttum wurde überlegt, ob die Begriffe „klar" und „präzise" eine überflüssige Doppelung darstellen[6]. Verwiesen wird darauf, dass in den Erwägungsgründen von einer Information die Rede ist, die „richtig, redlich und klar sein" muss[7]. Wie auch immer man die Abgrenzung dieser beiden Begriffe sieht, ist dadurch jedenfalls mittelbar der Verwendung von **Fachterminologie** die Grenze gesetzt. Ursprünglich sollte deren Verwendung ganz verboten werden, sofern eine Erklärung in der Alltagssprache möglich ist[8]. Das hätte in der praktischen Umsetzung zum Teil erhebliche Probleme mit sich bringen können.

Nunmehr können zwar grundsätzlich **Fachausdrücke** verwendet werden, es sollte aber dort, wo ein Kleinanleger als Adressat des Informationsblatts den Begriff typischerweise nicht mehr versteht, eine Umschreibung oder Erklärung erfolgen. Insofern sieht Erwägungsgrund 13 Satz 3 VO Nr. 1286/2014 vor, dass auf das Vokabular und den Schreibstil geachtet werden muss. Nach Erwägungsgrund 14 VO Nr. 1286/2014 sind sowohl der

---

1 *Gerold/Kohleick*, RdF 2017, 276, 281.
2 S. schon Art. 79 Abs. 1 RL 2009/65/EG (OGAW IV-Richtlinie).
3 Vgl. *Luttermann*, ZIP 2015, 805, 807 f.; *Wilfling*, ZFR 2017, 525, 527.
4 *Wilhelmi* in Assmann/Wallach/Zetzsche, KAGB, Anh. zu § 166: Art. 6 PRIIP-VO Rz. 4 m.w.N. zur entsprechenden Formulierung im WpHG für das Produktinformationsblatt.
5 Vgl. Erwägungsgrund 13 Satz 3 VO Nr. 1286/2014; zum durchschnittlichen Anleger siehe *Buck-Heeb*, ZHR 177 (2013), 310, 333 ff.; *Buck-Heeb*, ZHR 176 (2012), 66, 87 ff.
6 *Luttermann*, ZIP 2015, 805, 807 f.
7 So auch Erwägungsgrund 13 Satz 1 VO Nr. 1286/2014.
8 S. Art. 6 Abs. 3 lit. b Ziff. iii) COM(2012) 352 final vom 3.7.2012.

Art. 6 VO Nr. 1286/2014 | [Form des Basisinformationsblatts]

Fachjargon als auch die Fachterminologie der Finanzbranche, sofern diese dem durchschnittlichen Kleinanleger nicht unmittelbar verständlich sind, zu vermeiden. Das wiederum kann angesichts der begrenzt erlaubten Seitenzahl und dem zwingend vorgegebenen Inhalt im Einzelfall technische Probleme aufwerfen.

20 Es wird sich zeigen, inwiefern hinsichtlich der sprachlichen **Verständlichkeit** auf das von den Spitzenverbänden der Deutschen Kreditwirtschaft in Bezug auf die Produktinformationsblätter des WpHG ausgearbeitete Glossar zurückgegriffen werden kann[1]. Auch CESR hatte zu den wesentlichen Anlegerinformationen i.S.d. OGAW IV-Richtlinie bzw. des KAGB eine Richtlinie herausgegeben, die das Ziel der Abfassung in allgemein verständlicher Sprache verfolgte[2].

21 **b) Verbot der Irreführung.** Irreführend sind Angaben im Basisinformationsblatt, die zwar sachlich richtig sind, aber dennoch nur „die halbe Wahrheit" wiedergeben[3]. Insbesondere ist der Fall erfasst, dass beim Anleger ein falscher **Gesamteindruck** etwa über die Chancen und Risiken des Anlageprodukts oder andere für die Anlageentscheidung erhebliche Faktoren entsteht. Manche wollen zur näheren Bestimmung die Grundsätze des § 5 UWG heranziehen[4], wobei aber zu beachten ist, dass es hier um eine tatsächliche Irreführung und nicht um die bloße Eignung hierzu geht[5]. Auf alle Fälle sind auch solche Angaben im Basisinformationsblatt unzulässig, die zwar nicht im eigentlichen Sinne falsch sind, aber beim Kleinanleger einen falschen Eindruck erwecken. Eine Irreführung kann daher sowohl in Bezug auf einzelne Angaben entstehen, als auch im Hinblick auf die Gesamtheit der Informationen.

22 Auf eine **subjektive** Komponente kommt es in diesem Zusammenhang nicht an. Unerheblich ist für einen Verstoß gegen Art. 6 VO Nr. 1286/2014, ob auch tatsächlich ein konkreter Kleinanleger irregeführt worden ist. Es kommt auch nicht darauf an, ob der PRIIP-Hersteller mit seinen Angaben überhaupt irreführen wollte.

23 Das **Verbot der Irreführung** beinhaltet nicht nur das Unterlassen widersprüchlicher Aussagen, sondern umfasst das Gebot, dafür zu sorgen, dass die Angaben im Basisinformationsblatt stets auf **aktuellem Stand** sind. Eine Überprüfungs- und Überarbeitungspflicht ist speziell in Art. 10 Abs. 1 VO Nr. 1286/2014 vorgeschrieben. Außerdem dürfen die Angaben nicht unrichtig sein und müssen mit denjenigen im Prospekt übereinstimmen (vgl. Art. 6 Abs. 1 Satz 3 VO Nr. 1286/2014).

24 Unzulässig ist damit auch, in das Basisinformationsblatt eine Formulierung im Hinblick auf einen **Ausschluss** der Richtigkeit oder Verantwortlichkeit für das Basisinformationsblatt vorzunehmen. Eine solche Formulierung kann zur Irreführung des Kleinanlegers führen, da bei ihm der Eindruck erweckt werden kann, dass die Richtigkeit der im Informationsblatt enthaltenen Angaben zweifelhaft oder nicht gegeben ist[6].

25 Der PRIIP-Hersteller sollte insbesondere vermeiden, dass seine Angaben zu einer Irreführung des Kleinanlegers führen können oder unpräzise sind. Denn in der **Rechtsfolge** drohen bei einem Verstoß nicht nur verwaltungsrechtliche Sanktionen (Art. 22 ff. VO Nr. 1286/2014), sondern der Hersteller kann dem Kleinanleger gegenüber aus auch Art. 11 Abs. 2 i.V.m. Abs. 1 VO Nr. 1286/2014 i.V.m. dem nationalen Recht auf Schadensersatz haften müssen. Als Tatbestandsmerkmal für eine **Haftung** ist hier ausdrücklich das Irreführen des Basisinformationsblatts bzw. dessen Ungenauigkeit (Unpräzisheit) aufgeführt (Art. 11 Abs. 1 VO Nr. 1286/2014).

26 **2. Übereinstimmung mit anderen Unterlagen.** Art. 6 Abs. 1 Satz 3 VO Nr. 1286/2014 verlangt, dass das Basisinformationsblatt mit möglichen verbindlichen Vertragsunterlagen sowie mit den einschlägigen Teilen der Angebotsunterlagen und den Geschäftsbedingungen des PRIIP übereinstimmt. Das bedeutet zunächst, dass im Informationsblatt keine hierzu **widersprüchlichen** Angaben enthalten sein dürfen. Das meint aber auch, dass die Angaben im Basisinformationsblatt nicht gegenüber den anderen genannten Unterlagen verharmlosend wirken dürfen.

27 Dieser Punkt wird im Rahmen der **Haftung** nach Art. 11 Abs. 2 i.V.m. Abs. 1 VO Nr. 1286/2014 i.V.m. dem nationalen Recht nochmals aufgegriffen. Hiernach muss der Hersteller eine zivilrechtliche Schadensersatzklage

---

1 „Glossar zur Verbesserung der sprachlichen Verständlichkeit von Produktinformationsblättern nach Wertpapierhandelsgesetz", Stand: August 2013, abrufbar unter https://die-dk.de/media/files/Anlage_1_Glossar_ry6Si8N.pdf (zuletzt abgerufen am 2.5.2018).
2 CESR's guide to clear language and layout for the Key Investor Information Document, CESR/10-1320, 2010, bzgl. der wesentlichen Anlegerinformationen, abrufbar über https://www.esma.europa.eu/system/files_force/library/2015/11/10_1320.pdf (zuletzt abgerufen am 2.5.2018).
3 *Assmann* in Assmann/Schlitt/von Kopp-Colomb, § 22 VermAnlG Rz. 24 (bzgl. Vermögensanlagen-Informationsblatt); *Assmann* in Assmann/Schütze, Handbuch des Kapitalanlagerechts, § 5 Rz. 426 (bzgl. wesentlicher Anlegerinformationen); *Rinas/Pobortscha*, BB 2012, 1615 (zum Vermögensanlagen-Informationsblatt); *Merk* in Moritz/Jesch/Klebeck, § 306 KAGB Rz. 24.
4 *Paul* in Weitnauer/Boxberger/Anders, § 306 KAGB Rz. 25 (bzgl. der wesentlichen Anlegerinformationen).
5 So auch *Assmann* in Assmann/Schlitt/von Kopp-Colomb, § 22 VermAnlG Rz. 27.
6 Vgl. BaFin, Rundschreiben 4/2013 (WA) – Produktinformationsblätter gem. §§ 31 Abs. 3a WpHG, 5a WpDVerOV, 26.9.2013, WA 36 – Wp 2002 – 2012/0003, Ziff. 3.1.3., abrufbar unter https://www.bafin.de/SharedDocs/Veroeffentlichungen/DE/Rundschreiben/rs_1304_produktinformationsblaetter_wa.html;jsessionid=A61978886B32A9CA0EFBC7DF38A90C17.1_cid290 (zuletzt abgerufen am 2.5.2018).

des Kleinanlegers befürchten, wenn das Basisinformationsblatt nicht „mit den einschlägigen Teilen der rechtlich verbindlichen vorvertraglichen und Vertragsunterlagen" übereinstimmt.

3. Wesentlichkeit der Information. Abweichend von den lediglich formalen Anforderungen sieht **Art. 6 Abs. 1 Satz 3 VO Nr. 1286/2014** vor, dass das Basisinformationsblatt die „**wesentlichen** Informationen" enthält. Erwägungsgrund 15 VO Nr. 1286/2014 spricht hier von „notwendigen" Informationen. Betont wird dies nochmals in Art. 6 Abs. 4 Satz 2 lit. b VO Nr. 1286/2014, wo dargetan wird, dass der Schwerpunkt der Darstellung auf den wesentlichen Informationen, die der Kleinanleger benötigt, liegen soll.

Für den Hersteller besteht aber kaum ein **Ermessensspielraum** bzgl. der Beurteilung dessen, was als wesentlich anzusehen ist. Insofern ist diese Regelung im Zusammenhang mit Art. 8 VO Nr. 1286/2014 sowie den Art. 1 ff. DelVO 2017/653 zu sehen. Da allerdings die dort gemachten Vorgaben zwar detailliert, aber dennoch auslegungsfähig sind, obliegt es dem Herstellern, jeweils zu entscheiden, ob eine Information als wesentlich einzustufen ist oder nicht. Misslich ist das deshalb, weil ein Zuwenig an Information zur Haftung wegen Fehlerhaftigkeit des Informationsblatts und ein Zuviel an Information zu einer Haftung wegen „Unpräzisheit" oder Irreführung führen kann.

4. Abgrenzung zu Werbematerialien und anderen Unterlagen (Art. 6 Abs. 2 VO Nr. 1286/2014). a) Werbematerialien. Die Regelung des Art. 6 Abs. 2 VO Nr. 1286/2014 ist im Zusammenhang mit Art. 9 VO Nr. 1286/2014 sowie mit Art. 7 Abs. 2 VO Nr. 1286/2014 zu sehen. Danach dürfen Werbematerialien (Art. 6 Abs. 2 Satz 1 VO Nr. 1286/2014) bzw. Marketingmaterialien (Art. 6 Abs. 2 Satz 2 VO Nr. 1286/2014) nicht im Widerspruch zu den im Basisinformationsblatt enthaltenen Informationen stehen. Sie dürfen diese auch nicht herabstufen (**Art. 9 Satz 1 VO Nr. 1286/2014**). Zudem ist in den Werbematerialien ein dezidierter Hinweis auf das Basisinformationsblatt aufzunehmen (**Art. 9 Satz 2 VO Nr. 1286/2014**). Außerdem muss das Basisinformationsblatt mindestens in der Sprache, in welcher der Vertrieb durch Werbeunterlagen geschieht, verfasst sein (**Art. 7 Abs. 2 VO Nr. 1286/2014**).

Mit der Regelung des Art. 6 Abs. 2 VO Nr. 1286/2014 geht die PRIIP-VO weiter als die bisherigen Regelungen von Informationsblättern. So sieht etwa § 63 Abs. 6 Satz 2 WpHG lediglich vor, dass Marketingmaterial als solches erkennbar sein muss.

Das Basisinformationsblatt ist gem. Art. 6 Abs. 2 Satz 1 VO Nr. 1286/2014 ein eigenständiges Dokument. Das bedeutet auch, dass der Kleinanleger in der Lage sein können soll, das Informationsblatt aus sich heraus zu verstehen, ohne dass er andere, nicht die Vermarktung betreffende Informationen zu Hilfe ziehen muss[1].

Die PRIIP-VO verlangt in Bezug auf andere Produktunterlagen, insbesondere in Bezug auf **Werbematerialien** eine deutliche Trennung. Damit soll das Informationsblatt nicht zu Marketingzwecken missbraucht werden können. Gleichzeitig ist es untersagt, in das Basisinformationsblatt einen Querverweis auf Marketingmaterial aufzunehmen (Art. 6 Abs. 2 Satz 2 VO Nr. 1286/2014). Hintergrund ist, dass der Kleinanleger erkennen können soll, dass das Basisinformationsblatt gesetzlich vorgeschriebene und damit standardisierte Informationen enthält, die ihm den Produktvergleich ermöglichen. Insofern ist diese Regelung auch im Zusammenhang mit **Art. 8 Abs. 2 VO Nr. 1286/2014** zu sehen. Danach ist dem Kunden im Basisinformationsblatt ausdrücklich mitzuteilen, dass es sich hierbei „nicht um Werbematerial" handelt.

b) Andere Informationen, Querverweise. Da im Basisinformationsblatt lediglich die „wesentlichen Informationen" enthalten sein dürfen und auch – aufgrund des auf maximal drei DIN-A 4-Seiten begrenzten Umfangs – können, sieht Art. 6 Abs. 2 Satz 3 VO Nr. 1286/2014 für bestimmte Fälle die Möglichkeit eines **Querverweises** auf andere Unterlagen vor. Hintergrund ist die Überlegung, dass unter engen Voraussetzungen suchkostenreduzierende Querverweise Mehrwert bieten, sofern die Verständlichkeit des Informationsblatts gewahrt bleibt[2].

Voraussetzung hierfür ist, dass diese Querverweise Informationen enthalten, die „in das Basisinformationsblatt aufgenommen werden müssen" und damit Pflichtinformationen i.S.d. VO Nr. 1286/2014 sind (Art. 6 Abs. 2 Satz 3 a.E. VO Nr. 1286/2014). Im Gesetz wird insofern vor allem ein **Prospekt** des Anbieters als möglicher Bezugspunkt für einen Querverweis erwähnt (Art. 6 Abs. 2 Satz 3 VO Nr. 1286/2014).

Alle anderen Querverweise, ob sie sich auf Marketingmaterial (Art. 6 Abs. 2 Satz 2 VO Nr. 1286/2014) oder sonstige Informationen beziehen (Art. 6 Abs. 2 Satz 3 VO Nr. 1286/2014), haben zu unterbleiben. Insofern stellt sich nicht die Frage, ob ein solcher Verweis für den Kleinanleger irreführend sein könnte[3]. Damit wird sichergestellt, dass nicht durch die Möglichkeit des Querverweises „unerwünschte" oder überraschende Angaben in die vorvertraglichen Informationen aufgenommen werden[4].

V. PRIIP mit einer Palette von Anlageoptionen (Art. 6 Abs. 3 VO Nr. 1286/2014). Eine spezielle Regelung sieht Art. 6 Abs. 3 VO Nr. 1286/2014 für den Fall vor, dass in einem PRIIP eine Vielzahl, d.h. eine Palette von

---

1 S. Erwägungsgrund 13 Satz 5 VO Nr. 1286/2014; vgl. auch § 166 Abs. 3 KAGB.
2 *Loacker* in FS Lorenz, 2014, S. 259, 272.
3 Vgl. die ähnliche Regelung in § 4 Abs. 5 VVG-InfoV.
4 *W.-T. Schneider* in Prölss/Martin, VVG, Art. 6 PRIIP-VO Rz. 4.

Anlageoptionen geboten werden (multi-option PRIIP[1] bzw. Multiple Option Products, **MOP**[2]), aus denen der Kleinanleger wählen kann. Das kann etwa der Fall sein, wenn eine Lebensversicherung verschiedene zugrunde liegende OGAW oder AIFs anbietet. Wenn ein PRIIP eine Palette von Anlageoptionen bietet, wird es regelmäßig nicht möglich sein, die Anforderungen des Art. 6 Abs. 2 VO Nr. 1286/2014 bzw. inhaltlich des Art. 8 Abs. 3 VO Nr. 1286/2014 einzuhalten. Die Bereitstellung der nach der PRIIP-VO erforderlichen Informationen wird in einem solchen Fall nicht in einem einzigen Dokument möglich sein. Das sieht auch der europäische Gesetzgeber und schafft in diesem Fall durch die Regelung des Art. 6 Abs. 3 VO Nr. 1286/2014 für den Hersteller **Erleichterungen**. Diesbezüglich sind in der DelVO 2017/653 Sonderregeln vorgesehen.

38 Danach kann der PRIIP-Hersteller eines PRIIP mit einer Palette von Anlageoptionen zwischen zwei möglichen Darstellungen **wählen**. Er kann entweder für jede Anlageoption ein separates Basisinformationsblatt erstellen oder er kann ein sog. **generisches Basisinformationsblatt** für das entsprechende PRIIP erstellen. Im generischen Basisinformationsblatt ist es dann ausreichend, eine **allgemeine Beschreibung** der zugrunde liegenden Anlagemöglichkeiten vorzunehmen. „Zumindest" eine solche ist allerdings auch erforderlich, d.h. ein Mehr an Information ist theoretisch möglich, sofern der gesetzlich vorgegebene Seitenumfang von drei DIN-A 4-Seiten eingehalten wird.

39 Im Basisinformationsblatt enthalten sein muss – jedenfalls gem. Art. 6 Abs. 3 VO Nr. 1286/2014 – auch die Angabe, wo und wie detailliertere Dokumentationen zu vorvertraglichen Informationen in Bezug auf die Anlageprodukte, welche die zugrunde liegenden Anlagemöglichkeiten abbilden, zu finden sind. Der Hersteller kann also anhand von separaten Dokumenten spezifische Informationen für das Anlageprodukt zur Verfügung stellen. Diese spezifischen Informationen müssen dann die zentralen Merkmale der einzelnen Anlageprodukte enthalten. Das bezieht sich vor allem auf Warnhinweise zu erhöhten Risiken, auf die Anlageziele, den Gesamtrisikoindikator, die verschiedenen Performance-Szenarien und die Darstellung der Kosten, die anhand der in der DelVO 2017/653 aufgeführten Vorgaben berechnet werden müssen.

40 Die inhaltlichen Vorgaben an ein PRIIP mit einer Vielzahl von Anlageoptionen richten sich daher nicht nach Art. 8 VO Nr. 1286/2014, sondern nach **Art. 10 DelVO 2017/653** (näher Art. 8 VO Nr. 1286/2014 Rz. 88 ff.). Ziff. 7 der Leitlinien der EU-Kommission[3] präzisieren diese Vorgaben nicht noch weiter, sondern bekräftigen lediglich die Pflicht zur Zurverfügungstellung des generischen KID.

Art. 7 [Sprache des Basisinformationsblatts]

(1) Das Basisinformationsblatt wird in den Amtssprachen oder in einer der Amtssprachen, die in dem Teil des Mitgliedstaats verwendet wird, in dem das PRIIP vertrieben wird, oder in einer weiteren von den zuständigen Behörden dieses Mitgliedstaats akzeptierten Sprache abgefasst; falls es in einer anderen Sprache abgefasst wurde, wird es in eine dieser Sprachen übersetzt.
Die Übersetzung gibt den Inhalt des ursprünglichen Basisinformationsblatts zuverlässig und genau wieder.
(2) Wird der Vertrieb eines PRIIP in einem Mitgliedstaat durch Werbeunterlagen, die in einer oder mehreren Amtssprachen dieses Mitgliedstaats verfasst sind, gefördert, so muss das Basisinformationsblatt mindestens in der (den) entsprechenden Amtssprache(n) verfasst sein.

In der Fassung vom 26.11.2014 (ABl. EU Nr. L 352 v. 9.12.2014, S. 1).

Schrifttum: S. das Schrifttum zu Art. 1 VO Nr. 1286/2014.

I. Vertrieb 1	2. Übersetzung 7
II. Amtssprachen (Art. 7 Abs. 1 VO Nr. 1286/2014) 4	III. Gleichlauf mit Werbeunterlagen (Art. 7 Abs. 2 VO Nr. 1286/2014) 9
1. Sprache des Basisinformationsblatts 4	

1 **I. Vertrieb.** Art. 7 Abs. 1 Unterabs. 1 VO Nr. 1286/2014 macht Vorgaben bzgl. der zu verwendenden **Amtssprachen** für das Basisinformationsblatt[4]. Danach ist das Informationsblatt vom Hersteller (Art. 5 Abs. 1 VO Nr. 1286/2014) grundsätzlich in der oder den Amtssprachen abzufassen oder in diese zu übersetzen, die dort, wo das PRIIP vertrieben wird, Verwendung finden. Damit erfolgt eine Anknüpfung an die Vertriebssituation.

---

1 So die Überschrift von Ziff. 7 Leitlinien der EU-Kommission, ABl. EU Nr. C 281 v. 7.7.2017, S. 11.
2 *Gerold/Kohleick*, RdF 2017, 276, 281 f.
3 ABl. EU Nr. C 281 v. 7.7.2017, S. 11.
4 Zu den möglichen „Sprachkombinationen" *Luttermann*, ZIP 2015, 805, 807.

Was unter dem Begriff „Vertrieb" zu verstehen ist, wird in der PRIIP-VO nicht näher definiert. Art. 2 Abs. 1 VO Nr. 1286/2014 verwendet ohne Bezugnahme auf die Bezeichnung „Vertrieb" den Wortlaut „Personen, die über PRIIP beraten oder sie verkaufen". Auch die Art. 16 f. VO Nr. 1286/2014 knüpfen für die Produktinterventionsmöglichkeit der Aufsichtsbehörden an den Vertrieb von Versicherungsanlageprodukten an, ohne dies näher darzulegen. Allerdings enthält Ziff. 18 der Leitlinien der EU-Kommission einen Hinweis auf den „Vertrieb" und umschreibt diesen, ähnlich wie Art. 2 Abs. 1 VO Nr. 1286/2014 als „Person, die über ein PRIIP berät oder es verkauft". Eine gewisse Klarstellung erfolgt auch in Ziff. 14 Unterabs. 1 Satz 2 der Leitlinien der EU-Kommission, der zufolge ein Basisinformationsblatt nicht in die Sprache eines anderen Mitgliedstaats zu übersetzen ist, nur weil die Website des Beraters oder Verkäufers auch den Kleinanlegern aus diesem anderen Mitgliedstaat faktisch zugänglich ist. Dies allein stellt danach keinen Vertrieb in diesem anderen Land dar.

Zum **Vertrieb** werden im Schrifttum regelmäßig bereits Werbemaßnahmen bzw. eine invitatio ad offerendum gezählt[1]. Unerheblich ist, ob der PRIIP-Hersteller das Produkt selbst vertreibt, oder ob der Vertrieb über Dritte erfolgt[2].

II. Amtssprachen (Art. 7 Abs. 1 VO Nr. 1286/2014). 1. Sprache des Basisinformationsblatts. Das Basisinformationsblatt soll dem Kleinanleger in knapper Weise diejenigen Informationen übermitteln, die er für seine Anlageentscheidung benötigt. Ein entscheidender Punkt ist dabei die **Verständlichkeit** der Informationen über das jeweils angebotene Produkt. Art. 7 VO Nr. 1286/2014 soll sicherstellen, dass der Zugang zu **verständlichen** Informationen nicht nur inhaltlich, sondern auch bezüglich der Sprachfassung des Informationsblatts gewährleistet ist. Der Kleinanleger soll schon aufgrund der Verwendung einer ihm bekannten Sprache das Basisinformationsblatt in tatsächlicher Hinsicht verstehen können. Nur durch die Sprachregelung des Art. 7 VO Nr. 1286/2014 macht die in Art. 6 VO Nr. 1286/2014 enthaltene Vorgabe der **sprachlichen Klarheit** des Basisinformationsblatts Sinn, wonach dieses „stilistisch so formuliert" sein muss, „dass das Verständnis der Informationen erleichtert wird" (Art. 6 Abs. 4 Satz 2 lit. c VO Nr. 1286/2014).

In Bezug auf den Anlegerschutz bzw. den Zweck der PRIIP-VO problematisch erscheint jedoch, dass der europäische Gesetzgeber es zulässt, dass das Basisinformationsblatt auch in einer weiteren „von den zuständigen Behörden dieses Mitgliedstaats **akzeptierten Sprache**" abgefasst wird (Art. 7 Abs. 1 Unterabs. 1 VO Nr. 1286/2014). Damit wird die Verwendung von nicht allgemein gebräuchlichen „Verkehrssprachen" möglich, was als dem Ziel der verständlichen Informationen für Kleinanleger zuwiderlaufend angesehen wird[3]. Insofern wird allerding der Zweck der PRIIP-VO zu einer einschränkenden Auslegung der Regelung führen. Da der Kleinanleger das Basisinformationsblatt rein sprachlich verstehen können muss, damit sodann auch auf eine inhaltliche Verständlichkeit abgehoben werden kann, wird eine „von den zuständigen Behörden ... akzeptierte(n) Sprache" nur eine zulässige Sprachfassung i.S.d. Art. 7 Abs. 1 Unterabs. 1 VO Nr. 1286/2014 sein können, wenn die Kleinanleger, an die sich in dieser Region der Vertrieb richtet, dieser Sprache auch mächtig sind. Nur so kann ein Basisinformationsblatt als Grundlage für eine Anlageentscheidung gesehen werden.

Zu beachten ist zudem, dass neben dem Hersteller auch der Berater bzw. Verkäufer beim Vertrieb an den Kleinanleger bestimmten Aufklärungs- bzw. Beratungspflichten unterliegt. Insofern wird die Zurverfügungstellung eines Basisinformationsblatts, das der konkrete Anleger von der Sprachfassung her nicht verstehen kann, den Berater/Verkäufer nicht von den in der jeweiligen nationalen Rechtsordnung vorgesehenen Aufklärungs- bzw. Beratungspflichten entbinden können.

2. Übersetzung. Art. 7 Abs. 1 Unterabs. 1 Halbsatz 2 VO Nr. 1286/2014 stellt ausdrücklich klar, dass das Basisinformationsblatt nicht zwingend in einer nach Art. 7 Abs. 1 Unterabs. 1 VO Nr. 1286/2014 zugelassenen Amtssprache abgefasst sein muss. Möglich ist auch eine **Übersetzung** des Basisinformationsblatts in die entsprechende Amtssprache (Art. 7 Abs. 1 Unterabs. 2 VO Nr. 1286/2014). Diese muss den Inhalt des vorliegenden Basisinformationsblatts „zuverlässig und genau" wiedergeben. Dieses Erfordernis ist im Zusammenhang mit Art. 11 Abs. 1 VO Nr. 1286/2014 zu sehen, der den Hersteller nicht nur in Bezug auf ein fehlerhaftes Basisinformationsblatt (genauer Art. 11 VO Nr. 1286/2014 Rz. 17 f.), sondern auch für dessen Übersetzung haften lässt. Insofern hat der Hersteller bei einer fehlerhaften, weil nicht zuverlässigen und/oder nicht genauen Übersetzung für den Fehler des Übersetzers zu haften (§ 278 BGB)[4].

In Ziff. 14 Unterabs. 2 der Leitlinien der EU-Kommission[5] wird festgestellt, dass die PRIIP-VO es unterlässt festzulegen, wer das Basisinformationsblatt für **grenzüberschreitend** angebotene PRIIP übersetzen muss. Dies wird in den Leitlinien zwar grundsätzlich auch offengelassen, allerdings wird aus der Haftungsregelung des Art. 11 VO Nr. 1286/2014 geschlussfolgert, dass der PRIIP-Hersteller für die Genauigkeit der Übersetzung ver-

---

1 Vgl. *Wilhelmi* in Assmann/Wallach/Zetzsche, KAGB, Anh. zu § 166: Art. 5 PRIIP-VO Rz. 2.
2 Vgl. Ziff. 17 der Leitlinien der EU-Kommission, ABl. EU Nr. C 281 v. 7.7.2017, S. 11.
3 *W.-T. Schneider*, VersR 2017, 1429, 1433; *Wilhelmi* in Assmann/Wallach/Zetzsche, KAGB, Anh. zu § 166: Art. 7 PRIIP-VO Rz. 2.
4 *W.-T. Schneider* in Prölss/Martin, VVG, Art. 7 PRIIP-VO Rz. 2.
5 ABl. EU Nr. C 281 v. 7.7.2017, S. 11.

antwortlich sein soll. Insofern kann er die Erstellung wie auch die Übersetzung des Basisinformationsblatts zwar **delegieren**, haftet aber für die eingesetzte Person nach § 278 BGB. Hingewiesen wird in Ziff. 14 Unterabs. 2 Satz 3 der Leitlinien der EU-Kommission sodann auch darauf, dass die Übersetzung auch gem. Art. 5 Abs. 1 VO Nr. 1286/2014 auf der Website des PRIIP-Herstellers zu veröffentlichen ist.

9 **III. Gleichlauf mit Werbeunterlagen (Art. 7 Abs. 2 VO Nr. 1286/2014).** Art. 7 Abs. 2 VO Nr. 1286/2014 bezieht sich auf die Werbeunterlagen. Diese Bestimmung ist im Zusammenhang mit Art. 6 Abs. 2 Satz 1 und 2 VO Nr. 1286/2014 (Unterscheidung zwischen Basisinformation und Werbeinformation) sowie mit Art. 9 VO Nr. 1286/2014 (keine herabstufenden Äußerungen in der Werbeinformation sowie Hinweispflicht auf Basisinformationsblatt) zu sehen.

10 Art. 7 Abs. 2 VO Nr. 128672014 sieht einen sprachlichen **Gleichlauf** von **Werbeunterlagen** und Basisinformationsblatt vor. Hiernach wird die Wahlmöglichkeit bzgl. der für das Basisinformationsblatt verwendeten Sprache eingeschränkt. Hintergrund ist, dass der Kleinanleger nicht die Werbeunterlage dem Basisinformationsblatt als Informationsgrundlage deshalb vorziehen soll, weil sie für ihn von der Sprachfassung her besser verständlich ist[1].

11 Bei Vorliegen (auch) einer Werbeunterlage werden die sprachlichen Anforderungen (**Amtssprache**) an das Basisinformationsblatt davon abhängig gemacht, in welcher Amtssprache die Werbeunterlagen verfasst sind. Konkret wird darauf abgehoben, ob der **Vertrieb** eines verpackten Anlageprodukts in einem Mitgliedstaat durch Werbeunterlagen gefördert wird. Insofern wird also eine direkte Verbindung zwischen der Herstellung des verpackten Produkts und damit auch des Basisinformationsblatts und dem Vertrieb des verpackten Anlageprodukts hergestellt. Das bedeutet für die Hersteller, dass sie zumindest insofern auch den Vertrieb im Blick haben müssen.

12 Im Schrifttum wird z.T. davon ausgegangen, dass Art. 7 Abs. 2 VO Nr. 1286/2014 auch dann gelten muss, wenn die Werbeunterlagen nicht in einer oder mehreren Amtssprachen eines Mitgliedstaats verfasst sind (so der Wortlaut von Art. 7 Abs. 2 VO Nr. 1286/2014), sondern wenn diese „in einer weiteren von den zuständigen Behörden dieses Mitgliedstaats **akzeptierten Sprache** abgefasst" sind (Art. 7 Abs. 1 VO Nr. 1286/2014), die regionalen Besonderheiten entgegenkommt[2]. Das ist in Art. 7 Abs. 2 VO Nr. 1286/2014 zwar nicht ausdrücklich vorgesehen, soll sich aber aus dem Sinn und Zweck der Regelung ergeben. Problematisch erscheint dies im Hinblick auf die Rechtsfolgen. Die aufsichtsrechtlichen Folgen der Art. 22 ff. VO Nr. 1286/2014 wird man für solche Fälle schwerlich aufgrund einer analogen Anwendung des Art. 7 VO Nr. 1286/2014 eintreten lassen können. Denkbar ist insofern als Rechtsfolge allenfalls eine zivilrechtliche Haftung des Herstellers (Art. 11 VO Nr. 1286/2014), sofern das Basisinformationsblatt aufgrund dessen als „irreführend" angesehen werden kann. Das wird jedoch in solchen Konstellationen regelmäßig zu verneinen sein.

13 Die Regelung des Art. 7 Abs. 2 VO Nr. 1286/2014 wird in der Praxis regelmäßig zur Übersetzung des Basisinformationsblatts führen, wenn das Anlageprodukt in Ländern mit von dessen sprachlicher Fassung abweichender Amtssprache angeboten wird[3]. Hier gilt bzgl. der Verantwortung für die Übersetzung das oben Gesagte (Rz. 7), d.h. der Hersteller trägt die volle Verantwortung für die korrekte Übersetzung und haftet hierfür im Zweifel dem Kleinanleger gegenüber.

Art. 8 [Titel und Inhalt des Basisinformationsblatts]

(1) Der Titel „Basisinformationsblatt" steht oben auf der ersten Seite des Basisinformationsblatts. Die Reihenfolge der Angaben im Basisinformationsblatt richtet sich nach den Absätzen 2 und 3.

(2) Unmittelbar unter dem Titel des Basisinformationsblatts folgt eine Erläuterung mit folgendem Wortlaut:

„Dieses Informationsblatt stellt Ihnen wesentliche Informationen über dieses Anlageprodukt zur Verfügung. Es handelt sich nicht um Werbematerial. Diese Informationen sind gesetzlich vorgeschrieben, um Ihnen dabei zu helfen, die Art, das Risiko, die Kosten sowie die möglichen Gewinne und Verluste dieses Produkts zu verstehen, und Ihnen dabei zu helfen, es mit anderen Produkten zu vergleichen."

(3) Das Basisinformationsblatt enthält folgende Angaben:

a) am Anfang des Informationsblatts den Namen des PRIIP, die Identität und Kontaktdaten des PRIIP-Herstellers, Angaben über die zuständige Behörde des PRIIP-Herstellers und das Datum des Informationsblatts;

b) gegebenenfalls einen Warnhinweis mit folgendem Wortlaut: „Sie sind im Begriff, ein Produkt zu erwerben, das nicht einfach ist und schwer zu verstehen sein kann.";

---

1 *W.-T. Schneider* in Prölss/Martin, VVG, Art. 7 PRIIP-VO Rz. 3.
2 *W.-T. Schneider* in Prölss/Martin, VVG, Art. 7 PRIIP-VO Rz. 3.
3 *Seitz/Juhnke/Seibold*, BKR 2013, 1, 6.

c) in einem Abschnitt mit der Überschrift „Um welche Art von Produkt handelt es sich?" die Art und die wichtigsten Merkmale des PRIIP, darunter:
   i) die Art des PRIIP;
   ii) seine Ziele und die zu deren Erreichung eingesetzten Mittel, insbesondere, ob die Ziele durch direkte oder indirekte Abhängigkeit von zugrunde liegenden Vermögensgegenständen erreicht werden, einschließlich einer Beschreibung der zugrunde liegenden Instrumente oder Referenzwerte, so auch der Angabe, in welche Märkte das PRIIP investiert, und einschließlich gegebenenfalls bestimmter ökologischer oder sozialer Ziele, die das Produkt anstrebt, sowie die Methode zur Ermittlung der Rendite;
   iii) eine Beschreibung des Kleinanlegertyps, an den das PRIIP vermarktet werden soll, insbesondere was die Fähigkeit, Anlageverluste zu verkraften, und den Anlagehorizont betrifft;
   iv) Einzelheiten zu den Versicherungsleistungen, die das PRIIP gegebenenfalls bietet, einschließlich der Umstände, unter denen diese fällig würden;
   v) die Laufzeit des PRIIP, falls bekannt;
d) in einem Abschnitt mit der Überschrift „Welche Risiken bestehen und was könnte ich im Gegenzug dafür bekommen?" eine kurze Beschreibung des Risiko-/Renditeprofils, die Folgendes umfasst:
   i) einen Gesamtrisikoindikator, ergänzt durch eine erläuternde Beschreibung dieses Indikators und seiner Hauptbeschränkungen sowie eine erläuternde Beschreibung der Risiken, die für das PRIIP wesentlich sind und die von dem Gesamtrisikoindikator nicht angemessen erfasst werden;
   ii) die möglichen höchsten Verluste an angelegtem Kapital, einschließlich Informationen darüber,
   – ob der Kleinanleger das gesamte angelegte Kapital verlieren kann,
   – ob der Kleinanleger das Risiko trägt, für zusätzliche finanzielle Zusagen oder Verpflichtungen, einschließlich Eventualverbindlichkeiten, über das in dem PRIIP angelegte Kapital hinaus aufkommen zu müssen, und
   – gegebenenfalls ob das PRIIP einen Kapitalschutz enthält, der vor Marktrisiken schützt, sowie Einzelheiten über dessen Deckungsbereich und Einschränkungen, insbesondere in Bezug darauf, zu welchem Zeitpunkt dies zur Anwendung kommt;
   iii) geeignete Performanceszenarien und die ihnen zugrunde liegenden Annahmen;
   iv) gegebenenfalls Informationen über die Bedingungen für Renditen für Kleinanleger oder über eingebaute Leistungshöchstgrenzen;
   v) eine Erklärung darüber, dass die Steuergesetzgebung des Mitgliedstaats des Kleinanlegers Auswirkungen auf die tatsächliche Auszahlung haben kann;
e) in einem Abschnitt mit der Überschrift „Was geschieht, wenn der [Name des PRIIP-Herstellers] nicht in der Lage ist, die Auszahlung vorzunehmen?" eine kurze Erläuterung dazu, ob der Verlust durch ein Entschädigungs- oder Sicherungssystem für den Anleger gedeckt ist und, falls ja, durch welches System, welches der Name des Sicherungsgebers ist sowie welche Risiken durch das System gedeckt sind und welche nicht;
f) in einem Abschnitt mit der Überschrift „Welche Kosten entstehen?" die mit einer Anlage in das PRIIP verbundenen Kosten einschließlich der dem Kleinanleger entstehenden direkten und indirekten Kosten einschließlich einmaliger und wiederkehrender Kosten, dargestellt in Form von Gesamtindikatoren dieser Kosten und, um Vergleichbarkeit zu gewährleisten, die aggregierten Gesamtkosten in absoluten und Prozentzahlen, um die kombinierten Auswirkungen der Gesamtkosten auf die Anlage aufzuzeigen.

Das Basisinformationsblatt enthält einen eindeutigen Hinweis darauf, dass Berater, Vertriebsstellen oder jede andere Person, die zu dem PRIIP berät oder es verkauft, detaillierte Informationen zu etwaigen Vertriebskosten vorlegen muss, die nicht bereits in den oben beschriebenen Kosten enthalten sind, sodass der Kleinanleger in der Lage ist, die kumulative Wirkung, die diese aggregierten Kosten auf die Anlagerendite haben, zu verstehen;

g) in einem Abschnitt mit der Überschrift „Wie lange sollte ich die Anlage halten, und kann ich vorzeitig Geld entnehmen?"
   i) gegebenenfalls ob es eine Bedenkzeit oder eine Widerrufsfrist für das PRIIP gibt;
   ii) einen Hinweis auf die empfohlene und gegebenenfalls vorgeschriebene Mindesthaltedauer;
   iii) die Möglichkeit der vorzeitigen Auflösung der Anlage (Desinvestition) sowie der Bedingungen hierfür einschließlich aller anwendbaren Gebühren und Vertragsstrafen unter Berücksichtigung des Risiko- und Renditeprofils des PRIIP und der Marktentwicklung, auf die es abzielt;

iv) Angaben zu den möglichen Folgen, einschließlich Kosten der Einlösung des PRIIP vor Ende der Laufzeit oder der empfohlenen Haltedauer, wie etwa den Verlust des Kapitalschutzes oder zusätzliche abhängige Gebühren;

h) in einem Abschnitt mit der Überschrift „Wie kann ich mich beschweren?" Informationen darüber, wie und bei wem der Kleinanleger eine Beschwerde über das Produkt oder über das Verhalten des PRIIP-Herstellers oder einer Person, die über das Produkt berät oder es verkauft, einlegen kann;

i) in einem Abschnitt mit der Überschrift „Sonstige zweckdienliche Angaben" einen kurzen Hinweis auf etwaige zusätzliche Informationsunterlagen, die dem Kleinanleger vor und/oder nach Vertragsabschluss vorgelegt[1] werden, mit Ausnahme von Werbematerialien.

(4) Der Kommission wird die Befugnis übertragen, gemäß Artikel 30 delegierte Rechtsakte zu erlassen, in denen die Einzelheiten der Verfahren festgelegt werden, mit denen festgestellt wird, ob ein PRIIP bestimmte ökologische oder soziale Ziele anstrebt.

(5) Um die einheitliche Anwendung dieses Artikels zu gewährleisten, arbeiten die Europäischen Aufsichtsbehörden im Wege des Gemeinsamen Ausschusses der Europäischen Aufsichtsbehörden (im Folgenden „Gemeinsamer Ausschuss") Entwürfe technischer Regulierungsstandards aus, in denen Folgendes festgelegt wird:

a) die Einzelheiten der Darstellung und des Inhalts der in Absatz 3 genannten Informationen,

b) die Methode für die Darstellung von Risiko und Rendite gemäß Absatz 3 Buchstabe d Ziffern i und iii, und

c) die Methodik zur Berechnung der Kosten, einschließlich der Festlegung der Gesamtindikatoren, gemäß Absatz 3 Buchstabe f.

Bei der Ausarbeitung der Entwürfe technischer Regulierungsstandards tragen die Europäischen Aufsichtsbehörden den verschiedenen Arten von PRIIP, den Unterschieden zwischen ihnen und den Kompetenzen von Kleinanlegern sowie den Merkmalen von PRIIP Rechnung, um es dem Kleinanleger zu ermöglichen[2], zwischen verschiedenen zugrunde liegenden Anlagen oder sonstigen Optionen, die das Produkt bietet, zu wählen, wobei auch zu beachten ist, ob diese Wahl zu unterschiedlichen Zeitpunkten vorgenommen oder später geändert werden kann.

Die Europäischen Aufsichtsbehörden legen der Kommission diese Entwürfe technischer Regulierungsstandards bis zum 31. März 2016 vor.

Der Kommission wird die Befugnis übertragen, die technischen Regulierungsstandards nach Unterabsatz 1 gemäß den Artikeln 10 bis 14 der Verordnung (EU) Nr. 1093/2010, der Verordnung (EU) Nr. 1094/2010 und der Verordnung (EU) Nr. 1095/2010 zu erlassen.

In der Fassung vom 26.11.2014 (ABl. EU Nr. L 352 v. 9.12.2014, S. 1), geändert durch Berichtigung vom 13.12.2014 (ABl. EU Nr. L 358 v. 13.12.2014, S. 50).

Delegierte Verordnung (EU) 2017/653 der Kommission vom 8. März 2017
zur Ergänzung der Verordnung (EU) Nr. 1286/2014 des Europäischen Parlaments und des Rates über Basisinformationsblätter für verpackte Anlageprodukte für Kleinanleger und Versicherungsanlageprodukte (PRIIP) durch technische Regulierungsstandards in Bezug auf die Darstellung, den Inhalt, die Überprüfung und die Überarbeitung dieser Basisinformationsblätter sowie die Bedingungen für die Erfüllung der Verpflichtung zu ihrer Bereitstellung

(Auszug)

Art. 1 Abschnitt „Allgemeine Angaben"

Dieser Abschnitt des Basisinformationsblatts bezieht sich auf die Identität des PRIIP-Herstellers und der zuständigen Behörde und enthält folgende Angaben:

a) Name des PRIIP, der vom PRIIP-Hersteller vergeben wurde, und gegebenenfalls die Internationale Wertpapierkennnummer oder die eindeutige Produktkennung für das PRIIP;

b) juristische Bezeichnung des PRIIP-Herstellers;

c) Adresse der spezifischen Website des PRIIP-Herstellers, auf der Kleinanlegern Informationen für die Kontaktaufnahme mit dem PRIIP-Hersteller und eine Telefonnummer zur Verfügung gestellt werden;

d) Name der zuständen Behörde, die für die Aufsicht des PRIIP-Herstellers im Zusammenhang mit dem Basisinformationsblatt zuständig ist;

e) Datum der Erstellung oder, sofern das Basisinformationsblatt anschließend überarbeitet wurde, Datum der letzten Überarbeitung des Basisinformationsblatts.

Die Angaben in dem in Unterabsatz 1 beschriebenen Abschnitt umfassen außerdem den Warnhinweis gemäß Artikel 8 Absatz 3 Buchstabe b der Verordnung (EU) Nr. 1286/2014, wenn für das PRIIP eine der nachstehenden Bedingungen zutrifft:

---

1 Anm. d. Verf.: Der in der deutschen Gesetzesfassung verwendete Begriff „vorlegt" ist grammatikalisch fehlerhaft.
2 Anm. d. Verf.: Der in der deutschen Gesetzesfassung verwendete Begriff „dem Kleinanleger ermöglichen" ist grammatikalisch fehlerhaft.

[Titel und Inhalt des Basisinformationsblatts] | **Art. 8 VO Nr. 1286/2014**

a) Es handelt sich um ein Versicherungsanlageprodukt, das die Anforderungen von Artikel 30 Absatz 3 Buchstabe a der Richtlinie (EU) 2016/97 des Europäischen Parlaments und des Rates nicht erfüllt;
b) es handelt sich um ein PRIIP, das die Anforderungen von Artikel 25 Absatz 4 Buchstabe a Ziffern i bis vi der Richtlinie 2014/65/EU des Europäischen Parlaments und des Rates nicht erfüllt.

In der Fassung vom 8.3.2017 (ABl. EU Nr. L 100 v. 12.4.2017, S. 1), geändert durch Berichtigung vom 19.7.2017 (ABl. EU Nr. L 186 v. 19.7.2017, S. 17).

Art. 2 Abschnitt „Um welche Art von Produkt handelt es sich?"

1. In den Angaben zur Art des PRIIP im Abschnitt „Um welche Art von Produkt handelt es sich?" des Basisinformationsblatts wird dessen Rechtsform beschrieben.

2. Die Angaben im Abschnitt „Um welche Art von Produkt handelt es sich?" des Basisinformationsblatts zu den Zielen des PRIIP und zu den zu deren Erreichung eingesetzten Mitteln werden kurz, klar und leicht verständlich zusammengefasst. In diesen Informationen werden die wichtigsten Faktoren, von denen die Rendite abhängt, die zugrunde liegenden Vermögenswerte oder Referenzwerte, die Art und Weise, wie die Rendite ermittelt wird, sowie die Beziehung zwischen der Rendite des PRIIP und derjenigen der zugrunde liegenden Vermögenswerte oder Referenzwerte angegeben. Diese Informationen geben Aufschluss über die Beziehung zwischen der empfohlenen Haltedauer und dem Risiko- und Renditeprofil des PRIIP.

Ist die Anzahl der in Unterabsatz 1 genannten zugrunde liegenden Vermögenswerte oder Referenzwerte so groß, dass in dem Basisinformationsblatt nicht auf jeden einzeln verwiesen werden kann, werden nur ihre Marktsegmente oder Instrumentarten angegeben.

3. Die Beschreibung des Kleinanlegertyps, an den das PRIIP vermarktet werden soll, im Abschnitt „Um welche Art von Produkt handelt es sich?" des Basisinformationsblatts beinhaltet Informationen über die Zielgruppe von Kleinanlegern, die der PRIIP-Hersteller insbesondere im Hinblick auf die Bedürfnisse, Eigenschaften und Ziele des Kundentyps, für den das PRIIP geeignet ist, festgelegt hat. Diese Festlegung wird in Anbetracht der Fähigkeit der Kleinanleger, Anlageverluste zu verkraften, ihrer Präferenzen bezüglich des Anlagehorizonts, ihrer theoretischen Kenntnisse über und ihrer früheren Erfahrung mit PRIIP, der Finanzmärkte sowie der Bedürfnisse, Eigenschaften und Ziele potenzieller Endkunden getroffen.

4. Die Angaben zu den Versicherungsleistungen im Abschnitt „Um welche Art von Produkt handelt es sich?" des Basisinformationsblatts umfassen in einer allgemeinen Zusammenfassung insbesondere die wichtigsten Merkmale des Versicherungsvertrags, eine Definition der inbegriffenen Leistungen mit einem Hinweis darauf, dass der Wert dieser Leistungen im Abschnitt „Welche Risiken bestehen und was könnte ich im Gegenzug dafür bekommen?" dargestellt ist, sowie Informationen über die typischen biometrischen Eigenschaften der Zielgruppe von Kleinanlegern, darunter insbesondere die folgenden Elemente: die Gesamtprämie, die biometrische Risikoprämie, die Teil dieser Gesamtprämie ist, und die gemäß Anhang VII berechneten Auswirkungen entweder der biometrischen Risikoprämie auf die Anlagerendite zum Ende der empfohlenen Haltedauer oder des Kostenanteils der biometrischen Risikoprämie, der in den in der Tabelle „Kosten im Zeitverlauf" dargestellten wiederkehrenden Kosten enthalten ist. Wird die Prämie in Form einer Pauschale gezahlt, enthalten die Angaben den Anlagebetrag. Wird die Prämie in periodischen Abständen gezahlt, enthalten die Angaben die Anzahl der periodischen Zahlungen, eine Schätzung der durchschnittlichen biometrischen Risikoprämie als Prozentsatz der Jahresprämie und eine Schätzung des durchschnittlichen Anlagebetrags.

In den in Unterabsatz 1 genannten Angaben wird ferner erläutert, inwieweit sich die Versicherungsprämienzahlungen, die dem geschätzten Wert der Versicherungsleistungen entsprechen, für den Kleinanleger auf die Renditen der Anlage auswirken.

5. Die Angaben zur Laufzeit des PRIIP im Abschnitt „Um welche Art von Produkt handelt es sich?" des Basisinformationsblatts umfassen Folgendes:
   a) das Fälligkeitsdatum des PRIIP oder den Hinweis, dass es kein Fälligkeitsdatum gibt;
   b) einen Hinweis darauf, ob der PRIIP-Hersteller zur einseitigen Kündigung des PRIIP berechtigt ist;
   c) eine Beschreibung der Umstände, unter denen das PRIIP automatisch beendet werden kann, und die Kündigungstermine, soweit bekannt.

In der Fassung vom 8.3.2017 (ABl. EU Nr. L 100 v. 12.4.2017, S. 1), geändert durch Berichtigung vom 19.7.2017 (ABl. EU Nr. L 186 v. 19.7.2017, S. 17).

Art. 3 Abschnitt „Welche Risiken bestehen und was könnte ich im Gegenzug dafür bekommen?"

1. Für den Abschnitt „Welche Risiken bestehen und was könnte ich im Gegenzug dafür bekommen?" des Basisinformationsblatts wenden die PRIIP-Hersteller die Methodik für die Darstellung von Risiken gemäß Anhang II an, beziehen die technischen Aspekte für die Darstellung des Gesamtrisikoindikators gemäß Anhang III ein und halten sich an die technischen Leitlinien, die Formate und die Methodik für die Darstellung der Performance-Szenarien gemäß den Anhängen IV und V.

2. Im Abschnitt „Welche Risiken bestehen und was könnte ich im Gegenzug dafür bekommen?" des Basisinformationsblatts machen PRIIP-Hersteller folgende Angaben:
   a) Höhe des mit dem PRIIP verbundenen Risikos in Form einer Risikoklasse unter Anwendung eines Gesamtrisikoindikators mit einer numerischen Skala von 1 bis 7;
   b) expliziter Verweis auf illiquide PRIIP oder PRIIP mit wesentlichem Liquiditätsrisiko gemäß Anhang II Teil 4 in Form eines Warnhinweises in der Darstellung des Gesamtrisikoindikators;
   c) Erläuterung unter dem Gesamtrisikoindikator, in der präzisiert wird, dass die Rendite in dem Fall, dass ein PRIIP auf eine andere Währung als die amtliche Währung des Mitgliedstaats, in dem es in Verkehr gebracht wird, lautet,

Art. 8 VO Nr. 1286/2014 | [Titel und Inhalt des Basisinformationsblatts]

sofern sie in der amtlichen Währung des Mitgliedstaats der Inverkehrbringung ausgedrückt wird, von Währungsschwankungen abhängen kann;

d) kurze Beschreibung des Risiko- und Renditeprofils des PRIIP und, sofern angebracht, ein Warnhinweis, dass das Risiko des PRIIP wesentlich höher als im Gesamtrisikoindikator dargestellt sein kann, wenn das PRIIP nicht bis zur Fälligkeit oder für die empfohlene Haltedauer gehalten wird;

e) bei PRIIP mit vertraglich vereinbarten Ausstiegsgebühren oder langen Kündigungsfristen für Desinvestitionen ein Verweis auf die jeweils zugrunde liegenden Bedingungen im Abschnitt „Wie lange sollte ich die Anlage halten, und kann ich vorzeitig Geld entnehmen?";

f) Hinweis auf den möglichen Höchstverlust und Angabe, dass die Anlage verloren gehen kann, wenn sie nicht geschützt ist oder wenn der PRIIP-Hersteller nicht zur Auszahlung in der Lage ist, oder dass Investitionszahlungen zusätzlich zur anfänglichen Investition erforderlich sein können und dass der Gesamtverlust die anfängliche Gesamtinvestition erheblich übersteigen kann.

3. Im Abschnitt „Welche Risiken bestehen und was könnte ich im Gegenzug dafür bekommen?" des Basisinformationsblatts beschreiben die PRIIP-Hersteller vier geeignete Performance-Szenarien gemäß Anhang V. Diese vier Performance-Szenarien entsprechen einem Stressszenario, einem pessimistischen, einem mittleren und einem optimistischen Szenario.

4. Bei Versicherungsanlageprodukten wird im Abschnitt „Welche Risiken bestehen und was könnte ich im Gegenzug dafür bekommen?" des Basisinformationsblatts ein zusätzliches Performance-Szenario angegeben, aus dem die Versicherungsleistung hervorgeht, die der Begünstigte bei Eintreten eines Versicherungsfalls erhält.

5. Für PRIIP, bei denen es sich um Futures, Call-Optionen oder Put-Optionen handelt, die auf einem regulierten Markt oder auf einem Drittlandsmarkt, der gemäß Artikel 28 der Verordnung (EU) Nr. 600/2014 des Europäischen Parlaments und des Rates einem regulierten Markt gleichzusetzen ist, gehandelt werden, werden im Abschnitt „Welche Risiken bestehen und was könnte ich im Gegenzug dafür bekommen?" des Basisinformationsblatts Performance-Szenarien in Form von Auszahlungsstrukturdiagrammen gemäß Anhang V dargestellt.

In der Fassung vom 8.3.2017 (ABl. EU Nr. L 100 v. 12.4.2017, S. 1), geändert durch Berichtigung vom 19.7.2017 (ABl. EU Nr. L 186 v. 19.7.2017, S. 17).

Art. 4 Abschnitt „Was geschieht, wenn [Name des PRIIP-Herstellers] nicht in der Lage ist, die Auszahlung vorzunehmen?"

Im Abschnitt „Was geschieht, wenn [Name des PRIIP-Herstellers] nicht in der Lage ist, die Auszahlung vorzunehmen?" des Basisinformationsblatts machen die PRIIP-Hersteller folgende Angaben:

a) Angaben, ob der Kleinanleger aufgrund des Ausfalls des PRIIP-Herstellers oder eines anderen Rechtsträgers als dem PRIIP-Hersteller einen finanziellen Verlust erleiden kann, sowie die Identität dieses Rechtsträgers;

b) Angaben, ob der Verlust nach Buchstabe a durch ein Entschädigungs- oder Sicherungssystem für Anleger gedeckt ist und ob dieser Schutz Beschränkungen oder Bedingungen unterliegt.

In der Fassung vom 8.3.2017 (ABl. EU Nr. L 100 v. 12.4.2017, S. 1).

Art. 5 Abschnitt „Welche Kosten entstehen?"

1. Für den Abschnitt „Welche Kosten entstehen?" des Basisinformationsblatts wenden die PRIIP-Hersteller Folgendes an:
   a) die Methodik für die Berechnung der Kosten gemäß Anhang IV;
   b) für die Angaben zu den Kosten die Tabellen „Kosten im Zeitverlauf" und „Zusammensetzung der Kosten" gemäß Anhang VII entsprechend der darin enthaltenen technischen Leitlinie.

2. In der Tabelle „Kosten im Zeitverlauf" im Abschnitt „Welche Kosten entstehen?" des Basisinformationsblatts geben die PRIIP-Hersteller den Gesamtkostenindikator der kumulierten Gesamtkosten des PRIIP für die verschiedenen Zeiträume gemäß Anhang VI als monetäre Zahl und als Prozentzahl an.

3. In der Tabelle „Zusammensetzung der Kosten" im Abschnitt „Welche Kosten entstehen?" des Basisinformationsblatts geben die PRIIP-Hersteller Folgendes an:
   a) einmalige Kosten, wie beispielsweise Ein- und Ausstiegskosten, dargestellt als Prozentzahlen;
   b) wiederkehrende Kosten, wie beispielsweise Portfolio-Transaktionskosten pro Jahr und sonstige wiederkehrende Kosten pro Jahr, dargestellt als Prozentzahlen;
   c) Nebenkosten, wie beispielsweise Performance-Gebühren oder „Carried Interests", dargestellt als Prozentzahlen.

4. Im Abschnitt „Welche Kosten entstehen?" des Basisinformationsblatts fügen die PRIIP-Hersteller eine Beschreibung der verschiedenen Kosten, die in der Tabelle „Zusammensetzung der Kosten" enthalten sind, ein und geben an, wo und inwieweit diese Kosten von den tatsächlichen Kosten abweichen, die dem Kleinanleger entstehen können oder davon abhängen, ob der Kleinanleger sich dafür entscheidet, bestimmte Optionen auszuüben oder nicht.

In der Fassung vom 8.3.2017 (ABl. EU Nr. L 100 v. 12.4.2017, S. 1), geändert durch Berichtigung vom 19.7.2017 (ABl. EU Nr. L 186 v. 19.7.2017, S. 17).

Art. 6 Abschnitt „Wie lange sollte ich die Anlage halten, und kann ich vorzeitig Geld entnehmen?"

In dem Abschnitt „Wie lange sollte ich die Anlage halten, und kann ich vorzeitig Geld entnehmen?" des Basisinformationsblatts nehmen die PRIIP-Hersteller Folgendes auf:

a) eine kurze Beschreibung der Gründe für die Auswahl der empfohlenen Haltedauer oder der vorgeschriebenen Mindesthaltedauer;

b) eine Beschreibung der Merkmale des Desinvestitionsverfahrens und die Angabe, wann eine Desinvestition möglich ist, einschließlich Angaben zur Auswirkung einer vorzeitigen Auflösung auf das Risiko- oder Performance-Profil des PRIIP oder auf die Anwendbarkeit von Kapitalgarantien;
c) Informationen über Gebühren und Sanktionen, die bei Desinvestitionen vor der Fälligkeit oder an einem anderen festgelegten Termin als der empfohlenen Haltedauer anfallen, einschließlich eines Querverweises auf die in das Basisinformationsblatt aufzunehmenden Kosteninformationen gemäß Artikel 5 sowie einer Erklärung der Auswirkung solcher Gebühren und Sanktionen je nach Haltedauer.

In der Fassung vom 8.3.2017 (ABl. EU Nr. L 100 v. 12.4.2017, S. 1).

Art. 7 Abschnitt „Wie kann ich mich beschweren?"

Im Abschnitt „Wie kann ich mich beschweren?" des Basisinformationsblatts geben die PRIIP-Hersteller Folgendes in zusammengefasster Form an:
a) die Schritte, die zur Einreichung einer Beschwerde über das Produkt oder über das Verhalten des PRIIP-Herstellers oder der Person, die zu dem Produkt berät oder es verkauft, zu unternehmen sind;
b) einen Link zur entsprechenden Website für solche Beschwerden;
c) eine aktuelle Anschrift und eine E-Mail-Adresse, unter der solche Beschwerden eingereicht werden können.

In der Fassung vom 8.3.2017 (ABl. EU Nr. L 100 v. 12.4.2017, S. 1).

Art. 8 Abschnitt „Sonstige zweckdienliche Angaben"

1. Im Abschnitt „Sonstige zweckdienliche Angaben" des Basisinformationsblatts führen die PRIIP-Hersteller zusätzliche Informationsunterlagen an, die zur Verfügung gestellt werden können, und präzisieren, ob die Vorlage dieser zusätzlichen Informationsunterlagen gesetzlich vorgeschrieben ist oder auf Anfrage des Kleinanlegers erfolgt.
2. Die Informationen im Abschnitt „Sonstige zweckdienliche Angaben" des Basisinformationsblatts könne in zusammengefasster Form bereitgestellt werden, auch in Form eines Links zur Website, auf der zusätzlich zu den in Absatz 1 genannten Unterlagen weitere Details zur Verfügung gestellt werden.

In der Fassung vom 8.3.2017 (ABl. EU Nr. L 100 v. 12.4.2017, S. 1).

Art. 9 Mustervorlage

Die PRIIP-Hersteller legen das Basisinformationsblatt in Form der in Anhang I enthaltenen Mustervorlage vor. Die Vorlage wird gemäß den Anforderungen der vorliegenden delegierten Verordnung sowie der Verordnung (EU) Nr. 1286/2014 ausgefüllt.

In der Fassung vom 8.3.2017 (ABl. EU Nr. L 100 v. 12.4.2017, S. 1).

Art. 10 PRIIP mit verschiedenen Anlageoptionen

Wenn ein PRIIP verschiedene zugrunde liegende Anlageoptionen bietet und die Informationen in Bezug auf diese zugrunde liegenden Anlageoptionen nicht in einem einzigen, prägnanten und eigenständigen Basisinformationsblatt bereitgestellt werden können, erstellen die PRIIP-Hersteller eines der folgenden Dokumente:
a) ein Basisinformationsblatt für jede zugrunde liegende Anlageoption innerhalb des PRIIP mit Informationen über das PRIIP gemäß Kapitel I;
b) ein generisches Basisinformationsblatt zur Beschreibung des PRIIP gemäß Kapitel I, sofern in den Artikeln 11 bis 14 nichts anderes bestimmt ist.

In der Fassung vom 8.3.2017 (ABl. EU Nr. L 100 v. 12.4.2017, S. 1).

Art. 11 Abschnitt „Um welche Art von Produkt handelt es sich?" im generischen Basisinformationsblatt

Im Abschnitt „Um welche Art von Produkt handelt es sich?" geben die PRIIP-Hersteller abweichend von Artikel 2 Absätze 2 und 3 Folgendes an:
a) eine Beschreibung der Arten der zugrunde liegenden Optionen, einschließlich der Marktsegmente oder Instrumentarten, sowie der Hauptfaktoren, von denen die Rendite abhängt;
b) einen Hinweis darauf, dass der Anlegertyp, an den das PRIIP vermarktet werden soll, von der jeweils zugrunde liegenden Anlageoption abhängt;
c) die Angabe, wo die spezifischen Informationen zu den einzelnen zugrunde liegenden Anlageoptionen zu finden sind.

In der Fassung vom 8.3.2017 (ABl. EU Nr. L 100 v. 12.4.2017, S. 1).

Art. 12 Abschnitt „Welche Risiken bestehen und was könnte ich im Gegenzug dafür bekommen?" im generischen Basisinformationsblatt

1. Im Abschnitt „Welche Risiken bestehen und was könnte ich im Gegenzug dafür bekommen?" des Basisinformationsblatts geben die PRIIP-Hersteller abweichend von Artikel 3 Absatz 2 Buchstabe a und Absatz 3 Folgendes an:
   a) den Risikoklassenbereich aller zugrunde liegenden Anlageoptionen, die innerhalb des PRIIP angeboten werden, unter Verwendung eines Gesamtrisikoindikators mit einer numerischen Skala von 1 bis 7 gemäß Anhang III;
   b) einen Hinweis darauf, dass Risiko und Rendite der Anlage je nach zugrunde liegender Anlageoption variieren;

c) eine kurze Beschreibung der Art und Weise, wie die Performance des PRIIP insgesamt von den zugrunde liegenden Optionen abhängt;

d) die Angabe, wo die spezifischen Informationen zu den einzelnen zugrunde liegenden Anlageoptionen zu finden sind.

2. Verwendet ein PRIIP-Hersteller ein Basisinformationsblatt für Anleger gemäß Artikel 14 Absatz 2, so spezifiziert er die Risikoklassen nach Absatz 1 Buchstabe a bei OGAW- und Nicht-OGAW-Fonds als zugrunde liegende Anlageoptionen mittels eines synthetischen Risiko- und Ertragsindikators nach Artikel 8 der Verordnung (EU) Nr. 583/2010.

In der Fassung vom 8.3.2017 (ABl. EU Nr. L 100 v. 12.4.2017, S. 1).

Art. 13 Abschnitt „Welche Kosten entstehen?" im generischen Basisinformationsblatt

1. Im Abschnitt „Welche Kosten entstehen?" geben die PRIIP-Hersteller abweichend von Artikel 5 Absatz 1 Buchstabe b Folgendes an:

    a) den Kostenbereich für das PRIIP in den Tabellen „Kosten im Zeitverlauf" und „Zusammensetzung der Kosten" gemäß Anhang VII;

    b) einen Hinweis darauf, dass die Kosten für den Kleinanleger je nach zugrunde liegender Anlageoption variieren;

    c) die Angabe, wo die spezifischen Informationen zu den einzelnen zugrunde liegenden Anlageoptionen zu finden sind.

2. Unbeschadet der Anforderungen von Artikel 5 Absatz 1 Buchstabe a kann ein PRIIP-Hersteller, wenn er ein Basisinformationsblatt für Anleger gemäß Artikel 14 Absatz 2 verwendet, abweichend von den Nummern 12 bis 20 des Anhangs VI auf bestehende OGAW- und Nicht-OGAW-Fonds die in Anhang VI Nummer 21 festgelegte Methodik anwenden.

3. Verwendet ein PRIIP-Hersteller ein Basisinformationsblatt für Anleger gemäß Artikel 14 Absatz 2, so kann er bei OGAW- und Nicht-OGAW-Fonds als einzige zugrunde liegende Anlageoptionen den Kostenbereich für das PRIIP abweichend von Artikel 5 nach Artikel 10 der Verordnung (EU) Nr. 583/2010 spezifizieren.

In der Fassung vom 8.3.2017 (ABl. EU Nr. L 100 v. 12.4.2017, S. 1).

Art. 14 Spezifische Informationen über jede zugrunde liegende Anlageoption

1. In Bezug auf die in den Artikeln 11, 12 und 13 genannten spezifischen Informationen geben die PRIIP-Hersteller für jede zugrunde liegende Anlageoption Folgendes an:

    a) einen Warnhinweis, soweit relevant;

    b) die Anlageziele und die zu deren Erreichung eingesetzten Mittel sowie den angestrebten Zielmarkt gemäß Artikel 2 Absätze 2 und 3;

    c) einen Gesamtrisikoindikator mit Erläuterung sowie Performance-Szenarien gemäß Artikel 3;

    d) eine Darstellung der Kosten gemäß Artikel 5.

2. Abweichend von Absatz 1 kann ein PRIIP-Hersteller für die Angabe der in den Artikeln 11 bis 13 der vorliegenden delegierten Verordnung genannten spezifischen Informationen ein Basisinformationsblatt für Anleger („wesentliche Informationen für den Anleger") gemäß den Artikeln 78 bis 81 der Richtlinie 2009/65/EG verwenden, sofern es sich bei mindestens einer der zugrunde liegenden Anlageoptionen nach Absatz 1 um einen OGAW- oder Nicht-OGAW-Fonds gemäß Artikel 32 der Verordnung (EU) Nr. 1286/2014 handelt.

In der Fassung vom 8.3.2017 (ABl. EU Nr. L 100 v. 12.4.2017, S. 1).

Schrifttum: *Andresen/Gerold*, Basisinformationsblatt, PRIIPs-Verordnung: Neuer EU-weiter Standard der Produktinformation für Verbraucher, BaFinJournal August 2015, 31; *Gerold*, Basisinformationsblatt, Anwendbarkeit der PRIIPs-Verordnung ab Anfang 2018 nun sicher, BaFinJournal Mai 2017, 36; *Gerold/Kohleick*, Aktuelle europäische Vorgaben für das Basisinformationsblatt nach der PRIIP-VO, RdF 2017, 276; *Heiss*, Anlegerschutz bei Versicherungsprodukten?, in Lorenz (Hrsg.), Karlsruher Forum 2014: Anlegerschutz durch Haftung nach deutschem und europäischem Kapitalmarktrecht, 2015, S. 41; *Litten*, PRIIPs: Anforderungen an Basisinformationsblätter, DB 2016, 1679; *Loacker*, Basisinformationen als Entscheidungshilfe, in FS Lorenz, 2014, S. 259; *Loritz*, Produktinformationsblätter nach dem neuen EU-Verordnungsvorschlag („PRIPs-Initiative") – Gedanken zur Konkretisierung von Zielsetzungen und Inhalt, WM 2014, 1513; *W.-T. Schneider*, Beipackzettel mit Nebenwirkungen: rechtliche Probleme der PRIIP-Verordnung, VersR 2017, 1429; *Seitz/Juhnke/Seibold*, PIBs, KIIDs und nun KIDs – Vorschlag der Europäischen Kommission für eine Verordnung über Basisinformationsblätter für Anlageprodukte im Rahmen der PRIPs-Initiative, BKR 2013, 1.

I. Einführung ... 1	2. Warnhinweis (Art. 8 Abs. 3 lit. b VO Nr. 1286/2014) ... 29
1. Überblick ... 1	a) Erforderlichkeit eines Warnhinweises ... 29
2. Zwingende Mustervorlage ... 8	b) Möglichkeit eines präventiven Warnhinweises ... 34
3. Abänderung oder Ergänzung der Mustervorlage? ... 11	c) Überprüfung durch die EU-Kommission ... 35
a) Abänderung im Einzelfall? ... 12	**IV. Spezielle Angaben** ... 36
b) Ergänzung im Einzelfall? ... 18	1. Produktart (Art. 8 Abs. 3 lit. c VO Nr. 1286/2014) ... 37
II. Angabe des Titels und Erläuterung (Art. 8 Abs. 1 und 2 VO Nr. 1286/2014) ... 22	a) Rechtsform ... 38
III. Allgemeine Angaben ... 24	b) Ziele und eingesetzte Mittel ... 39
1. Identifikations- und Kontaktdaten (Art. 8 Abs. 3 lit. a VO Nr. 1286/2014) ... 25	c) Insbesondere: Ökologische oder soziale Ziele ... 45

d) Beschreibung des Kleinanlegertyps 50	4. Kosten (Art. 8 Abs. 3 lit. f VO Nr. 1286/2014) . 75
e) Besonderheiten bei Versicherungsanlage-produkten 54	5. Haltedauer und Entnahme (Art. 8 Abs. 3 lit. g VO Nr. 1286/2014) 81
f) Laufzeit und Bindung des PRIIP 57	6. Beschwerdemöglichkeit (Art. 8 Abs. 3 lit. h VO Nr. 1286/2014) 82
2. Risiko-/Renditeprofil (Art. 8 Abs. 3 lit. d VO Nr. 1286/2014) 59	7. Sonstige zweckdienliche Angaben (Art. 8 Abs. 3 lit. i VO Nr. 1286/2014) 84
a) Grundlagen 59	V. Informationen im generischen Basisinformationsblatt 88
b) Gesamtrisikoindikator 64	
c) Performance-Szenario 67	VI. Rechtsfolgen bei Verstoß 94
3. Entschädigungs- oder Sicherungssystem (Art. 8 Abs. 3 lit. e VO Nr. 1286/2014) 72	

I. Einführung. 1. Überblick. In Art. 8 Abs. 1 und Abs. 2 VO Nr. 1286/2014 sind zwingende Angaben zum Titel des Basisinformationsblatts und zu einer allgemeinen Erläuterung enthalten. Art. 8 Abs. 3 lit. a und b VO Nr. 1286/2014 schreibt bestimmte allgemeine Angaben vor, während sich Art. 8 Abs. 3 lit. c ff. VO Nr. 1286/2014 auf einzelne verbindliche, spezielle Informationen bezieht. 1

Die in Art. 8 VO Nr. 1286/2014 enthaltenen Vorgaben erfahren durch Art. 1 ff. DelVO 2017/653 eine **Konkretisierung**. Ergänzt werden diese durch die Q&A (Questions and answers) der europäischen Aufsichtsbehörden (ESAs)[1], die zwar keine Rechtsverbindlichkeit haben, aber die Verwaltungsansicht wiedergeben. 2

Die in Art. 8 VO Nr. 1286/2014 enthaltenen, inhaltlich **zwingenden Vorgaben** für die Erstellung eines Basisinformationsblatts (zu Ausnahmen s. Rz. 11 ff.) sind relativ weitgehend. Gemessen daran, dass das Informationsblatt nicht mehr als drei Seiten umfassen darf (Art. 6 Abs. 4 Satz 1 VO Nr. 1286/2014), fragt sich, wie das angesichts dessen, dass schon der gesetzlich vorgegebene Text des Informationsblatts sehr umfassend ist und dort zudem „die wesentlichen Informationen" (Art. 6 Abs. 1 Satz 3 VO Nr. 1286/2014) enthalten sein müssen, praktisch bewerkstelligt werden kann. 3

Gleichzeitig zeichnen sich Art. 8 VO Nr. 1286/2014 sowie die Regelungen der DelVO 2017/653 durch die Verwendung zahlreicher **unbestimmter Rechtsbegriffe**, wie etwa „präzise", „nicht irreführend", „leicht verständlich" und „unmissverständlich", aus. Die Praxis kritisiert dies vor allem im Hinblick darauf, dass es zur Aufgabe des Herstellers gehört festzustellen, ob er ein Basisinformationsblatt überhaupt erstellen muss, und wenn ja, ob er in dieses alle von Gesetzes wegen erforderlichen Angaben aufgenommen hat. Die Rechtspraxis konnte jedoch in der Vergangenheit allgemein mit unbestimmten Rechtsbegriffen gut umgehen. 4

Ob bereits auf Level 1 eine so umfassende und kleinteilige Regelung, wie sie die PRIIP-VO vorsieht, erforderlich gewesen wäre, ist eine Frage, die sich allenfalls im Rahmen der **Überprüfung** der Verordnung durch die Kommission stellt (Art. 33 Abs. 1 VO Nr. 1286/2014). Im Schrifttum herrscht zu diesem Punkt ein uneinheitliches Bild. So wird teilweise etwa schon die exakte Vorgabe der zu verwendenden Überschriften kritisiert, von anderen wird dagegen eine solche als „dringend benötigter Wegweiser" empfunden[2]. 5

Hintergrund der gesetzgeberischen **Detailliertheit** ist, dass die einzelnen Basisinformationsblätter vom Format und Inhalt her möglichst übereinstimmen sollen, damit das in Art. 1 VO Nr. 1286/2014 ausdrücklich benannte Ziel der **Vergleichbarkeit** der Informationsblätter so weit wie möglich erfüllt wird (s. Art. 1 VO Nr. 1286/2014 Rz. 33 ff.). Gerade das wird jedoch teilweise angesichts der in Art. 8 VO Nr. 1286/2014 sowie der DelVO 2017/653 enthaltenen Vorschriften in Abrede gestellt[3]. Darüber hinaus wird an der derzeitigen Fassung der PRIIP-VO vor allem die Kalkulation der Transaktionskosten und die Tatsache, dass die bisherigen Entwicklungen des Anlageprodukts nicht (mehr) berücksichtigt werden dürfen, von der Praxis heftig **kritisiert**[4]. 6

Von der **Ermächtigung** in **Art. 8 Abs. 5 VO Nr. 1286/2014** hat die EU-Kommission mit der Schaffung der DelVO 2017/653 inzwischen Gebrauch gemacht. Insofern war die ursprüngliche Fassung des Art. 8 Abs. 5 Unterabs. 3 VO Nr. 1286/2014 aufgrund der zeitlichen Verschiebung der PRIIP-VO dahingehend zu berichtigen, dass das Datum, bis zu dem die Entwürfe technischer Regulierungsstandards vorzulegen waren, vom 31.3.2015 auf den 31.3.2016 verschoben worden war[5]. In Bezug auf die Ermächtigung in **Art. 8 Abs. 4 VO Nr. 1286/2014** 7

---

1 ESAs, JC 2017 49, Questions & answers (Q & A) on the PRIIPs KID, Stand: 20.11.2017, abrufbar unter https://esas-joint-committee.europa.eu/Publications/Technical%20Standards/JC%202017%2049%20%28JC_PRIIPs_QA_3rd%29.pdf (zuletzt abgerufen am 2.5.2018).
2 So *Loacker* in FS Lorenz, 2014, S. 259, 271.
3 S. die Stellungnahme von Efama am 20.12.2017 mit dem Titel „EFAMA alerts that the new PRIIPs rules will confuse and mislead investors", abrufbar unter https://www.efama.org/Publications/Public/PRIPS/EFAMA%20Statement%20on%20 PRIIPs%20-%20December%202017.pdf (zuletzt abgerufen am 2.5.2018).
4 S. die Stellungnahme von Efama am 20.12.2017 mit dem Titel „EFAMA alerts that the new PRIIPs rules will confuse and mislead investors", abrufbar unter https://www.efama.org/Publications/Public/PRIPS/EFAMA%20Statement%20on%20 PRIIPs%20-%20December%202017.pdf (zuletzt abgerufen am 2.5.2018); s. auch *Schrader*, Börsen-Zeitung v. 3.1.2018, S. 6.
5 S. ABl. EU Nr. L 358 v. 13.12.2014, S. 50.

existiert bislang lediglich der Entwurf der ESA vom 28.7.2017 zu einer technischen Empfehlung zu PRIIP mit ökologischen oder sozialen Zielen[1].

8   **2. Zwingende Mustervorlage.** Das Gesetz schreibt nicht nur vor, welche Angaben im Basisinformationsblatt enthalten sein müssen (Art. 8 VO Nr. 1286/2014 i.V.m. Art. 1 ff. DelVO 2017/653). Vielmehr verlangt Art. 9 DelVO 2017/653, dass die in Anhang I DelVO 2017/653 enthaltene **Mustervorlage** zu verwenden ist. Diese Mustervorlage ist gemäß den Anforderungen des Art. 8 VO Nr. 1286/2014 und der DelVO 2017/653 auszufüllen. Ein solches gesetzestechnisches Vorgehen ist insofern nicht völlig neu, als etwa bereits bislang bei der Erstellung des Produktinformationsblatts für zertifizierte Altersvorsorgeverträge weitgehende gesetzliche Vorgaben formuliert worden sind, die zumindest ansatzweise ein bestimmtes Muster vorgeben[2].

9   Die Vorgaben für die Erstellung des Basisinformationsblatts sind nicht nur vom Inhalt, sondern auch von der **Reihenfolge** und den **Überschriften** her zwingend festgelegt (s. Anhang I Satz 1 DelVO 2017/653). Teilweise ist in Art. 8 VO Nr. 1286/2014 auch der konkret zu verwendende Wortlaut, etwa für einen Warnhinweis, vorgegeben (**Textbausteine**). Für die Praxis empfiehlt es sich, den Wortlaut entsprechend zu übernehmen, um den aufsichtsrechtlichen Anforderungen zu genügen, und um sich nicht einer zivilrechtlichen Haftung (vgl. Art. 11 VO Nr. 1286/2014) auszusetzen. Da die im Gesetz bzw. der Mustervorlage aufgeführte Reihenfolge der einzelnen Punkte grundsätzlich zwingend ist, darf hiervon nicht abgewichen werden. Das folgt schon aus dem Zweck dieser Festlegung, dem Kleinanleger bereits bei flüchtiger Durchsicht die relevanten Unterschiede der einzelnen Anlageprodukte vor Augen zu führen[3].

10   Markant an den gesetzgeberischen Vorgaben ist, dass die Basisinformationsblätter dadurch letztendlich in einem **Frage- und Antwortstil** verfasst sein müssen. Das soll dem Kleinanleger helfen, den vom Hersteller formulierten Text zu verstehen. Einzig bezüglich der **Länge** der einzelnen Abschnitte sowie bzgl. der Anordnung der **Seitenumbrüche** ist der PRIIP-Hersteller bei der Erstellung des Basisinformationsblatts frei (Anhang I Satz 2 DelVO 2017/653).

11   **3. Abänderung oder Ergänzung der Mustervorlage?** Auch wenn die Mustervorlage bzw. die in Art. 8 VO Nr. 1286/2014 und Art. 1 ff. DelVO 2017/653 enthaltenen Vorgaben grundsätzlich verbindlich sind, kann sich für die Praxis die Frage ergeben, ob in begründeten Einzelfällen vom vorgegebenen Text **abgewichen** werden kann, bzw. ob **zusätzliche**, zu dem jeweils festgeschriebenen Wortlaut hinzukommende Hinweise gestattet sind.

12   **a) Abänderung im Einzelfall?** Weder in Art. 8 VO Nr. 1286/2014 noch in den Art. 1 ff. DelVO 2017/653 findet sich hierzu ein ausdrücklicher Hinweis. Auch die **BaFin** sieht, dass die Mustervorgaben „im Einzelfall oder für bestimmte Produkttypen zu Problemen bei der Konsistenz und der Verständlichkeit der (Gesamt-)Darstellung führen" kann[4].

13   Die Möglichkeit einer Abweichung von dem in Art. 8 VO Nr. 1286/2014 und Art. 1 ff. DelVO 2017/653 enthaltenen Text wird grundsätzlich nicht in Betracht kommen. Insofern kann als Maßstab das Ziel der PRIIP-VO, eine Vergleichbarkeit der einzelnen Basisinformationsblätter zu ermöglichen (vgl. Art. 1 VO Nr. 1286/2014), angeführt werden. Insofern kann eine Abänderung des Textes oder der Reihenfolge generell nur dann erwogen werden, wenn das zweite Ziel der PRIIP-VO, die **Verständlichkeit** für den Anleger, dadurch gefördert wird.

14   Aber selbst für den Fall der besseren Verständlichkeit für den Kleinanleger erteilt die EU-Kommission in Ziff. 20 ihrer **Leitlinien** vom 7.7.2017 eine klare Absage: „Die Verordnung 1286/2014 gestattet keine Anpassung des Basisinformationsblatts; dies gilt auch für die Überschriften und die Reihenfolge der Abschnitte." Hauptgrund für diese Haltung ist, dass ansonsten das Ziel der Vergleichbarkeit der Produkte beeinträchtigt werden könnte. Damit genießt das Ziel der Vergleichbarkeit einen höheren Stellenwert als die Verständlichkeit.

15   Eine solche Beurteilung geht auch konform mit der Haltung der **ESAs**, die in ihren veröffentlichten Fragen und Antworten (Q&A)[5] zum Ausdruck kommt. Dort geht es u.a. auch um die Frage vereinzelt zulässiger Abweichungen vom vorgegebenen Text. Schon die gewählten Beispiele zeigen, wie „eng" die Möglichkeit von Abweichungen gesehen wird. So wird es etwa als möglich angesehen, dass in einer bestimmten Tabelle anstatt „0 %" auch „n.a." angegeben wird[6]. Außerdem soll es zulässig sein, in einem bestimmten Kostenkontext statt des Be-

---

1   ESAs, Joint Technical Advice, JC 2017 43 v. 28.7.2017.
2   S. §§ 6 und 7 AltZertG i.V.m. der Altersvorsorge-Produktinformationsblattverordnung (AltvPIBV), die zum 1.1.2017 in Kraft trat.
3   Vgl. *W.-T. Schneider* in Prölss/Martin, VVG, Art. 6 PRIIP-VO Rz. 7.
4   *Gerold/Kohleick*, RdF 2017, 276, 281.
5   S. ESAs, JC 2017 49, Questions & answers (Q & A) on the PRIIPs KID, Stand: 20.11.2017, abrufbar unter https://esas-joint-committee.europa.eu/Publications/Technical%20Standards/JC%202017%2049%20%28JC_PRIIPs_QA_3rd%29.pdf (zuletzt abgerufen am 2.5.2018).
6   Ziff. 82 der Q & A der ESAs, Stand: 18.8.2017; so auch bei VI. 6 unter ESAs, JC 2017 49, Questions & answers (Q & A) on the PRIIPs KID, Stand: 20.11.2017, abrufbar unter https://esas-joint-committee.europa.eu/Publications/Technical%20Standards/JC%202017%2049%20%28JC_PRIIPs_QA_3rd%29.pdf (zuletzt abgerufen am 2.5.2018).

griffs „Investment" den Begriff „Notional amount" zu verwenden[1]. Auch hieraus kann geschlossen werden, dass am generellen Text keine Änderungen möglich sein sollen.

Problematisch erscheint dies, wenn im Einzelfall auf der einen Seite die Einhaltung der Mustervorgaben verlangt und auf der anderen Seite gerade dadurch der Maßstab des Art. 6 VO Nr. 1286/2014 nicht eingehalten wird. Insofern erkennt die BaFin einen möglichen **Widerstreit**. Einerseits sind in einem solchen Fall bei einer Abänderung der Mustervorlage verwaltungsrechtliche Sanktionen durch die Aufsichtsbehörde zu befürchten, andererseits führt eine Nichtänderung zur Gefahr einer zivilrechtlichen Haftung aufgrund von nicht hinreichenden vorvertraglichen Produktinformationen[2]. 16

Eine „Auflösung" dieses Widerstreits erscheint aber allenfalls durch eine Ergänzung der Musterangaben möglich. Daher rät auch die **BaFin** in den genannten Fällen zu einem vorsichtigen Verhalten. Im Zweifel soll einer **Ergänzung** der Musterangaben der Vorzug vor einer Änderung zu geben sein. Dass hier angesichts der vorgegebenen Maximalseitenzahl von drei DIN-A 4-Seiten kaum Spielraum eröffnet sein wird, sehen auch sie[3]. 17

b) Ergänzung im Einzelfall? Auch die Frage, ob eine Ergänzung der Musterlage bzw. der in Art. 8 VO Nr. 1286/2014 und Art. 1 ff. DelVO 2017/653 geforderten Angaben möglich ist, wird vom Gesetzgeber nicht beantwortet. Bei der Beurteilung zu berücksichtigen ist jedenfalls, dass der Vorschlag eines Art. 8 Abs. 3 VO Nr. 1286/2014, wonach im Basisinformationsblatt weitere Informationen möglich sein sollen, wenn sie erforderlich sind, um dem Kleinanleger eine fundierte Anlageentscheidung zu ermöglichen[4], nicht Eingang in die endgültige Fassung der PRIIP-VO gefunden hat. Ob man daraus auf eine Unzulässigkeit weiterer Angaben schließen kann, erscheint fraglich, da dem Hersteller nicht die Möglichkeit rechtskonformen Verhaltens von vornherein abgeschnitten werden darf. Das entspricht im Ergebnis auch dem, was die BaFin für solche Fälle rät[5]. 18

Als Maßstab für eine Beurteilung der Zulässigkeit einer Ergänzung des Basisinformationsblatts kann zunächst der Umstand herangezogen werden, dass das Basisinformationsblatt „die wesentlichen Informationen" enthalten muss (Art. 6 Abs. 1 Satz 3 VO Nr. 1286/2014 sowie Art. 6 Abs. 4 lit. b VO Nr. 1286/2014). Andere als für die Anlageentscheidung wesentliche Angaben können ohnehin von vornherein nicht zulässig sein[6]. Wenn also im Einzelfall über die gesetzlich verlangten Angaben hinaus weitere Informationen erforderlich sind, muss es dem Hersteller auch grundsätzlich gestattet sein, diese in das Basisinformationsblatt aufzunehmen. Ergänzungen wiederum konterkarieren das Ziel der Vergleichbarkeit der einzelnen Basisinformationsblätter nicht, da die Struktur und der Inhalt des Informationsblatts grundsätzlich trotzdem noch den Vorgaben entsprechen. 19

Wenig weiter hilft ein Verweis darauf, dass im Basisinformationsblatt auch „sonstige zweckdienliche Angaben" möglich sind (Art. 8 Abs. 3 lit. i VO Nr. 1286/2014, Art. 8 DelVO 2017/653). Ergänzungen können regelmäßig keine „sonstigen … Angaben" sein, da es in den entsprechenden Regelungen um andere Konstellationen geht. Unter der Überschrift „Sonstige zweckdienliche Angaben" soll lediglich ein Verweis auf zusätzliche Informationsunterlagen möglich sein (s. Rz. 84 ff.). 20

Maßstab für die Beurteilung, ob eine bestimmte Ergänzung der gesetzlich vorgeschriebenen Angaben im Basisinformationsblatt zulässig ist, ist, dass dieses präzise, redlich und klar sein muss sowie nicht irreführend sein darf (Art. 6 Abs. 1 Satz 2 VO Nr. 1286/2014). Sofern also eine Ergänzung zu einer Irreführung der Kleinanleger führen kann, wird diese unzulässig sein. Dabei kommt es zudem darauf an, dass die Informationsunterlage auch in ihrem **Gesamtbild** nicht irreführend ist. Eine Grenze für die Zulässigkeit von Ergänzungen ergibt sich des Weiteren aus der seitenmäßigen **Begrenzung** des Basisinformationsblatt auf maximal drei DIN-A 4-Seiten (Art. 6 Abs. 4 Satz 1 VO Nr. 1286/2014). 21

II. Angabe des Titels und Erläuterung (Art. 8 Abs. 1 und 2 VO Nr. 1286/2014). In das Informationsblatt-Dokument ist zunächst zwingend oben auf der ersten Seite der **Titel** „Basisinformationsblatt" aufzunehmen (Art. 8 Abs. 1 VO Nr. 1286/2014). Dabei darf der Titel weder anders formuliert noch durch weitere Angaben ergänzt werden. Gemäß der Mustervorlage in Anhang I DelVO 2017/653 ist dieser Titel drucktechnisch exponiert und in farblicher Absetzung aufzuführen. 22

Im Anschluss daran hat eine allgemeine **Erläuterung** zu erfolgen, die dem Kleinanleger deutlich machen soll, um welche Art von Informationsmaterial es sich bei dem Basisinformationsblatt handelt. Auch hier ist in der Mustervorlage in Anhang I DelVO 2017/653 der Titel „Zweck" sowie eine farbliche Abstufung vorgesehen. Verwendet werden muss in dieser Erläuterung **zwingend** der in Art. 8 Abs. 2 Unterabs. 2 VO Nr. 1286/2014 23

---

1 Ziff. 83 der Q & A der ESAs, Stand: 18.8.2017; so auch bei VI. 7 unter ESAs, JC 2017 49, Questions & answers (Q & A) on the PRIIPs KID, Stand: 20.11.2017, abrufbar unter https://esas-joint-committee.europa.eu/Publications/Technical%20Standards/JC%202017%2049%20%28JC_PRIIPs_QA_3rd%29.pdf (zuletzt abgerufen am 2.5.2018).
2 *Gerold/Kohleick*, RdF 2017, 276, 281.
3 *Gerold/Kohleick*, RdF 2017, 276, 281.
4 S. noch *Seitz/Juhnke/Seibold*, BKR 2013, 1, 6.
5 *Gerold/Kohleick*, RdF 2017, 276, 281.
6 Vgl. für die wesentlichen Anlegerinformationen des KAGB *Patzner/Schneider-Deters* in Moritz/Klebeck/Jesch, § 166 KAGB Rz. 8.

Art. 8 VO Nr. 1286/2014 | [Titel und Inhalt des Basisinformationsblatts]

vorgegebene Wortlaut, bzgl. dessen für die Hersteller kein Spielraum besteht[1]: „Dieses Informationsblatt stellt Ihnen wesentliche Informationen über dieses Anlageprodukt zur Verfügung. Es handelt sich nicht um Werbematerial. Diese Informationen sind gesetzlich vorgeschrieben, um Ihnen dabei zu helfen, die Art, das Risiko, die Kosten sowie die möglichen Gewinne und Verluste dieses Produkts zu verstehen, und Ihnen dabei zu helfen, es mit anderen Produkten zu vergleichen."

24 **III. Allgemeine Angaben.** Die in Art. 8 Abs. 3 lit. a und b VO Nr. 1286/2014 vorgeschriebenen allgemeinen Angaben betreffen die Identität des Herstellers und der zuständigen Aufsichtsbehörde. Ursprünglich sollten die allgemeinen Angaben („Präambel des BIB"[2]) auch einen Hinweis auf die zivilrechtliche Haftung des Produktanbieters enthalten. Davon wurde in der endgültigen Fassung der PRIIP-VO abgesehen[3].

25 **1. Identifikations- und Kontaktdaten (Art. 8 Abs. 3 lit. a VO Nr. 1286/2014).** Nach Art. 8 Abs. 3 lit. a VO Nr. 1286/2014 sind zunächst bestimmte Identifikations- und Kontaktdaten anzugeben. Das hat gemäß der Mustervorlage des Anhang I DelVO 2017/653 unter der **Überschrift „Produkt"** zu erfolgen. Präzisiert werden die erforderlichen Angaben in Art. 1 DelVO 2017/653. Die Kontaktdaten des Herstellers sind vor allem deshalb erforderlich, damit der Kleinanleger die Möglichkeit hat, weitere Information und zusätzliche Informationen leichter finden kann. Insofern wird der Aspekt einer möglichen Kontaktaufnahme mit dem PRIIP-Hersteller auch ausdrücklich erwähnt (Art. 1 Unterabs. 1 lit. c DelVO 2017/653).

26 Des Weiteren ist das **Datum** des Basisinformationsblatts anzugeben, so dass der Kleinanleger überprüfen kann, ob ihm dessen **aktuelle** Version zur Verfügung gestellt wurde. Dazu ist nämlich der Hersteller nach Art. 10 Abs. 1 Satz 2 VO Nr. 1286/2014 verpflichtet. Für den Berater bzw. Verkäufer ergibt sich dies konkludent aus der Pflicht der Zurverfügungstellung des Basisinformationsblatts, da sich diese nur auf die aktuelle Fassung und nicht eine ältere Version beziehen kann. Zudem kann dies aus Art. 14 VO Nr. 1286/2014 geschlossen werden, wonach dem Kleinanleger dann, wenn das Informationsblatt über eine Website zur Verfügung gestellt wird, bei einer Überarbeitung des Informationsblatts auf Nachfrage „auch vorherige Fassungen" zur Verfügung gestellt werden müssen (Art. 14 Abs. 5 Unterabs. 2 VO Nr. 1286/2014).

27 Aus der Angabe des Datums sowie auch der Pflicht zur Überprüfung und ggf. Überarbeitung des Basisinformationsblatts kann auch geschlossen werden, dass es unzulässig ist, die Aktualität des Informationsblatts **einzuschränken**. Ebenso ist es nicht möglich, dessen Aktualität **auszuschließen**. Dies würde im Widerspruch zur Überprüfungs- bzw. Überarbeitungspflicht des Art. 10 Abs. 1 VO Nr. 1286/2014 stehen.

28 Anzugeben ist auch die **„zuständige Behörde"** des PRIIP-Herstellers". Der europäische Gesetzgeber sieht hier, anders als die BaFin in Bezug auf das WpHG-Produktinformationsblatt, nicht die Gefahr, dass beim Anleger der Eindruck erweckt werden könnte, das Informationsblatt sei vorab durch die Aufsichtsbehörde geprüft worden[4]. Der Begriff der „zuständigen Behörde" ist in **Art. 4 Nr. 8 VO Nr. 1286/2014** definiert. Anzugeben ist jedoch nur die Behörde desjenigen Mitgliedstaats, in welchem der PRIIP-Hersteller niedergelassen ist. Das gilt auch dann, wenn der PRIIP-Hersteller seine Tätigkeiten grenzüberschreitend ausübt[5].

29 **2. Warnhinweis (Art. 8 Abs. 3 lit. b VO Nr. 1286/2014). a) Erforderlichkeit eines Warnhinweises.** Nach Art. 8 Abs. 3 lit. b VO Nr. 1286/2014 soll „gegebenenfalls" ein Warnhinweis an die Kleinanleger erfolgen, mit welchem diesen deutlich gemacht wird, dass sie beabsichtigen, ein schwer verständliches Produkt zu erwerben. Der Wortlaut des Warnhinweises ist im Gesetz **zwingend** vorgegeben. Verwendet werden muss die Formulierung: „Sie sind im Begriff, ein Produkt zu erwerben, das nicht einfach ist und schwer zu verstehen sein kann."

30 Wie der Begriff **„gegebenenfalls"** zu verstehen ist, wird in Art. 8 VO Nr. 1286/2014 nicht näher erläutert[6]. **Konkretisierend** sieht die DelVO 2017/653 vor, dass ein Warnhinweis dann erforderlich ist, wenn es sich um ein **Versicherungsanlageprodukt** handelt, das nicht den Anforderungen des Art. 30 Abs. 3 lit. a RL 2016/97/EU (Versicherungsvertriebsrichtlinie, sog. IDD) entspricht, oder um ein PRIIP, das die Anforderungen des Art. 25 Abs. 4 lit. a Ziff. i-vi RL 2014/65/EU (MiFID II) nicht erfüllt (**Art. 1 Unterabs. 2 DelVO 2017/653**). Der Warnhinweis ist damit für alle Basisinformationsblätter für PRIIP erforderlich, die nach den Kriterien der MiFID II (RL 2014/65/EU) und der Versicherungsvertriebsrichtlinie (RL 2016/97/EU) als **komplex** gelten. Diese Produkte dürfen nach der MiFID II und der IDD bzw. den entsprechenden nationalen Umsetzungsgesetzen nicht execution-only, d.h. im Rahmen eines reinen Ausführungsgeschäfts, verkauft werden. Insofern stellt Art. 1 Unterabs. 2 DelVO 2017/653 einen **Gleichlauf** zwischen den einzelnen europäischen Rechtsakten her.

---

1 Vgl. die zwingende Vorgabe bzgl. des Titels bei den wesentlichen Anlegerinformationen i.S.d. § 166 KAGB, näher dazu *Patzner/Schneider-Deters* in Moritz/Klebeck/Jesch, § 166 KAGB Rz. 10.
2 So *Loacker* in FS Lorenz, 2014, S. 259, 274, wobei „BIB" für Basisinformationsblatt steht.
3 Positiv zu dieser Formulierung noch *Loacker* in FS Lorenz, 2014, S. 259, 274; s. auch *Heiss/Mönnich*, VersRdsch 2013, 32, 36.
4 S. die Befürchtungen der BaFin bei BaFin, Rundschreiben 4/2013 (WA) – Produktinformationsblätter gem. §§ 31 Abs. 3a WpHG, 5a WpDVerOV, 26.9.2013, WA 36 – Wp 2002 – 2012/0003, Ziff. 3.1.6., abrufbar unter https://www.bafin.de/SharedDocs/Veroeffentlichungen/DE/Rundschreiben/rs_1304_produktinformationsblaetter_wa.html;jsessionid=A61978 886B32A9CA0EFBC7DF38A90C17.1_cid290 (zuletzt abgerufen am 2.5.2018)
5 S. Ziff. 22 der Leitlinien der EU-Kommission, ABl. EU Nr. C 281 v. 7.7.2017, S. 11.
6 Kritisch dazu *Beyer*, VersR 2016, 293, 295; *W.-T. Schneider* in Prölss/Martin, VVG, Art. 8 PRIIP-VO Rz. 5.

Nähere Hinweis dazu, wann ein Produkt schwer zu verstehen ist, finden sich zudem in **Erwägungsgrund 18 Satz 2 VO Nr. 1286/2014**. Hier sind drei **Beispiele** aufgeführt, d.h. die Aufzählung ist nicht abschließend („insbesondere"). Der erste Fall bezieht sich auf die Investition in Vermögensgegenstände, „in die Kleinanleger normalerweise nicht anlegen". Ein für den Kleinanleger schwer zu verstehendes Produkt liegt nach Erwägungsgrund 18 Satz 2 VO Nr. 1286/2014 auch dann vor, „wenn zur Berechnung der endgültigen Anlagerendite mehrere unterschiedliche Verfahren verwendet werden, wodurch sich die Gefahr von Missverständnissen beim Kleinanleger erhöht". Solche Fallgruppen zu identifizieren, dürfte in der Praxis regelmäßig einfach möglich sein.

Problematischer gestaltet sich die Feststellung der dritten beispielhaft genannten Fallgruppe. Ein schwer zu verstehendes Anlageprodukt soll nämlich auch dann vorliegen, „wenn die Anlagerendite die Verhaltensmuster der Kleinanleger ausnutzt, indem sie beispielsweise eine verlockende Festverzinsung bietet, auf die eine viel höhere bedingte variable Verzinsung folgt, oder eine iterative Formel". Die Problematik dieser Fallgruppe liegt darin, dass sie mit der Bezugnahme auf ein **„Ausnutzen"** und eine „verlockende" Verzinsung auf zwei „weiche" Faktoren abstellt. Dabei wird das „Ausnutzen" objektiv und nicht subjektiv (Motiv des Herstellers) zu verstehen sein.

Die Bezugnahme auf einen „gegebenenfalls" erforderlichen Warnhinweis bedeutet auch, dass der **Hersteller** selbst feststellen muss, ob er ein für den Kleinanleger als Empfänger schwer verständliches Produkt konzipiert hat. Ist dies der Fall, leitet sich daraus die Pflicht zu einem Warnhinweis ab. Wann ein verpacktes Produkt „nicht einfach" ist und als „schwer zu verstehen" gilt (so der Wortlaut des Warnhinweises nach Art. 8 Abs. 3 lit. b VO Nr. 1286/2014), kann damit die Hersteller in der Bewertung im Einzelfall vor große Probleme stellen[1]. Das ist angesichts der Haftungsandrohung des Art. 11 VO Nr. 1286/2014 und der möglichen verwaltungsrechtlichen Konsequenzen im Falle einer mangelnden Übereinstimmung des Informationsblatts mit den Vorgaben des Art. 8 VO Nr. 1286/2014 misslich (zu den Rechtsfolgen näher Rz. 94).

b) Möglichkeit eines präventiven Warnhinweises? Insofern wird zu überlegen sein, ob im Informationsblatt ein **präventiver Warnhinweis** auch auf die Gefahr hin, dass das Produkt später in den Augen der Aufsichtsbehörden doch nicht als „schwer zu verstehen" eingeordnet wird, aufgenommen werden kann. Diese Überlegung ist wiederum davon abhängig, ob es durch den präventiven Warnhinweis zu einer Irreführung des Anlegers kommen kann (vgl. Art. 6 Abs. 1 Satz 2 VO Nr. 1286/2014)[2]. Das ist eine Frage des Einzelfalls. Sofern man dies bejaht, indem dem Anleger ein schwieriges Produkt „vorgegaukelt" wird, ohne dass das zutrifft, wird ein präventiver Warnhinweis jedenfalls dann, wenn der Anleger damit Fehlvorstellungen, wie etwa (fälschlicherweise) eine besonders hohe Rendite, verbindet, unzulässig sein.

c) Überprüfung durch die EU-Kommission. Aufgrund der angeführten Punkte gilt die Regelung zum Warnhinweis als besonders **umstritten**. Insbesondere ist unklar, ob sich ein solcher Hinweis in der Praxis bewährt und einen Kleinanleger von einem ungeeigneten Produkt abgehalten wird. Daher soll vor allem diese Regelung bei der nach Art. 33 Abs. 1 VO Nr. 1286/2014 anstehenden Evaluierung der PRIIP-VO durch die Kommission nochmals überprüft werden (Art. 33 Abs. 1 Satz 2 VO Nr. 1286/2014). Eine Überprüfung dieser Regelung ist insbesondere auch deshalb veranlasst, weil dieser Punkt nicht zum ursprünglichen PRIIPs-Mandat der Europäischen Aufsichtsbehörden (ESAs) gehörte, und der Regelung weder eine Auswirkungsstudie noch eine Anhörung vorausging[3].

IV. Spezielle Angaben. Die speziellen Angaben sind im Basisinformationsblatt in einer Frage- und Antwortform zu präsentieren. Das soll die Lesewahrscheinlichkeit beim Kleinanleger ebenso erhöhen[4] wie die Verständlichkeit des Textes und die Vergleichbarkeit mit anderen Anlageprodukten. Zudem ist zu beachten, dass die **Reihenfolge** der Angaben gesetzlich vorgeschrieben und damit zwingend einzuhalten ist (Art. 8 Abs. 1 Unterabs. 2 VO Nr. 1286/2014).

1. Produktart (Art. 8 Abs. 3 lit. c VO Nr. 1286/2014). Art. 8 Abs. 3 lit. c VO Nr. 1286/2014 verlangt unter der Überschrift „**Um welche Art von Produkten handelt es sich?**" die Angaben der Art und der wichtigsten Merkmale des PRIIP. Diese Regelung wird durch **Art. 2 DelVO 2017/653** präzisiert. Für PRIIP mit verschiedenen Anlageoptionen finden sich spezielle Vorschriften bzgl. des generischen Basisinformationsblatts in Art. 10 f. DelVO 2017/653. Sofern es um Angaben zu Versicherungsleistungen geht, ist Anhang VII DelVO 2017/653 heranzuziehen (Art. 2 Abs. 4 Satz 1 Nr. DelVO 2017/653).

a) Rechtsform. Konkret ist zunächst die Art des PRIIP zu beschreiben (Art. 8 Abs. 3 lit. c Ziff. i VO Nr. 1286/ 2014 i.V.m. Art. 2 Abs. 1 DelVO 2017/653). Das betrifft im Wesentlichen dessen **Rechtsform**.

b) Ziele und eingesetzte Mittel. Darzustellen sind auch die Ziele des PRIIP sowie die dazu eingesetzten Mittel. In Bezug auf die verwendeten **Mittel** wird vor allem darzulegen sein, wie viel an Eigen- und wie viel an Fremdkapital eingesetzt wird.

---

1 S. auch *W.-T. Schneider*, VersR 2017, 1429, 1431.
2 Vgl. *W.-T. Schneider*, VersR 2017, 1429, 1431 mit Verweis auf die Rechtsprechung zu verwirrenden Zusätzen bei einer Widerrufsbelehrung.
3 So *Gerold*, BaFinJournal Mai 2017, 36, 37.
4 *Loacker* in FS Lorenz, 2014, S. 259, 274.

Art. 8 VO Nr. 1286/2014 | [Titel und Inhalt des Basisinformationsblatts]

40 Was unter dem Begriff der „**Ziele**" zu verstehen ist, wird nicht näher dargelegt. Diese können, je nach Anlageprodukt, relativ kompliziert sein, so dass eine verständliche Darstellung innerhalb der vorgegebenen knappen Seitenzahl nur unter erheblichen Auslassungen möglich sein wird. Dabei stellt sich wieder die Frage, welche Angaben zu den Zielen letztendlich als wesentlich i.S.d. Art. 6 Abs. 1 Satz 3 VO Nr. 1286/2014 anzusehen sind[1].

41 Jedenfalls sind die Anforderungen des Gesetzes an die Zielbeschreibung – gemessen an der Begrenzung des Basisinformationsblatts auf maximal 3 DIN-A 4-Seiten – relativ umfassend. So soll vor allem angegeben werden, ob die Ziele durch direkte oder indirekte **Abhängigkeit** von zugrunde liegenden Vermögensgegenständen erreicht werden. Außerdem ist eine Beschreibung der zugrunde liegenden Instrumente oder Referenzwerte erforderlich. Das umfasst auch die Angabe, in welche **Märkte** das PRIIP investiert.

42 In Art. 2 Abs. 2 Unterabs. 1 Satz 2 DelVO 2017/653 wird dies dahingehend präzisiert, dass die wichtigsten Faktoren anzugeben sind, von welchen die Rendite abhängt. Außerdem sollen die zugrunde liegenden Vermögens- oder Referenzwerte benannt und Angaben zur Renditeermittlung gemacht werden. Auch die Beziehung zwischen der Rendite des PRIIP und des zugrunde liegenden Vermögens- bzw. Referenzwerts ist darzulegen. Wenn die Anzahl der Vermögens- bzw. Referenzwerte zu groß ist, genügt die Angabe ihrer Marktsegmente oder Instrumentarten (Art. 2 Abs. 2 Unterabs. 2 DelVO 2017/653).

43 Die von Gesetzes wegen im Basisinformationsblatt verlangten Angaben zur Art des Produkts müssen nach Art. 2 Abs. 2 Unterabs. 1 Satz 1 DelVO 2017/653 „kurz, klar und leicht verständlich" zusammengefasst sein. Das wird in der Praxis in manchen Fällen nicht leicht zu bewerkstelligen sein, ergibt sich aber auch als Konsequenz aus der Anforderung des Art. 6 Abs. 1 Satz 2 VO Nr. 1286/2014, wonach das Basisinformationsblatt „präzise, redlich und klar sein" muss.

44 Festgestellt wird in Art. 2 Abs. 2 Unterabs. 1 Satz 3 DelVO 2017/653, dass diese Informationen „Aufschluss über die Beziehung zwischen der empfohlenen Haltedauer und dem Risiko- und Renditeprofil des PRIIP" geben. Ob dieses Ziel mit den geschilderten Angaben in Bezug auf den durchschnittlichen Kleinanleger wirklich erreicht wird, ist zu bezweifeln.

45 **c) Insbesondere: Ökologische oder soziale Ziele.** Sofern vorhanden sollen im Basisinformationsblatt auch die ökologischen oder sozialen Ziele angegeben werden (Art. 8 Abs. 3 lit. c Ziff. ii a.E. VO Nr. 1286/2014). Auch wenn damit Berücksichtigung findet, dass der **Zweck einer Finanzanlage** häufig für die Anlageentscheidung des Kleinanlegers relevant sein kann[2], stellt sich doch die Frage, ob es sich hierbei noch um wesentliche Produktinformationen handelt. Das gilt umso mehr, als die Seitenzahl für das Informationsblatt mit drei DIN-A 4-Seiten ausgesprochen begrenzt ist.

46 Gleichzeitig darf diese Angabe nicht verkappt zu **Werbezwecken** in das Basisinformationsblatt aufgenommen werden. Das könnte letztendlich auf einen Verstoß gegen Art. 6 Abs. 2 Satz 1 VO Nr. 1286/2014 hinauslaufen, wonach das Informationsblatt deutlich von Werbematerialien zu unterscheiden ist. Abgesehen davon wird die Angabe von ökologischen bzw. sozialen Zielen nur dann zulässig sein, wenn sie eine **wesentliche** Eigenschaft des Produkts darstellen. Das lässt sich daraus ableiten, dass das Basisinformationsblatt nur die „wesentlichen" Informationen zum Anlageprodukt enthalten darf (Art. 6 Abs. 1 Satz 3 VO Nr. 1286/2014). Das folgt aber auch daraus, dass ansonsten die Gefahr der Irreführung des Kleinanlegers besteht (Art. 6 Abs. 1 Satz 2 VO Nr. 1286/2014).

47 Letztendlich geht es dem europäischen Gesetzgeber mit dieser Regelung ausdrücklich darum, dass „nachhaltige ökologische und soziale Entwicklungen ... weiter gefördert werden"[3]. Das ist aber eine **Zielsetzung**, die – auch wenn sie grundsätzlich zu begrüßen ist – von der Zielsetzung der PRIIP-VO abweicht. Jedenfalls aber wurde von den im Gesetzgebungsverfahren ursprünglich geforderten Angaben zur Nachhaltigkeit im Bereich Umwelt, Soziales oder gute Unternehmensführung zugunsten der genannten weicheren Punkte wieder Abstand genommen[4].

48 Zu beachten sein wird künftig auch die von der EU-Kommission gem. Art. 8 Abs. 4 VO Nr. 1286/2014 auszuarbeitende Delegierte Verordnung. Mit dieser sollen Verfahren festgelegt werden, mit denen festgestellt wird, ob ein PRIIP bestimmte ökologische oder soziale Ziele anstrebt. Derzeit liegt der Entwurf der ESA zu einer technischen Empfehlung die „environmental or social PRIIP" (**EOS-PRIIP**) vor[5]. Ob, und wenn ja, inwiefern, die EU-Kommission diese in einer delegierten Verordnung berücksichtigen wird, ist derzeit noch offen. Die technische Empfehlung bezieht sich auf die Genauigkeit und Angemessenheit der Investmentstrategie, die Offenlegung der entsprechenden Investmentpolitik, die erforderlichen Kontroll- und Überwachungsschritte der PRIIP-Hersteller sowie die Überprüfung der Fortschritte[6].

---

1 Vgl. *Loritz*, WM 2014, 1513, 1518.
2 *Gerold*, BaFinJournal Mai 2017, 36, 39.
3 Erwägungsgrund 19 Satz 3 VO Nr. 1286/2014.
4 *Luttermann*, ZIP 2015, 805, 810.
5 S. ESA, Joint Technical Advice, JC 2017 43 v. 28.7.2017; s. auch Erwägungsgrund 32 VO Nr. 1286/2014; s. auch den Hinweis der BaFin, Basisinformationsblatt, BaFinJournal August 2017, S. 32 f.
6 S. *Wolfbauer*, ZFR 2017, 465 f.

Angesichts der genannten Punkte sollte bei der **Überprüfung** der PRIIP-VO (Art. 33 Abs. 1 Satz 1 VO Nr. 1286/2014) auch das Erfordernis der Angabe von durch das Produkt angestrebte ökologischen oder sozialen Zielen nochmals einer näheren Untersuchung unterzogen werden. Insofern sieht auch Erwägungsgrund 19 Satz 5 VO Nr. 1286/2014, allerdings mit anderem Fokus, vor, dass die EU-Kommission im Rahmen ihrer Überprüfung „die Entwicklungen in Bezug auf soziale und ökologische Anlageprodukte ... gründlich betrachtet". In diesen Zusammenhang gehört auch die Aufgabe der EU-Kommission, bei ihrer Überprüfung der PRIIP-VO zu überlegen, inwiefern die Einführung eines **Gütezeichens** für soziale und ökologische Anlagen vorteilhaft wäre (Art. 33 Abs. 1 Satz 3 VO Nr. 1286/2014 a.E.). 49

d) Beschreibung des Kleinanlegertyps. Die PRIIP-VO verlangt im Basisinformationsblatt auch eine Beschreibung des Kleinanlegertyps, an welchen das PRIIP vermarktet werden soll (Art. 8 Abs. 3 lit. c Ziff. iii VO Nr. 1286/2014). Auch die MiFID II sieht für das Wertpapierhandelsrecht eine solche **Zielmarktbestimmung** vor (Art. 16 Abs. 3 und Art. 24 Abs. 2 und 3 RL 2014/65/EU), die in Deutschland in § 80 Abs. 9 i.V.m. § 11 WpDVerOV umgesetzt wurde. Danach ist der Zielmarkt bei der Produktherstellung im Rahmen der Product Governance vom Hersteller festzulegen. **Unklar** ist, ob der nach der PRIIP-VO zu bestimmende Zielmarkt ebenso zu bestimmen ist wie derjenige nach der **MiFID II** bzw. dem WpHG. 50

Ebenso unklar ist das Verhältnis zwischen der Angabe des Kleinanlegertyps nach der PRIIP-VO und der in Art. 25 RL 2016/97/EU (Versicherungsvertriebsrichtlinie, sog. IDD) vorgesehenen und mit § 23 Abs. 1a ff. VAG umgesetzten sog. POG (Product Oversight and Governance)[1]. In der Praxis könnte es sich anbieten, insbesondere einen einheitlichen Product Governance-Prozess für sämtliche, im Einzelfall relevanten Zielmarktbestimmungen (MiFID II, IDD und PRIIP-VO) vorzusehen. Das setzt aber eine einheitliche Definition des Zielmarkts voraus. Dem steht die der weiteren wissenschaftlichen Erforschung bedürfende These entgegen, dass die Zielmarktdefinition in diesen Regelwerken unterschiedlich sei[2]. 51

Art. 8 Abs. 3 lit. c Ziff. iii VO Nr. 1286/2014 stellt bei der Beschreibung des Kleinanlegertyps „insbesondere" auf dessen Fähigkeit, Anlageverluste zu verkraften und den Anlagehorizont ab[3]. **Art. 2 Abs. 3 Satz 2 DelVO 2017/653** erweitert dies auf die Berücksichtigung der theoretischen Kenntnisse der Kleinanleger sowie deren frühere Erfahrungen mit PRIIP. Zu beachten sind zudem die Finanzmärkte und die Bedürfnisse, Eigenschaften und Ziele potenzieller Endkunden. Aufgrund der ausdrücklich beispielhaften Aufzählung ergibt sich, dass bei einem bestimmten Anlageprodukt im Einzelfall auch weitere Punkte zu einzubeziehen sein können. 52

Ziel der Angaben ist, dem potentiellen Kleinanleger deutlich zu machen, für welchen Kleinanlegertyp die Anlage gedacht bzw. geeignet ist. Dabei wird, anders als im Rahmen der Beratung, nicht auf den konkreten Anleger, sondern abstrakt auf eine bestimmte Gruppe an Kleinanlegern abstellt. Hintergrund der Darstellung des Kleinanlegertyps und der Zielgruppe ist, dass das angebotene Produkt dadurch vom Hersteller auch ausdrücklich als für den zu definierenden Zielmarkt tauglich angesehen wird. Die Frage, ob ein konkreter Kleinanleger zu der festgelegten Zielmarktgruppe gehört, muss dann der Vertrieb klären[4]. 53

e) Besonderheiten bei Versicherungsanlageprodukten. Sofern das PRIIP **Versicherungsleistungen** bietet, müssen im Basisinformationsblatt dessen Einzelheiten dargestellt werden (Art. 8 Abs. 3 lit. c Ziff. iv VO Nr. 1286/2014 i.V.m. Art. 2 Abs. 4 DelVO 2017/653). Insofern ergeben sich für Versicherungsanlageprodukte im Hinblick auf den Inhalt des Informationsblatts einzelne Besonderheiten; im Übrigen ist es genauso zu gestalten wie bei anderen Anlageprodukten, so dass das Ziel der Vergleichbarkeit der Produkte auch hier gewährleistet ist. 54

In das Basisinformationsblatt aufzunehmen sind nach Art. 8 Abs. 3 lit. c Ziff. iv VO Nr. 1286/2014 „Einzelheiten", was einen Hinweis auf die Umstände, unter denen die Versicherungsleistungen fällig würden, einschließt. Was im Einzelnen aufgeführt werden muss, präzisiert Art. 2 Abs. 4 DelVO 2017/653. Die dort enthaltene Aufzählung ist nicht abschließend („insbesondere"), so dass ggf. auch weitere Angaben erforderlich sein können. 55

Zunächst sind im Basisinformationsblatt die wichtigsten **Merkmale** des Versicherungsvertrags zusammenzufassen. Des Weiteren ist eine Definition der inbegriffenen Leistungen vorzusehen. Dezidiert ist ein Hinweis darauf erforderlich, dass der Wert der Leistungen in dem gem. Art. 8 Abs. 3 lit. d VO Nr. 1286/2014 erforderlichen Abschnitt enthalten ist (dazu Rz. 59 ff.). Im Basisinformationsblatt enthalten sein müssen auch Informationen „über die typischen biometrischen Eigenschaften der **Zielgruppe** von Kleinanlegern", wobei in der DelVO näher ausgeführt wird, welche Elemente „insbesondere" enthalten sein müssen. Auch zur **Prämie** sind bestimmte Angaben erforderlich (Art. 2 Abs. 4 Unterabs. 1 Satz 2 DelVO 2017/653 sowie Art. 2 Abs. 4 Unterabs. 2 DelVO 2017/653). 56

f) Laufzeit und Bindung des PRIIP. Im Basisinformationsblatt enthalten sein müssen auch Angaben zur Laufzeit des PRIIP (Art. 8 Abs. 3 lit. c Ziff. v VO Nr. 1286/2014). Dies hat unter der Überschrift „Wie lange sollte ich die Anlage halten, und kann ich vorzeitig Geld entnehmen?" zu erfolgen. Hierbei wurde die Frage auf- 57

---

1 Dazu *Heiss* in Karlsruher Forum 2014, S. 41, 69.
2 *Hemeling*, ZHR 181 (2017), 595, 598.
3 Vgl. *W.-T. Schneider* in Prölss/Martin, VVG, Art. 8 PRIIP-VO Rz. 6 (bzgl. Versicherungsprodukten).
4 *Gerold*, BaFinJournal Mai 2017, 36, 37.

Art. 8 VO Nr. 1286/2014 | [Titel und Inhalt des Basisinformationsblatts]

geworfen, ob dabei die Laufzeit des Produkts insgesamt gemeint ist, oder ob auch für den Anleger bestehende sog. Exit-Möglichkeiten zu benennen sind[1].

58 In **Art. 2 Abs. 5 DelVO 2017/653** werden konkretisierend bestimmte Angaben verlangt: Ein Hinweis auf das **Fälligkeitsdatum** bzw., dass es ein solches nicht gibt, ein Hinweis auf ein mögliches Recht des PRIIP-Herstellers zur einseitigen **Kündigung** sowie ein Hinweis darauf, wann das PRIIP automatisch beendet werden kann, sowie die Kündigungstermine, sofern diese bekannt sind. Art. 6 DelVO 2017/653 verlangt zudem bestimmte weitere Angaben auch zur vorzeitigen Vertragsauflösung (Desinvestition)[2].

59 **2. Risiko-/Renditeprofil (Art. 8 Abs. 3 lit. d VO Nr. 1286/2014). a) Grundlagen.** In einem weiteren Abschnitt des Basisinformationsblatts hat der Hersteller unter der Überschrift „Welche Risiken bestehen und was könnte ich im Gegenzug dafür bekommen?" das Risiko-/Renditeprofil zu beschreiben (Art. 8 Abs. 3 lit. d VO Nr. 1286/2014, Art. 3 DelVO 2017/653). Präzisiert wird Art. 8 Abs. 3 lit. d VO Nr. 1286/2014 durch **Art. 3 DelVO 2017/653**. Zu beachten ist, dass bzgl. Art. 3 Abs. 3, 4 und 5 DelVO 2017/653 im Juli 2017 eine **Berichtigung** erfolgte[3]. So war u.a. in der ursprünglichen Fassung der DelVO die wörtliche Bezeichnung des betroffenen Abschnitts falsch angegeben und nunmehr korrigiert wurden. Zu berücksichtigen sind außerdem die einschlägigen Hinweise der **ESAs** in ihren **Q&A** zu Anhang II und III der DelVO 2017/653[4].

60 In der PRIIP-VO werden **fünf Punkte** aufgezählt, die bei der Beschreibung zu berücksichtigen sind (Art. 8 Abs. 3 lit. d Ziff. i-v VO Nr. 1286/2014): ein Gesamtrisikoindikator, die möglichen höchsten Verluste, geeignete Performanceszenarien, Informationen über Renditebedingungen oder Leistungshöchstgrenzen sowie eine Erklärung zur möglichen Auswirkung der nationalen Steuergesetzgebung auf die tatsächliche Auszahlung. Bemängelt wurde teilweise, dass in der PRIIP-VO von der Darstellung einer historischen Wertentwicklung abgesehen wurde[5].

61 Der Hersteller hat nicht nur die Risiken des Produkts zu beschreiben, sondern muss diese auch durch einen Gesamtrisikoindikator (s. Rz. 64ff. darstellen. Damit genügt eine Wiedergabe der Risiken nur in Textform nicht mehr. Einzugehen ist auch auf die Renditemöglichkeiten, wobei vor allem der maximal mögliche Verlust des eingesetzten Kapitals, insbesondere die Gefahr eines Totalverlustrisikos (Art. 8 Abs. 3 lit. d Ziff. ii, Alt. 1 VO Nr. 1286/2014) anzugeben ist. Außerdem sind verschiedene Performance-Szenarien (s. Rz. 67) mit den jeweils zugrunde liegenden Annahmen darzustellen.

62 Bei der Anwendung des Art. 3 DelVO 2017/653 sind auch die Vorgaben in den **Anhängen** II-V DelVO 2017/653 zu berücksichtigen. Dort finden sich detaillierte Vorschriften etwa bzgl. der Methodik für die Darstellung des Risikos (Anhang II) und für die Darstellung des Gesamtrisikoindikators (Anhang III). Damit bleiben für die Berechnung der Risikokennziffern und des Gesamtrisikoindikators so gut wie keine Spielräume[6]. Für PRIIP mit verschiedenen Anlageoptionen finden sich spezielle Vorschriften bzgl. des generischen Basisinformationsblatts in Art. 10, Art. 12 DelVO 2017/653.

63 Als wichtigste mit einem PRIIP verbundene **Risiken** zählt Erwägungsgrund 5 DelVO 2017/653 das Marktrisiko, das Kreditrisiko und das Liquiditätsrisiko auf. Weiter wird ausgeführt, dass „damit Kleinanleger diese Risiken vollständig verstehen können, ... die Risikoinformationen weitestgehend zusammengefasst" werden sollten „und numerisch in Form eines Gesamtrisikoindikators, ergänzt durch hinreichende Erläuterungen, dargestellt werden" sollen. Ob mit den in der PRIIP-VO verlangten Risikohinweisen und -berechnungen das tatsächliche Risiko zumindest annähernd beschrieben werden kann, kann hier nicht näher untersucht werden[7].

64 **b) Gesamtrisikoindikator.** Vorgesehen ist für PRIIP-Produkte die Darstellung des Gesamtrisikoindikators („**Summary Risk Indicator**", SRI). Dieser soll quantitativ das Markt- und Kreditrisiko abbilden und um qualitative Angaben zur Liquidität ergänzt werden[8]. Insofern ist eine Zahl auf der Skala von 1 bis 7 anzugeben, je nachdem wie hoch das Risiko des Produkts eingeschätzt wird. Je höher die angegebene Zahl, desto höher das Risiko des Produkts. Ein Leitfaden für die Hersteller zur Erstellung eines solchen Gesamtrisikoindikators enthält Anhang III DelVO 2017/653.

65 Auch hier ist teilweise der neben der bildlichen Darstellung zu verwendende Wortlaut des erläuternden Textes vorgeschrieben (s. Anhang III DelVO 2017/653 unter 7.). In diesem Zusammenhang können auch die von den

---

1 Loritz, WM 2014, 1513, 1518.
2 Näher in Bezug auf Versicherungsprodukte *W.-T. Schneider* in Prölss/Martin, VVG, Art. 8 PRIIP-VO Rz. 12.
3 ABl. EU Nr. L 186 v. 19.7.2017, S. 17.
4 ESAs, Questions and answers (Q&A) on the PRIIPs KID, JC 2017 49, Stand: 20.11.2017, abrufbar unter https://esas-joint-committee.europa.eu/Publications/Technical%20Standards/JC%202017%2049%20%28JC_PRIIPs_QA_3rd%29.pdf (zuletzt abgerufen am 2.5.2018).
5 S. die Stellungnahme von Efama am 20.12.2017 mit dem Titel „EFAMA alerts that the new PRIIPs rules will confuse and mislead investors", abrufbar unter https://www.efama.org/Publications/Public/PRIPS/EFAMA%20Statement%20on%20PRIIPs%20-%20December%202017.pdf (zuletzt abgerufen am 2.5.2018).
6 Vgl. *Litten*, DB 2016, 1679, 1682.
7 Kritisch *Loritz*, WM 2014, 1513, 1516.
8 *Gerold*, BaFinJournal Mai 2017, 36, 39.

ESAs veröffentlichten Flussdiagramme berücksichtigt werden, die jedoch ausdrücklich keine Verbindlichkeit haben sollen[1].

Im Rahmen des Gesamtrisikoindikators werden die drei als **Hauptrisiken** angesehen Punkte abgehandelt. Zunächst wird das **Marktrisiko** dargestellt. Dieses bezieht sich auf die Wertentwicklung der Anlagen, d.h. die Frage von Wertänderungen aufgrund von Schwankungen des zugrunde liegenden (Referenz-)Wertes. Insofern sind die PRIIP in vier Kategorien zu unterteilen (Anhang II Ziff. 3 DelVO 2017/653). Sodann erfolgt eine Darstellung des Bonitäts- bzw. **Kreditrisikos**, d.h. des Risikos eines Ausfalls des PRIIP-Herstellers und damit einhergehend des Verlusts der Anlage. Schließlich wird auch das **Liquiditätsrisiko** dargestellt und damit das Risiko, dass das PRIIP nicht mehr handelbar und daher mangels eines aktiven Marktes auch nicht mehr einlösbar ist (Risiko der Veräußerbarkeit durch den Verbraucher)[2]. 66

c) **Performance-Szenario.** In **Anhang IV** DelVO 2017/653 finden sich detaillierte Angaben zum Performance-Szenario. Diese Angaben sind für den Anleger insofern von Bedeutung, als höhere Risiken einen höheren Ertrag bedeuten können, dies aber auch mit einem hohen Verlustrisiko verbunden ist. Daher soll der Kunde das Verhältnis zwischen Risiko und Rendite und damit das Produkt zugrunde liegende Anlagerisiko verstehen können. Allerdings scheint selbst die EU-Kommission zu bezweifeln, dass ein Kleinanleger diese Informationen trotz des Basisinformationsblatts immer versteht[3]. Dem wird durch Schaubilder und teilweise vorgegebenem Wortlaut entgegenzuwirken versucht. 67

Insofern sind nach Art. 3 Abs. 3 DelVO 2017/653 zwingend **vier verschiedene Szenarien** darzustellen, die als „geeignete" Performance-Szenarien i.S.d. Art. 8 Abs. 3 lit. d Ziff. iii VO Nr. 1286/2014 angesehen werden. Einzugehen ist auf ein optimistisches, ein mittleres, ein pessimistisches und ein **Stressszenario**. Letzteres umfasst die Darstellung der Prognose von Anlageergebnissen bei extrem negativen Marktentwicklungen, die aber dennoch plausibel sind. Dadurch soll der Kleinanleger eine klare Vorstellung vom sog. worst case-Szenario bekommen. Dieses Stressszenario war erst später in die Entwurfsfassung aufgenommen worden, um das Bewusstsein des Kleinanlegers für den sog. worst case zu schärfen[4]. 68

Für die Berechnung der Szenario-Werte sind die in Anhang IV vorgesehenen **Formeln** zu verwenden. Anzugeben ist die Performance in monetären Einheiten (Nr. 32 Anhang IV DelVO 2017/653) sowie prozentual als jährliche Durchschnittsrendite der Anlage (Nr. 33 Anhang IV DelVO 2017/653). Zu berücksichtigen sind dabei auch die erläuternden Q&A der ESAs[5]. Hinzugezogen werden können auch die von den ESAs ausgearbeiteten Flussdiagramme, die jedoch ausdrücklich keine Verbindlichkeit haben sollen[6]. 69

Für **Versicherungsanlageprodukte** gelten nach Nr. 34 Anhang IV DelVO 2017/653 zusätzliche Punkte. 70

Nicht nur in Bezug auf die Berechnung der Performance-Szenarien, sondern auch bei deren **Darstellung** ist der PRIIP-Hersteller an die Vorgaben der DelVO 2017/653 gebunden. So enthält der Anhang V DelVO 2017/653 eine **Mustervorlage** für verschiedene Fälle, je nachdem, ob eine einmalige Anlage und/oder eine einmalige Prämie gezahlt wird, oder ob eine Zahlung regelmäßiger Anlagen und/oder regelmäßiger Prämien vorliegt. Auch hier ist der Wortlaut der neben einem Schaubild zusätzlichen Erläuterungen verbindlich vorgegeben. 71

3. **Entschädigungs- oder Sicherungssystem (Art. 8 Abs. 3 lit. e VO Nr. 1286/2014).** Art. 8 Abs. 3 lit. e VO Nr. 1286/2014 schreibt vor, dass das Basisinformationsblatt unter der Überschrift „**Was geschieht, wenn der [Name des PRIIP-Herstellers] nicht in der Lage ist, die Auszahlung vorzunehmen?**" Angaben zum Entschädigungs- oder Sicherungssystem zu enthalten hat. Darzulegen sind auch das System, der Name des Sicherungsgebers sowie das gedeckte Risiko. 72

Nach der PRIIP-VO müssen damit diese Angaben direkt nach den Angaben zu den **Risiken** (Art. 8 Abs. 3 lit. d VO Nr. 1286/2014) erfolgen, ohne dass hierin ein Problem gesehen wird. In Deutschland ist im WpHG-Produktinformationsblatt eine solche Abfolge der Informationen nach Ansicht der BaFin unzulässig, wenn der Hinweis auf die Sicherungseinrichtung direkt nach der Darstellung des Emittentenrisikos erfolgt. Ansonsten könnte beim Anleger der Eindruck erweckt werden, dass sich die Risiken der Anlage dadurch reduzieren oder 73

---

[1] ESAs, PRIIPs – Flow diagram for the risk and reward calculations in the PRIIPs KID, JC-2017-49, 16.8.2017, abrufbar unter https://esas-joint-committee.europa.eu/Publications/Technical%20Standards/JC%202017%2049%20%28PRIIPs_flow_diagram_risk_reward%29.pdf (zuletzt abgerufen am 2.5.2018).
[2] *Andresen/Gerold*, BaFinJournal August 2015, 31, 34; *Litten*, DB 2016, 1679, 1682.
[3] Vgl. die Nachweise bei *Wilhelmi* in Assmann/Wallach/Zetzsche, KAGB, Anh. zu § 166: Vorbemerkung PRIIP-VO Rz. 6.
[4] *Gerold*, BaFinJournal Mai 2017, 36, 37; *Wolfbauer*, ZFR 2017, 250; vgl. noch *Litten*, DB 2016, 1679, 1682.
[5] ESAs, Questions and answers (Q&A) on the PRIIPs KID, JC 2017 49, Stand: 20.11.2017, abrufbar unter https://esas-joint-committee.europa.eu/Publications/Technical%20Standards/JC%202017%2049%20%28JC_PRIIPs_QA_3rd%29.pdf (zuletzt abgerufen am 2.5.2018).
[6] ESAs, PRIIPs – Flow diagram for the risk and reward calculations in the PRIIPs KID, JC-2017-49, 16.8.2017, abrufbar unter https://esas-joint-committee.europa.eu/Publications/Technical%20Standards/JC%202017%2049%20%28PRIIPs_flow_diagram_risk_reward%29.pdf (zuletzt abgerufen am 2.5.2018),S. 18 ff.

gar nicht mehr bestehen[1]. Insofern muss hier ein räumlicher „Abstand" gewahrt sein. Lediglich als Instrument zur Begrenzung von Risiken ist die Nennung der Sicherungseinrichtung unmittelbar im Zusammenhang mit den Risiken zulässig[2].

74 Präzisiert wird die Regelung des Art. 8 Abs. 3 lit. 3 VO Nr. 128672014 durch **Art. 4 DelVO 2017/653**. Danach ist dem Kleinanleger darzutun, ob aufgrund des Ausfalls des Herstellers oder eines anderen Rechtsträgers ein finanzieller Verlust entstehen kann. Sofern dies der Fall ist, soll neben der Angabe zur Deckung des Verlusts durch ein Entschädigungs- oder Sicherungssystem ausgeführt werden, ob dieser Schutz beschränkt ist oder Bedingungen unterliegt (Art. 4 lit. b DelVO 2017/653).

75 **4. Kosten (Art. 8 Abs. 3 lit. f VO Nr. 1286/2014).** Nach Art. 8 Abs. 3 lit. f VO Nr. 1286/2014 ist unter der Überschrift **„Welche Kosten entstehen?"** eine Aufschlüsselung der mit der Anlage in das PRIIP entstehenden Kosten erforderlich. Präzisiert wird diese Regelung in **Art. 5 DelVO 2017/653**[3]. Für PRIIP mit verschiedenen Anlageoptionen finden sich spezielle Vorschriften bzgl. des generischen Basisinformationsblatts in Art. 10 und 13 DelVO 2017/653. Zu beachten ist daneben vor allem **Anhang VI** DelVO 2017/653. Außerdem sind die Q&A der ESAs zu berücksichtigen[4]. Insbesondere in deren Anhang I findet sich ein **Kalkulationsbeispiel** bzgl. der standardisierten Transaktionskosten[5].

76 Ziel dieser PRIIP-Bestimmung ist die Herbeiführung von Produkttransparenz durch Kostentransparenz. Der Kleinanleger ist danach auch über etwaige direkte, indirekte, einmalige und laufende Kosten aufzuklären. Das geht weiter als bislang üblich. So ist der Kunde etwa im Versicherungsbereich bereits durch das Produktinformationsblatt über die mit der Anlage verbundenen Kosten zu informieren (vgl. § 4 Abs. 4 VVG-InfoV), allerdings haben nach der PRIIP-VO die Angabe der aggregierten Gesamtkosten nicht nur in Prozent und absoluten Zahlen zu erfolgen, sondern auch im Rahmen von Gesamtindikatoren.

77 Eine Darstellung nur in Textform genügt damit nicht mehr. Anhang VI DelVO 2017/653 enthält präzisierende Vorschriften bzgl. dreier Kategorien der **Kostenaufstellung:** erstens bei Investmentfonds, d.h. AIF und OGAW, zweitens bei anderen PRIIP als Investmentfonds und drittens bei Versicherungsanlageprodukten. Getrennt wird dabei jeweils zwischen einmaligen und wiederkehrenden Kosten sowie zwischen direkten und indirekten Kosten.

78 Gem. Teil 2 des Anhangs VI DelVO 2017/653 sind **Gesamtkostenindikatoren** anzugeben. Das bedeutet, dass die Renditeminderung anzugeben ist, die aufgrund der errechneten Gesamtkosten entsteht. Auch für deren Berechnung sind genaue Vorgaben enthalten (Nr. 62 ff. Anhang VI DelVO 2017/653). Im Basisinformationsblatt muss zudem die kombinierte **Wirkung der Kosten** enthalten sein. Dies betrifft jedoch nur Anlagen ab der Höhe von 1.000 Euro bei Versicherungsanlageprodukten mit regelmäßiger Prämienzahlung oder ansonsten ab der Höhe von 10.000 Euro (Nr. 90 Anhang VI DelVO 2017/653). **Anhang VII** DelVO 2017/653 sieht neben einem konkret zu verwendenden Wortlaut auch die Verwendung von **Tabellen** für die Darstellung der Kosten im Zeitverlauf und die Zusammensetzung der Kosten vor.

79 Den entsprechenden Regelungen wird damit gerade bei den einmaligen und laufenden Kosten von der BaFin ein „völlig neues Niveau an Offenlegung gegenüber dem Verbraucher" bescheinigt[6]. Zu Recht wird darauf verwiesen, dass allein die **Vertriebskosten** unvollständig angegeben werden dürfen, da der Hersteller diese nur insoweit offenbaren muss, als ihm diese Kosten überhaupt bekannt sind. Eine Obliegenheit, sich diese Kosten vom Vertreiber zu besorgen, besteht jeden falls nicht.

80 Art. 8 Abs. 3 lit. f Unterabs. 2 VO Nr. 1286/2014 verlangt, dass im Basisinformationsblatt ein **eindeutiger Hinweis** darauf vorgesehen ist, dass dem Kunden detaillierte Informationen zu den Vertriebskosten, die nicht bereits in den direkten oder indirekten Kosten eines PRIIP enthalten sind, vorzulegen sind. Insofern soll der

---

1 *Wölk/Uphoff*, Produktinformationsblätter: BaFin-Rundschreiben zu den Anforderungen an Informationen über Finanzinstrumente, 3.2.2014, unter: „Konkretisierung der Verhaltens- und Organisationsverordnung", abrufbar unter https://www.bafin.de/SharedDocs/Veroeffentlichungen/DE/Fachartikel/2014/fa_bj_1402_produktinformationsblaetter.html (zuletzt abgerufen am 2.5.2018).
2 BaFin, Rundschreiben 4/2013 (WA) – Produktinformationsblätter gem. §§ 31 Abs. 3a WpHG, 5a WpDVerOV, 26.9.2013, WA 36 – Wp 2002 – 2012/0003, Ziff. 3.2.3.2., abrufbar unter https://www.bafin.de/SharedDocs/Veroeffentlichungen/DE/Rundschreiben/rs_1304_produktinformationsblaetter_wa.html;jsessionid=A61978886B32A9CA0EFBC7DF38A90C17.1_cid290 (zuletzt abgerufen am 2.5.2018).
3 Zur Kritik hieran s. Efama, „EFAMA alerts that the new PRIIPs rules will confuse and mislead investors", abrufbar unter https://www.efama.org/Publications/Public/PRIPS/EFAMA%20Statement%20on%20PRIIPs%20-%20December%202017.pdf (zuletzt abgerufen am 2.5.2018).
4 ESAs, Questions and answers (Q&A) on the PRIIPs KID, JC 2017 49, Stand: 20.11.2017, abrufbar unter https://esas-joint-committee.europa.eu/Publications/Technical%20Standards/JC%202017%2049%20%28JC_PRIIPs_QA_3rd%29.pdf (zuletzt abgerufen am 2.5.2018).
5 ESAs, Questions and answers (Q&A) on the PRIIPs KID, JC 2017 49, Stand: 20.11.2017, abrufbar unter https://esas-joint-committee.europa.eu/Publications/Technical%20Standards/JC%202017%2049%20%28JC_PRIIPs_QA_3rd%29.pdf (zuletzt abgerufen am 2.5.2018).
6 *Gerold*, BaFinJournal Mai 2017, 36, 38.

Kleinanleger keinem Missverständnis unterliegen und die beiden Kostenpositionen entsprechend addieren können[1]. Daher sieht der Gesetzgeber wohl dem Kleinanleger gegenüber durch die unvollständige Angabe der Vertriebskosten regelmäßig auch keine Nachteile, da der Vertreiber seine Vergütung regelmäßig etwa aufgrund der MiFID II-Vorgaben, die im WpHG umgesetzt sind, selbst offenlegen muss[2]. Regelmäßig ist hierfür keine Nachfragepflicht des Kunden erforderlich, sondern diese Informationen sind dem Kleinanleger vom Berater, von der Vertriebsstelle oder jeder anderen über ein PRIIP beratenden oder verkaufenden Person ohne Aufforderung vorzulegen.

5. Haltedauer und Entnahme (Art. 8 Abs. 3 lit. g VO Nr. 1286/2014). Art. 8 Abs. 3 lit. g VO Nr. 1286/2014 bezieht sich auf die Angaben zur Haltedauer und den Konsequenzen bei einem vorzeitigen Verkauf oder einer vorzeitigen Kündigung des PRIIP. Präzisiert ist Art. 8 Abs. 3 lit. g VO Nr. 1286/2014 in **Art. 6 lit. a–c DelVO 2017/653**, wonach die Gründe für die empfohlene Haltedauer bzw. vorgeschriebene Mindesthaltedauer beschrieben werden, Hinweise zum Desinvestitionsverfahren und insbesondere die Auswirkungen einer vorzeitigen Auflösung enthalten sein müssen. Das umfasst vor allem auch die damit verbundenen Gebühren und Sanktionen umfasst. 81

6. Beschwerdemöglichkeit (Art. 8 Abs. 3 lit. h VO Nr. 1286/2014). Nach Art. 8 Abs. 3 lit. h VO Nr. 1286/2014 muss der Kleinanleger im Basisinformationsblatt auch darüber informiert werden, wie und bei wem er sich beschweren kann. Das hat unter der Überschrift „**Wie kann ich mich beschweren?**" zu erfolgen. Dies soll das Vertrauen von Kleinanlegern speziell in verpackte Anlageprodukte und allgemein in die Finanzmärkte fördern[3]. Die Beschwerdemöglichkeit bezieht sich dabei sowohl auf das Produkt als auch auf den Hersteller bzw. den Verkäufer oder Berater als Verpflichteten. 82

Präzisiert wird diese Regelung in **Art. 7 DelVO 2017/653**, wo deutlich gemacht wird, was im Basisinformationsblatt genau angegeben sein muss. Noch weiter geht Erwägungsgrund 28 VO Nr. 1286/2014, wonach der Hersteller auch sicherstellen soll, dass der Kleinanleger auf seine Beschwerde „eine sachdienliche Antwort des PRIIP-Herstellers" erhält. 83

7. Sonstige zweckdienliche Angaben (Art. 8 Abs. 3 lit. i VO Nr. 1286/2014). In Art. 8 Abs. 3 lit. i VO Nr. 1286/2014 sind unter der Überschrift „**Sonstige zweckdienliche Angaben**" noch weitere Informationen erforderlich. Vom Wortlaut her wirkt die Anforderung des Art. 8 Abs. 3 lit. i VO Nr. 1286/2014 zwar wie eine Art Auffangtatbestand, das ist aber so nicht ganz korrekt. Ausgeführt wird hier nämlich auch dezidiert, worauf sich diese „sonstigen Angaben" überhaupt beziehen können. Gestattet sind vor allem Hinweise auf zusätzliche **Informationsunterlagen**, sofern diese keine bloßen Werbematerialien sind. 84

Ziff. 19 der Leitlinien der EU-Kommission enthält ein weiteres Beispiel für Hinweise unter der Rubrik „sonstige zweckdienliche Angaben". Sofern mit einem PRIIP Produkte angeboten werden, die selbst kein PRIIP sind, darf im Basisinformationsblatt auf das **Nicht-PRIIP-Produkt** nur in diesem Abschnitt verwiesen werden. 85

Präzisiert wird diese Regelung in **Art. 8 DelVO 2017/653**. Dabei ist ausdrücklich zu differenzieren zwischen Informationsunterlagen, die gesetzlich vorgeschrieben sind, und solchen, die nur auf Anfrage des Kleinanlegers vorgelegt werden (Art. 8 Abs. 1 DelVO 2017/653). Möglich ist auch ein Link auf eine Website (Art. 8 Abs. 2 DelVO 2017/653). 86

Für PRIIP mit verschiedenen Anlageoptionen finden sich spezielle Vorschriften bzgl. des generischen Basisinformationsblatts in Art. 10 und Art. 14 DelVO 2017/653 (s. Rz. 88 ff.). 87

V. Informationen im generischen Basisinformationsblatt. Art. 8 VO Nr. 1286/2014 enthält keine speziellen Vorgaben für solche PRIIP, die verschiedene zugrunde liegende Anlageoptionen bieten, vielmehr sehen allein die Art. 10-14 DelVO 2017/653 entsprechende spezielle Regelungen vor. Diese sind im Zusammenhang mit Art. 6 Abs. 3 VO Nr. 1286/2014 zu sehen. Danach gelten für ein Basisinformationsblatt, bei dem ein PRIIP eine Palette von Anlageoptionen bietet, Besonderheiten. 88

In einem solchen Fall kann die Bereitstellung der nach Art. 8 Abs. 3 VO Nr. 1286/2014 erforderlichen Informationen in einer „einzigen, prägnanten und eigenständigen Unterlage" nicht möglich sein. Dann muss zumindest eine **allgemeine Beschreibung** der zugrunde liegenden Anlagemöglichkeiten erfolgen. Außerdem muss angegeben werden, wo und wie „detailliertere Dokumentationen zu vorvertraglichen Informationen in Bezug auf die Anlageprodukte, die die zugrunde liegenden Anlagemöglichkeiten absichern", zu finden sind (Art. 6 Abs. 3 VO Nr. 1286/2014). 89

Im Rahmen der spezifischen Bestimmungen der DelVO 2017/653 kann der PRIIP-Hersteller zwischen zwei Möglichkeiten wählen: Er kann für jede zugrunde liegende Anlageoption ein Basisinformationsblatt erstellen und darin die in Art. 8 Abs. 3 VO Nr. 1286/2014 sowie Art. 1 ff. DelVO 2017/653 vorgeschriebenen Informationen aufnehmen (Art. 10 lit. a DelVO 2017/653). Für dieses gelten die allgemeinen, oben dargestellten Anfor- 90

---

1 *Gerold*, BaFinJournal Mai 2017, 36, 38.
2 *Gerold*, BaFinJournal Mai 2017, 36, 38.
3 S. Erwägungsgrund 28 VO Nr. 1286/2014.

Art. 9 VO Nr. 1286/2014 | [Inhalt der Werbematerialien]

derungen. Der PRIIP-Hersteller kann aber auch ein **generisches Basisinformationsblatt** zur Beschreibung des PRIIP anfertigen (Art. 10 lit. b DelVO 2017/653).

91 Entscheidet sich der Hersteller für die Erstellung eines generischen Basisinformationsblatts, gelten die Art. 1 ff. DelVO 2017/653 in modifizierter Form. Besonderheiten ergeben sich in Bezug auf die Darstellung der **Produktart** unter der Überschrift „Um welche Art von Produkt handelt es sich?" (Art. 11 DelVO 2017/653), die **Risiken** unter der Überschrift „Welche Risiken bestehen und was könnte ich im Gegenzug dafür bekommen?" (Art. 12 DelVO 2017/653) sowie die **Kosten** unter der Überschrift „Welche Kosten entstehen?" (Art. 13 DelVO 2017/653).

92 Gem. Art. 14 DelVO 2017/653 sind dem Kleinanleger bestimmte **spezifische Informationen** über jede zugrunde liegende Anlageoption zu erteilen. Das bezieht sich auf einen eventuell erforderlichen Warnhinweis, die Anlageziele sowie die eingesetzten Mittel und den Zielmarkt, einen Gesamtrisikoindikator, Performance-Szenarien und eine Kostendarstellung (Art. 14 Abs. 1 lit. a–d DelVO 2017/653).

93 Außerdem kann bei Vorliegen von **OGAW**- oder Nicht-OGAW-Fonds, wie auch für ein „normales" Basisinformationsblatt (vgl. Art. 32 VO Nr. 1286/2014), statt eines PRIIP-Basisinformationsblatts ein Informationsblatt i.S.d. „wesentlichen Anlegerinformationen" gem. § 164 Abs. 1, 166 KAGB erstellt werden. Voraussetzung dafür ist, dass es sich mindestens bei einer der zugrunde liegenden Anlageoptionen um einen OGAW- oder Nicht-OGAW-Fonds i.S.d. Art. 32 VO Nr. 1286/2014 handelt. Eine Übergangsfrist und damit eine Begrenzung der Anwendbarkeit dieser Regelung ist, anders als bei Art. 32 Abs. 1 VO Nr. 1286/2014, nicht vorgesehen.

94 **VI. Rechtsfolgen bei Verstoß.** Relevanz haben die Anforderungen des Art. 8 VO Nr. 1286/2014 in zweierlei Hinsicht. Zum einen enthalten die Art. 22 ff. VO Nr. 1286/2014 verschiedene Sanktionen und Maßnahmen, welche die zuständige Aufsichtsbehörde (hier: die BaFin) einleiten kann. Dabei ist insbesondere die Verhängung eines **Bußgelds** möglich (Art. 24 Abs. 1 i.V.m. Abs. 2 lit. e VO Nr. 1286/2014, § 120 Abs. 16 Nr. 1 lit. d WpHG). Ein solches ist immer dann möglich, wenn ein Basisinformationsblatt vorsätzlich oder leichtfertig nicht, nicht richtig, nicht vollständig, nicht rechtzeitig oder nicht in der in Art. 8 Abs. 1-3 VO Nr. 1286/2014 vorgeschriebenen Weise abgefasst oder veröffentlicht worden ist.

Zudem droht dem Hersteller eine **zivilrechtliche Haftung**, wenn das Informationsblatt irreführend oder ungenau ist, oder wenn es „nicht mit den einschlägigen Teilen der rechtlich verbindlichen vorvertraglichen und Vertragsunterlagen oder mit den Anforderungen nach Artikel 8 übereinstimmt" (Art. 11 Abs. 1 VO Nr. 1286/2014; näher s. Art. 11 VO Nr. 1286/2014 Rz. 1 ff.).

Art. 9 [Inhalt der Werbematerialien]

In Werbematerialien, die spezifische Informationen über ein PRIIP enthalten, dürfen keine Aussagen getroffen werden, die im Widerspruch zu den Informationen des Basisinformationsblatts stehen oder die Bedeutung des Basisinformationsblatts herabstufen. In den Werbematerialien ist darauf hinzuweisen, dass es ein Basisinformationsblatt gibt und wie und wo es erhältlich ist, einschließlich der Angabe der Website des PRIIP-Herstellers.

In der Fassung vom 26.11.2014 (ABl. EU Nr. L 352 v. 9.12.2014, S. 1).

Schrifttum: S. Art. 1 VO Nr. 1286/2014.

I. Überblick 1	III. Hinweispflicht 6
II. Keine Widersprüchlichkeit 4	IV. Rechtsfolgen einer Missachtung 8

1 **I. Überblick.** Art. 9 VO Nr. 1286/2014 bezieht sich auf die **Werbung** für ein PRIIP und ist im Zusammenhang mit den Art. 6 Abs. 2 VO Nr. 1286/2014 und Art. 7 Abs. 2 VO Nr. 1286/2014 zu sehen. Danach ist das Basisinformationsblatt von Werbematerialien deutlich zu unterscheiden. Insofern ist auch ein Querverweis im Basisinformationsblatt auf Werbematerialien nicht erlaubt (Art. 6 Abs. 2 Satz 1 und 2 VO Nr. 1286/2014). Zudem ist das Basisinformationsblatt von der zu berücksichtigenden Amtssprache her abhängig (auch) von den Werbematerialien (Art. 7 Abs. 2 VO Nr. 1286/2014).

2 Die PRIIP-VO umfasst mit Art. 9 VO Nr. 1286/2014 regulatorisch nicht nur das Basisinformationsblatt, sondern auch die separat angebotenen **Werbematerialien**. Wie auch im Prospektrecht unterliegen diese ebenfalls der Aufsicht. Diese Erweiterung war deshalb als erforderlich angesehen worden, weil ansonsten der mit dem Basisinformationsblatt verfolgte Zweck konterkariert werden könnte. Insofern wird Art. 9 VO Nr. 1286/2014 als zur Durchsetzung der Informationsverpflichtung erforderlich angesehen. Die Lauterkeit des Wettbewerbs wird als weiterer Regelungszweck angeführt[1].

---

1 *W.-T. Schneider* in Prölss/Martin, VVG, Art. 9 PRIIP-VO Rz. 1.

Art. 9 VO Nr. 1286/2014 enthält zwei **Pflichten**. Zum einen ist eine Widerspruchsfreiheit der Werbematerialien gegenüber dem Basisinformationsblatt vorgeschrieben (s. Rz. 4 f.) und zum anderen eine Hinweispflicht auf das vorhandene Basisinformationsblatt (s. Rz. 6 f.).

II. Keine Widersprüchlichkeit. Nach **Art. 9 Satz 1 VO Nr. 1286/2014** dürfen sich die Werbematerialien nicht im Widerspruch zu den Aussagen des Informationsblatts befinden. Die Werbeaussagen dürfen auch nicht die Bedeutung des Basisinformationsblatts herabstufen. Hintergrund ist, dass der Kleinanleger ansonsten meinen könnte, er könne auf die Lektüre des Basisinformationsblatts verzichten. Auch wenn dies zunächst einleuchtend klingt, können sich aus dieser Vorgabe im Einzelfall Schwierigkeiten ergeben, da Werbung stets anpreisenden Charakter hat, d.h. einseitig und teilweise auch übertreibend ist. Wann hier konkret von einem **Widerspruch** i.S.d. Art. 9 Satz 1 VO Nr. 1286/2014 zum Informationsblatt gesprochen werden kann, dürfte in der Praxis immer wieder zu Abgrenzungsschwierigkeiten führen.

Auslegungsprobleme können sich auch dahingehend ergeben, dass die PRIIP-VO lediglich solche Werbematerialien ins Auge fasst, die „**spezifische** Informationen über ein PRIIP enthalten". Eine Abgrenzung zwischen allgemeiner Werbung und spezifischer Werbung kann im Einzelfall schwierig sein. Maßgeblich kommt es auch hier wieder auf den Zweck der PRIIP-VO an, dem Kunden durch das Basisinformationsblatt eine kurze, zusammenfassende Information für eine fundierte Anlageentscheidung zu bieten. Insofern dürfte der Begriff „spezifische Informationen" weit auszulegen sein und alle PRIIP-Informationen umfassen, die für eine Anlageentscheidung relevant sein können. Darauf, dass in den Werbematerialien möglicherweise noch andere, nicht von der PRIIP-VO erfasste Produkte erwähnt werden, kann es nicht ankommen[1].

III. Hinweispflicht. Die Werbematerialien müssen zudem einen Hinweis auf das Basisinformationsblatt enthalten (**Art. 9 Satz 2 VO Nr. 1286/2014**). Offenbar werden muss nicht nur die Existenz, sondern auch die Bezugsmöglichkeit des Basisinformationsblatts. Das ist dem Umstand geschuldet, dass sich Werbung gezielt an die relevanten Anlegergruppen richtet und somit durch Art. 9 VO Nr. 1286/2014 das Bewusstsein für das Vorhandensein eines (objektiven) Informationsblatts geschärft werden soll.

Da ein Berater oder Verkäufer ohnehin nach **Art. 13 f. VO Nr. 1286/2014** gezwungen ist, dem Kleinanleger das jeweilige Basisinformationsblatt zur Verfügung zu stellen, kann die Hinweispflicht als eine (zusätzliche) Präventivmaßnahme gesehen werden. Somit kann sich der Kleinanleger schon vor einer Beratungs- oder Verkaufssituation über das PRIIP auf der Website des Herstellers erkundigen. Anzugeben ist in den Werbematerialien zudem die Website des Herstellers, der nach **Art. 5 Abs. 1 Nr. VO Nr. 1286/2014** zur Veröffentlichung auf seiner Website verpflichtet ist.

IV. Rechtsfolgen einer Missachtung. Werden die Anforderungen des Art. 9 VO Nr. 1286/2014 vom Hersteller nicht beachtet, drohen die verwaltungsrechtlichen Sanktionen und Maßnahmen des Art. 24 Abs. 2 i.V.m. Abs. 1 VO Nr. 1286/2014. Insbesondere kann bei einem Verstoß gegen Art. 9 VO Nr. 1286/2014 ein **Bußgeld** verhängt werden (Art. 24 Abs. 2 lit. e VO Nr. 1286/2014). Dabei ist sowohl eine vorsätzliche als auch eine leichtfertige Begehung bußgeldbewehrt (§ 120 Abs. 16 Nr. 6 und Nr. 7 WpHG).

Eine **zivilrechtliche Haftung** des Herstellers wird nur in bestimmten Fällen in Betracht kommen. Das Unterlassen der Hinweispflicht des Art. 9 Satz 2 VO Nr. 1286/2014 wird insofern kaum zivilrechtliche Rechtsfolgen nach sich ziehen. Insbesondere handelt es sich hierbei nicht um ein Schutzgesetz i.S.d. § 823 Abs. 2 BGB. Ob ein Verstoß gegen Art. 9 Satz 1 VO Nr. 1286/2014 zu einer zivilrechtlichen Haftung führt, hängt davon ab, ob durch die widersprüchliche Werbeaussage das Basisinformationsblatt aus der Sicht des Kleinanlegers irreführend i.S.d. Art. 11 Abs. 1 VO Nr. 1286/2014 ist.

Art. 10 [Überprüfung der Informationen durch Hersteller]

(1) Der PRIIP-Hersteller überprüft regelmäßig die in dem Basisinformationsblatt enthaltenen Informationen und überarbeitet das Informationsblatt, wenn sich bei der Überprüfung herausstellt, dass Änderungen erforderlich sind. Die überarbeitete Version wird unverzüglich zur Verfügung gestellt.

(2) Um die einheitliche Anwendung dieses Artikels zu gewährleisten, arbeiten die Europäischen Aufsichtsbehörden im Wege des Gemeinsamen Ausschusses Entwürfe technischer Regulierungsstandards aus, in denen Folgendes festgelegt wird:

a) die Bedingungen der Überprüfung der in dem Basisinformationsblatt enthaltenen Informationen;

b) die Bedingungen, unter denen das Basisinformationsblatt überarbeitet werden muss;

c) die besonderen Bedingungen, unter denen die in dem Basisinformationsblatt enthaltenen Informationen überprüft werden müssen oder das Basisinformationsblatt überarbeitet werden muss, wenn ein PRIIP Kleinanlegern nicht kontinuierlich angeboten wird;

---

1 So auch *W.-T. Schneider* in Prölss/Martin, VVG, Art. 9 PRIIP-VO Rz. 2.

Art. 10 VO Nr. 1286/2014 | [Überprüfung der Informationen durch Hersteller]

d) die Fälle, in denen Kleinanleger über ein überarbeitetes Basisinformationsblatt für ein von ihnen erworbenes PRIIP unterrichtet werden müssen, sowie die Mittel, mit denen die Kleinanleger zu unterrichten sind.

Die Europäischen Aufsichtsbehörden legen der Kommission diese Entwürfe technischer Regulierungsstandards bis zum 31. Dezember 2015 vor.

Der Kommission wird die Befugnis übertragen, die technischen Regulierungsstandards nach Unterabsatz 1 gemäß den Artikeln 10 bis 14 der Verordnung (EU) Nr. 1093/2010, der Verordnung (EU) Nr. 1094/2010 und der Verordnung (EU) Nr. 1095/2010 zu erlassen.

In der Fassung vom 26.11.2014 (ABl. EU Nr. L 352 v. 9.12.2014, S. 1).

Delegierte Verordnung (EU) 2017/653 der Kommission vom 8. März 2017
zur Ergänzung der Verordnung (EU) Nr. 1286/2014 des Europäischen Parlaments und des Rates über Basisinformationsblätter für verpackte Anlageprodukte für Kleinanleger und Versicherungsanlageprodukte (PRIIP) durch technische Regulierungsstandards in Bezug auf die Darstellung, den Inhalt, die Überprüfung und die Überarbeitung dieser Basisinformationsblätter sowie die Bedingungen für die Erfüllung der Verpflichtung zu ihrer Bereitstellung
(Auszug)

Art. 15 Überprüfung

1. Bei jeder Änderung, die sich tatsächlich oder wahrscheinlich erheblich auf die im Basisinformationsblatt enthaltenen Informationen auswirkt, sowie mindestens alle zwölf Monate nach dessen Erstveröffentlichung überprüfen die PRIIP-Hersteller die im Basisinformationsblatt enthaltenen Informationen.
2. Im Rahmen der Überprüfung gemäß Absatz 1 wird geprüft, ob die im Basisinformationsblatt enthaltenen Informationen weiterhin präzise, redlich, klar und nicht irreführend sind. Insbesondere wird Folgendes geprüft:
   a) ob die im Basisinformationsblatt enthaltenen Informationen die allgemeinen Anforderungen in Bezug auf die Form und den Inhalt gemäß der Verordnung (EU) Nr. 1286/2014 oder die spezifischen Anforderungen in Bezug auf die Form und den Inhalt gemäß der vorliegenden delegierten Verordnung erfüllen;
   b) ob sich die Marktrisiko- oder Kreditrisikobewertungen des PRIIP geändert haben und ob die kombinierte Wirkung einer solchen Änderung bedingt, dass das PRIIP in eine andere Klasse des Gesamtrisikoindikators eingestuft werden muss als die Klasse, die ihm in dem zu überprüfenden Basisinformationsblatt zugewiesen wurde;
   c) ob sich die durchschnittliche Rendite für das mittlere Performance-Szenario des PRIIP, als annualisierte prozentuale Rendite ausgedrückt, um mehr als fünf Prozentpunkte verändert hat.
3. Für die Zwecke des Absatzes 1 führen die PRIIP-Hersteller angemessene Prozesse ein, um unverzüglich Umstände zu ermitteln, die eine Änderung mit tatsächlicher oder wahrscheinlicher Auswirkung auf die Richtigkeit, Redlichkeit oder Klarheit der Angaben im Basisinformationsblatt zur Folge haben könnten, und unterhalten diese während der Lebenszeit des PRIIP so lange, wie dieses für Kleinanleger verfügbar bleibt.

In der Fassung vom 8.3.2017 (ABl. EU Nr. L 100 v. 12.4.2017, S. 1).

Art. 16 Überarbeitung

1. Die PRIIP-Hersteller überarbeiten das Basisinformationsblatt unverzüglich, wenn eine Überprüfung gemäß Artikel 15 ergibt, dass Änderungen an dem Basisinformationsblatt vorgenommen werden müssen.
2. Sie stellen sicher, dass alle Abschnitte des Basisinformationsblatts, die von solchen Änderungen betroffen sind, aktualisiert werden.
3. Der PRIIP-Hersteller veröffentlicht das überarbeitete Basisinformationsblatt auf seiner Website.

In der Fassung vom 8.3.2017 (ABl. EU Nr. L 100 v. 12.4.2017, S. 1).

Schrifttum: S. Art. 1 VO Nr. 1286/2014.

I. Einführung 1	4. Erstellung des Basisinformationsblatts „in Echtzeit" 19
II. Organisationspflicht (Product Governance) .. 4	IV. Überarbeitungspflicht 20
III. Überprüfungspflicht 6	1. Aktualisierungserfordernis 20
1. Periodische Überprüfung 6	2. Unverzüglichkeit 22
2. Ad-hoc-Überprüfung 10	V. Veröffentlichung der Überarbeitung und Information der Anleger 24
a) Tatsächliche erhebliche Auswirkung 13	
b) Wahrscheinlich erhebliche Auswirkung ... 16	
3. Dauer der Überprüfungspflicht 17	VI. Rechtsfolgen bei Pflichtverletzung 28

1 **I. Einführung.** Art. 10 VO Nr. 1286/2014 sieht die fortlaufende **Kontrolle** des Basisinformationsblatts durch den PRIIP-Hersteller nach dessen Ersterstellung vor. Von der in Art. 10 Abs. 2 VO Nr. 1286/2014 enthaltenen Befugnis zum Erlass technischer **Regulierungsstandards** hat die EU-Kommission mit der Schaffung von Art. 15 und 16 DelVO 2017/653 Gebrauch gemacht. Dort finden sich Konkretisierungen bzgl. der Überprüfung und Überarbeitung des Basisinformationsblatts.

Hintergrund der Überprüfungs- und Überarbeitungspflicht des Herstellers ist, dass sich die bei der Erstellung des Basisinformationsblatts verwendeten Daten im Laufe der Zeit ändern können. Das gilt vor allem für Daten über Kosten, Risiken und Performance-Szenarien, die zu Änderungen bei den Angaben bzgl. der im Basisinformationsblatt zwingend anzugebenden Risiko- oder Kostenindikatoren führen können[1]. Damit stellt die Überprüfungs- und Aktualisierungspflicht eine wichtige Ergänzung der mit dem Basisinformationsblatt begründeten **Transparenzpflicht** dar. Nur auf diese Weise wird sichergestellt, dass die im Basisinformationsblatt enthaltenen Angaben verlässlich und für den Kleinanleger im Hinblick auf seine Anlageentscheidung aktuell bzw. hilfreich sind[2].

Eine grundsätzliche Pflicht zur Aktualisierung ergibt sich, abgesehen von Art. 10 Abs. 1 VO Nr. 1286/2014 bereits aus dem allgemeinen Grundsatz der Redlichkeit und **Nicht-Irreführung** des Basisinformationsblatts (Art. 6 Abs. 1 Satz 2 VO Nr. 1286/2014). Redlich und nicht irreführend sind diese nämlich nur, wenn sie auf dem aktuellen Stand sind.

II. Organisationspflicht (Product Governance). Den Herstellern obliegt die Pflicht zur Schaffung interner **Kontrollprozesse**, mit deren Hilfe die Notwendigkeit einer Änderung des Basisinformationsblatts erkannt werden kann (Art. 10 Abs. 3 VO Nr. 1286/2014). Große Bedeutung hat die Einrichtung des Überwachungsprozesses vor allem in Bezug auf die **Feststellung** eines Änderungserfordernisses. PRIIP-Hersteller sollen daher Prozesse einrichten, um unverzüglich (dazu Rz. 23 f.) Situationen zu erkennen, „in denen die Informationen im Basisinformationsblatt ad hoc überprüft und überarbeitet werden sollten" (Erwägungsgrund 20 Satz 8 DelVO 2017/653).

Die Kontrolle hat bestimmten formalen und inhaltlichen Anforderungen zu genügen (s. Rz. 6 ff.). Im Rahmen des Überprüfungsprozesses ist zu bewerten, ob Änderungen von Daten vorliegen und ob, sofern dies der Fall ist, eine Überarbeitung und Neuveröffentlichung des Basisinformationsblatts erforderlich ist[3]. Der vom PRIIP-Hersteller gewählte Ansatz muss jeweils dem Ausmaß entsprechen, in welchem sich die in das Informationsblatt aufzunehmenden Informationen ändern[4]. Zur Zeitdauer des Kontrollprozesses s. Rz. 17 ff.

III. Überprüfungspflicht. 1. Periodische Überprüfung. Art. 10 Abs. 1 VO Nr. 1286/2014 verlangt die regelmäßige Überprüfung des Basisinformationsblatts, ohne eine genaue Zeitvorgabe zu machen. Dies konkretisiert Art. 15 Abs. 1 DelVO 2017/653 dahingehend, dass jedenfalls mindestens alle **zwölf Monate** nach dessen Erstveröffentlichung eine solche Überprüfung zu erfolgen hat.

Für die periodische Überprüfung bedarf es **keines konkreten Anlasses**. Wenn bei einem Finanzinstrument die Angaben zu Risiken, Renditen und Kosten grundsätzlich nicht schwanken, besteht keine Notwendigkeit einer kontinuierlichen Aktualisierung. Als Beispiel dafür werden in den Erwägungsgründen der DelVO 2017/653 börsengehandelte Derivate genannt, wie etwa ein standardisierter Future, Call oder Put[5]. Selbst dann aber, wenn grundsätzlich kein Aktualisierungsbedarf ersichtlich erscheint, hat zumindest die jährliche formale **Prüfung** zu erfolgen. Ein Aktualisierungsbedarf wird dann in der Folge der Überprüfung zu verneinen sein.

Aus Art. 15 Abs. 2 DelVO 2017/653 ergibt sich zumindest in Bezug auf drei Punkte eine **Prüfungsagenda**. Zu prüfen ist, ob die im Basisinformationsblatt enthaltenen Informationen nach wie vor den Anforderungen bzgl. der Form und des Inhalts gemäß der PRIIP-VO genügen. Zu evaluieren ist des Weiteren, ob sich die Marktrisiko- oder Kreditrisikobewertung des Anlageprodukts geändert haben, und ob die kombinierte Wirkung einer solchen Änderung bedingt, dass das Produkt in eine andere Klasse des Gesamtrisikoindikators (dazu Art. 8 VO Nr. 1286/2014 Rz. 64 ff.) einzustufen ist. Schließlich ist zu prüfen, ob sich die durchschnittliche Rendite für das mittlere Performance-Szenario um mehr als 5 % verändert hat.

Auch wenn dies weder Art. 10 VO Nr. 1286/2014 noch die DelVO 2017/653 verlangen, empfiehlt sich in der Praxis aus Beweisgründen eine **Dokumentation** der jährlichen Kontrolle des Basisinformationsblatts. Zur Frage, **wie lange** die Überprüfungspflicht in Bezug auf das Informationsblatt besteht, s. Rz. 17 ff.

2. Ad-hoc-Überprüfung. Auch außerhalb der periodischen Überprüfung innerhalb von zwölf Monaten kann eine Prüfung des Informationsblatts auf eine Aktualisierung hin erforderlich sein (**anlassbezogene Prüfung**). Das ist dann der Fall, wenn sich ad hoc Umstände geändert haben, die für den potenziellen Anleger relevant sein können bzw. die aufgrund der geänderten Umstände einen falschen Eindruck („irreführend" i.S.d. Art. 6 Abs. 2 VO Nr. 1286/2014) beim potentiellen Anleger hinterlassen können.

Die Häufigkeit einer Überprüfung und ggf. Überarbeitung hängt gem. Ziff. 23 Unterabs. 1 Satz 4 der Leitlinien der EU-Kommission[6], abgesehen von den in der DelVO 2017/653 aufgeführten Punkten (s. sogleich Rz. 12 ff.),

---

1 Vgl. Erwägungsgrund 20 Satz 1 und 2 DelVO 2017/653.
2 Vgl. Erwägungsgrund 21 VO Nr. 1286/2014.
3 Erwägungsgrund 20 Satz 4 DelVO 2017/653.
4 Erwägungsgrund 20 Satz 5 DelVO 2017/653.
5 Erwägungsgrund 20 Satz 6 DelVO 2017/653.
6 ABl. EU Nr. C 281 v. 7.7.2017, S. 11.

Art. 10 VO Nr. 1286/2014 | [Überprüfung der Informationen durch Hersteller]

auch davon ab, welche **Art von PRIIP** vorliegt sowie von dem Grad, in dem die Angaben im Basisinformationsblatt weiterhin präzise und **nicht irreführend** (vgl. Art. 6 Abs. 1 Satz 2 VO Nr. 1286/2014) sind.

12 Das Gesetz enthält zwei Varianten, die zu einer außerperiodischen Überprüfung (**ad hoc-Prüfung**) führen können. Zum einen ist eine solche erforderlich, wenn eine Änderung vorliegt, die sich tatsächlich erheblich auf die im Basisinformationsblatt enthaltenen Informationen auswirkt (Art. 15 Abs. 1, Alt. 1 DelVO 2017/653). Zum zweiten soll aber für eine Überprüfungspflicht auch schon ausreichend sein, wenn sich eine Änderung „wahrscheinlich erheblich auf die im Basisinformationsblatt enthaltenen Informationen auswirkt" (Art. 15 Abs. 1, Alt. 2 DelVO 2017/653).

13 **a) Tatsächliche erhebliche Auswirkung.** Die Fallgruppe der Änderung, die sich **tatsächlich** erheblich auf die Richtigkeit, Redlichkeit oder Klarheit der im Basisinformationsblatt enthaltenen Informationen auswirkt (Art. 15 Abs. 3 DelVO 2017/653), kann in der Praxis dahingehend Probleme bereiten, als der Hersteller nach der Feststellung einer Veränderung der Information darüber zu befinden hat, ob eine **erhebliche** tatsächlich Auswirkung vorliegt. Insofern enthält Art. 15 Abs. 2 DelVO 2017/653 Hinweise darauf, in welchen Fällen eine solche erhebliche Auswirkung zu bejahen ist.

14 Zu prüfen ist nach **Art. 15 Abs. 2 Satz 1 DelVO 2017/653** zunächst, ob die Informationen weiterhin präzise, redlich, klar und nicht irreführend sind. Parallel dazu erwähnt Art. 15 Abs. 3 DelVO 2017/653 die Richtigkeit, Redlichkeit oder Klarheit der Angaben. Auch der Blick auf die englische Sprachfassung zeigt, dass die deutschen Begriffe „präzise" und „richtig" in der PRIIP-VO synonym gebraucht werden. In Bezug auf diese Punkte können sich auch möglicherweise aus der Erfahrung in Bezug auf den **Vertrieb** der Anlageprodukte Erkenntnisse ergeben, die in die Überarbeitung des Basisinformationsblatts einfließen müssen.

15 In Bezug auf die **Erheblichkeit** der Auswirkungen werden in den Erwägungsgründen der DelVO 2017/653 Beispiele aufgeführt. Genannt werden hier etwa Änderungen an einer zuvor offengelegten PRIIP-Anlagepolitik oder -strategie, welche für Kleinanleger relevant wären. Aufgeführt werden zudem signifikante Änderungen an der Kostenstruktur oder am Risikoprofil. In solchen Fällen kann eine lediglich periodische Überprüfung nicht ausreichend sein[1].

16 **b) Wahrscheinlich erhebliche Auswirkung.** Da eine Überarbeitung des Basisinformationsblatts auch dann erforderlich wird, wenn dessen Überprüfung ergeben hat, dass sich die festgestellte Änderung „wahrscheinlich erheblich auf die ... Informationen auswirkt", stellt sich bei dieser Fallgruppe nicht nur die bereits erwähnte Frage, wann eine Erheblichkeit vorliegt (Rz. 15), sondern auch, wann eine entsprechende Wahrscheinlichkeit vorliegt. Dem Hersteller obliegt damit auch eine **Wahrscheinlichkeitsprüfung**. Wann eine solche Wahrscheinlichkeit konkret gegeben ist, wird weder in der PRIIP-VO noch in der DelVO 2017/653 näher ausgeführt.

17 **3. Dauer der Überprüfungspflicht.** Gesetzlich festgelegt ist auch, für welchen **Zeitraum**, d.h. wie lange der Kontrollprozess des Herstellers bzgl. des Basisinformationsblatts (**Product Governance-Prozesse**) zu erfolgen hat[2]. Eine Überprüfung und ggf. Überarbeitung des Informationsblatts ist „während der **Lebenszeit** des PRIIP so lange, wie dieses für Kleinanleger verfügbar bleibt" notwendig, so dass auch so lange ein Kontrollprozess beim PRIIP-Hersteller aufrechterhalten sein muss (Art. 10 Abs. 3 VO Nr. 1286/2014 a.E.).

18 Da dort der Zeitrahmen der Überprüfungspflicht nicht auf das Ende des Angebots des Produkts begrenzt wird, kann die Pflicht so lange bestehen, wie das Produkt im **Sekundärmarkt** gehandelt wird, unabhängig davon, ob der Hersteller Einfluss auf den Sekundärmarkt hat[3]. Bestätigt wird das in Erwägungsgrund 12 Satz 5 Halbsatz 2 VO Nr. 1286/2014, wonach die Verpflichtung zur Überarbeitung des Basisinformationsblatts gelten soll, „solange das PRIIP an Sekundärmärkten gehandelt wird".

19 **4. Erstellung des Basisinformationsblatts „in Echtzeit".** Weder die PRIIP-VO noch die DelVO 2017/653 sehen eine Zurverfügungstellung „in Echtzeit" oder „auf Anfrage" vor[4]. Allerdings soll die Schaffung eines Systems für die Erstellung der Basisinformationsblätter „auf Anfrage" oder „in Echtzeit" grundsätzlich zulässig sein (Ziff. 23 Unterabs. 2 der Leitlinien der EU-Kommission). Voraussetzung hierfür ist jedoch, dass die Vorschriften der PRIIP-VO eingehalten werden.

20 **IV. Überarbeitungspflicht. 1. Aktualisierungserfordernis.** Eine Überarbeitung des Informationsblatts ist vor allem dann erforderlich, wenn eine Überprüfung ergibt, dass es inhaltlich **unrichtig** ist. Die Ursache hierfür kann etwa sein, dass sich Änderungen am Produkt ergeben haben. So kann sich die zugrunde liegende Marktrisiko- oder Kreditrisikobewertung (Art. 16 Abs. 1, 15 Abs. 2 lit. b DelVO 2017/653) oder die durchschnittliche Rendite für das mittlere Performance-Szenario um mehr als fünf Prozentpunkte verändert haben (Art. 16 Abs. 1, Art. 15 Abs. 2 lit. c DelVO 2017/653).

---

1 Erwägungsgrund 20 Satz 7 DelVO 2017/653.
2 Vgl. zu den Product Governance-Prozessen nach der MiFID II *Buck-Heeb*, ZHR 179 (2015), 782 ff.; *Buck-Heeb*, CCZ 2016, 2 ff.
3 Vgl. *Seitz/Juhnke/Seibold*, BKR 2013, 1, 5; *Wilfing*, ZFR 2017, 525, 528.
4 So der ausdrückliche Hinweis in Ziff. 23 Unterabs. 1 Satz 3 der Leitlinien der EU-Kommission (ABl. EU Nr. C 281 v. 7.7. 2017, S. 11).

Daneben können auch die im Informationsblatt aufgeführten Informationen aus anderen Gründen die formalen und/oder inhaltlichen Anforderungen nicht mehr erfüllen (Art. 16 Abs. 1, 15 Abs. 2 lit. a DelVO 2017/653). Insofern enthält die Delegierte VO zwar Beispiele, die eine **Überarbeitungspflicht** auslösen, ist hierbei jedoch nicht abschließend („insbesondere").

2. Unverzüglichkeit. Auch bei der Überarbeitungspflicht spielt der zeitliche Aspekt eine zentrale Rolle. So stellt sich die Frage, wie viel Zeit sich der Hersteller bei der Überarbeitung des Basisinformationsblatts lassen darf, wenn er feststellt, dass Änderungen erforderlich sind. Hier präzisiert die DelVO in Art. 16 Abs. 1 DelVO 2017/653, dass eine solche Überarbeitung „unverzüglich" zu erfolgen hat.

Was unter **„unverzüglicher"** Überarbeitung i.S.d. Art. 16 Abs. 1 DelVO 2017/653 für den Anleger (und sodann unter der unverzüglichen Zurverfügungstellung der überarbeiteten Version i.S.d. Art. 10 Abs. 1 Satz 2 VO Nr. 1286/2014) zu verstehen ist, wird weder in der PRIIP-VO noch in der DelVO näher ausgeführt. Auch wenn man dies als ein Handeln **„ohne schuldhaftes Zögern"** auslegt, wird in Bezug auf diese europäische Regelung der im deutschen Recht regelmäßig vorgenommene Verweis auf § 121 Abs. 1 BGB kaum möglich sein. Inhaltlich wird die Unverzüglichkeit i.S.d. Art. 10 Abs. 1 VO Nr. 1286/2014 dem aber weitgehend entsprechen. Daher ist nicht in allen Fällen eine sofortige Zurverfügungstellung erforderlich, sondern nur eine solche, die unter den gegebenen Umständen möglich und zumutbar ist.

V. Veröffentlichung der Überarbeitung und Information der Anleger. Die PRIIP-VO sieht lediglich allgemein vor, dass die überarbeitete Version des Basisinformationsblatts vom PRIIP-Hersteller unverzüglich zur Verfügung gestellt wird (Art. 10 Abs. 1 Satz 2 VO Nr. 1286/2014). Nicht erwähnt wird, wem gegenüber und wie eine solche Zurverfügungstellung zu erfolgen hat. Dies präzisiert die **DelVO 2017/653** dahingehend, dass die neue Version des Basisinformationsblatts, wie schon dessen ursprüngliche Fassung, auf der **Website** des Herstellers veröffentlicht werden muss (Art. 16 Abs. 3 DelVO 2017/653). Hintergrund ist, dass so die Änderungen für Kleinanleger leicht zu finden sind[1]. Das Basisinformationsblatt soll damit von einem Kleinanleger eingesehen werden können, unabhängig davon, ob er sich für den Erwerb eines solchen Produkts entscheidet und unabhängig von jeglichem Vertrieb.

Dabei genügt die „Aufnahme" auf die Website als solche nicht, sondern es ist die leichte **Auffindbarkeit** für den Anleger sicherzustellen. Nur so wird der Sinn und Zweck der Regelung, dass Anleger auf diese Aktualisierung (wie auch immer) reagieren können sollen, erfüllt. Ein Hinweis an versteckter Stelle dürfte damit den Vorgaben der DelVO nicht genügen.

Die Veröffentlichung der Überarbeitung nach Art. 10 Abs. 1 Satz 2 VO Nr. 1286/2014 ist im Zusammenhang mit den Pflichten des Beraters bzw. **Verkäufers** zur Bereitstellung des Basisinformationsblatts zu sehen, wonach bei einer Zurverfügungstellung über eine Website dem Kleinanleger auf Nachfrage alle vorherigen Fassungen des überarbeiteten Informationsblatts zur Verfügung zu stellen sind (**Art. 14 Abs. 5 Unterabs. 2 VO Nr. 1286/2014**).

In den Erwägungsgründen der DelVO 2017/653 wird noch weitergehend verlangt, dass die Kleinanleger „möglichst" von der Überarbeitung eines Basisinformationsblatts **in Kenntnis zu setzen** sind[2]. Auch wenn dies grundsätzlich angesichts des Zweckes der Überarbeitung i.S.d. Art. 10 Abs. 1 VO Nr. 1286/2014 sinnvoll ist, wird dies in der Praxis nicht immer einfach zu bewerkstelligen sein. Genannt werden in Erwägungsgrund 22 DelVO 2017/653 als Beispiel Mailinglisten oder **E-Mail-Benachrichtigungen**, was voraussetzt, dass dem Hersteller die E-Mail-Adressen der Anleger bekannt ist.

VI. Rechtsfolgen bei Pflichtverletzung. Die Verletzung der Überprüfungs- und Überarbeitungspflicht stellt nach Art. 24 Abs. 1 VO Nr. 1286/2014 eine Ordnungswidrigkeit dar. Insofern enthält Art. 24 Abs. 2 VO Nr. 1286/2014 die Befugnis, dass die nationalen Aufsichtsbehörden (in Deutschland: die BaFin) entsprechende **Sanktionen** vorsieht (s. auch § 308a VAG; näher unten Art. 24 VO Nr. 1286/2014 Rz. 1 ff.). In Betracht kommt bei Verstoß gegen Art. 10 Abs. 1 VO Nr. 1286/2014 u.a. die Verhängung eines Bußgelds (Art. 24 Abs. 2 lit. e VO Nr. 1286/2014).

Dabei ist nach § 120 Abs. 16 Nr. 3-5 WpHG nicht nur die vorsätzliche, sondern auch die leichtfertige Begehung mit einem Bußgeld belegt. Ausreichend ist daher, dass ein Hersteller fälschlich meint, es bestehe keine Erheblichkeit bzgl. der Auswirkungen auf die Informationen, oder dass er fehlerhaft das Vorliegen einer Wahrscheinlichkeit der Erheblichkeit verneint[3].

Daneben besteht auch die Möglichkeit des Kleinanlegers, im Rahmen des Art. 11 VO Nr. 1286/2014 i.V.m. dem nationalen Recht Schadensersatz zu verlangen. **Zivilrechtliche Ansprüche** kommen deshalb in Betracht, weil das Basisinformationsblatt bei mangelnder oder unzureichender Überarbeitung irreführend, ungenau oder nicht mehr mit den einschlägigen Teilen der rechtlich verbindlichen vorvertraglichen und Vertragsunterlagen übereinstimmt bzw. nicht mehr den Anforderungen nach Art. 8 VO Nr. 1286/2014 entspricht (s. Art. 11 VO Nr. 1286/2014 Rz. 1 ff.).

---

1 Erwägungsgrund 22 DelVO 2017/653.
2 Erwägungsgrund 22 Satz 3 DelVO 2017/653.
3 Vgl. Erwägungsgrund 20 Satz 7 DelVO 2017/653 („feststellt oder festgestellt haben sollte").

Art. 11 [Zivilrechtliche Haftung]

(1) Für einen PRIIP-Hersteller entsteht aufgrund des Basisinformationsblatts und dessen Übersetzung alleine noch keine zivilrechtliche Haftung, es sei denn, das Basisinformationsblatt oder die Übersetzung ist irreführend, ungenau oder stimmt nicht mit den einschlägigen Teilen der rechtlich verbindlichen vorvertraglichen und Vertragsunterlagen oder mit den Anforderungen nach Artikel 8 überein.

(2) Weist ein Kleinanleger nach, dass ihm unter den Umständen nach Absatz 1 aufgrund seines Vertrauens auf ein Basisinformationsblatt bei der Tätigung einer Anlage in das PRIIP, für das dieses Basisinformationsblatt erstellt wurde, ein Verlust entstanden ist, so kann er für diesen Verlust gemäß nationalem Recht Schadensersatz von dem PRIIP-Hersteller verlangen.

(3) Begriffe wie „Verlust" oder „Schadensersatz", auf die in Absatz 2 Bezug genommen wird, ohne dass diese definiert werden, werden im Einklang mit dem geltenden nationalen Recht gemäß den einschlägigen Bestimmungen des internationalen Privatrechts ausgelegt und angewandt.

(4) Dieser Artikel verbietet keine weiteren zivilrechtlichen Haftungsansprüche im Einklang mit dem nationalen Recht.

(5) Die Verpflichtungen gemäß diesem Artikel dürfen nicht durch Vertragsklauseln eingeschränkt oder aufgehoben werden.

In der Fassung vom 26.11.2014 (ABl. EU Nr. L 352 v. 9.12.2014, S. 1).

Schrifttum: *Andresen/Gerold*, Basisinformationsblatt, PRIIPs-Verordnung: Neuer EU-weiter Standard der Produktinformation für Verbraucher, BaFinJournal August 2015, 31; *Beyer*, Unionsrechtliche Neuregelung der Beratungs- und Informationspflichten für Versicherungsanlageprodukte, VersR 2016, 293; *Buck-Heeb*, Die Haftung für ein fehlerhaftes Basisinformationsblatt, WM 2018, 1197; *Heiss*, Anlegerschutz bei Versicherungsprodukten?, in Lorenz (Hrsg.), Karlsruher Forum 2014: Anlegerschutz durch Haftung nach deutschem und europäischem Kapitalmarktrecht, 2015, S. 41; *Jordans*, Zum aktuellen Stand der Finanzmarktnovellierung in Deutschland, BKR 2017, 273; *Loritz*, Produktinformationsblätter nach dem neuen EU-Verordnungsvorschlag („PRIPs-Initiative") – Gedanken zur Konkretisierung von Zielsetzungen und Inhalt, WM 2014, 1513; *Luttermann*, Kapitalmarktrechtliche Information bei Finanzprodukten (PRIIP), Privatautonomie (Vertragskonzept) und Vermögensordnung, ZIP 2015, 805; *W.-T. Schneider*, Beipackzettel mit Nebenwirkungen: Rechtliche Probleme der PRIIP-Verordnung, VersR 2017, 1429; *Wilfling/Komuczky*, Die Haftung für verpackte Anlageprodukte und Versicherungsanlageprodukte nach der PRIIP-Verordnung, ÖBA 2017, 697.

I. Überblick 1	V. Rechtsfolgen einer Haftung 33
II. Art. 11 Abs. 1 VO Nr. 1286/2014 5	VI. Verjährung, zuständiges Gericht 36
III. Art. 11 Abs. 2 VO Nr. 1286/2014 als Anspruchsgrundlage 7	VII. Weitere Haftungsansprüche, Vertragsklauseln (Art. 11 Abs. 4, Abs. 5 VO Nr. 1286/2014) 39
IV. Haftungsvoraussetzungen 14	1. Weitere Ansprüche gegen den Hersteller ... 39
1. Pflichtverletzung 16	2. Ansprüche gegen Verkäufer und Berater? 43
2. Kausalität 23	3. Klauselverbot 47
3. Verschulden 29	

1 **I. Überblick.** Art. 11 VO Nr. 1286/2014 enthält eine Regelung zur **zivilrechtlichen Haftung** des PRIIP-Herstellers. Damit führt ein Verstoß gegen die Vorgaben der PRIIP-VO in den in Art. 11 Abs. 1 VO Nr. 1286/2014 aufgeführten Fällen nicht nur zu verwaltungsrechtlichen Sanktionen und Maßnahmen der Aufsichtsbehörde (Art. 22 ff. VO Nr. 1286/2014). Vielmehr wird eine Verbesserung des **Anlegerschutzes** auch durch eine Schadensersatzhaftung herbeigeführt.

2 Die in Art. 11 VO Nr. 1286/2014 enthaltenen Haftungsbestimmungen sind zwar eine reduzierte Version dessen, was ursprünglich gewollt war[1]. Sie werden von manchen aber dennoch als „haftungsmäßiger Bumerang" gesehen[2]. Wie auch immer man die Regelung beurteilt, hätte sie besser formuliert werden können. Wie auch bei anderen europäischen Verordnungen wäre es vorteilhaft gewesen, lediglich das **„Ob"** der Haftung in der PRIIP-VO vorzugeben und das **„Wie"** ganz dem nationalen Recht zu überlassen[3]. Insofern hatte die EU-Kommission ursprünglich die Haftungsregelungen der Art. 6 RL 2003/71/EG (Prospektrichtlinie) und Art. 79 Abs. 2 RL 2009/65/EG (OGAW IV-Richtlinie) als Vorbild angesehen[4]. Die vorliegende Fassung der PRIIP-VO wirft in ihrer **Vermischung** von europäischer und nationaler Haftungsregelung etliche Fragen auf, was angesichts dessen, dass es um die zentrale Haftungsbestimmung geht, misslich ist.

3 Einigkeit dürfte im Schrifttum noch darüber bestehen, dass korrespondierend zu der in der PRIIP-VO zum Ausdruck kommenden Verantwortung der PRIIP-Hersteller den Kleinanlegern auch ein wirksamer **Rechts-**

---
[1] Näher *Luttermann*, ZIP 2015, 805, 812.
[2] *Loritz*, WM 2014, 1513, 1514.
[3] Vgl. etwa Art. 11 VO 2017/1129 (EU-Prospekt-VO), ABl. EU Nr. L 168 v. 30.6.2017, S. 12.
[4] Europäische Kommission, Impact Assessment, SWD (2012) 187 final v. 3.7.2012, S. 91 f.

behelf zur Verfügung stehen muss[1]. Eine spezielle Regelung der Haftung des Herstellers gegenüber dem Kleinanleger ist vor allem deshalb erforderlich, weil zwischen dem Kleinanleger und dem PRIIP-Hersteller regelmäßig keine vertragliche Beziehung besteht. Vielmehr liegt „lediglich" ein Vertrag zwischen Anleger und Berater bzw. zwischen Anleger und Verkäufer vor. Unsicherheit besteht jedoch darüber, ob Art. 11 Abs. 2 VO Nr. 1286/2014 eine Anspruchsgrundlage darstellt, die lediglich für die Rechtsfolgen auf das nationale Recht verweist (s. Rz. 7 ff.).

Für die **Durchsetzung** eines entsprechenden Anspruchs sind sodann die im Basisinformationsblatt zwingend vorgesehenen Herstellerangaben von Relevanz (Art. 6 Abs. 1 lit. a VO Nr. 1286/2014). Damit kann der Kleinanleger den richtigen Haftungsadressaten identifizieren.

II. Art. 11 Abs. 1 VO Nr. 1286/2014. Art. 11 Abs. 1 VO Nr. 1286/2014 hebt **einschränkend** darauf ab, dass für einen PRIIP-Hersteller nicht schon aus dem Basisinformationsblatt allein eine zivilrechtliche Haftung resultiert. Damit stellt diese Regelung eine **Haftungsbegrenzung** dar[2]. Eine Haftung soll grundsätzlich nur dann gegeben sein, wenn es nicht den in Art. 11 Abs. 1 VO Nr. 1286/2014 aufgeführten Voraussetzungen entspricht (s. Rz. 14 ff.). Insofern beinhaltet diese Bestimmung keine eigene Haftungsregelung des Kleinanlegers gegenüber dem Hersteller, sondern setzt einen solchen Anspruch voraus[3].

Diese Regelung entspricht schon von ihrem Wortlaut her der Regelung des Art. 79 Abs. 2 Satz 1 RL 2009/65/EG (OGAW IV-Richtlinie), die in § 306 KAGB in nationales Recht umgesetzt wurde. Auch dort soll eine fehlende Zurverfügungstellung „keine Zivilhaftung" auslösen[4].

III. Art. 11 Abs. 2 VO Nr. 1286/2014 als Anspruchsgrundlage. Daran, dass Art. 11 Abs. 2 VO Nr. 1286/2014 Tatbestandsmerkmale einer Anspruchsgrundlage enthält, dürften angesichts des Wortlauts der Norm kaum Zweifel bestehen. **Unklar** ist jedoch, ob diese Regelung lediglich eine **Rechtsfolgenverweisung** auf das nationale Recht enthält[5] und damit in Art. 11 Abs. 2 i.V.m. Abs. 1 VO Nr. 1286/2014 die Anspruchsvoraussetzungen umfassend geregelt sind. Dann würde Art. 11 Abs. 2 i.V.m. Art. 11 Abs. 1 VO Nr. 1286/2014 eine Anspruchsgrundlage darstellen[6], aufgrund derer ein Kleinanleger vom PRIIP-Hersteller Schadensersatz verlangen kann.

Es könnte sich hierbei auch um eine **Rechtsgrundverweisung** handeln, so dass sich die einzelnen Tatbestandsmerkmale zum einen aus den Voraussetzungen des Art. 11 Abs. 2 und Abs. 1 VO Nr. 1286/2014 und zum anderen aus dem jeweiligen nationalen Recht ergeben. Diese Frage ist nicht nur akademischer Natur, sondern hat auch konkrete **Auswirkungen** auf die Anspruchsvoraussetzungen des Art. 11 VO Nr. 1286/2014. Sofern man nämlich von einer bloßen Rechtsfolgenverweisung ausgeht, würde dies bedeuten, dass der PRIIP-Hersteller **verschuldensunabhängig** zu haften hätte[7]. In Art. 11 Abs. 2 VO Nr. 1286/2014 wird nämlich für eine Haftung lediglich verlangt, dass der Kleinanleger nachweist, dass ihm aufgrund seines Vertrauens ein Verlust entstanden ist.

Der Wortlaut des Art. 11 Abs. 2 VO Nr. 1286/2014 deutet zunächst auf das Vorliegen einer Anspruchsgrundlage („kann ... Schadensersatz ... verlangen"). Die Einschränkung auf einen Schadensersatz „gemäß nationalem Recht" kann als Verweis lediglich auf die Rechtsfolge gesehen werden. Der europäische Gesetzgeber hat sich zu der Frage nicht dezidiert geäußert. Erwägungsgrund 22 Satz 4 VO Nr. 1286/2014 spricht davon, dass alle Kleinanleger in der EU „das gleiche Recht" auf Schadensersatzansprüche haben sollen. Insofern wird in Erwägungsgrund 22 Satz 5 VO Nr. 1286/2014 verlangt, dass die Vorschriften über die zivilrechtliche Haftung der PRIIP-Hersteller harmonisiert werden sollten. Auch wenn dadurch ein sehr weitgehender Schutz durch eine Haftungsregelung vorgesehen scheint, wird dies sodann aber dahingehend eingeschränkt, dass Kleinanleger den Hersteller „für einen Verstoß gegen diese Verordnung haftbar machen können" sollten (Erwägungsgrund 22 Satz 6 VO Nr. 1286/2014), was wiederum nur dafür spricht, dass **überhaupt eine Haftung** vorgesehen sein sollte.

Die Leitlinien der EU-Kommission[8], die ebenfalls der (einheitlichen) Auslegung der PRIIP-VO dienen sollen, sehen in Ziff. 15 der Leitlinien nur vor, dass Art. 11 VO Nr. 1286/2014 eine zivilrechtliche Haftung des PRIIP-Herstellers nicht ausschließt. Insofern soll es auch hier nur um eine generelle Haftung gehen, nicht darum, eine konkrete europäische Haftungsnorm zu schaffen.

Dafür, dass bzgl. der Haftungsvoraussetzungen nicht nur auf Art. 11 VO Nr. 1286/2014, sondern auch auf das nationale Recht zurückzugreifen ist, spricht zwar noch nicht Art. 11 Abs. 3 VO Nr. 1286/2014, der sich mit einer Bezugnahme auf die nationale Definition bzw. Auslegung von Begriffen wie „Verlust" oder „Schadensersatz" lediglich auf die Haftungsfolgen zu beziehen scheint. Allerdings hebt Erwägungsgrund 23 Satz 1 VO

---
1 S. Erwägungsgrund 22 Satz 2 VO Nr. 1286/2014.
2 S. auch *Wilfling/Komuczky*, ÖBA 2017, 697, 698.
3 *W.-T. Schneider*, VersR 2017, 1429, 1433; *W.-T. Schneider* in Prölss/Martin, VVG, Art. 11 PRIIP-VO Rz. 2.
4 Vgl. *Frisch* in Derleder/Knops/Bamberger, § 54 Rz. 173.
5 Zur kollisionsrechtlichen Anknüpfung *Wilfling/Komuczky*, ÖBA 2017, 697, 699 ff.
6 *Frisch* in Derleder/Knops/Bamberger, § 54 Rz. 13; s. auch *Buck-Heeb*, WM 2018, 1197 ff. unter II. 3.
7 Dies als „ungewöhnlich" einordnend *Wilhelmi* in Assmann/Wallach/Zetzsche, KAGB, Anh. zu § 166: Art. 11 PRIIP-VO Rz. 11.
8 ABl. EU Nr. C 218 v. 7.7.2017, S. 11, 13.

Nr. 1286/2014 konkretisierend darauf ab, dass „Aspekte[1], die die Haftpflicht eines PRIIP-Herstellers betreffen, die von dieser Verordnung nicht erfasst werden, ... durch das anwendbare nationale Recht geregelt werden" sollten.

12 Noch ein Weiteres spricht dafür, hier eine **Rechtsgrundverweisung** auf das nationale Recht anzunehmen[2]. Eine verschuldensunabhängige und damit sehr weitgehende Haftung ist zur Erfüllung des Sinns und Zwecks der PRIIP-VO nicht erforderlich. Insofern wird zumindest ein fahrlässiges Verhalten des PRIIP-Herstellers zu verlangen sein.

13 Damit ist das „Ob" eines Haftungsanspruchs unionsrechtlich vorgegeben. Die Ausgestaltung der Anspruchsvoraussetzungen ist überwiegend und die Haftungsfolgen wie die Verjährung sind vollständig dem **nationalen Recht** überlassen[3]. Da die PRIIP-VO hier durch das nationale Recht **ergänzt** wird, müssen im Einzelfall die allgemeinen nationalen Haftungsvoraussetzungen erfüllt sein. In Art. 11 VO Nr. 1286/2014 enthalten ist damit lediglich eine Bestimmung bzgl. bestimmter Aspekte der Pflichtverletzung durch den Hersteller sowie der Beweislast.

14 **IV. Haftungsvoraussetzungen.** Da es sich beim Basisinformationsblatt ausdrücklich um vorvertragliche Informationen handelt (Art. 6 Abs. 1 Satz 1 VO Nr. 1286/2014), kommt in Deutschland ein Anspruch aus Art. 11 Abs. 2, Abs. 1 VO Nr. 1286/2014 i.V.m. **§§ 280 Abs. 1, 241 Abs. 2, 311 Abs. 2 BGB** (culpa in contrahendo) in Betracht, auch wenn ein (späteres potentielles) Vertragsverhältnis zwischen Kleinanleger und Hersteller grundsätzlich nicht vorhanden sein wird[4]. Hier sind die Grundsätze der **Prospekthaftung im weiteren Sinne** heranzuziehen[5]. Sofern andere Rechtsordnungen der Mitgliedstaaten teilweise eine Haftung aus der Verletzung vorvertraglicher Informationen als Deliktshaftung ansehen[6], ist die entsprechende nationale Regelung die Anspruchsgrundlage.

15 Entscheidend kommt es für eine zivilrechtliche Haftung auch im vorliegenden Kontext darauf an, wer die **Beweislast** trägt. Vom Grundsatz her muss der Anleger regelmäßig die anspruchsbegründenden Voraussetzungen darlegen und beweisen. Die deutsche Rechtsprechung hat in vergleichbaren Zusammenhängen für das nationale Recht teilweise Beweiserleichterungen vorgesehen (näher Rz. 24 ff.).

16 **1. Pflichtverletzung.** Voraussetzung für eine zivilrechtliche Haftung des Herstellers ist, dass eine **Pflichtverletzung** des PRIIP-Herstellers vorliegt. Art. 11 Abs. 1 VO Nr. 1286/2014 enthält diesbezüglich genaue Vorgaben und macht deutlich, dass nicht jeder Verstoß gegen die PRIIP-VO zu einer zivilrechtlichen Haftung des PRIIP führt. Die **Einschränkung** einer Haftung auf die Verletzung der dort aufgezählten Herstellerpflichten ist insofern überzeugend, als sie sich in spezieller (Art. 8 VO Nr. 1286/2014) oder in allgemeiner Weise („irreführend", „ungenau") auf diejenigen Punkte bezieht, auf die der Kleinanleger bzgl. des Basisinformationsblatts generell vertraut, wenn er dieses zur Grundlage seiner Anlageentscheidung macht[7].

17 Eine Pflichtverletzung liegt damit erstens dann vor, wenn das Basisinformationsblatt bzw. dessen Übersetzung **irreführend** (dazu Art. 6 VO Nr. 1286/2014 Rz. 21 ff.) oder ungenau ist. Der Aspekt der Irreführung bemisst sich nach Art. 6 Abs. 1 Satz 2 VO Nr. 1286/2014. Schwieriger ist es festzustellen, ob ein Basisinformationsblatt „**ungenau**" i.S.d. Art. 11 Abs. 1 VO Nr. 1286/2014 ist. Dieser Begriff findet sich bei der Aufzählung der formalen und inhaltlichen Anforderungen an das Basisinformationsblatt (Art. 6 ff. VO Nr. 1286/2014) nicht. Dort ist von „präzise" die Rede, wobei sich fragt, ob hiermit „fehlerfrei" oder „richtig" gemeint sein soll.

18 Zieht man die englische PRIIP-Fassung heran, lässt sich dieses Problem jedoch lösen. Im Englischen wird bei Art. 11 Abs. 1 VO Nr. 1286/2014 der Begriff „inaccurate" verwendet, während in Art. 6 Abs. 1 Satz 2 VO Nr. 1286/2014 statt des in der deutschen Fassung verwendeten Begriffs „präzise" der Begriff „accurate" herangezogen wird. Damit meint also „ungenau" i.S.d. Art. 11 Abs. 1 VO Nr. 1286/2014 dasselbe wie nicht „präzise" i.S.d. Art. 6 Abs. 1 Satz 2 VO Nr. 1286/2014. Die unterschiedlichen Begrifflichkeiten sollten bei einer **Über-**

---

1 Anm. d. Verf.: In der englischen Fassung wird dies allgemein als „matters" bezeichnet.
2 So auch *W.-T. Schneider* in Prölss/Martin, VVG, Art. 11 PRIIP-VO Rz. 2; *Wilfling/Komoczky*, ÖBA 2017 697, 698 f.; wohl auch *Jordans*, BKR 2017, 273, 277; unklar *Wilhelmi* in Assmann/Wallach/Zetzsche, KAGB, Anh. zu § 166: Art. 11 PRIIP-VO Rz. 3; *Seitz/Juhnke/Seibold*, BKR 2013, 1, 6 f.; offenlassend *Spindler* in Langenbucher/Bliesener/Spindler, 33. Kap. Rz. 112d („direkte zivilrechtliche Schadensersatzpflicht"); bzgl. eines bloßen „Klarstellungsbedarfs" der zivilrechtlichen Haftungsregelung *Loacker* in FS Lorenz, 2014, S. 259, 274.
3 S. auch *Heinze*, Schadensersatz im Unionsprivatrecht, 2017, S. 580 f.; ferner *Voß* in Just/Voß/Ritz/Becker, § 31 WpHG Rz. 434a.
4 *W.-T. Schneider*, VersR 2017, 1429, 1433.
5 Für das österreichische Recht *Wilfling/Komuczky*, ÖBA 2017, 697, 699; für das deutsche Recht *Wilhelmi* in Assmann/Wallach/Zetzsche, KAGB, Anh. zu § 166: Art. 6 PRIIP-VO Rz. 2, anders wohl aber bei Art. 11 PRIIP-VO Rz. 11 und 18; zur deutschen Prospekthaftung i.w.S. *Assmann* in Assmann/Schütze, Handbuch des Kapitalanlagerechts, § 5 Rz. 24 m.w.N.
6 S. *W.-T. Schneider*, VersR 2017, 1429, 1433.
7 *W.-T. Schneider*, VersR 2017, 1429, 1433 mit dem Negativbeispiel des Überschreitens der zulässigen Seitenzahl gem. Art. 6 Abs. 4 VO Nr. 1286/2014.

arbeitung der Sprachfassung bereinigt werden. Jedenfalls kann aber insofern zur näheren Bestimmung des Begriffs hierauf verwiesen werden (s. Art. 6 VO Nr. 1286/2014 Rz. 14 ff.).

Nach Art. 7 i.V.m. Art. 5 VO Nr. 1286/2014 trägt der Hersteller nicht nur die haftungsbewehrte Verantwortung für das Basisinformationsblatt, sondern auch für dessen möglicherweise erforderliche **Übersetzung**. Insofern ist dem Hersteller die Möglichkeit einer Exkulpation genommen. Er kann sich nicht haftungsbefreiend darauf berufen, den Übersetzer sorgfältig ausgewählt und überwacht zu haben. Insofern spielt es keine Rolle, ob die nationale zivilrechtliche Haftung eine vertragliche Haftung darstellt (in Deutschland mit der Zurechnung nach § 278 BGB) oder als deliktische Haftung gesehen wird (in Deutschland § 831 BGB mit Exkulpationsmöglichkeit). 19

Zweitens ist eine Pflichtverletzung zu bejahen, wenn das Informationsblatt nicht mit den einschlägigen Teilen der vorvertraglichen Unterlagen bzw. der **Vertragsunterlagen** übereinstimmt[1]. Diese Anforderung der Übereinstimmung mit den genannten Unterlagen ergibt sich bereits aus Art. 6 Abs. 1 VO Nr. 1286/2014, wo der vorvertragliche Charakter der Informationen des Basisinformationsblatts festgelegt wird[2]. Drittens ist eine Pflichtverletzung auch dann gegeben, wenn es dem Basisinformationsblatt an einer den Anforderungen des **Art. 8 VO Nr. 1286/2014** mangelt. 20

Die ursprünglich vorgesehene Fassung hatte hier noch eine ausdrückliche **Beweislastumkehr** enthalten. Danach war vorgesehen gewesen, dass es dem Hersteller obliegt nachzuweisen, dass das Basisinformationsblatt mit der PRIIP-VO konform ist[3]. Dies ist so nun nicht mehr vorgesehen[4]. Das bedeutet, dass der Kleinanleger die Fehlerhaftigkeit des Basisinformationsblatts **beweisen** muss[5]. 21

Keine ausdrückliche zivilrechtliche Haftung ist für ein **fehlendes** Basisinformationsblatt vorgesehen. Der PRIIP-Hersteller haftet also nicht, wenn die Erstellung des Basisinformationsblatts pflichtwidrig ganz unterlassen wird. Das kann in der Praxis etwa dann der Fall sein, wenn der Hersteller sein Anlageprodukt nicht unter den Begriff des PRIIP (Art. 4 Nr. 1–3, Art. 2 Abs. 2 VO Nr. 1286/2014) einordnet, obwohl tatsächlich ein solches vorliegt. Denn es liegt in der Verantwortung des Herstellers zu beurteilen, ob sein Produkt vom Anwendungsbereich der PRIIP-VO umfasst ist[6]. Eine Haftung nach Art. 11 Abs. 2 VO Nr. 1286/2014 analog i.V.m. dem nationalen Recht ist hier abzulehnen, da es angesichts der Gesetzesfassung keine Anhaltspunkte für eine planwidrige Regelungslücke gibt. Die fehlende Erstellung und/oder Veröffentlichung eines Basisinformationsblatts kann daher allein aufsichtsrechtliche Sanktionen nach sich ziehen. 22

2. Kausalität. Eine Basisinformationsblatt-Haftung tritt nur dann ein, wenn dem Kleinanleger „**aufgrund seines Vertrauens** auf das ein Basisinformationsblatt" (Art. 11 Abs. 2 VO Nr. 1286/2014) ein Verlust entsteht. Damit wird eine Kausalität zwischen der „Tätigung einer Anlage in das PRIIP" und dem Vertrauen des Kleinanlegers verlangt (haftungsbegründende Kausalität). Die „Nachweis"last dafür, dass „aufgrund seines Vertrauens" ein Verlust entstanden ist, liegt gem. Art. 11 Abs. 2 VO Nr. 1286/2014 beim Anleger[7]. Eine Beweislastumkehr ist von Gesetzes wegen nicht vorgesehen[8]. Der Kleinanleger hat daher nach Ansicht mancher im Schrifttum nachzuweisen, dass ein Vertrauen auf eine konkrete fehlerhafte Information für den Schaden ursächlich war[9]. 23

Fraglich ist, ob auch für die Herstellerhaftung nach Art. 11 Abs. 2 VO Nr. 1286/2014 i.V.m. c.i.c. die in anderem Zusammenhang entwickelten Grundsätze der **Vermutung aufklärungsrichtigen Verhaltens** anwendbar sein können. Im Prospektrecht führt diese Vermutung nach Ansicht des II. Zivilsenats zu einer Beweiserleichterung, da es „der Lebenserfahrung" entspreche, dass ein Fehler (hier: im Basisinformationsblatt) bzw. eine Irreführung für die Anlageentscheidung ursächlich geworden ist[10]. Im Rahmen der Anlageberatung geht der XI. Zivilsenat diesbezüglich von einer Beweislastumkehr zugunsten des Anlegers aus[11]. 24

Hintergrund dieser Rechtsprechung ist, dass der Anleger nur selten nachweisen kann wird, dass er seine Anlageentscheidung **kausal** aufgrund der fehlerhaften Basisinformation getroffen hat. Das wird auch im vorliegen- 25

---

1 S. parallel dazu § 23 Abs. 2 Nr. 5 i.V.m. §§ 21, 22 WpPG (für fehlerhafte Zusammenfassung im Wertpapierprospekt) und § 306 Abs. 2 Satz 1 KAGB (für wesentliche Anlegerinformationen).
2 S. auch *Wilfling/Komuczky*, ÖBA 2017, 697, 698 Fn. 14.
3 *Andresen/Gerold*, BaFinJournal August 2015, 31, 36.
4 *Luttermann*, ZIP 2015, 805, 812 Fn. 75; *Beyer*, VersR 2016, 293, 296; für eine Beweislastumkehr aber noch *Frisch* in Derleder/Knops/Bamberger, § 54 Rz. 13.
5 Anders, aber wohl noch auf die „alte" Diskussionsfassung der PRIIP-VO abstellend, *Jordans*, BKR 2017, 273, 277.
6 S. Ziff. 5 der Leitlinien der EU-Kommission, ABl. EU Nr. C 281 v. 7.7.2017, S. 11.
7 So auch *Luttermann*, ZIP 2015, 805, 812, s. *Buck-Heeb*, WM 2018, 1197 ff. unter III. 3.
8 S. *Wilfling/Komuczky*, ÖBA 2017, 697, 699, wonach Art. 11 Abs. 2 VO Nr. 1286/2014 die Beweislast für sämtliche Haftungsvoraussetzungen des Art. 11 VO Nr. 1286/2014 dem Kleinanleger auferlege.
9 *Beyer*, VersR 2016, 293, 296.
10 Vgl. BGH v. 7.12.2009 – II ZR 15/08, NJW 2010, 1077 ff. Rz. 23; BGH v. 23.4.2012 – II ZR 75/10, NJW-RR 2012, 1312 ff. Rz. 21.
11 Näher dazu für das Anlageberatungsrecht *Buck-Heeb/Lang*, BeckOGK, Anlageberatung und Vermögensverwaltung, Stand: 31.1.2018, § 675 BGB Rz. 416.

den Kontext der Fall sein. Daher würde es auch hier nur in seltenen Fällen zu einer Haftung nach Art. 11 VO Nr. 1286/2014 i.V.m. §§ 280 Abs. 1, 311 Abs. 2 BGB kommen. Solange also die Rechtsprechung in anderen Prospekt- bzw. Kapitalmarktbereichen auf die Vermutung aufklärungsrichtigen Verhaltens abstellt, muss das konsequenterweise auch hier der Fall sein.

26 Im Zusammenhang mit der Haftung für eine fehlerhafte wesentliche Anlegerinformation bzw. ein fehlerhaftes Informationsblatt geht das Schrifttum überwiegend davon aus, dass – wie im Prospektrecht – eine Beweiserleichterung eintritt. Damit wird die Darlegungs- und Beweislast nicht vollständig umgekehrt, sondern die Vermutung ist bei der Beweiswürdigung als **Anscheinsbeweis** zu berücksichtigen[1]. Diesen Anschein, dass die mangelhafte Information durch das Basisinformationsblatt nicht für die dem Anleger nachteilige Anlageentscheidung ursächlich war, muss der Hersteller sodann entkräften[2]. Dass der Haftungsadressat nur selten die Nichtursächlichkeit nachweisen kann, nimmt die Rechtsprechung in Kauf. Insofern müsste er etwa nachweisen, dass der Kleinanleger das Basisinformationsblatt überhaupt **nicht gelesen** hat und deshalb auch in seinem Vertrauen darauf nicht verletzt sein kann.

27 Ob eine **Übertragung dieser Rechtsprechung** zu rein nationalen Anspruchsgrundlagen auf eine Haftungsnorm, die sich aus europäischen und nationalen Elementen zusammensetzt, überhaupt möglich ist[3], ist fraglich. Da sich das Erfordernis der Kausalität nicht aus dem nationalen Recht, sondern der europäischen Regelung des Art. 11 Abs. 2 VO Nr. 1286/2014 ergibt, erscheint dies insbesondere angesichts des klaren Wortlauts der Norm („Weist ein Kleinanleger nach ...") fraglich. Lehnt man eine Übertragung der genannten Judikatur auf die Haftung bzgl. des Basisinformationsblatts ab, würde damit eine zweigleisige Haftung für Informationsblätter und damit ein „gespaltener" Anlegerschutz bestehen. In Bezug auf die bislang im nationalen Recht implementierten Informationsblätter würde für den Kleinanleger eine Beweiserleichterung bestehen, in Bezug auf das Basisinformationsblatt i.S.d. PRIIP-VO nicht.

28 Selbst wenn man die „Vermutungs"-Rechtsprechung auch auf das sich aus einer europäischen Verordnung ergebende Kausalitätserfordernis erstrecken will, ist eine Kausalität jedoch in konsequenter Anwendung der genannten Judikatur dann zu verneinen, wenn der Kleinanleger von den Fehlern des Basisinformationsblatts **Kenntnis** hatte. Dann ist er nicht schutzwürdig und ein Anscheinsbeweis kann ebenso wenig greifen wie eine Beweislastumkehr. Das entspricht dem, was für die wesentlichen Anlegerinformationen in § 306 Abs. 3 Satz 2 lit. a KAGB und für das unrichtige Vermögensanlagen-Informationsblatt in § 22 Abs. 4 Nr. 1 VermAnlG gesetzlich normiert ist.

29 **3. Verschulden.** Diejenigen, die in Art. 11 Abs. 2 VO Nr. 1286/2014 eine Rechtsfolgenverweisung auf das nationale Recht sehen, gehen davon aus, dass der PRIIP-Hersteller **verschuldensunabhängig** haftet, sobald die in Art. 11 Abs. 2 VO Nr. 1286/2014 genannten Voraussetzungen vorliegen[4]. Das kann nicht überzeugen, da es sich hier um eine typische Vertrauenshaftung handelt.

30 Insofern ergibt sich das Verschuldenserfordernis nach richtiger Ansicht in Deutschland aus § 280 Abs. 1 Satz 2 BGB. Danach wird das **Vertretenmüssen** gesetzlich vermutet. Der PRIIP-Hersteller muss also darlegen und beweisen, dass er weder vorsätzlich noch **fahrlässig** gehandelt hat. Das gilt auch in Bezug auf einen von ihm eingesetzten Erfüllungsgehilfen (§ 278 BGB), den der Hersteller etwa zur Erstellung des Informationsblatts eingesetzt hat (Delegation). Damit würde die Haftung für ein fehlerhaftes oder irreführendes Basisinformationsblatt weiter gehen als diejenige für eine fehlerhafte oder irreführende wesentliche Anlegerinformation i.S.d. KAGB, die auf Vorsatz und grobe Fahrlässigkeit beschränkt ist (§ 306 Abs. 3 Satz 1 KAGB). Auch die Haftung bei unrichtigem oder fehlendem Vermögensanlagen-Informationsblatt nach § 22 Abs. 1 VermAnlG verlangt Vorsatz oder grob fahrlässiges Verhalten des Erstellers (§ 22 Abs. 3 VermAnlG). Im Falle bloßer leichter Fahrlässigkeit haftet der Anbieter dort nicht.

31 Überlegt werden könnte daher, in **Analogie** zu den genannten Haftungsregelungen auch für den vorliegenden Fall eine Haftung nur für grobe Fahrlässigkeit vorzusehen[5]. Die PRIIP-VO überlässt solche Fragen dem nationalen Recht[6]. Weshalb für ein Basisinformationsblatt strenger gehaftet werden sollte als für ein Vermögensanlageninformationsblatt oder die – auf der OGAW-IV-Richtlinie basierenden – wesentlichen Anlegerinformationen, ist nicht ersichtlich. Insofern dürfte eine planwidrige Regelungslücke zu bejahen sein. In Analogie zu § 22 Abs. 3 VermAnlG und § 306 Abs. 3 Satz 1 KAGB hafte der Hersteller damit für ein i.S.d. Art. 11 Abs. 1 VO

---

1 So auch *Wilhelmi* in Assmann/Wallach/Zetzsche, KAGB, Anh. zu § 166: Art. 11 PRIIP-VO Rz. 15.
2 Vgl. für die wesentlichen Anlegerinformationen *Merk* in Moritz/Klebeck/Jesch, § 306 KAGB Rz. 27.
3 Dies ohne Weiteres bejahend *W.-T. Schneider*, VersR 2017, 1429, 1434; *W.-T. Schneider* in Prölss/Martin, VVG, Art. 11 PRIIP-VO Rz. 2; *Wilhelmi* in Assmann/Wallach/Zetzsche, KAGB, Anh. zu § 166: Art. 11 PRIIP-VO Rz. 15.
4 I.E. so etwa *Wilhelmi* in Assmann/Wallach/Zetzsche, KAGB, Anh. zu § 166: Art. 11 PRIIP-VO Rz. 11, anders aber bei Art. 6 PRIIP-VO Rz. 2, wo auf die weiteren Voraussetzungen „einschließlich Vorsatz oder Fahrlässigkeit" hingewiesen wird, zum Ganzen auch *Buck-Heeb*, WM 2018, 1197 ff. unter III. 4.
5 Vgl. auch *Wilfling/Komuczky*, ÖBA 2017, 697, 701 f.
6 Vgl. nur Erwägungsgrund 23 Satz 1 VO Nr. 1286/2014, wonach nicht von der PRIIP-VO geregelte Aspekte, die die Haftpflicht eines PRIIP-Herstellers betreffen, durch das anwendbare nationale Recht geregelt werden sollten.

Nr. 1286/2014 fehlerhaftes Basisinformationsblatt daher nur bei **grober Fahrlässigkeit**, d.h. wenn er die im Verkehr erforderliche Sorgfalt in besonders hohem Maße außer Acht lässt.

Grundsätzlich ist auch ein **Mitverschulden** des Kleinanlegers (§ 254 BGB) zu berücksichtigen. Fälle eines solchen Mitverschuldens werden jedoch nur selten vorliegen. Denn etwa der Umstand, dass der Anleger das Basisinformationsblatt nicht gelesen hat, führt dazu, dass bereits die Kausalität entfällt. Das gilt auch dann, wenn der Anleger von den Fehlern des Basisinformationsblatts wusste. 32

V. Rechtsfolgen einer Haftung. Art. 11 Abs. 2 VO Nr. 1286/2014 sieht vor, dass der Kleinanleger für den kausal erlittenen Verlust („diesen Verlust") nach nationalem Recht Schadensersatz vom PRIIP-Hersteller verlangen kann. In Deutschland ist für einen Schadensersatz grds. auf die allgemeinen Grundsätze der §§ 249 ff. BGB abzustellen. Art. 11 Abs. 3 VO Nr. 1286/2014 hebt hervor, dass sich Begriffe wie **„Verlust"** (engl.: „loss") oder **„Schadensersatz"** (engl.: „damages") nach dem nationalen Recht des jeweiligen Mitgliedstaats bestimmen. Der Begriff „Verlust" ist dem deutschen Schadensersatzrecht weitgehend fremd. 33

Da dieser Begriff gem. Art. 11 Abs. 3 VO Nr. 1286/2014 national auszulegen ist, könnte darunter der **Schaden** i.S.d. deutschen Rechts zu verstehen sein. Insofern wird aber im Schrifttum zu Recht darauf verwiesen, dass Art. 11 Abs. 2 VO Nr. 1286/2014 mit der Begrenzung auf „Verluste" nicht den Ersatz aller Schäden gestattet[1]. Insbesondere dürfte danach eine Rückabwicklung des Vertrags nicht in Betracht kommen. Das ist anders als bei der Anlageberatung, wonach ein aus der Informationspflichtverletzung resultierender Schaden schon im Abschluss des für den Kleinanleger nachteiligen Vertrags liegen kann. Der Kleinanleger hätte dann, wenn er zutreffend informiert worden wäre, einen solchen Vertrag nicht abgeschlossen. Dies passt aber nicht in Bezug auf ein Basisinformationsblatt. Insofern wird der Schadensersatz auf den „Verlust" begrenzt, so dass Rechtsfolge schon von vornherein **nicht die Rückabwicklung** des geschlossenen Vertrags sein kann[2], unabhängig davon, ob dies in der jeweiligen Konstellation so überhaupt möglich ist. 34

Vielmehr bezieht sich der Begriff „Verlust" wohl auf den Ersatz des Vertrauensschadens. Ersetzt werden muss also die Differenz zwischen dem vom Kleinanleger investierten Kapitals und dem Wert der Anlage[3]. Auch mittelbare Schäden könnten zu dem zählen, was der Kleinanleger an „Verlust" erlitten hat. Damit können auch Vertragsabschlusskosten, ein entgangener Gewinn etc. ersatzfähig sein. 35

VI. Verjährung, zuständiges Gericht. Da die PRIIP-VO keine spezielle **Verjährungsregelung** enthält, richtet sich die Verjährung nach den allgemeinen Regeln (s. Rz. 13)[4]. Damit gilt hier die Regelverjährung von drei Jahren (§ 195 BGB). Der Lauf der Frist berechnet sich insbesondere nach § 199 BGB. 36

Für im Inland befindliche PRIIP-Hersteller gilt das Gericht an deren Sitz (§ 32b Abs. 1 ZPO). Unabhängig vom Streitwert ist das LG zuständig (§ 71 Abs. 2 Nr. 3 GVG)[5]. Auf das **zuständige Gericht** wird auch in Erwägungsgrund 23 Satz 2 VO Nr. 1286/2014 eingegangen. Dessen Bestimmung kann vor allem dann problematisch sein, wenn grenzüberschreitende Sachverhalte vorliegen. Die Zuständigkeit für eine Haftungsklage sollte danach „anhand der einschlägigen Regeln über die internationale Zuständigkeit bestimmt werden"[6]. Sofern der PRIIP-Hersteller damit außerhalb Deutschlands, aber in einem EU-Mitgliedstaat seinen Sitz hat, greift Art. 4 Abs. 1 EuGVVO bzw. für Deliktstatbestände Art. 7 Abs. 1 Nr. 2 EuGVVO[7]. 37

Das Basisinformationsblatt stellt eine öffentliche Kapitalmarktinformation i.S.d. § 1 Abs. 2 Satz 1 **KapMuG** dar. Daher ist ein Musterverfahren jedenfalls bei einem falschen oder irreführenden Basisinformationsblatt möglich. 38

VII. Weitere Haftungsansprüche, Vertragsklauseln (Art. 11 Abs. 4, Abs. 5 VO Nr. 1286/2014). 1. Weitere Ansprüche gegen den Hersteller. Die Haftungsregelung der PRIIP-VO verbietet weitere zivilrechtliche Haftungsansprüche im Einklang mit dem jeweiligen nationalen Recht nicht (Art. 11 Abs. 4 VO Nr. 1286/2014). Das bedeutet, dass daneben auch eine Haftung aus **bürgerlich-rechtlicher Prospekthaftung im weiteren Sinne** in Bezug auf weitere Personen als den Hersteller denkbar ist[8], sofern sie entsprechendes Vertrauen in Anspruch genommen haben. Ein Anspruch aus bürgerlich-rechtlicher Prospekthaftung im engeren Sinne muss aufgrund der speziellen Regelung in Art. 11 Abs. 2 VO Nr. 1286/2014 ausscheiden. 39

Eine **deliktische Haftung** des PRIIP-Herstellers ist grundsätzlich neben einer solchen aus Art. 11 Abs. 2 i.V.m. Abs. 1 VO Nr. 1286/2014 i.V.m. dem nationalen Recht möglich. Eine Haftung des Herstellers aus **§ 823 Abs. 2 BGB** i.V.m. einem Schutzgesetz kommt aber nur dann in Betracht, wenn entweder einzelne Bestimmungen der 40

---

1 *Wilhelmi* in Assmann/Wallach/Zetzsche, KAGB, Anh. zu § 166: Art. 11 PRIIP-VO Rz. 12, s. auch *Buck-Heeb*, WM 2018, 1197 ff. unter IV.
2 So aber *W.-T. Schneider*, VersR 2017, 1429, 1434; s. auch *Wagner*, Gabler Versicherungslexikon, 2. Aufl. 2017, S. 93; wie hier ablehnend dagegen auch *Wilhelmi* in Assmann/Wallach/Zetzsche, KAGB, Anh. zu § 166: Art. 11 PRIIP-VO Rz. 12.
3 *Wilhelmi* in Assmann/Wallach/Zetzsche, KAGB, Anh. zu § 166: Art. 11 PRIIP-VO Rz. 13.
4 S. auch Erwägungsgrund 23 Satz 1 VO Nr. 1286/2014; ebenso *Wilfling/Komuczky*, ÖBA 2017, 697, 699.
5 *Wilhelmi* in Assmann/Wallach/Zetzsche, KAGB, Anh. zu § 166: Art. 11 PRIIP-VO Rz. 17.
6 Erwägungsgrund 23 Satz 2 VO Nr. 1286/2014.
7 *Wilhelmi* in Assmann/Wallach/Zetzsche, KAGB, Anh. zu § 166: Art. 11 PRIIP-VO Rz. 17.
8 *Wilhelmi* in Assmann/Wallach/Zetzsche, KAGB, Anh. zu § 166: Art. 11 PRIIP-VO Rz. 18.

PRIIP-VO als individualschützende Normen i.S.d. § 823 Abs. 2 BGB angesehen werden können oder andere Schutzgesetze greifen. Die Annahme eines Schutzgesetzcharakters der einzelnen PRIIP-Bestimmungen ist jedoch schon deshalb nicht naheliegend, weil dort regelmäßig der Kleinanleger als solcher (Anlegerschaft), nicht jedoch der individuelle Kleinanleger geschützt werden soll. Abgesehen davon besteht auch kein Bedürfnis für eine solche Haftung, da bei einem i.S.d. Art. 11 Abs. 1 VO Nr. 1286/2014 fehlerhaften Basisinformationsblatts mit der vorvertraglichen Haftung aus Art. 11 Abs. 2 VO Nr. 1286/2014 i.V.m. §§ 280 Abs. 1, 311 Abs. 2, 241 Abs. 2 BGB ein hinreichender Schutz vorhanden ist.

41   Daneben kommt eine Haftung des Herstellers aus **§ 826 BGB** in Betracht. Diese setzt ein vorsätzliches, sittenwidriges Verhalten voraus, was in Bezug auf die Fehlerhaftigkeit des Basisinformationsblatts nur selten gegeben sein wird. Hinzu kommt, dass der Kleinanleger hier für das Vorliegen der Anspruchsvoraussetzungen beweispflichtig ist.

42   Auch eine Haftung bei **fehlendem Basisinformationsblatt** lässt sich nicht aus § 823 Abs. 2 BGB i.V.m. Bestimmungen der PRIIP-VO als Schutzgesetz herleiten, da den Regelungen der PRIIP-VO kein Schutzgesetzcharakter zukommt (s. Rz. 40). Wird das Basisinformationsblatt etwa deshalb nicht erstellt, weil der Hersteller das PRIIP nur für professionelle Kunden konzipiert hat, der (von ihm unabhängige) Vertrieb es jedoch auch Kleinanlegern anbietet, ist abgesehen davon, dass die Regelungen der PRIIP-VO keinen Schutzgesetzcharakter aufweisen, auch ein rechtswidriges Verhalten des Herstellers zu verneinen[1].

43   **2. Ansprüche gegen Verkäufer und Berater?** Unklar ist, ob sich Art. 11 Abs. 4 VO Nr. 1286/2014 entnehmen lässt, dass neben der Herstellerhaftung des Art. 11 Abs. 1, Abs. 2 VO Nr. 1286/2014 eine Haftung des Verkäufers und/oder des Beraters wegen einer Anlageentscheidung aufgrund eines fehlerhaften Basisinformationsblatts in Betracht kommt[2]. Vom Wortlaut des Art. 11 VO Nr. 1286/2014 her sind dort jedenfalls lediglich die Hersteller in Bezug auf eine zivilrechtliche Haftung adressiert. In den Regelungen der PRIIP-VO zu den Verkäufer-/Beraterpflichten (Art. 13, Art. 14 VO Nr. 1286/2014) findet sich keine gesonderte Haftungsnorm.

44   Allerdings soll Art. 11 VO Nr. 1286/2014 nicht nationale Ansprüche gegen andere Haftungsadressaten ausschließen. Das verlangt jedenfalls der Zweck der PRIIP-VO nicht. Damit haften auch die PRIIP-Verkäufer und die PRIIP-Berater für Verstöße gegen ihre aus der PRIIP-VO folgenden Pflichten, sofern eine (nationale) Anspruchsgrundlage gegeben ist und deren Voraussetzungen erfüllt sind[3].

45   Insofern kann eine Haftung des Vertriebs vor allem dann gegeben sein, wenn das Basisinformationsblatt im Rahmen einer Anlageberatung überreicht wurde[4]. Vom Berater ist das Basisinformationsblatt mit der banküblichen Sorgfalt zu prüfen. Sofern das verpackte Produkt im beratungsfreien Geschäft verkauft wird, kommt ebenfalls eine Haftung aus einem vorvertraglichen Schuldverhältnis (§§ 280 Abs. 1, 311 Abs. 2, 241 Abs. 2 BGB) in Betracht. Liegt eine (Versicherungs-)Vermittlung vor, ist das Basisinformationsblatt jedenfalls auf Plausibilität hin zu prüfen. Im Schrifttum wird diesbezüglich darauf hingewiesen, dass es dann, wenn das Basisinformationsblatt den Anforderungen der PRIIP-VO nicht entspricht, möglich ist, als Schadensersatz die **Rückabwicklung** des Vertrags zu verlangen[5], weil der Kleinanleger den Vertrag bei zutreffender Information nicht oder nicht in derselben Art und Weise geschlossen hätte. In Bezug auf den Verkäufer bzw. Berater wird dies zu bejahen sein.

46   Der Hersteller (Art. 11 Abs. 2 i.V.m. Abs. 1 VO Nr. 1286/2014 i.V.m. c.i.c.) und der Berater bzw. der Verkäufer (§ 280 Abs. 2 BGB bzw. §§ 311 Abs. 2, 241 Abs. 2, 280 Abs. 2 BGB) haften dem Kleinanleger gegenüber als **Gesamtschuldner** (§ 421 BGB).

47   **3. Klauselverbot.** Der **Ausschluss** bzw. die **Begrenzung** der Haftung des Herstellers durch entsprechende Klauseln im Vertrag mit dem Kleinanleger ist verboten (Art. 11 Abs. 5 VO Nr. 1286/2014). Insofern ist Art. 11 VO Nr. 1286/2014 **zwingend**. Dementsprechend sind widersprechende Bestimmungen unwirksam (§ 134 BGB).

48   Anders als bei § 306 Abs. 6 Satz 1 KAGB ist bei Art. 11 Abs. 5 VO Nr. 1286/2014 keine Beschränkung auf eine Ermäßigung oder einen Erlass der Haftungsansprüche **im Voraus** vorgesehen. In diese Richtung wird aber auch Art. 11 Abs. 5 VO Nr. 1286/2014 auszulegen sein. Eine so weitgehende Einschränkung der Privatautonomie, dass mit dieser Regelung auch **nachträgliche Vergleichslösungen** ausgeschlossen werden sollen, ist für den Schutz des Kleinanlegers auch nicht erforderlich[6] und würde faktisch auf dessen „Entmündigung" hinauslaufen.

---

1 Vgl. *Wilfling/Komuczky*, ÖBA 2017, 697, 701.
2 Kritisch bzgl. der Unklarheit der PRIIP-VO in diesem Punkt *Heiss* in Karlsruher Forum 2014, S. 41, 57.
3 Unklar insoweit *W.-T. Schneider*, VersR 2017, 1429, 1434 mit Hinweis auf Schwierigkeiten bzgl. der Haftung eines Versicherungsmaklers.
4 *Jordans*, BKR 2017, 273, 277.
5 *W.-T. Schneider* in Prölss/Martin, VVG, Art. 6 PRIIP-VO Rz. 2.
6 Vgl. zum KAGB *Merk* in Moritz/Klebeck/Jesch, § 306 KAGB Rz. 46; *Paul* in Weitnauer/Boxberger/Anders, § 306 KAGB Rz. 50.

Art. 12 [Versicherungsvertrag]

Wenn das Basisinformationsblatt einen Versicherungsvertrag betrifft, gelten die Verpflichtungen des Versicherungsunternehmens nach dieser Verordnung nur gegenüber dem Versicherungsnehmer des Versicherungsvertrags und nicht gegenüber dem Begünstigten des Versicherungsvertrags.

In der Fassung vom 26.11.2014 (ABl. EU Nr. L 352 v. 9.12.2014, S. 1).

Schrifttum: S. Art. 1 VO Nr. 1286/2014.

Art. 12 VO Nr. 1286/2014 bezieht sich auf Basisinformationsblätter, die einen Versicherungsvertrag betreffen. Im Schrifttum wird teilweise hervorgehoben, diese Vorschrift gebe „Rätsel auf"[1]. Bedeutung soll diese nur dann erhalten, „wenn man ihr entnimmt, dass eben nur der Versicherungsnehmer Anspruch auf Erstellung des Basisinformationsblatts hat und daher auch nur er Schadensersatzansprüche geltend machen kann."[2] Damit geht Art. 12 VO Nr. 1286/2014 auf den im Versicherungsrecht möglichen Umstand ein, dass Begünstigter ein vom Versicherungsnehmer benannter Dritter, nicht aber der Versicherungsnehmer selbst sein kann.   1

Die vorliegende Regelung beschränkt die Pflichten aus der PRIIP-VO, insbesondere die Zurverfügungstellung des Basisinformationsblatts durch den Berater bzw. Verkäufer (Art. 13 Abs. 1 VO Nr. 1286/2014), und damit eine **Haftung** aus der Verletzung der PRIIP-VO-Pflichten auf das Verhältnis zwischen Versicherungsunternehmen und Versicherungsnehmer[3]. Ausgeschlossen wird damit eine Haftung nach Art. 11 Abs. 2 VO Nr. 1286/2014 i.V.m. dem nationalen Recht gegenüber dem Begünstigten eines Versicherungsvertrags.   2

Von manchen wird die Regelung des Art. 12 VO Nr. 1286/2014 deshalb als nicht überzeugend angesehen, wenn es bei einer Drittbeteiligung auf Seiten des Versicherungsnehmers, wie dies bei Lebensversicherungsverträgen typisch sei, zu einer **Schadensverlagerung** komme. In solchen Fällen würde die Haftungsnorm des Art. 11 VO Nr. 1286/2014 „ins Leere laufen"[4], d.h. eine solche würde ausscheiden. Deshalb wird von den Vertretern dieser Ansicht die Streichung dieses Artikels gefordert[5].   3

So problematisch der Ausschluss des Begünstigten auf den ersten Blick auch wirken mag, darf nicht außer Betracht bleiben, dass es hier nicht um eine Pflichtverletzung des Versicherungsunternehmens als solche aus dem Vertrag geht. Vielmehr ist es das Ziel der PRIIP-VO, demjenigen, der mit dem Versicherungsunternehmen einen Vertrag schließt, eine hinreichende Entscheidungsgrundlage zu sichern (vgl. auch § 7 VVG i.V.m. der VVG-InfoV). Als solche fungiert das Basisinformationsblatt. Der Begünstigte wird jedoch weder direkt noch indirekt in seiner Vertragsabschlussfreiheit beschränkt.   4

Nicht ausgeschlossen ist mit der Regelung des Art. 12 VO Nr. 1286/2014 aber, nach **nationalem Recht** etwa die Grundsätze der Schadensliquidation im Drittinteresse heranzuziehen[6].   5

Abschnitt III
Bereitstellung des Basisinformationsblatts

Art. 13 [Zeitpunkt der Bereitstellung des Basisinformationsblatts]

(1) Eine Person, die über ein PRIIP berät oder es verkauft, stellt den betreffenden Kleinanlegern das Basisinformationsblatt rechtzeitig zur Verfügung, bevor diese Kleinanleger durch einen Vertrag oder ein Angebot im Zusammenhang mit diesem PRIIP gebunden sind.

(2) Eine Person, die über ein PRIIP berät oder es verkauft, kann die Bedingungen von Absatz 1 erfüllen, indem sie das Basisinformationsblatt einer Person vorlegt, die über eine schriftliche Vollmacht verfügt, im Namen des Kleinanlegers Anlageentscheidungen bezüglich gemäß dieser Vollmacht abgeschlossener Transaktionen zu treffen.

(3) Abweichend von Absatz 1 und vorbehaltlich des Artikels 3 Absatz 1 und Absatz 3 Buchstabe a sowie des Artikels 6 der Richtlinie 2002/65/EG kann eine Person, die ein PRIIP verkauft, dem Kleinanleger das Basisinformationsblatt unverzüglich nach Abschluss der Transaktion bereitstellen, sofern alle nachstehenden Bedingungen erfüllt sind:

---

1 *Heiss* in Karlsruher Forum 2014, 41, 58.
2 *Heiss* in Karlsruher Forum 2014, 41, 58.
3 So auch *Wilhelmi* in Assmann/Wallach/Zetzsche, KAGB, Anh. zu § 166: Art. 12 PRIIP-VO Rz. 2.
4 *Heiss* in Karlsruher Forum 2014, 41, 58.
5 *Heiss* in Karlsruher Forum 2014, 41, 58.
6 *W.-T. Schneider* in Prölss/Martin, VVG, Art. 12 PRIIP-VO Rz. 1.

Art. 13 VO Nr. 1286/2014 | [Zeitpunkt der Bereitstellung des Basisinformationsblatts]

a) Der Kleinanleger entscheidet sich von sich aus, Verbindung zu der Person, die ein PRIIP verkauft, aufzunehmen und die Transaktion mit Hilfe eines Fernkommunikationsmittels zu tätigen,
b) die Bereitstellung des Basisinformationsblatts gemäß Absatz 1 dieses Artikels ist nicht möglich,
c) die Person, die über das PRIIP berät oder es verkauft, hat den Kleinanleger über den Umstand, dass das Basisinformationsblatt nicht bereitgestellt werden kann, in Kenntnis gesetzt und hat klar zum Ausdruck gebracht, dass der Kleinanleger die Transaktion verschieben kann, um das Basisinformationsblatt vor dem Abschluss der Transaktion zu erhalten und zu lesen,
d) der Kleinanleger stimmt dem zu, das Basisinformationsblatt unverzüglich nach dem Abschluss der Transaktion zu erhalten, anstatt die Transaktion zu verschieben, um das Dokument vor dem Abschluss zu erhalten.

(4) Werden im Namen eines Kleinanlegers aufeinander folgende Transaktionen im Zusammenhang mit demselben PRIIP gemäß den Anweisungen, die der Kleinanleger an die Person, die das PRIIP verkauft, vor der ersten Transaktion gegeben hat, durchgeführt, so gilt die Verpflichtung nach Absatz 1, ein Basisinformationsblatt zur Verfügung zu stellen, nur für die erste Transaktion sowie für die erste Transaktion nach einer Überarbeitung des Basisinformationsblatts gemäß Artikel 10.

(5) Um die einheitliche Anwendung dieses Artikels zu gewährleisten, arbeiten die Europäischen Aufsichtsbehörden Entwürfe technischer Regulierungsstandards aus, in denen die Bedingungen für die Erfüllung der Verpflichtung zur Bereitstellung des Basisinformationsblatts gemäß Absatz 1 festgelegt werden.

Die Europäischen Aufsichtsbehörden legen der Kommission diese Entwürfe technischer Regulierungsstandards bis zum 31. Dezember 2015 vor.

Der Kommission wird die Befugnis übertragen, die technischen Regulierungsstandards nach Unterabsatz 1 gemäß den Artikeln 10 bis 14 der Verordnung (EU) Nr. 1093/2010, der Verordnung (EU) Nr. 1094/2010 und der Verordnung (EU) Nr. 1095/2010 zu erlassen.

In der Fassung vom 26.11.2014 (ABl. EU Nr. L 352 v. 9.12.2014, S. 1).

Delegierte Verordnung (EU) 2017/653 der Kommission vom 8. März 2017
zur Ergänzung der Verordnung (EU) Nr. 1286/2014 des Europäischen Parlaments und des Rates über Basisinformationsblätter für verpackte Anlageprodukte für Kleinanleger und Versicherungsanlageprodukte (PRIIP) durch technische Regulierungsstandards in Bezug auf die Darstellung, den Inhalt, die Überprüfung und die Überarbeitung dieser Basisinformationsblätter sowie die Bedingungen für die Erfüllung der Verpflichtung zu ihrer Bereitstellung

(Auszug)

Art. 17 Bedingungen hinsichtlich der Rechtzeitigkeit

1. Die Person, die zu einem PRIIP berät oder es verkauft, legt das Basisinformationsblatt so rechtzeitig vor, dass die Kleinanleger über genügend Zeit für die Prüfung des Dokuments verfügen, bevor sie durch einen Vertrag oder ein Angebot im Zusammenhang mit diesem PRIIP gebunden sind; dies gilt ungeachtet dessen, dass dem Kleinanleger eine Bedenkzeit angeboten wird oder nicht.
2. Für die Zwecke des Absatzes 1 schätzt die Person, die zu einem PRIIP berät oder es verkauft, ab, wie viel Zeit der jeweilige Kleinanleger benötigt, um das Basisinformationsblatt zu prüfen, und berücksichtigt dabei Folgendes:
   a) die Kenntnisse und Erfahrungen des Kleinanlegers mit dem PRIIP oder mit PRIIP ähnlicher Art oder mit Risiken, die denjenigen, die im Zusammenhang mit dem PRIIP entstehen, vergleichbar sind;
   b) die Komplexität des PRIIP;
   c) soweit die Beratung oder der Verkauf auf Initiative des Kleinanlegers erfolgt, die vom Kleinanleger explizit angegebene Dringlichkeit des Abschlusses des vorgeschlagenen Vertrags oder Angebots.

In der Fassung vom 8.3.2017 (ABl. EU Nr. L 100 v. 12.4.2017, S. 1).

Schrifttum: *Herkströter/Kimmich*, Produktinformationsblätter im Lichte des neuen BaFin-Rundschreibens – ein nationaler Vorgriff auf die europäische PRIP-Verordnung?, RdF 2014, 9; *Möllers*, Europäische Gesetzgebungslehre 2.0: Die dynamische Rechtsharmonisierung im Kapitalmarktrecht am Beispiel von MiFID II und PRIIP, ZEuP 2016, 325; *W.-T. Schneider*, Beipackzettel mit Nebenwirkungen: rechtliche Probleme der PRIIP-Verordnung, VersR 2017, 1429; *Seitz/Juhnke/Seibold*, PIBs, KIIDs und nun KIDs – Vorschlag der Europäischen Kommission für eine Verordnung über Basisinformationsblätter für Anlageprodukte im Rahmen der PRIPs-Initiative, BKR 2013, 1.

I. Überblick 1	3. Mehrere Transaktionen als Ausnahme (Art. 13 Abs. 4 VO Nr. 1286/2014) 21
II. Persönlicher Anwendungsbereich 5	IV. Vertretung (Art. 13 Abs. 2 VO Nr. 1286/2014) 24
III. Rechtzeitige Bereitstellung des Basisinformationsblatts 12	V. Rechtsfolgen eines Verstoßes 26
1. Bereitstellung vor Vertragsschluss (Art. 13 Abs. 1 VO Nr. 1286/2014) 12	1. Aufsichtsrechtliche Folgen 26
2. Fernabsatz als Ausnahme (Art. 13 Abs. 3 VO Nr. 1286/2014) 17	2. Zivilrechtliche Folgen 27

I. Überblick.

Art. 13 VO Nr. 1286/2014 enthält die Pflichten des PRIIP-Beraters und des PRIIP-Verkäufers zur **Bereitstellung** des Basisinformationsblatts, insbesondere zum richtigen **Zeitpunkt** des Zurverfügungstellens. Der Kleinanleger soll auf dieser Basis eine fundierte Anlageentscheidung treffen können[1]. Diese Pflichten ergänzen diejenigen des PRIIP-Herstellers, ein Basisinformationsblatt zu erstellen und dieses auf seiner Website zu veröffentlichen (Art. 5 Abs. 1 VO Nr. 1286/2014).

Art. 13 VO Nr. 1286/2014 ist im Zusammenhang mit **Art. 14 VO Nr. 1286/2014** und **Art. 17 DelVO 2017/653**[2] zu sehen. Die entsprechenden PRIIP-Vertriebspflichten sind dort näher ausgeführt bzw. präzisiert. Sie sollen die in der MiFID II (RL 2015/65/EU) sowie der Versicherungsvermittlungsrichtlinie (RL 2002/92/EG) enthaltenen Vertriebsregeln ergänzen (Erwägungsgrund 5 VO Nr. 1286/2014). Insofern ist zu berücksichtigen, dass der Berater ohnehin eine Prüfung der Angemessenheit bzw. der Geeignetheit der Anlage für den Kunden vorzunehmen hat (vgl. § 64 Abs. 3, Abs. 4 WpHG), so dass das Basisinformationsblatt eine Grundlage für diese Prüfung darstellen kann.

Ein **freiwilliger Verzicht** des Kleinanlegers auf die Zurverfügungstellung eines Basisinformationsblatts ist nicht möglich. Da es sich bei Art. 13 f. VO Nr. 1286/2014 (auch) um aufsichtsrechtliche Anforderungen und damit um eine öffentlich-rechtliche Verpflichtung handelt (vgl. Art. 24 Abs. 1 VO Nr. 1286/2014), ist diese weder in AGB noch individualvertraglich zwischen Kleinanleger und Berater bzw. Verkäufer abdingbar.

Von der **Ermächtigung** des Art. 13 Abs. 5 VO Nr. 1286/2014 bzgl. technischer Regulierungsstandards hat die EU-Kommission inzwischen durch die Schaffung des bereits erwähnten Art. 17 DelVO 2017/653 Gebrauch gemacht. Dort wurden die Bedingungen für die Rechtzeitigkeit der Zurverfügungstellung des Basisinformationsblatts präzisiert.

II. Persönlicher Anwendungsbereich.

Die Pflichten des Art. 13 VO Nr. 1286/2014 beziehen sich, ebenso wie diejenigen nach Art. 14 VO Nr. 1286/2014, auf den PRIIP-Berater sowie den PRIIP-Verkäufer und damit auf den Vertrieb[3]. Wer als **PRIIP-Verkäufer** gilt, ist in Art. 4 Nr. 5 VO Nr. 1286/2014 festgelegt. Das sind Personen, die einem Kleinanleger einen PRIIP-Vertrag anbieten oder einen solchen mit ihm abschließen.

Der Begriff „**PRIIP-Berater**" ist dagegen in der PRIIP-VO nicht definiert. Da die PRIIP-VO laut Erwägungsgründen der Ergänzung der RL 2014/65/EU (MiFID II) sowie der RL 2002/92/EG und damit auch deren Nachfolgerichtlinie RL 2016/97/EU (Versicherungsvertriebsrichtlinie) sein soll[4], können die dortigen Definitionen herangezogen werden (Art. 4 Abs. 1 Nr. 4 RL 2014/65/EU, Art. 1 Abs. 1 Nr. 15 RL 2016/97/EU). Beratung ist danach die Abgabe einer persönlichen Empfehlung an einen Kleinanleger entweder auf dessen Wunsch oder auf Initiative des Vertreibers. Da den Berater und den Verkäufer die identischen PRIIP-Pflichten treffen, kommt es in der Praxis hinsichtlich der Erfüllung der PRIIP-Pflichten nicht auf eine Abgrenzung zwischen Beratung und Verkauf an. Eine solche kann allenfalls in Bezug auf die zivilrechtliche Haftung, die sich aus dem nationalen Recht ergibt, eine Rolle spielen (vgl. Rz. 27 ff.).

Erwägungsgrund 26 Satz 3 VO Nr. 1286/2014 stellt in Bezug auf den erfassten Personenkreis fest, dass als PRIIP-Berater und -Verkäufer sowohl Vermittler als auch die PRIIP-Hersteller gelten, sofern sie direkt beraten oder das Produkt direkt an den Kleinanleger verkaufen. Zu den über PRIIP beratenden oder verkaufenden Personen sollen in Bezug auf Versicherungen nicht nur die Versicherer zählen, die ihre **Versicherungsanlageprodukte** selbst vermarkten, sondern auch die entsprechende Produkte anbietenden Versicherungsvermittler i.S.d. § 59 Abs. 1 VVG, soweit sie mit dem Vertrieb solcher Verträge befasst sind[5].

Nicht nur der Berater, sondern auch der Verkäufer muss dem Kunden nach Art. 13 Abs. 1 VO Nr. 1286/2014 das Basisinformationsblatt überreichen. Durch die Verpflichtung auch des Verkäufers zur Zurverfügungstellung wird dem Anleger ein Vergleich zwischen verschiedenen Anlageprodukten ermöglicht, selbst wenn keine Beratungssituation vorliegt[6].

Nicht dezidiert erwähnt wird in Art. 13 Abs. 1 VO Nr. 1286/2014, ob dann, wenn Berater und Verkäufer auseinanderfallen, sowohl der Berater als auch der Verkäufer **kumulativ** das Basisinformationsblatt rechtzeitig zur Verfügung stellen müssen. Aus dem zeitlichen Bezug darauf, dass die Zurverfügungstellung erfolgt sein muss, bevor der Kleinanleger „durch einen Vertrag oder ein Angebot ... gebunden ist" (Art. 13 Abs. 1 VO Nr. 1286/2014 a.E.), wird man schließen können, dass es ausreichend ist, wenn der Berater das Basisinformationsblatt

---

1 Erwägungsgrund 26 Satz 1 VO Nr. 1286/2014.
2 *Delegierte Verordnung (EU) 2017/653 der Kommission vom 8. März 2017 zur Ergänzung der Verordnung (EU) Nr. 1296/2014 des Europäischen Parlaments und des Rates über Basisinformationsblätter für verpackte Anlageprodukte für Kleinanleger und Versicherungsanlageprodukte (PRIIP) durch technische Regulierungsstandards in Bezug auf die Darstellung, den Inhalt, die Überprüfung und die Überarbeitung dieser Basisinformationsblätter sowie die Bedingungen für die Erfüllung der Verpflichtung zu ihrer Bereitstellung, ABl. EU L 100 v. 12.4.2017, S. 1.*
3 Vgl. zum Vertriebsbegriff im KAGB *Wallach*, ZBB 2016, 287 ff.
4 S. Erwägungsgrund 5 Satz 2 und Satz 3 VO Nr. 1286/2014.
5 *W.-T. Schneider*, VersR 2017, 1429, 1430.
6 *Möllers*, ZEuP 2016, 325, 336.

Art. 13 VO Nr. 1286/2014 | [Zeitpunkt der Bereitstellung des Basisinformationsblatts]

zur Verfügung stellt. Der Verkäufer braucht dies im Anschluss daran vor Vertragsschluss nicht mehr zu tun, da der Anleger dann schon seine Anlageentscheidung getroffen hat bzw. jedenfalls über alle hierfür erforderlichen Informationen verfügt.

10 Anders wird das dann zu bewerten sein, wenn der Verkäufer weiß oder wissen müsste, dass der Berater eine Zurverfügungstellung unterlassen hat. Dann hat er dem Kleinanleger das Basisinformationsblatt nach Art. 13 Abs. 1 VO Nr. 1286/2014 zur Verfügung zu stellen. Denn auch wenn dem Kauf des Produkts keine Beratung vorausging, ist dem Kunden das Basisinformationsblatt zur Verfügung zu stellen. In der Praxis bietet es sich für den Verkäufer bei Auseinanderfallen von Beratung und Verkauf an, dem Kleinanleger zur Vermeidung einer Haftung auf alle Fälle das Basisinformationsblatt anzubieten. Lehnt dieser die Entgegennahme ab, etwa weil er es bereits bei der Beratung erhalten hat, so sollte der Verkäufer auch dies **dokumentieren**.

11 Der **Hersteller** haftet grundsätzlich nicht für die Verletzung der dem Verkäufer bzw. Berater nach Art. 13 f. VO Nr. 1286/2014 obliegenden Pflichten. Das gilt jedenfalls, solange der Verkäufer/Berater nicht im Namen des Herstellers auftritt und insofern nur Erfüllungs- bzw. Verrichtungsgehilfe des Herstellers beim Vertrieb des Produkts durch den Hersteller ist oder als solcher gilt (Rechtsschein). In diesem Fall ist der Hersteller gleichzeitig Berater bzw. Verkäufer.

12 **III. Rechtzeitige Bereitstellung des Basisinformationsblatts. 1. Bereitstellung vor Vertragsschluss (Art. 13 Abs. 1 VO Nr. 1286/2014).** Da es sich bei dem Basisinformationsblatt um eine vorvertragliche Information handelt, ist es dem Kunden grundsätzlich **rechtzeitig vor Vertragsschluss** über das Anlageprodukt zur Verfügung zu stellen (Art. 13 Abs. 1 VO Nr. 1286/2014; zu den Ausnahmen Rz. 17 ff.). Was das konkret bedeutet, wird in der PRIIP-VO nicht näher ausgeführt.

13 **Präzisiert** wird dies auf Level 2 durch **Art. 17 DelVO 2017/653**, wo die Rechtzeitigkeit dahingehend umschrieben wird, dass genügend Zeit für die Prüfung des Informationsblatts bleiben muss (Art. 17 Abs. 1 Halbsatz 1 DelVO 2017/653). Das entspricht dem, was etwa auch für das WpHG-Produktinformationsblatt gilt. Das steht zudem im Einklang mit den Vorgaben, welche die zivilrechtliche Rechtsprechung in Deutschland bereits an die Zurverfügungstellung von Informationen im Vorfeld eines Wertpapierkaufs stellt[1]. Insofern kommt es auf die Umstände des Einzelfalls an[2]. Die Möglichkeit einer ausreichenden Prüfung des Basisinformationsblatts soll unabhängig davon gelten, ob dem Kleinanleger für den Vertragsschluss ohnehin eine Bedenkzeit eingeräumt wird (Art. 17 Abs. 1 a.E. DelVO 2017/653).

14 Eine feste Zeitspanne lässt sich hier, wie auch bei anderen Informationsblättern, nicht allgemeinverbindlich vorgeben. Abhängig ist die Bestimmung einer für den Kleinanleger angemessenen **Prüfungszeit** von verschiedenen Aspekten. Vor allem soll es bei der Bemessung auf die Kenntnisse und Erfahrungen des Kleinanlegers mit dem PRIIP oder einem ähnlichen PRIP ankommen. Das bedeutet, dass die Prüfung eines dem Anleger unbekannten Anlageprodukts „möglicherweise zusätzliche Zeit" in Anspruch nimmt (Art. 17 Abs. 2 lit. a DelVO 2017/653)[3]. Außerdem hängt die erforderliche Prüfungszeit von der Komplexität des Produkts ab (Art. 17 Abs. 2 lit. a und lit. b DelVO 2017/653). Je komplexer das Anlageprodukt ist, desto länger wird der Zeitraum zwischen Zurverfügungstellung und Vertragsabschluss zu bemessen sein.

15 Auch die **Dringlichkeit** der Situation kann unter bestimmten Umständen Berücksichtigung finden (Art. 17 Abs. 2 lit. c DelVO 2017/653). Eine solche kann vorliegen, wenn es „beispielsweise für einen Kleinanleger wichtig wäre, ein PRIIP zu einem bestimmten Preis zu kaufen und dieser Preis vom Zeitpunkt der Transaktion abhängt" (Erwägungsgrund 27 Halbsatz 1 DelVO 2017/653). Allerdings kann die Dringlichkeit des Vertragsabschlusses ausdrücklich nur dann berücksichtigt werden, wenn die Beratung oder der Verkauf auf **Initiative des Kleinanlegers** erfolgt (Art. 17 Abs. 2 lit. c DelVO 2017/653). Damit soll ausgeschlossen werden, dass eine (künstliche) Dringlichkeit von Seiten des Beraters oder Verkäufers geschaffen wird. Zudem muss der Kleinanleger sich explizit auf die Dringlichkeit berufen haben.

16 Die Frage, wann „Rechtzeitigkeit" i.S.d. Art. 13 Abs. 1 VO Nr. 1286/2014 gegeben ist, hängt damit vom Einzelfall ab. Da eine absolute Bestimmung zumeist nicht möglich sein wird, gestattet Art. 17 Abs. 2 DelVO 2017/653 dem Berater bzw. Verkäufer eine Schätzung. Insoweit besteht also für diesen ein gewisser **Ermessensspielraum** bei der Bestimmung der Rechtzeitigkeit[4].

17 **2. Fernabsatz als Ausnahme (Art. 13 Abs. 3 VO Nr. 1286/2014).** Von der Pflicht, dem Kunden das Basisinformationsblatt vor Vertragsabschluss zur Verfügung zu stellen, ist nach Art. 13 Abs. 3 VO Nr. 1286/2014 eine **Abweichung** für die telefonische Beratung bzw. den telefonischen Verkauf möglich. In diesen Fällen kann das Informationsblatt unter bestimmten Umständen unverzüglich nach der Transaktion zur Verfügung gestellt

---

1 *Buck-Heeb/Lang* in BeckOGK, § 675 BGB, Anlageberatung, Vermögensverwaltung, Stand: 31.1.2018, Rz. 252, 258.
2 Vgl. für das WpHG *Herkströter/Kimmich*, RdF 2014, 9, 11.
3 Siehe auch Erwägungsgrund 26 DelVO 2017/653.
4 Zur Frage der **Vereitelung** der Zurverfügungstellung durch den Kleinanleger vgl. *Merk* in Moritz/Klebeck/Jesch, § 297 KAGB Rz. 20.

werden. Insofern kann der Kleinanleger auf die rechtzeitig vor Vertragsschluss erfolgende Zurverfügungstellung des Basisinformationsblatts (auch konkludent) verzichten.

Dazu müssen aber kumulativ die drei im Gesetz genannten **Voraussetzungen** vorliegen. Das Vorliegen der Voraussetzungen wird vom Berater oder Verkäufer zu beweisen sein, so dass in der Praxis eine entsprechende **Dokumentation** anzuraten ist. Nachzuweisen ist zunächst, dass die Initiative für den PRIIP-Kauf und die Transaktion mit Hilfe eines Fernkommunikationsmittels vom Kleinanleger ausgeht (Art. 13 Abs. 3 lit. a VO Nr. 1286/2014). 18

Zudem muss die Bereitstellung eines Basisinformationsblatts unmöglich sein (Art. 13 Abs. 3 lit. b VO Nr. 1286/2014). Schließlich muss der Berater oder Verkäufer den Kleinanleger darüber informieren, dass das Basisinformationsblatt nicht bereitgestellt werden kann. Zu ergänzen ist dabei, dass der Kleinanleger die Transaktion auch verschieben und zunächst das Basisinformationsblatt erhalten und lesen kann. Ausdrücklich verlangt wird, dass dieser Hinweis „klar zum Ausdruck gebracht" wird (Art. 13 Abs. 3 lit. c Halbsatz 2 VO Nr. 1286/2014). 19

Die hier getroffene Regelung stellt eine Erleichterung gegenüber der WpHG-Regelung zum Produktinformationsblatt (§ 64 Abs. 2 WpHG) dar, das nach wie vor im Vorfeld eines Wertpapiergeschäfts zur Verfügung zu stellen ist, während nach der PRIIP-VO die Informationsblätter bei telefonischen Kontakten unverzüglich nachgesandt werden können. Auf diese Weise werden Verzögerungen einer Orderausführung vermieden, was bei Märkten, die sehr raschen Veränderungen unterliegen, dringend erforderlich sein kann. 20

3. **Mehrere Transaktionen als Ausnahme (Art. 13 Abs. 4 VO Nr. 1286/2014).** Bei mehreren aufeinander folgenden Transaktionen im Zusammenhang mit demselben PRIIP muss dem Kunden das Basisinformationsblatt lediglich bei der **ersten Transaktion** ausgehändigt werden. Damit ist ihm ausreichend Möglichkeit gegeben, für die aufeinanderfolgenden Transaktionen eine fundierte Anlageentscheidung zu treffen. Vergleichbares sieht etwa der auch auf europäischen Vorgaben beruhende § 297 Abs. 7 Satz 2 KAGB für den Erwerb eines Anteils oder einer Aktie vor. 21

Voraussetzung für eine Ausnahme von der rechtzeitigen Zurverfügungstellung i.S.d. Art. 13 Abs. 4 VO Nr. 1286/2014 ist jedoch, dass bereits vor der ersten Transaktion Anweisungen bzgl. der weiteren Transaktionen erteilt wurden. Das kann etwa im Rahmen eines Sparplans der Fall sein[1]. Das gilt entsprechend auch bei einer (erneuten) Transaktion, nachdem eine Überarbeitung des Basisinformationsblatts (Art. 10 VO Nr. 1286/2014) erfolgt ist. 22

Weder in Art. 13 VO Nr. 1286/2014 noch in der DelVO 2017/653 wird näher ausgeführt, was „**aufeinander folgende**" Transaktionen sind, d.h. bis zu welchem Zeitabstand die Geschäfte noch als „aufeinander folgend" anzusehen sind. Sofern die Transaktionen nicht mehr als „aufeinander folgend" angesehen werden, muss das Basisinformationsblatt bei jedem weiteren Erwerb eines bereits zuvor erworbenen Anlageprodukts erneut vorgelegt werden, selbst wenn sich an dessen Inhalt seit der vorigen Transaktion nichts geändert hat[2]. Hier wird sich noch eine entsprechende Verwaltungspraxis herausbilden müssen. 23

IV. Vertretung (Art. 13 Abs. 2 VO Nr. 1286/2014). Das Basisinformationsblatt ist dem Kleinanleger nur dann zur Verfügung zu stellen, wenn er die Anlageentscheidung eigenständig trifft. Ihm braucht damit kein Informationsblatt zur Verfügung gestellt werden, wenn er jemandem eine schriftliche Vollmacht bzgl. der Anlageentscheidung gegeben hat. Dann ist dieser Person das Informationsblatt auszuhändigen. Das gilt auch dann, wenn der Kleinanleger einen Portfolioverwalter mit der **Vermögensverwaltung** beauftragt hat, oder wenn für ihn, etwa in Bezug auf Versicherungsanlageprodukte, ein Makler handelt[3]. 24

Da der Vertreter des Kleinanlegers das Basisinformationsblatt in seiner Funktion als Vertreter erhält, ist es unerheblich, ob der Vertreter selbst als Kleinanleger einzustufen ist oder nicht. Der Vertreter kann, etwa wenn er Makler ist, seinerseits gehalten sein, das Informationsblatt an den Kunden weiterzugeben[4]. Nicht geregelt ist, was gilt, wenn der Kleinanleger trotz Erteilung der Vertretungsmacht schließlich seine Anlageentscheidung doch **eigenständig** trifft, d.h. ob die Überreichung an den Vertreter dann noch immer als eine solche an den Kunden gilt[5]. Nach den Grundsätzen der Vertretungsmacht wird ihm die Information des Vertreters wohl zuzurechnen sein. 25

V. Rechtsfolgen eines Verstoßes. 1. Aufsichtsrechtliche Folgen. Der Vertrieb eines PRIIP ohne Zurverfügungstellung eines Basisinformationsblatts durch den Berater bzw. Verkäufer stellt einen Verstoß gegen die PRIIP-VO dar[6]. Ein Verstoß gegen Art. 13 VO Nr. 1286/2014 oder Art. 14 VO Nr. 1286/2014 wird als **Ordnungswidrigkeit** mit einer Geldbuße belegt (vgl. Art. 24 Abs. 1, Abs. 2 lit. e VO Nr. 1286/2014). Dabei ist sowohl die vorsätzliche als auch die leichtfertige Begehung bußgeldbewehrt (§ 120 Abs. 16 Nr. 8 lit. a WpHG). 26

---
1 Siehe *Seitz/Juhnke/Seibold*, BKR 2013, 1, 6.
2 *Seitz/Juhnke/Seibold*, BKR 2013, 1, 6.
3 *W.-T. Schneider* in Prölss/Martin, VVG, Art. 13, 14 PRIIP-VO Rz. 1.
4 Vgl. *W.-T. Schneider* in Prölss/Martin, VVG, Art. 13, 14 PRIIP-VO Rz. 2 a.E.
5 Wohl verneinend *Wilhelmi* in Assmann/Wallach/Zetzsche, KAGB, Anh. zu § 166: Art. 13 PRIIP-VO Rz. 8.
6 Siehe auch Ziff. 18 Satz 2 Leitlinien der Kommission, ABl. EU Nr. C 218 v. 7.7.2017, S. 11.

Auch ist etwa eine öffentliche Warnung möglich (Art. 24 Abs. 2 lit. c VO Nr. 1286/2014). Denkbar ist auch, dass die Vermarktung des PRIIP ausgesetzt wird (Art. 24 Abs. 2 lit. b VO Nr. 1286/2014), wobei hier, da zumeist nur einzelne Berater oder Verkäufer betroffen sein werden, der Aspekt der Verhältnismäßigkeit zu beachten ist.

27 **2. Zivilrechtliche Folgen.** Nicht geregelt sind in der PRIIP-VO die **zivilrechtlichen** Rechtsfolgen einer Nichteinhaltung der in Art. 13 und Art. 14 VO Nr. 1286/2014 aufgeführten Pflichten. In Bezug auf die zivilrechtlichen Rechtsfolgen wird teilweise eine Haftung nach Art. 11 VO Nr. 1286/2014 angenommen[1]. Die Haftungsregelung des Art. 11 VO Nr. 1286/2014 bezieht sich jedoch nur auf den PRIIP-Hersteller.

28 Eine **analoge Anwendung** auf den Verkäufer/Berater scheidet aus, da insofern keine planwidrige Regelungslücke ersichtlich ist. In der PRIIP-VO werden die Basisinformationsblatt-Pflichten der Berater und Verkäufer (Art. 13 und Art. 14 VO Nr. 1286/2014) ausdrücklich räumlich nach der Haftungsregelung bzgl. der Hersteller (Art. 11 VO Nr. 1286/2014) geregelt. Ein Versehen des Gesetzgebers ist nicht ersichtlich. Eine europaweite Vereinheitlichung der Haftung von Beratern und Verkäufern in einer speziellen europäischen Verordnung hätte im Übrigen wohl zu weit gegriffen.

29 Damit folgt eine Haftung des Beraters oder Verkäufers ausschließlich aus nationalem Recht. Gehaftet wird für die fehlerhafte oder nicht erfolgte Bereitstellung von vorvertraglichen Informationen (Art. 6 Abs. 1 Satz 1 VO Nr. 1286/2014). Insofern kommt eine Haftung aus §§ 280 Abs. 1, 311 Abs. 2, 241 Abs. 2 BGB in Betracht, wenn die entsprechenden Voraussetzungen vorliegen. Zudem kann eine Haftung aus **fehlerhafter (Anlage-) Beratung** gem. § 280 Abs. 1 BGB gegeben sein.

30 Ob daneben auch eine **deliktische Haftung** möglich ist, wird in Bezug auf das Basisinformationsblatt ebenso umstritten sein, wie bei anderen Informationsblättern. Insofern stellt sich in Bezug auf eine Haftung aus § 823 Abs. 2 BGB die Frage nach der Schutzgesetzeigenschaft von Art. 13 VO Nr. 1286/2014 und Art. 14 VO Nr. 1286/2014. Dabei wird die bislang noch nicht geführte Diskussion vergleichbar verlaufen wie bei anderen Informationsblättern[2], wo überwiegend die Schutzgesetzeigenschaft verneint wird[3].

Art. 14 [Art der Bereitstellung des Basisinformationsblatts]

(1) **Die Person, die über ein PRIIP berät oder es verkauft, stellt Kleinanlegern das Basisinformationsblatt kostenlos zur Verfügung.**

(2) **Die Person, die über ein PRIIP berät oder es verkauft, stellt dem Kleinanleger das Basisinformationsblatt über eines der folgenden Medien zur Verfügung:**

a) **auf Papier – dies sollte die Standardoption sein, wenn das PRIIP persönlich angeboten wird, es sei denn, der Kleinanleger verlangt eine andere Form der Übermittlung;**

b) **auf einem anderen dauerhaften Datenträger als Papier, sofern die in Absatz 4 festgelegten Bedingungen erfüllt sind, oder**

c) **über eine Website, sofern die in Absatz 5 festgelegten Bedingungen erfüllt sind.**

(3) **Wird das Basisinformationsblatt auf einem anderen dauerhaften Datenträger als Papier oder über eine Website zur Verfügung gestellt, wird den Kleinanlegern auf Nachfrage kostenlos ein Papierexemplar ausgehändigt. Die Kleinanleger werden über ihr Recht informiert, die kostenlose Aushändigung eines Papierexemplars zu verlangen.**

(4) **Das Basisinformationsblatt kann auf einem anderen dauerhaften Datenträger als Papier zur Verfügung gestellt werden, wenn die folgenden Bedingungen erfüllt sind:**

a) **Die Verwendung des dauerhaften Datenträgers ist den Rahmenbedingungen, unter denen das Geschäft zwischen der Person, die über das PRIIP berät oder dieses verkauft, und dem Kleinanleger getätigt wird, angemessen und**

b) **der Kleinanleger konnte nachweislich wählen, ob er die Informationen auf Papier oder auf dem dauerhaften Datenträger erhalten wollte, und hat sich nachweislich für diesen anderen Datenträger entschieden.**

---

1 Vgl. W.-T. *Schneider* in Prölss/Martin, VVG, Art. 13, 14 PRIIP-VO Rz. 2.

2 Siehe nur etwa *Fuchs* in Fuchs, § 31 WpHG Rz. 200 und Vor §§ 31 ff. WpHG Rz. 101 ff. m.w.N. zu unterschiedlichen Ansichten.

3 Vgl. nur etwa *Zingel* in Baur/Tappen, § 306 KAGB Rz. 36 (bzgl. wesentlicher Anlegerinformationen); *Frisch* in Derleder/Knops/Bamberger, § 54 Rz. 173 (bzgl. Produktinformationsblatt, auch auf die a.A. der Gesetzesbegründung eingehend); anders der Gesetzgeber noch in Bezug auf § 127 InvG, Begr. RegE OGAW IV-Umsetzungsgesetz, BT-Drucks. 17/4510, 84 sowie in Bezug auf das Produktinformationsblatt des § 31 Abs. 3a WpHG a.F. in BT-Drucks. 17/3628, 21; a.A. auch *Wilhelmi* in Assmann/Wallach/Zetzsche, KAGB, Anh. zu § 166: Art. 13 PRIIP-VO Rz. 2.

[Art der Bereitstellung des Basisinformationsblatts] | Art. 14 VO Nr. 1286/2014

(5) Das Basisinformationsblatt kann über eine Website, die der Definition eines dauerhaften Datenträgers nicht entspricht, zur Verfügung gestellt werden, wenn alle nachstehenden Bedingungen erfüllt sind:
a) Die Bereitstellung des Basisinformationsblatts über eine Website ist den Rahmenbedingungen, unter denen das Geschäft zwischen der Person, die über das PRIIP berät oder dieses verkauft, und dem Kleinanleger getätigt wird, angemessen;
b) der Kleinanleger konnte nachweislich wählen, ob er die Informationen auf Papier oder über eine Website erhalten wollte, und hat sich nachweislich für Letzteres entschieden;
c) dem Kleinanleger sind die Adresse der Website und die Stelle, an der das Basisinformationsblatt auf dieser Website einzusehen ist, auf elektronischem Wege oder schriftlich mitgeteilt worden;
d) das Basisinformationsblatt kann über die Website laufend abgefragt, heruntergeladen und auf einem dauerhaften Datenträger gespeichert werden, und zwar so lange, wie es für den Kleinanleger einsehbar sein muss.

Wenn das Basisinformationsblatt gemäß Artikel 10 überarbeitet wurde, werden dem Kleinanleger auf Nachfrage auch vorherige Fassungen zur Verfügung gestellt.

(6) Für die Zwecke der Absätze 4 und 5 wird die Bereitstellung von Informationen auf einem anderen dauerhaften Datenträger als Papier oder über eine Website angesichts der Rahmenbedingungen, unter denen das Geschäft zwischen der Person, die über PRIIP berät oder sie verkauft, und dem Kleinanleger getätigt wird, als angemessen betrachtet, wenn der Kleinanleger für dieses Geschäft eine E-Mail-Adresse angegeben hat.

In der Fassung vom 26.11.2014 (ABl. EU Nr. L 352 v. 9.12.2014, S. 1).

Schrifttum: *Beyer*, Unionsrechtliche Neuregelung der Beratungs- und Informationspflichten für Versicherungsanlageprodukte, VersR 2016, 293; *Gerold*, Basisinformationsblatt, Anwendbarkeit der PRIIPs-Verordnung ab Anfang 2018 nun sicher, BaFinJournal Mai 2017, 36.

I. Bereitstellung auf Papier (Art. 14 Abs. 1, Abs. 2 VO Nr. 1286/2014) 1	1. Anderer dauerhafter Datenträger (Art. 14 Abs. 4 VO Nr. 1286/2014) 4
II. Bereitstellung über elektronische Kommunikationsmittel (Art. 14 Abs. 3–6 VO Nr. 1286/2014) 4	a) Grundsatz 4
	b) Voraussetzungen 6
	2. Website (Art. 14 Abs. 5 VO Nr. 1286/2014) . . . 11
	III. Rechtsfolgen eines Verstoßes 16

I. Bereitstellung auf Papier (Art. 14 Abs. 1, Abs. 2 VO Nr. 1286/2014). Art. 14 VO Nr. 1286/2014 ist im Zusammenhang mit Art. 13 VO Nr. 1286/2014 sowie Art. 17 DelVO 2017/653 zu lesen. In diesen Regelungen werden die Pflichten des PRIIP-Beraters oder PRIIP-Verkäufers zur **Zurverfügungstellung** des Basisinformationsblatts festgelegt (zum persönlichen Anwendungsbereich Art. 13 VO Nr. 1286/2014 Rz. 5 ff.). Mit dem Begriff des Zurverfügungstellens wird auch hier, wie bei der vergleichbaren Regelung des § 297 KAGB, mehr vom Berater bzw. Verkäufer verlangt, als ein bloßes Anbieten, da die Information dem Kleinanleger bereitgestellt werden muss[1]. Während sich Art. 13 VO Nr. 1286/2014 vorwiegend auf den richtigen **Zeitpunkt** der Zurverfügungstellung bezieht (s. Art. 13 VO Nr. 1286/2014 Rz. 12 ff.), befasst sich Art. 14 VO Nr. 1286/2014 mit der Art und Weise der Zurverfügungstellung, d.h. dem korrekten **Medium**.

Als Standardmedium der Zurverfügungstellung ist in der PRIIP-VO, ungeachtet aller technischer Entwicklungen und der Neigung auch der Verbraucher zu papierlosen Lösungen, noch die **Papierform** vorgesehen (Art. 14 Abs. 2 lit. a VO Nr. 1286/2014). Ein elektronisches Dokument genügt daher grundsätzlich nicht. Unter bestimmten Voraussetzungen ist die Zurverfügungstellung auf einem anderen dauerhaften Datenträger oder eine Website möglich (Art. 14 Abs. 2 lit. b und lit. c VO Nr. 1286/2014)[2]. Wird das Basisinformationsblatt nicht über das vorgeschriebene Medium zur Verfügung gestellt und sind die Voraussetzungen für die Übermittlung durch ein anderes Medium nicht erfüllt, gilt das Basisinformationsblatt nicht als rechtzeitig übergeben (zu den Folgen s. Rz. 16).

Art. 14 Abs. 1 VO Nr. 1286/2014 bestimmt zudem, dass das Basisinformationsblatt **kostenlos** zur Verfügung zu stellen ist. Insofern ist eine „Bringschuld des Vertriebs"[3] gesetzlich festgelegt. Das gilt auch, wenn das Informationsblatt auf einem anderen dauerhaften Datenträger als Papier zur Verfügung gestellt bzw. und dem Kleinanleger auf dessen Nachfrage ein (zusätzliches) Papierexemplar überreicht wird (Art. 14 Abs. 3 Satz 1 VO

---

1 Zur Differenzierung s. *Merk* in Moritz/Klebeck/Jesch, § 297 KAGB Rz. 17.
2 In Bezug auf das Produktinformationsblatt des § 64 Abs. 2 WpHG anders dagegen § 4 Abs. 2 WpDVerOV i.d.F. v. 17.10.2017 (Gleichwertigkeit von Papier und elektronischem Dokument).
3 So etwa auch für § 297 KAGB *Merk* in Moritz/Klebeck/Jesch, § 297 KAGB Rz. 15.

Art. 14 VO Nr. 1286/2014 | [Art der Bereitstellung des Basisinformationsblatts]

Nr. 1286/2014). Der Kleinanleger ist dann auch über die Möglichkeit der kostenlosen Zurverfügungstellung eines Papierexemplars zu informieren (Art. 14 Abs. 3 Satz 2 VO Nr. 1286/2014). Das bedeutet, dass nicht direkt eine Gebühr oder ein Entgelt für dieses verlangt werden kann[1]. Dass mittelbar die Kosten für das Basisinformationsblatt in den Preis des Anlageprodukts einfließen werden, ist ein anderer Punkt.

4   **II. Bereitstellung über elektronische Kommunikationsmittel (Art. 14 Abs. 3–6 VO Nr. 1286/2014). 1. Anderer dauerhafter Datenträger (Art. 14 Abs. 4 VO Nr. 1286/2014). a) Grundsatz.** Das Basisinformationsblatt wird zum einen vom Hersteller generell auf seiner Website veröffentlicht (Art. 5 Abs. 1 VO Nr. 1286/2014) und zum anderen dem individuellen Kunden vom Berater bzw. Verkäufer auch klassischerweise („**Standardoption**", Art. 14 Abs. 2 lit. a VO Nr. 1286/2014) in **Papierform** zur Verfügung[2]. Sofern der Kleinanleger dies verlangt, kann er das Basisinformationsblatt auch „auf einem anderen dauerhaften Datenträger" (Art. 4 Nr. 7 VO Nr. 1286/2014), d.h. z.B. per E-Mail, oder über eine Website, wie etwa die Internetseite des Herstellers, erhalten. Datenträger wie CD-Rom, USB-Stick oder eine Diskette fallen zwar auch unter den Begriff „anderer Datenträger"[3], werden in der Praxis jedoch wohl kaum mehr eingesetzt. Eine Darstellung von Informationen aus dem Basisinformationsblatt per **App** ist nach Ansicht der BaFin derzeit nur zusätzlich möglich[4].

5   Art. 14 VO Nr. 1286/2014 ist im Zusammenhang mit Art. 10 Abs. 1 VO Nr. 1286/2014 und Art. 15 DelVO 2017/653 zu sehen, wonach der Hersteller das (auch) auf seiner Internetseite veröffentlichte Basisinformationsblatt mindestens einmal jährlich aktualisieren muss. Abgesehen davon ist das Informationsblatt dann sofort anzupassen, wenn sich der Gesamtrisikoindikator, die Renditeszenarien oder die Kosten ändern (s. Art. 10 VO Nr. 1286/2014 Rz. 2 ff.). Dementsprechend erfüllt der Verkäufer bzw. Berater seine Bereitstellungspflicht nur dann, wenn er das **aktuelle** Basisinformationsblatt zur Verfügung stellt.

6   **b) Voraussetzungen.** Voraussetzung für eine andere Zurverfügungstellung durch den Berater oder Verkäufer als per Papier ist nach Art. 14 Abs. 4 VO Nr. 1286/2014, dass die Verwendung eines dauerhaften Datenträgers „angemessen" ist (Art. 14 Abs. 4 lit. a VO Nr. 1286/2014). Außerdem musste der Kleinanleger nachweislich zwischen den verschiedenen Möglichkeiten der Zurverfügungstellung wählen können (Art. 14 Abs. 4 lit. b VO Nr. 1286/2014). Das bedeutet für den Berater bzw. Verkäufer das Erfordernis einer sorgfältigen **Dokumentation**.

7   Die **Angemessenheit** wird in Art. 14 Abs. 6 VO Nr. 1286/2014 dann als gegeben angesehen, wenn der Kunde nachweislich über einen regelmäßigen Zugang zum Internet verfügt. Hier können sich im Einzelfall für den Hersteller Beweisschwierigkeiten ergeben. Insofern hilft das Gesetz damit, dass der Nachweis für einen regelmäßigen Zugang als erbracht gilt, wenn der Kleinanleger für dieses Geschäft eine E-Mail-Adresse angegeben hat (Art. 14 Abs. 6 VO Nr. 1286/2014 a.E.). Im Schrifttum wird dies zu Recht als **gesetzliche Vermutung** gesehen, die durch den Beweis des Gegenteils entkräftet werden kann[5].

8   Verfügt der Berater oder Verkäufer aus einem **anderen Geschäft** über die E-Mail-Adresse des Kleinanlegers, kann das im Zweifel zwar auch zu einer Angemessenheit des Mediums i.S.d. Art. 14 Abs. 4 lit. a, Abs. 6 Satz 1 VO Nr. 1286/2014 führen. Allerdings bleibt dem Hersteller dann die Beweislast, dass der Kunde nach wie vor „regelmäßigen Zugang zum Internet" hat. Das wird dann, wenn der Anleger diese Daten gerade für das betreffende Geschäft zur Verfügung gestellt hat, vermutet. Denn in diesem Fall muss er auch damit rechnen, dass ihm, vorausgesetzt er hatte die Wahl (s. sogleich Rz. 9 f.), die entsprechenden Informationen per Mail zugesandt werden[6].

9   Eine solche Vermutung scheint nach dem Wortlaut dieser Regelung dann generell noch nicht zu bestehen, wenn der Kleinanleger „lediglich" nachweislich über einen regelmäßigen Zugang zum Internet verfügt, diesen Kommunikationsweg jedoch nicht dezidiert angegeben hat[7]. Unabhängig davon, wie man die Regelung auslegt, werden aber in solchen Fällen die Voraussetzungen für eine Zurverfügungstellung auf einem anderen Medium als Papier schon deshalb nicht vorliegen, weil der Berater oder Verkäufer den **Nachweis** einer Wahlmöglichkeit des Kleinanlegers (Art. 14 Abs. 4 lit. b VO Nr. 1286/2014) nicht erbringen kann.

10 In Bezug auf die Wahlmöglichkeit des Kleinanlegers stellt die Regelung dezidiert auf einen Nachweis ab, so dass der Berater bzw. Verkäufer diese Möglichkeit zu dokumentieren hat. Schließlich ergibt sich aus diesem Punkt, dass der Berater bzw. Verkäufer in Bezug auf die korrekte Zurverfügungstellung die **Beweislast** trägt. Aufgrund der Anforderung, dass der Kleinanleger „nachweislich" das Informationsmedium wählen konnte, wird regelmäßig ein bloßes konkludentes Handeln des Anlegers hinsichtlich einer Wahlmöglichkeit nicht ausreichen.

---

1 *Wilhelmi* in Assmann/Wallach/Zetzsche, KAGB, Anh. zu § 166: Art. 14 PRIIP-VO Rz. 3; *W.-T. Schneider* in Prölss/Martin, VVG, Art. 14 PRIIP-VO Rz. 8.
2 S. auch Erwägungsgrund 27 VO Nr. 1286/2014.
3 S. *Merk* in Moritz/Klebeck/Jesch, § 297 Rz. 18; so auch *Wilhelmi* in Assmann/Wallach/Zetzsche, KAGB, Anh. zu § 166: Art. 11 PRIIP-VO Rz. 6.
4 *Gerold*, BaFinJournal Mai 2017, 36, 39.
5 *W.-T. Schneider* in Prölss/Martin, VVG, Art. 14 PRIIP-VO Rz. 6.
6 Vgl. auch die parallele Regelung bzgl. der Auskunftserteilung in § 6a Abs. 2, 3 VVG i.d.F. des IDD-Umsetzungsgesetzes 2017 (BGBl. I 2017, 2789, 2799).
7 Anders wohl *Beyer*, VersR 2016, 293, 295.

2. **Website (Art. 14 Abs. 5 VO Nr. 1286/2014).** Soll die Pflicht zur Zurverfügungstellung des Basisinformationsblatts durch den Berater bzw. Verkäufer über eine Website erfüllt werden, müssen die **Voraussetzungen** des Art. 14 Abs. 5 VO Nr. 1286/2014 gegeben sein. Auch hier ist die erste Bedingung für das Ausreichen einer Zurverfügungstellung die **Angemessenheit** der Bereitstellung, die sich, wie in Bezug auf einen dauerhaften Datenträger (Art. 14 Abs. 4 VO Nr. 1286/2014), nach Art. 14 Abs. 6 VO Nr. 1286/2014 bemisst. Weshalb hier die Angabe des Kunden bzgl. seiner E-Mail-Adresse von Relevanz sein soll, erschließt sich, anders als nach Art. 14 Abs. 4 VO Nr. 1286/2014, nur, wenn man davon ausgeht, dass der Anleger möglicherweise einen Link zugesandt bekommen soll. Art. 14 Abs. 5 Unterabs. 1 lit. c VO Nr. 1286/2014 verlangt zudem als weitere Voraussetzung, dass dem Kleinanleger die Adresse der Website nebst konkreter Stelle auf elektronischem Wege oder schriftlich **mitgeteilt** wird.

Weitere Voraussetzung ist auch in Bezug auf die Verweismöglichkeit auf eine Website, dass der Kunde zwischen den einzelnen Varianten der Zurverfügungstellung **wählen** konnte und sich „nachweislich" (s. näher bei Rz. 6) für die Information über die Website entschieden hat (Art. 14 Abs. 5 Unterabs. 1 lit. b VO Nr. 1286/2014).

Als vierte Voraussetzung muss der Berater bzw. Verkäufer **sicherstellen**, dass das Basisinformationsblatt laufend „abgefragt, heruntergeladen und auf einem dauerhaften Datenträger gespeichert" werden kann (Art. 14 Abs. 5 Unterabs. 1 lit. d VO Nr. 1286/2014). Der Kleinanleger muss also uneingeschränkte Verfügungsmacht über das Basisinformationsblatts haben können. Dafür bietet sich etwa ein PDF-Dokument an[1].

In Bezug auf den **Zeitraum** wird im Gesetzestext unbestimmt darauf verwiesen, dass die Bereitstellung „so lange, wie es für den Kleinanleger einsehbar sein muss" (Art. 14 Abs. 5 Unterabs. 1 lit. d VO Nr. 1286/2014 a.E.) erfolgen muss. Im Schrifttum wird diesbezüglich vertreten, es könne nicht verlangt werden, dass das Basisinformationsblatt während der gesamten Vertragslaufzeit zur Verfügung stehen muss. Vielmehr solle die Bereitstellung während des Ablaufs der Widerrufsfrist genügen[2]. Dem wird angesichts des Wortlauts der Norm nicht zugestimmt werden können.

Wer die Verpflichtung zur Zurverfügungstellung des Basisinformationsblatts über eine Website erfüllen will, muss dem Kleinanleger zusätzlich sämtliche gem. Art. 10 VO Nr. 1286/2014 **überarbeiteten Fassungen** des Basisinformationsblatts über die Website zur Verfügung stellen (Art. 14 Abs. 5 Unterabs. 2 VO Nr. 1286/2014). Das hat allerdings ausdrücklich nur „auf Nachfrage" durch den Kleinanleger zu erfolgen. Teilweise wird betont, dass sich aus dieser Regelung keine Pflicht herleiten lässt, dass die vorherigen Fassungen des Informationsblatts auch auf der Website vorgehalten werden müssen[3].

III. **Rechtsfolgen eines Verstoßes.** Ein Verstoß gegen Art. 14 VO Nr. 1286/2014 kann mit einem **Bußgeld** geahndet werden (Art. 24 Abs. 2 lit. e VO Nr. 1286/2014). Dabei ist sowohl die vorsätzliche als auch die leichtfertige Begehung bußgeldbewehrt (§ 120 Abs. 16 Ziff. 8 lit. b WpHG). Zu weiteren **Sanktionen** und Maßnahmen s. Art. 13 VO Nr. 1286/2014 Rz. 26. Ob der PRIIP-Berater bzw. -Verkäufer daneben dem Kleinanleger auch zivilrechtlich auf **Schadensersatz** haftet, hängt von den jeweiligen nationalen Recht ab. Art. 11 VO Nr. 1286/2014 enthält lediglich eine Vorschrift in Bezug auf die Haftung des Herstellers. Daher ist eine Haftung des Beraters aus § 280 Abs. 1 BGB und des Verkäufers aus §§ 311 Abs. 2, 241 Abs. 2, 280 Abs. 1 BGB denkbar (s. auch Art. 13 VO Nr. 1286/2014 Rz. 27 ff.).

Kapitel III
Marktüberwachung und Produktinterventionsbefugnisse

Art. 15 [Marktüberwachungsaufgabe]

(1) Gemäß Artikel 9 Absatz 2 der Verordnung Nr. 1094/2010 überwacht die EIOPA den Markt für Versicherungsanlageprodukte, die in der Union vermarktet, vertrieben oder verkauft werden.

(2) Die zuständigen Behörden überwachen den Markt für Versicherungsanlageprodukte, die in ihrem Mitgliedstaat oder von ihrem Mitgliedstaat aus vermarktet, vertrieben oder verkauft werden.

In der Fassung vom 26.11.2014 (ABl. EU Nr. L 352 v. 9.12.2014, S. 1).

---

1 S. auch BaFin, Rundschreiben 4/2013 (WA) – Produktinformationsblätter gem. §§ 31 Abs. 3a WpHG, 5a WpDVerOV, 26.9.2013, WA 36 – Wp 2002 – 2012/0003, Ziff. 2, abrufbar unter https://www.bafin.de/SharedDocs/Veroeffentlichungen/DE/Rundschreiben/rs_1304_produktinformationsblaetter_wa.html;jsessionid=A61978886B32A9CA0EFBC7DF38A90C17.1_cid290 (zuletzt abgerufen am 2.5.2018).
2 *Beyer*, VersR 2016, 293, 295.
3 *W.-T. Schneider* in Prölss/Martin, VVG, Art. 14 PRIIP-VO Rz. 7.

Art. 15 VO Nr. 1286/2014 | [Marktüberwachungsaufgabe]

Schrifttum: *Baroch Castellví*, Zum Anwendungsbereich der PRIIP-Verordnung auf Produkte von Lebensversicherern – was ist ein Versicherungsanlageprodukt?, VersR 2017, 129; *Beyer*, Unionsrechtliche Neuregelung der Beratungs- und Informationspflichten für Versicherungsanlageprodukte, VersR 2016, 293; *Brömmelmeyer*, Gläserner Vertrieb? – Informationspflichten und Wohlverhaltensregeln in der Richtlinie (EU) 2016/97 über Versicherungsvertrieb, r+s 2016, 269; *Bürkle*, Sind konventionelle deutsche Lebensversicherungen europäische Versicherungsanlageprodukte?, VersR 2017, 331; *Kohleick/Gerold/Werner/Gierse*, Versicherungsanlageprodukte, BaFin-Journal 8/2017, 34 ff.; *Poelzig*, Versicherungsanlageprodukte im Fokus des EU-Rechts – Anlegerschutz im Versicherungsrecht, ZBB 2015, 108; *Reiff*, Die Richtlinie 2016/97 über Versicherungsvertrieb, r+s 2016, 593; *Reiff*, Die Umsetzung der Versicherungsvertriebsrichtlinie (IDD) in das deutsche Recht, VersR 2016, 1533; *Reiff/Köhne*, Der Regierungsentwurf zur Umsetzung der Richtlinie (EU) 2016/97 (IDD) aus rechtlicher und ökonomischer Sicht, VersR 2017, 649; *Sasserath-Alberti/Hartig*, EIOPA-Verordnung: Rechtliche Herausforderungen für die Praxis, VersR 2012, 524. S. auch Angaben bei § 15 WpHG.

I. Gegenstand und Zweck der Regelung 1	III. Aufgabenbegründung für nationale Aufsichtsbehörden (Art. 15 Abs. 2 VO Nr. 1286/2014) . 9
II. Aufgabenbegründung für die EIOPA (Art. 15 Abs. 1 VO Nr. 1286/2014) 3	1. Sachliche Zuständigkeit 9
1. Sachlicher Anwendungsbereich 3	2. Persönlicher Anwendungsbereich 10
2. Persönlicher Anwendungsbereich 7	3. Räumlicher Anwendungsbereich 11
3. Räumlicher Anwendungsbereich 8	

1 **I. Gegenstand und Zweck der Regelung.** Gemäß der dynamischen Kompetenznorm in Art. 1 Abs. 2 VO Nr. 1094/2010 (EIOPA-VO)[1] ist der Tätigkeitsbereich der EIOPA im Rahmen aller verbindlichen Rechtsakte der Union eröffnet, die der Agentur Aufgaben übertragen. Eine derartige **Aufgabenübertragung** wird durch Art. 15 Abs. 1 VO Nr. 1286/2014 (PRIIP-VO) bewirkt. Die Vorschrift konkretisiert Art. 9 Abs. 2 VO Nr. 1094/2010, demzufolge die EIOPA neue und bereits bekannte Finanztätigkeiten überwacht. Mit Art. 15 VO Nr. 1286/2014 wird der Differenz von **Aufgaben- und Befugnisnormen** Rechnung getragen. Die Aufgabenübertragung schafft die Grundlage dafür, der EIOPA eine Produktinterventionsbefugnis für Versicherungsanlageprodukte nach Art. 16 VO Nr. 1286/2014 einzuräumen. Art. 15 Abs. 2 VO Nr. 1286/2014 normiert eine entsprechende Marktüberwachungspflicht der national zuständigen Behörde.

2 Art. 15–18 VO Nr. 1286/2014 gehen auf einen Vorschlag des Europäischen Parlaments zurück[2], der im Trilogverfahren von Kommission, Rat und Parlament in modifizierter Form beschlossen wurde[3]. Der europäische Gesetzgeber verfolgt mit den Vorschriften das Ziel, **Lücken des Produktinterventionsregimes nach Art. 39 ff. VO Nr. 600/2014 (MiFIR)**[4] **zu schließen**[5]. Dahinter steht die Vorstellung, dass der Vertrieb von Versicherungsprodukten, die den Anlegern Investitionsmöglichkeiten bieten, in gleicher Weise wie die Vermarktung von Finanzinstrumenten i.S.v. Art. 2 Abs. 1 Nr. 9 VO Nr. 600/2014 i.V.m. Art. 4 Abs. 1 Nr. 15 i.V.m. Anhang I Abschnitt C RL 2014/65/EU (MiFID II)[6] zu Bedenken hinsichtlich des Anleger- oder Funktionsschutzes Anlass geben könnte. Art. 15–18 VO Nr. 1286/2014 sind **nahezu identisch** mit dem Regelungsregime in Art. 39–43 VO Nr. 600/2014. Die Vorschriften bilden einen **Fremdkörper innerhalb der PRIIP-VO**, deren primäres Regelungsanliegen die Stärkung von Transparenz durch einen unionsweit unmittelbaren Standard für Basisinformationsblätter im Dienste des Anlegerschutzes und nicht die Überwachung von Anlageprodukten ist.

3 **II. Aufgabenbegründung für die EIOPA (Art. 15 Abs. 1 VO Nr. 1286/2014). 1. Sachlicher Anwendungsbereich.** Gegenständlich wird der EIOPA die Marktüberwachung für **Versicherungsanlageprodukte** i.S.v. Art. 4 Nr. 2 VO Nr. 1286/2014 anvertraut, d.h. von Versicherungsprodukten, die einen Fälligkeitswert oder einen Rückkaufwert bieten, der vollständig oder teilweise direkt oder indirekt Marktschwankungen ausgesetzt ist. Der Begriff geht auf die unmittelbar zuvor durch Art. 91 RL 2014/65/EU geänderte RL 2002/92/EG (IMD) zurück[7] und hat nach der Verabschiedung der PRIIP-VO in Art. 2 Abs. 1 Nr. 17 RL 2016/97 (IDD) Eingang gefunden, die nunmehr die IMD ablöste[8]. Ungeachtet einer unterschiedlichen Regelungstechnik ist der Begriff

---

1 Verordnung (EU) Nr. 1094/2010 des Europäischen Parlaments und des Rates vom 24. November 2010 zur Errichtung einer Europäischen Aufsichtsbehörde (Europäische Aufsichtsbehörde für das Versicherungswesen und die betriebliche Altersversorgung), zur Änderung des Beschlusses Nr. 716/2009/EG und zur Aufhebung des Beschlusses 2009/79/EG der Kommission, ABl. EU Nr. L 331 v. 15.12.2010, S. 48.
2 Stellungnahme des Europäischen Parlaments in 1. Lesung v. 20.11.2013, Dokument P7_TA (2013) 0489.
3 Trilogverhandlungen v. 2.4.2014, s. Dokument 8356/1/14 des Rates v. 3.4.2014.
4 Verordnung (EU) Nr. 600/2014 des Europäischen Parlaments und des Rates vom 15. Mai 2014 über Märkte für Finanzinstrumente und zur Änderung der Verordnung (EU) Nr. 648/2012, ABl. EU Nr. L 173 v. 12.6.2014, S. 84.
5 Erwägungsgrund 25 VO Nr. 1286/2014.
6 Richtlinie 2014/65/EU des Europäischen Parlaments und des Rates vom 15. Mai 2014 über Märkte für Finanzinstrumente sowie zur Änderung der Richtlinien 2002/92/EG und 2011/6/EU, ABl. EU Nr. L 173 v. 12.6.2014, S. 349.
7 Richtlinie 2002/92/EG des Europäischen Parlaments und des Rates vom 9. Dezember 2002 über Versicherungsvermittlung, ABl. EU Nr. L 9 v. 15.1.2003, S. 3.
8 Richtlinie (EU) 2016/97 des Europäischen Parlaments und des Rates vom 20. Januar 2016 über Versicherungsvertrieb, ABl. EU Nr. L 26 v. 2.2.2016, S. 19, umgesetzt durch das Gesetz zur Umsetzung der Richtlinie (EU) 2016/97 und zur Änderung des Außenwirtschaftsgesetzes vom 20.7.2017, BGBl. I 2017, 2789.

einheitlich auszulegen[1]. Der Umfang der Kompetenz der EIOPA – und nachfolgend auch der Überwachungsaufgabe der national zuständigen Behörden (Rz. 9 ff.) – ist damit abhängig von der insbesondere in Deutschland umstrittenen Reichweite dieses Begriffs.

Vom **Anwendungsbereich** der PRIIP-VO sind **Sachversicherungen ausgenommen** (Art. 2 Abs. 2 lit. a VO Nr. 1286/2014 i.V.m. Anhang I der RL 2009/138/EG [Solvency II])[2], überdies Risikolebensversicherungen (Art. 2 Abs. 2 lit. b VO Nr. 1286/2014)[3]. Aus dem sodann verbleibenden Bereich der Lebensversicherungen sind des Weiteren diejenigen Produkte auszuscheiden, die **nach nationalem Recht als Altersvorsorgeprodukte anerkannt** sind (Art. 2 Abs. 2 lit. e VO Nr. 1286/2014). Deshalb unterfallen ungeachtet der konkreten Ausgestaltung und ungeachtet einer steuerrechtlichen Privilegierung die zertifizierten Riesterrentenverträge (§ 1 Abs. 3 AltZertG) und (Rürup-)Basisrentenverträge (§ 2 Abs. 3 AltZertG) nicht der PRIIP-VO und ihrem Produktüberwachungsregime[4]. Es spricht überdies viel dafür, dass Lebensversicherungsverträge der sog. dritten Schicht ebenfalls als von der PRIIP-VO freigestellte anerkannte Altersvorsorgeprodukte angesehen werden können, soweit sie nach § 20 Abs. 1 Nr. 6 Satz 2 EStG steuerlich privilegiert sind[5]. 4

Liegt keiner dieser Freistellungsgründe vor, so ist unstrittig, dass **fonds- und indexgebundene Lebensversicherungen und sog. Hybridversicherungen als Versicherungsanlageprodukte zu qualifizieren** sind, da ihr Rückkaufs- und Fälligkeitswert von der Wertentwicklung der zugrunde liegenden Fonds und Indizes (teilweise) abhängig ist[6]. **Umstritten** ist hingegen die **Einordnung konventioneller kapitalbildender Lebensversicherungen**. Ihre Qualifikation als Versicherungsanlageprodukt wird im Schrifttum vor allem deshalb erwogen, da sie im Hinblick auf eine allfällige Beteiligung am Bilanzüberschuss und an den stillen Reserven (§ 153 Abs. 1 VVG) teilweise Marktschwankungen unterliegen[7]. Indes ist zu berücksichtigen, dass der europäische Gesetzgeber Versicherungsanlageprodukte vor allem deshalb verschärften Aufklärungs- und Beratungsregeln (Art. 16 VO Nr. 1286/2014 Rz. 22) und dem Produktinterventionsregime unterstellen wollte, weil diese Produkte mit einem von der Investitionsentscheidung des potentiellen Versicherungsnehmers abhängigen Anlageelement versehen sind, was sie Finanzinstrumenten i.S.v. Art. 4 Abs. 1 Nr. 15 i.V.m. Anhang I Abschnitt C RL 2014/65/EU ähnlich macht[8]. Für dieses Verständnis spricht überdies Art. 30 Abs. 3 lit. a Ziff. i RL 2016/97, demzufolge als execution only-fähige Versicherungsanlageprodukte solche Verträge gelten, die ausschließlich Anlagerisiken aus Finanzinstrumenten mit sich bringen, die als nicht komplexe Instrumente i.S.v. Art. 25 Abs. 4 RL 2014/65/EU gelten. Können demgemäß Versicherungsanlageprodukte, deren Marktschwankungen auf der Bindung an Aktien, Schuldverschreibungen, Geldmarktinstrumenten, Aktien oder Anteilen an OGAW-Investmentfonds oder strukturierten Einlagen beruhen[9], als nicht komplex qualifiziert werden[10], so spricht dies dafür, dass ein echtes, auf einer Anlegerentscheidung basierendes Marktschwankungsrisiko jedenfalls Voraussetzung für das Vorliegen eines Versicherungsanlageprodukts ist. Da aber Lebensversicherungen, die mit einem Garantiezins kalkulierte Versicherungsleistungen garantieren, keinem spezifischen Anlagerisiko ausgesetzt sind, sprechen teleologische Gründe dafür, **konventionelle kapitalbildende Lebensversicherungen nicht den Versicherungsanlageprodukten** zuzuschlagen (anders Art. 4 VO Nr. 1286/2014 Rz. 15 ff.)[11]. 5

---

1 *Brömmelmeyer*, r+s 2016, 269, 271; *Reiff*, r+s 2016, 593, 600; *Baroch Castelví*, VersR 2017, 129; *Bürkle*, VersR 2017, 331, 332.
2 Richtlinie 2009/138/EG des Europäischen Parlaments und des Rates vom 25. November 2009 betreffend die Aufnahme und Ausübung der Versicherungs- und Rückversicherungstätigkeit (Solvabilität II), ABl. EU Nr. L 335 v. 17.12.2009, S. 1.
3 Zur Frage der Einbeziehung selbständiger Berufsunfähigkeitsversicherungen in die Ausnahme nach Art. 2 Abs. 2 lit. b VO Nr. 1286/2014 ausf. *Baroch Castelví*, VersR 2017, 129, 130.
4 *Brömmelmeyer*, r+s 2016, 269, 271; *Beyer*, VersR 2016, 293, 295; *Reiff*, r+s 2016, 593, 600; *Baroch Castelví*, VersR 2017, 129, 130 f.; *Bürkle*, VersR 2017, 331, 333.
5 *Baroch Castelví*, VersR 2017, 129, 131; wohl anders *Kohleick/Gerold/Werner/Gierse*, BaFin-Journal 8/2017, 34, 35; zu steuerlich begünstigten Versicherungen s. auch *Reiff*, r+s 2016, 593, 602; *Reiff/Köhne*, VersR 2017, 649, 657.
6 *Poelzig*, ZBB 2015, 108, 109 f.; *Brömmelmeyer*, r+s 2016, 269, 271; *Baroch Castelví*, VersR 2017, 129, 135; *Reiff/Köhne*, VersR 2017, 649, 656 mit Modifikationen für Hybridprodukte; modifizierend *Beyer*, VersR 2016, 293, 294: abhängig von der Art der Ausgestaltung.
7 *Brömmelmeyer*, r+s 2016, 269, 271; *Baroch Castelví*, VersR 2017, 129, 135; *Kohleick/Gerold/Werner/Gierse*, BaFin-Journal 8/2017, 34, 35 f.
8 Erwägungsgründe 6 und 7 VO Nr. 1286/2014: „Lebensversicherungen mit einem Anlageelement"; ähnlich Erwägungsgrund 56 RL 2016/97.
9 Zur Konkretisierung weiterer nicht komplexer Versicherungsanlageprodukte i.S.v. Art. 30 Abs. 3 lit. a Ziff. i RL 2016/97/EU s. Art. 16 Delegierte Verordnung (EU) 2017/2359 der Kommission vom 21. September 2017 zur Ergänzung der Richtlinie (EU) 2016/97 des Europäischen Parlaments und des Rates in Bezug auf die für den Vertrieb von Versicherungsanlageprodukten geltenden Informationspflichten und Wohlverhaltensregeln, ABl. EU Nr. L 341 v. 20.12.2017, S. 8.
10 Zur zusätzlichen Voraussetzung einer verständlichen Struktur EIOPA, Leitlinien gemäß der Versicherungsvertriebsrichtlinie für Versicherungsanlageprodukte, die eine Struktur aufweisen, die es dem Kunden erschwert, die mit der Anlage einhergehenden Risiken zu verstehen, v. 4.10.2017 (EIOPA-17/651): Eine unverständliche Struktur ist nach Leitlinie 3 Nr. 1.16 und Leitlinie 6 Nr. 1.21 nicht anzunehmen, wenn sich Veränderungen des Fälligkeitswerts aus der Auszahlung einer Überschussbeteiligung ergeben.
11 So auch *Beyer*, VersR 2016, 293, 294 f.; *Reiff*, r+s 2016, 593, 601 ff.; *Reiff/Köhne*, VersR 2017, 649, 657; *Bürkle*, VersR 2017, 331, 333 f. mit verfassungsrechtlichen Erwägungen.

6 Des Weiteren ist die Marktüberwachungsaufgabe der EIOPA mit den entsprechenden **Kompetenzen der ESMA und der EBA** abzustimmen. Wegen der lückenschließenden Funktion von Art. 15 ff. VO Nr. 1286/2014 kann eine Kompetenz der EIOPA nur bestehen, soweit die Marktüberwachung nicht schon der ESMA oder der EBA zugewiesen ist[1]. Soweit verpackte Anlageprodukte für Kleinanleger (PRIPs) i.S.v. Art. 4 Nr. 1 VO Nr. 1286/2014 zu Bedenken hinsichtlich des Anleger- oder Funktionsschutzes Anlass geben, besteht gem. Art. 39 Abs. 1 VO Nr. 600/2014 eine Überwachungskompetenz der ESMA, weil und soweit sie zugleich Finanzinstrumente i.S.v. Art. 2 Abs. 1 Nr. 9 VO Nr. 600/2014 i.V.m. Art. 4 Abs. 1 Nr. 15 i.V.m. Anhang I Abschnitt C RL 2014/65/EU sind. Strukturierte Einlagen werden gem. Art. 39 Abs. 2 VO Nr. 600/2014 von der EBA überwacht.

7 **2. Persönlicher Anwendungsbereich. Aufgabenrelevantes Marktgeschehen** sind Marketing, Vertrieb und Verkauf von Versicherungsanlageprodukten in der Union. Der Kreis der **Aufsichtsadressaten** ist Art. 2 Abs. 1 VO Nr. 1286/2014 und ergänzend Art. 1 Abs. 2 VO Nr. 1094/2010 zu entnehmen. Gem. Art. 2 Abs. 1 VO Nr. 1286/2014 gilt die Verordnung für PRIIP-Hersteller und Personen, die über PRIIP beraten oder sie verkaufen. Er ist damit denkbar weit gefasst. Nach der Ratio des Art. 1 Abs. 2 Satz 1 VO Nr. 1094/2010 gilt aber auch für spätere Kompetenzübertragungen, dass die Vorschriften nur insoweit im Zuständigkeitsbereich der EIOPA liegen, als sie sich auf Versicherungs- und Rückversicherungsunternehmen, auf Einrichtungen der betrieblichen Altersversorgung und auf Versicherungsvermittler beziehen. Da amtlich anerkannte betriebliche Altersversorgungssysteme unter der Voraussetzung des Art. 2 Abs. 2 lit. f VO Nr. 1286/2014 aus dem Anwendungsbereich der PRIIP-VO herausfallen[2], steht die Überwachung von **Versicherungsunternehmen** und **Versicherungsvermittlern** im Zentrum.

8 **3. Räumlicher Anwendungsbereich.** In räumlicher Hinsicht erstreckt sich die Aufsichtsaufgabe der EIOPA auf Versicherungsanlageprodukte, die **in der Union** vermarktet, vertrieben oder verkauft werden. Zwar ist der **internationale Geltungsbereich** von Art. 15 VO Nr. 1286/2014 auf das Gebiet der EU bzw. des EWR beschränkt, weshalb Drittstaatsbehörden keinerlei Bindungen an das Produktinterventionsregime unterliegen. Das schließt allerdings nicht aus, dass vom **internationalen Anwendungsbereich** der Vorschrift auch Vorgänge erfasst werden, die aus einem Drittstaat herrühren, sich aber im Gebiet der EU bzw. des EWR auswirken[3]. Zwar machen die für den Anwendungsbereich maßgeblichen Art. 1 und 2 VO Nr. 1286/2014 keine diesbezüglichen Vorgaben. Aus dem Wortlaut von Art. 15 Abs. 1 VO Nr. 1286/2014 folgt jedoch, dass der **Ort der Vermarktung** maßgeblich für die Überwachungsaufgabe ist. Deshalb besteht eine Überwachungszuständigkeit der EIOPA, wenn sich Angebote aus Drittstaaten an potentielle Versicherungsnehmer in der Union richten. Da für **Versicherungsunternehmen aus Drittstaaten** die rechtmäßige Geschäftstätigkeit in der Union mit einem Niederlassungszwang verbunden ist (Art. 162 Abs. 2 lit. b RL 2009/138/EG), umfasst die drittstaatenbezogene Überwachungsaufgabe der EIOPA neben dem pathologischen Fall des Angebots von Versicherungsleistungen durch Versicherungsunternehmen ohne die gebotene Niederlassung vor allem Angebote von **gewerblichen Versicherungsvermittlern aus Drittstaaten**, die etwa über das Internet Versicherungsanlageprodukte vertreiben.

9 **III. Aufgabenbegründung für nationale Aufsichtsbehörden (Art. 15 Abs. 2 VO Nr. 1286/2014). 1. Sachliche Zuständigkeit.** Art. 15 Abs. 2 VO Nr. 1286/2014 begründet die **Marktüberwachungskompetenz der nationalen zuständigen Behörde**. Zwar ernennt § 10 Abs. 1 Satz 1 WpHG ohne nähere Qualifizierungen die BaFin zur zuständigen Behörde für die Überwachung der Ge- und Verbote der PRIIP-VO. Da sich allerdings die wertpapierhandelsrechtliche Aufsicht nicht auf Versicherungsanlageprodukte erstreckt[4] und im übrigen Versicherungsunternehmen im Rahmen ihrer Versicherungstätigkeit auch keine Aufsichtsadressaten nach dem WpHG sind (§ 3 Nr. 4 WpHG; Art. 2 Abs. 1 lit. a RL 2014/65/EU), kommt als **Zuständigkeitszuweisung** nur **§ 295 Abs. 1 Nr. 2 VAG** in Betracht. Danach ist die nach dem VAG zuständige Aufsichtsbehörde für die der Aufsicht nach dem VAG unterliegenden Unternehmen auch die zuständige Behörde i.S.d. PRIIP-VO für die in deren Geltungsbereich einbezogenen Unternehmen. Dies ist vorbehaltlich einer Aufsichtsübertragung gem. § 321 VAG auf Landesbehörden und der nach § 320 Abs. 1 Nr. 3 VAG nur in einem Bundesland tätigen öffentlich-rechtlichen Wettbewerbs-Versicherungsunternehmen die BaFin.

10 **2. Persönlicher Anwendungsbereich.** Eine Marktüberwachungsaufgabe kann die BaFin allerdings auf Grundlage des durch § 1 Abs. 1 VAG eröffneten Geltungsbereichs des Gesetzes **nur in Bezug auf Versicherungsunternehmen** wahrnehmen. Die Versicherungsvermittlung ist zwar insoweit in das Aufsichtsregime einbezogen, als der Versicherungsvertrieb zum Geschäftsbetrieb des Versicherungsunternehmens gehört (§§ 7 Nr. 34a, 15 Abs. 3 VAG), weshalb das Gesetz auch unternehmensgerichtete Anforderungen an den Direktvertrieb und an die Zusammenarbeit mit gewerblichen Versicherungsvermittlern stellt (§§ 48 ff. VAG). **Gewerbliche Ver-**

---

[1] Erwägungsgrund 4 VO Nr. 1286/2014.
[2] Einrichtungen der betrieblichen Altersversorgung i.S.d. RL 2003/41/EG sind in Deutschland Pensionskassen und Pensionsfonds; insb. zur Frage der amtlichen Anerkennung *Baroch Castellví*, VersR 2017, 129, 131 f.
[3] Zur Unterscheidung von Geltungsanspruch und räumlichem Anwendungsbereich einer Norm *Ohler*, Die Kollisionsordnung des Allgemeinen Verwaltungsrechts, 2005, S. 85, 141 ff.
[4] S. nur Begr. RegE Erstes Finanzmarktnovellierungsgesetz, BT-Drucks. 18/7482, 68 betr. die nunmehr in § 10 WpHG (§ 4 Abs. 3l WpHG a.F.) geregelten Befugnisse der BaFin gegenüber PRIIP-Vermarktern und PRIIP-Herstellern.

sicherungsvermittler – Versicherungsvertreter (§ 34d Abs. 1 Satz 2 Nr. 1 GewO), Versicherungsmakler (§ 34d Abs. 1 Satz 2 Nr. 2 GewO) und (unabhängige) Versicherungsberater (§ 34d Abs. 2 GewO) – unterliegen hingegen nicht der Aufsicht der BaFin. Sie sind vielmehr der **Gewerbeaufsicht** in Gestalt einer Marktzugangsaufsicht durch die örtlich zuständige Industrie- und Handelskammer und im Übrigen der Kontrolle durch die Gewerbeaufsichtsbehörden der Länder unterworfen[1]. Weder für die IHKs noch für die Gewerbeaufsichtsämter wurde indes vom Gesetzgeber eine Marktüberwachungskompetenz nach Art. 15 Abs. 2 VO Nr. 1286/2014 begründet. In der Folge besteht eine **Aufsichtslücke** (vgl. Art. 17 VO Nr. 1286/2014 Rz. 13, 21 f., 36).

3. Räumlicher Anwendungsbereich. Räumlich umfasst die Aufgabe der national zuständigen Behörden die Marktüberwachung von Versicherungsanlageprodukten, die **im Mitgliedstaat** oder **vom Mitgliedstaat aus** vermarktet, vertrieben oder verkauft werden. Hiermit wird der **internationale Anwendungsbereich** des Produktinterventionsregimes umschrieben. Da die Überwachungsaufgabe allein an den **innerstaatlichen Ort des Geschäftsvorgangs** anknüpft, umfasst sie nicht nur den inländischen Verkauf und Vertrieb durch deutsche Versicherungsunternehmen und gewerbliche Versicherungsvermittler, sondern auch **Aktivitäten von Unternehmen und Vermittlern aus anderen Mitgliedstaaten der EU und dem EWR**, die in Deutschland Versicherungsanlageprodukte vertreiben. Die Überwachungsaufgabe umfasst **Zweigniederlassungen** von Versicherungsunternehmen aus anderen Mitgliedstaaten und aus EWR-Staaten, die von der Niederlassungsfreiheit Gebrauch machen (Art. 145 f. RL 2009/138/EG; § 61 Abs. 1 und 2 VAG), zudem auch Finanztätigkeiten in Deutschland im Wege des **grenzüberschreitenden Dienstleistungsverkehrs** (Art. 147 f. RL 2009/138/EG; § 61 Abs. 1 und 3 VAG). Dies gilt gleichermaßen für auf Deutschland gerichtete Vertriebsaktivitäten **freier Versicherungsvermittler** aus anderen Mitgliedstaaten oder aus EWR-Staaten, die erlaubnisfrei (§ 34d Abs. 7 Satz 1 Nr. 2 GewO) grenzüberschreitend Dienstleistungen in Deutschland erbringen (Art. 4 RL 2016/97) oder mittels einer Zweigniederlassung bei Vorliegen der Anerkennungsvoraussetzungen (§ 13c GewO i.V.m. § 4a VersVermVO[2]) von der Niederlassungsfreiheit Gebrauch machen (Art. 6 RL 2016/97).

Zudem umfasst die Überwachungsaufgabe der national zuständigen Behörden auch den **Vertrieb von Versicherungsanlageprodukten aus Drittstaaten**, die innerstaatlich angeboten werden. Dies folgt aus dem Wortlaut der Vorschrift, der an den innerstaatlichen Ort der Vermarktung anknüpft. Für die Erstreckung des innerstaatlich geltenden Rechts auf ausländische Sachverhalte (*jurisdiction to prescribe*) findet sich unproblematisch ein völkerrechtlich erforderlicher *genuine link*[3]: Dieser liegt hier einerseits im innerstaatlichen Ort, an dem der Handlungserfolg eintritt (Auswirkungsprinzip als Element des Territorialitätsprinzips), andererseits im völkerrechtlichen Schutzprinzip: Die Erstreckung auf Drittstaatssachverhalte ist sinnvoll und geboten, um ein Unterlaufen des dem Schutz der Anleger und der Finanzmärkte dienenden Produktinterventionsregimes durch Auslagerung von Vertriebsaktivitäten auf Drittstaaten zu unterbinden. Wegen des Niederlassungszwangs für Versicherungsunternehmen aus Drittstaaten (§ 68 Abs. 1 VAG) und der Erlaubnispflicht für Versicherungsvermittlungen aus Drittstaaten entfaltet die internationale Zuständigkeit vor allem Bedeutung für die Tätigkeit von **Versicherungsunternehmen oder Versicherungsvermittlern**, die ohne die erforderliche Erlaubnis grenzüberschreitend vornehmlich über das Internet Versicherungsanlageprodukte anbieten.

Schließlich erstreckt sich die Überwachungsaufgabe nach dem Wortlaut des Art. 15 Abs. 2 VO Nr. 1286/2014 auch auf Marktaktivitäten von Versicherungsunternehmen und Versicherungsvermittlern, die von Deutschland ausgehen, sich aber ggf. **in einem anderen Staat auswirken**. Dies korrespondiert im unionalen Kontext mit dem Prinzip der Herkunftslandkontrolle, wie sie sowohl für Versicherungsunternehmen (Art. 155 RL 2009/138/EG; §§ 57 ff., 294 Abs. 6 VAG) als auch für gewerbliche Versicherungsvermittler (Art. 5, 7 und 8 RL 2016/97/EU; § 34d Abs. 7 Satz 1 Nr. 2 GewO) im Grundsatz anerkannt ist[4]. Wegen der hierin angelegten **Kompetenzüberschneidung** mit den spiegelbildlichen Aufsichtsaufgaben der Behörden anderer Mitgliedstaaten oder EWR-Staaten bedarf es bei der Aufgabenwahrnehmung koordinierender Mechanismen (vgl. Art. 17 VO Nr. 1286/2014 Rz. 27). In Bezug auf Auswirkungen in **Drittstaaten** entsteht darüber hinaus das Problem, dass die Unternehmen unter Umständen kollidierenden rechtlichen Anforderungen nach dem Sachrecht des Drittstaates unterliegen.

---

1 Krit. zum faktischen Ausfall einer begleitenden Marktverhaltensaufsicht *Beenken*, ZfV 2015, 747, 750; *Reiff*, VersR 2015, 649, 655; s. auch *Rüll*, VuR 2017, 128, der eine Aufsichtszuständigkeit der BaFin jedenfalls für die Vermittlung von Versicherungsanlageprodukten anregt; laut Koalitionsvertrag 2018 v. 14.3.2018, S. 135 soll zur Herstellung einer einheitlichen und qualitativ hochwertigen Finanzaufsicht zwar die Aufsicht über die freien Finanzanlagevermittler schrittweise auf die BaFin übertragen werden, die Aufsicht über die Versicherungsvermittlung soll aber offenbar bei den IHKs und den Gewerbeaufsichtsämtern verbleiben.
2 Versicherungsvermittlungsverordnung vom 15.5.2007, BGBl. I 2007, 733, zuletzt geändert durch Art. 98 des Gesetzes vom 29.3.2017, BGBl. I 2017, 626.
3 Dazu BVerwG v. 17.12.1986 – 7 C 29/85, BVerwGE 75, 285, 288 f.; s.a. *Ohler*, Die Kollisionsordnung des Allgemeinen Verwaltungsrechts, 2005, S. 110 f., 327 ff.
4 Zu Durchbrechungen des Prinzips betr. die laufende Überwachung in Notfällen s. EuGH v. 27.4.2017 – C-559/15, ECLI:EU:C:2017:316 – Onix, EuZW 2017, 606 Rz. 36 ff.

Art. 16 [Produktinterventionsbefugnis der EIOPA]

(1) Gemäß Artikel 9 Absatz 5 der Verordnung (EU) Nr. 1094/2010 kann die EIOPA, wenn die Bedingungen nach den Absätzen 2 und 3 dieses Artikels erfüllt sind, in der Union vorübergehend Folgendes verbieten oder beschränken:

a) die Vermarktung, den Vertrieb oder den Verkauf von bestimmten Versicherungsanlageprodukten oder Versicherungsanlageprodukten mit bestimmten Merkmalen oder

b) eine Art der Finanztätigkeit oder -praxis eines Versicherungsunternehmens oder Rückversicherungsunternehmens.

Ein Verbot oder eine Beschränkung kann in Fällen oder vorbehaltlich von Ausnahmen zur Anwendung kommen, die von der EIOPA festgelegt werden.

(2) Die EIOPA fasst einen Beschluss gemäß Absatz 1 nur, wenn alle der folgenden Bedingungen erfüllt sind:

a) Mit der vorgeschlagenen Maßnahme wird erheblichen Bedenken hinsichtlich des Anlegerschutzes oder einer Gefahr für das ordnungsgemäße Funktionieren und die Integrität der Finanzmärkte oder für die Stabilität des Finanzsystems in der Union als Ganzes oder von Teilen dieses Finanzsystems begegnet;

b) die Regulierungsanforderungen nach dem Unionsrecht, die auf das jeweilige Versicherungsanlageprodukt oder die entsprechende Tätigkeit anwendbar sind, werden der Gefahr nicht gerecht;

c) eine oder mehrere zuständige Behörden haben keine Maßnahmen ergriffen, um der Bedrohung zu begegnen, oder die ergriffenen Maßnahmen werden der Gefahr nicht ausreichend gerecht.

Wenn die Voraussetzungen nach Unterabsatz 1 erfüllt sind, kann die EIOPA das Verbot oder die Beschränkung nach Absatz 1 vorsorglich aussprechen, bevor ein Versicherungsanlageprodukt vermarktet oder an Anleger verkauft wird.

(3) Bei der Ergreifung von Maßnahmen im Sinne dieses Artikels sorgt die EIOPA dafür, dass die Maßnahme

a) keine negative Auswirkung auf die Effizienz der Finanzmärkte oder auf die Anleger hat, die in keinem Verhältnis zu den Vorteilen der Maßnahme steht, und

b) kein Risiko einer Aufsichtsarbitrage schafft.

Haben eine oder mehrere zuständige Behörden eine Maßnahme nach Artikel 17 ergriffen, so kann die EIOPA die in Absatz 1 dieses Artikels genannten Maßnahmen ergreifen, ohne die in Artikel 18 vorgesehene Stellungnahme abzugeben.

(4) Bevor die EIOPA beschließt, Maßnahmen im Sinne dieses Artikels zu ergreifen, unterrichtet sie die zuständigen Behörden über ihr vorgeschlagenes Vorgehen.

(5) Die EIOPA veröffentlicht auf ihrer Website jeden Beschluss, im Sinne dieses Artikels Maßnahmen zu ergreifen. In der Mitteilung werden die Einzelheiten des Verbots oder der Beschränkung dargelegt und ein Zeitpunkt nach der Veröffentlichung der Mitteilung angegeben, ab dem die Maßnahmen wirksam werden. Ein Verbot oder eine Beschränkung gelten erst dann, wenn die Maßnahmen wirksam geworden sind.

(6) Die EIOPA überprüft ein Verbot oder eine Beschränkung gemäß Absatz 1 in geeigneten Abständen, mindestens aber alle drei Monate. Wird das Verbot oder die Beschränkung nach Ablauf dieser dreimonatigen Frist nicht verlängert, so tritt dieses Verbot oder diese Beschränkung automatisch außer Kraft.

(7) Eine gemäß diesem Artikel beschlossene Maßnahme der EIOPA erhält Vorrang vor allen etwaigen früheren Maßnahmen einer zuständigen Behörde.

(8) Die Kommission erlässt delegierte Rechtsakte gemäß Artikel 30, in denen die Kriterien und Faktoren festgelegt werden, die von der EIOPA bei der Bestimmung der Tatsache zu berücksichtigen sind, wann erhebliche Bedenken hinsichtlich des Anlegerschutzes gegeben sind oder eine Gefahr für das ordnungsgemäße Funktionieren und die Integrität der Finanzmärkte oder für die Stabilität des Finanzsystems in der Union als Ganzes oder von Teilen dieses Finanzsystems im Sinne von Absatz 2 Unterabs. 1 Buchstabe a droht.

Diese Kriterien und Faktoren schließen unter anderem Folgendes ein:

a) den Grad der Komplexität eines Versicherungsanlageprodukts und den Bezug zu der Art von Anlegern, an die es vermarktet und verkauft wird,

b) das Volumen oder den Nominalwert der Versicherungsanlageprodukte,

c) den Innovationsgrad des Versicherungsanlageprodukts, einer entsprechenden Tätigkeit oder Praxis und

d) den Leverage-Effekt eines Produkts oder einer Praxis.

In der Fassung vom 26.11.2014 (ABl. EU Nr. L 352 v. 9.12.2014, S. 1).

Delegierte Verordnung (EU) 2016/1904 der Kommission vom 14. Juli 2016
zur Ergänzung der Verordnung (EU) Nr. 1286/2014 des Europäischen Parlaments und des Rates im Hinblick auf die Produktintervention

(Auszug)

Art. 1 Kriterien und Faktoren in Bezug auf die Befugnisse der EIOPA zur vorübergehenden Produktintervention

(Artikel 16 Absatz 2 der Verordnung (EU) Nr. 1286/2014)

(1) Für die Zwecke von Artikel 16 Abs. 2 der Verordnung (EU) Nr. 1286/2014 bewertet die EIOPA die Relevanz aller in Absatz 2 aufgeführter Faktoren und Kriterien und berücksichtigt alle relevanten Faktoren und Kriterien, um zu bestimmen, ob die Vermarktung, der Vertrieb oder der Verkauf von bestimmten Versicherungsanlageprodukten oder eine Art der Finanztätigkeit oder -praxis erhebliche Bedenken hinsichtlich des Anlegerschutzes oder eine Gefahr für das ordnungsgemäße Funktionieren und die Integrität der Finanzmärkte oder für die Stabilität des Finanzsystems in der Union als Ganzes oder von Teilen dieses Finanzsystems verursacht.

Für die Zwecke von Unterabsatz 1 kann die EIOPA das Vorliegen erheblicher Bedenken hinsichtlich des Anlegerschutzes oder einer Gefahr für das ordnungsgemäße Funktionieren und die Integrität der Finanzmärkte oder für die Stabilität des gesamten Finanzsystems in der Union oder eines Teils davon auf der Grundlage eines oder mehrerer dieser Faktoren oder Kriterien bestimmen.

(2) Folgende Faktoren und Kriterien werden von der EIOPA bewertet, um zu bestimmen, ob erhebliche Bedenken hinsichtlich des Anlegerschutzes oder eine Gefahr für das ordnungsgemäße Funktionieren und die Integrität der Finanzmärkte oder für die Stabilität des gesamten Finanzsystems der Union oder eines Teils davon vorliegen:

a) Grad der Komplexität eines Versicherungsanlageprodukts oder einer Art von Finanztätigkeit oder -praxis eines Versicherungs- oder Rückversicherungsunternehmens, wobei insbesondere Folgendes berücksichtigt wird:
   - die Art der zugrunde liegenden Vermögenswerte und der Grad der Transparenz in Bezug auf die zugrunde liegenden Vermögenswerte;
   - der Grad der Transparenz bei den Kosten und Gebühren, die mit dem Versicherungsanlageprodukt, der Finanztätigkeit oder der Finanzpraxis verbunden sind, und insbesondere der Mangel an Transparenz, der aus mehreren Kosten- und Gebührenebenen resultiert;
   - die Komplexität der Performance-Berechnung, wobei insbesondere berücksichtigt wird, ob die Rendite von der Performance eines oder mehrerer zugrunde liegender Vermögenswerte abhängt, die wiederum von anderen Faktoren beeinflusst werden;
   - die Art und Größenordnung etwaiger Risiken;
   - ob das Versicherungsanlageprodukt oder die Versicherungsanlagedienstleistung mit anderen Produkten oder Dienstleistungen gebündelt ist; oder
   - die Komplexität etwaiger Geschäftsbedingungen;

b) Ausmaß möglicher negativer Auswirkungen, wobei insbesondere Folgendes berücksichtigt wird:
   - der Nominalwert des Versicherungsanlageprodukts;
   - die Zahl der beteiligten Kunden, Anleger oder Marktteilnehmer;
   - der relative Anteil des Produkts an den Portfolios der Anleger;
   - die Wahrscheinlichkeit, Größenordnung und Art negativer Auswirkungen, einschließlich der Höhe des möglichen Verlusts;
   - die zu erwartende Dauer der negativen Auswirkungen;
   - das Volumen der Prämie;
   - die Zahl der involvierten Vermittler;
   - das Wachstum des Marktes oder der Verkaufszahlen;
   - der durchschnittliche Betrag, den jeder Anleger in das Versicherungsanlageprodukt investiert hat;
   - die Höhe des gesetzlichen Schutzes durch nationale Versicherungsgarantiesysteme, sofern vorhanden; oder
   - der Wert der versicherungstechnischen Rückstellungen für Versicherungsanlageprodukte.

c) Art der an einer Finanztätigkeit oder einer Finanzpraxis beteiligten Anleger oder Art der Anleger, an die ein Versicherungsanlageprodukt vermarktet oder verkauft wird, wobei insbesondere Folgendes berücksichtigt wird:
   - ob es sich bei dem Anleger um einen Kleinanleger, einen professionellen Kunden oder eine geeignete Gegenpartei im Sinne der Richtlinie 2014/65/EU des Europäischen Parlaments und des Rates handelt;
   - die charakteristischen Merkmale für die Qualifikation und Befähigung der Anleger, einschließlich des Bildungsstands und der Erfahrung mit ähnlichen Versicherungsanlageprodukten oder Verkaufspraktiken;
   - die charakteristischen Merkmale für die wirtschaftliche Lage der Anleger, einschließlich deren Einkommen und Vermögen;
   - die wichtigsten finanziellen Ziele der Anleger, darunter insbesondere Altersvorsorge und Risikoabsicherungsbedarf;
   - ob das Produkt oder die Dienstleistung an Anleger außerhalb des vorgesehenen Zielmarkts verkauft wird oder ob der Zielmarkt nicht adäquat ermittelt wurde; oder
   - der Anspruch auf Schutz durch ein Versicherungsgarantiesystem, sofern nationale Versicherungsgarantiesysteme vorhanden sind;

d) Grad der Transparenz des Versicherungsanlageprodukts oder der Art der Finanztätigkeit oder -praxis, wobei insbesondere Folgendes berücksichtigt wird:
   - die Art und Transparenz der zugrunde liegenden Vermögenswerte;
   - etwaige versteckte Kosten und Gebühren;
   - der Einsatz von Techniken, die die Aufmerksamkeit der Anleger wecken, jedoch nicht unbedingt die Eignung oder die Gesamtqualität des Versicherungsanlageprodukts, der Finanztätigkeit oder der Finanzpraxis widerspiegeln;
   - die Art und Transparenz von Risiken;
   - die Verwendung von Produktnamen oder Terminologie oder anderen Informationen, die mehr Sicherheit oder Rendite implizieren als tatsächlich möglich oder wahrscheinlich oder die nicht vorhandene Produktmerkmale implizieren; oder
   - ob die über ein Versicherungsanlageprodukt zur Verfügung gestellten Informationen nicht ausreichend oder nicht ausreichend zuverlässig waren, um die Marktteilnehmer, an die sich diese Informationen richteten, in die Lage zu versetzen, sich unter Berücksichtigung von Art und Beschaffenheit der Versicherungsanlageprodukte ein fundiertes Urteil zu bilden;
e) besondere Merkmale oder zugrunde liegende Vermögenswerte des Versicherungsanlageprodukts, der Finanztätigkeit oder Finanzpraxis, einschließlich eines eingebetteten Leverage-Effekts, wobei insbesondere Folgendes berücksichtigt wird:
   - der produktinhärente Leverage-Effekt;
   - der finanzierungsbezogene Leverage-Effekt;
   - die Merkmale von Wertpapierfinanzierungsgeschäften;
f) Existenz einer und Grad der Diskrepanz zwischen der erwarteten Rendite oder dem erwarteten Gewinn für die Anleger und dem Verlustrisiko, das dem Versicherungsanlageprodukt, der Finanztätigkeit oder der Finanzpraxis innewohnt, wobei insbesondere Folgendes berücksichtigt wird:
   - die Strukturierungskosten eines solchen Versicherungsanlageprodukts, einer solchen Finanztätigkeit oder einer solchen Finanzpraxis sowie die sonstigen Kosten;
   - die Diskrepanz zu dem vom Emittenten zurückbehaltenen Emittentenrisiko; oder
   - das Rendite-Risiko-Profil;
g) Leichtigkeit und Kosten, mit denen die Anleger das betreffende Versicherungsanlageprodukt verkaufen oder in ein anderes Versicherungsanlageprodukt wechseln können, wobei insbesondere Folgendes berücksichtigt wird:
   - die Hindernisse für einen Wechsel der Anlagestrategie in Bezug auf einen Versicherungsvertrag;
   - die Tatsache, dass ein vorzeitiger Ausstieg vertraglich unzulässig ist oder faktisch unmöglich gemacht wird; oder
   - alle sonstigen Ausstiegshindernisse;
h) Bepreisung und verbundene Kosten des Versicherungsanlageprodukts, der Finanztätigkeit oder der Finanzpraxis, wobei insbesondere Folgendes berücksichtigt wird:
   - der Einsatz versteckter oder sekundärer Gebühren; oder
   - Gebühren, die das Niveau der Vertriebsdienstleistung, die von den Versicherungsvermittlern erbracht wird, nicht widerspiegeln;
i) Innovationsgrad eines Versicherungsanlageprodukts, einer Finanztätigkeit oder einer Finanzpraxis, wobei insbesondere Folgendes berücksichtigt wird:
   - der Innovationsgrad im Hinblick auf die Struktur des Versicherungsanlageprodukts, der Finanztätigkeit oder der Finanzpraxis, einschließlich Einbettung und Auslösemechanismen;
   - der Innovationsgrad im Hinblick auf das Vertriebsmodell oder die Länge der Vermittlungskette;
   - das Ausmaß der Innovationsdiffusion, darunter auch, ob das Versicherungsanlageprodukt, die Finanztätigkeit oder die Finanzpraxis für bestimmte Anlegerkategorien innovativ ist;
   - Innovation, die einen Leverage-Effekt beinhaltet;
   - mangelnde Transparenz der zugrunde liegenden Vermögenswerte; oder
   - die bisherigen Erfahrungen des Marktes mit ähnlichen Versicherungsanlageprodukten oder mit Vertriebspraktiken für Versicherungsanlageprodukte;
j) Verkaufspraktiken in Verbindung mit dem Versicherungsanlageprodukt, wobei insbesondere Folgendes berücksichtigt wird:
   - die verwendeten Kommunikations- und Vertriebskanäle;
   - das Informations-, Marketing- oder sonstige Werbematerial in Verbindung mit der Anlage; oder
   - ob die Kaufentscheidung zweit- oder drittrangig einem früheren Kauf folgt;
k) finanzielle und geschäftliche Lage des Emittenten eines Versicherungsanlageprodukts, wobei insbesondere Folgendes berücksichtigt wird:
   - die finanzielle Lage des Emittenten; oder
   - die Eignung von Rückversicherungsregelungen in Bezug auf die Versicherungsanlageprodukte;
l) ob die zugrunde liegenden Vermögenswerte des Versicherungsanlageprodukts oder der Finanztätigkeit oder der Finanzpraxis ein hohes Risiko für die Performance der Geschäfte darstellen, die die Teilnehmer oder Anleger am relevanten Markt eingehen;

m) ob ein Versicherungsanlageprodukt aufgrund seiner Merkmale besonders anfällig dafür ist, für Zwecke der Finanzkriminalität genutzt zu werden, und insbesondere, ob diese Merkmale die Verwendung des Versicherungsanlageprodukts für folgende Zwecke begünstigen könnten:
   – Betrug oder Unredlichkeit aller Art;
   – Fehlverhalten auf einem Finanzmarkt oder missbräuchliche Verwendung von Informationen in Bezug auf einen Finanzmarkt;
   – Verwertung von Erträgen aus Straftaten;
   – Finanzierung von Terrorismus; oder
   – Erleichterung der Geldwäsche;

n) ob die Finanztätigkeit oder die Finanzpraxis ein besonders hohes Risiko für die Widerstandsfähigkeit oder die reibungslose Funktionsweise von Märkten darstellt;

o) ob ein Versicherungsanlageprodukt, eine Finanztätigkeit oder eine Finanzpraxis zu einer erheblichen und künstlichen Diskrepanz zwischen den Preisen eines Derivats und den Preisen am zugrunde liegenden Markt führen könnte;

p) ob ein Versicherungsanlageprodukt, eine Finanztätigkeit oder eine Finanzpraxis ein hohes Risiko für die Infrastruktur des Marktes oder der Zahlungssysteme, einschließlich der Handels-, Clearing- und Abwicklungssysteme, darstellt;

q) ob ein Versicherungsanlageprodukt, eine Finanztätigkeit oder eine Finanzpraxis das Vertrauen der Anleger in das Finanzsystem gefährden könnte; oder

r) ob das Versicherungsanlageprodukt, die Finanzpraxis oder die Finanztätigkeit ein hohes Verwerfungsrisiko für Finanzinstitute mit sich bringt, die für das Finanzsystem der Union als bedeutsam angesehen werden.

In der Fassung vom 14.7.2016 (ABl. EU Nr. L 295 v. 29.10.2016, S. 11).

Schrifttum: S. Art. 15 VO Nr. 1286/2014; zusätzlich *Michel*, Institutionelles Gleichgewicht und EU-Agenturen, 2015.

I. Gegenstand und Zweck der Regelung 1
II. Systematischer Zusammenhang 6
III. Anwendungsbereich (Art. 16 Abs. 1 Unterabs. 1 VO Nr. 1286/2014) 7
IV. Voraussetzungen einer Intervention 10
   1. Materielle Voraussetzungen (Art. 16 Abs. 2 und 3 VO Nr. 1286/2014) 11
      a) Beeinträchtigung von Aufsichtszielen (Art. 16 Abs. 2 Unterabs. 1 lit. a VO Nr. 1286/2014) . 12
      b) Kein Vorrang anderer regulatorischer Anforderungen (Art. 16 Abs. 2 Unterabs. 1 lit. b VO Nr. 1286/2014) 21
      c) Kein Vorrang mitgliedstaatlicher Maßnahmen (Art. 16 Abs. 2 Unterabs. 1 lit. c VO Nr. 1286/2014) 24
      d) Weitere Gesichtspunkte (Art. 16 Abs. 3 Unterabs. 1 lit. a und b VO Nr. 1286/2014) . 25
   2. Verfahrensrechtliche Voraussetzungen (Art. 16 Abs. 4 VO Nr. 1286/2014) 27
   3. Ermessen 28
V. Erlass delegierter Rechtsakte (Art. 16 Abs. 8 VO Nr. 1286/2014) 29
VI. Durchsetzung und Rechtsschutz 32

I. Gegenstand und Zweck der Regelung. Nach Art. 9 Abs. 5 Unterabs. 1 VO Nr. 1094/2010 (EIOPA-VO)[1] kann die EIOPA in den Fällen und unter den Bedingungen, die in unionalen Rechtsakten festgelegt sind, bestimmte Finanztätigkeiten vorübergehend verbieten oder beschränken. Die Vorschrift gewährt folglich ebenso wenig wie ihre Pendants in der ESMA-VO und der EBA-VO keine Eingriffsbefugnis, sondern stellt diese unter einen Rechtssatzvorbehalt[2]. Art. 16 VO Nr. 1286/2014 (PRIIP-VO) schafft die **nach Art. 9 Abs. 5 VO Nr. 1094/2010 erforderliche sekundärrechtliche Grundlage** für vorläufige Interventionsbefugnisse der EIOPA betreffend Versicherungsanlageprodukte i.S.v. Art. 4 Nr. 2 VO Nr. 1286/2014. 1

Art. 16 Abs. 1 VO Nr. 1286/2014 bildet die zentrale **Ermächtigungsgrundlage** für Verbote und Beschränkungen durch die EIOPA und umschreibt zugleich deren sachlichen Anwendungsbereich (Rz. 7 ff.). Art. 16 Abs. 2 und 3 VO Nr. 1286/2014 normieren die **materiellen und verfahrensrechtlichen Voraussetzungen** (Rz. 11 ff.). Art. 16 Abs. 4 VO Nr. 1286/2014 verpflichtet die EIOPA zu einem **grenzüberschreitenden Informationsverfahren** im Vorfeld einer Interventionsmaßnahme (Rz. 27). Art. 16 Abs. 5 VO Nr. 1286/2014 gebietet die **öffentliche Bekanntgabe** von Verboten und Beschränkungen. Art. 16 Abs. 6 VO Nr. 1286/2014 legt in Übereinstimmung mit Art. 9 Abs. 5 VO Nr. 1094/2010 fest, dass Interventionsmaßnahmen auf **drei Monate zu befristen** sind. Beschlossene Maßnahmen können sodann gem. Art. 16 Abs. 7 VO Nr. 1286/2014 Vorrang vor zuvor erlassenen mitgliedstaatlichen Maßnahmen. Art. 16 Abs. 8 VO Nr. 1286/2014 schließlich ermächtigt die Kommission zum **Erlass von delegierten Rechtsakten** i.S.v. Art. 290 AEUV, die die **Interventionsvoraussetzung in Art. 16 Abs. 2 Unterabs. 1 lit. a VO Nr. 1286/2014 konkretisieren** (Rz. 29 ff.). 2

---

[1] Verordnung (EU) Nr. 1094/2010 des Europäischen Parlaments und des Rates vom 24. November 2010 zur Errichtung einer Europäischen Aufsichtsbehörde (Europäische Aufsichtsbehörde für das Versicherungswesen und die betriebliche Altersversorgung), zur Änderung des Beschlusses Nr. 716/2009/EG und zur Aufhebung des Beschlusses 2009/79/EG der Kommission, ABl. EU Nr. L 331 v. 15.12.2010, S. 48.

[2] *Sasserath-Alberti/Hartig*, VersR 2012, 524, 534; *Michel*, Institutionelles Gleichgewicht und EU-Agenturen, S. 257.

3   Art. 16 VO Nr. 1286/2014 **überschreitet** nach seinem Wortlaut **die Verweisungsnorm des Art. 9 Abs. 5 VO Nr. 1094/2010**. Nach dieser Vorschrift kann eine Befugnis zur vorläufigen Intervention nur mit Blick auf „bestimmte Finanztätigkeiten" eingeräumt werden, während Art. 16 Abs. 1 Unterabs. 1 lit. b VO Nr. 1286/2014 zusätzlich eine „bestimmte Finanzpraxis" der Versicherungsunternehmen als Interventionsgegenstand benennt. Vor allem aber beschränkt Art. 9 Abs. 5 VO Nr. 1094/2010 den Zielkanon von Interventionen auf Gefährdungen des Funktionierens oder der Integrität der Finanzmärkte und Beeinträchtigungen der Finanzstabilität. Art. 16 Abs. 2 Unterabs. 1 lit. a VO Nr. 1286/2014 gestattet hingegen eine Intervention auch bei erheblichen Bedenken hinsichtlich des Anlegerschutzes. Da Art. 16 VO Nr. 1286/2014 den gleichen normativen Rang wie Art. 9 Abs. 5 VO Nr. 1094/2010 einnimmt, wird der **Entscheidungsbereich der EIOPA** bereichsspezifisch **ausgedehnt**[1].

4   Nach der Vorstellung des europäischen Gesetzgebers soll die EIOPA nur „in Ausnahmefällen" zu eingreifenden Maßnahmen in Bezug auf Versicherungsanlageprodukte berechtigt sein[2]. Dahinter steht der erstmals in der Meroni-Entscheidung des Gerichtshofs[3] ausgeprägte **Grundsatz des institutionellen Gleichgewichts**, der die Übertragung von Entscheidungsbefugnissen mit weiten Ermessensspielräumen an außerhalb des Vertrags stehende Einrichtungen verbietet[4]. Die EIOPA als Geschöpf des Sekundärrechts ist deshalb bei der Ausübung von Entscheidungsbefugnissen auf „Tatsachenbeurteilungen technischer Art" zu beschränken[5]. Die Ausgestaltung der materiellen und prozeduralen Voraussetzungen spricht dafür, dass Art. 16 VO Nr. 1286/2014 mit diesen **primärrechtlichen Vorgaben noch vereinbar** ist[6] (vgl. Art. 40 VO Nr. 600/2014 Rz. 4).

5   Art. 15–18 VO Nr. 1286/2014 gehen auf einen Vorschlag des Parlaments zurück[7], der im Trilogverfahren von Kommission, Rat und Parlament in modifizierter Form beschlossen wurde[8]. Durch die Vorschriften sollen **Lücken des Produktinterventionsregimes** nach Art. 39 ff. VO Nr. 600/2014 (MiFIR)[9] **geschlossen werden**[10]. Dahinter steht die Vorstellung, dass der Vertrieb von Versicherungsprodukten, die den Anlegern Investitionsmöglichkeiten bieten, in gleicher Weise wie die Vermarktung von Finanzinstrumenten i.S.v. Art. 2 Abs. 1 Nr. 9 VO Nr. 600/2014 i.V.m. Art. 4 Abs. 1 Nr. 15 i.V.m. Anhang I Abschnitt C RL 2014/65/EU (MiFID II)[11] zu Bedenken hinsichtlich des Anleger- oder des Funktionsschutzes Anlass geben könnte.

6   **II. Systematischer Zusammenhang.** Art. 16 VO Nr. 1286/2014 steht als bereichsspezifische Ermächtigung i.S.v. Art. 9 Abs. 5 VO Nr. 1094/2010 im Kontext der den drei Aufsichtsagenturen übertragenen Aufgaben im Bereich des finanziellen Verbraucherschutzes gem. Art. 9 Abs. 1 VO Nr. 1093/2010, Art. 9 Abs. 1 VO Nr. 1094/2010, Art. 9 VO Nr. 1095/2010. Ohne spezielle Ermächtigungsgrundlage ist die EIOPA im Rahmen ihrer Überwachung von Finanztätigkeiten nach Art. 9 Abs. 2 VO Nr. 1094/2010 zur Herausgabe von **Empfehlungen** und **Leitlinien** befugt, die gem. Art. 16 Abs. 3 VO Nr. 1094/2010 gegenüber den nationalen Aufsichtsbehörden durch den sog. comply or explain-Mechanismus faktische Verbindlichkeit erhalten[12]. Art. 9 Abs. 3 VO Nr. 1094/2010 ermächtigt die Agentur zudem zum Erlass von **Warnungen**, wenn eine Finanztätigkeit eine ernsthafte Bedrohung für die in Art. 1 Abs. 6 VO Nr. 1094/2010 festgelegten Ziele darstellt. Zwar hat die EIOPA ihr diesbezügliches Vorgehen frühzeitig durch Verfahrensvorgaben gebunden[13], bislang aber – anders als die ESMA und die EBA (Art. 40 VO Nr. 600/2014 Rz. 5) – kaum von dieser Befugnis Gebrauch gemacht[14]. Die nur schwache normative Vorzeichnung der Warnungsbefugnis in Art. 9 Abs. 3 VO Nr. 1094/2010 könnte zudem auch nur allgemeine Warnungen vor bestimmten Tätigkeiten legitimieren. In Ansehung der Berufs- und Unternehmensfreiheit (Art. 15 und 16 GRCh) liefert sie keine Grundlage für Warnungen vor Aktivitäten oder Versicherungsanlageprodukten namentlich benannter Personen oder Unternehmen[15]. Art. 16 Abs. 2 Unterabs. 1 lit. b VO Nr. 1286/

---

1   Eine erweiternde Auslegung des gleichlautenden Art. 9 Abs. 5 VO Nr. 1095/2010 erwägend *Cahn/Müchler*, BKR 2013, 45, 48.
2   Erwägungsgrund 25 VO Nr. 1286/2014.
3   EuGH v. 13.6.1958 – 9/56, ECLI:EU:C:1958:7 – Meroni, Slg. 1958, 9, 43 f., 47.
4   Ausführlich *Michel*, Institutionelles Gleichgewicht und EU-Agenturen, S. 70 ff., 124 ff.
5   So für die ESMA: EuGH v. 22.1.2014 – C-270/12, ECLI:EU:C:2014:18 – Leerverkaufsverbot, AG 2014, 199 Rz. 52.
6   Krit. hinsichtlich des ähnlich strukturierten Art. 28 VO Nr. 236/2012 *Skowron*, EuZW 2014, 349; Bedenken auch bei *Ohler*, JZ 2014, 249 f.
7   Stellungnahme des Europäischen Parlaments in 1. Lesung v. 20.11.2013, Dokument P7_TA (2013) 0489.
8   Trilogverhandlungen v. 2.4.2014, Dokument 8356/1/14 des Rates v. 3.4.2014.
9   Verordnung (EU) Nr. 600/2014 des Europäischen Parlaments und des Rates vom 15. Mai 2014 über Märkte für Finanzinstrumente und zur Änderung der Verordnung (EU) Nr. 648/2012, ABl. EU Nr. L 173 v. 12.6.2014, S. 84.
10 Erwägungsgrund 25 VO Nr. 1286/2014.
11 Richtlinie 2014/65/EU des Europäischen Parlaments und des Rates vom 15. Mai 2014 über Märkte für Finanzinstrumente sowie zur Änderung der Richtlinien 2002/92/EG und 2011/61/EU, ABl. EU Nr. L 173 v. 12.6.2014, S. 349.
12 Dazu *Gurlit*, ZHR 177 (2013), 862, 875 f.; *Michel*, Institutionelles Gleichgewicht und EU-Agenturen, S. 239 ff.; *Sasserath-Alberti/Hartig*, VersR 2012, 524, 530.
13 EIOPA, Procedures for issuing warnings, temporary prohibitions and restrictions v. 12.11.2012.
14 Bis auf eine gemeinsame Warnung mit ESMA und EBA vor virtuellen Währungen v. 12.2.2018.
15 *Michel*, Institutionelles Gleichgewicht und EU-Agenturen, S. 259; *Gurlit*, ZHR 177 (2013), 862, 890; s. auch *Sasserath-Alberti/Hartig*, VersR 2012, 524, 534 f.; anders offenbar die Sichtweise der Behörde, s. EIOPA, Procedures for issuing warnings, temporary prohibitions and restrictions v. 12.11.2012, Art. 4, die aber für den Fall einer namentlich adressierten Warnung unter Verweis auf Art. 39 VO Nr. 1094/2010 eine Anhörung und eine Begründung vorsieht.

2014 erhebt den Vorrang anderer auf Versicherungsanlageprodukte anwendbarer Vorschriften zur negativen Tatbestandsvoraussetzung, weshalb der systematische Zusammenhang mit weiteren Vorschrift dort erörtert wird (Rz. 21 ff.).

III. Anwendungsbereich (Art. 16 Abs. 1 Unterabs. 1 VO Nr. 1286/2014). Art. 16 Abs. 1 VO Nr. 1286/2014 benennt die Objekte einer Intervention und legt damit zugleich den **sachlichen Anwendungsbereich** der Interventionsbefugnis fest. Gem. Art. 16 Abs. 1 lit. a VO Nr. 1286/2014 kann die EIOPA in der Union die Vermarktung, den Vertrieb oder den Verkauf von bestimmten **Versicherungsanlageprodukten** oder von Versicherungsanlageprodukten mit bestimmten Merkmalen verbieten oder beschränken. Gegenständlich werden damit **Produkte i.S.v. Art. 4 Nr. 2 VO Nr. 1286/2014** erfasst, d.h. Versicherungsprodukte, die einen Fälligkeitswert oder einen Rückkaufwert bieten, der vollständig oder teilweise direkt oder indirekt Marktschwankungen ausgesetzt ist. Teleologische Gründe sprechen dafür, hierunter nur Lebensversicherungen mit einem echten Anlageelement zu verstehen – fonds- und indexgebundene Lebensversicherungen und sog. Hybridversicherungen –, nicht hingegen konventionelle Lebensversicherungen, die nur hinsichtlich der Überschussbeteiligung Schwankungen aufweisen (vgl. Art. 15 VO Nr. 1286/2014 Rz. 3 ff.). **Bestimmte Versicherungsanlageprodukte** sind individualisierbare Produkte. Dies ist etwa der Fall hinsichtlich der Festlegung der Investmentfonds, die Bestandteil einer fondsgebundenen Lebensversicherung sind. **Versicherungsanlageprodukte mit bestimmten Merkmalen** werden hingegen anbieterübergreifend durch gemeinsame Merkmale konkretisiert. Dies könnte etwa die Ausgestaltung der Fondsbindung betreffen. 7

Verkauf, Vertrieb und Vermarktung ist jede Tätigkeit mit absatzförderndem Charakter, ungeachtet der Frage, ob der Absatz beratungsgetrieben ist oder im beratungsfreien Geschäft erfolgt[1]. Da Marketing, Vertrieb und Verkauf von Versicherungsanlageprodukten begrifflich Finanztätigkeiten sind, kann den von **Art. 16 Abs. 1 Unterabs. 1 lit. b VO Nr. 1286/2014** genannten gesonderten Interventionsgegenständen **Finanztätigkeit** und **Finanzpraxis** nur insoweit ein eigenständiger Anwendungsbereich zukommen, als Verhaltensweisen von Versicherungsunternehmen in Frage stehen, die sich nicht als Marketing oder Vertrieb von Versicherungsanlageprodukten darstellen. Die in der PRIIP-VO nicht konkretisierten Begriffe können freilich den Anwendungsbereich der Verordnung nicht erweitern. Deshalb muss es sich in personeller Hinsicht um Aktivitäten von Versicherungsunternehmen handeln, die sachlich einen **Zusammenhang mit dem Abschluss oder der Vermittlung von Versicherungsanlageprodukten aufweisen**[2]. Art. 1 DelVO 2016/1904 unterscheidet im Übrigen nicht zwischen einer Finanzpraxis und einer Finanztätigkeit. 8

Der **persönliche Anwendungsbereich** der Vorschrift erfasst als Normadressaten Versicherungsunternehmen und Versicherungsvermittler (Art. 15 VO Nr. 1286/2014 Rz. 7). Der **räumliche Anwendungsbereich** ist eröffnet, wenn ein Versicherungsanlageprodukt in der Union bzw. in einem EWR-Staat angeboten wird bzw. eine Finanztätigkeit oder Praxis in diesem vorgenommen wird. Darüber hinaus werden auch Aktivitäten erfasst, die aus einem Drittstaat herrühren, sich aber in der Union oder im EWR auswirken (Art. 15 VO Nr. 1286/2014 Rz. 8). Dabei ist Art. 16 VO Nr. 1286/2014 zugleich die Kollisionsnorm zu entnehmen, dass innerhalb der Union ein Verbot oder eine Beschränkung auch dann ausgesprochen werden kann, wenn das Produkt oder das Verhalten im Drittstaat als gesetzeskonform beurteilt wird[3]. 9

IV. Voraussetzungen einer Intervention. Art. 16 VO Nr. 1286/2014 stellt Verbote und Beschränkungen von Versicherungsanlageprodukten durch die EIOPA unter **Voraussetzungen**, die **mit denjenigen nach Art. 40 VO Nr. 600/2014** für Interventionen der ESMA betreffend Finanzinstrumente **nahezu identisch** sind. Auch die auf Grundlage u.a. von Art. 16 Abs. 8 VO Nr. 1286/2014 von der Kommission erlassene DelVO 2016/1904, deren Art. 1 der Konkretisierung der Eingriffsvoraussetzungen des Art. 16 Abs. 2 Unterabs. 1 lit. a VO Nr. 1286/2014 dient und die durch einen technischen Ratschlag der EIOPA vorbereitet wurde[4], ist in weiten Teilen deckungsgleich mit der für die Konkretisierung von Art. 40 Abs. 2 Unterabs. 1 lit. a VO Nr. 600/2014 schon zuvor erarbeiteten DelVO 2017/567, die der EIOPA und der Kommission als Muster diente[5]. Die Erläuterungen zu Art. 16 VO Nr. 1286/2014 **beschränken sich auf die Besonderheiten und Abweichungen gegenüber Art. 40 VO Nr. 600/2014**, auf dessen Kommentierung im Übrigen verwiesen wird. 10

1. Materielle Voraussetzungen (Art. 16 Abs. 2 und 3 VO Nr. 1286/2014). Art. 16 Abs. 2 Unterabs. 1 VO Nr. 1286/2014 benennt unter lit. a–c drei Voraussetzungen, die **kumulativ** für den Erlass einer Interventions- 11

---

1 So das Verständnis der BaFin, Anhörung zur Allgemeinverfügung bezüglich sog. „Bonitätsanleihen" v. 28.7.2016, Gz. VBS 7-Wp 5427-2016/0019 unter 2; s. auch *Seitz*, WM 2017, 1883, 1884 f.; *Gläßner*, die Beschränkung des Vertriebs von Finanzprodukten, 2017, S. 191 ff zu unterschiedlichen europäischen Begriffsverständnissen.
2 Für einen vergleichbaren Konnex bei Art. 40 VO Nr. 600/2014 *Cahn/Müchler*, BKR 2013, 45, 50.
3 Zum kollisionsrechtlichen Gehalt von Normen mit extraterritorialen Anwendungsanspruch *Ohler*, Die Kollisionsordnung im Allgemeinen Verwaltungsrecht, 2005, S. 81 ff., 85, 122, 150.
4 EIOPA, Technical Advice on criteria and factors to be taken into account in applying product intervention powers v. 29.6.2015 (EIOPA-15/564).
5 EIOPA, Technical Advice on criteria and factors to be taken into account in applying product intervention powers v. 29.6.2015 (EIOPA-15/564), S. 3.

maßnahme vorliegen müssen. **Art. 16 Abs. 3 VO Nr. 1286/2014** formuliert zwei weitere **negative Bedingungen**, die „bei" der Ergreifung einer Maßnahme sichergestellt werden müssen. In ihrer Kombination gewähren die Voraussetzungen der EIOPA **Abwägungsspielräume auf Tatbestandsseite**. Der Gerichtshof hat allerdings in dem ähnlich strukturierten Art. 28 VO Nr. 236/2012 keine Beeinträchtigung des institutionellen Gleichgewichts gesehen[1].

12 a) **Beeinträchtigung von Aufsichtszielen (Art. 16 Abs. 2 Unterabs. 1 lit. a VO Nr. 1286/2014).** Gem. Art. 16 Abs. 2 Unterabs. 1 lit. a VO Nr. 1286/2014 ist Voraussetzung, dass die Interventionsmaßnahme der EIOPA erheblichen Bedenken hinsichtlich des Anlegerschutzes oder einer Gefahr für das Funktionieren und die Integrität der Finanzmärkte oder für die Stabilität des gesamten Finanzsystems begegnet. Zur **Konkretisierung** dieser Voraussetzung ist Art. 1 der insoweit auf Art. 16 Abs. 8 VO Nr. 1286/2014 gestützten DelVO 2016/1904 der Kommission heranzuziehen. **Art. 1 Abs. 2 DelVO 2016/1904** benennt zahlreiche von der EIOPA zu berücksichtigende Kriterien und Faktoren, die gem. Art. 1 Abs. 1 Unterabs. 2 DelVO 2016/1904 zwar **nicht kumulativ** vorliegen müssen, allerdings wegen des Verbots weitreichender Ermessensspielräume für die EIOPA eine **abschließende Liste** berücksichtigungsfähiger Kriterien bilden[2]. Soweit innerhalb der Kriterien weitere Unterfaktoren gebildet werden, sind diese aber nur beispielhaft benannt.

13 Nach der ersten Variante des Art. 16 Abs. 2 Unterabs. 1 lit. a VO Nr. 1286/2014 können Belange des **Anlegerschutzes** eine Interventionsmaßnahme rechtfertigen. Entscheidend für die Reichweite der Interventionsbefugnis ist das zugrunde liegende **Verständnis des Anlegerschutzes**. Schon die sprachliche Abstufung zwischen „Bedenken" für den Anlegerschutz und „Gefahren" für den Funktionsschutz und die Finanzstabilität deutet darauf hin, dass der Anlegerschutz **eigenständiges Schutzziel** ist und nicht bloß instrumentell im Dienste des Funktionsschutzes steht[3]. Dem entspricht Art. 1 Abs. 2 lit. q DelVO 2016/1904, der – abgesetzt von den originären Risiken für den Anlegerschutz – die Erosion des Anlegervertrauens in das Finanzsystem als Unterfall der Gefährdung der Funktionsleistungen des Finanzsystems sieht.

14 Art. 1 Abs. 2 lit. c 1. Spiegelstr. DelVO 2016/1904 nimmt lediglich auf die in Art. 4 Abs. 1 Nr. 10 und 11 i.V.m. Anhang II RL 2014/65/EU vertypten **Anlegergruppen** der Kleinanleger, der professionellen Kunden und der geeigneten Gegenparteien Bezug, in dem die Zugehörigkeit zu einer dieser Kategorien grundsätzlich als ein Aufgreifkriterium benannt wird. Demgegenüber sind die Regelungen der PRIIP-VO betreffend die Bereitstellung eines Basisinformationsblatts exklusiv auf den Schutz von Kleinanlegern bezogen. Hierbei ist unverkennbar, dass der von der PRIIP-VO zugrunde gelegte „durchschnittliche Kleinanleger" für den europäischen Gesetzgeber faktisch eine natürliche Person mit einem begrenzten Anlagevermögen, mithin ein Verbraucher ist, wie dies auch die Erwägungsgründe mannigfach zum Ausdruck bringen[4].

15 Während die Produktinterventionsbefugnis der ESMA gem. Art. 40 VO Nr. 600/2014 gleichwohl nicht allein im Dienste des Kleinanlegerschutzes steht und auch der Verbraucher kein eigenständiger Schutzadressat von MiFID II und MiFIR ist (Art. 40 VO Nr. 600/2014 Rz. 12f.), könnte indessen anderes für Art. 16 VO Nr. 1286/2014 gelten. Denn die der Intervention der ESMA unterfallenden Finanzinstrumente können sich je nach Ausgestaltung an alle Anlegergruppen richten, während Versicherungsanlageprodukte i.S.v. Art. 4 Nr. 2 VO Nr. 1286/2014 fonds- und indexgebundene Lebensversicherungen sind, die jedenfalls unmittelbar nur an natürliche Personen vermarktet werden. Die **Spezifika der Versicherungsanlageprodukte** sprechen deshalb dafür, dass die mittels einer Intervention zu schützenden Anleger **vorrangig Verbraucher bzw. private Versicherungsnehmer** sind. Der Kriterienkatalog des Art. 1 Abs. 2 DelVO 2016/1904 verweist auf Gesichtspunkte, die an die Eigenschaften natürlicher Personen anknüpfen und **verbrauchertypisch** sind. Hierzu zählt insbesondere die Berücksichtigung des Bildungsstands und der Anlageziele einschließlich der Altersvorsorge gem. Art. 1 Abs. 2 lit. c 2. und 4. Spiegelstr. DelVO 2016/1904.

16 Gem. Art. 16 Abs. 8 Unterabs. 2 VO Nr. 1286/2014 bedürfen der Grad der Komplexität eines Versicherungsanlageprodukts, sein Volumen, Innovationsgrad und Leverage-Effekt der Konkretisierung. Deshalb bilden ebenso wie im Rahmen von Art. 40 VO Nr. 600/2014 vor allem **produktspezifische Eigenschaften** Bewertungsfaktoren, die insbesondere in Art. 1 Abs. 2 lit. a, d und e DelVO 2016/1904 näher ausgestaltet werden. Daneben kann auch die **Verbreitung eines Versicherungsanlageprodukts** eine Rolle spielen, was Art. 1 Abs. 2 lit. b DelVO 2016/1904 konkretisiert. Schließlich deutet die Konkretisierungsbedürftigkeit von Leverage-Effekten darauf hin, dass die **Höhe des Verlustrisikos** einen Bewertungsfaktor bildet. **Besonderheiten des Versicherungswesens** können sowohl **risikoverstärkend** als auch **risikomindernd** wirken. Ersteres dürfte der Fall sein bei (finanziellen) Ausstiegsbarrieren bei einem Lebensversicherungsvertrag (Art. 1 Abs. 2 lit. g DelVO 2016/1904), letzteres die Existenz eines gesetzlichen Versicherungsgarantiesystems oder die Verfügbarkeit von Rückstellun-

---

1 EuGH v. 22.1.2014 – C-270/12, ECLI:EU:C:2014:18 – Leerverkaufsverbot, AG 2014, 199 Rz. 45ff.
2 So auch schon der Vorschlag der EIOPA, Technical Advice on criteria and factors to be taken into account in applying product intervention powers v. 29.6.2015 (EIOPA-15/564), S. 3; *Busch*, WM 2017, 409, 416f. für den insoweit gleich strukturierten Art. 19 DelVO 2016/567.
3 Ähnlich *Bußalb*, WM 2017, 553, 555 betr. § 4b WpHG a.F.
4 Erwägungsgründe 16, 17, 33 und 35 VO Nr. 1286/2014.

gen oder von Rückversicherungsregelungen (Art. 1 Abs. 2 lit. b 10. und 11. Spiegelstr., lit. c 6. Spiegelstr. und lit. k 2. Spiegelstr. DelVO 2016/1904). Schließlich soll auch die **Nichtbeachtung bestehender regulatorischer Anforderungen** zu Bedenken Anlass geben können. Dies gilt etwa für den Verkauf von Produkten außerhalb des Zielmarkts oder ohne adäquate Ermittlung desselben (Art. 1 Abs. 2 lit. c 5. Spiegelstr. DelVO 2016/1904) oder nicht ausreichende oder nicht ausreichend zuverlässige Informationen über ein Versicherungsanlageprodukt (Art. 1 Abs. 2 lit. d 6. Spiegelstr. VO Nr. 1286/2014). Die Heranziehung derartiger Kriterien ist allerdings **bedenklich**, da Art. 16 Abs. 2 Unterabs. 1 lit. b VO Nr. 1286/2014 einen Vorrang anderweitiger regulatorischer Anforderungen normiert und die EIOPA nicht deren Wirksamkeit zu beurteilen hat (Rz. 21 ff.).

Mit der Formulierung, dass alternativ eine „Gefahr" für das Funktionieren und die Integrität der Finanzmärkte und für die Finanzstabilität (vgl. Rz. 18 f.) oder **erhebliche Bedenken** für den Anlegerschutz die Eingriffsschwelle für die EIOPA bilden, hat der europäische Gesetzgeber bewusst eine sprachliche Abstufung vorgenommen, die ein **gemindertes Beeinträchtigungsmaß** im Sinne der Anforderungen an die Höhe eines potentiellen Schadens für ein Einschreiten zugunsten des Anlegerschutzes genügen lässt[1]. Da Art. 16 Abs. 2 Unterabs. 2 VO Nr. 1286/2014 die EIOPA auch zu vorsorglichen Maßnahmen vor Beginn der Vermarktung eines Produkts befugt, setzt die Erheblichkeit **keine unmittelbar drohende Gefahr** (im polizeirechtlichen Sinne) voraus[2]. Ein vorsorgliches Einschreiten erfordert allerdings eine höhere Prognosesicherheit hinsichtlich der Wahrscheinlichkeit eines Schadenseintritts[3].

Alternativ zum Anlegerschutz bilden gem. Art. 16 Abs. 2 Unterabs. 1 lit. a VO Nr. 1286/2014 eine **Gefahr für das ordnungsgemäße Funktionieren und die Integrität der Finanzmärkte** oder eine **Gefahr für die Stabilität des Finanzsystems in der Union** oder eines Teils davon eine Voraussetzung für ein Einschreiten der EIOPA. Der Tatbestand der Gefährdung der Funktionen und der Integrität der Märkte wird durch Art. 1 Abs. 2 lit. m–o DelVO 2016/1904 konkretisiert. Danach ist zu berücksichtigen, ob eine Versicherungsanlageprodukt auf Grund seiner Merkmale **für Finanzkriminalität** wie insbesondere Geldwäscheaktivitäten **anfällig** ist (lit. m) oder ob es den **Preisbildungsmechanismus** auf den zugrunde liegenden Märkten **beeinträchtigen kann** (lit. o). Gefährdungen der Finanzstabilität können gem. Art. 1 Abs. 2 lit. p und r DelVO 2016/1904 drohen, wenn ein Versicherungsanlageprodukt ein hohes **Risiko für die Widerstandsfähigkeit von Finanzinstituten, Märkten und Infrastrukturen** birgt oder ein besonderes **Risiko für Zahlungs-, Clearing- und Abwicklungssysteme** hervorruft.

Mit einer **Gefahr** wird zwar ein **höheres potentielles Beeinträchtigungsmaß** als mit dem Vorliegen erheblicher Bedenken vorausgesetzt (vgl. Rz. 17). Indes ist zu bezweifeln, dass hierdurch tatsächlich die Schwelle für ein Einschreiten heraufgesetzt wird. Denn Gefährdungen des Funktionsschutzes und der Finanzstabilität lassen regelmäßig massive volkswirtschaftliche Schäden befürchten[4]. Eine **unmittelbar drohende Gefahr** ist auch hier wegen der Zulässigkeit einer vorsorglichen Intervention **nicht erforderlich**[5]. Wird der differenzierte Wahrscheinlichkeitsmaßstabs der polizeirechtlichen Risikoformel zugrunde gelegt[6], so können **keine erhöhten Anforderungen an die Wahrscheinlichkeit des Eintritts eines Schadens** gestellt werden.

Die von der EIOPA beabsichtigte Interventionsmaßnahme muss den erheblichen Bedenken für den Anlegerschutz bzw. den Gefahren für das Funktionieren und die Stabilität der Finanzmärkte Interventionsmaßnahme „begegnen". Dies ist der Fall, wenn sie zu deren Überwindung **geeignet** ist[7]. Für die Beurteilung der Eignung kommt der EIOPA zwar eine gewisse Einschätzungsprärogative zu. Allerdings erwächst hieraus **kein gerichtlich nur eingeschränkt überprüfbarer Abwägungsspielraum** der EIOPA. Dagegen spricht vor allem der Grundsatz des institutionellen Gleichgewichts, der Geschöpfen des Sekundärrechts ein weites wirtschaftspolitisches Ermessen versagt (Rz. 4)[8].

b) Kein Vorrang anderer regulatorischer Anforderungen (Art. 16 Abs. 2 Unterabs. 1 lit. b VO Nr. 1286/2014). Gem. Art. 16 Abs. 2 Unterabs. 1 lit. b VO Nr. 1286/2014 ist weitere Voraussetzung, dass **andere** auf das jeweilige Versicherungsanlageprodukt oder die entsprechende Finanztätigkeit anwendbare unionale **regulatorische Anforderungen der Gefahr nicht gerecht werden**. Hiermit wird der sachliche Ausnahmecharakter einer Produktintervention zum Ausdruck gebracht. Dem Unionsrecht entstammende regulatorische Anforderungen betreffend Versicherungsanlageprodukte finden sich schon in der PRIIP-VO selbst. Sofern Risiken für den

---

1 Erwägungsgrund 2 DelVO 2016/1904.
2 Wohl auch für Art. 40 VO Nr. 600/2014 *Cahn/Müchler*, BKR 2013, 45, 49.
3 So jedenfalls bei Zugrundelegung polizeirechtlicher Maßstäbe, dazu *Schenke*, Polizei- und Ordnungsrecht, 9. Aufl. 2016, § 3 Rz. 77 m.w.N.
4 Zutreffend *Ehlers*, WM 2017, 421, 424 für den insoweit gleichlautenden Art. 40 VO Nr. 600/2014.
5 So auch *Cahn/Müchler*, BKR 2013, 45, 49 für Art. 40 VO Nr. 600/2014.
6 Je höher der Rang eines Rechtsguts und je größer der ihm drohende Schaden ist, desto geringere Anforderungen sind an die Eintrittswahrscheinlichkeit zu stellen, dazu *Schenke*, Polizei- und Ordnungsrecht, 9. Aufl. 2016, § 3 Rz. 77 m.w.N.
7 S. zu § 4b Abs. 2 Nr. 2 WpHG a.F. *Buck-Heeb*, BKR 2017, 89, 93; *Ehlers*, WM 2017, 421, 426; *Bußalb*, WM 2017, 553, 557.
8 Auch die EIOPA selbst sieht für sich aufgrund der abschließenden Kriterienliste nur einen „appropriate margin of discretion", EIOPA, Technical Advice on criteria and factors to be taken into account in applying product intervention powers v. 29.6.2015 (EIOPA-15/564), S. 3.

Art. 16 VO Nr. 1286/2014 | [Produktinterventionsbefugnis der EIOPA]

(Klein-)Anlegerschutz durch Versicherungsanlageprodukte betroffen sind, ist vorrangig an die **Bereitstellung eines Basisinformationsblatts** nach Art. 13 ff. VO Nr. 1286/2014 zu denken. Die Vorschriften zum Basisinformationsblatt gelten zwar nicht allein für Versicherungsanlageprodukte[1], sind aber auf diese anwendbar.

22 Vor allem aber stellt die **RL 2016/97 (IDD)**[2], mit der die Versicherungsvermittlungsrichtlinie RL 2002/92/EG (IMD) abgelöst wurde, vorrangige regulatorische Anforderungen, die Ausdruck des Wandels zu einer prinzipienbasierten Aufsicht sind[3]. Art. 25 RL 2016/97 fordert nunmehr – in Anlehnung an Art. 16 Abs. 3 und 24 Abs. 2 RL 2014/65/EU – von Versicherungsunternehmen und Versicherungsvermittlern die Etablierung eines **internen Produktfreigabeverfahrens**, in dem der Zielmarkt eines Versicherungsprodukts festgelegt und der Produktvertrieb hierauf ausgerichtet wird[4]. Zudem normieren Art. 17 ff. RL 2016/97 detaillierte **Wohlverhaltenspflichten für Versicherungsvertreiber**, die gem. Art. 26 ff. RL 2016/97 um **besondere Anforderungen für den Vertrieb von Versicherungsanlageprodukten** hinsichtlich der Interessenkonfliktvermeidung (Art. 27 f. RL 2016/97), der Kundeninformation (Art. 29 RL 2016/97) und der Beratung der Kunden (Art. 30 RL 2016/97) ergänzt werden[5]. Nach dem weit gefassten Begriff des Versicherungsvertriebs in Art. 2 Abs. 1 Nr. 1 RL 2016/97 wird von den normativen Anforderungen sowohl die Tätigkeiten von Versicherungsvermittlern unter Einschluss der Vermittlungstätigkeit durch internetbasierte Portale[6] als auch der Direktvertrieb durch Versicherungsunternehmen erfasst[7]. Da Art. 16 Abs. 2 Unterabs. 1 lit. b VO Nr. 1286/2014 anders als der für die mitgliedstaatliche Interventionsbefugnis maßgebliche Art. 17 Abs. 2 Unterabs. 1 lit. b VO Nr. 1286/2014 nicht auf normvollziehende Aufsichtstätigkeiten abstellt (Art. 17 VO Nr. 1286/2014 Rz. 20), ist unerheblich, dass die jeweiligen regulatorischen Anforderungen nicht in der Vollzugskompetenz der EIOPA liegen.

23 Die Begrenzung der **Reichweite des Vorrangs** folgt aus der Wendung, dass die anderweitigen Anforderungen der Gefahr „nicht gerecht werden". Die sprachliche Divergenz zu Art. 40 VO Nr. 600/2014, demzufolge andere regulatorische Anforderungen „die Gefahr nicht abwenden" können, ist allein Resultat der unterschiedlichen deutschen Übersetzung einer wortlautidentischen englischen Ausgangsfassung[8] und rechtfertigt deshalb kein anderes Verständnis. Der Bedeutungsgehalt erschließt sich aus dem Vergleich mit der für die mitgliedstaatliche Produktintervention gem. Art. 17 Abs. 2 Unterabs. 1 lit. b VO Nr. 1286/2014 geltenden Voraussetzung, dass die anderen Anforderungen den Risiken „nicht hinreichend begegnen". Die Abstufung bringt zum Ausdruck, dass der EIOPA ein **Einschreiten nur gestattet** sein soll, **wenn die weiteren regulatorischen Anforderungen das in Frage stehende Risiko überhaupt nicht regeln**[9]. Wegen ihres begrenzten Ermessens darf die EIOPA – anders als die mitgliedstaatlichen Behörden (Art. 17 VO Nr. 1286/2014 Rz. 21 f.) – **keine Abwägung der Wirksamkeit alternativer Eingriffsinstrumente** vornehmen[10]. Im Hinblick auf den Anlegerschutz verbleiben deshalb allenfalls Regelungslücken bei nicht vertriebsbezogenen sonstigen Finanztätigkeiten und -praktiken von Versicherungsunternehmen. Die EIOPA verfügt folglich allein über eine **Notfallkompetenz**[11].

24 c) **Kein Vorrang mitgliedstaatlicher Maßnahmen (Art. 16 Abs. 2 Unterabs. 1 lit. c VO Nr. 1286/2014).** Gem. Art. 16 Abs. 2 Unterabs. 1 lit. c VO Nr. 1286/2014 darf die EIOPA zudem nur dann zu einer Intervention greifen, wenn mitgliedstaatliche Behörden keine oder keine der Gefahr ausreichend gerecht werdenden Maßnahmen ergriffen haben. Die schon in der Beschränkung auf eine Notfallkompetenz zum Ausdruck kommende Nachordnung der EIOPA setzt sich in einer **Subsidiarität des Vollzugs** gegenüber mitgliedstaatlichen Maßnahmen fort, die Anerkenntnis des Ausnahmecharakters von Vollzugskompetenzen der Agenturen ist[12]. Zwar kommt der EIOPA ein gewisser Bewertungsspielraum für die Beurteilung der Angemessenheit mitgliedstaatli-

---

1 S. aber Art. 8 Abs. 3 lit. c Ziff. iv VO Nr. 1286/2014 als versicherungsanlagenspezifische Anforderung an die Gestaltung des Basisinformationsblatts.
2 Richtlinie (EU) 2016/97 des Europäischen Parlaments und des Rates vom 20. Januar 2016 über Versicherungsvertrieb, ABl. EU Nr. L 26 v. 2.2.2016, S. 19.
3 Dazu *Werber*, VersR 2017, 513, 517 f.
4 Konkretisiert durch Delegierte Verordnung (EU) 2017/2358 der Kommission vom 21. September 2017 zur Ergänzung der Richtlinie (EU) 2016/97 des Europäischen Parlaments und des Rates in Bezug auf die Aufsichts- und Lenkungsanforderungen für Versicherungsunternehmen und Versicherungsvertreiber, ABl. EU Nr. L 341 v. 20.12.2017, S. 1; s. auch *Reiff*, VersR 2016, 1533, 1541; *Reiff/Köhne*, VersR 2017, 649, 654.
5 Konkretisiert durch Delegierte Verordnung (EU) 2017/2359 der Kommission vom 21. September 2017 zur Ergänzung der Richtlinie (EU) 2016/97 des Europäischen Parlaments und des Rates in Bezug auf die für den Vertrieb von Versicherungsanlageprodukten geltenden Informationspflichten und Wohlverhaltensregeln, ABl. EU Nr. L 341 v. 20.12. 2017, S. 8; ausf. *Brömmelmeyer*, r+s 2016, 269, 271 ff.; s. auch *Beyer*, VersR 2016, 293, 296 ff.; *Reiff*, VersR 2016, 1533, 1538 ff.; *Reiff/Köhne*, VersR 2017, 649, 652, 655; *Rüll*, VuR 2017, 128, 130 ff.
6 Art. 2 Abs. 1 Nr. 1 RL 2016/97/EU und Erwägungsgrund 12 RL 2016/97/EU; s. auch *Lehmann/Rettig*, NJW 2017, 596, 600 f.
7 Dazu *Reiff/Köhne*, VersR 2017, 649, 650 f.
8 Art. 16 Abs. 2 Unterabs. 1 lit. b VO Nr. 1286/2014 und Art. 40 Abs. 2 Unterabs. 1 lit. b VO Nr. 600/2014: „regulatory requirements ... do not address the threat".
9 So für Art. 40 VO Nr. 600/2014 *Klingenbrunn*, WM 2015, 316, 318 f.
10 *Klingenbrunn*, WM 2015, 316, 318 f. für Art. 40 VO Nr. 600/2014.
11 So auch zutreffend Erwägungsgrund 25 VO Nr. 1286/2014.
12 Für Art. 40 VO Nr. 600/2014 *Cahn/Müchler*, BKR 2013, 45, 47.

cher Maßnahmen zu. Dieser wird allerdings prozedural eingehegt, weil die EIOPA zunächst eine **Stellungnahme** zu einer beabsichtigten mitgliedstaatlichen Maßnahme gem. Art. 18 Abs. 2 VO Nr. 1286/2014 abgeben muss. Hiervon darf sie gem. Art. 16 Abs. 3 Unterabs. 2 VO Nr. 1286/2014 nur absehen, wenn die mitgliedstaatlichen Behörden bereits Interventionsmaßnahmen – entgegen einer Stellungnahme – ergriffen haben oder wenn nationale Behörden überhaupt nicht tätig geworden sind. Nur insoweit, als eine Intervention der EIOPA bereits getroffene unzureichende mitgliedstaatliche Maßnahmen korrigiert, kommt ihr ein **Vorrang nach Art. 16 Abs. 7 VO Nr. 1286/2014** zu[1] (ausf. Art. 40 VO Nr. 600/2014 Rz. 32).

d) **Weitere Gesichtspunkte (Art. 16 Abs. 3 Unterabs. 1 lit. a und b VO Nr. 1286/2014).** Nach Art. 16 Abs. 3 Unterabs. 1 lit. a VO Nr. 1286/2014 hat die EIOPA sicherzustellen, dass ihre Maßnahme keine negativen Auswirkungen auf die Effizienz der Finanzmärkte oder auf die Anleger hat, die in keinem Verhältnis zu den Vorteilen der Maßnahme steht. Ebenso wie nach dem gleichlautenden Art. 40 Abs. 3 Unterabs. 1 lit. a VO Nr. 600/2014 wird der Agentur damit eine **Abwägung** abverlangt, die sich als eine **verkürzte Verhältnismäßigkeitsprüfung** darstellt, da die Interessen der unmittelbar von einem Verbot betroffenen Versicherungsunternehmen und Versicherungsvermittler nach dem Wortlaut nicht zu berücksichtigen sind (vgl. Art. 40 VO Nr. 600/2014 Rz. 22). Deren Belange müssen jedenfalls im Rahmen der **Ermessensausübung** Berücksichtigung finden (Rz. 28).

Nach Art. 16 Abs. 3 Unterabs. 1 lit. b VO Nr. 1286/2014 darf durch die Intervention der EIOPA kein Risiko einer **Aufsichtsarbitrage** geschaffen werden. Die Anforderung könnte etwa Bedeutung erlangen, soweit die EIOPA ihre Intervention auf bestimmte Mitgliedstaaten beschränkt oder aber ihre unionsweite Intervention auf ein unterschiedliches regulatorisches Umfeld außerhalb des harmonisierten Bereichs trifft.

2. Verfahrensrechtliche Voraussetzungen (Art. 16 Abs. 4 VO Nr. 1286/2014). In verfahrensrechtlicher Hinsicht entsprechen die Vorgaben im Wesentlichen denjenigen nach Art. 40 VO Nr. 600/2014 mit Ausnahme der nach Art. 16 VO Nr. 1286/2014 nicht erforderlichen Anhörung der für Warenmärkte zuständigen Stellen. Nach Art. 16 Abs. 4 VO Nr. 1286/2014 unterrichtet die EIOPA vor Erlass einer Maßnahme die **zuständigen Behörden der Mitgliedstaaten** über ihre Interventionsabsicht. Eine **Anhörung der betroffenen Versicherungsunternehmen und Versicherungsvermittler** ist zwar in Art. 16 VO Nr. 1286/2014 nicht vorgesehen, ein entsprechendes Gebot folgt aber aus Art. 39 Abs. 1 VO Nr. 1094/2010 (Art. 40 VO Nr. 600/2014 Rz. 27).

3. Ermessen. Interventionsmaßnahmen der EIOPA stehen im Ermessen der Agentur. Soweit der EIOPA schon Abwägungsspielräume auf Tatbestandsseite zukommen, besteht kein Anlass für eine wiederholende Prüfung auf Ermessensebene. Tatbestandlich durch Art. 16 Abs. 3 Unterabs. 1 lit. a VO Nr. 1286/2014 nicht gefordert (Rz. 25), aber unter grundrechtlichen Gesichtspunkten – Art. 15 und 16 GRCh – ermessensrelevant ist eine **Rechtsgüterabwägung**, die auch die Berücksichtigung der **Belange der von einem Verbot oder einer Beschränkung betroffenen Versicherungsunternehmen und Versicherungsvermittler** umfasst. Allerdings ist auch in Rechnung zu stellen, dass der EIOPA nach dem Grundsatz des institutionellen Gleichgewichts Entscheidungsbefugnisse mit weiten Ermessensspielräumen nicht übertragen werden dürfen (Rz. 4). Zur Wahrung der Verhältnismäßigkeit können der Maßnahme ggf. nach Art. 16 Abs. 1 Unterabs. 2 VO Nr. 1286/2014 **Nebenbestimmungen** beigefügt werden.

V. Erlass delegierter Rechtsakte (Art. 16 Abs. 8 VO Nr. 1286/2014). Art. 16 Abs. 8 VO Nr. 1286/2014 ermächtigt die Kommission, im Verfahren nach Art. 30 VO Nr. 1286/2014 delegierte Rechtsakte anzunehmen. Gem. Art. 30 Abs. 2 VO Nr. 1286/2014 wird der Kommission die Befugnis ab dem 30.12.2014 auf unbestimmte Zeit übertragen. Die Übertragung kann vom Europäischen Parlament und vom Rat nach Art. 30 Abs. 3 VO Nr. 1286/2014 jederzeit widerrufen werden. Die Gültigkeit bereits erlassener delegierter Rechtsakte wird aber durch einen Widerruf nicht berührt (Art. 30 Abs. 3 Satz 4 VO Nr. 1286/2014). Ein delegierter Rechtsakt tritt nur in Kraft, wenn weder das Europäische Parlament noch der Rat binnen drei Monate nach Übermittlung des Rechtsakts Einwände erhoben haben (Art. 30 Abs. 5 VO Nr. 1286/2014). Mit diesen Vorgaben hat der Europäische Gesetzgeber **ausgestaltende Vorgaben** für die Befugnis zum Erlass delegierter Rechtsakte i.S.v. **Art. 290 Abs. 2 AEUV** getroffen. Sie sollen vor allem sicherstellen, dass die Kommission die Grenzen einer Befugnisübertragung, nämlich i.S.v. Art. 290 Abs. 1 AEUV nur Ergänzungen oder Änderungen nicht wesentlicher Vorschriften vorzunehmen, beachtet. Mit der „einfachen" Delegation ist das **Verfahren zum Erlass technischer Regulierungsstandards gem. Art. 10 ff. VO Nr. 1094/2010 ausgeschlossen.** Dieses Verfahren, das von der Kommission kritisiert[2] und von Teilen des Schrifttums als primärrechtswidrig angesehen wird[3], hätte der EIOPA den Entwurf der Vorschriften anvertraut.

Gegenstand der Ermächtigung ist gem. Art. 16 Abs. 8 Unterabs. 1 VO Nr. 1286/2014 eine Konkretisierung der Anforderungen von Art. 16 Abs. 2 Unterabs. 1 lit. a VO Nr. 1286/2014, d.h. der Faktoren und Kriterien, wann

---

1 *Busch*, WM 2017, 409, 419.
2 Erklärung der Kommission zum Vorschlag der ESA-Verordnungen, COM (2009) 501 final, COM (2009) 502 final, COM (2009) 503 final v. 23.9.2009.
3 *Fabricius*, Der Technische Regulierungsstandard für Finanzdienstleistungen, Beiträge zum Transnationalen Wirtschaftsrecht, Heft 124/2013, S. 65 ff.; *Michel*, Institutionelles Gleichgewicht und EU-Agenturen, S. 233 ff.

erhebliche Bedenken für den Anlegerschutz oder Gefahren für den Funktionsschutz oder die Finanzstabilität vorliegen. Die Art der Kriterien wird durch einen beispielhaften Katalog in Art. 16 Abs. 8 Unterabs. 2 VO Nr. 1286/2014 benannt. Diese betreffen den Grad der Komplexität des Versicherungsanlageprodukts und den Bezug zu der Art von Anlegern, das Volumen und den Nominalwert, den Innovationsgrad und den Leverage-Effekt. Ungeachtet der nicht abschließenden Natur des Katalogs hat der europäische Gesetzgeber mit dem Gebot zur Konkretisierung von Art. 16 Abs. 2 Unterabs. 1 lit. a VO Nr. 1286/2014 ausreichend sichergestellt, dass die **Anforderungen des Art. 290 Abs. 1 AEUV gewahrt** werden, da die delegierte Rechtsetzung allein in dem durch den Basisrechtsakt festgelegten Rahmen gestattet ist[1].

31 Die Kommission hat von der Ermächtigung durch **Art. 1 DelVO 2016/1904** Gebrauch gemacht, der auf Ersuchen der Kommission gem. Art. 34 Abs. 1 VO Nr. 1094/2010 durch einen technischen Ratschlag der EIOPA vorbereitet wurde[2]. Hierbei war und ist die Kommission gehalten, die Grenzen der Ermächtigungsgrundlage einzuhalten. Zwar hat die Kommission teilweise an über Art. 16 Abs. 8 Unterabs. 2 VO Nr. 1286/2014 hinausgehende Kriterien angeknüpft, z.B. mit Faktoren zur Beurteilung der Transparenz eines Versicherungsanlageprodukts in Art. 1 Abs. 2 lit. d VO Nr. 1286/2014 (ausf. Rz. 16 ff.). Soweit ersichtlich, dienen aber alle Kriterien und Vorgaben der Konkretisierung der Gefährdung der Schutzgüter des Art. 16 Abs. 2 Unterabs. 1 lit. a VO Nr. 1286/2014.

32 **VI. Durchsetzung und Rechtsschutz.** Ebenso wie für die ESMA gilt auch für die EIOPA, dass Interventionsmaßnahmen in der Rechtsform eines **Beschlusses i.S.v. Art. 288 Abs. 4 AEUV** ergehen. Die EIOPA hatten diesen gem. Art. 16 Abs. 5 VO Nr. 1286/2014 auf ihrer **Webseite bekanntzumachen** (Art. 40 VO Nr. 600/2014 Rz. 29 ff.). Für die Durchsetzung des Beschlusses und die hierauf bezogenen Rechtsbehelfe wird auf das zu Art. 40 VO Nr. 600/2014 Gesagte verwiesen (ausf. Art. 40 VO Nr. 600/2014 Rz. 36 ff.).

Art. 17 [Produktinterventionsbefugnis der zuständigen mitgliedstaatlichen Behörde]

(1) Eine zuständige Behörde kann in oder aus ihrem Mitgliedstaat Folgendes verbieten oder beschränken:

a) die Vermarktung, den Vertrieb oder den Verkauf von bestimmten Versicherungsanlageprodukten oder Versicherungsanlageprodukten mit bestimmten Merkmalen oder

b) eine Form der Finanztätigkeit oder -praxis eines Versicherungsunternehmens oder Rückversicherungsunternehmens.

(2) Eine zuständige Behörde kann die in Absatz 1 genannte Maßnahme ergreifen, wenn sie sich ordnungsgemäß vergewissert hat, dass

a) ein Versicherungsanlageprodukt oder eine entsprechende Tätigkeit oder Praxis erhebliche Bedenken für den Anlegerschutz aufwirft oder eine Gefahr für das ordnungsgemäße Funktionieren und die Integrität der Finanzmärkte oder in mindestens einem Mitgliedstaat die Stabilität des Finanzsystems als Ganzes oder von Teilen dieses Finanzsystems darstellt;

b) bestehende regulatorische Anforderungen nach Unionsrecht, die auf das Versicherungsanlageprodukt, die entsprechende Tätigkeit oder Praxis anwendbar sind, den unter Buchstabe a genannten Risiken nicht hinreichend begegnen und das Problem durch eine stärkere Aufsicht oder Durchsetzung der vorhandenen Anforderungen nicht besser gelöst würde;

c) die Maßnahme verhältnismäßig ist, wenn man die Wesensart der ermittelten Risiken, das Kenntnisniveau der betreffenden Anleger oder Marktteilnehmer und die wahrscheinliche Wirkung der Maßnahme auf Anleger und Marktteilnehmer berücksichtigt, die das Versicherungsanlageprodukt eventuell halten und es bzw. die entsprechende Tätigkeit oder Praxis nutzen oder davon profitieren;

d) die zuständige Behörde die zuständigen Behörden anderer Mitgliedstaaten, die von der Maßnahme erheblich betroffen sein können, angemessen angehört hat und

e) sich die Maßnahme nicht diskriminierend auf Dienstleistungen oder Tätigkeiten auswirkt, die von einem anderen Mitgliedstaat aus erbracht werden.

Wenn die Voraussetzungen nach Unterabsatz 1 erfüllt sind, kann die zuständige Behörde das Verbot oder die Beschränkung nach Absatz 1 vorsorglich aussprechen, bevor ein Versicherungsanlageprodukt

---

1 Dazu *Ruffert* in Calliess/Ruffert, EUV/AEUV, 5. Aufl. 2016, Art. 290 AEUV Rz. 9 f.; *Gellermann* in Streinz, EUV/AEUV, 2. Aufl. 2012, Art. 290 AEUV Rz. 6.
2 EIOPA, Technical Advice on criteria and factors to be taken into account in applying product intervention powers v. 29.6.2015 (EIOPA-15/564).

vermarktet oder an Anleger verkauft wird. Ein Verbot oder eine Beschränkung kann in Fällen oder vorbehaltlich von Ausnahmen gelten, die von der zuständigen Behörde festgelegt werden.

(3) Die zuständige Behörde spricht keine Verbote oder Beschränkungen im Sinne dieses Artikels aus, es sei denn, sie hat spätestens einen Monat, bevor die Maßnahme wirksam werden soll, allen anderen beteiligten zuständigen Behörden und der EIOPA schriftlich oder auf einem anderen, von den Behörden vereinbarten Weg folgende Einzelheiten übermittelt:

a) das Versicherungsanlageprodukt oder die entsprechende Tätigkeit oder Praxis, auf das bzw. die sich die vorgeschlagene Maßnahme bezieht;

b) den genauen Charakter des vorgeschlagenen Verbots oder der vorgeschlagenen Beschränkung sowie den geplanten Zeitpunkt des Inkrafttretens und

c) die Nachweise, auf die sie ihren Beschluss gestützt hat und die als Grundlage für die Feststellung dienen, dass die Bedingungen von Absatz 2 erfüllt sind.

(4) In Ausnahmefällen, in denen die zuständige Behörde dringende Maßnahmen nach diesem Artikel für erforderlich hält, um Schaden, der aufgrund der Versicherungsanlageprodukte, der entsprechenden Tätigkeiten oder Praxis nach Absatz 1 entstehen könnte, abzuwenden, kann die zuständige Behörde frühestens 24 Stunden, nachdem sie alle anderen zuständigen Behörden und die EIOPA von dem geplanten Inkrafttreten der Maßnahme benachrichtigt hat, vorläufig tätig werden, sofern alle in diesem Artikel festgelegten Kriterien erfüllt sind und außerdem eindeutig nachgewiesen ist, dass auf die konkreten Bedenken oder die konkrete Gefahr bei einer einmonatigen Notifikationsfrist nicht angemessen reagiert werden kann. Die zuständige Behörde darf nicht für mehr als drei Monate vorläufig tätig werden.

(5) Die zuständige Behörde gibt auf ihrer Website jeden Beschluss zur Verhängung eines Verbots oder einer Beschränkung nach Absatz 1 bekannt. Die Mitteilung erläutert die Einzelheiten des Verbots oder der Beschränkung und nennt einen Zeitpunkt nach der Veröffentlichung der Mitteilung, an dem die Maßnahmen wirksam werden, sowie die Nachweise, aufgrund deren die Erfüllung aller Bedingungen nach Absatz 2 belegt ist. Das Verbot oder die Beschränkung gelten nur für Maßnahmen, die nach der Veröffentlichung der Mitteilung ergriffen wurden.

(6) Die zuständige Behörde widerruft ein Verbot oder eine Beschränkung, wenn die Bedingungen nach Absatz 2 nicht mehr gelten.

(7) Die Kommission erlässt delegierte Rechtsakte gemäß Artikel 30 an, in denen die Kriterien und Faktoren festgelegt werden, die von den zuständigen Behörden bei der Bestimmung der Tatsache zu berücksichtigen sind, wann erhebliche Bedenken hinsichtlich des Anlegerschutzes gegeben sind oder die ordnungsgemäße Funktionsweise und die Integrität der Finanzmärkte oder in mindestens einem Mitgliedstaat die Stabilität des Finanzsystems im Sinne von Absatz 2 Unterabsatz 1 Buchstabe a gefährdet ist.

Diese Kriterien und Faktoren schließen unter anderem Folgendes ein:

a) den Grad der Komplexität eines Versicherungsanlageprodukts und den Bezug zu der Art von Kunden, an die es vermarktet und verkauft wird,

b) den Innovationsgrad eines Versicherungsanlageprodukts, einer entsprechenden Tätigkeit oder Praxis,

c) den Leverage-Effekt eines Produkts oder einer Praxis,

d) in Bezug auf das ordnungsgemäße Funktionieren und die Integrität der Finanzmärkte das Volumen oder den Nominalwert eines Versicherungsanlageprodukts.

In der Fassung vom 26.11.2014 (ABl. EU Nr. L 352 v. 9.12.2014, S. 1).

Delegierte Verordnung (EU) 2016/1904 der Kommission vom 14. Juli 2016
zur Ergänzung der Verordnung (EU) Nr. 1286/2014 des Europäischen Parlaments und des Rates im Hinblick auf die Produktintervention

(Auszug)

Art. 2 Kriterien und Faktoren, die von den zuständigen Behörden bei der Ausübung ihrer Produktinterventionsbefugnisse zu berücksichtigen sind

(Artikel 17 Absatz 2 der Verordnung (EU) Nr. 1286/2014)

(1) Für die Zwecke von Artikel 17 Absatz 2 der Verordnung (EU) Nr. 1286/2014 bewerten die zuständigen Behörden die Relevanz aller in Absatz 2 aufgeführten Faktoren und Kriterien und berücksichtigen alle relevanten Faktoren und Kriterien, um zu bestimmen, ob die Vermarktung, der Vertrieb oder der Verkauf von bestimmten Versicherungsanlageprodukten oder eine Art der Finanztätigkeit oder -praxis erhebliche Bedenken hinsichtlich des Anlegerschutzes oder eine Gefahr für das ordnungsgemäße Funktionieren und die Integrität der Finanzmärkte oder für die Stabilität des Finanzsystems in mindestens einem Mitgliedstaat als Ganzes oder von Teilen dieses Finanzsystems verursacht.

Art. 17 VO Nr. 1286/2014 | [Produktinterventionsbefugnis der zuständigen mitgliedstaatlichen Behörde]

Für die Zwecke von Unterabsatz 1 können die zuständigen Behörden das Vorliegen erheblicher Bedenken hinsichtlich des Anlegerschutzes oder einer Gefahr für das ordnungsgemäße Funktionieren und die Integrität der Finanzmärkte oder für die Stabilität des Finanzsystems in mindestens einem Mitgliedstaat als Ganzes oder von Teilen dieses Finanzsystems auf der Grundlage eines oder mehrerer dieser Faktoren oder Kriterien bestimmen.

(2) Um zu bestimmen, ob erhebliche Bedenken hinsichtlich des Anlegerschutzes oder eine Gefahr für das ordnungsgemäße Funktionieren und die Integrität der Finanzmärkte oder für die Stabilität des gesamten oder eines Teils des Finanzsystems in mindestens einem Mitgliedstaat bestehen, werden von den zuständigen Behörden unter anderem die folgenden Faktoren und Kriterien bewertet:

a) Grad der Komplexität eines Versicherungsanlageprodukts oder einer Art von Finanztätigkeit oder -praxis eines Versicherungs- oder Rückversicherungsunternehmens, wobei insbesondere Folgendes berücksichtigt wird:
   - die Art der zugrunde liegenden Vermögenswerte und der Grad der Transparenz in Bezug auf die zugrunde liegenden Vermögenswerte;
   - der Grad der Transparenz bei den Kosten und Gebühren, die mit dem Versicherungsanlageprodukt, der Finanztätigkeit oder der Finanzpraxis verbunden sind, und insbesondere der Mangel an Transparenz, der aus mehreren Kosten- und Gebührenebenen resultiert;
   - die Komplexität der Performance-Berechnung, wobei berücksichtigt wird, ob die Rendite von der Performance eines oder mehrerer zugrunde liegender Vermögenswerte abhängt, die wiederum von anderen Faktoren beeinflusst werden;
   - die Art und Größenordnung etwaiger Risiken;
   - ob das Versicherungsanlageprodukt mit anderen Produkten oder Dienstleistungen gebündelt ist; oder
   - die Komplexität etwaiger Geschäftsbedingungen;

b) Ausmaß möglicher negativer Auswirkungen, wobei insbesondere Folgendes berücksichtigt wird:
   - der Nominalwert des Versicherungsanlageprodukts;
   - die Zahl der beteiligten Kunden, Anleger oder Marktteilnehmer;
   - der relative Anteil des Produkts an den Portfolios der Anleger;
   - die Wahrscheinlichkeit, Größenordnung und Art etwaiger negativer Auswirkungen, einschließlich der Höhe des möglichen Verlusts;
   - die zu erwartende Dauer der negativen Auswirkungen;
   - das Volumen der Prämie;
   - die Zahl der involvierten Vermittler;
   - das Wachstum des Marktes oder der Verkaufszahlen;
   - der durchschnittliche Betrag, den jeder Anleger in das Versicherungsanlageprodukt investiert hat;
   - die Höhe des gesetzlichen Schutzes durch nationale Versicherungsgarantiesysteme, sofern vorhanden; oder
   - der Wert der versicherungstechnischen Rückstellungen für Versicherungsanlageprodukte;

c) Art der an einer Finanztätigkeit oder -praxis beteiligten Anleger oder Art der Anleger, an die ein Versicherungsanlageprodukt vermarktet oder verkauft wird, wobei insbesondere Folgendes berücksichtigt wird:
   - ob es sich bei dem Anleger um einen Kleinanleger, einen professionellen Kunden oder eine geeignete Gegenpartei im Sinne der Richtlinie 2014/65/EU handelt;
   - Qualifikation und Befähigung der Anleger, einschließlich des Bildungsstands und der Erfahrung mit ähnlichen Versicherungsanlageprodukten oder Verkaufspraktiken;
   - die wirtschaftliche Lage der Anleger, einschließlich deren Einkommen und Vermögen;
   - die wichtigsten finanziellen Ziele der Anleger, darunter insbesondere Altersvorsorge und Risikoabsicherungsbedarf;
   - ob das Produkt oder die Dienstleistung an Anleger außerhalb des vorgesehenen Zielmarkts verkauft wird oder ob der Zielmarkt nicht adäquat ermittelt wurde; oder
   - der Anspruch auf Schutz durch ein Versicherungsgarantiesystem, sofern nationale Versicherungsgarantiesysteme vorhanden sind;

d) Grad der Transparenz des Versicherungsanlageprodukts oder der Art der Finanztätigkeit oder -praxis, wobei insbesondere Folgendes berücksichtigt wird:
   - die Art und Transparenz der zugrunde liegenden Vermögenswerte;
   - etwaige versteckte Kosten und Gebühren;
   - der Einsatz von Techniken, die die Aufmerksamkeit der Anleger wecken, jedoch nicht unbedingt die Eignung oder die Gesamtqualität des Versicherungsanlageprodukts, der Finanztätigkeit oder der Finanzpraxis widerspiegeln;
   - die Art und Transparenz von Risiken;
   - die Verwendung von Produktnamen oder Terminologie oder anderen Informationen, die mehr Sicherheit oder Rendite implizieren als tatsächlich möglich oder wahrscheinlich ist oder die nicht vorhandene Produktmerkmale implizieren; oder
   - ob die über ein Versicherungsanlageprodukt zur Verfügung gestellten Informationen nicht ausreichend oder nicht ausreichend zuverlässig waren, um die Marktteilnehmer, an die sich diese Informationen richteten, in die Lage zu versetzen, sich unter Berücksichtigung von Art und Beschaffenheit des Versicherungsanlageprodukts ein fundiertes Urtil zu bilden;

e) besondere Merkmale oder zugrunde liegende Vermögenswerte des Versicherungsanlageprodukts, der Finanztätigkeit oder der Finanzpraxis, einschließlich eines eingebetteten Leverage-Effekts, wobei insbesondere Folgendes berücksichtigt wird:
   - der produktinhärente Leverage-Effekt;
   - der finanzierungsbezogene Leverage-Effekt; oder
   - die Merkmale von Wertpapierfinanzierungsgeschäften;
f) Existenz und Grad der Diskrepanz zwischen der erwarteten Rendite oder dem erwarteten Gewinn für die Anleger und dem Verlustrisiko, das dem Versicherungsanlageprodukt, der Finanztätigkeit oder der Finanzpraxis innewohnt, wobei insbesondere Folgendes berücksichtigt wird:
   - die Strukturierungskosten eines solchen Versicherungsanlageprodukts, einer solchen Finanztätigkeit oder einer solchen Finanzpraxis sowie die sonstigen Kosten;
   - die Diskrepanz zu dem vom Emittenten zurückbehaltenen Emittentenrisiko; oder
   - das Rendite-Risiko-Profil;
g) Leichtigkeit und Kosten, mit denen die Anleger das betreffende Versicherungsanlageprodukt verkaufen oder in ein anderes Produkt wechseln können, wobei insbesondere Folgendes berücksichtigt wird:
   - die Hindernisse bei einem Wechsel der Anlagestrategie in Bezug auf einen Versicherungsvertrag;
   - die Tatsache, dass ein vorzeitiger Ausstieg unzulässig oder nur zu derartigen Vertragsbedingungen zulässig ist, dass er als unzulässig angesehen werden kann; oder
   - alle sonstigen Ausstiegshindernisse;
h) Bepreisung und verbundene Kosten des Versicherungsanlageinstruments, der Finanztätigkeit oder der Finanzpraxis, wobei insbesondere Folgendes berücksichtigt wird:
   - der Einsatz versteckter oder sekundärer Gebühren; oder
   - Gebühren, die das Niveau der Vertriebsleistung, die von den Versicherungsvermittlern erbracht wird, nicht widerspiegeln;
i) Innovationsgrad eines Versicherungsanlageprodukts, einer Finanztätigkeit oder einer Finanzpraxis, wobei insbesondere Folgendes berücksichtigt wird:
   - der Innovationsgrad im Hinblick auf die Struktur des Versicherungsanlageprodukts, einer Finanztätigkeit oder einer Finanzpraxis, einschließlich Einbettung und Auslösemechanismen;
   - der Innovationsgrad im Hinblick auf das Vertriebsmodell oder die Länge der Vermittlungskette;
   - das Ausmaß der Innovationsdiffusion, darunter auch, ob das Versicherungsanlageprodukt, die Finanztätigkeit oder die Finanzpraxis für bestimmte Anlegerkategorien innovativ ist;
   - Innovation, die einen Leverage-Effekt beinhaltet;
   - mangelnde Transparenz der zugrunde liegenden Vermögenswerte; oder
   - die bisherigen Erfahrungen des Marktes mit ähnlichen Versicherungsanlageprodukten oder mit Vertriebspraktiken für Versicherungsanlageprodukte;
j) Verkaufspraktiken in Verbindung mit dem Versicherungsanlageprodukt, wobei insbesondere Folgendes berücksichtigt wird:
   - die verwendeten Kommunikations- und Vertriebskanäle;
   - das Informations-, Marketing- oder sonstige Werbematerial in Verbindung mit der Anlage; oder
   - ob die Kaufentscheidung zweit- oder drittrangig einem früheren Kauf folgt;
k) finanzielle und geschäftliche Lage des Emittenten eines Versicherungsanlageprodukts, wobei insbesondere Folgendes berücksichtigt wird:
   - die finanzielle Lage des Emittenten; oder
   - die Eignung von Rückversicherungsregelungen in Bezug auf die Versicherungsanlageprodukte;
l) ob die zugrunde liegenden Vermögenswerte des Versicherungsanlageprodukts oder der Finanztätigkeit oder der Finanzpraxis ein hohes Risiko für die Performance der Geschäfte darstellen, die die Teilnehmer oder Anleger am Markt eingehen;
m) ob ein Versicherungsanlageprodukt aufgrund seiner Merkmale besonders anfällig dafür ist, für Zwecke der Finanzkriminalität verwendet zu werden, und insbesondere, ob diese Merkmale die Verwendung des Versicherungsanlageprodukts für folgende Zwecke begünstigen könnten:
   - Betrug oder Unredlichkeit aller Art;
   - Fehlverhalten auf einem Finanzmarkt oder missbräuchliche Verwendung von Informationen in Bezug auf einen Finanzmarkt;
   - Verwertung von Erträgen aus Straftaten;
   - Finanzierung von Terrorismus; oder
   - Erleichterung der Geldwäsche;
n) ob die Finanztätigkeit oder die Finanzpraxis ein besonders hohes Risiko für die Widerstandsfähigkeit und die reibungslose Funktionsweise von Märkten darstellt;
o) ob ein Versicherungsanlageprodukt, eine Finanztätigkeit oder eine Finanzpraxis zu einer erheblichen und künstlichen Diskrepanz zwischen den Preisen eines Derivats und den Preisen am zugrunde liegenden Markt führen könnte;

p) ob ein Versicherungsanlageprodukt, eine Finanztätigkeit oder eine Finanzpraxis ein Risiko für die Infrastruktur des Marktes oder der Zahlungssysteme, einschließlich der Handels-, Clearing- und Abwicklungssysteme, darstellt;

q) ob ein Versicherungsanlageprodukt, eine Finanztätigkeit oder eine Finanzpraxis das Vertrauen der Anleger in das Finanzsystem gefährden könnte; oder

r) ob das Versicherungsanlageprodukt, die Finanzpraxis oder die Finanztätigkeit ein hohes Verwerfungsrisiko für Finanzinstitute birgt, die für das Finanzsystem des Mitgliedstaats der jeweils zuständigen Behörde als bedeutsam angesehen werden.

In der Fassung vom 14.7.2016 (ABl. EU Nr. L 295 v. 29.10.2016, S. 11).

Schrifttum: S. Art. 15 VO Nr. 1286/2014 und § 15 WpHG.

I. Gegenstand und Zweck der Regelung 1	c) Verhältnismäßigkeit (Art. 17 Abs. 2 Unterabs. 1 lit. c VO Nr. 1286/2014) 23
II. Systematischer Zusammenhang 3	d) Diskriminierungsverbot (Art. 17 Abs. 2 Unterabs. 1 lit. e VO Nr. 1286/2014) 26
III. Anwendungsbereich (Art. 17 Abs. 1 VO Nr. 1286/2014) 6	2. Verfahrensrechtliche Voraussetzungen 27
1. Sachlicher Anwendungsbereich 6	3. Ermessen 29
2. Persönlicher Anwendungsbereich 8	V. Grenzüberschreitendes Informationsverfahren (Art. 17 Abs. 3 und 4 VO Nr. 1286/2014) 31
3. Räumlicher Anwendungsbereich 9	
IV. Voraussetzungen einer Intervention (Art. 17 Abs. 2 VO Nr. 1286/2014) 12	VI. Bekanntgabe von Interventionsmaßnahmen (Art. 17 Abs. 5 VO Nr. 1286/2014) 34
1. Materielle Voraussetzungen 14	VII. Widerruf von Interventionsmaßnahmen (Art. 17 Abs. 6 VO Nr. 1286/2014) 38
a) Beeinträchtigung von Aufsichtszielen (Art. 17 Abs. 2 Unterabs. 1 lit. a VO Nr. 1286/2014) 14	VIII. Erlass delegierter Rechtsakte (Art. 17 Abs. 7 VO Nr. 1286/2014) 39
aa) Erhebliche Bedenken für den Anlegerschutz 16	IX. Durchsetzung und Rechtsschutz 42
bb) Gefahr für Marktfunktionen und Finanzstabilität 19	1. Behördliche Durchsetzung 42
b) Kein Vorrang anderer regulatorischer Anforderungen (Art. 17 Abs. 2 Unterabs. 1 lit. b VO Nr. 1286/2014) 20	2. Rechtsschutz 43

1 **I. Gegenstand und Zweck der Regelung.** Art. 17 VO Nr. 1286/2014 (PRIIP-VO) ist die **Befugnisnorm für mitgliedstaatliche Produktinterventionen.** Art. 17 Abs. 1 VO Nr. 1286/2014 bildet die Ermächtigungsgrundlage für Verbote und Beschränkungen und umschreibt zugleich deren sachlichen Anwendungsbereich (Rz. 6). Art. 17 Abs. 2 VO Nr. 1286/2014 normiert die **materiellen und verfahrensrechtlichen Voraussetzungen** (Rz. 12 ff.) und ermächtigt die nationalen Behörden zudem zu einer vorsorglichen Intervention. Art. 17 Abs. 3 und 4 VO Nr. 1286/2014 verpflichten die national zuständige Behörde zur Durchführung eines **grenzüberschreitenden Informationsverfahrens,** bevor eine Produktintervention wirksam wird (Rz. 31 f.). Art. 17 Abs. 5 VO Nr. 1286/2014 verpflichtet die zuständige Behörde zur **öffentlichen Bekanntgabe** von Verboten und Beschränkungen (Rz. 34 ff.). Art. 17 Abs. 6 VO Nr. 1286/2014 verlangt den **Widerruf** von Interventionsmaßnahmen, wenn deren Voraussetzungen nicht mehr vorliegen (Rz. 38). Art. 17 Abs. 7 VO Nr. 1286/2014 schließlich ermächtigt die Kommission zum **Erlass von delegierten Rechtsakten** i.S.v. Art. 290 AEUV, die Art. 17 Abs. 2 Unterabs. 1 lit. a VO Nr. 1286/2014 konkretisieren (Rz. 39 ff.).

2 Eine Produktinterventionsbefugnis der mitgliedstaatlichen Behörden war im Kommissionsvorschlag der PRIIP-VO nicht enthalten. Art. 15–18 VO Nr. 1286/2014 gehen auf einen Vorschlag des Parlaments zurück[1], der im Trilogverfahren von Kommission, Rat und Parlament in modifizierter Form beschlossen wurde[2]. Durch die Vorschriften sollen **Lücken des Produktinterventionsregimes** nach Art. 39 ff. VO Nr. 600/2014 (MiFIR)[3] geschlossen werden[4]. Dahinter steht die Vorstellung, dass der Vertrieb von Versicherungsprodukten, die den Anlegern Investitionsmöglichkeiten bieten, in gleicher Weise wie die Vermarktung von Finanzinstrumenten i.S.v. Art. 2 Abs. 1 Nr. 9 VO Nr. 600/2014 i.V.m. Art. 4 Abs. 1 Nr. 15 i.V.m. Anhang I Abschnitt C RL 2014/65/EU (MiFID II)[5] zu Bedenken hinsichtlich des Anleger- oder des Funktionsschutzes Anlass geben könnte.

3 **II. Systematischer Zusammenhang.** Art. 17 VO Nr. 1286/2014 ist als Verordnungsnorm i.S.v. Art. 288 Abs. 2 AEUV **unmittelbar anwendbar** und bedarf lediglich hinsichtlich der organisatorischen Ausgestaltung der mitgliedstaatlichen Durchführungsgesetzgebung. Im Kontext der Art. 15–18 VO Nr. 1286/2014 verschafft Art. 17

---

1 Stellungnahme des Europäischen Parlaments in 1. Lesung v. 20.11.2013, Dokument P7_TA (2013) 0489.
2 Trilogverhandlungen v. 2.4.2014, Dokument 8356/1/14 des Rates v. 3.4.2014.
3 Verordnung (EU) Nr. 600/2014 des Europäischen Parlaments und des Rates vom 15. Mai 2014 über Märkte für Finanzinstrumente und zur Änderung der Verordnung (EU) Nr. 648/2012, ABl. EU Nr. L 173 v. 12.6.2014, S. 84.
4 Erwägungsgrund 25 VO Nr. 1286/2014.
5 Richtlinie 2014/65/EU des Europäischen Parlaments und des Rates vom 15. Mai 2014 über Märkte für Finanzinstrumente sowie zur Änderung der Richtlinien 2002/92/EG und 2011/6/EU, ABl. EU Nr. L 173 v. 12.6.2014, S. 349.

[Produktinterventionsbefugnis der zuständigen mitgliedstaatlichen Behörde] | Art. 17 VO Nr. 1286/2014

VO Nr. 1286/2014 der gem. Art. 15 VO Nr. 1286/2014 für die Marktüberwachung von Versicherungsanlageprodukten zuständigen Behörde die für eine Produktintervention erforderliche verwaltungsrechtliche Befugnis für ein Einschreiten. Dies ist hinsichtlich der Marktüberwachung von Versicherungsunternehmen in Deutschland gem. § 295 Abs. 1 Nr. 2 VAG die BaFin.

Der mitgliedstaatliche administrative Vollzug von Unionsrecht ist ebenso wenig wie europäische Sekundärrechtsakte[1] oder unionsrechtlich determiniertes nationales Recht[2] an den Grundrechten des Grundgesetzes zu messen[3]. Soweit die **BaFin** auf der Grundlage von Art. 17 VO Nr. 1286/2014 handelt, ist sie bei der Rechtsanwendung **ausschließlich an die Charta der Grundrechte der Europäischen Union (GRCh) gebunden** (Art. 51 Abs. 1 Satz 1 GRCh)[4].   4

Art. 17 VO Nr. 1286/2014 ist **innerhalb der PRIIP-VO**, die primär Anforderungen an die Ausgestaltung und Bereitstellung von Basisinformationsblättern stellt, ein **Fremdkörper**. Ein engerer Sachzusammenhang besteht mit den Anforderungen, die in Umsetzung der RL 2016/97 (IDD)[5] Eingang in das deutsche Versicherungsrecht gefunden haben[6]. Hierzu zählt nunmehr die Pflicht zur Etablierung eines **internen Produktfreigabeverfahrens**, in dem der Zielmarkt eines Versicherungsprodukts festgelegt und der Produktvertrieb hierauf ausgerichtet wird (Art. 25 RL 2016/97 bzw. § 23 VAG)[7]. Allerdings hat der deutsche Gesetzgeber darauf verzichtet, für den Fall der Missachtung der Vorgaben für die Product Governance eine behördliche Befugnis für einen hierauf bezogenen Produktstopp vorzusehen[8]. Des Weiteren gelten in Anlehnung an Art. 24–30 RL 2014/65/EU **Wohlverhaltenspflichten für Versicherungsunternehmen und Versicherungsvermittler** (Art. 17–24 RL 2016/97 bzw. §§ 1a, 6a, 7a, ggf. i.V.m. § 59 Abs. 1 Satz 2 VVG), die um **verschärfte Anforderungen für den Vertrieb von Versicherungsanlageprodukten** ergänzt werden (Art. 29 und 30 RL 2016/97 bzw. §§ 7b und 7c, ggf. i.V.m. § 59 Abs. 1 Satz 2 VVG)[9]. Die anlagebezogenen Informations- und Beratungspflichten sind im Unterschied zu ihrem wertpapierhandelsrechtlichen Vorbild[10] im VVG als **zivilrechtliche Pflichten** gegenüber dem potentiellen Versicherungsnehmer ausgestaltet worden[11], die zum Ordnungswidrigkeitstatbestand ausgeformt werden[12]. Die ebenfalls zu den Wohlverhaltenspflichten zählenden Pflichten zur Transparenz der Versicherungsvermittlung (Art. 18, 19, 23 RL 2016/97)[13] und zur Interessenkonfliktvermeidung beim Vertrieb von Versicherungsanlageprodukten (Art. 27, 28 RL 2016/97) wurden hingegen als öffentlich-rechtliche Verhaltensgebote rezipiert[14]. Das Verhältnis zu diesen Verhaltensgeboten und weiteren regulatorischen Anforderungen an Versicherungsanlageprodukte ist tatbestandliche Voraussetzung einer Interventionsbefugnis, weil nur das Fehlen oder   5

---

1 BVerfG v. 29.5.1974 – 2 BvL 52/71, BVerfGE 37, 271, 279 f.; BVerfG v. 22.10.1986 – 2 BvR 197/83, BVerfGE 73, 339, 375 f.; BVerfG v. 12.10.1993 – 2 BvR 2134/92, 2 BvR 2159/92, BVerfGE 89, 155, 174 f.; BVerfG v. 7.6.2000 – 2 BvL 1/97, BVerfGE 102, 147, 164.
2 BVerfG v. 13.3.2007 – 1 BvF 1/05, BVerfGE 118, 79, 95; BVerfG v. 11.3.2008 – 1 BvR 256/08, BVerfGE 121, 1, 15; BVerfG v. 2.3.2010 – 1 BvR 256/08, BVerfGE 129, 260 Rz. 180 ff.; BVerfG v. 19.7.2011 – 1 BvR 1916/09, BVerfGE 129, 78 Rz. 53.
3 Frühzeitig *Jürgensen/Schünder*, AöR 121 (1996) 200, 206; s. auch *Kingreen* in Calliess/Ruffert, EUV/AEUV, 5. Aufl. 2016, Art. 51 GRCh Rz. 13.
4 *Kingreen* in Calliess/Ruffert, EUV/AEUV, 5. Aufl. 2016, Art. 51 GRCh Rz. 8; *Jarass*, 3. Aufl. 2016, Art. 51 GRCh Rz. 22, jeweils m.w.N.
5 Richtlinie (EU) 2016/97 des Europäischen Parlaments und des Rates vom 20. Januar 2016 über Versicherungsvertrieb, ABl. EU Nr. L 26 v. 2.2.2016, S. 19.
6 Gesetz zur Umsetzung der Richtlinie (EU) 2016/97 des Europäischen Parlaments und des Rates vom 20. Januar 2016 über Versicherungsvertrieb und zur Änderung weiterer Gesetze v. 20.7.2017, BGBl. I 2017, 2789.
7 *Reiff*, VersR 2016, 1533, 1541; *Reiff/Köhne*, VersR 2017, 649, 654; s. auch Delegierte Verordnung (EU) 2017/2358 der Kommission vom 21. September 2017 zur Ergänzung der Richtlinie (EU) 2016/97 des Europäischen Parlaments und des Rates in Bezug auf die Aufsichts- und Lenkungsanforderungen für Versicherungsunternehmen und Versicherungsvertreiber, ABl. EU Nr. L 341 v. 20.12.2017, S. 1.
8 Eine solche Befugnis wird allerdings von der IDD – anders als nach Art. 69 Abs. 2 lit. t RL 2014/65/EU für Finanzinstrumente und strukturierte Einlagen – auch nicht gefordert. Der deutsche Gesetzgeber hat jedoch zudem darauf verzichtet, den Verstoß gegen § 23 VAG als Ordnungswidrigkeit zu ahnden, da er das Produktfreigabeverfahren nicht als Bestandteil der Wohlverhaltensregeln i.S.v. Art. 33 Abs. 1 lit. e und f RL 2016/97 ansieht, Begr. RegE, BT-Drucks. 18/11627, 39.
9 Konkretisiert durch Delegierte Verordnung (EU) 2017/2359 der Kommission vom 21. September 2017 zur Ergänzung der Richtlinie (EU) 2016/97 des Europäischen Parlaments und des Rates in Bezug auf die für den Vertrieb von Versicherungsanlageprodukten geltenden Informationspflichten und Wohlverhaltensregeln, ABl. EU Nr. L 341 v. 20.12. 2017, S. 8; s. auch *Brömmelmeyer*, r+s 2016, 269, 271 ff.; *Beyer*, VersR 2016, 293, 296 ff.; *Reiff*, VersR 2016, 1533, 1538 ff.; *Reiff/Köhne*, VersR 2017, 649, 652, 655; *Rüll*, VuR 2017, 128, 130 ff.
10 Zur ausschließlich öffentlich-rechtlichen Natur der Wohlverhaltenspflichten in §§ 63 ff. WpHG s. BGH v. 27.9.2013 – XI ZR 332/12, AG 2013, 803 Rz. 16; BGH v. 3.6.2014 – XI ZR 147/12, BGHZ 201, 310 Rz. 35.
11 Für eine öffentlich-rechtliche Ausgestaltung plädierte *Poelzig*, ZBB 2015, 108, 113 f., 116.
12 § 332 Abs. 3 Nr. 3b und 3c VAG für Versicherungsunternehmen und § 147c GewO für gewerberechtlich beaufsichtigte Versicherungsvermittler.
13 §§ 14–16 des Entwurfs des Bundeswirtschaftsministeriums der VersVermVO v. 27.6.2018.
14 § 48a VAG für Versicherungsunternehmen und §§ 18, 19 des Entwurfs des Bundeswirtschaftsministeriums der VersVermO v. 27.6.2018 für entsprechende Pflichten der gewerberechtlich beaufsichtigten Versicherungsvermittler.

die Unwirksamkeit von zur Gefahrenabwehr geeigneten anderweitigen regulatorischen Anforderungen eine Produktintervention legitimiert. Insoweit wird auf die diesbezüglichen Ausführungen verwiesen (Rz. 21 f.).

6 **III. Anwendungsbereich (Art. 17 Abs. 1 VO Nr. 1286/2014). 1. Sachlicher Anwendungsbereich.** Objekte einer mitgliedstaatlichen Intervention sind nach Art. 17 Abs. 1 lit. a VO Nr. 1286/2014 die Vermarktung, der Vertrieb oder der Verkauf von bestimmten **Versicherungsanlageprodukten** oder von Versicherungsanlageprodukten mit bestimmten Merkmalen. Gegenständlich werden damit **Produkte i.S.v. Art. 4 Nr. 2 VO Nr. 1286/2014** erfasst, d.h. Versicherungsprodukte, die einen Fälligkeitswert oder einen Rückkaufwert bieten, der vollständig oder teilweise direkt oder indirekt Marktschwankungen ausgesetzt ist. Teleologische Gründe sprechen dafür, hierunter nur Lebensversicherungen mit einem echten Anlageelement zu verstehen – fonds- und indexgebundene Lebensversicherungen und sog. Hybridversicherungen –, nicht hingegen konventionelle Lebensversicherungen, die nur hinsichtlich der Überschussbeteiligung Schwankungen aufweisen (ausf. Art. 15 VO Nr. 1286/2014 Rz. 3 ff.). **Bestimmte Versicherungsanlageprodukte** sind individualisierbare Produkte. Dies ist etwa der Fall hinsichtlich der Festlegung der Investmentfonds, die Bestandteil einer fondsgebundenen Lebensversicherung sind. **Versicherungsanlageprodukte mit bestimmten Merkmalen** werden hingegen anbieterübergreifend durch gemeinsame Merkmale konkretisiert. Dies könnte etwa die Ausgestaltung der Fondsbindung betreffen.

7 **Verkauf, Vertrieb und Vermarktung** ist jede Tätigkeit mit absatzförderndem Charakter, ungeachtet der Frage, ob der Absatz beratungsgetrieben ist oder im beratungsfreien Geschäft erfolgt[1]. Da Marketing, Vertrieb und Verkauf von Versicherungsanlageprodukten unzweifelhaft Finanztätigkeiten sind, kann den von Art. 17 Abs. 1 lit. b VO Nr. 1286/2014 genannten gesonderten Interventionsgegenständen **Finanztätigkeit** und **Finanzpraxis** nur insoweit ein eigenständiger Anwendungsbereich zukommen, als Verhaltensweisen von Versicherungsunternehmen in Frage stehen, die sich nicht als Marketing oder Vertrieb von Versicherungsanlageprodukten darstellen. Die in der PRIIP-VO nicht konkretisierten Begriffe können freilich den Anwendungsbereich der Verordnung nicht erweitern. Deshalb muss es sich um Aktivitäten von Versicherungsunternehmen handeln, die sachlich einen **Zusammenhang mit dem Abschluss oder der Vermittlung von Versicherungsanlageprodukten aufweisen**[2]. Art. 2 DelVO 2016/1904 unterscheidet im Übrigen nicht zwischen einer Finanzpraxis und einer Finanztätigkeit.

8 **2. Persönlicher Anwendungsbereich.** Der persönliche Anwendungsbereich der Vorschrift erfasst als Normadressaten **Versicherungsunternehmen und Versicherungsvermittler** (Art. 15 VO Nr. 1286/2014 Rz. 7), wobei allerdings Finanzaktivitäten und – praktiken gem. Art. 17 Abs. 1 lit. b VO Nr. 1286/2014 nur im Hinblick auf Versicherungsunternehmen Interventionsgegenstand sind. Indes liegt die Überwachung des Versicherungsvertriebs durch **gewerbliche Versicherungsvermittler i.S.v. § 34d GewO**, auch soweit die Aufsicht über Versicherungsanlageprodukte betroffen ist, nicht in der durch § 295 Abs. 1 Nr. 2 VAG begründeten Vollzugszuständigkeit der BaFin für die PRIIP-VO (Art. 15 VO Nr. 1286 Rz. 9 f.). Dies zeitigt Konsequenzen für die Wirksamkeit des Vollzugs und die personale Reichweite der von der BaFin ausgesprochenen Verbote und Beschränkungen (Rz. 13, 21 f., 36).

9 **3. Räumlicher Anwendungsbereich.** Nach Art. 17 Abs. 1 VO Nr. 1286/2014 kann die zuständige Behörde **in oder aus diesem Mitgliedstaat** die Vermarktung, den Verkauf und den Vertrieb von Versicherungsanlageprodukten oder eine entsprechende Finanzaktivität eines Versicherungsunternehmens verbieten oder beschränken. Die Interventionsbefugnis der BaFin entspricht deshalb in ihrer extraterritorialen Reichweite der Marktüberwachungsaufgabe der Behörde gem. Art. 15 Abs. 2 VO Nr. 1286/2014 (ausf. Art. 15 VO Nr. 1286/2014 Rz. 11 ff.). Sie umfasst neben **Zweigniederlassungen von Versicherungsunternehmen** aus anderen Mitgliedstaaten und EWR-Staaten auch Tätigkeiten, die im Wege des **grenzüberschreitenden Dienstleistungsverkehrs** erbracht werden. Eingeschlossen sind – vorbehaltlich einer entsprechenden Vollzugszuständigkeit (Rz. 8) – ebenso auf Deutschland gerichtete Vertriebsaktivitäten von **freien Versicherungsvermittlern** aus anderen Mitgliedstaaten oder EWR-Staaten. Die Befugnis wird umhegt durch ein Anhörungsrecht der von einer Intervention betroffenen Behörden der anderen Mitgliedstaaten gem. Art. 17 Abs. 2 Unterabs. 1 lit. d VO Nr. 1286/2014 (Rz. 27).

10 Art. 17 Abs. 1 VO Nr. 1286/2014 ermächtigt außerdem zu Interventionsmaßnahmen betreffend den **Vertrieb oder Verkauf von Versicherungsanlageprodukten aus Drittstaaten**, die innerstaatlich angeboten werden. Dies folgt aus dem Wortlaut der Vorschrift, der an den innerstaatlichen Ort der Vermarktung anknüpft. Der völkerrechtlich erforderliche genuine link für die Erstreckung des innerstaatlich geltenden Rechts auf ausländische Sachverhalte (*jurisdiction to prescribe*) liegt einerseits im Ort des Handlungserfolgs (Auswirkungsprinzip als Element des Territorialitätsprinzips), andererseits im völkerrechtlichen Schutzprinzip (Art. 15 VO Nr. 1286/2014 Rz. 12). Dabei ist Art. 17 VO Nr. 1286/2014 zugleich die Kollisionsnorm zu entnehmen, dass ein Verbot oder eine Beschränkung auch dann ausgesprochen werden kann, wenn das Produkt oder das Verhalten im

---

[1] So das Verständnis der BaFin, Anhörung zur Allgemeinverfügung bezüglich sog. „Bonitätsanleihen" v. 28.7.2016, Gz. VBS 7-Wp 5427-2016/0019 unter 2; s. auch *Seitz*, WM 2017, 1883, 1884 f.; *Gläßner*, Die Beschränkung des Vertriebs von Finanzprodukten, S. 191 ff. zu unterschiedlichen Begriffsverständnissen im Unionsrecht.
[2] Für einen vergleichbaren Konnex bei Art. 42 VO Nr. 600/2014 *Cahn/Müchler*, BKR 2013, 45, 50.

Drittstaat als gesetzeskonform beurteilt wird[1]. Die internationale Zuständigkeit der BaFin hat vor allem Bedeutung für den drittstaatsgestützten Vertrieb von Versicherungsanlageprodukten über das Internet.

Schließlich erstreckt sich die Interventionsbefugnis der national zuständigen Behörde auch auf Marktaktivitäten von Versicherungsunternehmen und Versicherungsvermittlern, die von Deutschland ausgehen, sich aber ggf. **in einem anderen Staat auswirken**. Dies korrespondiert im unionalen Kontext mit dem Prinzip der Herkunftslandkontrolle, wie sie sowohl für Versicherungsunternehmen (Art. 155 RL 2009/138/EG; §§ 57 ff., 294 Abs. 6 VAG) als auch für gewerbliche Versicherungsvermittler (Art. 5, 7 und 8 RL 2016/97; § 34d Abs. 7 Satz 1 Nr. 2 GewO) im Grundsatz anerkannt ist[2]. Wegen der hierin angelegten **Kompetenzüberschneidung** mit den spiegelbildlichen Aufsichtsaufgaben der Behörden anderer Mitgliedstaaten oder EWR-Staaten bedarf es bei der Aufgabenwahrnehmung koordinierender Mechanismen (Rz. 27, 31 f.). In Bezug auf Auswirkungen in **Drittstaaten** entsteht darüber hinaus das Problem, dass die Unternehmen unter Umständen kollidierenden rechtlichen Anforderungen nach dem Sachrecht des Drittstaates ausgesetzt sind. Zudem besitzt die BaFin keine *jurisdiction to enforce*, ist also daran gehindert, ein Verbot oder eine Beschränkung im Ausland zu vollziehen (Rz. 42).

IV. Voraussetzungen einer Intervention (Art. 17 Abs. 2 VO Nr. 1286/2014). Art. 17 VO Nr. 1286/2014 stellt Verbote und Beschränkungen von Versicherungsanlageprodukten durch die mitgliedstaatlichen Behörden unter **Voraussetzungen**, die **mit denjenigen nach Art. 42 VO Nr. 600/2014** für Interventionen betreffend Finanzinstrumente **nahezu identisch** sind. Auch die auf der Grundlage u.a. von Art. 17 Abs. 7 VO Nr. 1286/2014 von der Kommission erlassene DelVO 2016/1904, deren Art. 2 der Konkretisierung der Eingriffsvoraussetzungen des Art. 17 Abs. 2 Unterabs. 1 lit. a VO Nr. 1286/2014 dient und die durch einen technischen Ratschlag der EIOPA vorbereitet wurde[3], ist in weiten Teilen deckungsgleich mit der für die Konkretisierung von Art. 42 Abs. 2 Unterabs. 1 lit. a VO Nr. 600/2014 schon zuvor erarbeiteten DelVO 2017/567[4]. Die Erläuterungen zu Art. 17 VO Nr. 1286/2014 **beschränken sich auf die Besonderheiten und Abweichungen gegenüber Art. 42 VO Nr. 600/2014**, auf dessen Kommentierung im Übrigen verwiesen wird.

Art. 17 Abs. 2 Unterabs. 1 VO Nr. 1286/2014 stellt die Interventionsbefugnis unter materielle und prozedurale **Voraussetzungen**, die **kumulativ** vorliegen müssen. Von deren Vorliegen muss sich die Behörde „**ordnungsgemäß**" **vergewissern**. Aus dem insoweit von Art. 42 Abs. 2 Unterabs. 1 VO Nr. 600/2014 abweichenden Wortlaut („begründetermaßen" vergewissern) folgt kein anderer Maßstab, da es sich bloß um unterschiedliche Übersetzungen einer identischen englischen Ausgangsfassung handelt[5] (zu den Anforderungen an die Tatsachenermittlung Art. 42 VO Nr. 600/2014 Rz. 13). Zur Wahrnehmung ihrer Pflicht zur Sachverhaltsaufklärung (§ 24 VwVfG) hat der Gesetzgeber der BaFin kein spezielles Auskunftsrecht gegenüber „jedermann" eingeräumt[6]. Ihr allgemeines Informationsrecht gem. § 305 VAG erfasst zwar Versicherungsunternehmen, hingegen Versicherungsvermittler nur insoweit, als dies für die Beurteilung des Geschäftsbetriebs und der Vermögenslage des Versicherungsunternehmens von Bedeutung ist (§ 305 Abs. 2 Nr. 1 VAG). Diese **Informationslücke über Versicherungsvermittler** kann nicht kompensiert werden durch Informationen der Versicherungsunternehmen, die diese aus der Zusammenarbeit mit Vermittlern nach §§ 48 ff. VAG gewonnen haben[7]. Allfälligen Aufklärungsdefiziten lässt sich auch nicht durch § 308a Satz 1 VAG begegnen, da die Generalklausel zur Durchsetzung der Einhaltung der Anforderungen der PRIIP-VO wiederum nur Versicherungsunternehmen erfasst[8]. Der elektronische Zugriff der BaFin auf das gewerberechtliche Vermittlerregister nach § 11a Abs. 7 Satz 2 GewO[9] dürfte kaum geeignet sein, valide Informationen über die Vermittlungspraxis durch gewerbliche Vermittler und damit den dominierenden Vertriebsweg für Versicherungs(anlage)produkte zu gewinnen[10]. Die **rechtlichen Instrumente** der BaFin zur **Informationsgewinnung** für die Voraussetzungen einer Interventionsmaßnahme sind deshalb **defizitär**, weshalb sie in besonderem Maße auf Aufklärungsbeiträge anderer Akteure wie

---

1 Zum kollisionsrechtlichen Gehalt von Normen mit extraterritorialem Anwendungsanspruch s. *Ohler*, Die Kollisionsordnung im Allgemeinen Verwaltungsrecht, 2005, S. 81 ff., 85, 122, 150.
2 Zu Durchbrechungen des Prinzips betr. die laufende Überwachung in Notfällen s. EuGH v. 27.4.2017 – C-559/15, ECLI:EU:C:2017:316 – Onix, EuZW 2017, 606 Rz. 36 ff.
3 EIOPA, Technical Advice on criteria and factors to be taken into account in applying product intervention powers v. 29.6.2015 (EIOPA-15/564).
4 Die DelVO 2017/567 diente als Muster, s. EIOPA, Technical Advice on criteria and factors to be taken into account in applying product intervention powers v. 29.6.2015 (EIOPA-15/564), S. 3.
5 Art. 17 Abs. 1 Unterabs. 1 VO Nr. 1286/2014 und Art. 42 Abs. 2 Unterabs. 1 VO Nr. 600/2014: „satisfied on reasonable grounds".
6 S. für Maßnahmen nach Art. 42 VO Nr. 600/2014 hingegen § 6 Abs. 3 WpHG; Begr. RegE Zweites Finanzmarktnovellierungsgesetz, BT-Drucks. 18/10936, 225.
7 Zum lückenhaften Informationsaustausch s. auch *Beenken*, ZfV 2015, 747, 749 f.
8 Zudem dient § 308a VAG der Umsetzung von Art. 24 Abs. 2 VO Nr. 1286/2014, d.h. der Durchsetzung und Sanktionierung unmittelbar anwendbarer Ge- und Verbote und nicht dem administrativen Vollzug gem. Art. 17 VO Nr. 1286/2014; s. auch Begr. RegE Erstes Finanzmarktnovellierungsgesetz, BT-Drucks. 18/7482, 68, 76.
9 Eingefügt mit Art. 1 des IDD-Umsetzungsgesetzes v. 20.7.2017, BGBl. I, 2789.
10 Das Vermittlerregister hat nach § 11a Abs. 1 Satz 3 GewO vor allem die Funktion, der Öffentlichkeit die Überprüfung der Zulassung eines Versicherungsvermittlers zu ermöglichen.

Art. 17 VO Nr. 1286/2014 | [Produktinterventionsbefugnis der zuständigen mitgliedstaatlichen Behörde]

etwa Versicherungskunden oder die bei den Verbraucherzentralen angesiedelten Finanzmarktwächter angewiesen sein wird[1].

14   **1. Materielle Voraussetzungen. a) Beeinträchtigung von Aufsichtszielen (Art. 17 Abs. 2 Unterabs. 1 lit. a VO Nr. 1286/2014).** Gem. Art. 17 Abs. 2 Unterabs. 1 lit. a VO Nr. 1286/2014 ist erste Voraussetzung, dass ein Versicherungsanlageprodukt oder eine entsprechende Tätigkeit oder Praxis erhebliche Bedenken für den Anlegerschutz aufwirft oder eine Gefahr für das ordnungsgemäße Funktionieren und die Integrität der Finanzmärkte in mindestens einem Mitgliedstaat für die Stabilität des gesamten Finanzsystems oder eines Teils davon darstellt. Die Vorschrift wird **konkretisiert durch Art. 2 DelVO 2016/1904**, der in weiten Teilen mit dem für die EIOPA maßgeblichen Art. 1 DelVO 2016/1904 identisch ist. Insoweit kann auf die diesbezügliche Kommentierung verwiesen werden (Art. 16 VO Nr. 1286/2014 Rz. 12 ff.).

15   Nicht zweifelsfrei ist, ob die Kommission die Kriterienliste des Art. 2 Abs. 2 DelVO 2016/1904 für die mitgliedstaatlichen Behörden als abschließenden Katalog ausgestaltet hat. Für eine nicht abschließende, nur beispielhafte Aufzählung sprechen die deutsche und die englische Sprachfassung, die in Art. 1 Abs. 2 DelVO 2016/1904 für die EIOPA die berücksichtigungsfähigen Kriterien abschließend vorgeben („folgende Kriterien" bzw. „shall be the following"), für die mitgliedstaatlichen Behörden hingegen in Art. 2 Abs. 2 DelVO 2016/1904 eine nur beispielhafte Aufzählung nahelegen („u.a. folgende Faktoren" bzw. „shall include"). Eine vergleichbare Differenzierung findet sich hingegen nicht in der französischen Sprachfassung, die sowohl für die EIOPA als auch für die nationalen Behörden auf einen enumerativen Katalog hindeutet („les facteurs … sont les suivants"). Dass die Kommission einen **abschließenden Katalog** auch für die mitgliedstaatlichen Behörden intendierte, folgt indes eindeutig aus Art. 2 Abs. 1 Unterabs. 2 DelVO 2016/1904, demzufolge die mitgliedstaatlichen Behörden ebenso wie die EIOPA das Vorliegen von Risiken „auf der Grundlage eines oder mehrerer dieser Faktoren oder Kriterien" bestimmen können[2]. Dem ist zugleich zu entnehmen, dass die Kriterien **nicht kumulativ** erfüllt sein müssen.

16   **aa) Erhebliche Bedenken für den Anlegerschutz.** Ebenso wie nach Art. 16 Abs. 2 Unterabs. 1 lit. a VO Nr. 1286/2014 ist der **Anlegerschutz** ein **eigenständiges Schutzziel**, wie im Umkehrschluss aus Art. 2 Abs. 2 lit. q DelVO 2016/1904 folgt, der gesondert die aus einem Vertrauensverlust der Anleger resultierenden Gefahren dem Funktionsschutz zuschlägt. Art. 2 Abs. 2 lit. c 1. Spiegelstr. DelVO 2016/1904 nimmt lediglich auf die in Art. 4 Abs. 1 Nr. 10 und 11 i.V.m. Anhang II RL 2014/65/EU vertypten **Anlegergruppen** der Kleinanleger, der professionellen Kunden und der geeigneten Gegenparteien Bezug, in dem die Zugehörigkeit zu einer dieser Kategorien grundsätzlich als ein Aufgreifkriterium benannt wird. Dies spricht dafür, dass Art. 17 VO Nr. 1286/2014 – anders als die PRIIP-VO im Übrigen – nicht allen im Dienste des Kleinanleger- bzw. Privatkundenschutzes steht. Allerdings handelt es sich bei den interventionsgegenständlichen Versicherungsanlageprodukten i.S.v. Art. 4 Nr. 2 VO Nr. 1286/2014 um fonds- und indexgebundene Lebensversicherungen, die jedenfalls unmittelbar nur an natürliche Personen vertrieben werden. Die **Spezifika der Versicherungsanlageprodukte** i.S.v. Art. 4 Nr. 2 VO Nr. 1286/2014 sprechen deshalb dafür, dass die mittels einer Intervention zu schützenden Anleger **vorrangig Verbraucher bzw. private Versicherungsnehmer** sind. Der Kriterienkatalog des Art. 2 Abs. 2 DelVO 2016/1904 verweist auf Gesichtspunkte, die an die Eigenschaften natürlicher Personen anknüpfen und **verbrauchertypisch** sind. Hierzu zählt die Berücksichtigung des Bildungsstands und der Anlageziele einschließlich der Altersvorsorge gem. Art. 2 Abs. 2 lit. c 2. und 4. Spiegelstr. DelVO 2016/1904 (ausf. Art. 16 VO Nr. 1286/2014 Rz. 13 ff.).

17   Gem. Art. 17 Abs. 7 Unterabs. 2 VO Nr. 1286/2014 bedürfen der Grad der Komplexität eines Versicherungsanlageprodukts, sein Volumen, Innovationsgrad und Leverage-Effekt der Konkretisierung. Deshalb bilden ebenso wie im Rahmen von Art. 42 VO Nr. 600/2014 vor allem **produktspezifische Eigenschaften** Bewertungsfaktoren, die insbesondere in Art. 2 Abs. 2 lit. a, d und e DelVO 2016/1904 näher ausgestaltet werden. Daneben kann auch die **Verbreitung eines Versicherungsanlageprodukts** eine Rolle spielen (Art. 2 Abs. 2 lit. b DelVO 2016/1904). Schließlich deutet die Konkretisierungsbedürftigkeit von Leverage-Effekten darauf hin, dass die **Höhe des Verlustrisikos** einen Bewertungsfaktor bildet. **Besonderheiten des Versicherungswesens** können sowohl **risikoverstärkend** als auch **risikomindernd** wirken. Ersteres ist anzunehmen bei (finanziellen) Ausstiegsbarrieren bei einem Lebensversicherungsvertrag (Art. 2 Abs. 2 lit. g DelVO 2016/1904), letzteres bei Vorliegen eines gesetzlichen Versicherungsgarantiesystems oder der Verfügbarkeit von Rückstellungen oder von Rückversicherungsregelungen (Art. 2 Abs. 2 lit. b 10. und 11. Spiegelstr., lit. c 6. Spiegelstr. und lit. k 2. Spiegelstr. DelVO 2016/1904). Zudem soll auch die **Nichtbeachtung bestehender regulatorischer Anforderungen** zu Bedenken Anlass geben können. Dies gilt etwa für den Verkauf von Produkten außerhalb des Zielmarkts oder ohne adäquate Ermittlung desselben (Art. 2 Abs. 2 lit. c 5. Spiegelstr. DelVO 2016/1904) oder für die Tatsache, dass nicht ausreichende oder nicht ausreichend zuverlässige Informationen über ein Versicherungsanlageprodukt zur Verfügung gestellt werden (Art. 2 Abs. 2 lit. d 6. Spiegelstr. DelVO 2016/1904). Dieser Gesichtspunkt gehört indessen systematisch zu Art. 17 Abs. 2 Unterabs. 1 lit. b, der einen Vorrang anderweitiger regulatorischer Anforderungen normiert und die mitgliedstaatlichen Behörden zu deren Vollzug anhält (Rz. 20 ff.).

---

1 Zu § 4b Abs. 2 Nr. 1 WpHG a.F. *Bröker/Machunsky*, BKR 2016, 229, 231.
2 So wohl auch i.E. *Busch*, WM 2017, 409, 416 f. für die vergleichbare Auslegungsfrage zu Art. 21 DelVO 2017/567.

Im Unterschied zu Interventionen zugunsten des Funktionsschutzes und der Finanzstabilität setzt ein Einschreiten der BaFin keine Gefahr für den Anlegerschutz voraus, sondern lässt **erhebliche Bedenken** genügen. Im Sinne der polizeilichen Risikoformel, welche die Höhe des potentiellen Schadens mit der Eintrittswahrscheinlichkeit verknüpft, setzt die bewusste sprachliche Abgrenzung auf der Schadensseite an. Die **Eingriffsschwelle ist hinsichtlich des geforderten Beeinträchtigungsmaßes herabgesetzt**[1]. Da Art. 17 Abs. 2 Unterabs. 2 VO Nr. 1286/2014 die BaFin auch zu vorsorglichen Maßnahmen vor Beginn der Vermarktung eines Produkts befugt, setzt die Erheblichkeit nicht notwendig eine große Zahl Betroffener voraus[2]. Auch ist **keine unmittelbar drohende Gefahr** im polizeirechtlichen Sinne erforderlich[3]. Insbesondere müssen nicht bereits Schäden eingetreten sein[4]. Ein vorsorgliches Einschreiten erfordert allerdings eine höhere Prognosesicherheit hinsichtlich der Wahrscheinlichkeit eines Schadenseintritts[5]. 18

bb) Gefahr für Marktfunktionen und Finanzstabilität. Alternativ zum Anlegerschutz kann gem. Art. 17 Abs. 2 Unterabs. 1 lit. a VO Nr. 1286/2014 eine **Gefahr für das ordnungsgemäße Funktionieren und die Integrität der Finanzmärkte** oder eine **Gefahr für die Stabilität des Finanzsystems oder eines Teils davon in mindestens einem Mitgliedstaat** ein Einschreiten der nationalen Behörde rechtfertigen. Der Tatbestand der Gefährdung der Funktionen und der Integrität der Märkte wird durch Art. 2 Abs. 2 lit. m–o DelVO 2016/1904 konkretisiert. Danach ist zu berücksichtigen, ob eine Versicherungsanlageprodukt auf Grund seiner Merkmale **für Finanzkriminalität** wie insbesondere Geldwäscheaktivitäten **anfällig** ist (lit. m) oder ob es den **Preisbildungsmechanismus** aufgrund einer künstlichen Diskrepanz zwischen den Preisen eines Derivats und den Preisen auf dem zugrunde liegenden Markt **beeinträchtigen kann** (lit. o). Gefährdungen der Finanzstabilität können gem. Art. 2 Abs. 2 lit. p und r DelVO 2016/1904 drohen, wenn ein Versicherungsanlageprodukt ein hohes **Risiko für die Widerstandsfähigkeit von Finanzinstituten, Märkten und Infrastrukturen** birgt oder ein besonderes **Risiko für Zahlungs-, Clearing- und Abwicklungssysteme** hervorruft. Zum Maßstab der Gefahr vgl. Art. 16 VO Nr. 1286/2014 Rz. 19. 19

b) Kein Vorrang anderer regulatorischer Anforderungen (Art. 17 Abs. 2 Unterabs. 1 lit. b VO Nr. 1286/ 2014). Gem. Art. 17 Abs. 2 Unterabs. 1 lit. b VO Nr. 1286/2014 setzt die Zulässigkeit einer Intervention des Weiteren voraus, dass die auf das Versicherungsanlageprodukt anwendbaren regulatorischen Anforderungen des Unionsrechts den festgestellten Risiken nicht hinreichend begegnen und das Problem nicht besser durch eine stärkere Aufsicht oder Durchsetzung der vorhandenen Anforderungen gelöst würde. Während hinsichtlich der in Bezug genommenen anderweitigen regulatorischen Anforderungen für die BaFin dasselbe wie für die EIOPA gilt (vgl. Art. 16 VO Nr. 1286/2014 Rz. 21 f.), wird die **Reichweite des Vorrangs** anderweitiger Anforderungen signifikant anders bestimmt. Ist nämlich die EIOPA bereits an einer Intervention gehindert, wenn sonstige auf das Finanzinstrument anwendbare theoretisch geeignete unionale Anforderungen überhaupt vorhanden sind (Art. 16 VO Nr. 1286/2014 Rz. 23), so kann die nationale Behörde auch dann einschreiten, wenn vorhandene regulatorische Anforderungen den Risiken nicht „hinreichend" begegnen. Hiermit sind grundsätzlich **größere Spielräume für mitgliedstaatliche Interventionen** verbunden[6]. 20

Der BaFin obliegt es zunächst, die **Eignung** („begegnen") **und Effektivität** („hinreichend") **anderer unionaler normativer Anforderungen** zu prüfen. Die Feststellung eines unionalen Gesetzgebungsdefizits ist zwar notwendige, aber nicht ausreichende Bedingung für die Verneinung eines Vorrangs. Vielmehr müssen die mitgliedstaatlichen Behörden **zusätzlich** prüfen, ob den Gefahren oder Bedenken nicht durch eine stärkere Aufsicht oder Durchsetzung der vorhandenen Anforderungen Rechnung getragen werden kann. Die Eignungs- und Effektivitätsprüfung schließt die **Vollzugsebene** ein, um zu verhindern, dass die mitgliedstaatlichen Behörden vorschnell von einem regulatorischen Defizit ausgehen[7]. Neben die materiell-rechtlichen regulatorischen Anforderungen tritt deshalb die **Überprüfung des Einsatzes der repressiven Instrumente der BaFin** zu ihrer Durchsetzung. Die Verfügbarkeit zivilrechtlicher Durchsetzungsmechanismen ist hingegen nicht Gegenstand der Eignungs- und Effektivitätsbewertung[8]. 21

Es besteht Anlass für die Vermutung, dass die **Instrumente zum administrativen Vollzug der regulatorischen Anforderungen schwach** sind und hinter denjenigen zurückbleiben, die das WpHG zur Durchsetzung der An- 22

---

1 Erwägungsgrund 2 DelVO 2016/1904; *Ehlers*, WM 2017, 420, 421 für Art. 42 VO Nr. 600/2014.
2 EIOPA, Technical Advice on criteria and factors to be taken into account in applying product intervention powers v. 29.6. 2015 (EIOPA-15/564), S. 3, begründet hiermit noch den Verzicht auf quantitative Kriterien.
3 Wohl auch *Cahn/Müchler*, BKR 2013, 45, 49 für Art. 42 VO 600/2014.
4 Allgemeinverfügung der BaFin bezüglich CFDs v. 8.5.2017, Gz. VBS 7-Wp 5427-2016/0017 unter B.I.3.
5 So jedenfalls bei Zugrundelegung polizeirechtlicher Maßstäbe, s. *Schenke*, Polizei- und Ordnungsrecht, 9. Aufl. 2016, § 3 Rz. 77 m.w.N.; zugleich könnte es im Vorfeld auch noch an einer ausreichenden Tatsachengrundlage fehlen, so *Bröker/ Machunsky*, BKR 2016, 229, 230; *Ehlers*, WM 2017, 420, 421 betr. Art. 42 VO Nr. 600/2014.
6 So auch *Klingenbrunn*, WM 2015, 316, 319; *Cahn/Müchler*, BKR 2013, 45, 48 für Art. 42 VO Nr. 600/2014.
7 *Klingenbrunn*, WM 2015, 316, 319 für Art. 42 VO Nr. 600/2014 mit dem zusätzlichen Hinweis, dass die Annahme eines regulatorischen Defizits nicht auf die unionsrechtswidrige Nichtumsetzung regulatorischer Anforderungen gestützt werden kann.
8 *Veil*, Bankrechtstag 2017, 2018, S. 159, 171, allerdings bezogen auf das ohnehin öffentlich-rechtliche Regime der Wohlverhaltensregeln nach §§ 63 ff. WpHG.

forderungen an Finanzinstrumente bereitstellt (vgl. Art. 42 VO Nr. 600/2014 Rz. 25). Zwar können in Umsetzung von Art. 24 Abs. 2 VO Nr. 1286/2014 die Pflicht zur **Bereitstellung eines Basisinformationsblatts** durch ein Bündel von Maßnahmen, auch durch die Anordnung der vorübergehenden oder dauerhaften Untersagung des Vertriebs eines Versicherungsanlageprodukts durchgesetzt (§ 308a VAG) und Verstöße zudem als Ordnungswidrigkeit geahndet werden (§ 332 Abs. 4d VAG)[1]. Wegen der **zivilrechtlichen Natur der anlagebezogenen Beratungs- und Informationspflichten** (§§ 1a, 6a, 7a, ggf. i.V.m. § 59 Abs. 1 Satz 2 VVG) können diese aber nicht unmittelbar aufsichtsrechtlich durchgesetzt, sondern nur mittels eines Bußgeldes im Falle eines Verstoßes geahndet werden[2]. Auch bestehen – jenseits der aufsichtsrechtlichen Missstandsgeneralklausel in § 298 VAG – keinerlei Durchsetzungsmechanismen der Beachtung des **internen Produktfreigabeverfahrens** gem. § 23 VAG, das nicht einmal durch einen Ordnungswidrigkeitstatbestand gesichert wird. Zwar sind die Verhaltensgebote zur Offenlegung und Vermeidung von Interessenkonflikten aufsichtsrechtlich gesichert (Rz. 5); allerdings können **Effektivitätseinbußen**, die aus einen **gespaltenen Vollzug** gegenüber Versicherungsunternehmen und Versicherungsvermittlern[3] folgen (Art. 15 VO Nr. 1286/2014 Rz. 10), von der BaFin berücksichtigt werden, weil die gewerberechtliche Regulierung der Versicherungsvermittlung mit den Anforderungen von Art. 3 und 4 RL 2016/97 vereinbar ist. Wenn auch ein kombinatorischer Einsatz verfügbarer Aufsichtsinstrumente durch die BaFin und ggf. die Gewerbeaufsichtsämter den Gefahren nicht hinreichend begegnet, ist Art. 17 Abs. 2 Unterabs. 1 lit. b VO Nr. 1286/2014 erfüllt. Mit dieser Stoßrichtung deckt Art. 17 Abs. 2 Unterabs. 1 lit. b VO Nr. 1286/2014 jedenfalls teilweise die Prüfung der Verhältnismäßigkeit der Maßnahme (Eignung und Erforderlichkeit) ab (Rz. 30 f.).

23 c) **Verhältnismäßigkeit (Art. 17 Abs. 2 Unterabs. 1 lit. c VO Nr. 1286/2014).** Art. 17 Abs. 2 Unterabs. 1 lit. c VO Nr. 1286/2014 verlangt die Verhältnismäßigkeit der beabsichtigten Maßnahme. Die Norm fordert nach deutschem Verständnis eine **tatbestandliche Verhältnismäßigkeitsprüfung**, die ggf. sub specie normativ eingeräumtes Ermessen um eine weitere **rechtsfolgenorientierte Verhältnismäßigkeitsprüfung** zu **ergänzen** ist[4]. Wenn aber schon im Tatbestand des Art. 17 Abs. 2 VO Nr. 1286/2014 Abwägungsgesichtspunkte „verbraucht" werden, hat dies Auswirkungen auf die Gestaltungsspielräume, die noch für die Ermessensausübung verbleiben (Rz. 29 f.).

24 **Gegenstand** der Verhältnismäßigkeitsprüfung ist die beabsichtigte „Maßnahme". Dem liegt schon auf Tatbestandsebene die behördliche Entscheidung voraus, ob ein Versicherungsanlageprodukt oder eine Finanzaktivität verboten oder nur beschränkt werden soll. Art. 17 Abs. 2 Unterabs. 1 lit. c VO Nr. 1286/2014 verlangt für die Feststellung der Verhältnismäßigkeit die Berücksichtigung des Wesens der ermittelten Risiken, des Kenntnisniveaus der betreffenden Anleger oder Marktteilnehmer und der wahrscheinlichen Auswirkungen auf Anleger und Marktteilnehmer. Anders als der für Interventionen der EIOPA maßgebliche Art. 16 Abs. 3 Unterabs. 1 lit. a VO Nr. 1286/2014 (vgl. Art. 16 VO Nr. 1286/2014 Rz. 25) fordert die Vorschrift eine **umfassende Interessenabwägung**, die mit den Interessen der Marktteilnehmer insbesondere auch die Belange der von einem Verbot oder einer Beschränkung betroffenen Versicherungsvermittler und Versicherungsunternehmen in den Blick nimmt. Sie setzt auf den behördlichen Feststellungen zur Eignung und Erforderlichkeit einer Intervention gem. Art. 17 Abs. 2 Unterabs. 1 lit. b VO Nr. 1286/2014 auf (Rz. 21 f.).

25 Das Wesen der Risiken bezieht sich auf die Art der Gefährdungen für die Schutzgüter Anleger- und Funktionsschutz. Mit dem abwägungsbeachtlichen **Kenntnisniveau der betreffenden Anleger** wird der BaFin eine **konkrete Betrachtung** des jeweiligen Produktmarktes abverlangt. Wird davon ausgegangen, dass Versicherungsanlageprodukte i.s.v. § 4 Nr. 2 VO Nr. 1286/2014 primär von natürlichen Personen erworben werden, so ist gleichwohl zweifelhaft, ob das normativ verfestigte Leitbild des Privatkunden i.S.v. § 67 Abs. 3 WpHG dem geforderten Maßstab gerecht wird, da die Privatkunden hinsichtlich ihres Kenntnisniveaus eine sehr heterogene Gruppe bilden, weshalb im Schrifttum Forderungen nach einer **differenzierenden Untergruppenbildung** erhoben werden[5]. Die in die Abwägung einzustellenden und zu gewichtenden **wahrscheinlichen Wirkungen eines Verbots oder einer Beschränkung** betreffen sowohl die Anleger als auch die sonstigen Marktteilnehmer. Die Verkleinerung des Anlageuniversums kann als „Zwangsschutz von nicht Schutzbedürftigen"[6] ein **Eingriff in die Privatautonomie der Anleger (Art. 7 GRCh)** sein. Die Intensität der Wirkung von Erwerbsverboten hängt davon ab, inwieweit den betroffenen Anlegern weiterhin eine ausreichende Auswahl an Finanzprodukten

---

1 Für gewerbliche Versicherungsvermittler bedarf es für entsprechende Maßnahmen der Gewerbeaufsichtsbehörden noch einer verordnungsrechtlichen Regelung nach § 34e Abs. 1 Satz 1 Nr. 7 GewO.
2 § 332 Abs. 3 Nr. 3b und 3c VAG für Versicherungsunternehmen und § 147c GewO für gewerberechtlich beaufsichtigte Versicherungsvermittler.
3 Die gewerberechtliche Aufsicht über Versicherungsvermittler ist zudem nochmals aufgeteilt zwischen einer Marktzugangskontrolle der örtlich zuständigen IHKs und der laufenden Aufsicht durch die Gewerbeaufsichtsbehörden; zu Defiziten *Beenken*, ZfV 2015, 747, 750; *Reiff*, VersR 2015, 649, 655; s.a. *Rüll*, VuR 2017, 128.
4 So auch die BaFin zu § 4b WpHG a.F., Allgemeinverfügung der BaFin bezüglich CFDs v. 8.5.2017, Gz. VBS 7-Wp 5427-2016/0017 unter B.I.4 und B.II; s.a. Anhörung zur Allgemeinverfügung bezüglich sog. „Bonitätsanleihen" v. 28.7.2016, Gz. VBS 7-Wp 5427-2016/0019 unter 2.c und d.
5 *Buck-Heeb*, BKR 2017, 89, 97 f.; *Buck-Heeb*, JZ 2017, 279, 283 f.; *Buck-Heeb*, ZHR 176 (2012), 66, 87 ff.; s. auch *Mülbert*, ZHR 177 (2013), 160, 178 ff.; *Gläßner*, Die Beschränkung des Vertriebs von Finanzprodukten, S. 302.
6 *Buck-Heeb*, BKR 2017, 89, 98.

zur Verfügung steht, die auch das Anlegerinteresse an einer Risikodiversifizierung befriedigen[1]. Sie ist zudem in Beziehung zu setzen zu dem Ziel des Schutzes anderer Gruppen von Anlegern. Die abwägungsbeachtlichen Wirkungen auf Marktteilnehmer betreffen primär die Belange der **Versicherungsunternehmen und Versicherungsvermittler**. Beschränkungen und Verbote treffen sie in ihrer **Berufsfreiheit (Art. 15 GRCh)** bzw. bei juristischen Personen in ihrer **Unternehmensfreiheit (Art. 16 GRCh)**[2]. Auch ihre Interessen sind nicht isoliert zu würdigen, vielmehr der Grundrechtseingriff in Bezug zu setzen zur Gewichtigkeit des Anleger- oder Funktionsschutzes. Sofern ein Marktteilnehmer sich auf den Vertrieb des nunmehr beschränkten Produkts spezialisiert hat, ist der Eingriff besonders intensiv. Die gebotene Verhältnismäßigkeit des Eingriffs kann dann erfordern, dass dem Unternehmen Umstellungsfristen eingeräumt werden[3].

d) **Diskriminierungsverbot (Art. 17 Abs. 2 Unterabs. 1 lit. e VO Nr. 1286/2014).** Gem. Art. 17 Abs. 2 Unterabs. 1 lit. e VO Nr. 1286/2014 darf sich die behördliche Maßnahme nicht diskriminierend auf Dienstleistungen und Tätigkeiten auswirken, die von einem anderen Mitgliedstaat aus erbracht werden. Das ohnehin kraft Primärrecht geltende Diskriminierungsverbot (Art. 56, 57 Abs. 3 AEUV) erhält seine Relevanz aus dem räumlichen Anwendungsbereich der mitgliedstaatlichen Interventionsbefugnis. Da nämlich die BaFin auch den Vertrieb von Versicherungsanlageprodukten beschränken kann, die im Wege des **grenzüberschreitenden Dienstleistungsverkehrs** in Deutschland angeboten werden (Rz. 9), darf sie grenzüberschreitend angebotene Versicherungsanlageprodukte nicht anders behandeln als solche, die nur innerstaatlich vermarktet werden.   26

2. **Verfahrensrechtliche Voraussetzungen.** Gem. Art. 17 Abs. 2 Unterabs. 1 lit. d VO Nr. 1286/2014 muss die nationale Behörde die **zuständigen Behörden anderer Mitgliedstaaten und von EWR-Staaten**, die von einem Verbot erheblich betroffen sein können, **angemessen anhören**. Im Unterschied zum grenzüberschreitenden Informationsverfahren nach Art. 17 Abs. 3 und 4 VO Nr. 1286/2014, das alle Mitgliedstaaten einbezieht (Rz. 31), beschränkt sich das Anhörungsgebot auf erheblich betroffene Behörden. Wegen des extraterritorialen Anwendungsbereichs der mitgliedstaatlichen Interventionsbefugnis (Rz. 9 ff.) ist zum einen von einer **erheblichen Betroffenheit** auszugehen, wenn das Verbot oder die Beschränkung ein Versicherungsanlageprodukt betrifft, das aus dem betreffenden Mitgliedstaat im Wege des grenzüberschreitenden Dienstleistungsverkehrs in Deutschland angeboten wird. Zum anderen liegt eine Berührung nahe, wenn die Interventionsmaßnahme ein Produkt betrifft, das aus Deutschland in dem betreffenden Mitgliedstaat vermarktet wird. Eine angemessene Anhörung erfordert eine Gelegenheit zur Stellungnahme vor Erlass der Maßnahme.   27

Art. 17 Abs. 2 VO Nr. 1286/2014 regelt nicht das **Anhörungsrecht der von einem Verbot oder einer Beschränkung Betroffenen**. Jedoch gewährt schon **Art. 41 Abs. 2 lit. a GRCh** das Recht jeder Person auf Anhörung vor Erlass einer für sie nachteiligen individuellen Maßnahme. Mit dem Merkmal der individuellen Maßnahme soll allein ein Anhörungsgebot vor dem Erlass von Rechtsnormen ausgeschlossen werden[4]. Deshalb muss die BaFin ungeachtet der Frage, ob eine Produktintervention auf ein individuelles Unternehmen abzielt oder als Allgemeinverfügung generelle Wirkung hat (Rz. 34), allen betroffenen Unternehmen eine Gelegenheit zur Äußerung geben. Insbesondere kann sie nicht nach § 28 Abs. 2 Nr. 4 VwVfG von einer Anhörung absehen.   28

3. **Ermessen.** Art. 17 Abs. 1 VO Nr. 1286/2014 stellt eine Produktintervention in das Ermessen der mitgliedstaatlichen Behörde. Ein Ermessensfehlgebrauch kann insbesondere angenommen werden, wenn die Behörde die Anforderungen des auch in der GRCh verankerten Verhältnismäßigkeitsprinzips[5] verkannt hat. Es könnte indes erwogen werden, dass die für die Verhältnismäßigkeit einer Interventionsmaßnahme entscheidenden Gesichtspunkte bereits tatbestandlich konsumiert sind, wenn die BaFin sowohl die Eignung und Erforderlichkeit einer Maßnahme nach Art. 17 Abs. 2 Unterabs. 1 lit. b VO Nr. 1286/2014 als auch deren Verhältnismäßigkeit i.e.S. gem. Art. 17 Abs. 2 Unterabs. 1 lit. c VO Nr. 1286/2014 bejaht hat. Eine derartige Konstellation des sog. **intendierten Ermessens** mit der Folge einer Ermessensreduktion[6] ist aber **unionsrechtlich nicht gefordert** und auch in der Sache **abzulehnen**, da das Prüfprogramm von Art. 17 Abs. 2 Unterabs. 1 lit. b und c VO Nr. 1286/2014 nicht alle ermessensrelevanten Umstände abarbeitet.   29

Über die von Art. 17 Abs. 2 Unterabs. 1 lit. c VO Nr. 1286/2014 genannten abwägungsbeachtlichen Interessen hinaus sind die **Auswirkungen einer Intervention auf die Finanzmärkte** in Rechnung zu stellen. Produktinterventionen können je nach ihrem Zuschnitt die Marktpreisbildung beeinflussen und zu Wettbewerbsverzer-   30

---

1 Zu diesem Gesichtspunkt *Moloney*, EBOR 13 (2012), 169, 192; *Mülbert*, ZHR 177 (2013), 160, 201 ff.
2 Zur Abgrenzung von Art. 15 und 16 GRCh *Kingreen* in Calliess/Ruffert, EUV/AEUV, 5. Aufl. 2016, Art. 15 GRCh Rz. 8; *Jarass*, 3. Aufl. 2016, Art. 15 GRCh Rz. 15.
3 So auch die auf § 4b WpHG gestützte Allgemeinverfügung der BaFin bezüglich CFDs v. 8.5.2017, Gz. VBS 7-Wp 5427-2016/0017 unter B.I.4.2.3 betr. CFDs.
4 EuGH v. 17.3.2011 – C-221/09, ECLI:EU:C:2011:153 – AJD Tuna, Slg. 2011, I-1710 Rz. 49; *Ruffert* in Calliess/Ruffert, EUV/AEUV, 5. Aufl. 2016, Art. 41 GRCh Rz. 7, 14.
5 EuGH v. 6.9.2012 – C-544/10, ECLI:EU:C:2012:526 – Deutsches Weintor, EuZW 2012, 828 Rz. 54; s. auch *Ruffert* in Calliess/Ruffert, EUV/AEUV, 5. Aufl. 2016, Art. 15 GRCh Rz. 16 ff.
6 Dazu BVerwG v. 5.7.1985 – 8 C 22/83, BVerwGE 71, 1, 6; BVerwG v. 16.6.1997 – 3 C 22/96, BVerwGE 105, 55, 57 f.; BVerwG v. 26.6.2002 – 8 C 30/01, BVerwGE 116, 332, 337.

Art. 17 VO Nr. 1286/2014 | [Produktinterventionsbefugnis der zuständigen mitgliedstaatlichen Behörde]

rungen führen[1]. Überdies können sie sich hemmend auf die Produktinnovation auswirken[2]. Vor einer Verbots- oder Beschränkungsmaßnahme muss zudem – über die Anforderungen von Art. 17 Abs. 2 Unterabs. 1 lit. b VO Nr. 1286/2014 hinausgehend – die Suche nach weiteren geeigneten und wirksamen Instrumenten zur Problemlösung stehen. Unter Beachtung des Diskriminierungsverbots kann etwa erwogen werden, ob **im nationalen Recht verfügbare Aufsichtsinstrumente** gleichermaßen effektiv das konstatierte Risiko bekämpfen. So ist etwa zu erwägen, ob die Regelungen für die Zusammenarbeit von Versicherungsunternehmen und Versicherungsvermittlern nach §§ 48 ff. VAG denkbare Effektivitätseinbußen eines gespaltenen Vollzugs (Rz. 21 f.) kompensieren können[3]. Auch unterhalb einer förmlichen Intervention bleibende Optionen wie insbesondere die Aushandlung **verbandlicher Selbstbeschränkungsabkommen** zu Vertriebsmodalitäten müssen in Betracht gezogen werden, wenn und solange sie gleichermaßen wirksam den festgestellten Gefahren begegnen[4].

31 **V. Grenzüberschreitendes Informationsverfahren (Art. 17 Abs. 3 und 4 VO Nr. 1286/2014).** Die BaFin muss gem. Art. 17 Abs. 3 VO Nr. 1286/2014 spätestens einen Monat vor Wirksamwerden einer Intervention **alle anderen beteiligten Behörden** und die **EIOPA** von der Maßnahme in Kenntnis setzen. Nicht gänzlich geklärt ist, ob die „Beteiligung" einer Behörde eine nähere Qualifikation verlangt, zumal ein derartiges Erfordernis in Art. 42 VO Nr. 600/2014 nicht normiert wurde. Die abweichende Wortwahl für das Anhörungserfordernis gem. Art. 17 Abs. 2 Unterabs. 1 lit. d VO Nr. 1286/2014 („erheblich betroffen") legt nahe, dass eine Informationspflicht nicht nur gegenüber denjenigen Behörden besteht, aus deren Staat das Produkt vermarktet wird oder in dem es verkauft werden soll. Für eine umfassende Informationspflicht spricht auch Art. 17 Abs. 4 VO Nr. 1286/2014, der für den Fall einer zeitlich verkürzten Information (Rz. 31) alle anderen zuständigen Behörden einbezieht. Deshalb sind auch im Verfahren nach Art. 17 Abs. 3 VO Nr. 1286/2014 **die zuständigen Behörden aller anderen Mitgliedstaaten und EWR-Staaten** zu informieren. Die Information umfasst die Bezeichnung des Versicherungsanlageprodukts oder der Finanzpraxis, den genauen Inhalt der beabsichtigten Maßnahme und den Zeitpunkt ihres Inkrafttretens sowie die Nachweise, auf welche die BaFin die Erfüllung der Voraussetzungen des Art. 17 Abs. 2 VO Nr. 1286/2014 stützt. Das grenzüberschreitende Informationsverfahren löst das europäische Koordinierungsverfahren gem. Art. 18 VO Nr. 1286/2014 aus. Es ist **keine Anhörung**, die ein Gebot einer Äußerungsmöglichkeit auslöste. Das Anhörungsrecht ist vielmehr den von einem Verbot betroffenen Behörden anderer Mitgliedstaaten vorbehalten (Rz. 27).

32 Die Information umfasst die Bezeichnung des Versicherungsanlageprodukts oder der Finanzpraxis, den genauen Inhalt der beabsichtigten Maßnahme und den Zeitpunkt ihres Inkrafttretens sowie die Nachweise, auf welche die Behörde die Erfüllung der Voraussetzungen des Art. 17 Abs. 2 VO Nr. 1286/2014 stützt. In zeitlicher Hinsicht muss die Maßnahme mindestens einem Monat vor ihrem intendierten Wirksamwerden notifiziert werden. Da sich die Information auf die „vorgeschlagene" Maßnahme bezieht, ist der entsprechende **Maßnahmeentwurf** zu übermitteln.

33 In **Ausnahmefällen** kann die Informationsfrist nach Art. 17 Abs. 4 VO Nr. 1286/2014 auf **24 Stunden** verkürzt werden, um mittels dringender Maßnahmen Schäden abzuwenden. In diesem Fall ist im Informationsverfahren zusätzlich nachzuweisen, dass auf die Risiken bei Wahrung einer einmonatigen Notifikationsfrist nicht angemessen reagiert werden kann. Zudem darf die BaFin gem. Art. 17 Abs. 4 Satz 2 VO Nr. 1286/2014 nur **befristet für eine Dauer von drei Monaten** tätig werden.

34 **VI. Bekanntgabe von Interventionsmaßnahmen (Art. 17 Abs. 5 VO Nr. 1286/2014).** Art. 17 Abs. 5 VO Nr. 1286/2014 verpflichtet die BaFin zur Bekanntgabe von Beschlüssen. Art. 17 VO Nr. 1286/2014 macht keine Vorgaben zur **Rechtsform einer Intervention**. Sofern die BaFin ein Versicherungsanlageprodukt oder eine bestimmte finanzielle Tätigkeit eines individuellen Versicherungsunternehmens verbietet oder beschränkt, handelt sie in der Form eines individuellen Verwaltungsakts. Fraglich ist hingegen die Rechtsnatur von Interventionsmaßnahmen, die Versicherungsanlageprodukte einer Vielzahl von Anbietern und Vermittlern betreffen. Die Qualifikation als Allgemeinverfügung ist zweifelhaft, weil weder der Adressatenkreis zum Zeitpunkt des Erlasses der Maßnahme geschlossen ist noch wegen des Anknüpfens in Art. 17 Abs. 2 Unterabs. 1 lit. a VO Nr. 1286/2014 an eine abstrakte Gefahr im Einzelfall geregelt wird, die Regelung mithin generell-abstrakt ist (ausf. § 15 WpHG Rz. 22 ff.). Für Interventionen betreffend Finanzinstrumente nach Art. 42 VO Nr. 600/2014 folgt aus der Regelungssystematik des entsprechend anwendbaren § 15 WpHG, dass der Gesetzgeber Interventionsmaßnahmen gleichwohl als **Allgemeinverfügungen sui generis** verstanden wissen wollte (§ 15 WpHG Rz. 26). Auch wenn eine vergleichbare legislative Äußerung für Interventionen auf der Grundlage von Art. 17 VO Nr. 1286/2014 fehlt, ist die Qualifikation als Allgemeinverfügung vertretbar, weil und soweit sie einen i.S.v. Art. 47 GRCh effektiven Rechtsschutz ermöglicht.

---

1 *Mülbert*, ZHR 177 (2013), 160, 201.
2 *Köndgen*, BKR 2011, 283, 286; *Moloney*, EBOR 13 (2012), 169, 192.
3 S. auch Rundschreiben 10/2014 (A) der BaFin, Zusammenarbeit mit Versicherungsvermittlern, Risikomanagement im Vertrieb v. 23.12.2014, Gz. VA-35-I 4105-2014/0049.
4 *Veil*, Bankrechtstag 2017, S. 159, 172 f.; s. auch die Erwägung in der auf § 4b WpHG a.F. gestützten Allgemeinverfügung der BaFin bezüglich CFDs v. 8.5.2017, Gz. VBS 7-Wp 5427-2016/0017 unter B.II.2.

Gem. Art. 17 Abs. 5 VO Nr. 1286/2014 ist die BaFin zur **Bekanntgabe** der Interventionsmaßnahme auf ihrer 35
Webseite verpflichtet, in der die Einzelheiten des Verbots erläutert und der Zeitpunkt des Wirksamwerdens der
Maßnahme mitgeteilt wird. Diese Bekanntgabe ist nicht gleichbedeutend mit der Bekanntmachung zum Zwecke der öffentlichen Bekanntgabe als Wirksamkeitsvoraussetzung einer Allgemeinverfügung[1], die für die BaFin
in § 17 Abs. 2 FinDAG näher ausgestaltet wird. Die öffentliche Bekanntgabe wirkt grundsätzlich **weltweit**[2].
Deshalb wird eine Allgemeinverfügung auch gegenüber denjenigen Versicherungsunternehmen wirksam, die
von einem anderen Mitgliedstaat oder EWR-Staat aus im Wege des grenzüberschreitenden Dienstleistungsverkehrs Versicherungsanlageprodukte in Deutschland vermarkten. Das Verbot oder die Beschränkung kann indes
keine Rückwirkung entfalten. Es gilt gem. Art. 17 Abs. 5 Satz 2 VO Nr. 1286/2014 nur für Maßnahmen, die
zeitlich nach der Veröffentlichung ergriffen wurden.

Probleme wirft allerdings die Bestimmung des Kreises der **Adressaten** einer Intervention auf. Die durch § 295 36
Abs. 1 Nr. 2 VAG eröffnete Vollzugszuständigkeit für die PRIIP-VO ist der BaFin als der nach dem VAG primär zuständigen Aufsichtsbehörde nur im Hinblick auf die der Aufsicht nach dem VAG unterliegenden Versicherungsunternehmen eingeräumt worden. Aus der Vorschrift folgt deshalb keine Zuständigkeit für ein Vorgehen gegen gewerbliche Versicherungsvermittler (Art. 15 VO Nr. 1286/2014 Rz. 9 f.). Zwar enthält das VAG
verschiedentlich Vorschriften, in denen Versicherungsvermittler in den Aufsichtsrahmen einbezogen werden,
soweit dies für die Beaufsichtigung der Versicherungsunternehmen erforderlich ist (§§ 305 Abs. 2 Nr. 1, 306
Abs. 2 Satz 1 Nr. 1 VAG). Es fehlt allerdings für den Versicherungsbereich an einer § 15 Abs. 1 Satz 2 WpHG
entsprechenden Vorschrift, die zur Erstreckung von Interventionsmaßnahmen auf „jedermann" ermächtigt
(§ 15 WpHG Rz. 20 f.; Art. 42 VO Nr. 600/2014 Rz. 40). Eine Interventionsbefugnis gegenüber Versicherungsvermittlern folgt auch nicht unmittelbar aus Art. 17 VO Nr. 1286/2014, da der BaFin insoweit schon die Sachkompetenz fehlt. Im Ergebnis können sich deshalb de lege lata Verbote oder Beschränkungen der BaFin zum
Vertrieb von Versicherungsanlageprodukten **nur gegen Versicherungsunternehmen** richten. Diese müssen
dann ggf. nach §§ 48 ff. VAG auf den Vertrieb einwirken.

Gem. Art. 17 Abs. 2 Unterabs. 2 Satz 2 VO Nr. 1286/2014 kann die mitgliedstaatliche Behörde für die Maß- 37
nahme Modalitäten oder Ausnahmen festlegen. Dies geschieht rechtstechnisch durch **Nebenbestimmungen**
i.S.v. § 36 Abs. 2 VwVfG. Da Auflagen und Auflagenvorbehalte nur begünstigenden Verwaltungsakten beigefügt werden dürfen[3], kommen allein **Bedingungen**, **Befristungen** oder ein **Widerrufsvorbehalt** in Betracht.
Letzterer könnte sinnvoll sein, um im Fall einer gem. Art. 16 Abs. 7 VO Nr. 1286/2014 vorrangigen Intervention der EIOPA schnell reagieren zu können[4]. Hingegen besteht für die BaFin anders als für die EIOPA **keine
Pflicht zu einer Befristung von Interventionen**, wenn dies nicht im konkreten Fall aus Gründen der Verhältnismäßigkeit geboten ist.

VII. Widerruf von Interventionsmaßnahmen (Art. 17 Abs. 6 VO Nr. 1286/2014).
Nach Art. 17 Abs. 6 VO 38
Nr. 1286/2014 widerruft die Behörde die Interventionsmaßnahme, wenn die Voraussetzungen für ihren Erlass
nicht mehr vorliegen. Da nach dem eindeutigen Wortlaut eine Widerrufspflicht besteht[5], verfügt die BaFin in
Abweichung von § 49 Abs. 1 VwVfG über **kein Widerrufsermessen**. Diese Konsequenz rechtfertigt sich unter
rechtsstaatlichen Gesichtspunkten aus den Wirkungen einer als Allgemeinverfügung erlassenen Interventionsmaßnahme. Werden nämlich von dieser – mit quasi-normativer Wirkung – auch Unternehmen erfasst, die
zum Zeitpunkt des Erlasses noch nicht auf dem entsprechenden Produktmarkt tätig waren, so gebietet der Anspruch auf effektiven Rechtsschutz gem. Art. 47 GRCh, dass den von einem Verbot Betroffenen im Fall der Bestandskraft der Allgemeinverfügung jederzeit in Gestalt eines „**Wiederaufgreifensanspruchs**" die Rüge offenstehen muss, dass die Voraussetzungen eines Verbots nicht mehr vorliegen (Rz. 34; § 15 WpHG Rz. 25, 31).

VIII. Erlass delegierter Rechtsakte (Art. 17 Abs. 7 VO Nr. 1286/2014).
Art. 17 Abs. 7 VO Nr. 1286/2014 er- 39
mächtigt die Kommission, im Verfahren nach Art. 30 VO Nr. 1286/2014 delegierte Rechtsakte anzunehmen.
Gem. Art. 30 Abs. 2 VO Nr. 1286/2014 wird der Kommission die Befugnis ab dem 30.12.2014 auf unbestimmte
Zeit übertragen. Die Übertragung kann vom Europäischen Parlament und vom Rat nach Art. 30 Abs. 3 VO
Nr. 1286/2014 jederzeit widerrufen werden. Die Gültigkeit bereits erlassener delegierter Rechtsakte wird aber
durch einen Widerruf nicht berührt (Art. 30 Abs. 3 Satz 4 VO Nr. 1286/2014). Ein delegierter Rechtsakt tritt
nur in Kraft, wenn weder das Europäische Parlament noch der Rat binnen drei Monate nach Übermittlung des
Rechtsakts Einwände erhoben haben (Art. 30 Abs. 5 VO Nr. 1286/2014). Mit diesen Vorgaben hat der Europäische Gesetzgeber **ausgestaltende Vorgaben** für die Befugnis zum Erlass delegierter Rechtsakte i.S.v. **Art. 290
Abs. 2 AEUV** getroffen. Sie sollen vor allem sicherstellen, dass die Kommission die Grenzen einer Befugnis-

---

1 S. auch die differenzierende Bezeichnung der Bekanntmachung der Allgemeinverfügung der BaFin bezüglich sog. CFDs
   v. 8.5.2017, Gz. VBS 7-Wp 5427-2016/0017; für eine Gleichsetzung hingegen *Ehlers*, WM 2017, 420, 423.
2 *U. Stelkens* in Stelkens/Bonk/Sachs, 9. Aufl. 2018, § 41 VwVfG Rz. 138 m.w.N.
3 *U. Stelkens* in Stelkens/Bonk/Sachs, 9. Aufl. 2018, § 36 VwVfG Rz. 7.
4 Auf § 4b WpHG a.F. gestützte Allgemeinverfügung der BaFin bezüglich sog. CFDs v. 8.5.2017, Gz. VBS 7-Wp 5427-
   2016/0017: Widerrufsvorbehalt für den Fall einer unionsweiten CFD-Regulierung.
5 S. auch die engl. Sprachfassung: „The competent authority *shall* revoke …".

übertragung, nämlich i.S.v. Art. 290 Abs. 1 AEUV nur Ergänzungen oder Änderungen nicht wesentlicher Vorschriften vorzunehmen, beachtet. Mit der „einfachen" Delegation ist das **Verfahren zum Erlass technischer Regulierungsstandards gem. Art. 10 ff. VO Nr. 1094/2010 ausgeschlossen**. Dieses Verfahren, das von der Kommission kritisiert[1] und von Teilen des Schrifttums als primärrechtswidrig angesehen wird[2], hätte der EIOPA den Entwurf der Vorschriften anvertraut.

40   **Gegenstand der Ermächtigung** ist gem. Art. 17 Abs. 7 Unterabs. 1 VO Nr. 1286/2014 eine Konkretisierung der Anforderungen von Art. 17 Abs. 2 Unterabs. 1 lit. a VO Nr. 1286/2014, d.h. der Faktoren und Kriterien, wann erhebliche Bedenken für den Anlegerschutz oder Gefahren für den Funktionsschutz oder die Finanzstabilität vorliegen. Die Art der Kriterien wird durch einen beispielhaften Katalog in Art. 17 Abs. 7 Unterabs. 2 VO Nr. 1286/2014 benannt. Diese betreffen den Grad der Komplexität des Versicherungsanlageprodukts und den Bezug zu der Art von Anlegern, das Volumen und den Nominalwert, den Innovationsgrad und den Leverage-Effekt. Ungeachtet der nicht abschließenden Natur des Katalogs hat der europäische Gesetzgeber mit dem Gebot zur Konkretisierung von Art. 17 Abs. 2 Unterabs. 1 lit. a VO Nr. 1286/2014 ausreichend sichergestellt, dass die **Anforderungen des Art. 290 Abs. 1 AEUV gewahrt** werden, da die delegierte Rechtssetzung allein dem Erlass von Vorschriften in dem durch den Basisrechtsakt festgelegten Rahmen gestattet ist[3].

41   Die Kommission hat von der Ermächtigung durch **Art. 2 DelVO 2016/1904** Gebrauch gemacht, der auf Ersuchen der Kommission gem. Art. 34 Abs. 1 VO Nr. 1094/2010 durch einen technischen Ratschlag der EIOPA vorbereitet wurde[4]. Hierbei war und ist die Kommission gehalten, die Grenzen der Ermächtigungsgrundlage einzuhalten. Zwar hat die Kommission teilweise an über Art. 16 Abs. 8 Unterabs. 2 VO Nr. 1286/2014 hinausgehende Kriterien angeknüpft, z.B. mit Faktoren zur Beurteilung der Transparenz eines Versicherungsanlageprodukts in Art. 2 Abs. 2 lit. d VO Nr. 1286/2014 (ausf. Rz. 17 ff.). Soweit ersichtlich, dienen aber alle Kriterien und Vorgaben der Konkretisierung der Gefährdung der Schutzgüter des Art. 16 Abs. 2 Unterabs. 1 lit. a VO Nr. 1286/2014.

42   **IX. Durchsetzung und Rechtsschutz. 1. Behördliche Durchsetzung.** Die BaFin kann die Verfügungen nach § 17 Abs. 1 FinDAG nach Maßgabe des VwVG **vollstrecken**. Für ein Zuwiderhandeln gegen eine Interventionsmaßnahme sieht allerdings weder das Unionsrecht noch das nationale Recht Sanktionsmaßnahmen vor. Damit bleibt die Interventionsbefugnis in ihrer Durchsetzungsstärke deutlich hinter dem MiFIR-Vorbild zurück (vgl. Art. 42 VO Nr. 600/2014 Rz. 47 f.). Soweit die Durchsetzung eines Verbots oder einer Beschränkung Produkte oder Tätigkeiten betrifft, die im Wege des **grenzüberschreitenden Dienstleistungsverkehrs** in Deutschland angeboten werden, kann innerstaatlich das Verbot durchgesetzt werden, selbst wenn dies z.B. im Fall eines Online-Angebots an deutsche Kunden zur Konsequenz hat, dass das Angebot über den deutschen Raum hinaus eingestellt werden müsste[5]. Allerdings ist eine **Durchsetzung im Ausland** wegen des völkerrechtlichen **Territorialitätsprinzips** nicht möglich. Dies gilt nicht nur für Unternehmen aus Drittstaaten, sondern auch für Aktivitäten von Versicherungsunternehmen aus der EU und EWR-Mitgliedstaaten. Bei diesen ist die Bundesanstalt auf die Gewährung von Amtshilfe durch die Behörden des Herkunftsstaats gem. Art. 20 VO Nr. 1286/2014 verwiesen.

43   **2. Rechtsschutz.** Gegen Verbote und Beschränkungen der BaFin stehen den Betroffenen **Widerspruch** und **Anfechtungsklage** zur Verfügung. Den Rechtsbehelfen kommt **aufschiebende Wirkung** zu, wenn die BaFin nicht gem. § 80 Abs. 2 Satz 1 Nr. 4 VwGO die sofortige Vollziehbarkeit anordnet hat. Der Gesetzgeber hat für Rechtsbehelfe gegen Interventionsmaßnahmen betreffend Versicherungsanlageprodukte auf eine § 15 Abs. 2 WpHG vergleichbare Regelung verzichtet, die für auf Art. 42 VO Nr. 600/2014 gestützte Produktinterventionen die sofortige Vollziehbarkeit anordnet. Insbesondere folgt die sofortige Vollziehbarkeit auch nicht aus § 310 Abs. 2 VAG. Wenn dort der Ausschluss der aufschiebenden Wirkung für auf § 298 i.V.m. § 295 VAG gestützte Maßnahmen angeordnet wird, so wird damit zwar die Zuständigkeit der BaFin für die Durchführung der PRIIP-VO nach § 295 Abs. 1 Nr. 2 VAG angesprochen. Allerdings sind nur Anordnungen zur Durchsetzung der PRIIP-VO erfasst, die ihre Ermächtigungsgrundlage in der Generalklausel des § 298 VAG finden[6]. Unmittelbar auf Art. 17 VO Nr. 1286/2014 beruhende Interventionen gehören nicht dazu.

44   Art. 15 und 16 GRCh fordern einen **Abwehrrechtsschutz** der von einem Verbot oder einer Beschränkung betroffenen Unternehmen, der mit der Anfechtungsklage vor dem VG geltend zu machen ist. Zudem können sie

---

1 Erklärung der Kommission zum Vorschlag der ESA-Verordnungen, COM (2009) 501 final, COM (2009) 502 final, COM (2009) 503 final v. 23.9.2009.
2 *Fabricius*, Der Technische Regulierungsstandard für Finanzdienstleistungen, Beiträge zum Transnationalen Wirtschaftsrecht, Heft 124/2013, S. 65 ff.; *Michel*, Institutionelles Gleichgewicht und EU-Agenturen, S. 233 ff.
3 Dazu *Ruffert* in Calliess/Ruffert, EUV/AEUV, 5. Aufl. 2016, Art. 290 AEUV Rz. 9 f.; *Gellermann* in Streinz, EUV/AEUV, 2. Aufl. 2012, Art. 290 AEUV Rz. 6.
4 EIOPA, Technical Advice on criteria and factors to be taken into account in applying product intervention powers v. 29.6.2015 (EIOPA-15/564).
5 OVG Nordrhein-Westfalen v. 30.10.2009 – 13 B 736/09, DVBl. 2010, 129 betr. Internetglücksspiel; Niedersächsisches OVG v. 14.3.2017 – 11 M.E. 236/16, NVwZ-RR 2017, 616 Rz. 41 betr. Internetauktionen.
6 So auch Begr. RegE des Gesetzes zur Verringerung der Abhängigkeit von Ratings, BT-Drucks. 18/1774, 25, für das Verhältnis von § 64c VAG a.F. (§ 295 Abs. 1 Nr. 1 VAG) und § 81 VAG a.F. (§ 298 VAG).

im Wege der **Verpflichtungsklage** die **Aufhebung eines Verbots oder einer Beschränkung** verlangen, wenn deren Voraussetzungen nicht mehr vorliegen. Für die jeweilige Prüfung der Voraussetzungen kommt der BaFin ungeachtet der bestehenden Abwägungsspielräume **keine** gerichtlich nur beschränkt überprüfbare **Beurteilungsermächtigung** zu (ausf. Art. 42 VO Nr. 600/2014 Rz. 50 f.). **Dritte**, namentlich Anleger, haben **keinen Anspruch auf ein aufsichtsbehördliches Einschreiten** bzw. auf eine Ermessensentscheidung über den Erlass einer Interventionsmaßnahme. Hiergegen spricht systematisch, dass sowohl die EIOPA (Art. 1 Abs. 6 Unterabs. 4 VO Nr. 1094/2010) als auch die BaFin (§ 17 Abs. 4 FinDAG) nur im öffentlichen Interesse tätig wird. Auch der Umstand, dass eine Intervention gem. Art. 17 Abs. 2 Unterabs. 2 VO Nr. 1286/2014 schon präventiv vor einer beabsichtigten Vermarktung ergehen kann, spricht dafür, dass die Norm nur dem institutionellen Anlegerschutz dient[1].

Art. 18 [Koordination und Vermittlung der EIOPA bei Maßnahmen der zuständigen Behörden]

(1) Bei Maßnahmen der zuständigen Behörden gemäß Artikel 17 spielt die EIOPA die Rolle des Vermittlers und Koordinators. Insbesondere stellt die EIOPA sicher, dass eine von einer zuständigen Behörde ergriffene Maßnahme gerechtfertigt und verhältnismäßig ist und dass die zuständigen Behörden gegebenenfalls einen kohärenten Ansatz wählen.

(2) Nach Erhalt der Mitteilung nach Artikel 17 in Bezug auf eine im Sinne dieses Artikels zu ergreifende Maßnahme gibt die EIOPA eine Stellungnahme ab, in der sie klärt, ob das Verbot oder die Beschränkung gerechtfertigt und verhältnismäßig ist. Hält die EIOPA Maßnahmen anderer Behörden für notwendig, um die Risiken zu bewältigen, gibt sie dies in ihrer Stellungnahme an. Die Stellungnahme wird auf der Website der EIOPA veröffentlicht.

(3) Werden von einer zuständigen Behörde Maßnahmen vorgeschlagen oder ergriffen, die von der EIOPA nach Absatz 2 abgegebenen Stellungnahme zuwiderlaufen, oder wird das Ergreifen von Maßnahmen entgegen dieser Stellungnahme von einer zuständigen Behörde abgelehnt, so veröffentlicht die betreffende zuständige Behörde auf ihrer Website umgehend eine Mitteilung, in der sie die Gründe für ihr Vorgehen vollständig darlegt.

In der Fassung vom 26.11.2014 (ABl. EU Nr. L 352 v. 9.12.2014, S. 1).

Schrifttum: *Michel*, Institutionelles Gleichgewicht und EU-Agenturen, 2015; *Sasserath-Alberti/Hartig*, EIOPA-Verordnung: Rechtliche Herausforderungen für die Praxis, VersR 2012, 524.

I. Gegenstand und Zweck der Regelung	1	III. Koordinierungsbefugnisse der EIOPA (Art. 18 Abs. 2 VO Nr. 1286/2014)	3
II. Koordinierungsaufgabe der EIOPA (Art. 18 Abs. 1 VO Nr. 1286/2014)	2	IV. Pflichten der Mitgliedstaaten (Art. 18 Abs. 3 VO Nr. 1286/2014)	6

I. Gegenstand und Zweck der Regelung. Art. 18 VO Nr. 1286/2014 (PRIIP-VO) etabliert ein unionales Koordinierungsverfahren, das seinen Anfang in einer Mitteilung einer mitgliedstaatlichen Behörde über eine beabsichtigte Interventionsmaßnahme gem. Art. 17 Abs. 3 VO Nr. 1286/2014 hat. Es zielt darauf ab, zu einer **kohärenten Handhabung** der Voraussetzungen des Art. 17 VO Nr. 1286/2014 durch die mitgliedstaatlichen Behörden beizutragen (Rz. 2), indem der EIOPA ein Recht zur **Stellungnahme** zu beabsichtigten Interventionsmaßnahmen gegeben wird (Rz. 3 ff.). Das Koordinierungsgefüge ist aber zugleich Ausdruck des **Vorrangs mitgliedstaatlicher Interventionsmaßnahmen** (Rz. 6). 1

II. Koordinierungsaufgabe der EIOPA (Art. 18 Abs. 1 VO Nr. 1286/2014). Art. 18 VO Nr. 1286/2014 weist der EIOPA die Aufgabe der Koordinierung mitgliedstaatlicher Produktinterventionen zu. Abs. 1 konkretisiert die den Agenturen in **Art. 8 Abs. 1 lit. b der VO Nr. 1094/2010 (EIOPA-VO)**[2] übertragene Aufgabe, durch die Etablierung einer gemeinsamen Aufsichtskultur zur kohärenten Anwendung der verbindlichen Rechtsakte der Union beizutragen. Die Aufgabe wird weiter spezifiziert durch Art. 18 Abs. 1 Satz 2 VO Nr. 1286/2014, demzufolge die EIOPA sicherstellt, dass die mitgliedstaatlichen Maßnahmen gerechtfertigt und verhältnismäßig sind und auf einem kohärenten Ansatz beruhen. Soweit in der Sicherstellung der Rechtfertigung und Verhält- 2

---

1 So für Art. 42 VO Nr. 600/2014 *Cahn/Müchler*, BKR 2013, 45, 55.
2 Verordnung (EU) Nr. 1094/2010 des Europäischen Parlaments und des Rates vom 24. November 2010 zur Errichtung einer Europäischen Aufsichtsbehörde (Europäische Aufsichtsbehörde für das Versicherungswesen und die betriebliche Altersversorgung), zur Änderung des Beschlusses Nr. 716/2009/EG und zur Aufhebung des Beschlusses 2009/79/EG der Kommission, ABl. EU Nr. L 331 v. 15.12.2010, S. 48.

Art. 18 VO Nr. 1286/2014 | [Koordination und Vermittlung der EIOPA]

nismäßigkeit behördlicher Maßnahmen eine über die Kohärenzgewährleistung hinausgehende Aufgabe gesehen werden sollte, ist deren Übertragung gemäß der Öffnungsklausel in Art. 8 Abs. 1 lit. j VO Nr. 1094/2010 ohne weiteres zulässig[1]. Die Gewährleistungsaufgabe verleiht der EIOPA **keine Befugnisse**. Art. 18 Abs. 1 VO Nr. 1286/2014 ist **bloße Aufgabenzuweisungsnorm**.

3 **III. Koordinierungsbefugnisse der EIOPA (Art. 18 Abs. 2 VO Nr. 1286/2014).** Art. 18 Abs. 2 VO Nr. 1286/2014 gewährt der EIOPA zur Wahrnehmung ihrer Koordinierungsaufgabe die Befugnis zur Abgabe einer Stellungnahme. Es handelt sich um eine spezielle Ausprägung der in **Art. 29 Abs. 1 lit. a VO Nr. 1094/2010** normierten Befugnis, zur Schaffung einer gemeinsamen Aufsichtskultur und einer Kohärenz der Aufsichtspraktiken Stellungnahmen an die zuständigen Behörden abzugeben[2]. Das Stellungnahmerecht gem. Art. 18 Abs. 2 VO Nr. 1286/2014 ist an den Erhalt einer Mitteilung nach Art. 17 VO Nr. 1286/2014 gebunden und steht damit in einem verfahrensrechtlichen Kontext[3]. Es knüpft an das **grenzüberschreitende Informationsverfahren** gem. Art. 17 Abs. 3 und 4 VO Nr. 1286/2014 an (vgl. Art. 17 VO Nr. 1286/2014 Rz. 31 f.). Auch im verkürzten Informationsverfahren nach Art. 17 Abs. 4 VO Nr. 1286/2014 erscheint eine Stellungnahmebefugnis ungeachtet der Vorläufigkeit der mitgliedstaatlichen Maßnahmen zur Wahrnehmung der Koordinierungsfunktion sinnvoll.

4 Vorrangiger **Gegenstand der Stellungnahme** der EIOPA ist die Beurteilung der beabsichtigten mitgliedstaatlichen Verbots- oder Beschränkungsmaßnahme. Da nicht nur ihre Verhältnismäßigkeit, sondern allgemein ihre Rechtfertigung zu klären ist, erfasst die Stellungnahme die **Klärung sämtlicher Interventionsvoraussetzungen** nach Art. 17 Abs. 2 VO Nr. 1286/2014. Gem. Art. 18 Abs. 2 Satz 2 VO Nr. 1286/2014 kann die EIOPA überdies in ihrer Stellungnahme die **Notwendigkeit von Maßnahmen anderer Behörden** angeben. Dies kommt insbesondere dann in Frage, wenn das von einem Versicherungsanlageprodukt oder einer entsprechenden Finanztätigkeit ausgehende Risiko grenzüberschreitender Natur ist und seine Bekämpfung einer koordinierten mitgliedstaatlichen Anstrengung bedarf. So kann zwar die BaFin die Vermarktung von Versicherungsanlageprodukten beschränken, die grenzüberschreitend aus Deutschland in einem anderen Mitgliedstaat angeboten werden, ist aber insoweit an einem eigenständigen Vollzug im Ausland gehindert (Art. 17 VO Nr. 1286/2014 Rz. 38). Die Erstreckung der Stellungnahme auf die Anregung von Maßnahmen anderer Behörden ist Ausdruck der Aufgabe, für eine kohärente Aufsicht zu sorgen.

5 Die EIOPA gibt die Stellungnahme gem. Art. 18 Abs. 2 Satz 3 VO Nr. 1286/2014 auf ihrer Website bekannt. Stellungnahmen der EIOPA sind ebenso wie entsprechende Handlungen von Unionsorganen (Art. 288 Abs. 5 AEUV) **nicht rechtsverbindlich**, weshalb sie gegenüber ihren jeweiligen Adressaten keine rechtliche Bindungswirkung entfalten[4]. Ob sie vergleichbar mit den ebenfalls rechtlich unverbindlichen Empfehlungen ein weiches Instrument der Verhaltenssteuerung[5] oder bloß reaktive Äußerung einer sachverständigen Meinung sind[6], hängt von ihrem Regelungskontext ab.

6 **IV. Pflichten der Mitgliedstaaten (Art. 18 Abs. 3 VO Nr. 1286/2014).** Gem. Art. 18 Abs. 3 VO Nr. 1286/2014 sind die mitgliedstaatlichen Behörden im Fall des **Abweichens von einer Stellungnahme** der EIOPA verpflichtet, diesen Umstand unter Darlegung der Gründe auf ihrer Website mitzuteilen. Entsprechend dem Gegenstand einer Stellungnahme gilt dies zum einen für die mitgliedstaatliche Behörde, die eine beabsichtigte Produktintervention notifiziert hat, die nach Auffassung der Agentur nicht gerechtfertigt ist, aber gleichwohl wirksam werden soll. Zum anderen müssen diejenigen Behörden, deren Tätigwerden nach Beurteilung der EIOPA notwendig ist, im Fall ihrer weiteren Untätigkeit diese Tatsache unter Darlegung von Gründen veröffentlichen. Durch die **Begründungs- und Veröffentlichungspflicht** mag ein gewisser Befolgungsdruck für die mitgliedstaatlichen Behörden entstehen. Allerdings wird durch Art. 18 Abs. 3 VO Nr. 1286/2014 **kein förmliches comply or explain-Verfahren** errichtet, wie es insbesondere für den Erlass von Leitlinien und Empfehlungen der EIOPA etabliert wurde (Art. 16 Abs. 3 VO Nr. 1094/2010)[7]. Im Gegensatz zu diesem Verfahren, das die Agenturen zur Veröffentlichung der mitgliedstaatlichen Abweichung und ggf. zum „Anschwärzen" der betroffenen Behörden bei Parlament, Rat und Kommission befugt, beschränkt sich Art. 18 Abs. 3 VO Nr. 1286/2014auf die Anordnung einer Eigenveröffentlichung. Nach dem Regelungskontext (vgl. Rz. 5) entsteht deshalb **keine faktische Bindungswirkung** der mitgliedstaatlichen Behörden.

---

1 *Michel*, Institutionelles Gleichgewicht und EU-Agenturen, S. 199.
2 Ausführlicher *Michel*, Institutionelles Gleichgewicht und EU-Agenturen, S. 193, 264.
3 Zur Einordnung von Stellungnahmen von Unionsorganen in das Handlungsformensystem der Union *v. Bogdandy/Bast/Arndt*, ZaöRV 62 (2002), 77, 115 ff.
4 EuGH v. 13.12.1989 – C-322/88, ECLI:EU:C:1989:646 – Grimaldi, Slg. 1989, 4407 Rz. 16.
5 So *Michel*, Institutionelles Gleichgewicht und EU-Agenturen, S. 264 für Stellungnahmen der Agenturen gem. Art. 29 Abs. 1 lit. a VO Nr. 1093/2010; VO Nr. 1094/2010; VO Nr. 1095/2010.
6 So *v. Bogdandy/Bast/Arndt*, ZaöRV 62 (2002), 77, 119; *Schroeder* in Streinz, EUV/AEUV, 2. Aufl. 2012, Art. 288 AEUV Rz. 147; *Ruffert* in Calliess/Ruffert, EUV/AEUV, 5. Aufl. 2016, Art. 288 AEUV Rz. 96.
7 Dazu ausführlich *Michel*, Institutionelles Gleichgewicht und EU-Agenturen, S. 238 ff.; *Sasserath-Alberti/Hartig*, VersR 2012, 524, 530 f.; *Gurlit*, ZHR 177 (2013), 862, 875 f.

Kapitel IV
Beschwerden, Rechtsbehelfe, Zusammenarbeit und Aufsicht

Art. 19 [Beschwerden und Rechtsbehelfe]

Der PRIIP-Hersteller und die Person, die über PRIIP berät oder sie verkauft, sehen geeignete Verfahren und Vorkehrungen vor, durch die gewährleistet wird, dass

a) Kleinanleger auf wirksame Weise Beschwerde gegen einen PRIIP- Hersteller einreichen können;
b) Kleinanleger, die in Bezug auf das Basisinformationsblatt eine Beschwerde eingereicht haben, zeitig und in angemessener Form eine sachdienliche Antwort erhalten und
c) Kleinanlegern wirksame Rechtsbehelfsverfahren auch im Fall von grenzüberschreitenden Streitigkeiten zur Verfügung stehen, insbesondere für den Fall, dass der PRIIP-Hersteller in einem anderen Mitgliedstaat oder in einem Drittland ansässig ist.

In der Fassung vom 26.11.2014 (ABl. EU Nr. L 352 v. 9.12.2014, S. 1).

Schrifttum: *Beyer,* Unionsrechtliche Neuregelung der Beratungs- und Informationspflichten für Versicherungsanlageprodukte, VersR 2016, 293; *Harrer/Zaich/Storck/Fried,* Rechtsentwicklungen im Kredit- und Kapitalmarktrecht 2016, DB Beilage 2016, Nr. 6, 33; *Jordans,* Zum aktuellen Stand der Finanzmarktnovellierung in Deutschland, BKR 2017, 273; *Litten,* PRIIPs: Anforderungen an Basisinformationsblätter, DB 2016, 1679; *Luttermann*; Kapitalmarktrechtliche Information bei Finanzprodukten (PRIIP), Privatautonomie (Vertragskonzept) und Vermögensordnung, ZIP 2015, 805; *Roth,* Erstes Gesetz zur Novellierung von Finanzmarktvorschriften auf Grund europäischer Rechtsakte, GWR 2016, 291.

I. Regelungsgehalt der Norm 1	2. Sicherstellung einer entsprechenden Reaktion auf die Beschwerde 13
II. Geeignete Verfahren und Vorkehrungen für Kundenbeschwerden 3	3. Vorhalten wirksamer Rechtsbehelfsverfahren . . . 15
1. Schaffung wirksamer Beschwerdemöglichkeit für Kleinanleger 10	III. Ahndung von Verstößen gegen Art. 19 VO Nr. 1286/2014 19

I. Regelungsgehalt der Norm. Art. 19 VO Nr. 1286/2014 (PRIIP-VO) regelt verbindlich, dass der PRIIP-Hersteller und die Person, die über PRIIP berät oder sie verkauft, bestimmte näher spezifizierte **Verfahren und Vorkehrungen für Beschwerden von Kleinanlegern vorsehen** müssen. Diese Verfahren und Vorkehrungen sollen der Rückgewinnung des Vertrauens von Kleinanlegern dienen. So führt der Erwägungsgrund 28 VO Nr. 1286/2014 aus: „Um das Vertrauen von Kleinanlegern in PRIIP und in die Finanzmärkte insgesamt zu gewinnen, sollten Anforderungen an angemessene interne Verfahren aufgestellt werden, durch die gewährleistet wird, dass Kleinanleger bei Beschwerden eine sachdienliche Antwort des PRIIP-Herstellers erhalten." 1

Die Bedeutung einer solchen wirksamen Beschwerdemöglichkeit wird zusätzlich dadurch unterstrichen, dass der Hinweis hierauf auch zwingender Teil des Basisinformationsblatts ist. „Da das Basisinformationsblatt von den Kleinanlegern sehr wahrscheinlich auch als Zusammenfassung der wichtigsten Merkmale des PRIIP genutzt wird, sollte es eindeutige Angaben dazu enthalten, wie eine Beschwerde über das Produkt oder das Verhalten des PRIIP-Herstellers oder der Person, die zu dem Produkt berät oder es verkauft, eingereicht werden kann."[1] 2

II. Geeignete Verfahren und Vorkehrungen für Kundenbeschwerden. Gem. Art. 19 VO Nr. 1286/2014 ist ein PRIIP-Hersteller und die Person, die über PRIIP berät oder sie verkauft, verpflichtet, **geeignete Verfahren und Vorkehrungen** vorzusehen, **durch die gewährleistet wird, dass Kleinanleger wirksam Beschwerde gegen einen PRIIP-Hersteller einlegen können.** 3

Adressaten dieser europarechtlichen Pflicht sind sowohl die PRIIP-Hersteller als auch die Personen, die über PRIIP beraten oder sie verkaufen. Der Begriff der **PRIIP-Hersteller** ist legal in Art. 4 Nr. 4 VO Nr. 1286/2014 definiert und umfasst diejenigen, die PRIIP auflegen oder bestehende PRIIP ändern. Hinsichtlich der Details zu diesem Begriff kann auf die Legaldefinition und ihre Kommentierung (vgl. Art. 4 VO Nr. 1286/2014 Rz. 27 ff.) verwiesen werden. Adressaten der Pflicht sind zudem die **Personen, die über PRIIP beraten oder sie verkaufen.** In Art. 4 Nr. 5 VO Nr. 1286/2014 ist der Terminus „PRIIP-Verkäufer" legal als Person definiert, die einem Kleinanleger einen PRIIP-Vertrag anbietet oder diesem mit ihm abschließt. Diese Begrifflichkeit wird in der 4

---

[1] So Erwägungsgrund 15 der Delegierten Verordnung (EU) 2017/653 der Kommission vom 8. März 2017 zur Ergänzung der Verordnung (EU) Nr. 1286/2014 des Europäischen Parlaments und des Rates über Basisinformationsblätter für verpackte Anlageprodukte für Kleinanleger und Versicherungsanlageprodukte (PRIIP) durch technische Regulierungsstandards in Bezug auf die Darstellung, den Inhalt, die Überprüfung und die Überarbeitung dieser Basisinformationsblätter sowie die Bedingungen für die Erfüllung der Verpflichtung zu ihrer Bereitstellung, ABl. EU Nr. L 100 v. 12.4.2017, S. 1.

PRIIP-VO nicht nochmals genutzt. Es ist davon auszugehen, dass mit der Formulierung „Personen, die PRIIP verkaufen" alle diejenigen Personen gemeint sind, unter die Legaldefinition des Art. 4 Nr. 5 VO Nr. 1286/2014 fallen. Somit kann für die Bestimmung der Adressaten der Pflicht auch auf diese Legaldefinition zurückgegriffen werden (vgl. Art. 4 VO Nr. 1286/2014 Rz. 36 ff.). Eine Legaldefinition für **Personen, die über PRIIP beraten**, ist in der VO Nr. 1286/2014 nicht aufgenommen. Nach dem Wortlaut sind es diejenigen, die die Kleinanleger über ein PRIIP oder einen PRIIP-Vertrag beraten. Bezüglich ihrer Pflichten sind sie den PRIIP-Verkäufern gleichgestellt (vgl. Art. 4 VO Nr. 1286/2014 Rz. 39).

5 Die in Art. 19 VO Nr. 1286/2014 angesprochenen **Kleinanleger**, denen auch die Beschwerdemöglichkeit eröffnet werden muss, werden in Art. 4 Nr. 6 VO Nr. 1286/2014 näher bestimmt. Danach sind Kleinanleger bestimmt **als Kleinanleger i.S.v. Art. 4 Abs. 1 Nr. 11 RL 2014/65/EU (MiFID II)**, d.h. solche die keine professionelle Kunden sind, und **als Kunden i.S.d. RL 2002/92/EG (Versicherungsvermittler-RL)**, soweit diese nicht professionelle Kunden i.S.v. Art. 4 Abs. 1 Nr. 10 RL 2014/65/EU (MiFID II) sind. Hierbei ist die Begrifflichkeit jeweils im Kontext der MiFID II (Finanzinstrumente) bzw. der Versicherungsvermittler-RL (Vertrieb von Versicherungs- und Rückversicherungsprodukten) zu betrachten.

6 Die für diese Kleinanleger zu schaffenden Beschwerdemöglichkeiten sind von den PRIIP-Herstellern und den Personen, die über PRIIP beraten oder sie verkaufen, nach dem Wortlaut des Art. 19 VO Nr. 1286/2014 vorzusehen. Dieses Vorsehen der Beschwerdemöglichkeit kann sich unter Berücksichtigung der Bedeutung der Beschwerdemöglichkeit nicht allein in der Planung einer solchen Möglichkeit erschöpfen, sondern diese **Beschwerdemöglichkeiten sind tatsächlich zu schaffen und dauerhaft vorzuhalten**. So führt auch der Erwägungsgrund 28 VO Nr. 1286/2014 aus, dass „durch die [Verfahren] gewährleistet wird, dass Kleinanleger bei Beschwerden eine sachdienliche Antwort des PRIIP-Herstellers erhalten".

7 Die **vorzusehende Beschwerdemöglichkeit** soll sich nach dem Wortlaut des Art. 19 lit. a und c VO Nr. 1286/2014 auf Beschwerden gegen einen PRIIP-Hersteller beziehen. Hier kann der Eindruck entstehen, dass die vorzusehende Beschwerdemöglichkeit nicht auch zwingend Beschwerden gegen die Personen, die über PRIIP beraten oder sie verkaufen, und Beschwerden über das Produkt selber umfassen müssen. Demgegenüber sehen die Regelungen über die in den Basisinformationsblatt anzugebenden Informationen gem. Art. 8 Abs. 3 lit. h VO Nr. 1286/2014 vor, dass zwingend Informationen darüber aufzunehmen sind, „wie und bei wem der Kleinanleger eine Beschwerde über das Produkt oder über das Verhalten des PRIIP-Herstellers oder einer Person, die über das Produkt berät oder es verkauft, einlegen kann". Eine Angabe über Beschwerdemöglichkeiten, die nicht zwingend vorgehalten werden müssen, erscheint nicht sinnvoll. Insoweit ist davon auszugehen, dass die vorzusehende Beschwerdemöglichkeit **sich sowohl auf das Produkt als auch auf das Verhalten des PRIIP-Herstellers oder einer Person, die über das Produkt berät oder es verkauft, beziehen muss**.

8 **Dieses Verständnis liegt auch den Regelungen der DelVO 2017/653**[1] **zugrunde**, die die Regelungen der PRIIP-VO in Bezug auf das Basisinformationsblatt näher ausführt. So regelt Art. 7 lit. a DelVO 2017/653[2] zu dem Abschnitt im Basisinformationsblatt „Wie kann ich mich beschweren?", dass „die Schritte, die zur Einreichung einer Beschwerde über das Produkt oder über das Verhalten des PRIIP-Herstellers oder der Person, die zu dem Produkt berät oder es verkauft, zu unternehmen sind", anzugeben sind. Hierzu führt der Erwägungsgrund 15 DelVO 2017/653 aus: „Da das Basisinformationsblatt von den Kleinanlegern sehr wahrscheinlich auch als Zusammenfassung der wichtigsten Merkmale des PRIIP genutzt wird, sollte es eindeutige Angaben dazu enthalten, wie eine Beschwerde über das Produkt oder das Verhalten des PRIIP-Herstellers oder der Person, die zu dem Produkt berät oder es verkauft, eingereicht werden kann." Entsprechend müssen sich die vorzusehenden Beschwerdeverfahren und -Vorkehrungen auf **Beschwerden über das Produkt oder das Verhalten des PRIIP-Herstellers oder der Person, die zu dem Produkt berät oder es verkauft**, beziehen.

9 Die PRIIP-Hersteller und die Personen, die über PRIIP beraten oder sie verkaufen, sind als Adressaten der Norm **verpflichtet, geeignete Verfahren und Vorkehrungen, durch die gewährleistet wird**, dass Kleinanleger wirksam Beschwerde einlegen können, darauf angemessene Antwort bekommen und Rechtsbehelfe zur Verfügung stehen. Geeignet sind die geforderten Verfahren und Vorkehrungen dann, wenn sie die drei aufgeführten Teilaspekte gewährleisten, also einen Erfolg nachweisen können.

10 **1. Schaffung wirksamer Beschwerdemöglichkeit für Kleinanleger.** Art. 19 lit. a VO Nr. 1286/2014 verpflichtet die vorgenannten Adressaten zur Schaffung von geeigneten Verfahren und Vorkehrungen, die gewährleisten, dass **Kleinanleger auf wirksame Weise Beschwerde einreichen können**. Die Forderung der wirksamen Beschwerdemöglichkeit weist wieder auf die Bedeutung hin, der der EU-Verordnungsgeber der Beschwerde-

---

1 Delegierte Verordnung (EU) 2017/653 der Kommission vom 8. März 2017 zur Ergänzung der Verordnung (EU) Nr. 1286/2014 des Europäischen Parlaments und des Rates über Basisinformationsblätter für verpackte Anlageprodukte für Kleinanleger und Versicherungsanlageprodukte (PRIIP) durch technische Regulierungsstandards in Bezug auf die Darstellung, den Inhalt, die Überprüfung und die Überarbeitung dieser Basisinformationsblätter sowie die Bedingungen für die Erfüllung der Verpflichtung zu ihrer Bereitstellung, ABl. EU Nr. L 100 v. 12.4.2017, S. 1.
2 Art. 7 DelVO 2017/653 abgedruckt bei Art. 8 VO Nr. 1286/2014.

möglichkeit zuschreibt, und zwar Schaffung von Vertrauen[1]. Dieses Vertrauen würde durch Verfahren, die völlig überhöhte Anforderungen an die Beschwerdeeinlegung stellen, nicht erreicht werden.

Hinsichtlich der **Form der Beschwerdemöglichkeit** sind in der PRIIP-VO keine Vorgaben enthalten. Im Sinne des angestrebten Zieles, Vertrauen zu schaffen, müssen die formellen Voraussetzungen der Beschwerde so niedrigschwellig wie möglich gehalten werden. In Art. 7 lit. b und c DelVO 2017/653 über den Abschnitt im Basisinformationsblatt „Wie kann ich mich beschweren?" wird hierzu konkretisierend normiert, dass zumindest ein Link zur entsprechenden Website für solche Beschwerden sowie eine aktuelle Anschrift und eine E-Mail-Adresse angegeben werden muss, unter der solche Beschwerden eingereicht werden können. Damit wird sowohl der elektronische Zugangsweg als auch der herkömmliche Papier-Zugangsweg verpflichtend vorgeschrieben, was in Anbetracht der unterschiedlichen Gruppen von Kleinanleger durchaus angezeigt ist. Die Eröffnung weiterer Beschwerdemöglichkeiten, wie telefonische Zugangsmöglichkeiten, werden hierdurch nicht ausgeschlossen, sind aber nicht zwingend vorgesehen. 11

Gem. Art. 7 lit. a DelVO 2017/653 sind zudem **die Schritte** anzugeben, **die zur Einreichung einer Beschwerde zu unternehmen sind**. Entsprechend der Zielsetzung dürfen die notwendigen Schritte zur Beschwerdeeinreichung gleichfalls nicht unnötig aufwendig sein. So würde eine wirksame Beschwerdemöglichkeit beispielsweise dann nicht vorliegen, wenn besondere Formerfordernisse eingeführt würden, die faktisch nur sehr schwer erfüllt werden könnten, wie z.B. das Verlangen einer qualifiziert elektronischen Signatur durch den Kleinanleger, wenn er auf elektronischem Weg Beschwerde einlegen möchte. 12

2. Sicherstellung einer entsprechenden Reaktion auf die Beschwerde. Art. 19 lit. b VO Nr. 1286/2014 verlangt von den Adressaten der Pflicht zudem geeignete **Vorkehrungen, damit Kleinanleger**, die in Bezug auf das Basisinformationsblatt eine Beschwerde eingereicht haben, zeitig und in angemessener Form eine sachdienliche **Antwort erhalten**. Auch hier kann sich die Pflicht nach dem Telos der Norm nicht nur auf Beschwerden gegen das Basisinformationsblatt beziehen, sondern auch Beschwerden über das Verhalten des PRIIP-Herstellers oder der Person, die zu dem Produkt berät oder es verkauft. 13

Mittelbar ergibt sich aus der Regelung, dass die einzurichtenden Verfahren und Vorkehrungen vorsehen, dass der Kleinanleger, der sich beschwert, in jedem Fall überhaupt eine Antwort erhält. Diese Antwort muss in **angemessener Zeit und in angemessener Form** erfolgen. Insoweit müssen die Verfahren und Vorkehrungen angemessene Fristen vorsehen, innerhalb derer grundsätzlich dem Beschwerdeführer zu antworten ist. Gleiches gilt für die Form. Letztlich muss der Beschwerdeführer auch eine **sachdienliche Antwort** erhalten. Das bedeutet, dass der Adressat der Norm Verfahren vorsehen muss, die eine ernstliche Auseinandersetzung mit der Beschwerde und eine adressatenbezogene Antwort auf die Beschwerde vorsehen. 14

3. Vorhalten wirksamer Rechtsbehelfsverfahren. Art. 19 lit. c VO Nr. 1286/2014 fordert zudem vom PRIIP-Hersteller und der Person, die über PRIIP berät oder sie verkauft, geeignete Verfahren und Vorkehrungen vorzuhalten, damit Kleinanlegern **wirksame Rechtsbehelfsverfahren** auch im Fall von grenzüberschreitenden Streitigkeiten zur Verfügung stehen, insbesondere für den Fall, dass der PRIIP-Hersteller in einem anderen Mitgliedstaat oder in einem Drittland ansässig ist. Hinsichtlich dieses Teilaspekts der vorzusehenden Verfahren und Vorkehrungen sind nähere Ausführungen weder in der VO Nr. 1286/2014 (PRIIP-VO) noch in der DelVO 2017/653 enthalten. 15

Aus dem **systematischen Zusammenhang** der Regelung ergibt sich, dass sich das **Rechtsbehelfsverfahren auf das Beschwerdeverfahren selbst bzw. die Beschwerdeantwort beziehen** muss. Insoweit ist davon auszugehen, dass es vorliegend darum geht, Verfahren und Vorkehrungen zu treffen, dass der Kleinanleger die Bearbeitung und Beantwortung seiner Beschwerde nochmals überprüfen lassen kann. Die Adressaten der Regelung sind hingegen regelmäßig nicht in der Lage, eigenständig förmliche Rechtsbehelfe oder Rechtsmittel zu regeln bzw. vorzusehen. Ein Vorsehen förmlicher Rechtsbehelfsverfahren verlangt die Regelung des Art. 19 lit. c VO Nr. 1286/2014 aber auch nicht. Insoweit geht es um das Vorsehen von Abhilfeverfahren im Sinne einer nochmaligen Überprüfung der Beschwerde. 16

Hinsichtlich der Einrichtung derartiger Abhilfeverfahren können sich die Adressaten durchaus an den detaillierteren **Regelungen zum Abhilfeverfahren** in der von der PRIIP-VO auch in Bezug genommenen **versicherungsaufsichtsrechtlichen Richtlinie 2002/92/EG**[2] orientieren. Art. 11 Abs. 1 RL 2002/92/EG regelt „Die Mitgliedstaaten fördern die Schaffung angemessener und wirksamer Beschwerde- und Abhilfeverfahren zur außergerichtlichen Beilegung von Streitigkeiten zwischen Versicherungsvermittlern und Kunden, gegebenenfalls durch Rückgriff auf bestehende Stellen." Art. 11 Abs. 2 RL 2002/92/EG normiert zudem „Die Mitgliedstaaten fördern die Zusammenarbeit der entsprechenden Stellen bei der Beilegung grenzübergreifender Streitigkeiten." Diese **Regelungen der RL 2002/92/EG scheinen der Ausgangspunkt** der Regelung in Art. 19 lit. c VO Nr. 1286/2014 zu sein. Diese Regelungen bezüglich der Versicherungsvermittler wurden nunmehr novelliert 17

---

[1] Vgl. Erwägungsgründe 5 und 28 VO Nr. 1286/2014 (PRIIP-VO).
[2] Richtlinie 2002/92/EG des Europäischen Parlaments und des Rates vom 9. Dezember 2002 über Versicherungsvermittlung, ABl. EU Nr. L 9 v. 15.1.2003, S. 3.

Art. 19 VO Nr. 1286/2014 | [Beschwerden und Rechtsbehelfe]

durch die RL 2016/97/EU[1], die zum 20.2.2018 in nationales Recht[2] umzusetzen war. Art. 15 RL 2016/97/EU bestimmt, „Die Mitgliedstaaten sorgen dafür, dass im Einklang mit den einschlägigen Gesetzgebungsakten der Union und dem einschlägigen nationalen Recht angemessene und wirksame, unparteiische und unabhängige außergerichtliche Beschwerde- und Abhilfeverfahren zur Beilegung von Streitigkeiten zwischen Kunden und Versicherungsvertreibern über aus dieser Richtlinie erwachsende Rechte und Pflichten geschaffen werden, gegebenenfalls durch Rückgriff auf bestehende Stellen. Die Mitgliedstaaten sorgen dafür, dass solche Verfahren auf diejenigen Versicherungsvertreiber Anwendung finden, gegen die die Verfahren eingeleitet werden, und dass sich die Fähigkeiten der entsprechenden Einrichtung tatsächlich auf solche Versicherungsvertreiber erstrecken." und „Die Mitgliedstaaten stellen sicher, dass die in Absatz 1 genannten Einrichtungen bei der Beilegung grenzüberschreitender Streitigkeiten über aus dieser Richtlinie erwachsende Rechte und Pflichten zusammenarbeiten". Im deutschen Recht wurde in § 34e Abs. I Nr. 2 lit. f GewO eine Verordnungsermächtigung[3] für das Bundesministerium für Wirtschaft und Energie geschaffen, den Umfang der Verpflichtungen des Gewerbetreibenden bei der Ausübung des Gewerbes, insbesondere über die Verpflichtung, Beschwerden zu behandeln und an einem Verfahren zur unparteiischen und unabhängigen außergerichtlichen Beilegung von Streitigkeiten teilzunehmen[4].

18 Entsprechend müssen die nach Art. 19 lit. c VO Nr. 1286/2014 vorzusehenden Verfahren und Vorkehrungen **Rechtsbehelfsmöglichkeiten** für Kleinanleger umfassen, **die die Beschwerdebearbeitung und Beschwerdeentscheidung einer (außergerichtlichen) Nachprüfung** durch eine andere Stelle zuführen, die möglichst unparteiisch und unabhängig ist. Hierbei kann auf bestehende Stellen zurückgegriffen werden, wie z.B. unabhängige Ombudsmänner, Schiedsstellen etc. Ziel der Rechtsbehelfsmöglichkeit ist die außergerichtliche Beilegung von Streitigkeiten und damit zugleich die Schaffung von Vertrauen in die betreffenden Marktteilnehmer.

19 **III. Ahndung von Verstößen gegen Art. 19 VO Nr. 1286/2014.** Bei **Verstößen gegen die Pflichten gem. Art. 19 VO Nr. 1286/2014** durch die unmittelbar verpflichteten PRIIP-Hersteller oder die Person, die über PRIIP berät oder sie verkauft, sieht Art. 24 VO Nr. 1286/2014 die notwendige Befugnis der zuständigen Behörden zur **Ahnung** nach Maßgabe des nationalen Rechts vor.

20 In Umsetzung dieser Vorgabe hat der nationale Gesetzgeber in den entsprechenden nationalen Aufsichtsgesetzen **Bußgeldvorschriften** in Form von Blankettvorschriften eingefügt, die die Sanktionierung von Verstöße gegen die Regelungen des Art. 19 VO Nr. 1286/2014 ermöglichen. Die Ahndungsmöglichkeiten für die Bundesanstalt sind geregelt in:
- § 340 Abs. 6a Nr. 9 und 10 KAGB,
- § 56 Abs. 4g Nr. 9 und 10 KWG,
- § 332 Abs. 4d Nr. 9 und 10 VAG und
- § 120 Abs. 16 Nr. 9 und 10 WpHG.

21 In den aufgeführten Normen sind die **Bußgeldtatbestände in gleicher Weise gefasst:**
„Ordnungswidrig handelt, wer gegen die Verordnung (EU) Nr. 1286/2014 des Europäischen Parlaments und des Rates vom 26.11.2014 über Basisinformationsblätter für verpackte Anlageprodukte für Kleinanleger und Versicherungsanlageprodukte (PRIIP) (ABl. Nr. L 352 vom 9.12.2014, S. 1; L 358 vom 13.12.2014, S. 50) verstößt, indem er vorsätzlich oder leichtfertig
[1. … – 8. …]
9. entgegen Artikel 19 Buchstabe a und b nicht, nicht richtig oder nicht in der vorgeschriebenen Weise geeignete Verfahren und Vorkehrungen zur Einreichung und Beantwortung von Beschwerden vorsieht,
10. entgegen Artikel 19 Buchstabe c nicht, nicht richtig oder nicht in der vorgeschriebenen Weise geeignete Verfahren und Vorkehrungen vorsieht, durch die gewährleistet wird, dass Kleinanlegern wirksame Beschwerdeverfahren im Fall von grenzüberschreitenden Streitigkeiten zur Verfügung stehen."
Eine solche Ordnungswidrigkeit kann grundsätzlich mit einer Geldbuße von bis zu 700.000 Euro geahndet werden. Gegenüber einer juristischen Person oder einer Personenvereinigung kann die Geldbuße fünf Millionen Euro oder 3 Prozent ihres erzielten Gesamtumsatzes im Geschäftsjahres vor der Bußgeldentscheidung betragen. Über diese Beträge hinaus kann die Ordnungswidrigkeit mit einer Geldbuße bis zum Zweifachen des aus dem Verstoß gezogenen wirtschaftlichen Vorteils geahndet werden.

---

1 Richtlinie (EU) 2016/97 des Europäischen Parlaments und des Rates vom 20. Januar 2016 über Versicherungsvertrieb (Neufassung), ABl. EU Nr. L 26 v. 2.2.2016, S. 19.
2 Die Umsetzung in deutsches Recht erfolgte mit dem Gesetz zur Umsetzung der Richtlinie (EU) 2016/97 des Europäischen Parlaments und des Rates vom 20. Januar 2016 über Versicherungsvertrieb und zur Änderung weiterer Gesetze v. 20.7.2017, BGBl. I 2017, 2789.
3 Vgl. Referentenentwurf einer „Verordnung zur Umsetzung der Richtlinie (EU) 2016/97 des Europäischen Parlaments und des Rates vom 20. Januar 2016 über Versicherungsvertrieb", veröffentlicht vom Bundesministerium für Wirtschaft und Energie unter: https://www.bmwi.de/Redaktion/DE/Downloads/V/verordnung-umsetzung-versicherungsvertriebs richtlinie-referentenentwurf.pdf?__blob=publicationFile&v=6.
4 Vgl. Begr. RegE zum Gesetz zur Umsetzung der Richtlinie (EU) 2016/97, BT-Drucks. 18/11627, 10, 37.

Art. 20 [Zusammenarbeit und Aufsicht]

(1) Für die Zwecke der Anwendung dieser Verordnung arbeiten die zuständigen Behörden untereinander zusammen und übermitteln einander unverzüglich die für die Wahrnehmung ihrer Aufgaben gemäß dieser Verordnung und die Ausübung ihrer Befugnisse relevanten Informationen.

(2) Die zuständigen Behörden werden im Einklang mit dem nationalen Recht mit allen für die Wahrnehmung ihrer Aufgaben gemäß dieser Verordnung erforderlichen Aufsichts- und Ermittlungsbefugnissen ausgestattet.

In der Fassung vom 26.11.2014 (ABl. EU Nr. L 352 v. 9.12.2014, S. 1).

Schrifttum: *Harrer/Zaich/Storck/Fried*, Rechtsentwicklungen im Kredit- und Kapitalmarktrecht 2016, DB Beilage 2016, Nr. 6, 33; *Jordans*, Zum aktuellen Stand der Finanzmarktnovellierung in Deutschland, BKR 2017, 273; *Roth*, Erstes Gesetz zur Novellierung von Finanzmarktvorschriften auf Grund europäischer Rechtsakte, GWR 2016, 291.

I. Regelungsgehalt der Norm 1	III. Aufsichtsbefugnisse der zuständigen Behörde . . 9
II. Pflicht zur Zusammenarbeit und zum Informationsaustausch mit anderen zuständigen Behörden 2	

I. Regelungsgehalt der Norm. Art. 20 VO Nr. 1286/2014 (PRIIP-VO) regelt zum einen in Abs. 1 eine unmittelbar geltende **Pflicht der zuständigen Behörden zur Zusammenarbeit** einschließlich **der Übermittlung von entsprechenden Informationen**. Zum anderen verlangt Art. 20 VO Nr. 1286/2014 in Abs. 2, dass die **Mitgliedstaaten die zuständigen Behörden** im Einklang mit dem nationalen Recht mit allen für die Wahrnehmung ihrer Aufgaben gemäß dieser Verordnung **erforderlichen Aufsichts- und Ermittlungsbefugnissen ausstatten**. Diese Forderung an die Mitgliedstaaten bedarf einer entsprechenden Umsetzung im nationalen Recht. 1

II. Pflicht zur Zusammenarbeit und zum Informationsaustausch mit anderen zuständigen Behörden. Art. 20 Abs. 1 VO Nr. 1286/2014 normiert für die zuständigen nationalen Behörden eine **Pflicht**, für die Zwecke der Anwendung dieser Verordnung untereinander **zusammenzuarbeiten** und einander unverzüglich die für die Wahrnehmung ihrer Aufgaben gemäß der PRIIP-VO und die für die Ausübung ihrer Befugnisse relevanten **Informationen zu übermitteln**. Hierbei handelt es sich um eine **unmittelbar geltende europäischen Pflicht** der zuständigen Behörde, die auch ohne weitere Umsetzung ins nationale Recht gilt. 2

Adressaten dieser Pflicht zur Zusammenarbeit sind die **zuständigen Behörden in den Mitgliedstaaten**. Die zuständigen Behörden bestimmen sich nach Art. 4 Nr. 8 VO Nr. 1286/2014. Das sind die von den Mitgliedstaaten benannten nationalen Behörden, die eine Überwachungsaufgabe nach der PRIIP-VO haben. Hierbei geht der Verordnungsgeber davon aus, dass diese zuständigen Behörden in vielen Fällen schon für die Überwachung anderer Verpflichtungen benannt sind, denen PRIIP-Anbieter, -Verkäufer oder -Berater aufgrund anderer nationaler oder europäischer Vorschriften unterworfen sind[1]. **In Deutschland** ist grundsätzlich die **Bundesanstalt** zuständige Behörde. Ihre Zuständigkeit ist in den verschiedenen Aufsichtsgesetzen jeweils für den Anwendungsbereich dieses Aufsichtsgesetzes geregelt, sofern zugleich der Anwendungsbereich der PRIIP-VO eröffnet ist. So ist die Bundesanstalt in § 6 Abs. 1d KWG, § 295 Abs. 1 Nr. 2 VAG und § 5 Abs. 6a Satz 1 KAGB als zuständige Behörde i.S.d. der PRIIP-VO bestimmt und hat gem. § 10 Abs. 1 Satz 1 WpHG die Aufgabe der Überwachung der Einhaltung der Verbote und Gebote der PRIIP-VO übertragen bekommen. Soweit nach §§ 320 ff. VAG eine Landesaufsichtsbehörde zuständige Aufsichtsbehörde über ein Versicherungsunternehmen ist, gilt dies gem. § 295 VAG auch in Bezug auf die PRIIP-VO[2]. Zudem wurde mit §§ 34d Abs. 8 Satz 1, 34g Abs. 1 GewO eine Ermächtigung für das Bundesministerium für Wirtschaft und Energie im Einvernehmen mit dem Bundesministerium der Justiz und für Verbraucherschutz und dem Bundesministerium der Finanzen zur Regelung der notwendigen verwaltungsrechtlichen Maßnahmen zur Überwachung und Sanktionierung von Verstößen nach der PRIIP-VO durch Versicherungsvermittler, Finanzanlagenvermittler oder Honorar-Finanzanlagenberater geschaffen. Entsprechend ist eine diesbezügliche Zusammenarbeit zum Zwecke der Durchsetzung der PRIIP-VO auch mit den **Landesversicherungsaufsichtsbehörden und den Gewerbebehörden** angezeigt. 3

Die Pflicht zur Zusammenarbeit wird hinsichtlich ihrer Details bzw. ihrer Bestandteile nicht näher ausgeführt. Nur die Pflicht zum gegenseitigen Informationsaustausch wird gesondert benannt. Nach Sinn und Zweck und in Anbetracht der gemeinsamen Regelung hinsichtlich der Zielsetzung ist davon auszugehen, dass die Pflicht der zuständigen Behörden zur unverzüglichen **Übermittelung der Informationen ein Teilaspekt der geforderten Zusammenarbeit** ist, die in Art. 20 Abs. 1 VO Nr. 1286/2014 geregelt ist. Denn der Informationsaustausch ist stets der erste Schritt für eine gemeinsame Zusammenarbeit um einen bestimmten Zweck zu erreichen. Im Übrigen geht die geforderte Zusammenarbeit deutlich über einen Informationsaustausch hinaus. 4

---

1 Vgl. Erwägungsgrund 10 VO Nr. 1286/2014 (PRIIP-VO).
2 Vgl. Beg. RegE zum 1. FiMaNoG, BT-Drucks. 18/7482, 76.

Art. 20 VO Nr. 1286/2014 | [Zusammenarbeit und Aufsicht]

5 Bestimmt wird der **Umfang der Pflicht zur Zusammenarbeit** durch den **angestrebten Zweck** der Zusammenarbeit. So formuliert Art. 20 Abs. 1 VO Nr. 1286/2014 „für die Zwecke der Anwendung dieser Verordnung". Zur weiteren Erläuterung des besonderen **Zwecks dieser Pflicht zur Zusammenarbeit** führt der Erwägungsgrund 29 VO Nr. 1286/2014 aus: „Da das Basisinformationsblatt für PRIIP von Rechtsträgern oder natürlichen Personen abgefasst werden sollte, die in der Banken-, Versicherungs-, Wertpapier- und Fondsbranche der Finanzmärkte tätig sind, ist es von herausragender Bedeutung, dass zwischen den verschiedenen Behörden, die PRIIP-Hersteller und Personen, die über PRIIP beraten oder sie verkaufen, beaufsichtigen, eine reibungslose Zusammenarbeit besteht, damit sie bei der Anwendung dieser Verordnung ein gemeinsames Konzept verfolgen."

6 Ausgehend von dem Ziel der Verfolgung eines gemeinsamen Konzepts durch die zuständigen Behörden ist **Teil der geforderten Zusammenarbeit** auch die Verständigung über ein gemeinsames Verständnis der Regelungen, die Abstimmung über mögliches Vorgehen, die Verständigung über die Zuständigkeiten, die proaktive Informationsweitergabe und die Informationsübermittlung auf Anfrage. Insoweit ist Teilaspekt der Zusammenarbeit die Informationsübermittlung an die zuständigen Behörden für die und die Ausübung ihrer Befugnisse gemäß PRIIP-VO.

7 Die generelle Pflicht zur Zusammenarbeit wird in der PRIIP-VO **ergänzt durch weitere, spezielle Vorschriften zur Zusammenarbeit** der zuständigen Behörden untereinander. So regelt Art. 22 Abs. 2 VO Nr. 1286/2014 nochmals eine Pflicht zur engen Zusammenarbeit in Bezug auf die Effektivität des Vorgehens bei verwaltungsrechtlichen Sanktionen und Maßnahmen. Diese spezielle Pflicht zur Zusammenarbeit ergänzt die grundsätzliche Pflicht zur Zusammenarbeit zur Verfolgung eines gemeinsamen Konzepts bei der Anwendung dieser Verordnung und geht für die in Art. 22 Abs. 2 VO Nr. 1286/2014 normierte Fallkonstellation vor. Neben der in Art. 20 Abs. 1 VO Nr. 1286/2014 geregelten Pflicht zur Zusammenarbeit zwischen den zuständigen Behörden sieht die PRIIP-VO zusätzlich auch besondere Regelungen zur Zusammenarbeit mit den europäischen Aufsichtsbehörden, insbesondere der EIOPA, vor (z.B. Art. 27 Abs. 1 und 2, 29 Abs. 2 VO Nr. 1286/2014).

8 Die Pflicht, einander unverzüglich die für die Aufgabenwahrnehmung und die Ausübung ihrer Befugnisse relevanten Informationen zu übermitteln, **schließt zugleich die Befugnis zur Weitergabe auch vertraulicher Informationen ein**, die grundsätzlich einem Berufsgeheimnis unterliegen. So verweist Art. 21 Abs. 1 VO Nr. 1286/2014 für die Verarbeitung und damit auch für die Übermittlung personenbezogener Daten auf die anzuwendenden europäischen Datenschutzregelungen. Entsprechend geht die PRIIP-VO implizit davon aus, dass derartige Daten ausgetauscht werden müssen und dürfen.

9 **III. Aufsichtsbefugnisse der zuständigen Behörde.** Gem. Art. 20 Abs. 2 VO Nr. 1286/2014 sind die zuständigen Behörden im Einklang mit dem nationalen Recht mit allen für die Wahrnehmung ihrer Aufgaben gemäß dieser Verordnung erforderlichen Aufsichts- und Ermittlungsbefugnissen auszustatten. Art. 20 Abs. 2 VO Nr. 1286/2014 ist als Norm einer unmittelbar anwendbaren EU-Verordnung **unmittelbar anwendbares Recht**. Ungeachtet der unmittelbaren Wirkung fordert die Regelung von den Mitgliedstaaten, dass diese **ihren zuständigen Aufsichtsbehörden bestimmte Befugnisse verleihen**.

10 Das bedeutet, dass Art. 20 Abs. 2 VO Nr. 1286/2014 als unmittelbar geltende EU-Norm dennoch **teilweise zunächst einer Umsetzung durch den nationalen Gesetzgeber bedarf**. Denn wie die Mitgliedstaaten die Anforderungen umsetzen und ob und inwieweit sie über diese Mindestanforderungen hinausgehen, obliegt ihrer Entscheidung, wobei sie die nationalen Gegebenheiten zu beachten haben. Die PRIIP-VO ist somit eine sog. „hinkende" oder auch unvollständige Verordnung[1]. Die Vervollständigung muss durch die Umsetzung der wirksamen Vorgaben im nationalen Recht erfolgen.

11 Mit der vorliegenden Regelung **vergleichbare Regelungen** in der Form, dass die Mitgliedstaaten verbindlich zur Umsetzung entsprechender Aufsichts- und Ermittlungsbefugnissen für die zuständigen nationalen Aufsichtsbehörden verpflichtet werden, sind auch in anderen europäischen Verordnungen normiert worden, um einen Einklang der Befugnisse mit dem jeweiligen nationalen Recht zu erreichen. In vergleichbarer Form wurden beispielsweise auch die notwendigen Befugnisse der zuständigen Behörden in Art. 23 Abs. 2 VO Nr. 596/2014 (MAR), Art. 33 VO Nr. 236/2012 (Leerverkaufs-VO) geregelt.

12 Die entsprechenden Aufsichts- und Ermittlungsbefugnisse zur Wahrnehmung der Aufgaben nach der PRIIP-VO wurden im deutschen Recht **mit dem 1. FiMaNoG**[2] in den verschiedenen Aufsichtsgesetzen **umgesetzt**[3], die zugleich eine weitergehende Aufsicht über die PRIIP-Hersteller und die Personen, die über PRIIP beraten oder sie verkaufen regeln.

---

1 Zum Begriff beispielsweise: *Columbus/List*, Vollzugsprobleme „hinkender" Verordnungen, NL-BzAR 2008, 227; *Constantinesco*, Das Recht der Europäischen Gemeinschaften, 1977, Band I: Das institutionelle Recht, S. 562; *Ruffert* in Calliess/Ruffert, EUV/AEUV, 5. Aufl. 2016, Art. 288 AEUV Rz. 21.
2 Erstes Gesetzes zur Novellierung von Finanzmarktvorschriften auf Grund europäischer Rechtsakte (Erstes Finanzmarktnovellierungsgesetz – 1. FiMaNoG) vom 30.6.2016, BGBl. I 2016, 1514 v. 1.7.2016.
3 Vgl. Beg. RegE zum 1. FiMaNoG, BT-Drucks. 18/7482, 2, 49, 67 f., 73 ff.

So hat die **Bundesanstalt** beispielsweise gem. § 6 Abs. 2 Satz 1 i.V.m. § 1 Abs. 1 Nr. 8 lit. h WpHG und nach § 10 Abs. 1 Satz 1 WpHG eine entsprechende **Überwachungsaufgabe** in Bezug auf den **Anwendungsbereich des WpHG**. Diese allgemeine Überwachungsaufgabe wird ergänzt durch Befugnisse zur Sachverhaltsaufklärung gem. § 6 Abs. 3 Satz 1 bis 3 WpHG. Zudem normiert das WpHG die Befugnis der Bundesanstalt alle Anordnungen zu treffen, die zur Durchsetzung der Ge- und Verbote der PRIIP-VO erforderlich sind, vgl. § 6 Abs. 2 Satz 2 i.V.m. Satz 1 und § 1 Abs. 1 Nr. 8 lit. h WpHG sowie § 10 Abs. 1 Satz 2 WpHG. Die teilweise Doppelung der entsprechenden Befugnisse in WpHG führen dazu, dass die Bundesanstalt die Wahl hat, auf welche Befugnisnorm sie ihr Vorgehen stützt. In Bezug auf diese Befugnisnormen kann auf die einschlägige Kommentierung verwiesen werden. 13

Hierbei sieht die Regelung des § 10 Abs. 1 Satz 3 WpHG als Regelbeispiel der Anordnungen § **10 Abs. 1 Satz 2 WpHG** vor, dass die **Bundesanstalt insbesondere die Befugnis** hat 14

1. bei bestimmten Verstößen die Vermarktung, den Vertrieb oder den Verkauf des PRIIP vorübergehend oder dauerhaft untersagen,
2. die Bereitstellung eines Basisinformationsblattes untersagen, das nicht den Anforderungen der Art. 6 bis 8 oder 10 der Verordnung (EU) Nr. 1286/2014 genügt,
3. den Hersteller von PRIIP verpflichten, eine neue Fassung des Basisinformationsblattes zu veröffentlichen, sofern die veröffentlichte Fassung nicht den Anforderungen der Art. 6 bis 8 oder 10 der Verordnung (EU) Nr. 1286/2014 genügt, und
4. auf ihrer Internetseite eine Warnung unter Nennung des verantwortlichen Instituts sowie der Art des Verstoßes veröffentlichen; § 60c Abs. 3 und 5 gilt entsprechend.

Parallel zu dieser Regelung des § 10 Abs. 1 Satz 2 und 3 WpHG stehen der Bundesanstalt für den Anwendungsbereich des KWG entsprechende Befugnisse z.B. nach § **47 KWG** zu. Für den Bereich der Versicherungsaufsicht verfügt die Bundesanstalt gem. § **308a VAG** über die Befugnis zu entsprechenden Maßnahmen. Zudem gibt die Regelung des § **5 Abs. 6a Satz 2 KAGB** der Bundesanstalt entsprechende Befugnisse für den Bereich der Investmentaufsicht. 15

Letztlich stehen der Bundesanstalt in Umsetzung von Art. 24 VO Nr. 1286/2014 auch **Sanktionsmöglichkeiten** bei Verstößen gegen Vorschriften der PRIIP-VO zur Verfügung. Durch entsprechende **Bußgeldnormen** sollen die PRIIP-Hersteller und die Personen, die über PRIIP beraten oder sie verkaufen, angehalten werden, die Vorschriften der PRIIP-VO einzuhalten. Hier kann **auf § 120 Abs. 16 WpHG, § 332 Abs. 4d VAG, § 340 Abs. 6a KAGB** und § **56 Abs. 4g KWG** verwiesen werden. 16

Art. 21 [Verarbeitung personenbezogener Daten]

(1) Die Mitgliedstaaten wenden die Richtlinie 95/46/EG auf die Verarbeitung personenbezogener Daten in dem jeweiligen Mitgliedstaat nach Maßgabe dieser Verordnung an.

(2) Für die Verarbeitung personenbezogener Daten durch die Europäischen Aufsichtsbehörden gilt die Verordnung (EG) Nr. 45/2001.

In der Fassung vom 26.11.2014 (ABl. EU Nr. L 352 v. 9.12.2014, S. 1).

Schrifttum: *Albrecht*, Das neue Datenschutzrecht der EU, 2017; *Bundesbeauftragter für den Datenschutz und Informationsfreiheit*, Veröffentlichungen zum Thema Datenschutz-Grundverordnung, unter: www.bfdi.bund.de; *Ehmann/Selmayr*, Datenschutz-Grundverordnung, 2017; *Keppeler*, Die Datenschutz-Grundverordnung im Überblick, IPRB 2017, 224; *Paal/Pauly*, Datenschutz-Grundverordnung, 2016; *Plath*, DSGVO/BDSG, 3. Aufl. 2018.

I. Regelungsgehalt der Norm 1	1. Verarbeitung personenbezogener Daten in dem jeweiligen Mitgliedstaat 3
II. Bindung an die europäischen Datenschutzregelungen 3	2. Verarbeitung personenbezogener Daten durch die europäischen Aufsichtsbehörden 10

I. Regelungsgehalt der Norm. Art. 21 VO Nr. 1286/2014 (PRIIP-VO) bestimmt, welche europäischen Normen bei der Verarbeitung **personenbezogener Daten** anzuwenden sind. Hierbei unterscheidet die Norm zum einen zwischen der Verarbeitung personenbezogenen Daten durch die jeweiligen **Mitgliedstaaten** (Abs. 1) und zum anderen der Verarbeitung personenbezogenen Daten durch die **Europäischen Aufsichtsbehörden** (Abs. 2). 1

Der **Hintergrund dieser Regelung** wird im Erwägungsgrund 34 VO Nr. 1286/2014 näher dargestellt: „Die Richtlinie 95/46/EG des Europäischen Parlaments und des Rates regelt die Verarbeitung personenbezogener Daten, die im Zusammenhang mit dieser Verordnung in den Mitgliedstaaten unter der Aufsicht der zuständigen Behörden erfolgt. Die Verordnung (EG) Nr. 45/2001 des Europäischen Parlaments und des Rates regelt die 2

Art. 21 VO Nr. 1286/2014 | [Verarbeitung personenbezogener Daten]

Verarbeitung personenbezogener Daten, die gemäß der vorliegenden Verordnung unter der Aufsicht des Europäischen Datenschutzbeauftragten von den Europäischen Aufsichtsbehörden vorgenommen wird. Jede Verarbeitung personenbezogener Daten im Rahmen der vorliegenden Verordnung, wie der Austausch oder die Übermittlung personenbezogener Daten durch die zuständigen Behörden, sollte im Einklang mit der Richtlinie 95/46/EG und der Austausch oder die Übermittlung von Informationen durch die Europäischen Aufsichtsbehörden sollte im Einklang mit der Verordnung (EG) Nr. 45/2001 erfolgen." Damit wird deutlich, dass Ziel der Regelung die **Durchsetzung der jeweiligen europäischen Datenschutzbestimmungen** ist, wobei die Unterscheidung zwischen Mitgliedstaaten und europäischen Behörden schon in diesen europäischen Datenschutzbestimmungen angelegt ist.

3   II. **Bindung an die europäischen Datenschutzregelungen. 1. Verarbeitung personenbezogener Daten in dem jeweiligen Mitgliedstaat.** Art. 21 Abs. 1 VO Nr. 1286/2014 bestimmt, dass die Mitgliedstaaten die RL 95/46/EG[1] auf die **Verarbeitung personenbezogener Daten in dem jeweiligen Mitgliedstaat** nach Maßgabe dieser Verordnung anzuwenden haben. Sie dient dem Schutz der Privatsphäre von natürlichen Personen bei der Verarbeitung von personenbezogenen Daten und dem freien Datenverkehr. Diese Richtlinie wurde schon im Jahr 1995 erlassen und hat seitdem Berücksichtigung in den verschiedenen nationalen Datenschutzbestimmungen gefunden.

4   Am 25.5.2018 wurde die RL 95/46/EG **durch die unmittelbar geltende europäische Datenschutz-Grundverordnung** (VO 2016/679, DSGVO)[2] **abgelöst**. Diese Änderung bezweckt die Erneuerung und Vereinheitlichung der Vorschriften und für die betroffenen Personen eine bessere Kontrolle über ihre personenbezogenen Daten. In Bezug auf die hier vorliegende Verweisung auf die damit einhergehende Richtlinie kommt ab dem 25.5.2018 die Regelung des Art. 94 VO 2016/679 (DSGVO) über die Aufhebung der RL 95/46/EG zur Anwendung. Aus dieser Regelung ergibt sich zum einen, dass die RL 95/46/EG mit Wirkung zum 25.5.2018 aufgehoben wurde, und zum anderen, dass Verweise auf die aufgehobene Richtlinie **als Verweise auf die neue DSGVO gelten**. Entsprechend ist die Verweisung in Art. 21 Abs. 1 VO Nr. 1286/2014 als eine Verweisung auf die DSGVO zu lesen.

5   In Bezug auf den Kreis der **Adressaten der Pflicht** nach Art. 21 Abs. 1 VO Nr. 1286/2014 kann der Eindruck entstehen, dass allein die Mitgliedstaaten Verpflichtete der Regelung sind. Denn die Regelung spricht nach dem Wortlaut nur die **Mitgliedstaaten** an. Ungeachtet dessen gelten die Regelungen auch für die **zuständigen Behörden** der Mitgliedstaaten. Diese haben zum einen gleichfalls die europäischen Datenschutzvorschriften einzuhalten. Zum anderen zeigt auch der Erwägungsgrund 34 VO Nr. 1286/2014 mit der ausdrücklichen Erwähnung des Austauschs und der Übermittlung durch die zuständigen Behörden auf, dass die vorliegende Regelung auch von den zuständigen Behörden anzuwenden ist, so dass nach dem Willen des Verordnungsgebers die zuständigen Behörden gleichfalls als Adressaten erfasst sind.

6   Hinsichtlich des **sachlichen Anwendungsbereichs** ergibt sich die künftige Auslegung des Begriffs „personenbezogene Daten" auch aus der DSGVO, der auf dem bisherigen Verständnis aufbaut. So sind nach Art. 4 Nr. 1 VO 2016/679 (DSGVO) **personenbezogene Daten** alle Informationen, die sich auf eine identifizierte oder identifizierbare natürliche Person beziehen; als identifizierbar wird eine natürliche Person angesehen, die direkt oder indirekt, insbesondere mittels Zuordnung zu einer Kennung wie einem Namen, zu einer Kennnummer, zu Standortdaten, zu einer Online-Kennung oder zu einem oder mehreren besonderen Merkmalen, die Ausdruck der physischen, physiologischen, genetischen, psychischen, wirtschaftlichen, kulturellen oder sozialen Identität dieser natürlichen Person sind, identifiziert werden kann.

7   Der **Begriff der Verarbeitung der Daten** wird in Art. 4 Nr. 2 VO 2016/679 (DSGVO) legaldefiniert. So versteht die DSGVO unter „Verarbeitung" jeden mit oder ohne Hilfe automatisierter Verfahren ausgeführten Vorgang oder jede solche Vorgangsreihe im Zusammenhang mit personenbezogenen Daten wie das Erheben, das Erfassen, die Organisation, das Ordnen, die Speicherung, die Anpassung oder Veränderung, das Auslesen, das Abfragen, die Verwendung, die Offenlegung durch Übermittlung, Verbreitung oder eine andere Form der Bereitstellung, den Abgleich oder die Verknüpfung, die Einschränkung, das Löschen oder die Vernichtung.

8   Bezüglich der unter den Begriff der Verarbeitung zu fassenden **Übermittlung personenbezogener Daten zwischen den Mitgliedstaaten**, also innerhalb der EU, ergeben sich eine Vielzahl von Regelungen und insbesondere neue Rechte der betroffenen Personen. In Anbetracht des Umfangs dieser Regelung kann aus Sicht der kapitalmarktrechtlich ausgerichteten Kommentierung auf die entsprechenden Ausführungen zur neuen DSGVO verwiesen werden.

9   Zudem sind besondere Regelungen für die **Übermittlung personenbezogener Daten in Drittländer** im Kapitel V der VO 2016/679 (DSGVO) enthalten. Eine Übermittlung von personenbezogenen Daten in Drittländer ist danach nur unter Einhaltung der in Art. 44–50 VO 2016/679 geregelten Vorgaben zulässig. Das setzt voraus,

---

1   Richtlinie 95/46/EG des Europäischen Parlaments und des Rates vom 24. Oktober 1995 zum Schutz natürlicher Personen bei der Verarbeitung personenbezogener Daten und zum freien Datenverkehr, ABl. EU Nr. L 281 v. 23.11.1995, S. 31.
2   Verordnung (EU) 2016/679 des Europäischen Parlaments und des Rates vom 27. April 2016 zum Schutz natürlicher Personen bei der Verarbeitung personenbezogener Daten, zum freien Datenverkehr und zur Aufhebung der Richtlinie 95/46/EG (Datenschutz-Grundverordnung), ABl. EU Nr. L 119 v. 4.5.2016, S. 1.

dass die EU-Kommission einen Beschluss erlassen hat, dass das betreffende Drittland ein angemessenes Schutzniveau bietet (Art. 45 VO 2016/679), dass geeignete Garantien für einen Datenschutz, durchsetzbare Rechte und wirksame Rechtsbehelfe für betroffene Personen bestehen (Art. 46 VO 2016/679) oder die Voraussetzungen für eine Übermittlung als Ausnahme für bestimmte Fälle nach Art. 49 VO 2016/679 erfüllt sind.

2. Verarbeitung personenbezogener Daten durch die europäischen Aufsichtsbehörden. Gem. Art. 21 Abs. 2 VO Nr. 1286/2014 (PRIIP-VO) **wenden die europäischen Aufsichtsbehörden, insbesondere die EIOPA**, bei der Verarbeitung personenbezogener Daten an die **Bestimmungen der Verordnung (EG) Nr. 45/2001**[1] an. Diese Verordnung regelt die **Pflichten der EU-Organe bei der Verarbeitung personenbezogener Daten**. Neben der Pflicht zur Bestellung eines Datenschutzbeauftragten bei jedem Organ und Informations- und Abwehrrechten der betroffenen Personen sieht die Verordnung beispielsweise eine strikte Zweckbestimmung, Erforderlichkeit, Vertraulichkeit und Sicherheit der Datenverarbeitung und die Aktualität der verarbeiteten personenbezogenen Daten vor.

Der Begriff der **personenbezogenen Daten** ist in Art. 2 lit. a VO Nr. 45/2001 gesondert definiert und umfasst in diesem Zusammenhang alle Informationen über eine bestimmte oder bestimmbare natürliche Person, die Ausdruck ihrer physischen, physiologischen, psychischen, wirtschaftlichen, kulturellen oder sozialen Identität sind.

Auch der **Terminus „Verarbeiten"** ist in Art. 2 lit. b VO Nr. 45/2001 gesondert bestimmt. Wie auch in der VO 2016/679 (DSGVO) ist er weit zu verstehen. Er umfasst unter anderen das Erheben, Speichern, die Veränderung, die Nutzung, die Weitergabe durch Übermittlung, Verbreitung oder jede andere Form, die Verknüpfung sowie das Sperren, Löschen oder Vernichten der Daten. Die schützenden Regelungen der VO Nr. 45/2001 können nur zur Wahrung besonderer öffentlicher Interessen nach Art. 20 VO Nr. 45/2001 eingeschränkt werden, wie z.B. zur Verhütung und Verfolgung von Straftaten, wegen wichtigen wirtschaftlichen oder finanziellen Interessen eines Mitgliedstaates oder der EU oder wegen Kontroll-, Überwachungs- und Ordnungsaufgaben, die im Zusammenhang nicht den beiden zuvor benannten Aspekten stehen.

Für die von der „Verarbeitung" umfassten Übermittlung von **personenbezogenen Daten der europäischen Aufsichtsbehörden an die Mitgliedstaaten bzw. die zuständigen Behörden** sind die Regelungen des **Art. 8 VO Nr. 45/2001 einschlägig**, der für die Übermittlung personenbezogener Daten an Empfänger gilt, die nicht Organe oder Einrichtungen der Gemeinschaft sind und die der in Art. 21 Abs. 1 VO Nr. 1286/2014 (PRIIP-VO) benannten RL 95/46/EG unterworfen sind. Hiernach werden personenbezogene Daten an Empfänger, die den aufgrund der RL 95/46/EG erlassenen nationalen Rechtsvorschriften unterliegen, nur übermittelt,

a) wenn der Empfänger nachweist, dass die Daten für die Wahrnehmung einer Aufgabe, die im öffentlichen Interesse liegt oder zur Ausübung der öffentlichen Gewalt gehört, erforderlich sind oder

b) wenn der Empfänger die Notwendigkeit der Datenübermittlung nachweist und kein Grund zu der Annahme besteht, dass die berechtigten Interessen der betroffenen Person beeinträchtigt werden könnten.

Zudem bestimmt Art. 8 VO Nr. 45/2001, dass die Übermittlung „unbeschadet der Artiekl 4, 5, 6 und 10" nur unter den vorgegebenen Voraussetzungen erfolgen darf. Das bedeutet, dass die Vorschriften der Art. 4 (Qualität der Daten), Art. 5 (Rechtmäßigkeit der Verarbeitung), Art. 6 (Änderung der Zweckbestimmung) und Art. 10 (Verarbeitung besonderer Datenkategorien) der VO Nr. 45/2001 gleichfalls zu erfüllen sind.

Die Möglichkeit der **Übermittlung von personenbezogenen Daten in Drittländer**, also an Stellen, die nicht Organe oder Einrichtungen der Gemeinschaft sind und die nicht der RL 95/46/EG unterworfen sind, und deren Voraussetzungen sind in **Art. 9 VO Nr. 45/2001** normiert. Hiernach dürfen personenbezogene Daten an diese Stellen grundsätzlich nur übermittelt werden, wenn ein angemessenes Schutzniveau in dem Land des Empfängers oder innerhalb der empfangenden internationalen Organisation gewährleistet ist. Zudem soll die Übermittlung ausschließlich die Wahrnehmung von solchen Aufgaben ermöglichen, die in die Zuständigkeit des für die Verarbeitung Verantwortlichen fallen. Weitere Detailregelungen bestimmen das Vorliegen dieser Voraussetzungen. Soweit diese Voraussetzungen nicht erfüllt sind, darf eine Weitergabe nur in bestimmten, näher geregelten Fallkonstellationen erfolgen.

Mit Blick auf die seit 25.5.2018 geltende VO 2016/679 (DSGVO)[2] wird die **VO Nr. 45/2001 derzeit überarbeitet**[3], um sie in Einklang mit diesen neuen Vorschriften zu bringen. Einen entsprechenden Vorschlag für diese

---

1 Verordnung (EG) Nr. 45/2001 des Europäischen Parlaments und des Rates vom 18. Dezember 2000 zum Schutz natürlicher Personen bei der Verarbeitung personenbezogener Daten durch die Organe und Einrichtungen der Gemeinschaft und zum freien Datenverkehr, ABl. EU Nr. L 8 v. 12.1.2001, S. 1.
2 Verordnung (EU) 2016/679 des Europäischen Parlaments und des Rates vom 27. April 2016 zum Schutz natürlicher Personen bei der Verarbeitung personenbezogener Daten, zum freien Datenverkehr und zur Aufhebung der Richtlinie 95/46/EG (Datenschutz-Grundverordnung), ABl. EU Nr. L 119 v. 4.5.2016, S. 1.
3 Vgl. die Ausführungen von *Hoffmann* in der cepStudie (Centrum für Europäische Politik) zu dem Vorhaben unter https://www.cep.eu/fileadmin/user_upload/cep.eu/Studien/EU-Datenschutzrecht/cepStudie_EU-Datenschutzrecht.pdf, S. 52 ff. und der derzeitige Entwurf einer neuen Verordnung unter http://eur-lex.europa.eu/legal-content/DE/TXT/?qid=1488205011179&uri=CELEX:52017PC0008.

Anpassung veröffentlichte die EU-Kommission am 10.1.2017[1]. Zu diesem Vorschlag sind schon verschiedene Stellungnahmen abgegeben worden, so auch vom Europäischen Datenschutzbeauftragten (EDBA)[2]. Die Finalisierung des Entwurfs soll **im Laufe des Jahres 2018** erfolgen. Die Regelungen der Pflichten der EU-Organe bei der Verarbeitung personenbezogener Daten werden künftig sicherlich auch auf die Verarbeitung der personenbezogenen Daten der europäischen Behörden im Rahmen der PRIIP-VO Anwendung finden (vgl. Art. 71 des Entwurfs der Verordnung[3] und die vergleichbare Überleitungsregelung des Art. 94 VO 2016/679).

Kapitel V
Verwaltungsrechtliche Sanktionen und andere Maßnahmen

Art. 22 [Festlegung verwaltungsrechtlicher Sanktionen]

(1) Unbeschadet der Aufsichtsbefugnisse der zuständigen Behörden und des Rechts der Mitgliedstaaten, strafrechtliche Sanktionen vorzusehen und zu verhängen, legen die Mitgliedstaaten Vorschriften für angemessene verwaltungsrechtliche Sanktionen und Maßnahmen fest, die bei Verstößen gegen diese Verordnung verhängt werden, und ergreifen die erforderlichen Maßnahmen, um deren Durchsetzung zu gewährleisten. Diese Sanktionen und Maßnahmen müssen wirksam, verhältnismäßig und abschreckend sein.

Die Mitgliedstaaten können beschließen, keine verwaltungsrechtlichen Sanktionen gemäß Unterabsatz 1 für Verstöße vorzusehen, die nach dem nationalen Recht strafrechtlichen Sanktionen unterliegen.

Bis zum 31. Dezember 2016 notifizieren die Mitgliedstaaten der Kommission und dem Gemeinsamen Ausschuss die in Unterabsatz 1 genannten Vorschriften. Sie teilen der Kommission und dem Gemeinsamen Ausschuss unverzüglich jegliche Änderungen dieser Vorschriften mit.

(2) Bei der Ausübung ihrer Befugnisse nach Artikel 24 arbeiten die zuständigen Behörden eng zusammen, um sicherzustellen, dass die verwaltungsrechtlichen Sanktionen und Maßnahmen zu den mit dieser Verordnung angestrebten Ergebnissen führen, und koordinieren ihre Maßnahmen, um bei grenzüberschreitenden Fällen Doppelarbeit und Überschneidungen bei der Anwendung von verwaltungsrechtlichen Sanktionen und Maßnahmen zu vermeiden.

In der Fassung vom 26.11.2014 (ABl. EU Nr. L 352 v. 9.12.2014, S. 1).

Materialien: Mitteilung der Europäischen Kommission vom 8. Dezember 2010: „Stärkung der Sanktionsregelungen im Finanzdienstleistungssektor", COM(2010) 716 final; Stellungnahme des Europäischen Wirtschafts- und Sozialausschusses zu der „Mitteilung der Kommission an das Europäische Parlament, den Rat, den Europäischen Wirtschafts- und Sozialausschuss und den Ausschuss der Regionen: Stärkung der Sanktionsregelung im Finanzdienstleistungssektor", ABl. EU Nr. C 248 v. 25.8.2011, S. 108.

I. Grundlagen 1	III. Zusammenarbeit der Behörden (Art. 22 Abs. 2 VO Nr. 1286/2014) 11
II. Verwaltungsrechtliche Sanktionen und Maßnahmen (Art. 22 Abs. 1 VO Nr. 1286/2014) . . . 6	

1 **I. Grundlagen.** Art. 22 VO Nr. 1286/2014 (PRIIP-VO)[4] sieht die Errichtung eines Systems verwaltungsrechtlicher Sanktionen und Maßnahmen durch die Mitgliedstaaten für Verstöße gegen die PRIIP-VO vor. Aus der Überschrift zu Kapitel V der PRIIP-VO wird nicht hinreichend deutlich, ob es sich bei den anderen Maßnahmen ebenfalls um solche **verwaltungsrechtlicher Art** handeln soll. Dafür spricht allerdings der Wortlaut des Art. 22 Abs. 1 Unterabs. 1 Satz 1 VO Nr. 1286/2014 mit der Formulierung „verwaltungsrechtliche Sanktionen und Maßnahmen" („*administrative sanctions and measures*") ebenso wie die Mitteilung der Kommission zur Stärkung der Sanktionsregelungen im Finanzdienstleistungssektor, die den Begriff der „Verwaltungsmaßnah-

---

1 Vorschlag für eine Verordnung des Europäischen Parlaments und des Rates zum Schutz natürlicher Personen bei der Verarbeitung personenbezogener Daten durch die Organe, Einrichtungen und sonstigen Stellen der Union, zum freien Datenverkehr und zur Aufhebung der Verordnung (EG) Nr. 45/2001 und des Beschlusses Nr. 1247/2002/EG, COM (2017) 8 final. 2017/0002 (COD), veröffentlicht unter https://ec.europa.eu/transparency/regdoc/rep/1/2017/DE/COM-2017-8-F1-DE-MAIN-PART-1.PDF.
2 Vgl. Stellungnahme des Europäischen Datenschutzbeauftragten vom 15.3.2017, veröffentlicht unter https://edps.europa.eu/sites/edp/files/publication/17-03-15_regulation_45-2001_de.pdf.
3 http://eur-lex.europa.eu/legal-content/DE/TXT/?qid=1488205011179&uri=CELEX:52017PC0008.
4 Verordnung (EU) Nr. 1286/2014 des Europäischen Parlaments und des Rates vom 26. November 2014 über Basisinformationsblätter für verpackte Anlageprodukte für Kleinanleger und Versicherungsanlageprodukte (PRIIP), ABl. EU Nr. L 352 v. 9.12.2014, S. 1.

men" verwendet[1]. Dieses Verständnis wird auch durch den Vorschlag der Europäischen Kommission für die PRIIP-VO gestützt, wonach die Kapitelüberschrift noch „Verwaltungssanktionen und -maßnahmen" lautete[2].

Im **nationalen Recht** wurden durch das Erste Finanzmarktnovellierungsgesetz vom 30.6.2016 (1. FiMaNoG) verwaltungsrechtliche Sanktionen und Maßnahmen für Verstöße gegen die PRIIP-VO geschaffen. Sie finden sich in §§ 11, 120 Abs. 16, 19 WpHG, §§ 47, 56 Abs. 4g KWG, §§ 5 Abs. 6a, 340 Abs. 6a KAGB, §§ 308a, 332 Abs. 4d VAG, §§ 34d Abs. 8 Satz 1 Nr. 5, 144 Abs. 2 Nr. 1b GewO. Die Umsetzung in der Gewerbeordnung erfolgt durch Verordnungsermächtigungen. So sehen §§ 34d Abs. 8 Satz 1 Nr. 5, 34g Abs. 1 Satz 2 Nr. 5 GewO Verordnungsermächtigungen zum Erlass von Rechtsverordnungen über Sanktionen und Maßnahmen nach Art. 24 Abs. 2 VO Nr. 1286/2014 vor. Die Kompetenz zum Erlass solcher Rechtsverordnungen liegt beim Bundesministerium für Wirtschaft, das im Einvernehmen mit dem Bundesministerium der Justiz und dem Bundesministerium der Finanzen handelt, wobei die Zustimmung des Bundesrates erforderlich ist. Auf Grundlage dieser Vorschriften sind die Finanzanlagenvermittlungsverordnung und die Versicherungsvermittlungsverordnung erlassen worden, welche bisher aber zur Umsetzung der PRIIP-VO nicht geändert wurden.

Schon der Vorschlag der Europäischen Kommission für eine Verordnung über Basisinformationsblätter für Anlageprodukte sah, dort noch in Kapitel IV, Regelungen zu verwaltungsrechtlichen Sanktionen und Maßnahmen vor. Art. 22 VO Nr. 1286/2014 war als Art. 18 in dem Vorschlag enthalten[3]. Er wurde im Laufe des Gesetzgebungsverfahrens lediglich noch um den heutigen Art. 22 Abs. 1 Unterabs. 2 ergänzt.

Die Verhängung angemessener verwaltungsrechtlicher Sanktionen und Maßnahmen durch die Mitgliedstaaten soll gewährleisten, dass die Anforderungen der PRIIP-VO erfüllt werden und ein **effektiver Anlegerschutz** erreicht wird[4]. Der europäische Verordnungsgeber hat sich dafür entschieden, den Verbraucherschutz auch zum Gegenstand behördlicher Überwachung zu machen; er ergänzt die horizontale Regelung des privatrechtlichen Verbraucherschutzes um ein behördliches Überwachungssystem. Auch die verwaltungsrechtlichen Sanktionen sollen also dazu beitragen, das Vertrauen der Kleinanleger in den Finanzmarkt wiederherzustellen[5]. Bei der Verordnung handelt es sich zwar um unmittelbar anwendbares Recht. Dennoch schafft die Verordnung, wie durch Art. 22 VO Nr. 1286/2014 deutlich wird, im Hinblick auf die verwaltungsrechtlichen Sanktionen und Maßnahmen lediglich einen von den Mitgliedstaaten auszufüllenden Rahmen.

Die Schaffung eines Sanktionensystems, um die Einhaltung der Vorgaben der PRIIP-VO sicherzustellen, steht im Einklang mit der **Mitteilung der Kommission vom 8.12.2010** „Stärkung der Sanktionsregelungen im Finanzdienstleistungssektor". Darin spricht sich die Kommission für die Schaffung von wirkungsvollen und ausreichend konvergenten Sanktionsregelungen aus. Zwar erkennt die Kommission an, dass die Sicherstellung der ordnungsgemäßen Anwendung von EU-Vorschriften in vorderster Linie Aufgabe der nationalen Behörden ist[6]. Doch bedürfe es der Festlegung eines Mindeststandards auf europäischer Ebene, um konvergente und strengere Sanktionsregelungen in allen Mitgliedstaaten zu gewährleisten[7]. Als wesentlicher Bestandteil von Aufsichtsregelungen tragen Sanktionsregelungen im Finanzsektor dazu bei, die mangelnde Durchsetzung von EU-Vorschriften in den Mitgliedstaaten zu verhindern. Bereits die mangelnde Durchsetzung in einem Mitgliedstaat könne sich erheblich auf die Stabilität und Funktionsweise des Finanzsystems in einem anderen Mitgliedstaat auswirken[8]. Dementsprechend wurden auf europäischer Ebene nicht nur im Hinblick auf PRIIP-VO, sondern an verschiedenen Stellen Vorgaben für nationale Sanktionen im Finanzsektor eingeführt[9]. Die Stärkung von Sanktionsregelungen entspricht auch den Entwicklungen auf internationaler Ebene. Hier wurde ebenfalls als Reaktion auf die Finanzkrise Regulierungs-, Schutz- und Sanktionsmechanismen auf dem Finanzmarkt ein stärkeres Gewicht beigemessen[10].

II. Verwaltungsrechtliche Sanktionen und Maßnahmen (Art. 22 Abs. 1 VO Nr. 1286/2014).

Art. 22 Abs. 1 Unterabs. 1 VO Nr. 1286/2014 **verpflichtet die Mitgliedstaaten**, angemessene Verwaltungssanktionen und -maßnahmen für den Fall eines Verstoßes gegen die PRIIP-VO vorzusehen. Um nicht nur die gesetzliche Verankerung von Sanktionsregelungen auf nationaler Ebene, sondern auch deren tatsächliche Anwendung zu bewirken, haben die Mitgliedstaaten die erforderlichen Maßnahmen zu ergreifen, um die Durchsetzung der Sanktionen und Maßnahmen zu gewährleisten. Mithin meint der erste Begriff der Maßnahmen etwas anderes, nämlich gesetzliche behördliche Eingriffs- und Handlungs**befugnisse** ohne Sanktionscharakter, während der zweite

---

1 COM(2010) 716 final, S. 5.
2 COM(2012) 352 final, S. 31.
3 COM(2012) 352 final, S. 31 f.
4 Erwägungsgrund 30 VO Nr. 1286/2014.
5 Erwägungsgrund 2 VO Nr. 1286/2014; COM(2010) 716 final, S. 11.
6 COM(2010) 716 final, S. 2.
7 COM(2010) 716 final, S. 12.
8 ABl. EU Nr. C 248 v. 25.8.2011, S. 108.
9 SWD(2012) 187 final, S. 41, Annex I.2.
10 S. u.a. London Summit – Leaders' Statement, 2.4.2009, No. 13 ff.; Leaders' Statement, The Pittsburgh Summit, September 24-25 2009, No. 12; G20 Leaders' Communiqué, Hangzhou Summit, 4-5 November 2016; Reform des amerikanischen Finanzsystems durch „Dodd-Frank Wall Street Reform and Consumer Protection Act" (July 2010).

Begriff der Maßnahme die Durchsetzungs- bzw. Handlungsebene der Behörden betrifft und sich insoweit auch auf Sanktionen bezieht (Art. 24 VO Nr. 1286/2014 Rz. 8 ff.). Die Wahl der Sanktionen oder Maßnahmen, die bei einem Verstoß gegen die PRIIP-VO verhängt werden, obliegt den Mitgliedstaaten und insbesondere den mitgliedstaatlichen Behörden. Bei der Wahl und Ausgestaltung der Sanktionen und Maßnahmen sind generell die **Grundsätze der Effektivität und der Äquivalenz** zu berücksichtigen, ohne dass diese die Einzelfallanwendung undifferenziert am nationalen Recht vorbeisteuern können[1]. Der Grundsatz der Äquivalenz besagt, dass die Mitgliedstaaten darauf zu achten haben, dass die Verstöße nach sachlichen und verfahrensrechtlichen Regeln geahndet werden, die denjenigen bei vergleichbaren Verstößen gegen nationales Recht entsprechen[2].

7   Der **Begriff der Maßnahmen und Sanktionen** ist weit zu verstehen (vgl. zum Sanktionenbegriff auch Art. 30 VO Nr. 596/2014 Rz. 19 ff.). In der Summe umfasst das Begriffspaar sowohl belastende Verwaltungsmaßnahmen als auch Maßnahmen zur Wiederherstellung der Rechtmäßigkeit, Einziehung, Abberufung des Leitungsorgans, Sanktionen mit aufhebender Wirkung wie den Entzug der Zulassung oder auch Geldstrafen oder Zwangsgelder[3]. Die Unterscheidung zwischen verwaltungsrechtlicher Sanktion und verwaltungsrechtlicher Maßnahme i.S.d. Art. 22 VO Nr. 1286/2014 ist schwierig, da die Einordnung als Sanktion oder Maßnahme entscheidend von der Rechtsordnung des jeweiligen Mitgliedstaates abhängt[4].

8   Gem. Art. 22 Abs. 1 Unterabs. 1 Satz 2 VO Nr. 1286/2014 müssen die Sanktionen und Maßnahmen wirksam, verhältnismäßig und abschreckend sein. Dies bezieht sich sowohl auf die Befugnisebene wie auf die Umsetzungs- bzw. Handlungsebene. Bei der erstgenannten Befugnisebene hat die Forderung angesichts der detaillierten Vorgaben in Art. 24 VO Nr. 1286/2014 nur wenig Bedeutung. Eine Sanktion oder Maßnahme ist dann **wirksam**, wenn sie die Einhaltung des EU-Rechts sicherstellt. Sie ist **verhältnismäßig**, wenn sie der Schwere des Verstoßes angemessen ist und nicht über das zur Erreichung der verfolgten Ziele notwendige Maß hinausgeht. **Abschreckend** ist sie schließlich dann, wenn sie schwer genug ist, um einen Urheber von einem weiteren Verstoß und andere potentielle Rechtsbrecher von einem erstmaligen Verstoß abzuhalten[5].

9   Die Mitgliedstaaten können gem. Art. 22 Abs. 1 Unterabs. 2 VO Nr. 1286/2014 dann von der Festlegung verwaltungsrechtlicher Sanktions- oder Maßnahmevorschriften absehen, wenn die Verstöße nach dem nationalen Recht **strafrechtlichen Sanktionen** unterliegen. Die Mitgliedstaaten sind nicht verpflichtet, sowohl strafrechtliche als auch verwaltungsrechtliche Sanktionen für denselben Verstoß zu verhängen. Sie können dies aber tun, wenn es das nationale Recht zulässt. Wird ein Verstoß in einem Mitgliedstaat mit einer strafrechtlichen Sanktion geahndet, darf das nicht dazu führen, dass die zuständigen Behörden durch das dann anwendbare nationale Strafrecht in ihrer Zusammenarbeit mit den zuständigen Behörden anderer Mitgliedstaaten zum Zwecke der PRIIP-VO eingeschränkt oder behindert werden[6].

10 Gem. Art. 34 VO Nr. 1286/2014 sollte die PRIIP-VO ab dem 31.12.2016 Wirkung entfalten. Bis zu diesem Zeitpunkt sollen die Mitgliedstaaten der Kommission und dem Gemeinsamen Ausschuss ihre nationalen Vorschriften mitteilen, in denen sie die Sanktionen und Maßnahmen für Verstöße gegen die PRIIP-VO regeln. Außerdem sollen sie die Kommission und den Gemeinsamen Ausschuss über jegliche Änderungen dieser Vorschriften unterrichten, Art. 22 Abs. 1 Unterabschnitt VO Nr. 1286/2014. Art. 1 VO 2016/2340 änderte Art. 34 VO Nr. 1286/2014 dahingehend, dass die Verordnung erst ab dem 1.1.2018 gilt. In Erwägungsgrund 5 der VO 2016/2340 wird wiederum als Ursache für den späteren Geltungsbeginn genannt, dass den Betroffenen ausreichend Zeit zugestanden werden soll, sich auf die Veränderungen vorzubereiten. Art. 22 VO Nr. 1286/2014 wurde im Zuge dessen nicht angepasst.

11 **III. Zusammenarbeit der Behörden (Art. 22 Abs. 2 VO Nr. 1286/2014).** Art. 22 Abs. 2 VO Nr. 1286/2014 verpflichtet die zuständigen Behörden zur Kooperation und Koordination bei der Ausübung ihrer Befugnisse nach Art. 24 VO Nr. 1286/2014. Durch die **Kooperation** soll die Effektivität der Sanktionen und Maßnahmen zur Erreichung des Ziels eines einheitlichen Standards für Basisinformationsblättern gewährleistet werden. Die **Koordination** soll dazu beitragen, Doppelarbeit und *Überschneidungen* zu vermeiden. Die Doppelarbeit zielt auf die formelle Seite doppelter Verfolgung, die Überschneidung meint auch die materielle Überlappung von Eingriffsmaßnahmen oder Sanktionen (Art. 31 VO Nr. 596/2014 Rz. 11). Die Gefahr von Doppelarbeit und Überschneidungen droht dann, wenn mangels Koordination die Sanktions- oder Maßnahmevorschriften verschiedener Mitgliedstaaten auf grenzüberschreitende Fälle angewendet werden. Der **Begriff der „Behörde"** wird in der PRIIP-VO nicht eigenständig definiert[7]. Art. 4 Nr. 8 VO Nr. 1286/2014 enthält lediglich eine De-

---

1   EuGH v. 19.7.2012 – C-591/10, ECLI:EU:C:2012:478, BeckEuRS 2012, 681736; EuGH v. 30.5.2013 – C-604/11, ECLI:EU:C:2013:344, NZG 2013, 786.
2   BGH v. 17.9.2013 – XI ZR 332/12, AG 2013, 803 = ZIP 2013, 2001.
3   ABl. EU Nr. C 248 v. 25.8.2011, S. 108.
4   COM(2010) 716 final, S. 5.
5   COM(2010) 716 final, S. 5.
6   Erwägungsgrund 31 VO Nr. 1286/2014.
7   In anderen europäischen Gesetzgebungsakten findet sich dagegen mitunter eine nähere Konkretisierung des Behördenbegriffs, so z.B. in Art. 2 Nr. 2 RL 2003/4/EG.

finition der „zuständigen Behörde". Dies sind die nationalen Behörden, die von einem Mitgliedstaat zur Überwachung der Anforderungen der PRIIP-VO benannt werden. Die Begriffsbestimmung in Art. 4 Nr. 8 VO Nr. 1286/2014 verdeutlicht durch die Bezugnahme auf die nationalen Behörden jedoch, dass es für die Bestimmung der Behördeneigenschaft allein auf das jeweilige nationale Recht ankommen kann. In Deutschland ist zuständige Behörde die Bundesanstalt für Finanzdienstleistungsaufsicht (BaFin), vgl. § 1 Abs. 1 Nr. 8 lit. h WpHG, § 6 Abs. 1d KWG, § 5 Abs. 6a KAGB, § 295 Abs. 1 Nr. 2 VAG. Im Gegensatz zur MAR erlaubt es die PRIIP-VO, mehrere nationale Behörden als zuständig für die Zwecke der PRIIP-VO zu erklären und wahrt insoweit die Organisations- und Verfahrensautonomie[1] der Mitgliedstaaten[2].

Art. 23 [Organisation des mitgliedstaatlichen Vollzugs]

Die zuständigen Behörden üben ihre Sanktionsbefugnisse gemäß dieser Verordnung und den nationalen Rechtsvorschriften wie folgt aus:

a) unmittelbar,
b) in Zusammenarbeit mit anderen Behörden,
c) unter eigener Zuständigkeit, durch Übertragung von Aufgaben an solche Behörden,
d) durch Antragstellung bei den zuständigen Justizbehörden.

In der Fassung vom 26.11.2014 (ABl. EU Nr. L 352 v. 9.12.2014, S. 1).

I. Grundlagen . . . . 1 | II. Regelungsinhalt 3

I. Grundlagen. Art. 23 VO Nr. 1286/2014 (PRIIP-VO)[3] bringt die **Gestaltungsoptionen der Mitgliedstaaten** beim Vollzug der PRIIP-VO zum Ausdruck. 1

Art. 23 VO Nr. 1286/2014 war in dem ursprünglichen Vorschlag der Europäischen Kommission für eine Verordnung über Basisinformationsblätter für Anlageprodukte[4] noch nicht vorgesehen. Auf wessen Vorschlag hin und aus welchen Gründen die Vorschrift Eingang in die PRIIP-VO gefunden hat, lässt sich den veröffentlichten Gesetzgebungsmaterialien nicht entnehmen. Eine **ähnliche Regelung** findet sich allerdings in mehreren, den Finanzmarkt regulierenden europäischen Gesetzgebungsakten. So sah beispielsweise Art. 50 Abs. 1 RL 2004/39/EG (MiFID) bereits eine vergleichbare Vorschrift vor, die weitgehend unverändert in Art. 72 Abs. 1 RL 2014/65/EU (MiFID II) übernommen wurde. Auch die VO Nr. 596/2014 (MAR)[5] kennt mit Art. 23 Abs. 1 eine entsprechende Regelung. 2

II. Regelungsinhalt. Durch Art. 23 VO Nr. 1286/2014 wird festgelegt, in welcher Form die zuständigen Behörden (s. zum Behördenbegriff Art. 22 VO Nr. 1286/2014 Rz. 11) ihre *Sanktions*befugnisse, die in der Verordnung und dem nationalen Recht vorgesehen sind, ausüben können. Hierfür werden den Behörden vier Möglichkeiten an die Hand gegeben. Sie können ihre Sanktionsbefugnisse entweder **unmittelbar** ausüben, d.h. selbst durch die eigenen Bediensteten, Art. 23 lit. a VO Nr. 1286/2014. Da die zuständigen Behörden gem. Art. 4 Nr. 8 VO Nr. 1286/2014 zur Überwachung der Anforderungen der PRIIP-VO ausdrücklich benannt wurden und den zuständigen Behörden nach Art. 24 Abs. 2 VO Nr. 1286/2014 Mindestbefugnisse verliehen werden, ist dies eine verwaltungsrechtliche Selbstverständlichkeit[6]. Die Vorschrift hat also lediglich deklaratorischen Charakter. Alternativ können die zuständigen Behörden zur Ausübung der Sanktionsbefugnisse **mit anderen Behörden zusammenarbeiten** (Art. 23 lit. b VO Nr. 1286/2014) oder auch die Aufgaben unter eigener Zuständigkeit ganz **an eine andere Behörde delegieren** (Art. 23 lit. c VO Nr. 1286/2014). Die Zusammenarbeit mit oder die Delegation an andere Behörden ermöglicht die Einbeziehung von z.B. auf die Zwecke der PRIIP-VO spezialisierter oder auch lokal näher angebundener Behörden. Dadurch können wirksame Strukturen zur Überwachung der Aufgaben der PRIIP-VO geschaffen werden. Schließlich können die zuständigen Behörden die Umsetzung der Sanktionen **durch Antragstellung bei den zuständigen Justizbehörden** verfolgen, Art. 23 lit. d VO Nr. 1286/ 3

---

1 *von Danwitz*, Europäisches Verwaltungsrecht, 2008, S. 302 ff.
2 Vgl. Art. 22 VO Nr. 596/2014 und Art. 4 Nr. 8 VO Nr. 1286/2014.
3 Verordnung (EU) Nr. 1286/2014 des Europäischen Parlaments und des Rates vom 26. November 2014 über Basisinformationsblätter für verpackte Anlageprodukte für Kleinanleger und Versicherungsanlageprodukte (PRIIP), ABl. EU Nr. L 352 v. 9.12.2014, S. 1.
4 COM(2012) 352 final.
5 Verordnung (EU) Nr. 596/2014 des Europäischen Parlaments und des Rates vom 16. April 2014 über Marktmissbrauch (Marktmissbrauchsverordnung) und zur Aufhebung der Richtlinie 2003/6/EG des Europäischen Parlaments und des Rates und der Richtlinien 2003/124/EG, 2003/125/EG und 2004/72/EG der Kommission, ABl. EU Nr. L 173 v. 12.6.2014, S. 1.
6 Vgl. *Kunschke/Machhausen* in Dornseifer/Jesch/Klebeck/Tollmann, 2013, Art. 46 AIFM-Richtlinie Rz. 5.

2014. Eine solche Antragstellung soll dann erfolgen, wenn die nationalen Rechtsvorschriften die Einbeziehung der Justizbehörden erfordern[1]. Die Notwendigkeit einer Anordnung oder Genehmigung durch die Justizbehörden ist nach nationalem Recht insbesondere bei der Verhängung einschneidender Sanktionsbefugnisse denkbar[2]. Justizbehörden können sowohl Staatsanwaltschaften wie Gerichte sein.

4 Das **deutsche Recht** sieht vor, dass die BaFin als zuständige Behörde ihre Sanktionsbefugnisse unmittelbar ausübt, vgl. § 11 WpHG, § 47 Satz 1 KWG, § 5 Abs. 6a Satz 2 KAGB, § 308a Satz 1 VAG.

5 Im Rahmen des **Gewerberechts** richtet sich die Zuständigkeit nach Landesrecht. Die Umsetzung der PRIIP-VO erfolgt hier durch Rechtsverordnung (s. Art. 22 VO Nr. 1286/2014 Rz. 2). Daher bestimmen gem. § 155 Abs. 2 GewO die Landesregierungen oder die von ihnen bestimmten Stellen die für die Ausführung zuständigen Behörden.

Art. 24 [Mindestanforderungen an mitgliedstaatliche Sanktionsbefugnisse]

(1) Dieser Artikel gilt für Verstöße gegen Artikel 5 Absatz 1, die Artikel 6 und 7, Artikel 8 Absätze 1 bis 3, Artikel 9, Artikel 10 Absatz 1, Artikel 13 Absätze 1, 3 und 4 sowie die Artikel 14 und 19.

(2) Die zuständigen Behörden sind befugt, zumindest die folgenden verwaltungsrechtlichen Sanktionen und Maßnahmen nach Maßgabe des nationalen Rechts zu verhängen:

a) Verfügung des Verbots, ein PRIIP zu vermarkten;

b) Verfügung der Aussetzung der Vermarktung eines PRIIP;

c) eine öffentliche Warnung mit Angaben zu der für den Verstoß verantwortlichen Person und der Art des Verstoßes;

d) Verfügung des Verbots, ein Basisinformationsblatt bereitzustellen, das nicht den Anforderungen der Artikel 6, 7, 8 oder 10 genügt, und der Verpflichtung, eine neue Fassung des Basisinformationsblatts zu veröffentlichen;

e) Geldbußen in mindestens folgender Höhe:

  i) im Falle eines Rechtsträgers:
   – bis zu 5 000 000 EUR oder in Mitgliedstaaten, deren Währung nicht der Euro ist, der entsprechende Wert in Landeswährung am 30. Dezember 2014, oder bis zu 3 % des jährlichen Gesamtumsatzes dieses Rechtsträgers gemäß dem letzten verfügbaren vom Leitungsorgan gebilligten Abschluss; oder
   – bis zur zweifachen Höhe der infolge des Verstoßes erzielten Gewinne oder verhinderten Verluste, sofern diese sich beziffern lassen;

  ii) im Falle einer natürlichen Person:
   – bis zu 700 000 EUR oder in Mitgliedstaaten, deren Währung nicht der Euro ist, der entsprechende Wert in Landeswährung am 30. Dezember 2014, oder
   – bis zur zweifachen Höhe der infolge des Verstoßes erzielten Gewinne oder verhinderten Verluste, sofern diese sich beziffern lassen.

Wenn es sich bei dem in Unterabsatz 1 Buchstabe e Ziffer i genannten Rechtsträger um ein Mutterunternehmen oder das Tochterunternehmen eines Mutterunternehmens handelt, das einen konsolidierten Abschluss nach der Richtlinie 2013/34/EU des Europäischen Parlaments und des Rates aufzustellen hat, so ist der relevante Gesamtumsatz der jährliche Gesamtumsatz oder die entsprechende Einkunftsart gemäß den relevanten Unionsrecht im Bereich Rechnungslegung, der bzw. die im letzten verfügbaren konsolidierten Abschluss ausgewiesen ist, der vom Leitungsorgan des Mutterunternehmens an der Spitze gebilligt wurde.

(3) Mitgliedstaaten können zusätzliche Sanktionen oder Maßnahmen sowie höhere Geldbußen, als in dieser Verordnung festgelegt, vorsehen.

(4) Falls die zuständigen Behörden eine oder mehrere verwaltungsrechtliche Sanktionen oder Maßnahmen gemäß Absatz 2 verhängt haben, sind die zuständigen Behörden befugt, den betroffenen Kleinanleger direkt über die verwaltungsrechtlichen Sanktionen oder Maßnahmen zu informieren und ihm mitzuteilen, wo Beschwerden einzureichen oder Schadensersatzansprüche anzumelden sind, oder von dem

---

1 Erwägungsgrund 62 VO Nr. 596/2014.
2 Vgl. *Kunschke/Machhausen* in Dornseifer/Jesch/Klebeck/Tollmann, 2013, Art. 46 AIFM-Richtlinie Rz. 7.

PRIIP-Hersteller oder der Person, die über die PRIIP berät oder sie verkauft, zu verlangen, eine entsprechende Mitteilung und Information an den betroffenen Kleinanleger zu richten.

In der Fassung vom 26.11.2014 (ABl. EU Nr. L 352 v. 9.12.2014, S. 1).

Schrifttum: S. bei Art. 22 VO Nr. 1286/2014 und bei Art. 30 VO Nr. 596/2014.

I. Grundlagen 1	a) Unmittelbare Anwendbarkeit oder Umsetzungserfordernis und Harmonisierungsgrad 5
II. Regelungsinhalt 4	b) Mögliche Sanktionen und Maßnahmen 8
1. Anwendungsbereich (Art. 24 Abs. 1 VO Nr. 1286/2014) 4	3. Benachrichtigung des Kleinanlegers (Art. 24 Abs. 4 VO Nr. 1286/2014) 13
2. Mindestvorgaben für verwaltungsrechtliche Sanktionen und Maßnahmen (Art. 24 Abs. 2 und Abs. 3 VO Nr. 1286/2014) 5	III. Strafcharakter der Sanktionen i.S.d. höherrangigen Rechts, insbesondere der EMRK ... 14

I. Grundlagen. Art. 24 VO Nr. 1286/2014 (PRIIP-VO)[1] gibt ein Mindestmaß an verwaltungsrechtlichen Sanktionen und Maßnahmen vor, die den zuständigen Behörden nach Maßgabe des nationalen Rechts zur Verfügung stehen müssen. Dies gilt allerdings nur für die in Abs. 1 genannten Verstöße gegen die PRIIP-VO. Durch die Festlegung eines gemeinsamen Mindeststandards trägt Art. 24 VO Nr. 1286/2014 zum Ziel der Schaffung eines **harmonisierten und kohärenten Sanktionenkonzepts** bei (s. hierzu näher Art. 22 VO Nr. 1286/2014 Rz. 4 f.)[2]. 1

Die in Art. 24 Abs. 2 lit. a–d VO Nr. 1286/2014 aufgezählten verwaltungsrechtlichen Sanktionen und Maßnahmen werden im **deutschen Recht** in § 10 WpHG, § 47 Satz 2 KWG, § 5 Abs. 6a Satz 3 KAGB, § 308a Satz 2 VAG aufgegriffen. Der Bußgeldtatbestand des Art. 24 Abs. 2 lit. e VO Nr. 1286/2014 findet sich in § 120 Abs. 16, Abs. 19, Abs. 23 WpHG, § 56 Abs. 4g, Abs. 6 Nr. 1a, Abs. 6a Nr. 2, Abs. 6b, Abs. 6c KWG, § 340 Abs. 6a, Abs. 7 Satz 1 Nr. 2a und Satz 2, Abs. 8 KAGB, § 332 Abs. 4d, Abs. 5, Abs. 6, Abs. 7, Abs. 8 VAG. Eine Umsetzung im Gewerberecht durch Wahrnehmung der Verordnungsermächtigungen in §§ 34d Abs. 8 Satz 1 Nr. 5, 34g Abs. 1 Satz 2 Nr. 5 GewO ist noch nicht erfolgt (s. auch Art. 22 VO Nr. 1286/2014 Rz. 2). 2

Art. 24 VO Nr. 1286/2014 war als **Art. 19** schon in dem **Vorschlag der Europäischen Kommission** für eine Verordnung über Basisinformationsblätter für Anlageprodukte enthalten[3]. Allerdings sah er sich im Gesetzgebungsverfahren zahlreichen Änderungsvorschlägen ausgesetzt, mit dem Ergebnis, dass der heutige Art. 24 VO Nr. 1286/2014 deutliche Unterschiede zum vormaligen Art. 19 aufweist. So wurden beispielsweise konkrete Beträge für die Geldbußen eingeführt, abhängig davon, ob es sich um eine juristische oder eine natürliche Person handelt, um eine Harmonisierung mit anderen unionsrechtlichen Gesetzgebungsakten zu erreichen[4]. 3

II. Regelungsinhalt. 1. Anwendungsbereich (Art. 24 Abs. 1 VO Nr. 1286/2014). In Abs. 1 sind die Verstöße aufgezählt, bei denen Art. 24 VO Nr. 1286/2014 anzuwenden ist. Dazu gehören Verstöße gegen Art. 5 Abs. 1, Art. 6, Art. 7, Art. 8 Abs. 1–3, Art. 9, Art. 10 Abs. 1, Art. 13 Abs. 1, 3, 4, Art. 14, Art. 19 PRIIP-VO. **Art. 5 Abs. 1** VO Nr. 1286/2014 regelt die Pflicht des PRIIP-Herstellers, ein Basisinformationsblatt für das PRIIP im Einklang mit den Anforderungen der Verordnung abzufassen und auf seiner Website zu veröffentlichen. Sowohl **Art. 6** VO Nr. 1286/2014 als auch **Art. 8 Abs. 1–3** VO Nr. 1286/2014 legen gemeinsame Standards für die Abfassung von Basisinformationsblättern nieder, die die Verständlichkeit für Kleinanleger gewährleisten sollen[5]. Während Art. 6 VO Nr. 1286/2014 den Fokus stärker auf die Form der Basisinformationsblätter legt, beispielsweise mit Anforderungen an die Länge oder die zu verwendenden Farben, konzentriert sich Art. 8 Abs. 1–3 VO Nr. 1286/2014 verstärkt auf den Inhalt mit der Vorgabe notwendiger Angaben und deren Reihenfolge. **Art. 7** VO Nr. 1286/2014 enthält Regelungen zu der Sprache, in der das Basisinformationsblatt abgefasst sein muss. **Art. 9** VO Nr. 1286/2014 stellt Anforderungen für Werbematerialien auf, die spezifische Informationen über ein PRIIP enthalten. Den PRIIP-Hersteller trifft gem. **Art. 10 Abs. 1** VO Nr. 1286/2014 zudem eine Überprüfungs- und Überarbeitungspflicht für das Basisinformationsblatt. Doch nicht nur dem PRIIP-Hersteller, auch demjenigen, der über ein PRIIP berät oder es verkauft, obliegen gewisse Pflichten. So hat dieser nach den Vorgaben der **Art. 13 Abs. 1, 3 und 4** VO Nr. 1286/2014 dem Kleinanleger das Basisinformationsblatt rechtzeitig und in der in **Art. 14** VO Nr. 1286/2014 festgelegten Art und Weise zur Verfügung zu stellen. Sowohl der PRIIP-Hersteller (vgl. Art. 4 Nr. 4 VO Nr. 1286/2014) als auch der PRIIP-Berater bzw. PRIIP-Verkäufer (vgl. Art. 4 Nr. 5 VO Nr. 1286/2014) haben dafür zu sorgen, dass dem Kleinanleger die Möglichkeit einer Beschwerde und eines Rechtsbehelfsverfahrens zur Verfügung stehen, **Art. 19** VO Nr. 1286/2014. 4

---

1 Verordnung (EU) Nr. 1286/2014 des Europäischen Parlaments und des Rates vom 26. November 2014 über Basisinformationsblätter für verpackte Anlageprodukte für Kleinanleger und Versicherungsanlageprodukte (PRIIP), ABl. EU Nr. L 352 v. 9.12.2014, S. 1.
2 COM(2012) 352 final, S. 11.
3 COM(2012) 352 final.
4 ABl. EU Nr. C 70 v. 9.3.2013, S. 8.
5 Erwägungsgrund 13 VO Nr. 1286/2014.

Art. 24 VO Nr. 1286/2014 | [Mindestanforderungen an mitgliedstaatliche Sanktionsbefugnisse]

5   **2. Mindestvorgaben für verwaltungsrechtliche Sanktionen und Maßnahmen (Art. 24 Abs. 2 und Abs. 3 VO Nr. 1286/2014). a) Unmittelbare Anwendbarkeit oder Umsetzungserfordernis und Harmonisierungsgrad.** Verstößt der PRIIP-Hersteller oder derjenige, der über ein PRIIP berät oder es verkauft, gegen eine der in Abs. 1 genannten Pflichten, so können die zuständigen Behörden gewisse verwaltungsrechtliche Mindestsanktionen bzw. Mindestmaßnahmen gegen ihn verhängen. Dass Art. 24 VO Nr. 1286/2014 lediglich auf eine **Mindestharmonisierung** gerichtet ist, wird aus Abs. 3 deutlich. Danach sind die Mitgliedstaaten frei darin, bei Verstößen gegen eine der in Abs. 1 genannten Pflichten in ihren nationalen Vorschriften zusätzliche Sanktionen oder Maßnahmen sowie höhere Geldbußen vorzusehen. Durch Art. 24 VO Nr. 1286/2014 werden damit die Tatbestandsvoraussetzungen für die Verhängung einer Sanktion mindestharmonisiert; wie sich aus Art. 24 Abs. 1 VO Nr. 1286/2014 ergibt, ist es den Mitgliedstaaten nicht verwehrt, außerhalb der dort definierten Anknüpfungstatbestände verwaltungsrechtliche Maßnahmen oder Sanktionen festzulegen.

6   Hinsichtlich der Rechtsfolge, also der Sanktion oder Maßnahme selbst, schafft Art. 24 VO Nr. 1286/2014 ebenfalls nur einen Mindeststandard. Dies entspricht auch dem Willen der Europäischen Kommission, wie er in der Mitteilung zur Stärkung der Sanktionsregelungen im Finanzdienstleistungssektor zum Ausdruck kommt[1].

7   Art. 24 Abs. 2 VO Nr. 1286/2014 ist nicht eindeutig zu entnehmen, ob es sich dabei um eine **unmittelbar anwendbare Ermächtigungsgrundlage** handelt oder ob der europäische Gesetzgeber eine **Umsetzung dieser Vorschrift ins nationale Recht** verlangt. Art. 24 VO Nr. 1286/2014 spricht hier in der deutschen Fassung eine ganz andere Sprache als Art. 22 VO Nr. 1286/2014. Auf die Notwendigkeit einer Umsetzung könnte auf der einen Seite die Formulierung „nach Maßgabe des nationalen Rechts" (*in accordance with national law*") hindeuten. Sie erweckt den Anschein, dass der nationale Gesetzgeber zunächst selbst noch tätig werden müsse, wofür auch der Mindestharmonisierungscharakter der Vorschrift spricht. Eine mögliche Deutung des Zusatzes „nach Maßgabe des nationalen Rechts" ist aber auch, dass damit allein die Durchführung des unmittelbar geltenden Verordnungsrechts, d.h. der indirekte Vollzug durch die Mitgliedstaaten, gemeint sein könnte[2]. Das gegenteilige Verständnis legt aber der systematische Zusammenhang mit Art. 22 Abs. 1 VO Nr. 1286/2014 nahe, den Art. 24 Abs. 2 VO Nr. 1286/2014 letztlich konkretisiert. Ebenso gehen die Erwägungsgründe zu der PRIIP-Verordnung davon aus, dass es die Mitgliedstaaten sind, die Schritte zur Schaffung eines verwaltungsrechtlichen Sanktionen- und Maßnahmensystems unternehmen müssen[3]. Allerdings darf auf der anderen Seite nicht vergessen werden, dass es sich bei Art. 24 VO Nr. 1286/2014 um eine Vorschrift in einer grundsätzlich unmittelbar geltenden Verordnung handelt. Für eine unmittelbare Anwendbarkeit spricht auch ein Vergleich mit der Fassung, die noch im Vorschlag der Europäischen Kommission zu der Verordnung über Basisinformationsblätter für Anlageprodukte enthalten war. Diese sah vor, dass die Mitgliedstaaten dafür zu sorgen haben, dass die zuständigen Behörden die Befugnis haben, zumindest die dort aufgezählten Verwaltungsmaßnahmen und -sanktionen zu verhängen[4]. Dem heutigen Wortlaut des Art. 24 Abs. 2 VO Nr. 1286/2014 nach sind die zuständigen Behörden nun unmittelbar befugt, zumindest die dort genannten verwaltungsrechtlichen Sanktionen und Maßnahmen zu verhängen. Insofern könnte die Formulierung „nach Maßgabe des nationalen Rechts" auch vermittelnd als Öffnungsklausel zu verstehen sein, die es den Mitgliedstaaten gestattet, die Vorschrift ins nationale Recht umzusetzen – eine derartige Verpflichtung aber auch nicht begründet. Erfolgt keine Umsetzung ins nationale Recht, entfaltet Art. 24 VO Nr. 1286/2014 unmittelbare Wirkung. Eine Öffnungsklausel ist erforderlich, da nach der Rechtsprechung des EuGH eine Transformation von Verordnungsrecht in innerstaatliches Recht grundsätzlich nicht zulässig ist[5]. Mit diesem Verständnis in Einklang steht, dass der deutsche Gesetzgeber in seiner Begründung zum Entwurf des Ersten Finanzmarktnovellierungsgesetzes (1. FiMaNoG) zu §§ 4 Abs. 3l, 39 a.F. (§§ 11, 120 n.F.) WpHG, §§ 47, 56 Abs. 4g KWG, §§ 5 Abs. 6a, 340 KAGB ausführt, dass diese der Umsetzung des Art. 24 Abs. 2 VO Nr. 1286/2014 dienen[6]. In seiner Begründung zu § 308a VAG spricht er ausdrücklich davon, dass für die in Art. 24 Abs. 2 VO Nr. 1286/2014 vorgesehenen Maßnahmen eine Ermächtigungsgrundlage im Versicherungsaufsichtsgesetz zu schaffen ist[7].

8   **b) Mögliche Sanktionen und Maßnahmen.** Als verwaltungsrechtliche Sanktion bzw. Maßnahme können die zuständigen Behörden dem PRIIP-Hersteller, dem PRIIP-Berater bzw. dem PRIIP-Verkäufer verbieten, ein PRIIP weiter **zu vermarkten** oder die Aussetzung der Vermarktung eines PRIIPs verfügen, Art. 24 Abs. 2 Satz 1 lit. a, lit. b VO Nr. 1286/2014. Ebenso können die zuständigen Behörden den Verstoß dadurch sanktionieren, dass sie eine **Warnung veröffentlichen**, aus welcher die für den Verstoß verantwortliche Person und die Art des Verstoßes hervorgeht, Art. 24 Abs. 2 Satz 1 lit. c VO Nr. 1286/2014 (sog. „naming and shaming", s. hierzu

---

1   COM(2010) 716 final, S. 12.
2   Zur Durchführung von Verordnungen und zum indirekten Vollzug des Unionsrechts *Glaser*, Die Entwicklung des europäischen Verwaltungsrechts aus der Perspektive der Handlungsformenlehre, 2013, S. 40 ff., S. 467; *Siegel*, Europäisierung des Öffentlichen Rechts, 2012, S. 40.
3   Erwägungsgrund 30 VO Nr. 1286/2014.
4   COM(2012) 352 final, S. 32.
5   EuGH v. 10.10.1973 – 34/73, ECLI:EU:C:1973:101, Slg. 1973, 00981; EuGH v. 31.1.1978 – 94/77, ECLI:EU:C:1978:17, Slg. 1978, 00099.
6   Begr. RegE, BT-Drucks. 18/7482, 68, 74 f.
7   Begr. RegE, BT-Drucks. 18/7482, 76.

näher § 123 WpHG Rz. 7 ff.). Die öffentliche Warnung soll insbesondere zur allgemeinen Prävention von Verstößen beitragen[1]. Sie hat keinen repressiven Sanktionscharakter; vielmehr steht im Mittelpunkt, die vorwärtsgerichtete Wirkung der Verwaltungsmaßnahmen sicher zu stellen. Genügt das bereitzustellende **Basisinformationsblatt** nicht den Anforderungen der Art. 6, 7, 8 oder 10 VO Nr. 1286/2014, können die zuständigen Behörden es **verbieten** und den PRIIP-Hersteller verpflichten, eine **Neufassung** zu veröffentlichen, welche die Anforderungen des Art. 24 Abs. 2 Satz 1 lit. d VO Nr. 1286/2014 umsetzt.

Schließlich können die zuständigen Behörden für die in Abs. 1 genannten Verstöße **Geldbußen** verhängen, Art. 24 Abs. 2 Satz 1 lit. e VO Nr. 1286/2014. Die Androhung eines angemessenen Bußgeldes stellt aufgrund der damit verbundenen Kosten eine erhebliche Abschreckung dar[2]. Auch wenn der Wortlaut den Anschein weckt, sieht Art. 24 Abs. 2 Satz 1 lit. e VO Nr. 1286/2014 keinen Mindestbetrag, sondern nur Obergrenzen für die Geldbußen im Einzelfall vor und gibt den nationalen Gesetzgeber hierfür Mindestgrößen vor. Im Interesse einer abschreckenden Wirkung sah es der Verordnungsgeber als essentiell an, dass die Obergrenzen vom nationalen Gesetzgeber hoch genug angesetzt werden, da die national verhängten Sanktionen oftmals weit unter den gesetzlich vorgesehenen Obergrenzen zurückblieben[3]. 9

Bedenkt man, dass die bußgeldbewehrten Vorschriften teilweise auch **rein formale Verstöße ohne nennenswertes Beeinträchtigungspotential** mit Buße bewehren, erscheinen die Bußgeldobergrenzen drakonisch bis hin zur Unverhältnismäßigkeit. Diesem Verdikt kann man nach deutschem Recht allerdings durch die nur geringe Wirkung von Obergrenzen entgehen, die dem Tatrichter keinerlei Fixpunkte vorgeben, auf die er sich im Einzelfall ausrichten muss. Mithin hat Art. 24 Abs. 2 VO Nr. 1286/2014 auf der Ebene der Rechtsanwendung keine Bedeutung mehr; er erschöpft sich in einem Auftrag an den nationalen Gesetzgeber. Die Einzelfallentscheidung der Behörde nach nationalem Recht wird also nicht durch Art. 24 Abs. 2 VO Nr. 1286/2014, sondern durch Art. 22 Abs. 1 (Art. 22 VO Nr. 1286/2014 Rz. 6 ff.) und Art. 25 VO Nr. 1286/2014 angesprochen. 10

Bezüglich der Höhe der Obergrenzen ist zu unterscheiden, ob der Verstoß von einem Rechtsträger oder einer natürlichen Person begangen wurde. Sanktionen können sowohl gegen den Urheber des Verstoßes, also eine **natürliche Person**, als auch gegen den **Rechtsträger** für der Betroffene gehandelt hat, verhängt werden. Eine Sanktionierung einer natürlichen Person ist insbesondere dann sinnvoll, wenn diese die alleinige Verantwortung für den Verstoß trägt. Die Sanktionierung des Rechtsträgers ist dagegen sinnvoll, wenn die Person in erster Linie zum Nutzen des Rechtsträgers agierte[4]. Der europäische Gesetzgeber geht also nicht davon aus, dass juristische Person und verantwortliche natürliche Personen zugleich für ein und denselben Verstoß sanktioniert werden müssen. Im Falle eines Rechtsträgers kann der nationale Gesetzgeber zwischen drei verschiedenen Obergrenzen wählen und diese – als überschießende Umsetzung – auch kombinieren. Bei den alternativen Obergrenzen darf die Auswahlentscheidung der nationale Gesetzgeber oder – nach Maßgabe des Umsetzungsgesetzes – die Behörde bzw. der Tatrichter treffen. 11

Zum einen kann als Obergrenze der Betrag von 5.000.000 Euro herangezogen werden. In Mitgliedstaaten, die eine andere Währung als den Euro haben, gilt der entsprechende Wert in der Landeswährung, wobei für die Berechnung als Stichtag der 30.12.2014 maßgebend ist. Zum anderen kann als Obergrenze 3 % des jährlichen Gesamtumsatzes des Rechtsträgers, der sich aus dem letzten verfügbaren vom Leitungsorgan gebilligten Abschluss ergibt, verwendet werden, Art. 24 Abs. 2 Satz 1 lit. e Ziff. i VO Nr. 1286/2014. Handelt es sich bei dem Rechtsträger um ein Mutterunternehmen oder ein Tochterunternehmen, das einen konsolidierten Abschluss entsprechend der RL 2013/34/EU aufzustellen hat, ist der relevante jährliche Gesamtumsatz derjenige, der im letzten verfügbaren konsolidierten, vom Leitungsorgan des Mutterunternehmens gebilligten Abschluss ausgewiesen ist, Art. 24 Abs. 2 Satz 2 VO Nr. 1286/2014. Die dritte mögliche Obergrenze ist die zweifache Höhe der infolge des Verstoßes erzielten Gewinne oder verhinderten Verluste, Art. 24 Abs. 2 Satz 1 lit. e Ziff. i VO Nr. 1286/2014. Im Falle einer natürlichen Person stehen zwei mögliche Obergrenzen zur Verfügung. Dies ist zum einen der Betrag von 700.000 Euro bzw. der entsprechende Betrag in der jeweiligen Landeswährung am 30.12.2014. Zum anderen kann sich bei natürlichen Personen ebenfalls an der zweifachen Höhe der infolge des Verstoßes erzielten Gewinne oder verhinderten Verluste orientiert werden, Art. 24 Abs. 2 Satz 1 lit. e Ziff. ii VO Nr. 1286/2014. 12

3. Benachrichtigung des Kleinanlegers (Art. 24 Abs. 4 VO Nr. 1286/2014). Verhängen die zuständigen Behörden eine der in Abs. 2 genannten verwaltungsrechtlichen Sanktionen oder Maßnahmen, sind sie zudem gem. Art. 24 Abs. 4 VO Nr. 1286/2014 befugt, den Kleinanleger darüber zu informieren und ihn über den Weg der Einreichung einer Beschwerde bzw. der Anmeldung von Schadensersatzansprüchen aufzuklären. Alternativ können die Mitgliedstaaten eine entsprechende Benachrichtigung und Aufklärung des Kleinanlegers von dem PRIIP-Hersteller oder PRIIP-Verkäufer bzw. PRIIP-Berater verlangen. Dadurch wird der mit der PRIIP-VO verfolgte Schutz des Kleinanlegers auf zweifachem Weg umgesetzt: Der Kleinanleger wird erstens auf den Verstoß aufmerksam gemacht und zweitens bei der Verfolgung seiner Rechte unterstützt. 13

---

1 COM(2010) 716 final, S. 13.
2 COM(2010) 716 final, S. 13.
3 COM(2010) 716 final, S. 14.
4 COM(2010) 716 final, S. 14.

Art. 24 VO Nr. 1286/2014 | [Mindestanforderungen an mitgliedstaatliche Sanktionsbefugnisse]

14 **III. Strafcharakter der Sanktionen i.S.d. höherrangigen Rechts, insbesondere der EMRK.** Bei den **Geldbußen gem. Art. 24 Abs. 2 lit. e** VO Nr. 1286/2014 stellt sich die Frage, ob es sich dabei um Strafrecht i.S.d. Art. 6 EMRK handelt. Dass die Geldbußen nach nationalem Recht nicht strafrechtlicher Natur sind, sondern wie beispielsweise in Deutschland dem Ordnungswidrigkeitenrecht zugeordnet sind, ist nur ein Indiz, das gegen den strafrechtlichen Charakter spricht. Das Gleiche gilt für die Tatsache, dass die EU die Sanktionen in Art. 24 Abs. 2 VO Nr. 1286/2014 nicht als solche strafrechtlicher, sondern verwaltungsrechtlicher Art konzipiert hat. Der mit dem Bußgeld verfolgte sowohl abschreckende als auch repressive Zweck, der ausgeprägt ein Strafzweck ist, legt eine Zuordnung zum **Strafrecht** i.S.d. EMRK jedoch nahe. Für eine Einordnung als Strafrecht i.S.d. Art. 6 EMRK spricht auch, dass die Geldbußen bei einem Verstoß gegen die PRIIP-VO dem Anlegerschutz und der Transparenz des Finanzmarktes dienen, also als Ziel allgemeine Interessen der Gesellschaft verfolgen[1]. Zudem erreichen die Obergrenzen der Geldbußen mit 5.000.000 Euro für Rechtsträger und 700.000 Euro für natürliche Personen eine solche Höhe, dass sie selbst für einen umsatzstarken Betroffenen regelmäßig hart sind und schwerwiegende Folgen für das Vermögen mit sich bringen[2]. Die dem Betroffenen drohende Höhe der Geldbußen wiegt umso schwerer, als es sich bei der Verletzung einer Pflicht in Bezug auf das Basisinformationsblatt um einen Verstoß mit verhältnismäßig überschaubarer Tragweite für den Finanzmarkt handelt, wenn man im Vergleich dazu etwa Verstöße wie die Weitergabe von Insiderinformationen betrachtet. Werden die Geldbußen gem. Art. 24 Abs. 2 lit. e VO Nr. 1286/2014 dem folgend als Strafrecht i.S.d. EMRK verstanden, sind bei ihrer Verhängung stets die Verfahrensgrundsätze der Art. 6 Abs. 1, Abs. 2 und Abs. 3 EMRK von den Mitgliedstaaten zu beachten[3]. Dies bedeutet nicht, dass eine Verlagerung der Verfolgung von Verstößen und der Verhängung von Geldbußen auf Verwaltungsbehörden mit der EMRK unvereinbar ist. Wird zunächst von einer Behörde eine „Strafe" verhängt, die nicht selbst den Anforderungen des Art. 6 EMRK entspricht, muss die Entscheidung der Behörde der Kontrolle eines Gerichts mit umfassender Zuständigkeit unterliegen. Es muss somit in den Mitgliedstaaten gewährleistet sein, dass der Betroffene sich vor einem Gericht, das den Anforderungen des Art. 6 EMRK genügt, gegen die behördliche Entscheidung wenden kann[4]. Dies verlangt Art. 26 VO Nr. 1286/2014 auch sekundärrechtlich.

15 Die **öffentliche Warnung** gem. Art. 24 Abs. 2 lit. c VO Nr. 1286/2014 kann trotz ihrer Nähe zum naming and shaming nicht als strafrechtliche Sanktion i.S.d. Art. 6 Abs. 1 EMRK verstanden werden, da bei ihr der instrumentelle Zweck der Effektuierung der behördlichen Maßnahme im Mittelpunkt steht. Mit einer strafrechtlichen Sanktion verknüpft ist sie nicht. Auch ihrer Art nach ist sie keine Sanktion, die den regelmäßig im Rahmen des Art. 6 Abs. 1 EMRK thematisierten strafrechtlichen Sanktionen, namentlich Freiheitsstrafen oder unmittelbar vermögensbeeinträchtigenden, gewichtigen Sanktionen, gleichkommt[5].

16 Das Recht auf Zugang zu einem unabhängigen, unparteiischen, durch Gesetz errichteten Gericht, das in einem fairen Verfahren öffentlich und innerhalb angemessener Frist verhandelt, ist auch in **Art. 47 Abs. 2 Satz 1 der EU-Grundrechtecharta (GRCh)** festgehalten. Der Inhalt dieser Vorschrift geht auf Art. 6 Abs. 1 EMRK zurück[6]. Eine Beschränkung auf strafrechtliche Anklagen und zivilrechtliche Streitigkeiten sieht Art. 47 GRCh nicht vor. Er gewährleistet eine allgemeine Rechtsweggarantie für jede Art von Rechtsstreitigkeiten[7]. Bei dem indirekten Vollzug der PRIIP-VO gelten neben den Grundrechten des Grundgesetzes, soweit Umsetzungsspielräume bestehen, die EMRK sowie nach der Åkerberg-Fransson-Rechtsprechung die GRCh (Art. 51 Abs. 1 Satz 1 GRCh, dazu Art. 30 VO Nr. 596/2014 Rz. 9 ff.).

17 **Art. 48 GRCh** entspricht Art. 6 Abs. 2 und Abs. 3 EMRK[8]. Die dort normierten Rechte stehen einem „Angeklagten" zu. Voraussetzung ist damit ein Strafverfahren. Da die Vorschrift nach dem Willen des europäischen Gesetzgebers dieselbe Bedeutung und dieselbe Tragweite wie das durch die EMRK garantierte Recht hat, können für die Einordnung als Strafrecht die gleichen Maßstäbe herangezogen werden wie bei Art. 6 EMRK. Soweit man die Geldbußen gem. Art. 24 Abs. 2 lit. e VO Nr. 1286/2014 als Strafrecht i.S.d. der EMRK versteht, sind die Mitgliedstaaten also nicht nur nach Art. 6 Abs. 2 und Abs. 3 EMRK, sondern auch nach Art. 48 GRCh zur Einhaltung der dort normierten Verfahrensgrundsätze verpflichtet.

---

1 EGMR v. 4.3.2014 – 18640/10 – Grande Stevens and others v. Italy, NJOZ 2015, 712.
2 Vgl. EGMR v. 4.3.2014 – 18640/10 – Grande Stevens and others v. Italy, NJOZ 2015, 712.
3 EGMR v. 30.6.2005 – 45036/98 – Bosphorus, NJW 2006, 197.
4 EGMR v. 21.2.1984 – 8544/79 – Öztürk v. Gemany; EGMR v. 4.3.2014 – 18640/10 – Grande Stevens and others v. Italy, NJOZ 2015, 712.
5 Ebenso hat der EGMR den Bericht eines Untersuchungsausschusses über organisierte Kriminalität, in dem der Kläger erwähnt wurde, nicht als strafrechtliche Sanktion i.S.d. Art. 6 EMRK angesehen, EGMR v. 9.7.2002 – N64713/01 – Montera v. Italy.
6 Charta-Erläuterungen, ABl. EU Nr. C 303 v. 14.12.2007, S. 30.
7 Eser in Meyer, Charta der Grundrechte der Europäischen Union, 4. Aufl. 2014, Art. 47 Rz. 26.
8 Charta-Erläuterungen, ABl. EU Nr. C 303 v. 14.12.2007, S. 30.

Art. 25 [Zumessung der Sanktion]

Bei der Anwendung der in Artikel 24 Absatz 2 genannten verwaltungsrechtlichen Sanktionen und Maßnahmen berücksichtigen die zuständigen Behörden alle relevanten Umstände, darunter, soweit angemessen,

a) die Schwere und Dauer des Verstoßes;
b) das Maß an Verantwortung der für den Verstoß verantwortlichen Person;
c) die Auswirkungen des Verstoßes auf die Interessen der Kleinanleger;
d) die Kooperationsbereitschaft der für den Verstoß verantwortlichen Person;
e) frühere Verstöße der für den Verstoß verantwortlichen Person;
f) von der für den Verstoß verantwortlichen Person nach dem Verstoß zur Verhinderung erneuter Verstöße gefasste Maßnahmen.

In der Fassung vom 26.11.2014 (ABl. EU Nr. L 352 v. 9.12.2014, S. 1).

Schrifttum: S. bei Art. 31 VO Nr. 596/2014.

I. Grundlagen . . . . 1 | II. Regelungsinhalt 4

I. Grundlagen. Art. 25 VO Nr. 1286/2014 (PRIIP-VO)[1] nennt **Kriterien**, die in die **Auswahlentscheidung** bezüglich einer verwaltungsrechtlichen Sanktion oder Maßnahme nach Art. 24 Abs. 2 VO Nr. 1286/2014 und bei der Sanktionsbemessung einzubeziehen sind. Denn die Wirksamkeit, Verhältnismäßigkeit und abschreckende Wirkung von Sanktionen hängt entscheidend davon ab, welche Faktoren bei der Verhängung berücksichtigt werden. Besonders trifft dies auf Bußgelder zu, die aufgrund der allein festgelegten Obergrenze in ihrer Höhe stark variieren können[2]. Art. 25 VO Nr. 1286/2014 verlangt, dass die zuständigen nationalen Behörden bei der Sanktionierung eines Verstoßes gegen die PRIIP-VO i.S.d. Art. 24 Abs. 1 VO Nr. 1286/2014 gemeinsame Mindestkriterien berücksichtigen. Erhebliche Unterschiede bei verhängten verwaltungsrechtlichen Sanktionen und Maßnahmen lassen sich dadurch allerdings nicht verhindern; solche Zumessungsdivergenzen gibt es auch in nationalen Rechtsordnungen, ohne dass sie die jeweilige nationale Rechts- und Wirtschaftseinheit untergraben. 1

Der **Vorschlag der Europäischen Kommission** für eine Verordnung über Basisinformationsblätter für Anlageprodukte sah in Art. 20 eine mit dem heutigen Art. 25 VO Nr. 1286/2014 weitgehend identische Regelung vor. Im Gesetzgebungsverfahren erfuhr die Vorschrift nur wenige Änderungen, darunter eine Ergänzung um den lit. f, die inhaltlich auf einen Änderungsvorschlag des Europäischen Parlaments zum Vorschlag der Kommission zurückgeht[3]. 2

Art. 25 VO Nr. 1286/2014 ist nur teilweise umsetzungsbedürftig. Bezüglich der Auswahlentscheidung und bei verwaltungsrechtlichen Maßnahmen besteht kein Umsetzungsbedürfnis. Bezüglich Bußgeldvorschriften dürften nationale einschlägige Vorschriften ergänzend heranzuziehen sein, solange und soweit sie Art. 25 VO Nr. 1286/2014 nicht widersprechen. Das **bußgeldrechtliche Opportunitätsprinzip** (§ 47 OWiG), die **Bußgeldbemessung nach § 17 OWiG** sowie das **Verschuldenserfordernis** nach § 10 OWiG stehen mit Art. 25 VO Nr. 1286/2014 im Einklang. Insbesondere verlangt Art. 25 VO Nr. 1286/2014 keine verschuldensunabhängige *strict liability*. 3

II. Regelungsinhalt. Als wesentliches Kriterium bei der Sanktions- bzw. Maßnahmenauswahl ist der **Schwere** sowie der **Dauer des Verstoßes** Rechnung zu tragen, Art. 25 lit. a VO Nr. 1286/2014. Weitere einzubeziehende Faktoren sind das **Maß der Verantwortung** der für den Verstoß verantwortlichen Person und die **Auswirkungen des Verstoßes** auf die Interessen des Kleinanlegers, Art. 25 lit. b, lit. c VO Nr. 1286/2014. Zudem ist die **Kooperationsbereitschaft** der für den Verstoß verantwortlichen Person zu berücksichtigen, Art. 25 lit. d VO Nr. 1286/2014. Dies kann dazu beitragen, Delinquenten zur Kooperation zu ermutigen und so die Ermittlungskapazitäten der Behörden und damit letztlich die Wirksamkeit der Sanktionen zu erhöhen[4]. Auch entscheidend sollen **frühere Verstöße** der für den Verstoß verantwortlichen Person sein sowie die daraufhin zur Verhinderung erneuter Verstöße **ergriffenen Maßnahmen**, Art. 25 lit. e, lit. f VO Nr. 1286/2014. 4

Die **Kommission** hat in ihrer Mitteilung zur Stärkung der Sanktionsregelungen im Finanzdienstleistungssektor als **weitere relevante Faktoren** den finanziellen Nutzen des Verstoßes für die verantwortliche Person und die 5

---

1 Verordnung (EU) Nr. 1286/2014 des Europäischen Parlaments und des Rates vom 26. November 2014 über Basisinformationsblätter für verpackte Anlageprodukte für Kleinanleger und Versicherungsanlageprodukte (PRIIP), ABl. EU Nr. L 352 v. 9.12.2014, S. 1.
2 COM(2010) 716 final, S. 15.
3 ABl. EU Nr. C 436 v. 24.11.2016, S. 266, Art. 20.
4 COM(2010) 716 final, S. 15.

Berücksichtigung der Finanzkraft des Urhebers des Verstoßes genannt[1]. Diese Aspekte haben keinen Eingang in Art. 25 VO Nr. 1286/2014 gefunden. Allerdings finden sie insofern Berücksichtigung, als sie zur Bestimmung der Obergrenze für Geldbußen herangezogen werden können, vgl. Art. 24 Abs. 2 Satz 1 lit. e VO Nr. 1286/2014.

Art. 26 [Rechtsmittel]

Gegen Entscheidungen über die Verhängung von Sanktionen und das Ergreifen von Maßnahmen nach dieser Verordnung können Rechtsmittel eingelegt werden.

In der Fassung vom 26.11.2014 (ABl. EU Nr. L 352 v. 9.12.2014, S. 1).

I. Grundlagen 1
II. Regelungsinhalt: „Rechtsmittel" nach deutschem Recht und Befugnis 4
III. Bedeutung der EMRK, der GRCh und des Grundgesetzes 8

1 **I. Grundlagen.** Nach Art. 26 VO Nr. 1286/2014 (PRIIP-VO)[2] können gegen die Entscheidung über die Verhängung von Sanktionen und das Ergreifen von Maßnahmen nach der PRIIP-VO **Rechtsmittel** eingelegt werden. Damit werden die Mitgliedstaaten verpflichtet, für die Sanktions- bzw. Maßnahmeentscheidungen der zuständigen Behörden Rechtsmittel zuzulassen und Rechtsmittelgerichte einzurichten. Das **Ob** der Möglichkeit der Einlegung von Rechtsmitteln steht also nicht im Ermessen des nationalen Gesetzgebers. Das **Wie**, d.h. die genaue Ausgestaltung der Rechtsmittel, richtet sich dagegen nach dem nationalen Recht. Denn die Vorschrift enthält keine näheren Anforderungen und keine weitergehende Definition des Begriffs „Rechtsmittel".

2 Der Zweck der Regelung ist, sicherzustellen, dass behördliche Entscheidungen unmittelbar zum Gegenstand gerichtlicher Prüfung gemacht werden können und nicht erst auf dem Umweg über ihre privatrechtsgestaltenden Wirkung. Das dient zum einen den Aufsichtsunterworfenen. Zum anderen stellt es über die gerichtliche Vorlagepflicht eine einheitliche Auslegung und Anwendung des Gemeinschaftsrechts sicher.

3 Die Vorschrift war im dem Vorschlag der Europäischen Kommission für eine Verordnung über Basisinformationsblätter für Anlageprodukte[3] noch nicht enthalten. Vergleichbare Vorschriften finden sich u.a. in Art. 27 VO 2015/2365 und in Art. 40 VO 2017/1129.

4 **II. Regelungsinhalt: „Rechtsmittel" nach deutschem Recht und Befugnis.** Nach deutschem Verständnis ist ein Rechtsmittel ein prozessualer Rechtsbehelf, durch den eine gerichtliche Entscheidung einem höheren Gericht zur Nachprüfung vorgelegt und zu diesem Zweck in ihrer Wirksamkeit gehemmt wird. Der Begriff des Rechtsmittels i.S.d. Art. 26 VO Nr. 1286/2014 ist aber nicht auf das Verhältnis von Gericht zu Gericht bezogen, sondern auf das Verhältnis zwischen Behörde zu Gericht. Im technischen Sinne erfasst Art. 26 VO Nr. 1286/2014 mithin den Rechtsbehelf. Ein Verstoß gegen die PRIIP-VO, der mit einer **Geldbuße** i.S.d. Art. 24 Abs. 2 Satz 1 lit. e VO Nr. 1286/2014 geahndet wird, ist nach deutschem Recht eine Ordnungswidrigkeit, vgl. § 120 Abs. 16 WpHG, § 56 Abs. 4g KWG, § 340 Abs. 6a KAGB, § 332 Abs. 4d VAG. Gem. § 67 Abs. 1 OWiG ist hier der Rechtsbehelf des Einspruchs statthaft.

5 Die **anderen möglichen Maßnahmen** i.S.d. Art. 24 Abs. 2 Satz 1 lit. a–d VO Nr. 1286/2014 sind mangels Ahndung mit einer Geldbuße keine Ordnungswidrigkeiten i.S.d. § 1 Abs. 1 OWiG. Da die Maßnahmen von der BaFin, einer Behörde, ergriffen werden, ist der Verwaltungsrechtsweg eröffnet, § 40 VwGO. Soweit die Behörde zu eingreifenden Maßnahmen ermächtigt wird, handelt es sich bei der PRIIP-VO um staatliches Sonderrecht. **Die Rechtsbehelfe sind** hier die **Klagearten der VwGO.** Soweit keine der in der VwGO aufgezählten Klagearten passt, wäre unionsrechtlich eine **Klageart sui generis zulässig.**

6 Ob gegen die gerichtliche Entscheidung über den Rechtsbehelf ein Rechtsmittel zu einem höheren Gericht zulässig ist, überlässt Art. 26 VO Nr. 1286/2014 dann dem nationalen Gesetzgeber, wenn die Erstentscheidung eine behördliche ist. Demgegenüber dürfte Art. 26 VO Nr. 1286/2014 den nationalen Gesetzgeber dazu zwingen, ein Rechtsmittel vorzusehen, wenn die Erstentscheidung eine gerichtliche Entscheidung ist, was Art. 22 VO Nr. 1286/2014 zulässt (Art. 23 VO Nr. 1286/2014).

7 Art. 26 VO Nr. 1286/2014 trifft keine Aussage dazu, wer befugt ist, Rechtsmittel einzulegen (Klagebefugnis). Eine Vollharmonisierung des Verwaltungsprozessrechts, insbesondere der Zugangsvoraussetzungen zum Rechtsschutz, verlangt Art. 26 VO Nr. 1286/2014 nicht. Es gelten allerdings die Grundsätze der Effektivität und Äquivalenz[4],

---

1 COM(2010) 716 final, S. 15.
2 Verordnung (EU) Nr. 1286/2014 des Europäischen Parlaments und des Rates vom 26. November 2014 über Basisinformationsblätter für verpackte Anlageprodukte für Kleinanleger und Versicherungsanlageprodukte (PRIIP), ABl. EU Nr. L 352 v. 9.12.2014, S. 1.
3 COM(2012) 352 final.
4 EuGH v. 17.3.2016 – C-161/15, ECLI:EU:C:2016:175 – Bensada Benallal v. Belgium.

wie sie auch aus dem materiellen Verwaltungsrecht bekannt sind (Art. 30 VO Nr. 596/2014 Rz. 23)[1]. Art. 26 VO Nr. 1286/2014 ist auch nicht die Aussage zu entnehmen, dass jedermann Rechtsbehelf einlegen kann. Die Ausgestaltung der Zugangsvoraussetzungen überlässt Art. 26 VO Nr. 1286/2014 dem nationalen Recht, das allerdings sicherstellen muss, dass Entscheidungen über Sanktionen und Maßnahmen wirksam einer gerichtlichen Prüfung unterliegen. Die Schutznormlehre, wonach die Adressaten und diejenigen, deren individuelle subjektive Rechte durch die Entscheidung berührt sind, klagebefugt sind, entspricht diesen Anforderungen[2]. Eine Ausweitung der Klagebefugnis verlangt Art. 26 VO Nr. 1286/2014 nicht; die aus dem Erfordernis einer möglichen Rechtsverletzung folgenden Umgrenzung der Klagebefugten darf aber nicht derart enggeführt werden, dass Maßnahmen nicht wirksamer Prüfung durch tatsächlich Betroffene im Rechtsbehelfswege unterliegen[3].

III. Bedeutung der EMRK, der GRCh und des Grundgesetzes. Die EMRK regelt die parallele Thematik in Art. 13 EMRK, der aber deutlich hinter Art. 47 Abs. 1 GRCh zurückbleibt, weil er lediglich auf die materiellen Rechte der Konvention bezogen ist und kein Gericht verlangt[4]. Bei gerichtlichen Entscheidungen sieht die EMRK keine Verpflichtung der Mitgliedstaaten vor, Rechtsmittel zuzulassen und Rechtsmittelgerichte einzurichten. Eine Ausnahme hierzu stellt für Strafverfahren Art. 2 des Protokolls Nr. 7 zur EMRK dar, das allerdings von Deutschland nicht ratifiziert wurde. Sind aber Rechtsmittelgerichte vorgesehen, ist sicherzustellen, dass vor allen diesen Gerichten die Garantien des Art. 6 EMRK gewahrt werden[5]. Da und soweit die Mitgliedstaaten aufgrund von Art. 26 VO Nr. 1286/2014 Rechtsmittelgerichte vorsehen müssen, ist demnach auch in den **Rechtsmittelverfahren nach Art. 6 EMRK zu beachten**, wenn sie Sanktionen betreffen, die Strafrecht i.S.d. EMRK sind (dazu eingehend Art. 24 VO Nr. 1286/2014 Rz. 14 ff.).

Ebenso gilt, da es sich hier um die Ausführung von Unionsrecht i.S.d. Art. 51 GRCh handelt (dazu näher Art. 30 VO Nr. 596/2014 Rz. 9 ff.), die GRCh, namentlich Art. 47 und Art. 48 GRCh (vgl. zu diesen näher Art. 24 VO Nr. 1286/2014 Rz. 16 f.). Art. 47 Abs. 1 GRCh garantiert das Recht auf einen **wirksamen Rechtsbehelf** bei einem Gericht für denjenigen, dessen Rechte und Freiheiten der GRCh verletzt worden sind[6]. Da und soweit die Mitgliedstaaten bei der Regelung und Durchführung der Rechtsmittel i.S.d. Art. 26 VO Nr. 1286/2014 einen Umsetzungsspielraum haben, gelten die konventionsrechtlichen und unionsrechtlichen Garantien parallel und es besteht keine exklusive Jurisdiktion des EuGH. Soweit ein Ausgestaltungsspielraum der nationalen Behörden und Gerichte reicht, gelten parallel auch die **Grundrechte des GG**, insbesondere die Prozessgrundrechte. Eine Art. 26 VO Nr. 1286/2014 entsprechende Aussage ergibt sich im Grundgesetz aus Art. 19 Abs. 4 GG.

Art. 27 [Meldungen an die ESMA]

(1) Hat die zuständige Behörde verwaltungsrechtliche Sanktionen oder Maßnahmen öffentlich bekannt gegeben, so meldet sie diese verwaltungsrechtlichen Sanktionen oder Maßnahmen gleichzeitig der zuständigen Europäischen Aufsichtsbehörde.
(2) Die zuständige Behörde übermittelt der zuständigen Europäischen Aufsichtsbehörde einmal pro Jahr eine Zusammenfassung von Informationen über alle gemäß Artikel 22 und Artikel 24 Absatz 2 verhängten verwaltungsrechtlichen Sanktionen oder Maßnahmen.
(3) Die Europäischen Aufsichtsbehörden veröffentlichen die in diesem Artikel genannten Informationen in ihrem jeweiligen Jahresbericht.

In der Fassung vom 26.11.2014 (ABl. EU Nr. L 352 v. 9.12.2014, S. 1).

I. Grundlagen 1	III. Übermittlung von Zusammenfassungen (Art. 27 Abs. 2 VO Nr. 1286/2014) 4
II. Meldung öffentlicher Bekanntmachungen (Art. 27 Abs. 1 VO Nr. 1286/2014) 2	IV. Jahresbericht (Art. 27 Abs. 3 VO Nr. 1286/2014) 5

I. Grundlagen. Art. 27 VO Nr. 1286/2014 (PRIIP-VO)[7] betrifft die Zusammenarbeit der nationalen Behörden mit den europäischen Aufsichtsbehörden. Berichts- und Mitteilungspflichten der nationalen Behörden gegen-

---

1 BVerwG v. 20.6.2013 – 8 C 39/12, NJOZ 2014, 1892.
2 S. *Kadelbach*, Allgemeines Verwaltungsrecht unter europäischem Einfluss, 1999, S. 369 ff.; *Schmidt-Aßmann*, Verwaltungsrechtliche Dogmatik, 2013, S. 11 ff.
3 Allgemein zum Erfordernis der Klagebefugnis bei umgesetzten Gemeinschaftsrecht EuGH v. 25.7.2008 – C-237/07, ECLI:EU:C:2008:447, Rz. 37.
4 *Pabel*, EnzEuR, Bd. 2, 2014, § 19 Rz. 19 ff.
5 EGMR v. 17.1.1970 – 2689/65 – Delcourt v. Belgium; EGMR v. 31.7.2007 – 38736/04 – FC Mretebi v. Georgia.
6 Systematisch *Schmidt-Aßmann*, Kohärenz und Konsistenz der Verwaltungsrechtsschutzes, 2015, S. 51 ff.
7 Verordnung (EU) Nr. 1286/2014 des Europäischen Parlaments und des Rates vom 26. November 2014 über Basisinformationsblätter für verpackte Anlageprodukte für Kleinanleger und Versicherungsanlageprodukte (PRIIP), ABl. EU Nr. L 352 v. 9.12.2014, S. 1.

über den europäischen Aufsichtsbehörden sind Grundlage der Funktion des Europäischen Finanzaufsichtssystems (EFSF)[1].

2 **II. Meldung öffentlicher Bekanntmachungen (Art. 27 Abs. 1 VO Nr. 1286/2014).** Art. 27 Abs. 1 VO Nr. 1286/2014 statuiert eine Meldepflicht der jeweils zuständigen nationalen Behörde – in Deutschland ist dies die Bundesanstalt (vgl. Art. 22 VO Nr. 1286/2014 Rz. 11) – gegenüber der jeweils zuständigen europäischen Aufsichtsbehörde (EBA, EIOPA oder ESMA).

3 Die Meldepflicht bezieht sich auf die öffentliche Bekanntgabe von verwaltungsrechtlichen Sanktionen oder Maßnahmen. Die Meldung an die europäische Aufsichtsbehörde muss zeitgleich mit der öffentlichen Bekanntgabe erfolgen, um der zuständigen europäischen Aufsichtsbehörde ein abgestimmtes weiteres Vorgehen in Bezug auf mögliche (Folge-)Reaktionen auf den europäischen Finanzmärkten zu ermöglichen.

4 **III. Übermittlung von Zusammenfassungen (Art. 27 Abs. 2 VO Nr. 1286/2014).** Art. 27 Abs. 2 VO Nr. 1286/2014 enthält eine Übermittlungspflicht der nationalen Aufsichtsbehörde gegenüber der Europäischen Aufsichtsbehörde. Die Übermittlungspflicht bezieht sich in Abgrenzung zu Art. 27 Abs. 1 VO Nr. 1286/2014 nicht nur auf bekannt gemachte Maßnahmen und Sanktionen, sondern auf alle nach Art. 22 und Art. 24 Abs. 2 VO Nr. 1286/2014 verhängten Sanktionen und Maßnahmen. Die Übermittlung erfolgt einmal jährlich. Zu übermitteln sind nicht die Sanktionen oder Maßnahmen im Wortlaut, sondern Zusammenfassungen. Eine entsprechende Regelung findet sich im nationalen deutschen Recht in § 19 Abs. 2 WpHG.

5 **IV. Jahresbericht (Art. 27 Abs. 3 VO Nr. 1286/2014).** Nach Art. 27 Abs. 3 PRIIP-VO veröffentlichen die Europäischen Aufsichtsbehörden die nach Art. 27 Abs. 1 und 2 VO Nr. 1286/2014 gemeldeten und übermittelten Informationen in ihrem jeweiligen Jahresbericht. Die Jahresberichte 2015 und 2016 der ESMA, der EIOPA und der EBA enthalten keine derartigen Informationen, da die PRIIP-VO erst ab dem 1.1.2018 gilt (vgl. Art. 22 VO Nr. 1286/2014 Rz. 10).

Art. 28 [Schaffung wirksamer Meldemechanismen]

(1) Die zuständigen Behörden schaffen wirksame Mechanismen, um die Meldung von tatsächlichen oder potenziellen Verstößen gegen diese Verordnung bei ihnen zu ermöglichen.

(2) Die Mechanismen nach Absatz 1 umfassen zumindest Folgendes:

a) spezielle Verfahren für den Empfang der Meldung von tatsächlichen oder möglichen Verstößen und deren Weiterverfolgung;

b) einen angemessenen Schutz für Mitarbeiter, die Verstöße innerhalb ihres Arbeitgebers melden, zumindest vor Vergeltungsmaßnahmen, Diskriminierung und anderen Arten von unfairer Behandlung;

c) den Schutz der Identität sowohl der Person, die die Verstöße anzeigt, als auch der natürlichen Person, die mutmaßlich für einen Verstoß verantwortlich ist, in allen Verfahrensstufen, es sei denn, die Offenlegung der Identität ist nach nationalem Recht vor dem Hintergrund weiterer Ermittlungen oder anschließender Gerichtsverfahren vorgeschrieben.

(3) Die Mitgliedstaaten können vorsehen, dass die zuständigen Behörden nach nationalem Recht zusätzliche Mechanismen schaffen.

(4) Die Mitgliedstaaten können von Arbeitgebern, die Tätigkeiten ausüben, welche im Hinblick auf Finanzdienstleistungen reguliert sind, verlangen, dass sie geeignete Verfahren einrichten, damit ihre Mitarbeiter tatsächliche oder mögliche Verstöße intern über einen spezifischen, unabhängigen und autonomen Kanal melden können.

In der Fassung vom 26.11.2014 (ABl. EU Nr. L 352 v. 9.12.2014, S. 1).

Schrifttum: Mitteilung der Kommission vom 8. Dezember 2010 „Stärkung der Sanktionsregelungen im Finanzdienstleistungssektor", KOM(2010) 716 endg. S. auch das zu Art. 34 VO Nr. 596/2014 angegebene Schrifttum.

I. Grundlagen 1	IV. Zusätzliche Mechanismen (Art. 28 Abs. 3 VO Nr. 1286/2014) 7
II. Behördliches Whistleblower-System (Art. 28 Abs. 1 VO Nr. 1286/2014) 5	V. Interne Whistleblower-Infrastruktur (Art. 28 Abs. 4 VO Nr. 1286/2014) 8
III. Mindestanforderungen (Art. 28 Abs. 2 VO Nr. 1286/2014) 6	

---

1 Art. 1 Abs. 4 VO Nr. 1092/2010.

[Schaffung wirksamer Meldemechanismen] | **Art. 28 VO Nr. 1286/2014**

I. Grundlagen. Die VO Nr. 1286/2014 (PRIIP-VO)[1] ist auf Grundlage von Art. 114 AEUV erlassen worden. Art. 28 VO Nr. 1286/2014 ist weitgehend in § 4d FinDAG umgesetzt[2]. Abs. 4 ist in § 5 Abs. 7 BörsG, § 23 VAG und § 28 Abs. 1 Satz 2 Nr. 9 KAGB umgesetzt[3]. Es liegen zwei Level-2 Rechtsakte vor, welche die Regelung des Art. 28 VO Nr. 1286/2014 jedoch nicht tangieren. 1

Die Idee für die Einrichtung von Whistleblower-Mechanismen geht zurück auf eine Mitteilung der Kommission aus dem Jahr 2010[4]. Dennoch war die in Art. 28 VO Nr. 1286/2014 getroffene Regelung im ursprünglichen Kommissionsentwurf der PRIIP-VO nicht enthalten. Der Regelungsinhalt der Abs. 1, 2 und 4 fand erstmals als Art. 21a in einem Änderungsantrag im Namen des Ausschusses für Wirtschaft und Währung Eingang in das Gesetzgebungsverfahren[5]. Auf wessen Betreiben Abs. 3 aufgenommen wurde, kann der Dokumentation des Gesetzgebungsverfahrens nicht entnommen werden. 2

In Art. 28 **Abs. 1** VO Nr. 1286/2014 ist die Schaffung eines Meldemechanismus für Verstöße gegen die PRIIP-VO vorgesehen. Art. 28 **Abs. 2** VO Nr. 1286/2014 gibt hierfür einen Mindeststandard für die Ausgestaltung der Mechanismen vor. Durch Art. 28 **Abs. 3** VO Nr. 1286/2014 wird klargestellt, dass die Mitgliedstaaten über den Mindeststandard hinausgehende Regelungen treffen dürfen. Art. 28 **Abs. 4** VO Nr. 1286/2014 enthält eine lex specialis zu Abs. 1 für Unternehmen im regulierten Finanzdienstleistungsbereich. Anders als Art. 32 VO Nr. 596/2014 (MAR) erwähnt Art. 28 VO Nr. 1286/2014 ein Belohnungssystem für Informanten nicht. 3

Die Erwägungsgründe der PRIIP-VO enthalten keine Angaben zum **Regelungszweck** des Art. 28 PRIIP-VO. Ebenso wenig ergibt sich dieser aus den Gesetzgebungsmaterialien. Als Hinweis dient aber Erwägungsgrund 74 der MAR, der sich auf den in weiten Teilen parallel gestalteten Art. 32 VO Nr. 596/2014 (MAR) bezieht (vgl. Art. 32 VO Nr. 596/2014 Rz. 3 ff.). Auch hieraus ergibt sich, dass die Einführung von Meldesystemen der wirksamen Durchsetzung der Ziele der Verordnung dient, indem den zuständigen Behörden Ermittlungsansätze zugespielt werden können. Es werden hier gezielt Private für die Rechtsdurchsetzung eingespannt[6]. Da insbesondere die Furcht vor Vergeltung ursächlich dafür sei, dass Informationen über Verstöße zurückgehalten werden, sei der Schutz der Informanten von großer Bedeutung. Dem tragen Art. 28 Abs. 2 lit. b und c VO Nr. 1286/2014 Rechnung. 4

II. Behördliches Whistleblower-System (Art. 28 Abs. 1 VO Nr. 1286/2014). Durch Art. 28 Abs. 1 VO Nr. 1286/2014 wird den zuständigen Behörden (vgl. Art. 4 Nr. 8 VO Nr. 1286/2014) der Auftrag erteilt, wirksame Mechanismen zur Meldung tatsächlicher oder potentieller Verstöße gegen die PRIIP-Verordnung zu schaffen. Wirksam sind die Mechanismen, wenn durch sie Verstöße gegen die PRIIP-VO aufgedeckt werden können, die sonst wohl unentdeckt geblieben wären, oder wenn die Sammlung zusätzlicher Beweise für einen Verstoß ermöglicht und so die Ermittlungsarbeit der zuständigen Behörden erleichtert wird[7]. 5

Potentielle Gegenstände des Whistleblower-Systems müssen nach Art. 28 Abs. 1 VO Nr. 1286/2014 lediglich Verstöße gegen „diese Verordnung", mithin die PRIIP-VO sein. Verstöße gegen sonstiges Recht außerhalb des Aufgabenbereichs der BaFin sind nicht zulässiger Gegenstand des behördlichen Whistleblower-Systems. Solche Meldungen sind von der BaFin nicht weiterzuverfolgen. Soweit es um schwere Straftaten geht, ist die BaFin aber zu einer Abgabe an die zuständige Staatsanwaltschaft berechtigt und verpflichtet.

III. Mindestanforderungen (Art. 28 Abs. 2 VO Nr. 1286/2014). Art. 28 Abs. 2 VO Nr. 1286/2014 legt Mindestvorgaben für die Ausgestaltung der Meldemechanismen fest. Art. 28 Abs. 2 lit. a VO Nr. 1286/2014 verlangt die Einrichtung **spezieller Verfahren** für den Empfang der Meldung und deren Weiterverfolgung. Es soll hier also nicht nur eine einmalige Meldung ermöglicht werden, sondern auch die Anknüpfung an eine einmal erbrachte Meldung durch Übermittlung weiterer Informationen. Anders als in Art. 32 VO Nr. 596/2014 (MAR) wird der Begriff „spezielle Verfahren" nicht näher konkretisiert. Die Konkretisierung aus Art. 32 VO Nr. 596/2014 kann hier aber herangezogen werden, da es sich um eine parallele Regelung handelt und davon auszugehen ist, dass der europäische Gesetzgeber die Einrichtung vergleichbarer Systeme wünscht. Insbesondere sind also sichere Kommunikationskanäle zwischen den potentiellen Informanten und den zuständigen Behörden einzurichten. Dies steht auch im Einklang mit Art. 28 Abs. 2 lit. b und lit. c VO Nr. 1286/2014, die den Schutz 6

---

1 Verordnung (EU) Nr. 1286/2014 des Europäischen Parlaments und des Rates vom 26. November 2014 über Basisinformationsblätter für verpackte Anlageprodukte für Kleinanleger und Versicherungsanlageprodukte (PRIIP), ABl. EU Nr. L 352 v. 9.12.2014, S. 1.
2 Begr. RegE, BT-Drucks. 18/7482, 76.
3 Begr. RegE, BT-Drucks. 18/7482, 74, 75, 76.
4 Mitteilung der Kommission vom 8.12.2010 „Stärkung der Sanktionsregelungen im Finanzdienstleistungssektor", KOM (2010) 716 endg., S. 17.
5 Änderungsantrag 4 von Sharon Bowles im Namen des Ausschusses für Wirtschaft und Währung zum Vorschlag über eine Verordnung über Basisinformationsblätter für „verpackte" Anlageprodukte für Kleinanleger und Versicherungsanlageprodukte (PRIIP), A7-0368/4, S. 72 ff.
6 Vgl. zur parallelen Regelung in Art. 32 VO Nr. 596/2014 (MAR): *Schmolke*, NZG 2016, 721, 727.
7 Definition angelehnt an Erwägungen der Kommission in der Mitteilung der Kommission vom 8.12.2010 „Stärkung der Sanktionsregelungen im Finanzdienstleistungssektor", KOM(2010) 716 endg., S. 17.

des Informanten betonen und anders als die MAR den **Schutz** des mutmaßlichen **Verantwortlichen** nicht erwähnen. Der Informant soll nicht durch Angst vor Vergeltung, Diskriminierung oder anderen Arten unfairer Behandlung von einer Meldung eines Verstoßes abgehalten werden. Wie die Schutzmaßnahmen konkret ausgestaltet sein sollen, lässt Art. 28 Abs. 2 lit. b VO Nr. 1286/2014 offen. Art. 28 Abs. 2 lit. c VO Nr. 1286/2014 betrifft den Schutz persönlicher Daten. Nicht nur die Identität des Informanten ist zu schützen, sondern auch diejenige der **natürlichen Person**, die für den **gemeldeten Verstoß** mutmaßlich verantwortlich ist. Letzteres könnte den Zweck haben, dass der Meldemechanismus nicht missbraucht wird, um eine Vorverurteilung gemeldeter Personen zu erreichen. Eine Ausnahme vom Identitätsschutz wird dort gemacht, wo die Offenlegung nach nationalem Recht vor dem Hintergrund weiterer Ermittlungen oder anschließender Gerichtsverfahren vorgeschrieben ist.

7 **IV. Zusätzliche Mechanismen (Art. 28 Abs. 3 VO Nr. 1286/2014).** Art. 28 Abs. 3 VO Nr. 1286/2014 stellt noch einmal klar, dass die in Abs. 2 genannten Mechanismen nicht abschließend sind. Es ist nicht ersichtlich, dass Abs. 3 einen Regelungsgehalt aufweist, der über die Ausgestaltung des Abs. 2 als Mindestvorschrift hinausgeht. Die Unterlagen zum Gesetzgebungsverfahren geben keinerlei Auskunft über den Ursprung der Vorschrift.

8 **V. Interne Whistleblower-Infrastruktur (Art. 28 Abs. 4 VO Nr. 1286/2014).** Neben dem allgemeinen Meldemechanismus können die Mitgliedstaaten nach Art. 28 Abs. 4 VO Nr. 1286/2014 von Arbeitgebern, die im Hinblick auf Finanzdienstleistungen regulierte Tätigkeiten ausüben, die Einrichtung interner Meldeverfahren verlangen (Whistleblower-Infrastruktur). Hintergrund der Regelung ist, dass Mitarbeiter von regulierten Finanzdienstleistungsunternehmen in besonderer Nähe zu möglichen Verstößen gegen die PRIIP-VO stehen und daher wichtige potentielle Informanten sind. Ihnen soll die Meldung von Verstößen besonders leicht gemacht werden. Die einzurichtenden Verfahren müssen einen spezifischen, unabhängigen und autonomen Kanal für die Meldungen bieten. Dies zielt wie Abs. 2 darauf ab, dass die potentiellen Whistleblower nicht aus Angst vor negativen persönlichen Konsequenzen von der Meldung eines Verstoßes abgehalten werden. „Mitarbeiter" dürfte ungeachtet des insoweit nicht ganz eindeutigen Wortlauts nicht im Sinne von Arbeitnehmer zu verstehen sein, sondern auch externe (selbständige) Vertriebsmittler einschließen, soweit sie nicht nur im Einzelfall, sondern auf Dauer für das Unternehmen tätig sein. Dem gegenüber verlangt Art. 28 Abs. 4 VO Nr. 1286/2014 nicht, dass unternehmenseigene Whistleblower-Systeme auch Kunden und anderen Dritten offen stehen. Ein allgemeines, unternehmenseigenes Ombudsmann-System verlangt die PRIIP-VO nicht.

Art. 29 [Bekanntmachung von Maßnahmen und Sanktionen]

(1) Unanfechtbare Entscheidungen, mit denen eine verwaltungsrechtliche Sanktion oder Maßnahme für die in Artikel 24 Absatz 1 genannten Verstöße verhängt wird, werden von den zuständigen Behörden unverzüglich nach Unterrichtung der Person, gegen die die Sanktion oder Maßnahme verhängt wurde, über diese Entscheidung auf ihrer offiziellen Website bekannt gemacht.

Die Bekanntmachung enthält zumindest Angaben:

a) zu Art und Charakter des Verstoßes,

b) zu den verantwortlichen Personen.

Diese Verpflichtung gilt nicht für Entscheidungen, mit denen Maßnahmen mit Ermittlungscharakter verfügt werden.

Ist die zuständige Behörde nach einer einzelfallbezogenen Bewertung zu der Ansicht gelangt, dass die Bekanntmachung der Identität der Rechtsträger oder der Identität oder der personenbezogenen Daten der natürlichen Personen unverhältnismäßig wäre, oder würde eine solche Bekanntmachung die Stabilität der Finanzmärkte oder laufende Ermittlungen gefährden, so verfahren die zuständigen Behörden wie folgt:

a) sie machen die Entscheidung, mit der eine Sanktion oder eine Maßnahme verhängt wird, erst dann bekannt, wenn die Gründe für ihre Nichtbekanntmachung weggefallen sind, oder

b) sie machen die Entscheidung, mit der eine Sanktion oder eine Maßnahme verhängt wird, im Einklang mit dem nationalen Recht auf anonymer Basis bekannt, wenn diese anonyme Bekanntmachung einen wirksamen Schutz der betreffenden personenbezogenen Daten gewährleistet, oder

c) sie sehen davon ab, die Entscheidung, mit der die Sanktion bzw. Maßnahme verhängt wird, bekannt zu machen, wenn die Möglichkeiten nach den Buchstaben a und b ihrer Ansicht nach nicht ausreichen, um zu gewährleisten, dass

  i) die Stabilität der Finanzmärkte nicht gefährdet wird,

  ii) bei Maßnahmen, die als geringfügig angesehen werden, bei einer Bekanntmachung solcher Entscheidungen die Verhältnismäßigkeit gewahrt ist.

(2) Die zuständigen Behörden teilen den Europäischen Aufsichtsbehörden alle verwaltungsrechtlichen Sanktionen mit, die zwar verhängt, im Einklang mit Absatz 1 Unterabsatz 3 Buchstabe c jedoch nicht bekannt gemacht wurden, sowie alle Rechtsmittel im Zusammenhang mit diesen Sanktionen und die Ergebnisse der Rechtsmittelverfahren.

Wird entschieden, eine Sanktion oder eine Maßnahme in anonymisierter Form bekannt zu machen, so kann die Bekanntmachung der einschlägigen Angaben um einen angemessenen Zeitraum aufgeschoben werden, wenn vorherzusehen ist, dass die Gründe für eine anonymisierte Bekanntmachung im Laufe dieses Zeitraums wegfallen werden.

(3) Sofern das nationale Recht die Veröffentlichung einer Entscheidung, eine Sanktion oder eine Maßnahme zu verhängen, vorschreibt und gegen diese Entscheidung bei den einschlägigen Justiz- oder sonstigen Behörden Rechtsmittel eingelegt werden, so machen die zuständigen Behörden diesen Sachverhalt und alle weiteren Informationen über das Ergebnis des Rechtsmittelverfahrens unverzüglich auf ihrer offiziellen Website bekannt. Ferner wird jede Entscheidung, mit der eine frühere bekannt gemachte Entscheidung über die Verhängung einer Sanktion oder einer Maßnahme für ungültig erklärt wird, ebenfalls bekannt gemacht.

(4) Die zuständigen Behörden stellen sicher, dass jede Bekanntmachung nach diesem Artikel vom Zeitpunkt ihrer Veröffentlichung an mindestens fünf Jahre lang auf ihrer offiziellen Website zugänglich bleibt. Enthält die Bekanntmachung personenbezogene Daten, so bleiben diese nur so lange auf der offiziellen Website der zuständigen Behörde einsehbar, wie dies nach den geltenden Datenschutzbestimmungen erforderlich ist.

In der Fassung vom 26.11.2014 (ABl. EU Nr. L 352 v. 9.12.2014, S. 1).

Schrifttum: S. bei Art. 34 VO Nr. 596/2014 und bei § 123 WpHG.

I. Grundlagen 1
II. Veröffentlichungspflicht (Art. 29 Abs. 1 Unterabs. 1, 2 VO Nr. 1286/2014) 5
 1. Formelle und materielle Voraussetzungen 6
 2. Ausnahmegründe 11
 3. Rechtsfolge 13
 4. Rechtsschutz 17
III. Modifizierte Veröffentlichung (Art. 29 Abs. 1 Unterabs. 3 VO Nr. 1286/2014) 18
IV. Kommunikation mit ESAs (Art. 29 Abs. 2 Unterabs. 1 VO Nr. 1286/2014) 20
V. Anonymisierung „auf Zeit" (Art. 29 Abs. 2 Unterabs. 2 VO Nr. 1286/2014) 22
VI. Rechtsmittelverfahren (Art. 29 Abs. 3 VO Nr. 1286/2014) 23
VII. Veröffentlichungsdauer (Art. 29 Abs. 4 VO Nr. 1286/2014) 24

I. Grundlagen. Art. 29 VO Nr. 1286/2014 (PRIIP-VO)[1] regelt die **Veröffentlichung** verwaltungsrechtlicher Sanktionen und Maßnahmen der Bundesanstalt, die wegen Verstoßes gegen Ge- oder Verbote der PRIIP-VO verhängt wurden. Am Maßstab höherrangigen Rechts kann eine namentliche Veröffentlichung („naming") nur im Zusammenhang mit der Grundmaßnahme, deren Zweck und dem Zweck der Veröffentlichung eingeordnet werden. Werden das „Shaming" oder gar die Generalprävention (Abschreckung) ein selbständiger oder gar vordringlicher Zweck, so handelt es sich um eine staatliche Maßnahme mit Sanktionscharakter (s. § 123 WpHG Rz. 8ff.).

Die Praxis des **„naming and shaming"** ist in verschiedenen europäischen Gesetzgebungsakten vorgesehen und hält dadurch in letzter Zeit verstärkt Einzug in das nationale Recht der Mitgliedstaaten (vgl. näher § 123 WpHG Rz. 1ff.). Sie soll in Art. 29 VO Nr. 1286/2014 nach der Intention des europäischen Gesetzgebers in erster Linie zur allgemeinen Prävention von Verstößen beitragen, da potentiellen Rechtsbrechern dadurch deutlich gemacht wird, dass die gesetzlich vorgesehenen Sanktionen aktiv angewandt und vollstreckt werden[2]. Jedoch weist Art. 29 VO Nr. 1286/2014 auch Merkmale auf, die der Vorschrift repressive Züge verleihen. Insbesondere die Benennung personenbezogener Daten in der Veröffentlichung bewirkt einen Reputationsverlust bei den betroffenen Personen und Unternehmen und hat damit – mindestens als ungewollten Reflex – eine eigene Sanktionswirkung[3].

Art. 29 VO Nr. 1286/2014 entspricht in seiner **endgültigen Fassung** nicht dem ursprünglichen Entwurf der Europäischen Kommission[4], mit dem das Gesetzgebungsverfahren eingeleitet wurde, sondern geht in seiner

---

1 Verordnung (EU) Nr. 1286/2014 des Europäischen Parlaments und des Rates vom 26. November 2014 über Basisinformationsblätter für verpackte Anlageprodukte für Kleinanleger und Versicherungsanlageprodukte (PRIIP), ABl. EU Nr. L 352 v. 9.12.2014, S. 1.
2 Erwägungsgrund 30 VO Nr. 1286/2014; Mitteilung der Kommission vom 8.12.2010 „Stärkung der Sanktionsregelungen im Finanzdienstleistungssektor", KOM(2010) 716, S. 13.
3 *Wendt*, „Naming and Shaming" im Privatversicherungsrecht, VersR 2016, 1277, 1278.
4 Vorschlag für eine Verordnung des Europäischen Parlaments und des Rates über Basisinformationsblätter für Anlageprodukte, COM(2012) 352 final, Art. 22.

endgültigen Fassung auf den Änderungsantrag im Namen des Ausschusses für Wirtschaft und Währung zurück[1].

4   Art. 29 VO Nr. 1286/2014 ist nicht in nationales Recht umgesetzt, da er unmittelbar anwendbar ist[2].

5   **II. Veröffentlichungspflicht (Art. 29 Abs. 1 Unterabs. 1, 2 VO Nr. 1286/2014).** Art. 29 Abs. 1 Unterabs. 1 und 2 VO Nr. 1286/2014 enthalten **Verpflichtungen** für die zuständige Behörde, bestimmte eigene Entscheidungen zu veröffentlichen. Die Vorschrift enthält sowohl formelle als auch materielle Voraussetzungen.

6   **1. Formelle und materielle Voraussetzungen.** Ermächtigt wird die **zuständige Behörde** (zum Begriff der zuständigen Behörde s. Art. 22 VO Nr. 1286/2014 Rz. 11).

7   Die Bekanntmachung darf erst erfolgen, nachdem der Adressat der veröffentlichten Entscheidung darüber unterrichtet wurde. Die **Unterrichtung** entspricht zwar nicht direkt einer **Anhörung** im Sinne des deutschen Rechts (§ 28 VwVfG), sondern eher der Bekanntgabe der Sanktionsentscheidung (vgl. Art. 34 VO Nr. 596/2014 Rz. 5: Soweit in der deutschen Fassung der Verordnungen Unterschiede im Wortlaut bestehen, handelt es sich um Unregelmäßigkeiten bei der Übersetzung; die englischen Fassungen sind insoweit wortgleich). Damit erscheint die Voraussetzung der erfolgten Unterrichtung des Betroffenen jedoch zumindest im Hinblick auf die deutsche Rechtsordnung neben dem Erfordernis der Unanfechtbarkeit **redundant** (s. Rz. 9): Es ist nicht ersichtlich, wie eine Entscheidung der Bundesanstalt unanfechtbar werden soll, ohne dass der Adressat zuvor über die Entscheidung unterrichtet wurde. Mittelbar sichert die vorherige Unterrichtung aber das rechtliche Gehör. Dass der Betroffene vor der Veröffentlichung **angehört** werden muss, folgt aus Art. 41 Abs. 2 lit. a GRCh und allgemeinen Rechtsgrundsätzen der Europäischen Union[3].

8   Eine Veröffentlichungspflicht besteht nur, wenn **Gegenstand der Entscheidung** eine verwaltungsrechtliche Sanktion oder Maßnahme ist. Die Unterscheidung zwischen Maßnahmen und Sanktionen ist im europäischen Recht nicht eindeutig, da bestimmte administrative Schritte in einigen Mitgliedstaaten als Verwaltungssanktion, in anderen wiederum als Verwaltungsmaßnahme angesehen werden[4]. Hier wollte der europäische Gesetzgeber daher erkennbar alle staatlichen Reaktionen auf Verstöße gegen die in der Art. 24 Abs. 1 VO Nr. 1286/2014 genannten Ge- und Verbote erfassen. Nach Art. 24 Abs. 2 VO Nr. 1286/2014 können wegen Verstößen gegen diese Vorschriften jedenfalls Vermarktungsverbote, Vermarktungsaussetzungen, öffentliche Warnungen, Verbote über die Bereitstellung eines ungenügenden Basisinformationsblattes sowie Geldbußen verfügt werden. Nach Art. 24 Abs. 3 VO Nr. 1286/2014 können die Mitgliedstaaten zusätzliche Sanktionen oder Maßnahmen vorsehen.

9   **Unanfechtbar** ist eine Entscheidung, wenn sie mit Rechtsbehelfen nicht mehr angegriffen werden kann.

10 Nicht unter die Veröffentlichungspflicht fallen Entscheidungen, durch die **Maßnahmen mit Ermittlungscharakter** verfügt werden. Der Begriff ist nicht legaldefiniert. Maßnahmen mit Ermittlungscharakter sind solche Maßnahmen, die aufgrund von bloßen Anhaltspunkten eines relevanten Verstoßes erlassen werden, um das Vorliegen eines Verstoßes überhaupt erst ermitteln zu können. Dies dient sowohl dem Schutz des Maßnahmenadressaten vor einer Vorverurteilung durch die Öffentlichkeit wie dem Schutz der behördlichen Ermittlungstätigkeit (Art. 34 VO Nr. 596/2014 Rz. 9).

11 **2. Ausnahmegründe.** Liegt einer der Ausnahmegrüne aus Art. 29 Abs. 1 Unterabs. 3 VO Nr. 1286/2014 vor, so **entfällt die Veröffentlichungspflicht nach Art. 29 Abs. 1 Unterabs. 1, 2 VO Nr. 1286/2014**. Die zuständige Behörde kann dann auf die Ermächtigungsgrundlage in Art. 29 Abs. 1 Unterabs. 3 VO Nr. 1286/2014 zurückgreifen (s. dazu Rz. 19 f.).

12 **Ausnahmegründe** sind **Unverhältnismäßigkeit** der Bekanntmachung der Identität der Rechtsträger oder der Identität oder der personenbezogenen Daten der natürlichen Personen, eine Gefährdung der **Stabilität der Finanzmärkte** und eine Gefährdung laufender Ermittlungen (vgl. Art. 34 VO Nr. 596/2014 Rz. 8 ff.).

13 **3. Rechtsfolge.** Art. 29 Abs. 1 Unterabs. 1 und 2 VO Nr. 1286/2014 sieht eine **gebundene Entscheidung** der zuständigen Behörde vor. Ihr steht weder Entschließungs- noch Auswahlermessen zu. Liegen die Voraussetzungen und kein Ausnahmegrund nach Art. 29 Abs. 1 Unterabs. 3 VO Nr. 1286/2014 vor, so muss die zuständige Behörde die Entscheidung öffentlich bekannt machen.

14 Die Bekanntmachung muss **unverzüglich** erfolgen. Da es sich um einen europäischen Rechtsakt handelt, kann hier nicht ohne weiteres auf die Legaldefinition in § 121 Abs. 1 Satz 1 BGB zurückgegriffen werden. In der Sache ergibt sich daraus jedoch kein Unterschied. Die Definition „ohne schuldhaftes Zögern" liegt angesichts des Wortlautes der englischen Fassung („without undue delay") nahe.

---

1 Änderungsantrag 4 von Sharon Bowles im Namen des Ausschusses für Wirtschaft und Währung zum Vorschlag über eine Verordnung über Basisinformationsblätter für „verpackte" Anlageprodukte für Kleinanleger und Versicherungsanlageprodukte (PRIIP), A7-0368/4, S. 74 ff. (dort Art. 22).
2 Begr. RegE 1. FinMaNoG, BT-Drucks. 18/7482, 68.
3 ABl. EU Nr. C 303 v. 12.12.2007, Erläuterung zu Art. 41 – Recht auf eine gute Verwaltung m.w.N. sowie *Jarass* in Jarass, Charta der Grundrechte der EU, 3. Aufl. 2016, Art. 41 Rz. 15.
4 Mitteilung der Kommission an das Europäische Parlament, den Rat, den Europäischen Wirtschafts- und Sozialausschuss und den Ausschuss der Regionen, KOM(2010) 716 endgültig, S. 5.

Die Veröffentlichung muss auf der **offiziellen Website** der zuständigen Behörde, in Deutschland also auf www.bafin.de erfolgen.

Art. 29 Abs. 1 Unterabs. 2 VO Nr. 1286/2014 sieht **Mindestvorgaben für den Inhalt** der Bekanntmachung vor. Sie hat Angaben zu Art und Charakter des Verstoßes und zu den verantwortlichen Personen zu enthalten. Liegt kein Ausnahmegrund nach Art. 29 Abs. 1 Unterabs. 3 VO Nr. 1286/2014 vor, so kann die Bundesanstalt auch nicht von der Veröffentlichung personenbezogener Daten absehen. Es ist nicht nur singulär vor der Veröffentlichung zu prüfen, ob von der Veröffentlichung personenbezogener Daten abgesehen werden kann. Vielmehr besteht eine fortlaufende Kontrollpflicht, die aus Art. 29 Abs. 4 Satz 2 VO Nr. 1286/2014 folgt (§ 123 WpHG Rz. 27). Aus der Vorgabe von Mindestangaben ergibt sich im Umkehrschluss, dass die Bundesanstalt nicht verpflichtet ist, ihre Entscheidungen **im Wortlaut** zu veröffentlichen. Auch die Veröffentlichung von **Zusammenfassungen**, die den Mindestinhalt wiedergeben, ist von Art. 29 Abs. 1 Unterabs. 2 VO Nr. 1286/2014 gedeckt.

4. Rechtsschutz. Zum Rechtsschutz gegenüber der Bundesanstalt allgemein s. Vor § 13 WpHG Rz. 1 ff. und Art. 26 VO Nr. 1286/2014 Rz. 1 ff. **Rechtsschutz** gegen die Veröffentlichung ist im Wege der Anfechtungsklage möglich, denn durch die zu treffende Abwägung im Rahmen der Prüfung der Ausnahmegründe geht der Veröffentlichung ein Verwaltungsakt voraus (vgl. § 123 WpHG Rz. 40). Widerspruch und Anfechtungsklage haben aufschiebende Wirkung (§ 80 Abs. 1 Satz 1 VwGO), denn § 13 WpHG ist nicht einschlägig[1]. Zu denken ist auch an **vorbeugenden Rechtsschutz**, da ein Reputationsschaden bereits mit Veröffentlichung eintritt und nur bedingt durch spätere Löschung beseitigt werden kann[2]. Statthaft wäre insoweit eine vorbeugende Unterlassungsklage.

III. Modifizierte Veröffentlichung (Art. 29 Abs. 1 Unterabs. 3 VO Nr. 1286/2014). Art. 29 Abs. 1 Unterabs. 3 VO Nr. 1286/2014 enthält eine **weitere Ermächtigungsgrundlage**, die einschlägig ist, wenn die Voraussetzungen der Art. 29 Abs. 1 Unterabs. 1 und 2 VO Nr. 1286/2014 erfüllt sind, zugleich aber mindestens einer der Ausnahmegründe aus Art. 29 Abs. 1 Unterabs. 3 VO Nr. 1286/2014 gegeben ist. Hinsichtlich der formellen und materiellen Voraussetzungen wird auf Rz. 6–12 verwiesen mit der Maßgabe, dass **mindestens einer der Ausnahmegründe** aus Art. 29 Abs. 1 Unterabs. 3 VO Nr. 1286/2014 vorliegen muss.

Die Rechtsfolge des Art. 29 Abs. 1 Unterabs. 3 VO Nr. 1286/2014 ist inhaltlich (und in der englischen Fassung auch sprachlich deutlicher als in der deutschen Fassung) identisch mit der Rechtsfolge des **Art. 34 Abs. 1 Unterabs. 3 VO Nr. 596/2014 (MAR)**, weshalb auf die dortige Kommentierung verwiesen wird (Art. 34 VO Nr. 596/2014 Rz. 19 ff.). Dabei entspricht Art. 29 Abs. 2 Unterabs. 2 VO Nr. 1286/2014 dem Art. 34 Abs. 1 Unterabs. 4 VO Nr. 596/2014. Sieht die Bundesanstalt nach Art. 29 Abs. 1 Unterabs. 3 lit. c VO Nr. 1286/2014 von der Bekanntmachung ab, so muss sie die betroffenen Entscheidungen den Europäischen Aufsichtsbehörden nach Art. 29 Abs. 2 Unterabs. 1 VO Nr. 1286/2014 **mitteilen**.

IV. Kommunikation mit ESAs (Art. 29 Abs. 2 Unterabs. 1 VO Nr. 1286/2014). Art. 29 Abs. 2 Unterabs. 1 VO Nr. 1286/2014 enthält eine Verpflichtung der zuständigen Behörde, den **Europäischen Aufsichtsbehörden** (EBA, EIOPA und ESMA) alle verwaltungsrechtlichen Sanktionen mitzuteilen, die zwar verhängt wurden, von deren Bekanntmachung aber nach Art. 29 Abs. 1 Unterabs. 3 lit. c VO Nr. 1286/2014 abgesehen wurde. Hierdurch werden die Europäischen Aufsichtsbehörden in die Lage versetzt, die Entscheidung der zuständigen Behörde, von der Bekanntmachung abzusehen, zu überprüfen und eine einheitliche Anwendung der europäischen Vorgaben sicherzustellen.

Sind gegen diese Sanktionen **Rechtsmittel** eingelegt worden, so ist dies den Europäischen Aufsichtsbehörden ebenso mitzuteilen wie die Ergebnisse der Rechtsmittelverfahren nach deren Abschluss. Unklar ist, welchem Zweck die Mitteilung der Informationen zu Rechtsmittelverfahren dient – zu einer Mitteilung nach Art. 29 Abs. 2 Unterabs. 1 VO Nr. 1286/2014 kann es denknotwendig nur kommen, wenn die mitgeteilte Entscheidung bereits bestandskräftig ist, etwaige Rechtsmittelverfahren also bereits mit bestätigendem Ergebnis beendet sind. Nur dann kommt nach Art. 29 Abs. 1 Unterabs. 1 VO Nr. 1286/2014 ein Absehen von der Bekanntmachung nach Art. 29 Abs. 1 Unterabs. 3 lit. c VO Nr. 1286/2014 in Betracht. Die Ergänzung einer Bekanntmachung um einen Hinweis auf die Einlegung eines Rechtsmittels und den Ausgang des Rechtsmittelverfahrens ist sonst vor allem bei Entscheidungen üblich, die noch nicht bestandskräftig sind (vgl. § 124 Abs. 2 WpHG).

V. Anonymisierung „auf Zeit" (Art. 29 Abs. 2 Unterabs. 2 VO Nr. 1286/2014). Art. 29 Abs. 2 Unterabs. 2 VO Nr. 1286/2014 enthält die Befugnis der zuständigen Behörde, die Anonymisierung zeitlich zu beschränken, wenn die Voraussetzungen einer Anonymisierung vorliegen und die zuständige Behörde hiervon Gebrauch machen möchte. Voraussetzung einer solchen **Anonymisierung „auf Zeit"** ist, dass vorherzusehen ist, dass die Gründe für eine anonymisierte Bekanntmachung im Laufe eines angemessenen Zeitraums wegfallen werden. Die zuständige Behörde hat Entschließungsermessen hinsichtlich der zeitlichen Beschränkung der Anonymisierung. Macht sie hiervon Gebrauch, so erfolgt die Bekanntmachung zunächst anonymisiert und die Bekanntmachung der einschlägigen Angaben wird um einen angemessenen Zeitraum aufgeschoben. Der Zeitraum der

---

[1] *Altenhain* in KölnKomm. WpHG, § 40b WpHG Rz. 16.
[2] Zu § 124 WpHG (vormals § 40c WpHG): *Brellochs*, Die Neuregelung der kapitalmarktrechtlichen Beteiligungspublizität – Anmerkungen aus Sicht der M&A- und Kapitalmarktpraxis, AG 2016, 157, 170.

Aufschiebung bestimmt sich danach, wann zu erwarten ist, dass die Gründe für eine anonymisierte Bekanntmachung entfallen werden.

23 **VI. Rechtsmittelverfahren (Art. 29 Abs. 3 VO Nr. 1286/2014).** Art. 29 Abs. 3 VO Nr. 1286/2014 modifiziert bestehende nationale Pflichten zur Veröffentlichung von Entscheidungen. Wird gegen eine nach nationalem Recht zu veröffentlichende Entscheidung ein Rechtsmittel eingelegt, so ist hierauf im Rahmen der Veröffentlichung der Entscheidung hinzuweisen. Die Veröffentlichung ist auch um alle weiteren Informationen über das Ergebnis des **Rechtsmittelverfahrens** zu ergänzen. Dies hat unverzüglich (s. Rz. 16) auf der Website der zuständigen Behörde zu erfolgen. Ferner wird jede Entscheidung bekannt gemacht, durch welche eine frühere bekannt gemachte Entscheidung für ungültig erklärt wird. Hierdurch wird sichergestellt, dass Entscheidungen, die sich noch in behördlichen oder gerichtlichen Überprüfungsverfahren befinden, nicht in einer Weise veröffentlicht werden, die den Eindruck entstehen lässt, die Entscheidungen seien bereits bestandskräftig. Zudem wird ausgeschlossen, dass die aufgehobene Entscheidung durch ihre fortdauernde Bekanntmachung weiter tatsächliche Auswirkungen auf die Reputation der betroffenen Personen und Unternehmen hat.

24 **VII. Veröffentlichungsdauer (Art. 29 Abs. 4 VO Nr. 1286/2014).** Art. 29 Abs. 4 VO Nr. 1286/2014 sieht eine **Mindestveröffentlichungsdauer** von fünf Jahren vor. Diese Regelung steht in einem Spannungsverhältnis zum Datenschutz. Aus diesem Grund sind parallele Vorschriften in anderen Rechtsakten derart in deutsches Recht umgesetzt worden, dass die europäische Vorgabe einer Mindestveröffentlichungsdauer national als Höchstdauer ausgestaltet wurde[1]. Art. 29 VO Nr. 1286/2014 wird jedoch nicht in nationales Recht umgesetzt (s. Rz. 4), so dass es an diesem Korrektiv fehlt. Art. 29 Abs. 3 VO Nr. 1286/2014 trägt dem Datenschutz und dem Recht auf Schutz persönlicher Daten insofern Rechnung, als gem. Satz 2 personenbezogene Daten nur solange auf der offiziellen Website der zuständigen Behörde einsehbar bleiben, wie dies nach den geltenden Datenschutzbestimmungen erforderlich ist. Dies ist eine paradoxe Regelung, bei der dem europäischen Gesetzgeber die Grundstrukturen des Datenschutzrechts entgangen waren. Das Datenschutzrecht ist normstrukturell als Verbot einer nicht nach bestimmten Rechtfertigungsgründen erforderlichen Datenverwendung ausgestaltet. Eine „Erforderlichkeit" einer Veröffentlichung setzt es nach Fachrecht voraus, begründet sie aber nicht. Eine „Erforderlichkeit" ergibt sich für die Mindestveröffentlichungsdauer aus Art. 29 Abs. 4 VO Nr. 1286/2014. Darüber hinaus könnte sich eine „Erforderlichkeit" allenfalls aus bestimmten sachlichen Erfordernissen oder aus ausgestaltendem nationalen Recht ergeben. Solche sachlichen Erfordernisse müssten aber jedenfalls von erheblichem Gewicht sein.

25 Aus Art. 29 Abs. 3 Satz 2 VO Nr. 1286/2014 folgt ein subjektiv-öffentliches Recht auf Löschung. Fraglich ist jedoch, mittels welcher Klageart dieser Anspruch gerichtlich durchzusetzen wäre. Dies ist wiederum davon abhängig, ob die Löschung ein bloßer Realakt ist oder dem ein Verwaltungsakt vorausgeht (vgl. § 123 WpHG Rz. 61). Da Art. 29 Abs. 3 Satz 2 VO Nr. 1286/2014 eine Erforderlichkeitsprüfung voraussetzt, ist von einem der Löschung vorgeschalteten Verwaltungsakt auszugehen, und daher **Rechtsschutz** im Wege der Verpflichtungsklage zu begehren. Zum Inhalt des Löschungsanspruchs vgl. § 123 WpHG Rz. 63). Auch aus Art. 29 Abs. 3 Satz 1 VO Nr. 1286/2014 kann im Einzelfall ein Anspruch auf Löschung folgen, wenn die andauernde Veröffentlichung unverhältnismäßig ist.

Kapitel VI
Schlussbestimmungen

Art. 30 [Erlass delegierter Rechtsakte]

(1) Die Befugnis zum Erlass delegierter Rechtsakte wird der Kommission unter den in diesem Artikel festgelegten Bedingungen übertragen.

(2) Die Befugnis zum Erlass delegierter Rechtsakte gemäß Artikel 8 Absatz 4, Artikel 16 Absatz 8 und Artikel 17 Absatz 7 wird der Kommission für einen Zeitraum von drei Jahren ab dem 30. Dezember 2014 übertragen. Die Kommission erstellt spätestens neun Monate vor Ablauf des Zeitraums von drei Jahren einen Bericht über die Befugnisübertragung. Die Befugnisübertragung verlängert sich stillschweigend um Zeiträume gleicher Länge, es sei denn, das Europäische Parlament oder der Rat widersprechen einer solchen Verlängerung spätestens drei Monate vor Ablauf des jeweiligen Zeitraums.

(3) Die Befugnisübertragung gemäß Artikel 8 Absatz 4, Artikel 16 Absatz 8 und Artikel 17 Absatz 7 kann vom Europäischen Parlament oder vom Rat jederzeit widerrufen werden. Der Beschluss über den Widerruf beendet die Übertragung der in diesem Beschluss angegebenen Befugnis. Er wird am Tag nach seiner Veröffentlichung im Amtsblatt der Europäischen Union oder zu einem im Beschluss über

---

1 Vgl. Umsetzung von Art. 34 VO Nr. 596/2014 in § 40d WpHG durch das Erste Finanzmarktnovellierungsgesetz, vgl. Begr. RegE, BT-Drucks. 18/7482, 67.

den Widerruf angegebenen späteren Zeitpunkt wirksam. Die Gültigkeit von delegierten Rechtsakten, die bereits in Kraft sind, wird von dem Beschluss über den Widerruf nicht berührt.
(4) Sobald die Kommission einen delegierten Rechtsakt erlässt, übermittelt sie ihn gleichzeitig dem Europäischen Parlament und dem Rat.
(5) Ein delegierter Rechtsakt, der gemäß Artikel 8 Absatz 4, Artikel 16 Absatz 8 und Artikel 17 Absatz 7 erlassen wurde, tritt nur in Kraft, wenn weder das Europäische Parlament noch der Rat innerhalb einer Frist von drei Monaten nach Übermittlung dieses Rechtsakts an das Europäische Parlament und den Rat Einwände erhoben haben oder vor Ablauf dieser Frist das Europäische Parlament und der Rat beide der Kommission mitgeteilt haben, dass sie keine Einwände erheben werden. Auf Initiative des europäischen Parlaments oder des Rates wird die Frist um drei Monate verlängert.

In der Fassung vom 26.11.2014 (ABl. EU Nr. L 352 v. 9.12.2014, S. 1).

Schrifttum: S. Art. 1 VO Nr. 1286/2014.

Art. 30 VO Nr. 1286/2014 befasst sich näher mit der in einzelnen Bestimmungen der PRIIP-VO (Art. 8 Abs. 4, Art. 16 Abs. 8 und Art. 17 Abs. 7 VO Nr. 1286/2014) vorgesehenen Befugnis zum **Erlass delegierter Rechtsakte**. Die jeweilige Rechtsetzungsbefugnis erfolgt unter Setzung einer Frist bis zum 30.12.2017 (Art. 30 Abs. 2 Satz 1 VO Nr. 1286/2014). Dabei verlängert sich die **Frist** zur Schaffung delegierter Rechtsakte stillschweigend nach Art. 30 Abs. 2 VO Nr. 1286/2014, falls es an einem Widerspruch von Europäischem Parlament oder Rat fehlt. Ein erlassener delegierter Rechtsakt tritt nur dann **in Kraft**, wenn weder das Europäische Parlament noch der Rat innerhalb von drei Monaten nach dessen Übermittlung gegen diesen Einwände erhoben haben (Art. 30 Abs. 5 VO Nr. 1286/2014).

Von der Befugnis zum Erlass delegierter Rechtsakte hat die EU-Kommission bislang mit der **DelVO 2016/1904**[1] zu den Produktinterventionsbefugnissen der zuständigen Behörde sowie der EIOPA Gebrauch gemacht (Art. 16 und Art. 17 VO Nr. 1286/2014).

In Bezug auf die Möglichkeit des Erlasses eines delegierten Rechtsakts nach Art. 8 Abs. 4 VO Nr. 1286/2014 liegt bislang der Entwurf der ESA zu einer technischen Empfehlung bzgl. der „environmental or social PRIIP" (EOS-PRIIP) vor[2].

Art. 31 [Erlass technischer Regulierungsstandards]

Erlässt die Kommission gemäß Artikel 8 Absatz 5, Artikel 10 Absatz 2 oder Artikel 13 Absatz 5 technische Regulierungsstandards, die mit den von den Europäischen Aufsichtsbehörden übermittelten Entwürfen von technischen Regulierungsstandards identisch sind, so beträgt der Zeitraum, innerhalb dessen das Europäische Parlament und der Rat Einwände gegen diese technischen Regulierungsstandards erheben können, abweichend von Artikel 13 Absatz 1 Unterabsatz 2 der Verordnungen (EU) Nr. 1093/2010, (EU) Nr. 1094/2010 und (EU) Nr. 1095/2010 zur Berücksichtigung der Komplexität und des Umfangs der abgedeckten Themen zwei Monate ab Datum der Übermittlung. Auf Initiative des Europäischen Parlaments oder des Rates kann dieser Zeitraum um einen Monat verlängert werden.

In der Fassung vom 26.11.2014 (ABl. EU Nr. L 352 v. 9.12.2014, S. 1).

Schrifttum: S. Art. 1 VO Nr. 1286/2014.

Art. 31 VO Nr. 1286/2014 enthält eine spezielle Regelung in Bezug auf den **Erlass technischer Regulierungsstandards**. Solche sind nach Art. 8 Abs. 5, Art. 10 Abs. 2 und Art. 13 Abs. 5 VO Nr. 1286/2014 möglich. Gebrauch gemacht hat die Kommission hiervon bereits am 8.3.2017 durch die **DelVO 2017/653**[3], welche technische Regulierungsstandards insbesondere in Bezug auf die Darstellung, den Inhalt, die Überprüfung und die Überarbeitung des Basisinformationsblatts enthält.

---

1 Delegierte Verordnung (EU) 2016/1904 der Kommission vom 14. Juli 2016 zur Ergänzung der Verordnung (EU) Nr. 1286/2014 des Europäischen Parlaments und des Rates im Hinblick auf die Produktintervention, ABl. EU Nr. L 295 v. 29.10.2016, S. 11.
2 S. ESA, Joint Technical Advice, JC 2017 43 v. 28.7.2017; s. auch Erwägungsgrund 32 VO Nr. 1286/2014 und den Hinweis der BaFin, Basisinformationsblatt, BaFinJournal August 2017, S. 32 f.
3 Delegierte Verordnung (EU) 2017/653 der Kommission vom 8. März 2017 zur Ergänzung der Verordnung (EU) Nr. 1296/2014 des Europäischen Parlaments und des Rates über Basisinformationsblätter für verpackte Anlageprodukte für Kleinanleger und Versicherungsanlageprodukte (PRIIP) durch technische Regulierungsstandards in Bezug auf die Darstellung, den Inhalt, die Überprüfung und die Überarbeitung dieser Basisinformationsblätter sowie die Bedingungen für die Erfüllung der Verpflichtung zu ihrer Bereitstellung, ABl. EU Nr. L 100 v. 12.4.2017, S. 1.

Art. 32 [Übergangsregelung]

(1) Die in Artikel 2 Absatz 1 Buchstabe b der Richtlinie 2009/65/EG definierten Verwaltungsgesellschaften und die in Artikel 27 jener Richtlinie genannten Investmentgesellschaften sowie Personen, die über die in Artikel 1 Absatz 2 jener Richtlinie genannten OGAW-Anteile beraten oder diese verkaufen, sind bis zum 31. Dezember 2019 von den Verpflichtungen gemäß dieser Verordnung ausgenommen.

(2) Wenn ein Mitgliedstaat Vorschriften bezüglich des Formats und des Inhalts des Basisinformationsblatts gemäß den Artikeln 78 bis 81 der Richtlinie 2009/65/EG auf Fonds anwendet, die keine OGAW-Fonds sind und die Kleinanlegern angeboten werden, so gilt die Ausnahme nach Absatz 1 dieses Artikels für Verwaltungsgesellschaften, Investmentgesellschaften und Personen, die Kleinanleger über Anteile dieser Fonds beraten oder diese an Kleinanleger verkaufen.

In der Fassung vom 26.11.2014 (ABl. EU Nr. L 352 v. 9.12.2014, S. 1).

Schrifttum: S. Art. 1 VO Nr. 1286/2014.

1 Art. 32 VO Nr. 1286/2014 bezieht sich auf das Verhältnis zwischen dem PRIIP-Basisinformationsblatt und den wesentlichen Anlegerinformationen („Key Investor Information Document", KIID) der **OGAW IV-Richtlinie** (RL 2009/65/EG)[1] bzw. des diese umsetzenden KAGB. Die Basisinformationsblätter der PRIIP-VO sind in zahlreichen Punkten den wesentlichen Anlegerinformationen von Fonds nachgebildet. Diese KIID müssen bereits seit Mitte 2011 für Publikumsfonds auf der Basis der im KAGB umgesetzten OGAW-Richtlinie erstellt werden.

2 **Art. 32 Abs. 1 VO Nr. 1286/2014** sieht aus diesem Grund für **OGAW-Fonds** eine temporäre Freistellung durch Festlegung einer **Übergangsfrist** vor[2]. **Art. 32 Abs. 2 VO Nr. 1286/2014** enthält eine Übergangsfrist auch für alternative Investmentfonds (**AIF**), d.h. alle Investmentvermögen, die keine OGAW sind (vgl. § 1 Abs. 3 KAGB). Sie müssen ein Basisinformationsblatt nach den (engeren) Vorgaben der PRIIP-VO erst ab dem 1.1.2020 bereitstellen. Allerdings ist nach Art. 33 Abs. 1 Unterabs. 2 VO Nr. 1286/2014 bei der Überprüfung der PRIIP-VO durch die EU-Kommission bis zum 31.12.2018 auch zu überlegen, ob diese Übergangsregelungen **verlängert** werden sollen (s. Art. 33 VO Nr. 1286/2014 Rz. 2). Ziff. 13 Satz 2 der Leitlinien der EU-Kommission[3] stellt klar, dass die PRIIP-VO keine Bestimmung enthält, der zufolge die wesentlichen Anlegerinformationen durch ein Basisinformationsblatt ersetzt werden dürfen[4].

3 Die Freistellung bezieht sich vom **persönlichen Anwendungsbereich** her sowohl auf die Hersteller von PRIIP, als auch auf die Berater bzw. Verkäufer. Außerdem ist sie allein dann relevant, wenn die Produkte Kleinanlegern angeboten werden. Nur in diesem Fall findet die PRIIP-VO überhaupt sachliche Anwendung.

4 **§ 307 Abs. 5 KAGB** setzt Art. 23 Abs. 1-3 RL 2011/61/EU (sog. AIFM-Richtlinie)[5] um und regelt die vorvertraglichen Informationspflichten beim Vertrieb von AIF an semiprofessionelle und professionelle Anleger. Diese Regelung enthält das Wahlrecht, beim Vertrieb von Anteilen an Spezial-AIF einem semiprofessionellen Anleger rechtzeitig vor Vertragsschluss entweder wesentliche Anlegerinformationen gem. § 166 KAGB bzw. § 270 KAGB zur Verfügung zu stellen, oder ein Basisinformationsblatt nach der PRIIP-VO[6]. Diese durch das 1. Finanzmarktnovellierungsgesetz (1. FiMaNoG) eingeführte Regelung[7] war erforderlich, damit ein Gleichlauf zu Publikums-AIF hergestellt wird. Der Anleger muss nach Ansicht der **BaFin** nicht gesondert darauf hingewiesen werden, dass die Berechnungen nach den Vorgaben für das OGAW-Produktinformationsblatt erfolgt sind[8].

Art. 33 [Überprüfung durch die Kommission]

(1) Die Kommission überprüft diese Verordnung spätestens bis zum 31. Dezember 2018. Die Überprüfung wird – auf der Grundlage der von den Europäischen Aufsichtsbehörden erhaltenen Informationen – einen allgemeinen Überblick über das Funktionieren des Warnhinweises beinhalten, wobei sämtliche von

---

1 Richtlinie 2008/65/EG des Europäischen Parlaments und des Rates vom 13. Juli 2009 zur Koordinierung der Rechts- und Verwaltungsvorschriften betreffend bestimmte Organismen für gemeinsame Anlagen in Wertpapieren (OGAW), ABl. EU Nr. L 203 v. 17.11.2009, S. 32.
2 S. Ziff. 13 Satz 1 der Leitlinien der EU-Kommission, ABl. EU Nr. C 218 v. 7.7.2017, S. 11.
3 ABl. EU Nr. C 218 v. 7.7.2017, S. 11.
4 S. auch *Gerold/Kohleick*, RdF 2017, 276, 279.
5 Richtlinie 2011/61/EU des Europäischen Parlaments und des Rates vom 8. Juni 2011 über die Verwalter alternativer Investmentfonds und zur Änderung der Richtlinien 2003/41/EG und 2009/65/EG und der Verordnung (EG) Nr. 1060/2009 und (EU) Nr. 1095/2010, ABl. EU Nr. L 174 v. 1.7.2011, S. 1.
6 Näher BT-Drucks. 18/7482, 38, 75; s. auch *Buck-Heeb*, Kapitalmarktrecht, Rz. 275; *Zingel* in Baur/Tappen, § 307 KAGB Rz. 1.
7 S. BT-Drucks. 18/7482, 38 ff.
8 *Gerold*, BaFinJournal Mai 2017, 36, 37.

den zuständigen Behörden diesbezüglich ausgearbeiteten Leitlinien berücksichtigt werden. Die Überprüfung wird ferner einen Überblick über die praktische Anwendung der Bestimmungen dieser Verordnung unter Berücksichtigung der Entwicklungen auf dem Markt für Kleinanlegerprodukte und die Durchführbarkeit, die Kosten und die möglichen Vorteile der Einführung eines Gütezeichens für soziale und ökologische Anlagen beinhalten. Im Rahmen ihrer Überprüfung führt die Kommission Verbrauchertests und eine Prüfung der nichtgesetzgeberischen Möglichkeiten sowie der Ergebnisse der Überprüfung der Verordnung (EU) Nr. 346/2013 hinsichtlich deren Artikel 27 Absatz 1 Buchstaben c, e und g durch.

In Bezug auf OGAW im Sinne des Artikels 1 Absatz 2 der Richtlinie 2009/65/EG wird bei der Überprüfung geprüft, ob die Übergangsregelungen des Artikels 32 verlängert werden sollten oder ob nach Feststellung eventuell erforderlicher Anpassungen die Vorschriften über die wesentlichen Informationen für den Anleger in der Richtlinie 2009/65/EG durch das Basisinformationsblatt dieser Verordnung ersetzt oder als gleichwertig betrachtet werden könnten. Bei der Überprüfung wird auch eine mögliche Ausweitung des Anwendungsbereichs dieser Verordnung auf sonstige Finanzprodukte in Betracht gezogen, und beurteilt, ob die Ausnahme von Produkten aus dem Anwendungsbereich dieser Verordnung im Hinblick auf solide Normen für den Verbraucherschutz und den Vergleich von Finanzprodukten beibehalten werden sollte. Bei der Überprüfung wird zudem beurteilt, ob gemeinsame Vorschriften dahingehend, dass alle Mitgliedstaaten bei Verstößen gegen diese Verordnung verwaltungsrechtliche Sanktionen vorsehen müssen, eingeführt werden sollten.

(2) Die Kommission beurteilt bis zum 31. Dezember 2018 auf der Grundlage der Arbeit der EIOPA zum Thema Anforderungen an die Offenlegung von Produktinformationen, ob sie einen neuen Rechtsakt zur Gewährleistung angemessener Anforderungen an die Offenlegung von Produktinformationen vorschlägt oder ob sie Altersvorsorgeprodukte nach Artikel 2 Absatz 2 Buchstabe e in den Anwendungsbereich dieser Verordnung aufnimmt.

Bei der Beurteilung trägt die Kommission dafür Sorge, dass mit diesen Maßnahmen das Niveau der Offenlegungsstandards in Mitgliedstaaten, die bereits Offenlegungsvorschriften für derartige Altersvorsorgeprodukte haben, nicht verringert wird.

(3) Die Kommission unterbreitet dem Europäischen Parlament und dem Rat nach Anhörung des Gemeinsamen Ausschusses einen Bericht bezüglich der Absätze 1 und 2 sowie gegebenenfalls einen Gesetzgebungsvorschlag.

(4) Die Kommission führt bis zum 31. Dezember 2018 eine Marktstudie durch, um festzustellen, ob Online-Rechenintrumente verfügbar sind, die es dem Kleinanleger gestatten, die Gesamtkosten und -gebühren der PRIIP zu berechnen, und ob sie kostenlos zur Verfügung gestellt werden. Die Kommission erstattet darüber Bericht, ob diese Instrumente zuverlässige und präzise Berechnungen für alle Produkte, die in den Anwendungsbereich dieser Verordnung fallen, liefern.

Falls das Fazit dieser Studie lautet, dass solche Instrumente nicht vorhanden sind oder dass die vorhandenen Instrumente es den Kleinanlegern nicht gestatten, die Gesamtkosten und -gebühren der PRIIP zu berechnen, bewertet die Kommission die Durchführbarkeit der Ausarbeitung durch die Europäischen Aufsichtsbehörden – im Wege des Gemeinsamen Ausschusses – von Entwürfen technischer Regulierungsstandards aus, in denen die für solche Instrumente auf Unionsebene geltenden Spezifikationen festgelegt werden.

In der Fassung vom 26.11.2014 (ABl. EU Nr. L 352 v. 9.12.2014, S. 1).

Schrifttum: S. Art. 1 VO Nr. 1286/2014.

I. Überprüfung der PRIIP-VO	1	II. Überprüfung in Bezug auf OGAW	9
1. Formale Punkte	1	III. Überprüfung bzgl. Online-Rechenintrumenten	10
2. Inhalte der Überprüfung	5		

I. Überprüfung der PRIIP-VO. 1. Formale Punkte. Art. 33 VO Nr. 1286/2014 regelt die alsbaldige Überprüfung der PRIIP-VO durch die EU-Kommission. Das steht im Zusammenhang mit dem „durchaus experimentellen Charakter", den die Schaffung zunehmender „Publizitätsinstrumente" durch den nationalen und europäischen *Gesetzgeber* hat[1]. Insofern wurden bereits in der Vergangenheit in Bezug auf andere Publizitätsregelungen „nicht zielführende Formate" durch Änderungen in der Gesetzgebung „ausgetauscht"[2]. 1

Vorgesehen ist, dass eine Überprüfung der PRIIP-VO **vier Jahre** nach dem Inkrafttreten der Verordnung erfolgen soll[3]. Dieser kurze Zeitrahmen erschien dem Verordnungsgeber wichtig, da dies zu einer Stärkung des Ver- 2

---

1 *Assmann* in Assmann/Schütze, Handbuch des Kapitalanlagerechts, § 1 Rz. 95.
2 *Assmann* in Assmann/Schütze, Handbuch des Kapitalanlagerechts, § 1 Rz. 95.
3 Vgl. Erwägungsgrund 36 Satz 1 VO Nr. 1286/2014.

Art. 33 VO Nr. 1286/2014 | [Überprüfung durch die Kommission]

brauchervertrauens beitragen könne. Aufgrund der Verschiebung des Geltungsbeginns der PRIIP-VO um ein Jahr hat eine solche Überprüfung durch die EU-Kommission nun bereits nach Ablauf eines Jahres ihrer Geltung bis zum **31.12.2018** zu erfolgen. Es wurde davon abgesehen, parallel zur Verschiebung des Geltungsbeginns der PRIIP-VO auch die Überprüfungsfrist um ein Jahr zu verlängern. Der Zeitraum, in dem Erfahrungen mit dieser Verordnung gesammelt werden können, ist damit besonders klein geworden, so dass der Ertrag der Überprüfung dadurch nur relativ sein kann[1].

3   Bzgl. der **Mittel**, die für eine Prüfung eingesetzt werden sollen, nennt Art. 33 Abs. 1 Unterabs. 1 Satz 4 VO Nr. 1286/2014 vor allem Verbrauchertests. Daneben soll aber auch „eine Prüfung der nichtgesetzgeberischen Möglichkeiten" erfolgen (Art. 33 Abs. 1 Unterabs. 1 Satz 4 VO Nr. 1286/2014). Was darunter konkret zu verstehen ist, wird nicht näher dargelegt. Denkbar ist, dass sich dies auch auf selbstregulatorische Maßnahmen bezieht.

4   Erwägungsgrund 8 Satz 3 VO Nr. 1286/2014 sieht vor, dass bei der Überprüfung der PRIIP-VO die **Leitlinien** der Kommission[2] bei der Frage nach einer möglichen Ausdehnung des Anwendungsbereichs und der Streichung bestimmter Ausschlüsse (hierzu Rz. 6 ff.) zu berücksichtigen sein soll. Art. 33 Abs. 1 Unterabs. 1 Satz 2 VO Nr. 1286/2014 scheint das jedoch dahingehend einzuschränken, dass diese lediglich in Bezug auf den nach der PRIIP-VO erforderlichen Warnhinweis einzubeziehen sind. Das erscheint jedoch missverständlich ausgedrückt, da die Kommission auch hinsichtlich anderer Punkte wohl die von ihr selbst aufgestellten Leitlinien einbeziehen wird.

5   **2. Inhalte der Überprüfung.** Im Fokus der Überprüfung steht zunächst der Aspekt, ob sich das Verständnis des durchschnittlichen Kleinanlegers und die Vergleichbarkeit von Produkten verbessert hat (vgl. Erwägungsgrund 36 Satz 3 VO Nr. 1286/2014). Konkret zu untersuchen ist das Funktionieren des nach Art. 8 Abs. 3 lit. b VO Nr. 1286/2014 erforderlichen **Warnhinweises** (Art. 33 Abs. 1 Unterabs. 1 Satz 2 VO Nr. 1286/2014). Geprüft wird auch, ob sich die Einführung eines **Gütezeichens** für soziale und ökologische Produkte anbietet (Art. 33 Abs. 1 Unterabs. 1 Satz 3 VO Nr. 1286/2014)[3]. Damit wird auch ein außerhalb der PRIIP-Regelungen liegender Aspekt in die Untersuchung einbezogen. Denn die PRIIP-VO schreibt diesbezüglich lediglich die Nennung ökologischer oder sozialer Ziele des Anlageprodukts vor (Art. 8 Abs. 3 lit. c Ziff. ii VO Nr. 1286/2014). Die Einführung eines Gütesiegels würde mit der Erstellung eines Basisinformationsblatts nichts zu tun haben.

6   Bei einer Überprüfung wird u.a. zu untersuchen sein, ob die bislang allein auf sog. verpackte Anlageprodukte anwendbare PRIIP-VO auf **sonstige Finanzprodukte ausgeweitet** werden soll (Art. 33 Abs. 1 Unterabs. 2 Satz 2 VO Nr. 1286/2014). Das würde zu einer Ersetzung der anderen Informationsblätter, wie etwa des Produktinformationsblatts des WpHG, durch eine einheitliche Regelung bedeuten. Hierbei werden die Vor- und Nachteile einer solchen weitgehenden Standardisierung abzuwägen sein.

7   Bei der Überprüfung durch die Kommission werden auch die in Art. 2 Abs. 2 VO Nr. 1286/2014 vorgesehenen **Ausnahmen** vom Anwendungsbereich der PRIIP-VO auf dem Prüfstand stehen. Maßstab für diesen Punkt soll nicht nur die Frage der Vergleichbarkeit von Finanzprodukten sein, sondern auch der Aspekt „solide(r) Normen für den Verbraucherschutz" (Art. 33 Abs. 1 Unterabs. 2 Satz 2 VO Nr. 1286/2014 a.E.). In diesem Zusammenhang wird auch überlegt, ob nicht **Altersvorsorgeprodukte**, die bislang gem. Art. 2 Abs. 2 lit. e VO Nr. 1286/2014 nicht in den Anwendungsbereich der PRIIP-VO fallen, künftig in den Anwendungsbereich der PRIIP-VO einbezogen werden sollen einschließt (Art. 33 Abs. 2 Halbs. 2 VO Nr. 1286/2014).

8   Schließlich wird es bei der Evaluation der Kommission auch darum gehen, ob alle Mitgliedstaaten bei Verstößen gegen die PRIIP-VO verpflichtend verwaltungsrechtliche Sanktionen vorsehen müssen (Art. 33 Abs. 1 Unterabs. 2 Satz 3 VO Nr. 1286/2014). In Rede steht zudem ein **neuer Rechtsakt** zur „Gewährleistung angemessener Anforderungen an die **Offenlegung** von Produktinformationen" (Art. 33 Abs. 2 VO Nr. 1286/2014).

9   **II. Überprüfung in Bezug auf OGAW.** Art. 33 Abs. 1 Unterabs. 2 VO Nr. 1286/2014 enthält eine besondere Regelung in Bezug auf OGAW. Dabei geht es zunächst um die Frage, ob die Übergangsregelung des Art. 32 VO Nr. 1286/2014, wonach bei OGAW- und Nicht-OGAW-Fonds auch die Erstellung der „wesentlichen Anlegerinformationen" i.S.d. KAGB möglich ist, über den 31.12.2019 hinaus **verlängert** werden soll. Zu überlegen sein wird, ob die wesentlichen Anlegerinformationen nach dem KAGB (sog. KIID) durch das Basisinformationsblatt vollständig ersetzt werden sollen oder – im Gegenteil – nach entsprechenden Anpassungen als gleichwertig angesehen werden können (Art. 33 Abs. 1 Unterabs. 2 Halbsatz 2 VO Nr. 1286/2014).

10 **III. Überprüfung bzgl. Online-Recheninstrumenten.** Art. 33 Abs. 4 VO Nr. 1286/2014 erweitert den bis spätestens 31.12.2018 durchzuführenden Überprüfungsauftrag der EU-Kommission um eine Marktstudie zu Online-Recheninstrumenten. Dabei geht es um die Möglichkeit, die Gesamtkosten und -gebühren für alle in den Anwendungsbereich der PRIIP-VO fallenden Anlageprodukte zu berechnen. Überprüft werden soll, ob solche Recheninstrumente für den Kleinanleger kostenlos auf dem Markt verfügbar sind.

---

1 S. auch *Wilhelmi* in Assmann/Wallach/Zetzsche, KAGB, Anh. zu § 166: Art. 33 PRIIP-VO Rz. 2.
2 ABl. EU Nr. C 218 v. 7.7.2017, S. 11.
3 S. auch Erwägungsgrund 36 Satz 2 VO Nr. 1286/2014.

Art. 34 [Inkrafttreten und Geltung]

Diese Verordnung tritt am zwanzigsten Tag nach ihrer Veröffentlichung im Amtsblatt der Europäischen Union in Kraft.
Sie gilt ab dem 1. Januar 2018.

In der Fassung vom 26.11.2014 (ABl. EU Nr. L 352 v. 9.12.2014, S. 1), geändert durch Verordnung (EU) 2016/2340 vom 14.12.2016 (ABl. EU Nr. L 354 v. 23.12.2016, S. 35).

Schrifttum: S. Art. 1 VO Nr. 1286/2014.

Art. 34 VO Nr. 1286/2014 benennt das **Inkrafttreten** sowie den **Geltungsbeginn** der PRIIP-VO. Die PRIIP-VO ist am 9.12.2014 mit dem Titel „Verordnung (EU) Nr. 1286/2014 des Europäischen Parlaments und des Rates über Basisinformationsblätter für verpackte Anlageprodukte für Kleinanleger und Versicherungsanlageprodukte (PRIIP)" im Amtsblatt der Europäischen Union veröffentlicht worden[1]. Diese Verordnung trat gem. Art. 34 VO Nr. 1286/2014 am zwanzigsten Tag nach ihrer Veröffentlichung, und damit am 29.12.2014, in Kraft.

Geltungsbeginn der Verordnung war ursprünglich der 31.12.2016. Dieser wurde auf den 31.12.2017 bzw. 1.1. 2018 verschoben[2]. Die PRIIP-VO ist daher seit dem **1.1.2018** in den EU-Mitgliedstaaten anzuwenden. Da es sich um eine EU-Verordnung handelt, war eine Umsetzung in nationales Recht nicht erforderlich. Die EU-Verordnung erlangte zu diesem Zeitpunkt unmittelbar in jedem Mitgliedstaat Geltung.

Übergangsvorschriften sind, außer für OGAW-Fonds und AIF (Art. 32 VO Nr. 1286/2014), nicht vorgesehen.

---

[1] ABl. EU Nr. L 352 v. 9.12.2014, S. 1.
[2] Verordnung (EU) 2016/2340 des Europäischen Parlaments und des Rates vom 14. Dezember 2016 zur Änderung der Verordnung (EU) Nr. 1286/2014 über Basisinformationsblätter für verpackte Anlageprodukte für Kleinanleger und Versicherungsanlageprodukte im Hinblick auf den Geltungsbeginn, ABl. EU Nr. L 354 v. 23.12.2016, S. 35; *Gerold/Kohleick*, RdF 2017, 276; *Gerold*, BaFinJournal Mai 2017, 36 f.

Verordnung (EU) Nr. 600/2014
des Europäischen Parlaments und des Rates vom 15. Mai 2014 über Märkte für Finanzinstrumente und zur Änderung der Verordnung (EU) Nr. 648/2012 (MiFIR)

Titel I
Gegegenstand, Anwendungsbereich und Begriffsbestimmungen

Art. 1 Gegenstand und Anwendungsbereich

(1) Mit dieser Verordnung werden einheitliche Anforderungen festgelegt in Bezug auf
a) die Veröffentlichung von Handelsdaten;
b) die Meldung von Geschäften an die zuständigen Behörden;
c) den Handel mit Derivaten an organisierten Handelsplätzen;
d) den diskriminierungsfreien Zugang zum Clearing sowie zum Handel mit Referenzwerten;
e) Befugnisse zur Produktintervention seitens der zuständigen Behörden, der ESMA und der EBA sowie Befugnisse der ESMA im Hinblick auf Positionsmanagementkontrollen und Positionslimits;
f) die Erbringung von Wertpapierdienstleistungen oder Anlagetätigkeiten durch Drittlandfirmen mit oder ohne Zweigniederlassung infolge eines gültigen Beschlusses der Kommission über die Gleichwertigkeit.

(2) Diese Verordnung findet auf nach der Richtlinie 2014/65/EU zugelassene Wertpapierfirmen und nach der Richtlinie 2013/36/EU des Europäischen Parlaments und des Rates zugelassene Kreditinstitute im Hinblick auf die Erbringung von Wertpapierdienstleistungen und/oder Anlagetätigkeiten sowie auf Marktbetreiber einschließlich der von ihnen betriebenen Handelsplätze Anwendung.

(3) Titel V dieser Verordnung findet ebenfalls auf alle finanziellen Gegenparteien im Sinne von Artikel 2 Absatz 8 der Verordnung (EU) Nr. 648/2012 sowie alle nichtfinanziellen Gegenparteien im Sinne von Artikel 10 Absatz 1 Buchstabe b der genannten Verordnung Anwendung.

(4) Titel VI dieser Verordnung findet auch auf zentrale Gegenparteien und Personen mit Eigentumsrechten an Referenzwerten Anwendung.

(5) Titel VIII dieser Verordnung findet auf Drittlandfirmen Anwendung, die infolge eines gültigen Beschlusses der Kommission über die Gleichwertigkeit mit oder ohne Zweigniederlassung in der Union Wertpapierdienstleistungen erbringen oder Anlagetätigkeiten ausführen.

(5a) Die Titel II und III finden keine Anwendung auf Wertpapierfinanzierungsgeschäfte im Sinne von Artikel 3 Nummer 11 der Verordnung (EU) 2015/2365 des Europäischen Parlaments und des Rates.

(6) Die Artikel 8, 10, 18 und 21 finden keine Anwendung auf geregelte Märkte, Marktbetreiber und Wertpapierfirmen in Bezug auf Geschäfte mit einem Mitglied des Europäischen Systems der Zentralbanken (ESZB) als Gegenpartei, die Geschäfte in Ausübung der Geld-, Devisen- oder Finanzmarktpolitik, die dieses ESZB-Mitglied zu ergreifen rechtlich befugt ist, abgeschlossen wird und dieses Mitglied die Gegenpartei zuvor davon in Kenntnis gesetzt hat, dass das Geschäft der Ausnahmeregelung unterliegt.

(7) Absatz 6 findet keine Anwendung, wenn das Geschäft von einem Mitglied des ESZB in Ausübung seiner Wertpapiertransaktionen abgeschlossen wird.

(8) Die ESMA erarbeitet in enger Zusammenarbeit mit dem ESZB Entwürfe technischer Regulierungsstandards zur Präzisierung der geld-, devisen- und finanzstabilitätspolitischen Geschäfte und der Arten von Geschäften, für die Absätze 6 und 7 gelten.

Die ESMA legt der Kommission bis zum 3. Juli 2015 diese Entwürfe technischer Regulierungsstandards vor.

Der Kommission wird die Befugnis übertragen, die in Unterabsatz 1 genannten technischen Regulierungsstandards gemäß dem in den Artikeln 10 bis 14 der Verordnung (EU) Nr. 1095/2010 festgelegten Verfahren zu erlassen.

(9) Die Kommission wird befugt, delegierte Rechtsakte gemäß Artikel 50 zu erlassen und den Anwendungsbereich von Absatz 6 auf andere Zentralbanken auszudehnen.

Dafür legt die Kommission dem Europäischen Parlament und dem Rat bis zum 1. Juni 2015 einen Bericht vor, in dem die Behandlung von Geschäften von Drittlandzentralbanken, die für die Zwecke dieses

Absatzes die Bank für Internationalen Zahlungsausgleich einschließen, bewertet wird. Der Bericht enthält eine Untersuchung ihrer gesetzlichen Aufgaben und ihres Handelsvolumens in der Union. In dem Bericht

a) werden die in den jeweiligen Drittländern geltenden Vorschriften für die aufsichtsrechtliche Offenlegung von Zentralbankgeschäften, einschließlich Geschäften von Mitgliedern des ESZB in diesen Drittländern, genannt,

b) werden die potenziellen Auswirkungen der aufsichtsrechtlichen Offenlegungspflichten in der Union auf die Zentralbankgeschäfte von Drittländern beurteilt.

Kommt der Bericht zu dem Ergebnis, dass eine Befreiung nach Absatz 6 für Geschäfte mit der Zentralbank eines Drittlands erforderlich ist, die Transaktionen in Ausübung der Geld-, Devisen- oder Finanzmarktpolitik vornimmt, trägt die Kommission dafür Sorge, dass diese Befreiung auch für diese Zentralbank eines Drittlands gilt.

In der Fassung vom 15.5.2014 (ABl. EU Nr. L 173 v. 12.6.2014, S. 84), geändert durch Verordnung 2016/1033 vom 23.6.2016 (ABl. EU Nr. L 175 v. 30.6.2016, S. 1).

Delegierte Verordnung (EU) 2017/583 der Kommission vom 14. Juli 2016
zur Ergänzung der Verordnung (EU) Nr. 600/2014 des Europäischen Parlaments und des Rates über Märkte für Finanzinstrumente durch technische Regulierungsstandards zu den Transparenzanforderungen für Handelsplätze und Wertpapierfirmen in Bezug auf Anleihen, strukturierte Finanzprodukte, Emissionszertifikate und Derivate

(Auszug)

Art. 14 Geschäfte, auf welche die in Artikel 1 Absatz 6 der Verordnung (EU) Nr. 600/2014 definierte Ausnahme Anwendung findet

(Artikel 1 Absatz 6 der Verordnung (EU) Nr. 600/2014)

Ein Geschäft gilt als von einem Mitglied des Europäischen Systems der Zentralbanken (ESZB) in Ausführung der Geld-, Devisen- und Finanzstabilitätspolitik abgeschlossen, wenn das Geschäft die folgenden Anforderungen erfüllt:

a) das Geschäft wird zu Zwecken der Geldpolitik getätigt, einschließlich Geschäften, die in Übereinstimmung mit den Artikeln 18 und 20 der Satzung des Europäischen Systems der Zentralbanken und der Europäischen Zentralbank getätigt werden, die dem Vertrag über die Europäische Union beigefügt ist, oder Geschäften, die im Rahmen gleichwertiger nationaler Bestimmungen für Mitglieder des ESZB in Mitgliedstaaten durchgeführt werden, deren Währung nicht der Euro ist;

b) das Geschäft ist eine Devisentransaktion, einschließlich Transaktionen, die getätigt werden zur Unterhaltung und Verwaltung von Devisenreserven der Mitgliedstaaten oder der Reservenverwaltungsdienste eines Mitglieds des ESZB für Zentralbanken anderer Länder, für welche die Ausnahme in Übereinstimmung mit Artikel 1 Absatz 9 der Verordnung (EU) Nr. 600/2014 erweitert wurde.

c) das Geschäft wird zu Zwecken der Finanzstabilitätspolitik getätigt.

In der Fassung vom 14.7.2016 (ABl. EU Nr. L 87 v. 31.3.2017, S. 229).

Art. 15 Geschäfte, auf welche die in Artikel 1 Absatz 6 der Verordnung (EU) Nr. 600/2014 definierte Ausnahme keine Anwendung findet

(Artikel 1 Absatz 7 der Verordnung (EU) Nr. 600/2014)

Artikel 1 Absatz 6 der Verordnung (EU) Nr. 600/2014 gilt nicht für die nachstehend genannten Arten von Geschäften, die von einem Mitglied des ESZB zur Durchführung einer Wertpapiertransaktion getätigt werden, die nicht mit der Wahrnehmung einer der in Artikel 14 genannten Aufgaben dieses Mitglieds in Verbindung steht:

a) Geschäfte, die zur Verwaltung eigener Fonds abgeschlossen werden;

b) Geschäfte, die zu Verwaltungszwecken oder für das Personal des Mitglieds der ESZB abgeschlossen werden, einschließlich Geschäften, die in der Eigenschaft als Verwalter eines Altersvorsorgesystems für das Personal abgeschlossen werden;

c) Geschäfte, die für das eigene Investitionsportfolio gemäß Verpflichtungen des einzelstaatlichen Rechts abgeschlossen werden.

In der Fassung vom 14.7.2016 (ABl. EU Nr. L 87 v. 31.3.2017, S. 229).

Delegierte Verordnung (EU) 2017/1799 der Kommission vom 12. Juni 2017
zur Ergänzung der Verordnung (EU) Nr. 600/2014 des Europäischen Parlaments und des Rates im Hinblick auf die für bestimmte Zentralbanken von Drittländern geltende Ausnahme von Vorhandels- und Nachhandelstransparenzanforderungen bei der Ausübung der Geld-, Devisen- und Finanzmarktpolitik (Text von Bedeutung für den EWR)

(Auszug)

Art. 1 Ausnahme für bestimmte Zentralbanken von Drittländern

(Artikel 1 Absatz 9 der Verordnung (EU) Nr. 600/2014)

Artikel 1 Absätze 6 und 7 der Verordnung (EU) Nr. 600/2014 gelten für die Bank für Internationalen Zahlungsausgleich und die im Anhang aufgelisteten Zentralbanken von Drittländern.

In der Fassung vom 12.6.2017 (ABl. EU Nr. L 259 v. 7.10.2017, S. 11).

Anhang

(nicht abgedruckt)

Schrifttum: *Köpfer,* Anwendung und Auswirkung des europäischen Kapitalmarktrechts auf Akteure aus Drittstaaten – Eine Analyse auf Basis der Umsetzung ins deutsche Recht und der Auswirkungen auf die Schweiz, 2015.

I. Inhalt der Vorschrift 1	4. Anwendung des Titel VIII auf Drittlandfirmen aufgrund eines Gleichwertigkeitsbeschlusses der EU-Kommission (Art. 1 Abs. 5 VO Nr. 600/2014) 9
II. Regelungsgegenstände (Art. 1 Abs. 1 VO Nr. 600/2014) 2	
III. Vorschriften zum Anwendungsbereich 4	5. Nichtanwendung der Titel II und III auf Wertpapierfinanzierungsgeschäfte (Art. 1 Abs. 5a VO Nr. 600/2014) 10
1. Zugelassene Wertpapierfirmen und Kreditinstitute sowie Marktbetreiber (Art. 1 Abs. 2 VO Nr. 600/2014) 4	
2. Anwendung des Titels V auf finanzielle und nichtfinanzielle Gegenparteien (Art. 1 Abs. 3 VO Nr. 600/2014) 7	6. Vor- und Nachhandelstransparenzausnahmen bei Geschäften durch Zentralbanken (Art. 1 Abs. 6 bis 9 VO Nr. 600/2014) 11
3. Anwendung des Titel VI auf zentrale Gegenparteien und Personen mit Eigentumsrechten an Referenzwerten (Art. 1 Abs. 4 VO Nr. 600/2014) 8	

I. Inhalt der Vorschrift. Art. 1 VO Nr. 600/2014 (MiFIR) behandelt entsprechend seiner Überschrift den sachlichen und persönlichen Anwendungsbereich der Verordnung. Art. 1 Abs. 1 VO Nr. 600/2014 gibt mit der Nennung von sechs Themenfeldern einen Überblick über die wesentlichen Inhalte der Verordnung. Angesprochen werden vornehmlich Aspekte der Markstruktur und von Abläufen beim Handel mit Finanzinstrumenten (Wertpapiere und Derivate). Die Titel- und Kapitelaufteilung der VO Nr. 600/2014 folgt weitgehend der Auflistung in Art. 1 Abs. 1 lit. a–f VO Nr. 600/2014 (Rz. 3). Art. 1 Abs. 2–5 VO Nr. 600/2014 trifft grundsätzliche Aussagen darüber, auf welche Kapitalmarktteilnehmer Regelungen der Verordnung anwendbar sind. Dabei ist Art. 1 Abs. 2 VO Nr. 600/2014 die Zentralnorm zur Bestimmung des persönlichen Anwendungsbereichs. Art. 1 Abs. 3–5 VO Nr. 600/2014 erweitern den Anwendungsbereich auf weitere Marktteilnehmer im Hinblick auf bestimmte Titel der VO Nr. 600/2014. Die Art. 1 Abs. 5a–7 VO Nr. 600/2014 regeln sodann, inwieweit gewisse Marktakteure ganz bzw. im Hinblick auf spezielle Geschäfte nicht dem Anwendungsbereich ausgewählter MiFIR-Vorschriften unterfallen. 1

II. Regelungsgegenstände (Art. 1 Abs. 1 VO Nr. 600/2014). Für die in Art. 1 Abs. 1 VO 600/2014 genannten Regelungsgegenstände hat der EU-Verordnungsgeber im Rahmen der MiFID II/MiFIR-Gesetzgebung ein Erfordernis gesehen, **für alle Mitgliedstaaten unmittelbar anwendbare Vorschriften** aufzustellen. Die Themenkomplexe erschienen derart wichtig, dass eine Angleichung der nationalen Rechtsordnungen durch eine Harmonisierung mittels Richtlinie, die etwaige Interpretationsspielräume bei der Umsetzung auf mitgliedstaatlicher Ebene gegeben hätte, nicht in Betracht kam. Im Verordnungstext selbst wird dies dadurch deutlich, dass nicht nur Anforderungen festgelegt werden, sondern „einheitliche Anforderungen". In Erwägungsgrund Nr. 3 VO Nr. 600/2014 wird die Notwendigkeit einer EU-Verordnung i.S.v. Art. 288 AEUV auf der Grundlage der Kompetenznorm Art. 114 AEUV mit dem reibungslosen Funktionieren des Binnenmarktes begründet: Es sollen Aufsichtsarbitrage vermieden, größere Rechtssicherheit geschaffen und die Komplexität der Regulierung für die Marktteilnehmer reduziert werden. Zudem wird die Vorsorgefunktion der Verordnung hervorgehoben, die sich gegen Handelshindernisse und Wettbewerbsverzerrungen richtet, die durch von EU-Vorgaben abweichende nationale Rechtsvorschriften hervorgerufen werden können[1]. Hinzuweisen ist darauf, dass die in Art. 1 Abs. 1 VO Nr. 600/2014 genannten Regelungsgegenstände vielfach nicht abschließend in der Verordnung geregelt sind. Es bestehen enge Verknüpfungen mit den nationalen Vorschriften, die in Umsetzung der RL 2014/65/EU (MiFID II) ergangen sind. Darüber hinaus ergeben sich Einzelheiten erst aus zahlreich erlassenen Durchführungsrechtsakten, den sog. delegierten Verordnungen. 2

Wie in Rz. 1 angesprochen, stellt Art. 1 Abs. 1 VO Nr. 600/2014 mit seiner Themenauflistung eine Art Inhaltsverzeichnis der Verordnung dar. Unter den in Art. 1 Abs. 1 lit. a VO 600/2014 aufgeführten Verordnungsgegenstand „Veröffentlichung von Handelsdaten" fallen der Titel II „Transparenz für Handelsplätze" (Art. 3–13 VO Nr. 600/2014) und der Titel III „Transparenz für systematische Internalisierer und Wertpapierfirmen, die mit OTC handeln" (Art. 14–23 VO Nr. 600/2014). Der in Art. 1 Abs. 1 lit. b VO Nr. 600/2014 genannte Regelungsgegenstand „Meldung von Geschäften an die zuständigen Behörden" spiegelt sich im Titel IV in den Art. 24–27 VO Nr. 600/2014 unter der Überschrift „Meldung von Geschäften" wider. Der „Handel mit Derivaten an organisierten Handelsplätzen" (Art. 1 Abs. 1 lit. c VO Nr. 600/2014) wird thematisch in Titel V „Derivate" und der „diskriminierungsfreie Zugang zum Clearing sowie zum Handel mit Referenzwerten" (Art. 1 Abs. 1 lit. d VO Nr. 600/2014) in Titel VI „Diskriminierungsfreier Zugang zum Clearing für Finanzinstrumen- 3

---

1 Vgl. Erwägungsgrund Nr. 3 VO Nr. 600/2014.

te" abgehandelt. Titel VI VO Nr. 600/2014, der unter der Überschrift „Aufsichtsmaßnahmen zur Produktintervention und zu den Positionen" steht, nimmt die in Art. 1 Abs. 1 lit. e VO Nr. 600/2014 vorgezeichneten „Befugnisse zur Produktintervention seitens der zuständigen Behörden, der ESMA und der EBA sowie Befugnisse der ESMA im Hinblick auf Positionsmanagementkontrollen und Positionslimits" auf (Art. 39–45 VO Nr. 600/2014). Der in Art. 1 Abs. 1 lit. f VO Nr. 600/2014 genannte Regelungsbereich „Erbringung von Wertpapierdienstleistungen oder Anlagetätigkeiten durch Drittlandfirmen mit oder ohne Zweigniederlassung infolge eines gültigen Beschlusses der Kommission über die Gleichwertigkeit" bildet sich schließlich in Titel VIII „Erbringung von Dienstleistungen und Tätigkeiten durch Drittlandfirmen infolge einer Gleichwertigkeitsentscheidung …" (Art. 46–49 VO Nr. 600/2014) ab. Titel I der Verordnung („Gegenstand, Anwendungsbereich und Begriffsbestimmungen"; Art. 1 und 2 VO Nr. 600/2014) sowie die Titel IX („Delegierte Rechtsakte und Durchführungsakte"; Art. 50 ff. VO Nr. 600/2014) und X („Schlussbestimmungen"; Art. 52 ff. VO Nr. 600/2014) finden in Art. 1 Abs. 1 VO Nr. 600/2014 keine Erwähnung.

4   **III. Vorschriften zum Anwendungsbereich. 1. Zugelassene Wertpapierfirmen und Kreditinstitute sowie Marktbetreiber (Art. 1 Abs. 2 VO Nr. 600/2014).** Art. 1 Abs. 2 VO Nr. 600/2014 erklärt die Verordnung für nach der RL 2014/65/EU (MiFID II) zugelassene Wertpapierfirmen und nach der RL 2013/36/EU (CRD IV) zugelassene Kreditinstitute im Hinblick auf die Erbringung von Wertpapierdienstleistungen und/oder Anlagetätigkeiten für anwendbar. Ebenso werden Marktbetreiber einschließlich der von ihnen betriebenen Handelsplätze als Adressaten erwähnt. **Legaldefinitionen** für die Begriffe „Wertpapierfirma", „Kreditinstitut", „Marktbetreiber" und „Handelsplatz" sind **in Art. 2 VO Nr. 600/2014 aufzufinden**, wobei dort auf die jeweiligen Definitionen in Art. 4 RL 2014/65/EU verwiesen wird. Kreditinstitute, die Wertpapierdienstleistungen bzw. Anlagetätigkeiten erbringen, sind von der Definition der Wertpapierfirma gem. Art. 2 Abs. 1 Nr. 1 VO Nr. 600/2014 i.V.m. Art. 4 Abs. 1 Nr. 1 RL 2014/65/EU miterfasst. Da allerdings auf die Zulassung abgestellt wird, und diese sich bei Kreditinstituten immer nach den Vorgaben der CRD IV richtet, selbst wenn sie Geschäfte gemäß der MiFID II-Definition betreiben[1], ist die eigenständige Erwähnung der Kreditinstitute folgerichtig.

5   Firmen, die Wertpapierdienstleistungen oder Anlagetätigkeiten erbringende Kreditinstitute oder Wertpapierfirmen wären, wenn ihre Hauptverwaltung oder ihr Sitz in der EU läge (Art. 2 Abs. 1 Nr. 42 VO Nr. 600/2014 i.V.m. Art. 4 Abs. 1 Nr. 57 RL 2014/65/EU [MiFID II]), sog. **Drittlandfirmen**, sind definitionsgemäß keine Kreditinstitute bzw. Wertpapierfirmen i.S.d. VO Nr. 600/2014. Diese Firmen können innerhalb der EU tätig werden, ohne dass die VO Nr. 600/2014 zur Anwendung gelangt, wenn die Voraussetzungen zur grenzüberschreitenden Dienstleistungserbringung ohne Errichtung einer Zweigniederlassung gem. Art. 46 ff. VO Nr. 600/2014 tatbestandlich erfüllt sind (s. Rz. 9). Zu den Voraussetzungen zählt, dass die Dienstleistungen sich auf sog. „geborene professionelle Kunden", die in der EU ansässig sind, beziehen. Dies sind professionelle Kunden i.S.v. Anhang II Abschnitt 1 RL 2014/65/EU und die in Art. 30 RL 2014/65/EU erwähnten geeigneten Gegenparteien. Das Geschäft mit Privatkunden bzw. Kunden, die nach eigener Wahl als professionelle Kunden behandelt werden wollen („gekorene professionelle Kunden"), kann hingegen nur über Zweigniederlassungen abgewickelt werden, sofern dies ein Mitgliedstaat für seine Rechtsordnung zugelassen hat, vgl. Art. 39 Abs. 1 RL 2014/65/EU. Die Drittlandfirmen sind in diesem Falle in den Anwendungsbereich der MiFIR-Vorschriften über mitgliedstaatliche Regelungen, die gem. Art. 41 Abs. 2 RL 2014/65/EU zu treffen sind, einbezogen. Dort ist vorgesehen, dass eine zugelassene Zweigniederlassung einer Drittlandfirma den Verpflichtungen der Art. 3– 26 VO Nr. 600/2014 nebst Ausführungsmaßnahmen nachkommen muss[2].

6   **Andere Marktteilnehmer** als die in Art. 1 Abs. 2 VO Nr. 600/2014 genannten sind **nicht vom persönlichen Anwendungsbereich der VO Nr. 600/2014 erfasst**, sofern nicht nach Maßgabe von Art. 1 Abs. 3–5 VO Nr. 600/2014 einzelne Titel der MiFIR auf sie anwendbar sind. So erfasst die **Produktinterventionsbefugnis der ESMA** nach Art. 40 VO Nr. 600/2014 derzeit **nicht den Direktvertrieb von Investmentfonds durch zugelassene OGAW-Gesellschaften oder durch Verwalter alternativer Investmentfonds (AIFM)**, da Art. 1 Abs. 3–5 VO Nr. 600/2014 keine entsprechende Erweiterung des persönlichen Anwendungsbereichs für Maßnahmen nach Titel VIII der Verordnung vorsieht[3]. Die adressatenbezogene Lücke kann nicht durch eine großzügige Lesart von Art. 39 ff. VO Nr. 600/2014 geschlossen werden[4]. Die Kommission hat deshalb eine **Ergänzung von Art. 1 VO Nr. 600/2014** vorgeschlagen, die den Anwendungsbereich von Art. 40 und 42 VO Nr. 600/2014 auf diese Marktteilnehmer erstreckt[5] (s. Art. 39 VO Nr. 600/2014 Rz. 4). Ebenso ist der Kreis der Adressaten von **Positionsmanagementmaßnahmen der ESMA in Bezug auf Warenderivate** nach Art. 45 VO

---

1 Vgl. Erwägungsgrund Nr. 38 RL 2014/65/EU.
2 S. hierzu *Köpfer*, S. 287, 309; ESMA Q & A On MiFID II and MiFIR transparency topics, Nr. 9 Antwort auf Frage 2 (Fall 10).
3 ESMA, Opinion – Impact of the exclusion of fund management companies from the scope of MiFIR intervention powers v. 12.1.2017 (ESMA-1215332076-23).
4 In diese Richtung aber Securities and Markets Stakeholder Group (SMSG), Advice – Own initiative report on product intervention under MiFIR v. 16.6.2017, S. 5 (ESMA22-106-264).
5 Durch Einfügung eines neuen Art. 1 Abs. 5a VO Nr. 600/2014, s. Art. 6 des Legislativvorschlags COM (2017) 536 final v. 20.9.2017.

Nr. 600/2014 auf Marktteilnehmer i.S.v. Art. 1 Abs. 2 VO Nr. 600/2014 beschränkt. Die Befugnis erstreckt sich insbesondere nicht auf **nichtfinanzielle Stellen wie Warenhändler oder -hersteller.** Art. 1 Abs. 3 VO Nr. 600/2014, der nichtfinanzielle Parteien den Regelungen über Handelspflichten unterwirft (Rz. 7), ist im Umkehrschluss zu entnehmen, dass diese nicht den weiteren Regelungen der VO Nr. 600/2014 unterliegen. Der Ausschluss der nichtfinanziellen Stellen von Maßnahmen nach Art. 45 VO Nr. 600/2014 erscheint in Anbetracht der einen weiteren Adressatenkreis erreichenden entsprechenden mitgliedstaatlichen Befugnisse nach Art. 57 RL 2014/65/EU sinnwidrig. Die Aufsichtslücke kann allerdings nur durch den europäischen Gesetzgeber geschlossen werden (Art. 45 VO Nr. 600/2014 Rz. 13 f.).

2. Anwendung des Titels V auf finanzielle und nichtfinanzielle Gegenparteien (Art. 1 Abs. 3 VO Nr. 600/2014). Art. 1 Abs. 3 VO Nr. 600/2014 erweitert den persönlichen Anwendungsbereich einzelner Bestimmungen der MiFIR auf die in der VO Nr. 648/2012 (EMIR) definierten **clearingpflichtigen Gegenparteien.** Dies sind zum einen die finanziellen Gegenparteien i.S.d. Art. 2 Nr. 8 VO Nr. 648/2012, d.h. die in der Union ansässigen und zugelassenen Kreditinstitute, Wertpapierfirmen, Versicherungen, Rückversicherungen, Altersversorgungssysteme, OGAWs und die in der Union verwalteten oder vertriebenen alternativen Investmentfonds (AIFs), zum anderen diejenigen nichtfinanziellen Gegenparteien, die dadurch clearingpflichtig geworden sind, dass sie die in Art. 10 VO Nr. 648/2012 definierte Clearingschwelle nachhaltig überschritten haben. Bedeutung hat die Erweiterung lediglich für die im Titel V zusammengefassten Bestimmungen über die Pflicht zum **Handel von OTC-Derivaten über geregelte Märkte, MTFs oder OTFs** (Art. 28 und 32 VO Nr. 600/2014), die **Zulassung indirekter Clearingvereinbarungen** (Art. 30 VO Nr. 600/2014) und – mittelbar – für den in Art. 33 VO Nr. 600/2014 geregelten **Mechanismus zur Vermeidung etwaiger doppelter oder kollidierender Anforderungen** an Marktteilnehmer. Versehentlich nicht genannt sind die **zentralen Gegenparteien (CCPs)** i.S.d. Art. 2 Abs. 1 Nr. 31 VO Nr. 600/2014, die nach Art. 29 VO Nr. 600/2014 sicherstellen müssen, dass die an geregelte Märkten gehandelten Derivate so schnell wie möglich in ihr **Clearingsystem** aufgenommen werden. Die übrigen Adressaten der im Titel V zusammengefassten Bestimmungen über die Clearingpflicht und die Portfoliokomprimierung sind bereits in Art. 1 Abs. 2 VO Nr. 600/2014 genannt.

3. Anwendung des Titel VI auf zentrale Gegenparteien und Personen mit Eigentumsrechten an Referenzwerten (Art. 1 Abs. 4 VO Nr. 600/2014). Art. 1 Abs. 4 VO Nr. 600/2014 bestimmt die zusätzlichen Adressaten der im Titel VI zusammengefassten Bestimmungen über den **diskriminierungsfreien Zugang** zu zentralen Gegenparteien (CCPs), Handelsplätzen und den zum Handel bzw. Clearing von Finanzinstrumenten benötigten Referenzwerten. Neben den **CCPs** sind dies die **Inhaber der Rechte an Referenzwerten.**

4. Anwendung des Titel VIII auf Drittlandfirmen aufgrund eines Gleichwertigkeitsbeschlusses der EU-Kommission (Art. 1 Abs. 5 VO Nr. 600/2014). Art. 1 Abs. 5 VO Nr. 600/2014 bestimmt, dass der Titel VIII der VO Nr. 600/2014 (Art. 46–49) auf Drittlandfirmen (zum Begriff s. Rz. 5) Anwendung findet, die infolge eines gültigen Beschlusses der EU-Kommission über die Gleichwertigkeit in der gesamten EU ihre Dienstleistungen und Tätigkeiten anbieten. Sie sind dann beim Geschäft mit sog. „geborenen professionellen Kunden" (s. Rz. 5) von der Einrichtung von Zweigniederlassungen in den einzelnen EU-Mitgliedstaaten befreit und können so ihr Geschäft grenzüberschreitend erbringen. Diese Möglichkeit wird auch „Europäischer Pass ‚light'" genannt (s. Art. 46 VO Nr. 600/2014 Rz. 7). Das Geschäft mit dem genannten Kundenkreis kann dabei auch innerhalb der gesamten EU aus einer Zweigniederlassung in einem Mitgliedstaat heraus betrieben werden, die zu Zwecken der Geschäftsbeziehung mit Privatkunden und gekorenen professionellen Kunden (zum Begriff s. Rz. 5) gemäß den Vorgaben nach Art. 39 Abs. 1 RL 2014/65/EU errichtet worden ist (s. hierzu auch Art. 47 VO Nr. 600/2014 Rz. 10). Aufgrund der festgestellten Gleichwertigkeit (Art. 47 VO Nr. 600/2014 Rz. 2 ff.) des ausländischen Rechts- und Aufsichtssystems **kann auf eine über den Titel VIII hinausgehende Anwendung der VO Nr. 600/2014 verzichtet werden.**

5. Nichtanwendung der Titel II und III auf Wertpapierfinanzierungsgeschäfte (Art. 1 Abs. 5a VO Nr. 600/2014). Art. 1 Abs. 5a VO Nr. 600/2014 wurde mit VO Nr. 2016/1033 nach Ersterlass der Verordnung, aber vor deren Inkrafttreten, in die Verordnung aufgenommen. Wertpapierfinanzierungsgeschäfte unterfallen danach nicht den Vorschriften zur Vor- und Nachhandelstransparenz. Maßgeblich für den Begriff „Wertpapierfinanzierungsgeschäft" ist die Definition in der VO Nr. 2015/2365. Art. 3 Nr. 11 VO Nr. 2015/2365 fasst **Pensionsgeschäfte, Wertpapier- oder Warenleihegeschäfte, Kauf-/Rückverkaufsgeschäfte oder Verkauf-/Rückkaufgeschäfte und Lombardgeschäfte** unter dem Oberbegriff zusammen. Der Verordnungsgeber geht davon aus, dass Geschäfte dieser Art nicht zur Preisfeststellung in den betroffenen Werten beitragen und deshalb weder eine Vor- noch Nachhandelstransparenz erforderlich ist[1].

6. Vor- und Nachhandelstransparenzausnahmen bei Geschäften durch Zentralbanken (Art. 1 Abs. 6 bis 9 VO Nr. 600/2014). Die Art. 8, 10, 18 und 21 VO Nr. 600/2014 mit ihren Regelungen zur Vor- und Nachhandelstransparenz bei Geschäften über Nichteigenkapitalinstrumente sollen gem. Art. 1 Abs. 6 VO Nr. 600/2014 dann nicht zur Anwendung gelangen, wenn ein Mitglied des Europäischen Systems der Zentralbanken (ESZB) Geschäfte in Rahmen seiner Befugnisse zur Geld-, Devisen- oder Finanzmarktpolitik ausführt und das Mitglied

---
1 S. Erwägungsgrund Nr. 14 VO 2016/1033.

die Gegenpartei zuvor davon in Kenntnis gesetzt hat, dass das Geschäft der Ausnahmeregelung unterliegt[1]. Zu den **Mitgliedern des ESZB** gehören die Europäische Zentralbank und die nationalen Zentralbanken aller Staaten der Europäischen Union[2]. Wann Geschäfte der bezeichneten Art vorliegen, ergibt sich näher aus dem vor Rz. 1 mit abgedruckten Art. 14 DelVO 2015/583. Mit der Ausnahme soll sichergestellt werden, dass die Effektivität der vom Eurosystem durchgeführten Vorgänge bei der Erfüllung der primären Aufgaben, die von fristgerechten und vertraulichen Geschäften abhängt, nicht durch die Offenlegung von Informationen über diese Geschäfte beeinträchtigt wird[3]. Führt das ESZB-Mitglied hingegen ein Wertpapiergeschäft außerhalb seiner hoheitlichen Befugnisse aus, so bleibt es gem. Art. 1 Abs. 7 VO Nr. 600/2014 bei den Transparenzpflichten. Einzelheiten, die Auskunft darüber geben, welche Geschäfte nicht im Rahmen von Art. 1 Abs. 6 VO Nr. 600/2014 ausgeführt werden, enthält der ebenfalls vor Rz. 1 abgedruckte Art. 15 DelVO 2017/583[4]. Die Art. 14 und 15 DelVO 2017/583 beruhen auf der Ermächtigungsgrundlage von Art. 1 Abs. 8 VO Nr. 600/2014.

12 Die Kommission hat auf der Grundlage von Art. 1 Abs. 9 VO Nr. 600/2014 die DelVO 2017/1799 erlassen und die Ausnahmevorschrift des Art. 1 Abs. 6 VO Nr. 600/2014 auf **weitere zwölf Zentralbanken aus Drittländern** sowie die **Bank für Internationalen Zahlungsausgleich** erstreckt. Die Liste der bislang erfassten Institutionen findet sich im Anhang zur DelVO 2017/1799.

Art. 2 Begriffsbestimmungen

(1) Für die Zwecke dieser Verordnung bezeichnet der Ausdruck

1. „Wertpapierfirma" eine Wertpapierfirma gemäß Artikel 4 Absatz 1 Nummer l der Richtlinie 2014/65/EU;
2. „Wertpapierdienstleistungen und Anlagetätigkeiten" die Dienstleistungen und Tätigkeiten im Sinne von Artikel 4 Absatz 1 Nummer 2 der Richtlinie 2014/65/EU;
3. „Nebendienstleistung" jede in Artikel 4 Absatz 1 Nummer 3 der Richtlinie 2014/65/EU genannte Dienstleistung;
4. „Ausführung von Aufträgen im Namen von Kunden" Ausführung von Aufträgen im Namen von Kunden gemäß Artikel 4 Absatz 1 Nummer 5 der Richtlinie 2014/65/EU;
5. „Handel für eigene Rechnung" Handel auf eigene Rechnung gemäß Artikel 4 Absatz 1 Nummer 6 der Richtlinie 2014/65/EU;
6. „Market-Maker" Market-Maker gemäß Artikel 4 Absatz 1 Nummer 7 der Richtlinie 2014/65/EU;
7. „Kunde" Kunde gemäß Artikel 4 Absatz 1 Nummer 9 der Richtlinie 2014/65/EU;
8. „professioneller Kunde" professioneller Kunde gemäß Artikel 4 Absatz 1 Nummer 10 der Richtlinie 2014/65/EU;
9. „Finanzinstrument" Finanzinstrument gemäß Artikel 4 Absatz 1 Nummer 15 der Richtlinie 2014/65/EU;
10. „Marktbetreiber" Marktbetreiber gemäß Artikel 4 Absatz 1 Nummer 18 der Richtlinie 2014/65/EU;
11. „multilaterales System" jedes in Artikel 4 Absatz 1 Nummer 19 der Richtlinie 2014/65/EU genanntes multilaterale System;
12. „systematischer Internalisierer" einen systematischen Internalisierer gemäß Artikel 4 Absatz 1 Nummer 20 der Richtlinie 2014/65/EU;
13. „geregelter Markt" einen geregelten Markt gemäß Artikel 4 Absatz 1 Nummer 21 der Richtlinie 2014/65/EU;
14. „multilaterales Handelssystem oder MTF" ein multilaterales Handelssystem gemäß Artikel 4 Absatz 1 Nummer 22 der Richtlinie 2014/65/EU;
15. „organisiertes Handelssystem" oder „OTF" ein organisiertes Handelssystem gemäß Artikel 4 Absatz 1 Nummer 23 der Richtlinie 2014/65/EU;
16. „Handelsplatz": Handelsplatz gemäß Artikel 4 Absatz 1 Nummer 24 der Richtlinie 2014/65/EU;
17. „liquider Markt"
    a) für die Zwecke von Artikel 9, Artikel 11 und von Artikel 18 einen Markt für ein Finanzinstrument oder eine Kategorie von Finanzinstrumenten, auf dem kontinuierlich kauf- oder verkaufs-

---

1 S. z.B. Bundesbank-Rundschreiben Nr. 53/2017 v. 22.8.2017.
2 Art. 1 Unterabs. 1 Satz 1 Satzung ESZB/EZB.
3 Ausführlich Erwägungsgründe Nr. 22 und 23 VO Nr. 600/2014.
4 S. auch Erwägungsgrund Nr. 24 VO Nr. 600/2014.

bereite vertragswillige Käufer oder Verkäufer verfügbar sind und bei dem der Markt nach den folgenden Kriterien und unter Berücksichtigung der speziellen Marktstrukturen des betreffenden Finanzinstruments oder der betreffenden Kategorie von Finanzinstrumenten bewertet wird:
  i) Durchschnittsfrequenz und -volumen der Geschäfte bei einer Bandbreite von Marktbedingungen unter Berücksichtigung der Art und des Lebenszyklus von Produkten innerhalb der Kategorie von Finanzinstrumenten;
  ii) Zahl und Art der Marktteilnehmer, einschließlich des Verhältnisses Marktteilnehmer zu gehandelten Finanzinstrumenten in Bezug auf ein bestimmtes Produkt;
  iii) durchschnittlicher Spread, sofern verfügbar;
 b) für die Zwecke der Artikel 4, 5 und 14 einen Markt für ein Finanzinstrument, das täglich gehandelt wird, bei dem der Markt nach folgenden Kriterien bewertet wird:
  i) Streubesitz,
  ii) Tagesdurchschnitt der Transaktionen in diesen Finanzinstrumenten,
  iii) Tagesdurchschnitt der mit diesen Finanzinstrumenten erzielten Umsätze;
18. „zuständige Behörde" die in Artikel 4 Absatz 1 Nummer 26 der Richtlinie 2014/65/EU genannte Behörde;
19. „Kreditinstitut" ein Kreditinstitut im Sinne des Artikels 4 Absatz 1 Nummer 1 der Verordnung (EU) Nr. 575/2013 des Europäischen Parlaments und des Rates;
20. „Zweigniederlassung" eine Zweigniederlassung gemäß Artikel 4 Absatz 1 Nummer 30 der Richtlinie 2014/65/EU;
21. „enge Verbindungen" enge Verbindungen gemäß Artikel 4 Absatz 1 Nummer 35 der Richtlinie 2014/65/EU;
22. „Leitungsorgan" ein Leitungsorgan gemäß Artikel 4 Absatz 1 Nummer 36 der Richtlinie 2014/65/EU;
23. „strukturierte Einlage" eine strukturierte Einlage gemäß Artikel 4 Absatz 1 Nummer 43 der Richtlinie 2014/65/EU;
24. „übertragbare Wertpapiere" übertragbare Wertpapiere gemäß Artikel 4 Absatz 1 Nummer 44 der Richtlinie 2014/65/EU;
25. „Aktienzertifikate (Hinterlegungsscheine)" Aktienzertifikate gemäß Artikel 4 Absatz 1 Nummer 45 der Richtlinie 2014/65/EU;
26. „börsengehandelter Fonds" Fonds gemäß Artikel 4 Absatz 1 Nummer 46 der Richtlinie 2014/65/EU;
27. „Zertifikate" jene Wertpapiere, die auf dem Kapitalmarkt handelbar sind und im Falle der Tilgung einer Anlage seitens des Emittenten Vorrang vor Aktien haben, aber nicht besicherten Anleiheinstrumenten und anderen vergleichbaren Instrumenten nachgeordnet sind;
28. „strukturierte Finanzprodukte" Wertpapiere, die zur Besicherung und Übertragung des mit einem Pool an finanziellen Vermögenswerten einhergehenden Kreditrisikos geschaffen wurden und die den Wertpapierinhaber zum Empfang regelmäßiger Zahlungen berechtigen, die vom Cashflow der Basisvermögenswerte abhängen;
29. „Derivate" Finanzinstrumente, die in Artikel 4 Absatz 1 Nummer 44 Buchstabe c der Richtlinie 2014/65/EU definiert sind und auf die in Anhang I Abschnitt C Absätze 4 bis 10 jener Richtlinie verwiesen wird;
30. „Warenderivate" Finanzinstrumente, die in Artikel 4 Absatz 1 Nummer 44 Buchstabe c der Richtlinie 2014/65/EU in Bezug auf eine Ware oder einen Basiswert definiert sind, die in Anhang I Abschnitt C Nummer 10 der Richtlinie 2014/65/EU oder in Anhang I Abschnitt C Ziffern 5, 6, 7 und 10 jener Richtlinie genannt werden;
31. „zentrale Gegenpartei" eine CCP im Sinne von Artikel 2 Absatz 1 der Verordnung (EU) Nr. 648/2012;
32. „börsengehandeltes Derivat" ein Derivat, das auf einem geregelten Markt oder auf einem Drittlandsmarkt gehandelt wird, der gemäß Artikel 28 als einem geregelten Markt gleichwertig gilt, und das somit nicht unter die Begriffsbestimmung eines OTC-Derivats nach Artikel 2 Absatz 7 der Verordnung (EU) Nr. 648/2012 fällt;
33. „verbindliche Interessenbekundung" eine Mitteilung eines Mitglieds oder Teilnehmers eines Handelssystems in Bezug auf ein Handelsinteresse, die alle für eine Einigung auf den Handelsabschluss erforderlichen Angaben enthält;

34. „genehmigtes Veröffentlichungssystem" oder „APA" ein genehmigtes Veröffentlichungssystem gemäß Artikel 4 Absatz 1 Nummer 52 der Richtlinie 2014/65/EU;
35. „Bereitsteller konsolidierter Datenträger" oder „CTP" einen Bereitsteller konsolidierter Datenträger gemäß Artikel 4 Absatz 1 Nummer 53 der Richtlinie 2014/65/EU;
36. „genehmigter Meldemechanismus" oder „ARM" ein genehmigter Meldemechanismus gemäß Artikel 4 Absatz 1 Nummer 54 der Richtlinie 2014/65/EU;
37. „Herkunftsmitgliedsstaat" einen Herkunftsmitgliedsstaat gemäß Artikel 4 Absatz 1 Nummer 55 der Richtlinie 2014/65/EU;
38. „Aufnahmemitgliedstaat" einen Aufnahmemitgliedstaat gemäß Artikel 4 Absatz 1 Nummer 56 der Richtlinie 2014/65/EU;
39. „Referenzwert" einen Kurs, einen Index oder eine Zahl, die öffentlich erhältlich ist oder veröffentlicht wird und regelmäßig durch Anwendung einer Formel auf den Wert – oder aufgrund des Wertes – eines oder mehrerer Basiswerte oder Preise, einschließlich geschätzter Preise, tatsächlicher oder geschätzter Zinssätze oder anderer Werte, oder Erhebungen berechnet wird; die Bezugnahme auf diese Größe bestimmt sodann den Betrag, der für ein Finanzinstrument zu entrichten ist, oder den Wert eines Finanzinstruments;
40. „Interoperabilitätsvereinbarung" eine Interoperabilitätsvereinbarung im Sinne von Artikel 2 Absatz 12 der Verordnung (EU) Nr. 648/2012;
41. „Drittlandfinanzinstitut" ein Institut, dessen Hauptverwaltung in einem Drittland ansässig ist und das dem Recht dieses Drittlands zufolge eine Zulassung für die Erbringung sämtlicher in der Richtlinie 2013/36/EU, der Richtlinie 2014/65/EU, der Richtlinie 2009/138/EG des Europäischen Parlaments und des Rates, der Richtlinie 2009/65/EG des Parlaments und des Rates, der Richtlinie 2003/41/EG des Parlaments und des Rates oder der Richtlinie 2011/61/EU des Parlaments und des Rates genannten Dienstleistungen oder Tätigkeiten hat;
42. „Drittlandfirma" eine Drittlandfirma gemäß Artikel 4 Absatz 1 Nummer 57 der Richtlinie 2014/65/EU;
43. „Energiegroßhandelsprodukt" Energiegroßhandelsprodukte im Sinne von Artikel 2 Absatz 4 der Verordnung (EU) Nr. 1227/2011 des Europäischen Parlaments und des Rates;
44. „Derivate auf landwirtschaftliche Grunderzeugnisse" Derivatkontrakte in Bezug auf die Erzeugnisse, die in Artikel 1 und Anhang I Teile I bis XX und XXIV/1 der Verordnung (EU) Nr. 1308/2013 des Europäischen Parlaments und des Rates aufgeführt sind;
45. „Fragmentierung der Liquidität" eine der folgenden Situationen:
    a) wenn die Teilnehmer an einem Handelsplatz ein Geschäft mit einem oder mehreren anderen Teilnehmern an diesem Handelsplatz nicht abschließen können, weil keine Clearingvereinbarungen vorhanden sind, zu denen alle Teilnehmer Zugang haben;
    b) wenn ein Clearingmitglied oder seine Kunden gezwungen wären, ihre Positionen in einem Finanzinstrument bei mehr als einer zentralen Gegenpartei zu halten, was das Potenzial für das Netting der finanziellen Risiken einschränken würde;
46. „öffentlicher Schuldtitel" einen öffentlichen Schuldtitel gemäß Artikel 4 Absatz 1 Nummer 61 der Richtlinie 2014/65/EU;
47. „Portfoliokomprimierung" einen Dienst zur Risikoverringerung, bei dem zwei oder mehr Gegenparteien einige oder alle in die Portfoliokomprimierung einzubeziehenden Derivatepositionen ganz oder teilweise beenden und diese durch andere Derivatpositionen ersetzen, deren Gesamtnennwert geringer ist als der der beendeten Derivatpositionen;
48. „Exchange for Physical" ein Geschäft mit einem Derivatekontrakt oder einem anderen Finanzinstrument unter der Bedingung der zeitgleichen Ausführung eines zugrunde liegenden physischen Vermögenswerts in entsprechendem Umfang;
49. „Auftragspaket" ein preislich als eine einzige Einheit ausgewiesener Auftrag
    a) zur Ausführung eines Exchange for Physical oder
    b) zur Ausführung eines Transaktionspakets mit zwei oder mehr Finanzinstrumenten;
50. „Transaktionspaket"
    a) ein Exchange for Physical oder
    b) ein Geschäft, das die Ausführung von zwei oder mehr Teilgeschäften mit Finanzinstrumenten umfasst und alle nachstehenden Kriterien erfüllt:
        i) das Geschäft wird zwischen zwei oder mehr Gegenparteien ausgeführt;

ii) jedes Teilgeschäft bringt ein deutliches wirtschaftliches oder finanzielles Risiko bei allen anderen Teilgeschäften mit sich;

iii) die Ausführung jedes Teilgeschäfts erfolgt zeitgleich und unter der Bedingung der Ausführung aller übrigen Teilgeschäfte.

(2) Die Kommission wird ermächtigt, gemäß Artikel 50 delegierte Rechtsakte zu erlassen, mit denen bestimmte technische Elemente der Begriffsbestimmungen nach Absatz 1 präzisiert werden, um sie an die Marktentwicklungen anzupassen.

In der Fassung vom 15.5.2014 (ABl. EU Nr. L 173 v. 12.6.2014, S. 84), geändert durch Verordnung 2016/1033 vom 23.6. 2016 (ABl. EU Nr. L 175 v. 30.6.2016, S. 1).

Art. 2 Abs. 1 VO Nr. 600/2014 (MiFIR) stellt mit den Nr. 1 bis 50 die Definitionen wichtiger, in der Verordnung wiederkehrender Rechtsbegriffe an den Anfang des Normenwerks. Die **Mehrzahl der Legaldefinitionen verweist** dabei **auf andere Rechtsakte der EU**, allen voran die RL 2014/65/EU (MiFID II). In überschaubarem Umfang enthält die Vorschrift auch primäre Begriffsbestimmungen. Auf Erläuterungen wird an dieser Stelle verzichtet. Diese finden sich in erforderlichem Maße in der Kommentierung zu den Einzelvorschiften der Verordnung. Verwiesen werden kann hier auch auf Ausführungen zu Art. 3 VO Nr. 596/2014 (MAR). Zahlreiche Zentralbegriffe der MAR sind durch gleichartige Verweisungen auf die MiFID II-Begriffsbestimmungen mit denen der MiFIR identisch definiert. 1

Art. 2 Abs. 2 VO Nr. 600/2014 verleiht der EU-Kommission die Befugnis, Begriffsbestimmungen des Art. 2 Abs. 1 VO Nr. 600/2014 im Verfahren nach Art. 50 VO Nr. 600/2014 (s. Art. 50 VO Nr. 600/2014 Rz. 6 ff.) zu präzisieren. Die Befugnis zu weiteren Ausdeutung eines Begriffs für die Zwecke der Verordnung ist auf technische Elemente beschränkt. Die Präzisierung muss dabei mit der Intention erfolgen, im Fluss befindliche oder bereits eingetretene Änderungen in den tatsächlichen Marktgegebenheiten beim Handel mit Finanzinstrumenten zu reflektieren. Die Präzisierung von technischen Elementen bedeutet in diesem Sinne dann nicht lediglich die nähere Bestimmung etwaiger definitorischer Unschärfen, sondern die inhaltliche Anpassung des Regelungsgehalts an die neuen Gegebenheiten. Der materielle Kern einer Definition darf dabei allerdings nicht berührt werden. Soweit die Kommission Begriffe der MiFID II, auf die verwiesen wird, ändern möchte, steht ihr auch das Verfahren nach Art. 4 Abs. 2 RL 2014/65/EU zur Verfügung. 2

Titel II
Transparenz für Handelsplätze

Kapitel 1
Transparenz für Eigenkapitalinstrumente

Art. 3 Vorhandelstransparenzanforderungen für Handelsplätze im Hinblick auf Aktien, Aktienzertifikate, börsengehandelte Fonds, Zertifikate und andere vergleichbare Finanzinstrumente

(1) Marktbetreiber und Wertpapierfirmen, die einen Handelsplatz betreiben, veröffentlichen die aktuellen Geld- und Briefkurse und die Tiefe der Handelspositionen zu diesen Kursen, die über ihre Systeme für Aktien, Aktienzertifikate, börsengehandelte Fonds, Zertifikate und andere vergleichbare Finanzinstrumente, die an dem Handelsplatz gehandelt werden, mitgeteilt werden. Diese Anforderung gilt auch für verbindliche Interessenbekundungen. Marktbetreiber und Wertpapierfirmen, die einen Handelsplatz betreiben, veröffentlichen diese Informationen während der üblichen Handelszeiten auf kontinuierlicher Basis.

(2) Die in Absatz 1 genannten Transparenzanforderungen sind auf die verschiedenen Arten von Handelssystemen, einschließlich Orderbuch-, Kursnotierungs- und Hybridsystemen sowie auf periodischen Auktionen basierenden Handelssystemen, individuell zugeschnitten.

(3) Marktbetreiber und Wertpapierfirmen, die einen Handelsplatz betreiben, gewähren Wertpapierfirmen, die ihre Offerten für Aktien, Aktienzertifikate, börsengehandelte Fonds, Zertifikate und andere vergleichbare Finanzinstrumente gemäß Artikel 14 offenlegen müssen, zu angemessenen kaufmännischen Bedingungen und diskriminierungsfrei Zugang zu den Systemen, die sie für die Veröffentlichung der Informationen nach Absatz 1 verwenden.

In der Fassung vom 15.5.2014 (ABl. EU Nr. L 173 v. 12.6.2014, S. 84).

**Delegierte Verordnung (EU) 2017/587 der Kommission vom 14. Juli 2016
zur Ergänzung der Verordnung (EU) Nr. 600/2014 des Europäischen Parlaments und des Rates über Märkte für Finanzinstrumente durch technische Regulierungsstandards mit Transparenzanforderungen für Handelsplätze und Wertpapierfirmen in Bezug auf Aktien, Aktienzertifikate, börsengehandelte Fonds, Zertifikate und andere vergleichbare Finanzinstrumente und mit Ausführungspflichten in Bezug auf bestimmte Aktiengeschäfte an einem Handelsplatz oder über einen systematischen Internalisierer**

(Auszug)

Art. 3 Vorhandelstransparenzpflichten

(Artikel 3 Absätze 1 und 2 der Verordnung (EU) Nr. 600/2014)

1. Marktbetreiber und Wertpapierfirmen, die einen Handelsplatz betreiben, veröffentlichen die Bandbreite der Geld- und Briefkurse sowie die Tiefe der Handelspositionen zu diesen Kursen. Die Informationen sind entsprechend der Art des von ihnen betriebenen Handelssystems gemäß Anhang I Tabelle 1 zu veröffentlichen.
2. Die Transparenzanforderungen aus Absatz 1 gelten auch für jegliche „verbindliche Interessenbekundung" im Sinne von Artikel 2 Absatz 1 Nummer 33 und gemäß Artikel 8 der Verordnung (EU) Nr. 600/2014.

In der Fassung vom 14.7.2016 (ABl. EU Nr. L 87 v. 31.3.2017, S. 387).

Anhang I
(nicht abgedruckt)

Schrifttum: *Boschan*, Wertpapierhandelssysteme, 2007; *Brömmelmeyer/Ebers/Sauer* (Hrsg.), FS Schwintowski, 2017; *Gebauer/Teichmann* (Hrsg.), Enzyklopädie Europarecht, Bd. 6: Europäisches Privat- und Unternehmensrecht, 2016; *Gomber/Nassauer*, Neuordnung der Finanzmärkte in Europa durch MiFID II/MiFIR, ZBB 2014, 250; *Hammen*, Vorhandelstransparenz, Unterbrechung des Börsenhandels, Hochfrequenzhandel, 2010; *Hoops*, Die Regulierung von Marktdaten nach der MiFID II, WM 2018, 205; *Köpfer*, Anwendung und Auswirkung des europäischen Kapitalmarktrechts auf Akteure aus Drittstaaten – Eine Analyse auf Basis der Umsetzung ins deutsche Recht und der Auswirkungen auf die Schweiz, 2015; *Langenbucher*, Europäisches Privat- und Wirtschaftsrecht, 4. Aufl. 2017; *Lutter/Bayer/J. Schmidt*, Europäisches Unternehmens- und Kapitalmarktrecht, 6. Aufl. 2017; *Stötzel*, High Frequency Trading – Einordnung in das Börsen- und Kapitalmarktrecht, RdF 2011, 156; *Temporale* (Hrsg.), Europäische Finanzmarktregulierung, 2015; *Veil* (Hrsg.), Europäisches Kapitalmarktrecht, 2. Aufl. 2014.

I. Regelungsgegenstand und systematische Stellung der Vorschrift 1	b) Tatbestandmerkmal „An dem Handelsplatz gehandelt" 18
II. Einzelheiten zu Art. 3 Abs. 1 und 2 VO Nr. 600/2014 8	3. Veröffentlichungsinhalt 20
1. Personeller Anwendungsbereich 8	4. Veröffentlichungsmodalitäten 25
2. Gegenständlicher Anwendungsbereich 13	III. Daten- und Systemzugang für systematische Internalisierer (Art. 3 Abs. 3 VO Nr. 600/2014) 28
a) Eigenkapitalinstrumente 13	

1 I. Regelungsgegenstand und systematische Stellung der Vorschrift. Der europäische Gesetzgeber verfolgt das Konzept, dass es **Wettbewerb zwischen einer Vielzahl an organisierten Marktplätzen** gibt[1]. Eine am Bedarf orientierte Beschränkung der Anzahl an Handelsplätzen besteht nicht. Ein Finanzinstrument kann dabei an verschiedenen Plätzen gehandelt werden; die Preisfeststellung in einem Wert muss sich nicht an einem Ort konzentrieren[2]. Den Emittenten von Finanzinstrumenten und den Handelsplätzen ist es weitgehend versagt, Exklusivität für den Handel an einem Handelsplatz herzustellen. Damit in diesem Wettbewerbsumfeld an den einzelnen Plätzen dennoch zu Preisen gehandelt wird, die mit Blick auf den Gesamtmarkt als marktgerecht angesehen werden können, hat der europäische Gesetzgeber ein **Publizitätskonzept** verabschiedet, das es ermöglichen soll, dass für jeden einzelnen Preisfindungsprozess für ein Finanzinstrument die **Informationslage möglichst hoch** ist[3]. Den Marktteilnehmern sollen nicht nur die jüngsten Angaben zu Umsätzen und Preisen und die Orderlage am konkreten Handelsplatz zur Verfügung stehen. Ihnen sollen auch sämtliche Informationen über Preis und Volumen von Geschäften, zu denen OTC oder an anderen Handelsplätzen bereits gehandelt worden ist, zugänglich sein, sowie auch die jeweils an anderen Handelsplattformen bestehende Auftragslage[4]. Welche Informationen ein Handelsplatz im Wege der Vorhandels- und Nachhandelstransparenz veröffentlichen muss, ist im Titel II (Art. 3–13 VO Nr. 600/2014) geregelt. Die Transparenzpflichten von systematischen Internalisierern und Wertpapierfirmen, die OTC handeln, befinden sich im Titel III der MiFIR (VO Nr. 600/2014).

---

1 Vgl. Erwägungsgründe Nr. 117 RL 2014/65/EU sowie Nr. 8 und 18 VO Nr. 600/2014; *Hoops*, WM 2018, 205.
2 Kritisch hierzu *Schwark* in FS Schwintowski, S. 366 ff.
3 Erwägungsgrund Nr. 10 VO Nr. 600/2014 spricht davon, dass der Handel in der Vorhandels- als auch in der Nachhandelsphase vollkommen transparent sein sollte. S. auch Erwägungsgrund Nr. 1 DelVO 2017/587 und Nr. 1 DelVO 2017/583.
4 Vgl. z.B. *Wenzel/Coridass* in Temporale, S. 17 f.; *Zetzsche/Preiner* in Gebauer/Teichmann, § 7B Rz. 179; *Binder* in Staub, HGB, Bankvertragsrecht, 5. Aufl. 2018, 7. Teil, Rz. 173.

Art. 3 VO Nr. 600/2014 bildet die Grundregel für die **Vorhandelstransparenz an Handelsplätzen**, an denen   2
Aktien, Aktienzertifikate, börsengehandelte Fonds, Zertifikate und andere vergleichbare Finanzinstrumente (Eigenkapitalinstrumente; *equity instruments*) gehandelt werden. Die Vorschrift trifft Aussagen dazu, was ein Handelsplatzbetreiber vor einer Preisermittlung innerhalb seines Systems wann und wie veröffentlichen muss. Die Vorhandelstransparenz des Art. 3 VO Nr. 600/2014 bezieht sich auf die Geld- und Briefkurse und die Tiefe der Handelspositionen zu diesen Kursen. Ausnahmen von der Vorhandelstransparenz, die von der zuständigen Behörde (BaFin bzw. Börsenaufsichtsbehörde) gewährt werden, ergeben sich aus Art. 4 f. VO Nr. 600/2014. Die Pflicht zur Veröffentlichung des Preises und des Volumens ausgeführter Geschäfte durch den Betreiber des Handelsplatzes (Nachhandelstransparenz) folgt aus Art. 6 und 7 VO Nr. 600/2014. Die Vor- und Nachhandelstransparenzpflichten für Handelsplatzbetreiber von Nichteigenkapitalinstrumenten (*non-equity instruments*) sind in den Art. 8 ff. VO Nr. 600/2014 geregelt. Die Vorläufervorschriften zur Vorhandelstransparenz, die nur Aktien und aktienvertretende Zertifikate betrafen, befanden sich unter der Geltung der MiFID von 2004 auf der nationalen Ebene für MTF in § 31g Abs. 1 WpHG a.F. und für Börsen in § 30 Abs. 1 BörsG a.F.

Die Regelungen über das „Was" und „Wie" der Veröffentlichung sind in Art. 3 VO Nr. 600/2014 nicht abschließend ausgestaltet. Aus Art. 12 und 13 VO Nr. 600/2014 sowie den delegierten Verordnungen DelVO 2017/587, DelVO 2017/567 und DelVO 2017/572 ergeben sich **weitere Vorschriften**, die auf Art. 3 VO Nr. 600/2014 aufbauen und diesen weiter konkretisieren. Von zentraler Bedeutung ist dabei insbesondere Art. 13 Abs. 1 Satz 1 VO Nr. 600/2014, der die Handelsplatzbetreiber verpflichtet, die Angaben zu angemessenen kaufmännischen Bedingungen offenzulegen und einen diskriminierungsfreien Zugang zu den Informationen sicherzustellen.   3

Der **Zweck der Vorhandelstransparenz** besteht darin, die Effizienz des Preisbildungsprozesses in den handelbaren Werten zu steigern und die effektive Einhaltung der Pflicht zur „bestmöglichen Ausführung" von Orders zu fördern. Marktteilnehmer sollen in die Lage versetzt werden, von aktuellen Möglichkeiten des Handels Kenntnis zu erlangen.   4

Die **Überwachung**, ob die Vorhandelstransparenzanforderungen der Art. 3 ff. VO Nr. 600/2014 eingehalten werden, obliegt der zuständigen Behörde des Mitgliedstaates, in denen die verpflichteten Handelsplatzbetreiber ihren Sitz haben; vgl. Art. 67, 69 RL 2014/65/EU. Der deutsche Gesetzgeber hat, soweit es nicht den börslichen Bereich betrifft, die Aufsicht über die Vorschriften aus der MiFIR der BaFin übertragen, § 6 Abs. 2 WpHG. Darüber hinaus sind die Art. 3 ff. VO Nr. 600/2014 in die Anwendungsbereiche der Überwachungs- bzw. Prüfungsvorschriften §§ 88 und 89 WpHG einbezogen. Aus § 3 Abs. 1 BörsG ergibt sich, dass die Börsenaufsichtsbehörde zuständige Behörde ist, soweit die Pflichten von Börsenträgern und Börsen betroffen sind.   5

Werden Veröffentlichungen nach Art. 3 Abs. 1 VO Nr. 600/2014 vorsätzlich oder leichtfertig nicht, nicht richtig, nicht vollständig, nicht in der vorgeschriebenen Weise oder nicht rechtzeitig vorgenommen, so stellt dies eine **Ordnungswidrigkeit** dar (§ 120 Abs. 9 Nr. 1 lit. a WpHG bzw. § 50 Abs. 5 Nr. 1 lit. a BörsG). Vorgenommene Sanktionen werden von der Bußgeldbehörde (BaFin bzw. Börsenaufsichtsbehörde) gem. § 126 Abs. 1 Satz 1 Nr. 3 WpHG bzw. § 50a BörsG öffentlich bekannt gemacht.   6

Bei der Beurteilung, ob Art. 3 VO Nr. 600/2014 ein **Schutzgesetz** i.S.d. § 823 Abs. 2 BGB darstellt, ist entsprechend dem Zweck, dass die Vorhandelstransparenzpflicht vornehmlich der Verbesserung der Markteffizienz dient und das Informationsbedürfnis der Anleger und Handelsteilnehmer eher reflexartig schützt, Zurückhaltung angezeigt[1].   7

II. Einzelheiten zu Art. 3 Abs. 1 und 2 VO Nr. 600/2014. 1. Personeller Anwendungsbereich. Verpflichtete der Vorhandelstransparenz sind **Marktbetreiber und Wertpapierfirmen, die einen Handelsplatz betreiben**. Hierbei handelt es sich regelmäßig um nicht natürliche Personen, so dass die jeweiligen organschaftlichen Vertreter für die Erfüllung der Pflichten des Unternehmens zuständig sind. Diese können sich bei der Erfüllung der Pflichten nachgeordneter Mitarbeiter bedienen. **Handelsplätze** sind nach Art. 2 Abs. 1 Nr. 16 VO Nr. 600/2014 die in Art. 4 Abs. 1 Nr. 24 RL 2014/65/EU definierten Plätze: geregelter Markt, MTF oder OTF. OTF können im Zusammenhang von Art. 3 VO Nr. 600/2014 außer Betracht bleiben, da an einem OTF ausweislich Art. 2 Abs. 1 Nr. 15 VO Nr. 600/2014 i.V.m. Art. 4 Abs. 1 Nr. 23 RL 2014/65/EU keine Eigenkapitalinstrumente gehandelt werden dürfen. **Marktbetreiber** ist gem. Art. 2 Abs. 1 Nr. 10 VO Nr. 600/2014 i.V.m. Art. 4 Abs. 1 Nr. 18 RL 2014/65/EU eine Person oder Personen, die das Geschäft eines geregelten Marktes verwaltet bzw. verwalten und/oder betreibt bzw. betreiben und die der geregelte Markt selbst sein kann. **Wertpapierfirma** ist nach Art. 2 Abs. 1 Nr. 1 VO Nr. 600/2014 i.V.m. Art. 4 Abs. 1 Nr. 1 RL 2014/65/EU jede juristische Person, die im Rahmen ihrer üblichen beruflichen oder gewerblichen Tätigkeit gewerbsmäßig eine oder mehrere Wertpapierdienstleistungen für Dritte erbringt und/oder eine oder mehrere Anlagetätigkeiten ausübt. Wertpapierdienstleistungen sind der Betrieb eines MTF bzw. eines OTF, nicht aber der Betrieb bzw. die Verwaltung eines geregelten Markts (Art. 4 Abs. 1 Nr. 2 i.V.m. Anhang I Abschnitt A Nr. 8 und 9 RL 2014/65/EU). Marktbetrei-   8

---

[1] Schutzgesetzcharakter der Vorhandelstransparenzpflicht verneinend *Beck/Röh* in Schwark/Zimmer, § 30 BörsG Rz. 43 und *Fuchs* in Fuchs, Vor §§ 31 ff. WpHG Rz. 110.

ber können gem. Art. 5 Abs. 2 RL 2014/65/EU auch ein OTF oder MTF unterhalten, ohne dadurch zur Wertpapierfirma zu werden.

9 Firmen, die Wertpapierdienstleistungen oder Anlagetätigkeiten erbringende Kreditinstitute oder Wertpapierfirmen wären, wenn ihre Hauptverwaltung oder ihr Sitz in der EU läge (Art. 2 Abs. 1 Nr. 43 VO Nr. 600/2014 i.V.m. Art. 4 Abs. 1 Nr. 57 RL 2014/65/EU), sog. **Drittlandfirmen**, sind definitionsgemäß keine Wertpapierfirmen im Sinne der MiFIR. Art. 1 VO Nr. 600/2014 erklärt Titel II der Verordnung inklusive Art. 3 ff. VO Nr. 600/2014 auch nicht explizit für diese Firmen für anwendbar. Gleichwohl sind diese Unternehmen nicht aus dem Fokus von Art. 3 ff. VO Nr. 600/2014 auszublenden. Die in einem EU-Mitgliedstaat zugelassene Zweigniederlassung einer Drittlandfirma soll gem. Art. 41 Abs. 2 RL 2014/65/EU u.a. auch Art. 3 ff. VO Nr. 600/2014 befolgen und der Beaufsichtigung durch die zuständige Behörde des Mitgliedstaats, in dem die Zulassung der Zweigniederlassung erteilt wurde, unterliegen[1]. Konsequenterweise müssten danach die nationalen Umsetzungsgesetze eine entsprechende Vorschrift zur Anwendung von Art. 3 ff. VO Nr. 600/2014 auf Zweigniederlassungen von Drittlandfirmen enthalten.

10 Die EU-Definitionen spiegeln sich im national gesetzten deutschen Recht wieder, wenngleich die Begrifflichkeiten etwas variieren. WpHG und KWG nutzen den Begriff „Wertpapierfirma" nicht. Das WpHG definiert in § 2 Abs. 10 WpHG den Begriff des **Wertpapierdienstleistungsunternehmens**, in dem sich aber der EU-rechtliche Begriff abbildet[2]. Von der deutschen Definition sind inländische Kredit- und Finanzdienstleistungsinstitute erfasst, die Wertpapierdienstleistungen allein oder zusammen mit Wertpapiernebendienstleistungen gewerbsmäßig oder in einem Umfang erbringen, der einen in kaufmännischer Weise eingerichteten Geschäftsbetrieb erfordert. Darüber hinaus erfasst die Definition von Wertpapierdienstleistungsunternehmen nach § 53 Abs. 1 Satz 1 KWG tätige Unternehmen. Dies sind Unternehmen mit Sitz im Ausland, die eine Zweigstelle im Inland unterhalten. Wertpapierdienstleistungsunternehmen sind demgemäß vom Anwendungsbereich von Art. 3 VO Nr. 600/2014 erfasst. Soweit der deutsche Gesetzgeber den Börsenträgern das Recht zubilligt, MTF oder OTF (vgl. §§ 48 und 48b BörsG) zu betreiben, so gelten die Börsenträger nicht als Wertpapierdienstleistungsunternehmen (vgl. § 3 Abs. 1 Satz 1 Nr. 13 WpHG).

11 Bezogen auf das deutsche Börsenrecht können sowohl die **Börse** i.S.v. § 2 Abs. 1 BörsG als teilrechtsfähige Anstalt öffentlichen Rechts als auch der **Träger der Börse** i.S.v. § 5 BörsG als **Marktbetreiber** des geregelten Markts angesehen werden[3]. Ähnliches dürfte auch für den Freiverkehr, als unter dem Dach der Börse betriebenes MTF gelten. Auch wenn der Freiverkehr nach § 48 Abs. 1 Satz 1 BörsG durch den Börsenträger betrieben wird, so bedarf ein Freiverkehr der Zulassung durch die Börse und wird somit letztlich durch die Börse mitbetrieben. Gleichwohl wird die Veröffentlichung nach Art. 3 Abs. 1 VO Nr. 600/2014 durch Börse und Börsenträger nicht zweimal vorzunehmen sein und auch nicht zweimal eingefordert werden können. Beide haben sich vielmehr dahingehend zu einigen, wer die Pflicht des jeweils anderen miterfüllt. Naheliegend ist der Fall, dass die Börse den Börsenträger veranlasst, die sachlichen und personellen Mittel bereitzustellen und die Veröffentlichung auch in ihrem Namen mit vorzunehmen. Die Gegenleistung für die Veröffentlichung wird in solch einer Gestaltung privatrechtlich auszugestalten sein. Nicht ausgeschlossen erscheint zumindest für den Börsenbereich auch die Erhebung einer Gebühr (s. Rz. 26).

12 Nicht unmittelbar aus Art. 3 VO Nr. 600/2014 ergibt sich die Antwort auf die Frage, ob die Handelsplatzbetreiber für außerhalb systematischer Internalisierung geschlossener Geschäfte zur Vorhandelstransparenz verpflichtet sind, wenn sie unter Zuhilfenahme ihrer Infrastruktur den Abschluss solcher Geschäfte neben dem multilateralen Handel zulassen. Wie ein Blick in Art. 4 Abs. 1 lit. b VO Nr. 600/2014 i.V.m. Art. 5 DelVO 2017/587 zeigt, sollen **ausgehandelte Geschäfte** zwischen zwei Handelsteilnehmern der Vorhandelstransparenz unterliegen[4], von der aber mit behördlicher Genehmigung abgesehen werden kann. Bedingung für den Dispens ist, dass die bilateral ausgehandelten Geschäfte mit Ausnahme des Zustandekommens im Übrigen den gleichen Systemabläufen unterfallen, wie der multilaterale Handel (näher Art. 4 VO Nr. 600/2014 Rz. 5 ff.).

13 **2. Gegenständlicher Anwendungsbereich. a) Eigenkapitalinstrumente.** Das in der Überschrift des Kapitel 1 des Teil II VO Nr. 600/2014 benutzte Wort „**Eigenkapitalinstrumente**" (synonym gelegentlich auch Eigenkapitalfinanzinstrumente[5]) bildet, wie sich aus der Überschrift und dem Wortlaut des Art. 3 VO Nr. 600/2014 ableiten lässt, den Kurzbegriff für Aktien, Aktienzertifikate, börsengehandelte Fonds, Zertifikate und andere vergleichbare Finanzinstrumente. Nur für Instrumente, die diesen Klassifizierungen unterfallen, ist die Vorhandelstransparenz in Art. 3 VO Nr. 600/2014 geregelt. Für Aktienzertifikate, börsengehandelte Fonds und

---

1 S. hierzu *Köpfer*, S. 287, 309; ESMA Q & A On MiFID II and MiFIR transparency topics, Nr. 9 Antwort auf Frage 2 (Fall 10).
2 *Grundmann* in Staub, HGB, Bankvertragsrecht, 5. Aufl. 2018, 8. Teil, Rz. 87; *Klöhn* in Langenbucher, § 6 Rz. 176.
3 Für die Börsenanstalt als Betreiber des geregelten Marktes vgl. *Klöhn* in Langenbucher, § 6 Rz. 52; *Lutter/Bayer/J. Schmidt*, § 32 Rz. 32.37; *Köpfer*, S. 97, 99.
4 In diesem Sinne auch Erwägungsgrund Nr. 112 Satz 4 RL 2014/65/EU; s. auch ESMA Q & A On MiFID II and MiFIR transparency topics, Nr. 5 Antwort auf Frage 11 und Nr. 7 Antwort auf Frage 3.
5 Z.B. Erwägungsgrund Nr. 118 RL 2014/65/EU.

Zertifikate enthält die MIFIR jeweils eine Legaldefinitionen, nicht jedoch für Aktien. Hierfür hat der Gesetzgeber offensichtlich kein Bedürfnis gesehen[1], zumal mit dem Zusatz „vergleichbare Finanzinstrumente" auch in der Nuance abweichende Ausprägungen in den Anwendungsbereich der Norm einbezogen werden. Entnehmen lässt sich der MiFIR immerhin, dass eine **Aktie** ein übertragbares Wertpapier ist, Art. 2 Abs. 1 Nr. 24 VO Nr. 600/2014 i.V.m. Art. 4 Abs. 1 Nr. 44 lit. a RL 2014/65/EU. Ein Blick in die Richtlinie (EU) 2017/1132[2] (insb. Art. 47) und in die Prospektverordnung[3] lassen erkennen, dass europarechtlich unter einer Aktie ein von einer Aktiengesellschaft emittiertes und übertragbares Wertpapier zu verstehen ist, das einen Anteil am gezeichneten Kapital verkörpert. Sie können als Nennwertaktien oder als Stückaktien ausgegeben werden. Auf die Verkörperung eines Stimmrechts kommt es nicht an. Die Prospektverordnung fasst Aktien in Art. 2 lit. b VO 2017/1129 unter den Oberbegriff „Dividendenwerte", so dass Gewinnausschüttungen für Aktien als charakteristisch angesehen werden. Auch Aktien eines in der Rechtsform einer Aktiengesellschaft organisierten Investmentfonds fallen unter diesen Begriff. Diese Aktien können zugleich auch bei Vorliegen der Tatbestandsvoraussetzungen börsengehandelte Fonds darstellen (s. Rz. 15). Aktien von Emittenten aus Nicht-EU-Staaten unterfallen dem Begriff der Aktie in Art. 3 VO Nr. 600/2014. Wenngleich Bezugsrechte auf Aktien keinen Aktien sind, will die ESMA diese Titel als vom Tatbestand erfasst ansehen[4]. Offen bleibt, ob es sich dabei um eine Analogie handelt oder um eine extensive Auslegung. Auch im WpHG (§ 2 Abs. 1 Nr. 1 WpHG) wird Aktie nicht weitergehend definiert, sondern ebenfalls nur als übertragbares Wertpapier, das auf dem Finanzmarkt handelbar ist, bezeichnet.

Nach Art. 2 Abs. 1 Nr. 25 VO Nr. 600/2014 i.V.m. Art. 4 Abs. 1 Nr. 45 RL 2014/65/EU sind **Aktienzertifikate (Hinterlegungsscheine)** jene Wertpapiere, die auf dem Kapitalmarkt handelbar sind und ein Eigentumsrecht an Wertpapieren gebietsfremder Emittenten darstellen, wobei sie aber gleichzeitig zum Handel auf einem geregelten Markt zugelassen und unabhängig von den Wertpapieren gebietsfremder Emittenten gehandelt werden können. In der Praxis werden diese Umverbriefungen auch Global Depositary Receips (GDR) genannt. Im WpHG finden sich die Hinterlegungsscheine, die Aktien vertreten, in § 2 Abs. 1 Nr. 2 WpHG wieder.

Nicht jeder Investmentfonds ist ein **börsengehandelter Fonds** (engl.: *exchange-traded fund* – ETF). Um einen solchen handelt es sich nur, wenn der Fonds den in Art. 2 Abs. 1 Nr. 26 VO Nr. 600/2014 i.V.m. Art. 4 Abs. 1 Nr. 46 RL 2014/65/EU genannten Voraussetzungen entspricht. Bei dem Fonds muss mindestens eine Anteilsoder Aktiengattung ganztägig an mindestens einem Handelsplatz und mit mindestens einem Market-Maker, der tätig wird, um sicherzustellen, dass der Preis seiner Anteile oder Aktien an diesem Handelsplatz nicht wesentlich von ihrem Nettovermögenswert und gegebenenfalls von ihrem indikativen Nettovermögenswert abweicht, gehandelt werden. Ein Indiz für das Vorliegen der Voraussetzungen bei in der EU aufgelegten Fonds kann der Fondsbezeichnung entnommen werden. Die ESMA hat in Art. 15 ihrer „Leitlinien für zuständige Behörden und OGAW-Verwaltungsgesellschaften zu börsengehandelten Indexfonds (Exchange-Traded Funds, ETF) und anderen OGAW-Themen" von 2014[5] verlautbart, dass für einen ETF die Bezeichnung „UCITS ETF" verwendet werden soll, damit dieser als börsengehandelter Indexfonds erkennbar ist. Diese Bezeichnung soll u.a. im Namen, in den Vertragsbedingungen und im Prospekt verwendet werden. Die BaFin hat die ESMA-Vorgabe in ihrer Richtlinie zur Festlegung von Fondskategorien gem. § 4 Abs. 2 KAGB und weitere Transparenzanforderungen an bestimmte Fondskategorien mit Art. 4 Abs. 1 übernommen[6]. Im national gesetzten Recht befindet sich die Definition für börsengehandeltes Investmentvermögen in § 2 Abs. 33 WpHG. In den §§ 95 ff. und 109 KAGB sind wertpapierrechtliche Vorschriften für Anteile und Aktien an Investmentvermögen enthalten.

Zertifikate sind schließlich gem. Art. 4 Abs. 1 Nr. 47 RL 2014/65/EU i.V.m. Art. 2 Abs. 1 Nr. 27 VO Nr. 600/2014 jene Wertpapiere, die auf dem Kapitalmarkt handelbar sind und im Falle der Tilgung einer Anlage seitens des Emittenten Vorrang vor Aktien haben, aber nicht besicherten Anleiheinstrumenten und anderen vergleichbaren Instrumenten nachgeordnet sind. Diese Form an der Schnittstelle zwischen Eigen- und Fremdkapital können nach deutschem Rechtsverständnis insbesondere Genussscheine sein[7], wobei diese im WpHG als Unterform der Schuldtitel aufgeführt werden. Die Zertifikatdefinition der MiFIR hat über § 2 Abs. 33 WpHG Einzug in das WpHG gefunden[8].

Alle genannten Definitionen werden durch den Auffangtatbestand „**andere vergleichbare Finanzinstrumente**" erweitert. Von einer Vergleichbarkeit ist dann auszugehen, wenn ein in Rede stehendes Instrument in den wesentlichen Merkmalen mit der Definition einer der benannten Wertpapierkategorien übereinstimmt. In Bezug auf Aktien können beispielsweise von einer Kommanditgesellschaft auf Aktien begebene Aktien als mit Aktien

---

1 S. hierzu auch *Veil* in Veil, S. 115.
2 Vom 14.6.2017 über bestimmte Aspekte des Gesellschaftsrechts, ABl. EU Nr. L 169 v. 30.6.2017, S. 46.
3 Verordnung (EU) 2017/1129 vom 14.6.2017 über den Prospekt, der beim öffentlichen Angebot von Wertpapieren oder bei deren Zulassung zum Handel an einem geregelten Markt zu veröffentlichen ist und zur Aufhebung der Richtlinie 2003/71/EG, ABl. EU Nr. L 168 v. 30.6.2017, S. 12.
4 ESMA Q & A on MiFID II and MiFIR transparency topics, Nr. 5 Antwort auf Frage 8.
5 ESMA/2014/937DE (Stand: 1.8.2014).
6 Fondskategorien-Richtlinie vom 22.7.2013, geändert am 17.4.2015.
7 Vgl. auch ESMA, Final Report – Technical Advice to the Commission on MiFID II and MiFIR v. 19.12.2014, S. 208.
8 BT-Drucks. 18/10936, 223.

vergleichbare Wertpapiere angesehen werden, wenn diese nicht bereits von vornherein unter den Aktienbegriff gefasst werden. Fondsanteile, die nicht ganztägig und ohne Market Maker gehandelt werden, als mit börsengehandelten Fondsanteilen vergleichbare Finanzinstrumente anzusehen, wäre indes eine Überdehnung des Verständnisses von Vergleichbarkeit.

18 b) **Tatbestandmerkmal „An dem Handelsplatz gehandelt".** Der Verordnungsformulierung zufolge muss es sich bei den gegenständlichen Finanzinstrumenten um solche handeln, *„die an dem Handelsplatz gehandelt werden".* Richtigerweise muss es wie in Parallelvorschrift des Art. 8 Abs. 1 VO Nr. 600/2014 heißen *„die an einem Handelsplatz gehandelt werden".* Andere Sprachfassungen der MiFIR stellen bei Art. 3 VO Nr. 600/2014 auch auf einen beliebigen Handelsplatz ab (engl. *traded on a trading venue* – TOTV)[1].

19 Allzu große Bedeutung ist dem Merkmal an dieser Stelle nicht zuzurechnen. Es spielt zunächst bei der Frage eine Rolle, ab wann die Transparenzpflicht eintritt. Hat noch keine Handelsaufnahme stattgefunden, so gilt die Publizitätspflicht noch nicht. Primärmarktaktivitäten unter Einbeziehung der Handelsplatzsysteme fallen nicht in den Anwendungsbereich des Art. 3 VO Nr. 600/2014[2]. Zum zweiten wird mit der Erwähnung deutlich, dass die Wertpapiere in ein Effektengirosystem einbezogen sein müssen, und damit auch in nicht urkundlich verbrieft in entmaterialisierter Form begeben sein können (Art. 3 VO Nr. 909/214[3]).

20 **3. Veröffentlichungsinhalt.** Zu veröffentlichen sind nach Art. 3 Abs. 1 Satz 1 VO Nr. 600/2014 grundsätzlich **aktuelle Geld- und Briefkurse** der sich im Handel befindlichen Eigenkapitalinstrumente. Mit aktuellen Geld- und Briefkursen sind die Orders gemeint, die unmittelbar vor der nächsten anstehenden Preisermittlung im System des Handelsplatzbetreibers auf Veranlassung der verschiedenen Handelsteilnehmer eingestellt sind[4]. Mit Geldkursen sind die Orders der kaufwilligen, mit Briefkursen die der verkaufswilligen Marktteilnehmer angesprochen. Die Orders sind dabei Limitorders, die zum genannten Preisgebot oder besser ausgeführt werden sollen. Es kann sich aber auch um Market Orders handeln, bei denen kein Limit vorliegt (billigst oder bestens) und die zum nächsten ermittelten Preis ausgeführt werden sollen, der ihre Berücksichtigung zulässt.

21 Die nach Art. 3 Abs. 1 Satz 1 VO Nr. 600/2014 geforderte Veröffentlichung der **Tiefe der Handelsposition zu den Kursen** bringt zweierlei zum Ausdruck. Zum einen, dass nicht etwa nur der Preis pro Stück angezeigt wird, sondern durch Angabe der Stückzahl auch das Volumen der jeweiligen Order[5]. Zum anderen, dass bei entsprechendem Marktmodell eine hinreichende Anzahl sich gegenüberstehender Orders angezeigt werden, damit die Handelsteilnehmer bzw. dahinterstehende Investoren einen Überblick über die aktuelle Marktlage erhalten.

22 Lässt das Handelssystem neben oder statt der Abgabe von Orders auch **verbindliche Interessenbekundungen** zu, so sollen auch diese bekannt gemacht werden, Art. 3 Abs. 1 Satz 2 VO Nr. 600/2014. Art. 2 Abs. 1 Nr. 33 VO Nr. 600/2014 enthält die Legaldefinition für eine verbindliche Interessenbekundung. Dies ist eine Mitteilung eines Handelsteilnehmers in Bezug auf ein Handelsinteresse, die alle für eine Einigung auf den Handelsabschluss erforderlichen Angaben enthält. Der Unterschied zu einem Auftrag (Order) erklärt sich im Wesentlichen nur aus spezifischen Abläufen im Vorfeld einer verbindlichen Äußerung, die bei einer verbindlichen Interessensbekundung lediglich bei einem Preisanfrage-Handelssystem oder einem sprachbasierten Systemen möglich sind. Hier wird die erste Interessensbekundung eines Teilnehmers in Bezug auf Volumen oder/oder Preis noch nicht vollständig sein. Erst die Antworten darauf werden die notwendigen Bestandteile für Aufträge enthalten, die bei einem Preisanfragesystem kraft Definition nur vom Anfrager[6], bei einem sprachbasierten System auch von anderen Teilnehmern[7] angenommen werden können. Durch die Erstreckung der Veröffentlichungspflicht auf verbindliche Interessenbekundungen soll nach Ansicht des MiFIR-Verordnungsgebers verhindert werden, dass Interessenbekundungen genutzt werden, um einer bestimmten Gruppe von Marktteilnehmern Informationen zur Verfügung zu stellen, die anderen vorenthalten werden[8].

23 **Art. 3 Abs. 2 VO Nr. 600/2014** bringt zum Ausdruck, dass die in Art. 3 Abs. 1 Satz 1 VO Nr. 600/2014 genannten Transparenzanforderungen auf die verschiedenen Arten von denkbaren Handelsformen, die zur Preisermittlung führen, anzupassen sind. Damit sind aber nicht die Handelsplatzbetreiber und ihr jeweiliges Regelwerk angesprochen, sondern der EU-Gesetzgeber selbst. Wie sich aus Art. 4 Abs. 6 Unterabs. 1 lit. a VO Nr. 600/2014 ergibt, regeln technische Regulierungsstandards die Details zur Bandbreite der Geld- und Briefkurse oder Kursofferten bestimmter Market-Maker sowie die Tiefe der Handelspositionen zu diesen Kursen und berücksichtigen dabei den erforderlichen Zuschnitt auf die verschiedenen Arten von Handelssystemen. Die **Regulierungsstandards über die zu veröffentlichenden Informationen** finden sich in **Art. 3 Abs. 1**

---

1 Allgemein zum TOTV-Konzept vgl. Opinion der ESMA 70-156-117 v. 22.5.2017.
2 ESMA Q & A on MiFID II and MiFIR transparency topics, Nr. 2 Antwort auf Frage 4.
3 Zenralverwahrer-Verordnung vom 23.7.2014, ABl. EU Nr. L 257 v. 28.8.2014, S. 1.
4 Vgl. z.B. *Boschan*, S. 24, 408.
5 *Boschan*, S. 408.
6 Vgl. Erwägungsgrund Nr. 7 DelVO 2017/587 und die Legaldefinition für Preisanfrage-Handelssystem in Art. 1 Nr. 2 DelVO 2017/583.
7 Vgl. die Legaldefinition für sprachbasiertes Handelssystem in Art. 1 Nr. 3 DelVO 2017/583.
8 KOM (2011) 652, 3.4.2; s. auch *Lutter/Bayer/J. Schmidt*, Rz. 32.54 Fn. 218.

i.V.m. **Anhang I Tabelle 1 DelVO 2017/587**. Dort wird näher zwischen den folgenden Systemtypen unterschieden:
- Orderbuch-Handelssystem basierend auf einer fortlaufenden Auktion
- quotierungsgetriebenes Handelssystem
- Handelssystem basierend auf periodischen Auktionen
- Preisanfrage-Handelssystem
- Sonstiges Handelssystem.

Ein **Orderbuch-Handelssystem** basierend auf einer fortlaufenden Auktion hat die Gesamtzahl der Aufträge und Gesamtzahl des Finanzinstruments, die sie auf jedem Kursniveau vertreten, für mindestens die fünf besten Geld- und Briefkurse auszuweisen. Ein **quotierungsgetriebenes Handelssystem** muss im Grundsatz den besten Geld- und Briefkurs eines jeden Market-Makers samt den zu diesen Preisen gehörenden Volumina angeben. **Handelssysteme basierend auf periodischen Auktionen** haben den Kurs anzugeben, der sich bei der Anwendung seines Handelsalgorithmus ergeben würde sowie das Volumen, das auf dieser Basis ausführbar wäre. **Preisanfrage-Handelssysteme**[1] müssen die Kursofferten und zugehörige Volumina der Teilnehmer, deren Annahme nach den Regeln des Systems zu einem Geschäft führen würden, angeben. Alle auf eine Preisanfrage hin abgegebenen Kursofferten können gleichzeitig veröffentlicht werden, jedoch nicht später als zu dem Zeitpunkt, zu dem sie ausführbar werden. Bei den **sonstigen Systemen**, insbesondere den hybriden, fordert die DelVO 2017/587 die Veröffentlichung von angemessenen Informationen über das Auftrags- oder Kursofferteniveau und das Handelsinteresse in Bezug auf den betreffenden Wert; zu veröffentlichen sind insbesondere die fünf besten Geld- und Briefpreisniveaus und/oder die Kursofferten auf Angebots- und Nachfrageseite jedes Market-Makers für das jeweilige Instrument, sofern es die Charakteristika des Kursfestsetzungsprozesses zulassen. Auch sprachbasierte Systeme, die in Art. 3 Abs. 2 VO Nr. 600/2014 und in Anhang I Tabelle 1 DelVO 2017/587 keinen besondere Erwähnung finden, sind, wenn sie sich nicht klar in die genannten Bespiele einordnen lassen, als sonstige Systeme einzustufen.

4. Veröffentlichungsmodalitäten. Die Handelsplatzbetreiber veröffentlichen die nach Art. 3 Abs. 1 Satz 1 VO Nr. 600/2014 i.V.m. Art. 3 Abs. 1, Anhang I Tabelle 1 DelVO 2017/587 anzugebenden Inhalte **während der üblichen Handelszeiten auf kontinuierlicher Basis** (Art. 3 Abs. 1 Satz 3 VO Nr. 600/2014). Die üblichen Handelszeiten ergeben sich aus dem Regelwerk des jeweiligen Handelsplatzes. Die Regelungen zur ordnungsgemäßen Durchführung des Handels an einem MTF betreffen nach § 72 Abs. 1 Satz 1 Nr. 2 WpHG neben dem „Wie" auch das „Wann" des Handels. Beim „Wann" geht es um die Festlegung, zu welchen Zeiten die Teilnehmer das System nutzen dürfen[2]. Für die Börsenöffnungszeiten trifft regelmäßig der Börsenrat die grundsätzlichen Entscheidungen mittels Börsenordnung. Das Ergebnis deckt sich mit der Regelungen in Art. 15 Abs. 1 Unterabs. 1 VO Nr. 600/2014, nach der systematische Internalisierer ihre Kursofferten während der üblichen Handelszeiten veröffentlichen müssen. Hier hat die EU-Kommission mit Art. 12 DelVO 2017/567 näher ausgeführt, dass es sich dabei um die vom Betreiber des Ausführungsplatzes zuvor als seine üblichen Handelszeiten festgelegten und veröffentlichen Zeiten handelt. Während der festgelegten Handelszeiten hat die Veröffentlichung kontinuierlich zu erfolgen. D.h., es erfolgt fortlaufend und ohne Unterbrechung eine Aktualisierung der Orderlage. Jede in die Preisfeststellung einbezogene Order muss zuvor die Vorhandelstransparenzschleife des Systems durchlaufen haben. Dies gilt auch in Handelssystemen, die hochfrequenten Handel zulassen[3].

Das Veröffentlichen bzw. Offenlegen der Vorhandelstransparenzdaten bedeutet nicht das bedingungslose Zugänglichmachen der Daten an die Allgemeinheit. Nach Art. 13 Abs. 1 Satz 1 VO Nr. 600/2014 muss der Betreiber des Handelsplatzes die zu veröffentlichten Angaben **zu angemessenen kaufmännischen Bedingungen und in nichtdiskriminierender Weise** offenlegen. Grundsätzlich erfolgt dies auf privatrechtlicher Grundlage. Denkbar ist bei Börsen gem. § 2 Abs. 1 BörsG aber auch, dass die Bereitstellung von Marktdaten im Rahmen eines öffentlich-rechtlichen Verhältnisses erfolgt und die Geldleistung in Form von Gebühren bzw. Beiträgen erfolgt. Die Details, was unter angemessen kaufmännischen Bedingungen und nichtdiskriminierend zu verstehen ist, ergibt sich aus Art. 7 ff. DelVO 2017/567 (s. Art. 12, 13 VO Nr. 600/2014 Rz. 7 ff.). Erst mit einer Zeitverzögerung von 15 Minuten können die Daten von etwaigen Interessenten kostenlos bezogen werden, Art. 13 Abs. 1 Satz 2 VO Nr. 600/2014. In einem liquiden Handel sind sie damit aber nahezu wertlos[4]. Das Regelungsgefüge des Art. 3 Abs. 1 und 2 VO Nr. 600/2014 unterscheidet nicht zwischen Handelsteilnehmern und sonstigen Marktteilnehmern, die nicht zum Handel am konkreten Handelsplatz berechtigt sind[5]. Nach national gesetztem Recht bekommen nur die Handelsteilnehmer einer Börse bzw. eines MTF nach § 24 Abs. 2 Satz 2 BörsG (i.V.m. § 74 Abs. 2 WpHG) Zugang zu den Angeboten, allerdings nur, soweit in Titel II der MiFIR nichts anderes bestimmt ist.

---

1 In Erwägungsgrund Nr. 16 VO Nr. 600/2014 auch *request for quote* genannt.
2 MaComp II Nr. 5.2.
3 S. hierzu *Stötzel*, RdF 2011, 156, 159 zu § 30 BörsG a.F.
4 *Boschan*, S. 43.
5 ESMA Q & A On MiFID II and MiFIR market structures topics, Nr. 2 Antwort auf Frage 2.

27 Die Handelsplatzbetreiber müssen nach Art. 12 Abs. 1 VO Nr. 600/2014 die **Vorhandelsdaten getrennt von etwaigen Nachhandelstransparenzdaten anbieten**. Dies gilt in darstellungstechnischer und kommerzieller Hinsicht. Art. 12 Abs. 2 VO Nr. 600/2014 verweist nochmals auf eine delegierte Verordnung, in der Standards für die zu veröffentlichenden Daten, einschließlich des **Disaggregationniveaus**, festgelegt sind. Hierbei handelt es sich um die DelVO 2017/572. Einzeln ausweisbar müssen nach Art. 1 Abs. 1 DelVO 2017/572 grundsätzlich folgende Angaben sein:

– Art der Anlageklasse (Aktien bzw. börsengehandelte Fonds, Zertifikate und andere vergleichbare Finanzinstrumente);
– das Land, in dem die Aktien begeben wurden,
– die Währung, in dem der Wert gehandelt wird und
– die geplante Tagesauktion im Gegensatz zum kontinuierlichen Handel.

Das Land, in dem die Aktien begeben wurden, soll laut ESMA der Herkunftsmitgliedstaat i.S.v. Art. 2 Abs. 1 RL 2004/109/EG (Transparenzrichtlinie vom 15.12.2004) sein[1]. Die am Bezug der Daten interessierten Personen können zwischen dem Bezug aggregierter und nicht aggregierter Daten wählen[2].

28 **III. Daten- und Systemzugang für systematische Internalisierer (Art. 3 Abs. 3 VO Nr. 600/2014).** Art. 3 Abs. 3 VO Nr. 600/2014 regelt den **Zugang von systematischen Internalisierern** von Eigenkapitalinstrumenten zu den Vorhandelstransparenzsystemen und geht damit über Zugang zu den Daten des Handelsplatzes hinaus. Soweit auf den Datenzugang abgestellt wird, gibt die Vorschrift bei rechter Betrachtung dem systematischen Internalisieren keine weitergehenden Rechte, als sie andere Marktteilnehmer nach Art. 13 Abs. 1 VO Nr. 600/2014 haben[3]. Auch systematische Internalisierer können über die besondere Regel die Vorhandelstransparenzdaten nur zu angemessenen kaufmännischen Bedingungen und diskriminierungsfrei erhalten. Bereits die vom nationalen Gesetzgeber gesetzte Vorgängerregelung für den Zugang zu den Daten von Börsen in § 30 Abs. 2 BörsG a.F., die auf Art. 44 Abs. 1 Unterabs. 2 RL 2004/39/EG (MiFID von 2004) beruhte, kannte diesen Regelungsgehalt.

29 Vom Wortlaut her gewährt die Vorschrift aber nicht nur einen Anspruch auf Zugang zu den Vorhandelsdaten des Handelsplatzes. Gedeckt ist darüber hinaus auch ein Anspruch des systematischen Internalisierers, die technischen Systeme eines Handelsplatzes für die Veröffentlichung seiner nach Art. 14 Abs. 1 und 15 Abs. 1 VO Nr. 600/2014 zu veröffentlichenden Kursofferten nutzen zu dürfen[4]. Art. 17 Abs. 3 lit. a Ziff. i VO Nr. 600/2014 i.V.m. Art. 13 Abs. 1 und 2 DelVO 2017/567 bestätigt diese Sichtweise. Das Nutzungsrecht ist allerdings nur dann gegeben, wenn der Handelsplatz die Anlageklasse, in der der Internalisierer handelt, selbst im Dienstleistungsangebot hat. Eine Pflicht des Handelsplatzbetreibers, zur Anpassung seiner Veröffentlichungssysteme an Anlageklassen, die bei ihm nicht handelbar sind, besteht nicht[5].

30 § 120 Abs. 9 Nr. 2 lit. a WpHG und § 50 Abs. 5 Nr. 3 lit. a BörsG enthalten auf Art. 3 Abs. 3 VO Nr. 600/2014 bezogene **Bußgeldtatbestände**.

Art. 4 Ausnahmen für Eigenkapitalinstrumente

(1) Die zuständigen Behörden können Marktbetreiber und Wertpapierfirmen, die einen Handelsplatz betreiben, in folgenden Fällen von der Pflicht zur Veröffentlichung der Angaben gemäß Artikel 3 Absatz 1 ausnehmen:

a) bei Systemen für das Zusammenführen von Aufträgen, die auf einer Handelsmethode gründen, bei der der Kurs des Finanzinstruments gemäß Artikel 3 Absatz 1 aus dem Handelsplatz, auf dem das Finanzinstrument erstmals zum Handel zugelassen wurde, oder aus dem unter Liquiditätsaspekten wichtigsten Markt abgeleitet wird, sofern dieser Referenzkurs eine breite Veröffentlichung erfährt und von den Marktteilnehmern als verlässlicher Referenzkurs angesehen wird; für eine kontinuierliche Inanspruchnahme dieser Ausnahme müssen die in Artikel 5 genannten Bedingungen erfüllt sein;

b) bei Systemen, die ausgehandelte Geschäfte formalisieren, für die Folgendes gilt:

i) die Geschäfte werden innerhalb des aktuellen gewichteten Spreads abgeschlossen, so wie er im Orderbuch wiedergegeben wird, bzw. zu den Kursofferten der Market-Maker des Handelsplatzes, der das System betreibt; hierbei müssen die in Artikel 5 festgelegten Bedingungen erfüllt sein,

---

1 ESMA Q & A On MiFID II and MiFIR market structures topics, Nr. 2 Antwort auf Frage 3.
2 ESMA Q & A On MiFID II and MiFIR market structures topics, Nr. 2 Antwort auf Frage 2.
3 So wohl auch *Hoops*, WM 2018, 205, 210, der von Konkretisierung spricht.
4 Vgl. zu etwaigen historischen Hintergründen am Finanzplatz London *Beck/Röh* in Schwark/Zimmer, § 30 BörsG Rz. 42; s. auch *Dreyer/Delgado-Rodriguez* in Temporale, S. 45.
5 ESMA Q & A On MiFID II and MiFIR transparency topics, Nr. 2 Antwort auf Frage 1.

ii) die Geschäfte betreffen illiquide Aktien, Aktienzertifikate, börsengehandelte Fonds, Zertifikate oder andere vergleichbare Finanzinstrumente, die nicht unter den Begriff des liquiden Marktes fallen; sie werden innerhalb eines Prozentsatzes eines angemessenen Referenzpreises, die beide vorher vom Systembetreiber festgelegt wurden, abgeschlossen; oder

iii) auf die Geschäfte sind andere Bedingungen anwendbar als der jeweils geltende Marktkurs des betreffenden Finanzinstruments;

c) bei Aufträgen mit großem Volumen im Vergleich zum marktüblichen Geschäftsumfang;

d) bei Aufträgen, die mit einem Auftragsverwaltungssystems des Handelsplatzes getätigt werden, solange die Veröffentlichung noch nicht erfolgt ist.

(2) Der Referenzkurs nach Absatz 1 Buchstabe a wird festgelegt, indem einer der folgenden Kurse ermittelt wird:

a) der Mittelwert der aktuellen Geld- und Briefkurse an dem Handelsplatz, an dem das Finanzinstrument erstmals zum Handel zugelassen wurde, oder an dem nach Liquiditätsaspekten wichtigsten Markt;

b) wenn der unter Ziffer a genannte Kurs nicht festgestellt werden kann, der Eröffnungs- oder Schlusskurs des betreffenden Handelstages;

Aufträge dürfen sich nur außerhalb des durchgehenden Handelszeitraums des betreffenden Geschäftstags auf die in Buchstabe b genannten Kurse beziehen.

(3) Wenn Handelsplätze Systeme betreiben, die gemäß Absatz 1 Buchstabe b Ziffer i ausgehandelte Geschäfte formalisieren,

a) werden diese Geschäfte gemäß den Regeln des Handelsplatzes ausgeführt;

b) verfügt der Handelsplatz über Vorkehrungen, Systeme und Verfahren, um Marktmissbrauch oder Versuche des Marktmissbrauchs in Bezug auf ausgehandelte Geschäfte gemäß Artikel 16 der Verordnung (EU) Nr. 596/2014 zu verhindern und aufzudecken;

c) sorgt der Handelsplatz für die Einrichtung, Pflege und Umsetzung von Systemen zur Aufdeckung von Versuchen, die Ausnahmeregelung zur Umgehung anderer Erfordernisse dieser Verordnung oder der Richtlinie 2014/65/EU zu umgehen, und zur Meldung entsprechender Versuche an die zuständigen Behörden;

Gewährt eine zuständige Behörde eine Ausnahme nach Absatz 1 Buchstabe b Ziffer i oder iii, überwacht sie die Handhabung der Ausnahme durch den Handelsplatz und stellt so sicher, dass die Bedingungen für die Anwendung der Ausnahme erfüllt werden.

(4) Vor der Gewährung einer Ausnahme nach Absatz 1 unterrichten die zuständigen Behörden die ESMA sowie andere zuständige Behörden über ihre Absicht, von einer individuellen Ausnahme Gebrauch zu machen, und erläutern die Handhabung der jeweiligen Ausnahme, einschließlich der Details des Handelsplatzes, auf dem der Referenzkurs nach Absatz 1 Buchstabe a festgelegt wird. Die Absicht zur Gewährung einer Ausnahme ist spätestens vier Monate vor deren Inkrafttreten bekannt zu geben. Binnen zwei Monaten nach Erhalt der Meldung gibt die ESMA eine unverbindliche Stellungnahme an die jeweils zuständige Behörde ab, in der die Vereinbarkeit der Ausnahme mit den Anforderungen bewertet wird, die in Absatz 1 festgelegt sind und in den gemäß Absatz 6 zu erlassenden technischen Regulierungsstandards festgelegt werden. Gewährt eine zuständige Behörde eine Ausnahme und eine zuständige Behörde eines anderen Mitgliedstaats ist damit nicht einverstanden, kann die betreffende Behörde die ESMA erneut mit der Angelegenheit befassen. Diese kann sodann im Rahmen der ihr durch Artikel 19 der Verordnung (EU) Nr. 1095/2010 übertragenen Befugnisse tätig werden. Die ESMA überwacht die Anwendung der Ausnahmen und legt der Kommission jährlich einen Bericht über ihre Anwendung in der Praxis vor.

(5) Eine zuständige Behörde kann die nach Absatz 1 gewährte und in Absatz 6 präzisierte Ausnahme aus eigener Initiative oder auf Antrag einer anderen zuständigen Behörde zurücknehmen, wenn sie feststellt, dass von der Ausnahme in einer von ihrem ursprünglichen Zweck abweichenden Weise Gebrauch gemacht wird, oder wenn sie zu dem Schluss gelangt, dass die Ausnahme zur Umgehung der in diesem Artikel festgelegten Bestimmungen benutzt wird.

Die zuständigen Behörden unterrichten die ESMA und die anderen zuständigen Behörden von der Rücknahme einer Ausnahme und begründen dies ausführlich.

(6) Die ESMA arbeitet Entwürfe technischer Regulierungsstandards aus, in denen Folgendes präzisiert wird:

a) die Bandbreite der Geld- und Briefkurse oder Kursofferten bestimmter Market-Maker sowie die Tiefe der Handelspositionen zu diesen Kursen, die für jede Kategorie von Finanzinstrumenten nach

Artikel 3 Absatz 1 zu veröffentlichen sind; dabei ist der erforderliche Zuschnitt auf die verschiedenen Arten von Handelssystemen nach Artikel 3 Absatz 2 zu berücksichtigen;

b) der nach Liquiditätsaspekten wichtigste Markt für ein Finanzinstrument gemäß Absatz 1 Buchstabe a;

c) die spezifischen Merkmale eines ausgehandelten Geschäfts mit Blick auf die verschiedenen Arten, in denen ein Mitglied oder Teilnehmer eines Handelsplatzes ein solches Geschäft tätigen kann;

d) die ausgehandelten Geschäfte, die nicht zur Kursbildung beitragen, bei denen von der Ausnahme nach Absatz 1 Buchstabe b Ziffer iii Gebrauch gemacht wird;

e) für jede einschlägige Kategorie von Finanzinstrumenten der Umfang der Aufträge mit großem Volumen sowie Art und Mindestgröße der Aufträge, die mittels eines Auftragsverwaltungssystems eines Handelsplatzes getätigt werden, solange ihre Veröffentlichung noch nicht erfolgt ist, bei denen gemäß Absatz 1 von der Veröffentlichung von Vorhandelsinformationen abgesehen werden kann.

Die ESMA legt der Kommission bis zum 3. Juli 2015 diese Entwürfe technischer Regulierungsstandards vor.

Der Kommission wird die Befugnis übertragen, die in Unterabsatz 1 genannten technischen Regulierungsstandards gemäß den Artikeln 10 bis 14 der Verordnung (EU) Nr. 1095/2010 zu erlassen.

(7) Von den zuständigen Behörden gemäß Artikel 29 Absatz 2 und Artikel 44 Absatz 2 der Richtlinie 2004/39/EG und Artikel 18, 19 und 20 der Verordnung (EG) Nr. 1287/2006 vor dem 3. Januar 2018 gewährte Ausnahmen werden von der ESMA bis zum 3. Januar 2020 überprüft. Die ESMA gibt eine Stellungnahme an die betreffende zuständige Behörde ab, in der die fortwährende Vereinbarkeit jeder dieser Ausnahmen mit den Anforderungen dieser Verordnung und jeglichen auf dieser Verordnung basierenden technischen Regulierungsstandards bewertet wird.

In der Fassung vom 15.5.2014 (ABl. EU Nr. L 173 v. 12.6.2014, S. 84), geändert durch Verordnung (EU) 2016/1033 vom 23.6.2016 (ABl. EU Nr. L 175 v. 30.6.2016, S. 1).

Delegierte Verordnung (EU) 2017/587 der Kommission vom 14. Juli 2016

zur Ergänzung der Verordnung (EU) Nr. 600/2014 des Europäischen Parlaments und des Rates über Märkte für Finanzinstrumente durch technische Regulierungsstandards mit Transparenzanforderungen für Handelsplätze und Wertpapierfirmen in Bezug auf Aktien, Aktienzertifikate, börsengehandelte Fonds, Zertifikate und andere vergleichbare Finanzinstrumente und mit Ausführungspflichten in Bezug auf bestimmte Aktiengeschäfte an einem Handelsplatz oder über einen systematischen Internalisierer

(Auszug)

Art. 4 Unter Liquiditätsaspekten wichtigster Markt

(Artikel 4 Absatz 1 Buchstabe a der Verordnung (EU) Nr. 600/2014)

1. Für die Zwecke von Artikel 4 Absatz 1 Buchstabe a der Verordnung (EU) Nr. 600/2014 gilt als unter Liquiditätsaspekten wichtigster Markt für eine Aktie, ein Aktienzertifikat, einen börsengehandelten Fonds, ein Zertifikat oder ein anderes vergleichbares Finanzinstrument der Handelsplatz, an dem in der Union der höchste Umsatz mit diesem Finanzinstrument erzielt wurde.

2. Für die Zwecke der Bestimmung des unter Liquiditätsaspekten wichtigsten Marktes gemäß Absatz 1 berechnen die zuständigen Behörden für jedes Finanzinstrument, für das sie zuständig sind, und für jeden Handelsplatz, an dem dieses Finanzinstrument gehandelt wird, den Umsatz gemäß der in Artikel 17 Absatz 4 dargelegten Methode.

3. Die Berechnung gemäß Absatz 2 muss folgende Merkmale aufweisen:

    a) Sie umfasst für jeden Handelsplatz Geschäfte, die gemäß den Vorschriften dieses Handelsplatzes ausgeführt wurden, ausgenommen Referenzpreisgeschäfte und ausgehandelte Geschäfte, die gemäß Anhang I Tabelle 4 gekennzeichnet sind, und Geschäfte, die auf der Grundlage mindestens eines Auftrags ausgeführt wurden, für den eine Ausnahme für Aufträge mit großem Volumen galt, und deren Geschäftsumfang über dem im Einklang mit Artikel 7 bestimmten anwendbaren Schwellenwert für Aufträge mit großem Volumen liegt;

    b) sie berücksichtigt entweder das vorherige Kalenderjahr oder, falls anwendbar, den Teil des vorherigen Kalenderjahres, während dessen das Finanzinstrument zum Handel an einem Handelsplatz zugelassen war oder an einem Handelsplatz gehandelt wurde und der Handel nicht ausgesetzt war.

4. Bis der unter Liquiditätsaspekten wichtigste Markt für ein bestimmtes Finanzinstrument im Einklang mit dem in den Absätzen 1 bis 3 dargelegten Verfahren bestimmt wurde, gilt als unter Liquiditätsaspekten wichtigster Markt der Handelsplatz, an dem dieses Finanzinstrument erstmals zum Handel zugelassen oder erstmals gehandelt wurde.

5. Die Absätze 2 und 3 gelten nicht für Aktien, Aktienzertifikate, börsengehandelte Fonds, Zertifikate und andere vergleichbare Finanzinstrumente, die erstmals vier Wochen oder weniger vor Ablauf des vorherigen Kalenderjahres zum Handel an einem Handelsplatz zugelassen oder an einem Handelsplatz gehandelt wurden.

In der Fassung vom 14.7.2016 (ABl. EU Nr. L 87 v. 31.3.2017, S. 387).

Art. 5 Spezifische Merkmale ausgehandelter Geschäfte

(Artikel 4 Absatz 1 Buchstabe b der Verordnung (EU) Nr. 600/2014)

Als ausgehandeltes Geschäft mit Aktien, Aktienzertifikaten, börsengehandelten Fonds, Zertifikaten oder anderen vergleichbaren Finanzinstrumenten gilt ein Geschäft, das privat ausgehandelt, aber gemäß den Vorschriften eines Handelsplatzes gemeldet wird, und für das einer der folgenden Umstände zutrifft:

a) Zwei Mitglieder oder Teilnehmer dieses Handelsplatzes üben eine der nachfolgend genannten Funktionen aus:
   i) Einer handelt für eigene Rechnung, der andere im Namen eines Kunden;
   ii) beide handeln für eigene Rechnung;
   iii) beide handeln im Namen eines Kunden.
b) Ein Mitglied oder Teilnehmer dieses Handelsplatzes übt eine der folgenden Funktionen aus:
   i) Handel im Namen sowohl des Käufers als auch des Verkäufers;
   ii) Handel gegen einen Kundenauftrag für eigene Rechnung.

In der Fassung vom 14.7.2016 (ABl. EU Nr. L 87 v. 31.3.2017, S. 387), geändert durch Berichtigung vom 2.9.2017 (ABl. EU Nr. L 228 v. 2.9.2017, S. 33).

Art. 6 Ausgehandelte Geschäfte, auf die andere Bedingungen als der jeweils geltende Marktkurs anwendbar sind

(Artikel 4 Absatz 1 Buchstabe b der Verordnung (EU) Nr. 600/2014)

Ein ausgehandeltes Geschäft mit Aktien, Aktienzertifikaten, börsengehandelten Fonds, Zertifikaten oder anderen vergleichbaren Finanzinstrumenten unterliegt anderen Bedingungen als dem jeweils geltenden Marktkurs des betreffenden Finanzinstruments, wenn einer der folgenden Umstände zutrifft:

a) Das Geschäft wird unter Bezugnahme auf einen Preis ausgeführt, der über mehrere Zeitpunkte gemäß einer vorgegebenen Bezugsgröße berechnet wird, einschließlich Geschäfte, die unter Bezugnahme auf einen volumengewichteten Durchschnittspreis oder einen zeitlich gewichteten Durchschnittspreis ausgeführt werden;
b) das Geschäft ist Bestandteil eines Portfoliogeschäfts;
c) das Geschäft hängt von Kauf, Verkauf, Ausgabe oder Rücknahme eines Derivatekontrakts oder anderen Finanzinstruments ab und alle Bestandteile des Geschäfts sollen als Gesamtheit ausgeführt werden;
d) das Geschäft wird von einer Verwaltungsgesellschaft im Sinne von Artikel 2 Absatz 1 Buchstabe b der Richtlinie 2009/65/EG oder einem Verwalter alternativer Investmentfonds im Sinne von Artikel 4 Absatz 1 Buchstabe b der Richtlinie 2011/61/EU ausgeführt und das wirtschaftliche Eigentum an den Finanzinstrumenten wird von einem Organismus für gemeinsame Anlagen auf einen anderen übertragen, ohne dass eine Wertpapierfirma an dem Geschäft beteiligt ist;
e) das Geschäft ist ein Give-up-Geschäft oder ein Give-in-Geschäft;
f) der Zweck des Geschäfts besteht in der Übertragung von Finanzinstrumenten als Sicherheit für bilaterale Geschäfte oder im Zusammenhang mit einer Sicherheitshinterlegung für die zentrale Gegenpartei oder mit Anforderungen an die Besicherung oder als Teil des Ausfallmanagements einer zentralen Gegenpartei;
g) das Geschäft läuft auf die Lieferung von Finanzinstrumenten im Zusammenhang mit der Ausübung von Wandelanleihen, Optionen, gedeckten Optionsscheinen oder anderen ähnlichen derivativen Finanzinstrumenten hinaus;
h) das Geschäft ist ein Wertpapierfinanzierungsgeschäft;
i) das Geschäft wird gemäß den Vorschriften oder Verfahren eines Handelsplatzes, einer zentralen Gegenpartei oder eines Zentralverwahrers zur Eindeckung im Zusammenhang mit nicht abgewickelten Geschäften gemäß der Verordnung (EU) Nr. 909/2014 durchgeführt;
j) jedes sonstige Geschäft, das mit einem unter den Buchstaben a bis i beschriebenen Geschäften insofern gleichwertig ist, als es von technischen Merkmalen abhängt, die nicht mit der jeweils geltenden Marktbewertung des gehandelten Finanzinstruments in Zusammenhang stehen.

In der Fassung vom 14.7.2016 (ABl. EU Nr. L 87 v. 31.3.2017, S. 387).

Art. 7 Aufträge mit großem Volumen

(Artikel 4 Absatz 1 Buchstabe c der Verordnung (EU) Nr. 600/2014)

1. Ein Auftrag in Bezug auf eine Aktie, ein Aktienzertifikat, ein Zertifikat oder ein anderes vergleichbares Finanzinstrument gilt als Auftrag mit großem Volumen, wenn er der in Anhang II Tabellen 1 und 2 genannten Mindestauftragsgröße entspricht oder umfangreicher ist.
2. Ein Auftrag in Bezug auf einen börsengehandelten Fonds gilt als Auftrag mit großem Volumen, wenn die Auftragsgröße 1 000 000 EUR oder mehr beträgt.
3. Um zu ermitteln, ob ein Auftrag ein großes Volumen aufweist, berechnen die zuständigen Behörden im Einklang mit Absatz 4 den durchschnittlichen Tagesumsatz für die an einem Handelsplatz gehandelten Aktien, Aktienzertifikate, Zertifikate und anderen vergleichbaren Finanzinstrumente.
4. Die Berechnung gemäß Absatz 3 muss folgende Merkmale aufweisen:
   a) Sie umfasst die in der Union mit einem Finanzinstrument ausgeführten Geschäfte, unabhängig davon, ob der Handel an einem Handelsplatz oder außerhalb eines Handelsplatzes stattgefunden hat;
   b) sie berücksichtigt den Zeitraum vom 1. Januar des vorherigen Kalenderjahres bis zum 31. Dezember des vorherigen Kalenderjahres bzw., falls anwendbar, den Teil des Kalenderjahres, während dessen das Finanzinstrument

zum Handel an einem Handelsplatz zugelassen war oder an einem Handelsplatz gehandelt wurde und der Handel nicht ausgesetzt war.

Die Absätze 3 und 4 gelten nicht für Aktien, Aktienzertifikate, Zertifikate und andere vergleichbare Finanzinstrumente, die erstmals vier Wochen oder weniger vor Ablauf des vorherigen Kalenderjahres zum Handel an einem Handelsplatz zugelassen oder an einem Handelsplatz gehandelt wurden.

5. Sofern keine Änderung des Preises oder anderer relevanter Bedingungen für die Ausführung eines Auftrags erfolgt, bleibt die Gültigkeit der Ausnahme gemäß Artikel 4 Absatz 1 der Verordnung (EU) Nr. 600/2014 für einen Auftrag, der bei der Eingabe in ein Orderbuch ein großes Volumen aufwies, aber nach einer teilweisen Ausführung den für dieses Finanzinstrument gemäß den Absätzen 1 und 2 bestimmten geltenden Schwellenwert unterschreitet, bestehen.
6. Bevor eine Aktie, ein Aktienzertifikat, ein Zertifikat oder ein anderes vergleichbares Finanzinstrument erstmals an einem Handelsplatz in der Union gehandelt wird, schätzt die zuständige Behörde den Tagesdurchschnitt der mit diesem Finanzinstrument erzielten Umsätze unter Berücksichtigung einer etwaigen vorherigen Handelsgeschichte dieses Finanzinstruments sowie jener Finanzinstrumente, denen ähnliche Merkmale zugeschrieben werden, und sorgt für die Veröffentlichung dieser Schätzung.
7. Die Verwendung des geschätzten Tagesdurchschnitts der Umsätze gemäß Absatz 6 für die Berechnung von Aufträgen mit großem Volumen erfolgt in einem Zeitraum von sechs Wochen, nachdem die Aktie, das Aktienzertifikat, das Zertifikat oder ein anderes vergleichbares Finanzinstrument zum Handel an einem Handelsplatz zugelassen oder erstmals an einem Handelsplatz gehandelt wurde.
8. Die zuständige Behörde nimmt vor Ablauf der Sechswochenfrist im Sinne von Absatz 7 die Berechnung des Tagesdurchschnitts der Umsätze auf der Grundlage der ersten vier Wochen des Handels vor und sorgt für dessen Veröffentlichung.
9. Der Tagesdurchschnitt der Umsätze im Sinne von Absatz 8 wird so lange für die Berechnung von Aufträgen mit großem Volumen verwendet, bis ein gemäß Absatz 3 berechneter Tagesdurchschnitt der Umsätze Anwendung findet.
10. Für die Zwecke dieses Artikels erfolgt die Berechnung des Tagesdurchschnitts der Umsätze durch Division des mit einem bestimmten Finanzinstrument erzielten Gesamtumsatzes gemäß Artikel 17 Absatz 4 durch die Anzahl der Handelstage im betreffenden Zeitraum. Die Anzahl der Handelstage im betreffenden Zeitraum entspricht der Anzahl der Handelstage am gemäß Artikel 4 bestimmten unter Liquiditätsaspekten wichtigsten Markt für das betreffende Finanzinstrument.

In der Fassung vom 14.7.2016 (ABl. EU Nr. L 87 v. 31.3.2017, S. 387).

Art. 8 Art und Mindestgröße von Aufträgen, die mit einem Auftragsverwaltungssystem getätigt werden

(Artikel 4 Absatz 1 Buchstabe d der Verordnung (EU) Nr. 600/2014)

1. Ausnahmen von den Vorhandelstransparenzpflichten können für die Art von Aufträgen, die mit einem Auftragsverwaltungssystem eines Handelsplatzes getätigt werden, solange die Veröffentlichung noch nicht erfolgt ist, gewährt werden, die:
   a) im Orderbuch des Handelsplatzes veröffentlicht werden sollen und von objektiven Bedingungen abhängen, die durch das Protokoll des Systems vordefiniert sind;
   b) vor der Veröffentlichung im Orderbuch des Handelsplatzes nicht mit anderen Handelsinteressen interagieren können;
   c) nach der Veröffentlichung im Orderbuch im Einklang mit den zum Zeitpunkt der Veröffentlichung für diese Art von Aufträgen geltenden Vorschriften mit anderen Aufträgen interagieren.
2. Aufträge, die mit einem Auftragsverwaltungssystem eines Handelsplatzes getätigt werden, solange die Veröffentlichung noch nicht erfolgt ist, für die Ausnahmen von den Vorhandelstransparenzpflichten gewährt werden können, besitzen zum Zeitpunkt der Eingabe und nach jeder Änderung eines der folgenden Volumen:
   a) im Falle einer Reserve-Order 10 000 EUR oder größer;
   b) bei allen anderen Aufträgen ein Volumen, das der im Voraus vom Systembetreiber nach dessen Vorschriften und Protokollen festgelegten Mindesthandelsmenge entspricht oder größer ist.
3. Als Reserve-Order im Sinne von Absatz 2 Buchstabe a gilt eine Limit-Order, die aus einem veröffentlichten Auftrag über einen Teil einer Menge und einem nicht veröffentlichten Auftrag über den Rest der Menge besteht, wobei die nicht veröffentlichte Menge nur ausgeführt werden kann, wenn sie gegenüber dem Orderbuch als neuer veröffentlichter Auftrag freigegeben wurde.

In der Fassung vom 14.7.2016 (ABl. EU Nr. L 87 v. 31.3.2017, S. 387).

Anhang II

(nicht abgedruckt)

Schrifttum: *Boschan*, Wertpapierhandelssysteme, 2007; *Clouth/Lang* (Hrsg.), MiFID-Praktiker-Handbuch, 2007; *Gomber/Nassauer*, Neuordnung der Finanzmärkte in Europa durch MiFID II/MiFIR, ZBB 2014, 250; *Kumpan*, Die Regulierung außerbörslicher Handelssysteme im deutschen, europäischen und US-amerikanischen Recht, 2006; *Stötzel*, High Frequency Trading – Einordnung in das Börsen- und Kapitalmarktrecht, RdF 2011, 156; *Temporale* (Hrsg.), Europäische Finanzmarktregulierung, 2015.

I. Regelungsgegenstand 1
II. Ausnahmetatbestände 3
 1. Referenzpreissystem (Art. 4 Abs. 1 lit. a und 2
  VO Nr. 600/2014) 3
 2. Ausgehandelte Geschäfte (Art. 4 Abs. 1 lit. b
  und Abs. 3 VO Nr. 600/2014) 5
 3. Aufträge mit großem Volumen (Art. 4 Abs. 1
  lit. c VO Nr. 600/2014) 10
 4. Auftragsverwaltungssysteme (Art. 4 Abs. 1 lit. d
  VO Nr. 600/2014) 11
III. Gewährungsverfahren (Art. 4 Abs. 4 VO
  Nr. 600/2014) 13
IV. Rücknahme gewährter Ausnahmen (Art. 4
  Abs. 5 VO Nr. 600/2014) 18
V. Rechtsschutz 21

I. Regelungsgegenstand. Art. 4 VO Nr. 600/2014 (MiFIR) benennt **vier Kategorien, bei denen von der Vorhandelstransparenz für Eigenkapitalinstrumente abgesehen werden kann**. Ausnahmen sind danach möglich (1) bei Betrieb eines Systems, dessen Preisermittlung auf einen Referenzpreis beruht, (2) bei Betrieb eines Systems, mit dem ausgehandelte Geschäfte formalisiert werden können, (3) bei Vorliegen von Aufträgen mit großem Volumen im Vergleich zum marktüblichen Geschäftsumfang, sowie (4) für Auftragsverwaltungssysteme eines Handelsplatzes[1]. Damit erkennt der europäische Verordnungsgeber an, dass es Umstände gibt, bei denen das Nichtveröffentlichen positive Effekte auf die Qualität der Preisfeststellung haben kann[2]. Vorläuferregelungen waren für MTF § 31g Abs. 2 WpHG a.F. und § 30 Abs. 1 Satz 2 BörsG a.F. BaFin bzw. Börsenaufsichtsbehörden waren danach befugt, nach Maßgabe des Kapitels IV Abschnitt 1 und bei Börsen auch nach Abschnitt 4 der vormaligen Verordnung (EG) Nr. 1287/2006 (MiFID-DVO) Ausnahmen von der Vorhandelstransparenzverpflichtung zu gestatten. Im Zuge des Erlasses der MiFID II/MiFIR sind keine grundlegend neuen Tatbestände hinzugekommen, sondern lediglich Modifizierungen am Regelungskonzept vorgenommen worden[3]. Zu erwähnen ist hierbei insbesondere die Regelung in Art. 5 VO Nr. 600/2014, wonach die Referenzpreisausnahme und die Ausnahme für ausgehandelte Geschäfte in liquiden Werten Volumenbegrenzungen unterliegen. 1

Die auf EU-Ebene bekanntgewordenen Beispiele für gewährte **Ausnahmen** sind regelmäßig in ESMA- bzw. davor in CESR-Dokumentationen veröffentlicht worden[4]. Unter den aufgeführten Fällen finden sich von der hessischen Börsenaufsicht zugunsten der Frankfurter Wertpapierbörse gewährte Ausnahmen[5]. Ob und inwieweit bestehende Ausnahmen für Aktien und Aktien vertretende Zertifikate nach dem Inkrafttreten der MiFIR fortgelten können, ohne dass die Behörde neu bescheidet, lässt sich nicht mit Sicherheit eindeutig beantworten. Art. 4 Abs. 7 VO Nr. 600/2014 erweckt zumindest den Eindruck, dass Bestandsschutz für eine Übergangszeit von zwei Jahren besteht. Die ESMA hat sich gegen eine entsprechende Auslegung entschieden[6]. Auch die BaFin hat sich gegenüber Marktteilnehmern dahingehend geäußert. Für eine termingerechte Bescheidung von Ausnahmen nach Art. 4 VO Nr. 600/2014 zum 3.1.2018 hatte die ESMA eine Einreichung der Anträge zum 1.2.2017 vorgesehen. 2

II. Ausnahmetatbestände. 1. Referenzpreissystem (Art. 4 Abs. 1 lit. a und 2 VO Nr. 600/2014). Die erste Ausnahme behandelt den Fall, dass ein Handelsplatz aufgrund des definierten Marktmodells bei der Preisermittlung auf den bereits festgestellten Preis eines anderen Handelsplatzes zurückgreift. Die Definition, was unter einem Referenzpreis zu verstehen ist, ergibt sich aus Art. 4 Abs. 2 VO Nr. 600/2014[7]. Die Inanspruchnahme der Ausnahme ist an eine Reihe von Voraussetzungen geknüpft. Der Referenzpreis für die Werte, bei denen keine Vorhandelstransparenz stattfinden soll, muss sich dabei entweder vom Platz, wo der Wert erstmals zugelassen wurde, oder von dem Platz, der unter Liquiditätsaspekten den wichtigsten Markt darstellt, abgeleitet werden. Hinzu kommt, dass der Bezugnahmekurs eine breite Veröffentlichung erfährt und von den Marktteilnehmern als verlässlicher Referenzkurs angesehen wird. Soweit auf den Handelsplatz der erstmaligen Zulassung abgestellt wird, so sind damit Börsen und MTF gemeint. Nicht nur an Börsen können Finanzinstrumente erstmalig zugelassen werden (vgl. § 32 BörsG), sondern, wie sich z.B. aus Art. 33 Abs. 3 RL 2014/65/EU bzw. § 76 Abs. 1 WpHG ergibt, auch an MTF. Bei dem unter Liquiditätsaspekten wichtigsten Markt ist auf den Handelsplatz abzustellen, bei dem der Umsatz in dem Finanzinstrument im letzten Kalenderjahr am höchsten war (Art. 16 DelVO 2017/590). Die breite Veröffentlichung des Referenzkurses dürfte mit der Umsetzung der vorgesehenen Vor- und Nachhandelspublizität grundsätzlich immer gegeben sein[8]. Kurse von Handelsplätzen, insbesondere der Börsenkurs, sollten ebenfalls die Vermutung in sich tragen, dass die Marktteilnehmer (Investoren) sie als verlässlich ansehen. Die Vornahme empirischer Erhebungen über die Verlässlichkeit von Kursen kann ohne besondere Anhaltspunkte kaum vom Gesetz intendiert sein. 3

Weitere Bedingungen für die kontinuierliche Inanspruchnahme der Ausnahme gem. Art. 4 Abs. 1 lit. a a.E. VO Nr. 600/2014 ist die Erfüllung der Bedingungen des Art. 5 VO Nr. 600/2014. Danach darf der Handel, der ohne 4

---

1 *Gomber/Nassauer*, ZBB 2014, 250, 254.
2 Erwägungsgrund Nr. 2 DelVO 2017/587.
3 *Gomber/Nassauer*, ZBB 2014 250, 254.
4 Zuletzt Waivers from Pre-trade Transparency – CESR positions and ESMA opinions v. 20.6.2016 (ESMA/2011/241h).
5 Vgl. hierzu auch *Lenenbach*, Rz. 3.316.
6 ESMA Q & A on MiFID II and MiFIR transparency topics, Nr. 5 Antwort auf Frage 1.
7 Vgl. zum Referenzpreis bzw. -kurs auch § 72 Abs. 1 Nr. 2 WpHG und § 24 Abs. 2 Satz 2 BörsG.
8 So bereits zur alten Rechtslage *Beck/Röh* in Schwark/Zimmer, § 30 BörsG Rz. 29.

Art. 4 VO Nr. 600/2014 | Ausnahmen für Eigenkapitalinstrumente

Vorhandelstransparenz stattfinden soll, am Handelsplatz selbst und bezogen auf alle anderen Handelsplätze in der EU einen gewissen Prozentsatz des gesamten Handelsvolumens des betreffenden Finanzinstruments an allen Handelsplätzen in der EU in den vergangenen 12 Monaten nicht überschreiten (näher Art. 5 VO Nr. 600/2014 Rz. 3).

5 **2. Ausgehandelte Geschäfte (Art. 4 Abs. 1 lit. b und Abs. 3 VO Nr. 600/2014).** Der zweite Ausnahmetatbestand betrifft den Fall, dass das System nicht nur den multilateralen Handel zulässt, sondern mit einer **weiteren Funktionalität** ausgestattet ist, die auch die **Eingabe bilateral ausgehandelter Geschäfte** ermöglicht. Es darf dabei beim Systembetrieb nicht der Eindruck verbotener *pre arranged* oder *cross trades* entstehen. Der Regelung liegt der Gedanke zugrunde, dass systemseitig noch nicht dokumentierte Geschäfte, die bilateral zwischen zwei Handelsteilnehmern ausgehandelt worden sind, bis zur Systemeingabe noch keine wirksamen Vertragsschlüsse darstellen, sondern erst mit der Eingabe zu wirksamen Verträgen erstarken. Denkbar ist auch, dass das betroffene Geschäft mit der Systemeingabe wieder aufgehoben und nochmals neu abgeschlossen wird (Novation). Anders ist eine Vorhandelstransparenzfähigkeit des Vorgangs nur schwer vermittelbar. Nach Art. 5 DelVO 2017/587 gilt als **ausgehandeltes Geschäft** ein solches, das privat ausgehandelt, aber gemäß den Vorschriften eines Handelsplatzes gemeldet wird. Dabei müssen sich zwei Handelsteilnehmer gegenüberstehen, gleichgültig, ob sie dabei für sich oder Kunden tätig werden. Auch das Tätigwerden eines Handelsteilnehmers im Rahmen eines zulässigen Insichgeschäfts kommt nach der genannten Regelung der DelVO als Fall des ausgehandelten Geschäfts in Betracht. Die in Deutschland an Wertpapierbörsen zum Einsatz kommenden Systeme haben in der Vergangenheit bereits entweder Cross Request-Verfahren für das Orderbuch vorgesehen (so z.B. im fortlaufenden Xetra-Handel an der Frankfurter Börse)[1] oder es bestand eine Funktion, die die Eingabe sogleich zu Abwicklungszwecken außerhalb des Orderbuches zuließ (z.B. Equiduct Börse Berlin[2]; Xontro-Trade[3]). Beim Cross-Request muss eine am Geschäft beteiligte Partei seine Angaben in das System eingeben. Die Gegenseite darf dann unter Berücksichtigung einer kurzen Wartezeit die sich deckenden Angaben in Börsen-EDV eingeben. Dass die Eingaben damit auch tatsächlich gegeneinander ausgeführt werden, ist dadurch nicht gewährleistet[4]. Die ESMA führt in einem Frage- und Antwortdokument aus, dass nur Transaktionen in der Zusatzfunktionalität (sog. *off order book transactions*) von der Vorhandelstransparenzausnahme profitieren könnten[5].

6 Wird die Nutzung der Zusatzfunktionalität zur Eingabe bilateraler Geschäfte in den Regelungszusammenhang mit der Teilnehmerzulassung und den Handelsbedingungen gestellt, spricht einiges dafür, diese nicht als bloße Nachhandels-Anwendung zu betrachten, die bereits keine Handelsplatzfunktion haben[6].

7 In der Fallgruppe „ausgehandelte Geschäfte" wird zwischen **drei Untergruppen** differenziert: Die erste Gruppe betrifft gem. Art. 4 Abs. 1 lit. b Ziff. i VO Nr. 600/2014 Ausnahmen für liquide Eigenkapitalinstrumente. Dies ergibt sich aus dem Umkehrschluss aus Art. 4 Abs. 1 lit. b Ziff. ii VO Nr. 600/2014, der Werte betrifft, für die kein liquider Markt vorliegt. Ein liquider Markt für ein Finanzinstrument liegt dann nicht vor, wenn die Voraussetzungen des Art. 2 Abs. 17 lit. b VO Nr. 600/2014 nicht gegeben sind, im Grundsatz also kein täglicher Handel stattfindet und der Markt nicht anhand der Kriterien Streubesitz sowie Tagesdurchschnitt der Transaktionen in diesem Finanzinstrument bzw. Tagesdurchschnitt der mit diesem Finanzinstrumente erzielten Umsätze beurteilt wird. Die Bewertung, ob ein Eigenkapitalinstrument über einen liquiden Markt verfügt, wird gem. Art. 5 Abs. 1 DelVO 2017/567 von der zuständigen Behörde des nach Liquiditätsaspekten wichtigsten Markts nach Art. 16 DelVO 2017/590 vorgenommen und veröffentlicht. Bei liquiden Werten muss sich der Preis bei einem ausgehandelten Geschäft innerhalb des aktuellen gewichteten Spreads bewegen, so wie er sich aus dem Orderbuch oder bzw. den Kursofferten der Market-Maker des Handelsplatzes ergibt. Bei nicht unter den Begriff des liquiden Marktes fallenden Werten (zweite Untergruppe) muss der Preis innerhalb eines Prozentsatzes eines angemessenen Referenzpreises liegen, wobei Referenzpreis und Prozentsatz zuvor vom Systembetreiber festgelegt sein müssen. Bei der dritten Gruppe ist nach Art. 4 Abs. 1 lit. b Ziff. iii VO Nr. 600/2014 die Orientierung am jeweils geltenden Marktpreis für eine Ausnahmebewilligung unerheblich, wenn auf die ausgehandelten Geschäfte andere Bedingungen anwendbar sind. Art. 6 DelVO 2017/587 definiert neun Anwendungsfälle und einen Tatbestand für analog zu behandelnde Sachverhalte.

8 Für die **Untergruppe des Art. 4 Abs. 1 lit. b Ziff. i VO Nr. 600/2014** schließt sich für die tatbestandliche Beurteilung der Ausnahme die **Berücksichtigung von Art. 5 VO Nr. 600/2014** an. Danach darf der Handel, der ohne Vorhandelstransparenz stattfinden soll, am Handelsplatz selbst und bezogen auf alle anderen Handelsplätze in der EU nur einem gewissen Prozentsatz des gesamten Handelsvolumens des betreffenden Finanzinstruments an allen Handelsplätzen in der EU in den vergangenen 12 Monaten nicht überschreiten (näher Art. 5 VO Nr. 600/2014 Rz. 3).

---

1 § 3 Abs. 2 Geschäftsbedingungen FWB (Stand: 26.6.2017).
2 § 37 Geschäftsbedingungen im elektronischen Handel (Stand: 22.4.2016).
3 § 32 Abs. 2 Geschäftsbedingungen im Skontroführerhandel; Börse Berlin (Stand: 1.1.2013).
4 *Abschnitt 5.7. Marktmodell für den Handelsplatz Xetra* (Stand: 29.9.2017).
5 ESMA Q & A On MiFID II and MiFIR transparency topics, Nr. 7 Antwort auf Frage 3 a.E.
6 Vgl. Erwägungsgrund Nr. 8 Unterabs. 2 VO Nr. 600/2014.

Weitere drei Voraussetzungen für die Ausnahmegewährung nach Art. 4 Abs. 1 lit. b VO Nr. 600/2014 sind in Art. 4 Abs. 3 VO Nr. 600/2014 aufgestellt. Art. 4 Abs. 3 lit. a VO Nr. 600/2014 besagt, dass die ausgehandelten Geschäfte gemäß den Regeln des Handelsplatzes (Börsenordnung bzw. MTF-Regelwerk) ausgeführt werden. Dies bedeutet, dass das Regelwerk des Handelsplatzbetreibers Vorschriften für ausgehandelte Geschäfte enthalten muss und dass ab der Eingabe der ausgehandelten Geschäfte die Folgeprozesse wie nach der Zusammenführung sonstiger Aufträge durch das System weiterlaufen. Art. 4 Abs. 3 lit. b VO Nr. 600/2014 verlangt organisatorische Vorkehrungen, Systeme und Verfahren, um Marktmissbrauch oder Versuche des Marktmissbrauchs in Bezug auf ausgehandelte Geschäfte aufzudecken und zu verhindern. Dies ist eine Vorschrift, die auch im Zusammenhang mit anderen Vorschriften zur Handelsüberwachung (§ 72 Abs. 1 Satz 1 Nr. 3 WpHG, § 7 BörsG) zu lesen ist. Nach Art. 4 Abs. 3 lit. c VO Nr. 600/2014 hat der Handelsplatzbetreiber schließlich Vorkehrungen zu unterhalten, mit denen Versuche entdeckt werden können, wenn die Ausnahmeregelung zur Umgehung anderer Erfordernisse der MiFIR oder MiFID benutzt werden, und solche Versuche der BaFin bzw. der Börsenaufsicht zu melden.

3. Aufträge mit großem Volumen (Art. 4 Abs. 1 lit. c VO Nr. 600/2014). Der dritte Ausnahmetatbestand betrifft nach Art. 4 Abs. 1 lit. c VO Nr. 600/2014 Aufträge mit einem im Vergleich zum marktüblichen Geschäftsumfang großen Volumen (engl.: *large in scale*; LIS). Die Einzelheiten zur Ermittlung, wann ein großvolumiger Auftrag vorliegt, ergeben sich aus Art. 7 DelVO 2017/587. Auch verbindliche Interessenbekundungen in Preisanfragesystemen und sprachbasierten Systemen, die sich vom Erklärungsinhalt nicht von Aufträgen unterscheiden, lassen sich vom Tatbestand erfassen. Die rechtspolitische Rechtfertigung für diese Ausnahme wird darin erblickt, dass großvolumige Orders in einer weniger transparenten Umgebung effizienter ausführbar sind, ohne dass dadurch übermäßige Nachteile für den übrigen Markt hervorgerufen werden[1]. Die Vorschrift ist insbesondere für Marktplatzbetreiber von Wert, die ihr Handelssystem von vornherein auf die Abarbeitung großer Orders ausrichten. Fällt ein Auftrag durch Teilausführung unter den Schwellenwert für eine Großorder, bleiben aber ansonsten die Konditionen für den verbleibenden Auftrag gleich, so fällt der Befreiungstatbestand nicht weg; vgl. § 7 Abs. 5 DelVO 2017/587[2]. Nach Ansicht der ESMA sollen auch ausgehandelte Geschäfte, sofern diese großvolumig sind, unter einer Befreiung nach Art. 4 Abs. 1 lit. c VO Nr. 600/2014 formalisiert werden können[3].

4. Auftragsverwaltungssysteme (Art. 4 Abs. 1 lit. d VO Nr. 600/2014). Als vierte Ausnahme von der Vorhandelstransparenz nennt Art. 4 Abs. 1 lit. d VO Nr. 600/2014 Aufträge, die mit einem Auftragsverwaltungssystem des Handelsplatzes getätigt werden, solange die Veröffentlichung noch nicht erfolgt ist. Hier sind Orders gemeint, die die Sphäre des Handelsteilnehmers bereits verlassen haben und im Herrschaftsbereich des Handelsplatzes bereits angekommen sind, dort aber aufgrund des spezifischen Auftragstyps noch nicht zur Ausführung anstehen[4]. Ob es sich bei einem Auftragsverwaltungssystem tatsächlich um ein System des Handelsplatzes handelt oder um eine vom Handelsteilnehmer an den Handelsplatzbetreiber ausgelagerte Funktionalität seines Ordermanagements, bestimmt sich nach den Umständen des Einzelfalls.

Art. 8 Abs. 1 DelVO 2017/587 enthält Präzisierungen für den Auftragstypus. Ausnahmefähig sind danach Aufträge, die

– im Orderbuch des Handelsplatzes veröffentlicht werden sollen und von objektiven Bedingungen abhängen, die durch das Protokoll des Systems vordefiniert sind,

– vor der Veröffentlichung im Orderbuch des Handelsplatzes nicht mit anderen Handelsinteressen interagieren können und

– nach der Veröffentlichung im Orderbuch im Einklang mit den zum Zeitpunkt der Veröffentlichung für diese Art von Aufträgen geltenden Vorschriften mit anderen Aufträgen interagieren.

Für Reserve-Orders, in der Praxis auch Eisberg-Orders genannt[5], führt Art. 8 Abs. 2 DelVO 2017/587 aus, dass Aufträge ein Volumen von 10.000 Euro oder mehr haben müssen. Bei allen anderen Orders, die mittels Auftragsverwaltungssystem durchgeführt werden sollen, kann der Handelsplatzbetreiber die Größe selbst festlegen. Als Reserve-Order gilt nach Abs. 3 eine Limit-Order, die aus einem veröffentlichten Auftrag über einen Teil einer Menge und einem nicht veröffentlichten Auftrag über den Rest der Menge besteht, wobei die nicht veröffentlichte Menge nur ausgeführt werden kann, wenn sie gegenüber dem Orderbuch als neuer veröffentlichter Auftrag freigegeben wurde.

III. Gewährungsverfahren (Art. 4 Abs. 4 VO Nr. 600/2014). Die Ausnahmevorschriften greifen nicht automatisch von Gesetzes wegen ein. Art. 4 Abs. 1 VO Nr. 600/2014 weist der **zuständigen Behörde** die Kompetenz zu. Maßgeblich für das Verwaltungshandeln ist das jeweilige mitgliedstaatliche Verwaltungsrecht. Zuständige

---

1 *Beck/Röh* in Schwark/Zimmer, § 30 BörsG Rz. 37; kritisch wohl *Boschan*, S. 408.
2 S. auch ESMA Q & A On MiFID II and MiFIR transparency topics, Nr. 5 Antwort auf Frage 6.
3 ESMA Q & A On MiFID II and MiFIR transparency topics, Nr. 5 Antwort auf Frage 11.
4 In diesem Sinne etwas *Beck/Röh* in Schwark/Zimmer, § 30 BörsG Rz. 35.
5 S. z.B. *Dreyer/Delgado-Rodriguez* in Temporale, S. 46.

Behörde ist in Deutschland im Falle eines MTF die BaFin (§ 6 Abs. 5 Satz 1 WpHG) und im Falle des börslichen Handels die örtlich zuständige Börsenaufsichtsbehörde (§ 3 Abs. 12 BörsG). BaFin bzw. Börsenaufsichtsbehörde gewähren die Ausnahme mittels Verwaltungsakt. Auch wenn in der Norm nicht explizit angesprochen, so handelt es sich doch um einen **antragsbedürftigen Verwaltungsakt**. Erwägungsgrund Nr. 13 VO Nr. 600/2014 spricht von *individuellen Anträgen auf Anwendung einer Ausnahme*[1]. Der Antragsteller hat darin die Reichweite seines Anliegens vorzutragen. Dabei kann er mehrere Ausnahmen auch in Kombinationen miteinander beantragen. Theoretisch kann für ein einzelnes Eigenkapitalinstrument eine Ausnahme beantragt werden. Im Normalfall wird indes ein Antrag je nach Ausnahmekategorie eine Vielzahl von Instrumenten oder gar die gesamte Palette der handelbaren Eigenkapitalinstrumente umfassen. Der Antrag kann bei einem neuen Handelsplatz zusammen mit der Betriebserlaubnis gestellt werden. Wird der Antrag bewilligt, so ist darin ein rechtlich erheblicher Vorteil zu erblicken, so dass es sich bei der Entscheidung der BaFin bzw. der Börsenaufsichtsbehörde um einen begünstigenden Verwaltungsakt handelt. Der Verwaltungsakt kann mit Zusätzen versehen sein. Hinzuweisen ist hierbei insbesondere auf Art. 5 Abs. 7 VO Nr. 600/2014, wonach der Betreiber bei Ausnahmen gem. Art. 4 Abs. 1 lit. a und b Ziff. i VO Nr. 600/2014 zu verpflichten ist, Systeme und Verfahren einzurichten, die die Identifizierung aller Handelsgeschäfte ermöglichen, die an ihren Handelsplätzen unter Inanspruchnahme dieser Ausnahmen getätigt werden, und mit denen sichergestellt wird, dass der im Rahmen dieser Ausnahmen zu beachtende Prozentsatz von Handelsgeschäften i.H.v. vier Prozent unter keinen Umständen überschritten wird.

14 **Fraglich ist, ob die nationale Behörde auch von Amts wegen eine Ausnahmeentscheidung treffen kann**, insbesondere in Form einer Allgemeinverfügung (§ 35 Satz 2 VwVfG) gegenüber allen Betreibern eines bestimmten Handelssystems[2]. Da in der Regel alle Ausnahmen mehr als nur unerhebliche Anpassungen an Technik und Regelwerk des Handelsplatzes zur Folge haben, würden aufgedrängte Ausnahmegewährungen die Frage aufwerfen, ob nicht vielmehr ein Anspruch des Handelsplatzbetreibers besteht, dass die Behörde nicht tätig wird, solange kein Antrag gestellt worden ist[3]. Österreich hat allerdings mittels einer Verordnung der Finanzmarktaufsicht die Ausnahmen von der Vorhandelstransparenz allgemein in Kraft gesetzt[4].

15 Die BaFin bzw. die Börsenaufsichtsbehörde haben bei Vorliegen eines Antrags zu prüfen, ob die Tatbestandsvoraussetzungen für eine Befreiung vorliegen. Die Frage hierbei ist, ob und inwieweit die Behörde bei ihrer Entscheidung ein Ermessen hat. Die deutsche Formulierung entspricht einer „Kann"-Formulierung, wie sie der deutsche Gesetzgeber für Ermessensvorschriften nutzen würde. Ein Blick in andere Sprachfassungen von Art. 4 VO Nr. 600/2014 zeigt, dass sich überall Formulierungen finden, die **keine gebundene Entscheidung** zur Gewährung von Ausnahmen fordern, sondern Abwägungsentscheidungen offen lassen[5]. Als Prüfungsmaßstab können die in Art. 4 Abs. 5 VO Nr. 600/2014 genannten Gründe herangezogen werden, die eine Rücknahme einer Ausnahmegewährung rechtfertigen würden. Ein weiterer Maßstab für die Behördenentscheidung lässt sich dem Erwägungsgrund Nr. 4 DelVO 2017/587 entnehmen. Hat die Behörde Ausnahmen in Bezug auf Vorhandelstransparenzanforderungen gewährt, so soll sie alle Handelsplatzbetreiber gleich und nichtdiskriminierend behandeln.

16 Bevor die zuständige nationale Behörde über einen Antrag des Handelsplatzbetreibers entscheidet, setzt sie nach Art. 4 Abs. 4 Satz 1 VO Nr. 600/2014 die ESMA in Kenntnis. Dem Wortlaut nach scheint es so zu sein, dass die Vorlage an die ESMA nur dann zwingend erfolgen muss, wenn die Bescheidung positiv ausfallen soll, nicht jedoch bei einer Ablehnung. Allerdings spricht Erwägungsgrund Nr. 13 VO Nr. 600/2014 dafür, dass die **ESMA von allen Anträgen Kenntnis bekommen** sollte. Nur so kann sie bewerten, ob individuelle Anträge auf Anwendung einer Ausnahme mit Bestimmungen der MiFIR und den darauf aufbauenden delegierten Verordnungen vereinbar sind. Die Absicht, eine Ausnahme zu gewähren, hat die nationale Behörde der ESMA spätestens vier Monate vor deren Inkrafttreten mitzuteilen. Nach Erhalt der Meldung, hat die ESMA zwei Monate Zeit, sich zu dem Sachverhalt zu äußern. Die Einschaltung der ESMA ist ein interbehördlicher Vorgang, der die ESMA nicht zum Mitentscheider macht. Art. 4 Abs. 4 Satz 3 VO Nr. 600/2014 besagt, dass die ESMA lediglich eine unverbindliche Stellungnahme zur Vereinbarkeit der Ausnahme mit den Anforderungen der MiFIR nebst DelVO abgibt. Dies bedeutet, dass die nationale Behörde auch eine Ausnahme gewähren kann, wenn die ESMA ablehnend votieren sollte.

17 Neben der ESMA hat die zuständige nationale Behörde bei der Absicht, eine Ausnahme gewähren zu wollen, auch die **zuständigen Behörden in den anderen EU-Mitgliedstaaten zu informieren**. Unmittelbare Rechte haben diese Behörden in diesem Stadium nicht. Gewährt allerdings die nationale Behörde eine Ausnahme, und ist eine andere zuständige Behörde eines anderen Mitgliedstaates nicht damit einverstanden, so kann die nicht

---

1 Vgl. auch *Gomber/Nassauer*, ZBB 2014, 250, 254 f.
2 Bejahend zu alten Rechtslage *Vollmuth/Seifert* in Clouth/Lang, Rz. 905; *Beck/Röh* in Schwark/Zimmer, § 30 BörsG Rz. 38.
3 Vgl. hierzu § 22 Abs. 2 VwVerfG.
4 Vgl. § 2 Handelstransparenzausnahmen-VO 2018; österr. BGBl. 2017, Teil II Nr. 387.
5 So heißt es beispielsweise in der niederländischen Fassung von Art. 4 Abs. 1 VO Nr. 600/2014: „De bevoegde autoriteiten hebben de mogelijkheid …".

einverstandene Behörde die ESMA auffordern, sich erneut mit der Angelegenheit zu befassen. Die ESMA hat dann die Möglichkeit das Verfahren zur Beilegung von Meinungsverschiedenheiten zwischen zuständigen Behörden in grenzübergreifenden Fällen nach Art. 19 VO Nr. 1095/2010 einzuleiten. Für etwaige Meinungsverschiedenheiten zwischen der BaFin und einer Börsenaufsichtsbehörde kommt dieses Verfahren damit nicht in Betracht.

IV. Rücknahme gewährter Ausnahmen (Art. 4 Abs. 5 VO Nr. 600/2014). Art. 4 Abs. 5 Unterabs. 1 VO Nr. 600/2014 behandelt Gründe, die die BaFin bzw. die Börsenaufsichtsbehörde als national zuständige Behörden berechtigen, Ausnahmebewilligungen wieder aufzuheben. Dies betrifft erstens den Fall, in dem von der Ausnahme in einer von ihrem ursprünglichen Zweck abweichenden Weise Gebrauch gemacht wird, und zweitens den Fall, dass die Ausnahme zur Umgehung der in Art. 4 VO Nr. 600/2014 festgelegten Bestimmungen benutzt wird. Zugleich gibt Abs. 5 anderen zuständigen Behörden ein Antragsrecht zur Zurücknahme. BaFin und Börsenaufsichtsbehörde stehen zur Aufhebung ihrer Bewilligungen auch die allgemeine Vorschriften des deutschen Verwaltungsverfahrensrechts zur Verfügung. 18

Nehmen BaFin bzw. Börsenaufsichtsbehörde bewilligte Ausnahmen zurück, so informieren sie hierüber die ESMA und die zuständigen Behörden der anderen EU-Mitgliedstaaten. Die Information hat eine ausführliche Begründung der Rücknahme zu enthalten. Im Unterschied zur Parallelregelung bei Nichteigenkapitalinstrumenten in Art. 9 Abs. 3 Unterabs. 2 VO Nr. 600/2014 muss die Information nicht unverzüglich und auch nicht vor Entfaltung der Wirksamkeit erfolgen. 19

Keine Rücknahmen stellen die Aussetzungen der Ausnahmebewilligungen gem. Art. 5 Abs. 2 und 3 VO Nr. 600/2014 dar, mit denen Ausnahmen nach Art. 4 Abs. 1 lit. a bzw. lit. b Ziff. i VO Nr. 600/2014 für sechs Monate außer Kraft gesetzt werden, wenn die für die Ausnahmen relevanten Volumensbegrenzungen überschritten worden sind. Bei einer Aussetzung handelt es sich lediglich um eine zeitliche Unterbrechung; der ursprüngliche Verwaltungsakt lebt nach Ablauf der sechs Monate wieder auf, ohne dass es eines neuen Bescheids bedarf. Art. 5 Abs. 8 Satz 2 VO Nr. 600/2014 weist ausdrücklich darauf hin, dass die im Monatsrhythmus möglichen Aussetzungen unbeschadet von Art. 4 Abs. 5 VO Nr. 600/2014 möglich sind. 20

V. Rechtsschutz. Wird einem Antrag auf Ausnahmebewilligung durch eine in Deutschland zuständige Behörde (BaFin bzw. Börsenaufsichtsbehörde) nicht stattgegeben, so stellt dies einen belastenden Verwaltungsakt dar. Der Antragsteller kann gegen die Entscheidung der Behörde Widerspruch einlegen. Bleibt das Widerspruchsverfahren erfolglos, kann Verpflichtungsklage vor dem zuständigen VG erhoben werden. Gegen die Rücknahme einer gewährten Ausnahme kann der Betroffene nach erfolglosem Vorverfahren mit der Anfechtungsklage vorgehen. 21

Art. 5 Mechanismus zur Begrenzung des Volumens

(1) Um sicherzustellen, dass die Inanspruchnahme der Ausnahmen nach Artikel 4 Absatz 1 Buchstabe a und Artikel 4 Absatz 1 Buchstabe b Ziffer i die Kursbildung nicht unverhältnismäßig stark beeinträchtigt, wird der Handel unter diesen Ausnahmen wie folgt beschränkt:
a) der Prozentsatz der Handelsgeschäfte mit einem Finanzinstrument an einem Handelsplatz unter Inanspruchnahme der genannten Ausnahmen darf 4 % des gesamten Handelsvolumens des betreffenden Finanzinstruments an allen Handelsplätzen der gesamten Union in den vorangegangenen 12 Monaten nicht überschreiten;
b) EU-weit darf der Handel mit einem Finanzinstrument unter Inanspruchnahme der genannten Ausnahmen 8 % des gesamten Handelsvolumens des betreffenden Finanzinstruments an allen Handelsplätzen der gesamten Union in den vorangegangenen 12 Monaten nicht überschreiten.

Dieser Mechanismus zur Begrenzung des Handelsvolumens gilt nicht für ausgehandelte Geschäfte mit einer Aktie, einem Aktienzertifikat, einem börsengehandelten Fonds, einem Zertifikat oder einem anderen vergleichbaren Finanzinstrument, für die es keinen liquiden Markt nach Artikel 2 Absatz 1 Nummer 17 Buchstabe b gibt und die innerhalb eines Prozentsatzes eines angemessenen Referenzpreises gemäß Artikel 4 Absatz 1 Buchstabe b Ziffer ii abgeschlossen werden, oder für ausgehandelte Geschäfte, auf die andere Bedingungen als der jeweils geltende Marktkurs des betreffenden Finanzinstruments gemäß Artikel 4 Absatz 1 Buchstabe b Ziffer iii anwendbar sind.

(2) Wenn der Prozentsatz der Handelsgeschäfte mit einem Finanzinstrument an einem Handelsplatz unterInanspruchnahme der Ausnahmen die in Absatz 1 Ziffer a genannte Obergrenze überschritten hat, setzt die zuständige Behörde, die diese Ausnahmeregelungen für den betreffenden Handelsplatz genehmigt hat, innerhalb von zwei Arbeitstagen deren Anwendung für das betreffende Finanzinstrument auf diesem Handelsplatz unter Zugrundelegung der von der ESMA gemäß Absatz 4 veröffentlichten Daten für einen Zeitraum von sechs Monaten aus.

(3) Wenn der Prozentsatz der Handelsgeschäfte mit einem Finanzinstrument unter Inanspruchnahme dieser Ausnahmen an allen Handelsplätzen der gesamten Union die in Absatz 1 Ziffer b genannte Obergrenze überschritten hat, setzen alle zuständigen Behörden die Anwendung der Ausnahmeregelungen innerhalb von zwei Arbeitstagen unionsweit für einen Zeitraum von sechs Monaten aus.

(4) Die ESMA veröffentlicht innerhalb von fünf Arbeitstagen nach Ablauf eines jeden Kalendermonats das Gesamtvolumen des Unionshandels für jedes Finanzinstrument in den vorangegangenen 12 Monaten, den Prozentsatz der Handelsgeschäfte mit einem Finanzinstrument, die im vorangegangenen Zwölfmonatszeitraum unionsweit unter Anwendung der genannten Ausnahmeregelungen getätigt wurden, sowie den entsprechenden Prozentsatz für jeden Handelsplatz und die Methode, nach der diese Prozentsätze berechnet werden.

(5) Überstieg dem in Absatz 4 genannten Bericht zufolge der Handel mit einem Finanzinstrument unter Anwendung der Ausnahmeregelungen an einem Handelsplatz 3,75 % des gesamten unionsweiten Handels mit diesem Finanzinstrument in den vorangegangenen 12 Monaten, veröffentlicht die ESMA innerhalb von fünf Arbeitstagen nach dem 15. des Kalendermonats, in dem der in Absatz 4 genannte Bericht veröffentlicht wurde, einen weiteren Bericht. Er enthält die in Absatz 4 festgelegten Angaben für die Finanzinstrumente, deren Handel den Prozentsatz von 3,75 % überstiegen hat.

(6) Überstieg dem in Absatz 4 genannten Bericht zufolge der Handel mit einem Finanzinstrument unter Anwendung der Ausnahmeregelungen an einem Handelsplatz 7,75 % des gesamten EU-weiten Handels mit diesem Finanzinstrument im vorangegangenen Zwölfmonatszeitraum, veröffentlicht die ESMA innerhalb von fünf Arbeitstagen nach dem 15. des Kalendermonats, in dem der in Absatz 4 genannte Bericht veröffentlicht wurde, einen weiteren Bericht. Er enthält die in Absatz 4 festgelegten Angaben für die Finanzinstrumente, deren Handel den Prozentsatz von 7,75 % überstiegen hat.

(7) Um sicherzustellen, dass die Überwachung des Handels unter Inanspruchnahme dieser Ausnahmen auf verlässlicher Grundlage erfolgt und damit zuverlässig festgestellt werden kann, ob die in Absatz 1 genannten Obergrenzen überschritten wurden, werden die Betreiber von Handelsplätzen verpflichtet, Systeme und Verfahren einzurichten,

a) die die Identifizierung aller Handelsgeschäfte ermöglichen, die an ihren Handelsplätzen unter Inanspruchnahme dieser Ausnahmen getätigt wurden, und

b) mit denen sichergestellt wird, dass der im Rahmen dieser Ausnahmen nach Absatz 1 Ziffer a zulässige Prozentsatz von Handelsgeschäften unter keinen Umständen überschritten wird.

(8) Der Zeitraum, für den die Handelsdaten durch die ESMA veröffentlicht werden und in dem der Handel mit einem Finanzinstrument unter Inanspruchnahme dieser Ausnahmen zu überwachen ist, beginnt am 3. Januar 2017. Unbeschadet des Artikels 4 Absatz 5 erhalten die zuständigen Behörden die Befugnis, die Anwendung dieser Ausnahmeregelungen ab Inkrafttreten dieser Verordnung und danach auf monatlicher Basis auszusetzen.

(9) Die ESMA arbeitet Entwürfe technischer Regulierungsstandards aus, mit denen die Methode, einschließlich der Kennzeichnung der Geschäfte, festgelegt wird, mit der sie die Geschäftsdaten nach Absatz 4 zusammenstellt, berechnet und veröffentlicht, um das gesamte Handelsvolumen für jedes Finanzinstrument und die Prozentsätze der Handelsgeschäfte, bei denen EU-weit und an den einzelnen Handelsplätzen von diesen Ausnahmen Gebrauch gemacht wird, genau zu bestimmen.

Die ESMA legt der Kommission bis zum 3. Juli 2015 diese Entwürfe technischer Regulierungsstandards vor.

Der Kommission wird die Befugnis übertragen, die in Unterabsatz 1 genannten technischen Regulierungsstandards gemäß Artikel 10 bis 14 der Verordnung (EU) Nr. 1095/2010 zu erlassen.

In der Fassung vom 15.5.2014 (ABl. EU Nr. L 173 v. 12.6.2014, S. 84), geändert durch Verordnung (EU) 2016/1033 vom 23.6.2016 (ABl. EU Nr. L 175 v. 30.6.2016, S. 1).

**Delegierte Verordnung (EU) 2017/577 der Kommission vom 13. Juni 2016
zur Ergänzung der Verordnung (EU) Nr. 600/2014 des Europäischen Parlaments und des Rates über Märkte für Finanzinstrumente durch technische Regulierungsstandards für den Mechanismus zur Begrenzung des Volumens und die Bereitstellung von Informationen für Transparenz- und andere Berechnungen**

(Auszug)

Art. 6 Berichtspflichten für Handelsplätze und CTP für die Zwecke des Mechanismus zur Begrenzung des Volumens

(1) Für jedes Finanzinstrument, auf das die Transparenzanforderungen nach Artikel 3 der Verordnung (EU) Nr. 600/2014 Anwendung finden, übermitteln die Handelsplätze der zuständigen Behörde folgende Angaben:

a) das gesamte an diesem Handelsplatz mit dem Finanzinstrument ausgeführte Handelsvolumen;

b) das gesamte an diesem Handelsplatz unter Inanspruchnahme der Ausnahmeregelungen nach Artikel 4 Absatz 1 Buchstabe a bzw. Artikel 4 Absatz 1 Buchstabe b Ziffer i der Verordnung (EU) Nr. 600/2014 mit dem Finanzinstrument ausgeführte Handelsvolumen, wobei die Gesamtvolumina für jede Ausnahme gesondert ausgewiesen werden.

(2) Für jedes Finanzinstrument, auf das die Transparenzanforderungen nach Artikel 3 der Verordnung (EU) Nr. 600/2014 Anwendung finden, übermitteln die CTP der zuständigen Behörde auf deren Antrag folgende Daten:
a) das gesamte an allen Handelsplätzen in der Union mit dem Finanzinstrument ausgeführte Handelsvolumen, wobei die Gesamtvolumina für jeden Handelsplatz gesondert ausgewiesen werden;
b) das gesamte an allen Handelsplätzen in der Union unter Inanspruchnahme der Ausnahmeregelungen nach Artikel 4 Absatz 1 Buchstabe a bzw. Artikel 4 Absatz 1 Buchstabe b Ziffer i der Verordnung (EU) Nr. 600/2014 mit dem Finanzinstrument ausgeführte Handelsvolumen, wobei die Gesamtvolumina für jede Ausnahme und jeden Handelsplatz gesondert ausgewiesen werden.

(3) Die Handelsplätze und CTP übermitteln der zuständigen Behörde die Daten, auf die in den Absätzen 1 und 2 Bezug genommen wird, unter Verwendung der im Anhang enthaltenen Formate. Sie stellen insbesondere sicher, dass die von ihnen bereitgestellten Kennungen der Handelsplätze eine hinreichende Detailtiefe aufweisen, damit die zuständige Behörde und die ESMA die unter Inanspruchnahme C1 der Referenzkursausnahme und – für liquide Instrumente – der Ausnahme für ausgehandelte Geschäfte ausgeführten Handelsvolumina an jedem Handelsplatz ermitteln können und deren Anteil nach Artikel 5 Absatz 1 Buchstabe a der Verordnung (EU) Nr. 600/2014 berechnet werden kann.

(4) Für die Zwecke der Berechnung der Volumina nach den Absätzen 1 und 2
a) wird das Volumen eines einzelnen Geschäfts ermittelt, indem der Preis des Finanzinstruments mit der Anzahl der gehandelten Einheiten multipliziert wird;
b) wird das gesamte Handelsvolumen für jedes Finanzinstrument nach Absatz 1 Buchstabe a und Absatz 2 Buchstabe a bestimmt, indem das Volumen aller einzelnen und einfach gezählten Geschäfte mit diesem Finanzinstrument aggregiert wird;
c) werden die Handelsvolumina nach Absatz 1 Buchstabe b und Absatz 2 Buchstabe b ermittelt, indem die Volumina aller einzelnen und einfach gezählten Geschäfte mit diesem Finanzinstrument aggregiert werden, die im Einklang mit Tabelle 4 im Anhang I der Delegierten Verordnung (EU) 2017/587 unter den Kategorien „Referenzkurs" und „ausgehandelte Geschäfte mit liquiden Finanzinstrumenten" ausgewiesen werden.

(5) Die Handelsplätze und CTP aggregieren lediglich diejenigen Geschäfte, die in derselben Währung ausgeführt wurden und geben jedes aggregierte Volumen in der für die Geschäfte verwendeten Währung gesondert an.

(6) Die Handelsplätze übermitteln der zuständigen Behörde die Daten, auf die in den Absätzen 1 bis 5 Bezug genommen wird, am ersten und sechzehnten Tag jedes Kalendermonats bis 13:00 Uhr MEZ. Fällt der erste oder der sechzehnte Tag des Kalendermonats auf einen arbeitsfreien Tag des Handelsplatzes, so übermittelt der Handelsplatz der zuständigen Behörde die Daten am darauf folgenden Arbeitstag bis 13:00 Uhr MEZ.

(7) Die Handelsplätze legen der zuständigen Behörde die gesamten Handelsvolumina vor, die im Einklang mit den Absätzen 1 bis 5 für die folgenden Zeiträume ermittelt wurden:
a) für die am sechzehnten Tag jedes Kalendermonats einzureichenden Berichte erstreckt sich der Ausführungszeitraum vom ersten Tag bis zum fünfzehnten Tag desselben Kalendermonats;
b) für die am ersten Tag jedes Kalendermonats einzureichenden Berichte erstreckt sich der Ausführungszeitraum vom sechzehnten Tag bis zum letzten Tag des vorangegangenen Kalendermonats.

(8) Abweichend von den Absätzen 6 und 7 übermitteln Handelsplätze den ersten Bericht für ein Finanzinstrument am Tag des Anwendungsbeginns der Richtlinie 2014/65/EU und der Verordnung (EU) Nr. 600/2014 bis 13:00 Uhr MEZ und berücksichtigen darin die Handelsvolumina nach Absatz 1 für das vorangegangene Kalenderjahr. Zu diesem Zweck weisen die Handelsplätze für jeden Kalendermonat Folgendes gesondert aus:
a) die Handelsvolumina vom ersten bis zum fünfzehnten Tag jedes Kalendermonats;
b) die Handelsvolumina vom sechzehnten bis zum letzten Tag jedes Kalendermonats.

(9) Handelsplätze und CTP reagieren auf jedes Ad-hoc-Ersuchen der zuständigen Behörden zum Handelsvolumen im Zusammenhang mit der Berechnung, die zur Kontrolle der Inanspruchnahme der Referenzkursausnahme und der Ausnahme für ausgehandelte Geschäfte vorgenommen wird, vor Geschäftsschluss des nächsten Arbeitstages nach Erhalt des Ersuchens.

In der Fassung vom 13.6.2016 (ABl. EU Nr. L 87 v. 31.3.2017, S. 174), geändert durch Berichtigung vom 13.10.2017 (ABl. EU Nr. L 264 v. 13.10.2017, S. 25).

Art. 7 Berichtspflichten der zuständigen Behörden gegenüber der ESMA für die Zwecke des Mechanismus zur Begrenzung des Volumens und der Handelspflicht für Derivate

(1) Die zuständigen Behörden übermitteln der ESMA die von einem Handelsplatz oder CTP im Einklang mit Artikel 6 erhaltenen Daten an dem auf den Eingang folgenden Arbeitstag bis 13:00 Uhr MEZ.

(2) Die zuständigen Behörden übermitteln der ESMA unverzüglich und spätestens binnen drei Arbeitstagen nach Eingang die von einem Handelsplatz, APA oder CTP erhaltenen Daten, damit festgestellt werden kann, ob die Derivate im Sinne des Artikels 1 Buchstabe h ausreichend liquide sind.

In der Fassung vom 13.6.2016 (ABl. EU Nr. L 87 v. 31.3.2017, S. 174), geändert durch Berichtigung vom 13.10.2017 (ABl. EU Nr. L 264 v. 13.10.2017, S. 25).

Art. 8 Berichtspflichten der ESMA für die Zwecke des Mechanismus zur Begrenzung des Volumens

(1) Die ESMA veröffentlicht im Einklang mit Artikel 5 Absätze 4, 5 und 6 der Verordnung (EU) Nr. 600/2014 das gesamte Handelsvolumen für jedes Finanzinstrument in den vorangegangenen 12 Monaten und die Prozentsätze der Handels-

Art. 5 VO Nr. 600/2014 | Mechanismus zur Begrenzung des Volumens

geschäfte, bei denen unionsweit und an den einzelnen Handelsplätzen von der Ausnahme für ausgehandelte Geschäfte und der Referenzkursausnahme in den vorangegangenen 12 Monaten Gebrauch gemacht wurde, spätestens um 22:00 Uhr MEZ am fünften Arbeitstag nach Ablauf der in Artikel 6 Absatz 6 der vorliegenden Verordnung festgelegten Berichtszeiträume.

(2) Die Veröffentlichung nach Absatz 1 ist gebührenfrei und erfolgt in einem maschinenlesbaren und vom Menschen lesbaren Format im Sinne von Artikel 14 der Delegierten Verordnung (EU) 2017/571 der Kommission und von Artikel 13 Absätze 4 und 5 der Delegierten Verordnung (EU) 2017/567.

(3) Wird ein Finanzinstrument in mehr als einer Währung in der Union gehandelt, so rechnet die ESMA sämtliche Volumina anhand des durchschnittlichen Wechselkurses auf der Grundlage der täglichen Euro-Wechselkurse, die in den vorangegangenen 12 Monaten auf der Website der Europäischen Zentralbank veröffentlicht wurden, in Euro um. Diese umgerechneten Volumina werden für die Berechnung und Veröffentlichung des gesamten Handelsvolumens sowie der Prozentsätze der Handelsgeschäfte nach Absatz 1 verwendet, bei denen unionsweit und an den einzelnen Handelsplätzen von der Ausnahme für ausgehandelte Geschäfte und der Referenzkursausnahme Gebrauch gemacht wurde.

In der Fassung vom 13.6.2016 (ABl. EU Nr. L 87 v. 31.3.2017, S. 174), geändert durch Berichtigung vom 13.10.2017 (ABl. EU Nr. L 264 v. 13.10.2017, S. 25).

Schrifttum: *Gomber/Nassauer*, Neuordnung der Finanzmärkte in Europa durch MiFID II/MiFIR, ZBB 2014, 250.

I. Regelungsgegenstand 1	III. Aussetzungsverfahren (Art. 5 Abs. 2 ff. VO Nr. 600/2014) 5
II. Begrenzungsmechanismus (Art. 5 Abs. 1 VO Nr. 600/2014) 3	IV. Spezifische Organisationspflichten (Art. 5 Abs. 7 VO Nr. 600/2014) 6

1 **I. Regelungsgegenstand.** Art. 5 VO Nr. 600/2014 (MiFIR) schreibt in den Abs. 1–6 die Tatbestände für zwei in Art. 4 VO Nr. 600/2014 geregelte **Ausnahmetatbestände** fort. Zum einen wird die Ausnahme für Systeme, die auf einen Referenzkurs zurückgreifen (Art. 4 Abs. 1 lit. a VO Nr. 600/2014), und zum anderen die Ausnahme für Systeme, die ausgehandelte Geschäfte in Instrumenten formalisieren, für die ein liquider Markt besteht (Art. 4 Abs. 1 lit. b Ziff. i VO Nr. 600/2014), weiter präzisiert. Geregelt wird eine **volumenmäßige Beschränkung publizitätsbefreiter Geschäfte**, gleichgültig, ob diese auf nur einer der beiden Ausnahmen oder auf beiden beruht. Die Begründung für die Begrenzung der Ausnahmereichweite liefert Art. 4 Abs. 1 VO Nr. 600/2014 mit: Es geht um die Vermeidung negativer Auswirkungen auf die Marktpreisbildung in den betreffenden Werten[1].

2 In Art. 5 Abs. 7 VO Nr. 600/2014 werden zudem spezifische Organisationspflichten für die Handelsplatzbetreiber beschrieben, die eine Ausnahmebewilligung nach Art. 4 Abs. 1 lit. a bzw. b Ziff. i VO Nr. 600/2014 erhalten haben. Diese habe sich so aufzustellen, dass Volumenbegrenzungen richtig ermittelt werden können und – soweit sich diese auf den eigenen Handelsplatz beziehen – auch nicht überschritten werden.

3 **II. Begrenzungsmechanismus (Art. 5 Abs. 1 VO Nr. 600/2014).** Nach Art. 5 Abs. 1 VO Nr. 600/2014 darf der Handel, der auf der Grundlage der Ausnahmen nach Art. 4 Abs. 1 lit. a und/oder b Ziff. i VO Nr. 600/2014 ohne Vorhandelstransparenz stattfinden soll, am Handelsplatz selbst (*Trading Venue Level*) und bezogen auf alle anderen Handelsplätze in der EU (*EU Level*) einem gewissen Prozentsatz des gesamten Handelsvolumens des betreffenden Finanzinstruments an allen Handelsplätzen in der EU in den vergangenen 12 Monaten nicht überschreiten. Erstens (Art. 5 Abs. 1 Unterabs. 1 lit. a VO Nr. 600/2014) darf der Handel im System in einem transparenzbefreiten Wert nicht über **vier Prozent** liegen, gemessen am gesamten Handelsvolumens des betreffenden Finanzinstruments an allen Handelsplätzen der EU in den vorangegangenen 12 Monaten. Zweitens (Art. 5 Abs. 1 Unterabs. 1 lit. b VO Nr. 600/2014) dürfen transparenzbefreite Geschäfte in dem betreffenden Wert in der EU nur maximal **acht Prozent** des gesamten Handelsvolumens des betreffenden Finanzinstruments an allen Handelsplätzen der EU in vorangegangenen 12 Monaten ausmachen. Es handelt sich dabei um eine sog. zweifache bzw. doppelte Volumenbegrenzung (*double volume cap*). Keiner der beiden Werte darf überschritten sein, damit die Ausnahme zu Anwendung gelangen kann.

4 Art. 5 Abs. 1 Unterabs. 2 VO Nr. 600/2014 hält ausdrücklich fest, dass der Begrenzungsmechanismus nicht für die Fälle von Art. 4 Abs. 1 lit. b Ziff. ii und iii VO Nr. 600/2014 gilt.

5 **III. Aussetzungsverfahren (Art. 5 Abs. 2 ff. VO Nr. 600/2014).** Wie zu verfahren ist, wenn einer der beiden Prozentsätze nach der Gewährung der Ausnahme überschritten wird, ist in Art. 5 Abs. 2 und 3 VO Nr. 600/2014 ausgeführt. Wird die handelsplatzbezogene 4 %-Marke bzw. die die EU-weite 8 %-Grenze überschritten, so setzt die zuständige Behörde, also die BaFin oder Börsenaufsichtsbehörde, innerhalb von zwei Arbeitstagen die Anwendung der Ausnahme für sechs Monate aus. Bei Überschreitung der 8 %-Gesamtgrenze sind zugleich alle anderen Behörden in der EU angesprochen, die einem Handelsplatz eine Ausnahme nach Art. 4 Abs. 1 lit. a und/oder b Ziff. i VO Nr. 600/2014 gewährt haben. Die Aussetzung der deutschen Behörde ist ein **Verwal-**

---

[1] Vgl. auch Erwägungsgrund Nr. 17 VO Nr. 600/2014 und *Gomber/Nassauer*, ZBB 2014, 250, 254.

tungsakt und ergeht **von Amts wegen**. Ein Ermessen besteht in diesem Falle nicht. Das Verfahren der Aussetzung ermöglicht es, dass neu hinzukommende Handelsplätze eine Befreiung beantragen können, auch wenn andere Plätze bereits acht Prozent des EU-weiten Handels erreicht haben. Die Berechnungen für die Volumenbegrenzung liefert die ESMA gem. Art. 5 Abs. 4 VO Nr. 600/2014 auf monatlicher Basis[1]. Die ESMA erhält die Datenzulieferungen auf Grundlage der Art. 6 und 7 DelVO 2017/577 (abgedruckt nach dem Gesetzestext von Art. 5 VO Nr. 600/2014). Nach Art. 5 Abs. 5 und 6 VO Nr. 600/2014 veröffentlicht die ESMA im Falle des Vorliegens auch monatlich die Tatsache, wenn ein Handelsplatz in einem Wert die **Marke von 3,75 %** oder der EU-weit publizitätsbefreite Handel in einem Wert die **Grenze von 7,75 %** übersteigt. Ausweislich des Art. 5 Abs. 8 Satz 2 VO Nr. 600/2014 steht das Aussetzungsverfahren, dass im Monatsrhythmus zur Anwendung kommt, neben den Rücknahmegründen für die Ausnahmegewährung in Art. 4 Abs. 5 VO Nr. 600/2014 (s. Art. 4 VO Nr. 600/2014 Rz. 18 ff.). Die Aussetzung endet automatisch mit Fristablauf von sechs Monaten. Die Wirkung des ursprünglichen Verwaltungsaktes lebt wieder auf.

IV. Spezifische Organisationspflichten (Art. 5 Abs. 7 VO Nr. 600/2014). Art. 5 Abs. 7 VO Nr. 600/2014 enthält spezifische Organisationspflichten für Betreiber eines Handelsplatzes für den Fall, dass Ausnahmen von der Vorhandelstransparenz nach Art. 4 Abs. 1 lit. a und/oder b Ziff. i VO Nr. 600/2014 gewährt worden sind. Zum einen geht es um die Schaffung einer **Identifizierungsmöglichkeit aller Handelsgeschäfte**, die an seinem Handelsplatz **unter Inanspruchnahme der beiden Ausnahmen** getätigt wurden und zum anderen um die Sicherstellung, dass die **4 %-Marke nicht überschritten** wird. Die Identifizierung der Geschäfte wird dadurch sichergestellt, dass der Handelsplatzbetreiber an der im Transaction- und Trade-Reporting der Handelsteilnehmer geforderten Kennzeichnung („*flagging*") mitwirkt. Nach Art. 26 Abs. 1 und 7 VO Nr. 600/2014 i.V.m. Art. 1 und Tabelle 2 Zeile 61 DelVO 2017/590 und Art. 6 Abs. 1 VO Nr. 600/2014 i.V.m. Art. 12 Abs. 1 und Anhang I Tabelle 4 DelVO 2017/587 sind Geschäfte, die unter einer Befreiung nach Art. 4 Abs. 1 lit. a VO Nr. 600/2014 abgeschlossen worden sind, mit der Referenz „RFPT" (*Reference price transaction*) und nach Art. 4 Abs. 1 lit. b Ziff. i VO Nr. 600/2014 befreite Geschäfte mit „NLIQ" (*Negotiated transaction in liquid financial instruments*) zu kennzeichnen. Hinsichtlich der Überwachung der Einhaltung der 4 %-Grenze ist ein Verfahren einzurichten, bei dem die Veröffentlichungen der ESMA zu den Berechnungsgrundlagen ausgewertet werden und bei einer Annäherung des Prozentsatzes in einem Wert an die 4 %-Marke geeignete Maßnahmen getroffen werden, um ein Überschreiten zu verhindern. Etwaige geschäftsbegrenzende Maßnahmen, wie z.B. Handelszeitbeschränkungen oder nichtdiskriminierende Volumens- und Anzahlbegrenzungen, sollten zur Erleichterung des Einsatzes im Regelwerk des Handelsplatzes verankert sein.

Aufgrund der Formulierung in Art. 5 Abs. 7 VO Nr. 600/2014 „… *werden die Betreiber von Handelsplätzen verpflichtet*, …" lässt sich nicht eindeutig ableiten, ob die beiden Pflichten mit Erlass der Ausnahmebewilligung kraft Gesetzes entstehen oder ob die Behörde im Verwaltungsakt nochmals eigens den Zusatz aufnehmen muss, dass die in Art. 5 Abs. 7 VO Nr. 600/2014 geregelten Pflichten zu beachten sind. Unklarheiten beim Normbefehl sollten nicht zu Lasten des Pflichtigen gehen, weshalb die Behörde die Geltung des Art. 5 Abs. 7 VO Nr. 600/2014 anordnen sollte, zumal die Einhaltung der Pflichten der Art. 3 ff. VO Nr. 600/2014 Gegenstand der Prüfungen nach §§ 87 f. WpHG sind.

Art. 6 Nachhandelstransparenzanforderungen für Handelsplätze im Hinblick auf Aktien, Aktienzertifikate, börsengehandelte Fonds, Zertifikate und andere vergleichbare Finanzinstrumente

(1) Marktbetreiber und Wertpapierfirmen, die einen Handelsplatz betreiben, veröffentlichen den Preis, das Volumen sowie den Zeitpunkt der Geschäfte im Hinblick auf Aktien, Aktienzertifikate, börsengehandelte Fonds, Zertifikate und andere vergleichbare Finanzinstrumente, die an dem Handelsplatz gehandelt werden. Marktbetreiber und Wertpapierfirmen, die einen Handelsplatz betreiben, veröffentlichen die Einzelheiten zu sämtlichen Geschäften so nah in Echtzeit wie technisch möglich.

(2) Marktbetreiber und Wertpapierfirmen, die einen Handelsplatz betreiben, gewähren Wertpapierfirmen, die Einzelheiten zu ihren Geschäften mit Aktien, Aktienzertifikaten, börsengehandelten Fonds, Zertifikaten und anderen vergleichbaren Finanzinstrumenten gemäß Artikel 20 offenlegen müssen, zu angemessenen kaufmännischen Bedingungen und diskriminierungsfrei den Zugang zu den Systemen, die sie für die Veröffentlichung der Angaben nach Absatz 1 dieses Artikels anwenden.

In der Fassung vom 15.5.2014 (ABl. EU Nr. L 173 v. 12.6.2014, S. 84).

---

[1] Vgl. hierzu auch Art. 8 DelVO 2017/577; die Daten sind auf www.esma.europa.eu abrufbar.

**Delegierte Verordnung (EU) 2017/587 der Kommission vom 14. Juli 2016
zur Ergänzung der Verordnung (EU) Nr. 600/2014 des Europäischen Parlaments und des Rates über Märkte für Finanzinstrumente durch technische Regulierungsstandards mit Transparenzanforderungen für Handelsplätze und Wertpapierfirmen in Bezug auf Aktien, Aktienzertifikate, börsengehandelte Fonds, Zertifikate und andere vergleichbare Finanzinstrumente und mit Ausführungspflichten in Bezug auf bestimmte Aktiengeschäfte an einem Handelsplatz oder über einen systematischen Internalisierer**

(Auszug)

Art. 12 Nachhandelstransparenzpflichten

(Artikel 6 Absatz 1 und Artikel 20 Absätze 1 und 2 der Verordnung (EU) Nr. 600/2014)

1. Marktbetreiber und Wertpapierfirmen, die einen Handelsplatz betreiben, sowie außerhalb der Vorschriften eines Handelsplatzes handelnde Wertpapierfirmen veröffentlichen die Einzelheiten der einzelnen Geschäfte unter Anwendung der Referenztabellen 2, 3 und 4 in Anhang I.
2. Wird ein früher veröffentlichter Handelsbericht storniert, veröffentlichen die außerhalb eines Handelsplatzes handelnden Wertpapierfirmen, die Marktbetreiber und die Wertpapierfirmen, die einen Handelsplatz betreiben, einen neuen Handelsbericht, der sämtliche Einzelheiten des ursprünglichen Handelsberichts sowie den in Anhang I Tabelle 4 erläuterten Stornohinweis enthält.
3. Wird ein früher veröffentlichter Handelsbericht geändert, veröffentlichen die Marktbetreiber und die Wertpapierfirmen, die einen Handelsplatz betreiben, sowie die außerhalb eines Handelsplatzes handelnden Wertpapierfirmen die folgenden Informationen:
    a) einen neuen Handelsbericht, der sämtliche Einzelheiten des ursprünglichen Handelsberichts sowie den in Anhang I Tabelle 4 erläuterten Stornohinweis enthält;
    b) einen neuen Handelsbericht, der sämtliche Einzelheiten des ursprünglichen Handelsberichts sowie alle notwendigen Korrekturen zu Einzelheiten und den in Anhang I Tabelle 4 erläuterten Änderungshinweis enthält.
4. Wird ein Geschäft zwischen zwei Wertpapierfirmen entweder für eigene Rechnung oder im Namen von Kunden außerhalb der Vorschriften eines Handelsplatzes getätigt, veröffentlicht nur die Wertpapierfirma, die das betreffende Finanzinstrument veräußert, das Geschäft über ein genehmigtes Veröffentlichungssystem (APA).
5. Abweichend von Absatz 4 hat in dem Falle, in dem nur eine der an dem Geschäft beteiligten Wertpapierfirmen ein systematischer Internalisierer für das betreffende Finanzinstrument ist und als Käufer handelt, nur diese Firma für die Veröffentlichung über ein genehmigtes Veröffentlichungssystem Sorge zu tragen und informiert den Verkäufer über die ergriffene Maßnahme.
6. Die Wertpapierfirmen müssen alle angemessenen Maßnahmen ergreifen, um sicherzustellen, dass das Geschäft als ein einziges Geschäft veröffentlicht wird. In diesem Sinne sind zwei zusammengeführte Geschäftsabschlüsse, die zur gleichen Zeit und zum gleichen Preis mit einer einzigen zwischengeschalteten Partei getätigt werden, als ein einziges Geschäft anzusehen.

In der Fassung vom 14.7.2016 (ABl. EU Nr. L 87 v. 31.3.2017, S. 387).

Art. 14 Veröffentlichung der Geschäfte in Echtzeit

(Artikel 6 Absatz 1 der Verordnung (EU) Nr. 600/2014)

1. Die Nachhandelsinformationen über Geschäfte, die an einem bestimmten Handelsplatz stattfinden, werden wie folgt veröffentlicht:
    a) bei Geschäften, die während der täglichen Handelszeiten des Handelsplatzes stattfinden, so nah in Echtzeit wie technisch möglich und in jedem Fall innerhalb von einer Minute nach dem betreffenden Geschäft;
    b) bei Geschäften, die außerhalb der täglichen Handelszeiten des Handelsplatzes stattfinden, vor Beginn des nächsten Handelstages an diesem Handelsplatz.
2. Die Nachhandelsinformationen über Geschäfte, die außerhalb eines Handelsplatzes stattfinden, werden wie folgt veröffentlicht:
    a) bei Geschäften, die während der täglichen Handelszeiten des gemäß Artikel 4 bestimmten unter Liquiditätsaspekten wichtigsten Marktes für die Aktie, das Aktienzertifikat, den börsengehandelten Fonds, das Zertifikat oder das betreffende andere vergleichbare Finanzinstrument oder während der täglichen Handelszeiten der Wertpapierfirma stattfinden, so nah in Echtzeit wie technisch möglich und in jedem Fall innerhalb von einer Minute nach dem betreffenden Geschäft;
    b) bei Geschäften, die unter Umständen stattfinden, die nicht durch Buchstabe a abgedeckt sind, unmittelbar bei Beginn der täglichen Handelszeiten der Wertpapierfirma und spätestens vor Beginn des nächsten Handelstages am gemäß Artikel 4 bestimmten unter Liquiditätsaspekten wichtigsten Markt.
3. Informationen über ein Portfoliogeschäft sind für jedes zugehörige Geschäft so nah in Echtzeit wie technisch möglich zu veröffentlichen, wobei der Notwendigkeit der Zuweisung von Preisen zu bestimmten Aktien, Aktienzertifikaten, börsengehandelten Fonds, Zertifikaten und anderen vergleichbaren Finanzinstrumenten Rechnung zu tragen ist. Jedes zugehörige Geschäft wird gesondert bewertet, um zu ermitteln, ob eine spätere Veröffentlichung über dieses Geschäft im Sinne von Artikel 15 anwendbar ist.

In der Fassung vom 14.7.2016 (ABl. EU Nr. L 87 v. 31.3.2017, S. 387).

Anhang I

(nicht abgedruckt)

Schrifttum: *Hoops*, Die Regulierung von Marktdaten nach der MiFID II, WM 2018, 205; *Temporale* (Hrsg.), Europäische Finanzmarktregulierung, 2015.

I. Regelungsgegenstand und systematische Stellung der Vorschrift 1	3. Zeitpunkt der Veröffentlichung 11
II. Einzelheiten zu Art. 6 Abs. 1 VO Nr. 600/2014 8	4. Veröffentlichungsmodalitäten 13
1. Personeller und gegenständlicher Anwendungsbereich 8	**III. Daten- und Systemzugang für veröffentlichungspflichtige Wertpapierfirmen (Art. 6 Abs. 2 VO Nr. 600/2014)** 15
2. Veröffentlichungsinhalt 10	

I. Regelungsgegenstand und systematische Stellung der Vorschrift. Während Art. 3 VO Nr. 600/2014 (MiFIR) die Grundregel für die Vorhandelstransparenz an Handelsplätzen bildet, an denen Aktien, Aktienzertifikate, börsengehandelte Fonds, Zertifikate und andere vergleichbare Finanzinstrumente (Eigenkapitalinstrumente; *equity instruments*) gehandelt werden, trifft Art. 6 VO Nr. 600/2014 die grundlegenden Aussagen zur **Nachhandelstransparenzpflicht** an diesen Handelsplätzen. Die Betreiber haben für Geschäfte, die an ihrem Handelsplatz geschlossen worden sind, den Preis, das Volumen sowie den Zeitpunkt der Geschäfte zu veröffentlichen (Art. 6 Abs. 1 Satz 1 VO Nr. 600/2014). Die Veröffentlichung der Einzelheiten zu den Geschäften hat so nah in Echtzeit wie technisch möglich zu erfolgen (Art. 6 Abs. 1 Satz 2 VO Nr. 600/2014). Art. 7 Abs. 1 VO Nr. 600/2014 regelt die Fälle, in denen mit behördlicher Erlaubnis eine spätere Veröffentlichung statthaft ist. Art. 7 Abs. 2 Unterabs. 1 lit. a VO Nr. 600/2014 enthält zudem die Ermächtigung, die in Art. 6 Abs. 1 Satz 2 VO Nr. 600/2014 angesprochenen Einzelheiten zu den offenzulegenden Angaben und weitere Kennzeichnungen der Geschäfte mittels delegierter Verordnung festzulegen. Auch die Frist, die als Erfüllung der Verpflichtung anzusehen ist, eine Veröffentlichung so nah in Echtzeit wie möglich vorzunehmen, wenn ein Handel außerhalb der üblichen Handelszeiten vorgenommen wird, kann nach Art. 7 Abs. 2 Unterabs. 1 lit. b VO Nr. 600/2014 durch delegierte Verordnung erlassen werden. Die entsprechenden Vorschriften sind mit Art. 12 Abs. 1 i.V.m. Anhang I Tabellen 2, 3 und 4 sowie Art. 14 DelVO 2017/587 erlassen worden. 1

Die Veröffentlichung über Geschäfte mit Eigenkapitalinstrumenten dient dem Ziel der umfassenden und zeitnahen Transparenz des Marktgeschehens[1]. Zusammen mit der Vorhandelstransparenz wird Effizienz des Preisbildungsprozesses in den handelbaren Werten platzübergreifend gewährleistet[2]. S. zum Publizitätskonzept insgesamt bereits Art. 3 VO Nr. 600/2014 Rz. 1. 2

Art. 6 Abs. 1 VO Nr. 600/2014 besitzt auch Relevanz für die Nachhandelstransparenz von Wertpapierfirmen, die Geschäfte außerhalb von Handelsplätzen für eigene Rechnung oder im Namen von Kunden in Eigenkapitalinstrumenten, die an einem Handelsplatz gehandelt werden, geschlossen haben. Diese Firmen sind nach **Art. 20 Abs. 1 Satz 1 VO Nr. 600/2014** wie die Betreiber von Handelsplätzen verpflichtet, das Volumen und den Kurs dieser Geschäfte sowie den Zeitpunkt ihres Abschlusses eines Geschäfts zu veröffentlichen (s. Art. 20 VO Nr. 600/2014 Rz. 16). Art. 20 Abs. 2 VO Nr. 600/2014 verweist hinsichtlich der Informationsdetails und der Veröffentlichungsfrist auf die Anforderungen des Art. 6 VO Nr. 600/2014 nebst den durch delegierte Verordnungen erlassenen technischen Regulierungsstandards. 3

Die Vorgängerregelungen unter der Geltung der MiFID von 2004 befanden sich für MTF in § 31g Abs. 2 ff. WpHG a.F. und für den börslichen Handel in § 31 BörsG. Diese bezogen sich auf Aktien und aktienvertretende Zertifikate. 4

Die **Überwachung**, ob die Nachhandelstransparenzanforderungen nach Art. 6 und 7 VO Nr. 600/2014 eingehalten werden, obliegt der zuständigen Behörde des Mitgliedstaates, in denen die verpflichteten Handelsplatzbetreiber ihren Sitz haben; vgl. Art. 67, 69 RL 2014/65/EU. Der deutsche Gesetzgeber hat, soweit es nicht den börslichen Bereich betrifft, die Aufsicht über die Vorschriften aus der MiFIR der BaFin übertragen, § 6 Abs. 2 WpHG. Darüber hinaus sind Art. 6 und 7 VO Nr. 600/2014 in den Anwendungsbereich der Überwachungsbzw. Prüfungsvorschriften §§ 88 und 89 WpHG einbezogen. Aus § 3 Abs. 1 BörsG ergibt sich, dass die Börsenaufsichtsbehörde zuständige Behörde ist, soweit die Pflichten von Börsenträgern und Börsen betroffen sind. 5

Werden Veröffentlichungen nach Art. 6 Abs. 1 VO Nr. 600/2014 vorsätzlich oder leichtfertig nicht, nicht richtig, nicht vollständig, nicht in der vorgeschriebenen Weise oder nicht rechtzeitig vorgenommen, so stellt dies eine **Ordnungswidrigkeit** dar (§ 120 Abs. 9 Nr. 1 lit. b WpHG bzw. § 50 Abs. 5 Nr. 1 lit. b BörsG). Vorgenommene Sanktionen werden von der Bußgeldbehörde (BaFin bzw. Börsenaufsichtsbehörde) gem. § 126 Abs. 1 Satz 1 Nr. 3 WpHG bzw. § 50a BörsG öffentlich bekannt gegeben. 6

Bei der Beurteilung, ob Art. 6 VO Nr. 600/2014 ein **Schutzgesetz** i.S.d. § 823 Abs. 2 BGB darstellt, ist entsprechend dem Zweck, dass die Nachhandelstransparenzpflicht vornehmlich der Verbesserung der Markteffi- 7

---

[1] Vgl. Allgemeinverfügung der BaFin – Nachhandelstransparenz Handelsplätze, die nicht durch eine Börse betrieben werden/Eigenkapitalinstrumente – v. 2.1.2018, WA 21 – FR 1900-2017/0001.
[2] Erwägungsgrund Nr. 1 DelVO 2017/583.

zienz dient und das Informationsbedürfnis der Anleger und Handelsteilnehmer eher reflexartig schützt, Zurückhaltung angezeigt[1].

8 **II. Einzelheiten zu Art. 6 Abs. 1 VO Nr. 600/2014. 1. Personeller und gegenständlicher Anwendungsbereich.** Die nach Art. 6 Abs. 1 VO Nr. 600/2014 zur Nachhandelstransparenz Verpflichteten sind wie bei der Vorhandelstransparenz gem. Art. 3 Abs. 1 VO Nr. 600/2014 **Marktbetreiber und Wertpapierfirmen, die einen Handelsplatz betreiben**. Auf die Ausführungen unter Art. 3 VO Nr. 600/2014 Rz. 8 ff. kann daher verwiesen werden.

9 Die die von Art. 6 Abs. 1 VO Nr. 600/2014 erfassten Geschäfte über Finanzinstrumente betreffen Erwerbs- bzw. Veräußerungsvorgänge über die Eigenkapitalinstrumente, die bereits Gegenstand der Vorhandelstransparenz waren. Hinsichtlich der Definition der an Handelsplätzen gehandelten Finanzinstrumente kann daher auf Art. 3 VO Nr. 600/2014 Rz. 13 ff. verwiesen werden.

10 **2. Veröffentlichungsinhalt.** Inhaltlich umfassen die im Rahmen der Nachhandelstransparenz zu veröffentlichenden Informationen gem. Art. 6 Abs. 1 Satz 1 VO Nr. 600/2014 **den Preis, das Volumen sowie den Zeitpunkt der Geschäfte**. Zu diesen drei Angaben kommen – wie in Art. 6 Abs. 1 Satz 2 VO Nr. 600/2014 angedeutet – weitere Einzelheiten hinzu, die sich aus Tabellen 2 und 3 des Anhang I zu Art. 12 Abs. 1 DelVO 2017/587 ergeben. Genannt werden dort:
- Datum und Uhrzeit des Handels
- Kennung des Instruments
- Preis
- Preiswährung
- Menge
- Ausführungsplatz
- Datum und Uhrzeit der Veröffentlichung
- Veröffentlichungsplatz
- Transaktionsidentifikationscode.

Zusätzlich sind die Geschäfte noch mit vorgegebenen Kennzeichnungen zu versehen, die das Geschäft bzw. den Grund der Veröffentlichung näher charakterisieren. Tabelle 4 des Anhang I DelVO 2017/587 sieht hierfür 18 Möglichkeiten vor. Art. 12 DelVO 2017/587 beruht auf der Grundlage von Art. 7 Abs. 2 lit. a VO Nr. 600/2014.

11 **3. Zeitpunkt der Veröffentlichung.** Art. 14 Abs. 1 DelVO 2017/587 geht auf die Veröffentlichung „so nah in Echtzeit wie technisch möglich" ein. Wenngleich Art. 7 Abs. 2 lit. b VO Nr. 600/2014 nur die Ermächtigung vorsieht, zu definieren, was dies bei Geschäften, die außerhalb der täglichen Handelszeiten des Handelsplatzes stattfinden, bedeutet, so geht Art. 14 Abs. 1 lit. a DelVO 2017/587 auch auf die Definition ein, wenn Geschäfte während der täglichen Handelszeiten des Handelsplatzes stattfinden. Hierzu heißt es, dass Geschäfte während der täglichen Handelszeiten so nah in Echtzeit wie technisch möglich und **in jedem Fall innerhalb von einer Minute nach dem betreffenden Geschäft** zu veröffentlichen sind. Damit wird zwar nicht wirklich weiter vertieft, was so nah in Echtzeit im Rahmen des technisch Möglichen bedeutet. Es wird vielmehr eine Art Toleranzschwelle festgelegt, die Echtzeit fingiert, auch wenn die Veröffentlichung in technischer Hinsicht ggf. sogar schneller ginge. Dem Erwägungsgrund Nr. 12 Satz 2 DelVO 2017/587 lässt sich entnehmen, dass das Zeitlimit lediglich in Ausnahmefällen in Anspruch genommen werden sollte, wenn die verfügbare Systeme keine kurzfristigere Veröffentlichung zulassen. In der Literatur wird vertreten, dass „so nah in Echtzeit wie technisch möglich" dem deutschen Rechtsbegriff „unverzüglich" entspricht[2]. In Erwägungsgrund Nr. 12 Satz 1 DelVO 2017/587 ist von „so schnell wie technisch möglich" die Rede. Ausweislich der Verordnungsbegründung soll die (ungeschriebene) Pflicht bestehen, dass der Handelsplatzbetreiber angemessene Bemühungen auf dem Gebiet der kostenmäßigen Unterhaltung und der Effizienz seines Veröffentlichungssystems unternimmt.

12 Für **Geschäfte, die außerhalb der täglichen Handelszeiten des Handelsplatzes stattfinden**, ist die Veröffentlichung vor Beginn des nächsten Handelstages an diesem Handelsplatz vorzunehmen; Art. 14 Abs. 1 lit. a DelVO 2017/587. Ein Anwendungsfall für diese Art von Geschäften könnte beispielsweise die Eingabe ausgehandelter Geschäfte in das System sein.

13 **4. Veröffentlichungsmodalitäten.** Das Veröffentlichen der Nachhandelstransparenzdaten bedeutet nicht das bedingungslose Zugänglichmachen der Daten an die Allgemeinheit. Nach Art. 13 Abs. 1 Satz 1 VO Nr. 600/ 2014 muss der Betreiber des Handelsplatzes die zu veröffentlichten Angaben **zu angemessenen kaufmännischen Bedingungen und in nichtdiskriminierender Weise** offenzulegen. Grundsätzlich erfolgt dies auf privatrechtlicher Grundlage. Denkbar ist bei Börsen gem. § 2 Abs. 1 BörsG aber auch, dass die Bereitstellung von Marktdaten im Rahmen eines öffentlich-rechtlichen Verhältnisses erfolgt und die Geldleistung in Form von

---

1 Schutzgesetzcharakter der Nachhandelstransparenzpflicht verneinend Beck/Röh in Schwark/Zimmer, § 31 BörsG Rz. 16 und Fuchs in Fuchs, Vor §§ 31 ff. WpHG Rz. 110.
2 Buck-Heeb, Kapitalmarktrecht, § 3 Rz. 142 unter Berufung auf § 31 BörsG a.F.

Gebühren bzw. Beiträgen erfolgt. Die Details, was unter angemessenen kaufmännischen Bedingungen und nichtdiskriminierend zu verstehen ist, ergibt sich aus Art. 7 ff. DelVO 2017/567 (s. Art. 12, 13 VO Nr. 600/2014 Rz. 7 ff.). Erst mit einer **Zeitverzögerung von 15 Minuten** können die Daten von etwaigen Interessenten **kostenlos** bezogen werden, Art. 13 Abs. 1 Satz 2 VO Nr. 600/2014. Das Regelungsgefüge des Art. 6 Abs. 1 VO Nr. 600/2014 unterscheidet nicht zwischen Handelsteilnehmern und sonstigen Marktteilnehmern, die nicht zum Handel am konkreten Handelsplatz berechtigt sind.

Die Handelsplatzbetreiber müssen nach Art. 12 Abs. 1 VO Nr. 600/2014 die **Vorhandelsdaten getrennt von den Nachhandelstransparenzdaten anbieten**. Dies gilt in darstellungstechnischer und in kommerzieller Hinsicht. Art. 12 Abs. 2 VO Nr. 600/2014 verweist nochmals auf eine delegierte Verordnung, in der Standards für die zu veröffentlichenden Daten, einschließlich des **Disaggregationniveaus**, festgelegt sind. Hierbei handelt es sich um die DelVO 2017/572. Einzeln ausweisbar müssen nach Art. 1 Abs. 1 DelVO 2017/572 grundsätzlich folgende Angaben sein: 14

- Art der Anlageklasse (Aktien bzw. börsengehandelte Fonds, Zertifikate und andere vergleichbare Finanzinstrumente);
- das Land, in dem die Aktien begeben wurden,
- die Währung, in der der Wert gehandelt wird und
- die geplante Tagesauktion im Gegensatz zum kontinuierlichen Handel.

Das Land, in dem die Aktien begeben wurden, soll laut ESMA der Herkunftsmitgliedstaat i.S.v. Art. 2 Abs. 1 RL 2004/109/EG (Transparenzrichtlinie v. 15.12.2004) sein[1]. Die am Bezug der Daten interessierten Personen können zwischen dem Bezug aggregierter und nicht aggregierter Daten wählen[2].

III. Daten- und Systemzugang für veröffentlichungspflichtige Wertpapierfirmen (Art. 6 Abs. 2 VO Nr. 600/2014). Art. 6 Abs. 2 VO Nr. 600/2014 regelt den **Zugang zu den Nachhandelsinformationen** eines Handelsplatzes für **Wertpapierfirmen, die außerhalb von Handelsplätzen Geschäfte mit Eigenkapitalinstrumenten betreiben**, also auch systematischen Internalisierern, separat. Er weist Parallelen zur Vorhandelstransparenzvorschrift in Art. 3 Abs. 3 VO Nr. 600/2014 auf. Bei rechter Betrachtung gibt die Regelung den angesprochenen Wertpapierfirmen beim Informationszugang keine weitergehenden Rechte, als sie andere Marktteilnehmer nach Art. 13 Abs. 1 VO Nr. 600/2014 haben. Die Häuser können über die besondere Regel die Nachhandelstransparenzdaten auch nur zu angemessenen kaufmännischen Bedingungen und diskriminierungsfrei erhalten[3]. 15

Vom Wortlaut her gewährt die Vorschrift aber nicht nur einen Anspruch auf Zugang zu den Nachhandelsinformationen des Handelsplatzes. Gedeckt ist über das Informationsbezugsrecht hinaus auch ein Anspruch der angesprochenen Wertpapierfirmen, die technischen Systeme eines Handelsplatzes für die Veröffentlichung ihrer OTC-Geschäfte nutzen zu dürfen, die sie nach Art. 20 VO Nr. 600/2014 zu veröffentlichen haben[4]. Voraussetzung dafür wäre aber, dass der Handelsplatz zugleich ein genehmigter Veröffentlichungsdienst (*approved publication arrangement; APA*) ist, da Veröffentlichungen von OTC-Geschäften gem. Art. 20 Abs. 1 Satz 2 VO Nr. 600/2014 nur im Rahmen eines APA erfolgen dürfen. Automatisch mit einem Handelsplatz nicht zum APA. Zwar umfasst die Erlaubnis zum Betrieb eines Handelsplatzes auch die Datenbereitstellungsdienserlaubnis; vgl. Art. 59 Abs. 2 RL 2014/65/EU; § 32 Abs. 1f Satz 5 KWG. Allerdings ist das Vorliegen der Erlaubnisvoraussetzungen behördlich festzustellen. Im Ergebnis steht dies einem Erlaubnisverfahren nicht viel nach. 16

§ 120 Abs. 9 Nr. 2 lit. b WpHG und § 50 Abs. 5 Nr. 3 lit. a BörsG enthalten auf Art. 6 Abs. 2 VO Nr. 600/2014 bezogene **Bußgeldtatbestände**. 17

Art. 7 Genehmigung einer späteren Veröffentlichung

(1) Die zuständigen Behörden können Marktbetreibern und Wertpapierfirmen, die einen Handelsplatz betreiben, gestatten, Einzelheiten zu Geschäften je nach deren Art und Umfang zu einem späteren Zeitpunkt zu veröffentlichen.

Die zuständigen Behörden können insbesondere eine spätere Veröffentlichung bei Geschäften gestatten, die im Vergleich zum marktüblichen Geschäftsumfang bei der betreffenden Aktie, dem betreffenden Aktienzertifikat, börsengehandelten Fonds, Zertifikat oder einem anderen vergleichbaren Finanzinstrument bzw. der Kategorie einer Aktie, eines Aktienzertifikats, eines börsengehandelten Fonds, eines Zertifikats oder eines anderen vergleichbaren Finanzinstruments ein großes Volumen aufweisen.

---

1 ESMA Q & A On MiFID II and MiFIR market structures topics, v. 7.7.2017 (ESMA70-872942901-38), S. 13.
2 ESMA Q & A On MiFID II and MiFIR market structures topics, v. 7.7.2017 (ESMA70-872942901-38), S. 12.
3 So wohl auch *Hoops*, WM 2018, 205, 210, der von Konkretisierung spricht.
4 S. auch *Dreyer/Delgado-Rodriguez* in Temporale, S. 45.

Art. 7 VO Nr. 600/2014 | Genehmigung einer späteren Veröffentlichung

Marktbetreiber und Wertpapierfirmen, die einen Handelsplatz betreiben, müssen vorab die Genehmigung der zuständigen Behörde zu geplanten Regelungen für eine spätere Veröffentlichung einholen und die Marktteilnehmer sowie die Öffentlichkeit auf diese Regelungen deutlich hinweisen. Die ESMA überwacht die Anwendung dieser Regelungen für eine spätere Veröffentlichung und legt der Kommission jährlich einen Bericht über ihre Anwendung in der Praxis vor.

Gestattet eine zuständige Behörde eine Veröffentlichung zu einem späteren Zeitpunkt, und eine zuständige Behörde eines anderen Mitgliedstaats ist mit der Verschiebung oder mit der tatsächlichen Anwendung der erteilten Genehmigung nicht einverstanden, so kann die betreffende zuständige Behörde die ESMA erneut mit der Angelegenheit befassen; diese kann sodann im Rahmen der ihr durch Artikel 19 der Verordnung (EU) Nr. 1095/2010 übertragenen Befugnisse tätig werden.

(2) Die ESMA erarbeitet Entwürfe technischer Regulierungsstandards, in denen in einer Weise, die die Veröffentlichung von nach Artikel 64 der Richtlinie 2014/65/EU geforderten Informationen ermöglicht, Folgendes festgelegt wird:

a) die Einzelheiten zu Geschäften, die Wertpapierfirmen, einschließlich systematischer Internalisierer, sowie Marktbetreiber und Wertpapierfirmen, die einen Handelsplatz betreiben, für jede Kategorie der betreffenden Finanzinstrumente gemäß Artikel 6 Absatz 1 offenzulegen haben, einschließlich der Kennzeichen der verschiedenen Arten von im Rahmen von Artikel 6 Absatz 1 und Artikel 20 veröffentlichten Geschäften, bei denen zwischen solchen unterschieden wird, die vor allem durch mit der Bewertung von Finanzinstrumenten verbundene Faktoren charakterisiert sind, und solchen, die durch andere Faktoren bestimmt werden;

b) die Frist, die als Erfüllung der Verpflichtung angesehen würde, eine Veröffentlichung so nah in Echtzeit wie möglich vorzunehmen, wenn ein Handel außerhalb der üblichen Handelszeiten vorgenommen wird;

c) die Voraussetzungen, unter denen Wertpapierfirmen, einschließlich systematischer Internalisierer, sowie Marktbetreiber und Wertpapierfirmen, die einen Handelsplatz betreiben, Einzelheiten zu Geschäften für jede Kategorie der betreffenden Finanzinstrumente gemäß Absatz 1 dieses Artikels und Artikel 20 Absatz 1 später veröffentlichen dürfen;

d) die Kriterien, anhand deren entschieden wird, bei welchen Geschäften aufgrund ihres Umfangs oder der Kategorie, einschließlich des Liquiditätsprofils der Aktie, des Aktienzertifikats, des börsengehandelten Fonds, des Zertifikats und anderer vergleichbarer Finanzinstrumente für jede Kategorie der betreffenden Finanzinstrumente eine spätere Veröffentlichung zulässig ist.

Die ESMA legt der Kommission diese Entwürfe technischer Regulierungsstandards bis zum 3. Juli 2015 vor.

Der Kommission wird die Befugnis übertragen, die in Unterabsatz 1 genannten technischen Regulierungsstandards gemäß den Artikeln 10 bis 14 der Verordnung (EU) Nr. 1095/2010 zu erlassen.

In der Fassung vom 15.5.2014 (ABl. EU Nr. L 173 v. 12.6.2014, S. 84).

Delegierte Verordnung (EU) 2017/587 der Kommission vom 14. Juli 2016
zur Ergänzung der Verordnung (EU) Nr. 600/2014 des Europäischen Parlaments und des Rates über Märkte für Finanzinstrumente durch technische Regulierungsstandards mit Transparenzanforderungen für Handelsplätze und Wertpapierfirmen in Bezug auf Aktien, Aktienzertifikate, börsengehandelte Fonds, Zertifikate und andere vergleichbare Finanzinstrumente und mit Ausführungspflichten in Bezug auf bestimmte Aktiengeschäfte an einem Handelsplatz oder über einen systematischen Internalisierer

(Auszug)

Art. 15 Spätere Veröffentlichung der Geschäfte

(Artikel 7 Absatz 1 und Artikel 20 Absätze 1 und 2 der Verordnung (EU) Nr. 600/2014)

1. Genehmigt eine zuständige Behörde die spätere Veröffentlichung von Einzelheiten zu Geschäften gemäß Artikel 7 Absatz 1 der Verordnung (EU) Nr. 600/2014, veröffentlichen die Marktbetreiber und die Wertpapierfirmen, die einen Handelsplatz betreiben, sowie die außerhalb eines Handelsplatzes handelnden Wertpapierfirmen das jeweilige Geschäft spätestens am Ende des entsprechenden Zeitraums gemäß Anhang II Tabellen 4, 5 und 6, sofern die nachfolgend genannten Kriterien erfüllt sind:

    a) Das Geschäft findet zwischen einer Wertpapierfirma, die für eigene Rechnung handelt, ohne dass es sich dabei um die Zusammenführung sich deckender Kundenaufträge (Matched Principal Trading) handelt, und einer anderen Gegenpartei statt;

    b) der Umfang des Geschäfts entspricht der jeweiligen in Anhang II Tabellen 4, 5 oder 6, soweit zutreffend, festgelegten Mindestgröße oder überschreitet diese.

2. Die jeweilige Mindestgröße für die Zwecke von Absatz 1 Buchstabe b wird im Einklang mit dem gemäß Artikel 7 berechneten Tagesdurchschnitt der Umsätze bestimmt.

3. Die Einzelheiten zu Geschäften, für die eine spätere Veröffentlichung gemäß Angabe in Anhang II Tabellen 4, 5 und 6 bis zum Ende des Handelstages gestattet ist, sind von den außerhalb eines Handelsplatzes handelnden Wertpapierfir-

men sowie den Marktbetreibern und den Wertpapierfirmen, die einen Handelsplatz betreiben, wie folgt zu veröffentlichen:
  a) so nah in Echtzeit wie möglich nach dem Ende des Handelstages, das die Schlussauktion, sofern zutreffend, einschließt, für Geschäfte, die mehr als zwei Stunden vor dem Ende des Handelstages ausgeführt werden;
  b) spätestens bis 12.00 Uhr Ortszeit des nächsten Handelstages für von Buchstabe a nicht abgedeckte Geschäfte.

Für Geschäfte, die außerhalb eines Handelsplatzes stattfinden, beziehen sich die Verweise auf die Handelstage und die Schlussauktionen auf den gemäß Artikel 4 bestimmten unter Liquiditätsaspekten wichtigsten Markt.

4. Wird ein Geschäft zwischen zwei Wertpapierfirmen außerhalb der Vorschriften eines Handelsplatzes ausgeführt, ist die zuständige Behörde für die Bestimmung der anwendbaren Aufschubregelung die zuständige Behörde der Wertpapierfirma, die für die Veröffentlichung des Geschäfts über ein genehmigtes Veröffentlichungssystem gemäß Artikel 12 Absätze 5 und 6 verantwortlich ist.

In der Fassung vom 14.7.2016 (ABl. EU Nr. L 87 v. 31.3.2017, S. 387), geändert durch Berichtigung vom 2.9.2017 (ABl. EU Nr. L 228 v. 2.9.2017, S. 33).

Anhang II
(nicht abgedruckt)

Schrifttum: *Gomber/Nassauer*, Neuordnung der Finanzmärkte in Europa durch MiFID II/MiFIR, ZBB 2014, 250.

  I. Regelungsgegenstand und -gefüge 1
  II. Genehmigungsverfahren 7
  III. Rechtsschutz 12

I. Regelungsgegenstand und -gefüge. Nach Art. 7 Abs. 1 Unterabs. 1 VO Nr. 600/2014 (MiFIR) ist die zuständige Behörde (in Deutschland: die BaFin oder die örtlich zuständige Börsenaufsichtsbehörde) ermächtigt, den Handelsplatzbetreibern abweichend von Art. 6 Abs. 1 VO Nr. 600/2014 zu erlauben, **Einzelheiten zu Geschäften nicht so nah in Echtzeit wie technisch möglich zu veröffentlichen**, sondern je nach Art und Umfang der Geschäfte eine spätere Veröffentlichung vorzunehmen. 1

Die Tatbestandsmerkmale der Norm „**zuständige Behörde**" und „**Marktbetreiber und Wertpapierfirmen, die einen Handelsplatz betreiben**") sowie „(Geschäfte über) **Finanzinstrumente**" sind wie in Art. 3, 4 und 6 VO Nr. 600/2014 auszulegen. Insofern kann auf die entsprechenden Kommentierungen dieser Artikel verwiesen werden. 2

Mit Art. 7 VO Nr. 600/2014 erkennt der europäische Gesetzgeber an, dass es Umstände gibt, bei denen das spätere Veröffentlichen von Kursinformationen positive Effekte auf die Qualität des Preisfindungsprozesses in dem betreffenden Wert haben kann[1]. Die Formulierung der Vorschrift klingt zunächst so, dass es nicht nur um die Erlaubnis einer **verzögerten Veröffentlichung von großvolumigen Geschäften** geht, sondern auch um Aufschubgewährungen, die vom Geschäftstyp (z.B. ausgehandelte Geschäfte, Referenzpreisgeschäfte) abhängig sein können[2]. Art. 7 Abs. 1 Unterabs. 2 VO Nr. 600/2014 beschreibt nämlich den Fall der Gestattung der späteren Veröffentlichung großvolumiger Geschäfte mit einer Insbesondere-Formulierung. Die auf Grundlage von Art. 7 Abs. 2 Unterabs. 1 lit. c VO Nr. 600/2014 ergangene delegierte Verordnung beschäftigt sich dann allerdings ausschließlich mit großvolumigen Geschäften. In den zu Art. 15 gehörigen Tabellen 4, 5 und 6 des Anhang II DelVO 2017/587 werden die genauen Verzögerungszeiten (60 Minuten, 120 Minuten oder Ende des Handelstages) für drei Unterkategorien der Eigenkapitalinstrumente (1. Aktien und Aktienzertifikate, 2. börsengehandelte Fonds sowie 3. Zertifikate und andere vergleichbare Finanzinstrumente) in Abhängigkeit zu einem Verhältnis aus durchschnittlichem Tagesumsatz des Instruments und konkretem Geschäftsumfang festgelegt. Je größer das Geschäftsvolumen und je kleiner der durchschnittliche Tagesumsatz desto länger ist die zulässige Verzögerung für die Veröffentlichung des Geschäfts. Weitere Voraussetzung für die Zulässigkeit einer späteren Veröffentlichung ist neben der Mindestgröße, dass das Geschäft zwischen einer für eigene Rechnung handelnden Wertpapierfirma und einer anderen Gegenpartei stattfindet, Art. 15 Abs. 1 lit. a DelVO 2017/587. Da Art. 7 Abs. 2 Unterabs. 1 lit. c VO Nr. 600/2014 fordert, dass die Voraussetzungen für die verzögerte Veröffentlichung sich aus einer delegierten Verordnung ergeben, ist letztlich davon auszugehen, dass die Behörden keine weiteren Fälle genehmigen dürfen. Die Einengungsmöglichkeit des ursprünglich zunächst weiter angelegten Genehmigungstatbestandes ist im Wortlaut des Art. 7 Abs. 2 Unterabs. 1 lit. c VO Nr. 600/2014 angelegt. 3

Bereits unter der Geltung der MiFID von 2004 gab es für MTF-Betreiber und Börsen bei der Nachhandelstransparenzpflicht für Aktien und aktienvertretende Zertifikate die Möglichkeit, Großgeschäfte verzögert zu veröffentlichen. § 31g Abs. 4 WpHG und § 31 Abs. 1 Satz 2 BörsG waren die einschlägigen Ermächtigungsnormen für die Behörden. Die Voraussetzungen für die Aufschubgewährungen ergaben sich aus Art. 28 VO Nr. 1287/2006. 4

---
1 Erwägungsgrund Nr. 2 DelVO 2017/587.
2 S. *Gomber/Nassauer*, ZBB 2014, 250, 255.

5 Mit Inkrafttreten der VO Nr. 600/2014 hat **die BaFin eine Allgemeinverfügung erlassen**, mit der sie Wertpapierdienstleistungsunternehmen, die einen Handelsplatz betreiben, erlaubt, Einzelheiten zu Geschäften i.S.d. Art. 7 Abs. 1 Unterabs. 2 VO Nr. 600/2014 im durch Art. 7 Abs. 1 VO Nr. 600/2014 und Art. 15 DelVO 2017/587 vorgeschriebenen Rahmen zu einem späteren Zeitpunkt, als nach Art. 6 VO Nr. 600/2014 vorgeschrieben, zu veröffentlichen[1]. Zuständigkeit und Ermächtigung hat die Behörde dabei eher aus § 6 Abs. 2 WpHG abgeleitet, als aus Art. 7 VO Nr. 600/2014. Im Tenor macht die BaFin deutlich, dass die Allgemeinverfügung nur dann beachtlich wird, wenn die Häuser über eine individuelle Genehmigung nach Art. 7 Abs. 1 Unterabs. 3 VO Nr. 600/2014 verfügen[2]. Dies bedeutet, dass die Handelsplätze, die unter die Aufsicht der BaFin fallen, deren Genehmigung einholen müssen, bevor sie von der Gestattung einer späteren Veröffentlichung Gebrauch machen können[3]. Damit ist die eigenständige Bedeutung der Verfügung für Betreiber von Handelsplätzen begrenzt. Im Grund hat die Behörde damit nur zu verstehen gegeben, dass sie im Falle eines Antrags eine entsprechende Genehmigung erteilen wird. Interpretiert man die BaFin richtig, dann sollen sich Wertpapierfirmen, die OTC-Geschäfte über Eigenkapitalinstrumente gem. Art. 20 Abs. 1 VO Nr. 600/2014 veröffentlichen müssen, diese Verfügung zunutze machen können. Sind nämlich Maßnahmen durch die zuständigen Behörden zur späteren Veröffentlichung ergriffen worden, können diese Maßnahmen gem. Art. 20 Abs. 2 Satz 2 VO Nr. 600/2014 auf Geschäfte übertragen werden, wenn sie außerhalb von Handelsplätzen geschlossen werden. Die BaFin hat in ihrem Journal vom Januar 2018 zu verstehen gegeben, dass eine gesonderte Gestattung einer späteren Veröffentlichung von OTC-Geschäften mit Eigenkapitalinstrumenten nicht vorgesehen ist. Diese seien nach der MiFIR von der Gestattung für Handelsplätze erfasst[4]. Die Allgemeinverfügung der BaFin ist bis zum 1.1.2019 befristet.

6 Die **Frankfurter Wertpapierbörse** hat mit § 118 Abs. 3 BörsO FWB Vorsorge getroffen, gem. Art. 7 VO Nr. 600/2014 von der Veröffentlichung in Echtzeit abweichen zu können.

7 **II. Genehmigungsverfahren.** Die Gewährung der Inanspruchnahme der Ausnahme erfolgt entsprechend dem jeweiligen mitgliedstaatlichen Verwaltungsverfahren. Aus deutscher Warte ist davon auszugehen, dass es sich bei der Genehmigung um einen **antragsbedürftigen Verwaltungsakt** handelt. Art. 7 Abs. 1 Unterabs. 3 Satz 1 Halbsatz 1 VO Nr. 600/2014 besagt, dass der Handelsplatz, wenn er Geschäfte später veröffentlichen will, die Genehmigung der zuständigen Behörde vorab einholen muss. Es handelt sich bei der Erlaubnis damit um eine Blankogenehmigung für potentielle Geschäfte. Die Finanzinstrumente, auf die sich die Befreiung beziehen soll, sind im Antrag zu benennen. Die Befreiungsentscheidung kann sich nur im Rahmen der Aufschubregelungen des Art. 15 DelVO 2017/587 nebst dazugehöriger Tabellen bewegen. Die in Deutschland **zuständige Behörde** ist bei einem MTF die BaFin (§ 6 Abs. 5 Satz 1 WpHG) und im Falle des börslichen Handels die örtlich zuständige Börsenaufsichtsbehörde (§ 3 Abs. 12 BörsG). Ein vollständiger Verzicht auf die Veröffentlichung der im Zuge der Nachhandelstransparenz zu veröffentlichenden Informationen kann nicht Gegenstand einer Genehmigung durch die Behörde sein. Wird der Antrag bewilligt, so ist darin ein rechtlich erheblicher Vorteil zu erblicken, so dass es sich bei der Entscheidung der BaFin bzw. der Börsenaufsichtsbehörde um einen begünstigenden Verwaltungsakt handelt.

8 Die deutsche Formulierung von Art. 7 Abs. 1 Unterabs. 1 und 2 VO Nr. 600/2014 zur Genehmigung entspricht einer „Kann"-Formulierung, wie sie der deutsche Gesetzgeber für Ermessensvorschriften nutzen würde. Ein Blick in andere Sprachfassungen zeigt, dass sich überall sprachliche Wendungen finden, die **keine gebundene Entscheidung** zur Gewährung von Ausnahmen fordern, sondern Abwägungsentscheidungen zulassen[5]. Der Behörde kommt insbesondere die Aufgabe zu, die Interessen der Öffentlichkeit an hoher Transparenz einerseits und die marktschonenden Abwicklung größerer Geschäfte andererseits zu gewichten[6]. Ein weiterer Prüfungsmaßstab für die Behördenentscheidung lässt sich aus dem Erwägungsgrund Nr. 4 DelVO 2017/587 entnehmen. Hat eine Behörde Ausnahmen in Bezug auf Nachhandelstransparenzanforderungen gewährt, so soll sie alle Handelsplatzbetreiber gleich und nichtdiskriminierend behandeln.

9 Für die **Rücknahme der Genehmigung** stehen der BaFin bzw. der Börsenaufsichtsbehörde die allgemeinen Vorschriften des deutschen Verwaltungsrechts zur Aufhebung von Verwaltungsakten zur Verfügung.

10 Art. 7 Abs. 1 Unterabs. 3 Satz 1 Halbsatz 2 VO Nr. 600/2014 regelt **eine aus der Genehmigung resultierende Folgepflicht.** Der Handelsplatzbetreiber muss Handelsteilnehmer sowie die Öffentlichkeit auf Existenz der Auf-

---

1 Allgemeinverfügung der BaFin – Nachhandelstransparenz Handelsplätze, die nicht durch eine Börse betrieben werden/Eigenkapitalinstrumente – v. 2.1.2018, WA 21 – FR 1900-2017/0001.
2 Ähnlich verfährt die österreichische Finanzmarktaufsicht FMA mittels § 4 Handelstransparenzausnahmen-VO 2018; österr. BGBl. 2017, Teil II Nr. 387.
3 BaFin-Journal Januar 2018, S. 7.
4 BaFin-Journal Januar 2018, S. 7.
5 S. auch Begründung zur Allgemeinverfügung der BaFin – Nachhandelstransparenz Handelsplätze, die nicht durch eine Börse betrieben werden/Eigenkapitalinstrumente – v. 2.1.2018, WA 21 – FR 1900-2017/0001.
6 Vgl. Allgemeinverfügung der BaFin – Nachhandelstransparenz Handelsplätze, die nicht durch eine Börse betrieben werden/Eigenkapitalinstrumente – v. 2.1.2018, WA 21 – FR 1900-2017/0001.

schuberlaubnis deutlich hinweisen. Die Veröffentlichung des Inhalts der Behördenentscheidung auf der Internetseite des Handelsplatzbetreibers in leicht zugänglicher und passwortfreier Weise sollte der Anforderung genügen. Der Hinweis muss nicht in der Börsenordnung oder im MTF-Regelwerk erfolgen, wenngleich beide Regelwerke den Handelsteilnehmern aber auch der Öffentlichkeit regelmäßig zur Verfügung stehen.

Ordnungswidrig handelt, wer als Handelsplatzbetreiber vorsätzlich oder leichtfertig entgegen Art. 7 Abs. 1 Unterabs. 3 Satz 1 VO Nr. 600/2014 die Genehmigung für die vorgesehene spätere Veröffentlichung nicht oder nicht rechtzeitig einholt oder auf Regelungen nicht, nicht richtig, nicht vollständig, nicht in der vorgeschriebenen Weise oder nicht rechtzeitig hinweist (§ 120 Abs. 9 Nr. 4 lit. a WpHG und § 50 Abs. 5 Nr. 3 lit. b BörsG). 11

III. Rechtsschutz. Wird einem Antrag auf Genehmigung der späteren Veröffentlichung durch eine in Deutschland zuständige Behörde (BaFin bzw. Börsenaufsichtsbehörde) nicht stattgegeben, so stellt dies für den Handelsplatzbetreiber einen belastenden Verwaltungsakt dar. Der Antragsteller kann gegen die Entscheidung der Behörde Widerspruch einlegen. Bleibt das Widerspruchsverfahren erfolglos, kann Verpflichtungsklage vor dem zuständigen VG erhoben werden. Gegen die Rücknahme einer gewährten Ausnahme kann der Betroffene nach erfolglosem Vorverfahren mit der Anfechtungsklage vorgehen. 12

Kapitel 2
Transparenz für Nichteigenkapitalinstrumente

Art. 8 Vorhandelstransparenzanforderungen für Handelsplätze im Hinblick auf Schuldverschreibungen, strukturierte Finanzprodukte, Emissionszertifikate und Derivate

(1) Marktbetreiber und Wertpapierfirmen, die einen Handelsplatz betreiben, veröffentlichen die aktuellen Geld- und Briefkurse und die Tiefe der Handelspositionen zu diesen Kursen, die über ihre Systeme für Schuldverschreibungen, strukturierte Finanzprodukte, Emissionszertifikate, Derivate, die an einem Handelsplatz gehandelt werden, und Auftragspakete mitgeteilt werden. Diese Anforderung gilt auch für verbindliche Interessensbekundungen. Marktbetreiber und Wertpapierfirmen, die einen Handelsplatz betreiben, veröffentlichen diese Informationen während der üblichen Handelszeiten auf kontinuierlicher Basis. Diese Veröffentlichungspflicht gilt nicht für solche Geschäfte mit Derivaten von nichtfinanziellen Gegenparteien, durch die die objektiv messbaren Risiken verringert werden und die in direktem Zusammenhang mit der Geschäftstätigkeit oder der Geschäftsfinanzierung der nichtfinanziellen Gegenpartei oder der betreffenden Gruppe stehen.

(2) Die in Absatz 1 genannten Transparenzanforderungen sind auf die verschiedenen Arten von Handelssystemen, einschließlich Orderbuch-, Kursnotierungs- und Hybridsystemen sowie auf periodischen Auktionen basierenden Handelssystemen und sprachbasierten Handelssystemen, individuell zugeschnitten.

(3) Marktbetreiber und Wertpapierfirmen, die einen Handelsplatz betreiben, gewähren Wertpapierfirmen, die ihre Offerten für Schuldverschreibungen, strukturierte Finanzprodukte, Emissionszertifikate und Derivate gemäß Artikel 18 offenlegen müssen, zu angemessenen kaufmännischen Bedingungen und in nichtdiskriminierender Weise Zugang zu den Regelungen, die sie für die Veröffentlichung der Informationen nach Absatz 1 anwenden.

(4) Marktbetreiber und Wertpapierfirmen, die einen Handelsplatz betreiben und denen eine Ausnahme nach Artikel 9 Absatz 1 Buchstabe b gewährt wird, veröffentlichen mindestens einen indikativen Vorhandelsgeld- und -briefkurs, der nahe bei dem Kurs der Handelsinteressen liegt, der über ihre Systeme für Schuldverschreibungen, strukturierte Finanzprodukte, Emissionszertifikate und Derivate, die an einem Handelsplatz gehandelt werden, mitgeteilt wird. Marktbetreiber und Wertpapierfirmen, die einen Handelsplatz betreiben, veröffentlichen diese Informationen auf elektronischem Wege während der üblichen Handelszeiten auf kontinuierlicher Basis. Durch diese Regelung wird sichergestellt, dass die Informationen zu angemessenen kaufmännischen Bedingungen und in nichtdiskriminierender Weise zur Verfügung gestellt werden.

In der Fassung vom 15.5.2014 (ABl. EU Nr. L 173 v. 12.6.2014, S. 84), geändert durch Verordnung (EU) 2016/1033 vom 23.6.2016 (ABl. EU Nr. L 175 v. 30.6.2016, S. 1).

**Delegierte Verordnung (EU) 2017/583 der Kommission vom 14. Juli 2016
zur Ergänzung der Verordnung (EU) Nr. 600/2014 des Europäischen Parlaments und des Rates über Märkte für Finanzinstrumente durch technische Regulierungsstandards zu den Transparenzanforderungen für Handelsplätze und Wertpapierfirmen in Bezug auf Anleihen, strukturierte Finanzprodukte, Emissionszertifikate und Derivate**

(Auszug)

Art. 2 Vorhandelstransparenzpflichten

(Artikel 8 Absätze 1 und 2 der Verordnung (EU) Nr. 600/2014)

Marktbetreiber und Wertpapierfirmen, die einen Handelsplatz betreiben, veröffentlichen die Bandbreite der Geld- und Briefkurse und die Tiefe der Handelspositionen zu diesen Kursen in Übereinstimmung mit dem betriebenen Handelssystem und den Informationsanforderungen gemäß Anhang I.

In der Fassung vom 14.7.2016 (ABl. EU Nr. L 87 v. 31.3.2017, S. 229), geändert durch Berichtigung vom 26.10.2017 (ABl. EU Nr. L 276 v. 26.10.2017, S. 78).

Anhang I

(nicht abgedruckt)

Schrifttum: *Boschan*, Wertpapierhandelssysteme, 2007; *Gomber/Nassauer*, Neuordnung der Finanzmärkte in Europa durch MiFID II/MiFIR, ZBB 2014, 250; *Hoops*, Bedeutung des organisierten Handelssystems in der gegenwärtigen Marktinfrastruktur, RdF 2017, 14; *Hoops*, Die Regulierung von Marktdaten nach der MiFID II, WM 2018, 205; *Köpfer*, Anwendung und Auswirkung des europäischen Kapitalmarktrechts auf Akteure aus Drittstaaten – Eine Analyse auf Basis der Umsetzung ins deutsche Recht und der Auswirkungen auf die Schweiz, 2015; *Landmann/Rohmer* (Begr.), Umweltrecht, Loseblatt, Stand 2017; *Langenbucher*, Europäisches Privat- und Wirtschaftsrecht, 4. Aufl. 2017; *Lutter/Bayer/J. Schmidt*, Europäisches Unternehmens- und Kapitalmarktrecht, 6. Aufl. 2017; *Stötzel*, High Frequency Trading – Einordnung in das Börsen- und Kapitalmarktrecht, RdF 2011, 156; *Temporale* (Hrsg.), Europäische Finanzmarktregulierung, 2015; *Veil* (Hrsg.), Europäisches Kapitalmarktrecht, 2. Aufl. 2014.

I. Regelungsgegenstand und systematische Stellung der Vorschrift 1	4. Ausnahmeregelung in Art. 8 Abs. 1 Satz 4 VO Nr. 600/2014 26
II. Einzelheiten zu Art. 8 Abs. 1 VO Nr. 600/2014 9	5. Veröffentlichungsinhalt 27
1. Personeller Anwendungsbereich 9	6. Veröffentlichungsmodalitäten 32
2. Gegenständlicher Anwendungsbereich 14	III. Daten- und Systemzugang für systematische Internalisierer (Art. 8 Abs. 3 VO Nr. 600/2014) 35
a) Nichteigenkapitalinstrumente 14	
b) Auftragspakete 21	
3. Tatbestandmerkmal „An einem Handelsplatz gehandelt" 25	IV. Die Regelung des Art. 8 Abs. 4 VO Nr. 600/2014 38

1 **I. Regelungsgegenstand und systematische Stellung der Vorschrift.** Art. 8 VO Nr. 600/2014 (MiFIR) bildet die Grundregel für die **Vorhandelstransparenz an Handelsplätzen**, an denen Schuldverschreibungen, strukturierte Finanzprodukte, Emissionszertifikate und Derivate (Nichteigenkapitalinstrumente; *non-equity instruments*) gehandelt werden. Strukturell weist die Vorschrift große Ähnlichkeiten zu Art. 3 VO Nr. 600/2014 auf, der die Grundnorm für die Vorhandelspublizitätspflicht für Eigenkapitalinstrumente darstellt. Marktteilnehmer sollen in die Lage versetzt werden, von aktuellen Möglichkeiten des Handels Kenntnis zu erlangen. Wie bei Art. 3 VO Nr. 600/2014 besteht auch bei Art. 8 VO Nr. 600/2014 der Zweck der Vorhandelstransparenz darin, die Effizienz des Preisbildungsprozesses in den handelbaren Werten zu steigern und die effektive Einhaltung der Pflicht zur „bestmöglichen Ausführung" von Orders zu fördern. Abweichungen zu den Regelungen über Eigenkapitalinstrumente erklären sich aus den Unterschieden, die in rechtlicher und/oder wirtschaftlicher Hinsicht bestehen, und die sich in der Preisbildungssystematik, Marktstruktur und im Marktverhalten der Teilnehmer niederschlagen.

2 Die Regelung der Vorhandelstransparenz für Nichteigenkapitalinstrumente auf EU-Ebene ist neu[1]. Auch im national gesetzten Recht bestanden bislang nur wenige Vorgaben zur Regelungsmaterie. Börsen und MTF-Betreiber waren verpflichtet, den Handelsteilnehmern die Angebote zugänglich zu machen und die Annahme der Angebote zu ermöglichen; § 24 Abs. 2 Satz 2 BörsG a.F. (i.V.m. § 31f Abs. 1 Nr. 4 WpHG). Etwaige Details ergaben sich aus den Regelwerken der MTF bzw. aus den Börsenordnungen. Transparenzverpflichtungen gegenüber Personen, die nicht Handelsteilnehmer waren, bestanden nicht. Ausweislich Erwägungsgrund Nr. 15 VO Nr. 600/2014 dient die (Vorhandels-)Transparenz bei Nichteigenkapitalinstrumenten dazu, die Bewertung diese Produkte zu erleichtern und die Effizienz der Kursbildung zu fördern.

3 Art. 8 VO Nr. 600/2014 trifft Aussagen dazu, was ein Handelsplatzbetreiber vor einer Preisermittlung innerhalb seines Systems wann und wie veröffentlichen muss. Die Vorhandelstransparenz des Artikels bezieht sich grundsätzlich auf die Geld- und Briefkurse und die Tiefe der Handelspositionen zu diesen Kursen. Über Angaben zu

---

1 S. *Veil/Lerch*, WM 2012 164 f.; *Gomber/Nassauer*, ZBB 2014, 250, 254.

Einzelorders hinaus wurden durch die VO 2016/1033 noch Angaben zu Auftragspaketen in den Regelungsgegenstand der Vorschrift aufgenommen.

Die Vorhandelstransparenzverpflichtung gilt nicht uneingeschränkt. Einen Tatbestand, der eine Ausnahme von Gesetzes wegen enthält, befindet sich in Art. 8 Abs. 1 Satz 3 VO Nr. 600/2014. Tatbestände, die die zuständige Behörde (BaFin bzw. Börsenaufsichtsbehörde) ermächtigt, Ausnahmen auszusprechen, sind Art. 9 VO Nr. 600/2014 zu entnehmen. Darüber soll Art. 8 VO Nr. 600/2014 gem. Art. 1 Abs. 6 VO Nr. 600/2014 dann nicht zur Anwendung gelangen, wenn ein Mitglied des Europäischen Systems der Zentralbanken Geschäfte in Rahmen seiner Befugnisse zur Geld-, Devisen- oder Finanzmarktpolitik ausführt und das Mitglied die Gegenpartei zuvor davon in Kenntnis gesetzt hat, dass das Geschäft der Ausnahmeregelung unterliegt[1]. Führt das ESZB-Mitglied hingegen ein ganz normales Wertpapiergeschäft außerhalb seiner hoheitlichen Befugnisse aus, so bleibt es bei der Vorhandelstransparenzverpflichtung (Art. 1 Abs. 7 VO Nr. 600/2014)[2].

Die Regelungen über das „Was" und „Wie" der Veröffentlichung sind in Art. 8 VO Nr. 600/2014 nicht abschließend ausgestaltet. Aus Art. 12 und 13 VO Nr. 600/2014 sowie den delegierten Verordnungen DelVO 2017/583, DelVO 2017/567 und DelVO 2017/572 ergeben sich **weitere Vorschriften**, die auf Art. 8 VO Nr. 600/2014 aufsetzen und diesen weiter konkretisieren. Die Pflicht zur Veröffentlichung des Preises und des Volumens ausgeführter Geschäfte durch den Betreiber des Handelsplatzes (Nachhandelstransparenz) folgt aus Art. 10 und 11 VO Nr. 600/2014.

Die **Überwachung**, ob die Vorhandelstransparenzanforderungen der Art. 8 und 9 VO Nr. 600/2014 eingehalten werden, obliegt der zuständigen Behörde des Mitgliedstaates, in denen die verpflichteten Handelsplatzbetreiber ihren Sitz haben; vgl. Art. 67, 69 RL 2014/65/EU. Der deutsche Gesetzgeber hat, soweit es nicht den börslichen Bereich betrifft, die Aufsicht über die Vorschriften aus der MiFIR der BaFin übertragen, § 6 Abs. 2 WpHG. Darüber hinaus sind Art. 8 und 9 VO Nr. 600/2014 in die Anwendungsbereiche der Überwachungs- bzw. Prüfungsvorschriften §§ 88 und 89 WpHG einbezogen. Aus § 3 Abs. 1 BörsG ergibt sich, dass die Börsenaufsichtsbehörde zuständige Behörde ist, soweit die Pflichten von Börsenträgern und Börsen betroffen sind.

Werden Veröffentlichungen nach Art. 8 Abs. 1 VO Nr. 600/2014 vorsätzlich oder nicht, nicht richtig, nicht vollständig, nicht in der vorgeschriebenen Weise oder nicht rechtzeitig vorgenommen, so stellt dies eine **Ordnungswidrigkeit** dar (§ 120 Abs. 9 Nr. 1 lit. c WpHG[3] bzw. § 50 Abs. 5 Nr. 1 lit. c BörsG). Vorgenommene Sanktionen werden von der Bußgeldbehörde (BaFin bzw. Börsenaufsichtsbehörde) gem. § 126 Abs. 1 Satz 1 Nr. 3 WpHG bzw. § 50a BörsG öffentlich bekannt gemacht.

Bei der Beurteilung, ob Art. 8 VO Nr. 600/2014 ein **Schutzgesetz** i.S.d. § 823 Abs. 2 BGB darstellt, ist entsprechend dem Zweck, dass die Vorhandelstransparenzpflicht vornehmlich der Verbesserung der Markteffizienz dient und das Informationsbedürfnis der Anleger und Handelsteilnehmer eher reflexartig schützt, Zurückhaltung angezeigt[4].

II. Einzelheiten zu Art. 8 Abs. 1 VO Nr. 600/2014. 1. Personeller Anwendungsbereich. Verpflichtete der Vorhandelstransparenz nach Art. 8 VO Nr. 600/2014 sind **Marktbetreiber und Wertpapierfirmen, die einen Handelsplatz betreiben**. Hierbei handelt es sich regelmäßig um nicht natürliche Personen, so dass die jeweiligen organschaftlichen Vertreter für die Erfüllung der Pflichten des Unternehmens zuständig sind. Diese können sich bei der Erfüllung der Pflichten nachgeordneter Mitarbeiter bedienen. **Handelsplätze** sind nach Art. 2 Abs. 1 Nr. 16 VO Nr. 600/2014 die in Art. 4 Abs. 1 Nr. 24 RL 2014/65/EU (MiFID II) definierten Plätze: geregelter Markt, MTF oder OTF. **Marktbetreiber** ist gem. Art. 2 Abs. 1 Nr. 10 Nr. 600/2014 i.V.m. Art. 4 Abs. 1 Nr. 18 RL 2014/65/EU eine Person oder Personen, die das Geschäft eines geregelten Marktes verwaltet bzw. verwalten und/oder betreibt bzw. betreiben und die der geregelte Markt selbst sein kann. **Wertpapierfirma** ist nach Art. 2 Abs. 1 Nr. 1 VO Nr. 600/2014 i.V.m. Art. 4 Abs. 1 Nr. 1 RL 2014/65/EU jede juristische Person, die im Rahmen ihrer üblichen beruflichen oder gewerblichen Tätigkeit gewerbsmäßig eine oder mehrere Wertpapierdienstleistungen für Dritte erbringt und/oder eine oder mehrere Anlagetätigkeiten ausübt. Wertpapierdienstleistungen sind der Betrieb eines MTF bzw. eines OTF, nicht aber der Betrieb bzw. die Verwaltung eines geregelten Markts (Art. 4 Abs. 1 Nr. 2 i.V.m. Anhang I Abschnitt A Nr. 8 und 9 RL 2014/65/EU). Marktbetreiber können gem. Art. 5 Abs. 2 RL 2014/65/EU auch ein OTF oder MTF unterhalten, ohne dadurch zur Wertpapierfirma zu werden.

Firmen, die Wertpapierdienstleistungen oder Anlagetätigkeiten erbringende Kreditinstitute oder Wertpapierfirmen wären, wenn ihre Hauptverwaltung oder ihr Sitz in der EU läge (Art. 2 Abs. 1 Nr. 43 VO Nr. 600/2014 i.V.m. Art. 4 Abs. 1 Nr. 57 RL 2014/65/EU), sog. **Drittlandfirmen**, sind definitionsgemäß keine Wertpapierfir-

---

1 Näher hierzu Art. 14 DelVO 2017/583. S. auch Bundesbank-Rundschreiben Nr. 53/2017 v. 22.8.2017.
2 Näher hierzu Art. 15 DelVO 2017/583.
3 Die Norm erwähnt Art. 8 Abs. 1 Satz 2 VO Nr. 600/2014. Bei der Satzangabe handelt es sich vermutlich um einen Redaktionsfehler. Satz 2 behandelt lediglich die Vorhandelstransparenz für verbindliche Interessensbekundungen.
4 Schutzgesetzcharakter der Vorhandelstransparenzpflicht verneinend Beck/Röh in Schwark/Zimmer, § 30 BörsG Rz. 43 und Fuchs in Fuchs, Vor §§ 31 ff. WpHG Rz. 110.

men im Sinne der MiFIR. Art. 1 VO Nr. 600/2014 erklärt Titel II der Verordnung inklusive Art. 8 ff. auch nicht explizit für diese Firmen für anwendbar. Gleichwohl sind diese Unternehmen nicht aus dem Fokus von Art. 8 ff. VO Nr. 600/2014 auszublenden. Die in einem EU-Mitgliedstaat zugelassene Zweigniederlassung einer Drittlandfirma soll gem. Art. 41 Abs. 2 RL 2014/65/EU u.a. auch Art. 8 ff. VO Nr. 600/2014 befolgen und der Beaufsichtigung durch die zuständige Behörde des Mitgliedstaats, in dem die Zulassung der Zweigniederlassung erteilt wurde, unterliegen[1]. Konsequenterweise müssten danach die nationalen Umsetzungsgesetze eine entsprechende Vorschrift zur Anwendung von Art. 8 ff. VO Nr. 600/2014 auf Zweigniederlassungen von Drittlandfirmen enthalten.

11 Die EU-Definitionen spiegeln sich im national gesetzten deutschen Recht wieder, wenngleich die Begrifflichkeiten etwas variieren. WpHG und KWG nutzen den Begriff „Wertpapierfirma" nicht. Das WpHG definiert in § 2 Abs. 10 WpHG den Begriff des **Wertpapierdienstleistungsunternehmens**, in dem sich aber der EU-rechtliche Begriff abbildet[2]. Von der deutschen Definition sind inländische Kredit- und Finanzdienstleistungsinstitute erfasst, die Wertpapierdienstleistungen allein oder zusammen mit Wertpapiernebendienstleistungen gewerbsmäßig oder in einem Umfang erbringen, der einen in kaufmännischer Weise eingerichteten Geschäftsbetrieb erfordert. Wertpapierdienstleistungsunternehmen sind demgemäß vom Anwendungsbereich von Art. 8 VO Nr. 600/2014 erfasst. Soweit der deutsche Gesetzgeber den Börsenträgern das Recht zubilligt, MTF oder OTF (vgl. §§ 48 und 48b BörsG) zu betreiben, so gelten die Börsenträger nicht als Wertpapierdienstleistungsunternehmen (vgl. § 3 Abs. 1 Satz 1 Nr. 13 WpHG).

12 Bezogen auf das deutsche Börsenrecht können sowohl die **Börse** i.S.v. § 2 Abs. 1 BörsG als teilrechtsfähige Anstalt öffentlichen Rechts als auch der **Träger der Börse** i.S.v. § 5 BörsG als **Marktbetreiber** des geregelten Markts angesehen werden[3]. Ähnliches dürfte auch für den Freiverkehr, als unter dem Dach der Börse betriebenes MTF gelten. Auch wenn der Freiverkehr nach § 48 Abs. 1 Satz 1 BörsG durch den Börsenträger betrieben wird, so bedarf ein Freiverkehr der Zulassung durch die Börse und wird somit letztlich durch die Börse mitbetrieben. Gleichwohl wird die Veröffentlichung nach Art. 8 Abs. 1 VO Nr. 600/2014 durch Börse und Börsenträger nicht zweimal vorzunehmen sein und auch nicht zweimal eingefordert werden können. Beide haben sich vielmehr dahingehend zu einigen, wer die Pflicht des jeweils anderen miterfüllt. Naheliegend ist der Fall, dass die Börse den Börsenträger veranlasst, die sachlichen und personellen Mittel bereitzustellen und die Veröffentlichung auch in ihrem Namen mit vorzunehmen. Die Gegenleistung für die Veröffentlichung wird in solch einer Gestaltung privatrechtlich auszugestalten sein. Nicht ausgeschlossen erscheint zumindest für den Börsenbereich auch die Erhebung einer Gebühr.

13 Handelsplatzbetreibern für Nichteigenkapitalinstrumente ist es nicht verwehrt, neben dem multilateralen Handel auch **Funktionalitäten für die Abwicklung ausgehandelter Geschäfte** anzubieten[4]. Art. 8 und 9 VO Nr. 600/2014 formulieren jedoch anders als Art. 4 Abs. 1 lit. b VO Nr. 600/2014 bei Eigenkapitalinstrumenten keine vergleichbare (mittelbare) Vorhandelstransparenzpflicht, von der befreit werden kann. Im Regelungsgefüge für Nichteigenkapitalinstrumente ist vom EU-Verordnungsgeber eine Vorhandelstransparenzpflicht für bilateral ausgehandelte Geschäfte von vornherein nicht vorgesehen. Die ESMA geht gleichwohl nach einer Verlautbarung vom Februar 2018 ohne Begründung davon aus[5], dass bilateral ausgehandelte Geschäfte, die über Handelsplatzsysteme abgewickelt werden, vom Anwendungsbereich der Norm erfasst wären; allerdings könnten diese unter gewährten Ausnahmen für Aufträge mit großem Volumen (Art. 9 Abs. 1 lit. a Alt. 1 VO Nr. 600/2014) oder über Finanzinstrumente, für die kein liquider Markt besteht (Art. 9 Abs. 1 lit. c Alt. 2 VO Nr. 600/2014), oder zur Ausführung eines Exchange for Physical (Art. 9 Abs. 1 lit. d VO Nr. 600/2014) formalisiert werden.

14 **2. Gegenständlicher Anwendungsbereich. a) Nichteigenkapitalinstrumente.** Das in der Überschrift des Kapitel 2 des Teil II VO Nr. 600/2014 benutzte Wort „**Nichteigenkapitalinstrumente**" (synonym auch „Nicht-Eigenkapitalfinanzinstrumente"[6] oder Nichteigenkapitalfinanzinstrumente[7]) bildet, wie sich aus der Überschrift und dem Wortlaut des Art. 8 VO Nr. 600/2014 ableiten lässt, den Kurzbegriff für Schuldverschreibungen, strukturierte Finanzprodukte, Emissionszertifikate und Derivate[8]. Nur für Instrumente, die diesen Klassifizierungen unterfallen, ist die Vorhandelstransparenz in Art. 8 VO Nr. 600/2014 geregelt.

15 **Schuldverschreibungen** sind in der VO Nr. 600/2014 nur insoweit definiert, als dass es sich nach Art. 2 Abs. 1 Nr. 24 VO Nr. 600/2014 i.V.m. Art. 4 Abs. 1 Nr. 44 lit. b RL 2014/65/EU um übertragbare Wertpapiere handelt,

---

1 S. hierzu *Köpfer*, S. 287, 309; ESMA Q & A On MiFID II and MiFIR transparency topics, Nr. 9 Antwort auf Frage 2 (Fall 10).
2 *Grundmann* in Staub, HGB, Bankvertragsrecht, 5. Aufl. 2018, 8. Teil, Rz. 87; *Klöhn* in Langenbucher, § 6 Rz. 176.
3 Für die Börsenanstalt als Betreiber des geregelten Marktes vgl. *Klöhn* in Langenbucher, § 6 Rz. 52; *Lutter/Bayer/J. Schmidt*, § 32 Rz. 32.37.
4 S. Erwägungsgrund Nr. 112 RL 2014/65/EU.
5 ESMA Q & A On MiFID II and MiFIR transparency topics, Nr. 5 Antwort auf Frage 11.
6 Z.B. Art. 21 Abs. 4 VO Nr. 600/2014.
7 So insb. in den Erwägungsgründen und im Anhang der DelVO 2017/583. S. auch Erwägungsgrund Nr. 118 RL 2014/65/EU.
8 *Hoops*, RdF 2017, 14, 16.

die eine Schuld verbriefen. In der Diktion der Prospektverordnung handelt es sich bei Schuldverschreibungen um ein Nichtdividendenpapier i.S.v. Art. 2 lit. c VO 2017/1129. In der DelVO 2017/583, die insbesondere Ausführungsvorschriften zu Art. 8 VO Nr. 600/2014 enthält, wird statt Schuldverschreibung der Begriff der Anleihe verwandt. Verallgemeinernd lässt sich ausführen, dass es sich bei einer Schuldverschreibung um ein in einem Wertpapier verkörpertes Darlehen handelt, das vom Begeber der Anleihe (Emittent) aufgenommen wird[1]. Auch Zertifikate, die Schuldverschreibungen vertreten (*depository receipts*), sollen unter den Schuldverschreibungsbegriff fallen[2]. In Anhang III Tabelle 2.2 DelVO 2017/583 werden als Erscheinungsformen (Typen) öffentliche Anleihe, sonstige öffentliche Anleihe, Wandelschuldverschreibung, Pfandbrief, Unternehmensanleihe und sonstige Anleihe aufgeführt und zum Teil weiter definiert. Anhang III Tabelle 2.4 DelVO 2017/583 zählt auch börsengehandelte Waren (*Exchange Traded Commodities* – ETC) und börsengehandelte Schuldverschreibungen (*Exchange Traded Notes* – ETN) zu den Schuldverschreibungen[3].

Strukturierte Finanzprodukte sind nach Art. 4 Abs. 1 Nr. 48 RL 2014/65/EU i.V.m. Art. 2 Abs. 1 Nr. 28 VO Nr. 600/2014 Wertpapiere, die zur Besicherung und Übertragung des mit einem Pool an finanziellen Vermögenswerten einhergehenden Kreditrisikos geschaffen wurden und die den Wertpapierinhaber zum Empfang regelmäßiger Zahlungen berechtigen, die vom Cashflow der Basisvermögenswerte abhängen[4]. Nach dem Erwägungsgrund Nr. 15 VO Nr. 600/2014 zählen hierzu besicherte Schuldtitel, insbesondere *Asset Backed Securities* i.S.d. VO Nr. 809/2004. Der Definition der MiFIR entspricht im WpHG die Beschreibung in § 2 Abs. 34 WpHG[5]. 16

Emissionszertifikate sind gem. Art. 4 Abs. 1 Nr. 15 RL 2014/65/EU i.V.m. Anhang I Abschnitt C Nr. 11 RL 2014/65/EU Finanzinstrumente, die aus Anteilen bestehen, deren Übereinstimmung mit den Anforderungen der RL 2003/87/EG (Emissionshandelssystem) anerkannt ist. In der DelVO 2017/583 werden vier Klassen genannt: EU-Zertifikate (European Union Allowances – EUA), EU-Luftfahrtzertifikate (European Union Aviation Allowances – EUAA), Zertifizierte Emissionsreduktionen (Certified Emission Reductions – dCER) und Emissionsreduktionseinheiten (Emission Reduction Units – ERU). Die beiden erstgenannten Zertifikateformen lassen sich unmittelbar aus der RL 2003/87/EG herleiten. Nach Art. 3 lit a RL 2003/87/EG berechtigt ein Zertifikat zur Emission von einer Tonne Kohlendioxidäquivalent in einem bestimmten Zeitraum. Das deutsche Umsetzungsgesetz zur Richtlinie (Treibhausgas-Emissionsgesetz – TEHG) spricht dann auch in § 3 Nr. 3 TEHG von Berechtigungen. Die Berechtigungen sind, wie sich aus Art. 4 Abs. 1 Satz 1 VO Nr. 1031/2010 ergibt, standardisierte elektronische Kontrakte, die in einem Emissionshandelsregister verbucht werden. Die Regelungen zum EU-Register sind in der VO Nr. 389/2013 niedergelegt[6]. EU und Mitgliedstaaten kreieren diese Zertifikate entweder durch kostenlose Zuteilung (Art. 10a RL 2003/87/EG, in Deutschland i.V.m. § 9 TEHG) oder in einem Auktionsverfahren. Im Auktionsverfahren haben sie nach Art. 4 Abs. 3 VO Nr. 1031/2010 die Möglichkeit, die Berechtigungen als „Zwei-Tage-Spots" (nach Art. 3 Nr. 3 VO Nr. 1031/2010 Berechtigungen, die zu einem vereinbarten Datum spätestens am zweiten Handelstag nach dem Auktionstag geliefert werden müssen) oder als Fünf-Tage-Futures (nach Art. 3 Nr. 4 VO Nr. 1031/2010 Berechtigungen, die als Finanzinstrumente versteigert werden und die zu einem vereinbarten Datum spätestens am fünften Handelstag nach dem Auktionstag geliefert werden müssen) zu versteigern[7]. In Deutschland verläuft die Versteigerung und der Sekundärmarkthandel an der in Leipzig ansässigen Börse European Energy Exchange. Bei den Zertifizierten Emissionsreduktionen und Emissionsreduktionseinheiten handelt es sich um Zertifikate, die unter dem internationalen Emissionshandelsprogramm der Vereinten Nationen gem. Art. 12, 17 des Kyoto-Protokoll[8] begeben werden (Kyoto-Einheiten). Der Zusammenhang der Regelungsmaterien der EU und der Vereinten Nationen ergibt sich aus der Entscheidung Nr. 280/2004/EG des Europäischen Parlaments und des Rates vom 11.2.2004 über ein System zur Überwachung der Treibhausgasemissionen in der Gemeinschaft und zur Umsetzung des Kyoto-Protokolls[9]. In der nationalen Gesetzgebung lässt sich diese europarechtliche Auslegung anhand der Definition in § 2 Abs. 3 Nr. 1 lit. f WpHG analog nachvollziehen. Danach sind Berechtigungen, Emissionsreduktionseinheiten und zertifizierte Emissionsreduktionen des TEHG, soweit sie im EU-Emissionshandelsregister gehalten werden dürfen, Emissionszertifikate. 17

Zur **Derivate**-Definition heißt es in der MiFIR in Art. 2 Abs. 1 Nr. 29 VO Nr. 600/2014: Finanzinstrumente, die in Art. 4 Abs. 1 Nr. 44 lit. c RL 2014/65/EU definiert sind und auf die in Anhang I Abschnitt C Nr. 4–10 RL 2014/65/EU verwiesen wird. Für den hier gebrauchten Derivatebegriff ist es unerheblich, ob es sich um in Urkunden verbriefte Derivate handelt, die auf dem Kassamarkt gehandelt werden, oder um unverbriefte Rechte, denen Termingeschäfte zugrunde liegen. 18

---

1 *Veil* in Veil, S. 117.
2 ESMA Discussion Paper MiFID II/MiFIR v. 22.5.2014, Nr. 5.3. Rz. 15.
3 S. auch Erwägungsgrund Nr. 6 DelVO 2017/583.
4 *Zetzsche/Eckner* in Gebauer/Teichmann, § 7A Rz. 178.
5 BT-Drucks. 18/10936, 223.
6 ABl. EU Nr. L 122 v. 5.3.2013, S. 1.
7 *Hardach* in Landmann/Rohmer, UmweltR, § 8 TEHG Rz. 22.
8 BGBl. II 2002, 966.
9 ABl. EU Nr. L 49 v. 19.2.2004, S. 1.

19 Art. 4 Abs. 1 Nr. 44 RL 2014/65/EU enthält die Definition für „übertragbare Wertpapiere", die unter lit. a) Aktien und anderen, Aktien oder Anteilen an Gesellschaften, Personengesellschaften oder anderen Rechtspersönlichkeiten gleichzustellende Wertpapiere sowie Aktienzertifikate, unter lit. b) Schuldverschreibungen oder andere verbriefte Schuldtitel, einschließlich Zertifikaten (Hinterlegungsscheinen) für solche Wertpapiere, und unter lit. c) alle sonstigen Wertpapiere zusammenfasst, die zum Kauf oder Verkauf solcher Wertpapiere berechtigen oder zu einer Barzahlung führen, die anhand von übertragbaren Wertpapieren, Währungen, Zinssätzen oder -erträgen, Waren oder anderen Indizes oder Messgrößen bestimmt wird. In der Tabelle 4.1 DelVO 2017/583 werden als Erscheinungsformen für **verbriefte Derivate** i.S.d. Art. 4 Abs. 1 Nr. 44 lit. c RL 2014/65/EU beispielhaft „Plain Vanilla Covered Warrants", „gedeckter Optionsschein", „exotischer gedeckter Optionsschein", verhandelbare Rechte und „Investmentzertifikat" genannt und zum Teil auch weitergehend beschrieben. Im WpHG entspricht Art. 2 Abs. 1 Nr. 3 lit. b RL 2014/65/EU dem Art. 4 Abs. 1 Nr. 4 lit. c RL 2014/65/EU.

20 Anhang I Abschnitt C benennt in den Abs. 4–10 sodann die **unverbrieften Derivate**[1]:
(4) Optionen, Terminkontrakte (Futures), Swaps, außerbörsliche Zinstermingeschäfte (Forward Rate Agreements) und alle anderen Derivatkontrakte in Bezug auf Wertpapiere, Währungen, Zinssätze oder -erträge, Emissionszertifikate oder andere Derivat-Instrumente, finanzielle Indizes oder Messgrößen, die effektiv geliefert oder bar abgerechnet werden können;
(5) Optionen, Terminkontrakte (Futures), Swaps, Termingeschäfte (Forwards) und alle anderen Derivatkontrakte in Bezug auf Waren, die bar abgerechnet werden müssen oder auf Wunsch einer der Parteien bar abgerechnet werden können, ohne dass ein Ausfall oder ein anderes Beendigungsereignis vorliegt;
(6) Optionen, Terminkontrakte (Futures), Swaps und alle anderen Derivatkontrakte in Bezug auf Waren, die effektiv geliefert werden können, vorausgesetzt, sie werden an einem geregelten Markt, über ein MTF oder über ein OTF gehandelt; ausgenommen davon sind über ein OTF gehandelte Energiegroßhandelsprodukte, die effektiv geliefert werden müssen;
(7) Optionen, Terminkontrakte (Futures), Swaps, Termingeschäfte (Forwards) und alle anderen Derivatkontrakte in Bezug auf Waren, die effektiv geliefert werden können, die sonst nicht in Nr. 6 genannt sind und nicht kommerziellen Zwecken dienen, die die Merkmale anderer derivativer Finanzinstrumente aufweisen;
(8) Derivative Instrumente für den Transfer von Kreditrisiken;
(9) Finanzielle Differenzgeschäfte;
(10) Optionen, Terminkontrakte (Futures), Swaps, außerbörsliche Zinstermingeschäfte (Forward Rate Agreements) und alle anderen Derivatkontrakte in Bezug auf Klimavariablen, Frachtsätze, Inflationsraten oder andere offizielle Wirtschaftsstatistiken, die bar abgerechnet werden müssen oder auf Wunsch einer der Parteien bar abgerechnet werden können, ohne dass ein Ausfall oder ein anderes Beendigungsereignis vorliegt, sowie alle anderen Derivatkontrakte in Bezug auf Vermögenswerte, Rechte, Obligationen, Indizes und Messwerte, die sonst nicht im vorliegenden Anhang I Abschnitt C genannt sind und die die Merkmale anderer derivativer Finanzinstrumente aufweisen, wobei u.a. berücksichtigt wird, ob sie auf einem geregelten Markt, einem OTF oder einem MTF gehandelt werden.

Hinsichtlich der kontraktspezifizierten Derivate werden in der DelVO 2017/583 im Wesentlichen zwischen Zinsderivaten, Eigenkapitalderivaten, Warenderivaten, Fremdwährungsderivaten, Kreditderivaten, C10-Derivaten, CFD und Emissionsderivaten unterschieden. Die Definition des Anhang I Abschnitt C Abs. 4–10 spiegelt sich im WpHG in § 2 Abs. 3 WpHG wider[2].

21 **b) Auftragspakete.** Unter Auftragspaket ist gem. Art. 2 Abs. 1 Nr. 49 VO Nr. 600/2014 ein preislich als einzige Einheit ausgewiesener Auftrag zu verstehen, der zur Ausführung eines Transaktionspakets mit der Bezeichnung „Exchange for Physical" oder zur Ausführung eines Transaktionspakets mit zwei oder mehr Finanzinstrumenten eingesetzt wird. Beispiele für Auftragspakete, für die von einem liquiden Markt ausgegangen werden kann, sind in der DelVO 2017/2194 benannt. In Deutschland sind Regelungen über Kombinationen verschiedener Instrumente im Regelwerk der Terminbörse Eurex[3] verankert.

22 Ein **Exchange for Physical** – ein deutschsprachiges Wort existiert in der deutschen Fassung der MiFIR nicht – wird in Art. 2 Abs. 1 Nr. 48 VO Nr. 600/2014 dahingehend beschrieben, dass es sich dabei um ein Geschäft mit einem Derivatekontrakt oder einem anderen Finanzinstrument unter der Bedingung der zeitgleichen Ausführung eines zugrunde liegenden physischen Vermögenswerts in entsprechendem Umfang handelt[4]. Nach Erwägungsgrund Nr. 14 DelVO 2017/583 sind Exchange for Physicals „...ein fester Bestandteil der Finanzmärkte und erlaubt es den Marktteilnehmern, Geschäfte mit börsengehandelten Derivaten zu organisieren und auszuführen, die direkt mit einem Geschäft am zugrunde liegenden physischen Markt verknüpft sind. Sie sind weit verbreitet und umfassen eine Vielzahl von Akteuren, wie Landwirte, Erzeuger, Hersteller und Verarbeiter von Waren. In

---

1 Ausfl. hierzu *Köhler/Büscher* in Schwintowski, Bankrecht, Kap. 22 Rz. 277 ff.
2 BT-Drucks. 18/10936, 220.
3 Abschnitt 2.2 Handelsbedingungen Eurex (Stand: 2.4.2018).
4 Gleichlautende Definition auch in Art. 1 Nr. 1 lit. a DelVO 2017/583.

der Regel kommt es zu einem EFP-Geschäft, wenn ein Verkäufer eines physischen Vermögenswerts versucht, seine entsprechende Position in einem Derivatvertrag mit dem Käufer des physischen Vermögenswerts auszubuchen, sofern der letztgenannte auch eine entsprechende Sicherung in demselben Derivatvertrag hält. Sie erleichtern folglich die effiziente Ausbuchung von Absicherungspositionen, die nicht mehr notwendig sind."

Ein **Geschäft, das die Ausführung von zwei oder mehr Teilgeschäften mit Finanzinstrumenten umfasst**, erfordert, um definitorisch ein Transaktionspaket zu sein, gem. Art. 2 Abs. 1 Nr. 50 lit. b VO Nr. 600/2014 die Erfüllung folgender drei Voraussetzungen: 23
i) das Geschäft wird zwischen zwei oder mehr Gegenparteien ausgeführt;
ii) jedes Teilgeschäft bringt ein deutliches wirtschaftliches oder finanzielles Risiko bei allen anderen Teilgeschäften mit sich;
iii) die Ausführung jedes Teilgeschäfts erfolgt zeitgleich und unter der Bedingung der Ausführung aller übrigen Teilgeschäfte[1].

Die Vorhandelstransparenzvorschriften für Eigenkapitalinstrumente in Art. 3 VO Nr. 600/2014 enthalten keine Regelungen zur kombinierten Auftragserteilung. Ob und inwieweit mehrere Teilgeschäfte in Eigenkapitalinstrumenten mit unter die Regelung des Art. 8 VO Nr. 600/2014 fallen, ist nicht geregelt. Die ESMA vertritt ohne nähere Begründung die Ansicht, dass die Auftragspakete ausschließlich für Fremdkapitalinstrumente konzipiert wären[2]. 24

3. Tatbestandmerkmal „An einem Handelsplatz gehandelt". Der Verordnungsformulierung zufolge muss es sich bei den gegenständlichen Finanzinstrumenten um solche handeln, *„die an einem Handelsplatz gehandelt werden"* (engl. *traded on a trading venue, TOTV*)[3]. Allzu große Bedeutung ist dem Merkmal an dieser Stelle nicht zuzurechnen. Es spielt zunächst bei der Frage eine Rolle, ab wann die Transparenzpflicht eintritt. Hat noch keine Handelsaufnahme stattgefunden, so gilt die Publizitätspflicht noch nicht. Primärmarktaktivitäten unter Einbeziehung der Handelsplatzsysteme fallen nicht in den Anwendungsbereich des Art. 8 VO Nr. 600/2014[4]. Zum zweiten wird mit der Erwähnung deutlich, dass, soweit es sich bei Finanzinstrumenten um übertragbare Wertpapiere handelt, die Wertpapiere in ein Effektengirosystem einbezogen sein müssen, und damit auch in entmaterialisierter Form begeben sein können (Art. 3 VO Nr. 909/2014). 25

4. Ausnahmeregelung in Art. 8 Abs. 1 Satz 4 VO Nr. 600/2014. Gemäß Art. 8 Abs. 1 Satz 3 VO Nr. 600/2014 soll die Vorhandelstransparenzverpflichtung nicht für Geschäfte gelten, wenn es sich um Derivate-Transaktion von nichtfinanziellen Gegenparteien handelt, durch die die objektiv messbaren Risiken verringert werden und die in direktem Zusammenhang mit der Geschäftstätigkeit oder der Geschäftsfinanzierung der nichtfinanziellen Gegenpartei oder der betreffenden Gruppe stehen. Der Betreiber des Handelsplatzes kann dieser negativ formulierten Aufgabe nur dann nachkommen, wenn er davon Kenntnis hat, dass das Handelsinteresse von einer nichtfinanziellen Gegenpartei stammt und dass das Geschäft dann auch noch zu Hedge-Zwecken geschlossen wird. Mittelbar enthält die Vorschrift damit einen Verpflichtung, dass der Handelsplatz eine technische Anwendung einrichtet, mit der entsprechende Orders gekennzeichnet werden können. Für den Begriff der nichtfinanziellen Gegenpartei ist im Regelungszusammenhang auf die Definition des Art. 2 Nr. 9 VO Nr. 648/2012 abzustellen. 26

5. Veröffentlichungsinhalt. Zu veröffentlichen sind nach Art. 8 Abs. 1 Satz 1 VO Nr. 600/2014 grundsätzlich **aktuelle Geld- und Briefkurse** der sich im Handel befindlichen Nichteigenkapitalinstrumente. Lässt das Regelwerk des Handelsplatzes den Handel gekoppelter Produkte zu, bei denen die kombinierten Werte preislich als eine einzige Einheit ausgewiesen werden (sog. Transaktionspaket i.S.v. Art. 2 Abs. 1 Nr. 50 VO Nr. 600/2014), so ist die Order für das Paket maßgeblich. Mit aktuellen Geld- und Briefkursen sind die Orders gemeint, die unmittelbar vor der nächsten anstehenden Preisermittlung im System des Handelsplatzbetreibers auf Veranlassung der verschiedenen Handelsteilnehmer eingestellt sind[5]. Mit Geldkursen sind die Orders der kaufwilligen, mit Briefkursen die der verkaufswilligen Marktteilnehmer angesprochen. Die Orders sind dabei Limitorders, die zum genannten Preisgebot oder besser ausgeführt werden sollen. Es kann sich aber auch um Market Orders handeln, bei denen kein Limit vorliegt (billigst oder bestens) und die zum nächsten ermittelten Preis ausgeführt werden sollen, der ihre Berücksichtigung zulässt. 27

Die nach Art. 8 Abs. 1 Satz 1 VO Nr. 600/2014 geforderte Veröffentlichung der **Tiefe der Handelsposition zu den Kursen** bringt zweierlei zum Ausdruck. Zum einen, dass nicht nur der Preis pro Stück angezeigt wird, sondern durch Angabe der Stückzahl auch das Volumen der jeweiligen Order[6]. Zum anderen, dass bei entspre- 28

---

1 Gleichlautende Definition auch in Art. 1 Nr. 1 lit. b DelVO 2017/583.
2 ESMA Q & A on MiFID II and MiFIR transparency topics, Nr. 4 Antwort auf Frage 4 b).
3 Allgemein zum TOTV-Konzept vgl. Opinion der ESMA 70-156-117 v. 22.5.2017.
4 ESMA Q & A on MiFID II and MiFIR transparency topics, Nr. 2 Anwort zu Frage 4.
5 Vgl. z.B. *Boschan*, S. 24, 408.
6 *Boschan*, S. 408.

chendem Marktmodell eine hinreichende Anzahl sich gegenüberstehender Orders angezeigt werden, damit die Handelsteilnehmer bzw. dahinterstehende Investoren einen Überblick über die aktuelle Marktlage erhalten.

29 Lässt das Handelssystem neben oder statt der Abgabe von Orders auch **verbindliche Interessensbekundungen** zu, so sollen auch diese bekannt gemacht werden; Art. 3 Abs. 1 Satz 2 VO Nr. 600/2014. Art. 2 Abs. 1 Nr. 33 VO Nr. 600/2014 enthält die Legaldefinition für eine verbindliche Interessenbekundung. Dies ist eine Mitteilung eines Handelsteilnehmers in Bezug auf ein Handelsinteresse, die alle für eine Einigung auf den Handelsabschluss erforderlichen Angaben enthält. Der Unterschied zu einem Auftrag (Order) erklärt sich im Wesentlichen nur aus spezifischen Abläufen im Vorfeld einer verbindlichen Äußerung, die bei einer verbindlichen Interessensbekundung lediglich bei einem Preisanfrage-Handelssystem oder bei einem sprachbasierten System möglich sind. Hier wird die erste Interessensbekundung eines Teilnehmers in Bezug auf Volumen und/oder Preis noch nicht vollständig sein. Erst die Antworten darauf werden die notwendigen Bestandteile für Aufträge enthalten, die bei einem Preisanfragesystem kraft Definition nur der Anfrager[1], bei einem sprachbasierten System auch andere Teilnehmer[2] ggf. annehmen können. Durch die Erstreckung der Veröffentlichungspflicht auf verbindliche Interessensbekundungen soll nach Ansicht des VO Nr. 600/2014-Verordnungsgebers verhindert werden, dass Interessensbekundungen genutzt werden, um einer bestimmten Gruppe von Marktteilnehmern Informationen zur Verfügung zu stellen, die anderen vorenthalten werden[3].

30 **Art. 8 Abs. 2 VO Nr. 600/2014** bringt zum Ausdruck, dass die in Art. 8 Abs. 1 Satz 1 VO Nr. 600/2014 genannten Transparenzanforderungen auf die verschiedenen Arten von denkbaren Handelsformen, die zur Preisermittlung führen, anzupassen sind. Damit sind aber nicht die Handelsplatzbetreiber und ihr jeweiliges Regelwerk angesprochen, sondern der EU-Gesetzgeber selbst. Wie sich aus Art. 9 Abs. 5 Unterabs. 1 lit. b VO Nr. 600/2014 ergibt, regeln technische Regulierungsstandards die Details zur Bandbreite der Geld- und Briefkurse oder Kursofferten sowie die Markttiefe des Handelsinteresses oder der indikativen Vorhandelsgeld- und -briefkurse und berücksichtigen dabei den erforderliche Zuschnitt auf die verschiedenen Arten von Handelssystemen. Die **Regulierungsstandards über die zu veröffentlichenden Informationen finden sich in Art. 2 Anhang I DelVO 2017/583**. Dort wird zwischen den folgenden Systemtypen unterschieden:

- Orderbuch-Handelssystem basierend auf einer fortlaufenden Auktion
- Market-Maker-Handelssystem
- Handelssystem basierend auf periodischen Auktionen
- Preisanfrage-Handelssystem
- sprachbasiertes Handelssystem
- Handelssystem, das nicht unter die vorgenannten fünf Rubriken fällt.

31 Ein **Orderbuch-Handelssystem** basierend auf einer fortlaufenden Auktion hat die Gesamtzahl der Aufträge und Gesamtzahl des Finanzinstruments, die sie auf jedem Kursniveau vertreten, für mindestens die fünf besten Geld- und Briefkurse auszuweisen. Ein **quotierungsgetriebenes Handelssystem** muss im Grundsatz den besten Geld- und Briefkurs eines jeden Market-Makers samt den zu diesen Preisen gehörenden Volumina angeben. **Handelssysteme basierend auf periodischen Auktionen** haben den Kurs anzugeben, der sich bei der Anwendung seines Handelsalgorithmus ergeben würde, sowie das Volumen, das auf dieser Basis ausführbar wäre. **Preisanfrage-Handelssysteme**[4] müssen die Kursofferten und zugehörige Volumina der Teilnehmer, deren Annahme nach den Regeln des Systems zu einem Geschäft führen würden, angeben. Alle auf eine Preisanfrage hin abgegebenen Kursofferten können gleichzeitig veröffentlicht werden, jedoch nicht später als zu dem Zeitpunkt, zu dem sie ausführbar werden. Bei einem **sprachbasierten Handelssystem** sind die Kauf- und Verkaufsofferten und die einhergehenden Volumina eines jeden Handelsteilnehmers, die im Falle ihrer Annahme zu einem Geschäft gemäß den Regeln des Systems führen würden, anzugeben. Bei den **sonstigen Systemen**, insbesondere den hybriden Handelssystemen fordert der DelVO 2017/583 die Veröffentlichung von Informationen über das Auftrags- oder Kursoffertenniveau und das Handelsinteresse in Bezug auf den betreffenden Wert; zu veröffentlichen sind insbesondere die fünf besten Geld- und Briefpreisniveaus und/oder die Kursofferten auf Angebots- und Nachfrageseite jedes Market-Makers für das jeweilige Instrument, sofern es die Charakteristika des Kursfestsetzungsprozesses zulassen.

32 **6. Veröffentlichungsmodalitäten.** Die Handelsplatzbetreiber veröffentlichen die nach Art. 8 Abs. 1 Satz 1 VO Nr. 600/2014 i.V.m. Art. 2, Anhang I DelVO 2017/583 anzugebenden Inhalte **während der üblichen Handelszeiten auf kontinuierlicher Basis** (Art. 8 Abs. 1 Satz 3 VO Nr. 600/2014). Die üblichen Handelszeiten ergeben sich aus dem Regelwerk des jeweiligen Handelsplatzes. Die Regelungen zur ordnungsgemäßen Durchführung des Handels an einem MTF bzw. OTF betreffen nach § 72 Abs. 1 Satz 1 Nr. 2 WpHG neben dem „Wie" auch

---

1 Vgl. die Legaldefinition für Preisanfrage-Handelssystem in Art. 1 Nr. 2 DelVO 2017/583 und Erwägungsgrund Nr. 8 DelVO 2017/583.
2 Vgl. die Legaldefinition für sprachbasiertes Handelssystem in Art. 1 Nr. 3 DelVO 2017/583.
3 KOM (2011) 652, 3.4.2; s. auch *Lutter/Bayer/J. Schmidt*, Rz. 32.54 Fn. 218.
4 In Erwägungsgrund Nr. 16 VO Nr. 600/2014 auch *request for quote* genannt.

das „Wann" des Handels. Beim „Wann" geht es um die Festlegung, zu welchen Zeiten die Teilnehmer das System nutzen dürfen[1]. Für die Börsenöffnungszeiten trifft regelmäßig der Börsenrat die grundsätzlichen Entscheidungen mittels Börsenordnung. Das Ergebnis deckt sich mit der Regelungen in Art. 15 Abs. 1 Unterabs. 1 VO Nr. 600/2014, nach der systematische Internalisierer ihre Kursofferten während der üblichen Handelszeiten veröffentlichen müssen. Hier hat der EU-Verordnungsgeber mit Art. 12 DelVO 2017/567 näher ausgeführt, dass es sich dabei um die vom Betreiber des Ausführungsplatzes zuvor als seine üblichen Handelszeiten festgelegten und veröffentlichten Zeiten handelt. Während der festgelegten Handelszeiten hat die Veröffentlichung kontinuierlich zu erfolgen. D.h., es erfolgt fortlaufend und ohne Unterbrechung eine Aktualisierung der Orderlage. Jede in die Preisfeststellung einbezogene Order muss zuvor die Vorhandelstransparenzschleife des Systems durchlaufen haben. Dies gilt auch in Handelssystemen, die hochfrequenten Handel zulassen[2].

Das Veröffentlichen bzw. Offenlegen der Vorhandelstransparenzdaten bedeutet nicht das bedingungslose Zugänglichmachen der Daten an die Allgemeinheit. Nach Art. 13 Abs. 1 Satz 1 VO Nr. 600/2014 muss der Betreiber des Handelsplatzes die zu veröffentlichen Angaben **zu angemessenen kaufmännischen Bedingungen und in nichtdiskriminierender Weise** offenzulegen. Grundsätzlich erfolgt dies auf privatrechtlicher Grundlage. Denkbar ist bei Börsen gem. § 2 Abs. 1 BörsG aber auch, dass die Bereitstellung von Marktdaten im Rahmen eines öffentlich-rechtlichen Verhältnisses erfolgt und die Geldleistung in Form von Gebühren bzw. Beiträgen erfolgt. Die Details, was unter angemessenen kaufmännischen Bedingungen und nichtdiskriminierend zu verstehen ist, ergibt sich aus Art. 7 ff. DelVO 2017/567 (s. Art. 12, 13 VO Nr. 600/2014 Rz. 7). Erst mit einer Zeitverzögerung von 15 Minuten können die Daten von etwaigen Interessenten kostenlos bezogen werden, Art. 13 Abs. 1 Satz 2 VO Nr. 600/2014. In einem liquiden Handel sind sie damit aber nahezu wertlos[3]. Das Regelungsgefüge des Art. 8 Abs. 1 und 2 VO Nr. 600/2014 unterscheidet nicht zwischen Handelsteilnehmern und sonstigen Marktteilnehmern, die nicht zum Handel am konkreten Handelsplatz berechtigt sind[4]. Zwar bekommen nach deutschem Recht die Handelsteilnehmer einer Börse bzw. eines MTF nach § 24 Abs. 2 Satz 2 BörsG (i.V.m. § 74 Abs. 2 WpHG) Zugang zu den Angeboten, allerdings nur, soweit in Titel II VO Nr. 600/2014 nichts anderes bestimmt ist.

33

Die Handelsplatzbetreiber müssen nach Art. 12 Abs. 1 VO Nr. 600/2014 die **Vorhandelsdaten getrennt von den Nachhandelstransparenzdaten anbieten**. Dies gilt in darstellungstechnischer und kommerzieller Hinsicht. Art. 12 Abs. 2 VO Nr. 600/2014 verweist nochmals auf eine delegierte Verordnung, in der Standards für die zu veröffentlichenden Daten, einschließlich des **Disaggregationsniveaus**, festgelegt sind. Hierbei handelt es sich um die DelVO 2017/572. Einzeln ausweisbar müssen nach Art. 1 Abs. 1 und 2 DelVO 2017/572 grundsätzlich folgende Angaben sein:

34

- Art der Anlageklasse (Schuldverschreibungen und strukturierte Finanzprodukte, Emissionszertifikate sowie Derivate)
- das Land, das öffentliche Schuldtitel ausgibt
- die Währung, in dem der Wert gehandelt wird und
- die geplante Tagesauktion im Gegensatz zum kontinuierlichen Handel.

Derivate sind gem. Art. 1 Abs. 2 DelVO 2017/572 zu unterscheiden in:

- Equity-Derivate
- Zinsderivate
- Kreditderivate
- Devisenderivate
- Rohstoff-Derivate und Derivate von Emissionszertifikaten
- sonstige Derivate.

Die am Bezug der Daten interessierten Personen können zwischen dem Bezug aggregierter und nicht aggregierter Daten wählen[5].

III. Daten- und Systemzugang für systematische Internalisierer (Art. 8 Abs. 3 VO Nr. 600/2014). Art. 8 Abs. 3 VO Nr. 600/2014 regelt den **Zugang von systematischen Internalisierern** von Nichteigenkapitalinstrumenten zu den Vorhandelstranssystemen und damit über Zugang zu den Daten des Handelsplatzes hinaus. Soweit die Vorschrift von „Zugang zu den Regelungen, die sie für die Veröffentlichung der Informationen anwenden", spricht, handelt es sich um eine unglückliche Sprachfassung. Es geht hier wie schon in Art. 3 Abs. 3 VO Nr. 600/2014 um den Zugang zum System (eng. jeweils *arrangements*), das die Daten enthält. Soweit auf den Datenzugang abgestellt wird, gibt die Vorschrift bei rechter Betrachtung den systematischen Internalisieren

35

---

1 MaComp II Nr. 5.2.
2 S. hierzu Stötzel, RdF 2011, 156, 159 zu § 30 BörsG a.F.
3 *Boschan*, S. 43.
4 ESMA Q & A On MiFID II and MiFIR market structures topics, Nr. 2 Antwort auf Frage 2.
5 ESMA Q & A On MiFID II and MiFIR market structures topics, Nr. 2 Antwort auf Frage 2.

keine weitergehenden Rechte, als sie andere Marktteilnehmer nach Art. 13 Abs. 1 VO Nr. 600/2014 haben[1]. Auch systematische Internalisierer können über die besondere Regel die Vorhandelstransparenzdaten nur zur angemessen kaufmännischen Bedingungen und diskriminierungsfrei erhalten.

36 Vom Wortlaut her gewährt die Vorschrift aber nicht einen Anspruch auf Zugang zu den Vorhandelsdaten des Handelsplatzes. Gedeckt ist darüber hinaus auch ein Anspruch des systematischen Internalisierers, die technischen Systeme eines Handelsplatzes für die Veröffentlichung seiner Kursofferten nutzen zu dürfen[2]. Das Nutzungsrecht ist allerdings nur dann gegeben, wenn der Handelsplatz die Anlageklasse, in der der Internalisierer handelt, selbst im Dienstleistungsangebot hat. Eine Pflicht des Handelsplatzbetreibers, zur Anpassung seiner Veröffentlichungssysteme an Anlageklassen, die bei ihm nicht handelbar sind, besteht nicht[3].

37 § 120 Abs. 9 Nr. 3 lit. a WpHG und § 50 Abs. 5 Nr. 3 lit. c BörsG enthalten auf Art. 8 Abs. 3 VO Nr. 600/2014 bezogene **Bußgeldtatbestände**.

38 **IV. Die Regelung des Art. 8 Abs. 4 VO Nr. 600/2014.** Art. 8 Abs. 4 VO Nr. 600/2014 baut auf Art. 9 Abs. 1 lit. b VO Nr. 600/2014 auf. Das ist der Tatbestand, der eine Ausnahme von der Vorhandelstransparenz für den Fall vorsieht, dass verbindliche Interessenbekundungen in Preisanfragesystemen und sprachbasierten Handelssystemen abgegeben werden, die über den für ein Finanzinstrument typischen Umfang (engl. *size specific to the instrument, SSTI*) hinausgehen. Art. 8 Abs. 4 Satz 1 VO Nr. 600/2014 regelt, dass die Ausnahmebewilligung nach Art. 9 Abs. 1 lit. b VO Nr. 600/2014 nicht zu einer Befreiung von der Vorhandelstransparenzpflicht führt, sondern der normale **Ablauf der Veröffentlichung modifiziert** wird. Der Handelsplatzbetreiber ist verpflichtet, einen indikativen Vorhandelsgeld- und -briefkurs anzuzeigen, der sich nah an den Preisvorstellungen der im System vorliegenden Handelsinteressen anlehnt. Der Betreiber hat diese Informationen auf elektronischem Wege während der üblichen Handelszeiten auf kontinuierlicher Basis zu veröffentlichen, Art. 8 Abs. 4 Satz 2 VO Nr. 600/2014. Eine besondere Form für die Veröffentlichung ist nicht vorgeschrieben. Eine frei zugängliche Anzeige auf der Internetseite des Betreibers sollte daher genügen. Von entscheidender Bedeutung ist Art. 8 Abs. 4 Satz 3 VO Nr. 600/2014, dem entnommen werden kann, dass die beschriebenen Schritte den Anforderungen an eine Zur-Verfügung-Stellung von Vorhandelstransparenzdaten zu angemessenen kaufmännischen Bedingungen und in nichtdiskriminierender Weise genügen. Art. 13 VO Nr. 600/2014 kommt insofern nicht zur Geltung. Die angewandte Methode zur Indikation und der Zeitpunkt der Veröffentlichung sind vom Handelsplatzbetreiber zu veröffentlichen, Art. 5 Abs. 3 DelVO 2017/583.

39 Hinzuweisen ist auf **Art. 5 Abs. 2 DelVO 2017/583**. Dort ist geregelt, dass ein indikativer Vorhandelskurs für eine verbindliche Interessenbekundung, die den für das Finanzinstrument typischen Umfang (SSTI-Wert) übersteigt und die kleiner als das zutreffende große Volumen (LIS-Wert) ist, als dem Kurs der Handelsinteressen nahe gilt, sofern die Handelsplätze Folgendes veröffentlichen: a) den bestmöglichen Kurs; b) den einfachen Durchschnittskurs; c) den ausgehend vom Volumen, dem Kurs, dem Zeitpunkt oder der Anzahl von verbindlichen Interessenbekundungen gewichteten Kurs. Die ESMA interpretiert die Regelung wohl so, dass Art. 8 Abs. 4 VO Nr. 600/2014 und Art. 5 Abs. 2 DelVO 2017/583 immer nur zusammen zu lesen sind. Verbindliche Interessenbekundungen die größer als SSTI-Wert und größer als der LIS-Wert sind, wären danach nicht vom Anwendungsbereich des Art. 8 Abs. 4 VO Nr. 600/2014 und damit auch nicht vom Ausgangstatbestand des Art. 9 Abs. 1 lit. b VO Nr. 600/2014 erfasst.

40 Ein vorsätzlicher oder leichtfertiger Verstoß gegen die Veröffentlichungsmodalitäten gem. Art. 8 Abs. 4 VO Nr. 600/2014 kann gem. § 120 Abs. 9 Nr. 1 lit. d WpHG bzw. § 50 Abs. 5 Nr. lit. d BörsG mit einer **Geldbuße** geahndet werden.

Art. 9 Ausnahmen für Nichteigenkapitalinstrumente

(1) Die zuständigen Behörden können Marktbetreiber und Wertpapierfirmen, die einen Handelsplatz betreiben, in den folgenden Fällen von der Pflicht zur Veröffentlichung der Angaben gemäß Artikel 8 Absatz 1 ausnehmen:

a) bei im Vergleich zum marktüblichen Geschäftsumfang großen Aufträgen und bei Aufträgen, die mittels eines Auftragsverwaltungssystems des Handelsplatzes getätigt werden, solange die Veröffentlichung noch nicht erfolgt ist;

b) bei verbindlichen Interessensbekundungen in Preisanfragesystemen und sprachbasierten Handelssystemen, die über den für ein Finanzinstrument typischen Umfang hinausgehen, bei dem ein Liquiditätsgeber unangemessenen Risiken ausgesetzt würde, und bei dem berücksichtigt wird, ob es sich bei den einschlägigen Marktteilnehmern um Klein- oder Großanleger handelt;

---

1 So wohl auch *Hoops*, WM 2018, 205, 210, der von Konkretisierung spricht.
2 S. auch *Dreyer/Delgado-Rodriguez* in Temporale, S. 45.
3 ESMA Q & A On MiFID II and MiFIR transparency topics, Nr. 2 Antwort auf Frage 1.

c) bei Derivaten, die nicht der in Artikel 28 festgelegten Pflicht zum Handel unterliegen, sowie bei anderen Finanzinstrumenten, für die kein liquider Markt besteht;
d) bei Aufträgen zur Ausführung eines Exchange for Physical;
e) bei Auftragspaketen, die eine der folgenden Bedingungen erfüllen:
   i) mindestens einer der Teilaufträge betrifft ein Finanzinstrument, für das kein liquider Markt besteht, es sei denn, es besteht ein liquider Markt für das Auftragspaket als Ganzes;
   ii) mindestens einer der Teilaufträge hat ein großes Volumen im Vergleich zum marktüblichen Geschäftsumfang, es sei denn, es besteht ein liquider Markt für das Auftragspaket als Ganzes;
   iii) alle Teilaufträge werden nach einem Preisanfragesystem oder einem sprachbasierten Handelssystem (voice system) ausgeführt und gehen über das für das Instrument typische Volumen hinaus.

(2) Vor der Gewährung einer Ausnahme nach Absatz 1 unterrichten die zuständigen Behörden die ESMA sowie andere zuständige Behörden über ihre jeweilige Absicht, eine individuelle Ausnahme zu gewähren, und erläutern die Handhabung der jeweiligen Ausnahme. Die Absicht zur Gewährung einer Ausnahme ist spätestens vier Monate vor deren Inkrafttreten bekannt zu geben. Binnen zwei Monaten nach Erhalt der Meldung gibt die ESMA eine Stellungnahme an die jeweils zuständige Behörde ab, in der die Vereinbarkeit der Ausnahme mit den Anforderungen bewertet wird, die in Absatz 1 festgelegt sind und in den gemäß Absatz 5 zu erlassenden technischen Regulierungsstandards festgelegt werden. Gewährt eine zuständige Behörde eine Ausnahme, und eine zuständige Behörde eines anderen Mitgliedstaats ist damit nicht einverstanden, kann die betreffende zuständige Behörde die ESMA erneut mit der Angelegenheit befassen. Diese kann sodann im Rahmen der ihr durch Artikel 19 der Verordnung (EU) Nr. 1095/2010 übertragenen Befugnisse tätig werden. Die ESMA überwacht die Anwendung der Ausnahmen und legt der Kommission jährlich einen Bericht über ihre Anwendung in der Praxis vor.

(2a) Die zuständigen Behörden können die Verpflichtung gemäß Artikel 8 Absatz 1 für jeden einzelnen Teilauftrag eines Auftragspakets aufheben.

(3) Die zuständigen Behörden können entweder von sich aus oder auf Antrag anderer zuständiger Behörden eine nach Absatz 1 gewährte Ausnahme zurücknehmen, wenn sie feststellen, dass die Ausnahme in einer Weise genutzt wird, die von ihrem ursprünglichen Zweck abweicht, oder wenn sie zu der Auffassung gelangen, dass die Ausnahme genutzt wird, um die in diesem Artikel festgeschriebenen Anforderungen zu umgehen.

Die zuständigen Behörden unterrichten die ESMA und die anderen zuständigen Behörden unverzüglich, und bevor sie Wirkung entfaltet, von der Rücknahme einer Ausnahme und begründen dies ausführlich.

(4) Eine zuständige Behörde, die einen oder mehrerer Handelsplätze beaufsichtigt, an dem/denen eine Kategorie von Schuldverschreibungen, strukturierten Finanzprodukten, Emissionszertifikaten oder Derivaten gehandelt wird, kann die Pflichten gemäß Artikel 8 vorübergehend aussetzen, wenn die Liquidität dieser Kategorie von Finanzinstrumenten unter einen vorgegebenen Schwellenwert fällt. Dieser vorgegebene Schwellenwert wird auf der Grundlage objektiver Kriterien, die für den Markt für das betreffende Finanzinstrument typisch sind, festgelegt. Die Bekanntgabe einer solchen vorübergehenden Aussetzung ist auf der Website der jeweils zuständigen Behörde zu veröffentlichen.

Die vorübergehende Aussetzung gilt zunächst für einen Zeitraum von höchstens drei Monaten ab dem Tag ihrer Bekanntgabe auf der Website der jeweils zuständigen Behörde. Eine solche Aussetzung kann um jeweils höchstens weitere drei Monate verlängert werden, sofern die Gründe für die vorübergehende Aussetzung weiterhin gegeben sind. Wird die vorübergehende Aussetzung nach Ablauf dieser drei Monate nicht verlängert, tritt sie automatisch außer Kraft.

Vor einer Aussetzung oder einer Verlängerung der vorübergehenden Aussetzung der Pflichten gemäß Artikel 8 nach diesem Absatz unterrichtet die jeweils zuständige Behörde die ESMA über ihre Absicht und begründet diese ausführlich. Die ESMA gibt so bald wie möglich eine Stellungnahme an die zuständige Behörde zu der Frage ab, ob ihrer Meinung nach die Aussetzung oder die Verlängerung der vorübergehenden Aussetzung gemäß den Unterabsätzen 1 und 2 gerechtfertigt ist.

(5) Die ESMA arbeitet Entwürfe technischer Regulierungsstandards aus, in denen Folgendes festgelegt wird:
a) die Parameter und Methoden zur Berechnung der Liquiditätsschwelle nach Absatz 4 in Bezug auf das Finanzinstrument. Die von den Mitgliedstaaten für die Berechnung des Schwellenwerts anzuwendenden Parameter und Methoden sind in einer Weise festzulegen, dass ein Erreichen des Schwellenwerts für das betreffenden Finanzinstrument gestützt auf die Kriterien nach Artikel 2 Absatz 1 Nummer 17 einem erheblichen Rückgang der Liquidität an allen Handelsplätzen der Union entspricht.

b) die Bandbreite der Geld- und Briefkurse oder Kursofferten sowie die Markttiefe des Handelsinteresses zu diesen Kursen oder indikative Vorhandelsgeld- und -briefkurse, die nahe bei den Kursen des Handelsinteresses liegen, die für jede Kategorie von Finanzinstrumenten nach Artikel 8 Absätze 1 und 4 zu veröffentlichen sind; dabei ist der erforderliche Zuschnitt auf die verschiedenen Arten von Handelssystemen nach Artikel 8 Absatz 2 zu berücksichtigen;
c) für jede einschlägige Kategorie von Finanzinstrumenten der Umfang der großen Aufträge sowie Art und Mindestgröße der Aufträge, die mittels eines Auftragsverwaltungssystems getätigt werden, solange ihre Veröffentlichung noch nicht erfolgt ist, bei denen gemäß Absatz 1 von der Veröffentlichung von Vorhandelsinformationen abgesehen werden kann;
d) der in Absatz 1 Buchstabe b genannte für das Finanzinstrument typische Umfang und die Definition des Systems der Preisanfrage und des sprachbasierten Handelssystems, bei denen gemäß Absatz 1 von einer Veröffentlichung von Vorhandelsinformationen abgesehen werden kann;

Bei der Festlegung des für ein Finanzinstrument typischen Volumens, bei dem im Einklang mit Absatz 1 Buchstabe b die Liquiditätsgeber unangemessenen Risiken ausgesetzt würden und berücksichtigt wird, ob es sich bei den einschlägigen Marktteilnehmern um Klein- oder Großanleger handelt, trägt die ESMA den nachstehenden Faktoren Rechnung:

  i) der Frage, ob die Liquiditätsgeber bei diesem Volumen in der Lage sind, ihre Risiken abzusichern;
  ii) in Fällen, in denen ein Teil des Marktes für ein Finanzinstrument oder eine Kategorie von Finanzinstrumenten von Kleinanlegern gebildet wird, dem Durchschnittswert der von diesen Anlegern getätigten Geschäften;

e) die Finanzinstrumente oder die Kategorien von Finanzinstrumenten, für die kein liquider Markt besteht, bei denen gemäß Absatz 1 von einer Veröffentlichung von Vorhandelsinformationen abgesehen werden kann;

Die ESMA legt der Kommission diese Entwürfe technischer Regulierungsstandards bis zum 3. Juli 2015 vor.

Der Kommission wird die Befugnis übertragen, die in Unterabsatz 1 genannten technischen Regulierungsstandards gemäß den Artikeln 10 bis 14 der Verordnung (EU) Nr. 1095/2010 zu erlassen.

(6) Um eine kohärente Anwendung von Absatz 1 Buchstabe e Ziffern i und ii zu gewährleisten, arbeitet die ESMA Entwürfe technischer Regulierungsstandards zur Festlegung einer Methodik aus, mit der festgestellt werden kann, für welche Auftragspakete ein liquider Markt besteht. Bei der Entwicklung einer solchen Methodik zur Feststellung, ob es einen liquiden Markt für ein Paket als Ganzes gibt, prüft die ESMA, ob Pakete standardisiert sind und häufig gehandelt werden.

Die ESMA legt der Kommission diese Entwürfe technischer Regulierungsstandards bis zum 28. Februar 2017 vor.

Der Kommission wird die Befugnis übertragen, die in Unterabsatz 1 genannten technischen Regulierungsstandards gemäß den Artikeln 10 bis 14 der Verordnung (EU) Nr. 1095/2010 zu erlassen.

In der Fassung vom 15.5.2014 (ABl. EU Nr. L 173 v. 12.6.2014, S. 84), geändert durch Verordnung (EU) 2016/1033 vom 23.6.2016 (ABl. EU Nr. L 175 v. 30.6.2016, S. 1).

Delegierte Verordnung (EU) 2017/583 der Kommission vom 14. Juli 2016
zur Ergänzung der Verordnung (EU) Nr. 600/2014 des Europäischen Parlaments und des Rates über Märkte für Finanzinstrumente durch technische Regulierungsstandards zu den Transparenzanforderungen für Handelsplätze und Wertpapierfirmen in Bezug auf Anleihen, strukturierte Finanzprodukte, Emissionszertifikate und Derivate

(Auszug)

Art. 3 Aufträge mit großem Volumen

(Artikel 9 Absatz 1 Buchstabe a der Verordnung (EU) Nr. 600/2014)

Ein Auftrag ist als großvolumig im Vergleich zum marktüblichen Geschäftsumfang zu betrachten, wenn er zum Zeitpunkt seines Eingangs oder infolge einer Auftragsänderung größer oder gleich der Mindestauftragsgröße ist, die nach der in Artikel 13 enthaltenen Methode bestimmt wird.

In der Fassung vom 14.7.2016 (ABl. EU Nr. L 87 v. 31.3.2017, S. 229).

Art. 4 Art und Mindestgröße von Aufträgen, die mit einem Auftragsverwaltungssystem getätigt werden

(Artikel 9 Absatz 1 Buchstabe a der Verordnung (EU) Nr. 600/2014)

(1) Die Art von Auftrag, die mit einem Auftragsverwaltungssystem eines Handelsplatzes getätigt wird, bei der von der Veröffentlichung von Vorhandelsinformationen abgesehen werden kann, ist ein Auftrag, der:
a) zur Veröffentlichung im Orderbuch des Handelsplatzes unter der Voraussetzung objektiver Bedingungen bestimmt ist, die im Voraus durch die Regeln des Systems definiert werden;

b) keine Wechselwirkung auf andere Handelsinteressen vor Offenlegung im Orderbuch des Handelsplatzes hat;
c) dessen Wechselwirkungen mit anderen Aufträgen nach der Offenlegung im Orderbuch den auf Aufträge dieser Art zum Zeitpunkt der Veröffentlichung anwendbaren Vorschriften entsprechen.

(2) Der Mindestumfang von mit einem Auftragsverwaltungssystem eines Handelsplatzes getätigten Aufträgen, bei denen von der Veröffentlichung von Vorhandelsinformationen abgesehen werden kann, entspricht zum Zeitpunkt des Eingangs und nach etwaigen Änderungen folgenden Werten:
a) im Falle eines Reserveauftrags: größer oder gleich 10 000 EUR;
b) für alle anderen Aufträge: ein Umfang, der größer oder gleich der handelbaren Mindestmenge ist, die vom Systembetreiber gemäß eigenen Vorschriften und Regeln vorab festgelegt wurde.

(3) Ein Reserveauftrag gemäß Absatz 2 Buchstabe a gilt als Limitauftrag, bestehend aus einem veröffentlichten Auftrag, der sich auf einen Teil der Menge bezieht, und einem nichtveröffentlichten Auftrag, der sich auf den Rest der Menge bezieht, wobei die nichtveröffentlichte Menge erst dann ausgeführt werden kann, wenn sie im Orderbuch als neuer öffentlicher Auftrag freigegeben wird.

In der Fassung vom 14.7.2016 (ABl. EU Nr. L 87 v. 31.3.2017, S. 229).

Art. 5 Für das Finanzinstrument typischer Umfang

(Artikel 8 Absatz 4 und Artikel 9 Absatz 1 Buchstabe b der Verordnung (EU) Nr. 600/2014)

(1) Eine verbindliche Interessenbekundung übersteigt dann den für das Finanzinstrument typischen Umfang, wenn sie zum Zeitpunkt des Eingangs oder aufgrund etwaiger Änderungen größer oder gleich dem Mindestumfang der verbindlichen Interessenbekundung ist, der nach der in Artikel 13 enthaltenen Methode berechnet wird.

(2) Ein indikativer Vorhandelskurs für eine verbindliche Interessenbekundung, die den gemäß Absatz 1 bestimmten für das Finanzinstrument typischen Umfang übersteigt und die kleiner als das zutreffende große Volumen gemäß Artikel 3 ist, gilt als dem Kurs der Handelsinteressen nahe, sofern die Handelsplätze Folgendes veröffentlichen:
a) den bestmöglichen Kurs;
b) den einfachen Durchschnittskurs;
c) den ausgehend vom Volumen, dem Kurs, dem Zeitpunkt oder der Anzahl von verbindlichen Interessenbekundungen gewichteten Kurs.

(3) Die Marktbetreiber und Wertpapierfirmen, die einen Handelsplatz betreiben, veröffentlichen die Methode zur Berechnung der Vorhandelskurse und den Zeitpunkt der Veröffentlichung bei der Eingabe und Aktualisierung indikativer Vorhandelskurse.

In der Fassung vom 14.7.2016 (ABl. EU Nr. L 87 v. 31.3.2017, S. 229), geändert durch Berichtigung vom 26.10.2017 (ABl. EU Nr. L 276 v. 26.10.2017, S. 78).

Art. 6 Die Klassen von Finanzinstrumenten, für die kein liquider Markt besteht

(Artikel 9 Absatz 1 Buchstabe c der Verordnung (EU) Nr. 600/2014)

Für ein Finanzinstrument oder eine Klasse von Finanzinstrumenten besteht kein liquider Markt, wenn dies in Übereinstimmung mit der in Artikel 13 enthaltenen Methode festgestellt wird.

In der Fassung vom 14.7.2016 (ABl. EU Nr. L 87 v. 31.3.2017, S. 229).

Art. 13 Methode zur Durchführung der Transparenzberechnungen

(Artikel 9 Absätze 1 und 2, Artikel 11 Absatz 1 und Artikel 22 Absatz 1 der Verordnung (EU) Nr. 600/2014)

(nicht abgedruckt)

Art. 16 Vorübergehende Aussetzung der Transparenzpflichten

(Artikel 9 Absatz 5 der Verordnung (EU) Nr. 600/2014)

(1) Für Finanzinstrumente, für die ausgehend von der in Artikel 13 enthaltenen Methode ein liquider Markt besteht, kann eine zuständige Behörde die in den Artikeln 8 und 10 der Verordnung (EU) Nr. 600/2014 vorgesehenen Pflichten vorübergehend aussetzen, wenn für eine Klasse von Anleihen, strukturierten Finanzprodukten, Emissionszertifikaten oder Derivaten das für die letzten 30 Kalendertage berechnete Gesamtvolumen, wie in Anhang II Tabelle 4 definiert, weniger als 40 % des durchschnittlichen monatlichen Volumens der 12 vollen Kalendermonate vor diesen 30 Kalendertagen beträgt.

(2) Für Finanzinstrumente, für die ausgehend von der in Artikel 13 enthaltenen Methode kein liquider Markt besteht, kann eine zuständige Behörde die in den Artikeln 8 und 10 der Verordnung (EU) Nr. 600/2014 vorgesehenen Pflichten vorübergehend aussetzen, wenn für eine Klasse von Anleihen, strukturierten Finanzprodukten, Emissionszertifikaten oder Derivaten das während der letzten 30 Kalendertag berechnete Gesamtvolumen, wie in Anhang II der Tabelle 4 definiert, weniger als 20 % des durchschnittlichen monatlichen Volumens der 12 vollen Kalendermonate vor diesen 30 Kalendertagen beträgt.

(3) Die zuständigen Behörden berücksichtigen bei der Durchführung der in den Absätzen 1 und 2 genannten Berechnungen die Geschäfte, die auf allen Handelsplätzen der Union für die Klasse von betroffenen Anleihen, strukturierten Finanzprodukten, Emissionszertifikaten oder Derivaten durchgeführt wurden. Die Berechnungen werden auf der Ebene der Klasse der Finanzinstrumente aggregiert, auf welche der Liquiditätstest gemäß Artikel 13 Anwendung findet.

Art. 9 VO Nr. 600/2014 | Ausnahmen für Nichteigenkapitalinstrumente

(4) Bevor die zuständigen Behörden über eine Aussetzung der Transparenzpflichten entscheiden, stellen sie sicher, dass der erhebliche Rückgang an Liquidität auf allen Handelsplätzen nicht das Ergebnis von saisonalen Auswirkungen der betreffenden Klasse von Finanzinstrumenten auf die Liquidität ist.

In der Fassung vom 14.7.2016 (ABl. EU Nr. L 87 v. 31.3.2017, S. 229).

Art. 17 Bestimmungen zur Liquiditätsbewertung für Anleihen und zur Bestimmung des für die Schwellenwerte typischen Vorhandelsumfangs, basierend auf Handelsperzentilen

(nicht abgedruckt)

Art. 18 Übergangsbestimmungen

(nicht abgedruckt)

Anhang III

(nicht abgedruckt)

Schrifttum: *Boschan*, Wertpapierhandelssysteme, 2007; *Schelling*, Die systematische Internalisierung in Nichteigenkapitalinstrumenten nach MiFID II und MiFIR, BKR 2015, 221; *Temporale* (Hrsg.), Europäische Finanzmarktregulierung, 2015.

I. Regelungsgegenstand 1	6. Aufträge zur Ausführung eines Exchange for Physical (Art. 9 Abs. 1 lit. d VO Nr. 600/2014) . 15
II. Ausnahmetatbestände 3	7. Auftragspakete (Art. 9 Abs. 1 lit. d und Abs. 2a VO Nr. 600/2014) 16
1. Aufträge mit großem Volumen (Art. 9 Abs. 1 lit. a Alt. 1 VO Nr. 600/2014) 3	III. Das Gewährungsverfahren (Art. 9 Abs. 2 VO Nr. 600/2014) 18
2. Auftragsverwaltungssysteme (Art. 9 Abs. 1 lit. a Alt. 2 VO Nr. 600/2014) 5	IV. Rücknahme gewährter Ausnahmen (Art. 9 Abs. 3 VO Nr. 600/2014) 23
3. Verbindliche Interessensbekundungen größeren Umfangs (Art. 9 Abs. 1 lit. b VO Nr. 600/2014) 7	V. Vorübergehende Aussetzung der Vorhandelstransparenz von Amts wegen (Art. 9 Abs. 4 VO Nr. 600/2014) 25
4. Derivate, die keiner Handelspflicht unterliegen (Art. 9 Abs. 1 lit. c Alt. 1 VO Nr. 600/2014) . . . 11	VI. Rechtsschutz 30
5. Finanzinstrumente, für die kein liquider Markt besteht (Art. 9 Abs. 1 lit. c Alt. 2 VO Nr. 600/2014) 12	

1 **I. Regelungsgegenstand.** Auf der Grundlage von Art. 9 VO Nr. 600/2014 (MiFIR) können Handelsplatzbetreibern **Ausnahmen von ihrer nach Art. 8 Abs. 1 VO Nr. 600/2014 bestehenden Verpflichtung**, Vorhandelsinformationen in Bezug auf Nichteigenkapitalinstrumente zu veröffentlichen, gewährt werden. Damit erkennt der europäische Verordnungsgeber an, dass es Umstände gibt, bei denen das Nichtveröffentlichen positive Effekte auf die Qualität der Preisfeststellung haben kann[1]. Strukturell entspricht die Vorschrift Art. 4 VO Nr. 600/2014, der die Ausnahmen im Bereich der Vorhandelstransparenz beim Handel von Eigenkapitalinstrumenten regelt. Auch Art. 9 VO Nr. 600/2014 setzt für die Inanspruchnahme einer Ausnahme regelmäßig den Antrag durch den Handelsplatzbetreiber sowie die ausdrückliche behördliche Erlaubnis voraus. Aufgrund rechtlicher und/oder wirtschaftlicher Unterschiede zwischen den Eigenkapital- und Nichteigenkapitalinstrumenten und damit verbundenen Eigenheiten bei der Preisbildungssystematik, in der Marktstruktur und im Marktverhalten der Teilnehmer weichen die Regelungen von Art. 4 und Art. 9 VO Nr. 600/2014 im Detail doch erheblich voneinander ab. Auffällig ist beispielsweise, dass Art. 9 VO Nr. 600/2014 keine Parallelvorschrift zu Art. 4 Abs. 1 lit. b VO Nr. 600/2014 enthält, der bilateral ausgehandelte Geschäfte in den Anwendungsbereich der Vorhandelstransparenz im multilateralen Handel einbezieht. Anders als Art. 4 VO Nr. 600/2014 gibt Art. 9 Abs. 4 VO Nr. 600/2014 der Behörde auch die Möglichkeit, Handelsplatzbetreiber von der Vorhandelstransparenzpflicht von Amts wegen zu befreien, nämlich dann, wenn in einer Kategorie von Finanzinstrumenten kein liquider Markt mehr vorliegt.

2 Von den in Art. 9 VO Nr. 600/2014 erfassten Fällen führen im Ergebnis auch **nicht alle zu einer vollständigen Freistellung von der Verpflichtung aus Art. 8 Abs. 1 VO Nr. 600/2014**. Art. 9 Abs. 1 lit. b VO Nr. 600/2014 enthält einen Ausnahmetatbestand, dessen Rechtsfolge sich aus Art. 8 Abs. 4 VO Nr. 600/2014 ergibt und im Ergebnis eine Modifikation von Veröffentlichungsinhalt und -verfahren darstellt. Für Auftragspakete sieht Art. 9 Abs. 2a VO Nr. 600/2014 vor, dass die Vorhandelstransparenzpflicht auch nur für einzelne Teilaufträge einer Gesamttransaktion aufgehoben werden kann.

3 **II. Ausnahmetatbestände. 1. Aufträge mit großem Volumen (Art. 9 Abs. 1 lit. a Alt. 1 VO Nr. 600/2014).** Der Ausnahmetatbestand gem. Art. 9 Abs. 1 lit. a Alt. 1 VO Nr. 600/2014 betrifft Aufträge, die ein großes Volumen im Vergleich zum marktüblichen Geschäftsumfang aufweisen (engl.: *large in scale; LIS*). Die rechtspolitische Rechtfertigung für die Ausnahmefähigkeit von Großaufträgen wird darin erblickt, dass großvolumige Or*ders in einer weniger transparenten Umgebung* effizienter ausführbar sind, ohne dass dadurch übermäßige

---

[1] Erwägungsgrund Nr. 2 DelVO 2017/583.

Nachteile für den übrigen Markt hervorgerufen werden[1]. Die Einzelheiten zur Ermittlung, wann ein großvolumiger Auftrag vorliegt, ergeben sich aus Art. 3 i.V.m. Art. 13 DelVO 2017/583. Über ein umfangreiches Tabellenwerk bzw. Veröffentlichungen der zuständigen Behörden/ESMA lassen sich die grundsätzlich auf EURO lautenden LIS-Werte für die verschiedenen Klassifizierungen der Nichteigenkapitalinstrumente ermitteln[2]. Art. 9 Abs. 1 lit. a Alt. 1 VO Nr. 600/2014 ist insbesondere für Marktplatzbetreiber von Wert, die ihr Handelssystem von vornherein auf die Abarbeitung großer Orders ausrichten. Fällt ein Auftrag durch **Teilausführung** unter den Schwellenwert für eine Großorder, bleiben aber ansonsten die Konditionen für den verbleibenden Auftrag gleich, so fällt der Befreiungstatbestand nicht weg[3]. Nach Ansicht der ESMA sollen bilateral ausgehandelte Geschäfte, die über Handelsplatzsysteme abgewickelt werden, der Vorhandelstransparenzpflicht nach Art. 8 VO Nr. 600/2014 unterliegen, im Falle eines großen Volumens aber unter einer Befreiung nach Art. 9 Abs. 1 lit. a Alt. 1 VO Nr. 600/2014 formalisiert werden können[4].

Vom Ausnahmetatbestand nicht erfasst sind Aufträge (Orders), die als verbindliche Interessenbekundungen in Preisanfragesystemen und sprachbasierten Systemen ergehen und ggf. darauf erfolgende Annahmen. Hierfür steht der besondere Tatbestand des Art. 9 Abs. 1 lit. b VO Nr. 600/2014 zur Verfügung.

2. Auftragsverwaltungssysteme (Art. 9 Abs. 1 lit. a Alt. 2 VO Nr. 600/2014). Die in Art. 9 Abs. 1 lit. a Alt. 2 VO Nr. 600/2014 vorgesehene Ausnahme von der Vorhandelstransparenz betrifft Aufträge, die mit einem Auftragsverwaltungssystem des Handelsplatzes getätigt werden, solange die Veröffentlichung noch nicht erfolgt ist. Hier sind Orders gemeint, die die Sphäre des Handelsteilnehmers bereits verlassen haben und im Herrschaftsbereich des Handelsplatzes bereits angekommen sind, dort aber aufgrund des spezifischen Auftragstyps noch nicht zur Ausführung anstehen. Ob es sich bei einem Auftragsverwaltungssystem tatsächlich um ein System des Handelsplatzes handelt oder um eine vom Handelsteilnehmer an den Handelsplatzbetreiber ausgelagerte Funktionalität seines Ordermanagements, bestimmt sich nach den Umständen des Einzelfalls. Die Ausnahmevorschrift ist identisch mit der Ausnahme bei Eigenkapitalinstrumenten gem. Art. 4 Abs. 1 lit. d VO Nr. 600/2014. Auch der zur Ausführung von Art. 9 Abs. 1 lit. a Alt. 2 VO Nr. 600/2014 ergangene Art. 4 DelVO 2017/583 ist mit der Präzisierung von Art. 4 Abs. 1 lit. d VO Nr. 600/2014 in Art. 8 DelVO 2017/587 materiell inhaltsgleich.

Nach **Art. 4 Abs. 1 DelVO 2017/583** ausnahmefähig ist ein Auftrag, der
– zur Veröffentlichung im Orderbuch des Handelsplatzes unter der Voraussetzung objektiver Bedingungen bestimmt ist, die im Voraus durch die Regeln des Systems definiert werden;
– keine Wechselwirkung auf andere Handelsinteressen vor Offenlegung im Orderbuch des Handelsplatzes hat;
– dessen Wechselwirkungen mit anderen Aufträgen nach der Offenlegung im Orderbuch den auf Aufträge dieser Art zum Zeitpunkt der Veröffentlichung anwendbaren Vorschriften entsprechen.

Für **Reserve-Aufträge**, in der Praxis auch Eisberg-Orders genannt[5], führt Art. 4 Abs. 2 DelVO 2017/583 aus, dass diese, um ausnahmefähig zu sein, ein Volumen von 10.000 Euro oder mehr ausweisen müssen. Bei allen anderen Aufträgen, die mittels Auftragsverwaltungssystem durchgeführt werden sollen, kann der Handelsplatzbetreiber die Größe selbst festlegen. Als Reserve-Auftrag gilt nach Art. 4 Abs. 3 DelVO 2017/583 eine Limit-Order, die aus einem veröffentlichten Auftrag über einen Teil einer Menge und einem nicht veröffentlichten Auftrag über den Rest der Menge besteht, wobei die nicht veröffentlichte Menge nur ausgeführt werden kann, wenn sie gegenüber dem Orderbuch als neuer veröffentlichter Auftrag freigegeben wurde.

3. Verbindliche Interessensbekundungen größeren Umfangs (Art. 9 Abs. 1 lit. b VO Nr. 600/2014). Der Ausnahmetatbestand gem. Art. 9 Abs. 1 lit. b VO Nr. 600/2014 betrifft verbindliche Interessensbekundungen in Preisanfragesystemen und sprachbasierten Handelssystemen, die über den für ein Finanzinstrument typischen Umfang (engl. *size sepcific to the instrument*, SSTI) hinausgehen. Art. 2 Abs. 1 Nr. 33 VO Nr. 600/2014 enthält die **Legaldefinition für eine verbindliche Interessensbekundung**. Sinngemäß handelt es sich dabei um eine Antwort eines Handelsteilnehmers auf ein angefragtes, noch unverbindliches Handelsinteresse eines anderen Teilnehmers, wobei die Antwort alle für eine Einigung erforderlichen Angaben enthält. Der Unterschied zu einem Auftrag (Order) erklärt sich im Wesentlichen nur aus den spezifischen Abläufen im Vorfeld der verbindlichen Äußerung, wie sie in den genannten Systemen möglich sind. Die Preisermittlung kann in diesen Systemen in einem gestuften Verfahren erfolgen, indem es dort zunächst zu einer Sondierung der Marktlage kommt, ehe es in einem weiteren Schritt zur Preisfindung und Vertragsschluss kommt. Ist bei einer verbindlichen Interessensbekundung eine **Teilausführung** möglich und wird davon Gebrauch gemacht, so soll nach Ansicht der ESMA der Ausnahmetatbestand entfallen[6], wenn der verbliebene Teil der verbindlichen Interessensbekundung unverändert bestehen bleibt, aber der SSTI-Schwellenwert unterschritten wird[7].

---
1 *Beck/Röh* in Schwark/Zimmer, § 30 BörsG Rz. 37; kritisch wohl *Boschan*, S. 408.
2 Ausfl. Informationen zur Kalkulation finden sich auf der Internetseite der ESMA (www.esma.europa.eu) unter Home > Policy activities > MiFID II > Transparency Calculations.
3 S. auch ESMA Q & A On MiFID II and MiFIR market structures topics, Nr. 5 Antwort auf Frage 6.
4 ESMA Q & A On MiFID II and MiFIR transparency topics, Nr. 5 Antwort auf Frage 11.
5 S. z.B. *Dreyer/Delgado-Rodriguez* in Temporale, S. 46.
6 S. auch ESMA Q & A On MiFID II and MiFIR transparency topics, Nr. 5 Antwort auf Frage 6.
7 S. auch ESMA Q & A On MiFID II and MiFIR transparency topics, Nr. 5 Antwort auf Frage 6.

8 Gem. Art. 9 Abs. 1 lit. b VO Nr. 600/2014 ist für die Ausnahmebehandlung verbindlicher Interessensbekundungen (und in der Folge auch korrespondierender Orders) erforderlich, dass diese **über den für das Finanzinstrument typischen Geschäftsumfang** liegen. Die Einzelheiten, wann eine Interessensbekundung einen über das Typische hinausgehenden Umfang aufweist, ergeben sich aus Art. 13 DelVO 2017/583, wobei die Verweisung über Art. 5 Abs. 1 DelVO 2017/583 verläuft. Über ein umfangreiches Tabellenwerk bzw. darauf fußenden Veröffentlichungen der zuständigen Behörden, lassen sich die grundsätzlich auf EURO lautenden SSTI-Werte ermitteln[1]. LIS-Schwellenwerte und SSTI-Schwellenwerte sind dabei überwiegend nicht identisch festgelegt. Regelmäßig ist der LIS-Wert höher bemessen. Soweit in Art. 9 Abs. 1 lit. b VO Nr. 600/2014 für die Ermittlung der relevanten Größe ausdrücklich auf die Berücksichtigung der Belange der Liquiditätsgeber und einschlägigen Marktteilnehmern abgestellt wird, so sind diese, wie Art. 9 Abs. 5 lit. d VO Nr. 600/2014 verdeutlicht, in den in der DelVO 2017/583 aufgeführten Schwellenwerten bereits berücksichtigt.

9 Wie sich aus Art. 8 Abs. 4 Satz 1 VO Nr. 600/2014 ergibt, kann bei Vorliegen der Ausnahmebewilligung nach Art. 9 Abs. 1 lit. b VO Nr. 600/2014 nicht von der Vorhandelstransparenzpflicht befreit werden. Durch den Handelsplatzbetreiber ist dann immer noch mindestens ein **indikativer Vorhandelsgeld- und -briefkurs** anzuzeigen, der sich nah an den Preisvorstellungen der im System vorliegenden Handelsinteressen anlehnt. Der Betreiber hat diese Informationen auf elektronischem Wege während der üblichen Handelszeiten auf kontinuierlicher Basis zu veröffentlichen, Art. 8 Abs. 4 Satz 2 VO Nr. 600/2014. Eine besondere Form für die Veröffentlichung nennt die Verordnung nicht. Eine frei zugängliche **Anzeige auf der Internetseite des Betreibers** sollte genügen. Von entscheidender Bedeutung ist Art. 8 Abs. 4 Satz 3 VO Nr. 600/2014, dem entnommen werden kann, dass die beschriebenen Schritte den Anforderungen an eine Zur-Verfügung-Stellung zu angemessenen kaufmännischen Bedingungen und in nichtdiskriminierender Weise genügen. Bei dieser Interpretation stellt die Regelung eine Ausnahme zu Art. 13 VO Nr. 600/2014 dar. Die angewandte Methode zur Indikation und der Zeitpunkt der Veröffentlichung sind vom Handelsplatzbetreiber zu veröffentlichen; Art. 3 Abs. 3 DelVO 2017/583.

10 Hinzuweisen ist auf **Art. 5 Abs. 2 DelVO 2017/583**. Dort ist geregelt, dass ein indikativer Vorhandelskurs für einen verbindliche Interessenbekundung, die den für das Finanzinstrument typischen Umfang (SSTI-Wert) übersteigt und die kleiner als das zutreffende große Volumen (LIS-Wert) ist, als dem Kurs der Handelsinteressen nahe gilt, sofern die Handelsplätze Folgendes veröffentlichen: a) den bestmöglichen Kurs; b) den einfachen Durchschnittskurs; c) den ausgehend vom Volumen, dem Kurs, dem Zeitpunkt oder der Anzahl von verbindlichen Interessenbekundungen gewichteten Kurs. Die ESMA interpretiert die Regelung wohl so, dass Art. 8 Abs. 4 VO Nr. 600/2014 und Art. 5 Abs. 2 DelVO 2017/583 immer nur zusammen zu lesen sind[2]. Verbindliche Interessenbekundungen die größer als SSTI-Wert und größer als der LIS-Wert sind, wären danach nicht vom Anwendungsbereich des Art. 8 Abs. 4 VO Nr. 600/2014 und damit auch nicht vom Ausgangstatbestand des Art. 9 Abs. 1 lit. b VO Nr. 600/2014 erfasst.

11 **4. Derivate, die keiner Handelspflicht unterliegen (Art. 9 Abs. 1 lit. c Alt. 1 VO Nr. 600/2014).** Art. 9 Abs. 1 lit. c Alt. 1 VO Nr. 600/2014 regelt eine Ausnahme für den Handel von Derivaten, die nicht der in Art. 28 VO Nr. 600/2014 festgelegten Pflicht zum Handel unterliegen. Wegen der Einzelheiten, wann eine Pflicht zum Handel über geregelte Märkte, MTF oder OTF besteht, wird auf die Kommentierung von Art. 28 und 32 VO Nr. 600/2014 verwiesen.

12 **5. Finanzinstrumente, für die kein liquider Markt besteht (Art. 9 Abs. 1 lit. c Alt. 2 VO Nr. 600/2014).** Als Möglichkeit für eine Ausnahme von der Vorhandelstransparenzpflicht benennt Art. 9 Abs. 1 lit. c Alt. 2 VO Nr. 600/2014 den Fall, dass für ein Finanzinstrument kein liquider Markt existiert. Als liquiden Markt definiert **Art. 2 Abs. 1 Nr. 17 lit. a** VO Nr. 600/2014 für die Zwecke von Art. 9 VO Nr. 600/2014 einen „Markt für ein Finanzinstrument oder eine Kategorie von Finanzinstrumenten, auf dem kontinuierlich kauf- oder verkaufsbereite vertragswillige Käufer oder Verkäufer verfügbar sind und bei dem der Markt nach den folgenden Kriterien und unter Berücksichtigung der speziellen Marktstrukturen des betreffenden Finanzinstruments oder der betreffenden Kategorie von Finanzinstrumenten bewertet wird: i) Durchschnittsfrequenz und -volumen der Geschäfte bei einer Bandbreite von Marktbedingungen unter Berücksichtigung der Art und des Lebenszyklus von Produkten innerhalb der Kategorie von Finanzinstrumenten; ii) Zahl und Art der Marktteilnehmer, einschließlich des Verhältnisses Marktteilnehmer zu gehandelten Finanzinstrumenten in Bezug auf ein bestimmtes Produkt; iii) durchschnittlicher Spread, sofern verfügbar".

13 Die DelVO 2017/583 enthält in ihrem auf Art. 6 VO Nr. 600/2014 beruhenden umfangreichen Tabellenwerk, das von Zeit zu Zeit angepasst werden wird, Festlegungen zur Liquidität der verschiedenen Klassifizierungen der Nichteigenkapitalinstrumente.

14 Nach Ansicht der ESMA sollen bilateral ausgehandelte Geschäfte, die über Handelsplatzsysteme abgewickelt werden, der Vorhandelstransparenzpflicht nach Art. 8 VO Nr. 600/2014 unterliegen, im Falle von Aufträgen

---

[1] Ausfl. Informationen zur Kalkulation finden sich auf der Internetseite der ESMA (www.esma.europa.eu) unter Home > Policy activities > MiFID II > Transparency Calculations.
[2] S. auch ESMA Q & A On MiFID II and MiFIR transparency topics, Nr. 5 Antwort auf Frage 7.

über Finanzinstrumente, für die kein liquider Markt besteht, aber unter einer Befreiung nach Art. 9 Abs. 1 lit. c Alt. 2 VO Nr. 600/2014 formalisiert werden können[1]. Ausgenommen davon sollen aber wiederum Derivate sein, die der Handelspflicht nach Art. 28 VO Nr. 600/2014 unterliegen.

6. Aufträge zur Ausführung eines Exchange for Physical (Art. 9 Abs. 1 lit. d VO Nr. 600/2014). Als Ausnahme von der Vorhandelstransparenzpflicht nennt Art. 9 Abs. 1 lit. d VO Nr. 600/2014 Aufträge zur Ausführung eines Exchange for Physical. Hinsichtlich des Begriffs wird auf die Ausführungen unter Art. 8 VO Nr. 600/2014 Rz. 22 verwiesen. Nach Ansicht der ESMA sollen bilateral ausgehandelte Geschäfte, die über Handelsplatzsysteme abgewickelt werden, der Vorhandelstransparenzpflicht nach Art. 8 VO Nr. 600/2014 unterliegen, im Falle der Ausführung eines Exchange for Physical aber unter einer Befreiung nach Art. 9 Abs. 1 lit. d VO Nr. 600/2014 formalisiert werden können[2].

7. Auftragspakete (Art. 9 Abs. 1 lit. d und Abs. 2a VO Nr. 600/2014). Ein Auftragspakt ist nach Art. 2 Abs. 1 Nr. 49 VO Nr. 600/2014 ein preislich als einzige Einheit ausgewiesener Auftrag, der zur Ausführung eines Transaktionspakets mit der Bezeichnung „Exchange for Physical" oder zur Ausführung eines Transaktionspakets mit zwei oder mehr Finanzinstrumenten eingesetzt wird. Da die Befreiungsmöglichkeit für Aufträge für einen Exchange for Physical bereits von Art. 9 Abs. 1 lit. d VO Nr. 600/2014 erfasst sind, fallen in den Anwendungsbereich von Art. 9 Abs. 1 lit. d VO Nr. 600/2014 nur noch Auftragspakete, die auf die Ausführung von zwei oder mehr Finanzinstrumenten ausgerichtet sind. Im Gegensatz zu den Exchange for Physical, die ohne weitere Bedingung ausnahmefähig sind, muss für die die anderen Auftragspakete noch eine der drei in Art. 9 Abs. 1 lit. d VO Nr. 600/2014 genannten Bedingungen hinzukommen:

- mindestens einer der Teilaufträge betrifft ein Instrument, für das kein liquider Markt besteht, es sei denn, es besteht ein liquider Markt für das Auftragspaket;
- mindestens einer der Teilaufträge hat ein großes Volumen im Vergleich zum marktüblichen Geschäftsumfang, es sei denn, es besteht ein liquider Markt für das Auftragspaket;
- alle Teilaufträge werden nach einem Preisanfragesystem oder einem sprachbasierten Handelssystem ausgeführt und gehen über das für das Instrument typische Volumen hinaus.

Die Bestimmung, ob ein liquider Markt für das Instrument des Teilauftrags vorliegt oder ein Teilauftrag im Vergleich zum marktüblichen Umfang größer ist bzw. über das typische Volumen hinausgeht, erfolgt nach Maßgabe der Kriterien der DelVO 2017/583.

Art. 9 Abs. 2a VO Nr. 600/2014 regelt, dass die zuständige Behörde die Verpflichtung zur Vorhandelstransparenz auch für **einzelne Teilaufträge** eines Auftragspakets aufheben kann[3]. Auch hierfür muss ein entsprechender Antrag vorliegen und die Teilaufträge müssen auch als Einzelorders befreiungsfähig sein.

III. Das Gewährungsverfahren (Art. 9 Abs. 2 VO Nr. 600/2014). Die Ausnahmevorschriften greifen nicht automatisch von Gesetzes wegen ein. Art. 9 Abs. 1 VO Nr. 600/2014 weist der **zuständigen Behörde** die Kompetenz zu. Maßgeblich für das Verwaltungshandeln ist das jeweilige mitgliedstaatliche Verwaltungsrecht. Zuständige Behörde ist in Deutschland im Falle eines MTF bzw. OTF die BaFin (§ 6 Abs. 5 Satz 1 WpHG) und im Falle des börslichen Handels die örtlich zuständige Börsenaufsichtsbehörde (§ 3 Abs. 12 BörsG). Die Ausnahmegewährung ist ein Verwaltungsakt. Die Behörde entscheidet **auf Antrag**; Erwägungsgrund Nr. 13 VO Nr. 600/2014 spricht von individuellen Anträgen auf Anwendung einer Ausnahme. Der Antragsteller hat darin die Reichweite seines Anliegens vorzutragen. Dabei kann er mehrere Ausnahmen auch in Kombinationen miteinander beantragen. Theoretisch kann für ein einzelnes Nichteigenkapitalinstrument eine Ausnahme beantragt werden. Im Normalfall wird indes ein Antrag je nach Ausnahmekategorie eine Vielzahl von Instrumenten oder gar die gesamte Palette der am Platz handelbaren Nichteigenkapitalinstrumente umfassen. Die ESMA hat mit Blick auf die Ausnahme für Finanzinstrumente, für die kein liquider Markt besteht (Art. 9 Abs. 1 lit. c Alt. 2 VO Nr. 600/2014) in einen Frage-Antwort-Katalog ausgeführt, dass sie eine Antragstellung und Ausnahmegewährung auf Basis der in Anhang III der DelVO 2017/583 aufgeführten Anlageklassen (z.B. Anleihen, Zinsderivate, Warenderivate, Kreditderivate usw.) als mit dem Verordnungstext vereinbar ansieht[4]. Fällt demnach ein illiquider oder illiquid werdender Wert in eine in der Genehmigung genannte Anlageklasse, dann sind Geschäfte in diesem Wert von der Vorhandelstransparenz befreit. Ein Antrag auf Ausnahme kann bei einem neuen Handelsplatz zusammen mit der Betriebserlaubnis gestellt werden. Wird der Antrag bewilligt, so ist darin ein rechtlich erheblicher Vorteil zu erblicken, so dass es sich bei der Behördenentscheidung um einen begünstigenden Verwaltungsakt handelt. Der Verwaltungsakt kann mit Zusätzen versehen sein.

Fraglich ist, ob die nationale Behörde auch von Amts wegen eine Ausnahmeentscheidung treffen kann, insbesondere in Form einer Allgemeinverfügung (§ 35 Satz 2 VwVfG) gegenüber allen Betreibern eines bestimm-

---

1 ESMA Q & A On MiFID II and MiFIR transparency topics, Nr. 5 Antwort auf Frage 11.
2 ESMA Q & A On MiFID II and MiFIR transparency topics, Nr. 5 Antwort auf Frage 11.
3 S. auch Erwägungsgrund Nr. 12 VO 2016/1033.
4 ESMA Q & A On MiFID II and MiFIR transparency topics, Nr. 5 Antwort zu Frage 2.

ten Handelssystems[1]. Da in der Regel alle Ausnahmen mehr als nur unerhebliche Anpassungen an Technik und Regelwerk des Handelsplatzes zur Folge haben, würden aufgedrängte Ausnahmegewährungen die Frage aufwerfen, ob nicht vielmehr ein Anspruch des Handelsplatzbetreibers besteht, dass die Behörde nicht tätig wird, solange kein Antrag gestellt worden ist[2]. Österreich hat allerdings mittels einer Verordnung der Finanzmarktaufsicht die Ausnahmen von der Vorhandelstransparenz allgemein in Kraft gesetzt[3].

20 Die BaFin bzw. die Börsenaufsichtsbehörde haben bei Vorliegen eines Antrags zu prüfen, ob die Tatbestandsvoraussetzungen für eine Ausnahme vorliegen. Die Frage hierbei ist, ob und inwieweit die Behörde bei ihrer Entscheidung ein Ermessen hat. Die deutsche Formulierung entspricht einer „Kann"-Formulierung, wie sie der deutsche Gesetzgeber für Ermessensvorschriften nutzen würde. Ein Blick in andere Sprachfassungen von Art. 9 VO Nr. 600/2014 zeigt, dass sich überall Formulierungen finden, die **keine gebundene Entscheidung** zur Gewährung von Ausnahme fordern, sondern Abwägungsentscheidungen offen lassen[4]. Als Prüfungsmaßstab können die in Art. 9 Abs. 3 VO Nr. 600/2014 genannten Gründe herangezogen werden, die eine Rücknahme einer Ausnahmegewährung rechtfertigen würden. Ein weiterer Prüfungsmaßstab für die Behördenentscheidung lässt sich dem Erwägungsgrund Nr. 4 DelVO 2017/583 entnehmen. Hat die Behörden Ausnahmen in Bezug auf Vorhandelstransparenzanforderungen gewährt, so soll sie alle Handelsplatzbetreiber gleich und nichtdiskriminierend behandeln.

21 Bevor die zuständige deutsche Behörde über einen Antrag des Handelsplatzbetreibers entscheidet, setzt sie nach Art. 9 Abs. 2 Satz 1 VO Nr. 600/2014 die ESMA in Kenntnis. Dem Wortlaut nach scheint es so zu sein, dass die **Vorlage an die ESMA** nur dann zwingend erfolgen muss, wenn die Bescheidung positiv ausfallen soll, nicht jedoch bei einer Ablehnung. Allerdings spricht Erwägungsgrund Nr. 13 VO Nr. 600/2014 dafür, dass die **ESMA von allen Anträgen Kenntnis bekommen** sollte. Nur so kann sie bewerten, ob individuelle Anträge auf Anwendung einer Ausnahme mit Bestimmungen der VO Nr. 600/2014 und den darauf aufbauenden delegierten Verordnungen vereinbar sind. Die Absicht, eine Ausnahme zu gewähren, hat nationale Behörde die ESMA spätestens vier Monate vor deren Inkrafttreten mitzuteilen. Nach Erhalt der Meldung, hat die ESMA zwei Monate Zeit, sich zum Sachverhalt zu äußern. Die Einschaltung der ESMA ist ein interbehörlicher Vorgang, der die ESMA nicht zum Mitentscheider macht. Art. 9 Abs. 2 Satz 3 VO Nr. 600/2014 besagt, dass die ESMA lediglich eine unverbindliche Stellungnahme zur Vereinbarkeit der Ausnahme mit den Anforderungen der MiFIR nebst DelVO abgibt. Dies bedeutet, dass die deutsche Behörde auch eine Ausnahme gewähren kann, wenn die ESMA ablehnend votieren sollte.

22 Neben der ESMA hat zuständige deutsche Behörde bei der Absicht, eine Ausnahme gewähren zu wollen, auch die **zuständigen Behörden in den anderen EU-Mitgliedstaaten** zu informieren. Unmittelbare Rechte haben diese Behörden in diesem Stadium nicht. Gewährt allerdings die deutsche Behörde eine Ausnahme, und ist ein andere zuständige Behörde eines anderen Mitgliedstaates nicht damit einverstanden, so kann die nicht einverstandene Behörde die ESMA auffordern, sich erneut mit der Angelegenheit zu befassen. Dies ESMA hat dann die Möglichkeit das Verfahren zur Beilegung von Meinungsverschiedenheiten zwischen zuständigen Behörden in grenzübergreifenden Fällen nach Art. 19 VO Nr. 1095/2010 einzuleiten. Für Meinungsverschiedenheiten zwischen der BaFin und einer Börsenaufsichtsbehörde kommt dieses Verfahren damit nicht in Betracht.

23 **IV. Rücknahme gewährter Ausnahmen (Art. 9 Abs. 3 VO Nr. 600/2014).** Art. 9 Abs. 3 Unterabs. 1 VO Nr. 600/2014 behandelt Gründe, die die BaFin bzw. die Börsenaufsichtsbehörde als national zuständige Behörden berechtigen, Ausnahmebewilligungen wieder aufzuheben. Dies betrifft erstens den Fall, in denen von der Ausnahme in einer von ihrem ursprünglichen Zweck abweichenden Weise Gebrauch gemacht wird, und zweitens den Fall, dass die Ausnahme zur Umgehung der in Art. 9 VO Nr. 600/2014 festgelegten Bestimmungen benutzt wird. Zugleich gibt Abs. 3 anderen zuständigen Behörden ein Antragsrecht zur Zurücknahme. BaFin und Börsenaufsichtsbehörde stehen zur Aufhebung ihrer Bewilligungen auch die allgemeine Vorschriften des deutschen Verwaltungsverfahrensrechts zur Verfügung.

24 Nehmen BaFin bzw. Börsenaufsichtsbehörde bewilligte Ausnahmen zurück, so informieren sie gem. Art. 9 Abs. 3 Unterabs. 2 VO Nr. 600/2014 hierüber die ESMA und die zuständigen Behörden der anderen EU-Mitgliedstaaten. Die Information hat eine ausführliche Begründung der Rücknahme zu enthalten. Anders als bei der Parallelvorschrift Art. 4 Abs. 5 Unterabs. 2 VO Nr. 600/2014 für Eigenkapitalinstrumente hat die Information unverzüglich und vor Wirksamkeit der Rücknahme zu erfolgen.

25 **V. Vorübergehende Aussetzung der Vorhandelstransparenz von Amts wegen (Art. 9 Abs. 4 VO Nr. 600/ 2014).** Abweichend vom Grundsatz, dass Ausnahmen von der Vorhandelstransparenzpflicht nur auf Antrag gewährt werden können, ermächtigt Art. 9 Abs. 4 VO Nr. 600/2014 die zuständigen Behörden die von ihnen

---

1 Bejahend zu alten Rechtslage, *Vollmuth/Seifert* in Clouth/Lang, Rz. 905; *Beck/Röh* in Schwark/Zimmer, § 30 BörsG Rz. 38.
2 Vgl. hierzu § 22 Abs. 2 VwVfG.
3 Vgl. § 3 Handelstransparenzausnahmen-VO 2018; österr. BGBl. 2017, Teil II Nr. 387.
4 So heißt es beispielsweise in der niederländischen Fassung von Art. 9 Abs. 1 VO Nr. 600/2014: *„De bevoegde autoriteiten hebben de mogelijkheid …"*.

beaufsichtigten Handelsplätze von der Vorhandelstransparenzpflicht **von Amts wegen vorübergehend zu befreien**. Voraussetzung ist, dass die Liquidität in einer Kategorie von Finanzinstrumenten unter einen vorgegebenen Schwellenwert fällt. Für die Berechnung dieses spezifischen Schwellenwerts hält der auf Grundlage von Art. 9 Abs. 5 VO Nr. 600/2014 erlassene Art. 16 DelVO 2017/583 Näheres bereit. Die Berechnung hat die zuständige Behörde vorzunehmen. Die erforderlichen Daten kann sie über Art. 22 VO Nr. 600/2014 i.V.m. DelVO 2017/577 erheben.

Nach Erwägungsgrund Nr. 25 DelVO 2017/583 soll die vorübergehende Aussetzung der Transparenzanforderungen **nur unter außergewöhnlichen Umständen** auferlegt werden, die einem erheblichen Rückgang der Liquidität in einer Klasse von Finanzinstrumenten ausgehend von objektiven und messbaren Faktoren entsprechen. Die Verordnungsbegründung macht weiter deutlich, dass sich der Liquiditätsrückgang sowohl auf Finanzinstrumente beziehen kann, für die ursprünglich ein liquider Markt bestanden hat, als auch auf solche, für die kein liquider Markt gegeben war[1]. Für die Aussetzung bei Instrumenten, die von vornherein keinen liquiden Markt hatten, muss der Rückgang in der Relation höher ausfallen als bei Instrumenten, in denen ursprünglich ein liquider Handel stattgefunden hat. 26

Machen BaFin bzw. Börsenaufsichtsbehörden von der Befugnis nach Art. 9 Abs. 4 VO Nr. 600/2014 Gebrauch, so handeln sie mittels **Verwaltungsakt** und müssen die Vorschriften des Verwaltungsverfahrensrechts über den Erlass von Verwaltungsakten beachten. Handlungsform kann also auch eine Allgemeinverfügung (§ 35 Satz 2 VwVfG) sein. Die mittelbar betroffenen Handelsteilnehmer erhalten die Möglichkeit zur Kenntnisnahme der Entscheidung, da die Behörde verpflichtet ist, die Aussetzung auf ihrer Internetseite bekanntzugeben; Art. 9 Abs. 4 Unterabs. 1 Satz 3 VO Nr. 600/2014. Ob die Handelsplatzbetreiber verpflichtet sind, der Aussetzung Folge zu leisten, regelt die Norm nicht. Auch wird aus dem Wortlaut nicht ersichtlich, ob die Behörde im Verwaltungsakt die Befolgung anordnen darf. 27

Art. 9 Abs. 4 Unterabs. 2 VO Nr. 600/2014 begrenzt die Aussetzung der Pflicht zur Vorhandelstransparenz auf zunächst drei Monate, gerechnet ab dem Tag der Veröffentlichung auf der Internetseite der Behörde. Es besteht die Möglichkeit der Verlängerung um weitere drei Monate. 28

Vor einer Aussetzung bzw. ihrer Verlängerung muss die **national zuständige Behörde die ESMA über ihre Absicht informieren** und die Absicht ausführlich begründen; Art. 9 Abs. 4 Unterabs. 2 VO Nr. 600/2014. Die ESMA hat Stellung zu beziehen, ob die Maßnahme ihres Erachtens gerechtfertigt ist. Sie hat jedoch kein formelles Mitentscheidungsrecht. Die deutschen Behörden sind daher nicht verpflichtet, etwaigen abweichenden Auffassungen der ESMA Folge zu leisten. BaFin und Börsenaufsichtsbehörden sind von vornherein zur richtigen Anwendung des unionsrechtlich gesetzten Rechts verpflichtet. 29

VI. Rechtsschutz. Gegen auf Art. 9 VO Nr. 600/2014 gestützte Maßnahmen der BaFin bzw. der Börsenaufsichtsbehörden stehen den Handelsplatzbetreibern die allgemeinen verwaltungsrechtlichen Instrumente des Rechtsschutzes zur Verfügung. Wird einem Antrag auf Ausnahmebewilligung durch nicht stattgegeben, so stellt dies einen belastenden Verwaltungsakt dar. Der Antragsteller kann gegen die Entscheidung der Behörde Widerspruch einlegen. Bleibt das Widerspruchsverfahren erfolglos, kann Verpflichtungsklage vor dem zuständigen VG erhoben werden. Gegen die Rücknahme einer gewährten Ausnahme kann der Betroffene nach erfolglosem Vorverfahren mit der Anfechtungsklage vorgehen. 30

Art. 10 Nachhandelstransparenzanforderungen für Handelsplätze im Hinblick auf Schuldverschreibungen, strukturierte Finanzprodukte, Emissionszertifikate und Derivate

(1) Marktbetreiber und Wertpapierfirmen, die einen Handelsplatz betreiben, veröffentlichen Kurs, Volumen und Zeitpunkt der Geschäfte, die auf dem Gebiet der Schuldverschreibungen, strukturierten Finanzprodukte, Emissionszertifikate und Derivate, die an einem Handelsplatz gehandelt werden, getätigt wurden. Marktbetreiber und Wertpapierfirmen, die einen Handelsplatz betreiben, veröffentlichen die Einzelheiten zu sämtlichen Geschäften so nah in Echtzeit wie technisch möglich.

(2) Marktbetreiber und Wertpapierfirmen, die einen Handelsplatz betreiben, gewähren Wertpapierfirmen, die die Einzelheiten ihrer Geschäfte mit Schuldverschreibungen, strukturierten Finanzprodukten, Emissionszertifikaten und Derivaten gemäß Artikel 21 offenlegen müssen, zu angemessenen kaufmännischen Bedingungen und in nichtdiskriminierender Weise Zugang zu den Regelungen, die sie für die Veröffentlichung der Informationen nach Absatz 1 anwenden.

In der Fassung vom 15.5.2014 (ABl. EU Nr. L 173 v. 12.6.2014, S. 84).

---

1 *Schelling*, BKR 2015, 221, 225.

Art. 10 VO Nr. 600/2014 | Nachhandelstransparenzanforderungen für Nichteigenkapitalinstrumente

**Delegierte Verordnung (EU) 2017/583 der Kommission vom 14. Juli 2016
zur Ergänzung der Verordnung (EU) Nr. 600/2014 des Europäischen Parlaments und des Rates über Märkte für Finanzinstrumente durch technische Regulierungsstandards zu den Transparenzanforderungen für Handelsplätze und Wertpapierfirmen in Bezug auf Anleihen, strukturierte Finanzprodukte, Emissionszertifikate und Derivate**

(Auszug)

Art. 7 Nachhandelstransparenzpflichten

(Artikel 10 Absätze 1 und Artikel 21 Absätze 1 und 5 der Verordnung (EU) Nr. 600/2014)

(1) Wertpapierfirmen, die außerhalb der Vorschriften eines Handelsplatzes handeln, und Marktbetreiber und Wertpapierfirmen, die einen Handelsplatz betreiben, veröffentlichen in Bezug auf jedes Geschäft die in Anhang II Tabellen 1 und 2 genannten Einzelheiten und verwenden jedes der in Anhang II Tabelle 3 enthaltenen Kennzeichen.

(2) Wird ein zuvor veröffentlichter Handelsbericht storniert, veröffentlichen die Wertpapierfirmen, die außerhalb eines Handelsplatzes handeln, und die Marktbetreiber und Wertpapierfirmen, die einen Handelsplatz betreiben, einen neuen Handelsbericht, der alle Einzelheiten des ursprünglichen Handelsberichts und die Storno-Kennzeichen gemäß Anhang II Tabelle 3 enthält.

(3) Wird ein zuvor veröffentlichter Handelsbericht geändert, veröffentlichen die Wertpapierfirmen, die außerhalb eines Handelsplatzes handeln, und die Marktbetreiber und Wertpapierfirmen, die einen Handelsplatz betreiben, folgende Informationen:
a) einen neuen Handelsbericht, der alle Einzelheiten des ursprünglichen Handelsberichts und das Storno-Kennzeichen gemäß Anhang II Tabelle 3 enthält;
b) einen neuen Handelsbericht, der alle Einzelheiten des ursprünglichen Handelsberichts mit allen erforderlichen korrigierten Einzelheiten und das Storno-Kennzeichen gemäß Anhang II Tabelle 3 enthält;

(4) Die Nachhandelsinformationen werden soweit wie technisch möglich auf Echtzeitbasis zur Verfügung gestellt und in jedem Fall:
a) für die ersten drei Jahre der Anwendung der Verordnung (EU) Nr. 600/2014 innerhalb von 15 Minuten nach Ausführung des betroffenen Geschäfts;
b) danach innerhalb von 5 Minuten nach Ausführung des betroffenen Geschäfts.

(5) Wird ein Geschäft zwischen zwei Wertpapierfirmen außerhalb der Vorschriften eines Handelsplatzes auf eigene Rechnung oder im Namen von Kunden getätigt, veröffentlicht nur die Wertpapierfirma, die das betreffende Finanzinstrument verkauft, das Geschäft durch ein APA.

(6) Ist nur eine der am Geschäft beteiligten Wertpapierfirmen ein systematischer Internalisierer für das betreffende Finanzinstrument und tritt diese als kaufende Firma auf, so veröffentlicht diese Wertpapierfirma abweichend von Absatz 5 das Geschäft durch ein APA und unterrichtet den Verkäufer von der ergriffenen Maßnahme.

(7) Die Wertpapierfirmen müssen alle angemessenen Maßnahmen ergreifen, um sicherzustellen, dass das Geschäft als ein einziges Geschäft veröffentlicht wird. In diesem Sinne sind zwei zusammengeführte Geschäftsabschlüsse, die zur gleichen Zeit und zum gleichen Preis mit einer einzigen zwischengeschalteten Partei getätigt werden, als ein einziges Geschäft anzusehen.

(8) Informationen über ein Transaktionspaket sind für jedes zugehörige Geschäft so rasch wie technisch möglich in Echtzeit zur Verfügung zu stellen, wobei der Notwendigkeit der Zuweisung von Preisen zu bestimmten Finanzinstrumenten Rechnung zu tragen ist und das Kennzeichen für Transaktionspakete oder für EFP gemäß Anhang II Tabelle 3 zu verwenden ist. Besteht in Bezug auf das Transaktionspaket Anspruch auf Aufschub der Veröffentlichung gemäß Artikel 8, sind alle Informationen über die zugehörigen Geschäfte nach Ablauf des Zeitraums des Aufschubs für die Transaktion zur Verfügung zu stellen.

In der Fassung vom 14.7.2016 (ABl. EU Nr. L 87 v. 31.3.2017, S. 229), geändert durch Berichtigung vom 26.10.2017 (ABl. EU Nr. L 276 v. 26.10.2017, S. 78).

Anhang II
(nicht abgedruckt)

Schrifttum: *Gomber/Nassauer*, Neuordnung der Finanzmärkte in Europa durch MiFID II/MiFIR, ZBB 2014, 250; *Hoops*, Die Regulierung von Marktdaten nach der MiFID II, WM 2018, 205; *Temporale* (Hrsg.), Europäische Finanzmarktregulierung, 2015; *Veil/Lerch*, Auf dem Weg zu einem Europäischen Finanzmarktrecht: die Vorschläge der Kommission zur Neuregelung der Märkte für Finanzinstrumente, WM 2012, 1557.

I. Regelungsgegenstand und systematische Stellung der Vorschrift 1	3. Zeitpunkt der Veröffentlichung 11
II. Einzelheiten zu Art. 10 Abs. 1 VO Nr. 600/2014 8	4. Veröffentlichungsmodalitäten 12
1. Personeller und gegenständlicher Anwendungsbereich 8	III. Daten- und Systemzugang für veröffentlichungspflichtige Wertpapierfirmen (Art. 10 Abs. 2 VO Nr. 600/2014) 14
2. Veröffentlichungsinhalt 10	

I. Regelungsgegenstand und systematische Stellung der Vorschrift. Während Art. 8 VO Nr. 600/2014 (MiFIR) die Grundregel für die Vorhandelstransparenz an Handelsplätzen bildet, an denen Schuldverschreibungen, strukturierte Finanzprodukte, Emissionszertifikate und Derivate (Nichteigenkapitalinstrumente; *non-equity instruments*) gehandelt werden, trifft Art. 10 VO Nr. 600/2014 die grundlegenden Aussagen zur **Nachhandelstransparenzpflicht** an diesen Handelsplätzen. Abweichungen zu den Regelungen über Eigenkapitalinstrumente erklären sich aus den Unterschieden, die in rechtlicher und/oder wirtschaftlicher Hinsicht bestehen, und die sich in der Preisbildungssystematik, Marktstruktur und im Marktverhalten der Teilnehmer niederschlagen.

Die Betreiber haben für Geschäfte mit Nichteigenkapitalinstrumenten, die an ihrem Handelsplatz geschlossen worden sind, den ermittelten **Preis (Kurs)**, das **Volumen** sowie den **Zeitpunkt der Geschäfte zu veröffentlichen** (Art. 10 Abs. 1 Satz 1 VO Nr. 600/2014). Die Veröffentlichung der Einzelheiten zu den Geschäften hat so nah in Echtzeit wie technisch möglich zu erfolgen (Art. 10 Abs. 1 Satz 2 VO Nr. 600/2014). Art. 11 Abs. 1 VO Nr. 600/2014 regelt die Fälle, in denen aufgrund behördlicher Erlaubnis eine spätere Veröffentlichung stattfinden darf. Art. 11 Abs. 4 Unterabs. 1 lit. a VO Nr. 600/2014 enthält zudem die Ermächtigung, die in Art. 10 Abs. 1 Satz 2 VO Nr. 600/2014 angesprochenen Einzelheiten zu den offenzulegenden Angaben und weitere Kennzeichnungen der Geschäfte mittels delegierter Verordnung festzulegen. Auch die Frist, die als Erfüllung der Verpflichtung anzusehen ist, eine Veröffentlichung so nah in Echtzeit wie möglich vorzunehmen, wenn ein Handel außerhalb der üblichen Handelszeiten vorgenommen wird, soll nach Art. 11 Abs. 4 Unterabs. 1 lit. b VO Nr. 600/2014 durch delegierte Verordnung erlassen werden können. Die Art. 10 VO Nr. 600/2014 weiter ausführenden Vorschriften finden sich in Art. 7 Abs. 1 i.V.m. Anhang II Tabellen 1, 2 und 3 DelVO 2017/583. Insgesamt sind die Regelungen zur Nachhandelstransparenz für Nichteigenkapitalinstrumente auf EU-Ebene neu[1].

Die Veröffentlichung über Geschäfte mit Eigenkapitalinstrumenten dient dem Ziel der umfassenden und zeitnahen Transparenz des Marktgeschehens[2]. Zusammen mit der Vorhandelstransparenz wird Effizienz des Preisbildungsprozesses in den handelbaren Werten platzübergreifend gewährleistet[3]. S. zum Publizitätskonzept insgesamt bereits Art. 3 VO Nr. 600/2014 Rz. 1.

Art. 10 Abs. 1 VO Nr. 600/2014 besitzt auch Relevanz für die Nachhandelstransparenz von Wertpapierfirmen, die Geschäfte außerhalb von Handelsplätzen für eigene Rechnung oder im Namen von Kunden in Nichteigenkapitalinstrumenten, die an einem Handelsplatz gehandelt werden, geschlossen haben. Diese Firmen sind nach **Art. 21 Abs. 1 Satz 1 VO Nr. 600/2014** wie die Betreiber von Handelsplätzen verpflichtet, das Volumen und den Kurs dieser Geschäfte sowie den Zeitpunkt ihres Abschlusses eines Geschäfts zu veröffentlichen (s. Art. 21 VO Nr. 600/2014 Rz. 11). Art. 21 Abs. 2 VO Nr. 600/2014 verweist hinsichtlich der Informationsdetails und der Veröffentlichungsfrist auf die Anforderungen des Art. 10 VO Nr. 600/2014 nebst den durch delegierte Verordnungen erlassenen technischen Regulierungsstandards.

Die **Überwachung**, ob die Nachhandelstransparenzanforderungen nach Art. 10 und 11 VO Nr. 600/2014 eingehalten werden, obliegt der zuständigen Behörde des Mitgliedstaates, in denen die verpflichteten Handelsplatzbetreiber ihren Sitz haben; vgl. Art. 67, 69 RL 2014/65/EU. Der deutsche Gesetzgeber hat, soweit es nicht den börslichen Bereich betrifft, die Aufsicht über die Vorschriften aus der MiFIR der BaFin übertragen, § 6 Abs. 2 WpHG. Darüber hinaus sind Art. 10 und 11 VO Nr. 600/2014 in die Anwendungsbereiche der Überwachungs- bzw. Prüfungsvorschriften §§ 88 und 89 WpHG einbezogen. Aus § 3 Abs. 1 BörsG ergibt sich, dass die Börsenaufsichtsbehörde zuständige Behörde ist, soweit die Pflichten von Börsenträgern und Börsen betroffen sind.

Werden Veröffentlichungen nach Art. 10 Abs. 1 VO Nr. 600/2014 vorsätzlich oder leichtfertig nicht, nicht richtig, nicht vollständig, nicht in der vorgeschriebenen Weise oder nicht rechtzeitig vorgenommen, so stellt dies eine **Ordnungswidrigkeit** dar (§ 120 Abs. 9 Nr. 1 lit. e WpHG bzw. § 50 Abs. 5 Nr. 1 lit. e BörsG). Vorgenommenen Sanktionen werden von der Bußgeldbehörde (BaFin bzw. Börsenaufsichtsbehörde) gem. § 126 Abs. 1 Satz 1 Nr. 3 WpHG bzw. § 50a BörsG öffentlich bekannt gegeben.

Bei der Beurteilung, ob Art. 10 VO Nr. 600/2014 ein **Schutzgesetz** i.S.d. § 823 Abs. 2 BGB darstellt, ist entsprechend dem Zweck, dass die Nachhandelstranstransparenzpflicht vornehmlich der Verbesserung der Markteffizienz dient und das Informationsbedürfnis der Anleger und Handelsteilnehmer eher reflexartig schützt, Zurückhaltung angezeigt[4].

II. Einzelheiten zu Art. 10 Abs. 1 VO Nr. 600/2014. 1. Personeller und gegenständlicher Anwendungsbereich. Die nach Art. 10 Abs. 1 VO Nr. 600/2014 zur Nachhandelstransparenz Verpflichteten sind wie bei der

---

1 S. *Veil/Lerch*, WM 2012, 1557, 1564 f.; *Gomber/Nassauer*, ZBB 2014, 250, 254.
2 Vgl. Allgemeinverfügung der BaFin – Nachhandelstransparenz Handelsplätze/Nichteigenkapitalinstrumente – v. 2.1.2018, WA 21 – FR 1900-2017/0001.
3 Erwägungsgrund Nr. 1 DelVO 2017/587.
4 Schutzgesetzcharakter der Nachhandelstransparenzpflicht verneinend *Beck/Röh* in Schwark/Zimmer, § 31 BörsG Rz. 16 und *Fuchs* in Fuchs, Vor §§ 31 ff. WpHG Rz. 110.

Vorhandelstransparenz gem. Art. 8 Abs. 1 VO Nr. 600/2014 **Marktbetreiber und Wertpapierfirmen, die einen Handelsplatz betreiben**. Auf die Ausführungen unter Art. 8 VO Nr. 600/2014 Rz. 9 ff. kann daher verwiesen werden.

9 Die von Art. 10 Abs. 1 VO Nr. 600/2014 erfassten Geschäfte über Finanzinstrumente betreffen Erwerbs- bzw. Veräußerungsvorgänge über die Finanzinstrumente, die bereits Gegenstand der Vorhandelstransparenz waren. Hinsichtlich der Definition der an Handelsplätzen gehandelten Finanzinstrumente kann daher auf Art. 8 VO Nr. 600/2014 Rz. 14 ff. verwiesen werden.

10 **2. Veröffentlichungsinhalt.** Inhaltlich umfassen die im Rahmen der Nachhandelstransparenz zu veröffentlichenden Informationen gem. Art. 10 Abs. 1 Satz 1 VO Nr. 600/2014 den ermittelten **Preis (Kurs)**, das **Volumen** sowie den **Zeitpunkt der Geschäfte**. Zu diesen drei Angaben kommen die in Art. 10 Abs. 1 Satz 2 VO Nr. 600/2014 angedeuteten Einzelheiten, die sich aus Tabelle 2 des Anhang II zu Art. 7 Abs. 1 DelVO 2017/583 ergeben, hinzu. Genannt werden dort unter Wiederholung der Hauptangaben u.a. Datum und Uhrzeit des Handels, Kennung des Instruments, Preis, Preiswährung, Menge, Nennbetrag, Nennwährung, Ausführungsplatz, Datum und Uhrzeit der Veröffentlichung, Kennung der Transaktion und die Kennzeichnung, ob das Geschäft gecleart wird. Zusätzlich sind die Geschäfte noch mit weiteren Angaben zu versehen, die das Geschäft näher charakterisieren, vgl. Tabelle 3 des Anhang II DelVO 2017/583. Bei Veröffentlichungen über Transaktionspakete sind die Besonderheiten von Art. 7 Abs. 8 DelVO 2017/583 zu beachten.

11 **3. Zeitpunkt der Veröffentlichung.** Art. 7 Abs. 4 DelVO 2017/583 geht auf die Veröffentlichung „in Echtzeit" insgesamt ein, wenngleich Art. 11 Abs. 4 lit. b VO Nr. 600/2014 für eine delegierte Verordnung nur die Ermächtigung vorsieht, zu definieren, was dies bei Geschäften, die außerhalb der üblichen Handelszeiten des Handelsplatzes stattfinden, bedeutet. Hierzu heißt es, dass die **Nachhandelsinformationen soweit wie technisch möglich auf Echtzeitbasis zur Verfügung gestellt** werden und in jedem Fall für die ersten drei Jahre der Anwendung der MiFIR innerhalb von 15 Minuten nach Ausführung des betroffenen Geschäfts und danach innerhalb von fünf Minuten nach Ausführung des betroffenen Geschäfts zu veröffentlichen sind. Damit wird nicht weiter vertieft, was so nah in Echtzeit im Rahmen des technisch Möglichen bedeutet. Es wird vielmehr eine Art Toleranzzeitraum festgelegt, innerhalb dessen die Veröffentlich als in Echtzeit erfolgt gilt. Dem Erwägungsgrund Nr. 10 Satz 2 DelVO 2017/583 lässt sich entnehmen, dass das Zeitlimit lediglich in Ausnahmefällen in Anspruch genommen werden sollte, wenn die verfügbaren Systeme keine kurzfristigere Veröffentlichung zulassen. In der Literatur wird vertreten, dass „so nah in Echtzeit wie technisch möglich" dem deutschen Rechtsbegriff „unverzüglich" entspricht[1]. In Erwägungsgrund Nr. 12 Satz 1 DelVO 2017/587 ist von „so schnell wie technisch möglich" die Rede. Ausweislich der Verordnungsbegründung soll die (ungeschriebene) Pflicht bestehen, dass der Handelsplatzbetreiber angemessene Bemühungen auf dem Gebiet der kostenmäßigen Unterhaltung und der Effizienz seines Veröffentlichungssystems unternimmt.

12 **4. Veröffentlichungsmodalitäten.** Das Veröffentlichen der Nachhandelstransparenzdaten bedeutet nicht das bedingungslose Zugänglichmachen der Daten an die Allgemeinheit. Nach Art. 13 Abs. 1 Satz 1 VO Nr. 600/2014 muss der Betreiber des Handelsplatzes die zu veröffentlichten Angaben **zu angemessenen kaufmännischen Bedingungen und in nichtdiskriminierender Weise** offenlegen. Grundsätzlich erfolgt dies auf privatrechtlicher Grundlage. Denkbar ist bei Börsen gem. § 2 Abs. 1 BörsG aber auch, dass die Bereitstellung von Marktdaten im Rahmen eines öffentlich-rechtlichen Verhältnisses erfolgt und die Geldleistung in Form von Gebühren bzw. Beiträgen erfolgt. Die Details, was unter angemessenen kaufmännischen Bedingungen und nichtdiskriminierend zu verstehen ist, ergibt sich aus Art. 7 ff. DelVO 2017/567 (s. Art. 12, 13 VO Nr. 600/2014 Rz. 7). Erst mit einer **Zeitverzögerung von 15 Minuten** können die Daten von etwaigen Interessenten **kostenlos** bezogen werden, Art. 13 Abs. 1 Satz 2 VO Nr. 600/2014. Das Regelungsgefüge des Art. 10 Abs. 1 VO Nr. 600/2014 unterscheidet nicht zwischen Handelsteilnehmern und sonstigen Marktteilnehmern, die nicht zum Handel am konkreten Handelsplatz berechtigt sind.

13 Die Handelsplatzbetreiber müssen nach Art. 12 Abs. 1 VO Nr. 600/2014 die **Vorhandelsdaten getrennt von den Nachhandelstransparenzdaten anbieten**. Dies gilt in darstellungstechnischer und kommerzieller Hinsicht. Art. 12 Abs. 2 VO Nr. 600/2014 verweist nochmals auf eine delegierte Verordnung, in der Standards für die zu veröffentlichenden Daten, einschließlich des **Disaggregationniveaus**, festgelegt sind. Hierbei handelt es sich um die DelVO 2017/572. Einzeln ausweisbar müssen nach Art. 1 Abs. 1 DelVO 2017/572 grundsätzlich folgende Angaben sein:

– Art der Anlageklasse (Schuldverschreibungen und strukturierte Finanzprodukte; Emissionszertifikate; Derivate)

– das Land, in dem öffentliche Schuldtitel begeben wurden,

– die Währung, in der der Wert gehandelt wird und

– die geplante Tagesauktionen im Gegensatz zum kontinuierlichen Handel.

---

1 *Buck-Heeb*, Kapitalmarktrecht, § 3 Rz. 142 unter Berufung auf § 31 BörsG a.F.

Derivate sind gem. Art. 1 Abs. 2 DelVO 2017/572 zu unterscheiden in:
- Equity-Derivate
- Zinsderivate
- Kreditderivate
- Devisenderivate
- Rohstoff-Derivate und Derivate von Emissionszertifikaten
- sonstige Derivate.

Die am Bezug der Daten interessierten Personen können zwischen dem Bezug aggregierter und nicht aggregierter Daten wählen[1].

III. Daten- und Systemzugang für veröffentlichungspflichtige Wertpapierfirmen (Art. 10 Abs. 2 VO Nr. 600/2014). Art. 10 Abs. 2 VO Nr. 600/2014 regelt den **Zugang zu Nachhandelsinformationen eines Handelsplatzes für Wertpapierfirmen, die außerhalb von Handelsplätzen Geschäfte mit Nichteigenkapitalinstrumenten betreiben**, zu denen die systematischen Internalisierer gehören, separat. Er weist Parallelen zur Vorhandelstransparenzvorschrift in Art. 8 Abs. 3 VO Nr. 600/2014 auf. Soweit von „Zugang zu den Regelungen" die Rede ist, so handelt es sich um eine unglückliche Sprachfassung. In Art. 6 Abs. 2 VO Nr. 600/2014, der entsprechenden Vorschrift für Eigenkapitalinstrumente, heißt es besser „Zugang zu den Systemen" (engl. jeweils *arrangements*). Bei rechter Betrachtung gibt die Regelung den angesprochenen Wertpapierfirmen beim Informationszugang keine weitergehenden Rechte, als sie andere Marktteilnehmer nach Art. 13 Abs. 1 VO Nr. 600/2014 haben[2]. Die Häuser können über die besondere Regel die Nachhandelstransparenzdaten auch nur zur angemessen kaufmännischen Bedingungen und diskriminierungsfrei erhalten.

Vom Wortlaut her gewährt die Vorschrift aber nicht nur einen Anspruch auf Zugang zu den Nachhandelsinformationen des Handelsplatzes. Gedeckt ist über das Informationsbezugsrecht hinaus auch ein **Anspruch der angesprochenen Wertpapierfirmen, die technischen Systeme eines Handelsplatzes für die Veröffentlichung ihrer Geschäfte nutzen zu dürfen**, die sie nach Art. 21 Abs. 1 VO Nr. 600/2014 zu veröffentlichen haben[3]. Voraussetzung dafür wäre aber, dass der Handelsplatz zugleich ein genehmigter Veröffentlichungsdienst (approved publication arrangement; APA) ist, da Veröffentlichungen von OTC-Geschäften gem. Art. 21 Abs. 1 Satz 2 VO Nr. 600/2014 nur im Rahmen eines APA erfolgen dürfen. Automatisch wird ein Handelsplatz nicht zum APA. Zwar umfasst die Erlaubnis zum Betrieb eines Handelsplatzes auch die Datenbereitstellungsdiensterlaubnis; vgl. Art. 59 Abs. 2 RL 2014/65/EU; § 32 Abs. 1f Satz 5 KWG. Allerdings ist das Vorliegen der Erlaubnisvoraussetzungen behördlich festzustellen. Im Ergebnis steht dies einem Erlaubnisverfahren nicht viel nach.

§ 120 Abs. 9 Nr. 3 lit. b WpHG und § 50 Abs. 5 Nr. 3 lit. c BörsG enthalten auf Art. 10 Abs. 2 VO Nr. 600/2014 bezogene **Bußgeldtatbestände**.

Art. 11 Genehmigung einer späteren Veröffentlichung

(1) Die zuständigen Behörden können Marktbetreibern und Wertpapierfirmen, die einen Handelsplatz betreiben, gestatten, Einzelheiten zu Geschäften je nach deren Umfang und Art zu einem späteren Zeitpunkt zu veröffentlichen.

Die zuständigen Behörden können eine spätere Veröffentlichung insbesondere bei Geschäften gestatten, die

a) im Vergleich zum marktüblichen Geschäftsumfang bei einer Schuldverschreibung, einem strukturierten Finanzprodukt, einem Emissionszertifikat oder einem Derivat, die bzw. das an einem Handelsplatz gehandelt wird, bzw. bei der betreffenden Kategorie von Schuldverschreibungen, strukturierten Finanzprodukten, Emissionszertifikaten oder Derivaten, die an einem Handelsplatz gehandelt wird, ein großes Volumen aufwiesen, oder

b) mit einer Schuldverschreibung, einem strukturierten Finanzprodukt, einem Emissionszertifikat oder einem Derivat, die bzw. das an einem Handelsplatz gehandelt wird, oder mit einer Kategorie von Schuldverschreibungen, strukturierten Finanzprodukten, Emissionszertifikaten oder Derivaten, die an einem Handelsplatz gehandelt wird, im Zusammenhang stehen, für die kein liquider Markt besteht, oder

c) über einen Umfang hinausgehen, der für diese Schuldverschreibung, dieses strukturierte Finanzprodukt, Emissionszertifikat oder Derivat, die bzw. das an einem Handelsplatz gehandelt wird, oder für

---
1 ESMA Q & A On MiFID II and MiFIR market structures topics, Nr. 2 Antwort auf Frage 2.
2 So wohl auch *Hoops*, WM 2018, 205, 210, der von Konkretisierung spricht.
3 S. auch *Dreyer/Delgado-Rodriguez* in Temporale, S. 45.

diese Kategorie von Schuldverschreibungen, strukturierten Finanzprodukten, Emissionszertifikaten oder Derivaten, die an einem Handelsplatz gehandelt wird, typisch ist, bei dem die Liquiditätsgeber unangemessenen Risiken ausgesetzt würden, wobei berücksichtigt wird, ob es sich bei den einschlägigen Marktteilnehmern um Klein- oder Großanleger handelt.

Marktbetreiber und Wertpapierfirmen, die einen Handelsplatz betreiben, müssen vorab die Genehmigung der zuständigen Behörde zu geplanten Regelungen für eine spätere Veröffentlichung einholen und die Marktteilnehmer sowie die Öffentlichkeit auf diese Regelungen deutlich hinweisen. Die ESMA überwacht die Anwendung dieser Vereinbarungen für eine spätere Veröffentlichung und legt der Kommission jährlich einen Bericht über ihre Verwendung in der Praxis vor.

(2) Eine zuständige Behörde, die einen oder mehrerer Handelsplätze beaufsichtigt, an dem/denen eine Kategorie von Schuldverschreibungen, strukturierten Finanzprodukten, Emissionszertifikaten oder Derivaten gehandelt wird, kann die Pflichten gemäß Artikel 10 vorübergehend aussetzen, wenn die Liquidität dieser Kategorie von Finanzinstrumenten unter den nach der Methodik gemäß Artikel 9 Absatz 5 Buchstabe a ermittelten Schwellenwert fällt. Dieser Schwellenwert wird auf der Grundlage objektiver Kriterien, die für den Markt für das betreffende Finanzinstrument typisch sind, festgelegt. Eine solche vorübergehende Aussetzung ist auf der Website der jeweils zuständigen Behörde bekanntzugeben.

Die vorübergehende Aussetzung gilt zunächst für einen Zeitraum von höchstens drei Monaten ab dem Tag ihrer Bekanntgabe auf der Website der jeweils zuständigen Behörde. Eine solche Aussetzung kann um jeweils höchstens weitere drei Monate verlängert werden, sofern die Gründe für die vorübergehende Aussetzung weiterhin gegeben sind. Wird die vorübergehende Aussetzung nach Ablauf dieser drei Monate nicht verlängert, tritt sie automatisch außer Kraft.

Vor einer Aussetzung oder einer Verlängerung der vorübergehenden Aussetzung der Pflichten gemäß Artikel 10 unterrichtet die jeweils zuständige Behörde die ESMA über ihre Absicht und begründet diese ausführlich. Die ESMA gibt so bald wie möglich eine Stellungnahme an die zuständige Behörde zu der Frage ab, ob ihrer Meinung nach die Aussetzung oder die Verlängerung der vorübergehenden Aussetzung gemäß den Unterabsätzen 1 und 2 gerechtfertigt ist.

(3) Die zuständigen Behörden können in Verbindung mit einer Genehmigung einer späteren Veröffentlichung

a) die Veröffentlichung nur weniger Einzelheiten zu einem Geschäft oder die Veröffentlichung der Einzelheiten zu mehreren Geschäften in aggregierter Form oder eine Kombination von beidem während des Zeitraums des gewährten Aufschubs fordern;

b) die Nichtveröffentlichung des Volumens eines einzelnen Geschäfts während des verlängerten Aufschubzeitraums gestatten;

c) im Hinblick auf Nichteigenkapitalinstrumente, bei denen es sich nicht um öffentliche Schuldinstrumente handelt, die Veröffentlichung mehrerer Geschäfte in aggregierter Form während eines verlängerten Aufschubzeitraums gestatten;

d) im Hinblick auf öffentliche Schuldinstrumente die Veröffentlichung mehrerer Geschäfte in aggregierter Form für einen unbefristeten Zeitraum gestatten.

Bei öffentlichen Schuldinstrumenten können die Buchstaben b und d entweder getrennt oder aufeinander folgend angewandt werden, wobei die Volumina nach Ablauf des verlängerten Zeitraums der Nichtveröffentlichung dann in aggregierter Form veröffentlicht werden könnten.

Bei allen anderen Finanzinstrumenten sind die noch ausstehenden Einzelheiten zu dem Geschäft sowie sämtliche Einzelheiten zu einzelnen Geschäften nach Ablauf des Zeitraums des gewährten Aufschubs zu veröffentlichen.

(4) Die ESMA erarbeitet Entwürfe technischer Regulierungsstandards, in denen Folgendes in einer Weise festgelegt ist, die die Veröffentlichung von nach Artikel 64 der Richtlinie 2014/65/EU geforderten Informationen ermöglicht:

a) die Einzelheiten zu Geschäften, die Wertpapierfirmen, einschließlich systematischer Internalisierer, sowie Marktbetreiber und Wertpapierfirmen, die einen Handelsplatz betreiben, für jede Kategorie der betreffenden Finanzinstrumente gemäß Artikel 10 Absatz 1 offenzulegen haben, einschließlich der Kennzeichen der verschiedenen Arten von im Rahmen von Artikel 10 Absatz 1 und Artikel 21 Absatz 1 veröffentlichten Geschäften, bei denen zwischen solchen unterschieden wird, die vor allem durch mit der Bewertung von Finanzinstrumenten verbundenen Faktoren charakterisiert sind, und solchen, die durch andere Faktoren bestimmt werden;

b) die Frist, die als Erfüllung der Verpflichtung angesehen würde, eine Veröffentlichung so nah in Echtzeit wie möglich vorzunehmen, wenn ein Handel außerhalb der üblichen Handelszeiten vorgenommen wird;

c) die Voraussetzungen, unter denen Wertpapierfirmen, einschließlich systematischer Internalisierer, sowie Marktbetreiber und Wertpapierfirmen, die einen Handelsplatz betreiben, Einzelheiten zu Geschäften für jede Kategorie der betreffenden Finanzinstrumente gemäß Absatz 1 und Artikel 21 Absatz 4 später veröffentlichen dürfen;

d) die Kriterien, anhand deren der Umfang oder die Art des Geschäfts festgelegt wird, für die eine spätere Veröffentlichung und die Veröffentlichung nur weniger Einzelheiten zu einem Geschäft, die Veröffentlichung der Einzelheiten zu mehreren Geschäften in aggregierter Form oder die Nichtveröffentlichung des Umfangs eines Geschäfts, speziell was die Genehmigung eines verlängerten Aufschubzeitraums für bestimmte Finanzinstrumente in Abhängigkeit von ihrer Liquidität angeht, nach Absatz 3 zulässig ist.

Die ESMA legt der Kommission diese Entwürfe technischer Regulierungsstandards bis zum 3. Juli 2015 vor.

Der Kommission wird die Befugnis übertragen, die in Unterabsatz 1 genannten technischen Regulierungsstandards gemäß den Artikeln 10 bis 14 der Verordnung (EU) Nr. 1095/2010 zu erlassen.

In der Fassung vom 15.5.2014 (ABl. EU Nr. L 173 v. 12.6.2014, S. 84).

Delegierte Verordnung (EU) 2017/583 der Kommission vom 14. Juli 2016
zur Ergänzung der Verordnung (EU) Nr. 600/2014 des Europäischen Parlaments und des Rates über Märkte für Finanzinstrumente durch technische Regulierungsstandards zu den Transparenzanforderungen für Handelsplätze und Wertpapierfirmen in Bezug auf Anleihen, strukturierte Finanzprodukte, Emissionszertifikate und Derivate
(Auszug)

Art. 8 Spätere Veröffentlichung von Geschäften

(Artikel 11 Absätze 1 und 3 und Artikel 21 Absatz 4 der Verordnung (EU) Nr. 600/2014)

(1) Genehmigt eine zuständige Behörde die spätere Veröffentlichung der Einzelheiten zu Geschäften gemäß Artikel 11 Absatz 1 der Verordnung (EU) Nr. 600/2014, veröffentlichen Wertpapierfirmen, die Geschäfte außerhalb eines Handelsplatzes tätigen, und Marktbetreiber und Wertpapierfirmen, die einen Handelsplatz betreiben, jedes Geschäft spätestens um 19.00 Uhr Ortszeit des zweiten Arbeitstags nach dem Datum des Geschäfts, vorausgesetzt eine der folgenden Bedingungen ist erfüllt:

a) das Geschäft weist im Vergleich zum marktüblichen Volumen ein großes Volumen im Sinne von Artikel 9 auf;

b) das Geschäft betrifft ein Finanzinstrument oder eine Klasse von Finanzinstrumenten, für die kein liquider Markt besteht, was nach der in Artikel 13 enthaltenen Methode bestimmt wird;

c) das Geschäft wird zwischen einer Wertpapierfirma, die für eigene Rechnung außer bei Zusammenführung sich deckender Kundenaufträge (Matched Principal Trading) gemäß Artikel 4 Absatz 1 Nummer 38 der Richtlinie 2014/65/EU des Europäischen Parlaments und des Rates (1) handelt, und einer anderen Gegenpartei abgeschlossen und übersteigt den für das Instrument typischen Umfang, wie in Artikel 10 bestimmt;

d) das Geschäft ist ein Transaktionspaket, das eines der folgenden Kriterien erfüllt:

   i) ein oder mehrere Bestandteile sind Geschäfte mit Finanzinstrumenten, für die kein liquider Markt besteht;

   ii) ein oder mehrere Bestandteile sind Geschäfte mit Finanzinstrumenten, die im Vergleich zum marktüblichen Volumen ein großes Volumen im Sinne von Artikel 9 aufweisen;

   iii) das Geschäft wird zwischen einer Wertpapierfirma, die für eigene Rechnung außer bei Zusammenführung sich deckender Kundenaufträge (Matched Principal Trading) gemäß Artikel 4 Absatz 1 Nummer 38 der Richtlinie 2014/65/EU handelt, und einer anderen Gegenpartei abgeschlossen und einer oder mehrere Bestandteile übersteigen den für das Instrument typischen Umfang im Sinne von Artikel 10.

(2) Nach Ablauf des Abschubs gemäß Absatz 1 werden alle Einzelheiten des Geschäfts veröffentlicht, sofern kein verlängerter oder unbefristeter Aufschub in Übereinstimmung mit Artikel 11 gewährt wird.

(3) Wird ein Geschäft zwischen zwei Wertpapierfirmen entweder in eigener Rechnung oder im Namen von Kunden außerhalb der Vorschriften eines Handelsplatzes getätigt, ist die zuständige Behörde zu Zwecken der Bestimmung der anwendbaren Aufschubregelung die zuständige Behörde der Wertpapierfirma, die dafür verantwortlich ist, das Geschäft über ein APA in Übereinstimmung mit Artikel 7 Absätze 5, 6 und 7 zu veröffentlichen.

In der Fassung vom 14.7.2016 (ABl. EU Nr. L 87 v. 31.3.2017, S. 229), geändert durch Berichtigung vom 26.10.2017 (ABl. EU Nr. L 276 v. 26.10.2017, S. 78).

Art. 9 Geschäfte mit großem Volumen

(Artikel 11 Absatz 1 Buchstabe a der Verordnung (EU) Nr. 600/2014)

Ein Geschäft ist als großvolumig im Vergleich zum marktüblichen Volumen zu betrachten, wenn es größer oder gleich dem Mindestgeschäftsumfang ist, der nach der in Artikel 13 enthaltenen Methode berechnet wird.

In der Fassung vom 14.7.2016 (ABl. EU Nr. L 87 v. 31.3.2017, S. 229).

Art. 10 Für das Finanzinstrument typischer Umfang

(Artikel 11 Absatz 1 Buchstabe c der Verordnung (EU) Nr. 600/2014)

Ein Geschäft übersteigt dann den für das Finanzinstrument typischen Umfang, wenn es größer oder gleich dem Mindestgeschäftsumfang ist, der nach der in Artikel 13 enthaltenen Methode berechnet wird.

In der Fassung vom 14.7.2016 (ABl. EU Nr. L 87 v. 31.3.2017, S. 229), geändert durch Berichtigung vom 26.10.2017 (ABl. EU Nr. L 276 v. 26.10.2017, S. 78).

Art. 11 Transparenzanforderungen in Verbindung mit der späteren Veröffentlichung im Ermessen der zuständigen Behörden

(Artikel 11 Absatz 3 der Verordnung (EU) Nr. 600/2014)

(1) Üben die zuständigen Behörden ihre Befugnisse in Verbindung mit einer Genehmigung zur späteren Veröffentlichung gemäß Artikel 11 Absatz 3 der Verordnung (EU) Nr. 600/2014 aus, gilt Folgendes:

a) ist Artikel 11 Absatz 3 Buchstabe a der Verordnung (EU) Nr. 600/2014 anwendbar, fordern die zuständigen Behörden die Veröffentlichung einer der folgenden Informationen während des gesamten Zeitraums des gewährten Aufschubs gemäß Artikel 8:

   i) alle Einzelheiten eines Geschäfts gemäß Anhang II Tabellen 1 und 2 mit Ausnahme von Einzelheiten bezüglich des Volumens;

   ii) Geschäfte in einer täglich aggregierten Form für eine Mindestanzahl von fünf Geschäften, die am selben Tag getätigt werden, sind am nächsten Arbeitstag vor 9.00 Uhr Ortszeit zu veröffentlichen.

b) ist Artikel 11 Absatz 3 Buchstabe b der Verordnung (EU) Nr. 600/2014 anwendbar, gestatten die zuständigen Behörden die Nichtveröffentlichung des Volumens eines einzelnen Geschäfts während eines verlängerten Aufschubs von vier Wochen;

c) in Bezug auf Nicht-Eigenkapitalinstrumente, die keine öffentlichen Schuldinstrumente sind, und sofern Artikel 11 Absatz 3 Buchstabe c der Verordnung (EU) Nr. 600/2014 anwendbar ist, gestatten die zuständigen Behörden während eines verlängerten Aufschubs von vier Wochen die Veröffentlichung der Daten der im Verlauf einer Kalenderwoche getätigten verschiedener Geschäfte in aggregierter Form am folgenden Dienstag vor 9.00 Uhr Ortszeit;

d) in Bezug auf öffentliche Schuldinstrumente und sofern Artikel 11 Absatz 3 Buchstabe d der Verordnung (EU) Nr. 600/2014 anwendbar ist, gestatten die zuständigen Behörden während eines unbefristeten Aufschubs die Veröffentlichung der Daten verschiedener Geschäfte in aggregierter Form, die im Verlauf einer Kalenderwoche getätigt wurden, am folgenden Dienstag vor 9.00 Uhr Ortszeit.

(2) Nach Ablauf des verlängerten Aufschubs gemäß Absatz 1 Buchstabe b finden folgende Anforderungen Anwendung:

a) in Bezug auf alle Instrumente, die keine öffentlichen Schuldinstrumente sind, erfolgt die Veröffentlichung aller Einzelheiten aller einzelnen Geschäfte am nächsten Arbeitstag vor 9.00 Uhr Ortszeit;

b) in Bezug auf öffentliche Schuldinstrumente, sofern die zuständigen Behörden beschließen, die in Artikel 11 Absatz 3 Buchstaben b und d der Verordnung (EU) Nr. 600/2014 vorgesehenen Optionen nicht in Folge zu nutzen, erfolgt in Übereinstimmung mit Artikel 11 Absatz 3 Unterabsatz 2 der Verordnung (EU) Nr. 600/2014 die Veröffentlichung aller einzelnen Geschäfte am nächsten Arbeitstag vor 9.00 Uhr Ortszeit;

c) in Bezug auf öffentliche Schuldinstrumente, sofern die zuständigen Behörden beschließen, die Optionen gemäß Artikel 11 Absatz 3 Buchstaben b und d der Verordnung (EU) Nr. 600/2014 in Folge in Anspruch zu nehmen, erfolgt – in Übereinstimmung mit Artikel 11 Absatz 3 Unterabsatz 2 der Verordnung (EU) Nr. 600/2014 – die Veröffentlichung verschiedener Geschäfte, die in derselben Kalenderwoche getätigt wurden, in einer aggregierten Form am Dienstag nach Ablauf des verlängerten Aufschubs von vier Wochen ab dem letzten Tag der Kalenderwoche vor 9.00 Uhr Ortszeit.

(3) In Bezug auf alle Instrumente, die keine öffentlichen Schuldinstrumente sind, werden alle Einzelheiten der Geschäfte einzeln vier Wochen nach der Veröffentlichung der aggregierten Einzelheiten in Übereinstimmung mit Absatz 1 Buchstabe c vor 9.00 Uhr Ortszeit veröffentlicht.

(4) Die aggregierten täglichen oder wöchentlichen Daten gemäß den Absätzen 1 und 2 enthalten folgende Informationen für Anleihen, strukturierte Finanzprodukte, Derivate und Emissionszertifikate in Bezug auf jeden Tag oder jede Woche des betroffenen Kalenderzeitraums:

a) den gewichteten Durchschnittspreis;

b) das gehandelte Gesamtvolumen gemäß Anhang II Tabelle 4;

c) die Gesamtzahl der Geschäfte.

(5) Die Geschäfte werden nach ISIN-Code aggregiert. Ist kein ISIN-Code verfügbar, werden die Geschäfte auf der Ebene der Klasse der Finanzinstrumente aggregiert, auf welche der Liquiditätstest gemäß Artikel 13 Anwendung findet.

(6) Ist der in Absatz 1 Buchstaben c und d und den Absätzen 2 und 3 für die Veröffentlichungen vorgesehene Wochentag kein Arbeitstag, erfolgt die Veröffentlichung am nächsten Arbeitstag vor 9.00 Uhr Ortszeit.

In der Fassung vom 14.7.2016 (ABl. EU Nr. L 87 v. 31.3.2017, S. 229), geändert durch Berichtigung vom 26.10.2017 (ABl. EU Nr. L 276 v. 26.10.2017, S. 78).

Schrifttum: *Teuber/Schröer* (Hrsg.), MiFID II/MiFIR: Umsetzung in der Bankpraxis, 2015.

I. Überblick über Regelungsgegenstand und -gefüge 1
II. Einzelheiten 8
  1. Allgemein 8
  2. Ausnahmetatbestände 9
    a) Großvolumige Geschäfte (Art. 11 Abs. 1 Unterabs. 2 lit. a VO Nr. 600/2014) 9
    b) Geschäfte in Finanzinstrumenten, für die kein liquider Markt besteht (Art. 11 Abs. 1 Unterabs. 2 lit. b VO Nr. 600/2014) 11
    c) Geschäfte, die über den typischen Umfang hinausgehen (Art. 11 Abs. 1 Unterabs. 2 lit. c VO Nr. 600/2014) 14
  3. Zeitpunkt und Inhalt der späteren Veröffentlichung 16
  4. Genehmigungsverfahren 18
III. Aussetzung der Nachhandelstransparenzverpflichtung von Amts wegen (Art. 11 Abs. 2 VO Nr. 600/2017) 22
IV. Rechtsschutz 26

I. Überblick über Regelungsgegenstand und -gefüge. Nach Art. 11 Abs. 1 und 3 VO Nr. 600/2014 (MiFIR) ist die zuständige Behörde (in Deutschland: die BaFin oder die örtlich zuständige Börsenaufsichtsbehörde) ermächtigt, den Handelsplatzbetreibern unter gewissen Umständen auf einen Antrag hin zu erlauben, Angaben zu Geschäften nicht so nah in Echtzeit wie technisch möglich zu veröffentlichen, sondern abweichend von Art. 10 Abs. 1 VO Nr. 600/2014 ganz oder zumindest teilweise eine **spätere Veröffentlichung** vorzunehmen. Art. 11 Abs. 2 VO Nr. 600/2014 sieht sogar die Möglichkeit vor, dass die zuständige Behörde Handelsplätze für eine begrenzte Zeit von Amts wegen **von der Pflicht des Art. 10 VO Nr. 600/2014 freistellen** kann, wenn die Liquidität einer Kategorie von Finanzinstrumenten unter den nach der Methodik gem. Art. 9 Abs. 5 lit. a VO Nr. 600/2014 ermittelten Schwellenwert fällt. Mit Art. 11 VO Nr. 600/2014 erkennt der europäische Gesetzgeber an, dass es Umstände gibt, bei denen das spätere Veröffentlichen bzw. die Nichtveröffentlichung positive Effekte auf die Qualität der Preisfindungsprozesse in dem betreffenden Wert haben kann[1]. Zunächst wird in Unterabs. 1 von Art. 11 Abs. 1 VO Nr. 600/2014 wie bei Art. 7 VO Nr. 600/2014, der Parallelvorschrift für Eigenkapitalinstrumente, auf Umfang und Art des Geschäfts abgestellt. Unterabs. 2 lit. a–c beschreibt sodann mit einer Insbesondere-Formulierung[2] drei Fälle, in denen die Behörde die spätere Veröffentlichung gestatten kann. Erstens soll dies bei vergleichsweise großvolumigen Geschäften möglich sein. Dieses Beispiel entspricht dem Tatbestand von Art. 7 Abs. 1 VO Nr. 600/2014. Zweitens kommt eine Aufschubgewährung für Geschäfte in Betracht, die mit einem Nichteigenkapitalinstrument oder einer Kategorie davon in Zusammenhang stehen, für den kein liquider Markt besteht. Drittens kann eine spätere Veröffentlichung gestattet werden, wenn Geschäfte über einen Umfang hinausgehen, der für dieses Instrument oder eine Kategorie von Instrumenten typisch ist und bei dem die Liquiditätsgeber unangemessenen Risiken ausgesetzt würden, wobei dabei zu berücksichtigen ist, ob es sich bei den einschlägigen Marktteilnehmern um Klein- oder Großanleger handelt. 1

Will ein Handelsplatzbetreiber an seinem Handelsplatz Geschäfte mit späterer Veröffentlichung ermöglichen, so muss er einen Antrag bei der Behörde stellen, Art. 11 Abs. 1 Unterabs. 3 VO Nr. 600/2014. Für eine nach Art. 11 Abs. 2 VO Nr. 600/2014 von Amts wegen mögliche vorübergehende Aussetzung ist als Voraussetzung vorgesehen, dass die Liquidität einer Kategorie von Finanzinstrumenten unter den nach der Methodik gem. Art. 9 Abs. 5 lit. a VO Nr. 600/2014 ermittelten Schwellenwert fällt. 2

Die zuständigen Behörden können die Genehmigung einer späteren Veröffentlichung im Rahmen der Möglichkeiten, die Art. 11 Abs. 3 lit. a–d VO Nr. 600/2014 vorsieht, variieren. In Betracht kommt u.a. statt eines kompletten Aufschubs, dass zunächst nur wenige Einzelheiten zu einem Geschäft veröffentlicht werden oder die Veröffentlichung von Einzelheiten zu mehreren Geschäften in aggregierter Form erfolgt. 3

Auf der Grundlage von Art. 11 Abs. 4 VO Nr. 600/2014 sind die Art. 8 ff. DelVO 2017/583 erlassen worden, die weitere Details über die spätere Veröffentlichung enthalten. Auf die oben (vor Rz. 1) wiedergegebenen Artikel ist zu verweisen. 4

Mit Inkrafttreten der VO Nr. 600/2014 hat die **BaFin eine Allgemeinverfügung erlassen**, mit der sie Wertpapierdienstleistungsunternehmen, die einen Handelsplatz betreiben, erlaubt, Einzelheiten zu Geschäften i.S.d. Art. 11 Abs. 1 Unterabs. 2 lit. a–c VO Nr. 600/2014, Art. 8 Abs. 1 lit. a–d DelVO 2017/583 zu einem späteren Zeitpunkt, als gem. Art. 10 VO Nr. 600/2014 vorgeschrieben, zu veröffentlichen[3]. Zuständigkeit und Ermächtigung hat die Behörde dabei eher aus Art. 6 Abs. 2 WpHG abgeleitet, als aus Art. 11 VO Nr. 600/2014. Im Tenor macht die BaFin deutlich, dass die Allgemeinverfügung nur dann beachtlich wird, wenn die Häuser bereits über eine Genehmigung nach Art. 11 Abs. 1 Unterabs. 3 VO Nr. 600/2014 verfügen[4]. Damit ist die eigenständige Bedeutung der Verfügung für Betreiber von Handelsplätzen begrenzt. Im Grunde hat die Behörde damit nur zu verstehen gegeben, dass sie im Falle eines Antrags eine entsprechende Genehmigung erteilen wird. Die Allgemeinverfügung ist bis zum 1.1.2019 befristet. 5

---

1 Erwägungsgrund Nr. 2 DelVO 2017/583.
2 *Brusch/Seitz* in Teuber/Schröer, Rz. 842, sprechen von einem nicht abschließenden Beispielskatalog.
3 Allgemeinverfügung der BaFin – Nachhandelstransparenz Handelsplätze/Nichteigenkapitalinstrumente – v. 2.1.2018, WA 21 – FR 1900-2017/0001.
4 Ähnlich verfährt die österreichische Finanzmarktaufsicht FMA mittels § 5 Handelstransparenzausnahmen-VO 2018; österr. BGBl. 2017, Teil II Nr. 387.

6 Die **Frankfurter Wertpapierbörse** hat mit Art. 118 Abs. 4 BörsO FWB Vorsorge getroffen, gem. Art. 11 VO Nr. 600/2014 von der Veröffentlichung in Echtzeit abweichen zu können. Für die Terminbörse Eurex hat die hessische Börsenaufsicht Abweichungen zugelassen[1].

7 **Ordnungswidrig** handelt, wer als Handelsplatzbetreiber vorsätzlich oder leichtfertig entgegen Art. 11 Abs. 1 Unterabs. 3 VO Nr. 600/2014 i.V.m. Art. 10 Abs. 1 VO Nr. 600/2014 eine Veröffentlichung nicht, nicht richtig, nicht vollständig, nicht in der vorgeschriebenen Weise oder nicht rechtzeitig vornimmt (§ 120 Abs. 9 Nr. 1 lit. f WpHG, § 50 Abs. 1 Nr. 5 lit. f BörsG) und auf geplante Regelungen für eine Veröffentlichung nicht, nicht richtig, nicht vollständig, nicht in der vorgeschriebenen Weise oder nicht rechtzeitig hinweist (Art. 120 Abs. 9 Nr. 3 lit. b WpHG).

8 **II. Einzelheiten. 1. Allgemein.** Die Begriffe „Marktbetreiber und Wertpapierfirmen, die einen Handelsplatz betreiben" sowie „(Geschäfte über) Finanzinstrumente" sind wie in Art. 10 VO Nr. 600/2014 auszulegen. Insofern kann auf die Kommentierungen zu Art. 8 und 10 VO Nr. 600/2014 (s. Art. 10 VO Nr. 600/2014 Rz. 8f.) verwiesen werden.

9 **2. Ausnahmetatbestände. a) Großvolumige Geschäfte (Art. 11 Abs. 1 Unterabs. 2 lit. a VO Nr. 600/2014).** Art. 11 Abs. 1 Unterabs. 2 lit. a VO Nr. 600/2014 führt als erste Konkretisierung, die eine spätere Veröffentlichung eines Geschäfts über ein Nichteigenkapitalinstrument rechtfertigen kann, auf, dass das Geschäft im Vergleich zum marktüblichen Umfang von Geschäften in diesem Wert bzw. von Geschäften in Werten, die der Kategorie des konkreten Werts angehören, ein großes Volumen (engl.: *large in scale; LIS*) aufweist. Nach Art. 8 Abs. 1 lit. a DelVO 2017/583 hat die Bestimmung, dass das Geschäft im Vergleich zum marktüblichen Volumen ein großes Volumen aufweist, nach Art. 9 DelVO 2017/583 zu erfolgen. Dort heißt es, dass ein Geschäft als großvolumig im Vergleich zum marktüblichen Volumen zu betrachten ist, wenn es **größer oder gleich dem Mindestgeschäftsumfang ist, der nach der in Art. 13 DelVO 2017/583 aufgeführten Methode berechnet wird**. In dem umfangreichen Tabellenwerk zu Art. 13 Abs. 3 DelVO 2017/583 bzw. Veröffentlichungen der zuständigen Behörden/ESMA, sind die grundsätzlich auf EURO lautenden LIS-Schwellenwerte für die verschiedenen Klassifizierungen der Nichteigenkapitalinstrumente aufgeführt[2].

10 Bei einem **Transaktionspaket** i.S.v. Art. 2 Abs. 1 Nr. 50 VO Nr. 600/2014 genügt es, wenn gem. Art. 8 Abs. 1 lit. d Ziff. ii DelVO 2017/583 eines der Bestandteile des Pakets ein Geschäft mit einem Finanzinstrument darstellt, das im Vergleich zum marktüblichen Volumen ein großes Volumen i.S.v. Art. 9 DelVO 2017/583 aufweist.

11 **b) Geschäfte in Finanzinstrumenten, für die kein liquider Markt besteht (Art. 11 Abs. 1 Unterabs. 2 lit. b VO Nr. 600/2014).** Als zweiten Anwendungsfall, der zur einem Aufschub berechtigen kann, nennt Art. 11 Abs. 1 Unterabs. 2 lit. b VO Nr. 600/2014 Geschäfte, die mit einem Nichteigenkapitalinstrument oder einer Kategorie von Finanzinstrumenten im Zusammenhang stehen, für die kein liquider Markt besteht. Als liquiden Markt definiert Art. 2 Abs. 1 Nr. 17 lit. a VO Nr. 600/2014 für die Zwecke von Art. 11 VO Nr. 600/2014 einen „Markt für ein Finanzinstrument oder eine Kategorie von Finanzinstrumenten, auf dem kontinuierlich kauf- oder verkaufsbereite vertragswillige Käufer oder Verkäufer verfügbar sind und der der Markt nach den folgenden Kriterien und unter Berücksichtigung der speziellen Marktstrukturen des betreffenden Finanzinstruments oder der betreffenden Kategorie von Finanzinstrumenten bewertet wird: i) Durchschnittsfrequenz und -volumen der Geschäfte bei einer Bandbreite von Marktbedingungen unter Berücksichtigung der Art und des Lebenszyklus von Produkten innerhalb der Kategorie von Finanzinstrumenten; ii) Zahl und Art der Marktteilnehmer, einschließlich des Verhältnisses Marktteilnehmer zu gehandelten Finanzinstrumenten in Bezug auf ein bestimmtes Produkt; iii) durchschnittlicher Spread, sofern verfügbar".

12 Art. 8 Abs. 1 lit. b DelVO 2017/583 führt aus, dass die Bestimmung, wann ein Geschäft ein Finanzinstrument oder eine Klasse von Finanzinstrumenten betrifft, für die kein liquider Markt besteht, **nach der in Art. 13 DelVO 2017/583 enthaltenen Methode bestimmt** wird. Hier ist auf das umfangreiche Tabellenwerk im Anschluss an Art. 13 Abs. 1 DelVO 2017/583, das von Zeit zu Zeit angepasst werden wird, zu verweisen.

13 Bei einem **Transaktionspaket** i.S.v. Art. 2 Abs. 1 Nr. 50 VO Nr. 600/2014 genügt es, wenn gem. Art. 8 Abs. 1 lit. d Ziff. i DelVO 2017/583 eines der Bestandteile des Pakets ein Geschäft mit einem Finanzinstrument darstellt, für das kein liquider Markt besteht.

14 **c) Geschäfte, die über den typischen Umfang hinausgehen (Art. 11 Abs. 1 Unterabs. 2 lit. c VO Nr. 600/2014).** In Art. 11 Abs. 1 Unterabs. 2 lit. c VO Nr. 600/2014, dem dritten Tatbestand, der eine spätere Veröffentlichung begründen kann, werden Geschäfte angesprochen, die über einen Umfang hinausgehen, der für den entsprechenden Wert bzw. die Kategorie des Wertes typisch sind (engl. *size specific to the instrument, SSTI*), und bei denen die Liquiditätsgeber unangemessenen Risiken ausgesetzt würden, wobei berücksichtigt wird, ob es sich bei den einschlägigen Marktteilnehmern um Klein- oder Großanleger handelt. Art. 8 Abs. 1 lit. c DelVO

---

[1] Die Liste der betroffenen Derivate ist abrufbar unter www.eurexchange.com.
[2] Ausfl. Informationen zur Kalkulation finden sich auf der Internetseite der ESMA (www.esma.europa.eu) unter Home > Policy activities > MiFID II > Transparency Calculations.

2017/583 geht davon aus, dass sich die Befreiungsmöglichkeit nur auf Geschäfte bezieht, bei denen dieses zwischen einer Wertpapierfirma, die für eigene Rechnung außer bei der Zusammenführung sich deckender Kundenaufträge (*matched principal trading*) handelt, und einer anderen Gegenparten angeschlossen wird. Art. 10 DelVO 2017/583 präzisiert die Vorschrift dahingehend, dass ein Geschäft dann den für das Finanzinstrument typischen Umfang übersteigt, wenn es **größer oder gleich dem Mindestgeschäftsumfang ist, der nach der in Art. 13 DelVO 2017/583 enthaltenen Methode berechnet wird**. Über ein umfangreiches Tabellenwerk bzw. Veröffentlichungen der zuständigen Behörden, lassen sich die grundsätzlich auf EURO lautenden SSTI-Werte ermitteln[1]. Diese Werte berücksichtigen bereits die Belange der Liquiditätsgeber und einschlägigen Marktteilnehmer.

Bei einem **Transaktionspaket** i.S.v. Art. 2 Abs. 1 Nr. 50 VO Nr. 600/2014 sollte es genügen, wenn eines der Bestandteile des Pakets ein Geschäft den für das Instrument typischen Umfang übersteigt (Art. 8 Abs. 1 lit. d Ziff. iii DelVO 2017/583 analog). 15

3. Zeitpunkt und Inhalt der späteren Veröffentlichung. Art. 11 VO Nr. 600/2014 selbst enthält keine Angaben, wann die spätere Veröffentlichung der Einzelheiten über ein ausgeführtes Geschäft genau erfolgen muss. Auch wenn Art. 11 Abs. 5 VO Nr. 600/2014 keine ausdrückliche Aussage trifft, dass dieser Zeitpunkt mittels delegierter Verordnung festgelegt werden kann, so enthält gleichwohl Art. 8 Abs. 1 DelVO 2017/583 eine grundlegende Aussage hierzu. Liegt die Genehmigung zur späteren Veröffentlichung vor, so sind die ausnahmefähigen Geschäfte **spätestens um 19.00 Uhr Ortszeit des zweiten Arbeitstags nach dem Datum des Geschäfts** zu veröffentlichen. 16

Art. 11 Abs. 3 lit. a–d VO Nr. 600/2014 gibt der Behörde unabhängig vom konkreten Antrag das Recht, die **Informationsfreigabe durch den Handelsplatz in einzelnen Schritten** vorzugeben. Teile des Informationsinhalts können dann zu verschiedenen Zeitpunkten öffentlich bekannt werden. Das Gesamtbild über das erfolgte Handelsgeschehen ergibt sich somit nach und nach. In Betracht kommt u.a., dass nur das Volumen später veröffentlicht wird oder Angaben über mehrere Geschäft zu einer aggregierten Veröffentlichung zusammengefasst werden. Hinsichtlich des Volumens eines Geschäfts kann der Aufschubzeitraum verlängert werden, ggf. auch auf unbestimmte Zeit. Näheres hierzu regelt Art. 11 DelVO 2017/583. 17

4. Genehmigungsverfahren. Die Gewährung der Inanspruchnahme der Ausnahme erfolgt entsprechend dem jeweiligen mitgliedstaatlichen Verwaltungsverfahren. Aus deutscher Warte ist davon auszugehen, dass es sich bei der Genehmigung um einen **antragsbedürftigen Verwaltungsakt** handelt. Art. 11 Abs. 1 Unterabs. 3 Satz 1 Halbsatz 1 VO Nr. 600/2014 besagt, dass der Handelsplatz, wenn er Geschäfte später veröffentlichen will, die Genehmigung der zuständigen Behörde vorab einholen muss. Es handelt sich bei der Erlaubnis damit um eine Blankogenehmigung für potentielle Geschäfte. Die Finanzinstrumente, auf die sich die Befreiung beziehen soll, sind im Antrag zu benennen. Art. 11 VO Nr. 600/2014 räumt der Behörde für ihre Entscheidung ein Ermessen ein. Dies ergibt sich aus der **„Kann"-Bestimmung** in Abs. 1, vor allem aber aus Abs. 3 von Art. 11 VO Nr. 600/ 2014, der der Behörde die Möglichkeiten zur Modifikation der Zeitpunkts und des Inhalts der späteren Veröffentlichung eröffnet. Ein vollständiger Verzicht auf Nachhandelspublizität kann nicht beschieden werden. Der Behörde kommt insbesondere die Aufgabe zu, die Interessen der Öffentlichkeit an hoher Transparenz einerseits und der marktschonenden Abwicklung von Geschäften andererseits zu gewichten[2]. Ein Prüfungsmaßstab für die Behördenentscheidung lässt sich aus dem Erwägungsgrund Nr. 4 DelVO 2017/583 entnehmen. Hat eine Behörde einer Ausnahme zu den Nachhandelstransparenzanforderungen gewährt, so soll sie alle Handelsplatzbetreiber gleich und nichtdiskriminierend behandeln. 18

Die in Deutschland **zuständige Behörde** ist bei einem MTF bzw. einem OTF die BaFin (§ 6 Abs. 5 Satz 1 WpHG) und im Falle des börslichen Handels die örtlich zuständige Börsenaufsichtsbehörde (§ 3 Abs. 12 BörsG). Wird der Antrag bewilligt, so ist darin ein rechtlich erheblicher Vorteil für den Handelsplatzbetreiber zu erblicken, so dass es sich bei der Entscheidung der BaFin bzw. der Börsenaufsichtsbehörde um einen begünstigenden Verwaltungsakt handelt. 19

Für die **Rücknahme der Genehmigung** stehen der BaFin bzw. der Börsenaufsichtsbehörde die allgemeinen Vorschriften des deutschen Verwaltungsrechts zur Aufhebung von Verwaltungsakten zur Verfügung. 20

Art. 11 Abs. 1 Unterabs. 3 Satz 1 Halbsatz 2 VO Nr. 600/2014 regelt **eine aus der Genehmigung resultierende Folgepflicht**. Der Handelsplatzbetreiber muss Handelsteilnehmer sowie die Öffentlichkeit auf Existenz der Aufschuberlaubnis deutlich hinweisen. Die Veröffentlichung des Inhalts der Behördenentscheidung auf der Internetseite des Handelsplatzbetreibers in leicht zugänglicher und passwortfreier Weise sollte der Anforderung genügen. Der Hinweis muss nicht in der Börsenordnung oder im MTF-Regelwerk erfolgen, wenngleich beide Regelwerke den Handelsteilnehmern aber auch der Öffentlichkeit regelmäßig zur Verfügung stehen. 21

---

1 Ausfl. Informationen zur Kalkulation finden sich auf der Internetseite der ESMA (www.esma.europa.eu) unter Home > Policy activities > MiFID II > Transparency Calculations.
2 Vgl. Allgemeinverfügung der BaFin – Nachhandelstransparenz Handelsplätze, die nicht durch eine Börse betrieben werden/Eigenkapitalinstrumente – v. 2.1.2018, WA 21 – FR 1900-2017/0001.

22 **III. Aussetzung der Nachhandelstransparenzverpflichtung von Amts wegen (Art. 11 Abs. 2 VO Nr. 600/ 2017).** Art. 11 VO Nr. 600/2014 sieht im Gegensatz zur korrespondierenden Vorschrift für Eigenkapitalinstrumente in Art. 7 VO Nr. 600/2014 mit Abs. 2 eine Regelung vor, die es der zuständigen Behörde erlaubt, die Nachhandelspublizität von Handelsplätzen in Bezug Nichteigenkapitalinstrumente vorübergehend auszusetzen. Voraussetzung ist, dass die Liquidität einer Kategorie von Nichteigenkapitalinstrumenten unter den nach der Methodik gem. Art. 9 Abs. 5 lit. a VO Nr. 600/2014 ermittelten Schwellenwert fällt. Die Details zur Berechnung des spezifischen Schwellenwerts ergibt sich auch Art. 16 DelVO 2017/583. Daten für die Berechnung kann die zuständige Behörde gem. Art. 22 VO Nr. 600/2014 i.V.m. Art. 2 Abs. 1 DelVO 2017/577 erheben.

23 Machen BaFin bzw. Börsenaufsichtsbehörden als die in Deutschland **zuständigen Behörden** von der Befugnis nach Art. 11 Abs. 2 VO Nr. 600/2014 Gebrauch, so handeln sie mittels **Verwaltungsakt** und müssen die Vorschriften des Verwaltungsverfahrensrechts über den Erlass von Verwaltungsakten beachten. Handlungsform kann also auch eine Allgemeinverfügung (§ 35 Satz 2 VwVfG) sein. Die mittelbar betroffenen Handelsteilnehmer erhalten die Möglichkeit zur Kenntnisnahme der Entscheidung, da die Behörde verpflichtet ist, die **Aussetzung auf ihrer Internetseite bekanntzugeben**, Art. 11 Abs. 2 Unterabs. 1 Satz 3 VO Nr. 600/2014. Ob die Handelsplatzbetreiber verpflichtet sind, der Aussetzung Folge zu leisten, regelt die Norm nicht. Auch wird aus dem Wortlaut nicht ersichtlich, ob die Behörde im Verwaltungsakt die Befolgung anordnen darf.

24 Die Entscheidung zur Aussetzung ist **zeitlich auf höchstens drei Monate befristet**, mit einer **Verlängerungsmöglichkeit um weitere drei Monate**. Nach Erwägungsgrund Nr. 25 DelVO 2017/583, soll die vorübergehende Aussetzung der Transparenzanforderungen nur unter außergewöhnlichen Umständen auferlegt werden, die einem erheblichen Rückgang der Liquidität in einer Klasse von Finanzinstrumenten ausgehend von objektiven und messbaren Faktoren entsprechen. Die Verordnungsbegründung macht weiter deutlich, dass sich der Liquiditätsrückgang sowohl auf Finanzinstrumente beziehen kann, für die ursprünglich ein liquider Markt bestanden hat, als auch auf solche, für die kein liquider Markt gegeben war. Für die Aussetzung bei Instrumenten, die von vornherein keinen liquiden Markt hatten, muss der Rückgang in der Relation höher ausfallen als bei Instrumenten, in denen ursprünglich ein liquider Handel stattgefunden hat.

25 Vor einer Aussetzung bzw. der Verlängerung der Aussetzung setzt die Behörde die ESMA über ihre Absicht in Kenntnis und begründet diese ausführlich. Die Einschaltung der ESMA ist ein interbehördlicher Vorgang, der die ESMA nicht zum Mitentscheider macht. Art. 11 Abs. 2 VO Nr. 600/2014 besagt, dass die ESMA **so bald wie möglich eine Stellungnahme an die zuständige Behörde** abgibt, **ob nach ihrer Meinung die Entscheidung gerechtfertigt ist**. Als Meinungsäußerung ist sie für die nationale Behörde keine Voraussetzung für einen Entscheidung und auch inhaltlich nicht maßgeblich. Die BaFin bzw. die Börsenaufsichtsbehörde ist auch ohne die ESMA nach dem Grundsatz der Gesetzmäßigkeit der Verwaltung an das Recht gebunden. Im Zweifel können die deutschen Behörden auch eine Aussetzung anordnen, wenn die ESMA ablehnend votieren sollte.

26 **IV. Rechtsschutz.** Wird einem Antrag auf Genehmigung der späteren Veröffentlichung durch eine in Deutschland zuständige Behörde (BaFin bzw. Börsenaufsichtsbehörde) nicht stattgegeben, so stellt dies für den Handelsplatzbetreiber einen belastenden Verwaltungsakt dar. Der Antragsteller kann gegen die Entscheidung der Behörde Widerspruch einlegen. Bleibt das Widerspruchsverfahren erfolglos, kann Verpflichtungsklage vor dem zuständigen VG erhoben werden. Gegen die Rücknahme einer gewährten Ausnahme kann der Betroffene nach erfolglosem Vorverfahren mit der Anfechtungsklage vorgehen.

Kapitel 3
Verpflichtung, Handelsdaten gesondert und zu angemessenen kaufmännischen Bedingungen anzubieten

Art. 12 Verpflichtung zur gesonderten Offenlegung von Vorhandels- und Nachhandelsdaten

(1) Marktbetreiber und Wertpapierfirmen, die einen Handelsplatz betreiben, legen die gemäß den Artikeln 3, 4 und 6 bis 11 veröffentlichten Informationen offen, wobei sie Vorhandels- und Nachhandelstransparenzdaten gesondert ausweisen.

(2) Die ESMA erarbeitet Entwürfe technischer Regulierungsstandards, in denen die angebotenen Vorhandels- und Nachhandelstransparenzdaten, die nach Absatz 1 zu veröffentlichen sind, einschließlich des Disaggregationniveaus[1] dieser Daten, festgelegt werden.

---

1 Anm.: Die Schreibweise entspricht der Veröffentlichung im Amtsblatt.

Die ESMA legt der Kommission diese Entwürfe technischer Regulierungsstandards bis zum 3. Juli 2015 vor.

Der Kommission wird die Befugnis übertragen, die in Unterabsatz 1 genannten technischen Regulierungsstandards gemäß den Artikeln 10 bis 14 der Verordnung (EU) Nr. 1095/2010 zu erlassen.

In der Fassung vom 15.5.2014 (ABl. EU Nr. L 173 v. 12.6.2014, S. 84).

**Delegierte Verordnung (EU) 2017/572 der Kommission vom 2. Juni 2016
zur Ergänzung der Verordnung (EU) Nr. 600/2014 des Europäischen Parlaments und des Rates im Hinblick auf technische Regulierungsstandards für die Festlegung der angebotenen Vor- und Nachhandelsdaten und des Disaggregationsniveaus der Daten**

(Auszug)

Art. 1 Angebot von Vor- und Nachhandelstransparenzdaten

(1) Marktbetreiber oder Wertpapierfirmen, die einen Handelsplatz betreiben, legen die gemäß den Artikeln 3, 4 und 6 bis 11 der Verordnung (EU) Nr. 600/2014 veröffentlichten Informationen auf Anfrage offen, wobei sie disaggregierte Vorhandels- und Nachhandelsdaten nach den folgenden Kriterien ausweisen:
a) Art der Anlageklasse:
   i) Aktien;
   ii) Aktienzertifikate, börsengehandelte Fonds, Zertifikate und andere vergleichbare Finanzinstrumente gemäß Artikel 3 der Verordnung (EU) Nr. 600/2014;
   iii) Schuldverschreibungen und strukturierte Finanzprodukte;
   iv) Emissionszertifikate;
   v) Derivate;
b) Land, das die Aktien und öffentlichen Schuldtitel ausgibt;
c) Währung, in der das Finanzinstrument gehandelt wird;
d) geplante Tagesauktionen im Gegensatz zum kontinuierlichen Handel.

(2) Derivate gemäß Buchstabe a Ziffer v werden nach folgenden Kriterien disaggregiert:
a) Equity-Derivate;
b) Zinsderivate;
c) Kreditderivate;
d) Devisenderivate;
e) Rohstoff-Derivate und Derivate von Emissionszertifikaten;
f) sonstige Derivate.

(3) Marktbetreiber oder Wertpapierfirmen, die einen Handelsplatz betreiben, bestimmen, welche Kriterien von einem Finanzinstrument oder von einer Art von Daten erfüllt werden müssen, wenn die in den Absätzen 1 und 2 genannten Kriterien für die Disaggregation nicht in eindeutiger Weise angewandt werden können.

(4) Marktbetreiber und Wertpapierfirmen, die einen Handelsplatz betreiben, wenden die Kriterien, auf die in den Absätzen 1 und 2 verwiesen wird, auf Anfrage in jeglicher Kombination an.

(5) Marktbetreiber und Wertpapierfirmen, die einen Handelsplatz betreiben, können die im Einklang mit den Absätzen 1 und 2 ausgewiesenen Daten zusätzlich gebündelt anbieten.

In der Fassung vom 2.6.2016 (ABl. EU Nr. L 87 v. 31.3.2017, S. 142).

Art. 13 Verpflichtung zur Offenlegung von Vorhandels- und Nachhandelsdaten zu angemessenen kaufmännischen Bedingungen

(1) Marktbetreiber und Wertpapierfirmen, die einen Handelsplatz betreiben, legen die gemäß Artikel 3, 4 und 6 bis 11 veröffentlichten Angaben zu angemessenen kaufmännischen Bedingungen offen und stellen einen diskriminierungsfreien Zugang zu den Informationen sicher. Die Informationen werden kostenlos binnen 15 Minuten nach der Veröffentlichung bereitgestellt.

(2) Die Kommission erlässt delegierte Rechtsakte gemäß Artikel 50, in denen präzisiert wird, was unter „angemessenen kaufmännischen Bedingungen" zu verstehen ist, unter denen die in Absatz 1 genannten Informationen zu veröffentlichen sind.

In der Fassung vom 15.5.2014 (ABl. EU Nr. L 173 v. 12.6.2014, S. 84).

Die Art. 12, 13 VO Nr. 600/2014 werden im Folgenden gemeinsam erläutert.

Art. 12, 13 VO Nr. 600/2014 | Offenlegung von Vorhandels- und Nachhandelsdaten

**Delegierte Verordnung (EU) 2017/567 der Kommission vom 18. Mai 2016
zur Ergänzung der Verordnung (EU) Nr. 600/2014 des Europäischen Parlaments und des Rates im Hinblick auf
Begriffsbestimmungen, Transparenz, Portfoliokomprimierung und Aufsichtsmaßnahmen zur Produktintervention
und zu den Positionen**

(Auszug)

Art. 6 Verpflichtung, Marktdaten zu angemessenen kaufmännischen Bedingungen bereitzustellen

(Artikel 13 Absatz 1, Artikel 15 Absatz 1 und Artikel 18 Absatz 8 der Verordnung (EU) Nr. 600/2014)

(1) Für die Zwecke der Offenlegung von Marktdaten zu angemessenen kaufmännischen Bedingungen, welche die in den Artikeln 3, 4, 6 bis 11, 15 und 18 der Verordnung (EU) Nr. 600/2014 vorgesehenen Angaben enthalten, müssen Marktbetreiber und Wertpapierfirmen, die einen Handelsplatz betreiben, sowie systematische Internalisierer im Einklang mit Artikel 13 Absatz 1, Artikel 15 Absatz 1 und Artikel 18 Absatz 8 der Verordnung (EU) Nr. 600/2014 die in den Artikeln 7 bis 11 der vorliegenden Verordnung dargelegten Verpflichtungen erfüllen.

(2) Artikel 7, Artikel 8 Absatz 2, Artikel 9, Artikel 10 Absatz 2 und Artikel 11 gelten nicht für Marktbetreiber oder Wertpapierfirmen, die einen Handelsplatz betreiben, oder systematische Internalisierer, die der Öffentlichkeit Marktdaten gebührenfrei bereitstellen.

In der Fassung vom 18.5.2016 (ABl. EU Nr. L 87 v. 31.3.2017, S. 90), geändert durch Berichtigung vom 29.9.2017 (ABl. EU Nr. L 251 v. 29.9.2017, S. 30).

Art. 7 Verpflichtung, Marktdaten auf Kostenbasis bereitzustellen

(Artikel 13 Absatz 1, Artikel 15 Absatz 1 und Artikel 18 Absatz 8 der Verordnung (EU) Nr. 600/2014)

(1) Der Preis von Marktdaten basiert auf den Kosten für die Erstellung und Verbreitung dieser Daten und kann eine vertretbare Gewinnspanne beinhalten.

(2) Die Kosten für die Erstellung und Verbreitung von Marktdaten können einen angemessenen Anteil der gemeinsamen Kosten für andere Dienstleistungen enthalten, die von Marktbetreibern oder Wertpapierfirmen, die einen Handelsplatz betreiben, oder von systematischen Internalisierern angeboten werden.

In der Fassung vom 18.5.2016 (ABl. EU Nr. L 87 v. 31.3.2017, S. 90), geändert durch Berichtigung vom 29.9.2017 (ABl. EU Nr. L 251 v. 29.9.2017, S. 30).

Art. 8 Verpflichtung, Marktdaten in nichtdiskriminierender Weise bereitzustellen

(Artikel 13 Absatz 1, Artikel 15 Absatz 1 und Artikel 18 Absatz 8 der Verordnung (EU) Nr. 600/2014)

(1) Marktbetreiber und Wertpapierfirmen, die einen Handelsplatz betreiben, sowie systematische Internalisierer stellen allen Kunden, die nach veröffentlichten objektiven Kriterien derselben Kategorie angehören, Marktdaten zu den gleichen Preisen und Bedingungen zur Verfügung.

(2) Alle Abweichungen bei den Preisen, die verschiedenen Kundenkategorien berechnet werden, müssen im Verhältnis zum Wert stehen, den diese Marktdaten für die betreffenden Kunden darstellen, wobei die folgenden Aspekte zu berücksichtigen sind:
a) Anwendungsbereich und Umfang der Marktdaten, einschließlich der Zahl der abgedeckten Finanzinstrumente und deren Handelsvolumen;
b) Art der Nutzung der Marktdaten durch den Kunden, u. a., ob die Daten für die eigene Handelstätigkeit des Kunden, für den Wiederverkauf oder für die Datenaggregation verwendet werden.

(3) Für die Zwecke von Absatz 1 sind von Marktbetreibern und Wertpapierfirmen, die einen Handelsplatz betreiben, sowie von systematischen Internalisierern skalierbare Kapazitäten einzurichten, um sicherzustellen, dass Kunden jederzeit rechtzeitigen Zugang zu Marktdaten auf nichtdiskriminierende Weise haben.

In der Fassung vom 18.5.2016 (ABl. EU Nr. L 87 v. 31.3.2017, S. 90).

Art. 9 Verpflichtungen im Hinblick auf Gebühren pro Nutzer

(Artikel 13 Absatz 1, Artikel 15 Absatz 1 und Artikel 18 Absatz 8 der Verordnung (EU) Nr. 600/2014)

(1) Marktbetreiber und Wertpapierfirmen, die einen Handelsplatz betreiben, sowie systematische Internalisierer berechnen die Gebühren für die Nutzung von Marktdaten auf der Grundlage der durch die individuellen Endnutzer vorgenommenen Nutzung der Marktdaten („pro Nutzer"). Marktbetreiber und Wertpapierfirmen, die einen Handelsplatz betreiben, sowie systematische Internalisierer treffen Maßnahmen, damit sichergestellt ist, dass für jede individuelle Nutzung von Marktdaten nur einmal Gebühren berechnet werden.

(2) Abweichend von Absatz 1 können Marktbetreiber und Wertpapierfirmen, die einen Handelsplatz betreiben, sowie systematische Internalisierer beschließen, Marktdaten nicht pro Nutzer zur Verfügung zu stellen, wenn die Berechnung einer Gebühr pro Nutzer angesichts des Anwendungsbereichs und des Umfangs der Daten in keinem Verhältnis zu den Kosten für die Bereitstellung dieser Daten steht.

(3) Marktbetreiber und Wertpapierfirmen, die einen Handelsplatz betreiben, sowie systematische Internalisierer müssen Gründe dafür angeben, warum sie Marktdaten nicht pro Nutzer zur Verfügung stellen, und müssen diese Gründe auf ihrer Website veröffentlichen.

In der Fassung vom 18.5.2016 (ABl. EU Nr. L 87 v. 31.3.2017, S. 90).

Art. 10 Verpflichtung zur Bereitstellung von Marktdaten in ungebündelter und disaggregierter Form

(Artikel 13 Absatz 1, Artikel 15 Absatz 1 und Artikel 18 Absatz 8 der Verordnung (EU) Nr. 600/2014)

(1) Marktbetreiber und Wertpapierfirmen, die einen Handelsplatz betreiben, sowie systematische Internalisierer stellen Marktdaten zur Verfügung, ohne dieses Angebot mit anderen Dienstleistungen zu bündeln.

(2) Die Preise für Marktdaten sind auf der Grundlage des Disaggregationsniveaus der Marktdaten zu berechnen, wie in Artikel 12 Absatz 1 der Verordnung (EU) Nr. 600/2014 vorgesehen.

In der Fassung vom 18.5.2016 (ABl. EU Nr. L 87 v. 31.3.2017, S. 90).

Art. 11 Transparenzverpflichtung

(Artikel 13 Absatz 1, Artikel 15 Absatz 1 und Artikel 18 Absatz 8 der Verordnung (EU) Nr. 600/2014)

(1) Marktbetreiber und Wertpapierfirmen, die einen Handelsplatz betreiben, sowie systematische Internalisierer legen den Preis und die sonstigen Bedingungen für die Bereitstellung von Marktdaten in einer für die Öffentlichkeit leicht zugänglichen Weise offen.

(2) Die offengelegten Informationen umfassen Folgendes:

a) Aktuelle Preislisten, einschließlich:
   - Gebühren pro Anzeigenutzer;
   - anzeigeunabhängige Gebühren;
   - Rabattpolitik;
   - Gebühren, im Zusammenhang mit Lizenzbedingungen;
   - Gebühren für Vor- und Nachhandelsmarktdaten;
   - Gebühren für andere Teilgruppen von Informationen, einschließlich der nach der Delegierten Verordnung (EU) 2017/572 der Kommission erforderlichen Informationen;
   - andere Vertragsbestimmungen und -bedingungen bezüglich der aktuellen Preislisten;
b) vorherige Offenlegung, wobei zukünftige Preisänderungen mindestens 90 Tage im Voraus anzukündigen sind;
c) Informationen über den Inhalt der Marktdaten, einschließlich:
   i) Anzahl der abgedeckten Instrumente;
   ii) Gesamtumsatz mit den abgedeckten Instrumenten;
   iii) Verhältnis zwischen Vorhandels- und Nachhandelsmarktdaten;
   iv) Informationen zu Daten, die zusätzlich zu Marktdaten angeboten werden;
   v) Datum der letzten Anpassung der Lizenzgebühren für bereitgestellte Marktdaten;
d) Durch die Bereitstellung der Marktdaten erzielte Einnahmen und Anteil dieser Einnahmen im Vergleich zu den Gesamteinnahmen von Marktbetreibern und Wertpapierfirmen, die einen Handelsplatz betreiben, oder von systematischen Internalisierern;
e) Angaben darüber, wie der Preis zwischen der Erarbeitung und der Verbreitung der Marktdaten sowie anderer von Marktbetreibern und Wertpapierfirmen, die einen Handelsplatz betreiben, oder von systematischen Internalisierern erbrachter Dienstleistungen festgesetzt wurde, was auch die angewandten Kostenrechnungsmethoden sowie die konkreten Grundsätze mit einschließt, nach denen direkte und variable gemeinsame Kosten aufgeteilt und feste gemeinsame Kosten umgelegt werden.

In der Fassung vom 18.5.2016 (ABl. EU Nr. L 87 v. 31.3.2017, S. 90), geändert durch Berichtigung vom 29.9.2017 (ABl. EU Nr. L 251 v. 29.9.2017, S. 30).

Schrifttum: *Hammen*, Börsen und multilaterale Handelssysteme im Wettbewerb, 2011; *Hoops*, Die Regulierung von Marktdaten nach der MiFID II, WM 2018, 205; *Stötzel*, High Frequency Trading – Einordnung in das Börsen- und Kapitalmarktrecht, RdF 2011, 156.

I. Regelungsgegenstand und -gefüge der Art. 12 und 13 VO Nr. 600/2014 1	III. Preisgestaltung und diskriminierungsfreier Datenzugang (Art. 13 VO Nr. 600/2014) 6
II. Disaggregationsniveau der Vor- und Nachhandelsdaten (Art. 12 VO Nr. 600/2014) 3	IV. Bußgeldvorschriften im WpHG 16

I. Regelungsgegenstand und -gefüge der Art. 12 und 13 VO Nr. 600/2014. Kapitel 3 des Titel II der MiFIR (VO Nr. 600/2014) mit der Überschrift „Verpflichtung, Handelsdaten gesondert und zu angemessenen kaufmännischen Bedingungen anzubieten" enthält mit Art. 12 und 13 VO Nr. 600/2014 zwei Vorschriften, die die beiden in der Überschrift angesprochenen Aspekte behandeln. Bei den Artikeln handelt es sich um Vorschriften, die an die im Kapitel 2 des Titel II VO Nr. 600/2014 geregelten **Pflichten der Handelsplatzbetreiber**, Vor- bzw. Nachhandelsdaten für Eigen- und Nichteigenkapitalinstrumente zu veröffentlichen, nahtlos anknüpfen und diese **näher ausführen**. Auf die entsprechenden Art. 3, 4 sowie 6–11 VO Nr. 600/2014, die die Grundverpflichtungen bzw. Ausnahmen von diesen beschreiben, wird in beiden Normen ausdrücklich verwiesen. Wie die Ausgangsvorschriften sind die Art. 12 und 13 VO 600/2014 **Marktordnungsvorschriften**. Sie sind Bestandteil des Rahmens für die Abläufe bei der Herstellung der Transparenz von Marktdaten. Sie wirken zugleich auf die Gestaltung der Rechtsbeziehungen zwischen den Handelsplatzbetreibern und den an den Daten interessierten Marktteilnehmern ein. Der gesetzte Rahmen ist im Falle privatrechtlich organisierter Handelsplatzbetreiber bei der Abfassung der Geschäftsbedingungen über die Leistung und Gegenleistung des Datenbezugs zu berücksichtigen. Handeln Handelsplätze, was bei Börsen im Sinne des deutschen Börsengesetzes denkbar ist, öffentlich-rechtlich, so haben die Gebühren- bzw. Beitragsordnungen den Vorgaben der MiFIR zu folgen. Aus deutscher Sicht werden die Art. 12 und 13 VO Nr. 600/2014 dem verwaltungsrechtlichen Aufsichtsrecht zugeordnet[1].

2 Die **Überwachung, ob Art. 12 und 13 VO Nr. 600/2014 eingehalten werden**, obliegt wie bei den Ausgangsvorschriften der zuständigen Behörde des Mitgliedstaates, in denen die verpflichteten Handelsplatzbetreiber ihren Sitz haben, Art. 67, 69 RL 2014/65/EU. Der deutsche Gesetzgeber hat, soweit es nicht den börslichen Bereich betrifft, die Aufsicht über die Vorschriften aus der MiFIR der BaFin übertragen, § 6 Abs. 2 WpHG. Darüber hinaus sind die Art. 12 und 13 VO Nr. 600/2014 in die Anwendungsbereiche der Überwachungs- bzw. Prüfungsvorschriften §§ 88 und 89 WpHG einbezogen. § 3 Abs. 1 BörsG bestimmt, dass die Börsenaufsichtsbehörde zuständige Behörde ist, soweit die Pflichten von Börsen und Börsenträgern betroffen sind.

3 **II. Disaggregationsniveau der Vor- und Nachhandelsdaten (Art. 12 VO Nr. 600/2014).** Art. 12 Abs. 1 VO Nr. 600/2014 betont die Unterscheidung in Vor- und Nachhandelstransparenz, indem er einen **gesonderten Ausweis der beiden Informationstypen Vor- und Nachhandelsdaten** verlangt. Gemeint ist damit, dass ein Handelsplatzbetreiber (zum Begriff vgl. Art. 3 VO Nr. 600/2014 Rz. 8 ff.) die entsprechenden unterschiedlichen Informationsinhalte den interessierten Personen hinsichtlich des **Darstellungsformats** und einer ggf. vorliegenden **Bepreisung** getrennt anzubieten hat. Vom Anwendungsbereich der Norm nicht erfasst sind Bezieher von Daten, die die Daten dann weiterverbreiten. Handelt es sich dabei um Datenbereitstellungsdienste in Form eines genehmigten Veröffentlichungsdienstes (APA) oder um einen Bereitsteller konsolidierter Datenticker (CTP), so gilt für diese Anbieter allerdings über den Verweis in Art. 88 Abs. 2 DelVO 2017/565 Art. 12 VO Nr. 600/2014 i.V.m. DelVO 2017/572 ebenfalls. Unabhängig davon, in welcher Geschwindigkeit Handelsabläufe stattfinden, müssen Vorhandelsdaten zumindest für die Bezahlkunden immer vor dem Geschäftsschluss für diese verfügbar sein[2]. Vom Prozessablauf her betrachtet kann deren Veröffentlichung nicht in einem Akt mit der Veröffentlichung der Nachhandelsdaten zusammenfallen. Aber auch Interessenten, die mit einer Zeitverzögerung von 15 Minuten die Daten kostenlos beziehen möchten (vgl. Art. 13 Abs. 1 Satz 2 VO Nr. 600/2014), können für die getrennten Ausweis der Datensätze verlangen und die Vor- oder Nachhandelsdaten jeweils separat beziehen.

4 Art. 12 Abs. 2 VO Nr. 600/2014 enthält die Ermächtigung zum Erlass einer delegierten Verordnung, in der Einzelaspekte der Veröffentlichungsmodalitäten, insbesondere das **Disaggregationsniveau** der Vor- und Nachhandelsdaten festgelegt werden können. Von der Ermächtigung wurde mit dem Erlass der DelVO 2017/572 Gebrauch gemacht. Diese Verordnung enthält nur zwei Artikel. Während Art. 2 DelVO 2017/572 lediglich Inkrafttreten und Geltungsbeginn behandelt, beinhaltet Art. 1 DelVO 2017/572 die materiellen Regelungen zur Frage der Entbündelung[3], inwieweit ein Interessent für Kursinformationen über den Bezug aller verfügbaren Daten en bloc hinaus auch **selektiv einzelne Komponenten aus der Masse der Gesamtinformationen abrufen** kann. Die von der Verordnung vorgegebene Clusterung beschränkt sich im Wesentlichen auf **Anlageklassen** sowie **Sortierung der Finanzinstrumente nach Ländern und Währungen**. Eine Differenzierung ist auch dahingehend vorzunehmen, ob die Daten von geplanten **Tagesauktionen oder aus dem kontinuierlichen Handel** stammen[4]. Einem Handelsplatzbetreiber sollte es freistehen, über das geforderte Mindestmaß der Disaggregation hinauszugehen.

5 Die Informationsinteressenten können zwischen dem Bezug aggregierter und nicht aggregierter Daten wählen[5]. Dabei müssen sie in der Lage sein, jede die geforderten Clusterungen beliebig kombinieren zu können; § 1 Abs. 4 DelVO 2017/572. **Jeder Aggregationsstufe ist ein separater Preis** für den Fall der entgeltlichen Bereitstellung von Marktdaten **zuzuordnen**; vgl. Art. 10 Abs. 2 DelVO 2017/567.

6 **III. Preisgestaltung und diskriminierungsfreier Datenzugang (Art. 13 VO Nr. 600/2014).** Während Art. 12 VO Nr. 600/2014 das Aggregationsniveau der von Handelsplatzbetreibern zu veröffentlichenden Marktdaten anspricht, adressiert Art. 13 VO Nr. 600/2014 **Entgeltfragen** und die **Sicherstellung eines diskriminierungsfreien Zugangs** zu den Informationen. Beide in der Vorschrift behandelten Aspekte weisen Überschneidungen auf (s. Rz. 7). Hinsichtlich des Entgelts besagt Art. 13 Abs. 1 Satz 1 VO Nr. 600/2014, dass die Offenlegung der Daten zu angemessenen kaufmännischen Bedingungen erfolgt. Art. 13 Abs. 1 Satz 2 VO Nr. 600/2014 begrenzt das Recht, ein Entgelt verlangen zu können. Wird ein Entgelt für den Datenbezug in Echtzeit erhoben, so sind **die Informationen 15 Minuten nach ihrer entgeltlichen Veröffentlichung kostenlos zur Verfügung zu stel-

---

1 Vgl. *Hoops*, WM 2018, 205, 209.
2 S. zum Hochfrequenzhandel etwa *Stötzel*, RdF 2011, 156, 159 zu § 30 BörsG a.F.
3 Vgl. *Hoops*, WM 2018, 205, 209.
4 S. auch Erwägungsgrund Nr. 1 DelVO 2017/572.
5 ESMA Q & A On MiFID II and MiFIR market structures topics, Nr. 2 Antwort auf Frage 2.

len. Diese Regelung stellt einen Kompromiss dar. Einerseits sollen an Handelsplätzen ermittelte Kurse weiterhin ein öffentlich zugängliches Gut darstellen[1]. Zum anderen soll aber auch der technische Aufwand, den die Handelsplatzbetreiber betreiben müssen, kompensiert werden. In diesem Zusammenhang wird auch von der **Kommerzialisierung von Marktdaten** gesprochen[2]. Die 15-Minuten-Regelung bedeutet nicht zwingend, dass die Informationen dauerhaft in Form **historischer Kursdaten** kostenlos zur Verfügung stehen müssen[3]. Sind Daten nicht unmittelbar nach Ablauf des kostenpflichtigen Zeitraums bezogen worden, so kann bei einem späteren Interesse eines Marktteilnehmers ein Entgelt verlangt werden.

Art. 13 Abs. 2 VO Nr. 600/2014 enthält eine **Ermächtigung** mittels delegierter Verordnung zu präzisieren, was unter „**angemessenen kaufmännischen Bedingungen**" zu verstehen ist. Eine Befugnis zum Erlass weiterer Vorschriften, die den „diskriminierungsfreien Zugang zu den Informationen" näher definieren, führt die Vorschrift nicht auf. Gleichwohl enthält die DelVO 2017/567 in den Art. 6 ff. nicht nur Ausführungen zur Entgeltgestaltung, sondern mit Art. 8 DelVO 2017/567 auch Ausführungen dazu, wie die Verpflichtung, **Marktdaten in nichtdiskriminierender Weise bereitzustellen**, zu verstehen ist. Dies erklärt sich offensichtlich daraus, dass eine diskriminierende Preisgestaltung vom Verordnungsgeber nicht als Bestandteil angemessener kaufmännischer Bedingungen angesehen wird. Art. 6 Abs. 1 DelVO 2017/567 zieht durch seine Regelungstechnik, wonach Handelsplatzbetreiber für die Zwecke der Offenlegung von Marktdaten zu angemessenen kaufmännischen Bedingungen die Vorgaben der Art. 7–11 DelVO 2017/567 einzuhalten haben, die in Art. 8 DelVO 2017/567 geregelte Verpflichtung, Marktdaten nichtdiskriminierend bereitzustellen, in die Definition der angemessenen kaufmännischen Bedingungen mit ein[4]. 7

Gleichwohl reicht der Auftrag in Art. 13 Abs. 1 Satz 1 VO Nr. 600/2014 zur Sicherstellung **diskriminierungsfreien Zugangs** weiter. Er gilt auch im Hinblick auf Marktteilnehmer, die eine zeitversetzte **kostenlose Kursinformation** in Anspruch nehmen möchten[5]. Hinzu kommt, dass – wie Art. 6 Abs. 2 DelVO 2017/567 zum Ausdruck bringt – **keine Pflicht zur Entgelterhebung für Kursdaten** besteht. Auch dann soll Art. 8 Abs. 1 und 3 DelVO 2017/567 gelten. Ausschlusskriterien wie etwa Beruf oder Nationalität sind nicht erlaubt. Auch dürfte es für den Handelsplatzbetreiber schwierig sein, Interessenten ohne weitere Folgen den Datenbezug mit dem Hinweis auf fehlende IT-System-Kapazitäten zu verweigern. Gem. Art. 8 Abs. 3 DelVO 2017/567 sind durch den Handelsplatzbetreiber skalierbare Systemkapazitäten vorzuhalten. Abwägungsgesichtspunkte sind damit so gut wie ausgeschlossen. Als **Ablehnungsgründe** kommen allenfalls schwere Verfehlungen des Interessenten gegenüber dem Handelsplatzbetreiber bzw. dessen Mitarbeitern in Betracht. Das Diskriminierungsverbot kommt damit einer **Verpflichtung zur Eingehung eines Markdatenbezugsvertrages** sehr nahe. Die Bereitstellung der Daten zum Abruf mittels eines allgemeingültigen technischen Formats stellt indes keine Diskriminierung dar. 8

Werden Marktdaten entgeltlich angeboten, so ist das **Entgelt** gem. Art. 9 Abs. 1 DelVO 2017/567 grundsätzlich **nutzerabhängig auszugestalten**. Art. 9 Abs. 2 DelVO 2017/567 lässt es zu, Marktdaten nicht nutzerabhängig bereitzustellen, wenn die Berechnung eines nutzerabhängigen Entgelts hinsichtlich der Kosten für die Bereitstellung der Marktdaten in Anbetracht des Umfangs und der Größenordnung der Daten unverhältnismäßig wäre. Maßgeblich für die **Preiskalkulation eines** nutzerabhängigen Entgelts sind die bei der Erstellung und Verbreitung der Marktdaten anfallenden Kosten, wobei auch eine angemessene Gewinnspanne eingepreist werden darf (Art. 7 DelVO 2017/567). 9

Handelsplatzbetreiber haben allen Kunden, die anhand objektiver Kriterien in dieselbe Kategorie fallen, Marktdaten zum gleichen Preis und zu den gleichen Bedingungen zur Verfügung zu stellen (Art. 8 Abs. 1 DelVO 2017/567). Unterschiede bei den für einzelne **Kundenkategorien** ausgewiesenen Entgelten müssen zu dem Wert verhältnismäßig sein, den die Marktdaten für diese Kunden darstellen, wobei nach Art. 8 Abs. 2 DelVO 2017/567 Folgendes zu berücksichtigen ist: 10

– Anwendungsbereich und Umfang der Marktdaten, einschließlich der Zahl der abgedeckten Finanzinstrumente und deren Handelsvolumen;
– Art der Nutzung der Marktdaten, u.a., ob die Daten für die eigene Handelstätigkeit, für den Wiederverkauf oder für die Datenaggregation verwendet werden.

Zur Sicherstellung der Preisklarheit und -wahrheit ist es den Handelsplatzbetreibern verwehrt, **Koppelungsangebote mit anderen Dienstleistungen** zu unterbreiten, Art. 10 Abs. 1 DelVO 2017/567. Der Bezieher von Marktdaten soll eindeutig zuordnen können, welchen Preis er für den Datenbezug bezahlt. 11

Die **Bedingungen** und die **Preise**, zu denen Marktdaten angeboten werden, müssen gem. Art. 11 Abs. 1 DelVO 2017/567 transparent und in einer für die **Öffentlichkeit leicht zugänglichen Weise offengelegt werden**. Die 12

---
1 Zur Bedeutung des Börsenpreises in der Rechtsordnung vgl. allg. *Hammen*, S. 102 ff.
2 Vgl. *Hoops*, WM 2018, 205, 209.
3 ESMA Q & A On MiFID II and MiFIR transparency topics, Nr. 2 Antwort auf Frage 9.
4 S. auch *Hopps*, WM 2018, 205, 209, der die Verpflichtung, Marktdaten zu angemessenen kaufmännischen Bedingungen bereitzustellen, als Element des Diskriminierungsverbots nach Art. 13 VO Nr. 600/2014 einstuft.
5 *Hoops*, WM 2018, 205, 210.

Veröffentlichung klar formulierter und nachvollziehbarer Preislisten im Internetauftritt der Handelsplatzbetreiber genügt dieser Anforderung. Art. 11 Abs. 2 DelVO 2017/567 führt Einzelheiten zu den offenzulegenden Informationen auf.

13 Verstöße gegen die Pflicht, Marktdaten zu angemessenen kaufmännischen Bedingungen offenzulegen, führen **nicht zur Unwirksamkeit der zivilrechtlichen Absprachen** zwischen Handelsplatzbetreiber und Informationsbezieher. Die zuständige Behörde ist gehalten, bei nicht regelgerechten Preisgestaltungen Maßnahmen einzuleiten. Art. 13 VO Nr. 600/2014 berührt im Übrigen nicht **wettbewerbsrechtliche Vorschriften**, die bezogen auf die Preisgestaltung die Ausnutzung einer marktbeherrschenden Stellung missbilligen[1].

14 Innerhalb der deutschen Rechtsordnung ist denkbar, dass Börsen i.S.v. § 2 Abs. 1 BörsG, die neben ihren Börsenträgern als Marktbetreiber in Betracht kommen (vgl. Art. 3 VO Nr. 600/2014 Rz. 11), das Angebot von Marktdaten öffentlich-rechtlich ausgestalten und daher kein vertragliches Entgelt erheben, sondern angemessene Gebühren bzw. Beiträge auf hoheitlicher Grundlage erheben.

15 Art. 8 Abs. 4 Satz 3 VO Nr. 600/2014 enthält eine von Art. 13 VO Nr. 600/2014 abweichende Regelung. Dort ist für den Fall, dass verbindliche Interessensbekundungen in Preisanfragesystemen und sprachbasierten Handelssystemen abgegeben werden, die über den für ein Finanzinstrument typischen Umfang (engl. *size specific to the instrument, SSTI*) hinausgehen, ein modifiziertes Veröffentlichungsprocedere vorgesehen. S. hierzu Art. 8 VO Nr. 600/2014 Rz. 38 f.

16 **IV. Bußgeldvorschriften im WpHG.** Werden entgegen Art. 12 Abs. 1 VO Nr. 600/2014 Informationen vorsätzlich oder leichtfertig nicht, nicht richtig, nicht vollständig, nicht in der vorgeschriebenen Weise oder nicht rechtzeitig offenlegt, so stellt dies eine **Ordnungswidrigkeit** dar (§ 120 Abs. 9 Nr. 4 lit. c WpHG bzw. § 50 Abs. 5 Nr. 3 lit. d BörsG). Gleiches gilt, wenn entgegen Art. 13 Abs. 1 Satz 1 i.V.m. Satz 2 VO Nr. 600/2014 eine Angabe oder Information nicht, nicht richtig, nicht in der vorgeschriebenen Weise oder nicht rechtzeitig offengelegt oder bereitgestellt oder kein diskriminierungsfreier Zugang zu den Informationen sichergestellt wird (§ 120 Abs. 9 Nr. 4 lit. d WpHG bzw. § 50 Abs. 5 Nr. 3 lit. e BörsG). Vorgenommene Sanktionen werden von der Bußgeldbehörde (BaFin bzw. Börsenaufsichtsbehörde) gem. § 126 Abs. 1 Satz 1 Nr. 3 WpHG bzw. § 50a BörsG öffentlich bekannt gemacht.

Titel III
Transparenz für systematische Internalisierer und Wertpapierfirmen, die mit OTC handeln

Art. 14 Verpflichtung der systematischen Internalisierer zur Offenlegung von verbindlichen Kursofferten für Aktien, Aktienzertifikate, börsengehandelte Fonds, Zertifikate und andere vergleichbare Finanzinstrumente

(1) Wertpapierfirmen legen verbindliche Kursofferten für die Aktien, Aktienzertifikate, börsengehandelten Fonds, Zertifikate und anderen vergleichbaren Finanzinstrumente offen, die an einem Handelsplatz gehandelt werden, für die sie eine systematische Internalisierung betreiben und für die es einen liquiden Markt gibt.
Besteht kein liquider Markt für die Finanzinstrumente nach Unterabsatz 1, so bieten systematische Internalisierer ihren Kunden auf Anfrage Kursofferten an.
(2) Dieser Artikel sowie die Artikel 15, 16 und 17 gelten für systematische Internalisierer bei der Ausführung von Aufträgen bis zur Standardmarktgröße. Systematische Internalisierer unterliegen nicht den Bestimmungen dieses Artikels und der Artikel 15, 16 und 17, wenn sie Aufträge über der Standardmarktgröße ausführen.
(3) Die systematischen Internalisierer können das Volumen bzw. die Volumina festlegen, zu denen sie Kursofferten abgeben. Eine Kursofferte muss mindestens 10 % der Standardmarktgröße einer Aktie, eines Aktienzertifikats, eines börsengehandelten Fonds, eines Zertifikats oder eines anderen vergleichbaren Finanzinstruments, die an einem Handelsplatz gehandelt werden, entsprechen. Für eine bestimmte Aktie, ein bestimmtes Aktienzertifikat, einen bestimmten börsengehandelten Fonds, ein bestimmtes Zertifikat *oder ein bestimmtes anderes vergleichbares Finanzinstrument, das an einem*

---

1 *Hoops*, WM 2018, 205, 209 f.

Handelsplatz gehandelt wird, umfasst jede Offerte einen verbindlichen Geld- und/oder Briefkurs bzw. Briefkurse für eine Größe bzw. für Größen bis zur Standardmarktgröße für die Kategorie, der die Aktie, das Aktienzertifikat, der börsengehandelte Fonds, das Zertifikat oder ein anderes, vergleichbares Finanzinstrument angehört. Der Kurs bzw. die Kurse spiegeln die vorherrschenden Marktbedingungen für die betreffende Aktie, das betreffende Aktienzertifikat, den betreffenden börsengehandelten Fonds, das betreffende Zertifikat oder das betreffende andere vergleichbare Finanzinstrument wider.

(4) Aktien, Aktienzertifikate, börsengehandelte Fonds, Zertifikate oder andere, vergleichbare Finanzinstrumente werden auf der Grundlage des arithmetischen Durchschnittswerts der Aufträge, die an dem Markt für diese Finanzinstrumente ausgeführt werden, in Kategorien zusammengefasst. Die Standardmarktgröße für jede Klasse von Aktien, Aktienzertifikaten, börsengehandelten Fonds, Zertifikaten oder anderen vergleichbaren Finanzinstrumenten ist eine Größe, die repräsentativ für den arithmetischen Durchschnittswert der Aufträge ist, die am Markt für Finanzinstrumente der jeweiligen Kategorie ausgeführt werden.

(5) Der Markt für jede Aktie, jedes Aktienzertifikat, jeden börsengehandelten Fonds, jedes Zertifikat und jedes andere vergleichbare Finanzinstrument umfasst sämtliche in der Union für das betreffende Finanzinstrument ausgeführten Aufträge mit Ausnahme derjenigen, die ein im Vergleich zum üblichen Marktvolumen großes Volumen aufweisen.

(6) Die zuständige Behörde des unter Liquiditätsaspekten wichtigsten Marktes, wie in Artikel 26 für jede Aktie, jedes Aktienzertifikat, jeden börsengehandelten Fonds, jedes Zertifikat und jedes andere vergleichbare Finanzinstrument definiert, legt mindestens einmal jährlich auf der Grundlage des arithmetischen Durchschnittswerts der Aufträge, die an dem Markt für dieses Finanzinstrument ausgeführt werden, die Kategorie fest, der es angehört. Diese Informationen werden allen Marktteilnehmern bekannt gegeben und der ESMA mitgeteilt, die die Informationen auf ihrer Website veröffentlicht.

(7) Um eine wirksame Bewertung von Aktien, Aktienzertifikaten, börsengehandelten Fonds, Zertifikaten und anderen vergleichbaren Finanzinstrumenten zu gewährleisten und die Möglichkeit von Wertpapierfirmen zu maximieren, das beste Angebot für ihre Kunden zu erhalten, erarbeitet die ESMA Entwürfe technischer Regulierungsstandards, in denen die Regeln für die Veröffentlichung einer festen Notierung gemäß Absatz 1, die Bestimmungsmethode dafür, ob die Preise die vorherrschenden Marktbedingungen gemäß Absatz 3 widerspiegeln, und die Standardmarktgröße gemäß Absätze 2 und 4 weiter festgelegt werden.

Die ESMA legt der Kommission diese Entwürfe technischer Regulierungsstandards bis zum 3. Juli 2015 vor.

Der Kommission wird die Befugnis übertragen, die in Unterabsatz 1 genannten technischen Regulierungsstandards gemäß den Artikeln 10 bis 14 der Verordnung (EU) Nr. 1095/2010 zu erlassen.

In der Fassung vom 15.5.2014 (ABl. EU Nr. L 173 v. 12.6.2014, S. 84).

Delegierte Verordnung (EU) 2017/587 der Kommission vom 14. Juli 2016
zur Ergänzung der Verordnung (EU) Nr. 600/2014 des Europäischen Parlaments und des Rates über Märkte für Finanzinstrumente durch technische Regulierungsstandards mit Transparenzanforderungen für Handelsplätze und Wertpapierfirmen in Bezug auf Aktien, Aktienzertifikate, börsengehandelte Fonds, Zertifikate und andere vergleichbare Finanzinstrumente und mit Ausführungspflichten in Bezug auf bestimmte Aktiengeschäfte an einem Handelsplatz oder über einen systematischen Internalisierer
(Auszug)

Art. 9 Vorkehrungen für die Veröffentlichung einer festen Notierung

(Artikel 14 Absatz 1 der Verordnung (EU) Nr. 600/2014)

Jede Vorkehrung, die ein systematischer Internalisierer zur Erfüllung seiner Pflicht zur Veröffentlichung von festen Notierungen trifft, muss die nachfolgend genannten Bedingungen erfüllen:

a) Sie umfasst alle angemessenen Schritte, die erforderlich sind, um zu gewährleisten, dass die zu veröffentlichenden Informationen verlässlich sind, kontinuierlich auf Fehler hin überwacht und sobald wie möglich bei Erkennen von Fehlern korrigiert werden;

b) sie entspricht technischen Vorkehrungen, die mit den in Artikel 15 der Delegierten Verordnung (EU) 2017/571 für genehmigte Veröffentlichungssysteme (APA) festgelegten gleichwertig sind und die Konsolidierung der Daten mit vergleichbaren Daten aus anderen Quellen erleichtern;

c) sie stellt die Informationen dem Publikum auf nichtdiskriminierender Basis zur Verfügung;

d) sie umfasst die Veröffentlichung des Zeitpunkts, zu dem die Notierungen eingegeben oder geändert wurden, in Übereinstimmung mit Artikel 50 der Richtlinie 2014/65/EU, wie in der Delegierten Verordnung (EU) 2017/574 der Kommission festgelegt.

In der Fassung vom 14.7.2016 (ABl. EU Nr. L 87 v. 31.3.2017, S. 387).

Art. 14 VO Nr. 600/2014 | Offenlegungsverpflichtung der systematischen Internalisierer

Art. 10 Preise, die die vorherrschenden Marktbedingungen widerspiegeln

(Artikel 14 Absatz 3 der Verordnung (EU) Nr. 600/2014)

Die von einem systematischen Internalisierer veröffentlichten Preise spiegeln die vorherrschenden Marktbedingungen wider, wenn sie zum Zeitpunkt der Veröffentlichung den Kursofferten für gleichwertige Volumen desselben Finanzinstruments an dem gemäß Artikel 4 bestimmten unter Liquiditätsaspekten wichtigsten Markt für das betreffende Finanzinstrument ähnlich sind.

In der Fassung vom 14.7.2016 (ABl. EU Nr. L 87 v. 31.3.2017, S. 387).

Art. 11 Standardmarktgröße

(Artikel 14 Absätze 2 und 4 der Verordnung (EU) Nr. 600/2014)

1. Die Standardmarktgröße für Aktien, Aktienzertifikate, börsengehandelte Fonds, Zertifikate und andere vergleichbare Finanzinstrumente, für die ein liquider Markt besteht, wird auf der Grundlage der in Einklang mit den Absätzen 2 und 3 berechneten Durchschnittswerts der Geschäfte mit dem jeweiligen Finanzinstrument und im Einklang mit Anhang II Tabelle 3 bestimmt.
2. Zur Bestimmung der Standardmarktgröße für ein bestimmtes Finanzinstrument nach Maßgabe von Absatz 1 berechnen die zuständigen Behörden den Durchschnittswert der Geschäfte mit sämtlichen an einem Handelsplatz gehandelten Aktien, Aktienzertifikaten, börsengehandelten Fonds, Zertifikaten und anderen vergleichbaren Finanzinstrumenten, für die ein liquider Markt besteht und für die sie zuständig sind.
3. Die Berechnung gemäß Absatz 2 muss folgende Merkmale aufweisen:
   a) Sie berücksichtigt die in der Union mit dem betreffenden Finanzinstrument ausgeführten Geschäfte, unabhängig davon, ob sie an einem Handelsplatz oder außerhalb eines Handelsplatzes ausgeführt wurden;
   b) sie berücksichtigt entweder das vorherige Kalenderjahr oder, falls anwendbar, den Teil des vorherigen Kalenderjahres, während dessen das Finanzinstrument zum Handel an einem Handelsplatz zugelassen war oder an einem Handelsplatz gehandelt wurde und der Handel nicht ausgesetzt war;
   c) sie schließt nachbörsliche Geschäfte mit großem Volumen gemäß Anhang I Tabelle 4 aus.

   Die Absätze 2 und 3 gelten nicht für Aktien, Aktienzertifikate, börsengehandelte Fonds, Zertifikate und andere vergleichbare Finanzinstrumente, die erstmals vier Wochen oder weniger vor Ablauf des vorherigen Kalenderjahres zum Handel an einem Handelsplatz zugelassen oder an einem Handelsplatz gehandelt wurden.
4. Bevor eine Aktie, ein Aktienzertifikat, ein börsengehandelter Fonds, ein Zertifikat oder ein anderes vergleichbares Finanzinstrument erstmals an einem Handelsplatz in der Union gehandelt wird, schätzt die zuständige Behörde den Tagesdurchschnitt der mit diesem Finanzinstrument erzielten Umsätze unter Berücksichtigung einer etwaigen vorherigen Handelsgeschichte dieses Finanzinstruments sowie jener Finanzinstrumente, denen ähnliche Merkmale zugeschrieben werden, und sorgt für die Veröffentlichung dieser Schätzung.
5. Die Verwendung des geschätzten Durchschnittswerts der Geschäfte gemäß Absatz 4 als Standardmarktgröße für Aktien, Aktienzertifikate, börsengehandelte Fonds Zertifikate und andere vergleichbare Finanzinstrumente erfolgt in einem Zeitraum von sechs Wochen, nachdem die Aktie, das Aktienzertifikat, der börsengehandelte Fonds, das Zertifikat oder ein anderes vergleichbares Finanzinstrument erstmals zum Handel an einem Handelsplatz zugelassen oder erstmals an einem Handelsplatz gehandelt wurde.
6. Die zuständige Behörde nimmt vor Ablauf der Sechswochenfrist im Sinne von Absatz 5 die Berechnung des Durchschnittswerts der Geschäfte auf der Grundlage der ersten vier Wochen des Handels vor und sorgt für dessen Veröffentlichung.
7. Der Durchschnittswert der Geschäfte gemäß Absatz 6 gilt unmittelbar nach dessen Veröffentlichung bis ein neuer im Einklang mit den Absätzen 2 und 3 berechneter Durchschnittswert der Geschäfte Anwendung findet.
8. Für die Zwecke dieses Artikels erfolgt die Berechnung des Durchschnittswerts der Geschäfte durch Division des mit einem bestimmten Finanzinstrument erzielten Gesamtumsatzes gemäß Artikel 17 Absatz 4 durch die Gesamtzahl der mit diesem Finanzinstrument im betreffenden Zeitraum ausgeführten Geschäfte.

In der Fassung vom 14.7.2016 (ABl. EU Nr. L 87 v. 31.3.2017, S. 387).

Anhang II

(nicht abgedruckt)

Delegierte Verordnung (EU) 2017/565 der Kommission vom 25. April 2016
zur Ergänzung der Richtlinie 2014/65/EU des Europäischen Parlaments und des Rates in Bezug auf die organisatorischen Anforderungen an Wertpapierfirmen und die Bedingungen für die Ausübung ihrer Tätigkeit sowie in Bezug auf die Definition bestimmter Begriffe für die Zwecke der genannten Richtlinie

(Auszug)

Art. 12 Systematische Internalisierer für Aktien, Aktienzertifikate, börsengehandelte Fonds, Zertifikate und andere vergleichbare Finanzinstrumente

(Artikel 4 Absatz 1 Nummer 20 der Richtlinie 2014/65/EU)

In Bezug auf alle Aktien, Aktienzertifikate, börsengehandelten Fonds, Zertifikate und anderen vergleichbaren Finanzinstrumente wird eine Wertpapierfirma als systematischer Internalisierer gemäß Artikel 4 Absatz 1 Ziffer 20 der Richtlinie 2014/65/EU betrachtet, wenn sie gemäß den folgenden Kriterien internalisiert:

a) häufige und systematische Internalisierung hinsichtlich des Finanzinstruments, für das ein liquider Markt gemäß Artikel 2 Absatz 1 Ziffer 17 Buchstabe b der Verordnung (EU) Nr. 600/2014 besteht, soweit in den vergangenen 6 Monaten:
   i) die Zahl der OTC-Geschäfte, die von der Wertpapierfirma im Rahmen der Ausführung von Kundenaufträgen für eigene Rechnung abgeschlossen werden, 0,4 % der Gesamtanzahl an Geschäften mit dem entsprechenden Finanzinstrument, die in dem gleichen Zeitraum innerhalb der Union an einem beliebigen Handelsplatz oder OTC ausgeführt werden, entspricht oder überschreitet;
   ii) die OTC-Geschäfte, die von der Wertpapierfirma für eigene Rechnung abgeschlossen werden, wenn sie Kundenaufträge mit dem entsprechenden Finanzinstrument ausführt, im Durchschnitt täglich vorgenommen werden;
b) häufige und systematische Internalisierung hinsichtlich des Finanzinstruments, für das kein liquider Markt gemäß Artikel 2 Absatz 1 Ziffer 17 Buchstabe b der Verordnung (EU) Nr. 600/2014 besteht, soweit die OTC-Geschäfte, die die Wertpapierfirma im Rahmen der Ausführung von Kundenaufträgen für eigene Rechnung abgeschlossen hat, in den vergangenen 6 Monaten im Durchschnitt täglich vorgenommen wurden;
c) wesentliche Internalisierung hinsichtlich des Finanzinstruments, wenn der Umfang der OTC-Geschäfte, die die Wertpapierfirma im Rahmen der Ausführung von Kundenaufträgen für eigene Rechnung abgeschlossen hat, in den vergangenen 6 Monaten einem der beiden folgenden Prozentsätzen entsprach oder einen dieser Sätze überschritten hat:
   i) 15 % des Gesamtumsatzes, den die Wertpapierfirma mit diesem Finanzinstrument für eigene Rechnung oder im Namen der Kunden getätigt hat und der an einem Handelsplatz oder OTC getätigt wurde;
   ii) 0,4 % des Gesamtumsatzes, der mit diesem Finanzinstruments innerhalb der Union an einem Handelsplatz oder OTC getätigt wurde.

Der Kommission wird die Befugnis übertragen, die in Unterabsatz 1 genannten technischen Regulierungsstandards gemäß den Artikeln 10 bis 14 der Verordnung (EU) Nr. 1095/2010 zu erlassen.

In der Fassung vom 25.4.2016 (ABl. EU Nr. L 87 v. 31.3.2017, S. 1), geändert durch Berichtigung vom 26.9.2017 (ABl. EU Nr. L 246 v. 26.9.2017, S. 1).

Art. 16a Beteiligung an Zusammenführungssystemen

Nicht als Handel für eigene Rechnung zu betrachten ist es für die Zwecke des Artikels 4 Absatz 1 Nummer 20 der Richtlinie 2014/65/EU, wenn eine Wertpapierfirma sich mit dem Ziel oder der Folge, dass sie außerhalb eines Handelsplatzes de facto risikolose Back-to-Back-Geschäfte mit einem Finanzinstrument tätigt, an Zusammenführungssystemen beteiligt, die sie mit nicht der eigenen Gruppe angehörenden Unternehmen eingerichtet hat.

In der Fassung vom 28.8.2017 (ABl. EU Nr. L 329 v. 13.12.2017, S. 4).

Schrifttum: *Bialluch*, Systematische Internalisierung de lege lata, WM 2015, 2030; *Gomber/Nassauer*, Neuordnung der Finanzmärkte in Europa durch MiFID II/MiFIR, ZBB 2014, 250; *Hoops*, Das neue Regime für die systematische Internalisierung nach MiFID II: Auswirkungen auf den deutschen Zertifikatehandel, WM 2017, 319; *Köpfer*, Anwendung und Auswirkung des europäischen Kapitalmarktrechts auf Akteure aus Drittstaaten – Eine Analyse auf Basis der Umsetzung ins deutsche Recht und der Auswirkungen auf die Schweiz, 2015; *Lutter/Bayer/J. Schmidt*, Europäisches Unternehmens- und Kapitalmarktrecht, 6. Aufl. 2017; *Langenbucher*, Europäisches Privat- und Wirtschaftsrecht, 4. Aufl. 2017; *Mülbert*, Die neuen Transparenzregeln im Vorschlag einer Richtlinie über Wertpapierdienstleistungen und geregelte Märkte – insbesondere die Pre-Trade-Transparenzpflicht von systematischen Internalisierern, Institut für deutsches und internationales Recht des Spar-, Giro- und Kreditwesens an der Johannes Gutenberg Universität Mainz, Arbeitspapiere 2003; *Schelling*, Die systematische Internalisierung in Nichteigenkapitalinstrumenten nach MiFID II und MiFIR, BKR 2015, 221; *Teuber/Schröer* (Hrsg.), MiFID II/MiFIR, 2015; *Temporale* (Hrsg.), Europäische Finanzmarktregulierung, 2015; *Zetzsche/Lehmann* (Hrsg.), Grenzüberschreitende Finanzdienstleistungen, 2018.

I. Regelungsgegenstand und systematische Stellung der Vorschrift 1	3. Inhalt der Pflicht 20
II. Pflicht zur Abgabe von Kursofferten 8	a) Bestimmung der Standardmarktgröße 22
1. Personeller Anwendungsbereich 8	b) Kursofferten 23
a) Wertpapierfirma 8	c) Verbindliche Kursofferten 28
b) Systematischer Internalisierer 11	d) Offenlegung verbindlicher Kursofferten im Fall liquider Märkte 31
2. Gegenständlicher Anwendungsbereich 18	e) Kursofferten auf Anfrage im Fall nicht liquider Märkte 35
a) Eigenkapitalinstrumente 18	
b) Tatbestandsmerkmal „die an einem Handelsplatz gehandelt werden" 19	

I. Regelungsgegenstand und systematische Stellung der Vorschrift. Nicht nur die Betreiber von Handelsplätzen (vgl. Titel II VO Nr. 600/2014) sind zur Publizität von Handelsdaten verpflichtet. Wie sich aus der Überschrift des Titels III der MiFIR (Art. 14–23 VO Nr. 600/2014) ergibt, **unterliegen auch systematische Internalisierer Transparenzanforderungen.** Gleiches gilt für Wertpapierfirmen, die Geschäfte weder an einem Handelsplatz noch bei einem systematischen Internalisierer zur Ausführung bringen. Allerdings ist für den OTC-Handel[1], 1

---

1 Der Handel, der nicht an Handelsplätzen stattfindet, kann als OTC (*over the counter*) bezeichnet werden. S. Erwägungsgründe Nr. 18 u. 22 VO Nr. 600/2014. In der Überschrift des Titels III VO Nr. 600/2014 muss es richtig heißen: „Transparenz für systematische Internalisierer und Wertpapierfirmen, die OTC handeln" und nicht „..., die *mit* OTC handeln".

der nicht zugleich systematische Internalisierung darstellt, nur die Pflicht vorgesehen, Angaben über erfolgte Geschäfte zu veröffentlichen. Die einschlägigen Vorschriften hierfür sind Art. 20 und 21 VO Nr. 600/2014. Eine Vorhandelstransparenz ist für Transaktionen dieser Art nicht vorgesehen[1].

2 Mit der Vorhandelstransparenzpflicht für systematische Internalisierer möchte der Verordnungsgeber der **Gefahr begegnen, dass am Markt keine effiziente Preisbildung für Finanzinstrumente stattfindet**[2]. Zugleich bezweckt er die Schaffung transparenter, gleicher Wettbewerbsbedingungen für alle Handelsformen[3]. Auch der Schutz der Privatanleger wird als Zielsetzung der Vorschriften genannt[4].

3 Neben der Transparenz enthält Titel III VO Nr. 600/2014 auch **Aspekte zur Ausführung von Geschäften**, die der systematischen Internalisierung unterfallen. Kunden, denen eine Wertpapierfirma den Handel im Rahmen ihrer Internalisierung auf vertraglicher Grundlage zusagt, sollen in die Lage versetzt werden, verlässlich auf die veröffentlichten Preise zu handeln. Die Regelungen sollen daher auch dem Interesse von Kunden dienen, möglichst ungehinderten Zugang zum Markt zu erhalten[5].

4 Art. 14, 15 und 17 VO Nr. 600/2014 halten für **systematische Internalisierer von Eigenkapitalinstrumenten** und Art. 18 VO Nr. 600/2014 für **systematische Internalisierer von Nichteigenkapitalinstrumenten** Regelungen bereit, inwieweit sie verpflichtet sind, Kursofferten abzugeben und ggf. mit Kunden Verträge zu den Bedingungen der Offerten zu schließen. Hinsichtlich der nachgeschäftlichen Angaben unterfallen Geschäfte, die im Rahmen systematischer Internalisierung geschlossen wurden, mit Art. 20 bzw. 21 VO Nr. 600/2014 den selben Vorschriften wie sonstige OTC-Geschäfte.

5 Im Zuge der MiFID II/MiFIR-Regulierung wurden die bei der systematischen Internalisierung zu beachtenden Vorschriften **größtenteils in Form von unmittelbar geltendem EU-Recht** erlassen. Auf nationale Umsetzungsgesetze hat der EU-Gesetzgeber, anders als noch bei der MiFID von 2004, weitgehend verzichtet. In der MiFID II (RL 2014/65/EU) wird in Art. 1 Abs. 7 Unterabs. 2 RL 2014/65/EU klargestellt, dass jede Wertpapierfirma, die in organisierter und systematischer Weise häufig Handel für eigene Rechnung treibt, wenn sie Kundenaufträge außerhalb eines geregelten Marktes, eines MTF oder eines OTF ausführt, diesen Handel gem. **Titel III VO Nr. 600/2014** betreiben muss. Die nationalen Gesetzgeber der Mitgliedstaaten wurden erst durch Art. 15 Abs. 1 Unterabs. 2 VO Nr. 600/2014 und Art. 18 Abs. 4 VO Nr. 600/2014 zum Tätigwerden aufgefordert. Wortgleich heißt es zur Internalisierung des Handels von Eigen- bzw. Nichteigenkapitalinstrumenten: *„Die Mitgliedstaaten schreiben vor, dass Firmen, die die Definition eines systematischen Internalisierers erfüllen, ihre zuständige Behörde hierüber unterrichten. Diese Benachrichtigung wird der ESMA übermittelt. Die ESMA erstellt eine Liste aller systematischen Internalisierer in der Union."* Den Vorschriften liegt das grundsätzliche Regelungskonzept zugrunde, dass eine Wertpapierfirma erst dann zum systematischen Internalisierer wird, wenn sie gewisse festgesetzte Schwellenwerte im Handel außerhalb von Handelsplätzen überschritten oder sich selbst zum systematischen Internalisierer erklärt hat. Im deutschen Recht befindet sich die Umsetzungsnorm in § 79 WpHG[6].

6 Die Art. 14 ff. VO Nr. 600/2014 enthalten nicht nur Regelungen, die die Wertpapierfirmen beim Betreiben des Geschäfts mit Finanzinstrumenten zu beachten haben. Mit den Art. 16, 19 und 22 VO Nr. 600/2014 beschäftigen sich drei **Vorschriften, mit Aufsichtsfragen und behördlichen Verfahrensaspekten**. Allgemein gilt, dass die Überwachung, ob die Vorhandelstransparenzanforderungen der Art. 14 ff. VO Nr. 600/2014 eingehalten werden, der zuständigen Behörde des Mitgliedstaates obliegt, in denen die verpflichteten Wertpapierfirmen ihren Sitz haben; vgl. Art. 67, 69 RL 2014/65/EU. Der deutsche Gesetzgeber hat, soweit es nicht den börslichen Bereich betrifft, die Aufsicht über die Vorschriften aus der MiFIR der BaFin übertragen, § 6 Abs. 2 WpHG. Darüber hinaus sind die Art. 14 ff. VO Nr. 600/2014 in die Anwendungsbereiche der Überwachungs- bzw. Prüfungsvorschriften §§ 88 und 89 WpHG einbezogen. Im Übrigen enthält Art. 16 Abs. 1 VO Nr. 600/2014 Aufgabenzuweisungen bei der Überwachung von Art. 14 und 15 VO Nr. 600/2014 an die zuständigen Behörden des jeweiligen EU-Mitgliedstaates.

7 Die **Art. 14 ff. VO Nr. 600/2014 enthalten Marktordnungsvorschriften**, die den Rahmen für die Abläufe der systematischen Internalisierung vorgeben. Sie wirken zugleich auf die Gestaltung der vertraglichen Verhältnisse des Internalisierers mit den an Kursofferten interessierten Marktteilnehmern ein, unabhängig davon, ob es um die bloße technische Anbindung zum Datenbezug geht oder zugleich auch um die Handelsmöglichkeit. Der gesetzte Rahmen ist bei der Abfassung der jeweiligen Vertragsklauseln zu berücksichtigen. Aus deutscher Sicht werden die Art. 14-23 VO Nr. 600/2014 mitunter als privatrechtliche Regelungen betrachtet[7] und weniger dem

---

1 Erwägungsgrund Nr. 22 VO Nr. 600/2014.
2 Erwägungsgrund Nr. 18 VO Nr. 600/2014; Art. 17 Abs. 3 VO Nr. 600/2014; *Schelling*, BKR 2015, 221, 222.
3 Erwägungsgrund Nr. 18 VO Nr. 600/2014.
4 *Lutter/Bayer/J. Schmidt*, § 32 Rz. 32.61.
5 Vgl. BaFin, Allgemeinverfügung – Befreiung systematischer Internalisierer von den Pflichten nach Art. 18 Abs. 2 Satz 1 MiFIR in Bezug auf Kursofferten – v. 2.1.2018, WA 21-FR 1900-2017/0002.
6 BT-Drucks. 18/10936, 240: „§ 79 enthält künftig nur noch einzelne Ausführungsbestimmungen zu systematischen Internalisierern, sich nicht unmittelbar aus der Verordnung (EU) Nr. 600/214 ergeben".
7 *Buck-Heeb*, Rz. 135.

verwaltungsrechtlichen Aufsichtsrecht zugeordnet. Bei der Beurteilung, ob die Vorschriften für die Vertragspartner des Internalisierers **Schutzgesetze i.S.d. § 823 Abs. 2 BGB** sind, ist entsprechend dem Zweck, dass die Vorhandelstransparenzpflicht der Verbesserung der Markteffizienz dient und das Informationsbedürfnis der Anleger und Handelsteilnehmer eher reflexartig schützt, Zurückhaltung angezeigt[1].

II. Pflicht zur Abgabe von Kursofferten. 1. Personeller Anwendungsbereich. a) Wertpapierfirma. Nach Art. 14 Abs. 1 VO Nr. 600/2014 verpflichtet ist eine Wertpapierfirma dann, wenn sie im Hinblick auf ein Eigenkapitalinstrument systematische Internalisierung betreibt bzw., wenn man z.B. der englischen Sprachfassung der MiFIR folgt, systematischer Internalisierer ist. **Der Begriff der Wertpapierfirma ist zugleich Bestandteil der Definition des systematischen Internalisierers** (s. Rz. 11). Gem. Art. 2 Abs. 1 Nr. 1 VO Nr. 600/2014 ist für die Definition der Wertpapierfirma die Beschreibung in **Art. 4 Abs. 1 Nr. 1 RL 2014/65/EU maßgeblich**. In diesem Artikel heißt es, dass eine Wertpapierfirma jede juristische Person ist, die im Rahmen ihrer üblichen beruflichen oder gewerblichen Tätigkeit gewerbsmäßig eine oder mehrere Wertpapierdienstleistungen für Dritte erbringt und/oder eine oder mehrere Anlagetätigkeiten ausübt. Die Mitgliedstaaten können als Wertpapierfirma auch Unternehmen, die keine juristischen Personen sind, definieren, sofern Anforderungen nach Art. 4 Abs. 1 Nr. 1 Unterabs. 2 RL 2014/65/EU berücksichtigt werden. Zweigniederlassungen sind keine Wertpapierfirmen, sondern stets nur Bestandteil dieser. Die Bestimmung welche Tätigkeiten Wertpapierdienstleistungen und Anlagetätigkeiten darstellen, erfolgt nach Art. 2 Abs. 1 Nr. 2 VO Nr. 600/2014 i.V.m. Art. 4 Abs. 1 Nr. 2 RL 2014/65/EU anhand der in Anhang I Abschnitt A RL 2014/65/EU genannten Dienstleistungen und Tätigkeiten, die sich auf eines der in Anhang Abschnitt C RL 2014/65/EU genannten Instrumente bezieht. Bei der systematischen Internalisierung handelt es sich um eine Form des Handels für eigene Rechnung i.S.d. Anhang I Abschnitt A Nr. 3 RL 2014/65/EU (s. Rz. 11 ff.)[2].

Firmen, die Wertpapierdienstleistungen oder Anlagetätigkeiten erbringende Kreditinstitute oder Wertpapierfirmen wären, wenn ihre Hauptverwaltung oder ihr Sitz in der EU läge (Art. 2 Abs. 1 Nr. 43 VO Nr. 600/2014 i.V.m. Art. 4 Abs. 1 Nr. 57 RL 2014/65/EU), sog. **Drittlandfirmen**, sind definitionsgemäß keine Wertpapierfirmen im Sinne der VO Nr. 600/2014. Art. 1 VO Nr. 600/2014 erklärt Titel III der Verordnung inklusive Art. 14 ff. VO Nr. 600/2014 auch nicht explizit für diese Firmen für anwendbar. Gleichwohl sind diese Unternehmen nicht aus dem Fokus von Art. 14 ff. VO Nr. 600/2014 auszublenden. Die in einem EU-Mitgliedstaat zugelassene Zweigniederlassung einer Drittlandfirma soll gem. Art. 41 Abs. 2 RL 2014/65/EU u.a. auch Art. 14 ff. VO Nr. 600/2014 befolgen und der Beaufsichtigung durch die zuständige Behörde des Mitgliedstaats, in dem die Zulassung der Zweigniederlassung erteilt wurde, unterliegen[3]. Konsequenterweise müssten danach die nationalen Umsetzungsgesetze eine entsprechende Vorschrift zur Anwendung von Art. 14 ff. VO Nr. 600/2014 auf Zweigniederlassungen von Drittlandfirmen enthalten.

Weder das WpHG noch das KWG nutzen den Begriff „Wertpapierfirma". Das WpHG definiert in § 2 Abs. 10 WpHG den Begriff des Wertpapierdienstleistungsunternehmens, in dem sich der EU-rechtliche Begriff jedoch abbildet[4]. **Wertpapierdienstleistungsunternehmen** sind inländische Kredit- und Finanzdienstleistungsinstitute, die Wertpapierdienstleistungen allein oder zusammen mit Wertpapiernebendienstleistungen gewerbsmäßig oder in einem Umfang erbringen, der einen in kaufmännischer Weise eingerichteten Geschäftsbetrieb erfordert. Darüber hinaus erfasst die Definition von Wertpapierdienstleistungsunternehmen nach § 53 Abs. 1 Satz 1 KWG tätige Unternehmen. Dies sind Unternehmen mit Sitz im Ausland, die eine Zweigstelle im Inland unterhalten.

b) Systematischer Internalisierer. Wie sich aus der Überschrift und aus dem Wortlaut von Art. 14 Abs. 1 VO Nr. 600/2014 ergibt, ist ein systematischer Internalisierer diejenige Wertpapierfirma, die in einem oder mehreren spezifischen Titeln systematische Internalisierung betreibt. Für den systematischen Internalisierer ergibt sich die **Legaldefinition** aus Art. 2 Abs. 1 Nr. 12 VO Nr. 600/2014 i.V.m. Art. 4 Abs. 1 Nr. 20 Unterabs. 1 RL 2014/65/EU. Systematischer Internalisierer ist danach eine Wertpapierfirma, die (1) in organisierter und systematischer Weise häufig (2) in erheblichem Umfang (3) Handel für eigene Rechnung treibt, (4) wenn sie Kundenaufträge außerhalb eines geregelten Marktes oder eines MTF bzw. OTF ausführt, (5) ohne ein multilaterales System zu betreiben. Systematische Internalisierer zählen, wie sich Art. 2 Abs. 1 Nr. 16 VO Nr. 600/2014 i.V.m. Art. 4 Abs. 1 Nr. 24 RL Richtlinie 2014/65/EU entnehmen lässt, definitorisch nicht zu den Handelsplätzen. Dies sind nur geregelte Märkte, MTF und OTF. Der Handel bei einem systematischen Internalisierer ist rechtlich und materiell bilateraler Natur[5]. Für Eigenkapitalinstrumente wird dies nochmals in Art. 23 Abs. 2 VO Nr. 600/2014 verdeutlicht. Dort heißt es: dass eine Wertpapierfirma, die ein internes System zur Zusammenführung von Aufträgen betreibt, das Kundenaufträge auf multilateraler Basis ausführt, sicherstellen muss, dass dieses als MTF betrieben wird.

---

1 *Buck-Heeb*, Rz. 135; *Fuchs* in Fuchs, Vor §§ 31 ff. WpHG Rz. 110; a.A. *Bialluch*, WM 2015, 2030, 2038 f.
2 *Kumpan* in Zetzsche/Lehmann, § 9 Rz. 61.
3 S. hierzu *Köpfer*, S. 287, 309; ESMA Q & A On MiFID II and MiFIR transparency topics, Nr. 9 Antwort auf Frage 2 (Fall 10).
4 *Grundmann* in Großkomm. HGB, Bankvertragsrecht Achter Teil, Rz. 87; *Klöhn* in Langenbucher, § 6 Rz. 176.
5 S. auch Erwägungsgrund Nr. 17 RL 2014/65/EU.

12 Zur Frage, ob „**häufiger systematischer Handel**" vorliegt, führt Art. 2 Abs. 1 Nr. 12 VO Nr. 600/2014 i.V.m. Art. 4 Abs. 1 Nr. 20 Unterabs. 2 Satz 1 RL 2014/65/EU aus, dass sich dies nach der Zahl der OTC-Geschäfte mit einem Finanzinstrument bestimmt, die vom Wertpapierdienstleistungsunternehmen für eigene Rechnung durchgeführt werden, wenn es Kundenaufträge ausführt. Was in „organisierter Weise" bzw. in „organisierter Weise häufig" bedeutet, wird durch die MiFIR nicht weiter ausgeführt. Es wird sich letztlich um ein Tatbestandsmerkmal handeln, dass in der Definition des „häufigen systematischen Handels" mit aufgeht. Ein solcher Handel ist hinsichtlich der Vertragsabschlüsse und der Geschäftsabwicklung in unorganisierter Form nur schwerlich vorstellbar[1]. Ob „**in erheblichem Umfang**" gehandelt wird, soll sich nach Art. 2 Abs. 1 Nr. 12 VO Nr. 600/2014 i.V.m. Art. 4 Abs. 1 Nr. 20 Unterabs. 2 Satz 2 RL 2014/65/EU entweder nach dem Anteil des OTC-Handels am Gesamthandelsvolumen der Wertpapierfirma in einem bestimmten Finanzinstrument oder nach dem Verhältnis des OTC-Handels der Wertpapierfirma zum Gesamthandelsvolumen in einem bestimmten Finanzinstrument in der EU bemessen. Art. 2 Abs. 1 Nr. 12 VO Nr. 600/2014 i.V.m. Art. 4 Abs. 1 Nr. 20 Unterabs. 2 Satz 3 RL 2014/65/EU legt schließlich fest, dass die Voraussetzungen der systematischen Internalisierung erst dann erfüllt sind, wenn sowohl die Obergrenze für den (organisierten und) häufigen systematischen Handel als auch die Obergrenze für den Handel in erheblichem Umfang überschritten werden oder wenn **ein Unternehmen sich freiwillig den für die systematische Internalisierung geltenden Regelungen unterworfen hat**. Im WpHG spiegelt sich Art. 4 Abs. 1 Nr. 20 Unterabs. 2 RL 2014/65/EU in § 2 Abs. 8 Satz 3–5 WpHG wider.

13 Für die Feststellung, ob **häufig und systematisch** internalisiert wird, muss gem. Art. 12 DelVO 2017/565 (die Vorschrift ist oben [vor Rz. 1] mit abgedruckt) im ersten Schritt ermittelt werden, ob es für das betreffende Finanzinstrument einen **liquiden Markt** nach Maßgabe von Art. 2 Abs. 1 Nr. 17 lit. b VO Nr. 600/2014 gibt. Art. 1 ff. DelVO 2017/567 enthalten nähere Bestimmungen zur Bewertung, ob ein liquider Markt bei Eigenkapitalinstrumenten vorliegt. Die Bewertung wird gem. Art. 5 Abs. 1 DelVO 2017/567 durch die zuständige Behörde des nach Liquiditätsaspekten wichtigsten Markts nach Art. 16 DelVO 2017/590 vorgenommen und veröffentlicht. Besteht ein liquider Markt, so schließt sich die Prüfung zweier weiterer Voraussetzungen an. Es ist festzustellen, ob in den vergangenen sechs Monaten

- die Zahl der OTC-Geschäfte, die von der Wertpapierfirma im Rahmen der Ausführung von Kundenaufträgen für eigene Rechnung abgeschlossen werden, 0,4 % der Gesamtanzahl an Geschäften mit dem entsprechenden Finanzinstrument, die im gleichen Zeitraum innerhalb der Union an einem beliebigen Handelsplatz oder OTC ausgeführt werden, entspricht oder überschreitet;
- die OTC-Geschäfte, die von der Wertpapierfirma für eigene Rechnung abgeschlossen werden, wenn sie Kundenaufträge mit dem entsprechenden Finanzinstrument ausführt, im Durchschnitt täglich vorgenommen werden.

Liegt **kein liquider Markt** vor, so ist nur der letztgenannte Aspekt zu prüfen.

14 Bei der Ermittlung gem. Art. 12 DelVO 2017/565, ob die **Internalisierung in erheblichem Umfang** erfolgt, muss eine der beiden Voraussetzungen erfüllt sein: Der Umfang der OTC-Geschäfte, die die Wertpapierfirma im Rahmen der Ausführung von Kundenaufträgen für eigene Rechnung abgeschlossen hat, muss in den vergangenen sechs Monaten entweder

- 15 % des Gesamtumsatzes, den die Wertpapierfirma mit diesem Finanzinstrument für eigene Rechnung oder im Namen der Kunden getätigt hat und der an einem Handelsplatz oder OTC getätigt wurde, oder
- 0,4 % des Gesamtumsatzes, der mit diesem Finanzinstruments innerhalb der Union an einem Handelsplatz oder OTC getätigt wurde,

entsprochen oder überschritten haben. Die Prozentsätze sind so gewählt worden, dass Handelsaktivitäten, die Auswirkungen auf die Marktpreisbildung haben, in das Transparenzregime der MiFIR für systematische Internalisier fallen[2].

15 Nach der Definition liegt systematische Internalisierung nur dann vor, wenn es sich bei den Geschäften aus Sicht der Wertpapierfirma um Handel für eigene Rechnung handelt, **bei dem Kundenaufträge ausgeführt werden**. Die Vertragspartner müssen Kunden der Wertpapierfirma sein. Wer Kunde im Verhältnis zur Wertpapierfirma ist, bestimmt sich nach Art. 2 Abs. 1 Nr. 7 VO Nr. 600/2014 i.V.m. Art. 4 Abs. 1 Nr. 9 RL 2014765/EU. Kunden sind danach natürliche oder juristische Personen, für die eine Wertpapierfirma Wertpapierdienstleistungen oder Nebendienstleistungen erbringt. Die Kundeneigenschaft kann sich auch ausschließlich über den Abschluss von Handelsgeschäften definieren. Dass der Kunde seine bestandsführenden Geld- und Depotkonten bei der Wertpapierfirma unterhält, ist nicht erforderlich, wenngleich die systematische Internalisierung ihre ursprüngliche Idee daraus gespeist hat, dass bestandsführende Geld- und Stückebuchungen im Haus der Wertpapierfirma verbleiben und keine bestandsführenden Konten und Depots außerhalb der Sphäre der Wertpapierfirma angesteuert werden müssen. Handeln also externe Gegenparteien im Interbankenhandel bei einem systematischen Internalisierer, so nähert sich der Internalisierer bereits wieder einem Handelsplatz an.

---

1 *Schelling*, BKR 2015, 221 f.
2 Vgl. Erwägungsgrund Nr. 18 DelVO 2017/565.

Art. 2 Abs. 1 Nr. 5 VO 600/2014 verweist bei der Definition des **Handels für eigene Rechnung** auf Art. 4 Abs. 1 Nr. 6 RL 2014/65/EU. Handel für eigene Rechnung ist der Handel unter Einsatz des eigenen Kapitals, der zum Abschluss von Geschäften mit einem oder mehreren Finanzinstrumenten führt. Voraussetzung ist damit, dass die Erwerbs- oder Veräußerungstransaktionen gegen den eigenen Geld- und Stücke- bzw. Rechtebestand der Wertpapierfirma gebucht werden. Da es sich bei der systematischen Internalisierung **nicht zugleich um den Betrieb eines multilateralen Systems** handeln darf, darf es sich bei den Geschäften, die über das eigene Handelsbuch laufen, nicht um das permanente risikofreie Zusammenführen von gegenläufigen Kundenaufträgen handeln. Dies liefe materiell auf multilateralen Handel hinaus, was ausweislich Art. 23 Abs. 2 VO Nr. 600/2014 ein genehmigungspflichtiges MTF bedeuten würde. Soweit Erwägungsgrund Nr. 7 VO Nr. 600/2014 noch den Eindruck erweckt, dass das risikolose Zusammenführen sich deckender Kundenaufträge uneingeschränkt materiell bilateraler Handel sein könne, so wird dies durch Erwägungsgrund Nr. 17 Satz 3 RL 2014/65/EU neutralisiert. Dort wird zum Ausdruck gebracht, dass es einem systematischen Internalisierer nicht gestattet sein sollte, in funktional gleicher Weise wie Handelsplätze Erwerbs- und Veräußerungsinteressen Dritter zusammenzuführen. Kundenaufträge müssen also im Regelfall nach den Vertragsschlüssen – und sei es auch nur für kurze Zeit – zu echten Risikopositionen bei der Wertpapierfirma führen[1]. Sie dürfen im Moment der Geschäftsschlüsse mit der Wertpapierfirma nicht bereits durch die Wertpapierfirma mit anderen deckungsgleichen Kundenaufträgen bzw. sich deckenden Orders von Handelsplätzen glattgestellt sein. Erwägungsgrund Nr. 19 DelVO 2017/565 hat diesen Gedanken nochmals aufgegriffen und verfeinert. Satz 1 wiederholt zunächst Erwägungsgrund Nr. 17 Satz 3 RL 2014/65/EU. In Satz 2 heißt es dann, dass ein systematischer Internalisierer nicht aus einem internen Matching-System bestehen sollte, das Kundenaufträge auf multilateraler Basis ausführt; diese Tätigkeit erfordere die Zulassung als multilaterales Handelssystem (MTF). Nach Erwägungsgrund Nr. 19 Satz 3 DelVO 2017/565 ist ein internes Matching-System im System, das Kundenaufträge abgleicht und im Ergebnis dazu führt, dass die Wertpapierfirma regelmäßig und nicht gelegentlich die Zusammenführung sich deckender Kundengeschäfte vornimmt.

Die EU-Kommission hatte bereits im Sommer 2017 Sorge geäußert, dass das **Tatbestandsmerkmal des „Handels für eigene Rechnung bei der Ausführung von Kundenaufträgen" Ungenauigkeiten enthalte**[2]. Befürchtet wurde, dass es nicht zu einer klaren Abgrenzung von bilateralen und multilateralen Ausführungsplätzen kommt und die angestrebte Verlagerung von mehr Geschäft auf Handelsplätze unterbleibt. Die Kommission hat deshalb die DelVO 2017/565 mit Art. 16a (vor Rz. 1 mit abgedruckt) ergänzt[3] und dort die Definition des systematischen Internalisierers präzisiert. Danach soll es für die Zwecke von Art. 4 Abs. 1 Nr. 20 RL 2014/65/EU **keinen Handel für eigene Rechnung** darstellen, wenn die Wertpapierfirma ihre Prozesse im Ergebnis so ausrichtet, dass sie durch Vernetzung mit anderen systematischen Internalisieren außerhalb der eigenen Unternehmensgruppe „de facto risikolose Back-to-Back-Geschäfte" tätigt.

2. Gegenständlicher Anwendungsbereich. a) Eigenkapitalinstrumente. Die systematische Internalisierung der Wertpapierfirma muss sich für den Anwendungsbereich des Art. 14 VO Nr. 600/2014 auf Aktien, Aktienzertifikate, börsengehandelten Fonds, Zertifikate und anderen vergleichbaren Finanzinstrumente, die an einem Handelsplatz gehandelt werden, beziehen. Für die Definitionen der Instrumente wird auf die Kommentierung bei Art. 3 VO Nr. 600/2014 Rz. 13 ff. verwiesen.

b) Tatbestandsmerkmal „die an einem Handelsplatz gehandelt werden". Für den Anwendungsbereich des Art. 14 Abs. 1 VO Nr. 600/2014 müssen die Eigenkapitalinstrumente an einem Handelsplatz gehandelt (engl. *traded on trading venue, TOTV*) werden. Handelsplätze sind gem. Art. 4 Abs. 1 Nr. 24 RL 2014/65/EU geregelte Märkte, multilaterale Handelssysteme (MTF) oder organisierte Handelssysteme (OTF), wobei Eigenkapitalinstrumente gem. Art. 2 Abs. 1 Nr. 15 VO Nr. 600/2014 i.V.m. Art. 4 Abs. 1 Nr. 23 RL 2014/65 an einem OTF nicht gehandelt werden können. Ein Handel aufgrund einer Zulassung, die einen Antrag des Emittenten voraussetzt, ist nicht erforderlich. Der Handel auch ohne Antrag genügt. Eigenkapitalinstrumente können an geregelten Märkten und MTF jeweils auch ohne Antrag des Emittenten gehandelt werden. Der Handelsplatzbetreiber muss die Eigenkapitalinstrumente nur in den Handel einbezogen haben. Für MTF ergibt sich dies aufgrund der Vorgabe in Art. 18 Abs. 2 RL 2014/65/EU aus den mitgliedstaatlichen Regelungen. In Deutschland sind dies § 72 Abs. 1 Nr. 2 WpHG und § 48 Abs. 1 BörsG. An einem geregelten Markt ist allerdings Voraussetzung, dass die Instrumente bereits an einem anderen geregelten Markt mit Zustimmung des Emittenten zugelassen sind (vgl. Art. 51 Abs. 5 RL 2014/65/EU; § 33 BörsG).

3. Inhalt der Pflicht. Ist eine Wertpapierfirma systematischer Internalisierer für ein spezifisches Instrument, muss sie Kursofferten abgeben. Besteht für den Wert ein liquider Markt, sind gem. Art. 14 Abs. 1 Unterabs. 1

---

1 ESMA Q & A On MiFID II and MiFIR market structures topics, Nr. 5.3. Antwort auf Frage 21; veröffentlicht am 3.4. 2017. S. auch *Buck-Heeb*, Rz. 131.
2 S. Begründung Nr. 1 zum Entwurf der EU-Kommission einer delegierten Verordnung v. 28.8.2017 zur Änderung der Delegierten Verordnung (EU) 2017/565 durch Präzisierung der Begriffsbestimmung des systematischen Internalisierers für die Zwecke der Richtlinie 2014/65/EU, C(2017) 5812 final.
3 Vgl. DelVO 2017/2294, ABl. EU Nr. L 329 v. 13.12.2017, S. 4.

VO Nr. 600/2014 **verbindliche Kursofferten offenzulegen**. Besteht hingegen kein liquider Markt für das entsprechende Finanzinstrument, so muss ein systematischer Internalisierer seinen Kunden gem. Art. 14 Abs. 1 Unterabs. 1 VO Nr. 600/2014 **Kursofferten auf Anfrage anbieten**. Die verminderte Pflicht soll bei illiquiden Märkten den Internalisierer davor schützen, zum Spekulationsobjekt für andere Marktteilnehmer zu werden[1]. Art. 14 Abs. 2 VO Nr. 600/2014 begrenzt die Pflicht auf die Ausführung von Aufträgen bis zur Standardmarktgröße. Oberhalb der Standardmarktgröße gelten die Verpflichtungen der Verordnung zum Stellen und Veröffentlichen von Kursofferten sowie zur Ausführung von Kundengeschäften nicht[2].

21   Art. 70 Abs. 3 lit. b RL 2014/65/EU sieht vor, dass die Mitgliedstaaten für Verstöße gegen die Vorgabe, Kursofferten abzugeben, **Sanktionen** vorsehen. Im WpHG wird dem mit § 120 Abs. 9 Nr. 4 lit. e und Nr. 6 WpHG nachgekommen: Werden vorsätzlich oder leichtfertig Kursofferten nicht, nicht vollständig, nicht in der vorgeschriebenen Weise oder nicht im vorgeschriebenen Umfang gemacht macht, kann dies mit **Geldbuße** geahndet werden. Vorgenommenen Sanktionen werden von der BaFin gem. § 126 Abs. 1 Satz 1 Nr. 3 WpHG öffentlich bekannt gegeben.

22   a) **Bestimmung der Standardmarktgröße.** Die Bestimmung der Standardmarktgröße (engl. *standard market size, SMS*) ist in Art. 14 Abs. 4–6 VO Nr. 600/2014 in Grundzügen festgelegt. Jedes Eigenkapitalinstrument wird auf Basis des arithmetischen Durchschnittswerts der am gesamten Markt ausgeführten Aufträge in eine Klasse eingruppiert. Die **zuständige Behörde des unter Liquiditätsaspekten wichtigsten Marktes nimmt mindestens einmal jährlich die Eingruppierung vor**. Gem. Art. 14 Abs. 5 VO Nr. 600/2014 sind sämtliche in der EU für das betreffende Finanzinstrument ausgeführten Aufträge zu berücksichtigen, mit Ausnahme derjenigen, die ein im Vergleich zum üblichen Marktvolumen großes Volumen aufweisen. Die erforderlichen Daten können gem. Art. 22 VO Nr. 600/2014 erhoben werden. Art. 14 Abs. 7 Unterabs. 1 a.E. VO Nr. 600/2014 enthält die Befugnis, über technische Regulierungsstandards die Regeln zur Bestimmung der Standardmarktgröße weiter zu präzisieren. In **Art. 11 DelVO 2017/587** hat der EU-Verordnungsgeber entsprechende Regeln aufgenommen. Dort befinden sich insbesondere auch Regelungen, wie bei neu in den Handel kommenden Finanzinstrumenten die Festlegung der Standardmarktgröße für Aufträge durch die zuständige Behörde erfolgt. Die ermittelte Standardmarktgröße kann von der ESMA-Datenbank über das Internet abgerufen werden, Art. 14 Abs. 6 Satz 2 VO Nr. 600/2014[3].

23   b) **Kursofferten.** In der deutschen Fassung der MiFIR wird als Synonym für Kursofferte in Art. 14 Abs. 7 VO Nr. 600/2014 auch der Begriff der „Notierung" herangezogen. In der englischen Version der MiFIR wird einheitlich *„quote"* als äquivalenter Begriff benutzt. Das gleiche Bild zeichnet sich in der DelVO 2017/587 ab. Während die englische Ausfertigung durchweg von *„quote(s)"* spricht, ist im deutschen wechselnd von Kursofferten und Notierung die Rede. Gemeint ist aber immer dasselbe: Kursofferten oder Quotes sind im Vorhandelsbereich die **Preise, mit denen ein systematischer Internalisierer sein Interesse anzeigt, eine bestimmte Menge eines Finanzinstruments zu erwerben bzw. zu veräußern**[4]. Art. 14 Abs. 3 Satz 3 VO Nr. 600/2014 sagt hierzu in Anlehnung an andere als die deutsche Sprachverfassung sinngemäß, dass eine Offerte für einen Wert einen Geld- und Briefkurs umfasst oder auch Kurse für eine oder mehrere Größen, die bis zu einer Größe reichen, die für die Klasse des Finanzinstruments marktüblich ist. Ob einseitige Offerten, die nur die Angabe eines Geld- oder Briefkurses vorsehen, vom EU-Verordnungsgeber in Betracht gezogen worden sind, ist nicht gewiss[5]. In der sprachlich insgesamt nicht ganz stimmigen deutschen Fassung, heißt es zumindest *„Geld- und/oder Briefkurs"*[6].

24   Zu erinnern ist, dass im früheren § 32a WpHG der Terminus (verbindliche) „Kauf- und Verkaufsangebote", die ein systematischer Internalisierer im Hinblick auf die ihm angebotenen Aktiengattung abzugeben hatte, mit der Kurzbezeichnung „Quotes" hinterlegt war, obgleich auch in der deutschen Fassung der MiFID von 2004 Kursofferten der gebräuchliche Begriff für „quotes" war. Es wird deshalb bei Art. 14 Abs. 1 VO Nr. 600/2014 auch weiterhin von Quotierungspflicht gesprochen[7].

25   Eine Kursofferte muss im Hinblick auf die Größenordnungen ein Mindestmaß aufweisen. Art. 14 Abs. 3 Satz 2 VO Nr. 600/2014 fordert, mindestens **10 % der Standardmarktgröße** des betreffenden Werts. Aus Art. 14 Abs. 3 Satz 3 VO Nr. 600/2014 ergibt sich, dass eine Kursofferte nach oben hin auf die Standardmarktgröße begrenzbar ist. Die Regelung lässt es zu, dass innerhalb des gesteckten Rahmens auch Größenstaffelungen festgelegt werden können, zu denen Geld- und Briefkurse gestellt werden, die sich in Abhängigkeit vom Volumen unterscheiden[8]. Für den Internalisierer bedeutet dies, dass er Festlegungen treffen muss, die es nachvollziehbar

---

1 *Zetzsche/Preiner* in Gebauer/Teichmann, § 7B Rz. 182.
2 *Gomber/Nassauer*, ZBB 2014, 250, 254.
3 S. auch Erwägungsgrund Nr. 10 DelVO 2017/587.
4 *Dreyer/Delgado-Rodriguez* in Temporale, S. 45.
5 Für die Angabe eines Geld- und eines Briefkurses etwa ESMA Consultation Paper Amendments to Commission Delegated Regulation (EU) 2017/587 (RTS 1) v. 9.11.2017 (ESMA70-156-275), Nr. 1 Rz. 2; s. bereits ESMA Discussion Paper MiFID II/MiFIR, v. 24.5.2014, Nr. 3.3. Rz. 12. S. auch Art. 14 Abs. 3 DelVO 2017/567.
6 Dieser Formulierung folgend *Seiffert* in Teuber/Schröer, Rz. 796.
7 *Binder* in Großkomm. HGB, Siebter Teil, Rz. 176.
8 *Seiffert* in Teuber/Schröer, Rz. 796.

machen, welche Preis-Volumen-Kombinationen abgebildet werden. Hierfür sind Geschäftsbedingungen zu veröffentlichen. In den IT-technischen Umsetzungen zur Maschinenlesbarkeit bzw. Visualisierbarkeit der Daten müssen sich die Festlegungen widerspiegeln. In seinem Regelwerk kann der systematische Internalisierer auf freiwilliger Basis vorsehen, Kursofferten oberhalb der Standardmarktgröße anzubieten.

Art. 14 Abs. 3 Satz 4 VO Nr. 600/2014 verlangt vom Internalisierer, dass seine Kursofferten die **vorherrschenden Marktbedingungen für das jeweilige Finanzinstrument** widerspiegeln müssen. Der auf der Grundlage von Art. 14 Abs. 7 VO Nr. 600/2014 erlassene Art. 10 DelVO 2017/587 führt hierzu als Anhaltspunkt näher aus, dass dies der Fall ist, wenn sie zum Zeitpunkt der Veröffentlichung den Kursofferten für gleichwertige Volumen an dem unter Liquiditätsaspekten wichtigsten Markt des Werts ähnlich sind. Der unter Liquiditätsgesichtspunkte wichtigste Markt bestimmt sich gem. Art. 4 DelVO 2017/587. Ändern sich die vorherrschenden Marktbedingungen, sind die Internalisierer nicht nur berechtigt (Art. 15 Abs. 1 Unterabs. 1 Satz 2 VO Nr. 600/2014), sondern auch verpflichtet, ihre Offerten anzupassen. 26

Die ESMA hat Ende des Jahres 2017 die Frage aufgeworfen, ob die systematischen Internalisierer analog zu den Handelsplätzen einem **Tick-Size-Regime**, wie es gem. Art. 18 Abs. 5 i.V.m. Art. 48 Abs. 6 a.E. und Art. 49 Abs. 1 RL 2014/65/EU sowie DelVO 2017/588 für Eigenkapitalinstrumente vorgesehen ist, unterworfen sein sollten[1]. Sie hat diese Frage beim Tatbestandsmerkmal der vorherrschenden Marktbedingungen verortet. Offerten eines systematischen Internalisierers könnten nach Ansicht der ESMA ggf. nur dann die aktuellen Marktbedingungen widerspiegeln, wenn diese für einen Wert die gleichen Preisabstandsgrößen verwendeten wie die Handelsplätze. Die ESMA hat eine Ergänzung des Art. 10 DelVO 2017/587 dergestalt vorgeschlagen, wonach das Kursniveau einer Offerte zum Zeitpunkt der Veröffentlichung an einem Handelsplatz handelbar sein müsse[2]. 27

c) **Verbindliche Kursofferten.** Mit dem Zusatz in Art. 14 Abs. 1 Unterabs. 1 VO Nr. 600/2014 für Instrumente mit einem liquiden Markt, dass die **Kursofferten verbindlich** sein müssen (engl. *firm quotes*), wird deren rechtliche Verbindlichkeit angesprochen. Marktteilnehmer, die Kunde des Internalisierers und von diesem zur systematischen Internalisierung zugelassen sind (vgl. Art. 17 Abs. 1 VO Nr. 600/2014), müssen in der Lage sein, auf die aufgerufenen Offerten handeln zu können. Art. 15 Abs. 2 VO Nr. 600/2014 knüpft daran an, indem dort geregelt wird, dass systematische Internalisierer die Aufträge ihrer Kunden in Bezug zu den zum Zeitpunkt des Auftragseingangs gebotenen Kursen ausführen. Für die in Art. 14 Abs. 1 Unterabs. 2 VO Nr. 600/2014 genannten Offerten für Finanzinstrumente, für die kein liquider Markt besteht, fehlt der Verbindlichkeitszusatz (s. hierzu auch Rz. 37 f.). Hier ist von einer bewussten Entscheidung des Verordnungsgesetzgebers auszugehen[3]. 28

Die Angabe eines verbindlichen Geldkurses stellt gegenüber jedem veräußerungswilligen Kunden, der Zugang zum internalisierten Handel besitzt, grundsätzlich ein Angebot zum Vertragsschluss bezogen auf die in der Offerte festgelegte Größenordnung dar[4]. Die Angabe eines Briefkurses ist dementsprechend ein grundsätzlich annahmefähiges Angebot an die erwerbswilligen Kunden. Ist keine Größenordnung festgelegt, kann der Kunde diese innerhalb der Bandbreite von 10 % der Standardmarktgröße bis zu Standardmarktgröße bestimmen. Dass die gesetzliche Regelung Elemente eines Kontrahierungszwangs[5] für den Internalisierer enthält, wird von Art. 15 Abs. 2 Unterabs. 1 und Art. 17 Abs. 1 VO Nr. 600/2014 bestätigt. In Art. 15 Abs. 2 Unterabs. 1 VO Nr. 600/2014 wird verdeutlicht. dass der Internalisierer den Auftrag eines zur Internalisierung zugelassenen Kunden zu dem zum Zeitpunkt des Auftragseingangs angebotenen Kurs ausführen muss. Und Art. 17 Abs. 1 VO Nr. 600/2014 begrenzt die Möglichkeit, interessierte Marktteilnehmer als Internalisierungskunden auszuschließen (näher Art. 17 VO Nr. 600/2014 Rz. 5 ff.). 29

Die Bindungswirkung einer veröffentlichten Kursofferte endet mit der Abgabe des nächsten Angebots bzw. mit dem Ende der üblichen Handelszeit oder einer berechtigten Rücknahme (vgl. Art. 15 Abs. 1 Unterabs. 1 VO Nr. 600/2014). Ausnahmen von der Bindungswirkung können im Regelwerk des Internalisierers vorgesehen werden. Er kann sich im Rahmen von § 15 Abs. 2 Unterabs. 2 VO Nr. 600/2014 (s. § 15 VO Nr. 600/2014 Rz. 13 f.) eine Preisverbesserung vorbehalten oder nach Maßgabe des Art. 17 Abs. 2 VO Nr. 600/214 (s. Art. 17 VO Nr. 600/2014 Rz. 12 f.) mengenmäßige Begrenzungen vorsehen. 30

d) **Offenlegung verbindlicher Kursofferten im Fall liquider Märkte.** Art. 14 Abs. 1 Unterabs. 1 VO Nr. 600/2014 verlangt, dass verbindliche Kursofferten für ein Eigenkapitalinstrument offenzulegen sind, wenn es für den spezifischen Wert einen liquiden Markt gibt. Für die Zwecke des Art. 14 VO Nr. 600/2014 definiert **Art. 2 Abs. 1 Nr. 17 lit. b VO Nr. 600/2014** einen liquiden Markt als Markt für ein Finanzinstrument, das täglich gehandelt wird, bei dem der Markt nach folgenden Kriterien bewertet wird: i) Streubesitz, ii) Tagesdurchschnitt 31

---

1 ESMA Consultation Paper Amendments to Commission Delegated Regulation (EU) 2017/587 (RTS 1) v. 9.11.2017 (ESMA70-156-275), Nr. 1 Rz. 4 ff.
2 ESMA Consultation Paper Amendments to Commission Delegated Regulation (EU) 2017/587 (RTS 1) v. 9.11.2017 (ESMA70-156-275), Nr. 1 Rz. 13.
3 Vgl. *Seiffert*, in Teuber/Schröer, Rz. 798 a.E.
4 A.A. *Schelling*, BKR 2015, 221, 226: Das Angebot kommt vom Kunden, das der Internalisierer annehmen kann, aber nicht muss, wenn er aufgrund der der Begrenzung der Anzahl von Geschäften das Geschäft ablehnten möchte.
5 *Buck-Heeb*, Rz. 144; *Hoops*, WM 2017, 319, 321; *Binder* in Großkomm HGB siebter Teil, Rz. 176.

der Transaktionen in diesen Finanzinstrumenten, iii) Tagesdurchschnitt der mit diesen Finanzinstrumenten erzielten Umsätze. Art. 1 ff. DelVO 2017/567 enthalten nähere Bestimmungen zur Bewertung, ob ein liquider Markt bei einem Eigenkapitalinstrument vorliegt. Die Bewertung wird gem. Art. 5 Abs. 1 DelVO 2017/567 durch die zuständige Behörde des nach Liquiditätsaspekten wichtigsten Markts nach Art. 16 DelVO 2017/590 vorgenommen und veröffentlicht.

32 Die Offenlegungspflicht wirkt in zwei Richtungen. Es werden sowohl die Kunden i.S.v. Art. 2 Abs. 1 Nr. 7 VO Nr. 600/2014, die im Einklang von Art. 17 Abs. 1 VO Nr. 600/2014 zum systematisch internalisierten Handel zugelassen sind, als auch die sonstigen Marktteilnehmer über die gestellten Kurse informiert. Mit Relevanz für beide Personengruppen wird in **Art. 15 Abs. 1 Unterabs. 1 und 3 VO Nr. 600/2014** die Art und Weise der Veröffentlichung weiter präzisiert. Art. 15 Abs. 1 Unterabs. 1 Satz 1 VO Nr. 600/2014 legt fest, dass die Offerten regelmäßig und kontinuierlich während der üblichen Handelszeiten veröffentlicht werden müssen; Satz 2 gibt dem Internalisierer das Recht, seine Offerten jederzeit zu aktualisieren. Und Satz 3 erlaubt ihm, im Falle außergewöhnlicher Marktumstände seine Offerten zurückzuziehen. Art. 15 Abs. 1 Unterabs. 3 VO Nr. 600/2014 bestimmt, dass die Offerten in einer Weise zu veröffentlichen sind, die für andere Marktteilnehmer zu kaufmännisch angemessenen Bedingungen leicht zugänglich ist.

33 Art. 14 Abs. 7 VO Nr. 600/2014 ermächtigt zum Erlass technischer Regulierungsstandards, in denen die **Regeln für die Veröffentlichung einer festen Notierung**, resp. einer verbindlichen Kursofferte. Art. 9 DelVO 2017/587 enthält dementsprechende Vorschriften. Diese zielen vor allem auf die Information der Marktteilnehmer ab und weniger auf die technische Anbindung der Kunden, die auf die Kurse handeln können. Nach Art. 9 DelVO 2017/587 sind Vorkehrungen zu treffen,

- dass die Informationen verlässlich sind, auf Fehler hin überwacht werden und erkannte Fehler korrigiert werden,
- die in technischer Hinsicht mit denen für genehmigte Veröffentlichungssysteme (APA) gleichwertig sind und die Konsolidierung der Daten mit vergleichbaren Daten aus anderen Quellen erleichtern,
- damit die Informationen dem Publikum auf nichtdiskriminierender Basis zur Verfügung stehen,
- damit der Zeitpunkt, zu dem die Notierungen eingegeben oder geändert wurden, in Übereinstimmung mit den Festlegungen in Art. 50 RL 2014/65/EU und DelVO 2017/574, veröffentlicht wird.

Eine gewisse Pflicht, die Kursofferten auf mögliche Fehler hin zu überwachen, ergibt sich bereits daraus, dass die Nichteinhaltung von Art. 14 Abs. 1 und Art. 15 Abs. 1 VO Nr. 600/2014 gemäß mitgliedstaatlicher Vorschriften (s. Art. 70 Abs. 3 lit. b Ziff. x und xi RL 2014/65/EU) mit Sanktionen belegt ist. Soweit in Art. 9 DelVO 2017/587 hinsichtlich der technischen Vorkehrungen auf Art. 15 DelVO 2017/571 verwiesen wird, erscheint dies redaktionell fehlerhaft. Es sollte vielmehr Art. 14 DelVO 2017/571 heranzuziehen sein. Danach müssen die zu veröffentlichenden Informationen maschinenlesbar sein. Insgesamt ist dieser Verweis aber weitgehend überflüssig. Über die Verweisungskette Art. 15 Abs. 1 Satz 3 i.V.m. Art. 17 Abs. 3 lit. a VO Nr. 600/2014 und Art. 13 DelVO 2017/567 sind die Details der Veröffentlichungswege und des damit verbundenen technischen Formats ausführlich geregelt. Die Erlangung einer technischen Anbindung zum Bezug der Informationen darf nicht diskriminierend ausgestaltet sein. Wenn kein Gründe vorliegen, die eine Abweisung rechtfertigen, ist jedem interessierten Marktteilnehmer der Zugang zu den Daten einzuräumen. Die Anbindung an eine technische Schnittstelle sollte dabei unter Berücksichtigung der branchenüblichen IT-Sicherheitsvorkehrungen gleichförmig ausgestaltet sein. Die Anbindung kann dabei, wie sich aus Art. 15 Abs. 1 Unterabs. 3 VO Nr. 600/2014 ergibt, an ein angemessenes Entgelt gekoppelt werden. Auch dieses darf nicht diskriminierend ausgestaltet sein.

34 Die Internalisierer können anstelle oder neben der Direktanbindung von Marktteilnehmern auch Dritte mit der Informationsbereitstellung beauftragen. Vermittelt können die Offerten über die IT-Systeme eines Handelsplatzes (Art. 3 Abs. 3 VO Nr. 600/2014 und Art. 13 Abs. 2 DelVO 2017/567) oder auch über ein genehmigtes Veröffentlichungssystem APA (Art. 13 Abs. 2 DelVO 2017/567) veröffentlicht werden. Der nach Art. 9 DelVO 2017/587 geforderte Zeitstempel einer für die Zwecke des Handels synchronisierten Uhr dient u.a. dazu, die Historie der sich untertägig ändernden Offerten nachvollziehbar auszugestalten.

35 **e) Kursofferten auf Anfrage im Fall nicht liquider Märkte.** Wie sich aus Art. 14 Abs. 1 Unterabs. 1 und 2 VO Nr. 600/2014 ergibt, besteht für systematische Internalisierer **keine Pflicht zur Offenlegung** von Kursofferten, wenn für ein Eigenkapitalinstrument kein liquider Markt besteht. Sie müssen dann lediglich ihren Kunden Kursofferten auf Anfrage anbieten (engl. „... *disclose quotes to their clients upon request* ..."). Gegenüber sonstigen interessierten Marktteilnehmern, die keinen Kundenstatus besitzen, besteht im Anfragefalle keine Verpflichtung. Kunden im Sinne der Vorschrift, die Anfragen stellen und Kursofferten empfangen können, sind bei systematischer Betrachtung Kunden, die zum internalisierten Handel i.S.v. Art. 17 Abs. 1 VO Nr. 600/2014 zugelassen sind.

36 Grundsätzlich ist eine solche **flexible Regelung angemessen**, da im Fall eines illiquiden Markts gemeinhin weniger Interesse am Erwerb oder an der Veräußerung des fraglichen Instruments besteht, dementsprechend der Aufwand für die kontinuierliche Ermittlung von Geld- und Briefkursen entfallen kann und ein Bedürfnis nach aktuellen Offerten erst für den Fall besteht, dass ein Kundeninteresse zum Erwerb oder der Veräußerung des je-

weiligen Werts und damit an aktuellen Offerten entsteht[1]. Zudem wird angeführt, dass die verminderte Pflicht bei illiquiden Märkten den Internalisierer davor schützt, zum Spekulationsobjekt für andere Marktteilnehmer zu werden[2].

Aufgrund des hohen Abstraktionsgrades weist Art. 14 Abs. 1 Unterabs. 2 VO Nr. 600/2014 eine gewisse Unschärfe auf. Dies betrifft neben der Frage, ob nur Internalisierungskunden oder auch jeder sonstige Kunde Anfragen stellen kann (s. Rz. 35), auch die Frage, ob Kursofferten nur den jeweiligen Anfragern offenzulegen sind oder auch allen anderen Kunden. Von Bedeutung ist zudem, ob die Offerten als verbindlich oder nur als indikativ zu betrachten sind. Die Frage, wem die angefragten Offerten offenzulegen sind, ist dahingehend zu beantworten, dass bei einem **sprachbasierten System**, die Kursofferte **zunächst ohnehin nur dem Anfragenden** zugänglich ist. Eine Pflicht, die anderen Kunden auf die Anfrage hin mündlich, schriftlich oder über ein elektronisches Medium zu informieren, besteht nicht. Gleichwohl hat aber **auch jeder andere Kunde**, der sich bei dem Internalisierer meldet, aufgrund eigener Anfrage Anspruch darauf, die Geld- und Briefkurse genannt zu bekommen, die der Internalisierer bereits Kunden gegenüber mitgeteilt hat[3], unabhängig davon, ob daraufhin ggf. Geschäfte zustande gekommen sind oder nicht. Dies gilt jedenfalls solange, bis er zur Aktualisierung seiner Order berechtigt ist. Bei einem **elektronischen System** steht es dem Internalisierer aber auch frei, die auf jüngste Anfragen hin ergangene Offerten im System zur Kenntnisnahme einzustellen, ohne dass noch individuelle Anfragen durch andere Kunden gestellt werden müssten. 37

Im Gegensatz zu Art. 14 Abs. 1 Unterabs. 1 VO Nr. 600/2014 **enthält der Wortlaut von Art. 14 Abs. 1 Unterabs. 2 VO Nr. 600/2014 nicht den Zusatz** darauf, **dass die Kursofferte verbindlich bzw. fest sein muss**. Die gleiche Konstellation ergibt sich auch bei der Regelung zu Nichteigenkapitalinstrumenten. Art. 18 Abs. 1 und Abs. 2 VO Nr. 600/2014 unterscheiden ebenfalls zwischen festen Kursofferten bei liquider Markten und bloßen Kursofferten bei nicht liquiden Märkten. Es ist daher nicht von einer unbeabsichtigten Abweichung auszugehen[4]. 38

Art. 15 Ausführung von Kundenaufträgen

(1) Systematische Internalisierer veröffentlichen ihre Kursofferten regelmäßig und kontinuierlich während der üblichen Handelszeiten. Sie sind berechtigt, ihre Offerten jederzeit zu aktualisieren. Sie dürfen im Falle außergewöhnlicher Marktbedingungen ihre Offerten zurückziehen.

Die Mitgliedstaaten schreiben vor, dass Firmen, die die Definition eines systematischen Internalisierers erfüllen, ihre zuständige Behörde hierüber unterrichten. Diese Benachrichtigung wird der ESMA übermittelt. Die ESMA erstellt eine Liste aller systematischen Internalisierer in der Union.

Die Kursofferten sind den übrigen Marktteilnehmern zu angemessenen kaufmännischen Bedingungen in leicht zugänglicher Weise bekanntzumachen.

(2) Systematische Internalisierer führen die Aufträge ihrer Kunden in Bezug auf Aktien, Aktienzertifikate, börsengehandelte Fonds, Zertifikate oder andere vergleichbare Finanzinstrumente, für die sie eine systematische Internalisierung betreiben, zu den zum Zeitpunkt des Auftragseingangs gebotenen Kursen aus und kommen dem Artikels 27 der Richtlinie 2014/65/EU nach.

Sie können diese Aufträge jedoch in begründeten Fällen zu besseren Kursen ausführen, sofern diese Kurse innerhalb einer veröffentlichten, marktnahen Bandbreite liegen.

(3) Systematische Internalisierer können Aufträge professioneller Kunden zu anderen als den von ihnen angebotenen Kursen ausführen, ohne die Auflagen von Absatz 2 einhalten zu müssen, wenn es sich dabei um Geschäfte handelt, bei denen die Ausführung in Form verschiedener Wertpapiere Teil ein und desselben Geschäfts ist, oder um Aufträge, für die andere Bedingungen als der jeweils geltende Marktkurs anwendbar sind.

(4) Wenn ein systematischer Internalisierer, der nur eine Kursofferte abgibt oder dessen höchste Kursofferte unter der Standardmarktgröße liegt, einen Auftrag von einem Kunden erhält, der über seiner Quotierungsgröße liegt, jedoch unter der Standardmarktgröße, kann er sich dafür entscheiden, den Teil des Auftrags auszuführen, der seine Quotierungsgröße übersteigt, sofern er zu dem quotierten Kurs ausgeführt wird, außer in den Fällen, in denen gemäß Absätze 2 und 3 etwas anderes zulässig ist. Gibt ein systematischer Internalisierer Kursofferten in unterschiedlicher Höhe an und erhält er einen Auftrag, den er ausführen will und der zwischen diesen Volumina liegt, so führt er den Auftrag gemäß Arti-

---

1 So z.B. für die MiFID von 2004 (RL 2004/39/EG) *Mülbert*, S. 21.
2 *Zetzsche/Preiner* in Gebauer/Teichmann, § 7B Rz. 182.
3 In diesem Sinne etwa die ESMA zur verwandten Vorschrift Art. 18 Abs. 2 Satz 1 VO Nr. 600/2014 in ESMA Q & A On MiFID II and MiFIR transparency topics, Nr. 7 Antwort auf Frage 5 d).
4 Vgl. *Seiffert* in Teuber/Schröer, Rz. 798 a.E.

kel 28 der Richtlinie 2014/65/EU zu einem der quotierten Kurse aus, außer in den Fällen, in denen gemäß Absätze 2 und 3 etwas anderes zulässig ist.

(5) Der Kommission wird die Befugnis übertragen, gemäß Artikel 50 delegierte Rechtsakte zu erlassen, in denen präzisiert wird, was im Zusammenhang mit der Veröffentlichung von Kursofferten im Sinne von Absatz 1 unter angemessenen kaufmännischen Bedingungen zu verstehen ist.

In der Fassung vom 15.5.2014 (ABl. EU Nr. L 173 v. 12.6.2014, S. 84).

**Delegierte Verordnung (EU) 2017/567 der Kommission vom 18. Mai 2016
zur Ergänzung der Verordnung (EU) Nr. 600/2014 des Europäischen Parlaments und des Rates im Hinblick auf Begriffsbestimmungen, Transparenz, Portfoliokomprimierung und Aufsichtsmaßnahmen zur Produktintervention und zu den Positionen**

(Auszug)

Art. 12 Verpflichtung von systematischen Internalisierern, Kursofferten regelmäßig und kontinuierlich während der üblichen Handelszeiten zu veröffentlichen

(Artikel 15 Absatz 1 der Verordnung (EU) Nr. 600/2014)

Für die Zwecke von Artikel 15 Absatz 1 der Verordnung (EU) Nr. 600/2014 wird nur dann davon ausgegangen, dass ein systematischer Internalisierer seine Kursofferten regelmäßig und kontinuierlich während der üblichen Handelszeiten veröffentlicht, wenn die Offerten jederzeit innerhalb der Zeiten verfügbar sind, die er zuvor als seine üblichen Handelszeiten festgelegt und veröffentlicht hat.

In der Fassung vom 18.5.2016 (ABl. EU Nr. L 87 v. 31.3.2017, S. 90), geändert durch Berichtigung vom 29.9.2017 (ABl. EU Nr. L 251 v. 29.9.2017, S. 30).

Art. 13 Verpflichtung von systematischen Internalisierern, ihre Kursofferten leicht zugänglich zu machen

(Artikel 15 Absatz 1 der Verordnung (EU) Nr. 600/2014)

(1) Systematische Internalisierer spezifizieren auf der Homepage ihrer Website, welche der in Artikel 17 Absatz 3 Buchstabe a der Verordnung (EU) Nr. 600/2014 vorgesehenen Mittel und Wege sie für die Veröffentlichung ihrer Kursofferten nutzen, und aktualisieren diese Informationen.

(2) Wenn ein systematischer Internalisierer seine Kursofferten über einen Handelsplatz oder ein genehmigtes Veröffentlichungssystem bekanntmacht, muss er seine Identität innerhalb der Kursofferte offenlegen.

(3) Nutzen systematische Internalisierer zur Bekanntgabe ihrer Kursofferten mehrere Mittel und Wege, muss die Veröffentlichung der Kursofferten gleichzeitig erfolgen.

(4) Systematische Internalisierer müssen ihre Kursofferten in einem maschinenlesbaren Format bekanntgeben. Kursofferten gelten als in einem maschinenlesbaren Format veröffentlicht, wenn die Veröffentlichung die in der Delegierten Verordnung (EU) 2017/571 der Kommission dargelegten Kriterien erfüllt.

(5) Wenn ein systematischer Internalisierer seine Kursofferten ausschließlich mittels eigener Vorkehrungen bekanntmacht, müssen die Offerten auch in einem vom Menschen lesbaren Format bekanntgemacht werden. Kursofferten gelten als in einem vom Menschen lesbaren Format veröffentlicht, wenn:

a) der Inhalt der Kursofferte in einem für den durchschnittlichen Leser verständlichen Format veröffentlicht wird;
b) die Kursofferte auf der Website des systematischen Internalisierers veröffentlicht wird und die Homepage der Website klare Hinweise enthält, wie auf die Offerte zugegriffen werden kann;

(6) Kursofferten sind unter Anwendung der in der Delegierten Verordnung (EU) 2017/587 der Kommission dargelegten Standards und Spezifikationen zu veröffentlichen.

In der Fassung vom 18.5.2016 (ABl. EU Nr. L 87 v. 31.3.2017, S. 90).

Art. 14 Auftragsausführung durch systematische Internalisierer

(Artikel 15 Absatz 1, Artikel 15 Absatz 2 und Artikel 15 Absatz 3 der Verordnung (EU) Nr. 600/2014)

(1) Für die Zwecke von Artikel 15 Absatz 1 der Verordnung (EU) Nr. 600/2014 liegen außergewöhnliche Marktbedingungen dann vor, wenn die Pflicht eines systematischen Internalisierers zur Bereitstellung verbindlicher Kursofferten an Kunden einem umsichtigen Risikomanagement entgegenstünde, insbesondere wenn:

a) der Handelsplatz, an dem das Finanzinstrument erstmals zum Handel zugelassen wurde, oder der nach Liquiditätsaspekten wichtigste Markt den Handel für das betreffende Finanzinstrument nach Artikel 48 Absatz 5 der Richtlinie 2014/65/EU einstellt;
b) der Handelsplatz, an dem das Finanzinstrument erstmals zum Handel zugelassen wurde, oder der nach Liquiditätsaspekten wichtigste Markt die Aussetzung von Market-Making-Pflichten erlaubt;
c) im Falle eines börsengehandelten Fonds für eine erhebliche Anzahl der dem börsengehandelten Fonds oder dem Index zugrunde liegenden Instrumente kein zuverlässiger Marktkurs verfügbar ist;
d) eine zuständige Behörde Leerverkäufe dieses Finanzinstruments nach Artikel 20 der Verordnung (EU) Nr. 236/2012 des Europäischen Parlaments und des Rates untersagt.

(2) Für die Zwecke von Artikel 15 Absatz 1 der Verordnung (EU) Nr. 600/2014 darf ein systematischer Internalisierer seine Kursofferten jederzeit aktualisieren, vorausgesetzt, dass die aktualisierten Offerten jederzeit auf der Absicht des sys-

tematischen Internalisierers basieren, mit seinen Kunden in nichtdiskriminierender Weise Handel zu betreiben, und die Offerten mit dieser Absicht in Einklang stehen.
(3) Für die Zwecke von Artikel 15 Absatz 2 der Verordnung (EU) Nr. 600/2014 liegt ein Kurs innerhalb einer veröffentlichten, marktnahen Bandbreite, wenn die folgenden Bedingungen erfüllt sind:
a) Der Kurs liegt innerhalb des Geld- und Briefkurses des systematischen Internalisierers;
b) die in Buchstabe a genannten Kurse spiegeln die vorherrschenden Marktbedingungen für das betreffende Finanzinstrument nach Artikel 14 Absatz 7 der Verordnung (EU) Nr. 600/2014 wider.
(4) Für die Zwecke von Artikel 15 Absatz 3 der Verordnung (EU) Nr. 600/2014 ist die Ausführung in Form verschiedener Wertpapiere als Teil ein und desselben Geschäfts anzusehen, wenn die in der Delegierten Verordnung (EU) 2017/587 niedergelegten Kriterien erfüllt sind.
(5) Für die Zwecke von Artikel 15 Absatz 3 der Verordnung (EU) Nr. 600/2014 wird ein Auftrag als Auftrag, für den andere Bedingungen als der jeweils geltende Marktkurs anwendbar ist, betrachtet, wenn die in der Delegierten Verordnung (EU) 2017/587 dargelegten Kriterien erfüllt sind.
In der Fassung vom 18.5.2016 (ABl. EU Nr. L 87 v. 31.3.2017, S. 90), geändert durch Berichtigung vom 29.9.2017 (ABl. EU Nr. L 251 v. 29.9.2017, S. 30).

I. Regelungsgegenstand 1	a) Preisverbesserung (Art. 15 Abs. 2 Unterabs. 2 VO Nr. 600/2014) 13
II. Veröffentlichungsmodalitäten gem. Art. 15 Abs. 1 VO Nr. 600/2014 4	b) Portfoliogeschäfte und Geschäfte, die nicht zur Kursbildung beitragen (Art. 15 Abs. 3 VO Nr. 600/2014) 15
III. Verbindlichkeit der Kursofferten 10	
1. Grundsatz (Art. 15 Abs. 2 Unterabs. 1 VO Nr. 600/2014) 10	c) Abweichung der Kundenaufträge von Kursofferten (Art. 15 Abs. 4 VO Nr. 600/2014) . . 18
2. Ausnahmen 13	

I. Regelungsgegenstand. Art. 15 VO Nr. 600/2014 regelt mehr als nur den in der Überschrift mit „Ausführung von Kundenaufträgen" angesprochenen Aspekt der systematischen Internalisierung. Art. 15 Abs. 1 Unterabs. 1 und 3 VO Nr. 600/2014 knüpft zunächst an die Veröffentlichungspflicht des Art. 14 Abs. 1 Unterabs. 1 VO Nr. 600/2014 an und trifft weitergehende Bestimmungen zum „**Wann**" und „**Wie**" der Offenlegung von Kursofferten. Aufgrund der Ermächtigungen in Art. 17 Abs. 3 und Art. 15 Abs. 5 VO Nr. 600/2014 werden diese Artikel durch Vorschriften in delegierten Verordnungen nochmals näher ausgeführt. Die Veröffentlichungsmodalitäten in Art. 15 Abs. 1 Unterabs. 1 und 3 VO Nr. 600/2014 betreffen sowohl die Offenlegungspflicht des Internalisierers gegenüber seinen Kunden, die zur systematischen Internalisierung zugelassen sind, als auch die Offenlegung gegenüber allen sonstigen Marktteilnehmern.

Die zentralen Fragen, **wie Kundeaufträge ausgeführt werden, die sich mit den Kursofferten ganz oder zum Teil decken**, behandelt Art. 15 Abs. 2 und 4 VO Nr. 600/2014. Es gilt der Grundsatz der Bindung der Geschäftskonditionen an die Kursofferten. Für professionelle Kunden erlaubt Art. 15 Abs. 3 VO Nr. 600/2014 Ausnahmen bei Portfoliogeschäften und Geschäften, die nicht zur Kursbildung beitragen. Die vorgelagerte Frage, welche Marktteilnehmer die Möglichkeit erhalten, mit dem systematischen Internalisierer Verträge über die internalisierten Werte zu den offerierten Bedingungen zu schließen, wird indes durch Art. 17 VO Nr. 600/2014 behandelt.

In Art. 15 Abs. 1 Unterabs. 2 VO Nr. 600/2014 befindet sich etwas unvermittelt eine **Umsetzungsverpflichtung an die Gesetzgeber der EU-Mitgliedstaaten**. Diese sollen Regelungen verabschieden, nach denen die Firmen, die die Definition eines systematischen Internalisierers erfüllen, ihre **zuständige Behörde hierüber in Kenntnis setzen**. Darüber hinaus sollen die Mitgliedstaaten regeln, dass die national zuständige Behörde die ESMA zu informieren hat, damit diese eine Liste aller systematischen Internalisierer in der EU erstellen kann. Im WpHG ist diese Vorschrift mit § 79 WpHG umgesetzt worden.

II. Veröffentlichungsmodalitäten gem. Art. 15 Abs. 1 VO Nr. 600/2014. Nach Art. 15 Abs. 1 Unterabs. 1 Satz 1 VO Nr. 600/2014 muss die Veröffentlichung von Kursofferten **regelmäßig, kontinuierlich, während der üblichen Handelszeiten** erfolgen. Dass die Verordnung hier das Verb „veröffentlichen" nutzt, und nicht wie Art. 14 Abs. 1 Unterabs. 1 VO Nr. 600/2014 „offenlegen", bedeutet keinen Unterschied. Beispielsweise heißt es in der englischen Sprachfassung der Verordnung stets „*make public*". Art. 12 DelVO 2017/567 enthält auf Grundlage von Art. 17 Abs. 3 lit. a VO Nr. 600/2014 erlassene nähere Bestimmungen, wann eine Offerte i.S.v. Art. 15 Abs. 1 VO Nr. 600/2014 regelmäßig und kontinuierlich veröffentlicht wird. Dies ist dann der Fall, wenn die Offerten jederzeit innerhalb der Zeiten verfügbar sind, die der Internalisierer zuvor als seine üblichen Handelszeiten festgelegt und veröffentlicht hat. Die Handelszeiten können dabei an die Öffnungszeiten des unter Liquiditätsaspekten wichtigsten Markts gekoppelt werden.

Die Berechtigung gem. Art. 15 Abs. 1 Unterabs. 1 Satz 2 VO Nr. 600/2014, **Offerten jederzeit aktualisieren** zu können, entspricht der sich aus Satz 1 ergebenden Pflicht zur regelmäßigen und kontinuierlichen Veröffentlichung von Kursofferten, die nach Art. 14 Abs. 3 Satz 4 VO Nr. 600/2014 die vorherrschenden Marktbedingungen für den jeweiligen Wert widerspiegeln müssen. Nach Art. 17 Abs. 3 lit. c VO Nr. 600/2014 i.V.m.

Art. 15 VO Nr. 600/2014 | Ausführung von Kundenaufträgen

Art. 14 Abs. 2 DelVO 2017/567 dürfen Offerten und deren Änderungen mit Blick auf die Kunden nicht in diskriminierender Absicht abgegeben werden.

6 Systematische Internalisierer können gem. Art. 15 Abs. 1 Unterabs. 1 Satz 3 VO Nr. 600/2014 die veröffentlichten **Kurse im Falle außergewöhnlicher Marktbedingungen zurückziehen**. Art. 17 Abs. 3 lit. c VO Nr. 600/2014 i.V.m. Art. 14 Abs. 1 DelVO 2017/567 besagt allgemein, dass außergewöhnliche Marktbedingungen dann vorliegen, wenn die Pflicht zur Bereitstellung verbindlicher Kursofferten an Kunden einem umsichtigen Risikomanagement entgegenstünde. Es werden vier Beispiele benannt, darunter die vorübergehende Aussetzung des Handels an Hauptmärkten und die Aussetzung von Market-Making-Pflichten an Haupthandelsplätzen. Sind die außergewöhnlichen Umstände nicht mehr gegeben, lebt die Pflicht zur regelmäßigen Stellung zu veröffentlichender Kursofferten wieder auf.

7 Art. 15 Abs. 1 Unterabs. 3 VO Nr. 600/2014 bestimmt, dass die Kursofferten für andere Marktteilnehmer in **leicht zugänglicher Weise** und zu angemessenen kaufmännischen Bedingungen zu veröffentlichen sind. Für die Frage der leichten Zugänglichkeit sieht Art. 17 Abs. 3 lit. a VO Nr. 600/2014 i.V.m. Art. 13 DelVO 2017/567 eine Reihe von Detailregelungen zum Datenstreaming vor. Art. 13 Abs. 1 DelVO 2017/567 trägt den Internalisierern auf, dass sie die Art und Weise beschreiben, wie sie die Veröffentlichung ihrer Kursofferten vornehmen, und die Beschreibung auf der Homepage ihrer Internetauftritte zu veröffentlichen. In den Folgeabsätzen werden **drei Veröffentlichungswege** aufgezeigt, die alternativ zum Einsatz kommen können. Der Internalisierer kann die **Informationsversorgung der Marktteilnehmer selbst übernehmen**. Er darf seine Offerten aber auch vermittelt **über die IT-Systeme eines Handelsplatzes** (Art. 3 Abs. 3 VO Nr. 600/2014 und Art. 13 Abs. 2 DelVO 2017/567) oder **über ein genehmigtes Veröffentlichungssystem (APA)** (Art. 13 Abs. 2 DelVO 2017/567) **bekanntgeben**. Bei der Veröffentlichung über einen Dritten, muss die Identität des Internalisierers in der jeweiligen Offerte erkennbar sein. Werden mehrere Informationskanäle zugleich genutzt, so hat die Bekanntgabe synchron zu erfolgen, Art. 13 Abs. 3 DelVO 2017/567. Bereits aus Art. 14 Abs. 7 VO Nr. 600/2014 i.V.m. Art. 9 DelVO 2017/587 ergibt sich unter Weiterverweisung auf die DelVO 2017/571 die Verpflichtung, die Daten in maschinenlesbarer Form bereitzustellen. Art. 13 Abs. 4 DelVO 2017/567 enthält ebenfalls den Normbefehl, die Kursofferten in einem maschinenlesbaren Format gemäß den Kriterien, die sich aus der DelVO 2017/571 ergeben, bereitzuhalten. Im Falle der Veröffentlichung der Kursofferten in Eigenregie müssen die Offerten gem. Art. 13 Abs. 5 DelVO 2017/567 zugleich auch in einem lesbaren Format im Internetauftritt des Internalisierers verfügbar sein; auf der Homepage müssen dann auch klare Hinweise zu finden sein, wie auf die Offerte zugegriffen werden kann. Es muss ersichtlich werden, wie ein Marktteilnehmer Kunde werden und als Kunde die Berechtigung erhalten kann, Geschäfte im Wege der systematischen Internalisierung zu schließen. Darüber hinaus sollte klar werden, wie der Vertragsschluss mit dem Internalisierer im Hinblick auf eine Kursofferte vonstattengeht. Der Vertragsschluss kann sprachbasiert oder auch über elektronische Kommunikationswege erfolgen.

8 Soweit Art. 15 Abs. 1 Unterabs. 3 VO Nr. 600/2014 darauf abstellt, Kursofferten den Marktteilnehmern zu **kaufmännisch angemessenen Bedingungen** bereitzustellen, kann auf die Art. 6ff. im Kapitel II der DelVO 2017/567 verwiesen werden. Diese Vorschriften gründen sich auf die Ermächtigung in Art. 15 Abs. 5 VO Nr. 600/2014 zum Erlass eines delegierten Rechtsakts. Eine Pflicht, ein Entgelt für die Bereitstellung der Kursofferten zu verlangen, besteht nicht.

9 Art. 70 Abs. 3 lit. b RL 2014/65/EU fordert, dass die Mitgliedstaaten bei Verstößen gegen die Vorgabe des Art. 15 Abs. 1 Unterabs. 1 VO Nr. 600/2014 eine Sanktionsmöglichkeit vorsehen. Das WpHG sieht daher in § 120 Abs. 9 Nr. 4 lit. e WpHG eine **Ordnungswidrigkeit** im Falle von Vorsatz und Leichtfertigkeit vor. Vermutlich wollte der Gesetzgeber des MiFID II auch eine Sanktionsverpflichtung für Verstöße gegen Art. 15 Abs. 1 Unterabs. 3 VO Nr. 600/2014 aufstellen. Mit einem Verweis auf Art. 70 Abs. 3 lit. b RL 2014/65/EU auf eine nichtexistenten Art. 15 Abs. 1 Unterabs. 2 Satz 3 VO Nr. 600/2014 geht die Vorschrift jedoch ins Leere. Folglich enthält auch das WpHG keinen Bußgeldtatbestand für Verstöße gegen Art. 15 Abs. 1 Unterabs. 3 VO Nr. 600/2014.

10 **III. Verbindlichkeit der Kursofferten. 1. Grundsatz (Art. 15 Abs. 2 Unterabs. 1 VO Nr. 600/2014).** Art. 15 Abs. 2 Unterabs. 1 VO Nr. 600/2014 statuiert den **Grundsatz der Kurs- bzw. Preisverbindlichkeit**, demzufolge systematische Internalisierer (Art. 14 VO Nr. 600/2014 Rz. 11ff.) bei Ausführung von Kundenaufträgen in Bezug auf Eigenkapitalinstrumente (Art. 14 VO Nr. 600/2014 Rz. 18), für die sie die systematische Internalisierung betreiben, an ihre nach Art. 14 Abs. 1 VO Nr. 600/2014 abgegebenen Kursofferten gebunden sind. Die Vorschrift stellt im Grunde nur eine Klarstellung dessen dar, was sich bereits daraus ergibt, dass Art. 14 Abs. 1 VO Nr. 600/2014 die Abgabe von Kursofferten als verbindliche Erwerbs- und Veräußerungsangebote (Art. 14 VO Nr. 600/2014 Rz. 20) verlangt. Maßgeblich ist dabei der Preis, der zu dem Zeitpunkt geboten war, in dem der Auftrag des Kunden dem systematischen Internalisierer zugegangen ist.

11 Art. 15 Abs. 2 Unterabs. 1 a.E. VO Nr. 600/2014 erinnert nochmals, dass Internalisierer nicht von der Beachtung des Art. 27 RL 2014/65/EU freigestellt sind[1]. Art. 27 RL 2014/65/EU enthält die Vorgaben zur bestmögli-

---

[1] Vgl. hierzu *Beck/Röh* in Schwark/Zimmer, § 32c WpHG Rz. 7; *Seiffert* in MünchKomm. WpHG, § 32c WpHG Rz. 7.

chen Ausführung von Kundenaufträgen. Im WpHG findet sich die Umsetzung in § 82 WpHG. Der Hinweis auf Art. 27 RL 2014/65/EU bedeutet, dass Internalisierer hinreichende Maßnahmen getroffen haben müssen, um das bestmögliche Ergebnis für ihre Kunden zu erzielen. Dies beinhaltet auch das Vorhandensein von Grundsätzen zur Auftragsdurchführung zwischen der Wertpapierfirma mit den Kunden. Die systematische Internalisierung muss gemessen an Art. 27 RL 2014/65/EU materiell die bestmögliche Ausführung für einen Kundeauftrag darstellen oder vom Kunden für die Ausführung ausdrücklich gewünscht werden. Art. 27 RL 2014/65/EU kommt im Verhältnis des Internalisierers bei Geschäften mit geeigneten Gegenparteien nicht zur Anwendung (Art. 30 RL 2014/65/EU; § 68 Abs. 1 WpHG).

Art. 70 Abs. 3 lit. b RL 2014/65/EU sieht vor, dass die Mitgliedstaaten Verstöße gegen Art. 15 Abs. 2 VO Nr. 600/2014 mit Sanktionen belegt. Im WpHG findet sich keine spezifische Bußgeldvorschrift.

2. Ausnahmen. a) Preisverbesserung (Art. 15 Abs. 2 Unterabs. 2 VO Nr. 600/2014). Art. 15 Abs. 2 Unterabs. 2 VO Nr. 600/2014 lässt eine Ausnahme vom Grundsatz der Preisverbindlichkeit zu. Internalisierer können die Kundenaufträge in begründeten Fällen zu besseren Kursen ausführen, allerdings nur, sofern diese Kurse innerhalb einer **veröffentlichten, marktnahen Bandbreite** liegen. Mit der engen Grenze wird dem Gedanken Rechnung getragen, dass systematische Internalisierer zur handelsplatzübergreifenden Kursbildung beitragen[1]. Von der in 17 Abs. 3 lit. e VO Nr. 600/2014 enthaltenen Ermächtigung, Kriterien zu definieren, wann die Kurse innerhalb einer **marktnahen Bandbreite** liegen, hat die EU-Kommission Gebrauch gemacht und Art. 14 Abs. 3 DelVO 2017/567 erlassen. Danach muss der bessere Kurs innerhalb des Geld- und Briefkurses des systematischen Internalisierers liegen. Betont wird in der DelVO auch nochmals, dass diese Kurse die vorherrschenden Marktbedingungen für das betreffende Finanzinstrument i.S.v. Art. 17 Abs. 7 VO Nr. 600/2014 widerspiegeln müssen (s. Art. 14 VO Nr. 600/2014 Rz. 26). Der Zusatz, dass es sich um eine **veröffentliche Bandbreite** handeln muss, kann dahingehend zu verstehen sein, dass sich die Internalisierer die Preisverbesserungsmöglichkeit in ihren schriftlichen Regelwerken vorbehalten. Zugleich wird damit ebenfalls auf die Beachtlichkeit der Kurse an den Haupthandelsplätzen referenziert.

Wann ein **begründeter Fall** vorliegt, lässt die Vorschrift offen. Um eine gänzlich überflüssige Formel scheint es sich dabei nicht handeln. Folgt man der ESMA, dann muss sich eine Preisverbesserungsmaßnahme mit den in Art. 17 Abs. 3 VO Nr. 600/2017 genannten Zielen (Sicherstellung der effizienten Bewertung der Finanzinstrumente und Maximierung der Möglichkeit, für Kunden das beste Geschäft zu erzielen) oder ähnlichen Zielen rechtfertigen lassen[2]. Marginale Preisverbesserungen sollen nach ESMA-Ansicht dem wohl nicht entsprechen. Die Behörde stellt darauf ab, dass Preisverbesserungen begründet sind, wenn sie aussagekräftig sind und dem Tick-Size-Regime folgen, welches für das jeweilige Instrument beim Handel an Handelsplätzen gilt[3].

b) Portfoliogeschäfte und Geschäfte, die nicht zur Kursbildung beitragen (Art. 15 Abs. 3 VO Nr. 600/2014). Art. 15 Abs. 3 VO Nr. 600/2014 sieht zwei weitere Tatbestände vor, die Abweichungen vom Grundsatz der Preisverbindlichkeit erlauben. Sie gelten **nur im Verhältnis des Internalisierers zu professionellen Kunden** i.S.v. Art. 2 Abs. 1 Nr. 8 VO Nr. 600/2014. Die Internalisierer können erstens bei **Geschäften, bei denen verschiedene Wertpapiere Gegenstand eines Geschäfts sind**, andere als die gestellten Kurse vereinbaren. Zweitens können sie bei Aufträgen, für die andere Bedingungen als der jeweils geltende Marktkurs anwendbar sind, von der Kursofferte abweichen. Art. 15 Abs. 4 DelVO 2017/567, der auf Grund der Ermächtigung von Art. 17 Abs. 3 lit. c VO Nr. 600/2014 erlassen wurde, legt fest, dass für die Zwecke von Art. 15 Abs. 3 VO Nr. 600/2014 die Ausführung in Form verschiedener Wertpapiere als Teil ein und desselben Geschäfts anzusehen ist, wenn die in der DelVO 2017/587 niedergelegten Kriterien erfüllt sind. Hierbei handelt es sich um einen Verweis auf die **Definition des „Portfoliogeschäft" in Art. 1 Abs. 1 DelVO 2017/578**. Damit sind **Geschäfte mit fünf oder mehr verschiedenen Finanzinstrumenten** gemeint, die zur gleichen Zeit vom gleichen Kunden durchgeführt werden und in ihrer Gesamtheit zu einem spezifischen Referenzpreis gehandelt werden.

Art. 14 Abs. 5 DelVO 2017/567, ebenfalls auf Grund der Ermächtigung von Art. 17 Abs. 3 lit. c VO Nr. 600/ 2014 erlassen, bestimmt, dass für die Zwecke von Art. 15 Abs. 3 VO Nr. 600/2014 ein Auftrag als Auftrag, für den andere Bedingungen als der jeweils geltende Marktkurs anwendbar ist, zu betrachten ist, wenn die in der DelVO 2017/587 dargelegten Kriterien erfüllt sind. Damit wird auf **Art. 2 und 6 DelVO 2017/587 verweisen, in denen zahlreiche Geschäftstypen aufgeführt werden, die nicht zur Kursfestsetzung beitragen**.

Die Ausnahmen von Art. 15 Abs. 3 VO Nr. 600/2014 brauchen für ihre Beanspruchung nicht im Regelwerk des Internalisierers vorgesehen zu werden. Ausweislich Erwägungsgrund Nr. 12 DelVO 2017/567 werden die Ausnahmetatbestände durch die Regelungen der DelVO 2017/567 abschließend behandelt.

c) Abweichung der Kundenaufträge von Kursofferten (Art. 15 Abs. 4 VO Nr. 600/2014). Die Regelungen der Sätze 1 und 2 des Art. 15 Abs. 4 VO Nr. 600/2014 dürfen als weitere Ausnahme vom Grundsatz der Preisbindung gelten. Die **Vorschrift in Satz 1** regelt den Fall, dass ein Kunde einen Auftrag zu einem Preis erteilt,

---

1 S. Erwägungsgrund Nr. 13 DelVO 2017/567.
2 ESMA Q & A On MiFID II and MiFIR market structures topics, Nr. 5.3 Antwort auf Frage 24.
3 ESMA Q & A On MiFID II and MiFIR market structures topics, Nr. 5.3 Antwort auf Frage 24.

der unter der standardmäßigen Marktgröße (s. Art. 14 VO Nr. 600/2014 Rz. 22) liegt, jedoch über der Größe der vom Internalisierer gestellten Kursofferte. Eine Teilausführung zum quotierten Preis ist dann möglich, wenn der systematische Internalisierer nur eine Kursofferte abgegeben hat oder seine größte Offerte unter der standardmäßigen Marktgröße liegt. Die Teilausführung erlaubt es dem systematischen Internalisierer, auch den seine Offerte übersteigenden Teil auszuführen, jedoch nur zum quotierten Kurs. Die in Art. 15 Abs. 2 und 3 VO Nr. 600/2014 vorgesehenen Möglichkeiten, vom gestellten Preis abzuweichen, bleiben dabei unberührt.

19 Gibt ein systematischer Internalisierer Kursofferten in unterschiedlicher Größe an, räumt ihm **Art. 15 Abs. 4 Satz 2 VO Nr. 600/2014** die Möglichkeit ein, einen zwischen diesen Größen liegenden Kundenauftrag zu einem der quotierten Kurse auszuüben. Die Vorschrift spricht davon, dass dies gem. Art. 28 RL 2014/65/EU erfolgen müsse. Im WpHG entspricht § 69 WpHG dieser Richtlinienvorschrift. In erster Linie ist damit gemeint, dass das Auf- oder Abrunden des Preises für die Zwischengröße in redlicher Art und Weise abläuft. Die in Art. 15 Abs. 2 und 3 VO Nr. 600/2014 vorgesehenen Möglichkeiten, vom gestellten Preis abzuweichen, bleiben auch bei einem Vorgehen nach Art. 15 Abs. 4 Satz 2 VO Nr. 600/2014 bestehen.

20 Die Ausnahmen von Art. 15 Abs. 4 VO Nr. 600/2014 brauchen für ihre Beanspruchung nicht zwingend im Regelwerk des Internalisierers vorgesehen werden.

21 Art. 70 Abs. 3 lit. b RL 2014/65/EU fordert, dass die Mitgliedstaaten bei Verstößen gegen die Vorgabe des Art. 15 Abs. 4 Satz 2 VO Nr. 600/2014 eine **Sanktionsmöglichkeit** vorsehen. Das WpHG sieht dementsprechend in § 120 Abs. 9 Nr. 7 WpHG eine Bebußung bei Vorsatz und Leichtfertigkeit vor.

Art. 16 Pflichten der zuständigen Behörden

Die zuständigen Behörden haben Folgendes zu prüfen:

a) dass die Wertpapierfirmen die Geld- und/oder Briefkurse, die sie gemäß Artikel 14 veröffentlichen, regelmäßig aktualisieren und Kurse anbieten, die den allgemeinen Marktbedingungen entsprechen;

b) dass die Wertpapierfirmen die Bedingungen für die Kursverbesserungen gemäß Artikel 15 Absatz 2 erfüllen.

In der Fassung vom 15.5.2014 (ABl. EU Nr. L 173 v. 12.6.2014, S. 84).

1 Mit Art. 16 VO Nr. 600/2014 (MiFIR) erteilt der EU-Verordnungsgeber den zuständigen Behörden **spezifische Aufträge bei der Überwachung der Wertpapierfirmen**, die die **systematischen Internalisierung bei Eigenkapitalinstrumenten** betreiben. Auf den Prüfstand gestellt werden soll zum einen, ob die Kursofferten – wie in Art. 15 Abs. 1 Unterabs. 1 Satz 1 und 2 i.V.m. Art. 14 Abs. 3 Satz 4 VO Nr. 600/2014 vorgesehen (s. Art. 15 VO Nr. 600/2014 Rz. 4 f.) – regelmäßig aktualisiert und entsprechend den allgemeinen Marktbedingungen angeboten werden. Zum anderen sollen die Behörden prüfen, ob die Vorgaben des Art. 15 Abs. 2 Unterabs. 2 VO Nr. 600/2014 zur Auftragsausführung zu besseren als den offerierten Kursen eingehalten werden.

2 Welche behördenseitigen **Prüfungshandlungen** genau vorzunehmen sind, lässt die Norm offen. Gleiches gilt für den Zeitintervall der Kontrollen. Insofern gesteht die Vorschrift der jeweiligen Behörde ein gewisses Ermessen zu, wann und wie sie handelt. Legt man die Konzeption der MiFID II/MiFIR-Gesetzgebung insgesamt zugrunde, so soll die Aufsicht prinzipiell ohnehin auf der Grundlage mitgliedstaatlicher Eingriffsbefugnisse vorgehen (für Deutschland s. Rz 4). Art. 69 Abs. 2 RL 2014/65/EU (MiFID II) gibt das Mindestmaß an Aufsichtsbefugnissen für die zuständige Behörde eines Mitgliedstaates vor. Diese sollen ausweislich der Erwägungsgründe in Nr. 138 RL 2014/65/EU im Rahmen vollständiger nationaler Rechtsvorschriften ausgeübt werden, in denen die Einhaltung der Grundrechte und auch das Recht auf Schutz der Privatsphäre garantiert wird. Weiter heißt es dort, dass für den Zweck der Ausübung dieser Befugnisse, durch die es zu gravierenden Eingriffen in Bezug auf das Recht auf Achtung des Privat- und Familienlebens, der Wohnung sowie der Kommunikation kommen kann, die Mitgliedstaaten angemessene und wirksame Schutzvorkehrungen gegen jegliche Form des Missbrauchs vorsehen. Insofern sollte in Art. 16 VO Nr. 600/2014 **keine gegenüber den nationalen Vorschriften vorrangige Aufgabenzuweisungs- und Befugnisnorm** erblickt werden.

3 Wer die **zuständige Behörde** i.S.v. Art. 16 VO Nr. 600/2014 ist, definiert Art. 2 Abs. 1 Nr. 18 VO Nr. 600/2014. Dies ist die in Art. 4 Abs. 1 Nr. 26 RL 2014/65/EU genannte Behörde. In der MiFID II-Vorschrift wird als die „zuständige Behörde" grundsätzlich diejenige Behörde bezeichnet, die vom betreffenden Mitgliedstaat gem. Art. 67 RL 2014/65/EU benannt worden ist. Nach Art. 67 Abs. 1 Satz 1 RL 2014/65/EU benennt ein Mitgliedstaat die zuständige Behörde, die für die Wahrnehmung der Aufgaben gemäß den einzelnen Bestimmungen der MiFIR und der MiFID II verantwortlich ist. Die ESMA veröffentlicht ein Verzeichnis der zuständigen Behörden auf ihrer Internetseite und aktualisiert dieses, Art. 67 Abs. 3 RL 2014/65/EU. Die Mitgliedstaaten haben gem. Art. 67 Abs. 2 Unterabs. 3 RL 2014/65/EU nicht nur die ESMA über die Zuständigkeitsregelungen zu unterrichten, sondern auch die EU-Kommission und die Behörden der anderen Mitgliedstaaten. Aus § 6 Abs. 5

WpHG ergibt sich, dass aus deutscher Sicht die BaFin die zuständige Behörde i.S.d. Art. 2 Abs. 1 Nr. 18 VO Nr. 600/2014 ist.

Der Prüfungsauftrag an die zuständige Behörde nach Art. 16 VO Nr. 600/2014 steht neben dem **auf mitgliedstaatlicher Ebene gesetzten Recht** (s. bereits Rz. 2), wonach die Tätigkeit von Wertpapierfirmen, wozu systematische Internalisierer gehören, durch die zuständigen Behörden ständig zu überwachen ist, ob diese ihren aus der MiFID II bzw. der MiFIR resultierenden Pflichten nachkommen. Dass der nationale Gesetzgeber die Einhaltung der Vorschriften der MiFID II/MiFIR-Gesetzgebung einer behördlichen Überwachung zu unterziehen hat, ergibt sich aus den Art. 22 RL 2014/65/EU – hier insbesondere auch i.V.m. Art. 1 Abs. 7 Unterabs. 2 RL 2014/65/EU, der die Vorschriften des Titels III der VO Nr. 600/2014 in den Pflichtenkanon der MiFID II einbezieht – sowie aus Art. 67 und 69 RL 2014/65/EU. Der deutsche Gesetzgeber hat die Aufsichtszuständigkeit über die Vorschriften aus der MiFIR, soweit Wertpapierdienstleistungsunternehmen angesprochen sind, der BaFin übertragen, vgl. § 6 Abs. 2 Satz 1 i.V.m. § 1 Abs. 1 Nr. 8 lit. f) WpHG und §§ 88, 89 WpHG. Die Eingriffsbefugnisse der BaFin bei der Überwachung der Art. 14, 15 VO 600/2014 leiten sich aus § 6 sowie §§ 88, 89 WpHG ab.

4

Art. 17 Zugang zu Kursofferten

(1) Systematische Internalisierer dürfen entsprechend ihrer Geschäftspolitik und in objektiver, nichtdiskriminierender Weise entscheiden, welchen Kunden sie Zugang zu ihren Kursofferten geben. Zu diesem Zweck verfügen sie über eindeutige Standards für den Zugang zu ihren Kursofferten. Systematische Internalisierer können es ablehnen, mit Kunden eine Geschäftsbeziehung aufzunehmen, oder sie können eine solche beenden, wenn dies aufgrund wirtschaftlicher Erwägungen wie der Kreditsituation des Kunden, des Gegenparteirisikos und der Endabrechnung des Geschäfts erfolgt.

(2) Um das Risiko aufgrund einer Häufung von Geschäften mit ein und demselben Kunden zu beschränken, sind systematische Internalisierer berechtigt, die Zahl der Geschäfte, die sie zu den veröffentlichten Bedingungen mit demselben Kunden abzuschließen bereit sind, in nichtdiskriminierender Weise zu beschränken. Sie dürfen – in nichtdiskriminierender Weise und gemäß den Bestimmungen des Artikels 28 der Richtlinie 2014/65/EU – die Gesamtzahl der gleichzeitig ausgeführten Geschäfte für verschiedene Kunden beschränken, sofern dies nur dann zulässig ist, wenn die Zahl und/oder das Volumen der Kundenaufträge erheblich über der Norm liegt.

(3) Um die effiziente Bewertung der Aktien, Aktienzertifikate, börsengehandelten Fonds, Zertifikate oder anderer vergleichbarer Finanzinstrumente sicherzustellen, und um die Möglichkeit von Wertpapierfirmen zu maximieren, für ihre Kunden die besten Geschäftskonditionen zu erzielen, erlässt die Kommission nach Anhörung der ESMA delegierter[1] Rechtsakte im Sinne von Artikel 50, in denen Folgendes festgelegt wird:

a) die Kriterien dafür, wann eine Offerte im Sinne von Artikel 15 Absatz 1 regelmäßig und kontinuierlich veröffentlicht wird und leicht zugänglich ist, sowie die Mittel und Wege, mit denen Wertpapierfirmen ihrer Pflicht zur Bekanntmachung ihrer Kursofferten nachkommen können; in Betracht kommt eine Veröffentlichung

   i) über das System jedes geregelten Marktes, an dem das betreffende Finanzinstrument zum Handel zugelassen ist;

   ii) über ein genehmigtes Veröffentlichungssystem;

   iii) mittels eigener Vorkehrungen;

b) die Kriterien zur Festlegung der Geschäfte im Sinne von Artikel 15 Absatz 3, bei denen die Ausführung in Form verschiedener Wertpapiere Teil ein und desselben Geschäfts ist, oder der Aufträge im Sinne von Artikel 15 Absatz 3, auf die andere Bedingungen als der jeweils geltende Marktkurs anwendbar sind;

c) die Kriterien dafür, welche Bedingungen als „außergewöhnliche Marktbedingungen" im Sinne von Artikel 15 Absatz 1 zu betrachten sind, die die Rücknahme von Kursofferten zulassen, sowie die Bedingungen für die Aktualisierung von Kursofferten im Sinne von Artikel 15 Absatz 1;

d) die Kriterien dafür, wann die Zahl und/oder das Volumen der Aufträge der Kunden nach Absatz 2 erheblich über der Norm liegt.

e) die Kriterien dafür, wann die Kurse – wie in Artikel 15 Absatz 2 ausgeführt – innerhalb einer veröffentlichten, marktnahen Bandbreite liegen.

In der Fassung vom 15.5.2014 (ABl. EU Nr. L 173 v. 12.6.2014, S. 84).

---

1 Anm.: Grammatikfehler im Amtsblatt enthalten.

**Delegierte Verordnung (EU) 2017/567 der Kommission vom 18. Mai 2016
zur Ergänzung der Verordnung (EU) Nr. 600/2014 des Europäischen Parlaments und des Rates im Hinblick auf Begriffsbestimmungen, Transparenz, Portfoliokomprimierung und Aufsichtsmaßnahmen zur Produktintervention und zu den Positionen**

(Auszug)

Art. 15 Aufträge, die erheblich über der Norm liegen

(Artikel 17 Absatz 2 der Verordnung (EU) Nr. 600/2014)

(1) Für die Zwecke von Artikel 17 Absatz 2 der Verordnung (EU) Nr. 600/2014 ist davon auszugehen, dass die Zahl oder das Volumen von Aufträgen erheblich über der Norm liegt, wenn ein systematischer Internalisierer nicht die Zahl oder das Volumen dieser Aufträge ausführen kann, ohne sich einem unangemessenen Risiko auszusetzen.

(2) Als systematische Internalisierer auftretende Wertpapierfirmen bestimmen im Voraus auf objektive Weise und im Einklang mit ihrer Risikomanagementpolitik und den Verfahren nach Artikel 23 der Delegierten Verordnung (EU) 2017/565 der Kommission, wann die Firma aufgrund der Zahl oder des Volumens von Kundenaufträgen einem unangemessenen Risiko ausgesetzt ist.

(3) Für die Zwecke von Absatz 2 hat ein systematischer Internalisierer im Rahmen seiner Risikomanagementstrategie und -verfahren ein Konzept zu erstellen, beizubehalten und umzusetzen, um die Anzahl oder das Volumen von Aufträgen zu ermitteln, die er ausführen kann, ohne einem unangemessenen Risiko ausgesetzt zu sein, wobei sowohl das der Firma zur Verfügung stehende Kapital zur Deckung des Risikos für diese Art von Geschäften als auch am Markt vorherrschenden Bedingungen zu berücksichtigen sind.

(4) Im Einklang mit Artikel 17 Absatz 2 der Verordnung (EU) Nr. 600/2014 ist die Strategie nach Absatz 3 in Bezug auf Kunden nichtdiskriminierend.

In der Fassung vom 18.5.2016 (ABl. EU Nr. L 87 v. 31.3.2017, S. 90), geändert durch Berichtigung vom 29.9.2017 (ABl. EU Nr. L 251 v. 29.9.2017, S. 30).

Schrifttum: *Kumpan*, Die Regulierung außerbörslicher Handelssysteme im deutschen, europäischen und US-amerikanischen Recht, 2006; *Säcker* u.a. (Hrsg.), Münchener Kommentar zum BGB, Band 2, 7. Aufl. 2016; *Schelling*, Die systematische Internalisierung in Nichteigenkapitalinstrumenten nach MiFID II und MiFIR, BKR 2015, 221; *Seitz*, Die Regulierung von Wertpapierhandelssystemen in der EU, AG 2004, 497.

I. Regelungsgegenstand und systematische Stellung der Vorschrift ... 1	IV. Beschränkung der Ausführung von Aufträgen eines einzelnen Kunden (Art. 17 Abs 2 Satz 1 VO Nr. 600/2014) ... 12
II. Zugangsentscheidung (Art. 17 Abs. 1 VO Nr. 600/2014) ... 5	V. Begrenzung der Gesamtzahl von Geschäften mit verschiedenen Kunden (Art. 17 Abs. 2 Satz 2 VO Nr. 600/2014) ... 13
III. Entzug der Zugangsmöglichkeit (Art. 17 Abs. 1 Satz 3 VO Nr. 600/2014) ... 11	

1   **I. Regelungsgegenstand und systematische Stellung der Vorschrift.** Die systematischen Internalisierer von Eigenkapitalinstrumenten sind nicht verpflichtet, unter allen Umständen sofort und unbegrenzt mit Marktteilnehmern Verträge über die internalisierten Werte zu den offerierten Bedingungen schließen zu müssen. Sie dürfen darüber entscheiden, welchen Personen sie über die reine Information hinaus Zugang zu ihren Kursofferten gewähren. **Art. 17 Abs. 1 VO Nr. 600/2014** enthält Regelungen darüber, wie systematische Internalisierer den **Prozess ausgestalten** müssen, **um steuern zu können, wer** mit ihnen **Internalisierungsgeschäfte schließen darf.** Das Ermessen, welches sich ein Internalisierer im Hinblick auf die Ablehnung interessierter Marktteilnehmer einräumen kann, ist dabei grundsätzlich von nichtdiskriminierenden Elementen begrenzt. Dies ist bedeutsam unter dem Aspekt der Schaffung der Voraussetzungen von markteffizienzsteigernden Arbitragegeschäften[1]. Im Bereich der Nichteigenkapitalinstrumente befindet sich in Art. 18 Abs. 5 Satz 1–4 VO Nr. 600/2014 eine Vorschrift, die eine im Wesentlichen inhaltsgleiche Bestimmung vorhält.

2   **Art. 17 Abs. 2 VO Nr. 600/2014** räumt den Internalisierern das **Recht** ein, **die Ausführungsmöglichkeiten** der zum Internalisierungshandel zugelassenen Kunden **mengenmäßig zu begrenzen.**

3   **Art. 17 Abs. 1 VO Nr. 600/2014 behandelt damit inhaltlich einen Bereich, der im Ablauf vor der Ausführung** (Art. 15 Abs. 2 Unterabs. 1 VO Nr. 600/2014), der abweichenden Ausführung (Art. 15 Abs. 2 Unterabs. 2, Abs. 3–4 VO Nr. 600/2014) bzw. der Nichtausführung (Art. 17 Abs. 2 VO Nr. 600/2014) von Kundenaufträgen anzusiedeln ist.

4   Die Belange des bloßen Informationszugangs zu Kursofferten ohne das Recht, zugleich das Internalisierungssystem zum Handel nutzen zu können, werden in Art. 17 Abs. 1 VO Nr. 600/2014 allenfalls am Rande mitgeregelt. Bei rechter Betrachtung ist der **Informationszugang ohne Handelsmöglichkeit bereits durch die Art. 14 Abs. 1 und 15 Abs. 1 VO Nr. 600/2014** nebst Ausführungsvorschriften in delegierten Verordnungen **vollumfänglich behandelt.**

---

1   *Kumpan*, S. 367; *Seitz*, AG 2004, 497, 504. Auch *Beck/Röh* in Schwark/Zimmer, § 32d WpHG Rz. 2.

II. Zugangsentscheidung (Art. 17 Abs. 1 VO Nr. 600/2014). Systematische Internalisierer dürfen sich nach Art. 17 Abs. 1 Satz 1 VO Nr. 600/2014 gegen eine Geschäftsbeziehung mit Marktteilnehmern, die den Abschluss von Geschäften im Rahmen der systematischen Internalisierung zum Inhalt hat, entscheiden, wenn dies **auf der Grundlage ihrer Geschäftspolitik** (engl. *commercial policy*) und **in objektiver nichtdiskriminierender Weise** erfolgt. Die Entscheidungsgrundlagen müssen sich gem. Art. 17 Abs. 1 Satz 2 VO Nr. 600/2014 **aus einem eindeutig definierten Regelwerk (Standards) ergeben.** Werden die aufgestellten Zugangskriterien von handelswilligen Interessenten erfüllt, so ist der Internalisierer verpflichtet, diesen die vollständige Nutzungsmöglichkeit des Internalisierungssystems einzuräumen. Er darf keine anderweitigen Abwägungsgesichtspunkte mehr heranziehen. Der vertragliche Rahmen für den Abschluss einzelner Geschäfte ist dann eröffnet.

Bei den aufzustellenden Standards handelt es sich bei Anwendbarkeit des BGB um **Allgemeine Geschäftsbedingungen (AGB)**. Im Hinblick auf das Eindeutigkeitserfordernis können die bei der Kontrolle von AGB entwickelten Kriterien insbesondere zur Mehrdeutigkeit von Geschäftsbedingungen (§ 305c Abs. 2 BGB)[1] und zu dem in § 307 Abs. 1 Nr. 2 BGB enthaltenen Transparenzgebot[2] herangezogen werden.

Mit **Geschäftspolitik** ist nicht lediglich das Dokument gemeint, welches die eindeutigen Standards i.S.d. Art. 17 Abs. 2 Satz 2 VO Nr. 600/2014 festlegt, auch wenn dieses in der Praxis der Internalisierer oftmals mit „*Commercial Policy*" überschrieben wird[3]. Bei der Geschäftspolitik handelt es sich um die aus Unternehmensgegenstand, Betriebserlaubnis und aus der verabschiedeten Geschäfts- und Risikostrategie, einschließlich der Handelsstrategie, ergebenden Eckpunkte für die Durchführung des Geschäftsbetriebs. Aus der Geschäftspolitik können und dürfen sich relevante Differenzierungen ergeben, die sich in den Standards zur Zugangsgewährung niederschlagen. Eine Wertpapierfirma, die sich kraft ihrer Statuten nur auf das Geschäft mit professionellen Kunden konzentriert, wird durch die Notwendigkeit der Zugangsregelung nicht verpflichtet, Privatkunden aufzunehmen. Zuvorderst müssen Internalisierungskunden ohnehin den risikobasierten Prozess der Kundenprüfung nach den Geldwäsche-Regularien erfolgreich durchlaufen haben, der bereits geschäftspolitische Elemente enthält. Daneben sind Schritte zur Kundenklassifizierung und zur Kundeninformation nach den wertpapierhandelsrechtlichen Vorschriften erforderlich. Diese Vorschriften werden durch Art. 17 Abs. 1 VO Nr. 600/2014 nicht überflüssig. Internalisierungsgeschäfte in der Form, dass ein Marktteilnehmer, der nicht als Kunde im IT-Basissystem der Wertpapierfirma angelegt ist, sich bei der Firma meldet, und sofort auf einen veröffentlichten Kurs handeln möchte, scheiden aufgrund der zunächst einzuleitenden Prüfungsschritte im Rahmen der Neukunden-Aufnahme-Prozesse regelmäßig aus.

Da die Entscheidung über den Zugang zu den Kursofferten auf Grundlage **objektiver und nicht diskriminierender Art und Weise** zu erfolgen hat, müssen die anzulegenden Kriterien allgemein gefasst sein. Sachfremde und nicht durch schutzwürdige Interessen des systematischen Internalisierers gerechtfertigte Kriterien (wie etwa Nationalität, Glaubenszugehörigkeit, Geschlecht, Alter oder etwa Konkurrentenabwehr) sind von vornherein ausgeschlossen.

Systematische Internalisierer können nach Art. 17 Abs. 1 Satz 3 VO Nr. 600/2014 in ihren Standards in allgemein gefasster Form festlegen, dass sie eine Geschäftsbeziehung nicht eingehen werden, wenn **wirtschaftliche Erwägungen** wie die Kreditsituation des potentiellen Kunden oder das Gegenparteirisiko dagegenspricht. Soweit die Vorschrift auch die „Endabrechnung des Geschäfts" (engl. *„final settlement"*) aufzählt, so ist damit die technische Geschäftsabwicklung gemeint[4]. Internalisierer sind nicht verpflichtet, für Kunden atypische und kostenintensive Abwicklungsprozesse auf der Geld- bzw. Stückeseite vorzuhalten. Die ESMA vertritt in einem Frage-Antwort-Dokument zur inhaltsgleichen Vorschrift Art. 18 Abs. 5 Satz 4 VO Nr. 600/2014 die Ansicht, dass systematische Internalisierer nur befugt sein sollten, ihre Kunden nach nichtdiskriminierenden Kriterien unter Berücksichtigung des Gegenparteirisikos oder der Geschäftsabwicklung zu gruppieren[5]. Dies erscheint nicht nur vor dem Hintergrund der beispielhaften Aufzählung der wirtschaftlichen Gesichtspunkte zweifelhaft. Dies gilt zumindest dann, wenn dies bedeutet, dass Überlegungen, die sich aus der materiellen Geschäftspolitik ergeben (s. Rz. 7), nicht berücksichtigt werden dürfen. Zulässig bleiben auch Unterscheidungen, die sich aus regulatorischen Überlegungen heraus rechtfertigen lassen. Zulässig sollte es beispielsweise sein, Kunden, die nicht zum Zielmarkt ausgewählter Finanzinstrumente gehören, vom Zugang zu diesen Instrumenten auszuschließen.

Art. 70 Abs. 3 lit. b RL 2014/65/EU sieht vor, dass die Mitgliedstaaten für Verstöße gegen Art. 17 Abs. 1 Satz 2 VO Nr. 600/2014 Sanktionen vorsehen. Dementsprechend sieht § 120 Abs. 9 Nr. 8 WpHG vor, dass es **ordnungswidrig** ist, wenn ein systematischer Internalisierer vorsätzlich oder leichtfertig nicht über eindeutige Standards für den Zugang zu Kursofferten verfügt.

III. Entzug der Zugangsmöglichkeit (Art. 17 Abs. 1 Satz 3 VO Nr. 600/2014). Art. 17 Abs. 1 Satz 3 VO Nr. 600/2014 erlaubt es, dass systematische Internalisierer sich in ihren Regelwerken die Möglichkeit vorbehal-

---

1 Dazu allgemein *Basedow* in MünchKomm. BGB, 7. Aufl. 2016, § 305c BGB Rz. 18 ff.
2 Dazu allgemein *Wurmnest* in MünchKomm. BGB, 7. Aufl. 2016, § 307 BGB Rz. 54 ff.
3 A.A. wohl die ESMA in Q & A On MiFID II and MiFIR transparency topics, Nr. 7 Antwort auf Frage 8.
4 Vgl. zur Parallelvorschrift Art. 18 Abs. 5 Satz 4 VO Nr. 600/2014 *Schelling*, BKR 2015, 221, 226.
5 ESMA Q & A On MiFID II and MiFIR transparency topics, Nr. 7 Antwort auf Frage 8.

ten, Kunden den Zugang zum internalisierten Handel wieder zu entziehen. Die Kündigung der Geschäftsbeziehung darf dabei aus denselben wirtschaftlichen Erwägungen heraus erfolgen, die auch eine ursprüngliche Zugangsverweigerung rechtfertigen.

12 **IV. Beschränkung der Ausführung von Aufträgen eines einzelnen Kunden (Art. 17 Abs. 2 Satz 1 VO Nr. 600/2014).** Nach Art. 17 Abs. 2 Satz 1 VO Nr. 600/2014 sind systematische Internalisierer berechtigt, die Zahl der Geschäfte, die sie mit ein und demselben Kunden vornehmen, in nichtdiskriminierender Weise zu beschränken. Die Beschränkungsform ist in den Richtlinien des Internalisierers anzugeben. Hat ein Kunde die für einen gewissen Zeitraum festgelegte zahlenmäßige Begrenzung für Geschäftsausführungen erreicht, so kann er solange nicht auf verbindliche Kursofferten handeln, bis ein definierter neuer Zeitabschnitt beginnt. Andere Kunden, die die Grenze nicht erreicht haben, können hingegen weiter auf die gestellten Preise hin Geschäfte schließen.

13 **V. Begrenzung der Gesamtzahl von Geschäften mit verschiedenen Kunden (Art. 17 Abs. 2 Satz 2 VO Nr. 600/2014).** Die systematischen Internalisierer dürfen gem. Art. 17 Abs. 2 Satz 2 VO Nr. 600/2014 in nichtdiskriminierender Weise und im Einklang mit Art. 28 RL 2014/65/EU die Gesamtzahl der Geschäfte mit verschiedenen Kunden beschränken, wenn die **Zahl und/oder das Volumen der Kundenaufträge erheblich über der Norm liegt**. Der auf der Ermächtigung nach Art. 17 Abs. 3 lit. e VO Nr. 600/2014 erlassene Art. 15 DelVO 2017/567 regelt, welchen Maßstab der Internalisierer beachten muss, wenn er den Eintritt des Falles definiert. Die Grundregel ist, dass die Gesamtzahl oder das Volumen der Geschäfte den **Internalisierer keinem unangemessenen Risiko aussetzen** darf. Wendet der Internalisierer dabei die in Art. 15 Abs. 3 DelVO 2017/567 vorgesehene Methodik zur Ermittlung des unangemessenen Risikos an, so ist gem. Art. 15 Abs. 4 DelVO 2017/567 die Beschränkung der Handelsmöglichkeiten über alle internalisierten Werte hinweg auf dieser Grundlage nicht kundendiskriminierend. Die Beschränkungsmöglichkeit ist in den Richtlinien des Internalisierers gegenüber den Kunden anzugeben[1].

Art. 18 Verpflichtung der systematischen Internalisierer zur Veröffentlichung verbindlicher Kursofferten in Bezug auf Schuldverschreibungen, strukturierte Finanzprodukte, Emissionszertifikate und Derivate

(1) Wertpapierfirmen veröffentlichen feste Kursofferten in Bezug auf die Schuldverschreibungen, strukturierten Finanzprodukte, Emissionszertifikate und Derivate, die an einem Handelsplatz gehandelt werden, für die sie eine systematische Internalisierung betreiben und für die ein liquider Markt besteht, sofern folgende Bedingungen erfüllt sind:

a) sie sind für eine Kursofferte für einen Kunden des systematischen Internalisierers erforderlich;

b) die Internalisierer sind mit der Abgabe einer Kursofferte einverstanden.

(2) Für Schuldverschreibungen, strukturierte Finanzprodukte, Emissionszertifikate und Derivate, die an einem Handelsplatz gehandelt werden und für die kein liquider Markt besteht, bieten systematische Internalisierer – sofern sie mit der Abgabe einer Kursofferte einverstanden sind – ihren Kunden auf Anfrage Kursofferten an. Sie können von dieser Verpflichtung befreit werden, wenn die Bedingungen nach Artikel 9 Absatz 1 erfüllt sind.

(3) Systematische Internalisierer sind berechtigt, ihre Offerten jederzeit zu aktualisieren. Im Falle außergewöhnlicher Marktbedingungen dürfen sie ihre Kursofferten zurückziehen.

(4) Die Mitgliedstaaten schreiben vor, dass Firmen, die die Definition eines systematischen Internalisierers erfüllen, ihre zuständige Behörde hierüber unterrichten. Diese Benachrichtigung wird der ESMA übermittelt. Die ESMA erstellt eine Liste aller systematischen Internalisierer in der Union.

(5) Systematische Internalisierer machen verbindliche Kursofferten, die gemäß Absatz 1 veröffentlicht wurden, ihren anderen Kunden zugänglich. Ungeachtet dessen dürfen systematische Internalisierer entsprechend ihrer Geschäftspolitik und in objektiver, nichtdiskriminierender Weise entscheiden, welchen Kunden sie Zugang zu ihren Kursofferten geben. Zu diesem Zweck verfügen sie über eindeutige Standards für den Zugang zu ihren Kursofferten. Systematische Internalisierer können es ablehnen, mit Kunden eine Geschäftsbeziehung aufzunehmen oder eine solche beenden, wenn dies aufgrund wirtschaftlicher Erwägungen wie der Kreditsituation des Kunden, des Gegenparteirisikos und der Endabrechnung des Geschäfts erfolgt.

---

1 Erwägungsgrund Nr. 14 DelVO 2017/567.

(6) Systematische Internalisierer verpflichten sich gemäß den veröffentlichten Bedingungen zum Abschluss von Geschäften mit einem anderen Kunden, dem die Kursofferte im Einklang mit Absatz 5 zur Verfügung gestellt wurde, wenn das notierte Geschäftsvolumen dem für das betreffende Instrument gemäß Artikel 9 Absatz 5 Buchstabe d ermittelten typischen Umfang entspricht oder es unterschreitet. Bei Finanzinstrumenten, die unter den nach Artikel 9 Absatz 4 ermittelten Liquiditätsschwellenwert fallen, unterliegen systematische Internalisierer nicht der Verpflichtung, eine verbindliche Kursofferte im Sinne von Absatz 1 abzugeben.

(7) Systematische Internalisierer können die Zahl der Geschäfte, die sie sich mit Kunden infolge einer bestimmten Kursofferte einzugehen verpflichten, auf nichtdiskriminierende und transparente Art und Weise beschränken.

(8) Gemäß Absätzen 1 und 5 veröffentlichte Kursofferten und Kursofferten, die dem in Absatz 6 genannten Volumen entsprechen oder es unterschreiten, sind so bekanntzumachen, dass sie den übrigen Marktteilnehmern zu angemessenen kaufmännischen Bedingungen leicht zugänglich sind.

(9) Durch die Kursofferte(n) muss sichergestellt werden, dass der systematische Internalisierer seinen Verpflichtungen nach Artikel 27 der Richtlinie 2014/65/EU nachkommt, und sie müssen gegebenenfalls die vorherrschenden Marktbedingungen in Bezug auf die Kurse, zu denen Geschäfte mit denselben oder ähnlichen Finanzinstrumenten an einem Handelsplatz abgeschlossen werden, widerspiegeln. Sie können Aufträge jedoch in begründeten Fällen zu besseren Kursen ausführen, sofern diese Kurse innerhalb einer veröffentlichten, marktnahen Bandbreite liegen.

(10) Systematische Internalisierer unterliegen nicht den Bestimmungen dieses Artikels, wenn sie Geschäfte mit einem Volumen tätigen, das den für das Finanzinstrument gemäß Artikel 9 Absatz 5 Buchstabe d ermittelten typischen Geschäftsumfang übersteigt.

(11) In Bezug auf ein Auftragspaket gelten unbeschadet des Absatzes 2 die Verpflichtungen in diesem Artikel nur für das Auftragspaket als Ganzes und nicht gesondert für die einzelnen Teilaufträge des Auftragspakets.

In der Fassung vom 15.5.2014 (ABl. EU Nr. L 173 v. 12.6.2014, S. 84), geändert durch Verordnung (EU) 2016/1033 vom 23.6.2016 (ABl. EU Nr. L 175 v. 30.6.2016, S. 1).

Delegierte Verordnung (EU) 2017/567 der Kommission vom 18. Mai 2016
zur Ergänzung der Verordnung (EU) Nr. 600/2014 des Europäischen Parlaments und des Rates im Hinblick auf Begriffsbestimmungen, Transparenz, Portfoliokomprimierung und Aufsichtsmaßnahmen zur Produktintervention und zu den Positionen

(Auszug)

Art. 16 Für das Instrument typischer Umfang

(Artikel 18 Absatz 6 der Verordnung (EU) Nr. 600/2014)

Für die Zwecke von Artikel 18 Absatz 6 der Verordnung (EU) Nr. 600/2014 entspricht der für das Instrument typische Umfang für Instrumente, die in Systemen der Preisanfrage („request for quote"), in Hybridsystemen, sprachbasierten Systemen oder anderen Systemen gehandelt werden, dem in Anhang III der Delegierten Verordnung (EU) 2017/583 der Kommission dargelegten Umfang.

In der Fassung vom 18.5.2016 (ABl. EU Nr. L 87 v. 31.3.2017, S. 90).

Delegierte Verordnung (EU) 2017/565 der Kommission vom 25. April 2016
zur Ergänzung der Richtlinie 2014/65/EU des Europäischen Parlaments und des Rates in Bezug auf die organisatorischen Anforderungen an Wertpapierfirmen und die Bedingungen für die Ausübung ihrer Tätigkeit sowie in Bezug auf die Definition bestimmter Begriffe für die Zwecke der genannten Richtlinie

(Auszug)

Art. 13 Systematische Internalisierer für Schuldverschreibungen

(Artikel 4 Absatz 1 Nummer 20 der Richtlinie 2014/65/EU)

Eine Wertpapierfirma gilt als systematischer Internalisierer gemäß Artikel 4 Absatz 1 Ziffer 20 der Richtlinie 2014/65/EU in Bezug auf alle Schuldverschreibungen, die einer Kategorie von Schuldverschreibungen angehören, welche von dem gleichen Unternehmen oder einem Unternehmen innerhalb der gleichen Gruppe ausgegeben wurden, wenn sie in Bezug auf diese Schuldverschreibungen gemäß den folgenden Kriterien internalisiert:

a) häufige und systematische Internalisierung hinsichtlich einer Schuldverschreibung, für die ein liquider Markt gemäß Artikel 2 Absatz 1 Ziffer 17 Buchstabe a der Verordnung (EU) Nr. 600/2014 besteht, soweit in den vergangenen 6 Monaten:
   i) die Zahl der OTC-Geschäfte, die die Wertpapierfirma im Rahmen der Ausführung von Kundenaufträgen für eigene Rechnung abgeschlossen hat, 2,5 % der Gesamtanzahl an Geschäften mit der entsprechenden Schuldverschreibung, die in dem gleichen Zeitraum innerhalb der Union an einem beliebigen Handelsplatz oder OTC ausgeführt werden, entspricht oder überschreitet;

Art. 18 VO Nr. 600/2014 | Veröffentlichungsverpflichtung der systematischen Internalisierer

ii) die OTC-Geschäfte, die von der Wertpapierfirma für eigene Rechnung abgeschlossen werden, wenn sie Kundenaufträge mit dem entsprechenden Finanzinstrument ausführt, im Durchschnitt einmal pro Woche vorgenommen wurden;

b) häufige und systematische Internalisierung hinsichtlich einer Schuldverschreibung, für die kein liquider Markt gemäß Artikel 2 Absatz 1 Ziffer 17 Buchstabe a der Verordnung (EU) Nr. 600/2014 besteht, soweit die OTC-Geschäfte, die die Wertpapierfirma im Rahmen der Ausführung von Kundenaufträgen für eigene Rechnung abgeschlossen hat, in den vergangenen 6 Monaten im Durchschnitt einmal pro Woche vorgenommen wurden;

c) wesentliche Internalisierung hinsichtlich einer Schuldverschreibung, wenn der Umfang der OTC-Geschäfte, die die Wertpapierfirma im Rahmen der Ausführung von Kundenaufträgen für eigene Rechnung abgeschlossen hat, in den vergangenen 6 Monaten einem der beiden folgenden Prozentsätze entsprach oder einen dieser Sätze überschritten hat:

  i) 25 % des Gesamtumsatzes, den die Wertpapierfirma mit dieser Schuldverschreibung für eigene Rechnung oder im Namen der Kunden getätigt hat und der an einem Handelsplatz oder OTC getätigt wurde;

  ii) 1 % des Gesamtumsatzes, der mit dieser Schuldverschreibung innerhalb der Union an einem Handelsplatz oder OTC getätigt wurde.

In der Fassung vom 25.4.2016 (ABl. EU Nr. L 87 v. 31.3.2017, S. 1), geändert durch Berichtigung vom 26.9.2017 (ABl. EU Nr. L 246 v. 26.9.2017, S. 1).

Art. 14 Systematische Internalisierer für strukturierte Finanzprodukte

(Artikel 4 Absatz 1 Nummer 20 der Richtlinie 2014/65/EU)

Eine Wertpapierfirma gilt als systematischer Internalisierer gemäß Artikel 4 Absatz 1 Ziffer 20 der Richtlinie 2014/65/EU in Bezug auf alle strukturierten Finanzprodukte, die einer Kategorie von strukturierten Finanzprodukten angehören, welche von dem gleichen Unternehmen oder einem Unternehmen innerhalb der gleichen Gruppe ausgegeben wurden, wenn sie in Bezug auf diese strukturierten Finanzprodukte gemäß den folgenden Kriterien internalisiert:

a) häufige und systematische Internalisierung hinsichtlich eines strukturierten Finanzprodukts, für das ein liquider Markt gemäß Artikel 2 Absatz 1 Ziffer 17 Buchstabe a der Verordnung (EU) Nr. 600/2014 besteht, soweit in den vergangenen 6 Monaten:

  i) die Zahl der OTC-Geschäfte, die die Wertpapierfirma im Rahmen der Ausführung von Kundenaufträgen für eigene Rechnung abgeschlossen hat, 4 % der Gesamtanzahl an Geschäften mit dem entsprechenden strukturierten Finanzprodukt, die in dem gleichen Zeitraum innerhalb der Union an einem beliebigen Handelsplatz oder OTC abgeschlossen werden, entspricht oder überschreitet;

  ii) die OTC-Geschäfte, die von der Wertpapierfirma für eigene Rechnung abgeschlossen werden, wenn sie Kundenaufträge mit dem entsprechenden Finanzinstrument ausführt, im Durchschnitt einmal pro Woche vorgenommen wurden;

b) häufige und systematische Internalisierung hinsichtlich eines strukturierten Finanzprodukts, für das kein liquider Markt gemäß Artikel 2 Absatz 1 Ziffer 17 Buchstabe a der Verordnung (EU) Nr. 600/2014 besteht, soweit die OTC-Geschäfte, die die Wertpapierfirma im Rahmen der Ausführung von Kundenaufträgen für eigene Rechnung abgeschlossen hat, in den vergangenen 6 Monaten im Durchschnitt einmal pro Woche vorgenommen wurden;

c) wesentliche Internalisierung mit einem strukturierten Finanzprodukt, wenn der Umfang der OTC-Geschäfte, die die Wertpapierfirma im Rahmen der Ausführung von Kundenaufträgen für eigene Rechnung abgeschlossen hat, in den vergangenen 6 Monaten einem der beiden folgenden Prozentsätze entsprach oder einen dieser Sätze überschritten hat:

  i) 30 % des Gesamtumsatzes, den die Wertpapierfirma mit diesem strukturierten Finanzprodukt für eigene Rechnung oder im Namen der Kunden getätigt hat und der an einem Handelsplatz oder OTC getätigt wurde;

  ii) 2,25 % des Gesamtumsatzes, der mit diesem strukturierten Finanzprodukt innerhalb der Union an einem Handelsplatz oder OTC getätigt wurde.

In der Fassung vom 25.4.2016 (ABl. EU Nr. L 87 v. 31.3.2017, S. 1), geändert durch Berichtigung vom 26.9.2017 (ABl. EU Nr. L 246 v. 26.9.2017, S. 1).

Art. 15 Systematische Internalisierer für Derivate

(Artikel 4 Absatz 1 Nummer 20 der Richtlinie 2014/65/EU)

Eine Wertpapierfirma gilt als systematischer Internalisierer gemäß Artikel 4 Absatz 1 Ziffer 20 der Richtlinie 2014/65/EU in Bezug auf alle Derivate, die einer Kategorie von Derivaten angehören, wenn sie in Bezug auf diese Derivate gemäß den folgenden Kriterien internalisiert:

a) häufige und systematische Internalisierung hinsichtlich eines Derivats, für das ein liquider Markt gemäß Artikel 2 Absatz 1 Ziffer 17 Buchstabe a der Verordnung (EU) Nr. 600/2014 besteht, soweit in den vergangenen 6 Monaten:

  i) die Zahl der OTC-Geschäfte, die die Wertpapierfirma im Rahmen der Ausführung von Kundenaufträgen für eigene Rechnung abgeschlossen hat, 2,5 % der Gesamtanzahl an Geschäften mit der entsprechenden Kategorie von Derivaten, die in dem gleichen Zeitraum innerhalb der Union an einem beliebigen Handelsplatz oder OTC ausgeführt werden, entspricht oder überschreitet;

  ii) die OTC-Geschäfte, die von der Wertpapierfirma für eigene Rechnung abgeschlossen werden, wenn sie Kundenaufträge mit dieser Kategorie von Derivaten ausführt, im Durchschnitt einmal pro Woche vorgenommen wurden;

b) häufige und systematische Internalisierung hinsichtlich eines Derivats, für das kein liquider Markt gemäß Artikel 2 Absatz 1 Ziffer 17 Buchstabe a der Verordnung (EU) Nr. 600/2014 besteht, soweit die OTC-Geschäfte, die die Wertpapierfirma im Rahmen der Ausführung von Kundenaufträgen in der entsprechenden Kategorie von Derivaten für ei-

gene Rechnung abgeschlossen hat, in den vergangenen 6 Monaten im Durchschnitt einmal pro Woche vorgenommen wurden;
c) wesentliche Internalisierung hinsichtlich eines Derivats, wenn der Umfang der OTC-Geschäfte, die die Wertpapierfirma im Rahmen der Ausführung von Kundenaufträgen für eigene Rechnung abgeschlossen hat, in den vergangenen 6 Monaten einem der beiden folgenden Prozentsätze entsprach oder einen dieser Sätze überschritten hat:
  i) 25 % des Gesamtumsatzes, den die Wertpapierfirma mit dieser Kategorie von Derivaten für eigene Rechnung oder im Namen der Kunden getätigt hat und der an einem Handelsplatz oder OTC getätigt wurde;
  ii) 1 % des Gesamtumsatzes, der mit dieser Kategorie von Derivaten innerhalb der Union an einem Handelsplatz oder OTC getätigt wurde.

In der Fassung vom 25.4.2016 (ABl. EU Nr. L 87 v. 31.3.2017, S. 1), geändert durch Berichtigung vom 26.9.2017 (ABl. EU Nr. L 246 v. 26.9.2017, S. 1).

Art. 16 Systematische Internalisierer für Emissionszertifikate
(Artikel 4 Absatz 1 Nummer 20 der Richtlinie 2014/65/EU)

Eine Wertpapierfirma gilt als systematischer Internalisierer gemäß Artikel 4 Absatz 1 Ziffer 20 der Richtlinie 2014/65/EU in Bezug auf alle Emissionszertifikate, wenn sie in Bezug auf ein solches Instrument gemäß den folgenden Kriterien internalisiert:
a) häufige und systematische Internalisierung hinsichtlich eines Emissionszertifikats, für das ein liquider Markt gemäß Artikel 2 Absatz 1 Ziffer 17 Buchstabe a der Verordnung (EU) Nr. 600/2014 besteht, soweit in den vergangenen 6 Monaten:
  i) die Zahl der OTC-Geschäfte, die die Wertpapierfirma im Rahmen der Ausführung von Kundenaufträgen für eigene Rechnung abgeschlossen hat, 4 % der Gesamtanzahl an Geschäften mit der entsprechenden Art von Emissionszertifikaten, die in dem gleichen Zeitraum innerhalb der Union an einem beliebigen Handelsplatz oder OTC ausgeführt werden, entspricht oder überschreitet;
  ii) die OTC-Geschäfte, die von der Wertpapierfirma für eigene Rechnung abgeschlossen werden, wenn sie Kundenaufträge mit dieser Art von Emissionszertifikaten ausführt, im Durchschnitt einmal pro Woche vorgenommen wurden;
b) häufige und systematische Internalisierung hinsichtlich eines Emissionszertifikats, für das kein liquider Markt gemäß Artikel 2 Absatz 1 Ziffer 17 Buchstabe a der Verordnung (EU) Nr. 600/2014 besteht, soweit die OTC-Geschäfte, die die Wertpapierfirma im Rahmen der Ausführung von Kundenaufträgen mit der entsprechenden Art von Emissionszertifikaten für eigene Rechnung abgeschlossen hat, in den vergangenen 6 Monaten im Durchschnitt einmal pro Woche vorgenommen wurden;
c) wesentliche Internalisierung hinsichtlich eines Emissionszertifikats, wenn der Umfang der OTC-Geschäfte, die die Wertpapierfirma im Rahmen der Ausführung von Kundenaufträgen für eigene Rechnung abgeschlossen hat, in den vergangenen 6 Monaten einem der beiden folgenden Prozentsätze entsprach oder einen dieser Sätze überschritten hat:
  i) 30 % des Gesamtumsatzes, den die Wertpapierfirma mit dieser Art von Emissionszertifikaten für eigene Rechnung oder im Namen der Kunden getätigt hat und der an einem Handelsplatz oder OTC getätigt wurde;
  ii) 2,25 % des Gesamtumsatzes, der mit dieser Art von Emissionszertifikaten innerhalb der Union an einem Handelsplatz oder OTC getätigt wurde.

In der Fassung vom 25.4.2016 (ABl. EU Nr. L 87 v. 31.3.2017, S. 1), geändert durch Berichtigung vom 26.9.2017 (ABl. EU Nr. L 246 v. 26.9.2017, S. 1).

Schrifttum: *Hoops,* Das neue Regime für die systematische Internalisierung nach MiFID II: Auswirkungen auf den deutschen Zertifikatehandel, WM 2017, 319; *Kumpan,* Die Regulierung außerbörslicher Handelssysteme im deutschen, europäischen und US-amerikanischen Recht, 2006; *Meljnik,* Systematische Internalisierung: Eckpunkte des neuen Aufsichtsregimes nach MiFID II/MiFIR, BaFin Journal April 2017, 35; *Schelling,* Die systematische Internalisierung in Nichteigenkapitalinstrumenten nach MiFID II und MiFIR, BKR 2015, 221; *Seitz,* Die Regulierung von Wertpapierhandelssystemen in der EU, AG 2004, 497; *Teuber/Schröer* (Hrsg.), MiFID II/MiFIR, 2015; *Temporale* (Hrsg.), Europäische Finanzmarktregulierung, 2015; *Seitz,* Die Regulierung von Wertpapierhandelssystemen in der EU, AG 2004, 497.

I. Regelungsgegenstand und systematische Stellung der Vorschrift 1	
II. Pflicht zur Abgabe von Kursofferten 9	
1. Personeller Anwendungsbereich 9	
2. Gegenständlicher Anwendungsbereich 14	
a) Nichteigenkapitalinstrumente 14	
b) Tatbestandsmerkmal „die an einem Handelsplatz gehandelt werden" 15	
c) Auftragspakete 16	
3. Inhalt der Pflicht 18	
a) Kursofferten 20	
b) Feste Kursofferten 22	
c) Veröffentlichung fester Kursofferten im Fall liquider Märkte 25	
aa) Liquider Markt 25	
bb) Kundenanfrage und Bereitschaft zur Abgabe einer Offerte	26
cc) Veröffentlichungsmodalitäten	28
d) Kursofferten auf Anfrage im Fall illiquider Märkte	31
aa) Möglichkeit der Kenntnisnahme für alle Kunden	31
bb) Ausnahmegewährung gem. Art. 18 Abs. 2 Satz 2 VO Nr. 600/2014	35
III. Aktualisierung und Zurückziehen von Offerten (Art. 18 Abs. 3 VO Nr. 600/2014)	38
IV. Zugangsentscheidung (Art. 18 Abs. 5 VO Nr. 600/2014)	42
V. Preisverbindlichkeit und Geschäftsumfang (Art. 18 Abs. 6 Unterabs. 1 VO Nr. 600/2014)	48

Art. 18 VO Nr. 600/2014 | Veröffentlichungsverpflichtung der systematischen Internalisierer

VI. Unterschreiten des Schwellenwerts i.S.d. Art. 9 Abs. 4 VO Nr. 600/2014 (Art. 18 Abs. 6 Unterabs. 2 VO Nr. 600/2014) 52	IX. Beachtung von Art. 27 RL 2014/65/EU und Preisverbesserung (Art. 18 Abs. 9 VO Nr. 600/2014) 56
VII. Beschränkung der Zahl der Geschäfte (Art. 18 Abs. 7 VO Nr. 600/2014) 53	X. Geschäfte, die den typischen Geschäftsumfang übersteigen (Art. 18 Abs. 10 VO Nr. 600/2014) 59
VIII. Zugänglichmachen von Kursofferten gegenüber den übrigen Marktteilnehmern (Art. 18 Abs. 8 VO Nr. 600/2014) 54	XI. Auftragspakete (Art. 18 Abs. 11 VO Nr. 600/2014) 60

1 **I. Regelungsgegenstand und systematische Stellung der Vorschrift.** Die VO Nr. 600/2014 (MiFIR) hält für systematische Internalisierer von Eigenkapitalinstrumenten mit Art. 14, 15 und 17 VO Nr. 600/2014 drei Vorschriften bereit, die sich mit der **Vorhandelstransparenz** sowie der **Ausführung von Kundenaufträgen** beschäftigen. Art. 18 VO Nr. 600/2014 fasst demgegenüber alle die für systematische Internalisierer von Nichteigenkapitalinstrumenten hierzu geltenden Bestimmungen in einer Vorschrift unter der Überschrift „Verpflichtung der systematischen Internalisierer zur Veröffentlichung verbindlicher Kursofferten ..." zusammen. Verpflichtungen im Bereich der Vorhandelstransparenz für systematische Internalisierer von Nichteigenkapitalinstrumenten sind im EU-Kapitalmarktrecht neu[1]. Die MiFID von 2004 (RL 2004/39/EG) stellte es den Mitgliedstaaten lediglich frei, die Transparenzvorschriften für den Vor- und Nachhandel auf andere Finanzinstrumente als Aktien auszudehnen[2]. Von dieser Möglichkeit wurde auf mitgliedstaatlicher Ebene indes nur wenig Gebrauch gemacht.

2 In den Grundlinien weisen die MiFIR-Vorschriften zur **Vorhandelstransparenz bei Eigenkapital- und Nichteigenkapitalinstrumenten** einige **Gemeinsamkeiten** auf. Offensichtlich haben aber die **Unterschiede** zwischen den Instrumentenklassen, die in rechtlicher und/oder wirtschaftlicher Hinsicht bestehen und die sich in der Preisbildungssystematik, Marktstruktur und im Marktverhalten der Teilnehmer niederschlagen, den EU-Verordnungsgeber dazu bewogen, im Detail doch recht unterschiedliche Regelungen zu erlassen. Ein signifikanter Unterschied besteht darin, dass bei Internalisierung eines liquiden Nichteigenkapitalinstruments im Gegensatz zur Internalisierung eines liquiden Eigenkapitalinstruments nicht die Verpflichtung besteht, fortlaufend und regelmäßig Kursofferten abzugeben. Der Internalisierer eines liquiden Nichteigenkapitalinstruments muss sich mit der Frage des Offerierens erst dann auseinandersetzen, wenn ein tatsächliches Kundeninteresse an ihn herangetragen worden ist. Er kann sich aber selbst bei Vorliegen eines anfänglichen Interesses immer noch gegen die Abgabe von Kursofferten entscheiden und dies auch ohne Begründung.

3 Wie mit Art. 14, 15 und 17 VO Nr. 600/2014 will der Verordnungsgeber auch mit Art. 18 VO Nr. 600/2014 der Gefahr begegnen, dass am Markt keine effiziente Preisbildung für Finanzinstrumente stattfindet[3]. Zugleich wird auch hier die Schaffung transparenter, gleicher Wettbewerbsbedingungen für alle Handelsformen bezweckt[4]. Soweit der Regelungsbereich Aspekte zur Ausführung von Geschäften betrifft, so sollen Vorschriften auch dem Interesse von Kunden dienen, möglichst ungehinderten Zugang zum Markt zu erhalten[5].

4 Art. 18 Abs. 4 VO Nr. 600/2014 enthält eine Bestimmung, die nicht die systematischen Internalisierer direkt anspricht. Es werden die EU-Mitgliedstaaten aufgefordert, Regelungen in ihren einzelstaatlichen Rechtsordnungen vorzusehen, wonach **Firmen, die die Definition eines systematischen Internalisierers erfüllen, ihre zuständige Behörde hierüber unterrichten müssen**. Weiterhin soll die Behörde verpflichtet werden, die ESMA zu benachrichtigen, damit diese eine Liste aller systematischen Internalisierer in der EU erstellen kann. Im deutschen Recht befindet sich die Umsetzungsnorm in § 79 WpHG.

5 Die Nachhandelstransparenz für im Wege der systematischen Internalisierung geschlossene Geschäfte über Nichteigenkapitalinstrumente richtet sich nach Art. 21 VO Nr. 600/2014.

6 Art. 18 VO Nr. 600/2014 enthält **Marktordnungsvorschriften**, die den Rahmen für die Abläufe der systematischen Internalisierung im Hinblick auf Nichteigenkapitalinstrumente vorgeben. Sie wirken zugleich auf die Gestaltung der vertraglichen Verhältnisse des Internalisierers mit den an Kursofferten interessierten Marktteilnehmern ein, unabhängig davon, ob es um die bloße technische Anbindung zum Datenpool geht oder zugleich auch um die Handelsmöglichkeit. Der gesetzte Rahmen ist bei der Abfassung der jeweiligen Vertragsklauseln zu berücksichtigen. Aus deutscher Sicht wird Art. 18 VO Nr. 600/2014 mitunter als privatrechtliche Regelung betrachtet[6] und weniger dem verwaltungsrechtlichen Aufsichtsrecht zugeordnet. Bei der Beurteilung, ob die Vorschrift für die Vertragspartner des Internalisierers ein Schutzgesetz i.S.d. § 823 Abs. 2 BGB sein kann, ist entsprechend dem Zweck, dass die Vorhandelstransparenzpflicht vornehmlich der Verbesserung der Markteffi-

---

1 *Meljnik*, BaFin-Journal April 2017, 35, 38.
2 Erwägungsgrund Nr. 46 RL 2004/39/EG.
3 Erwägungsgrund Nr. 18 VO Nr. 600/2014; *Schelling*, BKR 2015, 221, 222.
4 Erwägungsgrund Nr. 18 VO Nr. 600/2014.
5 Vgl. BaFin, Allgemeinverfügung – Befreiung systematischer Internalisierer von den Pflichten nach Art. 18 Abs. 2 Satz 1 MiFIR in Bezug auf Kursofferten – v. 2.1.2018, WA 21-FR 1900-2017/0002.
6 *Buck-Heeb*, Rz. 135.

zienz dient und das Informationsbedürfnis der Anleger und Handelsteilnehmer eher reflexartig schützt, Zurückhaltung angezeigt[1].

Die Überwachung, ob die Internalisierer Art. 18 VO Nr. 600/2014 einhalten, erfolgt durch die zuständige Behörde des Mitgliedstaates, in denen die Wertpapierfirma ihren Sitz hat; vgl. Art. 67, 69 RL 2014/65/EU. Der deutsche Gesetzgeber hat, soweit es nicht den börslichen Bereich betrifft, die Aufsicht über die Vorschriften aus der MiFIR der BaFin übertragen, § 6 Abs. 2 WpHG. Darüber hinaus ist Art. 18 VO Nr. 600/2014 in die Anwendungsbereiche der Überwachungs- bzw. Prüfungsvorschriften §§ 88 und 89 WpHG einbezogen. Im Übrigen enthält Art. 19 Abs. 1 VO Nr. 600/2014 Aufgabenzuweisungen bei der Überwachung von Art. 18 VO Nr. 600/2014 an die zuständige Behörden eines jeweiligen EU-Mitgliedstaates und an die ESMA.

Art. 70 Abs. 3 lit. b RL 2014/65/EU sieht vor, dass die Mitgliedstaaten für Verstöße gegen die Vorgaben der Art. 18 Abs. 1, 2, 5 Satz 1, Abs. 6 Unterabs. 1, Abs. 8 und 9 VO Nr. 600/2014 Sanktionen vorsehen. Im WpHG wird den Vorgaben mit den **Bußgeldtatbeständen** des § 120 Abs. 9 Nr. 9–13 WpHG nachgekommen. Vorgenommene Sanktionen werden von der BaFin gem. § 126 Abs. 1 Satz 1 Nr. 3 WpHG öffentlich bekannt gegeben.

II. Pflicht zur Abgabe von Kursofferten. 1. Personeller Anwendungsbereich. Die Pflichten aus Art. 18 Abs. 1–3 und 5–11 VO Nr. 600/2014 sprechen **Wertpapierfirmen, die die systematische Internalisierung betreiben, oder synonym die systematischen Internalisierer** an. Hinsichtlich der Begrifflichkeiten kann grundsätzlich auf die Kommentierung zu Art. 14 Art. VO Nr. 600/2014 Rz. 8 ff. und Rz. 11 ff. verwiesen werden.

Eine Abweichung besteht bei der Definition des systematischen Internalisierers im Hinblick auf die Bestimmung, ob häufig und systematisch und in erheblichem Umfang internalisiert wird. Hier kommt bei Nichteigenkapitalinstrumenten nicht Art. 12 DelVO 2017/565 zu Anwendung, sondern die **Art. 13 ff. DelVO 2017/565**. Art. 13 DelVO 2017/565 betrifft Schuldverschreibungen, Art. 14 DelVO 2017/565 strukturierte Finanzprodukte, Art. 15 DelVO 2017/565 Derivate und Art. 16 DelVO 2017/565 Emissionszertifikate.

Für die Feststellung, **ob häufig und systematisch internalisiert** wird, muss gem. Art. 13 ff. DelVO 2017/565 (die Vorschriften sind vor Rz. 1 abgedruckt) im ersten Schritt ermittelt werden, ob es für das betreffende Finanzinstrument einen **liquiden Markt** nach Maßgabe von Art. 2 Abs. 1 Nr. 17 lit. a VO Nr. 600/2014 gibt. Die Bewertung, ob ein spezifisches Nichteigenkapitalinstrument einen liquiden Markt besitzt, ergibt sich aus den Regelungen der DelVO 2017/583. Besteht ein liquider Markt, so schließt sich die Prüfung zweier weiterer Voraussetzungen an. Es ist festzustellen, ob in den vergangenen sechs Monaten

– die Zahl der selbst mit Kunden ausgeführten Geschäfte einen gewissen Prozentsatz an der Gesamtanzahl der EU-weit in dem Finanzinstrument ausgeführten Geschäfte erreicht hat, und
– selbst mit Kunden ausgeführte Geschäfte in dem entsprechenden Finanzinstrument durchschnittlich einmal pro Woche vorgekommen sind.

Liegt **kein liquider Markt** vor, so ist nur der letztgenannte Aspekt zu prüfen.

Bei der Ermittlung, ob die **Internalisierung in erheblichem Umfang** erfolgt, muss eine der beiden Voraussetzungen erfüllt sein:

– Der Umsatz von selbst mit Kunden ausgeführten Geschäften in dem betreffenden Instrument muss in den vergangenen sechs Monaten einen gewissen Prozentsatz des Gesamtumsatzes, den die Wertpapierfirma mit diesem Finanzinstrument für eigene Rechnung oder im Namen der Kunden an einem Handelsplatz oder OTC erzielt hat, erreicht haben.
– Der Umsatz in dem betreffenden Instrument muss einen gewissen Prozentsatz des Gesamtumsatzes, der mit diesem Finanzinstruments innerhalb der EU an einem Handelsplatz bzw. OTC erzielt wurde, erreicht haben.

Die konkreten Prozentsätze in der Verordnung sind so gewählt worden, dass Handelsaktivitäten, die Auswirkungen auf die Marktpreisbildung haben, in das Transparenzregime der MiFIR für systematische Internalisier fallen[2].

Überschreitet eine Wertpapierfirma in Bezug auf eine Schuldverschreibung die Häufigkeits- und die Wesentlichkeitsschwelle, dann wird auch es für alle anderen Finanzinstrumente derselben Kategorie, welche von dem gleichen Unternehmen oder einem Unternehmen innerhalb der gleichen Gruppe ausgegeben wurde, systematischer Internalisierer[3] (Art. 13 DelVO 2017/565). Die Kategorisierung richtet sich dabei nach der (Annex III Tabelle 2.2 DelVO 2017/583). Die gleiche Regelung findet sich für strukturierte Finanzprodukte in Art. 14 DelVO 2017/565. Nach Art. 15 DelVO 2017/565 gilt eine Wertpapierfirma, die ein Derivat internalisiert, und dabei die Schwellenwerte erreicht, als systematischer Internalisierer in Bezug auf alle Derivate, die einer Kategorie von Derivaten angehören. Zur Ermittlung der einschlägigen Derivateklasse ist ebenfalls auf das Tabellenwerk der DelVO 2017/583 zurückzugreifen. Zugrunde zu legen ist jeweils die kleinste dort für Derivate definierte Kategorie. Für Aktienderivate soll die SSTI/LIS-Tabelle 6.2 aus Anhang III DelVO 2017/583 zur Anwendung gelangen[4].

---
1 Buck-Heeb, Rz. 135.
2 Vgl. Erwägungsgrund Nr. 18 DelVO 2017/565.
3 Sog. Trigger-Mechanismus; vgl. Meljnik, BaFin-Journal April 2017, 35, 38.
4 ESMA Q & A On MiFID II and MiFIR transparency topics, Nr. 7 Antwort auf Frage 4 a).

14 **2. Gegenständlicher Anwendungsbereich. a) Nichteigenkapitalinstrumente.** Die systematische Internalisierung der Wertpapierfirma muss sich für den Anwendungsbereich des Art. 18 VO Nr. 600/2014 auf **Schuldverschreibungen, strukturierten Finanzprodukte, Emissionszertifikate und Derivate, die an einem Handelsplatz gehandelt werden**, beziehen. Hinsichtlich der Einzelheiten zu den Instrumenten wird auf die Kommentierung bei Art. 8 VO Nr. 600/2014 Rz. 14 ff. verwiesen.

15 **b) Tatbestandsmerkmal „die an einem Handelsplatz gehandelt werden".** Für den Anwendungsbereich des Art. 18 Nr. 600/2014 müssen die Nichteigenkapitalinstrumente an einem Handelsplatz gehandelt (engl. *traded on a trading venue, TOTV*) werden. Handelsplätze sind gem. Art. 4 Abs. 1 Nr. 24 RL 2014/65/EU **geregelte Märkte, multilaterale Handelssysteme (MTF) oder organsierte Handelssysteme (OTF)**. Ein Handel aufgrund einer förmlichen Zulassung, die mit Ausnahme bei verbrieften Derivaten, den Antrag eines Emittenten voraussetzt, ist nicht erforderlich. Nichteigenkapitalinstrumente können an geregelten Märkten und an MTF bzw. OTF jeweils auch ohne Antrag eines Emittenten gehandelt werden. Der Handelsplatzbetreiber muss die Instrumente nur in den Handel einbezogen haben. Für MTF und OTF ergibt sich dies aufgrund der Vorgabe in Art. 18 Abs. 2 RL 2014/65/EU aus den mitgliedstaatlichen Regelungen. In Deutschland sind dies § 72 Abs. 1 Nr. 2 WpHG sowie § 48 Abs. 1 und § 48b Abs. 1 BörsG. An einem geregelten Markt ist allerdings Voraussetzung, dass die Instrumente bereits an einem anderen geregelten Markt mit Zustimmung des Emittenten zugelassen sind (vgl. Art. 51 Abs. 5 RL 2014/65/EU; § 33 BörsG). Bei unverbrieften Derivaten ist die Festlegung der Kontaktspezifikationen durch den Handelsplatzbetreiber, die sich in den Referenzdaten nach Art. 27 Abs. 1 VO Nr. 600/2014 manifestieren[1], Voraussetzung für die Handelsaufnahme[2].

16 **c) Auftragspakete.** Durch den durch die VO 2016/1033 nachträglich hinzugefügten Art. 18 Abs. 11 Nr. 600/2014 sind über Kursofferten für Einzelwerte hinaus Kursofferten über Auftragspakete Regelungsgegenstand der Vorschrift geworden. Art. 18 Abs. 11 VO Nr. 600/2014 bestimmt, dass die Verpflichtungen nur für das Auftragspaket als Ganzes und nicht gesondert für die einzelnen Teilaufträge des Auftragspakets gelten. Dies bedeutet, dass sich die Abgabe einer Kursofferte auf das Paket beziehen muss[3]. Da eine Firma Internalisierer immer nur in Bezug auf konkrete Einzelwerte werden kann, ist die Voraussetzung für Transparenzverpflichtungen auf der Ebene von Auftragspaketen, dass die Wertpapierfirma systematischer Internalisierer in Bezug auf alle Bestandteile der Order ist. Fragt ein Kunde nach einem Auftragspaket an, bei dem die Wertpapierfirma nur hinsichtlich einzelner Komponenten Internalisierer ist, so können sich die Kursofferten auf die im Paket vorkommenden Einzelwerte beziehen. Nach Ansicht der ESMA soll aber auch in diesem Falle eine Kursofferte für das gesamte Paket zulässig sein[4].

17 Unter **Auftragspaket** ist gem. Art. 2 Abs. 1 Nr. 49 VO Nr. 600/2014 ein preislich als einzige Einheit ausgewiesener Auftrag zu verstehen, der zur Ausführung eines Transaktionspakets mit der Bezeichnung „Exchange for Physical" oder zur Ausführung eines Transaktionspakets mit zwei oder mehr Finanzinstrumenten eingesetzt wird. Näher hierzu Art. 8 VO Nr. 600/2014 Rz. 21 ff.

18 **3. Inhalt der Pflicht.** Ist eine Wertpapierfirma systematischer Internalisierer für ein spezifisches Nichteigenkapitalinstrument, muss sie unter feststehenden Voraussetzungen Kursofferten abgeben. Art. 18 Abs. 1 VO Nr. 600/2014 enthält die Regelung für die Instrumente, für die ein liquider Markt und Art. 18 Abs. 2 VO Nr. 600/2014 für die Instrumente, für die kein liquider Markt besteht. Im Fall liquider Märkte sind **feste Kursofferten** (engl. *firm quotes*) **zu veröffentlichen** und im Fall nicht liquider Märkte **Kursofferten anzubieten**. Für die Verpflichtung zur Kundgabe von Kursofferten ist als erste Voraussetzung sowohl bei liquiden als auch nicht liquiden Märkten eine kundenseitige Anfrage erforderlich. Als zweite Voraussetzung kommt bei beiden Varianten hinzu, dass die Internalisierer sich zur Abgabe einer Kursofferte bereit erklärt haben müssen.

19 **Art. 18 Abs. 10 VO Nr. 600/2014 begrenzt den Anwendungsbereich** der Norm auf die Ausführung von Aufträgen mit einem Volumen, welches dem typischen Umfang von Geschäften in dem spezifischen Wert (engl. *size specific to the instrument, SSTI*) entspricht oder kleiner als dieser Umfang ist. Diese Pflichtenbegrenzung ähnelt der Beschränkung gem. Art. 14 Abs. 2 VO Nr. 600/2014, die die Vorhandelstransparenz bei Eigenkapitalinstrumenten an die Standardmarktgröße bindet. Fragt ein Internalisierungskunde eine Kursofferte für ein Nichteigenkapitalinstrument an, deren Umfang den des Typischen übersteigt, und will sich der Internalisierer auf die Abgabe einer verbindlichen Offerte für diese Größenordnung einlassen, so muss er in der Folge die anderen Kunden und auch die Marktteilnehmer nicht darüber informieren. **Auch aus Art. 18 Abs. 6 Unterabs. 1 a.E. VO Nr. 600/2014 ergibt sich diese Beschränkung** der Quotierungspflicht[5], in dem es dort heißt, dass es eine Bindung an Kursofferten nur geben kann, wenn diese mit dem SSTI-Wert übereinstimmen oder diesen unterschreiten. Die Einzelheiten, wann eine Quotierung einen über das Typische hinausgehenden Umfang aufweist, ergeben sich über die Verweisung auf Art. 9 Abs. 5 lit. d VO Nr. 600/2014 aus Art. 5, 13 DelVO 2017/

---

1 Vgl. hierzu Opinion der ESMA 70-156-117 v. 22.5.2017, Rz. 10 ff.
2 Im Hinblick auf das deutsche Börsenrecht vgl. § 23 Abs. 2 BörsG.
3 *ESMA Q & A On MiFID II and MiFIR transparency topics*, Nr. 4 Antwort auf Frage 4 c).
4 *ESMA Q & A On MiFID II and MiFIR transparency topics*, Nr. 4 Antwort auf Frage 4 c).
5 *Schelling*, BKR 2015, 221, 226.

583. Über das dort veröffentlichte umfangreiche Tabellenwerk bzw. Veröffentlichungen der zuständigen Behörden, lassen sich die grundsätzlich auf EURO lautenden einschlägigen SSTI-Werte ermitteln[1].

a) Kursofferten. Anders als bei den Regelungen zur systematischen Internalisierung von Eigenkapitalinstrumenten (s. Art. 14 VO Nr. 600/2014) finden sich in Art. 18 VO Nr. 600/2014 keine direkten Aussagen zur Auslegung des Begriffs Kursofferte (engl. *quote*)[2]. Aus systematischer Sicht wird man auch bei Art. 18 VO Nr. 600/ 2014 grundsätzlich an der für Art. 14 VO Nr. 600/2014 geltenden Definition anknüpfen können: Kursofferten sind demnach die **Preise, mit denen ein systematischer Internalisierer sein Interesse anzeigt, eine bestimmte Menge eines Finanzinstruments zu erwerben bzw. zu veräußern**[3]. Allerdings wird man hier nicht nur die gleichzeitige Stellung eines Geld- und Briefkurses als Kursofferte verstehen müssen. Auch einseitig aufgerufene Geld- oder Briefkurse sollten definitorisch als Kursofferte angesehen werden. Die Internalisierung im Anwendungsbereich von Art. 18 VO Nr. 600/2014 beruht auf der Überlegung, dass die Geld- und Briefspanne selbst bei Werten mit einem liquiden Markt nicht regelmäßig und kontinuierlich der interessierten Öffentlichkeit zugänglich gemacht wird, sondern der Preisaufruf auf Kundenanfragen hin erfolgt. Dies schließt in liquiden Werten eine fortlaufende Preisgestaltung nicht aus[4]. Kundenanfragen, die auf Offerten über ein Nichteigenkapitalinstrument gerichtet sind, werden mitunter ein konkretes Erwerbs- oder Veräußerungsinteresse beinhalten, so dass die zwingende Nennung eines Preises für ein gegenläufiges Geschäft durch den Internalisierer nicht sachgerecht erscheint[5]. Für diese Sicht spricht auch die Auffassung der ESMA, dass als Kursofferte der Preis anzugeben ist, zu dem das Geschäft mit dem anfragenden Kunden geschlossen wurde[6]. 20

In qualitativer Hinsicht muss der Internalisierer bei der Abgabe von Kursofferten gem. Art. 18 Abs. 9 Unterabs. 1 VO Nr. 600/2014 zwei Dinge beachten. Erstens müssen seine Offerten so beschaffen sein, dass er seinen Verpflichtungen gem. Art. 27 RL 2014/65/EG nachkommt; zweitens müssen sie die vorherrschenden Marktbedingungen in Bezug auf die Preise widerspiegeln, zu denen Geschäfte für gleiche oder ähnliche Finanzinstrumente an einem Handelsplatz abgeschlossen werden (s. näher Rz. 56 ff.). 21

b) Feste Kursofferten. Mit dem Zusatz in Art. 18 Abs. 1 VO Nr. 600/2014 für Instrumente mit einem liquiden Markt, dass es sich bei den Kursofferten um feste (engl. *firm quotes*) handeln muss, wird deren **rechtliche Verbindlichkeit** angesprochen. Statt von festen Kursofferten ist in Art. 18 Abs. 5 Satz 1 und Art. 18 Abs. 6 Unterabs. 2 VO Nr. 600/2014 synonym auch von verbindlichen Kursofferten die Rede[7]. Marktteilnehmer, die Kunde des Internalisierers und von diesem zur systematischen Internalisierung zugelassen sind (vgl. Art. 18 Abs. 5 VO Nr. 600/2014), müssen in der Lage sein, auf die ihnen zugänglich gemachten Offerten handeln zu können. Dies betrifft den ursprünglichen anfragenden Kunden als auch die anderen Kunden. Art. 18 Abs. 6 Unterabs. 1 VO Nr. 600/2014 macht das Prinzip der Preisverbindlichkeit nochmals deutlich, wonach systematische Internalisierer sich dahingehend verpflichten müssen, über den anfragenden Kunden hinaus Geschäfte mit anderen Kunden zu den bekannt gemachten Bedingungen abzuschließen. Für die in Art. 18 Abs. 2 VO Nr. 600/2014 genannten Offerten für Finanzinstrumente, für die kein liquider Markt besteht, fehlt der Verbindlichkeitszusatz. 22

Die Angabe eines festen Geldkurses stellt gegenüber dem Anfragenden und jedem weiteren veräußerungswilligen Kunden, der Zugang zum internalisierten Handel besitzt, grundsätzlich ein Angebot zum Vertragsschluss bezogen auf die in der Offerte festgelegte Größenordnung dar[8]. Die Angabe eines festen Briefkurses ist dementsprechend ein grundsätzlich annahmefähiges Angebot an die erwerbswilligen Kunden. Die gesetzliche Regelung enthält damit Elemente eines Kontrahierungszwangs[9]. Die Möglichkeit, interessierte Kunden als Internalisierungskunden abzulehnen, ist gem. Art. 18 Abs. 5 Satz 2 VO Nr. 600/2014 begrenzt (s. Rz. 46). Allerdings lässt es Art. 18 Abs. 7 VO Nr. 600/2014 zu, dass die Internalisierer durch Regelwerksbestimmung die Zahl der Geschäfte beschränken können, dies ggf. auch in starkem Maße (s. Rz. 53). 23

Art. 18 Abs. 9 Unterabs. 2 VO Nr. 600/2014 lässt eine Ausnahme vom Grundsatz der Preisverbindlichkeit zu. Internalisierer können die Kundenaufträge in begründeten Fällen zu besseren Kursen ausführen, allerdings nur, sofern diese Kurse innerhalb einer **veröffentlichten, marktnahen Bandbreite** liegen (s. näher hierzu Rz. 58). 24

---

1 Ausfl. Informationen zur Kalkulation finden sich auf der Internetseite der ESMA (www.esma.europa.eu) unter Home > Policy activities > MiFID II > Transparency Calculations.
2 Vgl. *Seiffert* in Teuber/Schröer, Rz. 798.
3 Allgemein *Dreyer/Delgado-Rodriguez* in Temporale, S. 45.
4 Vgl. zum sog. Quote-Streaming ESMA Q & A On MiFID II and MiFIR transparency topics, Nr. 7 Antwort auf Frage 5. S. auch *Meljnik*, BaFin-Journal April 2017, 35, 38 und BaFin-Vortragsunterlagen „Systematische Internalisierung (SI)" im Rahmen der Veranstaltung: „Marktinfrastruktur und Transparenz MiFID/MiFIR" am 16.2.2017, S. 16, abgerufen auf www.bafin.de.
5 In diesem Sinne kann ESMA Q & A On MiFID II and MiFIR transparency topics, Nr. 7 Antwort auf Frage 5 a) verstanden werden. Ebenso *Meljnik*, BaFin-Journal April 2017, 35, 38 f.
6 Vgl. ESMA Q & A On MiFID II and MiFIR transparency topics, Nr. 7 Antwort auf Frage 10.
7 *Schelling*, BKR 2015, 221, 226.
8 *Hoops*, WM 2017, 319, 322; *Meljnik*, BaFin-Journal April 2017, 35, 39; a.A. *Schelling*, BKR 2015, 221, 226: Das Angebot kommt vom Kunden, das der Internalisierer annehmen kann, aber nicht muss, wenn er aufgrund der der Begrenzung der Anzahl von Geschäften gem. Art. 18 Abs. 7 VO Nr. 600/2014 das Geschäft ablehnten möchte.
9 *Buck-Heeb*, Rz. 144; *Binder* in Staub, HGB, Bankvertragsrecht, 5. Aufl. 2018, 7. Teil, Rz. 176.

25 c) **Veröffentlichung fester Kursofferten im Fall liquider Märkte. aa) Liquider Markt.** Art. 18 Abs. 1 VO Nr. 600/2014 verlangt, dass feste Kursofferten für ein Nichteigenkapitalinstrument dann zu veröffentlichen sind, wenn es für den spezifischen Wert einen liquiden Markt gibt. Für die Zwecke des Art. 18 VO Nr. 600/2014 definiert **Art. 2 Abs. 1 Nr. 17 lit. a VO Nr. 600/2014** einen „Markt für ein Finanzinstrument oder eine Kategorie von Finanzinstrumenten, auf dem kontinuierlich kauf- oder verkaufsbereite vertragswillige Käufer oder Verkäufer verfügbar sind und bei dem der Markt nach den folgenden Kriterien und unter Berücksichtigung der speziellen Marktstrukturen des betreffenden Finanzinstruments oder der betreffenden Kategorie von Finanzinstrumenten bewertet wird: i) Durchschnittsfrequenz und -volumen der Geschäfte bei einer Bandbreite von Marktbedingungen unter Berücksichtigung der Art und des Lebenszyklus von Produkten innerhalb der Kategorie von Finanzinstrumenten; ii) Zahl und Art der Marktteilnehmer, einschließlich des Verhältnisses Marktteilnehmer zu gehandelten Finanzinstrumenten in Bezug auf ein bestimmtes Produkt; iii) durchschnittlicher Spread, sofern verfügbar". Die DelVO 2017/583 enthält mit ihrem umfangreichen Tabellenwerk, das von Zeit zu Zeit angepasst werden wird, Festlegungen zur Liquidität der verschiedenen Klassifizierungen der Nichteigenkapitalinstrumente.

26 **bb) Kundenanfrage und Bereitschaft zur Abgabe einer Offerte.** Die Pflicht, feste Kursofferten zu veröffentlichen, ist über das Bestehen eines liquiden Markts an zwei weitere Voraussetzungen geknüpft: Art. 18 Abs. 1 lit. a VO Nr. 600/2014 lautet: „… *sie sind für eine Kursofferte für einen Kunden des systematischen Internalisierers erforderlich*". Und nach Art. 18 Abs. 1 lit. b VO Nr. 600/2014 muss der Internalisierer mit der Abgabe einer Kursofferte einverstanden sein. Die Formulierung der ersten Voraussetzung ist in der deutschen Fassung von Art. 18 Abs. 1 lit. a VO Nr. 600/2014 sprachlich missglückt. Unter Rückgriff auf andere Sprachfassungen, insbesondere auf die englische[1], ergibt sich, dass damit das **Vorliegen einer Preisanfrage eines Kunden** gemeint ist[2]. Über sein Regelwerk kann der Internalisierer steuern, ob Anfragen sprachbasiert oder in elektronischer Form möglich sein sollen. Ist eine elektronische Kommunikation vorgesehen, so ist zu beachten, dass auch eine computergenerierte Order unter den Begriff der Anfrage fallen kann[3]. Wann Anfragen in zeitlicher Hinsicht gestellt werden können, regelt Art. 18 Abs. 1 lit. a VO Nr. 600/2014 nicht.

27 Die zweite Voraussetzung nach Art. 18 Abs. 1 lit. b VO Nr. 600/2014 bringt zum Ausdruck, dass es auf eine Preisanfrage hin noch keine Pflicht für den Internalisierer gibt, eine Kursofferte zu veröffentlichen. Der **Internalisierer kann sich nach Erhalt der Anfrage überlegen, ob er eine Kursofferte abgibt** oder nicht. Wenn er sich zur Abgabe einer Kursofferte gegenüber dem Anfragenden entschieden hat, entsteht die Pflicht zur Veröffentlichung der Kursofferte. Überlegung und Abgabe können je nach Einsatz der Technologie auch rein computerbasiert erfolgen[4]. In der Folge können auf die veröffentliche Offerte hin grundsätzlich alle Kunden, die der Internalisierer für das Instrument zum Handel im Einklang mit Art. 18 Abs. 5 Satz 2-4 VO Nr. 600/2014 zugelassen hat, handeln. Die Beweggründe dafür, dass eine Anfrage nach einer Kursofferte abgelehnt wird, müssen nicht offengelegt werden. Denkbar ist insbesondere der Fall, dass der Internalisierer das betreffende Instrument nicht im Bestand hat und auch das Eindeckungsrisiko als zu hoch erachtet[5].

28 **cc) Veröffentlichungsmodalitäten.** Die Veröffentlichungspflicht wirkt in drei Richtungen[6]. Es sind über den **anfragenden Kunden**, mit dem zunächst eine bilaterale Kommunikation erfolgen wird, hinaus sowohl die **anderen Kunden** i.S.v. Art. 2 Abs. 1 Nr. 7 VO Nr. 600/2014, die im Einklang mit Art. 18 Abs. 5 Satz 2–4 VO Nr. 600/2014 zum systematisch internalisierten Handel zugelassen sind, als auch **sonstige interessierte Marktteilnehmer über die Kursofferte in Kenntnis zu setzen**. Für die anderen Kunden heißt es in Art. 18 Abs. 5 Satz 1 VO Nr. 600/2014, dass die Internalisierer jede verbindliche Kursofferte, die gem. Art. 18 Abs. 1 VO Nr. 600/2014 abgegeben wurde, ihren anderen Kunden zugänglich macht. Für die sonstigen Marktteilnehmer bestimmt Art. 18 Abs. 8 VO Nr. 600/2014, dass die gem. Art. 18 Abs. 1 und 5 VO Nr. 600/2014 veröffentlichten Kursofferten den übrigen Marktteilnehmern zu angemessenen kaufmännischen Bedingungen leicht zugänglich sein müssen. Für die Veröffentlichung gegenüber sonstigen Kunden oder anderen Marktteilnehmern ist es ohne Belang, ob der erstanfragende Kunde letztlich ein Geschäft geschlossen hat oder nicht[7].

29 Die genauen Modalitäten des „Wann" und „Wie" der Veröffentlichung sind anders als im Bereich der Internalisierung für Eigenkapitalinstrumente nicht weiter spezifiziert. Während Art. 14 Abs. 7 VO Nr. 600/2014 i.V.m. Art. 9 DelVO 2017/587 und Art. 17 Abs. 3 lit. a VO Nr. 600/2014 i.V.m. Art. 13 DelVO 2017/567 sogleich zweimal Detailregelungen über die Art und Weise der Zugänglichmachung von Kursofferten über Eigenkapital-

---

1 Art. 18 Abs. 1 lit. a VO Nr. 600/2014: „… *they are prompted for a quote by a client of the systematic internaliser*";
2 *Schelling*, BKR 2015, 221, 223 und *Seiffert* in Teuber/Schröer, Rz. 798. S. auch *Meljnik*, BaFin-Journal April 2017, 35, 38.
3 ESMA Q & A On MiFID II and MiFIR transparency topics, Nr. 7 Antwort auf Frage 5 b); s. auch *Meljnik*, BaFin-Journal April 2017, 35, 38 f. und BaFin-Vortragsunterlagen „Systematische Internalisierung (SI)" im Rahmen der Veranstaltung: „Marktinfrastruktur und Transparenz MiFID/MiFIR" am 16.2.2017, S. 16, abgerufen auf www.bafin.de.
4 BaFin-Vortragsunterlagen „Systematische Internalisierung (SI)" im Rahmen der Veranstaltung: „Marktinfrastruktur und Transparenz MiFID/MiFIR" am 16.2.2017, S. 16, abgerufen auf www.bafin.de.
5 So z.B. die Richtlinie zur systematischen Internalisierung durch die DZ BANK AG v. 18.12.2017; abgerufen unter www.dzbank.de.
6 Vgl. ESMA Consultation Paper MiFID II/MiFIR, v. 22.5.2014 (ESMA/2014/549) Nr. 4 Rz. 9.
7 ESMA Q & A On MiFID II and MiFIR transparency topics, Nr. 7 Antwort auf Frage 10.

instrumente bereithält, fehlt es bei Art. 18 VO Nr. 600/2014 bis auf den Hinweis der leichten Zugänglichkeit (Art. 18 Abs. 8 VO Nr. 600/2014) an ausführenden Reglungen. Ob der Verordnungsgeber hier bewusst Freiräume lassen wollte oder ein Versäumnis vorliegt, ist nicht klar. Die Internalisierer sollten in jeden Fall **nach allgemeinen Grundsätzen ordnungsgemäßer Geschäftsorganisation vorgehen**, um den gesetzlichen Auftrag der Veröffentlichung gerecht zu werden. Art. 8 Abs. 3 VO Nr. 600/2014 lässt z.B. zu, dass die Veröffentlichung der Kursofferten über die Systeme eines Handelsplatzbetreibers erfolgen kann. Die ESMA ist der Auffassung, dass systematische Internalisierer von Nichteigenkapitalinstrumente **die gleichen Mittel und Vorkehrungen anwenden** sollten, **die Art. 13 DelVO 2017/567 für die Veröffentlichung von Kursofferten über Eigenkapitalinstrumenten vorsieht**[1]. Neben der Veröffentlichung über die **IT-Systeme eines Handelsplatzes** werden dort auch **die Nutzung eines Veröffentlichungssystems (APA)** und die **Veröffentlichung in Eigenregie** behandelt (s. hierzu näher Art. 15 VO Nr. 600/2014 Rz. 7). Bei der Nutzung der Drittsysteme weist die ESMA darauf hin, dass die Identität des Internalisierer aus den Kursofferten hervorgehen muss[2]. Darüber hinaus soll laut ESMA auch der in Art. 9 DelVO 2017/587 geforderte Zeitstempel einer für die Zwecke des Handels synchronisierten Uhr bei der Offertenveröffentlichung zum Einsatz kommen[3].

Bei der Frage, **wie lange eine Kursofferte veröffentlich bleiben muss**, hält die Verordnung keine Regelung bereit[4]. Die ESMA hat in einem Frage-und-Antwort-Dokument ausgeführt, dass eine Kursofferte für einen angemessenen Zeitraum gültig bleiben muss, damit die Kunden, die zum internalisierten Hanel zugelassen sind, ihre Orders gegen die Offerte ausführen können[5]. In der Praxis sind Richtlinien anzutreffen, in denen die Internalisierer geordnet nach Anlageklassen die Zeitdauer angeben, wie lange ihre Orders Gültigkeit haben sollen[6]. Soweit Art. 18 Abs. 3 Satz 1 VO 600/2014 besagt, dass Offerten aktualisiert werden können, so ist dies ein Recht, aber keine Pflicht. Dem Internalisierer steht es also frei, wieder in den Ausgangszustand zurückzufallen. Ist eine Kursofferte nicht mehr ausführbar, kann der Internalisierer warten, bis ein Kunde eine neue Anfrage in Bezug auf das Instrument stellt, um dann zu entscheiden, ob er quotieren möchte oder nicht. Würde der Internalisierer seine veröffentlichten Offerten nur aktualisieren können, würde sich seine Pflicht in eine permanente Pflicht zur Quotierung wandeln, die von der Vorschrift gerade nicht vorgesehen ist. 30

d) Kursofferten auf Anfrage im Fall illiquider Märkte. aa) Möglichkeit der Kenntnisnahme für alle Kunden. Wie sich aus Art. 18 Abs. 1 und Abs. 2 Satz 1 VO Nr. 600/2014 ergibt, besteht für systematische Internalisierer keine Pflicht zur Veröffentlichung von Kursofferten, wenn für ein Nichteigenkapitalinstrument **kein liquider Markt** besteht. Sie müssen dann lediglich ihren Kunden Kursofferten anbieten, vorausgesetzt, es liegt eine Anfrage vor und der jeweilige Internalisierer ist auch mit der Abgabe einer Kursofferte einverstanden (engl. „... *disclose quotes to their clients on request if they agree to provide a quote.*"). Gegenüber sonstigen interessierten Marktteilnehmern, die keinen Kundenstatus besitzen, besteht im Anfragefalle keine Verpflichtung. **Kunden i.S.d. Vorschrift**, die Anfragen stellen und Kursofferten empfangen können, sind bei systematischer Betrachtung diejenigen, die zum internalisierten Handel i.S.v. Art. 18 Abs. 5 Satz 2 VO Nr. 600/2014 zugelassen sind. 31

Aufgrund des **hohen Abstraktionsgrades** weist Art. 18 Abs. 2 Satz 1 VO Nr. 600/2014 eine gewisse **Unschärfe** auf. Dies betrifft neben der Frage, ob nur Internalisierungskunden oder auch jeder sonstige Kunde Anfragen stellen kann, auch die Frage, ob eine angefragte Kursofferte nur dem jeweiligen Fragesteller offenzulegen ist oder allen anderen Kunden auch. Von Bedeutung ist zudem, ob die Offerten als verbindlich oder nur als indikativ zu betrachten sind. 32

Der Internalisierer kann sich **nach Erhalt einer Anfrage überlegen, ob er eine Kursofferte abgibt oder nicht**. Wenn er sich zur Abgabe einer Kursofferte gegenüber dem Anfragenden (Erstanfragender) entschieden hat, entsteht die **Pflicht, dem Anfrager eine Kursofferte mitzuteilen**. Auch die **anderen Kunden** haben nunmehr grundsätzlich Anspruch darauf, zu erfahren, welche Geld- und Briefkurse der Internalisierer erstanfragenden Kunden bereits mitgeteilt hat, unabhängig davon, ob daraufhin ggf. Geschäfte zustande gekommen sind oder nicht. Bei einem sprachbasierten System müssen die anderen Kunden jeweils selbst nach den zuletzt aufgerufenen Kursofferten fragen[7]. Der Internalisierer kann hier grundsätzlich nicht entgegenhalten, dass er nicht zur Abgabe einer Kursofferte bereit ist, da er sich bereits einmal für deren Abgabe entschieden hat. Dies gilt jedenfalls solange, bis er zur Aktualisierung seiner Order berechtigt ist. Bei einem **elektronischen System** steht es dem Internalisierer aber auch frei, die auf die jüngsten Anfragen hin ergangenen Offerten im System zur 33

---
1 ESMA Q & A On MiFID II and MiFIR transparency topics, Nr. 7 Antwort auf Frage 5 e).
2 ESMA Q & A On MiFID II and MiFIR transparency topics, Nr. 7 Antwort auf Frage 5 f.).
3 ESMA Q & A On MiFID II and MiFIR transparency topics, Nr. 7 Antwort auf Frage 5 e).
4 Vgl. *Seiffert* in Teuber/Schröer, Rz. 798; *Meljnik*, BaFin-Journal April 2017, 35, 39.
5 ESMA Q & A On MiFID II and MiFIR transparency topics, Nr. 7 Antwort auf Frage 5 c); s. auch. *Meljnik*, BaFin-Journal April 2017, 35, 39 und BaFin-Vortragsunterlagen „Systematische Internalisierung (SI)" im Rahmen der Veranstaltung: „Marktinfrastruktur und Transparenz MiFID/MiFIR" am 16.2.2017, S. 17, abgerufen auf www.bafin.de.
6 Z.B. Nr. 5.6. Commercial Policy der ING Bank N.V for the ING Systematic Internaliser v. 3 1.2018, abrufbar unter: www.ingwb.com/mifid.
7 ESMA Q & A On MiFID II and MiFIR transparency topics, Nr. 7 Antwort auf Frage 5 d).

34 Im Gegensatz zu Art. 18 Abs. 1 VO Nr. 600/2014 **enthält der Wortlaut von Art. 18 Abs. 2 Satz 1 VO Nr. 600/2014 nicht den Zusatz** darauf, **dass die Kursofferte verbindlich bzw. fest sein muss**. Die gleiche Konstellation ergibt sich auch bei der Regelung zu Eigenkapitalinstrumenten. Art. 14 Abs. 1 Unterabs. 1 und Unterabs. 2 VO Nr. 600/2014 unterscheiden ebenfalls zwischen verbindlichen (festen) Kursofferten bei liquiden Märkten und bloßen Kursofferten bei nicht liquiden Märkten. Es ist daher nicht von einer unbeabsichtigten Abweichung auszugehen[2].

Kenntnisnahme durch die anderen Kunden einzustellen[1], ohne dass noch individuelle Anfragen durch die anderen Kunden gestellt werden müssten.

35 **bb) Ausnahmegewährung gem. Art. 18 Abs. 2 Satz 2 VO Nr. 600/2014.** Art. 18 Abs. 2 Satz 2 VO Nr. 600/2014 bestimmt, dass systematische Internalisierer **von der Verpflichtung nach Art. 18 Abs. 2 Satz 1 VO Nr. 600/2014 befreit** werden können, wenn die Bedingungen nach Art. 9 Abs. 1 VO Nr. 600/2014 erfüllt sind. Die Befreiung ist durch die für den Internalisierer zuständige Behörde auf Antrag auszusprechen. Der Antrag kann sich dabei auf ganze Anlageklassen beziehen[3]. Liegt die Befreiungsentscheidung vor und ist der Tatbestand, auf den sich die Befreiung bezieht, einschlägig, so besteht keine Pflicht mehr, Kursofferten für illiquide Werte offenzulegen. Zu den einzelnen Tatbeständen des Art. 9 Abs. 1 VO Nr. 600/2014 ist auf die dortige Kommentierung zu verweisen (s. Art. 9 VO Nr. 600/2014 Rz. 3 ff.)[4].

36 Nach Ansicht der ESMA kann die Behörde auch von sich aus entscheiden, dass jeder systematische Internalisierer in ihrem Zuständigkeitsbereich von der Verpflichtung nach Art. 18 Abs. 2 Satz 1 VO Nr. 600/2014 freigestellt wird, sofern er die einschlägigen Anforderungen und Bedingungen nach Art. 9 Abs. 1 VO Nr. 600/2014 erfüllt[5]. Aus Art. 18 Abs. 2 Satz 1 VO Nr. 600/2014 und aus Art. 9 Abs. 1 VO Nr. 600/2014 ergibt sich dies nicht unmittelbar. Und in Erwägungsgrund Nr. 13 VO Nr. 600/2014 ist zumindest für die unmittelbare Geltung vor Art. 9 Abs. 1 VO Nr. 600/2014 von individuellen Anträgen die Rede. Maßgeblich sollten letztlich die nationalen Vorschriften des Verwaltungsverfahrensrechts sein.

37 Art. 18 Abs. 1 Satz 2 i.V.m. Art. 9 Abs. 1 VO Nr. 600/2014 räumt der Behörde ein Ermessen ein. Etwaige Maßstäbe zum Ermessensgebrauch sind der Vorschrift nicht zu entnehmen. Eine Reihe nationaler Behörden hat mit Inkrafttreten der MiFID II von der Möglichkeit Gebrauch gemacht, Ausnahmen zu gewähren. Dazu gehört auch die Gewährung der Befreiung gem. Art. 9 Abs. 1 lit. c Alt. 2 VO Nr. 600/2014 für Finanzinstrumente, für die kein liquider Markt besteht[6]. Mit Art. 315-25 ihres allgemeinen Regelwerks[7] hat die französische Aufsicht AMF eine Blankobefreiung für alle Tatbestände des Art. 9 Abs. 1 VO Nr. 600/2014 erteilt, indem sie nur einen Antragseinreichung fordert[8]. Ein ähnliches Verfahren ist bei der englischen Aufsichtsbehörde FCA angelegt[9]. Die BaFin hat am 2.1.2018 eine Allgemeinverfügung[10] erlassen, mit der sie die unter ihrer Aufsicht stehenden Wertpapierdienstleistungsunternehmen von deren nach Art. 18 Abs. 2 Satz 1 VO Nr. 600/2014 bestehenden Verpflichtung vollumfänglich befreit. Sie stuft das allgemeine Interesse an Markttransparenz und effektiver Preisbildung hinter dem bei niedriger Liquidität angenommenen Interesse der Internalisierer an einer effektiven Risikosteuerung und an nicht sachgerechten Preisen im Einzelfall ein.

38 **III. Aktualisierung und Zurückziehen von Offerten (Art. 18 Abs. 3 VO Nr. 600/2014).** Art. 18 Abs. 3 Satz 1 VO Nr. 600/2014 berechtigt systematische Internalisierer, ihre Kursofferten jederzeit zu aktualisieren. Art. 18 Abs. 3 Satz 2 VO Nr. 600/2014 erlaubt es ihnen zudem, diese im Fall außergewöhnlicher Marktbedingungen zurückzuziehen. Die Vorschrift unterscheidet zwar nicht zwischen festen und unverbindlichen Kursofferten. Sie kann daher vom Wortlaut und von ihrer systematischen Stellung her auf **Offerten nach Art. 18 Abs. 1 und Abs. 2 VO Nr. 600/2014** bezogen werden[11]. Allerdings ist die Vorschrift für unverbindliche Offerten von geringer Bedeutung, da bei diesen kein Risiko besteht, dass der Internalisierer trotz geänderter Marktlage zu nicht mehr aktuellen Preisen kontrahieren muss.

---

1 ESMA Q & A On MiFID II and MiFIR transparency topics, Nr. 7 Antwort auf Frage 5 d). S. z.B. Ziff. 5.3. Commercial Policy der ING Bank N.V for the ING Systematic Internaliser v. 3.1.2018, abrufbar unter: www.ingwb.com/mifid.
2 Vgl. *Seiffert* in Teuber/Schröer, Rz. 798 a.E.; *Hoops*, WM 2017, 319, 322; offener indes *Meljnik*, BaFin-Journal April 2017, 35, 38 f.
3 ESMA Q & A On MiFID II and MiFIR transparency topics, Nr. 5 Antwort auf Frage 9.
4 Ausführlich zur Verweisung vgl. *Schelling*, BKR 2015, 221, 224 f.
5 ESMA Q & A On MiFID II and MiFIR transparency topics, Nr. 5 Antwort auf Frage 9.
6 Vgl. § 6 Handelstransparenzausnahmen-VO 2018; österr. BGBl. 2017, Teil II Nr. 387. S. auch Commercial Policy der Nordea Bank AB as a Systematic Internaliser, v. 3.1.2018 zu den von der schwedischen Finanzmarktaufsicht gewährten Befreiungen (abrufbar unter: www.nordea.com).
7 Abrufbar unter www.amf-france.org.
8 Vgl. z.B. Nr. 1.3. Systematic Internaliser Pre-Trade Commercial Policy der Societe Generale v. 3.1.2018, abrufbar unter: www.cib.societegenerale.com.
9 FCA Handbook MAR 6.4A, abrufbar unter www.handbookfca.org.uk.
10 BaFin, Allgemeinverfügung – Befreiung systematischer Internalisierer von den Pflichten nach Art. 18 Abs. 2 Satz 1 MiFIR in Bezug auf Kursofferten – v. 2.1.2018, WA 21-FR 1900-2017/0002.
11 *Hoops*, WM 2017, 319, 322.

Eine Aktualisierung oder das Zurückziehen fester Kursofferten setzt voraus, dass die **jeweilige Offerte noch** 39
wirksam in Raum steht. Veröffentlicht der Internalisierer nicht auf freiwilliger Basis fortlaufend Kursofferten (zur Zulässigkeit vgl. bereits Rz. 20), dann stellt sich die Frage, wie lange eine feste Kursofferte veröffentlicht bleiben muss und damit für die Kunden des Internalisierers Gültigkeitswert besitzt. In der Verordnung ist dies nicht geregelt[1] (s. hierzu bereits Rz. 30). Die ESMA hat ausgeführt, dass eine Kursofferte für einen angemessenen Zeitraum gültig bleiben muss, damit die Kunden, die zum internalisierten Handel zugelassen sind, ihre Orders gegen die Offerte ausführen können[2].

Aktualisierung bedeutet die **Möglichkeit der Anpassung der veröffentlichen festen Kursofferte**. In einem Fra- 40
ge-Antwort-Katalog zu Art. 18 VO Nr. 600/2014 hat die ESMA unter Rückgriff auf den Wortlaut von Art. 14 Abs. 2 DelVO 2017/567 verlautbart, dass ein systematischer Internalisierer seine Kursofferte **jederzeit aktualisieren** kann, vorausgesetzt, dass die Anpassung im Einklang mit der echten Absicht des Internalisierers steht, mit seinen Kunden in nichtdiskriminierender Weise Handel zu treiben[3].

Systematische Internalisierer können gem. Art. 18 Abs. 3 Satz 2 VO Nr. 600/2014 die **Kursofferten im Falle** 41
außergewöhnlicher Marktbedingungen zurückziehen. Für feste Kurse bedeutet diese Vorschrift, dass die Offerten widerrufen werden können, auch wenn den Kunden noch nicht genügend Zeit zum Handeln zur Verfügung stand. Eine Definition, was außergewöhnliche Marktbedingungen sind, hält Art. 18 VO Nr. 600/2014 anders als Art. 15 Abs. 1 VO Nr. 600/2014 i.V.m. Art. 14 Abs. 1 DelVO 2017/567 nicht bereit. Der dort verankerten Gedanke, dass solche Bedingungen dann vorliegen, wenn die Pflicht eines systematischen Internalisierers zur Veröffentlichung fester Kurse einem umsichtigen Risikomanagement entgegenstünde, kann allerdings auch bemüht werden. Insbesondere sollte die Aussetzung des Handels in dem betreffenden Wert an den Handelsplätzen Indiz für einen außergewöhnlichen Umstand sein.

IV. Zugangsentscheidung (Art. 18 Abs. 5 VO Nr. 600/2014). Art. 18 Abs. 5 Satz 1 VO Nr. 600/2014 spricht 42
zunächst den **Informationszugang von Kunden zu verbindlichen Kursofferten** an, ohne bereits das Recht in den Mittelpunkt zu stellen, zugleich das Internalisierungssystem zum Abschluss von Geschäften nutzen zu können. Art. 18 Abs. 1, 5 Satz 1 und 8 VO Nr. 600/2014 ergeben im Zusammenspiel das Transparenzkonzept für liquide Nichteigenkapitalinstrumente. Alle Marktteilnehmer, gleichgültig ob (Handels-)Kunde des Internalisierers oder nicht, sollen die Möglichkeit erhalten, Kenntnis über eine im Ausgangspunkt bilaterale Preisgestaltung zu bekommen und diese in die Marktpreisbildung einfließen zu lassen.

Die Kunden bekommen nach Art. 18 Abs. 5 Satz 1 VO Nr. 600/2014 Zugang zur Kursofferte, so wie sie dem 43
Anfragenden Kunden zur Kenntnis gebracht worden ist. Sollte der anfragende Kunde sofort auf die ihm gebotene Kursofferte eine Geschäft geschlossen haben, so soll der ESMA zufolge der Preis anzugeben ist, zu dem das Geschäft mit dem anfragenden Kunden geschlossen wurde[4].

Für die Ausgestaltung des Informationszugangs hat die ESMA die entsprechende Anwendung der Vorgaben 44
des Art. 13 DelVO 2017/567 für die Veröffentlichung von Kursofferten über Eigenkapitalinstrumenten anempfohlen[5] (näher hierzu Rz. 29).

Die systematischen Internalisierer sind nicht gezwungen, sich unter allen Umständen nach Art. 18 Abs. 6 Un- 45
terabs. 1 VO Nr. 600/2014 zu verpflichten, mit Marktteilnehmern Verträge über die internalisierten Werte zu den offerierten Bedingungen schließen zu müssen. Sie dürfen darüber entscheiden, welchen Personen sie über die reine Informationsgewährung hinaus Zugang zu ihren verbindlichen Kursofferten gewähren. **Art. 18 Abs. 5 Satz 2–4 VO Nr. 600/2014** enthält Regelungen darüber, wie systematische Internalisierer den **Prozess ausgestalten** müssen, **um steuern zu können, wer** mit ihnen **Internalisierungsgeschäfte schließen darf**. Das Ermessen, welches sich ein Internalisierer im Hinblick auf die Ablehnung interessierter Marktteilnehmer einräumen kann, ist grundsätzlich auf nichtdiskriminierende Elemente begrenzt. Dies ist bedeutsam unter dem Aspekt der Schaffung der Voraussetzungen von markteffizienzsteigernden Arbitragegeschäften[6].

Von der Bedeutung her unterscheiden sich die Bestimmungen in Art. 18 Abs. 5 Satz 2–4 VO Nr. 600/2014 46
nicht von denen in Art. 17 Abs. 1 Satz 1–3 VO Nr. 600/2014. Die sprachlichen Abweichungen sind vernachlässigbar. Es kann daher an dieser Stelle auf die Kommentierung zu Art. 17 VO Nr. 600/2014 Rz. 5 ff. verwiesen werden.

---

1 Vgl. *Seiffert* in Teuber/Schröer, Rz. 798; *Meljnik*, BaFin-Journal April 2017, 35, 39.
2 ESMA Q & A On MiFID II and MiFIR transparency topics, Nr. 7 Antwort auf Frage 5 c); s. auch *Meljnik*, BaFin-Journal April 2017, 35, 39 und BaFin-Vortragsunterlagen „Systematische Internalisierung (SI)" im Rahmen der Veranstaltung: „Marktinfrastruktur und Transparenz MiFID/MiFIR" am 16.2.2017, S. 17, abgerufen auf www.bafin.de.
3 ESMA Q & A On MiFID II and MiFIR transparency topics, Nr. 7 Antwort auf Frage 5 c). S. auch BaFin-Vortragsunterlagen „Systematische Internalisierung (SI)" im Rahmen der Veranstaltung: „Marktinfrastruktur und Transparenz MiFID/MiFIR" am 16.2.2017, S. 17, abgerufen auf www.bafin.de.
4 Vgl. ESMA Q & A On MiFID II and MiFIR transparency topics, Nr. 7 Antwort auf Frage 10.
5 ESMA Q & A On MiFID II and MiFIR transparency topics, Nr. 7 Antwort auf Frage 5 e).
6 Vgl. in Bezug auf die Internalisierung im Bereich der Eigenkapitalinstrumente *Kumpan*, S. 367; *Seitz*, AG 2004, 504. Auch *Beck/Röh* in Schwark/Zimmer, § 32d WpHG Rz. 2.

47 Das WpHG hält mit § 120 Abs. 9 Nr. 11 WpHG einen **Bußgeldtatbestand** zur Ahndung vorsätzlicher oder leichtfertiger Verstöße gegen Art. 18 Abs. 5 Satz 1 VO Nr. 600/2014 bereit.

48 **V. Preisverbindlichkeit und Geschäftumfang (Art. 18 Abs. 6 Unterabs. 1 VO Nr. 600/2014).** Art. 18 Abs. 6 Unterabs. 1 VO Nr. 600/2014 besitzt eine ähnliche Funktion wie Art. 15 Abs. 2 Unterabs. 1 VO Nr. 600/2014 bei den Regelungen über Eigenkapitalinstrumente. Die Vorschrift beinhaltet den **Grundsatz der Kurs- bzw. Preisverbindlichkeit**, wonach systematische Internalisierer beim Geschäftsschluss mit Kunden an den Inhalt der den Kunden gegenüber offengelegten Kursofferten gebunden sein sollen. Nicht ganz klar ist, ob sich die Verbindlichkeit unmittelbar aus der Verordnung ergibt, oder, ob noch eine ausdrückliche Erklärung des Internalisierers im Regelwerk (*commercial policy*/Standards) notwendig ist, dass er sich gegenüber seinen Kunden am Inhalt der Offerten festhalten lassen will. In der deutschen und auch in anderen Sprachfassungen[1] heißt es, dass sich die „Internalisierer verpflichten" und nicht, dass sie „verpflichtet sind". Eine entsprechende Klarstellung im Regelwerk ist aus deutscher Sicht empfehlenswert, zumal das WpHG mit seinem Bußgeldtatbestand in § 120 Abs. 9 Nr. 12 WpHG diese Diktion aufnimmt. Ordnungswidrig handelt danach derjenige, der vorsätzlich oder leichtfertig entgegen Art. 18 Abs. 6 Unterabs. 1 VO Nr. 600/2014 keine Verpflichtung zum Abschluss eines Geschäfts mit einem anderen Kunden eingeht. Unabhängig von der Verbindlichkeitsvorgabe kann eine Preisverbesserungsmöglichkeit innerhalb der Grenzen von Art. 18 Abs. 9 Unterabs. 2 VO Nr. 600/2014 (vgl. Rz. 58) vorgesehen werden.

49 Klarstellend ist darauf hinzuweisen, dass sich die Pflicht zum Abschluss eines Geschäfts mit einem oder mehreren als den anfragenden Kunden nur dann ergibt, wenn die Konditionen der weiteren Geschäfte im Hinblick auf Preis und Volumen mit der ursprünglichen Offerte identisch sind. Der Internalisierer ist nicht gezwungen, den gleichen Preis für eine andere Menge des Werts zu akzeptieren. Die Angabe einer anderen Größenordnung durch einen Kunden zum selben Preis wäre eine neue Anfrage i.S.v. Art. 18 Abs. 1 VO Nr. 600/2014. Im Regelwerk kann der Internalisierer eine abweichende Handhabung hierzu vorsehen, z.B., indem er auch gegenüber der veröffentlichten Ordergröße auch kleinere Einheiten akzeptiert.

50 Der Hinweis am Ende von Art. 18 Abs. 6 Unterabs. 1 VO Nr. 600/2014, dass die **Pflicht zum Vertragsschluss nur besteht, wenn das quotierte Geschäftsvolumen dem für das betreffende Instrument gem. Art. 9 Abs. 5 lit. d VO Nr. 600/2014 ermittelten typischen Umfang entspricht oder es unterschreitet**, deckt sich mit der Aussage in Art. 18 Abs. 10 VO Nr. 600/2014[2]. Dort heißt es, dass Offerten oberhalb dieses Schwellenwertes nicht unter die Bestimmungen des Art. 18 VO Nr. 600/2014 fallen, es mithin zu keiner Veröffentlichungs- und Kontrahierungspflicht in diesen Größenordnungen kommen kann. Auf der Grundlage von Art. 19 Abs. 3 VO Nr. 600/2014 ist Art. 16 DelVO 2017/567 erlassen worden, wo nochmals festgehalten wird, dass für die Zwecke von Art. 18 Abs. 6 VO der für das Instrument typische Umfang dem in Anhang III DelVO 2017/583 dargelegten Umfang entspricht.

51 Im WpHG enthält § 120 Abs. 9 Nr. 12 WpHG einen **Bußgeldtatbestand** für den Fall, dass vorsätzlich oder leichtfertig gegen Art. 18 Abs. 6 Unterabs. 1 VO Nr. 600/2014 verstoßen wird, indem keine Verpflichtung zum Abschluss eines Geschäfts mit einem anderen Kunden eingegangen wird.

52 **VI. Unterschreiten des Schwellenwerts i.S.d. Art. 9 Abs. 4 VO Nr. 600/2014 (Art. 18 Abs. 6 Unterabs. 2 VO Nr. 600/2014).** Ein eigenständiger Regelungsgehalt kann Art. 18 Abs. 6 Unterabs. 2 VO Nr. 600/2014, wonach Internalisierer bei Finanzinstrumenten, deren Liquidität unter den nach Art. 9 Abs. 4 VO Nr. 600/2014 behördlich ermittelten Schwellenwert sinkt, nicht verpflichtet sind, eine verbindliche Kursofferte im Sinne von Abs. 1 abzugeben, nicht entnommen werden. Mit Abs. 1 ist Art. 18 Abs. 1 VO Nr. 600/2014 gemeint; dort ist bereits geregelt, dass Internalisierer stets das Recht haben, die Abgabe einer Offerte zu verweigern[3]. Gibt ein Internalisierer für ein Finanzinstrument dennoch eine Kursofferte ab, obwohl die Liquidität unter den Schwellenwert gefallen ist, so können auch weitere Interessenten von der Offerte Kenntnis erhalten. Es dürfte sich dabei um einen Anwendungsfall des Art. 18 Abs. 2 VO Nr. 600/2014 handeln, auch wenn das Finanzinstrument vor dem Unterschreiten des Liquiditätswertes einen liquiden Markt aufgewiesen haben sollte. Damit sind nur weitere Kunden zum Informationsbezug berechtigt (s. Rz. 33). Eine Kontrahierungsflicht gegenüber den anderen Kunden besteht im Anwendungsbereich des Art. 18 Abs. 2 VO Nr. 600/2014 nicht (s. Rz. 34).

53 **VII. Beschränkung der Zahl der Geschäfte (Art. 18 Abs. 7 VO Nr. 600/2014).** Gemäß Art. 18 Abs. 7 VO Nr. 600/2014 können Internalisierer die Zahl der Geschäfte, die sie mit Kunden infolge einer bestimmten Kursofferte eingehen wollen, auf nichtdiskriminierende und transparente Art und Weise beschränken. Festgelegt werden kann dabei, dass jeder Kunde nur eine bestimmte Zahl an Geschäften auf einen Offerte schließen darf. Die Vorschrift deckt aber auch die Beschränkung der Gesamtzahl der Geschäfte aller Kunden auf eine Offerte. Zulässig ist sogar, die Anzahl der Geschäfte auf insgesamt nur ein Geschäft zu beschränken. Einem Internalisierer sollte aber der Vorbehalt nicht verwehrt sein, auf freiwilliger Basis mehr als nur ein Geschäft auf eine spezi-

---

1 Vgl. z.B. die englische und die französische Fassung. Anders z.B. die niederländische Ausfertigung.
2 *Schelling*, BKR 2015, 221, 226.
3 *Schelling*, BKR 2015, 221, 225.

fische Offerte abzuschließen. Die ESMA hat die Beschränkungsmöglichkeit auf ein einziges Geschäft in einem Frage-Antwort-Dokument bestätigt, diese aber ohne Erläuterung mit der Angabe von Gründen verknüpft[1]. Die ESMA-Ausführungen können sogar dahingehend interpretiert werden, dass das einzige Geschäft bereits dasjenige des anfragenden Kunden mitumfasst.

VIII. Zugänglichmachen von Kursofferten gegenüber den übrigen Marktteilnehmern (Art. 18 Abs. 8 VO Nr. 600/2014). Zur Frage, wie Kursofferten zu veröffentlichen sind, kann auf die Rz. 28 ff. verwiesen werden. Soweit Art. 18 Abs. 8 VO Nr. 600/2014 darauf abstellt, Kursofferten **den Marktteilnehmern zu kaufmännisch angemessenen Bedingungen bereitzustellen**, sind die Art. 6 ff. im Kapitel II DelVO 2017/567 zu beachten. Diese Vorschriften gründen sich auf die Ermächtigung in Art. 19 Abs. 3 VO Nr. 600/2014 zum Erlass eines delegierten Rechtsakts. Hierbei handelt es sich um dieselben Vorschriften, die aufgrund der Ermächtigung in Art. 13 Abs. 2 VO Nr. 600/2014 auch für die Veröffentlichung von Marktdaten durch Handelsplatzbetreiber gelten. Eine Pflicht, ein Entgelt für die Bereitstellung der Kursofferten zu verlangen, besteht nicht; vgl. Art. 6 Abs. 2 DelVO 2017/567.

54

Das WpHG enthält mit § 120 Abs. 9 Nr. 13 WpHG einen **Bußgeldtatbestand** für den Fall, dass ein systematischer Internalisierer die Bekanntmachung nach Art. 18 Abs. 8 VO Nr. 600/2014 nicht oder nicht in der dort vorgeschriebenen Weise vornimmt.

55

IX. Beachtung von Art. 27 RL 2014/65/EU und Preisverbesserung (Art. 18 Abs. 9 VO Nr. 600/2014). In qualitativer Hinsicht muss der Internalisierer bei der Abgabe von Kursofferten gem. Art. 18 Abs. 9 Unterabs. 1 VO Nr. 600/2014, der keinen Differenzierung zwischen verbindlichen und indikativen Offerten enthält, zwei Dinge beachten. Erstens müssen seine Offerten so beschaffen sein, dass er seinen Verpflichtungen gem. Art. 27 RL 2014/65/EG nachkommt. Wie bei Art. 15 Abs. 2 VO Nr. 600/2014 soll damit verdeutlicht werden, dass Internalisierer nicht von der Beachtung des Art. 27 RL 2014/65/EU freigestellt sind. Art. 27 RL 2014/65/EU enthält die Vorgaben zur bestmöglichen Ausführung von Kundenaufträgen. Im WpHG findet sich die Umsetzung in § 82 WpHG. Der Hinweis auf Art. 27 RL 2014/65/EU bedeutet, dass Internalisierer hinreichende Maßnahmen getroffen haben müssen, um das bestmögliche Ergebnis für ihre Kunden zu erzielen. Dies beinhaltet auch das Vorhandensein von Grundsätzen zur Auftragsdurchführung zwischen der Wertpapierfirma und ihren Kunden. Die systematische Internalisierung muss gemessen an Art. 27 RL 2014/65/EU materiell die bestmögliche Ausführung für einen Kundenauftrag darstellen oder vom Kunden für die Ausführung ausdrücklich gewünscht werden. Art. 27 RL 2014/65/EU kommt bei Geschäften des Internalisierers mit geeigneten Gegenparteien nicht zur Anwendung (Art. 30 RL 2014/65/EU; § 68 Abs. 1 WpHG). Zweitens müssen die Offerten die vorherrschenden Marktbedingungen in Bezug auf die Preise widerspiegeln, zu denen Geschäfte für gleiche oder ähnliche Finanzinstrumente an einem Handelsplatz abgeschlossen werden.

56

Der deutsche Gesetzgeber geht ersichtlich davon aus, dass Art. 18 Abs. 9 Unterabs. 1 VO Nr. 600/2014 sowohl für feste (verbindliche) Kursofferten nach Art. 18 Abs. 1 VO Nr. 600/2014 als auch für bloße Kursofferten nach Art. 18 Abs. 2 Satz 1 VO Nr. 600/2014 gilt. § 120 Abs. 9 WpHG sieht mit Nr. 9 und 10 jeweils eigenständige **Bußgeldtatbestände** vor.

57

Art. 18 Abs. 9 Unterabs. 2 VO Nr. 600/2014 enthält einen Ausnahme vom Grundsatz der Preisverbindlichkeit (s. Rz. 48). Internalisierer können die **Kundenaufträge in begründeten Fällen zu besseren Kursen ausführen**, allerdings nur, sofern diese Kurse innerhalb einer veröffentlichten, marktnahen Bandbreite liegen. Mit der engen Grenze wird dem Gedanken Rechnung getragen, dass systematische Internalisierer zur handelsplatzübergreifenden Kursbildung beitragen[2]. Eine Präzisierung, wann die Kurse innerhalb einer **marktnahen Bandbreite** liegen, wie sie Art. 14 Abs. 3 DelVO 2017/567 im Bereich der Eigenkapitalinstrumente bereit hält, besteht nicht. Der dort beschriebene bessere Kurs als ein Kurs, der innerhalb der Geld- und Briefspanne liegen muss, wäre auch nicht der richtige Bezugspunkt. Die Kursofferte für Nichteigenkapitalinstrumente kann auch nur einseitig ausgestaltet sein (s. Rz. 20). Der Maßstab für die Verbesserungsmöglichkeit sollte so gewählt werden, dass die ursprüngliche Offerte von Dritten nachträglich nicht als falsches Signal in den Markt hinein angesehen werden kann. Der Zusatz, dass es sich um eine **veröffentlichte Bandbreite** handeln muss, ist dahingehend zu verstehen, dass die Internalisierer die Preisverbesserungsmöglichkeit in ihren Regelwerken beschreiben müssen. Wann ein **begründeter Fall** vorliegt, lässt die Vorschrift offen. Um eine gänzlich überflüssige Formel scheint es sich dabei nicht zu handeln. Folgt man den Ausführungen der ESMA im Bereich der Eigenkapitalinstrumente, dann muss sich eine Preisverbesserungsmaßnahme mit den an Zielen wie der Sicherstellung der effizienten Bewertung der Finanzinstrumente, der Maximierung der Möglichkeit, für Kunden das beste Geschäft zu erzielen, oder ähnlichen Zielen rechtfertigen lassen[3].

58

X. Geschäfte, die den typischen Geschäftsumfang übersteigen (Art. 18 Abs. 10 VO Nr. 600/2014). Art. 18 Abs. 10 VO Nr. 600/2014 **beschränkt den Anwendungsbereich der Vorschrift.** Werden Geschäfte angebahnt,

59

---

1 ESMA Q & A On MiFID II and MiFIR transparency topics, Nr. 7 Antwort auf Frage 9.
2 Allgemein Erwägungsgrund Nr. 13 DelVO 2017/567.
3 ESMA Q & A On MiFID II and MiFIR market structures topics, Nr. 5.3 Antwort auf Frage 24.

die vom Volumen größer sind als der für das Finanzinstrument typische Geschäftsumfang (engl. *size specific to the instrument, SSTI*), entstehen für den Internalisierer keine Pflichten in Bezug auf die Veröffentlichung von Kursofferten. Ob es sich dabei Offerten für Finanzinstrumente mit einem liquiden Markt i.S.v. Art. 18 Abs. 1 VO Nr. 600/2014 oder einem nicht liquiden Markt handelt, ist dabei unerheblich. Art. 18 Abs. 6 VO Nr. 600/2014 bringt die Nichtanwendbarkeit des Artikels bei Transaktionen oberhalb des SSTI-Wertes nochmals auf andere Weise zum Ausdruck. Systematische Internalisierer müssen sich nach dieser Vorschrift nur dann zum Vertragsschluss mit Kunden zu offerierten Bedingungen verpflichten, wenn das notierte Geschäftsvolumen dem für das betreffende Instrument typischen Umfang entspricht oder es unterschreitet. Der SSTI-Wert für ein Nichteigenkapitalinstrument ergibt sich über die Verweisung in Art. 9 Abs. 5 lit. d VO Nr. 600/2014 aus Anhang III DelVO 2017/583.

60 **XI. Auftragspakete (Art. 18 Abs. 11 VO Nr. 600/2014).** Auftragspakete sind durch Art. 18 Abs. 11 VO Nr. 600/2014 in die Quotierungspflicht der Internalisierer für Nichteigenkapitalinstrumente einbezogen. S. hierzu bereits Rz. 16 f.

Art. 19 Überwachung durch die ESMA

(1) Die zuständigen Behörden und die ESMA überwachen die Anwendung von Artikel 18 im Hinblick auf das Volumen, in dem Kursofferten Kunden von Wertpapierfirmen und anderen Marktteilnehmern in Bezug auf die sonstige Handelstätigkeit der Firma zur Verfügung gestellt werden, sowie den Grad, in dem die Kursofferten die vorherrschenden Marktbedingungen für Geschäfte mit denselben oder ähnlichen Finanzinstrumenten widerspiegeln, die an einem Handelsplatz abgewickelt werden. Die ESMA legt der Kommission bis zum 3. Januar 2020 einen Bericht über die Anwendung von Artikel 18 vor. Im Falle umfangreicher Kursofferten und einer erheblichen Handelstätigkeit knapp über dem in Artikel 18 Absatz 6 genannten Schwellenwert oder außerhalb der vorherrschenden Marktbedingungen legt die ESMA der Kommission vor diesem Datum einen Bericht vor.

(2) Die Kommission erlässt delegierte Rechtsakte gemäß Artikel 50 zur Festlegung des in Artikel 18 Absatz 6 genannten Volumens, in dem eine Wertpapierfirma Geschäfte mit anderen Kunden betreiben kann, denen eine Kursofferte zur Verfügung gestellt wurde. Das für das Finanzinstrument typische Volumen wird gemäß den in Artikel 9 Absatz 5 Buchstabe d festgelegten Kriterien ermittelt.

(3) Die Kommission erlässt delegierte Rechtsakte gemäß Artikel 50, in denen präzisiert wird, was unter „angemessenen kaufmännischen Bedingungen" zu verstehen ist, unter denen die in Artikel 18 Absatz 8 genannten Kursofferten zu veröffentlichen sind.

In der Fassung vom 15.5.2014 (ABl. EU Nr. L 173 v. 12.6.2014, S. 84), geändert durch Verordnung (EU) 2016/1033 vom 23.6.2016 (ABl. EU Nr. L 175 v. 30.6.2016, S. 1).

1 Mit Art. 19 Abs. 1 Satz 1 VO Nr. 600/2014 (MiFIR) erteilt der EU-Verordnungsgeber den zuständigen Behörden **spezifische Aufträge bei der Überwachung der Wertpapierfirmen**, die **die systematischen Internalisierung bei Nichteigenkapitalinstrumenten** betreiben. Anders als bei Art. 16 VO Nr. 600/2014, der Prüfungsaufträge im Bereich der Internalisierer von Eigenkapitalinstrumenten festlegt, wird neben den Behörden der Mitgliedstaaten **auch die Europäische Wertpapier- und Marktaufsichtsbehörde** ESMA **angesprochen**. In der Überschrift von Art. 19 VO Nr. 600/2014 findet sogar nur die ESMA Erwähnung. Die Abs. 2 und 3 von Art. 19 VO Nr. 600/2014 enthalten Ermächtigungen zum Erlass delegierter Verordnungen durch die EU-Kommission im Bereich von Tatbestandsmerkmalen des Art. 18 VO Nr. 600/2014 und haben mit der Überwachung der Internalisierer nur insofern etwas zu tun, als dadurch zu überwachende Pflichten der Internalisierer im Bereich der Nichteigenkapitalinstrumente präzisiert werden.

2 Nach Art. 19 Abs. 1 VO Nr. 600/2014 überwacht werden soll zum einen **das Volumen, in dem Kursofferten Kunden von Wertpapierfirmen und anderen Marktteilnehmern in Bezug auf die sonstige Handelstätigkeit der Firma zur Verfügung gestellt werden**. Zum anderen soll einer Kontrolle unterzogen werden **der Grad, in dem die Kursofferten die vorherrschenden Marktbedingungen für Geschäfte mit denselben oder ähnlichen Finanzinstrumenten widerspiegeln**, die an einem Handelsplatz abgewickelt werden. Die Frage, welche Überwachungshandlungen genau vorzunehmen sind, beantwortet die Verordnung nicht unmittelbar. Allerdings kann mit Blick auf Art. 19 Abs. 1 Satz 2 und 3 VO Nr. 600/2014 geschlossen werden, dass es um die **Erhebung von Angaben** über Geschäftsvorfälle[1] geht. Die ESMA hat nach Art. 19 Abs. 1 Satz 2 VO Nr. 600/2014 der Kommission bis zum 3.1.2020 einen Bericht über die Anwendung von Art. 18 VO Nr. 600/2014 vorzulegen. Gem. 19 Abs. 1 Satz 3 VO Nr. 600/2014 soll der Bericht bereits früher erfolgen, wenn sich herausstellt, dass sich Kursofferten und Geschäfte in erheblichen Maße in einem Niveau bewegen, das über dem in Art. 18 Abs. 6 VO

---

1 S. auch Erwägungsgrund Nr. 21 Satz 3 VO Nr. 600/2014.

Nr. 600/2014 genannten Schwellenwert liegt (vgl. hierzu Art. 18 VO Nr. 600/2014 Rz. 50). Früher Bericht zu erstatten ist auch, wenn das Internalisierungsgeschäft in Nichteigenkapitalinstrumenten in signifikantem Ausmaß außerhalb der vorherrschenden Marktbedingungen abläuft (vgl. zu dieser Verpflichtung Art. 18 Abs. 9 VO Nr. 600/2014). Die Datenerhebung und -lieferung an die ESMA erfolgt dabei durch die zuständige Behörde des jeweiligen Mitgliedstaats, Art. 8 Abs. 2 VO Nr. 1095/2010.

Im Übrigen sollte Art. 19 VO Nr. 600/2014 **keine gegenüber den nationalen Vorschriften vorrangige Aufgabenzuweisungs- und Befugnisnorm** darstellen. Legt man die Konzeption der MiFD II/MiFIR-Gesetzgebung insgesamt zugrunde, so soll die Aufsicht prinzipiell auf der Grundlage mitgliedstaatlicher Eingriffsbefugnisse vorgehen. Art. 69 Abs. 2 RL 2014/65/EU (MiFID II) gibt das Mindestmaß an Aufsichtsbefugnissen für die zuständigen Behörden des Mitgliedstaates vor. Diese sollen ausweislich der Erwägungsgründe in Nr. 138 RL 2014/65/EU im Rahmen vollständiger nationaler Rechtsvorschriften ausgeübt werden, in denen die Einhaltung der Grundrechte und auch das Recht auf Schutz der Privatsphäre garantiert wird. Weiter heißt es dort, dass für den Zweck der Ausübung dieser Befugnisse, durch die es zu gravierenden Eingriffen in Bezug auf das Recht auf Achtung des Privat- und Familienlebens, der Wohnung sowie der Kommunikation kommen kann, die Mitgliedstaaten angemessene und wirksame Schutzvorkehrungen gegen jegliche Form des Missbrauchs vorsehen.

Wer die **zuständige Behörde** i.S.v. Art. 19 Abs. 1 VO Nr. 600/2014 ist, definiert Art. 2 Abs. 1 Nr. 18 VO Nr. 600/2014. Dies ist die in Art. 4 Abs. 1 Nr. 26 RL 2014/65/EU genannte Behörde. In der MiFID II-Vorschrift wird als die „zuständige Behörde" grundsätzlich diejenige Behörde bezeichnet, die vom betreffenden Mitgliedstaat gem. Art. 67 RL 2014/65/EU benannt worden ist. Nach Art. 67 Abs. 1 Satz 1 RL 2014/65/EU benennt ein Mitgliedstaat die zuständigen Behörde, die für die Wahrnehmung der Aufgaben gemäß den einzelnen Bestimmungen der MiFIR und der MiFID II verantwortlich ist. Die ESMA veröffentlicht ein Verzeichnis der zuständigen Behörden auf ihrer Internetseite und aktualisiert dieses, Art. 67 Abs. 3 RL 2014/65/EU. Die Mitgliedstaaten haben gem. Art. 67 Abs. 2 Unterabs. 3 RL 2014/65/EU nicht nur die ESMA über die Zuständigkeitsregelungen zu unterrichten, sondern auch die EU-Kommission und die Behörden der anderen Mitgliedstaaten. Aus § 6 Abs. 5 WpHG ergibt sich, dass aus deutscher Sicht die BaFin die zuständige Behörde i.S.d. Art. 2 Abs. 1 Nr. 18 VO Nr. 600/2014 ist.

Der Überwachungsauftrag an die zuständige Behörde nach Art. 19 Abs. 1 VO Nr. 600/2014 überschneidet sich mit den **auf mitgliedstaatlicher Ebene gesetzten Recht**, wonach die Tätigkeit von Wertpapierfirmen, wozu systematische Internalisierer gehören, durch die zuständigen Behörden ständig zu überwachen ist, ob diese ihren aus der MiFID II bzw. der MiFIR resultierenden Pflichten nachkommen. Dass der nationale Gesetzgeber die Einhaltung der Vorschriften der MiFID II/MiFIR-Gesetzgebung einer behördlichen Überwachung zu unterziehen hat, ergibt sich aus den Art. 22 RL 2014/65/EU – hier insbesondere auch i.V.m. Art. 1 Abs. 7 Unterabs. 2 RL 2014/65/EU, der die Vorschriften des Titels III VO Nr. 600/2014 in den Pflichtenkanon der MiFID II einbezieht – sowie aus Art. 67 und 69 RL 2014/65/EU. Der deutsche Gesetzgeber hat die Aufsichtszuständigkeit über die Vorschriften aus der MiFIR, soweit Wertpapierdienstleistungsunternehmen angesprochen sind, der BaFin übertragen; vgl. § 6 Abs. 2 Satz 1 i.V.m. § 1 Abs. 1 Nr. 8 lit. f WpHG und §§ 88, 89 WpHG. Die Eingriffsbefugnisse der BaFin bei der Überwachung des Art. 18 VO Nr. 600/2014 leiten sich aus § 6 sowie §§ 88, 89 WpHG ab.

Art. 20 Veröffentlichungen von Wertpapierfirmen – einschließlich systematischer Internalisierer – nach dem Handel betreffend Aktien, Aktienzertifikate, börsengehandelte Fonds, Zertifikate und andere vergleichbare Finanzinstrumente

(1) Wertpapierfirmen, die entweder für eigene Rechnung oder im Namen von Kunden Geschäfte mit Aktien, Aktienzertifikaten, börsengehandelten Fonds, Zertifikaten und anderen vergleichbaren Finanzinstrumenten betreiben, die an einem Handelsplatz gehandelt werden, veröffentlichen das Volumen und den Kurs dieser Geschäfte sowie den Zeitpunkt ihres Abschlusses. Diese Informationen werden im Rahmen eines APA bekannt gegeben.

(2) Die gemäß Absatz 1 dieses Artikels veröffentlichten Informationen und die Fristen, innerhalb deren sie zu veröffentlichen sind, müssen den gemäß Artikel 6 festgelegten Anforderungen, einschließlich der nach Artikel 7 Absatz 2 Buchstabe a angenommenen technischen Regulierungsstandards, genügen. Sehen die gemäß Artikel 7 festgelegten Maßnahmen eine spätere Veröffentlichung für bestimmte Kategorien von Geschäften mit Aktien, Aktienzertifikaten, börsengehandelten Fonds, Zertifikaten und anderen vergleichbaren Finanzinstrumenten, die an einem Handelsplatz gehandelt werden, vor, so besteht diese Möglichkeit auch für diese Geschäfte, wenn sie außerhalb von Handelsplätzen abgeschlossen werden.

(3) Die ESMA arbeitet Entwürfe technischer Regulierungsstandards aus, in denen Folgendes festgelegt wird:
a) die Kennzeichen der verschiedenen Arten von im Rahmen dieses Artikels veröffentlichten Geschäften, bei denen zwischen solchen unterschieden wird, die vor allem durch mit der Bewertung von Finanzinstrumenten verbundene Faktoren charakterisiert sind, und solchen, die durch andere Faktoren bestimmt werden;
b) Anwendung der Verpflichtung gemäß Absatz 1 auf Geschäfte, die die Verwendung dieser Finanzinstrumente zum Zwecke der Besicherung, der Beleihung oder für andere Zwecke, bei denen der Umtausch von Finanzinstrumenten durch andere Faktoren als die aktuelle Marktbewertung des Finanzinstruments bestimmt wird, umfassen.
c) die an einem Geschäft beteiligte Partei, die ein Geschäft im Einklang mit Absatz 1 veröffentlichen muss, wenn beide an dem Geschäft beteiligte Parteien Wertpapierfirmen sind.

Die ESMA legt der Kommission diese Entwürfe technischer Regulierungsstandards bis zum 3. Juli 2015 vor.

Der Kommission wird die Befugnis übertragen, die in Unterabsatz 1 genannten technischen Regulierungsstandards gemäß den Artikeln 10 bis 14 der Verordnung (EU) Nr. 1095/2010 zu erlassen.

In der Fassung vom 15.5.2014 (ABl. EU Nr. L 173 v. 12.6.2014, S. 84).

**Delegierte Verordnung (EU) 2017/587 der Kommission vom 14. Juli 2016
zur Ergänzung der Verordnung (EU) Nr. 600/2014 des Europäischen Parlaments und des Rates über Märkte für Finanzinstrumente durch technische Regulierungsstandards mit Transparenzanforderungen für Handelsplätze und Wertpapierfirmen in Bezug auf Aktien, Aktienzertifikate, börsengehandelte Fonds, Zertifikate und andere vergleichbare Finanzinstrumente und mit Ausführungspflichten in Bezug auf bestimmte Aktiengeschäfte an einem Handelsplatz oder über einen systematischen Internalisierer**

(Auszug)

Art. 13 Anwendung der Nachhandelstransparenz auf bestimmte Arten von Geschäften, die außerhalb eines Handelsplatzes getätigt werden

(Artikel 20 Absatz 1 der Verordnung (EU) Nr. 600/2014)

Die Verpflichtung aus Artikel 20 Absatz 1 der Verordnung (EU) Nr. 600/2014 gilt nicht für Folgendes:
a) ausgenommene Geschäfte, die in Artikel 2 Absatz 5 der Delegierten Verordnung (EU) 2017/590 der Kommission aufgeführt sind, sofern anwendbar;
b) von einer Verwaltungsgesellschaft gemäß Artikel 2 Absatz 1 Buchstabe b der Richtlinie 2009/65/EG oder einem Verwalter alternativer Investmentfonds gemäß Artikel 4 Absatz 1 Buchstabe b der Richtlinie 2011/61/EU ausgeführte Geschäfte, bei denen das wirtschaftliche Eigentum an den Finanzinstrumenten von einem Organismus für gemeinsame Anlagen auf einen anderen übertragen wird, ohne dass eine Wertpapierfirma an dem Geschäft beteiligt ist;
c) Give-up-Geschäfte und Give-in-Geschäfte;
d) Übertragungen von Finanzinstrumenten als Sicherheit für bilaterale Geschäfte oder im Zusammenhang mit einer Sicherheitshinterlegung für die zentrale Gegenpartei oder mit Anforderungen an die Besicherung oder als Teil des Ausfallmanagements einer zentralen Gegenpartei.

In der Fassung vom 14.7.2016 (ABl. EU Nr. L 87 v. 31.3.2017, S. 387).

Schrifttum: *Bialluch*, Systematische Internalisierung de lege lata, WM 2015, 2030; *Hoops*, Die Regulierung von Marktdaten nach der MiFID II, WM 2018, 205.

I. Regelungsgegenstand und systematische Stellung der Vorschrift 1	IV. Zeitpunkt der Veröffentlichung (Art. 20 Abs. 2 Satz 1 VO Nr. 600/2014) 18
II. Anwendungsbereich 9	V. Verzögerte Veröffentlichung (Art. 20 Abs. 2 Satz 2 VO Nr. 600/2014) 20
1. Wertpapierfirmen als Verpflichtete 9	
2. OTC-Geschäfte über Eigenkapitalinstrumente . 11	VI. Bekanntgabe im Rahmen eines APA (Art. 20 Abs. 1 Satz 2 VO Nr. 600/2014) 24
III. Inhalt der Veröffentlichung (Art. 20 Abs. 1 Satz 1 VO Nr. 600/2014) 16	

1 **I. Regelungsgegenstand und systematische Stellung der Vorschrift.** Art. 20 VO Nr. 600/2014 hält für Wertpapierfirmen eine **Veröffentlichungspflicht über abgeschlossene Geschäfte** mit Eigenkapitalfinanzinstrumenten bereit. Mit der Verpflichtung zur Nachhandelstransparenz sollen Marktteilnehmer Informationen über die Konditionen von Geschäften über Finanzinstrumente erhalten, wenn die Finanzinstrumente zwar an einem Handelsplatz gehandelt werden, das konkrete Geschäft aber außerhalb eines Handelsplatzes (OTC) stattgefunden hat.

2 Wie bei den Nachhandelstransparenzregelungen für an einem Handelsplatz ausgeführte Geschäfte (Art. 6 und 7 bzw. 10 und 11 VO Nr. 600/2014), hält der EU-Verordnungsgeber auch bei der Nachhandelstransparenz für

OTC abgeschlossene Geschäfte **separate Regelungen für Geschäfte über Eigen- und Nichteigenkapitalinstrumente** bereit. Die Grundstrukturen von Art. 20 VO Nr. 600/2014, der für Eigenkapitalinstrumente gilt, und Art. 21 VO Nr. 600/2014, der für Nichteigenkapitalinstrumente gilt, sind allerdings sehr ähnlich. Die MiFID von 2004 (RL 2004/39/EG) kannte mit Art. 28 RL 2004/39/EG eine Nachhandelstransparenz für OTC-Geschäfte, allerdings nur für an einem geregelten Markt zugelassenen Aktien und Aktien vertretende Zertifikate. Dieser Vorschrift entsprach im § 31h a.F. WpHG.

Durch die weitgehende Angleichung der Nachhandelstransparenz in Bezug auf Finanzinstrumente, die außerhalb der Handelsplätze gehandelt werden, an diejenige, die für Handelsplätze gilt, wird eine Synchronisierung der für sämtliche Märkte maßgeblichen Transparenzregeln geschaffen. Erst dadurch werden die Anleger in die Lage versetzt, sich **ein Bild über den segmentierten Gesamtmarkt zu verschaffen**. 3

Während die Vorhandelstransparenz für das außerhalb von Handelsplätzen stattfindende Geschäft nur für den Bereich der systematischen Internalisierung durch die Art. 14–19 VO Nr. 600/2014 verpflichtend ausgestaltet ist, betreffen die Vorschriften der **Art. 20 und 21 VO Nr. 600/2014 auch OTC-Geschäfte, die nicht der systematischen Internalisierung unterfallen**. Deutlich wird dies in den Überschriften der beiden Artikel, die jeweils von „*Veröffentlichungen von Wertpapierfirmen – einschließlich systematischer Internalisierer ...*" sprechen. 4

Die Nachhandelstransparenz für OTC-Geschäfte weist die Besonderheit auf, dass die **Veröffentlichung über genehmigte Veröffentlichungssysteme** (*approved publication arrangements, APA*) zu erfolgen hat. Die verpflichtete Wertpapierfirma muss sich zur Erfüllung ihrer Veröffentlichungsplicht eines Dritten bedienen. Gem. Art. 2 Abs. 1 Nr. 34 VO Nr. 60072014 i.V.m. Art. 4 Abs. 1 Nr. 52 RL 2014/65/EU handelt es sich bei einem genehmigten Veröffentlichungssystem um eine Person, die Veröffentlichung von Handelsauskünften im Namen von Wertpapierfirmen i.S.v. Art. 20 und 21 VO Nr. 600/2014 erbringt. Die Vorgaben zur Erlaubnispflicht und zur Organisation eines APA befinden sich im Titel V RL 2014/65/EU, insbesondere in Art. 59 und 64 RL 2014/65/EU. Im deutschen Recht sind die Vorschriften mit §§ 32 Abs. 1f, 25c Abs. 6, 25d Abs. 13 KWG und Art. 58 WpHG umgesetzt. 5

Die **Überwachung**, ob die Nachhandelstransparenz nach Art. 20 VO Nr. 600/2014 eingehalten wird, obliegt der zuständigen Behörde des Mitgliedstaates, in denen die verpflichteten Wertpapierfirmen ihren Sitz haben; vgl. Art. 67, 69 RL 2014/65/EU. Der deutsche Gesetzgeber hat, soweit es nicht den börslichen Bereich betrifft, die Aufsicht über die Vorschriften aus der MiFIR der BaFin übertragen, § 6 Abs. 2 WpHG. Darüber hinaus ist Art. 20 VO Nr. 600/2014 in die Anwendungsbereiche der Überwachungs- bzw. Prüfungsvorschriften §§ 88 und 89 WpHG einbezogen. 6

Werden Veröffentlichungen nach Art. 20 VO Nr. 600/2014 vorsätzlich oder leichtfertig nicht, nicht richtig, nicht vollständig, nicht rechtzeitig oder nicht in der vorgeschriebenen Weise vorgenommen, so stellt dies eine **Ordnungswidrigkeit** dar (§ 120 Abs. 9 Nr. 14 lit. a WpHG). Vorgenommene Sanktionen werden von der BaFin gem. § 126 Abs. 1 Satz 1 Nr. 3 WpHG öffentlich bekannt gegeben. 7

Bei der Beurteilung, ob Art. 20 VO Nr. 600/2014 **Schutzgesetzcharakter** i.S.d. § 823 Abs. 2 BGB aufweist, ist entsprechend dem Zweck, dass die Nachhandelstransparenzpflicht vornehmlich der Verbesserung der Markteffizienz dient und das Informationsbedürfnis der Anleger eher reflexartig schützt, Zurückhaltung angezeigt[1]. 8

II. Anwendungsbereich. 1. Wertpapierfirmen als Verpflichtete. Die nach Art. 20 Abs. 1 VO Nr. 600/2014 zur Nachhandelstransparenz Verpflichteten sind **Wertpapierfirmen**. Der Begriff der Wertpapierfirma unterscheidet sich in seiner Bedeutung nicht von der im Rahmen der OTC-Vorhandelstransparenz. Es kann daher auf die Ausführungen zu Art. 14 VO Nr. 600/2014 Rz. 8ff.) verwiesen werden. Auch die in der Überschrift von Art. 20 VO Nr. 600/2014 erwähnten **systematischen Internalisierer** sind von der Definition der Wertpapierfirma erfasst (vgl. Art. 14 VO Nr. 600/2014 Rz. 11) und müssen daher die Vorschrift beachten. 9

Die Abs. 4–6 von Art. 12 DelVO 2017/587, die auf der Grundlage von Art. 20 Abs. 3 lit. c VO Nr. 600/2014 beruhen, enthalten Regelungen, dass es **nicht zu Doppelmeldungen kommt**, wenn beide an einem OTC-Geschäft beteiligte Parteien Wertpapierfirmen sind. Nach Art. 12 Abs. 4 DelVO 2017/587 ist **grundsätzlich nur die Firma verpflichtet, die das betreffende Finanzinstrument veräußert**. Der Erwerber ist von der Pflicht zur Veröffentlichung befreit. Nach Art. 12 Abs. 5 DelVO 2017/587 gilt dann etwas anderes, **wenn nur eine der beiden Wertpapierfirmen systematischer Internalisierer** im Hinblick auf das geschäftsgegenständliche Finanzinstrument ist. Hier trifft den systematischen Internalisierer die **Pflicht auch als Erwerber**, wobei er den Veräußerer von der ergriffenen Maßnahme zu unterrichten hat. Art. 12 Abs. 6 DelVO 2017/587 verpflichtet die Wertpapierfirmen Vorkehrungen zu treffen, damit **zwei übereinstimmende Geschäfte**, die gleichzeitig und zum gleichen Preis mit einer einzigen zwischengeschalteten Partei abgeschlossen werden, als ein einziges Geschäft veröffentlicht werden. 10

2. OTC-Geschäfte über Eigenkapitalinstrumente. Die von Art. 20 Abs. 1 VO Nr. 600/2014 erfassten Geschäfte über Finanzinstrumente betreffen Erwerbs- bzw. Veräußerungsvorgänge über **Aktien, Aktienzertifika-** 11

---

[1] Schutzgesetzcharakter der Nachhandelstransparenz verneinend *Fuchs* in Fuchs, Vor §§ 31ff. WpHG Rz. 110; *Bialluch*, WM 2015, 2030, 2039; s. auch *Buck-Heeb*, Rz. 135.

te, börsengehandelte Fonds, Zertifikate und andere vergleichbare Finanzinstrumente. Diese Begriffe sind identisch mit denen in Art. 3, 6 und 14 VO Nr. 600/2014. Hinsichtlich der Definition dieser Eigenkapitalinstrumente kann daher auf Art. 3 VO Nr. 600/2014 Rz. 13 ff. verwiesen werden.

12 Für den Anwendungsbereich des Art. 20 Abs. 1 VO Nr. 600/2014 müssen die Eigenkapitalinstrumente **an einem Handelsplatz gehandelt** (engl. *traded on a trading venue; TOTV*) werden. Hierzu kann auf die Ausführungen bei Art. 14 VO Nr. 600/2014 Rz. 19 verwiesen werden.

13 Die Wertpapierfirmen müssen die **Geschäfte entweder für eigene Rechnung oder im Namen von Kunden ausführen**. Während beim Handel für eigene Rechnung die Wertpapierfirma für den Geschäftsschluss eigenes Kapital einsetzt (vgl. Art. 2 Abs. 1 Nr. 5 VO Nr. 600/2014 i.V.m. Art. 4 Abs. 1 Nr. 6 RL 2014/65/EU), erfolgt der Handel im Namen von Kunden (engl.: *on behalf of clients*) auf deren Rechnung. Das Ausführungsgeschäft bei einem Kommissionsgeschäft i.S.d. § 383 HGB ist von Art. 20 Abs. 1 VO Nr. 600/2014 erfasst. Die MiFID II-Rechtssetzung geht in Erwägungsgrund Nr. 24 RL 2014/65/EU ersichtlich davon aus, dass die Ausführung von Kundenaufträgen Handel für eigene Rechnung sein kann. Man kann aber auch die Wendung „im Namen des Kunden" als „im Auftrag des Kunden" verstehen, so dass auch über dieses Tatbestandsmerkmal die verdeckte Vertreterschaft erfasst ist.

14 Der Wortlaut von Art. 20 Abs. 1 VO Nr. 600/2014 unterscheidet nicht, ob die Geschäfte an einem Handelsplatz oder außerhalb ausgeführt werden. Gleichwohl beinhaltet Art. 20 Abs. 1 VO Nr. 600/2014 **nur die Veröffentlichungspflicht für OTC-Geschäfte**. Dies ergibt sich aus der systematischen Stellung der Vorschrift im Titel III VO Nr. 600/2014, der sich mit der Transparenz außerhalb von Handelsplätzen beschäftigt. Die Geschäfte mit Eigenkapitalinstrumenten, die eine Wertpapierfirma über einen Handelsplatz ausführt, werden durch den Handelsplatzbetreiber gem. Art. 6 VO Nr. 600/2014 bekannt gegeben und müssen darüber hinaus nicht nochmals durch die am Handelsplatzgeschäft beteiligten Parteien nach Art. 20 Abs. 1 VO Nr. 600/2014 veröffentlicht werden. Allerdings können Geschäfte an Nicht-EU-/EWR-Handelsplätzen von der Veröffentlichungspflicht umfasst sein, falls dort keine Nachhandelstransparenzpflichten bestehen, die der MiFID II/MiFIR-Regelung ähnlich[1].

15 Der auf Grundlage Art. 20 Abs. 3 lit. b VO Nr. 600/2014 erlassene Art. 13 DelVO 2017/587 zählt Geschäfte auf, die aus dem Anwendungsbereich des Art. 20 Abs. 1 VO Nr. 600/2014 herausfallen und damit keiner Nachhandelstransparenz unterfallen. Art. 13 DelVO 2017/587 verweist dabei auch auf weitere Normen, insbesondere auf Art. 2 Abs. 5 DelVO 2017/590, der 15 Geschäftstypen nennt. Ausgenommen sind damit alle Geschäfte, die nicht zur Kursfestsetzung beitragen. Die Regelung verhindert, dass eine Informationslage entsteht, die die Anlegern irritiert und eine bestmögliche Ausführung ggf. verhindern kann[2].

16 **III. Inhalt der Veröffentlichung (Art. 20 Abs. 1 Satz 1 VO Nr. 600/2014).** Inhaltlich müssen die im Rahmen der Nachhandelstransparenz zu veröffentlichenden Informationen gem. Art. 20 Abs. 1 Satz 1 VO Nr. 600/2014 das **Volumen und den Kurs dieser Geschäfte sowie den Zeitpunkt ihres Abschlusses** umfassen. Art. 20 Abs. 2 Satz 1 VO Nr. 600/2014 verweist hinsichtlich weiterer Anforderungen an den Veröffentlichungsinhalt auf die Vorgaben, die auch für die Nachhandelstransparenzpflicht der Betreiber von Handelsplätzen maßgeblich sind (s. Art. 6 VO Nr. 600/2014 Rz. 3). Nach Art. 12 Abs. 1 i.V.m. Tabellen 2 und 3 des Anhang I DelVO 12017/587, der auf Grundlage von Art. 7 Abs. 2 lit. a VO Nr. 600/2014 erlassen worden ist, sind folgende Angaben zu machen:
- Datum und Uhrzeit des Handels
- Kennung des Instruments
- Preis
- Preiswährung
- Menge
- Ausführungsplatz
- Datum und Uhrzeit der Veröffentlichung
- Veröffentlichungsplatz
- Transaktionsidentifikationscode.

Zusätzlich sind die Geschäfte noch mit vorgegebenen Kennzeichnungen zu versehen, die das Geschäft bzw. den Grund der Veröffentlichung näher charakterisieren. Tabelle 4 des Anhang I DelVO 2017/587 sieht hierfür 18 Möglichkeiten vor. Der Inhalt der Tabelle 4 lasst sich auch auf Art. 20 Abs. 3 lit. a VO Nr. 600/2014 stützen.

17 Da die Veröffentlichung der Geschäfte nach Art. 20 Abs. 1 Satz 2 VO Nr. 600/2014 durch ein APA erfolgen muss, spiegelt sich die zu machenden Angaben in den Vorschriften für APA wider (s. Rz. 25).

18 **IV. Zeitpunkt der Veröffentlichung (Art. 20 Abs. 2 Satz 1 VO Nr. 600/2014).** Art. 20 Abs. 2 Satz 1 VO Nr. 600/2014 verweist auch hinsichtlich des Zeitpunkts, wann die Informationen zu veröffentlichen sind, auf

---

1 Vgl. ESMA-Opinion ESMA70-154-467 v. 15.12.2017.
2 Erwägungsgrund Nr. 14 DelVO 2017/587.

Art. 6 VO Nr. 600/2014. Art. 6 Abs. 1 Satz 2 VO Nr. 600/2014 verlangt die Veröffentlichung der Informationen **so nah in Echtzeit wie technisch möglich**. Die Wertpapierfirmen müssen funktionsfähige effiziente Systeme[1] vorhalten, die es ermöglichen, dass zwischen der Informationsentstehung (Geschäftsschluss) und Veröffentlichung keine nennenswerten Verzögerungen auftreten.

Die Wertpapierfirma ist gem. Art. 20 Abs. 1 Satz 2 VO Nr. 600/2014 verpflichtet, bei der Informationsbereitstellung **ein APA einzuschalten** (näher Rz. 24). Nach Art. 64 Abs. 1 RL 2014/65/EU muss das Recht der Mitgliedstaaten APA derart verpflichten, dass diese in der Lage sind, die Informationen gem. Art. 20 VO Nr. 600/2014 ihrerseits soweit wie technisch möglich auf Echtzeitbasis zu veröffentlichen. Es muss demnach eine Art Informationskette auf Echtzeitbasis entstehen. Zusätzlich ist nach Art. 64 Abs. 1 RL 2014/65/EU den APA die Möglichkeit einzuräumen, die Informationsweitergabe an die Marktteilnehmer von angemessenen kaufmännischen Bedingungen abhängig zu machen. **Ein kostenloser Informationsbezug soll erst nach 15 Minuten** nach der entgeltpflichtigen Veröffentlichung möglich gemacht werden müssen. Im WpHG befinden sich die entsprechenden Regelungen zu Art. 64 Abs. 1 RL 2014/65/EU in § 58 WpHG. 19

V. Verzögerte Veröffentlichung (Art. 20 Abs. 2 Satz 2 VO Nr. 600/2014). Hat eine zuständige Behörde einem Handelsplatzbetreiber die spätere Veröffentlichung im **Hinblick auf großvolumige Geschäfte** mit Eigenkapitalinstrumenten gem. **Art. 7 VO Nr. 600/2014** gestattet, so können Wertpapierfirmen eine solche Entscheidung für ihr OTC-Geschäft nutzen. Ein **eigener Antrag** auf die Inanspruchnahme verzögerter Nachhandelstransparenz ist **nicht erforderlich**, aber auch nicht ausgeschlossen. Liegen Entscheidungen zugunsten von Handelsplätzen vor, so können Wertpapierfirmen, wenn sie außerhalb von Handelsplätzen Geschäfte in erfassten Werten abschließen, diese ebenso verzögert veröffentlichen, wie es der Handelsplatzbetreiber kann. 20

Als Maßnahme nach Art. 7 VO Nr. 600/2014 seitens einer deutschen Behörde, die von Wertpapierfirmen beim OTC-Geschäft herangezogen werden kann, kommt die **Allgemeinverfügung der BaFin** vom 2.1.2018 in Betracht. Die Behörde erlaubt darin Wertpapierdienstleistungsunternehmen, die einen Handelsplatz betreiben, Einzelheiten zu Geschäften i.S.d. Art. 7 Abs. 1 Unterabs. 2 VO Nr. 600/2014 im durch Art. 7 Abs. 1 VO Nr. 600/2014 und Art. 15 DelVO 2017/587 vorgeschriebenen Rahmen zu einem späteren Zeitpunkt, als nach Art. 6 VO Nr. 600/2014 vorgeschrieben, zu veröffentlichen[2]. Im Tenor macht die BaFin allerdings deutlich, dass die Allgemeinverfügung nur dann beachtlich wird, wenn die Handelsplatzbetreiber über eine individuelle Genehmigung nach Art. 7 Abs. 1 Unterabs. 3 VO Nr. 600/2014 verfügen. Dies bedeutet, dass die Handelsplätze, die unter die Aufsicht der BaFin fallen, deren Genehmigung einholen müssen, bevor sie von der Gestattung einer späteren Veröffentlichung Gebrauch machen[3]. Interpretiert man die BaFin richtig, dann sollen sich Wertpapierfirmen, die OTC-Geschäfte über Eigenkapitalinstrumente gem. Art. 20 Abs. 1 VO Nr. 600/2014 veröffentlichen müssen, diese Verfügung zunutze machen können. Die BaFin hat in ihrem Journal vom Januar 2018 zu verstehen gegeben, **dass eine gesonderte Gestattung einer späteren Veröffentlichung von OTC-Geschäften mit Eigenkapitalinstrumenten nicht vorgesehen** ist. Diese seien nach der MiFIR von der Gestattung für Handelsplätze erfasst[4]. Solange jedoch keinen individuellen Genehmigungen für Handelsplatzbetreiber bestehen, erscheint die Berufung einer Wertpapierfirma auf die Allgemeinverfügung nicht ganz schlüssig zu sein. Die Frankfurter Wertpapierbörse hat mit Art. 118 Abs. 3 BörsO FWB Vorsorge getroffen, gem. Art. 7 VO Nr. 600/2014 von der Veröffentlichung in Echtzeit abweichen zu können. 21

Die Gestattung der verzögerten Veröffentlichung für einen Handelsplatz soll sich nach Art. 15 Abs. 4 DelVO 2017/587 **nicht automatisch auf das gesamte OTC-Geschäft in der EU erstrecken**. Wird das Geschäft zwischen zwei Wertpapierfirmen ausgeführt, so soll die Behörde für die Bestimmung der anwendbaren Aufschubregelung die Behörde der Wertpapierfirma sein, die das Geschäft gem. Art. 12 Abs. 5 und 6 DelVO 2017/587 veröffentlichen muss. Eine deutliche Ermächtigung zum Erlass einer solchen Regelung findet sich indes in Art. 20 VO Nr. 600/2014 nicht. 22

Die **genaue Zeitpunkt**, wann die verzögerte Veröffentlichung zu erfolgen hat, ergibt sich aus Art. 15 Abs. 3 DelVO 2017/587. 23

VI. Bekanntgabe im Rahmen eines APA (Art. 20 Abs. 1 Satz 2 VO Nr. 600/2014). Eine Wertpapierfirma ist nach Art. 20 Abs. 1 Satz 2 VO Nr. 600/2014 verpflichtet, ein APA (genehmigtes Veröffentlichungssystem; engl. *approved publication arrangement*) zur Veröffentlichung seiner Nachhandelstransparenzdaten einzusetzen[5]. Bereits aus der Definition des APA (Art. 2 Abs. 1 Nr. 34 VO Nr. 600/2014 i.V.m. Art. 4 Abs. 1 Nr. 52 RL 2014/65/EU) ergibt sich, dass es sich um eine **auf die Veröffentlichung von Handelsauskünften** im Namen von Wertpapierfirmen i.S.v. Art. 20 VO Nr. 600/2014 **spezialisierte Einrichtung** handelt. Grundsätzlich liegt dem Rege- 24

---
1 Erwägungsgrund Nr. 12 DelVO 2017/587.
2 Allgemeinverfügung der BaFin – Nachhandelstransparenz Handelsplätze, die nicht durch eine Börse betrieben werden/ Eigenkapitalinstrumente – v. 2.1.2018, WA 21-FR 1900-2017/0001.
3 BaFin-Journal Januar 2018, S. 7.
4 BaFin-Journal Januar 2018, S. 7.
5 *Hoops*, WM 2018, 205, 208.

lungsgefüge die Vorstellung zugrunde, dass ein APA eine externe dritte Person ist. Nicht ausgeschlossen ist der Fall, dass eine Wertpapierfirma in Bezug auf ihre Handelsdaten selbst als APA fungiert und nicht auf einen Dritten ausweicht. Sie müsste dann allerdings vom Prinzip her auch für andere Handelshäuser als APA zur Verfügung stehen. Denkbar ist, dass eine Wertpapierfirma auch mehrere APA einschaltet. Anders als bei der Regelung zu Nichteigenkapitalinstrumenten, wo Art. 21 Abs. 2 VO Nr. 600/2014 die Mehrfachveröffentlichung ausschließt, ist diese Regelung in Art. 20 VO Nr. 600/2014 nicht vorgesehen[1].

25 Die Wertpapierfirma trägt die Verantwortung, dass die Daten über das jeweilige Geschäft an das mit der Veröffentlichung beauftragte APA übermittelt werden. Für die **tatsächliche technische Vornahme der Veröffentlichung** gegenüber dem Markt ist das APA zuständig. Die Wertpapierfirma wird mit dem oder den ausgewählten APA einen **Vertrag über die Leistungserbringung** abschließen. Ein APA kann von den Informationsempfängern für die Bereitstellung von Marktinformationen unter Beachtung der Art. 84 ff. DelVO 2017/565 ein Entgelt verlangen. Marktteilnehmer, die nicht bereit sind, das kaufmännisch angemessene Entgelt zu zahlen, können erst nach 15 Minuten Zugang zu den Daten erhalten (Art. 64 Abs. 1 RL 2014/65/EU, § 58 Abs. 2 WpHG). Die vom Gesetzgeber vorgegebene **Inhaltsclusterung der APA-Veröffentlichung** (vgl. Art. 64 Abs. 2 RL 2014/65/EU, § 58 Abs. 1 WpHG) ist mit den Vorgaben aus Art. 20 Abs. 1 VO Nr. 600/2014 synchronisiert.

26 Gem. Art. 14 Abs. 1 DelVO 2017/571 müssen die vom APA zu veröffentlichenden Informationen **maschinenlesbar** sein. Dies ist nach Art. 14 Abs. 3 DelVO 2017/571 der Fall, wenn
   – sie ein elektronisches Format haben, damit diese direkt und automatisch von einem Computer gelesen werden können, wobei das Format durch freie, nicht firmeneigene und offene Standards spezifiziert wird,
   – sie auf einer leistungsfähigen IT-Struktur gespeichert werden, so dass ein automatischer Zugriff möglich ist,
   – sie widerstandsfähig genug sind, um Kontinuität und Ordnungsmäßigkeit bei der Erbringung der Dienstleistungen sowie einen angemessenen Zugriff im Hinblick auf die Geschwindigkeit zu gewährleisten, und
   – auf sie mithilfe einer kostenlosen und öffentlich verfügbaren Computer-Software zugegriffen werden kann und sie dadurch gelesen, genutzt und kopiert werden können.

27 Nach Art. 14 Abs. 5 DelVO 2017/571 müssen **APA der Öffentlichkeit Anweisungen zur Verfügung stellen**, in denen sie erklären, wie und wo auf die Daten einfach zugegriffen und diese verwendet werden können, einschließlich der Identifizierung des elektronischen Formats. Die Anweisungen müssen über einen Link auf der Startseite der Internetpräsenz des APA zur Verfügung stehen.

Art. 21 Veröffentlichungen von Wertpapierfirmen – einschließlich systematischer Internalisierer – nach dem Handel betreffend Schuldverschreibungen, strukturierte Finanzprodukte, Emissionszertifikate und Derivate

(1) Wertpapierfirmen, die entweder für eigene Rechnung oder im Namen von Kunden Geschäfte mit Schuldverschreibungen, strukturierten Finanzprodukten, Emissionszertifikaten und Derivaten tätigen, die an einem Handelsplatz gehandelt werden, veröffentlichen das Volumen und den Kurs dieser Geschäfte sowie den Zeitpunkt ihres Abschlusses. Diese Informationen werden im Rahmen eines APA bekannt gegeben.

(2) Jedes einzelne Geschäft ist einmal im Rahmen eines einzelnen APA zu veröffentlichen.

(3) Die gemäß Absatz 1 veröffentlichten Informationen und die Fristen, innerhalb deren sie zu veröffentlichen sind, müssen den gemäß Artikel 10 festgelegten Anforderungen, einschließlich der nach Artikel 11 Absatz 4 Buchstaben a und b angenommenen technischen Regulierungsstandards, genügen.

(4) Die zuständigen Behörden können Wertpapierfirmen gestatten, eine spätere Veröffentlichung vorzusehen, oder sie können während des Zeitraums des gewährten Aufschubs von Wertpapierfirmen die Veröffentlichung von wenigen Einzelheiten zu einem Geschäft oder von Einzelheiten zu mehreren Geschäften in aggregierter Form oder eine Kombination von beidem verlangen; alternativ können sie die Nichtveröffentlichung des Umfangs einzelner Geschäfte während eines verlängerten Aufschubzeitraums gestatten oder im Falle von Nicht-Eigenkapitalfinanzinstrumenten, bei denen es sich nicht um öffentliche Schuldinstrumente handelt, die Veröffentlichung mehrerer Geschäfte in aggregierter Form während eines verlängerten Aufschubzeitraums gestatten, oder im Falle öffentlicher Schuldinstrumente die Veröffentlichung mehrerer Geschäfte in aggregierter Form für einen unbefristeten Zeitraum gestatten, und sie können unter den in Artikel 11 festgelegten Voraussetzungen die Verpflichtungen nach Absatz 1 vorübergehend aussetzen.

---

1 S. hierzu auch Erwägungsgrund Nr. 22 DelVO 2017/571.

Sehen die gemäß Artikel 11 festgelegten Maßnahmen für bestimmte Kategorien von Geschäften mit Schuldverschreibungen, strukturierten Finanzprodukten, Emissionszertifikaten und Derivaten, die an einem Handelsplatz gehandelt werden, eine spätere Veröffentlichung, eine Veröffentlichung von wenigen Einzelheiten oder von Einzelheiten in aggregierter Form oder eine Kombination hiervon oder eine Nichtveröffentlichung des Geschäftsvolumens vor, so besteht diese Möglichkeit für diese Geschäfte auch, wenn sie außerhalb von Handelsplätzen abgeschlossen werden.

(5) Die ESMA erarbeitet Entwürfe technischer Regulierungsstandards, in denen Folgendes in einer Weise festgelegt wird, die die Veröffentlichung von nach Artikel 64 der Richtlinie 2014/65/EU geforderten Informationen ermöglicht:

a) die Kennzeichen der verschiedenen Arten von im Einklang mit diesem Artikel veröffentlichten Geschäften, bei denen zwischen solchen unterschieden wird, die vor allem durch mit der Bewertung von Finanzinstrumenten verbundene Faktoren charakterisiert sind, und solchen, die durch andere Faktoren bestimmt werden;

b) Anwendung der Verpflichtung gemäß Absatz 1 auf Geschäfte, die die Verwendung dieser Finanzinstrumente zum Zwecke der Besicherung, der Beleihung oder für andere Zwecke, bei denen der Umtausch von Finanzinstrumenten durch andere Faktoren als die aktuelle Marktbewertung des Finanzinstruments bestimmt wird, umfassen;

c) die an einem Geschäft beteiligte Partei, die ein Geschäft im Einklang mit Absatz 1 veröffentlichen muss, wenn beide an dem Geschäft beteiligte Parteien Wertpapierfirmen sind.

Die ESMA legt der Kommission diese Entwürfe technischer Regulierungsstandards bis zum 3. Juli 2015 vor.

Der Kommission wird die Befugnis übertragen, die in Unterabsatz 1 genannten technischen Regulierungsstandards gemäß den Artikeln 10 bis 14 der Verordnung (EU) Nr. 1095/2010 Verfahren zu erlassen.

In der Fassung vom 15.5.2014 (ABl. EU Nr. L 173 v. 12.6.2014, S. 84).

Delegierte Verordnung (EU) 2017/583 der Kommission vom 14. Juli 2016
zur Ergänzung der Verordnung (EU) Nr. 600/2014 des Europäischen Parlaments und des Rates über Märkte für Finanzinstrumente durch technische Regulierungsstandards zu den Transparenzanforderungen für Handelsplätze und Wertpapierfirmen in Bezug auf Anleihen, strukturierte Finanzprodukte, Emissionszertifikate und Derivate

(Auszug)

Art. 12 Anwendung der Nachhandelstransparenz auf bestimmte Geschäfte, die außerhalb eines Handelsplatzes getätigt werden

(Artikel 21 Absatz 1 der Verordnung (EU) Nr. 600/2014)

Die Pflicht zur Offenlegung des Volumens und des Preises von Geschäften und des Zeitpunkts ihres Abschlusses, wie in Artikel 21 Absatz 1 der Verordnung (EU) Nr. 600/2014 vorgegeben, gilt nicht für Folgendes:

a) Geschäfte, die in Artikel 2 Absatz 5 der delegierten Verordnung (EU) Nr. 2017/590 aufgeführt sind;

b) Geschäfte, die von einer Verwaltungsgesellschaft, wie in Artikel 2 Absatz 1 Buchstabe b der Richtlinie 2009/65/EG des Europäischen Parlaments und des Rates definiert, oder dem Verwalter eines alternativen Investmentfonds gemäß Definition in Artikel 4 Absatz 1 Buchstabe b der Richtlinie 2011/61/EU des Europäischen Parlaments und des Rates getätigt werden, bei denen das wirtschaftliche Eigentum an Finanzinstrumenten von einem Organismus für gemeinsame Anlagen auf einen anderen übertragen wird und bei denen eine Wertpapierfirma am Geschäft beteiligt ist;

c) „Give-up-Geschäft" oder „Give-in-Geschäft", wobei es sich um ein Geschäft handelt, bei dem eine Wertpapierfirma ein Kundengeschäft zum Zwecke der Nachhandelsverarbeitung an eine andere Wertpapierfirma überträgt oder von einer anderen Wertpapierfirma übernimmt;

d) Übertragungen von Finanzinstrumenten, wie eine Sicherheit in bilateralen Geschäften oder im Kontext einer zentralen Gegenparteimarge (CCP) oder Anforderungen an die Besicherung oder als Teil des Default-Management-Prozesses einer CCP.

In der Fassung vom 14.7.2016 (ABl. EU Nr. L 87 v. 31.3.2017, S. 229), geändert durch Berichtigung vom 26.10.2017 (ABl. EU Nr. L 276 v. 26.10.2017, S. 78).

Schrifttum: *Hoops*, Die Regulierung von Marktdaten nach der MiFID II, WM 2018, 205; *Schelling*, Die systematische Internalisierung in Nichteigenkapitalinstrumenten nach MiFID II und MiFIR, BKR 2015, 221.

I. Regelungsgegenstand und systematische Stellung der Vorschrift 1	IV. Zeitpunkt der Veröffentlichung (Art. 21 Abs. 3 VO Nr. 600/2014) 13
II. Anwendungsbereich 4	V. Abweichungen von der Veröffentlichung in Echtzeit (Art. 21 Abs. 4 VO Nr. 600/2014) . . . 15
1. Wertpapierfirmen als Verpflichtete 4	
2. OTC-Geschäfte über Nichteigenkapitalinstrumente 6	VI. Bekanntgabe im Rahmen eines APA (Art. 21 Abs. 1 Satz 2 VO Nr. 600/2014) 21
III. Inhalt der Veröffentlichung (Art. 21 Abs. 1 Satz 1 VO Nr. 600/2014) 11	

Art. 21 VO Nr. 600/2014 | Veröffentlichungen nach dem Handel von Schuldverschreibungen etc.

1   **I. Regelungsgegenstand und systematische Stellung der Vorschrift.** Art. 21 VO Nr. 600/2014 hält für Wertpapierfirmen eine **Veröffentlichungspflicht über abgeschlossene Geschäfte mit Nichteigenkapitalfinanzinstrumenten** bereit. Wie Art. 20 VO Nr. 600/2014, der die entsprechende Nachhandelstransparenz für Eigenkapitalinstrumente behandelt, bezweckt auch Art. 21 VO Nr. 600/2014 die Versorgung der Marktteilnehmer mit Informationen über die Konditionen von Geschäften über Finanzinstrumente, wenn die Finanzinstrumente zwar an einem Handelsplatz gehandelt werden, das konkrete Geschäft aber außerhalb eines Handelsplatzes (OTC) stattgefunden hat. Es kann daher zu allgemeinen Aussagen hinsichtlich des Regelungszusammenhangs auf die Ausführungen bei Art. 20 VO Nr. 600/2014 Rz. 1 verwiesen werden.

2   Abweichungen zu den Regelungen über Eigenkapitalinstrumente erklären sich aus den Unterschieden, die in rechtlicher und/oder wirtschaftlicher Hinsicht bestehen und die sich in der Preisbildungssystematik, Marktstruktur und im Marktverhalten der Teilnehmer niederschlagen. Der **wesentliche Unterschied besteht im Bereich der Ausnahmen von der Pflicht zur unverzüglichen Veröffentlichung.** Während bei Art. 20 VO Nr. 600/2014 lediglich eine verzögerte Veröffentlichung bei großvolumigen Geschäften in Frage kommt, sind die Ausnahmen bei Art. 21 VO Nr. 600/2014 durch Abs. 4 variantenreich ausgestaltet. Es bestehen Möglichkeiten, Angaben zu Geschäften ganz oder zumindest teilweise später zu machen. Es ist sogar vorgesehen, dass die zuständige Behörde Wertpapierfirmen für eine begrenzte Zeit von Amts wegen von der regulären Pflicht freistellen kann.

3   Werden Veröffentlichungen nach Art. 21 VO Nr. 600/2014 vorsätzlich oder leichtfertig nicht, nicht richtig, nicht vollständig, nicht rechtzeitig oder nicht in der vorgeschriebenen Weise vorgenommen, so stellt dies eine **Ordnungswidrigkeit** dar (§ 120 Abs. 9 Nr. 14 lit. b WpHG). Vorgenommene Sanktionen werden von der BaFin gem. § 126 Abs. 1 Satz 1 Nr. 3 WpHG öffentlich bekannt gegeben.

4   **II. Anwendungsbereich. 1. Wertpapierfirmen als Verpflichtete.** Die nach Art. 21 Abs. 1 VO Nr. 600/2014 zur Nachhandelstransparenz Verpflichteten sind **Wertpapierfirmen**. Der Begriff der Wertpapierfirma unterscheidet sich in seiner Bedeutung nicht von der im Rahmen der OTC-Vorhandelstransparenz. Es kann daher auf die Ausführungen zu Art. 18 VO Nr. 600/2014 Rz. 9 verwiesen werden. Auch die in der Überschrift von Art. 21 VO Nr. 600/2014 erwähnten **systematischen Internalisierer** sind von der Definition der Wertpapierfirma erfasst (vgl. Art. 18 VO Nr. 600/2014 Rz. 9 ff. und müssen daher die Vorschrift beachten[1].

5   Die Abs. 5–7 von Art. 7 DelVO 2017/583, die auf der Grundlage von Art. 21 Abs. 5 lit. c VO Nr. 600/2014 beruhen, enthalten Regelungen, dass es **nicht zu Doppelmeldungen kommt**, wenn beide an einem OTC-Geschäft beteiligte Parteien Wertpapierfirmen sind. Nach Art. 7 Abs. 5 DelVO 2017/583 ist **grundsätzlich nur die Firma verpflichtet, die das betreffende Finanzinstrument veräußert**. Der Erwerber ist von der Pflicht zur Veröffentlichung befreit. Nach Art. 7 Abs. 6 DelVO 2017/583 gilt dann etwas anderes, **wenn nur eine der beiden Wertpapierfirmen systematischer Internalisierer** im Hinblick auf das geschäftsgegenständliche Finanzinstrument ist. Hier trifft den systematischen Internalisierer die **Pflicht auch als Erwerber**, wobei er den Veräußerer von der ergriffenen Maßnahme zu unterrichten hat. Art. 7 Abs. 7 DelVO 2017/583 verpflichtet die Wertpapierfirmen Vorkehrungen zu treffen, damit **zwei übereinstimmende Geschäfte**, die gleichzeitig und zum gleichen Preis mit einer einzigen zwischengeschalteten Partei abgeschlossen werden, als ein einziges Geschäft veröffentlicht werden.

6   **2. OTC-Geschäfte über Nichteigenkapitalinstrumente.** Die von Art. 21 Abs. 1 VO Nr. 600/2014 erfassten Geschäfte über Finanzinstrumente betreffen **Erwerbs- bzw. Veräußerungsvorgänge** über **Schuldverschreibungen, strukturierte Finanzprodukte, Emissionszertifikate und Derivate**. Diese Begriffe sind identisch mit denen in Art. 8, 10 und 18 VO Nr. 600/2014. Hinsichtlich der Definition dieser Finanzinstrumente kann daher auf Art. 8 VO Nr. 600/2014 Rz. 14 ff. verwiesen werden.

7   Für den Anwendungsbereich des Art. 21 Abs. 1 VO Nr. 600/2014 müssen die Nichteigenkapitalinstrumente **an einem Handelsplatz gehandelt** werden (engl. *traded on a trading venue; TOTV*) werden. Hierzu kann auf die Ausführungen bei Art. 18 VO Nr. 600/2014 Rz. 15 verwiesen werden.

8   Die Wertpapierfirmen müssen die **Geschäfte entweder für eigene Rechnung oder im Namen von Kunden ausführen**. Während beim Handel für eigene Rechnung die Wertpapierfirma für den Geschäftsschluss eigenes Kapitals einsetzt (vgl. Art. 2 Abs. 1 Nr. 5 VO Nr. 600/2014 i.V.m. Art. 4 Abs. 1 Nr. 6 RL 2014/65/EU), erfolgt der Handel im Namen von Kunden (engl.: *on behalf of clients*) auf deren Rechnung. Das Ausführungsgeschäft bei einem Kommissionsgeschäft i.S.d. § 383 HGB ist von Art. 21 Abs. 1 VO Nr. 600/2014 erfasst. Die MiFID II-Rechtssetzung geht in Erwägungsgrund Nr. 24 RL 2014/65/EU ersichtlich davon aus, dass die Ausführung von Kundenaufträgen Handel für eigene Rechnung sein kann. Man kann aber auch die Wendung „im Namen des Kunden" als „im Auftrag des Kunden" verstehen, so dass auch über dieses Tatbestandsmerkmal die verdeckte Vertreterschaft erfasst ist.

9   Der Wortlaut von Art. 21 Abs. 1 VO Nr. 600/2014 unterscheidet nicht, ob die Geschäfte an einem Handelsplatz oder außerhalb ausgeführt werden. Gleichwohl beinhaltet Art. 21 Abs. 1 VO Nr. 600/2014 **nur die Veröffent-**

---

1 *Schelling*, BKR 2015, 221, 226.

lichungspflicht für OTC-Geschäfte. Dies ergibt sich aus der systematischen Stellung der Vorschrift im Titel III VO Nr. 600/2014, der sich mit der Transparenz außerhalb von Handelsplätzen beschäftigt. Die Geschäfte mit Nichteigenkapitalinstrumenten, die eine Wertpapierfirma über einen Handelsplatz ausführt, werden durch den Handelsplatzbetreiber gem. Art. 10 VO Nr. 600/2014 bekannt gegeben und müssen darüber hinaus nicht nochmals durch die am Handelsplatzgeschäft beteiligten Parteien nach Art. 21 Abs. 1 VO Nr. 600/2014 veröffentlicht werden. Allerdings können Geschäfte an Nicht-EU-/EWR-Handelsplätzen von der Veröffentlichungspflicht umfasst sein, falls dort keine Nachhandelstransparenzpflichten bestehen, die der MiFID II/MiFIR-Regelung ähnlich[1].

Der auf Grundlage Art. 21 Abs. 5 lit. b VO Nr. 600/2014 erlassene Art. 12 DelVO 2017/583 zählt Geschäfte auf, die aus dem Anwendungsbereich des Art. 21 Abs. 1 VO Nr. 600/2014 herausfallen und damit keiner Nachhandelstransparenz unterfallen. Art. 12 DelVO 2017/583 verweist dabei auch auf weitere Normen, insbesondere auf Art. 2 Abs. 5 DelVO 2017/590, der 15 Geschäftstypen nennt. Ausgenommen sind damit alle Geschäfte, die nicht zur Kursfestsetzung beitragen. Die Regelung verhindert, dass eine Informationslage entsteht, die die Anlegern irritiert und eine bestmögliche Ausführung ggf. verhindern kann[2]. 10

III. Inhalt der Veröffentlichung (Art. 21 Abs. 1 Satz 1 VO Nr. 600/2014). Inhaltlich müssen die im Rahmen der Nachhandelstransparenz zu veröffentlichenden Informationen gem. Art. 21 Abs. 1 Satz 1 VO Nr. 600/2014 das **Volumen** und den **Kurs dieser Geschäfte sowie** den **Zeitpunkt ihres Abschlusses** umfassen. Art. 21 Abs. 3 VO Nr. 600/2014 verweist hinsichtlich weiterer Anforderungen an den Veröffentlichungsinhalt auf die Vorgaben, die auch für die Nachhandelstransparenzpflicht der Betreiber von Handelsplätzen maßgeblich sind (Art. 10 VO Nr. 600/2014 nebst dazugehöriger DelVO). Damit kommen zu den drei Angaben die Einzelheiten hinzu, die sich aus Tabelle 2 des Anhang II zu Art. 7 Abs. 1 DelVO 2017/583 ergeben. Genannt werden dort unter Wiederholung der Hauptangaben u.a. Datum und Uhrzeit des Handels, Kennung des Instruments, Preis, Preiswährung, Menge, Nennbetrag, Nennwährung, Ausführungsplatz, Datum und Uhrzeit der Veröffentlichung, Kennung der Transaktion und die Kennzeichnung, ob das Geschäft gecleart wird. Zusätzlich sind die Geschäfte noch mit weiteren Angaben zu versehen, die das Geschäft näher charakterisieren, vgl. Tabelle 3 des Anhang II DelVO 2017/583. Bei der Veröffentlichungen über Transaktionspakete sind die Besonderheiten von Art. 7 Abs. 8 DelVO 2017/583 zu beachten. 11

Da die Veröffentlichung der Geschäfte nach Art. 21 Abs. 1 Satz 2 Nr. 600/2014 durch ein APA erfolgen muss, spiegeln sich die zu machenden Angaben in den Vorschriften für APA wider (s. Rz. 21). 12

IV. Zeitpunkt der Veröffentlichung (Art. 21 Abs. 3 VO Nr. 600/2014). Art. 21 Abs. 3 VO Nr. 600/2014 verweist auch hinsichtlich des Zeitpunkts, wann die Informationen zu veröffentlichen sind, auf Art. 10 VO Nr. 600/2014. Art. 10 Abs. 1 Satz 2 VO Nr. 600/2014 verlangt die Veröffentlichung der Informationen **so nah in Echtzeit wie technisch möglich**. Die Wertpapierfirmen müssen funktionsfähige effiziente Systeme[3] vorhalten, die es ermöglichen, dass zwischen der Informationsentstehung (Geschäftsschluss) und Veröffentlichung keine nennenswerten Verzögerungen auftreten. 13

Die Wertpapierfirma ist gem. Art. 21 Abs. 1 Satz 2 VO Nr. 600/2014 verpflichtet, bei der Informationsbereitstellung **ein APA einzuschalten** (näher Rz. 21). Nach Art. 64 Abs. 1 RL 2014/65/EU muss das Recht der Mitgliedstaaten APA derart verpflichten, dass diese in der Lage sind, die Informationen gem. Art. 21 VO Nr. 600/2014 ihrerseits soweit wie technisch möglich auf Echtzeitbasis zu veröffentlichen. Es muss demnach eine Art Informationskette auf Echtzeitbasis entstehen. Zusätzlich ist nach Art. 64 Abs. 1 RL 2014/65/EU den APA die Möglichkeit einzuräumen, die Informationsweitergabe an die Marktteilnehmer von angemessenen kaufmännischen Bedingungen abhängig zu machen. **Ein kostenloser Informationsbezug soll erst nach 15 Minuten** nach der entgeltpflichtigen Veröffentlichung möglich gemacht werden müssen. Im WpHG befinden sich die entsprechenden Regelungen zu Art. 64 Abs. 1 RL 2014/65/EU in § 58 WpHG. 14

V. Abweichungen von der Veröffentlichung in Echtzeit (Art. 21 Abs. 4 VO Nr. 600/2014). Nach **Art. 21 Abs. 4 Unterabs. 1 VO Nr. 600/2014** kann die zuständige Behörde Wertpapierfirmen Abweichungen vom gem. Art. 21 Abs. 1 VO Nr. 600/2014 vorgesehenen Veröffentlichungsprocedere gestatten. Im Einzelnen spricht der Unterabsatz **acht Varianten an, wie von der Veröffentlichung in Echtzeit in Länge und im Informationsgehalt abgewichen werden kann.** Auch wenn es im Wortlaut nicht deutlich wird, können sich die Ausnahmebewilligungen der Behörde nur in dem von Art. 11 VO Nr. 600/2014 vorgegebenen Rahmen bewegen. Dies gilt nicht nur für die letztgenannte vorübergehende Aussetzung, sondern unter Berücksichtigung anderer Sprachfassungen und der Verordnungssystematik auch für die anderen sieben Gestaltungsmöglichkeiten[4]. Auch Art. 8 DelVO 2017/583, der eine spezielle Ermächtigung auf Art. 21 Abs. 4 VO Nr. 600/2014 referenziert, spricht hierfür. Abweichungen vom normalen Veröffentlichungsvorgehen wird die Behörde damit nur in 15

---

1 Vgl. ESMA-Opinion ESMA70-154-467 v. 15.12.2017.
2 Erwägungsgrund Nr. 12 DelVO 2017/583.
3 Erwägungsgrund Nr. 10 DelVO 2017/583.
4 *Schelling*, BKR 2015, 221, 227.

Art. 21 VO Nr. 600/2014 | Veröffentlichungen nach dem Handel von Schuldverschreibungen etc.

Bezug auf großvolumige Geschäfte (Art. 11 Abs. 1 Unterabs. 2 lit. a VO Nr. 600/2014), Geschäfte in Finanzinstrumenten, für die kein liquider Markt besteht (Art. 11 Abs. 1 Unterabs. 2 lit. b VO Nr. 600/2014), und Geschäfte, die über den typischen Umfang hinausgehen (Art. 11 Abs. 1 Unterabs. 2 lit. c VO Nr. 600/2014), gewähren können. Und die vorübergehende Aussetzung der Nachhandelstransparenzverpflichtung kann nur ausgesprochen werden, wenn die Liquidität einer Kategorie von Nichteigenkapitalinstrumenten unter den nach der Methodik gem. Art. 9 Abs. 5 lit. a VO Nr. 600/2014 ermittelten Schwellenwert fällt, Art. 11 Abs. 2 VO Nr. 600/2017.

16 Wer die **zuständige Behörde** ist, die die Abweichung gestattet, bestimmt sich nach Art. 2 Abs. 1 Nr. 18 VO Nr. 600/2014. Dies ist die in Art. 4 Abs. 1 Nr. 26 RL 2014/65/EU genannte Behörde. In der MiFID II-Vorschrift wird als die „zuständige Behörde" grundsätzlich diejenige Behörde bezeichnet, die vom betreffenden Mitgliedstaat gem. Art. 67 RL 2014/65/EU benannt worden ist. Aus § 6 Abs. 5 WpHG ergibt sich, dass die BaFin im Hinblick auf Wertpapierdienstleistungsunternehmen die zuständige Behörde i.S.d. Art. 2 Abs. 1 Nr. 18 VO Nr. 600/2014 ist[1]. Von der Regelung nicht ausdrücklich angesprochen wird die Frage, ob sich die Gestattung einer Abweichung durch die zuständige Behörde auch auf die Tätigkeiten auswirkt, die über Niederlassungen in anderen Mitgliedstaaten ausgeübt werden. Die ESMA scheint diese Frage zu verneinen[2]. In keinem Falle zuständig ist die Behörde des Mitgliedstaates, in der das mit der Veröffentlichung beauftragte APA (genehmigtes Veröffentlichungssystem) seinen Sitz hat.

17 Eine **vorübergehende Aussetzung der Nachhandelstransparenz** gem. Art. 21 Abs. 4 Unterabs. 1 VO Nr. 600/2014 erfordert keinen Antrag. Bereits bei der unmittelbaren Anwendung von Art. 11 Abs. 2 VO Nr. 600/2014 kann die Behörde von sich aus tätig werden. Art. 11 Abs. 1 VO Nr. 600/2014 liegt hingegen die Vorstellung zugrunde, dass Handelsplatzbetreiber bei der Behörde initiativ werden müssen, ehe ihnen die spätere Veröffentlichung gestattet wird (vgl. Art. 11 VO Nr. 600/2014 Rz. 18).

18 Die **BaFin hat mit Inkrafttreten der MiFIR eine Allgemeinverfügung** erlassen[3], mit der sie allen Wertpapierdienstleistungsunternehmen gestattet, Einzelheiten zu OTC-Geschäften in Nichteigenkapitalinstrumenten, die die Voraussetzungen der Art. 11 Abs. 1 Unterabs. 2 lit. a–c VO Nr. 600/2014, Art. 8 Abs. 1 lit. a–d DelVO 2017/583 erfüllen, zu einem späteren Zeitpunkt, als gem. Art. 21 Abs. 3 i.V.m. Art. 10 VO Nr. 600/2014 vorgeschrieben, zu veröffentlichen. Ob die BaFin damit auf das Antragserfordernis verzichtet, ist nicht ganz klar, da die BaFin ihre Befugnis und Zuständigkeit auch aus § 6 Abs. 2 WpHG herleitet. Die BaFin stellt in ihrer Verfügung nach Wahl vier Arten der späteren Veröffentlichung frei:

- die spätere Veröffentlichung des Geschäfts gem. Art. 8 Abs. 1 DelVO 2017/583,
- die Nichtveröffentlichung des Umfangs des entsprechenden Geschäfts während eines verlängerten Aufschubzeitraums gem. Art. 11 Abs. 1 lit. b DelVO 2017/583,
- bei Nichteigenkapitalinstrumenten, bei denen es sich nicht um öffentliche Schuldinstrumente handelt, die Veröffentlichung mehrerer Geschäfte in aggregierter Form während eines verlängerten Aufschubzeitraums gem. Art. 11 Abs. 1 lit. c DelVO 2017/583,
- im Falle öffentlicher Schuldinstrumente die Veröffentlichung mehrerer Geschäfte in aggregierter Form für einen unbefristeten Zeitraum gem. Art. 11 Abs. 1 lit. d DelVO 2017/583.

Die Allgemeinverfügung enthält eine Widerrufsklausel und ist bis zum 1.1.2019 befristet.

19 Mit **Art. 21 Abs. 4 Unterabs. 2 VO Nr. 600/2014** besteht ein zweiter Tatbestand, der es Wertpapierfirmen ermöglicht, in zulässiger Weise von der regulären Veröffentlichungsform nach Art. 21 Abs. 1 VO Nr. 600/2014 abzuweichen. Hat eine zuständige Behörde einem Handelsplatzbetreiber eine im Rahmen von Art. 11 VO Nr. 600/2014 abweichende Veröffentlichungspraxis erlaubt, so können Wertpapierfirmen eine solche Entscheidung für ihr OTC-Geschäft nutzen[4]. Liegen Entscheidungen zugunsten von Handelsplätzen vor, so können Wertpapierfirmen, wenn sie außerhalb von Handelsplätzen Geschäfte in erfassten Werten abschließen, diese ebenso verzögert veröffentlichen, wie es der Handelsplatzbetreiber kann. Als Maßnahmen nach Art. 11 VO Nr. 600/2014 seitens deutscher Behörden kommen grundsätzlich die **Allgemeinverfügung der BaFin**[5] und ggf. etwaige **Erlaubnisse der hessischen Börsenaufsichtsbehörde für die Terminbörse Eurex** in Betracht. Darüber hinaus hat die Frankfurter Wertpapierbörse mit Art. 118 Abs. 4 BörsO FWB Vorsorge für mögliche Ausnahmen getroffen.

20 Art. 21 Abs. 4 VO Nr. 600/2014 selbst enthält keine Angaben, wann die spätere Veröffentlichung der Einzelheiten über ein ausgeführtes Geschäft genau erfolgen muss. Art. 8 Abs. 1 DelVO 2017/583 enthält eine grund-

---

1 Vgl. auch § 6 Abs. 2 Satz 1 WpHG i.V.m. § 1 Abs. 1 Nr. 8 lit. f WpHG.
2 Vgl. ESMA Q & A On MiFID II and MiFIR transparency topics, Nr. 4 Antwort auf Frage 2 a) ohne Begründung.
3 Allgemeinverfügung der BaFin – Nachhandelstransparenz OTC-Geschäfte/Nichteigenkapitalinstrumente, WA 21-FR 1900-2017/0001 v. 2.1.2018.
4 So ausdrücklich auch § 5 Abs. 6 Handelstransparenzausnahmen-VO 2018; österr. BGBl. 2017, Teil II Nr. 387.
5 Allgemeinverfügung der BaFin – Nachhandelstransparenz Handelsplätze/Nichteigenkapitalinstrumente, WA 21-FR 1900-2017/0001 v. 2.1.2018.

legende Aussage hierzu. Liegt die Genehmigung zur späteren Veröffentlichung vor, so sind die ausnahmefähigen Geschäfte **spätestens um 19.00 Uhr Ortszeit des zweiten Arbeitstags nach dem Datum des Geschäfts** zu veröffentlichen. Bei weiteren Veröffentlichungsmodifikationen wie Aggregation, Aufschubverlängerung etc. sind die Vorschriften nach Art. 11 DelVO 2017/583 zu berücksichtigen.

VI. Bekanntgabe im Rahmen eines APA (Art. 21 Abs. 1 Satz 2 VO Nr. 600/2014). Eine Wertpapierfirma ist nach Art. 21 Abs. 1 Satz 2 VO Nr. 600/2014 verpflichtet, ein APA (genehmigtes Veröffentlichungssystem) zur Veröffentlichung seiner Nachhandelstransparenzdaten einzusetzen[1]. Der einzige Unterschied zur Regelung in Art. 20 VO Nr. 600/2014 besteht darin, dass jedes einzelne Geschäft nur einmal im Rahmen eines einzelnen APA veröffentlicht werden darf, Art. 21 Abs. 2 VO Nr. 600/2014. Es kann daher auf die Ausführungen zu Art. 20 VO Nr. 600/2014 Rz. 24 ff. verwiesen werden.

21

Art. 22 Bereitstellung von Informationen für Transparenz- und andere Berechnungen

(1) Für die Berechnungen zur Festlegung der Anforderungen an Vor- und Nachhandelstransparenz und der für Finanzinstrumente geltenden Handelspflichten nach den Artikeln 3 bis 11, 14 bis 21 und 32 sowie zur Festlegung, ob eine Wertpapierfirma ein systematischer Internalisierer ist, können die zuständigen Behörden Informationen anfordern von:

a) Handelsplätzen,
b) genehmigten Veröffentlichungssystemen (APA) und
c) Anbietern konsolidierter Datenticker (CTP).

(2) Die Handelsplätze, APA und CTP speichern die erforderlichen Daten während eines ausreichenden Zeitraums.

(3) Die zuständigen Behörden übermitteln der ESMA diese Informationen, da die ESMA die Erstellung der Berichte nach Artikel 5 Absätze 4, 5 und 6 verlangt.

(4) Die ESMA arbeitet Entwürfe technischer Regulierungsstandards aus, in denen Inhalt und Häufigkeit der Datenanforderungen, Formate und Zeitrahmen, in denen die Handelsplätze, APA und CTP auf die Anforderungen nach Absatz 1 reagieren müssen sowie die Art der zu speichernden Daten und die Frist festgelegt werden, während der die Handelsplätze, APA und CTP die Daten mindestens speichern müssen, damit sie den Anforderungen nach Absatz 2 nachkommen können.

Die ESMA legt der Kommission diese Entwürfe technischer Regulierungsstandards bis zum 3. Juli 2015 vor.

Der Kommission wird die Befugnis übertragen, die in diesem Absatz genannten technischen Regulierungsstandards gemäß dem in den Artikeln 10 bis 14 der Verordnung (EU) Nr. 1095/2010 festgelegten Verfahren zu erlassen.

In der Fassung vom 15.5.2014 (ABl. EU Nr. L 173 v. 12.6.2014, S. 84).

Delegierte Verordnung (EU) 2017/587 der Kommission vom 14. Juli 2016
zur Ergänzung der Verordnung (EU) Nr. 600/2014 des Europäischen Parlaments und des Rates über Märkte für Finanzinstrumente durch technische Regulierungsstandards mit Transparenzanforderungen für Handelsplätze und Wertpapierfirmen in Bezug auf Aktien, Aktienzertifikate, börsengehandelte Fonds, Zertifikate und andere vergleichbare Finanzinstrumente und mit Ausführungspflichten in Bezug auf bestimmte Aktiengeschäfte an einem Handelsplatz oder über einen systematischen Internalisierer
(Auszug)

Art. 17 Methode, Veröffentlichungsdatum und Geltungsbeginn der Transparenzberechnungen

(Artikel 22 Absatz 1 der Verordnung (EU) Nr. 600/2014)

1. Spätestens 14 Monate nach dem Geltungsbeginn der Verordnung (EU) Nr. 600/2014 und danach bis zum 1. März eines jeden Jahres sorgen die zuständigen Behörden in Bezug auf jedes Finanzinstrument, für das sie zuständig sind, für die Erhebung von Daten, die Berechnung und die Veröffentlichung der folgenden Informationen:
   a) der unter Liquiditätsaspekten wichtigste Handelsplatz gemäß Artikel 4 Absatz 2;
   b) der Tagesdurchschnitt der Umsätze zum Zwecke der Festlegung des Umfangs von Aufträgen mit großem Volumen gemäß Artikel 7 Absatz 3;
   c) der Durchschnittswert der Geschäfte zum Zwecke der Bestimmung der Standardmarktgröße gemäß Artikel 11 Absatz 2.

---

1 *Hoops*, WM 2018, 205, 208.

Art. 22 VO Nr. 600/2014 | Bereitstellung von Informationen für Transparenz- und andere Berechnungen

2. Die zuständigen Behörden, die Marktbetreiber und die Wertpapierfirmen, einschließlich der Wertpapierfirmen, die einen Handelsplatz betreiben, nutzen die gemäß Absatz 1 veröffentlichten Informationen für die Zwecke von Artikel 4 Absatz 1 Buchstaben a und c sowie Artikel 14 Absätze 2 und 4 der Verordnung (EU) Nr. 600/2014 während eines Zeitraums von 12 Monaten ab dem 1. April des Jahres, in dem die Informationen veröffentlicht werden.

   Werden die in Absatz 1 genannten Informationen innerhalb des Zwölfmonatszeitraums durch neue Informationen gemäß Absatz 3 ersetzt, nutzen die zuständigen Behörden, die Marktbetreiber und die Wertpapierfirmen, einschließlich der Wertpapierfirmen, die einen Handelsplatz betreiben, diese neuen Informationen für die Zwecke von Artikel 4 Absatz 1 Buchstaben a und c sowie Artikel 14 Absätze 2 und 4 der Verordnung (EU) Nr. 600/2014.

3. Die zuständigen Behörden stellen sicher, dass die gemäß Absatz 1 zu veröffentlichenden Informationen für die Zwecke der Verordnung (EU) Nr. 600/2014 regelmäßig aktualisiert werden und dass sämtliche Änderungen bezüglich einer bestimmten Aktie, eines Aktienzertifikats, eines börsengehandelten Fonds, eines Zertifikats oder anderer vergleichbarer Finanzinstrumente, die einen wesentlichen Einfluss auf die früheren Berechnungen und die veröffentlichten Informationen haben, in diese Aktualisierungen eingeschlossen werden.

4. Für die Zwecke der Berechnungen gemäß Absatz 1 wird der Umsatz im Zusammenhang mit einem Finanzinstrument durch eine Addition der Ergebnisse berechnet, die sich für jedes während eines bestimmten Zeitraums ausgeführte Geschäft aus der Multiplikation der Stückzahlen dieses Finanzinstruments, die zwischen Käufern und Verkäufern gehandelt wurden, mit dem Stückpreis eines jeden Geschäfts ergeben.

5. Nach dem Ende des Handelstages, aber vor dem Ende des Tages übermitteln die Handelsplätze den zuständigen Behörden jedes Mal, wenn das Finanzinstrument zum Handel an diesem Handelsplatz zugelassen oder erstmals an diesem Handelsplatz gehandelt wird oder wenn sich die zuvor übermittelten Einzelheiten geändert haben, die in Anhang III Tabellen 1 und 2 aufgeführten Einzelheiten.

In der Fassung vom 14.7.2016 (ABl. EU Nr. L 87 v. 31.3.2017, S. 387), geändert durch Berichtigung vom 2.9.2017 (ABl. EU Nr. L 228 v. 2.9.2017, S. 33).

Art. 18 Verweis auf die zuständigen Behörden

(Artikel 22 Absatz 1 der Verordnung (EU) Nr. 600/2014)

Die für ein bestimmtes Finanzinstrument zuständige Behörde, die für die Durchführung der Berechnungen und die Sicherstellung der Veröffentlichung der Informationen gemäß den Artikeln 4, 7, 11 und 17 verantwortlich ist, ist die zuständige Behörde des unter Liquiditätsaspekten wichtigsten Marktes in Artikel 26 der Verordnung (EU) Nr. 600/2014, die in Artikel 16 der Delegierten Verordnung (EU) 2017/571 spezifiziert ist.

In der Fassung vom 14.7.2016 (ABl. EU Nr. L 87 v. 31.3.2017, S. 387).

Art. 19 Übergangsbestimmungen

(nicht abgedruckt)

1 Mit Art. 22 Abs. 1 VO Nr. 600/2014 wird den zuständigen Behörden **die Aufgabe und die Befugnis zugewiesen**, von Handelsplätzen, genehmigten Veröffentlichungssystemen (APA) und Anbietern konsolidierter Datenticker (CTP) **Informationen zu verlangen**, um die Berechnungen zur Bestimmung der Anforderungen an die Vor- und Nachhandelstransparenz und die Handelsverpflichtungen gem. den Art. 3–11, 14–21 und 32 VO Nr. 600/2014 sowie zur Feststellung, ob eine Wertpapierfirma ein systematischer Internalisierer ist, durchführen zu können. Die **entsprechenden Daten haben die angesprochenen Marktakteure**, wie sich aus Art. 22 Abs. 2 VO Nr. 600/2014 ergibt, **vorzuhalten**. Die Aufbewahrungspflicht für die relevanten Daten konkurriert mit Pflichten aus anderen Archivierungsvorschriften, z.B. bei Handelsplätzen mit der aus Art. 25 VO Nr. 600/2014. Darüber hinaus regelt Art. 22 VO Nr. 600/2014 in Abs. 3 die Befugnis für die nationalen Behörden, erhobene Daten der ESMA zu übermitteln, soweit die ESMA diese für ihre Aufgabenerfüllung nach Art. 5 Abs. 4–6 VO Nr. 600/2014 benötigt. Bei den Aufgaben der ESMA nach Art. 5 Abs. 4–6 VO Nr. 600/2014 handelt es sich um die Veröffentlichung von Berechnungsgrundlagen, die für die Begrenzung des von der Vorhandelstransparenz freigestellten Handelsgeschäfts notwendig sind (näher Art. 5 VO Nr. 600/2014 Rz. 5).

2 Soweit Art. 22 Abs. 4 VO Nr. 600/2014 eine **Ermächtigung zum Erlass technischer Regulierungsstandards** im Hinblick auf die Häufigkeit der Datenanforderungen, Formate und Zeitrahmen sowie die Art der zu speichernden Daten enthält, sind diese mit den oben abgedruckten Art. 17 ff. **DelVO 2017/587** erlassen worden.

3 Wer die **zuständige Behörde** i.S.v. Art. 22 VO Nr. 600/2014 ist, definiert Art. 2 Abs. 1 Nr. 18 VO Nr. 600/2014. Dies ist die in Art. 4 Abs. 1 Nr. 26 RL 2014/65/EU genannte Behörde. In der MiFID II-Vorschrift wird als die „zuständige Behörde" grundsätzlich diejenige Behörde bezeichnet, die vom betreffenden Mitgliedstaat gem. Art. 67 RL 2014/65/EU benannt worden ist. Nach Art. 67 Abs. 1 Satz 1 RL 2014/65/EU benennt ein Mitgliedstaat die zuständige Behörde, die für die Wahrnehmung der Aufgaben gemäß den einzelnen Bestimmungen der MiFIR und der MiFID II verantwortlich ist. Die ESMA veröffentlicht ein Verzeichnis der zuständigen Behörden auf ihrer Internetseite und aktualisiert dieses, Art. 67 Abs. 3 RL 2014/65/EU. Die Mitgliedstaaten haben gem. Art. 67 Abs. 2 Unterabs. 3 RL 2014/65/EU nicht nur die ESMA über die Zuständigkeitsregelungen zu unterrichten, sondern auch die EU-Kommission und die Behörden der anderen Mitgliedstaaten. Aus § 6 Abs. 5 WpHG ergibt sich, dass aus deutscher Sicht die **BaFin** die zuständige Behörde i.S.d. Art. 2 Abs. 1 Nr. 18 VO

Nr. 600/2014 ist. Sind allerdings Börsenträger und Börsen verpflichtet, als die Betreiber von Handelsplätzen Informationen zu liefern, so ist nach § 3 Abs. 12 BörsG die **Börsenaufsichtsbehörde** die zuständige Behörde i.S.d. Art. 22 VO Nr. 600/2014. Verpflichtende Maßnahmen von BaFin bzw. Börsenaufsichtsbehörde zur Datenerhebung sind Verwaltungsakte i.S.d. § 35 VerwVfG. In der Praxis kann es aber durchaus vorkommen, dass die Behörden zunächst schlicht-hoheitlich mit einer Bitte arbeiten, die dann nicht verbindlich und nicht vollstreckbar ist. Erst wenn auf eine Bitte keine Reaktion erfolgt, muss es zu einem Verwaltungsakt kommen.

Art. 23 Handelspflichten für Wertpapierfirmen

(1) Wertpapierfirmen stellen sicher, dass ihre Handelsgeschäfte mit Aktien, die zum Handel an einem geregelten Markt zugelassen sind oder an einem Handelsplatz gehandelt werden, an einem geregelten Markt oder gegebenenfalls im Rahmen eines MTF oder systematischen Internalisierers oder an einem Drittlandhandelsplatz, der gemäß Artikel 25 Absatz 4 Buchstabe a der Richtlinie 2014/65/EU als gleichwertig gilt, getätigt werden, sofern nicht zu deren Merkmalen gehört,

a) dass sie auf nicht systematische Weise, ad hoc, unregelmäßig und selten getätigt werden, oder

b) dass sie zwischen geeigneten und/oder professionellen Gegenparteien getätigt werden und nicht zum Prozess der Kursfestsetzung beitragen.

(2) Eine Wertpapierfirma, die ein internes System zur Zusammenführung von Aufträgen betreibt, das Kundenaufträge zu Aktien, Aktienzertifikaten, börsengehandelten Fonds, Zertifikaten und anderen vergleichbaren Finanzinstrumenten auf multilateraler Basis ausführt, muss sicherstellen, dass dieses als MTF im Rahmen der Richtlinie 2014/65/EU zugelassen ist und dass es alle einschlägigen, für eine solche Zulassung geltenden Bestimmungen erfüllt.

(3) Um die einheitliche Anwendung dieses Artikels zu gewährleisten, arbeitet die ESMA Entwürfe technischer Regulierungsstandards aus, in denen die besonderen Merkmale derjenigen Aktiengeschäfte festgelegt werden, die nicht zum Prozess der Kursfestsetzung nach Absatz 1 beitragen, wobei etwa Fälle berücksichtigt werden wie

a) nicht ausweisbare Liquiditätsgeschäfte oder

b) Fälle, in denen der Handel mit solchen Finanzinstrumenten von anderen Faktoren als dem aktuellen Marktwert des Finanzinstruments bestimmt wird.

Die ESMA legt der Kommission diese Entwürfe technischer Regulierungsstandards bis zum 3. Juli 2015 vor.

Der Kommission wird die Befugnis übertragen, die in Unterabsatz 1 genannten technischen Regulierungsstandards gemäß den Artikeln 10 bis 14 der Verordnung (EU) Nr. 1095/2010 zu erlassen.

In der Fassung vom 15.5.2014 (ABl. EU Nr. L 173 v. 12.6.2014, S. 84), geändert durch Berichtigung vom 10.1.2015 (ABl. EU Nr. L 6 v. 10.1.2015, S. 6).

Delegierte Verordnung (EU) 2017/587 der Kommission vom 14. Juli 2016
zur Ergänzung der Verordnung (EU) Nr. 600/2014 des Europäischen Parlaments und des Rates über Märkte für Finanzinstrumente durch technische Regulierungsstandards mit Transparenzanforderungen für Handelsplätze und Wertpapierfirmen in Bezug auf Aktien, Aktienzertifikate, börsengehandelte Fonds, Zertifikate und andere vergleichbare Finanzinstrumente und mit Ausführungspflichten in Bezug auf bestimmte Aktiengeschäfte an einem Handelsplatz oder über einen systematischen Internalisierer

(Auszug)

Art. 2 Geschäfte, die nicht zur Kursfestsetzung beitragen
(Artikel 23 Absatz 1 der Verordnung (EU) Nr. 600/2014)

Ein Aktiengeschäft trägt nicht zur Kursfestsetzung bei, wenn einer der folgenden Umstände zutrifft:

a) Das Geschäft wird unter Bezugnahme auf einen Preis ausgeführt, der über mehrere Zeitpunkte gemäß einer vorgegebenen Bezugsgröße berechnet wird, einschließlich Geschäfte, die unter Bezugnahme auf einen volumengewichteten Durchschnittspreis oder einen zeitlich gewichteten Durchschnittspreis ausgeführt werden;

b) das Geschäft ist Bestandteil eines Portfoliogeschäfts;

c) das Geschäft hängt von Kauf, Verkauf, Ausgabe oder Rücknahme eines Derivatekontrakts oder anderen Finanzinstruments ab und alle Bestandteile des Geschäfts dürfen nur als Gesamtheit ausgeführt werden;

d) das Geschäft wird von einer Verwaltungsgesellschaft gemäß Artikel 2 Absatz 1 Buchstabe b der Richtlinie 2009/65/EG des Europäischen Parlaments und des Rates oder einem Verwalter alternativer Investmentfonds gemäß Artikel 4 Absatz 1 Buchstabe b der Richtlinie 2011/61/EU des Europäischen Parlaments und des Rates ausgeführt und das wirtschaftliche Eigentum an den Aktien wird von einem Organismus für gemeinsame Anlagen auf einen anderen übertragen, ohne dass eine Wertpapierfirma an dem Geschäft beteiligt ist;

Art. 23 VO Nr. 600/2014 | Handelspflichten für Wertpapierfirmen

e) das Geschäft ist ein Give-up-Geschäft oder ein Give-in-Geschäft;
f) der Zweck des Geschäfts besteht in der Übertragung von Aktien als Sicherheit für bilaterale Geschäfte oder im Zusammenhang mit der Sicherheitshinterlegung für die zentrale Gegenpartei oder mit Anforderungen an die Besicherung oder als Teil des Ausfallmanagements einer zentralen Gegenpartei;
g) das Geschäft läuft auf die Lieferung von Aktien im Zusammenhang mit der Ausübung von Wandelanleihen, Optionen, gedeckten Optionsscheinen oder anderen ähnlichen derivativen Finanzinstrumenten hinaus;
h) das Geschäft ist ein Wertpapierfinanzierungsgeschäft;
i) das Geschäft wird gemäß den Vorschriften oder Verfahren eines Handelsplatzes, einer zentralen Gegenpartei oder eines Zentralverwahrers zur Eindeckung im Zusammenhang mit nicht abgewickelten Geschäften gemäß der Verordnung (EU) Nr. 909/2014 des Europäischen Parlaments und des Rates durchgeführt.

In der Fassung vom 14.7.2016 (ABl. EU Nr. L 87 v. 31.3.2017, S. 387).

Schrifttum: *Gomber/Nassauer*, Neuordnung der Finanzmärkte in Europa durch MiFID II/MiFIR, ZBB 2014, 250; *Hoops*, Bedeutung des organisierten Handelssystems in der gegenwärtigen Marktinfrastruktur, RdF 2017, 14; *Köpfer*, Anwendung und Auswirkung des europäischen Kapitalmarktrechts auf Akteure aus Drittstaaten – Eine Analyse auf Basis der Umsetzung ins deutsche Recht und der Auswirkungen auf die Schweiz, 2015; *Langenbucher*, Europäisches Privat- und Wirtschaftsrecht, 4. Aufl. 2017; *Säcker* u.a. (Hrsg.), Münchener Kommentar zum BGB, Band 1, 7. Aufl. 2015; *Teuber/Schröer* (Hrsg.), MiFIR II/MiFIR, 2015.

I. Regelungsgegenstand und -gefüge 1	c) Handelsgeschäfte mit Aktien 15
II. Einzelheiten zu Art. 23 Abs. 1 VO Nr. 600/2014 8	d) Ausführungsort 18
1. Wertpapierfirmen als Verpflichtete 8	e) Sicherstellungspflicht 25
2. Inhalt und Gegenstand der Pflicht 11	f) Ausnahmen 26
a) Anschluss an Ausführungsplätze 11	III. Sicherstellungspflichten gem. Art. 23 Abs. 2 VO Nr. 600/2014 32
b) Aktien mit Kapitalmarktbezug 12	

1 **I. Regelungsgegenstand und -gefüge.** Art. 23 Abs. 1 VO Nr. 600/2014 (MiFIR) verlangt von Wertpapierfirmen, dass diese sicherstellen, dass ihr **Eigen- und Kundengeschäft**, welches notierte Aktien zum Gegenstand hat, **über Handelsplätze bzw. systematische Internalisierer abgewickelt wird**. Handelsgeschäfte, die außerhalb von Handelsplätzen bzw. systematischen Internalisierern ausgeführt werden, sollen die Ausnahme bilden. Verkürzt wird der Regelungsgenstand der Vorschrift auch „Handelspflicht[1] für Aktien" (*trading obligation for shares*[2] bzw. *share trading obligation*) bezeichnet. Art. 23 Abs. 1 VO Nr. 600/2014[2] dient dem Ziel, dass möglichst viele Geschäfte über organisierte Handelsplattformen ausgeführt werden[3]. Aufträge an diesen Ausführungsplätzen unterliegen der Vorhandelstransparenz und fließen damit in den ggf. platzübergreifend stattfindenden Preisbildungsprozess ein.

2 Von der Sicherstellungspflicht, dass der Handel in organisierten Systemen abläuft, sieht die Vorschrift **zwei geschriebene Ausnahmen** vor. Geschäfte außerhalb der Ausführungsplätze sind zum einen dann möglich, wenn diese auf nicht systematische Weise, ad hoc, unregelmäßig und selten getätigt werden. Zum anderen sollen auch Geschäfte von der Pflicht nicht erfasst sein, wenn diese zwischen geeigneten und/oder professionellen Gegenparteien getätigt werden und nicht zum Prozess der Kursfestsetzung beitragen. Art. 23 Abs. 3 VO Nr. 600/2014 enthält eine Ermächtigung zum Erlass von Vorschriften im Wege einer delegierten Verordnung, mit denen die besonderen Merkmale derjenigen Aktiengeschäfte festgelegt werden, die nicht zum Prozess der Kursfestsetzung beitragen. Mit **Art. 2 DelVO 2017/587** ist eine entsprechende Regelung ergangen.

3 Art. 23 Abs. 1 VO Nr. 600/2014 erfasst vom Wortlaut her nur Geschäfte, die Aktien betreffen. Andere Kategorien von Eigenkapital- oder Nichteigenkapitalinstrumenten werden in Art. 23 Abs. 1 VO Nr. 600/2014 nicht erwähnt. Eine Pflicht für Wertpapierfirmen, gewisse Kategorien von Derivaten nur an Handelsplätzen (geregelter Markt, MTF und OTF) zu handeln, ergibt sich aus Art. 28 Abs. 1 VO Nr. 600/2014.

4 Der **Regelungsgegenstand von Art. 23 Abs. 2 VO Nr. 600/2014** betont, dass eine Wertpapierfirma, die ein internes System zur Zusammenführung von Aufträgen betreibt, das Kundenaufträge über Eigenkapitalinstrumente auf multilateraler Basis ausführt, sicherstellen muss, dass sie eine Erlaubnis zum Betrieb eines MTF besitzt und mit der Erlaubnis im Zusammenhang stehenden Bestimmungen erfüllt. Mit der Vorschrift unterstreicht der Verordnungsgeber das Regelungskonzept der MiFID II/MiFIR-Regulierung, bilateralen und multilateralen möglichst klar zu trennen.

5 Die **Überwachung** der Pflichten aus Art. 23 VO Nr. 600/2014 obliegt der zuständigen Behörde des Mitgliedstaates, in denen die verpflichteten Wertpapierfirmen ihren Sitz haben; vgl. Art. 67, 69 RL 2014/65/EU. Der

---

1 In der dt. Fassung der RL 2014/65/EU (Erwägungsgrund Nr. 96) sogar mit Handlungspflicht betitelt.
2 So z.B. ESMA im Discussion Paper MiFID II/MiFIR (ESMA/2014/548) v. 22.5.2014, Nr. 3.4 und in Q & A on MiFID II and MiFIR transparency topics, Nr. 3 Antwort auf Frage 1; s. auch Art. 27 Abs. 3 RL 2014/65/EU.
3 Vgl. Erwägungsgründe Nr. 10 und Nr. 11 VO Nr. 600/2014; *Gomber/Nassauer*, ZBB 2014, 250, 255.

deutsche Gesetzgeber hat die Aufsicht über die Vorschriften aus der MiFIR der BaFin übertragen, § 6 Abs. 2 WpHG.

Nach § 120 Abs. 9 Nr. 16 WpHG handelt **ordnungswidrig**, wer vorsätzlich oder leichtfertig entgegen Art. 23 Abs. 1 VO Nr. 600/2014 ein Handelsgeschäft außerhalb der dort genannten Handelssysteme tätigt. 6

Art. 23 Abs. 1 VO Nr. 600/2014 stellt **kein Verbotsgesetz** i.S.v. § 134 BGB dar. Geschäfte, die unter Verstoß gegen die Handelspflicht abgeschlossen wurden, sind zivilrechtlich wirksam. Bei der Vorschrift handelt es sich um eine Ordnungsvorschrift, die nicht den Inhalt des Geschäfts als solchen missbilligt[1]. Auch stellt die Vorschrift kein Schutzgesetz i.S.d. § 823 Abs. 2 BGB im Falle von Kundengeschäften dar, die entgegen der Vorgaben der Vorschrift abgehandelt werden. Art. 23 Abs. 1 VO Nr. 600/2014 hat das marktstrukturell wünschenswerte Ziel, möglichst viele Geschäfte den organisierten Handelsplattformen zuzuführen. 7

II. Einzelheiten zu Art. 23 Abs. 1 VO Nr. 600/2014. 1. Wertpapierfirmen als Verpflichtete. Die Pflicht nach Art. 23 Abs. 1 VO Nr. 600/2014 trifft Wertpapierfirmen. Gem. Art. 2 Abs. 1 Nr. 1 VO Nr. 600/2014 ist für die Definition der Wertpapierfirma die Beschreibung in **Art. 4 Abs. 1 Nr. 1 RL 2014/65/EU maßgeblich**. In diesem Artikel heißt es, dass eine Wertpapierfirma jede juristische Person ist, die im Rahmen ihrer üblichen beruflichen oder gewerblichen Tätigkeit gewerbsmäßig eine oder mehrere Wertpapierdienstleistungen für Dritte erbringt und/oder eine oder mehrere Anlagetätigkeiten ausübt. Die Mitgliedstaaten können als Wertpapierfirma auch Unternehmen, die keine juristischen Personen sind, definieren, sofern Anforderungen nach Art. 4 Abs. 1 Nr. 1 Unterabs. 2 und 3 RL 2014/65/EU berücksichtigt werden. Zweigniederlassungen sind keine Wertpapierfirmen, sondern stets nur Bestandteil dieser. Die Bestimmung, welche Tätigkeiten Wertpapierdienstleistungen und Anlagetätigkeiten darstellen, erfolgt nach Art. 2 Abs. 1 Nr. 2 VO Nr. 600/2014 i.V.m. Art. 4 Abs. 1 Nr. 2 RL 2014/65/EU anhand der in Anhang I Abschnitt A RL 2014/65/EU genannten Dienstleistungen und Tätigkeiten, die sich auf eines der in Anhang I Abschnitt C RL 2014/65/EU genannten Instrumente bezieht. 8

Firmen, die Wertpapierdienstleistungen oder Anlagetätigkeiten erbringende Kreditinstitute oder Wertpapierfirmen wären, wenn ihre Hauptverwaltung oder ihr Sitz in der EU läge (Art. 2 Abs. 1 Nr. 43 VO Nr. 600/2014 i.V.m. Art. 4 Abs. 1 Nr. 57 RL 2014/65/EU), sog. **Drittlandfirmen**, sind definitionsgemäß keine Wertpapierfirmen im Sinne der MiFIR. Art. 1 VO Nr. 600/2014 erklärt Titel III der Verordnung inklusive Art. 23 VO Nr. 600/2014 auch nicht explizit für diese Firmen für anwendbar. Gleichwohl sind diese Unternehmen nicht aus dem Fokus von Art. 23 VO Nr. 600/2014 auszublenden. Die in einem EU-Mitgliedstaat zugelassene Zweigniederlassung einer Drittlandfirma soll gem. Art. 41 Abs. 2 RL 2014/65/EU u.a. auch Art. 23 VO Nr. 600/2014 befolgen und der Beaufsichtigung durch die zuständige Behörde des Mitgliedstaats, in dem die Zulassung der Zweigniederlassung erteilt wurde, unterliegen[2]. Konsequenterweise müssten danach die nationalen Umsetzungsgesetze eine entsprechende Vorschrift zur Anwendung von Art. 23 VO Nr. 600/2014 auf Zweigniederlassungen von Drittlandfirmen enthalten. Ferner wird vertreten, dass auch Drittlandfirmen, die aufgrund der Registrierung nach Art. 46 i.V.m. Art. 48 VO Nr. 600/2014 ohne Zweigniederlassung erlaubterweise in der EU Geschäfte tätigen, Art. 23 Abs. 1 VO Nr. 600/2014 analog anzuwenden hätten[3]. 9

Weder das WpHG noch das KWG nutzen den Begriff „Wertpapierfirma". Das WpHG definiert in § 2 Abs. 10 WpHG den Begriff des Wertpapierdienstleistungsunternehmens, in dem sich der EU-rechtliche Begriff jedoch abbildet[4]. **Wertpapierdienstleistungsunternehmen** sind inländische Kredit- und Finanzdienstleistungsinstitute, die Wertpapierdienstleistungen allein oder zusammen mit Wertpapiernebendienstleistungen gewerbsmäßig oder in einem Umfang erbringen, der einen in kaufmännischer Weise eingerichteten Geschäftsbetrieb erfordert. Darüber hinaus erfasst die Definition von Wertpapierdienstleistungsunternehmen nach § 53 Abs. 1 Satz 1 KWG tätige Unternehmen. Dies sind Unternehmen mit Sitz im Ausland, die eine Zweigstelle im Inland unterhalten. 10

2. Inhalt und Gegenstand der Pflicht. a) Anschluss an Ausführungsplätze. Die auf dem ersten Blick einfach zu verstehende Norm hält bei näherem Hinsehen eine Reihe von Auslegungsfragen hinsichtlich der Reichweite der Verpflichtung bereit. Als erstes stellt sich die Frage, ob eine Wertpapierfirma, die eine Aktiengattung für sich oder für Dritte kaufen oder verkaufen möchte, unmittelbaren Zugang zu den Plätzen haben muss, an denen die Aktiengattung gehandelt wird. Diese Frage ist zu verneinen. Eine Wertpapierfirma muss nicht selbst eine Zulassung an den entsprechenden Handelsplätzen bzw. eine geschäftliche Anbindung zu in Frage kommenden externen systematischen Internalisierern vorweisen können. Sie kann mit der Ausführung eines Kaufs oder Verkaufs auch ein anderes Wertpapierdienstleistungsunternehmen beauftragten, das den Auftrag einem 11

---
1 Vgl. allg. zur Frage, ob Ordnungsvorschriften Verbotsgesetzes sind, *Armbrüster* in MünchKomm. BGB, 7. Aufl. 2015, § 134 BGB Rz. 41 ff.
2 S. hierzu auch *Dahmen/Kindermann* in Teuber/Schröer, Rz. 572; *Köpfer*, S. 287, 309; ESMA Q & A On MiFID II and MiFIR transparency topics, Nr. 9 Antwort auf Frage 2 (Fall 10).
3 *Köpfer*, S. 309.
4 *Grundmann* in Staub, HGB, Bankvertragsrecht, 5. Aufl. 2018, 6. Teil, Rz. 87; *Klöhn* in Langenbucher, § 6 Rz. 176.

Ausführungsplatz zuführt. Für das Kundengeschäft ist die Möglichkeit der Einschaltung eines Intermediärs besonders in Art. 65 DelVO 2017/565 erwähnt. Im Rahmen ihrer Sicherstellungspflicht muss sich die Wertpapierfirma im Falle der Zwischenschaltung eines Dritten davon überzeugen und ggf. darauf hinwirken, dass der Dritte den Anforderungen des Art. 23 Abs. 1 VO Nr. 600/2014 gerecht wird. Die ESMA hat hierzu verlautbart, dass beim vermittelten Tätigen von Geschäft jede Wertpapierfirma in der Kette sicherstellen muss, dass die ultimative Ausführung eines Auftrags in Übereinstimmung mit Art. 23 Abs. 1 VO Nr. 600/2014 erfolgt[1]. Von Art. 23 Abs. 1 VO Nr. 600/2014 werden also von einer Firma direkt wie auch indirekt getätigte Geschäfte erfasst.

12 b) **Aktien mit Kapitalmarktbezug.** Die MiFIR enthält keine Legaldefinitionen für Aktien. Hierfür hat der Gesetzgeber offensichtlich kein Bedürfnis gesehen[2]. Entnehmen lässt sich der MiFIR jedoch, dass eine **Aktie** ein übertragbares Wertpapier ist; Art. 2 Abs. 1 Nr. 24 VO Nr. 600/2014 i.V.m. Art. 4 Abs. 1 Nr. 44 lit. a RL 2014/65/EU. Ein Blick in die RL 2017/1132[3] (insb. Art. 47) und in die Prospektverordnung[4] lassen erkennen, dass europarechtlich unter einer Aktie ein von einer Aktiengesellschaft emittiertes und übertragbares Wertpapier zu verstehen ist, das einen Anteil am gezeichneten Kapital verkörpert. Sie können als Nennwertaktien oder als Stückaktien ausgegeben werden. Auf die Verkörperung eines Stimmrechts kommt es nicht an. Die Prospektverordnung fasst Aktien in Art. 2 lit. b VO 2017/1129 unter den Oberbegriff „Dividendenwerte", so dass Gewinnausschüttungen für Aktien als charakteristisch angesehen werden. Auch Aktien eines in der Rechtsform einer Aktiengesellschaft organisierten Investmentfonds fallen unter den Begriff. Der Emittent der Aktien muss nicht aus einem EU-Mitgliedstaat stammen. Aktien von Gesellschaften aus Nicht-EU-Staaten fallen ebenso unter die Vorschrift. Auch im WpHG (§ 2 Abs. 1 Nr. 1 WpHG) wird Aktie nicht weitergehend definiert, sondern ebenfalls nur als übertragbares Wertpapier, das auf dem Finanzmarkt handelbar ist, bezeichnet.

13 Anders als z.B. Art. 3 VO Nr. 600/2014 enthält Art. 23 Abs. 1 VO Nr. 600/2014 **keinen Auffangtatbestand**, der mit Aktien vergleichbare Finanzinstrumente mit einbezieht. Die EU-Kommission weist im Erwägungsgrund Nr. 2 des Durchführungsbeschlusses (EU) 2017/2441 zur Gleichwertigkeit schweizer Börsen darauf hin, dass Art. 23 Abs. 1 VO Nr. 600/2014 nur Aktien betrifft. Die Handelspflicht umfasse keine anderen Eigenkapitalinstrumente wie Hinterlegungsscheine, börsengehandelte Fonds, Zertifikate oder ähnliche Finanzinstrumente[5]. Wenngleich Bezugsrechte auf Aktien keine Aktien sind, will die ESMA diese Titel als vom Tatbestand erfasst ansehen[6]. Offen bleibt, ob die Behörde dabei eine Analogie zieht oder extensive Auslegung betreibt. Legt man den weiten Ansatz der ESMA zugrunde, dann sind auch von Kommanditgesellschaften auf Aktien begebene Aktien von Art. 23 Abs. 1 VO Nr. 600/2014 erfasst.

14 Für den Anwendungsbereich des Art. 23 Abs. 1 VO Nr. 600/2014 müssen die Aktien entweder **zum Handel an einem geregelten Markt zugelassen** sein oder **an einem Handelsplatz gehandelt** (*traded on a trading venue, TOTV*) werden. Ob eine **Zulassung** zu einem geregelten Markt (Art. 2 Abs. 1 Nr. 13 VO Nr. 600/2014 i.V.m. Art. 4 Abs. 1 Nr. 21 RL 2014/65/EU) vorliegt, beurteilt sich nach dem Recht des EU-Mitgliedstaates, in dem der geregelte Markt seinen Sitz hat, wobei das Recht der Vorgabe von Art. 51 RL 2014/65/EU entsprechen muss. Die Zulassung setzt einen Antrag des Emittenten voraus. In Deutschland bestimmt sich die Zulassung von Aktien zur Börse nach Art. 32 BörsG. Aktien können an den Handelsplätzen – in Betracht kommen geregelte Märkte und MTF – auch ohne Antrag des Emittenten gehandelt werden. An OTF können Aktien weder zugelassen noch gehandelt werden (vgl. Art. 2 Abs. 1 Nr. 15 VO Nr. 600/2014 i.V.m. Art. 4 Abs. 1 Nr. 23 RL 2014/65/EU). Der Handelsplatzbetreiber muss die Aktien nur **in den Handel einbezogen** haben. Für MTF ergibt sich dies aufgrund der Vorgabe in Art. 18 Abs. 2 RL 2014/65/EU aus den mitgliedstaatlichen Regelungen. In Deutschland sind dies § 72 Abs. 1 Satz 1 Nr. 2 WpHG und 48 Abs. 1 BörsG vor. An einem geregelten Markt ist allerdings Voraussetzung, dass die Papiere bereits an einem anderen geregelten Markt mit Zustimmung des Emittenten zugelassen sind (vgl. Art. 51 Abs. 5 RL 2014/65/EU; § 33 BörsG).

15 c) **Handelsgeschäfte mit Aktien.** Die MiFIR enthält keine Legaldefinition für den Begriff des Handelsgeschäfts (engl. *trade*). In Anlehnung an den **Begriff des Geschäfts** in Art. 26 VO Nr. 600/2014 i.V.m. Art. 2 Abs. 1 DelVO 2017/590 (engl. *transaction*) kann darunter grundsätzlich der Erwerb bzw. die Veräußerung einer oder mehrerer Aktien aus einer Gattung ein und desselben Emittenten verstanden werden. Wird das Geschäft von der Wertpapierfirma nicht selbst ausgeführt, sondern über eine andere Wertpapierfirma als Mittelsmann, so stellt aus Sicht der auftragsinitiierenden Firma der Gesamtvorgang das Handelsgeschäft dar[7]. Die Auftragsweiterleitung kann dabei auch ein Finanzkommissionsgeschäft sein.

---

1 ESMA Q & A on MiFID II and MiFIR transparency topics, Nr. 3 Antwort auf Frage 2.
2 S. hierzu auch *Veil* in Veil, S. 115.
3 Vom 14.6.2017 über bestimmte Aspekte des Gesellschaftsrechts, ABl. EU Nr. L 169 v. 30.6.2017, S. 46.
4 Verordnung (EU) 2017/1129 vom 14.6.2017 über den Prospekt, der beim öffentlichen Angebot von Wertpapieren oder bei deren Zulassung zum Handel an einem geregelten Markt zu veröffentlichen ist und zur Aufhebung der Richtlinie 2003/71/EG, ABl. EU Nr. L 168 v. 30.6.2017, S. 12.
5 ABl. EU Nr. L 344 v. 23.12.2017, S. 52.
6 ESMA Q & A on MiFID II and MiFIR transparency topics, Nr. 5 Antwort auf Frage 8.
7 So i.E. auch die ESMA Q & A on MiFID II and MiFIR transparency topics, Nr. 3 Antwort auf Frage 2.

Aus der Formulierung, dass die zu handelnden Aktien bereist zugelassen sein oder an einem Handelsplatz gehandelt werden müssen, ergibt sich, dass die Vorschrift **Sekundärmarkttransaktionen** im Blick hat. Die ESMA geht daher konsequent davon von aus, dass Art. 23 Abs. 1 VO Nr. 600/2014 Sekundärmarktgeschäfte erfasst. Primärmarktgeschäfte (engl. *primary market transactions*) sollen nach einer Verlautbarung der Behörde nicht Gegenstand der Handelspflicht für Aktien sein[1]. Als Primärmarktaktivitäten sollen Vorgänge wie die Ausgabe, die Zuteilung oder die Zeichnung von Aktien anzusehen sein[2]. Block Trades (accelerated book-building) und Aktienrückkäufe fasst die ESMA hingegen als Sekundärmarkttransaktionen auf, die Art. 23 Abs. 1 VO Nr. 600/2014 unterfallen sollen[3].

Art. 23 Abs. 1 VO Nr. 600/2014 soll **Geschäfte mit und ohne Kundenauftrag** gleichermaßen erfassen. Erwägungsgrund Nr. 11 Satz 2 VO Nr. 600/2014 bringt unmissverständlich zum Ausdruck, dass Wertpapierfirmen mit der Handelspflicht für Aktien aufgefordert sind, sämtliche Handelsgeschäfte, die sie für eigene Rechnung und auch in Ausführung von Kundenaufträgen tätigen, über einen geregelten Markt, ein MTF, einen systematischen Internalisierer oder einen gleichwertigen Drittlandhandelsplatz abzuwickeln[4].

d) Ausführungsort. Als taugliche Ausführungsorte für Handelsgeschäfte über Aktien benennt Art. 23 Abs. 1 VO Nr. 600/2014 geregelte Märkte, MTF, systematische Internalisierer und Drittlandhandelsplätze, die gem. Art. 25 Abs. 4 lit. a RL 2014/65/EU als gleichwertig gelten. Ein **geregelter Markt** ist gem. Art. 2 Abs. 1 Nr. 13 VO Nr. 600/2014 i.V.m. Art. 4 Abs. 1 Nr. 21 RL 2014/65/EU ein von einem Marktbetreiber betriebenes und/oder verwaltetes multilaterales System, das die Interessen einer Vielzahl Dritter am Kauf und Verkauf von Finanzinstrumenten innerhalb des Systems und nach seinen nichtdiskretionären Regeln in einer Weise zusammenführt oder das Zusammenführen fördert, die zu einem Vertrag in Bezug auf Finanzinstrumente führt, die gemäß den Regeln und/oder den Systemen des Marktes zum Handel zugelassen wurden, sowie eine Zulassung erhalten hat und ordnungsgemäß und gemäß Titel III RL 2014/65/EU funktioniert. In Deutschland sind ausschließlich die Börsen gem. § 2 Abs. 1 und 5 BörsG regulierte Märkte im Sinne der MiFID II/MiFIR-Gesetzgebung.

Ein **MTF (multilaterales Handelssystem)** ist nach Art. 2 Abs. 1 Nr. 14 i.V.m. Art. 4 Abs. 1 Nr. 22 RL 2014/65/EU ein von einer Wertpapierfirma oder einem Marktbetreiber betriebenes multilaterales System, das die Interessen einer Vielzahl Dritter am Kauf und Verkauf von Finanzinstrumenten innerhalb des Systems und nach nichtdiskretionären Regeln in einer Weise zusammenführt, die zu einem Vertrag gemäß Titel II RL 2014/65/EU führt. In Deutschland sind die durch Wertpapierdienstleistungsunternehmen (Wertpapierfirmen i.S.d. VO Nr. 600/2014) betriebene MTF im WpHG (§§ 2 Abs. 8, 72 ff. WpHG) und die unter dem Dach einer Börse betriebenen MTF im BörsG (§§ 1 Satz 2, § 48 Abs. 3 BörsG) geregelt. Soweit die Wertpapierfirma ein MTF betreibt, kann sie ein Handelsgeschäft, das sie für einen Kunden ausführt, auch an dem von ihr betriebenen MTF zur Ausführung bringen. Art. 19 Abs. 5 RL 2014/65/EU bzw. die darauf fußenden nationalen Gesetze (in Deutschland: § 74 Abs. 5 WpHG) verbieten nur den Eigenhandel innerhalb des eigenen MTF. Die ESMA steht einer Handelsteilnahme von Wertpapierfirmen im eigenen MTF kritisch gegenüber. In einem Frage-und Antwortkatalog tendiert die Behörde unter Berufung auf ordnungsgemäßes Interessenkonfliktmanagement dazu, beide Bereiche in unterschiedlichen Gruppengesellschaften anzusiedeln[5]. Art. 23 Abs. 2 i.V.m. Erwägungsgrund Nr. 11 VO Nr. 600/2014 steht der Ansiedlung eines MTF im Handelshaus eher offen gegenüber.

Die Definition für **systematische Internalisierer** bestimmt sich im Grundsatz gem. Art. 2 Abs. 1 Nr. 12 VO Nr. 600/2014, der auf Art. 4 Abs. 1 Nr. 20 RL 2014/65/EU verweist. Systematischer Internalisierer ist danach eine Wertpapierfirma, die in organisierter und systematischer Weise häufig in erheblichem Umfang Handel für eigene Rechnung treibt, wenn sie Kundenaufträge außerhalb eines geregelten Marktes oder eines MTF bzw. OTF ausführt, ohne ein multilaterales System zu betreiben. Die Definition eines systematischen Internalisierers findet nur Anwendung, wenn die beiden festgesetzten Obergrenzen, nämlich die für den in systematischer Weise und häufig erfolgenden Handel und die für den Handel in erheblichem Umfang, überschritten werden oder wenn eine Wertpapierfirma sich dafür entschieden hat, sich den für die systematische Internalisierung geltenden Regeln zu unterwerfen (näher Art. 14 VO Nr. 600/2014 Rz. 12). Präzisierungen des Begriffs systematischer Internalisierer enthalten Art. 12 ff. und 16a DelVO 2017/565. Soweit die Wertpapierfirma in Bezug auf eine Aktie systematischer Internalisierer ist, kann sie ein entsprechendes Handelsgeschäft, das sie für einen Kunden ausführt, auch gegen sich selbst ausführen[6].

Die Wertpapierfirma darf ihre Handelsgeschäfte mit Aktien auch an einem Handelsplatz außerhalb der EU (**Drittlandhandelsplatz**) ausführen, wenn dieser gem. Art. 25 Abs. 4 lit. a RL 2014/65/EU als gleichwertig gilt.

---

1 ESMA Q & A on MiFID II and MiFIR transparency topics, Nr. 3 Antwort auf Frage 1.
2 ESMA Q & A on MiFID II and MiFIR transparency topics, Nr. 3 Antwort auf Frage 1 i.V.m. Nr. 2 Antwort auf Frage 4.
3 ESMA Q & A on MiFID II and MiFIR transparency topics, Nr. 3 Antwort auf Frage 1.
4 S. auch *Gomber/Nassauer*, ZBB 2014, 250, 255.
5 ESMA Q & A On MiFID II and MiFIR market structures topics Nr. 5.1, Antwort zu Frage 1.
6 Erwägungsgrund Nr. 11 Unterabs. 2 VO Nr. 600/2014.

Die Gleichwertigkeit bestimmt sich nicht automatisch, sondern ist von der EU-Kommission im Wege eines Beschlusses positiv festzustellen. Dies ergibt sich aus Art. 25 Abs. 4 lit. a RL 2014/65/EU der auf Art. 4 Abs. 1 Unterabs. 3 und 4 RL 2003/71/EG (Prospektrichtlinie) weiterverweist. Die Kommission muss dabei zu dem Ergebnis kommen, dass der Rechts- und Aufsichtsrahmen eines Drittlands dem der EU gleichwertig ist[1]. Bislang liegen Gleichwertigkeitsbeschlüsse für Aktienbörsen in Australien[2], Hong Kong[3] und der Schweiz[4] vor. Weitere sind u.a. für Kanada und Südafrika vorgesehen.

22 Fraglich ist, ob Art. 23 Abs. 1 VO Nr. 600/2014 verbietet, an einem ausländischen Handelsplatz zu handeln, wenn **keine Äquivalententscheidung** der Kommission vorliegt, für eine spezifische Aktie **aber am ausländischen Platz, insbesondere an der Heimatbörse, durchweg bessere Konditionen erlangt werden können**. Dass ein etwaiges Verbot, besonderer Erklärung bedarf, hat die ESMA anerkannt. In einer Veröffentlichung auf der Internetseite der Behörde vom 13.11.2017 findet sich eine verklausulierte Aussage, aus der geschlussfolgert werden kann, dass der beschriebene Fall nicht in den Anwendungsbereich der Norm fallen und der Handel im Ausland damit möglich werden soll. Sinngemäß heiß es dort, dass die ESMA sich darüber im Klaren ist, dass der Umfang der Handelspflicht nach Art. 23 VO Nr. 600/2014 und das Fehlen der entsprechenden Äquivalenzbeschlüsse für Wertpapierfirmen, die Geschäfte mit Aktien aus Drittländern an den primären Börsenplätzen dieser Aktien tätigen wollen, Probleme verursachen kann. Unter der Prämisse, dass die EU-Kommission für die Nicht-EU-Länder, deren Aktien systematisch und häufig in der EU gehandelt werden, Äquivalenzscheidungen vorbereitet, soll das Fehlen einer Äquivalentscheidung in Bezug auf die Handelsplätze eines bestimmten Drittlandes darauf hindeuten, dass die Kommission derzeit keine Beweise dafür hat, dass der EU-Handel mit Aktien, die zum Handel auf den geregelten Märkten dieses Drittlandes zugelassen sind, als systematisch, regelmäßig und häufig angesehen werden kann[5]. Methodik und Verbindlichkeit der Aussage bleiben offen. Die Behördenäußerung lässt sich dahingehend fassen, dass die Möglichkeit zum systematischen und häufigen Handel an einem Ausführungsplatz in der EU zu den ungeschriebenen Tatbestandsmerkmalen von Art. 23 Abs. 1 VO Nr. 600/2014 gezählt wird.

23 An welchem Ausführungsort letztlich das Handelsgeschäft ausgeführt wird, entscheidet sich beim Kundengeschäft anhand der Ausführungsgrundsätze für Aktien[6]. Wird die Order an eine andere Wertpapierfirma zur Ausführung weitergeleitet, so sind die selbstgesetzten Auswahlgrundsätze[7] zu beachten. In Erwägungsgrund Nr. 11 VO Nr. 600/2014, der sich auf Art. 23 Abs. 1 VO Nr. 600/2014 bezieht, wird auf die Pflicht zur bestmöglichen Ausführung Bezug genommen.

24 Die Wertpapierfirmen können über die Datenbank der ESMA „Financial Instruments Reference Database (FIRDS)" ermitteln, welche Aktien an welchen Ausführungsplätzen in der EU handelbar sind.

25 **e) Sicherstellungspflicht.** Der Normbefehl von Art. 23 Abs. 1 VO Nr. 600/2014 lautet auf „sicherstellen" (engl. „*ensure*"). Damit klingen organisatorische Elemente an. Die Verantwortungsträger der Wertpapierfirma können sich in einem hierarchisch organisierten Unternehmen nicht unbesehen darauf verlassen, dass die Ausführung von Aktiengeschäften, vorbehaltlich von Ausnahmen, an den genannten Ausführungsorten erfolgt. Mitarbeiterunterweisungen, Handbuchwesen, technische Vorkehrungen und Kontrollen sollten in angemessener Art und Weise auf die Einhaltung von Art. 23 Abs. 1 VO Nr. 600/2014 ausgerichtet sein. Bei der Orderausführung über zwischengeschaltete Wertpapierfirmen sind diese in geeigneter Weise auf die Beachtung der Handelspflicht bei der ultimativen Ausführung eines Geschäfts hinzuweisen. Die Sicherstellungspflicht bezieht sich auf die eigene Sphäre. Die Wertpapierfirma ist nicht etwa verpflichtet, ihre Kunden anzuhalten, dass diese keine Aktiengeschäfte ohne Einschaltung der Wertpapierfirma abschließen.

26 **f) Ausnahmen.** Die Pflicht, Handelsgeschäfte mit Aktien an den vorgegebenen Orten zu tätigen, gilt nicht ausnahmslos. Art. 23 Abs. 1 VO Nr. 600/2014 sieht mit den Buchstaben a) und b) zwei geschriebene Ausnahmen vor, die gegenüber der Handelspflicht als negative Tatbestandsmerkmale ausgeformt sind. Bereits in Rz. 22 wurde auf die auf ESMA-Auslegung beruhende ungeschriebene Ausnahme hingewiesen, dass Aktien aus Drittstaaten, die in der EU nicht in systematischer Weise häufig gehandelt werden können, auch an Handelsplätzen von Drittstaaten gehandelt werden können, für die keine Äquivalententscheidung der EU-Kommission vorliegt. Art. 1 Abs. 7 Unterabs. 3 RL 2014/65/EU stellt nochmals klar, dass bei Vorliegen einer Ausnahme nach Art. 23 VO Nr. 600/2014 etwaige in Titel III dVO Nr. 600/2014 genannte Pflichten der Wertpapierfirma anwendbar bleiben. Damit wird insbesondere deutlich, dass die Nachhandelstransparenzverpflichtung gem. Art. 20 VO Nr. 600/2014 Bestand hat.

---

1 S. *Köpfer*, S. 312 i.V.m. S. 69.
2 Durchführungsbeschluss (EU) 2017/2318 der Kommission v. 13.12.2017, ABl. EU Nr. L 331 v. 14.12.2017, S. 81.
3 Durchführungsbeschluss (EU) 2017/2319 der Kommission v. 13.12.2017, ABl. EU Nr. L 331 v. 14.12.2017, S. 87.
4 Durchführungsbeschluss (EU) 2017/2441 der Kommission v. 21.12.2017, ABl. EU Nr. L 344 v. 23.12.2017, S. 52; befristet bis zum 31.12.2018.
5 *ESMA clarifies trading obligation für shares under MiFID II*, abrufbar unter: www.esma.europa.eu.
6 Vgl. Art. 27 Abs. 1 Unterabs. 1 RL 2014/65/EU.
7 Vgl. Art. 65 Abs. 5 DelVO 2017/565.

Nach Art. 23 Abs. 1 lit. a VO Nr. 600/2014 kann ein Geschäft dann außerhalb der genannten Ausführungsplätze 27 ausgeführt werden, sofern zu dessen Merkmalen gehört, dass es auf **nicht systematische Weise, ad hoc, unregelmäßig und selten getätigt** wird. Alle Umschreibungen, bei denen es sich um unbestimmte Rechtsbegriffe handelt, sind in kumulativer Form aufgeführt. Der einem Geschäft zugrunde liegende Sachverhalt muss sich demnach zu jedem der vier Tatbestandsmerkmale zuordnen lassen[1]. Eine exakte Subsumtion im Sinne einer mathematischen Genauigkeit wird sich dabei kaum erzielen lassen. Die Begriffe „nicht systematisch" und „ad hoc" und „selten" und „unregelmäßig" lassen sich nicht trennscharf auseinanderhalten. Auch ist zu berücksichtigen, dass die unterschiedlichen Sprachfassungen der MiFIR bei einer Wortklauberei keine mitgliedstaatenübergreifende Auslegung des Ausnahmetatbestands zulassen[2]. Es wird daher auf eine Gesamtschau ankommen, ob es sich um eine Transaktion außerhalb vorgezeichneter Abläufe handelt. Ein bedeutender Anhaltspunkt, wann der Typus eines solchen Geschäfts gegeben ist, lässt sich aus Erwägungsgrund Nr. 19 VO Nr. 600/2014 entnehmen[3]. Dort heißt es zu der Frage, wann eine Wertpapierfirma kraft Schwellenwerte systematischer Internalisierer wird, dass eine Wertpapierfirma, die Kundenaufträge unter Einsatz ihres eigenen Kapitals ausführt, als systematischer Internalisierer anzusehen ist, sofern die Geschäfte nicht außerhalb eines Handelsplatzes auf gelegentlicher, Ad-hoc- und unregelmäßiger Basis getätigt werden. Hieraus wird man schließen können, dass eine Wertpapierfirma sich im Rahmen des Ausnahmetatbestands bewegt, solange sie noch nicht den Status des systematischen Internalisierers in dem betreffenden Wert erreicht hat[4]. Diese Sicht kann für sich in Anspruch nehmen, dass die Merkmale „selten" und „nicht systematisch" die klassischen Gegenbegriffe zu den im Tatbestandsmerkmal Häufigkeitsschwelle („häufiger systematischer Handel") der systematischen Internalisierung vorkommenden Begriffe bilden.

Art. 23 Abs. 1 lit. b VO Nr. 600/2014 lässt als zweite, explizit genannte Ausnahme den Handel außerhalb der 28 genannten Ausführungsplätze zu, wenn **ein Handelsgeschäft zwischen geeigneten und/oder professionellen Gegenparteien getätigt wird und nicht zum Prozess der Kursfestsetzung beiträgt**. Die Begriffe der geeigneten und professionellen Gegenpartei werden in der MiFIR nicht eigens definiert. Zur Bestimmung kann auf die Kriterien der MiFID II zurückgegriffen werden, die sich in den jeweiligen nationalen Gesetzen der Mitgliedstaaten widerspiegeln. Professionell ist eine Gegenpartei, wenn sie in analoger Anwendung von Art. 4 Abs. 1 Nr. 10 RL 2014/65/EU den in Anhang II RL 2014/65/EU für professionelle Kunden aufgestellten Kriterien gerecht wird. Wer als geeignete Gegenpartei einzustufen ist, kann Art. 30 Abs. 2–4 RL 2014/65/EU entnommen werden. Im WpHG sind die professionellen Gegenparteien in § 67 Abs. 2 WpHG (analog) und die geeigneten Gegenparteien in § 67 Abs. 4 WpHG definiert.

Art. 2 DelVO 2017/587 benennt Aktiengeschäfte, die nicht zur Kursfestsetzung beitragen. Darin enthalten sind 29 die in Art. 23 Abs. 3 lit. a und b Nr. 600/2014 genannten Fälle „nicht ausweisbare Liquiditätsgeschäfte" und „in denen der Handel mit Aktien von anderen Faktoren als dem aktuellen Marktwert bestimmt wird". Insgesamt sind in Art. 2 DelVO 2017/587 neun Fälle aufgeführt. Auf die vor Rz. 1 abgedruckte Vorschrift wird verwiesen. Da Art. 23 Abs. 3 VO Nr. 600/2014 darauf abzielt, mit der delegierten Verordnung eine einheitliche Anwendung der Vorschrift zu gewährleisten, dürften die genannten Fälle nicht beliebig erweiterbar sein.

Bei wertender Betrachtung dürfte Art. 23 Abs. 1 VO Nr. 600/2014 auch Raum geben, **Kundenweisungen** als 30 maßgeblich zu erachten, die auf eine Ausführung außerhalb der in der Vorschrift genannten Ausführungsplätze hinauslaufen. Als Argument für das Bestehen dieser Handlungsfreiheit kann Art. 64 Abs. 2 DelVO 2017/565 herangezogen werden. Führt eine Wertpapierfirma einen Auftrag gemäß einer ausdrücklichen Kundenweisung aus, so gilt die Pflicht zur Erzielung des bestmöglichen Ergebnisses entsprechend dem Umfang der Weisung als erfüllt. Das Argument gewinnt an Gewicht, da die aufgezählten Ausführungsplätze im Regelungsbereich der bestmöglichen Ausführung von Kundenaufträgen von vornherein über die in Art. 23 Abs. 1 VO Nr. 600/2014 genannten Plätze hinausgehen. Art. 64 Abs. 1 Unterabs. 2 DelVO 2017/565 nennt über geregelte Märkte, MTF, OTF und systematische Internalisierer hinaus Marktmacher oder sonstige Liquiditätsgeber oder Einrichtungen, die in einem Drittland eine vergleichbare Funktion ausüben.

Schließlich sollte Art. 23 Abs. 1 VO Nr. 600/2014 auch nicht die **Vornahme von Geschäften außerhalb der** 31 **täglichen Handelszeiten** an den Ausführungsplätzen verbieten. Gleiches gilt für Phasen, wenn der Handel ausgesetzt sein sollte. Weder Wertpapierfirma noch Kunden sind – vorbehaltlich anderweitiger Bestimmungen – verpflichtet, bis zur Wiederaufnahme des Handels an Ausführungsplätzen zuzuwarten.

III. Sicherstellungspflichten gem. Art. 23 Abs. 2 VO Nr. 600/2014. Die von Art. 23 Abs. 2 VO Nr. 600/2014 32 angesprochenen Pflichten zur **Sicherstellung der Erlaubniseinholung** für einen MTF-Betrieb und der **Einhal-**

---

1 Vgl. ESMA Discussion Paper MiFIDII/MiFIR (ESMA 2014/548) v. 22.5.2014 Nr. 3.4. Rz. 7; großzügiger wohl die ESMA Securities and Markets Stakeholder Group, in Advice to ESMA (ESMA/2014/SMSG/037) v. 15.8.2014, Rz. 50.
2 Die ESMA hat im Discussion Paper MiFIDII/MiFIR (ESMA 2014/548) v. 22.5.2014 Nr. 3.4. Rz. 6 darauf hingewiesen, dass hier die Gefahr von Rechtsunsicherheit aufgrund unterschiedlicher Interpretation besteht. Zustimmend ESMA Securities and Markets Stakeholder Group, in Advice to ESMA (ESMA/2014/SMSG/037) v. 15.8.2014, Rz. 48.
3 Vgl. ESMA Discussion Paper MiFIDII/MiFIR (ESMA 2014/548) v. 22.5.2014 Nr. 3.4. Rz. 7.
4 Vgl. ESMA Discussion Paper MiFIDII/MiFIR (ESMA 2014/548) v. 22.5.2014 Nr. 3.4. Rz. 8; zustimmend die ESMA Securities and Markets Stakeholder Group, in Advice to ESMA (ESMA/2014/SMSG/037) v. 15.8.2014, Rz. 50.

tung der mit dem Betrieb verbundenen Vorschriften überschneiden sich umfänglich mit anderen Vorschriften der MiFID II/MiFIR-Gesetzgebung. Die Bestimmung, nach der ein von einer Wertpapierfirma (s. zum Begriff Rz. 8 ff.) organisierter **Handel für Eigenkapitalinstrumente, der multilateral verläuft**, ein multilaterales Handelssystem (MTF) ist, trifft Art. 2 Abs. 1 Nr. 14 VO Nr. 600/2014 i.V.m. Art. 4 Abs. 1 Nr. 22 RL 2014/65/EU. Danach ist ein MTF ein von einer Wertpapierfirma betriebenes multilaterales System, das die Interessen einer Vielzahl Dritter am Kauf und Verkauf von Finanzinstrumenten innerhalb des Systems und nach nichtdiskretionären Regeln in einer Weise zusammenführt, die zu einem Vertrag führt. Insofern ist die in Art. 23 Abs. 2 VO Nr. 600/2014 erfolgende Beschreibung des Betriebs eines internen Systems zur Zusammenführung von Aufträgen, das Kundenaufträge auf multilateraler Basis ausführt, inhaltlich voll durch die MTF-Legaldefinitionen der MiFID II und MiFIR abgedeckt. Die Verpflichtung, **eine Zulassung für den Betrieb eines MTF einzuholen, ist schon in Art. 5 Abs. 1 RL 2014/65/EU angelegt**. Die EU-Mitgliedstaaten haben danach vorzuschreiben, dass die professionelle Erbringung von Wertpapierdienstleistungen der vorherigen Zulassung durch die zuständige Behörde bedarf. Nach Art. 2 Abs. 1 Nr. 2 VO Nr. 600/2014 i.V.m. Art. 4 Abs. 1 Nr. 2, Anhang I Abschnitt A Nr. 8 RL 2014/65/EU zählt der Betrieb eines MTF zu den Wertpapierdienstleistungen, die einer Zulassung i.S.v. Art. 5 Abs. 1 RL 2014/65/EU bedürfen. Hinsichtlich der in Art. 23 Abs. 2 VO Nr. 600/2014 adressierten **Sicherstellung der Einhaltung der Vorschriften**, die beim erlaubten Betrieb eines MTF durch die Wertpapierfirma zu beachten sind (vgl. insb. Art. 18 und 19 RL 2014/65/EU bzw. die darauf beruhenden nationalen Vorschriften wie z.B. § 72 WpHG), **verpflichtet bereits Art. 22 Abs. 1 DelVO 2017/565 die Wertpapierfirmen**, angemessene Compliance-Vorkehrungen zu treffen, die das Risiko von Verstößen gegen MiFID II-Vorschriften einschränken sollen.

33 In Deutschland ergibt sich die **Zulassungspflicht für den Betrieb eines MTF aus dem KWG**. Unabhängig davon, ob ein Unternehmen bereits Wertpapierdienstleistungsunternehmen ist oder nicht, erbringt es beim Betrieb eines MTF eine Finanzdienstleistung, die gem. § 32 Abs. 1 Satz 1 WpHG i.V.m. § 1 Abs. 1a Satz 2 Nr. 1c KWG der schriftlichen Erlaubnis durch die BaFin bedarf. Für die Antragstellung sind die Geschäftsleiter zuständig[1]. Das Betreiben einer Finanzdienstleistung ohne die erforderliche Erlaubnis ist gem. § 54 Abs. 1 Nr. 2 KWG strafbar. Die Pflicht, die im Geschäftsbetrieb **einschlägigen Vorschriften zu beachten**, ergibt sich neben Art. 22 Abs. 1 DelVO 2017/565 auch aus **§ 25a Abs. 1 KWG i.V.m. § 80 Abs. 1 WpHG**. Auch hier sind die Geschäftsleiter verantwortlich, dass das Unternehmen dieser Verpflichtung nachkommt[2].

34 Art. 23 Abs. 2 VO Nr. 600/2014 kann der Gedanke entnommen werden, dass systematische Internalisierung, bei der die Wertpapierfirma Kundenaufträge nur pro forma über die eigenen Handelsbücher zieht, nicht der Intention des EU-Verordnungsgebers entspricht. Mit der Vorschrift unterstreicht er, dass er gewillt ist, hinreichend deutlich **zwischen bilateralem Handel für eigene Rechnung und multilateralem Handel zu unterscheiden**. Ein MTF-Betrieb soll nicht unter dem Erscheinungsbild des systematisch internalisierten Handels erfolgen. Besonders deutlich macht dies nochmals Erwägungsgrund Nr. 19 DelVO 2017/565, wo in Satz 1 betont wird, dass es die RL 2014/65/EU einem systematischen Internalisierer nicht gestattet, in funktional gleicher Weise wie ein Handelsplatz Kauf- und Verkaufsinteressen Dritter zusammenzuführen[3]. Ein systematischer Internalisierer, so der Erwägungsgrund in Satz 2, sollte nicht aus einem internen Matching-System bestehen, das Kundenaufträge auf multilateraler Basis ausführt; diese Tätigkeit erfordere die Zulassung als multilaterales Handelssystem (MTF). Nach Erwägungsgrund Nr. 19 Satz 3 DelVO 2017/565 ist ein internes Matching-System ein System, das Kundenaufträge abgleicht und im Ergebnis dazu führt, dass die Wertpapierfirma regelmäßig und nicht gelegentlich die Zusammenführung sich deckender Kundengeschäfte vornimmt[4]. Untermauert wird dies alles durch den nachträglich in die DelVO 2017/565 eingefügten Art. 16a, der die Definition des systematischen Internalisierers präzisiert. Danach soll es für die Zwecke von Art. 4 Abs. 1 Nr. 20 RL 2014/65/EU keinen Handel für eigene Rechnung darstellen, wenn die Wertpapierfirma ihre Prozesse im Ergebnis so ausrichtet, dass sie durch Vernetzung mit anderen systematischen Internalisieren außerhalb der eigenen Unternehmensgruppe „de facto risikolose Back-to-Back-Geschäfte" tätigt.

35 Anders als Art. 23 Abs. 1 DelVO 2017/565 bezieht sich Abs. 2 nicht nur auf das Geschäft mit Aktien, sondern auf Eigenkapitalinstrumente insgesamt. Hinsichtlich der einzelnen Kategorien kann auf die Kommentierung zu Art. 3 VO Nr. 600/2014 Rz. 13 ff. verwiesen werden.

---

1 Näher Nr. 5 Merkblatt Deutsche Bundesbank über die Erteilung einer Erlaubnis zum Erbringen von Finanzdienstleistungen gem. § 32 Abs. 1 KWG (Stand: 3.1.2018).
2 S. hierzu z.B. *Gebauer/Fett* in Krieger/Uwe H. Schneider, Handbuch Managerhaftung, Rz. 24.8 und 24.13.
3 Vgl. bereits Erwägungsgrund Nr. 17 Satz 3 RL 2014/65/EU.
4 S. auch Erwägungsgrund Nr. 2 DelVO 2017/2294.

Titel IV
Meldung von Geschäften

Art. 24 Pflicht zur Wahrung der Marktintegrität

Unbeschadet der Zuweisung der Zuständigkeiten für die Durchsetzung der Verordnung (EU) Nr. 596/2014 überwachen die zuständigen Behörden, die von der ESMA gemäß Artikel 31 der Verordnung (EU) Nr. 1095/2010 koordiniert werden, die Tätigkeiten von Wertpapierfirmen, um sicherzustellen, dass diese redlich, professionell und in einer Weise handeln, die die Integrität des Marktes fördert.

In der Fassung vom 15.5.2014 (ABl. EU Nr. L 173 v. 12.6.2014, S. 84).

Schrifttum: *Grabitz/Hilf/Nettesheim* (Hrsg.), Das Recht der Europäischen Union: EUV/AEUV, 56. Aufl., Loseblatt, Stand Januar 2016; *Köpfer*, Anwendung und Auswirkung des europäischen Kapitalmarktrechts auf Akteure aus Drittstaaten – Eine Analyse auf Basis der Umsetzung ins deutsche Recht und der Auswirkungen auf die Schweiz, 2015; *Langenbucher*, Europäisches Privat- und Wirtschaftsrecht, 4. Aufl. 2017; *Schlimbach*, Leerverkäufe, 2015.

I. Regelungsgegenstand und systematische Stellung der Vorschrift 1	3. Überwachung unter ESMA-Koordination gem. Art. 31 VO Nr. 1095/2010 15
II. Normbestandteile im Einzelnen 7	4. Überwachung unbeschadet der Zuweisung der Zuständigkeiten für die Durchsetzung der VO Nr. 596/2014 16
1. Zuständige Behörde 8	
2. Überwachung der Wertpapierfirmen 10	5. Zielrichtung der Überwachung 17

I. Regelungsgegenstand und systematische Stellung der Vorschrift. Art. 24 VO Nr. 600/2014 (MiFIR) spricht in der Überschrift von der Pflicht zur Wahrung der Marktintegrität. In der Norm geht es dann aber zunächst um die **allgemeine Pflicht der zuständigen Behörden, die Tätigkeit von Wertpapierfirmen zu überwachen.** Mit der sich daran anschließenden Formulierung „um sicherzustellen" werden die anzustrebenden Ziele der Aufsichtstätigkeit herausgestellt. Die Sicherstellung durch die Aufsicht, dass die Wertpapierfirmen redlich, professionell und in einer Weise handeln, die die Integrität des Marktes fördert, ist durch die Norm nicht als unmittelbare behördliche Pflicht ausformuliert. Eine zuständige Behörde schuldet insofern nicht den tatsächlichen Erfolgseintritt. Das Thema Marktintegrität wird ersichtlich erst am Ende der Norm angesprochen und dies auf Seiten der Beaufsichtigten und nicht auf der der Aufsicht. Für die Marktintegrität kann dieser Normstruktur aber entnommen werden, dass die Aufsicht über die Wertpapierfirmen elementarer Baustein für das Vertrauen der Emittenten und Anleger in das ordnungsgemäße Funktionieren der Märkte ist. Der systematische Zusammenhang für die Stellung der Norm im Titel IV der MiFIR unter der Überschrift „Meldung von Geschäften" ergibt sich daraus, dass die nach Art. 26 VO Nr. 600/2014 an die Aufsicht umgehend zu übermittelnden Aufzeichnungen über Geschäftsvorfälle überhaupt erst die Grundlage für die Marktüberwachung der Behörden bilden[1]. 1

Art. 24 VO Nr. 600/2014 stellt bei rechter Betrachtung **keine unionsrechtlich aufgestellte Befugnisnorm** dar, die den nationalen Behörden generalklauselhaft das Recht verleiht, alle denkbaren Aufsichtsmaßnahmen gegenüber Wertpapierfirmen im Zusammenhang mit deren gesamter Geschäftstätigkeit, also auch M & A-Beratung Emissionsgeschäft, Research, Anlageberatung, Depotgeschäft etc., zu ergreifen. Dies ergibt sich bereits daraus, dass die Vorschrift im „Titel IV Meldung von Geschäften" der MiFIR steht, und die MiFIR gem. Art. 1 VO Nr. 600/2014 von vornherein einen gegenständlichen eingegrenzten Anwendungsbereich hat, der hier überwiegend den Bereich des Trade und Transaction Reporting im unmittelbaren Handelsgeschehen betrifft. Sind der ESMA oder nationalen Behörden im unionsrechtlich gesetzten „Finanzinstrumentehandelsrecht" keine spezifischen Befugnisse zugewiesen, so soll **das national gesetzte Aufsichtsrecht mit seinen speziellen und allgemeinen Befugnisnormen** im Bereich der Verhaltens- und Organisations- und Transparenzpflichten **maßgeblich** sein. Dieser Grundsatz liegt der Gesetzgebung zur RL 2014/65/EU (MiFID II) konzeptionell zugrunde und sollte durch die MiFIR, die mit der RL 2014/65/EU eine homogene Einheit bilden soll, nicht verwässert werden. Art. 69 Abs. 2 RL 2014/65/EU gibt das Mindestmaß[2] an Aufsichtsbefugnissen für die zuständigen Behörden des Mitgliedstaates vor. Diese sollen ausweislich der Erwägungsgründe in Nr. 138 RL 2014/65/EU im Rahmen vollständiger nationaler Rechtsvorschriften ausgeübt werden, in denen die Einhaltung der Grundrechte und auch das Recht auf Schutz der Privatsphäre garantiert wird. Weiter heißt es dort, dass für den Zweck der Ausübung dieser Befugnisse, durch die es zu gravierenden Eingriffen in Bezug auf das Recht auf Achtung des Privat- und Familienlebens, der Wohnung sowie der Kommunikation kommen kann, die Mitgliedstaaten angemessene und wirksame Schutzvorkehrungen gegen jegliche Form des Missbrauchs vorsehen. 2

---

1 S. Erwägungsgrund Nr. 32 VO Nr. 600/2014.
2 Vgl. Erwägungsgrund Nr. 138 RL 2014/65/EU.

Art. 24 VO Nr. 600/2014 | Pflicht zur Wahrung der Marktintegrität

3   Weist Art. 24 VO Nr. 600/2014 demnach einer nationale Behörde keinen allumfassenden Aufsichtsauftrag zu und verleiht er auch keine konkreten Kompetenzen, so richtet sich der **Fokus der Norm auf das Ziel der Aufsichtsarbeit.** Dieser liegt in der Sicherstellung, dass die beaufsichtigten Wertpapierfirmen redlich, professionell und in einer Weise handeln, die die **Integrität des Marktes** fördert. Diese Aspekte hat die nationale Aufsichtsbehörde bei ihrer Überwachung, die auf der Grundlage der Aufzeichnungen der Firmen und der gemeldeten Transaktionen beruht, zu berücksichtigen.

4   Da das Aufsichtsziel wiederum die Wertpapierfirmen anspricht, wie diese ihre Geschäftstätigkeit erbringen sollen, könnte in der Norm auch eine implizit gesetzte Pflicht für Wertpapierfirmen mit unmittelbarem Geltungsanspruch erblickt werden. Die MiFID II adressiert allerdings allgemeine Verhaltenspflichten für Wertpapierfirmen direkt und nicht inzident und sieht deren Umsetzung auf nationalstaatlicher Ebene vor. Insofern sollte **Art. 24 VO Nr. 600/2014 nicht im Sinne einer Pflichtennorm für die Wertpapierfirmen interpretiert werden.** In Art. 24 Abs. 5 RL 2014/65/EU heißt es, dass die Mitgliedstaaten vorschreiben, dass eine Wertpapierfirma bei der Erbringung von Wertpapierdienstleistungen oder gegebenenfalls Nebendienstleistungen für ihre Kunden ehrlich, redlich und professionell im bestmöglichen Interesse ihrer Kunden handelt. Auch beim reinen Eigengeschäft muss eine Wertpapierfirma ehrlich, redlich und professionell am Markt auftreten, Art. 30 Abs. 1 Unterabs. 1 RL 2014/65/EU. Aus Art. 9 Abs. 3 Satz 2 RL 2014/65/EU ergibt sich schließlich auch noch für die Ebene der für die Wertpapierfirma handelnden Leitungsorgane, dass diese bei ihrer Arbeit die Förderung der Integrität des Marktes berücksichtigen müssen. Die drei angesprochenen MiFID II-Artikel spiegeln sich im deutschen Recht in den §§ 63 Abs. 1, 69 Abs. 1 und § 81 Abs. 1 WpHG wider.

5   Das Verständnis für die Norm erschließt sich auch mit Blick auf die MiFID von 2004. Dort wurde in Art. 25 RL 2004/39/EG die Pflicht zur Wahrung der Marktintegrität, die Führung von Aufzeichnungen und die Meldung von Geschäften innerhalb einer einzigen Vorschrift behandelt. Diese **drei Regelungsgenstände bilden heute den gesamten Titel IV VO Nr. 600/2014** mit jeweils einem eigenen Artikel. Die ursprünglichen MiFID-Regelungen waren Aufträge an die nationalen Gesetzgeber, entsprechende Regelungen auf der Ebene der Mitgliedstaaten zu schaffen. Die Pflicht zur Wahrung der Marktintegrität wurde unter der MiFID von 2004 als Ausdruck eines allgemeines Rechtsprinzips verstanden, das den nationalen Gesetzgeber verpflichtete, das Vertrauen der Anleger und der Öffentlichkeit in die Finanzmärkte in bestmöglicher Weise zu fördern[1]. Nur wenn die Aufsicht Informationen über das Transaktionsgeschehen am Markt erhält, kann sie diese Informationen zur Grundlage ihrer Aufsicht machen, und so im Dienste der Marktintegrität tätig werden. Die Auswertung von Geschäftsmeldungen ermöglicht das Erkennen von unredlichen, unprofessionellen und sonstigen, die Integrität des Marktes negativ beeinflussenden, Verhaltensweisen von Marktteilnehmern. In der MaComp II hatte die BaFin bereits die Nichtmeldung von Geschäften an die BaFin (früher nach § 9 WpHG a.F., jetzt nach Art. 26 VO Nr. 600/2014) als Bespiel für eine Störung der Marktintegrität genannt[2]. Auf der Grundlage der Geschäfte lassen sich ohne weiteres Anhaltspunkte für Verstöße gegen die Transparenzvorschriften der MiFIR, aber auch gegen die Wohlverhaltensregelungen der MiFID II, die Vorschriften der MAR, des Übernahmerechts oder die der Beteiligungstransparenz gewinnen[3].

6   Auch wenn dies in Art. 24 VO Nr. 600/2014 und in den Folgeartikeln nicht immer deutlich zum Ausdruck kommt: Die Aufsicht über die Wertpapierfirmen bedeutet zugleich auch die Aufsichtsmöglichkeit über deren Kunden. Die Aufzeichnungen nach Art. 25 VO Nr. 600/2014 und die Geschäftsmeldungen nach Art. 26 VO Nr. 600/2014 enthalten Kundendaten, die von Aufsichtsbehörden zu Zwecken der Prüfung, ob deren Verhalten rechtskonform ist, herangezogen werden können. Ob und inwieweit die etwaigen Vorschriften der MiFIR im Verhältnis der Behörde zu Wertpapierfirmen auch zur befugten **Aufsicht des Kundenverhaltens** genutzt werden können, kann nicht pauschal beantwortet werden, sondern ist im Einzelfall zu entscheiden. Die Linien zum Marktmissbrauchsrecht oder auch zur Bekämpfung organisierter Kriminalität (Geldwäsche), die die Kundenebene direkt in den Anwendungsbereich einbeziehen, verlaufen nicht trennscharf.

7   **II. Normbestandteile im Einzelnen.** Wie in Rz. 1–6 angesprochen, stellt Art. 24 VO Nr. 600/2014 klar, dass auf der Grundlage des Transparenz- und Melderechts der MiFIR die zuständigen nationalen Behörden die Aufgabe haben, die Wertpapierfirmen mit dem Ziel zu überwachen, dass die Institute als Marktteilnehmer ihren elementaren Verhaltenspflichten nachkommen. Dieser Überwachungsauftrag korrespondiert dabei mit den bestehenden Pflichten der Unternehmen.

8   **1. Zuständige Behörde.** Wer die zuständige Behörde ist, die die Überwachungspflicht trifft, definiert **Art. 2 Abs. 1 Nr. 18 VO Nr. 600/2014.** Dies ist die in Art. 4 Abs. 1 Nr. 26 RL 2014/65/EU genannte Behörde. In der MiFID II-Vorschrift wird als die „zuständige Behörde" grundsätzlich diejenige Behörde bezeichnet, die vom betreffenden Mitgliedstaat gem. Art. 67 RL 2014/65/EU benannt worden ist. Nach Art. 67 Abs. 1 Satz 1 RL 2014/ 65/EU benennt ein Mitgliedstaat die zuständigen Behörde, die für die Wahrnehmung der Aufgaben gemäß den einzelnen Bestimmungen der MiFIR und der MiFID II verantwortlich ist. Wie sich aus Art. 67 Abs. 1 Satz 2 RL

---

1 Schlimbach, Leerverkäufe, S. 87.
2 MaComp II Nr. 11.2; s. auch v. Hein in Schwark/Zimmer, § 9 WpHG Rz. 1.
3 Vgl. v. Hein in Schwark/Zimmer, § 9 WpHG Rz. 1.

2014/65/EU ergibt, muss es sich bei der Aufgabenwahrnehmung nicht um eine exklusiv zuständige Behörde handeln. Es können auch mehrere Behörden als zuständig benannt werden[1]. Die ESMA veröffentlicht ein Verzeichnis der zuständigen Behörden auf ihrer Internetseite und aktualisiert dieses; Art. 67 Abs. 3 RL 2014/65/EU. Die Mitgliedstaaten haben gem. Art. 67 Abs. 2 Unterabs. 3 RL 2014/65/EU nicht nur die ESMA über die Zuständigkeitsregelungen zu unterrichten, sondern auch die EU-Kommission und die Behörden der anderen Mitgliedstaaten.

Der deutsche Gesetzgeber hat in § 6 Abs. 5 WpHG aufgeführt, dass die BaFin die zuständige Behörde i.S.d. Art. 2 Abs. 1 Nr. 18 VO Nr. 600/2014 ist[2]. Soweit ausgewählte Pflichten der MiFIDII/MiFIR-Gesetzgebung von Börsen und Börsenträgern zu erfüllen sind, kann auch die **Börsenaufsichtsbehörde** die zuständige Behörde sein[3].

2. Überwachung der Wertpapierfirmen. Zu überwachen sind die **Wertpapierfirmen**. Wie sich aus Art. 2 Abs. 1 Nr. 1 VO Nr. 600/2014 ergibt, bezeichnet der Ausdruck „Wertpapierfirma" für die Zwecke der MiFIR eine Wertpapierfirma gem. **Art. 4 Abs. 1 Nr. 1 RL 2014/65/EU**. Dort heißt es in Unterabs. 1, dass eine Wertpapierfirma jede juristische Person ist, die im Rahmen ihrer üblichen beruflichen oder gewerblichen Tätigkeit gewerbsmäßig eine oder mehrere Wertpapierdienstleistungen für Dritte erbringt und/oder eine oder mehrere Anlagetätigkeiten ausübt. Die Mitgliedstaaten können als Wertpapierfirma auch Unternehmen, die keine juristischen Personen sind, definieren, sofern Anforderungen nach Art. 4 Abs. 1 Nr. 1 Unterabs. 2 und RL 2014/65/EU berücksichtigt werden. Zweigniederlassungen sind keine Wertpapierfirmen, sondern stets nur Bestandteil dieser. Nach Anhang I Abschnitt A Nr. 8 und 9 RL 2014/65/EU stellen auch der Betrieb von MTF und OTF jeweils eine Wertpapierdienstleistung dar. Nach Art. 5 Abs. 2 RL 2014/65/EU können allerdings Betreiber geregelter Märkte, sog. Marktbetreiber, ein OTF oder ein MTF unterhalten, ohne dadurch zur Wertpapierfirma zu werden.

Firmen, die Wertpapierdienstleistungen oder Anlagetätigkeiten erbringende Kreditinstitute oder Wertpapierfirmen wären, wenn ihre Hauptverwaltung oder ihr Sitz in der EU läge (Art. 2 Abs. 1 Nr. 43 VO Nr. 600/2014 i.V.m. Art. 4 Abs. 1 Nr. 57 RL 2014/65/EU), sog. **Drittlandfirmen**, sind definitionsgemäß keine Wertpapierfirmen im Sinne der MiFIR. Art. 1 VO Nr. 600/2014 erklärt Titel IV der Verordnung inklusive Art. 24 VO Nr. 600/2014 auch nicht explizit für diese Firmen für anwendbar. Gleichwohl sind diese Unternehmen nicht aus dem Fokus von Art. 24 VO Nr. 600/2014 auszublenden. Die in einem EU-Mitgliedstaat zugelassene Zweigniederlassung einer Drittlandfirma soll gem. Art. 41 Abs. 2 RL 2014/65/EU u.a. auch Art. 24 VO Nr. 600/2014 befolgen und der Beaufsichtigung durch die zuständige Behörde des Mitgliedstaats, in dem die Zulassung erteilt wurde, unterliegen[4].

WpHG und KWG nutzen den Begriff „Wertpapierfirma" nicht. Das WpHG definiert in § 2 Abs. 10 WpHG den Begriff des Wertpapierdienstleistungsunternehmens, in dem sich der EU-rechtliche Begriff abbildet[5]. **Wertpapierdienstleistungsunternehmen** sind inländische Kredit- und Finanzdienstleistungsinstitute, die Wertpapierdienstleistungen allein oder zusammen mit Wertpapiernebendienstleistungen gewerbsmäßig oder in einem Umfang erbringen, der einen in kaufmännischer Weise eingerichteten Geschäftsbetrieb erfordert. Darüber hinaus erfasst die Definition von Wertpapierdienstleistungsunternehmen nach § 53 Abs. 1 Satz 1 KWG tätige Unternehmen. Dies sind Unternehmen mit Sitz im Ausland, die eine Zweigstelle im Inland unterhalten. Soweit der deutsche Gesetzgeber den Börsenträgern das Recht zubilligt, MTF oder OTF (vgl. §§ 48 und 48b BörsG) zu betreiben, so gelten die Börsenträger nicht als Wertpapierdienstleistungsunternehmen (vgl. § 3 Abs. 1 Satz 1 Nr. 13 WpHG).

Die MiFIR äußert sich nicht konkret dazu, wie die **Überwachungsvorgänge** bei den zuständigen Behörden methodisch verlaufen sollen. Aus Art. 26 und 27 VO Nr. 600/2014 ergibt sich lediglich, dass die Behörden die Geschäftsmeldungen und die Referenzdaten verarbeiten und am Maßstab ehrlich, redlich, professionell und im Sinne der Integrität des Marktes handelnder Wertpapierfirmen messen sollen (vgl. Art. 26 Abs. 9 Unterabs. 1 lit. c und Art. 27 Abs. 2 VO Nr. 600/2014). In einigen Vorschriften der MiFIR, wie in Art. 16 oder 19 VO Nr. 600/2014 werden in der Aufgabenumschreibung für die Behördentätigkeit auch nur allgemeine Formulierungen für Prüfungs- oder Überwachungshandlungen benutzt. In den Erwägungsründen der DelVO 2017/589 und 2017/590 wird immer wieder auf die Aufdeckung möglichen Marktmissbrauchs verwiesen. Den Erwägungsgründen Nr. 3 und 4 DelVO 2017/580 lässt sich entnehmen, dass die zuständigen Behörden potentielle Fälle von Marktmissbrauch oder Versuche des Marktmissbrauchs wirkungsvoll aufdecken und untersuchen sollen. Dabei wird auch das Erkennen verdächtiger, auf einen möglichen Marktmissbrauch hindeutender Verhaltensmuster von Kunden durch die Behörden angesprochen. Daneben misst die MiFIR für die Überwachungsarbeit den Austausch von Informationen zwischen den zuständigen Behörden und der ESMA eine wichtige Bedeutung bei. Die konkreten Aufsichtsbefugnisse der zuständigen Behörde und daraus resultierende Arbeitsabläufe ergeben sich letztlich aber ganz überwiegend aus den von den nationalen Gesetzgebern erlassenen Vorschriften. Art. 69 RL 2014/65/EU gibt den Rechtssetzungsorganen der Mitgliedstaaten mit den Abs. 1 und 2 vor, mit welchen Kompetenzen die Behörden bei der Erfüllung der Aufgaben aus der MiFID II und der

---

1 S. auch Erwägungsgrund Nr. 123 RL 2014/65/EU.
2 Vgl. auch § 6 Abs. 2 Satz 1 WpHG i.V.m. § 1 Abs. 1 Nr. 8 lit. f WpHG.
3 S. auch BT-Drucks. 18/10936, 266.
4 S. hierzu *Köpfer*, S. 287, 309.
5 *Grundmann* in Staub, HGB, Bankvertragsrecht, 5. Aufl. 2018, 8. Teil, Rz. 87; *Klöhn* in Langenbucher, § 6 Rz. 176.

MiFIR auszustatten sind. In Deutschland sind die entsprechenden Aufsichtsbefugnisse für die Überwachung der MiFIR-Pflichten weitestgehend in § 6 WpHG[1] für die BaFin[2] und in § 3 BörsG für die Börsenaufsichtsbehörden verankert. Ebenso richtet sich der Austausch von Informationen zu Aufsichtszwecken, die bei unterschiedlichen Behörden (BaFin, Börsenaufsicht, Handelsüberwachungsstelle, EU- und ausländische Aufsicht) vorliegen, in vielfacher Hinsicht nach den Vorschriften des WpHG und des BörsG. Bei der Überwachungstätigkeit haben die deutschen Behörden auch die für sie einschlägigen Verwaltungsverfahrensgesetze zu beachten. Methoden der präventiven Rasterfahndung unter Nutzung personenbezogener Daten von Kunden, wie sie in Geschäftsmeldungen nach Art. 26 VO Nr. 600/2014 enthalten sind, dürften in diesem Rahmen grundsätzlich ausscheiden.

14 Kommt die nationale Behörde dem Überwachungsauftrag nicht nach, so kann die EU-Kommission auf der Grundlage von Art. 258 AEUV ein Vertragsverletzungsverfahren gegen den entsprechenden Mitgliedssaat einleiten, der die staatliche Behörde als zuständige Einheit benannt hat. Nicht eingehaltenes EU-Verordnungsrecht kann Gegenstand eines Verfahrens nach Art. 258 AEUV sein[3].

15 **3. Überwachung unter ESMA-Koordination gem. Art. 31 VO Nr. 1095/2010.** Art. 24 VO Nr. 600/2014 stellt klar, dass die Aufsicht der zuständigen Behörden unter der Koordinierung der ESMA gem. Art. 31 VO Nr. 1095/2010 erfolgt. Art. 24 VO Nr. 600/2014 stellt insofern gegenüber Art. 31 VO Nr. 1095/2010 **kein verdrängendes Spezialgesetz** dar und geht diesem Artikel auch nicht als jüngeres Recht vor. In der 2010 in Kraft getretenen ESMA-VO, heißt in Art. 31 Unterabs. 1 VO Nr. 1095/2010, dass die ESMA allgemein als Koordinatorin zwischen den zuständigen Behörden tätig wird, insbesondere in Fällen, in denen ungünstige Entwicklungen die geordnete Funktionsweise und die Integrität von Finanzmärkten oder die Stabilität des Finanzsystems in der Union gefährden könnten. Art. 31 Unterabs. 2 VO Nr. 1095/2010 benennt Beispiele, wie die ESMA ein abgestimmtes Vorgehen bei der Beaufsichtigung der Wertpapierfirmen fördern kann.

16 **4. Überwachung unbeschadet der Zuweisung der Zuständigkeiten für die Durchsetzung der VO Nr. 596/2014.** Soweit Art. 24 VO Nr. 600/2014 darauf abstellt, dass die Überwachungspflicht unbeschadet der Zuständigkeitszuweisung nach der VO Nr. 596/2014 (MAR) besteht, so bedeutet dies, dass Art. 24 VO Nr. 600/2014 neben die Zuständigkeits- und Befugnisregelungen der MAR tritt, die dort in Kapitel 4 (Art. 22 ff. VO Nr. 596/2014) niedergeschrieben sind. Beide Regelungskreise stehen damit in keinem Spezialitätsverhältnis zueinander. Auch geht die MiFIR-Regelung nicht etwa als jüngeres Recht den am 3.7.2016 in Kraft getretenen Art. 22 ff. VO Nr. 596/2014 vor.

17 **5. Zielrichtung der Überwachung.** Mit der behördlichen Überwachung soll sichergestellt werden, dass die Wertpapierfirmen redlich und professionell sowie in einer Weise handeln, die die Integrität des Marktes fördert. Aus der Formulierung, „um sicherzustellen", folgt, dass es sich nicht um eine Pflicht, sondern um ein durch die Überwachung des Transaktionsgeschehens zu erreichendes Ziel handelt. Bei der Ausübung der Aufsicht hat die zuständige Behörde daher darauf zu achten, dass die drei Verhaltensbeschreibungen bei jeder beaufsichtigten Firma bei Ausübung ihrer Geschäftstätigkeiten stets zusammen vorliegen. Ist dies nicht der Fall, so muss die Behörde im Rahmen der Befugnisse, die sich aus dem nationalen Recht ergeben, verhaltenssteuernd eingreifen, damit der zu erreichende Zustand hergestellt wird.

18 Legaldefinitionen für die drei Verhaltensanforderungen finden sich weder in der MiFIR noch in der MiFID II. Die Bewertung, ob ein Verhalten redlich bzw. professionell und der Integrität des Marktes zuträglich ist oder nicht, lässt sich jeweils nur im Zusammenhang der Erbringung eines konkreten Geschäftstypus und der für diesen geltenden Verpflichtungen vornehmen. Ganz allgemein lässt sich an dieser Stelle zu den Attributen des Handelns „**redlich**" und „**professionell**" ausführen, dass sie nicht lediglich als Synonyme für die Befolgung der bestehenden Gesetze angesehen werden können. Vielmehr soll verdeutlicht werden, dass in Fällen, in denen es ggf. keine klaren Regeln gibt, gemäß deutscher Lesart Grundsätze von Treu und Glauben (§ 242 BGB) zu beachten sind. Insgesamt ist eine europarechtlich einheitliche Auslegung unbestimmter Rechtsbegriffe grundsätzlich ein problematisches Unterfangen, weil das Finden äquivalenter Begrifflichkeiten für jede Sprachfassung einer Verordnung stets Schwierigkeiten bereiten wird.

19 Für die in der Überschrift und im Normtext von Art. 24 VO Nr. 600/2014 angesprochene **Marktintegrität** beginnt sich ein allgemeines europarechtliches Verständnis herauszubilden. Im Erwägungsgrund Nr. 2 der mit der MiFID II/MiFIR-Gesetzgebung verwobenen VO Nr. 596/2014 (MAR) heißt es z.B. wörtlich: „*Ein integrierter, effizienter und transparenter Finanzmarkt setzt Marktintegrität voraus. Das reibungslose Funktionieren der Wertpapiermärkte und das Vertrauen der Öffentlichkeit in die Märkte sind Voraussetzungen für Wirtschaftswachstum und Wohlstand. Marktmissbrauch verletzt die Integrität der Finanzmärkte und untergräbt das Vertrauen der Öffentlichkeit in Wertpapiere und Derivate*"[4]. Die beiden angesprochenen Aspekte „**reibungsloses Funktionieren der Märkte**" und „**Vertrauen der Öffentlichkeit in die Märkte**" können als die **Kernbestand-**

---

1 Auch §§ 88, 89 WpHG.
2 BT-Drucks. 18/10936, 225.
3 *Karpenstein* in Grabitz/Hilf/Nettesheim, Art. 258 AEUV Rz. 25. 61.
4 Ganz ähnlich auch Erwägungsgrund Nr. 1 RL 2014/57/EU (CSMAD).

teile der **Marktintegrität** angesehen werden. Ganz in diesem Sinne findet sich im „Glossary of useful terms linked to markets in financial instruments"[1] der EU-Kommission die Erklärung, dass Marktintegrität das faire und sichere Funktionieren von Märkten ist, ohne irreführende Informationen oder Insidergeschäfte, damit Anleger Vertrauen haben können. Im Kontext der behördlichen Überwachung bedeutet dies, die Wertpapierfirmen daraufhin zu überwachen, dass diese keine Handlungen vornehmen, die zu Funktionsstörungen und zum Vertrauensverlust bei den Anlegern führen. Sachverhalte, welche die EU-Rechtssetzung beispielhaft als Störungen der Marktintegrität ansieht, lassen sich für die MiFID II/MiFIR-Regulierung Art. 81 Abs. 1 i.V.m. Anhang III Abschnitt A DelVO 2017/565 (Aufzählungen marktstörenden Handelsbedingungen und Systemstörungen) und Art. 82 Abs. 1 i.V.m. Anhang III Abschnitt B DelVO 2017/565 (Anhaltspunkte für einen Verstoß gegen die Vorschriften der MAR) entnehmen. Diese Vorschriften beruhen auf Art. 31 RL 2014/65/EU, der im Abschnitt 3 der Richtlinie steht, der wiederum den Titel „Marktransparenz und -integrität" trägt.

Art. 25 Pflicht zum Führen von Aufzeichnungen

(1) Wertpapierfirmen halten die einschlägigen Daten über sämtliche Aufträge und sämtliche Geschäfte mit Finanzinstrumenten, die sie entweder für eigene Rechnung oder im Namen ihrer Kunden getätigt haben, fünf Jahre zur Verfügung der zuständigen Behörden. Im Fall von im Namen von Kunden ausgeführten Geschäften enthalten die Aufzeichnungen sämtliche Angaben zur Identität des Kunden sowie die gemäß der Richtlinie 2005/60/EG des Europäischen Parlaments und des Rates geforderten Angaben. Die ESMA kann nach dem Verfahren und unter den in Artikel 35 der Verordnung (EU) Nr. 1095/2010 festgelegten Bedingungen den Zugang zu diesen Informationen beantragen.

(2) Der Betreiber eines Handelsplatzes hält die einschlägigen Daten über sämtliche Aufträge für Finanzinstrumente, die über das jeweilige System mitgeteilt werden, mindestens fünf Jahre zur Verfügung der zuständigen Behörde. Die Aufzeichnungen enthalten die einschlägigen Daten, die die für den Auftrag charakteristischen Merkmale darstellen, darunter diejenigen, die einen Auftrag mit dem daraus resultierenden Geschäft bzw. den daraus resultierenden Geschäften verknüpfen und die/deren Einzelheiten gemäß Artikel 26 Absätze 1 und 3 übermittelt werden. Beim Zugang der zuständigen Behörden zu den nach diesem Absatz geforderten Informationen übernimmt die ESMA die Rolle des Vermittlers und Koordinators.

(3) Die ESMA arbeitet Entwürfe technischer Regulierungsstandards aus, mit denen die Einzelheiten der einschlägigen Auftragsdaten, die nach Absatz 2 aufbewahrt werden müssen und die nicht in Artikel 26 genannt sind, festgelegt werden.

Diese Entwürfe technischer Regulierungsstandards enthalten die Kennziffer des Mitglieds oder Teilnehmers, das bzw. der den Auftrag übermittelt hat, die Kennziffer des Auftrags sowie Datum und Uhrzeit seiner Übermittlung, die Auftragsmerkmale einschließlich der Art des Auftrags, gegebenenfalls des Limitpreises und der Gültigkeitsdauer, spezielle Anweisungen zum Auftrag, Einzelheiten zu Änderungen, Stornierung, der teilweisen oder vollständigen Ausführung des Auftrags und Angaben zum Handeln auf eigene oder fremde Rechnung.

Die ESMA legt der Kommission diese Entwürfe technischer Regulierungsstandards bis zum 3. Juli 2015 vor.

Der Kommission wird die Befugnis übertragen, die technischen Regulierungsstandards im Sinne von Unterabsatz 1 gemäß dem in den Artikeln 10 bis 14 der Verordnung (EU) Nr. 1095/2010 festgelegten Verfahren zu erlassen.

In der Fassung vom 15.5.2014 (ABl. EU Nr. L 173 v. 12.6.2014, S. 84).

> Delegierte Verordnung (EU) 2017/580 der Kommission vom 24. Juni 2016
> zur Ergänzung der Verordnung (EU) Nr. 600/2014 des Europäischen Parlaments und des Rates durch technische Regulierungsstandards für die Aufzeichnung einschlägiger Daten über Aufträge für Finanzinstrumente

Art. 1 Umfang, Standards und Format der einschlägigen Auftragsdaten

(1) Betreiber von Handelsplätzen halten für sämtliche Aufträge, die über ihre Systeme mitgeteilt werden, die in den Artikeln 2 bis 13 genannten Einzelheiten gemäß den Vorgaben in der zweiten und dritten Spalte von Tabelle 2 des Anhangs zur Verfügung der zuständigen Behörden, sofern diese Daten den jeweils aufgeführten Auftrag betreffen.

(2) Wenn zuständige Behörden gemäß Artikel 25 Absatz 2 der Verordnung (EU) Nr. 600/2014 die in Absatz 1 genannten Einzelheiten anfordern, übermitteln Betreiber von Handelsplätzen diese Daten unter Verwendung der Standards und Formate, die in der vierten Spalte von Tabelle 2 des Anhangs der vorliegenden Verordnung vorgegeben sind.

In der Fassung vom 24.6.2016 (ABl. EU Nr. L 87 v. 31.3.2017, S. 193).

---

1 Abgerufen unter http://ec.europa.eu (Stand: 24.6.2018).

Art. 2 Identifizierung der einschlägigen Parteien

(1) Betreiber von Handelsplätzen bewahren zu allen Aufträgen Aufzeichnungen auf, aus denen Folgendes hervorgeht:
a) das Mitglied oder der Teilnehmer des Handelsplatzes, der den Auftrag am Handelsplatz eingereicht hat, wie in Feld 1 von Tabelle 2 des Anhangs vorgegeben;
b) der Mitarbeiter oder Computeralgorithmus bei dem Mitglied oder Teilnehmer des Handelsplatzes, bei dem der Auftrag eingereicht wird, der für die Anlageentscheidung in Bezug auf diesen Auftrag verantwortlich ist, wie in Feld 4 von Tabelle 2 des Anhangs vorgegeben;
c) der Mitarbeiter oder Computeralgorithmus bei dem Mitglied oder Teilnehmer des Handelsplatzes, der für die Ausführung des Auftrags verantwortlich ist, wie in Feld 5 von Tabelle 2 des Anhangs vorgegeben;
d) das Mitglied oder der Teilnehmer des Handelsplatzes, der den Auftrag im Auftrag und im Namen eines anderen Mitglieds oder Teilnehmers des Handelsplatzes weitergeleitet hat, anzugeben als nicht ausführender Makler, wie in Feld 6 von Tabelle 2 des Anhangs vorgegeben;
e) der Kunde, in dessen Auftrag das Mitglied oder der Teilnehmer des Handelsplatzes den Auftrag beim Handelsplatz eingereicht hat, wie in Feld 3 von Tabelle 2 des Anhangs vorgegeben.

(2) Wenn ein Mitglied oder Teilnehmer oder Kunde des Handelsplatzes nach der Gesetzgebung eines Mitgliedstaats berechtigt ist, einen Auftrag nach Eingang beim Handelsplatz einem Kunden zuzuweisen, dies aber zum Zeitpunkt des Eingangs noch nicht getan hat, ist der Auftrag so zu kennzeichnen, wie in Feld 3 von Tabelle 2 des Anhangs vorgegeben.

(3) Wenn mehrere Aufträge als Sammelauftrag beim Handelsplatz eingereicht werden, ist der Sammelauftrag so zu kennzeichnen, wie in Feld 3 von Tabelle 2 des Anhangs vorgegeben.

In der Fassung vom 24.6.2016 (ABl. EU Nr. L 87 v. 31.3.2017, S. 193).

Art. 3 Handelsbezogene Funktion der Mitglieder oder Teilnehmer des Handelsplatzes und Liquiditätszufuhr

(1) Die handelsbezogene Funktion, in der ein Mitglied oder Teilnehmer des Handelsplatzes einen Auftrag einreicht, ist so zu kennzeichnen, wie in Feld 7 von Tabelle 2 des Anhangs vorgegeben.

(2) Folgende Aufträge sind so zu kennzeichnen, wie in Feld 8 von Tabelle 2 des Anhangs vorgegeben:
a) Aufträge, die im Rahmen einer Market-Making-Strategie im Sinne der Artikel 17 und 48 der Richtlinie 2014/65/EU des Europäischen Parlaments und des Rates von einem Mitglied oder Teilnehmer beim Handelsplatz eingereicht wurden;
b) Aufträge, die im Rahmen einer sonstigen Liquiditätsversorgungsmaßnahme von einem Mitglied oder Teilnehmer auf der Grundlage von Bedingungen beim Handelsplatz eingereicht wurden, die entweder vom Emittenten des Instruments, das Gegenstand des Auftrags ist, oder vom betreffenden Handelsplatz vorab festgelegt wurden.

In der Fassung vom 24.6.2016 (ABl. EU Nr. L 87 v. 31.3.2017, S. 193).

Art. 4 Aufzeichnung von Datum und Uhrzeit

(1) Betreiber von Handelsplätzen zeichnen für alle Ereignisse, die in Feld 21 von Tabelle 2 des Anhangs der vorliegenden Verordnung aufgeführt sind, das Datum und die Uhrzeit auf und beachten dabei den Grad an Genauigkeit gemäß Artikel 2 der Delegierten Verordnung (EU) 2017/574 der Kommission, wie in Feld 9 von Tabelle 2 des Anhangs vorgegeben. Mit Ausnahme der Aufzeichnung von Datum und Uhrzeit der Zurückweisung von Aufträgen durch die Systeme der Handelsplätze sind alle Ereignisse, die in Feld 21 von Tabelle 2 des Anhangs der vorliegenden Verordnung aufgeführt werden, anhand der von den Matching-Engines der Handelsplätze im Geschäftsverkehr verwendeten Uhren aufzuzeichnen.

(2) Betreiber von Handelsplätzen zeichnen für alle Datenelemente, die in den Feldern 49, 50 und 51 von Tabelle 2 des Anhangs aufgeführt sind, Datum und Uhrzeit auf und beachten dabei den Grad an Genauigkeit gemäß Artikel 2 der Delegierten Verordnung (EU) 2017/574.

In der Fassung vom 24.6.2016 (ABl. EU Nr. L 87 v. 31.3.2017, S. 193).

Art. 5 Gültigkeitsdauer und Auftragsbeschränkungen

(1) Betreiber von Handelsplätzen führen Aufzeichnungen über die Gültigkeitsdauern und Auftragsbeschränkungen, die in den Feldern 10 und 11 von Tabelle 2 des Anhangs aufgeführt sind.

(2) Das Datum und die Uhrzeit jeder Gültigkeitsdauer ist so anzugeben, wie in Feld 12 von Tabelle 2 des Anhangs vorgegeben.

In der Fassung vom 24.6.2016 (ABl. EU Nr. L 87 v. 31.3.2017, S. 193).

Art. 6 Priorität und laufende Nummer

(1) Betreiber von Handelsplätzen, deren Handelssysteme auf dem Prinzip der Preis-Sichtbarkeit-Zeit-Priorität beruhen, zeichnen für alle Aufträge den zur Priorisierung vergebenen Zeitstempel auf, wie in Feld 13 von Tabelle 2 des Anhangs vorgegeben. Für diesen Zeitstempel gilt gleichermaßen der in Artikel 4 Absatz 1 festgelegte Grad an Genauigkeit.

(2) Zusätzlich zu dem in Absatz 1 genannten zur Priorisierung verwendeten Zeitstempel zeichnen Betreiber von Handelsplätzen, deren Handelssysteme auf dem Prinzip der Volumen-Zeit-Priorität beruhen, die zur Priorisierung der Aufträge verwendeten Volumina auf, wie in Feld 14 von Tabelle 2 des Anhangs vorgegeben.

(3) Für Betreiber von Handelsplätzen, deren Handelssysteme auf einer Kombination von Preis-Sichtbarkeit-Zeit-Priorität und Volumen-Zeit-Priorität beruhen und die Aufträge im Orderbuch nach Zeit-Priorität anzeigen, kommt Absatz 1 zur Anwendung.

(4) Für Betreiber von Handelsplätzen, deren Handelssysteme auf einer Kombination von Preis-Sichtbarkeit-Zeit-Priorität und Volumen-Zeit-Priorität beruhen und die Aufträge im Orderbuch nach Volumen-Priorität anzeigen, kommt Absatz 2 zur Anwendung.

(5) Betreiber von Handelsplätzen weisen allen Ereignissen eine laufende Nummer zu und zeichnen diese so auf, wie in Feld 15 von Tabelle 2 des Anhangs vorgegeben.

In der Fassung vom 24.6.2016 (ABl. EU Nr. L 87 v. 31.3.2017, S. 193).

Art. 7 Identifikationscodes für Aufträge für Finanzinstrumente

(1) Betreiber von Handelsplätzen vergeben für jeden Auftrag einen individuellen Identifikationscode, wie in Feld 20 von Tabelle 2 des Anhangs vorgegeben. Dieser Identifikationscode muss pro Orderbuch, pro Handelstag und pro Finanzinstrument eindeutig sein. Er gilt vom Zeitpunkt des Auftragseingangs beim Betreiber des Handelsplatzes bis zur Entfernung des Auftrags aus dem Orderbuch. Der Identifikationscode ist unabhängig vom Grund für die Zurückweisung auch für zurückgewiesene Aufträge zu vergeben.

(2) Der Betreiber des Handelsplatzes bewahrt die einschlägigen Daten über öffentlich bekanntgegebene Strategieorder mit „Implied"-Funktionalität (SOIF) auf, wie im Anhang vorgegeben. In Feld 33 von Tabelle 2 des Anhangs ist anzugeben, ob es sich um einen impliziten Auftrag handelt.

Nach Ausführung eines SOIF hat der Betreiber des Handelsplatzes Aufzeichnungen über die Einzelheiten aufzubewahren, wie im Anhang vorgegeben.

Nach Ausführung eines SOIF ist ein Identifikationscode für die Strategieorder anzugeben, so dass alle mit der betreffenden Strategie verbundenen Aufträge durch denselben Identifikationscode gekennzeichnet werden. Der Identifikationscode für die Strategieorder ist so anzugeben, wie in Feld 46 von Tabelle 2 des Anhangs vorgegeben.

(3) Bei einem Handelsplatz eingereichte Aufträge, für die eine Weiterleitungsstrategie zulässig ist, werden von dem betreffenden Handelsplatz im Falle einer Weiterleitung an einen anderen Handelsplatz als „weitergeleitet" gekennzeichnet, wie in Feld 33 von Tabelle 2 des Anhangs vorgegeben. Bei einem Handelsplatz eingereichte Aufträge, für die eine Weiterleitungsstrategie zulässig ist, behalten unabhängig davon, ob eine Restmenge erneut im Ordereingangsbuch verzeichnet wird, stets den gleichen Identifikationscode bei.

In der Fassung vom 24.6.2016 (ABl. EU Nr. L 87 v. 31.3.2017, S. 193).

Art. 8 Ereignisse mit Auswirkungen auf Aufträge für Finanzinstrumente

Betreiber von Handelsplätzen führen in Bezug auf neue Aufträge Aufzeichnungen über die in Feld 21 von Tabelle 2 des Anhangs aufgeführten Einzelheiten.

In der Fassung vom 24.6.2016 (ABl. EU Nr. L 87 v. 31.3.2017, S. 193).

Art. 9 Art des Auftrags für Finanzinstrumente

(1) Betreiber von Handelsplätzen führen unter Verwendung ihres eigenen Klassifikationssystems Aufzeichnungen über die Art jedes eingegangenen Auftrags, wie in Feld 22 von Tabelle 2 des Anhangs vorgegeben.

(2) Betreiber von Handelsplätzen stufen jeden eingegangenen Auftrag als Limit-Order oder als Stop-Order ein, wie in Feld 23 von Tabelle 2 des Anhangs vorgegeben.

In der Fassung vom 24.6.2016 (ABl. EU Nr. L 87 v. 31.3.2017, S. 193).

Art. 10 Preise mit Bezug auf Aufträge

Betreiber von Handelsplätzen führen Aufzeichnungen über alle in Abschnitt 1 von Tabelle 2 des Anhangs genannten Preisangaben, sofern sie für die Aufträge relevant sind.

In der Fassung vom 24.6.2016 (ABl. EU Nr. L 87 v. 31.3.2017, S. 193).

Art. 11 Auftragsanweisungen

Betreiber von Handelsplätzen führen Aufzeichnungen über sämtliche für jeden Auftrag eingegangenen Anweisungen, wie in Abschnitt J von Tabelle 2 des Anhangs vorgegeben.

In der Fassung vom 24.6.2016 (ABl. EU Nr. L 87 v. 31.3.2017, S. 193).

Art. 12 Vom Handelsplatz vergebener Transaktionsidentifikationscode

Betreiber von Handelsplätzen kennzeichnen jedes Geschäft, das auf die vollständige oder teilweise Ausführung eines Auftrags zurückgeht, mit einem individuellen Transaktionsidentifikationscode, wie in Feld 48 von Tabelle 2 des Anhangs vorgegeben.

In der Fassung vom 24.6.2016 (ABl. EU Nr. L 87 v. 31.3.2017, S. 193).

Art. 13 Handelsphasen und indikativer Auktionspreis sowie indikatives Auktionsvolumen

(1) Betreiber von Handelsplätzen führen Aufzeichnungen über die Auftragsdaten, wie in Abschnitt K von Tabelle 2 des Anhangs vorgegeben.

(2) Wenn die zuständigen Behörden gemäß Artikel 1 die in Abschnitt K aufgeführten Angaben anfordern, gelten auch die in Feld 9 und die in den Feldern 15 bis 18 von Tabelle 2 des Anhangs aufgeführten Angaben als relevant für den Auftrag, auf den sich die Anforderung bezieht.

In der Fassung vom 24.6.2016 (ABl. EU Nr. L 87 v. 31.3.2017, S. 193).

Art. 14 Inkrafttreten und Anwendung

Diese Verordnung tritt am zwanzigsten Tag nach ihrer Veröffentlichung im *Amtsblatt der Europäischen Union* in Kraft.
Sie gilt ab dem in Artikel 55 Absatz 2 der Verordnung (EU) Nr. 600/2014 genannten Datum.

In der Fassung vom 24.6.2016 (ABl. EU Nr. L 87 v. 31.3.2017, S. 193).

Anhang

(nicht abgedruckt)

Schrifttum: *Köpfer,* Anwendung und Auswirkung des europäischen Kapitalmarktrechts auf Akteure aus Drittstaaten – Eine Analyse auf Basis der Umsetzung ins deutsche Recht und der Auswirkungen auf die Schweiz, 2015; *Langenbucher,* Europäisches Privat- und Wirtschaftsrecht, 4. Aufl. 2017; *Lutter/Bayer/J. Schmidt,* Europäisches Unternehmens- und Kapitalmarktrecht, 6. Aufl. 2017; *K. Schmidt* (Hrsg.), Münchener Kommentar zum HGB, Band 6, 3. Aufl. 2014.

I. Regelungsgegenstand und systematische Stellung der Vorschrift 1	2. Pflicht der Handelsplatzbetreiber (Art. 25 Abs. 2 Satz 1 und Satz 2 VO Nr. 600/2014) 23
II. Einzelheiten zur Aufzeichnungs- und Aufbewahrungspflicht 11	a) Handelsplatzbetreiber als Verpflichtete 23
1. Pflicht der Wertpapierfirmen (Art. 25 Abs. 1 Satz 1 und 2 VO Nr. 600/2014) 11	b) Art und Weise der Datenaufzeichnung und Datenaufbewahrung 26
a) Wertpapierfirmen als Verpflichtete 11	c) Aufzuzeichnende und aufzubewahrende Daten 28
b) Art und Weise der Datenaufzeichnung und Datenaufbewahrung 13a	3. Aufbewahrungsdauer 31
c) Aufzuzeichnende und aufzubewahrende Daten 17	4. Zugang zu den Daten 33
	a) Zugang der zuständigen Behörde 33
	b) Zugang durch die ESMA (Art. 25 Abs. 1 Satz 3 VO Nr. 600/2014) 38

1 **I. Regelungsgegenstand und systematische Stellung der Vorschrift.** Art. 25 VO Nr. 600/2014 (MiFIR) steht unter der Überschrift „Pflicht zum Führen von Aufzeichnungen" als zweite Norm im „Titel VI Meldung von Geschäften" der MiFIR und spricht in Abs. 1 Wertpapierfirmen und in Abs. 2 Betreiber von Handelssystemen als Verpflichtete an. Die Vorschrift eröffnet in Abs. 1 Satz 1 nicht mit einer klar formulierten Aufzeichnungsflicht für Wertpapierfirmen, sondern stellt eine **Aufbewahrungspflicht für aufgezeichnete Daten über Aufträge und Geschäfte mit Finanzinstrumenten** an den Anfang der Norm. Für die Dauer von fünf Jahren müssen Wertpapierfirmen entsprechende Daten für die zuständigen Behörden zur Verfügung halten. Erst Art. 25 Abs. 1 Satz 2 VO Nr. 600/2014 widmet sich dem konkret aufzuzeichnenden Inhalt und adressiert damit in der Norm die bestehende Pflicht zur Führung von Aufzeichnungen. Art. 25 Abs. 2 Satz 1 VO Nr. 600/2014 weist eine ähnliche Struktur wie Abs. 1 Satz 1 auf. Er verlangt von Handelsplatzbetreibern die einschlägigen Daten sämtlicher Aufträge, die über ihre jeweiligen Handelssysteme mitgeteilt worden sind, über einen Zeitraum von fünf Jahren für die zuständigen Behörden bereitzuhalten. Art. 25 Abs. 2 Satz 2 VO Nr. 600/2014 spricht Aspekte des Aufzeichnungsinhalts an und geht damit ebenfalls vom Bestehen einer der Norm innewohnenden Aufzeichnungspflicht aus. Der genaue inhaltliche Umfang der Aufzeichnungspflicht für Wertpapierfirmen definiert sich aus dem Zusammenspiel von Art. 25 Abs. 1 VO Nr. 600/2014 mit Art. 26 VO Nr. 600/2014. Grundsätzlich muss alles das, was nach Art. 26 VO Nr. 600/2014 und nach der DelVO 2017/590 der Behörde zu melden ist, auch für die Zwecke von Art. 25 Abs. 1 VO Nr. 600/2014 erfasst werden. Für den Inhalt der Aufzeichnungspflicht von Handelsplatzbetreibern ergibt sich aus Art. 25 Abs. 2 Satz 2 VO Nr. 600/2014 ausdrücklich, dass die gem. Art. 26 Abs. 1 und 3 VO Nr. 600/2014 von den Wertpapierfirmen an die Behörde zu übermittelnden Informationen zu den relevanten Daten gehören. Art. 25 Abs. 3 VO Nr. 600/2014 erteilt den Auftrag zum Erlass einer delegierten Verordnung hinsichtlich der von Handelsplatzbetreibern aufzuzeichnenden und aufzubewahrenden Auftragsdaten, soweit sich die Angaben nicht aus Art. 26 VO Nr. 600/2014 ergeben.

2 Das Regelungsgefüge der Aufzeichnungs- und Aufbewahrungspflichten für Wertpapierfirmen, in das sich Art. 25 Abs. 1 VO Nr. 600/2014 einordnet, ist insgesamt nicht sonderlich übersichtlich ausgestaltet. Betrachtet man **Art. 16 Abs. 6 RL 2014/65/EU** als Ausgangspunkt der EU-Vorschriften zur Dokumentation von Geschäftsvorfällen durch Wertpapierfirmen, so ist zu verzeichnen, dass sich dieser Artikel zunächst an die Mitgliedstaaten wendet. Die Wertpapierfirmen sind danach zu verpflichten, Aufzeichnungen über alle ihre Dienstleistungen, Tätigkeiten und Geschäfte zu führen. Diese müssen ausreichen, um der zuständigen Behörde zu ermöglichen, ihrer Aufsichtspflicht nachzukommen und die in MiFID II, MiFIR, MAR und CSMAD vorgesehenen Durchsetzungsmaßnahmen zu ergreifen und sich vor allem zu vergewissern, dass die Wertpapierfirmen sämtli-

chen Verpflichtungen, einschließlich denen gegenüber den Kunden oder potentiellen Kunden und im Hinblick auf die Integrität des Marktes, nachgekommen sind.

Allerdings hat die EU-Kommission auch von der in Art. 16 Abs. 12 RL 2014/65/EU vorgesehenen Befugnis zum Erlass von präzisierenden Regelungen zu Art. 16 Abs. 6 RL 2014/65/EU im Wege einer delegierten Verordnung Gebrauch gemacht. Neben die jeweilige mitgliedstaatliche Regelung zur Umsetzung von Art. 16 Abs. 6 RL 2014/65/EU treten in Bezug auf die Aufzeichnungs- und Aufbewahrungspflichten von Geschäften mit Finanzinstrumenten die Regelungen des „Abschnitt 8 Aufzeichnungen" (Art. 72 ff.) DelVO 2017/565. Art. 72 Abs. 2 Unterabs. 1 DelVO 2017/565 spricht davon, dass die Wertpapierfirmen zumindest die in Anhang I zu dieser Verordnung aufgeführten Aufzeichnungen führen müssen. Anhang I adressiert unter der Rubrik „Kundenaufträge und -geschäfte" zum einen die „Aufzeichnung von Kundenaufträgen oder Handelsentscheidungen" und zum anderen die „Aufzeichnung von Geschäften und Auftragsabwicklung". Hinsichtlich des Inhalts verweist die Rubrik auf die **Art. 74 und 75 DelVO 2017/565**[1], bezüglich des rechtlichen Bezugs zudem auch auf Art. 16 Abs. 6 RL 2014/65/EU. Art. 74 und 75 DelVO 2017/565[2] verpflichten die Wertpapierfirmen, alle Kundenaufträge oder alle Handelsentscheidungen, die im Rahmen von Finanzportfolioverwaltungen getroffen werden, detailliert zu dokumentieren (u.a. Name des Kunden; Identifikation des Instruments, Preis, Art des Auftrags, Gültigkeitszeitraum, Datum und Uhrzeit des Auftragseingangs bzw. wann die Handelsentscheidung getroffen wurde, einschließlich darauffolgender Bearbeitungsschritte oder inhaltlicher Veränderungen, die während des Bestehens einer Order bis zum Geschäftsabschluss oder ihrer Rücknahme vorgenommen werden). Art. 74 und 75 DelVO 2017/565 bestimmen zudem, dass die aufzuzeichnenden Daten, sofern diese auch für die Zwecke von Art. 25 und 26 VO Nr. 600/2014 festzuhalten sind, einheitlich und gemäß denselben Standards geführt werden sollen, die auch laut den Art. 25 und 26 VO Nr. 600/2014 vorgesehenen sind. Dies spricht für ein gewisses Primat der Aufzeichnungspflichten der MiFIR gegenüber denen der DelVO 2017/565. Art. 72 Abs. 1 DelVO 2017/565 enthält schließlich nähere Ausführungen zur Aufbewahrung von Aufzeichnungen. Die Aufzeichnungen sind auf einem Datenträger aufzubewahren, auf dem sie so gespeichert werden können, dass sie der zuständigen Behörde auch in Zukunft zugänglich gemacht werden können. Die zuständige Behörde muss problemlos auf die Aufzeichnungen zugreifen und jede maßgebliche Stufe der Bearbeitung jedes einzelnen Geschäfts rekonstruieren können. Soweit Art. 72 Abs. 3 Unterabs. 2 DelVO 2017/565 ausführt, dass die zuständigen Behörden die Wertpapierfirmen dazu auffordern können, neben dem in Anhang I zu dieser Verordnung aufgeführten Verzeichnis noch weitere Aufzeichnungen zu führen, dürfte dies immer nur im Zusammenhang mit einer nationalen Ermächtigungsnorm zulässig sein. Art. 16 Abs. 12 RL 2014/65/EU billigt der delegierten Verordnung nur das Recht zu, die konkreten organisatorischen Anforderungen zu präzisieren, nicht aber zur Aufstellung eines allgemeinen Behördenrechts, nach Belieben weitere Angaben fordern zu können. Eine weitere unionsrechtliche Aufzeichnungspflicht ergibt sich schließlich noch aus Art. 21 Abs. 1 Unterabs. 1 lit. f DelVO 2017/565. Mit dieser Vorschrift im Bereich der Organisationspflichten für Wertpapierfirmen werden allgemein angemessene und systematische Aufzeichnungen über die Geschäftstätigkeit gefordert.

Neben den auf der Grundlage von Art. 25 Abs. 3 und Art. 26 Abs. 9 VO Nr. 600/2014 erlassenen delegierten Verordnungen 2017/580 und 2017/590, die sich mit den inhaltlichen Details der aufzuzeichnenden Daten befassen, hat die ESMA am 10.10.2016 Guidelines Transaction reporting, order record keeping and clock synchronisation under MiFID II, die am 7.8.2017 korrigiert worden sind, veröffentlicht. Seit dem 2.10.2017 liegen die **ESMA-Leitlinien über die Meldung von Geschäften, Aufzeichnung von Auftragsdaten** und Synchronisierung der Uhren nach MiFID II auch in deutscher Sprache vor. Die BaFin hat per Veröffentlichung auf ihrer Internetseite am 21.11.2017 bekanntgegeben, dass sie die Leitlinien in ihrer Aufsichtspraxis anwendet. Auch die Börsenaufsichtsbehörden übernehmen diese für ihre Tätigkeit. Die Leitlinien der ESMA, die aufsichtliche Konvergenz bezwecken, enthalten auf ca. 300 Seiten Konkretisierungen in Bezug auf die Übermittlung von Geschäftsmeldungen gem. Art. 26 VO Nr. 600/2014 und die Aufzeichnung von Auftragsdaten gem. Art. 25 VO Nr. 600/2014.

Findet vor einer Ordergenerierung telefonische oder elektronische Kommunikation mit Kunden statt, so ist auch diese Kommunikation durch die Wertpapierfirma aufzuzeichnen und aufzubewahren; vgl. Art. 76 Abs. 9 DelVO 2017/565 i.V.m. Art. 16 Abs. 7 RL 2014/65/EU.

Art. 16 Abs. 6 RL 2014/65/EU ist im deutschen Recht in weiten Teilen in **§ 83 Abs. 1 WpHG** umgesetzt[3]. Ein Wertpapierdienstleistungsunternehmen muss danach über die von ihm erbrachten Wertpapierdienstleistungen und Wertpapiernebendienstleistungen sowie die von ihm getätigten Geschäfte Aufzeichnungen erstellen, die es der BaFin ermöglichen, die Einhaltung der im 11. Abschnitt des WpHG, in der MiFIR und der MAR geregelten Pflichten zu prüfen und durchzusetzen. § 83 Abs. 1 WpHG spricht die gesetzgeberische Verwandtschaft mit Art. 74 und 75 DelVO 2017/565 ausdrücklich an. Die WpHG-Pflicht soll unbeschadet der Aufzeichnungs-

---

1 Anm.: Soweit dort die Art. 69 und 70 angesprochen werden, handelt es sich um ein Redaktionsversehen.
2 Die Vorgängernormen unter dem Rechtsregime der RL 2004/39/EG waren Art. 7 und 8 VO Nr. 1287/2006. Instruktiv zur Fortentwicklung des Regelungskonzepts ESMA Final Report Technical Advice to the Commission on MiFID II and MiFIR v. 19.12.2014, S. 22 ff.
3 BT-Drucks. 18/10936, 244.

Art. 25 VO Nr. 600/2014 | Pflicht zum Führen von Aufzeichnungen

pflichten nach diesen Artikeln bestehen. Art. 16 Abs. 7 RL 2014/65/EU, der die Aufzeichnungs- und Aufbewahrungspflicht für telefonische und elektronische Kommunikation regelt, die im Vorfeld von etwaigen Ordererteilungen beim Handel für eigene Rechnung bzw. im Kundengeschäft stattfindet, ist in § 83 Abs. 3 WpHG umgesetzt. Ergänzungen zum deutschen Regelungskomplex finden sich in § 9 WpDVerOV mit der amtlichen Überschrift „Aufzeichnungs- und Aufbewahrungspflichten". In § 9 Abs. 2 WpDVerOV heißt es, dass die Aufzeichnungen gem. § 83 WpHG in der Weise auf einem dauerhaften Datenträger vorzuhalten sind, dass die BaFin innerhalb der Aufbewahrungsfrist jederzeit leicht darauf zugreifen und jede wesentliche Phase der Bearbeitung sämtlicher Geschäfte rekonstruieren kann. § 9 Abs. 4 Satz 1 WpDVerOV ordnet, soweit nicht bereits im WpHG geregelt, an, dass die Aufzeichnungen eines Wertpapierdienstleistungsunternehmens, die es u.a. auf Grund der WpDVerOV, des Abschnitts 11 des WpHG sowie auf Grund Art. 72–76 DelVO 2017/565 erstellt hat, ab dem Zeitpunkt ihrer Erstellung fünf Jahre lang aufbewahren muss.

7   Gem. § 120 Abs. 9 Nr. 17 WpHG ist ein vorsätzlicher oder leichtfertiger **Verstoß gegen die aus Art. 25 Abs. 1 Satz 1 VO Nr. 600/2014** folgenden Plichten, Daten aufzuzeichnen und diese für die Behörde bereit zu halten, **bußgeldbewehrt**. Über 120 Abs. 8 Nr. 123 WpHG werden auch Verstöße gegen die Aufzeichnungspflichten nach § 83 Abs. 1 WpHG sowie nach Art. 72, 74 und 75 DelVO 2017/565 als Ordnungswidrigkeiten ausgewiesen. Vorgenommene Sanktionen werden von der BaFin gem. § 126 Abs. 1 Satz 1 WpHG öffentlich bekannt gegeben.

8   Eine Art. 16 Abs. 6 RL 2014/65/EU entsprechende Norm für die Betreiber von Handelsplätzen existiert nicht. Dies hängt damit zusammen, dass die Aufzeichnungspflichten für die Tätigkeit „Betrieb eines MTF" bzw. „Betrieb eines OTF" bereits in Art. 16 Abs. 6 RL 2014/65/EU mit angelegt sind. Die Betreiber dieser Handelssysteme sind Wertpapierfirmen i.S.v. Art. 4 Abs. 1 Nr. 1 RL 2014/65/EU. Art. 25 Abs. 2 VO Nr. 600/2014 ist insofern die zentrale europarechtliche Einstiegsnorm, die dann insbesondere mit der DelVO 2017/580 weiter vervollständigt wird.

9   Im vom deutschen Gesetzgeber erlassenen Recht finden sich, abgesehen von Bußgeldnormen, zwei Vorschriften, die auf Art. 25 Abs. 2 VO Nr. 600/2014 verweisen. Dies sind **§ 7 Abs. 1 Satz 4 BörsG und § 26g BörsG**. Die erste Vorschrift bezieht die Daten aus Art. 25 Abs. 2 VO Nr. 600/2014 in den Pflichtenkanon der Handelsüberwachungsstellen mit ein, handelsrelevante Daten systematisch und lückenlos zu erfassen, auszuwerten sowie notwendige Ermittlungen durchzuführen. Die zweite Vorschrift gibt der Geschäftsführung von Börsen die Befugnis, von den Handelsteilnehmern mittels Verwaltungsakt die Übermittlung von Daten in Bezug auf deren Finanzinstrumente zu verlangen, soweit dies zur Erfüllung der Anforderungen aus Art. 25 Abs. 2 VO Nr. 600/2014 erforderlich ist.

10   Ein MTF- oder OTF-Betreiber, der den Status eines Wertpapierdienstleistungsinstitut inne hat, kann gem. § 120 Abs. 9 Nr. 4 lit. f WpHG mit **Geldbuße** belegt werden, wenn er entgegen Art. 25 Abs. 2 Satz 1 VO Nr. 600/2014 die betreffenden Daten eines Auftrags nicht, nicht richtig, nicht vollständig oder nicht in der vorgeschriebenen Weise aufzeichnet oder die aufgezeichneten Daten nicht für mindestens fünf Jahre für die zuständigen Behörde zur Verfügung hält. Das BörsG hält für einen Börsenträger, der ein MTF oder ein OTF unter dem Dach der Börse betreibt, mit § 50 Abs. 5 Nr. 3 lit. g BörsG ebenfalls einen Bußgeldtatbestand vor, nämlich für den Fall, dass entgegen Art. 25 Abs. 2 VO Nr. 600/2014 die einschlägigen Daten eines Auftrags nicht für mindestens fünf Jahre zur Verfügung gehalten werden. Schließlich können auch die Handelsteilnehmer gem. § 50 Abs. 2 Nr. 23 BörsG mit einem Bußgeld belegt werden, die dem Börsengeschäftsführer nicht die gem. § 26g BörsG angeforderten Daten nach Art. 25 Abs. 2 VO Nr. 600/2014 bereitstellen. Vorgenommene Sanktionen werden von der Bußgeldbehörde (BaFin bzw. Börsenaufsichtsbehörde) gem. § 126 Abs. 1 Satz 1 Nr. 3 WpHG bzw. § 50a BörsG öffentlich bekannt gemacht.

11   **II. Einzelheiten zur Aufzeichnungs- und Aufbewahrungspflicht. 1. Pflicht der Wertpapierfirmen (Art. 25 Abs. 1 Satz 1 und 2 VO Nr. 600/2014). a) Wertpapierfirmen als Verpflichtete.** Die Aufzeichnungs- und Aufbewahrungspflicht nach Art. 25 Abs. 1 VO Nr. 600/2014 trifft Wertpapierfirmen. Gem. Art. 2 Abs. 1 Nr. 1 VO Nr. 600/2014 ist für die Definition der Wertpapierfirma die Beschreibung in **Art. 4 Abs. 1 Nr. 1 RL 2014/65/EU maßgeblich.** In diesem Artikel heißt es, dass eine Wertpapierfirma jede juristische Person ist, die im Rahmen ihrer üblichen beruflichen oder gewerblichen Tätigkeit gewerbsmäßig eine oder mehrere Wertpapierdienstleistungen für Dritte erbringt und/oder eine oder mehrere Anlagetätigkeiten ausübt. Die Mitgliedstaaten können als Wertpapierfirma auch Unternehmen, die keine juristischen Personen sind, definieren, sofern Anforderungen nach Art. 4 Abs. 1 Nr. 1 Unterabs. 2 und 3 RL 2014/65/EU berücksichtigt werden. Zweigniederlassungen sind keine Wertpapierfirmen, sondern stets nur Bestandteil dieser. Die Bestimmung, welche Tätigkeiten Wertpapierdienstleistungen und Anlagetätigkeiten darstellen, erfolgt nach Art. 2 Abs. 1 Nr. 2 VO Nr. 600/2014 i.V.m. Art. 4 Abs. 1 Nr. 2 RL 2014/65/EU anhand der in Anhang I Abschnitt A RL 2014/65/EU genannten Dienstleistungen und Tätigkeiten, die sich auf eines der in Anhang I Abschnitt C RL 2014/65/EU genannten Instrumente bezieht. Nach Anhang I Abschnitt A Nr. 8 und 9 RL 2014/65/EU stellen auch der Betrieb von MTF und OTF jeweils eine Wertpapierdienstleistung dar. Nach Art. 5 Abs. 2 RL 2014/65/EU können allerdings Betreiber geregelter Märkte, sog. Marktbetreiber, ein OTF oder ein MTF unterhalten, ohne dadurch automatisch zur Wertpapierfirma zu werden. Will der Marktbetreiber allerdings als Handelsteilnehmer an seinem Handelsplatz aktiv werden (z.B. als Kommissionär oder durch Zusammenführung sich deckender Kundenaufträge), so wird er dadurch eine Wertpapierdienstleistung als Finanzkommissionär oder Eigenhändler erbringen und da-

durch der Definition der Wertpapierfirma unterfallen. Da die Wertpapierfirmen im Regelfall juristische Personen sind, haben die Geschäftsleitungen für die Erfüllung der an die Unternehmung gerichtete Aufzeichnungs- und Aufbewahrungspflicht Sorge zu tragen. Sie können bei der Erfüllung dieser Pflichten Dritte einsetzen.

Firmen, die Wertpapierdienstleistungen oder Anlagetätigkeiten erbringende Kreditinstitute oder Wertpapierfirmen wären, wenn ihre Hauptverwaltung oder ihr Sitz in der EU lägen (Art. 2 Abs. 1 Nr. 43 VO Nr. 600/2014 i.V.m. Art. 4 Abs. 1 Nr. 57 RL 2014/65/EU), sog. **Drittlandfirmen**, sind definitionsgemäß keine Wertpapierfirmen im Sinne der MiFIR. Art. 1 Nr. 600/2014 erklärt Titel IV der Verordnung inklusive Art. 25 VO Nr. 600/2014 auch nicht explizit für diese Firmen für anwendbar. Gleichwohl sind diese Unternehmen nicht aus dem Fokus von Art. 25 VO Nr. 600/2014 auszublenden. Die in einem EU-Mitgliedstaat zugelassene Zweigniederlassung einer Drittlandfirma soll gem. Art. 41 Abs. 2 RL 2014/65/EU u.a. auch Art. 25 VO Nr. 600/2014 befolgen und der Beaufsichtigung durch die zuständige Behörde des Mitgliedstaats, in dem die Zulassung der Zweigniederlassung erteilt wurde, unterliegen[1]. Konsequenterweise müssten danach die nationalen Umsetzungsgesetze eine entsprechende Vorschrift zur Anwendung von Art. 25 VO Nr. 600/2014 auf Zweigniederlassungen von Drittlandfirmen enthalten.

Weder das WpHG noch das KWG nutzen den Begriff „Wertpapierfirma". Das WpHG definiert in § 2 Abs. 10 WpHG den Begriff des Wertpapierdienstleistungsunternehmens, in dem sich der EU-rechtliche Begriff jedoch abbildet[2]. **Wertpapierdienstleistungsunternehmen** sind inländische Kredit- und Finanzdienstleistungsinstitute, die Wertpapierdienstleistungen allein oder zusammen mit Wertpapiernebendienstleistungen gewerbsmäßig oder in einem Umfang erbringen, der einen in kaufmännischer Weise eingerichteten Geschäftsbetrieb erfordert. Darüber hinaus erfasst die Definition von Wertpapierdienstleistungsunternehmen nach § 53 Abs. 1 Satz 1 KWG tätige Unternehmen. Dies sind Unternehmen mit Sitz im Ausland, die eine Zweigstelle im Inland unterhalten. Soweit der deutsche Gesetzgeber den Börsenträgern das Recht zubilligt, MTF oder OTF (vgl. §§ 48 und 48b BörsG) zu betreiben, so gelten die Börsenträger nicht als Wertpapierdienstleistungsunternehmen (vgl. § 3 Abs. 1 Satz 1 Nr. 13 WpHG).

b) Art und Weise der Datenaufzeichnung und Datenaufbewahrung. Die Handelsdaten sind durch die Wertpapierfirmen aufzuzeichnen und aufzubewahren. Dabei geht es um das Erfassen der geforderten Daten und deren Aufbewahrung auf einen Datenträger. Art. 25 Abs. 1 VO Nr. 600/2014 selbst sagt über die Art und Weise der Aufzeichnungen und über die Qualität des Datenträgers nichts aus. Vom Ansatz her sind damit schriftliche Aufzeichnungen nicht ausgeschlossen. Im Ergebnis wird es sich jedoch um eine **digitale Aufzeichnung** und Aufbewahrung der Worte und Zahlen in Form von Datensätzen auf einem elektronischen Speichermedium handeln, die die auf Papier geschriebene Form ersetzen.

Jede Handelstätigkeit einer Wertpapierfirma ist faktisch mit datenverarbeitenden IT-Prozessen verbunden. Selbst wenn ein Handelsgeschäft auf mündlicher Basis, z.B. innerhalb eines sprachbasierten Systems, erfolgt, so mündet dieses Geschäft aus Gründen ordnungsgemäßer Geschäftsorganisation und ordnungsgemäßer elektronischer Buchführung durch Eingabe in einem IT-System. Das Belegwesen und die Buchungsprozesse in den bestandsführenden Konten und Depots können im organisierten Kapitalmarkt nicht mehr außerhalb von Computern (Kernbanken- und Wertpapierabwicklungssysteme), die über Netzwerke miteinander verbunden sind, bewerkstelligt werden. So mag zwar eine papierhafte Aufzeichnung und Aufbewahrung von Handelsdaten möglich sein. Allerdings steht daneben immer auch eine digitale Form der Aufzeichnung und Aufbewahrung von Daten über Handelsgeschäfte. Schließlich verlangt auch Art. 1 Satz 2 DelVO 2017/590, dass die Geschäftsmeldung nach Art. 26 VO Nr. 600/2014 in elektronischer und maschinenlesbarer Form sowie in einer einheitlichen XML-Vorlage nach der Methodik von ISO 20022 zu übermitteln ist. D.h. die IT-Infrastruktur der Wertpapierfirma muss in der Lage sein, dieses elektronische Datenformat zu produzieren.

Wenn die Datenerfassung und Speicherung eines Auftrags nicht sofort im Zeitpunkt seines Entstehens und seiner Ausführung stattfindet, so hat diese zeitnah zu erfolgen. Für die behördliche Meldung nach Art. 26 VO Nr. 600/2014 MiFID müssen die Daten sofort erfasst werden, spätestens aber in der Zeit, die für eine rechtzeitige Meldung zur Verfügung steht. Diese ist durch das Ende des auf das Geschäft folgenden Arbeitstags begrenzt. Für die Erfüllung der Aufzeichnungs- und Aufbewahrungspflichten nach Art. 74 Abs. 1 und 75 Abs. 2 DelVO 2017/565 stellen die Vorschriften auf eine unverzüglich Aufzeichnung ab.

In den Kernbanken- und Wertpapierabwicklungssystemen der Wertpapierfirmen werden Aufzeichnungen nach verschiedenen Rechtsnormen (Buchführungsvorschriften und Rechnungslegung, Steuer, Kundenidentifikation, etc.) zusammengefasst. Gleichartige Aufzeichnungen müssen dabei nicht mehrfach gespeichert werden, sondern müssen nur für die verschiedenen Zwecke nutzbar gemacht werden können.

c) Aufzuzeichnende und aufzubewahrende Daten. Aus Art. 25 Abs. 1 VO Nr. 600/2014 selbst ergibt sich, dass **sämtliche Aufträge und sämtliche Geschäfte** mit Finanzinstrumenten aufzuzeichnen und aufzubewahren

---

1 S. hierzu *Köpfer*, S. 287, 309; ESMA Q & A On MiFID II and MiFIR transparency topics, Nr. 9 Antwort auf Frage 2 (Fall 10).
2 *Grundmann* in Großkomm. HGB, Bankvertragsrecht Achter Teil, Rz. 87; *Klöhn* in Langenbucher, § 6 Rz. 176.

Art. 25 VO Nr. 600/2014 | Pflicht zum Führen von Aufzeichnungen

sind. Betroffen sind dabei Aufträge und Geschäfte, die **für eigene Rechnung oder im Namen von Kunden getätigt** werden. Während der Handel für eigene Rechnung die Wertpapierfirma für den Geschäftsschluss den Einsatz eigenen Kapitals voraussetzt (vgl. Art. 2 Abs. 1 Nr. 5 VO Nr. 600/2014 i.V.m. Art. 4 Abs. 1 Nr. 6 RL 2014/65/EU), erfolgt der Handel im Namen von Kunden (engl.: *on behalf of clients*) auf deren Rechnung. Das Ausführungsgeschäft bei einem Kommissionsgeschäft i.S.d. § 383 HGB ist von diesen Formulierungen erfasst. Die MiFID II-Rechtssetzung geht in Erwägungsgrund Nr. 24 RL 2014/65/EU ersichtlich davon aus, dass die Ausführung von Kundenaufträgen Handel für eigene Rechnung sein kann. Man kann aber auch die Wendung „im Namen des Kunden" als „Auftrag des Kunden" verstehen, so dass über dieses Tatbestandsmerkmal die verdeckte Vertreterschaft erfasst ist.

18 Der reine Betrieb eines MTF bzw. eines OTF durch eine Wertpapierfirma stellt kein Tätigen von Geschäften im Sinne der Vorschrift dar. Die Aufzeichnungs- und Aufbewahrungspflicht einer Wertpapierfirma als Betreiber eines Handelsplatzes richtet sich nach Art. 25 Abs. 2 VO Nr. 600/2014. Nur wenn sich die Wertpapierfirma über den Betrieb des Handelsplatzes hinaus an Geschäften in Finanzinstrumenten beteiligt, z.B. als Handelsteilnehmer im eigenen System, dann unterliegt sie in Bezug auf diese Geschäfte den Pflichten nach Art. 25 Abs. 1 VO Nr. 600/2014.

19 Für den **Begriff des Geschäfts** ist der auch für Art. 26 VO Nr. 600/2014 maßgebliche Begriff heranzuziehen. Dieser ergibt sich aus der Legaldefinition des Art. 2 Abs. 1 DelVO 2017/590. Danach bedeutet Geschäft den Abschluss eines Erwerbs oder einer Veräußerung eines in Art. 26 Abs. 2 VO Nr. 600/2014 genannten Finanzinstruments. Es muss sich demnach um ein Finanzinstrument handeln, das

- zum Handel zugelassen ist oder das an einem Handelsplatz gehandelt wird oder für das ein Antrag auf Zulassung zum Handel gestellt wurde,
- dessen Basiswert ein an einem Handelsplatz gehandeltes Finanzinstrument ist, oder
- dessen Basiswert ein aus an einem Handelsplatz gehandelten Finanzinstrumenten zusammengesetzter Index oder Korb von Finanzinstrumenten ist.

Art. 2 Abs. 4 DelVO 2017/590 ergänzt den Geschäftsbegriff, wonach ein Geschäft auch der gleichzeitige Erwerb und die gleichzeitige Veräußerung eines Finanzinstruments ohne Wechsel des Eigentums an diesem Finanzinstrument mit der Pflicht zur Nachhandelsveröffentlichung gem. Art. 6, 10, 20 oder 21 VO Nr. 600/2014 ist. Art. 2 Abs. 2 und 3 DelVO 2017/590 führt an, welche Sachverhalte unter den Begriff Erwerb bzw. Veräußerung fallen. Art. 2 Abs. 5 DelVO 2017/590 klammert gewisse Geschäfte aus, für die kein aufsichtliches Interesse angenommen wird. Finanzinstrumente im Regelungszusammenhang sind die in Anhang I Abschnitt C RL 2014/65/EU aufgeführten Klassifizierungen.

20 Was ein **Auftrag** (Order) ist, wird im Bereich der MiFIR nicht eigens legaldefiniert. Das Verständnis des Begriffs wird hier vom EU-Verordnungsgeber bereits vorausgesetzt. Was ein Auftrag ist, lässt sich aus Einzelregelungen der MiFIR bzw. aus delegierten Verordnungen ermitteln. Wie sich aus Art. 3 und 4 DelVO 2017/590 schließen lässt, sind Aufträge Schritte, die bei ungestörtem Verlauf der Dinge in einem Geschäft im definierten Sinne münden sollen. Es müssen bei einem Auftrag daher mindestens die Angaben für den zivilrechtlich notwendigen Mindestinhalt eines Erwerbs- bzw. Veräußerungsvorgangs vorliegen. Andernfalls können keine verbindlichen Verträge nebst Preisen zustande kommen. Zum Mindestinhalt zählen der Name der jeweiligen Vertragspartei und mit Finanzinstrument, Menge sowie Preis die angebotene Leistung bzw. erwartete Gegenleistung[1]. Weitergehende Charakteristika wie Zustandekommen, Gültigkeitsdauer, Beschränkungen, Preislimitierungen, etc. beeinflussen die Definition als Auftrag nicht weiter. In der MiFID II wird als allgemeinste Form des Auftrags der „Limitauftrag" in Art. 4 Abs. 1 Nr. 14 RL 2014/65/EU als „Auftrag zum Kauf oder Verkauf eines Finanzinstruments innerhalb eines festgelegten Kurslimits oder besser und in einem festgelegten Umfang" beschrieben. **Verbindliche Interessenbekundungen** i.S.v. Art. 2 Abs. 1 Nr. 33 VO Nr. 600/2014 (vgl. hierzu Art. 3 VO Nr. 600/2014 Rz. 22 und Art. 8 VO Nr. 600/2014 Rz. 29) sind Aufträge i.S.v. Art. 25 Abs. 1 VO Nr. 600/2014[2]. Gleiches gilt für die in Art. 14 Abs. 1 VO Nr. 600/2014 genannten **verbindlichen Kursofferten** (*firm quotes*) (s. Art. 14 VO Nr. 600/2014 Rz. 28). Unerheblich für die Aufbewahrung von Auftragsdaten ist es, ob der Auftrag zur Ausführung kommt oder nicht.

21 Handelt es sich um Kundenaufträge bzw. um Kundengeschäfte, so müssen diesen die entsprechenden Kundendaten zugeordnet sein. Art. 25 Abs. 1 Satz 2 VO Nr. 600/2014 spricht hier von den **Angaben zur Identität des Kunden** sowie die gemäß der 3. EG-Geldwäscherichtlinie geforderten Angaben. Die genannte Richtlinie ist durch die 4. EU-Geldwäscherichtlinie (RL 2015/849) ersetzt und durch die 5. EU-Geldwäscherichtlinie (RL 2018/843) geändert worden. Zu den Angaben zur Identität natürlicher Personen gehören regelmäßig der Name, Geburtsort, Geburtsdatum, Staatsangehörigkeit und Wohnanschrift[3]. Bei nicht natürlichen Personen sind dies

---

1 Vgl. zum national gesetzten Recht *Ekkenga* in MünchKomm. HGB, 3. Aufl. 2014, Effektengeschäft, Rz. 159 f.
2 *ESMA Q & A on MiFIR data reporting*, Nr. 16 Antwort auf Frage 1.
3 So z.B. die erforderlichen Abgaben zur Kundenidentität gemäß des in Umsetzung der EU-Geldwäschegesetzgebung erlassenen § 11 GwG. S. auch § 27 WpHG.

Unternehmensname, Rechtsform, Registernummer, Anschrift des Sitzes oder der Hauptniederlassung, die Namen der Mitglieder des Vertretungsorgans oder die Namen der gesetzlichen Vertreter und, sofern ein Mitglied des Vertretungsorgans oder der gesetzliche Vertreter eine juristische Person ist, von dieser juristischen Person die entsprechenden Daten. Zu den Angaben nach EU-Geldwäscherecht gehören u.a. auch Angaben über die wirtschaftlichen Berechtigten und der Zweck und die angestrebte Art der Geschäftsbeziehung (Art. 13 Abs. 1 RL 2015/849). Die Identifizierungsanforderungen an Kunden und ggf. dahinterstehende Personen aus der Geldwäscherichtlinie spiegeln sich in den nationalen Umsetzungsgesetzen wieder. In Deutschland ist dies vornehmlich das Geldwäschegesetz.

Aufgrund der Maßgeblichkeit von Art. 26 VO Nr. 600/2014 i.V.m. der DelVO 2017/590 gehören auch diejenigen Angaben zu den aufzuzeichnenden und aufzubewahrenden Daten, die Auskunft darüber geben, **welche Person oder welcher Computeralgorithmus an der Orderaufgabe beteiligt war** (Art. 8 und 9 DelVO 2017/590), ob **Ausnahmen von der Vorhandelstransparenz** in Anspruch genommen worden sind (Art. 10 DelVO 2017/590), ob ein **Leerverkauf** stattgefunden hat (Art. 11 DelVO 2017/590), ob **Einzelgeschäfte in einem Zusammenhang** standen (Art. 12 DelVO 2017/590) und ob Geschäfte von einer Zweigniederlassung aus beauftragt worden sind (Art. 14 DelVO 2017/590). 22

2. Pflicht der Handelsplatzbetreiber (Art. 25 Abs. 2 Satz 1 und Satz 2 VO Nr. 600/2014). a) Handelsplatzbetreiber als Verpflichtete. Verpflichtete nach Art. 25 Abs. 2 VO Nr. 600/2014 sind die Betreiber eines Handelsplatzes. Dies können **Wertpapierfirmen und Marktbetreiber** sein. Handelsplätze sind gem. Art. 2 Abs. 1 Nr. 16 VO Nr. 600/2014 i.V.m. Art. 4 Abs. 1 Nr. 23 RL 2015/849 multilaterale Handelssysteme (MTF) i.S.v. Art. 2 Abs. 1 Nr. 14 VO Nr. 600/2014 i.V.m. Art. 4 Abs. 1 Nr. 22 RL 2014/65/EU, organisierte Handelssysteme (OTF) i.S.v. Art. 2 Abs. 1 Nr. 15 i.V.m. Art. 4 Abs. 1 Nr. 23 RL 2014/65/EU und geregelte Märkte i.S.v. Art. 2 Abs. 1 Nr. 13 VO Nr. 600/2014 i.V.m. Art. 4 Abs. 1 Nr. 21 RL 2014/65/EU. Der Betrieb eines MTF und eines OTF stellen jeweils Wertpapierdienstleistungen (Art. 4 Abs. 1 Nr. 2 i.V.m. Anhang I Abschnitt A Nr. 8 und 9 RL 2014/65/EU) dar und sind deshalb grundsätzlich von Wertpapierfirmen zu betreiben. Geregelte Märkte (Art. 2 Abs. 1 Nr. 13 VO Nr. 600/2014 i.V.m. Art. 4 Abs. 1 Nr. 21 RL 2014/65/EU) sind von in Art. 2 Abs. 1 Nr. 10 VO Nr. 600/2014 i.V.m. Art. 4 Abs. 1 Nr. 18 RL 2014/65/EU definierten Marktbetreibern zu betreiben. Marktbetreiber sind eine oder auch mehrere Personen, die das Geschäft eines geregelten Marktes verwalten und/oder betreiben und zu denen der geregelte Markt selbst zählen kann. Marktbetreiber können gem. Art. 5 Abs. 2 RL 2014/65/EU auch ein OTF oder MTF unterhalten, ohne dadurch zur Wertpapierfirma zu werden. Die Eigenschaften „Marktbetreiber" und „Wertpapierfirma" schließen sich allerdings nicht gegenseitig aus. Da es sich im Regelfall bei den Wertpapierfirmen und Marktbetreibern um juristische Personen handelt, haben die Geschäftsleitungen für die Erfüllung der an die Unternehmung gerichteten Pflichten Sorge zu tragen, wobei sie bei der Pflichterfüllung Dritte einsetzen können. 23

In Deutschland hat der Gesetzgeber das von der MiFID II/MiFIR-Gesetzgebung vorgezeichnete Bild weitgehend nachempfunden. Der Betrieb eines MTF und eines OTF stellen Wertpapierdienstleistungen i.S.d. § 2 Abs. 8 WpHG dar. Die teilrechtsfähigen Anstalten Börse und ihr Börsenträger sind beim Betrieb des Handelsplatzes Börse keine Wertpapierdienstleistungsunternehmen. Sie unterliegen den Regelungen des BörsG. § 3 Abs. 1 Satz 1 Nr. 13 WpHG nimmt Börsenträger oder Betreiber organisierter Märkte, die neben dem Betrieb eines MTF oder OTF keine anderen Wertpapierdienstleistungen i.S.d. § 2 Abs. 8 Satz 1 WpHG erbringen, von der Definition für Wertpapierdienstleistungsunternehmen aus. § 1 Abs. 1 Satz 2 BörsG bringt zum Ausdruck, dass das BörsG auch auf den Betrieb von MTF oder OTF durch Börsenträger an einer Börse anzuwenden ist. 24

Betreiben deutsche Wertpapierdienstleistungsunternehmen ein MTF oder ein OTF, so sind sie als Wertpapierfirmen und damit als Betreiber eines Handelsplatzes i.S.d. Art. 25 Abs. 1 VO Nr. 600/2014 anzusehen. Bei den inländischen Börsen, die Handelsplätze[1] i.S.d. § 2 Abs. 5 BörsG darstellen, ist die Börse als teilrechtsfähige Anstalt i.S.v. § 2 Abs. 1 BörsG selbst als Marktbetreiber[2] anzusehen und dementsprechend das Rechtssubjekt, welches die Pflichten nach Art. 25 Abs. 2 VO Nr. 600/2014 zu erfüllen hat. Zuständig hierfür ist der Geschäftsführer der Börse als Börsenorgan, dem die Geschäftsführung und Vertretung der Börse nach § 15 BörsG obliegt. Auch § 26b BörsG liegt die Vorstellung zugrunde, dass der Börsengeschäftsführer für die Erfüllung der Pflicht nach Art. 25 Abs. 2 VO Nr. 600/2014 zuständig ist[3]. Ob auch der Börsenträger i.S.v. § 5 BörsG als Marktbetreiber einer Börse anzusehen ist, ist weniger klar aus dem Regelungsgefüge herzuleiten. Da die Börse und ihr Träger letztlich aber nur zusammen den Betrieb einer Börse abbilden können, spricht einiges dafür, den Börsenträger ebenfalls als Marktbetreiber im Sinne der MiFID II-/MiFIR-Regulierung einzuordnen. Ähnliches dürfte auch für den Freiverkehr gelten, als unter dem Dach der Börse betriebenes MTF. Auch wenn der Freiverkehr nach § 48 Abs. 1 Satz 1 BörsG durch den Börsenträger betrieben wird, so bedarf dieser immer der Zulassung durch die Börse und wird somit letztlich durch die Börse mitbetrieben. Nimmt man nach § 48b Abs. 1 i.V.m. § 48 25

---

1 Zur Gleichsetzung von Börse mit dem Begriff des geregelten Marktes i.S.d. MiFID II s. BT-Drucks. 18/10936, 266.
2 Für die Börsenanstalt als Betreiber des geregelten Marktes vgl. *Klöhn* in Langenbucher, § 6 Rz. 52; *Lutter/Bayer/J. Schmidt*, § 32 Rz. 32.37.
3 Auch BörsO nehmen die Regelung z.T. nochmals auf; vgl. § 114 BörsO FWB.

Abs. 1 BörsG analog auch eine Mitzuständigkeit der Börse für die Implementierung eines börslichen OTF an, dann sind auch die Börse und der Börsenträger für das OTF als die nach Art. 25 Abs. 2 VO Nr. 600/2014 verpflichteten Marktbetreiber anzusehen. Sind Börse und Börsenträger als Verpflichtete anzusehen, dann müssen sie die Daten aber nicht separat aufzeichnen und aufbewahren. Der Börsenträger stellt ohnehin die sachlichen und personellen Mittel für die Börse und erfüllt bei seiner Pflichterfüllung gleichsam die Pflicht der Börse mit.

26 **b) Art und Weise der Datenaufzeichnung und Datenaufbewahrung.** Die Auftragsdaten sind durch die Handelsplatzbetreiber aufzuzeichnen und aufzubewahren. Dabei geht es um das Erfassen der geforderten Daten und deren Aufbewahrung auf einen Datenträger. Art. 25 Abs. 2 VO Nr. 600/2014 selbst sagt über die Art und Weise der Aufzeichnungen und über die Qualität des Datenträgers nichts aus. Im Hinblick auf die Handelssysteme ist die MiFID II/MiFIR-Regelung technologieneutral[1], was bedeutet, dass ein Handelssystem kein elektronisches Handelssystem sein muss. Zulässig sind damit Geschäftsprozesse, die nur wenig IT-Einsatz voraussetzen, wie sprachbasierte Systeme, bei denen ggf. auch die Pflicht zur Veröffentlichung von Vor- und Nachhandelstransparenzdaten beschränkt ist. Vom Grundansatz her sind damit Aufzeichnungen und deren Aufbewahrung in Papierform nicht ausgeschlossen. Erwägungsgrund Nr. 1 Satz 1 DelVO 2017/580 besagt auch, dass die Betreiber von Handelsplätzen nach eigenem Ermessen entscheiden können, in welcher Form sie Aufzeichnungen über einschlägige Daten mit Bezug auf sämtliche Aufträge für Finanzinstrumente führen. Sie müssen aber, wenn die zuständige Behörde die Daten anfordert, in der Lage sein, die Daten unter Verwendung der Standards und Formate der DelVO 2017/580 zu übermitteln[2].

27 Wenn die Datenerfassung und Speicherung eines Auftrags nicht sofort im unmittelbaren Zusammenhang mit der Zuleitung an den Handelsplatz und der ggf. sich daran stattfindenden Ausführung erfolgt, so hat diese zeitnah im Anschluss zu erfolgen. Die Wertpapierdienstleistungsunternehmen, die Handelsplatzbetreiber sind, für die aber § 26g BörsG nicht gilt, sollten zur Absicherung ihrer Pflichterfüllung eine Vorschrift in ihr Regelwerk aufnehmen, nach der die Handelsteilnehmer verpflichtet sind, die nach Art. 25 Abs. 2 Satz 1 und Satz 2 VO Nr. 600/2014 erforderlichen Daten pünktlich und inhaltlich richtig zu liefern. Einen Großteil der zu erfassenden Daten (s. Rz. 28 ff.) ist nicht genuin beim Handelsplatzbetreiber vorhanden, sondern ist von den Handelsteilnehmern zu liefern. Diesem Punkt kommt vor dem Hintergrund der Bußgeldandrohungen des WpHG (§ 120 Abs. 9 Nr. 4 lit. f WpHG) für die fehlerhafte Aufzeichnung bzw. Aufbewahrung Bedeutung zu. Die ESMA und die BaFin gehen zudem davon aus, dass bei den Daten aus der Sphäre der Handelsteilnehmer, wie z.B. bei den Kundenidentifikationscodes, die Handelsplatzbetreiber die Daten auf Plausibilität bzw. Lückenhaftigkeit zu überprüfen hätten[3].

28 **c) Aufzuzeichnende und aufzubewahrende Daten.** Aus Art. 25 Abs. 2 Satz 1 und Satz 2 VO Nr. 600/2014 lässt sich entnehmen, dass Daten über **sämtliche Aufträge für Finanzinstrumente** aufzuzeichnen und aufzubewahren sind. Voraussetzung ist, dass die Aufträge über das jeweilige System mitgeteilt worden sind. Dies bedeutet, dass die Aufträge den Herrschaftsbereich des Auftraggebers zum Zwecke der Ausführung verlassen haben und in der Sphäre des Handelsplatzbetreibers angekommen sein müssen.

29 Zu den aufzuzeichnenden und aufzubewahrenden Daten sollen die **charakteristischen Merkmale des Auftrags** gehören. Ausdrücklich als charakteristische Merkmale genannt werden die **Verknüpfung zwischen Auftrag und geschlossenem Geschäft** und die **Einzelheiten, die sich aus Art. 26 Abs. 1 und 3 VO Nr. 600/2014** ergeben. Auch der Umstand, ob eine Order durch eine menschliche Handlung oder durch einen Computer generiert worden ist, charakterisiert einen Auftrag. Was ein **Auftrag (Order)** ist, wird im Bereich der MiFIR nicht eigens legaldefiniert. Das Verständnis des Begriffs wird hier vom EU-Verordnungsgeber bereits vorausgesetzt. Es lässt sich aber auch aus Einzelregelungen der MiFIR bzw. der delegierten Verordnungen, insbesondere aus der DelVO 2017/580 ermitteln. Wie sich aus Art. 3 und 4 DelVO 2017/590 schließen lässt, sind Aufträge Schritte, die bei ungestörtem Verlauf der Dinge in einem Geschäft im definierten Sinne münden sollen. Es müssen bei einem Auftrag daher mindestens die Angaben für den zivilrechtlich notwendigen Mindestinhalt eines Erwerbs- bzw. Veräußerungsvorgangs vorliegen. Andernfalls können keine verbindlichen Verträge nebst Preisen zustande kommen. Zum Mindestinhalt zählen der Name der jeweiligen Vertragspartei und mit Finanzinstrument, Menge sowie Preis die angebotene Leistung bzw. erwartete Gegenleistung[4]. In der MiFID II wird als allgemeinste Form des Auftrags der „Limitauftrag" in Art. 4 Abs. 1 Nr. 14 RL 2014/65/EU als „Auftrag zum Kauf oder Verkauf eines Finanzinstruments innerhalb eines festgelegten Kurslimits oder besser oder in einem festgelegten Umfang" beschrieben. **Verbindliche Interessenbekundungen** i.S.v. Art. 2 Abs. 1 Nr. 33 VO Nr. 600/2014 (vgl. hierzu Art. 3 VO Nr. 600/2014 Rz. 22 und Art. 8 VO Nr. 600/2014 Rz. 29) sind Aufträge i.S.v. Art. 25 Abs. 2 VO Nr. 600/2014[5].

30 Das Charakteristikum für die Verknüpfung zu einem Geschäft stellen die vom Handelsplatzbetreiber vergebenen **Transaktionsidentifikationscodes** dar, anhand derer Aufträge und Geschäfte einander zugeordnet werden

---

1 Vgl. z.B. ESMA Q & A On MiFID II and MiFIR market structures topics, Nr. 5.2 Antwort 6.
2 Erwägungsgrund Nr. 1 Satz 2 DelVO 2017/580.
3 ESMA Leitlinien Meldung von Geschäften, Aufzeichnung von Auftragsdaten und Synchronisierung der Uhren nach MiFID II, Nr. 6.3.
4 Vgl. zum national gesetzten Recht *Ekkenga* in MünchKomm. HGB, 3. Aufl. 2014, Effektengeschäft, Rz. 159 f.
5 ESMA Q & A on MiFIR data reporting, Nr. 16 Antwort auf Frage 1.

können[1]. Soweit auf Art. 26 Abs. 1 und Abs. 3 VO Nr. 600/2014 verwiesen wird, so finden sich dort nur in Abs. 3 weiterführende Aussagen zum Inhalt der aufzubewahrenden Informationen. In Art. 26 Abs. 3 VO Nr. 600/2014 werden u.a. die Bezeichnung und die Zahl der erworbenen oder veräußerten Finanzinstrumente, das Volumen, das Datum und der Zeitpunkt des Abschlusses, der Kurs, Angaben der Kunden, in dessen Namen das Geschäft geschlossen wurde, Angaben zu den Personen und Computeralgorithmen in der Wertpapierfirma, die für die Anlageentscheidung und Ausführung des Geschäfts verantwortlich sind, Angaben zu einer für das Geschäft in Anspruch genommenen Ausnahme sowie Angaben zur Ermittlung von Leerverkäufen aufgeführt. Hier stellt sich die Frage, warum die Handelsplätze Daten für eventuelle Ermittlungen der zuständigen Behörden fünf Jahre lang speichern müssen, wenngleich die Institute diese Daten bereits vorhalten und der zuständigen Behörde bereits gemeldet worden sind. Diese Problematik hat die EU-Kommission gesehen und mit der DelVO 2017/580 Abhilfe geschaffen. Zwar sieht Art. 25 Abs. 3 VO Nr. 600/2014 nur den Erlass einer delegierten Verordnung vor, die Einzelheiten zu den von den Handelsplatzbetreibern aufzubewahrenden Auftragsdaten regelt, die nicht in Art. 26 VO Nr. 600/2014 genannt sind. Gleichwohl geht die DelVO 2017/580 davon aus, dass dort jetzt die nach Art. 25 Abs. 2 i.V.m. Art. 26 Abs. 1 und Abs. 3 VO Nr. 600/2014 vorzuhaltenden Daten abschließend aufgeführt sind[2]. Die DelVO 2017/580 nebst Anlage ist weitgehend selbsterklärend und wird hier nicht weiter kommentiert.

3. Aufbewahrungsdauer. Die Aufbewahrungsdauer der aufgezeichneten Daten beträgt gem. Art. 25 Abs. 1 Satz 1 und Abs. 2 Satz 1 VO Nr. 600/2014 sowohl für die Wertpapierfirmen als auch für die Handelsplatzbetreiber **mindestens fünf Jahre**. Aus der Formulierung „mindestens" folgt keine Beliebigkeit für eine dauerhafte Weiteraufbewahrung. Da personenbezogenen Daten zu den Aufzeichnungen zählen, ist zu prüfen, ob nicht mehr benötigte Daten gelöscht werden können. Werden mit der Aufbewahrung nach Art. 25 Abs. 1 VO Nr. 600/2014 zugleich andere Aufbewahrungspflichten erfüllt, so ist zu beachten, ob ggf. längere Aufbewahrungspflichten aus der anderweitigen Verpflichtung bestehen. So ergibt sich beispielsweise für Wertpapierdienstleistungsunternehmen, die an einer inländischen Börse zur Teilnahme am Handel zugelassen sind, für ihre nach § 27 Abs. 1 WpHG zu führenden Geschäftsaufzeichnungen über die Identität der Auftraggeber eine sechsjährige Aufbewahrungsfrist.

Eine Regelung zur Fristberechnung findet sich im EU-Recht nicht. Für den Beginn der Frist nach Art. 25 Abs. 1 und Abs. 2 VO Nr. 600/2014 ist auf den Zeitpunkt abzustellen, in dem die Daten revisionssicher erfasst worden sind.

4. Zugang zu den Daten. a) Zugang der zuständigen Behörde. Nicht eindeutig geregelt ist, ob die zuständige Behörde aus Art. 25 Abs. 1 Satz 1 bzw. Abs. 2 VO Nr. 600/2014 das Recht hat, auf die aufbewahrten Unterlagen zuzugreifen, oder ob auf einen **Auskunfts- und Vorlagersuchen nach nationalstaatlich gesetztem Recht** zurückgegriffen werden muss. Legt man die Konzeption der MiFD II/MiFIR zugrunde, so soll die Aufsicht auf der Grundlage mitgliedstaatlicher Eingriffsbefugnisse vorgehen. Art. 69 Abs. 2 RL 2014/65/EU gibt das Mindestmaß an Aufsichtsbefugnissen für die zuständigen Behörden des Mitgliedstaates vor. Diese sollen ausweislich der Erwägungsgründe in Nr. 138 RL 2014/65/EU im Rahmen vollständiger nationaler Rechtsvorschriften ausgeübt werden, in denen die Einhaltung der Grundrechte und auch das Recht auf Schutz der Privatsphäre garantiert wird. Weiter heißt es dort, dass für den Zweck der Ausübung dieser Befugnisse, durch die es zu gravierenden Eingriffen in Bezug auf das Recht auf Achtung des Privat- und Familienlebens, der Wohnung sowie der Kommunikation kommen kann, die Mitgliedstaaten angemessene und wirksame Schutzvorkehrungen gegen jegliche Form des Missbrauchs vorsehen.

Wer die **zuständige Behörde** i.S.v. Art. 25 Abs. 1 VO Nr. 600/2014 ist, definiert Art. 2 Abs. 1 Nr. 18 VO Nr. 600/2014. Dies ist die in Art. 4 Abs. 1 Nr. 26 RL 2014/65/EU genannte Behörde. In der MiFID II-Vorschrift wird als die „zuständige Behörde" grundsätzlich diejenige Behörde bezeichnet, die vom betreffenden Mitgliedstaat gem. Art. 67 RL 2014/65/EU benannt worden ist. Nach Art. 67 Abs. 1 Satz 1 RL 2014/65/EU benennt ein Mitgliedstaat die zuständige Behörde, die für die Wahrnehmung der Aufgaben gemäß den einzelnen Bestimmungen der MiFIR und der MiFID II verantwortlich ist. Wie sich aus Art. 67 Abs. 1 Satz 2 RL 2014/65/EU ergibt, muss es sich bei der Aufgabenwahrnehmung nicht um eine exklusiv zuständige Behörde handeln. Es können auch mehrere Behörden als zuständig benannt werden. Die ESMA veröffentlicht ein Verzeichnis der zuständigen Behörden auf ihrer Internetseite und aktualisiert dieses; Art. 67 Abs. 3 RL 2014/65/EU. Die Mitgliedstaaten haben gem. Art. 67 Abs. 2 Unterabs. 3 RL 2014/65/EU nicht nur die ESMA über die Zuständigkeitsregelungen zu unterrichten, sondern auch die EU-Kommission und die Behörden der anderen Mitgliedstaaten.

Der deutsche Gesetzgeber hat der BaFin im Hinblick auf die Vorschriften der MiFIR die Aufsicht über die Wertpapierdienstleistungsunternehmen übertragen, unabhängig davon, ob diese als Handelspartei oder als Betreiber eines MTF bzw. OTF agieren, § 6 Abs. 2 WpHG. In § 6 Abs. 5 WpHG wird aufgeführt, dass die BaFin die zuständige Behörde i.S.d. Art. 2 Abs. 1 Nr. 18 VO Nr. 600/2014 ist. Ein Auskunfts- und Vorlageersuchen hinsichtlich der nach Art. 25 Abs. 1 bzw. Abs. 2 VO Nr. 600/2014 verwahrten Daten kann die BaFin auf § 6 Abs. 3 WpHG stützen.

---

1 Erwägungsgrund Nr. 11 DelVO 2017/580.
2 Vgl. Erwägungsgrund Nr. 2 DelVO 2017/580.

Art. 26 VO Nr. 600/2014 | Pflicht zur Meldung von Geschäften

36 Bei der Aufsicht über die in Deutschland ansässigen Handelsplatzbetreiber sind die Börsenaufsichtsbehörden gem. § 3 Abs. 12 BörsG zuständig, soweit es um den Betrieb von Börsen und von den Börsenträgern unter dem Dach der jeweiligen Börse betriebene MTF (Freiverkehr i.S.d. § 48 BörsG) bzw. OTF (§ 48b BörsG) geht. Die Auskunfts- und Vorlageersuchen gegenüber Börsen bzw. Börsenträgern zu den nach Art. 25 Abs. 2 VO Nr. 600/2014 aufbewahrten Unterlagen können von der Börsenaufsichtsbehörde auf der Grundlage von § 3 Abs. 4 BörsG angefordert werden. Die BaFin kann im Rahmen der Möglichkeiten, die § 8 BörsG bietet, Informationen zu Art. 25 Abs. 2 VO Nr. 600/2014-Daten von einer Börsenaufsichtsbehörde erhalten. Die BaFin kann sich nach § 17 Abs. 2 WpHG auch bei den Handelsüberwachungsstellen der Börsen informieren, die gem. § 7 Abs. 1 Satz 4 BörsG im Besitz der Daten nach Art. 25 Abs. 2 VO Nr. 600/2014 sind.

37 Behörden, die nicht zuständige Behörden i.S.v. Art. 25 VO Nr. 600/2014 sind, wie z.B. die Behörde des Aufnahmemitgliedstaates einer EU-Zweigniederlassung, können Daten für die Zwecke ihrer sachlichen Zuständigkeit im Wege der grenzüberschreitenden Amtshilfe (vgl. hierzu Art. 79 ff. RL 2014/65/EU) von der zuständigen Behörde des Herkunftsmitgliedstaats anfordern.

38 **b) Zugang durch die ESMA (Art. 25 Abs. 1 Satz 3 VO Nr. 600/2014).** Nach Art. 25 Abs. 1 Satz 3 VO Nr. 600/2014 soll die ESMA nach dem Verfahren und unter den in Art. 35 VO Nr. 1095/2010 festgelegten Bedingungen den Zugang zu von den Wertpapierfirmen als Handelspartei aufgezeichneten und aufzubewahrenden Informationen beantragen dürfen. Die ESMA erhält dadurch kein eigenes Recht gegenüber den Firmen. Art. 35 ESMA-VO Nr. 1095/2010 regelt vielmehr ein interbehördliches Verfahren. Die ESMA kann nur von der zuständigen Behörde des Mitgliedstaats die entsprechenden Informationen anfordern. Die nationale Behörde muss zuvor rechtmäßigen Zugang zu den Informationen erhalten haben. Wie sich aus Art. 25 Abs. 1 ESMA-VO Nr. 1095/2010 ergibt, müssen die von der ESMA angeforderten Unterlagen für die ihr zugewiesenen Aufgaben erforderlich sein.

39 Soweit die nach Art. 25 Abs. 1 VO Nr. 600/2014 aufzubewahrenden Daten auch im Meldesatz der Wertpapierfirma nach Art. 26 Abs. 1 VO Nr. 600/2014 enthalten sind, kann die ESMA diese Daten von der zuständigen Behörde nach Art. 26 Abs. 1 Unterabs. 3 VO Nr. 600/2014 erfragen (s. Art. 26 VO Nr. 600/2014 Rz. 43).

40 Für die Daten gem. Art. 25 Abs. 2 VO Nr. 600/2014 enthält die Vorschrift keine Aussagen über einen eventuellen Zugang der ESMA. Lediglich beim Zugang der zuständigen Behörden zu den nach Abs. 2 geforderten Informationen soll die ESMA die Rolle des Vermittlers und Koordinators übernehmen. Im Normalfall werden die nationalen Behörden – in Deutschland die BaFin bzw. die Börsenaufsichtsbehörden – im Rahmen der Ausübung ihrer Befugnisse keine tatsächliche Unterstützung durch die ESMA benötigen. Denkbar ist eine Unterstützungsrolle der ESMA allenfalls bei der Frage, ob und inwieweit eine zuständige Behörde Zugang zu Daten bekommt, die eine zuständige Behörde in einem anderen Mitgliedstaat erheben kann. Hier kann die ESMA ihre Auffassung gegenüber den Behörden vortragen.

Art. 26 Pflicht zur Meldung von Geschäften

(1) Wertpapierfirmen, die Geschäfte mit Finanzinstrumenten tätigen, melden der zuständigen Behörde die vollständigen und zutreffenden Einzelheiten dieser Geschäfte so schnell wie möglich und spätestens am Ende des folgenden Arbeitstags.

Die zuständigen Behörden treffen im Einklang mit Artikel 85 der Richtlinie 2014/65/EU die notwendigen Vorkehrungen, um sicherzustellen, dass diese Informationen auch der zuständigen Behörde des für die betreffenden Finanzinstrumente unter Liquiditätsaspekten relevantesten Marktes übermittelt werden.

Die zuständigen Behörden stellen der ESMA auf Anfrage alle Informationen zur Verfügung, die gemäß diesem Artikel übermittelt werden.

(2) Die Verpflichtung gemäß Absatz 1 gilt für

a) Finanzinstrumente, die zum Handel zugelassen sind oder die an einem Handelsplatz gehandelt werden oder für die ein Antrag auf Zulassung zum Handel gestellt wurde;

b) Finanzinstrumente, deren Basiswert ein an einem Handelsplatz gehandeltes Finanzinstrument ist, und

c) Finanzinstrumente, deren Basiswert ein aus an einem Handelsplatz gehandelten Finanzinstrumenten zusammengesetzter Index oder Korb von Finanzinstrumenten ist.

Die Meldepflicht gilt für Geschäfte mit Finanzinstrumenten nach den Buchstaben a bis c unabhängig davon, ob die Geschäfte an einem Handelsplatz abgeschlossen werden oder nicht.

(3) Die Meldungen müssen insbesondere die Bezeichnung und die Zahl der erworbenen oder veräußerten Finanzinstrumente, Volumen, Datum und Zeitpunkt des Abschlusses, den Kurs und Angaben zur *Identifizierung der Kunden* enthalten, in deren Namen die Wertpapierfirma das Geschäft abgeschlossen hat, Angaben zu den Personen und Computeralgorithmen in der Wertpapierfirma, die für die Anlageentscheidung und Ausführung des Geschäfts verantwortlich sind, Angaben zu der für das Geschäft in

Anspruch genommenen betreffenden Ausnahme, Möglichkeiten zur Ermittlung der betreffenden Wertpapierfirmen sowie Angaben zur Ermittlung von Leerverkäufen im Sinne von Artikel 2 Absatz 1 Buchstabe b der Verordnung (EU) Nr. 236/2012 in Bezug auf in den Anwendungsbereich der Artikel 12, 13 und 17 der genannten Verordnung fallende Aktien und öffentliche Schuldtitel. Bei nicht an einem Handelsplatz abgeschlossenen Geschäften enthalten die Meldungen im Sinne der gemäß Artikel 20 Absatz 3 Buchstabe a und Artikel 21 Absatz 5 Buchstabe a anzunehmenden Maßnahmen eine Bezeichnung der Geschäftstypen. Bei Warenderivaten wird in den Meldungen angegeben, ob mit diesen Geschäften eine objektiv messbare Risikominderung gemäß Artikel 57 der Richtlinie 2014/65/EU einhergeht.

(4) Wertpapierfirmen, die Aufträge übermitteln, fügen diesen sämtliche in den Absätzen 1 und 3 angegebenen Einzelheiten bei. Anstatt einer Auftragsübermittlung die genannten Einzelheiten beizufügen, kann eine Wertpapierfirma sich dafür entscheiden, einen übermittelten Auftrag, wenn dieser ausgeführt wurde, gemäß den Anforderungen nach Absatz 1 als Geschäft zu melden. In diesem Fall muss die von der Wertpapierfirma gemachte Geschäftsmeldung den Hinweis enthalten, dass sie sich auf einen übermittelten Auftrag bezieht.

(5) Der Betreiber eines Handelsplatzes meldet Einzelheiten gemäß den Absätzen 1 und 3 zu den Geschäften mit über seine Plattform gehandelten Finanzinstrumenten, die eine nicht dieser Verordnung unterliegende Firma über sein System abgewickelt hat.

(6) In Bezug auf die Angaben zur Identifizierung der Kunden gemäß den Absätzen 3 und 4 verwenden Wertpapierfirmen eine Kennung für Rechtsträger (Legal Entity Identifier), die zur Identifizierung von Kunden eingeführt wurde, bei denen es sich um juristische Personen handelt.

Die ESMA erarbeitet gemäß Artikel 16 der Verordnung (EU) Nr. 1095/2010 bis zum 3. Januar 2016 Leitlinien, mit deren Hilfe sichergestellt werden kann, dass die Verwendung von Kennungen für Rechtsträger in der Union den internationalen Normen – vor allem den Normen des Rates für Finanzstabilität (FSB) – entspricht.

(7) Die Meldungen an die zuständige Behörde werden entweder von der Wertpapierfirma selbst, einem in ihrem Namen handelnden ARM oder einem Handelsplatz, über dessen System das Geschäft abgewickelt wurde, im Einklang mit den Absätzen 1, 3 und 9 vorgenommen.

Die Wertpapierfirmen sind für die Vollständigkeit und Richtigkeit sowie die rechtzeitige Übermittlung der Meldungen an die zuständige Behörde verantwortlich.

Abweichend hiervon sind Wertpapierfirmen nicht für Mängel bei der Vollständigkeit, Richtigkeit und rechtzeitigen Übermittlung der Meldungen verantwortlich, wenn die Wertpapierfirma die Einzelheiten dieser Geschäfte über einen in ihrem Namen handelnden ARM oder einen Handelsplatz meldet und diese Mängel dem ARM oder dem Handelsplatz zuzuschreiben sind. In diesen Fällen und vorbehaltlich des Artikels 66 Absatz 4 der Richtlinie 2014/65/EU sind der ARM oder der Handelsplatz für diese Mängel verantwortlich.

Die Wertpapierfirmen müssen dennoch angemessene Schritte unternehmen, um die Vollständigkeit, Richtigkeit und rechtzeitige Übermittlung der Geschäftsmeldungen zu überprüfen, die in ihrem Namen übermittelt wurden.

Der Herkunftsmitgliedstaat verpflichtet den Handelsplatz für den Fall, dass dieser im Namen einer Wertpapierfirma Meldungen vornimmt, solide Sicherheitsmechanismen einzurichten, die darauf ausgelegt sind, die Sicherheit und Authentifizierung der Informationsübermittlungswege zu gewährleisten, das Risiko der Datenverfälschung und des unberechtigten Zugriffs zu minimieren, ein Durchsickern von Informationen zu verhindern und so jederzeit die Vertraulichkeit der Daten zu wahren. Der Herkunftsmitgliedstaat verpflichtet den Handelsplatz, jederzeit ausreichende Ressourcen vorzuhalten und Notfallsysteme einzurichten, um seine Dienste jederzeit anbieten und aufrechterhalten zu können.

Systeme zur Abgleichung oder Meldung von Geschäften, einschließlich gemäß Titel VI der Verordnung (EU) Nr. 648/2012 registrierte oder anerkannte Transaktionsregister, können von der zuständigen Behörde als ARM anerkannt werden, um im Einklang mit den Absätzen 1, 3 und 9 Meldungen von Geschäften an die zuständige Behörde zu übermitteln.

Wurden Geschäfte einem als ARM anerkannten Transaktionsregister gemäß Artikel 9 der Verordnung (EU) Nr. 648/2012 gemeldet und enthalten diese Meldungen die nach den Absätzen 1, 3 und 9 erforderlichen Einzelheiten und werden diese der zuständigen Behörde von einem Transaktionsregister innerhalb der Frist gemäß Absatz 1 übermittelt, so gilt die Verpflichtung der Wertpapierfirma nach Absatz 1 als erfüllt.

Enthalten die Geschäftsmeldungen Fehler oder Lücken berichtigt der ARM, die Wertpapierfirma oder der Handelsplatz, der bzw. die das Geschäft meldet, die Informationen und übermittelt der zuständigen Behörde eine berichtigte Meldung.

(8) Werden Meldungen im Sinne des vorliegenden Artikels gemäß Artikel 35 Absatz 8 der Richtlinie 2014/65/EU an die zuständige Behörde des Aufnahmemitgliedstaats gesandt, so leitet diese sie an die

zuständigen Behörden des Herkunftsmitgliedstaats der Wertpapierfirma weiter, es sei denn, diese beschließen, dass sie die Übermittlung dieser Information nicht wünschen.

(9) Die ESMA erarbeitet Entwürfe technischer Regulierungsstandards, in denen Folgendes festgelegt wird:

a) Datenstandards und -formate für die gemäß den Absätzen 1 und 3 zu meldenden Informationen, einschließlich der Methoden und Regelungen für die Meldung von Finanzgeschäften sowie Form und Inhalt dieser Meldungen;

b) die Kriterien für die Definition eines relevanten Marktes nach Absatz 1;

c) die Referenzen der erworbenen oder veräußerten Finanzinstrument[1], Volumen, Datum und Zeitpunkt des Abschlusses, den Kurs und Angaben zur Identifizierung des bzw. der Kunden, in dessen/deren Namen die Wertpapierfirma das Geschäft abgeschlossen hat, Angaben zu den Personen und Computeralgorithmen in der Wertpapierfirma, die für die Anlageentscheidung und Ausführung des Geschäfts verantwortlich sind, Angaben zu der für das Geschäft in Anspruch genommenen betreffenden Ausnahme, Möglichkeiten zur Ermittlung der betreffenden Wertpapierfirmen, Art und Weise der Ausführung des Geschäfts und für die Verarbeitung und Analyse der Geschäftsmeldungen nach Absatz 3 erforderliche Datenfelder;

d) Angaben zur Identifizierung von Leerverkäufen in Aktien und öffentlichen Schuldtiteln im Sinne von Absatz 3;

e) die einschlägigen Kategorien von Finanzinstrumenten, dies nach Absatz 2 zu melden sind;

f) die Bedingungen, unter denen Kennungen für Rechtsträger von den Mitgliedstaaten gemäß Artikel 6 entwickelt, zugeteilt und geführt werden, sowie die Bedingungen, unter denen diese Kennungen für Rechtsträger von Wertpapierfirmen dazu genutzt werden, die Angaben zur Identifizierung der Kunden gemäß den Absätzen 3, 4 und 5 in den Meldungen über Geschäfte, die sie gemäß Absatz 1 erstellen müssen, zur Verfügung zu stellen;

g) die Anwendung der Pflicht zur Meldung von Geschäften auf Zweigniederlassungen von Wertpapierfirmen;

h) Festlegung, was für die Zwecke dieses Artikels unter Geschäft und unter Ausführung eines Geschäfts zu verstehen ist;

i) Festlegung, wann ein Auftrag für die Zwecke von Absatz 4 als durch eine Wertpapierfirma übermittelt gilt;

Die ESMA legt diese Entwürfe technischer Regulierungsstandards der Kommission bis zum 3. Juli 2015 vor.

Der Kommission wird die Befugnis übertragen, die technischen Regulierungsstandards im Sinne von Unterabsatz 1 gemäß dem in den Artikeln 10 bis 14 der Verordnung (EU) Nr. 1095/2010 festgelegten Verfahren zu erlassen.

(10) Spätestens bis 3. Januar 2020 legt die ESMA der Kommission einen Bericht über die Funktionsweise dieses Artikels vor. Dazu zählt auch eine Analyse seiner Wechselwirkung mit den entsprechenden Berichtspflichten nach der Verordnung (EU) Nr. 648/2012 und die Klärung der Frage, ob Inhalt und Form der bei den zuständigen Behörden eingegangenen und zwischen ihnen ausgetauschten Geschäftsmeldungen eine umfassende Überwachung der Tätigkeiten von Wertpapierfirmen im Sinne von Artikel 24 zulassen. Die Kommission kann tätig werden, um Änderungen vorzuschlagen, auch die Änderung, dass Geschäfte, statt an die zuständigen Behörden, nur an das von der ESMA bestellte einheitliche System übermittelt werden. Die Kommission übermittelt den Bericht der ESMA dem Europäischen Parlament und dem Rat.

In der Fassung vom 15.5.2014 (ABl. EU Nr. L 173 v. 12.6.2014, S. 84), geändert durch Verordnung (EU) 1033/2016 vom 23.6.2016 (ABl. EU Nr. L 175 v. 30.6.2016, S. 1).

Delegierte Verordnung (EU) 2017/590 der Kommission vom 28. Juli 2016 zur Ergänzung der Verordnung (EU) Nr. 600/2014 des Europäischen Parlaments und des Rates durch technische Regulierungsstandards für die Meldung von Geschäften an die zuständigen Behörden

Art. 1 Datenstandards und -formate für die Meldung von Geschäften

Eine Geschäftsmeldung umfasst sämtliche in Anhang I Tabelle 2 aufgeführten Einzelheiten, die das jeweilige Finanzinstrument betreffen. Sämtliche Einzelheiten, die in Geschäftsmeldungen enthalten sein müssen, sind gemäß den in Anhang I Tabelle 2 angegebenen Standards und Formaten, in elektronischer und maschinenlesbarer Form sowie in einer einheitlichen XML-Vorlage nach der Methodik von ISO 20022 zu übermitteln.

In der Fassung vom 28.7.2016 (ABl. EU Nr. L 87 v. 31.3.2017, S. 449), geändert durch Berichtigung vom 28.9.2017 (ABl. EU Nr. L 250 v. 28.9.2017, S. 76).

---

1 Anm.: Grammatikfehler im amtlichen Text.

Art. 2 Bedeutung von Geschäft

(1) Für die Zwecke von Artikel 26 der Verordnung (EU) Nr. 600/2014 ist ein Geschäft der Abschluss eines Erwerbs oder einer Veräußerung eines in Artikel 26 Absatz 2 der Verordnung (EU) Nr. 600/2014 genannten Finanzinstruments.

(2) Ein Erwerb gemäß Absatz 1 umfasst Folgendes:
a) den Kauf eines Finanzinstruments;
b) den Abschluss eines Derivatkontrakts;
c) eine Erhöhung des Nominalbetrags eines Derivatkontrakts.

(3) Eine Veräußerung gemäß Absatz 1 umfasst Folgendes:
a) den Verkauf eines Finanzinstruments;
b) die Glattstellung eines Derivatkontrakts;
c) eine Herabsetzung des Nominalbetrags eines Derivatkontrakts.

(4) Für die Zwecke von Artikel 26 der Verordnung (EU) Nr. 600/2014 ist ein Geschäft auch der gleichzeitige Erwerb und die gleichzeitige Veräußerung eines Finanzinstruments ohne Wechsel des Eigentums an diesem Finanzinstrument mit der Pflicht zur Nachhandelsveröffentlichung gemäß den Artikeln 6, 10, 20 oder 21 der Verordnung (EU) Nr. 600/2014.

(5) Ein Geschäft für die Zwecke von Artikel 26 der Verordnung (EU) Nr. 600/2014 umfasst nicht:
a) Wertpapierfinanzierungsgeschäfte im Sinne von Artikel 3 Absatz 11 der Verordnung (EU) 2015/2365 des Europäischen Parlaments und des Rates;
b) einen Kontrakt, der nur zu Clearing- oder Abwicklungszwecken zustande gekommen ist;
c) eine Verrechnung gegenseitiger Verpflichtungen zwischen Parteien, wenn die Nettoverpflichtung fortgeführt wird;
d) einen Erwerb oder eine Veräußerung, der bzw. die lediglich das Ergebnis einer Depottätigkeit ist;
e) eine Nachhandelszuteilung oder Novation eines Derivatkontrakts, bei der eine der Parteien des Derivatkontrakts durch eine dritte Partei ersetzt wird;
f) eine Portfoliokomprimierung;
g) die Ausgabe oder Rücknahme von Anteilen eines Organismus für gemeinsame Anlagen durch den Verwalter des Organismus für gemeinsame Anlagen;
h) die Ausübung eines in ein Finanzinstrument eingebetteten Rechts oder die Umwandlung einer Wandelanleihe und das daraus resultierende Geschäft mit dem zugrunde liegenden Finanzinstrument;
i) die Ausgabe, den Ablauf oder die Rücknahme eines Finanzinstruments als Ergebnis vorab festgelegter Vertragsbedingungen oder als Ergebnis obligatorischer Ereignisse, die sich dem Einfluss des Anlegers entziehen, wenn der Anleger zum Zeitpunkt der Ausgabe, des Ablaufs oder der Rücknahme des Finanzinstruments keine Anlageentscheidung trifft;
j) eine Erhöhung oder Herabsetzung des Nominalbetrags eines Derivatkontrakts als Ergebnis vorab festgelegter Vertragsbedingungen oder obligatorischer Ereignisse, wenn der Anleger zum Zeitpunkt der Änderung des Nominalbetrags keine Anlageentscheidung trifft;
k) eine Änderung der Zusammensetzung eines Indexes oder Korbs, die nach der Ausführung eines Geschäfts erfolgt;
l) einen Erwerb im Rahmen eines Dividenden-Reinvestierungsplans;
m) einen Erwerb oder eine Veräußerung im Rahmen eines als Anreiz für Mitarbeiter aufgelegten Aktienplans oder im Zusammenhang mit der Verwaltung einer Treuhandgesellschaft für nicht in Anspruch genommene Mittel oder mit verbleibenden Ansprüchen auf Teilaktien nach Unternehmensereignissen oder als Teil von Aktienrückkaufprogrammen, wenn alle nachstehenden Kriterien erfüllt sind:
   i) das Erwerbs- bzw. Veräußerungsdatum wird im Voraus festgelegt und veröffentlicht;
   ii) die vom Anleger getroffene Anlageentscheidung bezüglich des Erwerbs oder der Veräußerung kommt einer Option des Anlegers gleich, das Geschäft ohne Möglichkeit einer einseitigen Änderung der Bedingungen des Geschäfts abzuschließen;
   iii) zwischen der Anlageentscheidung und dem Zeitpunkt der Ausführung liegt ein Zeitraum vom mindestens zehn Geschäftstagen;
   iv) bei einem einmaligen Geschäft eines bestimmten Anlegers mit einem bestimmten Finanzinstrument ist der Wert des Geschäfts auf einen Betrag von 1 000 EUR beschränkt oder bei einer Vereinbarung, die zu mehreren Geschäften führt, ist der Gesamtwert der Geschäfte eines bestimmten Anlegers mit einem bestimmten Finanzinstrument pro Kalendermonat auf einen Betrag von 500 EUR beschränkt;
n) ein Tausch- und Ausschreibungsangebot für eine Schuldverschreibung oder sonstige verbriefte Schuldtitel, wenn die Bedingungen des Angebots im Voraus festgelegt und veröffentlicht werden und die Anlageentscheidung einer Option des Anlegers gleichkommt, das Geschäft ohne Möglichkeit einer einseitigen Änderung der Bedingungen abzuschließen;
o) einen Erwerb oder eine Veräußerung, der bzw. die lediglich das Ergebnis einer Übertragung von Sicherheiten ist.

Die in Unterabsatz 1 Buchstabe a vorgesehene Ausnahme gilt nicht für Wertpapierfinanzierungsgeschäfte, bei denen ein Mitglied des Europäischen Systems der Zentralbanken Gegenpartei ist.

Die in Unterabsatz 1 Buchstabe i vorgesehene Ausnahme gilt nicht für Erstemissionen oder Zweitemissionen oder Platzierungen oder die Emission von Schuldtiteln.

In der Fassung vom 28.7.2016 (ABl. EU Nr. L 87 v. 31.3.2017, S. 449), geändert durch Berichtigung vom 28.9.2017 (ABl. EU Nr. L 250 v. 28.9.2017, S. 76).

Art. 3 Bedeutung von Ausführung eines Geschäfts

(1) Ein Geschäft im Sinne von Artikel 2 gilt als von der Wertpapierfirma ausgeführt, wenn diese eine der folgenden Leistungen erbringt oder eine der folgenden Tätigkeiten durchführt, die ein Geschäft zur Folge haben.
a) Annahme und Übermittlung von Aufträgen, die ein oder mehrere Finanzinstrument(e) zum Gegenstand haben;
b) Ausführung von Aufträgen im Namen von Kunden;
c) Handel für eigene Rechnung;
d) Treffen einer Anlageentscheidung im Einklang mit einem von einem Kunden erteilten Vermögensverwaltungsmandat;
e) Übertragung von Finanzinstrumenten auf oder aus Konten.

(2) Ein Geschäft gilt nicht als von der Wertpapierfirma ausgeführt, wenn diese einen Auftrag gemäß Artikel 4 übermittelt.

In der Fassung vom 28.7.2016 (ABl. EU Nr. L 87 v. 31.3.2017, S. 449).

Art. 4 Übermittlung eines Auftrags

(1) Wenn eine Wertpapierfirma einen Auftrag gemäß Artikel 26 Absatz 4 der Verordnung (EU) Nr. 600/2014 übermittelt (übermittelnde Firma), so gilt dieser nur dann als von der Wertpapierfirma übermittelt, wenn die nachstehenden Voraussetzungen erfüllt sind:
a) der Auftrag wurde von einem Kunden erteilt oder ist auf ihre Entscheidung zurückzuführen, ein bestimmtes Finanzinstrument gemäß einem von einem oder mehreren Kunden erteilten Vermögensverwaltungsmandat zu erwerben oder zu veräußern;
b) die übermittelnde Firma hat einer anderen Wertpapierfirma (Empfängerfirma) die in Absatz 2 genannten Einzelheiten des Auftrags übermittelt;
c) die Empfängerfirma unterliegt Artikel 26 Absatz 1 der Verordnung (EU) Nr. 600/2014 und erklärt sich damit einverstanden, das aus dem betreffenden Auftrag resultierende Geschäft entweder zu melden oder die Einzelheiten des Auftrags gemäß diesem Artikel an eine andere Wertpapierfirma zu übermitteln.

Für die Zwecke von Unterabsatz 1 Buchstabe c ist in der Einverständniserklärung die Frist für die Bereitstellung der Einzelheiten des Auftrags durch die übermittelnde Firma an die Empfängerfirma angegeben und vorgesehen, dass die Empfängerfirma vor der Übermittlung einer Geschäftsmeldung oder der Übermittlung des Auftrags gemäß diesem Artikel prüft, ob die erhaltenen Einzelheiten des Auftrags offensichtliche Fehler oder Auslassungen enthalten.

(2) Die nachstehenden Einzelheiten von Aufträgen sind, sofern auf den jeweiligen Auftrag zutreffend, gemäß Absatz 1 zu übermitteln:
a) die Kennung des Finanzinstruments;
b) die Angabe, ob sich der Auftrag auf den Erwerb oder die Veräußerung des Finanzinstruments bezieht;
c) Preis und Menge gemäß Angabe im Auftrag;
d) Bezeichnung und Einzelheiten des Kunden der übertragenden Firma für die Zwecke des Auftrags;
e) Bezeichnung und Einzelheiten des Entscheidungsträgers für den Kunden, wenn die Anlageentscheidung im Rahmen einer Vertretungsvollmacht getroffen wird;
f) Angaben zur Identifizierung eines Leerverkaufs;
g) Angaben zur Identifizierung einer Person oder eines Algorithmus, die bzw. der für die Anlageentscheidung in der übermittelnden Firma verantwortlich ist;
h) Land der Zweigniederlassung der Wertpapierfirma, die die Aufsichtsverantwortung für die für die Anlageentscheidung verantwortliche Person hat, und Land der Zweigniederlassung der Wertpapierfirma, die den Auftrag vom Kunden empfangen oder gemäß einem von diesem erteilten Vermögensverwaltungsmandat eine Anlageentscheidung für einen Kunden getroffen hat;
i) bei einem Auftrag über Warenderivate eine Angabe, ob mit dem Geschäft eine objektiv messbare Risikominderung gemäß Artikel 57 der Richtlinie 2014/65/EU einhergeht;
j) der Code zur Identifizierung der übermittelnden Firma.

Für die Zwecke von Unterabsatz 1 Buchstabe d sind Kunden, bei denen es sich um natürliche Personen handelt, gemäß Artikel 6 zu bestimmen.

Wurde der übermittelte Auftrag von einer Firma entgegengenommen, die den Auftrag zuvor nicht gemäß den in diesem Artikel genannten Bedingungen übermittelt hat, ist der Code für die Zwecke von Unterabsatz 1 Buchstabe j der Code zur Identifizierung der übermittelnden Firma. Wurde der übermittelte Auftrag gemäß den in diesem Artikel genannten Bedingungen von einer zuvor übermittelnden Firma entgegengenommen, ist der gemäß Unterabsatz 1 Buchstabe j bereitgestellte Code der Code zur Identifizierung der zuvor übermittelnden Firma.

(3) Bei mehr als einer übermittelnden Firma im Zusammenhang mit einem bestimmten Auftrag werden die in Absatz 2 Unterabsatz 1 Buchstaben d bis i genannten Einzelheiten des Auftrags für den Kunden der ersten übermittelnden Firma übermittelt.

(4) Handelt es sich um einen zusammengefassten Auftrag für mehrere Kunden, sind die in Absatz 2 genannten Angaben für jeden Kunden zu übermitteln.

In der Fassung vom 28.7.2016 (ABl. EU Nr. L 87 v. 31.3.2017, S. 449).

Art. 5 Angabe der Wertpapierfirma, die ein Geschäft ausführt

(1) Eine Wertpapierfirma, die ein Geschäft ausführt, stellt sicher, dass ihre Angabe in der gemäß Artikel 26 Absatz 1 der Verordnung (EU) Nr. 600/2014 übermittelten Geschäftsmeldung mit einer validierten, ausgestellten und ordnungsgemäß erneuerten Rechtsträgerkennung gemäß ISO 17442 erfolgt.

(2) Eine Wertpapierfirma, die ein Geschäft ausführt, stellt sicher, dass die Referenzdaten in Verbindung mit ihrer Rechtsträgerkennung im Einklang mit den Bedingungen einer der anerkannten lokalen operativen Einheiten (Local Operating Units, LOU) des globalen Systems der Rechtsträgerkennungen erneuert werden.

In der Fassung vom 28.7.2016 (ABl. EU Nr. L 87 v. 31.3.2017, S. 449).

Art. 6 Angaben zur Identifizierung natürlicher Personen

(1) Eine natürliche Person ist in einer Geschäftsmeldung mit der Bezeichnung anzugeben, die sich aus der Zeichenkette bestehend aus dem Alpha-2-Code nach ISO 3166-1 (Ländercode aus zwei Buchstaben) des Landes der Staatsangehörigkeit der Person, gefolgt von der in Anhang II aufgeführten nationalen Kundenkennung auf der Grundlage der Staatsangehörigkeit der Person ergibt.

(2) Die nationale Kundenkennung gemäß Absatz 1 wird im Einklang mit den in Anhang II angegebenen Prioritätsstufen zugewiesen, wobei die Kennung mit der höchsten Prioritätsstufe verwendet wird, die eine Person besitzt, unabhängig davon, ob diese Kennung der Wertpapierfirma bereits bekannt ist.

(3) Besitzt eine natürliche Person die Staatsangehörigkeiten mehrerer Länder des Europäischen Wirtschaftsraums (EWR), werden der Ländercode der Nationalität, der bei einer alphabetischen Sortierung der Alpha-2-Codes gemäß ISO 3166-1 an erster Stelle steht, und die Kennung dieser Nationalität, die gemäß Absatz 2 zugewiesen wurde, verwendet. Besitzt eine natürliche Person eine Staatsangehörigkeit eines Nicht-EWR-Landes, wird die Kennung mit der höchsten Prioritätsstufe gemäß dem in Anhang II vorgesehenen Feld für „alle anderen Länder" verwendet. Besitzt eine natürliche Person die Staatsangehörigkeit eines EWR-Landes und eines Nicht-EWR-Landes, werden der Ländercode des EWR-Landes und die Kennung dieser Nationalität mit der höchsten Prioritätsstufe, die gemäß Absatz 2 zugewiesen wurde, verwendet.

(4) Lautet die gemäß Absatz 2 zugewiesene Kennung CONCAT, gibt die Wertpapierfirma die natürliche Person mit einer Zeichenkette aus nachfolgenden Bestandteilen in nachfolgender Reihenfolge an:
a) Geburtsdatum der Person im Format JJJJMMTT;
b) die ersten fünf Buchstaben des Vornamens;
c) die ersten fünf Buchstaben des Nachnamens.

(5) Für die Zwecke von Absatz 4 sind Namensvorsätze ausgeschlossen und Vor- und Nachnamen aus weniger als fünf Zeichen werden durch „#" ergänzt, damit sämtliche Angaben von Namen und Nachnamen gemäß Absatz 4 fünf Zeichen umfassen. Es sind ausschließlich Großbuchstaben zu verwenden. Es dürfen keine Apostrophe, Akzente, Bindestriche, Satz- oder Leerzeichen verwendet werden.

In der Fassung vom 28.7.2016 (ABl. EU Nr. L 87 v. 31.3.2017, S. 449).

Art. 7 Angaben zur Identifizierung des Kunden und Kennung und Einzelheiten des Entscheidungsträgers

(1) Eine Geschäftsmeldung in Bezug auf ein Geschäft, das im Namen eines Kunden ausgeführt wurde, der eine natürliche Person ist, umfasst den vollständigen Namen und das Geburtsdatum des Kunden, wie in den Feldern 9, 10, 11, 18, 19 und 20 der Tabelle 2 in Anhang I vorgegeben.

(2) Ist der Kunde nicht die Person, die die Anlageentscheidung bezüglich dieses Geschäfts getroffen hat, wird in der Geschäftsmeldung die Person angegeben, die diese Entscheidung im Namen des Kunden getroffen hat; die Angabe erfolgt gemäß den Vorgaben der Felder 12 bis 15 der Tabelle 2 in Anhang I für den Käufer und der Felder 21 bis 24 der Tabelle 2 in Anhang I für den Verkäufer.

In der Fassung vom 28.7.2016 (ABl. EU Nr. L 87 v. 31.3.2017, S. 449).

Art. 8 Angabe der Person oder des Computeralgorithmus, die bzw. der für die Anlageentscheidung verantwortlich ist

(1) Geht die Anlageentscheidung für den Erwerb oder die Veräußerung eines bestimmten Finanzinstruments von einer Person oder einem Computeralgorithmus in einer Wertpapierfirma aus, erfolgt die Angabe dieser Person oder dieses Computeralgorithmus wie in Feld 57 der Tabelle 2 in Anhang I vorgegeben. Die Wertpapierfirma gibt diese Person oder diesen Computeralgorithmus nur an, wenn die Anlageentscheidung entweder im Namen der Wertpapierfirma selbst oder im Namen eines Kunden im Einklang mit einem von diesem erteilten Vermögensverwaltungsmandat getroffen wurde.

(2) Wird die Anlageentscheidung von mehreren Personen innerhalb der Wertpapierfirma getroffen, bestimmt die Wertpapierfirma, welche Person die vorrangige Verantwortung für diese Entscheidung trägt. Die Bestimmung der Person, die die vorrangige Verantwortung für die Anlageentscheidung trägt, erfolgt im Einklang mit von der Wertpapierfirma vorab festgelegten Kriterien.

(3) Ist gemäß Absatz 1 ein Computeralgorithmus in der Wertpapierfirma für die Anlageentscheidung verantwortlich, weist die Wertpapierfirma dem Computeralgorithmus eine Bezeichnung für dessen Identifizierung in einer Geschäftsmeldung zu. Diese Bezeichnung muss die nachstehenden Voraussetzungen erfüllen:
a) Sie ist eindeutig für jede Codeliste bzw. Handelsstrategie, die den Algorithmus ausmacht, unabhängig von den Finanzinstrumenten oder den Märkten, auf die der Algorithmus Anwendung findet;

b) nach ihrer Zuweisung zu dem Algorithmus wird sie durchgängig für den Algorithmus oder Versionen des Algorithmus verwendet;
c) sie ist über die Zeit hinweg eindeutig.

In der Fassung vom 28.7.2016 (ABl. EU Nr. L 87 v. 31.3.2017, S. 449).

Art. 9 Angabe der Person oder des Computeralgorithmus, die bzw. der für die Ausführung eines Geschäfts verantwortlich ist

(1) Bestimmt eine Person oder ein Computeralgorithmus in der Wertpapierfirma, die ein Geschäft ausführt, welcher Handelsplatz, systematische Internalisierer oder welche organisierte Handelsplattform außerhalb der Union verwendet werden soll, welchen Firmen Aufträge weitergeleitet werden sollen oder welche Bedingungen in Verbindung mit der Ausführung eines Auftrags gelten sollen, wird diese Person oder dieser Computeralgorithmus in Feld 59 der Tabelle 2 in Anhang I angegeben.

(2) Ist eine Person in der Wertpapierfirma für die Ausführung des Geschäfts verantwortlich, weist die Wertpapierfirma dieser Person im Einklang mit Artikel 6 eine Bezeichnung für deren Identifizierung in einer Geschäftsmeldung zu.

(3) Ist ein Computeralgorithmus in der Wertpapierfirma für die Ausführung des Geschäfts verantwortlich, weist die Wertpapierfirma diesem Computeralgorithmus im Einklang mit Artikel 8 Absatz 3 eine Bezeichnung für dessen Identifizierung zu.

(4) Sind sowohl eine Person als auch ein Computeralgorithmus oder mehrere Personen oder Algorithmen an der Ausführung des Geschäfts beteiligt, bestimmt die Wertpapierfirma, welche Person oder welcher Computeralgorithmus vorrangig für die Ausführung des Geschäfts verantwortlich ist. Die Bestimmung der Person oder des Computeralgorithmus, die bzw. der die vorrangige Verantwortung für die Ausführung trägt, erfolgt im Einklang mit von der Wertpapierfirma vorab festgelegten Kriterien.

In der Fassung vom 28.7.2016 (ABl. EU Nr. L 87 v. 31.3.2017, S. 449).

Art. 10 Angaben zu der für das Geschäft in Anspruch genommenen betreffenden Ausnahme

In Geschäftsmeldungen ist die für das ausgeführte Geschäft in Anspruch genommene betreffende Ausnahme nach Artikel 4 oder Artikel 9 der Verordnung (EU) Nr. 600/2014 entsprechend den Vorgaben von Feld 61 der Tabelle 2 in Anhang I dieser Verordnung anzugeben.

In der Fassung vom 28.7.2016 (ABl. EU Nr. L 87 v. 31.3.2017, S. 449).

Art. 11 Angaben zur Identifizierung eines Leerverkaufs

(1) In Geschäftsmeldungen sind Geschäfte, die zum Zeitpunkt ihrer Ausführung Leerverkaufsgeschäfte oder teilweise Leerverkaufsgeschäfte sind, entsprechend den Vorgaben von Feld 62 der Tabelle 2 in Anhang I anzugeben.

(2) Eine Wertpapierfirma bestimmt nach besten Bemühen die Leerverkaufsgeschäfte, in denen ihr Kunde der Verkäufer ist, auch wenn eine Wertpapierfirma die Aufträge mehrerer Kunden zusammenfasst. Die Wertpapierfirma gibt diese Leerverkaufsgeschäfte in ihrer Geschäftsmeldung entsprechend den Vorgaben von Feld 62 der Tabelle 2 in Anhang I an.

(3) Führt eine Wertpapierfirma ein Leerverkaufsgeschäft in eigenem Namen aus, gibt sie in der Geschäftsmeldung an, ob das Leerverkaufsgeschäft in der Funktion eines Market-Makers oder Primärhändlers im Rahmen einer Ausnahme gemäß Artikel 17 der Verordnung (EU) Nr. 236/2012 durchgeführt wurde.

In der Fassung vom 28.7.2016 (ABl. EU Nr. L 87 v. 31.3.2017, S. 449).

Art. 12 Meldung einer Ausführung für eine Kombination von Finanzinstrumenten

Führt eine Wertpapierfirma ein Geschäft mit zwei oder mehr Finanzinstrumenten aus, meldet die Wertpapierfirma das Geschäft mit jedem Finanzinstrument separat und verknüpft diese Meldungen über eine auf der Ebene der Wertpapierfirma eindeutige Kennung mit der Gruppe von Geschäftsmeldungen, die mit dieser Ausführung in Zusammenhang stehen, wie in Feld 40 der Tabelle 2 in Anhang I vorgegeben.

In der Fassung vom 28.7.2016 (ABl. EU Nr. L 87 v. 31.3.2017, S. 449).

Art. 13 Vorgaben für die Entwicklung, Zuteilung und Führung von Rechtsträgerkennungen

(1) Die Mitgliedstaaten stellen sicher, dass Rechtsträgerkennungen im Einklang mit den nachstehenden Grundsätzen entwickelt, zugeteilt und geführt werden:
a) Eindeutigkeit;
b) Genauigkeit;
c) Kohärenz;
d) Neutralität;
e) Zuverlässigkeit;
f) Quelloffenheit;
g) Flexibilität;
h) Skalierbarkeit;
i) Zugänglichkeit.

Die Mitgliedstaaten stellen des Weiteren sicher, dass Rechtsträgerkennungen (LEI) unter Verwendung weltweit einheitlicher operativer Standards entwickelt, zugeteilt und geführt werden, dem Regelungsrahmen des Ausschusses für die LEI-Regulierungsaufsicht (Legal Entity Identifier Regulatory Oversight Committee) unterliegen und zu angemessenen Kosten erhältlich sind.

(2) Eine Wertpapierfirma darf keine Leistungen erbringen, die zur Übermittlung einer Geschäftsmeldung für ein Geschäft verpflichten, das im Namen eines Kunden abgeschlossen wurde, der berechtigt ist, einen LEI-Code zu führen, bevor sie den LEI-Code von diesem Kunden erhalten hat.

(3) Wertpapierfirmen stellen sicher, dass Länge und Aufbau des Codes der ISO-Norm 17442 entsprechen, der Code in der globalen LEI-Datenbank verzeichnet ist, die von der durch die LEI-Regulierungsaufsicht ernannten zentralen operativen Einheit (Central Operating Unit, COU) geführt wird, und zu dem betreffenden Kunden gehört.

In der Fassung vom 28.7.2016 (ABl. EU Nr. L 87 v. 31.3.2017, S. 449).

Art. 14 Meldung von Geschäften, die von Zweigniederlassungen ausgeführt werden

(1) Eine Wertpapierfirma meldet Geschäfte, die vollständig oder teilweise über ihre Zweigniederlassung ausgeführt werden, der zuständigen Behörde des Herkunftsmitgliedstaats der Wertpapierfirma, es sei denn, die zuständigen Behörden des Herkunfts- und des Aufnahmemitgliedstaats haben eine anderslautende Vereinbarung getroffen.

(2) Führt eine Wertpapierfirma ein Geschäft vollständig oder teilweise über ihre Zweigniederlassung aus, meldet sie das Geschäft nur einmal.

(3) Sind Ländercodeangaben für die Zweigniederlassung einer Wertpapierfirma in einer Geschäftsmeldung entsprechend den Vorgaben der Felder 8, 17, 37, 58 oder 60 von Tabelle 2 des Anhang I erforderlich, da ein Geschäft teilweise oder vollständig durch diese Zweigniederlassung ausgeführt wurde, gibt die Wertpapierfirma in allen nachstehenden Fällen den Ländercode nach ISO 3166 für die entsprechende Zweigniederlassung in der Geschäftsmeldung an:
a) Wenn die Zweigniederlassung den Auftrag von einem Kunden erhalten oder gemäß einem von dem Kunden erteilten Vermögensverwaltungsmandat eine Anlageentscheidung für einen Kunden getroffen hat;
b) wenn die Zweigniederlassung die Aufsichtsverantwortung für die Person hat, die für die betreffende Anlageentscheidung verantwortlich ist;
c) wenn die Zweigniederlassung die Aufsichtsverantwortung für die Person hat, die für die Ausführung des Geschäfts verantwortlich ist;
d) wenn das Geschäft an einem Handelsplatz oder über eine organisierte Handelsplattform außerhalb der Union ausgeführt wurde und die Mitgliedschaft der Zweigniederlassung bei diesem Handelsplatz oder einer organisierten Handelsplattform genutzt wurde.

(4) Treffen ein oder mehrere der in Absatz 3 aufgeführten Fälle nicht auf eine Zweigniederlassung der Wertpapierfirma zu, wird in den entsprechenden Feldern in Tabelle 2 von Anhang I der ISO-Ländercode für den Herkunftsmitgliedstaat der Wertpapierfirma oder, im Falle einer Drittlandfirma, der Ländercode des Landes, in dem die Firma ihre Hauptverwaltung oder ihren Sitz hat, angegeben.

(5) Die Zweigniederlassung einer Drittlandfirma übermittelt die Geschäftsmeldung der zuständigen Behörde, die die Zweigniederlassung zugelassen hat. Die Zweigniederlassung einer Drittlandfirma gibt in den entsprechenden Feldern in Tabelle 2 von Anhang I den ISO-Ländercode für den Mitgliedstaat der zuständigen Zulassungsbehörde an.

Verfügt eine Drittlandfirma über Zweigniederlassungen in mehreren Mitgliedstaaten der Union, wählen diese Zweigniederlassungen gemeinsam eine der zuständigen Behörden der Mitgliedstaaten aus, an die Geschäftsmeldungen gemäß den Absätzen 1 bis 3 zu senden sind.

In der Fassung vom 28.7.2016 (ABl. EU Nr. L 87 v. 31.3.2017, S. 449).

Art. 15 Verfahren und Vorkehrungen für die Meldung von Finanzgeschäften

(1) Die Verfahren und Vorkehrungen für die Erstellung und Übermittlung von Geschäftsmeldungen durch Handelsplätze und Wertpapierfirmen umfassen:
a) Systeme zur Gewährleistung der Sicherheit und Vertraulichkeit der gemeldeten Daten;
b) Mechanismen, anhand derer die Quelle der Geschäftsmeldung eindeutig identifiziert werden kann;
c) Vorsichtsmaßnahmen, dank derer nach einem Systemausfall das Melden zügig wieder aufgenommen werden kann;
d) Mechanismen für die Erkennung von Fehlern und Auslassungen bei der Meldung eines Geschäfts;
e) Mechanismen zur Vermeidung doppelter Geschäftsmeldungen, einschließlich in den Fällen, in denen sich eine Wertpapierfirma im Einklang mit Artikel 26 Absatz 7 der Verordnung (EU) Nr. 600/2014 darauf verlässt, dass ein Handelsplatz die Einzelheiten von Geschäften meldet, die die Wertpapierfirma über die Systeme des Handelsplatzes ausgeführt hat;
f) Mechanismen zur Gewährleistung, dass der Handelsplatz nur Meldungen für diejenigen Wertpapierfirmen übermittelt, die sich dafür entschieden haben, dass der Handelsplatz in ihrem Namen Meldungen für Geschäfte übermitteln soll, die über Systeme dieses Handelsplatzes durchgeführt wurden;
g) Mechanismen zur Vermeidung der Meldung von Geschäften, für die keine Meldepflicht nach Artikel 26 Absatz 1 der Verordnung (EU) Nr. 600/2014 besteht, da sie entweder kein Geschäft im Sinne von Artikel 2 dieser Verordnung sind oder da das Instrument, das Gegenstand des betreffenden Geschäfts ist, nicht in den Anwendungsbereich von Artikel 26 Absatz 2 der Verordnung (EU) Nr. 600/2014 fällt;

Art. 26 VO Nr. 600/2014 | Pflicht zur Meldung von Geschäften

h) Mechanismen zur Identifizierung nicht gemeldeter Geschäfte, für die eine Meldepflicht nach Artikel 26 der Verordnung (EU) Nr. 600/2014 besteht, einschließlich der Fälle, in denen von der betreffenden zuständigen Behörde zurückgewiesene Meldungen nicht erfolgreich erneut übermittelt wurden.

(2) Erlangt der Handelsplatz oder die Wertpapierfirma Kenntnis über Fehler oder Auslassungen in einer an eine zuständige Behörde übermittelten Geschäftsmeldung, über ein Versäumnis der Übermittlung einer Geschäftsmeldung einschließlich eines Versäumnisses der erneuten Übermittlung einer zurückgewiesenen Geschäftsmeldung für meldepflichtige Geschäfte oder über die Meldung eines Geschäfts, für das keine Meldepflicht besteht, unterrichtet er bzw. sie die entsprechende zuständige Behörde umgehend über diesen Umstand.

(3) Wertpapierfirmen müssen über Vorkehrungen verfügen, die die Vollständigkeit und Richtigkeit ihrer Geschäftsmeldungen gewährleisten. Zu diesen Vorkehrungen gehören das Testen ihres Meldevorgangs und der regelmäßige Abgleich ihrer Front-Office-Handelsaufzeichnungen mit den von ihren zuständigen Behörden zu diesem Zweck zur Verfügung gestellten Datenproben.

(4) Stellen die zuständigen Behörden keine Datenproben zur Verfügung, gleichen die Wertpapierfirmen ihre Front-Office-Handelsaufzeichnungen mit den Daten in den Geschäftsmeldungen, die sie an die zuständigen Behörden übermittelt haben oder die ARM oder Handelsplätze in ihrem Namen übermittelt haben, ab. Der Abgleich umfasst die Prüfung der Rechtzeitigkeit der Meldung, der Richtigkeit und Vollständigkeit der einzelnen Datenfelder und deren Übereinstimmung mit den in Tabelle 2 von Anhang I angegebenen Standards und Formaten.

(5) Wertpapierfirmen müssen über Vorkehrungen verfügen, die sicherstellen, dass ihre Geschäftsmeldungen bei gemeinsamer Betrachtung sämtliche Änderungen ihrer Position und der Position ihrer Kunden in den betreffenden Finanzinstrumenten zum Zeitpunkt der Ausführung der Geschäfte mit den Finanzinstrumenten widerspiegeln.

(6) Storniert oder korrigiert ein ARM im Einklang mit den Anweisungen der Wertpapierfirma eine im Namen einer Wertpapierfirma übermittelte Geschäftsmeldung, hat die Wertpapierfirma die Einzelheiten zu den Korrekturen und Stornierungen, die sie vom ARM erhalten hat, aufzubewahren.

(7) Meldungen gemäß Artikel 26 Absatz 5 der Verordnung (EU) Nr. 600/2014 sind an die zuständige Behörde des Herkunftsmitgliedstaats des Handelsplatzes zu senden.

(8) Die zuständigen Behörden haben beim gegenseitigen Austausch von Geschäftsmeldungen sichere elektronische Kommunikationskanäle zu verwenden.

In der Fassung vom 28.7.2016 (ABl. EU Nr. L 87 v. 31.3.2017, S. 449), geändert durch Berichtigung vom 28.9.2017 (ABl. EU Nr. L 250 v. 28.9.2017, S. 76).

Art. 16 Bestimmung des unter Liquiditätsaspekten wichtigsten Marktes

(1) Im Falle von übertragbaren Wertpapieren im Sinne von Artikel 4 Absatz 1 Ziffer 44 Buchstabe a der Richtlinie 2014/65/EU, Emissionszertifikaten oder Anteilen an Organismen für gemeinsame Anlagen wird der unter Liquiditätsaspekten wichtigste Markt für dieses Finanzinstrument (der wichtigste Markt) einmal im Kalenderjahr auf der Grundlage der Daten des vorherigen Kalenderjahres – vorausgesetzt, das Finanzinstrument war zu Beginn des vorherigen Kalenderjahres zum Handel zugelassen oder wurde gehandelt – wie folgt bestimmt:

a) Bei Instrumenten, die an einem oder mehreren geregelten Märkten zum Handel zugelassen sind, ist der wichtigste Markt der geregelte Markt, an dem der Umsatz gemäß Definition in Artikel 17 Absatz 4 der Delegierten Verordnung (EU) 2017/587 der Kommission im vorherigen Kalenderjahr für dieses Instrument am höchsten war;

b) bei Instrumenten, die nicht zum Handel an einem geregelten Markt zugelassen sind, ist der wichtigste Markt das MTF, bei dem der Umsatz im vorherigen Kalenderjahr für dieses Finanzinstrument am höchsten war;

c) für die Zwecke der Buchstaben a und b wird der höchste Umsatz unter Ausschluss sämtlicher Geschäfte berechnet, für die gemäß Artikel 4 Absatz 1 Buchstabe a, b oder c der Verordnung (EU) Nr. 600/2014 Ausnahmen von den Vorhandelstransparenzanforderungen gelten.

(2) Abweichend von Absatz 1 ist in den Fällen, in denen ein übertragbares Wertpapier im Sinne von Artikel 4 Absatz 1 Buchstabe a der Richtlinie 2014/65/EU, ein Emissionszertifikat oder ein Anteil an einem Organismus für gemeinsame Anlagen zu Beginn des vorherigen Kalenderjahres nicht zum Handel zugelassen war oder gehandelt wurde oder unzureichende oder keine Daten zur Berechnung des Umsatzes im Einklang mit Absatz 1 Buchstabe c dieses Artikels zur Bestimmung des wichtigsten Marktes für dieses Finanzinstrument vorliegen, der wichtigste Markt für das Finanzinstrument der Markt des Mitgliedstaats, in dem erstmals ein Antrag auf Zulassung zum Handel gestellt wurde oder in dem das Instrument erstmals gehandelt wurde.

(3) Im Falle eines übertragbaren Wertpapiers im Sinne von Artikel 4 Absatz 1 Ziffer 44 Buchstabe b der Richtlinie 2014/65/EU oder eines Geldmarktinstruments, dessen Emittent in der Union ansässig ist, ist der wichtigste Markt der Markt des Mitgliedstaats, in dem sich der Sitz des Emittenten befindet.

(4) Im Falle eines übertragbaren Wertpapiers im Sinne von Artikel 4 Absatz 1 Ziffer 44 Buchstabe b der Richtlinie 2014/65/EU oder eines Geldmarktinstruments, dessen Emittent außerhalb der Union ansässig ist, ist der wichtigste Markt der Markt des Mitgliedstaats, in dem erstmals ein Antrag auf Zulassung zum Handel für dieses Finanzinstrument gestellt wurde oder das Finanzinstrument erstmals an einem Handelsplatz gehandelt wurde.

(5) Im Falle eines Finanzinstruments, das ein Derivatkontrakt oder ein Differenzgeschäft oder ein übertragbares Wertpapier im Sinne von Artikel 4 Absatz 1 Ziffer 44 Buchstabe c der Richtlinie 2014/65/EU ist, wird der wichtigste Markt wie folgt bestimmt:

a) Ist der Basiswert des Finanzinstruments ein übertragbares Wertpapier im Sinne von Artikel 4 Absatz 1 Ziffer 44 Buchstabe a der Richtlinie 2014/65/EU oder ein Emissionszertifikat, das zum Handel an einem geregelten Markt zugelassen

ist oder über ein MTF gehandelt wird, ist der wichtigste Markt der Markt, der gemäß Absatz 1 oder 2 dieses als wichtigster Markt für das zugrunde liegende Wertpapier gilt.
b) ist der Basiswert des Finanzinstruments ein übertragbares Wertpapier im Sinne von Artikel 4 Absatz 1 Ziffer 44 Buchstabe b der Richtlinie 2014/65/EU oder ein Geldmarktinstrument, das zum Handel an einem geregelten Markt zugelassen ist oder über ein MTF oder ein OTF gehandelt wird, ist der wichtigste Markt der Markt, der gemäß Absatz 3 oder 4 dieses Artikels als wichtigster Markt für das zugrunde liegende Finanzinstrument gilt;
c) ist der Basiswert des Finanzinstruments ein Korb aus Finanzinstrumenten, ist der wichtigste Markt der Markt des Mitgliedstaats, in dem das Finanzinstrument erstmals zum Handel an einem Handelsplatz zugelassen oder erstmals an einem Handelsplatz gehandelt wurde.
d) ist der Basiswert des Finanzinstruments ein Index aus Finanzinstrumenten, ist der wichtigste Markt der Markt des Mitgliedstaats, in dem das Finanzinstrument erstmals zum Handel an einem Handelsplatz zugelassen oder erstmals an einem Handelsplatz gehandelt wurde;
e) ist der Basiswert des Finanzinstruments ein Derivat, das zum Handel an einem Handelsplatz zugelassen ist oder an einem Handelsplatz gehandelt wird, ist der wichtigste Markt der Markt des Mitgliedstaats, in dem dieses Derivat zum Handel an einem Handelsplatz zugelassen ist oder an einem Handelsplatz gehandelt wird.
(6) Bei Finanzinstrumenten, die nicht durch die Absätze 1 bis 5 abgedeckt sind, ist der wichtigste Markt der Markt des Mitgliedstaats des Handelsplatzes, an dem das Finanzinstrument erstmals zum Handel zugelassen wurde oder an dem das Finanzinstrument erstmals gehandelt wurde.
In der Fassung vom 28.7.2016 (ABl. EU Nr. L 87 v. 31.3.2017, S. 449).

Art. 17 Inkrafttreten und Anwendung
Diese Verordnung tritt am zwanzigsten Tag nach ihrer Veröffentlichung im *Amtsblatt der Europäischen Union* in Kraft.
Sie gilt ab dem 3. Januar 2018.
Die Anwendung von Artikel 2 Absatz 5 Unterabsatz 2 beginnt jedoch 12 Monate nach dem Inkrafttreten des von der Kommission gemäß Artikel 4 Absatz 9 der Verordnung (EU) 2015/2365 erlassenen delegierten Rechtsakts.
In der Fassung vom 28.7.2016 (ABl. EU Nr. L 87 v. 31.3.2017, S. 449).

Anhang I und II
(nicht abgedruckt)

Schrifttum: *Harter/Voß*, Transaktionsmeldungen nach Art. 26 MiFIR – Was gilt für emittierende Wertpapierfirmen ab 2018, BB 2017, 1667; *Hoops*, Die Regulierung von Marktdaten nach der MiFID II, WM 2018, 205; *Köpfer*, Anwendung und Auswirkung des europäischen Kapitalmarktrechts auf Akteure aus Drittstaaten – Eine Analyse auf Basis der Umsetzung ins deutsche Recht und der Auswirkungen auf die Schweiz, 2015; *Kortenbusch*, MiFIR: Neue Meldepflichten beim Wertpapierhandel, CRP 2018, 98; *Langenbucher*, Europäisches Privat- und Wirtschaftsrecht, 4. Aufl. 2017; *Lutter/Bayer/J. Schmidt*, Europäisches Unternehmens- und Kapitalmarktrecht, 6. Aufl. 2017; *Poelzig*, Kapitalmarktrecht, 2018; *Temporale* (Hrsg.), Europäische Finanzmarktregulierung, 2015.

I. Regelungsgegenstand und -gefüge 1
II. Die Regelung im Einzelnen 7
  1. Wertpapierfirmen als Meldepflichtige i.S.d. Art. 26 Abs. 1 VO Nr. 600/2014 7
  2. Betreiber von Handelsplätzen als Meldepflichtige gem. Art. 26 Abs. 5 VO Nr. 600/2014 ... 10
  3. Gegenstand und Inhalt der Meldung 13
  4. Zuständige Behörde als Empfänger der Meldung 23
  5. Meldefrist 27
  6. Meldeweg 30
  7. Meldung durch Dritte 32
    a) Genehmigter Meldemechanismus (ARM) .. 33
    b) Handelsplatzbetreiber, über dessen System das Geschäft abgewickelt wurde 37
    c) Transaktionsregister als ARM 39
  8. Grenzüberschreitender Datenaustausch zwischen Behörden 40
    a) Datenzugang für die zuständige Behörde des wichtigsten Marktes 41
    b) Datenzugang der ESMA 43
    c) Weitere Fälle des Austauschs von Geschäftsmeldungen 45

I. Regelungsgegenstand und -gefüge. Art. 26 VO Nr. 600/2014 (MiFIR) bildet unter der Überschrift „Pflicht zur Meldung von Geschäften" den praktisch bedeutsamsten Artikel in Titel IV der VO Nr. 600/2014. Wertpapierfirmen werden nach Art. 26 Abs. 1 Unterabs. 1 VO Nr. 600/2014 verpflichtet, ihre durch sie getätigten Geschäfte in Finanzinstrumenten umgehend der zuständigen Behörde zu melden. Nach Art. 26 Abs. 2 VO Nr. 600/2014 ist Voraussetzung, dass das von einem Geschäft betroffene Finanzinstrument einen Bezug zu einem Handelsplatz, also zum organisierten Kapitalmarkt aufweist. Wie sich aus Art. 26 Abs. 7 VO Nr. 600/2014 klarstellend ergibt, können sich die Wertpapierfirmen bei der Erfüllung ihrer Meldepflicht der Hilfe Dritter bedienen. Art. 26 Abs. 3 VO Nr. 600/2014 stellt die Grundanforderungen an den Inhalt der Meldung auf. Ferner regelt Art. 26 Abs. 5 VO Nr. 600/2014, dass auch ein Handelsplatzbetreiber Geschäfte an die Behörde zu melden hat, wenn eine Firma, die nicht dem Anwendungsbereich der MiFIR unterliegt, Geschäfte über sein System abwickelt. Schließlich enthält Art. 26 VO Nr. 600/2014 in Abs. 1 und Abs. 8 eine Reihe von Aspekten der behördlichen Zusammenarbeit innerhalb der EU.

2 Die nach Art. 26 VO Nr. 600/2014 umgehend an die Aufsicht zu übermittelnden Daten über Geschäftsvorfälle bilden zusammen mit den Referenzdaten der Finanzinstrumente i.S.v. Art. 27 Abs. 1 VO Nr. 600/2014 die Grundlage für die Marktüberwachung der zuständigen Behörden. Ein Meldesatz nach Art. 26 VO Nr. 600/2014 weist mit den nach Art. 25 Abs. 1 VO Nr. 600/2014 zu Zwecken der Beaufsichtigung aufzuzeichnenden und aufzubewahrenden Daten weitgehende inhaltliche Übereinstimmung auf. Er setzt die zuständigen Behörden über die maßgeblichen Umstände in Kenntnis, unter denen ein Geschäft stattgefunden hat. Die Auswertung von Geschäftsmeldungen und Referenzdaten durch die Behörde ermöglicht das in Art. 24 VO Nr. 600/2014 angesprochene Erkennen von etwaigen unredlichen, unprofessionellen und sonstigen Verhaltensweisen von Marktteilnehmern, die die Integrität des Marktes negativ beeinflussen. Ohne einen stetigen Datenstrom müssten sich die Behörden auf bloße Zufallsfunde stützen, was zu einer lediglich punktuellen Aufsicht führte. Ein solcher aufsichtsbehördlicher Ansatz wird durch den EU-Gesetzgeber für einen funktionsfähigen Kapitalmarkt als nicht angemessen erachtet. Damit die Behörden wirkungsvolle Datenanalysen durchführen können, erfolgt die Meldung von Geschäften unter Verwendung einheitlicher Standards und Formate, die in der DelVO 2017/590 ausgeführt sind[1]. Diese einheitlichen Meldeformate sollen die länderübergreifende Vergleichbarkeit der Daten im Zuge einer EU-weiten Überwachung erleichtern[2]. Zur Untermauerung der Pflichterfüllung sieht Art. 15 DelVO 2017/590 eine Reihe von Organisationspflichten vor, die die Übermittlung vollständiger und korrekter Geschäftsmeldungen an die zuständigen Behörden sicherstellen sollen.

3 Neben der DelVO 2017/590, die sich mit den inhaltlichen Details der zu meldenden Daten befasst, hat die ESMA am 10.10.2016 Guidelines Transaction reporting, order record keeping and clock synchronisation under MiFID II, die am 7.8.2017 korrigiert worden sind, veröffentlicht. Seit dem 2.10.2017 liegen die **ESMA-Leitlinien über die Meldung von Geschäften, Aufzeichnung von Auftragsdaten** und Synchronisierung der Uhren nach MiFID II auch in deutscher Sprache vor. Die BaFin hat per Veröffentlichung auf ihrer Internetseite am 21.11.2017 bekanntgegeben, dass sie die Leitlinien in ihrer Aufsichtspraxis anwendet. Auch die Börsenaufsichtsbehörden übernehmen diese für ihre Tätigkeit. Die Leitlinien der ESMA, die aufsichtliche Konvergenz bezwecken, enthalten auf ca. 300 Seiten Konkretisierungen in Bezug auf die Übermittlung von Geschäftsmeldungen gem. Art. 26 VO Nr. 600/2014 und die Aufzeichnung von Auftragsdaten gem. Art. 25 VO Nr. 600/2014.

4 Sollen die gemeldeten Geschäftsdaten Daten für andere Zwecke als zur Aufsicht der Marktteilnehmer verwendet werden, so bedarf es hierfür einer gesonderten gesetzlichen Grundlage. Die BaFin unterliegt hinsichtlich der ihr gemeldeten Daten der Vertraulichkeitsregelung des § 21 WpHG. Beispielsweise erlaubt es aber § 5 WpÜG-AngebotsVO der BaFin, aus den Meldungen nach Art. 26 VO Nr. 600/2014 Mindestpreise für Übernahmeangebote zu generieren und zu veröffentlichen.

5 Unter der MiFID von 2004 waren mit Art. 25 Abs. 3–5 RL 2004/39/EG die nationalen Gesetzgeber aufgefordert, Regelungen zu erlassen, die die Wertpapierfirmen verpflichteten, Geschäfte mit zum Handel an einem geregelten Markt zugelassenen Finanzinstrumenten zu melden. Für Inhalt und Form der Meldungen sowie die Zusammenarbeit beim Austauschen von Meldungen verschiedener zuständiger Stellen enthielt die Art. 9ff. VO Nr. 1287/2006 bereits unmittelbar in den EU-Mitgliedstaaten geltende Vorschriften. Der deutsche Gesetzgeber hatte die MiFID-Vorgaben in § 9 WpHG a.F. umgesetzt, wobei § 9 WpHG ab 2009 auch Geschäfte in Finanzinstrumenten, die in den Freiverkehr einer inländischen Börse einbezogen waren, ebenfalls der Meldepflicht unterwarf. Der Regelungsgehalt von § 9 WpHG a.F. ist mit dem Inkrafttreten der MiFIR zum 3.1.2018 außer Kraft getreten. Die Nachfolgevorschrift § 22 WpHG regelt vor allem die nationale Zuständigkeit der BaFin für das Meldewesen nach Art. 26 VO Nr. 600/2014.

6 Das WpHG sieht **Ordnungswidrigkeitentatbestände** vor, wenn Wertpapierdienstleistungsunternehmen als am Meldeprozess beteiligte Unternehmen (§ 120 Abs. 9 Nr. 4 lit. g und Nr. 18–21 WpHG) zu fehlerhaften Meldungen beitragen. Vorgenommene Sanktionen werden von der BaFin gem. § 126 Abs. 1 Satz 1 Nr. 3 WpHG öffentlich bekannt gegeben. Als Handelsplatzbetreiber ggf. nach Art. 26 Abs. 5 VO Nr. 600/2014 meldeverpflichtete Börsen bzw. Börsenbetreiber unterliegen keiner Bußgeldandrohung, falls sie fehlerhaft Meldungen abgeben.

7 **II. Die Regelung im Einzelnen. 1. Wertpapierfirmen als Meldepflichtige i.S.d. Art. 26 Abs. 1 VO Nr. 600/2014.** Die Meldepflicht nach Art. 26 Abs. 1 Unterabs. 1 VO Nr. 600/2014 für Geschäfte in Finanzinstrumenten trifft Wertpapierfirmen. Es ist dabei gleichgültig, ob die Firma dabei als Vertragspartei auf der Erwerber- oder Veräußererseite steht. Im Ergebnis erhält die Behörde über ein Geschäft zwei Meldungen, die sich komplementär ergänzen. Gem. Art. 2 Abs. 1 Nr. 1 VO Nr. 600/2014 ist für die Definition der Wertpapierfirma die Beschreibung in **Art. 4 Abs. 1 Nr. 1 RL 2014/65/EU maßgeblich.** In diesem Artikel heißt es, dass eine Wertpapierfirma jede juristische Person ist, die im Rahmen ihrer üblichen beruflichen oder gewerblichen Tätigkeit gewerbsmäßig eine oder mehrere Wertpapierdienstleistungen für Dritte erbringt und/oder eine oder mehrere Anlagetätigkeiten ausübt. Die Mitgliedstaaten können als Wertpapierfirma auch Unternehmen, die keine juristischen Personen sind, definieren, sofern Anforderungen nach Art. 4 Abs. 1 Nr. 1 Unterabs. 2 und 3 RL 2014/65/EU berücksichtigt werden. Zweigniederlassungen sind keine Wertpapierfirmen, sondern stets nur Bestand-

---

[1] Erwägungsgrund Nr. 1 DelVO 2017/590.
[2] *Knippschild* in Temporale, S. 114.

teil dieser. Die Bestimmung, welche Tätigkeiten Wertpapierdienstleistungen und Anlagetätigkeiten darstellen, erfolgt nach Art. 4 Abs. 1 Nr. 2 RL 2014/65/EU (i.V.m. Art. 2 Abs. 1 Nr. 2 VO Nr. 600/2014) anhand der in Anhang I Abschnitt A RL 2014/65/EU genannten Dienstleistungen und Tätigkeiten, die sich auf eines der in Anhang I Abschnitt C RL 2014/65/EU genannten Instrumente bezieht. Da die Wertpapierfirmen im Regelfall juristische Personen sind, haben die Geschäftsleitungen für die Erfüllung der an die Unternehmung gerichtete Meldepflicht Sorge zu tragen. Sie können bei der Erfüllung der Pflicht angestelltes Personal oder außenstehende Dritte einsetzen.

Firmen, die Kreditinstitute, die Wertpapierdienstleistungen erbringen oder Anlagetätigkeiten ausführen, oder Wertpapierfirmen wären, wenn sie ihre Hauptverwaltung oder ihren Sitz in der Union hätten (Art. 2 Abs. 1 Nr. 43 VO Nr. 600/2014 i.V.m. Art. 4 Abs. 1 Nr. 57 RL 2014/65/EU), sog. **Drittlandfirmen**, sind definitionsgemäß keine Wertpapierfirmen im Sinne der MiFIR. Art. 1 VO Nr. 600/2014 erklärt Titel IV der Verordnung inklusive Art. 26 VO Nr. 600/2014 auch nicht für diese Firmen anwendbar. Gleichwohl regelt Art. 14 Abs. 5 DelVO 2017/590, dass die Zweigniederlassung einer Drittlandfirma Geschäftsmeldungen der zuständigen Behörde, die die Zweigniederlassung zugelassen hat, übermitteln muss. Weiter wird in der Vorschrift ausgeführt, dass für den Fall, dass eine Drittlandfirma über Zweigniederlassungen in mehreren Mitgliedstaaten der EU verfügt, die Zweigniederlassungen gemeinsam eine der Aufsichtsbehörden als die zuständige Behörde auswählen, an die sie ihre Geschäftsmeldungen senden. Den Erlass einer solchen Regelung sieht die MiFIR für eine delegierte Verordnung an sich nicht vor. Wie sich aber aus Art. 41 Abs. 2 RL 2014/65/EU ergibt, ist die Anwendung des Art. 26 VO Nr. 600/2014 für Zweigniederlassungen von Drittlandfirmen mit einer Meldepflicht an die Behörde, die die Zulassung erteilt hat, Teil des Regulierungskonzepts insgesamt[1]. Konsequenterweise müssten danach die nationalen Umsetzungsgesetze eine entsprechende Vorschrift zur Anwendung von Art. 26 VO Nr. 600/2014 auf Zweigniederlassungen von Drittlandfirmen enthalten.

8

Weder das WpHG noch das KWG nutzen den Begriff „Wertpapierfirma". Das WpHG definiert in § 2 Abs. 10 WpHG den Begriff des Wertpapierdienstleistungsunternehmens, in dem sich der EU-rechtliche Begriff der Wertpapierfirma jedoch abbildet[2]. **Wertpapierdienstleistungsunternehmen** sind inländische Kredit- und Finanzdienstleistungsinstitute, die Wertpapierdienstleistungen allein oder zusammen mit Wertpapiernebendienstleistungen gewerbsmäßig oder in einem Umfang erbringen, der einen in kaufmännischer Weise eingerichteten Geschäftsbetrieb erfordert. Darüber hinaus erfasst die Definition von Wertpapierdienstleistungsunternehmen nach § 53 Abs. 1 Satz 1 KWG tätige Unternehmen. Dies sind Unternehmen mit Sitz im Ausland, die eine Zweigstelle im Inland unterhalten. Soweit der deutsche Gesetzgeber den Börsenträgern das Recht zubilligt, MTF oder OTF (vgl. §§ 48 und 48b BörsG) zu betreiben, so gelten die Börsenträger nicht als Wertpapierdienstleistungsunternehmen (vgl. § 3 Abs. 1 Satz 1 Nr. 13 WpHG).

9

2. Betreiber von Handelsplätzen als Meldepflichtige gem. Art. 26 Abs. 5 VO Nr. 600/2014. Wie sich aus Art. 26 Abs. 5 VO Nr. 600/2014 ergibt, können ausnahmsweise auch Betreiber eines Handelsplatzes meldepflichtig sein, wenn eine nicht dieser Verordnung unterliegende Firma Geschäfte über sein System abgewickelt hat. Eine Firma unterliegt nur dann dem Anwendungsbereich der Verordnung, wenn es sich bei ihr um eine zugelassene Wertpapierfirma handelt, die die Merkmale nach Art. 4 Abs. 1 RL 2014/65/EU aufweist[3]. Zu denken ist hier also an Handelsteilnehmer, die das Geschäft mit Finanzinstrumenten nicht gewerblich erbringen, an Kapitalverwaltungsgesellschaften oder Drittlandfirmen. Betreiber eines Handelsplatzes können **Wertpapierfirmen und Marktbetreiber** sein. Handelsplätze sind gem. Art. 2 Abs. 1 Nr. 16 VO Nr. 600/2014 i.V.m. Art. 4 Abs. 1 Nr. 23 RL 2014/65/EU multilaterale Handelssysteme (MTF) i.S.v. Art. 2 Abs. 1 Nr. 14 VO Nr. 600/2014 i.V.m. Art. 4 Abs. 1 Nr. 22 RL 2014/65/EU, organisierte Handelssysteme (OTF) i.S.v. Art. 2 Abs. 1 Nr. 15 i.V.m. Art. 4 Abs. 1 Nr. 23 RL 2014/65/EU und geregelte Märkte i.S.v. Art. 2 Abs. 1 Nr. 13 VO Nr. 600/2014 i.V.m. Art. 4 Abs. 1 Nr. 21 RL 2014/65/EU. Der Betrieb eines MTF sowie eines OTF stellen jeweils Wertpapierdienstleistungen (Art. 4 Abs. 1 Nr. 2 i.V.m. Anhang I Abschnitt A Nr. 8 und 9 RL 2014/65/EU) dar und sind deshalb grundsätzlich von Wertpapierfirmen zu betreiben. Geregelte Märkte (Art. 2 Abs. 1 Nr. 13 VO Nr. 600/2014 i.V.m. Art. 4 Abs. 1 Nr. 21 RL 2014/65/EU) sind von in Art. 2 Abs. 1 Nr. 10 VO Nr. 600/2014 i.V.m. Art. 4 Abs. 1. Nr. 18 RL 2014/65/EU definierten Marktbetreibern zu betreiben. Marktbetreiber sind eine oder auch mehrere Personen, die das Geschäft eines geregelten Marktes verwalten und/oder betreiben und zu denen der geregelte Markt selbst zählen kann. Marktbetreiber können gem. Art. 5 Abs. 2 RL 2014/65/EU auch ein OTF oder MTF unterhalten, ohne dadurch zur Wertpapierfirma zu werden. Die Eigenschaften „Marktbetreiber" und „Wertpapierfirma" schließen sich allerdings nicht gegenseitig aus. Da es sich im Regelfall bei den Wertpapierfirmen und Marktbetreibern um juristische Personen handelt, haben die Geschäftsleitungen für die Erfüllung der an die Unternehmung gerichteten Meldepflicht Sorge zu tragen, wobei sie bei der Pflichterfüllung Dritte einsetzen können.

10

---

1 S. hierzu *Köpfer*, S. 287, 309; ESMA Q & A On MiFID II and MiFIR transparency topics, Nr. 9 Antwort auf Frage 2 (Fall 10).
2 *Grundmann* in Staub, HGB, Bankvertragsrecht, 5. Aufl. 2018, 8. Teil, Rz. 87; *Klöhn* in Langenbucher, § 6 Rz. 176.
3 S. Meldefeld Nr. 5 Anhang I Tabelle 2 DelVO 2017/590.

11 In Deutschland hat der Gesetzgeber das von der MiFID II/MiFIR-Gesetzgebung vorgezeichnete Bild weitgehend nachempfunden. Der Betrieb eines MTF und eines OTF stellen Wertpapierdienstleistungen i.S.d. § 2 Abs. 8 WpHG dar; OTF und MTF werden deshalb von Wertpapierdienstleistungsunternehmen betrieben. Die teilrechtsfähige Anstalt Börse und ihr Börsenträger sind beim Betrieb des Handelsplatzes Börse keine Wertpapierdienstleistungsunternehmen. Sie unterliegen den Regelungen des BörsG. § 3 Abs. 1 Satz 1 Nr. 13 WpHG nimmt Börsenträger oder Betreiber organisierter Märkte, die neben dem Betrieb eines MTF oder OTF keine anderen Wertpapierdienstleistungen i.S.d. § 2 Abs. 8 Satz 1 WpHG erbringen, von der Definition für Wertpapierdienstleistungsunternehmen aus. § 1 Abs. 1 Satz 2 BörsG bringt zum Ausdruck, dass das BörsG auch auf den Betrieb von MTF oder OTF durch Börsenträger an einer Börse anzuwenden ist.

12 Betreiben deutsche Wertpapierdienstleistungsunternehmen ein MTF oder ein OTF, so sind sie als Wertpapierfirmen und damit als Betreiber eines Handelsplatzes i.S.d. Art. 26 Abs. 5 VO Nr. 600/2014 anzusehen. Bei den inländischen Börsen, die Handelsplätze[1] i.S.d. § 2 Abs. 5 BörsG darstellen, ist die Börse als teilrechtsfähige Anstalt i.S.v. § 2 Abs. 1 BörsG selbst als Marktbetreiber[2] anzusehen und dementsprechend das Rechtssubjekt, welches die Pflicht nach Art. 26 Abs. 5 VO Nr. 600/2014 zu erfüllen hat. Zuständig hierfür ist der Geschäftsführer der Börse als Börsenorgan, dem die Geschäftsführung und Vertretung der Börse nach § 15 BörsG obliegt. Ob auch der Börsenträger i.S.v. § 5 BörsG als Marktbetreiber einer Börse – resp. des geregelten Marktes – anzusehen ist, ist weniger klar aus dem Regelungsgefüge herzuleiten. Da die Börse und ihr Träger letztlich aber nur zusammen den Betrieb einer Börse abbilden können, spricht einiges dafür, dass den Börsenträger ebenfalls als Marktbetreiber im Sinne der MiFID-II/MiFIR-Regulierung einzuordnen. Ähnliches dürfte auch für den Freiverkehr, als unter dem Dach der Börse betriebenes MTF gelten. Auch wenn der Freiverkehr nach § 48 Abs. 1 Satz 1 BörsG durch den Börsenträger betrieben wird, so bedarf dieser immer der Zulassung durch die Börse und wird somit letztlich durch die Börse mitbetrieben. Nimmt man nach § 48b Abs. 1 i.V.m. § 48 Abs. 1 BörsG analog auch eine Mitzuständigkeit der Börse für die Implementierung eines börslichen OTF an, dann sind auch die Börse und den Börsenträger für das OTF als die nach Art. 26 Abs. 5 VO Nr. 600/2014 verpflichteten Marktbetreiber anzusehen. Sind Börse und Börsenträger als Verpflichtete anzusehen, dann müssen sie die Meldung nicht separat vornehmen. Der Börsenträger stellt ohnehin die sachlichen und personellen Mittel für die Börse bereit und erfüllt bei seiner Pflichterfüllung gleichsam die Pflicht der Börse mit.

13 **3. Gegenstand und Inhalt der Meldung.** Nach Art. 26 Abs. 1 Unterabs. 1 VO Nr. 600/2014 haben die Wertpapierfirmen Einzelheiten über die von ihnen **ausgeführten („getätigten") Geschäfte** zu melden. Nicht meldepflichtig sind Aufträge (Orders)[3]. Wie sich aus dem in der Vorschrift aufgeführten Vollständigkeits- und Richtigkeitspostulat[4], wonach **vollständige und zutreffende Meldungen** zu erfolgen haben, ergibt, sind fehlerhafte Geschäftsmeldungen zu korrigieren bzw. zu stornieren[5]. Gleiches dürfte für ursprünglich richtig gemeldete Geschäfte, die durch später eintretende Umstände wieder aufgelöst werden, gelten.

14 Auf Grundlage der Ermächtigung in Art. 26 Abs. 9 Unterabs. 1 lit. h VO Nr. 600/2014 sind in der DelVO 2007/590 die Begriffe „Geschäft" und „Ausführung eines Geschäfts" näher definiert worden. Für den **Begriff des Geschäfts** ist die Legaldefinition des Art. 2 Abs. 1 DelVO 2017/590 maßgeblich. Danach bedeutet Geschäft den **Abschluss eines Erwerbs oder einer Veräußerung** eines in Art. 26 Abs. 2 VO Nr. 600/2014 genannten Finanzinstruments. Vom Erwerb sind nach Art. 2 Abs. 2 DelVO 2017/590 der Kauf eines Finanzinstruments, der Abschluss eines Derivatkontrakts und die Erhöhung des Nominalbetrags eines Derivatkontrakts umfasst. Art. 2 Abs. 2 DelVO 2017/590 benennt als Veräußerungstatbestände den Verkauf eines Finanzinstruments, die Glattstellung eines Derivatkontrakts und die Herabsetzung des Nominalbetrags eines Derivatkontrakts. Art. 2 Abs. 4 DelVO 2017/590 ergänzt den Geschäftsbegriff, wonach ein Geschäft auch der gleichzeitige Erwerb und die gleichzeitige Veräußerung eines Finanzinstruments ohne Wechsel des Eigentums an diesem Finanzinstrument mit der Pflicht zur Nachhandelsveröffentlichung gem. Art. 6, 10, 20 oder 21 VO Nr. 600/2014 ist. Art. 2 Abs. 5 DelVO 2017/590 klammert gewisse Geschäfte aus, für die kein aufsichtsbehördliches Interesse an einer Überwachung angenommen wird.

15 Zu melden sind nach Art. 26 Abs. 2 Unterabs. 1 lit. a–c VO Nr. 600/2014 nur **Geschäfte mit Finanzinstrumenten, die einen Bezug zum organisierten Kapitalmarkt aufweisen**. Finanzinstrumente sind dabei die in Anhang I Abschnitt C RL 2014/65/EU aufgeführten Klassifizierungen. Art. 2 Abs. 1 Nr. 9 VO Nr. 600/2014 verweist insofern auf Art. 4 Abs. 1 Nr. 15 RL 2014/65/EU. Der Kapitalmarktbezug ergibt sich daraus, dass sich Erwerb bzw. Veräußerung auf ein Instrument beziehen muss, das

– zum Handel zugelassen ist oder das an einem Handelsplatz gehandelt wird oder für das ein Antrag auf Zulassung zum Handel gestellt wurde,
– dessen Basiswert ein an einem Handelsplatz gehandeltes Finanzinstrument ist, oder

---

1 Zur Gleichsetzung von Börse mit dem Begriff des geregelten Marktes im Sinne der MiFID II s. BT-Drucks. 18/10936, 266.
2 Für die Börsenanstalt als Betreiber des geregelten Marktes vgl. *Klöhn* in Langenbucher, § 6 Rz. 52; *Lutter/Bayer/J. Schmidt*, § 32 Rz. 32.37.
3 A.A. wohl *Poelzig*, § 9 Rz. 231.
4 S. Erwägungsgrund Nr. 16 DelVO 2017/590.
5 S. Erwägungsgrund Nr. 17 DelVO 2017/590, Art. 15 Abs. 6 sowie Anhang I Tabelle 2 DelVO 2017/590.

– dessen Basiswert ein aus an einem Handelsplatz gehandelten Finanzinstrumenten zusammengesetzter Index oder Korb von Finanzinstrumenten ist.

Für die Meldepflicht ist es unerheblich, ob das Geschäft in einem solchen Wert letztlich an einem Handelsplatz abgeschlossen worden ist. Auch außerhalb von geregelten Märkten, MTF oder OTF bilateral abgeschlossene Geschäfte unterliegen der Meldepflicht. Dies können im Rahmen einer systematischen Internalisierung oder OTC getätigte Geschäfte sein. Ferner sind Geschäfte, die über eine Niederlassung einer Wertpapierfirma in einem Nicht-EU-Staat ausgefügt werden, ebenfalls von Art. 26 VO Nr. 600/2014 erfasst[1].

Wann ein **Geschäft von der Wertpapierfirma ausgeführt** worden ist, bestimmt sich nach Art. 3 DelVO 2017/590. Die Firma muss danach eine der folgenden Leistungen erbracht bzw. Tätigkeiten durchführt haben, die in der Folge zu einem Geschäft geführt haben: 16

– Annahme und Übermittlung von Aufträgen, die ein oder mehrere Finanzinstrument(e) zum Gegenstand haben,
– Ausführung von Aufträgen im Namen von Kunden,
– Handel für eigene Rechnung,
– Treffen einer Anlageentscheidung im Einklang mit einem von einem Kunden erteilten Vermögensverwaltungsmandat,
– Übertragung von Finanzinstrumenten auf oder aus Konten.

Unter Berücksichtigung des innerstaatlich gesetzten Rechts sind von Wertpapierdienstleistungsunternehmen vorgenommene Finanzkommissionsgeschäfte, Eigenhandelsgeschäfte und Abschlussvermittlungen als von der Wertpapierfirma ausgeführte Geschäfte anzusehen. Gleiches gilt für den Kauf oder Verkauf von Finanzinstrumenten im Rahmen der Finanzportfolioverwaltung.

Der **Betrieb eines MTF bzw. OTF** durch eine Wertpapierfirma stellt **kein Tätigen von Geschäften** dar. Das Bereitstellen des Systems, auf dem Dritte handeln können, unterfällt bei systematischer Betrachtung nicht der Definition von Art. 2 DelVO 2017/590. Eine Meldepflicht einer Wertpapierfirma als Betreiber eines Handelsplatzes richtet sich nach Art. 26 Abs. 5 VO Nr. 600/2014. Diese Vorschrift wäre überflüssig, wenn eine Meldepflicht bereits nach Art. 26 Abs. 1 VO Nr. 600/2014 bestehen würde. Nur wenn die Wertpapierfirma über den Betrieb des Handelsplatzes hinaus Beteiligter von Geschäften über Finanzinstrumente wird, z.B. als Handelsteilnehmer im eigenen System, dann unterliegt sie in Bezug auf diese Geschäfte der Pflicht nach Art. 26 Abs. 1 VO Nr. 600/2014. 17

Für Wertpapierfirmen, die selbst keine Aufträge für ihre Kunden am Markt platzieren (z.B. Finanzportfolioverwalter), sondern kundenbezogene Aufträge an eine andere Firma (z.B. depotführende Bank) zur Ausführung geben, können mit der ausführenden Stelle vereinbaren, dass diese in ihrer Meldung deutlich macht, dass dem Geschäft ein übermittelter Auftrag zugrunde gelegen hat, **Art. 26 Abs. 4 VO Nr. 600/2014** i.V.m. Art. 4 Abs. 1 DelVO 2017/590. Nach Art. 3 Abs. 2 DelVO 2017/590 gilt das Geschäft dann als nicht von der Wertpapierfirma ausgeführt. Wird keine Vereinbarung getroffen, so sind nach der Ausführung des Geschäfts zwei Meldungen fällig[2]. Aus deutscher Sicht dürften Kommissionsketten den Tatbestand übermittelter Aufträge erfüllen. 18

Die meldepflichtige Firma muss organisatorisch darauf eingerichtet sein, zu erkennen, ob das von ihr gehandelte Instrument einen Bezug zu einem Handelsplatz aufweist. Eine Möglichkeit hierfür bietet das von der ESMA auf der Grundlage von Art. 27 VO Nr. 600/2014 unterhaltene Financial Instruments Reference Data System (FIRDS). 19

Der genaue **Inhalt der Meldung** ergibt sich aus Art. 26 Abs. 3 VO Nr. 600/2014 i.V.m. der DelVO 2017/590. Anhang I Tabelle 2 der DelVO 2017/590 enthält eine dezidierte Aufstellung mit 65 Meldefeldern. Von einer Kommentierung der vielfach selbsterklärenden Ausführungen der delegierten Verordnung wird an dieser Stelle verzichtet. Skizzieren lässt sich der Meldeinhalt auf der Grundlage von Art. 26 Abs. 3 VO Nr. 600/2014 wie folgt: Die Wertpapierfirma hat sich im Meldesatz zu identifizieren und sodann die erworbenen oder veräußerten Finanzinstrumente, den Kurs, die Größenordnung des Geschäfts, das Datum und den Zeitpunkt des Abschlusses, den Handelsplatz, das Vorliegen eines Kundenauftrags, die handelnden Personen und Computeralgorithmen der Wertpapierfirma, die für die Anlageentscheidung und Ausführung des Geschäfts verantwortlich sind, in Anspruch genommene Ausnahmen von der Handelstransparenz zu benennen und Angaben zur Ermittlung eines Leerverkaufs zu machen. Aus Art. 26 Abs. 4 VO Nr. 600/2014 ergibt sich, dass es bei Meldungen von Geschäften, denen eine Auftragsübermittlung zugrunde liegt, auch der Auftragsübermittlung jeweils Meldeinhalt wird. 20

Art. 26 Abs. 6 VO Nr. 600/2014 schreibt für die Identifizierung der Kunden, bei denen es sich um juristische Person handelt, die Angabe des **Legal Entity Identifier (LEI)** vor[3]. Beim LEI handelt es sich um einen zwanzigstelligen, alphanumerischen Code, der mit wesentlichen Referenzdaten verknüpft ist, die eine eindeutige 21

---

[1] ESMA Q & A on MiFIR data reporting, Nr. 15 Antwort auf Frage 12.
[2] Erwägungsgrund Nr. 5 DelVO 2017/590.
[3] Zur Entstehungsgeschichte s. *Kortenbusch*, CRP 2018, 98, 102.

Identifikation von juristischen Personen, die an Finanztransaktionen teilnehmen, möglich macht. Der Code beruht auf der ISO-Norm 17442, die von der Internationalen Organisation für Normung (ISO) entwickelt wurde. Juristische Personen, die als Kunden von Wertpapierfirmen weiterhin Geschäfte mit Finanzinstrumenten tätigen wollen, sind dadurch mittelbar verpflichtet, einen LEI-Code vorzuhalten. Ohne dass in Art. 26 Abs. 9 VO Nr. 600/2014 eine zwingende Ermächtigung ersichtlich ist, im Wege technischer Regulierungsstandards Verbote auszusprechen, schreibt Art. 13 Abs. 2 DelVO 2017/590 vor, dass Wertpapierfirma Kundenaufträge nicht ausführen darf, solange die Kunden keinen LEI-Code zu Meldezwecken beigebracht haben. Unkritisch kann das indirekte Adressieren der LEI-Verpflichtung für juristische Personen nicht gesehen werden. Auch das Umwidmen einer Inhaltsvorgabe der MiFIR in ein Verbotsgesetz in der delegierten Verordnung entspricht weniger einer schlüssigen Regulierung. ESMA und BaFin hatten, um eine reibungslose Einführung der LEI-Anforderungen zu unterstützen, für eine Übergangszeit von sechs Monaten verlautbart, es als ausreichend anzusehen, wenn der auftraggebende Kunde vor Auftragserteilung die Wertpapierfirma ermächtigt hat, in seinem Namen einen LEI-Code zu beantragen[1]. Eine Verlängerung der Übergangszeit über den 2.7.2018 hinaus hat die ESMA indes mit Verlautbarung vom 20.6.2018 abgelehnt[2]. Hinzuweisen ist darauf, dass die BaFin wohl auch die teilrechtsfähige Gesellschaft bürgerlichen Rechts als juristische Person i.S.v. Art. 26 VO Nr. 600/2014 ansieht[3].

22 Problematisch erscheint auch der Umfang der von der Wertpapierfirma zu erbringenden Angaben zur Identifizierung natürlicher Personen. Dies gilt umso mehr, da ein Austausch von Geschäftsmeldungen mit einer Vielzahl von Behörden anderer EU-Mitgliedstaaten und der ESMA möglich ist (s. Rz. 40 ff.). Nach Art. 6 DelVO 2017/590 sind detaillierte Angaben zu Mitarbeitern der Wertpapierfirma, die ggf. am Auftrag mitgewirkt haben, und von Kunden stets zum Bestandteil einer Meldung machen. Aus diesen Angaben lassen sich durch die Behörden ohne allzu großen Aufwand Rückschlüsse auf die jeweilige Person ziehen. Ob eine solch frühzeitig einsetzende Überwachung ohne konkreten Anlass für einen funktionierenden und effizienten Kapitalmarkt tatsächlich notwendig ist, sollte im Lichte der Grundrechte auch in Zukunft kritisch betrachtet werden.

23 **4. Zuständige Behörde als Empfänger der Meldung.** Wer die **zuständige Behörde** i.S.v. Art. 26 Abs. 1 VO Nr. 600/2014 ist, definiert Art. 2 Abs. 1 Nr. 18 VO Nr. 600/2014. Dies ist die in Art. 4 Abs. 1 Nr. 26 RL 2014/65/EU genannte Behörde. In der MiFID II-Vorschrift wird als die „zuständige Behörde" grundsätzlich diejenige Behörde bezeichnet, die vom betreffenden Mitgliedstaat gem. Art. 67 RL 2014/65/EU benannt worden ist. Nach Art. 67 Abs. 1 Satz 1 RL 2014/65/EU benennt ein Mitgliedstaat die zuständige Behörde, die für die Wahrnehmung der Aufgaben gemäß den einzelnen Bestimmungen der MiFIR und der MiFID II verantwortlich ist. Die ESMA veröffentlicht ein Verzeichnis der zuständigen Behörden auf ihrer Internetseite und aktualisiert dieses; Art. 67 Abs. 3 RL 2014/65/EU. Die Mitgliedstaaten haben gem. Art. 67 Abs. 2 Unterabs. 3 RL 2014/65/EU nicht nur die ESMA über die Zuständigkeitsregelungen zu unterrichten, sondern auch die EU-Kommission und die Behörden der anderen Mitgliedstaaten.

24 Der deutsche Gesetzgeber hat die **BaFin** im Hinblick auf die Vorschriften der MiFIR die Aufsicht über die Wertpapierdienstleistungsunternehmen übertragen, unabhängig davon, ob diese als Handelspartei oder als Betreiber eines MTF bzw. OTF agieren. In § 6 Abs. 5 WpHG wird aufgeführt, dass die BaFin die zuständige Behörde i.S.d. Art. 2 Abs. 1 Nr. 18 VO Nr. 600/2014 ist. Gleichwohl benennt § 22 Abs. 1 Satz 1 WpHG die BaFin nochmals speziell als zuständige Behörde i.S.d. Art. 26 VO Nr. 600/2014. Wichtig ist in diesem Zusammenhang der Hinweis, dass die BaFin auch die zuständige Behörde für die Börsen bzw. Börsenträger ist, soweit diese als Handelsplatzbetreiber nach Art. 26 Abs. 5 VO Nr. 600/2014 meldeverpflichtet sind. Die Börsenaufsichtsbehörde kann allenfalls im Rahmen ihrer allgemeinen Zuständigkeit als Aufsicht prüfen, ob die Börsen bzw. Börsenträger ihrer Pflicht zur Meldung an die BaFin nachkommen. Bei den Wertpapierdienstleistungsunternehmen prüft die BaFin im Rahmen der allgemeinen Befugnisse sowie nach § 88 und ggf. § 89 WpHG die Einhaltung der Meldepflicht nach Art. 26 Art. 1 VO Nr. 600/2014.

25 Vom EU-Verordnungsgeber nicht stringent behandelt wird die Frage, ob Geschäfte, die eine Wertpapierfirma über eine **Zweigniederlassung in einem anderen EU-Mitgliedstaat** ausführt, an die zuständige Behörde im Herkunftsmitgliedstaat der Firma zu melden sind oder ob die Meldung abweichend davon an die zuständige Behörde des Aufnahmemitgliedstaates zu adressieren ist. Art. 26 Abs. 8 VO Nr. 600/2014 geht davon aus, dass in solch einem Fall die Behörde im Staat der Zweigniederlassung für die Entgegennahme der Meldung zuständig sein soll und die Behörde im Herkunftsmitgliedstaat von der anderen Behörde zu informieren ist, wobei die Herkunftsstaatbehörde sogar auf die Information verzichten kann. Im Wege des Erlasses technischer Regulierungsstandards gem. Art. 26 Abs. 9 Unterabs. 1 lit. g VO Nr. 600/2014 zur Anwendung der Pflicht zur Meldung von Geschäften auf Zweigniederlassungen von Wertpapierfirmen hat die EU-Kommission das ursprüng-

---

[1] Vgl. Internetseite der BaFin vom 22.12.2017: „Übersetzung zur Stellungnahme der ESMA zur Unterstützung der reibungslosen Einführung der LEI-Anforderungen". Woraus sich eine behördliche Befugnis ableitet, einem Verbotsgesetz *die Geltung abzusprechen*, erschließt sich nicht.
[2] ESMA statement on LEI requirements under MiFIR (ESMA 70-145-872).
[3] BaFin-Journal 1/2018, S. 7.

liche Konzept materiell geändert[1]. Nach Art. 14 Abs. 1 DelVO 2017/590 soll nun die Meldung von Geschäften, die vollständig oder teilweise über Zweigniederlassungen ausgeführt werden, gegenüber der zuständigen Behörde des Herkunftsmitgliedstaats der Wertpapierfirma erfolgen[2]. Eine Ausnahme soll statthaft sein, wenn die zuständigen Behörden des Herkunfts- und des Aufnahmemitgliedstaats eine anderslautende Vereinbarung getroffen haben.

Für den Fall, dass ein Betreiber eines Handelsplatzes einen Handelsplatz nicht in seinem Herkunftsmitgliedstaat, sondern in einem anderen EU-Mitgliedstaat betreibt, bestimmt Art. 15 Abs. 7 DelVO 2017/590, dass Meldungen gem. Art. 26 Abs. 5 VO Nr. 600/2014 an die zuständige Behörde des Herkunftsmitgliedstaats des Handelsplatzes zu senden sind. 26

5. Meldefrist. Die MiFIR ist bei der Frage, zu welchem Zeitpunkt eine Meldung über ein Geschäft bei der Behörde eingehen muss, nicht präzise. Art. 26 Abs. 1 Unterabs. 1 VO Nr. 600/2014 beschreibt die Meldefrist mit „so schnell wie möglich" und „spätestens am Ende des folgenden Arbeitstags" zweigliedrig. Der Schwerpunkt der Regelung liegt sicherlich auf dem Normbefehl „so schnell wie möglich" und nicht auf dem Ausreizen der Frist bis zum äußersten Ende[3]. Der zweite Teil der Formulierung kann dabei als eine Art Toleranzschwelle für eigentlich nicht mehr so schnell wie möglich erfolgte Meldungen verstanden werden. Dadurch wird es möglich und zulässig sein, eine gewisse Anzahl an Geschäften zu sammeln und der Behörde en bloc zu übersenden. Im Sinne der Bußgeldvorschriften (§ 120 Abs. 9 Nr. 4 lit. g, Nr. 18 und 21 WpHG), wonach nicht rechtzeitige Meldungen geahndet werden können, kann sinnvoll nur auf das Ende des folgenden Arbeitstages abgestellt werden. 27

Die Frist gilt nicht nur für die Abgabe der Meldungen durch die Wertpapierfirma selbst, sondern gem. Art. 26 Abs. 7 i.V.m. Art. 26 Abs. 1 VO Nr. 600/2014 auch dann, wenn diese ihre Meldungen unter Einschaltung eines ARM oder des Handelsplatzes, über dessen System das Geschäft abgewickelt wurde, vornehmen lässt. 28

Vorschriften des Verordnungsgebers, die Anhaltspunkte für die Fristbestimmung geben, sind nicht ersichtlich. Abzustellen ist daher auf die regelmäßigen Gegebenheiten in der Wertpapierdienstleistungsbranche im jeweiligen EU-Mitgliedstaat, in dem die Meldung zu erfolgen hat. Beginn der Meldefrist ist der Geschäftsabschluss[4]. Auf eine bereits erfolgte Erfüllung des Geschäfts kommt es nicht an. Der folgende Arbeitstag ist der erste Tag nach dem Tätigen des melderelevanten Geschäfts, an dem bei dem Meldepflichtigen und bei der zuständigen Behörde wieder gearbeitet wird. Sonntage und Feiertage sind dabei keine Arbeitstage. Die BaFin geht davon aus, dass auch der Samstag kein Arbeitstag im Sinne unmittelbar geltender Meldevorschriften des EU-Rechts ist[5]. Der folgende Arbeitstag endet um Mitternacht[6]. Maßgeblich ist dabei die gesetzliche Zeit am Ort der Behörde. 29

6. Meldeweg. Art. 26 VO Nr. 600/2014 äußert sich nicht zu der Frage, in welcher Form die Meldung an die zuständige Behörde abzugeben ist. Über die Ermächtigung in Art. 26 Abs. 9 Unterabs. 1 lit. a VO Nr. 600/2014 hat die EU-Kommission mit Art. 1 DelVO 2017/590 Vorgaben über die Übermittlung der Daten aufgestellt. Sie sind danach in elektronischer und maschinenlesbarer Form sowie in einer einheitlichen XML-Vorlage nach der Methodik von ISO 20022[7] zu übermitteln. In der Praxis läuft dies auf eine leitungsgebundene Fernübertragung der Daten hinaus. Die Struktur des Datensatzes wird ebenfalls durch die DelVO 2017/590 definiert. Für ARM ist auf die Art. 17 DelVO 2017/571 hinzuweisen. Dort ist in Abs. 1 geregelt, dass ein ARM befähigt sein muss, um die behördlich vorgegebenen technischen Spezifikationen einhalten zu können. 30

Die BaFin hat internetbasiertes „Fachverfahren Transaktionsmeldungen (Art. 26 VO Nr. 600/2014)" eingerichtet, über welches die Datensätze vom Melder an die Behörde elektronisch übertragen werden können. Zur Nutzung hat die BaFin auf ihrer Internetseite ein Informationsblatt zum Fachverfahren veröffentlicht sowie „Ergänzende Informationen zum MVP Portal SOAP Webservice für das Fachverfahren „Transaktionsmeldungen (Art. 26 VO Nr. 600/2014)"[8]. Für ARM ergibt sich aus diesen Informationen, dass ein ARM das Portal der Melde- und Veröffentlichungsplattform (MVP Portal) der BaFin abgeschlossen sein muss. Die technische Anbindung an die MVP ist Teil des Zulassungsverfahrens als ARM gemäß den Vorschriften des KWG. Mit dem Eintritt der Daten in die Sphäre der BaFin endet die Verantwortung der Meldepflichtigen für die vorzuhaltenden Systeme zur Gewährleistung der Sicherheit und Vertraulichkeit der gemeldeten Daten (vgl. Art. 15 Abs. 1 DelVO 2017/590). 31

7. Meldung durch Dritte. Bereits bei der Definition, wann ein meldepflichtiges Geschäft vorliegt (s. Rz. 13 ff.), wurde darauf hingewiesen, dass bei Aufträgen einer Wertpapierfirma im Kundengeschäft, die an eine andere 32

---

1 S. hierzu ESMA Discussion Paper MiFID II/MiFIR 2014/548 v. 22.5.19214, Abschnitt 8 Rz. 128 ff.; vgl. auch *Knippschild* in Temporale, S. 120; ferner *Kortenbusch*, CRP 2018, 98, 102 f.
2 S. auch Erwägungsgrund Nr. 15 DelVO 2017/590.
3 Nicht differenzierend *Kortenbusch*, CRP 2018, 98: Abgabefrist ist „t+1".
4 *Harter/Voß*, BB 2017, 1667, 1668.
5 BaFin FAQ zu Eigengeschäften von Führungskräften nach Art. 19 der Marktmissbrauchsverordnung (EU) Nr. 596/2014, Abs. IV 4.
6 *Harter/Voß*, BB 2017, 1667, 1668.
7 Abrufbar www.iso20022.org.
8 Vgl. die Internetseite der BaFin: Die BaFin, Service, MVP-Portal, Transaktionsmeldungen nach Art. 26 MiFIR.

Wertpapierfirma zur Ausführung weitergeleitet werden, die ausführende Firma in ihrer Meldung für die übermittelende Firma in einer für diese befreienden Wirkung mitmelden kann. Voraussetzung hierfür ist das Vorhandensein einer entsprechenden Abrede und darauf fußender Systeme und Prozesse. Wie Art. 26 Abs. 7 VO Nr. 600/2014 erkennen lässt, gibt es noch eine Reihe anderer Konstellationen, in denen meldeverpflichtete Wertpapierfirmen bei der **Vornahme von Geschäftsmeldungen von außenstehenden Dritten** Unterstützung erfahren können. Die Verordnung referenziert hier als übermittelnde Einrichtungen auf ARM (Approved Reporting Mechanism), auf den Handelsplatz – gemeint ist der Handelsplatzbetreiber –, über dessen System das Geschäft abgewickelt wurde, und auf Transaktionsregister. Die in Art. 26 Abs. 7 VO Nr. 600/2014 genannten Unternehmen verfügen regelmäßig über große Expertise und eine damit einhergehende spezielle Infrastruktur, die sich aufgrund des Angebots an viele Wertpapierfirmen durch Skaleneffekte ggf. auch rentabler betreiben lässt als bei einem Alleinbetrieb. Setzt die Wertpapierfirma einen oder mehrere Dritte zur Übermittlung von Geschäftsmeldungen ein, so hat sie Vorsorge zu treffen, dass es nicht zu doppelten Geschäftsmeldungen kommt, Art. 15 Abs. 1 lit. e DelVO 2017/519.

33 **a) Genehmigter Meldemechanismus (ARM).** Ein ARM ist nach Art. 2 Abs. 1 Nr. 36 VO Nr. 600/2014 ein genehmigter Meldemechanismus gem. Art. 4 Abs. 1 Nr. 54 RL 2014/65/EU. Die MiFID II-Vorschrift definiert diesen Mechanismus als Person, die zur Meldung der Einzelheiten zu Geschäften an die zuständigen Behörden oder die ESMA im Namen der Wertpapierfirmen berechtigt ist. Nach Art. 4 Abs. 1 Nr. 63 RL 2014/65/EU ist ein ARM eine Unterform eines Datenbereitstellungsdienstes, der, wie sich aus Art. 59 RL 2014/65/EU ergibt, für seine Tätigkeit einer behördlichen Erlaubnis bedarf.

34 In Deutschland erteilt die BaFin nach § 32 Abs. 1f Satz 1 KWG die ARM-Erlaubnis. Dies gilt unabhängig davon, ob der Antragsteller ein Institut im Sinne des KWG ist oder nicht. Nur wenn eine Erlaubnis zum Betrieb eines MTF bzw. OTF oder zum Betrieb einer Börse vorliegt, so umfasst diese auch Erlaubnis als ARM tätig zu werden, vgl. § 32 Abs. 1f Satz 5 KWG. Allerdings ist in § 32 Abs. 1f Satz 4 KWG vorgesehen, dass das Vorliegen der Zulassungsvoraussetzungen auch diesen Unternehmen behördlich festzustellen ist (s. Vor §§ 58 ff. WpHG Rz. 10). In § 60 WpHG sind wesentliche organisatorische Pflichten definiert, die ein Unternehmen zu beachten hat, wenn es eine Tätigkeit als ARM ausübt. Als deutsches ARM tritt die Deutsche Börse AG am Markt auf[1]. Darüber hinaus hat Mitte April 2018 die vwd TransactionSolutions AG die BaFin-Zulassung als ARM erhalten[2].

35 Verträge zwischen einem ARM und einem Wertpapierdienstleistungsinstitut werden regelmäßig entgeltlich sein und Geschäftsbesorgungscharakter aufweisen. Aus Sicht des Wertpapierdienstleistungsunternehmens wird es sich auch um eine Auslagerung i.S.d. § 25b Abs. 1 KWG handeln[3]. Die Regelung in Art. 26 Abs. 7 Unterabs. 3 VO Nr. 600/2014, wonach die Wertpapierfirmen nicht für Mängel bei der Vollständigkeit, Richtigkeit und rechtzeitigen Übermittlung der Meldungen verantwortlich sind, wenn die Mängel dem ARM zuzuschreiben sind, modifiziert dabei jedoch die Verantwortung der auslagernden Auslagerungsunternehmens resp. seiner Geschäftsleiter bei der Überwachung des ARM im Tagesgeschäft. Diese reduziert sich.

36 Die Wertpapierfirmen können auch über Art. 26 Abs. 7 VO Nr. 600/2014 hinaus im Wege der Auslagerung einen Dritten beauftragen, dass dieser ihre Meldungen einem ARM vorlegen, so dass eine Meldekette aus „meldepflichtiger Firma", „vorlegender Firma" und ARM entsteht; vgl. Art. 9 Abs. 2 DelVO 2017/571.

37 **b) Handelsplatzbetreiber, über dessen System das Geschäft abgewickelt wurde.** Die meldepflichtige Wertpapierfirma kann auch den Betreiber des Handelsplatzes, an welchem das Geschäft ausgeführt worden ist, beauftragen, die Meldung im Namen der Fima abzugeben. Eine Pflicht der Handelsplatzbetreiber, einen solchen Service anzubieten, besteht nicht. Betreiber eines Handelsplatzes (geregelter Markt, MTF und OTF) können Wertpapierfirmen und Marktbetreiber sein (s. zur Definition näher Rz. 10 ff.). Bei richtigem Verständnis ist aus Sicht der MiFIR ein Handelsplatzbetreiber nur dann ein ARM-Dienstleister, wenn er die Aufgabe übernimmt, Geschäfte zu melden, die nicht bei ihm ausgeführt worden sind (s. § 60 WpHG Rz. 5). Hinsichtlich der vertraglichen Beziehung zwischen Wertpapierdienstleistungsunternehmen und Handelsplatzbetreiber kann grundsätzlich auf das unter Rz. 35 zu ARM Ausgeführte verwiesen werden.

38 Mit Art. 26 Abs. 7 Unterabs. 5 VO Nr. 600/2014 legt der EU-Verordnungsgeber den nationalen Gesetzgebern die Pflicht auf, Organisationsvorschriften für die inländischen Handelsplätze aufzustellen. Die vorgesehenen Sicherheitsmechanismen und Vorkehrungen für eine hinreichende Verfügbarkeit der Dienste sind in § 22 Abs. 2 WpHG umgesetzt worden.

39 **c) Transaktionsregister als ARM.** Für den Handel in unverbrieften Derivaten ist in Art. 26 Abs. 7 Unterabs. 6 und 7 VO Nr. 600/2014 vorgesehen, dass Unternehmen, die den Überblick über abgeschlossene Derivategeschäfte besitzen (Systeme zur Abgleichung oder Meldung von Geschäften) – die Verordnung spricht hier Transaktionsregister gemäß EMIR ausdrücklich an – von der zuständigen Behörde als ARM anerkannt werden können[4].

---

1 ZfgK 2017, 1243.
2 S. Meldung der vwd Vereinigte Wirtschaftsdienste GmbH v. 20.4.2018 auf www.vwd.com.
3 A.A. *Hoops*, WM 2018, 205, 208.
4 Vgl. hierzu auch *Knippschild* in Temporale, S. 121 f.

Nach Art. 81 Abs. 3 Unterabs. 2 VO Nr. 648/2012 (EMIR) haben die Transaktionsregister die Pflicht, Daten gemäß den Anforderungen nach Art. 26 VO Nr. 600/2014 an die zuständigen Behörden zu übermitteln. Meldet ein als ARM anerkanntes Transaktionsregister die nach den EMIR-Vorschriften an sie gemeldeten Geschäfte entsprechend den Vorgaben von Art. 26 VO Nr. 600/2014 an die zuständige Behörde weiter, so gelten die Pflichten der meldepflichtigen Firmen nach Art. 26 Abs. 1 VO Nr. 600/2014 als erfüllt.

8. Grenzüberschreitender Datenaustausch zwischen Behörden. Zum Konzept der MiFID II/MiFIR-Regulierung gehören der Ausbau des Informationsaustauschs zwischen den zuständigen Behörden der Mitgliedstaaten sowie die Verstärkung der Pflicht zur Amtshilfe und Zusammenarbeit. In Erwägungsgrund Nr. 153 RL 2014/65/EU heißt es, dass in Anbetracht zunehmender grenzüberschreitender Tätigkeiten die zuständigen Behörden einander die für die Wahrnehmung ihrer Aufgaben zweckdienlichen Informationen übermitteln sollen, um eine wirksame Anwendung dieser Richtlinie auch in Situationen zu gewährleisten, in denen Verstöße oder mutmaßliche Verstöße für die Behörden in zwei oder mehreren Mitgliedstaaten von Bedeutung sein können. Das Konzept der länderübergreifenden Behördenkooperation ist dabei in Titel VI Kapitel 2 RL 2014/65/EU vorgezeichnet und wird in Art. 26 VO Nr. 600/2014 für die Zwecke der Geschäftsmeldungen fortgeschrieben. 40

a) Datenzugang für die zuständige Behörde des wichtigsten Marktes. Wird ein Geschäft mit einem Finanzinstrument an eine Behörde gemeldet, die nicht zugleich auch die Behörde ist, die die Zuständigkeit für den für das Finanzinstrument unter Liquiditätsaspekten relevantesten Markt besitzt, müssen die erstempfangende Behörde und die Behörde des wichtigsten Marktes gem. Art. 26 Abs. 1 Unterabs. 2 VO Nr. 600/2014 einen Prozess einrichten, der letzterer Behörde Zugang zu den gemeldeten Daten ermöglicht. Die Verknüpfung der Vorschrift mit Art. 85 RL 2014/65/EU macht deutlich, dass der Zweck der Datenbereitstellung vornehmlich statistischen Zwecken dient. Die Bestimmung, was der für ein Finanzinstrument unter Liquiditätsaspekten wichtigste Markt ist, erfolgt anhand der Kriterien von Art. 16 DelVO 2017/590. Der Zweck der Vorschrift schränkt die Verwendung der Daten zu anderweitigen Maßnahmen ein. Auch die Notwendigkeit der Weitergabe etwaiger personenbezogener Daten ist vor der Weitergabe auf Zulässigkeit zu prüfen. Die Datenübertragung hat analog Art. 15 Abs. 8 DelVO 2017/590 auf der Grundlage eines sicheren elektronischen Kommunikationskanals zu erfolgen. Erwägungsgrund Nr. 36 Satz 1 VO Nr. 600/2014 weist darauf hin, dass jeder Informationsaustausch unter Beachtung der einschlägigen Vorschriften für die Übermittlung personenbezogener Daten zu erfolgen hat. 41

§ 22 Abs. 1 Satz 3 WpHG stellt für die deutschen Verhältnisse klar, dass die BaFin für die Übermittlung von Mitteilungen nach Art. 26 Abs. 1 VO Nr. 600/2014 an die zuständige Behörde des Staates verantwortlich ist, in dem sich der unter Liquiditätsaspekten relevanteste Markt für das gemeldete Finanzinstrument befindet. 42

b) Datenzugang der ESMA. Art. 26 Abs. 1 Unterabs. 3 VO Nr. 600/2014 verpflichtet die zuständigen Behörden, der ESMA sämtliche Informationen aus Geschäftsmeldungen zur Verfügung zu stellen, wenn diese ESMA eine entsprechende Anfrage stellt. Auch wenn Art. 26 Abs. 1 VO Nr. 600/2014 anders als Art. 25 Abs. 1 VO Nr. 600/2014 nicht ausdrücklich auf die Berücksichtigung von Art. 35 ESMA-VO Nr. 1095/2010 hinweist, so gilt dieser Artikel dennoch. Die ESMA darf demnach die Informationen nur dann anfordern, wenn diese für die Erfüllung der ihr zugewiesenen Aufgaben erforderlich sind. Die Datenübertragung hat auch hier analog Art. 15 Abs. 8 DelVO 2017/590 auf der Grundlage eines sicheren elektronischen Kommunikationskanals zu erfolgen. Erwägungsgrund Nr. 36 Satz 2 VO Nr. 600/2014 weist darauf hin, dass die Übermittlung von Informationen und die Datenverarbeitung unter Beachtung der einschlägigen Vorschriften des Datenschutzes zu erfolgen hat. 43

Die ESMA besitzt aus Art. 26 VO Nr. 600/2014 heraus kein Recht, Geschäftsmeldungen direkt von Wertpapierfirmen bzw. ARM zu verlangen. Soweit die Legaldefinition des ARM nach Art. 2 Abs. 1 Nr. 36 VO Nr. 600/2014 i.V.m. Art. 4 Abs. 1 Nr. 54 RL 2014/65/EU darauf abstellt, dass das ARM berechtigt ist, Meldungen an die ESMA abzugeben, sollte daraus keine Befugnis für die Behörde zur Datenanforderung abgeleitet werden können. 44

c) Weitere Fälle des Austauschs von Geschäftsmeldungen. In Erwägungsgrund Nr. 15 Satz 1 DelVO 2017/590 ist davon die Rede, dass die von einer EU-Zweigniederlassung einer Wertpapierfirma getätigten Geschäfte, die nach Art. 14 Abs. 1 DelVO 2017/590 an die Behörde des Herkunftmitgliedstaates zu melden sind, von dieser an andere relevante zuständige Behörden weitergeleitet werden können. Einen Niederschlag im Verordnungstext selbst hat diese Erwägung nicht gefunden. Die Befugnis zum Datenaustausch zwischen zuständiger Behörde des Herkunftsstaates und Behörde des Aufnahmemitgliedstaates wird dann in Art. 26 Abs. 8 VO Nr. 600/2014 zu erblicken sein, wenngleich dort der umgekehrte Fall geregelt ist, bei dem die Geschäftsmeldung zuerst an die Behörde des Aufnahmemitgliedstaates gesendet worden ist (vgl. hierzu Rz. 25)[1]. 45

Keine Aussage trifft das EU-Verordnungsrecht für den Datenaustausch verschiedener EU-Behörden, wenn sich mehrere Zweigniederlassungen einer Drittlandfirma, die in verschiedenen Mitgliedstaaten der EU aktiv sind, nach Art. 14 Abs. 5 Unterabs. 2 DelVO 2017/590 auf eine zuständige Behörde als Meldeempfänger geeinigt haben. Im Zweifel sollten die betroffenen Behörden hier auf die nationalen Vorschriften über Datenaustausch mit ausländischen Behörden zurückgreifen. Im WpHG finden sich die entsprechenden Vorschriften in § 18 WpHG. 46

---

[1] Vgl. zum Datenaustausch auch den Transaction Reporting Exchange Mechanisms (TREM), näher erläutert in Technichal Reporting Instructions der ESMA zum MiFIR Transaction Reporting v. 17.7.2017 (ESMA/2016/1521).

Art. 27 Pflicht zur Bereitstellung von Referenzdaten für die einzelnen Finanzinstrumente

(1) In Bezug auf die Finanzinstrumente, die zum Handel an einem geregelten Markt zugelassen sind oder über ein MTF oder OTF gehandelt werden, stellen die Handelsplätze den zuständigen Behörden identifizierende Referenzdaten für die Zwecke der Meldung von Geschäften nach Artikel 26 zur Verfügung.

In Bezug auf andere unter Artikel 26 Absatz 2 fallende Finanzinstrumente, die über sein System gehandelt werden, stellt jeder systematische Internalisierer seiner zuständigen Behörde Referenzdaten zu diesen Finanzinstrumenten zur Verfügung.

Die identifizierenden Referenzdaten sind zur Vorlage bei der zuständigen Behörde in einem elektronischen und standardisierten Format zusammenzustellen, bevor der Handel in diesem betreffenden Finanzinstrument beginnt. Die Referenzdaten eines Finanzinstruments werden immer dann aktualisiert, wenn Änderungen der Daten bezüglich eines Finanzinstruments auftreten. Diese Mitteilungen sind von den zuständigen Behörden unverzüglich an die ESMA zu übermitteln, die sie umgehend auf ihrer Webseite veröffentlicht. Die ESMA gewährt den zuständigen Behörden Zugang zu diesen Referenzdaten.

(2) Damit die zuständigen Behörden die Tätigkeiten der Wertpapierfirmen gemäß Artikel 26 so überwachen können, dass gewährleistet wird, dass diese ehrlich, redlich, professionell und auf eine Art und Weise handeln, die der Integrität des Marktes dient, treffen die ESMA und die zuständigen Behörden die erforderlichen Vorkehrungen, um sicherzustellen, dass

a) die ESMA und die zuständigen Behörden die Referenzdaten für die einzelnen Finanzinstrumente gemäß Absatz 1 tatsächlich erhalten;

b) die Qualität der so erhaltenen Daten dem Zweck der Meldung von Geschäften nach Artikel 26 entspricht;

c) die nach Absatz 1 erhaltenen Referenzdaten für die einzelnen Finanzinstrumente tatsächlich zwischen den betreffenden zuständigen Behörden ausgetauscht werden.

(3) Die ESMA arbeitet Entwürfe technischer Regulierungsstandards aus, in denen Folgendes festgelegt wird:

a) Datenstandards und -formate für die Referenzdaten eines Finanzinstruments gemäß Absatz 1, einschließlich der Methoden und Regelungen für die Lieferung der Daten und ihrer etwaigen Aktualisierung und die zuständigen Behörden und Übermittlung dieser gemäß Absatz 1 an die ESMA, sowie Form und Inhalt dieser Meldungen;

b) die technischen Maßnahmen, die in Bezug auf die von der ESMA und den zuständigen Behörden gemäß Absatz 2 getroffenen Vereinbarungen festgelegt werden müssen.

Die ESMA legt diese Entwürfe technischer Regulierungsstandards der Kommission bis zum 3. Juli 2015 vor.

Der Kommission wird die Befugnis übertragen, die in Unterabsatz 1 genannten technischen Regulierungsstandards nach dem in den Artikeln 10 bis 14 der Verordnung (EU) Nr. 1095/2010 festgelegten Verfahren zu erlassen.

In der Fassung vom 15.5.2014 (ABl. EU Nr. L 173 v. 12.6.2014, S. 84).

Delegierte Verordnung (EU) 2017/585 der Kommission vom 14. Juli 2016
zur Ergänzung der Verordnung (EU) Nr. 600/2014 des Europäischen Parlaments und des Rates im Hinblick auf technische Regulierungsstandards für die Datenstandards und -formate für die Referenzdaten für Finanzinstrumente und die technischen Maßnahmen in Bezug auf die von der ESMA und den zuständigen Behörden zu treffenden Vorkehrungen

Art. 1 Inhalt, Standards, Form und Format der Referenzdaten

Handelsplätze und systematische Internalisierer stellen den zuständigen Behörden Referenzdaten für Finanzinstrumente (im Folgenden „Referenzdaten") zur Verfügung, die sämtliche in Tabelle 3 des Anhangs aufgeführten Angaben für das betreffende Finanzinstrument enthalten. Alle bereitgestellten Angaben werden in den in Tabelle 3 des Anhangs angegebenen Formaten und nach den dort genannten Standards in elektronischer und maschinenlesbarer Form sowie in einer einheitlichen XML-Vorlage nach der Methodik von ISO 20022 übermittelt.

In der Fassung vom 14.7.2016 (ABl. EU Nr. L 87 v. 31.3.2017, S. 368).

Art. 2 Zeitpunkt der Bereitstellung von Referenzdaten für die zuständigen Behörden

(1) Handelsplätze und systematische Internalisierer melden ihren zuständigen Behörden an jedem ihrer Handelstage bis 21:00 Uhr MEZ die Referenzdaten für alle Finanzinstrumente, die vor 18:00 Uhr MEZ an dem betreffenden Tag zum Handel zugelassen sind oder gehandelt werden, einschließlich der über ihr System eingegangenen Aufträge oder Kursofferten.

(2) Für Finanzinstrumente, die nach 18:00 Uhr MEZ an einem Handelstag, an dem der Handelsplatz oder systematische Internalisierer für den Handel geöffnet ist, zum Handel zugelassen oder gehandelt werden, einschließlich in Fällen, in denen ein Auftrag oder eine Kursofferte zum ersten Mal eingeht, melden die Handelsplätze und systematischen Internalisierer die Referenzdaten für das betreffende Finanzinstrument bis 21:00 Uhr MEZ des nächsten Tages, an dem der Handelsplatz oder systematische Internalisierer für den Handel geöffnet ist.

In der Fassung vom 14.7.2016 (ABl. EU Nr. L 87 v. 31.3.2017, S. 368).

Art. 3 Kennung von Finanzinstrumenten und Rechtsträgern

(1) Vor Beginn des Handels mit einem Finanzinstrument an einem Handelsplatz oder über einen systematischen Internalisierer bezieht der betreffende Handelsplatz oder systematische Internalisierer die internationale Wertpapier-Identifikationsnummer („ISIN") nach ISO 6166 für das Finanzinstrument.

(2) Handelsplätze und systematische Internalisierer stellen sicher, dass die in den gemeldeten Referenzdaten enthaltene Rechtsträger-Kennung der Norm ISO 17442:2012 entspricht, dem betreffenden Emittenten zuzuordnen ist und in der Datenbank der globalen Rechtsträgerkennungen aufgelistet ist, die von der vom Ausschuss für die Regulierungsaufsicht über das globale Unternehmenskennungssystem ernannten zentralen operativen Einheit gepflegt wird.

In der Fassung vom 14.7.2016 (ABl. EU Nr. L 87 v. 31.3.2017, S. 368).

Art. 4 Vorkehrungen zur Gewährleistung des tatsächlichen Eingangs der Referenzdaten

(1) Die zuständigen Behörden überwachen und bewerten, ob die Referenzdaten, die sie von einem Handelsplatz oder systematischen Internalisierer erhalten, vollständig sind, und ob die Daten den in Tabelle 3 des Anhangs spezifizierten Standards und Formaten entsprechen.

(2) Nach Erhalt der Referenzdaten für jeden Tag, an dem die Handelsplätze und systematischen Internalisierer für den Handel geöffnet sind, informieren die zuständigen Behörden die Handelsplätze und systematischen Internalisierer, falls die Daten unvollständig sind oder die Referenzdaten nicht innerhalb der in Artikel 2 festgelegten Fristen geliefert worden sind.

(3) Die ESMA überwacht und bewertet, ob die Referenzdaten, die sie von den zuständigen Behörden erhält, vollständig sind und den in Tabelle 3 des Anhangs spezifizierten Standards und Formaten entsprechen.

(4) Nach Erhalt der Referenzdaten von den zuständigen Behörden informiert die ESMA diese, falls die Daten unvollständig sind oder die Referenzdaten nicht innerhalb der in Artikel 7 Absatz 1 festgelegten Fristen geliefert worden sind.

In der Fassung vom 14.7.2016 (ABl. EU Nr. L 87 v. 31.3.2017, S. 368).

Art. 5 Vorkehrungen zur Gewährleistung der Qualität der Referenzdaten

Die zuständigen Behörden prüfen die Qualität hinsichtlich des Inhalts und der Richtigkeit der gemäß Artikel 27 Absatz 1 der Verordnung (EU) Nr. 600/2014 erhaltenen Referenzdaten mindestens vierteljährlich.

In der Fassung vom 14.7.2016 (ABl. EU Nr. L 87 v. 31.3.2017, S. 368).

Art. 6 Methoden und Regelungen für die Lieferung von Referenzdaten

(1) Die Handelsplätze und systematischen Internalisierer stellen sicher, dass sie den zuständigen Behörden vollständige und genaue Referenzdaten gemäß den Artikeln 1 und 3 bereitstellen.

(2) Die Handelsplätze und systematischen Internalisierer verfügen über Verfahren und Vorkehrungen, um zu ermitteln, ob früher übermittelte Referenzdaten unvollständig oder unrichtig sind. Stellt ein Handelsplatz oder systematischer Internalisierer fest, dass übermittelte Referenzdaten unvollständig oder unrichtig sind, so informiert er umgehend die zuständige Behörde und übermittelt ihr unverzüglich die vollständigen und richtigen Referenzdaten.

In der Fassung vom 14.7.2016 (ABl. EU Nr. L 87 v. 31.3.2017, S. 368).

Art. 7 Vorkehrungen für einen effizienten Austausch und die Veröffentlichung von Referenzdaten

(1) Die zuständigen Behörden übermitteln der ESMA täglich bis spätestens 23:59 Uhr MEZ vollständige und genaue Referenzdaten über den sicheren elektronischen Kommunikationskanal, der zu diesem Zweck von den zuständigen Behörden und der ESMA eingerichtet wurde.

(2) Am Tag nach dem Eingang der Referenzdaten gemäß Absatz 1 konsolidiert die ESMA die von sämtlichen zuständigen Behörden erhaltenen Daten.

(3) Die ESMA stellt die konsolidierten Daten allen zuständigen Behörden bis 8:00 Uhr MEZ am Tag nach dem Eingang der Daten über sichere elektronische Kommunikationskanäle im Sinne von Absatz 1 zur Verfügung.

(4) Die zuständigen Behörden nutzen die konsolidierten Daten für einen bestimmten Tag zur Validierung der Meldungen über Geschäfte im Zusammenhang mit Geschäften, die an diesem Tag ausgeführt und nach Artikel 26 der Verordnung (EU) Nr. 600/2014 gemeldet wurden.

(5) Die zuständigen Behörden nutzen die konsolidierten Daten für einen bestimmten Tag zum Austausch von Meldungen über Geschäfte, die an diesem Tag im Einklang mit Artikel 26 Absatz 1 Unterabsatz 2 der Verordnung (EU) Nr. 600/2014 übermittelt wurden.

(6) Die ESMA veröffentlicht die Referenzdaten in elektronischer, herunterladbarer und maschinenlesbarer Form.

In der Fassung vom 14.7.2016 (ABl. EU Nr. L 87 v. 31.3.2017, S. 368).

Art. 27 VO Nr. 600/2014 | Pflicht zur Bereitstellung von Referenzdaten

Art. 8 Inkrafttreten und Geltungsbeginn

Diese Verordnung tritt am zwanzigsten Tag nach ihrer Veröffentlichung im *Amtsblatt der Europäischen Union* in Kraft. Sie gilt ab dem in Artikel 55 Absatz 2 der Verordnung (EU) Nr. 600/2014 genannten Datum.

In der Fassung vom 14.7.2016 (ABl. EU Nr. L 87 v. 31.3.2017, S. 368).

Anhang

(nicht abgedruckt)

Schrifttum: *Langenbucher*, Europäisches Privat- und Wirtschaftsrecht, 4. Aufl. 2017; *Lutter/Bayer/J. Schmidt*, Europäisches Unternehmens- und Kapitalmarktrecht, 6. Aufl. 2017.

I. Regelungsgegenstand und systematische Stellung der Vorschrift 1	2. Zuständige Behörde 11
II. Pflicht zur Meldung von Referenzdaten (Art. 27 Abs. 1 Unterabs. 1 und 2 VO Nr. 600/2014) 6	3. Gegenstand und Inhalt der Meldung 13
	4. Meldezeitpunkt 17
	5. Meldeverfahren 18
1. Meldepflichtige 6	III. Behördliche Pflichten (Art. 27 Abs. 1 Unterabs. 3 Satz 3 VO Nr. 600/2014 und Art. 27 Abs. 2 VO Nr. 600/2014) 21
a) Handelsplatzbetreiber 6	
b) Systematische Internalisierer 9	

1 **I. Regelungsgegenstand und systematische Stellung der Vorschrift.** Art. 27 VO Nr. 600/2014 (MiFIR) komplettiert unter der Überschrift „Pflicht zur Bereitstellung von Referenzdaten für die einzelnen Finanzinstrumente" als vierte und letzte Vorschrift im Komplex „Meldung von Geschäften" den Titel IV der Verordnung. Die Vorschrift enthält Pflichten für Handelsplatzbetreiber, systematische Internalisierer und Behörden.

2 Handelsplatzbetreibern bzw. systematischen Internalisierern obliegt nach Art. 27 Abs. 1 Unterabs. 1 bzw. Unterabs. 2 VO Nr. 600/2014 jeweils eine **Meldepflicht**. Sie haben den zuständigen Behörden die Angaben über diejenigen Finanzinstrumente zu liefern, die Gegenstand von Geschäftsmeldungen i.S.v. Art. 26 VO Nr. 600/2014 sein können. Ohne diese Angaben der Ausführungsplätze wäre es für die Behörden schwierig, die Prüfungen vorzunehmen, ob zu meldende Geschäfte tatsächlich gemeldet werden oder nicht. Täglich entstehen insbesondere im Derivatebereich mehrere tausend Finanzinstrumente neu bzw. laufen aus, so dass das Nachhalten einer akkuraten Aufstellung für die Arbeit der Behörden einen eigenen Wert besitzt[1]. Art. 27 VO Nr. 600/2014 hilft dabei, zentralisiert den **Überblick** zu behalten, **welche Finanzinstrumente** auf einen konkreten Tag bezogen **einen Bezug zum öffentlichen Kapitalmarkt aufweisen** und Geschäfte in diesen Werten daher **der behördlichen Überwachung unterliegen**. Auf diesen Zusammenhang weist Art. 27 Abs. 2 VO Nr. 600/2014 nochmals ausdrücklich hin. Über die Angabe der Existenz eines Finanzinstruments hinaus liefern die Referenzdaten den Behörden auch Angaben zur Struktur und damit zur Klassifikation eines Wertes. Diese Angaben helfen der Aufsicht auch bei der Beurteilung, ob Geschäfte im Hinblick auf die Spezifika des Instruments marktmissbräuchlich sein können.

3 Nach Erhalt von Referenzdaten über ein Finanzinstrument hat die empfangene Behörde diese **Daten an die ESMA zu übermitteln**. Die ESMA veröffentlicht diese Informationen auf ihrer Internetseite. Die ESMA gewährt dabei zugleich den zuständigen Behörden Zugang zu diesen Referenzdaten, damit diese Behörden die Meldungen über Geschäfte verwenden, auswerten und austauschen können[2].

4 Art. 27 Abs. 3 VO Nr. 600/2014 enthält eine umfangreiche Ermächtigung zum **Erlass technischer Regulierungsstandards**. Die Vorgaben zum Inhalt der Lieferung, der Aktualisierung und zum technischen Format der Meldung sowie über technische Vorkehrungen auf der Behördenseite füllt die **DelVO 2017/585** aus.

5 Verstöße der Meldepflichtigen gegen die Pflicht zur Verfügungstellung der identifizierenden Referenzdaten in Bezug auf Finanzinstrumente sind gem. § 120 Abs. 9 Nr. 22 WpHG **bußgeldbewährt**. Verstöße liegen vor, wenn die Daten nicht, nicht richtig, nicht vollständig, nicht in der vorgeschriebenen Weise oder nicht rechtzeitig zur Verfügung gestellt oder aktualisiert werden.

6 **II. Pflicht zur Meldung von Referenzdaten (Art. 27 Abs. 1 Unterabs. 1 und 2 VO Nr. 600/2014). 1. Meldepflichtige. a) Handelsplatzbetreiber.** Meldepflichtig sind nach Art. 27 Abs. 1 Unterabs. 1 VO Nr. 600/2014 – auch wenn die Verordnung nur von Handelsplätzen spricht – die **Betreiber von Handelsplätzen**. Betreiber eines Handelsplatzes können Wertpapierfirmen und Marktbetreiber sein. Handelsplätze sind gem. Art. 2 Abs. 1 Nr. 16 VO Nr. 600/2014 i.V.m. Art. 4 Abs. 1 Nr. 23 RL 2014/65/EU multilaterale Handelssysteme (MTF) i.S.v. Art. 2 Abs. 1 Nr. 14 VO Nr. 600/2014 i.V.m. Art. 4 Abs. 1 Nr. 22 RL 2014/65/EU, organisierte Handelssysteme

---

1 In Deutschland sind durchweg ca. 2 Mio. verschiedene Finanzinstrumente am Markt erhältlich; Angabe nach WM Datenservice (Stand: März 2018).
2 Erwägungsgrund Nr. 3 DelVO 2017/585.

(OTF) i.S.v. Art. 2 Abs. 1 Nr. 15 i.V.m. Art. 4 Abs. 1 Nr. 23 RL 2014/65/EU und geregelte Märkte i.S.v. Art. 2 Abs. 1 Nr. 13 VO Nr. 600/2014 i.V.m. Art. 4 Abs. 1 Nr. 21 RL 2014/65/EU. Der Betrieb eines MTF und eines OTF stellen jeweils Wertpapierdienstleistungen (Art. 4 Abs. 1 Nr. 2 i.V.m. Anhang I Abschnitt A Nr. 8 und 9 RL 2014/65/EU) dar und sind deshalb grundsätzlich von Wertpapierfirmen zu betreiben. Geregelte Märkte (Art. 2 Abs. 1 Nr. 13 VO Nr. 600/2014 i.V.m. Art. 4 Abs. 1 Nr. 21 RL 2014/65/EU) sind von in Art. 2 Abs. 1 Nr. 10 VO Nr. 600/2014 i.V.m. Art. 4 Abs. 1 Nr. 18 RL 2014/65/EU definierten Marktbetreibern zu betreiben. Marktbetreiber sind eine oder auch mehrere Personen, die das Geschäft eines geregelten Marktes verwalten und/oder betreiben und zu denen der geregelte Markt selbst zählen kann. Marktbetreiber können gem. Art. 5 Abs. 2 RL 2014/65/EU auch ein OTF oder MTF unterhalten, ohne dadurch Wertpapierfirma zu werden. Die Eigenschaften „Marktbetreiber" und „Wertpapierfirma" schließen sich allerdings nicht gegenseitig aus. Da es sich im Regelfall bei den Wertpapierfirmen und Marktbetreibern um juristische Personen handelt, haben die Geschäftsleitungen für die Erfüllung der an die Unternehmung gerichteten Meldepflicht Sorge zu tragen, wobei sie bei der Pflichterfüllung Dritte einsetzen können.

In Deutschland hat der Gesetzgeber das von der MiFID II/MiFIR-Gesetzgebung vorgezeichnete Bild weitgehend nachempfunden. Der Betrieb eines MTF und eines OTF stellen Wertpapierdienstleistungen i.S.d. § 2 Abs. 8 WpHG dar; OTF und MTF werden demzufolge von Wertpapierdienstleistungsunternehmen betrieben. Die teilrechtsfähige Anstalt Börse und ihr Börsenträger sind beim Betrieb des Handelsplatzes Börse keine Wertpapierdienstleistungsunternehmen. Sie unterliegen den Regelungen des BörsG. § 3 Abs. 1 Satz 1 Nr. 13 WpHG nimmt Börsenträger oder Betreiber organisierter Märkte, die neben dem Betrieb eines MTF oder OTF keine anderen Wertpapierdienstleistungen i.S.d. § 2 Abs. 8 Satz 1 WpHG erbringen, von der Definition für Wertpapierdienstleistungsunternehmen aus. § 1 Abs. 1 Satz 2 BörsG bringt zum Ausdruck, dass das BörsG auch auf den Betrieb von MTF oder OTF durch Börsenträger an einer Börse anzuwenden ist. 7

Betreiben **deutsche Wertpapierdienstleistungsunternehmen** ein MTF oder ein OTF, so sind sie als Wertpapierfirmen und damit als **Betreiber eines Handelsplatzes i.S.d. Art. 27 Abs. 1 VO Nr. 600/2014** anzusehen. Bei den inländischen Börsen, die Handelsplätze[1] i.S.d. § 2 Abs. 5 BörsG darstellen, ist die **Börse** als teilrechtsfähige Anstalt i.S.v. § 2 Abs. 1 BörsG selbst als Marktbetreiber[2] anzusehen und dementsprechend **das Rechtssubjekt, welches die Pflichten nach Art. 27 Abs. 1 VO Nr. 600/2014 zu erfüllen hat**. Zuständig hierfür ist der Geschäftsführer der Börse als Börsenorgan, dem die Geschäftsführung und Vertretung der Börse nach § 15 BörsG obliegt. Ob auch der Börsenträger i.S.v. § 5 BörsG als Marktbetreiber einer Börse anzusehen ist, ist weniger klar aus dem Regelungsgefüge herzuleiten. Da die Börse und ihr Träger letztlich aber nur zusammen den Betrieb einer Börse abbilden können, spricht einiges dafür, den **Börsenträger** ebenfalls als Marktbetreiber im Sinne der MiFID II/MiFIR-Regulierung einzuordnen. Ähnliches dürfte auch für den Freiverkehr, als **unter dem Dach der Börse betriebenes MTF** gelten. Auch wenn der Freiverkehr nach § 48 Abs. 1 Satz 1 BörsG durch den Börsenträger betrieben wird, so bedarf dieser immer der Zulassung durch die Börse und wird somit letztlich durch die Börse mitbetrieben. Nimmt man nach § 48b Abs. 1 i.V.m. § 48 Abs. 1 BörsG analog auch eine Mitzuständigkeit der Börse für die Implementierung eines **börslichen OTF** an, dann sind auch die Börse und der Börsenträger für das OTF als die nach Art. 27 Abs. 1 VO Nr. 600/2014 verpflichteten Marktbetreiber anzusehen. Sind Börse und Börsenträger als Verpflichtete anzusehen, dann müssen sie die Daten aber nicht separat melden. Der Börsenträger stellt ohnehin die sachlichen und personellen Mittel für die Börse und erfüllt bei seiner Pflichterfüllung gleichsam die Pflicht der Börse mit. 8

b) Systematische Internalisierer. Bei einem nach Art. 27 Abs. 1 Unterabs. 2 VO Nr. 600/2014 als meldepflichtig eingestuften systematischen Internalisierer handelt es sich nach Art. 2 Abs. 1 Nr. 12 VO Nr. 600/2014 i.V.m. Art. 4 Abs. 1 Nr. 20 RL 2014/65/EU um eine Wertpapierfirma, die in organisierter und systematischer Weise häufig in erheblichem Umfang Handel für eigene Rechnung treibt, wenn sie Kundenaufträge außerhalb eines geregelten Marktes oder eines MTF bzw. OTF ausführt, ohne ein multilaterales System zu betreiben. Die Definition eines systematischen Internalisierers findet nur Anwendung, wenn die beiden festgesetzten Obergrenzen, nämlich die für den in systematischer Weise und häufig erfolgenden Handel und die für den Handel in erheblichem Umfang, überschritten werden oder wenn eine Wertpapierfirma sich dafür entscheidet, sich den für die systematische Internalisierung geltenden Regeln zu unterwerfen (vgl. näher Art. 14 VO Nr. 600/2014 Rz. 11f.). 9

Für die Antwort auf die Frage, wann ein in Deutschland zugelassenes Wertpapierdienstleistungsunternehmen als systematischer Internalisierer tätig ist, ist § 2 Abs. 8 WpHG heranzuziehen. § 2 Abs. 8 Satz 1 Nr. 2 lit. b WpHG enthält die Legaldefinition der systematischen Internalisierung. Bei ihr handelt es sich sinngemäß um das häufige organisierte und systematische Betreiben von Handel für eigene Rechnung in erheblichem Umfang, wenn dabei Kundenaufträge außerhalb eines geregelten Marktes oder eines MTF oder OTF ausgeführt werden, ohne dass ein multilaterales Handelssystem betrieben wird (näher § 79 WpHG). 10

---
[1] Zur Gleichsetzung von Börse mit dem Begriff des geregelten Marktes im Sinne der MiFID II s. BT-Drucks. 18/10936, 266.
[2] Für die Börsenanstalt als Betreiber des geregelten Marktes vgl. *Klöhn* in Langenbucher, § 6 Rz. 52; *Lutter/Bayer/ J. Schmidt*, § 32 Rz. 32.37.

Art. 27 VO Nr. 600/2014 | Pflicht zur Bereitstellung von Referenzdaten

11   **2. Zuständige Behörde.** Wer die zuständige Behörde als Empfänger der Meldung i.S.v. Art. 27 Abs. 1 VO Nr. 600/2014 ist, definiert Art. 2 Abs. 1 Nr. 18 VO Nr. 600/2014. Dies ist die in Art. 4 Abs. 1 Nr. 26 RL 2014/65/EU genannte Behörde. In der MiFID II-Vorschrift wird als die „zuständige Behörde" grundsätzlich diejenige Behörde bezeichnet, die vom betreffenden Mitgliedstaat gem. Art. 67 RL 2014/65/EU benannt worden ist. Nach Art. 67 Abs. 1 Satz 1 RL 2014/65/EU benennt ein Mitgliedstaat die zuständige Behörde, die für die Wahrnehmung der Aufgaben gemäß den einzelnen Bestimmungen der VO Nr. 600/2014 und der MiFID II verantwortlich ist. Die ESMA veröffentlicht ein Verzeichnis der zuständigen Behörden auf ihrer Internetseite und aktualisiert dieses; Art. 67 Abs. 3 RL 2014/65/EU. Die Mitgliedstaaten haben gem. Art. 67 Abs. 2 Unterabs. 3 RL 2014/65/EU nicht nur die ESMA über die Zuständigkeitsregelungen zu unterrichten, sondern auch die EU-Kommission und die Behörden der anderen Mitgliedstaaten.

12   Der deutsche Gesetzgeber hat der BaFin im Hinblick auf die Vorschriften der VO Nr. 600/2014 die Aufsicht über die Wertpapierdienstleistungsunternehmen übertragen, unabhängig davon, ob diese als Betreiber eines MTF bzw. OTF agieren oder systematische Internalisierung betreiben; § 6 Abs. 2 WpHG. In § 6 Abs. 5 WpHG wird aufgeführt, dass die BaFin die zuständige Behörde i.S.d. Art. 2 Abs. 1 Nr. 18 VO Nr. 600/2014 ist. Gleichwohl benennt § 22 Abs. 1 Satz 1 WpHG die BaFin nochmals speziell als zuständige Behörde i.S.d. Art. 27 VO Nr. 600/2014. Wichtig ist in diesem Zusammenhang der Hinweis, dass die BaFin auch die zuständige Behörde für die Börsen bzw. Börsenträger ist, soweit diese als Handelsplatzbetreiber nach Art. 27 VO Nr. 600/2014 meldeverpflichtet sind. Die Börsenaufsichtsbehörde kann allenfalls im Rahmen ihrer allgemeinen Zuständigkeit als Aufsicht prüfen, ob die Börsen bzw. Börsenträger ihrer Pflicht zur Meldung an die BaFin nachkommen.

13   **3. Gegenstand und Inhalt der Meldung.** Bei den Referenzdaten für Finanzinstrumente, die den Behörden zur Verfügung zu stellen sind, handelt es sich gem. Art. 1 Satz 1 DelVO 2017/585 um die in Tabelle 3 des Anhangs der Verordnung genannten Angaben. Im deutschen Sprachgebrauch wird mitunter für Referenzdaten auch der Begriff der Stammdaten verwendet[1]. Wichtigstes Datum ist dabei die Kennung des Finanzinstruments. Hierbei handelt es sich nach Art. 3 Abs. 1 DelVO 2017/585 um die internationale Wertpapier-Identifikationsnummer (ISIN) gemäß ISO 6166. Diese ist für Wertpapiere als auch für börsengehandelte Derivate üblich und seit 2018 auch für außerbörslich gehandelte Derivate verfügbar. Zu den allgemeinen Angaben gehören u.a. auch der vollständige Name des Instruments sowie die Klassifizierung des Instruments. Anzugeben ist auch der Emittent des Finanzinstruments. Dieser muss mit dessen Legal Entity Identifier Code (LEI-Code) bezeichnet werden. Wenn es wie bei Kontaktspezifikationen keinen Emittenten gibt, ist der LEI-Code des Handelsplatzes anzugeben. Darüber hinaus sind Angaben zum Handelsplatz zu machen und je nach Klassifizierung des Finanzinstruments weitere Abgaben. Art. 6 DelVO 2017/585 betont, dass die meldepflichtigen Handelsplätze und Internalisierer sicherzustellen haben, dass sie vollständige und genaue Referenzdaten bereitstellen. Besitzen Emittenten beispielsweise keinen LEI, so soll die Nichtangabe des LEI-Codes aus aufsichtlicher Sicht ein Verstoß gegen die Meldeverpflichtung nach Art. 27 VO Nr. 600/2014 darstellen. Dies erscheint zumindest für die zahlreichen Werte des Freiverkehrs, die vor Inkrafttreten der MiFIR ohne Zustimmung des Emittenten in den Handel einbezogen worden sind, zweifelhaft. Hier haben die Handelsplatzbetreiber kaum unmittelbare rechtliche Einwirkungsmöglichkeiten auf Emittenten, mit denen diese zur Beantragung und Mitteilung einer fortlaufend kostenpflichtigen LEI bewegt werden können. Aufsichtsbehördliche Maßnahmen bzw. die Einstellung des Handels in den betreffenden Werten erscheinen hier als unverhältnismäßige Reaktionen. ESMA und BaFin hatten zunächst, um eine reibungslose Einführung der LEI-Anforderungen zu unterstützen, für eine Übergangszeit von sechs Monaten verlautbart, es bei Emissionen von Nicht-EU-Emittenten als ausreichend anzusehen, wenn Handelsplätze ihre eigenen LEI-Codes melden, anstatt den LEI-Codes der Nicht-EU-Emittenten[2]. Eine Verlängerung der Übergangszeit über den 2.7.2018 hinaus hat die ESMA indes mit einer Verlautbarung vom 20.6.2018 abgelehnt[3]. Den deutschen Handelsplätzen verbleibt ggf. die Möglichkeit, bei den privaten LEI-Code-Vergabestellen zunächst als Vertreter ohne Vertretungsmacht im Rahmen einer Geschäftsführung ohne Auftrag (§§ 677 BGB ff.) für untätige Nicht-EU-Emittenten aktiv zu werden.

14   Bezugsgegenstände der Referenzdatenmeldung können **Finanzinstrumente** sein, wie sie aufgrund der Verweisung in Art. 2 Abs. 1 Nr. 9 VO Nr. 600/2014 auf Art. 4 Abs. 1 Nr. 15 RL 2014/65/EU in Anhang I Abschnitt C RL 2014/65/EU aufgeführt sind. Dies allein genügt allerdings nicht. Die Finanzinstrumente müssen unter Art. 27 VO Nr. 600/2014 einen Bezug zu einem Handelsplatz aufweisen. Handelsplatzbetreiber haben diejenigen Finanzinstrumente, die zum Handel an einem geregelten Markt zugelassen sind oder über ein MTF oder OTF gehandelt werden, zu melden. Dabei kommt es nicht darauf an, ob die Zulassung oder die Handelsaufnahme am Handelsplatz erstmals erfolgt. Die Meldepflicht besteht auch dann, wenn die Finanzinstrumente bereits an einem anderen Handelsplatz zugelassen sind oder gehandelt werden. Die Meldung des ersten Handelsplatzes und die jedes weiteren Platzes unterscheidet sich dann regelmäßig nur hinsichtlich des Codes des Han-

---

1 S. z.B. die Übersetzung der BaFin vom 22.11.2017 zur Stellungnahme der ESMA vom 20.11.2017 zur Unterstützung der reibungslosen Einführung der LEI-Anforderungen.
2 Vgl. *Internetseite der BaFin* vom 22.12.2017: „Übersetzung zur Stellungnahme der ESMA zur Unterstützung der reibungslosen Einführung der LEI-Anforderungen."
3 ESMA statement on LEI requirements under MiFIR (ESMA 70-145-872).

delsplatzes. Dem Grunde nach betrifft die Meldepflicht der Handelsplätze diejenigen Finanzinstrumente, die in Art. 26 Abs. 2 lit. a VO Nr. 600/2014 genannt sind, mit Ausnahme derjenigen Finanzinstrumente, für die ein Antrag auf Zulassung gestellt wurde. Systematische Internalisierer haben, wie sich aus Art. 27 Abs. 1 Unterabs. 2 VO Nr. 600/2014 ergibt, in Hinblick auf andere unter Art. 26 Abs. 2 VO Nr. 600/2014 fallende Finanzinstrumente, die über sein System gehandelt werden, die Referenzdaten zu übersenden. Mit diesen anderen Finanzinstrumenten sind die in Art. 26 Abs. 2 lit. b und c VO Nr. 600/2014 genannten Werte gemeint. Das derivative Finanzinstrument ist dann gerade nicht auf einem Handelsplatz zugelassen, sondern nur der Basiswert ist ein an einem Handelsplatz gehandeltes Finanzinstrument oder ein aus an einem Handelsplatz gehandelten Finanzinstrumenten zusammengesetzter Index oder Korb von Finanzinstrumenten.

Die Referenzdaten eines Finanzinstruments sind mittels einer Meldung zu aktualisieren, wenn Änderungen der Daten bezüglich eines Finanzinstruments auftreten; Art. 27 Abs. 1 Unterabs. 3 Satz 2 VO Nr. 600/2014. Als fehlerhaft erkannte Meldungen sind zu korrigieren; vgl. Art. 6 Abs. 2 Satz 2 DelVO 2017/585.

Die Betreiber der inländischen Handelsplätze haben gegenüber den Emittenten **Anspruch auf Übermittlung der Referenzdaten**, die sie für Meldezwecke benötigen. Für Börsen als geregelte Märkte enthält § 32 Abs. 2 Satz 3 BörsG, für börsliche MTF und OTF § 48 Abs. 5 BörsG (i.V.m. § 48b Abs. 1 Satz 4 BörsG) sowie für MTF und OTF, die von Wertpapierdienstleistungsunternehmen betrieben werden, § 72 Abs. 5 WpHG das Recht dazu. Soweit in diesen Regelungen auf Art. 4 VO Nr. 596/2014 (MAR) abgestellt wird, ist dies unschädlich, da Art. 4 VO Nr. 596/2014 ebenfalls eine Meldepflicht über Angaben zu Finanzinstrumenten zum Zwecke der Aufsicht vorsieht. Die nach Art. 4 VO Nr. 596/2014 zu meldenden Daten sind mit den Daten nach Art. 27 VO Nr. 600/2014 abgestimmt. Den Handelsplatzbetreibern steht es darüber hinaus frei, eine entsprechende Formulierung für einen Anspruch, der auf Art. 27 VO Nr. 600/2014 Bezug nimmt, entweder in der Börsenordnung[1] oder im Regelwerk des Handelsplatzes aufzunehmen.

4. Meldezeitpunkt. Die Verordnung selbst trifft keine Regelung, wann die Meldung bei der Behörde vorzuliegen hat. Art. 27 Abs. 1 Unterabs. 3 VO Nr. 600/2014 besagt lediglich, dass die Referenzdaten beim Meldepflichtigen zur Vorlage bei der Behörde bereits vorliegen müssen, bevor der Handel in dem betreffenden Finanzinstrument beginnt. Art. 2 Abs. 1 DelVO 2017/585 trifft dann die Regelung, dass die Meldepflichtigen die Behördenmeldung an jedem ihrer Handelstage bis 21:00 Uhr mitteleuropäischer Zeit (MEZ) für die Finanzinstrumente abgeben müssen, die vor 18:00 Uhr MEZ an dem betreffenden Tag zum Handel zugelassen oder erstmals gehandelt wurden (einschließlich der über ihr System eingegangenen Aufträge oder Kursofferten). Für Finanzinstrumente, die nach 18:00 Uhr MEZ an einem Handelstag zum Handel zugelassen oder gehandelt werden, einschließlich in Fällen, in denen ein Auftrag oder eine Kursofferte zum ersten Mal eingeht, bestimmt Art. 2 Abs. 2 DelVO 2017/585, dass die Referenzdaten bis 21:00 Uhr MEZ des nächsten Handelstages zu melden sind. Die in mitteleuropäischer Zeit angegebenen Zeitpunkte sind auch dann maßgeblich, wenn aufgrund national erlassener Gesetze eine davon abweichende Zeit, z.B. mitteleuropäische Sommerzeit, gilt.

5. Meldeverfahren. Art. 27 Abs. 1 Unterabs. 3 Satz 1 VO Nr. 600/2014 spricht lediglich davon, dass die Meldepflichtigen die **Referenzdaten in einem elektronischen und standardisierten Format zusammenstellen**. Art. 1 Satz 2 DelVO 2017/585 besagt, dass die Übermittlung in elektronischer und maschinenlesbarer Form sowie in einer einheitlichen XML-Vorlage nach der Methodik von ISO 20022[2] zu übermitteln sind. Die Struktur des Datensatzes wird ebenfalls durch die DelVO 2017/585 vorgegeben.

Das WpHG nimmt die Vorgaben der MiFIR auf und formuliert in **§ 8 Abs. 1 WpHG**, dass die BaFin von den Betreibern von Märkten, an denen Finanzinstrumente gehandelt werden, verlangen kann, dass die Daten, die zur Erfüllung der Aufgaben der BaFin nach Art. 27 VO Nr. 600/2014 nebst Durchführungsrechtsakten erforderlich sind, in standardisierter und elektronischer Form übermittelt werden.

Die BaFin hat internetbasiertes **Fachverfahren „Mitteilungen und Informationen zum Referenzsystem für Finanzinstrumente und Transparenzberechnungen (Title II MiFIR/Art. 22 + 27 MiFIR/Art. 4 MAR)"** eingerichtet, über welches die Datensätze über das Portal der Melde- und Veröffentlichungsplattform (MVP Portal) vom Melder an die Behörde elektronisch übertragen werden können. Zur Nutzung hat die BaFin auf ihrer Internetseite ein Informationsblatt zum Fachverfahren sowie ergänzende Informationen zum Fachverfahren veröffentlicht[3].

III. Behördliche Pflichten (Art. 27 Abs. 1 Unterabs. 3 Satz 3 VO Nr. 600/2014 und Art. 27 Abs. 2 VO Nr. 600/2014). Die **Behörde**, die die Daten empfangen hat, **übermittelt** diese gem. Art. 27 Abs. 1 Unterabs. 3 Satz 3 VO Nr. 600/2014 **unverzüglich an die ESMA** weiter. Die Unverzüglichkeit bestimmt sich nach Art. 7 Abs. 1 DelVO 2017/585. Die Übermittlung hat danach täglich bis spätestens 23:59 Uhr MEZ über einen sicheren elektronischen Kommunikationskanal zu erfolgen, der zu diesem Zweck von der zuständigen Behörde und der ESMA eingerichtet wurde. Die ESMA veröffentlicht gem. Art. 27 Abs. 1 Unterabs. 3 Satz 3 a.E. VO

---
1 So z.B. § 31 Abs. 4 und § 38 Abs. 4 BörsO BWWB.
2 Abrufbar www.iso20022.org.
3 Vgl. die Internetseite der BaFin: Die BaFin, Service, MVP-Portal, Referenz- und Transparenzdaten.

Art. 28 VO Nr. 600/2014 | Pflicht zum Handel über geregelte Märkte, MTF oder OTF

Nr. 600/2014 die Referenzdaten auf ihrer Internetseite. Art. 7 Abs. 6 DelVO 2017/585 führt aus, dass die ESMA die Referenzdaten in elektronischer, herunterladbarer und maschinenlesbarer Form veröffentlicht. Die Daten sind abrufbar unter der ESMA „Financial Instruments Reference Database (FIRDS)"[1]. Die Daten können damit auch von Dritten genutzt werden. Wertpapierfirmen erhalten z.B. die Möglichkeit zu eruieren, an welchen Ausführungsplätzen ein Instrument aktuell handelbar ist.

22 Soweit es in Art. 27 Abs. 1 Unterabs. 3 Satz 4 VO Nr. 600/2014 heißt, dass die ESMA den zuständigen Behörden Zugang zu diesen Referenzdaten gewährt, so ist der Zugriff der zuständigen Behörden auf die Internetseite der ESMA nicht ausreichend. Wie sich aus Art. 7 Abs. 2 und 3 DelVO 2017/585 ergibt, ist ein weiterer Prozess einzurichten. Die ESMA hat allen zuständigen Behörden bis 8:00 Uhr MEZ am Tag nach dem Eingang der Daten konsolidierte Daten über sichere elektronische Kommunikationskanäle zur Verfügung zu stellen.

23 Art. 27 Abs. 2 VO Nr. 600/2014 spricht weitere behördliche Pflichten im Zusammenhang mit Referenzdatenmeldungen an. Die ESMA und zuständigen Behörden müssen **Vorkehrungen treffen, mit denen sichergestellt ist, dass die Behörden die Daten auch tatsächlich erhalten**, die **Qualität** der erhaltenen Daten **dem Zweck der Meldung** von Geschäften nach Art. 26 VO Nr. 600/2014 **entspricht** und die nach Art. 27 Abs. 1 VO Nr. 600/2014 **erhaltenen Referenzdaten** für die einzelnen Finanzinstrumente **tatsächlich zwischen den betreffenden zuständigen Behörden ausgetauscht werden**.

Titel V
Derivate

Art. 28 Pflicht zum Handel über geregelte Märkte, MTF oder OTF

(1) Finanzielle Gegenparteien im Sinne von Artikel 2 Absatz 8 der Verordnung (EU) Nr. 648/2012 sowie nichtfinanzielle Gegenparteien, die die in Artikel 10 Absatz 1 Buchstabe b der Verordnung (EU) Nr. 648/2012 genannten Bedingungen erfüllen, schließen Geschäfte, bei denen es sich weder um gruppeninterne Geschäfte im Sinne von Artikel 3, noch um unter die Übergangsbestimmungen von Artikel 89 der Verordnung (EU) Nr. 648/2012 fallende Geschäfte mit anderen finanziellen Gegenparteien oder nichtfinanziellen Gegenparteien handelt, die die Bedingungen von Artikel 10 Absatz 1 Buchstabe b der Verordnung (EU) Nr. 648/2012 erfüllen, mit Derivaten, die einer Kategorie von Derivaten angehören, die einer Handelspflicht im Sinne des in Artikel 32 genannten Verfahrens unterliegen und in dem in Artikel 34 genannten Verzeichnis registriert sind, lediglich über folgende Plätze ab:

a) geregelte Märkte,
b) MTF,
c) OTF oder
d) Drittlandhandelsplätze, vorausgesetzt, die Kommission hat einen Beschluss nach Absatz 4 gefasst und das Drittland sieht ein effektives, gleichwertiges Anerkennungssystem für Handelsplätze vor, die nach der Richtlinie 2014/65/EU zugelassen sind, um Derivate zum Handel zuzulassen oder zu handeln, die in dem Drittland einer Handelspflicht auf nichtausschließlicher Basis unterliegen.

(2) Die Handelspflicht gilt auch für in Absatz 1 genannte Gegenparteien, die Derivategeschäfte abschließen, die zu einer Derivatekategorie gehören, der der Handelspflicht mit Drittlandfinanzinstituten oder sonstigen Drittlandeinrichtungen unterliegt, die bei einer Niederlassung in der Union zum Clearing verpflichtet wären. Die Handelspflicht gilt auch für Drittlandeinrichtungen, die bei Niederlassung in der Union zum Clearing verpflichtet wären und die Derivategeschäfte, die zu einer Derivatekategorie gehören, die der Handelspflicht unterliegt, abschließen, sofern der Kontrakt eine unmittelbare, wesentliche und vorhersehbare Auswirkung in der Union hat oder diese Pflicht erforderlich oder angemessen ist, um eine Umgehung von Bestimmungen dieser Verordnung zu vermeiden.

Die ESMA überwacht regelmäßig den Handel mit Derivaten, die nicht der Handelspflicht gemäß Absatz 1 unterliegen, um Fälle zu erkennen, in denen eine bestimmte Kategorie von Kontrakten ein Systemrisiko darstellen könnte, und um eine Aufsichtsarbitrage zwischen Geschäften mit Derivaten, die der Handelspflicht unterliegen, und solchen, die nicht der Handelspflicht unterliegen, zu verhindern.

(3) Der Handelspflicht unterliegende Derivate gemäß Absatz 1 können zum Handel an einem geregelten Markt oder an einem der in Absatz 1 genannten Handelsplätze zugelassen oder dort gehandelt werden, wenn dies auf nichtausschließlicher und nichtdiskriminierender Basis erfolgt.

---

1 www.esma.europa.eu.

(4) Die Kommission kann nach dem in Artikel 51 Absatz 2 genannten Prüfverfahren Beschlüsse erlassen, durch die festgestellt wird, dass der Rechts- und Aufsichtsrahmen eines Drittlands gewährleistet, dass ein in diesem Drittland zugelassener Handelsplatz rechtsverbindliche Anforderungen erfüllt, die mit den Anforderungen für die in Absatz 1 Buchstaben a, b oder c dieses Artikels genannten Handelsplätzen, die sich aus dieser Richtlinie *[richtig: Verordnung]*, der Richtlinie 2014/65/EU und der Verordnung (EU) Nr. 596/2014 ergeben, gleichwertig sind und einer wirksamen Beaufsichtigung und Durchsetzung in dem Drittland unterliegen.

Bei diesen Beschlüssen geht es allein um die Anerkennungsfähigkeit als Handelsplatz für Derivate, die der Handelspflicht unterliegen.

Der Rechts- und Aufsichtsrahmen eines Drittlands wird als gleichwertig betrachtet, wenn dieser Rahmen sämtliche nachstehend genannten Bedingungen erfüllt:

a) die Handelsplätze unterliegen in diesem Drittland einer Zulassungspflicht und sind Gegenstand einer wirksamen und kontinuierlichen Beaufsichtigung und Durchsetzung;

b) die Handelsplätze verfügen über eindeutige und transparente Regeln für die Zulassung von Finanzinstrumenten zum Handel, so dass solche Finanzinstrumente fair, ordnungsgemäß und effizient gehandelt werden können und frei handelbar sind;

c) die Emittenten von Finanzinstrumenten kommen regelmäßig und kontinuierlich Informationspflichten nach, die ein hohes Maß an Anlegerschutz gewährleisten;

d) Transparenz und Integrität des Marktes sind durch Vorschriften, mit denen gegen Marktmissbrauch in Form von Insider-Geschäften und Marktmanipulation vorgegangen wird, gewährleistet;

Der gemäß diesem Absatz von der Kommission gefasste Beschluss kann auf eine Kategorie oder Kategorien von Handelsplätzen beschränkt sein. In diesem Fall fällt ein Drittlandhandelsplatz nur dann unter Absatz 1 Buchstabe d, wenn er einer Kategorie angehört, die von dem Beschluss der Kommission abgedeckt wird.

(5) Um eine kohärente Anwendung dieses Artikels zu gewährleisten, erarbeitet die ESMA Entwürfe technischer Regulierungsstandards, in denen Kategorien von in Absatz 2 genannten Kontrakten festgelegt werden, die eine unmittelbare, wesentliche und vorhersehbare Auswirkung in der Union zeitigen, sowie die Fälle, in denen eine Handelspflicht erforderlich oder angemessen ist, um eine Umgehung von Bestimmungen dieser Verordnung zu vermeiden.

Die ESMA legt diese Entwürfe technischer Regulierungsstandards der Kommission bis zum 3. Juli 2015 vor.

Der Kommission wird die Befugnis übertragen, die technischen Regulierungsstandards im Sinne von Unterabsatz 1 gemäß dem in den Artikeln 10 bis 14 der Verordnung (EU) Nr. 1095/2010 festgelegten Verfahren zu erlassen.

Die Entwürfe technischer Regulierungsstandards im Sinne dieses Absatzes entsprechen so weit wie möglich und angemessen den gemäß Artikel 4 Absatz 4 der Verordnung (EU) Nr. 648/2012 angenommenen Standards.

In der Fassung vom 15.5.2014 (ABl. EU Nr. L 173 v. 12.6.2014, S. 84).

Delegierte Verordnung (EU) 2017/579 vom 13. Juni 2016

zur Ergänzung der Verordnung (EU) Nr. 600/2014 des Europäischen Parlaments und des Rates über Märkte für Finanzinstrumente durch technische Regulierungsstandards in Bezug auf unmittelbare, wesentliche und vorhersehbare Auswirkungen von Derivatekontrakten innerhalb der Union und die Verhinderung der Umgehung von Vorschriften und Pflichten

Art. 1 Begriffsbestimmungen

Für die Zwecke dieser Verordnung bezeichnet der Ausdruck

„Garantie" eine ausdrücklich dokumentierte rechtliche Verpflichtung eines Garantiegebers zur Deckung der Beträge, die gemäß den durch die Garantie gedeckten und vom Garantienehmer zugunsten des Begünstigen eingegangenen OTC- Derivatekontrakten fällig sind oder fällig werden könnten, falls ein im Rahmen der Garantie definierter Ausfall eintritt oder der Garantienehmer keine Zahlung geleistet hat.

In der Fassung vom 13.6.2016 (ABl. EU Nr. L 87 v. 31.3.2017, S. 189).

Art. 2 Kontrakte mit unmittelbaren, wesentlichen und vorhersehbaren Auswirkungen innerhalb der Union

(1) Ein OTC-Derivatekontrakt wird als mit unmittelbaren, wesentlichen und vorhersehbaren Auswirkungen innerhalb der Union verbunden erachtet, wenn mindestens eine Einrichtung in einem Drittstaat Begünstigte einer Garantie ist, die eine in der Union niedergelassene Gegenpartei gewährt, die die aus dem OTC-Derivatekontrakt resultierende Verbindlichkeit in voller Höhe oder teilweise deckt und die die beiden folgenden Bedingungen erfüllt:

a) Sie deckt die aus einem oder mehreren OTC-Derivatekontrakten im Nennwert von insgesamt mindestens 8 Mrd. EUR oder im Gegenwert in der betreffenden Fremdwährung resultierende Verbindlichkeit einer Einrichtung in einem Drittstaat in vollem Umfang ab oder sie deckt lediglich einen Teil der aus einem oder mehreren OTC-Derivatekontrakten im Nennwert von insgesamt mindestens 8 Mrd. EUR oder im Gegenwert in der betreffenden Fremdwährung resultierenden Verbindlichkeit einer Einrichtung in einem Drittstaat, dividiert durch den prozentualen Anteil der gedeckten Verbindlichkeit, ab.

b) Sie entspricht mindestens 5 Prozent der Summe des aktuellen Wiederbeschaffungswerts im Sinne des Artikels 272 Nummer 17 der Verordnung (EU) Nr. 575/2013 des Europäischen Parlaments und des Rates von OTC-Derivatekontrakten der in der Union niedergelassenen finanziellen Gegenpartei, die die Garantie gewährt.

(2) Wird die Garantie für einen unter der in Absatz 1 Buchstabe a genannten Schwelle liegenden Höchstbetrag gewährt, so werden die durch die Garantie gedeckten Kontrakte nicht als mit unmittelbaren, wesentlichen und vorhersehbaren Auswirkungen innerhalb der Union verbunden erachtet, es sei denn, der Garantiebetrag wird erhöht und der Garantiegeber muss die unmittelbaren, wesentlichen und vorhersehbaren Auswirkungen der Kontrakte innerhalb der Union am Tag der Erhöhung anhand der in Absatz 1 Buchstaben a und b dargelegten Bedingungen neu bewerten.

(3) Liegt die aus einem oder mehreren OTC-Derivatekontrakten resultierende Verbindlichkeit unter der in Absatz 1 Buchstabe a genannten Schwelle, so werden diese Kontrakte auch dann nicht mit unmittelbaren, wesentlichen und vorhersehbaren Auswirkungen innerhalb der Union verbunden erachtet, wenn der zur Deckung dieser Verbindlichkeit maximal bereitgestellte Garantiebetrag der in Absatz 1 Buchstabe a genannten Schwelle entspricht oder darüber liegt; dies gilt selbst dann, wenn die in Absatz 1 Buchstabe b genannte Bedingung erfüllt ist.

(4) Erhöht sich die aus den OTC-Derivatekontrakten resultierende Verbindlichkeit oder sinkt der aktuelle Wiederbeschaffungswert, so bewertet der Garantiegeber erneut, ob die in Absatz 1 genannten Bedingungen erfüllt sind. In Bezug auf die in Absatz 1 Buchstabe a genannte Bedingung erfolgt diese Bewertung an dem Tag, an dem sich die Verbindlichkeit erhöht, in Bezug auf die in Absatz 1 Buchstabe b genannte Bedingung wird die Bewertung monatlich vorgenommen.

(5) OTC-Derivatekontrakte im Nennwert von insgesamt mindestens 8 Mrd. EUR oder im Gegenwert in der betreffenden Fremdwährung, die vor der Gewährung oder Erhöhung einer Garantie geschlossen wurden und im Anschluss durch eine Garantie gedeckt werden, die die in Absatz 1 genannten Bedingungen erfüllen, werden als mit unmittelbaren, wesentlichen und vorhersehbaren Auswirkungen innerhalb der Union verbunden erachtet.

(6) Ein OTC-Derivatekontrakt wird als mit unmittelbaren, wesentlichen und vorhersehbaren Auswirkungen innerhalb der Union verbunden erachtet, wenn zwei in einem Drittstaat niedergelassene Einrichtungen den OTC-Derivatekontrakt über ihre Zweigniederlassungen in der Union schließen und als finanzielle Gegenparteien gelten würden, wenn sie ihren Sitz in der Union hätten.

In der Fassung vom 13.6.2016 (ABl. EU Nr. L 87 v. 31.3.2017, S. 189).

Art. 3 Fälle, in denen es notwendig oder zweckmäßig ist, die Umgehung von Vorschriften oder Pflichten gemäß der Verordnung (EU) Nr. 600/2014 zu verhindern

(1) Ein OTC-Derivatekontrakt gilt als zur Umgehung der Anwendung einer Bestimmung der Verordnung (EU) Nr. 600/2014 ausgestaltet, wenn die Art und Weise, wie er geschlossen wurde, insgesamt und unter Berücksichtigung aller Umstände als primär der Umgehung der Anwendung einer Bestimmung der Verordnung dienend erachtet wird.

(2) Für die Zwecke von Absatz 1 wird ein Kontrakt als primär der Umgehung der Anwendung einer Bestimmung der Verordnung (EU) Nr. 600/2014 dienend erachtet, wenn der primäre Zweck eines Arrangements oder einer Reihe von Arrangements im Zusammenhang mit dem OTC-Derivatekontrakt darin besteht, den Gegenstand, Geist und Zweck einer Bestimmung der Verordnung (EU) Nr. 600/2014 zu vereiteln, die andernfalls Anwendung fände, auch wenn sie Teil eines künstlichen Arrangements oder Teil einer künstlichen Reihe von Arrangements ist.

(3) Ein Arrangement, das an sich einer wirtschaftlichen Logik, eines geschäftlichen Gehalts oder einer relevanten wirtschaftlichen Begründung entbehrt und aus einem Kontrakt, einer Transaktion, einer Regelung, einer Handlung, einem Vorgang, einer Vereinbarung, einer Zusage, einer Verpflichtung oder einem Ereignis besteht, gilt als künstliches Arrangement. Ein Arrangement kann mehr als einen Schritt oder Teil umfassen.

In der Fassung vom 13.6.2016 (ABl. EU Nr. L 87 v. 31.3.2017, S. 189).

Art. 4 Inkrafttreten und Geltungsbeginn

Diese Verordnung tritt am zwanzigsten Tag nach ihrer Veröffentlichung im *Amtsblatt der Europäischen Union* in Kraft. Sie gilt ab dem 3. Januar 2018.

In der Fassung vom 13.6.2016 (ABl. EU Nr. L 87 v. 31.3.2017, S. 189).

Schrifttum: *Europäische Wertpapier- und Marktaufsichtsbehörde (ESMA)*, „Fragen und Antworten – Umsetzung der Verordnung (EU) Nr. 648/2012 über OTC-Derivate, zentrale Gegenparteien und Transaktionsregister (EMIR)", ESMA70-1861941480-52 vom 30.5.2018, abrufbar über: https://www.esma.europa.eu („*ESMA Q&A*"); *Luz/Neus/Schaber/Schneider/Wagner/Weber* (Hrsg.), Kommentar zu KWG, CRR, FKAG, SolvV, WuSolvV, GroMiKV, LiqV und weiteren aufsichtsrechtlichen Vorschriften, Band 2, 3. Aufl. 2015; *Ostermann/Sickermann*, Handelspflicht für Derivate auf multilateralen Handelsplattformen gemäß MiFIR – aktuelle Arbeiten der ESMA, RdF 2017, 100; *Teuber/Schröer* (Hrsg.), MiFID II und MiFIR – Umsetzung in der Bankpraxis, 2015.

I. G20-Pittsburgh-Beschlüsse und EMIR 1
II. Anwendungsbereich der Handelspflicht
(Art. 28 Abs. 1 und 2 VO Nr. 600/2014) 2
 1. Persönlicher Anwendungsbereich 3
  a) Finanzielle Gegenparteien 5
  b) Nichtfinanzielle Gegenparteien 7
  c) Gegenparteien mit Sitz in Drittstaaten . . . 9
 2. OTC-Derivate zwischen zwei Drittstaateneinrichtungen (DelVO 2017/579) 12
  a) Garantiebegriff (Art. 1 DelVO 2017/579) . . 13
  b) Unmittelbare, wesentliche und vorhersehbare Auswirkungen (Art. 2 DelVO 2017/579) . 17
   aa) Garantie der europäischen Mutter
    (Art. 2 Abs. 1 DelVO 2017/579) 18
   bb) Abschluss über europäische Zweignie-
    derlassungen (Art. 2 Abs. 6 DelVO
    2017/579) 30
  c) Vermeidung von Umgehungen der MiFIR
   (Art. 3 DelVO 2017/579) 32
 3. Sachlicher Anwendungsbereich 36
 4. Ausnahmen vom Anwendungsbereich 38
  a) Gruppeninterne Geschäfte 38
  b) Altersversorgungssysteme 40
  c) C.6-Energiederivatkontrakte 43
  d) Vom Begriff nichtfinanzielle Gegenpartei
   ausgenommene Einrichtungen 44
  e) Ausnahmen der Verbriefungsverordnung . . 47
III. Ausgestaltung der Handelspflicht (Art. 28
 Abs. 3 VO Nr. 600/2014) 48
IV. Durchführungsbeschlüsse der Kommission
 (Art. 28 Abs. 4 VO Nr. 600/2014) 50
V. Überwachung der Handelspflicht (Art. 28
 Abs. 2 Unterabs. 2 VO Nr. 600/2014) 54
VI. Sanktionen bei Verletzung der Handels-
 pflicht 56
VII. Technische Regulierungsstandards (Art. 28
 Abs. 5 VO Nr. 600/2014) 57

I. G20-Pittsburgh-Beschlüsse und EMIR. Die in Titel V der VO Nr. 600/2014 zusammengefassten Bestimmungen über den Handel und das Clearing von Derivaten sind mit den in Titel II der VO Nr. 648/2012 (EMIR) zusammengefassten Vorschriften über das Clearing von OTC-Derivaten und die für sie einzurichtenden Risikominderungsverfahren eng verknüpft. Beide Regelungskomplexe sind Bestandteil der von den Staats- und Regierungschefs der zwanzig wichtigsten Industrie- und Schwellenländer (G20) am 24./25.9.2009 in **Pittsburgh**[1] beschlossenen Reform des OTC-Derivate-Marktes[2]. Die enge Verbindung, die sich auch bei den im Titel VI der VO Nr. 600/2014 zusammengefassten Bestimmungen über den Zugang zu CCPs und Handelsplätzen fortsetzt, zeigt sich insbesondere an den zahlreichen Verweisungen auf Begriffsbestimmungen der VO Nr. 648/2012, der Anknüpfung an die in Art. 4 VO Nr. 648/2012 geregelte Clearingpflicht für OTC-Derivate und die durch Abgrenzungsregelungen vermiedenen Überschneidungen bzw. Doppelregelungen.

II. Anwendungsbereich der Handelspflicht (Art. 28 Abs. 1 und 2 VO Nr. 600/2014). Art. 28 Abs. 1 und 2 VO Nr. 600/2014 definieren den Anwendungsbereich der Handelspflicht in persönlicher, sachlicher und zeitlicher Hinsicht. Der **persönliche und sachliche Anwendungsbereich** der Handelspflicht ist für jedes Derivat gesondert zu bestimmen. In Anlehnung an Art. 4 Abs. 1 VO Nr. 648/2012 bilden Art. 28 Abs. 1 und 2 VO Nr. 600/2014 insgesamt fünf Fallgruppen, die jeweils danach unterscheiden, ob es sich bei den Gegenparteien eines abzuschließenden Derivates um eine finanzielle Gegenparteien oder nichtfinanzielle Gegenparteien handelt, und ob eine oder beide Gegenparteien in der Union oder in einem Drittland ansässig sind. In zeitlicher Hinsicht begründet Art. 28 Abs. 1 VO Nr. 600/2014 die Handelspflicht für jedes Derivat, das am oder nach dem gem. Art. 32 Abs. 1 VO Nr. 600/2014 bestimmten Tag des Wirksamwerdens der Handelspflicht abgeschlossen werden soll.

1. Persönlicher Anwendungsbereich. Die in den Art. 28 Abs. 1 und 2 VO Nr. 600/2014 beschriebenen fünf Fallgruppen verdeutlichen, dass ein Derivat nur dann der Handelspflicht unterliegt, wenn **beide Parteien** des abzuschließenden Derivats der Clearingpflicht des Art. 4 Abs. 1 VO Nr. 600/2014 unterliegen. Ist nur eine der Gegenparteien clearingpflichtig, entfällt der Zwang zum Abschluss des Derivats über einen Handelsplatz für beide Gegenparteien.

Die Tatsache, dass die Handelspflicht nur dann besteht, wenn sich zwei clearingpflichtige Gegenparteien gegenüberstehen, ist der englischen Fassung des Art. 32 Abs. 1 VO Nr. 600/2014 deutlicher zu entnehmen. In der deutschen Fassung ist das sich auf die gruppeninternen Geschäfte und die Absicherungsgeschäfte der Altersversorgungssysteme beziehende Wort „handelt" nach hinten gerutscht, so dass es die für die „Paarbildung" entscheidende Formulierung „mit zwei finanziellen Gegenparteien oder nichtfinanziellen Gegenparteien, die die Bedingungen von Artikel 10 [...] erfüllen" trennt.

a) Finanzielle Gegenparteien. Soll das Derivat zwischen **zwei finanziellen Gegenparteien** abgeschlossen werden und haben beide Gegenparteien ihren Sitz in der Union, ist das Derivat, wenn es in den zeitlichen Anwendungsbereich der nach Art. 32 Abs. 1 VO Nr. 600/2014 angeordneten Handelspflicht fällt, ohne weiteres handelspflichtig.

---

[1] Beschlüsse des Gipfeltreffens der G20-Staaten in Pittsburgh vom 24./25.9.2009, abrufbar über: https://www.bundesregierung.de/Content/DE/StatischeSeiten/Breg/G7G20/Anlagen/G20-erklaerung-pittsburgh-2009-de.pdf?__blob=publicationFile&v=4 („G20-Pittsburgh-Beschlüsse"), Statement Nr. 13: „Alle standardisierten außerbörslich gehandelten Derivateverträge sollten bis spätestens Ende 2012 an Börsen oder gegebenenfalls auf elektronischen Handelsplattformen gehandelt und über einen zentralen Kontrahenten abgerechnet werden."
[2] Erwägungsgrund Nr. 26 VO Nr. 600/2014.

6 Wegen des Begriffs finanzielle Gegenpartei verweist Art. 32 Abs. 1 VO Nr. 600/2014 auf Art. 2 Nr. 8 VO Nr. 648/2012. Zu den finanziellen Gegenparteien zählen die gemäß der Richtlinien RL 2004/39/EG, RL 2006/48/EG, RL 73/239/EWG, RL 2002/83/EG, RL 2005/68/EG, RL 2009/65/EG oder RL 2003/41/EG zugelassenen **Wertpapierfirmen**, **Kreditinstitute**, **Versicherungsunternehmen**, **Rückversicherungsunternehmen**, **OGAW**s und **Altersversorgungssysteme** sowie **alternative Investmentfonds**, die von gemäß der RL 2011/61/EU zugelassenen oder eingetragenen Verwaltungsgesellschaften verwaltet werden. Wegen der Einzelheiten wird auf die Ausführungen zu Art. 2 VO Nr. 648/2012 Rz. 48–78 verwiesen.

7 b) **Nichtfinanzielle Gegenparteien.** Soll das Derivat zwischen einer **finanziellen Gegenpartei** und einer **nichtfinanziellen Gegenpartei** mit Sitz jeweils in der Union abgeschlossen werden, ist das Derivat nur dann handelspflichtig, wenn die nichtfinanzielle Gegenpartei die Bedingungen des Art. 10 Abs. 1 Buchst. b VO Nr. 648/2012 erfüllt, d.h., wenn sie nicht der Absicherung von Risiken dienende OTC-Derivate in einem Umfang tätigt, der die **Clearingschwelle** nachhaltig übersteigt. Eine nichtfinanzielle Gegenpartei, die die Bedingungen des Art. 10 Abs. 1 Buchst. b VO Nr. 648/2012 erfüllt, wird an anderen Stellen der EMIR auch „nichtfinanzielle Gegenpartei gemäß Artikel 10" genannte; die Auslegungsentscheidungen der Kommission und der ESMA verwenden auch die Abkürzung „NFC+". Wegen des Begriffs der nichtfinanziellen Gegenpartei wird auf die Ausführungen zu Art. 2 VO Nr. 648/2012 Rz. 79–95 verwiesen. Wegen der erforderlichen Überschreitung der Clearingschwelle s. im Übrigen die Anmerkungen zu Art. 10 VO Nr. 648/2012 Rz. 9–24.

8 Sind **beide** Gegenparteien des Geschäfts **nichtfinanzielle Gegenparteien** mit Sitz in der Union, ist das Derivat nur dann über einen Handelsplatz abzuschließen, wenn beide Parteien die Bedingungen des Art. 10 Abs. 1 Buchst. b VO Nr. 648/2012 erfüllen.

9 c) **Gegenparteien mit Sitz in Drittstaaten.** Steht einer clearingpflichtigen nichtfinanziellen Gegenpartei oder einer finanziellen Gegenpartei ein **Vertragspartner mit Sitz in einem Drittland** gegenüber, ist das Derivat nach Art. 28 Abs. 2 Unterabs. 1 VO Nr. 600/2014 nur dann handelspflichtig, wenn die Drittstaateneinrichtung – unterstellt sie hätte ihren Sitz in der Union – der Clearingpflicht nach Art. 4 Abs. 1 VO Nr. 600/2014 unterläge.

10 Sind **beide Vertragspartner** des anzubahnenden Derivates **in einem Drittland** ansässig, unterliegt das Derivat nur dann der Handelspflicht, wenn beide Einrichtungen – unterstellt sie hätten ihren Sitz jeweils in der Union – der Clearingpflicht nach Art. 4 Abs. 1 VO Nr. 600/2014 unterlägen und das Derivat **unmittelbare, wesentliche und vorhersehbare Auswirkungen innerhalb der Union** entfaltet, oder wenn die Handelspflicht notwendig oder zweckmäßig ist, um die **Umgehung der MiFIR** zu verhindern.

11 Von der der in Art. 28 Abs. 5 VO Nr. 600/2014 übertragenen Befugnis, diejenigen Derivate zu bestimmen, die unmittelbare, wesentliche und vorhersehbare Auswirkungen innerhalb der Union entfalten oder bei denen Umgehungen entgegen zu wirken ist, hat die Kommission mit ihrer **DelVO 2017/579** Gebrauch gemacht. Die Regelungen der DelVO 2017/579 lehnen sich bewusst an die Parallelbestimmungen in der **DelVO Nr. 285/2014** an[1] und entsprechen ihr nahezu wörtlich. Der wesentliche Unterschied besteht in der für Art. 2 DelVO 2017/579 gewählten Gliederung der Bestimmungen sowie in den angepassten Referenzen auf die MiFIR.

12 **2. OTC-Derivate zwischen zwei Drittstaateneinrichtungen (DelVO 2017/579).** Die Bestimmungen der DelVO 2017/579 beschreiben **zwei Anknüpfungspunkte**, die die Erstreckung der MiFIR auf Drittstaatensachverhalte rechtfertigen sollen: die von OTC-Derivaten ausgehende unmittelbare, wesentliche und vorhersehbare Auswirkung innerhalb der Union (Art. 2 DelVO 2017/579) und die Gefahr der Umgehung der durch die MiFIR begründeten Pflichten (Art. 3 DelVO 2017/579). Die zuerst genannte unmittelbare, wesentliche und vorhersehbare Auswirkung kann wiederum auf zwei Umständen beruhen: Der Tatsache, dass eine der beiden Drittstaatseinrichtungen von der Garantie einer in der Union ansässigen Gegenpartei profitiert oder die Tatsache, dass beide Drittstaatseinrichtungen ihre OTC-Derivatekontrakte über Niederlassungen in der Union abschließen. Der Garantiebegriff ist in Art. 1 DelVO 2017/579 definiert.

13 a) **Garantiebegriff (Art. 1 DelVO 2017/579).** Die Definition des Begriffes Garantie ist für die in Art. 2 Abs. 1 DelVO 2017/579 beantwortete Frage von Bedeutung, ob von den zwischen zwei Drittstaatseinrichtungen abgeschlossenen OTC-Derivaten eine unmittelbare, wesentliche und vorhersehbare Auswirkung innerhalb der Union ausgeht.

14 Wie sich aus den Formulierungen „ausdrücklich dokumentierte rechtliche Verpflichtung" und „die Zahlungen von Beträgen zu decken" und aus dem in Art. 2 Abs. 1 DelVO 2017/579 genutzten Wort „gewährt" ergibt, muss es sich bei der Garantie um eine **durch Vertrag begründete direkte Zahlungsverpflichtung des Garantiegebers** handeln. Dies entspricht im Kern den Anforderungen des Art. 213 VO Nr. 575/2013, der die regulatorische Anerkennungsfähigkeit von Garantien und Kreditderivaten als Risikominderung regelt. Dies schließt

---

[1] *Europäische Wertpapier- und Marktaufsichtsbehörde (ESMA)*, Endgültiger Bericht der ESMA über technische Regulierungs- und Durchführungsstandards unter der MiFID II/MiFIR, ESMA/2015/1464 vom 28.9.2015, abrufbar über: https://www.esma.europa.eu/sites/default/files/library/2015/11/2015-esma-1464_-_final_report_-_draft_rts_and_its_on_mifid_ii_and_mifir.pdf („*ESMA* RTS MiFID II/MiFIR"), unter 2.5, Rz. 3, S. 192; *Ostermann/Sickermann*, RdF 2017, 100, 102.

eine auf Gesetz beruhende Haftung oder Verlustausgleichspflicht ebenso aus wie Erklärungen, die ohne erkennbaren Verpflichtungswillen abgebeben wurden (comfort letters oder sog. „weiche Patronatserklärungen") oder die sich nur auf das Drittstaatenunternehmen und dessen Bestand oder Zahlungsfähigkeit beziehen.

Ob sog. **„harte Patronatserklärungen"**, die zumindest in Deutschland für bankaufsichtliche Zwecke als risikomindernde Garantie anerkannt werden[1], Garantien i.S.d. Art. 1 DelVO 2017/579 sind, ist vor dem Hintergrund, dass es sich bei der DelVO 2017/579 um eine autonom auszulegende Vorschrift handelt, fraglich. 15

Indirekte Garantien, bei denen ein im Drittstaat ansässiger Dritter die Garantie für Rechnung der in der Union ansässigen Gegenpartei abgibt, dürften sich ebenfalls nicht als Garantie qualifizieren, können jedoch als Umgehung unter Art. 3 DelVO 2017/579 fallen. 16

b) Unmittelbare, wesentliche und vorhersehbare Auswirkungen (Art. 2 DelVO 2017/579). Die im Einzelfall anzunehmenden unmittelbaren, wesentlichen und vorhersehbaren Auswirkungen innerhalb der Union werden für zwei Fallgruppen angenommen: Dass eine der im Drittstaat ansässigen Parteien von der **Garantie** einer in der Union ansässigen finanziellen Gegenpartei profitiert und dass beide im Drittstaat ansässige Einrichtungen das OTC-Derivat durch eine **Zweigniederlassung** in der Union abschließen. 17

aa) Garantie der europäischen Mutter (Art. 2 Abs. 1 DelVO 2017/579). Die in der Union ansässige finanzielle Gegenpartei begründet dadurch, dass sie einer der beiden Drittstaatseinrichtungen eine **Garantie** gewährt, den für die Erweiterung des persönlichen Anwendungsbereichs der Handelspflicht notwendigen Anknüpfungspunkt. Für die Wesentlichkeit der mit der Garantie verbundenen Auswirkungen ist zusätzlich erforderlich, dass die Garantie sich auf Verbindlichkeiten aus OTC-Derivaten bezieht, deren Volumen **beide** der in Art. 2 Abs. 1 Buchst. a und b DelVO 2017/579 genannten **Schwellenwerte** überschreitet. Das Überschreiten nur eines der beiden Schwellwerte reicht nicht aus. 18

Für die Parallelvorschrift in Art. 2 Abs. 1 DelVO Nr. 285/2014 hatte die ESMA in ihren Auslegungsentscheidungen[2] die Auffassung vertreten, dass bei der Berechnung der Schwellenwerte nur die OTC-Derivate zu berücksichtigen sind, die am oder nach dem **Inkrafttreten** der DelVO Nr. 285/2014 abgeschlossen wurden. Da die Handelspflicht an die Clearingpflicht anknüpft, ist es sachgerecht hier ebenso zu verfahren. Der für die DelVO Nr. 285/2014 maßgebliche Stichtag war der 14.4.2015. Ob man an das Inkrafttreten der DelVO 2017/579, d.h. den 3.1.2018 anknüpfen kann und für die Schwellenwerte nur die OTC-Derivate berücksichtigt, die an oder nach dem 3.1.2018 abgeschlossen wurden, ist bislang offen. 19

Wegen des für Art. 2 Abs. 1 DelVO 2017/579 maßgeblichen **Garantiebegriffs** wird auf die Anmerkungen in Rz. 13–16 verwiesen. 20

Für die Feststellung der unmittelbaren, wesentlichen und vorhersehbaren Auswirkungen innerhalb der Union unerheblich, ist der **Zeitpunkt**, zu dem die Garantie gewährt wurde. Sie ist auch dann relevant, wenn sie bereits vor dem Inkrafttreten der DelVO 2017/579 ausgereicht wurde[3]. Haben die Drittstaateinrichtungen untereinander OTC-Derivate abgeschlossen, die erst nachträglich von der Garantie gedeckt werden, sind diese bei der Bewertung der Auswirkungen der Garantie ebenfalls zu berücksichtigen (s. Art. 2 Abs. 1 Unterabs. 4 DelVO 2017/579). 21

Wie sich erst aus Art. 2 Abs. 1 Buchst. b DelVO 2017/579 ergibt, muss die Garantie von einer in der Union ansässigen **finanziellen Gegenpartei** gewährt worden sein. Grund für diese Anforderung sind die hierdurch begründete **Verbindung zum Finanzsystem der Union** bzw. die im Falle eines Ausfalls der Drittstaatseinrichtung zu erwartenden Folgen für das Finanzsystem der Union. Ob dieses „Ansteckungsrisiko" wesentlich ist, weil die garantierende finanzielle Gegenpartei den Ausfall der Drittstaatseinrichtung sehr wahrscheinlich nicht auffangen kann, wird auch durch die Fünf-Prozent-Schwelle des Art. 2 Abs. 1 Buchst. b DelVO 2017/579 beantwortet. 22

Der in Art. 2 Abs. 1 Buchst. a DelVO 2017/579 definierte **Schwellenwert von 8 Mrd. Euro** entspricht dem auch in anderen Delegierten Verordnungen – z.B. in Art. 2 Abs. 1 Buchst b DelVO 2015/2205, 2016/592 und 2016/1178 (clearingpflichtige Gegenparteien der Kategorie 2) oder Art. 28 DelVO 2015/2251 (Freistellung von der Besicherung durch Ersteinschüsse) – verwendeten Materialitätsschwellen, mit denen ein Derivateportfolio mit systemrelevanter Größe beschrieben wird. Maßgeblich ist auch hier der aggregierte **Nominalwert der OTC-Derivate**. Sichert die Garantie der finanziellen Gegenpartei nur einen Teil des Derivateportfolios ab, so muss der garantierte Teil den Schwellenwert von 8 Mrd. Euro überschreiten. 23

Der in Art. 2 Abs. 1 Buchst. b DelVO 2017/579 definierte Fünf-Prozent-Schwellenwert knüpft an die aktuellen **Wiederbeschaffungswerte**, d.h. die Marktwerte der garantierten OTC-Derivate an und vergleicht diese mit den 24

---

1 *Weber/Seifer/Schmid* in Luz/Neus/Schaber u.a., KWG, CRR, Art. 213 CRR Rz. 6; *Achtelik* in Boos/Fischer/Schulte-Mattler, KWG, CRR-VO, Art. 213 CRR Rz. 4.
2 *ESMA*, „Fragen und Antworten – Umsetzung der Verordnung (EU) Nr. 648/2012 über OTC-Derivate, zentrale Gegenparteien und Transaktionsregister (EMIR)", ESMA70-1861941480-52 vom 30.5.2018, abrufbar über: https://www.esma.europa.eu/sites/default/files/library/esma70-1861941480-52_qa_on_emir_implementation.pdf („*ESMA* Q&A"), OTC Frage Nr. 23(a) [letzte Aktualisierung: 31.3.2015].
3 *ESMA* Q&A OTC Frage Nr. 23(b) [letzte Aktualisierung: 31.3.2015].

Marktwerten sämtlicher von der garantierenden finanziellen Gegenpartei abgeschlossenen OTC-Derivate. Übersteigt der Marktwert der garantierten OTC-Derivate fünf Prozent der Marktwerte der OTC-Derivate der garantierenden finanziellen Gegenpartei, so ist zu vermuten, dass ein Ausfall der Drittstaatseinrichtung die europäische Gegenpartei beeinträchtigen wird. Der Verweis auf Art. 272 Nr. 17 VO Nr. 575/2013 (CRR) klärt, dass es sich in den Fällen, in denen die OTC-Derivate in eine **rechtlich durchsetzbare Nettingvereinbarung** einbezogen sind, bei den Marktwerten um Nettomarktwerte handelt.

25 Nach Art. 2 Abs. 2 und 3 DelVO 2017/579 ist für den Acht-Milliarden-Schwellenwert des Art. 2 Abs. 1 Buchst. a DelVO 2017/579 ausschließlich der Bestand der **tatsächlich abgeschlossenen** und garantierten OTC-Derivate maßgeblich. Dies gilt auch dann, wenn für die Garantie ein Höchstbetrag vereinbart wurde, der oberhalb der Materialitätsschwelle (z.B. bei 10 Mrd. Euro) liegt. Auf der anderen Seite führt ein Höchstbetrag unterhalb der Materialitätsschwelle nach Art. 2 Abs. 2 DelVO 2017/579 stets dazu, dass eine unmittelbare, wesentliche und vorhersehbare Auswirkungen innerhalb der Union nicht anzunehmen ist.

26 Gewährt die in der Union ansässige finanzielle Gegenpartei einer der beiden Drittstaatseinrichtungen **mehrere Garantien**, dann sind diese für die Zwecke der Schwellenwertberechnung **zusammenzufassen**. Dies gilt auch dann, wenn die garantierten OTC-Derivate der Drittstaatseinrichtung mit unterschiedlichen Gegenparteien mit Sitz in Drittstaaten abgeschlossen wurden[1].

27 Den Art. 2 Abs. 2–4 DelVO 2017/579 ist zu entnehmen, dass das Überschreiten der Schwellenwerte laufend zu beobachten bzw. zu bewerten ist. Nach Art. 2 Abs. 4 DelVO 2017/579 ist diese Bewertung im Hinblick auf die in Art. 2 Abs. 1 Buchst. a DelVO 2017/579 definierte Acht-Milliarden-Schwelle **an jedem Geschäftstag** vorzunehmen, an dem sich der aggregierte Nominalwert der OTC-Derivate durch Abschluss neuer oder Änderung bzw. Beendigung bestehender OTC-Derivate ändert. Die in Art. 2 Abs. 1 Buchst. b DelVO 2017/579 definierte Fünf-Prozent-Schwelle ist **monatlich** zu bewerten.

28 Wer die laufende Bewertung vornehmen muss, ist Art. 2 Abs. 1 DelVO 2017/579 nicht zu entnehmen. Die ESMA hat in ihren Auslegungsentscheidungen klargestellt, dass es die Aufgabe der in der **Union ansässigen finanziellen Gegenpartei** ist, die laufende Bewertung vorzunehmen[2]. Dabei hat sie durch Vereinbarung mit der im Drittstaat ansässigen Gegenpartei sicherzustellen, dass sie die für die Überprüfung der Schwellenwerte erforderlichen Angaben erhält.

29 Die Erweiterung des persönlichen Anwendungsbereichs auf garantierte Drittstaatseinrichtungen entspricht den finalen Regelungen der U.S.-amerikanischen **Commodity Futures Trading Commission (CFTC)** über die grenzüberschreitende Anwendung der Regelungen über die Besicherung nicht zentral gecleartes OTC-Derivate[3]. Eine Materialitätsschwelle kennt die CFTC-Regelung jedoch nicht.

30 bb) **Abschluss über europäische Zweigniederlassungen (Art. 2 Abs. 6 DelVO 2017/579).** Eine unmittelbare, wesentliche und vorhersehbare Auswirkung innerhalb der Union ist nach Art. 2 Abs. 6 DelVO 2017/579 auch dann anzunehmen, wenn beide Drittstaatseinrichtungen das OTC-Derivat durch ihre **Zweigniederlassungen** in der Union abschließen.

31 Die Anforderung, dass beide Drittstaatseinrichtungen im Falle der fiktiven Sitzverlegung in die Union als **finanzielle Gegenpartei** gelten müssen, weicht von Art. 4 Abs. 1 Buchst. a Ziff. v) und Art. 11 Abs. 12 VO Nr. 648/2012, die auch clearingpflichtige nichtfinanzielle Gegenparteien ausreichen lassen, ab. Gerechtfertigt ist diese Einschränkung jedoch vor dem Hintergrund der auch für Art. 2 Abs. 1 DelVO 2017/579 geforderten **Verbindung zum europäischen Finanzsystem**.

32 c) **Vermeidung von Umgehungen der MiFIR (Art. 3 DelVO 2017/579).** Der Anwendungsbereich des **Umgehungstatbestandes** beschränkt sich auf solche Fälle, in denen die Ausgestaltung eines OTC-Derivates primär der Umgehung der MiFIR dient. Die ist zu vermuten, wenn Zweck der von den Drittstaatseinrichtungen getroffenen Vereinbarungen die Vereitelung der von der MiFIR verfolgten Ziele ist oder es sich um künstliche Vereinbarungen handelt, die einer wirtschaftlichen Logik, eines geschäftlichen Gehalts oder einer relevanten wirtschaftlichen Begründung entbehren.

33 Art. 3 DelVO 2017/579 ist anzumerken, wie schwer es der Kommission gefallen sein muss, diejenigen Fälle zu beschreiben, in denen es notwendig oder zweckmäßig erscheint, eine Umgehung der Anwendung der MiFIR zu verhindern. Die **zirkuläre Aussage** in Art. 3 Abs. 1 DelVO 2017/579 erschöpft sich in der Feststellung, dass das Vorliegen einer Umgehung anhand der Art und Weise, wie das OTC-Derivat abgeschlossen wurde, zu beurteilen ist. Art. 3 Abs. 2 DelVO 2017/579 stellt lediglich klar, dass eine Umgehung zu vermuten ist, wenn sich für

---

1 *ESMA* Q&A OTC Frage Nr. 22 [letzte Aktualisierung: 31.3.2015].
2 *ESMA* Q&A OTC Frage Nr. 21 [letzte Aktualisierung: 31.3.2015].
3 *CFTC*, Final Rule, Margin Requirements for Uncleared Swaps for Swap Dealers and Major Swap Participants – Cross Border Application of the Margin Requirements, Federal Register/Vol. 81, Nr. 104, S. 34818 vom 31.5.2016, abrufbar über: http://www.cftc.gov/idc/groups/public/@lrfederalregister/documents/file/2016-12612a.pdf („CFTC 81 FR 34818"), § 23.160(b).

die konkrete Ausgestaltung des OTC-Derivates oder die Art und Weise seines Abschlusses **keine vernünftigen wirtschaftlichen Gründe** anführen lassen. Der Umweg über den Begriff des künstlichen Arrangements erscheint zwar überflüssig, deutet jedoch an, worum es der Kommission ging: Dass sich die von der Drittstaatseinrichtungen getroffenen Vereinbarungen und der ihr zugrunde liegenden Umstände nicht anders als ein Versuch der Umgehung deuten lassen.

Für Art. 3 DelVO 2017/579 maßgeblich ist die Umgehung der in Art. 28 VO Nr. 600/2014 verorteten **Handelspflicht**. 34

Anders als bei Art. 2 DelVO 2017/579 kann es sich bei den Drittstaatseinrichtungen auch um **nichtfinanzielle Gegenparteien** handeln, die, wenn sie ihren Sitz in die Union verlegen würden, der Clearingpflicht unterlägen. Auswirkungen für das Finanzsystem der Union werden nicht verlangt. Der Vorwurf der gezielten Vereitelung der MiFIR reicht als Anknüpfung aus. 35

3. Sachlicher Anwendungsbereich. Der in Art. 28 Abs. 1 VO Nr. 600/2014 verwendete Begriff **Derivat** scheint auf Art. 2 Abs. 1 Nr. 29 VO Nr. 600/2014 und damit auf den überarbeiteten Derivatebegriff in Art. 4 Abs. 1 Nr. 44 Buchst. c RL 2014/65/EU bzw. Anhang I Abschnitt C.4–C.10 RL 2014/65/EU zu verweisen. Wie sich jedoch aus Art. 32 Abs. 1 Buchst. a VO Nr. 600/2014 und dem Verweis auf die Clearingpflicht nach Art. 5 VO Nr. 648/2012 ergibt, ist für Art. 28 Abs. 1 VO Nr. 600/2014 der Derivatebegriff der EMIR maßgeblich. 36

Die sich hieraus ergebenden Unterschiede sind jedoch gering: Der in Art. 2 Nr. 5 VO Nr. 648/2012 definierte Derivatebegriff verweist zwar auf die mittlerweile aufgehobene RL 2004/39/EG (MiFID). Aufgrund der **Überleitungsvorschrift** in Art. 94 Unterabs. 2 RL 2014/65/EU (MiFID II) ist jedoch die Bezugnahme seit dem 3.1.2018[1] als Referenz auf den eingangs erwähnten Derivatebegriff der RL 2014/65/EU zu lesen. Bislang nicht übergeleitet ist lediglich die in Art. 2 Nr. 5 VO Nr. 648/2012 referenzierte, am 3.1.2018 jedoch ebenfalls außer Kraft getretene VO Nr. 1287/2006. Die sich daran anknüpfende Frage, ob in der EMIR vorgesehenen Bezugnahmen auf Richtlinien und Verordnungen auch ohne ausdrückliche Überleitungsvorschrift „**dynamisch**" interpretiert werden können, ist bereits im Rahmen der Kommentierung der EMIR aufgeworfen worden. Sie wird von der Kommission zumindest für die VO Nr. 1287/2006 bejaht. Für eine dynamische Verweisung auf die neue DelVO 2017/565 spricht, dass eine Überleitung des Derivatebegriffs auf den neuen Anhang I Abschnitt C Nrn. 4–10 RL 2004/39/EG ohne die ihn konkretisierenden Bestimmungen der Level-2-Verordnung wenig sinnvoll erscheint. Wegen der Einzelheiten wird auf die Ausführungen zu Art. 2 VO Nr. 648/2012 Rz. 4, 5 und 25. verwiesen. 37

4. Ausnahmen vom Anwendungsbereich. a) Gruppeninterne Geschäfte. Die in Art. 28 Abs. 1 VO Nr. 600/2014 vorgesehene **Ausnahme für gruppeninterne Geschäfte** i.S.v. Art. 3 VO Nr. 648/2012 korrespondiert mit der in Art. 4 Abs. 2 VO Nr. 648/2012 vorgesehenen Ausnahme von der Clearingpflicht[2]. Anders als dort wird die Ausnahme von der Handelspflicht jedoch nicht erst dann gewährt, wenn die clearingpflichtigen Gegenparteien die für sie zuständigen Behörden über die Inanspruchnahme der Intragruppenfreistellung informiert oder, bei Drittlandbezug, deren Zustimmung beantragt haben. 38

Ob die Gegenparteien die Anforderungen des Art. 3 VO Nr. 648/2012 erfüllen, ist bei in Deutschland ansässigen Gegenparteien für den vergleichbaren Fall des Art. 11 Abs. 5 VO Nr. 648/2012 nach § 29 Abs. 1 Buchst. a KWG i.V.m. § 14a Abs. 4 PrüfBV vom Wirtschaftsprüfer im Rahmen der jährlich Abschlussprüfung festzustellen. Wegen des Begriffs gruppeninternes Geschäft und den Voraussetzungen, die ein gruppeninternes Geschäft nach Art. 3 VO Nr. 648/2012 erfüllen muss, wird auf die Ausführungen zu Art. 3 VO Nr. 648/2012 verwiesen. 39

b) Altersversorgungssysteme. Ebenfalls von der Handelspflicht freigestellt sind die von Art. 89 Abs. 1 und 2 VO Nr. 648/2012 erfassten Absicherungsgeschäfte der **Altersversorgungssysteme**. Die Privilegierung beschränkt sich auf die Derivate, die objektiv messbar der Reduzierung von Anlagerisiken dienen. Wegen des Begriffs Altersversorgungssystem wird auf die Ausführungen zu Art. 2 VO Nr. 648/2012 Rz. 96–100 verwiesen. Wegen der Anforderung „**objektiv messbar**" s. die Ausführungen zu Art. 10 VO Nr. 648/2012 Rz. 35–43. 40

Dem Hinweis in Art. 28 Abs. 1 VO Nr. 600/2014 auf den Zweck des Art. 89 VO Nr. 648/2012 als **Übergangsbestimmung** ist zu entnehmen, dass die Freistellung der Altersversorgungssysteme von der Handelspflicht nur von vorübergehender Natur ist. Für die Clearingpflicht war die Freistellung ursprünglich bis zum 16.8.2015 begrenzt worden. Von der in Art. 85 Abs. 2 VO Nr. 648/2012 vorgesehenen Möglichkeit, die Frist um bis zu drei Jahre, d.h. bis zum 16.8.2018, zu verlängern, hat die Kommission mit der DelVO 2015/1515 und der DelVO 2017/610 Gebrauch gemacht. Wegen der möglichen Verlängerung der Übergangsbestimmung um weitere drei Jahre s. die Ausführungen zu Art. 89 VO Nr. 648/2012 Rz. 2. 41

Art. 89 VO Nr. 648/2012 und Art. 28 Abs. 1 VO Nr. 600/2014 privilegieren nur die in der **Union** ansässigen Altersversorgungssysteme. Die in einem Drittland ansässigen Einrichtungen sind auch dann nicht von der Handelspflicht befreit, wenn sie im Falle der fiktiven Sitzverlegung den Tatbestand des Art. 2 Nr. 10 VO Nr. 648/2012 erfüllen würden[3]. 42

---

1 S. Art. 93 Abs. 1 RL 2004/39/EG in der durch die RL 2016/1034 vom 23.6.2016 geänderten Fassung.
2 *Ostermann/Sickermann*, RdF 2017, 100, 101.
3 ESMA Q&A OTC Frage Nr. 13(c) [letzte Aktualisierung: 31.3.2015].

Art. 28 VO Nr. 600/2014 | Pflicht zum Handel über geregelte Märkte, MTF oder OTF

43 **c) C.6-Energiederivatkontrakte.** Vom Anwendungsbereich der Handelspflicht nicht ausdrücklich ausgenommen sind die **C.6-Energiederivatkontrakte**, für die nichtfinanzielle Gegenparteien nach Art. 95 RL 2014/65/EU (MiFID II) eine bis zum 3.1.2021[1] befristete Ausnahme von der Clearingpflicht beantragen können. Haben sie die Befreiung von der Clearingpflicht erlangt, sind sie jedoch notwendigerweise von der Handelspflicht nach Art. 28 Abs. 1 VO Nr. 600/2014 befreit. Wegen der Einzelheiten wird auf die Anmerkungen zu Art. 4 VO Nr. 648/2012 Rz. 60 verwiesen.

44 **d) Vom Begriff nichtfinanzielle Gegenpartei ausgenommene Einrichtungen.** Ebenfalls vom persönlichen Anwendungsbereich der Clearingpflicht ausgenommen sind diejenigen Einrichtungen, die sich nicht als **nichtfinanzielle Gegenpartei** i.S.d. Art. 2 Nr. 8 VO Nr. 648/2012 qualifizieren. Der Begriff nichtfinanzielle Gegenpartei verlangt im positiven Sinne ein Unternehmen, das in der Union niedergelassen ist. In negativer Hinsicht verlangt er, dass das Unternehmen nicht zu den in Art. 2 Nr. 1 oder Nr. 8 VO Nr. 648/2012 genannten Einrichtungen gehört, d.h., es sich insbesondere nicht um eine CCP handelt.

45 Die **Ausnahme von CCPs** hat Bedeutung für die OTC-Derivate, die die CCP außerhalb des von ihre betriebenen Clearingsystems abschließt, um im Falle eines **Ausfalls eines Clearingmitgliedes** nach Art. 48 Abs. 2 VO Nr. 648/2012 die für Rechnung des Clearingmitgliedes gehaltenen Positionen durch geeignete Gegengeschäfte glattzustellen. Diese OTC-Derivate sind nicht nur von der Clearingpflicht, sondern auch von der Handelspflicht nach Art. 28 Abs. 1 VO Nr. 600/2014 befreit.

46 Ebenfalls von der Handelspflicht ausgenommen sind die natürlichen Personen und Einrichtungen, die keine wirtschaftliche Tätigkeit ausüben und deshalb nicht als „**Unternehmen**" gelten. Wegen der Einzelheiten zum Unternehmensbegriff wird auf die Ausführungen zu Art. 2 VO Nr. 648/2012 Rz. 81–86 verwiesen.

47 **e) Ausnahmen der Verbriefungsverordnung.** Art. 4 Abs. 5 VO Nr. 648/2012 sieht vor, dass die von **Emittenten gedeckter Schuldverschreibungen** oder von bestimmten **Verbriefungszweckgesellschaften** außerbörslich abgeschlossenen Zins- und Währungsderivate von der Clearingpflicht ausgenommen sind. Art. 4 Abs. 5 VO Nr. 648/2012 ist durch Art. 42 Abs. 2 VO 2917/2402[2] in die EMIR eingeführt worden und gilt ab dem 1.1.2019 (Art. 48 VO 2917/2402). Soweit Art. 4 Abs. 5 VO Nr. 648/2012 die Freistellung der Emittenten gedeckter Schuldverschreibungen anordnet, wird sich die Rechtslage materiell nicht ändern, da eine inhaltsgleiche Bereichsausnahme bereits in den Delegierten Verordnungen über die Clearingpflicht (DelVO 2015/2205 und DelVO 2016/592) vorgesehen ist. Soweit Emittenten gedeckter Schuldverschreibungen und Verbriefungszweckgesellschaften von der Clearingpflicht befreit sind, sind sie auch von der Handelspflicht des Art. 28 Abs. 1 VO Nr. 600/2014 ausgenommen. Wegen der Einzelheiten wird auf die Ausführungen zu Art. 4 VO Nr. 648/2012 Rz. 64–70 verwiesen.

48 **III. Ausgestaltung der Handelspflicht (Art. 28 Abs. 3 VO Nr. 600/2014).** Die der Handelspflicht unterliegenden Gegenparteien kommen ihrer Verpflichtung dadurch nach, dass sie das Derivat an einem gem. Art. 44 RL 2014/65/EU zugelassenen **geregelten Markt** handeln oder über eine **MTF** oder **OTF** abschließen, das von einem Marktbetreiber oder einer gem. Art. 5 RL 2014/65/EU zugelassenen Wertpapierfirma betrieben wird. Handelsplätze, die in einem Drittland ansässig sind, können für die Erfüllung der Handelspflicht nur dann genutzt werden, wenn die Kommission im Hinblick auf das **Drittland** einen **Durchführungsbeschluss** über die Gleichwertigkeit des Rechts- und Aufsichtsrahmens nach Art. 28 Abs. 4 VO Nr. 600/2014 erlassen hat. Darüber hinaus ist erforderlich, dass das Drittland für die europäischen Handelsplätze eine der RL 2014/65/EU vergleichbare Anerkennung für die in dem Drittland der Handelspflicht unterliegenden Derivate zuteilwerden lässt.

49 Die Vorschrift verweist auf Art. 51 RL 2014/65/EU (MiFID II) und die sie ergänzenden Bestimmungen in Art. 5 DelVO 2017/568. Danach dürfen **Derivate zum Handel** an einem geregelten Markt u.a. nur dann **zugelassen** werden, wenn deren Ausgestaltung eine ordnungsgemäße Kursbildung sowie eine wirksame Abrechnung ermöglicht. Insbesondere müssen die für die Bewertung des Derivates erforderlichen Preise verlässlich und öffentlich verfügbar sein. Da die Einhaltung dieser Anforderungen bereits Gegenstand des in Art. 5 VO Nr. 648/2012 geregelten Verfahrens zur Anordnung der Clearingpflicht ist, stellt Art. 28 Abs. 3 VO Nr. 600/2014 klar, dass einziges Zulassungskriterium der auch in Art. 51 Abs. 1 Unterabs. 2 RL 2014/65/EU geforderte **faire Handel** auf nichtausschließlicher und nichtdiskriminierender Basis ist[3].

50 **IV. Durchführungsbeschlüsse der Kommission (Art. 28 Abs. 4 VO Nr. 600/2014).** Gegenstand des von der Kommission zu erlassenen Beschlusses nach Art. 28 Abs. 4 Unterabs. 1 VO Nr. 600/2014 ist die Feststellung, dass der auf einen Handelsplatz mit Sitz in dem Drittland Anwendung findende **Rechts- und Aufsichtsrahmen**

---

1 Die ursprüngliche Frist bis 3.7.2020 ist durch Art. 1 Abs. 9 RL 2016/1034 verlängert worden. S. Richtlinie (EU) 2016/1034 des Europäischen Parlaments und des Rates vom 23. Juni 2016 zur Änderung der Richtlinie 2014/65/EU über Märkte für Finanzinstrumente, ABl. EU Nr. L 175 v. 30.6.2016, S. 8.
2 Verordnung (EU) 2017/2402 des Europäischen Parlaments und des Rates vom 12. Dezember 2017 zur Festlegung eines allgemeinen Rahmens für Verbriefungen und zur Schaffung eines spezifischen Rahmens für einfache, transparente und standardisierte Verbriefung und zur Änderung der Richtlinien 2009/65/EG, 2009/138/EG, 2011/61/EU und der Verordnungen (EG) Nr. 1060/2009 und (EU) Nr. 648/2012, ABl. EU Nr. L 347 v. 28.12.2017, S. 35 („VO 2017/2402" oder „Verbriefungsverordnung").
3 *Teuber* in Teuber/Schröer, MiFID II und MiFIR – Umsetzung in der Bankpraxis, Rz. 893.

die Anforderungen erfüllt, die nach den Bestimmungen der VO Nr. 600/2014, der RL 2014/65/EU und der VO Nr. 596/2014 (MAR) auch für europäische geregelte Märkte, MTFs oder OTFs gelten. Darüber hinaus muss ein Handelsplatz in diesem Drittland einer wirksamen **Beaufsichtigung und Rechtsdurchsetzung** unterliegen.

Die materiellen Anforderungen, die an den Drittlandhandelsplatz zu stellen sind, sind in Art. 28 Abs. 4 Unterabs. 3 Buchst. a–d VO Nr. 600/2014 näher ausgeführt. Die Anforderung, dass der Handelsplatz in dem Drittland einer Zulassungspflicht unterliegt, ist so zu verstehen, dass es ausreicht, wenn die Zulassungspflicht – wie in Art. 5 RL 2014/65/EU vorgesehen – an den Betreiber des Handelsplatzes anknüpft. 51

Art. 28 Abs. 4 Unterabs. 2 VO Nr. 600/2014 stellt klar, dass sich die **Feststellungswirkung** des Gleichwertigkeitsbeschlusses auf die Handelspflicht nach Art. 28 VO Nr. 600/2014 beschränkt, d.h. für andere Bestimmungen des europäischen Rechts, in denen die Gleichwertigkeit von Drittlandhandelsplätzen ebenfalls Gegenstand einer besonderen Feststellung ist – zu denken ist etwa an Art. 2a VO Nr. 648/2012 oder Art. 107 Abs. 4 VO Nr. 575/2013 (CRR) –, keine Bedeutung hat. 52

Nach Art. 28 Abs. 4 Unterabs. 1 VO Nr. 600/2014 werden die Beschlüsse der Kommission nach Maßgabe des in Art. 51 Abs. 2 VO Nr. 600/2014 genannten und in **Art. 5 VO Nr. 182/2011** näher ausgeführten **Prüfverfahrens** erlassen. Wegen der Einzelheiten wird auf die Ausführungen zu Art. 51 VO Nr. 600/2014 verwiesen. Der Beschluss der Kommission kann sich nach Art. 28 Abs. 4 Unterabs. 4 VO Nr. 600/2014 auf eine bestimmte Kategorie von Handelsplätzen – z.B. auf geregelte Märkte – beschränken. 53

V. Überwachung der Handelspflicht (Art. 28 Abs. 2 Unterabs. 2 VO Nr. 600/2014). Die mit Art. 28 Abs. 2 Unterabs. 2 VO Nr. 600/2014 begründete Verpflichtung der ESMA, den Handel in Derivaten zu überwachen um möglichen **Systemrisiken** oder einer **Aufsichtsarbitrage** entgegen zu wirken, konkretisiert den bereits in Art. 1 Abs. 5 Buchst. d VO Nr. 1095/2010 verankerten Grundsatz. Danach ist es Aufgabe der ESMA, zur Stabilität und Effektivität des Finanzsystems beizutragen, Aufsichtsarbitrage zu verhindern und gleiche Wettbewerbsbedingungen zu fördern. Eine vergleichbare Regelung findet sich in Art. 11 Abs. 13 VO Nr. 648/2012 für die Pflicht zur Besicherung von Derivaten. Anders als dort, gibt Art. 28 Abs. 2 Unterabs. 2 VO Nr. 600/2014 jedoch keine konkreten Maßnahmen vor. 54

Ein Fall der Aufsichtsarbitrage könnte dann vorliegen, wenn sich die Liquidität einer Derivatekategorie, für die eine Handelspflicht angeordnet wurde, auf eine wirtschaftlich gleichwertige Derivatekategorie verlagert, die außerhalb eines Handelsplatzes bzw. over the counter (OTC) abgeschlossen wird[1]. 55

VI. Sanktionen bei Verletzung der Handelspflicht. Nach Art. 70 Abs. 3 Buchst. b Ziff. xxi) RL 2014/65/EU (MiFID II) sind Verstöße gegen die in Art. 28 VO Nr. 600/2014 angeordnete Handelspflicht von den Mitgliedstaaten mit Geldbußen oder anderen abschreckenden Sanktionen zu ahnden. Der deutsche Gesetzgeber sieht in § 120 Abs. 7 Nr. 1 i.V.m. Abs. 24 WpHG für Verstöße gegen die Handelspflicht Geldbußen i.H.v. bis zu 200.000 Euro vor. S. im Übrigen die Anmerkungen zu § 120 WpHG. 56

VII. Technische Regulierungsstandards (Art. 28 Abs. 5 VO Nr. 600/2014). Die Kommission ist befugt, durch technische Regulierungsstandards zu bestimmen, welche zwischen zwei Drittstaatseinrichtungen abgeschlossene OTC-Derivatekontrakte eine unmittelbare, wesentliche und vorhersehbare Auswirkungen auf die Union entfalten und unter welchen Voraussetzung einer Umgehung entgegen zu wirken ist. Von der Befugnis hat sie mit der DelVO 2017/579 Gebrauch gemacht. Die DelVO 2017/579 ist am zwanzigsten Tag nach ihrer Veröffentlichung im Amtsblatt der Europäischen Union, d.h. am 20.4.2017, in Kraft getreten. Sie gilt seit dem 3.1.2018 (Art. 4 DelVO 2017/579). 57

Art. 29 Clearingpflicht für über geregelte Märkte gehandelte Derivate und Zeitrahmen für die Annahme zum Clearing

(1) Der Betreiber eines geregelten Marktes stellt sicher, dass sämtliche über diesen geregelten Markt abgeschlossenen Geschäfte mit Derivaten von einer zentralen Gegenpartei gecleart werden.

(2) Zentrale Gegenparteien, Handelsplätze und Wertpapierfirmen, die im Einklang mit Artikel 2 *Absatz 14 der Verordnung (EU) Nr. 648/2012* als Clearingmitglieder auftreten, müssen in Bezug auf geclearte *Derivate* über wirksame Systeme, Verfahren und Vorkehrungen verfügen, durch die gewährleistet wird, dass Geschäfte mit geclearten Derivaten so schnell wie mit automatisierten Systemen technisch möglich zum Clearing eingereicht und angenommen werden.

Für die Zwecke dieses Absatzes bezeichnet „geclearte Derivate"

a) sämtliche Derivate, die aufgrund der Clearingpflicht gemäß Absatz 1 dieses Artikels oder aufgrund der Clearingpflicht gemäß Artikel 4 der Verordnung (EU) Nr. 648/2012 zu clearen sind,

---

1 *Ostermann/Sickermann*, RdF 2017, 103.

b) sämtliche Derivate, für deren Clearing von den relevanten Parteien eine sonstige Regelung vereinbart wurde.

(3) Die ESMA arbeitet Entwürfe technischer Regulierungsstandards mit Mindestanforderungen an die in diesem Artikel genannten Systeme, Verfahren und Vorkehrungen einschließlich des Zeitrahmens für die Annahme aus, wobei sie berücksichtigt, dass ein angemessenes Management der operativen und sonstigen Risiken sicherzustellen ist.

Die ESMA ist jederzeit befugt, weitere technische Regulierungsstandards zu auszuarbeiten und die geltenden zu aktualisieren, wenn sie der Ansicht ist, dass dies angesichts der sich weiterentwickelnden Branchenstandards notwendig ist.

Die ESMA legt der Kommission bis zum 3. Juli 2015 die in Unterabsatz 1 genannten Entwürfe technischer Regulierungsstandards vor.

Der Kommission wird die Befugnis übertragen, die in den Unterabsätzen 1 und 2 genannten technischen Regulierungsstandards gemäß dem in den Artikeln 10 bis 14 der Verordnung (EU) Nr. 1095/2010 festgelegten Verfahren zu erlassen.

In der Fassung vom 15.5.2014 (ABl. EU Nr. L 173 v. 12.6.2014, S. 84).

Delegierte Verordnung (EU) 2017/582 vom 29. Juni 2016

zur Ergänzung der Verordnung (EU) Nr. 600/2014 des Europäischen Parlaments und des Rates durch technische Regulierungsstandards zur Festlegung der Clearingpflicht für über geregelte Märkte gehandelte Derivate und Zeitrahmen für die Annahme zum Clearing

Art. 1 Vorkehrungen zur verbesserten Informationsübermittlung

(1) In den Regeln eines Handelsplatzes muss im Einzelnen festgelegt sein, welche Informationen der Handelsplatz von den Gegenparteien eines Geschäfts mit geclearten Derivaten benötigt, damit er dieses Geschäft bei einer zentralen Gegenpartei (Central Counterparty, CCP) zum Clearing einreichen kann, und in welchem Format diese Informationen zu übermitteln sind.

(2) In den Regeln einer CCP muss im Einzelnen festgelegt sein, welche Informationen die CCP von den Gegenparteien eines Geschäfts mit geclearten Derivaten und von den Handelsplätzen benötigt, damit dieses Geschäft zum Clearing angenommen werden kann, und in welchem Format diese Informationen zu übermitteln sind.

In der Fassung vom 29.6.2016 (ABl. EU Nr. L 87 v. 31.3.2017, S. 224).

Art. 2 Kontrolle von an einem Handelsplatz abgeschlossenen Geschäften mit geclearten Derivaten in der Vorhandelsphase

(1) Bei der Bearbeitung von Aufträgen für den Abschluss von Geschäften mit geclearten Derivaten an einem Handelsplatz halten Handelsplätze und Clearingmitglieder die in den Absätzen 2, 3 und 4 beschriebenen Vorgaben ein, es sei denn, dass alle unter den Buchstaben a, b und c des vorliegenden Absatzes aufgeführten Bedingungen erfüllt sind:
a) In den Regeln des Handelsplatzes ist vorgeschrieben, dass alle Mitglieder oder Teilnehmer des Handelsplatzes, die nicht Clearingmitglieder einer das Clearing des Geschäfts mit geclearten Derivaten durchführenden CCP sind, mit einem Clearingmitglied der CCP vertraglich vereinbaren, dass dieses Clearingmitglied bei Geschäften mit geclearten Derivaten automatisch zur Gegenpartei wird.
b) In den Regeln der CCP ist vorgeschrieben, dass an einem Handelsplatz abgeschlossene Geschäfte mit geclearten Derivaten automatisch und unverzüglich gecleart werden und dabei das unter Buchstabe a genannte Clearingmitglied zur Gegenpartei der CCP wird.
c) In den Regeln des Handelsplatzes ist vorgeschrieben, dass das Mitglied oder der Teilnehmer des Handelsplatzes bzw. dessen Kunde nach dem Clearing des Geschäfts mit geclearten Derivaten aufgrund direkter oder indirekter Clearing-Vereinbarungen mit dem Clearingmitglied zur Gegenpartei dieses Geschäfts wird.

(2) Ein Handelsplatz stellt Tools bereit, mit denen gewährleistet werden kann, dass jedes Clearingmitglied bei jedem Auftrag vor Geschäftsabschluss kontrolliert, ob die Obergrenzen eingehalten werden, die es gemäß der Delegierten Verordnung (EU) 2017/589 der Kommission für den jeweiligen Kunden festgelegt hat.

(3) Ein Handelsplatz hat vor Ausführung des Auftrags sicherzustellen, dass der Auftrag des Kunden unterhalb der Obergrenzen liegt, die gemäß Absatz 2 für diesen Kunden anwendbar sind, und zwar
a) innerhalb von 60 Sekunden nach Eingang des Auftrags, wenn dieser elektronisch eingeht;
b) innerhalb von 10 Minuten nach Eingang des Auftrags, wenn dieser nicht elektronisch eingeht.

(4) Wenn der Auftrag nicht unterhalb der Obergrenzen liegt, die gemäß Absatz 2 für den betreffenden Kunden anwendbar sind, unterrichtet der Handelsplatz den Kunden und das Clearingmitglied innerhalb folgender Fristen darüber, dass der Auftrag nicht ausgeführt werden kann:
a) in Echtzeit, wenn der Auftrag elektronisch eingeht;
b) *innerhalb von fünf Minuten nach Abgleich mit den anwendbaren Obergrenzen*, wenn der Auftrag nicht elektronisch eingeht.

In der Fassung vom 29.6.2016 (ABl. EU Nr. L 87 v. 31.3.2017, S. 224).

Art. 3 Zeitrahmen für die Übermittlung von Informationen über an einem Handelsplatz abgeschlossene Geschäfte mit geclearten Derivaten

(1) Der Handelsplatz, die CCP und das Clearingmitglied unterliegen den in den Absätzen 2 bis 5 niedergelegten Vorschriften, es sei denn, die unter Artikel 2 Absatz 1 Buchstaben a, b und c niedergelegten Bedingungen sind ausnahmslos erfüllt.

(2) Der Handelsplatz schickt die Informationen über jedes einzelne Geschäft mit geclearten Derivaten, das elektronisch am Handelsplatz abgeschlossen wird, innerhalb von zehn Sekunden nach Abschluss an die CCP.

(3) Der Handelsplatz schickt die Informationen über jedes einzelne Geschäft mit geclearten Derivaten, das nicht elektronisch am Handelsplatz abgeschlossen wird, innerhalb von zehn Minuten nach Abschluss an die CCP.

(4) Die CCP entscheidet innerhalb von 10 Sekunden nach Eingang der Informationen vom Handelsplatz, ob sie ein am Handelsplatz abgeschlossenes Geschäft mit geclearten Derivaten zum Clearing annimmt, und informiert im Falle der Nichtannahme in Echtzeit das Clearingmitglied und den Handelsplatz.

(5) Das Clearingmitglied und der Handelsplatz informieren die Gegenpartei, die das Geschäft mit geclearten Derivaten am Handelsplatz abgeschlossen hat, umgehend über jede Nichtannahme, die ihnen die CCP zur Kenntnis gebracht hat.

In der Fassung vom 29.6.2016 (ABl. EU Nr. L 87 v. 31.3.2017, S. 224).

Art. 4 Zeitrahmen für die Übermittlung von Informationen über auf bilateraler Basis abgeschlossene Geschäfte mit geclearten Derivaten

(1) Bei Geschäften mit geclearten Derivaten, die von Gegenparteien auf bilateraler Basis abgeschlossen wurden, geht das Clearingmitglied folgendermaßen vor:
a) Es holt von seinem Kunden Angaben darüber ein, in welchem Zeitrahmen das zum Clearing eingereichte Geschäft abgeschlossen werden soll.
b) Es stellt sicher, dass die Gegenparteien innerhalb von 30 Minuten nach Geschäftsabschluss die in Artikel 1 Absatz 2 genannten Informationen an die CCP übermitteln.

(2) Die CCP leitet die in Absatz 1 Buchstabe b genannten Informationen über das Geschäft innerhalb von 60 Sekunden nach deren Eingang von den Gegenparteien an ihr Clearingmitglied weiter. Das Clearingmitglied entscheidet innerhalb von 60 Sekunden nach Eingang der Informationen von der CCP über die Annahme des Geschäfts.

(3) Die CCP entscheidet innerhalb von zehn Sekunden nach Eingang der Meldung über die Annahme oder Nichtannahme durch das Clearingmitglied über die Annahme oder Nichtannahme des Clearings eines auf bilateraler Basis abgeschlossenen Geschäfts mit geclearten Derivaten.

(4) Die Absätze 2 und 3 sind nicht anwendbar, wenn folgende Bedingungen ausnahmslos erfüllt sind:
a) Die Regeln der CCP gewährleisten die Festlegung und regelmäßige Überprüfung der Obergrenzen, die das Clearingmitglied für seinen Kunden gemäß der Delegierten Verordnung (EU) 2017/589 festgelegt hat.
b) In den Regeln der CCP ist vorgeschrieben, dass ein Geschäft mit geclearten Derivaten, das unterhalb der unter Buchstabe a des vorliegenden Absatzes beschriebenen Obergrenzen liegt, nach Erhalt der betreffenden Informationen von den Gegenparteien automatisch innerhalb von 60 Sekunden von der CCP gecleart wird.

(5) Wenn die CCP ein auf bilateraler Basis abgeschlossenes Geschäft mit geclearten Derivaten nicht zum Clearing annimmt, informiert sie das Clearingmitglied in Echtzeit über die Nichtannahme. Sobald das Clearingmitglied von der CCP über die Nichtannahme informiert wurde, unterrichtet sie umgehend die Gegenpartei, die das Geschäft abgeschlossen hat.

In der Fassung vom 29.6.2016 (ABl. EU Nr. L 87 v. 31.3.2017, S. 224).

Art. 5 Behandlung von Geschäften mit geclearten Derivaten, die nicht zum Clearing angenommen wurden

(1) Wenn ein an einem Handelsplatz elektronisch abgeschlossenes Geschäft mit geclearten Derivaten von der CCP nicht zum Clearing angenommen wird, hebt der Handelsplatz den betreffenden Kontrakt auf.

(2) Wenn ein Geschäft mit geclearten Derivaten, das nicht an einem Handelsplatz elektronisch abgeschlossen wurde, von der CCP nicht zum Clearing angenommen wird, unterliegt die Behandlung dieses Geschäfts folgenden Bestimmungen:
a) den Regeln des Handelsplatzes, an dem der Kontrakt zum Clearing gemäß diesen Regeln eingereicht wird;
b) im Übrigen den Vereinbarungen zwischen den Gegenparteien.

(3) Wenn die Nichtannahme auf ein technisches oder verwaltungstechnisches Problem zurückzuführen ist, kann das Geschäft mit geclearten Derivaten innerhalb einer Stunde nach der vorherigen Einreichung in Form eines neuen Geschäfts, aber mit unveränderten Bedingungen erneut zum Clearing eingereicht werden, sofern sich die beiden Gegenparteien auf eine zweite Einreichung geeinigt haben. Der Handelsplatz, an dem das Geschäft mit geclearten Derivaten ursprünglich abgeschlossen worden war, unterliegt bei einer solchen zweiten Einreichung nicht den in Artikel 8 der Verordnung (EU) Nr. 600/2014 niedergelegten Anforderungen.

In der Fassung vom 29.6.2016 (ABl. EU Nr. L 87 v. 31.3.2017, S. 224).

Art. 6 Inkrafttreten und Anwendung

Diese Verordnung tritt am zwanzigsten Tag nach ihrer Veröffentlichung im *Amtsblatt der Europäischen Union* in Kraft.
Diese Verordnung gilt ab dem in Artikel 55 Absatz 2 der Verordnung (EU) Nr. 600/2014 genannten Datum.

In der Fassung vom 29.6.2016 (ABl. EU Nr. L 87 v. 31.3.2017, S. 224).

Art. 29 VO Nr. 600/2014 | Clearingpflicht

I. Überblick	1
II. Clearingpflicht für börsengehandelte Derivate (Art. 29 Abs. 1 VO Nr. 600/2014)	2
III. Pflicht zur zeitnahen Aufnahme in das Clearing (Art. 29 Abs. 2 VO Nr. 600/2014)	4
1. Anwendungsbereich	5
2. Ausgestaltung der Pflicht (DelVO 2017/582) ..	8
a) Abschluss von Clearingvereinbarungen	8a
b) Informationsübermittlung	9
c) Überwachung von Handels- und Positionslimits	12
d) Zeitrahmen für die Übermittlung der Informationen	16
3. Sanktionen	20
IV. Technische Regulierungsstandards (Art. 29 Abs. 3 VO Nr. 600/2014)	21

Schrifttum: *Europäische Wertpapier- und Marktaufsichtsbehörde (ESMA)*, „Fragen und Antworten zu MiFID II und MiFIR Nachhandelsthemen", ESMA70-151-957 vom 10.10.2017, abrufbar über: https://www.esma.europa.eu („ESMA, Q&A MiFID II/MiFIR Post-Trade"); *Teuber/Schröer* (Hrsg.), MiFID II und MiFIR – Umsetzung in der Bankpraxis, 2015.

1 **I. Überblick.** Art. 29 VO Nr. 600/2014 enthält zwei voneinander zu unterscheidende Regelungen. Die in Art. 29 Abs. 1 VO Nr. 600/2014 verortete Anordnung der **Clearingpflicht für börsengehandelte Derivate** ergänzt Art. 4 VO Nr. 648/2012 (EMIR), der die Clearingpflicht bereits für außerbörslich, d.h. „over the counter" gehandelte OTC-Derivate vorsieht. Die mit Art. 29 Abs. 2 VO Nr. 600/2014 begründete Pflicht, die zu clearenden Derivate **zeitnah in das System der für das Clearing bestimmten CCP aufzunehmen**, gilt für sämtliche Derivate, für die das Clearing vorgesehen ist. Soweit Art. 29 Abs. 2 VO Nr. 600/2014 auch solche OTC-Derivate betrifft, für die nach dem in Art. 5 VO Nr. 648/2012 vorgesehenen Verfahren die Clearingpflicht angeordnet wurde, ergänzt und konkretisiert er auch die **durch die EMIR begründeten Pflichten** der CCP und deren Clearingmitglieder.

2 **II. Clearingpflicht für börsengehandelte Derivate (Art. 29 Abs. 1 VO Nr. 600/2014).** Art. 29 Abs. 1 VO Nr. 600/2014 begründet die **Clearingpflicht** nur für die an einem geregelten Markt abgeschlossenen **börsengehandelten Derivate**. Werden Derivate über ein MTF oder OTF abgeschlossen, findet Art. 29 Abs. 1 VO Nr. 600/2014 keine Anwendung. Da die über ein MTF oder OTF zustande gekommenen Derivate nach Art. 2 Nr. 7 VO Nr. 648/2012 (EMIR) als OTC-Derivate gelten, richtet sich der Clearingzwang für sie nach Art. 4 VO Nr. 648/2012.

3 Anders als bei Art. 4 VO Nr. 648/2012 ist Adressat der Clearingpflicht der **Marktbetreiber**, nicht die Gegenparteien, die ein börsengehandeltes Derivat abgeschlossen haben.

4 **III. Pflicht zur zeitnahen Aufnahme in das Clearing (Art. 29 Abs. 2 VO Nr. 600/2014).** CCPs, Handelsplätze und die als Clearingmitglieder fungierenden Wertpapierfirmen sind nach Art. 29 Abs. 2 VO Nr. 600/2014 verpflichtet, automatisierte Systeme, Verfahren und Vorkehrungen vorzuhalten, die sicherstellen, dass die zu clearenden Derivate so schnell wie dies mit automatisierten Systemen – d.h. im Wege des sog. **straight through processings (STP)** – möglich ist, in das Clearing der CCP aufgenommen werden.

5 **1. Anwendungsbereich.** Der in Art. 29 Abs. 2 VO Nr. 600/2014 und in der DelVO 2017/582 verwendete Begriff **geclearte Derivate** (cleared derivatives) beschreibt den sachlichen Anwendungsbereich der Pflicht. Er ist wenig glücklich, weil er suggeriert, dass die Derivate bereits in das System einer CCP aufgenommen wurden und von dieser gecleart werden. Erst die in Art. 29 Abs. 2 Unterabs. 2 VO Nr. 600/2014 eingefügte Definition des Begriffs verdeutlicht, dass er diejenigen Derivate meint, für die das Clearing vorgesehen ist, deren Aufnahme in das Clearingsystem jedoch noch aussteht.

6 Die Pflicht zur zeitnahen Aufnahme der zu clearenden Derivate besteht nach Art. 29 Abs. 2 Unterabs. 2 Buchst. a und b VO Nr. 600/2014 unabhängig davon, ob für das betreffende Derivat eine gesetzliche **Clearingpflicht** nach Art. 29 Abs. 1 VO Nr. 600/2014 oder nach Art. 4 VO Nr. 648/2012 besteht oder ob das Clearing aufgrund einer **vertraglichen Vereinbarung** der beteiligten Parteien erfolgt.

7 Zu den vertraglichen Vereinbarungen zählen zum einen die **Abreden der Gegenparteien**, mit denen diese sich darauf verständigen, die von ihnen abgeschlossenen OTC-Derivate freiwillig zu clearen. Darüber hinaus zählen hierzu die Regelwerke und Vereinbarungen der Marktbetreiber oder Wertpapierfirmen, die ein **MTF** oder **OTF** betreiben und die für die über das MTF oder OTF zustande gekommenen Derivate vorsehen, dass diese über eine CCP zu clearen sind.

8 **2. Ausgestaltung der Pflicht (DelVO 2017/582).** Die in Art. 29 Abs. 2 Unterabs. 1 VO Nr. 600/2014 genannten **Vorkehrungen**, mit denen CCPs und Handelsplätze die zeitnahe Aufnahme in das Clearing sicherstellen sollen, sind in der **DelVO 2017/582** konkretisiert worden. Dabei unterscheidet sie u.a. zwischen Derivaten, die über einen Handelsplatz abgeschlossen werden und OTC-Derivaten sowie danach, ob die an einem Handelsplatz zustande gekommenen Derivate elektronisch oder auf andere Weise, z.B. wie beim Parketthandel durch Zuruf zwischen Händler und Makler (open outcry trading) abgeschlossen werden. Im Übrigen beschränken sich die Bestimmungen der DelVO 2017/582 nicht auf die Nachhandelsphase, d.h. den Zeitraum, der dem Abschluss oder der Ausführung des Geschäfts unmittelbar nachfolgt, sondern begründet auch Pflichten für die Vorhandelsphase.

8a **a) Abschluss von Clearingvereinbarungen.** Nach Art. 2 Abs. 1 DelVO 2017/582 müssen die Regelwerke der CCP und der Handelsplätze vorsehen, dass sämtliche Handelsteilnehmer, die nicht selbst bereits als Clearingmitglied zugelassen sind, durch Abschluss einer direkten oder indirekten Clearingvereinbarung sicher stellen, dass die von ihnen gehandelten Derivate so schnell wie möglich in das Clearing der CCP aufgenommen werden. Soweit ein Handelsteilnehmer für einen Kunden Derivate abschließt, ist es Aufgabe des Handelsteilnehmers dafür zu sorgen, dass sein Kunde eine entsprechende Clearingvereinbarung abgeschlossen hat[1].

b) **Informationsübermittlung.** Nach Art. 1 Abs. 1 DelVO 2017/582 muss der Betreiber eines **Handelsplatzes** in seinen Regelwerken festlegen, welche **Informationen** von ihm in welchem **Datenformat** benötigt werden, damit er die über seinen Handelsplatz zustande gekommenen Derivate, für die ein Clearing vorgesehen ist, bei der zuständigen CCP zum Clearing einreichen kann. Hierzu zählen neben den Transaktionsdaten auch die Angabe, ob die Gegenpartei, die das Derivat abgeschlossen hat, Clearingmitglied der betreffenden CCP ist, oder ob sie den Zugang zum Clearing der CCP über einen Dritten, z.B. ein anderes Clearingmitglied oder – wie beim indirekten Clearing – über den Kunden eines Clearingmitgliedes sicherstellt.   9

Dieselbe Verpflichtung zur Bestimmung der für die Aufnahme ins Clearing erforderlichen Informationen und Datenformate ist nach Art. 1 Abs. 2 DelVO 2017/582 auch für die **CCP** vorgesehen. Wie aus Art. 1 Abs. 1 DelVO 2017/582 folgt, ist Adressat der Regelwerke bei den über einen Handelsplatz zustande gekommenen Derivaten der Marktbetreiber bzw. die Wertpapierfirma, die den Handelsplatz betreibt, und die die Einreichung der Derivate zum Clearing sicherstellen muss.   10

Die Erwähnung der Gegenparteien ist nur für OTC-Derivate maßgeblich, die außerhalb eines Handelsplatzes zustande kommen. Adressat der Regelwerke ist diejenige Gegenpartei, die das OTC-Derivat abgeschlossen hat und die die Informationen nach Art. 1 Abs. 2 DelVO 2017/582 innerhalb von 30 Minuten nach Abschluss des OTC-Derivates an die CCP weiterleiten muss (s. Art. 4 Abs. 1 Buchst. b DelVO 2017/582).   11

c) **Überwachung von Handels- und Positionslimits.** Art. 2 Abs. 2–4 DelVO 2017/582 sieht vor, dass der Handelsplatz bereits vor Abschluss eines zu clearenden Derivates die Einhaltung der für den Kunden eines Clearingmitgliedes nach Art. 17 Abs. 6 RL 2014/65/EU (MiFID II) und **Art. 26 DelVO 2017/589** festzulegenden **Handels- und Positionslimits** überprüft und zwar innerhalb der in Art. 2 Abs. 3 DelVO 2017/582 vorgesehen Fristen.   12

Ausgenommen sind hiervon lediglich die Fälle, in denen das Clearing der CCP auf dem **Kommissionsmodel** (principal model oder principal-to-principal model) basiert und sämtliche der in Art. 2 Abs. 1 Buchst. a–c DelVO 2017/582 festgelegten Bedingungen erfüllt sind. Danach müssen die Regelwerke des Handelsplatzes vorsehen, dass ein Teilnehmer, der nicht selbst bereits Clearingmitglied der betreffenden CCP ist, mittels einer direkten oder indirekten Clearingvereinbarung sicherstellt, dass ein Clearingmitglied für das zu clearende Geschäft unverzüglich und automatisch Gegenpartei der CCP und er selbst Kunde oder indirekter Kunde des Clearingmitgliedes wird.   13

Basiert das Clearing der CCP auf dem **Vertretermodell** (agency model), d.h. handelt das Clearingmitglied (z.B. ein futures commission merchant oder FCM) lediglich im Namen seiner Kunden und kommt die Clearingbeziehung unmittelbar zwischen der CCP und dem Kunden zustande, bleibt es bei der Pflicht zur Überwachung der Handels- und Positionslimits. Wegen der Einzelheiten zu den Clearingmodellen wird auf die Ausführungen zu Art. 30 VO Nr. 600/2014 Rz. 1–6 verwiesen.   14

Um die Überwachung der Handels- und Positionslimits zu ermöglichen, muss ein Handelssystem den Clearingmitgliedern nach Art. 2 Abs. 2 DelVO 2017/582 Instrumente zur Verfügung stellen, mit denen es die Einhaltung der vom Clearingmitglied festgelegten Obergrenzen überprüfen kann. Die Überprüfung muss nach Art. 2 Abs. 3 DelVO 2017/582 vor Ausführung des Auftrages durchgeführt werden und darf bei elektronisch übermittelten Aufträgen nicht länger als **60 Sekunden** und in allen übrigen Fällen nicht länger als **10 Minuten** dauern. Überschreitet der Auftrag die Obergrenzen, unterrichtet der Handelsplatz seinen Teilnehmer und dessen Clearingmitglied bei elektronisch übermittelten Aufträgen in Echtzeit und in allen übrigen Fällen innerhalb von **5 Minuten** (Art. 2 Abs. 4 DelVO 2017/582).   15

d) **Zeitrahmen für die Übermittlung der Informationen.** Nach Art. 3 DelVO 2017/582 müssen Handelsplätze, deren Derivate über eine CCP gecleart werden sollen, für die die in Art. 2 Abs. 1 Buchst. a–c DelVO 2017/582 festgelegten Anforderungen (s. Rz. 13) nicht erfüllt werden, die **Informationen** über jedes zu clearende Geschäft an die **CCP übermitteln**. Wird das zu clearende Geschäft an dem Handelsplatz elektronisch abgeschlossen, muss die Übermittlung nach Art. 3 Abs. 2 und 3 DelVO 2017/582 innerhalb von 10 Sekunden und in alle übrigen Fällen innerhalb von 10 Minuten erfolgen. Nach Art. 3 Abs. 4 DelVO 2017/582 muss die CCP innerhalb von 10 Sekunden nach Eingang der Information entscheiden, ob sie das in einem Handelsplatz abgeschlossene und zu clearende Geschäft in ihre Clearingsystem aufnimmt. Lehnt sie die Aufnahme ab, so zeigt sie   16

---

1 *Europäische Wertpapier- und Marktaufsichtsbehörde (ESMA)*, „Fragen und Antworten zu MiFID II und MiFIR Nachhandelsthemen", ESMA70-151-957 vom 10.10.2017, abrufbar über: https://www.esma.europa.eu/sites/default/files/library/esma70-151-957_qas_on_mifid_post_trading.pdf („ESMA, Q&A MiFID II/MiFIR Post-Trade"), Frage 1 [letzte Aktualisierung: 9.10.2017].

dies dem Handelssystem und dem Clearingmitglied in Echtzeit an; diese informieren die Gegenpartei, die das zu clearende Derivat abgeschlossen hat, umgehend über die Nichtaufnahme (Art. 3 Abs. 5 DelVO 2017/582). Folge der Nichtaufnahme ist nach Art. 5 Abs. 1 DelVO 2017/582, dass das Derivat vom Handelsplatz, an dem es zustande gekommen ist, nachträglich aufgehoben wird. Ist die Nichtannahme des Derivates auf ein technisches Problem zurückzuführen, kann das Derivat innerhalb einer Stunde nach der erstmaligen Einreichung erneut bei der CCP eingereicht werden; dabei ist der Handelsplatz von der Vorhandelstransparenzanforderungen des Art. 8 VO Nr. 600/2014 befreit (Art. 5 Abs. 3 DelVO 2017/582).

17 Für **OTC-Derivate**, für die eine Clearingpflicht nach Art. 4 VO Nr. 648/2012 besteht oder die von den Gegenparteien freiwillig gecleart werden, gilt nach Art. 4 DelVO 2017/582 grundsätzlich (s. die Ausnahme in Art. 4 Abs. 4 DelVO 2017/582) folgendes: Das Clearingmitglied muss nach Art. 4 Abs. 1 DelVO 2017/582 sicherstellen, dass die Gegenpartei, die für das Clearing benötigten Informationen über das OTC-Derivat innerhalb von 30 Minuten nach Geschäftsschluss an die CCP übermittelt. Nach Art. 4 Abs. 2 DelVO 2017/582 hat die CCP die bei ihr eingegangenen Informationen innerhalb von 60 Sekunden nach Eingang an das für die Gegenpartei zuständige Clearingmitglied weiterzuleiten. Das Clearingmitglied hat innerhalb weiterer 60 Sekunden nach Zugang der Informationen zu entscheiden, ob es das zu clearende OTC-Derivat annimmt; es teilt die Entscheidung über die Annahme oder Nichtannahme der CCP mit.

18 Wie sich erst aus der Ausnahme in Art. 4 Abs. 4 DelVO 2017/582 ergibt, soll die Mitteilung an das Clearingmitglied sicherstellen, dass diese die Einhaltung der für die Gegenpartei festgelegten **Handels- und Positionslimits** überprüfen kann. Nach Art. 4 Abs. 3 DelVO 2017/582 hat die CCP nach Eingang der Mitteilung des Clearingmitglieds ihrerseits 10 Sekunden, um über die Annahme oder Nichtannahme des OTC-Derivates zu entscheiden. Folge der Nichtaufnahme ist nach Art. 5 Abs. 2 DelVO 2017/582, dass das Derivat zunächst fortbesteht. Ist das OTC-Derivat unter Bezugnahme auf die Regeln eines Handelsplatzes zum Clearing eingereicht worden, richtet sich die Behandlung des OTC-Derivates nach den Bestimmungen dieses Handelsplatzes, in allen übrigen Fällen gelten die zwischen den Gegenparteien getroffenen Vereinbarungen. Diese können z.B. vorsehen, dass ein nicht gecleartes OTC-Derivat vorzeitig beendet wird. Auch hier gilt, dass in den Fällen, in denen die Nichtannahme des OTC-Derivates auf ein technisches Problem zurückzuführen ist, das OTC-Derivat innerhalb einer Stunde nach der erstmaligen Einreichung erneut bei der CCP eingereicht werden kann (Art. 5 Abs. 3 DelVO 2017/582).

19 Nach Art. 4 Abs. 4 DelVO 2017/582 finden die Art. 4 Abs. 2 und 3 DelVO 2017/582 ausnahmsweise dann keine Anwendung, wenn die von der CCP angewendeten Verfahren sicherstellen, dass die von den Clearingmitgliedern nach Art. 17 Abs. 6 RL 2014/65/EU (MiFID II) und Art. 26 DelVO 2017/589 festzulegenden Handels- und Positionslimits für ihre Kunden durch die CCP überprüft werden und die Regelwerke der CCP vorsehen, dass ein OTC-Derivat, dass die festgelegten Obergrenzen nicht übersteigt, innerhalb von 60 Sekunden nach Eingang der Informationen automatisch in das Clearing der CCP aufgenommen wird.

20 **3. Sanktionen.** Nach Art. 70 Abs. 3 Buchst. b Ziff. xxii) RL 2014/65/EU (MiFID II) sind Verstöße gegen die in Art. 29 VO Nr. 600/2014 angeordneten Pflichten von den Mitgliedstaaten mit Geldbußen oder anderen abschreckenden Sanktionen zu ahnden. Der deutsche Gesetzgeber sieht in § 120 Abs. 7 Nr. 1 i.V.m. Abs. 24 WpHG für Verstöße gegen die Clearingpflicht Geldbußen i.H.v. bis zu 200.000 Euro vor. S. im Übrigen die Anmerkungen zu § 120 WpHG.

21 **IV. Technische Regulierungsstandards (Art. 29 Abs. 3 VO Nr. 600/2014).** Die Kommission ist nach Art. 29 Abs. 3 VO Nr. 600/2014 befugt, die Mindestanforderungen an die in Art. 29 Abs. 2 VO Nr. 600/2014 genannten Systeme, Verfahren und Vorkehrungen sowie den Zeitrahmen für die Aufnahme in das Clearing durch technische Regulierungsstandards festzulegen und ggf. zu aktualisieren Von der Befugnis hat sie mit der DelVO 2017/582 Gebrauch gemacht. Die DelVO 2017/582 ist am zwanzigsten Tag nach ihrer Veröffentlichung im Amtsblatt der Europäischen Union, d.h. am 20.4.2017, in Kraft getreten. Sie gilt seit dem 3.1.2018 (Art. 6 DelVO 2017/582).

Art. 30 Indirekte Clearingvereinbarungen

(1) Indirekte Clearingvereinbarungen für börsengehandelte Derivate sind zulässig, sofern durch diese Vereinbarungen das Risiko der Gegenpartei nicht steigt und sichergestellt ist, dass die Vermögenswerte und Positionen der Gegenpartei ebenso geschützt sind wie im Falle der Schutzvorkehrungen nach den Artikeln 39 und 48 der Verordnung (EU) Nr. 648/2012.

(2) Die ESMA arbeitet Entwürfe technischer Regulierungsstandards aus, in denen festgelegt wird, welche Arten von Vereinbarungen über indirekte Clearingdienste gegebenenfalls die in Absatz 1 genannten Bedingungen erfüllen, wobei Kohärenz mit den in Kapitel II der Delegierten Verordnung (EU) Nr. 149/ *2013 der Kommission festgelegten Bestimmungen für OTC-Derivate sicherzustellen ist.*

Die ESMA legt der Kommission bis zum 3. Juli 2015 diese Entwürfe technischer Regulierungsstandards vor.

Der Kommission wird die Befugnis übertragen, die in diesem Absatz genannten technischen Regulierungsstandards gemäß dem in den Artikeln 10 bis 14 der Verordnung (EU) Nr. 1095/2010 festgelegten Verfahren zu erlassen.

In der Fassung vom 15.5.2014 (ABl. EU Nr. L 173 v. 12.6.2014, S. 84).

Delegierte Verordnung (EU) 2017/2154 vom 22. September 2017
zur Ergänzung der Verordnung (EU) Nr. 600/2014 des Europäischen Parlaments und des Rates durch technische Regulierungsstandards für indirekte Clearingvereinbarungen

Art. 1 Begriffsbestimmungen

Für die Zwecke dieser Verordnung bezeichnet der Ausdruck
a) „Kunde" einen Kunden im Sinne von Artikel 2 Nummer 15 der Verordnung (EU) Nr. 648/2012;
b) „indirekter Kunde" einen Kunden eines Kunden im Sinne von Buchstabe a;
c) „indirekte Clearingvereinbarung" die Gesamtheit der Vertragsbeziehungen zwischen den Erbringern und den Empfängern indirekter Clearingdienste, die von einem Kunden, einem indirekten Kunden oder einem indirekten Kunden zweiten Ranges erbracht werden;
d) „indirekter Kunde zweiten Ranges" einen Kunden eines indirekten Kunden im Sinne von Buchstabe b;
e) „indirekter Kunde dritten Ranges" einen Kunden eines indirekten Kunden zweiten Ranges im Sinne von Buchstabe d.

In der Fassung vom 22.9.2017 (ABl. EU Nr. L 304 v. 21.11.2017, S. 6).

Art. 2 Anforderungen für die Erbringung indirekter Clearingdienste durch Kunden

(1) Ein Kunde darf indirekte Clearingdienste für indirekte Kunden nur erbringen, sofern sämtliche folgenden Bedingungen erfüllt sind:
a) bei dem Kunden handelt es sich um ein zugelassenes Kreditinstitut, eine zugelassene Wertpapierfirma oder ein Unternehmen mit Sitz in einem Drittland, das als Kreditinstitut oder Wertpapierfirma eingestuft würde, wenn es seinen Sitz in der Union hätte;
b) der Kunde erbringt die indirekten Clearingdienste zu handelsüblichen Bedingungen und veröffentlicht die allgemeinen Konditionen, zu denen er diese Dienste erbringt;
c) das Clearingmitglied hat sich mit den in Buchstabe b dieses Absatzes genannten allgemeinen Konditionen einverstanden erklärt.

(2) Der Kunde nach Absatz 1 und der indirekte Kunde schließen eine indirekte Clearingvereinbarung in schriftlicher Form. Die indirekte Clearingvereinbarung umfasst mindestens die folgenden Vertragsbedingungen:
a) die allgemeinen Konditionen gemäß Absatz 1 Buchstabe b;
b) die Zusage des Kunden, alle Verpflichtungen des indirekten Kunden gegenüber dem Clearingmitglied in Bezug auf die Transaktionen im Rahmen der indirekten Clearingvereinbarung zu erfüllen.

Sämtliche Aspekte der indirekten Clearingvereinbarung werden unmissverständlich dokumentiert.

(3) Eine CCP kann sich dem Abschluss indirekter Clearingvereinbarungen, die zu handelsüblichen Bedingungen geschlossen werden, nicht widersetzen.

In der Fassung vom 22.9.2017 (ABl. EU Nr. L 304 v. 21.11.2017, S. 6).

Art. 3 Pflichten der CCP

(1) Eine CCP eröffnet und unterhält je nach Wunsch des Clearingmitglieds eines der Konten nach Artikel 4 Absatz 4.

(2) Eine CCP, die die Vermögenswerte und Positionen mehrerer indirekter Kunden in einem Konto gemäß Artikel 4 Absatz 4 Buchstabe b hält, führt über die Positionen der einzelnen indirekten Kunden getrennte Aufzeichnungen, berechnet die Einschusszahlungen in Bezug auf jeden indirekten Kunden und zieht die Summe dieser Einschüsse gestützt auf die Informationen gemäß Artikel 4 Absatz 3 auf Bruttobasis ein.

(3) Eine CCP ermittelt, überwacht und steuert alle wesentlichen Risiken, die aus der Erbringung indirekter Clearingdienste erwachsen und die Belastbarkeit der CCP bei ungünstigen Marktentwicklungen beeinträchtigen könnten.

In der Fassung vom 22.9.2017 (ABl. EU Nr. L 304 v. 21.11.2017, S. 6).

Art. 4 Pflichten der Clearingmitglieder

(1) Ein Clearingmitglied erbringt indirekte Clearingdienste zu handelsüblichen Bedingungen und veröffentlicht die allgemeinen Konditionen, zu denen es diese Dienste erbringt.
Die allgemeinen Konditionen nach Unterabsatz 1 umfassen finanzielle und operationelle Mindestanforderungen an Kunden, die indirekte Clearingdienste erbringen.

(2) Ein Clearingmitglied, das indirekte Clearingdienste erbringt, eröffnet und unterhält je nach Wunsch des Kunden mindestens die folgenden Konten:
a) ein Sammelkonto mit den von diesem Kunden für Rechnung seiner indirekten Kunden gehaltenen Vermögenswerten und Positionen;

b) ein Sammelkonto mit den von diesem Kunden für Rechnung seiner indirekten Kunden gehaltenen Vermögenswerten und Positionen, bei dem das Clearingmitglied sicherstellt, dass die Positionen eines indirekten Kunden nicht mit den Positionen eines anderen indirekten Kunden verrechnet und die Vermögenswerte eines indirekten Kunden nicht zur Besicherung der Positionen eines anderen indirekten Kunden verwendet werden können.

(3) Ein Clearingmitglied, das Vermögenswerte und Positionen für Rechnung mehrerer indirekter Kunden in einem Konto gemäß Absatz 2 Buchstabe b führt, übermittelt der CCP täglich sämtliche Informationen, die erforderlich sind, damit die CCP die für Rechnung jedes indirekten Kunden gehaltenen Positionen ermitteln kann. Diese Informationen stützen sich auf die Angaben nach Artikel 5 Absatz 4.

(4) Ein Clearingmitglied, das indirekte Clearingdienste erbringt, eröffnet und unterhält bei der CCP je nach Wunsch des Kunden mindestens die folgenden Konten:
a) ein getrenntes Konto, das ausschließlich dazu dient, die Vermögenswerte und Positionen indirekter Kunden, die das Clearingmitglied in einem Konto gemäß Absatz 2 Buchstabe a hält, zu führen;
b) ein getrenntes Konto, das ausschließlich dazu dient, die Vermögenswerte und Positionen indirekter Kunden jedes Kunden, die das Clearingmitglied in einem Konto gemäß Absatz 2 Buchstabe b hält, zu führen.

(5) Ein Clearingmitglied richtet Verfahren für den Umgang mit dem Ausfall eines Kunden ein, der indirekte Clearingdienste erbringt.

(6) Ein Clearingmitglied, das die Vermögenswerte und Positionen indirekter Kunden in einem Konto gemäß Absatz 2 Buchstabe a hält,
a) stellt sicher, dass die Verfahren nach Absatz 5 bei Ausfall eines Kunden die umgehende Liquidierung dieser Vermögenswerte und Positionen, einschließlich der Liquidierung der Vermögenswerte und Positionen auf der Ebene der CCP, ermöglichen und ein detailliertes Verfahren für die Unterrichtung der indirekten Kunden über den Ausfall des Kunden und die für die Liquidierung ihrer Vermögenswerte und Positionen anzusetzende Frist enthalten;
b) gibt nach Abschluss aller Verfahrensschritte bei Kundenausfall diesem Kunden für Rechnung seiner indirekten Kunden unmittelbar jeden aus der Liquidierung dieser Vermögenswerte und Positionen geschuldeten verbleibenden Überschuss zurück.

(7) Ein Clearingmitglied, das Vermögenswerte und Positionen indirekter Kunden in einem Konto gemäß Absatz 2 Buchstabe b hält,
a) sieht in seinen Verfahren nach Absatz 5
   i) Schritte vor, um die vom ausfallenden Kunden für Rechnung seiner indirekten Kunden gehaltenen Vermögenswerte und Positionen auf einen anderen Kunden oder auf ein Clearingmitglied zu übertragen;
   ii) Schritte vor, um jedem indirekten Kunden den Liquidationserlös seiner Vermögenswerte und Positionen auszuzahlen;
   iii) ein detailliertes Verfahren vor, um die indirekten Kunden über den Ausfall des Kunden und die für die Liquidierung ihrer Vermögenswerte und Positionen anzusetzende Frist zu unterrichten;
b) verpflichtet sich vertraglich dazu, die Verfahren einzuleiten, mit denen die Vermögenswerte und Positionen, die der ausfallende Kunde für Rechnung seiner indirekten Kunden hält, auf Verlangen jener indirekten Kunden und ohne Zustimmung des ausfallenden Kunden auf einen anderen Kunden oder ein anderes Clearingmitglied, der bzw. das von den indirekten Kunden des ausfallenden Kunden benannt wurde, übertragen werden. Dieser andere Kunde bzw. dieses andere Clearingmitglied muss der Übertragung solcher Vermögenswerte und Positionen nur zustimmen, soweit er bzw. es sich zuvor gegenüber den betreffenden indirekten Kunden hierzu vertraglich verpflichtet hat;
c) stellt sicher, dass die Verfahren nach Absatz 5 bei Ausfall eines Kunden die umgehende Liquidierung dieser Vermögenswerte und Positionen, einschließlich der Liquidierung der Vermögenswerte und Positionen auf der Ebene der CCP, ermöglichen, falls die Übertragung gemäß Buchstabe b, gleich aus welchen Gründen, nicht innerhalb eines in der indirekten Clearingvereinbarung vorab festgelegten Übertragungszeitraums stattfindet;
d) verpflichtet sich vertraglich dazu, nach der Liquidierung dieser Vermögenswerte und Positionen die Verfahren einzuleiten, mit denen jedem indirekten Kunden der Liquidationserlös ausgezahlt wird;
e) gibt, sofern es die indirekten Kunden nicht ermitteln oder den Liquidationserlös nach Buchstabe d nicht in voller Höhe an die indirekten Kunden auszahlen konnte, dem Kunden für Rechnung seiner indirekten Kunden unmittelbar jeden aus der Liquidierung dieser Vermögenswerte und Positionen geschuldeten verbleibenden Überschuss zurück.

(8) Ein Clearingmitglied ermittelt, überwacht und steuert alle wesentlichen Risiken, die aus der Erbringung indirekter Clearingdienste erwachsen und seine Belastbarkeit bei ungünstigen Marktentwicklungen beeinträchtigen könnten. Das Clearingmitglied richtet interne Verfahren ein, um sicherzustellen, dass die Informationen nach Artikel 5 Absatz 8 nicht für kommerzielle Zwecke genutzt werden können.

In der Fassung vom 22.9.2017 (ABl. EU Nr. L 304 v. 21.11.2017, S. 6).

Art. 5 Pflichten der Kunden

(1) Ein Kunde, der indirekte Clearingdienste erbringt, bietet den indirekten Kunden mindestens die Wahl zwischen den in Artikel 4 Absatz 2 vorgesehenen Kontenarten und stellt sicher, dass die indirekten Kunden vollumfänglich über die verschiedenen Trennungsgrade und die Risiken jeder Kontenart informiert sind.

(2) Der Kunde nach Absatz 1 weist indirekten Kunden, die ihre Kontenwahl nicht innerhalb einer von ihm festgesetzten angemessenen Frist mitteilen, eine in Artikel 4 Absatz 2 genannte Kontenart zu. Der Kunde unterrichtet den indirekten Kunden unverzüglich über die Risiken, die mit der ihm zugewiesenen Kontenart verbunden sind. Der indirekte Kunde kann beim Kunden jederzeit schriftlich eine andere Kontenart beantragen.

(3) Ein Kunde, der indirekte Clearingdienste erbringt, führt getrennte Aufzeichnungen und Abrechnungskonten, die ihm die Möglichkeit geben, zwischen seinen eigenen Vermögenswerten und Positionen und den für Rechnung indirekter Kunden geführten Vermögenswerten und Positionen zu unterscheiden.

(4) Führt ein Clearingmitglied Vermögenswerte und Positionen mehrerer indirekter Kunden in einem Konto gemäß Artikel 4 Absatz 2 Buchstabe b, übermittelt der Kunde dem Clearingmitglied täglich sämtliche Angaben, die erforderlich sind, damit das Clearingmitglied die für Rechnung jedes indirekten Kunden gehaltenen Positionen ermitteln kann.

(5) Ein Kunde, der indirekte Clearingdienste erbringt, fordert das Clearingmitglied auf, die der Wahl seiner indirekten Kunden entsprechenden Konten gemäß Artikel 4 Absatz 4 bei der CCP zu eröffnen und zu unterhalten.

(6) Ein Kunde stellt seinen indirekten Kunden ausreichende Informationen bereit, damit diese indirekten Kunden ermitteln können, über welche CCP und welches Clearingmitglied ihre Positionen gecleart werden.

(7) Führt ein Clearingmitglied Vermögenswerte und Positionen eines oder mehrerer indirekter Kunden in einem Konto gemäß Artikel 4 Absatz 2 Buchstabe b, nimmt der Kunde gemäß Artikel 4 Absatz 7 in die indirekte Clearingvereinbarung mit seinen indirekten Kunden sämtliche Konditionen auf, die erforderlich sind, um sicherzustellen, dass das Clearingmitglied bei Ausfall des Kunden den indirekten Kunden zeitnah den Erlös aus der Liquidierung der für Rechnung dieser indirekten Kunden gehaltenen Vermögenswerte und Positionen auszahlen kann.

(8) Ein Kunde stellt dem Clearingmitglied ausreichende Informationen bereit, damit dieses alle wesentlichen Risiken ermitteln, überwachen und steuern kann, die aus der Erbringung indirekter Clearingdienste erwachsen und seine Belastbarkeit bei ungünstigen Marktentwicklungen beeinträchtigen könnten.

(9) Ein Kunde trifft geeignete Vorkehrungen, um sicherzustellen, dass bei seinem Ausfall sämtliche Informationen, über die er im Zusammenhang mit seinen indirekten Kunden verfügt, darunter auch die Identität seiner indirekten Kunden gemäß Artikel 5 Absatz 4, dem Clearingmitglied unverzüglich zur Verfügung gestellt werden.

In der Fassung vom 22.9.2017 (ABl. EU Nr. L 304 v. 21.11.2017, S. 6).

Art. 6 Anforderungen für die Erbringung indirekter Clearingdienste durch indirekte Kunden

(1) Ein indirekter Kunde darf indirekte Clearingdienste für indirekte Kunden zweiten Ranges nur erbringen, sofern die Teilnehmer der indirekten Clearingvereinbarung eine der in Absatz 2 genannten Anforderungen erfüllen und sämtliche folgenden Bedingungen erfüllt sind:
a) bei dem indirekten Kunden handelt es sich um ein zugelassenes Kreditinstitut, eine zugelassene Wertpapierfirma oder ein Unternehmen mit Sitz in einem Drittland, das als Kreditinstitut oder Wertpapierfirma eingestuft würde, wenn es seinen Sitz in der Union hätte;
b) der indirekte Kunde und der indirekte Kunde zweiten Ranges schließen eine indirekte Clearingvereinbarung in schriftlicher Form. Die indirekte Clearingvereinbarung umfasst mindestens die folgenden Vertragsbedingungen:
 i) die allgemeinen Konditionen gemäß Artikel 2 Absatz 1 Buchstabe b;
 ii) die Zusage des indirekten Kunden, alle Verpflichtungen des indirekten Kunden zweiten Ranges gegenüber dem Kunden in Bezug auf Transaktionen im Rahmen der indirekten Clearingvereinbarung zu erfüllen;
c) die Vermögenswerte und Positionen des indirekten Kunden zweiten Ranges werden vom Clearingmitglied in einem Konto gemäß Artikel 4 Absatz 2 Buchstabe a geführt.
Sämtliche Aspekte der indirekten Clearingvereinbarung gemäß Buchstabe b werden unmissverständlich dokumentiert.

(2) Für die Zwecke des Absatzes 1 erfüllen die Teilnehmer einer indirekten Clearingvereinbarung eine der folgenden Anforderungen:
a) das Clearingmitglied und der Kunde gehören derselben Gruppe an, während der indirekte Kunde dieser Gruppe nicht angehört;
b) der Kunde und der indirekte Kunde gehören derselben Gruppe an, während weder das Clearingmitglied noch der indirekte Kunde zweiten Ranges dieser Gruppe angehören.

(3) Bei indirekten Clearingvereinbarungen mit Teilnehmern nach Absatz 2 Buchstabe a
a) ist Artikel 4 Absätze 1, 5, 6 und 8 auf den Kunden anwendbar als handele es sich bei ihm um ein Clearingmitglied;
b) sind Artikel 2 Absatz 1 Buchstabe b sowie Artikel 5 Absätze 2, 3, 6, 8 und 9 auf den indirekten Kunden anwendbar als handele es sich bei ihm um einen Kunden.

(4) Bei indirekten Clearingvereinbarungen mit Teilnehmern nach Absatz 2 Buchstabe b
a) ist Artikel 4 Absätze 5 und 6 auf den Kunden anwendbar als handele es sich bei ihm um ein Clearingmitglied;
b) sind Artikel 2 Absatz 1 Buchstabe b sowie Artikel 5 Absätze 2, 3, 6, 8 und 9 auf den indirekten Kunden anwendbar als handele es sich bei ihm um einen Kunden.

In der Fassung vom 22.9.2017 (ABl. EU Nr. L 304 v. 21.11.2017, S. 6).

Art. 7 Anforderungen für die Erbringung indirekter Clearingdienste durch indirekte Kunden zweiten Ranges

(1) Ein indirekter Kunde zweiten Ranges darf indirekte Clearingdienste für indirekte Kunden dritten Ranges nur erbringen, sofern sämtliche folgenden Bedingungen erfüllt sind:
a) bei dem indirekten Kunden und dem indirekten Kunden zweiten Ranges handelt es sich um zugelassene Kreditinstitute, zugelassene Wertpapierfirmen oder Unternehmen mit Sitz in einem Drittland, die als Kreditinstitut oder Wertpapierfirma eingestuft würden, wenn sie ihren Sitz in der Union hätten;

b) das Clearingmitglied und der Kunde gehören derselben Gruppe an, während der indirekte Kunde dieser Gruppe nicht angehört;

c) der indirekte Kunde und der indirekte Kunde zweiten Ranges gehören derselben Gruppe an, während der indirekte Kunde dritten Ranges dieser Gruppe nicht angehört;

d) der indirekte Kunde zweiten Ranges und der indirekte Kunde dritten Ranges schließen eine indirekte Clearingvereinbarung in schriftlicher Form. Die indirekte Clearingvereinbarung umfasst mindestens die folgenden Vertragsbedingungen:

   i) die allgemeinen Konditionen gemäß Artikel 2 Absatz 1 Buchstabe b;

   ii) die Zusage des indirekten Kunden zweiten Ranges, alle Verpflichtungen des indirekten Kunden dritten Ranges gegenüber dem indirekten Kunden in Bezug auf Transaktionen im Rahmen der indirekten Clearingvereinbarung zu erfüllen;

e) die Vermögenswerte und Positionen des indirekten Kunden dritten Ranges werden vom Clearingmitglied in einem Konto gemäß Artikel 4 Absatz 2 Buchstabe a geführt.

Sämtliche Aspekte der indirekten Clearingvereinbarung gemäß Unterabsatz 1 Buchstabe d werden unmissverständlich dokumentiert.

(2) Erbringen indirekte Kunden zweiten Ranges indirekte Clearingdienste gemäß Absatz 1,

a) ist Artikel 4 Absätze 1, 5, 6 und 8 auf den Kunden und den indirekten Kunden anwendbar als handele es sich bei ihnen um Clearingmitglieder;

b) sind Artikel 2 Absatz 1 Buchstabe b sowie Artikel 5 Absätze 2, 3, 6, 8 und 9 auf den indirekten Kunden und den indirekten Kunden zweiten Ranges anwendbar als handele es sich bei ihnen um Kunden.

In der Fassung vom 22.9.2017 (ABl. EU Nr. L 304 v. 21.11.2017, S. 6).

Art. 8 Inkrafttreten

Diese Verordnung tritt am zwanzigsten Tag nach ihrer Veröffentlichung im *Amtsblatt der Europäischen Union* in Kraft. Sie gilt ab dem 3. Januar 2018.

In der Fassung vom 22.9.2017 (ABl. EU Nr. L 304 v. 21.11.2017, S. 6).

Schrifttum: *Europäische Wertpapier- und Marktaufsichtsbehörde (ESMA)*, „Fragen und Antworten – Umsetzung der Verordnung (EU) Nr. 648/2012 über OTC-Derivate, zentrale Gegenparteien und Transaktionsregister (EMIR)", ESMA70-1861941480-52 vom 30.5.2018, abrufbar über: https://www.esma.europa.eu („*ESMA* Q&A"); *ESMA*, endgültiger Bericht der ESMA über technische Regulierungsstandards für indirekte Clearingvereinbarungen unter der EMIR und MiFIR, ESMA/2016/725 vom 26.5.2016, abrufbar über: https://www.esma.europa.eu („*ESMA* RTS Indirektes Clearing").

I. Clearingverfahren 1	3. Pflichten der CCP (Art. 3 DelVO 2017/2154) . . 21
1. Einstufiges Clearing, direktes Clearing 2	4. Pflichten der Clearingmitglieder (Art. 4 DelVO 2017/2154) 27
2. Zweistufiges Clearing, Kundenclearing 3	5. Pflichten der Kunden (Art. 5 DelVO 2017/2154) 41
3. Dreistufiges Clearing, indirektes Kundenclearing 6	6. Anforderungen an indirekte Kunden (Art. 6 DelVO 2017/2154) 48
II. Anforderungen an indirekte Clearingvereinbarungen (Art. 30 Abs. 1 VO Nr. 600/2014) . . 7	7. Anforderungen an indirekte Kunden zweiten Ranges (Art. 7 DelVO 2017/2154) 53
1. Begriff indirekter Kunde (Art. 1 DelVO 2017/2154) 8	**III. Technische Regulierungsstandards (Art. 30 Abs. 2 VO Nr. 600/2014)** 54
2. Anforderungen an den Kunden (Art. 2 DelVO 2017/2154) 14	

1 **I. Clearingverfahren.** Der durch Art. 29 Abs. 1 VO Nr. 600/2014 begründeten Clearingpflicht für börsengehandelte Derivate können die Mitglieder oder Teilnehmer des geregelten Marktes auf verschiedene Art und Weise nachkommen. Sie können zum einen **Clearingmitglied der CCP** werden. Das Clearing des Derivates beruht in diesem Falle auf einer bilateral Vereinbarung zwischen der CCP und dem Börsenteilnehmer über die Clearingmitgliedschaft (**einstufiges Clearing**). Darüber hinaus können die Börsenteilnehmer **Kunde eines Clearingmitgliedes** werden. In diesem Fall basiert das Clearingmodell auf zwei bilateralen Rechtsbeziehung: der Vereinbarung über die Clearingmitgliedschaft zwischen der CCP und dem Clearingmitglied und der direkten Clearingvereinbarung zwischen dem Clearingmitglied und dem Börsenteilnehmer (**zweistufiges Clearing**). Als weitere Option sieht Art. 30 Abs. 1 VO Nr. 600/2014 den Abschluss einer indirekten Clearingvereinbarung vor, durch den die Börsenteilnehmer **indirekter Kunde eines Clearingmitgliedes** werden. In diesem Fall werden insgesamt drei bilaterale Rechtsbeziehungen begründet: die beiden Vereinbarungen des zweistufigen Clearing sowie die sie ergänzende indirekte Clearingvereinbarung zwischen dem Börsenteilnehmer und dem Kunden des Clearingmitgliedes (**dreistufiges Clearing**).

2 **1. Einstufiges Clearing, direktes Clearing.** Beim **einstufigen Clearing** erfolgt der Austausch der Einschüsse unmittelbar zwischen dem als Clearingmitglied zugelassenen Börsenteilnehmer und der CCP. Der Börsenteilnehmer unterhält zu diesem Zweck bei der CCP eigene Positions- und Abrechnungskonten (sog. „house accounts"), über die die geclearten Derivate und die von der CCP ermittelten Nettozahlungen verbucht und abgewickelt werden.

2. Zweistufiges Clearing, Kundenclearing.
Beim **zweistufigen Clearingmodell** erfolgt der Austausch der Einschüsse in der Regel in zwei Schritten: So rechnet die CCP die Einschüsse zunächst mit dem Clearingmitglied des Börsenteilnehmers ab. Das Clearingmitglied unterhält für diesen Zweck bei der CCP eigene aber für Rechnung ihrer Kunden geführte Positions- und Abrechnungskonten (sog. „client accounts"), über die sie die für Rechnung der Kunden geclearten Derivate und die von der CCP ermittelten Nettozahlungen verbucht und abwickelt. Im zweiten Schritt erfolgt der Austausch der Einschüsse zwischen dem Clearingmitglied und dem Börsenteilnehmer. Um sicher zu stellen, dass sich das Clearingmitglied im Falle einer Erhöhung der Ersteinschüsse durch die CCP bei ihren Kunden zeitnah erholen kann, verlangt das Clearingmitglied von ihren Kunden in der Regel für jedes zu clearende Geschäft einen zusätzlichen Ersteinschuss. 3

Je nach rechtlicher Ausgestaltung des Clearings ist beim zweistufigen Clearingmodell zwischen dem Vertretermodell und dem Kommissionsmodell zu unterscheiden. Bei dem in den U.S.A vorherrschenden – teilweise aber auch in Europa genutzten – **Vertretermodell** (agency model) handelt das Clearingmitglied (z.B. ein futures commission merchant oder FCM) im Namen seiner Kunden. Die Clearingbeziehung kommt hier unmittelbar zwischen der CCP und dem Kunden zustande. Um zu verhindern, dass die CCP dem Ausfallrisiken des Kunden ausgesetzt ist, garantiert das Clearingmitglied die Verpflichtungen seiner Kunden. Bei dem in Europa vorherrschenden **Kommissionsmodel** (principal model oder principal-to-principal model) handelt das Clearingmitglied im eigenen Namen. Die Haftung des Clearingmitgliedes wird hier dadurch begründet, dass zwischen ihm und der CCP eine eigene Clearingbeziehung mit originären Rechten und Pflichten begründet wird. 4

Die Verpflichtung der CCP, ihren Clearingmitgliedern Kundenkonten einzurichten, die es den Clearingmitgliedern ermöglicht, die Kundenpositionen auf Ebene der CCP von den eigenen Positionen zu trennen, ergibt sich unmittelbar aus Art. 39 Abs. 2 und Abs. 3 VO Nr. 648/2012 (EMIR). Wegen der Einzelheiten wird auf die Ausführungen zu Art. 39 VO Nr. 648/2012 Rz. 14–23 verwiesen. 5

3. Dreistufiges Clearing, indirektes Kundenclearing.
Bei dem auf einer indirekten Clearingvereinbarung basierenden **dreistufigen Clearing** erfolgt der Austausch der Einschüsse zunächst wie beim zweistufigen Clearing. Sie wird jedoch durch einen dritten Schritt, der Weiterleitung der Einschüsse vom Kunden an den Börsenteilnehmer, den indirekten Kunden, ergänzt. 6

II. Anforderungen an indirekte Clearingvereinbarungen (Art. 30 Abs. 1 VO Nr. 600/2014).
Nach Art. 30 Abs. 1 VO Nr. 600/2014 sind indirekte Clearingvereinbarungen für börsengehandelte Derivate zulässig, wenn sie das Gegenparteiausfallrisiko nicht erhöhen und sicherstellen, dass die Positionen und Vermögenswerte der indirekten Kunden dasselbe Schutzniveau genießen, wie dies in Art. 39 und 48 VO Nr. 648/2012 (EMIR) vorgesehen ist. Wie indirekte Clearingvereinbarungen ausgestaltet sein müssen, damit sie die Anforderungen des Art. 30 Abs. 1 VO Nr. 600/2014 erfüllen, hat die Kommission in ihrer DelVO 2017/2154 festgelegt. Dabei hat sie – dem Auftrag des Art. 30 Abs. 2 VO Nr. 600/2014 folgend – die Anforderungen an das indirekte Clearing eng an die für die Clearingpflicht unter der EMIR maßgeblichen Parallelbestimmungen der DelVO Nr. 149/2013 angelehnt. 7

1. Begriff indirekter Kunde (Art. 1 DelVO 2017/2154).
Indirekte Clearingvereinbarungen sind ein wichtiges Instrument zur Erleichterung des Zugangs zu Clearingdienstleistungen. Die durch Art. 4 VO Nr. 648/2012 (EMIR) begründete Clearingpflicht für OTC-Derivate hatte das indirekte Clearing zunächst auf drei bilateralen Rechtsbeziehungen mit vier Beteiligten – der CCP, dem Clearingmitglied, dem Kunden und dem indirekten Kunden – beschränkt. Längere „Ketten" von Rechtsbeziehungen, bei denen auch der indirekte Kunde Clearingdienstleistungen für Dritte erbringt, sahen Art. 4 Abs. 3 VO Nr. 648/2012 und die ursprüngliche Fassung der DelVO Nr. 149/2013 zunächst nicht vor. 8

Im Rahmen ihrer Überprüfung der Bestimmungen für das indirekte Clearing hatte die ESMA[1] jedoch erwogen, auch indirekte Clearingvereinbarungen mit mehr als vier Beteiligten zuzulassen. Sie hat hiervon aufgrund der Komplexität langer Clearingketten (**long chains**) und den damit verbundenen Herausforderungen für die Trennung von Positionen und Vermögenswerten und das Verfahren bei Ausfall indirekter Kunden grundsätzlich Abstand genommen. Eine Ausnahme hat sie jedoch für das Clearing von Derivaten vorgeschlagen, bei denen mindestens zwei der in die Clearingkette eingebundenen Beteiligten, z.B. das Clearingmitglied und sein Kunde oder der indirekte Kunde und dessen Kunde, **derselben Gruppe angehören**. In ihrer Verordnung DelVO 2017/2154 hat die Kommission den Vorschlag der ESMA aufgenommen. Die Art. 6 und 7 DelVO 2017/2154 sehen vor, dass indirekte Clearingvereinbarungen aus bis zu **fünf Rechtsbeziehungen** und **maximal sechs Beteiligten** bestehen können. 9

Die möglichen Rechtsbeziehungen und deren Beteiligten ergeben sich aus den Begriffsbestimmungen des Art. 1 DelVO 2017/2154 sowie mittelbar aus den durch Art. 2–7 DelVO 2017/2154 begründeten Pflichten von CCP, Clearingmitgliedern und Kunden. Zu unterscheiden sind demnach folgende bilateralen Rechtsbeziehungen: 10

---

[1] ESMA, Endgültiger Bericht der ESMA über technische Regulierungsstandards für indirekte Clearingvereinbarungen unter der EMIR und MiFIR, ESMA/2016/725 vom 6.5.2016, abrufbar über: https://www.esma.europa.eu/sites/default/files/library/2016-725.pdf („ESMA RTS Indirektes Clearing"), Rz. 83.

Art. 30 VO Nr. 600/2014 | Indirekte Clearingvereinbarungen

(1) Die Vereinbarungen zwischen der CCP und dem Clearingmitglied, (2) die Clearingvereinbarung zwischen dem Clearingmitglied und dessen Kunden, (3) die Clearingvereinbarung zwischen dem Kunden und dessen indirekten Kunden, (4) die Clearingvereinbarung zwischen dem indirekten Kunden und dessen indirekten Kunden zweiten Ranges und (5) die Clearingvereinbarung zwischen dem indirekten Kunden zweiten Ranges und dessen indirekten Kunden dritten Ranges.

11 Die Beteiligten der letzten vier Stufen – der Kunde, der indirekte Kunde, der indirekte Kunde zweiten Ranges und der indirekte Kunde dritten Ranges – werden in Art. 1 Buchst. a, b, d und e DelVO 2017/2154 definiert. Die Definition des Begriffs zentrale Gegenpartei bzw. CCP findet sich in Art. 2 Abs. 1 Nr. 31 VO Nr. 600/2014, der wiederum auf Art. 2 Nr. 1 VO Nr. 648/2012 verweist. Den Begriff Clearingmitglied setzt die MiFIR als bekannt voraus. Er ist in Art. 2 Nr. 14 VO Nr. 648/2012 definiert.

12 Der Begriff **indirekte Clearingvereinbarung** umfasst nach Art. 1 Buchst. c DelVO 2017/2154 nur Vereinbarungen über Clearingdienstleistungen, die von einem Kunden, einem indirekten Kunden oder einem indirekten Kunden zweiten Ranges erbracht werden. Er beschränkt sich damit auf die letzten drei Stufen der Clearingkette.

13 Die Zusammenfassung der drei Rechtsbeziehungen zum einheitlichen Begriff der indirekten Clearingvereinbarung rechtfertigt sich durch die enge Verbindung und Angleichung der Vereinbarungen, die sich insbesondere bei den dynamischen Verweisen auf die Regelwerke der CCPs und dem „Durchreichen" der von der CCP ermittelten Positionsbewertungen und Einschüsse zeigt.

14 **2. Anforderungen an den Kunden (Art. 2 DelVO 2017/2154).** Nach Art. 2 Abs. 1 Buchst. a DelVO 2017/2154 darf der Kunde eines Clearingmitgliedes seinen indirekten Kunden Clearingdienstleistungen nur anbieten, wenn er selbst als **Kreditinstitut oder Wertpapierfirma** zugelassen ist. Kunden mit Sitz in einem Drittstaat erfüllen diese Anforderung dann, wenn sie sich im Falle der fingierten Sitzverlegung in die Union um eine Zulassung als Kreditinstitut oder Investmentfirma bemühen müssten. Darüber hinaus muss der Kunde seine Clearingdienstleistung zu **handelsüblichen Bedingungen** erbringen und die Konditionen, zu denen er seine Dienstleistungen erbringt, veröffentlichen (Art. 2 Abs. 1 Buchst. b DelVO 2017/2154).

15 Art. 2 Abs. 1 Buchst. c DelVO 2017/2154 sieht vor, dass das Clearingmitglied sich mit den **allgemeinen Konditionen**, zu denen sein Kunde indirekte Clearingdienstleistungen anbieten will, einverstanden erklären muss. Eine Verpflichtung der Clearingmitglieder, das indirekte Clearing ihrer Kunden zu unterstützen, ergibt sich hieraus jedoch nicht. Dies folgt bereits im Umkehrschluss aus Art. 2 Abs. 3 DelVO 2017/2154, der einen entsprechenden Zwang nur für CCPs vorsieht („nicht widersetzen"). Darüber hinaus ist auch der Begründung der Kommission zu entnehmen, dass die durch die DelVO 2017/2154 begründeten Pflichten der Clearingmitglieder nur dann gelten, wenn Clearingmitglieder sich entschieden haben, Clearingdienstleistungen grundsätzlich anzubieten[1].

16 Die indirekte Clearingvereinbarung, auf deren Grundlage der Kunde Clearingdienstleistungen für seine indirekten Kunden erbringt, muss unmissverständlich dokumentiert sein und neben den allgemeinen Konditionen, zu denen die Clearingdienstleistungen erbracht werden, vorsehen, dass der Kunde sämtliche durch das indirekte Clearing begründeten Pflichten der indirekten Kunden gegenüber dem Clearingmitglied erfüllt (Art. 2 Abs. 2 Buchst. b DelVO 2017/2154).

17 Die nach Art. 2 Abs. 1 Buchst. c DelVO 2017/2154 gebotene Abstimmung der Konditionen mit dem Clearingmitglied soll sicherstellen, dass das indirekte Clearing sich nicht nachteilig auf die Geschäftstätigkeit des Clearingmitglieds auswirkt. Gegenstand der Abstimmung sind die **betrieblichen und technischen Anforderungen**, die im Interesse einer reibungslosen **Kommunikation und Abwicklung** zwischen Clearingmitglied, Kunde und indirektem Kunde zu erfüllen sind, insbesondere Inhalt und Format der Nachrichten, mit denen das Clearingmitglied die für die indirekten Kunden gehaltenen Positionen abrechnet und die der Kunde an seine indirekten Kunden „durchreichen" muss.

18 Ebenfalls zu klären ist die Frage, welche **Abrechnungskonten** das Clearingmitglied für die Positionen und Vermögenswerte des indirekten Kunden bei der CCP führen soll. Abweichend von Art. 39 Abs. 5 VO Nr. 648/2012 sieht Art. 4 Abs. 2 DelVO 2017/2154 hierfür die Omnibus-Kunden-Kontentrennung und zwar in den beiden Alternativen „Standard-Sammelkonto" und „Brutto-Sammelkonto" vor.

19 Die **Haftung** für die durch das indirekte Clearing begründeten **Verpflichtungen des indirekten Kunden** ist Gegenstand der Vereinbarung zwischen Clearingmitglied und Kunde. Sie wird dadurch begründet, dass der Kunde die Derivate des indirekten Kunden im eigenen Namen clearen lässt. Eine **Haftungsübernahme durch Garantie** würde voraussetzen, dass der indirekte Kunde und das Clearingmitglied eine eigene bilaterale Rechtsbeziehung unterhalten. Dies dürfte jedoch insbesondere den Interessen des Kunden widersprechen, der seine indirekten Kunden nicht der Gefahr aussetzen möchte, dass diese vom Clearingmitglied für eigene kommerzielle Zwecke umworben bzw. „abgeworben" werden.

---

1 Begründung zur DelVO 2017/2154, S. 3 „Clearingmitglieder, die indirekte Clearingdienste anbieten", abrufbar über: https://ec.europa.eu/transparency/regdoc/rep/3/2017/DE/C-2017-6268-F1-DE-MAIN-PART-1.PDF.

Neben der Übernahme der Haftung durch den Kunden wird die Vereinbarung zwischen dem Clearingmitglied und seinem Kunden auch Angaben zu den vom Kunden nach Art. 5 Abs. 4 und 8 DelVO 2017/2154 zur Verfügung zu stellenden **Informationen über die Risikopositionen seiner indirekten Kunden** enthalten müssen. Ebenfalls aufzunehmen ist die Pflicht, für den Fall des Ausfalls eines Kunden Vorkehrungen zu treffen, die sicherstellen, dass das Clearingmitglied von der Identität des ausgefallenen indirekten Kunden umgehend Kenntnis erlangt (Art. 5 Abs. 9 DelVO 2017/2154).

3. Pflichten der CCP (Art. 3 DelVO 2017/2154). Nach Art. 3 Abs. 1 DelVO 2017/2154 muss eine CCP ihren Clearingmitgliedern, die indirekte Clearingdienstleistungen anbieten, auf Wunsch die in Art. 4 Abs. 4 DelVO 2017/2154 genannten Konten einrichten. Er erweitert damit die durch Art. 39 Abs. 2 VO Nr. 648/2012 begründete Pflicht der CCP, getrennte Aufzeichnungen und Abrechnungskonten zu führen.

Bei den in Art. 4 Abs. 4 DelVO 2017/2154 genannten Konten handelt es sich um Sammelkonten, in denen das Clearingmitglied die von seinem Kunden gehaltenen Positionen und Vermögenswerte der indirekten Kunden verbuchen und von anderen Positionen und Vermögenswerten (z.B. den eigenen Positionen und Vermögenswerten des Kunden) trennen kann. Das mit der Trennung verbundene Schutzniveau entspricht der Omnibus-Kunden-Kontentrennung i.S.d. Art. 39 Abs. 5 VO Nr. 648/2012. Das Clearingmitglied ist nicht verpflichtet, seinen Kunden auch die Einzelkunden-Kontentrennung anzubieten.

Macht das Clearingmitglied von der Möglichkeit des Art. 3 Abs. 1 DelVO 2017/2154 Gebrauch, führt die CCP auf ihrer Stufe für das Clearingmitglied mindestens die folgenden **drei Konten:** (1) ein für das Clearingmitglied geführtes „house account", in dem die eigene Positionen und Vermögenswerte des Clearingmitglieds verbucht werden, (2) ein „client account" i.S.d. Art. 39 Abs. 2 oder 3 VO Nr. 648/2012, in dem das Clearingmitglied die eigenen Positionen und Vermögenswerte des Kunden verbuchen lässt – dies kann als Omnibus-Kunden-Konto oder als Einzelkundenkonto geführt werden – und (3) das „indirect client account" i.S.d. Art. 4 Abs. 4 DelVO 2017/2154.

Wie sich mittelbar aus Art. 5 Abs. 2 DelVO 2017/2154 ergibt, muss das für indirekte Kunden gehaltene Sammelkonto für Rechnung „dieses Kunden" und dessen indirekten Kunden geführt werden. Erbringt das Clearingmitglied für einen weiteren Kunden indirekte Clearingdienstleistungen, muss die CCP daher auf Wunsch des Clearingmitgliedes ein zweites „indirect client account" eröffnen, dessen Schutzniveau sich vom ersten Sammelkonto unterscheiden kann. Aus Art. 5 Abs. 5 DelVO 2017/2154 folgt darüber hinaus, dass die für ein und denselben Kunden geführten „indirect client accounts" unterschiedliche Trennungsgrade aufweisen können, die auch auf Ebene der CCP erhalten bleiben müssen. Hat der Kunde zwei indirekte Kunden, von denen einer das Standard-Sammelkonto und der andere das Brutto-Sammelkonto gewählt hat, zieht dies auch auf Ebene der CCP eine weitere Kontoeröffnung nach sich.

Führt die CCP das erwähnte „indirect client account" nach Art. 4 Abs. 4 Buchst. b DelVO 2017/2154 als Brutto-Sammelkonto, muss sie die für indirekte Kunden gehaltenen Positionen und die sich daraus ableitenden Einschussverpflichtungen der indirekten Kunden ebenfalls auf Bruttobasis ermitteln (Art. 3 Abs. 2 DelVO 2017/2154). Im Ergebnis führt dies dazu, dass die CCP die von ihr ermittelten positiven und negativen Marktwerte der geclearten Derivate nicht miteinander verrechnet und zwei aggregierte Zahlungsverpflichtungen – die der CCP gegenüber den indirekten Kunden und die der indirekten Kunden gegenüber der CCP – ermittelt. Die Verpflichtung der CCP zur Bruttorechnung wird durch die durch Art. 4 Abs. 3 und Art. 5 Abs. 4 DelVO 2017/2154 begründete „Informationskette" unterstützt. Danach muss der Kunde seinem Clearingmitglied und das Clearingmitglied der CCP sämtliche für die Ermittlung der Bruttopositionen erforderlichen Informationen zur Verfügung stellen.

Nach Art. 3 Abs. 3 DelVO 2017/2154 muss die CCP alle wesentlichen Risiken, die aus dem indirekten Clearing erwachsen und die die Belastbarkeit der CCP beeinträchtigen können, ermitteln, überwachen und steuern. Diese Verpflichtung entspricht Art. 37 Abs. 2 VO Nr. 648/2012. Dort wie in Art. 3 Abs. 3 DelVO 2017/2154 sind mit den wesentlichen oder relevanten Risiken nicht die durch die Derivate begründeten Ausfallrisiken gemeint, die bereits durch Einschüsse und Beiträge zum Ausfallfonds gedeckt werden, sondern die **durch das Clearing für Kunden begründeten spezifischen Risiken**. Dazu zählen insbesondere Konzentrationsrisiken, die beim Kundenclearing deshalb schwerer zu erfassen sind, weil der Kunde, für dessen Rechnung die Risikopositionen geführt werden, der CCP nur dann bekannt ist, wenn sie für ihn ein gesondertes Abrechnungskonto führt.

4. Pflichten der Clearingmitglieder (Art. 4 DelVO 2017/2154). Ein Clearingmitglied, das indirekte Clearingdienstleistungen anbietet, muss diese zu **handelsüblichen Bedingungen** erbringen und die Konditionen, zu denen es seine Dienstleistungen erbringt, veröffentlichen (Art. 4 Abs. 1 Unterabs. 1 DelVO 2017/2154). Die Regelung soll verhindern, dass Clearingmitglieder ihre Preisgestaltung dazu nutzen, interessierte Kunden von der Erbringung indirekter Clearingdienstleistungen abzuhalten. Sie entspricht der für Kunden geltenden Parallelvorschrift in Art. 2 Abs. 1 Buchst. b DelVO 2017/2154 und folgt im Übrigen Art. 39 Abs. 7 VO Nr. 648/2012.

Die von dem Clearingmitglied zu veröffentlichenden Konditionen müssen auch die von Kunden zu erfüllenden **finanziellen und operationellen Mindestanforderungen** umfassen. Grund hierfür ist, dass ein Clearingmitglied, das seinen Kunden die Möglichkeit eröffnet, indirekte Clearingdienstleistungen zu erbringen, auf seiner

Clearingstufe die Funktion einer CCP übernimmt. Daraus folgt, dass das Clearingmitglied wie eine CCP nach Art. 37 Abs. 1 VO Nr. 648/2012 Zugangskriterien definieren können muss, die eine reibungslose Abwicklung der über den Kunden geclearten **Derivate** gewährleistet. Das Clearingmitglied **muss** den Zugang zu indirekten Clearingdienstleistungen versagen, wenn der Kunde nicht die in Art. 2 DelVO 2017/2154 definierten Anforderungen erfüllt, d.h., kein Kreditinstitut oder keine Wertpapierfirma ist.

29 Art. 4 Abs. 2 DelVO 2017/2154 überträgt die Verpflichtung aus Art. 39 Abs. 5 VO Nr. 648/2012 auf das indirekte Clearing. Danach muss das Clearingmitglied jedem Kunden, den sie im Rahmen des indirekten Clearings unterstützt, die Möglichkeit anbieten, für seine indirekten Kunden ein separates Abrechnungskonto zu führen. Anders als für die eigenen Derivate des Kunden, steht dem Kunden für die Positionen und Vermögenswerte seiner indirekten Kunden nur das Schutzniveau der **Omnibus-Kunden-Kontentrennung** zur Verfügung. Allerdings kann er zwischen den Alternativen „Standard-Sammelkonto" und „Brutto-Sammelkonto" wählen.

30 Macht der Kunde von der Möglichkeit des Art. 4 Abs. 2 DelVO 2017/2154 Gebrauch, führt das Clearingmitglied auf seiner Stufe für den Kunden die folgenden **zwei Konten:** (1) ein für den Kunden geführtes „house account" in dem die eigene Positionen und Vermögenswerte des Kunden verbucht werden – dieses kann nach Art. 39 Abs. 5 VO Nr. 648/2012 nach Wahl des Kunden entweder als Omnibus-Kunden-Konto oder als Einzelkundenkonto geführt werden – und (2) das „indirect client account" i.S.d. Art. 4 Abs. 2 DelVO 2017/2154. Bietet ein Clearingmitglied zwei Kunden indirekte Clearingdienstleistungen an und hat jeder der beiden Kunden vier indirekte Kunden, muss das Clearingmitglied mindestens drei Abrechnungskonten führen. Entscheidet sich einer der Kunden im Hinblick auf seine eigenen Positionen und Vermögenswerte für die Einzel-Kunden-Kontentrennung, sind es vier Abrechnungskonten.

31 Mit Art. 4 Abs. 4 DelVO 2017/2154 wird sichergestellt, dass die vom Kunden gewählte Verbuchung von Positionen und Vermögenswerten und das mit ihr verbundene Schutzniveau auch auf Ebene der CCP gewahrt wird[1].

32 Unterstützt das Clearingmitglied Kunden, die indirekte Clearingdienstleistungen erbringen, so muss es nach Art. 4 Abs. 5 DelVO 2017/2154 auch Vorkehrungen für deren **Ausfall** treffen. Die in Art. 4 Abs. 6 und 7 DelVO 2017/2154 näher beschriebenen **Verfahren** bei Ausfall eines Kunden lehnen sich eng an die in Art. 48 VO Abs. 5 und 6 Nr. 648/2012 geregelten Verfahren bei Ausfall eines Clearingmitgliedes an. Wie diese unterscheiden sie zwischen den unterschiedlichen Arten der Verbuchung von Positionen und Vermögenswerten. Im Einzelnen ergeben sich jedoch Unterschiede.

33 Im Falle der Verwahrung in einem **Brutto-Sammelkonto** muss nach Art. 4 Abs. 7 DelVO 2017/2154 die Möglichkeit vorgesehen werden, die für indirekte Kunden gehaltenen Positionen und Vermögenswerte auf einen anderen Kunden des Clearingmitgliedes oder ein anderes Clearingmitglied des indirekten Kunden zu übertragen. Wie in Art. 48 Abs. 6 VO Nr. 648/2012 setzt die Übertragung die **Zustimmung des indirekten Kunden** und die des übernehmenden Kunden bzw. Clearingmitgliedes voraus. Ist eine Übertragung (**porting**) der Positionen und Vermögenswerte nicht möglich, sind die Positionen und Vermögenswerte der indirekten Kunden umgehend zu liquidieren. Ein im Rahmen der Abwicklung erzielter Erlös ist an den indirekten Kunden unmittelbar, d.h. unter Umgehung des ausgefallenen Kunden, auszuzahlen.

34 Im Falle der Verwahrung in einem **Standard-Sammelkonto** sieht Art. 4 Abs. 6 DelVO 2017/2154 – abweichend von Art. 48 Abs. 5 VO Nr. 648/2012 – ausschließlich die **Abwicklung** der Positionen und Vermögenswerte der indirekten Kunden vor. Eine Übertragung der im Standard-Sammelkonto verbuchten Positionen ist nicht erforderlich. Wie bei Art. 48 Abs. 5 VO Nr. 648/2012 ist ein erzielter Erlös an den ausgefallenen Kunden, aber für Rechnung der indirekten Kunden, zu zahlen.

35 Ob das Porting von Positionen indirekter Kunden bei Ausfall eines Kunden erfolgreich ist, hängt letztendlich auch von der **Bereitschaft des Clearingmitgliedes** ab, zwischen den indirekten Kunden, die vom Ausfall betroffen sind, und dem neuen Kunden, der die Positionen übernehmen soll, zu vermitteln. Denkbar wäre auch, dass sich das Clearingmitglied selbst anbietet, die Positionen des indirekten Clearingmitgliedes zu übernehmen, d.h. das **indirekte Clearing in ein direktes Clearing umzuwandeln.** Verpflichtet ist es hierzu nicht.

36 Um ein Porting bzw. die Auszahlung von Liquidationserlösen unmittelbar an die indirekten Kunden zu erleichtern, ist der Kunde nach Art. 5 Abs. 9 DelVO 2017/2154 verpflichtet, sicher zu stellen, dass dem Clearingmitglied bei Ausfall des Kunden **sämtliche hierfür erforderlichen Informationen,** über die der Kunde im Hinblick auf seine **indirekten Kunden** verfügt (d.h. Name, Anschrift, LEI, Kontaktinformationen), zugänglich sind.

37 Die rechtliche Durchsetzbarkeit der in Art. 4 DelVO 2017/2154 vorgesehenen Maßnahmen, insbesondere das „Überspringen" des ausgefallenen Kunden im Wege eines sog. „leapfrog payments" ist nach wie vor umstritten[2].

---

[1] Für die Parallelnorm in Art. 4 Abs. 4 DelVO Nr. 149/2013: *ESMA*, „Fragen und Antworten – Umsetzung der Verordnung (EU) Nr. 648/2012 über OTC-Derivate, zentrale Gegenparteien und Transaktionsregister (EMIR)", ESMA70-1861941480-52 vom 30.5.2018, abrufbar über: https://www.esma.europa.eu/sites/default/files/library/esma70-1861941480-52_qa_on_emir_implementation.pdf („ESMA Q&A"), OTC Frage Nr. 18b [letzte Aktualisierung: 14.12.2017].

[2] *ESMA* RTS Indirektes Clearing, Rz. 60–63.

Die Union hat es bislang versäumt, die bei Ausfall eines Clearingmitgliedes oder eines Kunden durchgeführten Maßnahmen von den insolvenzrechtlichen Bestimmungen freizustellen. In ihrem seit dem 4.5.2017 vorliegenden Entwurf einer Verordnung zur Änderung der EMIR (**EMIR-REFIT-Entwurf**) hat die Kommission nunmehr vorgeschlagen, die Insolvenzferne der nach Art. 39 VO Nr. 648/2012 einzurichtenden Omnibus- und Einzelkundenkonten bzw. der in ihnen verbuchten Positionen und Vermögenswerte ausdrücklich klarzustellen[1]. Ob dieser Insolvenzschutz auch auf die auf Kundenebene verbuchten Positionen und Vermögenswerte übertragen werden kann, ist hingegen fraglich. Dies gilt insbesondere dann, wenn der Kunde in einem Drittstaat ansässig ist, dessen Insolvenzrecht durch den neu gefassten Art. 39 VO Nr. 648/2012 nicht „überschrieben" werden kann.

Für deutsche Clearingmitglieder ist **Art. 102b EGInsO** von Bedeutung, der in § 1 klarstellt, dass die Eröffnung eines Insolvenzverfahrens über das Vermögen eines Clearingmitglieds der Durchführung der in Art. 48 VO Nr. 648/ 2012 genannten Maßnahmen nicht beeinträchtigt. Art. 102b EGInsO ist jedoch auf die von Clearingmitgliedern durchgeführten Maßnahmen nach Art. 4 Abs. 4 und 5 DelVO 2017/2154 ohne weiteres nicht übertragbar. 38

Nach Art. 4 Abs. 8 DelVO 2017/2154 ermittelt, überwacht und steuert das Clearingmitglied alle Risiken, die mit dem indirekten Clearing verbunden sind. Die Vorschrift korrespondiert mit Art. 3 Abs. 3 DelVO 2017/2154, der die Ermittlung, Überwachung und Steuerung der durch das Kundenclearing begründeten spezifischen Risiken auch der CCP auferlegt. Die für das **Risikomanagement erforderlichen Informationen** hat der Kunde nach Art. 5 Abs. 4 und 8 DelVO 2017/2154 zur Verfügung zu stellen. 39

Um zu verhindern, dass das Clearingmitglied die indirekten Kunden für kommerzielle Zwecke umwirbt, muss das Clearingmitglied nach Art. 4 Abs. 8 DelVO 2017/2154 durch geeignete Verfahren sicherstellen, dass die vom Kunden zur Verfügung gestellten Informationen soweit sie eine Identifizierung der indirekten Kunden möglich machen, nicht in den Teil seiner Organisation gelangen, der mit der Anbahnung von Geschäften betraut ist. 40

5. Pflichten der Kunden (Art. 5 DelVO 2017/2154). Entscheidet sich ein Kunde, indirekte Clearingdienstleistungen anzubieten, dann übernimmt er auf seiner Clearingstufe die Funktion eines Clearingmitgliedes. Es verwundert daher nicht, dass Art. 5 DelVO 2017/2154 den Kunden ähnlichen Pflichten unterstellt, wie sie die EMIR für Clearingmitglieder vorsieht. 41

Art. 5 Abs. 3 DelVO 2017/2154 verpflichtet den Kunden, für seine indirekten Kunden getrennte Aufzeichnungen und Abrechnungskonten zu führen, die es ihm ermöglichen, die Positionen und Vermögenswerte seiner indirekten Kunden von den eigenen Positionen und Vermögenswerten zu unterscheiden; dies entspricht Art. 39 Abs. 4 VO Nr. 648/2012. Dabei hat er seinen indirekten Kunden die Möglichkeit zu geben, zwischen den in Art. 4 Abs. 2 DelVO 2017/2154 genannten Sammelkonten – Standard-Sammelkonto oder Brutto-Sammelkonto – zu wählen. Um ihm die Wahl zu erleichtern, hat er über die mit den Kontenarten verbundenen Trennungsgrade und Risiken zu informieren (Art. 5 Abs. 1 DelVO 2017/2154). Dies entspricht den für Clearingmitglieder geltenden Vorgaben in Art. 39 Abs. 5–7 VO Nr. 648/2012. 42

Hat der indirekte Kunde von seiner Wahlmöglichkeit nicht innerhalb der vom Kunden gesetzten Frist Gebrauch gemacht, so sieht Art. 5 Abs. 2 DelVO 2017/2154 vor, dass der Kunde die maßgebliche Kontoart auswählt und den indirekten Kunden über das mit der Kontoart verbundene Schutzniveau informiert. Die vom Kunden gesetzte Frist für die Wahl der Kontoart muss angemessen sein. Der indirekte Kunde kann jederzeit schriftlich eine andere Kontoart wählen. 43

Nach Art. 5 Abs. 5 DelVO 2017/2154 muss der Kunde sicherstellen, dass sein Clearingmitglied auf Ebene der CCP ein Sammelkonto für seine indirekten Kunden führt, und zwar mit dem Schutzniveau, das der Wahl seines indirekten Kunden entspricht. Dies kann dazu führen, dass das Clearingmitglied für seine Kunden auf Ebene der CCP zwei „indirect client accounts" – das erste als Standard-Sammelkonto und das zweite als Brutto-Sammelkonto – führen muss. 44

Nach Art. 5 Abs. 8 DelVO 2017/2154 muss der Kunde seinem Clearingmitglied diejenigen Informationen zur Verfügung stellen, die es für die Steuerung der spezifischen Risiken des indirekten Clearings nach Art. 4 Abs. 8 DelVO 2017/2154 benötigt. Welche Informationen dies sind, lässt die Vorschrift offen. Umfang und Format der Informationen sind in der **Vereinbarung zwischen Clearingmitglied und Kunden** näher zu bestimmen. 45

Art. 5 Abs. 8 DelVO 2017/2154 schließt es nicht aus, dass der Kunde die Namen seiner indirekten Kunden nicht offenlegt und stattdessen **Alias-Namen** oder **anonymisierende Kennziffern** verwendet unter denen er die Positionen seiner indirekten Kunden zusammenfasst und berichtet[2]. Um Konzentrationsrisiken erfassen zu 46

---

1 *Kommission*, Vorschlag für eine Verordnung des Europäischen Parlaments und des Rates zur Änderung der Verordnung (EU) Nr. 648/2012 in Bezug auf die Clearingpflicht, die Aussetzung der Clearingpflicht, die Meldepflichten, die Risikominderungstechniken für nicht durch eine zentrale Gegenpartei geclearte OTC- Derivatekontrakte, die Registrierung und Beaufsichtigung von Transaktionsregistern und die Anforderungen an Transaktionsregister, COM(2017) 208 final vom 4.5.2017, abrufbar über: http://ec.europa.eu („*Kommission* EMIR-REFIT-Entwurf"), S. 12, 17 und 34: Einfügung eines neuen Art. 39 Abs. 11 VO Nr. 648/2012.
2 *ESMA* RTS Indirektes Clearing, Rz. 29: „preserve the anonymity of the commercial relationship".

Art. 31 VO Nr. 600/2014 | Portfoliokomprimierung

können, benötigt das Clearingmitglied jedoch die **Branchenzugehörigkeit oder das Sitzland** des indirekten Kunden oder Angaben dazu, ob der indirekte Kunde mit anderen indirekten Kunden eine **Kreditnehmereinheit** (group of connected clients) bildet.

47 Für den Fall seines Ausfalls muss der Kunde nach Art. 5 Abs. 9 DelVO 2017/2154 sicherstellen, dass das Clearingmitglied zu sämtlichen Information Zugang hat, die es für die Übertragung oder Liquidierung der Positionen und Vermögenswerte der indirekten Kunden benötigt. Die Informationen sollen es dem Clearingmitglied insbesondere ermöglichen, Zahlungen unmittelbar an den indirekten Kunden zu leisten.

48 **6. Anforderungen an indirekte Kunden (Art. 6 DelVO 2017/2154).** Art. 6 DelVO 2017/2154 erweitert das indirekte Clearing um eine weitere vierte Stufe, beschränkt sie jedoch auf die Fälle, in denen entweder das Clearingmitglied und der Kunde oder der Kunde und der indirekte Kunde, der die Clearingdienstleistung für seinen indirekten Kunden zweiten Ranges erbringt, derselben Gruppe angehören (Art. 6 Abs. 2 DelVO 2017/2154). Wegen des Begriffs Gruppe wird auf die Ausführung zu Art. 2 VO Nr. 648/2012 Rz. 111–113 verwiesen.

49 Die an indirekte Kunden gestellten Anforderungen entsprechen teilweise den in Art. 2 DelVO 2017/2154 definierten Anforderungen an Kunden. Nach Art. 6 Abs. 1 Buchst. a DelVO 2017/2154 darf der indirekte Kunde Clearingdienstleistungen nur anbieten, wenn er selbst als **Kreditinstitut oder Wertpapierfirma** zugelassen ist. Auch hier gilt: Indirekte Kunden mit Sitz in einem Drittstaat erfüllen diese Anforderung, wenn sie sich im Falle der fingierten Sitzverlegung in die Union um eine Zulassung als Kreditinstitut oder Investmentfirma bemühen müssten.

50 Die indirekte Clearingvereinbarung, auf deren Grundlage der indirekte Kunde Clearingdienstleistungen für seine indirekten Kunden zweiten Ranges erbringt, muss unmissverständlich dokumentiert sein und neben den allgemeinen Konditionen, zu denen die Clearingdienstleistungen erbracht werden, vorsehen, dass der Kunde sämtliche durch das indirekte Clearing begründeten Pflichten der indirekten Kunden gegenüber dem Clearingmitglied erfüllt (Art. 6 Abs. 1 Buchst. b und c DelVO 2017/2154).

51 Abweichend von Art. 4 DelVO 2017/2154 werden die Positionen und Vermögenswerte der indirekten Kunden zweiten Ranges in einem Standard-Sammelkonto nach Art. 4 Abs. 2 Buchst. a DelVO 2017/2154 verbucht. Ein weitergehendes Wahlrecht, das auch die Brutto-Sammelkonto-Verbuchung umfasst, steht dem indirekten Kunden zweiten Ranges nicht zu. (Art. 6 Abs. 1 Buchst. c DelVO 2017/2154).

52 Nach Art. 6 Abs. 3 und 4 DelVO 2017/2154 finden die Bestimmungen der Art. 2 Abs. 1 Buchst. b DelVO 2017/2154, Art. 5 Abs. 2, 3, 6, 8 und 9 DelVO 2017/2154 und Art. 4 Abs. 5 und 6 DelVO 2017/2154 auf das indirekte Clearing der vierten Stufe entsprechend Anwendung. Gehören Clearingmitglied und Kunde derselben Gruppe an, nicht jedoch der indirekte Kunde, finden zusätzlich auch die Bestimmungen des Art. 4 Abs. 1 und 8 DelVO 2017/2154 entsprechende Anwendung.

53 **7. Anforderungen an indirekte Kunden zweiten Ranges (Art. 7 DelVO 2017/2154).** Art. 7 DelVO 2017/2154 erweitert das indirekte Clearing um eine zusätzliche fünfte Stufe. Anders als Art. 6 DelVO 2017/2154 verlangt er jedoch, dass die Clearingkette mindestens zwei Gruppenbeziehungen aufweist. So müssen zum einen das Clearingmitglied und der Kunde derselben Gruppe angehören (Art. 7 Abs. 1 Buchst. b DelVO 2017/2154). Zum anderen müssen auch der indirekte Kunde und der indirekte Kunde zweiten Ranges derselben Gruppe angehören (Art. 7 Abs. 1 Buchst. c DelVO 2017/2154); diese müssen darüber hinaus beide Kreditinstitut oder Wertpapierfirma sein (Art. 7 Abs. 1 Buchst. a DelVO 2017/2154). Im Übrigen übernimmt Art. 7 DelVO 2017/2154 die vorstehend näher erläuterten Bestimmungen des Art. 6 DelVO 2017/2154.

54 **III. Technische Regulierungsstandards (Art. 30 Abs. 2 VO Nr. 600/2014).** Die Kommission ist befugt, festzulegen, welche Arten von indirekten Clearingvereinbarungen die Anforderungen nach Art. 30 Abs. 1 VO Nr. 600/2014 genügen; dabei hat sie die Übereinstimmung mit den in Kapitel II DelVO Nr. 149/2013 zusammengefassten Bestimmungen über indirekte Clearingvereinbarungen sicherzustellen. Von ihrer Befugnis hat sie mit Erlass der DelVO 2017/2154 Gebrauch gemacht. Die DelVO 2017/2154 ist am zwanzigsten Tag nach ihrer Veröffentlichung im Amtsblatt der Europäischen Union, d.h. am 11.12.2017, in Kraft getreten. Sie gilt seit dem 3.1.2018 (Art. 8 DelVO 2017/2154).

Art. 31 Portfoliokomprimierung

(1) Wertpapierfirmen und Marktbetreiber, die eine Portfoliokomprimierung durchführen, unterliegen nicht der Pflicht zur bestmöglichen Ausführung nach Artikel 27 der Richtlinie 2014/65/EU, den Transparenzpflichten nach den Artikeln 8, 10, 18 und 21 dieser Verordnung und der Pflicht nach Artikel 1 Absatz 6 der Richtlinie 2014/65/EU. Die Auflösung oder die Ersetzung von verbundenen Derivaten im Rahmen der Portfoliokomprimierung unterliegt nicht Artikel 28.

(2) Wertpapierfirmen und Marktbetreiber, die eine Portfoliokomprimierung durchführen, veröffentlichen über ein APA den Umfang der Geschäfte, die Gegenstand von Portfoliokomprimierungen sind, sowie den Zeitpunkt ihrer Abschlüsse innerhalb der in Artikel 10 genannten Fristen.

(3) Wertpapierfirmen und Marktbetreiber, die Portfoliokomprimierungen durchführen, führen vollständige und genaue Aufzeichnungen über sämtliche Portfoliokomprimierungen, die sie organisieren oder an denen sie teilnehmen. Diese Aufzeichnungen sind der zuständigen Behörde oder der ESMA auf Antrag umgehend zur Verfügung zu stellen.

(4) Die Kommission kann Maßnahmen in Form delegierter Rechtsakte gemäß Artikel 50 erlassen, in denen Folgendes festgelegt wird:
a) die Elemente der Portfoliokomprimierung,
b) die nach Absatz 2 zu veröffentlichenden Informationen
in einer Weise, durch die bestehende Anforderungen in Bezug auf Aufzeichnungen, Meldungen oder Veröffentlichungen soweit wie möglich genutzt werden.

In der Fassung vom 15.5.2014 (ABl. EU Nr. L 173 v. 12.6.2014, S. 84).

Delegierte Verordnung (EU) 2017/567 vom 18. Mai 2016
zur Ergänzung der Verordnung (EU) Nr. 600/2014 des Europäischen Parlaments und des Rates im Hinblick auf Begriffsbestimmungen, Transparenz, Portfoliokomprimierung und Aufsichtsmaßnahmen zur Produktintervention und zu den Positionen
(Auszug)

Art. 17 Elemente der Portfoliokomprimierung (Artikel 31 Absatz 4 der Verordnung (EU) Nr. 600/2014)

(1) Für die Zwecke von Artikel 31 Absatz 1 der Verordnung (EU) Nr. 600/2014 sind von Wertpapierfirmen und Marktbetreibern, die eine Portfoliokomprimierung durchführen, die in den Absätzen 2 bis 6 genannten Bedingungen zu erfüllen.

(2) Wertpapierfirmen und Marktbetreiber schließen mit den an der Portfoliokomprimierung Beteiligten eine Vereinbarung, in der das Komprimierungsverfahren und seine Rechtswirkungen beschrieben sowie der Zeitpunkt benannt werden, zu dem die jeweilige Portfoliokomprimierung rechtsverbindlich wird.

(3) Die in Absatz 2 genannte Vereinbarung muss die gesamte relevante Rechtsdokumentation enthalten, die beschreibt, wie die in die Portfoliokomprimierung einzubeziehenden Derivatpositionen aufgelöst und durch andere Derivatpositionen ersetzt werden.

(4) Vor Beginn eines Komprimierungsverfahrens müssen Wertpapierfirmen und Marktbetreiber, die eine Portfoliokomprimierung durchführen,
a) von jedem an der Portfoliokomprimierung Beteiligten verlangen, seine Risikotoleranz festzulegen, einschließlich der Festlegung einer Grenze für das Gegenparteirisiko, einer Grenze für das Marktrisiko und einer Toleranzgrenze für Barzahlungen. Wertpapierfirmen und Marktbetreiber sind an die Risikotoleranz gebunden, die von den an der Portfoliokomprimierung Beteiligten festgelegt worden ist;
b) die für die Portfoliokomprimierung eingereichten Derivate verbinden und jedem Beteiligten einen Vorschlag für die Portfoliokomprimierung übermitteln, der die folgenden Informationen enthält:
    i) die Identifikation der von der Komprimierung betroffenen Gegenparteien;
    ii) die entsprechende Änderung des Gesamtnennwerts der Derivate;
    iii) die Änderung des Gesamtnennbetrags im Vergleich zur spezifizierten Risikotoleranz.

(5) Um die Komprimierung an die von den an der Portfoliokomprimierung Beteiligten spezifizierte Risikotoleranz anzupassen und eine maximale Wirksamkeit der Portfoliokomprimierung zu erzielen, können Wertpapierfirmen und Marktbetreiber den Beteiligten zusätzliche Zeit einräumen, um Derivatpositionen hinzuzufügen, die Gegenstand einer Auflösung oder Verringerung sein können.

(6) Wertpapierfirmen und Marktbetreiber führen eine Portfoliokomprimierung nur dann durch, wenn alle an der Portfoliokomprimierung Beteiligten dem Vorschlag für die Portfoliokomprimierung zugestimmt haben.

In der Fassung vom 18.5.2016 (ABl. EU Nr. L 87 v. 31.3.2017, S. 90), geändert durch Berichtigung vom 29.9.2017 (ABl. EU Nr. L 251 v. 29.9.2017, S. 30).

Art. 18 Veröffentlichungsanforderungen für Portfoliokomprimierungen (Artikel 31 Absatz 4 der Verordnung (EU) Nr. 600/2014)

(1) Für die Zwecke von Artikel 31 Absatz 2 der Verordnung (EU) Nr. 600/2014 veröffentlichen Wertpapierfirmen und Marktbetreiber für jeden Portfoliokomprimierungszyklus über ein genehmigtes Veröffentlichungssystem (APA) die folgenden Informationen:
a) eine Liste der für die Einbeziehung in die Portfoliokomprimierung eingereichten Derivate;
b) eine Liste der Derivate, welche die aufgelösten Derivatpositionen ersetzen;
c) eine Liste der infolge der Portfoliokomprimierung geänderten oder aufgelösten Derivatpositionen;
d) die Anzahl der Derivate und ihren als Nennbetrag ausgedrückten Wert.

Die in Unterabsatz 1 genannten Informationen sind nach Derivatarten und Währungen getrennt aufzuführen.

(2) Wertpapierfirmen und Marktbetreiber veröffentlichen die in Absatz 1 aufgeführten Informationen so nah in Echtzeit wie technisch möglich, jedoch nicht später als zu Geschäftsschluss an dem Geschäftstag, der dem Tag folgt, an dem ein Komprimierungsvorschlag entsprechend der in Artikel 17 Absatz 2 vorgesehenen Vereinbarung rechtsverbindlich wird.

In der Fassung vom 18.5.2016 (ABl. EU Nr. L 87 v. 31.3.2017, S. 90).

Art. 31 VO Nr. 600/2014 | Portfoliokomprimierung

Schrifttum: Europäische Wertpapier- und Marktaufsichtsbehörde (ESMA), „Fragen und Antworten – Umsetzung der Verordnung (EU) Nr. 648/2012 über OTC-Derivate, zentrale Gegenparteien und Transaktionsregister (EMIR)", ESMA70-1861941480-52 vom 2.10.2017, abrufbar über: https://www.esma.europa.eu („*ESMA Q&A*").

I. Begriff Portfoliokomprimierung 1	IV. Veröffentlichungspflicht (Art. 31 Abs. 2 VO Nr. 600/2014) 13
II. Freistellung von den Transparenzpflichten sowie der Best-Exekution- und Handelspflicht (Art. 31 Abs. 1 VO Nr. 600/2014) 6	V. Aufzeichnungspflicht (Art. 31 Abs. 3 VO Nr. 600/2014) 15
III. Anforderungen an die Portfoliokomprimierung 9	VI. Technische Regulierungsstandards (Art. 31 Abs. 4 VO Nr. 600/2014) 16

1 **I. Begriff Portfoliokomprimierung.** Der Begriff **Portfoliokomprimierung** ist in Art. 2 Abs. 1 Nr. 47 VO Nr. 600/2014 definiert. Danach handelt es sich bei ihr um eine als Dienstleistung angebotene Risikominderungstechnik („Dienst zur Risikoverringerung"), bei dem zwei oder mehrere Gegenparteien einige oder alle in die Portfoliokomprimierung einzubeziehenden Derivatepositionen ganz oder teilweise beenden und diese durch andere Derivatepositionen ersetzen, deren Gesamtnennwert geringer ist als der der beendeten Derivatepositionen.

2 In der Regel basiert die Ersetzung der einbezogenen Derivate durch neue Derivate in rechtlicher Hinsicht auf einer **Schuldumwandlung** oder **Novation**. Dabei kann es zusätzlich zu Ausgleichszahlungen kommen, mit denen die in den Neugeschäften nicht berücksichtigten Marktwerte der ersetzen Derivate ausgeglichen werden.

3 Das besondere an der Portfoliokomprimierung ist, dass sie sich nicht auf die bilaterale Saldierung von Positionen zwischen zwei Gegenparteien beschränkt, sondern die Positionen sämtlicher teilnehmenden Gegenparteien berücksichtigt (**multilaterales Netting**). Insoweit kann es auch zur Saldierung von Positionen kommen, die eine Gegenpartei durch Abschluss von Derivaten mit unterschiedlichen Gegenparteien begründet hat (**cross entity netting**)[1].

4 Die Formulierung „Dienst zur Risikoverringerung" verdeutlicht zweierlei: Zum einen handelt es sich bei dem **Anbieter der Dienstleistung** i.d.R. um einen Dritten, der nicht notwendigerweise selbst Gegenpartei der Derivate sein muss. Zu nennen sind CCPs, Transaktionsregister, Zentralverwahrer, Wertpapierfirmen oder Marktbetreiber[2]. Zum anderen ist das Ziel der Portfoliokomprimierung die **Reduzierung des Gegenparteiausfallrisikos**. Die Verringerung der Anzahl der ausstehenden Derivate und deren Ersetzung durch ein oder ggf. mehrere Neugeschäfte reduziert darüber hinaus auch das **operationelle Risiko**, weshalb der Gesetzgeber auch zutreffend von der Verminderung von „Nichtmarktrisiken" spricht[3].

5 Die Bestimmungen des Art. 31 VO Nr. 600/2014 und der sie ergänzenden DelVO 2017/567 gelten nur für **Wertpapierfirmen und Marktbetreiber**. Sie gelten nicht für die von CCPs oder Transaktionsregistern durchgeführte Portfoliokomprimierung[4].

6 **II. Freistellung von den Transparenzpflichten sowie der Best-Exekution- und Handelspflicht (Art. 31 Abs. 1 VO Nr. 600/2014).** Wertpapierfirmen und Marktbetreiber, die eine Portfoliokomprimierung durchführen, sind nach Art. 31 Abs. 1 VO Nr. 600/2014 von der Pflicht zur bestmöglichen Ausführung nach Art. 27 RL 2014/65/EU (MiFID II), den in Art. 1 Abs. 6 RL 2014/65/EU genannten Bestimmungen über Positionslimits, Positionsmanagementkontrollen und Positionsmeldungen für Warenderivate und den Transparenzpflichten der Art. 8, 10 und 18 VO Nr. 600/2014 ausgenommen. Die durch die Portfoliokomprimierung begründeten neuen Derivate unterliegen auch nicht der Handelspflicht des Art. 28 VO Nr. 600/2014.

7 Die **Freistellung** von den in Art. 31 Abs. 1 VO Nr. 600/2014 genannten **Transparenzpflichten** soll verhindern, dass der mit ihrer Erfüllung verbundene Aufwand negative Anreize für die Durchführung der – vom Gesetzgeber als wünschenswert angesehenen – Portfoliokomprimierung schafft[5]. An ihre Stelle treten die reduzierten Veröffentlichungs- und Aufzeichnungspflichten der Art. 31 Abs. 2 und 3 VO Nr. 600/2014.

8 Die **Freistellung von der Handelspflicht** des Art. 28 VO Nr. 600/2014 und der **Pflicht zur bestmöglichen Ausführung** nach Art. 27 RL 2014/65/EU ergibt sich bereits aus der Natur der Portfoliokomprimierung. Zweck der Portfoliokomprimierung ist nicht nur die Reduzierung der mit den Derivaten verbundenen Risiken, sondern auch der **Erhalt** der mit den zu komprimierenden Derivaten verbundenen **Marktwerte** bzw. der ihnen zugrunde liegenden, zum Zeitpunkt des Abschlusses vorherrschenden historischen Marktverhältnisse.

---

1 *Europäische Wertpapier- und Marktaufsichtsbehörde (ESMA),* „Fragen und Antworten – Umsetzung der Verordnung (EU) Nr. 648/2012 über OTC-Derivate, zentrale Gegenparteien und Transaktionsregister (EMIR)", ESMA70-1861941480-52 vom 2.10.2017, abrufbar über: https://www.esma.europa.eu/sites/default/files/library/esma70-1861941480-52_qa_on_emir_implementation.pdf („*ESMA* Q&A"), OTC Frage Nr. 11(b) [letzte Aktualisierung: 4.6.2013].
2 Erwägungsgrund Nr. 8 VO Nr. 600/2014.
3 Erwägungsgründe Nrn. 8 und 27 VO Nr. 600/2014.
4 Erwägungsgrund Nr. 8 VO Nr. 600/2014.
5 Erwägungsgrund Nr. 27 DelVO 2017/567: „soll mit dieser Verordnung nicht der Einsatz von Diensten zur Verringerung von Nachhandelsrisiken verhindert werden."

III. **Anforderungen an die Portfoliokomprimierung.** Die von Wertpapierfirmen und Marktbetreibern zu erfüllenden **Anforderungen** an die Portfoliokomprimierung sind in Art. 17 DelVO 2017/567 näher bestimmt worden. Nach Art. 17 Abs. 2 und Abs. 3 DelVO 2017/567 müssen sie mit den an der Portfoliokomprimierung beteiligten Gegenparteien eine **Vereinbarung** abschließen, die den Prozess der Portfoliokomprimierung, deren Rechtswirkungen und den Zeitpunkt des Wirksamwerdens der Komprimierung definiert. Die Vereinbarung muss insbesondere Angaben dazu enthalten, wie die in die Portfoliokomprimierung einbezogenen Derivate aufgelöst und durch neue Derivate ersetzt werden. 9

Nach Art. 17 Abs. 4 DelVO 2017/567 haben Wertpapierfirmen und Marktbetreiber **vor Durchführung** der Portfoliokomprimierung für jede der an der Portfoliokomprimierung beteiligten Gegenparteien zu ermitteln, in welchem Umfang diese bereit ist, die mit ihren Derivaten verbundenen Kredit- und Marktrisiken zu reduzieren bzw. verbleibende Risiken zu tolerieren und ggf. auch Ausgleichszahlungen auszutauschen. An die ihnen mitgeteilte **Risikotoleranz** sind die Wertpapierfirmen und Marktbetreiber im Rahmen ihrer Analyse der zu komprimierenden Derivate gebunden. 10

Ebenfalls noch vor Durchführung der Portfoliokomprimierung haben sie den beteiligten Gegenparteien einen Vorschlag für die Ersetzung der in die Portfoliokomprimierung einbezogenen Derivate zu unterbreiten. Dieser Vorschlag muss Informationen über die beteiligten Gegenparteien, die durch die Umsetzung des Vorschlages zu erreichende Änderung des Gesamtnennwertes der Derivate und einen Vergleich des geänderten Gesamtnennwertes und der kommunizierten Risikotoleranz enthalten. 11

Nach Art. 17 Abs. 5 DelVO 2017/567 können Wertpapierfirmen und Marktbetreiber den Gegenparteien auch nach Bekanntgabe des Komprimierungsvorschlages die Möglichkeit einräumen, zusätzliche Derivate in die Portfoliokomprimierung einzubeziehen, um deren Ergebnis zu verbessern. Die Portfoliokomprimierung darf nach Art. 17 Abs. 6 DelVO 2017/567 nur durchgeführt werden, wenn sämtliche Gegenparteien dem Vorschlag zugestimmt haben. 12

IV. **Veröffentlichungspflicht (Art. 31 Abs. 2 VO Nr. 600/2014).** Die nach Art. 31 Abs. 2 VO Nr. 600/2014 über ein genehmigtes Veröffentlichungssystem (APA) zu veröffentlichen Informationen und der Zeitraum innerhalb dessen die Veröffentlichung erfolgen muss, sind in Art. 18 DelVO 2017/567 näher bestimmt worden. Nach Art. 18 Abs. 1 DelVO 2017/567 müssen Wertpapierfirmen und Marktbetreiber **Listen** über die in die Portfoliokomprimierung **einbezogenen Derivate** und die durch deren Durchführung **geänderten, aufgelösten und neu begründeten Derivate** veröffentlichen. Diese haben jeweils die **Anzahl** der Derivate und ihren als **Nennbetrag** ausgedrückten Wert anzugeben. Dabei haben die Listen und Angaben zwischen unterschiedlichen Derivatearten und Währungen zu unterscheiden. 13

Sämtliche Informationen sind nach Art. 18 Abs. 2 DelVO 2017/567 so nah in **Echtzeit** wie technisch möglich, spätestens jedoch bis zum Geschäftsschluss des auf den Tag des Wirksamwerdens der Portfoliokomprimierung unmittelbar **folgenden Geschäftstages (d.h. T+1)** zu veröffentlichen. 14

V. **Aufzeichnungspflicht (Art. 31 Abs. 3 VO Nr. 600/2014).** Die durch Art. 31 Abs. 3 VO Nr. 600/2014 begründete Pflicht zur Führung von Aufzeichnungen gilt nicht nur für die Wertpapierfirmen und Marktbetreiber, die eine Portfoliokomprimierung durchführen, sondern auch für diejenigen Wertpapierfirmen, die sich **als Gegenpartei** an einer Portfoliokomprimierung **beteiligen**. 15

VI. **Technische Regulierungsstandards (Art. 31 Abs. 4 VO Nr. 600/2014).** Nach Art. 31 Abs. 4 VO Nr. 600/2014 ist die Kommission befugt, die Elemente der Portfoliokomprimierung und die nach Art. 31 Abs. 2 VO Nr. 600/2014 zu veröffentlichenden Informationen festzulegen. Von ihrer Befugnis hat sie mit Art. 17 und 18 DelVO 2017/567 Gebrauch gemacht. Die DelVO 2017/567 ist am zwanzigsten Tag nach ihrer Veröffentlichung im Amtsblatt der Europäischen Union, d.h. am 20.4.2017, in Kraft getreten. Sie gilt seit dem 3.1.2018 (Art. 24 DelVO 2017/567). 16

Art. 32 Verfahren bei einer Handelspflicht

(1) Die ESMA erarbeitet Entwürfe technischer Regulierungsstandards, in denen Folgendes präzisiert wird:
a) welche Derivatekategorien, die der Clearingpflicht im Sinne von Artikel 5 Absätze 2 und 4 der Verordnung (EU) Nr. 648/2012 oder entsprechender daraus folgender Bestimmungen unterliegen, ausschließlich auf den in Artikel 28 Absatz 1 dieser Verordnung genannten Handelsplätzen gehandelt werden sollen;
b) Zeitpunkt oder Zeitpunkte, ab dem bzw. denen die Handelspflicht wirksam wird, einschließlich einer stufenweisen Einführung und der Kategorien von Gegenparteien, für die die Pflicht gilt, sofern eine solche stufenweise Einführung und solche Kategorien von Gegenparteien in den technischen Regulierungsstandards nach Artikel 5 Absatz 2 Buchstabe b der Verordnung (EU) Nr. 648/2012 vorgesehen sind.

Art. 32 VO Nr. 600/2014 | Verfahren bei einer Handelspflicht

Die ESMA übermittelt der Kommission diese Entwürfe technischer Regulierungsstandards binnen sechs Monaten nach Annahme der technischen Regulierungsstandards im Sinne von Artikel 5 Absatz 2 der Verordnung (EU) Nr. 648/2012 durch die Kommission.

Vor der Übermittlung der Entwürfe technischer Regulierungsstandards zwecks Annahme durch die Kommission führt die ESMA eine öffentliche Anhörung durch und kann sich gegebenenfalls mit den zuständigen Drittlandbehörden ins Benehmen setzen.

Die Kommission wird ermächtigt, die in Unterabsatz 1 genannten technischen Regulierungsstandards nach den Artikeln 10 bis 14 der Verordnung (EU) Nr. 1095/2010 zu verabschieden.

(2) Damit die Handelspflicht wirksam wird,

a) muss die Derivatekategorie gemäß Absatz 1 Buchstabe a bzw. eine entsprechende Unterkategorie zum Handel an zumindest einem Handelsplatz im Sinne von Artikel 28 Absatz 1 zugelassen sein bzw. dort gehandelt werden und

b) muss ein ausreichendes Kauf- und Verkaufsinteresse Dritter in Bezug auf diese Derivatekategorie bzw. eine entsprechende Unterkategorie vorliegen, damit diese Derivatekategorie als ausreichend liquide angesehen wird, um allein auf den in Artikel 28 Absatz 1 genannten Handelsplätzen gehandelt zu werden.

(3) Bei der Entwicklung von Entwürfen technischer Regulierungsstandards im Sinne von Absatz 1 stuft die ESMA die Derivatekategorie bzw. eine entsprechende Unterkategorie anhand folgender Kriterien als ausreichend liquide ein:

a) Durchschnittsfrequenz und -volumen der Abschlüsse bei einer bestimmten Bandbreite von Marktbedingungen unter Berücksichtigung der Art und des Lebenszyklus von Produkten innerhalb der Derivatekategorie;

b) Zahl und Art der aktiven Marktteilnehmer, einschließlich des Verhältnisses Marktteilnehmer zu auf einem bestimmten Produktemarkt gehandelten Produkten/Kontrakten;

c) durchschnittlicher Spread.

Bei der Ausarbeitung dieser Entwürfe für technische Regulierungsstandards trägt die ESMA den voraussichtlichen Auswirkungen dieser Handelspflicht auf die Liquidität einer Derivatekategorie bzw. einer entsprechenden Unterkategorie und auf die Geschäftstätigkeit der Endnutzer, bei denen es sich nicht um Finanzunternehmen handelt, Rechnung.

Die ESMA legt fest, ob die Derivatekategorie bzw. eine entsprechende Unterkategorie nur bei Geschäften unterhalb eines gewissen Umfangs ausreichend liquide ist.

(4) Die ESMA ermittelt aus eigener Initiative im Sinne der in Absatz 2 genannten Kriterien und nach Durchführung einer öffentlichen Anhörung die Derivatekategorien oder einzelne Derivatkontrakte, die der Handelspflicht auf den in Artikel 28 Absatz 1 genannten Handelsplätzen unterliegen sollten, für die aber bislang keine zentrale Gegenpartei eine Genehmigung nach Artikel 14 oder 15 der Verordnung (EU) Nr. 648/2012 erhalten hat bzw. die nicht zum Handel auf einem der in Artikel 28 Absatz 1 genannten Handelsplätze zugelassen sind oder dort gehandelt werden, und teilt dies der Kommission mit.

Nach der Meldung nach Unterabsatz 1 durch die ESMA kann die Kommission eine Ausschreibung zur Vorlage von Vorschlägen für den Handel mit diesen Derivaten auf den in Artikel 28 Absatz 1 genannten Handelsplätzen veröffentlichen.

(5) Die ESMA übermittelt der Kommission gemäß Absatz 1 neue Entwürfe technischer Regulierungsstandards, um die bestehenden technischen Regulierungsstandards zu ändern, auszusetzen oder zu widerrufen, sollten sich die in Absatz 2 genannten Kriterien wesentlich ändern. Vor einer solchen Maßnahme kann die ESMA gegebenenfalls die zuständigen Behörden von Drittländern konsultieren.

Der Kommission wird die Befugnis übertragen, die in diesem Absatz genannten technischen Regulierungsstandards gemäß den Artikeln 10 bis 14 der Verordnung (EU) Nr. 1095/2010 zu erlassen.

(6) Die ESMA erarbeitet Entwürfe technischer Regulierungsstandards, in denen die in Absatz 2 Buchstabe b genannten Kriterien festgelegt werden.

Die Entwürfe dieser technischen Regulierungsstandards legt die ESMA der Kommission bis zum 3. Juli 2015 vor.

Der Kommission wird die Befugnis übertragen, die technischen Regulierungsstandards im Sinne von Unterabsatz 1 gemäß dem in den Artikeln 10 bis 14 der Verordnung (EU) Nr. 1095/2010 festgelegten Verfahren zu erlassen.

In der Fassung vom 15.5.2014 (ABl. EU Nr. L 173 v. 12.6.2014, S. 84).

Delegierte Verordnung (EU) 2016/2020 vom 26. Mai 2016
zur Ergänzung der Verordnung (EU) Nr. 600/2014 des Europäischen Parlaments und des Rates über Märkte für Finanzinstrumente im Hinblick auf technische Regulierungsstandards für Kriterien zur Entscheidung über die Auferlegung der Handelspflicht für der Clearingpflicht unterliegende Derivate

Art. 1 Ausreichendes Kauf- und Verkaufsinteresse Dritter

Bei der Prüfung, ob ein ausreichendes Kauf- und Verkaufsinteresse Dritter besteht, um eine Derivatekategorie bzw. eine entsprechende Unterkategorie als ausreichend liquide für die Handelspflicht zu betrachten, stützt sich die ESMA auf die Kriterien von Artikel 32 Absatz 3 der Verordnung (EU) Nr. 600/2014, die in den Artikeln 2 bis 5 weiter spezifiziert werden.

In der Fassung vom 26.5.2016 (ABl. EU Nr. L 313 v. 19.11.2016, S. 2).

Art. 2 Durchschnittsfrequenz der Abschlüsse

(1) Bei der Ermittlung der Durchschnittsfrequenz der Abschlüsse prüft die ESMA folgende Elemente:
a) Anzahl der Tage, an denen Abschlüsse getätigt wurden;
b) Anzahl der Abschlüsse.

(2) Die ESMA berücksichtigt bei ihrer Analyse der Kriterien nach Absatz 1 die Verteilung der Abschlüsse auf Abschlüsse an Handelsplätzen und auf ausgeführte OTC-Geschäfte. Die ESMA bewertet diese Kriterien über einen ausreichend langen Zeitraum, um feststellen zu können, ob die Liquidität der einzelnen Derivatekategorien bzw. entsprechenden Unterkategorien saisonalen oder strukturellen Faktoren unterliegt. Die ESMA prüft ferner, ob Abschlüsse im Bewertungszeitraum auf bestimmte Zeitpunkte und auf bestimmte Volumen konzentriert sind und in welchem Umfang dies vorhersehbaren Mustern folgt.

In der Fassung vom 26.5.2016 (ABl. EU Nr. L 313 v. 19.11.2016, S. 2).

Art. 3 Durchschnittsvolumen der Abschlüsse

(1) Bei der Ermittlung des Durchschnittsvolumens der Abschlüsse prüft die ESMA folgende Elemente:
a) durchschnittlicher Tagesumsatz, ermittelt als nomineller Kontraktwert sämtlicher Abschlüsse, dividiert durch die Anzahl der Handelstage;
b) durchschnittlicher Wert der Abschlüsse, ermittelt als nomineller Kontraktwert sämtlicher Abschlüsse, dividiert durch die Anzahl der Abschlüsse.

(2) Die ESMA berücksichtigt bei ihrer Analyse der Kriterien nach Absatz 1 die in Artikel 2 Absatz 2 genannten Faktoren.

In der Fassung vom 26.5.2016 (ABl. EU Nr. L 313 v. 19.11.2016, S. 2).

Art. 4 Zahl und Art der aktiven Marktteilnehmer

(1) Bei der Ermittlung der Zahl und Art der aktiven Marktteilnehmer prüft die ESMA folgende Elemente:
a) Gesamtzahl von mindestens zwei Marktteilnehmern, die in der betreffenden Derivatekategorie bzw. entsprechenden Unterkategorie handeln;
b) Zahl der Handelsplätze, an denen die Derivatekategorie bzw. eine entsprechende Unterkategorie zum Handel zugelassen sind oder gehandelt werden;
c) Zahl der Market-Maker und anderer Marktteilnehmer, die einer rechtlich verbindlichen schriftlichen Vereinbarung oder anderen Verpflichtung zur Bereitstellung von Liquidität unterliegen.

(2) Die ESMA vergleicht in ihrer Analyse die Quote der Marktteilnehmer mit den Ergebnissen, die aus den Daten für die Analyse von Durchschnittsfrequenz und -volumen der Abschlüsse gewonnen wurden.

In der Fassung vom 26.5.2016 (ABl. EU Nr. L 313 v. 19.11.2016, S. 2).

Art. 5 Durchschnittliche Spreads

(1) Bei der Ermittlung der durchschnittlichen Spreads prüft die ESMA folgende Elemente:
a) gewichtete Spreads, einschließlich volumengewichteter Spreads, über verschiedene Zeiträume;
b) Spreads zu verschiedenen Zeitpunkten des Handelstags.

(2) Stehen keine Informationen über Spreads zur Verfügung, so prüft die ESMA die Erfüllung dieses Kriteriums anhand eines Näherungswerts.

In der Fassung vom 26.5.2016 (ABl. EU Nr. L 313 v. 19.11.2016, S. 2).

Art. 6 Inkrafttreten und Geltungsbeginn

Diese Verordnung tritt am zwanzigsten Tag nach ihrer Veröffentlichung im *Amtsblatt der Europäischen Union* in Kraft.
Sie gilt ab dem in Artikel 55 Absatz 2 der Verordnung (EU) Nr. 600/2014 genannten Datum.

In der Fassung vom 26.5.2016 (ABl. EU Nr. L 313 v. 19.11.2016, S. 2).

**Delegierte Verordnung (EU) 2017/2417 vom 17. November 2017
zur Ergänzung der Verordnung (EU) Nr. 600/2014 des Europäischen Parlaments und des Rates über Märkte für Finanzinstrumente durch technische Regulierungsstandards zur Handelspflicht für bestimmte Derivate**

Art. 1 Der Handelspflicht unterliegende Derivate

Die im Anhang genannten Derivate unterliegen der Handelspflicht gemäß Artikel 28 der Verordnung (EU) Nr. 600/2014.

Für die in Tabelle 1, Tabelle 2 und Tabelle 3 des Anhangs genannten Derivate wird eine Laufzeit von 2, 3, 4, 5, 6, 7, 8, 9, 10, 12, 15, 20 oder 30 Jahren angenommen, wenn der Zeitraum zwischen dem Geltungsbeginn der aus dem Kontrakt erwachsenden Pflichten und dem Tag des Vertragsendes einem dieser Zeiträume entspricht, plus minus fünf Tagen.

In der Fassung vom 17.11.2017 (ABl. EU Nr. L 343 v. 22.12.2017, S. 48).

Art. 2 Geltungsbeginn der Handelspflicht

Für jede in Artikel 3 der Delegierten Verordnung (EU) 2015/2205 und Artikel 3 der Delegierten Verordnung (EU) 2016/592 genannte Kategorie von Gegenpartei tritt die in Artikel 28 der Verordnung (EU) Nr. 600/2014 genannte Handelspflicht zum späteren der nachstehend genannten Termine in Kraft:
a) 3. Januar 2018;
b) dem in Artikel 3 der Delegierten Verordnung (EU) 2015/2205 oder Artikel 3 der Delegierten Verordnung (EU) 2016/592 für die betreffende Kategorie von Gegenpartei genannten Zeitpunkt.

In der Fassung vom 17.11.2017 (ABl. EU Nr. L 343 v. 22.12.2017, S. 48).

Art. 3 Inkrafttreten

Diese Verordnung tritt am Tag nach ihrer Veröffentlichung im *Amtsblatt der Europäischen Union* in Kraft.

In der Fassung vom 17.11.2017 (ABl. EU Nr. L 343 v. 22.12.2017, S. 48).

Anhang

(nicht abgedruckt)

Schrifttum: *Ostermann/Sickermann*, Handelspflicht für Derivate auf multilateralen Handelsplattformen gemäß MiFIR – aktuelle Arbeiten der ESMA, RdF 2017, 100; *Teuber/Schröer* (Hrsg.), MiFID II und MiFIR – Umsetzung in der Bankpraxis, 2015.

I. Anordnung der Handelspflicht, Befugnis, Verfahren und Inhalt (Art. 32 Abs. 1 VO Nr. 600/2014) 1	III. Voraussetzungen und Kriterien für die Handelspflicht (Art. 32 Abs. 2 und 3 VO Nr. 600/2014) 17
1. Anordnung der Clearingpflicht 3	1. Handelsplatz 20
2. Dauer des Verfahrens und erforderliche Anhörungen 6	2. Liquidität 21
3. Inhalt der Anordnung 9	IV. Beendigung der Handelspflicht (Art. 32 Abs. 5 VO Nr. 600/2014) 28
II. Initiativrecht der ESMA (Art. 32 Abs. 4 VO Nr. 600/2014) 14	V. DelVO 2017/2417 31
	VI. Technische Regulierungsstandards (Art. 32 Abs. 6 VO Nr. 600/2014) 32

1 **I. Anordnung der Handelspflicht, Befugnis, Verfahren und Inhalt (Art. 32 Abs. 1 VO Nr. 600/2014).** Art. 32 VO Nr. 600/2014 enthält nicht nur die **Befugnis** der Kommission zur Anordnung der Handelspflicht, er regelt auch die Einzelheiten des für die Anordnung vorgesehenen **Verfahrens** sowie die von der ESMA und der Kommission hierbei zu beachtenden Kriterien.

2 Das Verfahren knüpft i.d.R. an die **Anordnung der Clearingpflicht** nach Art. 5 Abs. 2 VO Nr. 648/2012 (EMIR) an. Die ESMA kann jedoch nach Art. 32 Abs. 4 VO Nr. 600/2014 auch selbst initiativ werden und prüfen, ob für bestimmte OTC-Derivate, für die bislang keine Clearingdienstleistungen angeboten werden, und die auch nicht an einem der in Art. 28 Abs. 1 VO Nr. 600/2014 genannten Handelsplätze gehandelt werden, die Handelspflicht gelten sollte.

3 **1. Anordnung der Clearingpflicht.** Hat die Kommission in dem Verfahren nach Art. 5 Abs. 2 VO Nr. 648/2012 einen technischen Regulierungsstandard angenommen, mit dem sie die Clearingpflicht für bestimmte OTC-Derivate anordnet, so ist die ESMA nach Art. 32 Abs. 1 Unterabs. 2 VO Nr. 600/2014 verpflichtet, der Kommission innerhalb von sechs Monaten einen Entwurf für technische Regulierungsstandards zur Begründung der Handelspflicht vorzulegen.

4 Der Erlass der technischen Regulierungsstandards sowie die Einzelheiten der durch sie begründeten Clearingpflicht sind nach Art. 6 VO Nr. 648/2012 in das von der ESMA geführte **öffentliche Register** aufzunehmen.

Das öffentliche Register ist über die Webseite der ESMA „Registers and Data"[1] unter der Zwischenüberschrift „Post-trading (EMIR, Settlement Finality Directive, CSDR)" abrufbar[2].

Bislang hat die Kommission **drei delegierte Verordnungen** über die Clearingpflicht bestimmter OTC-Zins- und Kreditderivate angenommen. Mit der **DelVO 2015/2205** vom 6.8.2015 wurde die Clearingpflicht für Zinsswaps und Zinstermingeschäfte (forward rate agreement, FRA) angeordnet, die auf die Referenzzinssätze EURIBOR oder LIBOR Bezug nehmen. Ebenfalls clearingpflichtig wurden Overnight Index Swaps (OIS), die auf die Overnight-Zinssätze EONIA, Fed Funds oder SONIA referenzieren. Die auf den Kreditderivateindex iTraxx Europe Bezug nehmenden, nicht tranchierten Index Credit Default Swaps wurden mit der **DelVO 2016/592** vom 1.3.2016 der Clearingpflicht unterworfen. Zuletzt hat die Kommission mit der **DelVO 2016/1178** vom 10.6.2016 weitere auf die Referenzzinssätze NIBOR, WIBOR oder STIBOR bezogene Zinsswaps und Zinstermingeschäfte in die Clearingpflicht einbezogen.

2. Dauer des Verfahrens und erforderliche Anhörungen. Die Frist für die Vorlage der Entwürfe für technische Regulierungsstandards zur Handelspflicht beträgt sechs Monaten. Innerhalb dieser Frist hat die ESMA nach Art. 32 Abs. 1 Unterabs. 3 VO Nr. 600/2014 eine öffentliche Anhörung durchzuführen und sich ggf. mit den zuständigen Behörden eines Drittlands ins Benehmen zu setzen. Die für die Anordnung der Clearingpflicht erforderliche Anhörung des Europäischen Ausschusses für Systemrisiken (ESRB) ist für die Erarbeitung technischer Regulierungsstandards über die Handelspflicht nicht vorgesehen.

Die vorgesehene **öffentliche Anhörung** wird überflüssigerweise erwähnt. Die Notwendigkeit zur Konsultation folgt bereits aus dem in Art. 32 Abs. 1 Unterabs. 4 VO Nr. 600/2014 genannten Art. 10 Abs. 1 Unterabs. 3 VO Nr. 1095/2010[3]. Die ESMA hat vom 20.9.2016 bis 21.11.2016[4] und vom 19.6.2017 bis 31.7.2017[5] zwei Anhörungen zur Handelspflicht von Zins- und Kreditderivaten durchgeführt und am 28.9.2017[6] einen Entwurf für technische Regulierungsstandards vorgelegt. Dieser ist von der Kommission mit Erlass der DelVO 2017/2417 im Wesentlichen übernommen worden. Wegen der Einzelheiten wird auf die Ausführungen zu Rz. 31 verwiesen.

Als zu beteiligende Stellen ausdrücklich erwähnt werden die zuständigen **Behörden von Drittländern**. Sie sind stets dann einzubinden, wenn die Handelspflicht eine OTC-Derivatekategorie betrifft, die an einem von der Kommission nach Art. 28 Abs. 4 VO Nr. 600/2014 als gleichwertig anerkannten **Handelsplatz in einem Drittland** gehandelt werden. Grund für die Beteiligung ist die Erwartung, dass die Anordnung der Handelspflicht das Volumen des von dem Drittlandhandelsplatz zu bewältigenden Handels in einem Umfang erhöht, der von den Systemen des Drittlandhandelsplatzes ggf. nicht ohne weiteres bewältigt werden kann.

3. Inhalt der Anordnung. Der von der ESMA erarbeitete technische Regulierungsstandard muss die in Art. 32 Abs. 1 Buchst. a und b VO Nr. 600/2014 geforderten **Feststellungen** treffen. Dazu zählen die handelspflichtigen Derivatekategorie, die Kategorien von Gegenparteien, für die die Handelspflicht gilt, sowie der Zeitpunkt oder die Zeitpunkte, zu dem oder zu denen die Handelspflicht wirksam wird.

Die in Art. 32 Abs. 1 Buchst. b VO Nr. 600/2014 gewählte Formulierung „der Zeitpunkt oder die Zeitpunkte" verdeutlicht, dass die ESMA der Kommission auch eine **schrittweise Einführung der Handelspflicht** vorschlagen[7] und dabei – wie in Art. 5 Abs. 2 VO Nr. 648/2012 – zwischen unterschiedlichen Kategorien von Gegenparteien unterscheiden kann. Sie kann darüber hinaus einzelne Kategorien von Gegenparteien aus dem Anwendungsbereich der Handelspflicht ausnehmen.

Unabhängig davon kann sich die stufenweise Einführung der Handelspflicht oder eine Ausnahme vom persönlichen Anwendungsbereich der Handelspflicht auch aufgrund der sachlich engen **Verknüpfung** von Handelspflicht und Clearingpflicht ergeben. So kann die Handelspflicht für eine bestimmte OTC-Derivatekategorie erst dann wirksam werden, wenn die durch die technischen Regulierungsstandards nach Art. 5 Abs. 2 VO Nr. 648/

---

1 Abrufbar unter: https://www.esma.europa.eu/databases-library/registers-and-data.
2 *ESMA*, Public Register for the Clearing Obligation under EMIR, ESMA70-708036281 zuletzt aktualisiert am 31.8.2017, abrufbar unter: https://www.esma.europa.eu/sites/default/files/library/public_register_for_the_clearing_obligation_un der_emir.pdf („*ESMA* Öffentliches Register für die Clearingpflicht").
3 Verordnung (EU) Nr. 1095/2010 des Europäischen Parlaments und des Rates vom 24. November 2010 zur Errichtung einer Europäischen Aufsichtsbehörde (Europäische Wertpapier- und Marktaufsichtsbehörde), zur Änderung des Beschlusses Nr. 716/2009/EG und zur Aufhebung des Beschlusses 2009/77/EG der Kommission, ABl. EU Nr. L 331 v. 15.12.2010, S. 84.
4 *ESMA*, Diskussionspapier zur Handelspflicht für Derivate unter der MiFIR, ESMA/2016/1389 vom 20.9.2016, abrufbar über: https://www.esma.europa.eu/sites/default/files/library/2016-1389_dp_trading_obligation_for_derivatives_mifir.pdf („*ESMA* Diskussionspapier Handelspflicht").
5 *ESMA*, Konsultationspapier zur Handelspflicht für Derivate unter der MiFIR, ESMA70-156-71 vom 19.6.2017, abrufbar über: https://www.esma.europa.eu/sites/default/files/library/esma70-156-71_cp_trading_obligation.pdf („*ESMA* Konsultationspapier Handelspflicht").
6 *ESMA*, Endgültiger Bericht der ESMA über technische Regulierungsstandards zur Handelspflicht für Derivate unter der MiFIR, ESMA70-156-227 vom 28.9.2017, abrufbar über: https://www.esma.europa.eu/sites/default/files/library/esma70-156-227_final_report_trading_obligation_derivatives.pdf („*ESMA* RTS Handelspflicht").
7 *Ostermann/Sickermann*, RdF 2017, 100, 102.

Art. 32 VO Nr. 600/2014 | Verfahren bei einer Handelspflicht

2012 begründete Pflicht, diese OTC-Derivatekategorie zentral clearen zu lassen, wirksam geworden ist[1]. So sind z.B. die für die Handelspflicht vorgesehenen Euro-denominierten EURIBOR-Zinsswaps nach Art. 3 Abs. 1 Buchst. d DelVO 2015/2205 für Gegenparteien der Kategorie 3 erst ab dem 21.6.2019 clearingpflichtig[2]. Darüber hinaus sind die von den beiden delegierten Verordnungen über die Clearingpflicht von Zinsderivaten – der DelVO 2015/2205 und der DelVO 2016/1178 – ausgenommenen Deckungsstockderivate der **Emittenten gedeckter Schuldverschreibungen** von der Handelsplicht ebenfalls auszunehmen[3].

12 Dass **gruppeninterne Geschäfte** von der Handelspflicht ausgenommen sind, folgt bereits aus Art. 28 Abs. 1 VO Nr. 600/2014.

13 Was Art. 32 Abs. 1 VO Nr. 600/2014 bislang nicht ermöglicht, ist die Ausnahme von **Auftrags- bzw. Transaktionspaketen** i.S.d. Art. 2 Abs. 1 Nr. 48 und 49 VO Nr. 600/2014[4] (package transactions), die aus mehreren Komponenten bestehen, von denen lediglich einzelne, aber nicht alle der Clearing- bzw. möglichen Handelspflicht unterliegen. In den Erwägungsgründen zur DelVO 2016/2020[5] hatte die Kommission die ESMA aufgefordert, zu prüfen, ob Auftrags- bzw. Transaktionspakete von der Handelspflicht ausgenommen werden könnten, da sie Wertpapierfirmen und ihren Kunden eine bessere Risikosteuerung ermöglichen und die Widerstandsfähigkeit der Finanzmärkte verbessern würden. Die U.S. Commodity Futures Trading Commission (CFTC) hatte in ihrem No-action-Letter vom 1.11.2016[6] entsprechende package transactions vorübergehend – bis 15.11.2017 – von der Handelspflicht freigestellt. In den beiden Konsultationen zur Handelspflicht hatten Marktteilnehmer eine vergleichbare Ausnahme vorgeschlagen. Die ESMA hat sich unter Verweis auf die fehlende Kompetenz dagegen ausgesprochen. Sie hat jedoch auf ihre zukünftigen Auslegungsentscheidungen verwiesen, in denen Klarstellungen zu erwarten seien[7]. In ihrem Gutachten vom 21.3.2018[8] hat sich die ESMA für einen differenzierenden Ansatz ausgesprochen. So sollen Auftrags- und Transaktionspakete nur dann der Handelspflicht unterliegen, wenn dies ohne zusätzliche operationelle Risiken möglich ist[9]. Ein Beispiel hierfür sei ein „Paket", bei dem sämtliche OTC-Derivate der Handelspflicht unterliegen.

14 **II. Initiativrecht der ESMA (Art. 32 Abs. 4 VO Nr. 600/2014).** Nach Art. 32 Abs. 4 Unterabs. 1 VO Nr. 600/2014 ermittelt die ESMA von sich aus, ob für bestimmte OTC-Derivatekategorien, für die bislang keine Clearingdienstleistungen angeboten werden, und die auch nicht an einem der in Art. 28 Abs. 1 VO Nr. 600/2014 genannten Handelsplätze gehandelt werden, die Handelspflicht gelten sollte.

15 Das Initiativrecht der Kommission soll verhindern, dass eine für das Finanzsystem relevante Kategorie von OTC-Derivaten, die sämtliche der für eine Handelspflicht relevanten Kriterien erfüllt, nur deshalb nicht an einem Handelsplatz gehandelt wird, weil sich bislang keine der Finanzmarktinfrastrukturen – d.h. weder ein Handelsplatz noch eine CCP – bereit erklärt hat, sich der OTC-Derivatekategorie anzunehmen. Ein Grund hierfür kann die **fehlende Bereitschaft** der Finanzmarktinfrastrukturen sein, für die betreffende OTC-Derivatekategorie ihre Handels- bzw. Abwicklungssystem zur Verfügung zu stellen. Wie der Parallelvorschrift in Art. 5 Abs. 3 VO Nr. 648/2012 und deren Zusammenwirken mit Art. 11 Abs. 13 VO Nr. 648/2012 zu entnehmen ist, dachte der Gesetzgeber jedoch auch an eine **regulatorische Arbitrage** zwischen OTC-Derivaten und an Handelsplätzen zustande gekommenen Derivaten.

16 Das Initiativrecht erschöpft sich nach Art. 32 Abs. 4 Unterabs. 2 VO Nr. 600/2014 in der **Ausarbeitung von Vorschlägen** für den Handel der betreffenden OTC-Derivatekategorie. Weitergehende Befugnisse, wie etwa die

---

1 *ESMA* RTS Handelspflicht, S. 44 und Erwägungsgrund 5 des von der ESMA vorgelegten Entwurfs der Delegierten Verordnung über die Handelspflicht; *Ostermann/Sickermann*, RdF 2017, 100, 105.
2 *ESMA* RTS Handelspflicht, Rz. 46, mit einer Übersicht über das von der ESMA vorgeschlagene Wirksamwerden der Handelspflicht.
3 *ESMA* RTS Handelspflicht, Rz. 6: „therefore, if an exemption is given under EMIR, the same exemption also applies to the TO."
4 Art. 2 Abs. 1 Nr. 48 und 49 VO Nr. 600/2014 sind durch Art. 1 Abs. 2 VO 2016/1033 eingefügt worden. Die VO 2016/ 1033 ist am Tag nach ihrer Veröffentlichung im Amtsblatt der Europäischen Union, d.h. am 1.7.2016, in Kraft getreten. S. Verordnung (EU) 2016/1033 des Europäischen Parlaments und des Rates vom 23. Juni 2016 zur Änderung der Verordnung (EU) Nr. 600/2014 über Märkte für Finanzinstrumente, der Verordnung (EU) Nr. 596/2014 über Marktmissbrauch und der Verordnung (EU) Nr. 909/2014 zur Verbesserung der Wertpapierlieferungen und -abrechnungen in der Europäischen Union und über Zentralverwahrer, ABl. EU Nr. L 175 v. 30.6.2016, S. 1 (sog. „Quick-Fix-Regulation").
5 Erwägungsgrund Nr. 10 DelVO 2016/2020.
6 *U.S. Commodity Futures Trading Commission (CFTC)*, Letter No.16-76 on „Extension of No-Action Relief from the Commodity Exchange Act Sections 2(h)(8) and 5(d)(9) and from Commission Regulation § 37.9 and No-Action Relief for Swap Execution Facilities from Commission Regulation § 37.3(a)(2) for Swaps Executed as Part of Certain Package Transactions" vom 1.11.2016, abrufbar unter: http://www.cftc.gov/idc/groups/public/@lrlettergeneral/documents/letter/16-76.pdf („*U.S. CFTC* No-action Letter No. 16-76").
7 *ESMA* RTS Handelspflicht, Rz. 22.
8 *ESMA*, Gutachten zur Behandlung von Auftrags- und Transaktionspaketen im Zusammenhang mit der Handelspflicht für Derivate, ESMA70-156-322 vom 21.3.2018; abrufbar über: https://www.esma.europa.eu/sites/default/files/library/esma70-156-322_opinion_packages_and_to.pdf („*ESMA*, Gutachten zu Auftrags- und Transaktionspaketen").
9 *ESMA*, Gutachten zu Auftrags- und Transaktionspaketen, Rz. 14.

Verpflichtung eines europäischen Handelsplatzes, den Handel in der betreffenden Derivatekategorie aufzunehmen, sind nicht vorgesehen.

III. Voraussetzungen und Kriterien für die Handelspflicht (Art. 32 Abs. 2 und 3 VO Nr. 600/2014). Neben der bereits in Art. 32 Abs. 1 VO Nr. 600/2014 angesprochenen **Clearingpflicht** ist nach Art. 32 Abs. 2 Buchst. a VO Nr. 600/2014 weitere Voraussetzung für die Handelspflicht, dass die betreffende Derivatekategorie zumindest an einem der in Art. 28 Abs. 1 VO Nr. 600/2014 genannten **Handelsplätze** gehandelt werden kann („Handelsplatztest"[1]). Darüber hinaus ist erforderlich, dass für die betreffende Derivatekategorie ein ausreichendes **Kauf- und Verkaufsinteresse** besteht, so dass der Handel an den zugelassenen bzw. anerkannten Handelsplätzen als ausreichend liquide angesehen werden kann („Liquiditätstest"). Ob die Liquidität ausreichend ist, hat die ESMA anhand der in Art. 32 Abs. 3 VO Nr. 600/2014 und in der DelVO 2016/2020 festgelegten Kriterien zu beurteilen. 17

Auffallend ist, dass Art. 32 Abs. 2 Buchst. a VO Nr. 600/2014 es ausreichen lässt, wenn das Handelsinteresse nur für eine bestimmte **Unterkategorie** der betreffenden Derivatekategorie nachweisbar ist. Zweck des Begriffs Unterkategorie ist die Klarstellung, dass sich die Clearingpflicht und die Handelspflicht im Hinblick auf die von ihr erfassten Derivate nicht decken müssen. So kann die Clearingpflicht, die sich stets auf Kategorien von OTC-Derivaten beziehen muss, weiter gefasst sein, als die Handelspflicht, die lediglich für eine Unterkategorie angeordnet werden kann[2]. 18

Der Begriff Unterkategorie wird vom Gesetzgeber nicht definiert. Da es sich auch bei ihr um eine „Kategorie" handelt, wird man auch für sie verlangen müssen, dass es sich bei ihr um eine Gruppe von Derivaten handelt, die im Wesentlichen gleich ausgestaltet sind und ein im Wesentlichen vergleichbares Risikoprofil aufweisen, so dass sie für die Zwecke der Festlegung der Handelspflicht als sich gegenseitig substituierende Transaktionen derselben homogenen Untergruppe aufgefasst werden können. 19

1. Handelsplatz. Zu den in Art. 28 Abs. 1 VO Nr. 600/2014 genannten Handelsplätze zählen zum einen die gem. Art. 44 RL 2014/65/EU zugelassenen **geregelten Märkte** sowie die von einem Marktbetreiber oder einer gem. Art. 5 RL 2014/65/EU zugelassenen Wertpapierfirma betriebenen **MTFs** oder **OTFs**. Zum anderen zählen hierzu Handelsplätze, die in einem Drittland ansässig sind und für die die Kommission einen **Durchführungsbeschluss** über die Gleichwertigkeit des Rechts- und Aufsichtsrahmens nach Art. 28 Abs. 4 VO Nr. 600/2014 erlassen hat. 20

Für die Frage, ob ein OTC-Derivat an einem Handelsplatz gehandelt wird, ist nach Auffassung der ESMA[3] entscheidend, ob das betreffende OTC-Derivat **dieselben Referenzdaten** aufweist, wie ein an einem Handelsplatz gehandeltes Derivat[4]. Maßgeblich seien die in Tabelle 3 der DelVO 2017/585[5] aufgeführten meldepflichtigen Referenzdaten, mit Ausnahme der in den Feldern 5–12 genannten Angaben zum Emittenten und zum Handelsplatz[6]. 20a

2. Liquidität. Bei ihrer Beurteilung eines ausreichenden **Kauf- und Verkaufsinteresses** haben sich die ESMA und die Kommission von den in Art. 32 Abs. 3 Buchst. a–c VO Nr. 600/2014 vorgegebenen Kriterien leiten zu lassen. Hierzu zählen zum einen die Durchschnittfrequenz und die Durchschnittvolumen der Abschlüsse an den betreffenden Handelsplätzen, wobei unterschiedliche Marktbedingungen und die während der Laufzeit der Derivate anfallenden Ereignisse (lifecycle events) angemessen zu berücksichtigen sind. Weitere Kriterien sind zum anderen die Anzahl und Art der aktiven Marktteilnehmer und die durchschnittliche Differenz (Spread) zwischen Angebot- und Nachfragequotierungen (bid and offer quotes). 21

Die in Art. 32 Abs. 3 Buchst. a–c VO Nr. 600/2014 festgelegten Kriterien sind in Art. 2–5 DelVO 2016/2020 konkretisiert worden. Die ESMA im Rahmen der beiden Anhörungen zur Handelspflicht eine Reihe von Auslegungsentscheidungen getroffen, die sich auf den Umfang der Handelspflicht ausgewirkt haben. 22

Bei der **Durchschnittfrequenz** der Abschlüsse muss die ESMA sowohl die Anzahl der Handelstage, an denen Abschlüsse getätigt wurden, als auch die Anzahl der Abschlüsse je Handelstag überprüfen (Art. 2 Abs. 1 DelVO 2016/2020). Dabei berücksichtigt die ESMA auch, in welchem Umfang die Abschlüsse an Handelsplätzen und außerhalb von Handelsplätzen, d.h. over-the-counter (OTC), getätigt werden und ob die Abschlüsse saisonalen Schwankungen oder strukturellen Faktoren unterliegen oder ob sich Konzentrationen oder vorhersehbare Mus- 23

---

1 Ostermann/Sickermann, RdF 2017, 100, 101.
2 Ostermann/Sickermann, RdF 2017, 100, 101.
3 ESMA, Gutachten zum Handel von OTC-Derivaten an Handelsplätzen, ESMA70-156-117 vom 22.5.2017, abrufbar über: https://www.esma.europa.eu/sites/default/files/library/esma70-156-117_mifir_opinion_on_totv.pdf („*ESMA* Gutachten Handel von OTC-Derivaten").
4 *ESMA* Gutachten Handel von OTC-Derivaten, Rz. 11.
5 Delegierte Verordnung (EU) 2017/585 der Kommission vom 14. Juli 2016 zur Ergänzung der Verordnung (EU) Nr. 600/2014 des Europäischen Parlaments und des Rates im Hinblick auf technische Regulierungsstandards für die Datenstandards und -formate für die Referenzdaten für Finanzinstrumente und die technischen Maßnahmen in Bezug auf die von der ESMA und den zuständigen Behörden zu treffenden Vorkehrungen, ABl. EU Nr. L 87 v. 31.3.2017, S. 368.
6 *ESMA* Gutachten Handel von OTC-Derivaten, Rz. 12.

ter ergeben (Art. 2 Abs. 2 DelVO 2016/2020). Der für die Beurteilung zugrunde gelegte Zeitraum muss ausreichend lang sein.

24 Für die Ermittlung der **Durchschnittsvolumen** sind nach Art. 3 Abs. 1 DelVO 2016/2020 der durchschnittliche Tagesumsatz und der durchschnittliche Wert der Abschlüsse maßgeblich. Auch hier hat die ESMA die in Art. 2 Abs. 2 DelVO 2016/2020 genannten Faktoren – relative Verteilung Handelsplatz/OTC, saisonale und strukturelle Faktoren sowie Konzentrationen und Muster – zu berücksichtigen (Art. 3 Abs. 2 DelVO 2016/2020). Im Rahmen der beiden Anhörungen zur Handelspflicht hat die ESMA klargestellt, dass sie bei ihrer Analyse nicht zwischen kleinen und großen Transaktionen unterscheiden wird, und dass sie es nicht als erforderlich ansieht, Transaktionen ab einer bestimmten Größe auszuschließen[1].

25 Die Zahl und Art der **aktiven Marktteilnehmer** ist nach Art. 4 Abs. 1 DelVO 2016/2020 zu ermitteln. Maßgeblich sind nicht nur die **Gesamtzahl** der Marktteilnehmer, die in der betreffenden Derivatekategorie oder Unterkategorie handeln, sondern auch die **Anzahl der Handelsplätze**, an denen die betreffende Derivatekategorie gelistet ist. Die Gesamtzahl der Marktteilnehmer muss nach Art. 4 Abs. 1 Buchst. a DelVO 2016/2020 mindestens zwei betragen[2]. Die ESMA hat im Rahmen der beiden Anhörungen klargestellt, dass Art. 4 Abs. 1 Buchst. b DelVO 2016/2020 nicht verlange, dass die betreffende Derivatekategorie oder Unterkategorie an mehr als einem Handelsplatz gehandelt wird[3], sie hat trotz Kritik an ihrer Auffassung festgehalten[4]. Auch hat sie es abgelehnt, den absehbaren Austritt des Vereinigten Königreiches aus der Union zu berücksichtigen[5].

26 Bei der Art der Marktteilnehmer sind insbesondere die **Market-Maker** sowie diejenigen Marktteilnehmer zu erfassen, die eine Vereinbarung über die Bereitstellung von Liquidität abgeschlossen bzw. sich bereit erklärt haben, für die betreffende Derivatekategorie verbindliche Quotierungen sowohl auf der Käufer- als auch auf der Verkäuferseite (bid and offer quotes) zu stellen. Die Anzahl der Marktteilnehmer ist zu den nach Art. 2 und 3 DelVO 2016/2020 zu ermittelnden Werten Durchschnittsfrequenz und Durchschnittsvolumen in Beziehung zu setzen.

27 Bei den durchschnittlichen **Spreads** sind nach Art. 5 Abs. 1 DelVO 2016/2020 sowohl gewichtete als auch volumengewichtete Spreads über verschiedene Zeiträume und für unterschiedliche Zeitpunkte innerhalb eines Handelstages zu ermitteln. Stehen keine Spreads zur Verfügung, dann nutzt die ESMA Näherungswerte.

28 **IV. Beendigung der Handelspflicht (Art. 32 Abs. 5 VO Nr. 600/2014).** Sollten sich die von der ESMA ermittelten **Umstände**, die für die Anordnung der Handelspflicht maßgeblich waren – zu denken ist etwa an die Liquidität der betreffenden Derivatekategorie[6] –, **wesentlich ändern**, so ist die ESMA nach Art. 32 Abs. 5 Unterabs. 1 VO Nr. 600/2014 verpflichtet, der Kommission gemäß dem in Art. 32 Abs. 1 VO Nr. 600/2014 geregelten Verfahren, d.h. spätestens innerhalb von 6 Monaten und nach öffentlicher Anhörung, neue Entwürfe für technische Regulierungsstandards zu ermitteln. Diese können eine der Handelspflicht oder deren Suspendierung vorsehen.

29 Gleiches muss gelten, wenn die Vorraussetzungen für die Handelspflicht deshalb entfallen sind, weil die einzige verbleibende **CCP das Clearing** der betreffenden Derivatekategorie oder Unterkategorie **dauerhaft eingestellt hat** oder nach Widerruf nicht mehr über die erforderliche Zulassung oder Anerkennung verfügt.

30 Der Vorschlag der Kommission für eine Verordnung zur Änderung der EMIR[7] und der Entwurf einer Verordnung über die **Sanierung und Abwicklung** zentraler Gegenparteien[8] sehen vor, dass die Kommission die Clearingpflicht bei Vorliegen spezifischer Gründe auf Antrag der ESMA im Interesse der Finanzstabilität vorübergehend aussetzen kann. Eine vergleichbare **Befugnis zur Suspendierung** auch der Handelspflicht ist bislang nicht vorgesehen.

---

1 *ESMA* Konsultationspapier Handelspflicht, Rz. 92; *ESMA* RTS Handelspflicht, Rz. 14.
2 *Teuber* in Teuber/Schröer, MiFID II und MiFIR – Umsetzung in der Bankpraxis, Rz. 891, der hierin ein Indiz dafür sieht, dass die Kommission die Messlatte für einen liquiden Markt und damit eine mögliche Handelspflicht nicht zu hoch legen wollte.
3 *ESMA* Konsultationspapier Handelspflicht, Rz. 65.
4 *ESMA* RTS Handelspflicht, Rz. 10.
5 *ESMA* RTS Handelspflicht, Rz. 11; s. hierzu auch *Ostermann/Sickermann*, RdF 2017, 100, 107.
6 *Ostermann/Sickermann*, RdF 2017, 100, 102.
7 *Kommission*, Vorschlag für eine Verordnung des Europäischen Parlaments und des Rates zur Änderung der Verordnung (EU) Nr. 648/2012 in Bezug auf die Clearingpflicht, die Aussetzung der Clearingpflicht, die Meldepflichten, die Risikominderungstechniken für nicht durch eine zentrale Gegenpartei geclearte OTC- Derivatekontrakte, die Registrierung und Beaufsichtigung von Transaktionsregistern und die Anforderungen an Transaktionsregister, COM(2017) 208 final vom 4.5.2017, abrufbar unter: http://ec.europa.eu („*Kommission* EMIR-II-Entwurf"), S. 17 und 30; Einführung eines neuen Art. 6b VO Nr. 648/2012.
8 *Kommission*, Vorschlag für eine Verordnung des Europäischen Parlaments und des Rates über einen Rahmen für die Sanierung und Abwicklung zentraler Gegenparteien und zur Änderung der Verordnungen (EU) Nr. 1095/2010, (EU) Nr. 648/2012 und (EU) 2015/2365, COM(2016) 856 final vom 28.11.2016, abrufbar über: https://ec.europa.eu/transparency/regdoc/rep/1/2016/DE/COM-2016-856-F1-DE-MAIN-PART-1.PDF („*Kommission* Entwurf CCP-Abwicklungsverordnung"), S. 116; Einfügung eines neuen Art. 6a VO Nr. 648/2012.

V. DelVO 2017/2417. Mit der DelVO 2017/2417[1] hat die Kommission die Handelspflicht für **Zinsswaps** angeordnet, die auf die Referenzzinssätze EURIBOR oder LIBOR Bezug nehmen, und bei denen die ausgetauschten Zahlungsströme (die sog. „legs") auf dieselbe Währung – entweder auf Euro, US-Dollar oder britische Pfund - lauten. Ebenfalls der Handelspflicht unterliegen bestimmte auf den Kreditderivateindex iTraxx Europe Bezug nehmende **Index Credit Default Swaps**. Nach Art. 2 DelVO 2017/2417 ist die Handelspflicht frühestens am 3.1.2018 wirksam geworden. Soweit die Delegierten Verordnungen DelVO 2015/2205 und DelVO 2016/592 für die Clearingpflicht bestimmter Kategorien von Gegenparteien einen späteren Wirksamkeitszeitpunkt vorsahen bzw. vorsehen – dies ist bzw. war für die Gegenparteien der Kategorie 3 und 4 von Bedeutung –, war bzw. ist für die Handelspflicht dieser spätere Zeitpunkt maßgeblich. 31

VI. Technische Regulierungsstandards (Art. 32 Abs. 6 VO Nr. 600/2014). Nach Art. 32 Abs. 6 VO Nr. 600/2014 ist die Kommission befugt, die für die Beurteilung der nach Art. 32 Abs. 2 Buchst. b VO Nr. 600/2014 geforderten ausreichenden Kauf- und Verkaufsinteresses zu berücksichtigenden Kriterien festzulegen. Von ihrer Befugnis hat sie mit der DelVO 2016/2020 Gebrauch gemacht. Die DelVO 2016/2020 ist am zwanzigsten Tag nach ihrer Veröffentlichung im Amtsblatt der Europäischen Union, d.h. am 9.12.2016, in Kraft getreten. Sie gilt seit dem 3.1.2018 (Art. 6 DelVO 2016/2020). 32

Art. 33 Mechanismus zur Vermeidung doppelter oder kollidierender Vorschriften

(1) Die Kommission wird von der ESMA bei der Überwachung der internationalen Anwendung der in den Artikeln 28 und 29 festgelegten Grundsätze, insbesondere in Bezug auf etwaige doppelte oder kollidierende Anforderungen an die Marktteilnehmer, und bei der mindestens einmal jährlich erfolgenden Erstellung einschlägiger Berichte an das Europäische Parlament und den Rat unterstützt, und sie empfiehlt mögliche Maßnahmen.

(2) Die Kommission kann Durchführungsrechtsakte erlassen, in denen sie erklärt, dass die Rechts-, Aufsichts- und Durchsetzungsmechanismen eines Drittlands

a) den durch die Artikel 28 und 29 festgelegten Anforderungen gleichwertig sind,
b) einen Schutz des Berufsgeheimnisses gewährleisten, der dem dieser Verordnung gleichwertig ist,
c) wirksam angewandt und auf faire und den Wettbewerb nicht verzerrende Weise durchgesetzt werden, damit eine funktionierende Aufsicht und Rechtsdurchsetzung in diesem Drittstaat gewährleistet ist.

Diese Durchführungsrechtsakte werden gemäß Artikel 51 erlassen.

(3) Ein Durchführungsrechtsakt über die Gleichwertigkeit gemäß Absatz 2 bewirkt, dass die in den Artikeln 28 und 29 vorgesehenen Pflichten der Gegenparteien, die ein Geschäft im Rahmen dieser Verordnung abschließen, nur dann als erfüllt gelten, wenn mindestens eine der Gegenparteien in dem betreffenden Drittland niedergelassen ist und die Gegenparteien die Rechts-, Aufsichts- und Durchsetzungsmechanismen dieses Drittlandes befolgen.

(4) Die Kommission überwacht in Zusammenarbeit mit der ESMA die wirksame Umsetzung der Anforderungen, die den in den Artikeln 28 und 29 festgelegten Anforderungen gleichwertig sind, durch die Drittländer, für die ein Durchführungsrechtsakt über die Gleichwertigkeit erlassen worden ist, und erstattet dem Europäischen Parlament und dem Rat regelmäßig und mindestens einmal jährlich Bericht.

Sofern aus diesem Bericht hervorgeht, dass ein erheblicher Fehler oder erhebliche Inkohärenz bei der Umsetzung der Gleichwertigkeitsanforderungen durch Drittstaatsbehörden vorliegt, kann die Kommission innerhalb von 30 Kalendertagen nach Vorlage des Berichts die Anerkennung der Gleichwertigkeit des betreffenden Rechtsrahmens des Drittstaats zurücknehmen. Wird ein Durchführungsrechtsakt über die Gleichwertigkeit zurückgenommen, so unterliegen die Geschäfte der Gegenparteien automatisch wieder allen in Artikel 28 und 29 vorgesehenen Anforderungen dieser Verordnung.

In der Fassung vom 15.5.2014 (ABl. EU Nr. L 173 v. 12.6.2014, S. 84).

Schrifttum: *Europäische Wertpapier- und Marktaufsichtsbehörde (ESMA)*, „Fragen und Antworten – Umsetzung der Verordnung (EU) Nr. 648/2012 über OTC-Derivate, zentrale Gegenparteien und Transaktionsregister (EMIR)", ESMA70-1861941480-52 vom 30.5.2018, abrufbar über: https://www.esma.europa.eu („*ESMA* Q&A"); *Ostermann/Sickermann*, Handelspflicht für Derivate auf multilateralen Handelsplattformen gemäß MiFIR – aktuelle Arbeiten der ESMA, RdF 2017, 100.

---

[1] Delegierte Verordnung (EU) 2017/2417 der Kommission vom 17. November 2017 zur Ergänzung der Verordnung (EU) Nr. 600/2014 des Europäischen Parlaments und des Rates über Märkte für Finanzinstrumente durch technische Regulierungsstandards zur Handelspflicht für bestimmte Derivate, ABl. EU Nr. L 343 v. 22.12.2017, S. 48.

Art. 33 VO Nr. 600/2014 | Vermeidung doppelter oder kollidierender Vorschriften

I. Zweck und Bedeutung 1
II. Überwachung der Rechtsordnungen von Drittländern (Art. 33 Abs. 1 VO Nr. 600/2014) 3
III. Prüfverfahren (Art. 33 Abs. 2 VO Nr. 600/2014) 6
IV. Wirkung eines Durchführungsrechtsaktes (Art. 33 Abs. 3 VO Nr. 600/2014) 11
V. Überwachung und Rücknahme der Durchführungsrechtsakte (Art. 33 Abs. 4 VO Nr. 600/2014) 12

1 **I. Zweck und Bedeutung.** Zweck der in Art. 33 VO Nr. 600/2014 vorgesehen Maßnahmen ist es, mögliche Konflikte mit den Regulierungsrahmen von Drittländern oder eine doppelte Anwendung von im Wesentlichen gleichwertigen Pflichten zu verhindern[1]. Die durch Art. 28 und 29 VO Nr. 600/2014 begründeten Pflichten sind Bestandteil der von den Staats- und Regierungschefs der zwanzig wichtigsten Industrie- und Schwellenländer (G20) am 24./25.9.2009 in Pittsburgh[2] beschlossen Reform des OTC-Derivate-Marktes. Es ist daher zu erwarten, dass an andere in der G20 vertretene Länder vergleichbare Anforderungen stellen. Eine vergleichbare Funktion erfüllt Art. 13 VO Nr. 648/2012 (EMIR) für die durch die EMIR begründeten Melde-, Clearing- und Risikominderungspflichten; auch sie basieren auf den Pittsburgh-Beschlüssen.

2 Vergleichbare, aber **anderen Zwecken** dienende Durchführungsrechtsakte finden sich in Art. Art. 28 Abs. 4 VO Nr. 600/2014 (Anerkennung von Drittlandhandelsplätzen), Art. 2a Abs. 2 VO Nr. 648/2012 (Anerkennung von Drittlandbörsen für Zwecke der OTC-Derivate-Definition), Art. 25 Abs. 1 und 6 VO Nr. 648/2012 (Anerkennung von Drittland-CCPs) und Art. 75 Abs. 1 VO Nr. 648/2012 (Anerkennung von Drittland-Transaktionsregistern). Zweck ist es hier, die Gleichwertigkeit der in einem Drittland ansässigen **Finanzmarktinfrastruktureinheiten** festzustellen. Die zu beantwortende Frage ist hier: Unterliegen die Drittlandeinrichtungen organisatorischen und aufsichtsrechtlichen Anforderungen und werden sie in einer Art und Weise beaufsichtigt, die es rechtfertigt, dass die dem Anwendungsbereich der VO Nr. 600/2014 bzw. der VO Nr. 648/2012 unterliegenden Gegenparteien für die Erfüllung ihrer Pflichten diese Drittlandeinrichtungen nutzen.

3 **II. Überwachung der Rechtsordnungen von Drittländern (Art. 33 Abs. 1 VO Nr. 600/2014).** Es ist Aufgabe der Kommission festzustellen, ob die Vorschriften der VO Nr. 600/2014 möglicherweise mit den Rechts-, Aufsichts- und Durchsetzungsmechanismen eines Drittstaates kollidieren oder ggf. dazu führen, dass europäische Gegenparteien doppelte Anforderungen erfüllen müssen. Die Kommission wird hierbei von der ESMA unterstützt; diese hat der Kommission mögliche Maßnahmen zu empfehlen.

4 Art. 33 Abs. 1 VO Nr. 600/2014 benennt die Bestimmung der VO Nr. 600/2014, die der Überwachung durch die Kommission und der ESMA unterliegen. Dies sind nur die „pflichtenbegründenden" Art. 28 und 29 VO Nr. 600/2014 über die Handels- und Clearingpflicht.

5 Ebenfalls in die Überwachung mit einzubeziehen, sind die **Begriffsbestimmungen** der VO Nr. 600/2014 sowie die Bestimmungen der VO Nr. 648/2012, die dadurch, dass auf sie Bezug genommen wird, mittelbar für das Bestehen oder den Umfang der durch Art. 28 und 29 VO Nr. 600/2014 begründeten Pflichten maßgeblich sind. Ein Beispiel hierfür ist die in Art. 28 Abs. 1 VO Nr. 600/2014 in Bezug genommene Definition des Begriffs finanzielle Gegenpartei i.S.v. Art. 2 Nr. 8 VO Nr. 648/2012.

6 **III. Prüfverfahren (Art. 33 Abs. 2 VO Nr. 600/2014).** Art. 33 Abs. 2 VO Nr. 600/2014 gewährt der Kommission die Befugnis, Durchführungsrechtsakte zu erlassen, mit denen sie die Gleichwertigkeit eines Drittland-Regulierungsrahmens feststellt. Der Inhalt des Durchführungsrechtsaktes ergibt sich mittelbar aus Art. 33 Abs. 4 VO Nr. 600/2014, der die Wirkungen der Aufhebung eines Durchführungsrechtsaktes regelt. Danach richtet sich der Durchführungsrechtsakt darauf, dass die in seinen Anwendungsbereich fallenden Gegenparteien **von den Anforderungen der VO Nr. 600/2014 freigestellt** werden, d.h. nur die gleichwertigen Anforderungen des Drittlandes erfüllen müssen[3].

7 Die Prüfung, ob ein Durchführungsrechtsakt erlassen werden soll, beschränkt sich nicht auf die Gleichwertigkeit des Drittland-Regulierungsrahmens mit den Anforderungen der Art. 28 und 29 VO Nr. 600/2014. Mit einzubeziehen sind nach Art. 33 Abs. 2 Unterabs. 1 Buchst. b und c VO Nr. 600/2014 auch die in dem Drittland geltenden Vorschriften über den Schutz des **Berufsgeheimnisses** und die in dem Drittland zur Anwendung

---

1 *Ostermann/Sickermann*, RdF 2017, 100, 103.
2 Beschlüsse des Gipfeltreffens der G20-Staaten in Pittsburgh vom 24./25.9.2009, abrufbar über: https://www.bundesregierung.de/Content/DE/StatischeSeiten/Breg/G7G20/Anlagen/G20-erklaerung-pittsburgh-2009-de.pdf?__blob=publicationFile&v=4 („G20-Pittsburgh-Beschlüsse"), Statement Nr. 13: „Alle standardisierten außerbörslich gehandelten Derivateverträge sollten bis spätestens Ende 2012 an Börsen oder gegebenenfalls auf elektronischen Handelsplattformen gehandelt und über einen zentralen Kontrahenten abgerechnet werden. Außerbörslich gehandelte Derivateverträge sollten in zentralen Handelsdepots registriert werden. Für nicht zentral abgerechnete Verträge sollten höhere Eigenkapitalanforderungen gelten."
3 *Europäische Wertpapier- und Marktaufsichtsbehörde (ESMA)*, „Fragen und Antworten – Umsetzung der Verordnung (EU) Nr. 648/2012 über OTC-Derivate, zentrale Gegenparteien und Transaktionsregister (EMIR)", ESMA70-1861941480-52 vom 30.5.2018, abrufbar über: https://www.esma.europa.eu/sites/default/files/library/esma70-1861941480-52_qa_on_emir_implementation.pdf („*ESMA* Q&A"), OTC Frage Nr. 12(b) [letzte Aktualisierung: 20.3.2014] für Art. 13 VO Nr. 648/2012.

kommenden Aufsichts- und Durchsetzungsmechanismen, die eine **faire und wettbewerbsneutrale Beaufsichtigung** gewährleisten müssen.

Der Durchführungsrechtsakt muss sich **nicht auf sämtliche** in Art. 33 Abs. 2 Unterabs. 1 lit. a VO Nr. 600/ 2014 genannten **Anforderungen** beziehen. So kann es sein, dass ein Drittland mit der EMIR vergleichbare Anforderungen nur im Hinblick auf die Handelspflicht für OTC-Derivaten erlassen hat. In diesem Fall könnte sich ein Durchführungsrechtsakt der Kommission eine Regelung ausschließlich im Hinblick auf Art. 28 VO Nr. 600/2014 treffen. 8

Nach Art. 33 Abs. 2 Unterabs. 2 VO Nr. 600/2014 werden die Durchführungsrechtsakte der Kommission nach Maßgabe des in Art. 86 Abs. 2 VO Nr. 648/2012 genannten und in **Art. 5 VO Nr. 182/2011**[1] näher ausgeführten **Prüfverfahrens** erlassen. Wegen der Einzelheiten wird auf die Ausführungen zu Art. 86 VO Nr. 648/2012 Rz. 3–6 verwiesen. 9

Von ihrer Befugnis nach Art. 33 Abs. 2 VO Nr. 648/2012 hat die Kommission bislang keinen Gebrauch gemacht. 10

IV. Wirkung eines Durchführungsrechtsaktes (Art. 33 Abs. 3 VO Nr. 600/2014). Art. 33 Abs. 3 VO Nr. 600/2014 stellt klar, dass die durch einen Durchsetzungsrechtsakt begründete Freistellung von den Anforderungen der MiFIR nur für die OTC-Derivatekontrakte in Anspruch genommen werden kann, bei denen eine der Gegenparteien ihren Sitz in dem betreffenden **Drittland** hat. 11

V. Überwachung und Rücknahme der Durchführungsrechtsakte (Art. 33 Abs. 4 VO Nr. 600/2014). Hat die Kommission im Hinblick auf ein Drittland einen Durchsetzungsrechtsakt erlassen, so hat sie nach Art. 33 Abs. 4 VO Nr. 600/2014 die Anwendung und Durchsetzung der als gleichwertig anerkannten Vorschriften in diesem Drittland zu überwachen. Sie erstattet dem Europäischen Parlament und dem Rat hierüber mindestens einmal jährlich Bericht. 12

Ergibt die Überwachung, dass die Voraussetzungen für einen Gleichwertigkeitsbeschluss nicht mehr gegeben sind, so hat sie ihren Durchführungsrechtsakt binnen 30 Kalendertagen nach Vorlage des Berichts zurückzunehmen. 13

Art. 34 Verzeichnis von der Handelspflicht unterliegenden Derivaten

Die ESMA veröffentlicht und aktualisiert auf ihrer Website ein Verzeichnis, in dem in erschöpfender und eindeutiger Weise die Derivate aufgelistet werden, die der Handelspflicht an den in Artikel 28 Absatz 1 genannten Handelsplätzen unterliegen, sowie die Handelsplätze, an denen sie zum Handel zugelassen sind bzw. gehandelt werden, und den Zeitpunkt, ab dem die Handelspflicht wirksam wird.

In der Fassung vom 15.5.2014 (ABl. EU Nr. L 173 v. 12.6.2014, S. 84).

Schrifttum: *Europäische Wertpapier- und Marktaufsichtsbehörde (ESMA)*, „Public Register for the Trading Obligation for derivatives under MiFIR", ESMA70-156-300 zuletzt aktualisiert am 16.1.2018, abrufbar über: https://www.esma.europa.eu („*ESMA* Öffentliches Register für die Handelspflicht"); *ESMA*, Endgültiger Bericht der ESMA über technische Regulierungsstandards zur Handelspflicht für Derivate unter der MiFIR, ESMA70-156-227 vom 28.9.2017, abrufbar über: https://www.esma.europa.eu („*ESMA* RTS Handelspflicht").

I. Öffentliches Register . . . . 1 | II. Erforderliche Angaben 3

I. Öffentliches Register. Art. 34 VO Nr. 600/2014 (MiFIR) verpflichtet die Europäische Wertpapier- und Marktaufsichtsbehörde (ESMA) auf ihrer Webseite ein Verzeichnis zu führen, in dem sie in ausführlicher und eindeutiger Weise die Derivate auflistet, die der Handelspflicht unterliegen. 1

Nach Inkrafttreten der DelVO 2017/2417[2] ist das Register über die Handelspflicht von OTC-Derivaten am 9.1. 2018 erstmals veröffentlicht worden[3]. Es ist über die Web-Seite der ESMA „Registers and Data"[4] abrufbar. 2

---

1 Verordnung (EU) Nr. 182/2011 des Europäischen Parlaments und des Rates vom 16. Februar 2011 zur Festlegung der allgemeinen Regeln und Grundsätze, nach denen die Mitgliedstaaten die Wahrnehmung der Durchführungsbefugnisse durch die Kommission kontrollieren, ABl. EU Nr. L 55 v. 28.2.2011, S. 13.
2 Delegierte Verordnung (EU) 2017/2417 der Kommission vom 17. November 2017 zur Ergänzung der Verordnung (EU) Nr. 600/2014 des Europäischen Parlaments und des Rates über Märkte für Finanzinstrumente durch technische Regulierungsstandards zur Handelspflicht für bestimmte Derivate, ABl. EU Nr. L 343 v. 22.12.2017, S. 48.
3 *Europäische Wertpapier- und Marktaufsichtsbehörde (ESMA)*, „Public Register for the Trading Obligation for derivatives under MiFIR", ESMA70-156-300, zuletzt aktualisiert am 16.1.2018, abrufbar über: https://www.esma.europa.eu/sites/default/files/library/public_register_for_the_trading_obligation.pdf („*ESMA* Öffentliches Register für die Handelspflicht").
4 https://www.esma.europa.eu/databases-library/registers-and-data.

3 **II. Erforderliche Angaben.** Die in das Verzeichnis aufzunehmenden Angaben sind in Art. 34 VO Nr. 600/2014 sehr allgemein bestimmt. Neben den Derivaten sind auch die Handelsplätze, an denen die Derivate zugelassen bzw. gehandelt werden, und der Zeitpunkt anzugeben, zu dem die Handelspflicht wirksam wird. Eine Befugnis zum Erlass technischer Regulierungsstandards zur Festlegung weiterer Einzelheiten, wie sie die Parallelvorschrift in Art. 6 Abs. 4 VO Nr. 648/2012 vorsieht, fehlt in Art. 34 VO Nr. 600/2014.

4 Die ESMA hatte bereits in ihrem Entwurf für einen technischen Regulierungsstandard zur Handelspflicht von Zins- und Kreditderivaten angekündigt[1], dass sie weitere Details zu den handelspflichtigen Derivaten, wie z.B. den Derivatetyp (interest rate swap), den Referenzzinssatz (z.B. 3-Months-EUR-EURIBOR), die Abwicklungswährung und die Laufzeit angeben wird.

Titel VI
Diskriminierungsfreier Zugang zum Clearing für Finanzinstrumente

Art. 35 Diskriminierungsfreier Zugang zu einer zentralen Gegenpartei

(1) Unbeschadet Artikel 7 der Verordnung (EU) Nr. 648/2012 übernimmt eine zentrale Gegenpartei das Clearen von Finanzinstrumenten auf nichtdiskriminierender und transparenter Basis, einschließlich der Anforderungen für Sicherheiten und mit dem Zugang verbundener Gebühren und unabhängig vom Handelsplatz, auf dem das Geschäft ausgeführt wird. Damit wird insbesondere sichergestellt, dass ein Handelsplatz in Bezug auf Folgendes das Recht auf nichtdiskriminierende Behandlung der auf diesem Handelsplatz gehandelten Kontrakte hat:

a) Anforderungen für Sicherheiten und das Netting wirtschaftlich gleichwertiger Kontrakte, sofern die Glattstellung oder sonstige Aufrechnungsverfahren einer zentralen Gegenpartei aufgrund des geltenden Insolvenzrechts durch die Einbeziehung solcher Kontrakte nicht unterbrochen oder gestört, ungültig oder in Bezug auf ihre Durchsetzbarkeit beeinträchtigt werden, und

b) das Cross-Margining mit korrelierten Kontrakten, die im Rahmen eines Risikomodells gemäß Artikel 41 der Verordnung (EU) Nr. 648/2012 von derselben zentralen Gegenpartei gecleart werden.

Eine zentrale Gegenpartei kann verlangen, dass der Handelsplatz den von ihr festgelegten operationellen und technischen Anforderungen, einschließlich derjenigen für das Risikomanagement, genügt. Die Anforderung nach diesem Absatz gilt nicht für Derivatkontrakte, die bereits den Zugangsverpflichtungen gemäß Artikel 7 der Verordnung (EU) Nr. 648/2012 unterliegen.

Eine zentrale Gegenpartei ist durch diesen Artikel nicht gebunden, wenn sie durch enge Beziehungen mit einem Handelsplatz verbunden ist, der eine Mitteilung nach Artikel 36 Absatz 5 übermittelt hat.

(2) Der Antrag eines Handelsplatzes auf Zugang zu einer zentralen Gegenpartei ist der zentralen Gegenpartei, der für sie zuständigen Behörde und der zuständigen Behörde des Handelsplatzes förmlich zu übermitteln. In dem Antrag ist anzugeben, zu welchen Arten von Finanzinstrumenten Zugang beantragt wird.

(3) Die zentrale Gegenpartei antwortet dem Handelsplatz schriftlich, im Falle von übertragbaren Wertpapieren und Geldmarktinstrumenten binnen drei Monaten und im Falle von börsengehandelten Derivaten binnen sechs Monaten, und gestattet den Zugang unter der Voraussetzung, dass eine der zuständigen Behörden ihn nach Absatz 4 gewährt hat, oder untersagt ihn. Die zentrale Gegenpartei kann einen Antrag auf Zugang nur unter den in Absatz 6 Buchstabe a genannten Bedingungen ablehnen. Untersagt eine zentrale Gegenpartei den Zugang, muss sie dies in ihrer Antwort ausführlich begründen und die zuständige Behörde schriftlich über ihren Beschluss unterrichten. Haben der Handelsplatz und die zentrale Gegenpartei ihren Sitz in unterschiedlichen Mitgliedstaaten, so übermittelt die zentrale Gegenpartei die entsprechende Mitteilung und die Begründung auch an die für den Handelsplatz zuständige Behörde. Die zentrale Gegenpartei ermöglicht den Zugang drei Monate nach Übermittlung einer positiven Antwort auf den Zugangsantrag.

(4) Die für eine zentrale Gegenpartei zuständige Behörde oder die für einen Handelsplatz zuständige Behörde gewährt einem Handelsplatz den Zugang zu einer zentralen Gegenpartei nur, wenn ein solcher Zugang

---

1 *ESMA*, Endgültiger Bericht der ESMA über technische Regulierungsstandards zur Handelspflicht für Derivate unter der MiFIR, ESMA70-156-227 vom 28.9.2017, abrufbar über: https://www.esma.europa.eu/sites/default/files/library/esma70-156-227_final_report_trading_obligation_derivatives.pdf („*ESMA* RTS Handelspflicht"), Rz. 58–60.

a) bei Derivaten, bei denen es sich nicht um OTC-Derivate im Sinne von Artikel 2 Nummer 7 der Verordnung (EU) Nr. 648/2012 handelt, keine Interoperabilitätsvereinbarung erforderlich machen würde oder
b) weder das reibungslose und ordnungsgemäße Funktionieren der Märkte, insbesondere durch Fragmentierung der Liquidität, gefährden noch Systemrisiken verstärken würde.

Unterabsatz 1 Buchstabe a steht der Gewährung des Zugangs nicht entgegen, wenn ein Antrag nach Absatz 2 Interoperabilität erforderlich macht und der Handelsplatz und alle zentralen Gegenparteien, die Vertragsparteien der vorgesehenen Interoperabilitätsvereinbarung sind, dieser Vereinbarung zugestimmt haben und die Risiken, denen die betreffende zentrale Gegenpartei aufgrund von Positionen zwischen den zentralen Gegenparteien ausgesetzt ist, von einer dritten Partei abgesichert werden.

Ist das Erfordernis einer Interoperabilitätsvereinbarung der Grund oder einer der Gründe, aus dem oder denen ein Antrag abgelehnt wird, so setzt der Handelsplatz die zentrale Gegenpartei davon in Kenntnis und informiert die ESMA darüber, welche anderen zentralen Gegenparteien Zugang zu diesem Handelsplatz haben; die ESMA veröffentlicht diese Angaben, sodass Wertpapierfirmen sich dafür entscheiden können, ihre Rechte nach Artikel 37 der Richtlinie 2014/65/EU hinsichtlich dieser anderen zentralen Gegenparteien auszuüben, um alternative Zugangsvereinbarungen zu erleichtern.

Verweigert eine zuständige Behörde den Zugang, so muss sie ihren Beschluss innerhalb von zwei Monaten nach Erhalt des in Absatz 2 genannten Antrags fassen und ihn gegenüber der anderen zuständigen Behörde, der zentralen Gegenpartei und dem Handelsplatz klar begründen sowie die Nachweise beibringen, auf deren Grundlage der Beschluss gefasst wurde.

(5) Bei handelbaren Wertpapieren und Geldmarktinstrumenten kann eine neu gegründete zentrale Gegenpartei, die nach Artikel 17 der Verordnung (EU) Nr. 648/2012 als CCP im Sinne von Artikel 2 Nummer 1 der Verordnung (EU) Nr. 648/2012 zum Clearing zugelassen wurde oder die nach Artikel 25 der Verordnung (EU) Nr. 648/2012 anerkannt wurde oder die im Rahmen eines zuvor bestehenden nationalen Zulassungssystems am 2. Juli 2014 für einen Zeitraum von weniger als drei Jahren zugelassen ist, vor dem 3. Januar 2018 bei der für sie zuständigen Behörde beantragen, von der Übergangsregelung Gebrauch zu machen. Die zuständige Behörde kann entscheiden, dass dieser Artikel in Bezug auf handelbare Wertpapiere und Geldmarktinstrumente für einen Übergangszeitraum bis zum 3. Juli 2020 auf die zentrale Gegenpartei keine Anwendung findet.

Wird ein solcher Übergangszeitraum genehmigt, so kann die zentrale Gegenpartei für handelbare Wertpapiere und Geldmarktinstrumente die Zugangsrechte nach Artikel 36 oder diesem Artikel während der Dauer der Übergangsregelung nicht in Anspruch nehmen. Die zuständige Behörde benachrichtigt die Kollegiumsmitglieder der für die zentrale Gegenpartei und die ESMA zuständigen Behörden, wenn ein Übergangszeitraum genehmigt wurde. Die ESMA veröffentlicht eine Liste der bei ihr eingegangenen Benachrichtigungen.

Ist eine zentrale Gegenpartei, für die eine Übergangsregelung nach diesem Absatz genehmigt wurde, durch enge Beziehungen mit einem oder mehreren Handelsplätzen verbunden, so können diese für handelbare Wertpapiere und Geldmarktinstrumente die Zugangsrechte nach Artikel 36 oder nach diesem Artikel während der Dauer der Übergangsregelung nicht in Anspruch nehmen.

Eine zentrale Gegenpartei, die während des Dreijahreszeitraums vor Inkrafttreten zugelassen ist, die jedoch durch eine Fusion oder Übernahme entstanden ist, an der mindestens eine vor diesem Zeitraum zugelassene zentrale Gegenpartei beteiligt war, darf keine Übergangsregelung nach diesem Absatz beantragen.

(6) Die ESMA erarbeitet Entwürfe technischer Regulierungsstandards, in denen Folgendes festgelegt wird:
a) die konkreten Bedingungen, unter denen eine zentrale Gegenpartei einen Antrag auf Zugang verweigern kann, einschließlich des voraussichtlichen Geschäftsvolumens, der Zahl und Art der Nutzer, der Regelungen für die Steuerung von operativem Risiko und operativer Komplexität sowie anderer erhebliche unangemessene Risiken schaffender Faktoren,
b) die Bedingungen, unter denen von einer zentralen Gegenpartei Zugang gewährt wird, einschließlich Vertraulichkeit der Informationen, die für Finanzinstrumente während der Entwicklungsphase zur Verfügung gestellt werden, die nichtdiskriminierende und transparente Basis der Clearing-Gebühren, Anforderungen an die Besicherung und operationelle Anforderungen im Hinblick auf das „Einschussverfahren" (Margining),
c) die Bedingungen, unter denen eine Zugangsgewährung das reibungslose und ordnungsgemäße Funktionieren der Märkte gefährden oder Systemrisiken verstärken würde,
d) das Mitteilungsverfahren nach Absatz 5,
e) die Bedingungen für eine nichtdiskriminierende Behandlung der an dem betreffenden Handelsplatz gehandelten Kontrakte in Bezug auf die Anforderungen für Sicherheiten und das Netting wirtschaft-

lich gleichwertiger Kontrakte und das Cross-Margining mit korrelierten Kontrakten, die von derselben zentralen Gegenpartei gecleart werden.

Die ESMA legt diese Entwürfe technischer Regulierungsstandards bis zum 3. Juli 2015 der Kommission vor.

Der Kommission wird die Befugnis übertragen, die in Unterabsatz 1 genannten technischen Regulierungsstandards gemäß den Artikeln 10 bis 14 der Verordnung (EU) Nr. 1095/2010 zu erlassen.

In der Fassung vom 15.5.2014 (ABl. EU Nr. L 173 v. 12.6.2014, S. 84), geändert durch Verordnung (EU) 2016/1033 vom 23.6.2016 (ABl. EU Nr. L 175 v. 30.6.2016, S. 1).

Delegierte Verordnung (EU) 2017/581 vom 24. Juni 2016

zur Ergänzung der Verordnung (EU) Nr. 600/2014 des Europäischen Parlaments und des Rates durch technische Regulierungsstandards für den Clearing-Zugang im Zusammenhang mit Handelsplätzen und zentralen Gegenparteien

(Auszug)

Art. 1 Bedingungen, unter denen eine CCP den Zugang verweigern kann

(1) Eine CCP beurteilt, ob die Gewährung des Zugangs eines der in den Artikeln 2, 3 und 4 genannten Risiken nach sich zöge, und darf den Zugang nur dann verweigern, wenn sie – nachdem sie alle angemessenen Anstrengungen zur Steuerung ihrer Risiken unternommen hat – zu dem Schluss gelangt, dass nach wie vor erhebliche unangemessene, nicht steuerbare Risiken bestehen.

(2) Verweigert eine CCP den Zugang, stellt sie im Einzelnen fest, welche der in den Artikeln 2, 3 und 4 genannten Risiken durch die Gewährung des Zugangs entstünden, und erläutert, warum diese Risiken nicht steuerbar sind.

In der Fassung vom 24.6.2016 (ABl. EU Nr. L 87 v. 31.3.2017, S. 212).

Art. 2 Verweigerung des Zugangs durch eine CCP wegen des antizipierten Transaktionsvolumens

Eine CCP kann einen Zugangsantrag nur dann mit Hinweis auf das antizipierte Transaktionsvolumen ablehnen, wenn dieser Zugang dazu führen würde, dass

a) die skalierbare Struktur der CCP in einem solchen Maße überschritten würde, dass die CCP ihre Systeme nicht mehr an das antizipierte Transaktionsvolumen anpassen kann, oder
b) die geplanten Kapazitäten der CCP in einem solchen Maße überschritten würden, dass die CCP nicht in der Lage wäre, die für das Clearing des antizipierten Transaktionsvolumens erforderlichen Zusatzkapazitäten zu erwerben.

In der Fassung vom 24.6.2016 (ABl. EU Nr. L 87 v. 31.3.2017, S. 212).

Art. 3 Verweigerung des Zugangs durch eine CCP wegen operationeller Risiken und Komplexität

Eine CCP kann einen Zugangsantrag mit Hinweis auf operationelle Risiken und Komplexität ablehnen.

Dabei schließt der Ausdruck „operationelle Risiken und Komplexität" Folgendes ein:

a) eine Inkompatibilität der IT-Systeme der CCP und des Handelsplatzes, die die CCP daran hindert, die Konnektivität zwischen den Systemen zu gewährleisten, und
b) einen Mangel an Personal mit den zur Wahrnehmung der Aufgaben der CCP erforderlichen Kenntnissen, Fähigkeiten und Erfahrungen, wenn sich die aus zusätzlichen Finanzinstrumenten ergebenden Risiken von den Risiken der bereits von der CCP geclearten Finanzinstrumente unterscheiden, oder die Unfähigkeit, solches Personal einzusetzen.

In der Fassung vom 24.6.2016 (ABl. EU Nr. L 87 v. 31.3.2017, S. 212).

Art. 4 Verweigerung des Zugangs durch eine CCP wegen sonstiger Faktoren, die erhebliche unangemessene Risiken verursachen

(1) Eine CCP kann einen Zugangsantrag mit Hinweis auf erhebliche unangemessene Risiken ablehnen, wenn eine der folgenden Bedingungen erfüllt ist:

a) sie für die Finanzinstrumente, für die der Zugang beantragt wird, keine Clearing-Dienste anbietet und sie auch bei angemessenen Anstrengungen nicht zur Einrichtung eines Clearing-Dienstes, der die in den Titeln II, III und IV der Verordnung (EU) Nr. 648/2012 festgelegten Anforderungen erfüllen würde, in der Lage wäre,
b) die Gewährung eines Zugangs die Rentabilität der CPP oder ihre Fähigkeit, die Mindestkapitalanforderungen gemäß Artikel 16 der Verordnung (EU) Nr. 648/2012 zu erfüllen, gefährden würde,
c) rechtliche Risiken bestehen,
d) eine Inkompatibilität zwischen den CCP-Regeln und den Regeln des Handelsplatzes besteht, die die CCP in Zusammenarbeit mit dem Handelsplatz nicht beseitigen kann.

(2) Eine CCP kann einen Zugangsantrag mit Hinweis auf die in Absatz 1 Buchstabe c genannten rechtlichen Risiken ablehnen, wenn sie nach Gewährung dieses Zugangs nicht mehr in der Lage wäre, ihre Regeln für Glattstellungs- und Zahlungsverzugsverfahren durchzusetzen, oder sie die Risiken, die sich aus der gleichzeitigen Verwendung unterschiedlicher Auftragsannahmemodellen ergeben, nicht mehr steuern könnte.

In der Fassung vom 24.6.2016 (ABl. EU Nr. L 87 v. 31.3.2017, S. 212), geändert durch Berichtigung vom 12.8.2017 (ABl. EU Nr. L 209 v. 12.8.2017, S. 62).

Art. 8 Bedingungen, unter denen davon ausgegangen wird, dass der Zugang das reibungslose und ordnungsgemäße Funktionieren der Märkte gefährdet oder das Systemrisiko erhöht

Zusätzlich zur Fragmentierung der Liquidität im Sinne von Artikel 2 Absatz 1 Nr. 45 der Verordnung (EU) Nr. 600/2014 ist für die Zwecke von Artikel 35 Absatz 4 Buchstabe b und Artikel 36 Absatz 4 Buchstabe b der genannten Verordnung davon auszugehen, dass die Gewährung eines Zugangs die reibungslose und ordnungsgemäße Funktionsweise der Märkte gefährdet oder das Systemrisiko erhöht, wenn die zuständige Behörde Gründe für eine Verweigerung nennen kann, einschließlich Nachweisen dafür, dass die Risikomanagementverfahren einer oder beider Parteien des Zugangsantrags nicht ausreichen, um zu verhindern, dass durch die Gewährung eines Zugangs erhebliche unangemessene Risiken für Dritte entstehen und solche Risiken durch keine Gegenmaßnahmen ausreichend abgeschwächt werden können.

In der Fassung vom 24.6.2016 (ABl. EU Nr. L 87 v. 31.3.2017, S. 212).

Art. 9 Bedingungen, unter denen Zugang gewährt werden muss

(1) Die Parteien vereinbaren, welche Rechte und Pflichten sich für jede von ihnen aus dem gewährten Zugang ergeben, wozu auch das für ihre Beziehungen geltende Recht zählt. Die Bedingungen der Zugangsvereinbarung müssen

a) klar definiert, transparent, rechtlich gültig und durchsetzbar sein,
b) für den Fall, dass zwei oder mehr CCP Zugang zu dem Handelsplatz besitzen, im Einzelnen regeln, auf welche Weise die am Handelsplatz abgewickelten Transaktionen der CCP, die Partei der Vereinbarung ist, zugewiesen werden,
c) eindeutige Regeln im Hinblick darauf enthalten, zu welchem Zeitpunkt ein Überweisungsauftrag gemäß der Richtlinie 98/26/EG des Europäischen Parlaments und des Rates als in die entsprechenden Systeme eingebracht gilt und ab welchem Zeitpunkt die Einbringung unwiderrufbar ist,
d) Regeln im Hinblick auf die Kündigung der Zugangsvereinbarung durch eine der Parteien enthalten, wobei diese Regeln
   i) eine ordentliche Kündigung vorsehen müssen, die für andere Unternehmen nicht mit zusätzlichen Risiken verbunden ist, einschließlich klarer und transparenter Regelungen für die Verwaltung und den ordnungsgemäßen Ablauf der im Rahmen der Zugangsvereinbarung eingegangenen, zum Zeitpunkt der Kündigung noch offenen Kontrakte und Posten,
   ii) gewährleisten, dass der entsprechenden Partei ein angemessener Zeitraum eingeräumt wird, um einem Verstoß, der keinen Grund für eine fristlose Kündigung darstellt, ein Ende zu setzen, und
   iii) eine Kündigung zulassen, wenn die Risiken in einer Weise zunehmen, die zu Beginn die Verweigerung des Zugangs gerechtfertigt hätte,
e) die unter die Zugangsvereinbarung fallenden Finanzinstrumente nennen,
f) sämtliche Angaben zur Deckung von einmaligen und laufenden Kosten enthalten, die durch den Antrag auf Zugang entstanden sind, und
g) Bestimmungen zu den aus der Zugangsvereinbarung erwachsenden Ansprüchen und Verbindlichkeiten enthalten.

(2) Die Zugangsvereinbarung muss die Parteien dazu verpflichten, angemessene Grundsätze, Verfahren und Systeme einzuführen, um Folgendes zu gewährleisten:

a) eine zeitnahe, zuverlässige und sichere Kommunikation zwischen den Parteien,
b) die vorherige Konsultation der anderen Partei für den Fall, dass sich Änderungen beim Betrieb einer der Parteien wesentlich auf die Zugangsvereinbarung oder auf die Risiken, denen die jeweils andere Partei ausgesetzt ist, auswirken dürften,
c) eine rechtzeitige Unterrichtung der jeweils anderen Partei vor der Umsetzung von Änderungen, sofern dies nicht unter Buchstabe b fällt,
d) die Beilegung von Streitigkeiten,
e) die Ermittlung, Überwachung und Steuerung der sich aus der Zugangsvereinbarung ergebenden potenziellen Risiken,
f) den Erhalt sämtlicher Informationen durch den Handelsplatz, die dieser benötigt, um seinen Verpflichtungen zur Überwachung offener Kontraktpositionen nachzukommen, und
g) die Annahme durch die CCP von Lieferungen von physisch abgerechneten Waren.

(3) Die jeweiligen Parteien der Zugangsvereinbarung müssen gewährleisten,

a) dass bei der Gewährung des Zugangs angemessene Risikomanagementstandards aufrecht erhalten werden,
b) dass die bei einem Zugangsantrag zur Verfügung gestellten Informationen während der gesamten Laufzeit der Zugangsvereinbarung auf aktuellem Stand gehalten werden, was auch für Informationen über wesentliche Änderungen gilt,
c) dass nicht-öffentliche und wirtschaftlich sensible Informationen, einschließlich solcher, die während der Entwicklungsphase von Finanzinstrumenten bereitgestellt werden, ausschließlich für die speziellen Zwecke, für die sie bereitgestellt wurden, genutzt und ausschließlich für den von den Parteien vereinbarten Zweck als Handlungsgrundlage herangezogen werden dürfen.

In der Fassung vom 24.6.2016 (ABl. EU Nr. L 87 v. 31.3.2017, S. 212).

Art. 10 Diskriminierungsfreie und transparente Clearing-Gebühren von CCP

(1) Eine CCP stellt Gebühren für das Clearing von Transaktionen, die an einem Handelsplatz ausgeführt werden, zu dem sie Zugang gewährt hat, nur nach objektiven, für alle Clearingmitglieder sowie gegebenenfalls Kunden geltenden Kriterien in Rechnung. Zu diesem Zweck legt die CCP für alle Clearingmitglieder und gegebenenfalls Kunden dieselbe Gebühren-

und Preisnachlassstruktur fest, und dürfen ihre Gebühren nicht von dem Handelsplatz abhängen, an dem die Transaktion stattfindet.

(2) Eine CCP stellt einem Handelsplatz im Zusammenhang mit dem Zugang Gebühren nur anhand objektiver Kriterien in Rechnung. Zu diesem Zweck gelten für sämtliche Handelsplätze, die Zugang zur CCP haben, für dieselben oder ähnliche Finanzinstrumente dieselben Gebühren und Preisnachlässe, es sei denn, eine andere Gebührenstruktur ist objektiv gerechtfertigt.

(3) Eine CCP stellt gemäß Artikel 38 der Verordnung (EU) Nr. 648/2012 sicher, dass die in den Absätzen 1 und 2 genannten Gebühren einfach zugänglich sind, angemessen je nach erbrachter Dienstleistung identifiziert werden und über eine ausreichende Granularität verfügen, um zu gewährleisten, dass die Gebühren vorhersagbar sind.

(4) Die Absätze 1 bis 3 gelten für Gebühren, die zur Deckung einmaliger und laufender Kosten in Rechnung gestellt werden.

In der Fassung vom 24.6.2016 (ABl. EU Nr. L 87 v. 31.3.2017, S. 212), geändert durch Berichtigung vom 12.8.2017 (ABl. EU Nr. L 209 v. 12.8.2017, S. 62).

Art. 12 Anforderungen an Sicherheiten und Margining bei wirtschaftlich gleichwertigen Kontrakten

(1) Die CCP bestimmt, ob Kontrakte, die an einem Handelsplatz gehandelt werden, zu dem sie Zugang gewährt hat, wirtschaftlich den bereits von der CCP geclearten Kontrakten mit ähnlichen Risikoeigenschaften gleichwertig sind.

(2) Für die Zwecke dieses Artikels betrachtet eine CCP sämtliche Kontrakte, die an einem Handelsplatz gehandelt werden, zu dem sie Zugang gewährt hat, und die zu der Finanzinstrumentenklasse gehören, die unter die in Artikel 14 der Verordnung (EU) Nr. 648/2012 genannte CCP-Zulassung oder unter eine in Artikel 15 dieser Verordnung genannte nachträgliche Erweiterung dieser Zulassung fallen, als wirtschaftlich gleichwertig mit den Kontrakten in der entsprechenden Finanzinstrumentenklasse, die bereits von der CCP gecleart wurden.

(3) Eine CCP kann einen Kontrakt, der an einem Handelsplatz gehandelt wird, zu dem sie Zugang gewährt hat und der ein erheblich anderes Risikoprofil oder wesentliche Unterschiede zu den von ihr in der entsprechenden Finanzinstrumentenklasse bereits geclearten Kontrakten aufweist, als wirtschaftlich nicht gleichwertig betrachten, wenn sie gemäß Artikel 15 der Verordnung (EU) Nr. 648/2012 in Bezug auf diesen Kontrakt und in Zusammenhang mit dem Zugangsantrag dieses Handelsplatzes eine Erweiterung ihrer Zulassung erhalten hat.

(4) Eine CCP wendet auf die in Absatz 1 genannten wirtschaftlich gleichwertigen Kontrakte in Bezug auf Margining und Sicherheiten dieselben Methoden an, unabhängig davon, an welchem Ort die Kontrakte gehandelt werden. Eine CCP macht das Clearing eines in Absatz 1 genannten wirtschaftlich gleichwertigen Kontrakts nur in den Fällen von der Vornahme von Änderungen an den Risikomodellen- und -parametern der CCP abhängig, in denen dies erforderlich ist, um die Risikofaktoren in Zusammenhang mit diesem Handelsplatz oder den darauf gehandelten Kontrakten abzuschwächen. Solche Änderungen sind als wesentliche Änderungen an den Modellen und Parametern der CCP gemäß Artikel 28 und Artikel 49 der Verordnung (EU) Nr. 648/2012 zu betrachten.

In der Fassung vom 24.6.2016 (ABl. EU Nr. L 87 v. 31.3.2017, S. 212), geändert durch Berichtigung vom 12.8.2017 (ABl. EU Nr. L 209 v. 12.8.2017, S. 62).

Art. 13 Netting wirtschaftlich gleichwertiger Kontrakte

(1) Unabhängig vom Ort, an dem diese gehandelt werden, wendet eine CCP bei den in Artikel 12 Absatz 1 genannten wirtschaftlich gleichwertigen Kontrakten dieselben Nettingverfahren an; dabei ist jedoch Voraussetzung, dass sämtliche Netting-Verfahren, die sie anwendet, gemäß Richtlinie 98/26/EG und gemäß dem geltenden Insolvenzrecht gültig und durchsetzbar sind.

(2) Ist eine CCP der Auffassung, dass das Rechts- oder Basisrisiko im Zusammenhang mit dem Nettingverfahren, das sie auf einen wirtschaftlich gleichwertigen Kontrakt anwendet, nicht ausreichend abgeschwächt wurde, macht sie das Clearing eines solchen Kontrakts von der Umsetzung von Änderungen an diesem Nettingverfahren abhängig, mit Ausnahme des Nettings dieses Kontrakts. Solche Änderungen sind als wesentliche Änderungen an den Modellen und Parametern der CCP gemäß Artikel 28 und Artikel 49 der Verordnung (EU) Nr. 648/2012 zu betrachten.

(3) Für die Zwecke des Absatzes 2 bezeichnet „Basisrisiko" das Risiko, das sich aus den nicht perfekt korrelierten Bewegungen zwischen zwei oder mehr Vermögenswerten oder Kontrakten ergibt, die von CCP gecleart wurden.

In der Fassung vom 24.6.2016 (ABl. EU Nr. L 87 v. 31.3.2017, S. 212).

Art. 14 Cross-Margining korrelierter Kontrakte, die von derselben CCP gecleart werden

Wenn eine CCP Einschusszahlungen im Hinblick auf das Cross-Margining bei korrelierten Kontrakten gemäß Artikel 41 der Verordnung (EU) Nr. 648/2012 und Artikel 27 der delegierten Verordnung (EU) Nr. 153/2013 der Kommission berechnet, die von derselben CCP gecleart wurden (Portfolio-Margining), wendet die CCP diesen Portfolio-Margining- Ansatz auf sämtliche korrelierte Kontrakte an, unabhängig von dem Ort, an dem diese gehandelt wurden. Kontrakte mit einer signifikanten und zuverlässigen Korrelation oder einem äquivalenten, statistischen Abhängigkeitsparameter profitieren von denselben Aufrechnungen und Nachlässen.

In der Fassung vom 24.6.2016 (ABl. EU Nr. L 87 v. 31.3.2017, S. 212), geändert durch Berichtigung vom 12.8.2017 (ABl. EU Nr. L 209 v. 12.8.2017, S. 62).

Art. 15 Verfahren für Mitteilungen von der CCP an die für sie zuständige Behörde

Hat eine CCP die Erlaubnis zur Verwendung von Übergangsregelungen gemäß Artikel 35 Absatz 5 der Verordnung (EU) Nr. 600/2014 beantragt, richtet sie eine schriftliche Mitteilung an die für sie zuständige Behörde und verwendet dabei das Formular 1 im Anhang dieser Verordnung.

In der Fassung vom 24.6.2016 (ABl. EU Nr. L 87 v. 31.3.2017, S. 212).

Art. 16 Verfahren für Mitteilungen von der zuständigen Behörde an die ESMA und das CCP-Kollegium

Die jeweils zuständigen Behörden setzen die ESMA und das CCP-Kollegium über jede Entscheidung zur Zulassung von Übergangsregelungen gemäß Artikel 35 Absatz 5 der Verordnung (EU) Nr. 600/2014 schriftlich, ohne unverhältnismäßige Verzögerung und in keinem Fall später als einen Monat nach der Entscheidung in Kenntnis und verwenden dabei das Formular 2 im Anhang dieser Verordnung.

In der Fassung vom 24.6.2016 (ABl. EU Nr. L 87 v. 31.3.2017, S. 212).

Anhang

(nicht abgedruckt)

Schrifttum: *Europäischer Ausschuss für Systemrisiken (ESRB)*, Antwort auf den Bericht der ESMA über die vorübergehenden Ausnahme von börsengehandelten Derivaten von Artikel 35 und 36 vom 9.2.2016, abrufbar über: https://www.esrb.europa.eu („*ESRB* Bericht nach Art. 52(12) MiFIR"); *Europäische Wertpapier- und Marktaufsichtsbehörde (ESMA)*, „Fragen und Antworten zu MiFID II und MiFIR Marktstrukturthemen", ESMA70-872942901-38 vom 29.5.2018, abrufbar über: https://www.esma.europa.eu („*ESMA* Q&A MiFID II/MiFIR Market Structures"); *ESMA*, Endgültiger Bericht der ESMA zu technischen Regulierungs- und Durchführungsstandards unter der MiFID II/MiFIR, ESMA/2015/1464 vom 28.9.2015; abrufbar über: https://www.esma.europa.eu („*ESMA* RTS MiFID II/MiFIR"); *ESMA*, Risikobewertung der vorübergehenden Ausnahme von börsengehandelten Derivaten von Artikel 35 und 36 MiFIR, ESMA/2016/461 vom 4.4.2016, abrufbar über: https://www.esma.europa.eu („*ESMA* Bericht nach Art. 52(12) MiFIR"); *ESMA*, Liste der Handelsplätze und CCPs, die von der vorübergehende Ausnahme vom Zugangserfordernis unter Artikel 54(2) MiFIR profitieren, ESMA70-155-4809 vom 26.3.2018, abrufbar über: https://www.esma.europa.eu („*ESMA* Liste Artikel 54(2) MiFIR"); *Kommission*, Bericht an das Europäische Parlament und den Rat über die Notwendigkeit, börsengehandelte Derivate vorübergehend vom Anwendungsbereich der Artikel 35 und 36 Verordnung (EU) Nr. 600/2014 über Märkte für Finanzinstrumente auszunehmen, COM(2017) 468 final vom 11.9.2017, abrufbar über: http://eur-lex.europa.eu („*Kommission* Bericht nach Art. 52(12) MiFIR").

I. Pflicht zur Gewährung des Zugangs (Art. 35 Abs. 1 VO Nr. 600/2014) 1	h) Vorübergehende Befreiung neu errichteter CCPs (Art. 35 Abs. 5 VO Nr. 600/2014) . . . 33
1. Anwendungsbereich 5	i) Vorübergehende Befreiung von CCPs, die börsengehandelte Derivate clearen (Art. 52 Abs. 2 VO Nr. 600/2014) 37a
2. Gegenstand der Zugangspflicht 8	**II. Zugangsverfahren (Art. 35 Abs. 2–4 VO Nr. 600/2014)** 38
3. Anforderungen an den Zugang, Versagungsgründe 10	1. Antrag 38
a) Transaktionsvolumen (Art. 2 DelVO 2017/581) 14	2. Fristen 39
b) Komplexität der neuen Finanzinstrumente (Art. 3 DelVO 2017/581) 16	3. Weigerung der zuständigen Behörden 40
c) Sonstige operationelle Risiken (Art. 4 DelVO 2017/581) 18	4. Weigerung der CCP 45
d) Sicherheitenanforderungen (Art. 12 DelVO 2017/581) 23	5. Zustimmung der CCP und Bedingungen des Zugangs 47
e) Nettingverfahren (Art. 13 DelVO 2017/581) 26	**III. Technische Regulierungsstandards (Art. 35 Abs. 6 VO Nr. 600/2014)** 50
f) Besicherung auf Portfolioebene (Art. 14 DelVO 2017/581) 28	**IV. Prüfauftrag: Vorübergehende Befreiung börsengehandelter Derivate (Art. 52 Abs. 12 VO Nr. 600/2014)** 51
g) Enge Verbindung zu kleinem Handelsplatz (Art. 35 Abs. 1 Unterabs. 3 VO Nr. 600/2014) 31	

I. Pflicht zur Gewährung des Zugangs (Art. 35 Abs. 1 VO Nr. 600/2014). Eine für das Clearing von Finanzinstrumenten zugelassene CCP muss jedem Handelsplatz, der dies wünscht, in transparenter und nichtdiskriminierender Weise die Möglichkeit einräumen, die an ihm gehandelten Finanzinstrumente durch die CCP clearen zu lassen. 1

Art. 35 Abs. 1 VO Nr. 600/2014 ist Ausprägung der im U.S.-amerikanischen und europäischen Kartellrecht entwickelten **Essential-Facilities-Doktrin**[1]. Danach ist es einem Anbieter von Waren oder Dienstleistungen, der im Hinblick auf die von ihm angebotenen Leistungen eine **Monopolstellung** innehat, untersagt, anderen Unternehmen eines **nachgelagerten Marktes**, die für die Erbringung der von ihnen angebotenen Waren oder Dienst- 2

---

1 Grundlegend: *Kommission*, Entscheidung v. 11.6.1991 – Sealink I, Bulletin der EG Nr. 6, 1992, Tz. 1.3.30; *Kommission*, Entscheidung v. 21.12.1993 – 94/19/EG – Sealink II, ABl. EG 1994 Nr. L 15, S. 8 (Sealink II); *Kommission*, Entscheidung v. 21.12.1993 – 94/119/EG – Hafen von Rødby, ABl. EG 1994 Nr. L 55, S. 52.

leistungen auf die Nutzung der Leistungen zwingend angewiesen sind, den Zugang zu ihren Leistungen missbräuchlich zu verweigern oder zu erschweren. Die Essential-Facilities-Doktrin stützt sich auf das in Art. 106 Abs. 1 i.V.m. Art. 102 AEUV verankerte Verbot des Missbrauches einer marktbeherrschenden Stellung; sie ist von den europäischen Gerichten auch auf Finanzmarktinfrastruktureinrichtungen übertragen worden[1].

3 Zweck der Regelung ist die Gewährleistung eines **fairen und offenen Zugangs** zwischen Handelsplätzen und CCPs bzw. die Schaffung eines von Wettbewerbsverzerrungen befreiten europäischen Marktes für Finanzinstrumente[2]. Der **Wettbewerb zwischen den Handelsplätzen** soll letztlich auch die Kosten für die Anleger senken, in dem möglicherweise existierende diskriminierende Praktiken auf Ebene der CCPs verhindert werden[3].

4 Art. 35 Abs. 1 VO Nr. 600/2014 regelt den Zugang zu den CCPs, die für das Clearing von an Handelsplätzen gehandelten Derivaten, übertragbaren Wertpapieren oder Geldmarktinstrumenten zugelassen worden sind. Der Zugang zu CCPs, die OTC-Derivate abwickeln, ist in Art. 7 VO Nr. 648/2012 (EMIR) geregelt. Beide Vorschriften stimmen hinsichtlich Zweck und Struktur weitestgehend überein und können in weiten Teilen als einheitliches Regime aufgefasst werden[4].

5 **1. Anwendungsbereich.** Der **persönliche Anwendungsbereich** der Zugangspflicht beschränkt sich auf die nach Art. 14 VO Nr. 648/2012 zugelassenen **CCPs mit Sitz in der Union**. Ihnen gleichgestellt sind die CCPs, die vor Inkrafttreten der EMIR im Rahmen eines nationalen Zulassungssystems eines Mitgliedstaates zugelassen wurden. Ausgenommen sind hingegen CCPs mit Sitz in einem Drittstaat, die von der ESMA nach Art. 25 VO Nr. 648/2012 anerkannt wurden.

6 Zwar lässt sich den Bestimmungen über die befristete Freistellung von der Zugangspflicht in Art. 35 Abs. 5 VO Nr. 600/2014 entnehmen, dass der Gesetzgeber auch die **nach Art. 25 VO Nr. 648/2012 anerkannten Drittland-CCPs** im persönlichen Anwendungsbereich des Art. 35 VO Nr. 600/2014 sah. Das in Art. 35 Abs. 2–4 VO Nr. 600/2014 geregelte Verfahren ist jedoch vollständig auf die in der Union ansässigen CCPs zugeschnitten und sieht weder die Beteiligung der ESMA noch die Einbindung der zuständigen Behörden des Drittlandes vor. Auch ist nicht erkennbar, wie der grundlos verweigerte Zugang ohne die Mitwirkung der im Drittland ansässigen Aufsichtsbehörde durchgesetzt werden kann. Auch ein Widerruf der Anerkennung nach Art. 25 Abs. 5 Satz 2 VO Nr. 648/2012 ist ausgeschlossen, solange die Drittland-CCP die in Art. 25 Abs. 2 VO Nr. 648/2012 genannten Voraussetzungen erfüllt. Es muss sich daher bei der Nennung der Drittland-CCPs in Art. 35 Abs. 5 VO Nr. 600/2014 um ein Redaktionsversehen handeln.

7 Dem in Art. 2 Nr. 4 VO Nr. 648/2012 definierten Begriff Handelsplatz und Art. 38 VO Nr. 600/2014 ist zu entnehmen, dass **Inhaber** des durch Art. 35 Abs. 1 VO Nr. 600/2014 begründeten Zugangsrechts nur ein **europäischer** geregelter Markt bzw. ein von einer Wertpapierfirma oder einem Marktbetreiber mit Sitz in der Union betriebenes multilaterales Handelssystem (multilateral trading facilities, MTF) oder organisiertes Handelssystem (organised trading facilites, OTF) sein kann. Den in einem Drittland ansässigen Handelsplätzen stehen Zugangsrechte nur dann zu, wenn sie zusätzlich zu den Anforderungen des Art. 35 VO Nr. 600/2014 auch die Bedingungen des Art. 38 Abs. 1 VO Nr. 600/2014 erfüllen. Hierzu zählen ein **Durchführungsbeschluss** der Kommission über die Gleichwertigkeit des Rechts- und Aufsichtsrahmens nach Art. 28 Abs. 4 VO Nr. 600/2014 sowie die Feststellung, dass europäischen Handelsplätzen in dem Drittland ein gleichwertiger Zugang zu den in dem Drittland ansässigen CCPs gewährt wird.

8 **2. Gegenstand der Zugangspflicht.** Ist eine CCP für das Clearing von Finanzinstrumenten zugelassen, muss sie auf Antrag eines Handelsplatzes auch die an diesem Handelsplatz abgeschlossenen Finanzinstrumente in ihr Clearing aufnehmen.

9 Anders als die Parallelnorm in Art. 7 VO Nr. 648/2012[5], beschränkt sich die Zugangspflicht nicht auf diejenigen Kategorien von Finanzinstrumenten, für die die CCP ihre Zulassung erhalten hat. Muss die CCP dem Handelsplatz den Zugang gewähren, so kann dies daher auch bedeuten, dass die CCP durch **Erweiterung ihrer Zulassung** nach Art. 15 VO Nr. 648/2012 und Anpassung ihrer Systeme erst die Voraussetzung dafür schaffen muss, dass sie die zusätzlichen Finanzinstrumente abwickeln kann. Der Zugang kann nach Art. 4 Abs. 1 Buchst. a DelVO 2017/581 erst dann verweigert werden, wenn die CCP auch bei angemessenen Anstrengungen nicht in der Lage wäre, die an die neue Clearingtätigkeit zu stellenden Anforderungen zu erfüllen.

---

1 EuG v. 9.9.2009 – T-301/04, ECLI:EU:T:2009:317 – Clearstream, Slg. 2009, II-3155.
2 Erwägungsgrund Nr. 28 VO Nr. 600/2014: „Im Interesse eines effektiven Wettbewerbs zwischen Handelsplätzen für Derivate ist es von zentraler Bedeutung, dass die Handelsplätze über einen diskriminierungsfreien, transparenten Zugang zu zentralen Gegenparteien verfügen."
3 Kommission, Bericht an das Europäische Parlament und den Rat über die Notwendigkeit, börsengehandelte Derivate vorübergehend vom Anwendungsbereich der Artikel 35 und 36 Verordnung (EU) Nr. 600/2014 über Märkte für Finanzinstrumente auszunehmen, COM(2017) 468 final vom 11.9.2017, abrufbar über: http://eur-lex.europa.eu/legal-content/DE/TXT/PDF/?uri=CELEX:52017DC0468&from=DE – Kommission Bericht nach Art. 52 (12) MiFIR"); S. 3.
4 Erwägungsgrund Nr. 39 VO Nr. 600/2014 weist auf die angestrebte Kohärenz der beiden Regelungen hin.
5 Art. 7 Abs. 1 Unterabs. 1 VO Nr. 648/2012 beschränkt die Zugangspflicht auf „solche Kontrakte".

3. Anforderungen an den Zugang, Versagungsgründe. Die Verpflichtung, Handelsplätzen einen **diskriminierungsfreien Zugang** zu ermöglichen, bedeutet, dass die CCP bei den Anforderungen, die sie an das Clearing einer bestimmten Kategorie von Finanzinstrumenten stellt und den hierfür geforderten Entgelten nicht danach unterscheiden darf, an welchem Handelsplatz das Finanzinstrument gehandelt worden ist. Die CCP kann nach Art. 35 Abs. 1 Unterabs. 2 VO Nr. 600/2014 jedoch verlangen, dass der Handelsplatz den von ihr gestellten **operativen und technischen Anforderungen** sowie den Anforderungen ihres **Risikomanagements** entspricht. 10

Das Recht der CCP, den Zugang zu ihren Clearingdienstleistungen aus operativen oder technischen Gründen oder aufgrund der Anforderungen ihres Risikomanagements zu verweigern, wird durch Art. 35 Abs. 3 Unterabs. 1 Satz 2 VO Nr. 600/2014 und den Verweis auf Art. 35 Abs. 6 Buchst. a VO Nr. 600/2014 bzw. auf die Bestimmungen der DelVO 2017/581 konkretisiert. Die zulässigen Verweigerungsgründe sind in den Art. 1–4 DelVO 2017/581 geregelt. Art. 1 Abs. 1 DelVO 2017/581 beschreibt insoweit den allgemeinen Grundsatz: Dass die CCP den Zugang nur dann versagen darf, wenn sie alle **angemessenen Anstrengungen zur Steuerung ihrer Risiken** unternommen hat und trotzdem feststellen muss, dass weiterhin erhebliche, unangemessene und nicht steuerbare Risiken verbleiben[1]. 11

In Art. 35 Abs. 1 Unterabs. 1 Buchst. a und b VO Nr. 600/2014 besonders hervorgehoben werden die von der CCP gestellten Anforderungen an die **Besicherung**, die **Aufrechnung** wirtschaftlich gleichwertiger Kontrakte und an das sog. „**Cross-Margining**" korrelierender Finanzinstrumente. Sie müssen, unabhängig vom Ort an dem die Finanzinstrumente gehandelt wurden, auf sämtliche Finanzinstrumente angewendet werden, die wirtschaftlich gleichwertig sind. Ausnahmen sind nur unter den in Art. 12–14 DelVO 2017/581 genannten Bedingungen zulässig. 12

Einen besonderen Versagungsgrund gewährt Art. 35 Abs. 1 Unterabs. 3 VO Nr. 600/2014 für die CCPs, die eine enge Verbindung zu einem **kleinen Handelsplatz für börsengehandelte Derivate** aufweisen, wenn dieser sich von der Zugangspflicht des Art. 36 VO Nr. 600/2014 hat befreien lassen. Einen weiteren Versagungsgrund begründete Art. 35 Abs. 5 VO Nr. 600/2014 für **neu errichtete CCPs**, die handelbare Wertpapiere und Geldmarktinstrumente clearen und die sich auf Antrag vorübergehend bis zum 3.7.2020[2] von der Pflicht zur Zugangsgewährung befreien ließen. Darüber hinaus konnten sich CCPs, die börsengehandelte Derivate clearen, nach Art. 54 Abs. 2 VO Nr. 600/2014 ebenfalls vorübergehend bis 3.7.2020[3] von der Zugangspflicht des Art. 35 VO Nr. 600/2014 befreien lassen. 13

a) Transaktionsvolumen (Art. 2 DelVO 2017/581). Ein zulässiges Differenzierungsmerkmal und Versagungsgrund ist das im Falle der Gewährung des Zugangs zu erwartende Transaktionsvolumen. So kann der Zugang nach Art. 2 Buchst. a DelVO 2017/581 verweigert werden, wenn die skalierbare Struktur der CCP in einem solchen Maße überschritten würde, dass die CCP ihre Systeme nicht mehr an das erwartete **Transaktionsvolumen** anpassen kann. Gleiches gilt nach Art. 2 Buchst. b DelVO 2017/581, wenn die geplanten Kapazitäten der CCP in einem Umfang überschritten würden, der von der CCP durch Erwerb neuer Zusatzkapazitäten nicht mehr abgedeckt werden kann. 14

Art. 2 DelVO 2017/581 berücksichtigt bereits die allgemeinen Anforderungen der auf Art. 26 Abs. 9 VO Nr. 648/2012 gestützten Bestimmungen in Art. 9 Abs. 1 Unterabs. 2 DelVO Nr. 153/2013, wonach die informationstechnischen Systeme einer CCP bei Bedarf skalierbar sein müssen, um zusätzliche Informationen verarbeiten zu können[4]. Will eine CCP die Versagung des Zugangs mit Kapazitätsengpässen begründen, muss sie daher auch darlegen, welchen vorhersehbaren Anstieg des Transaktionsvolumens aufgrund der vorgehaltenen Reserven sie noch abfangen könnte, und dass der erwartete höhere Anstieg diese Reserven übersteigt[5]. Kein Versagungsgrund ist hingegen der erwartete Zuwachs an neuen Clearingmitgliedern und die „Gefahr", dass die neuen Clearingmitglieder von der CCP die Eröffnung von Einzelkunden-Konten i.S.d. Art. 39 Abs. 3 VO Nr. 648/2012 verlangen[6], oder die Tatsache, dass der Handelsplatz, an dem Warenderivate gehandelt werden, Positionsmanagementkontrollen nach Art. 57 Abs. 8 RL 2014/65/EU (MiFID II) durchführen muss, die auch auf Seiten der CCP mit erheblichem Abstimmungsbedarf verbunden sind[7]. 15

---

1 *Europäische Wertpapier- und Marktaufsichtsbehörde (ESMA)*, Endgültiger Bericht der ESMA zu technischen Regulierungs- und Durchführungsstandards unter der MiFID II/MiFIR, ESMA/2015/1464 vom 28.9.2015, abrufbar über: https://www.esma.europa.eu/sites/default/files/library/2015/11/2015-esma-1464_-_final_report_-_draft_rts_and_its_on_mifid_ii_and_mifir.pdf („*ESMA* RTS MiFID II/MiFIR"), S. 276, Rz. 3.
2 Die Übergangsfrist endete ursprünglich am 3.7.2019. Sie ist durch Art. 1 Abs. 10 VO 2016/1033 um ein Jahr verlängert worden. S. Verordnung (EU) 2016/1033 des Europäischen Parlaments und des Rates vom 23. Juni 2016 zur Änderung der Verordnung (EU) Nr. 600/2014 über Märkte für Finanzinstrumente, der Verordnung (EU) Nr. 596/2014 über Marktmissbrauch und der Verordnung (EU) Nr. 909/2014 zur Verbesserung der Wertpapierlieferungen und -abrechnungen in der Europäischen Union und über Zentralverwahrer, ABl. EU Nr. L 175 v. 30.6.2016, S. 1 (sog. „Quick-Fix-Regulation").
3 Die Übergangsfrist endete ursprünglich am 3.7.2019. Sie ist durch Art. 1 Abs. 13 VO 2016/1033 um ein Jahr verlängert worden.
4 *ESMA* RTS MiFID II/MiFIR, S. 277, Rz. 7 Fn. 17.
5 *ESMA* RTS MiFID II/MiFIR, S. 277, Rz. 11.
6 *ESMA* RTS MiFID II/MiFIR, S. 278, Rz. 17.
7 *ESMA* RTS MiFID II/MiFIR, S. 280, Rz. 26.

16 **b) Komplexität der neuen Finanzinstrumente (Art. 3 DelVO 2017/581).** Mit operationellen Risiken kann die Ablehnung der Zulassung nach Art. 3 Unterabs. 2 Buchst. a DelVO 2017/581 dann begründet werden, wenn die **IT-Systeme** der CCP und des Handelsplatzes **nicht kompatibel** sind. So kann die CCP insbesondere verlangen, dass der Handelsplatz die von ihr bekannt gemachten Anforderungen an die Nachrichtenformate, die für die Kommunikation und den Datenaustausch zu verwenden sind (Art. 38 Abs. 4 VO Nr. 648/2012), erfüllen kann.

17 Ein weiterer zulässiger Versagungsgrund ist nach Art. 3 Unterabs. 2 Buchst. b DelVO 2017/581, dass die von der CCP beschäftigten **Mitarbeiter** nicht über die für das Clearing und die Risikosteuerung der neuen Finanzinstrumente erforderlichen Kenntnisse und Erfahrungen verfügen oder, dass die CCP nicht in der Lage ist, entsprechend qualifiziertes Personal einzusetzen. Voraussetzung ist jedoch, dass die CCP darlegen kann, dass sich das Risikoprofil der neuen Finanzinstrumente von dem der bereits geclearten Finanzinstrumente wesentlich unterscheidet. Ein Beispiel für Finanzinstrumente mit deutlich unterschiedlichem Risikoprofil sind z.B. Aktien eines Hauptindexes auf der einen Seite und physisch zu erfüllende Stromderivate[1].

18 **c) Sonstige operationelle Risiken (Art. 4 DelVO 2017/581).** Hat die CCP für die Finanzinstrumente, für die der Zugang beantragt wird, bislang noch keine Clearingdienstleistungen erbracht, so kann sie wie bereits erwähnt (Rz. 9) nach Art. 4 Abs. 1 Buchst. a DelVO 2017/581 den Zugang dann verweigern, wenn sie die in der EMIR gestellten Anforderungen an das Clearing dieser Finanzinstrumente trotz angemessener Anstrengungen nicht erfüllen könnte[2]. Die **Nichterfüllen der EMIR-Anforderungen** würde zugleich bedeuten, dass die CCP die für die Erweiterung der Zulassung erforderliche Genehmigung nach Art. 15 und 17 VO Nr. 648/2012 nicht erlangen könnte, was auf eine rechtliche Unmöglichkeit hinausliefe.

19 Ein weiterer Versagungsgrund ist nach Art. 4 Abs. 1 Buchst. b DelVO 2017/581 die mögliche Gefährdung der **Rentabilität der CCP** oder der Fähigkeit der CCP, ihre **Eigenmittelanforderungen** nach Art. 16 Abs. 2 VO Nr. 648/20 zu erfüllen. Eine Gefährdung der Rentabilität kann z.B. dann gegeben sein, wenn die Gewährung des Zugangs für die CCP mit unverhältnismäßig hohem Aufwand verbunden wäre[3].

20 **Rechtliche Risiken** können nach Art. 4 Abs. 1 Buchst. c und Abs. 2 DelVO 2017/581 dann einen Versagungsgrund bilden, wenn die CCP nach Gewährung des Zugangs nicht mehr in der Lage wäre, ihre Regelungen über die **Glattstellung** von Transaktionen oder den Zahlungsverzug durchzusetzen. Ein solcher Fall könnte dann gegeben sein, wenn die CCP im Rahmen der Erweiterung ihrer Dienstleistungen neue Clearingmitglieder aufnehmen (on-boarden) müsste, für die aufgrund des anwendbaren lokalen Insolvenzrechts zweifelhaft ist, ob das Liquidationsnetting oder die bei Ausfall des Clearingmitgliedes zur Anwendung kommenden Verfahren nach Art. 48 VO Nr. 648/2012 rechtlich durchsetzbar sind.

21 Ebenfalls relevant sind rechtliche Risiken, die sich aus der gleichzeitigen Verwendung unterschiedlicher **Auftragsannahmemodelle** ergeben und die sich trotz angemessener Anstrengungen nicht steuern lassen[4]. Die in der Praxis verwendeten Auftragsannahmemodelle unterscheiden i.d.R. zwischen dem **Open-Offer-Modell** (open offer trade acceptance model), bei dem die CCP bereits zu dem Zeitpunkt Vertragspartner wird, zu dem der Handelsplatz das an ihm geschlossene Geschäft über das Finanzinstrument durch Zusammenführung (matching) von Angebot und Annahme zustande bringt, und dem **Novation-Modell** (novation trade acceptance model), bei dem der Handelsplatz zunächst ein bilaterales Geschäft zwischen den beiden Teilnehmern des Handelsplatzes zustande bringt und die CCP erst durch gesonderte Schuldübernahme (novation) in die durch das Geschäft begründeten Rechtsbeziehung eintritt.

22 Die CCP kann den Zugang zu ihren Clearingdienstleistungen auch dann versagen, wenn sich die bestehenden **Inkompatibilität** zwischen den Regeln der CCP und den Regeln des Handelsplatzes trotz Zusammenarbeit mit dem Handelsplatz nicht beseitigen lassen (Art. 4 Abs. 1 Buchst. d DelVO 2017/581).

23 **d) Sicherheitenanforderungen (Art. 12 DelVO 2017/581).** Die in Art. 35 Abs. 1 Unterabs. 1 Buchst. a VO Nr. 600/2014 verwendete Formulierung „**wirtschaftlich gleichwertige Kontrakte**" ist vom Gesetzgeber nicht definiert worden. Auch die ESMA hat von einer Definition bewusst Abstand genommen[5] und sich auf wenige Grundsätze beschränkt. Art. 12 Abs. 2 DelVO 2017/581 macht zunächst deutlich, dass Finanzinstrumente, die

---

1 ESMA RTS MiFID II/MiFIR, S. 276, Rz. 5: „what constitutes a significant undue risk may differ when considering access [...] in relation to, for example, blue chips or power derivatives."
2 Die Pflicht der CCP, sich um eine Erweiterung der Zulassung zu bemühen, war im Rahmen der Anhörung als zu weitreichend kritisiert worden. Die ESMA hat an ihr gleichwohl festgehalten; *ESMA* RTS MiFID II/MiFIR, S. 280, Rz. 30.
3 *ESMA* RTS MiFID II/MiFIR, S. 281, Rz. 31.
4 *ESMA*, „Fragen und Antworten zu MiFID II und MiFIR Marktstrukturthemen", ESMA70-872942901-38 vom 29.5.2018, abrufbar über: https://www.esma.europa.eu/system/files_force/library/esma70-872942901-38_qas_markets_structures_issues.pdf („ESMA Q&A MiFID II/MiFIR Market Structures"), Part 6 (Access to CCPs and trading venues), Frage 2 [letzte Aktualisierung: 7.7.2017]: „how precisely the simultaneous use [...] give rise to significant undue risk that cannot be managed."
5 *ESMA* RTS MiFID II/MiFIR, S. 289, Rz. 67, mit Hinweis auf die fehlende Kompetenz und darauf, dass wirtschaftliche Gleichwertigkeit nicht bereits dann gegeben sei, wenn die betreffenden Finanzinstrumente korrelieren würden.

derselben Kategorie angehören wie die Finanzinstrumente, für die die CCP bereits eine Zulassung nach Art. 14 oder 15 VO Nr. 648/201 erhalten hat, als wirtschaftlich gleichwertig zu betrachten sind und deshalb denselben **Sicherheitenanforderungen** unterliegen müssen, und zwar unabhängig davon, wo die Finanzinstrumente gehandelt wurden (Art. 12 Abs. 4 Satz 1 DelVO 2017/581).

Im Umkehrschluss stellt Art. 12 Abs. 3 DelVO 2017/581 klar, dass die Notwendigkeit einer **Erweiterung der Zulassung** nach Art. 15 VO Nr. 648/201 auch impliziert, dass die von der Erweiterung gedeckten neuen Finanzinstrumente mit den von der ursprünglichen Zulassung gedeckten Finanzinstrumenten nicht wirtschaftlich gleichwertig sind. Insoweit wäre die Anwendung unterschiedlicher Sicherheitenanforderungen gerechtfertigt. 24

Nach Art. 12 Abs. 4 Satz 2 DelVO 2017/581 ist es zulässig, dass die CCP den Zugang zum Clearing davon abhängig macht, dass sie zuvor ihre für die Berechnung der Einschussanforderungen verwendeten Risikomodelle und Risikoparameter anpasst. Voraussetzung ist jedoch, dass die **Anpassung** dazu dient, die mit dem Handelsplatz verbundenen Risikofaktoren angemessen zu mindern bzw. zu steuern. Der in Art. 12 Abs. 4 Satz 2 DelVO 2017/581 enthaltene Verweis auf Art. 28 Abs. 3 VO Nr. 648/2012 bzw. und 49 Abs. 1 Unterabs. 2 VO Nr. 648/2012 stellt klar, dass die Anpassungen vom **Risikoausschuss** der CCP und vom dem im **Kollegium** vertretenen Aufsichtsbehörden und Stellen begutachtet werden müssen. 25

e) **Nettingverfahren (Art. 13 DelVO 2017/581).** Der Grundsatz, dass Finanzinstrumente, die derselben Kategorie angehören, als wirtschaftlich gleichwertige Kontrakte denselben Regelungen unterliegen müssen, gilt nach Art. 13 Abs. 1 DelVO 2017/581 auch für das **Netting bzw. die Glattstellung von Positionen**[1]. Voraussetzung ist jedoch, dass die von der CCP angewendeten Nettingverfahren nach der RL 98/26/EG[2] und dem anwendbaren Insolvenzrecht rechtlich durchsetzbar sind. Weitere Voraussetzung ist nach Art. 13 Abs. 2 und 3 DelVO 2017/581, dass die in das Nettingverfahren eingestellten gegenläufigen Finanzinstrumente hinsichtlich ihrer Ausstattungsmerkmale **identisch sind und perfekt korrelieren**. Bleiben Basisrisiken bestehen, darf auf die Finanzinstrumente ein Netting- oder Glattstellungsverfahren nur angewendet werden, wenn die betreffenden Verfahren zuvor angepasst wurden. Auch hier ist eine Beteiligung des Risikoausschusses und des Kollegiums erforderlich[3]. 26

Bei dem in der RL 98/26/EG geregelten Nettingverfahren handelt es sich um das sog. **Payment-Netting**, d.h. die Aufrechnung der unter den Finanzinstrumenten fällig werdenden Zahlungsansprüche, die auch für das bilanzielle Netting nach IAS 32 von Bedeutung ist. Die perfekte Korrelation oder „Spiegelbildlichkeit" der Finanzinstrumente ist erreicht, wenn die unter den beiden Finanzinstrumenten begründeten gegenläufigen Zahlungsansprüche sich hinsichtlich Währung und Fälligkeitstag zu jedem Zeitpunkt aufrechenbar gegenüber stehen. Weichen die Zahlungsansprüche der Höhe nach voneinander ab, erfolgt das Payment-Netting nur in der Höhe, in der sich die fälligen Beträge decken. Eine perfekte Korrelation führt dazu, dass sich die beiden Finanzinstrumente und die durch sie begründeten Risikopositionen gegenseitig ganz oder teilweise aufheben bzw. glattstellen. Soweit sie sich aufheben, müssen **weder Nachschüsse noch Ersteinschüsse** verlangt werden. Sie die Finanzinstrumente nicht perfekt korreliert, kann eine wesentlich und zuverlässige Korrelation nur im Rahmen der Besicherung auf Portfolioeben berücksichtigt werden. 27

f) **Besicherung auf Portfolioebene (Art. 14 DelVO 2017/581).** Bei dem in Art. 35 Abs. 1 Unterabs. 1 Buchst. b VO Nr. 600/2014 angesprochenen **Cross Margining** korrelierter Finanzinstrumente handelt es sich um die in Art. 41 Abs. 4 Satz 2 VO Nr. 648/2012 und Art. 27 DelVO Nr. 153/2013 geregelte Besicherung von Finanzinstrumenten auf **Portfolioebene**. So kann die Besicherung auf Portfolioeben dazu führen, dass die für gegenläufige Finanzinstrumente ermittelten Einschussanforderungen ganz oder teilweise miteinander verrechnet werden können. Die Verrechnung oder Reduzierung der Marginanforderungen setzt nach Art. 27 Abs. 1 DelVO Nr. 153/2013 jedoch voraus, dass die beiden Finanzinstrumente hinsichtlich ihres Preisrisikos wesentlich und zuverlässig korrelieren, was von der CCP durch geeignete Stresstests und Rückvergleiche mit historischen Zeitreihen nachzuweisen ist. 28

Die vorstehend beschriebenen Verfahren des Nettings und Cross-Marginings verlangt von der CCP, dass sie die Positionen unabhängig vom Handelsplatz, an dem sie zustande gekommen sind, in demselben **Abrechnungskonto** zusammenfasst. 29

Da für die an unterschiedlichen Handelsplätzen zustande gekommenen Finanzinstrumente auch unterschiedliche Produktkennziffern (Unique Product Identifier, UPI) vergeben werden, muss die CCP für **Zwecke des Nettings** bzw. der Glattstellung durch geeignete Verfahren sicherstellen, dass die an unterschiedlichen Handelsplätzen abgeschlossenen gegenläufigen Finanzinstrumente als derselben Kategorie zugehörig identifiziert werden können. 30

---

1 *ESMA* RTS MiFID II/MiFIR, S. 291, Rz. 73.
2 Richtlinie 98/26/EG des Europäischen Parlaments und des Rates vom 19. Mai 1998 über die Wirksamkeit von Abrechnungen in Zahlungs- sowie Wertpapierliefer- und -abrechnungssystemen, ABl. EG Nr. L 166 v. 11.6.1998, S. 45.
3 Die Bezugnahme auf Basisrisiken war während der Anhörungen kritisiert worden, die ESMA hat jedoch an ihr festgehalten; *ESMA* RTS MiFID II/MiFIR, S. 292, Rz. 74.iii.

31 **g) Enge Verbindung zu kleinem Handelsplatz (Art. 35 Abs. 1 Unterabs. 3 VO Nr. 600/2014).** Nach Art. 35 Abs. 1 Unterabs. 3 VO Nr. 600/2014 kann die CCP den Zugang zu ihren Clearingdienstleistungen dann verweigern, wenn sie eine enge Verbindung zu einem kleinen Handelsplatz für börsengehandelte Derivate aufweist, der – weil er von der Möglichkeit des Art. 36 Abs. 5 VO Nr. 600/2014 Gebrauch gemacht hat – seinerseits von der Pflicht zur Gewährung diskriminierungsfreien Zugangs befreit ist. Art. 36 Abs. 5 VO Nr. 600/2014 findet nur auf solche Handelsplätze Anwendung, deren für das Jahr 2017 ermittelter Nominalbetrag der börsengehandelten Derivaten 1 Mio. Euro unterschreitet. Die Befreiung ist zunächst für 30 Monate, d.h. bis 3.6.2021, befristet. Hat der Handelsplatz in jedem der 30 Monate den Schwellenwert von 1 Mio. Euro unterschritten, kann er die Befreiung für weitere 30 Monate in Anspruch nehmen. Wegen der Einzelheiten wird auf die Ausführungen zu Art. 36 VO Nr. 600/2014 Rz. 19–28 verwiesen.

32 Mit der in der deutschen Fassung verwendeten Formulierung „enge Beziehungen" ist wie in der englischen Fassung („close links") die enge Verbindung gemeint. Der Begriff enge Verbindung wird in Art. 2 Abs. 1 Nr. 21 VO Nr. 600/2014 i.V.m. Art. 4 Abs. 1 Nr. 35 RL 2014/65/EU definiert. Sie ist nach Art. 4 Abs. 1 Nr. 35 Buchst. a RL 2014/65/EU bereits dann gegeben, wenn eine natürliche oder juristische Person **20 % der Stimmrechte** oder des **Kapitals** an einem Unternehmen hält oder kontrolliert.

33 **h) Vorübergehende Befreiung neu errichteter CCPs (Art. 35 Abs. 5 VO Nr. 600/2014).** Nach Art. 35 Abs. 5 Unterabs. 1 VO Nr. 600/2014 konnte eine neu errichtete CCP bei der für sie zuständigen Behörde beantragen, dass sie von der Pflicht zur Gewährung des Zugangs für eine Übergangsfrist bis 3.7.2020[1] befreit wird. Das Antragsrecht stand der CCPs nur zu, soweit sie Clearingdienstleistungen für **handelbare Wertpapiere und Geldmarktinstrumente** erbringen. Cleart die CCP börsengehandelte Derivate, stand ihr das Recht zur befristeten Freistellung nicht zu; sie konnte jedoch eine Befreiung nach Art. 52 Abs. 2 VO Nr. 600/2014 beantragen (s. Rz. 37a–37c).

34 Zu den neu errichteten CCPs zählten nach Art. 35 Abs. 5 Unterabs. 1 VO Nr. 600/2014 solche CCPs, die im Rahmen eines vor Inkrafttreten der EMIR bestehenden nationalen Zulassungssystems als CCP zugelassen worden waren, aber am Tag des Inkrafttretens der VO Nr. 600/2014, am 2.7.2014, noch **keine drei Jahre** zugelassen waren. Ihnen gleichgestellt waren die CCPs die nach Art. 14 oder 25 VO Nr. 648/2012 zugelassen oder anerkannt worden sind. Ausgenommen sind nach Art. 35 Abs. 5 Unterabs. 4 VO Nr. 600/2014 diejenigen CCPs, die durch eine Fusion mehrerer CCPs entstanden sind, es sei denn das sämtliche an der Fusion beteiligte CCPs die Dreijahresfrist erfüllten, d.h. erst nach dem 2.7.2011 zugelassen worden waren. Dass es sich bei der Nennung der nach Art. 25 VO Nr. 648/2012 anerkannten Drittland-CCPs um einen Irrtum handeln muss, wurde bereits in Rz. 6 ausgeführt.

35 Der Antrag musste vor dem 3.1.2018 gestellt werden. In ihren Auslegungsentscheidungen hatte sich die ESMA dafür ausgesprochen, dass der Antrag so früh wie möglich und nicht später als bis 30.9.2017 gestellt werden sollte[2]. Nach Art. 15 DelVO 2017/581 musste die CCP hierfür das im Anhang der DelVO 2017/581 abgedruckte Formular 1 nutzen.

36 Hatte die zuständige Behörde die Befreiung genehmigt, so musste sie nach Art. 35 Abs. 5 Unterabs. 2 Satz 2 VO Nr. 600/2014 den im Kollegium der betreffenden CCP vertreten Behörden und Stellen sowie der ESMA die Genehmigung mitteilen. Nach Art. 16 DelVO 2017/581 musste die CCP hierfür das im Anhang der DelVO 2017/581 abgedruckte Formular 2 nutzen. Die ESMA ist verpflichtet, eine Liste der bei ihr eingegangenen Benachrichtigungen zu veröffentlichen. Bislang sind Freistellungen nach Art. 35 Abs. 5 VO Nr. 600/2014 nicht bekannt geworden.

37 Folge einer erteilten Befreiung ist nicht nur die vorübergehende Suspendierung der Zugangspflicht. Nach Art. 35 Abs. 5 Unterabs. 2 Satz 1 VO Nr. 600/2014 ist eine weitere Wirkung der Suspendierung, dass die CCP für den Übergangszeitraum das durch Art. 36 VO Nr. 600/2014 garantierte Recht des Zugangs zu Handelsplätzen verliert. Ist die CCP mit einem oder mehreren Handelsplätzen eng verbunden, so sieht Art. 35 Abs. 5 Unterabs. 3 VO Nr. 600/2014 vor, dass den Handelsplätzen das durch Art. 35 VO Nr. 600/2014 begründete Recht auf Zugang zu einer CCP für die Dauer der Befreiung ebenfalls nicht zusteht. Die zuletzt genannte Regelung ist der Grund dafür, warum die im Anhang der DelVO 2017/581 abgedruckten Formulare die Angabe der Handelsplätze mit enger Verbindung verlangen.

37a **i) Vorübergehende Befreiung von CCPs, die börsengehandelte Derivate clearen (Art. 52 Abs. 2 VO Nr. 600/2014).** Nach Art. 52 Abs. 12 VO Nr. 600/2014 war die Kommission verpflichtet, dem Europäischen Parlament und dem Rat bis zum 3.7.2016 einen **Bericht** vorzulegen, in dem sie beurteilt, ob es notwendig ist, börsengehandelte Derivate vorübergehend vom Anwendungsbereich der Art. 35 und 36 VO Nr. 600/2014 auszunehmen. Dieser Verpflichtung ist die Kommission am 11.9.2017 nachgekommen[3]. In den Schlussfolgerungen

---

[1] Die Übergangsfrist endete ursprünglich am 3.7.2019. Sie ist durch Art. 1 Abs. 10 VO 2016/1033 um ein Jahr verlängert worden.

[2] *ESMA* Q&A MiFID II/MiFIR Market Structures, Part 6 (Access to CCPs and trading venues), Frage 1 [letzte Aktualisierung: 7.7.2017].

[3] *Kommission*, Bericht an das Europäische Parlament und den Rat über die Notwendigkeit, börsengehandelte Derivate vorübergehend vom Anwendungsbereich der Artikel 35 und 36 Verordnung (EU) Nr. 600/2014 über Märkte für Finanzinstrumente auszunehmen, COM(2017) 468 final vom 11.9.2017, abrufbar über: http://eur-lex.europa.eu/legal-content/DE/TXT/PDF/?uri=CELEX:52017DC0468&from=DE („*Kommission* Bericht nach Art. 52 (12) MiFIR").

ihres Berichts stellte die Kommission fest, dass für eine vorübergehende Freistellung börsengehandelter Derivate von der Zugangspflicht keine Notwendigkeit bestehe[1], insbesondere sei nicht zu erkennen, dass von den Zugangsvereinbarungen ein nennenswertes Systemrisiko ausgehe.

Mit ihrem Bericht hatte die Kommission die Möglichkeit einer vorübergehenden Freistellung börsengehandelter Derivate nach Art. 54 Abs. 2 VO Nr. 600/2014 eröffnet. Die Übergangsbestimmung sah vor, dass eine CCP bis zum Inkrafttreten der MiFIR, d.h. vor dem 3.1.2018, bei der zuständigen Behörde einen Antrag auf vorübergehende Freistellung von der Zugangspflicht stellen konnte. Nach Aussage der ESMA sollte die Befreiung nicht später als bis 30.9.2017 beantragt werden[2]. Anders als die für kleine Handelsplätze und für die mit ihnen verbundenen CCPs vorgesehene Befreiung börsengehandelter Derivate nach Art. 36 Abs. 5 VO Nr. 600/2014 i.V.m. Art. 35 Abs. 1 Unterabs. 3 VO Nr. 600/2014 konnte die Befreiung nach Art. 54 Abs. 2 VO Nr. 600/2014 nur befristet für einen **Zeitraum bis zum bis 3.7.2020**[3] gewährt werden[4]. 37b

Von der Befreiungsmöglichkeit des Art. 54 Abs. 2 VO Nr. 600/2014 haben zahlreiche CCPs und Handelsplätze – in Deutschland auch die Eurex Deutschland und die Eurex Clearing AG[5] – Gebrauch gemacht. Die ESMA veröffentlicht auf Ihrer Webseite eine **Liste der CCPs und Handelsplätze**, denen die Freistellung nach Art. 54 Abs. 2 VO Nr. 600/2014[6] gewährt wurde. 37c

II. Zugangsverfahren (Art. 35 Abs. 2–4 VO Nr. 600/2014). 1. Antrag. Nach Art. 35 Abs. 2 VO Nr. 600/2014 hat der Handelsplatz seinen **Antrag auf Zugang** an die CCP sowie an die beiden für den Handelsplatz und die CCP zuständigen Behörden zu richten. In dem Antrag ist anzugeben, für welche Arten von Finanzinstrumenten der Zugang angestrebt wird. 38

2. Fristen. Die CCP muss dem Handelsplatz innerhalb der in Art. 35 Abs. 3 Satz 1 VO Nr. 600/2014 genannten **Fristen** schriftlich antworten. Hat der Handelsplatz den Zugang für übertragbare Wertpapiere oder Geldmarktinstrumente beantragt, beträgt die Frist **drei Monate**; bei börsengehandelten Derivaten beträgt die Frist **sechs Monate**. Die längere Frist für börsengehandelte Derivate hat ihren Grund in der – verglichen mit übertragbaren Wertpapieren oder Geldmarktinstrumenten – größeren Komplexität: Sie weisen i.d.R. längere Laufzeit und Hebeleffekte (high leverage effects) auf[7]. 39

3. Weigerung der zuständigen Behörden. Die CCP darf den Zugang zu ihren Clearingdienstleistungen nur dann gewähren, wenn die **zuständigen Behörden** ihn zuvor gestattet haben. Nach Art. 35 Abs. 4 Unterabs. 1 VO Nr. 600/2014 dürfen die zuständigen Behörden den Zugang nur dann gestatten, wenn er keine Interoperabilitätsvereinbarung i.S.v. Art. 2 Nr. 7 VO Nr. 648/2012 erforderlich macht und weder das reibungslose und ordnungsgemäße **Funktionieren der Märkte** gefährden noch **Systemrisiken** verstärken würde. Hiervon abweichend ist die Notwendigkeit einer Interoperabilitätsvereinbarung nach Art. 35 Abs. 4 Unterabs. 2 VO Nr. 600/2014 dann kein Zugangshindernis, wenn der Handelsplatz und die CCP, die den indirekten Zugang zum Handelsplatz vermittelt, der Vereinbarung bereits zugestimmt haben und sämtliche Risiken, denen die CCP, die den Zugang gewähren soll, ausgesetzt ist, von einer dritten Partei abgesichert werden. 40

Die Bedingungen unter denen eine zuständige Behörde davon ausgehen kann, dass der Zugang das reibungslose und ordnungsgemäße **Funktionieren der Märkte** gefährden oder **Systemrisiken** verstärken würde, sind in Art. 8 DelVO 2017/581 näher bestimmt worden. Genannt werden zum einen die Fragmentierung der Liquidität i.S.d. Art. 2 Abs. 1 Nr. 45 VO Nr. 600/2014, zum anderen der Umstand, dass das Risikomanagementverfahren einer der beiden Parteien nicht ausreichen, um zu verhindern dass mit dem Zugang erhebliche unangemessene Risiken für Dritte verbunden sind, die nicht wirksam gemindert oder gesteuert werden können. 41

Ein mit dem offenen und diskriminierungsfreien Zugang verbundenes Systemrisiko könnte das Entstehen einer einzigen großen CCP bzw. eines neuen **Konzentrationsrisikos** (single point of failure) sein. Kommission[8], 42

---

1 *Kommission* Bericht nach Art. 52 (12) MiFIR, S. 11/12.
2 *ESMA* Q&A MiFID II/MiFIR Market Structures, Part 6 (Access to CCPs and trading venues), Frage 5 [letzte Aktualisierung: 12.9.2017].
3 Die Übergangsfrist endete ursprünglich am 3.7.2019. Sie ist durch Art. 1 Abs. 13 VO 2016/1033 um ein Jahr verlängert worden.
4 *ESMA* Q&A MiFID II/MiFIR Market Structures, Part 6 (Access to CCPs and trading venues), Frage 4 [letzte Aktualisierung: 12.9.2017].
5 *BaFin*, Pressemitteilung „Eurex Clearing AG: BaFin gibt Antrag auf Übergangsregelung für börsengehandelte Derivate statt" vom 2.1.2018, abrufbar über: https://www.bafin.de/SharedDocs/Veroeffentlichungen/DE/Meldung/2018/meldung_180102_Eurex.html%20_blank („*BaFin* Pressemitteilung Eurex").
6 *ESMA*, Liste der Handelsplätze und CCPs, die von der vorübergehende Ausnahme vom Zugangserfordernis unter Artikel 54(2) MiFIR profitieren, ESMA70-155-4809 vom 26.3.2018, abrufbar über: https://www.esma.europa.eu/sites/default/files/library/esma70-155-4809_list_of_access_exemptions_art.54.pdf („*ESMA* Liste Artikel 54(2) MiFIR").
7 *ESMA*, Risikobewertung der vorübergehenden Ausnahme von börsengehandelten Derivaten von Artikel 35 und 36 MiFIR, ESMA/2016/461 vom 4.4.2016, abrufbar über: https://www.esma.europa.eu/sites/default/files/library/2016-461_etd_final_report.pdf („*ESMA* Bericht nach Art. 52(12) MiFIR"), Rz. 69.
8 *Kommission* Bericht nach Art. 52(12) MiFIR, S. 8.

ESMA[1] und der Europäische Ausschuss für Systemrisiken (ESRB)[2] hatten darauf hingewiesen, dass Handelsplätze, die die Möglichkeit hätten, sich die CCP selbst auszusuchen, sich stets für die attraktivste CCP entscheiden würden. Bestimmende Faktoren wären hierbei niedrige Clearinggebühren oder geringere Sicherheitenanforderungen[3], die auch ein wesentlicher Faktor für die Preisgestaltung der Handelsplätze seien[4], sowie die Möglichkeit, Sicherheitenanforderungen durch die Zunahme von Netting- und Portfoliomargining-Möglichkeiten zu reduzieren[5].

43 **Verweigert eine zuständige Behörde** ihre Zustimmung, so muss sie ihren Beschluss nach Art. 35 Abs. 4 Unterabs. 4 VO Nr. 600/2014 innerhalb von zwei Monaten nach Erhalt des Antrages fassen und ihn gegenüber der anderen zuständigen Behörde, der CCP und dem antragstellenden Handelsplatz begründen sowie die Nachweise beibringen, auf deren Grundlage sie ihren Beschluss gefasst hat. Die CCP ist an die Verweigerung der Zustimmung gebunden; sie muss dem antragstellenden Handelsplatz innerhalb der in Art. 35 Abs. 3 Satz 1 VO Nr. 600/2014 bestimmten Fristen schriftlich mitteilen, dass sie ihm den Zugang untersagt.

44 Sind sich die beiden zuständigen Behörden nicht einig und haben sie ihren Sitz in unterschiedlichen Mitgliedstaaten, so können die Meinungsverschiedenheiten von der **ESMA** nach dem in Art. 19 VO Nr. 1095/2010 geregelten Verfahren beigelegt werden. Nach Art. 19 Abs. 1 VO Nr. 1095/2010 wird die ESMA auf Ersuchen einer oder beider Behörden tätig. Führt die vermittelnde Tätigkeit der ESMA innerhalb der von ihr festgesetzten Frist nicht zu einem Erfolg, kann die ESMA nach Art. 44 VO Nr. 1095/2010 die Meinungsverschiedenheit durch verbindlichen Beschluss regeln.

45 **4. Weigerung der CCP.** Stimmen die zuständigen Behörden der Gewährung des Zugangs zu, so kann die **CCP** den Zugang nach Art. 35 Abs. 3 Satz 2 VO Nr. 600/2014 gleichwohl verweigern, wenn sie sich auf einen der in Art. 35 Abs. 6 Buchst. a VO Nr. 600/2014 genannten bzw. in der DelVO 2017/581 näher bestimmten **Versagungsgründe** berufen kann; wegen der zulässigen Versagungsgründe wird auf die Ausführungen in Rz. 10–22 verwiesen.

46 Untersagt die CCP den Zugang, so hat sie ihre Entscheidung in ihrer Antwort an den Handelsplatz ausführlich zu begründen. Nach Art. 35 Abs. 3 Satz 3 VO Nr. 600/2014 ist sie darüber hinaus verpflichtet, die für sie zuständige Behörde zu unterrichten. Hat die für den **Handelsplatz zuständige Behörde** ihren Sitz in einem anderen Mitgliedstaat, so hat die CCP ihre Entscheidung und die Begründung auch an die für den Handelsplatz zuständige Behörde zu übermitteln.

47 **5. Zustimmung der CCP und Bedingungen des Zugangs.** Stimmt die CCP dem Zugang zu, dann muss sie nach Art. 35 Abs. 3 Satz 5 VO Nr. 600/2014 den Zugang innerhalb von **drei Monaten** nach Zugang der positiven Mitteilung ermöglichen.

48 Die Bedingungen, unter denen die CCP den Zugang zu ihren Clearingdienstleistungen gewähren muss, sind in Art. 9 und 10 DelVO 2017/581 näher bestimmt. Nach Art. 9 DelVO 2017/581 müssen die CCP und der Handelsplatz eine **Zugangsvereinbarung** abschließen, in denen die beiderseitigen Rechte und Pflichten klar und transparent geregelt werden. Die Zugangsvereinbarung muss insbesondere den Zeitpunkt definieren, ab dem ein erteilter Auftrag gemäß den Bestimmungen der RL 98/26/EG[6] unwiderrufbar ist.

49 Nach Art. 10 Abs. 1 DelVO 2017/581 müssen die von der CCP erhobenen Clearinggebühren **diskriminierungsfrei und transparent** sein. Auch hier gilt, dass die Höhe der Entgelte und die ggf. gewährten Preisnachlässe nicht davon abhängen dürfen, an welchem Handelsplatz das Finanzinstrument gehandelt wurde. Im Übrigen verweist Art. 10 Abs. 3 DelVO 2017/581 auf die durch Art. 38 Abs. 1 VO Nr. 648/2012 begründete Transparenzpflicht. Danach hat die CCP die von ihr verlangten Preise und Entgelte einschließlich der ggf. gewährten Nachlässe und der Bedingungen für deren Gewährung für jede einzelne von ihnen erbrachte Dienstleistung öffentlich bekannt zu machen. Das Preisverzeichnis sollte neben den laufend zu entrichtenden Entgelten auch die einmalig anfallenden Kosten aufführen[7].

50 **III. Technische Regulierungsstandards (Art. 35 Abs. 6 VO Nr. 600/2014).** Nach Art. 35 Abs. 6 VO Nr. 600/2014 ist die Kommission befugt, die konkreten Bedingungen festzulegen unter denen eine CCP den Zugang zu ihren Clearingdienstleistungen gewähren oder verweigern darf und welche Anforderungen sie an die Besiche-

---

1 *ESMA* Bericht nach Art. 52(12) MiFIR, Rz. 66.
2 *Europäischer Ausschuss für Systemrisiken (ESRB)*, Antwort auf den Bericht der ESMA über die vorübergehenden Ausnahme von börsengehandelten Derivaten von Artikel 35 und 36 vom 9.2.2016, abrufbar über: https://www.esrb.europa.eu/pub/pdf/other/160210_ESRB_response.pdf?b34727f97ef6c1ef3a9fd58f3d67035e („*ESRB* Bericht nach Art. 52(12) MiFIR").
3 *Wilhelmi/Blum* in Wilhelmi/Achtelik/Kunschke/Sigmundt, Handbuch EMIR, Teil 2.D Rz. 10.
4 *ESMA* Bericht nach Art. 52(12) MiFIR, Rz. 57: „Trading and clearing costs are inextricably interlinked since the customer's choice of a trading venue is, amongst others, based on total costs, i.e. trading and clearing costs." S. auch *Sigmundt* in Wilhelmi/Achtelik/Kunschke/Sigmundt, Handbuch EMIR, Teil 5.D Rz. 7, der Gefahr des „Race-to-the-Bottom" spricht:.
5 *ESRB* Bericht nach Art. 52(12) MiFIR, S. 3.
6 Richtlinie 98/26/EG des Europäischen Parlaments und des Rates vom 19. Mai 1998 über die Wirksamkeit von Abrechnungen in Zahlungs- sowie Wertpapierliefer- und -abrechnungssystemen, ABl. EG Nr. L 166 v. 11.6.1998, S. 45.
7 *ESMA* RTS MiFID II/MiFIR, S. 287, Rz. 60.

rung, die Aufrechnung wirtschaftlich gleichwertiger Kontrakte und an das sog. „Cross-Margining" korrelierender Finanzinstrumente stellen darf. Von ihrer Befugnis hat sie mit der DelVO 2017/581 Gebrauch gemacht. Die DelVO 2017/581 ist am zwanzigsten Tag nach ihrer Veröffentlichung im Amtsblatt der Europäischen Union, d.h. am 20.4.2017, in Kraft getreten. Sie gilt seit dem 3.1.2018 (Art. 21 DelVO 2017/581).

IV. Prüfauftrag: Vorübergehende Befreiung börsengehandelter Derivate (Art. 52 Abs. 12 VO Nr. 600/ 2014). Nach Art. 52 Abs. 12 VO Nr. 600/2014 war die Kommission verpflichtet, dem Europäischen Parlament und dem Rat bis 3.7.2016 einen Bericht vorzulegen, in dem sie die Notwendigkeit beurteilt, börsengehandelte Derivate vorübergehend – für bis zu 30 Monaten – von der durch Art. 35 und 36 VO Nr. 600/2014 begründeten Zugangspflicht auszunehmen. Die Kommission hat ihren Bericht am 11.9.2017[1] vorgelegt. Darin spricht sie sich aus, börsengehandelte Derivate vom Anwendungsbereich der Art. 35 und 36 VO Nr. 600/2014 nicht auszunehmen. Wegen der Einzelheiten wird auf die Ausführungen in Rz. 37a und zu Art. 52 VO Nr. 600/2014 verwiesen.

51

Art. 36 Diskriminierungsfreier Zugang zu einem Handelsplatz

(1) Unbeschadet des Artikels 8 der Verordnung (EU) Nr. 648/2012 kann ein Handelsplatz Handelsdaten, auch zu Zugangsgebühren, auf nichtdiskriminierender und transparenter Basis bereitstellen, wenn eine nach der Verordnung (EU) Nr. 648/2012 zugelassene oder anerkannte zentrale Gegenpartei, die an diesem Handelsplatz abgeschlossene Geschäfte mit Finanzinstrumenten zu clearen gedenkt, dies beantragt. Diese Anforderung gilt nicht für Derivatkontrakte, die bereits den Zugangsverpflichtungen gemäß Artikel 8 der Verordnung (EU) Nr. 648/2012 unterliegen.
Ein Handelsplatz ist durch diesen Artikel nicht gebunden, wenn er durch enge Beziehungen mit einer zentralen Gegenpartei verbunden ist, die mitgeteilt hat, dass sie von der Übergangsregelung nach Artikel 35 Absatz 5 Gebrauch macht.

(2) Der Antrag einer zentralen Gegenpartei auf Zugang zu einem Handelsplatz ist dem Handelsplatz, der für diesen Handelsplatz zuständigen Behörde und der zuständigen Behörde der zentralen Gegenpartei förmlich zu übermitteln.

(3) Der Handelsplatz antwortet der zentralen Gegenpartei schriftlich – im Falle von übertragbaren Wertpapieren und Geldmarktinstrumenten binnen drei Monaten und im Falle von börsengehandelten Derivaten binnen sechs Monaten – und gestattet den Zugang unter der Voraussetzung, dass die jeweils zuständige Behörde ihn nach Absatz 4 gewährt hat, oder untersagt ihn. Der Handelsplatz kann den Zugang nur unter den in Absatz 6 Buchstabe a genannten Bedingungen verweigern. Bei einer Untersagung des Zugangs muss der Handelsplatz dies in seiner Antwort ausführlich begründen und die zuständige Behörde schriftlich über seinen Beschluss unterrichten. Haben die zentrale Gegenpartei und der Handelsplatz ihren Sitz in unterschiedlichen Mitgliedstaaten, so übermittelt der Handelsplatz die entsprechende Mitteilung und die Begründung auch an die für die zentrale Gegenpartei zuständige Behörde. Der Handelsplatz ermöglicht den Zugang drei Monate nach der Übermittlung einer positiven Antwort auf den Zugangsantrag.

(4) Die für einen Handelsplatz zuständige Behörde oder die für eine zentrale Gegenpartei zuständige Behörde gewähren einer zentralen Gegenpartei den Zugang zu einem Handelsplatz nur, wenn ein solcher Zugang

a) bei Derivaten, bei denen es sich nicht um OTC-Derivate im Sinne von Artikel 2 Nummer 7 der Verordnung (EU) Nr. 648/2012 handelt, keine Interoperabilitätsvereinbarung erforderlich machen oder

b) weder das reibungslose und ordnungsgemäße Funktionieren der Märkte, insbesondere durch Fragmentierung der Liquidität gefährden noch Systemrisiken verstärken würde.

Unterabsatz 1 Buchstabe a steht der Gewährung des Zugangs nicht entgegen, wenn ein Antrag nach Absatz 2 Interoperabilität erforderlich macht und der Handelsplatz und alle zentralen Gegenparteien, die Vertragsparteien der vorgesehenen Interoperabilitätsvereinbarung sind, dieser Vereinbarung zugestimmt haben und die Risiken, denen die betreffende zentrale Gegenpartei aufgrund von Positionen zwischen den zentralen Gegenparteien ausgesetzt ist, von einer dritten Partei abgesichert werden.
Ist das Erfordernis einer Interoperabilitätsvereinbarung der Grund oder einer der Gründe, aus dem oder denen ein Antrag abgelehnt wird, so setzt der Handelsplatz die zentrale Gegenpartei davon in Kenntnis und informiert die ESMA darüber, welche anderen zentralen Gegenparteien Zugang zu diesem Handelsplatz haben; die ESMA veröffentlicht diese Angaben, sodass Wertpapierfirmen sich dafür entscheiden können, ihre Rechte nach Artikel 37 der Richtlinie 2014/65/EU hinsichtlich dieser anderen zentralen Gegenparteien auszuüben, um alternative Zugangsvereinbarungen zu erleichtern.

---

1 *Kommission* Bericht nach Art. 52(12) MiFIR.

Verweigert eine zuständige Behörde den Zugang, muss sie ihren Beschluss innerhalb von zwei Monaten nach Erhalt des in Absatz 2 genannten Antrags fassen und ihn gegenüber der anderen zuständigen Behörde, dem Handelsplatz und der zentralen Gegenpartei klar begründen sowie die Nachweise beibringen, auf deren Grundlage der Beschluss gefasst wurde.

(5) Im Falle börsengehandelter Derivate kann ein Handelsplatz, der im Kalenderjahr vor Inkrafttreten dieser Verordnung den betreffenden Schwellenwert unterschreitet, der ESMA und der für ihn zuständigen Behörde vor Inkrafttreten dieser Verordnung mitteilen, dass er während eines Zeitraums von 30 Monaten ab Beginn der Anwendung dieser Verordnung in Bezug auf von diesem Schwellenwert erfasste börsengehandelte Derivate durch diesen Artikel nicht gebunden sein möchte. Ein Handelsplatz, der den betreffenden Schwellenwert in jedem Jahr des betreffenden 30-monatigen Zeitraums oder späterer 30-monatiger Zeiträume unterschreitet, kann der ESMA und der für ihn zuständigen Behörden am Ende des jeweiligen Zeitraums mitteilen, dass er wünscht, für weitere 30 Monate nicht durch diesen Artikel gebunden zu sein. Im Falle einer solchen Mitteilung kann der Handelsplatz die Zugangsrechte nach Artikel 35 oder nach diesem Artikel für von dem betreffenden Schwellenwert erfasste börsengehandelte Derivate während der Dauer der Nichtbeteiligung nicht in Anspruch nehmen. Die ESMA veröffentlicht eine Liste der bei ihr eingegangenen Mitteilungen.

Der betreffende Schwellenwert für die Nichtbeteiligung ist ein Nominalbetrag des jährlichen Handelsvolumens von 1 000 000 Mio. EUR. Der Nominalbetrag wird in Einfachzählung ermittelt und umfasst alle nach den Regelungen des Handelsplatzes getätigten Geschäfte mit börsengehandelten Derivaten.

Ist ein Handelsplatz Teil einer durch enge Beziehungen verbundenen Gruppe, so wird der Schwellenwert berechnet, indem der Nominalbetrag des jährlichen Handelsvolumens der gesamten in der Union gelegenen Handelsplätze der Gruppe addiert wird.

Ist ein Handelsplatz, der eine Mitteilung nach diesem Absatz übermittelt hat, durch enge Beziehungen mit einer oder mehreren zentralen Gegenparteien verbunden, so können diese die Zugangsrechte nach Artikel 35 oder nach diesem Artikel für von dem betreffenden Schwellenwert erfasste börsengehandelte Derivate während der Dauer der Nichtbeteiligung nicht in Anspruch nehmen.

(6) Die ESMA erarbeitet Entwürfe technischer Regulierungsstandards, in denen Folgendes festgelegt wird:

a) die konkreten Bedingungen, unter denen ein Handelsplatz einen Antrag auf Zugang verweigern kann, einschließlich der Bedingungen auf der Grundlage des voraussichtlichen Geschäftsvolumens, der Zahl und Art der Nutzer, der Regelungen für die Steuerung von operativem Risiko und operativer Komplexität sowie anderer erhebliche unangemessene Risiken schaffender Faktoren,

b) die Bedingungen, unter denen der Zugang gewährt wird, einschließlich Vertraulichkeit der Informationen, die für Finanzinstrumente während der Entwicklungsphase zur Verfügung gestellt werden, und die nichtdiskriminierende und transparente Basis der Zugangsgebühren,

c) die Bedingungen, unter denen die Zugangsgewährung das reibungslose und ordnungsgemäße Funktionieren der Märkte gefährden oder die Systemrisiken verstärken würde,

d) das Verfahren für eine Mitteilung nach Absatz 5 einschließlich weiterer Spezifikationen für die Berechnung des Nominalbetrags und die Methode, nach der die ESMA die Berechnung der Handelsvolumina überprüfen und die Nichtbeteiligung genehmigen kann.

Die ESMA legt diese Entwürfe technischer Regulierungsstandards bis zum 3. Juli 2015 der Kommission vor.

Der Kommission wird die Befugnis übertragen, die technischen Regulierungsstandards im Sinne von Unterabsatz 1 gemäß dem in den Artikeln 10 bis 14 der Verordnung (EU) Nr. 1095/2010 festgelegten Verfahren zu erlassen.

In der Fassung vom 15.5.2014 (ABl. EU Nr. L 173 v. 12.6.2014, S. 84).

Delegierte Verordnung (EU) 2017/581 vom 24. Juni 2016
zur Ergänzung der Verordnung (EU) Nr. 600/2014 des Europäischen Parlaments und des Rates durch technische Regulierungsstandards für den Clearing-Zugang im Zusammenhang mit Handelsplätzen und zentralen Gegenparteien

(Auszug)

Art. 5 Bedingungen, unter denen ein Handelsplatz den Zugang verweigern kann

(1) Ein Handelsplatz beurteilt, ob die Gewährung des Zugangs eines der in den Artikeln 6 und 7 genannten Risiken nach sich zöge, und darf den Zugang nur dann verweigern, wenn er – nachdem er alle angemessenen Anstrengungen zur Steuerung seiner Risiken unternommen hat – zu dem Schluss gelangt, dass nach wie vor erhebliche unangemessene, nicht steuerbare Risiken bestehen.

(2) *Verweigert ein Handelsplatz den Zugang*, stellt er im Einzelnen fest, welche der in den Artikeln 6 und 7 genannten Risiken durch die Gewährung des Zugangs entstünden, und erläutert, warum diese Risiken nicht steuerbar sind.

In der Fassung vom 24.6.2016 (ABl. EU Nr. L 87 v. 31.3.2017, S. 212).

Art. 6 Verweigerung des Zugangs durch einen Handelsplatz wegen operationeller Risiken und Komplexität

Ein Handelsplatz kann einen Antrag auf Zugang nur dann mit Hinweis auf operationelle Risiken und Komplexität ablehnen, wenn ein Risiko der Inkompatibilität zwischen den IT-Systemen der CCP und den IT-Systemen des Handelsplatzes besteht und diese Inkompatibilität den Handelsplatz daran hindert, für Konnektivität zwischen den beiden Systemen zu sorgen.

In der Fassung vom 24.6.2016 (ABl. EU Nr. L 87 v. 31.3.2017, S. 212).

Art. 7 Verweigerung des Zugangs durch einen Handelsplatz wegen sonstiger Faktoren, die erhebliche unangemessene Risiken verursachen

Ein Handelsplatz kann einen Zugangsantrag mit Hinweis auf erhebliche unangemessene Risiken ablehnen, wenn
a) seine Rentabilität oder seine Fähigkeit zur Erfüllung der Mindestkapitalanforderungen von Artikel 47 Absatz 1 Buchstabe f der Richtlinie 2014/65/EU des Europäischen Parlaments und des Rates gefährdet wäre, oder
b) zwischen den Regeln des Handelsplatzes und den Regeln der CCP eine Inkompatibilität bestünde, die der Handelsplatz in Zusammenarbeit mit der CCP nicht beseitigen kann.

In der Fassung vom 24.6.2016 (ABl. EU Nr. L 87 v. 31.3.2017, S. 212).

Art. 8 Bedingungen, unter denen davon ausgegangen wird, dass der Zugang das reibungslose und ordnungsgemäße Funktionieren der Märkte gefährdet oder das Systemrisiko erhöht

Zusätzlich zur Fragmentierung der Liquidität im Sinne von Artikel 2 Absatz 1 Nr. 45 der Verordnung (EU) Nr. 600/2014 ist für die Zwecke von Artikel 35 Absatz 4 Buchstabe b und Artikel 36 Absatz 4 Buchstabe b der genannten Verordnung davon auszugehen, dass die Gewährung eines Zugangs die reibungslose und ordnungsgemäße Funktionsweise der Märkte gefährdet oder das Systemrisiko erhöht, wenn die zuständige Behörde Gründe für eine Verweigerung nennen kann, einschließlich Nachweisen dafür, dass die Risikomanagementverfahren einer oder beider Parteien des Zugangsantrags nicht ausreichen, um zu verhindern, dass durch die Gewährung eines Zugangs erhebliche unangemessene Risiken für Dritte entstehen und solche Risiken durch keine Gegenmaßnahmen ausreichend abgeschwächt werden können.

In der Fassung vom 24.6.2016 (ABl. EU Nr. L 87 v. 31.3.2017, S. 212).

Art. 9 Bedingungen, unter denen Zugang gewährt werden muss

(1) Die Parteien vereinbaren, welche Rechte und Pflichten sich für jede von ihnen aus dem gewährten Zugang ergeben, wozu auch das für ihre Beziehungen geltende Recht zählt. Die Bedingungen der Zugangsvereinbarung müssen
a) klar definiert, transparent, rechtlich gültig und durchsetzbar sein,
b) für den Fall, dass zwei oder mehr CCP Zugang zu dem Handelsplatz besitzen, im Einzelnen regeln, auf welche Weise die am Handelsplatz abgewickelten Transaktionen der CCP, die Partei der Vereinbarung ist, zugewiesen werden,
c) eindeutige Regeln im Hinblick darauf enthalten, zu welchem Zeitpunkt ein Überweisungsauftrag gemäß der Richtlinie 98/26/EG des Europäischen Parlaments und des Rates als in die entsprechenden Systeme eingebracht gilt und ab welchem Zeitpunkt die Einbringung unwiderrufbar ist,
d) Regeln im Hinblick auf die Kündigung der Zugangsvereinbarung durch eine der Parteien enthalten, wobei diese Regeln
 i) eine ordentliche Kündigung vorsehen müssen, die für andere Unternehmen nicht mit zusätzlichen Risiken verbunden ist, einschließlich klarer und transparenter Regelungen für die Verwaltung und den ordnungsgemäßen Ablauf der im Rahmen der Zugangsvereinbarung eingegangenen, zum Zeitpunkt der Kündigung noch offenen Kontrakte und Posten,
 ii) gewährleisten, dass der entsprechenden Partei ein angemessener Zeitraum eingeräumt wird, um einem Verstoß, der keinen Grund für eine fristlose Kündigung darstellt, ein Ende zu setzen, und iii) eine Kündigung zulassen, wenn die Risiken in einer Weise zunehmen, die zu Beginn die Verweigerung des Zugangs gerechtfertigt hätte,
e) die unter die Zugangsvereinbarung fallenden Finanzinstrumente nennen,
f) sämtliche Angaben zur Deckung von einmaligen und laufenden Kosten enthalten, die durch den Antrag auf Zugang entstanden sind, und
g) Bestimmungen zu den aus der Zugangsvereinbarung erwachsenden Ansprüchen und Verbindlichkeiten enthalten.

(2) Die Zugangsvereinbarung muss die Parteien dazu verpflichten, angemessene Grundsätze, Verfahren und Systeme einzuführen, um Folgendes zu gewährleisten:
a) eine zeitnahe, zuverlässige und sichere Kommunikation zwischen den Parteien,
b) die vorherige Konsultation der anderen Partei für den Fall, dass sich Änderungen beim Betrieb einer der Parteien wesentlich auf die Zugangsvereinbarung oder auf die Risiken, denen die jeweils andere Partei ausgesetzt ist, auswirken dürften,
c) eine rechtzeitige Unterrichtung der jeweils anderen Partei vor der Umsetzung von Änderungen, sofern dies nicht unter Buchstabe b fällt,
d) die Beilegung von Streitigkeiten,
e) die Ermittlung, Überwachung und Steuerung der sich aus der Zugangsvereinbarung ergebenden potenziellen Risiken,
f) den Erhalt sämtlicher Informationen durch den Handelsplatz, die dieser benötigt, um seinen Verpflichtungen zur Überwachung offener Kontraktpositionen nachzukommen, und
g) die Annahme durch die CCP von Lieferungen von physisch abgerechneten Waren.

Art. 36 VO Nr. 600/2014 | Diskriminierungsfreier Zugang zu einem Handelsplatz

(3) Die jeweiligen Parteien der Zugangsvereinbarung müssen gewährleisten,
a) dass bei der Gewährung des Zugangs angemessene Risikomanagementstandards aufrecht erhalten werden,
b) dass die bei einem Zugangsantrag zur Verfügung gestellten Informationen während der gesamten Laufzeit der Zugangsvereinbarung auf aktuellem Stand gehalten werden, was auch für Informationen über wesentliche Änderungen gilt,
c) dass nicht-öffentliche und wirtschaftlich sensible Informationen, einschließlich solcher, die während der Entwicklungsphase von Finanzinstrumenten bereitgestellt werden, ausschließlich für die speziellen Zwecke, für die sie bereitgestellt wurden, genutzt und ausschließlich für den von den Parteien vereinbarten Zweck als Handlungsgrundlage herangezogen werden dürfen.

In der Fassung vom 24.6.2016 (ABl. EU Nr. L 87 v. 31.3.2017, S. 212).

Art. 11 Diskriminierungsfreie und transparente Gebühren von Handelsplätzen

(1) Ein Handelsplatz stellt Gebühren im Zusammenhang mit dem Zugang nur anhand objektiver Kriterien in Rechnung. Zu diesem Zweck gelten für sämtliche CCP, die Zugang zum Handelsplatz haben, für dieselben oder ähnliche Finanzinstrumente dieselben Gebühren und Preisnachlässe, es sei denn, eine andere Gebührenstruktur ist objektiv gerechtfertigt.

(2) Ein Handelsplatz stellt sicher, dass die in Absatz 1 genannten Gebühren einfach zugänglich sind, dass die Gebühren angemessen je nach erbrachter Dienstleistung identifiziert werden und über eine ausreichende Granularität verfügen, um zu gewährleisten, dass die Gebühren vorhersagbar sind.

(3) Die Absätze 1 und 2 gelten für sämtliche zugangsbezogene Gebühren, einschließlich solcher, die zur Deckung einmaliger und laufender Kosten in Rechnung gestellt werden.

In der Fassung vom 24.6.2016 (ABl. EU Nr. L 87 v. 31.3.2017, S. 212).

Art. 17 Verfahren für Mitteilungen vom Handelsplatz an die für ihn zuständige Behörde bezüglich des ursprünglichen Übergangszeitraums

Wenn ein Handelsplatz nicht an die Bestimmungen gemäß Artikel 36 der Verordnung (EU) Nr. 600/2014 gebunden sein möchte, richtet er eine schriftliche Mitteilung an die für ihn zuständige Behörde und an die ESMA und verwendet dabei die Formulare 3.1 und Formular 3.2 im Anhang dieser Verordnung.

In der Fassung vom 24.6.2016 (ABl. EU Nr. L 87 v. 31.3.2017, S. 212).

Art. 18 Verfahren für Mitteilungen vom Handelsplatz an die für ihn zuständige Behörde bezüglich einer Verlängerung des Übergangszeitraums

Wenn ein Handelsplatz für einen Zeitraum von dreißig Monaten weiterhin nicht an die Bestimmungen gemäß Artikel 36 der Verordnung (EU) Nr. 600/2014 gebunden sein möchte, richtet er eine schriftliche Mitteilung an die für ihn zuständige Behörde und an die ESMA und verwendet dabei die Formulare 4.1 und 4.2 im Anhang dieser Verordnung.

In der Fassung vom 24.6.2016 (ABl. EU Nr. L 87 v. 31.3.2017, S. 212).

Art. 19 Weitere Spezifikationen für die Berechnung des Nominalbetrags

(1) Gemäß Artikel 36 Absatz 5 der Verordnung (EU) Nr. 600/2014 schließt ein Handelsplatz, der für einen Zeitraum von dreißig Monaten ab dem Datum des Inkrafttretens der Verordnung (EU) Nr. 600/2014 nicht an die Bestimmungen gemäß Artikel 36 dieser Verordnung gebunden sein möchte, in seine Berechnung des jährlichen Nominalbetrags sämtliche Transaktionen mit börsengehandelten Derivaten ein, die im Kalenderjahr vor der Anwendung gemäß den eigenen Regelungen durchgeführt wurden.

(2) Für die Zwecke der Berechnung des jährlichen Nominalbetrags gemäß Artikel 36 Absatz 5 der Verordnung (EU) Nr. 600/2014 für das Jahr, das dem Jahr der Anwendung vorausgeht, nutzt ein Handelsplatz die tatsächlichen Zahlen aus dem Zeitraum, für den diese zur Verfügung stehen.

Wenn einem Handelsplatz in Bezug auf das Jahr vor dem Jahr der Anwendung der Verordnung (EU) Nr. 600/2014 Daten für einen Zeitraum von weniger als zwölf Monaten zur Verfügung stehen, gibt er für dieses Jahr einen Schätzwert auf Grundlage der drei folgenden Werte an:
a) die tatsächlichen Daten für den längsten, möglichen Zeitraum, beginnend ab dem Beginn des Jahres vor dem Jahr der Anwendung der Verordnung (EU) Nr. 600/2014, einschließlich mindestens der ersten acht Monate,
b) die tatsächlichen Daten für den äquivalenten Zeitraum während des Jahres vor dem Jahr, auf das unter Buchstabe a Bezug genommen wird, und
c) die tatsächlichen Daten für das gesamte Jahr vor dem Jahr, auf das unter Buchstabe a Bezug genommen wird.

Der geschätzte Wert des jährlichen Nominalbetrags wird durch Multiplikation der Angaben in Unterabsatz 2 Buchstabe a mit den Angaben in Unterabsatz 2 Buchstabe c und anschließende Division durch die Angaben in Unterabsatz 2 Buchstabe b berechnet.

(3) Wenn ein Handelsplatz nach Ablauf des ersten Zeitraums für weitere 30 Monate oder für jeden weiteren 30- Monats-Zeitraum nicht an Artikel 36 der Verordnung (EU) Nr. 600/2014 gebunden sein möchte, bezieht er in seine Berechnung des jährlichen Nominalbetrags gemäß Artikel 36 Absatz 5 der Verordnung (EU) Nr. 600/2014 alle Geschäfte ein, die in jedem der ersten beiden rollierenden Jahre des vorangegangenen 30-Monats-Zeitraum nach seinen Regelungen getätigt wurden.

(4) Wenn akzeptable Alternativen für die Berechnung des jährlichen Nominalbetrags für bestimmte Arten von Instrumenten vorhanden sind, diese Berechnungsmethoden jedoch zu keinerlei nennenswerten Unterschieden bei solchen Werten führen, muss die Berechnung genutzt werden, die den höheren Wert ergibt. Insbesondere muss bei Derivaten, z. B. Termin- oder Optionsgeschäfte, einschließlich sämtlicher Arten von Warenderivaten, die in bestimmten Einheiten angegeben werden, der jährliche Nominalbetrag dem vollständigen Wert des dem Derivate zugrunde liegenden Vermögenswertes zum entsprechenden Preis zu der Zeit entsprechen, als die Transaktion abgeschlossen wurde.

In der Fassung vom 24.6.2016 (ABl. EU Nr. L 87 v. 31.3.2017, S. 212).

Art. 20 Genehmigungs- und Prüfmethode der ESMA

(1) Für die Zwecke der Prüfung gemäß Artikel 36 Absatz 6 Buchstabe d der Verordnung (EU) Nr. 600/2014 legt der Handelsplatz der ESMA auf Verlangen sämtliche Fakten und Tatsachen vor, auf denen die Berechnung basiert.

(2) Bei der Prüfung der vorgelegten jährlichen Nominalbetragszahlen berücksichtigt die ESMA auch die entsprechenden Nachhandelszahlen und Jahresstatistiken.

(3) Die ESMA muss eine Nichtbeteiligung innerhalb von drei Monaten nach Eingang sämtlicher relevanter Informationen für die Mitteilung gemäß Artikel 16 oder Artikel 17, einschließlich der in Artikel 19 spezifizierten Informationen, zulassen oder ablehnen.

In der Fassung vom 24.6.2016 (ABl. EU Nr. L 87 v. 31.3.2017, S. 212), geändert durch Berichtigung vom 12.8.2017 (ABl. EU Nr. L 209 v. 12.8.2017, S. 62).

Schrifttum: *Europäischer Ausschuss für Systemrisiken (ESRB)*, Antwort auf den Bericht der ESMA über die vorübergehenden Ausnahme von börsengehandelten Derivaten von Artikel 35 und 36 MiFIR vom 9.2.2016, abrufbar über: https://www.esrb.europa.eu („*ESRB* Bericht nach Art. 52 (11) MiFIR"); *Europäische Wertpapier- und Marktaufsichtsbehörde (ESMA)*, „Fragen und Antworten zu MiFID II und MiFIR Marktstrukturthemen", ESMA70-872942901-38 vom 29.5.2018, abrufbar über: https://www.esma.europa.eu („*ESMA* Q&A MiFID II/MiFIR Market Structures"); *ESMA*, Endgültiger Bericht der ESMA zu technischen Regulierungs- und Durchführungsstandards unter der MiFID II/MiFIR, ESMA/2015/1464 vom 28.9.2015; abrufbar über: https://www.esma.europa.eu („*ESMA* RTS MiFID II/MiFIR"); *ESMA*, Risikobewertung der vorübergehenden Ausnahme von börsengehandelten Derivaten von Artikel 35 und 36 MiFIR, ESMA/2016/461 vom 4.4.2016, abrufbar über: https://www.esma.europa.eu („*ESMA* Bericht nach Art. 52 (11) MiFIR"); *ESMA*, Mitteilung über das für die Gewährung von Ausnahmen von den EMIR Zugangsbestimmungen für Handelsplätze im Hinblick auf börsengehandelte Derivate vorgesehene Verfahren, ESMA70-154-259 vom 15.9.2017, abrufbar über: https://www.esma.europa.eu („*ESMA* Verfahren Art. 36(5) MiFIR"); *ESMA*, Liste der Handelsplätze die von der vorübergehende Ausnahme vom Zugangserfordernis unter Artikel 36(5) MiFIR profitieren, ESMA70-155-3832 vom 26.3.2018, abrufbar über: https://www.esma.europa.eu („*ESMA* Liste Ausnahme Artikel 36(5) MiFIR"); *Kommission*, Bericht an das Europäische Parlament und den Rat über die Notwendigkeit, börsengehandelte Derivate vorübergehend vom Anwendungsbereich der Artikel 35 und 36 Verordnung (EU) Nr. 600/2014 über Märkte für Finanzinstrumente auszunehmen, COM(2017) 468 final vom 11.9.2017, abrufbar über: http://eur-lex.europa.eu („*Kommission* Bericht nach Art. 52(12) MiFIR").

I. Pflicht zur Gewährung des Zugangs (Art. 36 Abs. 1 VO Nr. 600/2014) 1	**II. Zugangsverfahren (Art. 36 Abs. 2–4 VO Nr. 600/2014)** 29
1. Anwendungsbereich 5	1. Antrag 29
2. Gegenstand der Zugangspflicht 9	2. Fristen 30
3. Anforderungen an den Zugang, Versagungsgründe 10	3. Weigerung der zuständigen Behörden 31
a) Operationelle Risiken (Art. 6 DelVO 2017/581) 13	4. Weigerung des Handelsplatzes 39
b) Sonstige Risiken (Art. 7 DelVO 2017/581) .. 14	5. Zustimmung des Handelsplatzes und Bedingungen des Zugangs 41
c) Enge Verbindung zu neu gegründeter CCP (Art. 36 Abs. 1 Unterabs. 2 VO Nr. 600/2014) 17	**III. Technische Regulierungsstandards (Art. 36 Abs. 6 VO Nr. 600/2014)** 44
d) Kleiner Handelsplatz für börsengehandelte Derivate (Art. 36 Abs. 5 VO Nr. 600/2014) . 19	**IV. Prüfauftrag: Vorübergehende Befreiung börsengehandelter Derivate (Art. 52 Abs. 11 VO Nr. 600/2014)** 45
e) Vorübergehende Befreiung von Handelsplätzen, an denen Derivate gehandelt werden (Art. 52 Abs. 2 VO Nr. 600/2014) 28a	

I. Pflicht zur Gewährung des Zugangs (Art. 36 Abs. 1 VO Nr. 600/2014). Nach Art. 36 VO Nr. 600/2014 ist ein Handelsplatz verpflichtet, einer CCP, die zum Clearing der an diesem Handelsplatz gehandelten Finanzinstrumente zugelassen ist, auf deren Antrag hin in transparenter und nichtdiskriminierender Weise Handelsdaten zur Verfügung zu stellen.

Auch Art. 36 VO Nr. 600/2014 ist Ausprägung der im europäischen Kartellrecht entwickelten Essential-Facilities-Doktrin (s. die Anmerkungen zu Art. 35 VO Nr. 600/2014 Rz. 2). Zweck ist die Gewährleistung eines **fairen und offenen** Zugangs zwischen Handelsplätzen und CCPs bzw. die Schaffung eines von Wettbewerbsverzerrungen befreiten europäischen Marktes für Finanzinstrumente[1]. Handelsplätze sollen CCPs transparent und

---

[1] Erwägungsgrund Nr. 37 VO Nr. 600/2014.

Art. 36 VO Nr. 600/2014 | Diskriminierungsfreier Zugang zu einem Handelsplatz

diskriminierungsfrei Zugang zu den Handelsdaten gewähren[1]. Insbesondere soll es möglich sein, dass mehrere CCPs die Handelsdaten desselben Handelsplatzes nutzen. Der **Wettbewerb zwischen den CCPs** soll letztlich auch die Kosten für die Anleger senken, in dem möglicherweise existierende diskriminierende Praktiken auf Ebene der Handelsplätze verhindert werden[2].

3   Die Verpflichtung des Handelsplatzes, einen diskriminierungsfreien Zugang zu ihren Handelsdaten zu gewähren, wird über Art. 51 Abs. 2 VO Nr. 648/2012 (EMIR) auf die indirekte Erbringung von Clearingdienstleistungen mittels **Interoperabilitätsvereinbarung** erweitert.

4   Inhaber des Anspruchs kann nur eine CCP sein, die über eine Zulassung zum Clearing von börsengehandelten Derivaten, übertragbaren Wertpapieren oder Geldmarktinstrumenten verfügt. Das Zugangsrecht von **CCPs, die OTC-Derivate clearen**, ist in Art. 8 VO Nr. 648/2012 (EMIR) geregelt. Beide Vorschriften stimmen hinsichtlich Zweck und Struktur jedoch weitestgehend überein.

5   **1. Anwendungsbereich.** Der **persönliche Anwendungsbereich** der Zugangspflicht beschränkt sich auf die in der Union ansässigen Handelsplätze. Verpflichteter kann nur ein **europäischer** geregelter Markt oder ein von einer Wertpapierfirma oder einem Marktbetreiber mit Sitz in der Union betriebenes multilaterales Handelssystem (multilateral trading facilities, MTF) oder organisiertes Handelssystem (organised trading faciltes, OTF) sein.

6   Ausgenommen sind insbesondere die Handelsplätze, für die die Kommission gemäß dem in Art. 28 Abs. 4 VO Nr. 600/2014 vorgesehenen Verfahren einen Gleichwertigkeitsbeschluss erlassen hat. Art. 28 Abs. 4 Unterabs. 2 VO Nr. 600/2014 stellt ausdrücklich klar, dass sich die **Feststellungswirkung** des Gleichwertigkeitsbeschlusses auf die Handelspflicht nach Art. 28 VO Nr. 600/2014 beschränkt, d.h. für andere Bestimmungen des europäischen Rechts keine Bedeutung hat. Der Beschluss ist insbesondere nicht geeignet, die nach Art. 28 Abs. 4 VO Nr. 600/2014 anerkannten Drittland-Handelsplätze der Zugangspflicht zu unterstellen. Das in Art. 36 Abs. 2–4 VO Nr. 600/2014 geregelte Verfahren ist vollständig auf die in der Union ansässigen Handelsplätze zugeschnitten und sieht insbesondere keine Einbindung der für den Handelsplatz zuständigen Behörde des Drittlandes vor. Auch ist nicht erkennbar, wie der grundlos verweigerte Zugang ohne die Mitwirkung der im Drittland ansässigen Behörde durchgesetzt werden könnte.

7   Inhaber des durch Art. 36 VO Nr. 600/2014 begründeten Zugangsrechts kann nur eine nach Art. 14 VO Nr. 648/2012 zugelassene **CCP mit Sitz in der Union** sein. Wie sich aus Art. 38 VO Nr. 600/2014 ergibt, können die in Art. 36 Abs. 1 VO Nr. 600/2014 genannten **Drittland-CCPs** das Zugangsrecht nur dann geltend machen, wenn sie zusätzlich zu den Anforderungen des Art. 36 VO Nr. 600/2014 auch die Bedingungen des Art. 38 Abs. 1 VO Nr. 600/2014 erfüllen. Hierzu zählen die Anerkennung der Drittland-CCP nach Art. 25 VO Nr. 648/2012 sowie die Feststellung, dass europäischen CCPs in dem Drittland ein gleichwertiger Zugang zu den in dem Drittland ansässigen Handelsplätzen gewährt wird.

8   Wie sich aus der Formulierung „zu clearen gedenkt" ergibt, kann der Anspruch auf Zugang zu den Handelsdaten nur den CCPs zustehen, die auch tatsächlich die **Absicht haben**, die an dem Handelsplatz gehandelten OTC-Derivate zu clearen.

9   **2. Gegenstand der Zugangspflicht.** Gegensand der Zugangspflicht ist die Bereitstellung von Handelsdaten. Der Begriff **Handelsdaten** wird von der der MiFIR nicht definiert und als bekannt vorausgesetzt. Art und Umfang der zur Verfügung zu stellenden Handelsdaten ergibt sich mittelbar aus dem Zweck des Art. 36 VO Nr. 600/2014: Sie müssen die CCP in die Lage versetzen, die an dem Handelsplatz gehandelten Finanzinstrumente zu clearen. Damit geht ihr Umfang über die nach Art. 10 Abs. 1 VO Nr. 600/2014 und Art. 7 DelVO 2017/583 von Handelsplätzen im Rahmen der Nachhandelstranzparenz zu veröffentlichenden Daten hinaus.

10   **3. Anforderungen an den Zugang, Versagungsgründe.** Die Verpflichtung, CCPs einen **diskriminierungsfreien Zugang** zu ermöglichen, bedeutet, dass der Handelsplatz bei den Anforderungen, die er an den Zugang zu seinen Handelsdaten stellt, nicht danach unterscheiden darf, an welchem Finanzplatz die CCP tätig ist und für welche anderen ggf. mit dem Handelsplatz in Wettbewerb stehende Märkte die CCP bereits Clearingdienstleistungen erbringt.

11   Das Recht des Handelsplatzes, den Zugang zu seinen Handelsdaten zu verweigern, wird durch Art. 36 Abs. 3 Satz 2 VO Nr. 600/2014 und den Verweis auf Art. 36 Abs. 6 Buchst. a VO Nr. 600/2014 bzw. auf die Bestimmungen der DelVO 2017/581 konkretisiert. Die zulässigen Verweigerungsgründe sind in den Art. 5–7 DelVO 2017/581 geregelt. Art. 5 Abs. 1 DelVO 2017/581 beschreibt insoweit den allgemeinen Grundsatz: Dass der Handelsplatz den Zugang nur dann versagen darf, wenn er alle **angemessenen Anstrengungen zur Steuerung seiner Risiken** unternommen hat und trotzdem feststellen muss, dass weiterhin erhebliche, unangemessene

---

1   Erwägungsgrund Nr. 40 VO Nr. 600/2014.

2   *Kommission*, Bericht an das Europäische Parlament und den Rat über die Notwendigkeit, börsengehandelte Derivate vorübergehend vom Anwendungsbereich der Art. 35 und 36 Verordnung (EU) Nr. 600/2014 über Märkte für Finanzinstrumente auszunehmen, COM(2017) 468 final vom 11.9.2017, abrufbar über: http://eur-lex.europa.eu/legal-content/DE/TXT/PDF/?uri=CELEX:52017DC0468&from=DE („*Kommission* Bericht nach Art. 52 (11) MiFIR"); S. 3.

und nicht steuerbare Risiken verbleiben. Obwohl die in Art. 36 Abs. 6 Buchst. a VO Nr. 600/2014 genannten Versagungsgründe den in Art. 35 Abs. 6 Buchst. a VO Nr. 600/2014 genannten Versagungsgründe sehr ähnlich sind, ist bereits in den Anhörungen zur späteren DelVO 2017/581 deutlich geworden, dass CCPs und Handelsplätze von den dort genannten Umständen sehr unterschiedlich betroffen sind[1], und dass z.B. das voraussichtliche Geschäftsvolumen, die Anzahl der Nutzer oder die Komplexität der gehandelten bzw. geclearten Finanzinstrumente für Handelsplätze weitaus weniger kritisch sind als für CCPs[2].

Einen besonderen Versagungsgrund gewährte Art. 36 Abs. 1 Unterabs. 2 VO Nr. 600/2014 für Handelsplätze, die eine **enge Verbindung zu einer neu gegründeten CCP** haben, die auf ihren Antrag hin nach Art. 35 Abs. 5 VO Nr. 600/2014 vorübergehend bis zum 3.7.2020[3] von der Zugangspflicht des Art. 35 VO Nr. 600/2014 befreit wurde. Einen weiteren Versagungsgrund begründet Art. 36 Abs. 5 VO Nr. 600/2014. Danach können sich **kleinere Handelsplätze für börsengehandelte Derivate** von der Zugangsfrist befreien lassen, wenn und solange der für ein Kalenderjahr zu ermittelnde Nominalbetrag der an ihnen zustande gekommenen börsengehandelten Derivate unterhalb des Schwellenwertes von 1 Mio. Euro liegt. Darüber hinaus konnten sich CCPs, die börsengehandelte Derivate clearen, nach Art. 54 Abs. 2 VO Nr. 600/2014 ebenfalls vorübergehend bis 3.7.2020[4] von der Zugangspflicht des Art. 35 VO Nr. 600/2014 befreien lassen. 12

a) Operationelle Risiken (Art. 6 DelVO 2017/581). Eine Versagung des Zugangs aus operativen oder technischen Gründen ist nach Art. 6 DelVO 2017/581 nur zulässig, wenn das Risiko besteht, dass die IT-Systeme der CCP und die des Handelssystems nicht kompatibel sind und diese Inkompatibilität den Handelsplatz daran hindert für die notwendige Anbindung der CCP zu sorgen. Im Hinblick auf die von dem Handelsplatz zu stellenden **operativen und technischen Anforderungen** ist eine Versagung des Zugangs dann zulässig, wenn die IT-Systeme oder die Regelwerke der CCP mit denen des Handelsplatzes nicht kompatibel sind. 13

b) Sonstige Risiken (Art. 7 DelVO 2017/581). Wie beim Zugangsrecht nach Art. 35 VO Nr. 600/2014 sind weitere Versagungsgründe zum einen eine mögliche Gefährdung der **Rentabilität des Handelsplatzes** oder – bei MTFs oder OTFs, die von einer Wertpapierfirma betrieben werden – die Fähigkeit der Wertpapierfirma, ihre **Eigenmittelanforderungen** nach Art. 47 Abs. 1 Buchst. f RL 2014/65/EU bzw. der VO Nr. 575/2013 (CRR) zu erfüllen (Art. 7 Buchst. a DelVO 2017/581). Zum anderen kann der Handelsplatz den Zugang zu seinen Handelsdaten auch dann versagen, wenn sich die bestehende **Inkompatibilität** zwischen den Regeln der CCP und den Regeln des Handelsplatzes trotz Zusammenarbeit mit der CCP nicht beseitigen lassen (Art. 7 Buchst. b DelVO 2017/581). 14

Keine Diskriminierung stellt die **Erhebung von Lizenzgebühren** dar, die vom Handelsplatz oder von anderen Inhabern gewerblicher Schutzrechte für die mit dem Clearing von Finanzinstrumenten verbundene Nutzung dieser Rechte verlangt werden. Ein Beispiel hierfür sind die als eingetragene Warenzeichen geschützten Indizes (z.B., EURIBOR oder DAX). Voraussetzung ist jedoch, dass die Lizenzen zu verhältnismäßigen, fairen, angemessenen und diskriminierungsfreien Bedingungen erteilt werden[5]. 15

Die Verpflichtung der Inhaber gewerblicher Schutzrechte, den CCPs, die dies wünschen die für das Clearing notwendigen Lizenzen zu angemessenen handelsüblichen Preisen zu gewähren, ist durch Art. 37 VO Nr. 600/2014 begründet worden. 16

c) Enge Verbindung zu neu gegründeter CCP (Art. 36 Abs. 1 Unterabs. 2 VO Nr. 600/2014). Nach Art. 36 Abs. 1 Unterabs. 1 VO Nr. 600/2014 kann ein Handelsplatz den Zugang zu seinen Handelsdaten verweigern, wenn er eine **enge Verbindung** zu einer neu gegründeten CCP unterhält, die von der Übergangsregelung des Art. 35 Abs. 5 VO Nr. 600/2014 Gebrauch gemacht hat. Nach Art. 35 Abs. 5 VO Nr. 600/2014 konnte eine **neu errichtete CCP** bei der für sie zuständigen Behörde beantragen, dass sie von der Pflicht zur Gewährung des Zugangs für eine Übergangsfrist bis 3.7.2020[6] befreit wird. Das Antragsrecht stand der CCPs nur zu, soweit sie Clearingdienstleistungen für **handelbare Wertpapiere und Geldmarktinstrumente** erbringt. Cleart die neu errichtete CCP börsengehandelte Derivate, stand ihr das Recht zur befristeten Freistellung nicht zu; sie konnte je- 17

---

1 *Europäische Wertpapier- und Marktaufsichtsbehörde (ESMA)*, Endgültiger Bericht der ESMA zu technischen Regulierungs- und Durchführungsstandards unter der MiFID II/MiFIR, ESMA/2015/1464 vom 28.9.2015; abrufbar über: https://www.esma.europa.eu/sites/default/files/library/2015/11/2015-esma-1464_-_final_report_-_draft_rts_and_its_on_mifid_ii_and_mifir.pdf („*ESMA* RTS MiFID II/MiFIR"), S. 276, Rz. 6.
2 *ESMA* RTS MiFID II/MiFIR, S. 282, Rz. 39.
3 Die Übergangsfrist endete ursprünglich am 3.7.2019. Sie ist durch Art. 1 Abs. 10 VO 2016/1033 um ein Jahr verlängert worden. S. Verordnung (EU) 2016/1033 des Europäischen Parlaments und des Rates vom 23. Juni 2016 zur Änderung der Verordnung (EU) Nr. 600/2014 über Märkte für Finanzinstrumente, der Verordnung (EU) Nr. 596/2014 über Marktmissbrauch und der Verordnung (EU) Nr. 909/2014 zur Verbesserung der Wertpapierlieferungen und -abrechnungen in der Europäischen Union und über Zentralverwahrer, ABl. EU Nr. L 175 v. 30.6.2016, S. 1 (sog. „Quick-Fix-Regulation").
4 Die Übergangsfrist endete ursprünglich am 3.7.2019. Sie ist durch Art. 1 Abs. 13 VO 2016/1033 um ein Jahr verlängert worden.
5 Erwägungsgrund Nr. 36 VO Nr. 648/2012, Erwägungsgrund Nr. 40 VO Nr. 600/2014 mit Verweis auf die EMIR.
6 Die Übergangsfrist endete ursprünglich am 3.7.2019. Sie ist durch Art. 1 Abs. 10 VO 2016/1033 um ein Jahr verlängert worden.

doch eine Befreiung nach Art. 52 Abs. 2 VO Nr. 600/2014 beantragen. Wegen der Einzelheiten wird auf die Ausführungen zu Art. 35 VO Nr. 600/2014 Rz. 33–37 verwiesen.

18 Mit der in der deutschen Fassung verwendeten Formulierung „enge Beziehungen" ist wie in der englischen Fassung („close links") die enge Verbindung i.S.d. Art. 2 Abs. 1 Nr. 21 VO Nr. 600/2014 i.V.m. Art. 4 Abs. 1 Nr. 35 RL 2014/65/EU gemeint. S. auch die Ausführungen zu Art. 35 VO Nr. 600/2014 Rz. 32.

19 **d) Kleiner Handelsplatz für börsengehandelte Derivate (Art. 36 Abs. 5 VO Nr. 600/2014).** Nach Art. 36 Abs. 5 Unterabs. 1 Satz 1 VO Nr. 600/2014 kann sich ein Handelsplatz für **börsengehandelte Derivate** durch Erklärung gegenüber der für ihn zuständigen Behörde und der ESMA von der Zugangspflicht befreien lassen, wenn der Nominalbetrag der über ihn zustande gekommenen börsengehandelten Derivaten den in Art. 36 Abs. 5 Unterabs. 2 VO Nr. 600/2014 definierten Schwellwert von 1 Mio. Euro unterschreitet. Die Befreiung ist zunächst für 30 Monate, d.h. bis 3.6.2020, befristet. Hat der Handelsplatz in jedem Jahr des 30-monatigen Zeitraums den **Schwellenwert von 1 Mio. Euro** unterschritten, kann er die Befreiung nach Art. 36 Abs. 5 Satz 2 VO Nr. 600/2014 für weitere 30 Monate in Anspruch nehmen Er kann die Verlängerung auch mehrfach nutzen und solange fortführen, bis er in einem der beiden ersten Jahre des betreffenden 30-Monats-Zeitraums den Schwellenwert von 1 Mio. Euro erreicht oder überschreitet[1].

20 Der maßgebliche Zeitraum für die **erste Nutzung** des Übergangszeitraums, d.h. die Berechnung der Nominalbeträge und die Mitteilung an die zuständige Behörde ist das Jahr vor **Anwendung der MiFIR**, d.h. das **Jahr 2017**[2]. Die in der deutschen Fassung verwendete Formulierung „vor *Inkrafttreten* dieser Verordnung" ist unzutreffend. Richtig ist die englische Fassung, die durchgehend von „entry into application" (Beginn der Anwendung) spricht. Dies folgt bereits aus der Tatsache, dass eine Anknüpfung an das Inkrafttreten der MiFIR den Handelsplätzen gerade einmal 20 Tage Zeit gelassen hätte, die Mitteilung bei der für sie zuständigen Behörde bzw. der ESMA einzureichen. Auch das im Anhang zur DelVO 2017/581 abgedruckte Formular 3.2 geht von einem späteren Jahr aus. Dass hier noch das Jahr 2016 als Referenzzeitraum genannte wird, ist dem Umstand geschuldet, dass die DelVO 2017/581 noch auf Entwürfen beruht, die noch vor der Verschiebung der Anwendbarkeit der MiFIR auf den 3.1.2018[3] verfasst worden sind. Die ESMA hatte den Handelsplätzen aufgegeben, dass sie ihre Mitteilung über die Nutzung des ersten Übergangszeitraums bis spätestens **30.9.2017** bei der ESMA und der für sie zuständigen Behörde einreichen[4].

21 Der Übergangszeitraum von 30 Monaten währenddessen die Zugangspflicht suspendiert ist, beginnt nach Art. 36 Abs. 5 Unterabs. 1 Satz 1 VO Nr. 600/2014 ebenfalls ab dem Beginn der Anwendung der MiFIR, d.h. dem 3.1.2018. Wie die Frist zu berechnen ist, ist Art. 36 VO Nr. 600/2014 nicht zu entnehmen. Nach Art. 3 Abs. 1 Unterabs. 2 VO Nr. 1182/71[5] ist der Tag der Anwendung der MiFIR nicht mitzuzählen. Danach wären für Berechnung der Nominalbeträge nur die Handelstage vom 4.1.2018 bis 4.6.2020 (jeweils einschließlich) maßgeblich.

22 Der für den Schwellenwert maßgebliche Nominalbetrag wird nach Art. 36 Abs. 5 Unterabs. 2 Satz 2 VO Nr. 600/2014 in **Einfachzählung** ermittelt und umfasst sämtliche börsengehandelte Derivate, die in dem maßgeblichen Zeitraum – das Jahr 2017 und die jeweiligen Kalenderjahre des nachfolgenden Zeitraums vom 4.1.2018 bis 3.6.2020 – nach den Regelungen des Handelsplatzes zustande gekommen sind. Besteht zwischen dem Handelsplatz und anderen Handelsplätzen in der Union eine enge Verbindung, so ist der Nominalbetrag nach Art. 36 Abs. 5 Unterabs. 3 Satz 2 VO Nr. 600/2014 **auf Gruppenebene** zu ermitteln. In die Konsolidierung einzubeziehen sind jedoch nur börsengehandelte Derivate.

23 Die Berechnung des Nominalbetrages ist in Art. 19 DelVO 2017/581 konkretisiert worden. Danach hat der Handelsplatz zunächst die ihm tatsächlich zur Verfügung stehenden Zahlen zu verwenden. Wenn ihm in Bezug auf das Jahr 2017 Zahlen nur für einen Zeitraum von weniger als zwölf Monaten zur Verfügung standen – Grund hierfür konnte gewesen sein, dass der Handelsplatz seine Erklärung, der Empfehlung der ESMA folgend, bereits vor dem 30.9.2017, d.h. vor Ende des Geschäftsjahres, abgab – konnte er nach Art. 19 Abs. 2 Unterabs. 2 und 3 DelVO 2017/581 für das Jahre 2017 einen Schätzwert angeben. Dieser hatte dann auch Zahlen aus dem Jahr 2016 zu berücksichtigen[6].

---

1 *Europäische Wertpapier- und Marktaufsichtsbehörde (ESMA)*, Risikobewertung der vorübergehenden Ausnahme von börsengehandelten Derivaten von Art. 35 und 36 MiFIR, ESMA/2016/461 vom 4.4.2016, abrufbar über: https://www.esma.europa.eu/sites/default/files/library/2016-461_etd_final_report.pdf („*ESMA* Bericht nach Art. 52 (11) MiFIR"), Rz. 82.
2 *ESMA* Q&A MiFID II/MiFIR Market Structures, Part 6 (Access to CCPs and trading venues), Frage 3 [letzte Aktualisierung: 12.9.2017].
3 Art. 55 Abs. 2 VO Nr. 600/2014, zuletzt geändert durch Art. 1 Nr. 14 VO 2016/1033.
4 *ESMA* Q&A MiFID II/MiFIR Market Structures, Part 6 (Access to CCPs and trading venues), Frage 3 [letzte Aktualisierung: 12.9.2017].
5 Verordnung (EWG, Euratom) Nr. 1182/71 des Rates vom 3. Juni 1971 zur Festlegung der Regeln für die Fristen, Daten und Termine, ABl. EG Nr. L 124 v. 8.6.1971, S. 1. S. auch das von Deutschland angenommene Europäische Übereinkommen über die Berechnung von Fristen vom 16. Mai 1972, abrufbar über: https://www.coe.int/de/web/conventions/full-list/-/conventions/rms/090000168007311f („Europarat Fristen-Übereinkommen").
6 S. das Rechenbeispiel in *ESMA* RTS MiFID II/MiFIR, S. 296, Rz. 86.

Für die Inanspruchnahme der Verlängerung des Übergangszeitraums und die Berechnung der dann maßgeblichen Nominalbeträge sind nach Art. 19 Abs. 3 DelVO 2017/581 nur die jeweils ersten beiden Jahre des 30-Monats-Zeitraums maßgeblich. Für die erstmalige Verlängerung wären dies die beiden Zeiträume vom 4.6.2020 bis 3.6.2021 und vom 4.6.2021 bis 3.6.2022. Da der Handelsplatz die für die Nutzung der ersten Verlängerung erforderliche Erklärung bis zum Ende des 30-Monats-Zeitraums, d.h. bis 3.1.2023, abgeben kann, hat er auch ausreichend Zeit, die für die Berechnung der Schwellenwerte maßgeblichen Nominalbeträge auf Grundlage der tatsächlich abgeschlossenen börsengehandelten Derivate zu ermitteln. Es verwundert daher nicht, dass die für das Jahr 2017 gegeben Erleichterung des Art. 19 Abs. 2 Unterabs. 2 und 3 DelVO 2017/581 für die Verlängerung des Übergangszeitraums nicht vorgesehen ist. 24

Die **Berechnung der Nominalbeträge** lehnt sich eng an die Auslegungsentscheidungen der ESMA zu EMIR an[1]. Bei Derivaten, bei denen der Basiswert in einer bestimmten Einheit ausgedrückt ist (z.B. eine Option, die sich auf 1 MWh Strom Grundlast bezieht), muss der Nominalbetrag nach Art. 19 Abs. 4 DelVO 2017/581 durch Multiplikation des Basiswertes (1 MWh) mit dem zum Zeitpunkt des Zustandekommens der Derivats maßgeblichen Preises für die Einheit ermittelt werden. 25

Nach Art. 17 DelVO 2017/581 hat der Handelsplatz seine Mitteilung schriftlich an die für ihn zuständige Behörde und an die ESMA zu richten. Dabei hat er die in der Anlage zur DelVO 2017/581 abgedruckten Formulare 3.1. und 3.2 zu verwenden. Für die Mitteilung über die Verlängerung des Übergangszeitraums gilt nach Art. 18 DelVO 2017/581 entsprechendes. In ihren Auslegungsentscheidungen hat die ESMA vorgegeben, dass der Handelsplatz zuerst seine zuständige Behörde informieren soll[2], damit diese die Vollständigkeit der Unterlagen überprüfen kann. Nach Mitteilung an die ESMA wird diese innerhalb von **drei Monaten** über die Befreiung von zur Zugangspflicht entscheiden. Die ESMA hat in Ergänzung ihrer Auslegungsentscheidungen am 15.9.2017 Vorschriften[3] veröffentlicht, in denen sie weitere Einzelheiten des Verfahrens regelt. 26

Folge der Mitteilung ist nicht nur die Befreiung von der Zugangspflicht; nach Art. 36 Abs. 5 Unterabs. 1 Satz 3 VO Nr. 600/2014 verliert der Handelsplatz zugleich das Recht auf Zugang zu europäischen CCPs nach Art. 35 VO Nr. 600/2014. Gleiches gilt für die Handelsplätze innerhalb der Union, an denen börsengehandelte Derivate abgeschlossen werden und zu denen eine enge Verbindung i.S.d. Art. 2 Abs. 1 Nr. 21 VO Nr. 600/2014 i.V.m. Art. 4 Abs. 1 Nr. 35 RL 2014/65/EU besteht. Auch sie können ihre durch Art. 35 VO Nr. 600/2014 vermittelten Zugangsrechte zu CCPs während der Übergangszeit nicht nutzen. 27

Nach Art. 36 Abs. 5 Unterabs. 1 Satz 4 VO Nr. 600/2014 ist die ESMA verpflichtet, eine Liste der Handelsplätze zu veröffentlichen, die von der Möglichkeit des Art. 36 Abs. 5 VO Nr. 600/2014 Gebrauch gemacht haben. Die Liste ist über die Webseite der ESMA[4] abrufbar. Die Liste wist derzeit fünf von der Zugangspflicht befreite Handelsplätze aus; der Antrag eines weiteren Handelsplatzes war noch nicht beschieden. 28

e) Vorübergehende Befreiung von Handelsplätzen, an denen Derivate gehandelt werden (Art. 52 Abs. 2 VO Nr. 600/2014). Nach Art. 52 Abs. 12 VO Nr. 600/2014 war die Kommission verpflichtet, dem Europäischen Parlament und dem Rat bis zum 3.7.2016 einen **Bericht** vorzulegen, in dem sie beurteilt, ob es notwendig ist, börsengehandelte Derivate vorübergehend vom Anwendungsbereich der Art. 35 und 36 VO Nr. 600/2014 auszunehmen. Dieser Verpflichtung ist die Kommission am 11.9.2017 nachgekommen[5]. In den Schlussfolgerungen ihres Berichts stellte die Kommission fest, dass für eine vorübergehende Freistellung börsengehandelter Derivate von der Zugangspflicht keine Notwendigkeit bestehe[6], insbesondere sei nicht zu erkennen, dass von den Zugangsvereinbarungen ein nennenswertes Systemrisiko ausgehe. 28a

Mit ihrem Bericht hatte die Kommission die Möglichkeit einer vorübergehenden Freistellung börsengehandelter Derivate nach Art. 54 Abs. 2 VO Nr. 600/2014 eröffnet. Die Übergangsbestimmung sah vor, dass ein Handelsplatz bis zum Inkrafttreten der MiFIR, d.h. vor dem 3.1.2018, bei der zuständigen Behörde einen Antrag auf vorübergehende Freistellung von der Zugangspflicht stellen konnte. Wegen der Einzelheiten wird auf die Ausführung zu Art. 35 VO Nr. 600/2014 Rz. 37b und 37c verwiesen. 28b

---

1 *ESMA* RTS MiFID II/MiFIR, S. 296, Rz. 83.
2 *ESMA* Q&A MiFID II/MiFIR Market Structures, Part 6 (Access to CCPs and trading venues), Frage 3 [letzte Aktualisierung: 12.9.2017].
3 *ESMA*, Mitteilung über das für die Gewährung von Ausnahmen von den EMIR Zugangsbestimmungen für Handelsplätze im Hinblick auf börsengehandelte Derivate vorgesehene Verfahren, ESMA70-154-259 vom 15.9.2017, abrufbar über: https://www.esma.europa.eu/sites/default/files/library/esma70-154-259_article_36_5_mifir_procedure_public.pdf („*ESMA* Verfahren Art. 36(5) MiFIR").
4 *ESMA*, Liste der Handelsplätze die von der vorübergehende Ausnahme vom Zugangserfordernis unter Artikel 36(5) MiFIR profitieren, ESMA70-155-3832 vom 26.3.2018, abrufbar über: https://www.esma.europa.eu/sites/default/files/library/list_of_access_exemptions.pdf („*ESMA* Liste Ausnahme Artikel 36(5) MiFIR").
5 *Kommission*, Bericht an das Europäische Parlament und den Rat über die Notwendigkeit, börsengehandelte Derivate vorübergehend vom Anwendungsbereich der Artikel 35 und 36 Verordnung (EU) Nr. 600/2014 über Märkte für Finanzinstrumente auszunehmen, COM(2017) 468 final vom 11.9.2017, abrufbar über: http://eur-lex.europa.eu/legal-content/DE/TXT/PDF/?uri=CELEX:52017DC0468&from=DE („*Kommission* Bericht nach Art. 52 (12) MiFIR").
6 *Kommission* Bericht nach Art. 52 (12) MiFIR, S. 11/12.

29 **II. Zugangsverfahren (Art. 36 Abs. 2–4 VO Nr. 600/2014). 1. Antrag.** Nach Art. 36 Abs. 2 VO Nr. 600/2014 hat die CCP ihren **Antrag auf Zugang** an den Handelsplatz sowie an die beiden für den Handelsplatz und die CCP zuständigen Behörden zu richten.

30 **2. Fristen.** Der Handelsplatz muss der CCP innerhalb der in Art. 36 Abs. 3 Satz 1 VO Nr. 600/2014 genannten **Fristen** schriftlich antworten. Hat die CCP den Zugang für übertragbare Wertpapiere oder Geldmarktinstrumente beantragt, beträgt die Frist **drei Monate**; bei börsengehandelten Derivaten beträgt die Frist **sechs Monate**. Auch hier gilt, dass die längere Frist für börsengehandelte Derivate ihren Grund in der – verglichen mit übertragbaren Wertpapieren oder Geldmarktinstrumenten – größeren Komplexität hat: Börsengehandelte Derivate weisen i.d.R. längere Laufzeit und Hebeleffekte (high leverage effects) auf[1].

31 **3. Weigerung der zuständigen Behörden.** Der Handelsplatz darf den Zugang zu seinen Handelsdaten nur dann gewähren, wenn die beiden **zuständigen Behörden** ihn zuvor gestattet haben. Nach Art. 36 Abs. 4 Unterabs. 1 VO Nr. 600/2014 dürfen die zuständigen Behörden den Zugang nur dann gestatten, wenn er keine Interoperabilitätsvereinbarung i.S.v. Art. 2 Nr. 7 VO Nr. 648/2012 erforderlich macht und weder das reibungslose und ordnungsgemäße **Funktionieren der Märkte** gefährden noch **Systemrisiken** verstärken würde. Das Funktionieren der Märkte ist insbesondere dann gefährdet, wenn durch das Clearing der antragstellenden CCP die **Liquidität der Märkte fragmentiert** würde.

32 Der Abschluss einer **Interoperabilitätsvereinbarung** nach Art. 51 VO Nr. 648/2012 ist dann erforderlich, wenn die CCP ihre Clearingdienstleistungen nur über eine andere CCP erbringen kann. Hiervon abweichend ist die Notwendigkeit einer Interoperabilitätsvereinbarung nach Art. 36 Abs. 4 Unterabs. 3 VO Nr. 600/2014 dann kein Zugangshindernis, wenn der Handelsplatz und die CCP, die den indirekten Zugang zum Handelsplatz vermittelt, der Vereinbarung bereits zugestimmt haben und sämtliche Risiken, denen die CCP, die den Zugang gewähren soll, ausgesetzt ist, von einer dritten Partei abgesichert werden.

33 Die Anforderung, dass die Übernahme des Clearings durch die antragstellende CCP nicht zu einer **Fragmentierung der Liquidität** des Handelsplatzes führen darf, findet sich auch in Art. 8 Abs. 5 VO Nr. 648/2012 (EMIR). Nach Art. 2 Abs. 1 Nr. 45 VO Nr. 600/2014 gilt eine Fragmentierung der Liquidität als gegeben, wenn ein Teilnehmer des Handelsplatzes mit einem anderen Teilnehmer desselben Handelsplatzes deshalb kein Geschäft mehr abschließen kann, weil nach Aufnahme der Clearingtätigkeit durch die antragstellende CCP beide Teilnehmer nicht mehr über dieselbe CCP abwickeln würden.

34 Das Kriterium der Fragmentierung der Liquidität ist für OTC-Derivate in Art. 9 Abs. 2 Buchst. a und Abs. 3 DelVO Nr. 149/2013 konkretisiert worden. Danach ist von einer Fragmentierung dann nicht auszugehen, wenn beide Börsenteilnehmer vor Aufnahme der Clearingtätigkeit durch die neue CCP Zugang zu **mindestens einer gemeinsamen CCP** hatten, über die sie das Geschäft clearen lassen könnten. Dabei ist es nach Art. 9 Abs. 4 DelVO Nr. 149/2013 unerheblich, ob der bereits bestehende Zugang auf Vereinbarungen mit einem oder mehreren Clearingmitgliedern oder auf indirekten Clearingvereinbarungen beruht.

35 Nach Art. 9 Abs. 2 Buchst. b und Abs. 5 DelVO Nr. 149/2013 kann eine Fragmentierung der Liquidität auch dadurch ausgeschlossen werden, dass die beiden CCPs, d.h. die CCP, die den Handelsplatz bereits mit Clearingdienstleistungen versorgt und die antragstellende CCP, eine **Vereinbarung über die Übertragung von Geschäften** auf Clearingmitglieder der bereits etablierten CCP vorsieht.

36 Nach Art. 9 Abs. 5 DelVO Nr. 149/2013 gilt diese Vereinbarung zwischen der etablierten CCP und der antragstellenden CCP als Interoperabilitätsvereinbarung (sog. „**kleine**" **Interoperabilitätsvereinbarung**), die der Genehmigung der für die beiden CCPs zuständigen Aufsichtsbehörden bedarf. Gemäß Art. 54 Abs. 1 VO Nr. 648/2012 ist über die Interoperabilitätsvereinbarung nach dem in Art. 17 VO Nr. 648/2012 vorgesehen Verfahren, d.h. unter Mitwirkung des **Kollegiums**, zu entscheiden.

37 **Verweigert eine zuständige Behörde** ihre Zustimmung, so muss sie ihren Beschluss nach Art. 36 Abs. 4 Unterabs. 4 VO Nr. 600/2014 innerhalb von zwei Monaten nach Erhalt des Antrages fassen und ihn gegenüber der anderen zuständigen Behörde, der CCP und dem antragstellenden Handelsplatz begründen sowie die Nachweise beibringen, auf deren Grundlage sie ihren Beschluss gefasst hat. Die CCP ist an die Verweigerung der Zustimmung gebunden; sie muss dem antragstellenden Handelsplatz innerhalb der in Art. 36 Abs. 3 Satz 1 VO Nr. 600/2014 bestimmten Fristen schriftlich mitteilen, dass sie ihm den Zugang untersagt.

38 Sind sich die beiden zuständigen Behörden nicht einig und haben sie ihren Sitz in unterschiedlichen Mitgliedstaaten, so können die Meinungsverschiedenheiten von der **ESMA** nach dem in Art. 19 VO Nr. 1095/2010 geregelten Verfahren beigelegt werden. Nach Art. 19 Abs. 1 VO Nr. 1095/2010 wird die ESMA auf Ersuchen einer oder beider Behörden tätig. Führt die vermittelnde Tätigkeit der ESMA innerhalb der von ihr festgesetzten Frist nicht zu einem Erfolg, kann die ESMA nach Art. 44 VO Nr. 1095/2010 die Meinungsverschiedenheit durch verbindlichen Beschluss regeln.

---

1 *ESMA* Bericht nach Art. 52 (11) MiFIR, Rz. 69.

4. Weigerung des Handelsplatzes. Stimmen die zuständigen Behörden der Gewährung des Zugangs zu, so 39
kann der Handelsplatz den Zugang nach Art. 36 Abs. 3 Satz 2 VO Nr. 600/2014 gleichwohl verweigern, wenn
er sich auf einen der in Art. 36 Abs. 6 Buchst. a VO Nr. 600/2014 genannten bzw. in der DelVO 2017/581 näher
bestimmten **Versagungsgründe** berufen kann; wegen der zulässigen Versagungsgründe wird auf die Ausführungen in Rz. 10–16 verwiesen.

Untersagt der Handelsplatz den Zugang, so hat er seine Entscheidung in seiner Antwort an die CCP ausführlich 40
zu begründen. Nach Art. 36 Abs. 3 Satz 3 VO Nr. 600/2014 ist er darüber hinaus verpflichtet, die für ihn zuständige Behörde zu unterrichten. Hat die für die CCP zuständige Behörde ihren Sitz in einem anderen Mitgliedstaat, so hat der Handelsplatz seine Entscheidung und die Begründung auch an die für die CCP zuständige Behörde zu übermitteln.

5. Zustimmung des Handelsplatzes und Bedingungen des Zugangs. Stimmt der Handelsplatz dem Zugang 41
zu, dann muss er nach Art. 36 Abs. 3 Satz 5 VO Nr. 600/2014 den Zugang innerhalb von **drei Monaten** nach
Zugang der positiven Mitteilung ermöglichen.

Die Bedingungen, unter denen der Handelsplatz den Zugang zu seinen Handelsdaten gewähren muss, sind in 42
Art. 9 und 11 DelVO 2017/581 näher bestimmt. Nach Art. 9 DelVO 2017/581 müssen die CCP und der Handelsplatz eine **Zugangsvereinbarung** abschließen, in denen die beiderseitigen Rechte und Pflichten klar und
transparent geregelt werden. Die Zugangsvereinbarung muss insbesondere den Zeitpunkt definieren, ab dem
ein erteilter Auftrag gemäß den Bestimmungen der RL 98/26/EG[1] unwiderruflich ist.

Nach Art. 11 Abs. 1 DelVO 2017/581 müssen die von dem Handelsplatz erhobenen Gebühren diskriminierungs- 43
frei und transparent sein. Sie müssen für jede CCP für dieselben oder ähnlichen Finanzinstrumente dieselben
Gebühren und Preisnachlässe vorsehen. Abweichungen in der Gebührenstruktur müssen objektiv gerechtfertigt
sein. Im Übrigen verlangt Art. 11 Abs. 2 DelVO 2017/581 vom Handelsplatz, dass die Gebühren einfach zugänglich sind, dass die Gebühren angemessen sind und dass das Preisverzeichnis des Handelsplatzes über eine ausreichende Granularität verfügt, die es erlaubt, die Umfang der insgesamt anfallenden Gebühren abzuschätzen.

III. Technische Regulierungsstandards (Art. 36 Abs. 6 VO Nr. 600/2014). Nach Art. 36 Abs. 6 VO Nr. 600/ 44
2014 ist die Kommission befugt, die konkreten Bedingungen festzulegen unter denen ein Handelsplatz den Zugang zu seinen Handelsdaten gewähren oder verweigern darf. Von ihrer Befugnis hat sie mit der DelVO 2017/581
Gebrauch gemacht. Die DelVO 2017/581 ist am zwanzigsten Tag nach ihrer Veröffentlichung im Amtsblatt der
Europäischen Union, d.h. am 20.4.2017, in Kraft getreten. Sie gilt seit dem 3.1.2018 (Art. 21 DelVO 2017/581).

IV. Prüfauftrag: Vorübergehende Befreiung börsengehandelter Derivate (Art. 52 Abs. 11 VO Nr. 600/ 45
2014). Nach Art. 52 Abs. 11 VO Nr. 600/2014 war die Kommission verpflichtet, dem Europäischen Parlament
bis 3.7.2016 einen Bericht vorzulegen, in dem sie beurteilt, ob der in Art. 36 Abs. 5 VO Nr. 600/2014 festgelegte
Schwellenwert weiterhin angemessen ist und ob der Nichtbeteiligungsmechanismus in Bezug auf börsengehandelte Derivate beibehalten werden soll. Bislang steht der Bericht noch aus.

Art. 37 Diskriminierungsfreier Zugang zu Referenzwerten und Genehmigungspflicht

(1) Wird der Wert eines Finanzinstruments unter Bezugnahme auf einen Referenzwert berechnet, sorgt
eine über Eigentumsrechte an diesem Referenzwert verfügende Person dafür, dass zentralen Gegenparteien
und Handelsplätzen für Handels- und Clearingzwecke ein diskriminierungsfreier Zugang gewährt wird zu
a) einschlägigen Kurs- und Handelsdaten sowie Angaben zur Zusammensetzung, zur Methode und zur
   Kursbildung dieser Referenzwert für Clearing- und Handelszwecke und
b) Lizenzen.
Eine Lizenz, die den Zugang zu Informationen einschließt, wird zu fairen, angemessenen und nichtdiskriminierenden Bedingungen binnen drei Monaten nach dem Antrag einer zentralen Gegenpartei oder
eines Handelsplatzes gewährt.
Die Gewährung des Zugangs erfolgt zu einem angemessenen handelsüblichen Preis unter Berücksichtigung des Preises, zu dem einer anderen zentralen Gegenpartei, einem anderen Handelsplatz oder einer
damit verbundenen Person zu Clearing- und Handelszwecken der Zugang zum Referenzwert gewährt
wird, und zu denselben Bedingungen, zu denen die Rechte an geistigem Eigentum genehmigt werden.
Von unterschiedlichen zentralen Gegenparteien, Handelsplätzen oder damit verbundenen Personen
dürfen nur dann unterschiedliche Preise verlangt werden, wenn dies aus vertretbaren kommerziellen

---

[1] Richtlinie 98/26/EG des Europäischen Parlaments und des Rates vom 19. Mai 1998 über die Wirksamkeit von Abrechnungen in Zahlungs- sowie Wertpapierliefer- und -abrechnungssystemen, ABl. EG Nr. L 166 v. 11.6.1998, S. 45.

Gründen, wie etwa der gewünschten Menge oder des gewünschten Geltungs- oder Anwendungsbereichs, objektiv gerechtfertigt ist.

(2) Wenn nach dem 3. Januar 2018 ein neuer Referenzwert eingeführt wird, wird die Lizensierungspflicht spätestens 30 Monate nach Beginn des Handels mit einem Finanzinstrument, auf das sich der Referenzwert bezieht, oder nach dessen Zulassung zum Handel wirksam. Ist eine über Eigentumsrechte an einem neuen Referenzwert verfügende Person Eigentümer eines bereits bestehenden Referenzwerts, so weist diese Person nach, dass der neue Referenzwert im Vergleich zu einem entsprechenden bestehenden Referenzwert folgende Kriterien kumulativ erfüllt:

a) Der neue Referenzwert ist keine bloße Kopie oder Anpassung eines entsprechenden bestehenden Referenzwerts, und die Methode des neuen Referenzwerts, einschließlich der zugrunde liegenden Daten, unterscheidet sich in wesentlicher Hinsicht von einem entsprechenden bestehenden Referenzwert und

b) der neue Referenzwert ist kein Ersatz für einen entsprechenden bestehenden Referenzwert.

Die Anwendung geltender Wettbewerbsvorschriften insbesondere der Artikel 101 und 102 AEUV bleibt von diesem Absatz unberührt.

(3) Keine zentrale Gegenpartei, kein Handelsplatz bzw. keine verbundene Einheit darf mit dem Erbringer eines Referenzwerts eine Vereinbarung treffen, die folgende Auswirkungen zeitigen würde:

a) Hinderung einer anderen zentralen Gegenpartei bzw. eines anderen Handelsplatzes am Zugang zu den in Absatz 1 genannten Informationen oder Rechten oder

b) Hinderung einer anderen zentralen Gegenpartei bzw. eines anderen Handelsplatzes am Zugang zu der in Absatz 1 genannten Lizenz.

(4) Die ESMA erarbeitet Entwürfe technischer Regulierungsstandards, um Folgendes festzulegen:

a) die Informationen, die nach Absatz 1 Buchstabe a aufgrund einer Lizensierung zur ausschließlichen Nutzung durch die zentrale Gegenpartei oder den Handelsplatz zur Verfügung zu stellen sind,

b) weitere Bedingungen, unter denen der Zugang gewährt wird, einschließlich der Vertraulichkeit der übermittelten Informationen,

c) die Standards, die Anhaltspunkte dafür liefern, wie nachgewiesen werden kann, dass ein Referenzwert gemäß Absatz 2 Buchstaben a und b neu ist.

Die ESMA legt diese Entwürfe technischer Regulierungsstandards bis zum 3. Juli 2015 der Kommission vor.

Der Kommission wird die Befugnis übertragen, die in Unterabsatz 1 genannten technischen Regulierungsstandards gemäß den Artikeln 10 bis 14 der Verordnung (EU) Nr. 1095/2010 zu erlassen.

In der Fassung vom 15.5.2014 (ABl. EU Nr. L 173 v. 12.6.2014, S. 84), geändert durch Verordnung (EU) 2016/1033 vom 23.6.2016 (ABl. EU Nr. L 175 v. 30.6.2016, S. 1).

Delegierte Verordnung (EU) 2016/2021 vom 2. Juni 2016
zur Ergänzung der Verordnung (EU) Nr. 600/2014 des Europäischen Parlaments und des Rates über Märkte für Finanzinstrumente im Hinblick auf technische Regulierungsstandards für den Zugang im Zusammenhang mit Referenzwerten

Art. 1 Informationen, die CCP oder Handelsplätzen zur Verfügung zu stellen sind

(1) Personen mit Eigentumsrechten an Referenzwerten stellen zentralen Gegenparteien (CCP) und Handelsplätzen die zur Wahrnehmung ihrer Clearing- oder Handelsfunktionen erforderlichen Informationen auf Anforderung zur Verfügung, wobei die spezifische Art des Referenzwerts, zu dem um Zugang ersucht wird, und das jeweilige Finanzinstrument, das gehandelt oder gecleart werden soll, angemessen berücksichtigt werden.

(2) In ihren Ersuchen erläutern die CCP oder Handelsplätze, weshalb diese Informationen für Clearing- bzw. Handelszwecke erforderlich sind.

(3) Für die Zwecke von Absatz 1 umfassen die relevanten Handels- und Clearingfunktionen mindestens Folgendes:

a) für Handelsplätze:
   i) die erste Bewertung der Merkmale des Referenzwerts;
   ii) die Vermarktung des betreffenden Produkts;
   iii) die Unterstützung der Kursbildung für Kontrakte, die zum Handel zugelassen sind oder werden;
   iv) die laufenden Aktivitäten im Bereich der Marktüberwachung;

b) für CCP:
   i) ein angemessenes Risikomanagement in Bezug auf die einschlägigen offenen Positionen in börsengehandelten Derivaten, *einschließlich Verrechnung;*
   ii) die Einhaltung der einschlägigen Verpflichtungen gemäß der Verordnung (EU) Nr. 648/2012 des Europäischen Parlaments und des Rates.

(4) Die relevanten Informationen über Kurs- und Handelsdaten nach Artikel 37 Absatz 1 Buchstabe a der Verordnung (EU) Nr. 600/2014 umfassen mindestens Folgendes:
a) Angaben der Werte des Referenzwerts;
b) die unverzügliche Mitteilung etwaiger Fehler bei der Berechnung der Werte des Referenzwerts und der aktualisierten oder korrigierten Werte des Referenzwerts;
c) historische Werte des Referenzwerts, sofern die Person mit Eigentumsrechten am Referenzwert über derartige Informationen verfügt.

(5) Was die Zusammensetzung, Methode und Kursbildung anbelangt, ermöglichen die übermittelten Informationen den CCP und Handelsplätzen, nachzuvollziehen, wie die einzelnen Werte des Referenzwerts zustande kommen und nach welcher Methode diese Werte ermittelt werden. Die relevanten Informationen über die Zusammensetzung, Methode und Kursbildung umfassen mindestens Folgendes:
a) die Definitionen aller im Zusammenhang mit dem Referenzwert verwendeten Schlüsselbegriffe;
b) die Gründe für die Festlegung einer bestimmten Methode und von Verfahren für die Überprüfung und Genehmigung der Methode;
c) die Kriterien und Verfahren zur Bestimmung des Referenzwerts, einschließlich einer Beschreibung der Eingabedaten, der Prioritäten der verschiedenen Arten von Eingabedaten, der Nutzung von Extrapolationsmodellen oder -verfahren sowie jeglicher Verfahren für eine Neugewichtung der Bestandteile eines Referenzwerts;
d) die Kontrollen und Regeln für die Wahrnehmung eines etwaigen Beurteilungs- oder Ermessensspielraums zur Gewährleistung der Kohärenz bei der Wahrnehmung eines solchen Beurteilungs- oder Ermessensspielraums;
e) die Verfahren zur Bestimmung des Referenzwerts in Stressphasen oder Zeiten, in denen die Quellen für Transaktionsdaten möglicherweise nicht ausreichen, ungenau oder unzuverlässig sind, und die Angabe möglicher Einschränkungen des Referenzwerts in solchen Zeiten;
f) den Zeitraum, in dem der Referenzwert berechnet wird;
g) die Verfahren, die der Methode zur Neugewichtung des Referenzwerts zugrunde liegen und die sich daraus ergebenden Gewichtungen der einzelnen Bestandteile des Referenzwerts;
h) die Verfahren für den Umgang mit fehlerhaften Eingabedaten oder bei der Bestimmung des Referenzwerts, einschließlich der Angabe, wann eine Neuermittlung des Referenzwerts erforderlich sein könnte;
i) Informationen über die Häufigkeit interner Prüfungen und Genehmigungen der Zusammensetzung und der Methode, und gegebenenfalls Informationen über die Verfahren und Häufigkeit einer externen Überprüfung der Zusammensetzung und Methode.

In der Fassung vom 2.6.2016 (ABl. EU Nr. L 313 v. 19.11.2016, S. 6).

Art. 2 Allgemeine Bedingungen im Zusammenhang mit Informationen, die aufgrund einer Lizenzierung zentralen Gegenparteien und Handelsplätzen zur Verfügung zu stellen sind

(1) Personen mit Eigentumsrechten an Referenzwerten stellen alle relevanten Informationen nach Artikel 1, die von CCP und Handelsplätzen aufgrund einer Lizenzierung angefordert werden, unverzüglich zur Verfügung, und zwar – je nach Art der betreffenden Informationen – entweder einmalig, einschließlich Änderungen an zuvor bereitgestellten Informationen, oder kontinuierlich oder regelmäßig.

(2) Personen mit Eigentumsrechten an Referenzwerten stellen alle relevanten Informationen nach Artikel 1, die von zentralen Gegenparteien und Handelsplätzen aufgrund einer Lizenzierung angefordert werden, innerhalb der gleichen Fristen und zu denselben Bedingungen zur Verfügung, es sei denn, dass etwaige unterschiedliche Bedingungen objektiv gerechtfertigt sind.

(3) Die in den Absätzen 1 und 2 festgelegten Anforderungen gelten nicht, sofern und solange eine Person mit Eigentumsrechten an einem Referenzwert nachweisen kann, dass bestimmte Informationen für CCP und Handelsplätze öffentlich zugänglich sind oder auf anderem kommerziellen Wege zur Verfügung stehen und zuverlässig und aktuell sind.

In der Fassung vom 2.6.2016 (ABl. EU Nr. L 313 v. 19.11.2016, S. 6).

Art. 3 Differenzierung und Nichtdiskriminierung

(1) Legen Personen mit Eigentumsrechten an Referenzwerten im Einklang mit Artikel 37 Absatz 1 der Verordnung (EU) Nr. 600/2014 unterschiedliche Bedingungen, einschließlich Gebühren und Zahlungsbedingungen, fest, so gelten diese Bedingungen auf differenzierte Weise, je nach Kategorie von Lizenznehmern.

(2) Personen mit Eigentumsrechten an Referenzwerten setzen für Lizenznehmer innerhalb derselben Kategorie dieselben Rechte und Pflichten fest.

(3) Personen mit Eigentumsrechten an Referenzwerten legen die Kriterien für die Festlegung der verschiedenen Kategorien von Lizenznehmern offen.

(4) Personen mit Eigentumsrechten an Referenzwerten stellen auf Anfrage CCP oder Handelsplätzen kostenlos die Bedingungen zur Verfügung, die auf die Kategorie Anwendung finden, zu der die jeweilige CCP bzw. der jeweilige Handelsplatz gehört.

(5) Personen mit Eigentumsrechten an Referenzwerten legen gegenüber allen Lizenznehmern derselben Kategorie etwaige Hinzufügungen zu oder Änderungen an den Bedingungen für Lizenzvereinbarungen offen, die mit einem Lizenznehmer innerhalb dieser Kategorie unter den gleichen Bedingungen geschlossen wurden.

In der Fassung vom 2.6.2016 (ABl. EU Nr. L 313 v. 19.11.2016, S. 6).

Art. 4 Weitere Bedingungen, unter denen der Zugang gewährt wird

(1) Personen mit Eigentumsrechten an Referenzwerten legen die Bedingungen für Lizenzvereinbarungen fest und stellen diese CCP und Handelsplätzen auf Anfrage kostenlos zur Verfügung. Die Bedingungen regeln Folgendes:
a) den Anwendungsbereich und Inhalt der Informationen für jegliche Verwendung im Rahmen der Lizenzvereinbarungen, wobei in jedem Fall eindeutig angegeben wird, welche Informationen vertraulich sind;
b) die Bedingungen für eine Weiterverbreitung von Informationen durch CCP und Handelsplätze, falls dies zulässig ist;
c) die technischen Anforderungen für die Erbringung der Dienstleistung;
d) die Gebühren und Zahlungsbedingungen;
e) die Bedingungen, unter denen die Vereinbarung endet, wobei die Laufzeit der Finanzinstrumente, für die der Referenzwert als Bezugsgrundlage dient, berücksichtigt wird;
f) unvorhersehbare Umstände und entsprechende Maßnahmen, um die Weiterführung, Übergangsfristen und die Unterbrechung der Dienstleistung während eines Notfallzeitraums zu regeln, die
   i) eine geordnete Beendigung ermöglichen;
   ii) sicherstellen, dass eine Beendigung nicht durch geringfügige Verstöße gegen die Vereinbarung ausgelöst wird und der betreffenden Partei eine angemessene Frist eingeräumt wird, um Verstöße abzustellen, die nicht zur unmittelbaren Beendigung führen;
g) das geltende Recht und die Verteilung der Haftung.

(2) In der Lizenzvereinbarung ist vorgeschrieben, dass CCP, Handelsplätze und Personen mit Eigentumsrechten an Referenzwerten angemessene Grundsätze, Verfahren und Systeme festlegen, um Folgendes zu gewährleisten:
a) die Durchführung der Dienstleistung ohne unnötige Verzögerung nach einem im Voraus vereinbarten Zeitplan;
b) die Aktualisierung aller von den Parteien bereitgestellten Informationen während des gesamten Zeitraums, in dem Zugang gewährt wird, einschließlich von Informationen, die sich auf den Ruf auswirken könnten;
c) eine Möglichkeit zur zeitnahen, zuverlässigen und sicheren Kommunikation zwischen den Parteien während der Laufzeit der Lizenzvereinbarung;
d) Konsultationen, falls etwaige Änderungen an den Aktivitäten eines der betreffenden Unternehmen einen wesentlichen Einfluss auf die Lizenzvereinbarung oder auf die Risiken haben könnten, denen das jeweils andere Unternehmen ausgesetzt ist, und deren Mitteilung innerhalb einer angemessenen Frist, bevor die betreffenden Änderungen an den Aktivitäten des jeweiligen Unternehmens umgesetzt werden;
e) die Bereitstellung von Informationen und entsprechenden Anweisungen, wie diese mit Hilfe der vereinbarten technischen Mittel übermittelt und genutzt werden können;
f) die Bereitstellung aktueller Informationen für Personen mit Eigentumsrechten an Referenzwerten im Hinblick auf die Weiterverbreitung von Informationen an Clearingmitglieder von CCP und an Mitglieder von oder Teilnehmer an Handelsplätzen, falls dies zulässig ist;
g) die geordnete Beilegung von Streitigkeiten und die geordnete Beendigung der Vereinbarung, je nach den festgestellten Umständen.

In der Fassung vom 2.6.2016 (ABl. EU Nr. L 313 v. 19.11.2016, S. 6).

Art. 5 Standards, die Anhaltspunkte dafür liefern, wie nachgewiesen werden kann, dass ein Referenzwert neu ist

(1) Bei der Feststellung, ob ein neuer Referenzwert die Kriterien nach Artikel 37 Absatz 2 Buchstaben a und b der Verordnung (EU) Nr. 600/2014 erfüllt, berücksichtigen Personen mit Eigentumsrechten an Referenzwerten, ob
a) Kontrakte, denen neuere Referenzwerte zugrunde liegen, nicht von der CCP saldiert oder weitgehend durch Kontrakte ausgeglichen werden können, denen die einschlägigen bestehenden Referenzwerte zugrunde liegen;
b) die Regionen und Wirtschaftszweige, die von den einschlägigen Referenzwerten abgedeckt werden, weder identisch noch ähnlich sind;
c) die Werte der einschlägigen Referenzwerte nicht in hohem Maße korrelieren;
d) die Zusammensetzung der einschlägigen Referenzwerte im Hinblick auf die Anzahl ihrer Bestandteile, Werte und Gewichtungen weder identisch noch ähnlich ist;
e) die Methoden für die einzelnen einschlägigen Referenzwerte weder identisch noch ähnlich sind.

(2) Für Rohstoff-Referenzwerte wird zusätzlich zu den in Absatz 1 genannten Standards berücksichtigt, ob
a) den einschlägigen Referenzwerten unter Umständen dieselben Rohstoffe zugrunde liegen;
b) die Lieferorte der zugrunde liegenden Rohstoffe unter Umständen identisch sind.

(3) Zusätzlich zu den in den Absätzen 1 und 2 spezifizierten Standards berücksichtigen Personen mit Eigentumsrechten an Referenzwerten gegebenenfalls weitere Standards, die für die verschiedenen Arten von Referenzwerten bestehen.

(4) Ein im Rahmen einer Reihe neu veröffentlichter Referenzwert gilt nicht als neuer Referenzwert.

In der Fassung vom 2.6.2016 (ABl. EU Nr. L 313 v. 19.11.2016, S. 6).

Art. 6 Inkrafttreten und Geltungsbeginn

Diese Verordnung tritt am zwanzigsten Tag nach ihrer Veröffentlichung im Amtsblatt der Europäischen Union in Kraft.
Sie gilt ab dem in Artikel 55 Absatz 4 der Verordnung (EU) Nr. 600/2014 genannten Datum.

In der Fassung vom 2.6.2016 (ABl. EU Nr. L 313 v. 19.11.2016, S. 6).

Schrifttum: *Europäische Wertpapier- und Marktaufsichtsbehörde (ESMA)*, Endgültiger Bericht der ESMA zu technischen Regulierungs- und Durchführungsstandards unter der MiFID II/MiFIR, ESMA/2015/1464 vom 28.9.2015; abrufbar über: https://www.esma.europa.eu („*ESMA* RTS MiFID II/MiFIR").

I. Pflicht zur Gewährung des Zugangs (Art. 37 Abs. 1 VO Nr. 600/2014) 1	c) Alternative Informationsquellen 22
1. Anwendungsbereich 3	d) Nutzung der Informationen für andere Zwecke 23
a) Begriff Referenzwert 3	II. Zugangsverfahren (Art. 37 Abs. 2 VO Nr. 600/2014) 25
b) Persönlicher Anwendungsbereich 6	1. Antrag 25
c) Zeitlicher Anwendungsbereich 8	2. Fristen 28
2. Gegenstand des Zugangspflicht 10	3. Bedingungen für Lizenzvereinbarungen 30
3. Anforderungen an den Zugang und Versagungsgründe 13	III. Technische Regulierungsstandards (Art. 37 Abs. 3 VO Nr. 600/2014) 31
a) Diskriminierungsverbot 15	
b) Neue Referenzwerte 17	

I. Pflicht zur Gewährung des Zugangs (Art. 37 Abs. 1 VO Nr. 600/2014). Adressat des durch Art. 37 VO Nr. 600/2014 begründeten Zugangsrechts ist die Person, die über die Rechte an einem Referenzwert verfügt. Sobald ihr **Referenzwert** dazu genutzt wird, den Wert eines Finanzinstrumentes zu berechnen, ist sie verpflichtet, Handelsplätzen oder CCPs, die das betreffende Finanzinstrument handeln oder clearen wollen, den hierfür erforderlichen Zugang zu dem Referenzwert zu gewähren. Der Zugang kann gegen Zahlung eines Entgeltes gewährt werden; er muss jedoch stets zu **verhältnismäßigen, fairen, angemessenen und diskriminierungsfreien Bedingungen** erfolgen[1]. 1

Auch Art. 37 VO Nr. 600/2014 ist Ausprägung der im europäischen Kartellrecht entwickelten **Essential-Facilities-Doktrin** (s. die Anmerkungen zu Art. 35 VO Nr. 600/2014 Rz. 2). Dies wird bereits durch den in Art. 37 Abs. 2 Unterabs. 2 VO Nr. 600/2014 enthaltenen Verweis auf Art. 101 und 102 AEUV, und dem dort verankerten Verbot des Missbrauches einer marktbeherrschenden Stellung deutlich. Zweck des Art. 37 VO Nr. 600/2014 ist nicht nur die Gewährleistung eines fairen und offenen Zugangs zu den Referenzwerten, sondern mittelbar auch der Schutz der durch Art. 35 und 36 VO Nr. 600/2014 begründeten Zugangsrechte zu CCPs und Handelsplätzen. So weisen die Erwägungsgründe[2] zurecht darauf hin, dass der Zugang zu einer CCP oder einem Handelsplatz nur dann offen ist, wenn die zugangsberechtigte Partei auch die für die effektive Nutzung des Zugangs erforderlichen Lizenzen und Informationen verfügt. 2

1. Anwendungsbereich. a) Begriff Referenzwert. Der für den sachlichen Anwendungsbereich maßgebliche Begriff **Referenzwert** wird vom Gesetzgeber nicht definiert, sondern als bekannt voraus gesetzt. Die ESMA hat sich bei der Ausarbeitung der technischen Regulierungsstandards sehr eng an die damals bereits im Entwurf vorliegende VO 2016/1011[3] (sog. „Benchmarkverordnung") angelehnt[4]. Nach Art. 3 Abs. 1 Nr. 3 VO 2016/ 1011 ist Referenzwert jeder Index, auf den Bezug genommen wird, um den für ein Finanzinstrument oder einen Finanzkontrakt zahlbaren Betrag oder den Wert eines Finanzinstrumentes zu bestimmen. Ein **Index** ist nach Art. 3 Abs. 1 Nr. 1 VO 2016/1011 jede Zahl, die veröffentlicht oder der Öffentlichkeit zugänglich gemacht wird, und die regelmäßig ganz oder teilweise durch Anwendung einer Formel oder eine andere Berechnungsmethode oder durch Bewertung bestimmt wird, und deren Bestimmung auf der Grundlage des Werts eines oder mehrerer Basisvermögenswerte oder Basispreise, einschließlich geschätzter Preise, tatsächlicher oder geschätzter Zinssätze, Quotierungen, verbindlichen Quotierungen oder sonstigen Werte oder Erhebungen, erfolgt. 3

Beispiele für Referenzwerte sind die Referenzzinssätze EURIBOR, LIBOR, NIBOR, WIBOR oder STIBOR oder die Overnight-Referenzzinssätze EONIA, Fed Funds oder SONIA. Ebenfalls zu den Referenzwerten zählen die Kreditderivateindices iTraxx Europe Main und iTraxx Europe Crossover. Die genannten Referenzwerte sind deshalb von Bedeutung, weil die drei Delegierten Verordnungen über die Clearingpflicht – die DelVO 2015/2205, die DelVO 2016/592 und die DelVO 2016/1178 – bestimmte auf sie Bezug nehmende OTC-Derivate der Clearingpflicht unterworfen haben. Einige der auf die Referenzzinssätze EURIBOR und LIBOR oder die Kreditderivateindices iTraxx Europe Main und iTraxx Europe Crossover Bezug nehmenden clearingpflichtigen OTC-Derivate sind aufgrund der DelVO 2017/2417 zudem der Handelspflicht nach Art. 28 VO Nr. 600/2014 unterstellt. 4

---

1 Erwägungsgrund Nr. 40 VO Nr. 600/2014.
2 Erwägungsgrund Nr. 40 VO Nr. 600/2014.
3 Verordnung (EU) 2016/1011 des Europäischen Parlaments und des Rates vom 8. Juni 2016 über Indizes, die bei Finanzinstrumenten und Finanzkontrakten als Referenzwert oder zur Messung der Wertentwicklung eines Investmentfonds verwendet werden, und zur Änderung der Richtlinien 2008/48/EG und 2014/17/EU sowie der Verordnung (EU) Nr. 596/2014, ABl. EU Nr. L 171 v. 29.6.2016, S. 1.
4 *Europäische Wertpapier- und Marktaufsichtsbehörde (ESMA)*, Endgültiger Bericht der ESMA zu technischen Regulierungs- und Durchführungsstandards unter der MiFID II/MiFIR, ESMA/2015/1464 vom 28.9.2015; abrufbar über: https://www.esma.europa.eu/sites/default/files/library/2015/11/2015-esma-1464_-_final_report_-_draft_rts_and_its_on_mifid_ii_and_mifir.pdf („*ESMA* RTS MiFID II/MiFIR"), S. 298, Rz. 7.

5 Ebenfalls von Bedeutung sind Aktienindices, wie z.B. der DAX, der MDAX oder der Dow Jones EuroStoxx 50, oder die auf Preisen für Strom, Erdgas oder Fremdwährungen basierenden Indices, wie z.B. der Physical Electricity Index (Phelix).

6 **b) Persönlicher Anwendungsbereich.** Der **persönliche Anwendungsbereich** der Zugangspflicht wird in Art. 37 VO Nr. 600/2014 mit der Formulierung „eine über Eigentumsrechte an einem Referenzwert verfügende Person" beschrieben. Wie sich bereits aus Art. 37 Abs. 1 Unterabs. 3 VO Nr. 600/2014 ergibt, ist mit dem Begriff Eigentumsrecht, das Recht am sog. „geistigen Eigentum" bzw. die mit der Entwicklung des Referenzwertes verbundenen Urheberrechte oder gewerblichen Schutzrechte gemeint. Aus dem in Art. 37 Abs. 1 Unterabs. 1 Buchst. a und b VO Nr. 600/2014 beschriebenen Inhalt des Zugangsrecht ist zudem zu folgern, dass es sich bei dem Adressat der Zugangspflicht zum einen um eine Person handelt, die als **Inhaberin der gewerblichen Schutzrechte** die für die Nutzung des Referenzzinssatzes ggf. erforderlichen Lizenzen erteilen kann. Zum anderen muss die Person die Kontrolle über die Bereitstellung des Referenzwertes ausüben, da sie nur dann die für den Handel oder das Clearing erforderlichen Kurs- und Handelsdaten sowie die Einzelheiten des Konzepts mitteilen kann. Der zuletzt erwähnte Aspekt der Kontrolle ist auch das entscheidende Kriterium für den in Art. 3 Abs. 1 Nr. 6 VO 2016/1011 definierten Begriff **Administrator**, der den persönlichen Anwendungsbereich der durch die Benchmarkverordnung begründeten Organisations- und Verhaltenspflichten definiert.

7 Verpflichteter kann nur eine Person sein, die ihren Sitz bzw. Wohnsitz **innerhalb der Union** hat. Dies folgt bereits aus dem völkerrechtlichem Territorialitätsprinzip, wonach ein Staat grundsätzlich nur die Personen und Vermögenswerte seinem Recht bzw. seiner Hoheitsgewalt unterwerfen kann, die sich in seinem Staatsgebiet aufhalten. Zwar sieht Art. 30 VO 2016/1011 vor, dass die Kommission die von einem Drittland-Administrator bereitgestellten Referenzwerte mittels eines Durchführungsbeschlusses als gleichwertig anerkennen kann. Dieser Beschluss ist jedoch nur für die durch Art. 29 VO 2016/1011 verpflichteten beaufsichtigten Unternehmen von Bedeutung, denen es dann erlaubt ist, auch den betreffenden Drittland-Referenzwert zu verwenden. Die Möglichkeit, den anerkannten Drittland-Administrator auch der Zugangspflicht nach Art. 37 VO Nr. 600/2014 zu unterwerfen, folgt hieraus nicht.

8 **c) Zeitlicher Anwendungsbereich.** Nach Art. 55 Abs. 4 VO Nr. 600/2014 gelten die Bestimmungen des Art. 37 Abs. 1, 2 und 3 VO Nr. 600/2014 erst ab dem 3.1.2020[1]. Gleiches gilt für die Bestimmungen der DelVO 2016/2021 (Art. 6 DelVO 2016/2021).

9 Das Datum des Anwendungszeitpunkts korrespondiert mit der in Art. 51 Abs. 1 VO 2016/1011 (**Benchmarkverordnung**) vorgesehenen Übergangsfrist bis 1.1.2020, innerhalb der die in der Union ansässigen Administratoren eine **Zulassung oder Registrierung** nach Art. 34 VO 2016/1011 beantragen können. Die Frist ist auch für die in Art. 3 Abs. 1 Nr. 17 VO 2016/1011 definierten beaufsichtigten Unternehmen von Bedeutung, die einen bereits bestehenden Referenzwert bis zum 1.1.2020 oder, wenn der Administrator bis zu diesem Zeitpunkt einen Antrag auf Zulassung oder Registrierung gestellt hat, auch darüber hinaus weiter nutzen dürfen. Zu den **beaufsichtigten Unternehmen** zählen auch **CCPs** sowie die Marktbetreiber und Wertpapierfirmen, die einen **Handelsplatz** betreiben. Der Gleichklang der Fristen stellt sicher, dass CCPs und Handelsplätze nur zu solchen Referenzwerten Zugang erhalten, die den Anforderungen der Benchmarkverordnung entsprechen bzw. bei denen die Zulassung oder Registrierung des betreffenden Administrators unmittelbar bevorsteht.

10 **2. Gegenstand des Zugangspflicht.** Gegenstand des Zugangspflicht sind die in Art. 37 Abs. 1 Unterabs. 1 Buchst. a VO Nr. 600/2014 genannten Kurs- und Handelsdaten sowie die Angaben zur Zusammensetzung, Methode und Berechnung des Referenzwertes, dem sog. „**Konzept**". Soweit die Nutzung des Referenzwertes aufgrund bestehender Urheberrechte oder gewerblicher Schutzrechte – z.B. eines eingetragenen Markenzeichen wie beim EURIBOR – der vorherigen Erlaubnis bedarf, beinhaltet die Zugangspflicht nach Art. 37 Abs. 1 Unterabs. 1 Buchst. b VO Nr. 600/ 2014 auch die **Gewährung einer Lizenz**. Der Umfang der zur Verfügung zustellenden Daten bzw. der Lizenz bestimmt sich jedoch danach, ob die um Zugang ersuchenden Handelsplätze und CCPs diese für die Wahrnehmung ihrer Handels- bzw. Clearingfunktionen benötigen. Der Umfang der nach Art. 37 Abs. 1 Unterabs. 1 Buchst. a VO Nr. 600/2014 bereit zustellenden **Angaben** ist durch Art. 1 Abs. 3–5 DelVO 2016/2021 näher bestimmt worden.

11 Danach umfassen die für den Umfang der Zugangspflicht relevanten **Handelsfunktionen** die erste Bewertung der Merkmale des Referenzwertes, die Vermarktung des betreffenden Produkts, die Unterstützung der Kursbildung der zum Handel zugelassenen oder gehandelten Finanzinstrumente sowie die laufende Marktüberwachung (Art. 1 Abs. 3 Buchst. a DelVO 2016/2021). Hieraus leitet sich nach Art. 1 Abs. 4 DelVO 2016/2021 die zur Verfügung zu stellenden **Kurs- und Handelsdaten ab:** die Angaben der Werte des Referenzwertes (z.B. bei einem Aktienindex die dem Index zugrunde liegenden Aktien), Informationen über etwaige Fehler bei der

---

[1] Das ursprüngliche Datum „3. Januar 2019" ist durch Art. 1 Abs. 14 Buchst. b VO 2016/1033 in das Datum „3. Januar 2020" geändert worden. S. Verordnung (EU) 2016/1033 des Europäischen Parlaments und des Rates vom 23. Juni 2016 zur Änderung der Verordnung (EU) Nr. 600/2014 über Märkte für Finanzinstrumente, der Verordnung (EU) Nr. 596/2014 über Marktmissbrauch und der Verordnung (EU) Nr. 909/2014 zur Verbesserung der Wertpapierlieferungen und -abrechnungen in der Europäischen Union und über Zentralverwahrer, ABl. EU Nr. L 175 v. 30.6.2016, S. 1 (sog. „Quick-Fix-Regulation").

Berechnung des Referenzwertes einschließlich der aktualisierten bzw. korrigierten Werte sowie die historischen Werte des Referenzwertes. Die für den Umfang der Zugangspflicht relevanten **Clearingfunktionen** umfassen nach Art. 1 Abs. 3 Buchst. b DelVO 2016/2021 das angemessene Risikomanagement in Bezug auf offene Positionen und die Überwachung der Einhaltung der durch die VO Nr. 648/2012 (EMIR) begründeten Pflichten.

Die bereitzustellenden Angaben über die **Zusammensetzung, Methode und Berechnung des Referenzwertes** sind in Art. 1 Abs. 5 DelVO 2016/2021 definiert. Sie umfassen u.a. die Definitionen sämtlicher im Zusammenhang mit dem Referenzwert verwendeten Schlüsselbegriffe, die Gründe für die Festlegung einer bestimmten Methode, die Kriterien und Verfahren zur Bestimmung des Referenzwertes, einschließlich einer Beschreibung der Eingabedaten, die Regeln für die Wahrnehmung etwaiger Beurteilungs- oder Ermessensspielräume und den Zeitraum, in dem der Referenzwert berechnet wird.

3. Anforderungen an den Zugang und Versagungsgründe. Anders als die durch Art. 35 und 36 VO Nr. 600/ 2014 begründeten Zugangsrechte sieht Art. 37 VO Nr. 600/2014 nicht vor, dass der Inhaber der Rechte an dem Referenzwert den Zugang zu den Informationen oder zu den Lizenzen, die den Zugang zu den Informationen mit einschließen, versagen darf. Art. 37 Abs. 1 Unterabs. 2 und 3 VO Nr. 600/2014 begründen vielmehr **die Pflicht den Zugang zu fairen, angemessenen und nichtdiskriminierenden Bedingungen** zu gewähren.

Eine **Ausnahme** begründet lediglich Art. 37 Abs. 2 VO Nr. 600/2014 der für **neue Referenzwerte**, die nach dem 3.1. 2018[1] eingeführt werden, eine vorübergehende Befreiung von der Lizenzierungspflicht vorsieht. Darüber hinaus ist der DelVO 2016/2021 zu entnehmen, dass der Inhaber der Rechte an dem Referenzwert den Zugang zu den Informationen zumindest dann versagen darf, wenn die CCP bzw. der Handelsplatz nicht darlegen kann, dass sie bzw. er die Informationen für Clearing- bzw. Handelszwecke benötigt oder die Informationen anderweitig verfügbar sind.

a) Diskriminierungsverbot. Nach Art. 37 Abs. 1 Unterabs. 2 und 3 VO Nr. 600/2014 muss der Inhaber der Rechte an dem Referenzwert den Zugang zu den Informationen und den Lizenzen zu fairen, angemessenen und nichtdiskriminierenden Bedingungen (fair, reasonable and non-discriminatory oder „**FRAND**") gewähren. Die für die Gewährung des Zugangs verlangten Entgelte oder Zahlungsbedingungen müssen angemessen und handelsüblich sein und dürfen von den Entgelten, die von anderen CCPs und Handelsplätzen verlangt werden, nicht abweichen. Eine Differenzierung zwischen unterschiedlichen CCPs und Handelsplätzen ist nur dann zulässig, wenn dies sachlich gerechtfertigt ist. In Art. 37 Abs. 1 Unterabs. 3 Satz 2 VO Nr. 600/2014 ausdrücklich genannt sind die von CCPs und Handelsplätzen unterschiedlich nachgefragten Mengen an Informationen bzw. der unterschiedliche Umfang der Lizenzen.

Die Bedingungen unter denen der Inhaber der Referenzwertrechte für unterschiedliche Kategorien von Lizenznehmern unterschiedliche Bedingungen einschließlich unterschiedlicher Gebühren und Zahlungsbedingungen festlegen darf, sind in Art. 3 DelVO 2016/2021 konkretisiert worden. Danach müssen die Kriterien für die Festlegung der verschiedenen **Kategorien von Lizenznehmern** offen gelegt werden (Art. 3 Abs. 3 DelVO 2016/ 2021). Die Bedingungen, die auf die Kategorie von Lizenznehmern Anwendung findet, der die anfragende CCP oder der betreffende Handelsplatz angehören, müssen kostenlos zur Verfügung gestellt werden (Art. 3 Abs. 4 DelVO 2016/2021). Vereinbart der Inhaber der Referenzwertrechte mit einer CCP oder einem Handelsplatz eine Änderung oder Ergänzung der Bedingungen, so muss er die Abweichung sämtlichen Lizenznehmern innerhalb derselben Kategorie offen legen (Art. 3 Abs. 5 DelVO 2016/2021). Darüber hinaus muss er für die Lizenznehmer derselben Kategorie dieselben Rechte und Pflichten festlegen (Art. 3 Abs. 4 DelVO 2016/2021), d.h. die eine Lizenznehmer gewährten **Vergünstigungen und Rabatte** auch anderen Teilnehmern gewähren.

b) Neue Referenzwerte. Art. 37 Abs. 2 Unterabs. 1 Satz 1 VO Nr. 600/2014 sieht vor, das bei neuen Referenzwerten, die nach dem 3.1.2018 eingeführt wurden, die Lizenzierungspflicht spätestens **30 Monate** nach Beginn des Handels in dem betreffenden Finanzinstrument bzw. 30 Monate nach dessen Zulassung zum Handel wirksam wird. Um zu verhindern, dass der Inhaber der Referenzwertrechte einen bestehenden Referenzwert nur deshalb durch einen neuen Referenzwert ersetzt, um in den Genuss der Übergangsfrist zu kommen, verlangt Art. 37 Abs. 2 Unterabs. 1 Satz 2 VO Nr. 600/2014 von ihm den **Nachweis**, dass der neue Referenzwert nicht lediglich eine Kopie des alten Referenzsatzes ist bzw. diesen bloß ersetzt.

Das für die Bestimmung eines neuen Referenzwertes maßgebliche Kriterium, dass dieser sich in wesentlicher Hinsicht von einem bestehenden Referenzwert unterscheidet, ist in Art. 5 DelVO 2016/2021 näher konkretisiert worden. Nach Art. 5 Abs. 1 Buchst. a DelVO 2016/2021 ist ein Indiz für die **Unterschiedlichkeit der Referenzwerte** der Umstand, dass die CCP die auf den alten Referenzwert Bezug nehmenden Finanzinstrumente mit den auf den neuen Referenzwert Bezug nehmenden Finanzinstrumenten nicht glattstellen oder saldieren kann. Weitere Indizien sind Unterschiede bei den von dem jeweiligen Referenzwert repräsentierten Regionen oder Wirtschaftszweigen (Art. 5 Abs. 1 Buchst. b DelVO 2016/2021), der Zusammensetzung oder Gewichtung der dem Referenzwert zugrunde liegenden Basiswerte (Art. 5 Abs. 1 Buchst. d DelVO 2016/2021) oder der für die Berechnung verwendeten Methoden (Art. 5 Abs. 1 Buchst. e DelVO 2016/2021) oder der Umstand, dass die Referenzwerte nicht im hohen Maße miteinander korrelieren (Art. 5 Abs. 1 Buchst. c DelVO 2016/2021).

---

1 Der Stichtag lautete ursprünglich 3.1.2017. Er ist durch Art. 1 Abs. 11 VO 2016/1033 um ein Jahr verschoben worden.

19 Bei **Rohstoff-Referenzwerten** ist nach Art. 5 Abs. 2 DelVO 2016/2021 auch von Bedeutung, ob die dem Referenzwert zugrunde liegenden Rohstoffe unterschiedlich sind oder ob für sie zumindest **unterschiedliche Lieferorte** gelten. Darüber hinaus sind die Inhaber der Referenzwerte nach Art. 5 Abs. 3 DelVO 2016/2021 gehalten, ggf. weitere Aspekte zu berücksichtigen, die für die Unterschiedlichkeit der Referenzwerte sprechen.

20 Art. 5 Abs. 4 DelVO 2016/2021 stellt klar, dass ein **im Rahmen einer Serie veröffentlichter Referenzwert** nicht als neuer Referenzwert gilt. Bedeutung hat die Bestimmung insbesondere für die Kreditderivate-Indizes iTraxx Europe Main und iTraxx Europe Crossover, bei denen alle sechs Monate, jeweils im März und September eines Jahres, die in den Indizes enthaltenen 125 bzw. 50 Unternehmen aktualisiert werden. Anders als bei den Aktienindizes führt die Aktualisierung nicht zur Anpassung des bestehenden Index sondern zur Auflage eines neuen Index, der sog. neuen Serie. Derzeit aktuell ist die am 13.9.2017 veröffentlichte[1] iTraxx Europe Serie 28. Das Besondere ist, dass alte Serien des iTraxx Europe, z.B. die iTraxx Europe Serie 27, weiterhin Gegenstand des Handels sein können.

21 Die Benchmarkverordnung wird dazu führen, dass die **Konzepte** der von europäischen Administratoren bereitgestellten Referenzwerte teilweise **geändert** werden müssen. Eine wichtige Anforderung ergibt sich aufgrund des Art. 11 Abs. 1 Buchst. a VO 2016/1011, der verlangt, dass es sich bei den Eingabedaten auf deren Basis der Referenzwert berechnet wird, nach Möglichkeit um **Transaktionsdaten**, d.h. um überwachbare Preise, Zinssätze oder Werte handeln muss, die an einem aktiven Markt abgeschlossene Geschäfte zwischen nicht miteinander verbundene Parteien reflektieren (Art. 3 Abs. 1 Nr. 15 VO 2016/1011). Bedeutung hat dies insbesondere für die Referenzzinssätze EURIBOR und LIBOR die bislang auf bloßen Quotierungen der beteiligten Institute basieren. Ob es sich bei den ggf. angepassten Referenzzinssätzen um neue Referenzzinssätze handelt, hängt insbesondere davon ab, wie sehr sich der Übergang von quotierten Daten auf Transaktionsdaten auf die Vergleichbarkeit der Referenzwerte auswirkt.

22 **c) Alternative Informationsquellen.** Nach Art. 2 Abs. 3 DelVO 2016/2021 kann der Inhaber der Referenzwertrechte die Bereitstellung der in Art. 37 Abs. 1 Unterabs. 1 Buchst. a VO Nr. 600/2014 genannten Informationen verweigern, wenn er nachweisen kann, dass die **Informationen für CCPs und Handelsplätze öffentlich zugänglich** sind oder auf anderem kommerziellen Wege zur Verfügung stehen und sowohl zuverlässig als auch aktuell sind. Wie die Verortung der Vorschrift in Art. 2 DelVO 2016/2021 zunächst vermuten lässt, besteht das Weigerungsrecht nur gegenüber solchen CCPs und Handelsplätzen, die die Informationen als Lizenznehmer anfordern. Das Weigerungsrecht sollte dem Inhaber der Referenzwertrechte jedoch auch dann zustehen, wenn die Nutzung der in Art. 37 Abs. 1 Unterabs. 1 Buchst. a VO Nr. 600/2014 genannten Informationen auch ohne Abschluss einer Lizenzvereinbarung möglich ist.

23 **d) Nutzung der Informationen für andere Zwecke.** Art. 37 Abs. 1 Unterabs. 1 VO Nr. 600/2014 beschränkt den Zugang auf die Fälle, in denen eine CCP oder ein Handelsplatz die Informationen bzw. die Lizenz benötigt, **um ihre Clearing- oder Handelfunktionen wahrzunehmen**. Dies ist auch der Grund, warum die Gründe für den Zugang im Antrag der CCP bzw. des Handelsplatz zu erläutern sind (Art. 1 Abs. 2 DelVO 2016/2021). Kommt der Antragsteller seiner Pflicht nicht nach oder legt er andere als die in Art. 1 Abs. 3 und 4 DelVO 2016/2021 genannten Gründe dar, kann er seinen Anspruch auf Zugang zum Referenzwert nicht auf Art. 37 VO Nr. 600/2014 stützen.

24 Wie sich dem Hinweis in Art. 37 Abs. 2 Unterabs. 2 VO Nr. 600/2014 entnehmen lässt, kann sich der Antragsteller jedoch möglicherweise auf Art. 101 und 102 AEUV und dem dort verankerten **Verbot des Missbrauches einer marktbeherrschenden Stellung** stützen.

25 **II. Zugangsverfahren (Art. 37 Abs. 2 VO Nr. 600/2014). 1. Antrag.** Nach Art. 37 Abs. 1 Unterabs. 2 VO Nr. 600/2014 setzt die Gewährung des Zugangs zu einem Referenzwert einen darauf gerichteten Antrag der CCP bzw. des Handelsplatzes voraus. Nach Art. 1 Abs. 2 DelVO 2016/2021 muss der Antrag erläutern, weshalb der Antragsteller die Informationen bzw. die Lizenz benötigt.

26 Zu der Frage, ob neben dem Inhaber der Rechte an dem Referenzwert auch die nach Art. 40 VO 2016/1011 zuständige Behörde des Inhabers der Referenzwertrechte bzw. Administrators oder die für die CCP oder den Handelsplatz **zuständige Behörde** einzubinden sind, schweigt sich Art. 37 VO Nr. 600/2014 aus. Da die Mitwirkung der zuständigen Behörden in den Zugangsverfahren nach Art. 35 und 36 Nr. 600/2014 ausdrücklich vorgesehen ist, wird man im Umkehrschluss davon ausgehen müssen, dass eine entsprechende Mitwirkung in dem Zugangsverfahren nach Art. 37 VO Nr. 600/2014 unterbleibt.

27 Für das Zugangsrecht von praktischer Bedeutung ist das von der ESMA nach Art. 36 VO 2016/1011 zu erstellende **öffentliche Register**, in dem u.a. die Identität der unter der Benchmarkverordnung zugelassenen oder registrierten Administratoren anzugeben ist, und das auch Angaben zu der für den Administrator zuständigen Behörde enthält. Das Register kann über die Webseite der ESMA[2] abgerufen werden.

---

1 Abrufbar über: http://www.markit.com/NewsInformation/GetNews/ITraxx.
2 https://www.esma.europa.eu/benchmarks-register.

2. Fristen. Hinsichtlich der Fristen innerhalb der der Inhaber der Rechte an dem Referenzwert über das Ersuchen zu entscheiden hat, unterscheidet der Gesetzgeber: Sofern der Antragsteller die Gewährung einer Lizenz beantragt, ist ihm diese vom Inhaber der Rechte an dem Referenzwert nach Art. 37 Abs. 1 Unterabs. 2 VO Nr. 600/2014 innerhalb von **drei Monaten** zu gewähren. 28

Hat der Inhaber der Referenzwertrechte die beantragte Lizenz gewährt, so muss er dem Lizenzinhaber die in Art. 37 Abs. 1 Unterabs. 1 Buchst. a VO Nr. 600/2014 genannten Kurs- und Handelsdaten sowie die Angaben zur Zusammensetzung, Methode und Berechnung des Referenzwertes nach Art. 2 Abs. 2 DelVO 2016/2021 **unverzüglich** übermitteln. Die Pflicht zur unverzüglichen Bereitstellung müsste auch dann gelten, wenn die Nutzung der in Art. 37 Abs. 1 Unterabs. 1 Buchst. a VO Nr. 600/2014 genannten Informationen auch ohne Abschluss einer Lizenzvereinbarung möglich ist. 29

3. Bedingungen für Lizenzvereinbarungen. Art. 4 Abs. 1 Satz 1 DelVO 2016/2021 verpflichtet den Inhaber der Referenzwertrechte, die Bedingungen für die von ihm genutzten Lizenzvereinbarungen festzulegen und **auf Anfrage kostenlos** zur Verfügung zu stellen. Die Bedingungen müssen den in Art. 4 Abs. 1 Satz 2 und Abs. 2 DelVO 2016/2021 **Mindestinhalt** aufweisen. Dazu zählen insbesondere der Anwendungsbereich der Lizenzvereinbarung, der Inhalt der zur Verfügung gestellten Informationen und deren Vertraulichkeit und die Bedingungen, zu denen CCPs und Handelsplätze die Informationen weitergeben dürfen (Art. 4 Abs. 1 Satz 2 Buchst. a und b DelVO 2016/2021). Zu regeln sind die technischen Anforderungen für den Austausch der Informationen, die Entgelte und Zahlungsbedingungen sowie Laufzeit der Lizenzvereinbarung, bestehende Kündigungsrechte und das anwendbare Recht (Art. 4 Abs. 1 Satz 2 Buchst. c-e und g DelVO 2016/2021). Nach Art. 4 Abs. 2 DelVO 2016/2021 muss die Lizenzvereinbarung auch die Verpflichtung der Parteien begründen, angemessene Grundsätze und Verfahren zu etablieren, die den **zeitnahen Austausch von Informationen** und, falls erforderlich, die geordnete Beilegung von Streitigkeiten sicherstellen. 30

III. Technische Regulierungsstandards (Art. 37 Abs. 3 VO Nr. 600/2014). Nach Art. 37 Abs. 3 VO Nr. 600/2014 ist die Kommission befugt, weitere Zugangsbedingungen sowie die Anforderungen an den Nachweis, dass ein Referenzwert neu ist, festzulegen. Hiervon hat sie mit Erlass der DelVO 2016/2021 Gebrauch gemacht. Die DelVO 2016/2021 ist am zwanzigsten Tag nach ihrer Veröffentlichung im Amtsblatt der Europäischen Union, d.h. am 8.12.2016, in Kraft getreten. Sie gilt ab dem in Art. 55 Abs. 4 VO Nr. 600/2014 genannten Zeitpunkt, d.h. dem 3.1.2020[1] (Art. 6 DelVO 2016/2021). 31

Art. 38 Zugang für in einem Drittland niedergelassene zentrale Gegenparteien und Handelsplätze

(1) Ein in einem Drittland niedergelassener Handelsplatz kann den Zugang zu einer in der Union ansässigen zentralen Gegenpartei nur dann beantragen, wenn die Kommission im Hinblick auf dieses Drittland einen Beschluss nach Artikel 28 Absatz 4 gefasst hat. Eine in einem Drittland niedergelassene zentrale Gegenpartei kann den Zugang zu einem Handelsplatz mit Sitz in der Union beantragen, wenn sie nach Artikel 25 der Verordnung (EG) Nr. 648/2012 anerkannt wurde. In einem Drittland niedergelassenen zentralen Gegenparteien und Handelsplätzen werden die Zugangsrechte nach den Artikeln 35 und 36 nur gewährt, wenn die Kommission mit einem Beschluss nach Absatz 3 entschieden hat, dass das im Rechts- und Aufsichtsrahmen des Drittlands vorgesehene System als wirksames, gleichwertiges System gelten kann, was die Zulassung von nach ausländischem Recht zugelassenen zentralen Gegenparteien und Handelsplätzen für den Zugang zu in diesem Drittland niedergelassenen zentralen Gegenparteien und Handelsplätzen betrifft.

(2) In einem Drittland niedergelassene zentrale Gegenparteien und Handelsplätze können die Lizenz und den Zugang nach Artikel 37 nur beantragen, wenn die Kommission mit einem Beschluss nach Absatz 3 dieses Artikels entschieden hat, dass im Rechts- und Aufsichtsrahmen des Drittlands ein wirksames, gleichwertiges Genehmigungssystem vorgesehen ist, in dessen Rahmen zentrale Gegenparteien und Handelsplätze, die nach den rechtlichen Bestimmungen des Drittlands für den Zugang zugelassen sind, zu fairen, angemessenen und diskriminierungsfreien Bedingungen Zugang gewährt wird zu

a) einschlägigen Kurs- und Handelsdaten sowie Angaben zur Zusammensetzung, zur Methode und zur Kursbildung von Referenzwerten für Clearing- und Handelszwecke und

b) Lizenzen

von in dem Drittland niedergelassenen Personen mit Eigentumsrechten an Referenzwerten.

---

1 Das ursprüngliche Datum „3. Januar 2019" ist durch Art. 1 Nr. 14 Buchst. b VO 2016/1033 in das Datum „3. Januar 2020" geändert worden.

(3) Die Kommission kann nach dem in Artikel 51 genannten Prüfverfahren Beschlüsse erlassen, durch die festgestellt wird, dass durch den Rechts- und Aufsichtsrahmen eines Drittlands sichergestellt ist, dass ein in diesem Drittland zugelassener Handelsplatz oder eine in diesem Drittland zugelassene zentrale Gegenpartei rechtsverbindliche Anforderungen erfüllt, die den Anforderungen nach Absatz 2 dieses Artikels gleichwertig sind und einer wirksamen Beaufsichtigung und Durchsetzung in dem Drittland unterliegen.

Der Rechts- und Aufsichtsrahmen eines Drittlandes wird als gleichwertig betrachtet, wenn dieser Rahmen sämtliche nachstehend genannten Bedingungen erfüllt:

a) Die Handelsplätze in diesem Drittland unterliegen einer Zulassungspflicht und sind Gegenstand einer wirksamen und kontinuierlichen Beaufsichtigung und Durchsetzung,

b) es ist ein wirksames, gleichwertiges Genehmigungssystem für zentrale Gegenparteien und Handelsplätze vorgesehen, die nach den rechtlichen Bestimmungen eines Drittlandes den Zugang zu in diesem Drittland niedergelassenen zentralen Gegenparteien und Handelsplätzen beantragen können,

c) im Rechts- und Aufsichtsrahmen des Drittlandes ist ein wirksames, gleichwertiges Genehmigungssystem vorgesehen, in dessen Rahmen zentrale Gegenparteien und Handelsplätzen, die nach den rechtlichen Bestimmungen des Drittlands für den Zugang zugelassen sind, zu fairen, angemessenen und diskriminierungsfreien Bedingungen Zugang gewährt wird zu

   i) einschlägigen Kurs- und Handelsdaten sowie Angaben zur Zusammensetzung, zur Methode und zur Kursbildung von Referenzwerten für Clearing- und Handelszwecke und

   ii) Lizenzen

von in dem Drittland niedergelassenen Personen mit Eigentumsrechten an Referenzwerten.

In der Fassung vom 15.5.2015 (ABl. EU Nr. L 173 v. 12.6.2014, S. 84).

Schrifttum: *Eichhorn/Klebeck*, Drittstaatenregulierung der MiFID II und MiFIR, RdF 2014, 189; *Hoops*, Die Drittstaatenregelung von MiFIR/MiFID II und ihre Umsetzung im geplanten Finanzmarktnovellierungsgesetz, ZBB 2016, 47; *Sethe*, Das Drittstaatenregime von MiFIR und MIFID II, SZW 2014, 621; *Weber/Sethe*, Äquivalenz als Regelungskriterium im Finanzmarktrecht, SJZ 2014, 569; *Zetzsche/Lehmann*, Das Vereinigte Königreich als Drittstaat? – Die Auswirkungen des Brexit auf das Finanzmarktrecht, AG 2017, 651.

I. Regelungsgegenstand der Norm 1
II. Zugang für zentrale Gegenparteien und Handelsplätze mit Sitz in einem Drittland (Art. 38 Abs. 1 VO Nr. 600/2014) 3
1. Voraussetzungen für den Zugang für Drittland-Handelsplätze zu einer europäischen zentralen Gegenpartei 3
2. Voraussetzungen für den Zugang für zentrale Gegenparteien eines Drittlandes zu einem europäischen Handelsplatz 6
3. Voraussetzungen für Zugangsrechte nach Art. 35 und 36 VO Nr. 600/2014 für zentrale Gegenparteien und Handelsplätze mit Sitz in einem Drittland 9
III. Voraussetzungen für eine Lizenz und Zugang nach Art. 37 VO Nr. 600/2014 für zentrale Gegenparteien und Handelsplätze aus einem Drittstaat (Art. 38 Abs. 2 VO Nr. 600/2014) .. 11
IV. Feststellung der Gleichwertigkeit (Art. 38 Abs. 3 VO Nr. 600/2014) 15

1 **I. Regelungsgegenstand der Norm.** Die Regelungen des Art. 38 VO Nr. 600/2014 (MiFIR) normieren für **zentrale Gegenparteien und Handelsplätze mit Sitz in einem Drittland** die **Voraussetzungen eines Zugangs** zu zentralen Gegenparteien und Handelsplätzen mit Sitz innerhalb der **Europäischen Union** (Abs. 1), die Voraussetzungen eines Zugangs zu Referenzwerten nach Art. 37 VO Nr. 600/2014 und zu ihren Lizenzen (Abs. 2) und die Vorgaben für Gleichwertigkeitsbeschlüsse der Europäischen Kommission, um Voraussetzungen hierfür erfüllen zu können (Abs. 3).

2 Als **Hintergrund der Regelung** führt der Erwägungsgrund 41 VO Nr. 600/2014 aus: „Dienstleistungen, die innerhalb der Union von Drittlandfirmen erbracht werden, unterliegen nationalen Regelungen und Anforderungen. Die betreffenden Regelungen sind höchst unterschiedlich, und Firmen, die aufgrund dieser Regelungen eine Zulassung erhalten, genießen weder Dienstleistungsfreiheit noch ein Niederlassungsrecht in anderen Mitgliedstaaten als dem, in dem sie niedergelassen sind. Es ist angezeigt, einen gemeinsamen Rechtsrahmen auf Unionsebene festzulegen. Dabei gilt es, den bestehenden fragmentierten Rahmen zu harmonisieren, Rechtssicherheit und Gleichbehandlung für Drittlandfirmen zu gewährleisten, die in der Union tätig werden, sicherzustellen, dass die Kommission eine Beurteilung der effektiven Gleichwertigkeit des Rahmens der Aufsichts- und Wohlverhaltensregeln von Drittländern vorgenommen hat, und ein vergleichbares Schutzniveau für Kunden in der Union zu gewährleisten, die die Dienste von Drittlandfirmen in Anspruch nehmen."

3 **II. Zugang für zentrale Gegenparteien und Handelsplätze mit Sitz in einem Drittland (Art. 38 Abs. 1 VO Nr. 600/2014). 1. Voraussetzungen für den Zugang für Drittland-Handelsplätze zu einer europäischen zentralen Gegenpartei.** Art. 38 Abs. 1 Satz 1 VO Nr. 600/2014 bestimmt, dass ein in einem **Drittland** niedergelas-

sener **Handelsplatz** den Zugang zu einer in der Union ansässigen zentralen Gegenpartei nur dann beantragen kann, wenn die Europäische Kommission im Hinblick auf dieses Drittland einen Beschluss nach Art. 28 Abs. 4 VO Nr. 600/2014 gefasst hat. Der notwendige Antrag auf Zugang zu einer zentralen Gegenpartei richtet sich im Übrigen nach den Regelungen des Art. 35 VO Nr. 600/2014, insbesondere dessen Abs. 2.

Ein in einem **Drittland niedergelassener Handelsplatz** wird insofern näher bestimmt, als der Terminus „Handelsplatz" in Art. 2 Abs. 1 Nr. 16 VO Nr. 600/2014 mit einem Verweis auf die Bestimmung in Art. 4 Abs. 1 Nr. 24 RL 2014/65/EU (MiFID II) legal definiert wird. Hierbei handelt es sich um einen geregelten Markt, ein MTF (multilaterales Handelssystem – Multilateral Trading Facility) oder ein OTF (organisiertes Handelssystem – Organised Trading Facility). In Bezug auf Art. 38 Abs. 1 Satz 1 VO Nr. 600/2014 ist somit unmittelbarer Betroffener der Regelung ein in einem Drittland niedergelassener geregelter Markt, MTF oder OTF.

Der für einen Zugang zu einer zentralen Gegenpartei mit Sitz innerhalb der Europäischen Union erforderliche **Beschluss** der Europäische Kommission nach **Art. 28 Abs. 4** VO Nr. 600/2014 stellt die **Gleichwertigkeit des Rechts- und Aufsichtsrahmen eines Drittlands** insoweit fest, als dieser die Erfüllung der wesentlichen Anforderungen der MiFIR, MiFID II und MAR durch die entsprechenden Handelsplätze gewährleistet, und diese einer **wirksamen Beaufsichtigung und Durchsetzung** dieses Rechtsrahmens in dem Drittland unterliegen. Bezüglich der näheren Einzelheiten kann auf die Kommentierung von Art. 28 Abs. 4 VO Nr. 600/2014 verwiesen werden.

2. Voraussetzungen für den Zugang für zentrale Gegenparteien eines Drittlandes zu einem europäischen Handelsplatz. Nach Art. 38 Abs. 1 Satz 2 VO Nr. 600/2014 kann eine **in einem Drittland niedergelassene zentrale Gegenpartei** den **Zugang zu einem Handelsplatz** mit Sitz in der Union **nur beantragen**, wenn sie **nach Art. 25 VO Nr. 648/2012 (EMIR) anerkannt wurde**[1]. Der hiermit in Bezug genommene Antrag auf Zugang zu einem Handelsplatz mit Sitz innerhalb der Europäischen Union richtet sich im Übrigen nach den Regelungen des Art. 36 VO Nr. 600/2014, insbesondere dessen Abs. 2.

In Bezug auf die von der Regelung betroffene **zentrale Gegenpartei** ist dieser Begriff in Art. 2 Abs. 1 Nr. 31 VO Nr. 600/2014 definiert. Hiernach ist eine „zentrale Gegenpartei" eine CCP i.S.v. Art. 2 Abs. 1 VO Nr. 648/2012 (EMIR) und somit eine juristische Person, die zwischen die Gegenparteien der auf einem oder mehreren Märkten gehandelten Kontrakte tritt und somit als Käufer für jeden Verkäufer bzw. als Verkäufer für jeden Käufer fungiert.

Damit die CCP/zentrale Gegenpartei den **Zugang zu einem Handelsplatz** mit Sitz in der Europäischen Union beantragen kann, **benötigt sie eine Anerkennung nach Art. 25 VO Nr. 648/2012 (EMIR)**. Mit dieser Regelung wird die Parallelität der Regelungen in EMIR und MiFIR zu CCP/zentralen Gegenparteien mit Sitz einem Drittland hergestellt. Denn auch nach Art. 25 Abs. 1 VO Nr. 648/2012 (EMIR) darf eine in einem Drittstaat ansässige CCP Clearingdienste für in der Union ansässige Clearingmitglieder oder Handelsplätze nur dann erbringen, wenn die betreffende CCP von der ESMA anerkannt wurde. Entsprechend ist auch für den Zugang zu einem Handelsplatz mit Sitz in der Europäischen Union eine entsprechende Anerkennung durch die ESMA erforderlich. Dies setzt einen entsprechenden Rechtsakt der Europäischen Kommission, die Gleichwertigkeit der Systeme zur Bekämpfung der Geldwäsche und der Terrorismusfinanzierung in dem jeweiligen Drittstaat, eine hinreichende Kooperationsvereinbarung der ESMA mit den Drittlandbehörden und die Zulassung der CCP sowie deren wirksame Aufsicht und Rechtsdurchsetzung in dem betreffenden Drittland voraus. Bezüglich der Details dieser Regelung kann auf die Kommentierungen des Art. 25 VO Nr. 648/2012 (EMIR) verwiesen werden.

3. Voraussetzungen für Zugangsrechte nach Art. 35 und 36 VO Nr. 600/2014 für zentrale Gegenparteien und Handelsplätze mit Sitz in einem Drittland. Die Zugangsrechte nach den Art. 35 und 36 VO Nr. 600/2014

---

1 Gleichwertigkeitsbeschlüsse bezüglich der Rechts- und Aufsichtsrahmen nach Art. 23 Abs. 1 VO Nr. 600/2014 sind beispielsweise ergangen für Schweizer Börsen (Durchführungsbeschluss (EU) 2017/2441 der Kommission vom 21. Dezember 2017 über die Gleichwertigkeit des für Börsen in der Schweiz geltenden Rechts- und Aufsichtsrahmens gemäß der Richtlinie 2014/65/EU des Europäischen Parlaments und des Rates, ABl. EU Nr. L 344 v. 23.12.2017, S. 52); für die bei der US-amerikanischen Wertpapier- und Börsenaufsichtsbehörde eingetragene nationale Wertpapierbörsen und alternative Handelssysteme (Durchführungsbeschluss (EU) 2017/2320 der Kommission vom 13. Dezember 2017 über die Gleichwertigkeit des Rechts- und Aufsichtsrahmens der Vereinigten Staaten von Amerika für nationale Wertpapierbörsen und alternative Handelssysteme gemäß der Richtlinie 2014/65/EU des Europäischen Parlaments und des Rates, ABl. EU Nr. L 331 v. 14.12.2017, S. 94); für die in der Sonderverwaltungsregion Hongkong als Börse anerkannten Kapitalgesellschaften (Durchführungsbeschluss (EU) 2017/2319 der Kommission vom 13. Dezember 2017 über die Gleichwertigkeit des Rechts- und Aufsichtsrahmens der Sonderverwaltungsregion Hongkong für als Börse anerkannte Kapitalgesellschaften (Recognized Exchange Companies) gemäß der Richtlinie 2014/65/EU des Europäischen Parlaments und des Rates, ABl. EU Nr. L 331 v., 14.12.2017, S. 87); für australische Finanzmärkte (Durchführungsbeschluss (EU) 2017/2318 der Kommission vom 13. Dezember 2017 über die Gleichwertigkeit des Rechts- und Aufsichtsrahmens Australiens für Finanzmärkte gemäß der Richtlinie 2014/65/EU des Europäischen Parlaments und des Rates, ABl. EU Nr. L 331 v. 14.12.2017, S. 81).

(MiFIR), d.h. **Zugang zu einer zentralen Gegenpartei oder zu einem Handelsplatz mit Sitz innerhalb der Europäischen Union**, werden gem. Art. 38 Abs. 1 Satz 3 VO Nr. 600/2014 zentralen Gegenparteien und Handelsplätzen mit Sitz in einem Drittland nur gewährt, wenn die **Europäische Kommission mit einem Beschluss nach Art. 38 Abs. 3 über die Gleichwertigkeit des Rechts- und Aufsichtsrahmen des Drittlandes in Bezug auf die Zulassung von zentralen Gegenparteien und Handelsplätzen entschieden hat**.

10 Die **Feststellung**, „dass das im Rechts- und Aufsichtsrahmen des Drittlands vorgesehene System als wirksames, gleichwertiges System gelten kann, was die Zulassung von nach ausländischem Recht zugelassenen zentralen Gegenparteien und Handelsplätzen für den Zugang zu in diesem Drittland niedergelassenen zentralen Gegenparteien und Handelsplätzen betrifft", ist **in Art. 38 Abs. 3 Unterabs. 2 lit. a und b VO Nr. 600/2014 (MiFIR) vorgesehen**. Ziel der Regelung ist, dass ausschließlich zugelassenen bzw. genehmigte und beaufsichtigte zentrale Gegenparteien und Handelsplätzen mit Sitz in einem Drittland auch innerhalb der Europäischen Union tätig werden dürfen.

11 **III. Voraussetzungen für eine Lizenz und Zugang nach Art. 37 VO Nr. 600/2014 für zentrale Gegenparteien und Handelsplätze aus einem Drittstaat (Art. 38 Abs. 2 VO Nr. 600/2014).** Art. 38 Abs. 2 VO Nr. 600/2014 normiert **besondere Voraussetzungen** dafür, dass eine in einem Drittland niedergelassenen zentralen Gegenpartei oder ein entsprechender Handelsplatz **eine Lizenz und den Zugang nach Art. 37 VO Nr. 600/2014** beantragen. Unmittelbar Betroffene der Regelung sind damit in einem Drittland niedergelassene zentrale Gegenparteien und Handelsplätze, die eine Lizenz und den Zugang nach Art. 37 VO Nr. 600/2014 beantragen wollen.

12 Der mit der Regelung in Bezug genommene **Zugang nach Art. 37 VO Nr. 600/2014** bezieht sich auf einen diskriminierungsfreien Zugang zu Referenzwerten und der Genehmigungspflicht für neue Referenzwerte, die ab dem 3.1.2020[1] eingeführt werden sollen. Auf diese Referenzwerte bezieht sich auch die in Art. 38 Abs. 2 VO Nr. 600/2014 angesprochenen **Lizenzen**. In Bezug auf die Referenzwerte und den Lizenzen hierfür führt der Erwägungsgrund 40 VO Nr. 600/2014 aus: „Deshalb sollte zentralen Gegenparteien und anderen Handelsplätzen der Zugang zu Lizenzen für Referenzwerte und zu Informationen über Referenzwerte, die benötigt werden, um den Wert von Finanzinstrumenten zu bestimmen, zu verhältnismäßigen, fairen, angemessenen und diskriminierungsfreien Bedingungen gewährt werden, und die Lizenzen sollten zu angemessenen kaufmännischen Bedingungen erteilt werden." In Bezug auf zentrale Gegenparteien und Handelsplätze aus einem Drittstaat muss hierbei aber auch die **Gleichwertigkeit des entsprechenden Rechts und Aufsichtsrahmens gewährleistet sein**, um aufsichtsrechtliche Bedenken zu vermeiden[2].

13 Gem. Art. 38 Abs. 2 VO Nr. 600/2014 können in einem Drittland niedergelassene zentrale Gegenparteien und Handelsplätze daher die Lizenz und den Zugang nach Art. 37 VO Nr. 600/2014) nur beantragen, wenn **durch einen vergleichbaren Rechts- und Aufsichtsrahmen im Drittland keine aufsichtsrechtlichen Bedenken zu befürchten** sind. Um dies zu gewährleisten, soll ein entsprechender Antrag erst möglich sein, wenn die Europäische Kommission mit einem Beschluss nach Abs. 3 entschieden hat, dass im Rechts- und Aufsichtsrahmen des Drittlands ein wirksames, gleichwertiges Genehmigungssystem für einen fairen, angemessenen und diskriminierungsfreien Zugang zu einschlägigen Kurs- und Handelsdaten sowie zu Referenzwerten vorgesehen ist.

14 Die entsprechende Prüfung zur Feststellung der Gleichwertigkeit ist in Art. 38 Abs. 3 Unterabs. 2 lit. c VO Nr. 600/2014 vorgesehen. Ziel der Prüfung ist insoweit die Feststellung der Europäischen Kommission, dass im **Rechts- und Aufsichtsrahmen des Drittlands ein wirksames, gleichwertiges Genehmigungssystem** vorgesehen ist, in dessen Rahmen zentrale Gegenparteien und Handelsplätze, die nach den rechtlichen Bestimmungen des Drittlands für den Zugang zugelassen sind, zu fairen, angemessenen und diskriminierungsfreien Bedingungen Zugang gewährt wird zu

a) einschlägigen Kurs- und Handelsdaten sowie Angaben zur Zusammensetzung, zur Methode und zur Kursbildung von Referenzwerten für Clearing- und Handelszwecke und

b) Lizenzen

von in dem Drittland niedergelassenen Personen mit Eigentumsrechten an Referenzwerten.

15 **IV. Feststellung der Gleichwertigkeit (Art. 38 Abs. 3 VO Nr. 600/2014).** Nach Art. 38 Abs. 3 VO Nr. 600/2014 ist die Europäische Kommission befugt, einen **Gleichwertigkeitsbeschluss** zu erlassen. Dieser Beschluss stellt entsprechend dem Äquivalenzprinzip zum einen fest, dass durch den Rechts- und Aufsichtsrahmen eines Drittlands sichergestellt ist, dass ein in diesem Drittland zugelassener Handelsplatz oder eine in diesem Drittland zugelassene zentrale Gegenpartei rechtsverbindliche Anforderungen erfüllt, die den **Anforderungen nach Art. 39 Abs. 2 VO gleichwertig** sind. Zum anderen ist Gegenstand eines Gleichwertigkeitsbeschlusses, dass ein in diesem Drittland zugelassener Handelsplatz oder eine in diesem Drittland zugelassene zentrale Gegenpartei einer **wirksamen Beaufsichtigung und Durchsetzung in dem Drittland unterliegen**. Dieser Gleichwertig-

---

1 Art. 55 Unterabs. 4 VO Nr. 600/2014.
2 Vgl. auch Erwägungsgrund 41 VO Nr. 600/2014.

keitsbeschluss der EU-Kommission ist Voraussetzung für die Beantragung von Zugangsrechten nach den Art. 35 und 36 VO Nr. 600/2014, des Zugangs nach Art. 37 VO Nr. 600/2014 und zu Lizenzen für eine in diesem Drittland niedergelassene zentrale Gegenpartei oder einen entsprechenden Handelsplatz.

Hinsichtlich des **Verfahrens zum Erlass** eines entsprechenden Gleichwertigkeitsbeschlusses verweist Art. 38 Abs. 3 Unterabs. 1 VO Nr. 600/2014 auf Art. 51 VO Nr. 600/2014. Diese Regelung verweist in ihrem Abs. 2 auf Art. 5 VO Nr. 182/2011[1]. Diese Norm regelt das Verfahren zur Prüfung des Erlasses von Rechtsakten durch die **Europäische Kommission**[2] einschließlich der Möglichkeit zu Stellungnahmen durch einen Ausschuss und Konsultationen der Mitgliedstaaten. Zudem ist darauf hinzuweisen, dass der Europäischen Kommission Ermessen („kann") in Bezug auf den Beschluss zusteht.   16

Gem. Art. 38 Abs. 3 VO Nr. 600/2014 wird der Rechts- und Aufsichtsrahmen eines Drittlandes **als gleichwertig betrachtet,** wenn dieser Rahmen **folgende Bedingungen erfüllt:**   17

a) die Handelsplätze in diesem Drittland unterliegen einer Zulassungspflicht und sind Gegenstand einer wirksamen und kontinuierlichen Beaufsichtigung und Durchsetzung,

b) es ist ein wirksames, gleichwertiges Genehmigungssystem für zentrale Gegenparteien und Handelsplätze vorgesehen, die nach den rechtlichen Bestimmungen eines Drittlandes den Zugang zu in diesem Drittland niedergelassenen zentralen Gegenparteien und Handelsplätzen beantragen können,

c) im Rechts- und Aufsichtsrahmen des Drittlandes ist ein wirksames, gleichwertiges Genehmigungssystem vorgesehen, in dessen Rahmen zentrale Gegenparteien und Handelsplätzen, die nach den rechtlichen Bestimmungen des Drittlands für den Zugang zugelassen sind, zu fairen, angemessenen und diskriminierungsfreien Bedingungen Zugang gewährt wird zu

   i) einschlägigen Kurs- und Handelsdaten sowie Angaben zur Zusammensetzung, zur Methode und zur Kursbildung von Referenzwerten für Clearing- und Handelszwecke und

   ii) Lizenzen

von in dem Drittland niedergelassenen Personen mit Eigentumsrechten an Referenzwerten.

Diese **Bedingungen müssen alle (kumulativ) erfüllt sein,** wie die Regelung durch die Nutzung des Terminus „sämtliche" genannte Bedingungen vorgibt. Bei der Prüfung, ob die Bedingungen erfüllt sind, obliegt der Europäischen Kommission ein Beurteilungsspielraum in Bezug auf das geforderte wirksame, gleichwertige System. Wie viel Abweichung von den entsprechenden europäischen Regelungen noch zulässig ist, um die normierten Bedingungen noch zu erfüllen, ist entsprechend eine Einzelfallentscheidung der Europäischen Kommission, die nicht gerichtlich überprüfbar ist[3].   18

Soweit diese Bedingungen erfüllt sind, sieht Art. 38 Abs. 3 VO Nr. 600/2014 vor, dass der Rechts- und Aufsichtsrahmen der jeweiligen Drittlandes als gleichwertig betrachtet wird. Insoweit ist die Rechtsfolgenseite dieser Prüfung etwas anders als bei dem Gleichwertigkeitsbeschluss nach z.B. Art. 47 Abs. 2 Unterabs. 2 VO Nr. 600/2014, der auch in Bezug auf die Rechtsfolgen noch Ermessen vorsieht. Insoweit hat die Europäische Kommission **Entschließungsermessen hinsichtlich des „Ob" des Gleichwertigkeitsbeschlusses**[4], aber bei Vorliegen der näher bezeichneten Bedingungen **kein Ermessen bezüglich der Bewertung der Gleichwertigkeit.**   19

---

1 Verordnung (EU) Nr. 182/2011 des Europäischen Parlaments und des Rates vom 16. Februar 2011 zur Festlegung der allgemeinen Regeln und Grundsätze, nach denen die Mitgliedstaaten die Wahrnehmung der Durchführungsbefugnisse durch die Kommission kontrollieren ABl. EU Nr. L 55 v. 28.2.2011, S. 13.
2 Vgl. auch Erwägungsgrund 47 VO Nr. 600/2014.
3 Vgl. auch *Zetzsche/Lehmann*, AG 2017, 651, 655; für eine Justiziabilität de Lege Ferenda *Zetzsche* in Bachmann/Breitig, Finanzmarktregulierung zwischen Innovation und Kontinuität in Deutschland, Europa und Russland, 2014, S. 127, 136.
4 Vgl. auch Erwägungsgrund 41 VO Nr. 600/2014: „Die Mitgliedstaaten sollten ihr Interesse bekunden können, dass ein oder mehrere bestimmte Drittländer von der Kommission einer Gleichwertigkeitsprüfung unterzogen werden, ohne dass die Kommission dadurch verpflichtet würde, eine solche Prüfung vorzunehmen. ... Wenn die Kommission diese Gleichwertigkeitsprüfungen einleitet, sollte sie ihre Wahl, in welchen Drittländern sie die einschlägigen Bestimmungen vorrangig prüft, davon abhängig machen können, wie wichtig die Prüfungsergebnisse für Firmen und Kunden in der Union sind, ob Aufsichts- und Kooperationsabkommen zwischen dem Drittland und Mitgliedstaaten in Kraft sind, ob das Land über ein wirksames, gleichwertiges System für die Anerkennung von nach ausländischem Recht zugelassenen Wertpapierfirmen verfügt und ob es Interesse und die Bereitschaft zeigt, an dem Verfahren zur Gleichwertigkeitsprüfung teilzunehmen."

Titel VII
Aufsichtsmaßnahmen zur Produktintervention und zu den Positionen

Kapitel 1
Produktüberwachung und Produktintervention

Art. 39 Marktüberwachung

(1) Gemäß Artikel 9 Absatz 2 der Verordnung Nr. 1095/2010 überwacht die ESMA den Markt für Finanzinstrumente, die in der Union vermarktet, vertrieben oder verkauft werden.

(2) Gemäß Artikel 9 Absatz 2 der Verordnung Nr. 1093/2010 überwacht die EBA den Markt für strukturierte Einlagen, die in der Union vermarktet, vertrieben oder verkauft werden.

(3) Die zuständigen Behörden überwachen den Markt für Finanzinstrumente und strukturierte Einlagen, die in ihrem Mitgliedstaat oder von ihrem Mitgliedstaat aus vermarktet, vertrieben oder verkauft werden.

In der Fassung vom 15.5.2014 (ABl. EU Nr. L 173 v. 12.6.2014, S. 84).

Schrifttum: S. § 15 WpHG.

I. Gegenstand und Zweck der Regelung 1	III. Aufgabenbegründung für nationale Aufsichtsbehörden (Art. 39 Abs. 3 VO Nr. 600/2014) .. 6
II. Aufgabenbegründung für ESMA und EBA (Art. 39 Abs. 1 und 2 VO Nr. 600/2014) 2	1. Sachliche Zuständigkeit 6
1. Sachlicher Anwendungsbereich 2	2. Persönlicher Anwendungsbereich 7
2. Persönlicher Anwendungsbereich 4	3. Räumlicher Anwendungsbereich 8
3. Räumlicher Anwendungsbereich 5	

1 **I. Gegenstand und Zweck der Regelung.** Gemäß der dynamischen Kompetenznormen in Art. 1 Abs. 2 VO Nr. 1095/2010 (ESMA-VO)[1] und Art. 1 Abs. 2 VO Nr. 1093/2010 (EBA-VO)[2] ist der Tätigkeitsbereich der jeweiligen Behörde im Rahmen aller verbindlichen Rechtsakte der Union eröffnet, die der ESMA bzw. der EBA Aufgaben übertragen. Eine derartige **Aufgabenübertragung** wird durch Art. 39 Abs. 1 und 2 VO Nr. 600/2014 (MiFIR) bewirkt. Die Vorschrift konkretisiert die Aufgabe der Behörden nach Art. 9 Abs. 2 der jeweiligen Errichtungsverordnung, denen zufolge die europäischen Behörden neue und bereits bekannte Finanztätigkeiten überwachen. Mit der im Kommissionsentwurf der MiFIR nicht enthaltenen Vorschrift[3] wird im Wesentlichen der Differenz von **Aufgaben- und Befugnisnormen** Rechnung getragen. Die Aufgabenübertragung schafft die Grundlage dafür, der ESMA und der EBA eine Produktinterventionsbefugnis nach Art. 40 und 41 VO Nr. 600/2014 einzuräumen. Art. 39 Abs. 1 und 2 VO Nr. 600/2014 dienen zudem der **Aufgabenabgrenzung** zwischen ESMA und EBA. Art. 39 Abs. 3 VO Nr. 600/2014 normiert eine entsprechende Marktüberwachungspflicht der national zuständigen Behörde.

2 **II. Aufgabenbegründung für ESMA und EBA (Art. 39 Abs. 1 und 2 VO Nr. 600/2014). 1. Sachlicher Anwendungsbereich.** Gegenständlich wird der **ESMA** die Aufgabe der Marktüberwachung für **Finanzinstrumente** i.S.v. Art. 2 Abs. 1 Nr. 9 VO Nr. 600/2014 i.V.m. Art. 4 Abs. 1 Nr. 15 i.V.m. Anhang I Abschnitt C RL 2014/65/EU (MiFID II)[4] anvertraut. Hierunter fallen etwa übertragbare Wertpapiere, Geldmarktinstrumente oder Anteile an OGAW-Investmentfonds. Regelmäßig werden auch verpackte Anlageprodukte für Kleinanleger (PRIPs) i.S.v. Art. 4 Nr. 1 VO Nr. 1286/2014 (PRIIP-VO)[5] erfasst sein, **nicht** hingegen **Versicherungsanlage-**

---

[1] Verordnung (EU) Nr. 1095/2010 des Europäischen Parlaments und des Rates vom 24. November 2010 zur Errichtung einer Europäischen Aufsichtsbehörde (Europäische Wertpapier- und Marktaufsichtsbehörde), zur Änderung des Beschlusses Nr. 716/2009/EG und zur Aufhebung des Beschlusses 2009/77/EG, ABl. EU Nr. L 331 v. 15.12.2010, S. 84.

[2] Verordnung (EU) Nr. 1093/2010 des Europäischen Parlaments und des Rates vom 24. November 2010 zur Errichtung einer Europäischen Aufsichtsbehörde (Europäische Bankenaufsichtsbehörde), zur Änderung des Beschlusses Nr. 716/2009/EG und zur Aufhebung des Beschlusses 2009/78/EG, ABl. EU Nr. L 331 v. 15.12.2010, S. 12.

[3] Sie wurde erst als Ergebnis der Trilogverhandlungen vom 14.1.2014 eingefügt, s. den vom Rat veröffentlichten Trilogtext vom 17.2.2014, 6406/14, ADD3.

[4] Richtlinie 2014/65/EU des Europäischen Parlaments und des Rates vom 15. Mai 2014 über Märkte für Finanzinstrumente sowie zur Änderung der Richtlinien 2002/92/EG und 2011/61/EU, ABl. EU Nr. L 173 v. 12.6.2014, S. 349.

[5] Verordnung (EU) Nr. 1286/2014 des Europäischen Parlaments und des Rates vom 26. November 2014 über Basisinformationsblätter für verpackte Anlageprodukte für Kleinanleger und Versicherungsanlageprodukte, ABl. EU Nr. L 352 v. 9.12.2014, S. 1.

produkte i.S.v. Art. 4 Nr. 2 VO Nr. 1286/2014, die gem. Art. 15 Abs. 1 VO Nr. 1286/2014 in die Überwachungskompetenz der EIOPA fallen (Art. 15 VO Nr. 1286/2014 Rz. 3 ff.).

Der **EBA** obliegt die entsprechende Aufgabe für **strukturierte Einlagen** i.S.v. Art. 2 Abs. 1 Nr. 23 VO Nr. 600/ 2014 i.V.m. Art. 4 Abs. 1 Nr. 43 RL 2014/65/EU, d.h. von Einlagen, die bei Fälligkeit in voller Höhe zurückzuzahlen sind, wobei die Zahlung von Zinsen oder einer Prämie von weiteren Faktoren wie einem Index oder der Wertentwicklung eines Finanzinstruments abhängig ist[1]. Eine sachliche Zuständigkeit der EBA war im Kommissionsentwurf nicht vorgesehen und wurde erst mit der Aufnahme von strukturierten Einlagen als gesonderter Produktkategorie in MiFIR und MiFID II ins Auge gefasst. Da die Voraussetzungen des Vertriebs strukturierter Einlagen im Übrigen der Konkretisierungsbefugnis der ESMA unterliegen[2], wurde hiermit eine **Sonderzuständigkeit der EBA** begründet, deren Wahrnehmung der Kooperation mit der ESMA bedarf[3].

2. Persönlicher Anwendungsbereich. Als **aufgabenrelevantes Marktgeschehen** gelten Marketing, Vertrieb und Verkauf von Finanzinstrumenten bzw. strukturierten Einlagen in der Union. **Adressaten** einer Überwachung sind diejenigen, die den Geboten der MiFIR unterliegen. Dies sind gem. Art. 1 Abs. 2 VO Nr. 600/ 2014 nach den Vorgaben der Art. 5 ff. RL 2014/65/EU **zugelassene Wertpapierfirmen** sowie nach der CRD IV **zugelassene Kreditinstitute im Hinblick auf die Erbringung von Wertpapierdienstleistungen und Anlagetätigkeiten**. Da Art. 1 VO Nr. 600/2014 den Anwendungsbereich der Produktinterventionsvorschriften auf diese Unternehmen begrenzt hat, ist insbesondere der **Direktvertrieb von Investmentfonds** durch zugelassene OGAW-Gesellschaften oder durch Verwalter alternativer Investmentfonds (AIFM) gegenwärtig nicht von der Überwachungs- und Interventionskompetenz der ESMA erfasst[4]. Die adressatenbezogene Lücke, in ähnlicher Weise sinnwidrig die Adressaten von Positionskontrollen der ESMA nach Art. 45 VO Nr. 600/2014 beschränkt (Art. 45 VO Nr. 600/2014 Rz. 13 f.), kann nicht durch eine großzügige Lesart von Art. 39 ff. VO Nr. 600/2014 geschlossen werden[5]. Die Kommission hat deshalb eine **Ergänzung von Art. 1 VO Nr. 600/2014** vorgeschlagen, die den Anwendungsbereich von Art. 40 und 42 VO Nr. 600/2014 auf diese Marktteilnehmer erstreckt[6].

3. Räumlicher Anwendungsbereich. In räumlicher Hinsicht erstrecken sich die Aufsichtsaufgaben der ESMA und der EBA auf Finanzinstrumente bzw. strukturierte Einlagen, die **in der Union** vermarktet, vertrieben oder verkauft werden. Zwar ist der **internationale Geltungsbereich** von Art. 39 Abs. 1 und 2 VO Nr. 600/2014 auf das Gebiet der EU bzw. des EWR beschränkt, weshalb Drittstaatenbehörden keinerlei Bindungen an das Produktinterventionsregime unterliegen. Das schließt allerdings nicht aus, dass vom **internationalen Anwendungsbereich** der Vorschrift auch Vorgänge erfasst werden, die aus einem Drittstaat herrühren, sich aber im Gebiet der EU bzw. des EWR auswirken[7]. Aus dem Wortlaut von Art. 39 Abs. 1 und 2 VO Nr. 600/2014 folgt, dass der **Ort der Vermarktung, d.h. der Ort des Handlungserfolgs** maßgeblich für die Überwachungsaufgabe ist. Deshalb besteht eine Überwachungszuständigkeit der ESMA und EBA, wenn sich **Angebote aus Drittstaaten** an potentielle Kunden in der Union richten. Die drittstaatenbezogene Überwachungsaufgabe der ESMA und der EBA umfasst damit jedenfalls Drittstaatsfirmen, die aufgrund eines Beschlusses der Kommission gem. Art. 47 VO Nr. 600/2014 ohne Niederlassung in der Union Wertpapierdienstleistungen für registrierte geeignete Gegenparteien und professionelle Kunden erbringen dürfen. Fraglich ist, ob auch Aktivitäten von Unternehmen erfasst werden, die Finanzinstrumente ohne oder außerhalb einer Erlaubnis insbesondere über das Internet in der Union anbieten. Da Art. 1 Abs. 2 VO Nr. 600/2014 hingegen **nur zugelassene Wertpapierfirmen und Kreditinstitute** im Anwendungsbereich der MiFIR sieht, klafft auch insoweit eine Aufsichtslücke (Rz. 4). Diese ist gewiss nicht intendiert, gehen doch von Vermarktungsaktivitäten nicht anerkannter Unternehmen potentiell größere Gefahren aus.

---

1 Strukturierte Einlagen stellen regelmäßig ebenfalls ein PRIIP dar, s. Art. 2 Abs. 2 lit. c i.V.m. Art. 4 Nr. 1 VO Nr. 1286/ 2014.
2 Dies gilt insbesondere für die Konkretisierung der *execution only*-tauglichen Geschäfte gem. Art. 25 Abs. 10 und 11 RL 2014/65/EU; dazu ESMA, Guidelines on complex debt instruments and structured deposits v. 4.2.2016 (ESMA/2015/ 1787); zur Konkretisierung gem. Art. 25 Abs. 8 RL 2014/65/EU durch die Kommission s. Art. 57 Delegierte Verordnung (EU) 2017/565 der Kommission vom 25. April 2016 zur Ergänzung der Richtlinie 2014/65/EU des Europäischen Parlaments und des Rates in Bezug auf die organisatorischen Anforderungen an Wertpapierfirmen und die Bedingungen für die Ausübung ihrer Tätigkeit sowie in Bezug auf die Definition bestimmter Begriffe für die Zwecke der genannten Richtlinie, ABl. EU Nr. L 87 v. 31.3.2017, S. 1, berichtigt durch ABl. EU Nr. L 246 v. 26.9.2017, S. 12.
3 Das Europäische Parlament hatte vorgeschlagen, auch Interventionen betr. strukturierte Einlagen der ESMA zuzuweisen, Änderungsvorschlag des EP v. 26.10.2012, P7_TA (2012) 0407.
4 ESMA, Opinion – Impact of the exclusion of fund management companies from the scope of MiFIR intervention powers v. 12.1.2017 (ESMA-1215332076-23).
5 In diese Richtung aber Securities and Markets Stakeholder Group (SMSG), Advice – Own initiative report on product intervention under MiFIR v. 16.6.2017, S. 5 (ESMA22-106-264).
6 Durch Einfügung eines neuen Art. 1 Abs. 5a VO Nr. 600/2014, s. Art. 6 des Legislativvorschlags COM (2017) 536 final v. 20.9.2017.
7 Zur Unterscheidung von Geltungsanspruch und räumlichem Anwendungsbereich einer Norm s. *Ohler*, Die Kollisionsordnung des Allgemeinen Verwaltungsrechts, 2005, S. 85, 141 ff.

6 III. **Aufgabenbegründung für nationale Aufsichtsbehörden (Art. 39 Abs. 3 VO Nr. 600/2014). 1. Sachliche Zuständigkeit.** Art. 39 Abs. 3 VO Nr. 600/2014 begründet die **Marktüberwachungsaufgabe der national zuständigen Behörde**. Für sämtliche Aufgaben nach der MiFIR ist in Durchführung von Art. 2 Abs. 1 Nr. 18 VO Nr. 600/2014 i.V.m. Art. 4 Abs. 1 Nr. 26 und Art. 67 RL 2014/65/EU durch **§ 6 Abs. 5 Satz 1 WpHG** in Deutschland die BaFin als zuständige Behörde bestimmt worden.

7 **2. Persönlicher Anwendungsbereich.** Grundsätzlich ist der persönliche Anwendungsbereich des Marktüberwachungsregimes für die Bundesanstalt als national zuständiger Marktüberwachungsbehörde deckungsgleich mit demjenigen der ESMA, d.h. er umfasst **Wertpapierdienstleistungsunternehmen** i.s.v. § 2 Abs. 10 WpHG, die nach Maßgabe von §§ 32, 1 KWG als Kreditinstitute und Finanzdienstleistungsinstitute zugelassen sind. Indessen hat der deutsche Gesetzgeber von der fakultativen Ausnahme in Art. 3 RL 2004/39/EG bzw. nunmehr Art. 3 RL 2014/65/EU Gebrauch gemacht und mit deren Umsetzung in § 3 Abs. 1 Nr. 7 WpHG bzw. § 2 Abs. 6 Satz 1 Nr. 8 KWG die Voraussetzungen für eine allein **gewerberechtlich regulierte Finanzanlagenvermittlung und Honorar-Finanzanlageberatung** gem. § 34f und § 34h GewO geschaffen. Diese Tätigkeiten unterliegen gegenwärtig noch der Aufsicht durch die Gewerbeaufsichtsbehörden der Länder[1]. Sofern sich die Finanzanlagenvermittlung oder -beratung auf Vermögensanlagen i.s.v. § 1 Abs. 2 VermAnlG bezieht (§ 34f Abs. 1 Satz 1 Nr. 3 GewO, ggf. i.V.m. § 34h Abs. 1 GewO)[2], liegt sie ohnehin außerhalb des unionalen Produktinterventionsregimes[3], da Vermögensanlagen zwar Finanzinstrumente i.s.v. § 2 Abs. 4 Nr. 7 WpHG sind, aber nicht unter den entsprechenden europäischen Begriff gem. Art. 2 Abs. 1 Nr. 9 VO Nr. 600/2014 i.V.m. Art. 4 Abs. 1 Nr. 15 i.V.m. Anhang I Abschnitt C RL 2014/65/EU fallen. Anders verhält es sich hingegen mit Tätigkeiten nach § 34f Abs. 1 Satz 1 Nr. 1 und 2 GewO, die mit der Vermittlung von Anteilen und Aktien an offenen oder geschlossenen Investmentvermögen i.s.v. § 1 KAGB Finanzinstrumente i.s.v. Anhang I Abschnitt C Nr. 3 RL 2014/65/EU zum Gegenstand haben. Es ist zweifelhaft, ob der zuständigkeitsbegründende § 6 Abs. 5 Satz 1 WpHG auch eine Marktüberwachungskompetenz der BaFin im Hinblick auf Vertriebsaktivitäten von Akteuren begründet, die der Aufsicht der Gewerbeaufsichtsbehörden unterfallen. Dies kann aber im Ergebnis offenbleiben, da **§ 15 Abs. 1 WpHG** jedenfalls gestattet, Produktinterventionsmaßnahmen nach Art. 42 VO Nr. 600/2014 auch gegen Finanzanlagenvermittler und -berater und Formen des Direktvertriebs zu richten (§ 15 WpHG Rz. 20 f.; Art. 42 VO Nr. 600/2014 Rz. 40). Die Überwachungskompetenz der Bundesanstalt geht damit im Hinblick auf die erfassten Adressaten weiter als diejenige von EBA und ESMA.

8 **3. Räumlicher Anwendungsbereich.** Räumlich umfasst die Aufgabe die Marktüberwachung von Finanzinstrumenten und von strukturierten Einlagen, die **im Mitgliedstaat** oder **vom Mitgliedstaat aus** vermarktet, vertrieben oder verkauft werden. Da die Überwachungsaufgabe allein an den **innerstaatlichen Ort des Geschäftsvorgangs** anknüpft, **umfasst** sie auch **Finanzaktivitäten von zugelassenen Wertpapierdienstleistungsunternehmen aus anderen Mitgliedstaaten der EU**, die unter Nutzung der Niederlassungsfreiheit gem. Art. 6 Abs. 3 und Art. 35 RL 2014/65/EU in Deutschland Finanzinstrumente oder strukturierte Einlagen vertreiben. Dies korrespondiert mit der grundsätzlichen Zuständigkeit der Behörde des Aufnahmestaates für die Überwachung der Einhaltung der Wohlverhaltens- und Organisationspflichten unter Einschluss der Anforderungen an die Product Governance durch Zweigniederlassungen von Unternehmen aus anderen Mitgliedstaaten (Art. 35 Abs. 8 RL 2014/65/EU und § 90 Abs. 1 und 2 WpHG). Mit der Anknüpfung an den innerstaatlichen Ort der Finanzaktivität erstreckt sich allerdings die Überwachungsaufgabe nicht nur auf **Zweigniederlassungen** von Unternehmen aus anderen Mitgliedstaaten, sondern auch auf Finanztätigkeiten in Deutschland im Wege des von der Zulassung gem. Art. 6 Abs. 3 und Art. 34 RL 2014/65/EU umfassten **grenzüberschreitenden Dienstleistungsverkehrs**. Insoweit besteht eine gegenüber der Überwachung der Wohlverhaltens- und Organisationspflichten **erweiterte Zuständigkeit der BaFin** als Behörde des Aufnahmestaats (vgl. Art. 86 RL 2014/65/EU, § 90 Abs. 4 WpHG)[4].

9 Zudem umfasst die Überwachungsaufgabe der BaFin auch den **Vertrieb von Finanzinstrumenten und strukturierten Einlagen aus Drittstaaten**, die innerstaatlich angeboten werden. Dies folgt aus dem Wortlaut der Vorschrift, der an den innerstaatlichen Ort der Vermarktung anknüpft. Für die Erstreckung des innerstaatlich geltenden Rechts auf ausländische Sachverhalte (*jurisdiction to prescribe*) findet sich unproblematisch ein völkerrechtlich erforderlicher *genuine link*[5]: Dieser liegt hier einerseits im innerstaatlichen Ort, an dem der Handlungserfolg eintritt (Auswirkungsprinzip als Element des Territorialitätsprinzips), andererseits im völkerrechtlichen Schutzprinzip: Die Erstreckung auf Drittstaatssachverhalte ist sinnvoll und geboten, um ein Unterlaufen

---

1 Laut Koalitionsvertrag 2018 v. 14.3.2018, S. 135 soll zur Herstellung einer einheitlichen und qualitativ hochwertigen Finanzaufsicht die Aufsicht über die freien Finanzanlagevermittler schrittweise auf die BaFin übertragen werden.
2 Die Bereichsausnahme in § 2 Abs. 6 Satz 1 Nr. 8 KWG bzw. § 3 Abs. 1 Nr. 7 WpHG wurde betr. Vermögensanlagen mit dem Ersten Finanzmarktnovellierungsgesetz reduziert und erfasst jetzt nur noch die Vermittlung zwischen Kunden und Emittenten (Emissionsmarkt), s. Begr. RegE, BT-Drucks. 18/7482, 58, 69.
3 Sie können allerdings Gegenstand einer Produktintervention nach § 15 Abs. 1 WpHG sein.
4 Dazu *Fett* in Schwark/Zimmer, § 36a WpHG Rz. 22.
5 Dazu BVerwG v. 17.12.1986 – 7 C 29/85, BVerwGE 75, 285, 288 f.; s. auch *Ohler*, Die Kollisionsordnung des Allgemeinen Verwaltungsrechts, 2005, S. 110 f., 327 ff.

des dem Anleger- und dem Funktionsschutz dienenden Produktinterventionsregimes durch Auslagerung von Vertriebsaktivitäten auf Drittstaaten zu unterbinden. Wegen des grundsätzlichen Niederlassungszwangs für Wertpapierdienstleistungsunternehmen aus Drittstaaten (§§ 53 Abs. 1, 33 Abs. 1 Satz 1 Nr. 6 KWG), der nur ausnahmsweise auf der Grundlage eines Kommissionsbeschlusses gem. Art. 47 VO Nr. 600/2014 für Wertpapierdienstleistungen gegenüber registrierten geeigneten Gegenparteien und professionellen Kunden durchbrochen wird, entfaltet die internationale Zuständigkeit vor allem Bedeutung für die Tätigkeit von Unternehmen, die ohne die erforderliche Zulassung grenzüberschreitend z.B. über das Internet Finanzinstrumente und strukturierte Einlagen anbieten.

Schließlich erstreckt sich die Überwachungsaufgabe nach dem Wortlaut des Art. 39 Abs. 3 VO Nr. 600/2014 auch auf Marktaktivitäten, die von Deutschland ausgehen, sich aber ggf. **in einem anderen Staat auswirken**. Wegen der hierin angelegten **Kompetenzüberschneidung** mit den spiegelbehördlichen Aufsichtsaufgaben der Behörden **anderer Mitgliedstaaten oder EWR-Staaten** bedarf es bei der Aufgabenwahrnehmung koordinierender Mechanismen (Art. 42 VO Nr. 600/2014 Rz. 32, 37 ff.). In Bezug auf Auswirkungen in **Drittstaaten** entsteht darüber hinaus das Problem, dass die Unternehmen unter Umständen kollidierenden rechtlichen Anforderungen nach dem Sachrecht des Drittstaates unterliegen.

10

Art. 40 Befugnisse der ESMA zur vorübergehenden Intervention

(1) Gemäß Artikel 9 Absatz 5 der Verordnung (EU) Nr. 1095/2010 kann die ESMA, wenn die Bedingungen der Absätze 2 und 3 erfüllt sind, in der Union vorübergehend Folgendes verbieten oder beschränken:

a) die Vermarktung, den Vertrieb oder den Verkauf von bestimmten Finanzinstrumenten oder von Finanzinstrumenten mit bestimmten Merkmalen oder

b) eine Form der Finanztätigkeit oder -praxis.

Ein Verbot oder eine Beschränkung kann unter von der ESMA festgelegten Bedingungen oder vorbehaltlich von Ausnahmen geltend gemacht werden.

(2) Die ESMA fasst einen Beschluss gemäß Absatz 1 nur, wenn alle folgenden Bedingungen erfüllt sind:

a) Die vorgeschlagene Maßnahme begegnet erheblichen Bedenken hinsichtlich des Anlegerschutzes oder einer Gefahr für das ordnungsgemäße Funktionieren und die Integrität der Finanz- oder Warenmärkte oder für die Stabilität des gesamten Finanzsystems in der Union oder eines Teils davon,

b) die regulatorischen Anforderungen nach dem Unionsrecht, die auf das jeweilige Finanzinstrument oder die jeweilige Finanztätigkeit anwendbar sind, wenden die Gefahr nicht ab,

c) eine oder mehrere zuständige Behörden haben keine Maßnahmen ergriffen, um der Bedrohung zu begegnen, oder die ergriffenen Maßnahmen werden der Bedrohung nicht gerecht.

Wenn die Voraussetzungen nach Unterabsatz 1 erfüllt sind, kann die ESMA das Verbot oder die Beschränkung nach Absatz 1 vorsorglich aussprechen, bevor ein Finanzinstrument vermarktet, vertrieben oder an Kunden verkauft wird.

(3) Bei der Ergreifung von Maßnahmen im Sinne dieses Artikels stellt die ESMA sicher, dass die Maßnahme

a) keine negativen Auswirkungen auf die Effizienz der Finanzmärkte oder auf die Anleger hat, die in keinem Verhältnis zu den Vorteilen der Maßnahme stehen,

b) kein Risiko einer Aufsichtsarbitrage schafft und

c) nach Anhörung der für die Beaufsichtigung, Verwaltung und Regulierung der landwirtschaftlichen Warenmärkte gemäß der Verordnung (EG) Nr. 1234/2007 zuständigen öffentlichen Stellen ergriffen wurde, sofern die Maßnahme Derivate auf landwirtschaftliche Grunderzeugnisse betrifft.

Haben eine oder mehrere zuständige Behörden eine Maßnahme nach Artikel 42 ergriffen, kann die ESMA die in Absatz 1 genannten Maßnahmen ergreifen, ohne die in Artikel 43 vorgesehene Stellungnahme abzugeben.

(4) Bevor die ESMA beschließt, Maßnahmen nach diesem Artikel zu ergreifen, unterrichtet sie die zuständigen Behörden über ihr vorgeschlagenes Vorgehen.

(5) Die ESMA gibt auf ihrer Website jeden Beschluss einer nach diesem Artikel zu ergreifenden Maßnahme bekannt. Die Mitteilung erläutert die Einzelheiten des Verbots oder der Beschränkung und nennt einen Zeitpunkt nach der Veröffentlichung der Mitteilung, an dem die Maßnahmen wirksam werden. Ein Verbot oder eine Beschränkung gelten erst dann, wenn die Maßnahmen wirksam geworden sind.

(6) Die ESMA überprüft ein Verbot oder eine Beschränkung gemäß Absatz 1 in geeigneten Abständen, mindestens aber alle drei Monate. Wird das Verbot oder die Beschränkung nach Ablauf dieser drei Monate nicht verlängert, treten sie automatisch außer Kraft.

(7) Eine gemäß diesem Artikel beschlossene Maßnahme der ESMA erhält Vorrang vor allen etwaigen früheren Maßnahmen einer zuständigen Behörde.

(8) Die Kommission nimmt delegierte Rechtsakte gemäß Artikel 50 an, in denen die Kriterien und Faktoren festgelegt werden, die von der ESMA bei der Bestimmung der Tatsache zu berücksichtigen sind, wann erhebliche Bedenken hinsichtlich des Anlegerschutzes gegeben sind oder die ordnungsgemäße Funktionsweise und die Integrität der Finanzmärkte oder der Warenmärkte oder aber die Stabilität des gesamten oder eines Teils des Finanzsystems in der Union im Sinne von Absatz 2 Buchstabe a gefährdet ist.

Diese Kriterien und Faktoren schließen unter anderem Folgendes ein:

a) den Grad der Komplexität eines Finanzinstruments und den Bezug zu der Art von Kunden, an die es vermarktet und verkauft wird,

b) das Volumen oder den Nominalwert bei Ausgabe eines Finanzinstruments,

c) den Innovationsgrad eines Finanzinstruments, einer Finanztätigkeit oder einer Finanzpraxis,

d) den Leverage-Effekt eines Finanzinstruments oder einer Finanzpraxis.

In der Fassung vom 15.5.2014 (ABl. EU Nr. L 173 v. 12.6.2014, S. 84).

Delegierte Verordnung (EU) 2017/567 der Kommission vom 18. Mai 2016
zur Ergänzung der Verordnung (EU) Nr. 600/2014 des Europäischen Parlaments und des Rates im Hinblick auf Begriffsbestimmungen, Transparenz, Portfoliokomprimierung und Aufsichtsmaßnahmen zur Produktintervention und zu den Positionen

(Auszug)

Art. 19 Kriterien und Faktoren in Bezug auf die Befugnisse der ESMA zur vorübergehenden Produktintervention

(Artikel 40 Absatz 2 der Verordnung (EU) Nr. 600/2014)

(1) Für die Zwecke von Artikel 40 Abs. 2 Buchstabe a der Verordnung (EU) Nr. 600/2014 bewertet die ESMA die Relevanz aller in Absatz 2 aufgeführten Faktoren und Kriterien und berücksichtigt alle relevanten Faktoren und Kriterien, um zu bestimmen, ob die Vermarktung, der Vertrieb oder der Verkauf von bestimmten Finanzinstrumenten oder von Finanzinstrumenten mit bestimmten spezifizierten Merkmalen oder eine Form der Finanztätigkeit oder -praxis erhebliche Bedenken hinsichtlich des Anlegerschutzes oder eine Gefahr für das ordnungsgemäße Funktionieren und die Integrität der Finanz- und Warenmärkte oder für die Stabilität des gesamten Finanzsystems in der Union oder eines Teils davon verursacht.

Für die Zwecke von Unterabsatz 1 kann die ESMA das Vorliegen erheblicher Bedenken hinsichtlich des Anlegerschutzes oder einer Gefahr für das ordnungsgemäße Funktionieren und die Integrität der Finanz- und Warenmärkte oder für die Stabilität des gesamten Finanzsystems in der Union oder eines Teils davon auf der Grundlage eines oder mehrerer dieser Faktoren oder Kriterien bestimmen.

(2) Folgende Faktoren und Kriterien werden von der ESMA bewertet, um zu bestimmen, ob erhebliche Bedenken hinsichtlich des Anlegerschutzes oder eine Gefahr für das ordnungsgemäße Funktionieren und die Integrität der Finanz- oder Warenmärkte oder für die Stabilität des gesamten Finanzsystems in der Union oder eines Teils davon vorliegen:

a) Grad der Komplexität des Finanzinstruments oder der Finanztätigkeit oder -praxis in Bezug zu der Art von Kunden, die nach Bewertung im Einklang mit Buchstabe c an der Finanztätigkeit oder -praxis beteiligt sind oder an die das Finanzinstrument vermarktet oder verkauft wird, insbesondere unter Berücksichtigung:

- der Art der Basis- oder Referenzvermögenswerte und des Maßes an Transparenz in Bezug auf die Basis- oder Referenzvermögenswerte;
- des Maßes an Transparenz bei den Kosten und Gebühren, die mit dem Finanzinstrument, der Finanztätigkeit oder -praxis verbunden sind, und insbesondere der fehlenden Transparenz, die aus mehreren Kosten- und Gebührenebenen resultiert;
- der Komplexität der Berechnung der Wertentwicklung unter besonderer Berücksichtigung, ob die Rendite von der Wertentwicklung eines oder mehrerer Basis- oder Referenzvermögenswerte abhängt, die wiederum von anderen Faktoren beeinflusst werden, oder ob die Rendite nicht nur vom Wert des Basis- oder Referenzvermögenswerts zu Beginn und am Ende der Laufzeit, sondern auch von den Werten während der gesamten Laufzeit des Produkts abhängt;
- der Art und des Umfangs etwaiger Risiken;
- ob das Instrument oder die Dienstleistung mit anderen Produkten oder Dienstleistungen gebündelt ist; oder
- der Komplexität etwaiger Vertragsbestimmungen oder -bedingungen;

b) Ausmaß möglicher negativer Auswirkungen, insbesondere unter Berücksichtigung:

- des Nominalwerts des Finanzinstruments;
- der Zahl der beteiligten Kunden, Anleger oder Marktteilnehmer;

- des relativen Anteils des Produkts in den Portfolios der Anleger;
- der Wahrscheinlichkeit, des Umfangs und der Art negativer Auswirkungen, einschließlich der Höhe des möglicherweise erlittenen Verlustes;
- der zu erwartenden Dauer der negativen Auswirkungen;
- des Volumens der Emission;
- der Zahl der involvierten Vermittler;
- des Wachstums des Marktes oder der Verkäufe; oder
- des von jedem Kunden in das Finanzinstrument investierten durchschnittlichen Betrags;

c) Art der an einer Finanztätigkeit oder -praxis beteiligten Kunden oder Art der Kunden, an die ein Finanzinstrument vermarktet oder verkauft wird, insbesondere unter Berücksichtigung:
- ob es sich bei dem Kunden um einen Kleinanleger, einen professionellen Kunden oder eine geeignete Gegenpartei handelt;
- der Qualifikation und Befähigung der Kunden, einschließlich des Bildungsstands und der Erfahrung mit ähnlichen Finanzinstrumenten oder Verkaufspraktiken;
- der wirtschaftlichen Situation der Kunden, einschließlich deren Einkommen und Vermögen;
- der finanziellen Kernziele der Kunden, einschließlich Altersvorsorge und Eigenheimfinanzierung; oder
- ob das Instrument oder die Dienstleistung an Kunden außerhalb des vorgesehenen Zielmarkts verkauft wird oder ob der Zielmarkt nicht adäquat ermittelt wurde;

d) Maß an Transparenz des Finanzinstruments oder der Form der Finanztätigkeit oder -praxis, insbesondere unter Berücksichtigung:
- der Art und der Transparenz des Basiswerts;
- etwaiger versteckter Kosten und Gebühren;
- der Verwendung von Techniken, welche die Aufmerksamkeit des Kunden wecken, jedoch nicht unbedingt die Eignung oder die Gesamtqualität des Finanzinstruments, der Finanztätigkeit oder Finanzpraxis widerspiegeln;
- der Art und der Transparenz von Risiken; oder
- der Verwendung von Produktnamen oder Terminologie oder anderen Informationen, die mehr Sicherheit oder Rendite implizieren als tatsächlich wahrscheinlich oder möglich oder die Produktmerkmale implizieren, die nicht existieren;

e) besondere Merkmale oder Komponenten des Finanzinstruments, der Finanztätigkeit oder Finanzpraxis, einschließlich eines eingebetteten Leverage-Effekts, insbesondere unter Berücksichtigung:
- des produktinhärenten Leverage-Effekts;
- des finanzierungsbezogenen Leverage-Effekts;
- der Merkmale von Wertpapierfinanzierungsgeschäften; oder
- der Tatsache, dass der Wert des jeweiligen Basiswerts nicht mehr verfügbar oder zuverlässig ist;

f) Existenz und Grad des Missverhältnisses zwischen der erwarteten Rendite oder dem erwarteten Gewinn für Anleger und dem Verlustrisiko, das dem Finanzinstrument, der Finanztätigkeit oder Finanzpraxis innewohnt, insbesondere unter Berücksichtigung:
- der Strukturierungskosten eines solchen Finanzinstruments, einer solchen Finanztätigkeit oder Finanzpraxis und sonstiger Kosten;
- des Missverhältnisses zu dem vom Emittenten zurückbehaltenen Risiko aus der Emission; oder
- des Rendite-Risiko-Profils;

g) einfache Möglichkeit eines Verkaufs des betreffenden Finanzinstruments oder eines Wechsels zu einem anderen Finanzinstrument für den Anleger und damit zusammenhängende Kosten, insbesondere unter Berücksichtigung:
- der Geld-Brief-Spanne;
- der Frequenz der Handelsmöglichkeiten;
- des Emissionsvolumens und der Größe des Sekundärmarkts;
- ob Liquiditätsgeber oder Market-Maker im Sekundärmarkt vorhanden sind;
- Merkmale des Handelssystems; oder
- anderer Barrieren für einen Ausstieg;

h) Preisbildung und verbundene Kosten des Finanzinstruments, der Finanztätigkeit oder Finanzpraxis, insbesondere unter Berücksichtigung:
- der Verwendung versteckter oder sekundärer Gebühren; oder
- von Gebühren, die das Niveau der erbrachten Dienstleistung nicht widerspiegeln;

i) Innovationsgrad eines Finanzinstruments, einer Finanztätigkeit oder einer Finanzpraxis, insbesondere unter Berücksichtigung:
- des Innovationsgrads im Hinblick auf die Struktur des Finanzinstruments, der Finanztätigkeit oder Finanzpraxis, einschließlich Einbettungs- und Auslösemechanismen;
- des Innovationsgrads im Hinblick auf das Vertriebsmodell oder die Länge der Vermittlungskette;

- des Ausmaßes der Innovationsdiffusion, darunter auch, ob das Finanzinstrument, die Finanztätigkeit oder Finanzpraxis für bestimmte Kundenkategorien innovativ ist;
- der auf den Leverage-Effekt bezogenen Innovation;
- der mangelnden Transparenz des Basiswerts; oder
- früherer Erfahrungen am Markt mit ähnlichen Finanzinstrumenten oder Verkaufspraktiken;

j) Verkaufspraktiken in Verbindung mit dem Finanzinstrument, insbesondere unter Berücksichtigung:
- der verwendeten Informations- und Vertriebskanäle;
- des Informations-, Marketing- oder sonstigen Werbematerials in Verbindung mit der Anlage;
- der unterstellten Anlagezwecke; oder
- ob die Kaufentscheidung zweit- oder drittrangig einem früheren Kauf folgt;

k) finanzielle und geschäftliche Lage des Emittenten eines Finanzinstruments, insbesondere unter Berücksichtigung:
- der finanziellen Lage eines Emittenten oder eines Garantiegebers; oder
- der Transparenz der geschäftlichen Lage des Emittenten oder Garantiegebers;

l) ob vom Hersteller oder den Vertreibern über ein Finanzinstrument zur Verfügung gestellte Informationen, auf deren Grundlage Marktteilnehmer, an die sich diese Informationen richten, eine begründete Entscheidung unter Berücksichtigung der Art und Natur des Finanzinstruments treffen können, unzureichend oder unzuverlässig sind;

m) ob das Finanzinstrument, die Finanztätigkeit oder Finanzpraxis ein hohes Risiko für die Erfüllung der von den Teilnehmern oder Anlegern am relevanten Markt eingegangenen Geschäfte darstellt;

n) ob die Finanztätigkeit oder Finanzpraxis die Integrität des Preisbildungsprozesses am betreffenden Markt erheblich beeinträchtigt, so dass der Preis oder der Wert des jeweiligen Finanzinstruments nicht mehr entsprechend den legitimen Marktkräften von Angebot und Nachfrage bestimmt wird oder Marktteilnehmer sich bei ihren Investitionsentscheidungen nicht mehr auf die an diesem Markt gebildeten Preise oder das Handelsvolumen als Entscheidungsgrundlage verlassen können;

o) ob ein Finanzinstrument aufgrund seiner Merkmale besonders für Finanzkriminalität anfällig ist, und insbesondere, ob diese Merkmale die Verwendung des Finanzinstruments für folgende Zwecke begünstigen könnten:
- Betrug oder Unredlichkeit;
- Fehlverhalten in einem Finanzmarkt oder missbräuchliche Verwendung von Informationen in Bezug auf einen Finanzmarkt;
- Handhabung von Erträgen aus Straftaten;
- Finanzierung von Terrorismus; oder
- Erleichterung der Geldwäsche;

p) ob die Finanztätigkeit oder Finanzpraxis ein besonders hohes Risiko für die Widerstandsfähigkeit und den reibungslosen Betrieb von Märkten und ihrer Infrastruktur darstellt;

q) ob ein Finanzinstrument, eine Finanztätigkeit oder Finanzpraxis zu einem signifikanten und künstlichen Missverhältnis zwischen den Preisen eines Derivats und den Preisen am zugrunde liegenden Markt führen könnte;

r) ob das Finanzinstrument, die Finanztätigkeit oder die Finanzpraxis ein hohes Risiko der Störung von Finanzinstituten in sich birgt, die als wichtig für das Finanzsystem der Union angesehen werden;

s) Relevanz des Vertriebs des Finanzinstruments als Finanzierungsquelle für den Emittenten;

t) ob ein Finanzinstrument, eine Finanztätigkeit oder Finanzpraxis ein besonderes Risiko für die Infrastruktur des Marktes oder von Zahlungssystemen, einschließlich Handels-, Clearing- und Abwicklungssystemen, darstellt; oder

u) ob ein Finanzinstrument, eine Finanztätigkeit oder Finanzpraxis das Vertrauen von Anlegern in das Finanzsystem bedrohen kann.

In der Fassung vom 18.5.2016 (ABl. EU Nr. L 87 31.3.2017, S. 90), geändert durch Berichtigung vom 29.9.2017 (ABl. EU Nr. L 251 v. 29.9.2017, S. 30).

Schrifttum: S. § 15 WpHG; zusätzlich *Michel*, Institutionelles Gleichgewicht und EU-Agenturen, 2015.

I. Gegenstand und Zweck der Regelung 1	c) Kein Vorrang mitgliedstaatlicher Maßnahmen (Art. 40 Abs. 2 Unterabs. 1 lit. c VO Nr. 600/2014) 21
II. Systematischer Zusammenhang 5	d) Weitere Gesichtspunkte (Art. 40 Abs. 3 Unterabs. 1 VO Nr. 600/2014) 22
III. Anwendungsbereich (Art. 40 Abs. 1 VO Nr. 600/2014) 6	2. Verfahrensrechtliche Voraussetzungen 24
IV. Voraussetzungen einer Intervention 9	3. Ermessen 28
1. Materielle Voraussetzungen (Art. 40 Abs. 2 und 3 VO Nr. 600/2014) 9	V. Bekanntgabe von Beschlüssen (Art. 40 Abs. 5 und 6 VO Nr. 600/2014) 29
a) Beeinträchtigung von Aufsichtszielen (Art. 40 Abs. 2 Unterabs. 1 lit. a VO Nr. 600/2014) 10	VI. Verhältnis zu mitgliedstaatlichen Maßnahmen (Art. 40 Abs. 7 VO Nr. 600/2014) .. 32
b) Kein Vorrang anderer regulatorischer Anforderungen (Art. 40 Abs. 2 Unterabs. 1 lit. b VO Nr. 600/2014) 19	VII. Erlass delegierter Rechtsakte (Art. 40 Abs. 8 VO Nr. 600/2014) 33
	VIII. Durchsetzung und Rechtsschutz 36

I. Gegenstand und Zweck der Regelung. Nach Art. 9 Abs. 5 Unterabs. 1 VO Nr. 1095/2010 (ESMA-VO)[1] kann die ESMA in den Fällen und unter den Bedingungen, die in unionalen Rechtsakten festgelegt sind, bestimmte Finanztätigkeiten vorübergehend verbieten oder beschränken. Die Vorschrift gewährt folglich nicht selbst eine Eingriffsbefugnis, sondern stellt diese unter einen Rechtssatzvorbehalt[2]. Art. 40 VO Nr. 600/2014 (MiFIR) schafft eine **nach Art. 9 Abs. 5 VO Nr. 1095/2010 erforderliche sekundärrechtliche Grundlage** für vorläufige Interventionsbefugnisse der ESMA. Der europäische Gesetzgeber griff u.a. deshalb zur Verordnungsform der MiFIR, um der ESMA die in Art. 40 VO Nr. 600/2014 geregelten Befugnisse verschaffen zu können[3]. Die Interventionsbefugnis lehnt sich nach ihren materiellen und prozeduralen Voraussetzungen eng an die der ESMA durch Art. 28 VO Nr. 236/2012 (Leerverkaufs-VO)[4] eingeräumte Befugnis zur vorläufigen Untersagung von Leerverkäufen an, die vom Gerichtshof als primärrechtskonform angesehen wurde[5].

Art. 40 Abs. 1 VO Nr. 600/2014 bildet die zentrale **Ermächtigungsgrundlage** für Verbote und Beschränkungen durch die ESMA und umschreibt zugleich deren sachlichen Anwendungsbereich (Rz. 6). Art. 40 Abs. 2 und 3 VO Nr. 600/2014 normieren die **materiellen und verfahrensrechtlichen Voraussetzungen** (Rz. 9). Art. 40 Abs. 4 VO Nr. 600/2014 verpflichtet die ESMA zu einem **grenzüberschreitenden Informationsverfahren** im Vorfeld einer Interventionsmaßnahme (Rz. 25). Art. 40 Abs. 5 VO Nr. 600/2014 gebietet die **öffentliche Bekanntgabe** von Verboten und Beschränkungen (Rz. 29 f.). Art. 40 Abs. 6 VO Nr. 600/2014 legt in Übereinstimmung mit Art. 9 Abs. 5 VO Nr. 1095/2010 fest, dass Interventionsmaßnahmen auf **drei Monate zu befristen** sind (Rz. 31). Beschlossene Maßnahmen erhalten sodann gem. Art. 40 Abs. 7 VO Nr. 600/2014 Vorrang vor zuvor erlassenen mitgliedstaatlichen Maßnahmen (Rz. 32). Art. 40 Abs. 8 VO Nr. 600/2014 schließlich ermächtigt die Kommission zum **Erlass von delegierten Rechtsakten** i.S.v. Art. 290 AEUV, die die zentrale **Interventionsvoraussetzung in Art. 40 Abs. 2 Unterabs. 1 lit. a VO Nr. 600/2014 konkretisieren** (Rz. 33 ff.).

Art. 40 VO Nr. 600/2014 überschreitet nach seinem Wortlaut **die Verweisungsnorm des Art. 9 Abs. 5 VO Nr. 1095/2010**. Nach dieser Vorschrift kann eine Befugnis zur vorläufigen Intervention nur mit Blick auf „bestimmte Finanztätigkeiten" eingeräumt werden, während Art. 40 Abs. 1 lit. b VO Nr. 600/2014 zusätzlich eine bestimmte Finanzpraxis als Interventionsgegenstand benennt. Vor allem aber beschränkt Art. 9 Abs. 5 VO Nr. 1095/2010 den Zielkanon von Interventionen auf Gefährdungen des Funktionierens und der Integrität der Finanzmärkte und Beeinträchtigungen der Finanzstabilität. Art. 40 Abs. 2 Unterabs. 1 lit. a VO Nr. 600/2014 gestattet eine Intervention hingegen zusätzlich bei erheblichen Bedenken hinsichtlich des Anlegerschutzes (Rz. 11 ff.). Da Art. 40 VO Nr. 600/2014 den gleichen normativen Rang wie Art. 9 Abs. 5 VO Nr. 1095/2010 einnimmt, wird der **Entscheidungsbereich der ESMA** insoweit bereichsspezifisch **ausgedehnt**[6].

Nach der Vorstellung des europäischen Gesetzgebers soll eine Interventionsbefugnis der ESMA nur „in Ausnahmefällen" bestehen[7]. Der primärrechtliche Hintergrund wird durch den erstmals in der Meroni-Entscheidung des Gerichtshofs[8] ausgeprägten **Grundsatz des institutionellen Gleichgewichts** gebildet, der die Übertragung von Entscheidungsbefugnissen mit weiten Ermessensspielräumen an außerhalb des Vertrags stehende Einrichtungen verbietet[9]. Die ESMA als Geschöpf des Sekundärrechts ist deshalb bei der Ausübung von Entscheidungsbefugnissen auf „Tatsachenbeurteilungen technischer Art" zu beschränken[10]. Das Geflecht von materiellen und prozeduralen Vorgaben nach Art. 40 Abs. 2–6 VO Nr. 600/2014 und die Konkretisierung der maßgeblichen Beurteilungsfaktoren des Art. 40 Abs. 2 Unterabs. 1 lit. a VO Nr. 600/2014 durch die Kommission im Wege delegierter Rechtsetzung gem. Art. 40 Abs. 8 VO Nr. 600/2014 sprechen dafür, dass Art. 40 VO Nr. 600/2014 mit diesen zentralen **primärrechtlichen Vorgaben noch vereinbar** ist[11]. Dass der ESMA in Aus-

---

1 Verordnung (EU) Nr. 1095/2010 des Europäischen Parlaments und des Rates vom 24. November 2010 zur Errichtung einer Europäischen Aufsichtsbehörde (Europäische Wertpapier- und Marktaufsichtsbehörde), zur Änderung des Beschlusses Nr. 716/2009/EG und zur Aufhebung des Beschlusses 2009/77/EG, ABl. EU Nr. L 331 v. 15.12.2010, S. 84.
2 *Cahn/Müchler*, BKR 2013, 45, 47; *Sasserath-Alberti/Hartig*, VersR 2012, 524, 534; *Michel*, Institutionelles Gleichgewicht und EU-Agenturen, S. 257.
3 Kommissionsvorschlag der MiFIR v. 20.10.2011, KOM (2011) 652 endg., S. 6.
4 Verordnung (EU) Nr. 236/2012 des Europäischen Parlaments und des Rates vom 14. März 2012 über Leerverkäufe und bestimmte Aspekte von Credit Default Swaps, ABl. EU Nr. L 86 v. 24.3.2012, S. 1.
5 EuGH v. 22.1.2014 – C-270/12, ECLI:EU:C:2014:18 – Leerverkaufsverbot, AG 2014, 199 Rz. 45 ff.
6 Eine erweiternde Auslegung von Art. 9 Abs. 5 VO Nr. 1095/2010 erwägen *Cahn/Müchler*, BKR 2013, 45, 48. Während nach einem Legislativvorschlag der Kommission der Anleger- und Verbraucherschutz im Aufgabenspektrum der ESMA gestärkt werden soll, ist keine Änderung von Art. 9 Abs. 5 VO Nr. 1095/2010 beabsichtigt, s. Art. 3 Nr. 5 und 6 im Vorschlag COM (2017) 536 final v. 20.9.2017.
7 Erwägungsgrund 29 VO Nr. 600/2014.
8 EuGH v. 13.6.1958 – 9/56, ECLI:EU:C:1958:7 – Meroni, Slg. 1958, 9, 43 f., 47.
9 Ausführlich *Michel*, Institutionelles Gleichgewicht und EU-Agenturen, S. 70 ff., 124 ff.
10 EuGH v. 22.1.2014 – C-270/12, ECLI:EU:C:2014:18 – Leerverkaufsverbot, AG 2014, 199 Rz. 52.
11 Krit. hinsichtlich des ähnlich strukturierten Art. 28 VO Nr. 236/2012 *Skowron*, EuZW 2014, 349; Bedenken auch bei *Ohler*, JZ 2014, 249 f.

übung ihres Mandats auch die Befugnis zum Erlass von Rechtsakten mit normativer Geltung zukommt, ist vom Gerichtshof ebenfalls bejaht worden[1]. Gerechtfertigt ist dies aber nur, weil und soweit die Maßnahmen nur zeitlich befristet gelten und überdies Rechtsschutz zur Verfügung steht (Rz. 36 ff.)[2].

5 **II. Systematischer Zusammenhang.** Art. 40 VO Nr. 600/2014 steht als bereichsspezifische Gestattung einer Intervention i.S.v. Art. 9 Abs. 5 VO Nr. 1095/2010 im Kontext der den Aufsichtsagenturen übertragenen Aufgaben im Feld des finanziellen Verbraucherschutzes. Ohne spezielle Ermächtigungsgrundlage ist die ESMA im Rahmen ihrer Überwachung von Finanztätigkeiten gem. Art. 9 Abs. 2 VO Nr. 1095/2010 zur Herausgabe von **Empfehlungen** und **Leitlinien** befugt, die gem. Art. 16 Abs. 3 VO Nr. 1095/2010 gegenüber den nationalen Aufsichtsbehörden durch den sog. *comply or explain*-Mechanismus faktische Verbindlichkeit erhalten[3]. Gem. Art. 9 Abs. 3 VO Nr. 1095/2010 ist die Behörde zudem zum Erlass von **Warnungen** befugt, wenn eine Finanztätigkeit eine ernsthafte Bedrohung für die in Art. 1 Abs. 5 VO Nr. 1095/2010 festgelegten Ziele darstellt. Von dieser Befugnis, die keiner speziellen sekundärrechtlichen Konkretisierung bedarf[4], hat die ESMA vor allem zum Zweck des Verbraucherschutzes (Art. 1 Abs. 5 Satz 2 lit. f VO Nr. 1095/2010) mehrfach Gebrauch gemacht. Sie hat sich hierbei nicht auf eine allgemeine Verbraucheraufklärung beschränkt[5], sondern dem Begriff der Finanztätigkeit ein umfassendes Verständnis gegeben[6]. Gleich mehrfach wurden Anleger von der ESMA vor Contracts for Difference (CFDs) gewarnt[7]. Sie warnte zudem vor Devisenhandel[8] und Initial Coin Offerings (ICOs)[9] und machte in einem sog. Statement auf die Risiken von Contingent Convertible Bonds (CoCos) aufmerksam[10]. Bislang galten die Warnungen allerdings nicht der Tätigkeit namentlich benannter Finanzinstitute. Insoweit würde auch die nur schwache normative Vorzeichnung der Warnungsbefugnis den Anforderungen des Primärrechts, maßgeblich Art. 15 und 16 Abs. 1 GRCh, nicht genügen[11]. Anders als die EIOPA[12] hat die ESMA bislang darauf verzichtet, ihre Warnungspraxis durch Verfahrensvorgaben zu binden. Art. 40 Abs. 2 Unterabs. 1 lit. b VO Nr. 600/2014 erhebt im Übrigen den Vorrang anderer auf Finanzinstrumente anwendbarer Vorschriften zur negativen Tatbestandsvoraussetzung einer Produktintervention, weshalb der systematische Zusammenhang mit weiteren Vorschrift dort erörtert wird (Rz. 19 ff.).

6 **III. Anwendungsbereich (Art. 40 Abs. 1 VO Nr. 600/2014).** Gem. Art. 40 Abs. 1 lit. a VO Nr. 600/2014 kann die ESMA in der Union die Vermarktung, den Vertrieb oder den Verkauf von bestimmten **Finanzinstrumenten** oder von Finanzinstrumenten mit bestimmten Merkmalen verbieten oder beschränken. Gegenständlich werden damit alle Produkte i.S.v. Art. 2 Abs. 1 Nr. 9 VO Nr. 600/2014 i.V.m. Art. 4 Abs. 1 Nr. 15 i.V.m. Anhang I Abschnitt C RL 2014/65/EU (MiFID II)[13] erfasst. Dabei sind **bestimmte Finanzinstrumente** individualisierbare, einzelne Produkte. **Finanzinstrumente mit bestimmten Merkmalen** werden hingegen emittenten- oder anbieterübergreifend durch gemeinsame Merkmale konkretisiert, wie etwa dasselbe Marktsegment[14]. Versicherungsprodukte mit Anlageelementen wie etwa fondsgebundene Lebensversicherungen werden nicht erfasst. Sie unterliegen allerdings einer entsprechenden Interventionsbefugnis der EIOPA gem. Art. 16 VO Nr. 1286/2014 (PRIIP-VO)[15] (Art. 15 VO Nr. 1286/2014 Rz. 3 ff., Art. 16 Rz. 7).

---

1 So auch EuGH v. 22.1.2014 – C-270/12, ECLI:EU:C:2014:18 – Leerverkaufsverbot, AG 2014, 199 Rz. 63 ff. in Abgrenzung von EuGH v. 14.5.1981 – C-98/80, ECLI:EU:C:1981:104 – Romano, Slg. 1981, 1241 Rz. 20; zust. *Michel*, Institutionelles Gleichgewicht und EU-Agenturen, S. 134 ff.; krit. *Ohler*, JZ 2014, 249, 251; *Kohtamäki*, EuR 2014, 321, 329 f.; *Ruffert* in Calliess/Ruffert, EUV/AEUV, Art. 290 AEUV Rz. 4c.
2 *Ohler*, JZ 2014, 249, 251.
3 Dazu *Gurlit*, ZHR 177 (2013), 862, 875 f.; *Michel*, Institutionelles Gleichgewicht und EU-Agenturen, S. 239 ff.
4 Krit. wegen der geringen Regelungstiefe von Art. 9 Abs. 3 der Verordnungen *Michel*, Institutionelles Gleichgewicht und EU-Agenturen, S. 258 ff.
5 Dazu etwa ESMA, Warnung zu Risiken bei Anlagen in komplexe Produkte v. 7.2.2014 (2014/154/DE); ESMA warnt Kleinanleger vor Fallen bei Online-Investitionen, 10.9.2012 (2012/557/DE).
6 So auch *Rötting/Lang*, EuZW 2012, 8, 11.
7 Gemeinsame Warnung von EBA und ESMA vor CFDs v. 18.4.2013 (2013/467/DE); ESMA, Warning about CFDs, binary options and other speculative products v. 25.7.2016 (ESMA/2016/1166).
8 Warnung der ESMA vor Forex Trading (Devisenhandel) v. 6.2.2012 (2011/412_de).
9 ESMA alerts firms involved in Initial Coin Offerings (ICOs) to the need to meet relevant regulatory requirements v. 13.11.2017 (ESMA50-157-828); ESMA alerts investors to the high risks of Initial Coin Offerings (ICOs) v. 13.11.2017 (ESMA50-157-829).
10 Statement on potential risks associated with Investing in Contingent Convertible Investments v. 31.7.2014 (ESMA/2014/944).
11 *Michel*, Institutionelles Gleichgewicht und EU-Agenturen, S. 259; krit. auch *Gurlit*, ZHR 177 (2013), 862, 890.
12 EIOPA, Procedures for issuing warnings, temporary prohibitions and restrictions v. 12.11.2012; s. auch *Sasserath-Alberti/Hartig*, VersR 2012, 524, 534 f.
13 Richtlinie 2014/65/EU des Europäischen Parlaments und des Rates vom 15. Mai 2014 über Märkte für Finanzinstrumente sowie zur Änderung der Richtlinien 2002/92/EG und 2011/61/EU, ABl. EU Nr. L 173 v. 12.6.2014, S. 349.
14 *Bußalb*, WM 2017, 553, 554.
15 Verordnung (EU) Nr. 1286/2014 des Europäischen Parlaments und des Rates vom 26. November 2014 über Basisinformationsblätter für verpackte Anlageprodukte für Kleinanleger und Versicherungsanlageprodukte (PRIIP), ABl. EU Nr. L 352 v. 9.12.2014, S. 1.

Verkauf, Vertrieb und Vermarktung ist jede Tätigkeit mit absatzförderndem Charakter, ungeachtet der Frage, ob der Absatz durch Anlageberatung getrieben ist oder im beratungsfreien Geschäft erfolgt[1]. Da Marketing, Vertrieb und Verkauf von Finanzinstrumenten unzweifelhaft Finanztätigkeiten sind, kann den von Art. 40 Abs. 1 Unterabs. 2 lit. b VO Nr. 600/2014 genannten gesonderten Interventionsgegenständen **Finanztätigkeit** und **Finanzpraxis** nur insoweit ein eigenständiger Anwendungsbereich zukommen, als Verhaltensweisen in Frage stehen, die sich nicht als Werbung für oder Vertrieb von Finanzinstrumenten darstellen. Die weder in MiFID II noch in MiFIR konkretisierten Begriffe können freilich den Anwendungsbereich der Regelwerke nicht erweitern und setzen deshalb zumindest einen **Zusammenhang mit der Erbringung von Wertpapierdienstleistungen und Anlagetätigkeiten** voraus[2]. Zu denken ist etwa an vertriebsunabhängige Finanzierungs- und Absicherungsgeschäfte[3].

Der **persönliche Anwendungsbereich** der Vorschrift erfasst als Normadressaten Wertpapierfirmen und Kreditinstitute im Hinblick auf die Erbringung von Wertpapierdienstleistungen und Anlagetätigkeiten. Der **Direktvertrieb** insbesondere von Investmentfonds durch OGAW-Verwaltungsgesellschaften und AIF-Verwalter wird derzeit von der MiFIR **nicht erfasst** (Art. 39 VO Nr. 600/2014 Rz. 4). Der **räumliche Anwendungsbereich** ist eröffnet, wenn ein Finanzinstrument in der Union bzw. in einem EWR-Staat angeboten wird bzw. eine Finanztätigkeit oder Praxis in diesem vorgenommen wird. Deshalb werden grundsätzlich auch Aktivitäten erfasst, die aus einem Drittstaat herrühren, sich aber in der Union oder im EWR auswirken, wobei sich wegen Art. 1 Abs. 2 VO Nr. 600/2014 – sinnwidrig – die Befugnis auf anerkannte Wertpapierfirmen beschränkt (Art. 39 VO Nr. 600/2014 Rz. 5). Dabei ist Art. 40 VO Nr. 600/2014 zugleich die Kollisionsnorm zu entnehmen, dass innerhalb der Union ein Verbot oder eine Beschränkung auch dann ausgesprochen werden kann, wenn das Produkt oder das Verhalten im Drittstaat als gesetzeskonform beurteilt wird[4].

IV. Voraussetzungen einer Intervention. 1. Materielle Voraussetzungen (Art. 40 Abs. 2 und 3 VO Nr. 600/2014). Art. 40 Abs. 2 Unterabs. 1 VO Nr. 600/2014 benennt unter lit. a–c drei Voraussetzungen, die **kumulativ** für den Erlass einer Interventionsmaßnahme vorliegen müssen. **Art. 40 Abs. 3 Unterabs. 1 VO Nr. 600/2014** formuliert zwei weitere **negative Bedingungen**, die „bei" der Ergreifung einer Maßnahme sichergestellt werden müssen. Die noch im Kommissionsentwurf enthaltene Anforderung, die Erfüllung von Art. 40 Abs. 2 und 3 VO Nr. 600/2014 bedürfe einer „begründeten Feststellung" der ESMA, wurde fallen gelassen. Der diesbezügliche Kontrast zu mitgliedstaatlichen Interventionsbefugnissen, die sich vor Erlass einer Maßnahme gem. Art. 42 Abs. 1 VO Nr. 600/2014 „begründetermaßen vergewissern" müssen, kann aber im Lichte der primärrechtlichen Anforderungen an das Agenturhandeln **keine geminderten Pflichten der ESMA zur Sachverhaltsaufklärung und zur Prognosesicherheit** begründen[5]. In ihrer Kombination gewähren die Voraussetzungen von Art. 40 Abs. 2 und 3 VO Nr. 600/2014 der ESMA gleichwohl **Abwägungsspielräume auf Tatbestandsseite**. Der Gerichtshof hat insoweit in dem ähnlich strukturierten Art. 28 VO Nr. 236/2012 keine Beeinträchtigung des institutionellen Gleichgewichts gesehen[6].

a) Beeinträchtigung von Aufsichtszielen (Art. 40 Abs. 2 Unterabs. 1 lit. a VO Nr. 600/2014). Gem. Art. 40 Abs. 2 Unterabs. 1 lit. a VO Nr. 600/2014 ist Voraussetzung, dass die Interventionsmaßnahme der ESMA erheblichen Bedenken hinsichtlich des Anlegerschutzes oder einer Gefahr für das Funktionieren und die Integrität der Finanz- und Warenmärkte oder für die Stabilität des gesamten Finanzsystems begegnet. Zur **Konkretisierung** dieser Voraussetzung ist die u.a. auf Art. 40 Abs. 8 VO Nr. 600/2014 gestützte DelVO 2017/567 heranzuziehen. **Art. 19 Abs. 2 DelVO 2017/567** benennt zahlreiche von der ESMA zu berücksichtigende Kriterien und Faktoren, die gem. Art. 19 Abs. 1 Unterabs. 2 DelVO 2017/567 zwar **nicht kumulativ** vorliegen müssen, allerdings wegen des Verbots weitreichender Ermessensspielräume für die ESMA eine **abschließende Liste** berücksichtigungsfähiger Kriterien bilden[7]. Soweit innerhalb der Kriterien weitere Unterfaktoren gebildet werden, sind diese aber nur beispielhaft benannt.

Nach der ersten Variante des Art. 40 Abs. 2 Unterabs. 1 lit. a VO Nr. 600/2014 können Belange des **Anlegerschutzes** eine Interventionsmaßnahme rechtfertigen. Entscheidend für die Reichweite der Interventionsbefugnis ist das zugrunde liegende **Verständnis des Anlegerschutzes**. Schon die sprachliche Abstufung zwischen „Bedenken" für den Anlegerschutz und „Gefahren" für den Funktionsschutz und die Finanzstabilität (Rz. 16 f.)

---

1 So das Verständnis der BaFin, Anhörung zur Allgemeinverfügung bezüglich sog. „Bonitätsanleihen" v. 28.7.2016, Gz. VBS 7-Wp 5427-2016/0019 unter 2; s. auch *Seitz*, WM 2017, 1883, 1884 f.; *Gläßner*, Die Beschränkung des Vertriebs von Finanzprodukten, S. 191 ff. zu bereichsspezifisch unterschiedlichen Verständnissen.
2 *Cahn/Müchler*, BKR 2013, 45, 50.
3 *Cahn/Müchler*, BKR 2013, 45, 49 f.; *Bußalb*, WM 2017, 553, 554.
4 Zum kollisionsrechtlichen Gehalt von Normen mit extraterritorialem Anwendungsanspruch *Ohler*, Die Kollisionsordnung im Allgemeinen Verwaltungsrecht, 2005, S. 81 ff., 85, 122, 150.
5 Zu Sachverhaltsermittlung s. ESMA, Call for evidence – Potential product intervention measures on contracts for differences and binary options to retail clients v. 18.1.2018 (ESMA35-43-904).
6 EuGH v. 22.1.2014 – C-270/12, ECLI:EU:C:2014:18 – Leerverkaufsverbot, AG 2014, 199 Rz. 45 ff.
7 *Busch*, WM 2017, 409, 416 f.; s. auch ESMA, Final Report – ESMA's Technical Advice to the Commission on MiFID II and MIFIR v. 19.12.2014, S. 190 Rz. 14 (ESMA/2014/1569).

deutet darauf hin, dass der Anlegerschutz **eigenständiges Schutzziel** ist und nicht bloß instrumentell im Dienste des Funktionsschutzes steht[1]. Dem entspricht Art. 19 Abs. 2 lit. u DelVO 2017/567, der – abgesetzt von den originären Risiken für den Anlegerschutz – die Erosion des Anlegervertrauens in das Finanzsystem als Unterfall der Gefährdung der Funktionsleistungen des Finanzsystems sieht.

12 Art. 19 Abs. 1 lit. c 1. Spiegelstr. DelVO 2017/567 nimmt lediglich auf die in Art. 4 Abs. 1 Nr. 10 und 11 i.V.m. Anhang II RL 2014/65/EU vertypten **Anlegergruppen** der Kleinanleger, der professionellen Kunden und der geeigneten Gegenparteien Bezug, in dem die Zugehörigkeit zu einer dieser Kategorien grundsätzlich als ein Aufgreifkriterium benannt wird. Weder die MiFIR im allgemeinen noch die Vorschriften zur Produktintervention sind aber auf eine bestimmte Anlegergruppe ausgerichtet. Deshalb steht Art. 40 VO Nr. 600/2014 **nicht allein im Dienste des Kleinanlegerschutzes**[2].

13 Der die DelVO vorbereitende technische Ratschlag der ESMA bemühte in seiner Entwurfsfassung – von Konsultationsteilnehmern erfolgreich gerügt[3] – mehrfach den Schutz der **Verbraucher** und zielte damit auf eine Kundengruppe ab, die eine Teilgruppe der Kleinanleger bildet, aber **kein eigenständiger Schutzadressat** von MiFID II und MiFIR ist[4]. Da der Verweis auf den Verbraucherschutz weder Eingang in Art. 40 VO Nr. 600/2014 noch in die DelVO 2017/567 fand, **rechtfertigen Verbraucherbelange nicht per se ein Einschreiten** der ESMA[5]. Dies schließt es allerdings nicht aus, den Belangen der Verbraucher als Teilkollektiv der Kleinanleger Rechnung zu tragen. Der Kriterienkatalog des Art. 19 Abs. 2 DelVO 2017/567 verweist vielfach auf Gesichtspunkte, die an die Eigenschaften natürlicher Personen anknüpfen und **verbrauchertypisch** sind. Hierzu zählt insbesondere die Berücksichtigung des Bildungsstands der Anlegeziele einschließlich des Altersvorsorge und der Eigenheimfinanzierung gem. Art. 19 Abs. 2 lit. c 2. und 4. Spiegelstr. DelVO 2017/567.

14 Welche **sachlichen Gegebenheiten** Anlass zu Bedenken für den Anlegerschutz geben, lässt sich nur teilweise der nicht abschließenden Konkretisierung der Delegationsermächtigung in Art. 40 Abs. 8 Unterabs. 2 VO Nr. 600/2014 entnehmen. Danach bedürfen der Grad der Komplexität des Finanzinstruments, sein Innovationsgrad und der Leverage-Effekt der Konkretisierung. Deshalb bilden vor allem **produktspezifische Eigenschaften** gewichtige Bewertungsfaktoren[6], die insbesondere in Art. 19 Abs. 2 lit. a, d und e DelVO 2017/567 näher ausgestaltet werden und maßgeblich die von der ESMA beschlossenen vorläufigen Beschränkungen bzw. Verbote von CFDs und binären Optionen im Vertrieb an Kleinanleger tragen[7]. Da gem. Art. 40 Abs. 8 Unterabs. 2 lit. b VO Nr. 600/2014 auch das Volumen oder der Nominalwert eines Finanzinstruments Berücksichtigung finden soll, kann auch die **Verbreitung eines Finanzinstruments** eine Rolle spielen, was Art. 19 Abs. 2 lit. b DelVO 2017/567 konkretisiert. Schließlich deutet die Konkretisierungsbedürftigkeit von Leverage-Effekten darauf hin, dass die **Höhe des Verlustrisikos** einen Bewertungsfaktor bildet[8]. Die starke Betonung produktinhärenter Risiken verweist auf ein paternalistisches Schutzkonzept, das auf Seiten der Anleger mit **Rationalitätsdefiziten** rechnet, die nicht durch Aufklärung und Beratung behoben werden können[9]. Schließlich soll auch die **Nichtbeachtung bestehender regulatorischer Anforderungen** zu Bedenken Anlass geben können. Dies gilt etwa für den Verkauf von Produkten außerhalb des Zielmarkts oder ohne adäquate Ermittlung desselben (Art. 19 Abs. 2 lit. c 5. Spiegelstr. DelVO 2017/567) oder nicht ausreichende oder nicht ausreichend zuverlässige Informationen über ein Finanzinstrument (Art. 19 Abs. 2 lit. l DelVO 2017/567)[10]. Die Heranziehung derartiger Kriterien ist allerdings **bedenklich**, da Art. 40 Abs. 2 Unterabs. 1 lit. b VO Nr. 600/2014 einen Vorrang anderweitiger regulatorischer Anforderungen normiert und die ESMA nicht deren Wirksamkeit zu beurteilen hat (Rz. 19 ff.).

---

1 Ähnlich *Bußalb*, WM 2017, 553, 555 betr. § 4b WpHG a.F.
2 So auch das Verständnis der ESMA, Call for evidence – Potential product intervention measures on contracts for differences and binary options to retail clients v. 18.1.2018 (ESMA35-43-904); *Klingenbrunn*, WM 2015, 316, 320 mit dem Hinweis, dass Art. 40 VO Nr. 600/2014 anders als der für die mitgliedstaatliche Intervention maßgebliche Art. 42 Abs. 2 Satz 1 lit. c VO Nr. 600/2014 das Kenntnisniveau der Anleger nicht zum Abwägungsmaßstab erhebt.
3 S. insb. Stellungnahme des Securities and Markets Stakeholder Group (SMSG) v. 8.8.2014 (ESMA/2014/SMSG/035), Advice to ESMA, Rz. 124; s. auch ESMA, Final Report – ESMA's Technical Advice to the Commission on MiFID II and MIFIR v. 19.12.2014, S. 190 Rz. 12 (ESMA/2014/1569).
4 Dazu *Gurlit* in Grüneberg/Habersack/Mülbert/Wittig (Hrsg.), Bankrechtstag 2015, 2016, S. 3, 7.
5 So auch *Klingenbrunn*, WM 2015, 316, 320.
6 *Cahn/Müchler*, BKR 2013, 45, 48; dem folgend *Bußalb*, WM 2017, 553, 554; *Ehlers*, WM 2017, 421, 424.
7 Erwägungsgründe 14 ff. in Beschluss (EU) 2018/796 der ESMA v. 22.5.2018 zur vorübergehenden Beschränkung von Differenzgeschäften (CFD) in der Union gemäß Artikel 40 der Verordnung (EU) Nr. 600/2014 des Europäischen Parlaments und des Rates, ABl. EU Nr. L 136 v. 1.6.2018, S. 50; Erwägungsgründe 16 ff. Beschluss (EU) 2018/795 der ESMA v. 22.5.2018 über ein vorübergehendes Verbot der Vermarktung, des Vertriebs und Verkaufs binärer Optionen an Kleinanleger in der Union in Übereinstimmung mit Artikel 40 der Verordnung (EU) Nr. 600/2014 des Europäischen Parlaments und des Rates, ABl. EU Nr. L 136 v. 1.6.2018, S. 31.
8 Erwägungsgründe 21 ff., 31 ff. in Beschluss 2018/796 der ESMA v. 22.5.2018; Erwägungsgrund 36 Beschluss 2018/795 der ESMA v. 22.5.2018; *Cahn/Müchler*, BKR 2013, 45, 49; dem folgend *Bußalb*, WM 2017, 553, 554.
9 Krit. *Klingenbrunn*, WM 2015, 316, 321; s. auch *Ehlers*, WM 2017, 421, 424 f.; *Gläßner*, Die Beschränkung des Vertriebs von Finanzprodukten, S. 296 ff.
10 Erwägungsgründe 41 ff. Beschluss 2018/796 der ESMA v. 22.5.2018; Erwägungsgründe 38 ff. Beschluss 2018/795 der ESMA v. 22.5.2018.

Mit der Formulierung, dass alternativ eine „Gefahr" für das Funktionieren und die Integrität der Finanzmärkte und für die Finanzstabilität oder **erhebliche Bedenken** für den Anlegerschutz die Eingriffsschwelle für die ESMA markieren, hat der Normsetzer bewusst eine sprachliche Abstufung vorgenommen, die ein **gemindertes Beeinträchtigungsmaß** im Sinne der Anforderungen an die Höhe eines potentiellen Schadens für ein Einschreiten zugunsten des Anlegerschutzes genügen lässt[1]. Auch wenn die quantitative Dimension von Anlegerschutzrisiken einen Berücksichtigungsfaktor bildet (Rz. 14), ist nicht zwingend erforderlich, dass eine große Zahl von Anlegern einem Risiko ausgesetzt ist[2]. Sie kann allerdings für die Bestimmung der potentiellen Schadenshöhe bedeutsam sein. Da Art. 40 Abs. 2 Unterabs. 2 VO Nr. 600/2014 die ESMA auch zu vorsorglichen Maßnahmen vor Beginn der Vermarktung eines Produkts befugt, setzt die Erheblichkeit **keine unmittelbar drohende Gefahr** (im polizeirechtlichen Sinne) voraus[3]. Ein vorsorgliches Einschreiten erfordert allerdings eine höhere Prognosesicherheit hinsichtlich der Wahrscheinlichkeit eines Schadenseintritts[4]. 15

Alternativ zum Anlegerschutz bilden gem. Art. 40 Abs. 2 Unterabs. 1 lit. a VO Nr. 600/2014 eine **Gefahr für das ordnungsgemäße Funktionieren und die Integrität der Finanz- und Warenmärkte** oder eine **Gefahr für die Stabilität des Finanzsystems in der Union** oder eines Teils davon eine Voraussetzung für ein Einschreiten der ESMA. Der Funktions- und Integritätsschutz bezog im Kommissionsentwurf die Warenmärkte noch nicht ein. Mit der vorgenommenen Ergänzung ist das Schutzziel sehr weit gefasst[5]. Der Tatbestand der Gefährdung der Funktionen und der Integrität der Märkte wird für die ESMA durch Art. 19 Abs. 2 lit. n und o DelVO 2017/567 konkretisiert. Danach ist zu berücksichtigen, ob eine Finanztätigkeit die **Integrität des Preisbildungsprozesses** erheblich beeinträchtigt oder ob ein Finanzprodukt auf Grund seiner Merkmale **für Finanzkriminalität** wie insbesondere Geldwäscheaktivitäten **anfällig** ist. Darüber hinaus gehende Gefährdungen der Finanzstabilität könnten gem. Art. 19 Abs. 2 lit. p–t DelVO 2017/567 drohen, wenn eine Finanztätigkeit oder ein Finanzinstrument ein hohes **Risiko für die Widerstandsfähigkeit von Finanzinstituten, Märkten und Infrastrukturen** birgt oder ein besonderes **Risiko für Zahlungs-, Clearing- und Abwicklungssysteme** hervorruft. 16

Wenn auch nach dem Willen des Normsetzers mit einer **Gefahr** ein **höheres potentielles Beeinträchtigungsmaß** als mit dem Vorliegen erheblicher Bedenken vorausgesetzt wird (vgl. Rz. 15), ist zu bezweifeln, dass hierdurch tatsächlich die Schwelle für ein Einschreiten heraufgesetzt wird. Denn Gefährdungen des Funktionsschutzes und der Finanzstabilität lassen regelmäßig massive volkswirtschaftliche Schäden befürchten[6]. Eine **unmittelbar drohende Gefahr** ist wegen der Zulässigkeit einer vorsorglichen Intervention **nicht erforderlich**[7]. Unter Zugrundelegung des differenzierten Wahrscheinlichkeitsmaßstabs der polizeirechtlichen Risikoformel[8] können grundsätzlich **keine erhöhten Anforderungen an die Wahrscheinlichkeit des Eintritts eines Schadens** gestellt werden. 17

Art. 40 Abs. 2 Unterabs. 1 lit. a VO Nr. 600/2014 fordert, dass die Interventionsmaßnahme erheblichen Bedenken bzw. Gefahren „begegnet". Dies ist der Fall, wenn sie zu deren Überwindung **geeignet** ist[9]. Für die Beurteilung der Eignung besitzt die ESMA zwar einen gewissen Einschätzungsspielraum. Da ihr aber als Geschöpf des Sekundärrechts kein umfassendes wirtschaftspolitisches Ermessen zukommen darf (Rz. 4), besitzt die ESMA **keinen nur beschränkt überprüfbaren Abwägungsspielraum**. 18

b) Kein Vorrang anderer regulatorischer Anforderungen (Art. 40 Abs. 2 Unterabs. 1 lit. b VO Nr. 600/ 2014). Gem. Art. 40 Abs. 2 Unterabs. 1 lit. b VO Nr. 600/2014 ist weitere Voraussetzung, dass andere auf das Finanzinstrument oder die Finanztätigkeit anwendbare unionale regulatorische Anforderungen die Gefahr nicht abwenden. Damit wird ein Vorrang anderer regulatorischer Anforderungen normiert. Sofern Gefahren für den Anlegerschutz durch Finanzinstrumente betroffen sind, beanspruchen in erster Linie die **Organisations- und Wohlverhaltenspflichten gem. Art. 24–30 RL 2014/65/EU Vorrang**[10]. Dies gilt auch für die Regelungen zur Product Governance nach Art. 16 Abs. 3 und 24 Abs. 2 RL 2014/65/EU. Im Übrigen sind auch **re-** 19

---

1 Erwägungsgrund 18 DelVO 2017/567; ESMA, Final Report – ESMA's Technical Advice to the Commission on MiFID II and MIFIR v. 19.12.2014, S. 190 f. (ESMA/2014/1569); *Ehlers*, WM 2017, 420, 421; der Kommissionsentwurf KOM (2011) 652 endg. verlangte in Art. 31 Abs. 1 lit. a MiFIR-E für Interventionen der ESMA eine „Gefahr" für den Anlegerschutz, für diejenigen der mitgliedstaatlichen Behörden gem. Art. 32 Abs. 2 lit. a MiFIR-E hingegen bloße „erhebliche Bedenken".
2 *Bußalb*, WM 2017, 553, 555; differenzierend *Cahn/Müchler*, BKR 2013, 45, 49.
3 Wohl auch *Cahn/Müchler*, BKR 2013, 45, 49.
4 So jedenfalls bei Zugrundelegung polizeirechtlicher Maßstäbe, s. *Schenke*, Polizei- und Ordnungsrecht, 9. Aufl. 2016, § 3 Rz. 77 m.w.N.
5 So auch *Ehlers*, WM 2017, 421, 425.
6 Zutreffend *Ehlers*, WM 2017, 421, 424.
7 So auch *Cahn/Müchler*, BKR 2013, 45, 49.
8 Je höher der Rang eines Rechtsguts und je größer der ihm drohende Schaden ist, desto geringere Anforderungen sind an die Eintrittswahrscheinlichkeit zu stellen, dazu *Schenke*, Polizei- und Ordnungsrecht, 9. Aufl. 2016, § 3 Rz. 77 m.w.N.
9 S. zu § 4b Abs. 2 Nr. 2 WpHG a.F. *Buck-Heeb*, BKR 2017, 89, 93; *Ehlers*, WM 2017, 421, 426; *Bußalb*, WM 2017, 553, 557.
10 *Klingenbrunn*, WM 2015, 316, 319; Stellungnahme der Securities and Markets Stakeholder Group (SMSG) v. 8.8.2014 (ESMA/2014/SMSG/035), Advice to ESMA, Rz. 119.

gulatorische Anforderungen außerhalb von MiFID II und MiFIR beachtlich. Bedenken im Hinblick auf den (Klein-)Anlegerschutz kann u.U. durch die Pflicht zur Bereitstellung von Basisinformationsblättern nach Art. 13 ff. VO Nr. 1286/2014 begegnet werden. Der Integrität der Finanzmärkte dienen u.a. die Verbote von Insidergeschäften und der Marktmanipulation gem. Art. 14, 15 VO Nr. 596/2014 (MAR)[1], Gefahren für die Finanzstabilität kann ggf. durch Maßnahmen nach VO Nr. 236/2012 begegnet werden[2]. Da Art. 40 Abs. 2 Unterabs. 1 lit. b VO Nr. 600/2014 anders als der für die mitgliedstaatliche Interventionsbefugnis maßgebliche Art. 42 Abs. 2 Unterabs. 1 lit. b VO Nr. 600/2014 nicht auf normvollziehende Aufsichtstätigkeiten abstellt (Art. 42 VO Nr. 600/2014 Rz. 25), ist **nicht entscheidend**, ob die jeweiligen regulatorischen Anforderungen in der **Vollzugskompetenz der ESMA** liegen.

20 Die **Reichweite des Vorrangs** folgt aus der Wendung, dass die anderweitigen Anforderungen die Gefahr „nicht abwenden". Dies steht in Kontrast zu der für die mitgliedstaatliche Produktintervention gem. Art. 42 Abs. 2 Unterabs. 1 lit. b VO Nr. 600/2014 geltenden Voraussetzung, dass die anderen Anforderungen den Risiken „nicht hinreichend begegnen" (Art. 42 VO Nr. 600/2014 Rz. 24 f.). Die vom Normsetzer bewusst gewählte Abstufung[3] bringt zum Ausdruck, dass der ESMA ein **Einschreiten nur gestattet** sein soll, **wenn die weiteren regulatorischen Anforderungen das in Frage stehende Risiko überhaupt nicht regeln**[4]. Die ESMA darf schon wegen ihrer prekären Stellung als Geschöpf des Sekundärrechts (vgl. Rz. 4) **keine Abwägung der Wirksamkeit anderer Eingriffsinstrumente** vornehmen[5]. In Anbetracht der umfänglichen anlegerschützenden Beratungs- und Organisationspflichten nach Art. 24–30 RL 2014/65/EU verbleiben allenfalls Regelungslücken bei nicht vertriebsbezogenen sonstigen Finanztätigkeiten und -praktiken. Die ESMA verfügt deshalb lediglich über eine **Notfallkompetenz**[6]. Diese Beschränkung ihres Mandats hat die ESMA bei ihren Beschlüssen zur Beschränkung von CFDs und zum Verbot von binären Optionen nicht ausreichend beachtet[7].

21 c) **Kein Vorrang mitgliedstaatlicher Maßnahmen (Art. 40 Abs. 2 Unterabs. 1 lit. c VO Nr. 600/2014).** Gem. Art. 40 Abs. 2 Unterabs. 1 lit. c VO Nr. 600/2014 darf die ESMA zudem nur dann zu einer Interventionsmaßnahme greifen, wenn mitgliedstaatliche Behörden keine oder keine ausreichenden Maßnahmen ergriffen haben. Die schon in der Beschränkung auf eine Notfallkompetenz zum Ausdruck kommende Nachordnung der ESMA setzt sich in einer **Subsidiarität des Vollzugs** gegenüber mitgliedstaatlichen Maßnahmen fort, die Anerkenntnis des Ausnahmecharakters von Vollzugskompetenzen der Agenturen ist[8]. Zwar besitzt die ESMA einen gewissen Bewertungsspielraum für die Beurteilung der Angemessenheit mitgliedstaatlicher Maßnahmen[9]. Allerdings ist sie in verfahrensrechtlicher Hinsicht gehalten, zunächst eine **Stellungnahme** zu einer beabsichtigten mitgliedstaatlichen Maßnahme gem. Art. 43 Abs. 2 VO Nr. 600/2014 abzugeben. Hiervon darf sie gem. Art. **40 Abs. 3 Unterabs. 2 VO Nr. 600/2014** nur absehen, wenn die mitgliedstaatlichen Behörden bereits Interventionsmaßnahmen – entgegen einer Stellungnahme – ergriffen haben oder wenn nationale Behörden überhaupt nicht tätig geworden sind (Rz. 25).

22 d) **Weitere Gesichtspunkte (Art. 40 Abs. 3 Unterabs. 1 VO Nr. 600/2014).** Gem. Art. 40 Abs. 3 Unterabs. 1 lit. a VO Nr. 600/2014 hat die ESMA sicherzustellen, dass ihre Maßnahme keine negativen Auswirkungen auf die Effizienz der Finanzmärkte oder auf die Anleger hat, die in keinem Verhältnis zu den Vorteilen der Maßnahme steht. Obwohl der ESMA hiermit eindeutig eine **Abwägung** abverlangt wird, hielt der Gerichtshof einen vergleichbaren Entscheidungsspielraum nach Art. 28 Abs. 3 Unterabs. 1 lit. b VO Nr. 236/2012 für primärrechtskonform[10]. Art. 40 Abs. 3 Unterabs. 1 lit. a VO Nr. 600/2014 fordert eine im Vergleich zu dem für mit-

---

1 Verordnung (EU) Nr. 596/2014 des Europäischen Parlaments und des Rates vom 16. April 2014 über Marktmissbrauch (Marktmissbrauchsverordnung) und zur Aufhebung der Richtlinie 2003/6/EG des Europäischen Parlaments und des Rates und der Richtlinien 2003/124/EG, 2003/125/EG und 2004/72/EG der Kommission, ABl. EU Nr. L 173 v. 12.6.2014, S. 1.
2 Stellungnahme der Securities and Markets Stakeholder Group (SMSG) v. 8.8.2014 (ESMA/2014/SMSG/035), Advice to ESMA, Rz. 120 f.; *Ehlers*, WM 2017, 421, 425.
3 Dies wird noch deutlicher in der englischen Fassung der Vorschriften: Die ESMA darf nur einschreiten, wenn regulatorische Anforderungen „do not address the threat", während mitgliedstaatliche Maßnahmen statthaft sind, wenn die Anforderungen „do not sufficiently address the risks".
4 *Klingenbrunn*, WM 2015, 316, 318 f.; Stellungnahme der Securities and Markets Stakeholder Group (SMSG) v. 8.8.2014 (ESMA/2014/SMSG/035), Advice to ESMA, Rz. 122.
5 *Klingenbrunn*, WM 2015, 316, 318 f.
6 So auch Erwägungsgrund 29 VO Nr. 600/2014: in „Ausnahmefällen"; s. auch *Klingenbrunn*, WM 2015, 316, 319; *Cahn/Müchler*, BKR 2013, 45, 48; Stellungnahme der Securities and Markets Stakeholder Group (SMSG) v. 8.8.2014 (ESMA/2014/SMSG/035), Advice to ESMA, Rz. 118; SMSG, Advice – Own initiative report on product intervention under MiFIR v. 16.6.2017 (ESMA22-106-264).
7 Erwägungsgründe 53 ff. in Beschluss 2018/796 der ESMA v. 22.5.2018 und Erwägungsgründe 52 ff. Erwägungsgründe 16 ff. Beschluss 2018/795 der ESMA v. 22.5.2018 gehen eindeutig von einer Befugnis der ESMA zur Einschätzung der tatsächlichen Wirksamkeit anderer Regelungsinstrumente aus.
8 *Cahn/Müchler*, BKR 2013, 45, 47.
9 Dazu Erwägungsgründe 72 ff. Beschluss 2018/796 der ESMA v. 22.5.2018; Erwägungsgründe 71 ff. Erwägungsgründe 16 ff. Beschluss 2018/795 der ESMA v. 22.5.2018.
10 EuGH v. 22.1.2014 – C-270/12, ECLI:EU:C:2014:18 – Leerverkaufsverbot, AG 2014, 199 Rz. 45 ff.

gliedstaatliche Interventionen maßgeblichen Art. 42 Abs. 2 Unterabs. 1 lit. c VO Nr. 600/2014 (Art. 42 VO Nr. 600/2014 Rz. 27) **verkürzte Verhältnismäßigkeitsprüfung**, in der die Belange der Anleger und der Finanzmarkteffizienz mit den Vorteilen der Maßnahme abzuwägen, nicht hingegen die Interessen der von einem Verbot oder einer Beschränkung unmittelbar betroffenen Finanzmarktteilnehmer in die Waagschale zu werfen sind[1]. Da negative Auswirkungen auf die Anleger – insbesondere in Gestalt einer verminderten Palette an Finanzinstrumenten zu Anlagezwecken – Berücksichtigung finden sollen[2], erscheint es **nicht sachgerecht**, die Interessen der Anbieter nicht in die Abwägung der Vor- und Nachteile einzubeziehen[3]. Ihre Belange müssen jedenfalls im Rahmen der **Ermessensausübung** Berücksichtigung finden (Rz. 28).

Nach Art. 40 Abs. 3 Unterabs. 1 lit. b VO Nr. 600/2014 darf durch die Intervention der ESMA kein Risiko einer **Aufsichtsarbitrage** geschaffen werden. Die aus Art. 28 Abs. 3 Unterabs. 1 lit. b VO Nr. 236/2012 bekannte Anforderung könnte etwa Bedeutung erlangen, soweit die ESMA ihre Intervention auf bestimmte Mitgliedstaaten beschränkt oder ihre unionsweite Intervention auf ein unterschiedliches regulatorisches Umfeld außerhalb des harmonisierten Bereichs trifft. So kann die ESMA kompetenzgemäß derzeit nur gegen Wertpapierfirmen und Kreditinstitute einschreiten und ihre Maßnahmen nicht gegen den Direktvertrieb z.B. durch OGAW-Verwaltungsgesellschaften oder AIF-Verwalter richten (Art. 39 VO Nr. 600/2014 Rz. 4). Auch sind denkbare Ausweichstrategien der Anbieter von bedenklichen Finanzinstrumenten in Rechnung zu stellen[4].

2. Verfahrensrechtliche Voraussetzungen. Nach Art. 40 Abs. 3 Unterabs. 1 lit. c VO Nr. 600/2014 sind die für die Beaufsichtigung, Verwaltung und Regulierung der **landwirtschaftlichen Warenmärkten zuständigen Stellen anzuhören**, sofern die Maßnahme der ESMA Derivate auf landwirtschaftliche Grunderzeugnisse betrifft. Mit dieser erst durch die Einbeziehung der Warenmärkte notwendig gewordenen Regelung[5] soll sichergestellt werden, dass das System der hochregulierten, durch Marktinterventionen (Beihilfen, Aufkäufe) geprägten gemeinsamen Marktorganisation (GMO) der Union berücksichtigt wird. Die von Art. 40 Abs. 3 Unterabs. 1 lit. c VO Nr. 600/2014 in Bezug genommene VO Nr. 1234/2007 wurde allerdings zum 1.1.2014 durch eine neue Verordnung ersetzt[6]. Zuständige Marktordnungsstelle in Deutschland ist die **Bundesanstalt für Landwirtschaft und Ernährung (BLE)**[7].

Gem. **Art. 40 Abs. 3 Unterabs. 2 VO Nr. 600/2014** muss die ESMA keine Stellungnahme nach Art. 43 VO Nr. 600/2014 abgeben, sofern sie mit ihrer Interventionsmaßnahme auf unzureichende mitgliedstaatliche Maßnahmen reagiert. Hiermit wird die Konstellation erfasst, dass die mitgliedstaatlichen Behörden entgegen einer – nicht bindenden (Art. 43 VO Nr. 600/2014 Rz. 5) – Stellungnahme der ESMA ihre beabsichtigten Maßnahmen in Geltung gesetzt haben. Daraus folgt im Umkehrschluss, dass die ESMA vor Erlass einer eigenen Maßnahme mittels einer Stellungnahme den Versuch unternehmen muss, auf die mitgliedstaatliche Interventionspraxis einzuwirken, sofern eine nationale Behörde überhaupt eine Interventionsmaßnahme in Kraft setzen will.

Nach **Art. 40 Abs. 4 VO Nr. 600/2014** unterrichtet die ESMA vor Erlass einer Maßnahme die **zuständigen Behörden der Mitgliedstaaten** über ihre Interventionsabsicht. Die Unterrichtung muss als bloße Informationspflicht **keine für eine Anhörung erforderliche Gelegenheit zur Stellungnahme** einräumen. Anders als nach Art. 28 Abs. 5 VO Nr. 236/2012 umfasst die Unterrichtungspflicht auch nicht ausdrücklich das Gebot, über Einzelheiten der Maßnahme und Belege für ihre Gründe zu informieren. Der Verzicht auf eine Begründung des Beschlussvorschlags ist im Hinblick auf die Gewährleistung eines effektiven Rechtsschutzes (Art. 47 GRCh) nur akzeptabel, soweit die Bekanntgabe der beschlossenen Maßnahme mit einer Begründung versehen ist (Rz. 29).

Art. 40 VO Nr. 600/2014 normiert kein Gebot einer **Anhörung der betroffenen Finanzmarktteilnehmer**, maßgeblich der Emittenten und Vermarkter von Finanzinstrumenten. Soweit sich eine beabsichtigte Maßnahme der ESMA gegen konkrete Wertpapierdienstleistungsunternehmen richtet, fordert aber Art. 39 Abs. 1 VO Nr. 1095/2010 eine Anhörung vor dem Erlass von Beschlüssen. Darüber hinaus folgt ein Anhörungsgebot aus Art. 41 Abs. 2 lit. a GRCh. Dies gilt auch für Maßnahmen mit normativer Geltung, sofern eine individuelle Betroffenheit vorliegt.

---

1 *Cahn/Müchler*, BKR 2013, 45, 48.
2 Die Belange fallen nicht ins Gewicht, wenn wie im Fall binärer Optionen ein Finanzprodukt glücksspielähnlich ist und kein wirkliches Anlagebedürfnis befriedigt, s. Erwägungsgründe 13, 29 und 40 Beschluss 2018/795 der ESMA v. 22.5.2018.
3 S. aber Erwägungsgrund 142 Beschluss 2018/796 der ESMA v. 22.5.2018, der die Interessen der CFD-Anbieter (knapp) würdigt.
4 Erwägungsgründe 145 und 146 Beschluss 2018/796 der ESMA v. 22.5.2018.
5 Als Ergebnis der Trilogverhandlungen vom 14.1.2014, s. Text des Verhandlungsergebnisses im Ratsdokument 6406/14, ADD2 v. 17.2.2014.
6 Verordnung (EU) Nr. 1308/2013 des Europäischen Parlaments und des Rates vom 17. Dezember 2013 über eine gemeinsame Marktorganisation für landwirtschaftliche Erzeugnisse und zur Aufhebung der Verordnungen (EWG) Nr. 922/72, (EWG) Nr. 234/79, (EG) Nr. 1037/2001 und (EG) Nr. 1234/2007, ABl. EU Nr. L 347 v. 20.12.2013, S. 671; s. auch Art. 4 Abs. 1 Nr. 59 RL 2014/65/EU, der anders als Art. 40 VO Nr. 600/2014 bereits die aktuelle GMO-VO in Bezug nimmt.
7 § 3 Gesetz zur Durchführung der gemeinsamen Marktorganisation und der Direktzahlungen (MOG).

28 3. **Ermessen.** Interventionsmaßnahmen der ESMA stehen im Ermessen der Agentur. Soweit der ESMA schon Abwägungsspielräume auf Tatbestandsseite zukommen, besteht kein Anlass für eine wiederholende Prüfung auf Ermessensebene. Tatbestandlich durch Art. 40 Abs. 3 Unterabs. 1 lit. a VO Nr. 600/2014 nicht gefordert (Rz. 22), aber unter grundrechtlichen Gesichtspunkten – Art. 15 und 16 GRCh – ermessensrelevant ist eine **Rechtsgüterabwägung**, die auch die Berücksichtigung der **Belange der von einem Verbot oder einer Beschränkung betroffenen Wertpapierfirmen** umfasst. Allerdings ist auch in Rechnung zu stellen, dass die ESMA nach dem Grundsatz des institutionellen Gleichgewichts Entscheidungsbefugnisse mit weiten Ermessensspielräumen nicht übertragen werden dürfen (Rz. 4). Zur Wahrung der Verhältnismäßigkeit sind Beschränkungs- und Verbotsvarianten in Bezug auf ihren Inhalt und ihre Adressaten zu prüfen[1]. Auch können der Maßnahme ggf. nach Art. 40 Abs. 1 Unterabs. 2 VO Nr. 600/2014 **Nebenbestimmungen** beigefügt werden (Rz. 31).

29 **V. Bekanntgabe von Beschlüssen (Art. 40 Abs. 5 und 6 VO Nr. 600/2014).** Art. 40 Abs. 5 VO Nr. 600/2014 verpflichtet die ESMA zur **Bekanntgabe** jedes Beschlusses auf ihrer Webseite, wobei die Einzelheiten des Verbots oder der Beschränkung zu erläutern und der Zeitpunkt des Wirksamwerdens der Maßnahme zu nennen sind. Eine über die öffentliche Bekanntgabe hinausgehende individuelle Bekanntgabe ist erforderlich, falls sich die Maßnahme gegen konkrete Wertpapierdienstleistungsunternehmen richtet. Anders als nach Art. 28 Abs. 7 lit. b VO Nr. 236/2012 besteht kein ausdrückliches Gebot, die Maßnahme zu begründen und Belege hierfür anzugeben. Ein **Begründungserfordernis** folgt allerdings aus Art. 39 Abs. 2 VO Nr. 1095/2010, der wegen des Verweises in Art. 40 Abs. 1 VO Nr. 600/2014 auf Art. 9 Abs. 5 VO Nr. 1095/2010 anwendbar ist. Die Praxis der ESMA, nur den verfügenden Teil eines Beschlusses auf der Webseite bekanntzugeben und die ausführliche Begründung der Veröffentlichung im Amtsblatt vorzubehalten[2], wird den rechtlichen Anforderungen gerecht. Nach Art. 40 Abs. 5 Satz 3 VO Nr. 600/2014 entfaltet die Bekanntgabe **keine Rückwirkung** auf bereits abgeschlossene Geschäfte[3].

30 Die ESMA trifft Interventionsmaßnahmen in der Rechtsform des **Beschlusses i.S.v. Art. 288 Abs. 4 AEUV**. Aus Art. 288 Abs. 4 Satz 2 AEUV folgt, dass Beschlüsse sowohl adressatenbezogen als auch adressatenlos ergehen können. Soweit die ESMA Finanztätigkeiten wie insbesondere bestimmte Finanzinstrumente in der Union verbietet, handelt es sich zumeist um **adressatenlose Beschlüsse mit normativer Geltung**[4]. Derartige Beschlüsse sind nicht auf den innerorganisatorischen Bereich der Union beschränkt, sondern können auch mit Rechtswirkung für Unionsbürger ergehen[5]. Nach Auffassung des Gerichtshofs folgt im Umkehrschluss aus Art. 263 Abs. 1 und Art. 277 AEUV, dass auch Einrichtungen wie die ESMA zum Erlass von Beschlüssen mit normativer Geltung ermächtigt werden können[6]. Allerdings ist durchaus fraglich, ob die Übertragung quasi-legislatorischer Befugnisse noch mit den Prinzipien des institutionellen Gleichgewichts vereinbar ist. Dies erscheint nur akzeptabel, weil der normative Gehalt einer Intervention wegen der Befristung (Rz. 31) gering ist[7]. Denkbar ist allerdings auch, dass die ESMA **adressatengerichtete Beschlüsse** betreffend Finanzpraktiken konkreter Unternehmen erlässt.

31 Nach Art. 40 Abs. 1 Unterabs. 2 VO Nr. 600/2014 kann die ESMA ein Verbot oder eine Beschränkung unter den von ihr festgelegten Bedingungen oder vorbehaltlich von Ausnahmen erlassen. Die Interventionsmaßnahme kann folglich mit **Nebenbestimmungen** versehen werden[8]. Zwingend ist die **Befristung** der Maßnahme, da die ESMA – im Unterschied zu den mitgliedstaatlichen Behörden – gem. Art. 40 Abs. 1 VO Nr. 600/2014 im Einklang mit Art. 9 Abs. 5 VO Nr. 1095/2010 nur zu vorübergehenden Maßnahmen befugt ist. Eine Beschränkung oder ein Verbot darf nach Art. 40 Abs. 6 VO Nr. 600/2014 einen **Zeitraum von drei Monaten nicht überschreiten**, kann aber durch weiteren Beschluss verlängert werden. Sollte die Maßnahme nicht verlängert werden, tritt sie automatisch außer Kraft.

32 **VI. Verhältnis zu mitgliedstaatlichen Maßnahmen (Art. 40 Abs. 7 VO Nr. 600/2014).** Nach Art. 40 Abs. 7 VO Nr. 600/2014 hat eine gem. Art. 40 VO Nr. 600/2014 beschlossene **Maßnahme der ESMA Vorrang** vor al-

---

1 Siehe dazu die den Beschlüssen 2018/795 und 2018/796 der ESMA v. 22.5.2018 beigefügten Untersuchungen: ESMA, Product Intervention Analysis – Measures on Contracts for Differences v. 1.6.2018 (ESMA50-162-215); ESMA, Product Intervention Analysis – Measures on Binary Options v. 1.6.2018 (ESMA50-162-214).
2 Mitteilung der ESMA über Produktinterventionsbeschlüsse v. 22.5.2018 (ESMA35-43-1135), Veröffentlichung der Beschlüsse 2018/795 und 2018/796 in ABl. EU Nr. L 136 v. 1.6.2018, S. 31, 50.
3 Zu den Anwendungsfragen im Hinblick auf laufende Kontrakte s. ESMA, Questions and Answers on ESMA's temporary intervention measures on the marketing, distribution or sale of CFDs and Binary options to retail clients v. 1.6.2018 (ESMA35-36-1262) unter Q.5.1.
4 *Manger-Nestler*, ZfgK 2012, 528, 529; *Gurlit*, ZHR 177 (2013), 862, 885; *Michel*, Institutionelles Gleichgewicht und EU-Agenturen, S. 257.
5 *Ohler*, JZ 2014, 249, 251; anders *Schröder* in Streinz, EUV/AEUV, 2. Aufl. 2012, Art. 288 AEUV Rz. 134; *Nettesheim* in Grabitz/Hilf/Nettesheim, Das Recht der Europäischen Union, 48. ErgLfg. 8/2012, Art. 288 AEUV Rz. 195.
6 EuGH v. 22.1.2014 – C-270/12, ECLI:EU:C:2014:18 – Leerverkaufsverbot, AG 2014, 199 Rz. 64 ff.
7 Bedenken auch bei *Ruffert* in Calliess/Ruffert, EUV/AEUV, Art. 290 AEUV Rz. 4a ff.; *Ohler*, JZ 2014, 249, 251; *Skowron*, EuZW 2014, 349; *Gurlit*, ZHR 177 (2013), 862, 885.
8 Zu grdsl. Zulässigkeit von Nebenbestimmungen *Schröder* in Streinz, EUV/AEUV, Art. 288 AEUV Rz. 141; *Nettesheim* in Grabitz/Hilf/Nettesheim, Das Recht der Europäischen Union, Art. 288 AEUV Rz. 190.

len etwaigen früheren Maßnahmen einer mitgliedstaatlichen Behörde. Die **Kollisionsregel** ist Folge des grundsätzlichen Vorrangs mitgliedstaatlicher Maßnahmen gem. Art. 40 Abs. 2 Unterabs. 1 lit. c VO Nr. 600/2014 (Rz. 21). Da die ESMA auf beabsichtigte mitgliedstaatliche Maßnahmen zunächst mit einer Stellungnahme nach Art. 43 Abs. 2 VO Nr. 600/2014 zu reagieren hat, betrifft die Vorrangregel nur den Fall, dass die ESMA bereits getroffene unzureichende mitgliedstaatliche Maßnahmen korrigiert[1]. Art. 40 Abs. 7 VO Nr. 600/2014 schließt aber schon aufgrund der Vorläufigkeit eines ESMA-Beschlusses nicht aus, dass die mitgliedstaatliche Behörde zu einem späteren Zeitpunkt ggf. eine weitergehende Regelung trifft.

VII. Erlass delegierter Rechtsakte (Art. 40 Abs. 8 VO Nr. 600/2014). Art. 40 Abs. 8 VO Nr. 600/2014 ermächtigt die Kommission, im Verfahren nach Art. 50 VO Nr. 600/2014 delegierte Rechtsakte anzunehmen. Gem. Art. 50 Abs. 2 VO Nr. 600/2014 wird der Kommission die Befugnis ab dem 2.7.2014 auf unbestimmte Zeit übertragen. Die Übertragung kann vom Europäischen Parlament und vom Rat nach Art. 50 Abs. 3 VO Nr. 600/2014 jederzeit widerrufen werden. Die Gültigkeit bereits erlassener delegierter Rechtsakte wird aber durch einen Widerruf nicht berührt (Art. 50 Abs. 3 Satz 4 VO Nr. 600/2014). Ein delegierter Rechtsakt tritt nur in Kraft, wenn weder das Europäische Parlament noch der Rat binnen drei Monate nach Übermittlung des Rechtsakts Einwände erhoben haben (Art. 50 Abs. 5 VO Nr. 600/2014). Mit diesen Vorgaben hat der Europäische Gesetzgeber **ausgestaltende Vorgaben** für die Befugnis zum Erlass delegierter Rechtsakte i.S.v. **Art. 290 Abs. 2 AEUV** getroffen. Sie sollen vor allem sicherzustellen, dass die Kommission die Grenzen einer Befugnisübertragung, nämlich i.S.v. Art. 290 Abs. 1 AEUV nur Ergänzungen oder Änderungen nicht wesentlicher Vorschriften vorzunehmen, beachtet. Mit der „einfachen" Delegation ist das **Verfahren zum Erlass technischer Regulierungsstandards gem. Art. 10 ff. VO Nr. 1095/2010 ausgeschlossen.** Dieses Verfahren, das von der Kommission kritisiert[2] und von Teilen des Schrifttums als primärrechtswidrig angesehen wird[3], hätte der ESMA den Entwurf der Vorschriften anvertraut. 33

Gegenstand der Ermächtigung ist gem. Art. 40 Abs. 8 Unterabs. 1 VO Nr. 600/2014 eine Konkretisierung der Anforderungen von Art. 40 Abs. 2 Unterabs. 1 lit. a VO Nr. 600/2014, d.h. der Faktoren und Kriterien, wann erhebliche Bedenken für den Anlegerschutz oder Gefahren für den Funktionsschutz oder die Finanzstabilität vorliegen. Die Art der Kriterien wird durch einen beispielhaften Katalog in Art. 40 Abs. 8 Unterabs. 2 VO Nr. 600/2014 benannt. Diese betreffen den Grad der Komplexität des Finanzinstruments und den Bezug zu der Art von Kunden, das Volumen und den Nominalwert, den Innovationsgrad und den Leverage-Effekt. Ungeachtet der nicht abschließenden Natur des Katalogs hat der europäische Gesetzgeber mit dem Gebot zur Konkretisierung von Art. 40 Abs. 2 Unterabs. 1 lit. a VO Nr. 600/2014 ausreichend sichergestellt, dass die **Anforderungen des Art. 290 Abs. 1 AEUV gewahrt** werden, da die delegierte Rechtsetzung allein den Erlass von Vorschriften in dem durch den Basisrechtsakt festgelegten Rahmen gestattet[4]. 34

Die Kommission hat von der Ermächtigung durch **Art. 19 DelVO 2017/567** Gebrauch gemacht, der auf Ersuchen der Kommission gem. Art. 34 Abs. 1 VO Nr. 1095/2010 durch einen technischen Ratschlag der ESMA vorbereitet wurde[5]. Hierbei war und ist die Kommission gehalten, die Grenzen der Ermächtigungsgrundlage einzuhalten. Zwar hat die Kommission teilweise an über Art. 40 Abs. 8 Unterabs. 2 VO Nr. 600/2014 hinausgehende Kriterien angeknüpft, z.B. mit Faktoren zur Beurteilung der Transparenz eines Finanzinstruments in Art. 19 Abs. 2 lit. d DelVO 2017/567 (ausf. Rz. 14). Soweit ersichtlich, dienen aber alle Kriterien und Vorgaben der Konkretisierung der Gefährdung der Schutzgüter des Art. 40 Abs. 2 Unterabs. 1 lit. a VO Nr. 600/2014. 35

VIII. Durchsetzung und Rechtsschutz. Beschlüsse der ESMA sind **sofort vollziehbar**, weshalb Rechtsbehelfen keine aufschiebende Wirkung zukommt (Art. 278 AEUV). Das Unionsrecht stellt allerdings **keinen Vollstreckungsmechanismus** zur Verfügung[6]. Die ESMA kann deshalb die Durchsetzung ihrer Beschlüsse nicht erzwingen. 36

Art. 60 f. VO Nr. 1095/2010 sehen ein **zweistufiges Rechtsschutzsystem** vor. Beschlüsse der ESMA sind zunächst von den Betroffenen vor dem Beschwerdeausschuss nach Art. 58 f. VO Nr. 1095/2010 mit der **Beschwerde** anzugreifen, der ggf. den Vollzug der Maßnahme aussetzen kann (Art. 60 Abs. 3 VO Nr. 1095/2010)[7]. Bei Erfolglosigkeit kann der Beschluss des Beschwerdeausschusses gem. Art. 61 VO Nr. 1095/2010 mit der 37

---

1 *Busch*, WM 2017, 409, 419.
2 Erklärung der Kommission zum Vorschlag der ESA-Verordnungen, COM (2009) 501 final, COM (2009) 502 final, COM (2009) 503 final v. 23.9.2009.
3 *Fabricius*, Der Technische Regulierungsstandard für Finanzdienstleistungen, Beiträge zum Transnationalen Wirtschaftsrecht, Heft 124/2013, S. 65 ff.; *Michel*, Institutionelles Gleichgewicht und EU-Agenturen, S. 233 ff.
4 Dazu *Ruffert* in Calliess/Ruffert, EUV/AEUV, Art. 290 AEUV Rz. 9 f.; *Gellermann* in Streinz, EUV/AEUV, Art. 290 AEUV Rz. 6.
5 ESMA, Final Report – ESMA's Technical Advice to the Commission on MiFID II and MIFIR v. 19.12.2014, S. 187 ff. (ESMA/2014/1569).
6 *Szczekalla* in Terhechte, Verwaltungsrecht der Europäischen Union, 2011, § 5 Rz. 31.
7 Es handelt sich um eine echte Sachurteilsvoraussetzung, *Lehmann/Manger-Nestler*, ZBB 2011, 2, 18 ff.; *Michel*, Institutionelles Gleichgewicht und EU-Agenturen, S. 271; *Hitzer/Hauser*, BKR 2015, 52, 59.

Nichtigkeitsklage nach Art. 263 AEUV angegriffen werden. Unter Umständen kommt gem. Art. 61 Abs. 3 VO Nr. 1095/2010 i.V.m. Art. 265 AEUV auch eine **Untätigkeitsklage** in Betracht.

38 Sofern die ESMA einen adressatenbezogenen Beschluss erlässt, sind die adressierten Unternehmen ohne weiteres gem. Art. 263 Abs. 4 Var. 1 AEUV **beschwerde- und klagebefugt**. Allerdings werden die Beschlüsse regelmäßig als adressatenlose Beschlüsse mit normativer Geltung ergehen. Die betroffenen Anbieter von Finanzinstrumenten sind zweifellos von dem Verbot oder der Beschränkung mangels der Notwendigkeit mitgliedstaatlicher Umsetzungsmaßnahmen unmittelbar betroffen[1]. Ob sie in Anbetracht der allgemeinen Geltung des Verbots oder der Beschränkung individuell i.S.d. Plaumann-Formel betroffen sind[2], kann dahinstehen. Denn es spricht alles dafür, dass **adressatenlose Beschlüsse** als **Rechtsakte mit Verordnungscharakter i.S.v. Art. 263 Abs. 4 Var. 3 AEUV** zu qualifizieren sind[3] mit der Konsequenz, dass eine individuelle Betroffenheit nicht geltend gemacht werden muss. Die von einem Verbot oder einer Beschränkung betroffenen Anbieter von Finanzinstrumenten sind folglich klagebefugt.

39 Es bleibt die Frage, ob auch die **BaFin** gegen eine Beschränkungs- oder Verbotsmaßnahme der ESMA vorgehen kann. Hieran könnte jedenfalls in der Konstellation gedacht werden, dass eine mitgliedstaatliche Maßnahme durch eine Intervention der ESMA korrigiert wird und deshalb gem. Art. 40 Abs. 7 VO Nr. 600/2014 hinter der Maßnahme der ESMA zurücktreten muss. Jedoch sieht **Art. 9 Abs. 5 Unterabs. 3** VO Nr. 1095/2010 für diesen Fall vor, dass die mitgliedstaatliche Behörde die ESMA ersuchen kann, ihren Beschluss darauf zu überprüfen, ob die Maßnahme aufrechterhalten werden soll. Diesem Verfahren kommt Vorrang vor einer Beschwerde nach Art. 60 VO Nr. 1095/2010 zu.

Art. 41 Befugnisse der EBA zur vorübergehenden Intervention

(1) Gemäß Artikel 9 Absatz 5 der Verordnung (EU) Nr. 1093/2010 kann die EBA, wenn die Bedingungen der Absätze 2 und 3 erfüllt sind, in der Union vorübergehend Folgendes verbieten oder beschränken:

a) die Vermarktung, den Vertrieb oder den Verkauf von bestimmten strukturierten Einlagen oder von strukturierten Einlagen mit bestimmten Merkmalen oder

b) eine Form der Finanztätigkeit oder -praxis.

Ein Verbot oder eine Beschränkung kann unter von der EBA festgelegten Bedingungen oder vorbehaltlich von Ausnahmen geltend gemacht werden.

(2) Die EBA fasst einen Beschluss gemäß Absatz 1 nur, wenn die folgenden Bedingungen erfüllt sind:

a) Die vorgeschlagene Maßnahme begegnet erheblichen Bedenken hinsichtlich des Anlegerschutzes oder einer Gefahr für das ordnungsgemäße Funktionieren und die Integrität der Finanzmärkte oder für die Stabilität des gesamten Finanzsystems in der Union oder eines Teils davon,

b) die regulatorischen Anforderungen nach dem Unionsrecht, die auf die jeweilige strukturierte Einlage oder entsprechende Tätigkeiten anwendbar sind, wenden die Gefahr nicht ab,

c) eine oder mehrere zuständige Behörden haben keine Maßnahmen ergriffen, um der Bedrohung zu begegnen, oder die ergriffenen Maßnahmen werden der Bedrohung nicht gerecht.

Wenn die Voraussetzungen nach Unterabsatz 1 erfüllt sind, kann die EBA das Verbot oder die Beschränkung nach Absatz 1 vorsorglich aussprechen, bevor eine strukturierte Einlage vermarktet, vertrieben oder an Kunden verkauft wird.

(3) Bei der Ergreifung von Maßnahmen im Sinne dieses Artikels stellt die EBA sicher, dass die Maßnahmen

a) keine negativen Auswirkungen auf die Effizienz der Finanzmärkte oder auf die Anleger haben, die in keinem Verhältnis zu den Vorteilen der Maßnahme stehen und

b) kein Risiko einer Aufsichtsarbitrage schaffen.

Haben eine oder mehrere zuständige Behörden eine Maßnahme nach Artikel 42 ergriffen, kann die EBA die in Absatz 1 genannten Maßnahmen ergreifen, ohne die in Artikel 43 vorgesehene Stellungnahme abzugeben.

(4) Bevor die EBA beschließt, Maßnahmen nach diesem Artikel zu ergreifen, unterrichtet sie die zuständigen Behörden über ihr vorgeschlagenes Vorgehen.

---

1 EuG v. 6.9.2011 – T-18/10 – ECLI:EU:T:2011:419 – Inuit Tapiriit Kanatami, EuZW 2012, 395 Rz. 70 f.
2 EuGH v. 15.7.1963 – 25/62, ECLI:EU:C:1963:17 – Plaumann, NJW 1963, 2246; EuGH v. 25.7.2002 – C-50/00 P, ECLI:EU:C:2002:462 – Unión de Pequenos Agricultores, EuZW 2002, 529 Rz. 36 ff.
3 Überzeugend *Cremer* in Calliess/Ruffert, EUV/AEUV, Art. 263 AEUV Rz. 62 ff.

(5) Die EBA gibt auf ihrer Website jeden Beschluss an, im Sinne dieses Artikels Maßnahmen zu ergreifen. Die Mitteilung erläutert die Einzelheiten des Verbots oder der Beschränkung und nennt einen Zeitpunkt nach der Veröffentlichung der Mitteilung, ab dem die Maßnahmen wirksam werden. Ein Verbot oder eine Beschränkung gelten erst, nachdem die Maßnahmen wirksam geworden sind.

(6) Die EBA überprüft ein Verbot oder eine Beschränkung gemäß Absatz 1 in geeigneten Abständen, mindestens aber alle drei Monate. Wird das Verbot oder die Beschränkung nach Ablauf dieser dreimonatigen Frist nicht verlängert, treten sie automatisch außer Kraft.

(7) Eine gemäß diesem Artikel beschlossene Maßnahme der EBA erhält Vorrang vor allen etwaigen früheren Maßnahmen einer zuständigen Behörde.

(8) Die Kommission nimmt delegierte Rechtsakte gemäß Artikel 50 an, in denen die Kriterien und Faktoren festgelegt werden, die von der EBA bei der Bestimmung der Tatsache zu berücksichtigen sind, wann erhebliche Bedenken hinsichtlich des Anlegerschutzes gegeben sind oder die ordnungsgemäße Funktionsweise und die Integrität der Finanzmärkte oder aber die Stabilität des gesamten oder eines Teils des Finanzsystems in der Union im Sinne von Absatz 2 Buchstabe a gefährdet ist.

Diese Kriterien und Faktoren schließen unter anderem Folgendes ein:

a) den Grad der Komplexität einer strukturierten Einlage und den Bezug zu der Art von Kunden, an die es vermarktet und verkauft wird,
b) das Volumen oder den Nominalwert bei Ausgabe einer strukturierten Einlage,
c) den Innovationsgrad einer strukturierten Einlage oder einer entsprechenden Tätigkeit oder Praxis,
d) den Leverage-Effekt einer strukturierten Einlage oder einer Praxis.

In der Fassung vom 15.5.2014 (ABl. EU Nr. L 173 v. 12.6.2014, S. 84).

Delegierte Verordnung (EU) 2017/567 der Kommission vom 18. Mai 2016
zur Ergänzung der Verordnung (EU) Nr. 600/2014 des Europäischen Parlaments und des Rates im Hinblick auf Begriffsbestimmungen, Transparenz, Portfoliokomprimierung und Aufsichtsmaßnahmen zur Produktintervention und zu den Positionen

(Auszug)

Art. 20 Kriterien und Faktoren in Bezug auf die Befugnisse der EBA zur vorübergehenden Produktintervention

(Artikel 41 Absatz 2 der Verordnung (EU) Nr. 600/2014)

(1) Für die Zwecke von Artikel 41 Abs. 2 Buchstabe a der Verordnung (EU) Nr. 600/2014 bewertet die EBA die Relevanz aller in Absatz 2 aufgeführten Faktoren und Kriterien und berücksichtigt alle relevanten Faktoren und Kriterien, um zu bestimmen, ob die Vermarktung, der Vertrieb oder der Verkauf von bestimmten strukturierten Einlagen oder von strukturierten Einlagen mit bestimmten Merkmalen oder eine Form der Finanztätigkeit oder -praxis erhebliche Bedenken hinsichtlich des Anlegerschutzes oder eine Gefahr für das ordnungsgemäße Funktionieren und die Integrität der Finanzmärkte oder für die Stabilität des gesamten Finanzsystems in der Union oder eines Teils davon verursacht.

Für die Zwecke von Unterabsatz 1 kann die EBA das Vorliegen erheblicher Bedenken hinsichtlich des Anlegerschutzes oder einer Gefahr für das ordnungsgemäße Funktionieren und die Integrität der Finanz- und Warenmärkte oder für die Stabilität des gesamten Finanzsystems in der Union oder eines Teils davon auf der Grundlage eines oder mehrerer dieser Faktoren oder Kriterien bestimmen.

(2) Folgende Faktoren und Kriterien werden von der EBA bewertet, um zu bestimmen, ob erhebliche Bedenken hinsichtlich des Anlegerschutzes oder eine Gefahr für das ordnungsgemäße Funktionieren und die Integrität der Finanzmärkte oder für die Stabilität des gesamten Finanzsystems in der Union oder eines Teils davon vorliegen:

a) Grad der Komplexität einer strukturierten Einlage oder der Form der Finanztätigkeit oder -praxis in Bezug zu der Art von Kunden, die nach Bewertung im Einklang mit Buchstabe c an der Finanztätigkeit oder -praxis beteiligt sind, insbesondere unter Berücksichtigung:
  – der Art der Basis- oder Referenzvermögenswerte und des Maßes an Transparenz in Bezug auf die Basis- oder Referenzvermögenswerte;
  – des Maßes an Transparenz bei den Kosten und Gebühren, die mit der strukturierten Einlage, der Finanztätigkeit oder -praxis verbunden sind, und insbesondere der fehlenden Transparenz, die aus mehreren Kosten- und Gebührenebenen resultiert;
  – der Komplexität der Berechnung der Wertentwicklung unter besonderer Berücksichtigung, ob die Rendite von der Wertentwicklung eines oder mehrerer Basis- oder Referenzvermögenswerte abhängt, die wiederum von anderen Faktoren beeinflusst werden, oder ob die Rendite nicht nur vom Wert des Basis- oder Referenzvermögenswerts zu Beginn und am Ende der Laufzeit oder zum Zinszahlungsdatum, sondern auch von den Werten während der gesamten Laufzeit des Produkts abhängt;
  – der Art und des Umfangs etwaiger Risiken;
  – ob die strukturierte Einlage oder die Dienstleistung mit anderen Produkten oder Dienstleistungen gebündelt ist; oder
  – der Komplexität etwaiger Vertragsbestimmungen und -bedingungen;

b) Ausmaß möglicher negativer Auswirkungen, insbesondere unter Berücksichtigung:
   - des Nominalwerts bei Ausgabe einer strukturierten Einlage;
   - der Zahl der beteiligten Kunden, Anleger oder Marktteilnehmer;
   - des relativen Anteils des Produkts in den Portfolios der Anleger;
   - der Wahrscheinlichkeit, des Umfangs und der Art negativer Auswirkungen, einschließlich der Höhe des möglicherweise erlittenen Verlustes;
   - der zu erwartenden Dauer der negativen Auswirkungen;
   - des Volumens der Emission;
   - der Zahl der involvierten Institute;
   - des Wachstums des Marktes oder der Verkäufe;
   - des von jedem Kunden in die strukturierte Einlage investierten durchschnittlichen Betrags; oder
   - der in der Richtlinie 2014/49/EU des Europäischen Parlaments und des Rates definierten Deckungssumme;
c) Art der an einer Finanztätigkeit oder -praxis beteiligten Kunden oder Art der Kunden, an die eine strukturierte Einlage vermarktet oder verkauft wird, insbesondere unter Berücksichtigung:
   - ob es sich bei dem Kunden um einen Kleinanleger, einen professionellen Kunden oder eine geeignete Gegenpartei handelt;
   - der Qualifikation und Befähigung der Kunden, einschließlich des Bildungsstands und der Erfahrung mit ähnlichen Finanzprodukten oder Verkaufspraktiken;
   - der wirtschaftlichen Situation der Kunden, einschließlich Einkommen und Vermögen;
   - der finanziellen Kernziele der Kunden, einschließlich Altersvorsorge und Eigenheimfinanzierung;
   - ob das Produkt oder die Dienstleistung an Kunden außerhalb des vorgesehenen Zielmarkts verkauft wird oder ob der Zielmarkt nicht adäquat ermittelt wurde; oder
   - der Anerkennungsfähigkeit für die Deckung durch ein Einlagensicherungssystem;
d) Maß an Transparenz der strukturierten Einlage oder der Form der Finanztätigkeit oder -praxis, insbesondere unter Berücksichtigung:
   - der Art und der Transparenz des Basiswerts;
   - etwaiger versteckter Kosten und Gebühren;
   - der Verwendung von Techniken, welche die Aufmerksamkeit des Kunden wecken, jedoch nicht unbedingt die Eignung oder die Gesamtqualität des Produkts oder der Dienstleistung widerspiegeln;
   - der Art und der Transparenz von Risiken; oder
   - der Verwendung von Produktnamen oder Terminologie oder anderen Informationen, die irreführend sind, indem sie Produktmerkmale implizieren, die nicht existieren; oder
   - ob die Identität von Einlagenehmern, die gegebenenfalls für die Kundeneinlage verantwortlich zeichnen, offengelegt wird;
e) besondere Merkmale oder Komponenten der strukturierten Einlage oder Finanztätigkeit oder Finanzpraxis, einschließlich eines eingebetteten Leverage-Effekts, insbesondere unter Berücksichtigung:
   - des produktinhärenten Leverage-Effekts;
   - des finanzierungsbezogenen Leverage-Effekts; oder
   - der Tatsache, dass der Wert des jeweiligen Basiswerts nicht mehr verfügbar oder zuverlässig ist;
f) Existenz und Grad des Missverhältnisses zwischen der erwarteten Rendite oder dem erwarteten Gewinn für Anleger und dem Verlustrisiko, das der strukturierten Einlage, der Finanztätigkeit oder Finanzpraxis innewohnt, insbesondere unter Berücksichtigung:
   - der Strukturierungskosten einer solchen strukturierten Einlage, einer solchen Finanztätigkeit oder einer solchen Finanzpraxis und sonstiger Kosten;
   - des Missverhältnisses zu dem vom Emittenten zurückbehaltenen Risiko aus der Emission; oder
   - des Rendite-Risiko-Profils;
g) einfache Möglichkeit eines Ausstiegs aus einer strukturierten Einlage für den Anleger und damit zusammenhängende Kosten, insbesondere unter Berücksichtigung:
   - der Tatsache, dass ein vorzeitiges Ausscheiden nicht zulässig ist; oder
   - anderer Barrieren für einen Ausstieg;
h) Preisbildung und verbundene Kosten der strukturierten Einlage, der Finanztätigkeit oder der Finanzpraxis, insbesondere unter Berücksichtigung:
   - der Verwendung versteckter oder sekundärer Gebühren; oder
   - von Gebühren, die das Niveau der erbrachten Dienstleistung nicht widerspiegeln;
i) Innovationsgrad einer strukturierten Einlage, einer Finanztätigkeit oder einer Finanzpraxis, insbesondere unter Berücksichtigung:
   - des Innovationsgrads im Hinblick auf die Struktur der strukturierten Einlage, der Finanztätigkeit oder Finanzpraxis, einschließlich Einbettungs- und Auslösemechanismen;
   - des Innovationsgrads im Hinblick auf das Vertriebsmodell oder die Länge der Vermittlungskette;

- des Ausmaßes der Innovationsdiffusion, darunter auch, ob die strukturierte Einlage, die Finanztätigkeit oder Finanzpraxis für bestimmte Kundenkategorien innovativ ist;
- der auf den Leverage-Effekt bezogenen Innovation;
- der mangelnden Transparenz des Basiswerts; oder
- früherer Erfahrungen am Markt mit ähnlichen strukturierten Einlagen oder Verkaufspraktiken;

j) Verkaufspraktiken in Verbindung mit der strukturierten Einlage, insbesondere unter Berücksichtigung:
- der verwendeten Informations- und Vertriebskanäle;
- des Informations-, Marketing- oder sonstigen Werbematerials in Verbindung mit der Anlage;
- der unterstellten Anlagezwecke; oder
- ob die Kaufentscheidung zweit- oder drittrangig einem früheren Kauf folgt;

k) finanzielle und geschäftliche Lage des Emittenten einer strukturierten Einlage, insbesondere unter Berücksichtigung:
- der finanziellen Lage eines Emittenten oder eines Garantiegebers; oder
- der Transparenz der geschäftlichen Lage des Emittenten oder Garantiegebers;

l) ob vom Hersteller oder den Vertreibern über eine strukturierte Einlage zur Verfügung gestellte Informationen, auf deren Grundlage Marktteilnehmer, an die sich diese Informationen richten, eine begründete Entscheidung unter Berücksichtigung der Art und Natur der strukturierten Einlage treffen können, unzureichend oder unzuverlässig sind;

m) ob die strukturierte Einlage, die Finanztätigkeit oder Finanzpraxis ein hohes Risiko für die Erfüllung der von den Teilnehmern oder Anlegern am relevanten Markt eingegangenen Geschäfte darstellt;

n) ob die strukturierte Einlage, die Finanztätigkeit oder Finanzpraxis die Wirtschaft der Union gegenüber Risiken anfällig macht;

o) ob eine strukturierte Einlage aufgrund ihrer Merkmale besonders für Finanzkriminalität anfällig ist, und insbesondere, ob diese Merkmale die Verwendung der strukturierten Einlage für folgende Zwecke begünstigen könnten:
- Betrug oder Unredlichkeit;
- Fehlverhalten in einem Finanzmarkt oder missbräuchliche Verwendung von Informationen in Bezug auf einen Finanzmarkt;
- Handhabung von Erträgen aus Straftaten;
- Finanzierung von Terrorismus; oder
- Erleichterung der Geldwäsche;

p) ob die Finanztätigkeit oder Finanzpraxis ein besonders hohes Risiko für die Widerstandsfähigkeit und den reibungslosen Betrieb von Märkten und ihrer Infrastruktur darstellt;

q) ob eine strukturierte Einlage, eine Finanztätigkeit oder Finanzpraxis zu einem signifikanten und künstlichen Missverhältnis zwischen den Preisen eines Derivats und den Preisen am zugrunde liegenden Markt führen könnte;

r) ob die strukturierte Einlage, die Finanztätigkeit oder die Finanzpraxis ein hohes Risiko der Störung von Finanzinstituten in sich birgt, die als wichtig für das Finanzsystem der Union angesehen werden, insbesondere unter Berücksichtigung der von den Finanzinstituten bezüglich der Emission der strukturierten Einlage verfolgten Absicherungsstrategie, einschließlich der Fehlbewertung der Kapitalgarantie zum Zeitpunkt der Fälligkeit oder des den Kreditinstituten durch die strukturierte Einlage, die Tätigkeit oder Praxis entstehenden Reputationsrisikos;

s) Relevanz des Vertriebs der strukturierten Einlage als Finanzierungsquelle für das Finanzinstitut;

t) ob eine strukturierte Einlage, eine Finanztätigkeit oder Finanzpraxis ein besonderes Risiko für die Infrastruktur des Marktes oder der Zahlungssysteme darstellt; oder

u) ob eine strukturierte Einlage oder eine Finanztätigkeit oder Finanzpraxis das Vertrauen von Anlegern in das Finanzsystem bedrohen kann.

In der Fassung vom 18.5.2016 (ABl. EU Nr. L 87 v. 31.3.2017, S. 90), geändert durch Berichtigung vom 29.9.2017 (ABl. EU Nr. L 251 v. 29.9.2017, S. 30).

Schrifttum: S. Art. 40 VO Nr. 600/2014 und § 15 WpHG.

Art. 41 VO Nr. 600/2014 (MiFIR) gewährt der EBA die Befugnis zu einer temporären Produktintervention betreffend **strukturierte Einlagen** i.S.v. Art. 2 Abs. 1 Nr. 23 VO Nr. 600/2014 i.V.m. Art. 4 Abs. 1 Nr. 43 RL 2014/65/EU (MiFID II)[1], d.h. von Einlagen, die bei Fälligkeit in voller Höhe zurückzuzahlen sind, wobei die Zahlung von Zinsen oder einer Prämie von weiteren Faktoren wie einem Index oder der Wertentwicklung eines Finanzinstruments abhängig ist. Die Vorschrift schafft eine **nach Art. 9 Abs. 5 VO Nr. 1093/2010 (EBA-VO)**[2] **erforderliche sekundärrechtliche Grundlage** für vorläufige Interventionsbefugnisse. Eine Interventionsbefugnis der EBA war im Kommissionsentwurf nicht vorgesehen. Sie verdankt sich der Aufnahme von strukturierten 1

---

1 Richtlinie 2014/65/EU des Europäischen Parlaments und des Rates vom 15. Mai 2014 über Märkte für Finanzinstrumente sowie zur Änderung der Richtlinien 2002/92/EG und 2011/61/EU, ABl. EU Nr. L 173 v. 12.6.2014, S. 349.
2 Verordnung (EU) Nr. 1093/2010 des Europäischen Parlaments und des Rates vom 24. November 2010 zur Errichtung einer Europäischen Aufsichtsbehörde (Europäische Bankenaufsichtsbehörde), zur Änderung des Beschlusses Nr. 716/2009/EG und zur Aufhebung des Beschlusses 2009/78/EG, ABl. EU Nr. L 331 v. 15.12.2010, S. 12.

Einlagen als gesonderter Produktkategorie in MiFIR und MiFID II[1]. Die Befugnisnorm wurde derjenigen für die ESMA gem. Art. 40 VO Nr. 600/2014 nachgebildet, so dass auf die Kommentierung zu dieser Bestimmung verwiesen werden kann. Die Voraussetzung des Art. 41 Abs. 2 Unterabs. 1 lit. a VO Nr. 600/2014 wird durch den auf Art. 41 Abs. 8 VO Nr. 600/2014 gestützten Art. 20 DelVO 2017/567 konkretisiert, der durch einen technischen Ratschlag der EBA vorbereitet wurde, den diese wiederum an die Vorarbeiten der ESMA zu Art. 19 DelVO 2017/567 anlehnte[2].

2 Die Zuständigkeit der EBA für Produktinterventionen bei strukturierten Einlagen führt auf europäischer Ebene zu einem **erhöhten Koordinierungsbedarf**[3], da für weitere regulatorische Anforderungen an strukturierte Einlagen die ESMA zuständig ist. Dies gilt insbesondere für die Konkretisierung derjenigen strukturierten Einlagen, die wegen ihrer komplexen Struktur nach Art. 25 Abs. 4 RL 2014/65/EU nicht execution only-fähig sind[4]. Da diese Vorschrift zu denjenigen zählt, die als vorrangige regulatorische Anforderungen die Subsidiarität der Produktintervention auslösen (Art. 40 VO Nr. 600/2014 Rz. 19), kann die ESMA jedenfalls teilweise auf die Reichweite der Interventionsbefugnis der EBA einwirken.

3 Art. 41 VO Nr. 600/2014 enthält einige auf die Charakteristika von strukturierten Einlagen bezogene **Abweichungen von Art. 40 VO Nr. 600/2014**. Die Beurteilung von Gefahren für den Funktionsschutz gem. Art. 41 Abs. 2 Unterabs. 1 lit. a VO Nr. 600/2014 bezieht sich nur auf die Finanz-, nicht auch auf die Warenmärkte. In verfahrensrechtlicher Hinsicht bedarf eine Interventionsmaßnahme der EBA folgerichtig auch nicht wie in Art. 40 Abs. 3 Unterabs. 1 lit. c VO Nr. 600/2014 vorgesehen einer vorherigen Anhörung der für die landwirtschaftlichen Warenmärkte zuständigen Stellen.

4 Auch der Art. 41 Abs. 2 Unterabs. 1 lit. a VO Nr. 600/2014 konkretisierende **Art. 20 DelVO 2017/567** enthält einige **Besonderheiten**. Entgegen dem Vorschlag der EBA[5] bildet er ebenso wie der für die ESMA geltende Art. 19 DelVO 2017/567 (Art. 40 VO Nr. 600/2014 Rz. 10) einen **abschließenden Kriterienkatalog**. Bei ihrem Vorschlag ließ sich die EBA vor allem davon leiten, dass strukturierte Einlagen wegen der unbedingten Rückzahlungspflicht bei Fälligkeit und ihrer Abdeckung durch ein Einlagenentschädigungssystem i.S.d. Einlagensicherungsrichtlinie 2014/49/EU[6] in der Regel ein geringeres Risiko für Investoren aufwerfen als die meisten Finanzinstrumente[7]. Modifikationen gegenüber den entsprechenden Kriterien in Art. 19 DelVO 2017/567 finden sich deshalb vor allem in Art. 20 Abs. 2 lit. g, n und r DelVO 2017/567. Auf das Vorhandensein einer Abdeckung im Entschädigungsfall reagieren Art. 20 Abs. 2 lit. b und c DelVO 2017/567.

Art. 42 Produktintervention seitens der zuständigen Behörden

(1) Eine zuständige Behörde kann in oder aus diesem Mitgliedstaat Folgendes verbieten oder beschränken:

a) die Vermarktung, den Vertrieb oder den Verkauf von bestimmten Finanzinstrumenten oder strukturierten Einlagen

oder von Finanzinstrumenten oder strukturierten Einlagen mit bestimmten Merkmalen oder

b) eine Form der Finanztätigkeit oder -praxis.

(2) Eine zuständige Behörde kann die in Absatz 1 genannte Maßnahme ergreifen, wenn sie sich begründetermaßen vergewissert hat, dass

---

1 Als Ergebnis der Trilogverhandlungen v. 14.1.2014, Veröffentlichung des Textes durch den Rat v. 17.2.2014, 6406/14, ADD2.
2 EBA, Technical Advice on possible delegated acts on criteria and factors for intervention powers concerning structured deposits under Articles 41 and 42 of Regulation (EU) No 600/2014 v. 11.12.2014 (Op/2014/13), S. 6 Rz. 6.
3 Das Europäische Parlament hatte vorgeschlagen, auch Interventionen betr. strukturierte Einlagen der ESMA zuzuweisen, Änderungsvorschlag des Europäischen Parlaments v. 26.10.2012, P7_TA(2012)0407.
4 S. die Konkretisierungsbefugnis der ESMA gem. Art. 25 Abs. 10 und 11 RL 2014/65/EU; dazu Leitlinien der ESMA, Guidelines on complex debt instruments and structured deposits v. 4.2.2016 (ESMA/2015/1787); s.a. zur Konkretisierung von Art. 25 Abs. 4 lit. a Ziff. vi) auf der Grundlage von Art. 25 Abs. 8 RL 2014/65/EU durch die Kommission mittels delegierter Rechtsakte Art. 57 Delegierte Verordnung (EU) 2017/565 der Kommission vom 25. April 2016 zur Ergänzung der Richtlinie 2014/65/EU des Europäischen Parlaments und des Rates in Bezug auf die organisatorischen Anforderungen an Wertpapierfirmen und die Bedingungen für die Ausübung ihrer Tätigkeit sowie in Bezug auf die Definition bestimmter Begriffe für die Zwecke der genannten Richtlinie, ABl. EU Nr. L 87 v. 31.3.2017, S. 1, berichtigt durch ABl. EU Nr. L 246 v. 26.9.2017, S. 12.
5 EBA, Technical Advice on possible delegated acts on criteria and factors for intervention powers concerning structured deposits under Articles 41 and 42 of Regulation (EU) No 600/2014 v. 11.12.2014 (Op/2014/13), S. 7 Rz. 3.
6 Richtlinie 2014/49/EU des Europäischen Parlaments und des Rates vom 16. April 2014 über Einlagensicherungssysteme, ABl. EU Nr. L 173 v. 12.6.2014, S. 149.
7 EBA, Technical Advice on possible delegated acts on criteria and factors for intervention powers concerning structured deposits under Articles 41 and 42 of Regulation (EU) No 600/2014 v. 11.12.2014 (Op/2014/13), S. 6 Nr. 7.

a) entweder
   i) ein Finanzinstrument, eine strukturierte Einlage oder eine entsprechende Tätigkeit oder Praxis erhebliche Bedenken für den Anlegerschutz aufwirft oder eine Gefahr für das ordnungsgemäße Funktionieren und die Integrität der Finanz- oder Warenmärkte oder in mindestens einem Mitgliedstaat für die Stabilität des gesamten Finanzsystems oder eines Teils davon darstellt oder
   ii) ein Derivat negative Auswirkungen auf den Preisbildungsmechanismus in den zugrunde liegenden Märkten hat;
b) bestehende regulatorische Anforderungen nach Unionsrecht, die auf das Finanzinstrument, die strukturierte Einlage oder die entsprechende Tätigkeit oder Praxis anwendbar sind, den in Buchstabe a genannten Risiken nicht hinreichend begegnen und das Problem nicht besser durch eine stärkere Aufsicht oder Durchsetzung der vorhandenen Anforderungen gelöst würde;
c) die Maßnahme verhältnismäßig ist, wenn man die Wesensart der ermittelten Risiken, das Kenntnisniveau der betreffenden Anleger oder Marktteilnehmer und die wahrscheinliche Wirkung der Maßnahme auf Anleger und Marktteilnehmer berücksichtigt, die das Finanzinstrument oder die strukturierte Einlage eventuell halten und es/sie bzw. die entsprechende Tätigkeit oder Praxis nutzen oder davon profitieren;
d) die zuständige Behörde die zuständigen Behörden anderer Mitgliedstaaten, die von der Maßnahme erheblich betroffen sein können, angemessen angehört hat;
e) sich die Maßnahme nicht diskriminierend auf Dienstleistungen oder Tätigkeiten auswirkt, die von einem anderen Mitgliedstaat aus erbracht werden, und
f) dass, wenn von einem Finanzinstrument oder einer Finanztätigkeit oder -praxis eine erhebliche Gefahr für das ordnungsgemäße Funktionieren und die Integrität der landwirtschaftlichen Warenmärkte ausgeht, eine angemessene Anhörung der für die Beaufsichtigung, Verwaltung und Regulierung dieser Märkte gemäß der Verordnung (EG) Nr. 1234/2007 zuständigen öffentlichen Stellen stattgefunden hat.

Wenn die Voraussetzungen nach Unterabsatz 1 erfüllt sind, kann die zuständige Behörde das Verbot oder die Beschränkung nach Absatz 1 vorsorglich aussprechen, bevor ein Finanzinstrument oder eine strukturierte Einlage vermarktet, vertrieben oder an Kunden verkauft wird.

Ein Verbot oder eine Beschränkung kann unter von der zuständigen Behörde festgelegten Bedingungen oder vorbehaltlich von Ausnahmen geltend gemacht werden.

(3) Die zuständige Behörde spricht im Sinne dieses Artikels keine Verbote oder Beschränkungen aus, es sei denn, sie hat spätestens einen Monat, bevor die Maßnahme wirksam werden soll, allen anderen zuständigen Behörden und der ESMA schriftlich oder auf einem anderen, von den Behörden vereinbarten Weg folgende Einzelheiten übermittelt:

a) Finanzinstrument, Finanztätigkeit oder Finanzpraxis, auf die sich die vorgeschlagene Maßnahme bezieht;
b) genauer Charakter des vorgeschlagenen Verbots oder der vorgeschlagenen Beschränkung sowie geplanter Zeitpunkt des Inkrafttretens; und
c) Nachweise, auf die sie ihren Beschluss gestützt hat, und die als Grundlage für die Feststellung dienen, dass die Bedingungen von Absatz 2 erfüllt sind.

(4) In Ausnahmefällen, in denen die zuständige Behörde dringende Maßnahmen nach diesem Artikel für erforderlich hält, um Schaden, der aufgrund der Finanzinstrumente, der strukturierten Einlagen oder der entsprechenden Praktiken oder Tätigkeiten nach Absatz 1 entstehen könnte, abzuwenden, kann die zuständige Behörde frühestens 24 Stunden, nachdem sie alle anderen zuständigen Behörden und die ESMA bzw. – im Falle strukturierter Einlagen – die EBA von dem geplanten Inkrafttreten der Maßnahme benachrichtigt hat, vorläufig tätig werden, sofern alle nach diesem Artikel geltenden Kriterien erfüllt sind und außerdem eindeutig nachgewiesen ist, dass auf die konkreten Bedenken oder die konkrete Gefahr bei einer einmonatigen Notifikationsfrist nicht angemessen reagiert werden kann. Die zuständige Behörde darf nicht für mehr als drei Monate vorläufig tätig werden.

(5) Die zuständige Behörde gibt auf ihrer Website jeden Beschluss zur Verhängung eines Verbots oder einer Beschränkung nach Absatz 1 bekannt. Die Mitteilung erläutert die Einzelheiten des Verbots oder der Beschränkung und nennt einen Zeitpunkt nach der Veröffentlichung der Mitteilung, an dem die Maßnahmen wirksam werden, sowie die Nachweise, aufgrund deren die Erfüllung aller Bedingungen nach Absatz 2 belegt ist. Das Verbot oder die Beschränkung gelten nur für Maßnahmen, die nach der Veröffentlichung der Mitteilung ergriffen wurden.

(6) Die zuständige Behörde widerruft ein Verbot oder eine Beschränkung, wenn die Bedingungen nach Absatz 2 nicht mehr gelten.

Art. 42 VO Nr. 600/2014 | Produktintervention seitens der zuständigen Behörden

(7) Die Kommission nimmt delegierte Rechtsakte gemäß Artikel 50 an, in denen die Kriterien und Faktoren festgelegt werden, die von den zuständigen Behörden bei der Bestimmung der Tatsache zu berücksichtigen sind, wann erhebliche Bedenken hinsichtlich des Anlegerschutzes gegeben sind oder die ordnungsgemäße Funktionsweise und die Integrität der Finanzmärkte oder der Warenmärkte oder aber in mindestens einem Mitgliedstaat die Stabilität des Finanzsystems im Sinne von Absatz 2 Buchstabe a gefährdet ist.

Diese Kriterien und Faktoren schließen unter anderem Folgendes ein:

a) den Grad der Komplexität eines Finanzinstruments oder einer strukturierten Einlage und den Bezug zu der Art von Kunden, an die es/sie vermarktet, vertrieben und verkauft wird,

b) den Innovationsgrad eines Finanzinstruments oder einer strukturierten Einlage oder einer entsprechenden Tätigkeit oder Praxis,

c) den Leverage-Effekt eines Finanzinstruments oder einer strukturierten Einlage oder einer Praxis,

d) in Bezug auf das ordnungsgemäße Funktionieren und die Integrität der Finanz- oder Warenmärkte
   – das Volumen oder den Nominalwert bei Ausgabe eines Finanzinstruments.

In der Fassung vom 15.5.2014 (ABl. EU Nr. L 173 v. 12.6.2014, S. 84), geändert durch Berichtigung vom 27.10.2017 (ABl. EU Nr. L 278 v. 27.10.2017, S. 54).

Delegierte Verordnung (EU) 2017/567 der Kommission vom 18. Mai 2016

zur Ergänzung der Verordnung (EU) Nr. 600/2014 des Europäischen Parlaments und des Rates im Hinblick auf Begriffsbestimmungen, Transparenz, Portfoliokomprimierung und Aufsichtsmaßnahmen zur Produktintervention und zu den Positionen

(Auszug)

Art. 21 Kriterien und Faktoren, die von den zuständigen Behörden bei der Ausübung ihrer Produktinterventionsbefugnisse zu berücksichtigen sind

(Artikel 42 Absatz 2 der Verordnung (EU) Nr. 600/2014)

(1) Für die Zwecke von Artikel 42 Absatz 2 Buchstabe a der Verordnung (EU) Nr. 600/2014 bewerten die zuständigen Behörden die Relevanz aller in Absatz 2 aufgeführten Faktoren und Kriterien und berücksichtigen alle relevanten Faktoren und Kriterien, um zu bestimmen, ob die Vermarktung, der Vertrieb oder der Verkauf von bestimmten Finanzinstrumenten oder strukturierten Einlagen oder von bestimmten Finanzinstrumenten oder strukturierten Einlagen mit bestimmten spezifizierten Merkmalen oder eine Form der Finanztätigkeit oder -praxis erhebliche Bedenken hinsichtlich des Anlegerschutzes oder eine Gefahr für das ordnungsgemäße Funktionieren und die Integrität der Finanz- oder Warenmärkte oder für die Stabilität des gesamten Finanzsystems in mindestens einem Mitgliedstaat verursacht.

Für die Zwecke von Unterabsatz 1 können die zuständigen Behörden das Vorliegen erheblicher Bedenken hinsichtlich des Anlegerschutzes oder einer Gefahr für das ordnungsgemäße Funktionieren und die Integrität der Finanz- oder Warenmärkte oder für die Stabilität des gesamten Finanzsystems in mindestens einem Mitgliedstaat auf der Grundlage eines oder mehrerer dieser Faktoren oder Kriterien bestimmen.

(2) Folgende Faktoren und Kriterien werden von den zuständigen Behörden bewertet, um zu bestimmen, ob erhebliche Bedenken hinsichtlich des Anlegerschutzes oder eine Gefahr für das ordnungsgemäße Funktionieren und die Integrität der Finanz- oder Warenmärkte oder für die Stabilität des gesamten Finanzsystems in mindestens einem Mitgliedstaat vorliegen:

a) Grad der Komplexität des Finanzinstruments oder der Form der Finanztätigkeit oder -praxis in Bezug zu der Art von Kunden, die nach Bewertung im Einklang mit Buchstabe c an der Finanztätigkeit oder -praxis beteiligt sind oder an die das Finanzinstrument oder die strukturierte Einlage vermarktet oder verkauft wird, insbesondere unter Berücksichtigung:

   – der Art der Basis- oder Referenzvermögenswerte und des Maßes an Transparenz in Bezug auf die Basis- oder Referenzvermögenswerte;

   – des Maßes an Transparenz bei den Kosten und Gebühren, die mit dem Finanzinstrument, der strukturierten Einlage, der Finanztätigkeit oder -praxis verbunden sind, und insbesondere der fehlenden Transparenz, die aus mehreren Kosten- und Gebührenebenen resultiert;

   – der Komplexität der Berechnung der Wertentwicklung unter Berücksichtigung, ob die Rendite von der Wertentwicklung eines oder mehrerer Basis- oder Referenzvermögenswerte abhängt, die wiederum von anderen Faktoren beeinflusst werden, oder ob die Rendite nicht nur vom Wert des Basis- oder Referenzvermögenswerts zu Beginn und am Ende der Laufzeit, sondern auch von den Werten während der gesamten Laufzeit des Produkts abhängt;

   – der Art und des Umfangs etwaiger Risiken;

   – ob das Produkt oder die Dienstleistung mit anderen Produkten oder Dienstleistungen gebündelt ist;

   – der Komplexität etwaiger Vertragsbestimmungen und -bedingungen;

b) Ausmaß möglicher negativer Auswirkungen, insbesondere unter Berücksichtigung:

   – des Nominalwerts des Finanzinstruments oder des Nominalwerts bei Ausgabe einer strukturierten Einlage;

   – der Zahl der beteiligten Kunden, Anleger oder Marktteilnehmer;

   – des relativen Anteils des Produkts in den Portfolios der Anleger;

- der Wahrscheinlichkeit, des Umfangs und der Art negativer Auswirkungen, einschließlich der Höhe des möglicherweise erlittenen Verlustes;
- der zu erwartenden Dauer der negativen Auswirkungen;
- des Volumens der Emission;
- der Zahl der involvierten Vermittler;
- des Wachstums des Marktes oder der Verkäufe;
- des von jedem Kunden in das Finanzinstrument oder in die strukturierte Einlage investierten durchschnittlichen Betrags; oder
- der in der Richtlinie 2014/49/EU definierten Deckungssumme im Falle von strukturierten Einlagen;

c) Art der an einer Finanztätigkeit oder -praxis beteiligten Kunden oder Art der Kunden, an die ein Finanzinstrument oder eine strukturierte Einlage vermarktet oder verkauft wird, insbesondere unter Berücksichtigung:
- ob es sich bei dem Kunden um einen Kleinanleger, einen professionellen Kunden oder eine geeignete Gegenpartei handelt;
- der Qualifikation und Befähigung der Kunden, einschließlich des Bildungsstands und der Erfahrung mit ähnlichen Finanzinstrumenten oder strukturierten Einlagen oder Verkaufspraktiken;
- der wirtschaftlichen Situation der Kunden, einschließlich deren Einkommen und Vermögen;
- der finanziellen Kernziele der Kunden, einschließlich Altersvorsorge und Eigenheimfinanzierung;
- ob das Produkt oder die Dienstleistung an Kunden außerhalb des vorgesehenen Zielmarkts verkauft wird oder ob der Zielmarkt nicht adäquat ermittelt wurde; oder
- der Anerkennungsfähigkeit für die Deckung durch ein Einlagensicherungssystem im Falle von strukturierten Einlagen;

d) Maß an Transparenz des Finanzinstruments, der strukturierten Einlage oder der Form der Finanztätigkeit oder -praxis, insbesondere unter Berücksichtigung:
- der Art und der Transparenz des Basiswerts;
- etwaiger versteckter Kosten und Gebühren;
- der Verwendung von Techniken, welche die Aufmerksamkeit des Kunden wecken, jedoch nicht unbedingt die Eignung oder die Gesamtqualität des Produkts, der Finanztätigkeit oder der Finanzpraxis widerspiegeln;
- der Art und der Transparenz von Risiken;
- der Verwendung von Produktnamen oder Terminologie oder anderen Informationen, die irreführend sind, indem sie mehr Sicherheit oder Rendite implizieren, als tatsächlich wahrscheinlich oder möglich oder die Produktmerkmale implizieren, die nicht existieren; oder
- im Falle von strukturierten Einlagen, ob die Identität von Einlagennehmern, die gegebenenfalls für die Kundeneinlage verantwortlich zeichnen, offengelegt wird;

e) Besondere Merkmale oder Komponenten der strukturierten Einlage, des Finanzinstruments, der Finanztätigkeit oder Finanzpraxis, einschließlich eines eingebetteten Leverage-Effekts, insbesondere unter Berücksichtigung:
- des produktinhärenten Leverage-Effekts;
- des finanzierungsbezogenen Leverage-Effekts;
- der Merkmale von Wertpapierfinanzierungsgeschäften; oder
- der Tatsache, dass der Wert des jeweiligen Basiswerts nicht mehr verfügbar oder zuverlässig ist;

f) Existenz und Grad des Missverhältnisses zwischen der erwarteten Rendite oder dem erwarteten Gewinn für Anleger und dem Verlustrisiko, das dem Finanzinstrument, der strukturierten Einlage, der Finanztätigkeit oder der Finanzpraxis innewohnt, insbesondere unter Berücksichtigung:
- der Strukturierungskosten eines solchen Finanzinstruments, einer solchen strukturierten Einlage, einer solchen Finanztätigkeit oder Finanzpraxis und sonstiger Kosten;
- des Missverhältnisses zu dem vom Emittenten zurückbehaltenen Risiko aus der Emission; oder
- des Rendite-Risiko-Profils;

g) einfache Möglichkeit eines Verkaufs des betreffenden Finanzinstruments oder eines Wechsels zu einem anderen Finanzinstrument oder eines Ausstiegs aus einer strukturierten Einlage für den Anleger und damit zusammenhängende Kosten, wobei abhängig davon, ob es sich bei dem Produkt um ein Finanzinstrument oder um eine strukturierte Einlage handelt, gegebenenfalls Folgendes zu berücksichtigen ist:
- Geld-Brief-Spanne;
- Frequenz der Handelsmöglichkeiten;
- Emissionsvolumen und Größe des Sekundärmarkts;
- ob Liquiditätsgeber oder Market-Maker im Sekundärmarkt vorhanden sind;
- Merkmale des Handelssystems; oder
- andere Barrieren für einen Ausstieg oder die Tatsache, dass ein vorzeitiges Ausscheiden nicht zulässig ist;

h) Preisbildung und verbundene Kosten der strukturierten Einlage, des Finanzinstruments, der Finanztätigkeit oder Finanzpraxis, insbesondere unter Berücksichtigung:
- der Verwendung versteckter oder sekundärer Gebühren; oder
- von Gebühren, die das Niveau der erbrachten Dienstleistung nicht widerspiegeln;

Art. 42 VO Nr. 600/2014 | Produktintervention seitens der zuständigen Behörden

i) Innovationsgrad eines Finanzinstruments oder einer strukturierten Einlage, einer Finanztätigkeit oder einer Finanzpraxis, insbesondere unter Berücksichtigung:
   – des Innovationsgrads im Hinblick auf die Struktur des Finanzinstruments, der strukturierten Einlage, der Finanztätigkeit oder Finanzpraxis, einschließlich Einbettungs- und Auslösemechanismen;
   – des Innovationsgrads im Hinblick auf das Vertriebsmodell oder die Länge der Vermittlungskette;
   – des Ausmaßes der Innovationsdiffusion, darunter auch, ob das Finanzinstrument, die strukturierte Einlage, die Finanztätigkeit oder Finanzpraxis für bestimmte Kundenkategorien innovativ ist;
   – der auf den Leverage-Effekt bezogenen Innovation;
   – der mangelnden Transparenz des Basiswerts; oder
   – früherer Erfahrungen am Markt mit ähnlichen Finanzinstrumenten, strukturierten Einlagen oder Verkaufspraktiken;
j) Verkaufspraktiken in Verbindung mit dem Finanzinstrument oder der strukturierten Einlage, insbesondere unter Berücksichtigung:
   – der verwendeten Kommunikations- und Vertriebskanäle;
   – des Informations-, Marketing- oder sonstigen Werbematerials in Verbindung mit der Anlage;
   – der unterstellten Anlagezwecke; oder
   – ob die Kaufentscheidung zweit- oder drittrangig einem früheren Kauf folgt;
k) finanzielle und geschäftliche Lage des Emittenten eines Finanzinstrument oder einer strukturierten Einlage, insbesondere unter Berücksichtigung:
   – der finanziellen Lage des Emittenten oder eines Garantiegebers; oder
   – der Transparenz der geschäftlichen Lage des Emittenten oder Garantiegebers;
l) ob vom Hersteller oder den Vertreibern über ein Finanzinstrument oder eine strukturierte Einlage zur Verfügung gestellte Informationen, auf deren Grundlage Marktteilnehmer, an die sich diese Informationen richten, eine begründete Entscheidung unter Berücksichtigung der Art und Natur des Finanzinstruments oder der strukturierten Einlage treffen können, unzureichend oder unzuverlässig sind;
m) ob das Finanzinstrument, die strukturierte Einlage, die Finanztätigkeit oder Finanzpraxis ein hohes Risiko für die Erfüllung der von den Teilnehmern oder Anlegern am relevanten Markt eingegangenen Geschäfte darstellt;
n) ob die Finanztätigkeit oder Finanzpraxis die Integrität des Preisbildungsprozesses am betreffenden Markt erheblich beeinträchtigt, so dass der Preis oder der Wert des jeweiligen Finanzinstruments oder der jeweiligen strukturierten Einlage nicht mehr entsprechend den legitimen Marktkräften von Angebot und Nachfrage bestimmt wird oder Marktteilnehmer sich bei ihren Investitionsentscheidungen nicht mehr auf die an diesem Markt gebildeten Preise oder das Handelsvolumen als Entscheidungsgrundlage verlassen können;
o) ob ein Finanzinstrument, eine strukturierte Einlage, eine Finanztätigkeit oder Finanzpraxis die nationale Wirtschaft gegenüber Risiken anfällig macht;
p) ob ein Finanzinstrument oder eine strukturierte Einlage aufgrund seiner/ihrer Merkmale besonders für Finanzkriminalität anfällig ist, und insbesondere, ob diese Merkmale die Verwendung des Finanzinstruments oder der strukturierten Einlage für folgende Zwecke begünstigen könnten:
   – Betrug oder Unredlichkeit;
   – Fehlverhalten in einem Finanzmarkt oder missbräuchliche Verwendung von Informationen in Bezug auf einen Finanzmarkt;
   – Handhabung von Erträgen aus Straftaten;
   – Finanzierung von Terrorismus; oder
   – Erleichterung der Geldwäsche;
q) ob eine Finanztätigkeit oder Finanzpraxis ein besonders hohes Risiko für die Widerstandsfähigkeit und den reibungslosen Betrieb von Märkten und ihrer Infrastruktur darstellt;
r) ob ein Finanzinstrument, eine strukturierte Einlage, eine Finanztätigkeit oder Finanzpraxis zu einem signifikanten und künstlichen Missverhältnis zwischen den Preisen eines Derivats und den Preisen am zugrunde liegenden Markt führen könnte;
s) ob das Finanzinstrument, die strukturierte Einlage oder die Finanztätigkeit oder Finanzpraxis ein hohes Risiko der Störung von Finanzinstituten in sich birgt, die als wichtig für das Finanzsystem des Mitgliedstaats der betreffenden zuständigen Behörde angesehen werden, insbesondere unter Berücksichtigung der von den Finanzinstituten bezüglich der Emission der strukturierten Einlage verfolgten Absicherungsstrategie, einschließlich der Fehlbewertung der Kapitalgarantie zur Fälligkeit oder des den Kreditinstituten durch die strukturierte Einlage oder die Tätigkeit oder Praxis entstehenden Reputationsrisikos;
t) Relevanz des Vertriebs des Finanzinstruments oder der strukturierten Einlage als Finanzierungsquelle für den Emittenten oder die Finanzinstitute;
u) ob ein Finanzinstrument, eine strukturierte Einlage oder eine Finanztätigkeit oder Finanzpraxis ein besonderes Risiko für die Infrastruktur des Marktes oder von Zahlungssystemen, einschließlich Handels-, Clearing- und Abwicklungssystemen, darstellt; oder
v) ob ein Finanzinstrument, eine strukturierte Einlage oder eine Finanztätigkeit oder Finanzpraxis das Vertrauen von *Anlegern in das Finanzsystem* bedrohen kann.

In der Fassung vom 18.5.2016 (ABl. EU Nr. L 87 v. 31.3.2017, S. 90), geändert durch Berichtigung vom 29.9.2017 (ABl. EU Nr. L 251 v. 29.9.2017, S. 30).

Schrifttum: S. § 15 WpHG.

I. Gegenstand und Zweck der Regelung	1
II. Systematischer Zusammenhang	3
III. Anwendungsbereich (Art. 42 Abs. 1 VO Nr. 600/2014)	8
1. Sachlicher Anwendungsbereich	8
2. Persönlicher Anwendungsbereich	10
3. Räumlicher Anwendungsbereich	11
IV. Voraussetzungen einer Intervention (Art. 42 Abs. 2 VO Nr. 600/2014)	14
1. Materielle Voraussetzungen	15
a) Beeinträchtigung von Aufsichtszielen (Art. 42 Abs. 2 Unterabs. 1 lit. a VO Nr. 600/2014)	15
aa) Erhebliche Bedenken betreffend den Anlegerschutz	17
bb) Gefahr für Marktfunktionen und Finanzstabilität	22
cc) Negative Auswirkung eines Derivats auf Preisbildungsmechanismus	23
b) Kein Vorrang anderer regulatorischer Anforderungen (Art. 42 Abs. 2 Unterabs. 1 lit. b VO Nr. 600/2014)	24
c) Verhältnismäßigkeit (Art. 42 Abs. 2 Unterabs. 1 lit. c VO Nr. 600/2014)	26
d) Diskriminierungsverbot (Art. 42 Abs. 2 Unterabs. 1 lit. e VO Nr. 600/2014)	31
2. Verfahrensrechtliche Voraussetzungen	32
3. Ermessen	35
V. Grenzüberschreitendes Informationsverfahren (Art. 42 Abs. 3 und 4 VO Nr. 600/2014) .	37
VI. Bekanntgabe von Interventionsmaßnahmen (Art. 42 Abs. 5 VO Nr. 600/2014)	40
VII. Widerruf von Interventionsmaßnahmen (Art. 42 Abs. 6 VO Nr. 600/2014)	43
VIII. Erlass delegierter Rechtsakte (Art. 42 Abs. 7 VO Nr. 600/2014)	44
IX. Durchsetzung und Rechtsschutz	47
1. Behördliche Durchsetzung	47
2. Rechtsschutz	49

I. Gegenstand und Zweck der Regelung. Art. 42 VO Nr. 600/2014 (MiFIR) ist die **Befugnisnorm für mitgliedstaatliche Produktinterventionen.** Art. 42 Abs. 1 VO Nr. 600/2014 bildet die zentrale Ermächtigungsgrundlage für Verbote und Beschränkungen und umschreibt zugleich deren sachlichen Anwendungsbereich (Rz. 8). Art. 42 Abs. 2 VO Nr. 600/2014 normiert die **materiellen und verfahrensrechtlichen Voraussetzungen** (Rz. 14 ff.) und ermächtigt die nationalen Behörden zudem zu einer vorsorglichen Intervention. Art. 42 Abs. 3 und 4 VO Nr. 600/2014 etablieren ein **grenzüberschreitendes Informationsverfahren**, das von der nationalen Behörde durchzuführen ist, bevor eine Produktintervention wirksam wird (Rz. 37 ff.). Art. 42 Abs. 5 VO Nr. 600/2014 verpflichtet die zuständige Behörde zur **öffentlichen Bekanntgabe** von Verboten und Beschränkungen (Rz. 40 ff.). Art. 42 Abs. 6 VO Nr. 600/2014 verlangt den behördlichen **Widerruf** von Interventionsmaßnahmen, wenn deren Voraussetzungen nach Art. 42 Abs. 2 VO Nr. 600/2014 nicht mehr vorliegen (Rz. 43). Art. 42 Abs. 7 VO Nr. 600/2014 schließlich ermächtigt die Kommission zum **Erlass von delegierten Rechtsakten** i.S.v. Art. 290 AEUV, die die zentrale Interventionsvoraussetzung in Art. 42 Abs. 2 Unterabs. 1 lit. a VO Nr. 600/2014 konkretisieren (Rz. 44 ff.). 1

Eine Produktinterventionsbefugnis der mitgliedstaatlichen Behörden war bereits im Kommissionsvorschlag der MiFIR enthalten. Die Kommission begründete die Eingriffsnorm mit der aus der Finanzmarktkrise gewonnenen Einsicht, dass die Effektivität der Finanzmarktaufsicht verbessert werden müsse und neuer Aufsichtsinstrumente bedürfe[1]. Die Neuartigkeit liegt darin, dass **primäres Objekt des Einschreitens Produkte** sind. Zwar steht die Produktintervention im Dienste sowohl des Anleger- als auch des Funktionsschutzes (Rz. 15 ff.). Im Schrifttum wird das Instrument allerdings als Element eines **Paradigmenwechsels von einem informationsbasierten Anlegerschutz zu einem sog. paternalistischen Schutzregime** verstanden, das mittels hoheitlichen Eingriffs gegebenenfalls den Anleger vor sich selbst schützt[2]. 2

II. Systematischer Zusammenhang. Art. 42 VO Nr. 600/2014 ist als Verordnungsnorm i.S.v. Art. 288 Abs. 2 AEUV **unmittelbar anwendbar** und bedarf lediglich hinsichtlich der organisatorischen Ausgestaltung der mitgliedstaatlichen Durchführungsgesetzgebung. Im Kontext der Art. 39–43 VO Nr. 600/2014 verschafft Art. 42 VO Nr. 600/2014 der für die Marktüberwachung von Finanzinstrumenten zuständigen Behörde die für eine Produktintervention erforderliche verwaltungsrechtliche Befugnis für ein Einschreiten. **§ 6 Abs. 5 Satz 1 WpHG** hat die **BaFin** zur zuständigen Behörde in Deutschland erklärt. 3

Der mitgliedstaatliche administrative Vollzug von Unionsrecht ist ebenso wenig wie europäische Sekundärrechtsakte[3] oder unionsrechtlich determiniertes nationales Recht[4] an den Grundrechten des Grundgesetzes zu 4

---

1 MiFIR-Vorschlag der Kommission, KOM (2011) 652 endg. v. 20.10.2011, S. 14.
2 Krit. zu diesem Wandel *Mülbert*, ZHR 177 (2013), 160, 198 ff.; *Dreher*, VersR 2013, 401, 410; *Zimmer*, JZ 2014, 714, 721; *Buck-Heeb*, JZ 2017, 279, 286 f.; *Buck-Heeb*, BKR 2017, 89, 96 f.
3 BVerfG v. 29.5.1974 – 2 BvL 52/71, BVerfGE 37, 271, 279 f.; BVerfG v. 22.10.1986 – 2 BvR 197/83, BVerfGE 73, 339, 375 f.; BVerfG v. 12.10.1993 – 2 BvR 2134/92, 2 BvR 2159/92, BVerfGE 89, 155, 174 f.; BVerfG v. 7.6.2000 – 2 BvL 1/97, BVerfGE 102, 147, 164.
4 BVerfG v. 13.3.2007 – 1 BvF 1/05, BVerfGE 118, 79, 95; BVerfG v. 11.3.2008 – 1 BvR 256/08, BVerfGE 121, 1, 15; BVerfG v. 2.3.2010 – 1 BvR 256/08, BVerfGE 129, 260 Rz. 180 ff.; BVerfG v. 19.7.2011 – 1 BvR 1916/09, BVerfGE 129, 78 Rz. 53.

messen[1]. Soweit die **BaFin** in Durchführung von Art. 42 VO Nr. 600/2014 handelt, ist sie bei der Rechtsanwendung **ausschließlich an die Charta der Grundrechte der Europäischen Union (GRCh) gebunden** (Art. 51 Abs. 1 Satz 1 GRCh)[2]. Anderes gilt, soweit die Behörde gem. § 15 WpHG die Vermarktung von Vermögensanlagen i.S.v. § 1 Abs. 2 VermAnlG beschränkt oder verbietet (§ 15 WpHG Rz. 13).

5 Der deutsche Gesetzgeber hat mit **§ 15 WpHG** eine Norm geschaffen, die das Produktinterventionsregime – unveranlasst durch das Unionsrecht – auf Vermögensanlagen i.S.v. § 1 Abs. 2 VermAnlG erstreckt und zudem ausgestaltende Regeln für Art. 42 VO Nr. 600/2014 trifft. Zum einen wird durch § 15 Abs. 1 WpHG der **persönliche Anwendungsbereich** auf natürliche und juristische Personen erstreckt, die nicht schon als Wertpapierdienstleistungsunternehmen oder Kreditinstitute Adressaten einer Produktintervention sind (Rz. 39; § 15 WpHG Rz. 20f.). Zum anderen wird durch § 15 Abs. 2 WpHG der **Ausschluss aufschiebender Wirkung von Rechtsbehelfen** gegen Interventionen auf Maßnahmen nach Art. 42 VO Nr. 600/2014 erstreckt (Rz. 49; § 15 WpHG Rz. 29).

6 Art. 42 VO Nr. 600/2014 steht in einem **sachlichen Zusammenhang** mit den Vorgaben zu einem unternehmensinternen **Produktfreigabeverfahren** gem. § 80 Abs. 9–13 WpHG. Allerdings fungiert die behördliche Interventionsbefugnis nicht als aufsichtsrechtliches Pendant für einen misslungenen Product Governance-Prozess auf Unternehmensebene[3]. Bei Missachtung der Vorgaben für den Produktfreigabeprozess hat nämlich eine Verfügung zur Aussetzung des Vertriebs oder Verkaufs von Finanzinstrumenten gem. **§ 6 Abs. 2 Satz 5 WpHG Vorrang** vor einer auf Art. 42 VO Nr. 600/2014 gestützten Produktintervention. Die Norm verdeutlicht, dass die behördliche Produktintervention kein originärer Hebel zur Durchsetzung der Wohlverhaltens- und Organisationspflichten ist[4]. Das Verhältnis zu anderen Aufsichtsgeboten und weiteren regulatorischen Anforderungen an Finanzinstrumente ist negative tatbestandliche Voraussetzung einer Interventionsbefugnis, weil nur das Fehlen gleichermaßen zur Gefahrenabwehr geeigneter Anforderungen eine Produktintervention legitimiert. Insoweit wird auf die diesbezüglichen Ausführungen verwiesen (Rz. 24 ff.).

7 Weder Art. 42 VO Nr. 600/2014 noch die Sanktionsanforderungen in Art. 69 und 70 RL 2014/65/EU (MiFID II)[5] enthalten Vorgaben für die **zivilrechtlichen Wirkungen** einer Produktintervention. Zu möglichen Wirkungen nach deutschem Privatrecht vgl. § 15 WpHG Rz. 33 ff.

8 **III. Anwendungsbereich (Art. 42 Abs. 1 VO Nr. 600/2014). 1. Sachlicher Anwendungsbereich.** Objekt einer mitgliedstaatlichen Intervention sind nach Art. 42 Abs. 1 lit. a VO Nr. 600/2014 die Vermarktung, der Vertrieb oder der Verkauf von bestimmten **Finanzinstrumenten** oder von Finanzinstrumenten mit bestimmten Merkmalen. Gegenständlich werden damit alle Produkte i.S.v. Art. 2 Abs. 1 Nr. 9 VO Nr. 600/2014 i.V.m. Art. 4 Abs. 1 Nr. 15 i.V.m. Anhang I Abschnitt C RL 2014/65/EU erfasst. Hierunter fallen etwa übertragbare Wertpapiere, Geldmarktinstrumente oder Anteile an OGAW-Investmentfonds. Auch die von der BaFin noch auf der Grundlage von § 4b WpHG a.F. beschränkten Contracts for Difference (CFDs)[6] sind Finanzinstrumente (Anhang I Abschnitt C Nr. 9 RL 2014/65/EU). Daneben kann sich die Intervention auch auf bestimmte **strukturierte Einlagen** i.S.v. Art. 2 Abs. 1 Nr. 23 VO Nr. 600/2014 i.V.m. Art. 4 Abs. 1 Nr. 43 RL 2014/65/EU oder strukturierte Einlagen mit bestimmten Merkmalen beziehen. Dabei sind **bestimmte Produkte** solche, die einer spezifizierten Produktgattung angehören, wie z.B. CFDs (Anhang I Abschnitt C Nr. 9 RL 2014/65/EU)[7]. Finanzinstrumente oder strukturierte Einlagen **mit bestimmten Merkmalen** sollen hingegen gattungsübergreifend durch gemeinsame Merkmale konkretisiert werden, wie etwa dasselbe Marktsegment[8]. Im Rahmen **entsprechender Anwendung** erstreckt § 15 WpHG die Interventionsbefugnis auf **Vermögensanlagen i.S.v. § 1 Abs. 2 VermAnlG. Nicht** erfasst sind **Versicherungsanlageprodukte** wie fonds- oder indexgebundene Lebensversicherungen, die aber einer entsprechenden Interventionsbefugnis gem. Art. 17 VO Nr. 1286/2014 (PRIIP-VO)[9] unterliegen (Art. 17 VO Nr. 1286/2014 Rz. 6).

9 **Verkauf, Vertrieb und Vermarktung** ist jede Tätigkeit mit absatzförderndem Charakter, ungeachtet der Frage, ob der Absatz durch Anlageberatung getrieben ist oder im beratungsfreien Geschäft erfolgt[10]. Da Marketing,

---

1 Frühzeitig *Jürgensen/Schünder*, AöR 121 (1996), 200, 206; s. auch *Kingreen* in Calliess/Ruffert, EUV/AEUV, Art. 51 GRCh Rz. 13.
2 *Kingreen* in Calliess/Ruffert, EUV/AEUV, Art. 51 GRCh Rz. 8; *Jarass*, Art. 51 GRCh Rz. 22, jeweils m.w.N.
3 Zutreffend *Klingenbrunn*, WM 2015, 316, 319; a.A. *Bröker/Machunsky*, BKR 2016, 229, 232 f.; *Gläßner*, Die Beschränkung des Vertriebs von Finanzprodukten, S. 295 f.
4 Ausführlicher *Klingenbrunn*, WM 2015, 316, 319.
5 Richtlinie 2014/65/EU des Europäischen Parlaments und des Rates vom 15. Mai 2014 über Märkte für Finanzinstrumente sowie zur Änderung der Richtlinien 2002/92/EG und 2011/61/EU, ABl. EU Nr. L 173 v. 12.6.2014, S. 349.
6 Allgemeinverfügung der BaFin bezüglich sog. CFDs v. 8.5.2017, Gz. VBS 7-Wp 5427-2016/0017.
7 Allerdings könnten der Gattung des finanziellen Differenzgeschäfts auch andere Gestaltungen als CFDs angehören, dazu *Seitz*, WM 2017, 1883, 1885 m.w.N.
8 *Bußalb*, WM 2017, 553, 554; *Bouchon/Mehlkopp* in Fuchs, § 4b WpHG Rz. 10 bezweifeln den Sinn der Differenzierung.
9 Verordnung (EU) Nr. 1286/2014 des Europäischen Parlaments und des Rates vom 26. November 2014 über Basisinformationsblätter für verpackte Anlageprodukte für Kleinanleger und Versicherungsanlageprodukte (PRIIP), ABl. EU Nr. L 352 v. 9.12.2014, S. 1.
10 So das Verständnis der BaFin, Anhörung zur Allgemeinverfügung bezüglich sog. „Bonitätsanleihen" v. 28.7.2016, Gz. VBS 7-Wp 5427-2016/0019 unter 2; s. auch *Seitz*, WM 2017, 1883, 1884 f.; zu differierenden Begriffsverständnissen innerhalb des Unionsrechts *Gläßner*, Die Beschränkung des Vertriebs von Finanzprodukten, S. 191 ff.

Vertrieb und Verkauf von Finanzinstrumenten und strukturierten Einlagen unzweifelhaft Finanztätigkeiten sind, können die von Art. 42 Abs. 1 lit. b VO Nr. 600/2014 genannten Interventionsgegenstände **Finanztätigkeit** und **Finanzpraxis** nur dann eine eigenständige Bedeutung haben, wenn sie Verhaltensweisen betreffen, die sich nicht als Werbung für oder Vertrieb oder Verkauf von Finanzinstrumenten oder strukturierten Einlagen darstellen. Über das Verständnis der Begriffe geben weder MiFID II und MiFIR noch die DelVO 2017/567 Aufschluss. Sie können aber den persönlichen Anwendungsbereich der Regelwerke nicht erweitern und setzen deshalb zumindest einen **Zusammenhang mit der Erbringung von Wertpapierdienstleistungen und Anlagetätigkeiten** voraus[1].

2. Persönlicher Anwendungsbereich. Adressaten von Produktinterventionen der BaFin sind **Wertpapierdienstleistungsunternehmen** i.S.v. § 2 Abs. 10 WpHG, die nach Maßgabe von §§ 32, 1 KWG als Kreditinstitute und Finanzdienstleistungsinstitute zugelassen sind. Wegen der – unionsrechtlich zulässigen – gewerberechtlichen Regulierung von **Finanzanlagenvermittlern** und **Honorar-Finanzanlageberatern** liegen aber Akteure außerhalb des Anwendungsbereichs des WpHG, die grundsätzlich Wertpapierfirmen i.S.d. MiFIR sind (ausf. Art. 39 VO Nr. 600/2014 Rz. 7). Mit **§ 15 Abs. 1 Satz 2 WpHG** hat allerdings der deutsche Gesetzgeber klargestellt, dass im Anwendungsbereich von Art. 42 VO Nr. 600/2014 auch Finanzanlagenvermittler dem Produktinterventionsregime der BaFin unterfallen (Rz. 40; § 15 WpHG Rz. 20 f.). Art. 1 und 39 ff. VO Nr. 600/2014 entfalten insoweit keine Sperrwirkung[2]. Der Kreis der Adressaten von Produktinterventionen der Bundesanstalt ist deshalb weiter gefasst als derjenige von Maßnahmen der ESMA und der EBA (Art. 39 VO Nr. 600/2014 Rz. 4).

3. Räumlicher Anwendungsbereich. Nach Art. 42 Abs. 1 VO Nr. 600/2014 kann die zuständige Behörde in oder aus diesem Mitgliedstaat Finanzinstrumente, strukturierte Einlagen oder Finanzpraktiken verbieten oder beschränken. Die Interventionsbefugnis entspricht deshalb in ihrer extraterritorialen Reichweite der Marktüberwachungsaufgabe der Behörde gem. Art. 39 Abs. 3 VO Nr. 600/2014 (ausf. Art. 39 VO Nr. 600/2014 Rz. 8 ff.). Deshalb erstreckt sich die Interventionsbefugnis **im Mitgliedstaat** nicht nur auf Produkte und Tätigkeiten **deutscher Unternehmen** und auf solche von **Zweigniederlassungen von Wertpapierdienstleistungsunternehmen aus anderen Mitgliedstaaten und EWR-Staaten**. Vielmehr umfasst sie mit der Anknüpfung an den innerstaatlichen Ort der Finanzaktivität auch Finanztätigkeiten, die in Deutschland im Wege des **grenzüberschreitenden Dienstleistungsverkehrs** erbracht werden. Die gegenüber der Überwachung des Wohlverhaltens- und Organisationspflichten **erweiterte Zuständigkeit der BaFin** als Behörde des Aufnahmestaats (vgl. Art. 86 RL 2014/65/EU, § 90 Abs. 4 WpHG)[3] wird prozedural umhegt durch ein Anhörungsrecht der von einer Intervention betroffenen Behörden der anderen Mitgliedstaaten gem. Art. 42 Abs. 2 Unterabs. 1 lit. d VO Nr. 600/2014 (Rz. 32).

Zudem umfasst die Interventionsbefugnis der BaFin auch den Vertrieb von Finanzinstrumenten und strukturierten Einlagen aus **Drittstaaten**, die innerstaatlich angeboten werden. Dies folgt aus dem Wortlaut der Vorschrift, der an den innerstaatlichen Ort der Vermarktung anknüpft. Der völkerrechtlich erforderliche *genuine link* für die Erstreckung des innerstaatlich geltenden Rechts auf ausländische Sachverhalte (*jurisdiction to prescribe*) liegt einerseits im Ort des Handlungserfolgs (Auswirkungsprinzip als Element des Territorialitätsprinzips), andererseits im völkerrechtlichen Schutzprinzip. Die Erstreckung auf Drittstaatssachverhalte ist sinnvoll und geboten, um ein Unterlaufen des dem Anleger- und dem Funktionsschutz dienenden Produktinterventionsregimes durch Auslagerung von Vertriebsaktivitäten auf Drittstaaten zu unterbinden (Art. 39 VO Nr. 600/2014 Rz. 9). Dabei ist Art. 42 VO Nr. 600/2014 zugleich die Kollisionsnorm zu entnehmen, dass ein Verbot oder eine Beschränkung auch dann ausgesprochen werden kann, wenn das Produkt oder das Verhalten im Drittstaat als gesetzeskonform beurteilt wird[4].

Schließlich erstreckt sich die Interventionsbefugnis nach dem Wortlaut von Art. 42 Abs. 1 VO Nr. 600/2014 auch auf Marktaktivitäten, die von Deutschland ausgehen, sich aber ggf. **in einem anderen Staat auswirken**. Wegen der hierin angelegten **Kompetenzüberschneidung** mit den spiegelbehördlichen Aufsichtsaufgaben der Behörden **anderer Mitgliedstaaten oder EWR-Staaten** bedarf es bei der Aufgabenwahrnehmung koordinierender Mechanismen (Art. 42 VO Nr. 600/2014 Rz. 32, 37 ff.). In Bezug auf Auswirkungen in **Drittstaaten** entsteht darüber hinaus das Problem, dass die Unternehmen unter Umständen kollidierenden rechtlichen Anforderungen nach dem Sachrecht dieser Staaten ausgesetzt sind. Zudem besitzt die BaFin keine *jurisdiction to enforce*, ist also daran gehindert, ein Verbot oder eine Beschränkung im Ausland zu vollziehen und zu vollstrecken (Rz. 48).

IV. Voraussetzungen einer Intervention (Art. 42 Abs. 2 VO Nr. 600/2014). Art. 42 Abs. 2 Unterabs. 1 VO Nr. 600/2014 stellt die Interventionsbefugnis unter vier materielle und zwei prozedurale Voraussetzungen, die

---

1 *Cahn/Müchler*, BKR 2013, 45, 49 f. mit dem Beispiel vertriebsunabhängiger Finanzierungs- und Absicherungsgeschäfte; s.a. *Bußalb*, WM 2017, 553, 554; *Veil*, Bankrechtstag 2017, S. 159, 167.
2 So auch ESMA, Opinion: Impact of the exclusion of fund management companies from the scope of MiFIR intervention powers v. 12.1.2017 Nr. 4 (ESMA-1215332076-23).
3 Dazu *Fett* in Schwark/Zimmer, § 36a WpHG Rz. 22.
4 Zum kollisionsrechtlichen Gehalt von Normen mit extraterritorialen Anwendungsanspruch s. *Ohler*, Die Kollisionsordnung im Allgemeinen Verwaltungsrecht, 2005, S. 81 ff., 85, 122, 150.

grundsätzlich kumulativ vorliegen müssen. Von deren Vorliegen muss sich die Behörde **begründetermaßen vergewissern**. Aus dem Zusammenhang mit Art. 42 Abs. 3 lit. c VO Nr. 600/2014 folgt, dass die Behörde ihre Interventionsmaßnahme **nicht auf bloße Vermutungen** stützen darf, sondern ihre Feststellungen belegen muss. **Erkenntnisquellen** können hierbei Informationen aus der laufenden Beaufsichtigung der Institute, Marktuntersuchungen der BaFin[1], Informationen anderer, auch ausländischer Aufsichtsbehörden[2], Kundenbeschwerden, Daten des Finanzmarktwächters der Verbraucherzentralen oder auch anlässlich der Anhörung der Betroffenen gewonnene Informationen sein[3]. Überdies stehen der BaFin gegenüber jedermann zur Prüfung der Voraussetzungen eines Verbots die Informationsrechte nach § 6 Abs. 3 WpHG zu[4]. Das für die BaFin geltende Gebot amtswegiger Sachverhaltsermittlung nach § 24 VwVfG betrifft allerdings nur die **Tatsachengrundlage** und das hierauf bezogene Beweismaß. Soweit hingegen eine **Prognoseentscheidung** im Hinblick auf Gefahren und Bedenken zu treffen ist, entscheidet das materielle Fachrecht, hier also Art. 42 Abs. 2 VO Nr. 600/2014, über das gebotene Wahrscheinlichkeitsmaß[5].

15 **1. Materielle Voraussetzungen. a) Beeinträchtigung von Aufsichtszielen (Art. 42 Abs. 2 Unterabs. 1 lit. a VO Nr. 600/2014).** Nach Art. 42 Abs. 2 Unterabs. 1 lit. a Ziff. i) VO Nr. 600/2014 ist erste Voraussetzung, dass ein Finanzinstrument, eine strukturierte Einlage oder eine entsprechende Tätigkeit oder Praxis erhebliche Bedenken für den Anlegerschutz aufwirft oder eine Gefahr für das ordnungsgemäße Funktionieren und die Integrität der Finanz- oder Warenmärkte in mindestens einem Mitgliedstaat für die Stabilität des gesamten Finanzsystems oder eines Teils davon darstellt. Die sachlichen Anknüpfungspunkte entsprechen den Aufgreifkriterien, die für die ESMA gem. Art. 40 Abs. 2 Unterabs. 1 lit. a VO Nr. 600/2014 gelten, ergänzt um das der Interventionsbefugnis der EBA gem. Art. 41 VO Nr. 600/2014 zugewiesene Produkt der strukturierten Einlagen. Die Vorschrift wird **konkretisiert durch Art. 21 DelVO 2017/567**, der weitgehend die für die ESMA und die EBA maßgeblichen Kriterien und Faktoren kombiniert. Insoweit kann auf die diesbezügliche Kommentierung verwiesen werden (Art. 40 VO Nr. 600/2014 Rz. 11 ff.).

16 Nicht gänzlich zweifelsfrei ist, ob die Kommission den Vorschlag der ESMA, die Kriterienliste für die mitgliedstaatlichen Behörden als nicht abschließenden Katalog auszugestalten[6], aufgegriffen oder verworfen hat. Für ersteres spricht die englische Sprachfassung der DelVO 2017/567, die hinsichtlich der ESMA und der EBA in Art. 19 Abs. 2 und 20 Abs. 2 DelVO 2017/567 die Kriterien abschließend vorgibt („shall be the following"), für die mitgliedstaatlichen Behörden hingegen in Art. 21 Abs. 2 DelVO 2017/567 eine nur beispielhafte Aufzählung nahelegt („shall include"). Eine vergleichbare Differenzierung findet sich hingegen weder in der französischen noch in der deutschen Sprachfassung, die sowohl für die europäischen als auch für die nationalen Behörden auf einen enumerativen Katalog hindeuten („Folgende Faktoren" bzw. „Les facteurs…sont les suivants"). Dass die Kommission einen **abschließenden Katalog** auch für die mitgliedstaatlichen Behörden intendierte, folgt indes eindeutig aus Art. 21 Abs. 1 Unterabs. 2 DelVO 2017/567, demzufolge die mitgliedstaatlichen Behörden ebenso wie die ESMA und die EIOPA das Vorliegen von Risiken „auf der Grundlage eines oder mehrerer dieser Faktoren oder Kriterien" bestimmen können[7]. Dem ist zugleich zu entnehmen, dass die Kriterien **nicht kumulativ** erfüllt sein müssen.

17 **aa) Erhebliche Bedenken betreffend den Anlegerschutz.** Ebenso wie nach Art. 40 Abs. 2 Unterabs. 1 lit. a VO Nr. 600/2014 und Art. 41 Abs. 2 Unterabs. 1 lit. a VO Nr. 600/2014 ist der **Anlegerschutz** ein **eigenständiges Schutzziel**, wie im Umkehrschluss aus Art. 21 Abs. 2 lit. v DelVO 2017/567 folgt, der gesondert die aus einem Vertrauensverlust der Anleger resultierenden Gefahren dem Funktionsschutz zuschlägt. Wenn auch Art. 42 Abs. 2 Unterabs. 1 lit. c VO Nr. 600/2014 das Kenntnisniveau der Anleger zum Abwägungskriterium erhebt, steht die mitgliedstaatliche Interventionsbefugnis **nicht allein im Dienste des Privatkundenschutzes**. Der Verweis kann lediglich zur Konsequenz haben, dass sich bei der Berührung von Interessen der Kleinanleger bzw. Privatkunden behördliche Maßnahmen leichter rechtfertigen lassen. Das auf der Grundlage von § 4b WpHG a.F. von der BaFin beabsichtigte und später fallen gelassene Verbot von Bonitätsanleihen bezog sich ebenso wie die beschlossene Beschränkung von CFDs allein auf Privatkunden i.S.v. § 67 Abs. 3 WpHG[8].

---

1 Marktuntersuchung der BaFin zu Emission und Vertrieb von Bonitätsanleihen und Auswertung von Beratungsprotokollen, s. Anhörung zur Allgemeinverfügung bezüglich sog. „Bonitätsanleihen" v. 28.7.2016, Gz. VBS 7-Wp 5427-2016/0019 unter 1.
2 Berücksichtigung von Beobachtungen und Studien ausländischer Aufsichtsbehörden in Allgemeinverfügung der BaFin bezüglich CFDs v. 8.5.2017, Gz. VBS 7-Wp 5427-2016/0017 unter A.I. und B.I.2.
3 Zu § 4b Abs. 2 Nr. 1 WpHG a.F. *Bröker/Machunsky*, BKR 2016, 229, 231.
4 In Umsetzung von Art. 69 Abs. 2 lit. a RL 2014/65/EU; Auskunftsverfügungen können gerade auch zur Ermittlung der Voraussetzungen des Art. 42 VO Nr. 600/2014 erlassen werden, s. Begr. RegE 2. FiMaNoG, BT-Drucks. 18/10936, 225.
5 *Kallerhoff/Fellenberg* in Stelkens/Bonk/Sachs, 9. Aufl. 2018, § 24 VwVfG Rz. 20 f.
6 ESMA, Final Report – ESMA's Technical Advice to the Commission on MiFID II and MiFIR v. 19.12.2014 (ESMA/2014/1569), S. 191.
7 So i.E. auch *Busch*, WM 2017, 409, 416 f.; a.A. *Veil*, Bankrechtstag 2017, 159, 170.
8 Anhörung zur Allgemeinverfügung bezüglich sog. „Bonitätsanleihen" v. 28.7.2016, Gz. VBS 7-Wp 5427-2016/0019; Erledigung durch freiwillige Selbstverpflichtung der Deutschen Kreditwirtschaft und des Deutschen Derivate Verbands vom 16.12.2016; Allgemeinverfügung der BaFin bezüglich CFDs v. 8.5.2017, Gz. VBS 7-Wp 5427-2016/0017.

Die Gruppe der **Verbraucher** ist **kein eigenständiger Schutzadressat** von MiFID II und MiFIR. Auch Art. 21 DelVO 2017/567 knüpft in den Kriterienkatalogen nicht an die Verbrauchereigenschaft an (vgl. auch Art. 40 VO 600/2014 Rz. 11). Deshalb **rechtfertigen Verbraucherbelange nicht per se ein Einschreiten** der BaFin[1]. Allerdings verweist Art. 21 Abs. 2 DelVO 2017/517 vielfach auf Gesichtspunkte, die **verbrauchertypisch** sind. Hierzu zählt insbesondere die Berücksichtigung des Bildungsstands und der Anlageziele einschließlich der Altersvorsorge und der Eigenheimfinanzierung gem. Art. 21 Abs. 2 lit. c 2. und 4. Spiegelstr. DelVO 2017/567. In ihrer auf § 4b WpHG a.F. gegründeten **Interventionspraxis** hat die BaFin den Verbraucherschutz in das Zentrum gerückt. So wurde das Verbot von Bonitätsanleihen u.a. deshalb fallen gelassen, weil sich die Anbieter zu einer Mindeststückelung i.H.v. 10.000 Euro verpflichteten[2] und damit auf eine Mindestsumme, unterhalb derer mit Anlagegeschäften wenig geübter Kleinanleger zu rechnen ist. Die Beschränkung des Vertriebs von CFDs wurde ausdrücklich mit der Verpflichtung der BaFin auf den kollektiven Verbraucherschutz in § 4 Abs. 1a FinDAG begründet[3] (zur Kritik Rz. 28). 18

Die **sachlichen Gegebenheiten**, die Anlass zu Bedenken für den Anlegerschutz geben, werden in der Delegationsermächtigung in Art. 42 Abs. 7 VO Nr. 600/2014 konkretisiert und durch Art. 21 Abs. 2 DelVO 2017/567 weiter aufgefächert. Danach bilden vor allem **produktimmanente Eigenschaften** Bewertungsfaktoren[4], die insbesondere in Art. 21 Abs. 2 lit. a, d und e DelVO 2017/567 näher ausgestaltet werden. Für die Beschränkung von CFDs führte die BaFin vor allem die Komplexität der Performance-Berechnung des gehebelten Instruments und die Intransparenz der Berechnung von Basiswerten bei sog. Kurslücken ins Feld[5]. Da gem. Art. 42 Abs. 7 Unterabs. 2 lit. b VO Nr. 600/2014 auch das Volumen oder der Nominalwert eines Finanzinstruments Berücksichtigung finden soll, kann auch die **Verbreitung eines Finanzinstruments** eine Rolle spielen, was Art. 21 Abs. 2 lit. b 2. und 8. Spiegelstr. DelVO 2017/567 konkretisiert. Dieser Gesichtspunkt war für die BaFin maßgeblich, die ihre Beschränkung von CFDs auch mit der hohen Zahl betroffener Privatanleger begründete[6]. Schließlich deutet die Bezugnahme auf Leverage-Effekte darauf hin, dass die **Höhe des Verlustrisikos** einen Bewertungsfaktor bildet[7], wie dies auch die BaFin in ihrer Verfügung zur Beschränkung von CFDs betonte und als zentralen Grund für den Ausschluss einer Nachschusspflicht benannte[8]. Die starke Betonung produktinhärenter Risiken verweist auf ein paternalistisches Schutzkonzept, das auf Seiten der Anleger mit **Rationalitätsdefiziten** rechnet, die nicht durch Aufklärung und Beratung behoben werden können[9]. So kann zwar der Irreführung ungeübter Anleger durch die Bezeichnung eines Finanzinstruments als Bonitätsanleihe[10] mit der neuen Produktbezeichnung „bonitätsabhängige Schuldverschreibung" möglicherweise teilweise begegnet werden. Die Beschränkung von CFDs wurde hingegen u.a. damit begründet, dass „die Risikoaufklärung von Privatanlegern bisher nichts an der verlustträchtigen Performance dieser Kundengruppe geändert" habe[11]. 19

Zudem soll offenbar auch die **Nichtbeachtung bestehender regulatorischer Anforderungen** zu Bedenken Anlass geben können. Dies gilt etwa für den Verkauf von Produkten außerhalb des Zielmarkts oder ohne adäquate Ermittlung desselben (Art. 21 Abs. 2 lit. c 5. Spiegelstr. DelVO 2017/567) oder nicht ausreichende oder nicht ausreichend zuverlässige Informationen über ein Finanzinstrument (Art. 21 Abs. 2 lit. l DelVO 2017/567). Dieser Gesichtspunkt gehört indessen systematisch zu Art. 42 Abs. 2 Unterabs. 1 lit. b VO Nr. 600/2014, der einen Vorrang anderweitiger regulatorischer Anforderungen normiert und die mitgliedstaatlichen Behörden zu deren Vollzug anhält (Rz. 24 f.). 20

Im Unterschied zu Interventionen zugunsten des Funktionsschutzes und der Finanzstabilität setzt ein Einschreiten der BaFin keine Gefahr für den Anlegerschutz voraus, sondern lässt **erhebliche Bedenken** genügen. Im Sinne der polizeilichen Risikoformel, welche die Höhe des potentiellen Schadens mit der Eintrittswahrscheinlichkeit verknüpft, setzt die bewusste sprachliche Abgrenzung auf der Schadensseite an. Die **Eingriffs-** 21

---

1 So auch *Klingenbrunn*, WM 2015, 316, 320; *Seitz*, WM 2017, 1883, 1887 f.; zu undifferenziert *Veil*, Bankrechtstag 2017, 167, 177.
2 Freiwillige Selbstverpflichtung der Deutschen Kreditwirtschaft und des Deutschen Derivate Verbands vom 16.12.2016.
3 Allgemeinverfügung der BaFin bezüglich CFDs v. 8.5.2017, Gz. VBS 7-Wp 5427-2016/0017 unter B.I.4.2 und B.II.3.
4 *Cahn/Müchler*, BKR 2013, 45, 48; dem folgend *Bußalb*, WM 2017, 553, 554; *Ehlers*, WM 2017, 421, 424.
5 Allgemeinverfügung der BaFin bezüglich CFDs v. 8.5.2017, Gz. VBS 7-Wp 5427-2016/0017 unter B.I.2.1 und B.I.2.3; s.a. Anhörung zur Allgemeinverfügung bezüglich sog. „Bonitätsanleihen" v. 28.7.2016, Gz. VBS 7-Wp 5427-2016/0019 unter 2. b) (aa) zur Komplexität von Bonitätsanleihen.
6 Allgemeinverfügung der BaFin bezüglich CFDs v. 8.5.2017, Gz. VBS 7-Wp 5427-2016/0017 unter B.I.2.7; s.a. Anhörung zur Allgemeinverfügung bezüglich sog. „Bonitätsanleihen" v. 28.7.2016, Gz. VBS 7-Wp 5427-2016/0019 unter 2. b) (ee).
7 *Cahn/Müchler*, BKR 2013, 45, 49; dem folgend *Bußalb*, WM 2017, 553, 554.
8 Allgemeinverfügung der BaFin bezüglich CFDs v. 8.5.2017, Gz. VBS 7-Wp 5427-2016/0017 unter B.I.2.4. bis B.I.2.6; s.a. Merkblatt zur Allgemeinverfügung v. 8.5.2017 bezüglich Contracts for Difference (CFDs) v. 29.11.2017, Gz. VBS 7-Wp 5465-2017/0203.
9 Krit. *Klingenbrunn*, WM 2015, 316, 321; s. auch *Ehlers*, WM 2017, 421, 424 f.; *Gerding*, BKR 2017, 441, 442 f.; *Gläßner*, Die Beschränkung des Vertriebs von Finanzprodukten, S. 296 ff.
10 Dazu Anhörung zur Allgemeinverfügung bezüglich sog. „Bonitätsanleihen" v. 28.7.2016, Gz. VBS 7-Wp 5427-2016/0019 unter 2. b) (cc).
11 Allgemeinverfügung der BaFin bezüglich CFDs v. 8.5.2017, Gz. VBS 7-Wp 5427-2016/0017 unter B.I.2.1.

schwelle ist hinsichtlich des geforderten Beeinträchtigungsmaßes herabgesetzt[1]. Da Art. 42 Abs. 2 Unterabs. 2 VO Nr. 600/2014 die BaFin auch zu vorsorglichen Maßnahmen vor Beginn der Vermarktung eines Produkts befugt, setzt die Erheblichkeit nicht notwendig eine große Zahl Betroffener voraus. Auch ist **keine unmittelbar drohende Gefahr** im polizeirechtlichen Sinne erforderlich[2]. Insbesondere müssen nicht bereits Schäden eingetreten sein[3]. Ein vorsorgliches Einschreiten erfordert allerdings eine höhere Prognosesicherheit hinsichtlich der Wahrscheinlichkeit eines Schadenseintritts[4].

22 **bb) Gefahr für Marktfunktionen und Finanzstabilität.** Alternativ zum Anlegerschutz kann gem. Art. 42 Abs. 2 Unterabs. 1 lit. a Ziff. i) VO Nr. 600/2014 eine **Gefahr für das ordnungsgemäße Funktionieren und die Integrität der Finanz- und Warenmärkte** oder eine **Gefahr für die Stabilität des Finanzsystems** oder eines Teils davon in mindestens einem Mitgliedstaat ein Einschreiten der mitgliedstaatlichen Behörde rechtfertigen. Nach dem Katalog der DelVO 2017/567 ist zu berücksichtigen, ob eine Finanztätigkeit die **Integrität des Preisbildungsprozesses** erheblich beeinträchtigt (Art. 21 Abs. 2 lit. n DelVO 2017/567). Zudem sind **Rückkoppelungen** von Finanzinstrumenten **auf die Realwirtschaft** zu berücksichtigen (Art. 21 Abs. 2 lit. o DelVO 2017/567). Des Weiteren ist zu berücksichtigen, ob ein Finanzprodukt auf Grund seiner Merkmale besonders für **Finanzkriminalität** wie insbesondere Geldwäscheaktivitäten anfällig ist (Art. 21 Abs. 2 lit. p DelVO 2017/567). Gefährdungen der Finanzstabilität könnten gem. Art. 21 Abs. 2 lit. q–u DelVO 2017/567 drohen, wenn eine Finanztätigkeit oder ein Finanzinstrument ein hohes Risiko für die **Widerstandsfähigkeit von systemrelevanten Finanzinstituten, Märkten und Infrastrukturen** birgt oder ein besonderes Risiko für **Zahlungs-, Clearing- und Abwicklungssysteme** hervorruft. Zu den Anforderungen an das Vorliegen einer Gefahr vgl. Art. 40 VO Nr. 600/2014 Rz. 17.

23 **cc) Negative Auswirkung eines Derivats auf Preisbildungsmechanismus.** Als Sonderfall einer Gefährdung des Funktionierens der Finanzmärkte wurden mit Art. 42 Abs. 2 Unterabs. 1 lit. a Ziff. ii) VO Nr. 600/2014 negative Auswirkungen eines **Derivats** auf den Preisbildungsmechanismus in den zugrunde liegenden Märkten als Eingreiftatbestand verselbständigt. Ob diese Regelung in Anbetracht des weiten Begriffs der Finanzinstrumente erforderlich ist, mag dahinstehen[5]. Mit ihr soll die Problemlage erfasst werden, dass ein signifikantes künstliches Missverhältnis zwischen den Derivatpreisen und den Preisen des Underlying besteht (Art. 21 Abs. 2 lit. r DelVO 2017/567)[6].

24 **b) Kein Vorrang anderer regulatorischer Anforderungen (Art. 42 Abs. 2 Unterabs. 1 lit. b VO Nr. 600/2014).** Gem. Art. 42 Abs. 2 Unterabs. 1 lit. b VO Nr. 600/2014 wird für die Zulässigkeit einer Intervention des Weiteren vorausgesetzt, dass die auf das Finanzinstrument anwendbaren regulatorischen Anforderungen des Unionsrechts den festgestellten Risiken nicht hinreichend begegnen und das Problem nicht[7] besser durch eine stärkere Aufsicht oder Durchsetzung der vorhandenen Anforderungen gelöst würde. Während hinsichtlich der in Bezug genommenen anderweitigen regulatorischen Anforderungen für die BaFin dasselbe wie für die ESMA und die EBA gilt (vgl. Art. 40 VO Nr. 600/2014 Rz. 19), wird die **Reichweite des Vorrangs** anderweitiger Anforderungen signifikant anders bestimmt. Sind nämlich ESMA und EBA bereits an einer Intervention gehindert, wenn sonstige auf das Finanzinstrument anwendbare, theoretisch geeignete unionale Anforderungen überhaupt vorhanden sind (vgl. Art. 40 VO Nr. 600/2014 Rz. 20), so kann die BaFin auch dann einschreiten, wenn vorhandene regulatorische Anforderungen den Risiken nicht „hinreichend" begegnen. Hiermit sind grundsätzlich **größere Spielräume für mitgliedstaatliche Interventionen** verbunden[8].

25 Der BaFin obliegt es zunächst, die **Eignung und Effektivität anderer unionaler normativer Anforderungen** zu prüfen, wie insbesondere der Organisations- und Wohlverhaltenspflichten gem. Art. 24–30 RL 2014/65/EU. Die Feststellung eines unionalen Gesetzgebungsdefizits ist zwar notwendige, aber nicht ausreichende Bedingung für die Verneinung eines Vorrangs. Vielmehr müssen die mitgliedstaatlichen Behörden **zusätzlich** prüfen, ob den Gefahren oder Bedenken nicht durch eine stärkere Aufsicht oder Durchsetzung der vorhandenen regulatorischen Anforderungen Rechnung getragen werden kann. Die Eignungs- und Effektivitätsprüfung schließt die **Vollzugsebene** ein, um zu verhindern, dass die mitgliedstaatlichen Behörden vorschnell von einem regulatorischen Defizit ausgehen[9]. Neben die materiell-rechtlichen regulatorischen Anforderungen tritt deshalb die

---

1 Erwägungsgrund 18 DelVO 2017/567; ESMA, Final Report – ESMA's Technical Advice to the Commission on MiFID II and MiFIR v. 19.12.2014 (ESMA/2014/1569), S. 190 f.; *Ehlers*, WM 2017, 420, 421.
2 Wohl auch *Cahn/Müchler*, BKR 2013, 45, 49.
3 Allgemeinverfügung der BaFin bezüglich CFDs v. 8.5.2017, Gz. VBS 7-Wp 5427-2016/0017 unter B.I.3.
4 So jedenfalls bei Zugrundelegung polizeirechtlicher Maßstäbe, s. *Schenke*, Polizei- und Ordnungsrecht, 9. Aufl. 2016, § 3 Rz. 77 m.w.N.; zugleich könnte es im Vorfeld auch noch an einer ausreichenden Tatsachengrundlage fehlen, so *Bröker/Machunsky*, BKR 2016, 229, 230; *Ehlers*, WM 2017, 420, 421.
5 Zweifelnd für § 4b Abs. 2 Nr. 1 lit. b WpHG a.F. *Ehlers*, WM 2017, 420, 425 f.
6 *Ehlers*, WM 2017, 420, 425 f.; zu praktischen Problemen *Bouchon/Mehlkopp* in Fuchs, § 4b WpHG Rz. 22.
7 Die Einfügung des „nicht" beruht auf der Berichtigung der Verordnung (EU) Nr. 600/2014, ABl. EU Nr. L 278 v. 27.10.2017, S. 54.
8 So auch *Klingenbrunn*, WM 2015, 316, 319; *Cahn/Müchler*, BKR 2013, 45, 48.
9 *Klingenbrunn*, WM 2015, 316, 319 mit dem zusätzlichen Hinweis, dass die Annahme eines regulatorischen Defizits nicht auf die unionsrechtswidrige Nichtumsetzung regulatorischer Anforderungen gestützt werden kann.

Überprüfung des Einsatzes der repressiven Instrumente der BaFin zu ihrer Durchsetzung. Diese umfassen z.B. die Anordnung von Unterlassensgeboten (§ 6 Abs. 6 Satz 1 Nr. 4 und Satz 2 WpHG), die Anordnung der Aussetzung des Produktvertriebs bei Missachtung der Anforderungen des Produktfreigabeverfahrens (§ 6 Abs. 2 Satz 5 WpHG), die Untersagung der Vermarktung bei Verstößen gegen die PRIIPs-VO (§ 10 Abs. 1 Satz 2 Nr. 1 WpHG), Warnungen (§ 6 Abs. 2 Satz 3 WpHG)[1], die Bekanntgabe von Rechtsverstößen (§ 6 Abs. 9 i.V.m. § Abs. 6 Satz 1 Nr. 4 WpHG), das corporate naming and shaming (§ 126 WpHG) und die Verhängung von Bußgeldern (z.B. § 120 Abs. 8 Nr. 106 i.V.m. Abs. 20 WpHG). Bei der Bewertung der Effektivität des Vollzugs ist des Weiteren zu berücksichtigen, dass **Finanzanlagenvermittler und -berater** auf gewerberechtlicher Grundlage reguliert[2] und von den Gewerbeaufsichtsämtern überwacht werden[3]. **Effektivitätseinbußen**, die aus einen **gespaltenen Vollzug** etwa bezüglich der PRIIP-VO folgen[4], dürfen von der BaFin berücksichtigt werden, weil mit der gewerberechtlichen Regulierung von einem europarechtlich zulässigen Überwachungsmodell Gebrauch gemacht wird (Art. 39 VO Nr. 600/2014 Rz. 7). Nur wenn auch ein kombinatorischer Einsatz verfügbarer Aufsichtsinstrumente durch die BaFin und ggf. die Gewerbeaufsichtsämter den Gefahren nicht hinreichend begegnet, ist Art. 42 Abs. 2 Unterabs. 1 lit. b VO Nr. 600/2014 erfüllt. Mit dieser Stoßrichtung deckt Art. 42 Abs. 2 Unterabs. 1 lit. b VO Nr. 600/2014 jedenfalls teilweise die Suche nach einem milderen, gleich effizienten Mittel im Rahmen des Verhältnismäßigkeitsprinzips (Eignung und Erforderlichkeit) ab (Rz. 35)[5].

c) **Verhältnismäßigkeit (Art. 42 Abs. 2 Unterabs. 1 lit. c VO Nr. 600/2014).** Art. 42 Abs. 2 Unterabs. 1 lit. c VO Nr. 600/2014 verlangt die Verhältnismäßigkeit der beabsichtigten Maßnahme. Die Norm fordert nach deutschem Verständnis eine **tatbestandliche Verhältnismäßigkeitsprüfung**, die ggf. sub specie normativ eingeräumtes Ermessen um eine weitere **rechtsfolgenorientierte Verhältnismäßigkeitsprüfung** zu **ergänzen** ist[6]. Soweit allerdings bereits im Tatbestand des Art. 42 Abs. 2 VO Nr. 600/2014 Abwägungsgesichtspunkte „verbraucht" werden, hat dies Auswirkungen auf die Gestaltungsspielräume, die noch für die Ermessensausübung verbleiben (Rz. 35 f.). 26

Gegenstand der Verhältnismäßigkeitsprüfung ist die beabsichtigte „Maßnahme". Dem liegt schon auf Tatbestandsebene die behördliche Entscheidung voraus, ob ein Finanzinstrument, eine Finanztätigkeit oder -praxis oder eine strukturierte Einlage verboten oder nur beschränkt werden soll. Art. 42 Abs. 2 Unterabs. 1 lit. c VO Nr. 600/2014 verlangt für die Feststellung der Verhältnismäßigkeit die Berücksichtigung der Natur des ermittelten Risikos, des Kenntnisniveaus der betreffenden Anleger oder Marktteilnehmer und der wahrscheinlichen Auswirkungen auf Anleger und Marktteilnehmer. Anders als der für Interventionen der ESMA maßgebliche Art. 40 Abs. 3 Unterabs. 1 lit. a VO Nr. 600/2014 (vgl. Art. 40 VO Nr. 600/2014 Rz. 22) fordert die Vorschrift eine **umfassende Interessenabwägung**, die mit den Interessen der Marktteilnehmer insbesondere auch die Belange der von einem Verbot oder Beschränkung betroffenen Emittenten oder Vermarkter von Finanzinstrumenten in den Blick nimmt[7]. Sie setzt auf den behördlichen Feststellungen zur Eignung und Erforderlichkeit einer Intervention gem. Art. 42 Abs. 2 Unterabs. 1 lit. b VO Nr. 600/2014 (Rz. 25) auf. 27

Mit dem abwägungsbeachtlichen **Kenntnisniveau der betreffenden Anleger** wird der BaFin eine **konkrete Betrachtung** des jeweiligen Produktmarktes abverlangt. Die Bond-Judikatur des BGH, die am individuellen Horizont konkreter Anleger ansetzt[8], liefert keine geeigneten Maßstäbe für eine produktspezifische Intervention. Dasselbe gilt für den „Durchschnittskunden" i.S.v. § 63 Abs. 10, 64 Abs. 3 WpHG[9]. Die bloße Anknüpfung an die **normativ verfestigten Leitbilder** der professionellen Kunden und der Privatkunden in § 67 Abs. 2 und 3 WpHG wird dem geforderten Maßstab **regelmäßig nicht gerecht**, da insbesondere die Privatkunden hinsichtlich ihres Kenntnisniveaus eine sehr heterogene Gruppe bilden. Einer im Schrifttum zu Recht geforderten **differenzierenden Untergruppenbildung**[10] hat sich indes die BaFin in ihrer bisherigen Interventionspraxis entzo- 28

---

1 Erwogen sub specie Ermessen in Allgemeinverfügung der BaFin bezüglich CFDs v. 8.5.2017, Gz. VBS 7-Wp 5427-2016/0017 unter B.II.2.
2 § 34f GewO i.V.m. der Finanzanlagenvermittlungsverordnung (FinVermV) v. 2.5.2012, BGBl. I 2012, 1006, zuletzt geändert durch Gesetz v. 28.4.2016, BGBl. I 2016, 1046.
3 Laut Koalitionsvertrag 2018 v. 14.3.2018, S. 135 soll zur Herstellung einer einheitlichen und qualitativ hochwertigen Finanzaufsicht die Aufsicht über die freien Finanzanlagevermittler schrittweise auf die BaFin übertragen werden.
4 Für § 10 WpHG entsprechende Maßnahmen gegenüber Finanzanlagenvermittlern besteht in § 34g Abs. 1 Satz 2 Nr. 5 GewO eine Verordnungsermächtigung, von der durch Anpassung der FinVermV Gebrauch gemacht werden muss.
5 So der Sache nach auch *Ehlers*, WM 2017, 420, 426; a.A. *Buck-Heeb*, BKR 2017, 89, 93, die die Erforderlichkeitsprüfung als Bestandteil von Art. 42 Abs. 2 Satz 1 lit. c VO Nr. 600/2014 ansieht.
6 So auch die BaFin zu § 4b WpHG a.F., Allgemeinverfügung der BaFin bezüglich CFDs v. 8.5.2017, Gz. VBS 7-Wp 5427-2016/0017 unter B.I.4 und B.II; s.a. Anhörung zur Allgemeinverfügung bezüglich sog. „Bonitätsanleihen" v. 28.7.2016, Gz. VBS 7-Wp 5427-2016/0019 unter 2.c) und d).
7 *Cahn/Müchler*, BKR 2013, 45, 48; dem folgend *Bußalb*, WM 2017, 553, 557.
8 Zum Maßstab anleger- und objektgerechter Beratung BGH v. 6.7.1993 – XI ZR 12/93 – Bond, BGHZ 123, 126, 128 f.; BGH v. 19.12.2006 – XI ZR 56/05 – Kick back, BGHZ 170, 226 Rz. 23; BGH v. 22.3.2011 – XI ZR 33/10 – Spread Ladder Swap, BGHZ 189, 13 Rz. 20 = AG 2011, 412; BGH v. 27.9.2011 – XI ZR 182/10 – Lehman, AG 2012, 35 Rz. 22.
9 *Buck-Heeb*, BKR 2017, 89, 97 f.; a.A. *Bröker/Machunsky*, BKR 2016, 229, 230.
10 *Buck-Heeb*, BKR 2017, 89, 97 f.; *Buck-Heeb*, JZ 2017, 279, 283 f.; *Buck-Heeb*, ZHR 176 (2012), 66, 87 ff.; s. auch *Mülbert*, ZHR 177 (2013), 160, 178 ff.; krit. auch *Seitz*, WM 2017, 1883, 1887 f. zum überschießenden Schutz.

gen. So wurde die Beschränkung des Vertriebs von CFDs auf alle Privatkunden i.S.v. § 67 Abs. 3 WpHG erstreckt und erfasst damit im Grundsatz auch mittelständische Unternehmen[1]. Differenzierter ist die durch die verbandliche Selbstverpflichtung zustande gekommene (Nicht-)Regelung für den Vertrieb von sog. Bonitätsanleihen ausgefallen, die typisierend ein geringes Kenntnisniveau bei Anlegern mit einem freien Anlagevermögen von unter 10.000 Euro unterstellt[2].

29 Die in die Abwägung einzustellenden und zu gewichtenden **wahrscheinlichen Auswirkungen eines Verbots oder einer Beschränkung** betreffen sowohl die Anleger als auch die sonstigen Marktteilnehmer. Wird bezüglich der **Anleger** typisierend auf die grobmaschigen Leitbilder in § 67 Abs. 2 und 3 WpHG abgestellt, so liegt in dem dadurch möglichen „Zwangsschutz von nicht Schutzbedürftigen"[3] ein **Eingriff in die Privatautonomie (Art. 7 GRCh)**. Dieser lässt sich nicht allein durch die Möglichkeit einer Heraufstufung nach § 67 Abs. 6 WpHG relativieren[4], da diese einerseits des Einverständnisses des Wertpapierdienstleistungsunternehmens bedarf[5] und andererseits für den Anleger mit dem vollständigen Verlust der Schutzvorschriften für Privatkunden verbunden ist. Die Intensität der Wirkung von Erwerbsverboten hängt davon ab, inwieweit den betroffenen Anlegern weiterhin eine ausreichende Auswahl an Finanzprodukten zur Verfügung steht, die auch das Anlegerinteresse an einer Risikodiversifizierung befriedigen[6]. Sie ist zudem in Beziehung zu setzen zu dem Ziel des Schutzes anderer Gruppen von Anlegern.

30 Die abwägungsbeachtlichen Auswirkungen auf Marktteilnehmer betreffen die Belange der **Emittenten** und **Vertreiber und Verkäufer** von Finanzinstrumenten. Beschränkungen und Verbote von Finanzinstrumenten treffen sie in ihrer **Berufsfreiheit (Art. 15 GRCh)** bzw. bei juristischen Personen in ihrer **Unternehmensfreiheit (Art. 16 GRCh)**[7]. Auch ihre Interessen sind nicht isoliert zu würdigen, vielmehr der Grundrechtseingriff in Bezug zu setzen zur Gewichtigkeit der Schutzgüter[8]. Sofern ein Marktteilnehmer sich auf den Vertrieb des nunmehr beschränkten Produkts spezialisiert hat, ist der Eingriff besonders intensiv. Die gebotene Verhältnismäßigkeit des Eingriffs kann dann erfordern, dass dem Unternehmen Umstellungsfristen eingeräumt werden[9].

31 **d) Diskriminierungsverbot (Art. 42 Abs. 2 Unterabs. 1 lit. e VO Nr. 600/2014).** Gem. Art. 42 Abs. 2 Unterabs. 1 lit. e VO Nr. 600/2014 darf sich die behördliche Maßnahme nicht diskriminierend auf Dienstleistungen und Tätigkeiten auswirken, die von einem anderen Mitgliedstaat aus erbracht werden. Das ohnehin kraft Primärrecht geltende Diskriminierungsverbot (Art. 56, 57 Abs. 3 AEUV) erhält seine Relevanz aus dem räumlichen Anwendungsbereich der mitgliedstaatlichen Interventionsbefugnis. Da nämlich die BaFin auch den Vertrieb von Finanzinstrumenten beschränken kann, die im Wege des **grenzüberschreitenden Dienstleistungsverkehrs** in Deutschland angeboten werden (Rz. 11 ff.), darf sie grenzüberschreitend angebotene Finanzinstrumente und strukturierte Einlagen nicht anders behandeln als solche, die nur innerstaatlich vermarktet werden.

32 **2. Verfahrensrechtliche Voraussetzungen.** Gem. Art. 42 Abs. 2 Unterabs. 1 lit. d VO Nr. 600/2014 muss die BaFin die **zuständigen Behörden anderer Mitgliedstaaten und von EWR-Staaten**, die von einem Verbot erheblich betroffen sein können, **angemessen anhören**. Im Unterschied zum grenzüberschreitenden Informationsverfahren nach Art. 42 Abs. 3 und 4 VO Nr. 600/2014 (Rz. 37 ff.) beschränkt sich das Anhörungsgebot auf erheblich betroffene Behörden. Wegen des extraterritorialen Anwendungsbereichs der mitgliedstaatlichen Interventionsbefugnis (Rz. 11 ff.) ist zum einen von einer **erheblichen Betroffenheit** auszugehen, wenn das Verbot ein Finanzprodukt betrifft, das aus dem betreffenden Mitgliedstaat im Wege des grenzüberschreitenden Dienstleistungsverkehrs in Deutschland angeboten wird. Zum anderen liegt eine Berührung nahe, wenn die Interventionsmaßnahme ein Produkt betrifft, das aus Deutschland in dem betreffenden Mitgliedstaat vermarktet wird. Eine angemessene Anhörung erfordert eine Gelegenheit zur Stellungnahme vor Erlass der Maßnahme.

33 Falls von dem Finanzinstrument eine erhebliche Gefahr für das **ordnungsgemäße Funktionieren und die Integrität der landwirtschaftlichen Warenmärkte** ausgeht, ist nach Art. 42 Abs. 2 Unterabs. 1 lit. f VO Nr. 600/ 2014 eine angemessene Anhörung der für die Beaufsichtigung dieser Märkte zuständigen Stellen durchzufüh-

---

1 Allgemeinverfügung der BaFin bezüglich CFDs v. 8.5.2017, Gz. VBS 7-Wp 5427-2016/0017 unter B.I.4.2.1 und B.II.2.
2 Selbstverpflichtungserklärung des Deutschen Derivate-Verbandes (DDV), Nr. 8 der Grundsätze für die Emission von „bonitätsabhängigen Schuldverschreibungen" zum Vertrieb an Privatkunden in Deutschland v. 16.12.2016; s. auch *Veil*, Bankrechtstag 2017, S. 159, 173; mit weiteren Differenzierungen am Beispiel der OGAW-Regulierung *Köndgen* in FS Hopt, 2010, Bd. 2, S. 2113, 2139 f.
3 *Buck-Heeb*, BKR 2017, 89, 98.
4 So aber Allgemeinverfügung der BaFin bezüglich CFDs v. 8.5.2017, Gz. VBS 7-Wp 5427-2016/0017 unter B.I.4.2.2 und B.II.2.; skeptisch *Buck-Heeb*, BKR 2017, 89, 98 f.
5 Für ein Letztentscheidungsrecht des Wertpapierdienstleistungsunternehmens *Koch* in Schwark/Zimmer, § 31a WpHG Rz. 42; s. auch Begr. RegE des FRUG, BT-Drucks. 16/4028, 66.
6 Zu diesem Gesichtspunkt *Moloney*, EBOR 13 (2012), 169, 192; s. auch *Mülbert*, ZHR 177 (2013), 160, 201.
7 Zur Abgrenzung von Art. 15 und 16 GRCh *Kingreen* in Calliess/Ruffert, EUV/AEUV, Art. 15 GRCh Rz. 8; *Jarass*, Art. 15 GRCh Rz. 15.
8 Insoweit verkürzte Abwägung in Allgemeinverfügung der BaFin bezüglich CFDs v. 8.5.2017, Gz. VBS 7-Wp 5427-2016/ 0017 unter B.I.4.2; krit. *Ehlers*, WM 2017, 420, 426.
9 So auch in Allgemeinverfügung der BaFin bezüglich CFDs v. 8.5.2017, Gz. VBS 7-Wp 5427-2016/0017 unter B.I.4.2.3.

ren. Der Anwendungsbereich des Anhörungsgebots ist weiter gefasst als die entsprechende Pflicht der ESMA gem. Art. 40 Abs. 3 Unterabs. 1 lit. c VO Nr. 600/2014, die nur bei Interventionen betreffend Derivate auf landwirtschaftliche Grunderzeugnisse greift. Mit dem Anhörungsgebot soll sichergestellt werden, dass das System der durch Marktinterventionen geprägten Gemeinsamen Marktorganisation (GMO) der Union berücksichtigt wird. Die von Art. 42 Abs. 2 Unterabs. 1 lit. f VO Nr. 600/2014 in Bezug genommene GMO-VO Nr. 1234/2007 wurde allerdings zum 1.1.2014 durch eine neue Verordnung ersetzt[1]. Zuständige und demgemäß anzuhörende Marktordnungsstelle in Deutschland ist die **Bundesanstalt für Landwirtschaft und Ernährung (BLE)**[2].

Art. 42 Abs. 2 VO Nr. 600/2014 regelt nicht das **Anhörungsrecht der von einem Verbot oder einer Beschränkung Betroffenen**. Allerdings gewährt schon **Art. 41 Abs. 2 lit. a GRCh** das Recht jeder Person auf Anhörung vor Erlass einer für sie nachteiligen individuellen Maßnahme. Mit dem Merkmal der individuellen Maßnahme soll allein ein Anspruch auf Popularanhörung ausgeschlossen werden[3]. Deshalb muss die BaFin ungeachtet der Frage, ob eine Produktintervention auf ein individuelles Unternehmen abzielt oder als Allgemeinverfügung generelle Wirkung hat (Rz. 40; ausf. § 15 WpHG Rz. 22 ff.), allen betroffenen Unternehmen eine Gelegenheit zur Äußerung geben. Insbesondere kann sie nicht nach § 28 Abs. 2 Nr. 4 VwVfG von einer Anhörung absehen.

3. Ermessen. Art. 42 Abs. 1 VO Nr. 600/2014 stellt eine Produktintervention in das Ermessen der mitgliedstaatlichen Behörde. Ein Ermessensfehlgebrauch kann insbesondere angenommen werden, wenn die BaFin die Anforderungen des auch in der GRCh verankerten Verhältnismäßigkeitsprinzips[4] verkannt hat. Es könnte indes erwogen werden, dass die für die Verhältnismäßigkeit einer Interventionsmaßnahme entscheidenden Gesichtspunkte bereits tatbestandlich konsumiert sind, wenn die BaFin sowohl die Eignung und Erforderlichkeit einer Maßnahme nach Art. 42 Abs. 2 Unterabs. 1 lit. b VO Nr. 600/2014 als auch deren Verhältnismäßigkeit i.e.S. gem. Art. 42 Abs. 2 Unterabs. 1 lit. c VO Nr. 600/2014 bejaht hat. Eine derartige Konstellation des sog. **intendierten Ermessens** mit der Folge einer Ermessensreduktion[5] ist aber **unionsrechtlich nicht gefordert** und auch in der Sache **abzulehnen**, da das Prüfprogramm von Art. 42 Abs. 2 Unterabs. 1 lit. b und c VO Nr. 600/2014 nicht alle ermessensrelevanten Umstände abarbeitet.

Über die von Art. 42 Abs. 2 Unterabs. 1 lit. c VO Nr. 600/2014 genannten abwägungsbeachtlichen Interessen hinaus sind die **Auswirkungen einer Intervention auf die Finanzmärkte** in Rechnung zu stellen. Produktinterventionen können je nach ihrem Zuschnitt die Marktpreisbildung beeinflussen und zu Wettbewerbsverzerrungen führen[6]. Überdies können sie sich hemmend auf die Produktinnovation auswirken[7]. Vor einer Verbots- oder Beschränkungsmaßnahme muss zudem – über die Anforderungen von Art. 42 Abs. 2 Unterabs. 1 lit. b VO Nr. 600/2014 hinausgehend – eine Suche nach weiteren geeigneten und wirksamen Instrumenten zur Problemlösung stehen. Unter Beachtung des Diskriminierungsverbots kann etwa erwogen werden, ob **im nationalen Recht verfügbare Aufsichtsinstrumente** gleichermaßen effektiv das konstatierte Risiko bekämpfen. Auch unterhalb einer förmlichen Intervention bleibende Optionen wie insbesondere die Aushandlung **verbandlicher Selbstbeschränkungsabkommen** zu Vertriebsmodalitäten müssen in Betracht gezogen werden, wenn und solange sie gleichermaßen wirksam den festgestellten Gefahren begegnen[8].

V. Grenzüberschreitendes Informationsverfahren (Art. 42 Abs. 3 und 4 VO Nr. 600/2014). Die Bundesanstalt muss gem. Art. 42 Abs. 3 VO Nr. 600/2014 spätestens einen Monat vor Wirksamwerden einer Intervention die zuständigen Behörden aller Mitgliedstaaten und die ESMA von der Maßnahme in Kenntnis setzen. Das grenzüberschreitende Informationsverfahren löst das europäische Koordinierungsverfahren gem. Art. 43 VO Nr. 600/2014 aus. Das Notifikationsverfahren ist **keine Anhörung**. Das Anhörungsrecht ist vielmehr den von einem Verbot betroffenen Behörden anderer Mitgliedstaaten vorbehalten (Rz. 32). Die Information umfasst die Bezeichnung des Finanzinstruments oder der Finanzpraxis, den genauen Inhalt der beabsichtigten Maßnahme und den Zeitpunkt ihres Inkrafttretens sowie die Nachweise, auf welche die Behörde die Erfüllung der Voraussetzungen des Art. 42 Abs. 2 VO Nr. 600/2014 stützt. In zeitlicher Hinsicht muss die Maßnahme

---

1 Verordnung (EU) Nr. 1308/2013 des Europäischen Parlaments und des Rates vom 17. Dezember 2013, ABl. EU Nr. L 347 v. 20.12.2013, S. 671.
2 § 3 Gesetz zur Durchführung der gemeinsamen Marktorganisation und der Direktzahlungen (MOG).
3 EuGH v. 29.10.2009 – C-22/09, ECLI:EU:C:2009:684 – AJD Tuna, BeckRS 2009, 87211 Rz. 49; *Ruffert* in Calliess/Ruffert, EUV/AEUV, Art. 41 GRCh Rz. 7, 14.
4 EuGH v. 6.9.2012 – C-544/10, ECLI:EU:C:2012:526 – Deutsches Weintor, EuZW 2012, 828 Rz. 54; s. auch *Ruffert* in Calliess/Ruffert, EUV/AEUV, Art. 15 GRCh Rz. 16 ff.
5 Dazu BVerwG v. 5.7.1985 – 8 C 22/83, BVerwGE 71, 1, 6; BVerwG v. 16.6.1997 – 3 C 22/96, BVerwGE 105, 55, 57 f.; BVerwG v. 26.6.2002 – 8 C 30/01, BVerwGE 116, 332, 337; krit. *Maurer/Waldhoff*, Allgemeines Verwaltungsrecht, 19. Aufl. 2018, § 7 Rz. 12.
6 *Mülbert*, ZHR 177 (2013), 160, 201; *Gläßner*, Die Beschränkung des Vertriebs von Finanzprodukten, S. 304.
7 *Köndgen*, BKR 2011, 283, 286; *Moloney*, EBOR 13 (2012), 169, 192; s. auch Commission, Impact assessment accompanying MiFID II and MiFIR, SEC (2011) 1226 final v. 20.10.2011, S. 44 f., die die Wahrscheinlichkeit aber bei einer nur repressiven Befugnis als gering veranschlagt.
8 *Veil*, Bankrechtstag 2017, S. 159, 172 f.; s. auch die Erwägung in Allgemeinverfügung der BaFin bezüglich CFDs v. 8.5.2017, Gz. VBS 7-Wp 5427-2016/0017 unter B.II.2.

Art. 42 VO Nr. 600/2014 | Produktintervention seitens der zuständigen Behörden

mindestens einem Monat vor ihrem intendierten Wirksamwerden notifiziert werden. Da sich die Information auf die „vorgeschlagene" Maßnahme bezieht, ist der entsprechende **Maßnahmenentwurf** zu notifizieren.

38 In **Ausnahmefällen** kann die Informationsfrist nach Art. 42 Abs. 4 VO Nr. 600/2014 auf **24 Stunden** verkürzt werden, um mittels dringender Maßnahmen Schäden abzuwenden. In diesem Fall ist im Informationsverfahren zusätzlich nachzuweisen, dass auf die Risiken bei Wahrung einer einmonatigen Notifikationsfrist nicht angemessen reagiert werden kann. Zudem darf die BaFin nur befristet für eine Dauer von drei Monaten tätig werden.

39 Nach dem Wortlaut der Vorschriften ist die **EBA** zwar in das verkürzte Informationsverfahren nach Art. 42 Abs. 4 VO Nr. 600/2014 einbezogen, nicht aber in die reguläre Notifikation gem. Art. 42 Abs. 3 VO Nr. 600/2014. Auch werden in Art. 42 Abs. 3 lit. a VO Nr. 600/2014 Maßnahmen betreffend strukturierte Einlagen nicht als Informationsobjekt benannt. Da aber die EBA in das Koordinierungsverfahren nach Art. 43 VO Nr. 600/2014 einbezogen ist, handelt es sich offensichtlich um einen **redaktionellen Fehler**, der anlässlich der Ergänzung des MiFIR-Entwurfs um die Regulierung strukturierter Einlagen unterlaufen ist[1].

40 **VI. Bekanntgabe von Interventionsmaßnahmen (Art. 42 Abs. 5 VO Nr. 600/2014).** Art. 42 Abs. 5 VO Nr. 600/2014 verpflichtet die mitgliedstaatliche Behörde zur Bekanntgabe von Beschlüssen. Art. 42 VO Nr. 600/2014 macht keine Vorgaben zur **Rechtsform** einer Interventionsmaßnahme. Sofern die Bundesanstalt ein konkretes Finanzprodukt eines bestimmten Wertpapierdienstleistungsunternehmens verbietet oder beschränkt, handelt sie in der Form eines individuellen Verwaltungsakts. Fraglich ist die Rechtsform von Interventionsmaßnahmen, die allgemein Finanzinstrumente mit bestimmten Merkmalen betreffen. Die Qualifikation als Allgemeinverfügung ist zweifelhaft, weil weder der Adressatenkreis zum Zeitpunkt des Erlasses der Maßnahme geschlossen ist noch wegen des Anknüpfens in Art. 42 Abs. 2 Unterabs. 1 lit. a VO Nr. 600/2014 an eine abstrakte Gefahr ein Einzelfall geregelt wird, die Regelung mithin generell-abstrakt ist (ausf. § 15 WpHG Rz. 22 ff.). Für Interventionen betreffend Finanzinstrumente nach Art. 42 Abs. 2 VO Nr. 600/2014 folgt gleichwohl aus der Regelungssystematik des entsprechend anwendbaren § 15 WpHG, dass der Gesetzgeber Interventionsmaßnahmen als **Allgemeinverfügungen sui generis** verstanden wissen wollte (ausf. § 15 WpHG Rz. 22 ff.). **Adressat** einer Intervention kann gem. § 15 Abs. 1 Satz 2 WpHG, der auch auf Maßnahmen nach Art. 42 VO Nr. 600/2014 anwendbar ist, „jedermann" sein. Interventionsmaßnahmen können sich deshalb nicht nur gegen **Wertpapierfirmen** i.S.v. Art. 1 Abs. 2 und Art. 2 Abs. 1 Nr. 1 und 2 VO Nr. 600/2014 i.V.m. Art. 4 Abs. 1 Nr. 1 und 2 RL 2014/65/EU richten, sondern auch gegen Akteure des **Direktvertriebs** und von den Gewerbeaufsichtsbehörden überwachte freie **Finanzanlagenvermittler** i.S.v. § 34f GewO (§ 15 WpHG Rz. 20 f.).

41 Gem. Art. 42 Abs. 5 VO Nr. 600/2014 ist die BaFin zur **Bekanntgabe** der Interventionsmaßnahme auf ihrer Webseite verpflichtet, in der die Einzelheiten des Verbots erläutert und der Zeitpunkt des Wirksamwerdens der Maßnahme mitgeteilt wird. Diese Bekanntgabe ist nicht gleichbedeutend mit der Bekanntmachung zum Zwecke der öffentlichen Bekanntgabe als Wirksamkeitsvoraussetzung einer Allgemeinverfügung[2], die für die BaFin in § 17 Abs. 2 FinDAG näher ausgestaltet wird (§ 15 WpHG Rz. 27). Die öffentliche Bekanntgabe wirkt grundsätzlich **weltweit**[3]. Deshalb wird eine Allgemeinverfügung auch gegenüber denjenigen Anbietern wirksam, die von einem anderen Mitgliedstaat oder EWR-Staat aus im Wege des grenzüberschreitenden Dienstleistungsverkehrs Finanzprodukte in Deutschland vermarkten. Aus Art. 74 Abs. 1 Satz 1 RL 2014/65/EU folgt die Pflicht, die Entscheidung ordnungsgemäß zu **begründen**. Das Verbot oder die Beschränkung kann indes **keine Rückwirkung** entfalten. Es gilt gem. Art. 42 Abs. 5 Satz 2 VO Nr. 600/2014 nur für Maßnahmen, die zeitlich nach der Veröffentlichung ergriffen wurden.

42 Gem. Art. 42 Abs. 2 Unterabs. 3 VO Nr. 600/2014 kann die mitgliedstaatliche Behörde für die Maßnahme Bedingungen oder Ausnahmen festlegen. Dies geschieht rechtstechnisch durch **Nebenbestimmungen** i.S.v. § 36 Abs. 2 VwVfG. Da Auflagen und Auflagenvorbehalte nur begünstigenden Verwaltungsakten beigefügt werden dürfen[4], kommen allein **Bedingungen**, **Befristungen** oder ein **Widerrufsvorbehalt** in Betracht. Letzterer könnte sinnvoll sein, um im Fall einer gem. Art. 40 Abs. 7 und Art. 41 Abs. 7 VO Nr. 600/2014 vorrangigen Intervention der ESMA bzw. der EBA schnell reagieren zu können (vgl. Art. 40 VO Nr. 600/2014 Rz. 32)[5]. Hingegen besteht für die BaFin anders als für die ESMA und die EBA **keine Pflicht zu einer Befristung von Interventionen**, wenn dies nicht im konkreten Fall aus Gründen der Verhältnismäßigkeit geboten ist[6].

---

1 Die Einbeziehung der EBA erfolgte erst als Ergebnis der Trilogverhandlungen, s. Text des Verhandlungsergebnisses im Ratsdokument 6406/14, ADD2 v. 17.2.2014. Zuvor wollte das Parlament die Aufsicht über strukturierte Einlagen der ESMA anvertrauen, Änderungsvorschläge des Europäischen Parlaments v. 26.10.2012, P7_TA(2012)0407.
2 S. auch die differenzierende Bezeichnung der Bekanntmachung der Allgemeinverfügung der BaFin bezüglich sog. CFDs v. 8.5.2017, Gz. VBS 7-Wp 5427-2016/0017; für eine Gleichsetzung hingegen Ehlers, WM 2017, 420, 423.
3 *U. Stelkens* in Stelkens/Bonk/Sachs, 9. Aufl. 2018, § 41 VwVfG Rz. 138 m.w.N.
4 *U. Stelkens* in Stelkens/Bonk/Sachs, 9. Aufl. 2018, § 36 VwVfG Rz. 7.
5 Allgemeinverfügung der BaFin bezüglich sog. CFDs v. 8.5.2017, Gz. VBS 7-Wp 5427-2016/0017: Widerrufsvorbehalt für den Fall einer unionsweiten CFD-Regulierung.
6 Generell für Befristung *Cahn/Müchler*, BKR 2013, 45, 50.

VII. Widerruf von Interventionsmaßnahmen (Art. 42 Abs. 6 VO Nr. 600/2014). Nach Art. 42 Abs. 6 VO 43
Nr. 600/2014 widerruft die Behörde die Interventionsmaßnahme, wenn die Voraussetzungen für ihren Erlass nicht mehr vorliegen. Da nach dem eindeutigen Wortlaut eine Widerrufspflicht besteht[1], verfügt die BaFin in Abweichung von § 49 Abs. 1 VwVfG über **kein Widerrufsermessen**. Diese Konsequenz rechtfertigt sich unter rechtsstaatlichen Gesichtspunkten aus den Wirkungen einer als Allgemeinverfügung erlassenen Interventionsmaßnahme. Werden nämlich von dieser – mit quasi-normativer Wirkung – auch Unternehmen erfasst, die zum Zeitpunkt des Erlasses noch nicht auf dem entsprechenden Produktmarkt tätig waren, so gebietet der Anspruch auf effektiven Rechtsschutz gem. Art. 47 GRCh, dass den von einem Verbot Betroffenen im Fall der Bestandskraft der Allgemeinverfügung jederzeit in Gestalt eines „**Wiederaufgreifensanspruchs**" die Rüge offenstehen muss, dass die Voraussetzungen eines Verbots nicht mehr vorliegen (Rz. 40; § 15 WpHG Rz. 25, 31).

VIII. Erlass delegierter Rechtsakte (Art. 42 Abs. 7 VO Nr. 600/2014). Art. 42 Abs. 7 VO Nr. 600/2014 er- 44
mächtigt die Kommission, im Verfahren nach Art. 50 VO Nr. 600/2014 delegierte Rechtsakte anzunehmen. Gem. Art. 50 Abs. 2 VO Nr. 600/2014 wird der Kommission die Befugnis ab dem 2.7.2014 auf unbestimmte Zeit übertragen. Die Übertragung kann vom Europäischen Parlament und vom Rat nach Art. 50 Abs. 3 VO Nr. 600/2014 jederzeit widerrufen werden. Die Gültigkeit bereits erlassener delegierter Rechtsakte wird aber durch einen Widerruf nicht berührt (Art. 50 Abs. 3 Satz 4 VO Nr. 600/2014). Ein delegierter Rechtsakt tritt nur in Kraft, wenn weder das Europäische Parlament noch der Rat binnen drei Monate nach Übermittlung des Rechtsakts Einwände erhoben haben (Art. 50 Abs. 5 VO Nr. 600/2014). Mit diesen Vorgaben hat der Europäische Gesetzgeber **ausgestaltende Vorgaben** für die Befugnis zum Erlass delegierter Rechtsakte i.S.v. **Art. 290 Abs. 2 AEUV** getroffen. Sie sollen vor allem sicherzustellen, dass die Kommission die Grenzen einer Befugnisübertragung, nämlich i.S.v. Art. 290 Abs. 1 AEUV nur Ergänzungen oder Änderungen nicht wesentlicher Vorschriften vorzunehmen, beachtet. Mit der „einfachen" Delegation ist das **Verfahren zum Erlass technischer Regulierungsstandards gem. Art. 10 ff. VO Nr. 1095/2010 ausgeschlossen**. Dieses Verfahren, das von der Kommission kritisiert[2] und von Teilen des Schrifttums als primärrechtswidrig angesehen wird[3], hätte der ESMA den Entwurf der Vorschriften anvertraut.

Gegenstand der Ermächtigung ist gem. Art. 42 Abs. 7 Unterabs. 1 VO Nr. 600/2014 eine Konkretisierung der 45
Anforderungen von Art. 42 Abs. 2 Unterabs. 1 lit. a VO Nr. 600/2014, d.h. der Faktoren und Kriterien, wann erhebliche Bedenken für den Anlegerschutz oder Gefahren für den Funktionsschutz oder die Finanzstabilität vorliegen. Die Art der Kriterien wird durch einen beispielhaften Katalog in Art. 42 Abs. 7 Unterabs. 2 VO Nr. 600/2014 benannt. Diese betreffen den Grad der Komplexität des Finanzinstruments und den Bezug zu der Art von Kunden, das Volumen und den Nominalwert, den Innovationsgrad und den Leverage-Effekt. Ungeachtet der nicht abschließenden Natur des Katalogs hat der europäische Gesetzgeber mit dem Gebot zur Konkretisierung von Art. 42 Abs. 2 Unterabs. 1 lit. a VO Nr. 600/2014 ausreichend sichergestellt, dass die **Anforderungen des Art. 290 Abs. 1 AEUV gewahrt** werden, da die delegierte Rechtsetzung allein dem Erlass von Vorschriften in dem durch den Basisrechtsakt festgelegten Rahmen gestattet ist[4].

Die Kommission hat von der Ermächtigung durch **Art. 21 DelVO 2017/567** Gebrauch gemacht, der auf Er- 46
suchen der Kommission gem. Art. 34 Abs. 1 VO Nr. 1095/2010 durch einen technischen Ratschlag der ESMA vorbereitet wurde[5]. Hierbei war und ist die Kommission gehalten, die Grenzen der Ermächtigungsgrundlage einzuhalten. Zwar hat die Kommission teilweise an über Art. 42 Abs. 7 Unterabs. 2 VO Nr. 600/2014 hinausgehende Kriterien angeknüpft, z.B. mit Faktoren zur Beurteilung der Transparenz eines Finanzinstruments in Art. 21 Abs. 2 lit. d VO Nr. 600/2014 (Rz. 19). Soweit ersichtlich, dienen aber alle Kriterien und Vorgaben der Konkretisierung der Gefährdung der Schutzgüter des Art. 42 Abs. 2 Unterabs. 1 lit. a VO Nr. 600/2014.

IX. Durchsetzung und Rechtsschutz. 1. Behördliche Durchsetzung. Gem. § 15 Abs. 2 WpHG sind Interven- 47
tionsmaßnahmen auch im unmittelbaren Anwendungsbereich von Art. 42 VO Nr. 600/2014 **sofort vollziehbar.** Die BaFin kann die Verfügungen nach § 17 Abs. 1 FinDAG nach Maßgabe des VwVG **vollstrecken**. Zudem sind Verstöße gegen auf Art. 42 VO Nr. 600/2014 gestützte Interventionen **bußgeldbewehrt** (§ 120 Abs. 9 Nr. 30 und Abs. 20 WpHG). Allerdings verlangt **Art. 69 Abs. 2 Unterabs. 1 lit. s RL 2014/65/EU** eine behördliche Befugnis, den Vertrieb oder Verkauf von Finanzinstrumenten auszusetzen, wenn die „Bedingungen der Art. 40, 41 oder 42 der Verordnung (EU) Nr. 600/2014 erfüllt sind". Wegen der Bezugnahme auch auf die Interventionsbefugnisse der ESMA und der EBA ist hiermit eine behördliche Befugnis gemeint, den **Vertrieb und Verkauf von Finanzinstrumenten entgegen einem bereits von der ESMA, der EBA oder der BaFin er-**

---

1 S. auch die engl. Sprachfassung: „The competent authority *shall* revoke …".
2 Erklärung der Kommission zum Vorschlag der ESA-Verordnungen, COM (2009) 501 final, COM (2009) 502 final, COM (2009) 503 final v. 23.9.2009.
3 *Fabricius*, Der Technische Regulierungsstandard für Finanzdienstleistungen, Beiträge zum Transnationalen Wirtschaftsrecht, Heft 124/2013, S. 65 ff.; *Michel*, Institutionelles Gleichgewicht und EU-Agenturen, 2015, S. 233 ff.
4 Dazu *Ruffert* in Calliess/Ruffert, EUV/AEUV, Art. 290 AEUV Rz. 9 f.; *Gellermann* in Streinz, EUV/AEUV, 2. Aufl. 2012, Art. 290 AEUV Rz. 6.
5 ESMA, Final Report – ESMA's Technical Advice to the Commission on MiFID II and MiFIR v. 19.12.2014 (ESMA/2014/1569), S. 187 ff.

lassenen Verbot zu unterbinden[1]. Eine derartige Ermächtigungsgrundlage wurde nicht in das WpHG aufgenommen. Allerdings kann die BaFin nach **§ 6 Abs. 6 Satz 1 Nr. 4 und 7 und Satz 2 WpHG** verlangen, dass die den Verstoß gegen die MiFIR begründenden Handlungen oder der Verstoß gegen hierauf bezogene behördliche Anordnungen der BaFin befristet oder dauerhaft eingestellt werden[2]. In europarechtskonformer Auslegung werden hierdurch nicht nur Verstöße gegen unmittelbare normative Gebote sanktioniert, sondern auch solche gegen behördliche Produktinterventionen[3].

48 Soweit die Durchsetzung eines Verbots oder einer Beschränkung Produkte oder Tätigkeiten betrifft, die im Wege des **grenzüberschreitenden Dienstleistungsverkehrs** in Deutschland angeboten werden, kann innerstaatlich das Verbot durchgesetzt werden, selbst wenn dies z.B. im Fall eines Online-Angebots von Finanzinstrumenten an deutsche Kunden zur Konsequenz hat, dass das Angebot über den deutschen Raum hinaus eingestellt werden müsste[4]. Allerdings ist eine **Durchsetzung im Ausland** wegen des völkerrechtlichen **Territorialitätsprinzips** nicht möglich. Dies gilt nicht nur für Unternehmen aus Drittstaaten, sondern auch für Aktivitäten von Wertpapierfirmen aus der EU und EWR-Mitgliedstaaten. Bei diesen ist die Bundesanstalt auf die Gewährung von Amtshilfe durch die Behörden des Herkunftsstaats gem. Art. 79 ff. RL 2014/65/EU verwiesen.

49 **2. Rechtsschutz.** Weder die MiFID II noch die MiFIR machen Vorgaben zu den **zivilrechtlichen Wirkungen** einer Intervention (ausf. § 15 WpHG Rz. 33 ff.). Wohl aber verlangt Art. 74 Abs. 1 Satz 1 RL 2014/65/EU das Recht auf Einlegung eines Rechtsbehelfs gegen ein Verbot oder eine Beschränkung, und Art. 47 GRCh gebietet die **Wirksamkeit des Rechtsschutzes**. Der Ausschluss aufschiebender Wirkung von Rechtsbehelfen gem. § 15 Abs. 2 WpHG ist **mit europarechtlichen Anforderungen vereinbar**[5].

50 Die tatbestandlichen Abwägungsspielräume führen zu der Frage, ob der BaFin durch Art. 42 VO Nr. 600/2014 eine gerichtlich nicht überprüfbare **Letztentscheidungsermächtigung** eingeräumt wird. Hierfür ist entscheidend, ob das Unionsrecht einen entsprechenden Freiraum der zuständigen nationalen Behörde fordert[6]. Weder der **Wortlaut** des Art. 42 VO Nr. 600/2014 noch seine **Entstehungsgeschichte** sprechen für einen umfassenden Beurteilungsspielraum der mitgliedstaatlichen Behörden. **Rechtssystematisch** spricht dagegen, dass auch der ESMA und der EBA für von ihnen erlassene vorläufige Maßnahmen aufgrund ihrer Stellung als Geschöpfe des Sekundärrechts eine Letztentscheidungskompetenz nicht zukommen kann (vgl. Art. 40 VO Nr. 600/2014 Rz. 4). Zwar sind die Befugnisse der mitgliedstaatlichen Behörden weiter gefasst. Die Kombination von tatbestandlichen Abwägungsspielräumen und Rechtsfolgeermessen erfordert aber **kein Abwägungsermessen**, das nur nach planungsrechtlichen Grundsätzen zu überprüfen wäre (vgl. § 15 WpHG Rz. 30).

51 Allerdings wird in dem **kooperativen europäischen Entscheidungsverbund** der telekommunikationsrechtlichen Marktregulierung ein Beurteilungsspielraum der nationalen Behörde für erforderlich gehalten, um die „wechselseitige Durchlässigkeit nationaler Entscheidungen für transnationale Interessen" zu sichern. In einem Umkehrschluss wird aus dem Gebot, Empfehlungen und Leitlinien der Kommission zu berücksichtigen und deren Beschlüsse zu beachten, eine notwendige Rechtsschutzbeschränkung im nationalen Raum gefolgert[7], die mit dem Begriff des Beurteilungsspielraums der nationalen Behörde eher missverständlich umschrieben wird. Zwar werden auch auf Art. 42 VO Nr. 600/2014 gestützte Interventionsmaßnahmen in verbundförmigen Strukturen erlassen, wie die Anforderungen nach Art. 42 Abs. 3 und 4 VO Nr. 600/2014 (oben Rz. 37 ff.) und Art. 43 VO Nr. 600/2014 erweisen[8]. Indes werden hier die mitgliedstaatlichen Entscheidungen in weitaus geringerem Maße durch die ESMA bzw. EBA vorstrukturiert. Insbesondere besteht keine Pflicht zur Berücksichtigung von Stellungnahmen der ESMA bzw. der EBA, sondern für den Fall einer mitgliedstaatlichen Abweichung allein eine Veröffentlichungspflicht der Bundesanstalt (Art. 43 VO Nr. 600/2014 Rz. 5 f.). Aus der konsultativen Beteiligung der ESMA bzw. der EBA folgt deshalb **keine Notwendigkeit eines Beurteilungsspielraums der BaFin**. Ihre Interventionsmaßnahmen unterliegen grundsätzlich einer **verwaltungsgerichtlichen Vollkontrolle**.

---

1 *Klingenbrunn*, WM 2015, 316, 322; wohl auch *Busch*, WM 2017, 409, 418.
2 Laut RegE des 2. FiMaNoG aufgenommen zur Umsetzung von Art. 69 Abs. 2 lit. k RL 2014/65/EU, s. BT-Drucks. 18/10936, 225.
3 Art. 70 Abs. 3 lit. b Ziff. xxviii VO Nr. 600/2014 nennt als zu sanktionierenden Verstoß einen solchen gegen Art. 40–42 VO Nr. 600/2014, der ein behördliches Verbot voraussetzt; s. auch *Klingenbrunn*, WM 2015, 316, 322.
4 OVG NW v. 30.10.2009 – 13 B 736/09, DVBl. 2010, 129 betr. Internetglücksspiel; NdsOVG v. 14.3.2017 – 11 M.E. 236/16, NVwZ-RR 2017, 616 Rz. 41 betr. Internetauktionen.
5 Das Europarecht folgt dem Grundsatz der Durchsetzbarkeit von Entscheidungen auch bei Einlegung von Rechtsbehelfen, s. Art. 278 Satz 1 AEUV.
6 Eine europarechtliche Notwendigkeit wurde etwa bejaht für das telekommunikationsrechtliche Verfahren der Marktdefinition und Marktanalyse, BVerwG v. 2.4.2008 – 6 C 15/07, BVerwGE 131, 41 Rz. 17; BVerwG v. 29.10.2008 – 6 C 38/07, NVwZ 2009, 653 Rz. 16; BVerwG v. 1.9.2010 – 6 C 13/09, NVwZ 2011, 563 Rz. 15; bejaht ebenfalls für methodische Aspekte der Ermittlung der Kosten effizienter Leistungsbereitstellung, BVerwG v. 23.11.2011 – 6 C 11/10, NVwZ 2012, 1047 Rz. 34; BVerwG v. 25.9.2013 – 6 C 13.12, BVerwGE 148, 48 Rz. 18 ff.; BVerwG v. 17.8.2016 – 6 C 50.15, BVerwGE 156, 75 Rz. 23 f.
7 BVerwG v. 2.4.2008 – 6 C 15/07, BVerwGE 131, 41 Rz. 18; BVerwG v. 29.10.2008 – 6 C 38/07, NVwZ 2009, 653 Rz. 17.
8 Auf die Parallele verweist *Veil*, Bankrechtstag 2017, S. 159, 172.

Art. 15 und 16 GRCh fordern einen **Abwehrrechtsschutz** der von einem Verbot oder einer Beschränkung betroffenen Wertpapierdienstleistungsunternehmen, der in der Hauptsache mit der Anfechtungsklage vor dem VG geltend zu machen ist. Zudem können sie im Wege der **Verpflichtungsklage** die **Aufhebung eines Verbots oder einer Beschränkung** verlangen, wenn deren Voraussetzungen nicht mehr vorliegen. **Dritte**, namentlich Anleger, haben **keinen Anspruch auf ein aufsichtsbehördliches Einschreiten** bzw. auf eine Ermessensentscheidung über den Erlass einer Interventionsmaßnahme. Hiergegen spricht systematisch, dass auch die ESMA und die EBA nur im öffentlichen Interesse tätig werden (Art. 1 Abs. 5 Unterabs. 1 lit. e und f und Unterabs. 4 VO Nr. 1095/2010 bzw. VO Nr. 1093/2010). Auch der Umstand, dass eine Intervention gem. Art. 42 Abs. 2 Unterabs. 2 VO Nr. 600/2014 schon präventiv vor einer beabsichtigten Vermarktung ergehen kann, spricht dafür, dass die Norm nur dem institutionellen Anlegerschutz dient[1]. 52

Art. 43 Koordinierung durch die ESMA und die EBA

(1) Bei Maßnahmen der zuständigen Behörden gemäß Artikel 42 spielt die ESMA bzw. – bei strukturierten Einlagen – die EBA die Rolle des Vermittlers und Koordinators. Insbesondere stellt die ESMA bzw. – bei strukturierten Einlagen – die EBA sicher, dass eine von einer zuständigen Behörde ergriffene Maßnahme gerechtfertigt und verhältnismäßig ist und dass die zuständigen Behörden gegebenenfalls einen einheitlichen Ansatz wählen.

(2) Nach Erhalt der Mitteilung nach Artikel 42 in Bezug auf eine im Sinne dieses Artikels zu ergreifende Maßnahme gibt die ESMA bzw. – bei strukturierten Einlagen – die EBA eine Stellungnahme ab, in der sie klärt, ob das Verbot oder die Beschränkung gerechtfertigt und verhältnismäßig ist. Hält die ESMA bzw. – bei strukturierten Einlagen – die EBA Maßnahmen anderer Behörden für notwendig, um die Risiken zu bewältigen, gibt sie dies in ihrer Stellungnahme an. Die Stellungnahme wird auf der Website der ESMA bzw. – bei strukturierten Einlagen – auf der Website der EBA veröffentlicht.

(3) Werden von einer zuständigen Behörde Maßnahmen vorgeschlagen oder ergriffen, die der in Absatz 2 genannten, von der ESMA oder der EBA angenommenen Stellungnahme zuwiderlaufen, oder wird das Ergreifen von Maßnahmen entgegen dieser Stellungnahme von einer zuständigen Behörde abgelehnt, so veröffentlicht die betreffende zuständige Behörde auf ihrer Website umgehend eine Mitteilung, in der sie die Gründe dafür vollständig darlegt.

In der Fassung vom 15.5.2014 (ABl. EU Nr. L 173 v. 12.6.2014, S. 84), geändert durch Berichtigung vom 27.10.2017 (ABl. EU Nr. L 278 v. 27.10.2017, S. 54).

Schrifttum: *Michel*, Institutionelles Gleichgewicht und EU-Agenturen, 2015.

I. Gegenstand und Zweck der Regelung 1	III. Koordinierungsbefugnisse von ESMA und EBA (Art. 43 Abs. 2 VO Nr. 600/2014) 3
II. Koordinierungsaufgabe von ESMA und EBA (Art. 43 Abs. 1 VO Nr. 600/2014) 2	IV. Pflichten der Mitgliedstaaten (Art. 43 Abs. 3 VO Nr. 600/2014) 6

I. Gegenstand und Zweck der Regelung. Art. 43 VO Nr. 600/2014 (MiFIR) etabliert ein unionales Koordinierungsverfahren, das seinen Anfang in einer Mitteilung einer mitgliedstaatlichen Behörde über eine beabsichtigte Interventionsmaßnahme gem. Art. 42 Abs. 3 VO Nr. 600/2014 hat. Es zielt darauf ab, zu einer **einheitlichen Handhabung** der Voraussetzungen des Art. 42 VO Nr. 600/2014 durch die mitgliedstaatlichen Behörden beizutragen (Rz. 2), indem der ESMA und der EBA ein Recht zur **Stellungnahme** zu beabsichtigten mitgliedstaatlichen Interventionen gegeben wird (Rz. 3 ff.). Das Koordinierungsgefüge ist allerdings zugleich Ausdruck des **Vorrangs mitgliedstaatlicher Interventionsmaßnahmen** (Rz. 6). 1

II. Koordinierungsaufgabe von ESMA und EBA (Art. 43 Abs. 1 VO Nr. 600/2014). Art. 43 Abs. 1 VO Nr. 600/2014 weist der ESMA und der EBA für ihren jeweiligen Überwachungsbereich i.S.v. Art. 39 VO Nr. 600/2014 (Art. 39 VO Nr. 600/2014 Rz. 2 f.) die Aufgabe der Koordinierung mitgliedstaatlicher Produktinterventionen zu. Die Regelung konkretisiert die den Agenturen in **Art. 8 Abs. 1 lit. b VO Nr. 1095/2010 (ESMA-VO)**[2] bzw. **VO Nr. 1093/2010 (EBA-VO)**[3] übertragene Aufgabe, durch die Etablierung einer gemein- 2

---
1 *Cahn/Müchler*, BKR 2013, 45, 55.
2 Verordnung (EU) Nr. 1095/2010 des Europäischen Parlaments und des Rates vom 24. November 2010 zur Errichtung einer Europäischen Aufsichtsbehörde (Europäische Wertpapier- und Marktaufsichtsbehörde), zur Änderung des Beschlusses Nr. 716/2009/EG und zur Aufhebung des Beschlusses 2009/77/EG, ABl. EU Nr. L 331 v. 15.12.2010, S. 84.
3 Verordnung (EU) Nr. 1093/2010 des Europäischen Parlaments und des Rates vom 24. November 2010 zur Errichtung einer Europäischen Aufsichtsbehörde (Europäische Bankenaufsichtsbehörde), zur Änderung des Beschlusses Nr. 716/2009/EG und zur Aufhebung des Beschlusses 2009/78/EG, ABl. EU Nr. L 331 v. 15.12.2010, S. 12.

samen Aufsichtskultur zur kohärenten Anwendung der verbindlichen Rechtsakte der Union beizutragen. Die Aufgabe wird weiter spezifiziert durch Art. 43 Abs. 1 Satz 2 VO Nr. 600/2014, demzufolge ESMA und EBA sicherstellen, dass die mitgliedstaatlichen Maßnahmen gerechtfertigt und verhältnismäßig sind und auf einem kohärenten Ansatz beruhen. Soweit in der Sicherstellung der Rechtfertigung und Verhältnismäßigkeit behördlicher Maßnahmen eine über die Kohärenzgewährleistung hinausgehende Aufgabe gesehen werden sollte, ist deren Übertragung gemäß der Öffnungsklausel in Art. 8 Abs. 1 lit. j VO Nr. 1095/2010 bzw. VO Nr. 1093/2010 ohne weiteres zulässig[1]. Die Gewährleistungsaufgabe verleiht den Agenturen **keine Befugnisse**. Art. 43 Abs. 1 VO Nr. 600/2014 ist bloße **Aufgabenzuweisungsnorm**.

3   III. **Koordinierungsbefugnisse von ESMA und EBA (Art. 43 Abs. 2 VO Nr. 600/2014).** Art. 43 Abs. 2 VO Nr. 600/2014 gewährt der ESMA und der EBA zur Wahrnehmung ihrer Koordinierungsaufgabe die Befugnis zur Abgabe einer Stellungnahme. Es handelt sich um eine spezielle Ausprägung der in **Art. 29 Abs. 1 lit. a VO Nr. 1095/2010** bzw. **VO Nr. 1093/2010** normierten Befugnis, zur Schaffung einer gemeinsamen Aufsichtskultur und einer Kohärenz der Aufsichtspraktiken Stellungnahmen an die zuständigen Behörden abzugeben[2]. Das Stellungnahmerecht gem. Art. 43 Abs. 2 VO Nr. 600/2014 ist an den Erhalt einer Mitteilung nach Art. 42 VO Nr. 600/2014 gebunden und steht damit in einem verfahrensrechtlichen Kontext[3]. Es knüpft an das **grenzüberschreitende Informationsverfahren** gem. Art. 42 Abs. 3 und 4 VO Nr. 600/2014 an (Art. 42 VO Nr. 600/2014 Rz. 37 ff.)[4]. Auch im verkürzten Informationsverfahren nach Art. 42 Abs. 4 VO Nr. 600/2014 erscheint eine Stellungnahmebefugnis ungeachtet der Vorläufigkeit der mitgliedstaatlichen Maßnahmen zur Wahrnehmung der Koordinierungsfunktion sinnvoll.

4   Vorrangiger **Gegenstand der Stellungnahme** der ESMA bzw. der EBA ist die Beurteilung der beabsichtigten mitgliedstaatlichen Verbots- oder Beschränkungsmaßnahme. Da nicht nur ihre Verhältnismäßigkeit, sondern allgemein ihre Rechtfertigung zu klären ist, erfasst die Stellungnahme die **Klärung sämtlicher Interventionsvoraussetzungen nach Art. 42 Abs. 2 VO Nr. 600/2014**. Gem. Art. 43 Abs. 2 Satz 2 VO Nr. 600/2014 können die ESMA bzw. die EBA überdies in ihrer Stellungnahme die **Notwendigkeit von Maßnahmen anderer Behörden** angeben. Dies kommt insbesondere dann in Frage, wenn das von einem Finanzinstrument, einer Finanztätigkeit oder einer strukturierten Einlage ausgehende Risiko grenzüberschreitender Natur ist und seine Bekämpfung einer koordinierten mitgliedstaatlichen Anstrengung bedarf. So kann zwar die BaFin die Vermarktung von Finanzinstrumenten beschränken, die grenzüberschreitend aus Deutschland in einem anderen Mitgliedstaat angeboten werden, ist aber insoweit an einem eigenständigen Vollzug im Ausland gehindert (Art. 42 VO Nr. 600/2014 Rz. 44). Die Erstreckung der Stellungnahme auf die Anregung von Maßnahmen anderer Behörden ist Ausdruck der Aufgabe, für eine kohärente Aufsicht zu sorgen.

5   Die ESMA bzw. EBA gibt die Stellungnahme nach Art. 43 Abs. 2 Satz 3 VO Nr. 600/2014 auf ihrer Website bekannt. Stellungnahmen der ESMA bzw. der EBA sind ebenso wie entsprechende Handlungen von Unionsorganen (Art. 288 Abs. 5 AEUV) **nicht rechtsverbindlich**, weshalb sie gegenüber ihren jeweiligen Adressaten keine rechtliche Bindungswirkung entfalten[5]. Ob sie vergleichbar mit den ebenfalls rechtlich unverbindlichen Empfehlungen ein weiches Instrument der Verhaltenssteuerung[6] oder bloß reaktive Äußerung einer sachverständigen Meinung sind[7], hängt von ihrem Regelungskontext ab (Rz. 6).

6   IV. **Pflichten der Mitgliedstaaten (Art. 43 Abs. 3 VO Nr. 600/2014).** Gem. Art. 43 Abs. 3 VO Nr. 600/2014 sind die mitgliedstaatlichen Behörden im Fall des **Abweichens von einer Stellungnahme** der ESMA bzw. der EBA verpflichtet, diesen Umstand unter Darlegung der Gründe auf ihrer Website mitzuteilen. Entsprechend dem Gegenstand einer Stellungnahme gilt dies zum einen für die mitgliedstaatliche Behörde, die eine beabsichtigte Produktintervention notifiziert hat, die nach Auffassung der Agentur nicht gerechtfertigt ist, aber gleichwohl wirksam werden soll. Zum anderen müssen diejenigen Behörden, deren Tätigwerden nach Beurteilung der ESMA bzw. der EBA notwendig ist, im Fall ihrer weiteren Untätigkeit diese Tatsache unter Darlegung von Gründen veröffentlichen. Durch die **Begründungs- und Veröffentlichungspflicht** mag ein gewisser Befolgungsdruck für die mitgliedstaatlichen Behörden entstehen. Allerdings wird durch Art. 43 Abs. 3 VO Nr. 600/2014 **kein förmliches** *comply or explain***-Verfahren** errichtet, wie es insbesondere für den Erlass von Leitlinien und Empfehlungen der ESMA bzw. der EBA etabliert wurde (Art. 16 Abs. 3 VO Nr. 1095/2010 bzw. VO

---

1 *Michel*, Institutionelles Gleichgewicht und EU-Agenturen, S. 199.
2 Ausführlicher *Michel*, Institutionelles Gleichgewicht und EU-Agenturen, S. 193, 264.
3 Zur Einordnung von Stellungnahmen von Unionsorganen in das Handlungsformensystem der Union v. *Bogdandy/Bast/Arndt*, ZaöRV 62 (2002), 77, 115 ff.
4 Zu einem Stellungnahmerecht auch in Bezug auf mitgliedstaatliche Maßnahmen, die vor der Anwendbarkeit von Art. 42 VO Nr. 600/2014 erlassen wurden, Securities and Markets Stakeholder Group (SMSG), Advice – Own initiative report on product intervention under MiFIR v. 16.6.2017, S. 6 (ESMA22-106-264).
5 EuGH v. 13.12.1989 – C-322/88, ECLI:EU:C:1989:646 – Grimaldi, Slg. 1989, 4407 Rz. 16.
6 So *Michel*, Institutionelles Gleichgewicht und EU-Agenturen, S. 264 für Stellungnahmen der Agenturen gem. Art. 29 Abs. 1 lit. a ESA-Verordnungen.
7 So *v. Bogdandy/Bast/Arndt*, ZaöRV 62 (2002), 77, 119; *Schroeder* in Streinz, EUV/AEUV, 2. Aufl. 2012, Art. 288 AEUV Rz. 147; *Ruffert* in Calliess/Ruffert, EUV/AEUV, 5. Aufl. 2016, Art. 288 AEUV Rz. 96.

Nr. 1093/2010)[1]. Im Gegensatz zu diesem Verfahren, das die Agenturen zur Veröffentlichung der mitgliedstaatlichen Abweichung und ggf. zum „Anschwärzen" der betroffenen Behörden bei Parlament, Rat und Kommission befugt, beschränkt sich Art. 43 Abs. 3 VO Nr. 600/2014 auf die Anordnung einer Eigenveröffentlichung. Nach dem Regelungskontext (vgl. auch Rz. 5) entsteht deshalb **keine faktische Bindungswirkung** der mitgliedstaatlichen Behörden.

Kapitel 2
Positionen

Art. 44 Koordinierung nationaler Positionsmanagementmaßnahmen und Positionsbeschränkungen durch die ESMA

(1) Die ESMA wird als Vermittler und Koordinator im Hinblick auf Maßnahmen tätig, die von den zuständigen Behörden nach Artikel 69 Absatz 2 Buchstaben o und p der Richtlinie 2014/65/EU ergriffen werden. Insbesondere sorgt die ESMA dafür, dass die zuständigen Behörden einen kohärenten Ansatz verfolgen, wenn es um den Zeitpunkt der Ausübung dieser Befugnisse, die Wesensart und den Anwendungsbereich der vorgeschriebenen Maßnahmen und die Dauer sowie die Weiterverfolgung dieser Maßnahmen geht.

(2) Nach Eingang der Meldung einer Maßnahme gemäß Artikel 79 Absatz 5 der Richtlinie 2014/65/EU verzeichnet die ESMA die Maßnahme sowie ihre Gründe. Bei Maßnahmen nach Artikel 69 Absatz 2 Buchstaben o oder p der Richtlinie 2014/65/EU führt sie auf ihrer Website öffentlich eine Datenbank mit Zusammenfassungen der geltenden Maßnahmen, einschließlich Einzelheiten zur betreffenden Person, zu den anwendbaren Finanzinstrumenten, sämtlichen Beschränkungen der Größe der Positionen, die Personen zu jeder Zeit halten können, Ausnahmen, die diesbezüglich gemäß Artikel 57 der Richtlinie 2014/65/EU gewährt werden können, und die Gründe dafür.

In der Fassung vom 15.5.2014 (ABl. EU Nr. L 173 v. 12.6.2014, S. 84).

Schrifttum: S. Art. 45 VO Nr. 600/2014.

I. Gegenstand und Zweck der Regelung	1	III. Veröffentlichung der Informationen (Art. 44 Abs. 2 VO Nr. 600/2014) 4
II. Vermittlungs- und Koordinierungsaufgabe der ESMA (Art. 44 Abs. 1 VO Nr. 600/2014)	2	

I. Gegenstand und Zweck der Regelung. Art. 44 VO Nr. 600/2014 (MiFIR) konkretisiert die der ESMA in Art. 8 Abs. 1 lit. b der VO Nr. 1095/2010[2] übertragene Aufgabe, durch die Etablierung einer gemeinsamen Aufsichtskultur zu einer kohärenten Anwendung der verbindlichen Rechtsakte der Union beizutragen. Gem. Art. 44 Abs. 1 VO Nr. 600/2014 kommt der ESMA die Rolle als Vermittler und Koordinator für von den mitgliedstaatlichen Behörden getroffene Positionsmanagementmaßnahmen und Positionslimits zu. Insoweit **ergänzt** die Vorschrift die koordinierende Rolle, die der ESMA nach **Art. 57 Abs. 5 RL 2014/65/EU (MiFID II)**[3] für die Festsetzung nationaler ex ante-Positionslimits für Warenderivate eingeräumt wurde (vgl. § 54 WpHG Rz. 40 ff.). Nach Art. 44 Abs. 2 VO Nr. 600/2014 werden die von den Behörden gem. Art. 79 Abs. 5 RL 2014/65/EU übermittelten Informationen von der ESMA in zusammengefasster Form in eine öffentlich zugängliche Datenbank eingestellt. Art. 44 VO Nr. 600/2014 verschafft der ESMA **keinerlei Befugnisse** gegenüber den mitgliedstaatlichen Behörden oder den privaten Finanzmarktakteuren. 1

II. Vermittlungs- und Koordinierungsaufgabe der ESMA (Art. 44 Abs. 1 VO Nr. 600/2014). Gegenständlich bezieht sich die Vermittlungs- und Koordinierungsaufgabe der ESMA gem. Art. 44 Abs. 1 Satz 1 VO 2

---

1 A.A. offenbar Securities and Markets Stakeholder Group (SMSG), Advice – Own initiative report on product intervention under MiFIR v. 16.6.2017, S. 6 (ESMA22-106-264); zum *comply or explain*-Verfahren ausführlich *Michel,* Institutionelles Gleichgewicht und EU-Agenturen, S. 238 ff.; *Lehmann/Manger-Nestler,* ZBB 2011, 2, 12 f.; *Gurlit,* ZHR 177 (2013), 862, 875 f.; s. auch Art. 3 Nr. 7 des Legislativvorschlags COM (2017) 536 final, der eine Einbeziehung der SMSG und der Kommission in die Herausgabe von Empfehlungen vorsieht, um deren Kompetenzgemäßheit sicherzustellen.

2 Verordnung (EU) Nr. 1095/2010 des Europäischen Parlaments und des Rates vom 24. November 2010 zur Errichtung einer Europäischen Aufsichtsbehörde (Europäische Wertpapier- und Marktaufsichtsbehörde), zur Änderung des Beschlusses Nr. 716/2009/EG und zur Aufhebung des Beschlusses 2009/77/EG, ABl. EU Nr. L 331 v. 15.12.2010, S. 84.

3 Richtlinie 2014/65/EU des Europäischen Parlaments und des Rates vom 15. Mai 2014 über Märkte für Finanzinstrumente sowie zur Änderung der Richtlinien 2002/92/EG und 2011/61/EU, ABl. EU Nr. L 173 v. 12.6.2014, S. 349.

Nr. 600/2014 auf **Positionsmanagementmaßnahmen und Positionslimits** der mitgliedstaatlichen Behörden nach Art. 69 Abs. 2 lit. o und p RL 2014/65/EU. Nach diesen Vorschriften können die Behörden von jeder Person verlangen, die Größe einer Position in einem Finanzinstrument zu verringern (Art. 69 Abs. 2 lit. o RL 2014/65/EU; § 9 Abs. 1 WpHG) und zudem für jede Person die Möglichkeit einschränken, eine Position in einem Warenderivat einzugehen (Art. 69 Abs. 2 lit. p RL 2014/65/EU; § 9 Abs. 2 WpHG). Auch können die Behörden vorab Positionslimits für die Größe einer Position in einem Warenderivat festlegen, die von jeder Person zu jeder Zeit gehalten werden darf (Art. 57 Abs. 1 und 11 i.V.m. Art. 69 Abs. 2 lit. p RL 2014/65/EU; § 54 WpHG). **Nicht erfasst** von Art. 44 VO Nr. 600/2014 sind **Positionsmanagementkontrollen**, die nach Art. 57 Abs. 6 RL 2014/65/EU – umgesetzt in § 54 Abs. 6 WpHG, § 26f BörsG (vgl. § 54 WpHG Rz. 56 ff.) – **von Handelsplätzen** wahrgenommen werden.

3 Nach Art. 44 Abs. 1 Satz 2 VO Nr. 600/2014 sorgt die ESMA dafür, dass die mitgliedstaatlichen Behörden einen kohärenten Ansatz verfolgen, soweit es um den Zeitpunkt der Wahrnehmung der Befugnisse, die Natur und den Anwendungsbereich der Maßnahmen, ihre Dauer und ihre Weiterverfolgung (follow-up[1]) geht. Allerdings gibt Art. 44 Abs. 1 VO Nr. 600/2014 der ESMA keinerlei Instrumente an die Hand, mittels derer für die Verfolgung eines kohärenten Ansatzes durch die mitgliedstaatlichen Behörden Sorge getragen werden könnte. Art. 44 Abs. 1 Satz 2 VO Nr. 600/2014 ist damit **bloße Aufgabenzuweisungsnorm**.

4 **III. Veröffentlichung der Informationen (Art. 44 Abs. 2 VO Nr. 600/2014).** Gem. Art. 44 Abs. 2 VO Nr. 600/2014 nimmt die ESMA die mitgliedstaatlichen Informationen entgegen und stellt sie auf einer Datenbank zur Verfügung. Die **Datenübermittlungspflicht** beruht nicht auf Art. 44 VO Nr. 600/2014, sondern auf **Art. 79 Abs. 5 RL 2014/65/EU**, der durch § 18 Abs. 8 Sätze 4–7 WpHG umgesetzt wurde. Nach diesen Vorschriften bezieht sich die mitgliedstaatliche Unterrichtungspflicht auf **beabsichtigte Maßnahmen**, die grundsätzlich spätestens 24 Stunden vor ihrem Inkrafttreten der ESMA mitzuteilen sind (Art. 79 Abs. 5 RL 2014/65/EU; § 18 Abs. 8 Satz 5 WpHG). Die in Art. 44 Abs. 2 Satz 2 VO Nr. 600/2014 geregelte Pflicht der ESMA zur Veröffentlichung der Informationen auf einer elektronischen Datenbank bezieht sich hingegen auf die sodann **geltenden Maßnahmen**. Dies zeigt bereits, dass der informatorischen Beteiligung der ESMA nach Art. 79 Abs. 5 RL 2014/65/EU und Art. 44 VO Nr. 600/2014 keine Bedeutung für das Wirksamwerden der Maßnahmen zukommt.

5 **Umfang und Art der Veröffentlichung** knüpfen weitgehend[2] an die Reichweite der Datenübermittlungspflicht nach Art. 79 Abs. 5 RL 2014/65/EU an. Zwar sind nur Zusammenfassungen der mitgliedstaatlichen Maßnahmen zu veröffentlichen. Hierzu gehören allerdings – jeweils unter Angabe von Gründen – Einzelheiten zum Adressaten, an den **Maßnahmen nach Art. 69 Abs. 2 lit. o und p RL 2014/65/EU bzw. §§ 9, 54 WpHG** gerichtet wurden, zu den erfassten Finanzinstrumenten und zu sämtlichen Beschränkungen der Größe einer Position, die Personen zu jeder Zeit halten dürfen. Die Angaben umfassen damit sowohl die Einzelheiten zu Anordnungen zur Reduzierung von Positionen (§ 9 Abs. 1 WpHG) als auch Anordnungen zur Beschränkungen des Vertragsschlusses (§ 9 Abs. 2 WpHG) und für jede Person geltende Positionslimits (§ 54 WpHG). Indes werden die mitgliedstaatlich nach Durchführung eines Koordinierungsverfahrens (Art. 57 Abs. 5 RL 2014/65/EU; § 54 Abs. 4 Satz 1 WpHG)[3] festgelegten Positionslimits auch schon gem. Art. 57 Abs. 10 Unterabs. 2 RL 2014/65/EU (§ 54 Abs. 4 Satz 3 WpHG) an die ESMA übermittelt und von ihr zusammenfassend in eine Datenbank eingestellt, so dass auf europäischer Ebene die Übermittlungspflicht betreffend Positionslimits eine **doppelte Regelung** erfahren hat[4]. Schließlich werden von den mitgliedstaatlichen Behörden gewährte **Ausnahmen von Positionslimits nach Art. 57 Abs. 1 Unterabs. 2 RL 2014/65/EU** (§ 56 Abs. 3 WpHG) für nichtfinanzielle Stellen[5], die gem. Art. 79 Abs. 5 RL 2014/65/EU bzw. § 18 Abs. 8 Satz 6 WpHG zu übermitteln sind, ebenfalls in der öffentlichen Datenbank verzeichnet.

6 Über das in Art. 57 Abs. 5 RL 2014/65/EU normierte präventive Koordinierungsverfahren für die Festlegung von Positionslimits hinaus ist für die weiteren nach Art. 69 Abs. 2 lit. o und p RL 2014/65/EU angeordneten Maßnahmen in Art. 44 Abs. 2 VO Nr. 600/2014 **keine Befugnis der ESMA zu einer Stellungnahme geregelt**, die Anlass für ein mitgliedstaatliches Überdenken der beabsichtigten Maßnahme sein könnte. Dies steht in deutlichem Kontrast zur Koordinierungsrolle der ESMA bei mitgliedstaatlichen Produktinterventionen (Art. 43 VO Nr. 600/2014 Rz. 3 ff.). Zwar ist die ESMA nach **Art. 29 Abs. 1 lit. a VO Nr. 1095/2010** auch ohne geson-

---

1 So die englische Sprachfassung.
2 Die Übermittlungspflicht nach Art. 79 Abs. 5 RL 2014/65/EU reicht insoweit weiter, als sie auch nähere Informationen zu Informationsverlangen nach Art. 69 Abs. 2 lit. j RL 2014/65/EU (§ 6 Abs. 3 Satz 2 Nr. 3 WpHG) umfasst.
3 S. etwa die Stellungnahmen der ESMA zu den von der französischen AMF beabsichtigten Positionslimits für Raps-, Mais- und Weizenmehlkontrakte v. 10.8.2017 (ESMA70-155-993; ESMA70-155-988; ESMA70-155-983) und zu den von der britischen FCA geplanten Positionslimits für Kerosinkontrakte v. 3.4.2018 (ESMA70-155-3453).
4 Der deutsche Gesetzgeber hat bei der Umsetzung von Art. 79 Abs. 5 RL 2014/65/EU in § 18 Abs. 8 WpHG auf eine Übermittlungspflicht betr. Positionslimits verzichtet und diese allein in § 54 Abs. 4 Satz 3 WpHG geregelt.
5 Zum Antragsverfahren s. Art. 7, 8 Delegierte Verordnung (EU) 2017/591 der Kommission vom 1. Dezember 2016 zur Ergänzung der Richtlinie 2014/65/EU des Europäischen Parlaments und des Rates durch technische Regulierungsstandards für die Anwendung von Positionslimits für Warenderivate, ABl. EU Nr. L 87 v. 31.3.2017, S. 479.

derte Gestattung berechtigt, zur Schaffung einer gemeinsamen Aufsichtskultur und einer Kohärenz der Aufsichtspraktiken Stellungnahmen an die zuständigen Behörden abzugeben[1]. Der Verzicht auf eine ausdrückliche Regelung unter Einschluss von mitgliedstaatlichen Reaktionspflichten ist aber Indiz dafür, dass der ESMA **keine steuernde Rolle** für die an konkrete Adressaten gerichteten Maßnahmen nach Art. 69 Abs. 2 lit. o und p RL 2014/65/EU (§ 9 WpHG) zugedacht wurde.

Art. 45 Positionsmanagementbefugnisse der ESMA

(1) Nach Art. 9 Absatz 5 der Verordnung (EU) Nr. 1095 kann die ESMA, wenn beide Bedingungen nach Absatz 2 erfüllt sind, eine oder mehrere der folgenden Maßnahmen treffen:

a) Anforderung aller relevanten Informationen von Seiten jeder Person im Hinblick auf Größe oder Zweck einer mittels eines Derivats eingegangenen Position oder offene Forderung,

b) nach Analyse der erhaltenen Informationen gemäß Buchstabe a Aufforderung dieser Person, Maßnahmen zur Reduzierung der Größe oder zur Aufhebung der Position oder offene Forderung gemäß dem delegierten Rechtsakt nach Absatz 10 Buchstabe b zu ergreifen;

c) als letztes Mittel Beschränkung der Möglichkeit einer Person, einen Warenderivatkontrakt abzuschließen.

(2) Die ESMA fasst einen Beschluss gemäß Absatz 1 nur, wenn die beiden folgenden Bedingungen erfüllt sind:

a) Mit den in Absatz 1 genannten Maßnahmen wird einer Gefahr für die ordnungsgemäße Funktionsweise und die Integrität der Finanzmärkte, auch der Warenderivatmärkte im Einklang mit den Zielen nach Artikel 57 Absatz 1 der Richtlinie 2014/65/EU einschließlich Lieferungsvereinbarungen für physische Waren, oder einer Gefahr für die Stabilität des gesamten oder eines Teils des Finanzsystems in der Union begegnet.

b) Eine oder mehrere zuständige Behörden haben keine Maßnahmen ergriffen, um der Gefahr zu begegnen, oder die ergriffenen Maßnahmen begegnen der Gefahr nicht ausreichend.

Die ESMA bewertet die Erfüllung der Bedingungen nach Unterabsatz 1 Buchstaben a und b dieses Absatzes anhand der Kriterien und Faktoren, die in dem delegierten Rechtsakt nach Absatz 10 Buchstabe a dieses Artikels festgelegt sind.

(3) Beim Ergreifen von Maßnahmen nach Absatz 1 sorgt die ESMA dafür, dass die Maßnahme

a) Gefahren für das ordnungsgemäße Funktionieren und Integrität der Finanzmärkte, auch der Warenderivatemärkte im Einklang mit den Zielen nach Artikel 57 Absatz 1 der Richtlinie 2014/65/EU einschließlich Lieferungsvereinbarungen für physische Waren oder Gefahren für die Stabilität des gesamten Finanzsystems oder eines Teils davon in der Union signifikant begegnet oder die Möglichkeiten der zuständigen Behörden, die anhand der Kriterien und Faktoren nach Maßgabe des delegierten Rechtsakts gemäß Absatz 10 Buchstabe a dieses Artikels bestimmten Gefahren zu überwachen, signifikant verbessert;

b) nicht das gemäß Absatz 10 Buchstabe c dieses Artikels bewertete Risiko einer Aufsichtsarbitrage birgt;

c) keine der folgenden, gegenüber den Vorteilen der Maßnahme unverhältnismäßigen negativen Auswirkungen auf die Effizienz der Finanzmärkte bewirkt: Verringerung der Liquidität auf diesen Märkten, Einschränkung der Bedingungen für die Minderung der Risiken, die in direktem Zusammenhang mit der Geschäftstätigkeit einer nichtfinanziellen Gegenpartei stehen, oder Schaffung von Unsicherheit für die Marktteilnehmer.

Bevor die ESMA Energiegroßhandelsprodukte betreffende Maßnahmen trifft, konsultiert sie die gemäß der Verordnung (EG) Nr. 713/2009 des Europäischen Parlaments und des Rates eingerichtete Agentur für die Zusammenarbeit der Energieregulierungsbehörden.

Bevor die ESMA Maßnahmen trifft, die Warenderivate auf landwirtschaftliche Grunderzeugnisse betreffen, konsultiert sie die öffentlichen Stellen, die gemäß der Verordnung (EG) Nr. 1234/2007 für die Beaufsichtigung, Verwaltung und Regulierung der landwirtschaftlichen Warenmärkte zuständig sind.

(4) Bevor die ESMA die Ergreifung oder Verlängerung einer Maßnahme nach Absatz 1 beschließt, unterrichtet sie die jeweils zuständigen Behörden über die von ihr vorgeschlagene Maßnahme. Im Falle eines Antrags nach Absatz 1 Buchstabe a oder b muss die Meldung die Identität der Person oder Personen enthalten, an die sie gerichtet war, sowie die jeweiligen Einzelheiten und die Gründe dafür. Im Falle einer Maßnahme nach Absatz 1 Buchstabe c enthält die Meldung Einzelheiten zur betreffenden

---

[1] Ausführlicher *Michel*, Institutionelles Gleichgewicht und EU-Agenturen, 2015, S. 193, 264.

Art. 45 VO Nr. 600/2014 | Positionsmanagementbefugnisse der ESMA

Person, zu den anwendbaren Finanzinstrumenten, einschlägigen quantitativen Maßnahmen, wie der maximalen Größe einer Position, die die fragliche Person abschließen kann, und die Gründe dafür.

(5) Die Unterrichtung erfolgt spätestens 24 Stunden vor dem geplanten Inkrafttreten der Maßnahme oder ihrer Verlängerung. Kann die 24-Stunden-Frist nicht eingehalten werden, kann die ESMA die Unterrichtung im Ausnahmefall weniger als 24 Stunden vor dem geplanten Inkrafttreten der Maßnahme vornehmen.

(6) Die ESMA gibt auf ihrer Website jeden Beschluss zur Verhängung oder Verlängerung einer Maßnahme nach Absatz 1 Buchstabe c bekannt. Die Meldung enthält Einzelheiten zur betreffenden Person, zu den anwendbaren Finanzinstrumenten, den einschlägigen quantitativen Maßnahmen, wie der maximalen Größe einer Position, die die fragliche Person abschließen kann, und die entsprechenden Gründe.

(7) Eine Maßnahme im Sinne von Absatz 1 Buchstabe c tritt zum Zeitpunkt der Veröffentlichung der Bekanntmachung oder einem darin genannten späteren Zeitpunkt in Kraft und gilt nur für Geschäfte, die nach Inkrafttreten der Maßnahme eingegangen werden.

(8) Die ESMA überprüft ihre gemäß Absatz 1 Buchstabe c ergriffenen Maßnahmen in geeigneten Zeitabständen, mindestens aber alle drei Monate. Wird eine Maßnahme nach Ablauf dieser drei Monate nicht verlängert, tritt sie automatisch außer Kraft. Die Absätze 2 bis 8 finden ebenfalls auf die Verlängerung von Maßnahmen Anwendung.

(9) Eine gemäß diesem Artikel beschlossene Maßnahme der ESMA ist vorrangig gegenüber allen etwaigen früheren Maßnahmen einer zuständigen Behörde nach Artikel 69 Abs. 2 Buchstabe o oder p der Richtlinie 2014/65/EU.

(10) Die Kommission erlässt gemäß Artikel 50 delegierte Rechtsakte, in denen die Kriterien und Faktoren festgelegt werden, anhand deren Folgendes bestimmt wird:

a) das Vorliegen einer Gefahr für die ordnungsgemäße Funktionsweise und die Integrität der Finanzmärkte, auch der Warenderivatemärkte im Einklang mit den Zielen nach Artikel 57 Absatz 1 der Richtlinie 2014/65/EU einschließlich Lieferungsvereinbarungen für physische Waren, oder einer Gefahr für die Stabilität des gesamten oder eines Teils des Finanzsystems in der Union im Sinne von Absatz 2 Buchstabe a, wobei berücksichtigt wird, in welchem Maße Positionen genutzt werden, um Positionen in physischen Waren oder Warenkontrakten abzusichern, sowie in welchem Maße die Kurse auf den zugrunde liegenden Märkten durch Bezugnahme auf die Preise von Warenderivaten festgelegt werden;

b) die angemessene Reduzierung einer mittels eines Derivates eingegangenen Position oder offene Forderung nach Absatz 1 Buchstabe b dieses Artikels;

c) die Situationen, die das Risiko einer Aufsichtsarbitrage nach Absatz 3 Buchstabe b bergen könnten.

Bei diesen Kriterien und Faktoren werden die technischen Regulierungsstandards im Sinne von Artikel 57 Absatz 3 der Richtlinie 2014/65/EU berücksichtigt, und es wird unterschieden zwischen Situationen, in denen die ESMA aufgrund des Nichttätigwerdens einer zuständigen Behörde tätig wird, und Situationen, in denen die ESMA auf eine zusätzliche Gefahr reagiert, der die zuständige Behörde im Sinne von Artikel 69 Absatz 2 Buchstabe j oder o der Richtlinie 2014/65/EU nicht angemessen begegnen kann.

In der Fassung vom 15.5.2014 (ABl. EU Nr. L 173 v. 12.6.2014, S. 84).

Delegierte Verordnung (EU) 2017/567 der Kommission vom 18. Mai 2016
zur Ergänzung der Verordnung (EU) Nr. 600/2014 des Europäischen Parlaments und des Rates im Hinblick auf Begriffsbestimmungen, Transparenz, Portfoliokomprimierung und Aufsichtsmaßnahmen zur Produktintervention und zu den Positionen

(Auszug)

Art. 22 Positionsmanagementbefugnisse der ESMA

(Artikel 45 der Verordnung (EU) Nr. 600/2014)

(1) Für die Zwecke von Artikel 45 Abs. 2 Buchstabe a der Verordnung (EU) Nr. 600/2014 wird das Vorliegen einer Gefahr für die ordnungsgemäße Funktionsweise und die Integrität der Finanzmärkte, auch der Warenderivatemärkte im Einklang mit den Zielen nach Artikel 57 Abs. 1 der Richtlinie 2014/65/EU einschließlich Lieferungsvereinbarungen für physische Waren, oder einer Gefahr für die Stabilität des gesamten oder eines Teils des Finanzsystems in der Union anhand der folgenden Kriterien und Faktoren bestimmt:

a) Vorliegen schwerer finanzieller, monetärer oder budgetärer Probleme, die bei einem Mitgliedstaat oder bei einem Finanzinstitut, das als wichtig für das globale Finanzsystem angesehen wird, einschließlich in der Union tätige Kreditinstitute, Versicherungsgesellschaften, Marktinfrastruktur-Anbieter und Vermögensverwaltungsgesellschaften, zu Finanzinstabilität führen können, sofern diese Probleme das ordnungsgemäße Funktionen und die Integrität von Finanzmärkten oder die Stabilität des Finanzsystems in der Union bedrohen können;

b) eine Rating-Maßnahme oder der Ausfall eines Mitgliedstaats oder eines Kreditinstituts oder eines anderen Finanzinstituts, die als wichtig für das globale Finanzsystem angesehen werden, wie in der Union tätige Versicherungsgesellschaften, Marktinfrastruktur-Anbieter und Vermögensverwaltungsgesellschaften, welche schwere Zweifel an deren Solvenz aufkommen lassen oder nach vernünftigem Ermessen aufkommen lassen dürften;

c) erheblicher Verkaufsdruck oder ungewöhnliche Volatilität, die bei Finanzinstrumenten, die sich auf ein Kreditinstitut oder andere Finanzinstitute, die als wichtig für das globale Finanzsystem angesehen werden, wie in der Union tätige Versicherungsgesellschaften, Marktinfrastruktur-Anbieter und Vermögensverwaltungsgesellschaften, und auf öffentliche Emittenten beziehen, eine erhebliche Abwärtsspirale in Gang setzen;

d) ein Schaden an den physischen Strukturen von wichtigen Finanzemittenten, Marktinfrastrukturen, Clearing- und Abwicklungssystemen oder zuständigen Behörden, der sich insbesondere in Fällen, in denen er auf eine Naturkatastrophe oder einen terroristischen Angriff zurückzuführen ist, in erheblichem Maße nachteilig auf die Märkte auswirken kann;

e) eine Störung bei einem Zahlungssystem oder Abwicklungsprozess – insbesondere wenn diese das Interbankengeschäft betrifft –, die innerhalb der Zahlungssysteme der Union zu erheblichen Zahlungs- und Abwicklungsfehlern oder -verzögerungen führt oder führen kann, speziell wenn diese in einem Kreditinstitut oder einem anderen Finanzinstitut, die als wichtig für das globale Finanzsystem angesehen werden, wie in der Union tätige Versicherungsgesellschaften, Marktinfrastruktur-Anbieter und Vermögensgesellschaften, oder in einem Mitgliedstaat zur Ausbreitung einer finanziellen oder wirtschaftlichen Krise führen können;

f) ein signifikanter und plötzlicher Rückgang des Angebots oder ein signifikanter und plötzlicher Anstieg der Nachfrage bei einer Ware, wodurch das Gleichgewicht von Angebot und Nachfrage gestört wird;

g) die Tatsache, dass eine Person oder mehrere gemeinsam handelnde Personen eine erhebliche Position einer bestimmten Ware an einem oder mehreren Handelsplätzen über einen oder mehrere Marktmitglieder hält/halten;

h) die Unfähigkeit eines Handelsplatzes, aufgrund eines Zwischenfalls in der Geschäftskontinuität die eigenen Positionsmanagementbefugnisse auszuüben.

(2) Für die Zwecke von Artikel 45 Abs. 1 Buchstabe b der Verordnung (EU) Nr. 600/2014 wird die entsprechende Verringerung der Größe einer Position oder offenen Forderung anhand der folgenden Kriterien und Faktoren bestimmt:

a) Art des Inhabers der Position, einschließlich Herstellern, Verbrauchern oder Finanzinstitut;
b) Laufzeit des Finanzinstruments;
c) Größe der Position im Verhältnis zur Größe des betreffenden Warenderivatemarkts;
d) Größe der Position im Verhältnis zur Größe des Marktes für die zugrunde liegende Ware;
e) Ausrichtung der Position (Short oder Long) und Delta oder Delta-Bereiche;
f) Zweck der Position, insbesondere, ob die Position zu Absicherungszwecken oder zum Zwecke des finanziellen Engagements gehalten wird;
g) Erfahrung eines Positionsinhabers im Halten von Positionen einer bestimmten Größe oder im Liefern oder Annehmen einer bestimmten Ware;
h) andere Positionen, die von der Person im zugrunde liegenden Markt oder in demselben Derivat mit anderen Laufzeiten gehalten werden;
i) Liquidität des Marktes und die Auswirkung der Maßnahme auf andere Marktteilnehmer;
j) Art der Lieferung.

(3) Für die Zwecke von Artikel 45 Abs. 3 Buchstabe b der Verordnung (EU) Nr. 600/2014 werden Situationen, in denen sich das Risiko einer Aufsichtsarbitrage stellen kann, anhand der folgenden Kriterien bestimmt:

a) ob derselbe Kontrakt an einem anderen Handelsplatz oder außerbörslich gehandelt wird;
b) ob ein im Wesentlichen gleichartiger Kontrakt an einem anderen Handelsplatz oder außerbörslich gehandelt wird (ähnlicher und zusammenhängender Kontrakt, der jedoch nicht als Teil derselben fungiblen offenen Position angesehen wird);
c) Auswirkungen des Beschlusses auf den Markt für die zugrunde liegende Ware;
d) Auswirkungen des Beschlusses auf Märkte und Marktteilnehmer, die nicht unter die Positionsmanagementbefugnisse der ESMA fallen; und
e) wahrscheinliche Auswirkung auf das ordnungsgemäße Funktionieren und die Integrität der Märkte, sofern keine Maßnahmen seitens der ESMA getroffen werden.

(4) Für die Zwecke von Artikel 45 Absatz 2 Buchstabe b der Verordnung (EU) Nr. 600/2014 wendet die ESMA die in Absatz 1 des vorliegenden Artikels aufgeführten Kriterien und Faktoren an, wobei sie berücksichtigt, ob die vorgesehene Maßnahme einem Handlungsversäumnis der zuständigen Behörde oder einem zusätzlichen Risiko Rechnung trägt, dem die zuständige Behörde im Einklang mit Artikel 69 Absatz 2 Buchstabe j oder o der Richtlinie 2014/65/EU nicht ausreichend begegnen kann.

Für die Zwecke von Unterabsatz 1 wird von einem Handlungsversäumnis der zuständigen Behörde ausgegangen, wenn sie aufgrund der ihr übertragenen Befugnisse über ausreichende Aufsichtsbefugnisse verfügt, um der Gefahr bei Eintritt des Ereignisses ohne Hilfe seitens einer anderen zuständigen Behörde in vollem Umfang zu begegnen, sie aber keine entsprechende Maßnahme ergreift.

Eine zuständige Behörde gilt als nicht in der Lage befindlich, einer Gefahr ausreichend zu begegnen, wenn einer oder mehrere Faktoren, auf den bzw. die in Artikel 45 Absatz 10 Buchstabe a der Verordnung EU) Nr. 600/2014 Bezug genommen wird, im Hoheitsgebiet der zuständigen Behörde und in einem oder mehreren weiteren Hoheitsgebieten vorliegen.

In der Fassung vom 15.5.2015 (ABl. EU Nr. L 173 v. 12.6.2014, S. 84), geändert durch Berichtigung vom 27.10.2017 (ABl. EU Nr. L 278 v. 27.10.2017, S. 54).

Art. 45 VO Nr. 600/2014 | Positionsmanagementbefugnisse der ESMA

Schrifttum: *Barth*, Regulierung des Derivatehandels nach MiFID II und MiFIR, Beiträge zum Transnationalen Wirtschaftsrecht 134, 2015; *Chadwick*, Regulating Excessive Speculation: Commodity Derivatives and the Global Food Crisis, International and Comparative Law Quarterly 6 (2017), 625; *Küblböck/Staritz*, Re-regulation of commodity derivatives markets – Critical assessment of current reform proposals in the EU and the US, Austrian Research Foundation for International Development (ÖFSE), Working Paper No. 45/2013; *Michel*, Institutionelles Gleichgewicht und EU-Agenturen, 2015.

I. Gegenstand und Zweck der Regelung 1	1. Materielle Voraussetzungen 25
II. Systematischer Zusammenhang 5	a) Marktfunktionsschutz und Finanzstabilität 25
III. Anwendungsbereich 8	b) Kein Vorrang mitgliedstaatlicher Maßnahmen (Art. 45 Abs. 2 Unterabs. 1 lit. b VO Nr. 600/2014) 31
1. Sachlicher Anwendungsbereich: Derivate 8	
2. Persönlicher Anwendungsbereich 13	c) Weitere Gesichtspunkte (Art. 45 Abs. 3 Unterabs. 1 VO Nr. 600/2014) 34
3. Räumlicher Anwendungsbereich 15	
IV. Maßnahmen der ESMA (Art. 45 Abs. 1 VO Nr. 600/2014) 16	2. Verfahrensrechtliche Voraussetzungen (Art. 45 Abs. 3 Unterabs. 2 und 3, Abs. 4, Abs. 5 VO Nr. 600/2014) 40
1. Informationsverlangen (Art. 45 Abs. 1 lit. a VO Nr. 600/2014) 16	
2. Reduzierung und Aufhebung von Positionen (Art. 45 Abs. 1 lit. b VO Nr. 600/2014) 19	3. Ermessen 45
	VI. Beschlüsse der ESMA (Art. 45 Abs. 6–9 VO Nr. 600/2014) 46
3. Beschränkung des Vertragsabschlusses (Art. 45 Abs. 1 lit. c VO Nr. 600/2014) 22	VII. Erlass delegierter Rechtsakte (Art. 45 Abs. 10 VO Nr. 600/2014) 50
V. Voraussetzungen einer Maßnahme (Art. 45 Abs. 2 und 3 VO Nr. 600/2014) 24	VIII. Durchsetzung und Rechtsschutz 53

1 **I. Gegenstand und Zweck der Regelung.** Art. 45 VO Nr. 600/2014 (MiFIR) verleiht der ESMA eigenständige Befugnisse im Kontext derjenigen Regelungen, die auf unionaler Ebene erstmals ein spezifisches Interventionsregime für spekulative Positionen in Warenderivaten vorsehen. Die der ESMA eingeräumten **Positionsmanagementbefugnisse** sind eine auf den **europäischen Finanzmarktaufsichtsverbund** zugeschnittene Antwort auf die beim G20-Gipfel von Pittsburgh im Jahr 2009 getroffene Vereinbarung, die Regulierung der Rohstoffmärkte mit dem Ziel einer Verhinderung der exzessiven Preisvolatilität zu verbessern[1], die mit dem G20-Gipfel von Cannes im Jahr 2011 mit der Billigung der zuvor erarbeiteten IOSCO-Grundsätze[2] bekräftigt wurde[3]. Diese Grundsätze fordern für Marktregulatoren die Einräumung der Befugnis zur ex ante-Festsetzung von Positionslimits für Warenderivate sowie förmliche Befugnisse für das Management von Positionen[4]. Mit Art. 45 VO Nr. 600/2014, der im Wesentlichen dem Vorschlag der Kommission entspricht[5], wird der ESMA eine – gegenüber den mitgliedstaatlichen Behörden subsidiäre – Befugnis zur Ausübung von Positionsmanagementbefugnissen eingeräumt. Eine Befugnis zur Festlegung von Positionslimits besitzt die ESMA nicht[6].

2 Art. 45 Abs. 1 VO Nr. 600/2014 ist für die Bestimmung des sachlichen **Anwendungsbereichs** maßgeblich (Rz. 8 ff.) und bildet zugleich die **Ermächtigungsgrundlage** für Auskunftsverlangen und Beschränkungen durch die ESMA (Rz. 16 ff.). Art. 45 Abs. 2 und 3 VO Nr. 600/2014 normieren die **materiellen** (Rz. 25 ff.) **und verfahrensrechtlichen** (Rz. 40 ff.) **Voraussetzungen** für den Erlass der Maßnahmen. Art. 45 Abs. 4 VO Nr. 600/2014 verpflichtet die ESMA zu einem **grenzüberschreitenden Informationsverfahren** im Vorfeld einer Maßnahme (Rz. 42). Art. 45 Abs. 5 VO Nr. 600/2014 setzt hierfür eine **24-Stunden-Frist** (Rz. 43). Art. 45 Abs. 6 VO Nr. 600/2014 gebietet die **öffentliche Bekanntgabe** von Beschränkungen des Abschlusses von Warenderivatkontrakten (Rz. 46). Art. 45 Abs. 7 VO Nr. 600/2014 stellt klar, dass einer Beschränkungsmaßnahme **keine rückwirkende Geltung** zukommt (Rz. 47). Art. 45 Abs. 8 VO Nr. 600/2014 legt fest, dass eine Beschränkung des Abschlusses von Warenderivatkontrakten auf **drei Monate befristet** ist (Rz. 48). Beschlossene Maßnahmen erhalten sodann gem. Art. 45 Abs. 9 VO Nr. 600/2014 **Vorrang vor** zuvor erlassenen **mitgliedstaatlichen Maßnahmen** (Rz. 49). Art. 45 Abs. 10 VO Nr. 600/2014 schließlich ermächtigt die Kommission zum **Erlass von de-**

---

1 Abschlusserklärung der Staats- und Regierungschefs auf dem Gipfeltreffen in Pittsburgh v. 24./25.9.2009, Nr. 12.
2 IOSCO, Principles for the Regulation and Supervision of Commodity Derivatives Markets – Final Report, September 2011, FR07/11.
3 Abschlusserklärung der Staats- und Regierungschefs auf dem Gipfeltreffen in Cannes v. 4.11.2011, Nr. 32; s. auch Mitteilung der Kommission, Grundstoffmärkte und Rohstoffe: Herausforderungen und Lösungsansätze, KOM (2011) 25 endg. v. 2.2.2011.
4 IOSCO, Principles for the Regulation and Supervision of Commodity Derivatives Markets – Final Report, September 2011, FR07/11, Chapter 5, S. 39 ff.
5 Art. 35 des Vorschlags der Kommission, KOM (2011) 652 endg. v. 20.10.2011.
6 Krit. *Küblböck/Staritz*, ÖFSE Working Paper 45/2013, S. 20 mit der Erwägung, die mitgliedstaatliche Festlegung von Positionslimits begünstige Regulierungsarbitrage; auch NGOs schlugen einen Vorrang der ESMA vor, s. Oxfam/Weed, Stellungnahme mit Blick auf den Rohstoffbereich, insbesondere Lebensmittel, März 2012, S. 2. Die ESMA besitzt allerdings eine Befugnis zur Schlichtung bei Streitigkeiten zwischen mitgliedstaatlichen Behörden über ein Positionslimit nach Art. 57 Abs. 4 Unterabs. 1 Satz 4 RL 2014/65/EU, dazu § 55 WpHG Rz. 8.

legierten Rechtsakten i.S.v. Art. 290 AEUV, die Maßnahmen nach Art. 45 Abs. 1 lit. b VO Nr. 600/2014 und die Interventionsvoraussetzungen in Art. 45 Abs. 2 Unterabs. 1 lit. a und Abs. 3 Unterabs. 1 lit. b VO Nr. 600/2014 konkretisieren (Rz. 50 ff.).

Nach Art. 9 Abs. 5 Unterabs. 1 VO Nr. 1095/2010[1], den Art. 45 Abs. 1 VO Nr. 600/2014 in Bezug nimmt, kann die ESMA in den Fällen und unter den Bedingungen, die in unionalen Rechtsakten festgelegt sind, bestimmte Finanztätigkeiten vorübergehend verbieten oder beschränken. Die Vorschrift gewährt folglich nicht selbst eine Eingriffsbefugnis, sondern stellt diese unter einen Rechtssatzvorbehalt[2]. Art. 45 VO Nr. 600/2014 schafft eine **nach Art. 9 Abs. 5 VO Nr. 1095/2010 erforderliche sekundärrechtliche Grundlage** für eine Befugnis der ESMA zu entsprechenden Maßnahmen. Die Befugnis, die Reduzierung von Positionen in einem Derivat zu verlangen oder den Abschluss von Warenderivatkontrakten zu beschränken, lehnt sich nach ihren materiellen und prozeduralen Voraussetzungen ebenso wie die Produktinterventionsbefugnis der ESMA nach Art. 40 VO Nr. 600/2014 eng an die der ESMA durch Art. 28 VO Nr. 236/2012[3] eingeräumte Befugnis zur vorläufigen Untersagung von Leerverkäufen an[4], die vom Gerichtshof als primärrechtskonform angesehen wurde[5]. 3

Schon nach dem Selbstverständnis der ESMA soll ihre Befugnis zu Positionsmanagementmaßnahmen nur „in Ausnahmefällen" bestehen[6]. Der primärrechtliche Hintergrund wird durch den erstmals in der Meroni-Entscheidung des Gerichtshofs[7] ausgeprägten **Grundsatz des institutionellen Gleichgewichts** gebildet, der die Übertragung von Entscheidungsbefugnissen mit weiten Ermessensspielräumen an außerhalb des Vertrags stehende Einrichtungen verbietet[8]. Die ESMA als Geschöpf des Sekundärrechts ist deshalb bei der Ausübung von Entscheidungsbefugnissen auf „Tatsachenbeurteilungen technischer Art" zu beschränken[9]. Das Geflecht von materiellen und prozeduralen Vorgaben nach Art. 45 Abs. 2 und 3 VO Nr. 600/2014 sowie die Konkretisierung der Eingriffsschwelle nach Art. 45 Abs. 1 lit. b VO Nr. 600/2014 und der Interventionsvoraussetzungen in Art. 45 Abs. 2 Unterabs. 1 lit. a und Abs. 3 Unterabs. 1 lit. b VO Nr. 600/2014 durch die Kommission im Wege delegierter Rechtsetzung gem. Art. 45 Abs. 10 VO Nr. 600/2014 sprechen dafür, dass Art. 45 VO Nr. 600/2014 mit diesen zentralen **primärrechtlichen Vorgaben noch vereinbar** ist[10]. 4

II. Systematischer Zusammenhang. Art. 45 VO Nr. 600/2014 steht als bereichsspezifische Gestattung einer Beschränkung i.S.v. Art. 9 Abs. 5 VO Nr. 1095/2010 im Kontext der den Aufsichtsagenturen übertragenen Aufgaben insbesondere zur Gewährleistung der Integrität, Transparenz, Effizienz und des ordnungsgemäßen Funktionierens der Finanzmärkte (Art. 1 Abs. 5 lit. b VO Nr. 1095/2010). Ohne spezielle Ermächtigungsgrundlage ist die ESMA im Rahmen ihrer Überwachung von Finanztätigkeiten gem. Art. 9 Abs. 2 VO Nr. 1095/2010 zur Herausgabe von **Empfehlungen** und **Leitlinien** befugt, die gem. Art. 16 Abs. 3 VO Nr. 1095/2010 gegenüber den nationalen Aufsichtsbehörden durch den sog. *comply or explain*-Mechanismus faktische Verbindlichkeit erhalten[11]. Gem. Art. 9 Abs. 3 VO Nr. 1095/2010 kann die Agentur zudem **Warnungen** erlassen, wenn eine Finanztätigkeit eine ernsthafte Bedrohung für die in Art. 1 Abs. 5 VO Nr. 1095/2010 festgelegten Ziele darstellt (vgl. Art. 40 VO Nr. 600/2014 Rz. 5). Schließlich befugt Art. 32 Abs. 1 VO Nr. 1095/2010 die Behörde zur **Ermittlung von Trends, Risiken und Schwachstellen**. In Ausübung dieses Mandats veröffentlichte die ESMA einen auf Daten der EMIR-Transaktionsrepositorien gestützten Bericht über den Umfang der Derivatemärkte in der Union[12]. 5

---

1 Verordnung (EU) Nr. 1095/2010 des Europäischen Parlaments und des Rates vom 24. November 2010 zur Errichtung einer Europäischen Aufsichtsbehörde (Europäische Wertpapier- und Marktaufsichtsbehörde), zur Änderung des Beschlusses Nr. 716/2009/EG und zur Aufhebung des Beschlusses 2009/77/EG, ABl. EU Nr. L 331 v. 15.12.2010, S. 84.
2 *Sasserath-Alberti/Hartig*, VersR 2012, 524, 534; *Michel*, Institutionelles Gleichgewicht und EU-Agenturen, S. 257.
3 Verordnung (EU) Nr. 236/2012 des Europäischen Parlaments und des Rates vom 14. März 2012 über Leerverkäufe und bestimmte Aspekte von Credit Default Swaps, ABl. EU Nr. L 86 v. 24.3.2012, S. 1.
4 Zum Vorbildcharakter von Art. 24 und 28 VO Nr. 236/2012 für Art. 45 Abs. 2 lit. a und Abs. 10 lit. a VO Nr. 600/2014 s. ESMA, Final Report – ESMA's Technical Advice to the Commission on MiFID II and MiFIR v. 19.12.2014, ESMA/2014/1569, S. 430 f.
5 EuGH v. 22.1.2014 – C-270/12, ECLI:EU:C:2014:18 – Leerverkaufsverbot, AG 2014, 199 Rz. 45 ff.
6 ESMA, Final Report – ESMA's Technical Advice to the Commission on MiFID II and MiFIR v. 19.12.2014, ESMA/2014/1569, S. 429 Nr. 4.
7 EuGH v. 13.6.1958 – 9/56, ECLI:EU:C:1958:7 – Meroni, Slg. 1958, 9, 43 f., 47.
8 Ausführlich *Michel*, Institutionelles Gleichgewicht und EU-Agenturen, S. 70 ff., 124 ff.
9 EuGH v. 22.1.2014 – C-270/12, ECLI:EU:C:2014:18 – Leerverkaufsverbot, AG 2014, 199 Rz. 52.
10 Krit. hinsichtlich des ähnlich strukturierten Art. 28 VO Nr. 236/2012 *Skowron*, EuZW 2014, 349; Bedenken auch bei *Ohler*, JZ 2014, 249 f.
11 Dazu *Gurlit*, ZHR 177 (2013), 862, 875 f.; *Michel*, Institutionelles Gleichgewicht und EU-Agenturen, S. 239 ff.; s. noch zu MiFID I: ESMA, Leitlinien für die Anwendung der Definitionen in Abschnitt C Nr. 6 und 7 Anhang 1 MiFID v. 20.10. 2015 (ESMA/2015/1341); Anhang I Abschnitt C Nr. 6 und 7 RL 2014/65/EU enthalten Modifizierungen, insbesondere die Einbeziehung des Handels über ein OTF und eine Ausnahme für über ein OTF gehandelte Energiegroßhandelsprodukte.
12 ESMA, EU Derivatives Markets – A First-Time Overview, Report on Trends, Risks and Vulnerabilities, No. 2/2017 v. 19.10.2017 (ESMA50-165-421).

6 Die Positionsmanagementbefugnisse der ESMA sind **Element eines erstmals unionsweit etablierten Systems der Regulierung der Märkte für Warenderivate**. Während die Befugnis zur Festlegung von Positionslimits den zuständigen mitgliedstaatlichen Aufsichtsbehörden vorbehalten wurde (Art. 57 Abs. 4, Art. 69 Abs. 2 lit. p RL 2014/65/EU [MiFID II][1]; § 54 Abs. 1 WpHG), ist die Ausübung von Positionsmanagementbefugnissen auf mitgliedstaatlicher Ebene sowohl den Aufsichtsbehörden (Art. 69 Abs. 2 lit. j, o und p RL 2014/65/EU; §§ 6 Abs. 3 Satz 2 Nr. 3, 9 WpHG) als auch den jeweiligen Handelsplätzen (Art. 57 Abs. 8 RL 2014/65/EU; § 54 Abs. 6 WpHG; § 26f Abs. 1 BörsG) anvertraut, überdies auf europäischer Ebene unter den Voraussetzungen des Art. 45 VO Nr. 600/2014 subsidiär der ESMA.

7 Die Positionsmanagementbefugnisse und die mitgliedstaatlichen Befugnisse zur Festsetzung von Positionslimits sind Bestandteil der europäischen Anstrengungen zur Regulierung des Derivatehandels. Sie ergänzen die EMIR-Vorgaben zur Clearingpflicht für OTC-Derivate und die MiFIR-Vorgaben zur Handelspflicht, zudem die jeweiligen Transparenzregime[2]. Die Positionsmanagementbefugnis lässt **andere auf Derivate anwendbare Befugnisse der ESMA** etwa zur Produktintervention nach Art. 40 VO Nr. 600/2014, zur Beschränkung des Leerverkaufs nach Art. 28 VO Nr. 236/2012 oder zur Informationserhebung bei Transaktionsregistern nach Art. 61 ff. VO Nr. 648/2012[3] **unberührt**.

8 **III. Anwendungsbereich. 1. Sachlicher Anwendungsbereich: Derivate.** Art. 45 Abs. 1 VO Nr. 600/2014 verschränkt Fragen des sachlichen Anwendungsbereichs der Vorschrift mit der Reichweite der Befugnis der ESMA. Gegenständlich erfasst die Befugnis zu Positionsmanagementmaßnahmen nach § 45 Abs. 1 lit. a und b VO Nr. 600/2014 eingegangene Positionen oder offene Forderungen im Hinblick auf ein Derivat i.S.v. Art. 2 Abs. 1 Nr. 29 VO Nr. 600/2014 i.V.m. Art. 4 Abs. 1 Nr. 44 lit. c i.V.m. Anhang I Abschnitt C Nr. 4–10 RL 2014/65/EU (Rz. 16 ff.). Aus dem Verweis auf Art. 4 Abs. 1 Nr. 44 lit. c RL 2014/65/EU folgt, dass sämtlichen Derivattypen **auch als Wertpapiere verbriefte Derivate** erfasst werden[4]. Das Eingriffsrecht der ESMA bezieht sich sachlich zunächst auf **Finanzderivatkontrakte** i.S.v. Anhang I Abschnitt C Nr. 4 RL 2014/65/EU, d.h. auf Optionen, Futures, Swaps, außerbörsliche Zinstermingeschäfte und weitere Derivatkontrakte in Bezug auf Wertpapiere, Währungen[5], Zinsen, Emissionszertifikate und weitere Instrumente, die effektiv geliefert oder bar abgerechnet werden können. Zu den Derivaten zählen außerdem **Kreditderivate** (Anhang I Abschnitt C Nr. 8 RL 2014/65/EU) und ein heterogenes Set sog. **exotischer Derivate** (Anhang I Abschnitt C Nr. 10 RL 2014/65/EU). Letztere können z.B. in Bezug auf Vermögenswerte eingegangen werden, nach den konkretisierenden Vorgaben der Kommission aber auch betreffend Telekommunikations-Bandbreiten[6] oder in Bezug auf Waren (Rz. 12). Während für die ausdrücklich genannten Kontrakte für die Zuordnung zu den Finanzinstrumenten maßgeblich ist, dass der Kontrakt bar ausgeglichen werden muss bzw. nach den Vertragsbestimmungen bar ausgeglichen werden kann, ohne dass ein Ausfall oder ein sonstiger Beendigungsgrund vorliegt, gilt für die breite Residualkategorie der „anderen Derivatkontrakte" zusätzlich, dass der Kontrakt an einem geregelten Markt, einem MTF oder an einem OTF oder an einem Handelsplatz in einem Drittland gehandelt wird, der vergleichbare Aufgaben wahrnimmt[7].

9 Umfasst – und alleiniger Gegenstand von Maßnahmen nach Art. 45 Abs. 1 lit. c VO Nr. 600/2014 – sind zudem **Warenderivatkontrakte** i.S.v. Art. 2 Abs. 1 Nr. 30 VO Nr. 600/2014 i.V.m. Art. 4 Abs. 1 Nr. 44 lit. c i.V.m. Anhang I Abschnitt C Nr. 5, 6, 7 und 10 RL 2014/65/EU. Ein Derivatkontrakt bezieht sich auf **Waren**, wenn er **Güter fungibler Art** zum Gegenstand hat, **die geliefert werden können**, wie etwa Metalle sowie ihre Erze und Legierungen, landwirtschaftliche Produkte und Energien wie Strom[8]. Erfasst sind Derivate auf Waren, die bar abgerechnet werden können oder müssen (Anhang I Abschnitt C Nr. 5 RL 2014/65/EU) und solche, die phy-

---

1 Richtlinie 2014/65/EU des Europäischen Parlaments und des Rates vom 15. Mai 2014 über Märkte für Finanzinstrumente sowie zur Änderung der Richtlinien 2002/92/EG und 2011/61/EU, ABl. EU Nr. L 173 v. 12.6.2014, S. 349.
2 Überblick bei *Barth*, Regulierung des Derivatehandels nach MiFID II und MiFIR, S. 11 ff.
3 Verordnung (EU) Nr. 648/2012 des Europäischen Parlaments und des Rates vom 4. Juli 2012 über OTC-Derivate, zentrale Gegenparteien und Transaktionsregister, ABl. EU Nr. L 201 v. 27.7.2012, S. 1.
4 Hierzu gehören allerdings nicht als Schuldinstrumente konzipierte exchange traded commodities (ETC), die unter Art. 4 Abs. 1 Nr. 44 lit. b RL 2014/65/EU fallen, s. auch ESMA, Questions and Answers on MiFID II and MiFIR commodity derivative topics, Stand 27.3.2018, Part 2 Question 7 (ESMA70-872942901-36).
5 Zu Ausnahmen Art. 10 Delegierte Verordnung (EU) 2017/565 der Kommission vom 25. April 2016 zur Ergänzung der Richtlinie 2014/65/EU des Europäischen Parlaments und des Rates in Bezug auf die organisatorischen Anforderungen an Wertpapierfirmen und die Bedingungen für die Ausübung ihrer Tätigkeit sowie in Bezug auf die Definition bestimmter Begriffe für die Zwecke der genannten Richtlinie, ABl. EU Nr. L 87 v. 31.3.2017, S. 1, berichtigt durch ABl. EU Nr. L 246 v. 26.9.2012, S. 12.
6 Art. 8 lit. a DelVO 2017/565; s. auch schon Art. 39 lit. a Verordnung (EG) Nr. 1287/2006 der Kommission vom 10. August 2006 zur Durchführung der Richtlinie 2004/39/EG des Europäischen Parlaments und des Rates betreffend die Aufzeichnungspflichten für Wertpapierfirmen, die Meldung von Geschäften, die Markttransparenz, die Zulassung von Finanzinstrumenten zum Handel und bestimmte Begriffe im Sinne dieser Richtlinie, ABl. EU Nr. L 241 v. 2.9.2006, S. 1.
7 Art. 7 Abs. 3 lit. b DelVO 2017/565 in bemerkenswerter Abweichung zur Vorgängernorm in Art. 38 Abs. 3 lit. b VO Nr. 1287/2006: dort war maßgeblich, dass der Kontrakt an einem Handelsplatz *in der Union* gehandelt wird.
8 Art. 2 Nr. 6 DelVO 2017/565; s. auch schon Art. 2 Nr. 1 VO Nr. 1287/2006.

sisch erfüllt werden können, sofern sie an einem geregelten Markt, über ein MTF oder ein OTF gehandelt werden (Anhang I Abschnitt C Nr. 6 RL 2014/65/EU). Des Weiteren werden Warenderivatkontrakte erfasst, die nicht unter Anhang I Abschnitt C Nr. 6 RL 2014/65/EU fallen und nicht kommerziellen Zwecken dienen, wenn sie die Merkmale anderer derivativer Finanzinstrumente aufweisen (Anhang I Abschnitt C Nr. 7 RL 2014/65/EU). Zu den Warenderivatkontrakten zählen schließlich bestimmte sog. exotische Derivatkontrakte, die bar abgerechnet werden können oder müssen (Anhang I Abschnitt C Nr. 10 RL 2014/65/EU).

Insbesondere die Kategorie der durch physische Lieferung erfüllbaren Warenderivatkontrakte i.S.v. **Anhang I Abschnitt C Nr. 6 RL 2014/65/EU** ist durch die Einbeziehung des OTF-Handels erweitert worden. Sie erfasst neben landwirtschaftlichen Produkten und Metallen auch **Energiederivate** Kohle, Öl, Strom und Erdgas[1]. Ausgenommen sind hingegen über OTF gehandelte Derivate auf Strom und Erdgas i.S.v. Art. 2 Nr. 4 lit. b VO Nr. 1227/2011 (REMIT)[2], sofern eine Pflicht zur physischen Lieferung besteht. Da die Ausnahme nicht nur die Anwendung der Positionsmanagementbefugnisse, sondern die Qualifizierung als Finanzinstrument und damit die Anwendbarkeit der MiFID II und MiFIR insgesamt ausschließt, sind die Voraussetzungen einer physischen Lieferverpflichtung nach den konkretisierenden Vorgaben der Kommission eng gefasst. Eine Verpflichtung zur physischen Lieferung wird nicht nur durch die vertragliche Gestattung eines *cash settlement* ausgeschlossen, sondern – vorbehaltlich eines operativen Nettings – auch durch die Vereinbarung des Ausgleichs von Pflichten durch Pflichten aus anderen Verträgen[3].

Warenderivatkontrakte i.S.v. **Anhang I Abschnitt C Nr. 7 RL 2014/65/EU**, die im Unterschied zu den C 6-Derivaten **keinen Handel auf einem geregelten Markt, einem MTF oder einem OTF in der Union** voraussetzen, umfassen nach der Konkretisierung der Kommission Verträge, die keine Kassageschäfte sind[4], und die auf einem Handelsplatz eines Drittlandes gehandelt werden, der einem geregelten Markt oder einem MTF entspricht, in Form eines *negotiated trade* auf einen geregelten Markt, ein MTF, ein OTF oder einen gleichwertigen Handelsplatz eines Drittlandes gebracht werden oder einem derartigen Kontrakt vergleichbar sind[5]. Zusätzliche Voraussetzung ist eine Standardisierung des Vertrags[6]. Die **Ausnahme** für Kontrakte zu **kommerziellen Zwecken** ist eng gefasst. Sie gilt nur für Verträge mit Stromübertragungsnetzbetreibern oder Betreibern von Energieausgleichssystemen, die dem notwendigen Ausgleich von Energieangebot und -verbrauch dienen[7]. Von einer Ausnahme zugunsten des Handels insbesondere mit Derivaten auf landwirtschaftliche Produkte wurde abgesehen, da eine vergleichbar enge Begrenzung nicht ersichtlich ist und nicht ganze Sektoren der Regulierung durch MiFID II und MiFIR entzogen werden sollen[8].

Als Warenderivatkontrakte i.S.v. **Anhang I Abschnitt C Nr. 10 RL 2014/65/EU** gelten schließlich einige der dort genannten Derivatkonstruktionen, **soweit sie auf Waren basieren**. Die Zuordnung zu den Warenderivatkontrakten ist indes weder für die in Nr. 10 aufgelisteten Kontrakte noch für diejenigen geklärt, die von der Kommission als „andere Derivatkontrakte" diesen Kontrakten gleichgestellt wurden[9]. Derivatkontrakte auf Klimavariablen (Wetter) gelten ungeachtet des Fehlens einer körperlichen Basis als Warenderivate[10]. Nach Ansicht der ESMA zählen Derivate auf Frachtsätze für den Transport von Waren zu den Warenderivaten[11], nicht hingegen Derivate, die Lagerkapazitäten für Waren zum Gegenstand haben[12]. Derivate auf Indizes sollen dann zu

---

1 Erwägungsgrund 9 RL 2014/65/EU; s. auch die Sonderregelung für C 6-Energiederivatkontrakte i.S.v. Art. 4 Abs. 1 Nr. 16 RL 2014/65/EU nach Art. 95 RL 2014/65/EU.
2 Verordnung (EU) Nr. 1227/2011 des Europäischen Parlaments und des Rates vom 25. Oktober 2011 über die Integrität und Transparenz des Energiegroßhandelsmarkts, ABl. EU Nr. L 326 v. 8.12.2011, S. 1.
3 Art. 5 DelVO 2017/565, dort auch zu Ausnahmen für Fälle der *force majeure* oder der *bona fide inability*; s. auch Erwägungsgrund 10 RL 2014/65/EU; ESMA, Final Report – ESMA's Technical Advice to the Commission on MiFID II and MiFIR v. 19.12.2014, ESMA/2014/1569, S. 399 ff.
4 Dazu Art. 7 Abs. 2 DelVO 2017/565; zur Bedeutung der Abgrenzung von Spot-Kontrakten und Derivatkontrakten im Hinblick auf die Anwendungsbereiche von MAR und REMIT s. ESMA, Final Report – ESMA's Technical Advice to the Commission on MiFID II und MiFIR v. 19.12.2014, ESMA/2014/1569, S. 411 Nr. 5 ff.
5 Art. 7 Abs. 1 lit. a DelVO 2017/565; das Vergleichbarkeitskriterium in Art. 7 Abs. 1 lit. a Ziff. iii) wurde objektiviert und ist nunmehr nicht mehr von einer entsprechenden Bestimmung der Vertragspartner abhängig, dazu ESMA, Final Report – ESMA's Technical Advice to the Commission on MiFID II and MiFIR v. 19.12.2014, ESMA/2014/1569, S. 415 f. Ziff. 35 f.
6 Art. 7 Abs. 1 lit. b DelVO 2017/565.
7 Art. 7 Abs. 4 DelVO 2017/565.
8 ESMA, Final Report – ESMA's Technical Advice to the Commission on MiFID II and MiFIR v. 19.12.2014, ESMA/2014/1569, S. 411 f. Nr. 10.
9 Art. 8 DelVO 2017/565.
10 ESMA, Questions and Answers on MiFID II and MiFIR commodity derivative topics, Stand 27.3.2018, Part 2 Question 10 (ESMA70-872942901-28).
11 ESMA, Questions and Answers on MiFID II and MiFIR commodity derivative topics, Stand 27.3.2018, Part 2 Question 10 (ESMA70-872942901-28); anders aber wohl die Sichtweise der Kommission zu MiFID I, Erwägungsgrund 25 zu VO Nr. 1287/2006.
12 ESMA, Questions and Answers on MiFID II and MiFIR commodity derivative topics, Stand 27.3.2018, Part 2 Question 10 (ESMA70-872942901-28) unter Verweis auf Art. 8 DelVO 2017/565.

den Warenderivaten rechnen, wenn der Anteil von Waren in dem betreffenden Index bei mehr als 50 % liegt[1]. Für die Einbeziehung dieser und weiterer unbenannter anderer Derivatkontrakte gilt zudem die schon in Rz. 8 genannte Voraussetzung des Handels an einem geregelten Markt, einem MTF oder einem OTF oder auf einer funktionsäquivalenten Handelsplattform in einem Drittland[2].

13 **2. Persönlicher Anwendungsbereich.** Art. 45 Abs. 1 VO Nr. 600/2014 bezieht die Befugnisse der ESMA auf „jede Person" (lit. a), „diese Person" (lit. b) oder „eine Person" (lit. c) in Bezug auf das Halten einer Position in einem Derivat oder einer offenen Forderung oder auf die Möglichkeit, einen Warenderivatkontrakt abzuschließen. **Fraglich** ist, ob damit der in Art. 1 Abs. 2 VO Nr. 600/2014 bestimmte persönliche Anwendungsbereich der MiFIR – zugelassene Wertpapierfirmen und Kreditinstitute, die Wertpapierdienstleistungen oder Anlagetätigkeiten erbringen und Marktbetreiber – **auf nichtfinanzielle Stellen ausgedehnt wird**[3], die als Produzenten, Händler oder Nutzer von Produkten auf den Warenderivatemärkten tätig sind. Hierfür könnte die Bestimmung des persönlichen Anwendungsbereichs der MiFID II für die Adressaten der Festlegung von Positionslimits und der Ausübung von Positionsmanagementbefugnissen durch mitgliedstaatliche Behörden und Handelsplätze nach Art. 57 RL 2014/65/EU sprechen. Gem. Art. 2 Abs. 1 lit. j i.V.m. Abs. 4 RL 2014/65/EU i.V.m. DelVO 2017/592[4] sind zwar Personen vom Anwendungsbereich der MiFID II ausgenommen, die den Handel mit Warenderivaten nur als Nebentätigkeit zu einer Haupttätigkeit erbringen, die nicht im Erbringen von Wertpapierdienstleistungen besteht; indes ordnet Art. 1 Abs. 6 RL 2014/65/EU ausdrücklich an, dass die Regelungen zu Positionslimits und Positionsmanagementbefugnissen nach Art. 57 RL 2014/65/EU und die Berichtspflichten nach Art. 58 RL 2014/65/EU auch für Personen gelten, die ansonsten vom Anwendungsbereich der Richtlinie ausgenommen sind (§ 54 WpHG Rz. 12). Zwar können nichtfinanzielle Stellen wiederum nach Art. 57 Abs. 1 Unterabs. 2 RL 2014/65/EU von der Anwendung der Positionslimits befreit werden (§ 56 WpHG Rz. 11 ff.)[5]; allerdings können Positionsmanagementbefugnisse der Behörden auch gegenüber nichtfinanziellen Parteien zur Anwendung gelangen, wie dies in Deutschland in §§ 6 Abs. 3 Satz 2, 9 WpHG vorausgesetzt wird. Dass jedenfalls die Kommission und die ESMA von einem vergleichbar weiten persönlichen Anwendungsbereich des Art. 45 VO Nr. 600/2014 ausgehen, lässt sich auch dem auf Art. 45 Abs. 10 Unterabs. 1 lit. b VO Nr. 600/2014 gestützten Art. 22 Abs. 2 lit. a DelVO 2017/567 entnehmen, der für die Ausübung von Befugnissen nach Art. 45 Abs. 1 lit. b VO Nr. 600/2014 zur Reduzierung von Positionen auf den Typ des Inhabers der Position, einschließlich Herstellern, Verbrauchern oder Finanzinstituten abstellt[6]. Auch der Verweis auf die Nutzung von Positionen zu Absicherungszwecken in Art. 45 Abs. 10 Unterabs. 1 lit. a VO Nr. 600/2014 und in Art. 22 Abs. 2 lit. f DelVO 2017/567 deutet auf Gestaltungen des *bona fide hedgings* hin, das vornehmlich von Warenherstellern und -händlern genutzt wird.

14 Gegen eine Einbeziehung nichtfinanzieller Stellen in Art. 45 VO Nr. 600/2014 sprechen indes deutlich der **Wortlaut des Art. 1 Abs. 2** und die **Regelungssystematik** von Art. 1 VO Nr. 600/2014 im Übrigen: Art. 1 Abs. 3 VO Nr. 600/2014 ordnet ausdrücklich für die Handels- und Clearingpflichten bei Derivaten nach Art. 28 ff. VO Nr. 600/2014 eine Erstreckung der Regelungen auf nichtfinanzielle Gegenparteien an; auf eine entsprechende Erweiterung des persönlichen Anwendungsbereichs für die in Titel VII befindliche Regelung zu Positionsmanagementbefugnissen wurde hingegen verzichtet. Es ist zwar zweifelhaft, ob diese Beschränkung vom Europäischen Gesetzgeber in Ansehung des abweichenden Regelungsregimes der MiFID II und des weiter ausgreifenden Art. 22 Abs. 2 lit. a DelVO 2017/567 intendiert war. Allerdings spricht auch die prekäre Stellung der ESMA als Geschöpf des Sekundärrechts (Rz. 3 f.) gegen eine den Wortlaut des Art. 1 Abs. 2 und die Regelungssystematik aushebelnde Befugniserweiterung der ESMA. Schon gar nicht kann durch Level 2-Maßnahmen der Kommission der Anwendungsbereich der MiFIR erweitert werden. Der persönliche Anwendungsbereich von Art. 45 VO Nr. 600/2014 ist folglich gegenwärtig auf nach Art. 5 ff. RL 2014/65/EU zugelassene **Wertpapierfirmen** i.S.v. Art. 2 Abs. 1 Nr. 1 VO Nr. 600/2014 i.V.m. Art. 4 Abs. 1 Nr. 1 RL 2014/65/EU, im Hinblick auf die Erbringung von Wertpapierdienstleistungen nach Art. 8 ff. RL 2013/36/EU

---

1 ESMA, Questions and Answers on MiFID II and MiFIR commodity derivative topics, Stand 27.3.2018, Part 2 Question 10 (ESMA70-872942901-28).
2 Art. 7 Abs. 3 lit. b DelVO 2017/565.
3 Zum Begriff der nichtfinanziellen Stelle im Rahmen des Positionslimitsregimes s. Art. 1 Delegierte Verordnung (EU) 2017/591 der Kommission vom 1. Dezember 2016 zur Ergänzung der Richtlinie 2014/65/EU des Europäischen Parlaments und des Rates durch technische Regulierungsstandards für die Anwendung von Positionslimits für Warenderivate, ABl. EU Nr. L 87 v. 31.3.2017, S. 479.
4 Delegierte Verordnung (EU) 2017/592 der Kommission vom 1. Dezember 2016 zur Ergänzung der Richtlinie 2014/65/EU des Europäischen Parlaments und des Rates durch technische Regulierungsstandards zur Festlegung der Kriterien, nach denen eine Tätigkeit als Nebentätigkeit zur Haupttätigkeit gilt, ABl. EU Nr. L 87 v. 31.3.2017, S. 492.
5 Art. 7 und 8 DelVO 2017/591 zu den Anforderungen und zum Verfahren der Befreiung der nichtfinanziellen Stellen; zu den Schwierigkeiten der Unterscheidung von „gutem" und „schlechtem" Hedging und den spekulativen Aktivitäten von Warenhändlern wie *Cargill* s. *Chadwick*, Int. and Comp. Law Quarterly 6 (2017), 625, 645, 650; *Küblböck/Staritz*, ÖFSE Working Paper 45/2013, S. 15.
6 S. auch schon ESMA, Final Report – ESMA's Technical Advice to the Commission on MiFID II and MiFIR v. 19.12.2014, ESMA/2014/1569, S. 433 Nr. 15 ff.

(CRD IV)[1] zugelassene **Kreditinstitute** i.S.v. Art. 2 Abs. 1 Nr. 19 VO Nr. 600/2014 i.V.m. Art. 4 Abs. 1 Nr. 1 VO Nr. 575/2013 (CRR)[2] und **Marktbetreiber** i.S.v. Art. 2 Abs. 1 Nr. 10 VO Nr. 600/2014 i.V.m. Art. 4 Abs. 1 Nr. 18 RL 2014/65/EU **beschränkt**. Eine Erweiterung des Adressatenkreises bedürfte einer Änderung von Art. 1 VO Nr. 600/2014[3].

3. Räumlicher Anwendungsbereich. In territorialer Hinsicht erfasst die Befugnis der ESMA nach Art. 45 VO Nr. 600/2014 den Handel mit Derivaten durch zugelassene Wertpapierfirmen **innerhalb der Union**. Zwar knüpft der Begriff der „anderen Derivatkontrakte" in Anhang I Abschnitt C Nr. 7 und 10 RL 2014/65/EU in seiner Konkretisierung durch die Kommission gerade daran an, dass der betreffende Kontrakt an einer Handelsplattform in einem Drittland gehandelt wird, die einem geregelten Markt, einem MTF oder einem OTF vergleichbar ist (Rz. 8, 11 f.). Auch ist es u.U. geboten, auf einem nicht funktionsäquivalenten Handelsplatz eines Drittstaates gehandelte Derivate als wirtschaftlich gleichwertige OTC-Kontrakte in die Berechnung der Positionslimits nach Art. 57 Abs. 4 RL 2014/65/EU einzubeziehen[4]. Die ESMA besitzt allerdings nur die Kompetenz zum Erlass von Maßnahmen gegenüber Wertpapierfirmen, die in der Union gehandelte Derivatkontrakte betreffen. 15

IV. Maßnahmen der ESMA (Art. 45 Abs. 1 VO Nr. 600/2014). 1. Informationsverlangen (Art. 45 Abs. 1 lit. a VO Nr. 600/2014). Erst vor dem Hintergrund des sachlichen, persönlichen und räumlichen Anwendungsbereichs lassen sich die Befugnisse der ESMA gem. Art. 45 Abs. 1 lit. a–c VO Nr. 600/2014 bestimmen. Nach Abs. 1 lit. a kann die ESMA **alle relevanten Information** von jeder Person im Hinblick auf Größe oder Zweck einer mittels eines Derivats eingegangenen Position oder offenen Forderung anfordern. In sachlicher Hinsicht erfasst das Informationsrecht **alle Arten von Derivaten** i.S.v. Art. 2 Abs. 1 Nr. 29 VO Nr. 600/2014 i.V.m. Art. 4 Abs. 1 Nr. 44 lit. c i.V.m. Anhang I Abschnitt C Nr. 4–10 RL 2014/65/EU (Rz. 8 ff.). Gegenständlich können Informationen zu den **eingegangenen Positionen oder offenen Forderungen in bzw. aus Derivaten** nachgefragt werden. Aus dem Regelungszusammenhang mit Art. 45 Abs. 1 lit. b VO Nr. 600/2014 folgt, dass es allein um Positionen geht, die von der um Information ersuchten Person gehalten werden. Wegen des hier angenommenen beschränkten persönlichen Anwendungsbereichs (Rz. 14) können nur **Wertpapierfirmen und Wertpapierdienstleistungen erbringende Kreditinstitute Adressaten** von Informationsverlangen sein. Betreiber eines geregelten Marktes kommen als Adressaten eines Auskunftsverlangens nicht in Betracht, weil sie in dieser Funktion nicht als Positionsinhaber handeln. Zudem sind sie nach Art. 58 RL 2014/65/EU ohnehin aktiv zu Positionsmeldungen verpfichtet (§ 57 WpHG Rz. 11 ff.). Als Maßnahme, die erst die Voraussetzungen für konkrete Beschränkungen schaffen soll (Rz. 19), ist die Befugnis zur Erhebung von Informationen von Art. 9 Abs. 5 VO Nr. 1095/2010 gedeckt. 16

Die für Maßnahmen zur Reduzierung von Positionen nach Art. 45 Abs. 1 lit. b VO Nr. 600/2014 von Art. 45 Abs. 10 Unterabs. 2 VO Nr. 600/2014 geforderte Heranziehung der zur Berechnung und Anwendung von Positionslimits nach Art. 57 RL 2014/65/EU erlassenen DelVO 2017/591 kann auch zur Bestimmung der Informationen genutzt werden, die von der ESMA als Grundlage für Maßnahmen nach Art. 45 Abs. 1 lit. b VO Nr. 600/2014 angefordert werden können. Danach können Informationen nicht nur in Bezug auf ein bestimmtes Derivat, sondern im Fall von Warenderivaten auch im Hinblick auf **„dasselbe" Warenderivat** i.S.v. Art. 57 Abs. 6 RL 2014/65/EU und Art. 5 DelVO 2017/591 verlangt werden, d.h. betreffend an anderen Handelsplätzen gehandelte Derivate mit identischen Vertragsbestimmungen, die einen Pool fungibler offener Positionen oder einen einzigen Pool begebener Wertpapiere bilden, mit denen Positionen gegeneinander glattgestellt werden können. Auch können Informationen zu **wirtschaftlich gleichwertigen OTC-Kontrakten** i.S.v. Art. 6 DelVO 2017/591 erhoben werden. 17

Angeforderte Daten zur **Größe einer Position** sind von den Unternehmen danach aufzuschlüsseln, ob sie *long* oder *short* gehalten werden, um der ESMA eine Nachberechnung des Nettings nach Art. 3 Abs. 2 DelVO 2017/591 zu ermöglichen. Auch können Informationen dazu verlangt werden, ob Positionen für eine andere Person gehalten werden. Wegen der erforderlichen Aggregierung von Positionen (Art. 4 DelVO 2017/591) können von Mutterunternehmen einer Wertpapierfirma Informationen sowohl zu den selbst gehaltenen Positionen als auch zu den Positionen des Tochterunternehmens angefordert werden. Informationsbegehren zu dem **Zweck** der in einem Derivat gehaltenen Position betreffen unter Heranziehung von Art. 22 Abs. 2 lit. f DelVO 2017/ 18

---

1 Richtlinie 2013/36/EU des Europäischen Parlaments und des Rates vom 26. Juni 2013 über den Zugang zur Tätigkeit von Kreditinstituten und die Beaufsichtigung von Kreditinstituten und Wertpapierfirmen, zur Änderung der Richtlinie 2002/87/EG und zur Aufhebung der Richtlinien 2006/48/EG und 2006/49/EG, ABl. EU Nr. L 176 v. 27.6.2013, S. 338.

2 Verordnung (EU) Nr. 575/2013 des Europäischen Parlaments und des Rates vom 26. Juni 2013 über Aufsichtsanforderungen an Kreditinstitute und Wertpapierfirmen und zur Änderung der Verordnung (EU) Nr. 646/2012, ABl. EU Nr. L 176 v. 27.6.2013, S. 1.

3 Dementsprechend sollen z.B. auch Lücken im Produktinterventionsregime nach Art. 40, 42 VO Nr. 600/2014 betreffend den Direktvertrieb durch OGAW-Verwaltungsgesellschaften und AIF-Verwalter durch Einfügung eines neuen Art. 1 Abs. 5a VO Nr. 600/2014 geschlossen werden, s. Art. 6 des Legislativvorschlags COM (2017) 536 final v. 20.9.2017.

4 ESMA, Opinion: Determining third-country trading venues for the purpose of position limits under MiFID II v. 31.5. 2017 (ESMA70-156-112).

567 die Frage, ob Positionen zum Zweck der Absicherung von Positionen in den zugrunde liegenden Märkten (bona fide hedging) oder zum Zweck des finanziellen Engagements, d.h. in erster Linie zu spekulativen Zwecken gehalten werden. Wenn mit der hier vertretenen Auffassung die Positionsmanagementbefugnisse der ESMA nur gegenüber Wertpapierfirmen und Wertpapierdienstleistungen erbringende Kreditinstitute zur Anwendung gelangen (Rz. 14), schließt dies gleichwohl nicht aus, dass den von ihnen eingegangenen Position ein legitimer Absicherungszweck zugrunde liegt (§ 57 WpHG Rz. 13)[1].

19   **2. Reduzierung und Aufhebung von Positionen (Art. 45 Abs. 1 lit. b VO Nr. 600/2014).** Nach Art. 45 Abs. 1 lit. b VO Nr. 600/2014 kann die ESMA nach Analyse der erhaltenen Informationen die Person auffordern, Maßnahmen zur Reduzierung der Größe oder zur Aufhebung der Position oder der offenen Forderung nach Maßgabe des auf Art. 45 Abs. 10 Unterabs. 1 lit. b VO Nr. 600/2014 beruhenden Art. 22 Abs. 2 DelVO 2017/567 zu ergreifen. **Adressat** der Aufforderung der ESMA sind ebenso wie hinsichtlich der Auskunftsverlangen nach Art. 45 Abs. 1 lit. a VO Nr. 600/2014 nur zugelassene **Wertpapierfirmen und Wertpapierdienstleistungen erbringende Kreditinstitute** (Rz. 14). Gegenstand der Aufforderung sind auch hier **alle Arten von Derivaten** i.S.v. Art. 2 Abs. 1 Nr. 29 VO Nr. 600/2014 i.V.m. Art. 4 Abs. 1 Nr. 44 lit. c i.V.m. Anhang I Abschnitt C Nr. 4–10 RL 2014/65/EU (Rz. 8 ff.). Die Aufforderung zur Reduzierung oder Aufhebung von Positionen knüpft nach dem Wortlaut an die Analyse der von der Person auf der Grundlage von Art. 45 Abs. 1 lit. a VO Nr. 600/ 2014 erhaltenen Informationen an.

20   Im Unterschied zu den von den mitgliedstaatlichen Behörden ex ante gesetzten **Positionslimits** für Warenderivatkontrakte, die **quasi-normative Wirkung** für alle Marktteilnehmer haben, richtet sich die in Wahrnehmung der **Positionsmanagementbefugnis** von der ESMA ausgesprochene Aufforderung zur Reduzierung oder Aufhebung von Positionen oder offenen Forderungen nur an **die jeweils konkret adressierte Wertpapierfirma**. Eine Aufforderung der ESMA zur Reduzierung einer Position **knüpft nicht notwendig an die Überschreitung eines mitgliedstaatlich gesetzten Positionslimits** an. Für Derivate, die keine Warenderivate sind, sieht schon Art. 57 RL 2014/65/EU keine mitgliedstaatliche Befugnis zum Erlass von Positionslimits vor. Aber auch im Hinblick auf Warenderivate können Positionsmanagementmaßnahmen der ESMA unter den Voraussetzungen der Abs. 2 und 3 grundsätzlich unabhängig davon ergehen, ob zuvor für das Derivat von der mitgliedstaatlichen Behörde ein Positionslimit angeordnet wurde[2]. In einer entsprechenden Anordnung der ESMA liegt ein beträchtlicher Eingriff in die von Art. 7 GRCh geschützte Privatautonomie[3].

21   Die in Umsetzung von Art. 45 Abs. 10 Unterabs. 1 lit. b VO Nr. 600/2014 in **Art. 22 Abs. 2 DelVO 2017/567** genannten Kriterien und Faktoren legen **abschließend** fest, welche Faktoren für die **Angemessenheit** einer Aufforderung zur Reduktion einer Position oder offenen Forderung maßgeblich sein sollen. Hierbei handelt es sich zum einen um auf **den Positionsinhaber bezogene Faktoren**, nämlich die Art des Inhabers einer Position (Art. 22 Abs. 2 lit. a DelVO 2017/567), den Zweck, zu dem er die Position hält (Art. 22 Abs. 2 lit. f DelVO 2017/567), und seine Erfahrung im Halten von großen Positionen oder im Liefern oder Annehmen einer Ware (Art. 22 Abs. 2 lit. g DelVO 2017/567). Des Weiteren sind auf **die Position oder den Kontrakt bezogene Faktoren** maßgeblich, nämlich die Laufzeit des Finanzinstruments (Art. 22 Abs. 2 lit. b DelVO 2017/567), die Größe der Position im Verhältnis zur Größe einerseits des Warenderivatemarkts und andererseits des zugrunde liegenden Warenmarkts (Art. 22 Abs. 2 lit. c und d DelVO 2017/567), der Ausrichtung der Position als *long* oder *short* (Art. 22 Abs. 2 lit. e DelVO 2017/567), andere von der Person gehaltene Positionen im zugrunde liegenden Markt oder in demselben Derivat mit anderen Laufzeiten (Art. 22 Abs. 2 lit. h DelVO 2017/567) und die im Kontrakt vereinbarte Art der Lieferung (Art. 22 Abs. 2 lit. j DelVO 2017/567). Schließlich sind mit der Liquidität des Marktes und den Auswirkungen der Maßnahme auf andere Marktteilnehmer (Art. 22 Abs. 2 lit. i DelVO 2017/567) **marktbezogene Faktoren** zu berücksichtigen. Die Kriterien sind im Lichte der Voraussetzungen einer Maßnahme gem. Art. 45 Abs. 3 VO Nr. 600/2014 anzuwenden[4]. Die Faktoren zur Bestimmung der Angemessenheit der Anordnung einer Positionsreduzierung sind dabei **im Einzelfall abzuwägen und zu gewichten**[5], weshalb sie im Zusammenhang mit den Vorgaben des Art. 45 Abs. 3 VO Nr. 600/2014 erörtert werden (Rz. 36 ff.).

---

1 S. zu den denkbaren Konstellationen ausführlich Commodity Futures Trading Commission (CFTC), Proposed Rules: Position Limits for Derivatives, 78 FR 75680, 75702 ff. v. 12.12.2013 zu nichtspekulativen Risikominderungsstrategien bei bestimmten Swapgeschäften; zur Abgrenzung nach dem Kriterium des *insurable interest* s. Avgoulas, Regulating Financial Innovation in Ferran/Moloney/Payne (Hrsg.), The Oxford Handbook of Financial Regulation, 2015, S. 659, 663, 684 f.
2 Zu den regulatorisch möglichen Formen der Verschränkung von ex ante gesetzten Positionslimits und auf einzelne Marktteilnehmer gerichteten Positionsmanagementkontrollen IOSCO, Principles for the Regulation and Supervision of Commodity Derivatives Markets – Final Report, September 2011, FR07/11, Chapter 5, S. 41 ff.
3 Barth, Regulierung des Derivatehandels nach MiFID II und MiFIR, S. 38.
4 ESMA, Final Report – ESMA's Technical Advice to the Commission on MiFID II und MiFIR v. 19.12.2014, ESMA/2014/1569, S. 433 Nr. 17.
5 ESMA, Final Report – ESMA's Technical Advice to the Commission on MiFID II und MiFIR v. 19.12.2014, ESMA/2014/1569, S. 433 ff. Nr. 18, 19 und 25.

3. Beschränkung des Vertragsabschlusses (Art. 45 Abs. 1 lit. c VO Nr. 600/2014). Gem. Art. 45 Abs. 1 lit. c 22
VO Nr. 600/2014 besitzt die ESMA als letztes Mittel die Befugnis, die Möglichkeit einer Person zu beschränken, einen Warenderivatkontrakt abzuschließen. In persönlicher Hinsicht kommen ebenso wie bei den Maßnahmen nach Art. 45 Abs. 1 lit. a und b VO Nr. 600/2014 nur zugelassene **Wertpapierfirmen und Wertpapierdienstleistungen erbringende Kreditinstitute** als **Adressaten** einer Vertragsabschlussbeschränkung in Betracht. Im Unterschied zu den Ermächtigungen nach Art. 45 Abs. 1 lit. a und b VO Nr. 600/2014 erfasst diese ultima ratio-Befugnis der ESMA gegenständlich **nur Warenderivatkontrakte** i.S.v. Art. 2 Abs. 1 Nr. 30 VO Nr. 600/2014 i.V.m. Art. 4 Abs. 1 Nr. 44 lit. c i.V.m. Anhang I Abschnitt C Nr. 5, 6, 7 und 10 RL 2014/65/EU (Rz. 9 ff.).

Die von Art. 45 Abs. 1 lit. c VO Nr. 600/2014 gestattete Beschränkung des Abschlusses eines Warenderivatvertrags unterscheidet sich von Aufforderungen zur Reduzierung oder Aufhebung von bereits eingegangenen Positionen, in dem durch Beschränkungen des Vertragsabschlusses ex ante Einfluss auf den Abschluss eines Warenderivatkontrakts genommen wird. Die nach dem Wortlaut zulässige Beschränkung der Möglichkeit, einen Vertrag abzuschließen, deckt **Vertragsabschlussbeschränkungen**, die sich regelmäßig auf den zulässigen **Vertragsinhalt** auswirken, wie insbesondere die maximale Größe einer Position, die die betreffende Person aufbauen darf[1]. Hierin liegt ein **Eingriff in die Privatautonomie (Art. 7 GRCh)**, der mittelbar auch den potentiellen Vertragspartner des Adressaten einer Beschränkungsmaßnahme trifft. Als schärfstes Schwert unterliegen Maßnahmen nach Art. 45 Abs. 1 lit. c VO Nr. 600/2014 nicht nur den materiellen und verfahrensrechtlichen Anforderungen nach Art. 45 Abs. 2 und 3 VO Nr. 600/2014, sondern gem. Art. 45 Abs. 6–8 VO Nr. 600/2014 auch besonderen Formgeboten (Rz. 46 ff.). 23

V. Voraussetzungen einer Maßnahme (Art. 45 Abs. 2 und 3 VO Nr. 600/2014). Art. 45 Abs. 2 Unterabs. 1 24
VO Nr. 600/2014 benennt unter lit. a und b zwei „Bedingungen", die **kumulativ** für den Erlass einer Maßnahme nach Art. 45 Abs. 1 VO Nr. 600/2014 vorliegen müssen. **Art. 45 Abs. 3 Unterabs. 1 VO Nr. 600/2014** formuliert drei weitere Maßgaben, die „bei" der Ergreifung einer Maßnahme nach Art. 45 Abs. 1 VO Nr. 600/ 2014 von der ESMA sichergestellt werden müssen. Art. 45 Abs. 3 Unterabs. 2 und 3 VO Nr. 600/2014 stellen überdies verfahrensrechtliche Anforderungen, die vor Erlass der Maßnahme beachtet werden müssen. Die Regelungstechnik entspricht Art. 28 Abs. 2 und 3 VO Nr. 236/2012, weicht aber von der ansonsten als Vorbild dienenden[2] Produktinterventionsbefugnis der ESMA gem. Art. 40 VO Nr. 600/2014 ab, als dort die nach Art. 40 Abs. 3 VO Nr. 600/2014 „bei" Erlass der Maßnahme zu beachtenden Vorgaben semantisch eindeutig in Art. 40 Abs. 1 VO Nr. 600/2014 den „Bedingungen" und damit in deutschem Rechtsverständnis den tatbestandlichen Voraussetzungen einer Interventionsmaßnahme zugeordnet wurden. Trotz der geringfügig abweichenden Regelungsstruktur des Art. 45 VO Nr. 600/2014 ist indes auch hier davon auszugehen, dass die in Art. 45 Abs. 3 Unterabs. 1 VO Nr. 600/2014 genannten Vorgaben nicht bloße Zielbestimmung, sondern materielle Voraussetzung der Maßnahme sind[3]. Hierfür spricht auch die detaillierte Konkretisierung von Art. 45 Abs. 3 Unterabs. 1 lit. a und b VO Nr. 600/2014 durch den auf Art. 45 Abs. 10 Unterabs. 1 lit. a und c VO Nr. 600/2014 gestützten Art. 22 Abs. 1 und 3 DelVO 2017/567.

1. Materielle Voraussetzungen. a) Marktfunktionsschutz und Finanzstabilität. Gem. Art. 45 Abs. 2 Unterabs. 1 lit. a VO Nr. 600/2014 ist Voraussetzung, dass die Maßnahme der ESMA einer Gefahr für das Funktionieren und die Integrität der Finanzmärkte unter Einschluss der Warenderivatemärkte oder einer Gefahr für die Stabilität des gesamten oder eines Teils des Finanzsystems in der Union begegnet. Zur **Konkretisierung** ist **Art. 22 Abs. 1 DelVO 2017/567** heranzuziehen, der auf Art. 45 Abs. 10 Unterabs. 1 lit. a und c VO Nr. 600/ 2014 gestützt ist. Art. 22 Abs. 1 DelVO 2017/567 benennt selbst von der ESMA zu berücksichtigende Kriterien und Faktoren, die zwar **nicht kumulativ** vorliegen müssen, allerdings wegen des Verbots weitreichender Ermessensspielräume für die ESMA (Rz. 3 f.) eine **abschließende Liste**[4] berücksichtigungsfähiger Kriterien bilden. 25

Der Verweis auf den Funktionsschutz der Warenderivatemärkte entsprechend den Zielen von Art. 57 Abs. 1 RL 2014/65/EU hat nicht zur Konsequenz, dass mittels der Befugnisse nach Art. 45 Abs. 1 VO Nr. 600/2014 nur auf solche Bedrohungen reagiert werden darf, die von den Warenderivatemärkten ausgehen[5]. Deshalb konkretisieren Art. 22 Abs. 1 lit. a–e DelVO 2017/567 die Umstände, die die Annahme einer **Gefahr für den Marktfunktionsschutz und die Finanzstabilität** indizieren können, nahezu wortgleich mit Art. 24 Abs. 1 und 3 26

---

1 Art. 45 Abs. 4 Satz 2 und Abs. 6 VO Nr. 600/2014.
2 ESMA, Final Report – ESMA's Technical Advice to the Commission on MiFID II and MiFIR v. 19.12.2014, ESMA/2014/ 1569, S. 430 Nr. 7.
3 So auch das Verständnis betr. das Verhältnis der nahezu wortgleichen Art. 28 Abs. 2 und 3 VO Nr. 236/2012 von EuGH v. 22.1.2014 – C-270/12, ECLI:EU:C:2014:18 – Leerverkaufsverbot, AG 2014, 199 Rz. 48.
4 A.A. offenbar noch ESMA, Final Report – ESMA's Technical Advice to the Commission on MiFID II and MiFIR v. 19.12. 2014, ESMA/2014/1569, S. 437.
5 ESMA, Final Report – ESMA's Technical Advice to the Commission on MiFID II and MiFIR v. 19.12.2014, ESMA/2014/ 1569, S. 430 Nr. 6.

Art. 45 VO Nr. 600/2014 | Positionsmanagementbefugnisse der ESMA

DelVO 918/2012[1], durch welche die Anforderungen an „ungünstige Ereignisse" oder „Bedrohungen" des ordnungsgemäßen Funktionierens und der Finanzstabilität i.S.v. Art. 18 Abs. 1 lit. a, 19 Abs. 1 lit. a, 20 Abs. 1 lit. a, 21 Abs. 1 lit. a und Art. 28 Abs. 2 lit. a VO Nr. 236/2012 präzisiert werden. Danach sind **schwere finanzielle, monetäre oder budgetäre Probleme bei einem Mitgliedstaat oder bei einem global bedeutsamen Finanzinstitut**[2] indiziell (Art. 22 Abs. 1 lit. a DelVO 2017/567), zudem eine **Rating-Maßnahme** oder der **Ausfall eines Mitgliedstaats** oder eines global bedeutsamen Finanzinstituts, der Anlass zu schweren **Zweifeln an der Solvenz** gibt (Art. 22 Abs. 1 lit. b DelVO 2017/567), ein **erheblicher Verkaufsdruck oder eine ungewöhnliche Volatilität**, die bei Finanzinstrumenten, die sich auf global bedeutsame Finanzinstitute beziehen, eine erhebliche **Abwärtsspirale** in Gang setzen (Art. 22 Abs. 1 lit. c DelVO 2017/567), ein **Schaden an den physischen Strukturen** von Emittenten, Marktinfrastrukturen oder Clearing- und Abwicklungssystemen, der sich insbesondere bei seiner Verursachung durch Terrorismus und Naturkatastrophen nachteilig auf die Märkte auswirken kann (Art. 22 Abs. 1 lit. d DelVO 2017/567) und schließlich eine **Störung bei einem Zahlungssystem oder Abwicklungsprozess** maßgeblich im Interbankengeschäft, die in einem Mitgliedstaat oder in einem global bedeutsamen Finanzinstitut zur Ausbreitung einer finanziellen oder wirtschaftlichen Krise führen kann (Art. 22 Abs. 1 lit. e DelVO 2017/567).

27 Zu diesen allgemein für die Gefährdung des Funktionsschutzes und der Finanzstabilität bedeutsamen Umständen treten solche hinzu, die speziell auf eine **Gefährdung der Funktionen der Warenderivatemärkte** hindeuten. Die für die Kriterienbildung leitenden ökonomischen Funktionen der Warenderivatemärkte lassen sich unter Berücksichtigung der Ziele von Art. 57 Abs. 1 RL 2014/65/EU und von Art. 45 Abs. 10 Unterabs. 1 lit. a Halbs. 2 VO Nr. 600/2014[3] wie folgt bestimmen: (1) ein faires und effizientes **Preisbildungsverfahren** für Waren, das für eine Konvergenz zwischen den Derivatpreisen am Ende der Handelsperiode mit dem Herannahen des Lieferzeitpunkts (*spot month*)[4] und den Preisen für die Ware am Spotmarkt sorgt; (2) die Aufrechterhaltung des **Zusammenhangs zwischen Derivatemärkten und finanziellen Kassamärkten**; (3) die Etablierung von **Mechanismen zur physischen Lieferung** von Waren bzw. eines finanziellen Basiswerts; (4) und schließlich die Ermöglichung der **Absicherung** ihrer physischen Warenpositionen insbesondere für Rohstoffproduzenten und -händler, die zu kommerziellen und nicht spekulativen Zwecken handeln (*bona fide hedging*)[5].

28 Unter Zugrundelegung dieser Funktionen soll eine Gefahr für die Warenderivatemärkte bei einem signifikanten und plötzlichen Rückgang des Angebots oder einem entsprechenden Anstieg der Nachfrage nach einer Ware mit der Konsequenz einer **Störung des Gleichgewichts von Angebot und Nachfrage** (Art. 22 Abs. 1 lit. f DelVO 2017/567) indiziert sein, des Weiteren, wenn eine oder mehrere gemeinsam handelnde Personen an einem oder mehreren Handelsplätzen eine **große Position an einer Ware** halten (Art. 22 Abs. 1 lit. g DelVO 2017/567). In der Kombination beider Varianten drohen Beeinträchtigungen des Preisbildungsverfahrens an den Warenderivatemärkten und des grundlegenden Nexus zwischen Derivate- und Kassamärkten. Denn wenn das Angebot lieferbarer Waren gering ist im Verhältnis zu den hierzu gehaltenen Derivatpositionen, so drohen in der Handelsperiode unmittelbar vor dem Lieferzeitpunkt Verwerfungen in Gestalt einer hohen Preisvolatilität. Diese treten etwa im Fall eines *cash settlement* ein, wenn durch die Liquidation einer großen Position das Warenangebot vergrößert und damit verbilligt oder im Fall des Nichtverkaufs das Warenangebot künstlich verknappt und infolgedessen verteuert wird[6]. Eine Preiserhöhung für landwirtschaftliche Grunderzeugnisse hat zu-

---

1 Delegierte Verordnung (EU) Nr. 918/2012 der Kommission vom 5. Juli 2012 zur Ergänzung der Verordnung (EU) Nr. 236/2012 des Europäischen Parlaments und des Rates über Leerverkäufe und bestimmte Aspekte von Credit Default Swaps im Hinblick auf Begriffsbestimmungen, die Berechnung von Netto-Leerverkaufspositionen, gedeckte Credit Default Swaps auf öffentliche Schuldtitel, Meldeschwellen, Liquiditätsschwellen für die vorübergehende Aufhebung von Beschränkungen, signifikante Wertminderungen bei Finanzinstrumenten und ungünstige Ereignisse, ABl. EU Nr. L 274 v. 9.10.2012, S. 1.
2 Als Finanzinstitute werden beispielhaft Kreditinstitute, Versicherungsgesellschaften, Marktinfrastruktur-Anbieter und Vermögensverwaltungsgesellschaften genannt. Der Begriff weicht damit von Art. 4 Abs. 1 Nr. 26 VO Nr. 575/2013 ab, der als Finanzinstitute gerade solche Unternehmen bezeichnet, die kein Kreditinstitut sind.
3 So auch der Ausgangspunkt von ESMA, Final Report – ESMA's Technical Advice to the Commission on MiFID II and MiFIR v. 19.12.2014, ESMA/2014/1569, S. 432 Nr. 13 und 14; die nach Art. 45 Abs. 10 lit. a Halbsatz 2 VO Nr. 600/2014 gebotene Berücksichtigung von Absicherungszwecken und der Konvergenz von Warenpreisen und Warenderivatepreisen ist konkretisierender Bestandteil der Ermächtigung zu delegierter Rechtsetzung.
4 Gem. Art. 2 Abs. 2 DelVO 2017/591 ist der Kontrakt im Spot-Monat derjenige Warenderivatkontrakt, dessen Laufzeit gemäß den Regeln des Handelsplatzes als Nächstes endet; IOSCO, Principles for the Regulation and Supervision of Commodity Derivatives Markets – Final Report, September 2011, FR07/11, S. 73 versteht unter dem *Spot Month* „the trading period immediately preceeding the delivery period".
5 Knapp ESMA, Final Report – ESMA's Technical Advice to the Commission on MiFID II and MiFIR v. 19.12.2014, ESMA/2014/1569, S. 431 Nr. 10; IOSCO, Principles for the Regulation and Supervision of Commodity Derivatives Markets – Final Report, September 2011, FR07/11, S. 11; krit. insb. zur Preisbildungsfunktion und zur Privilegierung des bona fide hedgings *Chadwick*, Int. and Comp. Law Quarterly 6 (2017), 625, 649 ff.; s. auch *Küblböck/Staritz*, ÖFSE Working Paper 45/2013, S. 14 f.
6 IOSCO, Principles for the Regulation and Supervision of Commodity Derivatives Markets – Final Report, September 2011, FR07/11, S. 26, 30, 42, dort auch zu den Manipulationsgefahren im Fall eines *cash settlements*.

dem Auswirkungen für Dritte, die auf Zugang zu diesen Produkten existenziell angewiesen sind[1]. Schließlich kann eine Funktionsstörung eintreten, wenn ein **Handelsplatz** aus tatsächlichen Gründen **nicht in der Lage** ist, seine **Positionsmanagementbefugnisse** nach Art. 57 Abs. 8 RL 2014/65/EU **auszuüben** (Art. 22 Abs. 1 lit. h DelVO 2017/567).

Mit dem Anknüpfen an eine **Gefahr** für den Funktionsschutz und die Finanzstabilität hat der Europäische Gesetzgeber einen Maßstab gewählt, der nach dem differenzierten Wahrscheinlichkeitsmaßstab der im deutschen Recht genutzten polizeirechtlichen Risikoformel die Höhe des möglichen Schadens mit dessen Eintrittswahrscheinlichkeit in Beziehung setzt[2]. Gefährdungen des Funktionsschutzes und der Finanzstabilität lassen regelmäßig massive Schäden für die Finanzmärkte und für die Volkswirtschaft befürchten. Im Hinblick auf existenznotwendige Rohstoffe unter Einschluss von landwirtschaftlichen Grunderzeugnissen können im schlimmsten Fall Versorgungsengpässe entstehen. Die Höhe der denkbaren Schäden legt nahe, **keine überzogenen Anforderungen an ihre Eintrittswahrscheinlichkeit** zu stellen. Im Übrigen spricht Einiges dafür, **Abstufungen nach der Art der zu treffenden Maßnahme** vorzunehmen. Informationsverlangen nach Art. 45 Abs. 1 lit. a VO Nr. 600/2014 dienen nach dem durch Art. 45 Abs. 1 lit. b VO Nr. 600/2014 vorgesehenen konsekutiven Vorgehen der ESMA der Ermittlung einer möglichen Gefahrenlage schon zu einem Zeitpunkt, in dem eine hinreichend sichere Prognose noch nicht möglich ist (Gefahrenverdacht)[3]. Art. 45 Abs. 1 lit. a VO Nr. 600/2014 liefert die für einen Gefahrerforschungseingriff notwendige Rechtsgrundlage. 29

Art. 45 Abs. 2 Unterabs. 1 lit. a VO Nr. 600/2014 fordert, dass die Maßnahme der ESMA den genannten Gefahren „begegnet". Dies ist der Fall, wenn sie zu deren Überwindung **geeignet** ist. Für die Beurteilung der Eignung besitzt die ESMA einen Einschätzungsspielraum, der in Art. 45 Abs. 2 Unterabs. 2 VO Nr. 600/2014 zum Ausdruck kommt, demzufolge die ESMA das Vorliegen der Bedingung anhand der Vorgaben von Art. 22 Abs. 1 DelVO 2017/567 „bewertet". Mit der **Bindung an die** dort genannten **Kriterien** ist die ESMA aber nicht mehr frei, die Eignung von Maßnahmen nach Art. 45 Abs. 1 lit. b und c VO Nr. 600/2014 insbesondere zur Abwehr von Funktionsstörungen auf den Warenderivatemärkten generell zu bezweifeln, auch wenn kein wirtschaftswissenschaftlicher Konsens über die Ursachen von Preisvolatilitäten und insbesondere über die Auswirkungen des Haltens großer Positionen durch zu spekulativen Zwecken handelnde Wertpapierfirmen besteht[4]. Vielmehr haben die Kriterien des Art. 22 Abs. 1 DelVO 2017/567 wie etwa die Größe einer Position gerade auch die Funktion, eine Entscheidung begründet treffen zu können. Für einen sehr begrenzten Einschätzungsspielraum der ESMA sprechen auch primärrechtliche Gründe (Rz. 3 f.). 30

b) Kein Vorrang mitgliedstaatlicher Maßnahmen (Art. 45 Abs. 2 Unterabs. 1 lit. b VO Nr. 600/2014). Gem. Art. 45 Abs. 2 Unterabs. 1 lit. b VO Nr. 600/2014 ist weitere Voraussetzung, dass eine oder mehrere Behörden keine Maßnahmen zur Gefahrenabwehr ergriffen haben, oder dass die ergriffenen mitgliedstaatlichen Maßnahmen der Gefahr nicht ausreichend begegnen. In dieser mit der Produktinterventionsbefugnis der ESMA nach Art. 40 Abs. 2 Unterabs. 1 lit. c VO Nr. 600/2014 nahezu wortlautidentischen Anforderung kommt eine **Subsidiarität von Maßnahmen der ESMA** gegenüber mitgliedstaatlichen Maßnahmen zum Ausdruck, die Anerkenntnis des Ausnahmecharakters von Vollzugskompetenzen der Europäischen Aufsichtsbehörden ist. 31

Für die Frage, ob die mitgliedstaatlichen Behörden keine oder keine ausreichenden Maßnahmen zur Gefahrenabwehr getroffen haben, ist entscheidend, welche **mitgliedstaatlichen Befugnisse** in den **Vergleich** einzubeziehen sind. Nach Art. 45 Abs. 10 Unterabs. 2 VO Nr. 600/2014 soll durch delegierte Rechtsetzung zwischen den Konstellationen des Untätigbleibens einer mitgliedstaatlichen Behörde und derjenigen unterschieden werden, in denen die ESMA auf eine zusätzliche Gefahr reagiert, der die zuständige Behörde i.S.v. Art. 69 Abs. 2 lit. j oder o RL 2014/65/EU nicht angemessen beggnen kann. Demgemäß sind vor allem die **Positionsmanagementbefugnisse** der mitgliedstaatlichen Behörden maßgeblich. Da es auf die tatsächlich verfügbaren Befugnisse der mitgliedstaatlichen Behörden ankommt, ist auch ein allfälliges gold-plating der Anforderungen nach **Art. 69 Abs. 2 lit. j und o RL 2014/65/EU** zu berücksichtigen[5]. 32

Ein Fall **mitgliedstaatlicher Untätigkeit** liegt demgemäß vor, wenn die mitgliedstaatliche Behörde nicht von der nach Art. 69 Abs. 2 lit. j RL 2014/65/EU (§ 6 Abs. 3 Satz 2 Nr. 3 WpHG) geforderten Befugnis Gebrauch 33

---

1 Zu deren Berücksichtigungsfähigkeit ESMA, Final Report – ESMA's Technical Advice to the Commission on MiFID II and MiFIR v. 19.12.2014, ESMA/2014/1569, S. 432 Nr. 12.
2 Je höher der Rang eines Rechtsguts und je größer der ihm drohende Schaden ist, desto geringere Anforderungen sind an die Eintrittswahrscheinlichkeit zu stellen, *Schenke*, Polizei- und Ordnungsrecht, 9. Aufl. 2016, § 3 Rz. 77 m.w.N.
3 Dazu *Schenke*, Polizei- und Ordnungsrecht, 9. Aufl. 2016, § 3 Rz. 83.
4 Dazu ausführlich die höchst instruktive Auseinandersetzung mit der wirtschaftswissenschaftlichen Literatur im vorsorglichen *necessity finding* der CFTC, Proposed Rules: Position Limits for Derivatives, 81 FR 96704, 96722 ff. v. 30.12.2016 in der Folge des Urteils *ISDA v. CFTC*, 887 F. Supp 2d, 259 (D.D.C. 2012), mit dem der CFTC hohe Beweislasten hinsichtlich der Kausalität auferlegt wurden; sehr skeptisch gegenüber dem zumeist verwendeten *Granger Causality*-Test *Williams*, Univ. of Denver Law & Policy (2015), 119; s. auch *Chadwick*, Int. and Comp. Law Quarterly 6 (2017), 625, 633 ff.
5 ESMA, Final Report – ESMA's Technical Advice to the Commission on MiFID II and MiFIR v. 19.12.2014, ESMA/2014/1569, S. 436 Nr. 35, 439.

macht, Auskünfte über die Größe oder den Zweck einer gehaltenen Position einzuholen oder keine Maßnahmen zur Reduzierung von Positionen nach Art. 69 Abs. 2 lit. o RL 2014/65/EU (§ 9 Abs. 1 WpHG) trifft, obwohl diese geboten wären. Die mitgliedstaatliche Behörde kann ggf. **keine ausreichenden Maßnahmen** ergreifen, wenn die Voraussetzungen der Gefahrenlage nicht nur in ihrem Hoheitsgebiet, sondern auch in einem oder weiteren anderen Mitgliedstaaten vorliegen (Art. 22 Abs. 4 Unterabs. 2 DelVO 2017/567). Denn in dieser Konstellation kann die mitgliedstaatliche Behörde ihre Befugnisse nur gegenüber den in ihrem Hoheitsgebiet tätigen Finanzmarktteilnehmern ausüben[1]. Des Weiteren verlangt Art. 69 Abs. 2 lit. j RL 2014/65/EU – und dem folgend § 6 Abs. 3 Satz 2 Nr. 3 WpHG – behördliche Auskunftsrechte allein betreffend Größe und Zweck von in Warenderivaten gehaltenen Positionen, während das Informationsrecht der ESMA nach Art. 45 Abs. 1 lit. a VO Nr. 600/2014 auch andere Derivate umfasst. Auch insoweit könnte es der mitgliedstaatlichen Behörde an ausreichenden Gefahrenabwehrmöglichkeiten fehlen[2]. Schließlich werden dann keine ausreichenden Maßnahmen getroffen, wenn die mitgliedstaatliche Behörde zwar durch die Anordnung der Reduzierung von Positionen tätig wird, diese aber im Umfang hinter dem durch die Gefahrenlage Gebotenen zurückbleiben. In dieser Variante besitzt die ESMA einen gewissen Bewertungsspielraum für die Beurteilung der Angemessenheit mitgliedstaatlicher Maßnahmen, der allerdings durch die Bindung an die Kriterien in Art. 22 Abs. 1 DelVO 2017/567 begrenzt wird.

34 c) **Weitere Gesichtspunkte (Art. 45 Abs. 3 Unterabs. 1 VO Nr. 600/2014).** Die nach Art. 45 Abs. 3 Unterabs. 1 lit. a–c VO Nr. 600/2014 „beim Ergreifen" von Maßnahmen zu beachtenden Vorgaben sind ebenfalls als materielle tatbestandliche Voraussetzungen zu qualifizieren (Rz. 24). Obwohl der ESMA mit der zusätzlichen Berücksichtigung dieser Kriterien eindeutig eine **Abwägung** abverlangt wird, hielt der Gerichtshof die strukturell wie inhaltlich nahezu identischen Regelungen in Art. 28 Abs. 2 und 3 VO Nr. 236/2012 für primärrechtskonform. Dahinter steht der Gedanke, dass das Gebot zur Berücksichtigung weiterer Kriterien einen Beitrag zur Entscheidungsrationalität leistet und die rechtliche Bindung der ESMA verstärkt[3].

35 Nach **Art. 45 Abs. 3 Unterabs. 1 lit. a VO Nr. 600/2014** hat die ESMA dafür Sorge zu tragen, dass ihre Maßnahme der diagnostizierten Gefahr signifikant begegnet oder aber die Möglichkeiten der mitgliedstaatlichen Behörden, die Gefahren zu überwachen, signifikant verbessert. Mit diesen Vorgaben wird eine **Effektivitätsschwelle** normiert, die den **Rechtfertigungsbedarf für Positionsmanagementmaßnahmen der ESMA erhöht**. Ausreichend ist nämlich nicht allein eine Eignung der ESMA-Maßnahme zur Bekämpfung der Gefahr i.S.v. Art. 45 Abs. 2 Unterabs. 1 lit. a VO Nr. 600/2014, sondern eine **„signifikante" Eignung**. Die Alternative einer **signifikanten Verbesserung der mitgliedstaatlichen Überwachungsmöglichkeiten** kann zum Tragen kommen, soweit die ESMA zu Maßnahmen befugt ist, die den mitgliedstaatlichen Behörden nicht zu Gebote stehen. Dies kann in Anbetracht der weiterreichenden Informationsbefugnisse der ESMA vor allem der Fall sein, wenn Informationen zu gehaltenen Positionen in Derivaten verlangt werden, die keine Warenderivate sind, oder wenn sich die Informationen auf Wertpapierunternehmen beziehen, die nicht der mitgliedstaatlichen Aufsicht unterliegen (Rz. 33).

36 Nach **Art. 45 Abs. 3 Unterabs. 1 lit. b VO Nr. 600/2014** ist durch die ESMA sicherzustellen, dass die Maßnahme nicht das **Risiko einer Aufsichtsarbitrage** birgt. Die auf Art. 45 Abs. 10 Unterabs. 1 lit. c VO Nr. 600/2014 gestützte konkretisierende Regelung in **Art. 22 Abs. 3 DelVO 2017/567** benennt fünf Faktoren, die für die Bewertung durch die ESMA maßgeblich sind. Ihnen liegt die Erwägung zugrunde, dass die Gefahr einer Aufsichtsarbitrage vor allem besteht, wenn sich Beschränkungen gegenständlich auf bestimmte Derivate beziehen und vergleichbare Derivate nicht regeln oder wenn sie in persönlicher Hinsicht bestimmte Marktteilnehmer unter Verschonung vergleichbarer Akteure erfassen[4]. Die ESMA hat danach zu berücksichtigen, ob derselbe oder ein im Wesentlichen gleichartiger Kontrakt auch an einem anderen Handelsplatz oder außerbörslich, d.h. OTC[5] gehandelt wird (Art. 22 Abs. 3 lit. a und b DelVO 2017/567) und wie sich der Beschluss auf den zugrunde liegenden Warenmarkt und auf die Marktteilnehmer auswirkt, die nicht unter die Positionsmanagementbefugnisse der ESMA fallen (Art. 22 Abs. 3 lit. c und d DelVO 2017/567). Im Wege einer Kontrollüberlegung muss die ESMA schließlich die Prognose treffen, wie sich ein Verzicht auf Maßnahmen auf die Marktfunktionen und die Marktintegrität auswirken würde (Art. 22 Abs. 3 lit. e DelVO 2017/567).

37 Gem. **Art. 45 Abs. 3 Unterabs. 1 lit. b VO Nr. 600/2014** muss die ESMA schließlich sicherstellen, dass keine gegenüber den Vorteilen der Maßnahme unverhältnismäßigen negativen Auswirkungen auf die Effizienz der Finanzmärkte bewirkt werden. Hiermit wird der ESMA eine **Verhältnismäßigkeitsprüfung** abverlangt, wobei

---

1 ESMA, Final Report – ESMA's Technical Advice to the Commission on MiFID II and MiFIR v. 19.12.2014, ESMA/2014/1569, S. 436 Nr. 36.
2 ESMA, Final Report – ESMA's Technical Advice to the Commission on MiFID II and MiFIR v. 19.12.2014, ESMA/2014/1569, S. 436 Nr. 35.
3 EuGH v. 22.1.2014 – C-270/12, ECLI:EU:C:2014:18 – Leerverkaufsverbot, AG 2014, 199 Rz. 45 ff.
4 ESMA, Final Report – ESMA's Technical Advice to the Commission on MiFID II and MiFIR v. 19.12.2014, ESMA/2014/1569, S. 435 Nr. 28.
5 Mit „außerbörslich" ist nicht schon das Handeln außerhalb eines geregelten Marktes gemeint, s. die englische Sprachfassung von Art. 22 Abs. 3 lit. a DelVO 2017/567.

nur die in die Abwägung einzustellenden **gegenläufigen Belange** in der Norm abschließend genannt werden: Dies sind eine Verringerung der Liquidität auf den betreffenden Märkten, eine Einschränkung der Möglichkeiten für die Risikominderung im Zusammenhang mit der Tätigkeit nichtfinanzieller Gegenparteien und die Schaffung von Unsicherheit für die Marktteilnehmer. Die den Ausgangspunkt und das Gegengewicht der Abwägung bildenden **Vorteile der Maßnahme** liegen in ihrer (signifikanten) Eignung zur Bekämpfung der Gefahren für die Marktfunktionen und die Finanzstabilität (Rz. 25 ff.). In die Verhältnismäßigkeitsprüfung sind zudem, soweit Anordnungen zur Reduzierung oder Aufhebung von Positionen nach Art. 45 Abs. 1 lit. b VO Nr. 600/2014 in Frage stehen, die für die **Angemessenheit dieser Maßnahme** nach Art. 22 Abs. 2 DelVO 2017/567 entscheidenden Faktoren zu integrieren (Rz. 21).

Wird neben den allgemeinen Gefährdungen für die Finanzmarktfunktionen und die Finanzstabilität (Rz. 26) bei den Warenderivatemärkten insbesondere das Halten großer Positionen als indiziell angesehen (Rz. 28), so liegen die **Vorteile** von Maßnahmen zur Reduzierung von Positionen in einer Wiederherstellung der Marktfunktionen, was den mittelbaren Schutz Dritter, namentlich der auf landwirtschaftliche Grunderzeugnisse angewiesenen Konsumenten, einschließt. Für die **Angemessenheit** einer Maßnahme sind die Größe der Position im Verhältnis zum Warenderivatemarkt und zum Warenmarkt (Art. 22 Abs. 2 lit. c und d DelVO 2017/567) und ihre Ausrichtung als *long* oder *short* maßgeblich (Art. 22 Abs. 2 lit. e DelVO 2017/567). Die Laufzeit des Finanzinstruments (Art. 22 Abs. 2 lit. b DelVO 2017/567) ist ebenfalls ein gewichtiger Faktor für die Angemessenheit, weil mit zunehmender Nähe des Handels mit dem Kontrakt zum Erfüllungszeitpunkt die Manipulationsanfälligkeit bei einem Auseinanderfallen von der Größe der Position und dem Angebot lieferbarer Waren steigt[1]. Anhaltspunkte hierfür kann auch die Ausgestaltung der Vertragsbedingungen über die Lieferung bieten (Art. 22 Abs. 2 lit. j DelVO 2017/567)[2].

38

Durch die Anordnung der Reduzierung von Positionen oder Vertragsabschlussbeschränkungen wird den Derivatemärkten **Liquidität entzogen**, was schon bei der Eignung der Maßnahme zur Gefahrenabwehr, vor allem aber bei der Bewertung der Angemessenheit der Maßnahme zu berücksichtigen ist (Art. 22 Abs. 2 lit. i DelVO 2017/567). Denn eine ausreichende Liquidität ist einerseits für die Preisbildungsfunktion der Warenderivatemärkte bedeutsam, kann aber zugleich auch kommerziellen Marktteilnehmern bessere Hedging-Möglichkeiten zu geringeren Kosten verschaffen[3]. Die Möglichkeiten des sog. **bona fide hedging** durch den Abschluss von Derivatkontrakten von **nichtfinanziellen Gegenparteien** könnten durch die Verringerung von Liquidität infolge von Positionsbeschränkungen beeinträchtigt werden. Dass diese Form des Hedgings als eine eigenständige Funktion der Warenderivatemärkte gilt, deren Beeinträchtigung abzuwehren ist (Rz. 27 f.), spiegelt sich in der für die Angemessenheit einer Anordnung erforderlichen Berücksichtigung der Art des Positionsinhabers, z.B. Hersteller, Verbraucher oder Finanzinstitute (Art. 22 Abs. 2 lit. a DelVO 2017/567) und des Zwecks der Position (Art. 22 Abs. 2 lit. f DelVO 2017/567). Schließlich sind die Vorteile der Maßnahme gegen eine Schaffung von **Unsicherheit für die Marktteilnehmer** abzuwägen. Zwar soll gerade die behördliche Kontrolle für das Vertrauen der Marktteilnehmer in die Integrität des Marktes sorgen[4]. Indessen ist nicht ausgeschlossen, dass Eingriffe der ESMA ihrerseits zu einer Verunsicherung beitragen.

39

2. Verfahrensrechtliche Voraussetzungen (Art. 45 Abs. 3 Unterabs. 2 und 3, Abs. 4, 5 VO Nr. 600/2014). Gem. Art. 45 Abs. 3 Unterabs. 2 VO Nr. 600/2014 konsultiert die ESMA vor Erlass einer Maßnahme die nach der VO Nr. 713/2009[5] eingerichtete Agentur für die Zusammenarbeit der Energieregulierungsbehörden (**ACER**), wenn sich die Maßnahme auf Energiehandelsprodukte bezieht. Die Beteiligung der ACER erklärt sich vor dem Hintergrund, dass auch **Energiederivate** als Warenderivate i.S.v. Anhang I Abschnitt C Nr. 6 RL 2014/65/EU gelten, sofern es sich nicht um über OTF gehandelte Derivate über Energiegroßhandelsprodukte betreffend Strom und Erdgas i.S.v. Art. 2 Nr. 4 lit. b VO Nr. 1227/2011 (REMIT) handelt, für die eine Pflicht zur physischen Lieferung besteht (Rz. 10). Für die Marktintegritätsaufsicht über Energiehandelsprodukte ist gem. Art. 7 VO Nr. 1227/2011 die ACER zuständig, die bei der Feststellung von marktmissbräuchlichen Handlungen mit der ESMA kooperiert (Art. 16 Abs. 3 lit. b VO Nr. 1227/2011). Vice versa muss nach Art. 45 Abs. 3 Unterabs. 2 VO Nr. 600/2014 die ESMA die Energieagentur anhören, da sich eine Maßnahme in Bezug auf Energiehandelsprodukte nach Art. 45 Abs. 1 VO Nr. 600/2014 auf die entsprechenden Märkte auswirken kann. Eine Konsultation erfordert die **Gelegenheit zur Stellungnahme**, die von der ESMA bei ihrer Entscheidung zu berücksichtigen ist.

40

---

1 IOSCO, Principles for the Regulation and Supervision of Commodity Derivatives Markets – Final Report, September 2011, FR07/11, S. 26, 30, 42.
2 IOSCO, Principles for the Regulation and Supervision of Commodity Derivatives Markets – Final Report, September 2011, FR07/11, S. 14 ff., 19 ff. zum contract design.
3 IOSCO, Principles for the Regulation and Supervision of Commodity Derivatives Markets – Final Report, September 2011, FR07/11, S. 31.
4 IOSCO, Principles for the Regulation and Supervision of Commodity Derivatives Markets – Final Report, September 2011, FR07/11, S. 28 f.
5 Verordnung (EG) Nr. 713/2009 des Europäischen Parlaments und des Rates vom 13. Juli 2009 zur Gründung einer Agentur für die Zusammenarbeit der Energieregulierungsbehörden, ABl. EU Nr. L 211 v. 14.8.2009, S. 1.

41 Nach Art. 45 Abs. 3 Unterabs. 3 VO Nr. 600/2014 konsultiert die ESMA zudem die für die Beaufsichtigung, Verwaltung und Regulierung der **landwirtschaftlichen Warenmärkte zuständigen Stellen**, sofern die Maßnahme der ESMA Derivate auf landwirtschaftliche Grunderzeugnisse betrifft. Mit dieser Regelung soll sichergestellt werden, dass das System der hochregulierten, durch Marktinterventionen (Beihilfen, Aufkäufe) geprägten Gemeinsamen Marktorganisation (GMO) der Union berücksichtigt wird. Die von Art. 45 Abs. 3 Unterabs. 3 VO Nr. 600/2014 in Bezug genommene VO Nr. 1234/2007 wurde allerdings zum 1.1.2014 durch eine neue Verordnung ersetzt[1]. Zuständige Marktordnungsstelle in Deutschland ist die **Bundesanstalt für Landwirtschaft und Ernährung (BLE)**[2].

42 Nach Art. 45 Abs. 4 VO Nr. 600/2014 unterrichtet die ESMA vor Erlass oder Verlängerung einer Maßnahme die **zuständigen Behörden der Mitgliedstaaten** über ihre Interventionsabsicht. Die Unterrichtung muss als bloße Informationspflicht **keine für eine Anhörung erforderliche Gelegenheit zur Stellungnahme** einräumen. In persönlicher Hinsicht sind die Behörden zu informieren, in deren Zuständigkeitsbereich die Wertpapierfirmen, gegen die sich die Maßnahmen richten, tätig sind. Eine Unterrichtungspflicht besteht für alle nach Art. 45 Abs. 1 lit. a–c VO Nr. 600/2014 getroffenen Maßnahmen, wie aus Satz 2 und 3 folgt. Ähnlich wie Art. 28 Abs. 5 VO Nr. 236/2012 normiert Art. 45 Abs. 4 VO Nr. 600/2014 Anforderungen an **Inhalt und Umfang der Unterrichtung**. Im Fall eines Informationsbegehrens nach Art. 45 Abs. 1 lit. a VO Nr. 600/2014[3] oder einer Aufforderung zur Reduzierung oder Aufhebung von Positionen gem. Art. 45 Abs. 1 lit. b VO Nr. 600/2014 müssen gem. Art. 45 Abs. 4 Satz 2 VO Nr. 600/2014 die Adressaten der jeweiligen Maßnahme und die Gründe hierfür genannt werden. Weitergehende Unterrichtungspflichten bestehen nach Art. 45 Abs. 4 Satz 3 VO Nr. 600/2014 für Vertragsabschlussbeschränkungen i.S.v. Art. 45 Abs. 1 lit. c VO Nr. 600/2014. Hier ist die ESMA verpflichtet, zusätzlich über die von der Maßnahme erfassten Finanzinstrumente und die vorgeschlagenen quantitativen Maßnahmen wie insbesondere die Größe der Position, die die Person halten darf, zu informieren.

43 Art. 45 Abs. 5 VO Nr. 600/2014 trifft eine Regelung zum **Zeitpunkt der Unterrichtung**. Danach muss grundsätzlich spätestens 24 Stunden vor dem geplanten Inkrafttreten der Maßnahme oder ihrer Verlängerung die jeweils zuständige mitgliedstaatliche Behörde informiert werden. Nach Art. 45 Abs. 5 Satz 2 VO Nr. 600/2014 kann die Unterrichtung im Ausnahmefall später vorgenommen werden. Die sehr kurze Frist erklärt sich daraus, dass bei der Feststellung von Gefährdungen der Funktionen der (Waren-)Derivatemärkte regelmäßig schnell gehandelt werden muss.

44 Art. 45 VO Nr. 600/2014 normiert kein Gebot einer **Anhörung der betroffenen Wertpapierfirmen**, die Adressaten der jeweiligen Maßnahme nach Art. 45 Abs. 1 lit. a–c VO Nr. 600/2014 sind. Jedoch fordert **Art. 39 Abs. 1 VO Nr. 1095/2010** eine Anhörung der Adressaten vor dem Erlass von Beschlüssen. Darüber hinaus folgt ein primärrechtliches Anhörungsgebot aus Art. 41 Abs. 2 lit. a GRCh.

45 **3. Ermessen.** Maßnahmen der ESMA stehen nach Art. 45 Abs. 1 VO Nr. 600/2014 im Ermessen der Agentur. Indes hat die ESMA schon nach Art. 45 Abs. 3 Unterabs. 1 lit. c VO Nr. 600/2014 auf – nach deutschem Verständnis – **tatbestandlicher Ebene** eine **Abwägung** durchzuführen, in der die Vorteile der Maßnahme, d.h. ihr signifikanter Beitrag zur Gefahrenabwehr, mit den nachteiligen Auswirkungen in Beziehung zu setzen ist. Auch wenn die Konsumenten von Nahrungsmitteln in Art. 45 Abs. 2 und 3 VO Nr. 600/2014 nicht ausdrücklich als Schutzsubjekte der Verhältnismäßigkeitsprüfung genannt werden, gehen auch ihre Interessen an einem Zugang zu Nahrungsmitteln zu erschwinglichen Preisen schon in den Gefahrenbegriff nach Art. 45 Abs. 2 Unterabs. 1 lit. a VO Nr. 600/2014 und damit auch in die nachfolgende Abwägung ein (Rz. 28, 38). Soweit der ESMA bereits Abwägungsspielräume auf Tatbestandsseite zukommen, besteht im Grundsatz **kein Anlass für eine wiederholende Prüfung auf Ermessensebene**.

46 **VI. Beschlüsse der ESMA (Art. 45 Abs. 6–9 VO Nr. 600/2014).** Art. 45 Abs. 6 VO Nr. 600/2014 verpflichtet die ESMA zur **Bekanntgabe** jedes Beschlusses zu einer Vertragsbeschränkung nach Art. 45 Abs. 1 lit. c VO Nr. 600/2014 **auf ihrer Webseite**, wobei die Einzelheiten zur betreffenden Person, den erfassten Finanzinstrumenten, der quantitativen Maßnahme wie etwa einer Beschränkung der Positionsgröße und die hierfür maßgeblichen Gründe anzugeben sind. Für Informationsanforderungen nach Art. 45 Abs. 1 lit. a VO Nr. 600/2014 und Anordnungen zur Reduzierung oder zur Aufhebung einer Position nach Art. 45 Abs. 1 lit. b VO Nr. 600/ 2014, die regelmäßig kurzfristiger wirken, ist diese Form der Bekanntgabe nicht vorgeschrieben. Da es sich bei allen Maßnahmen nach Art. 45 Abs. 1 lit. a–c VO Nr. 600/2014 um **adressatenbezogene Beschlüsse i.S.v. Art. 288 Abs. 4** AEUV handelt, ist allerdings in jedem Fall – auch bei Maßnahmen nach Art. 45 Abs. 1 lit. c VO Nr. 600/2014 – (zusätzlich) eine **individuelle Bekanntgabe** des Beschlusses gegenüber den betroffenen Per-

---

1 Verordnung (EU) Nr. 1308/2013 des Europäischen Parlaments und des Rates vom 17. Dezember 2013 über eine gemeinsame Marktorganisation für landwirtschaftliche Erzeugnisse und zur Aufhebung der Verordnungen (EWG) Nr. 922/72, (EWG) Nr. 234/79, (EG) Nr. 1037/2001 und (EG) Nr. 1234/2007, ABl. EU Nr. L 347 v. 20.12.2013, S. 671; s. auch Art. 4 Abs. 1 Nr. 59 RL 2014/65/EU, der anders als Art. 45 VO Nr. 600/2014 bereits die aktuelle Verordnung in Bezug nimmt.
2 § 3 Gesetz zur Durchführung der gemeinsamen Marktorganisation und der Direktzahlungen (MOG).
3 Die missverständlich als „Antrag" bezeichnete Maßnahme meint das Verlangen zur Überlassung von Informationen, s.a. die englische Sprachfassung: „request".

sonen erforderlich, der gem. Art. **39 Abs. 2 und 3 VO Nr. 1095/2010** zu begründen und mit einer Rechtsbehelfsbelehrung zu versehen ist.

Nach Art. 45 Abs. 7 VO Nr. 600/2014 treten Vertragsabschlussbeschränkungen gem. Art. 45 Abs. 1 lit. c VO Nr. 600/2014 zum Zeitpunkt der Veröffentlichung der Bekanntmachung oder einem darin bezeichneten späteren Zeitpunkt in Kraft. Das Datum des **Wirksamwerdens** ist damit bezüglich dieser Maßnahmen vom Zeitpunkt der individuellen Bekanntgabe entkoppelt. Der Zeitpunkt der individuellen Bekanntgabe ist hingegen für Informationsverlangen nach Art. 45 Abs. 1 lit. a VO Nr. 600/2014 und für Anordnungen zur Reduzierung oder zur Aufhebung von Positionen nach Art. 45 Abs. 1 lit. b VO Nr. 600/2014 maßgeblich. Beschlüsse zu einer Vertragsabschlussbeschränkung gelten nur für Rechtsgeschäfte, die nach Inkrafttreten der Maßnahme eingegangen werden. Hiermit wird klargestellt, dass der Maßnahme der ESMA **keine rückwirkende Geltung** für zuvor abgeschlossene Derivatkontrakte zukommt. 47

Gem. Art. 45 Abs. 8 VO Nr. 600/2014 sind nach Art. 45 Abs. 1 lit. c VO Nr. 600/2014 angeordnete Vertragsabschlussbeschränkungen von der ESMA in regelmäßigen Abständen, mindestens aber alle drei Monate zu überprüfen. Da die Maßnahme im Fall der Nichtverlängerung automatisch außer Kraft tritt, liegt hierin eine gesetzliche **Befristung**. Die Befristung entspricht den Vorgaben von **Art. 9 Abs. 5 VO Nr. 1095/2010**, der die ESMA nur zu vorübergehenden Interventionen befugt. Eine – wiederum befristete – **Verlängerung** der Maßnahme ist gem. Art. 45 Abs. 8 Satz 2 VO Nr. 600/2014 nur zulässig, wenn dafür weiterhin die materiell- und verfahrensrechtlichen Voraussetzungen vorliegen. Art. 45 Abs. 8 VO Nr. 600/2014 stellt ein entsprechendes Gebot nicht für Beschlüsse nach Art. 45 Abs. 1 lit. a und b VO Nr. 600/2014 auf. Dies erklärt sich daraus, dass durch Informationsbegehren und Anordnungen zur Reduzierung von Positionen sofort vollziehbare Handlungsgebote aufgestellt werden, während eine Beschränkung nach Art. 45 Abs. 1 lit. c VO Nr. 600/2014 eine Wirkung hat, die einem Dauerverwaltungsakt entspricht. 48

Gem. Art. 45 Abs. 9 VO Nr. 600/2014 hat eine **Maßnahme der ESMA Vorrang** vor allen etwaigen früheren Maßnahmen einer mitgliedstaatlichen Maßnahme auf der Grundlage von Art. 69 Abs. 2 lit. o oder p RL 2014/65/EU. Die **Kollisionsregel** begründet einen Vorrang für Anordnungen der ESMA zur Reduzierung von Positionen und zur Beschränkung des Abschlusses eines Warenderivatkontrakts und ist Folge des grundsätzlichen Vorrangs mitgliedstaatlicher Maßnahmen gem. Art. 45 Abs. 2 Unterabs. 1 lit. b VO Nr. 600/2014 (Rz. 31 ff.). Sie betrifft den Fall, dass die ESMA bezogen auf dasselbe Unternehmen Maßnahmen anordnet, die von den mitgliedstaatlichen Maßnahmen abweichen. Indes ist der **Verweis auf Art. 69 Abs. 2 lit. p RL 2014/65/EU überschießend**, da er als mitgliedstaatlich festgelegte **Positionslimits** erfasst (s. auch Art. 57 Abs. 11 RL 2014/65/EU). Da die ESMA nicht zur Festlegung von ex ante-Positionslimits befugt ist und für deren Festsetzung nach Art. 57 Abs. 5 RL 2014/65/EU ein Koordinierungsverfahren mit der ESMA vorgesehen ist, kann ein Beschluss der ESMA nicht die Kraft haben, die quasi-normative Vorgabe mitgliedstaatlicher Positionslimits beiseite zu schieben. Denkbar ist allerdings, dass das mitgliedstaatlich generell geltende Positionslimit im Hinblick auf den Adressaten der ESMA-Maßnahme individuell verschärft wird. Art. 45 Abs. 9 VO Nr. 600/2014 schließt im Übrigen schon aufgrund der Vorläufigkeit eines ESMA-Beschlusses nicht aus, dass die mitgliedstaatliche Behörde zu einem späteren Zeitpunkt eine wiederum abweichende Regelung trifft. 49

VII. Erlass delegierter Rechtsakte (Art. 45 Abs. 10 VO Nr. 600/2014). Art. 45 Abs. 10 VO Nr. 600/2014 ermächtigt die Kommission, im Verfahren nach Art. 50 VO Nr. 600/2014 delegierte Rechtsakte anzunehmen. Gem. Art. 50 Abs. 2 VO Nr. 600/2014 wird der Kommission die Befugnis ab dem 2.7.2014 auf unbestimmte Zeit übertragen. Die Übertragung kann vom Europäischen Parlament und vom Rat nach Art. 50 Abs. 3 VO Nr. 600/2014 jederzeit widerrufen werden. Die Gültigkeit bereits erlassener delegierter Rechtsakte wird aber durch einen Widerruf nicht berührt (Art. 50 Abs. 3 Satz 4 VO Nr. 600/2014). Ein delegierter Rechtsakt tritt nur in Kraft, wenn weder das Europäische Parlament noch der Rat binnen drei Monaten nach Übermittlung des Rechtsakts Einwände erhoben haben (Art. 50 Abs. 5 VO Nr. 600/2014). Hierdurch hat der Europäische Gesetzgeber **ausgestaltende Vorgaben** für die Befugnis zum Erlass delegierter Rechtsakte i.S.v. **Art. 290 Abs. 2 AEUV** getroffen. Sie sollen sicherzustellen, dass die Kommission die Grenzen einer Befugnisübertragung, nämlich i.S.v. Art. 290 Abs. 1 AEUV nur Ergänzungen oder Änderungen nicht wesentlicher Vorschriften vorzunehmen, beachtet. Mit der „einfachen" Delegation ist das **Verfahren zum Erlass technischer Regulierungsstandards gem. Art. 10 ff. VO Nr. 1095/2010 ausgeschlossen**. Dieses Verfahren, das von der Kommission kritisiert[1] und von Teilen des Schrifttums als primärrechtswidrig angesehen wird[2], hätte der ESMA den Entwurf der Vorschriften anvertraut. 50

Gegenstand der Ermächtigung ist gem. Art. 45 Abs. 10 Unterabs. 1 lit. a VO Nr. 600/2014 eine Konkretisierung der Anforderungen von Art. 45 Abs. 2 Unterabs. 1 lit. a VO Nr. 600/2014, d.h. der Faktoren und Kriterien für Gefahren für den Funktionsschutz oder die Finanzstabilität. Das zusätzliche Gebot, bei der Festlegung zu 51

---

1 Erklärung der Kommission zum Vorschlag der ESA-Verordnungen, COM (2009) 501 final, COM (2009) 502 final, COM (2009) 503 final v. 23.9.2009.
2 *Fabricius*, Der Technische Regulierungsstandard für Finanzdienstleistungen, Beiträge zum Transnationalen Wirtschaftsrecht, Heft 124/2013, S. 65 ff.; *Michel*, Institutionelles Gleichgewicht und EU-Agenturen, S. 233 ff.

berücksichtigen, in welchem Umfang Positionen zu Absicherungszwecken genutzt und in welchem Maße die Warenderivatemärkte Preisbildungsfunktion für die physischen Märkte haben, stellt eine weitere Konkretisierung des Willens des Gesetzgebers dar. Art. 45 Abs. 10 Unterabs. 1 lit. b VO Nr. 600/2014 überträgt der Kommission die Konkretisierung der Anforderungen an die Angemessenheit einer Reduzierung einer Position und zielt damit auf das primärrechtliche gebotene Ziel, Abwägungsspielräume der ESMA zu begrenzen (Rz. 3 f.). Art. 45 Abs. 10 Unterabs. 1 lit. c VO Nr. 600/2014 verfolgt mit der Ermächtigung, die Konstellationen einer Regulierungsarbitrage i.S.v. Art. 45 Abs. 3 Unterabs. 1 lit. b VO Nr. 600/2014 zu präzisieren, dasselbe Anliegen. Die in Art. 45 Abs. 10 Unterabs. 2 VO Nr. 600/2014 genannten weiteren Berücksichtigungsgebote sind Bestandteil der Ermächtigung. Hierbei ist der Verweis auf die Beachtlichkeit der technischen Regulierungsstandards zu Art. 57 Abs. 3 RL 2014/65/EU[1] unschädlich, da er vom Level 1-Gesetzgeber verantwortet wird und die Delegation im Übrigen jederzeit zurückgenommen werden kann (Rz. 50). Das Gebot, zwischen einem Nicht-Wollen und Nicht-Können einer mitgliedstaatlichen Behörde zu unterscheiden, stellt sich als eigenständige Delegation dar, die im Rahmen von Art. 45 Abs. 2 Unterabs. 1 lit. b VO Nr. 600/2014 wirksam wird (Rz. 33). Insgesamt hat der Europäische Level 1-Gesetzgeber ausreichend sichergestellt, dass die **Anforderungen des Art. 290 Abs. 1 AEUV gewahrt** werden, da die delegierte Rechtsetzung allein den Erlass von Vorschriften in dem durch den Basisrechtsakt festgelegten Rahmen gestattet[2].

52 Die Kommission hat von der Ermächtigung mit **Art. 22 DelVO 2017/567** Gebrauch gemacht, der auf Ersuchen der Kommission gem. Art. 34 Abs. 1 VO Nr. 1095/2010 durch einen technischen Ratschlag der ESMA vorbereitet wurde[3]. Hierbei war und ist die Kommission gehalten, die Grenzen der Ermächtigungsgrundlage und auch der MiFIR im Übrigen einzuhalten. Zwar knüpft Art. 22 Abs. 2 lit. a DelVO 2017/567 mit der Berücksichtigung der Inhaberschaft von Positionen durch Hersteller und Verbraucher an Personengruppen an, die nach hier vertretener Ansicht nicht Adressaten von Positionsmanagementmaßnahmen der ESMA sein können (Rz. 14). Jedoch lässt sich die Vorgabe in Übereinstimmung mit den MiFIR-Vorgaben interpretieren, in dem die Zugehörigkeit zu einer dieser Gruppen die Anordnung von Maßnahmen nach Art. 45 Abs. 1 VO Nr. 600/2014 ausschließt. Im Ergebnis hält Art. 22 DelVO deshalb die Vorgaben des Basisrechtsakts ein.

53 **VIII. Durchsetzung und Rechtsschutz.** Beschlüsse der ESMA sind **sofort vollziehbar**, weshalb Rechtsbehelfen keine aufschiebende Wirkung zukommt (Art. 278 AEUV). Das Unionsrecht stellt allerdings **keinen Vollstreckungsmechanismus** zur Verfügung[4]. Die ESMA kann deshalb die Durchsetzung ihrer Beschlüsse nicht erzwingen. Dies ist insbesondere dann misslich, wenn ein Wertpapierunternehmen einer Aufforderung zur Überlassung von Informationen nach Art. 45 Abs. 1 lit. a VO Nr. 600/2014 nicht nachkommt und es damit faktisch der ESMA verwehrt, informationsgeleitet über eine Anordnung zur Reduzierung von Positionen nach Art. 45 Abs. 1 lit. b VO Nr. 600/2014 zu entscheiden[5].

54 Art. 60 f. VO Nr. 1095/2010 sehen ein **zweistufiges Rechtsschutzsystem** vor. Beschlüsse der ESMA sind zunächst von den Betroffenen vor dem Beschwerdeausschuss nach Art. 58 f. VO Nr. 1095/2010 mit der **Beschwerde** anzugreifen, der ggf. den Vollzug der Maßnahme aussetzen kann (Art. 60 Abs. 3 VO Nr. 1095/2010). Bei Erfolglosigkeit kann der Beschluss des Beschwerdeausschusses gem. Art. 61 VO Nr. 1095/2010 mit der **Nichtigkeitsklage** nach Art. 263 AEUV angegriffen werden. Die Adressaten einer Maßnahme nach Art. 45 Abs. 1 lit. a–c VO Nr. 600/2014 sind in dem Verfahren vor dem Beschwerdeausschuss und vor dem EuG ohne weiteres gem. Art. 263 Abs. 4 Var. 1 AEUV **beschwerde- und klagebefugt**. Ein vom Gericht zu achtender **Abwägungsspielraum kommt der ESMA** schon aus primärrechtlichen Gründen **nicht zu**. Vielmehr gebietet ihre Stellung als Geschöpf des Sekundärrechts eine effektive gerichtliche Vollkontrolle[6].

55 Es bleibt die Frage, ob auch die **BaFin** gegen eine Maßnahme der ESMA nach Art. 45 Abs. 1 lit. b und c VO Nr. 600/2014 vorgehen kann. Hieran könnte jedenfalls in der Konstellation gedacht werden, dass eine mitgliedstaatliche Maßnahme durch eine Intervention der ESMA korrigiert wird und deshalb gem. Art. 45 Abs. 9 VO Nr. 600/2014 hinter der Maßnahme der ESMA zurücktreten muss. Jedoch sieht **Art. 9 Abs. 5 Unterabs. 3 VO Nr. 1095/2010** für diesen Fall vor, dass die mitgliedstaatliche Behörde die ESMA ersuchen kann, ihren Beschluss darauf zu überprüfen, ob die Maßnahme aufrechterhalten werden soll. Diesem Verfahren kommt Vorrang vor einer Beschwerde nach Art. 60 VO Nr. 1095/2010 zu.

---

1 DelVO 2017/591.
2 Zu diesem Maßstab *Ruffert* in Calliess/Ruffert, EUV/AEUV, 5. Aufl. 2016, Art. 290 AEUV Rz. 9 f.
3 ESMA, Final Report – ESMA's Technical Advice to the Commission on MiFID II and MiFIR v. 19.12.2014, ESMA/2014/1569, S. 428 ff.
4 *Szczekalla* in Terhechte, Verwaltungsrecht der Europäischen Union, 2011, § 5 Rz. 31.
5 IOSCO, Principles for the Regulation and Supervision of Commodity Derivatives Markets – Final Report, September 2011, FR07/11, S. 32, fordert, dass die Aufsichtsbehörden über die Befugnis zu *appropriate action* verfügen müssen, wenn ein Marktteilnehmer die Informationsüberlassung verweigert.
6 *Michel*, Institutionelles Gleichgewicht und EU-Agenturen, S. 72 f., 156 f.

Titel VIII
Erbringung von Dienstleistungen und Tätigkeiten durch Drittlandfirmen infolge einer Gleichwertigkeitsentscheidung oder ohne Zweigniederlassung[1]

Art. 46 Allgemeine Bestimmungen

(1) Eine Drittlandfirma kann für geeignete in der gesamten Union ansässige Gegenparteien oder professionelle Kunden im Sinne von Anhang II Abschnitt 1 der Richtlinie 2014/65/EU ohne Zweigniederlassung Wertpapierdienstleistungen erbringen oder Anlagetätigkeiten mit oder ohne Nebendienstleistungen durchführen, wenn diese Drittlandfirma in dem Register von Drittlandfirmen verzeichnet ist, das von der ESMA gemäß Artikel 47 geführt wird.

(2) Die ESMA registriert eine Drittlandfirma, die sich für die Erbringung von Wertpapierdienstleistungen oder Tätigkeiten in der gesamten Union gemäß Absatz 1 beworben hat, nur dann, wenn die folgenden Bedingungen erfüllt sind:

a) die Kommission hat gemäß Artikel 47 Absatz 1 einen Beschluss gefasst;
b) die Firma ist in dem Land, in dem sie ihre Hauptverwaltung hat, befugt, in der Union zu erbringende Wertpapierdienstleistungen oder Anlagetätigkeiten zu erbringen, und unterliegt einer wirksamen Beaufsichtigung und Durchsetzung, die die vollständige Einhaltung der in diesem Drittland gültigen Anforderungen sicherstellen;
c) die Vereinbarungen über die Zusammenarbeit wurden gemäß Artikel 47 Absatz 2 geschlossen.

(3) Wenn eine Drittlandfirma gemäß diesem Artikel registriert ist, sehen die Mitgliedstaaten für die Drittlandfirma in den Bereichen, die durch die vorliegende Verordnung und die Richtlinie 2014/65/EU geregelt sind, keine zusätzlichen Anforderungen vor, ebenso gewähren sie Drittlandfirmen keine günstigeren Bedingungen als Firmen aus der Union.

(4) Die in Absatz 1 genannte Drittlandfirma übermittelt ihren Antrag an die ESMA nach Annahme des in Artikel 47 genannten Beschlusses durch die Kommission, in dem festgelegt ist, dass der Rechts- und Aufsichtsrahmen des Drittlands, in dem die Wertpapierfirma zugelassen ist, den in Artikel 47 Absatz 1 genannten Anforderungen gleichwertig ist.

Die antragstellende Drittlandfirma übermittelt der ESMA alle Informationen, die für ihre Registrierung erforderlich sind. Innerhalb von 30 Arbeitstagen nach Eingang des Antrags bewertet die ESMA, ob er vollständig ist. Ist der Antrag unvollständig, legt die ESMA eine Frist fest, innerhalb deren der Antragsteller zusätzliche Informationen beibringen muss.

Der Registrierungsbeschluss stützt sich auf die Bedingungen in Absatz 2.

Innerhalb von 180 Arbeitstagen nach Übermittlung eines vollständigen Antrags unterrichtet die ESMA die antragstellende Drittlandfirma schriftlich darüber, ob die Registrierung bewilligt oder abgelehnt wurde, und gibt dazu eine vollständige Begründung ab.

Wenn die Kommission keinen Beschluss nach Artikel 47 Absatz 1 erlassen hat oder der betreffende Beschluss nicht mehr gilt, können Mitgliedstaaten Drittlandfirmen gestatten, im Einklang mit den innerstaatlichen Vorschriften für geeignete in ihrem Hoheitsgebiet ansässige Gegenparteien oder professionelle Kunden im Sinne von Anhang II Abschnitt 1 der Richtlinie 2014/65/EU Wertpapierdienstleistungen oder Anlagetätigkeiten zusammen mit Nebendienstleistungen zu erbringen.

(5) Drittlandfirmen, die Dienstleistungen im Sinne dieses Artikels erbringen, unterrichten in der Union niedergelassene Kunden vor der Erbringung etwaiger Wertpapierdienstleistungen, dass es ihnen nicht gestattet ist, Dienstleistungen für andere Kunden als zulässige Gegenparteien oder professionelle Kunden im Sinne von Anhang II Abschnitt I der Richtlinie 2014/65/EU zu erbringen, und dass sie in der Union keiner Aufsicht unterliegen. Sie nennen Name und Anschrift der für die Aufsicht im Drittland zuständigen Behörde.

Die Angaben nach dem ersten Unterabsatz werden schriftlich und deutlich beigebracht.

Wenn geeignete in der EU ansässige oder niedergelassene Gegenparteien oder professionelle Kunden im Sinne von Anhang II Abschnitt 1 der Richtlinie 2014/65/EU ausschließlich in Eigeninitiative die Erbringung einer Wertpapierdienstleistung oder Anlagetätigkeit durch eine Drittlandfirma veranlassen, stel-

---

[1] Anm. d. Verf.: Im Vergleich mit anderen Sprachfassungen scheint hier ein Übersetzungsfehler vorzuliegen. Es müsste wohl heißen: „… mit oder ohne Zweigniederlassung".

len die Mitgliedstaaten sicher, dass dieser Artikel nicht für die Erbringung dieser Dienstleistung oder Tätigkeit durch die Drittlandfirma, einschließlich Beziehungen, die in direktem Zusammenhang mit der Erbringung dieser Dienstleistung oder Tätigkeit stehen, gilt. Das Drittlandunternehmen ist aufgrund der Initiative solcher Kunden nicht dazu befugt, neue Kategorien von Anlageprodukten oder Wertpapierdienstleistungen an diese Person zu vermarkten.

(6) Drittlandfirmen, die gemäß diesem Artikel Dienstleistungen oder Tätigkeiten erbringen, bieten in der EU niedergelassenen Kunden vor der Erbringung von Dienstleistungen oder Tätigkeiten an, etwaige Streitigkeiten im Zusammenhang mit diesen Dienstleistungen oder Tätigkeiten zur Regelung an ein Gericht oder Schiedsgericht eines Mitgliedstaats zu übermitteln.

(7) Die ESMA erarbeitet Entwürfe technischer Regulierungsstandards, die festlegen, welche Informationen die antragstellende Drittlandfirma der ESMA in ihrem Antrag auf Registrierung gemäß Absatz 4 übermittelt, sowie das Format der gemäß Absatz 5 beizubringenden Informationen.

Die ESMA legt diese Entwürfe technischer Regulierungsstandards der Kommission bis 3. Juli 2015 vor.

Der Kommission wird die Befugnis übertragen, die im ersten Unterabsatz genannten technischen Regulierungsstandards gemäß Artikel 10 bis 14 der Verordnung (EU) Nr. 1095/2010 zu erlassen.

In der Fassung vom 15.5.2015 (ABl. EU Nr. L 173 v. 12.6.2014, S. 84), geändert durch Berichtigung vom 27.10.2017 (ABl. EU Nr. L 278 v. 27.10.2017, S. 54).

Delegierte Verordnung (EU) 2016/2022 der Kommission vom 14. Juli 2016
zur Ergänzung der Verordnung (EU) Nr. 600/2014 des Europäischen Parlaments und des Rates durch technische Regulierungsstandards für die zur Registrierung von Drittlandfirmen erforderlichen Angaben und das Format von Informationen für Kunden

Art. 1 Für die Registrierung erforderliche Angaben

Eine Drittlandfirma, die gemäß Artikel 46 Absatz 4 Unterabsatz 2 der Verordnung (EU) Nr. 600/2014 die Zulassung für die Erbringung von Wertpapierdienstleistungen oder die Ausübung von Anlagetätigkeiten in der gesamten Union beantragt, übermittelt der ESMA folgende Angaben:

a) den vollständigen Namen des Unternehmens, d. h. die Firma und etwaige sonstige von ihm im Geschäftsverkehr verwendete Namen;

b) die Kontaktdaten der Firma einschließlich der Anschrift, der Telefonnummer und der E-Mail-Adresse ihrer Hauptverwaltung;

c) die Kontaktdaten des für den Antrag zuständigen Mitarbeiters einschließlich der Telefonnummer und der E-Mail-Adresse;

d) die Website, sofern vorhanden;

e) die nationale Identifikationsnummer der Firma, sofern vorhanden;

f) die Rechtsträgerkennung (Legal Entity Identifier, LEI) der Firma, sofern vorhanden;

g) den Business Identifier Code (BIC) der Firma, sofern vorhanden;

h) Name und Anschrift der für die Beaufsichtigung der Firma zuständigen Behörde des Drittlandes; wenn mehr als eine Aufsichtsbehörde verantwortlich ist, sind die jeweiligen Zuständigkeitsbereiche jeder einzelnen Aufsichtsbehörde anzugeben;

i) den Link zum Register jeder einzelnen zuständigen Behörde des Drittlandes, sofern verfügbar;

j) Angaben darüber, für welche Wertpapierdienstleistungen, Anlagetätigkeiten und Nebendienstleistungen die Firma in dem Land, in dem sie ihren Sitz hat, zugelassen ist;

k) Angaben darüber, welche Wertpapierdienstleistungen und Anlagetätigkeiten in der Union ausgeführt werden sollen, einschließlich etwaiger Nebendienstleistungen.

In der Fassung vom 14.7.2016 (ABl. EU Nr. L 313 v. 19.11.2016, S. 11), geändert durch Berichtigung vom 31.1.2017 (ABl. EU Nr. L 25 v. 31.1.2017, S. 39).

Art. 2 Anforderungen in Bezug auf die Informationsübermittlung

(1) Drittlandfirmen unterrichten die ESMA innerhalb von 30 Tagen über jede Änderung der gemäß Artikel 1 Buchstaben a bis g sowie j und k übermittelten Angaben.

(2) Die der ESMA gemäß Artikel 1 Buchstabe j zu übermittelnden Angaben werden in Form einer von der zuständigen Behörde des Drittlandes ausgestellten schriftlichen Erklärung eingereicht.

(3) Die der ESMA gemäß Artikel 1 zu übermittelnden Angaben werden in englischer Sprache unter Verwendung des lateinischen Alphabets eingereicht. Etwaige der ESMA gemäß Artikel 1 und gemäß Absatz 2 des vorliegenden Artikels zu übermittelnden Begleitunterlagen werden in englischer Sprache oder, sofern sie in einer anderen Sprache abgefasst wurden, zusätzlich in einer beglaubigten englischen Übersetzung eingereicht.

In der Fassung vom 14.7.2016 (ABl. EU Nr. L 313 v. 19.11.2016, S. 11).

Art. 3 Informationen für Kunden in der Union

(1) Drittlandfirmen stellen den Kunden die in Artikel 46 Absatz 5 der Verordnung (EU) Nr. 600/2014 genannten Angaben auf einem dauerhaften Datenträger zur Verfügung.

(2) Die in Artikel 46 Absatz 5 der Verordnung (EU) Nr. 600/2014 genannten Angaben müssen

a) in englischer Sprache oder in der Amtssprache bzw. einer der Amtssprachen des Mitgliedstaats, in dem die Dienstleistungen erbracht werden sollen, eingereicht werden;

b) so dargestellt und gestaltet sein, dass sie leicht lesbar sind, wobei Buchstaben in gut lesbarer Schriftgröße zu verwenden sind;

c) unter Verzicht auf Farben, die die Verständlichkeit der Angaben einschränken könnten, dargestellt werden.

In der Fassung vom 14.7.2016 (ABl. EU Nr. L 313 v. 19.11.2016, S. 11).

Art. 4 Inkrafttreten und Anwendung

Diese Verordnung tritt am zwanzigsten Tag nach ihrer Veröffentlichung im *Amtsblatt der Europäischen Union* in Kraft. Sie gilt ab dem in Artikel 55 Absatz 2 der Verordnung (EU) Nr. 600/2014 genannten Datum.

In der Fassung vom 14.7.2016 (ABl. EU Nr. L 313 v. 19.11.2016, S. 11).

Schrifttum: *Dahmen/Kindermann* in Teubner/Schröer (Hrsg.), MiFID II/MiFIR in der Bankpraxis, 2015, Rz. 583 ff.; *Eichhorn/Klebeck*, Drittstaatenregulierung der MiFID II und MiFIR, RdF 2014, 189; *Hoops*, Die Drittstaatenregelung von MiFIR/MiFID II und ihre Umsetzung im geplanten Finanzmarktnovellierungsgesetz, ZBB 2016, 47; *Sethe*, Das Drittstaatenregime von MiFIR und MIFID II, SZW 2014, 621; *Weber/Sethe*, Äquivalenz als Regelungskriterium im Finanzmarktrecht, SJZ 2014, 569; *Zetzsche/Lehmann*, Das Vereinigte Königreich als Drittstaat? – Die Auswirkungen des Brexit auf das Finanzmarktrecht, AG 2017, 651.

I. Regelungsgegenstand der Norm 1	VI. Dienstleistungserbringung ohne Gleichwertigkeitsbeschluss (Art. 46 Abs. 4 Unterabs. 5 VO Nr. 600/2014) 22
II. Registrierung als Voraussetzung zum Anbieten von Dienstleistungen und Tätigkeiten in der EU (Art. 46 Abs. 1 und Abs. 5 Unterabs. 3 VO Nr. 600/2014) 2	VII. Informationspflichten registrierter Drittlandfirmen gegenüber Kunden (Art. 46 Abs. 5 Unterabs. 1 und 2 VO Nr. 600/2014) 24
III. Voraussetzungen der Registrierung (Art. 46 Abs. 2 VO Nr. 600/2014) 10	VIII. Pflicht zur Schaffung von Rechtsbehelfen für erbrachte Dienstleistungen oder Tätigkeiten (Art. 46 Abs. 6 VO Nr. 600/2014) 30
IV. Gleichbehandlungsgrundsatz für registrierte Drittlandfirmen (Art. 46 Abs. 3 VO Nr. 600/2014) 14	IX. Technische Regulierungsstandards (Art. 46 Abs. 7 VO Nr. 600/2014) 31
V. Registrierungsantrag (Art. 46 Abs. 4 VO Nr. 600/2014) 15	

I. Regelungsgegenstand der Norm. Art. 46 VO Nr. 600/2014 (MiFIR) schafft einen **einheitlichen Rahmen für die Behandlung von Drittlandfirmen, die innerhalb der Europäischen Union für geeignete Gegenparteien und professionelle Kunden Wertpapierdienstleistungen erbringen und Anlagetätigkeiten ausüben möchten.** Hierfür wird eine Registrierungspflicht durch die ESMA eingeführt, die Voraussetzungen und Bedingungen für die Registrierung und den Registrierungsantrag festgelegt, Folgepflichten der Drittlandfirmen bei der Erbringung der Dienstleistung und Tätigkeit normiert und eine Verordnungsermächtigung für die Schaffung technischer Regulierungsstandards. 1

II. Registrierung als Voraussetzung zum Anbieten von Dienstleistungen und Tätigkeiten in der EU (Art. 46 Abs. 1 und Abs. 5 Unterabs. 3 VO Nr. 600/2014). Art. 46 Abs. 1 VO Nr. 600/2014 normiert, dass eine **Drittlandfirma mit**[1] **oder ohne EU-Zweigniederlassung für bestimmte in der EU ansässige Kunden Wertpapierdienstleistungen erbringen oder Anlagetätigkeiten durchführen kann, wenn sie einem von der ESMA geführten Register verzeichnet ist.** Damit ist eine Voraussetzung für das zulässige Erbringen entsprechender Dienstleistungen bzw. Tätigkeiten innerhalb der Europäischen Union, dass die Drittlandfirma in einem entsprechenden Register der ESMA geführt wird[2]. Wird die Drittlandfirma nicht in diesem Register geführt, kann/darf sie diese Tätigkeiten oder Dienstleistungen grundsätzlich[3] nicht für Kunden mit Sitz innerhalb der Europäischen Union erbringen. 2

Adressat der Regelung ist eine „Drittlandfirma". Der Begriff der **Drittlandfirma** ist in Art. 2 Abs. 1 Nr. 42 VO Nr. 600/2014 legal definiert i.S.d. Art. 4 Abs. 1 Nr. 57 RL 2014/65/EU (MiFID II). Danach ist eine Drittland- 3

---

[1] In der deutschen Übersetzung fehlt offensichtlich der Passus „mit oder" vor „ohne EU-Zweigniederlassung", der in der englischen und französischen Fassung zweifelsfrei enthalten ist. Auch nach Sinn und Zweck muss es „mit oder ohne EU-Zweigniederlassung lauten", vgl. auch Art. 1 Abs. 1 lit. f und Abs. 5 VO Nr. 600/2014.

[2] Vgl. auch Erwägungsgrund 42 VO Nr. 600/2014: „Die Erbringung der Dienstleistung sollte bei der ESMA registriert und der Aufsicht im Drittland unterliegen."

[3] Eine zusätzliche Möglichkeit sieht Art. 47 Abs. 3 VO Nr. 600/2014 vor, wenn die Drittlandfirma in Bezug auf eine Zweigniederlassung über eine Zulassung nach Art. 39 RL 2014/65/EU (MiFID II) verfügt.

firma eine Firma, die ein Kreditinstitut, das Wertpapierdienstleistungen erbringt oder Anlagetätigkeiten ausführt, oder eine Wertpapierfirma wäre, wenn sie ihre Hauptverwaltung oder ihren Sitz in der Europäischen Union hätte. Damit ist eine Drittlandfirma eine Firma mit Sitz außerhalb der Europäischen Union, die Wertpapierdienstleistungen erbringt oder Anlagetätigkeiten ausführt. Diese Drittlandfirma benötigt für die Erbringung der bezeichneten Dienstleistungen und Anlagetätigkeiten für den näher bestimmten Kundenkreis innerhalb der Europäischen Union keine nach nationalem Recht erlaubnispflichtige EU-Zweigniederlassung (vgl. auch Art. 39 ff. MiFID II), wenn sie in einem entsprechenden Register der ESMA geführt wird.

4 Das **Register, das von der ESMA geführt** werden soll, wird in Art. 46 Abs. 1 VO Nr. 600/2014 mit einem Verweis auf Art. 47 VO Nr. 600/2014 näher beschrieben. Diese Regelung enthält jedoch die maßgeblichen Regelungen für einen Gleichwertigkeitsbeschluss der Europäischen Kommission. Ganz offensichtlich ist eine Verweisung auf **Art. 48 VO Nr. 600/2014** gewollt, da in dieser Norm die Registerführung der ESMA für die nach Art. 46 Abs. 1 VO Nr. 600/2014 registrierten Drittlandfirmen geregelt ist.

5 Soweit eine Drittlandfirma in dieses Register der ESMA eingetragen ist, darf sie – mit oder ohne Zweigniederlassung – für bestimmte Kunden innerhalb der Europäischen Union **Wertpapierdienstleistungen erbringen oder Anlagetätigkeiten mit oder ohne Nebendienstleistungen durchführen**. Damit ersetzt diese Registrierung die für diese Tätigkeiten grundsätzlich erforderliche Erlaubnis zum Erbringen derartiger Dienstleistungen bzw. Anlagetätigkeiten, die üblicherweise von den zuständigen nationalen Aufsichtsbehörden erteilt wird. Diese Berechtigung erlischt mit dem Widerruf der Registrierung (vgl. Art. 49 VO Nr. 600/2014) oder mit der Rücknahme der Gleichwertigkeitsbescheinigung (s. Art. 47 Abs. 4 VO Nr. 600/2014).

6 Die Erbringung dieser Dienstleistungen bzw. Anlagetätigkeiten darf aufgrund der Registrierung durch ESMA nur **gegenüber einem begrenzten Kundenkreis** erfolgen. Dieser Kundenkreis ist beschränkt[1] auf **professionelle Kunden** i.S.v. Anhang II Abschnitt 1 RL 2014/65/EU (MiFID II) und auf **geeignete Gegenparteien**, die in Art. 30 Abs. 2–4 RL 2014/65/EU (MiFID II), sog. „geborene professionelle Kunden". Die geeigneten Gegenparteien können **in der gesamten Union ansässig** sein. Die Dienstleistungserbringung oder Anlagetätigkeit gegenüber anderen Kunden ist Drittlandfirmen nicht gestattet; hierüber müssen sie Ihre Kunden nach Art. 46 Abs. 5 VO Nr. 600/2014 vor der Erbringung der Dienstleistungen ausdrücklich unterrichten.

7 Mit der Bezugnahme der Regelung auf die **in der gesamten Union ansässigen geeigneten Gegenparteien** – die „geborenen" professionellen Kunden können per Definition weltweit ansässig sein – darf die Drittlandfirma im Fall der Registrierung die entsprechenden Dienstleistungen und Tätigkeiten in der gesamten Europäischen Union erbringen. Die **Registrierung gilt für gesamte Europäische Union** (vgl. auch Abs. 2). Da die Mitgliedstaaten nach Art. 46 Abs. 3 VO Nr. 600/2014 auch keine weiteren Anforderungen stellen dürfen, haben die registrierten Drittlandfirmen damit faktisch einen europäischen Pass „light"[2] für die aufgeführten Dienstleistungen und Tätigkeiten, der in Bezug auf den Kundenkreis beschränkt ist.

8 Die mit Art. 46 Abs. 1 VO Nr. 600/2014 normierte **Registrierungspflicht der Drittlandfirmen** für die bezeichneten Dienstleistungen und Tätigkeiten wird durch Art. 46 Abs. 5 Unterabs. 3 VO Nr. 600/2014 **unter einem Aspekt begrenzt**. Die Erbringung der Dienstleistung oder Tätigkeit durch die Drittlandfirma unterliegt dann nicht den Regelungen des Art. 46 VO Nr. 600/2014 (MiFIR), wenn die unter Rz. 6 näher **bezeichneten Kunden ausschließlich in Eigeninitiative die Erbringung einer Wertpapierdienstleistung oder Anlagetätigkeit durch die Drittlandfirma veranlassen**[3]. Bei solcher sog. „passiven Dienstleistungsfreiheit"[4] müssen die Mitgliedstaaten in einem solchen Fall sicherstellen, dass Art. 46 VO Nr. 600/2014 nicht für die Erbringung dieser Dienstleistung oder Tätigkeit durch die Drittlandfirma, einschließlich Beziehungen, die in direktem Zusammenhang mit der Erbringung dieser Dienstleistung oder Tätigkeit stehen, gilt. Das bedeutet, dass die Drittlandfirma diese Dienstleistungen und Tätigkeiten gegenüber geeigneten Gegenparteien und „geborenen" professionellen Kunden dann ohne besondere Erlaubnis erbringen darf, wenn die Dienstleistung und Anlagetätigkeit ausschließlich auf Initiative dieser Kunden erbracht wird. Die Drittlandfirma ist aufgrund der Initiative solcher Kunden jedoch nicht dazu befugt, neue Kategorien von Anlageprodukten oder Wertpapierdienstleistungen an diese Person zu vermarkten. Zudem handelt es sich nicht um eine Dienstleistung oder Tätigkeit, die auf eigene Initiative des Kunden erbracht wird, falls eine Drittlandfirma sich aktiv um Kunden oder potentielle Kunden in der

---

1 Vgl. auch Erwägungsgrund 42 VO Nr. 600/2014: „Nach dieser Verordnung sollte die Erbringung von Dienstleistungen ohne Zweigniederlassungen auf geeignete Gegenparteien und professionelle Kunden beschränkt sein."
2 Vgl. auch *Hoops*, ZBB 2016, 47, 50 f.
3 Dies wird auch unterstrichen durch den Erwägungsgrund 43 VO Nr. 600/2014: „Die Vorschriften dieser Verordnung ... sollten die Möglichkeit unberührt lassen, dass in der Union niedergelassene Personen in der Union auf eigene Initiative Wertpapierdienstleistungen einer Drittlandfirma in Anspruch nehmen können oder dass Wertpapierfirmen oder Kreditinstitute der Union auf eigene Initiative Wertpapierdienstleistungen oder Anlagetätigkeiten einer Drittlandfirma in Anspruch nehmen können oder dass ein Kunde auf eigene Initiative Wertpapierdienstleistungen einer Drittlandfirma in Anspruch nehmen kann, die durch ein solches Kreditinstitut oder eine solche Wertpapierfirma vermittelt werden. Erbringt eine Drittlandfirma auf eigene Initiative einer in der Union niedergelassenen Person Dienstleistungen, so sollten diese nicht als im Gebiet der Union erbracht anzusehen sein."
4 Vgl. auch *Eichhorn/Klebeck*, RdF 2014, 189, 194, 195.

Union bemüht oder in der Europäischen Union Wertpapierdienstleistungen oder Anlagetätigkeiten in Kombination mit Nebendienstleistungen anbietet oder bewirbt[1].

Zudem ist auf die **Übergangsregelung** Art. 54 Abs. 1 VO Nr. 600/2014 hinzuweisen, wonach Drittlandfirmen in Übereinstimmung mit dem nationalen Recht **bis drei Jahre nach Erlass eines Gleichwertigkeitsbeschlusses** nach Art. 47 Abs. 1 VO Nr. 600/2014 weiterhin Wertpapierdienstleistungen und Anlagetätigkeiten in den Mitgliedstaaten erbringen dürfen[2]. 9

III. Voraussetzungen der Registrierung (Art. 46 Abs. 2 VO Nr. 600/2014). Gem. Art. 46 Abs. 2 VO Nr. 600/2014 **registriert die ESMA eine Drittlandfirma**, die sich für die Erbringung von Wertpapierdienstleistungen oder Tätigkeiten in der gesamten Europäischen Union gem. Abs. 1 beworben hat, **nur dann, wenn die folgenden drei Bedingungen erfüllt sind:** 10

a) die Europäische Kommission hat gem. Art. 47 Abs. 1 VO Nr. 600/2014 einen Gleichwertigkeitsbeschluss gefasst;

b) die Drittlandfirma ist in dem Land, in dem sie ihre Hauptverwaltung hat, befugt, in der Union zu erbringende Wertpapierdienstleistungen oder Anlagetätigkeiten zu erbringen, und unterliegt einer wirksamen Beaufsichtigung und Durchsetzung, die die vollständige Einhaltung der in diesem Drittland gültigen Anforderungen sicherstellen;

c) die Vereinbarungen über die Zusammenarbeit wurden gem. Art. 47 Abs. 2 VO Nr. 600/2014 geschlossen.

Während das Vorliegen der unter Buchstaben a und c normierten Voraussetzungen durch die ESMA recht zweifelsfrei bestimmt werden kann, unterliegt das Vorliegen der unter Buchstabe b normierten Voraussetzung einem **Einschätzungsspielraum der ESMA**. Denn ob eine Drittlandfirma einer wirksamen Beaufsichtigung und Durchsetzung unterliegt, die die vollständige Einhaltung der in diesem Drittland gültigen Anforderungen sicherstellt, umfasst zugleich auch eine Prognose über die Sicherstellung der künftigen Einhaltung der Anforderungen. Inwieweit die Beaufsichtigung und Durchsetzung wirksam ist, kann immer erst im Nachgang mit Sicherheit bestimmt werden. Insoweit ist eine Einschätzung der ESMA für die Zukunft erforderlich. 11

Bei der Registrierung handelt es sich nicht um einen schlichthoheitlichen Akt der ESMA, wie es zunächst den Anschein haben können. Bei der Registrierung oder Nichtregistrierung handelt es sich um einen (förmlichen) **Beschluss der ESMA**, worauf auch Art. 46 Abs. 4 Unterabs. 3 VO Nr. 600/2014 hinweist. Die Drittlandfirma kann daher prüfen, ob sie gegen einen die Registratur ablehnenden Beschluss Beschwerde vor dem Beschwerdeausschuss der ESMA nach den Art. 60 VO Nr. 1095/2010 (ESMA-VO) einlegen und diesen Beschluss durch den EuGH nach Art. 61 VO Nr. 1095/2010 überprüfen lassen will. 12

Nicht **eindeutig formuliert** die Regelung, ob der Beschluss der ESMA eine **Ermessensentscheidung**[3] oder eine gebundene Entscheidung ist, ob also die ESMA einen Entscheidungsspielraum bei einem positiven Registrierungsbeschluss hat. Eindeutig ist, dass, sofern die ESMA zum Schluss kommt, dass eine der drei Voraussetzungen nicht erfüllt ist, sie die Drittlandfirma nicht registrieren darf. Denn die Formulierung registriert „die ESMA eine Drittlandfirma ... nur dann, wenn die folgenden drei Bedingungen erfüllt sind", lässt insoweit keinen Entscheidungsspielraum. Dies besagt aber noch nichts darüber, ob in dem Fall des Vorliegens der drei Voraussetzungen ein Ermessensspielraum der ESMA gegeben ist. Hieran ändert auch die in Art. 46 Abs. 4 Unterabs. 4 VO Nr. 600/2014 normierte Begründungspflicht für die Entscheidung nichts. Da im Ergebnis aber keine Anhaltspunkte erkennbar sind, dass eine Pflicht zur Registrierung durch die ESMA eingeführt werden sollte, ist davon auszugehen, dass **der ESMA ein Ermessensspielraum bei ihrer Entscheidung zusteht**. 13

IV. Gleichbehandlungsgrundsatz für registrierte Drittlandfirmen (Art. 46 Abs. 3 VO Nr. 600/2014). Die Regelung in Art. 46 Abs. 3 VO Nr. 600/2014 verlangt, dass eine gem. Art. 46 VO Nr. 600/2014 **registrierte Drittlandfirma** in den Mitgliedstaaten **keinen zusätzlichen Anforderungen** in Bezug auf die der MiFIR oder MiFID II geregelten Bereichen unterworfen wird. Die Mitgliedstaaten dürfen insoweit keine zusätzlichen Anforderungen vorsehen. Ebenso gewähren die Mitgliedstaaten Drittlandfirmen **keine günstigeren Bedingungen** als Firmen aus der Europäischen Union. Dies bedeutet, dass die nach Art. 46 VO Nr. 600/2014 registrierten Drittlandfirmen gleich zu behandeln sind wie zugelassene Unternehmen mit Sitz innerhalb der europäischen Union. Die Drittlandfirmen haben faktisch eine Art europäischen Pass, solange sie von der ESMA registriert sind, denn sie können ihre Dienstleistung und Tätigkeit innerhalb der gesamten europäischen Union anbieten, wenn auch nur einem begrenzten Kundenkreis. 14

V. Registrierungsantrag (Art. 46 Abs. 4 VO Nr. 600/2014). Gem. Art. 46 Abs. 4 VO Nr. 600/2014 **übermittelt eine Drittlandfirma ihren Antrag auf Registrierung an die ESMA. Voraussetzung** für eine zulässige An- 15

---

1 Vgl. auch Erwägungsgrund 43 VO Nr. 600/2014 (letzter Satz).
2 Vgl. auch *Eichhorn/Klebeck*, RdF 2014, 189, 194, 196; *Zetzsche/Lehmann*, AG 2017, 651, 661; *Weber/Sethe*, SJZ 2014, 569, 573.
3 Vgl. zum Ermessen im europäischen Recht *Widmer*, Verwaltungsermessen im Recht der Europäischen Union – veranschaulicht anhand des europäischen Kartell- und Gemeinschaftsmarkenrechts, 2014, S. 56 ff.

Art. 46 VO Nr. 600/2014 | Allgemeine Bestimmungen

tragstellung bei der ESMA ist, dass die Europäische Kommission einen **Gleichwertigkeitsbeschluss** gem. Art. 47 VO Nr. 600/2014 in Bezug auf das Drittland erlassen hat, in dem der Antragsteller einen Sitz hat.

16 Die **Drittlandfirma übermittelt** der ESMA mit ihrem Antrag **alle Informationen, die für ihre Registrierung erforderlich sind**. Welche Informationen für eine Registrierung erforderlich sind, ergibt sich im Kern aus den Voraussetzungen des Art. 47 Abs. 2 VO Nr. 600/2014. In diesem Zusammenhang ist auch auf den notwendigen Abschluss einer Vereinbarung über die Zusammenarbeit der ESMA mit der Drittlandbehörde gem. Art. 47 Abs. 2 VO Nr. 600/2014 hinzuweisen. Eine verbindliche Konkretisierung der erforderlichen Informationen für einen Registrierungsantrag einer Drittlandfirma ist mittels eines technischen Regulierungsstandards vorgesehen, der festlegen, welche Informationen die antragstellende Drittlandfirma der ESMA in ihrem Antrag auf Registrierung gem. Abs. 4 übermittelt. Die ESMA hat hierfür einen **Entwurf** einer „Delegierten Verordnung (EU) .../... der Kommission vom 14.7.2016 zur Ergänzung der Verordnung (EU) Nr. 600/2014 des Europäischen Parlaments und des Rates durch technische Regulierungsstandards für die zur Registrierung von Drittlandfirmen erforderlichen Angaben und das Format dieser Informationen für Kunden" erarbeitet und veröffentlicht[1].

17 Auf dieser Grundlage hat die EU-Kommission den **technischen Regulierungsstandard** als eine Delegierte Verordnung[2] erlassen. Die DelVO 2016/2022 normiert in Art. 1 die für eine Registrierung erforderliche Informationen und in Art. 2 die Anforderungen in Bezug auf die Informationsübermittlung durch die Drittlandfirma an die ESMA. Art. 3 DelVO 2016/2022 verpflichtet zudem Drittlandfirmen, Ihren Kunden die in Art. 46 Abs. 5 VO Nr. 600/2014 auf bestimmte Art und Weisen zur Verfügung zu stellen.

18 Die für eine Registrierung **erforderlichen Informationen** sind nach Art. 1 DelVO 2016/2022 folgende Daten:
- der vollständige Firmenname und etwaige sonstige von ihr im Handel verwendete Namen;
- die Kontaktdaten der Firma einschließlich der Anschrift, der Telefonnummer und der E-Mail-Adresse ihrer Hauptverwaltung;
- die Kontaktdaten des für den Antrag zuständigen Mitarbeiters einschließlich der Telefonnummer und der E-Mail-Adresse;
- die Website, sofern vorhanden;
- die nationale Identifikationsnummer der Firma, die Rechtsträgerkennung (Legal Entity Identifier, LEI) der Firma und den Business Identifier Code (BIC) der Firma, sofern vorhanden;
- Name und Anschrift der für die Beaufsichtigung der Firma zuständigen Behörde des Drittlandes; wenn mehr als eine Aufsichtsbehörde verantwortlich ist, sind die jeweiligen Zuständigkeitsbereiche jeder einzelnen Aufsichtsbehörde anzugeben;
- den Link zum Register jeder einzelnen zuständigen Behörde des Drittlandes;
- Angaben darüber, für welche Wertpapierdienstleistungen, Anlagetätigkeiten und Nebendienstleistungen die Firma in dem Land, in dem sie ihren Sitz hat, zugelassen ist;
- Angaben darüber, welche Wertpapierdienstleistungen und Anlagetätigkeiten in der Union mit welchen Nebendienstleistungen, sofern vorgesehen, ausgeführt werden sollen.

Der Erwägungsgrund 3 DelVO 2016/2022 führt hierzu aus: „Damit die ESMA Drittlandfirmen korrekt identifizieren und registrieren kann, benötigt sie deren Kontaktdaten, ihre nationalen und internationalen Identifikationscodes und einen Nachweis darüber, dass sie in dem Land, in dem sie ihren Sitz haben, als Wertpapierdienstleister zugelassen sind."

19 Art. 2 DelVO 2016/2022 normiert **zusätzliche Anforderungen in Bezug auf die Informationsübermittlung an die ESMA**. Danach hat eine Drittlandfirma die ESMA innerhalb von 30 Tagen über jede Änderung bei den vorgenannten Angaben unterrichten, es sei denn es handelt sich um Name und Anschrift der für die Beaufsichtigung der Firma zuständige(n) Drittlandbehörde(n) und den Link zum Register der Aufsichtsbehörden. Zudem müssen die Angaben über die im Drittland zugelassen Wertpapierdienstleistungen, Anlagetätigkeiten und Nebendienstleistungen der ESMA in Form einer schriftlichen Erklärung der zuständigen Behörde des Drittlandes eingereicht werden. Zudem sind die der ESMA zu übermittelnden Angaben in Englisch unter Verwendung des lateinischen Alphabets einzureichen, wobei den Angaben, sofern sie in einer anderen Sprache abgefasst wurden, zusätzlich eine beglaubigte englische Übersetzung beizufügen ist.

20 Die ESMA **bewertet innerhalb von 30 Arbeitstagen** nach Eingang des Antrags, ob der **Antrag vollständig** ist, ob also alle notwendigen Informationen für die Prüfung des Antrags eingereicht wurden und der vorgegebenen Form entsprechen. Ist der Antrag unvollständig, legt die ESMA eine Frist fest, innerhalb deren der Antragsteller zusätzliche Informationen beibringen muss.

21 Die **ESMA unterrichtet** die antragstellende Drittlandfirma nach Art. 46 Abs. 4 Unterabs. 4 VO Nr. 600/2014 **innerhalb von 180 Arbeitstagen** nach Übermittlung eines vollständigen Antrags schriftlich darüber, ob die **Re-**

---

1 Veröffentlicht unter: http://ec.europa.eu/finance/securities/docs/isd/mifid/rts/160714-rts-third-country_de.pdf.
2 Delegierte Verordnung (EU) 2016/2022; der Text ist abgedruckt hinter dem Text zu Art. 46 VO Nr. 600/2014.

gistrierung bewilligt oder abgelehnt wurde**, und gibt dazu eine vollständige Begründung ab. Die Voraussetzungen für den Registrierungsbeschluss ergeben sich aus Art. 46 Abs. 2 VO Nr. 600/2014. Maßstab des Registrierungsbeschlusses ist die Einhaltung der Vorgaben nach Art. 46 Abs. 2 VO Nr. 600/2014. Hierzu gehört auch der Abschluss einer Vereinbarung über die Zusammenarbeit der ESMA mit der Drittlandbehörde gem. Art. 47 Abs. 2 VO Nr. 600/2014.

VI. Dienstleistungserbringung ohne Gleichwertigkeitsbeschluss (Art. 46 Abs. 4 Unterabs. 5 VO Nr. 600/2014). Nach Art. 46 Abs. 4 Unterabs. 5 VO Nr. 600/2014 besteht für Drittlandfirmen eine beschränkte Möglichkeit auch ohne Gleichwertigkeitsbeschluss der Europäischen Kommission in Bezug auf ihr Sitzland oder bei Aufhebung des entsprechenden Gleichwertigkeitsbeschlusses Wertpapierdienstleistungen oder Anlagetätigkeiten zusammen mit Nebendienstleistungen gegenüber Gegenparteien oder professionellen Kunden anzubieten. Diese Möglichkeit besteht nur, **wenn der jeweilige Mitgliedstaat** im Einklang mit den innerstaatlichen Vorschriften eine solche Tätigkeit bzw. Dienstleistungserbringung **gestattet** hat, und bezieht sich nur **auf in dem Hoheitsgebiet des jeweiligen Mitgliedstaats ansässige geeignete Gegenparteien oder professionelle Kunden**.

Bei dieser Gestattung eines Mitgliedstaates handelt es sich nicht um eine Registrierung durch die ESMA. Entsprechend kann sich die Drittlandfirma **nicht auf das Gleichbehandlungsgebot** nach Art. 46 Abs. 3 VO Nr. 600/2014 berufen. Der **Mitgliedstaat kann nur für seinen Zuständigkeitsbereich entscheiden** und insoweit die Bedingungen für das Angebot von Dienstleistungen und Tätigkeiten vorgeben. Diese Entscheidung **bindet nicht die übrigen Mitgliedstaaten**.

VII. Informationspflichten registrierter Drittlandfirmen gegenüber Kunden (Art. 46 Abs. 5 Unterabs. 1 und 2 VO Nr. 600/2014). Gem. Art. 46 Abs. 5 Unterabs. 1 und 2 VO Nr. 600/2014 obliegen Drittlandfirmen bestimmte **Informationspflichten gegenüber ihren Kunden**. Diese Informationspflichten beziehen sich sowohl auf deren Aufsicht als auch auf den Kreis der potentiellen Kunden. Für diese Informationspflichten sieht Unterabs. 2 weitere **formale Vorgaben** vor. Zudem ist ein **technischer Regulierungsstandard** zur näheren Ausgestaltung der Pflichten **geplant**. Verstöße gegen diese Pflichten können ggf. als Verstoß i.S.d. Art. 49 Abs. 1 lit. a VO Nr. 600/2014 zu bewerten sein[1].

Die Informationspflichten sehen vor, dass Drittlandfirmen, die Dienstleistungen im Sinne dieses Artikels erbringen, ihren der Europäischen Union niedergelassene Kunden vor der Erbringung etwaiger Wertpapierdienstleistungen **unterrichten**, dass es ihnen **nicht gestattet ist, Dienstleistungen für andere Kunden als zulässige Gegenparteien oder geborene professionelle Kunden zu erbringen**. Diese Information soll offensichtlich verhindern, dass andere Kunden als zulässige Gegenparteien oder professionelle Kunden an die Drittlandfirmen herantreten, um Wertpapierdienstleistungen oder Anlagetätigkeiten in Auftrag zu geben.

Zusätzlich hat eine Drittlandfirma ihre in der Europäischen Union niedergelassenen Kunden darüber zu informieren, dass sie **in der Europäischen Union keiner Aufsicht unterliegt**. Sie muss zusätzlich **Name und Anschrift der für ihre Aufsicht im Drittland zuständigen Behörde** benennen. Diese Informationspflicht besteht unabhängig davon, dass auch das nach Art. 48 VO Nr. 600/2014 zu veröffentlichende Register gleichfalls die Information über die zuständige Drittlandaufsichtsbehörde enthält.

Art. 46 Abs. 5 Unterabs. 2 VO Nr. 600/2014 sieht zusätzlich vor, dass die **Angaben** nach Unterabs. 1 durch die Drittlandfirma **schriftlich und deutlich beigebracht werden** müssen. Was dieses „schriftlich und deutlich beigebracht" im Sinne einer europarechtlichen Auslegung bedeutet, wird nicht näher ausgeführt, auch nicht in Erwägungsgründen. In Art. 46 Abs. 7 VO Nr. 600/2014 ist insoweit aber der Erlass eines technischen Regulierungsstandards vorgesehen, der das Format der hier geregelten Informationen normiert.

Auf Basis des von der ESMA erarbeiteten **Entwurfs** einer „Delegierten Verordnung (EU) …/… der Kommission vom 14.7.2016 zur Ergänzung der Verordnung (EU) Nr. 600/2014 des Europäischen Parlaments und des Rates durch technische Regierungsstandards für die zur Registrierung von Drittlandfirmen erforderlichen Angaben und das Format dieser Informationen für Kunden"[2] hat die EU-Kommission den **technischen Regulierungsstandard** als DelVO 2016/2022 erlassen. Art. 3 DelVO 2016/2022 regelt nähere Einzelheiten zu den Informationenpflichten von Drittlandfirmen für Kunden in der Union.

Nach Art. 3 Abs. 1 DelVO 2016/2022 ist die Drittlandfirma verpflichtet, die in Art. 46 Abs. 5 VO Nr. 600/2014 genannten Angaben auf einem **dauerhaften Datenträger** zur Verfügung zu stellen. Zudem müssen die Angaben nach Art. 3 Abs. 2 lit. a DelVO 2016/2022 in Englisch oder in der Amtssprache bzw. einer der Amtssprachen des Mitgliedstaats, in dem die Dienstleistungen erbracht werden sollen, eingereicht werden. Die Angaben müssen leicht lesbar aufgemacht und gestaltet sein, wobei Buchstaben in gut leserlicher Größe zu verwenden sind. Zudem müssen die Angaben unter Verzicht auf solche Farben, die die Verständlichkeit der Angaben einschränken könnten, dargestellt werden. Der Erwägungsgrund 4 DelVO 2016/2022 führt aus: „Damit die Informationen verständlich und klar sind, sollte darauf geachtet werden, in welcher Sprache und Aufmachung Drittlandfirmen ihren Kunden Informationen zur Verfügung stellen."

---

1 Einen Entzug der Registrierung wegen derartiger Verstöße ablehnend *Zetzsche/Lehmann*, AG 2017, 651, 656.
2 Veröffentlicht unter: http://ec.europa.eu/finance/securities/docs/isd/mifid/rts/160714-rts-third-country_de.pdf.

30 **VIII. Pflicht zur Schaffung von Rechtsbehelfen für erbrachte Dienstleistungen oder Tätigkeiten (Art. 46 Abs. 6 VO Nr. 600/2014).** Drittlandfirmen, die gem. Art. 46 VO Nr. 600/2014 Dienstleistungen oder Tätigkeiten erbringen, sind nach Art. 46 Abs. 6 VO Nr. 600/2014 zusätzlich verpflichtet, in der EU niedergelassenen Kunden vor der Erbringung von Dienstleistungen oder Tätigkeiten anzubieten, **etwaige Streitigkeiten** im Zusammenhang mit diesen Dienstleistungen oder Tätigkeiten zur Regelung **an ein Gericht oder Schiedsgericht eines Mitgliedstaats zu übermitteln**. Dieses Angebot muss noch vor der Erbringung von Dienstleistungen oder Tätigkeiten erfolgen. Es bezieht sich inhaltlich aber auf den Zeitpunkt nach der Erbringung der Dienstleistungen oder Tätigkeiten, falls der in der EU niedergelassene Kunde mit der Erbringung nicht einverstanden ist. Hierdurch soll vermieden werden, dass dem Kunden Nachteile dadurch erwachsen, dass die Firma in einem Drittland ihren Sitz hat und auch keine Niederlassung innerhalb der EU hat, so dass er auf anderem Weg keine Möglichkeit hätte, seinen Rechtsstreit innerhalb der EU zu führen. Die Folgen einer Verletzung dieser Pflicht können noch nicht hinreichend eingeschätzt werden[1].

31 **IX. Technische Regulierungsstandards (Art. 46 Abs. 7 VO Nr. 600/2014).** Gem. Art. 46 Abs. 7 Satz 1 VO Nr. 600/2014 ist die ESMA verpflichtet, Entwürfe **technischer Regulierungsstandards** zu erarbeiten, die festlegen, welche Informationen die antragstellende Drittlandfirma der ESMA in ihrem Antrag auf Registrierung gem. Abs. 4 übermittelt, sowie das Format der gem. Abs. 5 beizubringenden Informationen[2]. Die ESMA sollte diese Entwürfe technischer Regulierungsstandards nach Art. 46 Abs. 7 Satz 2 VO Nr. 600/2014 der Europäischen Kommission bis 3.7.2015 vorlegen.

32 Ein **entsprechender Entwurf einer Delegierten Verordnung** wurde durch die ESMA vorgelegt und veröffentlicht[3]. Es handelt sich um den Entwurf einer Delegierten Verordnung (EU) …/… der Kommission vom 14.7.2016 zur Ergänzung der Verordnung (EU) Nr. 600/2014 des Europäischen Parlaments und des Rates durch technische Regierungsstandards für die zur Registrierung von Drittlandfirmen erforderlichen Angaben und das Format dieser Informationen für Kunden.

33 Art. 46 Abs. 7 Satz 3 VO Nr. 600/2014 **überträgt zudem der EU-Kommission die Befugnis**, die bezeichneten **technischen Regulierungsstandards** gem. Art. 10–14 VO Nr. 1095/2010 **zu erlassen**. Die EU-Kommission hat auf Grundlage des ESMA-Entwurfs den technischen Regulierungsstandard als Delegierte Verordnung (EU) 2016/2022[4] erlassen. Inhalt der DelVO 2016/2022 sind die für die Registrierung **erforderliche Informationen** (Art. 1 DelVO 2016/2022), die **Anforderungen in Bezug auf die Informationsübermittlung an die ESMA** (Art. 2 DelVO 2016/2022) und der **Umfang und die Form der Informationen der Drittlandfirma für ihre Kunden** in der Union (Art. 3 DelVO 2016/2022) sowie Schlussbestimmungen über das Inkrafttreten (Art. 4 DelVO 2016/2022) etc. Hinsichtlich der Regelungen in Art. 1–3 kann auf die Ausführungen unter den Rz. 18 f. und Rz. 29 verwiesen werden.

Art. 47 Gleichwertigkeitsbeschluss

(1) Die Kommission kann nach dem in Artikel 51 Absatz 2 genannten Prüfverfahren Beschlüsse im Hinblick auf ein Drittland erlassen, die besagen, dass durch die Rechts- und Aufsichtsvereinbarungen eines Drittlands sichergestellt ist, dass in diesem Drittland zugelassene Firmen im Bereich der Aufsichts- und Wohlverhaltensregeln rechtsverbindliche Anforderungen erfüllen, die den Anforderungen in dieser Verordnung, in der Richtlinie 2013/36/EU, in der Richtlinie 2014/65/EU und in den gemäß dieser Verordnung und den genannten Richtlinien erlassenen Durchführungsmaßnahmen gleichwertig sind und dass im Rechtsrahmen dieses Drittlands ein wirksames, gleichwertiges System der Anerkennung von Wertpapierfirmen, die nach ausländischen Vorschriften zugelassen sind, vorgesehen ist.

Der Rahmen der Aufsichts- und Wohlverhaltensregeln eines Drittlands kann als in Bezug auf seine Wirkung gleichwertig betrachtet werden, wenn dieser Rahmen sämtliche nachstehend genannten Bedingungen erfüllt:

a) die Firmen, die Wertpapierdienstleistungen und Anlagetätigkeiten in dem Drittland erbringen, unterliegen in diesem Drittland einer Zulassungspflicht und wirksamer und kontinuierlicher Beaufsichtigungs- und Durchsetzungsverfahren;

b) die Firmen, die Wertpapierdienstleistungen und Anlagetätigkeiten in dem Drittland erbringen, unterliegen hinreichenden Eigenkapitalanforderungen und angemessenen, auf Aktionäre und Mitglieder des Leitungsorgans anwendbaren Anforderungen;

c) Wertpapierfirmen, die Dienstleistungen und Anlagetätigkeiten erbringen, unterliegen angemessenen Organisationsanforderungen auf dem Gebiet der internen Kontrollfunktionen;

---

1 Vgl. Zetzsche/Lehmann, AG 2017, 651, 656 f.
2 Vgl. auch Erwägungsgründe 50 f. VO Nr. 600/2014.
3 Veröffentlicht unter: http://ec.europa.eu/finance/securities/docs/isd/mifid/rts/160714-rts-third-country_de.pdf.
4 Delegierte Verordnung (EU) 2016/2022; der Text ist abgedruckt hinter dem Text zu Art. 46 VO Nr. 600/2014.

d) Wertpapierfirmen, die Wertpapierdienstleistungen und Anlagetätigkeiten erbringen, unterliegen angemessenen Wohlverhaltensregeln;
e) Transparenz und Integrität des Marktes sind durch die Verhinderung von Marktmissbrauch durch Insider-Geschäfte und Marktmanipulation gewährleistet.

(2) Die ESMA legt mit den jeweils zuständigen Drittlandbehörden, deren Rechts- und Aufsichtsrahmen als im Sinne von Absatz 1 tatsächlich gleichwertig anerkannt wurde, Vereinbarungen über die Zusammenarbeit fest. In diesen Vereinbarungen wird zumindest Folgendes festgelegt:
a) der Mechanismus für den Informationsaustausch zwischen der ESMA und den betreffenden zuständigen Drittlandbehörden, einschließlich des Zugangs zu allen Informationen über in Drittländern zugelassene Nicht-EU-Firmen, die von der ESMA angefordert werden;
b) der Mechanismus für eine unverzügliche Unterrichtung der ESMA für den Fall, dass eine zuständige Drittlandbehörde der Auffassung ist, dass eine von ihr beaufsichtigte Drittlandfirma, die von der ESMA im in Artikel 48 vorgesehenen Verzeichnis registriert wurde, gegen ihre Zulassungsbedingungen und anderes von ihr einzuhaltendes Recht verstößt;
c) die Verfahren zur Koordinierung der Aufsichtstätigkeiten, einschließlich gegebenenfalls Inspektionen vor Ort.

(3) Eine Drittlandfirma, die in einem Land niedergelassen ist, dessen Rechts- und Aufsichtsrahmen als im Sinne von Absatz 1 tatsächlich gleichwertig anerkannt wurde und die gemäß Artikel 39 der Richtlinie 2014/65/EU zugelassen ist, ist in der Lage, im Rahmen der Zulassung für geeignete Gegenparteien und professionelle Kunden im Sinne von Anhang II Abschnitt I der Richtlinie 2014/65/EU Dienstleistungen und Tätigkeiten in anderen Mitgliedstaaten der EU zu erbringen, ohne neue Zweigniederlassungen zu gründen. Zu diesem Zweck erfüllt es die in Artikel 34 der Richtlinie 2014/65/EU festgelegten Anforderungen, die bei grenzüberschreitender Erbringung von Dienstleistungen und Tätigkeiten in Bezug auf Informationen gelten.

Die Zweigniederlassung unterliegt weiterhin der Aufsicht des Mitgliedstaats, in dem die Zweigniederlassung im Einklang mit Artikel 39 der Richtlinie 2014/65/EU ihren Sitz hat. Die zuständige Behörde des Mitgliedstaats, in dem die Zweigniederlassung ihren Sitz hat, und die zuständige Behörde des Aufnahmemitgliedstaats können jedoch unbeschadet der nach Richtlinie 2014/65/EU bestehenden Verpflichtung zur Zusammenarbeit angemessene Kooperationsvereinbarungen schließen, um sicherzustellen, dass die Zweigniederlassung der Drittlandfirma, die in der Union Wertpapierdienstleistungen erbringt, für einen angemessenen Anlegerschutz sorgt.

(4) Eine Drittlandfirma kann die Rechte nach Artikel 46 Absatz 1 nicht länger in Anspruch nehmen, wenn die Kommission die in Bezug auf dieses Drittland nach Absatz 1 getroffene Entscheidung mit einem nach Maßgabe des Prüfverfahrens gemäß Artikel 51 Absatz 2 gefassten Beschluss zurückzieht.

In der Fassung vom 15.5.2015 (ABl. EU Nr. L 173 v. 12.6.2014, S. 84), geändert durch Berichtigung vom 27.10.2017 (ABl. EU Nr. L 278 v. 27.10.2017, S. 54).

Schrifttum: S. Art. 46 VO Nr. 600/2014.

I. Regelungsgegenstand der Norm 1	IV. Drittlandfirmen mit einer Zweigniederlassung innerhalb der EU (Art. 47 Abs. 3 VO Nr. 600/2014) 10
II. Anerkennung der Gleichwertigkeit eines Drittlandes (Art. 47 Abs. 1 VO Nr. 600/2014) 2	V. Wirkung des Rückzugs eines Gleichwertigkeitsbeschlusses (Art. 47 Abs. 4 VO Nr. 600/2014) . . 13
III. Vereinbarung über Zusammenarbeit mit Drittlandbehörden (Art. 47 Abs. 2 VO Nr. 600/2014) 7	

I. Regelungsgegenstand der Norm. Art. 47 VO Nr. 600/2014 (MiFIR) normiert in Abs. 1 die **Voraussetzungen für einen Gleichwertigkeitsbeschluss** durch die Europäische Kommission in Bezug auf die Rechts- und Aufsichtsregeln eines Drittlandes und bestimmt in Abs. 4 die Folgen eines Rückzugs eines Gleichwertigkeitsbeschlusses auf die Tätigkeit der jeweiligen Drittlandfirmen. Abs. 2 regelt die **Vereinbarung der ESMA** mit den jeweiligen Drittlandbehörden **über ihre Zusammenarbeit** und legt den Mindestinhalt fest. Abs. 3 bestimmt zudem, dass **Drittlandfirmen** unter bestimmten Bedingungen Dienstleistungen in der gesamten Europäischen Union erbringen können, wenn in Bezug auf das Drittland, in dem sie ansässig sind, ein **Gleichwertigkeitsbeschluss vorliegt und** sie über eine **Zulassung** nach Art. 39 RL 2014/65/EU (MiFID II) verfügen.

II. Anerkennung der Gleichwertigkeit eines Drittlandes (Art. 47 Abs. 1 VO Nr. 600/2014). Die Europäische Kommission ist befugt, nicht aber verpflichtet[1], gem. Art. 47 Abs. 1 Unterabs. 1 VO Nr. 600/2014 einen

---
1 Vgl. auch Erwägungsgrund 41 VO Nr. 600/2014 zu Kriterien der Auswahl der Drittländer, in Bezug auf deren Rechts- Und Aufsichtssystem die Gleichwertigkeit geprüft wird, und *Weber/Sethe*, SJZ 2014, 569, 574.

Gleichwertigkeitsbeschluss im Hinblick auf ein Drittland zu erlassen. Dieser auf dem **Äquivalenzprinzip** beruhender Gleichwertigkeitsbeschluss der EU-Kommission ist eine Voraussetzung für die Registrierung einer Drittlandfirma nach Art. 46 VO Nr. 600/2014. Der Gleichwertigkeitsbeschluss enthält die Feststellung der Europäische Kommission, dass durch die Rechts- und Aufsichtsvereinbarungen eines Drittlands sichergestellt ist, dass in diesem Drittland zugelassene Firmen im Bereich der **Aufsichts- und Wohlverhaltensregeln rechtsverbindliche Anforderungen** erfüllen, die den **Anforderungen der MiFIR, der CRD IV**[1], **der MiFID II**[2] und in den gemäß der MiFIR und den genannten Richtlinien erlassenen Durchführungsmaßnahmen **gleichwertig sind**. Zudem umfasst der Gleichwertigkeitsbeschluss die Feststellung, dass im Rechtsrahmen dieses Drittlands ein wirksames, **gleichwertiges System der Anerkennung von Wertpapierfirmen, die nach ausländischen Vorschriften zugelassen sind**, vorgesehen ist. Damit umfasst der Gleichwertigkeitsbeschluss sowohl die Entscheidung hinsichtlich der Gleichwertigkeit der Aufsichts- und Wohlverhaltensregeln, als auch der Rechtsrahmen dieses Drittlands ein wirksames, gleichwertiges System der Anerkennung von Wertpapierfirmen vorsieht.

3   Hinsichtlich des **Verfahrens zum Erlass** eines entsprechenden Gleichwertigkeitsbeschlusses verweist Art. 47 Abs. 1 Unterabs. 1 VO Nr. 600/2014 auf Art. 51 Abs. 2 VO Nr. 600/2014. Diese Regelung verweist ihrerseits auf Art. 5 VO Nr. 182/2011[3]. Diese Norm regelt das Verfahren zur Prüfung des Erlasses von Rechtsakten durch die Europäische Kommission einschließlich der Möglichkeit zu Stellungnahmen durch einen Ausschuss und Konsultationen der Mitgliedstaaten. Zudem ist darauf hinzuweisen, dass der Europäischen Kommission Ermessen („kann") in Bezug auf den Beschluss zusteht.

4   Art. 47 Abs. 1 Unterabs. 2 VO Nr. 600/2014 gibt in Bezug auf den Gleichwertigkeitsbeschlusses den **Prüfungsmaßstab** für die Europäische Kommission vor. Dementsprechend kann der Rahmen der Aufsichts- und Wohlverhaltensregeln eines Drittlands als in Bezug auf seine Wirkung gleichwertig betrachtet werden, wenn dieser Rahmen **folgende Bedingungen erfüllt**:

a) die Firmen, die Wertpapierdienstleistungen und Anlagetätigkeiten in dem Drittland erbringen, unterliegen in diesem Drittland einer **Zulassungspflicht** und wirksamer und **kontinuierlicher Beaufsichtigungs- und Durchsetzungsverfahren**;

b) die Firmen, die Wertpapierdienstleistungen und Anlagetätigkeiten in dem Drittland erbringen, unterliegen hinreichenden **Eigenkapitalanforderungen** und angemessenen, auf **Aktionäre** und **Mitglieder des Leitungsorgans anwendbaren Anforderungen**;

c) Wertpapierfirmen, die Dienstleistungen und Anlagetätigkeiten erbringen, unterliegen angemessenen **Organisationsanforderungen** auf dem Gebiet der **internen Kontrollfunktion**en;

d) Wertpapierfirmen, die Wertpapierdienstleistungen und Anlagetätigkeiten erbringen, unterliegen **angemessenen Wohlverhaltensregeln** und

e) **Transparenz und Integrität des Marktes** sind durch die Verhinderung von Marktmissbrauch durch Insider-Geschäfte und Marktmanipulation gewährleistet.

5   Diese fünf **Bedingungen müssen alle erfüllt** sein, wie die Regelung durch die Nutzung des Terminus „sämtliche" genannten Bedingungen vorgibt. Bei der Prüfung, ob die Bedingungen erfüllt sind, obliegt der Europäischen Kommission ein Beurteilungsspielraum in Bezug auf die geforderte Angemessenheit, hinreichende Anforderungen etc.[4]. **Wie viel Abweichung** von den entsprechenden europäischen Regelungen der MiFIR, MiFID II und CRD IV sowie den entsprechenden Durchführungsmaßnahmen **noch zulässig ist**, um die normierten Bedingungen noch zu erfüllen, ist entsprechend eine **Einzelfallentscheidung** der Europäischen Kommission, die nicht gerichtlich überprüfbar ist[5]. Mit Blick auf die Regelungen zum Widerruf einer Registrierung nach Art. 49 VO Nr. 600/2014 sind die vorgegebenen Bedingungen, wie die Forderung nach wirksamen und kontinuierlichen Beaufsichtigungs- und Durchsetzungsverfahren, nach Wohlverhaltensregelungen für den Anlegerschutz

---

1 Richtlinie 2013/36/EU des Europäischen Parlaments und des Rates vom 26. Juni 2013 über den Zugang zur Tätigkeit von Kreditinstituten und die Beaufsichtigung von Kreditinstituten und Wertpapierfirmen, zur Änderung der Richtlinie 2002/87/EG und zur Aufhebung der Richtlinien 2006/48/EG und 2006/49/EG (CRD IV), ABl. EU Nr. L 176 v. 27.6.2013, S. 338.

2 Richtlinie 2014/65/EU des Europäischen Parlaments und des Rates vom 15. Mai 2014 über Märkte für Finanzinstrumente sowie zur Änderung der Richtlinien 2002/92/EG und 2011/61/EU (MiFID II), ABl. EU Nr. L 73 v. 12.6.2014, S. 349; zuletzt geändert durch die Richtlinie (EU) 2016/1034 des Europäischen Parlaments und des Rates vom 23. Juni 2016 zur Änderung der Richtlinie 2014/65/EU über Märkte für Finanzinstrumente, ABl. EU Nr. L 175 v. 30.6.2016, S. 8 und zuletzt berichtigt durch ABl. EU Nr. L 278 v. 27.10.2017, S. 56.

3 Verordnung (EU) Nr. 182/2011 des Europäischen Parlaments und des Rates vom 16. Februar 2011 zur Festlegung der allgemeinen Regeln und Grundsätze, nach denen die Mitgliedstaaten die Wahrnehmung der Durchführungsbefugnisse durch die Kommission kontrollieren, ABl. EU Nr. L 55 v. 28.2.2011, S. 13.

4 Vgl. auch *Zetzsche/Lehmann*, AG 2017, 651, 655.

5 Vgl. auch *Zetzsche/Lehmann*, AG 2017, 651, 655; für eine Justiziabilität de Lege Ferenda *Zetzsche* in Bachmann/Breitig, Finanzmarktregulierung zwischen Innovation und Kontinuität in Deutschland, Europa und Russland, 2014, S. 127, 136.

und das Verbot von Insiderhandel und Marktmanipulation etc., aber durchaus ernst zu nehmen[1]. Da die Drittlandfirmen in Folge der Registrierung in gleicher Weise behandelt werden sollen wie entsprechende Firmen mit Sitz innerhalb der Europäischen Union, dürfte im Ergebnis der Spielraum für Abweichungen nicht groß sein, um keine Wettbewerbsnachteile zu bewirken[2].

Aber auch bei der Erfüllung aller Bedingungen bedeutet das nicht zwingend das Vorliegen einer Gleichwertigkeit der Aufsichts- und Wohlverhaltensregeln. Da der Maßstab formuliert ist als „kann … als … gleichwertig betrachtet werden", können im Rahmen der Prüfung durch die ESMA **auch Besonderheiten berücksichtigt** werden, die trotz des Vorliegens der vorgegebenen Bedingungen diese zum Ergebnis kommen lassen, dass keine Gleichwertigkeit der Aufsichts- und Wohlverhaltensregeln gegeben ist. Ggf. können auch strategische Überlegungen der Europäischen Kommission zur Förderung öffentlicher Interessen und der Funktionsfähigkeit der Kapitalmärkte in der EU unter Berücksichtigung weiterer politischer Präferenzen eine gewisse Rolle spielen[3]. 6

III. Vereinbarung über Zusammenarbeit mit Drittlandbehörden (Art. 47 Abs. 2 VO Nr. 600/2014).

Gem. Art. 47 Abs. 2 VO Nr. 600/2014 **schließt die ESMA mit den jeweils zuständigen Behörden** des Drittlandes, für das die Europäische Kommission einen Gleichwertigkeitsbeschluss nach Abs. 1 erlassen hat, **Vereinbarungen über die Zusammenarbeit**[4]. Dies erfolgt regelmäßig als Memorandum of Unterstanding (MoU). Die Vereinbarungen über die Zusammenarbeit ist eine weitere Voraussetzung für eine Registrierung einer Drittlandfirma nach Art. 46 VO Nr. 600/2014. 7

Der **Mindestinhalt einer entsprechenden Vereinbarung** der ESMA mit den jeweils zuständigen Behörden des Drittlandes nach Art. 47 Abs. 2 VO Nr. 600/2014 ist: 8

a) der Mechanismus für den **Informationsaustausch** zwischen der ESMA und den betreffenden zuständigen Drittlandbehörden, einschließlich des Zugangs zu allen Informationen über in Drittländern zugelassene Nicht-EU-Firmen, die von der ESMA angefordert werden;

b) der Mechanismus für eine **unverzügliche Unterrichtung der ESMA** für den Fall, dass eine zuständige Drittlandbehörde der Auffassung ist, dass eine von ihr beaufsichtigte Drittlandfirma, die von der ESMA im in Art. 48 VO Nr. 600/2014 vorgesehenen Verzeichnis registriert wurde, gegen ihre Zulassungsbedingungen und anderes von ihr einzuhaltendes Recht verstößt;

c) die Verfahren zur **Koordinierung der Aufsichtstätigkeiten**, einschließlich gegebenenfalls Inspektionen vor Ort.

Insoweit ist **Ziel der Vereinbarung**, dass ein **hinreichender Informationsfluss zwischen der ESMA und den jeweils zuständigen Drittlandbehörden** gewährleistet wird. Hierbei geht es nicht nur um den Austausch von Informationen auf Anfrage, sondern auch um die Sicherstellung des Informationsflusses bei aufsichtsrechtlichen Problemen und zum Zwecke der Koordinierung der Aufsichtstätigkeiten bis hin zu Prüfungen vor Ort. Wenn auch Delegierte Verordnungen der Europäischen Kommission nicht auf Drittlandbehörden anwendbar sind, kann als Orientierung auf den technischen Regulierungsstandards für den Informationsaustausch zwischen den zuständigen Behörden im Rahmen der Zusammenarbeit bei der Überwachung, bei Überprüfungen vor Ort und bei Ermittlungen[5] verwiesen werden, der gleichfalls einen erforderlichen Informationsfluss gewährleisten soll. 9

IV. Drittlandfirmen mit einer Zweigniederlassung innerhalb der EU (Art. 47 Abs. 3 VO Nr. 600/2014).

Unabhängig von einer Registrierung nach Art. 46 Abs. 1 VO Nr. 600/2014 kann eine **Drittlandfirma entsprechende Dienstleistungen und Tätigkeiten** für geeignete Gegenparteien und professionelle Kunden **innerhalb der gesamten Europäischen Union** auch noch auf einem anderen Weg zulässig erbringen. Das ist gem. Art. 47 Abs. 3 Unterabs. 1 Satz 1 VO Nr. 600/2014 dann möglich, wenn die Drittlandfirma in einem Drittland niedergelassen ist, für dessen Rechts- und Aufsichtsrahmen ein **Gleichwertigkeitsbeschluss nach Abs. 1** vorliegt, und sie **zusätzlich über eine Zulassung gem. Art. 39 RL 2014/65/EU (MiFID II) in einem Mitgliedstaat verfügt**. D.h., sie muss eine Zweigniederlassung in einem Mitgliedstaat errichtet haben, die über eine entsprechende Zulassung verfügt. In einem solchen Fall ist die Drittlandfirma befugt, im Rahmen ihrer Zulassung für geeignete 10

---

1 Hierzu auch Erwägungsgrund 44 VO Nr. 600/2014 (MiFIR): „… Beschlüsse, mit denen die Regulierungs- und Aufsichtsrahmen eines Drittlands als denen der Union gleichwertig anerkannt werden, nur dann gefasst werden, wenn der Rechts- und Aufsichtsrahmen des Drittlands ein wirksames gleichwertiges System für die Anerkennung von nach ausländischem Recht zugelassenen Wertpapierfirmen vorsieht. Ein derartiges System sollte als gleichwertig betrachtet werden, wenn es gewährleistet, dass die wesentlichen Ergebnisse des anzuwendenden Regulierungsrahmens mit den Anforderungen der Union vergleichbar sind, und als wirksam, wenn diese Bestimmungen einheitlich Anwendung finden."
2 Vgl. auch *Weber/Sethe*, SJZ 2014, 569, 575.
3 Vgl. auch *Zetzsche/Lehmann*, AG 2017, 651, 655.
4 Vgl. auch Erwägungsgrund 42 VO Nr. 600/2014: „Die Erbringung der Dienstleistung sollte bei der ESMA registriert und der Aufsicht im Drittland unterliegen. Zwischen der ESMA und den zuständigen Behörden im Drittland sollten geeignete Kooperationsvereinbarungen bestehen."
5 Delegierte Verordnung (EU) 2017/586 der Kommission vom 14. Juli 2016 zur Ergänzung der Richtlinie 2014/65/EU des Europäischen Parlaments und des Rates durch technische Regulierungsstandards für den Informationsaustausch zwischen den zuständigen Behörden im Rahmen der Zusammenarbeit bei der Überwachung, bei Überprüfungen vor Ort und bei Ermittlungen, ABl. EU Nr. L 87 v. 31.3.2017, S. 382.

Gegenparteien und geborene professionelle Kunden[1] Dienstleistungen und Tätigkeiten in anderen EU-Mitgliedstaaten zu erbringen, ohne neue Zweigniederlassungen zu gründen. Ohne Gleichwertigkeitsbeschluss nach Abs. 1 in Bezug auf das Drittland der Drittlandfirma darf diese die entsprechenden Dienstleistungen und Tätigkeiten nur bezüglich der in ihrem Hoheitsgebiet ansässigen geeigneten Gegenparteien oder professionelle Kunden erbringen (vgl. Art. 46 Abs. 4 Unterabs. 5 VO Nr. 600/2014).

11 Um Dienstleistungen und Tätigkeiten in anderen Mitgliedstaaten der EU zu erbringen, **muss die Drittlandfirma die in Art. 34 RL 2014/65/EU (MiFID II) festgelegten Anforderungen erfüllen**, die bei grenzüberschreitender Erbringung von Dienstleistungen und Tätigkeiten in Bezug auf Informationen gelten[2]. Insbesondere muss die Drittlandfirma ihre Absicht, entsprechende Dienstleistungen und Tätigkeiten in anderen EU-Mitgliedstaaten zu erbringen, der Behörde des Mitgliedstaates anzeigen, in dem sie über die Zulassung nach gem. Art. 39 RL 2014/65/EU (MiFID II) verfügt. Diese Behörde leitet die Mitteilung an die zuständigen Behörden der jeweiligen anderen EU-Mitgliedstaaten weiter.

12 Die **Zweigniederlassung** der Drittlandfirma unterliegt nach Art. 47 Abs. 3 Unterabs. 2 Satz 1 VO Nr. 600/2014 **weiterhin der Aufsicht des Mitgliedstaats, in dem die Zweigniederlassung** im Einklang mit Art. 39 RL 2014/65/EU (MiFID II) **ihren Sitz hat**. Die zuständige Behörde des Mitgliedstaats, in dem die Zweigniederlassung ihren Sitz hat, und die zuständige Behörde des Aufnahmemitgliedstaats können unbeschadet der grundsätzlichen Pflicht zur Zusammenarbeit nach MiFID II angemessene Kooperationsvereinbarungen schließen[3], um die Wahrung des angemessenen Anlegerschutzes bei der Erbringung der Dienstleistungen und Tätigkeiten durch die Zweigniederlassung der Drittlandfirma sicherzustellen.

13 **V. Wirkung des Rückzugs eines Gleichwertigkeitsbeschlusses (Art. 47 Abs. 4 VO Nr. 600/2014).** Art. 47 Abs. 4 VO Nr. 600/2014 bestimmt, dass eine **Drittlandfirma ihre Rechte aus der Registrierung durch die ESMA** nach Art. 46 Abs. 1 VO Nr. 600/2014 **nicht länger in Anspruch nehmen kann, wenn die Europäische Kommission** ihren in Bezug auf dieses Drittland nach Abs. 1 getroffenen **Gleichwertigkeitsbeschluss zurückzieht**. Hierfür ist gleichfalls ein Beschluss als actus contrarius erforderlich. Dieser muss, wie der Gleichwertigkeitsbeschluss nach Abs. 1 selbst, ebenfalls den Maßgaben des Prüfverfahrens gem. Art. 51 Abs. 2 VO Nr. 600/2014 entsprechen. Diese Regelung verweist auf Art. 5 VO Nr. 182/2011[4]. Diese Norm regelt das Verfahren zur Prüfung des Erlasses von Rechtsakten durch die Europäische Kommission einschließlich der Möglichkeit zu Stellungnahmen durch einen Ausschuss und Konsultationen der Mitgliedstaaten.

14 Diese Regelung ist insofern stringent, als ohne Gleichwertigkeitsbeschluss der Europäische Kommission eine Registrierung durch die ESMA nicht erfolgen darf. **Mit Wegfall des erforderlichen Gleichwertigkeitsbeschlusses entfällt zugleich die Grundlage für die Registrierung**. Aufgrund der Regelung, dass die Rechte aus der Registrierung nicht länger in Anspruch genommen werden dürfen, ist eine Rücknahme der Registrierung als Beschluss der ESMA nicht erforderlich. Insbesondere ist in diesem Fall ein Widerruf der Registrierung nach Art. 49 VO Nr. 600/2014 nicht vorgesehen. Ungeachtet dessen muss das Drittlandunternehmen von dem Rückzug des Gleichwertigkeitsbeschlusses erfahren, damit es seine Rechte nicht weiter in Anspruch nimmt. Hierfür ist kein Verfahren oder Vorgehen ausdrücklich vorgesehen.

Art. 48 Register

Die ESMA führt ein Register aller Drittlandfirmen, die gemäß Artikel 46 Wertpapierdienstleistungen oder Anlagetätigkeiten in der Union erbringen bzw. ausüben dürfen. Das Register ist auf der Website der ESMA öffentlich zugänglich und enthält Informationen über die Wertpapierdienstleistungen oder Anlagetätigkeiten, die die Drittlandfirmen erbringen bzw. ausüben dürfen, und einen Verweis auf die im Drittland für ihre Beaufsichtigung zuständige Behörde.

In der Fassung vom 15.5.2015 (ABl. EU Nr. L 173 v. 12.6.2014, S. 84).

---

1 Geborene professionelle Kunden i.S. von Anhang II Abschnitt I der RL 2014/65/EU (MiFID II).
2 Vgl. zu Art. 34 RL 2014/65/EU (MiFID I) auch den Entwurf einer „Delegierte Verordnung (EU) .../... der Kommission vom 29. Juni 2016 zur Ergänzung der Richtlinie 2014/65/EU des Europäischen Parlaments und des Rates über Märkte für Finanzinstrumente durch technische Regulierungsstandards zur Präzisierung der Angaben, die von Wertpapierfirmen, Marktbetreibern und Kreditinstituten zu übermitteln sind", veröffentlicht unter http://ec.europa.eu/transparency/reg doc/rep/3/2016/DE/3-2016-3917-DE-F1-1.PDF.
3 Vgl. zum regulären Informationsaustausch der zuständigen Behörden auch die Delegierte Verordnung (EU) 2017/586 der Kommission vom 14. Juli 2016 zur Ergänzung der Richtlinie 2014/65/EU des Europäischen Parlaments und des Rates durch technische Regulierungsstandards für den Informationsaustausch zwischen den zuständigen Behörden im Rahmen der Zusammenarbeit bei der Überwachung, bei Überprüfungen vor Ort und bei Ermittlungen, ABl. EU Nr. L 87 v. 31.3.2017, S. 382.
4 Verordnung (EU) Nr. 182/2011 des Europäischen Parlaments und des Rates vom 16. Februar 2011 zur Festlegung der allgemeinen Regeln und Grundsätze, nach denen die Mitgliedstaaten die Wahrnehmung der Durchführungsbefugnisse durch die Kommission kontrollieren ABl. EU Nr. L 55 v. 28.2.2011, S. 13.

Schrifttum: S. Art. 46 VO Nr. 600/2014.

I. Regelungsgegenstand der Norm . . . . 1 | II. Bei der ESMA geführtes Register 3

I. Regelungsgegenstand der Norm. Nach Art. 48 VO Nr. 600/2014 (MiFIR) **führt und veröffentlicht die ESMA ein Register** aller nach Art. 46 VO Nr. 600/2014 **registrierten Drittlandfirmen**. Dieses Register enthält Informationen darüber, welche Wertpapierdienstleistungen oder Anlagetätigkeiten die jeweilige Firma in der Union erbringen bzw. ausüben darf, und welche zuständige Behörde im Drittland für deren Beaufsichtigung zuständig ist. 1

Diese Vorschrift **ist vergleichbar mit** der Regelung des Art. 77 Abs. 2 Unterabs. 4 VO Nr. 648/2012 (EMIR), die vorsieht, dass die ESMA ein **Verzeichnis der anerkannten Transaktionsregister**, die in einem Drittstaat ansässig sind, veröffentlicht. Beide Regelungen dienen der Transparenz für andere Marktteilnehmer, welche Unternehmen aus Drittstatten innerhalb der Europäischen Union zulässig erlaubnispflichtige Dienstleistungen erbringen. 2

II. Bei der ESMA geführtes Register. Art. 48 VO Nr. 600/2014 **verpflichtet die ESMA zur Führung eines Registers** aller Drittlandfirmen, die gem. Art. 46 VO Nr. 600/2014 Wertpapierdienstleistungen oder Anlagetätigkeiten in der Europäischen Union erbringen bzw. ausüben dürfen. Damit enthält das Register alle Drittlandfirmen, die erfolgreich das Registrierungsverfahren nach Art. 46 VO Nr. 600/2014 durchlaufen haben. Die Registerführung ist zunächst ein interner Vorgang bei der ESMA, der auch ihrer eigenen Übersicht über die innerhalb der Europäischen Union zulässig tätigen Drittlandfirmen dient. 3

Zusätzlich ist das **Register auf der Website der ESMA öffentlich zugänglich zu machen**. Es enthält außer den Informationen zu den jeweiligen Drittlandfirmen auch Informationen über die Wertpapierdienstleistungen oder Anlagetätigkeiten, die die Drittlandfirmen erbringen bzw. ausüben dürfen, und einen Verweis auf die im Drittland für ihre Beaufsichtigung zuständige Behörde. 4

Art. 48 VO Nr. 600/2014 formuliert, dass das von der ESMA geführte Register auf der Website öffentlich ist. Hieraus kann geschlossen werden, dass die jeweilige Registrierung einer Drittlandfirma nebst den bezeichneten ergänzenden **Informationen unverzüglich veröffentlicht** wird und die Information damit allen Interessierten zur Verfügung stehen. 5

Für den Fall, dass eine Registrierung einer Drittlandfirma nach Art. 49 VO Nr. 600/2014 widerrufen wird, regelt Art. 49 Abs. 2 VO Nr. 600/2014 der Widerruf der Registrierung unverzüglich auf Website zu veröffentlichen ist. Einen Hinweis auf das Register gibt diese Norm nicht, so dass zur Erfüllung der Vorschrift auch eine entsprechende Bekanntmachung ausreicht. Da aber im Register neben der Drittlandfirma auch die Wertpapierdienstleistungen oder Anlagetätigkeiten anzugeben sind, die in der Union erbracht bzw. ausübt werden dürfen, und diese mit dem Widerruf wegfallen, **wird der Widerruf der Registrierung auch im Register erkennbar sein**. Dies stellt auch eine möglichst aktuelle Übersicht über die Drittlandfirmen sicher, die gem. Art. 46 VO Nr. 600/2014 Wertpapierdienstleistungen oder Anlagetätigkeiten in der Union erbringen bzw. ausüben dürfen. 6

Derzeit kann ein entsprechendes **Register auf der Website der ESMA** noch nicht abgerufen werden. In Anbetracht des Inkrafttretens der Regelung zum 3.1.2018, der noch nicht abschließend veröffentlichten Regulierungsstandards hinsichtlich der für eine Registrierung erforderlichen Informationen und der Vorgaben für ein Registrierungsverfahren mit einer Prüfungsfrist von maximal 180 Tagen (vgl. Art. 46 Abs. 4 Unterabs. 4 VO Nr. 600/2014) ist davon auszugehen, dass derzeit noch keine entsprechenden Drittlandfirmen registriert sind. Künftig könnte das Register ggf. unter https://registers.esma.europa.eu/publication zu finden sein. 7

Art. 49 Widerruf der Registrierung

(1) Die ESMA widerruft die Registrierung einer Drittlandfirma im Sinne von Artikel 48, wenn

a) **die ESMA fundierte Gründe anhand dokumentierter Nachweise hat, um zu glauben, dass eine Drittlandfirma bei der Erbringung von Wertpapierdienstleistungen und Anlagetätigkeiten in der Union auf eine Art und Weise handelt, die den Anlegerinteressen oder der ordnungsgemäßen Funktionsweise der Märkte zuwider läuft oder**

b) **die ESMA fundierte Gründe anhand dokumentierter Nachweise hat, um zu glauben, dass eine Drittlandfirma bei der Erbringung von Wertpapierdienstleistungen und Anlagetätigkeiten in der Union ernsthaft gegen die auf sie zutreffenden Bestimmungen des Drittlands verstoßen hat, auf deren Grundlage die Kommission den in Artikel 47 Absatz 1 genannten Beschluss gefasst hat.**

c) **die ESMA die Angelegenheit an die zuständige Drittlandbehörde verwiesen hat und diese Behörde keine angemessenen Maßnahmen ergriffen hat, um die Anleger und die ordnungsgemäße Funktionsweise der Märkte in der Union zu schützen, oder nicht nachgewiesen hat, dass die betreffende Drittlandfirma den im Drittland auf sie zutreffenden Anforderungen nachkommt, und**

d) die ESMA die zuständige Drittlandbehörde mindestens 30 Tage vor dem Widerruf über ihre Absicht unterrichtet hat, die Registrierung der Drittlandfirma zu widerrufen.

(2) Die ESMA unterrichtet die Kommission unverzüglich über jede gemäß Absatz 1 angenommene Maßnahme und veröffentlicht ihren Beschluss auf ihrer Website.

(3) Die Kommission bewertet, ob die Bedingungen, unter denen ein Beschluss nach Artikel 47 Absatz 1 gefasst wurde, im Hinblick auf das betreffende Drittland weiter bestehen.

In der Fassung vom 15.5.2015 (ABl. EU Nr. L 173 v. 12.6.2014, S. 84).

Schrifttum: S. Art. 46 VO Nr. 600/2014.

I. Regelungsgegenstand der Norm 1	3. Fehlende Abhilfe durch Aufsichtsbehörde des Drittlandes (Art. 49 Abs. 1 Satz 2 lit. c VO Nr. 600/2014) 16
II. Widerruf der Registrierung (Art. 49 Abs. 1 VO Nr. 600/2004) 2	4. Vorabinformation der Drittlandbehörde (Art. 49 Abs. 1 Satz 2 lit. d VO Nr. 600/2014) . . 21
1. ESMA überzeugt vom Handeln wider Anlegerinteressen oder ordnungsgemäßer Marktfunktionen (Art. 49 Abs. 1 Satz 2 lit. a VO Nr. 600/2014) 6	III. Information über die ESMA-Maßnahme (Art. 49 Abs. 2 VO Nr. 600/2014) 23
2. ESMA überzeugt von einem Verstoß gegen relevante Drittstaatenregelung (Art. 49 Abs. 1 Satz 2 lit. b VO Nr. 600/2014) 12	IV. Überprüfung des Gleichwertigkeitsbeschlusses (Art. 49 Abs. 3 VO Nr. 600/2014) 25

1 **I. Regelungsgegenstand der Norm.** Art. 49 VO Nr. 600/2014 (MiFIR) normiert in Abs. 1 **zwingende Gründe für einen Widerruf einer Registrierung** einer Drittlandfirma. Zudem normiert die Vorschrift in Abs. 2 eine **Informationspflicht** bezüglich der ESMA **gegenüber der Europäischen Kommission**, damit diese gem. Abs. 3 ihren **Gleichwertigkeitsbeschluss überprüft**. Zudem sieht Abs. 2 zusätzlich eine **Information der Öffentlichkeit** durch die Veröffentlichung der Maßnahme der ESMA auf deren Homepage vor.

2 **II. Widerruf der Registrierung (Art. 49 Abs. 1 VO Nr. 600/2004).** Gem. Art. 49 Abs. 1 VO Nr. 600/2014 widerruft die ESMA ihre Registrierung einer Drittlandfirma, wenn näher bestimmte Voraussetzungen erfüllt sind. Die Regelung spricht hierbei von einer „Registrierung einer Drittlandfirma i.S.v. Art. 48". Es ist davon auszugehen, dass hiermit die **Registrierung gem. Art. 46 VO Nr. 600/2014** gemeint ist. Denn Art. 48 VO Nr. 600/2014 regelt nur die Registerführung und -veröffentlichung durch die ESMA für die nach Art. 46 VO Nr. 600/2014 registrierten Drittlandfirmen.

3 Da es sich bei der Registrierung nach Art. 46 Abs. 4 Unterabs. 3 VO Nr. 600/2014 um einen Beschluss der ESMA handelt, muss der **Widerruf als actus contrarius gleichfalls ein Beschluss der ESMA** sein. Dieses Verständnis des Widerrufs als Beschluss kommt auch in Art. 49 Abs. 2 VO Nr. 600/2014 zum Ausdruck. Da es ein Beschluss der ESMA ist, kann die Drittlandfirma prüfen, ob sie gegen den Widerruf der Registrierung Beschwerde vor dem Beschwerdeausschuss der ESMA nach Art. 60 VO Nr. 1095/2010 (ESMA-VO) einlegt und diesen Beschluss ggf. durch den EuGH nach Art. 61 der VO Nr. 1095/2010 überprüfen lässt.

4 Der **Widerruf** der Registrierung einer Drittlandfirma ist **bei Vorliegen** der in Art. 49 Abs. 1 VO Nr. 600/2014 näher ausgeführten **Voraussetzungen zwingend**. Insoweit hat die ESMA kein Ermessen im Sinne des deutschen Verwaltungsrechts. Die Voraussetzungen für den Widerruf selbst sind auf der Tatbestandsseite aber durchaus **auslegungsbedürftig** und bieten der ESMA teilweise **Beurteilungsspielräume** bei der Bewertung des Vorliegens der Tatbestandsmerkmale[1].

5 Art. 49 Abs. 1 VO Nr. 600/2014 normiert insgesamt **vier Voraussetzungen, die teilweise alternativ, teilweise kumulativ** nebeneinanderstehen. Ausdrücklich ist das alternative Verhältnis zwischen den Voraussetzungen unter a) und b) geregelt und die Kumulation zwischen den Voraussetzungen unter c) und d). Nicht ausdrücklich normiert ist das Verhältnis zwischen a) oder b) und c) und d). Unter Berücksichtigung des Satzbaus und Telos der Regelung ist hier auch von einer Kumulation der Voraussetzungen auszugehen.

6 **1. ESMA überzeugt vom Handeln wider Anlegerinteressen oder ordnungsgemäßer Marktfunktionen (Art. 49 Abs. 1 Satz 2 lit. a VO Nr. 600/2014).** Als Voraussetzung für den Widerruf normiert Art. 49 Abs. 1 Satz 2 lit. a VO Nr. 600/2014, dass die ESMA **fundierte Gründe** anhand dokumentierter Nachweise hat, **um zu glauben**, dass eine **Drittlandfirma** bei der Erbringung von Wertpapierdienstleistungen und Anlagetätigkeiten in der Union auf eine Art und Weise **handelt, die den Anlegerinteressen oder der ordnungsgemäßen Funktionsweise der Märkte zuwiderläuft**.

7 Der Wortlaut der Regelung lautet in Bezug auf die ESMA „um zu glauben". Hierbei handelt es sich um eine Umschreibung, dass **die ESMA zu der Überzeugung gelangt ist**, dass ein Verstoß oder ein unangemessenes Verhalten vorliegt. Die Formulierung macht deutlich, dass ein **gesicherter Nachweis eines solchen Verhaltens**

---

1 Der Entzug soll nach *Zetzsche/Lehmann*, AG 2017, 651, 656 nur ultima ratio sein.

nicht erforderlich ist. Es handelt sich auch nicht um einen Anfangsverdacht im strafrechtlichen Sinne. Dies kann es schon deshalb nicht sein, weil es hier primär nicht um Straftatbestände geht. Zur „Überzeugung gelangen" („um zu glauben") meint hier einen gedanklichen Schluss zu ziehen aus den vorliegenden Informationen.

Die ESMA muss **für ihre Überzeugung**, dass ein entsprechendes Verhalten vorliegt, **Gründe** darlegen können. Die Gründe sollen zudem **anhand dokumentierter Nachweise belegbar** sein, also fundiert sein. Das bedeutet, dass keine Überzeugung „aus dem Bauch heraus" ausreichende Voraussetzung für einen Widerruf der Registrierung sein soll, sondern dass die ESMA einen gewissen Tatsachenkern belegen können muss, der sie zu ihrer Überzeugung hat kommen lassen[1]. Entsprechend muss die ESMA für ihre erforderliche Überzeugung Gründe darlegen, die auf dokumentierten Nachweisen aufbauen, dass ein entsprechendes Verhalten der Drittlandfirma vorliegt, ohne dass erforderlich ist, dass der mit dem Verdacht zusammenhängende Vorwurf tatsächlich bewiesen ist.

Die Überzeugung der ESMA muss sich darauf beziehen, dass die registrierte Drittlandfirma bei der Erbringung von Wertpapierdienstleistungen und Anlagetätigkeiten in der Europäischen Union auf eine bestimmte Art und Weise handelt. Maßgeblich für das Merkmal „bei der Erbringung" ist, dass es sich um ein Handeln der Drittlandfirma **im Zusammenhang mit der Erbringung von Wertpapierdienstleistungen und Anlagetätigkeiten** handelt. Zudem muss sich die Überzeugung der ESMA auf ein Handeln beziehen, das in Bezug auf die **Erbringung von Wertpapierdienstleistungen und Anlagetätigkeiten in der Europäischen Union** hat. Wo konkret die Handlung vorgenommen wird, ist nicht entscheidend. Entscheidend ist der Erfolg, also ob die Drittlandfirma bei der Erbringung von Wertpapierdienstleistungen und Anlagetätigkeiten in der Union auf eine bestimmte Art und Weise handelt bzw. dass die ESMA zu einer entsprechenden Überzeugung gelangt.

Das Handeln der Drittlandfirma muss nach Überzeugung der ESMA auf eine Art und Weise erfolgen, die den **Anlegerinteressen oder der ordnungsgemäßen Funktionsweise der Märkte zuwiderläuft**. Ein Verstoß gegen Anlegerinteressen liegt beispielsweise vor, wenn in Bezug auf die in der Europäischen Union erbrachten Wertpapierdienstleistungen und Anlagetätigkeiten keine angemessenen Wohlverhaltensregeln eingehalten werden. Ein Handeln wider der ordnungsgemäßen Funktionsweise der Märkte liegt jedenfalls vor, wenn gegen das Verbot des Insiderhandels und der Markmanipulation verstoßen wird. Eben die Einhaltung derartiger grundlegender Regelungen soll auch durch die Anforderungen für einen Gleichwertigkeitsbeschluss in Art. 47 Abs. 1 Unterabs. 2 lit. d und e VO Nr. 600/2014 durchgesetzt werden.

Diese Voraussetzung in Art. 49 Abs. 1 Satz 2 lit. a VO Nr. 600/2014 für einen Widerruf einer Registrierung ist einer von zwei **alternativ zueinander geregelter Voraussetzungen**. Soweit die ESMA zur Überzeugung gelangt, dass die Drittlandfirma in einer Art und Weise handelt, die gegen Anlegerinteressen oder die ordnungsgemäßen Marktfunktionen verstößt, kommt es auf die zweite Voraussetzung unter Buchstabe b nicht mehr an. Es ist aber auch gut vorstellbar, dass beide Tatbestandsalternativen gleichzeitig erfüllt sind.

2. ESMA überzeugt von einem Verstoß gegen relevante Drittstaatenregelung (Art. 49 Abs. 1 Satz 2 lit. b VO Nr. 600/2014). Die **zweite Alternative** der Tatbestandsverwirklichung für einen Widerruf normiert in Art. 49 Abs. 1 Satz 2 lit. b VO Nr. 600/2014, dass die ESMA fundierte **Gründe anhand dokumentierter Nachweise** hat, um zu glauben, dass eine **Drittlandfirma bei der Erbringung von Wertpapierdienstleistungen und Anlagetätigkeiten in der Union ernsthaft gegen die auf sie zutreffenden Bestimmungen des Drittlands verstoßen hat**, auf deren Grundlage die Kommission den in Art. 47 Abs. 1 VO Nr. 600/2014 genannten Beschluss gefasst hat.

Hinsichtlich der in der zweiten Alternative **parallel normierten Voraussetzung** „fundierte Gründe anhand dokumentierter Nachweise hat, um zu glauben, dass eine Drittlandfirma bei der Erbringung von Wertpapierdienstleistungen und Anlagetätigkeiten in der Union" kann zur Vermeidung von Wiederholungen **auf die Ausführungen der** Rz. **7–9 verwiesen** werden.

Anders als in der ersten Alternative muss die ESMA zur Überzeugung gelangen, dass die **Drittlandfirma gegen die auf sie zutreffenden Bestimmungen des Drittlands verstoßen hat**, auf deren Grundlage die Kommission den in Art. 47 Abs. 1 VO Nr. 600/2014 genannten Beschluss gefasst hat. Damit bezieht sich die Überzeugung der ESMA in Bezug auf einen Rechtsverstoß auf die in Art. 47 Abs. 1 Unterabs. 2 lit. b–e VO Nr. 600/2014 aufgeführten Pflichten. Hierzu gehören beispielsweise neben Eigenkapitalanforderungen, Anforderungen an Leitungsorgane und entsprechenden Organisationsanforderungen auch Wohlverhaltensregelungen, mit denen Anlegerinteressen gewahrt werden sollen, wie auch das Verbot von Insiderhandel und Markmanipulation. In Bezug auf die Anforderungen kann auf die Ausführungen zu den einzuhaltenden Aufsichts- und Wohlverhaltensregeln eines Drittlandes in Art. 47 Abs. 1 VO Nr. 600/2014 verwiesen werden.

Die Voraussetzungen des Art. 49 Abs. 1 Satz 2 lit. b VO Nr. 600/2014 verlangen zudem, dass die Drittlandfirma **ernsthaft** gegen die entsprechenden Bestimmungen des Drittlands verstoßen hat. Das bedeutet, dass geringfügige Verstöße nicht zu einem Widerruf der Registrierung führen sollen. Die Ernsthaftigkeit eines Verstoßes kann sich sowohl aus der **Schwere des Verstoßes**, wie bei Insiderhandel oder Marktmanipulation, ggf. aber auch bei Zahlungsschwierigkeiten wegen fehlenden Eigenkapitals, als auch aus der **Wiederholung von Verstößen bzw. systematischer Verstöße** ergeben.

---

[1] Für die Notwendigkeit von fundierten Anhaltspunkten: *Sethe*, SZW 2014, 615, 627.

Art. 49 VO Nr. 600/2014 | Widerruf der Registrierung

16   **3. Fehlende Abhilfe durch Aufsichtsbehörde des Drittlandes (Art. 49 Abs. 1 Satz 2 lit. c VO Nr. 600/2014).** Soweit die ESMA zur Überzeugung gelangt, dass ein Handeln der Drittlandfirma wider die Anlegerinteressen oder ordnungsgemäße Marktfunktionen bzw. für einen Verstoß der Drittlandfirma gegen relevante Drittstaatenregelung vorliegt, muss sie zunächst gem. Art. 49 Abs. 1 Satz 2 lit. c VO Nr. 600/2014 die **Angelegenheit an die zuständige Drittlandbehörde verweisen**. Dieses Verweisen bedeutet, dass die ESMA ihre Überzeugung unter Darlegung der ihr vorliegenden Gründe und Nachweise der Drittlandbehörde darlegt und diese zu einer entsprechenden Abhilfe auffordert.

17   In Anbetracht der für einen Gleichwertigkeitsbeschluss erforderlichen Aufsichts- und Durchsetzungsverfahren und der Regelungen über die Zusammenarbeit ist davon auszugehen, dass die Drittlandbehörde in Bezug auf die Ergebnisse der ESMA entsprechende, wirksame Maßnahmen ergreift. **Ergreift die Drittlandbehörde** trotz eines entsprechenden Hinweises der ESMA **keine angemessenen Maßnahmen**, um die Anleger und die ordnungsgemäße Funktionsweise der Märkte in der Union zu schützen, oder weist nicht (hinreichend) nach, dass die betreffende Drittlandfirma den im Drittland auf sie **zutreffenden Anforderungen nachkommt**, ist eine **weitere Tatbestandsvoraussetzung für einen Widerruf der Registrierung erfüllt**.

18   In Bezug auf die von der Drittlandfirma einzuhaltenden Bestimmungen des Drittlandes kann die Aufsichtsbehörde des Drittlandes die Einhaltung der Vorschriften besser überprüfen und bewerten. Insoweit sieht Art. 49 Abs. 1 Satz 2 lit. c VO Nr. 600/2014 eine Abhilfe durch die Drittlandbehörde auch in der Form vor, dass sie **der ESMA nachweist, dass die betreffende Drittlandfirma den im Drittland auf sie zutreffenden Anforderungen nachkommt**. Diese Fallvariante bezieht sich auf die Voraussetzung des Buchstaben b, dass die ESMA von einem Verstoß gegen relevante Drittstaatenregelungen überzeugt ist. Schon nach dem Wortlaut ist ein entsprechender Nachweis für die Erfüllung der Pflichten durch die Drittlandfirma erforderlich. Allein die Aussage oder Bestätigung der Einhaltung der Vorschriften reicht nicht aus. Insoweit ist zumindest eine Auseinandersetzung mit den erhobenen Vorwürfen und ein näheres Erläutern erforderlich, warum entgegen der Überzeugung der ESMA die entsprechenden Vorschriften dennoch eingehalten werden.

19   Im Übrigen ist es erforderlich, dass die **Drittlandbehörde angemessene Maßnahmen ergriffen hat**, um die aufgezeigten Auffälligkeiten abzustellen. Die Angemessenheit der Maßnahmen hat zwei Dimensionen. Zum einen müssen die Maßnahmen angemessen sein in Bezug auf den **Faktor Zeit**. Zum anderen müssen die Maßnahmen angemessen sein in Bezug auf das zu **erreichende Ziel**, das Abstellen des bemängelten Handelns der Drittlandfirma. Entsprechend müssen zeitnah Maßnahmen ergriffen werden, um die Anleger und die ordnungsgemäße Funktionsweise der Märkte in der Union zu schützen bzw. die die relevanten Vorschriften des Drittlandes durchsetzen. Dieses spricht für eine angemessene Fristsetzung für die Abhilfe durch die ESMA bei der Verweisung der Sache an die Drittlandbehörde. Vorstellbar ist auch eine zeitnahe Reaktion der Drittlandbehörde und ein ggf. stufenweise umsetzen der Maßnahmen durch die Drittlandfirma, wobei der Erfolgseintritt gleichfalls angemessen zeitnah erfolgen muss. Welche Zeit für eine Abhilfe angemessen ist, muss am Einzelfall, wie der Schwere des Verstoßes etc., bestimmt werden.

20   Im Ergebnis muss die Drittstaatenbehörde, an die ESMA den Sachverhalt verwiesen hat, entweder nachweisen, dass kein Verstoß gegen die einschlägigen Vorschriften vorliegt, oder eine angemessene Abhilfe des übermittelten Problems bewirken[1]. **Anderenfalls** ist **die zweite Voraussetzung für den Widerruf der Registrierung der Drittlandfirma erfüllt**.

21   **4. Vorabinformation der Drittlandbehörde (Art. 49 Abs. 1 Satz 2 lit. d VO Nr. 600/2014).** Zusätzlich zur fehlenden Abhilfe des verwiesenen Sachverhalts durch die Drittlandbehörde ist weitere Voraussetzung für den Widerruf der Registrierung gem. Art. 49 Abs. 1 Satz 2 lit. d VO Nr. 600/2014, dass **die ESMA die zuständige Drittlandbehörde mindestens 30 Tage vor dem Widerruf über ihre Absicht unterrichtet** hat, die Registrierung der Drittlandfirma zu widerrufen. Diese Information vor dem Widerruf der Registrierung gibt der Drittlandbehörde eine letzte Möglichkeit der Intervention gegenüber der Drittlandfirma.

22   Nicht eindeutig ist, ob ein Widerruf der Registrierung auch dann erfolgt, wenn in dieser 30-Tage-Frist durch die Drittlandbehörde Abhilfe bewirkt wird. Denn mit der Vorabinformation ist die letzte Voraussetzung für den – als zwingende Rechtsfolge – geregelten Widerruf erfüllt. Demgegenüber macht diese Regelung einer 30-tägigen Reaktionsmöglichkeit der Drittlandbehörde inhaltlich wenig Sinn, wenn mit der Vorabinformation die Rechtsfolge feststeht. Es fragt sich, worauf diese Reaktionsmöglichkeit der Drittlandbehörde dann ausgerichtet ist. Insoweit **spricht diese letzte Voraussetzung für den Widerruf der Registrierung dafür, dass die ESMA durchaus auch ein Ermessensspielraum bei ihrer Entscheidung zustehen kann**.

23   **III. Information über die ESMA-Maßnahme (Art. 49 Abs. 2 VO Nr. 600/2014).** Die ESMA **unterrichtet die EU-Kommission** nach Art. 49 Abs. 2 VO Nr. 600/2014 unverzüglich über jede gem. Abs. 1 angenommene Maßnahme. Maßnahmen gem. Abs. 1 sind **nicht nur Beschlüsse über den Widerruf der Registrierung, sondern auch die Verweisung eines Sachverhalts an die Drittlandbehörde zwecks Durchsetzung von abhelfen-

---

[1] Vgl. auch *Eichhorn/Klebeck*, RdF 2014, 189, 195.

den **Maßnahmen und die Vorabinformation über den geplanten Widerruf.** Der EU-Kommission wird damit die Möglichkeit gegeben, weitere Prüfungen oder Maßnahmen einzuleiten, insbesondere ihren Gleichwertigkeitsbeschluss nach Art. 47 VO Nr. 600/2014 zu überprüfen.

Zudem **veröffentlicht die ESMA ihren Beschluss über den Widerruf der Registrierung auf ihrer Website.** Mit der Bezugnahme auf den Beschluss, der auf der Website zu veröffentlichen ist, wird zugleich deutlich, dass die übrigen Maßnahmen nach Art. 49 Abs. 1 VO Nr. 600/2014 nicht zu veröffentlichen sind. Die Veröffentlichung hat unverzüglich zu erfolgen. Die Regelung über die Veröffentlichung spricht das nach Art. 48 VO Nr. 600/ 2014 zu veröffentlichende Register der ESMA nicht an. Es ist aber davon auszugehen, dass Widerruf der Registrierung auch im Register nachzuvollziehen sein wird, da durch diese Drittlandfirma keine Wertpapierdienstleistungen oder Anlagetätigkeiten in der Europäischen Union mehr erbracht bzw. ausgeübt werden dürfen. 24

IV. Überprüfung des Gleichwertigkeitsbeschlusses (Art. 49 Abs. 3 VO Nr. 600/2014). Gem. Art. 49 Abs. 3 VO Nr. 600/2014 **bewertet die Europäische Kommission, ob die Bedingungen**, unter denen ein **Gleichwertigkeitsbeschluss** nach Art. 47 Abs. 1 VO Nr. 600/2014 gefasst wurde, im Hinblick auf das betreffende Drittland weiterhin **vorliegen**. Unabhängig davon, dass die Europäische Kommission jederzeit berechtigt ist, ihre Beschlüsse nach Art. 47 Abs. 1 VO Nr. 600/2014 zu überprüfen, soll ein Vorgehen in Bezug auf einen geplanten oder entschiedenen Widerruf einer Registrierung stets ein Anlass sein, die Entscheidung zu überprüfen. Denn in diesen Fällen ist die ESMA zur Überzeugung gelangt, dass ein entsprechendes inakzeptables Handeln oder Rechtsverstöße der Drittlandfirma vorliegen. Insoweit ist für die Europäische Kommission von Interesse, ob und wie die Aufsichtsbehörde des Drittlandes agiert, um bei einem entsprechenden Sachverhalt Abhilfe zu bewirken. 25

Das **Ergebnis der Neubewertung** durch die Europäische Kommission ist mit dieser Regelung **nicht vorgegeben**. Es bedarf einer **Einzelfallentscheidung**, ob sich die Drittlandfirma trotz intensiver Intervention durch die Drittlandaufsicht einer hinreichenden Beaufsichtigung entziehen und sein Handeln nicht ändern will, so dass ggf. von der Drittlandaufsicht Maßnahmen ergriffen werden müssen, die mehr Zeit in Anspruch nehmen, oder ob der Fall ein Hinweis auf ein ggf. systematisches Problem ist, dass die Vorgaben des Art. 47 Abs. 1 und 2 VO Nr. 600/2014 entgegen der bisherigen Bewertung – doch nicht erfüllt sind. Hier können sowohl Zweifel an wirksamen und kontinuierlichen Beaufsichtigungs- und Durchsetzungsverfahren in Drittland aufkommen (vgl. Art. 47 Abs. 1 Unterabs. 2 lit. a VO Nr. 600/2014) als auch Zweifel an einem angemessenen Rechtsrahmen (vgl. z.B. Art. 47 Abs. 1 Unterabs. 2 lit. d VO Nr. 600/2014). 26

Titel IX
Delegierte Rechtsakte und Durchführungsrechtsakte

Kapitel 1
Delegierte Rechtsakte

Art. 50 Ausübung der Befugnisübertragung

(1) Die Befugnis zum Erlass delegierter Rechtsakte wird der Kommission unter den in diesem Artikel genannten Bedingungen übertragen.

(2) Die Befugnis zum Erlass delegierter Rechtsakte gemäß Artikel 1 Absatz 9, Artikel 2 Absatz 2, Artikel 13 Absatz 2, Artikel 15 Absatz 5, Artikel 17 Absatz 3, Artikel 19 Absätze 2 und 3, Artikel 31 Absatz 4, Artikel 40 Absatz 8, Artikel 41 Absatz 8, Artikel 42 Absatz 7, Artikel 45 Absatz 10 und Artikel 52 Absätze 10 und 12 wird der Kommission auf unbestimmte Zeit ab dem 2. Juli 2014 übertragen.

(3) Die Befugnisübertragung gemäß Artikel 1 Absatz 9, Artikel 2 Absatz 2, Artikel 13 Absatz 2, Artikel 15 Absatz 5, Artikel 17 Absatz 3, Artikel 19 Absätze 2 und 3, Artikel 31 Absatz 4, Artikel 40 Absatz 8, Artikel 41 Absatz 8, Artikel 42 Absatz 7, Artikel 45 Absatz 10 und Artikel 52 Absätze 10 und 12 kann vom Europäischen Parlament oder vom Rat jederzeit widerrufen werden. Der Beschluss über den Widerruf beendet die Übertragung der in diesem Beschluss angegebenen Befugnis. Er wird am Tag nach seiner Veröffentlichung im *Amtsblatt der Europäischen Union* oder zu einem im Beschluss über den Widerruf angegebenen späteren Zeitpunkt wirksam. Die Gültigkeit von delegierten Rechtsakten, die bereits in Kraft sind, wird von dem Beschluss über den Widerruf nicht berührt.

(4) Sobald die Kommission einen delegierten Rechtsakt erlässt, übermittelt sie ihn gleichzeitig dem Europäischen Parlament und dem Rat.

(5) Ein delegierter Rechtsakt, der gemäß Artikel 1 Absatz 9, Artikel 2 Absatz 2, Artikel 13 Absatz 2, Artikel 15 Absatz 5, Artikel 17 Absatz 3, Artikel 19 Absätze 2 und 3, Artikel 31 Absatz 4, Artikel 40 Ab-

Art. 50 VO Nr. 600/2014 | Ausübung der Befugnisübertragung

satz 8, Artikel 41 Absatz 8, Artikel 42 Absatz 7, Artikel 45 Absatz 10 und Artikel 52 Absätze 10 oder 12 erlassen wurde, tritt nur in Kraft, wenn weder das Europäische Parlament noch der Rat innerhalb einer Frist von drei Monaten nach Übermittlung dieses Rechtsakts an das Europäische Parlament und den Rat Einwände erhoben haben oder wenn vor Ablauf dieser Frist das Europäische Parlament und der Rat beide der Kommission mitgeteilt haben, dass sie keine Einwände erheben werden. Auf Initiative des Europäischen Parlaments oder des Rates wird diese Frist um drei Monate verlängert.

In der Fassung vom 15.5.2014 (ABl. EU Nr. L 173 v. 12.6.2014, S. 84).

I. Bedeutung 1	III. Dauer der Befugnisübertragung (Art. 50 Abs. 3 VO Nr. 600/2014) 4
II. Anwendungsbereich (Art. 50 Abs. 1 und 2 VO Nr. 600/2014) 3	IV. Verfahren (Art. 50 Abs. 4 und 5 VO Nr. 600/2014) 6

1 **I. Bedeutung.** Während die Kommission die ihr aufgrund der MiFIR übertragenen Befugnisse zum Erlass delegierter Rechtsakte i.d.R. nach Art. 10–14 VO Nr. 1095/2010 (ESMA-Verordnung)[1] erlässt, sieht Art. 50 VO Nr. 600/2014 für einige wenige Befugnisübertragungen ein hiervon abweichendes Verfahren vor. Der wesentliche Unterschied besteht darin, dass der Entwurf des auf Art. 50 VO Nr. 600/2014 gestützten delegierten Rechtsaktes nicht von der Europäischen Wertpapier- und Marktaufsichtsbehörde (ESMA), sondern von der **Kommission** selbst erstellt wird. Art. 50 VO Nr. 600/2014 sieht – anders als z.B. Art. 82 Abs. 3 VO Nr. 648/2012 – nicht einmal die Konsultation der ESMA vor.

2 Die in Art. 50 Abs. 1 VO Nr. 600/2014 gewählte Formulierung ist unglücklich, weil sie suggeriert, dass sich der Erlass sämtlicher delegierter Rechtsakte, für die die Kommission zuständig ist, nach den Bestimmungen des Art. 50 Abs. 2–6 VO Nr. 600/2014 richtet. Tatsächlich umfasst der Anwendungsbereich nur die in Art. 50 Abs. 2 und 3 VO Nr. 600/2014 genannten Befugnisübertragungen.

3 **II. Anwendungsbereich (Art. 50 Abs. 1 und 2 VO Nr. 600/2014).** Das Verfahren nach Art. 50 VO Nr. 600/2014 ist nur für folgende Befugnisübertragungen vorgesehen:
- Art. 1 Abs. 9 VO Nr. 600/2014: Befugnis zur Erweiterung der in Art. 1 Abs. 6 VO Nr. 600/2014 genannten Zentralbanken, die vom **Anwendungsbereich der MIFIR** ausgenommen sind.
- Art. 2 Abs. 2 VO Nr. 600/2014: Befugnis zur Präzisierung der **Begriffsbestimmungen** des Art. 2 Abs. 1 VO Nr. 600/2014.
- Art. 13 Abs. 2 VO Nr. 600/2014: Befugnis zur Präzisierung, was im Zusammenhang mit den gemäß Artikel 3, 4 und 6–11 VO Nr. 600/2014 veröffentlichenden **Angaben** unter **angemessenen kaufmännischen Bedingungen** zu verstehen ist.
- Art. 15 Abs. 5 VO Nr. 600/2014: Befugnis zur Präzisierung, was im Zusammenhang mit der Veröffentlichung von **Kursofferten** unter **angemessenen kaufmännischen Bedingungen** zu verstehen ist.
- Art. 17 Abs. 3 VO Nr. 600/2014: Befugnis zur Festlegung der Kriterien dafür, wann (i) eine Offerte regelmäßig und **kontinuierlich veröffentlicht** wird und leicht zugänglich ist, (ii) die Ausführung in Form verschiedener Wertpapiere **Teil ein und desselben Geschäfts** ist, (iii) Bedingungen als „außergewöhnliche Marktbedingungen" zu betrachten sind, (iv) die Zahl oder das Volumen der Aufträge **erheblich über der Norm** liegt und (v) die Kurse **innerhalb einer veröffentlichten, marktnahen Bandbreite** liegen.
- Art. 19 Abs. 2 und 3 VO Nr. 600/2014: Befugnis zur **Festlegung des Volumens**, in dem eine Wertpapierfirma Geschäfte mit anderen Kunden betreiben kann, denen eine Kursofferte zur Verfügung gestellt wurde und was unter „angemessenen kaufmännischen Bedingungen" zu verstehen ist, unter denen **Kursofferten** zu veröffentlichen sind.
- Art. 31 Abs. 4 VO Nr. 600/2014: Befugnis zur Festlegung der Elemente der **Portfoliokomprimierung** und der zu veröffentlichenden Informationen.
- Art. 40 Abs. 8, 41 Abs. 8 und 42 Abs. 7 VO Nr. 600/2014 Befugnis zur Festlegung der Tatsachen, Kriterien und Faktoren, die von der **ESMA**, der **EBA** und der **zuständigen Behörde** zu berücksichtigen sind, wenn diese bestimmen, wann **erhebliche Bedenken hinsichtlich des Anlegerschutzes** gegeben sind oder die ordnungsgemäße **Funktionsweise und die Integrität der Finanz- oder Warenmärkte** gefährdet ist.
- Art. 45 Abs. 10 VO Nr. 600/2014: Befugnis zur Festlegung der Tatsachen und Kriterien anhand derer zu bestimmen ist, ob (i) das ordnungsgemäße **Funktionieren und die Integrität der Finanz- oder Warenmärkte** gefährdet ist, (ii) einer die mittels eines Derivates eingegangenen **Position angemessen reduziert** wurde und (iii) die Situationen, die das Risiko einer **Aufsichtsarbitrage** bergen könnten.

---

1 Verordnung (EU) Nr. 1095/2010 des Europäischen Parlaments und des Rates vom 24. November 2010 zur Errichtung einer Europäischen Aufsichtsbehörde (Europäische Wertpapier- und Marktaufsichtsbehörde), zur Änderung des Beschlusses Nr. 716/2009/EG und zur Aufhebung des Beschlusses 2009/77/EG der Kommission, ABl. EU Nr. L 331 v. 15.12.2010, S. 84.

– Art. 52 Abs. 10 und 12 VO Nr. 600/2014: **Verlängerung der** in Art. 52 Abs. 10 und 12 VO Nr. 600/2014 vorgesehenen **Übergangszeiträume** um bis zu 30 Monate.

III. Dauer der Befugnisübertragung (Art. 50 Abs. 3 VO Nr. 600/2014). Nach Art. 50 Abs. 2 VO Nr. 600/ 2014 erfolgt die Übertragung der Befugnisse auf **unbestimmte Zeit**. Sie kann jedoch nach Art. 50 Abs. 3 VO Nr. 600/2014 vom Europäischen Parlament oder vom Rat **jederzeit widerrufen** werden. Der Beschluss über den Widerruf ist im Amtsblatt der Europäischen Union zu veröffentlichen; er wird am Tag nach dem Datum seiner Veröffentlichung oder zu einem im Beschluss genannten späteren Zeitpunkt wirksam. Die Gültigkeit der bereits erlassenen delegierten Rechtsakte bleibt vom Widerruf unberührt.

Art. 50 Abs. 2 und 3 VO Nr. 600/2014 entsprechen weitestgehend den für den Erlass technischer Regulierungsstandards nach Art. 10–14 VO Nr. 1095/2010 vorgesehenen Bestimmungen. Der Unterschied besteht darin, dass die Befugnis zum Erlass technischer Regulierungsstandards nach Art. 11 Abs. 1 VO Nr. 1095/2010 **nicht für unbestimmte Zeit** gewährt wird. Sie wird für vier Jahre – beginnend mit dem 16.12.2010 – übertragen, verlängert sich jedoch automatisch, wenn das Europäische Parlament oder der Rat sie nicht vor Ablauf der Frist widerruft. Die wesentliche Abweichung besteht darin, dass die Kommission sechs Monate vor Ablauf des Vier-Jahres-Zeitraums – d.h. erstmals am 16.6.2014 – einen **Bericht über die Ausübung ihrer Befugnisse** vorlegen muss. Unabhängig vom Widerrufsrecht nach Art. 11 Abs. 1 VO Nr. 1095/2010 können das Europäische Parlament oder der Rat die Befugnis nach Art. 12 Abs. 1 VO Nr. 1095/2010 jederzeit widerrufen. Abweichend von Art. 50 Abs. 3 VO Nr. 600/2014 sieht Art. 12 Abs. 2 VO Nr. 1095/2010 vor, dass das Europäische Parlament oder der Rat, bevor er den Widerruf beschließt, das jeweilige andere Organ und die Kommission über die beabsichtigte Entscheidung zu unterrichten.

IV. Verfahren (Art. 50 Abs. 4 und 5 VO Nr. 600/2014). Wie sich aus dem Vergleich mit den übrigen Befugnisübertragungen der MIFIR ergibt, geht die Initiative zum Erlass der auf Art. 50 VO Nr. 600/2014 gestützten delegierten Rechtsakte nicht vom Gesetzgeber, sondern von der Kommission aus. Diese entscheidet darüber, ob und in welchem Umfang ein delegierter Rechtsakt erforderlich ist und innerhalb welcher Frist er zu erlassen ist.

Abweichend von den in Art. 10–14 VO Nr. 1095/2010 und Art. 15 VO Nr. 1095/2010 geregelten Verfahren wird der Entwurf des delegierten Rechtsaktes nicht von der ESMA erstellt. Dies schließt nicht aus, dass die Kommission die ESMA im Vorfeld um eine Stellungnahme nach Art. 34 VO Nr. 1095/2010 bittet.

Sobald die Kommission den delegierten Rechtsakt erlassen hat, muss sie ihn nach Art. 50 Abs. 4 VO Nr. 600/ 2014 gleichzeitig dem Europäischen Parlament und dem Rat übermitteln. Diese haben nach Art. 50 Abs. 5 VO Nr. 600/2014 **drei Monate** Zeit, Einwände zu erheben. Auf Initiative des Europäischen Parlaments oder des Rates ist die Frist um weitere drei Monate zu verlängern. Der delegierte Rechtsakt tritt nur in Kraft, wenn weder das Europäische Parlament noch der Rat innerhalb der Frist Einwände erhoben hat oder wenn beide Organe der Kommission vor Ablauf der Frist mitgeteilt haben, dass sie keine Einwände erheben.

Die Ausgestaltung des Verfahrens lehnt sich eng an Art. 13 Abs. 1 Unterabs. 1 und Abs. 2 VO Nr. 1095/2010 an: Erlässt die Kommission einen technischen Regulierungsstandard, der nicht dem von der ESMA übermittelten Entwurf entspricht, gilt auch hier die Dreimonatsfrist mit entsprechender Verlängerungsmöglichkeit.

Kapitel 2
Durchführungsrechtsakte

Art. 51 Ausschussverfahren

(1) Die Kommission wird von dem durch den Beschluss 2001/528/EG der Kommission eingesetzten Europäischen Wertpapierausschuss unterstützt. Dieser Ausschuss ist ein Ausschuss im Sinne der Verordnung (EU) Nr. 182/2011.

(2) Wird auf diesen Absatz Bezug genommen, so gilt Artikel 5 der Verordnung (EU) Nr. 182/2011.

In der Fassung vom 15.5.2014 (ABl. EU Nr. L 173 v. 12.6.2014, S. 84).

I. Europäischer Wertpapierausschuss (Art. 51 Abs. 1 VO Nr. 600/2014) 1	II. Prüfverfahren (Art. 51 Abs. 2 VO Nr. 600/2014) 3

I. Europäischer Wertpapierausschuss (Art. 51 Abs. 1 VO Nr. 600/2014). Art. 51 Abs. 1 VO Nr. 600/2014 stellt klar, dass der durch Kommissionsbeschluss 2001/528/EG[1] eingesetzte **Europäische Wertpapierausschuss**

---
1 2001/528/EG: Beschluss der Kommission vom 6. Juni 2001 zur Einsetzung des Europäischen Wertpapierausschusses, ABl. EG Nr. L 191 v. 13.7.2001, S. 45 („Kommissionsbeschluss 2001/528/EG").

Art. 52 VO Nr. 600/2014 | Berichte und Überprüfung

ein Ausschuss i.S.d. VO Nr. 182/2011[1] ist und somit an den Durchführungsrechtsakten, für die das Prüfverfahren nach Art. 5 VO Nr. 182/2011 vorgesehen ist, mitwirken kann.

2 Nach Art. 3 Beschluss 2001/528/EG setzt sich der Europäische Wertpapierausschuss aus **hochrangigen Vertretern der Mitgliedstaaten** zusammen. Den **Vorsitz** führt, wie bei dem Ausschuss nach der VO Nr. 182/2011 ein **Vertreter der Kommission**, der jedoch nicht stimmberechtigt ist. Der Europäische Wertpapierausschuss kann Sachverständige und Beobachter einladen.

3 **II. Prüfverfahren (Art. 51 Abs. 2 VO Nr. 600/2014).** Die VO Nr. 182/2011 basiert auf Art. 291 Abs. 3 des **Vertrages über die Arbeitsweise der Europäischen Union** (AEUV). Danach ist es Aufgabe des Europäischen Parlaments und des Rates, die Grundsätze und Verfahren festzulegen, nach denen die Mitgliedstaaten den Erlass von Durchführungsrechtsakten durch die Kommission kontrollieren. Art. 3 VO Nr. 182/2011 sieht die Einrichtung eines Ausschusses vor, der sich aus Vertretern der Mitgliedstaaten zusammensetzt und der die Arbeit der Kommission unterstützen soll. Den Vorsitz im Ausschuss führt ein nicht stimmberechtigter Vertreter der Kommission.

4 Findet das Prüfverfahren nach Art. 5 VO Nr. 182/2011 Anwendung, so ist folgendes Verfahren vorgesehen: Der Entwurf des Durchführungsrechtsaktes wird von der Kommission über den Vorsitz an die Mitglieder des Ausschusses geleitet (Art. 4 Abs. 1 Unterabs. 1 VO Nr. 182/2011). Zwischen der Vorlage des Entwurfs und der Sitzung, in der der Ausschuss den Entwurf erörtert, müssen (außer in begründeten Fällen) mindestens 14 Tage liegen. Mit der Weiterleitung des Entwurfs gibt der Vorsitz eine Frist an, binnen derer der Ausschuss zu dem Durchführungsrechtsakt Stellung nehmen muss; die Frist muss angemessen sein (Art. 4 Abs. 1 Unterabs. 2 VO Nr. 182/2011).

5 Da die Durchführungsrechtsakte der MiFIR auf Vorschlag der Kommission zu erlassen sind, muss der Ausschuss seine Stellungnahme mit der in Art. 238 Abs. 3 AEUV definierten **qualifizierten Mehrheit** (55 % der Mitglieder, die mindestens 65 % der Bevölkerung vertreten) beschließen (Art. 5 Abs. 1 VO Nr. 182/2011); die Übergangsvorschrift, die zunächst andere Mehrheiten vorsah, ist am 31.3.2017 ausgelaufen.

6 Gibt der Ausschuss eine befürwortende Stellungnahme ab, erlässt die Kommission den Durchführungsrechtsakt (Art. 5 Abs. 2 VO Nr. 182/2011). Lehnt der Ausschuss den Durchführungsrechtsakt ab, so kann die Kommission innerhalb von zwei Monaten eine geänderte Fassung des Entwurfs vorlegen (Art. 5 Abs. 3 VO Nr. 182/2011).

7 Das Prüfverfahren ist mittelbar (über Art. 51 Abs. 2 VO Nr. 600/2014) für folgende Durchführungsrechtsakte der Kommission anzuwenden: Die Beschlüsse über die Gleichwertigkeit der Rechts-, Aufsichts- und Durchsetzungsmechanismen eines Drittstaates im Hinblick auf die

– durch die MiFIR begründeten **Handels- und Clearingpflichten** nach Art. 33 Abs. 2 VO Nr. 600/2014,
– Anforderungen an den **Zugang zu CCPs und Handelsplätzen** nach Art. 38 Abs. 1 und Abs. 3 VO Nr. 600/2014,
– Anforderungen an den **Zugang zu Referenzwerten** nach Art. 38 Abs. 2 und Abs. 3 VO Nr. 600/2014,
– Anforderungen an Investmentfirmen im Bereich der **Aufsichts- und Wohlverhaltensregeln** nach Art. 47 Abs. 1 VO Nr. 600/2014 und
– Anforderungen an **Handelsplätze**, die sich aus der MiFIR, der RL 2014/65/EU (MiFID II) und der VO Nr. 596/2014 (MAR) ergeben, nach Art. 28 Abs. 4 VO Nr. 600/2014.

Titel X
Schlussbestimmungen

Art. 52 Berichte und Überprüfung

(1) Bis zum 3. März 2020 legt die Kommission nach Anhörung der ESMA dem Europäischen Parlament und dem Rat einen Bericht über die Auswirkungen der Transparenzanforderungen nach Artikel 3 bis 13 in der Praxis vor; darin geht sie insbesondere auf die Auswirkungen des in Artikel 5 beschriebenen Mechanismus zur Begrenzung des Volumens – auch auf die Handelskosten geeigneter Gegenparteien und professioneller Kunden und den Aktienhandel von Unternehmen mit geringer und mittlerer Kapitalausstattung – und darauf ein, wie wirksam mit dem Mechanismus sichergestellt werden kann, dass die Kursbildung durch die Inanspruchnahme von Ausnahmeregelungen nicht beeinträchtigt wird, und wie entsprechende Mechanismen zur Verhängung von Sanktionen bei Verstößen gegen die Volumen-

---

[1] Verordnung (EU) Nr. 182/2011 des Europäischen Parlaments und des Rates vom 16. Febuar 2011 zur Festlegung der allgemeinen Regeln und Grundsätze, nach denen die Mitgliedstaaten die Wahrnehmung der Durchführungsbefugnisse durch die Kommission kontrollieren, ABl. EU Nr. L 55 v. 28.2.2011, S. 13.

begrenzung funktionieren könnten sowie welche Auswirkungen auf die Anwendung und weitere Zweckmäßigkeit der Ausnahmen für die Vorhandelstransparenz nach Artikel 4 Absätze 2 und 3 und Artikel 9 Absätze 2 bis 5 zu erwarten sind.

(2) In dem Bericht nach Absatz 1 geht es auch darum, wie sich die Anwendung der Ausnahmeregelung nach Artikel 4 Absatz 1 Buchstabe a und Artikel 4 Absatz 1 Buchstabe b Ziffer i und die Volumenbegrenzung nach Artikel 5 auf die europäischen Aktienmärkte auswirkt, wobei insbesondere auf Folgendes eingegangen wird:

a) Umfang und Entwicklung des „nicht offenen" Orderbuchhandels in der Union seit Einführung dieser Verordnung,
b) Auswirkungen auf die transparenten quotierten Spreads in der Vorhandelsphase,
c) Auswirkungen auf die Liquiditätstiefe bei offenen Orderbüchern;
d) Auswirkungen auf den Wettbewerb und die Anleger in der Union;
e) Auswirkungen auf den Aktienhandel von Unternehmen mit geringer und mittlerer Kapitalausstattung,
f) Entwicklungen auf internationaler Ebene und der Beratungen mit Drittstaaten und internationalen Organisationen.

(3) Wenn in dem Bericht festgestellt wird, dass die Anwendung der Ausnahmeregelung nach Artikel 4 Absatz 1 Buchstabe a und Artikel 4 Absatz 1 Buchstabe b Ziffer i die Kursbildung oder den Aktienhandel von Unternehmen mit geringer und mittlerer Kapitalausstattung beeinträchtigt, legt die Kommission gegebenenfalls Vorschläge – auch für Änderungen dieser Verordnung – hinsichtlich der Anwendung dieser Ausnahmen vor. In diesen Vorschlägen, die eine Folgenabschätzung der vorgeschlagenen Änderungen beinhalten, wird den Zielen dieser Verordnung, den Auswirkungen in Form von Marktstörungen, den Auswirkungen auf den Wettbewerb sowie potenziellen Auswirkungen auf die Anleger in der Union Rechnung getragen.

(4) Bis zum 3. März 2020 legt die Kommission nach Anhörung der ESMA dem Europäischen Parlament und dem Rat einen Bericht über die Funktionsweise von Artikel 26 vor, wobei sie auch darauf eingeht, ob Inhalt und Form der bei den zuständigen Behörden eingegangenen und zwischen ihnen ausgetauschten Geschäftsmeldungen eine umfassende Überwachung der Tätigkeiten von Wertpapierfirmen im Sinne von Artikel 26 Absatz 1 zulassen. Die Kommission kann geeignete Vorschläge unterbreiten, zu denen auch die Meldung von Geschäften an ein von der ESMA bestelltes System anstatt an die zuständigen Behörden gehört, so dass die jeweils zuständigen Behörden für die Zwecke dieser Verordnung und der Richtlinie 2014/65/EU sowie im Interesse der Aufdeckung von Insider-Geschäften und Marktmanipulation im Sinne der Verordnung (EU) Nr. 596/2014 Zugang zu sämtlichen infolge dieses Artikels gemeldeten Informationen haben.

(5) Bis zum 3. März 2020 legt die Kommission nach Anhörung der ESMA dem Europäischen Parlament und dem Rat einen Bericht über geeignete Lösungen zur Minderung von Informationsasymmetrien zwischen den Marktakteuren sowie über Hilfsmittel vor, die den Regulierungsbehörden eine bessere Überwachung der Notationsaktivitäten an Handelsplätzen ermöglichen. In diesem Bericht wird zumindest eine Einschätzung darüber abgegeben, ob zur Verwirklichung dieser Ziele die Einführung eines Systems zur Ermittlung der europaweit besten Geld- und Briefnennung (EBBO, European Best Bid and Offer System) bei konsolidierten Kursen realisierbar wäre.

(6) Bis zum 3. März 2020 legt die Kommission nach Anhörung der ESMA dem Europäischen Parlament und dem Rat einen Bericht über die Fortschritte bei der Verlagerung des Handels mit standardisierten OTC-Derivaten von Börsen auf elektronische Handelsplattformen im Sinne von Artikel 25 und 28 vor.

(7) Bis zum 3. Juli 2020 legt die Kommission nach Anhörung der ESMA dem Europäischen Parlament und dem Rat einen Bericht über die Entwicklungen der Kurse für Vorhandels- und Nachhandelstransparenzdaten von geregelten Märkten, MTF, OTF, APA und CTP vor.

(8) Bis zum 3. Juli 2020 legt die Kommission nach Anhörung der ESMA dem Europäischen Parlament und dem Rat einen Bericht vor, in dem die Bestimmungen zur Interoperabilität nach Artikel 36 der vorliegenden Verordnung sowie nach Artikel 8 der Verordnung (EU) Nr. 648/2012 überprüft werden.

(9) Bis zum 3. Juli 2020 legt die Kommission nach Anhörung der ESMA dem Europäischen Parlament und dem Rat einen Bericht über die Anwendung der Artikel 35 und 36 dieser Verordnung sowie der Artikel 7 und 8 der Verordnung (EU) Nr. 648/2012 vor.

Bis zum 3. Juli 2022 legt die Kommission nach Anhörung der ESMA dem Europäischen Parlament und dem Rat einen Bericht über die Anwendung von Artikel 37 vor.

(10) Bis zum 3. Juli 2020 legt die Kommission nach Anhörung der ESMA dem Europäischen Parlament und dem Rat einen Bericht darüber vor, wie sich die Artikel 35 und 36 der vorliegenden Verordnung

auf neu gegründete und zugelassene zentrale Gegenparteien im Sinne von Artikel 35 Absatz 5 und mit diesen zentralen Gegenparteien eng verbundene Handelsplätze auswirken und ob die in Artikel 35 Absatz 5 festgelegte Übergangsregelung verlängert werden soll, wobei sie die möglichen Vorteile eines verbesserten Wettbewerbs für die Verbraucher und die Wahlmöglichkeiten für die Marktteilnehmer gegen die etwaigen unverhältnismäßigen Auswirkungen dieser Vorschriften auf neu gegründete und zugelassene zentrale Gegenparteien und die Beschränkungen für lokale Marktteilnehmer hinsichtlich des Zugangs zu globalen zentralen Gegenparteien sowie das reibungslose Funktionieren des Markts aufwiegt.

Vorbehaltlich der Feststellungen dieses Berichts kann die Kommission einen delegierten Rechtsakt gemäß Artikel 50 erlassen, um den Übergangszeitraum gemäß Artikel 35 Absatz 5 um höchstens 30 Monate zu verlängern.

(11) Bis zum 3. Juli 2020 legt die Kommission nach Anhörung der ESMA dem Europäischen Parlament und dem Rat einen Bericht darüber vor, ob der in Artikel 36 Absatz 5 festgelegte Schwellenwert weiterhin angemessen ist und ob der Nichtbeteiligungsmechanismus in Bezug auf börsengehandelte Derivate beibehalten werden soll.

(12) Bis zum 3. Juli 2016 legt die Kommission auf der Grundlage einer Risikobewertung, die von der ESMA in Abstimmung mit dem ESRB vorgenommen wird, dem Europäischen Parlament und dem Rat einen Bericht vor, in dem beurteilt wird, ob es notwendig ist, börsengehandelte Derivate vorübergehend vom Anwendungsbereich der Artikel 35 und 36 auszunehmen. In diesem Bericht wird Risiken Rechnung getragen, die aufgrund der im Zusammenhang mit börsengehandelten Derivaten bestehenden Bestimmungen über den offenen Zugang für die Stabilität im Allgemeinen und das ordnungsgemäße Funktionieren der Finanzmärkte in der Union bestehen können.

Vorbehaltlich der Feststellungen dieses Berichts kann die Kommission einen delegierten Rechtsakt gemäß Artikel 50 erlassen, um börsengehandelte Derivate für bis zu 30 Monate ab dem 3. Januar 2018 vom Anwendungsbereich der Artikel 35 und 36 auszunehmen.

In der Fassung vom 15.5.2014 (ABl. EU Nr. L 173 v. 12.6.2014, S. 84), geändert durch Verordnung 2016/1033 vom 23.6.2016 (ABl. EU Nr. L 175 v. 30.6.2016, S. 1).

I. Art. 3–13 VO Nr. 600/2014 – Transparenz an Handelsplätzen (Art. 52 Abs. 1–3 VO Nr. 600/2014) 1	VII. Art. 35 und 36 VO Nr. 600/2014 sowie Art. 7 und 8 VO Nr. 648/2012 – Zugang zu Handelsplätzen und CCPs (Art. 52 Abs. 9 VO Nr. 600/2014) 8
II. Art. 26 VO Nr. 600/2014 – Geschäftsmeldungen (Art. 52 Abs. 4 VO Nr. 600/2014) 2	VIII. Art. 35 Abs. 5 VO Nr. 600/2014 – Übergangsfristen für neugegründete CCPs (Art. 52 Abs. 10 VO Nr. 600/2014) 10
III. Verringerung von Informationsasymmetrien und bessere Überwachung der Quotierungsabläufe (Art. 52 Abs. 5 VO Nr. 600/2014) 3	IX. Art. 36 Abs. 5 VO Nr. 600/2014 – Schwellenwert für kleine Handelsplätze (Art. 52 Abs. 11 VO Nr. 600/2014) 13
IV. Verlagerung des Handels mit standardisierten OTC-Derivaten auf Handelsplätze (Art. 52 Abs. 6 VO Nr. 600/2014) 4	X. Art. 35 und 36 VO Nr. 600/2014 – Übergangsfrist für den Zugang zu Handelsplätzen und CCPs bei börsengehandelten Derivaten (Art. 52 Abs. 12 VO Nr. 600/2014) 15
V. Preisentwicklung bei Marktdaten (Art. 52 Abs. 7 VO Nr. 600/2014) 5	
VI. Art. 36 VO Nr. 600/2014 und Art. 8 VO Nr. 648/2012 – Bestimmungen zur Interoperabilität (Art. 52 Abs. 8 VO Nr. 600/2014) 6	

1 **I. Art. 3–13 VO Nr. 600/2014 – Transparenz an Handelsplätzen (Art. 52 Abs. 1–3 VO Nr. 600/2014).** Art. 52 Abs. 1 Halbsatz 1 VO Nr. 600/2014 legt der EU-Kommission die Pflicht auf, dem EU-Parlament und dem Rat der EU **bis zum 3.3.2020**[1] einen **Bericht über die Auswirkungen der Transparenzanforderungen** nach Art. 3–13 VO Nr. 600/2014 in der Praxis vorzulegen. Im Zuge der Berichterstellung ist die ESMA zu hören. Struktur und Inhalt sind nicht sonderlich genau vorgegeben. Die Aussagen werden sich im Ergebnis darauf konzentrieren, ob und inwieweit die Regulierungsziele zur Kapitalmarktpublizität, die in den Erwägungsgründen der Verordnung angesprochen werden, im Zeitpunkt der Vorlage erreicht worden sind. Art. 52 Abs. 1 Halbsatz 2 sowie die Abs. 2 und 3 VO Nr. 600/2014 geben einige konkrete Hinweise, welche Themenfelder im Bericht zwingend anzusprechen sind. Enthält der Bericht die Aussage, dass die Anwendung der Ausnahmeregelungen für Referenzpreissysteme (Art. 4 Abs. 1 lit. a VO Nr. 600/2014) und für die Formalisierung ausgehandelter Geschäfte in liquiden Eigenkapitalinstrumenten (Art. 4 Abs. 1 lit. b Ziff. i VO Nr. 600/2014) im Rahmen der Vorhandelstransparenz die Kursbildung oder den Aktienhandel von Unternehmen mit geringer und mittlerer Kapitalausstattung beeinträchtigt, hat die Kommission den Gesetzgebungsorganen zugleich konkrete Maßnahmen zur Abhilfe vorzuschlagen.

---

1 Das Datum lautete ursprünglich 3.3.2019. Es ist durch Art. 1 Abs. 12 lit. a VO 2016/1033 (sog. „Quick-Fix-Regulation") um ein Jahr hinausgeschoben worden.

II. **Art. 26 VO Nr. 600/2014 – Geschäftsmeldungen (Art. 52 Abs. 4 VO Nr. 600/2014).** Gem. Art. 52 Abs. 4 Satz 1 VO Nr. 600/2014 hat die Kommission nach Anhörung der ESMA dem EU-Parlament und dem Rat **bis zum 3.3.2020**[1] einen **Bericht über die Funktionsweise von Art. 26 VO Nr. 600/2014** vorzulegen. Dieser Bericht hat u.a. darauf einzugehen, ob Inhalt und Form der Geschäftsmeldungen sowie der behördliche Informationsaustausch eine umfassende Überwachung der Tätigkeiten von Wertpapierfirmen zulassen. Im Hinblick auf etwaige kritische Aspekte stellt es Art. 52 Abs. 4 Satz 2 VO Nr. 600/2014 in das Ermessen der Kommission, zweckdienliche Verbesserungsvorschläge zu unterbreiten. Als Möglichkeit wird dabei ausdrücklich die Umstellung auf ein zentralisiert von der ESMA betriebenes Meldesystem genannt.

III. **Verringerung von Informationsasymmetrien und bessere Überwachung der Quotierungsabläufe (Art. 52 Abs. 5 VO Nr. 600/2014).** Art. 52 Abs. 5 Satz 1 VO Nr. 600/2014 verlangt von der Kommission **bis zum Zeitpunkt 3.3.2020**[2] die Vorlage eines Berichts an das EU-Parlament und den Rat, der auf geeignete **Lösungen zur Verringerung der Informationsasymmetrien zwischen den Marktteilnehmern** sowie auf **Instrumente für die Regulierungsbehörden zur besseren Überwachung der Quotierungsabläufe** an den Handelsplätzen eingeht. Die Kommission hat vor der Berichterstattung die ESMA anzuhören. Art. 52 Abs. 5 Satz 2 VO Nr. 600/2014 verlangt als Mindestinhalt des Berichts eine ausdrückliche Bewertung, ob die beiden angesprochenen Ziele dadurch erreicht werden können, indem ein EU-weites System eingeführt wird, das für erwerbs- und veräußerungswillige Marktteilnehmer über alle Handels- bzw. Ausführungsplätze hinweg zentralisiert den jeweils besten Preis (engster Spread) aufführt, zu dem ein Geschäft in einem Finanzinstrument aktuell ausgeführt werden kann (European Best Bid And Offer – EBBO).

IV. **Verlagerung des Handels mit standardisierten OTC-Derivaten auf Handelsplätze (Art. 52 Abs. 6 VO Nr. 600/2014).** Bis **zum 3.3.2020**[3] hat die EU-Kommission nach Anhörung der ESMA dem EU-Parlament und dem Rat einen **Bericht über die Fortschritte bei der Verlagerung des Handels mit standardisierten OTC-Derivaten** auf Börsen oder elektronische Handelsplattformen vorzulegen. Die deutsche Fassung von Art. 52 Abs. 6 VO Nr. 600/2014, die von der Übertragung des Handels von Börsen auf elektronische Handelsplattformen spricht, ist unrichtig. Ebenso ist die Bezugnahme auf Art. 25 und 28 nicht ganz treffend. Es müsste hier richtigerweise auf Art. 28 und 32 VO Nr. 600/2014 verwiesen werden.

V. **Preisentwicklung bei Marktdaten (Art. 52 Abs. 7 VO Nr. 600/2014).** Im Falle der Entgeltlichkeit müssen Betreiber von Handelsplätzen (geregelter Markt, MTF und OTF) gem. Art. 13 Abs. 1 VO Nr. 600/2014 sowie Datenbereitstellungsdienste in Form von APA (genehmigtes Veröffentlichungssystem) und CTP (Bereitsteller konsolidierter Datenticker) gem. Art. 84 Abs. 1 DelVO 2017/565 ihre Vor- bzw. Nachhandelstransparenzdaten jeweils zu kaufmännisch angemessenen Preisen bereitstellen. In diesem Zusammenhang steht Art. 52 Abs. 7 VO Nr. 600/2014, der einen **Kommissionsbericht über die Entwicklung der Preise** an das EU-Parlament und den Rat nach Anhörung der ESMA **bis zum 3.7.2020**[4] verlangt.

VI. **Art. 36 VO Nr. 600/2014 und Art. 8 VO Nr. 648/2012 – Bestimmungen zur Interoperabilität (Art. 52 Abs. 8 VO Nr. 600/2014).** Mit Art. 52 Abs. 8 VO Nr. 600/2014 ist die Kommission die Pflicht auferlegt worden, dem Europäischen Parlament und dem Rat bis **3.7.2020**[5] einen Bericht über die Anwendung der in Art. 36 VO Nr. 600/2014 (MiFIR) und Art. 8 VO Nr. 648/2012 (EMIR) enthaltenen Bestimmungen über die Interoperabilität vorzulegen.

Nach Art. 36 Abs. 4 Unterabs. 1 VO Nr. 600/2014 und Art. 8 Abs. 4 Unterabs. 2 VO Nr. 648/2012 dürfen die zuständigen Behörden den Zugang zu einem Handelsplatz nur dann gestatten, wenn er **keine Interoperabilitätsvereinbarung** i.S.v. Art. 2 Nr. 7 VO Nr. 648/2012 erforderlich macht. Hiervon abweichend ist die Notwendigkeit einer Interoperabilitätsvereinbarung nach Art. 36 Abs. 4 Unterabs. 3 VO Nr. 600/2014 dann kein Zugangshindernis, wenn der Handelsplatz und die CCP, die den indirekten Zugang zum Handelsplatz vermittelt, der Vereinbarung bereits zugestimmt haben und sämtliche Risiken, denen die CCP, die den Zugang gewähren soll, ausgesetzt ist, von einer dritten Partei abgesichert werden. Eine vergleichbare Regelung ist für Art. 8 Abs. 4 Unterabs. 2 VO Nr. 648/2012 bislang nicht vorgesehen.

VII. **Art. 35 und 36 VO Nr. 600/2014 sowie Art. 7 und 8 VO Nr. 648/2012 – Zugang zu Handelsplätzen und CCPs (Art. 52 Abs. 9 VO Nr. 600/2014).** Nach Art. 52 Abs. 9 VO Nr. 600/2014 ist die Kommission ver-

---

1 Das Datum lautete ursprünglich 3.3.2019. Es ist durch Art. 1 Abs. 12 lit. b VO 2016/1033 (sog. „Quick-Fix-Regulation") um ein Jahr hinausgeschoben worden.
2 Das Datum lautete ursprünglich 3.3.2019. Es ist durch Art. 1 Abs. 12 lit. c VO 2016/1033 um ein Jahr hinausgeschoben worden.
3 Das Datum lautete ursprünglich 3.3.2019. Es ist durch Art. 1 Abs. 12 lit. d VO 2016/1033 um ein Jahr hinausgeschoben worden.
4 Das Datum lautete ursprünglich 3.3.2019. Es ist durch Art. 1 Abs. 12 lit. e VO 2016/1033 um ein Jahr hinausgeschoben worden.
5 Das Datum lautete ursprünglich 3.7.2019. Es ist durch Art. 1 Abs. 12 lit. f VO 2016/1033 um ein Jahr hinausgeschoben worden.

pflichtet, dem EU-Parlament und dem Rat bis **3.7.2020**[1] einen Bericht über die Anwendung der Art. 35 und 36 VO Nr. 600/2014 (MiFIR) und Art. 7 und 8 VO Nr. 648/2012 (EMIR) vorzulegen. Gegenstand der Bestimmungen ist die Verpflichtung der **CCPs und Handelsplätze** anderen Handelsplätzen und CCPs **Zugang** zu ihre Clearing- und Handelsaktivitäten zu **gewähren**.

9 Ein weiterer Bericht über die Anwendung des Art. 37 VO Nr. 600/2014 und den von Inhabern von **Rechten an Referenzwerten** zu gewährenden Zugang zu den für die Nutzung der Referenzwerte erforderlichen Informationen und Lizenzen ist von der Kommission bis **3.7.2022**[2] zu erstellen.

10 **VIII. Art. 35 Abs. 5 VO Nr. 600/2014 – Übergangsfristen für neugegründete CCPs (Art. 52 Abs. 10 VO Nr. 600/2014).** Nach Art. 35 Abs. 5 Unterabs. 1 VO Nr. 600/2014 konnte eine **neu errichtete CCP** bei der für sie zuständigen Behörde beantragen, dass sie von der Pflicht zur Gewährung des Zugangs für eine Übergangsfrist bis 3.7.2020 befreit wird. Das Antragsrecht stand der CCPs nur zu, soweit sie Clearingdienstleistungen für **handelbare Wertpapiere und Geldmarktinstrumente** erbringt. Der Antrag musste **vor** dem 3.1.2018 gestellt werden. Wegen der Einzelheiten zur Freistellung nach Art. 35 Abs. 5 VO Nr. 600/2014 wird auf die Ausführungen zu Art. 35 VO Nr. 600/2014 Rz. 33–37 verwiesen.

11 In dem nach Art. 52 Abs. 10 VO Nr. 600/2014 bis **3.7.2020**[3] zu erstellenden Bericht soll die Kommission der Frage nachgehen, wie sich die durch Art. 35 und 36 VO Nr. 600/2014 begründeten Zugangspflichten auf neu errichtete CCPs und die mit ihnen verbundenen Handelsplätze auswirken und ob sich vor dem Hintergrund der ggf. zu beobachtenden **Folgen** insbesondere für die **Wettbewerbsfähigkeit** der neuen Einrichtungen eine Verlängerung der Freistellung empfiehlt.

12 Ob die Kommission den Bericht erstellt, erscheint fraglich. So ist nicht erkennbar, dass CCPs und die mit ihnen verbundenen Handelsplätze von der Freistellungsmöglichkeit des Art. 35 Abs. 5 Unterabs. 1 VO Nr. 600/2014 Gebrauch gemacht haben.

13 **IX. Art. 36 Abs. 5 VO Nr. 600/2014 – Schwellenwert für kleine Handelsplätze (Art. 52 Abs. 11 VO Nr. 600/2014).** Nach Art. 36 Abs. 5 Unterabs. 1 Satz 1 VO Nr. 600/2014 kann sich ein Handelsplatz für **börsengehandelte Derivate** durch Erklärung gegenüber der für ihn zuständigen Behörde und der ESMA von der Zugangspflicht befreien lassen, wenn der Nominalbetrag der über ihn zustande gekommenen börsengehandelten Derivaten den in Art. 36 Abs. 5 Unterabs. 2 VO Nr. 600/2014 definierten Schwellwert von **1 Mio. Euro** unterschreitet. Wegen der Einzelheiten zur Freistellung nach Art. 36 Abs. 5 VO Nr. 600/2014 wird auf die Ausführungen zu Art. 36 VO Nr. 600/2014 Rz. 19–28 verwiesen.

14 Mit Art. 52 Abs. 11 VO Nr. 600/2014 ist der Kommission aufgegeben worden, dem EU-Parlament und dem Rat bis **3.7.2020**[4] einen Bericht darüber vorzulegen, ob der in Art. 36 Abs. 5 Unterabs. 2 VO Nr. 600/2014 definierte **Schwellwert noch angemessen** ist. Es soll auch der grundsätzlicheren Frage nachgegangen werden sollen, ob die **Freistellung** von der durch Art. 36 VO Nr. 600/2014 begründeten Zugangspflicht – die deutsche Fassung der MiFIR spricht etwas umständlich von Nichtbeteiligungsmechanismus (opt out mechanism) – **beibehalten** werden soll.

15 **X. Art. 35 und 36 VO Nr. 600/2014 – Übergangsfrist für den Zugang zu Handelsplätzen und CCPs bei börsengehandelten Derivaten (Art. 52 Abs. 12 VO Nr. 600/2014).** Nach Art. 52 Abs. 12 VO Nr. 600/2014 war die Kommission verpflichtet, dem EU-Parlament und dem Rat bis 3.7.2016 einen Bericht vorzulegen, in dem sie die Notwendigkeit beurteilt, Handelsplätze, an denen börsengehandelte Derivate gehandelt werden, und CCPs, die börsengehandelte Derivate clearen, vorübergehend – für bis zu 30 Monaten ab dem 3.1.2018[5] – von den durch Art. 35 und 36 VO Nr. 600/2014 begründeten Zugangspflichten auszunehmen. Die Kommission hat ihren Bericht am **11.9.2017**[6] vorgelegt. Er basiert auf der Risikobewertung der ESMA vom 4.4.2016[7] und

---

1 Das Datum lautete ursprünglich 3.7.2019. Es ist durch Art. 1 Abs. 12 lit. g VO 2016/1033 um ein Jahr hinausgeschoben worden.
2 Das Datum lautete ursprünglich 3.7.2021. Es ist durch Art. 1 Abs. 12 lit. h VO 2016/1033 um ein Jahr hinausgeschoben worden.
3 Das Datum lautete ursprünglich 3.7.2019. Es ist durch Art. 1 Abs. 12 lit. i VO 2016/1033 um ein Jahr hinausgeschoben worden.
4 Das Datum lautete ursprünglich 3.7.2019. Es ist durch Art. 1 Abs. 12 lit. j VO 2016/1033 um ein Jahr hinausgeschoben worden.
5 Das Startdatum für die generelle Ausnahme lautete ursprünglich 3.1.2017. Es ist durch Art. 1 Abs. 12 lit. k VO 2016/1033 um ein Jahr verlängert worden.
6 *Kommission*, Bericht an das Europäische Parlament und den Rat über die Notwendigkeit, börsengehandelte Derivate vorübergehend vom Anwendungsbereich der Artikel 35 und 36 Verordnung (EU) Nr. 600/2014 über Märkte für Finanzinstrumente auszunehmen, COM(2017) 468 final vom 11.9.2017, abrufbar über: http://eur-lex.europa.eu/legal-content/DE/TXT/PDF/?uri=CELEX:52017DC0468&from=DE („*Kommission* Bericht nach Art. 52 (12) MiFIR").
7 *Europäische Wertpapier- und Marktaufsichtsbehörde (ESMA)*, Risikobewertung der vorübergehenden Ausnahme von börsengehandelten Derivaten von Artikel 35 und 36 MiFIR, ESMA/2016/461 vom 4.4.2016, abrufbar über: https://www.esma.europa.eu/sites/default/files/library/2016-461_etd_final_report.pdf („*ESMA* Bericht nach Art. 52 (12) MiFIR").

der Stellungnahme des Europäischen Ausschusses für Systemrisiken (ESRB) vom 9.2.2016[1]. In den Schlussfolgerungen ihres Berichts stellt die Kommission fest, dass für eine generelle Freistellung börsengehandelter Derivate von der Zugangspflicht **keine Notwendigkeit** bestehe[2], insbesondere sei nicht zu erkennen, dass von den Zugangsvereinbarungen ein nennenswertes Systemrisiko ausgehe.

Mit ihrem Bericht hat die Kommission die Möglichkeit einer auf Einzelfallprüfung basierenden **Freistellung nach Art. 54 Abs. 2 VO Nr. 600/2014** eröffnet. Wegen der Einzelheiten zu den durch Art. 35 und 36 VO Nr. 600/2014 begründeten Zugangspflichten für CCPs und Handelsplätze wird auf die Anmerkungen zu Art. 35 und 36 VO Nr. 600/2014 verwiesen. Wegen der vorübergehenden Freistellung nach Art. 54 Abs. 2 VO Nr. 600/ 2014 s. die Anmerkungen zu Art. 54 VO Nr. 600/2014.

Art. 53 Änderung der Verordnung (EU) Nr. 648/2012

Verordnung (EU) Nr. 648/2012 erhält folgende Fassung:

1. Der folgende Unterabsatz wird Artikel 5 Absatz 2 angefügt:

   „Bei der Erarbeitung der Entwürfe technischer Regulierungsstandards nach diesem Absatz lässt die ESMA die Übergangsbestimmungen für C.6-Energiederivatkontrakte nach Artikel 95 der Richtlinie 2014/65/EU unberührt. [";]

2. Artikel 7 wird wie folgt geändert:

   a) Absatz 1 erhält folgende Fassung:

   „(1) Eine für das Clearing von OTC-Derivatkontrakten zugelassene CCP, muss das Clearing solcher Kontrakte – auch in Bezug auf Anforderungen für Sicherheiten, mit dem Zugang verbundene Gebühren und unabhängig vom Handelsplatz – diskriminierungsfrei und transparent akzeptieren. Damit wird insbesondere sichergestellt, dass ein Handelsplatz das Recht hat, dass auf dem Handelsplatz gehandelte Kontrakte nichtdiskriminierend behandelt werden in Bezug auf:

   a) Anforderungen für Sicherheiten und das Netting wirtschaftlich gleichwertiger Kontrakte, sofern die Glattstellung oder sonstige Aufrechnungsverfahren einer CCP aufgrund des geltenden Insolvenzrechts durch die Einbeziehung solcher Kontrakte nicht unterbrochen oder gestört, ungültig oder in Bezug auf ihre Durchsetzbarkeit beeinträchtigt werden, und

   b) das Cross-Margining mit korrelierten Kontrakten, die im Rahmen eines Risikomodells gemäß Artikel 41 von derselben CCP gecleart werden.

   Eine CCP kann verlangen, dass ein Handelsplatz den von ihr geforderten operativen und technischen Anforderungen, auch für das Risikomanagement, genügt.";

   b) Der folgende Absatz wird angefügt:

   „(6) Die Bedingungen für eine nichtdiskriminierende Behandlung der an dem betreffenden Handelsplatz gehandelten Kontrakte, was die Anforderungen an die Besicherung, die Aufrechnung wirtschaftlich gleichwertiger Kontrakte und das Cross-Margining mit korrelierenden, von derselben CCP geclearten Kontrakten betrifft, werden in den technischen Standards festgelegt, die gemäß Artikel 35 Absatz 6 Buchstabe e der Verordnung (EU) Nr. 600/2014 angenommen werden".

3. Der folgende Unterabsatz wird Artikel 81 Absatz 3 angefügt:

   „Ein Transaktionsregister übermittelt Daten an die zuständigen Behörden gemäß der Anforderungen nach Artikel 26 der Verordnung (EU) Nr. 600/2014[.]"

In der Fassung vom 15.5.2014 (ABl. EU Nr. L 173 v. 12.6.2014, S. 84).

Die durch Art. 53 VO Nr. 600/2014 vorgenommenen Änderungen der VO Nr. 648/2012 (EMIR) werden im Zusammenhang mit den geänderten Bestimmungen kommentiert.

---

1 *Europäischer Ausschuss für Systemrisiken (ESRB)*, Antwort auf den Bericht der ESMA über die vorübergehenden Ausnahme von börsengehandelten Derivaten von Artikel 35 und 36 vom 9.2.2016, abrufbar über: https://www.esrb.europa.eu/pub/pdf/other/160210_ESRB_response.pdf?b34727f97ef6c1ef3a9fd58f3d67035e („*ESRB* Bericht nach Art. 52 (12) MiFIR").
2 *Kommission* Bericht nach Art. 52 (12) MiFIR, S. 11/12.

Art. 54 Übergangsbestimmungen

(1) Drittlandfirmen können in Übereinstimmung mit den nationalen Regelungen bis drei Jahre nach Annahme eines Beschlusses im Zusammenhang mit dem entsprechenden Drittland gemäß Artikel 47 in den Mitgliedstaaten weiterhin Wertpapierdienstleistungen und Anlagetätigkeiten erbringen.

(2) Wenn die Kommission zu der Einschätzung gelangt, dass börsengehandelte Derivate nicht gemäß Artikel 52 Absatz 12 vom Anwendungsbereich der Artikel 35 und 36 ausgenommen werden müssen, kann eine zentrale Gegenpartei oder ein Handelsplatz vor dem Inkrafttreten dieser Verordnung bei der zuständigen Behörde Antrag auf Inanspruchnahme der Übergangsregelung stellen. Aufgrund der Risiken für ein ordnungsgemäßes Funktionieren der zentralen Gegenpartei oder des Handelsplatzes, die sich durch Inanspruchnahme der Zugangsrechte nach Artikel 35 oder 36 bei börsengehandelten Derivaten ergeben, kann die zuständige Behörde entscheiden, dass Artikel 35 oder 36 bei börsengehandelten Derivaten für diese zentrale Gegenpartei oder diesen Handelsplatz für einen Übergangszeitraum bis zum 3. Juli 2020 nicht zur Anwendung kommt. Wenn ein solcher Übergangszeitraum genehmigt wurde, kann die zentrale Gegenpartei oder der Handelsplatz die Zugangsrechte nach Artikel 35 oder 36 bei börsengehandelten Derivaten innerhalb des Übergangszeitraums nicht in Anspruch nehmen. Die zuständige Behörde unterrichtet die ESMA und im Fall einer zentralen Gegenpartei das Kollegium der zuständigen Behörden für diese zentrale Gegenpartei, wenn ein Übergangszeitraum genehmigt wurde.

Wenn eine zentrale Gegenpartei, der ein Übergangszeitraum genehmigt wurde, eng mit einem oder mehreren Handelsplätzen verbunden ist, dürfen diese Handelsplätze die Zugangsrechte nach Artikel 35 oder 36 bei börsengehandelten Derivaten innerhalb des Übergangszeitraums nicht in Anspruch nehmen.

Wenn ein Handelsplatz, dem ein Übergangszeitraum genehmigt wurde, eng mit einer oder mehreren zentralen Gegenparteien verbunden ist, dürfen diese zentralen Gegenparteien die Zugangsrechte nach Artikel 35 oder 36 bei börsengehandelten Derivaten innerhalb des Übergangszeitraums nicht in Anspruch nehmen.

In der Fassung vom 15.5.2014 (ABl. EU Nr. L 173 v. 12.6.2014, S. 84), geändert durch Verordnung 2016/1033 vom 23.6.2016 (ABl. EU Nr. L 175 v. 30.6.2016, S. 1).

I. Übergangsregelung für die Erbringung von Dienstleistungen und Tätigkeiten durch Drittlandfirmen in Mitgliedstaaten nach Erlass eines Gleichwertigkeitsbeschlusses nach Art. 46 ff. VO Nr. 600/2014 (Art. 51 Abs. 1 VO Nr. 600/2014) 1

II. Börsengehandelte Derivate – Vorübergehende Befreiung von CCPs und Handelsplätzen von den durch Art. 35 und 36 VO Nr. 600/2014 begründeten Zugangspflichten (Art. 52 Abs. 2 VO Nr. 600/2014) 2

1 **I. Übergangsregelung für die Erbringung von Dienstleistungen und Tätigkeiten durch Drittlandfirmen in Mitgliedstaaten nach Erlass eines Gleichwertigkeitsbeschlusses nach Art. 46 ff. VO Nr. 600/2014 (Art. 51 Abs. 1 VO Nr. 600/2014).** Hintergrund der Übergangsregelung in Art. 54 Abs. 1 VO Nr. 600/2014 ist die Regelung in Art. 46 ff. VO Nr. 600/2014, wonach eine **Drittlandfirma für in der EU ansässige geeignete Gegenparteien oder professionelle Kunden Wertpapierdienstleistungen erbringen** oder Anlagetätigkeiten mit oder ohne Nebendienstleistungen durchführen kann, **wenn diese in dem Register für Drittlandfirmen verzeichnet ist**, das von der ESMA gem. Art. 48 VO Nr. 600/2014 geführt wird. **Zwingende Voraussetzung** der Registrierung ist u.a. ein **Gleichwertigkeitsbeschluss** der EU-Kommission nach Art. 47 Abs. 1 VO Nr. 600/2014. Ohne Gleichwertigkeitsbeschluss besteht für Drittlandfirmen nach Art. 46 Abs. 4 Unterabs. 5 VO Nr. 600/2014 nur die Möglichkeit, aufgrund der Erlaubnis des jeweiligen Mitgliedstaates in diesem Mitgliedstaat Wertpapierdienstleistungen zu erbringen oder Anlagetätigkeiten für geeignete Gegenparteien oder professionelle Kunden zu erbringen. Hat eine Drittlandfirma diese Option genutzt und trifft die EU-Kommission sodann einen Gleichwertigkeitsbeschluss nach Art. 47 VO Nr. 600/2014 in Bezug auf das Drittland, in dem diese Drittlandfirma ihren Sitz hat, so kann die Drittlandfirma in Übereinstimmung mit den bislang genutzten nationalen Regelungen **bis drei Jahre nach Annahme dieses Gleichwertigkeitsbeschlusses in dem Mitgliedstaat weiterhin Wertpapierdienstleistungen und Anlagetätigkeiten gegenüber geeignete Gegenparteien oder professionelle Kunden erbringen.** In diesen **drei Jahren hat die Drittlandfirma** sodann die Möglichkeit, die Registrierung durch die ESMA zu bewirken.

2 **II. Börsengehandelte Derivate – Vorübergehende Befreiung von CCPs und Handelsplätzen von den durch Art. 35 und 36 VO Nr. 600/2014 begründeten Zugangspflichten (Art. 52 Abs. 2 VO Nr. 600/2014).** Nach Art. 52 Abs. 12 VO Nr. 600/2014 war die Kommission verpflichtet, dem Europäischen Parlament bis zum 3.7.2016 einen **Bericht** vorzulegen, in dem sie die Notwendigkeit beurteilt, Handelsplätze, an denen börsengehandelte Derivate gehandelt werden, und CCPs, die börsengehandelte Derivate clearen, vorübergehend von den **durch Art. 35 und 36 VO Nr. 600/2014 begründeten Zugangspflichten** auszunehmen. Wegen der Einzelheiten zu den durch Art. 35 und 36 VO Nr. 600/2014 begründeten Zugangspflichten für CCPs und Handelsplätze wird auf die Kommentierungen zu Art. 35 und 36 VO Nr. 600/2014 verwiesen.

Die Kommission hat ihren Bericht am **11.9.2017**[1] vorgelegt. In den Schlussfolgerungen ihres Berichts stellt die Kommission fest, dass für eine vorübergehende Freistellung börsengehandelter Derivate von der Zugangspflicht **keine Notwendigkeit** bestehe[2], insbesondere sei nicht zu erkennen, dass von den Zugangsvereinbarungen ein nennenswertes Systemrisiko ausgehe.

Mit ihrem Bericht hat die Kommission die Möglichkeit einer vorübergehenden Freistellung börsengehandelter Derivate nach Art. 54 Abs. 2 VO Nr. 600/2014 eröffnet. Art. 54 Abs. 2 Unterabs. 1 Satz 1 VO Nr. 600/2014 sah vor, dass eine CCP oder ein Handelsplatz bis zum Inkrafttreten der MiFIR, d.h. vor dem 3.1.2018, bei der zuständigen Behörde einen Antrag auf vorübergehende Freistellung von der Zugangspflicht stellen konnte. Nach Aussage der ESMA sollte die Befreiung nicht später als bis zum 30.9.2017 beantragt werden[3]. Bewilligte die zuständige Behörde den Antrag, so konnte sie die Befreiung nach Art. 54 Abs. 2 Unterabs. 1 Satz 2 VO Nr. 600/2014 für einen **Zeitraum bis zum bis 3.7.2020**[4] gewähren.

Von der Befreiungsmöglichkeit des Art. 54 Abs. 2 VO Nr. 600/2014 haben zahlreiche CCPs und Handelsplätze – in Deutschland auch die Eurex Deutschland und die Eurex Clearing AG[5] – Gebrauch gemacht. Die ESMA veröffentlicht auf Ihrer Webseite eine **Liste der CCPs und Handelsplätze**, denen die Freistellung nach Art. 54 Abs. 2 VO Nr. 600/2014[6] gewährt wurde.

Folge einer erteilten Befreiung ist nicht nur die vorübergehende Suspendierung der Zugangspflicht nach Art. 35 oder 36 VO Nr. 600/2014. Nach Art. 54 Abs. 2 Unterabs. 1 Satz 3 VO Nr. 600/2014 ist weitere Wirkung der Suspendierung, dass die freigestellten Einrichtungen während ihrer Befreiung ihrerseits die durch Art. 35 und 36 VO Nr. 600/2014 **garantierten Zugangsrechte** verlieren. So kann z.B. eine befreite CCP von einem Handelsplatz nicht verlangen, dass sie die an dem Handelsplatz zustande gekommenen börsengehandelten Derivate clearen darf.

Ist eine nach Art. 54 Abs. 2 VO Nr. 600/2014 befreite CCP mit einem oder mehreren Handelsplätzen **eng verbunden**, so sieht Art. 54 Abs. 2 Unterabs. 2 VO Nr. 600/2014 vor, dass den Handelsplätzen das durch Art. 35 VO Nr. 600/2014 begründete Recht auf Zugang zu einer CCP für die Dauer der Befreiung ebenfalls nicht zusteht. Vergleichbares gilt nach Art. 54 Abs. 2 Unterabs. 3 VO Nr. 600/2014 für CCPs, die mit einem nach Art. 54 Abs. 2 VO Nr. 600/2014 befreiten Handelsplatz eng verbunden sind; auch sie verlieren ihr durch Art. 36 VO Nr. 600/2014 vermitteltes Zugangsrecht. Wegen des Begriffs enge Verbindung wird auf die Ausführungen zu Art. 35 VO Nr. 600/2014 Rz. 32 verwiesen.

Art. 55 Inkrafttreten und Anwendung

Diese Verordnung tritt am zwanzigsten Tag nach ihrer Veröffentlichung im *Amtsblatt der Europäischen Union* in Kraft.

Diese Verordnung gilt ab dem 3. Januar 2018.

Ungeachtet von Absatz 2 gelten Artikel 1 Absätze 8 und 9, Artikel 2 Absatz 2, Artikel 4 Absatz 6, Artikel 5 Absätze 6 und 9, Artikel 7 Absatz 2, Artikel 9 Absatz 5, Artikel 11 Absatz 4, Artikel 12 Absatz 2, Artikel 13 Absatz 2, Artikel 14 Absatz 7, Artikel 15 Absatz 5, Artikel 17 Absatz 3, Artikel 19 Absätze 2 und 3, Artikel 20 Absatz 3, Artikel 21 Absatz 5, Artikel 22 Absatz 4, Artikel 23 Absatz 3, Artikel 25 Absatz 3, Artikel 26 Absatz 9, Artikel 27 Absatz 3, Artikel 28 Absatz 4, Artikel 28 Absatz 5, Artikel 29 Absatz 3, Artikel 30 Absatz 2, Artikel 31 Absatz 4, Artikel 32 Absätze 1, 5 und 6, Artikel 33 Absatz 2, Artikel 35 Absatz 6, Artikel 36 Absatz 6, Artikel 37 Absatz 4, Artikel 38 Absatz 3, Artikel 40 Absatz 8,

---

1 *Kommission*, Bericht an das Europäische Parlament und den Rat über die Notwendigkeit, börsengehandelte Derivate vorübergehend vom Anwendungsbereich der Artikel 35 und 36 Verordnung (EU) Nr. 600/2014 über Märkte für Finanzinstrumente auszunehmen, COM(2017) 468 final vom 11.9.2017, abrufbar über: http://eur-lex.europa.eu/legal-content/DE/TXT/PDF/?uri=CELEX:52017DC0468&from=DE („*Kommission* Bericht nach Art. 52 (12) MiFIR").
2 *Kommission* Bericht nach Art. 52 (12) MiFIR, S. 11/12.
3 *ESMA*, „Fragen und Antworten zu MiFID II und MiFIR Marktstrukturthemen", ESMA70-872942901-38 vom 29.5.2018, abrufbar über: https://www.esma.europa.eu/system/files_force/library/esma70-872942901-38_qas_markets_structures_issues.pdf („*ESMA* Q&A MiFID II/MiFIR Market Structures"), Part 6 (Access to CCPs and trading venues), Frage 5 [letzte Aktualisierung: 12.9.2017].
4 Die Übergangsfrist endete ursprünglich am 3.7.2019. Sie ist durch Art. 1 Abs. 13 VO 2016/1033 um ein Jahr verlängert worden.
5 *BaFin*, Pressemitteilung „Eurex Clearing AG: BaFin gibt Antrag auf Übergangsregelung für börsengehandelte Derivate statt" vom 2.1.2018, abrufbar über: https://www.bafin.de/SharedDocs/Veroeffentlichungen/DE/Meldung/2018/meldung_180102_Eurex.html%20_blank („*BaFin* Pressemitteilung Eurex").
6 *ESMA*, Liste der Handelsplätze und CCPs, die von der vorübergehende Ausnahme vom Zugangserfordernis unter Artikel 54(2) MiFIR profitieren, ESMA70-155-4809 vom 26.3.2018, abrufbar über: https://www.esma.europa.eu/sites/default/files/library/esma70-155-4809_list_of_access_exemptions_art.54.pdf („*ESMA* Liste Artikel 54(2) MiFIR").

Art. 55 VO Nr. 600/2014 | Inkrafttreten und Anwendung

Artikel 41 Absatz 8, Artikel 42 Absatz 7, Artikel 45 Absatz 10, Artikel 46 Absatz 7, Artikel 47 Absätze 1 und 4 und Artikel 52 Absätze 10 und 12 und Artikel 54 Absatz 1 unmittelbar nach Inkrafttreten dieser Verordnung.

Unbeschadet des Absatzes 2 gilt Artikel 37 Absätze 1, 2 und 3 ab dem 3. Januar 2020.

Diese Verordnung ist in allen ihren Teilen verbindlich und gilt unmittelbar in jedem Mitgliedstaat.

In der Fassung vom 15.5.2014 (ABl. EU Nr. L 173 v. 12.6.2014, S. 84), geändert durch Berichtigung vom 15.10.2015 (ABl. EU Nr. L 270 v. 15.10.2015, S. 4) und Verordnung 2016/1033 vom 23.6.2016 (ABl. EU Nr. L 175 v. 30.6.2016, S. 1).

1   Art. 55 VO Nr. 600/2014 nicht kommentiert.

Verordnung (EU) Nr. 236/2012
des Europäischen Parlaments und des Rates vom 14. März 2012 über Leerverkäufe und bestimmte Aspekte von Credit Default Swaps (Leerverkaufs-VO)

Vorbemerkungen vor Art. 1–41

Schrifttum: Vor Inkrafttreten der Leerverkaufs-VO: *Avgouleas,* The vexed issue of short sales regulation when prohibition is inefficient and disclosure insufficient, in Alexander/Moloney, Law reform and financial markets, 2011, S. 71; *Avgouleas,* A New Framework for the global regulation of short sales: Why Prohibition is Inefficient and Disclosure Insufficient, Stanford Journal of Law, Business & Finance 15 (2010), 376; *Avgouleas,* Short-Sales Regulation in Seasoned Equity Offerings – What are the issues?, in Prentice/Reisberg, Corporate Finance Law in the UK and the EU, 2011, S. 117; *Awrey,* The dynamics of OTC derivatives regulation – bridging the public-private-divide, EBOR 11 (2010), 155; *Baur,* Gesetz zur Vorbeugung gegen missbräuchliche Wertpapier- und Derivategeschäfte vom 21.7.2010 (BGBl. I 2010, 945), jurisPR-BKR 9/2010 Anm. 1; *Bierwirth,* Verbot ungedeckter Credit Default Swaps, RdF 2013, 104; *Brouwer,* Neue Transparenzvorgaben auf dem Weg zum Kapitalmarkt – Leerverkäufe und Beteiligungstransparenz stehen auf dem Prüfstand, AG 2010, 404; *Bundesverband der Deutschen Industrie (BDI),* Stellungnahme zum Entwurf eines Gesetzes zur Vorbeugung gegen missbräuchliche Wertpapier- und Derivategeschäfte; *Decker/Kümpel,* Das Depotgeschäft, 2. Aufl. 2007; *Deutsches Aktieninstitut (DAI),* Stellungnahme zum Entwurf eines Gesetzes zur Vorbeugung gegen missbräuchliche Wertpapier- und Derivategeschäfte; *Findeisen/Tönningsen,* Das Verbot ungedeckter Leerverkäufe – Regelungsgehalt und Reichweite des § 30h WpHG, WM 2011, 1405; *Gregoriou,* Handbook of Short Selling, 2011; *Harrer,* Regulierung von Leerverkäufen und Credit Default Swaps – Das deutsche Verbot im Lichte europäischer Vorschläge, 2011; *Hergt,* Short Selling: Grundlagen, Strategien und Implikationen für den Kapitalmarkt, 2009; *Kienle* in Schimansky/Bunte/Lwowski, Bankrechts-Handbuch, 5. Aufl. 2017, § 105; *Lange,* Die Regulierung von Aktienleerverkäufen in der Europäischen Union und in den USA unter Berücksichtigung der ökonomischen Auswirkungen von Leerverkäufen auf die Aktienmärkte sowie unter Einbeziehung rechtshistorischer Aspekte, Diss. HU 2016, abrufbar unter http://edoc.hu-berlin.de/dissertationen/lange-dirk-fabian-2016-12-06/PDF/lange.pdf; *Lauer,* Der Leerverkauf von Aktien: Abgrenzung, Formen und aufsichtsrechtliche Implikationen, ZfK 2008, 980; *Liebscher/Ott,* Die Regulierung der Finanzmärkte – Reformbedarf und Regelungsansätze des deutschen Gesetzgebers im Überblick, NZG 2010, 841; *Litten/Bell,* Regulierung von Kreditderivaten im Angesicht der globalen Finanzmarktkrise, BKR 2011, 314; *Lorenz,* Regulierung von Leerverkäufen als Dauerbaustelle, AG 2010, R511; *Loss/Seligmann,* Securities Regulation, 4th ed. Vol. VII; *Ludewig,* Leerverkäufe in Deutschland – Verbote, Transparenzpflichten, Verdachtsanzeigen und Überwachung, BaFinJournal 12/2010, 4; *Luttermann,* Kreditversicherung (Credit Default Swaps), Vertrag, Restrukturierung und Regulierung (Hedge-Fond, Rating, Schattenbanken), RIW 2008, 737; *Mittermeier,* Grundlagen und Regulierungsperspektiven von Leerverkäufen, ZBB 2010, 139; *Mock,* Das Gesetz zur Vorbeugung gegen missbräuchliche Wertpapier- und Derivategeschäfte, WM 2010, 2248; *Möllers,* Stellungnahme zum Entwurf eines Gesetzes zur Vorbeugung gegen missbräuchliche Wertpapier- und Derivategeschäfte; *Möllers/Christ/Harrer,* Das neue Recht zur Regulierung ungedeckter Kreditderivate – Das Gesetz gegen missbräuchliche Wertpapier- und Derivategeschäfte versus europäische Regulierungsvorschläge, NZG 2010, 1124; *Möllers/Christ/Harrer,* Nationale Alleingänge und die europäische Reaktion auf ein Verbot ungedeckter Leerverkäufe, NZG 2010, 1167; *Möschel,* Die Finanzkrise – Wie soll es weitergehen?, ZRP 2009, 129; *Mülbert,* Bankenaufsicht über internationale Bankkonzerne – Informationsrechte und -pflichten nach der KWG-Novelle 1984, AG 1986, 1; *Mülbert,* Die Aktie zwischen mitgliedschafts- und wertpapierrechtlichen Vorstellungen, in FS Nobbe, 2009, S. 691; *Nietsch/Graef,* Regulierung der europäischen Märkte für außerbörsliche OTC-Derivate, BB 2010, 1361; *v. Nitzsch/Kampshoff,* Verbot von Leerverkäufen in der Krise – Segen oder Fluch für die Kapitalmärkte?, ZfB 2010, 1159; *Reiner/Schacht,* Credit Default Swaps und verbriefte Kreditforderungen in der Finanzmarktkrise – Bemerkungen zum Wesen verbindlicher und unverbindlicher Risikoverträge, WM 2010, 337 und WM 2010, 385; *Rudolf* in Kümpel/Wittig, Bank- und Kapitalmarktrecht, 4. Aufl. 2011, S. 2387; *Saunders,* Should Credit Default Swap Issuers Be Subject to Prudential Regulation?, 10 Journal of Corporate Law Studies 10 (2010), 427; *Seiffert* in Kümpel/Wittig, Bank- und Kapitalmarktrecht, 4. Aufl. 2011, S. 299; *Sernc,* Das Leerverkaufsverbot aus internationaler Perspektive – Kapitalmarktrechtliche Analyse der Short Selling Regulierung in Deutschland, Großbritannien, Österreich und den USA und daraus resultierende Implikationen für den Kapitalmarkt, 2009; *Stage,* Die Regulierung und strafrechtliche Relevanz von Leerverkäufen de lege lata und de lege ferenda – aus deutscher und europäischer Sicht, in Grimm/Ladler, EU-Recht im Spannungsverhältnis zu den Herausforderungen im internationalen Wirtschaftsrecht, 2012, S. 69; *Trüg,* Ist der Leerverkauf von Wertpapieren strafbar?, NJW 2009, 3202; *Than,* Der funktionale Ansatz in der UNIDROIT Geneva Securities Convention vom 9. Oktober 2009, in FS Hopt, 2010, S. 231; *Tyrolt/Bingel,* Short Selling – Neue Vorschriften zur Regulierung von Leerverkäufen, BB 2010, 1419; *Veranneman,* Das deutsche Verbot von Hochrisiko-Wetten: Schutz der Finanzmärkte und Schutz vor den Finanzmärkten, GWR 2010, 337; *Walla,* Kapitalmarktrechtliche Normsetzung durch Allgemeinverfügung? – Hat die BaFin mit dem Verbot für ungedeckte Leerverkäufe und bestimmte Kreditderivate vom 18. Mai 2010 ihre Kompetenz überschritten?, DÖV 2010, 853; *Zentraler Kreditausschuss (ZKA),* Stellungnahme zum Entwurf eines Gesetzes zur Vorbeugung gegen missbräuchliche Wertpapier- und Derivategeschäfte; *Zimmer* in Stellungnahme zum Entwurf eines Gesetzes zur Vorbeugung gegen missbräuchliche Wertpapier- und Derivategeschäfte; *Zimmer/Beisken,* Die Regulierung von Leerverkäufen de lege lata und de lege ferenda, WM 2010, 485.

Nach Inkrafttreten der Leerverkaufs-VO: *Armour/Awrey/Davies/Enriques/Gordon/Mayer/Payne,* Principles of Financial Regulation, 2016, S. 194; *Bartels/Sajnovits,* Die Rolle der Beschaffung beim Gattungskauf, JZ 2014, 322; *Buck-Heeb,* Kapitalmarktrecht, 8. Aufl. 2016; *Elineau,* Regulating Short Selling in Europe after the Crisis, International Law & Management Review 8 (2012), 61; *Graßl/Nikoleyczik,* Shareholder Activism und Investor Activism, AG 2017, 49; *Gruber,* Leerverkäufe, 2014; *Habersack/Ehrl,* Börsengeschäfte unter Einbeziehung eines zentralen Kontrahenten, ZfPW 2015, 312; *Harrer,* Regulierungskonzepte für Leerverkäufe und Credit Default Swaps – Eine ökonomische und rechtliche Untersuchung, 2014; *Heuser*, Aktivistische Aktionäre im Kontext des Aktien- und Kapitalmarktrechts, Der Konzern 2012, 308; *Hill* in Ferran/Moloney/Hill/Coffee, The Regulatory Aftermath of the Global Financial Crisis, 2012, S. 203; *Howell*, Short Selling Reporting Rules: A Greenfield Area, European Company Law 12 (2015), 79; *Howell*, The European Court of Justice: Selling Us Short?, European Company & Financial Law Review 11 (2014), 454; *Howell*, Short Selling Restrictions in the EU and the US: A Comparative Analysis, Journal of Corporate Law Studies 16 (2016), 333; *Howell*, Der neue europäische Regulierungsrahmen für OTC-Derivate, European Business Organization Law Review 17 (2016), 319; *Hudson*, The Law and Regulation of Finance, 2. Aufl. 2013, Rz. 5020; *Juurikkala*, Credit Default Swaps and the EU Short Selling Regulation: A Critical Analysis, ECFR 2012, 307; *Kalss/Oppitz/Zollner*, Kapitalmarktrecht, 2. Aufl. 2015; *Karmel*, IOSCO's Response to the Financial Crisis, Journal of Corporate Law 37 (2012), 849; *Köhling/Adler*, Der neue europäische Regulierungsrahmen für OTC-Derivate, WM 2012, 2125/2173; *Krüger/Ludewig*, Leerverkaufsregulierung – Aktueller Stand in Deutschland und Ausblick auf die europäische Regulierung unter besonderer Berücksichtigung der aktuellen Vorschläge zu den ausgestaltenden Rechtsakten, WM 2012, 1942; *Langenbucher*, Aktien- und Kapitalmarktrecht, 3. Aufl. 2015, § 16 Rz. 62 ff. und § 17 Rz. 103a f.; *Ludewig/Geilfus*, EU-Leerverkaufsregulierung: ESMA-Guidelines bestimmen neuen Rahmen der Ausnahmeregelungen für Market-Maker und Primärhändler – Betrachtung unter besonderer Berücksichtigung der BaFin-Erklärung, dem Großteil der Regelungen nachzukommen (Partially Comply-Erklärung), WM 2013, 1533; *Macher*, EU-Leerverkaufsverordnung und Investmentfonds, ÖBA 2012, 633; *Manger-Nestler*, Lehren aus dem Leerverkauf? Zum Verbot von Leerverkäufen durch ESMA – Anmerkung zu EuGH, Rs. C-270–12 – Vereinigtes Königreich ./. Rat und Parlament, GPR 2014, 141; *McGavin*, Short Selling in a Financial Crisis: The Regulation of Short Sales in the United Kingdom and the United States, Northwestern Journal of International Law & Business 30 (2010), 201; *Meinert/Helios*, Kompensatorische Bewertung und Bewertungseinheiten beim Einsatz von Credit Linked Notes, DB 2014, 1697; *Moloney*, EU Securities and Financial Markets Regulation, 3. Aufl. 2014; *Mülbert*, Rechtsschutzlücken bei Short Seller-Attacken – und wenn ja, welche?, ZHR 182 (2018), 105; *Mülbert/Sajnovits*, Das künftige Regime für Leerverkäufe und bestimmte Aspekte von Credit Default Swaps nach der Verordnung (EU) Nr. 236/2012, ZBB 2012, 266; *Di Noia/Gargantini*, Unleashing the European Securities and Markets Authority: Governance and Accountability after the ECJ Decision on the Short Selling Regulation (Case C-270/12), 15 EBOR 1 (2014); *Orator*, Die unionsrechtliche Zulässigkeit von Eingriffsbefugnissen der ESMA im Bereich von Leerverkäufen, EuZW 2013, 852; *Pankohe/Wallus*, Europäische Derivateregulierung und M&A, WM 2014, 4; *Payne*, The Regulation of Short Selling and Its Reform in Europe, European Business Organization Law Review 13 (2012), 413; *Rieder*, EU-Leerverkaufsverordnung, BankPraktiker 2012, 309; *Riederer/Weick-Ludewig*, Leerverkäufe durch die Parteien einer Wertpapierleihe, WM 2016, 1005; *Riederer/Weick-Ludewig*, Grenzen des Leerverkaufsbegriffs, RdF 2017, 284; *Riedl/von Livonius*, Die neue europaweite Regulierung von Leerverkäufen, RdF 2012, 164; *Ringe*, Hedge Funds and Risk Decoupling: The Empty Voting Problem in the European Union, Seattle University Law Review 36 (2013), 1027; *Sajnovits*, Financial-Benchmarks, 2018; *Sajnovits/Weick-Ludewig*, Europäische Leerverkaufsregulierung in der praktischen Anwendung: Anforderungen an die Deckung von Leerverkäufen von Aktien nach Artikel 12 und 13 der Verordnung (EU) Nr. 236/2012 (EU-LVVO), WM 2015, 2226; *F. Schäfer* in Assmann/Schütze, Handbuch des Kapitalanlagerechts, 4. Aufl. 2016, § 21; *Schlimbach*, Leerverkäufe, 2015; *Schockenhoff/Culmann*, Rechtsschutz gegen Leerverkäufer? Überlegungen zur Schadensersatzhaftung von Leerverkäufern gegenüber Zielunternehmen und ihren Aktionären bei Herbeiführung eines Kurssturzes, AG, 2016, 517; *Scholten/van Rijsbergen*, The ESMA-Short Selling Case: Erecting a New Delegation Doctrine in the EU upon the *Meroni-Romano* Remnants, Legal Issues of Economic Integration 41 (2014), 389; *Skowron*, Kapitalmarktrecht: Rechtmäßigkeit der Eingriffsbefugnisse der ESMA nach Art. 28 Leerverkaufsverordnung, EuZW 2014, 349; *Sorgenfrei/Saliger* in Park, Kapitalmarktstrafrecht, 4. Aufl. 2017, Kap. 18.16; *Staikouras/Panagiotis*, The EU Short Selling Regulation Revisited: New Evidence, Different Perspective?, European Business Law Review 26.4 (2015), 531; *Tautges*, Empty Voting und Hidden (Morphable) Ownership, 2015, S. 477 f.; *Tomaschko*, Leerverkäufe und die Komplexität ihrer Regulierung, diebank 12/2012, 13; *Tritschler*, Die Regulierung von Leerverkäufen als Folge der Finanzkrise, 2015; *von Buttlar/Petersen* in Just/Voß/Ritz/Becker, WpHG, 1. Aufl. 2015, § 30h; *Walla* in Veil, Europäisches Kapitalmarktrecht, 2. Aufl. 2014, § 15; *Walla* in Veil, European Capital Markets Law, 2nd ed. 2017, § 24; *Wansleben/Weick-Ludewig*, „Unvollkommene Deckung" von Leerverkäufen nach der VO (EU) Nr. 236/2012, ZBB 2015, 395; *Weick-Ludewig/Sajnovits*, Der Leerverkaufsbegriff nach der Verordnung (EU) Nr. 236/2012 (EU-LVVO) – Unter besonderer Berücksichtigung der Möglichkeit einer gespaltenen Auslegung von europäischem Verordnungsrecht und nationalem Ordnungswidrigkeitenrecht, WM 2014, 1521; *Weick-Ludewig* in Fuchs, WpHG, 2. Aufl. 2016, § 30h; *Weick-Ludewig* in Heidel, Aktienrecht, 4. Aufl. 2014, Vor § 30h WpHG Rz. 11 ff.; *Zetzsche* in Gebauer/Teichmann, Europäisches Privat- und Unternehmensrecht, § 7 C.III.1. Rz. 247 ff.

Ökonomisches Schrifttum: *Ali*, Short selling and securities lending in the midst of falling and volatile markets, Journal of International Banking & Law Regulation 1 (2009), 3; *Alves/Mendes/Pereira da Silva*, Analysis of market quality before and during short-selling bans, Research in International Business and Finance 37 (2016), 252; *Amadei/Di Rocco/Gentile/Grasso/Siciliano*, CONSOB Consultation Paper (2011), abrufbar unter: www.papers.ssrn.com/abstract_id=1905416; *Arce/Mayordomo/Peña*, Credit-risk valuation in the sovereign CDS and bonds markets: Evidence from the euro area crisis, Journal of International Money and Finance 35 (2013), 124; *Ashcraft/Santos*, Has the CDS market lowered the cost of corporate debt?, Journal of Monetary Economics 56 (2009), 514; *Augustin/Subrahmanyam/Tang/Wang*, Credit Default Swaps: Past, Present, and Future, Annual Review of Financial Economics 8 (2016), 10.1, 10.4; *Banerjee*, A simple model of herd behavior, The Quarterly Journal of Economics 103 (1992), 797; *Battalio/Schultz*, Options and the Bubble, Journal of Finance 61 (2006), 2071; *Beber/Pagano*, Short-Selling Bans Around the World: Evidence from the 2007-09 Crisis, Journal of Finance 68 (2013), 343; *Bernal/Herinckx/Szafarz*, Which short-selling regulation is the least damaging to market efficiency? Evidence from Europe, International Review of Law & Economics 37 (2014), 244; *Blau/Van Ness/Warr*, Short selling of ADRs and foreign market short-sale constraints, Journal of Banking & Finance 36 (2012), 886; *Boehmer/Jones/Zhang*, Which Shorts Are Informed?, Journal of Finance 63 (2008), 491; *Boehmer/Wu*, Short Selling and the Price Discovery Process, Review of Financial Studies 26 (2013), 287; *Bohl/Klein/Siklos*, Short-selling bans and institutional investors' herding behaviour: Evidence from the global financial crisis, International Review of Financial Analysis 33 (2014), 262; *Bris/Goetzmann/Zhu*, Efficiency and the Bear – Short Sales and Markets Around the World, Journal of Finance 62 (2007), 1029;

Brunnermeier/Pedersen, Predatory Trading, Journal of Finance 60 (2005), 1825; *Brunnermeier/Oehmke,* Predatory short selling, Review of Finance 18 (2013), 2153; *Charoenrook/Daouk,* A Study of Market-Wide Short-Selling Restrictions, Working Paper, 2005, S. 24; *Clifton/Snape,* The Effect of Short Selling Restrictions on Liquidity: Evidence from the London Stock Exchange, 2008; *Cohen/Diether/Malloy,* Supply and Demand Shifts in the Shorting Market, Journal of Finance 62 (2007), 2061; *Culp/Heaton,* The Economics of Naked Short Selling, Regulation 31 (2008), 46; *Daniel/Lhabitant* in Gregoriou, Handbook of Short Selling, 2012, S. 303; *Dechow/Hutton/Meulbroek/Sloan,* Short-sellers, fundamental analysis, and stock returns, Journal of Financial Economics 61 (2001), 77; *Desai/Ramesh/Thiagarajan/Balachandran,* An Investigation of the Informational Role of Short Interest in the Nasdaq Market, Journal of Finance 57 (2002), 2263; *Diamond/Verrecchia,* Constraints on short-selling and asset price adjustment to private information, Journal of Financial Economics 18 (1987), 277; *Diether/Lee/Werner,* It's SHO Time! Short-Sale Price Tests and Market Quality, Journal of Finance 64 (2009), 37; *Diether/Lee/Werner,* Short-Sale Strategies and Return Predictability, Review of Financial Studies 22 (2009), 575; *EDHEC-Risk Institute,* The Link between Eurozone Sovereign Debt and CDS Prices (2011), Working Paper, abrufbar unter: www.faculty-research.edhec.com/research/edhec-publications/2012/the-link-between-eurozone-sovereign-debt-and-cds-prices-150168.kjsp; *Dømler,* A critical evaluation of the European credit default swap reform: Its challenges and adverse effects as a result of insufficient assumptions, Journal of Banking Regulation 14 (2012), 33; *Drake/Lee/Swanson,* Should Investors follow the Prophets or the Bears? Evidence on the use of Public Information by Analysts and Short Sellers, The Accounting Review 86 (2011), 101; *Engleberg/Reed/Ringgenberg,* How are Shorts Informed? Short Sellers, News, and Information Processing, Journal of Financial Economics 105 (2012), 260; *Fotak/Raman/Yadav,* Naked Short Selling: The Emperor's New Clothes?, Working Paper 2009; *Fotak/Raman/Yadav,* Fails-to-deliver, Short Selling, and Market Quality, Journal of Financial Economics 114 (2014), 493; *Goldstein/Guembel,* Manipulation and the Allocational Role of Prices, Review of Economic Studies 75 (2008), 133; *Gruenewald/Wagner/Weber,* Short Selling Regulation after the Financial Crisis, International Journal of Disclosure and Regulation 7(2), 108; *Grullon/Michenaud/Weston,* The Real Effects of Short-Selling Constraints, Review of Financial Studies 28 (2015), 1737; *He/Tian,* Do short sellers exacerbate or mitigate managerial myopia? Evidence from patenting activities, Indiana University Working Paper 2016; *Hirshleifer/Teoh/Yu,* Short arbitrage, return asymmetry and the accrual anomaly, Review of Financial Studies 24 (2011), 2429; *Huhtilainen,* The short selling regulation in the European Union: Assessing the authorization granted for the European Securities and Markets Authority to prohibit short selling, European Journal of Government and Economics 6 (2017), 5; *Hull,* Optionen, Futures und andere Derivate, 7. Aufl. 2009; *Jank/Roling/Smajlbegovic,* Flying under the radar: the effects of short-sale disclosure rules on investor behavior and stock prices, Deutsche Bundesbank Discussion Paper No 25/2016; *Jain/Jain/McInish/McKenzie,* Worldwide reach of short selling regulations, Journal of Financial Economics 109 (2013), 177; *Jones/Lamont,* Short-sale constraints and stock returns, Journal of Financial Economics 66 (2002), 207; *Jones/Reed/Waller,* Revealing Shorts An Examination of Large Short Position Disclosures, Review of Financial Studies 29 (2016), 3278; *Kahraman/Pachare,* Show Us Your Shorts!, SBS Research Papers 2016-25; *Kampshoff,* Regulierung von Leerverkäufen in der Krise – empirische Evidenz aus der Finanz- und Wirtschaftskrise 2008–2010, 2010; *Kaplan/Moskowitz/Sensoy,* The Effects of Stock Lending on Security Prices: An Experiment, Journal of Finance 68 (2013), 1891; *Karpoff/Lou,* Short sellers and financial misconduct, Journal of Finance 65 (2010), 1879; *Kiesel/Lücke/Schiereck,* Regulation of uncovered sovereign credit default swaps – evidence from the European Union, The Journal of Risk Finance 16 (2015), 425; *Kiesel/Nohn/Schiereck,* Werteffekte auf die Leerverkaufsrestriktion bei Finanztiteln in Deutschland, ZBB 2014, 314; *Kolasinski/Reed/Thornock,* Can Short Restrictions Actually Increase Informed Short Selling?, Financial Management 42 (2013), 155; *Kyle/Viswanathan,* How to Define Illegal Price Manipulation, 98 American Economic Review (2008), 274; *Lecce/Lepone/McKenzie/Segara,* The impact of naked short selling on the securities lending and equity market, Journal of Financial Markets 15 (2012), 81; *Liu,* Short-selling attacks and creditor runs, Management Science 61 (2015), 814; *Massa/Zhang/Zhang,* The Invisible Hand of Short Selling: Does Short Selling Discipline Earnings Management?, Review of Financial Studies 28 (2015), 1701; *Mattarocci/Sampagnaro,* Financial Crisis and Short Selling: Do Regulatory Bans Really Work? Evidence from the Italian Market, Academy of Accounting and Financial Studies Journal 15 (2011), 115; *Miller,* Risk, Uncertainty, and Divergence of Opinion, Journal of Finance 32 (1977), 1151; *Ofek/Richardson/Whitelaw,* Limited arbitrage and short sales restrictions: evidence frpm the options markets, Journal of Financial Economics 74 (2004), 305; *Pekarek/Meseha* in Gregoriou, Handbook of Short Selling, 2012, S. 365; *Peng,* Research on the Impact of Short Selling Mechanism on Investors Positive Feedback Trading Behavior, Modern Economy 7 (2016), 434; *Pizolla,* Regulating Short Selling after the Global Financial Crisis, 2012; *Pu/Zhang,* Sovereign CDS Spreads, Volatility, and Liquidity: Evidence from 2010 German Short Sale Ban, Financial Review 47 (2012), 171; *Russo/Rosati* in Gregoriou, Handbook of Short Selling, 2012, S. 151; *Saffi/Sigurdsson,* Price Efficiency and Short Selling, Review of Financial Studies 24 (2011), 821; *Salomao,* Sovereign debt renegotiation and credit default swaps, Journal of Monetary Economics 90 (2017), 50; *Schira,* Statistische Methoden der VWL und BWL, 3. Aufl. 2009; *Shkilko/VanNess/VanNess,* Short Selling and Intraday Price Pressures, Financial Management 41 (2012), 345; *Wong/Zhao,* Post-Apocalyptic: The Real Consequences of Activist Short-Selling, Working Paper 2017; *Zhao,* Activist short-selling, Working Paper 2016.

I. Entstehungsgeschichte	1
1. Ursprünge der Leerverkaufsregulierung	1
2. Ursprünge des CDS-Marktes und seiner Regulierung	4
3. Reaktionen auf die Verwerfungen während der Finanzkrise	6
a) Finanzkrise und internationale aufsichtsbehördliche Leerverkaufsverbote sowie Verbote ungedeckter CDS	6
b) Allgemeinverfügungen der BaFin im Besonderen	7
4. Gesetz zur Vorbeugung gegen missbräuchliche Wertpapier- und Derivategeschäfte	8
5. Aktivitäten auf EU-Ebene	9
a) Vorarbeiten zur Europäischen Leerverkaufsregulierung	9
b) Vorschlag der Europäischen Kommission und Inkrafttreten der Leerverkaufs-VO	10
c) Spätere Änderungen	14
d) Ausblick	16
6. Umsetzung ins nationale Recht	19
II. Regelungssystematik des europäischen Leerverkaufsregimes	25
1. Verordnungsebene (Level 1)	25
a) Allgemeine Bestimmungen (Kapitel I: Art. 1–4 VO Nr. 236/2012)	25

b) Transparenzvorschriften (Kapitel II: Art. 5–11 VO Nr. 236/2012) 27
c) Ungedeckte Leerverkäufe (Kapitel III: Art. 12–14 VO Nr. 236/2012) 28
d) Ausnahmen (Kapitel IV: Art. 16–17 VO Nr. 236/2012) 32
e) Behördenbefugnisse in Ausnahmesituationen (Kapitel V: Art. 18–31 VO Nr. 236/2012) 35
f) Rolle und Befugnisse der zuständigen Behörden und Umsetzungsvorgaben für die Mitgliedstaaten (Kapitel VI: Art. 32–41 VO Nr. 236/2012) 38
g) Sonstige Bestimmungen (Kapitel VII–IX: Art. 42–48 VO Nr. 236/2012) 40
2. Tertiärrechtsakte (Level 2) 41
3. Leitlinien und Empfehlungen der ESMA (Level 3) und sonstige aufsichtsbehördliche Verlautbarungen 42

III. **Methoden- und verfassungsrechtliche Fragen** 44
IV. **Ökonomische Beurteilung** 49
 1. Leerverkäufe 49
 2. Leerverkaufsregulierung 54
  a) Leerverkaufsverbote 54
  b) Transparenzvorschriften 58
 3. Credit Default Swaps 62
 4. Regulierung von öffentlichen CDS 63
V. **Rechtspraxis und Rechtstatsächliches** . 65
 1. Leerverkaufsregulierung 65
 2. Regulierung von Credit Default Swaps 70
VI. **Short-Seller-Attacken** 71
 1. Überblick 71
 2. Rechtsrahmen 73

1 **I. Entstehungsgeschichte. 1. Ursprünge der Leerverkaufsregulierung.** Leerverkäufe finden auf Waren- und auf Finanzmärkten seit jeher statt. So alt wie die Technik des Leerverkaufs sind auch die Bestrebungen, Leerverkäufe allenfalls unter strengen Restriktionen zuzulassen[1]. Die Regulierung von Leerverkäufen auf Aktienmärkten begann, nachdem im Jahr 1609 eine Gruppe niederländischer Geschäftsmänner (*Groote Companie*) Aktien der *East Indian Company* unter Ausnutzung von Insiderinformationen leerverkauften und von einem späteren Preisverfall in den Aktien des Unternehmens profitierten. Die niederländische Regierung reagierte auf das Bekanntwerden des Vorgangs und verbot bereit 1610 Leerverkäufe von Aktien an der erst 1602 gegründeten **Amsterdamer Börse**[2]. Trotz der Verbote kam es auch in den Folgejahren immer wieder zu Leerverkäufen, weshalb diesen ersten Regulierungsversuchen aus der historischen Perspektive eine äußerst geringe Schlagkraft bescheinigt wird[3].

2 Nachdem Aktienmärkte in England, Frankreich und später in den Vereinigten Staaten institutionalisiert wurden, kam es auch dort immer wieder zu Regulierungs- bzw. Verbotsphasen. Der sog. *Sir John Barnard's*-Act verbot in **England** nach dem Zusammenbruch der *South Sea Company* im Jahr 1734 neben Leerverkäufen auch die Vereinbarung von Optionen und Futures[4]. Diese Verbote bestanden zwar offiziell bis zum Jahr 1860, wurde aber von Anfang an nur wenig beachtet[5]. Nachdem sie im Jahr 1860 außer Kraft gesetzt wurden, folgte auf eine unregulierte Phase im Jahr 1893 sogar ein Gesetz, das Leerverkäufe ausdrücklich zuließ[6]. In **Frankreich** verbot im Jahr 1802 ein napoleonisches Edikt Leerverkäufe in Aktien öffentlicher Gesellschaften, wobei Verstöße sogar mit Kriminalstrafen sanktioniert werden konnten[7]. Spätere grundlegende Reformen führten aber dazu, dass Leerverkäufe in allen Aktien ab 1885 zulässig waren[8]. In den **Vereinigten Staaten** verbot ein New Yorker Bundesgesetz im Jahr 1812 Leerverkäufe in Aktien und öffentliche Schuldtitel[9]. Bereits 1858 wurde das Verbot zugunsten einer ausdrücklichen Zulassung von Leerverkäufen aufgehoben[10], die sich noch heute im General Obligation Law des Staates New York findet (§ 5-1101)[11]. Ab 1938 galt in den USA die sog. *uptick rule* (Rule 10a-1), die es verbot, Leerverkäufe in Phasen eines Kursverfalls zu tätigen[12]. Das Verbot wurde erst 2005 gelockert (Testphase) und dann 2007 ganz aufgehoben, bevor im Zuge der Finanzkrise bereits ab Ende 2008 wieder Leerverkaufsverbot durch die SEC erlassen wurden (Rz. 6)[13].

3 Das **deutsche Recht** kannte bis zum Erlass des § 30h WpHG a.F. durch den Gesetzgeber des WpMiVoG im Jahr 2010 (Rz. 8) kein gesetzliches Leerverkaufsverbot. Dem § 30h WpHG a.F. gingen ab 2009 allerdings bereits

---

1 *Bris/Goetzmann/Zhu*, Journal of Finance 62 (2007), 1029, 1029 f.; *Beber/Pagano*, Journal of Finance 68 (2013), 343, 352 ff.; *Hill* in Ferran/Moloney/Hill/Coffee, The Regulatory Aftermath of the Global Financial Crisis, 2012, S. 203, 257 ff.
2 *Bris/Goetzmann/Zhu*, Journal of Finance 62 (2007), 1029, 1029 f.
3 *Loss/Seligmann*, Securities Regulation, 4th ed. Vol. VII., Cap. 8, S. 112: „death law".
4 *Loss/Seligmann*, Securities Regulation, 4th ed. Vol. VII., Cap. 8, S. 112.
5 *Chancellor*, A Short History of the Bear Market, 2001, abrufbar unter: https://dailyreckoning.com/a-short-history-of-the-bear-market/; *Loss/Seligmann*, Securities Regulation, 4th ed. Vol. VII., Cap. 8, S. 113.
6 *Loss/Seligmann*, Securities Regulation, 4th ed. Vol. VII., Cap. 8, S. 113.
7 *Loss/Seligmann*, Securities Regulation, 4th ed. Vol. VII., Cap. 8, S. 113; *Chancellor*, A Short History of the Bear Market, 2001, abrufbar unter: https://dailyreckoning.com/a-short-history-of-the-bear-market/.
8 *Loss/Seligmann*, Securities Regulation, 4th ed. Vol. VII., Cap. 8, S. 113; *Chancellor*, A Short History of the Bear Market, 2001, abrufbar unter: https://dailyreckoning.com/a-short-history-of-the-bear-market/.
9 *Loss/Seligmann*, Securities Regulation, 4th ed. Vol. VII., Cap. 8, S. 114.
10 *Loss/Seligmann*, Securities Regulation, 4th ed. Vol. VII., Cap. 8, S. 114.
11 *Loss/Seligmann*, Securities Regulation, 4th ed. Vol. VII., Cap. 8, S. 114.
12 *Grullon/Michenaud/Weston*, Review of Financial Studies 28 (2015), 1737, 1738.
13 *Grullon/Michenaud/Weston*, Review of Financial Studies 28 (2015), 1737, 1738.

einige Allgemeinverfügungen der BaFin voraus, die Leerverkäufe in bestimmten Finanztiteln verboten (Rz. 7). Aus Sicht des deutschen Zivilrechts ist ein Leerverkauf – jedenfalls solange die Erfüllung nicht unmöglich (§ 275 BGB) ist – seit jeher und erst recht seit der Schuldrechtsmodernisierung unproblematisch zulässig[1]. Das Börsengesetz unterwarf nur **Börsentermingeschäfte** seit 1896 abnehmend intensiven Beschränkungen (dazu Vor §§ 99 f. WpHG Rz. 4 ff.). Ein Leerverkauf unterscheidet sich aber von einem Börsentermingeschäft (zum Leerverkaufsbegriff Art. 2 VO Nr. 236/2012 Rz. 5 ff.).

2. Ursprünge des CDS-Marktes und seiner Regulierung. Der Markt für *Credit Default Swaps* (**CDS**) entstand erst in den frühen **1990er Jahren**. Den ersten bekannten CDS konstruierte die Investmentbank *J.P. Morgan Inc.* im Jahr 1994 zum Transfer von Kreditrisiken[2]. In der Folge traten CDS einen Siegeszug auf den internationalen Finanzmärkten an[3]. Nach ihrer Standardisierung durch einen Rahmenvertrag der ISDA im Jahr 1999 nahm das Gesamtvolumen ausstehender CDS-Kontrakte in den beginnenden 2000er Jahren bis zum Höhepunkt im Jahr 2007 enorm zu. Das ausstehende Gesamtnominalvolumen von CDS stiegt von ca. 918 Milliarden US-Dollar im Jahr 2001 auf ca. 62 Billionen US-Dollar im Jahr 2007[4]. 4

Bis zu den ersten Verboten von CDS auf öffentliche Schuldtitel im Zuge der Finanz- bzw. der europäischen Staatsschuldenkrise zuerst in Deutschland (Rz. 7) und dann in der EU/EWR (Rz. 10 ff.), war es – jedenfalls in den großen Finanzzentren – nicht verboten, in CDS einzutreten[5]. 5

3. Reaktionen auf die Verwerfungen während der Finanzkrise. a) Finanzkrise und internationale aufsichtsbehördliche Leerverkaufsverbote sowie Verbote ungedeckter CDS. Nach dem **Zusammenbruch von Lehman Brothers** im September 2008 erließen am 19.9.2008 zunächst die amerikanische, die britische, die kanadische, die luxemburgische und die Schweizer Finanzaufsichtsbehörde temporäre Leerverkaufsverbote für die Aktien bestimmter Unternehmen der Finanzbranche[6]. Nur einen Tag später, am 20.9.2008, folgte dann die Bundesanstalt für Finanzdienstleistungsaufsicht (**BaFin**) mit ihrer ersten Allgemeinverfügung zum Verbot von Leerverkäufen bestimmter Finanztitel (Rz. 7). Bis Ende Oktober 2008 verboten u.a. Australien, Österreich, Belgien, Dänemark, Frankreich, Griechenland, Irland, Italien, Japan, die Niederlande, Norwegen, Portugal, Südkorea und Spanien teils sogar Leerverkäufe aller Aktien[7]. Dabei wurden diese Maßnahmen der EU-Mitgliedstaaten durch das *Committee of European Securities Regulators* (CESR) begleitet und teilweise koordiniert[8]. Nach den ersten Einschätzungen zahlreicher Aufsichtsbehörden könnten Leerverkäufe in turbulenten Zeiten das Marktgleichgewicht stören, zu weiteren Verwerfungen auf den Finanzmärkten führen und gezielt zur Spekulation auf einen Kursverfall oder Zahlungsausfall missbraucht werden[9]. 6

b) Allgemeinverfügungen der BaFin im Besonderen. Die BaFin erließ bereits im Jahr 2008 mehrere Allgemeinverfügungen auf Basis des § 4 WpHG a.F., die in wesentlichen Teilen der späteren gesetzlichen Regelung der §§ 30h ff. WpHG a.F. entsprachen[10]. **Ungedeckte Leerverkäufe** in Aktien bestimmter Finanzmarktunternehmen **verbot** die BaFin erstmals mit Allgemeinverfügung vom 19.9.2008[11]. Eine nähere Konkretisierung brachte dann die Allgemeinverfügung vom 21.9.2008[12]. In der Folge wurde deren Geltungszeitraum in regelmäßigen Abständen mit den Allgemeinverfügungen vom 17.12.2008, 30.3.2009 und 29.5.2009 bis zum 31.1. 2010 verlängert[13]. Im Zeitraum vom 1.2.2010 bis zum 24.3.2010 bestanden für die Durchführung ungedeckter 7

---

1 Zu schuldrechtlichen Implikationen *Bartels/Sajnovits*, JZ 2014, 322, 323 ff.
2 *Augustin/Subrahmanyam/Tang/Wang*, Annual Review of Financial Economics 8 (2016), 10.1, 10.2.
3 *Salomao*, Journal of Monetary Economics 90 (2017), 50, 52.
4 S. ISDA, ISDA Market Survey, abrufbar unter: http://www.isda.org/statistics/pdf/ISDA-Market-Survey-historical-data.pdf.
5 *Howell*, European Business Organization Law Review 17 (2016), 319, 333 ff.
6 Überblick bei *Beber/Pagano*, Journal of Finance 68 (2013), 343 ff.; s. ferner *Armour/Awrey/Davies/Enriques/Gordon/Mayer/Payne*, Principles of Financial Regulation, 2016, S. 194.
7 Überblick bei *Beber/Pagano*, Journal of Finance 68 (2013), 343, 352 f. Zu einer Übersicht der Maßnahmen der Mitgliedstaaten der EU s. ESMA, Update on measures adopted by competent authorities on short selling, ESMA/2011/39a, abrufbar unter: https://www.esma.europa.eu/search/site/short%20selling?page=8.
8 S. CESR, Press Release – CESR coordinates actions by EU securities regulators in relation to short-selling in financial markets, 19 September 2008, CESR/08-732, abrufbar unter: https://www.esma.europa.eu/search/site/short%20selling?page=10.
9 S. etwa die Pressemitteilung von *Christopher Cox*, Chairman der SEC vom 19.9.2008, SEC News Release 2008-211: „The emergency order temporarily banning short selling of financial stocks will restore equilibrium to markets" und „unbridled short selling is contributing to the recent sudden price declines in the securities of financial institutions unrelated to true price valuation." Zum ganzen auch *Beber/Pagano*, Journal of Finance 68 (2013), 343 ff.; *Grundmann* in Staub, HGB, Bankvertragsrecht 2, 5. Aufl. 2018, 6. Teil, 4. Abschnitt, A Rz. 552.
10 *Mülbert* in 6. Aufl., Vor § 30h ff. WpHG Rz. 1; *Weick-Ludewig* in Fuchs, § 30h WpHG Rz. 2, 5 ff.; *Grundmann* in Staub, HGB, Bankvertragsrecht 2, 5. Aufl. 2018, 6. Teil, 4. Abschnitt, A Rz. 558.
11 Abrufbar unter: http://www.bafin.de/SharedDocs/Aufsichtsrecht/DE/Verfuegungen/vf__080919__leerverk.html. Dazu *Weick-Ludewig* in Fuchs, § 30h WpHG Rz. 6.
12 Abrufbar unter: http://www.bafin.de/cln_109/nn_722756/SharedDocs/Aufsichtsrecht/DE/Verfuegungen/vf__080921leerverk__ausn.html.
13 Zur Kritik an der Zulässigkeit dieses Rückgriffs auf § 4 WpHG etwa *Walla*, DÖV 2010, 853 ff.

Leerverkäufe keinerlei Besonderheiten[1]. Ab dem 25.3.2010 galt aufgrund der Allgemeinverfügung der BaFin vom 4.3.2010 dann eine **Transparenzpflicht** für Netto-Leerverkaufspositionen in Aktien von zehn deutschen Finanzunternehmen[2], die inhaltlich im Wesentlichen dem § 30i WpHG a.F. entsprach. Ihre Geltung wurde zuletzt per Allgemeinverfügung vom 31.1.2011[3] bis zum 25.3.2012 verlängert, so dass sie als Übergangsregime bis zum Inkrafttreten des § 30i WpHG angesehen werden kann. Am 18.5.2010 erfolgten durch entsprechende Allgemeinverfügungen – seinerzeit befristet bis zum 31.3.2011 – schließlich ein **Verbot ungedeckter CDS** in Staatsanleihen der Mitgliedstaaten der Euro-Zone, ein Verbot ungedeckter Leerverkäufe in Aktien der zehn bedeutendsten deutschen Finanzunternehmen und ein Verbot von Leerverkäufen in Schuldtiteln der Euro-Mitgliedstaaten[4], die bedingt durch das Inkrafttreten der §§ 30h und 30j WpHG a.F. per Allgemeinverfügung vom 26.7.2010 mit Wirkung zum 27.7.2010 aufgehoben wurden[5, 6].

8   **4. Gesetz zur Vorbeugung gegen missbräuchliche Wertpapier- und Derivategeschäfte.** Die §§ 30h ff. WpHG a.F. waren ursprünglich im Diskussionsentwurf der Bundesregierung für ein Gesetz zur Stärkung des Anlegerschutzes und zur Verbesserung der Funktionsfähigkeit des Kapitalmarktes vom 3.5.2010 enthalten[7], wurden jedoch im weiteren Verlauf des Gesetzgebungsverfahrens ausgegliedert. Der Diskussionsentwurf für ein eigenes Gesetz zur Vorbeugung gegen missbräuchliche Wertpapier- und Derivategeschäfte (WpMiVoG)[8] wurde seinerseits zu einem Fraktionsentwurf[9] weiterentwickelt, welcher im Finanzausschuss aufgrund vielfacher sachverständiger Kritik[10] nochmals erhebliche Änderungen erfuhr. Das zunächst vorgesehene Verbot ungedeckter Leerverkäufe in Derivaten entfiel; zudem wurde der maßgebliche Bezugszeitpunkt für die Beurteilung über das Vorliegen eines ungedeckten Leerverkaufs auf das Ende eines jeden Tages verschoben. Am 2.7.2010 beschloss dann der Bundestag das Gesetz in der Fassung des Finanzausschusses[11], welchem der Bundesrat am 9.7.2010 zustimmte[12]. Am 26.7.2010 erfolgte schließlich die Verkündung des Gesetzes vom 21.7.2010[13] im Bundesgesetzblatt. Lediglich die vormalige Transparenzpflicht nach § 30i WpHG a.F. galt nicht bereits ab dem 27.7.2010, sondern erst ab dem 25.3.2012, weshalb die komplementären, die Transparenzpflicht betreffenden, Allgemeinverfügungen der BaFin erst mit Ablauf des 25.3.2012 ausliefen[14].

9   **5. Aktivitäten auf EU-Ebene. a) Vorarbeiten zur Europäischen Leerverkaufsregulierung.** Das *Technical Committee* der *International Organization of Securities Comissions* (**IOSCO**) veröffentlichte im März 2009 einen ersten Konsultationsreport zur Leerverkaufsregulierung[15]. Der finale Report folgte dann im Juni 2009[16]. Auf europäischer Ebene wurde das CESR – das später in der ESMA aufging – bereits im Dezember 2008 beauftragt,

---

1   Dazu auch *Weick-Ludewig* in Fuchs, § 30h WpHG Rz. 7; *Ludewig* in Heidel, Vor §§ 30h bis 30j WpHG Rz. 4.
2   Abrufbar unter: http://www.bafin.de/nn_722764/SharedDocs/Aufsichtsrecht/DE/Verfuegungen/vf__100304__leervk__transparenz.html.
3   Abrufbar unter: http://www.bafin.de/nn_722756/SharedDocs/Aufsichtsrecht/DE/Verfuegungen/vf__110131__leervk__transparenz__verlaengerung.html.
4   Abrufbar unter: http://www.bafin.de/nn_722758/SharedDocs/Aufsichtsrecht/DE/Verfuegungen/vf__100518__kreditderivate.html. Dazu auch *Weick-Ludewig* in Fuchs, § 30h WpHG Rz. 9.
5   Abrufbar unter http://www.bafin.de/nn_722758/SharedDocs/Aufsichtsrecht/DE/Verfuegungen/vf__100518__kreditderivate.html.
6   Zum Ganzen bereits *Mülbert* in 6. Aufl., Vor § 30h ff. WpHG Rz. 1; ferner *Weick-Ludewig* in Fuchs, § 30h WpHG Rz. 6 ff., 10.
7   Abrufbar unter http://www.bundesfinanzministerium.de/nn_1940/DE/BMF__Startseite/Service/Downloads/Abt__VII/DiskE__Gesetz__Anlegerschutz__Verbesserung_20Funktionalit_C3_A4t_20Finanzm_C3_A4rkte,templateId=raw,property=publicationFile.pdf.
8   Abrufbar unter http://www.bundesfinanzministerium.de/nn_1940/DE/BMF__Startseite/Service/Downloads/Abt__VII/DiskE__Finanzmarktstab__st_C3_A4rkG,templateId=raw,property=publicationFile.pdf.
9   Entwurf eines Gesetzes zur Vorbeugung gegen missbräuchliche Wertpapier- und Derivatgeschäfte, BT-Drucks. 17/1952.
10 Stellungnahmen abrufbar unter http://www.bundestag.de/bundestag/ausschuesse17/a07/anhoerungen/2010/020/Stellungnahmen/index.htm. Keine Berücksichtigung fand freilich Grundsatzkritik, dass die Eignung der Regelungen zur Stabilisierung der Finanzmärkte zu bezweifeln sei, dass zu manipulativen Zwecken getätigte Leerverkäufe, seien sie gedeckt oder ungedeckt, ohnehin schon § 20a WpHG unterfallen würden (*Zimmer/Beisken*, WM 2010, 485, 488; *Trüg*, NJW 2010, 3202, 3206) und daher die §§ 30h, 30j WpHG entbehrlich seien, und dass die mit dem neu geschaffenen § 4a WpHG nunmehr zweifelsfrei bestehende Möglichkeit der BaFin, bei einer konkreten Gefahr einzugreifen, sowie der Vorfeldflankierung dieser Eingriffsbefugnis durch das Mitteilungs- und Veröffentlichungsregime des § 30i WpHG das generelle Verbot der §§ 30h, 30j WpHG aufgrund des Bestehens von milderen, gleichermaßen effektiven Mitteln nicht erforderlich und damit nicht mit dem Verhältnismäßigkeitsgrundsatz vereinbar sei.
11 BT-Drucks. 17/1952; BT-Drucks. 17/2336.
12 BR-Drucks. 397/10; BR-Drucks. 397/10 (B).
13 Vgl. BGBl. I 2010, 945.
14 *Weick-Ludewig* in Fuchs, § 30h WpHG Rz. 11.
15 Abrufbar unter: https://www.iosco.org/library/pubdocs/pdf/IOSCOPD289.pdf.
16 Abrufbar unter: http://www.iosco.org/library/pubdocs/pdf/IOSCOPD292.pdf. Bereits 2003 hatte die IOSCO einen Report zur Transparenz von Leerverkäufen veröffentlicht, abrufbar unter: https://www.iosco.org/library/pubdocs/pdf/IOSCOPD147.pdf.

die Möglichkeiten einer gesamteuropäischen Leerverkaufsregulierung auszuloten[1]. Im Juli 2009 veröffentlichte das CESR zunächst einen Konsultationsentwurf zu einem europäischen **Transparenzregime für Leerverkäufe** mit dem Titel „CESR Proposal for a Pan-European Short Selling Disclosure Regime"[2]. Im März 2010 veröffentlichte das CESR seinen finalen Report[3], den es im Mai 2010 durch ein Dokument zur technischen Konkretisierung[4] ergänzte. Die Vorschläge bildeten die Grundlage des Transparenzregimes der späteren Leerverkaufs-VO. Der CESR-Vorschlag enthielt keine Empfehlungen zu Verbotsvorschriften, da zu diesem Zeitpunkt zwischen den Mitgliedern insofern noch keine Einigung erzielt werden konnte[5].

b) Vorschlag der Europäischen Kommission und Inkrafttreten der Leerverkaufs-VO. Die resultierende Rechtszersplitterung veranlasste die Europäische Kommission unter Federführung der Generaldirektion Binnenmarkt und Dienstleistungen nach drei öffentlichen Konsultationen[6] dazu, einen Vorschlag für eine entsprechende Verordnung mit dem Ziel einer EU-weite Harmonisierung vorzulegen[7]. Ein umfangreiches Dokument zur Folgenabschätzung begleitete den Vorschlag[8]. Die Europäische Kommission übermittelte den Vorschlag am 16.9.2012 sowohl an das Europäische Parlament als auch an den Rat der EU[9]. Der ursprüngliche Vorschlag der Kommission sah kein Verbot für ungedeckte Positionen in CDS (vgl. Art. 14 Leerverkaufs-VO) vor; dieses wurde erst später auf Initiative des Europäischen Parlaments aufgenommen[10]. Die Gruppe „Finanzdienstleistungen" im Rat der Europäischen Union verhandelte den Vorschlag während des belgischen Vorsitzes in drei Sitzungen am 6.10., 20.10. und 24.11.[11] und leitete dem Rat der EU einen Kompromissvorschlag zur Kenntnisnahme zu[12]. Der Rat der EU nahm den Sachstandsbericht und den Kompromissvorschlag der Gruppe „Finanzdienstleistungen" in seiner 3054. Tagung am 7.12.2010 zur Kenntnis[13]. Am 7.10.2010 beschloss das Europäische Parlament und am 13.10.2010 der Rat der EU, den Europäischen Wirtschafts- und Sozialausschuss gem. Art. 114 AEUV um Stellungnahme zu dem Vorschlag der Europäischen Kommission zu ersuchen. Das Präsidium des Ausschusses beauftragte die Fachgruppe Binnenmarkt, Produktion und Verbrauch am 20.10.2010 mit der Ausarbeitung dieser Stellungnahme. Der Ausschuss bestellte auf seiner 468. Plenartagung am 19./20.1. 2011 (Sitzung vom 20.1.) Peter *Morgan* zum Hauptberichterstatter und verabschiedete mit 290 gegen 4 Stimmen bei 7 Stimmenthaltungen seine am 17.3.2011 im Amtsblatt veröffentlichte Stellungnahme[14]. Die EZB wurde ebenfalls am 13.10.2010 durch den Rat der EU um Stellungnahme zum Kommissionsvorschlag ersucht; diese Stellungnahme vom 3.3.2011 wurde am 23.3.2011 im Amtsblatt veröffentlicht[15]. Der Rat der EU verständigte sich in seiner 3088. Tagung am 17.5.2011 auf einen von ihm am 6.5.2011 vorgelegten Kompromisstext für einen Vorschlag für eine Verordnung über Leerverkäufe und bestimmte Aspekte von Credit Default Swaps[16], so dass der Vorsitz im Namen des Rates Verhandlungen mit dem Europäischen Parlament mit Blick auf eine Einigung in erster Lesung aufnehmen konnte[17].

---

1 S. CESR, Call for Evidence – Regulation of Short Selling by CESR Members, Dez. 2008, abrufbar unter: https://www.esma.europa.eu/sites/default/files/library/2015/11/08_1010.pdf.
2 Abrufbar unter: https://www.esma.europa.eu/sites/default/files/library/2015/11/09_581.pdf.
3 *Committee of European Securities Regulators (CESR)*, Model for a Pan-European Short Selling Disclosure Regime (March 2010), Ref. CESR/10-088, Bachgrund no. 4, abrufbar unter: www.esma.europa.eu/system/files/10_088.pdf.
4 *CESR*, Technical details of the Pan-European short selling disclosure regime, CESR/10-453, abrufbar unter: https://www.esma.europa.eu/search/site/short%20selling?page=9.
5 *Committee of European Securities Regulators (CESR)*, Model for a Pan-European Short Selling Disclosure Regime (March 2010), Ref. CESR/10-088 (www.esma.europa.eu/system/files/10_088.pdf).
6 Details abrufbar unter: http://europa.eu/rapid/press-release_MEMO-10-255_de.htm?locale=en.
7 Vorschlag für Verordnung des Europäischen Parlaments und des Rates über Leerverkäufe und bestimmte Aspekte von Credit Default Swaps, KOM (2010) 482. Dazu auch *Grundmann* in Staub, HGB, Bankvertragsrecht 2, 5. Aufl. 2018, 6. Teil, 4. Abschnitt, A Rz. 560.
8 Dokument abrufbar unter: http://eur-lex.europa.eu/legal-content/DE/TXT/?uri=CELEX:52010SC1055.
9 S. Verfahren 2010/0251/COD, abrufbar unter: http://eur-lex.europa.eu/legal-content/DE/HIS/?uri=CELEX:32012R0236&qid=1476449246028.
10 Dazu auch *von Buttlar/Petersen* in Just/Voß/Ritz/Becker, § 30h WpHG Rz. 27.
11 Rat der Europäischen Union, Interinstitutional File: 2010/0251 (COD) vom 26.11.2010, abrufbar unter: http://register.consilium.europa.eu/doc/srv?l=DE&f=ST%2017039%202010%20INIT.
12 Dokuments 16676/10 EF 185 ECOFIN 751 CODEC 1333, abrufbar unter: http://register.consilium.europa.eu/doc/srv?l=EN&f=ST%2016676%202010%20INIT.
13 Rat der Europäischen Union, Wirtschaft und Finanzen, Mitteilung an die Presse – 3054. Tagung des Rates am 7.12.2010, abrufbar unter: http://europa.eu/rapid/press-release_PRES-10-333_de.htm?locale=de.
14 Stellungnahme des Europäischen Wirtschafts- und Sozialausschusses zu dem „Vorschlag für eine Verordnung des Europäischen Parlaments und des Rates über Leerverkäufe und bestimmte Aspekte von Credit Default Swaps" KOM (2010) 482 endg. – 2010/0251 (COD), 2011/C 84/07, ABl. EU Nr. C 84 v. 17.3.2011, S. 34.
15 Stellungnahme der Europäischen Zentralbank vom 3.3.2011 zu einem Vorschlag für eine Verordnung des Europäischen Parlaments und des Rates über Leerverkäufe und bestimmte Aspekte von Credit Default Swaps (CON/2011/17) 2011/C 91/01, ABl. EU Nr. C 91 v. 23.3.2011, S. 1.
16 http://register.consilium.europa.eu/doc/srv?l=DE&f=ST%206823%202011%20REV%203.
17 Council of the European Union, Press release, Council agrees general approach on short selling and credit default swaps, Brussels, 17 May 2011, abrufbar unter: http://www.consilium.europa.eu/uedocs/cms_data/docs/pressdata/en/ecofin/122043.pdf.

Vor Art. 1 VO Nr. 236/2012 | Vorbemerkungen

11 Nach Beratungen im Ausschuss für Wirtschaft und Währung (auf der Grundlage eines Berichts von *Pascal Canfin*[1]) sowie einigen Änderungsvorschlägen des Rechtsausschusses[2] lag ein abgeänderter Vorschlag für eine Verordnung des Europäischen Parlaments und des Rates über Leerverkäufe und bestimmte Aspekte von Credit Default Swaps[3] dem Europäischen Parlament nach vorangegangener Aussprache am 4.7.2011 in erster Lesung am 5.7.2011 vor. Das Parlament entschied, eine Abstimmung zu vertagen und den Vorschlag zur erneuten Prüfung an den Ausschuss für Wirtschaft und Währung zurückzuverweisen[4]. Nach erneuter Überarbeitung durch den Ausschuss für Wirtschaft und Währung, auch in Abstimmung mit dem Rat der Europäischen Union und der Europäischen Kommission (**Trilog**), billigte das Europäische Parlament am 15.11.2011 den neuerlich abgeänderten Vorschlag schließlich mit Änderungen nach erster Lesung[5]. Noch am gleichen Tag erklärte die Europäische Kommission ihr Einverständnis mit allen vom Europäischen Parlament vorgenommenen Änderungen.

12 Der Rat der Europäischen Union nahm am 21.2.2012 in seiner 3148. Tagung den nach 1. Lesung des Europäischen Parlaments am 15.11.2011 verabschiedeten Verordnungsvorschlag ebenfalls an[6]. Am 14.3.2012 unterzeichneten der Präsidenten des Europäischen Parlaments und der Präsidenten des Rates der EU den Rechtsakt[7]. Die VO Nr. 236/2012 des Europäischen Parlaments und des Rates vom 14.3.2012 über Leerverkäufe und bestimmte Aspekte von Credit Default Swaps (**Leerverkaufs-VO**) trat am Tag nach ihrer Verkündung im Amtsblatt am 23.3.2012, mithin am 24.3.2012 in Kraft (Art. 48 VO Nr. 236/2012). Geltung entfalteten die wesentlichen Regelungen der Verordnung aber erst ab dem 1.11.2012 (Art. 48 VO Nr. 236/2012). Art. 2 Abs. 2, 3 Abs. 7, 4 Abs. 2, 7 Abs. 3, 9 Abs. 5, 11 Abs. 3 und 4, 12 Abs. 2, 13 Abs. 4 und 5, 16 Abs. 3 und 4, 17 Abs. 2, 23 Abs. 5, 7 und 8 sowie Art. 30, 42, 43 und 44 galten jedoch schon ab dem 25.3.2012 (Art. 48 VO Nr. 236/2012).

13 Das europäische Leerverkaufsrecht ist überwiegend **vollharmonisierend** und fügt sich so in das Vorhaben der Etablierung eines *single rulebook* und eines *level playing field* für den europäischen Finanzmarkt ein. Die einzelnen Regelungen der Leerverkaufs-VO sind dementsprechend grundsätzlich vollharmonisierend (vgl. Erwägungsgründe 2, 3, 5 und 45 VO Nr. 236/2012), wofür jedenfalls tendenziell auch die Wahl des Art. 114 AEUV als Ermächtigungsgrundlage spricht (vgl. Erwägungsgrund 3 VO Nr. 236/2012).

14 **c) Spätere Änderungen.** Art. 1 **DelVO 2015/97** vom 17.10.2014 änderte Art. 13 DelVO Nr. 918/2012, der die Methode zur Berechnung von Positionen sowohl für ausgegebenes Gesellschaftskapital als auch für ausgegebene öffentliche Schuldtitel festlegt. In ihrer ursprünglichen Fassung bezog die Vorschrift sich nur auf die in Art. 5 VO Nr. 236/2012 genannte Meldeschwelle für signifikante Netto-Leerverkaufspositionen in Aktien, obwohl er sich auch auf die Meldeschwelle nach Art. 7 VO Nr. 236/2012 für signifikante Netto-Leerverkaufspositionen in öffentlichen Schuldtiteln beziehen sollte (Erwägungsgrund 1 DelVO 2015/97). Um Rechtsunsicherheit zu vermeiden, erhielt Art. 13 Abs. 3 Satz 1 DelVO Nr. 918/2012 daher folgende Fassung: „Wenn eine Netto-Leerverkaufsposition die in den Art. 5 und 7 der Verordnung Nr. 236/2012 genannte Meldeschwelle oder die in Art. 6 der Verordnung Nr. 236/2012 genannte Offenlegungsschwelle erreicht oder überschreitet, meldet und veröffentlicht eine juristische Person innerhalb der Gruppe die nach Abs. 1 berechnete Netto-Leerverkaufsposition in einem bestimmten Emittenten gem. den Art. 5 bis 11 der Verordnung Nr. 236/2012, sofern auf Gruppenebene keine nach Abs. 2 berechnete Netto-Leerverkaufsposition eine Melde- oder Offenlegungsschwelle erreicht oder überschreitet."

15 **Art. 72 VO Nr. 909/2014** strich Art. 15 VO Nr. 236/2012, weil die Maßnahmen zur Vermeidung gescheiterter Abwicklungen und des Vorgehens hiergegen durch die VO Nr. 909/2014 auf Unionsebene harmonisiert wurden, und diese Verordnung einen weiteren Anwendungsbereich für diese Maßnahmen vorsieht als die Leerverkaufs-VO (Erwägungsgrund 78 VO Nr. 909/2014)[8].

---

1 Zum Verfahren im Ausschuss für Wirtschaft und Währung s. Verfahrensgang 2010/0251(COD), abrufbar unter: http://eur-lex.europa.eu/legal-content/DE/HIS/?uri=CELEX%3A32012R0236.
2 Änderungsvorschläge abrufbar unter: http://eur-lex.europa.eu/legal-content/DE/HIS/?uri=CELEX%3A32012R0236.
3 Abänderung des Europäischen Parlaments vom 5.7.2011 zu dem Vorschlag für eine Verordnung des Europäischen Parlaments und des Rates über Leerverkäufe und bestimmte Aspekte von Credit Default Swaps (KOM (2010) 482 – C7-0264/2010 – 2010/0251(COD)) (1) 2013/C 33 E/36, konsolidierter Text abrufbar unter: http://www.europarl.europa.eu/sides/getDoc.do?type=TA&reference=P7-TA-2011-0312&language=DE&ring=A7-2011-055#BKMD-24.
4 Punkt 7.17 des Protokolls vom 5.7.2011, abrufbar unter: http://www.europarl.europa.eu/sides/getDoc.do?type=PV&reference=20111115&secondRef=ITEM-007-10&language=DE&ring=A7-2011-0055.
5 S. legislative Entschließung des Europäischen Parlaments vom 15.11.2011 zu dem Vorschlag für eine Verordnung des Europäischen Parlaments und des Rates über Leerverkäufe und bestimmte Aspekte von Credit Default Swaps (KOM (2010)0482 – C7-0264/2010 – 2010/0251(COD)), abrufbar unter: http://www.europarl.europa.eu/sides/getDoc.do?pubRef=-//EP//TEXT%20TA%20P7-TA-2011-0486%200%20DOC%20XML%20V0//de.
6 S. Pressemitteilung vom 21.2.19212, abrufbar unter: http://europa.eu/rapid/press-release_PRES-12-57_de.htm?locale=de.
7 S. Verfahrensgang, abrufbar unter: http://eur-lex.europa.eu/legal-content/DE/HIS/?uri=CELEX:32012R0236&qid=1476449246028.
8 Konsolidierter Verordnungstext abrufbar unter: http://eur-lex.europa.eu/legal-content/DE/TXT/?qid=1476448253485&uri=CELEX:02012R0236-20140917.

d) Ausblick. Nach Art. 45 VO Nr. 236/2012 hatte die Europäische Kommission dem Europäischen Parlament und dem Rat der EU im Lichte ihrer Gespräche mit den zuständigen Behörden und der ESMA bis zum 30.6. 2013 einen Bericht über: (a) die Angemessenheit der Meldungen und der Schwellen für die Offenlegung, (b) die Auswirkung der jeweiligen Offenlegungspflichten gem. Art. 6, (c) die Zweckmäßigkeit direkter oder zentralisierter Berichterstattung an die ESMA, (d) die Anwendung der Beschränkungen und Anforderungen der Kapitel II und III, (e) die Angemessenheit der Beschränkungen in Bezug auf ungedeckte Credit Default Swaps auf öffentliche Schuldtitel und (f) die Angemessenheit weiterer Beschränkungen oder Bedingungen für Leerverkäufe und Credit Default Swaps zu erstatten. Die Berichterstattung erfolgte in Form eines **Review zur Leerverkaufs-VO** am 13.12.2013[1]. 16

Die Leerverkaufs-VO verweist an verschiedenen Stelle noch auf Vorschriften der RL 2004/39/EG (MiFID I) sowie auf solche der RL 2003/6/EG (MAD I). Die **MiFID I trat** gem. Art. 94 Unterabs. 1 RL 2014/65/EU (MiFID II) **am 3.3.2018**, die **MAD I** gem. Art. 37 VO Nr. 596/2014 (MAR) **am 3.7.2016, außer Kraft**. Die Leerverkaufs-VO muss nicht durch Verweise auf die MiFID II bzw. die MAR angepasst werden. Gem. **Art. 94 Unterabs. 2 RL 2014/65/EU (MiFID II)** gelten nämlich Bezugnahmen auf die MiFID I oder die RL 93/22/EWG als Bezugnahmen auf die MiFID II oder auf die MiFIR und sind nach Maßgabe der Entsprechungstabellen in Anhang IV MiFID II zu lesen. Entsprechendes gilt gem. Art. 39 Abs. 4 VO Nr. 596/2014 (MAR) für Verweisungen auf die MAD I. 17

Im Januar 2017 schickte die Europäische Kommission eine weitere Anfrage an die ESMA und ersuchte diese um eine **neuerliche Evaluation der Leerverkaufs-VO**[2]. Die ESMA hat dazu am 7.7.2017 einen Konsultationsbericht[3] und am 21.12.2017 ihren finalen technical advice vorgelegt[4]. Darin nimmt sie Stellung zu den Ausnahmevorschriften für Market Maker[5], zu den Ausnahmemaßnahmen nach Art. 23[6] sowie zum Transparenzregime[7]. Zu dem Konsultationspapier hatten einige Interessenverbände und Marktteilnehmer Stellung genommen[8]. Die Stellungnahmen sind auf der Website der ESMA veröffentlicht[9]. Näher zu den Vorschlägen der ESMA s. Art. 17 VO Nr. 236/2012 Rz. 16ff., Art. 18–26 VO Nr. 236/2012 Rz. 39ff. und Art. 5–10 VO Nr. 236/2012 Rz. 13. 18

6. Umsetzung ins nationale Recht. Das Regelungsregime der Leerverkaufs-VO entspricht nach Einschätzung des Gesetzgebers des EU-Leerverkaufs-Ausführungsgesetzes[10] mit Ausnahme der inzwischen aus der Leerverkaufs-VO gestrichenen Vorschriften zur Zwangseindeckung (ex Art. 15 VO Nr. 236/2012) – und, so ist zu ergänzen, der gem. Art. 41 VO Nr. 236/2012 dem nationalen Recht vorbehaltenen Statuierung eines wirksamen Sanktionenregimes – weitgehend dem Gesetz zur Vorbeugung gegen missbräuchliche Wertpapier- und Derivategeschäfte vom Juli 2010[11]. Dementsprechend hat das **EU-Leerverkaufs-Ausführungsgesetz** (BGBl. I 2012, 2286) die § 4a Abs. 1 Satz 2 Nr. 1 lit. a, §§ 30i, 30j WpHG aufgehoben und die vormaligen Regelungen des § 30h WpHG durch die zur Ausführung der VO Nr. 236/2012 erforderlichen aufsichtsrechtlichen Zuständigkeits- und Verfahrensvorschriften sowie die Ermächtigung zum Erlass einer Rechtsverordnung ersetzt. Nach der Neuordnung des WpHG durch das 2. Finanzmarktnovellierungsgesetz (**2. FiMaNoG**) findet sich die Vorschrift nunmehr in **§ 53 WpHG** (Rz. 20 ff.). Zudem kam der deutsche Gesetzgeber in § 39 Abs. 2d i.V.m. Abs. 4 WpHG a.F., nunmehr § 120 Abs. 6 und Abs. 13 WpHG, dem Regelungsauftrag des Art. 41 VO Nr. 236/2012 nach, wirksame, verhältnismäßige und abschreckende Sanktionen vorzusehen (Rz. 24). 19

---

1 *Weick-Ludewig* in Fuchs, § 30h WpHG Rz. 146 ff.
2 Request for ESMA technical advice on the evaluation of Regulation (EU) No 236/2012, 19 January 2017, abrufbar unter: https://ec.europa.eu/info/law/short-selling-regulation-eu-no-236-2012/monitoring-and-enforcement_en.
3 Abrufbar unter: https://www.esma.europa.eu/press-news/esma-news/esma-consults-evaluation-short-selling-regulation.
4 ESMA, Final Report – Technical Advice on the evaluation of certain elements of the Short Selling Regulation, ESMA70-145-386.
5 ESMA, Consultation Paper on the evaluation of certain elements of the Short Selling Regulation, ESMA70-145-127, S. 7 ff.; ESMA, Final Report – Technical Advice on the evaluation of certain elements of the Short Selling Regulation, ESMA70-145-386, Annex II.
6 ESMA, Consultation Paper on the evaluation of certain elements of the Short Selling Regulation, ESMA70-145-127, S. 19 ff. und Annex III.; ESMA, Final Report – Technical Advice on the evaluation of certain elements of the Short Selling Regulation, ESMA70-145-386, Annex III.
7 ESMA, Consultation Paper on the evaluation of certain elements of the Short Selling Regulation, ESMA70-145-127, S. 35 ff.; ESMA, Final Report – Technical Advice on the evaluation of certain elements of the Short Selling Regulation, ESMA70-145-386, Annex IV.
8 So etwa die Deutsche Bank, die Deutsche Kreditwirtschaft, die Deutsche Börse, der Bundesverband der Wertpapierfirmen e.V., die London Stock Exchange Group sowie AFME und ISDA.
9 Abrufbar unter: https://www.esma.europa.eu/press-news/consultations/consultation-evaluation-certain-aspects-short-selling-regulationn#TODO.
10 RegE eines Gesetzes zur Ausführung der Verordnung Nr. 236/2012 des Europäischen Parlaments und des Rates vom 14.3.2012 über Leerverkäufe und bestimmte Aspekte von Credit Default Swaps (EU-Leerverkaufs-Ausführungsgesetz), BT-Drucks. 17/9665, 7.
11 *Mülbert/Sajnovits*, ZBB 2012, 266, 266 f.; zum Regime der §§ 30h ff. WpHG a.F. näher *Mülbert* in 6. Aufl., §§ 30h-j WpHG.

20 Nach § 53 Abs. 1 Satz 1 WpHG ist die **BaFin** die **zuständige Behörde** i.S.d. Art. 32 VO Nr. 236/2012[1]. § 53 Abs. 1 Satz 2 WpHG schränkt ihre Zuständigkeit zugunsten derjenigen der Geschäftsführungen der Börsen ein, denen § 15 Abs. 5a BörsG eine Sonderzuständigkeit im Rahmen des Art. 23 VO Nr. 236/2012 einräumt[2]. Gem. § 53 Abs. 1 Satz 3 WpHG gelten zudem, soweit in der Leerverkaufs-VO nichts Abweichendes geregelt ist, die **Vorschriften der Abschnitte 1 und 2 des WpHG**, mit Ausnahme der §§ 18 Abs. 7 Satz 4–8, 21 Abs. 1 Satz 3 und § 22 WpHG, entsprechend. In den in Bezug genommenen Vorschriften der Abschnitte 1 und 2, insbesondere in der Generalnorm des § 6 WpHG, werden der BaFin bestimmte Kompetenzen übertragen (näher § 6 WpHG Rz. 26). Mit dem Verweis und der damit verbundenen Kompetenzbegründung setzt der deutsche Gesetzgeber die Vorgaben zu den Behördenbefugnissen des Art. 33 VO Nr. 236/2012 um[3]. Die von dem Verweis ausgenommenen Bestimmungen sind nicht anwendbar, da die Art. 34–40 VO Nr. 236/2012 insofern abschließende unmittelbar anwendbare Regelungen enthalten[4].

21 Nach § 53 Abs. 2 Satz 1 WpHG übt die BaFin ihre Befugnisse nach dem WpHG und der Leerverkaufs-VO aus, soweit dies für die Wahrnehmung ihrer Aufgaben und für die Überwachung der Einhaltung der in der Leerverkaufs-VO geregelten Pflichten erforderlich ist[5]. Damit wird nichts anderes als der **Grundsatz der Verhältnismäßigkeit** beim Verwaltungshandeln – deklaratorisch – zum Ausdruck gebracht[6]. Gem. § 53 Abs. 2 Satz 2 WpHG beaufsichtigt die BaFin für die Zwecke des Art. 9 Abs. 4 Satz 2 VO Nr. 236/2012 die entsprechenden Internetseiten des Bundesanzeigers (dazu Art. 5–10 VO Nr. 236/2012 Rz. 12).

22 Widerspruch und Anfechtungsklage gegen Maßnahmen der BaFin nach § 53 Abs. 2 WpHG, auch in Verbindung mit der Leerverkaufs-VO, haben nach § 53 Abs. 3 WpHG **keine aufschiebende Wirkung**. Dies soll eine wirksame Gefahrenabwehr sicherstellen[7].

23 Das Bundesministerium der Finanzen (BMF) kann gem. § 53 Abs. 4 Unterabs. 1 WpHG durch **Rechtsverordnung**, die nicht der Zustimmung des Bundesrates bedarf, nähere Bestimmungen über (1.) Art, Umfang und Form von Mitteilungen und Veröffentlichungen von Netto-Leerverkaufspositionen nach den Art. 5–8 VO Nr. 236/2012, (2.) über die Beaufsichtigung der Internetseiten des Bundesanzeigers für die Zwecke des Art. 9 Abs. 4 Satz 2 VO Nr. 236/2012 sowie (3.) über Art, Umfang und Form der Mitteilungen, Übermittlungen und Benachrichtigungen gem. Art. 17 Abs. 5, 6 und 8–10 VO Nr. 236/2012 erlassen. Diese Ermächtigung kann es gem. § 53 Abs. 4 Unterabs. 2 WpHG durch Rechtsverordnung ohne Zustimmung des Bundesrates auf die BaFin übertragen. Die BaFin hat – nach Übertragung der Ermächtigung durch das BMF – in Ausfüllung der Ermächtigung die **Netto-Leerverkaufspositionsverordnung** und die **Leerverkaufs-Anzeigenverordnung** erlassen[8].

24 Verstöße gegen die Transparenz- und Verbotsvorschriften der Leerverkaufs-VO sind durch **Blankett-Ordnungswidrigkeitentatbestände** flankiert. Nach § **120 Abs. 6 WpHG** handelt ordnungswidrig, wer gegen die VO Nr. 236/2012 verstößt, indem er **vorsätzlich** oder **leichtfertig**:
1. entgegen Art. 5 Abs. 1, Art. 7 Abs. 1 oder Art. 8 Abs. 1, jeweils auch i.V.m. Art. 9 Abs. 1 Unterabs. 1 oder Art. 10, eine Meldung nicht, nicht richtig, nicht vollständig oder nicht rechtzeitig macht,
2. entgegen Art. 6 Abs. 1, auch i.V.m. Art. 9 Abs. 1 Unterabs. 1 oder Art. 10, eine Einzelheit nicht, nicht richtig, nicht vollständig oder nicht rechtzeitig offenlegt,
3. entgegen Art. 12 Abs. 1 oder Art. 13 Abs. 1 eine Aktie oder einen öffentlichen Schuldtitel leer verkauft,
4. entgegen Art. 14 Abs. 1 eine Transaktion vornimmt oder
5. entgegen Art. 15 Abs. 1 nicht sicherstellt, dass er über ein dort genanntes Verfahren verfügt.

Mit dem Ordnungswidrigkeitentatbestand entspricht der deutsche Gesetzgeber seinem Regelungsauftrag aus **Art. 41 VO Nr. 236/2012**, wonach er wirksame, verhältnismäßige und abschreckende Sanktionen vorsehen muss. Ergänzt wird die ordnungswidrigkeitenrechtliche Sanktionierung durch § **120 Abs. 13 WpHG**, nach dem auch ordnungswidrig handelt, wer gegen die Leerverkaufs-VO verstößt, indem er **vorsätzlich** oder **fahrlässig** einer vollziehbaren Anordnung nach Art. 18 Abs. 2 Satz 2 oder Satz 3, Art. 19 Abs. 2, Art. 20 Abs. 2 oder Art. 21 Abs. 1 oder Art. 23 Abs. 1 VO Nr. 236/2012 zuwiderhandelt. Näher zu diesen Tatbeständen Art. 18–26 VO Nr. 236/2012 Rz. 17 ff.

25 **II. Regelungssystematik des europäischen Leerverkaufsregimes. 1. Verordnungsebene (Level 1). a) Allgemeine Bestimmungen (Kapitel I: Art. 1–4 VO Nr. 236/2012).** Die Allgemeinen Bestimmungen der Leerverkaufs-VO in ihrem Kapitel I beginnen mit der Regelung zum sachlichen Anwendungsbereich in Art. 1 VO Nr. 236/2012.

---

1 *Weick-Ludewig* in Fuchs, § 30h WpHG Rz. 20.
2 *Weick-Ludewig* in Fuchs, § 30h WpHG Rz. 23.
3 Begr. Fraktionsentwurf EU-Leerverkaufs-Ausführungsgesetz, BT-Drucks. 17/1952, 8.
4 *Weick-Ludewig* in Fuchs, § 30h WpHG Rz. 20, 22; Begr. Fraktionsentwurf EU-Leerverkaufs-Ausführungsgesetz, BT-Drucks. 17/1952, 8.
5 *Weick-Ludewig* in Fuchs, § 30h WpHG Rz. 24.
6 *Weick-Ludewig* in Fuchs, § 30h WpHG Rz. 24; Begr. Fraktionsentwurf EU-Leerverkaufs-Ausführungsgesetz, BT-Drucks. 17/1952, 8.
7 *Weick-Ludewig* in Fuchs, § 30h WpHG Rz. 26.
8 *Weick-Ludewig* in Fuchs, § 30h WpHG Rz. 27.

Der **Anwendungsbereich** der Leerverkaufs-VO erstreckt sich nach deren Art. 1 Abs. 1 auf Finanzinstrumente, die an einem Handelsplatz innerhalb der Europäischen Union zugelassen sind (lit. a), auf Derivate, die mit einem Finanzinstrument verbunden sind (lit. b) und auf Schuldinstrumente, die von einem Mitgliedstaat der Europäischen Union oder der Europäischen Union selbst begeben werden (lit. c Alt. 1) sowie auf Derivate, die mit solchen Schuldinstrumenten verbunden sind (lit. c Alt. 2). Näher Art. 1 VO Nr. 236/2012 Rz. 2 ff.

Art. 2 VO Nr. 236/2012 enthält die wesentlichen **Begriffsbestimmungen**, wie etwa diejenige des Leerverkaufs (Art. 2 Abs. 1 lit. b VO Nr. 236/2012) und diejenige des Credit Default Swaps (Art. 2 Abs. 1 lit. c VO Nr. 236/2012). Für einige Begriffsbestimmungen verweist Art. 2 VO Nr. 236/2012 auf andere (kapitalmarktrechtliche) Unionsrechtsakte wie z.B. die RL 2004/39/EG (MiFID I) (näher Art. 2 VO Nr. 236/2012 Rz. 5 ff.). Wesentliche Definitionsvorschriften für die Anwendung der Leerverkaufs-VO finden sich daneben in den Art. 3 und 4 VO Nr. 236/2012, nämlich zu den Begriffen „Short-" und „Long-Position" (Art. 3 VO Nr. 236/2012) und zu dem Begriff der „ungedeckten Position in einem Credit Default Swap auf öffentliche Schuldtitel" (Art. 4 VO Nr. 236/2012). Die Begriffsbestimmungen sind maßgeblich für die inhaltliche Reichweite der Transparenz- und Verbotsvorschriften in den folgenden Kapiteln.

b) Transparenzvorschriften (Kapitel II: Art. 5–11 VO Nr. 236/2012). Die **Art. 5–10 VO Nr. 236/2012** schaffen ein **Transparenzregime für Netto-Leerverkaufspositionen** und unter Umständen auch für ungedeckte Positionen in CDS. Die Transparenzvorschriften können sowohl eine Meldung (erste Stufe) an die jeweils zuständige Behörde als auch eine Offenlegung (zweite Stufe) gegenüber der Öffentlichkeit erforderlich machen. Anknüpfungspunkt einer Melde- und/oder Offenlegungspflicht ist das Halten einer absoluten Netto-Leerverkaufsposition im ausgegebenen Aktienkapital eines Unternehmens (Art. 5, 6 VO Nr. 236/2012) oder in den ausgegebenen öffentlichen Schuldtiteln eines öffentlichen Emittenten (Art. 7 VO Nr. 236/2012). Eine **Melde- und Offenlegungspflicht von ungedeckten Positionen in Credit Default Swaps** besteht nur, wenn das Verbot ungedeckter CDS ausnahmsweise aufgehoben ist. Das Melde- und Offenlegungsverfahren regelt Art. 9 VO Nr. 236/2012. S. näher zum Transparenzregime Art. 5–10 VO Nr. 236/2012 Rz. 19 ff. **Art. 11 VO Nr. 236/2012** verpflichtet die zuständigen Behörden zu regelmäßigen Meldungen (Abs. 1) und zu Ad-hoc-Meldungen (Abs. 2) an die ESMA.

c) Ungedeckte Leerverkäufe (Kapitel III: Art. 12–14 VO Nr. 236/2012). Kapitel III enthält in den Art. 12, 13 und 14 das Verbotsregime der Leerverkaufs-VO. **Art. 12 und 13 VO Nr. 236/2012** erlauben einen Leerverkauf von Aktien bzw. öffentlichen Schuldtiteln nur, wenn es sich um einen gedeckten Verkauf handelt. Zur **Deckung** ist nach Art. 12 Abs. 1 bzw. Art. 13 Abs. 2 VO Nr. 236/2012 erforderlich, dass der Leerverkäufer (1) vor oder gleichzeitig mit dem Leerverkauf die leerverkauften Aktien bzw. die öffentlichen Schuldtitel geliehen oder alternative Vorkehrungen getroffen hat, die zu gleichen rechtlichen Ergebnissen führen, (2) der Leerverkäufer bezüglich der Aktien bzw. der öffentlichen Schuldtitel eine Leihvereinbarung getroffen oder einen vertragsrechtlich oder eigentumsrechtlich unbedingt durchsetzbaren Anspruch auf Übertragung des Eigentums an einer entsprechenden Anzahl von Wertpapieren derselben Gattung hat, so dass das Geschäft bei Fälligkeit abgewickelt werden kann oder (3) eine sog. Lokalisierungsvereinbarung abgeschlossen worden ist. Zur Deckung näher Art. 12 und 13 VO Nr. 236/2012 Rz. 30 ff. Die Leerverkaufsbeschränkungen nach Art. 13 können nach Art. 13 Abs. 3 VO Nr. 236/2012 durch die jeweils zuständige Behörde in besonderen Fällen ausgesetzt werden (dazu Art. 12 und 13 VO Nr. 236/2012 Rz. 74 ff.).

Art. 14 Abs. 1 VO Nr. 236/2012 gestattet nur solche Transaktionen mit **Credit Default Swaps** mit Bezug auf öffentliche Schuldtitel öffentlicher Emittenten, die nicht zu **ungedeckten Positionen** i.S.d. Art. 4 VO Nr. 236/2012 führen. Das Verbot des Eingehens von ungedeckten Positionen in Credit Default Swaps auf öffentliche Schuldtitel öffentlicher Emittenten kann von der jeweils zuständigen nationalen Behörde im Einzelfall aufgehoben werden. Mit der Aufhebung kommt gegenläufig die Meldepflicht nach Art. 8 VO Nr. 236/2012 zur Entstehung (Art. 5–10 VO Nr. 236/2012 Rz. 36 f.). Näher zum Verbot ungedeckter Credit Default Swaps Art. 14 VO Nr. 236/2012 Rz. 11 ff.

Obgleich dieses auf den ersten Blick rein abschlussbezogene Regime allein auf den Zeitpunkt der Vornahme eines Leerverkaufs bzw. des Eingehens einer CDS-Vereinbarung bezogen zu sein scheint, greift es bei näherem Zusehen – auch aus Schutzzweckerwägungen – dergestalt weiter, dass die Anforderungen der Art. 12–14 VO Nr. 236/2012 auch im Zeitablauf zu beachten sind. Dies führt bei Leerverkäufen u.a. dazu, dass die Deckung auch nach dem Abschluss des Leerverkaufs noch gehalten werden muss (Art. 12 und 13 VO Nr. 236/2012 Rz. 64 ff.) und bei Credit Default Swaps dazu, dass dieser während seiner gesamten Laufzeit der Absicherung einer tauglichen Position dienen muss (Art. 14 VO Nr. 236/2012 Rz. 22).

Die Vorschriften zum **Eindeckungsverfahren** nach dem inzwischen weggefallenen Art. 15 VO Nr. 236/2012 finden sich nunmehr – regelungssystematisch überzeugend – in der VO Nr. 909/2014 (Rz. 15).

d) Ausnahmen (Kapitel IV: Art. 16–17 VO Nr. 236/2012). Die Art. 16 und 17 VO Nr. 236/2012 enthalten Ausnahmebestimmungen von den Verboten und Verpflichtungen der Leerverkaufs-VO. Gem. **Art. 16 Abs. 1 VO Nr. 236/2012** gelten die Art. 5, 6 und 12 VO Nr. 236/2012 nicht für Aktien, die zwar zum Handel an einem Handelsplatz in der Europäischen Union zugelassen sind, deren Haupthandelsplatz sich aber in einem Drittland befindet. Näher dazu Art. 16 VO Nr. 236/2012 Rz. 8 f.

33 **Art. 17 VO Nr. 236/2012** sieht bestimmte Ausnahmen vom Verbotsregime und den Transparenzpflichten vor. Auf Geschäfte, die aufgrund von **Market-Making-Aktivitäten** getätigt werden, finden die Art. 5, 6, 7, 12, 13, 14 VO Nr. 236/2012 keine Anwendung (Art. 17 Abs. 1 VO Nr. 236/2012). Die Art. 7, 13, 14 VO Nr. 236/2012 finden keine Anwendung auf Tätigkeiten von Personen, die infolge einer Vereinbarung mit einem Emittenten öffentlicher Schuldtitel als **Primärhändler** zugelassen sind und als Eigenhändler in Finanzinstrumenten auftreten, die auf dem Primär- oder Sekundärmarkt für öffentliche Schuldtitel gehandelt werden (Art. 17 Abs. 3 VO Nr. 236/2012). Voraussetzung für das Eingreifen der beiden Ausnahmetatbestände ist jeweils, dass die betreffende natürliche oder juristische Person der zuständigen Behörde ihres Herkunftsmitgliedstaats vorher – mithin vor der Inanspruchnahme der Ausnahme – schriftlich mitgeteilt hat, diese in Anspruch zu nehmen. Näher Art. 17 VO Nr. 236/2012 Rz. 16 ff. und 33 ff.

34 Die Art. 5, 6, 12, 13 und 14 VO Nr. 236/2012 finden keine Anwendung auf natürliche oder juristische Personen, die im Zusammenhang mit der Stabilisierung eines Finanzinstruments nach Art. 5 VO Nr. 596/2014 (MAR) in Bezug auf Ausnahmeregelungen für **Rückkaufprogramme und Kursstabilisierungsmaßnahmen** ein Wertpapier leer verkaufen oder eine Netto-Leerverkaufsposition halten (Art. 17 Abs. 4 VO Nr. 596/2014). Näher Art. 17 VO Nr. 236/2012 Rz. 39.

35 **e) Behördenbefugnisse in Ausnahmesituationen (Kapitel V: Art. 18–31 VO Nr. 236/2012).** Die Art. 18–21 VO Nr. 236/2012 konstituieren diverse Eingriffsbefugnisse (Notfallmaßnahmen[1]) der jeweils zuständigen **nationalen Behörden**. Voraussetzung ist stets eine **Ausnahmesituation**, mithin der Eintritt ungünstiger Ereignisse oder Entwicklungen. Hierunter fallen nicht nur finanzielle oder wirtschaftliche Verwerfungen, sondern etwa auch Naturkatastrophen oder terroristische Anschläge[2], die eine ernstzunehmende Bedrohung für die Finanzstabilität oder das Marktvertrauen in dem betreffenden Mitgliedstaat oder in einem oder mehreren anderen Mitgliedstaaten darstellen. Die ergriffene Maßnahme muss erforderlich sein, um der Bedrohung zu begegnen und die Effizienz der Finanzmärkte darf im Vergleich zum Nutzen der Maßnahme nicht unverhältnismäßig beeinträchtigt werden (Art. 18 Abs. 1 lit. a und b VO Nr. 236/2012). Die **Eingriffsbefugnisse** ermöglichen, (i) die Meldung und Offenlegung bestimmter Positionen verlangen zu können (Art. 18 VO Nr. 236/2012), (ii) Verleihern von Wertpapieren eine Meldepflicht aufzuerlegen (Art. 19 VO Nr. 236/2012) und (iii) Leerverkäufe und vergleichbare Transaktionen sowie Transaktionen in Credit Default Swaps verhältniswahrenden Beschränkungen zu unterwerfen, die bestimmte Arten von Transaktionen in einem einzelnen Instrument, ein einzelnes Instrument generell oder sogar alle Instrumente betreffen können (Art. 20, 21 VO Nr. 236/2012). Jede Beschränkung muss von der zuständigen nationalen Behörde auf ihrer Website **bekanntgemacht werden** (Art. 25 Abs. 1 VO Nr. 236/2012). Die Maßnahme **gilt** zunächst für die Dauer von **höchstens drei Monaten** ab dem Zeitpunkt der Veröffentlichung der Bekanntmachung (Art. 24 Unterabs. 1 VO Nr. 236/2012), kann aber um weitere Zeiträume von jeweils höchstens drei Monaten verlängert werden (Art. 24 Unterabs. 2 Satz 1 VO Nr. 236/2012). Vor der Verhängung oder Verlängerung einer Maßnahme muss die zuständige nationale Behörde die ESMA und die anderen zuständigen nationalen Behörden benachrichtigen (Art. 26 VO Nr. 236/2012). Die ESMA gibt zu der Maßnahme innerhalb von 24 Stunden eine Stellungnahme (ESMA-Opinion) ab (Art. 27 VO Nr. 236/2012).

36 Für den Fall eines **signifikanten Kursverfalls** innerhalb eines Handelstages gegenüber der Schlussnotierung des Vortages räumt Art. 23 VO Nr. 236/2012 der jeweils zuständigen Behörde die Befugnis ein, **gedeckte (!) Leerverkäufe von Finanzinstrumenten befristet zu beschränken**. Diese Maßnahmen sollen einen ungeordneten Kursverfall verhindern (Art. 23 Abs. 1 Unterabs. 2 VO Nr. 236/2012). Zuständige Behörde in Deutschland ist für Börsen – abweichend von der grundsätzlichen Zuständigkeit der BaFin – gem. § 15 Abs. 5a BörsG die Börsengeschäftsführung[3]. Für andere Handelsplätze ist die BaFin zuständige Behörde. Im Falle liquider Aktien ist ein Kursverfall von mehr als 10 % als signifikant anzusehen; im Falle illiquider Aktien und anderer Arten von Finanzinstrumenten, ist eine von der Europäischen Kommission festzulegende Höhe maßgeblich. Die Methoden der Berechnung des Kursverfalls werden durch technische Regulierungsstandards konkretisiert. Hinsichtlich der Bekanntmachung und der Beteiligung der ESMA und anderer zuständiger Behörden gelten die Ausführungen zu den Maßnahmen nach Art. 18–21 VO Nr. 236/2012 (Rz. 35) entsprechend. Die Maßnahme nach Art. 23 VO Nr. 236/2012 kann allerdings längstens bis zum Ende des auf den Kursverfall folgenden Handelstags angeordnet werden (näher Art. 18–26 VO Nr. 236/2012 Rz. 39 ff.).

37 Die Art. 27, 28, 29 und 31 VO Nr. 236/2012 geben der **ESMA** diverse Befugnisse zur **Sicherstellung eines harmonisierten Vorgehens** innerhalb der Europäischen Union bei der Leerverkaufsregulierung. So soll sie gem. Art. 27 Abs. 1 VO Nr. 236/2012 insbesondere gewährleisten, dass die Befugnisse der jeweiligen nationalen Behörden koordiniert und in kohärenter Weise ausgeübt werden. Bei einer **Bedrohungssituation** kommen gem. **Art. 28 VO Nr. 236/2012** auch der ESMA ganz ähnliche Befugnisse wie den national zuständigen Behörden

---

1 *Weick-Ludewig* in Fuchs, § 30h WpHG Rz. 122 ff.
2 S. Erwägungsgrund 27 VO Nr. 236/2012.
3 Hierzu kritisch *Hirte* in Stellungnahme zum Leerverkaufs-Ausführungsgesetz, S. 2 ff., abrufbar unter: http://www.kapital marktrecht-im-internet.eu/de/Rechtsgebiete/Kapitalma/Artikelgesetze/293/EU-Leerverkaufs-Ausf%C3%BChrungsgesetz. htm.

nach Art. 18 und 20 VO Nr. 236/2012 (Rz. 35) zu. Das Vereinigte Königreich Großbritannien und Nordirland hatte am 1.6.2012 Klage vor dem EuGH gegen den Rat der Europäischen Union und das Europäisches Parlament mit dem Antrag erhoben, Art. 28 VO Nr. 236/2012 für nichtig zu erklären. Der EuGH wies die Klage jedoch vollumfänglich ab[1]. Näher Art. 27–31 VO Nr. 236/2012 Rz. 23.

f) Rolle und Befugnisse der zuständigen Behörden und Umsetzungsvorgaben für die Mitgliedstaaten (Kapitel VI: Art. 32–41 VO Nr. 236/2012). Kapitel IV regelt die Rolle der **zuständigen nationalen Behörden**. Gem. Art. 32 Unterabs. 1 VO Nr. 236/2012 muss jeder Mitgliedstaat für die Zwecke der Leerverkaufs-VO eine oder mehrere zuständige Behörden benennen. Für Deutschland ist zuständige Behörde grundsätzlich die **BaFin** (§ 53 Abs. 1 WpHG), in einem Sonderfall (Rz. 20) die jeweilige **Börsengeschäftsführung** (§ 15 Abs. 5a BörsG). Die zuständige Behörde ist nach Art. 33 VO Nr. 236/2012 mit bestimmten Kompetenzen auszustatten. Zudem sind sie untereinander und auch im Verhältnis zur ESMA zur Zusammenarbeit verpflichtet (Art. 35–37 VO Nr. 236/2012). Schließlich enthalten die Art. 38–40 VO Nr. 236/2012 Bestimmungen zur Zusammenarbeit der zuständigen Behörden mit Drittländern.   38

Art. 41 VO Nr. 236/2012 fordert von den Mitgliedstaaten, dass sie **Sanktionen und verwaltungsrechtliche Maßnahmen** festlegen, die bei Verstößen gegen die Leerverkaufs-VO verhängt werden. Dem kam der deutsche Gesetzgeber in § 39 Abs. 2d i.V.m. Abs. 4 WpHG a.F., nunmehr § 120 Abs. 6 und Abs. 13 WpHG, nach (Rz. 24).   39

g) Sonstige Bestimmungen (Kapitel VII–IX: Art. 42–48 VO Nr. 236/2012). Die Kapitel VII und VIII regeln die Ausübung der Befugnis zum Erlass der Delegierten Rechtsakte und der Durchführungsrechtsakte (Rz. 41). Das IX. Kapitel enthält Übergangs- und Schlussbestimmungen.   40

2. Tertiärrechtsakte (Level 2). Die Art. 2 Abs. 2, 3 Abs. 7, 4 Abs. 2, 5 Abs. 4, 6 Abs. 4, 7 Abs. 3, 17 Abs. 2, 23 Abs. 5 sowie der Art. 30 VO Nr. 236/2012 übertragen der Europäischen Kommission die Befugnis zum Erlass delegierter Rechtsakte, wobei Art. 42 VO Nr. 236/2012 näher regelt, wie die Befugnis auszuüben ist. Art. 9 Abs. 6, 11 Abs. 4, 12 Abs. 2, 13 Abs. 5 sowie Art. 16 Abs. 4 VO Nr. 236/2012 ermächtigen der Europäischen Kommission jeweils gem. Art. 15 VO Nr. 1095/2010 zum Erlass von Durchführungsrechtsakten, wobei die ESMA in allen Bestimmungen zur Vorlage von Entwürfe technischer Durchführungsstandards ermächtigt und verpflichtet wird. Die Europäische Kommission wird bei ihrer Tätigkeit im Rahmen des Erlasses der Durchführungsrechtsakte gem. Art. 44 VO Nr. 236/2012 vom Europäischen Wertpapierausschuss unterstützt. Auf Basis der Ermächtigungen erließ die Europäische Kommission vier ergänzende Rechtsakte: 41

- die **DelVO Nr. 918/2012** vom 29.6.2012[2],
- die **DelVO Nr. 826/2012** vom 29.6.2012[3],
- die **DelVO Nr. 919/2012** vom 9.10.2012[4] sowie
- die **DurchfVO Nr. 827/2012** vom 18.9.2012[5].

Die Tertiärrechtsakte basieren auf Vorschlägen der ESMA, die in Arbeitsgruppen erstellt wurden, in denen Mitglieder der nationalen Aufsichtsbehörden vertreten waren[6]. Die Europäische Kommission hat allerdings die ESMA-Vorschläge an nicht unwesentlichen Stellen vor dem Erlass geändert[7].

3. Leitlinien und Empfehlungen der ESMA (Level 3) und sonstige aufsichtsbehördliche Verlautbarungen. Als (echte) Level 3-Maßnahmen hat die **ESMA Guidelines** zur Leerverkaufs-VO erlassen[8]. Wenngleich diese für die Marktteilnehmer und auch für nationale Aufsichtsbehörden keine unmittelbare Bindungswirkung entfalten[9], sind sie doch von zentraler Bedeutung für die Behördenpraxis[10] und damit auch für die Marktteilnehmer. Die nationalen Aufsichtsbehörden sind nämlich schon wegen des *Comply-or-explain*-Mechanismus (Art. 16 Abs. 2 VO Nr. 1095/2010) jedenfalls faktisch dazu angehalten, den Leitlinien und Empfehlungen zu entsprechen. Im Rahmen der ESMA Guidelines zur Leerverkaufs-VO hat die BaFin allerdings nur eine *Partially-*   42

---

1 EuGH v. 22.1.2014 – C-270/12, ECLI:EU:C:2014:18, AG 2014, 199 = NZG 2013, 266.
2 ABl. EU Nr. L 274 v. 9.10.2012, S. 1.
3 ABl. EU Nr. L 251 v. 18.9.2012, S. 1.
4 ABl. EU Nr. L 274 v. 9.10.2012, S. 16; Basis ist jeweils ESMA's technical advice on possible Delegated Acts concerning the regulation on short selling and certain aspects of credit default swaps – Final report ((EC) No 236/2012), ESMA 2012/263.
5 ABl. EU Nr. L 251 v. 18.9.2012, S. 11; Basis ist ESMA, Draft technical standards on the Regulation (EU) No 236/2012 of the European Parliament and of the Council on short selling and certain aspects of credit default swaps – Final report, ESMA 2012/228.
6 *Weick-Ludewig* in Fuchs, § 30h WpHG Rz. 13 mit Fn. 50.
7 *Weick-Ludewig* in Fuchs, § 30h WpHG Rz. 13 mit Fn. 50.
8 *Weick-Ludewig* in Fuchs, § 30h WpHG Rz. 17 f.
9 *Poelzig*, NZG 2016, 528, 529; *Kalss* in Riesenhuber, Europäische Methodenlehre, 3. Aufl. 2015, § 20 Rz. 14. Allgemein *Gurlit*, ZHR 177 (2013), 862, 876; *Veil*, ZHR 177 (2013), 427, 435; *Wymeersch*, ZGR 2011, 443, 459; *Frank*, ZBB 2015, 213, 218 ff.; *Michel*, DÖV 2011, 728, 732.
10 *Kalss* in Riesenhuber, Europäische Methodenlehre, 3. Aufl. 2015, § 20 Rz. 14; *Gurlit*, ZHR 177 (2013), 862, 876; *Weber-Rey/Horak*, WM 2013, 721, 724; *Rötting/Lange*, EuZW 2012, 8, 10.

Comply-Erklärung abgegeben, da sie einigen Vorgaben im Rahmen der Ausnahmebestimmung für Market Maker nicht folgt (dazu Art. 17 VO Nr. 236/2012 Rz. 10)[1]. Daneben hat die **ESMA** auch **Q&As** zur Leerverkaufs-VO veröffentlicht[2], die zu einer weiteren – wenn auch rechtlich nicht bindenden – Präzisierung der aufsichtsrechtlichen Vorgaben beitragen.

43 Für die Marktteilnehmer bedeutsam sind ferner Verlautbarungen nationaler Aufsichtsbehörden. In Deutschland ist insoweit an die (atypischen) **norminterpretierenden Verwaltungsakte** der BaFin zu denken[3]. Im Zusammenhang mit der Leerverkaufs-VO hat die BaFin auf ihrer Website eigene **FAQs** zu den **Transparenzpflichten** und zu den **Verboten** der Leerverkaufs-VO veröffentlicht[4], die den Marktteilnehmern zusätzliche Hinweise zur Behördenpraxis geben. Die BaFin ist befugt, eine **eigene Verwaltungspraxis** zu entwickeln und diese auch zu verlautbaren. Die Verwaltungspraxis muss sich freilich am Unionsrecht messen lassen. Sollte die BaFin von der Auslegung der ESMA in den FAQs abweichen und damit den Regelungsauftrag einer Harmonisierung der Aufsichtspraxis (Erwägungsgrund 11 VO Nr. 1095/2010) unterlaufen, sollte sie, ähnlich dem *Comply-or-explain*-Mechanismus bei Leitlinien und Empfehlungen (Rz. 42), ihre Gründe für die Abweichung ausdrücklich offenlegen.

44 **III. Methoden- und verfassungsrechtliche Fragen.** Der Trend zur Vollharmonisierung des Finanzmarktrechts und die Wahl der Verordnung als Regulierungsinstrument verringern den Einfluss der genuin nationalen Methodik. Die Regelungen im WpHG sind – auch im Zusammenhang mit der Leerverkaufsregulierung – auf Zuständigkeitsvorschriften, aufsichtsbehördliche Eingriffsbefugnisse und Sanktionsnormen beschränkt. Damit löst sich die Auslegung der Leerverkaufs-VO ebenso wie die auf ihrer Basis vorzunehmende Rechtsfortbildung[5] nahezu vollständig aus den nationalen Methodenzusammenhängen. Auslegung und Rechtsfortbildung müssen ausschließlich nach der – freilich bislang noch unterentwickelten – **unionsrechtlichen Methodenlehre** erfolgen (Einleitung Rz. 28). Zwar geht der EuGH im Grundsatz nur von der Vermutung einer autonom unionsrechtlichen Auslegung aus, solange nicht ausnahmsweise der Wille des Europäischen Gesetzgebers zu erkennen ist, dass mitgliedstaatliche Rechtsregeln maßgeblich sein sollen[6]. Angesichts des Willens des Europäischen Gesetzgebers zur umfassenden Vereinheitlichung der Leerverkaufsregimes (Erwägungsgründe 1–3 und 5 VO Nr. 236/2012) hat es jedenfalls für die materiellen Vorschriften des europäischen Leerverkaufsregimes (Art. 5–31 VO Nr. 236/2012) bei dieser autonomen unionsrechtlichen Auslegung zu bewenden. Zu den Konsequenzen für die Auslegung vgl. Vor Art. 12 ff. VO Nr. 596/2014 Rz. 46 f.

45 Die Verordnungsvorschriften müssen sich (grundsätzlich) **nicht am mitgliedstaatlichen Verfassungsrecht** messen lassen. Maßgeblich sind vielmehr nur das europäische Primärrecht[7], die Unionsgrundrechte[8] und die allgemeinen europäischen Rechtsgrundsätze[9]. Die Überprüfung der Level 2-Rechtsakte an den Level 1-Vorgaben, mithin die verordnungskonforme Auslegung der Level 2-Rechtsakte[10], bildet eine weitere Ebene, die freilich ebenfalls dem EuGH überantwortet ist (Art. 19 Abs. 3 EUV, Art. 263, 264 Abs. 1, 267 AEUV)[11]. Mitgliedstaatliches Recht und mitgliedstaatliche Rechtsprinzipien haben keine (begrenzende) Wirkung für die Anwendung von europäischen Verordnungen, auch wenn diese von nationalen Ordnungswidrigkeitenvorschriften in Bezug genommen werden (Rz. 48).

46 Soweit die europäischen Rechtsakte nicht *self executive* und deshalb auf eine **Umsetzung durch den nationalen Gesetzgeber** angewiesen sind, wie dies etwa für die Sanktionsvorschriften, aber auch für die Aufsichtsbefugnisse gilt, verbleibt auch für nationale Methodik und nationales Recht ein Anwendungsbereich.

---

1 Eingehend *Ludewig/Geilfus*, WM 2013, 1533.
2 ESMA, Questions and Answers – Implementation of the Regulation on short selling and certain aspects of credit default swaps, ESMA70-145-408, Version 4, abrufbar unter: https://www.esma.europa.eu/databases-library/esma-library/?f%5b0%5d=im_esma_sections%3A23&f%5b1%5d=im_field_document_type%3A50.
3 Näher zur Einordnung von Rundschreiben, Merkblättern und Richtlinien der BaFin in die verwaltungsrechtliche Handlungsformenlehre *Gurlit*, ZHR 177 (2013), 862, 894 ff.
4 Dazu auch *Weick-Ludewig* in Fuchs, § 30h WpHG Rz. 18.
5 Der EuGH unterscheidet sprachlich – insoweit der französischen Rechtstradition folgend – nicht zwischen Auslegung und Rechtsfortbildung und fasst auch Akte der Rechtsfortbildung als Auslegung auf. S. *Baldus* in Riesenhuber, Europäische Methodenlehre, 3. Aufl. 2015, § 3; *Riesenhuber* in Riesenhuber, Europäische Methodenlehre, 3. Aufl. 2015, § 10 Rz. 3; *Neuner* in Riesenhuber, Europäische Methodenlehre, 3. Aufl. 2015, § 12 Rz. 2.
6 S. etwa EuGH v. 3.7.2012 – C-128/11, ECLI:EU:C:2012:407 – UsedSoft, NJW 2012, 2565 Rz. 39 f. = ZIP 2012, 1610 m.w.N. zur Rechtsprechung. Zum Ganzen auch *Riesenhuber* in Riesenhuber, Europäische Methodenlehre, 3. Aufl. 2015, § 10 Rz. 6.
7 Vgl. etwa EuGH v. 9.3.2006 – C-499/04, ECLI:EU:C:2006:168 – Werhof, Slg. 2006, I-2397 Rz. 32 = ZIP 2006, 723; dazu *Leible/Domröse* in Riesenhuber, Europäische Methodenlehre, 3. Aufl. 2015, § 8.
8 Vgl. schon EuGH v. 21.9.1989 – C-46/87, C-227/88, ECLI:EU:C:1989:337 – Hoechst, Slg. 1989, 2859 Rz. 12 = ZIP 1989, 1281; dazu auch *Leible/Domröse* in Riesenhuber, Europäische Methodenlehre, 3. Aufl. 2015, § 8 Rz. 8.
9 Vgl. etwa EuGH v. 28.1.1999 – C-181/96, ECLI:EU:C:1999:29 – Wilkens, Slg. 1999, I-399 Rz. 16 zum Grundsatz des Vertrauensschutzes.
10 *Kalss* in Riesenhuber, Europäische Methodenlehre, 3. Aufl. 2015, § 20 Rz. 19.
11 *Leible/Domröse* in Riesenhuber, Europäische Methodenlehre, 3. Aufl. 2015, § 8 Rz. 3.

Bei den Transparenzvorgaben und den Verbotsvorschriften der Leerverkaufs-VO handelt es sich um **aufsichtsrechtliche**, mithin **öffentlich-rechtliche Normen**. Auch wenn die Vorgaben und Verbote der Leerverkaufs-VO durch nationale Ordnungswidrigkeitennormen flankiert werden, enthalten sie für sich genommen aufsichtsrechtliche Vorschriften, die nicht nur bußgeldrechtlich, sondern auch verwaltungsrechtlich – insbesondere im Rahmen der Kapitalmarktaufsicht und -überwachung durch die BaFin – bedeutsam sind[1]. 47

Die Frage nach einer möglichen oder gar erforderlichen sog. **Normspaltung**[2], also danach, ob Vorschriften der VO Nr. 236/2012 im bußgeldrechtlichen Zusammenhang anders (enger) ausgelegt werden können als im rein aufsichtsrechtlichen Zusammenhang, ist bei europäischem Verordnungsrecht klar zu beantworten. Die Verhaltensgebote der Leerverkaufs-VO sind im Lichte ihrer Zwecksetzung und des Effektivitätsgebots (*effet utile*) auszulegen, ohne dass die lediglich flankierenden nationalen Ordnungswidrigkeitsvorschriften und die hierfür geltenden nationalen methodischen Maßgaben Einschränkungen gebieten könnten[3]. Dies kann im Falle einer über den Wortlaut hinausgehenden teleologischen Extension bzw. Reduktion einer Verordnungsvorschrift im Rahmen der auf die Verordnungsvorgaben bezugnehmenden Ordnungswidrigkeitenvorschrift eine gespaltene Auslegung erforderlich machen[4]. 48

IV. Ökonomische Beurteilung. 1. Leerverkäufe. Der Verkauf eines Wertpapiers, das dem Verkäufer im Zeitpunkt des Verkaufs noch nicht gehört, lässt für viele moralische Bedenken aufkommen[5]. Seit jeher sind Leerverkäufe auf den Finanzmärkten daher Gegenstand von Verboten (Rz. 1). Obgleich bis heute versucht wird, **Leerverkaufsverbote** auch **ökonomisch zu rechtfertigen**, zeigen insbesondere zahlreiche empirische Untersuchungen der Leerverkaufsverbote ab 2008, dass diese der Markteffizienz eher abträglich sind[6]. Dabei ist sich die ökonomische Forschung hinsichtlich der negativen Effekte auf die Geschwindigkeit des Preisbildungsmechanismus seit langem einig. Doch auch mit Blick auf die negativen Auswirkungen für die Marktliquidität und mögliche Beförderungen von Überbewertungen und Blasenbildungen hat sich allmählich die Einsicht in die fehlende Sinnhaftigkeit von Leerverkaufsverboten durchgesetzt. Zudem stellen Leerverkäufe ein wichtiges und anerkanntes Hedginginstrument dar und haben deshalb eine große Bedeutung für das Risikomanagement. All dies wohl anerkennend, wurden international zwischenzeitlich zahlreiche Leerverkaufsverbote wieder aufgehoben[7]. Auch der europäische Gesetzgeber anerkennt immerhin, dass Leerverkäufe „unter normalen Marktbedingungen ... eine wichtige Rolle beim ordnungsgemäßen Funktionieren der Finanzmärkte" spielen (Erwägungsgrund 5 VO Nr. 236/2012). 49

Die Möglichkeit von Leerverkäufen gibt Informationshändlern einen zusätzlichen Anreiz, auch nach negativen Informationen zu suchen. Gegenläufig können Leerverkaufsverbote die Handelsaktivitäten von informierten Anlegern, die negative Fundamentalwertinformationen erlangt haben, beeinträchtigen oder Informationshändler sogar davon abhalten, überhaupt nach negativen Informationen zu suchen. Dies **verlangsamt bzw. stört den Preisbildungsprozess**, da negative Informationen entweder überhaupt nicht oder nur verzögert in den Kurs einfließen[8]. Sind Leerverkäufe demgegenüber möglich, ist das wirtschaftliche Interesse an negativen Informationen ungleich größer, als wenn es nur beschränkte Optionen gibt, auf fallende Kurse zu setzen. Diese These von der Störung des Preisbildungsprozesses ist durch zahlreiche empirische Studien belegt[9]. 50

---

1 Haouache/Mülbert in Habersack/Mülbert/Schlitt, Handbuch der Kapitalmarktinformation, § 27 Rz. 3.
2 Grundlegend *Tiedemann*, Tatbestandsfunktionen im Nebenstrafrecht, 1969, S. 186 f., 197 f., 204; s. weiterhin *Enderle*, Blankettstrafgesetze, 2000, S. 208 ff. m.w.N.
3 Dazu schon *Weick-Ludewig/Sajnovits*, WM 2014, 1521.
4 Vgl. *Weick-Ludewig/Sajnovits*, WM 2014, 1521, 1527 für Leerverkaufs-VO. Dem tendenziell zustimmend *Buck-Heeb*, Kapitalmarktrecht, 9. Aufl. 2017, Rz. 44.
5 *Massa/Zhang/Zhang*, Review of Financial Studies 28 (2015), 1701, 1702; *Bernal/Herinckx/Szafarz*, International Review of Law and Economics 37 (2014), 244, 244; *Jain/Jain/McInish/McKenzie*, Journal of Financial Economics 109 (2013), 177, 177 f.; *Armour/Awrey/Davies/Enriques/Gordon/Mayer/Payne*, Principles of Financial Regulation, 2016, S. 195; *Howell*, Journal of Corporate Law Studies 16 (2016), 333, 333; *Schlimbach*, Leerverkäufe, 2015, S. 59 ff. zur ethischen Beurteilung von Leerverkäufen.
6 *Diamond/Verrecchia*, Journal of Financial Economics 18 (1987), 277; *Bernal/Herinckx/Szafarz*, International Review of Law and Economics 37 (2014), 244 ff. a.A. *Goldstein/Guembel*, Review of Economic Studies 75 (2008), 133; *Brunnermeier/Pedersen*, Journal of Finance 60 (2005), 1825; *Grullon/Michenaud/Weston*, Review of Financial Studies 28 (2015), 1737.
7 So die USA, UK, Japan, Kanada, Australien.
8 Theoretisch grundlegend *Miller*, Journal of Finance 32 (1977), 1151; *Diamond/Verrecchia*, Journal of Financial Economics 18 (1987), 277. Zur Preisbildung mittels Informationsoffenlegung durch Handel grundlegend *Glosten/Milgrom*, Journal of Financial Economics 14 (1985), 71; *Kyle*, Econometrica 53 (1985), 1315.
9 *Bris/Goetzmann/Zhu*, Journal of Finance 62 (2007), 1029; *Beber/Pagano*, Journal of Finance 68 (2013), 343; *Boehmer/Wu*, Review of Financial Studies 26 (2013), 287 ff.; *Dechow/Hutton/Meulbroek/Sloan*, Journal of Financial Economics 61 (2001), 77; *Desai/Ramesh/Thiagarajan/Balachandran*, Journal of Finance 57 (2002), 2263; *Boehmer/Jones/Zhang*, Journal of Finance 63 (2008), 491; aus der juristischen Literatur *Grundmann* in Staub, HGB, Bankvertragsrecht 2, 5. Aufl. 2018, 6. Teil, 4. Abschnitt, A Rz. 555; *Armour/Awrey/Davies/Enriques/Gordon/Mayer/Payne*, Principles of Financial Regulation, 2016, S. 195; a.A. etwa *Shkilko/VanNess/VanNess*, Financial Management 41 (2012), 345.

51 Leerverkaufsverbote können zudem zu einer **Überbewertung** von Finanztiteln führen[1]. Werden nämlich weniger Anstrengungen unternommen, um negative Informationen zu sammeln (Rz. 50), haben die positiven Informationen einen überproportionalen Einfluss auf die Marktpreisbildung. Ergibt sich dieser nur oder jedenfalls vorrangig daraus, dass nach negativen Informationen überhaupt nicht gesucht wird, kommt es zu einer Überbepreisung, da eben nur die positiven Informationen in den Marktpreis einfließen. Dies erhöht die **Gefahr von Blasenbildungen** und ist deshalb aus ökonomischer Sicht nicht wünschenswert[2].

52 Mehrere Studien, die sich mit den Leerverkaufsverboten seit 2008 beschäftigt haben, konstatieren zudem einen **negativen Effekt** von Leerverkaufsverboten auf die **Marktliquidität** und die **Volatilität** von Finanztiteln[3]. Die Möglichkeit von Leerverkäufen erhöht nämlich die Zahl potenzieller Käufer durch eine Steigerung der Markttiefe, da auch denjenigen Anlegern eine Handelsmöglichkeit gegeben wird, die negative Informationen über ein Wertpapier haben[4]. Zudem führt die Möglichkeit von Leerverkäufen zu einer Reduzierung des *bid ask spread* und damit der Transaktionskosten, da die Tätigkeit der Market Maker durch Leerverkäufe erheblich erleichtert wird[5]. Sind – auch ungedeckte – Leerverkäufe erlaubt, haben Market Maker und Liquidity Provider sogar noch bessere Möglichkeiten, Orders effektiv zu erfüllen und Liquidität bereitzustellen[6]. Dies trägt ebenfalls zur Liquiditätssteigerung bei[7]. Der Bedeutung von Leerverkäufen für Market Maker und Liquidity Provider trägt die Leerverkaufs-VO freilich durch entsprechende Ausnahmebestimmungen Rechnung (Rz. 33). In der ökonomischen Forschung können diese Zusammenhänge allerdings bislang nicht als endgültig gesichert gelten. Einige – ältere – Studien kommen nämlich zu gegenteiligen Ergebnissen und konstatieren sogar eine Liquiditätssteigerung nach der Implementierung von Leerverkaufsverboten[8]. Unabhängig von der Gesamtreduzierung der Marktliquidität besteht aber jedenfalls die Gefahr eines Liquiditätsabflusses auf denjenigen Märkten, die Leerverkaufsverbote aussprechen, zu Gunsten solcher, die keine Leerverkaufsverbote kennen (**Regulatory-Arbitrage-Hypothese**)[9]. Jedenfalls für diese Hypothese gibt es empirische Belege für den US-amerikanischen Markt[10].

53 Aus Sicht einzelner Investoren stellen Leerverkäufe zudem ein **wichtiges Hedginginstrument** dar und erleichtern damit ein effektives Risikomanagement[11]. Ein Investor, der eine Aktie für unterbewertet hält und in diese investieren will, läuft die Gefahr, dass seine Einschätzung zwar zutreffend ist, es aber zu einem Kursverfall kommt, weil alle Aktien des entsprechenden Sektors einen Kursrückgang erleiden. Gegen dieses Risiko kann sich der Investor durch Leerverkäufe schützen, indem er neben seiner Long-Position in der Aktie, die Aktien anderer Unternehmen des Sektors leerverkauft[12]. Andere Hedginginstrumente sind zu dieser Absicherung ungeeignet. Beschränkungen von Leerverkäufen können in diesen Fällen sogar die Eingehung von Long-Positionen verhindern.

54 **2. Leerverkaufsregulierung. a) Leerverkaufsverbote.** Der europäische Gesetzgeber anerkennt die oben beschriebenen Zusammenhänge (Rz. 49 ff.) jedenfalls für normale Marktbedingungen (Erwägungsgrund 5 VO Nr. 236/2012). Allerdings könnten (exzessive) ungedeckte Leerverkäufe gerade in turbulenten Zeiten das Marktgleichgewicht stören, zu weiteren Verwerfungen auf den Finanzmärkten führen und gezielt zur Spekulation auf einen Kursverfall oder Zahlungsausfall missbraucht werden[13]. Zur ökonomischen Rechtfertigung der

---

1 *Miller*, Journal of Finance 32 (1977), 1151 ff.; *Jones/Lamont*, Journal of Financial Economics 66 (2002), 207; *Ofek/Richardson/Whitelaw*, Journal of Financial Economics 74 (2004), 305; *Cohen/Diether/Malloy*, Journal of Finance 62 (2007), 2061; *Armour/Awrey/Davies/Enriques/Gordon/Mayer/Payne*, Principles of Financial Regulation, 2016, S. 195; nur von einem geringfügigen Effekt gehen hingegen aus *Battalio/Schultz*, Journal of Finance 61 (2006), 2071; *Diether/Lee/Werner*, Journal of Finance 64 (2009), 37; *Beber/Pagano*, Journal of Finance 68 (2013), 343; *Kaplan/Moskowitz/Sensoy*, Journal of Finance 68 (2013), 1891.
2 *Ofek/Richardson/Whitelaw*, Journal of Financial Economics 74 (2004), 305; *Cohen/Diether/Malloy*, Journal of Finance 62 (2007), 2061; *Armour/Awrey/Davies/Enriques/Gordon/Mayer/Payne*, Principles of Financial Regulation, 2016, S. 195.
3 *Boehmer/Jones/Zhang*, Journal of Finance 63 (2008), 491 ff. zu den Leerverkaufsverboten in den USA zwischen dem 18.9. und dem 8.10.2008; *Kolasinski/Reed/Thornock*, Journal of Finance 68 (2013), 559.
4 *Bris/Goetzmann/Zhu*, Journal of Finance 62 (2007), 1029; vgl. auch *Howell*, Journal of Corporate Law Studies 16 (2016), 333, 340; *Grundmann* in Staub, HGB, Bankvertragsrecht 2, 5. Aufl. 2018, 6. Teil, 4. Abschnitt, A Rz. 553, 555.
5 *Grundy/Lim/Verwijmeren* Journal of Financial Economics 106 (2012), 331; dazu auch *Grundmann* in Staub, HGB, Bankvertragsrecht 2, 5. Aufl. 2018, 6. Teil, 4. Abschnitt, A Rz. 553.
6 *Howell*, Journal of Corporate Law Studies 16 (2016), 333, 342.
7 FSA, Short Selling Discussion Paper 09/1, 2009, S. 10; *Howell*, Journal of Corporate Law Studies 16 (2016), 333, 340.
8 *Charoenrook/Daouk*, A Study of Market-Wide Short-Selling Restrictions, Working Paper 2005, abrufbar unter: https://papers.ssrn.com/sol3/papers.cfm?abstract_id=687562.
9 *Jain/Jain/McInish/McKenzie*, Journal of Financial Economics 109 (2013), 177, 178.
10 *Blau/Van Ness/Warr*, Journal of Banking & Finance 36 (2012), 886; *Jain/Jain/McInish/McKenzie*, Journal of Financial Economics 109 (2013), 177, 178.
11 *Armour/Awrey/Davies/Enriques/Gordon/Mayer/Payne*, Principles of Financial Regulation, 2016, S. 196.
12 *Armour/Awrey/Davies/Enriques/Gordon/Mayer/Payne*, Principles of Financial Regulation, 2016, S. 196.
13 S. etwa die Pressemitteilung von *Christopher Cox*, Chairman der SEC vom 19.9.2008, SEC News Release 2008-211: „The emergency order temporarily banning short selling of financial stocks will restore equilibrium to markets" und „unbridled short selling is contributing to the recent sudden price declines in the securities of financial institutions unrelated to true price valuation." Dazu auch *Beber/Pagano*, Journal of Finance 68 (2013), 343 ff.; *Grundmann* in Staub, HGB, Bankvertragsrecht 2, 5. Aufl. 2018, 6. Teil, 4. Abschnitt, A Rz. 552.

Leerverkaufsverbote formuliert Erwägungsgrund 18 VO Nr. 236/2012 daher: „Ungedeckte Leerverkäufe von Aktien und öffentlichen Schuldtiteln gelten mitunter als Faktor, durch den das potenzielle Risiko steigt, dass Abwicklungen scheitern und Marktvolatilität entsteht". Zudem werden die Verbote immer wieder wegen möglicher Marktmanipulationen durch Leerverkäufe gerechtfertigt.

Die Regulierung und insbesondere das Verbot von ungedeckten Leerverkäufen beugen der Gefahr vor, dass Abwicklungen scheitern. Die Verbote dienen damit der **Steigerung der Settlement-Effizienz** (Erwägungsgründe 18 und 23 VO Nr. 236/2012)[1]. Und in der Tat haben fehlgeschlagene Abwicklungen zumindest das Potenzial, Marktstörungen herbeizuführen und Transaktionskosten zu erhöhen[2]. Jedoch hatte selbst die Europäische Kommission im Entstehungsprozess der Leerverkaufs-VO bereits erkannt, dass Abwicklungsprobleme in Europa eher selten vorkommen[3]. Bisher liegen für die EU/EWR keine belastbaren Zahlen vor. Die eher abstrakte Gefahr scheint kaum dazu geeignet, ein präventives Verbot zu rechtfertigen. Alternativ hätte viel eher an eine härtere Sanktionierung gescheiterter Abwicklungen gedacht werden können[4].

Zur Rechtfertigung des Verbots wird ferner angeführt, dass Leerverkäufe Marktvolatilitäten und insbesondere **Abwärtstrends begünstigen oder sogar (künstlich) verstärken** könnten[5]. Wenn ein systemrelevanter Emittent von einem solchen Abwärtstrend betroffen ist, könnten die Kursverluste von dessen Aktie das **Finanzsystem** sogar insgesamt **destabilisieren**[6]. Letzteres soll sich insbesondere im Zuge des Zusammenbruchs von *Lehman Brothers* gezeigt haben[7]. In letzterem Zusammenhang stehen auch die Maßnahmen in Ausnahmesituationen nach den Art. 20 ff. VO Nr. 236/2012. Das Argument einer Gefahr der Begünstigung von Abwärtstrends übersieht aber – jedenfalls in dieser Pauschalität –, dass der Kursverfall durchaus auch berechtigt sein kann[8]. Die Begünstigung oder Verstärkung eines Abwärtstrends durch (ungedeckte) Leerverkäufe ist daher – von drohenden Systemgefährdungen abgesehen – ökonomisch nur dann unerwünscht, wenn die Leerverkäufe mit Marktmanipulation darstellen (Rz. 57)[9]. Aus systemischer Sicht könnten Leerverkaufsverbote allenfalls für systemisch relevante Finanzinstitute und in Zeiten hoher Marktvolatilitäten gerechtfertigt werden[10].

Zur Rechtfertigung der Verbots-, aber auch der Transparenzvorschriften wird auch auf die Gefahren von **Marktmanipulationen durch Leerverkäufe** hingewiesen[11]. In der Tat können ungedeckte Leerverkäufe unter Umständen ein falsches Signal an den Markt aussenden und so eine Eignung zur (ungerechtfertigten) Kursbeeinflussung haben. Zudem können Leerverkäufe mit informationsgestützten Marktmanipulationen zusammenfallen (vgl. Rz. 71 ff.). Ein zwingender Konnex ist aber keinesfalls immer – oder auch nur in der Regel – gegeben[12]. Der Verweis auf die *ex post*-Ausrichtung des Marktmanipulationsregimes ist nicht hinreichend[13], weil sowohl die Leerverkaufs-VO als auch das Marktmanipulationsverbot *ex ante* Verbote aufstellen und ein etwai-

---

1 *Howell*, Journal of Corporate Law Studies 16 (2016), 333, 339; *Armour/Awrey/Davies/Enriques/Gordon/Mayer/Payne*, Principles of Financial Regulation, 2016, S. 198; *Wansleben/Weick-Ludewig*, ZBB 2015, 395, 399 f.; *Sajnovits/Weick-Ludewig*, WM 2015, 2226, 2229, 2232; *Grundmann* in Staub, HGB, Bankvertragsrecht 2, 5. Aufl. 2018, 6. Teil, 4. Abschnitt, A Rz. 552.
2 *Armour/Awrey/Davies/Enriques/Gordon/Mayer/Payne*, Principles of Financial Regulation, 2016, S. 198; *Russo/Rosati* in Gregoriou, Handbook of Short Selling, 2012, S. 151, 152; *Avgouleas* in Alexander/Moloney, Law Reform and Financial Markets, 2011, 71, 91 f.; *Fleckner* in Moloney/Ferran/Payne, The Oxford Handbook of Financial Regulation, 2015, S. 596, 625; *Howell*, ECFR 11 (2014), 454, 459; *Payne*, EBOR 13 (2012), 413, 417.
3 Commission Staff Working Document, Impact Assessment, Accompanying document to the Proposal for a Regulation of the European Parliament and of the Council on Short Selling and certain aspects of Credit Default Swaps, COM (2010) 482, S. 26, abrufbar unter: http://ec.europa.eu/internal_market/securities/docs/short_selling/20100915_impact_assessment_en.pdf.
4 *Howell*, Journal of Corporate Law Studies 16 (2016), 333, 341; *Armour/Awrey/Davies/Enriques/Gordon/Mayer/Payne*, Principles of Financial Regulation, 2016, S. 198; *Howell*, European Company Law 12 (2015), 79, 80; *Payne*, EBOR 13 (2012), 413, 417; *Avgouleas* in Alexander/Moloney, Law Reforms and Financial Markets, 2011, 92; *Schlimbach*, Leerverkäufe, 2015, S. 51 f.; schon *Culp/Heaton*, Regulation 31 (2008), 46, 49 f.
5 *Howell*, Journal of Corporate Law Studies 16 (2016), 333, 339; *Suttner/Kielholz*, ORDO 62 (2011), 101, 104; *Beber/Fabri/Pagano*, Short-Selling Bans and Bank Stability, Working Paper 2015, S. 1; *Grundmann* in Staub, HGB, Bankvertragsrecht 2, 5. Aufl. 2018, 6. Teil, 4. Abschnitt, A Rz. 552.
6 *Suttner/Kielholz*, ORDO 62 (2011), 101, 104; kritisch zu der Hoffnung einer Stabilisierung von Banken *Beber/Fabri/Pagano*, Short-Selling Bans and Bank Stability, Working Paper 2015.
7 EU-Kommission, Zusammenfassung der Folgenabschätzung, SEK (2010) 1056, S. 1; FSA, Discussion Paper 09/1, Short Selling, abrufbar unter: http://www.fsa.gov.uk/pubs/discussion/dp09_01.pdf; *Schlimbach*, Leerverkäufe, 2015, S. 44 f.; *Grundmann* in Staub, HGB, Bankvertragsrecht 2, 5. Aufl. 2018, 6. Teil, 4. Abschnitt, A Rz. 552.
8 *Beber/Pagano* Journal of Finance 68 (2013), 343, 347; *Howell*, Journal of Corporate Law Studies 16 (2016), 333, 340; *Armour/Awrey/Davies/Enriques/Gordon/Mayer/Payne*, Principles of Financial Regulation, 2016, S. 196 f.
9 *Howell*, Journal of Corporate Law Studies 16 (2016), 333, 341.
10 *Armour/Awrey/Davies/Enriques/Gordon/Mayer/Payne*, Principles of Financial Regulation, 2016, S. 196.
11 *Howell*, Journal of Corporate Law Studies 16 (2016), 333, 341; *Armour/Awrey/Davies/Enriques/Gordon/Mayer/Payne*, Principles of Financial Regulation, 2016, S. 198; *Fotak/Raman/Yadav*, Naked Short Selling: The Emperor's New Clothes?, S. 3; *Grundmann* in Staub, HGB, Bankvertragsrecht 2, 5. Aufl. 2018, 6. Teil, 4. Abschnitt, A Rz. 552.
12 *Howell*, Journal of Corporate Law Studies 16 (2016), 333, 341; *Armour/Awrey/Davies/Enriques/Gordon/Mayer/Payne*, Principles of Financial Regulation, 2016, S. 198.
13 *Grundmann* in Staub, HGB, Bankvertragsrecht 2, 5. Aufl. 2018, 6. Teil, 4. Abschnitt, A Rz. 552.

ger Verstoß *ex post* durchgesetzt wird. Die beiden Regimes unterscheiden sich in dieser Hinsicht deshalb nicht. Der pauschale Hinweis auf Schwierigkeiten beim Nachweis von Marktmanipulationen[1] ist ebenfalls nicht tauglich, ein generelles Verbot zu rechtfertigen. Es müsste dafür nämlich zumindest belegt werden können, dass ungedeckte Leerverkäufe in der Regel zur Marktmanipulation ausgenutzt werden oder aber, dass die systemischen Risiken die positiven Effekte ungedeckter Leerverkäufe überwiegen. Für all dies gibt es keine empirischen Nachweise. Dass es neben dem Verbot der Marktmanipulation (Art. 15 VO Nr. 596/2014) deshalb zudem des überschießenden Verbots ungedeckter Leerverkäufe (Art. 12 VO Nr. 236/2012) bedarf, ist jedenfalls ökonomisch keinesfalls dargetan und daher kaum zu rechtfertigen[2].

58 b) **Transparenzvorschriften.** Der europäische Gesetzgeber betont in den Erwägungsgründen 7 und 8 VO Nr. 236/2012, dass sowohl die Regulierungsbehörden als auch die Marktteilnehmer von einer erhöhten Transparenz in Bezug auf signifikante Netto-Leerverkaufspositionen profitieren würden.

59 Den **Aufsichtsbehörden** hilft das Transparenzregime dabei, die einschlägigen Positionen zu überwachen, um so bei Bedarf zu prüfen, ob Leerverkäufe systemische Risiken verursachen, marktmissbräuchlich eingesetzt werden oder zu Marktstörungen führen können (Erwägungsgründe 7 Satz 3, 8 Satz 1 und 40 Satz 3 VO Nr. 236/2012)[3]. Das ist überzeugend[4] und unterstreicht die Bedeutung der Transparenzpflichten im Zusammenhang mit der Überprüfung der Einhaltung des Marktmanipulationsverbots. Ob die Meldeschwellen zu niedrig angesetzt sind, und ob dadurch die Gefahr von „white noise" droht, ist eine davon zu unterscheidende Frage[5].

60 Daneben kann die Offenlegung von Leerverkaufspositionen auch für die Marktteilnehmer von Vorteil sein (vgl. Erwägungsgründe 7 Satz 3 und 40 Satz 4 VO Nr. 236/2012). Die Offenlegung von Short-Positionen **steigert** nämlich die **Informationseffizienz**, indem dem Markt die Möglichkeit gegeben wird, die negativen Informationen der Leerverkäufer schneller zu verarbeiten[6].

61 Insbesondere eine **nicht-anonymisierte Offenlegung**, wie sie dem aktuellen europäischen Regelungsansatz entspricht, kann aber auch erhebliche Gefahren bergen, das sie in vielen Fällen – jedenfalls faktisch – eine Leerverkaufsbeschränkung bedeutet[7]. Dies soll zunächst **Gefahren für die Liquidität** der Märkte bedeuten[8], wobei jüngere empirische Untersuchungen eher in eine andere Richtung weisen[9]. Daneben spricht aber einiges dafür, dass Leerverkaufsaktivitäten durch Veröffentlichungspflichten zurückgefahren werden[10]. Leerverkäufern entstehen nämlich nicht nur durch die Offenlegungsvorschriften zusätzliche Kosten, sondern es droht auch ein Wettbewerbsnachteil, weil sie mit der Offenlegung ihre eigene Investmentstrategie offenbaren[11]. Dies kann Marktteilnehmer nicht nur davon abhalten, überhaupt zu investieren, sondern insbesondere zur Ausweichung auf solche Märkte veranlassen, die keine entsprechenden Offenlegungen verlangen[12]. Ein deutlicher Indikator für eine Beschränkung der Leerverkaufsaktivität durch die Veröffentlichungspflichten ist, dass besonders viele Leerverkäufer Positionen ganz knapp unterhalb der Veröffentlichungsschwelle aufbauen, diese aber nicht überschreiten[13]. Zudem können sich **Trittbrettfahrer**, die Informationsanstrengungen der Leerverkäufer kostenfrei zunutze machen, was die Bereitschaft zu entsprechenden Informationsanstrengungen reduziert. Insgesamt kann die Veröffentlichungspflicht daher einen schädlichen Einfluss auf den **Preisbildungsprozess** haben[14].

---

1 *Grundmann* in Staub, HGB, Bankvertragsrecht 2, 5. Aufl. 2018, 6. Teil, 4. Abschnitt, A Rz. 552.
2 *Howell*, Journal of Corporate Law Studies 16 (2016), 333, 341.
3 ESMA, Final Report – Technical Advice on the evaluation of certain elements of the Short Selling Regulation, ESMA70-145-386, 5.1. Rz. 237.
4 So auch *Howell*, European Company Law 12 (2015), 79, 80 f.; *FSA*, Short Selling Discussion Paper 09/1, 2009, S. 29.
5 Kritisch zu den Schwellenwerten *Howell*, European Company Law 12 (2015), 79, 81.
6 *Kahraman/Pachare*, Show Us Your Shorts!, SBS Research Papers 2016-25; im Grundsatz noch zustimmend *Howell*, European Company Law 12 (2015), 79, 81.
7 *Jank/Roling/Smajlbegovic*, Flying under the radar: the effects of short-sale disclosure rules on investor behavior and stock prices, Deutsche Bundesbank Discussion Paper No 25/2016, S. 4; ESMA, Report on Trends, Risks and Vulnerabilities No. 1, 2018, S. 63.
8 *Howell*, European Company Law 12 (2015), 79, 81 f.
9 *Jones/Reed/Waller*, Review of Financial Studies 29 (2016), 3278, 3294 ff., die im Zuge ihrer Untersuchung eine Steigerung der Liquidität – gemessen am *bid ask spread* – feststellen. Dazu auch ESMA, Report on Trends, Risks and Vulnerabilities No. 1, 2018, S. 60 f.
10 Dies weisen *Jones/Reed/Waller*, Review of Financial Studies 29 (2016), 3278, 3294 ff. für die in Europa im Zuge der Finanzkrise eingeführten Veröffentlichungspflichten nach.
11 *Bernal/Herinckx/Szafarz*, International Review of Law & Economics 37 (2014), 244; *Howell*, European Company Law 12 (2015), 79, 82.
12 *Howell*, European Company Law 12 (2015), 79, 81.
13 *Jank/Roling/Smajlbegovic*, Flying under the radar: the effects of short-sale disclosure rules on investor behavior and stock prices, Deutsche Bundesbank Discussion Paper No 25/2016. Die von der ESMA untersuchten Meldungen zu Netto-Leerverkaufspositionen zwischen 2013 und 2016 zeigen, dass 71 % der Meldungen unterhalb der 0,5 %-Schwelle lagen und damit nicht veröffentlicht werden mussten. S. ESMA, Report on Trends, Risks and Vulnerabilities No. 1, 2018, S. 62.
14 *Howell*, European Company Law 12 (2015), 79, 81 f.; zu einer Störung des Preisbildungsprozesses *Jones/Reed/Waller*, Review of Financial Studies 29 (2016), 3278, 3294 ff.; *Jank/Roling/Smajlbegovic*, Deutsche Bundesbank Discussion Paper No 25/2016.

Schließlich kann die Offenlegung eines (einflussreichen) Investors auch einen **Herdeneffekt**[1] auslösen und einen Preisverfall in den Papieren befördern[2], dessen Verhinderung gerade das Ziel des europäischen Gesetzgebers war. In der Tat stellt auch die ESMA in ihrer aktuellen Untersuchung einen auf die Veröffentlichungen folgenden Herdeneffekt fest[3]. Diese Risiken haben den europäischen Gesetzgeber letztlich dazu bewogen, bei Netto-Leerverkaufspositionen in öffentlichen Schuldtiteln keine entsprechende Offenlegungspflicht vorzusehen (Erwägungsgrund 8 VO Nr. 236/2012). Für ihren aktuellen *technical advice* zu einem Review der Leerverkaufs-VO hat die ESMA eine empirische Untersuchung zum Transparenzregime und insbesondere zu den Auswirkungen der Veröffentlichung von Netto-Leerverkaufspositionen in der EU durchgeführt[4].

3. Credit Default Swaps. Der ökonomische Nutzen von CDS ist deutlich weniger ausgeleuchtet als derjenige von Leerverkäufen (Rz. 49 ff.)[5]. Gleichwohl gibt es empirische Belege dafür, dass CDS einen **positiven Einfluss auf die Preisbildung** haben, da sie wichtige Signale für die Ausfallrisiken geben[6], und zudem die **Liquidität und die Allokationseffizienz** des Markts insgesamt **befördern**[7]. Zudem sind sie ein wichtiges Mittel zur **Risikosteuerung** von Kreditgeschäften und Investitionen[8]. Gerade ungedeckte CDS auf öffentliche Schuldtitel werden häufig als sog. *Proxy-Hedge* verwendet, um sich vor dem Risiko des Zahlungsausfalls eines verbundenen Schuldners abzusichern[9]. Die Sinnhaftigkeit der Verbote wurden daher in der ökonomischen Forschung angezweifelt[10].

4. Regulierung von öffentlichen CDS. Erwägungsgrund 22 VO Nr. 236/2012 beruft sich zur Rechtfertigung des Verbots von ungedeckten öffentlichen CDS darauf, dass sich der Eintritt in einen CDS auf öffentliche Schuldtitel ohne zugrunde liegende Exposition gegenüber dem Risiko eines Wertverfalls des öffentlichen Schuldinstruments nachteilig auf die **Stabilität der Märkte** für öffentliche Schuldtitel auswirken kann[11]. Zudem sollen sie die Refinanzierungskosten der Eurostaaten erhöhen[12]. Anknüpfend an diese Erwägung wurde ungedeckten CDS eine Mitschuld **an der Eurostaatsschuldenkrise** gegeben[13].

Belege für diese These wurden bis heute **nicht erbracht**[14]. Selbst ein Report einer *Task Force* der Europäischen Kommission kam zu dem Ergebnis, dass keine Belege für einen Zusammenhang zwischen ungedeckten CDS und einer Steigerung der Finanzierungskosten von Eurostaaten existierten[15]. Erwiesenermaßen hat aber das Verbot zu einem Einbruch des Markts für CDS auf öffentliche Emittenten um bis zu 30 % geführt[16]. Angesichts dessen verwundert es nicht, dass das Verbot ungedeckter CDS während des Entstehungsprozesses der Leerver-

---

1 Grundlegend *Banerjee*, The Quarterly Journal of Economics 103 (1992), 797.
2 *Armour/Awrey/Davies/Enriques/Gordon/Mayer/Payne*, Principles of Financial Regulation, 2016, S. 200; *Juurikkala*, ECFR 2012, 307, 318; *Howell*, European Company Law 12 (2015), 79, 81; *Jones/Reed/Waller*, Review of Financial Studies 29 (2016), 3278, 3307 ff.
3 ESMA, Report on Trends, Risks and Vulnerabilities No. 1, 2018, S. 64 ff.; zuvor schon *Jank/Roling/Smajlbegovic*, Deutsche Bundesbank Discussion Paper No 25/2016.
4 ESMA, Final Report – Technical Advice on the evaluation of certain elements of the Short Selling Regulation, ESMA70-145-386, 5. Rz. 236 ff.; ferner ESMA, Report on Trends, Risks and Vulnerabilities No. 1, 2018, S. 60 ff.
5 *Augustin/Subrahmanyam/Tang/Wang*, Annual Review of Financial Economics 8 (2016), 10.1, 10.4.
6 *Howell*, European Business Organization Law Review 17 (2016), 319, 323 f.
7 *Augustin/Subrahmanyam/Tang/Wang*, Annual Review of Financial Economics 8 (2016), 10.1, 10.4; *Pu/Zhang*, Financial Review 47 (2012), 171; *EDHEC-Risk Institute*, The Link between Eurozone Sovereign Debt and CDS Prices (2011), Working Paper, abrufbar unter: www.faculty-research.edhec.com/research/edhec-publications/2012/the-link-between-eurozone-sovereign-debt-and-cds-prices-150168.kjsp; *Amadei/Di Rocco/Gentile/Grasso/Siciliano*, CONSOB Consultation Paper (2011), abrufbar unter: www.papers.ssrn.com/abstract_id=1905416); Commission inter-service task force, Report on Sovereign CDS, unveröffentlicht (abrufbar unter www.ft.com/cdsreport); tendenziell a.A. *Ashcraft/Santos*, Journal of Monetary Economics 56 (2009), 514; kritisch auch *Juurikkala*, ECFR 2012, 307, 324 ff. m.w.N.
8 *Howell*, European Business Organization Law Review 17 (2016), 319, 323 f.
9 *Howell*, European Business Organization Law Review 17 (2016), 319, 323 f.
10 *Salomao*, Journal of Monetary Economics 90 (2017), 50; *Arce/Mayordomo/Peña*, Journal of International Money and Finance 35 (2013), 124; *Pu/Zhang*, Financial Review 47 (2012), 171-197; *EDHEC-Risk Institute*, The Link between Eurozone Sovereign Debt and CDS Prices (2011), Working Paper, abrufbar unter: www.faculty-research.edhec.com/research/edhec-publications/2012/the-link-between-eurozone-sovereign-debt-and-cds-prices-150168.kjsp; sogar Commission inter-service task force, Report on Sovereign CDS, unveröffentlicht (abrufbar unter www.ft.com/cdsreport).
11 Dazu *Mülbert/Sajnovits*, ZBB 2012, 266, 268, 273; *Schmidt-Wenzel*, Die Regulierung von Kreditderivaten, 2017, S. 199 ff.
12 *Financial Crisis Inquiry Commission*, The Financial Crisis Inquiry Report, January 2011, S. 8 ff., 50 f., 140 ff., abrufbar unter: http://fc.i.c.-static.law.stanford.edu/cdn_media/fcic-reports/fcic_final_report_full.pdf; dazu auch *Juurikkala*, ECFR 2012, 307, 308.
13 Kritisch dazu *Moloney*, EU Securities and Financial Markets Regulation, 3rd ed. 2014, S. 544; *Howell*, Journal of Corporate Law Studies 16 (2016), 333, 343.
14 *Salomao*, Journal of Monetary Economics 90 (2017), 50; *Arce/Mayordomo/Peña*, Journal of International Money and Finance 35 (2013), 124; *Howell*, Journal of Corporate Law Studies 16 (2016), 333, 344; *Howell*, European Business Organization Law Review 17 (2016), 319.
15 Europäische Kommission, Task Force Report on Sovereign CDS, 2010, S. 3 f.; abrufbar unter: http://im.ft-static.com/content/images/100e2d86-4994-11e0-b051-00144feab49a.pdf.
16 *Salomao*, Journal of Monetary Economics 90 (2017), 50; *Howell*, Journal of Corporate Law Studies 16 (2016), 333, 353.

kaufs-VO heftig umstritten war[1]. Wegen der ökonomischen Vorteile von CDS (Rz. 62) ist anzuraten, das Verbot des Art. 14 Abs. 1 VO Nr. 236/2012 zu überdenken oder jedenfalls auszusetzen (Art. 14 Abs. 2 VO Nr. 236/2012).

65 **V. Rechtspraxis und Rechtstatsächliches. 1. Leerverkaufsregulierung.** Bei der **praktischen Handhabung** der Leerverkaufsregulierung ist naturgemäß die Behördenpraxis der BaFin und der anderen national zuständigen Behörden von ausschlaggebender Bedeutung. Einen zusammenfassenden Überblick über die Aufsichtspraxis der BaFin sowie über die bußgeldrechtliche Verfolgung von Verstößen gegen die Leerverkaufs-VO geben die Jahresberichte der BaFin[2]. Zudem hat die EMSA in ihrem aktuellen *technical advice* zur Evaluation der Leerverkaufs-VO einige statistische Daten zu den Transparenzpflichten in der gesamten EU veröffentlicht, die auch aus *Ad-hoc*-Anfragen der ESMA nach Art. 11 VO Nr. 236/2012 resultieren (dazu Art. 11 VO Nr. 236/2012 Rz. 9 ff.)[3].

66 Die BaFin überprüfte im Jahr 2016 in insgesamt 97 Fällen, ob die **Verbote der Leerverkaufs-VO** beachtet wurden. Im Vorjahr (2015) gab es noch 185 Überprüfungen. Die Untersuchungen gingen teilweise auf Anzeigen von Marktteilnehmern zurück[4]. Von den 97 begonnenen Untersuchungen wurden 78 eingestellt (Vorjahr: 148). Die Einstellungen betrafen größtenteils Selbstanzeigen wegen geringfügiger Verstöße, die auf menschliches Versagen wie beispielsweise Missverständnisse bei der Orderaufgabe durch den Kunden zurückgingen[5]. Ende 2016 waren acht Sachverhalte noch nicht abschließend geprüft (Vorjahr: 17), von denen zwei aus dem Jahr 2015 und sechs aus dem Jahr 2016 stammen[6]. Weitere elf Sachverhalte gab die BaFin aus Zuständigkeitsgründen an andere EU-Behörden ab (Vorjahr: 17)[7]. In elf Fällen verfolgte die Aufsicht den Sachverhalt bußgeldrechtlich weiter (Vorjahr: vier)[8].

67 Die ESMA hat in ihrem jüngsten *technical advice* zu einem Review der Leerverkaufs-VO quantitative Daten zu **Netto-Leerverkaufspositionen** in der **EU** veröffentlicht. Für ihren *technical advice* sammelte die ESMA alle Netto-Leerverkaufspositionen aller national zuständigen Behörden zwischen dem 1.1.2013 und dem 31.12.2016. In diesem Zeitraum wurden insgesamt 210.341 Netto-Leerverkaufspositionen in insgesamt 19 Mitgliedstaaten gemeldet[9]. Diese Positionen bezogen sich auf insgesamt 2.321 verschiedene Aktien[10]. Diese Netto-Leerverkaufspositionen werden bzw. wurden von ca. 1.000 verschiedenen Personen gehalten, wobei rund 70 % dieser Personen ihren Sitz in den Vereinigten Staaten oder im Vereinigten Königreich, 15 % in anderen EU-Mitgliedstaaten und 10 % in Offshore-Staaten haben[11]. Etwa 150 dieser Positionshalter haben mehr als 80 % der Meldungen abgegeben, wobei die Meldungen etwa zwei Drittel der insgesamt erfassten Aktien betrafen[12]. Dies zeigt eine starke Konzentration des Leerverkaufsmarktes in Europa[13]. **Netto-Leerverkaufspositionen** werden in **Deutschland** über die Melde- und Veröffentlichungsplattform der BaFin mitgeteilt. Bis Ende 2015 nutzten 998 Unternehmen und 17 Privatpersonen diese Möglichkeit, um bei der Aufsicht insgesamt 1.977 Zulassungsanträge einzureichen. Der BaFin wurden im Jahr 2016 von insgesamt 331 Mitteilungspflichtigen (Vorjahr: 289) 14.492 Netto-Leerverkaufspositionen (Vorjahr: 13.525) in 249 verschiedenen Aktien (Vorjahr: 234) gemeldet. Dies entspricht durchschnittlich 57 Mitteilungen pro Handelstag. Insgesamt 4.151 Mitteilungen (Vorjahr: 4.074) mussten 2016 im Bundesanzeiger veröffentlicht werden, da die Schwelle von 0,5 % des ausgegebenen Aktienkapitals berührt wurde. Die BaFin erhielt darüber hinaus 94 Mitteilungen für öffentliche Schuldtitel des Bundes (Ausgangsschwellenwert: 0,5 %), etwas mehr als im Vorjahr (67 Mitteilungen). Für Schuldtitel der Bundesländer hingegen gingen bei der Aufsicht 2016 – wie im Vorjahr – keine Mitteilungen ein (Ausgangsschwellenwert: 0,1 %).

68 Im Jahr 2016 wurden sieben neue **Bußgeldverfahren** wegen Verstößen gegen die Leerverkaufs-VO eröffnet[14]. Sechs Bußgeldverfahren waren Anfang 2016 noch aus den Vorjahren anhängig[15]. Im Jahr 2016 wurde nur eine Geldbuße i.H.v. 35.000 Euro verhängt[16]. Keines der anhängigen Bußgeldverfahren wurde eingestellt. Zum Ende des Jahres 2016 waren deshalb noch 12 Bußgeldverfahren anhängig[17].

---

1 *Howell*, Journal of Corporate Law Studies 16 (2016), 333, 351; *Moloney*, EU Securities and Financial Markets Law, 3rd ed. 2014, VI.3.7.4., S. 558.
2 Abrufbar unter www.bafin.de.
3 ESMA, Consultation Paper on the evaluation of certain elements of the Short Selling Regulation, ESMA70-145-127.
4 BaFin, Jahresbericht 2016, S. 183 f.
5 BaFin, Jahresbericht 2016, S. 184.
6 BaFin, Jahresbericht 2016, S. 184.
7 BaFin, Jahresbericht 2016, S. 184.
8 BaFin, Jahresbericht 2016, S. 184.
9 ESMA, Report on Trends, Risks and Vulnerabilities No. 1, 2018, S. 61.
10 ESMA, Report on Trends, Risks and Vulnerabilities No. 1, 2018, S. 61.
11 ESMA, Report on Trends, Risks and Vulnerabilities No. 1, 2018, S. 61.
12 ESMA, Report on Trends, Risks and Vulnerabilities No. 1, 2018, S. 61.
13 ESMA, Report on Trends, Risks and Vulnerabilities No. 1, 2018, S. 61.
14 BaFin, Jahresbericht 2016, S. 198.
15 BaFin, Jahresbericht 2016, S. 198.
16 BaFin, Jahresbericht 2016, S. 198.
17 BaFin, Jahresbericht 2016, S. 198.

Verstöße gegen die Transparenzpflichten in Netto-Leerverkaufspositionen untersuchte die BaFin 2016 in 61 Fällen (Vorjahr: 58). Insgesamt 25 Untersuchungen stellte sie ein (Vorjahr: 29). 18 Sachverhalte waren Ende 2016 noch offen (Vorjahr: 28), fünf aus dem Jahr 2014, acht aus dem Jahr 2015 und fünf aus dem Jahr 2016.

2. Regulierung von Credit Default Swaps. Das Verbot ungedeckter Credit Default Swaps hat in der **Aufsichtspraxis** der BaFin bislang **kaum eine Rolle gespielt.** Aus dem Jahresbericht der BaFin ist allerdings nicht ablesbar, wie viele Verfahren sich auf das Verbot ungedeckter CDS und wie viele Verfahren sich auf die Leerverkaufsverbote bezogen haben.

VI. Short-Seller-Attacken. 1. Überblick. Von einer Short-Seller-Attacke wird gesprochen, wenn ein Akteur zunächst Leerverkäufe in einer Aktie tätigt, sodann im Markt über diese Gesellschaft Informationen in Form von Analysen verbreitet, die zu einem Kursverfall der leerverkauften Aktien führen, um nach dem eintretenden Kursverfall seine Short-Positionen schließlich zu den gesunkenen Kursen und also mit einem entsprechenden Gewinn zu schließen. In den letzten Jahren waren in Deutschland mindestens vier börsennotierte Gesellschaften – *Wirecard, Ströer, Aurelius*[1] und *ProSiebenSat 1*[2] – das Ziel einer solchen Attacke mit teils drastischen Auswirkungen auf ihren Börsenkurs[3]. Dementsprechend sind Short Seller-Attacken auch hierzulande in den Blick der Öffentlichkeit[4] und des Schrifttums[5] geraten. Dabei hat sich gezeigt, dass die Bewertung dieses Phänomens keine Schwierigkeiten bereitet, wenn die verbreiteten **Informationen falsch oder irreführend** oder irreführend sind. Denn dann ist die Short-Seller-Attacke unter funktionalen Aepekten unzweifelhaft marktschädlich und dementsprechend auch – unabhängig vom Vorliegen eines gedeckten oder ungedeckten Leerverkaufs – als Verstoß gegen die Art. 15, 12 VO Nr. 596/2014 verboten (Rz. 74). Sind die **Informationen** hingegen **zutreffend oder jedenfalls nachvollziehbar**, sind die gesamtökonomischen Effekte weniger eindeutig (Rz. 72), was sich auch in der rechtlichen Bewertung niederschlägt (Rz. 75 ff.).

Leerverkäufe sieht die finanzökonomische Forschung unter vielen Gesichtspunkten als **wohlfahrtsfördernd** (Rz. 49 ff.). Dieser Bewertung hat sich der europäische Gesetzgeber – jedenfalls für normale Marktbedingungen – mit der VO Nr. 236/2012 insbesondere hinsichtlich der Förderung der Genauigkeit und Schnelligkeit der Marktpreisbildung angeschlossen (Erwägungsgrund 5 VO Nr. 236/2012). Ohne die Möglichkeit von Leerverkäufen würden negative Informationen entweder überhaupt nicht oder nur verzögert in den Kurs einfließen[6]. In diesem Kontext wird sogar betont, dass Informationshändler durch die Möglichkeit von Leerverkäufen einen zusätzlichen und erwünschten (!) Anreiz erhielten, auch nach negativen Informationen aktiv zu suchen. *Short Seller*-Aktivisten erfüllen daher jedenfalls theoretisch eine wichtige Aufgabe bei der Steigerung der Informationseffizienz des Marktes, sofern die von ihnen veröffentlichten Informationen zutreffend oder jedenfalls nachvollziehbar sind. Andererseits wird *Short Seller*-Attacken – wie Leerverkäufen im Allgemeinen – aber auch das Potenzial zur Herbeiführung von Marktverwerfungen zugesprochen[7]. Insbesondere im Umfeld „nervöser" Kapitalmärkte käme ihnen durchaus das Potenzial zu, einen übertriebenen, weil durch die Informationen nicht gerechtfertigten, Abwärtstrend auszulösen.

2. Rechtsrahmen. Bei Short-Seller-Attacken können zunächst **Publizitätspflichten** zu beachten sein[8]. Anknüpfend an die eingegangene **Leerverkaufsposition,** müssen Halter einer Netto-Leerverkaufsposition in Aktien bzw. Verwaltungseinheiten oder bestimmte Unternehmen innerhalb einer Unternehmensgruppe nach

---

1 Zu den Fällen Wirecard/Zatarra, Stoer/Muddy Waters, Aurelius/Gotham City etwa *Hasselbach/Peters*, BB 2017, 2147, 2150.
2 Zu ProSiebenSat /Viceroy Research Group etwa *Kalbhenn*, ProSieben im Visier von Shortsellern, Börsen-Zeitung v. 7.3.2018, Nr. 46, 1.
3 Näher auch *Mülbert*, ZHR 182 (2018), 105.
4 Zu den in Deutschland in der Tagespresse begleiteten Short-Seller-Attacken auf Wirecard, Stöer und Aurelius s. etwa Handelsblatt v. 28.3.2017, Hedgefonds Attacke auf Aurelius – Gotham City in München, abrufbar unter: http://www.handelsblatt.com/finanzen/maerkte/boerse-inside/hedgefonds-attacke-auf-aurelius-gotham-city-in-muenchen/19580822.html; *Kremer*, Aggressive Investoren: Geschäftsmodell Unruhestifter, in FAZ v. 15.4.2017, abrufbar unter: http://www.faz.net/aktuell/finanzen/-14963824.html.
5 S. etwa *Wong/Zhao*, Post-Apocalyptic: The Real Consequences of Activist Short-Selling, Working Paper 2017; *Zhao*, Activist short-selling, Working Paper 2016; *Brunnermeier/Oehmke*, Review of Finance 18 (2013), 2153; *He/Tian*, Do short sellers exacerbate or mitigate managerial myopia? Evidence from patenting activities, Indiana University Working Paper 2016; *Grullon/Michenaud/Weston*, Review of Financial Studies, 28 (2015), 1737.
6 Theoretisch grundlegend *Miller*, 32 Journal of Finance (1977) 1151; *Diamond/Verrecchia*, Journal of Financial Economics 18 (1987), 277. Diese These von der Störung des Preisbildungsprozesses ist durch zahlreiche empirische Studien belegt, s. *Bris/Goetzmann/Zhu*, Journal of Finance 62 (2007), 1029; *Beber/Pagano*, 68 Journal of Finance (2013) 343; *Boehmer/Wu*, 26 Review of Financial Studies (2013), 287 ff.; *Dechow/Hutton/Meulbroek/Sloan*, Journal of Financial Economics 61 (2001), 77; *Desai/Ramesh/Thiagarajan/Balachandran*, Journal of Finance 57 (2002), 2263; *Boehmer/Jones/Zhang*, Journal of Finance 63 (2008), 491; a.A. etwa *Shkilko/VanNess/VanNess*, Financial Management 41 (2012), 345.
7 *Wong/Zhao*, Post-Apocalyptic: The Real Consequences of Activist Short-Selling, Working Paper 2017, abrufbar unter https://papers.ssrn.com/sol3/papers.cfm?abstract_id=2941015, S. 8.
8 *Mülbert*, ZHR 182 (2018), 105, 107. In diesem Zusammenhang wird eine striktere Durchsetzung von Transparenzpflichten gefordert, wobei den zuständigen Behörden erweiterte unionsweite Untersuchungsbefugnisse eingeräumt werden sollen. So *Müller*, Zeit für härteren Durchgriff, in Börsen-Zeitung v. 3.5.2018, S. 8.

Art. 6 VO Nr. 236/2012 ihre Netto-Leerverkaufspositionen in Aktien gegenüber der Öffentlichkeit offenzulegen, wenn diese Position den Schwellenwert von 0.5 % des ausgegebenen Aktienkapitals des betreffenden Unternehmens erreicht, über- oder unterschreitet; oberhalb dieses Schwellenwerts sind Veränderungen in Intervallen von 0,1 % des ausgegebenen Aktienkapitals des betreffenden Unternehmens offenzulegen (näher Art. 5–10 VO Nr. 236/2012 Rz. 30)[1]. Der *Research Report* als zweites zentrales Instrument einer *Short Seller*-Attacke darf negative Aussagen/Einschätzungen zur Lage der Gesellschaft und ihrer Geschäftstätigkeit enthalten. Leerverkäufer können allerdings nach Art. 20 Abs. 1 VO Nr. 596/2014, anknüpfend an die veröffentlichte Analyse, dazu verpflichtet sein, Interessenkonflikte – und so insbesondere ihre *Short*-Position – hinsichtlich der Finanzinstrumente, auf die sich die Informationen beziehen, offenzulegen. Dafür muss es sich – wie im Falle von ProSieben/Viceroy der Fall – bei den veröffentlichten Informationen um Anlageempfehlungen (Art. 3 Abs. 1 Nr. 35 VO Nr. 596/2014) oder Anlagestrategieempfehlungen (Art. 3 Abs. 1 Nr. 34 VO Nr. 596/2014) im Sinne der MAR handeln (näher Art. 20 VO Nr. 596/2014 Rz. 6 ff.).

74 Short-Seller-Attacken können zudem eine **Marktmanipulation** darstellen[2]. Das Verbot des Art. 15 i.V.m. 12 Abs. 1 lit. b und lit. c VO Nr. 596/2014 zieht *Short Seller*-Attacken ohne weiteres eine rechtliche Grenze, wenn die verbreiteten Informationen falsch oder irreführend sind. Sind sie hingegen zutreffend oder bilden sie jedenfalls eine nachvollziehbare Analyse bzw. eine plausible Bewertung oder Prognose, scheidet ein Verstoß gegen Art. 12 Abs. 1 lit. b und lit. c VO Nr. 596/2014 in der Regel aus (Art. 12 VO Nr. 596/2014 Rz. 155 f., 188). Insbesondere gibt eine verbreitete Information nicht allein deshalb ein falsches Signal, weil genauere oder vollständigere Angaben möglich gewesen wären oder weil die Angaben tendenziös erscheinen. Allerdings können „an sich" richtige Angaben irreführend sein, wenn sie so gefasst sind, dass das Anlegerpublikum sie missversteht. In dem bloßen Verschweigen offenlegungspflichtiger Tatsachen – wie etwa der Netto-Leerverkaufsposition nach Art. 6 VO Nr. 236/2012 – kann nach neuem Recht kein Verstoß gegen das Marktmanipulationsverbot liegen (Art. 12 VO Nr. 596/2014 Rz. 180 f.)[3].

75 Bei im Ausgangspunkt **zutreffenden** bzw. **plausiblen Analysen** kommt damit lediglich ein Verstoß gegen **Art. 15 i.V.m. 12 Abs. 2 lit. d VO Nr. 596/2014** in Betracht. Das vorwerfbare und von Art. 12 Abs. 2 lit. d VO Nr. 596/2014 als Regelbeispiel einer Marktmanipulation verbotene Verhalten kann in der Veröffentlichung einer Stellungnahme bei **unterlassener Offenlegung eines Interessenkonflikts** zusammen mit der Eingehung einer entsprechenden Short-Position und deren anschließender Auflösung (vgl. Art. 12 VO Nr. 596/2014 Rz. 254) durch den Leerverkäufer liegen[4]. Sofern die durch den Leerverkäufer veröffentlichte Analyse zum Zielunternehmen sich nämlich – wie regelmäßig – als Stellungnahme i.S.d. Art. 12 Abs. 2 lit. d VO Nr. 596/2014 qualifiziert, ist dieser verpflichtet, gleichzeitig mit seiner Stellungnahme zu dem Zielunternehmen mitzuteilen, dass er eine Short-Position in dem Unternehmen hält. **Nicht** hingegen muss er mitteilen, dass er diese Positionen kurz nach der Stellungnahme wieder schließen möchte[5]. Genauso wenig muss er zur Erfüllung seiner Pflicht aus Art. 12 Abs. 2 lit. d VO Nr. 596/2014 mitteilen, welchen Umfang seine Short-Position hat. Zwar kann sich eine solche Pflicht aus Art. 6 VO Nr. 236/2012 ergeben (Rz. 72). Die Verletzung von Art. 6 VO Nr. 236/2012 ist aber mit Blick auf das Marktmanipulationsverbot unerheblich. Zum Ganzen auch Art. 12 VO Nr. 596/2014 Rz. 253. Art. 12 VO Nr. 596/2014 und insbesondere dessen Abs. 2 lit. d ist insgesamt die Wertung zu entnehmen, dass *Short Seller*-Attacken grundsätzlich zulässig sind, solange nur dem Markt hinreichend deutlich gemacht wird, welche eigenen wirtschaftlichen Interessen der Leerverkäufer durch seine Informationsverbreitung verfolgt[6]. Diese Wertung stimmt auch mit den Anforderungen an eine Anlageempfehlung oder Anlagestrategieempfehlungen i.S.d. Art. 20 VO Nr. 596/2014 überein (Rz. 72).

76 **Gesellschaftsrechtliche Schranken** (Treuepflicht) für Leerverkäufer lassen sich nur schwer ziehen[7]. Die Leerverkäufer sind nämlich in aller Regel im Zeitpunkt der Informationsverbreitung – als dem potenziell für die Gesellschaft und ihre Aktionäre schädigenden Ereignis – **keine Anteilseigner**[8]. Mit Blick darauf, dass die Leerverkäufer vor dem *Settlement* ihrer *Short*-Positionen jedenfalls für einen kurzen Zeitraum Aktionäre werden können oder aber zur Deckung ihres Leerverkaufs zumindest schon einen unbedingten Anspruch auf Übertragung des Eigentums an den leerverkauften Aktien haben können, ist allenfalls an eine vorwirkende Treuepflicht zu

---

1 *Grundmann* in Staub, HGB, Bankvertragsrecht 2, 5. Aufl. 2018, 6. Teil, 4. Abschnitt, A Rz. 593 ff.; *Weick-Ludewig* in Fuchs, § 30h WpHG Rz. 51; *von Buttlar/Petersen* in Just/Voß/Ritz/Becker, § 30h WpHG Rz. 70; *Schlimbach*, Leerverkäufe, 2015, S. 182 f.; *Moloney*, EU Securities and Financial Markets Regulation, 3rd ed. 2014, VI.3.8., S. 563; *Gruber*, Leerverkäufe, 2014, S. 46; *Mülbert/Sajnovits*, ZBB 2012, 266, 281.
2 *Mülbert*, ZHR 182 (2018), 105, 107 f.; *Schockenhoff/Culmann*, AG 2016, 517, 521 f.; *Graßl/Nikoleyczik*, AG 2017, 49, 55 f.; *Bayram/Meier*, BKR 2018, 55, 56 ff.
3 So *Bayram/Meier*, BKR 2018, 55, 60 f.; ferner in Betracht gezogen von *Schockenhoff/Culmann*, AG 2016, 517, 520 f. Gegen die Möglichkeit einer Marktmanipulation durch reines Unterlassen näher Art. 12 VO Nr. 506/2014 Rz. 180 f. und *Sajnovits/Wagner*, WM 2017, 1189, 1195.
4 *Schockenhoff/Culmann*, AG 2016, 517, 521 f.; *Graßl/Nikoleyczik*, AG 2017, 49, 55 f.
5 *Graßl/Nikoleyczik*, AG 2017, 49, 55.
6 So bereits *Mülbert*, ZHR 182 (2018), 105, 108.
7 *Schockenhoff/Culmann*, AG 2016, 517, 524 f.
8 *Graßl/Nikoleyczik*, AG 2017, 49, 51, die deshalb statt von *shareholder activism* von *investor activism* sprechen.

denken. Im Ergebnis ist auch bei deren grundsätzlicher Anerkennung[1] jedoch Zurückhaltung geboten, insbesondere weil weder ein tatsächlicher Eigentumserwerb vor der Erfüllung, noch ein unbedingter Eigentumsübertragungsanspruch zwingend notwendig sind[2]. Der Leerverkäufer kann seinen Leerverkauf nämlich auch durch eine Lokalisierungszusage eines geeigneten Dritten decken (Art. 12 Abs. 1 lit. c VO Nr. 236/2012). In diesem Fall braucht er keinen unbedingten Anspruch auf Übertragung des Eigentums an den leerverkauften Aktien innezuhaben, sondern kann den Dritten zur Lieferung unmittelbar an seinen Käufer anweisen, weswegen er zu keinem Zeitpunkt Eigentümer der Aktien und damit Anteilseigner des Zielunternehmens sein wird.

Schadensersatzansprüche des Zielunternehmens und/oder seiner Aktionäre für Vermögensschäden kommen in der Regel allenfalls unter den strengen Voraussetzungen des **§ 826 BGB** in Betracht. Die Marktmanipulationsverbote der Art. 15, 12 VO Nr. 596/2014 sind keine Schutzgesetze i.S.d. § 823 Abs. 2 BGB (Art. 15 VO Nr. 596/2014 Rz. 45 ff.). Nichts anderes gilt für die Publizitätspflichten des Art. 6 VO Nr. 236/2012 (Art. 5–10 VO Nr. 236/2012 Rz. 69) und auch für Art. 20 Abs. 1 VO Nr. 596/2014, da auch dieser keinen Individualschutz vermittelt. 77

Sind im Falle massiver Short-Seller-Attacken gleichwohl Marktverwerfungen zu erwarten, bzw. führen diese – insbesondere aufgrund von Herdeneffekten – zu erheblichen und überproportionalen Kursstürzen, stehen den Aufsichtsbehörden gleichwohl Eingriffsmaßnahmen zur Verfügung. Zum einen steht der BaFin das Instrument einer **einstweiligen Handelsaussetzung nach § 6 Abs. 2 WpHG** zur Verfügung (§ 6 WpHG Rz. 76 ff.). Zum anderen kann die BaFin bzw. die jeweilige Börsenaufsicht im Falle eines **signifikanten** Kursverfalls innerhalb eines Handelstages gegenüber der Schlussnotierung des Vortages nach **Art. 23 VO Nr. 236/2012** sogar gedeckte Leerverkäufe von Finanzinstrumenten befristet zu beschränken (näher Art. 18–26 VO Nr. 236/2012 Rz. 39 ff.). 78

Kapitel I
Allgemeine Bestimmungen

Art. 1 Anwendungsbereich

(1) Diese Verordnung findet Anwendung auf:
a) Finanzinstrumente im Sinne von Artikel 2 Absatz 1 Buchstabe a, die zum Handel an einem Handelsplatz in der Union zugelassen sind, auch wenn diese Finanzinstrumente außerhalb eines Handelsplatzes gehandelt werden;
b) Derivate gemäß Anhang I Abschnitt C Nummer 4 bis 10 der Richtlinie 2004/39/EG, die sich auf ein unter Buchstabe a genanntes Finanzinstrument oder den Emittenten eines solchen Finanzinstruments beziehen, einschließlich derartiger derivativer Instrumente, wenn diese außerhalb eines Handelsplatzes gehandelt werden;
c) Schuldinstrumente, die von einem Mitgliedstaat oder von der Union begeben werden, und Derivate gemäß Anhang I Abschnitt C Nummer 4 bis 10 der Richtlinie 2004/39/EG, die mit von einem Mitgliedstaat oder der Union begebenen Schuldinstrumenten verbunden sind oder sich auf solche beziehen.

(2) Die Artikel 18, 20 und 23 bis 30 gelten für alle Finanzinstrumente im Sinne von Artikel 2 Absatz 1 Buchstabe a.

In der Fassung vom 14.3.2012 (ABl. EU Nr. L 86 v. 24.3.2012, S. 1).

Schrifttum: S. Vor Art. 1 ff. VO Nr. 236/2012.

I. Sachlicher Anwendungsbereich (Art. 1 Abs. 1 VO Nr. 236/2012) 1	3. Schuldinstrumente, die von einem Mitgliedstaat der Union oder der Union begeben werden (Art. 1 Abs. 1 lit. c Alt. 1 VO Nr. 236/2012) 8
1. Finanzinstrumente, die an einem Handelsplatz innerhalb der Europäischen Union zugelassen sind (Art. 1 Abs. 1 lit. a VO Nr. 236/2012) 2	4. Derivate, die mit Schuldinstrumenten i.S.d. Art. 1 Abs. 1 lit. c Alt. 1 verbunden sind (Art. 1 Abs. 1 lit. c Alt. 2 VO Nr. 236/2012) ... 9
a) Finanzinstrumente 2	II. Erweiterter Anwendungsbereich nach Art. 1 Abs. 2 VO Nr. 236/2012 10
b) Zulassung zu einem Handelsplatz innerhalb der EU 3	III. Persönlicher Anwendungsbereich 11
2. Derivate i.S.d. RL 2014/65/EU, die mit einem Finanzinstrument i.S.d. Art. 1 Abs. 1 lit. a Alt. 1 verbunden sind (Art. Abs. 1 lit. b VO Nr. 236/2012) 7	IV. Räumlicher/internationaler Anwendungsbereich 13
	V. Zeitlicher Anwendungsbereich 16

---

[1] Ausführlich *Mülbert/Kiem*, ZHR 177 (2013), 819 ff.; krit. *Cahn/Decher*, Der Konzern 2015, 469.
[2] So auch *Schockenhoff/Culmann*, AG 2016, 517, 525.

Art. 1 VO Nr. 236/2012 | Anwendungsbereich

1 **I. Sachlicher Anwendungsbereich (Art. 1 Abs. 1 VO Nr. 236/2012).** Die Leerverkaufs-VO findet nach **Art. 1 Abs. 1 VO Nr. 236/2012** Anwendung (i) auf Finanzinstrumente, die an einem Handelsplatz innerhalb der Europäischen Union zugelassen sind, unabhängig davon, ob sie auch an einem anderen Handelsplatz gehandelt werden oder ob sie auch außerhalb eines Handelsplatzes (OTC) gehandelt werden (lit. a), ferner (ii) auf Derivate i.S.d. RL 2014/65/EU (MiFID II)[1], die mit einem Finanzinstrument i.S.d. Art. 1 Abs. 1 lit. a VO Nr. 236/2012 verbunden sind (lit. b), und (iii) auf Schuldinstrumente, die von einem Mitgliedstaat der Europäischen Union oder der Europäischen Union selbst begeben werden (lit. c Alt. 1) sowie (iv) auf Derivate, die mit solchen Schuldinstrumenten verbunden sind (lit. c Alt. 2)[2].

2 **1. Finanzinstrumente, die an einem Handelsplatz innerhalb der Europäischen Union zugelassen sind (Art. 1 Abs. 1 lit. a VO Nr. 236/2012). a) Finanzinstrumente.** Als Finanzinstrument definiert die Leerverkaufs-VO in Art. 2 Abs. 1 lit. a ein Instrument, das in Anhang I Abschnitt C der MiFID II aufgeführt ist[3]. Darunter fallen (1.) **übertragbare Wertpapiere**, (2.) **Geldmarktinstrumente**, (3.) **Anteile an Organismen für gemeinsame Anlagen**, (4.) Optionen, Terminkontrakte, Swaps, Zinsausgleichsvereinbarungen und alle anderen **Derivatkontrakte in Bezug auf Wertpapiere, Währungen, Zinssätze oder -erträge**, oder andere Derivat-Instrumente, finanzielle Indizes oder Messgrößen, die effektiv geliefert oder bar abgerechnet werden können, (5.–7.) verschiedene Formen von Optionen, Terminkontrakten, Swaps, Termingeschäften und andere **Derivatkontrakte in Bezug auf Waren**, (8.) derivative Instrumente für den Transfer von Kreditrisiken (**CDS**), (9.) **Finanzielle Differenzgeschäfte** und (10.) **Derivatkontrakte in Bezug auf Vermögenswerte, Rechte, Obligationen, Indizes und Messwerte**, die sonst nicht im Abschnitt C genannt sind und die die Merkmale anderer derivativer Finanzinstrumente aufweisen sowie (11.) **Emissionszertifikate**.

3 **b) Zulassung zu einem Handelsplatz innerhalb der EU.** Die Finanzinstrumente (Rz. 2) müssen zum Handel an einem **Handelsplatz in der Europäischen Union** zugelassen sein[4]. Ein Handelsplatz ist nach Art. 4 Abs. 1 Nr. 24 RL 2014/65/EU (MiFID II) ein geregelter Markt, ein MTF oder ein OTF i.S.d. MiFID II[5]. Die Erstreckung auf OTFs führt zu einer Erweiterung des Anwendungsbereichs der MiFID II gegenüber dem der MiFID I, so dass mittelbar auch der Anwendungsbereich der Leerverkaufs-VO erweitert wurde.

4 Art. 1 Abs. 1 VO Nr. 236/2012 lässt die **Zulassung** zum Handel an einem Handelsplatz genügen. Entsprechende Finanzinstrumente unterfallen daher dem Anwendungsbereich der Leerverkaufs-VO selbst dann, wenn ein Leerverkauf außerhalb eines solchen Handelsplatzes erfolgt[6]. Ob die Zulassungsentscheidung eines Marktbetreibers aufgrund eines öffentlich-rechtlichen Zulassungsverfahrens ergeht oder aber aufgrund eines privatrechtlichen Antragsverfahrens, ist unerheblich, und das gilt erst recht für deren Bezeichnung, etwa als „Einbeziehung" in § 48 Abs. 3 BörsG[7]. Mithin werden in den Freiverkehr[8] an den deutschen Börsen „einbezogene" Werte jedenfalls dann vom Anwendungsbereich der Leerverkaufs-VO erfasst, wenn der Emittent einen entsprechenden Antrag gestellt hat oder ein sonstiges, von ihm angestoßenes Verfahren vorausgegangen ist[9].

5 Für eine Zulassung i.S. des Art. 1 Abs. 1 VO Nr. 236/2012 ist nicht einmal erforderlich, dass der Emittent selbst einen solchen Antrag gestellt oder jedenfalls veranlasst hat. Dem steht auch nicht entgegen, dass die MAR für MTFs zwischen einem Handel kraft Zulassung(santrag) und „schlichtem" Handel differenziert: Nach Art. 2 Abs. 1 lit. b VO Nr. 596/2014 ist die MAR auf Finanzinstrumente anwendbar, „die in einem multilateralen Handelssystem gehandelt werden, zum Handel in einem multilateralen Handelssystem zugelassen sind oder für die

---

1 Gem. Art. 94 Unterabs. 2 i.V.m. Anhang IV RL 2014/65/EU (MiFID II) ist der Verweis in der Leerverkaufs-VO auf die MiFID I als solcher auf die MiFID II zu lesen (näher Vor Art. 1 ff. VO Nr. 236/2012 Rz. 17).
2 *Walla* in Veil, European Capital Markets Law, 2nd ed. 2017, § 24 Rz. 15 f.; *Weick-Ludewig* in Fuchs, § 30h WpHG Rz. 29 f.; *von Buttlar/Petersen* in Just/Voß/Ritz/Becker, § 30h WpHG Rz. 33 ff.; *Moloney*, EU Securities and Financial Markets Regulation, 3rd ed. 2014, VI.3.7., S. 551 f.
3 Gem. Art. 94 Unterabs. 2 i.V.m. Anhang IV RL 2014/65/EU (MiFID II) ist der Verweis in der Leerverkaufs-VO auf die MiFID I als solcher auf die MiFID II zu lesen (näher Vor Art. 1 ff. VO Nr. 236/2012 Rz. 17). S. auch *Grundmann* in Staub, HGB, Bankvertragsrecht 2, 5. Aufl. 2018, 6. Teil, 4. Abschnitt, A Rz. 568.
4 *Moloney*, EU Securities and Financial Markets Regulation, 3rd ed. 2014, VI.3.7., S. 551.
5 *Zetzsche* in Gebauer/Teichmann, Europäisches Privat- und Unternehmensrecht, 1. Aufl. 2016, § 7 A. Rz. 156 ff.; *Grundmann* in Staub, HGB, Bankvertragsrecht 2, 5. Aufl. 2016, 6. Teil, 3. Abschnitt, D Rz. 276 ff.
6 *Moloney*, EU Securities and Financial Markets Regulation, 3rd ed. 2014, VI.3.7., S. 551.
7 So will etwa *Groß*, Kapitalmarktrecht, 6. Aufl. 2016, § 48 BörsG Rz. 3 zwischen Zulassung und Einbeziehung unterscheiden. Dabei hebt er aber zugleich hervor, dass es sich bei der Einbeziehung der Sache nach um eine Zulassung handelt. Die Unterscheidung zwischen Zulassung und Einbeziehung im deutschen Sprachgebrauch geht auf §§ 49 ff. BörsG a.F. zurück.
8 Die Freiverkehrssegmente der deutschen Börsen gelten nach Art. 48 Abs. 3 Satz 2 BörsG als MTF. Wichtige MTFs in Deutschland sind daneben die Eurex Bonds GmbH und Eurex Repo GmbH. Eine Liste aller MTF ist auf der Website der ESMA abrufbar unter: https://www.esma.europa.eu/databases-library/registers-and-data.
9 ESMA, Questions and Answers – Implementation of the Regulation on short selling and certain aspects of credit default swaps, ESMA70-145-408, Version 4, Antwort 1 d; BaFin Q&A Antwort 5; *von Butlar/Petersen* in Just/Voß/Ritz/Becker, § 30h WpHG Rz. 32; a.A. *Grundmann* in Staub, HGB, Bankvertragsrecht 2, 5. Aufl. 2018, 6. Teil, 4. Abschnitt, A Rz. 568; und noch *Mülbert/Sajnovits*, ZBB 2012, 266, 269.

ein Antrag auf Zulassung zum Handel in einem multilateralen Handelssystem gestellt wurde". Werden Finanzinstrumente aber nur auf einem multilateralen Handelssystem gehandelt, sind nach Art. 17 Abs. 1 Unterabs. 3 VO Nr. 596/2014 lediglich die Emittenten ad hoc-publizitätspflichtig, „die für ihre Finanzinstrumente eine Zulassung zum Handel auf einem multilateralen oder organisierten Handelssystem in einem Mitgliedstaat erhalten haben oder die für ihre Finanzinstrumente eine Zulassung zum Handel auf einem multilateralen Handelssystem in einem Mitgliedstaat beantragt haben". Diese Einschränkung erklärt sich daraus, dass die mit der Ad-hoc-Publizitätspflicht verbundenen Belastungen nur den Emittenten zugemutet werden sollen, die sich für den Handel ihrer Aktien an einem Handelsplatz entschieden haben (Art. 17 VO Nr. 596/2014 Rz. 20)[1]. Diese teleologischen Erwägungen sind für den Zulassungsbegriff des Art. 1 VO Nr. 236/2012 ganz irrelevant. Hingegen sind die eine Anwendung der Leerverkaufs-VO tragenden Gesichtspunkte ganz unabhängig davon, ob der Emittent oder eine dritte Person die „Zulassung" zum Handel veranlasst hat. Zudem wird für einen Leerverkäufer nicht immer ersichtlich sein, ob der Emittent oder ein Dritter die „Zulassung" veranlasst hat. Im Ergebnis spricht daher mehr dafür, dass alle an einem MTF gehandelten Finanzinstrumente – unabhängig davon ob die Einbeziehung/Zulassung auf eine Initiative des Emittenten zurückgeht – dem Anwendungsbereich der Leerverkaufs-VO unterfallen.

Nicht in den Anwendungsbereich fallen (noch) **nicht zugelassene bzw. einbezogene Finanzinstrumente**[2]. **Ausgenommen** sind ferner Aktien, die zwar zum Handel an einem Handelsplatz in der Europäischen Union (Rz. 3) zugelassen bzw. einbezogen sind, deren **Haupthandelsplatz** sich jedoch **außerhalb der Europäischen Union** befindet (Art. 16 Abs. 1 VO Nr. 236/2012). Näher Art. 16 VO Nr. 236/2012 Rz. 8 f. 6

2. Derivate i.S.d. RL 2014/65/EU, die mit einem Finanzinstrument i.S.d. Art. 1 Abs. 1 lit. a Alt. 1 verbunden sind (Art. Abs. 1 lit. b VO Nr. 236/2012). Dem Anwendungsbereich unterfallen – **unabhängig von ihrer eigenen Zulassung** an einem Handelsplatz in der EU[3] – auch **Derivate** i.S.v. Anhang I Abschnitt C Nr. 4–10 RL 2014/65/EU (MiFID II)[4], die sich auf ein in einem Handelsplatz in der EU/EWR zugelassenes **Finanzinstrument** (Rz. 3) **beziehen**[5]. Mit der ausdrücklichen Erfassung derivativer Instrumente unabhängig von ihrem eigenen Marktbezug, werden Schutzlücken geschlossen, um einen umfassenden Schutz der dem Anwendungsbereich primär unterworfenen Finanzinstrumente zu gewährleisten (vgl. Erwägungsgrund 4 VO Nr. 236/2012)[6]. 7

3. Schuldinstrumente, die von einem Mitgliedstaat der Union oder der Union begeben werden (Art. 1 Abs. 1 lit. c Alt. 1 VO Nr. 236/2012). Nach Art. 1 Abs. 1 lit. c VO Nr. 236/2012 unterliegen dem Anwendungsbereich der Leerverkaufs-VO auch Schuldinstrumente, die von einem Mitgliedstaat der EU/EWR oder von der EU/EWR selbst begeben werden[7]. **Begebene Schuldinstrumente** sind übertragbare Wertpapiere i.S.d. MiFID II (Art. 4 Abs. 1 Nr. 61 RL 2014/65/EU), d.h. Geldmarktinstrumente und Anleihen[8]. Erfasst sind – **unabhängig von ihrer Denomination** – alle Schuldinstrumente, die ein Mitgliedstaat oder die Europäische Union begeben hat, also auch Fremdwährungsanleihen einzelner Mitgliedstaaten der Europäischen Union[9]. Der Begriff des Schuldinstruments wird in dem Definitionskatalog des Art. 2 VO Nr. 236/2012 nicht spezifiziert. Er findet sich aber in der Definition des *öffentlichen Schuldtitels* nach Art. 2 Abs. 1 lit. f VO Nr. 236/2012 wieder (näher Art. 2 VO Nr. 236/2012 Rz. 24). Der Anwendungsbereich der einzelnen Bestimmungen der Leerverkaufs-VO ist auf die von einem öffentlichen Emittenten begebenen Schuldtitel beschränkt. Wer öffentlicher Emittent i.S.d. Leerverkaufs-VO ist, legt Art. 2 Abs. 1 lit. d VO Nr. 236/2012 abschließend fest (Art. 2 VO Nr. 236/2012 Rz. 22). 8

4. Derivate, die mit Schuldinstrumenten i.S.d. Art. 1 Abs. 1 lit. c Alt. 1 verbunden sind (Art. 1 Abs. 1 lit. c Alt. 2 VO Nr. 236/2012). Nach Art. 1 Abs. 1 lit. c Alt. 2 VO Nr. 236/2012 findet die Leerverkaufs-VO schließlich Anwendung auf Derivate i.S.v. Anhang I Abschnitt C Nr. 4–10 RL 2014/65/EU (MiFID II)[10] (Rz. 8), die 9

---

1 *Kumpan*, DB 2016, 2039, 2040; *Scholz*, NZG 2016, 1286, 1287.
2 Antwort 14a der BaFin FAQs, Häufige Fragen zum Verbot ungedeckter Leerverkäufe in Aktien und öffentlichen Schuldtiteln gem. Art. 12 f. der EU-LeerverkaufsVO (zuletzt geändert am 10.8.2015), abrufbar auf: http://www.bafin.de/SharedDocs/Veroeffentlichungen/DE/FAQ/faq_leerverkaufsVO_verbot.html; *Ludewig* in Heidel, Aktien- und Kapitalmarktrecht, § 30h WpHG Rz. 2.
3 *Grundmann* in Staub, HGB, Bankvertragsrecht 2, 5. Aufl. 2018, 6. Teil, 4. Abschnitt, A Rz. 570; *von Buttlar/Petersen* in Just/Voß/Ritz/Becker, § 30h WpHG Rz. 34; *Moloney*, EU Securities and Financial Markets Regulation, 3rd ed. 2014, VI.3.7., S. 552.
4 Gem. Art. 94 Unterabs. 2 i.V.m. Anhang IV RL 2014/65/EU (MiFID II) ist der Verweis in der Leerverkaufs-VO auf die MiFID I als solcher auf die MiFID II zu lesen (näher Vor Art. 1 ff. VO Nr. 236/2012 Rz. 17).
5 *Grundmann* in Staub, HGB, Bankvertragsrecht 2, 5. Aufl. 2018, 6. Teil, 4. Abschnitt, A Rz. 570.
6 *Grundmann* in Staub, HGB, Bankvertragsrecht 2, 5. Aufl. 2018, 6. Teil, 4. Abschnitt, A Rz. 570; *Sajnovits/Weick-Ludewig*, WM 2015, 2226, 2228 f.
7 *Grundmann* in Staub, HGB, Bankvertragsrecht 2, 5. Aufl. 2018, 6. Teil, 4. Abschnitt, A Rz. 571; *Moloney*, EU Securities and Financial Markets Regulation, 3rd ed. 2014, VI.3.7., S. 552.
8 ESMA, Questions and Answers – Implementation of the Regulation on short selling and certain aspects of credit default swaps, ESMA70-145-408, Version 4, Answer 1i.
9 *Mülbert/Sajnovits*, ZBB 2012, 266, 269 mit Fn. 17; *BaFin*, FAQ zum Verbot ungedeckter Leerverkäufe in Aktien und öffentlichen Schuldtiteln, Antwort 4.
10 Gem. Art. 94 Unterabs. 2 i.V.m. Anhang IV RL 2014/65/EU (MiFID II) ist der Verweis in der Leerverkaufs-VO auf die MiFID I als solcher auf die MiFID II zu lesen (näher Vor Art. 1 ff. VO Nr. 236/2012 Rz. 17).

Art. 1 VO Nr. 236/2012 | Anwendungsbereich

mit von einem Mitgliedstaat oder der EU/EWR begebenen Schuldinstrumenten (Rz. 9) verbunden sind oder sich auf solche beziehen[1]. Entsprechende derivative Instrumente werden auch insoweit unabhängig von einem Marktbezug erfasst. Entscheidend ist – um Umgehungsstrategien zu unterbinden –, dass die Derivate einen Bezug zu den geschützten Schuldinstrumenten aufweisen.

10 **II. Erweiterter Anwendungsbereich nach Art. 1 Abs. 2 VO Nr. 236/2012.** Nach Art. 1 Abs. 2 VO Nr. 236/2012 gelten die Art. 18, 20 und 23–30 für alle Finanzinstrumente i.S.v. Art. 2 Abs. 1 lit. a VO Nr. 236/2012 (Rz. 2), **unabhängig von** ihrer **Handelsplatzzulassung**[2]. Dadurch haben die jeweils zuständigen Behörden bzw. die ESMA die Möglichkeit, die Regulierungsinstrumente der Leerverkaufs-VO auch auf andere Finanzinstrumente anzuwenden, wenn es im Rahmen von Notfallmaßnahmen erforderlich ist. Näher Art. 18–26 VO Nr. 236/2012 Rz. 23.

11 **III. Persönlicher Anwendungsbereich.** Der persönliche Anwendungsbereich der Leerverkaufs-VO erfasst grundsätzlich **jedermann**[3], unabhängig davon, ob es sich um eine **natürliche oder juristische Person** handelt, und unabhängig vom Wohnort bzw. Sitz der jeweiligen natürlichen oder juristischen Person (vgl. Art. 10 VO Nr. 236/2012)[4]. Erwägungsgrund 6 VO Nr. 236/2012 hebt insofern hervor, dass von der Bezugnahme auf natürliche und juristische Personen auch eingetragene Personengesellschaften ohne Rechtspersönlichkeit erfasst sind.

12 **Market Maker** und **Primärhändler** sind nicht *per se* vom persönlichen Anwendungsbereich ausgenommen. Die Ausnahme des Art. 17 VO Nr. 236/2012 ist personen- und tätigkeitsbezogen. Zu den Ausnahmen für Market Maker und Primärhändler s. Art. 17 VO Nr. 236/2012 Rz. 16 ff., 33 ff.

13 **IV. Räumlicher/internationaler Anwendungsbereich.** Leerverkäufe in Finanzinstrumenten können jedenfalls *over the counter* (OTC) irgendwo in der Welt vereinbart werden, und das Gleiche gilt auch für den Handel von CDS. Dementsprechend ist der – vom internationalen Geltungsbereich zu unterscheidende (vgl. Art. 12 VO Nr. 596/2014 Rz. 43) – **internationale Anwendungsbereich** der Bestimmungen der Leerverkaufs-VO nicht auf die Europäische Union bzw. den EWR beschränkt. Vielmehr beanspruchen diese ohne Verstoß gegen das völkerrechtliche Erfordernis eines *genuine link* **extraterritoriale**[5] weltweite Anwendung, indem für den (internationalen) Anwendungsbereich der Leerverkaufs-VO allein der **Bezug zu** einem der vom sachlichen Schutzbereich **erfassten Instrumente** (Rz. 2 ff.) maßgeblich ist[6]. Grund hierfür sind Effizienzerwägungen: Mit Blick auf die Zwecke der Leerverkaufs-VO (vgl. Vor Art. 1 ff. VO Nr. 236/2012 Rz. 54 ff.) macht es keinen Unterschied, ob ein Handelnder innerhalb der EU bzw. des EWR oder außerhalb der EU bzw. des EWR einen Leerverkauf tätigt. Würde man nur ein Handeln innerhalb eines EU/EWR-Staates erfassen, würden sich ungedeckte Leerverkäufe lediglich in Drittländer verlagern und der bezwecke Schutz würde umgangen[7].

14 Die bußgelddrechtliche internationale Anwendbarkeit des auf den Mitteilungs- und Offenlegungspflichten der Art. 5, 6, 7, 9, 10 VO Nr. 236/2012, den Transaktionsverboten der Art. 12, 13, 14 VO Nr. 236/2012 sowie Art. 15 VO Nr. 236/2012 aufsetzenden **§ 120 Abs. 2d WpHG** beantwortet sich nach strafrechtlichen Grundsätzen, d.h. anhand einer Schutzbereichsanalyse unter Berücksichtigung der international-kapitalmarktrechtlichen Vorfragen und den Regeln des sog. internationalen Straf- und Bußgeldrechts (§§ 3–7, 9 StGB, §§ 5, 7 OWiG).

15 Was die – auch **internationale** – **Zuständigkeit** anbelangt, legt Art. 2 Abs. 1 lit. j VO Nr. 236/2012 die Zuständigkeitsverteilung zwischen den Mitgliedstaaten der EU/des EWR fest (Art. 2 VO Nr. 236/2012 Rz. 30 ff.), während sich die jeweils berufene mitgliedstaatliche Behörde aus dessen nationalem Recht ergibt. Die **Befugnisse** der danach zuständigen nationalen Behörde ergeben sich im Wesentlichen aus dem nationalen Recht, in Gestalt des Art. 13 Abs. 3, 14 Abs. 2, 17 Abs. 7, 18 Abs. 1, 19 Abs. 1, 20 Abs. 1 und 21 Abs. 1 sowie Art. 23 Abs. 1 VO Nr. 236/2012 aber auch aus der Leerverkaufs-VO selbst (dazu Art. 12, 13 VO Nr. 236/2012 Rz. 74, Art. 14 VO Nr. 236/2012 Rz. 25, Art. 17 VO Nr. 236/2012 Rz. 54, Art. 18–26 VO Nr. 236/2012 Rz. 17 f., 39 ff.).

16 **V. Zeitlicher Anwendungsbereich.** Die VO Nr. 236/2012 wurde am 24.3.2012 – nach Ausfertigung durch den Präsidenten des Europäischen Parlaments und den Präsidenten des Rates der EU am 14.3.2012 – im Amtsblatt

---

1 *Grundmann* in Staub, HGB, Bankvertragsrecht 2, 5. Aufl. 2018, 6. Teil, 4. Abschnitt, A Rz. 571.
2 *Grundmann* in Staub, HGB, Bankvertragsrecht 2, 5. Aufl. 2018, 6. Teil, 4. Abschnitt, A Rz. 572; *von Buttlar/Petersen* in Just/Voß/Ritz/Becker, § 30h WpHG Rz. 37; *Moloney*, EU Securities and Financial Markets Regulation, 3rd ed. 2014, VI.3.7., S. 552.
3 *Grundmann* in Staub, HGB, Bankvertragsrecht 2, 5. Aufl. 2018, 6. Teil, 4. Abschnitt, A Rz. 567.
4 ESMA, Questions and Answers – Implementation of the Regulation on short selling and certain aspects of credit default swaps, ESMA70-145-408, Version 4, Answer 1a; *Weick-Ludewig* in Fuchs, § 30h WpHG Rz. 29.
5 ESMA, Questions and Answers – Implementation of the Regulation on short selling and certain aspects of credit default swaps, ESMA70-145-408, Version 4, ESMA, Questions and Answers – Implementation of the Regulation on short selling and certain aspects of credit default swaps (2nd UPDATE), ESMA/2013/159, Answer 1a a.E.; *Weick-Ludewig* in Fuchs, § 30h WpHG Rz. 29; *von Buttlar/Petersen* in Just/Voß/Ritz/Becker, § 30h WpHG Rz. 38; *Moloney*, EU Securities and Financial Markets Regulation, 3rd ed. 2014, VI.3.7., S. 551; *Grundmann* in Staub, HGB, Bankvertragsrecht 2, 5. Aufl. 2018, 6. Teil, 4. Abschnitt, A Rz. 569.
6 *Moloney*, EU Securities and Financial Markets Regulation, 3rd ed. 2014, VI.3.7., S. 551.
7 *Zetzsche* in Gebauer/Teichmann, Europäisches Privat- und Unternehmensrecht, § 7, S. 814.

der EU veröffentlicht (ABl. EU Nr. L 86 v. 24.3.2012, S. 1) und trat gem. Art. 48 Satz 1 VO Nr. 236/2012 am Tag nach ihrer Veröffentlichung, mithin am 25.3.2012, in Kraft. Ihre wesentlichen Bestimmungen gelten gem. Art. 48 Satz 2 VO Nr. 236/2012 aber erst **seit dem 1.11.2012**.

Art. 2 Begriffsbestimmungen

(1) Im Sinne dieser Verordnung bezeichnet der Ausdruck
a) „Finanzinstrument" ein Instrument, das in Anhang I Abschnitt C der Richtlinie 2004/39/EG aufgeführt ist;
b) „Leerverkauf" im Zusammenhang mit Aktien oder Schuldinstrumenten einen Verkauf von Aktien oder Schuldinstrumenten, die sich zum Zeitpunkt des Eingehens der Verkaufsvereinbarung nicht im Eigentum des Verkäufers befinden, einschließlich eines Verkaufs, bei dem der Verkäufer zum Zeitpunkt des Eingehens der Verkaufsvereinbarung die Aktien oder Schuldinstrumente geliehen hat oder eine Vereinbarung getroffen hat, diese zu leihen, um sie bei der Abwicklung zu liefern; diese Begriffsbestimmung umfasst nicht:
  i) den Verkauf seitens einer der Parteien einer Rückkaufvereinbarung, bei der die eine Partei der anderen ein Wertpapier zu einem festgesetzten Kurs verkauft und die andere Partei sich verpflichtet, dieses Wertpapier zu einem späteren Zeitpunkt zu einem ebenfalls festgesetzten Kurs zurückzukaufen;
  ii) die Übertragung von Wertpapieren im Rahmen einer Wertpapierleihe-Vereinbarung oder
  iii) den Abschluss eines Terminkontrakts oder eines anderen Derivatekontrakts über den Verkauf von Wertpapieren zu einem bestimmten Kurs zu einem künftigen Zeitpunkt;
c) „Credit Default Swap" einen Derivatekontrakt, bei dem eine Partei einer anderen Partei eine Prämie zahlt als Gegenleistung für eine Zahlung oder einen anderen Vorteil im Falle eines Kreditereignisses mit Bezug auf einen Referenzschuldner oder bei jedem anderen Zahlungsausfall im Zusammenhang mit diesem Derivatekontrakt, der eine vergleichbare wirtschaftliche Wirkung hat;
d) „öffentlicher Emittent" die folgenden Emittenten von Schuldtiteln:
  i) die Union;
  ii) einen Mitgliedstaat einschließlich eines Ministeriums, einer Agentur oder einer Zweckgesellschaft dieses Mitgliedstaats;
  iii) im Falle eines bundesstaatlich organisierten Mitgliedstaats einen Gliedstaat des Bundes;
  iv) eine für mehrere Mitgliedstaaten tätige Zweckgesellschaft;
  v) ein von zwei oder mehr Mitgliedstaaten gegründetes internationales Finanzinstitut, das dem Zweck dient, Finanzmittel zu mobilisieren und Finanzhilfen zugunsten seiner Mitglieder zu geben, die von schwerwiegenden Finanzierungsproblemen betroffen oder bedroht sind, oder
  vi) die Europäische Investitionsbank;
e) „Credit Default Swap auf öffentliche Schuldtitel" einen Credit Default Swap, bei dem im Falle eines Kreditereignisses oder Zahlungsausfalls im Zusammenhang mit einem öffentlichen Emittenten eine Zahlung geleistet oder ein anderer Vorteil gewährt wird;
f) „öffentlicher Schuldtitel" ein Schuldinstrument, das von einem öffentlichen Emittenten begeben wird;
g) „ausgegebene öffentliche Schuldtitel" die Gesamtheit der von einem öffentlichen Emittenten begebenen und nicht eingelösten Schuldtitel;
h) „ausgegebenes Aktienkapital" im Zusammenhang mit einem Unternehmen die Gesamtheit der von einem Unternehmen begebenen Stammaktien und Vorzugsaktien, jedoch keine Wandelschuldverschreibungen;
i) „Herkunftsmitgliedstaat"
  i) in Bezug auf eine Wertpapierfirma im Sinne von Artikel 4 Absatz 1 Nummer 1 der Richtlinie 2004/39/EG oder auf einen regulierten Markt im Sinne von Artikel 4 Absatz 1 Nummer 14 der Richtlinie 2004/39/EG den Herkunftsmitgliedstaat im Sinne von Artikel 4 Absatz 1 Nummer 20 der Richtlinie 2004/39/EG;
  ii) in Bezug auf ein Kreditinstitut den Herkunftsmitgliedstaat im Sinne von Artikel 4 Nummer 7 der Richtlinie 2006/48/EG des Europäischen Parlaments und des Rates vom 14. Juni 2006 über die Aufnahme und Ausübung der Tätigkeit der Kreditinstitute;

Art. 2 VO Nr. 236/2012 | Begriffsbestimmungen

iii) in Bezug auf jegliche in den Ziffern i oder ii nicht genannte juristische Person, den Mitgliedstaat, in dem sie ihren Sitz hat oder, in Ermangelung eines solchen, den Mitgliedstaat, in dem sich ihre Hauptverwaltung befindet;

iv) in Bezug auf eine natürliche Person den Mitgliedstaat, in dem sich die Hauptverwaltung dieser Person befindet oder, wenn keine Hauptverwaltung besteht, den Mitgliedstaat, in dem dieser Person ihren Wohnsitz hat;

j) „jeweils zuständige Behörde"

i) im Zusammenhang mit öffentlichen Schuldtiteln eines Mitgliedstaats beziehungsweise – im Falle eines Mitgliedstaats mit bundesstaatlicher Struktur – im Zusammenhang mit öffentlichen Schuldtiteln eines Gliedstaats des Bundes oder einem mit einem Mitgliedstaat beziehungsweise eines Gliedstaats des Bundes verbundenen Credit Default Swap die zuständige Behörde dieses Mitgliedstaats;

ii) im Zusammenhang mit öffentlichen Schuldtiteln der Union oder einem mit der Union verbundenen Credit Default Swap die zuständige Behörde des Mitgliedstaats, in dem sich die den öffentlichen Schuldtitel emittierende Stelle befindet;

iii) im Zusammenhang mit öffentlichen Schuldtiteln mehrerer Mitgliedstaaten, die sich einer Zweckgesellschaft bedienen, oder einem mit einer solchen Zweckgesellschaft verbundenen Credit Default Swap die zuständige Behörde des Mitgliedstaats, in dem die Zweckgesellschaft niedergelassen ist;

iv) im Zusammenhang mit einem öffentlichen Schuldtitel eines von zwei oder mehr Mitgliedstaaten gegründeten internationalen Finanzinstituts, das dem Zweck dient, Finanzmittel zu mobilisieren und Finanzhilfen zugunsten seiner Mitglieder zu geben, die von schwerwiegenden Finanzierungsproblemen betroffen oder bedroht sind, die zuständige Behörde des Mitgliedstaats, in dem das internationale Finanzinstitut niedergelassen ist;

v) im Zusammenhang mit einem Finanzinstrument, das nicht unter die unter den Ziffern i bis iv aufgeführten Instrumente fällt, die zuständige Behörde für das Finanzinstrument im Sinne von Artikel 2 Nummer 7 der Verordnung (EG) Nr. 1287/2006 der Kommission, die im Einklang mit Kapitel III jener Verordnung festgelegt wird;

vi) im Zusammenhang mit einem Finanzinstrument, das nicht unter die Ziffern i bis v fällt, die zuständige Behörde des Mitgliedstaats, in dem das Finanzinstrument erstmals zum Handel an einem Handelsplatz zugelassen wurde;

vii) in Bezug auf ein von der Europäischen Investitionsbank begebenes Schuldinstrument die zuständige Behörde des Mitgliedstaats, in dem die Europäische Investitionsbank ihren Sitz hat;

k) „Market-Making-Tätigkeit" die Tätigkeiten einer Wertpapierfirma, eines Kreditinstituts, einer Körperschaft eines Drittlands oder einer lokalen Firma gemäß Artikel 2 Absatz 1 Buchstabe l der Richtlinie 2004/39/EG, die Mitglied eines Handelsplatzes oder eines Drittlandsmarktes ist, dessen Rechts- und Aufsichtsrahmen von der Kommission gemäß Artikel 17 Absatz 2 für gleichwertig erklärt wurde, wenn diese in Bezug auf ein an einem Handelsplatz oder außerhalb eines Handelsplatzes gehandeltes Finanzinstrument als Eigenhändler auftreten und dabei eine oder beide der folgenden Funktionen wahrnehmen:

i) Stellen fester, zeitgleicher An- und Verkaufskurse vergleichbarer Höhe zu wettbewerbsfähigen Preisen, so dass der Markt regelmäßig und kontinuierlich mit Liquidität versorgt ist,

ii) Ausführung von Kundenaufträgen oder Aufträgen, die sich aus einem Handelsauftrag des Kunden ergeben, im Rahmen ihrer normalen Tätigkeiten,

iii) Absicherung der Positionen, die sich aus den unter den Ziffern i und ii genannten Tätigkeiten ergeben;

l) „Handelsplatz" einen geregelten Markt gemäß Artikel 4 Absatz 1 Nummer 14 der Richtlinie 2004/39/EG oder ein multilaterales Handelssystem gemäß Artikel 4 Absatz 1 Nummer 15 der Richtlinie 2004/39/EG;

m) „Haupthandelsplatz" in Verbindung mit einer Aktie den Handelsplatz, an dem der mit dieser Aktie generierte Umsatz am höchsten ist;

n) „zugelassener Primärhändler" eine natürliche oder juristische Person, die eine Vereinbarung mit einem öffentlichen Emittenten getroffen hat oder durch einen öffentlichen Emittenten oder in dessen Namen förmlich als Primärhändler anerkannt worden ist und sich gemäß dieser Vereinbarung oder Anerkennung verpflichtet hat, in Verbindung mit Primär- oder Sekundärmarkttätigkeiten als Eigenhändler für von diesem Emittenten begebene öffentliche Schuldtitel aufzutreten;

o) „zentrale Gegenpartei" eine juristische Person, die zwischen die Vertragsparteien innerhalb eines Finanzmarkts oder zwischen die Vertragsparteien verschiedener Finanzmärkte tritt und dann als Käufer für jeden Verkäufer und als Verkäufer für jeden Käufer agiert und für den Betrieb eines Clearingsystems verantwortlich ist;

p) „Handelstag" einen Handelstag gemäß Artikel 4 der Verordnung (EG) Nr. 1287/2006;

q) „Umsatz" einer Aktie den Umsatz gemäß Artikel 2 Nummer 9 der Verordnung (EG) Nr. 1287/2006.

(2) Der Kommission wird die Befugnis zum Erlass delegierter Rechtsakte gemäß Artikel 42 zur Präzisierung der in Absatz 1 dieses Artikels aufgeführten Begriffsbestimmungen übertragen, insbesondere zur Präzisierung, wann eine natürliche oder juristische Person für die Zwecke der Begriffsbestimmung für Leerverkäufe in Absatz 1 Buchstabe b als Eigentümer eines Finanzinstruments gilt.

In der Fassung vom 14.3.2012 (ABl. EU Nr. L 86 v. 24.3.2012, S. 1).

Delegierte Verordnung (EU) Nr. 918/2012 der Kommission vom 5. Juli 2012

zur Ergänzung der Verordnung (EU) Nr. 236/2012 des Europäischen Parlaments und des Rates über Leerverkäufe und bestimmte Aspekte von Credit Default Swaps im Hinblick auf Begriffsbestimmungen, die Berechnung von Netto-Leerverkaufspositionen, gedeckte Credit Default Swaps auf öffentliche Schuldtitel, Meldeschwellen, Liquiditätsschwellen für die vorübergehende Aufhebung von Beschränkungen, signifikante Wertminderungen bei Finanzinstrumenten und ungünstige Ereignisse

(Auszug)

Art. 3 Präzisierung des Begriffs „Eigentum" und Definition eines Leerverkaufs

(1) Zur Bestimmung des Begriffs „Leerverkauf" wird die Festlegung, ob eine natürliche oder juristische Person als Eigentümerin eines Finanzinstruments angesehen wird, wenn dieses einen rechtlichen und einen wirtschaftlichen Eigentümer hat – soweit relevant – nach dem für den jeweiligen Leerverkauf dieser Aktie oder dieses Schuldinstruments geltenden Recht getroffen. Sind natürliche oder juristische Personen die wirtschaftlichen Eigentümer einer Aktie oder eines Schuldinstruments, wird als Eigentümer dieser Aktie oder dieses Schuldinstruments der an letzter Stelle stehende wirtschaftliche Eigentümer betrachtet, was auch in Fällen gilt, in denen die Aktie oder das Schuldinstrument von einem Treuhänder gehalten wird. Für die Zwecke dieses Artikels ist der wirtschaftliche Eigentümer der Anleger, das mit dem Erwerb eines Finanzinstruments verbundene wirtschaftliche Risiko trägt.

(2) Für die Zwecke des Artikels 2 Absatz 1 Buchstabe b Ziffern i, ii und iii der Verordnung (EU) Nr. 236/2012 schließt ein „Leerverkauf" im Sinne von Artikel 2 Absatz 1 Buchstabe b der Verordnung (EU) Nr. 236/2012 Folgendes aus:

a) den Verkauf von Finanzinstrumenten, die im Rahmen einer Wertpapierleihe oder eines Repo-Geschäfts übertragen worden sind, sofern die Wertpapiere entweder zurückgegeben werden oder die übertragende Partei die Wertpapiere zurückfordert, so dass das Geschäft bei Fälligkeit abgewickelt werden kann;

b) den Verkauf eines Finanzinstruments durch eine natürliche oder juristische Person, das das Finanzinstrument vor dem Verkauf erworben, zum Zeitpunkt des Verkaufs aber nicht empfangen hat, sofern das Finanzinstrument zu einem Zeitpunkt geliefert wird, der die fälligkeitsgerechte Abwicklung des Geschäfts gewährleistet;

c) den Verkauf eines Finanzinstruments durch eine natürliche oder juristische Person, die eine Option oder einen ähnlichen Anspruch auf dieses Finanzinstrument ausgeübt hat, sofern das Finanzinstrument zu einem Zeitpunkt geliefert wird, der die fälligkeitsgerechte Abwicklung des Geschäfts gewährleistet.

In der Fassung vom 5.7.2012 (ABl. EU Nr. L 274 v. 9.10.2012, S. 1).

Schrifttum: S. Vor Art. 1 ff. VO Nr. 236/2012.

I. Regelungsgegenstand 1	7. Ausgegebene öffentliche Schuldtitel (Art. 2 Abs. 1 lit. g VO Nr. 236/2012) 26
II. Regelungssystematik 2	8. Ausgegebenes Aktienkapital (Art. 2 Abs. 1 lit. h VO Nr. 236/2012) 27
III. Regelungszweck 3	9. Herkunftsmitgliedstaat (Art. 2 Abs. 1 lit. i VO Nr. 236/2012) 28
IV. Begriffsbestimmungen im Einzelnen (Art. 2 Abs. 1 VO Nr. 236/2012) 4	
1. Finanzinstrument (Art. 2 Abs. 1 lit. a VO Nr. 236/2012) 4	10. Jeweils zuständige Behörde (Art. 2 Abs. 1 lit. j VO Nr. 236/2012) 30
2. Leerverkauf (Art. 2 Abs. 1 lit. b VO Nr. 236/2012) 5	11. Market-Making-Tätigkeit (Art. 2 Abs. 1 lit. k VO Nr. 236/2012) 34
a) Kein Eigentum (Rechtsinhaberschaft) des Verkäufers 7	12. Handelsplatz (Art. 2 Abs. 1 lit. l VO Nr. 236/2012) 35
b) Ausnahmen vom Leerverkaufsbegriff 10	13. Haupthandelsplatz (Art. 2 Abs. 1 lit. m VO Nr. 236/2012) 36
c) Doppelverwendungsproblematik bei der Wertpapierleihe 18	
d) Keine Konzernprivileg 19	14. Zugelassener Primärhändler (Art. 2 Abs. 1 lit. n VO Nr. 236/2012) 37
e) Maßgeblicher Zeitpunkt 20	
3. Credit Default Swap (Art. 2 Abs. 1 lit. c VO Nr. 236/2012) 21	15. Zentrale Gegenpartei (Art. 2 Abs. 1 lit. o VO Nr. 236/2012) 38
4. Öffentlicher Emittent (Art. 2 Abs. 1 lit. d VO Nr. 236/2012) 22	16. Handelstag (Art. 2 Abs. 1 lit. p VO Nr. 236/2012) 39
5. Credit Default Swap auf öffentliche Schuldtitel (Art. 2 Abs. 1 lit. e VO Nr. 236/2012) 23	17. Umsatz (Art. 2 Art. 2 Abs. 1 lit. q VO Nr. 236/2012) 40
6. Öffentlicher Schuldtitel (Art. 2 Abs. 1 lit. f VO Nr. 236/2012) 24	**V. Befugnis für die Kommission zum Erlass delegierter Rechtsakte (Art. 2 Abs. 2 VO Nr. 236/2012)** 41

Art. 2 VO Nr. 236/2012 | Begriffsbestimmungen

1 **I. Regelungsgegenstand.** Der mit **Begriffsbestimmungen** überschriebene Art. 2 VO Nr. 236/2012 definiert mit seinem **Abs. 1 lit. a–q** in der Leerverkaufs-VO verwendete wesentliche Begriffe. Dazu gehören insbesondere die Begriffe Leerverkauf (Art. 2 Abs. 1 lit. b VO Nr. 236/2012), Credit Default Swap (Art. 2 Abs. 1 lit. c VO Nr. 236/2012), öffentlicher Schuldtitel (Art. 2 Abs. 1 lit. f VO Nr. 236/2012), ausgegebenes Aktienkapital (Art. 2 Abs. 1 lit. h VO Nr. 236/2012) und Marktet-Making-Tätigkeit (Art. 2 Abs. 1 lit. k VO Nr. 236/2012), die elementar sind für die Transparenzvorschriften, die Verbotsvorschriften und die Ausnahmebestimmungen der Leerverkaufs-VO. **Art. 2 Abs. 2 VO Nr. 236/2012** ermächtigt die Europäische Kommission zum Erlass delegierter Rechtsakte gem. Art. 42 VO Nr. 236/2012 zur **Präzisierung** der in Art. 2 Abs. 1 VO Nr. 236/2012 aufgeführten Begriffsbestimmungen, insbesondere zur Präzisierung, wann eine natürliche oder juristische Person für die Zwecke der Begriffsbestimmung Leerverkäufe in Art. 2 Abs. 1 lit. b VO Nr. 236/2012 als Eigentümer eines Finanzinstruments gilt. Letztere Präzisierung hat die Europäische Kommission durch Art. 3 DelVO Nr. 918/2012 vorgenommen.

2 **II. Regelungssystematik.** Die innere Systematik des Art. 2 VO Nr. 236/2012 erschöpft sich darin, dass **Abs. 1** alle wesentlichen Begriffsbestimmungen der Leerverkaufs-VO enthält. Die Ermächtigung zum Erlass delegierter Rechtsakte nach Abs. 2 hat die Kommission durch Art. 3 DelVO Nr. 918/2012 ausgefüllt. Dieser präzisiert den Leerverkaufsbegriff nach Art. 2 Abs. 1 lit. b VO Nr. 236/2012, insbesondere hinsichtlich der Frage, was unter Eigentum zu verstehen ist (Rz. 41 f.).

3 **III. Regelungszweck.** Art. 2 VO Nr. 236/2012 ist eine **Hilfsnorm**, die die zentralen Begriffe der Leerverkaufsverordnung definiert. Ohne diese Definitionen wären insbesondere die Verbotsvorschriften der Art. 12–14 VO Nr. 236/2012, aber auch die Transparenz- und die Ausnahmevorschriften der Leerverkaufs-VO praktisch nicht handhabbar.

4 **IV. Begriffsbestimmungen im Einzelnen (Art. 2 Abs. 1 VO Nr. 236/2012). 1. Finanzinstrument (Art. 2 Abs. 1 lit. a VO Nr. 236/2012).** Der Begriff des Finanzinstruments meint ausweislich der Legaldefinition des Art. 2 Abs. 1 lit. a VO Nr. 236/2012 ein Instrument, das in Anhang I Abschnitt C RL 2004/39/EG (MiFID I) aufgeführt ist. Gem. Art. 94 Unterabs. 2 i.V.m. Anhang IV RL 2014/65/EU (MiFID II) ist nunmehr Anhang I Abschnitt C MiFID II maßgeblich (Vor Art. 1 ff. VO Nr. 236/2012 Rz. 17). Zum Begriff des Finanzinstruments näher Art. 1 VO Nr. 236/2012 Rz. 2 ff.

5 **2. Leerverkauf (Art. 2 Abs. 1 lit. b VO Nr. 236/2012).** Ein Leerverkauf liegt nach Art. 2 Abs. 1 lit. b VO Nr. 236/2012 bei einem Verkauf von Aktien oder Schuldinstrumenten vor, die sich zum Zeitpunkt des Eingehens der Verkaufsvereinbarung nicht im Eigentum (Rz. 7 ff.) des Verkäufers befinden[1]. Zusätzlich muss die physische Lieferung der Aktien vereinbart sein. Der Ausschluss der Lieferung und die Vereinbarung eines Barausgleichs über die Kursdifferenz genügt aus Sicht der Schutzzweckerwägungen der Leerverkaufs-VO (Vor Art. 1 ff. VO Nr. 236/2012 Rz. 54 ff.) nicht, um die erheblichen Eingriffe zu rechtfertigen[2]. Dies wird besonders hinsichtlich der Herstellung der Settlement-Effizienz deutlich, die bei einem Ausschluss der Lieferung nicht gefährdet ist. Zudem würden auch die Deckungsvoraussetzungen der Art. 12, 13 VO Nr. 236/2012 keinen Sinn machen, wenn keine Lieferpflicht vereinbart ist. Begrifflich lässt sich dieses Erfordernis am Erfordernis eines Verkaufs festmachen, Im Rahmen der Transparenzpflichten ist freilich auch ein solcher Vertrag bei der Ermittlung einer Short-Position mit zu berücksichtigen. Art. 2 Abs. 2 VO Nr. 236/2012 ermächtigt die Europäische Kommission insbesondere zur Präzisierung des Eigentumsbegriffs (Rz. 41 f.). Der auf dieser Grundlage erlassene Art. 3 DelVO Nr. 918/2012 soll angemessen auf die unterschiedlichen Eigentumsverständnisse in den Mitgliedstaaten reagieren, ohne einer zukünftigen Harmonisierung des Eigentumsbegriffs vorwegzugreifen (Erwägungsgrund 3 DelVO Nr. 918/2012). Ein Leerverkauf ist gem. Art. 2 Abs. 1 lit. b Halbs. 2 VO Nr. 236/2012 auch im Falle eines Verkaufs gegeben, wenn sich der Verkäufer zum Zeitpunkt des Abschlusses der Verkaufsvereinbarung die Aktien oder Schuldinstrumente geliehen oder eine Vereinbarung getroffen hat, diese zu leihen, um sie bei der Abwicklung zu liefern. Gegenläufig nimmt die Definition drei Vorgänge *per se* von der Leerverkaufsdefinition aus.

6 Die Einordnung eines Verkaufs als **Leerverkauf** ist relevant für die **sachliche Reichweite der Leerverkaufsverbote** betreffend Aktien und öffentlichen Schuldtiteln (Art. 12 und 13 VO Nr. 236/2012) sowie für die Erfassung des Umfangs der Verbote bei der **Anordnung temporärer Notfallmaßnahmen** nach den Art. 20 ff. VO Nr. 236/2012. Näher Art. 12 und 13 VO Nr. 236/2012 Rz. 27; Art. 18–26 VO Nr. 236/2012 Rz. 28, 52.

7 **a) Kein Eigentum (Rechtsinhaberschaft) des Verkäufers.** Entscheidend für das Vorliegen eines Leerverkaufs ist nach Art. 2 Abs. 1 lit. b VO Nr. 236/2012, dass sich die Aktie oder der öffentliche Schuldtitel im Zeitpunkt

---

1 Zum Begriff auch *Mülbert/Sajnovits*, ZBB 2012, 266, 270; *Grundmann* in Staub, HGB, Bankvertragsrecht 2, 5. Aufl. 2018, 6. Teil, 4. Abschnitt, A Rz. 577 ff.; *Weick-Ludewig/Sajnovits*, WM 2014, 1521, 1521 f.; *Mock* in KölnKomm. WpHG, § 30h WpHG Rz. 19 ff.; *Wansleben/Weick-Ludewig*, ZBB 2015, 395, 397; *F. Schäfer* in Assmann/Schütze, Hdb. Kapitalanlagerecht, § 21 Rz. 15; *Walla* in Veil, Europäisches Kapitalmarktrecht, 2. Aufl. 2014, § 15 Rz. 17; *Schlimbach*, Leerverkäufe, 2015, S. 109; *Moloney*, EU Securities and Financial Markets Regulation, 3rd ed. 2014, VI.3.7.1., S. 555 f.; *Weick-Ludewig* in Fuchs, § 30h WpHG Rz. 32; *Riederer/Weick-Ludewig*, WM 2016, 1005, 1006 f.; *von Buttlar/Petersen* in Just/Voß/Ritz/Becker, § 30h WpHG Rz. 44; *Sorgenfrei/Saliger* in Park, Kapitalmarktstrafrecht, Kap. 18 Rz. 9; *Riederer/Weick-Ludewig*, RdF 2017, 284.

2 A.A. *Grundmann* in Staub, HGB, Bankvertragsrecht 2, 5. Aufl. 2018, 6. Teil, 4. Abschnitt, A Rz. 609.

des Verkaufs nicht im Eigentum des Verkäufers befindet. Der Begriff Eigentum wird in der Leerverkaufs-VO selbst nicht näher definiert (s. aber Rz. 8f.), ist aber jedenfalls nicht im engen Sinne des deutschen Sachenrechts zu verstehen, sondern greift weiter. Zur Vermeidung von Missverständnissen wäre daher besser von **Rechtsinhaberschaft statt** von **Eigentum** im sachenrechtlichen Sinne zu sprechen[1]. Denn eine Börsenzulassung im regulierten Markt (§ 32 BörsG) setzt keine Verbriefung voraus, die Emissionen des Bundes werden im elektronischen Schuldbuch verbucht[2] und einige andere Mitgliedstaaten der EU haben die Verbriefung von Wertpapieren völlig abgeschafft. Gleichwohl folgt die Kommentierung der Begrifflichkeit der Leerverkaufs-VO und verwendet, soweit nicht ausdrücklich anders vermerkt, den Begriff Eigentum im Sinne von Rechtsinhaberschaft und nicht im engeren sachenrechtlichen Sinne.

Die Rechtsinhaberschaft bzw. das „Eigentum" (Rz. 7) des Verkäufers an der Aktie oder dem öffentlichen Schuldtitel wird in Art. 3 Abs. 1 DelVO Nr. 918/2012 als **rechtliches oder wirtschaftliches Eigentum** (*legal or beneficial ownership*) präzisiert[3]. Art. 3 Abs. 1 DelVO Nr. 918/2012 stellt dabei klar, dass die Frage, wer rechtlicher oder wirtschaftlicher Eigentümer eines Finanzinstrumentes ist, anhand des für den jeweiligen Leerverkauf geltenden nationalen Rechts zu beantworten ist. Da die divergierenden nationalen Rechtssysteme eine einheitliche Eigentumsdefinition nicht erlaubten, führt Art. 3 Abs. 1 DelVO Nr. 918/2012 einen zweispurigen Eigentumsbegriff – rechtliches und wirtschaftliches Eigentum – ein (Erwägungsgrund 3 DelVO Nr. 918/2012)[4], wobei Satz 3 den **wirtschaftlichen Eigentümer** als denjenigen Anleger definiert, der das mit dem Erwerb eines Finanzinstruments verbundene wirtschaftliche Risiko trägt. Die Figur des wirtschaftlichen Eigentums bzw. der wirtschaftlichen Rechtsinhaberschaft ist der deutschen[5] und vielen anderen kontinentaleuropäischen Rechtsordnungen als zivilrechtliches Rechtsinstitut allerdings (noch) fremd.

Die VO Nr. 236/2012 und die DelVO Nr. 918/2012 gehen bei einem Auseinanderfallen zwischen rechtlichem und wirtschaftlichem Eigentum für die Zwecke der Leerverkaufsregulierung von einem **Vorrang des wirtschaftlichen Eigentums** aus[6]. Dieser Vorrang kommt bereits in der Leerverkaufs-VO selbst zum Ausdruck: Nach Art. 2 Abs. 1 lit. b VO Nr. 236/2012 stellt nämlich auch der Verkauf von Finanzinstrumenten, die der Verkäufer sich vor dem Verkauf geliehen hat, einen Leerverkauf dar. In einem solchen Fall ist der Verkäufer als Entleiher – bei der in Deutschland typischen Ausgestaltung der Wertpapierleihe als Sachdarlehen (Rz. 12) – nach Valutierung des Darlehens rechtlicher Eigentümer[7], nicht aber wirtschaftlicher Eigentümer der Wertpapiere[8]. Damit bringt schon die Leerverkaufs-VO zum Ausdruck, dass dem wirtschaftlichen Eigentum für die Begriffsbestimmung des Leerverkaufs der Vorrang zukommt[9]. Eine entsprechende Wertung lässt sich zudem den Art. 12 Abs. 1 lit. a Halbs. 1 sowie Art. 13 Abs. 1 lit. a Halbs. 1 VO Nr. 236/2012 entnehmen[10]. Weiteren Ausdruck findet der Vorrang des wirtschaftlichen Eigentums in Art. 3 Abs. 1 Satz 2 DelVO Nr. 918/2012, der bestimmt, dass wenn mehrere natürliche oder juristische Personen die wirtschaftlichen Eigentümer einer Aktie oder eines Schuldinstruments sind, als Eigentümer dieser Aktie oder dieses Schuldinstruments der an letzter Stelle stehende wirtschaftliche Eigentümer (*ultimate benefical owner*) betrachtet wird[11]. Dementsprechend bestätigt denn auch die ESMA, dass bei einem Auseinanderfallen von wirtschaftlichem und rechtlichem Eigentum das Eigentum i.S.d. Leerverkaufs-VO beim wirtschaftlichen Eigentümer liegt, selbst wenn das rechtliche Eigentum bei einem Dritte verbleibt[12].

---

1 *Mülbert/Sajnovits*, ZBB 2012, 266, 270; zustimmend *Grundmann* in Staub, HGB, Bankvertragsrecht 2, 5. Aufl. 2018, 6. Teil, 4. Abschnitt, A Rz. 577. Zu § 30h WpHG a.F. bereits *Mülbert* in 6. Aufl., § 30h WpHG Rz. 7.
2 Auch wenn die Übertragung kraft gesetzlicher Anordnung nach sachenrechtlichen Regeln erfolgt, s. § 8 Abs. 2 Bundesschuldenwesengesetz (BSchuWG) mit Begr. RegE eines Gesetzes zur Neuordnung des Schuldbuchrechts des Bundes und der Rechtsgrundlagen der Bundesschuldenverwaltung (Bundeswertpapierverwaltungsgesetz – BWpVerwG), BT-Drucks. 14/7010, 15, 16.
3 *Mülbert/Sajnovits*, ZBB 2012, 266, 269f.; *Weick-Ludewig/Sajnovits*, WM 2014, 1521, 1521f.; *Sajnovits/Weick-Ludewig*, WM 2015, 2226, 2227; *Wansleben/Weick-Ludewig*, ZBB 2015, 395, 397; *Riederer/Weick-Ludewig*, RdF 2017, 284, 286ff.
4 *ESMA's* technical advice on possible Delegated Acts concerning the regulation on short sales and certain aspects of credit default swaps – Final Report ((EC) No 236/2012), ESMA 2012/263, S. 8 Rz. 4.
5 Zum wirtschaftlichen Eigentum *Kort*, WM 2006, 2149; *Berger* in MünchKomm. BGB, 7. Aufl. 2016, § 607 BGB Rz. 6f.
6 So bereits *Mülbert/Sajnovits*, ZBB 2012, 266, 270; ferner *Weick-Ludewig* in Fuchs, WpHG, § 30h Rz. 32; *Sorgenfrei/Saliger* in Park, Kapitalmarktstrafrecht, Kap. 18 Rz. 9; *F. Schäfer* in Assmann/Schütze, Hdb. Kapitalanlagerecht, § 21 Rz. 15; näher *Weick-Ludewig/Sajnovits*, WM 2014, 1521, 1521f.; *Riederer/Weick-Ludewig*, RdF 2017, 284, 286ff.
7 Zur Wertpapierleihe s. statt aller *Freitag* in Staudinger, Neubearbeitung 2015, § 607 BGB Rz. 2, 21f.
8 Näher *Weick-Ludewig/Sajnovits*, WM 2014, 1521, 1522ff.; auch schon *Mülbert/Sajnovits*, ZBB 2012, 266, 270.
9 Näher *Weick-Ludewig/Sajnovits*, WM 2014, 1521, 1522.
10 Näher *Weick-Ludewig/Sajnovits*, WM 2014, 1521, 1522.
11 *Mülbert/Sajnovits*, ZBB 2012, 266, 270.
12 ESMA, Questions and Answers – Implementation of the Regulation on short selling and certain aspects of credit default swaps, ESMA70-145-408, Version 4, Answer 1h; *ESMA's* technical advice on possible Delegated Acts concerning the regulation on short sales and certain aspects of credit default swaps – Final Report ((EC) No 236/2012), ESMA 2012/263, S. 8 Rz. 4: „In cases of beneficial ownership the relevant financial instrument is considered to be owned by the beneficial owner, even if the legal ownership under the applicable law rests with the nominee". S. auch *Weick-Ludewig/Sajnovits*, WM 2014, 1521, 1522.

Art. 2 VO Nr. 236/2012 | Begriffsbestimmungen

10 b) **Ausnahmen vom Leerverkaufsbegriff.** Drei Arten von Geschäften werden in Art. 2 Abs. 1 lit. b Ziff. i)-iii) VO Nr. 236/2012 aus der Leerverkaufsdefinition ausgeklammert. Diese Ausnahmen haben zwar zumindest teilweise nur deklaratorischen Charakter, doch gewährleisten sie vor dem Hintergrund der teils erheblich divergierenden Eigentumskonzeptionen in den Mitgliedstaaten der EU eine einheitliche Rechtsanwendung[1].

11 **Kein Leerverkauf** ist nach **Art. 2 Abs. 1 lit. b Ziff. i) VO Nr. 236/2012** der **Verkauf seitens einer Partei einer Rückkaufvereinbarung** (*Repo, Sale and Repurchase Agreement*). Eine Rückkaufvereinbarung in diesem Sinne liegt vor, wenn die Parteien eines Kaufvertrags über Aktien oder öffentliche Schuldtitel zugleich vereinbaren, dass gleichartige Aktien oder öffentliche Schuldtitel zu einem festgelegten Preis zu einem festgelegten Zeitpunkt von der anderen Partei durch den Erstverkäufer zurückerworben werden[2]. Die Ausnahme gilt sowohl für den Erstverkauf als auch für den Rückverkauf[3], hat aber in beiden Fällen nur deklaratorische Bedeutung. Wegen des fest vereinbarten Rückverkaufs durch den Erstkäufer verbleibt das wirtschaftliche Risiko eines Kursverlusts nämlich beim Erstverkäufer[4]. Wegen des Vorrangs des wirtschaftlichen Eigentums kann auch nicht davon gesprochen werden, dass formaljuristisch ein Leerverkaufs – jedenfalls nicht im Sinne der Leerverkaufs-VO – vorliege[5].

12 Nach **Art. 2 Abs. 1 lit. b Ziff. ii) VO Nr. 236/2012** ist die **Übertragung von Wertpapieren im Rahmen einer Wertpapierleihe-Vereinbarung** kein Leerverkauf i.S.d. Leerverkaufs-VO. Wertpapierleihen in diesem Sinne sind – sofern sie deutschem Recht unterliegen – zivilrechtlich zumeist als Sachdarlehen (§ 607 BGB) einzuordnen[6]. Die Bezeichnung Wertpapierleihe ist daher zwar juristisch unpräzise, entspricht aber der Kapitalmarktpraxis. Die Valutierung des Darlehens erfolgt durch Eigentumsübertragung an den Wertpapieren durch den Verleiher (Darlehensgeber) auf den Entleiher (Darlehensnehmer)[7]. Der Entleiher (Darlehensnehmer) wird daher rechtlicher Eigentümer, während das wirtschaftliche Eigentum beim Verleiher (Darlehensgeber) verbleibt[8]. Die Ausnahme ist nicht auf die Übertragung der Wertpapiere (Verfügung) beschränkt, sondern meint gerade auch den **schuldrechtlichen Abschluss einer Wertpapierleihe-Vereinbarung**[9]. Die Wertpapierleihe-Vereinbarung bewirkt keinen Übergang des wirtschaftlichen Eigentums (Rz. 8), wie er bei einem Verkauf typisch ist[10]. Die Ausnahme ist deshalb nur deklaratorischer Natur.

13 Schließlich liegt gem. Art. 2 Abs. 1 lit. b Ziff. iii) VO Nr. 236/2012 kein Leerverkauf vor beim **Abschluss eines Terminkontrakts oder** eines anderen **Derivatekontrakts über den Verkauf von Wertpapieren** zu einem bestimmten Kurs zu einem künftigen Zeitpunkt. Die Ausnahmevorschrift ist konstitutiv. Sie erklärt sich aus dem Willen des europäischen Gesetzgebers, durch die Leerverkaufsregulierung nicht in den Derivatemarkt einzugreifen, da eine entsprechende Regulierung der EMIR-Verordnung[11] vorbehalten bleiben sollte[12].

14 **Ergänzend** zu Art. 2 Abs. 1 lit. b Ziff. i)-iii) VO Nr. 236/2012 sieht **Art. 3 Abs. 2 DelVO Nr. 918/2012** zwei **weitere Ausnahmen** vor (Art. 3 Abs. 2 lit. a und Art. 3 Abs. 2 lit. c DelVO Nr. 918/2012). Diesen kommt nur deklaratorische Bedeutung zu, da der Verkäufer ohnehin der wirtschaftliche Eigentümer ist. Konstitutive Ausnahmen wären auch nicht von Art. 2 Abs. 2 VO Nr. 236/2012 gedeckt, der die Europäische Kommission nur zur Präzisierung des Leerverkaufsbegriffs ermächtigt (Rz. 41 f.). Zudem enthält Art. 3 Abs. 2 lit. b DelVO Nr. 918/2012 zur Förderung des Regelungszwecks der Settlement-Effizienz zusätzliche Einschränkungen (Rz. 16).

15 Gem. **Art. 3 Abs. 2 lit. a DelVO Nr. 918/2012** liegt kein Leerverkauf beim Verkauf eines Finanzinstruments vor, welches zum Zeitpunkt des Verkaufs durch eine **Wertpapierleihe oder ein Repurchase (Repo) Agreement**[13] an

---

1 *Weick-Ludewig/Sajnovits*, WM 2014, 1521, 1522; *Mülbert/Sajnovits*, ZBB 2012, 266, 270.
2 *Weick-Ludewig/Sajnovits*, WM 2014, 1521, 1522 f.
3 Gleichsinnig auch die englische Sprachfassung des Art. 2 Abs. 1 lit. b Ziff. i) VO Nr. 236/2012: „either party". Dazu *Weick-Ludewig/Sajnovits*, WM 2014, 1521, 1522 f.
4 Dazu *Weick-Ludewig/Sajnovits*, WM 2014, 1521, 1523.
5 So aber *Grundmann* in Staub, HGB, Bankvertragsrecht 2, 5. Aufl. 2018, 6. Teil, 4. Abschnitt, A Rz. 578.
6 BGH v. 16.3.2009 – II ZR 302/06, AG 2009, 441 = WM 2009, 897 Tz. 8; *BaFin*, Emittentenleitfaden, 4. Aufl. 2013, Ziff. VIII.2.5.2.2., S. 116; *Merkt* in Baumbach/Hopt, § 246 HGB Rz. 21.
7 *Freitag* in Staudinger, Neubearbeitung 2015, § 607 BGB Rz. 22.
8 Allgemeine Ansicht BaFin, Emittentenleitfaden, 4. Aufl. 2013, Ziff. VIII.2.5.2.2., S. 116; *Berger* in MünchKomm. BGB, 7. Aufl. 2016, § 607 BGB Rz. 7; *Freitag* in Staudinger, Neubearbeitung 2015, § 607 BGB Rz. 21 f.; zur Leerverkaufsverordnung auch *Mülbert/Sajnovits*, ZBB 2012, 266, 270. Das ist bei Gelddarlehen im Übrigen nicht anders. Auch insoweit verbleibt das Inflationsrisiko beim Darlehensgeber.
9 *Weick-Ludewig/Sajnovits*, WM 2014, 1521, 1523; tendenziell zustimmend *Grundmann* in Staub, HGB, Bankvertragsrecht 2, 5. Aufl. 2018, 6. Teil, 4. Abschnitt, A Rz. 578 Rz. 74.
10 *Mülbert/Sajnovits*, ZBB 2012, 266, 270; *Weick-Ludewig/Sajnovits*, WM 2014, 1521, 1523; *Riederer/Weick-Ludewig*, RdF 2017, 284, 286.
11 VO Nr. 648/2012 des Europäischen Parlaments und des Rates vom 4.7.2012 über OTC-Derivate, zentrale Gegenparteien und Transaktionsregister; dazu etwa: *Köhling/Adler*, WM 2012, 2125 und WM 2012, 2173; *Pankoke/Wallus*, WM 2014, 4.
12 *Weick-Ludewig/Sajnovits*, WM 2014, 1521, 1523; *Riederer/Weick-Ludewig*, RdF 2017, 284, 285 f.; *Grundmann* in Staub, HGB, Bankvertragsrecht 2, 5. Aufl. 2018, 6. Teil, 4. Abschnitt, A Rz. 578.
13 Zum Repo-Agreement (Pensionsgeschäft) allgemein s. *Mülbert* in Staudinger, Neubearbeitung 2015, § 488 BGB Rz. 769 ff. und im vorliegenden Zusammenhang *Mülbert* in 6. Aufl., § 30h WpHG Rz. 8.

einen Dritten übertragen war, sofern der Verkäufer das Finanzinstrument bis zum Erfüllungszeitpunkt des Verkaufs termingemäß oder aufgrund eines von ihm ausgesprochenen Rückrufs zurückerhält[1]. Unter diesen Voraussetzungen bleibe die Stärkung der Erfüllungsdisziplin als Regelungszweck der VO Nr. 236/2012 nämlich unberührt[2]. Maßgeblich ist der Zeitpunkt des Abschlusses des Geschäfts (Rz. 20)[3]. Schon aus Gründen der Rechtssicherheit sollte nämlich grundsätzlich im Zeitpunkt des Verkaufs feststehen, ob ein Leerverkauf vorliegt oder nicht. Dies ist jedenfalls mit Blick auf die Bußgeldbewehrung für die Frage der ordnungswidrigkeitenrechtlichen Ahndung unumgänglich.

Gem. **Art. 3 Abs. 2 lit. b DelVO Nr. 918/2012** liegt kein Leerverkauf vor, wenn beim Verkauf eines Finanzinstruments durch eine natürliche oder juristische Person diese das **Finanzinstrument vor dem Verkauf erworben**, zum Zeitpunkt des Verkaufs aber noch nicht empfangen hat, sofern das Finanzinstrument zu einem Zeitpunkt geliefert wird, der die fälligkeitsgerechte Abwicklung des Geschäfts gewährleistet. Hierunter fällt auch die deutsche Praxis der vorgezogenen Depotgutschrift ohne konstitutive Wirkung[4]. Da es in allen Mitgliedstaaten der EU übliche Marktpraxis ist, dass der Käufer die Wertpapiere während dieses Zeitraums bereits weiter verkaufen kann, sei diese Konstellation nach der ESMA auch zur Vermeidung empfindlicher Marktstörungen von der Leerverkaufsdefinition auszunehmen[5]. Obwohl der Verkäufer in diesem Fall – jedenfalls in der Regel – bereits wirtschaftlicher Eigentümer der Aktien sein wird, macht die DelVO Nr. 918/2012 mit Blick auf die Gewährleistung des Settlements (Vor Art. 1 ff. VO Nr. 236/2012 Rz. 55) nur eine Ausnahme, wenn sichergestellt ist, dass die Aktie zu einem Zeitpunkt geliefert wird, der die Abwicklung des Verkaufs bei Fälligkeit gewährleistet (Art. 3 Abs. 2 lit. b Halbsatz 2 DelVO Nr. 918/2012)[6]. Systematisch ist die Ausnahme mit den Deckungsmöglichkeiten nach Art. 12 Abs. 1 lit. b bzw. Art. 13 Abs. 1 lit. b VO Nr. 236/2012 (jeweils i.V.m. Art. 5 Abs. 1 lit. f DurchfVO Nr. 827/2012) vergleichbar[7]. Diese legen nämlich fest, dass ein Leerverkauf u.a. dann als gedeckter Leerverkauf zu qualifizieren ist, wenn ein vertragsrechtlich unbedingt durchsetzbarer Anspruch auf Übertragung des Eigentums besteht, so dass das Geschäft bei Fälligkeit abgewickelt werden kann. Die Einordnung eines Verkaufs unter die Ausnahme des Art. 3 Abs. 2 lit. b DelVO Nr. 918/2012 statt unter Art. 12 Abs. 1 lit. b VO Nr. 236/2012 hat für die Anordnung von Notfallmaßnahmen nach Art. 20 VO Nr. 236/2012 Bedeutung[8].

Schließlich liegt nach **Art. 3 Abs. 2 lit. c DelVO Nr. 918/2012** kein Leerverkauf vor bei einem Verkauf eines Finanzinstruments, wenn der Verkäufer im Verkaufszeitpunkt eine **Kaufoption** über die entsprechende Anzahl der leerverkauften Aktien **bereits ausgeübt** hat und **gewährleistet** ist, dass die Aktien **rechtzeitig** zur **Abwicklung** des Leerverkaufs geliefert werden. Die Ausübung einer Option ist wirtschaftlich einem Rückruf von Wertpapieren unter einem Repo-Agreement sehr ähnlich[9]. Die Frage der Gewähr der zur Abwicklung des Verkaufs rechtzeitigen Lieferung hängt von der konkreten Ausgestaltung des Optionskontrakts ab[10].

c) Doppelverwendungsproblematik bei der Wertpapierleihe. Kommt es bei einer Wertpapierleihe (Rz. 12) zu einem Verkauf der verliehenen Aktien oder öffentlichen Schuldtitel sowohl durch den Verleiher als auch durch den Entleiher, so können sich nach dem Wortlaut der Leerverkaufs-VO beide Verkäufe als zulässig erweisen. Dies gilt, obwohl ein und dieselben Aktien bzw. Schuldtitel zweimal veräußert werden und dabei Konstellationen denkbar sind, in denen das Settlement dieser Verkäufe in dem Schutzzwecke der Leerverkaufs-VO tangierenden Maße gefährdet ist (sog. Doppelverwendungsproblematik)[11]. Potenzielle Konflikte zwischen dem Wortlaut der Leerverkaufs-VO und ihrem Regelungszweck sind durch eine teleologische Reduktion des Art. 12 und nicht bei der Definition des Leerverkaufs aufzulösen (näher Art. 12 VO Nr. 236/2012 Rz. 71 f.).

d) Keine Konzernprivileg. Eine **Saldierung im Konzern** ist für die Zwecke des Leerverkaufsbegriffs **ausgeschlossen**, da es neben dem Marktfunktionenschutz im Allgemeinen insbesondere um die Sicherstellung der Abwicklung einzelner Geschäfte im Speziellen geht (Vor Art. 1 ff. VO Nr. 236/2012 Rz. 55) und es insofern

---

1 Näher *Weick-Ludewig/Sajnovits*, WM 2014, 1521, 1523 f.
2 *ESMA's* technical advice on possible Delegated Acts concerning the regulation on short sales and certain aspects of credit default swaps – Final Report ((EC) No 236/2012), ESMA 2012/263, S. 8 Rz. 5.
3 *Weick-Ludewig/Sajnovits*, WM 2014, 1521, 1524. Kritisch zu offenen Fragen hinsichtlich der Bestimmbarkeit dieses Zeitpunkts *ex ante Mülbert/Sajnovits*, ZBB 2012, 266, 271.
4 Zu dieser *Decker/Kümpel*, Das Depotgeschäft, 2. Aufl. 2007, Rz. 8/337a; *Heinsius/Horn/Than*, Depotgesetz 1975, § 6 Rz. 87, § 24 Rz. 26 ff., 35 ff.; *Than* in FS Hopt, 2010, S. 231, 236; *Mülbert*, ZBB 2010, 445, 446.
5 *ESMA's* technical advice on possible Delegated Acts concerning the regulation on short sales and certain aspects of credit default swaps – Final Report ((EC) No 236/2012), ESMA 2012/263, S. 8 Rz. 6.
6 Näher *Weick-Ludewig/Sajnovits*, WM 2014, 1521, 1524.
7 *Weick-Ludewig/Sajnovits*, WM 2014, 1521, 1524.
8 Näher *Weick-Ludewig/Sajnovits*, WM 2014, 1521, 1524.
9 *ESMA's* technical advice on possible Delegated Acts concerning the regulation on short sales and certain aspects of credit default swaps – Final Report ((EC) No 236/2012), ESMA 2012/263, S. 8 Rz. 7.
10 *Weick-Ludewig/Sajnovits*, WM 2014, 1521, 1524.
11 Dazu *Weick-Ludewig/Sajnovits*, WM 2014, 1521, 1525 ff.; *Riederer/Weick-Ludewig*, WM 2016, 1005, 1008.

nicht darauf ankommt, ob andere konzernzugehörige Unternehmen eine gegebenenfalls kompensierende Long-Position halten[1].

20 e) **Maßgeblicher Zeitpunkt.** Maßgeblicher Zeitpunkt der Beurteilung, ob ein Leerverkauf vorliegt, ist jener des **Geschäftsabschlusses**, so dass die Leerverkaufs-VO auch den *Intra-day*-Leerverkauf als Leerverkauf erfasst.

21 **3. Credit Default Swap (Art. 2 Abs. 1 lit. c VO Nr. 236/2012).** Ein Credit Default Swap ist nach Art. 2 Abs. 1 lit. c VO Nr. 236/2012 ein **Derivatekontrakt**, bei dem eine Partei an eine andere Partei eine **Prämie** zahlt als Gegenleistung für eine Zahlung oder einen anderen Vorteil im Falle eines **Kreditereignisses** mit Bezug auf einen Referenzschuldner oder bei jedem anderen Zahlungsausfall im Zusammenhang mit diesem Derivatekontrakt, der eine vergleichbare wirtschaftliche Wirkung hat[2]. Erfasst sind Credit Default Swaps zur Verhinderung von Umgehungsstrategien auch dann, wenn sie in **Credit Linked Notes** oder **Total Return Swaps** eingebettet sind[3]. Dasselbe gilt für CDSs, bei denen die Referenzverbindlichkeit keine Anleihe, sondern ein Darlehen darstellt, und wenn sich der CDS auf einen Korb von Referenzschuldnern bezieht. Auf ein gewisses Mindestgewicht kommt es nach dem Zweck der Verordnung und ihrem eindeutigen Wortlaut nicht an[4].

22 **4. Öffentlicher Emittent (Art. 2 Abs. 1 lit. d VO Nr. 236/2012).** Ein öffentlicher Emittent ist nach der abschließenden Definition des Art. 2 Abs. 1 lit. d VO Nr. 236/2012 (i) die **Europäische Union**; (ii) ein **Mitgliedstaat** der Europäischen Union einschließlich eines Ministeriums, einer Agentur oder einer Zweckgesellschaft dieses Mitgliedstaats[5]; (iii) im Falle eines bundesstaatlich organisierten Mitgliedstaats ein **Gliedstaat** des Bundes, in der Bundesrepublik mithin die Bundesländer; (iv) eine für mehrere Mitgliedstaaten tätige **Zweckgesellschaft**[6]; (v) ein **von** zwei oder mehr **Mitgliedstaaten gegründetes** internationales **Finanzinstitut**, das dem Zweck dient, Finanzmittel zu mobilisieren und Finanzhilfen zugunsten seiner Mitglieder zu geben, die von schwerwiegenden Finanzierungsproblemen betroffen oder bedroht sind, oder (vi) die **Europäische Investitionsbank**. Die DelVO Nr. 918/2012 spricht von einem supranationalen Emittenten (vgl. etwa Art. 15 Abs. 2 lit. b DelVO Nr. 918/2012), meint damit aber einen öffentlichen Emittenten i.S.d. Art. 2 Abs. 1 lit. d VO Nr. 236/2012 (Art. 2 lit. b DelVO Nr. 918/2012)[7]. Die Aufzählung ist abschließend, so dass andere Gebietskörperschaften, kommunale Körperschaften oder halbstaatlichen Stellen eines Mitgliedstaats keine öffentlichen Emittenten i.S.d. Art. 2 Abs. 1 lit. d VO Nr. 236/2012 sind (vgl. Erwägungsgrund 9 VO Nr. 236/2012).

23 **5. Credit Default Swap auf öffentliche Schuldtitel (Art. 2 Abs. 1 lit. e VO Nr. 236/2012).** Ein Credit Default Swap auf öffentliche Schuldtitel ist gem. Art. 2 Abs. 1 lit. e VO Nr. 236/2012 ein Credit Default Swap (Rz. 21), bei dem im Falle eines Kreditereignisses oder Zahlungsausfalls im Zusammenhang mit einem öffentlichen Emittenten (Rz. 22) eine Zahlung geleistet oder ein anderer Vorteil gewährt wird. Entscheidend ist mithin, dass der **Referenzschuldner** des CDS ein **öffentlicher Emittent** ist.

24 **6. Öffentlicher Schuldtitel (Art. 2 Abs. 1 lit. f VO Nr. 236/2012).** Ein öffentlicher Schuldtitel ist ein **Schuldinstrument**, das von einem **öffentlichen Emittenten** (Rz. 22) **begeben** wird. Begebene Schuldinstrumente sind übertragbare Wertpapiere i.S.d. RL 2014/65/EU (MiFID II), d.h. Geldmarktinstrumente und Anleihen[8]. Erfasst sind – **unabhängig von ihrer Denomination** – alle Schuldinstrumente, die ein öffentlicher Emittent begeben hat, also auch Fremdwährungsanleihen einzelner Mitgliedstaaten der Europäischen Union[9]. Die Verordnung sieht keine Beschränkung auf die jeweilige nationale Währung oder gar den Euro vor. Erfasst sind ferner **Schuldinstrumente**, **die von mehreren öffentlichen Emittenten kooperativ begeben** werden, wie etwa eine Bund-Länder-Anleihe[10]. Für die Gegenauffassung spricht zwar der Wortlaut, der als öffentlichen Schuldtitel nur ein von *einem* öffentlichen Emittenten begebenes Schuldinstrument bezeichnet. Mit Blick auf den Regelungszweck ist aber nicht einsichtig, warum etwa eine von der Bundesrepublik Deutschland in Kooperation mit Gliedstaaten des Bundes begebene Anleihe nicht ebenfalls dem Schutz der Vorschriften der Leerverkaufs-VO unterstehen soll.

---

1 ESMA, Questions and Answers – Implementation of the Regulation on short selling and certain aspects of credit default swaps, ESMA70-145-408, Version 4, Answer 7a; *von Butlar/Petersen* in Just/Voß/Ritz/Becker, § 30h WpHG Rz. 77; *Ba-Fin*, FAQ zum Verbot ungedeckter Leerverkäufe in Aktien und öffentlichen Schuldtiteln, Antwort 26. Anders noch bei § 30h WpHG a.F. Dazu *Mülbert* in 6. Aufl., § 30h WpHG Rz. 21.
2 *Grundmann* in Staub, HGB, Bankvertragsrecht 2, 5. Aufl. 2018, 6. Teil, 4. Abschnitt, A Rz. 580.
3 Vgl. *Mülbert* in 6. Aufl., § 30j WpHG Rz. 12 f.
4 Vgl. *Mülbert* in 6. Aufl., § 30j WpHG Rz. 14.
5 In Deutschland etwa die FMS Wertmanagement. Dazu *Weick-Ludewig* in Fuchs, § 30h WpHG Rz. 36.
6 Darunter fallen etwa EFSF und ESM. S. dazu Erwägungsgrund 9 VO Nr. 236/2012; ferner etwa *Grundmann* in Staub, HGB, Bankvertragsrecht 2, 5. Aufl. 2018, 6. Teil, 4. Abschnitt, A Rz. 580.
7 *Weick-Ludewig* in Fuchs, § 30h WpHG Rz. 34.
8 ESMA, Questions and Answers – Implementation of the Regulation on short selling and certain aspects of credit default swaps, ESMA70-145-408, Version 4, Answer 1i.
9 *Mülbert/Sajnovits*, ZBB 2012, 266, 269 mit Fn. 17; *BaFin*, FAQ zum Verbot ungedeckter Leerverkäufe in Aktien und öffentlichen Schuldtiteln, Antwort 4.
10 A.A. *Weick-Ludewig* in Fuchs, § 30h WpHG Rz. 38.

Nicht erfasst werden Schuldtitel, die von einer Gebietskörperschaft oder sonstigen Körperschaft oder Anstalt 25
öffentlichen Rechts begeben wird, die kein Bundesland ist[1]. Gleichfalls nicht erfasst sind Schuldtitel, die von einer – auch zu 100 % – im Eigentum eines Mitgliedstaats oder eines sonstigen öffentlichen Emittenten (Rz. 22) stehenden Gesellschaft begeben werden, solange es sich bei dieser nicht um eine Zweckgesellschaft i.S.d. Art. 2 Abs. 1 lit. d Ziff. ii) VO Nr. 236/2012 handelt[2].

7. Ausgegebene öffentliche Schuldtitel (Art. 2 Abs. 1 lit. g VO Nr. 236/2012). Die ausgegebenen öffentlichen 26
Schuldtitel ist die Gesamtheit der von einem öffentlichen Emittenten (Rz. 22) begebenen und nicht eingelösten öffentlichen Schuldtitel (Rz. 24). Die Gesamtheit der ausgegebenen öffentlichen Schuldtitel ist bedeutsam für das Transparenzregime der Leerverkaufs-VO bzw. für die Berechnung der Netto-Leerverkaufspositionen (näher Art. 3 VO Nr. 236/2012 Rz. 18).

8. Ausgegebenes Aktienkapital (Art. 2 Abs. 1 lit. h VO Nr. 236/2012). Das ausgegebene Aktienkapital meint 27
nach Art. 2 Abs. 1 lit. h VO Nr. 236/2012 die **Gesamtheit der von einer Gesellschaft begebenen Stamm- und Vorzugsaktien**[3], ohne Berücksichtigung von Wandelschuldverschreibungen[4]. Ob die Aktien voll- oder nur teileingezahlt wurden, spielt keine Rolle[5]. Ebenso spielt es keine Rolle, ob mit den Aktien Stimmrechte verbunden sind[6]. Das Aktienkapital ist frühestens dann **ausgegeben**, wenn eine Kapitalerhöhung rechtlich wirksam geworden ist, nach deutschem Aktienrecht also entweder mit der **konstitutiven Eintragung ins Handelsregister** bei der Kapitalerhöhung gegen Einlagen (§ 189 BGB)[7] und der Kapitalerhöhung aus Gesellschaftsmitteln (§ 211 AktG) oder mit der **Ausgabe der Aktien** bei der bedingten Kapitalerhöhung (§ 200 AktG). Allerdings bestimmt Anhang II Teil 1 Nr. 7 DelVO Nr. 918/2012, der nähere Vorgaben zur deltaadjustierten Berechnung der Netto-Leerverkaufspositionen macht (Art. 3 VO Nr. 236/2012 Rz. 18 ff.), dass infolge einer Kapitalerhöhung ausgegebene neue Aktien ab dem Tag ihrer Zulassung zum Handel an einem Handelsplatz bei der Berechnung des gesamten ausgegebenen Aktienkapitals berücksichtigt werden[8]. Dies spricht dafür, Aktien unabhängig vom Tag der Eintragung dann als Long-Position einzubeziehen, wenn sie zum **Handel zugelassen** wurden.

9. Herkunftsmitgliedstaat (Art. 2 Abs. 1 lit. i VO Nr. 236/2012). Der Begriff des Herkunftsmitgliedstaats, der 28
für die Ausnahmebestimmung für Market-Maker (Art. 17 VO Nr. 236/2012) und für die Notfallmaßnahmen nach Art. 23 VO Nr. 236/2012 von Bedeutung ist, ist abhängig von der jeweils **betroffenen natürlichen oder juristischen Person**, an die eine Pflicht adressiert wird (Art. 17 Abs. 5 und 9 VO Nr. 236/2012) oder gegenüber der eine Maßnahme erlassen wird (Art. 23 VO Nr. 236/2012). Die Verweise auf die RL 2004/39/EG (MiFID I) sind nach Art. 94 Unterabs. 2 RL 2014/65/EU (MiFID II) als Verweise auf die MiFID II entsprechend deren Anhang IV zu lesen (Vor Art. 1 ff. VO Nr. 236/2012 Rz. 17)[9]. Die Verweise auf die RL 2006/48/EG sind gem. Art. 163 i.V.m. Anhang II RL 2013/36/EU (CRD IV) als Verweise auf die CRD IV bzw. auch die VO Nr. 575/2013 (CRR) zu lesen.

Herkunftsmitgliedstaat ist: 29

– in Bezug auf eine **Wertpapierfirma** i.S.v. Art. 4 Abs. 1 Nr. 1 RL 2014/65/EU (MiFID II)[10] oder auf einen **regulierten (geregelten) Markt** i.S.v. Art. 4 Abs. 1 Nr. 21 RL 2014/65/EU (MiFID II) der Herkunftsmitgliedstaat i.S.d. Art. 4 Abs. 1 Nr. 55 RL 2014/65/EU (MiFID II) (**Art. 2 Abs. 1 lit. i Ziff. i) VO Nr. 236/2012**);
– in Bezug auf ein **Kreditinstitut** der Herkunftsmitgliedstaat i.S.v. Art. 3 Abs. 1 Nr. 1 RL 2013/36/EU (CRD IV) über die Aufnahme und Ausübung der Tätigkeit der Kreditinstitute (**Art. 2 Abs. 1 lit. i Ziff. ii) VO Nr. 236/2012**);
– in Bezug auf jegliche in den Ziffern i) oder ii) **nicht genannte juristische Person**, der Mitgliedstaat, in dem sie ihren Sitz hat oder, in Ermangelung eines solchen, der Mitgliedstaat, in dem sich ihre Hauptverwaltung befindet (**Art. 2 Abs. 1 lit. i Ziff. iii) VO Nr. 236/2012**);
– in Bezug auf eine **natürliche Person** der Mitgliedstaat, in dem sich die Hauptverwaltung dieser Person befindet oder, wenn keine Hauptverwaltung besteht, den Mitgliedstaat, in dem diese Person ihren Wohnsitz hat (**Art. 2 Abs. 1 lit. i Ziff. iv) VO Nr. 236/2012**).

---

1 Erwägungsgrund 9 VO Nr. 236/2012; *Weick-Ludewig* in Fuchs, § 30h WpHG Rz. 37.
2 ESMA, Questions and Answers – Implementation of the Regulation on short selling and certain aspects of credit default swaps, ESMA70-145-408, Version 4, Answer 1i.
3 *Weick-Ludewig* in Fuchs, § 30h WpHG Rz. 53; *von Buttlar/Petersen* in Just/Voß/Ritz/Becker, § 30h WpHG Rz. 53; *Mülbert/Sajnovits*, ZBB 2012, 266, 276.
4 Zum Herkunftsmitgliedstaat auch *Grundmann* in Staub, HGB, Bankvertragsrecht 2, 5. Aufl. 2018, 6. Teil, 4. Abschnitt, A Rz. 575.
5 *Weick-Ludewig* in Fuchs, § 30h WpHG Rz. 53; *Mülbert/Sajnovits*, ZBB 2012, 266, 276.
6 ESMA, Questions and Answers – Implementation of the Regulation on short selling and certain aspects of credit default swaps, ESMA70-145-408, Version 4, Answer 3f; *Weick-Ludewig* in Fuchs, § 30h WpHG Rz. 53.
7 *Weick-Ludewig* in Fuchs, § 30h WpHG Rz. 53.
8 *Weick-Ludewig* in Fuchs, § 30h WpHG Rz. 53.
9 Zum Herkunftsmitgliedstaat auch *Grundmann* in Staub, HGB, Bankvertragsrecht 2, 5. Aufl. 2018, 6. Teil, 4. Abschnitt, A Rz. 581.
10 Art. 94 Unterabs. 2 RL 2014/65/EU (MiFID II).

Art. 2 VO Nr. 236/2012 | Begriffsbestimmungen

30 **10. Jeweils zuständige Behörde (Art. 2 Abs. 1 lit. j VO Nr. 236/2012).** Die zuständige Behörde i.S.d. Leerverkaufs-VO hängt vom Emittenten der jeweils dem Anwendungsbereich der Leerverkaufs-VO unterfallenden öffentlichen Schuldtitel (Rz. 24) oder Finanzinstrumente (Rz. 4) ab.

31 Im Falle von **öffentlichen Schuldtiteln eines Mitgliedstaats** oder einem seiner föderalen Gliedstaaten ist zuständige Behörde diejenige des jeweiligen Mitgliedstaats (Art. 2 Abs. 1 lit. j Ziff. i) VO Nr. 236/2012). Bei **sonstigen öffentlichen Schuldtiteln** ist zuständige Behörde diejenige des Mitgliedstaates, in dem der Emittent seinen „Sitz" hat: Bei öffentlichen Schuldtiteln der Europäischen Union ist dies der Mitgliedstaat, in dem sich die emittierende Stelle des Schuldtitels befindet (Art. 2 Abs. 1 lit. j Ziff. ii) VO Nr. 236/2012), bei öffentlichen Schuldtiteln mehrerer Mitgliedstaaten, die sich einer Zweckgesellschaft bedienen, ist es der Mitgliedstaat, in dem die Zweckgesellschaft niedergelassen ist (Art. 2 Abs. 1 lit. j Ziff. iii) VO Nr. 236/2012), bei öffentlichen Schuldtiteln von zwei oder mehr Mitgliedstaaten gegründeten internationalen Finanzinstituts[1] ist es der Mitgliedstaat, in dem das Finanzinstitut niedergelassen ist (Art. 2 Abs. 1 lit. j Ziff. iv) VO Nr. 236/2012) und bei einem von der Europäischen Investitionsbank begebenen Schuldinstrument ist dies Luxemburg als deren Sitzstaat (Art. 2 Abs. 1 lit. j Ziff. vii) VO Nr. 236/2012).

32 Bei (**sonstigen**) **Finanzinstrumenten** ist gem. Art. 2 Abs. 1 lit. j Ziff. v) VO Nr. 236/2012 zuständige Behörde diejenige, die zuständige Behörde für das Finanzinstrument i.S.v. Art. 2 Abs. 7 VO Nr. 1287/2006 der Kommission ist und die im Einklang mit Kapitel III jener Verordnung festgelegt wird. Die Festlegung erfolgt nach Liquiditätsgesichtspunkten. Finanzinstrumente, die von der VO Nr. 1287/2006 der Kommission nicht erfasst werden, was etwa für Freiverkehrswerte und Finanzinstrumente an MTFs gilt, ist zuständige Behörde diejenige des Handelsplatzes, an dem betreffende Finanzinstrument zuerst zum Handel zugelassen wurde. Nach Außerkrafttreten der VO Nr. 1287/2006 der Kommission ist unter dem MiFID II-Regime Art. 18 DelVO 2017/587 maßgeblich. Danach ist zuständige Behörde die **zuständige Behörde** des unter **Liquiditätsaspekten** wichtigsten Marktes in Art. 26 VO Nr. 600/2014 (MiFIR), die in Art. 16 DelVO 2017/571 spezifiziert ist.

33 Gem. Art. 32 VO Nr. 236/2012 hat jeder Mitgliedstaat die für die Zwecke der Leerverkaufs-VO zuständige(n) Behörde(n) zu bestimmen. Für **Deutschland** ist zuständige Behörde i.S.d. Leerverkaufs-VO die **BaFin** (§ 53 Abs. 1 WpHG), in einem Sonderfall die **Börsengeschäftsführung** (§ 15 Abs. 5a BörsG). Näher Vor Art. 1 ff. VO Nr. 236/2012 Rz. 20.

34 **11. Market-Making-Tätigkeit (Art. 2 Abs. 1 lit. k VO Nr. 236/2012).** Market-Making liegt nach Art. 2 Abs. 1 lit. k VO Nr. 236/2012 vor, wenn Wertpapierfirmen i.S.d. Art. 4 Abs. 1 Nr. 1 RL 2014/65/EU (MiFID II)[2], Kreditinstitute, Körperschaften von Drittländern oder lokale Firmen i.S.d. Art. 2 Abs. 1 lit. l RL 2014/65/EU[3], die Mitglied eines Handelsplatzes oder eines Drittlandmarktes sind, dessen Rechts- und Aufsichtsrahmen von der Kommission gem. Art. 17 Abs. 2 VO Nr. 236/2012 für gleichwertig erklärt wurde, in Bezug auf ein an einem Handelsplatz (Rz. 35) oder außerhalb eines Handelsplatzes gehandeltes Finanzinstrument (Rz. 3) **als Eigenhändler auftritt** und hierbei zumindest eine[4] der folgenden drei **Funktionen** ausübt:

- (i) **Stellen** wettbewerbsfähiger, fester, zeitgleicher **An- und Verkaufskurse** vergleichbarer Höhe zu wettbewerbsfähigen Preisen, so dass der Markt regelmäßig und kontinuierlich mit Liquidität versorgt ist;
- (ii) **Ausführung von Kundenaufträgen** oder Aufträgen, die sich aus einem Handelsauftrag des Kunden ergeben, im Rahmen der normalen Tätigkeit;
- (iii) **Absicherung von Positionen**, die sich aus den vorgenannten zwei Tätigkeiten ergeben. Erfasst ist mithin über Art. 2 Abs. 1 lit. k Ziff. ii) VO Nr. 236/2012 auch die Tätigkeit von **Skontroführern**.

In ihrem aktuellen technical advice zu einem Review der Leerverkaufs-VO hat die ESMA eine Modifizierung der Definition der Market-Making-Tätigkeit vorgeschlagen[5]. Näher zum Ganzen Art. 17 VO Nr. 236/2012 Rz. 16 ff.

35 **12. Handelsplatz (Art. 2 Abs. 1 lit. l VO Nr. 236/2012).** Ein Handelsplatz ist nach Art. 4 Abs. 1 Nr. 24 RL 2014/65/EU (MiFID II) ein geregelter Markt, ein MTF oder ein OTF i.S.d. MiFID II[6]. Die Erstreckung auf OTFs führt zu einer Erweiterung des Anwendungsbereichs der MiFID II gegenüber der MiFID I, so dass mittelbar auch der Anwendungsbereich der Leerverkaufs-VO erweitert wurde (Vor Art. 1 ff. VO Nr. 236/2012 Rz. 17 und Art. 1 VO Nr. 236/2012 Rz. 3).

---

1 Dieses muss dem Zweck dienen, Finanzmittel zu mobilisieren und Finanzhilfen zugunsten seiner Mitglieder zu geben, die von schwerwiegenden Finanzierungsproblemen betroffen oder bedroht sind.
2 Gem. Art. 94 Unterabs. 2 i.V.m. Anhang IV RL 2014/65/EU (MiFID II) ist der Verweis in der Leerverkaufs-VO auf die MiFID I als solcher auf die MiFID II zu lesen (näher Vor Art. 1 ff. VO Nr. 236/2012 Rz. 17).
3 Gem. Art. 94 Unterabs. 2 i.V.m. Anhang IV RL 2014/65/EU (MiFID II) ist der Verweis in der Leerverkaufs-VO auf die MiFID I als solcher auf die MiFID II zu lesen (näher Vor Art. 1 ff. VO Nr. 236/2012 Rz. 17).
4 S. die englische Sprachfassung „in any of the following capacities"; die deutsche Fassung lautet mit Blick auf die Punkte (i) – (iii): „dabei eine oder beide der folgenden Funktionen wahrnehmen".
5 ESMA, Final Report – Technical Advice on the evaluation of certain elements of the Short Selling Regulation, ESMA70-145-386, 3.2. Rz. 12 ff.
6 *Zetzsche* in Gebauer/Teichmann, Europäisches Privat- und Unternehmensrecht, 1. Aufl. 2016, § 7 A. Rz. 156 ff.; *Grundmann* in Staub, HGB, Bankvertragsrecht 2, 5. Aufl. 2016, 6. Teil, 3. Abschnitt, D Rz. 276 ff.

13. **Haupthandelsplatz (Art. 2 Abs. 1 lit. m VO Nr. 236/2012).** Den Begriff des Haupthandelsplatzes definiert die Leerverkaufs-VO nur im Zusammenhang mit **Aktien**. Gem. Art. 2 Abs. 1 lit. m VO Nr. 236/2012 ist der Haupthandelsplatz einer Aktie der Handelsplatz, an dem der mit dieser Aktie generierte **Umsatz** (Rz. 40) am größten ist. Der Haupthandelsplatz einer Aktie ist wegen der Ausnahmebestimmung nach Art. 16 VO Nr. 236/2012 entscheidend für den **Anwendungsbereich der Leerverkaufs-VO** (Art. 1 VO Nr. 236/2012 Rz. 10). Die jeweils zuständige Behörde (Rz. 30 ff.) legt gem. Art. 16 Abs. 2 VO Nr. 236/2012 für die Aktien einer Gesellschaft mindestens alle zwei Jahre fest, ob diese ihren Haupthandelsplatz innerhalb der Europäischen Union haben (näher Art. 16 VO Nr. 236/2012 Rz. 10 ff.).

14. **Zugelassener Primärhändler (Art. 2 Abs. 1 lit. n VO Nr. 236/2012).** Als zugelassenen Primärhändler definiert Art. 2 Abs. 1 lit. n VO Nr. 236/2012 eine natürliche oder juristische Person, die eine **Vereinbarung mit einem öffentlichen Emittenten** (Rz. 22) getroffen hat oder durch einen öffentlichen Emittenten oder in dessen Namen förmlich als Primärhändler anerkannt worden ist und sich gemäß dieser Vereinbarung oder Anerkennung verpflichtet hat, in Verbindung mit Primär- oder Sekundärmarkttätigkeiten als **Eigenhändler** für die von diesem Emittenten begebenen öffentlichen Schuldtitel aufzutreten. Darunter fallen in Deutschland etwa die Mitglieder der Bietergruppe Bundesemissionen[1]. S. auch Art. 17 VO Nr. 236/2012 Rz. 33 ff.

15. **Zentrale Gegenpartei (Art. 2 Abs. 1 lit. o VO Nr. 236/2012).** Nach Art. 2 Abs. 1 lit. o VO Nr. 236/2012 ist eine zentrale Gegenpartei (CCP) eine juristische Person, die zwischen die Vertragsparteien innerhalb eines Finanzmarkts oder zwischen die Vertragsparteien verschiedener Finanzmärkte tritt und dann als Käufer für jeden Verkäufer und als Verkäufer für jeden Käufer agiert und für den Betrieb eines Clearingsystems verantwortlich ist.

16. **Handelstag (Art. 2 Abs. 1 lit. p VO Nr. 236/2012).** Für den Begriff des Handelstags verweist Art. 2 Abs. 1 lit. p VO Nr. 236/2012 auf Art. 4 VO Nr. 1287/2006 der Kommission. Als Handelstag gilt gem. Art. 4 VO Nr. 1287/2006 der Kommission jeder Tag, währenddessen der betreffende Handelsplatz **für den Handel geöffnet** ist. Entscheidend sind die Handelstage in demjenigen Mitgliedstaat, in dem die für das jeweilige Finanzinstrument zuständige Behörde (Rz. 30 ff.) sitzt. Für die Bundesrepublik Deutschland kann auf **§ 47 WpHG** zurückgegriffen werden. Danach sind alle Tage Handelstage, die nicht Sonnabende, Sonntage oder zumindest in einem Bundesland landeseinheitliche gesetzlich anerkannte Feiertage sind. Näher § 47 WpHG Rz. 3.

17. **Umsatz (Art. 2 Art. 2 Abs. 1 lit. q VO Nr. 236/2012).** Der Begriff des Umsatzes ist nur im Zusammenhang mit **Aktien** für die **Ausnahmebestimmung nach Art. 16 VO Nr. 236/2012** von Bedeutung. Nach Art. 2 Abs. 1 lit. u VO Nr. 236/2012 meint Umsatz einer Aktie den Umsatz i.S.v. Art. 2 Abs. 9 VO Nr. 1287/2006 der Kommission, mithin das Ergebnis, das sich aus der Multiplikation der Stückzahlen dieses Finanzinstruments, die zwischen Käufern und Verkäufern während eines bestimmten Zeitraums infolge der auf dem Handelsplatz oder anderenorts stattfindenden Geschäfte gehandelt wurden, mit dem Stückpreis eines jeden Geschäfts ergibt. Eine entsprechende Regelung sieht nunmehr auch **Art. 17 Abs. 4 DelVO 2017/587** vor.

V. Befugnis für die Kommission zum Erlass delegierter Rechtsakte (Art. 2 Abs. 2 VO Nr. 236/2012).

Art. 2 Abs. 2 VO Nr. 236/2012 **überträgt** der Europäischen Kommission die **Befugnis**, gem. Art. 42 VO Nr. 236/2012 die in Art. 2 Abs. 1 VO Nr. 236/2012 aufgeführten Begriffsbestimmungen zu präzisieren, insbesondere, wann eine natürliche oder juristische Person für die Zwecke der Begriffsbestimmung für Leerverkäufe als Eigentümer eines Finanzinstruments gilt. Gem. Art. 42 Abs. 2 VO Nr. 236/2012 erhält die Europäische Kommission die Befugnis auf unbestimmte Zeit ab Inkrafttreten der Leerverkaufs-VO. Die Übertragung der Befugnis kann vom Europäischen Parlament und vom Rat der EU jederzeit widerrufen werden (Art. 42 Abs. 3 Satz 1 VO Nr. 236/2012). Die Gültigkeit von delegierten Rechtsakten, die bereits in Kraft sind, wird davon nicht berührt (Art. 42 Abs. 3 Satz 4 VO Nr. 236/2012). Ein delegierter Rechtsakt i.S.d. Art. 2 Abs. 2 VO Nr. 236/2012 tritt gem. Art. 42 Abs. 5 VO Nr. 236/2012 nur in Kraft, wenn das Europäische Parlament und der Rat der EU binnen drei Monaten nach seiner Übermittlung keine Einwände gegen ihn erheben oder wenn sowohl das Europäische Parlament als auch der Rat der EU der Kommission vor Ablauf dieser Frist mitgeteilt haben, dass sie keine Einwände erheben werden.

Von dieser Ermächtigung (Rz. 41) hat die Europäische Kommission durch Erlass der Delegierten Verordnung Nr. 918/2012 (**DelVO Nr. 918/2012**) Gebrauch gemacht. Dem Erlass durch die Europäische Kommission ging ein *technical advice* der ESMA voraus.

Art. 3 Short- und Long-Positionen

(1) Im Sinne dieser Verordnung bedeutet eine Short-Position im ausgegebenen Aktienkapital oder in den ausgegebenen öffentlichen Schuldtiteln eine Position, die resultiert aus
   a) dem Leerverkauf einer von einem Unternehmen begebenen Aktie oder einem von einem öffentlichen Emittenten ausgegebenen Schuldinstrument,

---

[1] *Weick-Ludewig* in Fuchs, § 30h WpHG Rz. 109; *Ludewig/Geilfus*, WM 2013, 1533, 1534.

b) dem Eintritt in eine Transaktion, durch die ein anderes Finanzinstrument als ein unter Buchstabe a genanntes Instrument geschaffen wird oder die sich auf ein solches anderes Finanzinstrument bezieht und deren Wirkung oder eine deren Wirkungen darin besteht, dass diese natürliche oder juristische Person, die diese Transaktion eingeht, im Falle einer Kurs- oder Wertminderung der Aktie bzw. des Schuldinstruments einen finanziellen Vorteil erzielt.

(2) Im Sinne dieser Verordnung bedeutet eine Long-Position im ausgegebenen Aktienkapital oder in den ausgegebenen öffentlichen Schuldtiteln eine Position, die resultiert aus

a) dem Halten einer von einem Unternehmen begebenen Aktie oder eines von einem öffentlichen Emittenten ausgegebenen Schuldinstruments,

b) dem Eintritt einer natürlichen oder juristischen Person in eine Transaktion, durch die ein anderes Finanzinstrument als ein unter Buchstabe a genanntes Instrument geschaffen wird oder die sich auf ein solches anderes Finanzinstrument bezieht und deren Wirkung oder eine deren Wirkungen darin besteht, dass diese natürliche oder juristische Person, die diese Transaktion eingeht, im Falle einer Kurs- oder Wertsteigerung der Aktie bzw. des Schuldinstruments einen finanziellen Vorteil erzielt.

(3) Für die Zwecke der Absätze 1 und 2 wird die Berechnung einer Short-Position oder einer Long-Position hinsichtlich jeder Position, die von der entsprechenden Person mittelbar gehalten wird (auch durch oder über einen Index, einen Wertpapierkorb oder eine Beteiligung an einem börsengehandelten Fonds oder einer vergleichbaren Einheit) von der betreffenden natürlichen oder juristischen Person festgelegt, die anhand der öffentlich zugänglichen Informationen über die Zusammensetzung des entsprechenden Index oder Wertpapierkorbs oder der Beteiligungen, die von dem entsprechenden börsengehandelten Fonds oder der vergleichbaren Einheit gehalten werden, vernünftig handelt. Bei der Berechnung einer solchen Short- oder Long-Position ist niemand verpflichtet, von irgendjemandem Echtzeitinformationen über eine solche Zusammensetzung einzuholen.

Im Sinne der Absätze 1 und 2 wird bei der Berechnung einer Short-Position oder einer Long-Position in öffentlichen Schuldtiteln auch jeder Credit Default Swap auf öffentliche Schuldtitel in Bezug auf den öffentlichen Emittenten berücksichtigt.

(4) Im Sinne dieser Verordnung bedeutet eine Netto-Leerverkaufsposition im ausgegebenen Aktienkapital die Position, die gehalten wird, nachdem von den Short-Positionen, die eine natürliche oder juristische Person im ausgegebenen Aktienkapital des betreffenden Unternehmens hält, jegliche Long-Positionen, die die betreffende natürliche oder juristische Person in diesem Kapital hält, abgezogen wurden.

(5) Im Sinne dieser Verordnung bedeutet eine Netto-Leerverkaufsposition in ausgegebenen öffentlichen Schuldtiteln des betreffenden öffentlichen Emittenten die Position, die gehalten wird, nachdem von den Short-Positionen, die eine natürliche oder juristische Person in ausgegebenen öffentlichen Schuldtiteln eines öffentlichen Emittenten hält, jegliche Long-Positionen, die die betreffende natürliche oder juristische Person in den betreffenden öffentlichen Schuldtiteln hält, und alle Long-Positionen in Schuldtiteln eines öffentlichen Emittenten, deren Preise eine hohe Korrelation mit denen der betreffenden öffentlichen Schuldtitel aufweisen, abgezogen wurden.

(6) Die Berechnung von Positionen in öffentlichen Schuldtiteln nach den Absätzen 1 bis 5 erfolgt für jeden einzelnen öffentlichen Emittenten, auch wenn getrennte Stellen öffentliche Schuldtitel im Namen des betreffenden öffentlichen Emittenten begeben.

(7) Die Kommission wird zum Erlass delegierter Rechtsakte gemäß Artikel 42 ermächtigt, um festzulegen,

a) in welchem Fall davon ausgegangen wird, dass eine natürliche oder juristische Person im Sinne von Absatz 2 eine Aktie oder ein Schuldinstrument hält,

b) in welchem Fall eine natürliche oder juristische Person im Sinne der Absätze 4 und 5 eine Netto-Leerverkaufsposition hält und wie eine solche Position zu berechnen ist,

c) welche Methode bei der Berechnung von Positionen im Sinne der Absätze 3, 4 und 5 zur Anwendung kommt, wenn verschiedene Stellen innerhalb einer Gruppe Long- oder Short-Positionen halten oder Managementtätigkeiten für getrennte Fonds zu berechnen sind.

Im Sinne von Unterabsatz 1 Buchstabe c wird bei der Methode zur Berechnung insbesondere berücksichtigt, ob in Bezug auf einen bestimmten Emittenten über mehrere getrennte Fonds, die von demselben Fondsmanager verwaltet werden, unterschiedliche Anlagestrategien verfolgt werden, ob in Bezug auf einen bestimmten Emittenten mehrere Fonds dieselbe Anlagestrategie verfolgen und ob mehrere Portfolios innerhalb derselben Einheit treuhänderisch unter Anwendung derselben Anlagestrategie in Bezug auf einen bestimmten Emittenten verwaltet werden.

In der Fassung vom 14.3.2012 (ABl. EU Nr. L 86 v. 24.3.2012, S. 1).

**Delegierte Verordnung (EU) Nr. 918/2012 der Kommission vom 5. Juli 2012
zur Ergänzung der Verordnung (EU) Nr. 236/2012 des Europäischen Parlaments und des Rates über Leerverkäufe
und bestimmte Aspekte von Credit Default Swaps im Hinblick auf Begriffsbestimmungen, die Berechnung von
Netto-Leerverkaufspositionen, gedeckte Credit Default Swaps auf öffentliche Schuldtitel, Meldeschwellen,
Liquiditätsschwellen für die vorübergehende Aufhebung von Beschränkungen, signifikante Wertminderungen bei
Finanzinstrumenten und ungünstige Ereignisse**

(Auszug)

Art. 2 Begriffsbestimmungen

Für die Zwecke dieser Verordnung bezeichnet der Ausdruck:
a) „Gruppe" juristische Personen, bei denen es sich um kontrollierte Unternehmen im Sinne von Artikel 2 Absatz 1 Buchstabe f der Richtlinie 2004/109/EG des Europäischen Parlaments und des Rates handelt, und die natürliche oder juristische Person, die ein solches Unternehmen kontrolliert;
b) „Supranationaler Emittent" einen Emittenten im Sinne von Artikel 2 Absatz 1 Buchstabe d Ziffern i, iv, v und vi der Verordnung (EU) Nr. 236/2012.

In der Fassung vom 5.7.2012 (ABl. EU Nr. L 274 v. 9.10.2012, S. 1).

Art. 4 Halten

Für die Zwecke des Artikels 3 Absatz 2 Buchstabe a der Verordnung (EU) Nr. 236/2012 wird in den folgenden Fällen davon ausgegangen, dass eine natürliche oder juristische Person eine Aktie oder ein Schuldinstrument hält:
a) Die natürliche oder juristische Person ist gemäß Artikel 3 Absatz 1 Eigentümerin der Aktie oder des Schuldinstruments;
b) Nach dem für den jeweiligen Verkauf geltenden Recht besteht ein durchsetzbarer Anspruch auf Übertragung des Eigentums an der Aktie oder dem Schuldinstrument auf die natürliche oder juristische Person.

In der Fassung vom 5.7.2012 (ABl. EU Nr. L 274 v. 9.10.2012, S. 1).

Art. 5 Netto-Leerverkaufspositionen in Aktien – Long-Positionen

(1) Wird eine Aktie über eine Long-Position in einem Aktienkorb gehalten, so wird in Bezug auf diese Aktie auch das Halten in dem Maße berücksichtigt, in dem die Aktie in dem Korb vertreten ist.

(2) Risikopositionen, die aus einem anderen Finanzinstrument als der Aktie erwachsen, die – wie in Artikel 3 Absatz 2 Buchstabe b der Verordnung (EU) Nr. 236/2012 dargelegt – im Falle eines Kursanstiegs einen finanziellen Vorteil verschaffen, sind Risikopositionen in Aktienkapital, die aus einem oder mehreren der in Anhang I Teil 1 aufgeführten Instrumente erwachsen.

Die in Unterabsatz 1 genannten Risikopositionen hängen vom Wert der Aktie ab, für die eine Netto-Leerverkaufsposition berechnet werden muss, und verschaffen im Falle einer Kurs- oder Wertsteigerung der Aktie einen finanziellen Vorteil.

In der Fassung vom 5.7.2012 (ABl. EU Nr. L 274 v. 9.10.2012, S. 1).

Art. 6 Netto-Leerverkaufspositionen in Aktien – Short-Positionen

(1) Wird eine Aktie über den Leerverkauf eines Aktienkorbs leer verkauft, so wird in Bezug auf diese Aktie auch dieser Leerverkauf in dem Maße berücksichtigt, in dem die Aktie in dem Korb vertreten ist.

(2) Für die Zwecke des Artikels 3 Absatz 1 Buchstabe a und des Artikels 3 Absatz 3 der Verordnung (EU) Nr. 236/2012 wird eine Position in einem Finanzinstrument, einschließlich der in Anhang I Teil 1 genannten Instrumente, bei der Berechnung der Short-Position berücksichtigt, wenn sie im Falle eines Kurs- oder Wertrückgangs der Aktie einen finanziellen Vorteil verschafft.

In der Fassung vom 5.7.2012 (ABl. EU Nr. L 274 v. 9.10.2012, S. 1).

Art. 7 Netto-Leerverkaufspositionen in Aktien – Allgemeine Bestimmungen

Für die Zwecke der in den Artikeln 5 und 6 genannten Netto-Leerverkaufspositionen wird den folgenden Kriterien Rechnung getragen:
a) Es ist unerheblich, ob Barausgleich oder effektive Lieferung der Basiswerte vereinbart wurde;
b) Short-Positionen in Finanzinstrumenten, die einen Anspruch auf noch nicht emittierte Aktien und Zeichnungsrechte, Wandelanleihen und andere vergleichbare Instrumente begründen, werden bei der Berechnung einer Netto-Leerverkaufsposition nicht als Short-Positionen betrachtet.

In der Fassung vom 5.7.2012 (ABl. EU Nr. L 274 v. 9.10.2012, S. 1).

Art. 8 Netto-Leerverkaufspositionen in öffentlichen Schuldtiteln – Long-Positionen

(1) Für die Zwecke dieses Artikels und des Anhang II bedeutet Preisniveau Rendite bzw. Kurs, falls es für einen der relevanten Vermögenswerte oder eine der relevanten Verbindlichkeiten keine Rendite gibt oder die Rendite keinen angemessenen Vergleich zwischen den relevanten Vermögenswerten oder Verbindlichkeiten ermöglicht. Wird ein öffentlicher Schuldtitel über eine Long-Position in einem Korb aus öffentlichen Schuldtiteln unterschiedlicher öffentlicher Emittenten

Art. 3 VO Nr. 236/2012 | Short- und Long-Positionen

gehalten, so wird in Bezug auf diesen öffentlichen Schuldtitel auch das Halten in dem Maße berücksichtigt, in dem dieser Schuldtitel in dem Korb vertreten ist.

(2) Für die Zwecke des Artikels 3 Absatz 2 Buchstabe b der Verordnung (EU) Nr. 236/2012 sind Risikopositionen, die aus einem anderen Instrument als dem öffentlichen Schuldtitel erwachsen, die im Falle eines Kursanstiegs bei dem öffentlichen Schuldtitel einen finanziellen Vorteil verschaffen, Risikopositionen, die aus einem oder mehreren der in Anhang I Teil 2 aufgeführten Instrumente erwachsen – immer unter der Voraussetzung, dass ihr Wert vom Wert des öffentlichen Schuldtitels abhängt, für den eine Netto-Leerverkaufsposition berechnet werden muss und der im Falle einer Kurs- oder Wertsteigerung einen finanziellen Vorteil verschafft.

(3) Immer unter der Voraussetzung einer hohen Korrelation gemäß Artikel 3 Absatz 5 der Verordnung (EU) Nr. 236/2012 und gemäß der Absätze 4 und 5 werden alle netto gehaltenen öffentlichen Schuldtitel eines öffentlichen Emittenten mit hoher Korrelation zum Preisniveau des öffentlichen Schuldtitels in etwaigen Short-Positionen in die Berechnung der Long-Position einbezogen. Öffentliche Schuldtitel von Drittlandsemittenten werden nicht einbezogen.

(4) Bei Vermögenswerten, deren Kurs an einem liquiden Markt ermittelt wird, wird eine hohe Korrelation zwischen dem Preisniveau eines Schuldtitels eines anderen öffentlichen Emittenten und dem Preisniveau des Schuldtitels des betreffenden öffentlichen Emittenten auf historischer Basis, d. h. anhand der akkumulierten gewichteten Tagesdaten des der Position vorangehenden Zwölfmonatszeitraums festgestellt. Bei Vermögenswerten, für die es keinen liquiden Markt gibt oder deren Kurs sich keine 12 Monate zurückverfolgen lässt, wird ein angemessener, den gleichen Zeitraum umspannender Ersatzwert verwendet.

(5) Für die Zwecke des Artikels 3 Absatz 5 der Verordnung (EU) Nr. 236/2012 wird von einer hohen Korrelation zwischen einem Schuldinstrument und einem emittierten öffentlichen Schuldtitel ausgegangen, wenn der Pearson'sche Korrelationskoeffizient zwischen dem Preisniveau des Schuldtitels eines anderen öffentlichen Emittenten und dem Preisniveau des betreffenden öffentlichen Schuldtitels für den maßgeblichen Zeitraum mindestens 80 % beträgt.

(6) Weist die Position danach im gleitenden Zwölfmonatsdurchschnitt keine hohe Korrelation mehr auf, wird der öffentliche Schuldtitel des zuvor stark korrelierten öffentlichen Emittenten nicht mehr in die Berechnung einer Long-Position einbezogen. Sinkt die Korrelation des öffentlichen Schuldtitels vorübergehend, d. h. für maximal drei Monate auf einen Stand unter den in Absatz 4 genannten Wert ab, wird nicht von einem Ende der hohen Korrelation ausgegangen, sofern der Korrelationskoeffizient während der gesamten drei Monate mindestens 60 % beträgt.

(7) Für die Berechnung von Netto-Leerverkaufspositionen ist unerheblich, ob Barausgleich oder effektive Lieferung der Basiswerte vereinbart wurde.

In der Fassung vom 5.7.2012 (ABl. EU Nr. L 274 v. 9.10.2012, S. 1).

Art. 9 Netto-Leerverkaufspositionen in öffentlichen Schuldtiteln – Short-Positionen

(1) Wird ein öffentlicher Schuldtitel über den Verkauf eines Korbs aus öffentlichen Schuldtiteln leer verkauft, so wird in Bezug auf diesen öffentlichen Schuldtitel auch dieser Leerverkauf in dem Maße berücksichtigt, in dem der öffentliche Schuldtitel in dem Korb vertreten ist.

(2) Für die Zwecke des Artikels 3 Absatz 1 Buchstabe a und des Artikels 3 Absatz 3 der Verordnung (EU) Nr. 236/2012 wird eine Position in einem Finanzinstrument (einschließlich der in Artikel 8 Absatz 2 genannten) bei der Berechnung der Short-Position berücksichtigt, wenn sie im Falle eines Kurs- oder Wertrückgangs des öffentlichen Schuldtitels einen finanziellen Vorteil verschafft.

(3) Jeder auf einen öffentlichen Emittenten bezogene Credit Default Swap auf einen öffentlichen Schuldtitel wird in die Berechnung von Netto-Leerverkaufspositionen in den betreffenden öffentlichen Schuldtiteln einbezogen. Verkäufe von Credit Default Swaps auf öffentliche Schuldtitel werden als Long-Positionen, Käufe von Credit Default Swaps auf öffentliche Schuldtitel als Short-Positionen betrachtet.

(4) Wird mit einer Credit-Default-Swap-Position auf einen öffentlichen Schuldtitel ein anderes Risiko abgesichert als der öffentliche Schuldtitel selbst, kann der Wert des abgesicherten Risikos bei der Berechnung, ob eine natürliche oder juristische Person eine Netto-Leerverkaufsposition in den ausgegebenen öffentlichen Schuldtiteln eines öffentlichen Emittenten besitzt, nicht als Long-Position betrachtet werden.

(5) Für die Berechnung von Netto-Leerverkaufspositionen ist unerheblich, ob Barausgleich oder effektive Lieferung der Basiswerte vereinbart wurde.

In der Fassung vom 5.7.2012 (ABl. EU Nr. L 274 v. 9.10.2012, S. 1).

Art. 10 Methode für die Berechnung von Netto-Leerverkaufspositionen in Aktien

(1) Die Netto-Leerverkaufsposition in Aktien im Sinne von Artikel 3 Absatz 4 der Verordnung (EU) Nr. 236/2012 wird nach dem in Anhang II dargelegten deltabereinigten Modell für Aktien berechnet.

(2) Natürliche oder juristische Personen berechnen Long- und Short-Positionen für dieselben Aktien stets nach denselben Methoden.

(3) Bei der Berechnung von Netto-Leerverkaufspositionen werden Transaktionen mit allen Finanzinstrumenten berücksichtigt, die im Falle einer Kurs- oder Wertänderung bei der Aktie einen finanziellen Vorteil verschaffen, unabhängig davon, ob die Transaktion an einem oder außerhalb eines Handelsplatzes stattfindet.

In der Fassung vom 5.7.2012 (ABl. EU Nr. L 274 v. 9.10.2012, S. 1).

Art. 11 Berechnung von Netto-Leerverkaufspositionen in öffentlichen Schuldtiteln

(1) Für die Zwecke des Artikels 3 Absatz 5 der Verordnung (EU) Nr. 236/2012 werden bei der Berechnung von Netto-Leerverkaufspositionen in öffentlichen Schuldtiteln Transaktionen mit allen Finanzinstrumenten berücksichtigt, die bei einer Änderung des Kurses oder der Rendite des öffentlichen Schuldtitels einen finanziellen Vorteil verschaffen. Dabei wird das in Anhang II dargelegte deltabereinigte Modell für öffentliche Schuldtitel angewandt.

(2) Gemäß Artikel 3 Absatz 6 der Verordnung (EU) Nr. 236/2012 werden für jeden öffentlichen Emittenten, für den eine natürliche oder juristische Person eine Short-Position hält, Positionen berechnet.

In der Fassung vom 5.7.2012 (ABl. EU Nr. L 274 v. 9.10.2012, S. 1).

Art. 12 Methode für die Berechnung von Positionen bei Verwaltungstätigkeiten für mehrere Fonds oder verwalteten Portfolios

(1) Die Netto-Leerverkaufsposition in einem bestimmten Emittenten wird für jeden einzelnen Fonds gleich welcher Rechtsform und für jedes verwaltete Portfolio gemäß Artikel 3 Absatz 7 Buchstaben a und b der Verordnung (EU) Nr. 236/2012 berechnet.

(2) Für die Zwecke der Artikel 12 und 13 bezeichnet der Ausdruck:
a) „Anlagestrategie" eine Strategie, die eine Verwaltungsstelle in Bezug auf einen bestimmten Emittenten verfolgt und die darauf abzielt, über Transaktionen mit verschiedenen von diesem Emittenten ausgegebenen oder mit ihm in Verbindung stehenden Finanzinstrumenten zu einer Netto-Leerverkaufs- oder Netto-Long-Position zu gelangen;
b) „Verwaltungstätigkeiten" die Verwaltung von Fonds gleich welcher Rechtsform und die Verwaltung von Portfolios mit einem Ermessensspielraum im Rahmen eines Mandats der Anleger, sofern die betreffenden Portfolios eines oder mehrere Finanzinstrumente enthalten;
c) „Verwaltungsstelle" eine juristische Person oder Stelle, einschließlich eines Unternehmensbereichs, eines Referats oder einer Abteilung, die auf der Grundlage eines Mandats nach eigenem Ermessen Fonds oder Portfolios verwaltet.

(3) Die Verwaltungsstelle aggregiert die Netto-Leerverkaufspositionen der von ihr verwalteten Fonds oder Portfolios, die in Bezug auf einen bestimmten Emittenten dieselbe Anlagestrategie verfolgen.

(4) Wenn nach der oben beschriebenen Methode verfahren wird,
a) berücksichtigt die Verwaltungsstelle die Positionen der Fonds und Portfolios, deren Verwaltung von einem Dritten delegiert wurde;
b) schließt die Verwaltungsstelle die Positionen der Fonds und Portfolios, deren Verwaltung sie an einen Dritten delegiert hat, aus.

Wenn die Verwaltungsstelle eine in den Artikeln 5 bis 11 der Verordnung (EU) Nr. 236/2012 genannte relevante Melde- oder Offenlegungsschwelle erreicht oder überschreitet, meldet sie die aus den Absätzen 3 und 4 resultierende Netto-Leerverkaufsposition und legt sie erforderlichenfalls offen.

(5) Führt eine einzelne juristische Person Verwaltungstätigkeiten zusammen mit verwaltungsfremden Tätigkeiten aus, wendet sie die in den Absätzen 1 bis 3 beschriebene Methode ausschließlich auf ihre Verwaltungstätigkeiten an, meldet die daraus resultierenden Netto-Leerverkaufspositionen und legt sie offen.

(6) Für ihre verwaltungsfremden Tätigkeiten, aufgrund deren sie auf eigene Rechnung Short-Positionen hält, berechnet diese einzelne juristische Person die Netto-Leerverkaufsposition in einem bestimmten Emittenten nach Artikel 3 Absatz 7 Buchstaben a und b der Verordnung (EU) Nr. 236/2012, meldet die daraus resultierenden Netto-Leerverkaufspositionen und legt sie offen.

In der Fassung vom 5.7.2012 (ABl. EU Nr. L 274 v. 9.10.2012, S. 1).

Art. 13 Methode zur Berechnung von Positionen für juristische Personen innerhalb einer Gruppe, die in Bezug auf einen bestimmten Emittenten Long- oder Short-Positionen halten

(1) Die Netto-Leerverkaufspositionen werden für jede juristische Person der Gruppe nach Artikel 3 Absatz 7 Buchstaben a und b der Verordnung (EU) Nr. 236/2012 berechnet. Wenn die Netto-Leerverkaufsposition in einem bestimmten Emittenten eine relevante Melde- oder Offenlegungsschwelle erreicht oder überschreitet, wird diese von der betreffenden juristischen Person oder von der Gruppe in ihrem Namen gemeldet und offengelegt. Sind eine oder mehrere juristische Personen der Gruppe Verwaltungsstellen, so wenden sie für Fonds- und Portfolioverwaltungstätigkeiten die in Artikel 12 Absätze 1 bis 4 beschriebene Methode an.

(2) Die Netto-Leerverkaufs- und Netto-Long-Positionen aller juristischen Personen der Gruppe werden aggregiert und aufgerechnet; davon ausgenommen sind nur die Positionen der Verwaltungsstellen, die Verwaltungstätigkeiten ausführen. Netto-Leerverkaufspositionen in einem bestimmten Emittenten werden von der Gruppe gemeldet und – soweit relevant – offengelegt, wenn sie über eine maßgebliche Melde- oder Offenlegungsschwelle hinausgehen.

(3) Wenn eine Netto-Leerverkaufsposition die in den Artikeln 5 und 7 der Verordnung (EU) Nr. 236/2012 genannte Meldeschwelle oder die in Artikel 6 der Verordnung (EU) Nr. 236/2012 genannte Offenlegungsschwelle erreicht oder überschreitet, meldet und veröffentlicht eine juristische Person innerhalb der Gruppe die nach Absatz 1 berechnete Netto-Leerverkaufsposition in einem bestimmten Emittenten gemäß den Artikeln 5 bis 11 der Verordnung (EU) Nr. 236/2012, sofern auf Gruppenebene keine nach Absatz 2 berechnete Netto-Leerverkaufsposition eine Melde- oder Offenlegungsschwelle erreicht oder überschreitet. Eine zu diesem Zweck benannte juristische Person meldet die nach Absatz 2 berechneten Netto-Leerverkaufspositionen in einem bestimmten Emittenten auf Gruppenebene und legt sie – soweit relevant – offen, wenn
i) keine juristische Person innerhalb der Gruppe eine Melde- oder Offenlegungsschwelle erreicht oder überschreitet;

Art. 3 VO Nr. 236/2012 | Short- und Long-Positionen

ii) sowohl die Gruppe selbst als auch eine oder mehrere juristische Personen innerhalb der Gruppe gleichzeitig eine Melde- oder Offenlegungsschwelle erreichen oder überschreiten.

In der Fassung vom 5.7.2012 (ABl. EU Nr. L 274 v. 9.10.2012, S. 1), geändert durch Delegierte Verordnung (EU) 2015/97 vom 17.10.2014 (ABl. EU Nr. L 16 v. 23.1.2015, S. 22).

Schrifttum: S. Vor Art. 1 ff. VO Nr. 236/2012.

I. Regelungsgegenstand 1
II. Regelungssystematik 2
III. Regelungszweck 5
IV. Netto-Leerverkaufsposition im ausgegebenen Aktienkapital (Art. 3 Abs. 4 VO Nr. 236/2012) 6
   1. Einzubeziehende Long-Positionen (Art. 3 Abs. 2 VO Nr. 236/2012) 9
   2. Einzubeziehende Short-Positionen (Art. 3 Abs. 1 VO Nr. 236/2012) 14
   3. Berechnung der Netto-Leerverkaufsposition (Art. 3 Abs. 4 VO Nr. 236/2012) 18
   4. Maßgeblicher Zeitpunkt der Berechnung 23
V. Netto-Leerverkaufsposition in ausgegebenen öffentlichen Schuldtiteln (Art. 3 Abs. 5 VO Nr. 236/2012) 24

   1. Long-Positionen in ausgegebenen öffentlichen Schuldtiteln (Art. 3 Abs. 2 VO Nr. 236/2012) . 26
   2. Short-Positionen in ausgegebenen öffentlichen Schuldtiteln (Art. 3 Abs. 1 VO Nr. 236/2012) . 30
   3. Berechnung der Netto-Leerverkaufsposition (Art. 3 Abs. 5 und 6 VO Nr. 236/2012) 32
   4. Maßgeblicher Zeitpunkt der Berechnung 35
VI. Sonderregeln: Verwaltungstätigkeiten für Fonds oder Portfolios; Unternehmensgruppen (Art. 3 Abs. 3 VO Nr. 236/2012) 36
   1. Verwaltungstätigkeit für Fonds oder Portfolios 38
   2. Unternehmensgruppen 42
   3. Gemischte Unternehmen 51
VII. Befugnis für die Kommission zum Erlass delegierter Rechtsakte (Art. 3 Abs. 7 VO Nr. 236/2012) 52

1 **I. Regelungsgegenstand.** Der mit „Short- und Long-Positionen" überschriebene Art. 3 VO Nr. 236/2012 bestimmt, was Netto-Leerverkaufspositionen im ausgegebenen Aktienkapital eines Unternehmens bzw. in den ausgegebenen öffentlichen Schuldtiteln eines öffentlichen Emittenten sind. **Art. 3 Abs. 1 VO Nr. 236/2012** legt hierfür fest, woraus eine **Short-Position** im ausgegebenen Aktienkapital oder in den ausgegebenen öffentlichen Schuldtiteln resultiert. Art. 3 **Abs. 2 VO Nr. 236/2012** definiert im Gegenzug, woraus eine **Long-Position** im ausgegebenen Aktienkapital oder in den ausgegebenen öffentlichen Schuldtiteln resultiert. Art. 3 **Abs. 3 VO Nr. 236/2012** macht nähere Vorgaben zur **Berechnung** der Short- und Long-Positionen. Die Ermittlung der für das Transparenzregime maßgeblichen Netto-Leerverkaufsposition im ausgegebenen Aktienkapital bzw. in den ausgegebenen öffentlichen Schuldtiteln regelt Art. 3 Abs. 4 bzw. Abs. 5 VO Nr. 236/2012. Gem. **Art. 3 Abs. 4 VO Nr. 236/2012** ist eine **Netto-Leerverkaufsposition im ausgegebenen Aktienkapital** diejenige Position, die gehalten wird, nachdem von den Short-Positionen, die eine natürliche oder juristische Person im ausgegebenen Aktienkapital des betreffenden Unternehmens hält, jegliche Long-Position abgezogen wurde. Nach **Art. 3 Abs. 5 VO Nr. 236/2012** ist eine **Netto-Leerverkaufsposition in den ausgegebenen öffentlichen Schuldtiteln** die Position, die gehalten wird, nachdem von den Short-Positionen jegliche Long-Positionen, die die betreffende natürliche oder juristische Person in den betreffenden öffentlichen Schuldtiteln hält, und alle Long-Positionen in Schuldtiteln eines öffentlichen Emittenten, deren Preise eine hohe Korrelation mit denen der betreffenden öffentlichen Schuldtitel aufweisen, abgezogen wurden. Die Berechnung von Positionen in öffentlichen Schuldtiteln erfolgt nach **Art. 3 Abs. 6 VO Nr. 236/2012** für jeden einzelnen öffentlichen Emittenten gesondert. **Art. 3 Abs. 7 VO Nr. 236/2012** ermächtigt die Europäische Kommission zum **Erlass delegierter Rechtsakte**.

2 **II. Regelungssystematik.** Art. 3 VO Nr. 236/2012 ist die maßgebliche **Definitionsnorm** für das Transparenzregime **für Netto-Leerverkaufspositionen** in Aktien und in öffentlichen Schuldtiteln[1]. Er legt fest, wann eine natürliche oder juristische Person eine Netto-Leerverkaufsposition hält. An das Halten einer Netto-Leerverkaufsposition knüpfen Art. 5 und Art. 7 VO Nr. 236/2012 bestimmte Meldepflichten und Art. 6 VO Nr. 236/2012 bestimmte Offenlegungspflichten. Daneben ist der Begriff der Netto-Leerverkaufsposition für weitere Normen der Leerverkaufs-VO von Bedeutung. So sind die zuständigen Behörden nach **Art. 11 VO Nr. 236/2012** verpflichtet, vierteljährlich **zusammenfassende Informationen über Netto-Leerverkaufspositionen** im ausgegebenen Aktienkapital und in den ausgegebenen öffentlichen Schuldtiteln öffentlicher Emittenten bereitzustellen (näher Art. 11 VO Nr. 236/2012 Rz. 5 ff.). Ferner ist das Halten einer Netto-Leerverkaufsposition **Anknüpfungspunkt für** bestimmte **Maßnahmen in Ausnahmesituationen** nach Art. 18 Abs. 1 und Art. 28 Abs. 1 lit. a VO Nr. 236/2012 (näher Art. 18–26 VO Nr. 236/2012 Rz. 22 ff. und Art. 27–31 VO Nr. 236/2012 Rz. 37 ff.).

3 Der Art. 3 VO Nr. 236/2012 selbst legt in den Abs. 1 und 2 zunächst fest, was Short- und Long-Positionen i.S.d. Leerkaufs-VO sind und knüpft dabei an den wichtigen **Begriff des „Haltens"** an. Art. 3 Abs. 3 VO Nr. 236/2012 bestimmt sodann, wer eine Short- oder Long-Position hält und wer deshalb auch für die Berechnung der jeweiligen Position verantwortlich ist, wobei bereits die Sonderregeln für Fonds bzw. kollektive Vermögensanlagen angesprochen werden, die die delegierten Rechtsakte näher konkretisieren (Rz. 36 ff.). Die **Ermittlung der**

---

[1] *Grundmann* in Staub, HGB, Bankvertragsrecht 2, 5. Aufl. 2018, 6. Teil, 4. Abschnitt, A Rz. 585 ff.

Berechnungsparameter ist innerhalb des Art. 3 VO Nr. 236/2012 **vorgezogen**. Erst die Abs. 4 und 5 des Art. 3 VO Nr. 236/2012 definieren, wie sich aus den ermittelten Short- und Long-Positionen eine Netto-Leerverkaufsposition errechnet.

Die **DelVO Nr. 918/2012** konkretisiert, (i) wann eine natürliche oder juristische Person eine Aktie oder ein Schuldinstrument hält, (ii) wann sie i.S.d. Abs. 4 und 5 des Art. 3 VO Nr. 236/2012 eine Netto-Leerverkaufsposition hält und wie diese Position zu berechnen ist und (iii) welche Methoden bei der Berechnung anzuwenden sind, wenn verschiedene Stellen innerhalb einer Gruppe Long- oder Short-Positionen halten oder Managementtätigkeiten für getrennte Fonds zu berechnen sind.

III. Regelungszweck. Der Art. 3 VO Nr. 236/2012 hat durch die wichtige Definition der Netto-Leerverkaufsposition eine **Hilfsfunktion** für die an diesen Begriff anknüpfenden Normen der Leerverkaufsverordnung (Rz. 2). Zudem enthält Art. 3 Abs. 3 VO Nr. 236/2012 eine Rechtspflicht für Marktteilnehmer, genauer für diejenigen Personen, die Long- oder Short-Positionen halten, diese zu ermitteln. An diese Rechtspflicht knüpfen wiederum die Melde- und Offenlegungsvorschriften der Art. 5–7 VO Nr. 236/2012 an, die eine Meldung bzw. Offenlegung von denjenigen Personen einfordern, die bestimmte Netto-Leerverkaufspositionen halten.

IV. Netto-Leerverkaufsposition im ausgegebenen Aktienkapital (Art. 3 Abs. 4 VO Nr. 236/2012). Gem. Art. 3 Abs. 4 Alt. 1 VO Nr. 236/2012 ist eine Netto-Leerverkaufsposition im von einer Gesellschaft ausgegebenen Aktienkapital (Art. 2 Abs. 1 lit. h VO Nr. 236/2012) die Position, die gehalten wird, nachdem von den Short-Positionen, die eine natürliche oder juristische Person im ausgegebenen Aktienkapital des betreffenden Unternehmens hält, jegliche Long-Positionen, die die betreffende natürliche oder juristische Person in diesem Aktienkapital hält, abgezogen wurde. Eine Netto-Leerverkaufsposition im von einer Gesellschaft ausgegebenen Aktienkapital ergibt sich damit aus der Saldierung aller von einer Person eingegangen **Short-Positionen** (Rz. 14 ff.) mit allen gehaltenen **Long-Positionen** (Rz. 9 ff.) in Bezug auf dasselbe Unternehmen.

Das **ausgegebene Aktienkapital** meint die Gesamtheit der von einer Gesellschaft begebenen Stamm- und Vorzugsaktien[1], ohne Berücksichtigung von Wandelschuldverschreibungen (Art. 2 Abs. 1 lit. h VO Nr. 236/2012). Näher Art. 2 VO Nr. 236/2012 Rz. 27.

Die Transparenzpflichten nach Art. 5 und 6 VO Nr. 236/2012 gelten gem. **Art. 16 VO Nr. 236/2012 nicht für Aktien** eines Unternehmens, die zwar zum Handel an einem Handelsplatz in der Union zugelassen sind, deren **Haupthandelsplatz** sich aber in einem **Drittland** befindet. Näher Art. 16 VO Nr. 236/2012 Rz. 8 ff.

1. Einzubeziehende Long-Positionen (Art. 3 Abs. 2 VO Nr. 236/2012). Eine Long-Position im ausgegebenen Aktienkapital (Rz. 7) resultiert aus dem Halten einer Aktie (lit. a) oder aus der Innehabung eines Finanzinstruments, aufgrund dessen die natürliche oder juristische Person von einer Kurs- oder Wertsteigerung der Aktie profitiert (lit. b).

Art. 4 DelVO Nr. 918/2012 definiert, was unter dem **Halten** i.S.d. Art. 3 Abs. 2 lit. a VO Nr. 236/2012 zu verstehen ist. Danach hält eine natürliche oder juristische Person eine Aktie, wenn sie a) gem. Art. 3 Abs. 1 DelVO Nr. 918/2012 **Eigentümerin** der Aktie ist (Art. 2 VO Nr. 236/2012 Rz. 7) oder b) nach dem für den jeweiligen Verkauf geltenden Recht einen **durchsetzbaren Anspruch auf Übertragung des Eigentums** (Art. 2 VO Nr. 236/2012 Rz. 7 ff.) an der Aktie hat. Die DelVO Nr. 918/2012 erklärt für diese Zwecke ausdrücklich das jeweilige mitgliedstaatliche Recht für anwendbar. Unerheblich ist, welcher Gattung die Aktien angehören (vgl. Rz. 7) und in welcher Form das Eigentum an ihnen erlangt wurde, mithin ob sie etwa infolge der Ausgabe von Bonusaktien oder Dividendenausschüttungen erlangt wurden[2]. Eine Aktie kann auch über einen **Aktienkorb** gehalten werden (vgl. Art. 5 DelVO Nr. 918/2012). In diesem Fall wird die Aktie bei der Ermittlung der Long-Position in dem Maße berücksichtigt, in dem sie in dem Korb vertreten ist (Rz. 19).

Eine Long-Position kann auch aus der Innehabung eines Finanzinstruments resultieren. Entscheidend ist, dass der Wert des Finanzinstruments bei einer Kurssteigerung der Aktie erhöht[3]. Zu den **Finanzinstrumenten** i.S.d. Art. 3 Abs. 2 lit. b VO Nr. 236/2012 zählen gem. Art. 5 Abs. 2 i.V.m. Anhang I Teil 1 DelVO Nr. 918/2012 Optionen, Optionsanleihen, Futures, an einen Index gekoppelte Instrumente, Differenzgeschäfte (CFDs), börsennotierte Fonds (ETFs), Swaps, Spread Bets auf Aktien, komplexe Retailanlageprodukte (*packaged retailinvestment products*), professionelle Investmentprodukte, komplexe derivative Instrumente, *certificates linked shares*, Basket-Zertifikate oder globale Depositenscheine (*global depositary receipts*)[4].

Die Einbeziehung von ETFs oder anderen an einen Index gekoppelten Instrumenten erfolgt unabhängig von dem Prozentsatz, zu dem die Aktie oder das auf die Aktie bezogene Instrument in dem ETF oder dem **anderen**

---

1 *Weick-Ludewig* in Fuchs, § 30h WpHG Rz. 53; *von Buttlar/Petersen* in Just/Voß/Ritz/Becker, § 30h WpHG Rz. 53; *Mülbert/Sajnovits*, ZBB 2012, 266, 276.
2 ESMA, Questions and Answers – Implementation of the Regulation on short selling and certain aspects of credit default swaps, ESMA70-145-408, Version 4, Answer 3e.
3 *Grundmann* in Staub, HGB, Bankvertragsrecht 2, 5. Aufl. 2018, 6. Teil, 4. Abschnitt, A Rz. 587.
4 *Weick-Ludewig* in Fuchs, § 30h WpHG Rz. 55.

indexorientierten Instrument vertreten ist[1]. Für die Einbeziehung eines Finanzinstruments ist es zudem **unerheblich**, ob ein **Barausgleich oder** eine **effektive Lieferung** der Basiswerte vereinbart wurde (Art. 7 lit. b DelVO Nr. 918/2012)[2]. Gleichfalls unerheblich ist, ob das Finanzinstrument an oder außerhalb eines Handelsplatzes erworben wurde (Art. 10 Abs. 3 DelVO Nr. 918/2012)[3].

13 **Nicht einzubeziehen** sind Rechte, die sich auf **noch nicht ausgegebene Aktien** beziehen, etwa Bezugsrechte und Wandelschuldverschreibungen (Art. 7 lit. b DelVO Nr. 918/2012)[4]. Gegenläufig ist eine Wandelschuldverschreibung einzubeziehen, wenn sie sich auf bereits ausgegebene Aktien bezieht[5]. Hat der Inhaber der Wandelschuldverschreibung keine Kenntnis davon, dass sich die Wandelschuldverschreibung auf bereits ausgegebene Aktien bezieht, sind die Positionen hingegen nicht einzubeziehen[6]. Anteile an **Publikumssondervermögen i.S.d. KAGB** unterfallen zwar der Definition des Finanzinstruments i.S.d. Art. 2 Abs. 1 lit. a VO Nr. 236/2012, sind aber jedenfalls beim Inhaber des Anteils am KAGB-Sondervermögen **nicht als Long-Position einzubeziehen**[7]. Bei aktiv verwalteten Fonds, bei denen der Fondsverwalter einen Ermessensspielraum hinsichtlich der Anlagestrategie innehat, ist die Long-Position vielmehr dem Fondsverwalter zuzurechnen (Rz. 38 ff.)[8]. Gleiches gilt für **OGAWs**[9], es sei denn, bei diesen handelt es sich um ETFs oder ein vergleichbares in Anhang I Teil 1 DelVO Nr. 918/2012 aufgezähltes Finanzinstrument[10]. **Gleichfalls nicht einzubeziehen** sind Instrumente, die nicht der Definition eines Finanzinstruments unterfallen bzw. die nicht in der Liste nach Anhang I Teil 1 DelVO Nr. 918/2012 aufgeführt sind. Dies betrifft insbesondere den Rückforderungsanspruch des Darlehensgebers bei der Wertpapierleihe und die Rückkaufvereinbarung bei einem Repo-Geschäft[11]. Ebenfalls nicht einzubeziehen, weil nicht der Definition eines Finanzinstruments unterfallend, sind Dividenden in Form von Aktien, die im Rahmen einer Wertpapierleihe vom Entleiher an den Verleiher zurückzugeben sind[12].

14 **2. Einzubeziehende Short-Positionen (Art. 3 Abs. 1 VO Nr. 236/2012).** Eine Short-Position im ausgegebenen Aktienkapital (Art. 3 Abs. 1 VO Nr. 236/2012) ergibt sich entweder aus dem Leerverkauf einer von einem Unternehmen begebenen Aktie (Art. 3 Abs. 1 lit. a VO Nr. 236/2012) oder aus dem Eintritt in ein Rechtsgeschäft, kraft dessen die eintretende Partei von einem fallenden Kurs oder einer Wertminderung der Aktie profitiert (Art. 3 Abs. 1 lit. b VO Nr. 236/2012).

15 Ein **Leerverkauf** ist gem. Art. 2 Abs. 1 lit. b VO Nr. 236/2012 ein Verkauf von Aktien, die sich zum Zeitpunkt des Eingehens der Verkaufsvereinbarung nicht im Eigentum des Verkäufers befinden. Näher zum Leerverkaufsbegriff und insbesondere zu den Ausnahmen Art. 2 VO Nr. 236/2012 Rz. 5 ff. Wird eine Aktie über den Leerverkauf eines Aktienkorbs leer verkauft, ist gem. Art. 6 Abs. 1 DelVO Nr. 918/2012 ein Leerverkauf in Bezug auf diese Aktie mit dem Anteil zu berücksichtigen, mit dem die Aktie in dem Korb vertreten ist.

16 Zu den **Rechtsgeschäften**, kraft derer die eintretende Partei von einem fallenden Kurs oder einer Wertminderung profitiert, zählen solche, deren Eingehung **wirtschaftlich einer Leerverkaufsposition entsprechen**[13]. Der Tatbestand des Art. 3 Abs. 1 lit. b VO Nr. 236/2012 ist auf Finanzinstrumente i.S.d. Art. 2 Abs. 1 lit. a VO Nr. 236/2012[14], nicht aber auf die in Art. 6 Abs. 2 DelVO Nr. 918/2012 aufgezählten Finanzinstrumente **beschränkt**. Das ergibt sich eindeutig schon aus dem Wortlaut des Art. 6 Abs. 2 DelVO Nr. 918/2012, der von der Berücksichtigung von Finanzinstrumenten *einschließlich* (!) der in Anhang I Teil 1 genannten Instrumente

---

1 *Weick-Ludewig* in Fuchs, § 30h WpHG Rz. 55.
2 *von Buttlar/Petersen* in Just/Voß/Ritz/Becker, § 30h WpHG Rz. 50; *Weick-Ludewig* in Fuchs, § 30h WpHG Rz. 56.
3 *von Buttlar/Petersen* in Just/Voß/Ritz/Becker, § 30h WpHG Rz. 50; *Weick-Ludewig* in Fuchs, § 30h WpHG Rz. 56.
4 ESMA, Questions and Answers – Implementation of the Regulation on short selling and certain aspects of credit default swaps, ESMA70-145-408, Version 4, Answer 3c; *Grundmann* in Staub, HGB, Bankvertragsrecht 2, 5. Aufl. 2018, 6. Teil, 4. Abschnitt, A Rz. 587; *Weick-Ludewig* in Fuchs, § 30h WpHG Rz. 56, die insoweit von einer Abweichung gegenüber der früheren deutschen Rechtslage spricht; *von Buttlar/Petersen* in Just/Voß/Ritz/Becker, § 30h WpHG Rz. 50; *Mülbert/Sajnovits*, ZBB 2012, 266, 277; zur deutschen Rechtslage unter § 30h WpHG a.F. schon *Mülbert* in 6. Aufl., § 30i WpHG Rz. 9.
5 ESMA, Questions and Answers – Implementation of the Regulation on short selling and certain aspects of credit default swaps, ESMA70-145-408, Version 4, Answer 3c; *Weick-Ludewig* in Fuchs, § 30h WpHG Rz. 56.
6 ESMA, Questions and Answers – Implementation of the Regulation on short selling and certain aspects of credit default swaps, ESMA70-145-408, Version 4, Answer 3c; *Weick-Ludewig* in Fuchs, § 30h WpHG Rz. 56.
7 ESMA, Questions and Answers – Implementation of the Regulation on short selling and certain aspects of credit default swaps, ESMA70-145-408, Version 4, Answer 3a.
8 *von Buttlar/Petersen* in Just/Voß/Ritz/Becker, § 30h WpHG Rz. 50; *Weick-Ludewig* in Fuchs, § 30h WpHG Rz. 56.
9 *Weick-Ludewig* in Fuchs, § 30h WpHG Rz. 55.
10 ESMA, Questions and Answers – Implementation of the Regulation on short selling and certain aspects of credit default swaps, ESMA70-145-408, Version 4, Answer 3k.
11 *Mülbert/Sajnovits*, ZBB 2012, 266, 277; *Weick-Ludewig* in Fuchs, § 30h WpHG Rz. 56.
12 ESMA, Questions and Answers – Implementation of the Regulation on short selling and certain aspects of credit default swaps, ESMA70-145-408, Version 4, Answer 3d.
13 *Grundmann* in Staub, HGB, Bankvertragsrecht 2, 5. Aufl. 2018, 6. Teil, 4. Abschnitt, A Rz. 586; *Weick-Ludewig* in Fuchs, § 30h WpHG Rz. 55.
14 *Weick-Ludewig* in Fuchs, § 30h WpHG Rz. 55.

spricht. Anders als bei den Long-Positionen ist die Liste aber nicht abschließend, so dass auch andere als die dort genannten Finanzinstrumente einbezogen werden können. Erwägungsgrund 4 Satz 4 DelVO Nr. 918/2012 betont insofern, dass bei der Berechnung von Long-Positionen restriktiver als bei jener von Short-Positionen verfahren werden sollte, was es rechtfertigt, dass in die Berechnung von Long-Positionen auch weniger Instrumente einbezogen werden

Nicht zu berücksichtigen sind **Short-Positionen** in **eigenen Aktien**, da eine Netto-Leerverkaufsposition in eigenen Aktien, die unter bestimmten Umständen auftreten könnte, zu verwirrenden Marktsignalen führen kann[1]. Aus teleologischer Sicht sollte diese Irreführung vermieden werden.

3. Berechnung der Netto-Leerverkaufsposition (Art. 3 Abs. 4 VO Nr. 236/2012). Für die Berechnung der Netto-Leerverkaufsposition sind alle einzubeziehenden Berechnungsposten gegeneinander zu verrechnen. Gem. Art. 3 Abs. 4 VO Nr. 236/2012 müssen alle Long-Positionen (Rz. 9 ff.) von allen Short-Positionen (Rz. 14 ff.) subtrahiert werden. Die Berechnung erfolgt damit nach der Formel: (Short-Position – Long-Position) ./. Gesamtzahl der ausgegebenen Aktien = Netto-Leerverkaufsposition[2].

Die Netto-Leerverkaufsposition in Aktien i.S.v. Art. 3 Abs. 4 VO Nr. 236/2012 wird nach dem in Anhang II DelVO Nr. 918/2012 dargelegten **deltabereinigten Modell für Aktien** berechnet (Art. 10 Abs. 1 DelVO Nr. 918/2012). Alle einzubeziehenden Finanzinstrumente sind anhand ihres Delta-Werts zu gewichten, um das wahre ökonomische Gesamtinteresse (*economic exposure*) zu ermitteln[3]. Der **Delta-Wert** indiziert den Einfluss, den eine Kursveränderung des unterliegenden Finanzinstruments, vorliegend also einer Aktie, auf das jeweilig betrachtete (derivative) Finanzinstrument hat (**Preissensitivität**)[4]. Die Berechnung des Delta muss für jedes Finanzinstrument einzeln vorgenommen werden[5]. Die Aktie selbst hat den Wert eins (Anhang II Teil 1 Nr. 1 Satz 1 DELVO Nr. 918/2012)[6]. Bei **Derivaten** muss die jeweilige implizite Volatilität des Derivats und die Schlussnotierung oder letzte Notierung des Basisinstruments herangezogen werden (Anhang II Teil 1 Nr. 1 Satz 2 DelVO Nr. 918/2012). Nicht vorgegeben ist, nach welchem Modell die Berechnung des Delta vorzunehmen ist (Black-Scholes-Modell, Binominal-Modell[7])[8]. Entscheidend ist allein, dass die Berechnung der Netto-Leerverkaufsposition in Bezug auf eine bestimmte Aktie bei allen Finanzinstrumenten nach derselben Methode vorgenommen wird (Art. 10 Abs. 2 DelVO Nr. 918/2012). Positionen in **Indizes, Baskets oder Exchange Traded Funds** sind anhand des Gewichts der betreffenden Aktie am Gesamtinstrument mit dem Delta-Wert[9] zu bewerten und einzubeziehen (Anhang II Teil 1 Nr. 3 DelVO Nr. 918/2012)[10].

Bei der Einbeziehung von ETFs oder anderen an einen Index gekoppelten Instrumenten ist der Positionsinhaber, mithin derjenige, der eine Long- oder Short-Position hält, nur dazu verpflichtet, auf die ihm in **zumutbarer Weise öffentlich zugänglichen Informationen** zurückzugreifen (Art. 3 Abs. 3 VO Nr. 236/2012; Anhang II Teil 1 Nr. 3 DelVO Nr. 918/2012)[11]. Insbesondere muss der Positionsinhaber solche Echtzeitinformationen, die nur entgeltlich zur Verfügung gestellt werden, nicht laufend einbeziehen[12].

Veränderungen des Delta oder der **Zusammensetzung** eines Indizes, Baskets oder ETFs müssen beobachtet werden und können eine Neuberechnung erforderlich machen (Anhang II Teil 1 Nr. 2, 3 und 6 DelVO Nr. 918/2012)[13]. Weiterhin muss die Berechnung etwaige **Veränderungen im aufgelegten Aktienkapital** des Emittenten beachten, wie sie etwa aus einer Kapitalerhöhung resultieren können (Art. 10 Abs. 1 i.V.m. Anhang II Teil 1 Nr. 6 und 7 DelVO 918/2012)[14].

Eine nach der Subtraktion der Long-Positionen verbleibende Short-Position (**absolute Netto-Leerverkaufsposition**) ist mit den gesamten ausgegebenen Positionen des jeweiligen Emittenten in Relation zu setzen, bei Aktien

---

1 *Mülbert/Sajnovits*, ZBB 2012, 266, 277; zu § 30i WpHG a.F. schon *Mülbert* in 6. Aufl., § 30i WpHG Rz. 10.
2 Zu dieser Formel vgl. schon *Mülbert* in 6. Aufl., § 30i WpHG Rz. 12.
3 *Grundmann* in Staub, HGB, Bankvertragsrecht 2, 5. Aufl. 2018, 6. Teil, 4. Abschnitt, A Rz. 588; *Weick-Ludewig* in Fuchs, § 30h WpHG Rz. 55.
4 *von Buttlar/Petersen* in Just/Voß/Ritz/Becker, § 30h WpHG Rz. 52; zur Ermittlung des Delta-Werts s. *Hull*, Optionen, Futures und andere Derivate, S. 311 ff., 449 ff.
5 *von Buttlar/Petersen* in Just/Voß/Ritz/Becker, § 30h WpHG Rz. 52.
6 *Grundmann* in Staub, HGB, Bankvertragsrecht 2, 5. Aufl. 2018, 6. Teil, 4. Abschnitt, A Rz. 588.
7 Zu diesen Modellen *Berk/DeMarzo*, Corporate Finance, 3rd ed. 2014, Chapter 21, S. 739 ff.
8 *von Buttlar/Petersen* in Just/Voß/Ritz/Becker, § 30h WpHG Rz. 52.
9 Hier ist Delta-Wert weiter als im Rahmen der Optionspreisberechnung als der Anteil der jeweiligen Aktie am Korb zu verstehen.
10 *Grundmann* in Staub, HGB, Bankvertragsrecht 2, 5. Aufl. 2018, 6. Teil, 4. Abschnitt, A Rz. 588.
11 ESMA, Questions and Answers – Implementation of the Regulation on short selling and certain aspects of credit default swaps, ESMA70-145-408, Version 4, Answer 3i.
12 ESMA, Questions and Answers – Implementation of the Regulation on short selling and certain aspects of credit default swaps, ESMA70-145-408, Version 4, Answer 3i; *von Buttlar/Petersen* in Just/Voß/Ritz/Becker, § 30h WpHG Rz. 47.
13 *von Buttlar/Petersen* in Just/Voß/Ritz/Becker, § 30h WpHG Rz. 54.
14 *von Buttlar/Petersen* in Just/Voß/Ritz/Becker, § 30h WpHG Rz. 54.

demgemäß mit allen ausgegebenen Aktien des entsprechenden Unternehmens (Rz. 7)[1], um so die für die Melde- und Offenlegungspflicht relevante **relative Netto-Leerverkaufsposition** zu ermitteln[2]. Nach Art. 10 Abs. 1 i.V.m. Anhang II Teil 1 Nr. 2 Satz 1 DelVO Nr. 918/2012 darf eine nominale Kassa(Geld)-Short-Position nicht durch eine äquivalente nominale Long-Position in Derivaten ausgeglichen werden. Die ESMA sieht darin eine bloße Klarstellung, dass Long-Positionen in einem Derivat nicht nominell, sondern nur delta-bereinigt zum Ausgleich von Short-Positionen herangezogen werden dürfen[3].

23 **4. Maßgeblicher Zeitpunkt der Berechnung.** Die Berechnung der Netto-Leerverkaufsposition ist auf das **Ende des jeweiligen Handelstages** (24:00 Uhr) vorzunehmen, zu dem die Person die entsprechende Netto-Leerverkaufsposition erstmals hält (Art. 9 Abs. 2 VO Nr. 236/2012)[4]. Als Handelstag (Art. 2 Abs. 1 lit. p VO Nr. 236/2012) gilt gem. Art. 4 VO Nr. 1287/2006 „jeder Tag, währenddessen der betreffende Handelsplatz für den Handel geöffnet ist". Entscheidend sind die Handelstage in demjenigen Mitgliedstaat, in dem die für die jeweilige Aktie i.S.d. Art. 2 Abs. 1 lit. j Ziff. v) VO Nr. 236/2012 zuständige Behörde sitzt. Maßgeblich für die Bundesrepublik Deutschland ist § 47 WpHG. Danach sind alle Tage Handelstage, die nicht Sonnabende, Sonntage oder zumindest in einem Bundesland landeseinheitliche gesetzlich anerkannte Feiertage sind (dazu § 47 WpHG Rz. 3).

24 **V. Netto-Leerverkaufsposition in ausgegebenen öffentlichen Schuldtiteln (Art. 3 Abs. 5 VO Nr. 236/2012).** Eine Netto-Leerverkaufsposition in den ausgegebenen öffentlichen Schuldtiteln eines öffentlichen Emittenten (Art. 2 Abs. 1 lit. d VO Nr. 236/2012) ist nach Art. 3 Abs. 5 Satz 1 VO Nr. 236/2012 die Position, die gehalten wird, nachdem von den Short-Positionen, die eine natürliche oder juristische Person in den ausgegebenen öffentlichen Schuldtiteln eines öffentlichen Emittenten hält, jegliche Long-Positionen, die die betreffende natürliche oder juristische Person in den betreffenden öffentlichen Schuldtiteln hält, und alle Long-Positionen in Schuldtiteln eines öffentlichen Emittenten, deren Preise eine hohe Korrelation mit denen der betreffenden öffentlichen Schuldtitel aufweisen, abgezogen wurden. Durch die Einbeziehung derjenigen Long-Positionen, die eine hohe Korrelation mit den Schuldtiteln der betreffenden öffentlichen Emittenten aufweisen, unterscheidet sich die Definition von derjenigen einer Netto-Leerverkaufsposition bei Aktie[5].

25 Die **ausgegebenen öffentlichen Schuldtitel** sind die Gesamtheit der von einem öffentlichen Emittenten begebenen und nicht eingelösten öffentlichen Schuldtitel. Näher Art. 2 VO Nr. 236/2012 Rz. 24 f.

26 **1. Long-Positionen in ausgegebenen öffentlichen Schuldtiteln (Art. 3 Abs. 2 VO Nr. 236/2012).** Eine Long-Position ergibt sich zunächst aus dem **Halten** eines von einem öffentlichen Emittenten ausgegebenen **Schuldinstruments**. Eine natürliche oder juristische Person hält ein Schuldinstrument, wenn sie a) gem. Art. 3 Abs. 1 DelVO Nr. 918/2012 **Eigentümerin** des Schuldinstruments ist (Art. 2 VO Nr. 236/2012 Rz. 7ff.) oder b) nach dem für den jeweiligen Verkauf geltenden Recht einen **durchsetzbaren Anspruch auf Übertragung des Eigentums** (Art. 2 VO Nr. 236/2012 Rz. 7ff.) an dem Schuldinstrument hat (vgl. Rz. 10). Ein öffentlicher Schuldtitel kann auch über einen **Korb aus Schuldtiteln unterschiedlicher öffentlicher Emittenten** gehalten werden (Art. 8 Abs. 1 Satz 2 DelVO Nr. 918/2012). In diesem Fall wird das Halten bei der Ermittlung der Long-Position mit dem Anteil berücksichtigt, mit dem dieser Schuldtitel in dem Korb vertreten ist.

27 Ferner resultiert eine Long-Position auch aus dem Eintritt in eine Transaktion, durch die ein anderes **Finanzinstrument** als das Schuldinstrument selbst geschaffen wird oder die sich auf ein solches Finanzinstrument bezieht und deren Wirkung oder eine deren Wirkungen darin besteht, dass die natürliche oder juristische Person, die diese Transaktion eingeht, im Falle **einer Kurs- oder Wertsteigerung** des Schuldinstruments einen **finanziellen Vorteil** erzielt. Zu den nach Art. 8 Abs. 2 i.V.m. Anhang I Teil 1 DelVO Nr. 918/2012 zu berücksichtigenden **Finanzinstrumenten** i.S.d. Art. 3 Abs. 2 lit. b VO Nr. 236/2012 vgl. Rz. 11. Unerheblich ist, ob ein Barausgleich oder die effektive Lieferung des Basiswerts vereinbart wurden (Art. 8 Abs. 7 DelVO Nr. 918/2012)[6].

28 Eine Long-Position in einem öffentlichen Schuldtitel resultiert schließlich aus dem Halten eines jeglichen weiteren **öffentlichen Schuldtitels** eines **anderen öffentlichen Emittenten**, dessen Wertentwicklung mit derjenigen des betroffenen öffentlichen Schuldtitels **hoch korreliert** ist (Art. 3 Abs. 5 VO Nr. 236/2012)[7]. Öffentliche

---

1 Art. 10 Abs. 1 i.V.m. Anhang II Teil 1 Nr. 8 DelVO Nr. 918/2012; *von Buttlar/Petersen* in Just/Voß/Ritz/Becker, § 30h WpHG Rz. 53.
2 *Grundmann* in Staub, HGB, Bankvertragsrecht 2, 5. Aufl. 2018, 6. Teil, 4. Abschnitt, A Rz. 589; *von Buttlar/Petersen* in Just/Voß/Ritz/Becker, § 30h WpHG Rz. 53.
3 ESMA, Questions and Answers – Implementation of the Regulation on short selling and certain aspects of credit default swaps, ESMA70-145-408, Version 4, Answer 3l.
4 *Mülbert/Sajnovits*, ZBB 2012, 266, 278; *Weick-Ludewig* in Fuchs, § 30h WpHG Rz. 58; *von Buttlar/Petersen* in Just/Voß/Ritz/Becker, § 30h WpHG Rz. 48.
5 *Weick-Ludewig* in Fuchs, § 30h WpHG Rz. 54.
6 *von Buttlar/Petersen* in Just/Voß/Ritz/Becker, § 30h WpHG Rz. 56.
7 ESMA, Final report – Draft technical standards on the Regulation (EU) No 236/2012 of the European Parliament and of the Council on short selling and certain aspects of credit default swaps, ESMA/2012/228, S. 16 Rz. 23 mit dem Beispiel Bundesrepublik/Bayern (Rz. 24); dazu auch *Grundmann* in Staub, HGB, Bankvertragsrecht 2, 5. Aufl. 2018, 6. Teil, 4. Abschnitt, A Rz. 590; *Weick-Ludewig* in Fuchs, § 30h WpHG Rz. 54 ff.; *von Buttlar/Petersen* in Just/Voß/Ritz/Becker, § 30h WpHG Rz. 58 ff.

Schuldtitel von Drittlandsemittenten können nicht einbezogen werden (Art. 8 Abs. 3 Satz 2 DelVO Nr. 918/2012). Gem. Art. 8 Abs. 5 DelVO Nr. 918/2012 gilt für eine hinreichend hohe Korrelation ein **Schwellenwert von 80 %**. Die **Berechnung der Korrelation** für Vermögenswerte mit einem **liquiden Marktpreis** ist auf der Basis einer historischen Betrachtung der letzten 12 Monate (Art. 8 Abs. 4 Satz 1 DelVO Nr. 918/2012) unter Verwendung des **Pearson'schen Korrelationskoeffizienten** vorzunehmen (Art. 8 Abs. 5 DelVO Nr. 918/2012)[1]. Dieser ist die Kovarianz der Variablen, geteilt durch das Produkt ihrer Standardabweichung (Erwägungsgrund 6 DelVO Nr. 918/2012)[2]. Sind Finanzinstrumente neu emittiert oder verfügen sie über **keinen liquiden Marktpreis**, ist zur Ermittlung der Korrelation auf einen **repräsentativen Vergleichswert** abzustellen (Art. 8 Abs. 4 Satz 2 DelVO Nr. 918/2012). Bei Schuldinstrumenten kann dies ein *repräsentativer Proxy-Schuldtitel* (*appropriate proxy*) desselben öffentlichen Emittenten, etwa ein anderer Schuldtitel des Emittenten mit gleichlaufender Fälligkeit, sein[3]. Schwindet die hohe Korrelation, kann der Schuldtitel grundsätzlich nicht länger als Long-Position in die Berechnung mit eingestellt werden (Art. 8 Abs. 6 DelVO Nr. 918/2012). Im Falle zwischenzeitlicher Fluktuationen der Korrelation ist während einer Pufferphase (*buffer periode*) von 3 Monaten eine geringere Korrelation von mindestens 60 % hinreichend (Art. 8 Abs. 6 DelVO Nr. 918/2012). Praktisch bedeutet dies, dass eine Vergleichsposition nach dem Absinken unter die 80 %-Schwelle bis zu 3 Monaten weiterhin herangezogen werden kann, es sei denn, dass die Korrelation noch unter die 60 %-Schwelle sinkt. Die Positionsinhaber sind nach Auffassung der ESMA nicht verpflichtet, alle Long-Positionen in öffentlichen Schuldtiteln mit hoher Korrelation zu anderen öffentlichen Schuldtiteln laufend zu bewerten und ständig potenzielle Korrelationspaare zu ermitteln[4]. Da eine Netto-Leerverkaufsposition in einem öffentlichen Schuldtitel aber nach objektivem Recht zu bestimmen ist und nicht davon abhängt, ob eine bestimmte Korrelation von dem Positionsinhaber erkannt wird, läuft dieser Gefahr, falsche Meldungen abzugeben. Ob ihm dies auf der Sanktionsebene vorzuwerfen ist, ist eine davon zu trennende Frage.

Durch CDS abgesicherte Verbindlichkeiten sind, sofern sie nicht selbst öffentliche Schuldtitel des öffentlichen Emittenten darstellen, **nicht als Long-Position** einzustellen (Art. 9 Abs. 4 DelVO Nr. 918/2012)[5]. Allerdings kann der Eintritt in einen CDS als Verkäufer eine Long-Position begründen (Art. 9 Abs. 3 Satz 2 Alt. 1 DelVO Nr. 918/2012)[6].

2. Short-Positionen in ausgegebenen öffentlichen Schuldtiteln (Art. 3 Abs. 1 VO Nr. 236/2012). Eine Short-Position (Art. 3 Abs. 1 VO Nr. 236/2012) ergibt sich entweder aus dem **Leerverkauf** eines von einem öffentlichen Emittenten aufgelegten Schuldinstruments (lit. a) oder aus dem Eintritt in ein **Rechtsgeschäft**, kraft dessen die eintretende Partei von einem **fallenden Kurs oder** einer **Wertminderung** des Schuldinstruments **profitiert** (lit. b). Hierbei sind – wie bei der Ermittlung der Short-Positionen in Aktien – sämtliche Instrumente und etwaige Umgehungsstrategien einzubeziehen (vgl. Rz. 16). Ebenso sind Index- und Basket-Produkte anteilig unabhängig davon zu berücksichtigen, wie stark der jeweilige Wert darin vertreten ist (vgl. Rz. 15).

Bei Positionen in öffentlichen Schuldtiteln sind auch **Credit Default Swaps** im Zusammenhang mit Emittenten öffentlicher Schuldtitel als Short-Positionen zu berücksichtigen (Art. 3 Abs. 3 Unterabs. 2 VO Nr. 236/2012).

3. Berechnung der Netto-Leerverkaufsposition (Art. 3 Abs. 5 und 6 VO Nr. 236/2012). Im Falle öffentlicher Schuldtitel eines öffentlichen Emittenten sind zu berücksichtigende **Kassa-Positionen** mit ihrem durationsbereinigten[7] **Wert** in die Berechnung einzustellen (Art. 10 Abs. 1 i.V.m. Anhang II Teil 2 Nr. 1 DelVO Nr. 918/2012)[8]. Die Duration einer Anleihe drückt den durchschnittlichen Zeitraum bis zur Rückzahlung des Investments aus[9]. Die **modifizierte Duration** (modified duration) zeigt die Sensitivität des Anleihepreises zu prozentualen Veränderungen des Marktzinses[10]. Eine Durationsbereinigung ist sinnvoll, da so das wahre ökonomische Interesse besser zum Ausdruck kommt. Die ESMA hat allerdings in ihrem aktuellen technical advice zu einem

---

1 *Grundmann* in Staub, HGB, Bankvertragsrecht 2, 5. Aufl. 2018, 6. Teil, 4. Abschnitt, A Rz. 590.
2 Zum Pearson'schen Korrelationskoeffizienten s. etwa *Schira*, Statistische Methoden der VWL und BWL, 3. Aufl. 2009, S. 92 ff.
3 ESMA, Final report – Draft technical standards on the Regulation (EU) No 236/2012 of the European Parliament and of the Council on short selling and certain aspects of credit default swaps, ESMA/2012/228, S. 16 Rz. 22.
4 ESMA, Questions and Answers – Implementation of the Regulation on short selling and certain aspects of credit default swaps, ESMA70-145-408, Version 4, Answer 3h.
5 *von Buttlar/Petersen* in Just/Voß/Ritz/Becker, § 30h WpHG Rz. 57.
6 *von Buttlar/Petersen* in Just/Voß/Ritz/Becker, § 30h WpHG Rz. 57.
7 Anzuwenden ist die sog. *modified duration*. S. dazu ESMA, Questions and Answers – Implementation of the Regulation on short selling and certain aspects of credit default swaps, ESMA70-145-408, Version 4, Answer 4a und b mit Rechenbeispielen; BaFin, FAQs zur Leerverkaufs-VO, Frage 9. Die ESMA hatte bereits in ihrem Review 2013 vorgeschlagen, aus Praktikabilitätserwägungen auf die Durationsbereinigung zu verzichten und stattdessen auf den Nominalwert zurückzugreifen (ESMA Review 2013, Rz. 89). Dazu *von Buttlar/Petersen* in Just/Voß/Ritz/Becker, § 30h WpHG Rz. 59; *Weick-Ludewig* in Fuchs, § 30h WpHG Rz. 147.
8 ESMA, Questions and Answers – Implementation of the Regulation on short selling and certain aspects of credit default swaps, ESMA70-145-408, Version 4, Answer 3h; *von Buttlar/Petersen* in Just/Voß/Ritz/Becker, § 30h WpHG Rz. 59.
9 *Berk/DeMarzo*, Corporate Finance, 3rd ed. 2014, Chapter 6, S. 179, Chapter 30, S. 1009 ff.
10 *Berk/DeMarzo*, Corporate Finance, 3rd ed. 2014, Chapter 6, S. 179, Chapter 30, S. 1009 ff.

Art. 3 VO Nr. 236/2012 | Short- und Long-Positionen

Review der Leerverkaufs-VO vorgeschlagen, dass Kassa-Positionen zukünftig mit ihrem Nominalwert eingestellt werden sollen und dies damit begründet, dass die Durationsbereinigung in Zeiten von Marktverwerfungen keinen besonderen Aussagewert hat und die Nominalmethode deutlich einfacher zu ermitteln ist[1]. Nominalpositionen in Anleihen, die in anderen Währungen als Euro begeben sind, sind in Euro umzurechnen (Art. 10 Abs. 1 i.V.m. Anhang II Teil 2 Nr. 2 DelVO Nr. 918/2012)[2]. Optionen und andere Derivate sind mit ihrem **delta-adjustierten Wert** (keine Durationsadjustierung[3]) einzustellen (Art. 10 Abs. 1 i.V.m. Anhang II Teil 2 Nr. 3 DelVO Nr. 918/2012), und auch im Übrigen gelten die Berechnungsgrundsätze für Aktien entsprechend (vgl. Rz. 18 ff.). Bei der Einstellung von **hoch korrelierten Instrumenten** hat gleichermaßen eine Deltaadjustierung zu erfolgen (Art. 10 Abs. 1 i.V.m. Anhang II Teil 2 Nr. 5 DelVO Nr. 918/2012). Die Berechnungsmethode ist auch hier nicht vorgegeben. Es muss aber bei öffentlichen Schuldtiteln mit einer hohen Korrelation die gleiche Berechnungsmethode herangezogen werden wie für die Schuldinstrumente des öffentlichen Emittenten selbst (Anhang II Teil 2 Nr. 5 DelVO Nr. 918/2012)[4]. **Sonstige Instrumente**, etwa Baskets und ETFs, sind entsprechend dem Gewicht des jeweiligen öffentlichen Emittenten am Bündel einzustellen (Art. 10 Abs. 1 i.V.m. Anhang II Teil 2 Nr. 4 DelVO Nr. 918/2012). **CDS** gehen ebenfalls in die Berechnung als Short-Positionen ein (Rz. 31), wobei diesen ein **Delta-Wert von 1** zukommt (Art. 10 Abs. 1 i.V.m. Anhang II Teil 2 Nr. 6 DelVO Nr. 918/2012).

33 Die Netto-Leerverkaufsposition ist **für jeden öffentlichen Emittenten** (Art. 2 Abs. 1 lit. d VO Nr. 236/2012) **einzeln zu bestimmen**, erst recht, wenn getrennte Stellen öffentliche Schuldtitel im Namen des öffentlichen Emittenten begeben (Art. 3 Abs. 6 VO Nr. 236/2012)[5]. Eine **Netto-Leerverkaufsposition** ergibt sich durch die **Saldierung der nominalen durationsbereinigten bzw. delta-adjustierten Long- und Short-Positionen** in den ausgegebenen öffentlichen Schuldtiteln (Art. 10 Abs. 1 i.V.m. Anhang II Teil 2 Nr. 7 DelVO Nr. 918/2012). Die Netto-Leerverkaufsposition wird als monetärer Betrag in Euro ausgedrückt (Art. 10 Abs. 1 i.V.m. Anhang II Teil 2 Nr. 8 DelVO Nr. 918/2012).

34 Bei der Berechnung der Netto-Leerverkaufspositionen in öffentlichen Schuldtiteln hat der Positionsinhaber sowohl **Veränderungen des Volumens** der begebenen Titel als auch, im Falle der Heranziehung hoch korrelierter Schuldtitel anderer Emittenten, **Veränderungen der Korrelationen** zu beobachten und gegebenenfalls entsprechend zu reagieren (Art. 10 Abs. 1 i.V.m. Anhang II Teil 2 Nr. 9 DelVO Nr. 918/2012). Gleiches gilt für eine **Veränderung des Delta**. Ebensolche Veränderungen können eine **Neuberechnung** erforderlich machen[6].

35 **4. Maßgeblicher Zeitpunkt der Berechnung.** Die Berechnung der Netto-Leerverkaufsposition ist auf das **Ende des jeweiligen Handelstages** vorzunehmen, zu dem die Person die entsprechende Netto-Leerverkaufsposition erstmals hält (Art. 9 Abs. 2 VO Nr. 236/2012). Als Handelstag gilt gem. Art. 4 der VO Nr. 1287/2006 „jeder Tag, währenddessen der betreffende Handelsplatz für den Handel geöffnet ist". Näher Rz. 23.

36 **VI. Sonderregeln: Verwaltungstätigkeiten für Fonds oder Portfolios; Unternehmensgruppen (Art. 3 Abs. 3 VO Nr. 236/2012).** Ein **Sonderregime zur Ermittlung von Netto-Leerverkaufspositionen** besteht für die Verwaltungstätigkeiten für Fonds oder Portfolios und für Unternehmensgruppen. In der Leerverkaufs-VO selbst ist in Art. 3 Abs. 3 Satz 1 nur das Sonderregime für die Verwaltungstätigkeiten angelegt: Nach diesem ist die Berechnung einer Short- oder Long-Position nämlich von derjenigen natürlichen oder juristischen Person vorzunehmen, die anhand der öffentlich zugänglichen Informationen **über die Zusammensetzung** eines Index oder Wertpapierkorbs oder der Beteiligungen, die von dem entsprechenden börsengehandelten Fonds oder der vergleichbaren Einheit gehalten werden, entscheidet (vernünftig handelt). Ergänzend ermächtigt Art. 3 Abs. 7 lit. c VO Nr. 236/2012 die Europäische Kommission dazu, festzulegen, **welche Methode** bei der Berechnung von Positionen i.S.d. Art. 3 Abs. 3, 4 und 5 VO Nr. 236/2012 zur Anwendung kommt, wenn **verschiedene Stellen innerhalb einer Gruppe** Long- und Short-Positionen halten oder Managementtätigkeiten für getrennte Fonds berechnet werden. Dabei soll nach Art. 3 Abs. 7 Unterabs. 2 VO Nr. 236/2012 insbesondere berücksichtigt werden, ob in Bezug auf einen bestimmten Emittenten über mehrere getrennte Fonds, die von demselben Fondsmanager verwaltet werden, unterschiedliche Anlagestrategien verfolgt werden und ob mehrere Portfolios innerhalb derselben Einheit treuhänderisch unter Anwendung derselben Anlagestrategie in Bezug auf einen bestimmten Emittenten verwaltet werden.

37 Von dieser Ermächtigung hat die Europäische Kommission mit den **Art. 12 und 13 DelVO Nr. 918/2012** Gebrauch gemacht. Soweit diese Regelungen eine Zu- und Verrechnung von Netto-Leerverkaufspositionen vorsehen, ermöglicht dies eine vereinfachte Einschätzung des Markteinflusses von Netto-Leerverkaufspositionen,

---

1 ESMA, Final Repor – Technical Advice on the evaluation of certain elements of the Short Selling Regulation, ESMA70-145-386, 5.6.3. Rz. 323.
2 *von Buttlar/Petersen* in Just/Voß/Ritz/Becker, § 30h WpHG Rz. 60.
3 ESMA, Questions and Answers – Implementation of the Regulation on short selling and certain aspects of credit default swaps, ESMA70-145-408, Version 4, Answer 4e.
4 *von Buttlar/Petersen* in Just/Voß/Ritz/Becker, § 30h WpHG Rz. 59.
5 Die Leerverkaufs-VO selbst spricht etwas missverständlich von „auch wenn" statt von erst recht.
6 *von Buttlar/Petersen* in Just/Voß/Ritz/Becker, § 30h WpHG Rz. 62.

da organisatorische Aufspaltungen die Marktverhältnisse nicht verschleiern können[1]. Allerdings greifen die von der Europäischen Kommission erlassenen Regeln über die Berechnungsmethodik hinaus und **begründen zusätzliche Meldepflichten** (Rz. 48), die sich von der Grundkonzeption des Art. 3 VO Nr. 236/2012 – der Anknüpfung der Meldepflicht an das Halten von zu saldierenden Long- und Short-Positionen – lösen. Diese Rechtssetzung ist nicht mehr von der Ermächtigung in Art. 3 Abs. 7 VO Nr. 236/2012 gedeckt[2].

1. Verwaltungstätigkeit für Fonds oder Portfolios. Art. 3 Abs. 3, Abs. 7 lit. c VO Nr. 236/2012 i.V.m. Art. 12 DelVO Nr. 918/2012 etablieren ein Sonderregime für die Ermittlung von Netto-Leerverkaufspositionen bei Fonds und Portfolios, an das sich dann Melde- und Offenlegungspflichten für Personen knüpfen, die nicht zwangsläufig Short-Positionen in den betreffenden Aktien oder öffentlichen Schuldtiteln halten. Verpflichtet zur Ermittlung von Netto-Leerverkaufspositionen und zur anschließenden Meldung- bzw. Offenlegung (Art. 5–10 VO Nr. 236/2012) ist nach diesem Sonderregime eine jede Verwaltungsstelle von Fonds oder Portfolios. 38

Verpflichtet zur Vornahme der Berechnung und zur anschließenden Meldung bzw. Offenlegung ist nach Art. 12 DelVO Nr. 918/2012 die **Verwaltungsstelle**, mithin eine juristische Person oder Stelle, einschließlich eines Unternehmensbereichs, die auf der Grundlage eines Mandats **nach eigenem Ermessen** Fonds oder Portfolios verwaltet (Art. 12 Abs. 2 lit. c DelVO Nr. 918/2012). Die sekundärrechtliche Grundlage für diese Regelung liegt in Art. 3 Abs. 3 Satz 1 VO Nr. 236/2012, wonach die Berechnung von Long- und Short-Positionen in Fonds und anderen kollektiven Vermögensanlagen von derjenigen Person vorzunehmen ist, die anhand der öffentlich verfügbaren Informationen über die Zusammensetzung der von dem entsprechenden Fonds bzw. der Vermögensanlage gehaltenen Positionen entscheidet (vernünftig handelt). Daran anknüpfend ermächtigt Art. 3 Abs. 7 lit. c VO Nr. 236/2012 die Europäische Kommission festzulegen, welche Methoden bei der Berechnung von Positionen zur Anwendung kommen, wenn Managementtätigkeiten für getrennte Fonds zu berechnen sind. Diesem Regelungsauftrag ist die Europäische Kommission durch Art. 12 DelVO Nr. 918/2012 nachgekommen. 39

Die Berechnung der Netto-Leerverkaufsposition bezogen auf einen Emittenten hat im **ersten Schritt** rechtsformunabhängig auf der Ebene eines jeden Fonds oder Portfolios zu erfolgen (Art. 12 Abs. 1 DelVO Nr. 918/2012)[3]. Einzubeziehen sind alle oben genannten Positionen. Es kommt allerdings nicht auf das Halten (Rz. 10, 26) der entsprechenden Positionen an, sondern darauf, dass die Positionen in dem entsprechenden Fonds oder Portfolio enthalten sind. Im **zweiten Schritt** muss die Verwaltungsstelle die Netto-Leerverkaufspositionen derjenigen Fonds und Portfolios aggregieren, für die sie eine einheitliche Anlagestrategie i.S.d. Art. 12 Abs. 2 lit. a DelVO Nr. 918/2012 verfolgt[4]. **Anlagestrategie** meint eine Strategie, die eine Verwaltungsstelle in Bezug auf einen bestimmten Emittenten verfolgt und die darauf abzielt, über Transaktionen mit verschiedenen von diesem Emittenten ausgegebenen oder mit ihm in Verbindung stehenden Finanzinstrumenten zu einer Netto-Leerverkaufsposition oder zu einer Netto-Longposition zu gelangen. **Aggregiert** werden müssen und dürfen aber **nur** die auf der Ebene einzelner Fonds und/oder Portfolios ermittelten **Netto-Leerverkaufspositionen**[5]. Es darf **keine Aufrechnung** mit anderweitigen **Netto-Longpositionen** erfolgen (anders innerhalb von Gruppen s. Rz. 42 ff.)[6]. 40

Die **Verwaltungstätigkeit** (Art. 12 Abs. 2 lit. b DelVO Nr. 918/2012) kann auch delegiert werden. Im Falle einer **Delegation** muss eine Verwaltungsstelle auch diejenigen Positionen von Fonds oder Portfolios in ihre Berechnung einbeziehen, deren Verwaltung ihr von einem Dritten übertragen wurde (Art. 12 Abs. 4 lit. a DelVO Nr. 918/2012). Gegenläufig sind die Positionen von Fonds und Portfolios auszuklammern, deren Verwaltung sie einem Dritten übertragen hat (Art. 12 Abs. 4 lit. b DelVO Nr. 918/2012). 41

2. Unternehmensgruppen. Art. 3 Abs. 7 lit. c VO Nr. 236/2012 i.V.m. Art. 13 DelVO Nr. 918/2012 etabliert ein Sonderregime für die Ermittlung von Netto-Leerverkaufspositionen bei Unternehmensgruppen, an das sich dann Melde- und Offenlegungspflichten für Personen knüpfen, die nicht zwangsläufig Short-Positionen in den betreffenden Aktien oder öffentlichen Schuldtiteln halten. Innerhalb von Gruppen i.S.d. Art. 2 lit. a DelVO Nr. 918/2012 – mithin bei juristischen Personen, bei denen es sich um kontrollierte Unternehmen i.S.v. Art. 2 Abs. 1 lit. f RL 2004/109/EG handelt, und die natürlichen oder juristischen Person, die ein solches Unternehmen kontrolliert – muss zunächst **jede einzelne juristische Person** ihre Netto-Leerverkaufsposition im ausgegebenen Aktienkapital eines Emittenten oder in den ausgegebenen öffentlichen Schuldtiteln eines öffentlichen Emittenten ermitteln (Art. 13 Abs. 1 DelVO Nr. 918/2012)[7]. Diese Ermittlung folgt den allgemeinen Regeln (Rz. 6 ff., 24 ff.). An das Innehaben einer Netto-Leerverkaufsposition knüpfen die Art. 5 ff. VO Nr. 236/2012 bestimmte Melde- und Offenlegungspflichten (dazu Art. 5–10 VO Nr. 236/2012 Rz. 25), die von jeder einzelnen juristischen Person grundsätzlich zu erfüllen sind (Art. 13 Abs. 1 Satz 2 DelVO Nr. 918/2012). 42

---

1 Diese Gefahr betonend Erwägungsgrund 5 DelVO Nr. 918/2012.
2 Kritisch bereits *Mülbert/Sajnovits*, ZBB 2012, 266, 278 ff.
3 ESMA, Questions and Answers – Implementation of the Regulation on short selling and certain aspects of credit default swaps, ESMA70-145-408, Version 4, Answer 5b; *Weick-Ludewig* in Fuchs, § 30h WpHG Rz. 60; *von Buttlar/Petersen* in Just/Voß/Ritz/Becker, § 30h WpHG Rz. 66.
4 *Weick-Ludewig* in Fuchs, § 30h WpHG Rz. 60; *von Buttlar/Petersen* in Just/Voß/Ritz/Becker, § 30h WpHG Rz. 66.
5 *Weick-Ludewig* in Fuchs, § 30h WpHG Rz. 60; *von Buttlar/Petersen* in Just/Voß/Ritz/Becker, § 30h WpHG Rz. 66.
6 *Weick-Ludewig* in Fuchs, § 30h WpHG Rz. 60; *von Buttlar/Petersen* in Just/Voß/Ritz/Becker, § 30h WpHG Rz. 66.
7 *von Buttlar/Petersen* in Just/Voß/Ritz/Becker, § 30h WpHG Rz. 67.

43 **Art. 13 Abs. 2 und Abs. 3 DelVO Nr. 918/2012** führt – anknüpfend an den Begriff der Gruppe nach Art. 2 Abs. 1 lit. f RL 2004/109/EG – erstens zu einer Ver- und zweitens zu einer Zurechnung von Netto-Leerverkaufspositionen.

44 Zunächst müssen nach Art. 13 Abs. 2 DelVO Nr. 918/2012 alle Netto-Leerverkaufspositionen und alle Netto-Long-Positionen aller juristischen Personen innerhalb der Gruppe **aggregiert**, also verrechnet werden. Für die **Verrechnung** hat im **ersten Schritt** die **gesonderte Ermittlung** der Netto-Leerverkaufsposition durch jede einzelne gruppenangehörige juristische Person zu erfolgen (Rz. 42). Im **zweiten Schritt** sind sodann alle Netto-Leerverkaufspositionen für die gesamte Gruppe zu **aggregieren** (Art. 13 Abs. 2 Satz 1 DelVO Nr. 918/2012). Etwaige Positionen einer Verwaltungsstelle, die als Teil der Gruppe eine Fonds- oder Portfolioverwaltungstätigkeit ausübt, sind nach Art. 13 Abs. 1 Satz 2 DelVO Nr. 918/2012 von der Verrechnung auszunehmen.

45 Art. 13 DelVO Nr. 918/2012 führt zudem zu einer **Zurechnung von Netto-Leerverkaufspositionen** an die Gruppe. Durch diese Zurechnung wird eine zusätzliche und vom Halten i.S.d. Art. 4 DelVO Nr. 918/2012 unabhängige **gruppenweite Netto-Leerverkaufsposition** konstruiert, an deren Bestehen sich bei Überschreiten der Melde- und Offenlegungsschwellen der Art. 5 ff. VO Nr. 236/2012 **eigene Pflichten knüpfen**. Die Pflicht zu einer eigenständigen Meldung oder Offenlegung der gruppenweiten Netto-Leerverkaufsposition besteht nach Art. 13 Abs. 3 Satz 2 DelVO Nr. 918/2012, wenn i) keine juristische Person innerhalb der Gruppe eine Melde- oder Offenlegungsschwelle erreicht oder überschritten hat, wenn also nur durch die Aggregation überhaupt die relevanten Schwellen überschritten werden, oder ii) wenn sowohl die Gruppe selbst als auch eine oder mehrere juristische Personen innerhalb der Gruppe gleichzeitig eine Melde- oder Offenlegungsschwelle erreichen oder überschreiten. Für die Melde- und Offenlegungspflichten innerhalb von Gruppen ergibt sich daraus Folgendes:

46 In zwei Konstellationen muss **ausschließlich** die **gruppenweit aggregierte Netto-Leerverkaufsposition** durch die von der Gruppe zu diesem Zweck benannten juristische Person (Rz. 48) gemeldet bzw. offengelegt werden. Dies gilt zunächst für die naheliegende Konstellation, dass überhaupt erst durch die Aggregation auf Gruppenebene ein relevanter Schwellenwert überschritten wird, mithin keine gruppenangehörige juristische Person für sich alleine einen relevanten Schwellenwert erreicht oder überschritten hat[1]. Zudem muss *ausschließlich* die gruppenweit aggregierte Netto-Leerverkaufsposition gemeldet werden, wenn es zu einer **simultanen Schwellenerreichung bzw. -überschreitung** kommt, wenn also sowohl eine einzelne juristische Person innerhalb der Gruppe als auch die Gruppe insgesamt einen maßgeblichen Schwellenwert erreichen[2]. In diesem Fall führt das Sonderregime für Gruppen zu einem echten **Dispens von der Melde- bzw. Offenlegungspflicht** für diejenige Person, die eigentlich eine Netto-Leerverkaufsposition hält[3].

47 Eine **zur Gruppe gehörende juristische Person** muss nur dann **alleine** eine Meldung bzw. Offenlegung vornehmen, wenn sie für sich nach allgemeinen Regeln (Rz. 6 ff., 26 ff.) einen maßgeblichen Schwellenwert erreicht, die Gruppe aber insgesamt aufgrund der Verrechnung (Rz. 44) unterhalb der maßgeblichen Schwellenwerte bleibt[4].

48 In allen übrigen Fällen müssen sowohl die zur Gruppe gehörende juristische Person als auch die Gruppe selbst jeweils eigene Meldungen abgeben.

49 Was die zur Meldung bzw. Offenlegung der gruppenweiten Netto-Leerverkaufsposition verpflichtete Person (**Verpflichtungsadressat**) anbelangt, spricht Art. 13 Abs. 3 Satz 2 DelVO Nr. 918/2012 davon, dass eine **zu diesem Zweck benannte juristische Person** die Meldung bzw. Offenlegung vorzunehmen hat[5]. Diese Person muss nicht zwangsläufig Teil der Gruppe sein[6]. Die ESMA empfiehlt aber, dass die Muttergesellschaft, also diejenige Gesellschaft, die mehrere andere juristische Personen i.S.d. Art. 2 Abs. 1 lit. f RL 2004/109/EG (Transparenzrichtlinie) kontrolliert (Art. 2 Abs. 1 DelVO Nr. 918/2012), mit der Vertretung der Gruppe betraut wird[7]. Wird allerdings keine juristische Person zu diesem Zweck benannt und unterbleibt eine Meldung bzw. Offenlegung trotz entsprechender Verpflichtung, trifft die Pflicht richtigerweise ohnehin die **Muttergesellschaft der Gruppe**, gegenüber der dann Sanktionen erlassen werden können.

50 Das abgesprochene Zusammenwirken sonstiger Personen (**acting in concert**), etwa in Form koordinierter Leerverkäufe, ist von der Leerverkaufs-VO nicht erfasst, sondern nach den allgemeinen Vorschriften (Marktmanipulation; Art. 12, 15 VO Nr. 596/2014) zu beurteilen.

---

1 ESMA, Questions and Answers – Implementation of the Regulation on short selling and certain aspects of credit default swaps, ESMA70-145-408, Version 4, Annex 4/2 Case 1.
2 ESMA, Questions and Answers – Implementation of the Regulation on short selling and certain aspects of credit default swaps, ESMA70-145-408, Version 4, Annex 4/2 Case 2.
3 *Weick-Ludewig* in Fuchs, § 30h WpHG Rz. 59.
4 ESMA, Questions and Answers – Implementation of the Regulation on short selling and certain aspects of credit default swaps, ESMA70-145-408, Version 4, Annex 4/1.
5 ESMA, Questions and Answers – Implementation of the Regulation on short selling and certain aspects of credit default swaps, ESMA70-145-408, Version 4, Answer 5 f.
6 *Weick-Ludewig* in Fuchs, § 30h WpHG Rz. 59.
7 ESMA, Questions and Answers – Implementation of the Regulation on short selling and certain aspects of credit default swaps, ESMA70-145-408, Version 4, Answer 5 f.

3. Gemischte Unternehmen. Handelt es sich bei einer rechtlich unselbständigen Verwaltungsstelle um eine Sparte, Untereinheit oder sonstige rechtlich unselbständige Organisationseinheit einer juristischen Person (Bank, Wertpapierdienstleistungsunternehmen), die ihrerseits weitere Aktivitäten wie etwa den Eigenhandel etc. ausübt, kommen die dargestellten Berechnungsgrundsätze für die Verwaltungsstelle (Rz. 38 ff.) zur Anwendung; im Übrigen hat die Person ihre Netto-Leerverkaufsposition auf der Basis der allgemeinen Regeln zu ermitteln (Rz. 6 ff., 26 ff.). Etwaige **Positionen einer Verwaltungsstelle**, die als Teil der Gruppe eine Fonds- oder Portfolioverwaltungstätigkeit ausübt, sind nach Art. 13 Abs. 1 Satz 2 DelVO Nr. 918/2012 **von** der **Verrechnung auf Gruppenebene** (Rz. 44) **auszunehmen**[1], da davon auszugehen ist, dass die Entscheidungen der nach eigenem Ermessen handelnden Fonds- oder Portfolioverwaltungseinheit unabhängig von der Muttergesellschaft erfolgen. 51

VII. Befugnis für die Kommission zum Erlass delegierter Rechtsakte (Art. 3 Abs. 7 VO Nr. 236/2012). Art. 3 Abs. 7 VO Nr. 236/2012 **überträgt** der Europäischen Kommission die **Befugnis**, gem. Art. 42 VO Nr. 236/2012 festzulegen, a) in welchem Fall davon ausgegangen wird, dass eine natürliche oder juristische Person i.S.v. Art. 3 Abs. 2 VO Nr. 236/2012 eine Aktie oder in Schuldinstrument hält, b) in welchem Fall eine natürliche oder juristische Person i.S.d. Art. 3 Abs. 4 und 5 VO Nr. 236/2012 eine Netto-Leerverkaufsposition hält und wie eine solche Position zu berechnen ist und c) welche Methode bei der Berechnung von Positionen i.S.d. Art. 3 Abs. 3, 4 und 5 VO Nr. 236/2012 zur Anwendung kommt, wenn verschiedene Stellen innerhalb einer Gruppe Long- oder Short-Positionen halten oder Managementtätigkeiten für getrennte Fonds zu berechnen sind. Gem. Art. 42 Abs. 2 VO Nr. 236/2012 erhält die Europäische Kommission die Befugnis auf unbestimmte Zeit ab Inkrafttreten der Leerverkaufs-VO. Die Übertragung der Befugnis kann vom Europäischen Parlament und vom Rat der EU jederzeit widerrufen werden (Art. 42 Abs. 3 Satz 1 VO Nr. 236/2012). Die Gültigkeit von delegierten Rechtsakten, die bereits in Kraft sind, wird davon nicht berührt (Art. 42 Abs. 3 Satz 4 VO Nr. 236/2012). Ein delegierter Rechtsakt i.S.d. Art. 3 Abs. 7 VO Nr. 236/2012 tritt gem. Art. 42 Abs. 5 VO Nr. 236/2012 nur in Kraft, wenn das Europäische Parlament und der Rat binnen drei Monaten nach seiner Übermittlung keine Einwände gegen ihn erheben oder wenn sowohl das Europäische Parlament als auch der Rat der EU der Kommission vor Ablauf dieser Frist mitgeteilt haben, dass sie keine Einwände erheben werden. 52

Von dieser Ermächtigung (Rz. 52) hat die Europäische Kommission durch Erlass der Delegierten Verordnung Nr. 918/2012 (**DelVO Nr. 918/2012**) Gebrauch gemacht. Dem Erlass der Delegierten Verordnung ging ein *technical advice* der ESMA voraus. 53

Art. 4 Ungedeckte Position in einem Credit Default Swap auf öffentliche Schuldtitel

(1) Im Sinne dieser Verordnung wird davon ausgegangen, dass eine natürliche oder juristische Person eine ungedeckte Position in einem Credit Default Swap auf öffentliche Schuldtitel hält, wenn der Credit Default Swap auf öffentliche Schuldtitel nicht dazu dient,

a) sich gegen ein Ausfallrisiko des Emittenten abzusichern und die natürliche oder juristische Person eine Long-Position in öffentlichen Schuldtiteln des betreffenden Emittenten hält, auf den der Credit Default Swap auf öffentliche Schuldtitel sich bezieht, oder

b) sich gegen das Risiko eines Wertverfalls des öffentlichen Schuldtitels abzusichern, wenn die natürliche oder juristische Person Vermögenswerte besitzt oder Verbindlichkeiten hat, die unter anderem, aber nicht nur Finanzgeschäfte, ein Portfolio von Vermögenswerten oder finanziellen Verpflichtungen, dessen Wert eine Korrelation zum Wert des öffentlichen Schuldtitels aufweist, umfassen.

(2) Die Kommission wird im Sinne von Absatz 1 des vorliegenden Artikels zum Erlass delegierter Rechtsakte gemäß Artikel 42 ermächtigt, um festzulegen,

a) in welchen Fällen davon ausgegangen wird, dass ein Credit Default Swap auf öffentliche Schuldtitel zur Absicherung gegen Ausfallrisiken oder gegen das Risiko eines Wertverfalls der öffentlichen Schuldtitel gehalten wird, und anhand welcher Methode eine ungedeckte Position in einem Credit Default Swap auf öffentliche Schuldtitel zu berechnen ist,

b) welche Methode bei der Berechnung von Positionen zur Anwendung kommt, wenn verschiedene Stellen innerhalb einer Gruppe Long- oder Short-Positionen halten oder Managementtätigkeiten für getrennte Fonds zu berechnen sind.

In der Fassung vom 14.3.2012 (ABl. EU Nr. L 86 v. 24.3.2012, S. 1).

---

[1] ESMA, Questions and Answers – Implementation of the Regulation on short selling and certain aspects of credit default swaps, ESMA70-145-408, Version 4, Answer 5h.

**Delegierte Verordnung (EU) Nr. 918/2012 der Kommission vom 5. Juli 2012
zur Ergänzung der Verordnung (EU) Nr. 236/2012 des Europäischen Parlaments und des Rates über Leerverkäufe
und bestimmte Aspekte von Credit Default Swaps im Hinblick auf Begriffsbestimmungen, die Berechnung von
Netto-Leerverkaufspositionen, gedeckte Credit Default Swaps auf öffentliche Schuldtitel, Meldeschwellen,
Liquiditätsschwellen für die vorübergehende Aufhebung von Beschränkungen, signifikante Wertminderungen bei
Finanzinstrumenten und ungünstige Ereignisse**

(Auszug)

Art. 14 Fälle, in denen Positionen in einem Credit Default Swap auf öffentliche Schuldtitel nicht als ungedeckt betrachtet werden

(1) In nachstehend genannten Fällen wird eine Position in einem Credit Default Swap auf öffentliche Schuldtitel nicht als ungedeckt im Sinne von Artikel 4 Absatz 1 der Verordnung (EU) Nr. 236/2012 betrachtet.

a) Bei Absicherungen für die Zwecke des Artikels 4 Absatz 1 Buchstabe b der Verordnung (EU) Nr. 236/2012 wird der Credit Default Swap auf einen öffentlichen Schuldtitel nicht als ungedeckte Position im Sinne von Artikel 4 Absatz 1 der Verordnung (EU) Nr. 236/2012 betrachtet und zur Absicherung gegen das Risiko einer Wertminderung bei Vermögenswerten oder Verbindlichkeiten eingesetzt, das mit dem Risiko einer Wertminderung bei dem öffentlichen Schuldtitel, auf den sich der Credit Default Swap bezieht, korreliert ist, wenn sich diese Vermögenswerte oder Verbindlichkeiten auf öffentliche oder private Stellen in demselben Mitgliedstaat beziehen.

b) Eine Position in einem Credit Default Swap auf einen öffentlichen Schuldtitel, bei der sich die Vermögenswerte oder Verbindlichkeiten auf öffentliche oder private Stellen in demselben Mitgliedstaat als öffentliche Referenzschuldner für den Credit Default Swap beziehen, wird nicht als ungedeckt im Sinne von Artikel 4 Absatz 1 der Verordnung (EU) Nr. 236/2012 betrachtet, wenn sie
   i) als Referenzschuldner einen Mitgliedstaat hat, einschließlich eines Ministeriums, einer Agentur oder einer Zweckgesellschaft dieses Mitgliedstaats oder – bei einem Mitgliedstaat mit föderaler Struktur – eines Glieds dieser Föderation;
   ii) zur Absicherung von Vermögenswerten oder Verbindlichkeiten eingesetzt wird, die den in Artikel 18 genannten Korrelationstest erfüllen.

c) Eine Position in einem Credit Default Swap auf einen öffentlichen Schuldtitel, bei der sich die Vermögenswerte oder Verbindlichkeiten auf einen öffentlichen Emittenten beziehen und der öffentliche Referenzschuldner für den Credit Default Swap ein Garantiegeber oder Anteilseigner ist, wird nicht als ungedeckt im Sinne von Artikel 4 Absatz 1 der Verordnung (EU) Nr. 236/2012 betrachtet, wenn sie
   i) sich auf einen Mitgliedstaat bezieht;
   ii) zur Absicherung von Vermögenswerten oder Verbindlichkeiten eingesetzt wird, die den in Artikel 18 genannten Korrelationstest erfüllen.

(2) Für die Zwecke des Absatzes 1 Buchstabe a besteht zwischen dem Wert des abgesicherten Vermögenswerts oder der abgesicherten Verbindlichkeit und dem Wert des öffentlichen Schuldtitels, auf den sich der Swap bezieht, eine Korrelation im Sinne von Artikel 18.

In der Fassung vom 5.7.2012 (ABl. EU Nr. L 274 v. 9.10.2012, S. 1).

Art. 15 Fälle, in denen Positionen in einem Credit Default Swap auf öffentliche Schuldtitel nicht als ungedeckt betrachtet werden und der Schuldner eine Niederlassung in mehr als einem Mitgliedstaat besitzt oder der Vermögenswert oder die Verbindlichkeit in mehr als einem Mitgliedstaat belegen ist

(1) Hat der Schuldner oder die Gegenpartei einer Forderung oder Verbindlichkeit eine Niederlassung in mehr als einem Mitgliedstaat, wird eine Position in einem Credit Default Swap auf öffentliche Schuldtitel in den nachstehend genannten Fällen nicht als ungedeckt im Sinne von Artikel 4 Absatz 1 der Verordnung (EU) Nr. 236/2012 betrachtet, sofern der in Artikel 18 der vorliegenden Verordnung genannte Korrelationstest in jedem einzelnen Fall erfüllt wird:

a) wenn eine Muttergesellschaft ihren Sitz in einem anderen Mitgliedstaat hat als eine Tochtergesellschaft und an die Tochtergesellschaft ein Darlehen vergeben wurde. Leistet die Muttergesellschaft der Tochter explizit oder implizit Kreditunterstützung, ist es zulässig, Credit Default Swaps auf öffentliche Schuldtitel eher im Mitgliedstaat der Muttergesellschaft als im Mitgliedstaat der Tochtergesellschaft zu erwerben;

b) wenn eine Mutter-Holdinggesellschaft eine operative Tochtergesellschaft in einem andern Mitgliedstaat besitzt oder beherrscht. Wenn die Anleihe von der Muttergesellschaft emittiert ist, die abgesicherten Vermögenswerte und Erlöse aber Eigentum der Tochtergesellschaft sind, ist es zulässig, Credit Default Swaps auf öffentliche Schuldtitel zu erwerben, deren Referenzschuldner der Mitgliedstaat der Tochtergesellschaft ist;

c) Absicherung einer Risikoposition in Bezug auf ein Unternehmen in einem Mitgliedstaat, das in einem Maße in öffentliche Schuldtitel eines zweiten Mitgliedstaats investiert hat, in denen eine signifikante Wertminderung bei den öffentlichen Schuldtiteln des zweiten Mitgliedstaats für den Fall, dass das Unternehmen in beiden Mitgliedstaaten eine Niederlassung hat, signifikante Auswirkungen auf dieses Unternehmen hätte. Ist die Korrelation zwischen diesem Risiko und den Schuldtiteln des zweiten Mitgliedstaats größer als die Korrelation zwischen diesem Risiko und den Schuldtiteln des Mitgliedstaats, in dem das Unternehmen niedergelassen ist, ist es zulässig, Credit Default Swaps auf öffentliche Schuldtitel dieses zweiten Mitgliedstaats zu erwerben.

(2) Eine Position in einem Credit Default Swap auf öffentliche Schuldtitel wird in den nachstehend genannten Fällen nicht als ungedeckt im Sinne von Artikel 4 Absatz 1 der Verordnung (EU) Nr. 236/2012 betrachtet, sofern der in Artikel 18 der *vorliegenden Verordnung* genannte Korrelationstest in jedem einzelnen Fall erfüllt ist:

a) wenn der Schuldner oder die Gegenpartei eines abgesicherten Vermögenswerts oder einer abgesicherten Verbindlichkeit ein unionsweit tätiges Unternehmen ist oder die abgesicherte Risikoposition sich auf die Union oder die Mitglied-

staaten, deren Währung der Euro ist, bezieht, ist es zulässig, sie mit einem geeigneten EU- oder Euro-Währungsgebietsindex für Credit Default Swaps auf öffentliche Schuldtitel abzusichern;
b) wenn die Gegenpartei eines abgesicherten Vermögenswerts oder einer abgesicherten Verbindlichkeit ein supranationaler Emittent ist, ist es zulässig, das Gegenparteirisiko mit einem angemessen ausgewählten Korb aus Credit Default Swaps auf öffentliche Schuldtitel der Garantiegeber oder Anteilseigner dieser Stelle abzusichern.

In der Fassung vom 5.7.2012 (ABl. EU Nr. L 274 v. 9.10.2012, S. 1).

Art. 16 Begründung ungedeckter Positionen in einem Credit Default Swap auf öffentliche Schuldtitel

(1) Jede natürliche oder juristische Person, die eine Position in einem Credit Default Swap auf öffentliche Schuldtitel übernimmt,
a) begründet gegenüber der zuständigen Behörde auf deren Verlangen, welche der in Artikel 15 genannten Fälle bei Übernahme der Position zutrafen;
b) weist dieser zuständigen Behörde gegenüber auf deren Verlangen nach, dass bei dieser Position in einem Credit Default Swap auf öffentliche Schuldtitel der in Artikel 18 genannte Korrelationstest und die in Artikel 19 genannten Anforderungen an die Verhältnismäßigkeit zu jedem Zeitpunkt, zu dem dieser Credit Default Swap auf öffentliche Schuldtitel gehalten wird, erfüllt sind.

In der Fassung vom 5.7.2012 (ABl. EU Nr. L 274 v. 9.10.2012, S. 1).

Art. 17 Abgesicherte Vermögenswerte und Verbindlichkeiten

Sofern die in den Artikeln 15 und 18 und in der Verordnung (EU) Nr. 236/2012 genannten Voraussetzungen erfüllt sind, können die folgenden Vermögenswerte und Verbindlichkeiten über eine Position in einem Credit Default Swap auf öffentliche Schuldtitel abgesichert werden:
a) Long-Positionen in öffentlichen Schuldtiteln des betreffenden Emittenten;
b) Positionen oder Portfolios, die bei der Absicherung von Risikopositionen in Bezug auf den in den Credit Default Swaps als Referenzschuldner genannten öffentlichen Emittenten eingesetzt werden;
c) Vermögenswerte oder Verbindlichkeiten, die öffentliche Stellen in dem Mitgliedstaat betreffen, auf deren Schuldtitel sich der Credit Default Swap bezieht. Dies umfasst u. a. Risikopositionen in Bezug auf zentrale, regionale und kommunale Verwaltungen, öffentliche Stellen oder Risikopositionen, die vom Referenzschuldner garantiert werden, und kann Finanzgeschäfte, ein Portfolio von Vermögenswerten oder finanziellen Verpflichtungen und Zins- oder Währungsswaptransaktionen, bei denen der Credit Default Swap auf öffentliche Schuldtitel als Instrument zum Management des Gegenparteirisikos zur Absicherung von Risikopositionen in Bezug auf Finanz- oder Außenhandelsgeschäfte eingesetzt wird, einschließen;
d) Risikopositionen in Bezug auf private Stellen mit Niederlassung in dem Mitgliedstaat, der in dem Credit Default Swap auf öffentliche Schuldtitel als Referenzschuldner angegeben ist. Diese Risikopositionen umfassen u. a. Darlehen, Gegenparteirisiko (einschließlich einer potenziellen Exposition für den Fall, dass für eine solche Exposition Eigenkapital vorgeschrieben wird), Forderungen und Garantien. Die Vermögenswerte und Verbindlichkeiten umfassen u. a. Finanzgeschäfte, ein Portfolio von Vermögenswerten oder finanziellen Verpflichtungen und Zins- oder Währungsswaptransaktionen, bei denen der Credit Default Swap auf öffentliche Schuldtitel als Instrument zum Management des Gegenparteirisikos zur Absicherung von Risikopositionen in Bezug auf Finanzgeschäfte oder Handelsfinanzierung eingesetzt wird;
e) alle indirekten Risikopositionen in Bezug auf eine der oben genannten Stellen, die aus Risikopositionen in Bezug auf Indizes, Fonds oder Zweckgesellschaften resultieren.

In der Fassung vom 5.7.2012 (ABl. EU Nr. L 274 v. 9.10.2012, S. 1).

Art. 18 Korrelationstests

(1) Der in diesem Kapitel genannte Korrelationstest gilt in folgenden Fällen als erfüllt:
a) Der quantitative Korrelationstest gilt als erfüllt, wenn der Pearson'sche Korrelationskoeffizient zwischen dem Kurs der Vermögenswerte oder Verbindlichkeiten und dem Kurs des öffentlichen Schuldtitels, der auf historischer Basis, d. h. anhand der Daten der Handelstage von mindestens zwölf Monaten, die der Übernahme der Position in einem Credit Default Swap auf öffentliche Schuldtitel unmittelbar vorangehen, berechnet wird, mindestens 70 % beträgt;
b) der qualitative Korrelationstest gilt als erfüllt, wenn eine aussagekräftige Korrelation ergibt, d. h. eine auf angemessenen Daten beruhende Korrelation, die nicht Ausdruck einer rein vorübergehenden Abhängigkeit ist. Die Korrelation wird auf historischer Basis berechnet, d. h. anhand der Daten der Handelstage der zwölf Monate, die der Übernahme der Position in einem Credit Default Swap auf öffentliche Schuldtitel vorangehen, gewichtet auf die jüngste Vergangenheit. Herrschten in diesem Zeitraum nachweislich ähnliche Bedingungen wie zu dem Zeitpunkt, zu dem die Position in einem Credit Default Swap auf öffentliche Schuldtitel übernommen werden soll, oder wie jene, die im Zeitraum, in dem die Risikoposition abgesichert wird, herrschen würden, wird ein anderer Zeitrahmen gewählt. Bei Vermögenswerten, für die kein an einem liquiden Markt ermittelter Kurs vorliegt oder deren Kurs sich nicht weit genug zurückverfolgen lässt, wird ein angemessener Ersatzwert verwendet.

(2) Der in Absatz 1 genannte Korrelationstest gilt als erfüllt, wenn nachgewiesen werden kann, dass
a) die abgesicherte Risikoposition sich auf ein Unternehmen bezieht, das sich im Besitz des öffentlichen Emittenten befindet, dessen stimmberechtigtes Aktienkapital sich im mehrheitlichen Besitz des öffentlichen Emittenten befindet oder dessen Schulden von dem öffentlichen Emittenten garantiert werden;
b) die abgesicherte Risikoposition sich auf eine regionale, lokale oder kommunale Gebietskörperschaft des Mitgliedstaats bezieht;

c) die abgesicherte Risikoposition sich auf ein Unternehmen bezieht, dessen Cashflows erheblich von Verträgen eines öffentlichen Emittenten oder einem Projekt abhängen, das ganz oder zu einem erheblichen Teil von einem öffentlichen Emittenten finanziert oder gezeichnet wird, wie ein Infrastrukturprojekt.

(3) Auf Verlangen der jeweils zuständigen Behörde belegt die betreffende Partei, dass der Korrelationstest zum Zeitpunkt der Übernahme der Position in einem Credit Default Swap auf öffentliche Schuldtitel erfüllt war.

In der Fassung vom 5.7.2012 (ABl. EU Nr. L 274 v. 9.10.2012, S. 1).

Art. 19 Verhältnismäßigkeit

(1) Wenn in Fällen, in denen eine perfekte Absicherung nicht möglich ist, bestimmt wird, ob die Größe der Position in einem Credit Default Swap auf öffentliche Schuldtitel zur Größe der abgesicherten Risikopositionen in einem angemessenen Verhältnis steht, wird keine völlige Deckungsgleichheit verlangt und ist gemäß Absatz 2 in beschränktem Umfang eine überhöhte Rückstellungsbildung zulässig. Die betreffende Partei begründet auf Verlangen der zuständigen Behörde, warum völlige Deckungsgleichheit nicht möglich war.

(2) Wenn dies durch die Art der abgesicherten Vermögenswerte und Verbindlichkeiten und deren Verhältnis zum Wert der unter den Credit Default Swap fallenden Verpflichtungen des öffentlichen Emittenten gerechtfertigt ist, wird zur Absicherung eines bestimmten Risikopositionswerts ein höherer Wert an Credit Default Swap auf öffentliche Schuldtitel gehalten. Dies ist allerdings nur zulässig, wenn nachgewiesen wird, dass ein höherer Wert an Credit Default Swap auf öffentliche Schuldtitel erforderlich ist, um ein mit dem Referenzportfolio verbundenes relevantes Risikomaß abzudecken, wobei folgenden Faktoren Rechnung getragen wird:
a) der Größe der nominalen Position,
b) der Sensitivitätskennzahl, d. h. der Empfindlichkeit der Risikopositionen auf die unter den Credit Default Swap fallenden Verpflichtungen des öffentlichen Emittenten,
c) ob die betreffende Absicherungsstrategie dynamisch oder statisch ist.

(3) Es ist Aufgabe des Positionsinhabers sicherzustellen, dass seine Position in einem Credit Default Swap auf öffentliche Schuldtitel allzeit verhältnismäßig bleibt und die Duration dieser Position so eng wie angesichts der vorherrschenden Marktkonventionen und der Liquidität praktikabel an die Laufzeit der abgesicherten Risikopositionen oder den Zeitraum, für den die Person die Risikoposition halten will, angenähert wird. Werden die durch die Credit-Default-Swap-Position abgesicherten Risikopositionen aufgelöst oder getilgt, müssen sie entweder durch äquivalente Risikopositionen ersetzt werden oder muss die Credit-Default-Swap-Position verringert oder anderweitig veräußert werden.

(4) Wenn eine Position in einem Credit Default Swap auf öffentliche Schuldtitel zum Zeitpunkt ihrer Übernahme gedeckt war, wird sie nicht allein aufgrund einer Fluktuation beim Marktwert der abgesicherten Risikopositionen oder beim Wert des Credit Default Swaps auf die öffentlichen Schuldtitel als ungedeckt betrachtet.

(5) In allen Fällen, in denen Parteien aufgrund ihrer Verpflichtungen als Mitglieder einer zentralen Gegenpartei, die Credit-Default-Swap-Transaktionen mit öffentlichen Schuldtiteln abrechnen, und durch Anwendung der Vorschriften dieser zentralen Gegenpartei eine Position in einem Credit Default Swap auf öffentliche Schuldtitel akzeptieren, wird diese Position als unfreiwillig und nicht von der Partei übernommen betrachtet und somit nicht als ungedeckt im Sinne von Artikel 4 Absatz 1 der Verordnung (EU) Nr. 236/2012 angesehen.

In der Fassung vom 5.7.2012 (ABl. EU Nr. L 274 v. 9.10.2012, S. 1).

Art. 20 Methode zur Berechnung einer ungedeckten Position in einem Credit Default Swap auf öffentliche Schuldtitel

(1) Bei der Berechnung einer Position einer natürlichen oder juristischen Person in einem Credit Default Swap auf öffentliche Schuldtitel wird die Netto-Position ermittelt.

(2) Bei der Berechnung des Werts der zulässigen Risiken, die durch eine Position in einem Credit Default Swap auf öffentliche Schuldtitel abgesichert sind oder werden sollen, wird zwischen statischen und dynamischen Absicherungsstrategien unterschieden. Bei einer statischen Absicherung, wie die direkten Risikopositionen auf öffentliche Emittenten oder öffentliche Stellen dieser öffentlichen Emittenten, wird als Messgröße das „Jump-to-Default"-Maß des Verlustes für den Fall, dass die Stelle, auf die sich die Risikoposition des Positionsinhabers bezieht, ausfällt, verwendet. Der sich daraus ergebende Wert wird dann mit dem nominellen Nettowert der Credit-Default-Swap-Position verglichen.

(3) Bei der Berechnung des Werts marktwertbereinigter Risiken, die eine dynamische Absicherungsstrategie erfordern, ist den Berechnungen eher der risikobereinigte als der nominelle Wert zugrunde zu legen, wobei dem Umfang der möglichen Zu- oder Abnahme einer Risikoposition während ihrer Duration und den relativen Volatilitäten der abgesicherten Vermögenswerte und Verbindlichkeiten und der öffentlichen Schuldtitel, auf die sich der Swap bezieht, Rechnung zu tragen ist. Eine Betabereinigung ist vorzunehmen, wenn der Vermögenswert oder die Verbindlichkeit, der/die mit der Credit-Default-Swap-Position abgesichert wird, sich vom Referenzvermögenswert des Credit Default Swap unterscheidet.

(4) Indirekte Risikopositionen, wie sie sich u. a. aus Indizes, Fonds und Zweckgesellschaften oder aus Credit-Default-Swap-Positionen ergeben, werden in dem Maße berücksichtigt, in dem der Referenzwert, die Verbindlichkeit oder der Credit Default Swap in dem Index, Fonds oder sonstigen Mechanismus vertreten ist.

(5) Der Wert des in Frage kommenden abzusichernden Portfolios aus Vermögenswerten oder Verbindlichkeiten ist vom Wert der gehaltenen Netto-Credit-Default-Swap-Position abzuziehen. Ergibt sich dabei ein positiver Wert, wird die Position als ungedeckte Position in einem Credit Default Swap auf öffentliche Schuldtitel im Sinne von Artikel 4 Absatz 1 der Verordnung (EU) Nr. 236/2012 betrachtet.

In der Fassung vom 5.7.2012 (ABl. EU Nr. L 274 v. 9.10.2012, S. 1).

Schrifttum: S. Vor Art. 1 ff. VO Nr. 236/2012.

I. Regelungsgegenstand 1
II. Regelungssystematik 2
III. Regelungszweck 5
IV. Ungedeckte Position in einem Credit Default Swap auf öffentliche Schuldtitel (Art. 4 Abs. 1 VO Nr. 236/2012) 6
  1. Credit Default Swap auf öffentliche Schuldtitel . 7
  2. Absicherung gegen das Ausfallrisiko des Emittenten wegen einer Long-Position in öffentlichen Schuldtiteln des betreffenden Emittenten (Art. 4 Abs. 1 lit. a VO Nr. 236/2012) 8
  3. Absicherung gegen das Ausfallrisiko des Emittenten wegen einer korrelierenden Risikoposition (Art. 4 Abs. 1 lit. b VO Nr. 236/2012) . 12
  4. Deckung/Kongruenz (Art. 19 DelVO Nr. 918/2012) 21
  5. Berechnung 23
  6. Ausnahme für Clearing Mitglieder (Art. 19 Abs. 5 DelVO Nr. 918/2012) 28
  7. Kein Konzernprivileg 29
  8. Darlegungspflicht 30
V. Befugnis für die Kommission zum Erlass delegierter Rechtsakte (Art. 4 Abs. 2 VO Nr. 236/2012) 31

I. Regelungsgegenstand. Der mit „Ungedeckte Position in einem Credit Default Swap auf öffentliche Schuldtitel" überschriebene Art. 4 VO Nr. 236/2012 bestimmt, wann eine natürliche oder juristische Person eine ungedeckte Position in einem CDS innehat. Nach **Art. 4 Abs. 1 VO Nr. 236/2012** ist dies der Fall, wenn ein **CDS** auf öffentliche Schuldtitel **nicht dazu dient,** a) sich gegen ein Ausfallrisiko des Emittenten abzusichern, auf den der CDS sich bezieht, oder b) sich gegen das Risiko des Wertverfalls eines mit einem Schuldtitel des öffentlichen Emittenten korrelierenden Vermögenswerts abzusichern. **Art. 4 Abs. 2 VO Nr. 236/2012** ermächtigt die Europäische Kommission zum **Erlass delegierter Rechtsakte** zur Festlegung, wann eine Korrelation vorliegt (lit. a) und welche Methoden bei der Berechnung für Gruppen und Fondsstrukturen zur Anwendung kommen (lit. b). 1

II. Regelungssystematik. Art. 4 VO Nr. 236/2012 ist die maßgebliche **Definitionsnorm** für das **Verbotsregime** für ungedeckte CDS auf öffentliche Schuldtitel gem. Art. 14 VO Nr. 236/2012. Der an die Definition in Art. 4 VO Nr. 236/2012 anknüpfende Art. 14 Abs. 1 VO Nr. 236/2012 verbietet Transaktionen mit CDS auf öffentliche Schuldtitel, wenn diese zu *ungedeckten Positionen in CDS auf öffentliche Schuldtitel* führen. Daneben ist Art. 4 VO Nr. 236/2012 im Falle einer Aufhebung der Beschränkungen für ungedeckte CDS auf öffentliche Schuldtitel (Art. 14 Abs. 2 VO Nr. 236/2012) auch für das dann relevante **Melderegime gem. Art. 8** i.V.m. Art. 9 und 10 VO Nr. 236/2012 bedeutsam (näher Art. 14 VO Nr. 236/2012 Rz. 11, 19 und Art. 5–10 VO Nr. 236/2012 Rz. 36 f.). Ferner hat der Begriff der ungedeckten Position in einem Credit Default Swap auf öffentliche Schuldtitel Bedeutung für **Art. 11 VO Nr. 236/2012**, der die zuständigen Behörden (Art. 2 VO Nr. 236/2012 Rz. 30 ff.) verpflichtet, der ESMA vierteljährlich **zusammenfassende Informationen** über ungedeckte Position in Credit Default Swaps auf öffentliche Schuldtitel bereitzustellen (näher Art. 11 VO Nr. 236/2012 Rz. 5 ff.). Diese Pflicht ist – ebenso wie das Melderegime – nur relevant, wenn die Beschränkungen für ungedeckte CDS aufgehoben sind (Art. 14 VO Nr. 236/2012 Rz. 24 ff.). 2

Art. 4 Abs. 1 VO Nr. 236/2012 legt zunächst fest, wann eine Person eine ungedeckte Position in einem CDS hält. Dies ist der Fall, wenn der CDS nicht dazu dient, eine näher – näher in Art. 4 Abs. 1 lit. a und lit. b VO Nr. 236/2012 umschriebene – Vermögensposition abzusichern[1]. Art. 4 Abs. 1 lit. a VO Nr. 236/2012 rekurriert dabei auf den Begriff der Long-Position in einem öffentlichen Schuldtitel, für den auf die Definition in Art. 3 Abs. 2 VO Nr. 236/2012 zurückzugreifen ist (Art. 3 VO Nr. 236/2012 Rz. 26 ff.). **Art. 4 Abs. 2 VO Nr. 236/2012 ermächtigt** die **Europäische Kommission** festzulegen, a) in welchen Fällen davon ausgegangen wird, dass ein Credit Default Swap auf öffentliche Schuldtitel zur Absicherung gegen Ausfallrisiken oder gegen das Risiko eines Wertverfalls der öffentlichen Schuldtitel gehalten wird, und anhand welcher Methode eine ungedeckte Position in einem Credit Default Swap auf öffentliche Schuldtitel zu berechnen ist (Rz. 23 ff.), und b) welche Methode bei der Berechnung von Positionen zur Anwendung kommt, wenn verschiedene Stellen innerhalb einer Gruppe Long- oder Short-Positionen halten oder Managementtätigkeiten für getrennte Fonds zu berechnen sind (vgl. Art. 3 VO Nr. 236/2012 Rz. 36 ff.). 3

Die Ermächtigung nach Art. 4 Abs. 2 VO Nr. 236/2012 hat die Europäische Kommission mit den **Art. 14–20 DelVO Nr. 918/2012** wahrgenommen. Art. 14 DelVO Nr. 918/2012 umschreibt Fälle, in denen ein korrelierender Vermögenswert innerhalb desselben Mitgliedstaats wie der Referenzschuldner belegen ist. Art. 15 DelVO Nr. 918/2012 regelt Ausnahmen, in denen der Vermögenswert bzw. die Verbindlichkeit ausnahmsweise auch in einem anderen Mitgliedstaat belegen sein kann. Art. 16 DelVO Nr. 918/2012 verpflichtet die Sicherungsnehmer dazu, der jeweils zuständigen Behörde bestimmte Umstände darzulegen. Art. 17 DelVO Nr. 918/2012 enthält eine deklaratorische Liste von Vermögenswerten und Verbindlichkeiten, die nach Art. 4 Abs. 1 lit. b VO Nr. 236/2012 abgesichert werden können. Die Korrelation bestimmt sich nach Maßgabe des Art. 18 DelVO Nr. 918/2012; die Deckung nach Art. 19 DelVO Nr. 918/2012. Art. 20 DelVO Nr. 918/2012 schließlich macht nähere Vorgaben zur Berechnung. 4

III. Regelungszweck. Der Art. 4 VO Nr. 236/2012 hat durch die wichtige Definition der ungedeckten Position in einem CDS auf öffentliche Schuldtitel eine **Hilfsfunktion** für die an diesen Begriff anknüpfenden Normen 5

---

[1] *Grundmann* in Staub, HGB, Bankvertragsrecht 2, 5. Aufl. 2018, 6. Teil, 4. Abschnitt, A Rz. 591 f.

der Leerverkaufs-VO (Rz. 2). Zu den Zwecken des Verbotsregimes s. Art. 14 VO Nr. 236/2012 Rz. 10. Zu den Zwecken des Transparenzregimes s. Art. 5–10 VO Nr. 236/2012 Rz. 18.

6   **IV. Ungedeckte Position in einem Credit Default Swap auf öffentliche Schuldtitel (Art. 4 Abs. 1 VO Nr. 236/2012).** Eine natürliche oder juristische Person hält (vgl. Art. 3 VO Nr. 236/2012 Rz. 10) eine ungedeckte Position in einem CDS auf öffentliche Schuldtitel, wenn der CDS auf öffentliche Schuldtitel nicht dazu dient,

   a) sich gegen ein Ausfallrisiko des Emittenten abzusichern, weil sie eine Long-Position in öffentlichen Schuldtiteln des betreffenden Emittenten hält, auf den der Credit Default Swap auf öffentliche Schuldtitel sich bezieht, oder

   b) sich gegen das Risiko eines Wertverfalls des öffentlichen Schuldtitels abzusichern, weil sie Vermögenswerte besitzt oder Verbindlichkeiten hat, die u.a., aber nicht nur Finanzgeschäfte, ein Portfolio von Vermögenswerten oder finanziellen Verpflichtungen umfassen, deren Wert eine Korrelation zum Wert des öffentlichen Schuldtitels aufweisen.

7   **1. Credit Default Swap auf öffentliche Schuldtitel.** Ein Credit Default Swap auf öffentliche Schuldtitel ist gem. Art. 2 Abs. 1 lit. e VO Nr. 236/2012 ein Credit Default Swap, bei dem im Falle eines Kreditereignisses oder Zahlungsausfalls im Zusammenhang mit einem öffentlichen Emittenten eine Zahlung geleistet oder ein anderer Vorteil gewährt wird. Entscheidend ist, dass der **Referenzschuldner des CDS** ein **öffentlicher Emittent** ist. S. auch Art. 2 VO Nr. 236/2012 Rz. 22.

8   **2. Absicherung gegen das Ausfallrisiko des Emittenten wegen einer Long-Position in öffentlichen Schuldtiteln des betreffenden Emittenten (Art. 4 Abs. 1 lit. a VO Nr. 236/2012).** Keine ungedeckte und damit eine **gedeckte Position** in einem **Credit Default Swap** auf öffentliche Schuldtitel besteht nach Art. 4 Abs. 1 lit. a VO Nr. 236/2012, wenn der CDS dem Sicherungsnehmer dazu dient, sich gegen das Ausfallrisiko von Schuldtiteln des Referenzschuldners abzusichern, weil er selbst eine **Long-Position in öffentlichen Schuldtiteln** des betreffenden öffentlichen Emittenten hält. Der CDS kann dabei grundsätzlich nicht nur zur Absicherung gegen einen Ausfall, sondern – sofern alle weiteren Voraussetzungen ebenfalls erfüllt sich – auch zur Sicherung vor anderen Risiken, etwa Bonitätsaufschlägen (Credit Spreads) dienen[1]. Dies bemisst sich in einer *Ex-ante*-Betrachtung im Zeitpunkt des Eingehens des CDS aus der Sicht eines objektiven Dritten. Es genügt hierbei nicht[2], dass ein im unmittelbaren zeitlichen Nachgang zu der CDS-Transaktion getätigtes Geschäft erst eine abzusichernde Verbindlichkeit begründet[3].

9   Ein Sicherungsnehmer **hält** eine **Long-Position** in öffentlichen Schuldtiteln des betreffenden Emittenten, wenn er entweder (i) gem. Art. 3 Abs. 1 DelVO Nr. 918/2012 **Eigentümer** des Schuldinstruments ist oder (ii) nach dem für den jeweiligen Verkauf geltenden Recht einen **durchsetzbaren Anspruch auf Übertragung des Eigentums** an dem Schuldinstrument hat (näher Art. 3 VO Nr. 236/2012 Rz. 10)[4]. Ferner (iii) resultiert eine Long-Position auch aus dem Eintritt in eine Transaktion, durch die ein anderes **Finanzinstrument** als das Schuldinstrument selbst ein geschaffen wird oder die sich auf ein solches Finanzinstrument bezieht und deren Wirkung oder eine deren Wirkungen darin besteht, dass die natürliche oder juristische Person, die diese Transaktion eingeht, im Falle einer **Kurs- oder Wertsteigerung** des Schuldinstruments einen **finanziellen Vorteil** erzielt (näher Art. 3 VO Nr. 236/2012 Rz. 11 auch zu den erfassten Finanzinstrumenten)[5]. Zur Berechnung der Long-Positionen Rz. 23 ff.

10 Es bedurfte bei Long-Positionen in öffentlichen Schuldtiteln des betreffenden öffentlichen Emittenten **keiner** Vorgabe eines **(Mindest-)Korrelationsniveaus**, da beide Positionen naturgemäß vollständig (100 %) korreliert sind[6].

11 Neben dem Halten der entsprechenden Long-Position und der Erfüllung der übrigen Voraussetzungen, insbesondere der Deckungsgleichheit (Rz. 21 f.) ist für eine gedeckte Position trotz des missverständlichen Wortlauts („wenn es dem Sicherungsgeber dazu dient") **kein subjektives Element** erforderlich. Ob eine Position in einem CDS auf öffentliche Emittenten gedeckt oder ungedeckt ist, bestimmt sich **allein nach objektiven Kriterien**.

12 **3. Absicherung gegen das Ausfallrisiko des Emittenten wegen einer korrelierenden Risikoposition (Art. 4 Abs. 1 lit. b VO Nr. 236/2012).** Nach Art. 4 Abs. 1 lit. b VO Nr. 236/2012 liegt eine **gedeckte Position** in einem Credit Default Swap auf öffentliche Schuldtitel auch dann vor, wenn die Position der Absicherung gegen einen Wertverfall eines öffentlichen Schuldtitels dient und der CDS-Inhaber mit dem öffentlichen Schuldtitel **korrelierende Vermögenswerte oder Verbindlichkeiten** hat. Man spricht vom sog. *Proxy-Hedging*[7]. Der CDS

---

1 ESMA, Questions and Answers – Implementation of the Regulation on short selling and certain aspects of credit default swaps, ESMA70-145-408, Version 4, Answer 8e; *Howell*, European Business Organization Law Review 17 (2016), 319.
2 Anders als auf Basis des § 30j WpHG a.F. Dazu *Mülbert* in 6. Aufl., § 30j WpHG Rz. 18.
3 Schon *Mülbert/Sajnovits*, ZBB 2012, 266, 274; ferner *Weick-Ludewig* in Fuchs, § 30h WpHG Rz. 89; *Bierwirth*, RdF 2013, 104, 107 f.
4 *Mülbert/Sajnovits*, ZBB 2012, 266, 274; *Bierwirth*, RdF 2013, 104, 107.
5 *Bierwirth*, RdF 2013, 104, 107.
6 *Mülbert/Sajnovits*, ZBB 2012, 266, 274; zustimmend *Bierwirth*, RdF 2013, 104, 107.
7 *Juurikkala*, ECFR 2012, 307, 328 f.; *Bierwirth*, RdF 2013, 104, 108; *Howell*, European Business Organization Law Review 17 (2016), 319, 338 f.

kann dabei grundsätzlich nicht nur zur Absicherung gegen einen Ausfall, sondern – sofern ebenfalls alle übrigen Voraussetzungen erfüllt sind – auch zur Sicherung vor anderen Risiken, etwa Bonitätsaufschlägen (Credit Spreads), dienen[1]. Dies bemisst sich in einer *Ex-ante*-Betrachtung im Zeitpunkt des Eingehens des CDS aus der Sicht eines objektiven Dritten. Es genügt hierbei nicht, dass ein im unmittelbaren zeitlichen Nachgang zu der CDS-Transaktion getätigtes Geschäft erst eine abzusichernde Verbindlichkeit begründet (vgl. Rz. 8).

Welche Vermögenswerte oder Verbindlichkeiten der CDS absichern muss, damit die Position als gedeckt i.S.d. Art. 4 Abs. 1 lit. b VO Nr. 236/2012 gelten kann, ergibt sich erst aus Art. 14 Abs. 1 und Art. 15 DelVO Nr. 918/2012. Art. 14 Abs. 1 DelVO Nr. 918/2012 präzisiert die sachlich unglückliche oder zumindest verkürzte Formulierung des Art. 4 Abs. 1 lit. b VO Nr. 236/2012 sachgerecht[2]. Art. 14 Abs. 1 lit. a und lit. b DelVO Nr. 918/2012 verlangen übereinstimmend – und dieses Erfordernis ist auf alle absicherungsfähigen Vermögenswerte oder Verbindlichkeiten i.S.d. Art. 4 Abs. 1 lit. b VO Nr. 236/2012 zu übertragen –, dass die dem CDS zugrunde liegenden **Vermögenswerte** sich **im Mitgliedstaat des öffentlichen Referenzschuldners** (auch arg. con. Art. 15 DelVO Nr. 918/2012, s. Rz. 15) befinden[3] und alle Varianten des Art. 14 Abs. 1 DelVO Nr. 918/2012 verlangen zudem, dass eine **Korrelation i.S.d. Art. 18 DelVO Nr. 918/2012** (Rz. 16 ff.) zwischen den Schuldtiteln des öffentlichen Emittenten und den abzusichernden Vermögenswerten besteht[4]. 13

Nach **Art. 14 Abs. 1 lit. a DelVO Nr. 918/2012** genügt es für eine Deckung, wenn sich die durch den CDS gesicherten Vermögenswerte oder Verbindlichkeiten auf öffentliche oder private Stellen in demselben Mitgliedstaat beziehen. Die Vorschrift wird durch **Art. 14 Abs. 1 lit. b DelVO Nr. 918/2012** – systematisch unbefriedigend – dahingehend konkretisiert[5], dass nur dann eine gedeckte Position besteht, wenn der CDS (i) als Referenzschuldner einen Mitgliedstaat hat, einschließlich eines Ministeriums, einer Agentur oder einer Zweckgesellschaft dieses Mitgliedstaats oder – bei im Mitgliedstaat mit föderaler Struktur – eines Glieds dieser Föderation oder (ii) zur Absicherung von Vermögenswerten oder Verbindlichkeiten eingesetzt wird, die den in Art. 18 DelVO Nr. 918/2012 genannten Korrelationstest (Rz. 16 ff.) erfüllen. Schließlich kann ein gedeckter CDS nach **Art. 14 Abs. 1 lit. c DelVO Nr. 918/2012** auch vorliegen, wenn – bei im Übrigen gleichen Voraussetzungen – der Referenzschuldner ein öffentlicher Garantiegeber oder Anteilseigner ist. Richtigerweise muss – vorbehaltlich der Fiktion nach Art. 18 Abs. 2 DelVO Nr. 918/2012 (Rz. 19) – in allen Fällen des Art. 14 Abs. 1 DelVO Nr. 918/2012 der Korrelationstest des Art. 18 DelVO Nr. 918/2012 erfüllt sein. Der missverständliche Wortlaut des Art. 14 Abs. 2 DelVO Nr. 918/2012 ist daher nicht als gesetzliche Vermutung oder Fiktion, sondern als Erfordernis zu lesen[6]. 14

Lockerungen der Anforderungen des Art. 14 DelVO Nr. 918/2012 für das Vorliegen einer gedeckten Position in einem CDS dahingehend, dass der Referenzschuldner und die dem CDS zugrunde liegenden Positionen **nicht notwendig demselben Mitgliedstaat** zugehörig sein müssen, sieht **Art. 15 DelVO Nr. 918/2012** vor, sofern[7]: 15

– es um Expositionen gegenüber einer Tochtergesellschaft in einem Mitgliedstaat geht und diese Tochtergesellschaft laufend durch Kredite ihrer in einem anderen Mitgliedstaat sitzende Muttergesellschaft versorgt wird (Art. 15 Abs. 1 lit. a DelVO Nr. 918/2012)[8];
– eine Muttergesellschaft als Holding Emittentin einer Anleihe ist, die maßgeblichen Vermögenswerte aber im Eigentum einer in einem anderen Mitgliedstaat sitzenden Tochtergesellschaft stehen (Art. 15 Abs. 1 lit. b DelVO Nr. 918/2012)[9];
– es um die Absicherung einer Risikoposition in Bezug auf ein Unternehmen geht, das in besonderem Maße in öffentliche Schuldtitel eines Mitgliedstaats investiert ist, der nicht ihr Sitzstaat ist (Art. 15 Abs. 1 lit. c DelVO Nr. 918/2012);
– die abgesicherte Position gegenüber einem unionsweit tätigen Unternehmen besteht (Art. 15 Abs. 2 lit. a Var. 1 DelVO Nr. 918/2012);
– sich die abzusichernde Verbindlichkeit auf die Union oder einen Mitgliedstaat, dessen Währung der Euro ist, bezieht (Art. 15 Abs. 2 lit. a Var. 2 DelVO Nr. 918/2012) oder
– sofern der Dritte ein supranationaler Emittent ist (Art. 15 Abs. 2 lit. b DelVO Nr. 918/2012).

---

1 ESMA, Questions and Answers – Implementation of the Regulation on short selling and certain aspects of credit default swaps, ESMA70-145-408, Version 4, Answer 8e.
2 *Mülbert/Sajnovits*, ZBB 2012, 266, 274; den unklaren Wortlaut des Art. 4 Abs. 1 lit. b VO Nr. 236/2012 kritisierend auch *Bierwirth*, RdF 2013, 104, 108.
3 *Mülbert/Sajnovits*, ZBB 2012, 266, 274; *Bierwirth*, RdF 2013, 104, 108; *von Buttlar/Petersen* in *Jußt/Voß/Ritz/Becker*, § 30h WpHG Rz. 88; kritisch dazu *Howell*, European Business Organization Law Review 17 (2016), 319, 339 f.
4 *Mülbert/Sajnovits*, ZBB 2012, 266, 274; *Bierwirth*, RdF 2013, 104, 108.
5 *Bierwirth*, RdF 2013, 104, 108.
6 *Bierwirth*, RdF 2013, 104, 107 f.; *Weick-Ludewig* in Fuchs, § 30h WpHG Rz. 91.
7 *Mülbert/Sajnovits*, ZBB 2012, 266, 274; *Bierwirth*, RdF 2013, 104, 108 f.; *Weick-Ludewig* in Fuchs, § 30h WpHG Rz. 92.
8 *Bierwirth*, RdF 2013, 104, 109.
9 Zutreffend weist *Bierwirth*, RdF 2013, 104, 109 mit Fn. 37 darauf hin, dass die Anleihe nicht durch die Vermögenswerte der Tochtergesellschaft besichert sein muss. Anders noch *Mülbert/Sajnovits*, ZBB 2012, 266, 274.

In den Fällen des Art. 15 Abs. 2 lit. a DelVO Nr. 918/2012 kann sich der CDS auf einen geeigneten EU- oder Euro-Währungsgebietsindex (**Index Credit Default Swaps**[1]) beziehen, im Falle des Art. 15 Abs. 2 lit. b DelVO Nr. 918/2012 kann das Risiko durch einen angemessenen Korb von CDSs auf öffentliche Emittenten (**Basket Credit Default Swaps**) abgesichert werden.

16 Das **Korrelationserfordernis** der Art. 4 Abs. 1 lit. b VO Nr. 236/2012 i.V.m. Art. 14, 15 DelVO Nr. 918/2012 wird in **Art. 18 DelVO Nr. 918/2012** mit den zwei Alternativen[2] eines quantitativen und eines qualitativen Korrelationstests konkretisiert[3]. Beide sind auf historischer Basis, nämlich auf den Daten der Handelstage der letzten zwölf Monate, durchzuführen[4]. Art. 18 Abs. 2 DelVO Nr. 918/2012 fingiert das Vorliegen der Korrelation in ausgewählten Fällen (Rz. 19).

17 Der **quantitative Test** gilt als erfüllt, wenn bei Vermögenswerten mit einem liquiden Marktpreis auf der Basis einer historischen Betrachtung der zurückliegenden 12 Monate der **Pearson'sche Korrelationskoefizient** zwischen den zu sichernden Vermögenswerten bzw. Verbindlichkeiten und dem öffentlichen Schuldtitel mindestens **70 % beträgt** (Art. 18 Abs. 1 lit. a DelVO Nr. 918/2012)[5]. Der Pearson'sche Korrelationskoeffizient ist die Kovarianz der Variablen geteilt durch das Produkt ihrer Standardabweichung (Erwägungsgrund 6 DelVO Nr. 918/2012)[6].

18 Der **qualitative Korrelationstest** erfordert eine auf angemessenen Daten beruhende Ermittlung einer aussagekräftigen Korrelation, die nicht lediglich Ausdruck einer rein vorübergehenden Abhängigkeit ist. Hierfür sind die historischen Daten zu gewichten, wobei den jüngsten Daten größeres Gewicht zukommt. Für Vermögenswerte, für die ein liquider Marktpreis nicht besteht oder die noch keine 12 Monate aufgelegt sind, ist ein angemessener Ersatzwert (*proxy*) einzusetzen (Art. 18 Abs. 1 lit. b) DelVO Nr. 918/2012).

19 Die Erfüllung des Korrelationstests wird für einige Fälle fingiert (**Art. 18 Abs. 2 DelVO Nr. 918/2012**)[7]. Diese Fiktion ist für die Praxis von besonderer Bedeutung, da die Durchführung des Korrelationstests mit erheblichem Aufwand verbunden sein kann[8]. Eine hinreichende Korrelation liegt vor, wenn die abzusichernden Expositionen gegenüber einem Unternehmen bestehen, das dem öffentlichen Emittenten gehört (Art. 18 Abs. 2 lit. a Var. 1 DelVO Nr. 918/2012), das im Mehrheitsbesitz des öffentlichen Emittenten steht (Art. 18 Abs. 2 lit. a Var. 2 DelVO Nr. 918/2012), oder dessen Schulden von dem öffentlichen Emittenten garantiert werden (Art. 18 Abs. 2 lit. a Var. 3 DelVO Nr. 918/2012). Ferner besteht eine hinreichende Korrelation, wenn sich die Expositionen auf eine regionale, lokale oder kommunale Gebietskörperschaft des Mitgliedstaats (Art. 18 Abs. 2 lit. b DelVO Nr. 918/2012) oder auf ein Unternehmen beziehen, das durch umfangreiche vertragliche Bindungen gegenüber einem öffentlichen Emittenten von dessen Zahlungsfähigkeit abhängt (Art. 18 Abs. 2 lit. c DelVO Nr. 918/2012).

20 Art. 17 DelVO Nr. 918/2012 enthält einen **deklaratorischen Katalog**[9] der Vermögenswerte und Verbindlichkeiten, die beim Vorliegen der allgemeinen Voraussetzungen – Art. 18 DelVO Nr. 918/2012 (Rz. 16ff.), Art. 19 DelVO Nr. 918/2012 (Rz. 21f.) und gegebenenfalls Art. 15 DelVO Nr. 918/2012 (Rz. 15) – durch ein CDS abgesichert werden können. Der Katalog ist nicht abschließend[10].

21 **4. Deckung/Kongruenz (Art. 19 DelVO Nr. 918/2012).** Der Umfang des Credit Default Swaps hat im Grundsatz mit dem Umfang der abgesicherten Risikoposition deckungsgleich (**sachliche Deckung**) zu sein (Art. 19 Abs. 1 DelVO Nr. 918/2012)[11]. Die DelVO Nr. 918/2012 spricht von „verhältnismäßig". Ist diese perfekte Absicherung im Einzelfall nicht möglich – was der Sicherungsnehmer auf Verlangen der zuständigen Behörde darzulegen hat (Rz. 30) –, muss jedenfalls ein **angemessenes Verhältnis** zwischen dem abzusichernden Risiko und der Größe der CDS-Position bestehen, weil unter wirtschaftlichen Gesichtspunkten nur dann ein Absicherungszweck auch tatsächlich verfolgt wird. Dieser Kongruenztest erlaubt auch ein Halten höherer CDS-Positio-

---

1 *Bierwirth*, RdF 2013, 104, 109.
2 Eindeutig in diesem Sinne die englische Sprachfassung „The correlation test ... shall be met in either of the following cases". Ebenso *Bierwirth*, RdF 2013, 104, 109. Auch die ESMA hat in ihrem ersten Review zur Leerverkaufs-VO (Vor Art. 1ff. VO Nr. 236/2012 Rz. 17) hervorgehoben, dass es sich um Alternativen handelt (Rz. 114). Dazu *Weick-Ludewig* in Fuchs, § 30h WpHG Rz. 93 mit Fn. 199.
3 *Howell*, European Business Organization Law Review 17 (2016), 319, 341 ff.
4 *Weick-Ludewig* in Fuchs, § 30h WpHG Rz. 93.
5 *Grundmann* in Staub, HGB, Bankvertragsrecht 2, 5. Aufl. 2018, 6. Teil, 4. Abschnitt, A Rz. 592; *Weick-Ludewig* in Fuchs, § 30h WpHG Rz. 93. Zur Ermittlung von Korrelationen s. *Hull*, Optionen, Futures und andere Derivate, 7. Aufl. 2011, S. 601 ff.
6 Zum Pearson'schen Korrelationskoeffizienten s. etwa *Schira*, Statistische Methoden der VWL und BWL, 3. Aufl. 2009, S. 92 ff.
7 *Weick-Ludewig* in Fuchs, § 30h WpHG Rz. 95.
8 *Bierwirth*, RdF 2013, 104, 109.
9 A.A. *Weick-Ludewig* in Fuchs, § 30h WpHG Rz. 90, die von einer „abschließenden Liste" spricht.
10 S. ESMA, Final report – Draft technical standards on the Regulation (EU) No 236/2012 of the European Parliament and of the Council on short selling and certain aspects of credit default swaps, ESMA/2012/228, S. 37 Box 6 Nr. 9; ferner Erwägungsgrund 21 VO Nr. 236/2012.
11 *Howell*, European Business Organization Law Review 17 (2016), 319, 340; *Mülbert/Sajnovits*, ZBB 2012, 266, 275; *Bierwirth*, RdF 2013, 104, 109f.; *Weick-Ludewig* in Fuchs, § 30h WpHG Rz. 96.

nen zur Absicherung eines bestimmten Risikopositionswerts, soweit nachgewiesen werden kann, dass dies erforderlich ist, um ein Risikomaß abzudecken, das für das dem CDS zugrunde liegende Risikoportfolio relevant ist[1]. Berücksichtigt werden können hierfür der Nominalwert der abzusichernden Verbindlichkeit, die Sensitivitätsrate zwischen dem abgesicherten Risikoportfolio und der Referenzverbindlichkeit des CDS und ob eine statische oder eine dynamische Absicherungsstrategie verfolgt wird (Art. 15 Abs. 2 DelVO Nr. 918/2012).

Es ist Sache des jeweiligen Positionsinhabers zu kontrollieren, ob die CDS-Position auch zu jeder Zeit (**zeitliche Deckung**) gedeckt ist und, dass die Laufzeit des CDS mit jener der gesicherten Verbindlichkeit übereinstimmt[2]. Fallen durch die CDS-Position abgesicherte Risikopositionen weg, müssen sie entweder durch adäquate Risikopositionen ersetzt oder die CDS-Position muss entsprechend reduziert werden (Art. 19 Abs. 3 DelVO Nr. 918/2012)[3]. Entbehrlich ist eine Anpassung nur, wenn eine Über- oder Unterproportionalität nachträglich allein dadurch eintritt, dass entweder die zu sichernden Vermögenswerte oder Verbindlichkeiten oder der CDS im Wert schwanken, ohne dass irgendeine Veränderung im Portfolio durch den Positionsinhaber erfolgt (Art. 19 Abs. 4 DelVO Nr. 918/2012)[4].

5. Berechnung. Für die Berechnung einer ungedeckten Position nach **Art. 20 DelVO Nr. 918/2012** bedarf es der Klärung, wie der Wert der CDS-Position sowie der Wert der abzusichernden Vermögenswerte und Verbindlichkeiten zu ermitteln ist, welche Größe einer bestehenden Risikoposition durch welche Größe eines CDS abgesichert werden darf und wie indirekte Expositionen zu berücksichtigen sind.

Zur Berechnung der **Positionen einer Partei in CDS** auf öffentliche Schuldtitel ist die **Netto-Position** in Ansatz zu bringen (Art. 20 Abs. 1 DelVO Nr. 918/2012).

Bei der Berechnung des **Wertes** des zu sichernden **Vermögenswertes** bzw. der zu sichernden **Verbindlichkeit** muss zwischen einer dynamischen und einer statischen Sicherungsstrategie unterschieden werden[5]. Bei **statischen Absicherungen** ist auf das Ausfallrisiko des jeweiligen Emittenten abzustellen und daher der Nominalwert der zu sichernden Vermögenswerte einzubeziehen. Der hieraus resultierende Wert kann dann mit dem Nominalwert des CDS verglichen werden (Art. 20 Abs. 2 DelVO Nr. 918/2012). Beim Halten eines öffentlichen Schuldtitels geht die ESMA von einer statischen Absicherung aus[6]. Wurde der CDS hingegen zur **Absicherungen von dynamischen Risiken** eingegangen (etwa Swap-Positionen), ist es erforderlich, die relativen Volatilitäten durch Anwendung eines risikoadjustierten Wertansatzes (*risk adjusted value/beta-adjusted*) zu berücksichtigen (Art. 20 Abs. 3 DelVO Nr. 918/2012)[7]. Zum Beispiel könnte ein Vermögenswert von 10 Mio. Euro, dessen Beta[8] zum Referenzschuldner 1,2 beträgt, mit einer 12 Mio. Euro CDS-Position abgesichert werden[9].

Indirekten Expositionen bezogen auf ein abzusicherndes Risiko oder einen CDS, die u.a. durch Expositionen gegenüber Indizes, Fonds oder Zweckgesellschaften erzielt werden, sind ebenfalls mit in die Berechnung einzubeziehen (Art. 20 Abs. 4 DelVO Nr. 918/2012)[10]. Sie sind hierbei proportional zur Gewichtung des jeweiligen Vermögenswertes bzw. der entsprechenden Verbindlichkeit zu berücksichtigen (Art. 20 Abs. 4 DelVO Nr. 918/2012)[11]. Sofern sich die abgesicherten Risikopositionen in einem EU-Mitgliedstaat befinden, müssen die Korrelations- (Rz. 16 ff.) und Kongruenztests (Rz. 21 f.) nach Auffassung der ESMA für jede Komponente des Index erfüllt sein[12].

Der Wert der zur Deckung geeigneten Expositionen (Rz. 8 ff., 12 ff.) ist vom Wert der Netto-CDS-Position (Rz. 24) abzuziehen. Wird dabei ein positives Ergebnis erzielt, liegt eine ungedeckte CDS-Position vor (Art. 20 Abs. 5 DelVO Nr. 918/2012).

---

1 *Mülbert/Sajnovits*, ZBB 2012, 266, 275; *Bierwirth*, RdF 2013, 104, 109 f.; näher ESMA, Final report – Draft technical standards on the Regulation (EU) No 236/2012 of the European Parliament and of the Council on short selling and certain aspects of credit default swaps, ESMA/2012/228, S. 40 Rz. 87.
2 Dazu auch ESMA, Questions and Answers – Implementation of the Regulation on short selling and certain aspects of credit default swaps, ESMA70-145-408, Version 4, Answer 8c.
3 *Mülbert/Sajnovits*, ZBB 2012, 266, 275; *Bierwirth*, RdF 2013, 104, 109 f.; *von Buttlar/Petersen* in Just/Voß/Ritz/Becker, § 30h WpHG Rz. 88; ESMA, Questions and Answers – Implementation of the Regulation on short selling and certain aspects of credit default swaps, ESMA70-145-408, Version 4, Answer 8c.
4 *Mülbert/Sajnovits*, ZBB 2012, 266, 275; ESMA, Final report – Draft technical standards on the Regulation (EU) No 236/2012 of the European Parliament and of the Council on short selling and certain aspects of credit default swaps, ESMA/2012/228, S. 37 Box 6 Nr. 7.
5 *Mülbert/Sajnovits*, ZBB 2012, 266, 275; *Weick-Ludewig* in Fuchs, § 30h WpHG Rz. 97.
6 ESMA, Questions and Answers – Implementation of the Regulation on short selling and certain aspects of credit default swaps, ESMA70-145-408, Version 4, Answer 8d.
7 *Mülbert/Sajnovits*, ZBB 2012, 266, 275.
8 Zum Beta-Wert und dessen Berechnung *Hull*, Optionen, Futures und andere Derivate, 7. Aufl. 2011, S. 406 ff.
9 *Mülbert/Sajnovits*, ZBB 2012, 266, 275; zum Ganzen ESMA, Final report – Draft technical standards on the Regulation (EU) No 236/2012 of the European Parliament and of the Council on short selling and certain aspects of credit default swaps, ESMA/2012/228, S. 44 Rz. 97.
10 Erwägungsgrund 21 VO Nr. 236/2012.
11 *Mülbert/Sajnovits*, ZBB 2012, 266, 275.
12 ESMA, Questions and Answers – Implementation of the Regulation on short selling and certain aspects of credit default swaps, ESMA70-145-408, Version 4, Answer 8f.

28 **6. Ausnahme für Clearing Mitglieder (Art. 19 Abs. 5 DelVO Nr. 918/2012). Keine ungedeckten Positionen** in Credit Default Swaps gehen nach Art. 19 Abs. 5 DelVO Nr. 918/2012 Parteien ein, die ungedeckte CDS-Positionen auch unfreiwillig eingehen müssen, was insbesondere für **General Clearing Member einer CCP** gilt[1].

29 **7. Kein Konzernprivileg.** Ein konzerndimensionaler Absicherungszweck genügt bei Art. 4 VO Nr. 236/2012 nicht[2]. Art. 4 Abs. 1 lit. b VO Nr. 236/2012 spricht eindeutig davon, dass der Sicherungsnehmer („Person") „Vermögenswerte besitzt" und da die DelVO Nr. 918/2012 insoweit keine Anhaltspunkte für eine Erweiterung erkennen lässt, ist eine konzerndimensionale Absicherung unzulässig[3].

30 **8. Darlegungspflicht.** Diejenigen natürlichen oder juristischen Personen, die in eine CDS-Position eintreten, müssen der **zuständigen Behörde** (Art. 2 VO Nr. 236/2012 Rz. 30 ff.) **auf deren Verlangen darlegen**, dass Korrelation (Rz. 16 ff.) und Verhältnismäßigkeit (Rz. 21 f.) zum Zeitpunkt des Eintritts in die CDS-Position und zu jedem Zeitpunkt ihres Haltens vorgelegen haben (Art. 16 Abs. 1 lit. b, 18 Abs. 3 DelVO Nr. 918/2012); in den Fällen des Art. 15 DelVO Nr. 918/2012 (Rz. 15) zudem, welcher Unterfall vorlag (Art. 16 Abs. 1 lit. a DelVO Nr. 918/2012)[4].

31 **V. Befugnis für die Kommission zum Erlass delegierter Rechtsakte (Art. 4 Abs. 2 VO Nr. 236/2012).** Art. 4 Abs. 2 VO Nr. 236/2012 **überträgt** der Europäischen Kommission die **Befugnis**, gem. Art. 42 VO Nr. 236/2012 festzulegen, a) in welchen Fällen davon ausgegangen wird, dass ein Credit Default Swap auf öffentliche Schuldtitel zur Absicherung gegen Ausfallrisiken oder gegen das Risiko eines Wertverfalls der öffentlichen Schuldtitel gehalten wird, und anhand welcher Methode eine ungedeckte Position in einem Credit Default Swap auf öffentliche Schuldtitel zu berechnen ist, und b) welche Methode bei der Berechnung von Positionen zur Anwendung kommt, wenn verschiedene Stellen innerhalb einer Gruppe Long- oder Short-Positionen halten oder Managementtätigkeiten für getrennte Fonds zu berechnen sind. Gem. Art. 42 Abs. 2 VO Nr. 236/2012 erhält die Europäische Kommission diese Befugnis auf unbestimmte Zeit ab Inkrafttreten der Leerverkaufs-VO. Die Übertragung der Befugnis kann vom Europäischen Parlament und vom Rat der EU jederzeit widerrufen werden (Art. 42 Abs. 3 Satz 1 VO Nr. 236/2012). Die Gültigkeit von delegierten Rechtsakten, die bereits in Kraft sind, wird davon nicht berührt (Art. 42 Abs. 3 Satz 4 VO Nr. 236/2012). Ein delegierter Rechtsakt i.S.d. Art. 4 Abs. 7 VO Nr. 236/2012 tritt gem. Art. 42 Abs. 5 VO Nr. 236/2012 nur in Kraft, wenn das Europäische Parlament und der Rat binnen drei Monaten nach seiner Übermittlung keine Einwände gegen ihn erheben oder wenn sowohl das Europäische Parlament als auch der Rat der Kommission vor Ablauf dieser Frist mitgeteilt haben, dass sie keine Einwände erheben werden.

32 Von dieser Ermächtigung (Rz. 31) hat die Europäische Kommission durch Erlass der Art. 14–20 der Delegierten Verordnung Nr. 918/2012 (**DelVO Nr. 918/2012**) Gebrauch gemacht. Dem Erlass ging ein *technical advice* der ESMA voraus.

Kapitel II
Transparenz von Netto-Leerverkaufspositionen

Art. 5 Meldung signifikanter Netto-Leerverkaufspositionen in Aktien an die zuständigen Behörden

(1) Natürliche oder juristische Personen, die eine Netto-Leerverkaufsposition im ausgegebenen Aktienkapital eines Unternehmens, dessen Aktien zum Handel an einem Handelsplatz zugelassen sind, halten, melden gemäß Artikel 9 der jeweils zuständigen Behörde, wenn die Position eine in Absatz 2 des vorliegenden Artikels genannte Meldeschwelle erreicht oder unterschreitet.

(2) Eine Meldeschwelle liegt bei 0,2 % und danach jeweils in Intervallen von 0,1 % des ausgegebenen Aktienkapitals des betreffenden Unternehmens.

(3) Die Europäische Aufsichtsbehörde (Europäische Wertpapier- und Börsenaufsichtsbehörde) (ESMA) kann unter Berücksichtigung der Entwicklungen auf den Finanzmärkten eine Stellungnahme über die Anpassung der in Absatz 2 genannten Schwellenwerte an die Kommission abgeben.

(4) Die Kommission ist unter Berücksichtigung der Entwicklungen auf den Finanzmärkten befugt, delegierte Rechtsakte gemäß Artikel 42 zur Änderung der in Absatz 2 des vorliegenden Artikels genannten Schwellenwerte zu erlassen.

In der Fassung vom 14.3.2012 (ABl. EU Nr. L 86 v. 24.3.2012, S. 1).

---

1 *Weick-Ludewig* in Fuchs, § 30h WpHG Rz. 98.
2 A.A. *Sorgenfrei/Saliger* in Park, Kapitalmarktstrafrecht, Kap. 18.16 Rz. 25.
3 So tendenziell bereits *Mülbert/Sajnovits*, ZBB 2012, 266, 274; ferner auch *Weick-Ludewig* in Fuchs, § 30h WpHG Rz. 90.
4 *von Buttlar/Petersen* in Just/Voß/Ritz/Becker, § 30h WpHG Rz. 88.

Art. 6 Offenlegung signifikanter Netto-Leerverkaufspositionen in Aktien gegenüber der Öffentlichkeit

(1) Natürliche oder juristische Personen, die eine Netto-Leerverkaufsposition im ausgegebenen Aktienkapital eines Unternehmens, dessen Aktien zum Handel an einem Handelsplatz zugelassen sind, halten, legen die Einzelheiten dieser Position im Einklang mit Artikel 9 offen, wenn sie eine in Absatz 2 des vorliegenden Artikels genannte Offenlegungsschwelle erreicht oder unterschreitet.

(2) Eine Offenlegungsschwelle liegt bei einem Prozentsatz von 0,5 % und danach jeweils in Intervallen von 0,1 % des ausgegebenen Aktienkapitals des betreffenden Unternehmens.

(3) Die ESMA kann unter Berücksichtigung der Entwicklungen auf den Finanzmärkten eine Stellungnahme über die Anpassung der in Absatz 2 genannten Schwellenwerte an die Kommission abgeben.

(4) Die Kommission ist unter Berücksichtigung der Entwicklungen auf den Finanzmärkten befugt, delegierte Rechtsakte gemäß Artikel 42 zur Änderung der in Absatz 2 des vorliegenden Artikels genannten Schwellenwerte zu erlassen.

(5) Dieser Artikel berührt nicht Rechts- und Verwaltungsvorschriften, die in Bezug auf Übernahmeangebote, Fusionstransaktionen und sonstige Transaktionen erlassen wurden, welche das Eigentum oder die Kontrolle von Gesellschaften berühren, die der Regulierung durch gemäß Artikel 4 der Richtlinie 2004/25/EG des Europäischen Parlaments und des Rates vom 21. April 2004 betreffend Übernahmeangebote von den Mitgliedstaaten benannte Aufsichtsstellen unterliegen, und die eine Offenlegung von Short-Positionen unterhalb der Offenlegungsschwellen vorschreiben, die über die Anforderungen dieses Artikels hinausgeht.

In der Fassung vom 14.3.2012 (ABl. EU Nr. L 86 v. 24.3.2012, S. 1).

Art. 7 Meldung signifikanter Netto-Leerverkaufspositionen in öffentlichen Schuldtiteln an die zuständigen Behörden

(1) Natürliche oder juristische Personen, die eine Netto-Leerverkaufsposition in ausgegebenen öffentlichen Schuldtiteln halten, melden gemäß Artikel 9 der jeweils zuständigen Behörde, wenn eine solche Position im Hinblick auf den betreffenden öffentlichen Emittenten die Meldeschwellen erreicht oder unterschreitet.

(2) Die einschlägigen Meldeschwellen umfassen einen Ausgangsbetrag und danach ergänzende Schwellenbeträge in Bezug auf jeden öffentlichen Emittenten, die von der Kommission in den Rechtsakten nach Absatz 3 festgelegt werden. Die ESMA veröffentlicht auf ihrer Website die Meldeschwellen für jeden Mitgliedstaat.

(3) Die Kommission wird ermächtigt, delegierte Rechtsakte gemäß Artikel 42 zu erlassen, um die in Absatz 2 des vorliegenden Artikels genannten Beträge und ergänzenden Beträge festzulegen.

Die Kommission

a) stellt sicher, dass die Festlegung der Schwellenwerte keine Meldung von Positionen erfordert, die nur von minimalem Wert sind;
b) berücksichtigt den ausstehenden Gesamtbetrag der ausgegebenen öffentlichen Schuldtitel jedes öffentlichen Emittenten und den durchschnittlichen Umfang der Positionen, die Marktteilnehmer in öffentlichen Schuldtiteln des betreffenden öffentlichen Emittenten halten, und
c) berücksichtigt die Liquidität jedes Marktes für öffentliche Schuldtitel.

In der Fassung vom 14.3.2012 (ABl. EU Nr. L 86 v. 24.3.2012, S. 1).

Art. 8 Meldung ungedeckter Positionen in Credit Default Swaps auf öffentliche Schuldtitel an die zuständigen Behörden

Hebt eine zuständige Behörde Beschränkungen gemäß Artikel 14 Absatz 2 auf, so meldet eine natürliche oder juristische Person, die eine ungedeckte Position in einem Credit Default Swap auf Staatsanleihen hält, der betreffenden zuständigen Behörde, sobald solch eine Position die einschlägigen Meldeschwellen für den öffentlichen Emittenten gemäß Artikel 7 erreicht oder unterschritten hat.

In der Fassung vom 14.3.2012 (ABl. EU Nr. L 86 v. 24.3.2012, S. 1).

Art. 9 Melde- und Offenlegungsverfahren

(1) Jede Meldung oder Offenlegung gemäß den Artikeln 5, 6, 7 oder 8 enthält Angaben zur Identität der natürlichen oder juristischen Person, die die betreffende Position hält, zum Umfang der betreffenden Position, dem Emittenten, dessen Papiere in der betreffenden Position gehalten werden, und dem Datum, zu dem die betreffende Position eröffnet, geändert oder geschlossen wurde.

Im Sinne der Artikel 5, 6, 7 und 8 müssen natürliche und juristische Personen, die signifikante Netto-Leerverkaufspositionen halten, für einen Zeitraum von fünf Jahren Aufzeichnungen der Brutto-Positionen aufbewahren, die eine signifikante Netto-Leerverkaufsposition ausmachen.

(2) Der maßgebliche Berechnungszeitpunkt einer Netto-Leerverkaufsposition ist 24 Uhr am Ende des Handelstages, an dem die natürliche oder juristische Person die betreffende Position hält. Dieser Zeitpunkt gilt für alle Transaktionen unabhängig von der verwendeten Handelsform, einschließlich von Transaktionen mittels manuellem oder automatisiertem Handel, und unabhängig davon, ob die Transaktion während der üblichen Handelszeiten ausgeführt wurde. Die Meldung oder Offenlegung erfolgt spätestens am folgenden Handelstag um 15.30 Uhr. Die in diesem Absatz genannten Uhrzeiten berechnen sich nach der Zeit im Mitgliedstaat der zuständigen Behörde, der die betreffende Position zu melden ist.

(3) Die Meldung von Informationen an die jeweils zuständige Behörde erfolgt so, dass die Vertraulichkeit der Informationen gewährleistet ist und umfasst Mechanismen, anhand derer die Quelle der Meldung eindeutig identifiziert werden kann.

(4) Die Offenlegung von Informationen gegenüber der Öffentlichkeit nach Artikel 6 muss einen schnellen Zugang zu Informationen unter Beachtung des Grundsatzes der Nichtdiskriminierung gewährleisten. Diese Informationen werden in eine von der jeweils zuständigen Behörde verwaltete oder beaufsichtigte zentrale Website eingestellt. Die zuständigen Behörden teilen der ESMA die Adresse dieser Website mit, die ihrerseits alle diese zentralen Websites durch eine Verknüpfung von ihrer Website aus zugänglich macht.

(5) Um eine konsequente Anwendung dieses Artikels zu gewährleisten, entwickelt die ESMA Entwürfe für technische Regulierungsstandards, durch die die Einzelheiten der im Sinne von Absatz 1 bereitzustellenden Informationen geregelt werden.

Die ESMA legt der Kommission bis spätestens 31. März 2012 die Entwürfe dieser technischen Regulierungsstandards vor.

Der Kommission wird die Befugnis übertragen, die technischen Regulierungsstandards im Sinne von Unterabsatz 1 gemäß dem in den Artikeln 10 bis 14 der Verordnung (EU) Nr. 1095/2010 festgelegten Verfahren zu erlassen.

(6) Um einheitliche Bedingungen für die Anwendung von Absatz 4 zu gewährleisten, entwickelt die ESMA Entwürfe technischer Durchführungsstandards, in denen die möglichen Verfahren für die Offenlegung von Informationen gegenüber der Öffentlichkeit festgelegt werden.

Die ESMA legt der Kommission bis spätestens 31. März 2012 die Entwürfe dieser technischen Durchführungsstandards vor.

Der Kommission wird die Befugnis übertragen, die in Unterabsatz 1 genannten technischen Durchführungsstandards nach Artikel 15 der Verordnung (EU) Nr. 1095/2010 zu erlassen.

In der Fassung vom 14.3.2012 (ABl. EU Nr. L 86 v. 24.3.2012, S. 1).

Art. 10 Anwendung der Melde- und Offenlegungsverfahren

Die Melde- und Offenlegungsanforderungen gemäß Artikel 5, 6, 7 und 8 gelten für natürliche oder juristische Personen, die in der Union oder in einem Drittland ansässig oder niedergelassen sind.

In der Fassung vom 14.3.2012 (ABl. EU Nr. L 86 v. 24.3.2012, S. 1).

Die Art. 5–10 VO Nr. 236/2012 werden im Folgenden gemeinsam erläutert.

Delegierte Verordnung (EU) Nr. 826/2012 der Kommission vom 29. Juni 2012 zur Ergänzung der Verordnung (EU) Nr. 236/2012 des Europäischen Parlaments und des Rates im Hinblick auf technische Regulierungsstandards für die Melde- und Offenlegungspflichten in Bezug auf Netto-Leerverkaufspositionen, die Einzelheiten der in Bezug auf Netto-Leerverkaufspositionen an die Europäische Wertpapier- und Marktaufsichtsbehörde zu übermittelnden Informationen und die Methode zur Berechnung des Umsatzes zwecks Ermittlung der unter die Ausnahmeregelung fallenden Aktien

(Auszug)

Art. 2 Meldung von Netto-Leerverkaufspositionen in Aktien, öffentlichen Schuldtiteln und ungedeckten Credit Default Swaps auf öffentliche Schuldtitel an die zuständigen Behörden

(1) Eine Meldung gemäß Artikel 5 Absatz 1, Artikel 7 Absatz 1 oder Artikel 8 der Verordnung (EU) Nr. 236/2012 enthält die in Anhang I Tabelle 1 der vorliegenden Verordnung aufgeführten Informationen.

Die Meldung erfolgt unter Verwendung eines von der jeweils zuständigen Behörde ausgegebenen Formulars in dem in Anhang II dargestellten Format.

(2) Verfügt die zuständige Behörde über sichere Systeme, die ihr eine lückenlose Identifizierung der die Meldung übermittelnden Person und des Positionsinhabers einschließlich aller in Anhang I Tabelle 1 Felder 1 bis 7 enthaltenen Informationen ermöglichen, können die entsprechenden Felder des Formulars im Meldeformat leer bleiben.

(3) Eine natürliche oder juristische Person, die eine in Absatz 1 genannte Meldung mit einem Fehler übermittelt hat, übermittelt der jeweils zuständigen Behörde, sobald sie ihren Fehler bemerkt, eine Stornierung.

Die Stornierung erfolgt unter Verwendung eines von dieser zuständigen Behörde ausgegebenen Formulars in dem in Anhang III dargestellten Format.

Die betreffende natürliche oder juristische Person übermittelt gegebenenfalls eine neue Meldung gemäß den Absätzen 1 und 2.

In der Fassung vom 29.6.2012 (ABl. EU Nr. L 251 v. 18.9.2012, S. 1).

Art. 3 Offenlegung von Informationen über Netto-Leerverkaufspositionen in Aktien gegenüber der Öffentlichkeit

Jede Offenlegung einer Netto-Leerverkaufsposition in Aktien, die gemäß Artikel 6 Absatz 1 der Verordnung (EU) Nr. 236/2012 eine einschlägige Offenlegungsschwelle erreicht oder anschließend wieder unterschreitet, enthält die in Anhang I Tabelle 2 der vorliegenden Verordnung aufgeführten Informationen.

In der Fassung vom 29.6.2012 (ABl. EU Nr. L 251 v. 18.9.2012, S. 1).

Durchführungsverordnung (EU) Nr. 827/2012 der Kommission vom 29. Juni 2012 zur Festlegung technischer Durchführungsstandards in Bezug auf die Verfahren für die Offenlegung von Nettopositionen in Aktien gegenüber der Öffentlichkeit, das Format, in dem der Europäischen Wertpapier- und Marktaufsichtsbehörde Informationen zu Netto-Leerverkaufspositionen zu übermitteln sind, die Arten von Vereinbarungen, Zusagen und Maßnahmen, die angemessen gewährleisten, dass Aktien oder öffentliche Schuldtitel für die Abwicklung des Geschäfts verfügbar sind, und die Daten, zu denen die Ermittlung des Haupthandelsplatzes einer Aktie erfolgt, sowie den Zeitraum, auf den sich die betreffende Berechnung bezieht, gemäß der Verordnung (EU) Nr. 236/2012 des Europäischen Parlaments und des Rates über Leerverkäufe und bestimmte Aspekte von Credit Default Swaps

(Auszug)

Art. 2 Verfahren, nach denen Informationen gegenüber der Öffentlichkeit offengelegt werden können

Informationen über Netto-Leerverkaufspositionen in Aktien werden gemäß Artikel 9 Absatz 4 der Verordnung (EU) Nr. 236/2012 über eine zentrale, von der jeweils zuständigen Behörde verwaltete oder beaufsichtigte Website offengelegt. Die Informationen werden der Öffentlichkeit gegenüber durch Verfahren offengelegt, die

a) die Informationen in dem in Anhang I festgelegten Format und in einer Weise veröffentlichen, die es der Öffentlichkeit ermöglicht, auf der Website eine oder mehrere Tabellen zu konsultieren, die alle relevanten Informationen über die Positionen der einzelnen Aktienemittenten enthalten;

b) es den Nutzern ermöglichen, zu ermitteln und herauszufiltern, ob die Netto-Leerverkaufspositionen für einen Aktienemittenten zum Zeitpunkt der Abfrage der Website die geltenden Schwellen für die Veröffentlichung erreicht oder überschritten haben;

c) die Verfügbarkeit historischer Daten zu den veröffentlichten Netto-Leerverkaufspositionen für einen Aktienemittenten gewährleisten;

d) wann immer technisch möglich, herunterladbare Dateien mit den veröffentlichten und den historischen Netto-Leerverkaufspositionen in maschinenlesbarem Format enthalten, d. h. die Dateien müssen ausreichend strukturiert sein, damit individuelle Sachverhalte und deren interne Struktur mit Software-Anwendungen zuverlässig ermittelt werden können;

e) zusammen mit den unter Buchstabe b genannten Informationen einen Tag lang die Netto-Leerverkaufspositionen anzeigen, die veröffentlicht werden, weil sie unter die Offenlegungsschwelle von 0,5 % des ausgegebenen Aktienkapitals abgesunken sind, bevor sie entfernt und in den Abschnitt „historische Daten" verschoben werden.

In der Fassung vom 29.6.2012 (ABl. EU Nr. L 251 v. 18.9.2012, S. 11).

Art. 5–10 VO Nr. 236/2012 | Transparenz von Netto-Leerverkaufspositionen

**Delegierte Verordnung (EU) Nr. 918/2012 der Kommission vom 5. Juli 2012
zur Ergänzung der Verordnung (EU) Nr. 236/2012 des Europäischen Parlaments und des Rates über Leerverkäufe und bestimmte Aspekte von Credit Default Swaps im Hinblick auf Begriffsbestimmungen, die Berechnung von Netto-Leerverkaufspositionen, gedeckte Credit Default Swaps auf öffentliche Schuldtitel, Meldeschwellen, Liquiditätsschwellen für die vorübergehende Aufhebung von Beschränkungen, signifikante Wertminderungen bei Finanzinstrumenten und ungünstige Ereignisse**

(Auszug)

Art. 21 Meldeschwellen für Netto-Leerverkaufspositionen in Bezug auf ausgegebene öffentliche Schuldtitel

(1) Messgröße für die Schwelle, ab der Netto-Leerverkaufspositionen in ausgegebenen öffentlichen Schuldtiteln eines öffentlichen Emittenten an die jeweils zuständige Behörde zu melden sind, ist ein Prozentsatz des ausstehenden Gesamtbetrags der ausgegebenen öffentlichen Schuldtitel jedes öffentlichen Emittenten.

(2) Die Meldeschwelle ist ein monetärer Betrag. Festgelegt wird dieser monetäre Betrag, indem auf den ausstehenden öffentlichen Schuldtitel des öffentlichen Emittenten der prozentuale Schwellenwert angewandt und der daraus resultierende Betrag auf die nächste Million EUR aufgerundet wird.

(3) Der aus der prozentualen Schwelle resultierende monetäre Betrag wird vierteljährlich überprüft und aktualisiert, um Änderungen beim ausstehenden Gesamtbetrag der ausgegebenen öffentlichen Schuldtitel der einzelnen öffentlichen Emittenten Rechnung zu tragen.

(4) Der aus der prozentualen Schwelle resultierende monetäre Betrag und der ausstehende Gesamtbetrag der ausgegebenen öffentlichen Schuldtitel werden nach der Methode zur Berechnung von Netto-Leerverkaufspositionen in öffentlichen Schuldtiteln ermittelt.

(5) Die Ausgangsbeträge und ergänzenden Schwellenbeträge für öffentliche Emittenten werden anhand folgender Faktoren bestimmt:

a) Die Schwellen werden so festgelegt, dass Netto-Leerverkaufspositionen in öffentlichen Emittenten bei minimalem Wert nicht gemeldet werden müssen;

b) anhand des ausstehenden Gesamtbetrags der öffentlichen Schuldtitel eines öffentlichen Emittenten und der durchschnittlichen Größe der Positionen, die die Marktteilnehmer in Bezug auf die öffentlichen Schuldtitel dieses öffentlichen Emittenten halten;

c) anhand der Liquidität des Markts für öffentliche Schuldtitel der einzelnen öffentlichen Emittenten, einschließlich der Liquidität des Futures-Markts für diese öffentlichen Schuldtitel, falls dies angemessen ist.

(6) Unter Berücksichtigung der in Absatz 5 genannten Faktoren kommt für jeden öffentlichen Emittenten als maßgebliche Ausgangsschwelle ein Prozentsatz von 0,1 % oder 0,5 % des ausstehenden Gesamtbetrags ausgegebener öffentlicher Schuldtitel in Frage. Welcher Prozentsatz auf die einzelnen Emittenten anzuwenden ist, wird anhand der in Absatz 5 beschriebenen Kriterien bestimmt, so dass jedem öffentlichen Emittenten eine der beiden prozentualen Schwellen zugeordnet wird, anhand deren die für die Meldung relevanten monetären Beträge errechnet werden.

(7) Bei Inkrafttreten dieser Verordnung gelten die folgenden beiden Ausgangsschwellen:

a) eine Schwelle von 0,1 %, für den Fall, dass der ausstehende Gesamtbetrag der ausgegebenen öffentlichen Schuldtitel zwischen 0 und 500 Mrd. EUR beträgt;

b) eine Schwelle von 0,5 %, für den Fall, dass der ausstehende Gesamtbetrag der ausgegebenen öffentlichen Schuldtitel über 500 Mrd. EUR beträgt oder es für den betreffenden öffentlichen Schuldtitel einen liquiden Futures-Markt gibt.

(8) Die ergänzenden Schwellenbeträge werden auf 50 % der Ausgangsschwellen angesetzt und betragen:

a) je 0,05 % über die Ausgangsmeldeschwelle von 0,1 % hinaus, beginnend bei 0,15 %;

b) je 0,25 % über die Ausgangsmeldeschwelle von 0,5 % hinaus, beginnend bei 0,75 %.

(9) Der öffentliche Emittent wechselt in die für ihn passende Gruppe, wenn am Markt für seine öffentlichen Schuldtitel eine Veränderung eingetreten ist und diese Veränderung unter Anwendung der in Absatz 5 genannten Faktoren mindestens ein Kalenderjahr lang angehalten hat.

In der Fassung vom 5.7.2012 (ABl. EU Nr. L 274 v. 9.10.2012, S. 1).

Schrifttum: S. Vor Art. 1 ff. VO Nr. 236/2012.

I. Regelungsgegenstand 1	3. Internationaler Anwendungs- und Geltungsbereich 23
II. Regelungssystematik 4	4. Zeitlicher Anwendungsbereich 24
1. Verordnungsebene 4	V. Melde- und Offenlegungspflichten (Art. 5–8 VO Nr. 236/2012) 25
2. Tertiärrechtsakte 7	1. Meldepflichtiger 25
3. Leitlinien und Empfehlungen der ESMA (Level 3) 11	a) Halter einer Netto-Leerverkaufsposition bzw. einer ungedeckten Position in CDS ... 25
4. Nationale Rechtsakte 12	b) Verwaltungstätigkeiten für Fonds oder Portfolios und Unternehmensgruppen 26
5. Verhältnis zu sonstigen Transparenzvorschriften 15	2. Meldepflicht bei signifikanten Netto-Leerverkaufspositionen in Aktien (Art. 5 VO Nr. 236/2012) 27
III. Regelungszweck 17	
IV. Anwendungsbereich 18	
1. Sachlicher Anwendungsbereich .. 18	
2. Persönlicher Anwendungsbereich (Art. 10 VO Nr. 236/2012) 22	

3. Offenlegungspflicht bei signifikanten Netto-Leerverkaufspositionen in Aktien (Art. 6 VO Nr. 236/2012) 30
4. Meldepflicht bei signifikanten Netto-Leerverkaufspositionen in öffentlichen Schuldtiteln (Art. 7 VO Nr. 236/2012) 32
5. Meldepflicht bei ungedeckten Positionen in Credit Default Swaps auf öffentliche Schuldtitel (Art. 8 VO Nr. 236/2012) 36
VI. **Meldeverfahren (Art. 9 VO Nr. 236/2012)** . . 38
   1. Meldungsadressat – jeweils zuständige Behörde 38
   2. Inhalt der Meldung 39
   3. Form der Meldung 40
   4. Elektronische Meldeplattform der BaFin (MVP-System) 41
   5. Zeitpunkt der Meldung 45
   6. Meldung durch (externe) Dritte 47
   7. Stornierung von Meldungen 49
VII. **Offenlegungsverfahren (Art. 9 Abs. 1 und Abs. 4 VO Nr. 236/2012)** 50
   1. Offenlegungsplattform 50
   2. Inhalt der Offenlegung 54
   3. Form der Offenlegung 55
   4. Übermittlung an den Betreiber des Bundesanzeigers 56
   5. Zeitpunkt der Offenlegung 58
   6. Offenlegung durch (externe) Dritte 60
   7. Stornierung der Offenlegung 61
VIII. **Aufbewahrungspflicht (Art. 9 Abs. 1 Unterabs. 2 VO Nr. 236/2012)** 62
IX. **Stellungnahmebefugnis der ESMA (Art. 5 Abs. 3 und Art. 6 Abs. 3 VO Nr. 236/2012)** . 63
X. **Ermächtigung zum Erlass von Tertiärrechtsakten** 64
XI. **Rechtsfolgen eines Verstoßes** 68
   1. Ordnungswidrigkeitenrechtliche Sanktionierung 68
   2. Kein Schadensersatzanspruch nach § 823 Abs. 2 BGB 69
   3. Kein Rechtsverlust 70
XII. **Rechtstatsächliches/Rechtspraxis** 71

I. **Regelungsgegenstand.** Die Art. 5–10 VO Nr. 236/2012 schaffen ein umfangreiches **Transparenzregime** für Netto-Leerverkaufspositionen in Aktien (Art. 5 und 6 VO Nr. 236/2012), öffentlichen Schuldtiteln (Art. 7 VO Nr. 236/2012) und unter Umständen auch für ungedeckte Positionen in Credit Default Swaps (Art. 8 VO Nr. 236/2012)[1]. **Art. 5 VO Nr. 236/2012** verpflichtet natürliche und juristische Personen zur **Meldung (erste Stufe) von Netto-Leerverkaufspositionen in Aktien** an die jeweils zuständige Behörde, wenn ihre Netto-Leerverkaufspositionen einen bestimmten Schwellenwert (0,2 %) erreichen, über- oder unterschreiten. Wird der Schwellenwert von 0,5 % erreicht, über- oder unterschritten, verpflichtet **Art. 6 VO Nr. 236/2012** sogar zur **Offenlegung (zweite Stufe)** der Positionen gegenüber der Öffentlichkeit. **Art. 7 VO Nr. 236/2012** verpflichtet natürliche oder juristische Personen, **Netto-Leerverkaufsposition in öffentlichen Schuldtiteln** beim Erreichen, Über- oder Unterschreiten eines nach Art. 7 Abs. 2 VO Nr. 236/2012 i.V.m. der **DelVO Nr. 918/2012** zu bestimmenden Schwellenwerts zur Meldung ihrer Positionen gegenüber der jeweils zuständigen Behörde. Eine Pflicht zur Offenlegung besteht bei Netto-Leerverkaufspositionen in öffentlichen Schuldtiteln nicht[2]. Eine Meldepflicht von **ungedeckten Positionen in Credit Default Swaps**, die an die Begriffsbestimmung des Art. 4 VO Nr. 236/2012 anknüpft, besteht nach **Art. 8 VO Nr. 236/2012** nur, solange das Verbot ungedeckter Credit Default Swaps ausnahmsweise aufgehoben ist (Art. 14 VO Nr. 236/2012 Rz. 24 ff.). 1

Art. 9 VO Nr. 236/2012 regelt das **Melde- und Offenlegungsverfahren.** Art. 9 Abs. 1 Unterabs. 1 VO Nr. 236/2012 enthält Vorgaben zum **Inhalt der Meldung und Offenlegung.** Danach muss eine Meldung oder Offenlegung nach den Art. 5–8 VO Nr. 236/2012 mindestens Angaben enthalten (i) zur Identität der natürlichen oder juristischen Person, die die betreffende Position hält, (ii) zum Umfang der betreffenden Position, (iii) zum Emittenten, dessen Papiere in der betreffenden Position gehalten werden sowie (iv) das Datum, an dem die betreffende Position eröffnet, geändert oder geschlossen wurde. Die Offenlegung muss einen schnellen Zugang der Öffentlichkeit unter Beachtung des Grundsatzes der Nichtdiskriminierung gewährleisten (Art. 9 Abs. 4 Satz 1 VO Nr. 236/2012). Näher ausgestaltet werden die Form und der Inhalt der Meldung und Offenlegung durch die **DelVO Nr. 826/2012** und durch die **DurchfVO Nr. 827/2012.** Art. 9 Abs. 2 VO Nr. 236/2012 macht Vorgaben zum **maßgeblichen Berechnungszeitpunkt** (Satz 1 und 2) und zum **Zeitpunkt der Meldung- bzw. Offenlegung** (Satz 3). Gem. Art. 9 Abs. 1 Unterabs. 2 VO Nr. 236/2012 müssen Personen, die signifikante Netto-Leerverkaufspositionen i.S.d. Art. 5–8 VO Nr. 236/2012 halten, für einen Zeitraum von fünf Jahren **Aufzeichnungen** der Brutto-Positionen aufbewahren, die eine signifikante Netto-Leerverkaufsposition ausmachen. 2

---

1 Zum Transparenzregime *Grundmann* in Staub, HGB, Bankvertragsrecht 2, 5. Aufl. 2018, 6. Teil, 4. Abschnitt, A Rz. 594 ff.; *Walla* in Veil, European Capital Markets Law, 2nd ed. 2017, § 24 Rz. 23 ff.; *Weick-Ludewig* in Fuchs, § 30h WpHG Rz. 44 ff.; *F. Schäfer* in Assmann/Schütze, Hdb. des Kapitalanlagerechts, § 21 Rz. 20 f.; *Zetzsche* in Gebauer/Teichmann, Europäisches Privat- und Unternehmensrecht, 1. Aufl. 2016, § 7 C.III. Rz. 257 ff.; *Armour/Awrey/Davies/Ernriques/Gordon/Mayer/Payne*, Principles of Financial Regulation, 2016, S. 200 f.; *von Buttlar/Petersen* in Just/Voß/Ritz/Becker, § 30h WpHG Rz. 39 ff.; *Howell*, European Company Law 12 (2015), 79; *Schlimbach*, Leerverkäufe, 2015, S. 175 ff.; *Gruber*, Leerverkäufe, 2014, S. 33 ff.; *Walla* in Veil, Europäisches Kapitalmarktrecht, 2. Aufl. 2014, § 15 Rz. 20 ff.; *Moloney*, EU Securities and Financial Markets Regulation, 3rd ed. 2014, VI.3.8., S. 561 ff.; *Weick-Ludewig* in Heidel, Aktien- und Kapitalmarktrecht, Vor § 30h WpHG Rz. 20 ff.; *Mock* in KölnKomm. WpHG, § 30h WpHG Rz. 20; *Juurikkala*, European Company and Financial Law Review 2012, 307, 314 ff.; *Mülbert/Sajnovits*, ZBB 2012, 266, 276 ff.; *Krüger/Ludewig*, WM 2012, 1942, 1944 f.
2 *Walla* in Veil, European Capital Markets Law, 2nd ed. 2017, § 24 Rz. 24; *Howell*, European Company Law 12 (2015), 79, 81 f.

3 Die Melde- und Offenlegungsanforderungen der Art. 5, 6, 7 und 8 VO Nr. 236/2012 gelten gem. **Art. 10 VO Nr. 236/2012** für natürliche oder juristische Personen, die in der Europäischen Union oder in einem Drittland ansässig oder niedergelassen sind. Dass sich der **persönliche Anwendungsbereich** des Transparenzregimes nach Art. 10 VO Nr. 236/2012 auf Jedermann erstreckt, hat gegenüber dem allgemeinen Anwendungsbereich der Leerverkaufsverordnung nach Art. 1 VO Nr. 236/2012 nur klarstellende Bedeutung.

4 **II. Regelungssystematik. 1. Verordnungsebene.** Das Transparenzregime knüpft in den Art. 5–8 VO Nr. 236/2012 eine Melde- bzw. eine Melde- und Offenlegungspflicht an das **Halten** (vgl. Art. 3 Abs. 4 VO Nr. 236/2012) einer **Netto-Leerverkaufsposition** im ausgegebenen Aktienkapital eines Unternehmens (Art. 5, 6 VO Nr. 236/2012) oder in den ausgegebenen öffentlichen Schuldtiteln eines öffentlichen Emittenten (Art. 7 VO Nr. 236/2012) bzw. an das **Halten** einer **ungedeckten Position in Credit Default Swaps** auf öffentliche Schuldtitel (Art. 8 VO Nr. 236/2012). Damit **verweisen** die Melde- und Offenlegungstatbestände (Art. 5–8 VO Nr. 236/2012) auf die **Definitionsvorschriften der Art. 3 und 4 VO Nr. 236/2012**, die – in ihrer Konkretisierung durch die DelVO Nr. 918/2012 – Vorgaben dazu enthalten, wann und mit welchem Umfang Netto-Leerverkaufsposition und eine ungedeckte Position in Credit Default Swaps vorliegen. Ungedeckte Positionen in CDS sind nur meldepflichtig, wenn das Verbot des Eingehens ungedeckter Positionen in ungedeckten CDS nach Art. 14 Abs. 2 VO Nr. 236/2012 aufgehoben ist. Die Art. 5–8 VO Nr. 236/2012 – teils in ihrer Konkretisierung durch die DelVO Nr. 826/2012 – enthalten die **maßgeblichen Schwellenwerte**, bei deren Erreichen, Über- oder Unterschreiten eine Melde- bzw. Offenlegungspflicht besteht. Zudem enthält Art. 9 Abs. 2 Satz 1 und 2 VO Nr. 236/2012 mit dem **maßgeblichen Berechnungszeitpunkt** eine materiell-rechtliche Vorschrift, die ebenfalls für das Bestehen einer Melde- bzw. Offenlegungspflicht entscheidend ist.

5 Art. 9 VO Nr. 236/2012 regelt – abgesehen von der pflichten(mit)konstituierenden Vorschrift zum Berechnungszeitpunkt (Art. 9 Abs. 2 Satz 1 und 2 VO Nr. 236/2012) – das **Melde- und Offenlegungsverfahren** für die einzelnen Transparenztatbestände, knüpft mithin an das Bestehen einer Melde- bzw. Offenlegungspflicht nach den Art. 5–8 VO Nr. 236/2012 an. Dabei enthält die Norm Vorgaben zum Inhalt, zum Zeitpunkt und zum Adressaten einer Meldung bzw. Offenlegung sowie zur Art und Weise der Offenlegung. Näher konkretisiert wird das Verfahren durch die Tertiärrechtsakte (Rz. 64 ff.).

6 Ergänzt wird das Transparenzregime der Art. 5–10 VO Nr. 236/2012 durch **Art. 11 VO Nr. 236/2012**, der den Informationsfluss zwischen den nationalen Behörden und der ESMA regelt. Näher Art. 11 VO Nr. 236/2012 Rz. 5 ff.

7 **2. Tertiärrechtsakte.** Das Transparenzregime wird durch Bestimmungen in **drei Tertiärrechtsakten**, der DelVO Nr. 918/2012, der DelVO Nr. 826/2012 und der DurchfVO Nr. 827/2012, näher konkretisiert. Im Einzelnen:

8 Die **Schwellenwerte** für Netto-Leerverkaufspositionen in Aktien in den Art. 5 und 6 VO Nr. 236/2012 werden einheitlich für alle der Leerverkaufs-VO unterfallende Aktien (Art. 1 VO Nr. 236/2012 Rz. 2 ff.) festgelegt. Demgegenüber müssen die anwendbaren Schwellenwerte für **öffentliche Schuldtitel** nach den Vorgaben des Art. 7 Abs. 2 VO Nr. 236/2012 i.V.m. Art. 21 **DelVO Nr. 918/2012** für jeden einzelnen öffentlichen Emittenten festgelegt werden (Rz. 33 ff.). Art. 7 Abs. 3 VO Nr. 236/2012 ermächtigt die Europäische Kommission zum Erlass der die Schwellenwertbestimmung konkretisierenden Vorgaben in Art. 2 DelVO Nr. 918/2012 (näher Rz. 33).

9 Präzisierungen zum **Inhalt der Meldung und Offenlegung** werden durch die auf Basis des Art. 9 Abs. 5 VO Nr. 236/2012 erlassenen Art. 2 und 3 **DelVO Nr. 826/2012** gemacht. Deren Art. 2 i.V.m. Anhang I Tabelle 1 listet alle an die jeweils zuständige Behörde zu meldenden Informationen auf (Rz. 39). Art. 3 i.V.m. Anhang I Tabelle 2 DelVO Nr. 826/2012 enthält die Präzisierungen zu den offenzulegenden Informationen (Rz. 54).

10 Das **Verfahren der Offenlegung** nach Art. 9 Abs. 4 VO Nr. 236/2012 wird durch den auf Basis des Art. 9 Abs. 6 VO Nr. 236/2012 erlassenen Art. 2 i.V.m. Anhang I **DurchfVO Nr. 827/2012** näher konkretisiert (Rz. 50 ff.).

11 **3. Leitlinien und Empfehlungen der ESMA (Level 3).** Die **ESMA** hat **Q&As** zur Leerverkaufs-VO veröffentlicht (näher Vor Art. 1 ff. VO Nr. 236/2012 Rz. 42). Die Fragen 2–6 inkl. der jeweiligen Unterfragen befassen sich mit dem Transparenzregime: Während die Fragen 2a-g das Transparenzregime für Netto-Leerverkaufspositionen allgemein betreffen, präzisieren die Fragen 3a-l die Aufsichtspraxis zur Berechnung von Netto-Leerverkaufspositionen. Durch die Fragen 4a-f wird die Durationsbereinigung bei der Berechnung von Netto-Leerverkaufspositionen in öffentlichen Schuldtiteln näher behandelt, während sich die Fragen 5a-k mit den Melde- und Offenlegungspflichten bei Verwaltungseinheiten und innerhalb von Unternehmensgruppen beschäftigen. Schließlich geht die ESMA mit der Beantwortung der Fragen 6a-c näher auf das Melde- und Offenlegungsverfahren als solches ein.

12 **4. Nationale Rechtsakte.** Das Bundesministerium der Finanzen (BMF) kann gem. § 53 Abs. 4 Unterabs. 1 WpHG (§ 30h Abs. 4 Satz 1 Nr. 1 und Nr. 1a WpHG a.F.) durch eine **Rechtsverordnung**, die nicht der Zustimmung des Bundesrates bedarf, nähere Bestimmungen über (1.) Art, Umfang und Form von Mitteilungen und Veröffentlichungen von Netto-Leerverkaufspositionen nach den Art. 5–8 VO Nr. 236/2012, (2.) über die Beaufsichtigung der Internetseiten des Bundesanzeigers für die Zwecke des Art. 9 Abs. 4 Satz 2 VO Nr. 236/2012 sowie (3.) über Art, Umfang und Form der Mitteilungen, Übermittlungen und Benachrichtigungen gem. Art. 17 Abs. 5, 6 und 8–10 VO Nr. 236/2012 erlassen. Diese Ermächtigung kann es gem. § 53 Abs. 4 Unterabs. 2

WpHG durch Rechtsverordnung ohne Zustimmung des Bundesrates auf die BaFin übertragen. Die BaFin hat – nach Übertragung der Ermächtigung durch das BMF (§ 1 Nr. 1 Verordnung zur Übertragung von Befugnissen zum Erlass von Verordnungen auf die Bundesanstalt für Finanzdienstleistungsaufsicht) – in Ausfüllung der Ermächtigung die **Netto-Leerverkaufspositionsverordnung (NLPosV**[1]**)** erlassen[2]. Die Verordnung ist nach § 1 NLPosV auf Mitteilungen und Veröffentlichungen von Netto-Leerverkaufspositionen nach den Art. 5–9 VO Nr. 236/2012 anzuwenden. Das Regime tritt neben die unmittelbar aus der Leerkaufs-VO folgende Pflicht zur Meldung- und Offenlegung und präzisiert das Verfahren zur Meldung und Offenlegung von Netto-Leerverkaufspositionen weiter. Die Bestimmungen der NLPosV sind nur insoweit verbindlich, als sie verfahrensrechtliche (auch ergänzende) Bestimmungen zur Durchführung der Leerverkaufs-VO enthalten. Nicht zulässig wären hingegen materiell abweichende Vorgaben etwa zum Inhalt der Meldung.

Dass jeder Mitgliedstaat das Transparenzregime durch eigene nationale Bestimmungen (vgl. Rz. 12) weiter implementieren muss, um die Melde- und Offenlegungspflichten praktisch handhabbar zu machen, konterkariert das Regelungsziel einer **Harmonisierung** des Transparenzregimes (Erwägungsgrund 3 und Erwägungsgrund 2 DelVO Nr. 826/2012)[3]. Dies anerkennt auch die ESMA in ihrem aktuellen technical advice zu einem Review der Leerverkaufs-VO In ihrem aktuellen *technical advice* zu einer Evaluation der Leerverkaufs-VO[4]. Mit Blick hierauf wäre vielmehr ein europäisch vereinheitlichtes IT-System zur Meldung und Offenlegung von Netto-Leerverkaufspositionen, dass bei allen nationalen Aufsichtsbehörden oder gar der ESMA einheitlich eingerichtet wird, wünschenswert. Mit der Einführung eines ebensolchen Systems sympathisiert auch die ESMA in ihrem *technical advice* zu einem Review der Leerverkaufs-VO[5]. Allerdings hebt sie auch hervor, dass die Kosten der Einführung eines entsprechenden Systems – jedenfalls teilweise – durch eine Gebühr von Seiten der Marktteilnehmer zu kompensieren sei[6]. 13

Die umzusetzenden Vorgaben zu den Befugnissen der zuständigen Behörden (Art. 33 VO Nr. 236/2012) und zu den Strafmaßnahmen (Art. 41 VO Nr. 236/2012) hat der deutsche Gesetzgeber im WpHG umgesetzt. Zu den **Ordnungswidrigkeitentatbestände** bei einer Verletzung der Transparenzpflichten s. Rz. 68. Zu den sonstigen **aufsichtsbehördlichen Mechanismen** s. Vor Art. 1 ff. VO Nr. 236/2012 Rz. 20. 14

5. Verhältnis zu sonstigen Transparenzvorschriften. Die Melde- und Offenlegungspflichten der Leerkaufs-VO bestehen **neben anderen (kapitalmarktrechtlichen) Transparenzpflichten** und sind unabhängig von diesen zu erfüllen[7]. Die Erfüllung der Pflichten nach den Art. 5 ff. VO Nr. 236/2012 dispensiert dementsprechend auch nicht von sonstigen Transparenzpflichten. Für die Offenlegungspflicht nach Art. 6 VO Nr. 236/2012 betont dessen Abs. 5 sogar ausdrücklich, dass die Offenlegung solche Rechts- und Verwaltungsvorschriften nicht berührt, die in Bezug auf Übernahmeangebote, Fusionstransaktionen und sonstige Transaktionen erlassen wurden, welche das Eigentum oder die Kontrolle von Gesellschaften berühren und die eine Offenlegung von Short-Positionen unterhalb der Offenlegungsschwelle vorschreiben, die über die Anforderungen des Art. 6 VO Nr. 236/2012 hinausgehen[8]. Den Mitgliedstaaten bleibt es mithin unbenommen, auch niedrigere Offenlegungsschwellen festzulegen, was dem Vollharmonisierungsansatz der Leerverkaufs-VO (vgl. Vor Art. 1 ff. VO Nr. 236/2012 Rz. 13) freilich widerstreitet. 15

Das Transparenzregime wird seit dem 1.1.2018 durch **Art. 26 VO Nr. 600/2014 (MiFIR)** ergänzt[9]. Nach Art. 26 Abs. 1 VO Nr. 600/2014 müssen **Wertpapierfirmen**, die Geschäfte mit Finanzinstrumenten tätigen, der zuständigen Behörde die vollständigen und zutreffenden Einzelheiten dieser Geschäfte so schnell wie möglich und spätestens am Ende des folgenden Arbeitstags melden. Zu diesen Einzelheiten gehören auch Angaben zur Ermittlung von Leerverkäufen i.S.v. Art. 2 Abs. 1 lit. b VO Nr. 236/2012 in Bezug auf in den Anwendungsbereich der Art. 12, 13 und 17 VO Nr. 236/2012 fallende Aktien und öffentliche Schuldtitel (Art. 26 Abs. 3 VO Nr. 600/2014). Zudem verpflichtet Art. 26 Abs. 4 VO Nr. 600/2014 auch **Marktbetreiber** dazu, Einzelheiten gem. den Abs. 1 und 3 des Art. 26 VO Nr. 600/2014 zu den Geschäften mit über seine Plattform gehandelten Finanzinstrumenten, die eine nicht dieser Verordnung unterliegende Firma über sein System abgewickelt hat, zu melden. 16

III. Regelungszweck. Der europäische Gesetzgeber betont in Erwägungsgrund 7 und 8 VO Nr. 236/2012, dass sowohl die Regulierungsbehörden als auch die Marktteilnehmer von einer erhöhten Transparenz in Bezug auf 17

---

1 Netto-Leerverkaufspositionsverordnung v. 17.12.2012 (BGBl. I 2012, 2699), die zuletzt durch Art. 24 Abs. 11 des Gesetzes v. 23.6.2017 (BGBl. I 2017, 1693) geändert worden ist.
2 *Weick-Ludewig* in Fuchs, § 30h WpHG Rz. 27; *Schlimbach*, Leerverkäufe, 2015, S. 183.
3 *Howell*, European Company Law 12 (2015), 79, 79.
4 ESMA, Final Report – Technical Advice on the evaluation of certain elements of the Short Selling Regulation, ESMA70-145-386, 5.4.1. Rz. 277 ff.
5 ESMA, Final Report – Technical Advice on the evaluation of certain elements of the Short Selling Regulation, ESMA70-145-386, 5.4.2. Rz. 282 ff.
6 ESMA, Final Report – Technical Advice on the evaluation of certain elements of the Short Selling Regulation, ESMA70-145-386, 5.4.2. Rz. 282 ff.
7 *Grundmann* in Staub, HGB, Bankvertragsrecht 2, 5. Aufl. 2018, 6. Teil, 4. Abschnitt, A Rz. 598.
8 *Grundmann* in Staub, HGB, Bankvertragsrecht 2, 5. Aufl. 2018, 6. Teil, 4. Abschnitt, A Rz. 598.
9 *Walla* in Veil, European Capital Markets Law, 2nd ed. 2017, § 24 Rz. 33.

signifikante Netto-Leerverkaufspositionen profitieren würden[1]. Den **Aufsichtsbehörden** hilft das Transparenzregime dabei, die einschlägigen Positionen zu überwachen, um so bei Bedarf zu prüfen, ob Leerverkäufe systemische Risiken verursachen, marktmissbräuchlich eingesetzt werden oder zu Marktstörungen führen können (Erwägungsgründe 7 Satz 3 und 8 Satz 1 VO Nr. 236/2012)[2]. Daneben kann die Offenlegung von Leerverkaufspositionen auch für die Marktteilnehmer von Vorteil sein (vgl. Erwägungsgrund 7 Satz 3 VO Nr. 236/2012)[3]. Die Offenlegung von Short-Positionen **steigert** nämlich die **Informationseffizienz**, indem dem Markt die Möglichkeit gegeben wird, die negativen Informationen der Leerverkäufer schneller zu verarbeiten. **Kritisch** ist aber die **nicht-anonymisierte Offenlegungspflicht** nach Art. 6 zu beurteilen. Näher Vor Art. 1 ff. VO Nr. 236/2012 Rz. 58 ff. Die Risiken einer Offenlegung für die Liquidität der Märkte haben den europäischen Gesetzgeber dazu bewogen, bei Netto-Leerverkaufspositionen in öffentlichen Schuldtiteln keine entsprechende Offenlegungspflicht vorzusehen (Erwägungsgrund 8 VO Nr. 236/2012)[4].

18 **IV. Anwendungsbereich. 1. Sachlicher Anwendungsbereich.** Das Melde- und Offenlegungsregime für Netto-Leerverkaufspositionen in **Aktien** (Art. 5, 6 VO Nr. 236/2012) betreffen im Ausgangspunkt alle Aktien eines Unternehmens, die an einem Handelsplatz in der Europäischen Union zugelassen sind. Ein Handelsplatz ist nach Art. 2 Abs. 1 lit. l VO Nr. 236/2012 ein Handelsplatz i.S.d. Art. 4 Abs. 1 Nr. 24 RL 2014/65/EU (MiFID II) und damit ein geregelter Markt, ein MTF oder ein OTF (s. Art. 2 VO Nr. 236/2012 Rz. 35)[5]. Noch nicht emittierte Aktien sind nur dann erfasst, wenn sie bereits zum Handel an einem Handelsplatz zugelassen sind[6].

19 **Nicht erfasst** sind Aktien, die zwar zum Handel an einem Handelsplatz in der Europäischen Union zugelassen sind, deren **Haupthandelsplatz** sich jedoch **außerhalb der Europäischen Union** befindet (Art. 16 Abs. 1 VO Nr. 236/2012). Näher Art. 16 VO Nr. 236/2012 Rz. 8.

20 Das Melderegime für Netto-Leerverkaufspositionen in **öffentlichen Schuldtiteln** (Art. 7 VO Nr. 236/2012) betrifft alle Schuldinstrumente unabhängig von ihrer Denomination, die ein öffentlicher Emittent begeben hat (Art. 2 Abs. 1 lit. f VO Nr. 236/2012). Ein öffentlicher Emittent ist die Union, ein Mitgliedstaat, im Falle eines bundesstaatlich organisierten Mitgliedstaats ein Gliedstaat des Bundes, eine für mehrere Mitgliedstaaten tätige Zweckgesellschaft, ein von zwei oder mehreren Mitgliedstaaten gegründetes internationales Finanzinstitut sowie die Europäische Investitionsbank (Art. 2 Abs. 1 lit. f VO Nr. 236/2012). Näher Art. 2 VO Nr. 236/2012 Rz. 24 f.

21 Die Meldepflicht des Art. 8 VO Nr. 236/2012 ist anwendbar auf **ungedeckte Positionen in Credit Default Swaps** (Art. 2 Abs. 1 lit. c VO Nr. 236/2012) auf öffentliche Schuldtitel. Bei einem CDS auf öffentliche Schuldtitel wird im Falle eines Kreditereignisses oder Zahlungsausfalls im Zusammenhang mit einem öffentlichen Emittenten eine Zahlung geleistet oder ein anderer Vorteil gewährt (Art. 2 Abs. 1 lit. h VO Nr. 236/2012). Näher Art. 2 VO Nr. 236/2012 Rz. 23.

22 **2. Persönlicher Anwendungsbereich (Art. 10 VO Nr. 236/2012).** Das Transparenzregime der Art. 5–8 VO Nr. 236/2012 knüpft Melde- und/oder Offenlegungspflichten an das Halten einer Netto-Leerverkaufsposition im ausgegebenen Aktienkapital eines Unternehmens (Art. 5, 6 VO Nr. 236/2012) oder in den ausgegebenen öffentlichen Schuldtiteln eines öffentlichen Emittenten (Art. 7 VO Nr. 236/2012) bzw. an das Halten einer ungedeckten Position in CDS (Art. 8 VO Nr. 236/2012). **Normadressat** ist damit der jeweilige **Rechtsträger**, der als Inhaber von Finanzinstrumenten eine absolute Netto-Leerverkaufsposition bzw. eine ungedeckte Position in CDS hält, unabhängig davon, ob es sich um eine **natürliche oder juristische Person** handelt, und unabhängig vom Wohnort bzw. Sitz der jeweiligen natürlichen oder juristischen Person (Art. 10 VO Nr. 236/2012)[7]. Unter den Begriff der juristischen Person fallen auch **Personengesellschaften** (s. Erwägungsgrund 6 VO Nr. 236/2012). Bei **unselbständigen Sondervermögen** ist auf die Person abzustellen, der die Verwaltung des Sondervermögens obliegt, regelmäßig also die jeweilige Kapitalanlagegesellschaft (vgl. Rz. 26). Besonderheiten gelten bei Verwaltungseinheiten und bei Unternehmensgruppen, näher Art. 3 VO Nr. 236/2012 Rz. 36 ff. Market Maker und Primärhändler sind nicht *per se* vom persönlichen Anwendungsbereich ausgenommen. Die Ausnahme des Art. 17 VO Nr. 236/2012 ist vielmehr tätigkeitsbezogen. Zu den tätigkeitsbezogenen Ausnahmen für Market Maker und Primärhändler s. Art. 17 VO Nr. 236/2012 Rz. 16 ff.

---

1 S. auch ESMA, Final Report – Technical Advice on the evaluation of certain elements of the Short Selling Regulation, ESMA70-145-386, 5.1. Rz. 237.
2 *Grundmann* in Staub, HGB, Bankvertragsrecht 2, 5. Aufl. 2018, 6. Teil, 4. Abschnitt, A Rz. 594; *Howell*, European Company Law 12 (2015), 79, 81; *von Buttlar/Petersen* in Just/Voß/Ritz/Becker, § 30h WpHG Rz. 41; *Krüger/Ludewig*, WM 2012, 1942.
3 *Grundmann* in Staub, HGB, Bankvertragsrecht 2, 5. Aufl. 2018, 6. Teil, 4. Abschnitt, A Rz. 594; *von Buttlar/Petersen* in Just/Voß/Ritz/Becker, § 30h WpHG Rz. 42; kritisch *Howell*, European Company Law 12 (2015), 79, 81 f.
4 *Grundmann* in Staub, HGB, Bankvertragsrecht 2, 5. Aufl. 2018, 6. Teil, 4. Abschnitt, A Rz. 599.
5 Gem. Art. 94 Unterabs. 2 i.V.m. Anhang IV RL 2014/65/EU (MiFID II) ist der Verweis in der Leerverkaufs-VO auf die MiFID I als solcher auf die MiFID II zu lesen (näher Vor Art. 1 ff. VO Nr. 236/2012 Rz. 17).
6 Zum parallelen Problem bei § 30h WpHG s. *Mülbert* in 6. Aufl., § 30h WpHG Rz. 17; *Ludewig* in Heidel, Aktien- und Kapitalmarktrecht, 3. Aufl. 2011, § 30h WpHG Rz. 7.
7 *Weick-Ludewig* in Fuchs, § 30h WpHG Rz. 45.

3. **Internationaler Anwendungs- und Geltungsbereich.** Der **Anwendungsbereich** des Transparenzregimes im Sinne der räumlichen Verortung der Sachverhalte, auf welche die Normen anwendbar sind (*jurisdiction to prescribe*), beschränkt sich demgegenüber nicht auf die Europäische Union bzw. den EWR[1]. Die Transparenzvorschriften gelten vielmehr auch **außerhalb der EU in einem Drittstaat**. Entscheidend ist allein, dass eine Netto-Leerverkaufsposition bzw. eine ungedeckte Position in einem dem sachlichen Anwendungsbereich unterfallenden Instrument (Rz. 19 ff.) besteht. Die Transparenzvorschriften gelten damit extraterritorial. Der **Geltungsbereich** der Art. 5–10 VO Nr. 236/2012 im Sinne des Gebietes, in dem Gerichte und Behörden an die Vorschriften gebunden sind und die Normen anwenden und durchsetzen (*jurisdiction to enforce*), ist auf die Europäische Union bzw. den EWR beschränkt. Näher zum Ganzen Art. 1 VO Nr. 236/2012 Rz. 13 ff. 23

4. **Zeitlicher Anwendungsbereich.** Die Leerverkaufs-VO wurde am 23.3.2012 – nach Ausfertigung durch den Präsidenten des Europäischen Parlaments und den Präsidenten des Rates der EU am 14.3.2012 – im Amtsblatt der EU veröffentlicht und trat gem. Art. 48 Satz 1 VO Nr. 236/2012 am Tag nach ihrer Veröffentlichung, mithin am 24.3.2012, in Kraft. Ihre wesentlichen Bestimmungen – und so auch das Transparenzregime der Art. 5–10 VO Nr. 236/2012 – gelten gem. Art. 48 Satz 2 VO Nr. 236/2012 aber erst **seit dem 1.11.2012**. Näher Art. 1 VO Nr. 236/2012 Rz. 16. 24

V. **Melde- und Offenlegungspflichten (Art. 5–8 VO Nr. 236/2012).** 1. **Meldepflichtiger. a) Halter einer Netto-Leerverkaufsposition bzw. einer ungedeckten Position in CDS.** Meldepflichtig ist grundsätzlich diejenige **natürliche oder juristische Person**, die eine **Netto-Leerverkaufsposition** bzw. eine **ungedeckte Position in CDS hält**. S. näher Art. 3 VO Nr. 236/2012 Rz. 6 ff. und Art. 4 VO Nr. 236/2012 Rz. 6 ff. 25

b) **Verwaltungstätigkeiten für Fonds oder Portfolios und Unternehmensgruppen.** Ein **Sonderregime zur Ermittlung von Netto-Leerverkaufspositionen** besteht für die Verwaltungstätigkeiten für Fonds oder Portfolios (Art. 3 VO Nr. 236/2012 Rz. 36 ff.) und für Unternehmensgruppen (Art. 3 VO Nr. 236/2012 Rz. 42 ff.). Aus diesem Sonderregime ergeben sich bei Erreichen, Über- oder Unterschreiten der jeweiligen Schwellenwerte eine Melde- bzw. eine Melde- und Offenlegungspflicht unabhängig vom Halten einer Netto-Leerverkaufsposition. Näher zur Verwaltungstätigkeit für Fonds oder Portfolios und zu Unternehmensgruppen und zur Kritik s. Art. 3 VO Nr. 236/2012 Rz. 36 ff. 26

2. **Meldepflicht bei signifikanten Netto-Leerverkaufspositionen in Aktien (Art. 5 VO Nr. 236/2012).** Die Meldepflicht des Art. 5 VO Nr. 236/2012 knüpft an das **Halten einer Netto-Leerverkaufsposition** im ausgegebenen Aktienkapital eines Unternehmens an[2]. Zum Halten einer entsprechenden Position und deren Berechnung näher Art. 3 VO Nr. 236/2012 Rz. 10 ff. Im Falle von Verwaltungstätigkeiten für Fonds oder Portfolios und bei Unternehmensgruppen kann eine Meldepflicht auch unabhängig vom Halten einer entsprechenden Position resultieren (näher Art. 3 VO Nr. 236/2012 Rz. 36 ff.). 27

Eine Meldepflicht nach Art. 5 Abs. 1 VO Nr. 236/2012 besteht, wenn die Netto-Leerverkaufsposition den **Schwellenwert von 0,2 %** des ausgegebenen Aktienkapitals des betreffenden Unternehmens (Art. 5 Abs. 2 VO Nr. 236/2012) erreicht, über- oder unterschrittet. Art. 5 Abs. 1 VO Nr. 236/2012 spricht zwar nur davon, dass eine Meldepflicht beim Erreichen oder Unterschreiten eines Schwellenwerts besteht; es kann aber kein Zweifel daran bestehen, dass der Schwellenwert auch dann *erreicht* wird, wenn die Netto-Leerverkaufsposition zum Berechnungszeitpunkt über dem Schwellenwert liegt[3]. Weitere Meldeschwellen bestehen in **Intervallen von 0,1 %** des ausgegebenen Aktienkapitals des betreffenden Unternehmens, also bei einer Netto-Leerverkaufsposition von 0,3 %, 0,4 %, 0,5 %, 0,6 % usw. im ausgegebenen Aktienkapital des betreffenden Unternehmens[4]. Das **ausgegebene Aktienkapital** meint nach Art. 2 Abs. 1 lit. h VO Nr. 236/2012 die Gesamtheit der von einer Gesellschaft begebenen Stamm- und Vorzugsaktien[5], ohne Berücksichtigung von Wandelschuldverschreibungen (näher Art. 2 VO Nr. 236/2012 Rz. 27). Eine nach der Subtraktion aller Long-Positionen verbleibende Short-Position (**absolute Netto-Leerverkaufsposition**) ist mit den gesamten ausgegebenen Positionen des jeweiligen Emittenten in Relation zu setzen, bei Aktien demgemäß mit allen ausgegebenen Aktien des entsprechenden Unternehmens, um so die für die Melde- und Offenlegungspflicht relevante **relative Netto-Leerverkaufsposition** zu ermitteln[6]. Die Berechnung der Netto-Leerverkaufsposition ist auf das **Ende des jeweiligen Handelstages** (24:00 Uhr) vorzunehmen, zu dem die Person die entsprechende Netto-Leerverkaufsposition erstmals hält (Art. 9 Abs. 2 VO Nr. 236/2012). Näher zur Berechnung Art. 3 VO Nr. 236/2012 Rz. 18 ff. 28

---

1 Vgl. *Mülbert*, AG 1986, 1, 4 f.; *Linke*, Europäisches internationales Verwaltungsrecht, 2001, S. 28 f.
2 *Grundmann* in Staub, HGB, Bankvertragsrecht 2, 5. Aufl. 2018, 6. Teil, 4. Abschnitt, A Rz. 596; *Weick-Ludewig* in Fuchs, § 30h WpHG Rz. 51; *von Buttlar/Petersen* in Just/Voß/Ritz/Becker, § 30h WpHG Rz. 69; *Moloney*, EU Securities and Financial Markets Regulation, 3rd ed. 2014, VI.3.8., S. 562 f.; *Gruber*, Leerverkäufe, 2014, S. 46; *Mülbert/Sajnovits*, ZBB 2012, 266, 280; *Juurikkala*, European Company and Financial Law Review 2012, 307, 315.
3 So auch BaFin, FAQ zu den Mitteilungs- und Veröffentlichungspflicht, Frage 74.
4 *von Buttlar/Petersen* in Just/Voß/Ritz/Becker, § 30h WpHG Rz. 69.
5 *Weick-Ludewig* in Fuchs, § 30h WpHG Rz. 53; *von Buttlar/Petersen* in Just/Voß/Ritz/Becker, § 30h WpHG Rz. 53; *Mülbert/Sajnovits*, ZBB 2012, 266, 276.
6 *von Buttlar/Petersen* in Just/Voß/Ritz/Becker, § 30h WpHG Rz. 53.

29 Die Transparenzpflichten nach Art. 5 und 6 VO Nr. 236/2012 gelten gem. **Art. 16 VO Nr. 236/2012 nicht für Aktien** eines Unternehmens, die zwar zum Handel an einem Handelsplatz in der Union zugelassen sind, deren **Haupthandelsplatz** sich aber in einem **Drittland** befindet. Näher Art. 16 VO Nr. 236/2012 Rz. 8 ff.

30 **3. Offenlegungspflicht bei signifikanten Netto-Leerverkaufspositionen in Aktien (Art. 6 VO Nr. 236/2012).** Halter einer Netto-Leerverkaufsposition in Aktien bzw. Verwaltungseinheiten oder bestimmte Unternehmen innerhalb einer Unternehmensgruppe (Rz. 25 f.) haben ihre Netto-Leerverkaufspositionen in Aktien zudem gegenüber der Öffentlichkeit offenzulegen, wenn diese Position den **Schwellenwert von 0.5 %** des ausgegebenen Aktienkapitals des betreffenden Unternehmens erreicht, über- oder unterschreitet (vgl. Rz. 28); oberhalb dieses Schwellenwerts sind Veränderungen in **Intervallen von 0,1 %** des ausgegebenen Aktienkapitals des betreffenden Unternehmens offenzulegen[1]. Für die Berechnung der Position (vgl. Rz. 28) und die Ausnahmen (vgl. Rz. 29) gelten die Ausführungen zu Art. 5 entsprechend.

31 **Parallel** zur Offenlegungspflicht besteht auch weiterhin eine **Meldepflicht nach Art. 5 VO Nr. 236/2012** (Rz. 27 ff.). Die Offenlegung befreit nicht von der Pflicht zur Meldung.

32 **4. Meldepflicht bei signifikanten Netto-Leerverkaufspositionen in öffentlichen Schuldtiteln (Art. 7 VO Nr. 236/2012).** Halter einer Netto-Leerverkaufsposition in öffentlichen Schuldtiteln bzw. Verwaltungseinheiten oder bestimmte Unternehmen innerhalb einer Unternehmensgruppe (vgl. Rz. 26 und Art. 3 VO Nr. 236/2012 Rz. 36 ff.) haben ihre Netto-Leerverkaufspositionen in öffentlichen Schuldtiteln beim Erreichen, Über- oder Unterschreiten der nach Art. 7 Abs. 2 VO Nr. 236/2012 festzulegenden Schwellenwerte zu melden (Art. 7 Abs. 1 VO Nr. 236/2012)[2]. Zur Berechnung der Netto-Leerverkaufsposition in öffentlichen Schuldtiteln s. Art. 3 VO Nr. 236/2012 Rz. 32 ff. Zu den Besonderheiten bei Verwaltungseinheiten oder bestimmte Unternehmen innerhalb einer Unternehmensgruppe vgl. oben Rz. 22 und näher Art. 3 VO Nr. 236/2012 Rz. 36 ff.

33 Die **maßgeblichen Meldeschwellen** besteht in einem **Ausgangsbetrag** und **höheren zusätzlichen Schwellenwerten**, die von der Europäischen Kommission in Bezug auf jeden einzelnen öffentlichen Emittenten durch delegierten Rechtsakt differenziert festgelegt werden können (Art. 7 Abs. 2 VO Nr. 236/2012). Hierbei sind u.a. der ausstehende Gesamtbetrag der öffentlichen Schuldtitel, der durchschnittliche Umfang der von Marktteilnehmern in Titeln des betreffenden Emittenten gehaltenen Positionen sowie die Liquidität des Markts zu beachten (Art. 7 Abs. 3 Unterabs. 2 VO Nr. 236/2012). Bei der Wahrnehmung der Ermächtigung nach Art. 7 Abs. 3 VO Nr. 236/2012 hat die Europäische Kommission – nachvollziehbar – davon abgesehen, die Ausgangsmeldeschwelle für jeden einzelnen öffentlichen Emittenten betragsmäßig zu fixieren. **Messgröße für den Anfangsschwellenwert** und die **nachfolgenden Intervalle** ist vielmehr ein Prozentsatz des ausstehenden Gesamtbetrags der ausgegebenen öffentlichen Schuldtitel eines jeden öffentlichen Emittenten[3]. Die Meldeschwelle ist ein **monetärer Betrag** (Art. 21 Abs. 2 Satz 1 DelVO Nr. 918/2012)[4]. Festgelegt wird dieser monetäre Betrag, indem auf die ausstehenden öffentlichen Schuldtitel des öffentlichen Emittenten (vgl. Art. 2 VO Nr. 236/2012 Rz. 27) ein bestimmter prozentualer Schwellenwert (Rz. 34) angewandt und der daraus resultierende Betrag auf die nächste Million Euro aufgerundet wird (Art. 21 Abs. 2 Satz 2 DelVO Nr. 918/2012). Der Ausgangsbetrag der öffentlichen Schuldtitel eines jeden öffentlichen Emittenten ist vierteljährlich durch die jeweils zuständige Behörde (Art. 2 VO Nr. 236/2012 Rz. 30 ff.) zu aktualisieren, damit alle Veränderungen in den ausgegebenen öffentlichen Schuldtiteln Berücksichtigung finden können (Art. 21 Abs. 3 DelVO Nr. 918/2012) und sich die Schwellenwerte an das Gesamtvolumen der ausstehenden öffentlichen Schuldtitel eines öffentlichen Emittenten anpassen können.

34 Im Einzelnen liegt der **maßgebliche Anfangsschwellenwert** im Falle öffentlicher Emittenten, deren Gesamtumfang an ausgegebenen öffentlichen Schuldtiteln **weniger als 500 Milliarden Euro** beträgt, bei 0,1 %, ergänzende meldepflichtige Schwellenwert folgen in **Intervallen von 0,05 %** (Art. 21 Abs. 5–7 DelVO Nr. 918/2012)[5]. Umfasst der Gesamtumfang der ausstehenden öffentlichen Schuldtitel **mehr als 500 Milliarden Euro**[6] oder existiert ein **liquider Future-Markt**, liegt der maßgebliche Anfangsschwellenwert bei **0,5 %**, die weitere Schwellenwerte in **Intervallen von 0,25 %** (Art. 21 Abs. 8 DelVO Nr. 918/2012)[7].

35 Die **Einstufung** eines öffentlichen Emittenten in eine der beiden Gruppen (Rz. 34) erfolgt **kraft Gesetzes** und bedarf keiner aufsichtsbehördlichen Entscheidung. Ein öffentlicher Emittent wechselt automatisch in die für ihn maßgebliche Gruppe, wenn am Markt eine Veränderung eintritt, die seine Zuordnung zu der anderen

---

1 *Weick-Ludewig* in Fuchs, § 30h WpHG Rz. 51; *von Buttlar/Petersen* in Just/Voß/Ritz/Becker, § 30h WpHG Rz. 70; *Schlimbach*, Leerverkäufe, 2015, S. 182 f.; *Moloney*, EU Securities and Financial Markets Regulation, 3rd ed. 2014, VI.3.8., S. 563; *Gruber*, Leerverkäufe, 2014, S. 46; *Mülbert/Sajnovits*, ZBB 2012, 266, 281.
2 *Grundmann* in Staub, HGB, Bankvertragsrecht 2, 5. Aufl. 2018, 6. Teil, 4. Abschnitt, A Rz. 600.
3 *Moloney*, EU Securities and Financial Markets Regulation, 3rd ed. 2014, VI.3.8., S. 563.
4 *von Buttlar/Petersen* in Just/Voß/Ritz/Becker, § 30h WpHG Rz. 71.
5 *Weick-Ludewig* in Fuchs,§ 30h WpHG Rz. 52; *von Buttlar/Petersen* in Just/Voß/Ritz/Becker, § 30h WpHG Rz. 71.
6 Bezogen auf den Referenzzeitpunkt Ende 2010 galt dies nur für Spanien, Deutschland, Frankreich, Großbritannien und Italien, s. ESMA, Final technical advice, S. 91 Annex V: Tables on outstanding souvereign debt.
7 *Moloney*, EU Securities and Financial Markets Regulation, 3rd ed. 2014, VI.3.8., S. 563.

Gruppe bedingt und diese Veränderung mindestens ein Kalenderjahr angehalten hat (Art. 21 Abs. 9 DelVO Nr. 918/2012). Die **ESMA** veröffentlicht auf ihrer Website eine **Liste** mit den Meldeschwellen für jeden öffentlichen Emittenten (Art. 7 Abs. 2 Satz 2 VO Nr. 236/2012). Diese Liste wird laufend aktualisiert[1]. Von der derzeit (Stand: 1.5.2018) auf dieser Liste geführten 63 öffentlichen Emittenten liegt für 17[2] der Anfangsschwellenwert bei 0,5 %, für die übrigen bei 0,1 %.

5. Meldepflicht bei ungedeckter Positionen in Credit Default Swaps auf öffentliche Schuldtitel (Art. 8 VO Nr. 236/2012). Art. 8 VO Nr. 236/2012 verpflichtet natürliche oder juristische Personen, die eine ungedeckte Position in Credit Default Swaps auf Staatsanleihen halten, dazu, diese der jeweils zuständigen Behörde zu melden, wenn diese Position die einschlägigen Meldeschwellen für den öffentlichen Emittenten gem. Art. 7 VO Nr. 236/2012 (Rz. 33 f. ff.) erreicht, über- oder unterschreitet[3]. Für die Berechnung des Umfangs der ungedeckten Positionen gelten die Ausführungen bei Art. 4 VO Nr. 236/2012 Rz. 23 ff.

Eine **Meldepflicht besteht** nach dem eindeutigen Wortlaut des Art. 8 VO Nr. 236/2012 dabei **nur**, wenn das **Verbot** des Eingehens ungedeckter Positionen in CDS nach Art. 14 Abs. 1 VO Nr. 236/2012 gem. Art. 14 Abs. 2 VO Nr. 236/2012 durch eine zuständige Behörde **aufgehoben** wurde[4]. **Keine Meldepflicht** besteht deshalb, wenn eine natürliche oder juristische Person unter Verstoß gegen Art. 14 Abs. 1 VO Nr. 236/2012 eine ungedeckte Position in CDS hält.

VI. Meldeverfahren (Art. 9 VO Nr. 236/2012). 1. Meldungsadressat – jeweils zuständige Behörde. Die jeweils zuständige Behörde (Art. 2 Abs. 1 lit. j VO Nr. 236/2012), gegenüber der eine Meldung abzugeben ist, hängt vom Emittenten ab, in dessen aufgelegtem Aktienkapital/ausgegebenen öffentlichen Schuldtiteln eine Netto-Leerverkaufsposition gehalten wird bzw. auf dessen öffentliche Schuldtitel ungedeckte CDS-Positionen gehalten werden[5]. Zur zuständigen Behörde im Falle von Aktien und öffentlichen Schuldtiteln s. Art. 2 VO Nr. 236/2012 Rz. 32.

2. Inhalt der Meldung. Eine Meldung nach Art. 5–8 VO Nr. 236/2012 muss gem. Art. 9 Abs. 1 VO Nr. 236/2012 Angaben enthalten (i) zur Identität der natürlichen oder juristischen Person, die die betreffende Position hält, (ii) zum Umfang der betreffenden Position, (iii) zum Emittenten, dessen Papiere in der betreffenden Position gehalten werden, und (iv) muss die Meldung das Datum enthalten, zu dem die betreffende Position eröffnet, geändert oder geschlossen wurde[6]. Konkretisiert wird der Inhalt der Meldung durch **Art. 2 i.V.m. Anhang I – Tabelle 1 DelVO Nr. 826/2012**. Danach muss eine Meldung die folgenden Angaben enthalten:

Feldname	Beschreibung
1. Positionsinhaber	Bei natürlichen Personen: Vor- und Nachname Bei juristischen Personen: Vollständiger Name einschließlich Rechtsform laut Eintragung im Unternehmensregister, falls anwendbar
2. Identifikationskennung der juristischen Person[7]	Bank Identifier Code, falls verfügbar
3. Anschrift des Positionsinhabers[8]	Vollständige Anschrift (z. B. Straße, Hausnummer, Postleitzahl, Stadt, Region/Provinz) und Land
4. Kontaktdaten des Positionsinhabers	Telefonnummer, Telefaxnummer (falls verfügbar), E-Mail-Adresse

---

1 Die aktuelle Liste ist abrufbar unter: https://www.esma.europa.eu/net-short-position-notification-thresholds-sovereign-issuers. Dazu auch *Weick-Ludewig* in Fuchs, § 30h WpHG Rz. 52; *Krüger/Ludewig*, WM 2012, 1942, 1947.
2 Dies sind aktuell Österreich, Belgien, Dänemark, die European Financial Stability Facility, die European Investment Bank, der European Stability Mechanism, Finnland, Frankreich, Deutschland, Irland, Italien, Niederlande, Polen, Portugal, Spanien, Schweden und Großbritannien.
3 *Grundmann* in Staub, HGB, Bankvertragsrecht 2, 5. Aufl. 2018, 6. Teil, 4. Abschnitt, A Rz. 601.
4 *Weick-Ludewig* in Fuchs, § 30h WpHG Rz. 47.
5 *Grundmann* in Staub, HGB, Bankvertragsrecht 2, 5. Aufl. 2018, 6. Teil, 4. Abschnitt, A Rz. 602 ff.; *Weick-Ludewig* in Fuchs, § 30h WpHG Rz. 48; *Schlimbach*, Leerverkäufe, 2015, S. 184 f.
6 Dazu auch *von Buttlar/Petersen* in Just/Voß/Ritz/Becker, § 30h WpHG Rz. 72.
7 Juristische Personen müssen, sofern vorhanden, ihre BIC (Bank Identifier Code) angeben, um etwaigen Verwechslungen vorzubeugen. Bei Einführung einer europaweiten Identifikationsnummer für juristische Personen, wie sie unter der Bezeichnung LEI-Code im Gespräch ist, soll zukünftig diese Verwendung finden (Erwägungsgrund 3 DelVO Nr. 826/2012). Dazu ist allerdings eine Änderung der DelVO Nr. 826/2012 erforderlich. Dementsprechend schlägt die ESMA in ihrem aktuellen *technical advice* zu einem Review der Leerverkaufs-VO auch eine entsprechende Änderung vor. S.e ESMA, Final Report – Technical Advice on the evaluation of certain elements of the Short Selling Regulation, ESMA70-145-386, 5.5. Rz. 297 ff. S. schon *Mülbert/Sajnovits*, ZBB 2012, 266, 280; zustimmend *Gruber*, Leerverkäufe, 2014, S. 48. Zur Identifikation von natürlichen Personen soll nach dem Vorschlag der ESMA zukünftig derselbe Prozess wie nach Art. 6 DelVO 2017/590 gelten. Dazu ESMA, Final Report – Technical Advice on the evaluation of certain elements of the Short Selling Regulation, ESMA70-145-386, 5.5. Rz. 308.
8 Mit dem Positionsinhaber ist der Meldepflichtige (Rz. 25 f.) gemeint.

Feldname	Beschreibung
5. Meldende Person	Bei natürlichen Personen: Vor- und Nachname
	Bei juristischen Personen: Vollständiger Name einschließlich Rechtsform laut Eintragung im Unternehmensregister, falls anwendbar
6. Anschrift der meldenden Person	Vollständige Anschrift (z. B. Straße, Hausnummer, Postleitzahl, Stadt, Region/ Provinz) und Land, sofern von Positionsinhaber abweichend
7. Kontaktdaten der meldenden Person	Telefonnummer, Telefaxnummer (falls verfügbar), E-Mail-Adresse, sofern von Positionsinhaber abweichend
8. Meldedatum	Datum, an dem die Meldung übermittelt wird, gemäß ISO 8601:2004 (JJJJ-MM-TT)
9. Identität des Emittenten[1]	Bei Aktien: vollständiger Name des Unternehmens, dessen Aktien zum Handel an einem Handelsplatz zugelassen sind
	Bei öffentlichen Schuldtiteln: vollständiger Name des Emittenten
	Bei ungedeckten Credit Default Swaps auf öffentliche Schuldtitel: vollständiger Name des Emittenten des zugrundeliegenden öffentlichen Schuldtitels
10. ISIN[2]	Nur bei Aktien: ISIN der wichtigsten Kategorie von Stammaktien des Emittenten. Sind keine Stammaktien zum Handel zugelassen, ISIN der Kategorie von Vorzugsaktien (oder der wichtigsten Kategorie von zum Handel zugelassenen Vorzugsaktien, falls davon mehrere Kategorie zum Handel zugelassen sind)
11. Ländercode	Zweistelliger Buchstabencode des Landes des öffentlichen Emittenten gemäß ISO 3166-1
12. Datum der Position	Datum, an dem die Position eröffnet, geändert oder geschlossen wurde. Format gemäß ISO 8601:2004 (JJJJ-MM-TT)
13. Netto-Leerverkaufsposition in Prozent	Nur bei Aktien: Prozentsatz (gerundet auf 2 Dezimalstellen) des ausgegebenen Aktienkapitals in absoluten Zahlen, ohne positives oder negatives Vorzeichen
14. Äquivalenzbetrag der Netto-Leerverkaufsposition	Bei Aktien: Gesamtzahl der dem Gegenwert entsprechenden Aktien
	Bei öffentlichen Schuldtiteln: nominaler Gegenwert in Euro
	Bei ungedeckten Credit Default Swaps auf öffentliche Schuldtitel: nominaler Gegenwert in Euro
	Angaben in absoluten Zahlen ohne positives oder negatives Vorzeichen und Währungsbezeichnung gemäß ISO 4217
15. Datum der vorherigen Meldung	Datum, an dem die letzte Position in Bezug auf denselben Emittenten vom Positionsinhaber gemeldet wurde. Format gemäß ISO 8601:2004 (JJJJ-MM-TT)
16. Stornierungsdatum	Datum, an dem ein Stornoformular für eine vorherige Falschmeldung übermittelt wird. Format gemäß ISO 8601:2004 (JJJJ-MM-TT)
17. Bemerkungen[3]	Freier Text – fakultativ

3. Form der Meldung. Das **Format der Meldung** hat den Vorgaben der Anhänge II und III DelVO Nr. 826/ 2012 zu entsprechen (Art. 2 Abs. 1 Unterabs. 2 DelVO Nr. 826/2012). Die Meldung muss aber über ein von der jeweils zuständigen Behörde ausgegebenes Formular erfolgen, das seinerseits dem Format gemäß der **DelVO Nr. 826/2012** entspricht. Dieses Formular stellt die BaFin auf ihrer Website bereit[4]. Zur Übermittlung dieses Formulars über die elektronische Meldeplattform der BaFin Rz. 41 ff.

4. Elektronische Meldeplattform der BaFin (MVP-System). Der Meldepflichtige (Rz. 25 f.) hat seine Meldung, wenn die BaFin der Meldungsadressat ist (Rz. 38), elektronisch nach Maßgabe der §§ 3–6 NLPosV vorzunehmen (§ 2 NLPosV)[5]. Spätestens bei der Abgabe der ersten Meldung muss der Meldepflichtige die in **§ 3 Abs. 2 bzw. Abs. 3 NLPosV** genannten Angaben **elektronisch an die BaFin übermitteln**[6]. Diese Angaben ent-

---

[1] Die Angaben zum *Emittenten* müssen dessen vollen rechtlichen Namen nennen. Ist der Emittent ein Unternehmen, ist dessen Firma zu nennen.
[2] Um Verwechslungen zu vermeiden, ist neben der Firma als einheitlicher Identifikationscode der ISIN Code anzugeben. Dazu auch BaFin, FAQ zu den Mitteilungs- und Veröffentlichungspflicht, Frage 35c.
[3] Optional können, anknüpfend an die Erfahrungen einiger nationaler Behörden, ergänzende *Kommentare* gemeldet werden. Dies soll die Zusammenarbeit zwischen Meldepflichtigem und Aufsichtsbehörde erleichtern, indem ersterer die Möglichkeit erhält zu erklären, warum er eine bestimmte Position eingegangen ist.
[4] Abrufbar unter: https://www.bafin.de/SharedDocs/Downloads/DE/Formular/WA/fo_meldung_120319_transparenzpflicht NLP_Meldung.html?nn=7846118.
[5] BaFin, FAQ zu den Mitteilungs- und Veröffentlichungspflicht, Fragen 33 und 34; *Weick-Ludewig* in Fuchs, § 30h WpHG Rz. 50; *von Buttlar/Petersen* in Just/Voß/Ritz/Becker, § 30h WpHG Rz. 72.
[6] BaFin, FAQ zu den Mitteilungs- und Veröffentlichungspflicht, Frage 35.

halten die in Anhang I – Tabelle 1 Nr. 1–7 DelVO Nr. 826/2012 aufgeführten Informationen. **Zusätzlich** müssen **natürliche Personen** nach § 3 Abs. 2 Nr. 3–6 NLPosV **Angaben** zu ihrem Geburtsnamen, ihrem Geburtsdatum, ihrem Geburtsort und ihrem Geburtsstaat übermitteln. Zur Überprüfung der Identität ist gem. § 3 Abs. 2 Satz 2 NLPosV eine Kopie eines gültigen amtlichen Ausweises beizufügen. Ist der meldepflichtige Positionsinhaber (Rz. 25 f.) eine **juristische Person**, sind nach § 3 Abs. 3 Nr. 4 und 6 NLPosV zusätzlich zu den Angaben nach Anhang I – Tabelle 1 DelVO Nr. 826/2012 der Sitzstaat und die achtstellige BaFin-Identifikationsnummer (BaFin-ID) zu übermitteln, sofern die BaFin diese Nummer bereits zugeteilt hat und kein BIC-Code angegeben werden kann. Zur Überprüfung ist die Kopie eines Auszugs aus dem Handels- oder Genossenschaftsregister oder einem vergleichbaren amtlichen Register oder Verzeichnis beizufügen, soweit derartige Dokumente ausgestellt werden können (§ 3 Abs. 3 Satz 2 NLPosV). Jede **Änderung der Angaben** muss der BaFin spätestens im Anschluss an die nächste Meldung schriftlich mitgeteilt werden (§ 3 Abs. 4 NLPosV).

§ 4 Abs. 1 Satz 1 NLPosV verpflichtet den meldepflichtigen Positionsinhaber dazu, eine **natürliche Person als Kontaktperson** anzugeben. Nur wenn der Meldepflichtige selbst eine natürliche Person ist, kann er auch selbst also Kontaktperson angegeben werden (§ 4 Abs. 1 Satz 2 NLPosV). Die Benennung der Kontaktperson muss durch eine unterschriebene Vollmachtsurkunde vorgenommen werden (§ 4 Abs. 2 Satz 1 NLPosV)[1]. Zur Kontaktperson müssen nach § 4 Abs. 3 NLPosV die gleichen Identifikationsdaten übermittelt werden wie für den Meldepflichtigen (Rz. 41). 42

Die Meldung hat nach § 5 Abs. 1 Satz 1 NLPosV über die **elektronische Meldeplattform** der BaFin zu erfolgen (**MVP-System**)[2], für die die BaFin auf ihrer Website ein Benutzerhandbuch bereitstellt[3]. Nur bei technischen Problemen kann die Meldung fristwahrend (Rz. 45 f.) unter Nutzung der Formulare (Rz. 40) per Fax erfolgen (§ 5 Abs. 2 Satz 1 NLPosV). Die elektronische Meldung ist unverzüglich nachzuholen, sobald die Probleme behoben wurden (§ 5 Abs. 2 Satz 2 NLPosV). Mit elektronischen Problemen sind insoweit sowohl Probleme auf Seiten der BaFin als der Betreiberin der Meldeplattform als auch Probleme auf Seiten des Meldepflichtigen gemeint. Der Normtext enthält keine Anhaltspunkte dazu, dass die Ausnahme auf technische Probleme auf Seiten der BaFin beschränkt wäre. 43

Die Übermittlung der Meldung über die elektronische Meldeplattform erfordert eine **Zulassung (Freischaltung)** zur Teilnahme am elektronischen Meldeverfahren „Netto-Leerverkaufspositionen" (§ 6 Abs. 1 NLPosV). Die Zulassung erfordert eine Registrierung auf der Website der BaFin (§ 6 Abs. 1 Nr. 1 NLPosV), den Erhalt einer individuellen Kennung und eines individuellen Passwords für die Nutzung (§ 6 Abs. 1 Nr. 2 NLPosV), einer Anmeldung zum Meldeverfahren (§ 6 Abs. 1 Nr. 3 NLPosV) und dem Ausdrucken und Unterzeichnen eines nach diesen Schritten zur Verfügung gestellten Formulars, das dann unverzüglich per Fax an die BaFin zu übermitteln ist (§ 6 Abs. 1 Nr. 4 NLPosV)[4]. Die Zulassung selbst ist **Verwaltungsakt** und erfolgt durch die BaFin, die Bekanntgabe erfolgt durch die Übermittlung einer BaFin-ID (§ 6 Abs. 3 NLPosV). Bereits vor Erhalt der BaFin-ID kann aber eine Meldung nach Art. 5–8 VO Nr. 236/2012 über das System abgegeben werden (§ 6 Abs. 2 NLPosV)[5]. 44

5. Zeitpunkt der Meldung. Die Meldung hat bis spätestens um **15:30 Uhr** des der Ermittlung der Netto-Leerverkaufsposition **nachfolgenden Handelstags** (zum Begriff Art. 2 VO Nr. 236/2012 Rz. 39) zu erfolgen (Art. 9 Abs. 2 Satz 2 VO Nr. 236/2012). Wurde eine Meldung fehlerhaft abgegeben und dies erkannt, ist sie zu korrigieren (Art. 2 Abs. 3 DelVO Nr. 826/2012). In ihrem aktuellen *technical advice* zu einem Review der Leerverkaufs-VO hat die ESMA erwogen, den Zeitpunkt auch 17:30 Uhr zu verlegen. Da die Verifizierung der Meldungen aber gegebenenfalls einen Abstimmungsbedarf zwischen den zuständigen Behörden und den Marktteilnehmern erforderlich machen kann, sei bei einer Meldung bis 17:30 Uhr nicht sichergestellt, dass die relevanten Überprüfungen noch am selben Handelstag vorgenommen werden können. Deshalb empfiehlt die ESMA eine Beibehaltung des Zeitpunkts der Meldepflicht[6]. Zur Stornierung s. Rz. 49. 45

Wurde eine Meldung nicht bis spätestens 15:30 Uhr des der Ermittlung der Netto-Leerverkaufsposition nachfolgenden Handelstag vorgenommen und liegt mithin ein Verstoß gegen eine Mitteilungspflicht nach Art. 5, 6, 7 oder 8 VO Nr. 236/2012 vor, dispensiert dies den Meldepflichtigen nicht von einer Pflicht zur **Nachholung der Meldung**[7]. Ein Verstoß besteht vielmehr bis zur Nachholung der Meldung fort und eine schuldhafte Verzögerung der Nachholung kann sich aus Sicht des Meldepflichtigen negativ auf die Bußgeldhöhe auswirken. Auch die jeweils zuständige Behörde ist zur Verarbeitung der nachgeholten Meldung verpflichtet[8]. 46

---

1 Näher BaFin, FAQ zu den Mitteilungs- und Veröffentlichungspflicht, Fragen 43 und 43a.
2 Zugang zum MVP-Portal unter: https://portal.mvp.bafin.de/MvpPortalWeb/app/login.html. S. auch *Weick-Ludewig* in Fuchs, § 30h WpHG Rz. 50; *Ludewig/Geilfus*, BaFinJournal 02/2012, S. 10 f.
3 Abrufbar unter: https://www.bafin.de/SharedDocs/Downloads/DE/dl_mvp-portal_handbuch.html?nn=7852696.
4 Näher zu den zu übermittelnden Unterlagen BaFin, FAQ zu den Mitteilungs- und Veröffentlichungspflicht, Frage 42.
5 BaFin, FAQ zu den Mitteilungs- und Veröffentlichungspflicht, Frage 40.
6 ESMA, Final Report – Technical Advice on the evaluation of certain elements of the Short Selling Regulation, ESMA70-145-386, 5.3.3. Rz. 276.
7 BaFin, FAQ zu den Mitteilungs- und Veröffentlichungspflicht, Frage 44b.
8 ESMA, Questions and Answers – Implementation of the Regulation on short selling and certain aspects of credit default swaps, ESMA70-145-408, Version 4, Answer 6a.

47 **6. Meldung durch (externe) Dritte.** Die Meldung muss nicht zwangsläufig durch die meldepflichtigen Positionsinhaber selbst erfolgen, sondern kann auch durch einen Dritten vorgenommen werden. Die Delegation dieser Aufgabe an einen Dritten befreit den meldepflichtigen Positionsinhaber nicht von seiner Meldepflicht. Die VO Nr. 236/2012 und die DelVO Nr. 826/2012 enthalten zwar keine ausdrückliche Erlaubnis zur Meldung durch einen Dritten, schließen diese aber auch nicht aus. Immerhin sieht Anhang I – Tabelle 1 DelVO Nr. 826/2012 in Feld Nr. 5 und 6 nämlich vor, dass **Angaben zur meldenden Person** zu machen sind, die mithin durchaus vom Positionsinhaber verschieden sein kann. Mit Blick auf den Regelungszweck (Rz. 18) ist es ebenfalls unerheblich, ob die Meldung durch den meldepflichtigen Positionsinhaber selbst oder durch einen Dritten erfolgt, solange nur hinreichende Transparenz durch Erfüllung aller Anforderungen an das Meldeverfahren hergestellt wird.

48 Die das Verfahren präzisierende **NLPosV** enthält einige deutliche – wenn auch sinnvolle – Einschränkungen hinsichtlich einer Meldung (und Veröffentlichung) durch externe Dritte. Nach § 11 Abs. 1 NLPosV kann nämlich ein meldepflichtiger Positionsinhaber seine Meldung auf eigene Kosten durch einen **externen Dritten** (meldende Person) nur vornehmen lassen, wenn dieser i.S.d. § 12 NLPosV geeignet ist. **Geeignet** ist eine meldende Person nach § 12 Abs. 1 NLPosV, wenn sie die Einhaltung der Mitteilungs- und Veröffentlichungspflichten für Netto-Leerverkaufspositionen dauerhaft gewährleistet. § 12 Abs. 2 Satz 2 NLPosV berechtigt die BaFin zur **Feststellung der mangelnden Eignung**, die insbesondere vorliegen kann, wenn wiederholt fehlerhafte oder verspätete Meldungen oder Veröffentlichungen vorgenommen wurden. In diesem Fall **widerruft** die BaFin die **Zulassung** der meldenden Person zum elektronischen Meldeverfahren (Rz. 41 ff.), wobei der meldenden Person zuvor unter angemessener Fristsetzung Gelegenheit zur Abhilfe zu geben ist (§ 12 Abs. 2 Satz 3 NLPosV). Der Widerruf ist, wie die Zulassung selbst (Rz. 44), Verwaltungsakt. Gegen ihn kann nach den allgemeinen Vorschriften **Rechtsschutz** ersucht werden.

49 **7. Stornierung von Meldungen.** Bemerkt eine natürliche oder juristische Person, dass sie eine fehlerhafte Meldung übermittelt hat, ist sie gem. Art. 2 Abs. 3 Unterabs. 1 DelVO Nr. 826/2012 dazu verpflichtet, der jeweils zuständigen Behörde eine Stornierung zu übermitteln[1]. Diese muss unter Verwendung eines von der jeweils zuständigen Behörde ausgegebenen Formulars in dem in **Anhang III DelVO Nr. 826/2012** dargestellten **Format** erfolgen (Art. 2 Abs. 3 Unterabs. 2 DelVO Nr. 826/2012). Die BaFin stellt hierfür ein eigenes Formular bereit, das dem Format im Anhang zur DelVO Nr. 826/2012 entspricht[2]. Die Stornierung ist ebenfalls über die **elektronische Meldeplattform** vorzunehmen (vgl. Rz. 41 ff.). Von der Pflicht zur Übermittlung einer korrekten Meldung ist der Meldepflichtige durch die Falschmeldung nicht befreit, so dass er nach der Stornierung gegebenenfalls noch eine neue und zutreffende Meldung übermitteln muss (klarstellend Art. 3 Abs. 3 Unterabs. 3 DelVO Nr. 826/2012). Bei einer nachträglichen Aufnahme einer Aktie in die Liste nach Art. 16 VO Nr. 236/2012 besteht keine Stornierungs- oder Korrekturpflicht (vgl. Rz. 61).

50 **VII. Offenlegungsverfahren (Art. 9 Abs. 1 und Abs. 4 VO Nr. 236/2012). 1. Offenlegungsplattform.** Art. 9 Abs. 4 Satz 1 VO Nr. 236/2012 verlangt, dass die Offenlegung nach Art. 6 VO Nr. 236/2012 einen schnellen Zugang zu Informationen unter Beachtung des Grundsatzes der Nichtdiskriminierung gewährleisten muss. Die Informationen müssen in eine **von** der jeweils zuständigen Behörde **verwaltete oder beaufsichtige zentrale Website** eingestellt werden (Art. 9 Abs. 4 Satz 2 VO Nr. 236/2012)[3]. Zudem muss die jeweils zuständige Behörde die Adresse dieser Website der ESMA mitteilen und diese muss auf ihrer Website alle zentralen Websites durch eine Verknüpfung zugänglich machen[4]. Konkretisiert werden die Vorgaben an die Offenlegungsplattform durch Art. 2 DurchfVO Nr. 827/2012[5]. Da die Offenlegungsplattform von der jeweils zuständigen Behörde verwaltet oder beaufsichtigt werden muss, richten sich diese Vorgaben primär an die jeweils zuständige Behörde[6]. Diese muss danach sicherstellen, dass

- die Informationen in dem in Anhang I DurchfVO Nr. 827/2012 festgelegten Format und in einer Weise veröffentlicht werden, die es der Öffentlichkeit ermöglicht, auf der Website eine oder mehrere Tabellen zu konsultieren, die alle relevanten Informationen über die Positionen der einzelnen Aktienemittenten enthalten (Art. 2 lit. a DurchfVO Nr. 827/2012);

- es den Nutzern ermöglicht wird zu ermitteln und herauszufiltern, ob die Netto-Leerverkaufspositionen für einen Aktienemittenten zum Zeitpunkt der Abfrage der Website die geltenden Schwellen für die Veröffentlichung erreicht oder überschritten haben (Art. 2 lit. b DurchfVO Nr. 827/2012);

---

1 BaFin, FAQ zu den Mitteilungs- und Veröffentlichungspflicht, Frage 44; *von Buttlar/Petersen* in Just/Voß/Ritz/Becker, § 30h WpHG Rz. 72.
2 Abrufbar unter: https://www.bafin.de/SharedDocs/Downloads/DE/Formular/WA/fo_meldung_120319_transparenzpflicht NLP_Meldung.html?nn=7846118.
3 *von Buttlar/Petersen* in Just/Voß/Ritz/Becker, § 30h WpHG Rz. 73.
4 Abrufbar unter: https://www.esma.europa.eu/sites/default/files/library/ssr_websites_ss_procedures.pdf.
5 *von Buttlar/Petersen* in Just/Voß/Ritz/Becker, § 30h WpHG Rz. 73.
6 Da jedenfalls in Deutschland die Offenlegungspflichtigen die Offenlegung im Bundesanzeiger selbst vornehmen, richten sich die Vorgaben auch an sie.

- die Verfügbarkeit historischer Daten zu den veröffentlichten Netto-Leerverkaufspositionen für einen Aktienemittenten gewährleistet ist (Art. 2 lit. c DurchfVO Nr. 827/2012);
- wann immer technisch möglich, herunterladbare Dateien mit den veröffentlichten und den historischen Netto-Leerverkaufspositionen in maschinenlesbarem Format enthalten sind, d.h. die Dateien müssen ausreichend strukturiert sein, damit individuelle Sachverhalte und deren interne Struktur mit Software-Anwendungen zuverlässig ermittelt werden können (Art. 2 lit. d DurchfVO Nr. 827/2012);
- zusammen mit den unter Art. 2 lit. b DurchfVO Nr. 827/2012 genannten Informationen einen Tag lang die Netto-Leerverkaufspositionen angezeigt werden, die veröffentlicht werden, weil sie unter die Offenlegungsschwelle von 0,5 % des ausgegebenen Aktienkapitals abgesunken sind, bevor sie entfernt und in den Abschnitt „historische Daten" verschoben werden (Art. 2 lit. e DurchfVO Nr. 827/2012).

Die Offenlegung muss auf der Offenlegungsplattform derjenigen Behörde erfolgen, die die **jeweils zuständige Behörde** für die Aktien ist, in denen eine Netto-Leerverkaufsposition gehalten wird. Näher Art. 2 VO Nr. 236/2012 Rz. 32. 51

In Deutschland, also bei Positionen in Aktien, für die die BaFin zuständige Behörde ist (Rz. 51), muss die Offenlegung durch den Offenlegungspflichtigen im **Bundesanzeiger** erfolgen (§ 8 Abs. 1 NLPosV) (näher Rz. 56 f.). Die Offenlegungsplattform Bundesanzeiger wird zwar nicht von der BaFin betrieben und grundsätzlich auch nicht von ihr beaufsichtigt. § 14 NLPosV räumt der BaFin aber bestimmte Befugnisse gegenüber dem Betreiber des Bundesanzeigers (Bundesanzeiger Verlag) ein. Aufgrund dieser Befugnisse kann die BaFin die Website, auf der offengelegt wird, jedenfalls beaufsichtigen, was den Anforderungen der Leerverkaufs-VO genügt. Es ist nämlich nicht ersichtlich, dass die jeweils zuständige Behörde die betreffende Website umfassend beaufsichtigen müsste. Vielmehr genügt es, wenn die für die Offenlegung der Netto-Leerverkaufspositionen relevanten Rubriken der betreffenden Website durch die jeweils zuständige Behörde beaufsichtigt werden. Dies wird durch die Befugnisse der BaFin nach § 13 NLPosV gewährleistet. 52

Der Offenlegungspflichtige darf ungeachtet der Art. 9 Abs. 4 VO Nr. 236/2012, Art. 2 DurchfVO Nr. 827/2012 die entsprechenden Informationen auch – d.h. ergänzend – auf **andere Weise offenlegen**. Dies beinhaltet Kanäle, die auch gegenwärtig schon zur Veröffentlichung diverser offenlegungspflichtiger Informationen genutzt werden (*regulatory information services, data vendors, news agencies, media*)[1]. 53

2. Inhalt der Offenlegung. Eine Offenlegung nach Art. 6 VO Nr. 236/2012 muss gem. Art. 9 Abs. 1 VO Nr. 236/2012 Angaben enthalten (i) zur Identität der natürlichen oder juristischen Person, die die betreffende Position hält, (ii) zum Umfang der betreffenden Position, (iii) zum Emittenten, dessen Papiere in der betreffenden Position gehalten werden, und (iv) muss die Offenlegung das Datum enthalten, zu dem die betreffende Position eröffnet, geändert oder geschlossen wurde. Konkretisiert wird der Inhalt der Offenlegung durch **Art. 3 i.V.m. Anhang I – Tabelle 2 DelVO Nr. 826/2012**. Danach muss eine Offenlegung die folgenden Angaben enthalten: 54

Feldname	Beschreibung
1. Positionsinhaber	Bei natürlichen Personen: Vor- und Nachname
	Bei juristischen Personen: vollständiger Name einschließlich Rechtsform laut Eintragung im Unternehmensregister, falls anwendbar
2. Name des Emittenten	Vollständiger Name des Unternehmens, dessen Aktien zum Handel an einem Handelsplatz zugelassen sind
3. ISIN	ISIN der wichtigsten Kategorie von Stammaktien des Emittenten. Sind keine Stammaktien zum Handel zugelassen, ISIN der Kategorie von Vorzugsaktien (oder der wichtigsten Kategorie von Vorzugsaktien zum Handel zugelassenen Vorzugsaktien, falls davon mehrere Kategorie zum Handel zugelassen sind)
4. Netto-Leerverkaufsposition in Prozent[2]	Prozentsatz (gerundet auf 2 Dezimalstellen) des ausgegebenen Aktienkapitals
5. Datum der Position	Datum, an dem die Position eröffnet, geändert oder geschlossen wurde, gemäß ISO 8601:2004 (JJJ-MM-TT)

3. Form der Offenlegung. Das **Format der Meldung** hat den Vorgaben der Anhänge II und III DelVO Nr. 826/2012 zu entsprechen (Art. 2 Abs. 1 Unterabs. 2 DelVO Nr. 826/2012). Für die Offenlegung hat der Offenlegungspflichtige (bzw. der für ihn handelnde Dritte) die Formulare nach Anhang II und III DelVO Nr. 826/2012 auszufüllen und dem Betreiber des Bundesanzeigers nach Maßgabe des § 10 NLPosV zu übermitteln (Rz. 56). 55

---

1 *Mülbert/Sajnovits*, ZBB 2012, 266, 281.
2 Die Offenlegung muss erkennen lassen, ob die maßgebliche Schwelle erreicht, über- oder unterschritten wurde (Art. 2 lit. b DurchfVO Nr. 827/2012).

56 **4. Übermittlung an den Betreiber des Bundesanzeigers.** Zur Übermittlung der Informationen an den Betreiber des Bundesanzeigers muss sich der offenlegungspflichtige Positionsinhaber gem. § 9 Abs. 1 NLPosV spätestens bis zur Vornahme der ersten Veröffentlichung **identifizieren**, wobei insofern dieselben Anforderungen wie bei der Identifizierung gegenüber der BaFin beim elektronischen Meldeverfahren gelten (vgl. Rz. 41 ff.). Die BaFin hat auf ihrer Website einen Link zu der entsprechenden Serviceplattform des Bundesanzeigers bereitgestellt[1]. Auch hier muss der offenlegungspflichtige Positionsinhaber eine Kontaktperson benennen (§ 9 Abs. 1 Satz 2 NLPosV). Die Identifikation erfolgt über das vom Betreiber des Bundesanzeigers auf dessen elektronischer Serviceplattform zur Verfügung gestellte Verfahren (**Registrierung**) (§ 9 Abs. 2 Satz 1 NLPosV)[2]. Der Positionsinhaber kann sich nur während der beim Betreiber des Bundesanzeigers üblichen Geschäftszeiten identifizieren (§ 9 Abs. 2 Satz 2 NLPosV).

57 Für die **Übermittlung der Daten** hat der Betreiber des Bundesanzeigers (Bundesanzeiger Verlag) auf seiner elektronischen Serviceplattform ein Verfahren zur Verfügung gestellt, mit dem die Angaben nach § 9 Abs. 1 und 3 NLPosV sowie die Daten nach Art. 3 i.V.m. Anhang I – Tabelle 2 DelVO Nr. 826/2012 (Rz. 54) veröffentlicht werden können[3]. Felder, die wegen der Art oder Struktur der zu veröffentlichenden Position nicht benötigt werden, bleiben leer (§ 10 Abs. 1 Satz 2 NLPosV). Die Daten können nach § 10 Abs. 2 NLPosV auch im XML-Format übermittelt werden. Eine Veröffentlichung ist technisch erst nach einer Registrierung (Rz. 56) möglich. Zur näheren Erläuterung hat der Bundesanzeiger Verlag eine Checkliste für die Registrierung und die Übermittlung veröffentlicht[4].

58 **5. Zeitpunkt der Offenlegung.** Die Offenlegung hat bis spätestens um **15:30 Uhr** des der Ermittlung der Netto-Leerverkaufsposition **nachfolgenden Handelstags** zu erfolgen (Art. 9 Abs. 2 Satz 2 VO Nr. 236/2012). Wurde fehlerhaft offengelegt, ist die Offenlegung unverzüglich zu korrigieren (Art. 2 Abs. 3 DelVO Nr. 826/2012). Entscheidend ist, dass der Offenlegungspflichtige alle von ihm für die Offenlegung geforderten Schritte erfüllt hat. Kommt es aufgrund einer Verzögerung auf Seiten der zuständigen Behörde bzw. des Betreibers der Offenlegungsplattform (Rz. 52) zu einer – vom Offenlegungspflichtigen nicht verschuldeten – Verzögerung, liegt kein Verstoß gegen Art. 6 VO Nr. 236/2012 vor[5]. In ihrem aktuellen *technical advice* zu einem Review der Leerverkaufs-VO hat die ESMA vorgeschlagen, den Veröffentlichungszeitpunkt auf 18:00 Uhr zu verlegen[6].

59 Wurde eine Offenlegung nicht bis spätestens 15:30 Uhr des der Ermittlung der Netto-Leerverkaufsposition nachfolgenden Handelstag vorgenommen, insbesondere, weil der Offenlegungspflichtigen gegen Art. 6 VO Nr. 236/2012 verstoßen hat, dispensiert ihn dieser Verstoß nicht von der Pflicht zur **Offenlegung**, so dass diese **nachzuholen** ist. Beim Feld „Datum der Position" ist dann der Tag einzutragen, an dem die Position effektiv eröffnet, geändert oder nicht mehr gehalten wurde, auch wenn dieses Datum in der Vergangenheit liegt[7]. Ein Verstoß besteht bis zur Nachholung der Offenlegung fort und eine schuldhafte Verzögerung der Nachholung kann sich aus Sicht des Meldepflichtigen negativ auf die Bußgeldhöhe auswirken. Auch die jeweils zuständige Behörde – bzw. der Betreiber des Bundesanzeigers – ist zur Verarbeitung der nachgeholten Offenlegung verpflichtet[8]; er muss mithin gewährleisten, dass Veröffentlichungen auch nachgeholt werden können.

60 **6. Offenlegung durch (externe) Dritte.** Die Offenlegung kann auch durch externe Dritte vorgenommen werden. Es gelten insofern die gleichen Anforderungen wie bei einer Meldung durch (externe) Dritte (vgl. Rz. 47 f.).

61 **7. Stornierung der Offenlegung. Fehlerhafte Offenlegungen** sind zu **stornieren**, obwohl dies nicht ausdrücklich in Art. 3 DelVO Nr. 826/2012 – anders als für die Meldung in Art. 2 Abs. 3 DelVO Nr. 826/2012 (Rz. 49) – vorgeschrieben ist. Der Betreiber des Bundesanzeigers führt dazu in seiner Checkliste (Rz. 57) auf, dass eine fehlerhaft veröffentlichte Netto-Leerverkaufsposition über das auf der Publikations-Plattform zur Verfügung gestellte **Berichtigungsverfahren** storniert bzw. korrigiert werden kann[9]. Zudem geht der Betreiber des Bundesanzeigers davon aus, dass aufgrund gesetzlicher Bestimmungen ein Stornoformular nach Anhang III DelVO Nr. 826/2012 auszufüllen sei. Richtigerweise gilt das Formular aber nur für die Meldungen gegenüber der jeweils zuständigen Behörde. Marktteilnehmern ist gleichwohl anzuraten, das Stornoformular zu nutzen. **Keine**

---

1 Abrufbar unter: https://www.bafin.de/DE/Aufsicht/BoersenMaerkte/Leerverkaufe/Transparenzregelung/transparenzregelung_node.html;jsessionid=0CD75C79B1A342150B139AE7838E41B6.2_cid390.
2 https://publikations-plattform.de/sp/account?page.navid=to_reg_info&global_data.designmode=pp&global_data.language=de.
3 https://publikations-plattform.de/sp/wexsservlet.
4 Abrufbar unter: https://publikations-plattform.de/sp/i18n/doc//D076.pdf?document=D172&language=de.
5 ESMA, Questions and Answers – Implementation of the Regulation on short selling and certain aspects of credit default swaps, ESMA70-145-408, Version 4, Answer 6c.
6 ESMA, Final Report – Technical Advice on the evaluation of certain elements of the Short Selling Regulation, ESMA70-145-386, 5.3.3. Rz. 276.
7 ESMA, Questions and Answers – Implementation of the Regulation on short selling and certain aspects of credit default swaps, ESMA70-145-408, Version 4, Answer 6a.
8 ESMA, Questions and Answers – Implementation of the Regulation on short selling and certain aspects of credit default swaps, ESMA70-145-408, Version 4, Answer 6b.
9 Bundesanzeiger, Checkliste, S. 4, abrufbar unter: https://publikations-plattform.de/sp/i18n/doc//D076.pdf?document=D172&language=de.

Stornierungs- oder Korrekturpflicht besteht, wenn eine Aktie nach einer erfolgten Offenlegung in die Liste nach Art. 16 VO Nr. 236/2012 aufgenommen wird. Die Art. 5ff. VO Nr. 236/2012 sehen nur eine Pflicht beim Erreichen, Über- oder Unterschreiten der Schwellenwerte vor. Eine Pflicht zu einer Art Hinweismeldung/offenlegung im Falle des späteren Eingreifens der Ausnahme nach Art. 16 VO Nr. 236/2012 ist nicht vorgesehen. Eine solche Pflicht kann den Marktteilnehmern auch nicht aus teleologischen Erwägungen auferlegt werden. Der ggf. durch die vergangene Offenlegung irritierte Markt kann sich ohne weiteres durch einen Blick in die ESMA-Liste darüber Gewissheit verschaffen, dass die vorhandenen Offenlegungen kein zutreffendes Bild mehr über die Short-Positionen in dem jeweiligen Emittenten vermitteln müssen. Das kann vom Markt in seiner Gesamtheit – und um den Schutz der Informationseffizienz des Kapitalmarkts geht es der Norm (Vor Art. 1ff. VO Nr. 236/2012 Rz. 60) – auch ohne weiteres erwartet werden. Zudem hat der Markt ab dem Eingreifen der Ausnahme nach Art. 16 VO Nr. 236/2012 – also ab der konstitutiven Aufnahme in die ESMA-Liste – auch normativ keinen Anspruch mehr darauf, dass etwaig in der Vergangenheit offengelegte Informationen ein zutreffendes Bild über die Netto-Leerverkaufsposition vermitteln.

VIII. Aufbewahrungspflicht (Art. 9 Abs. 1 Unterabs. 2 VO Nr. 236/2012). Melde- bzw. melde- und offenlegungspflichtige Personen i.S.d. Art. 5–8 VO Nr. 236/2012 müssen gem. Art. 9 Abs. 1 Unterabs. 2 VO Nr. 236/2012 für einen Zeitraum von fünf Jahren **Aufzeichnungen** der **Brutto-Positionen** aufbewahren, die eine signifikante Netto-Leerverkaufsposition ausmachen.

IX. Stellungnahmebefugnis der ESMA (Art. 5 Abs. 3 und Art. 6 Abs. 3 VO Nr. 236/2012). Die Art. 5 Abs. 3 und 6 Abs. 3 VO Nr. 236/2012 ermächtigen die ESMA, eine Stellungnahme unter Berücksichtigung der Entwicklungen auf den Finanzmärkten über die Anpassung der in Art. 5 Abs. 2 und Art. 6 Abs. 2 VO Nr. 236/2012 genannten Schwellenwerte gegenüber der Europäischen Kommission abzugeben. Bislang hat die ESMA keine entsprechende Stellungnahme abgegeben. In ihrem aktuellen *technical advice* zu einer Review der Leerverkaufs-VO (Vor Art. 1ff. VO Nr. 236/2012 Rz. 18) hebt sie vielmehr hervor, dass sie von der Adäquanz der Schwellenwerte ausgeht[1].

X. Ermächtigung zum Erlass von Tertiärrechtsakten. Die Art. 5 Abs. 4 und 6 Abs. 4 VO Nr. 236/2012 ermächtigen die Europäische Kommission, unter Berücksichtigung der Entwicklungen auf den Finanzmärkten, delegierte Rechtsakte gem. Art. 42 VO Nr. 236/2012 zur Änderung der in den Art. 5 Abs. 2 bzw. 6 Abs. 2 VO Nr. 236/2012 genannten Schwellenwerte zu erlassen[2]. Von dieser Ermächtigung hat die Europäische Kommission bislang keinen Gebrauch gemacht.

Art. 7 Abs. 3 VO Nr. 236/2012 überträgt der Europäischen Kommission die Befugnis zum Erlass delegierter Rechtsakte gem. Art. 42 VO Nr. 236/2012, um die in Art. 7 Abs. 2 VO Nr. 236/2012 genannten Beträge und ergänzenden Beträge festzulegen. Dabei hat die Europäische Kommission (a) sicherzustellen, dass die Festlegung der Schwellenwerte keine Meldung von Positionen erfordert, die nur von minimalem Wert sind, (b) den ausstehenden Gesamtbetrag der ausgegebenen öffentlichen Schuldtitel jedes öffentlichen Emittenten und den durchschnittlichen Umfang der Positionen, die Marktteilnehmer in öffentlichen Schuldtiteln des betreffenden öffentlichen Emittenten halten, und (c) die Liquidität jedes Marktes für öffentliche Schuldtitel zu berücksichtigen. Dieser Ermächtigung ist die Europäische Kommission durch Erlass des **Art. 21 DelVO Nr. 918/2012** nachgekommen.

Um eine konsequente – und harmonisierte – Anwendung des Melde- und Offenlegungsverfahrens zu gewährleisten, hat die ESMA nach Art. 9 Abs. 5 Unterabs. 1 VO Nr. 236/2012 Entwürfe für technische Regulierungsstandards zu entwickeln, durch die die Einzelheiten der i.S.v. Art. 9 Abs. 1 VO Nr. 236/2012 bereitzustellenden Informationen geregelt werden. Diese Entwürfe hatte sie der Europäischen Kommission bis spätestens 31.3. 2012 vorzulegen. Der Europäischen Kommission überträgt Art. 9 Abs. 5 Unterabs. 3 VO Nr. 236/2012 die Befugnis, diese technischen Regulierungsstandards i.S.v. Art. 9 Abs. 5 Unterabs. 1 VO Nr. 236/2012 gem. dem in den Art. 10–14 VO Nr. 1095/2010 festgelegten Verfahren zu erlassen. Dem kam die Europäische Kommission durch Erlass der **Art. 2 und 3 DelVO Nr. 826/2012** nach.

Um einheitliche Bedingungen für die Anwendung des Offenlegungsverfahrens nach Art. 9 Abs. 4 VO Nr. 236/ 2012 zu gewährleisten, hatte die ESMA nach Art. 9 Abs. 6 VO Nr. 236/2012 Entwürfe technischer Durchführungsstandards zu entwickeln, in denen die möglichen Verfahren für die Offenlegung von Informationen gegenüber der Öffentlichkeit festgelegt werden. Diese waren der Europäischen Kommission bis spätestens 31.3. 2012 vorzulegen. Art. 9 Abs. 6 Unterabs. 3 VO Nr. 236/2012 überträgt der Europäischen Kommission die Befugnis, die in Art. 9 Abs. 6 Unterabs. 1 VO Nr. 236/2012 genannten technischen Durchführungsstandards nach Art. 15 VO Nr. 1095/2010 zu erlassen. Dem kam die Europäische Kommission durch Erlass des **Art. 2 DurchfVO Nr. 827/2012** nach.

XI. Rechtsfolgen eines Verstoßes. 1. Ordnungswidrigkeitenrechtliche Sanktionierung. Ordnungswidrig handelt gem. § 120 Abs. 6 Nr. 1 und 2 WpHG, wer gegen die VO Nr. 236/2012 verstößt, indem er **vorsätzlich** oder **leichtfertig**

---

[1] ESMA, Final Report – Technical Advice on the evaluation of certain elements of the Short Selling Regulation, ESMA70-145-386, 5.2.3. Rz. 262.
[2] *Grundmann* in Staub, HGB, Bankvertragsrecht 2, 5. Aufl. 2018, 6. Teil, 4. Abschnitt, A Rz. 598.

Art. 11 VO Nr. 236/2012 | Bereitstellung von Informationen an die ESMA

1. entgegen Art. 5 Abs. 1, Art. 7 Abs. 1 oder Art. 8 Abs. 1 VO Nr. 236/2012, jeweils auch i.V.m. Art. 9 Abs. 1 Unterabs. 1 oder Art. 10 VO Nr. 236/2012, eine Meldung nicht, nicht richtig, nicht vollständig oder nicht rechtzeitig macht, oder, wer
2. entgegen Art. 6 Abs. 1 VO Nr. 236/2012, auch i.V.m. Art. 9 Abs. 1 Unterabs. 1 oder Art. 10 VO Nr. 236/ 2012, eine Einzelheit nicht, nicht richtig, nicht vollständig oder nicht rechtzeitig offenlegt.

Die Ordnungswidrigkeit kann gem. § 120 Abs. 24 WpHG mit einer **Geldbuße bis zu 200.000 Euro** geahndet werden.

69 **2. Kein Schadensersatzanspruch nach § 823 Abs. 2 BGB.** Der Verstoß gegen die Transparenzpflichten begründet für Anleger **keinen Schadensersatzanspruch** nach § 823 Abs. 2 BGB. Die Art. 5–8 VO Nr. 236/2012 sind keine Schutzgesetze i.S.d. § 823 Abs. 2 BGB. Die Normen vermitteln keinen Individualschutz. Das Unionsrecht zwingt nicht zu einer anderen Beurteilung. Näher zum Ganzen Art. 12 und 13 VO Nr. 236/2012 Rz. 81 ff.

70 **3. Kein Rechtsverlust.** Der Verstoß gegen das Transparenzregime für Aktien – insbesondere gegen die Offenlegungspflicht nach Art. 6 VO Nr. 236/2012 – führt zu keinem Rechtsverlust. Die Vorschriften zum Rechtsverlust im deutschen Recht, etwa in § 20 AktG oder § 44 WpHG, sind zwar – insofern vergleichbar – ebenfalls auf die Verletzung von Mitteilungspflichten bezogen und dienen dazu, Meldepflichtige dazu anzuhalten, ihren Pflichten nachzukommen um so die (Kapitalmarkt-)Publizität zu erhöhen. Die analoge Anwendung der Vorschriften über einen Rechtsverlust (z.B. § 44 WpHG) verbietet sich aber mangels des Vorliegens einer planwidrigen Regelungslücke[1].

71 **XII. Rechtstatsächliches/Rechtspraxis.** Zur Rechtspraxis der Überwachung der Transparenzpflichten s. Vor Art. 1 ff. VO Nr. 236/2012 Rz. 69.

Art. 11 Bereitstellung von Informationen an die ESMA

(1) Die zuständigen Behörden übermitteln der ESMA vierteljährlich zusammenfassende Informationen über Netto-Leerverkaufspositionen im ausgegebenen Aktienkapital und in ausgegebenen öffentlichen Schuldtiteln sowie über ungedeckte Positionen in Credit Default Swaps auf öffentliche Schuldtitel, für die sie jeweils zuständige Behörde sind, und für die sie die Meldungen gemäß den Artikeln 5, 7 und 8 entgegennehmen.

(2) Die ESMA kann sich zur Wahrnehmung ihrer Aufgaben gemäß dieser Verordnung jederzeit an die jeweils zuständige Behörde wenden und zusätzliche Informationen über Netto-Leerverkaufspositionen im ausgegebenen Aktienkapital und ausgegebenen öffentlichen Schuldtiteln oder über ungedeckte Positionen in Credit Default Swaps auf öffentliche Schuldtitel anfordern.

Die zuständige Behörde übermittelt der ESMA die angeforderten Informationen spätestens innerhalb von sieben Kalendertagen. Kommt es zu unerwünschten Ereignissen oder Entwicklungen, die eine ernsthafte Bedrohung der Finanzstabilität oder des Marktvertrauens in dem betreffenden Mitgliedstaat oder einem anderen Mitgliedstaat darstellen, stellt die zuständige Behörde alle verfügbaren Informationen auf der Grundlage der Meldepflichten gemäß den Artikeln 5, 7 und 8 innerhalb von 24 Stunden der ESMA zur Verfügung.

(3) Um eine konsequente Anwendung dieses Artikels zu gewährleisten, entwickelt die ESMA Entwürfe für technische Regulierungsstandards, mit denen die Einzelheiten der gemäß Absatz 1 und Absatz 2 bereitzustellenden Informationen geregelt werden.

Die ESMA legt der Kommission bis spätestens 31. März 2012 die Entwürfe dieser technischen Regulierungsstandards vor.

Der Kommission wird die Befugnis übertragen, die technischen Regulierungsstandards im Sinne von Unterabsatz 1 gemäß dem in den Artikeln 10 bis 14 der Verordnung (EU) Nr. 1095/2010 festgelegten Verfahren zu erlassen.

(4) Um einheitliche Bedingungen für die Anwendung von Absatz 1 zu gewährleisten, entwickelt die ESMA Entwürfe technischer Durchführungsstandards, in denen das Format der nach den Absätzen 1 und 2 bereitzustellenden Informationen festgelegt wird.

Die ESMA legt der Kommission bis spätestens 31. März 2012 die Entwürfe dieser technischen Durchführungsstandards vor.

Der Kommission wird die Befugnis übertragen, die in Unterabsatz 1 genannten technischen Durchführungsstandards nach Artikel 15 der Verordnung (EU) Nr. 1095/2010 zu erlassen.

---

1 *Mock* in KölnKomm. WpHG, § 30h WpHG Rz. 29.

In der Fassung vom 14.3.2012 (ABl. EU Nr. L 86 v. 24.3.2012, S. 1).

Delegierte Verordnung (EU) Nr. 826/2012 der Kommission vom 29. Juni 2012 zur Ergänzung der Verordnung (EU) Nr. 236/2012 des Europäischen Parlaments und des Rates im Hinblick auf technische Regulierungsstandards für die Melde- und Offenlegungspflichten in Bezug auf Netto-Leerverkaufspositionen, die Einzelheiten der in Bezug auf Netto-Leerverkaufspositionen an die Europäische Wertpapier- und Marktaufsichtsbehörde zu übermittelnden Informationen und die Methode zur Berechnung des Umsatzes zwecks Ermittlung der unter die Ausnahmeregelung fallenden Aktien

(Auszug)

Art. 4 Regelmäßige Informationen

Gemäß Artikel 11 Absatz 1 der Verordnung (EU) Nr. 236/2012 übermitteln die zuständigen Behörden der ESMA vierteljährlich folgende Informationen:

a) die tägliche aggregierte Netto-Leerverkaufsposition in jeder einzelnen Aktie in dem von der jeweils zuständigen Behörde bestimmten wichtigsten nationalen Aktienindex;
b) die aggregierte Netto-Leerverkaufsposition zum Quartalsende für jede einzelne Aktie, die nicht in dem unter Buchstabe a genannten Index enthalten ist;
c) die tägliche aggregierte Netto-Leerverkaufsposition für jeden einzelnen öffentlichen Emittenten;
d) gegebenenfalls die täglichen aggregierten ungedeckten Positionen in Credit Default Swaps öffentlicher Emittenten.

In der Fassung vom 29.6.2012 (ABl. EU Nr. L 251 v. 18.9.2012, S. 1).

Art. 5 Informationen auf Anfrage

Informationen, die gemäß Artikel 11 Absatz 2 der Verordnung (EU) Nr. 236/2012 von einer jeweils zuständigen Behörde auf Ad-hoc-Basis zu übermitteln sind, enthalten alle von der ESMA angeforderten spezifischen Informationen, die die zuständige Behörde nicht schon zuvor gemäß Artikel 4 dieser Verordnung übermittelt hat.

In der Fassung vom 29.6.2012 (ABl. EU Nr. L 251 v. 18.9.2012, S. 1).

Durchführungsverordnung (EU) Nr. 827/2012 der Kommission vom 29. Juni 2012 zur Festlegung technischer Durchführungsstandards in Bezug auf die Verfahren für die Offenlegung von Nettopositionen in Aktien gegenüber der Öffentlichkeit, das Format, in dem der Europäischen Wertpapier- und Marktaufsichtsbehörde Informationen zu Netto-Leerverkaufspositionen zu übermitteln sind, die Arten von Vereinbarungen, Zusagen und Maßnahmen, die angemessen gewährleisten, dass Aktien oder öffentliche Schuldtitel für die Abwicklung des Geschäfts verfügbar sind, und die Daten, zu denen die Ermittlung des Haupthandelsplatzes einer Aktie erfolgt, sowie den Zeitraum, auf den sich die betreffende Berechnung bezieht, gemäß der Verordnung (EU) Nr. 236/2012 des Europäischen Parlaments und des Rates über Leerverkäufe und bestimmte Aspekte von Credit Default Swaps

(Auszug)

Art. 3 Format der regelmäßig zu übermittelnden Informationen

(1) Die Informationen über Netto-Leerverkaufspositionen in Aktien, öffentlichen Schuldtiteln und Credit Default Swaps, die der ESMA gemäß Artikel 11 Absatz 1 der Verordnung (EU) Nr. 236/2012 vierteljährlich zur Verfügung zu stellen sind, werden von den jeweils zuständigen Behörden in dem in Anhang II der vorliegenden Verordnung festgelegten Format übermittelt.

(2) Die in Absatz 1 genannten Informationen werden der ESMA elektronisch über ein von der ESMA geschaffenes System übermittelt, das die Vollständigkeit, Integrität und Vertraulichkeit der Daten während des Übermittlungsvorgangs gewährleistet.

In der Fassung vom 29.6.2012 (ABl. EU Nr. L 251 v. 18.9.2012, S. 11).

Art. 4 Format der auf Anfrage zu übermittelnden Informationen

(1) Die jeweils zuständige Behörde übermittelt der ESMA die in Artikel 11 Absatz 2 der Verordnung (EU) Nr. 236/2012 genannten Informationen über Netto-Leerverkaufspositionen in Aktien und öffentlichen Schuldtiteln oder über ungedeckte Positionen in Credit Default Swaps auf öffentliche Schuldtitel in dem von der ESMA in ihrer Anfrage angegebenen Format.

(2) Betrifft die Anfrage Informationen, die der zuständigen Behörde gemäß den Artikeln 5, 7 und 8 der Verordnung (EU) Nr. 236/2012 gemeldet werden, so werden diese nach Maßgabe des Artikels 2 der delegierten Verordnung (EU) Nr. 826/2012 der Kommission bereitgestellt.

(3) Angeforderte Informationen werden von der zuständigen Behörde elektronisch über ein von der ESMA für den Informationsaustausch geschaffenes System übermittelt, das die Vollständigkeit, Integrität und Vertraulichkeit der Daten während des Übermittlungsvorgangs gewährleistet.

In der Fassung vom 29.6.2012 (ABl. EU Nr. L 251 v. 18.9.2012, S. 11).

Schrifttum: S. Vor Art. 1 ff. VO Nr. 236/2012.

Art. 11 VO Nr. 236/2012 | Bereitstellung von Informationen an die ESMA

I. Regelungsgegenstand 1	V. Ad-hoc-Meldungen (Art. 11 Abs. 2 VO Nr. 236/2012) 9
II. Regelungssystematik 2	VI. Veröffentlichung durch die zuständigen Behörden 12
III. Regelungszweck 4	
IV. Regelmäßige Meldungen (Art. 11 Abs. 1 VO Nr. 236/2012) 5	VII. Ermächtigung zum Erlass von Tertiärrechtsakten (Art. 11 Abs. 3 und 4 VO Nr. 236/2012) . 13

1 **I. Regelungsgegenstand.** Art. 11 VO Nr. 236/2012 verpflichtet die zuständigen Behörden zu regelmäßigen Meldungen (Abs. 1) und zu *Ad-hoc*-Meldungen (Abs. 2) an die ESMA[1]. Nach **Art. 11 Abs. 1 VO Nr. 236/2012** muss jede zuständigen Behörden der ESMA vierteljährlich zusammenfassende Informationen über die Meldungen im Rahmen des Transparenzregimes (Art. 5, 7 und 8) übermitteln. Nach **Art. 11 Abs. 2 VO Nr. 236/2012** ist die ESMA berechtigt, sich jederzeit an die jeweils zuständige Behörde zu wenden und zusätzliche Informationen über Netto-Leerverkaufspositionen im ausgegebenen Aktienkapital und ausgegebenen öffentlichen Schuldtiteln oder über ungedeckte Positionen in Credit Default Swaps auf öffentliche Schuldtitel anfordern (Rz. 9 ff.). Die jeweils zuständige Behörde muss dieser Anforderung spätestens innerhalb von sieben Kalendertagen, in Ausnahmesituationen innerhalb von 24 Stunden nachkommen. Näher ausgestaltet werden die Form und der Inhalt der Meldung nach durch die nach **Art. 11 Abs. 3 VO Nr. 236/2012** erlassene DelVO Nr. 826/2012 (Rz. 13) und durch die nach **Art. 11 Abs. 4 VO Nr. 236/2012** erlassene DurchfVO Nr. 827/2012 (Rz. 14).

2 **II. Regelungssystematik.** Art. 11 VO Nr. 236/2012 **ergänzt** das **Melderegime** für Netto-Leerverkaufspositionen in Aktien (Art. 5 VO Nr. 236/2012), öffentlichen Schuldtiteln (Art. 7 VO Nr. 236/2012) und ungedeckten Positionen in Credit Default Swaps (Art. 8 VO Nr. 236/2012), indem er den Informationsfluss von den jeweils zuständigen Behörden als Meldungsadressaten (Art. 5–10 VO Nr. 236/2012 Rz. 38) hin zur ESMA regelt. Dadurch erlangt die ESMA erst die notwendigen Informationen, um ihre Befugnisse im Rahmen der Leerverkaufs-VO effektiv wahrnehmen zu können (Rz. 4).

3 Das Transparenzregime wird durch Bestimmungen in **zwei Tertiärrechtsakten**, der DelVO Nr. 826/2012 und der DurchfVO Nr. 827/2012, näher konkretisiert (Rz. 13 f.). Präzisierungen zum **Inhalt der Meldung** werden durch die auf Basis des Art. 11 Abs. 3 VO Nr. 236/2012 erlassenen Art. 4 und 5 **DelVO Nr. 826/2012** gemacht (Rz. 6 ff., 10 f.). Art. 4 DelVO Nr. 826/2012 i.V.m. Anhang II listet alle an die ESMA zu meldenden Informationen auf (Rz. 6). Art. 5 DelVO Nr. 826/2012 legt fest, dass die an die ESMA ad hoc zu übermittelnden Meldungen alle von der ESMA angeforderten spezifischen Informationen enthalten müssen (Rz. 10). Das **Verfahren der Meldung** wird durch die auf Basis des Art. 11 Abs. 4 VO Nr. 236/2012 erlassenen Art. 3 und i.V.m. Anhang II **DurchfVO Nr. 827/2012** näher konkretisiert (Rz. 7).

4 **III. Regelungszweck.** Der an die **ESMA** zu meldenden Informationen sollen diese in die Lage versetzen, ihren **Aufgaben** im Rahmen der Leerverkaufs-VO in Übereinstimmung mit ihren Befugnissen nach der VO Nr. 1095/2012 **effizient wahrnehmen** zu können (Erwägungsgrund 4 DelVO Nr. 826/2012). Die ESMA soll in der Lage sein, die Informationen zu verarbeiten und Untersuchungen und Analysen auf ihrer Basis durchzuführen (Erwägungsgrund 5 DelVO Nr. 826/2012). Damit die Informationen mit Blick auf diese Ziele, effizient genutzt werden können, macht insbesondere die DelVO Nr. 826/2012 nähere Vorgaben zu einer Standardisierung der vierteljährlichen Meldungen (Erwägungsgrund 5 DelVO Nr. 826/2012).

5 **IV. Regelmäßige Meldungen (Art. 11 Abs. 1 VO Nr. 236/2012).** Jede zuständige Behörde muss der ESMA gem. Art. 11 Abs. 1 VO Nr. 236/2012 vierteljährlich zusammenfassende Informationen über Netto-Leerverkaufspositionen im ausgegebenen Aktienkapital und in ausgegebenen öffentlichen Schuldtiteln sowie über ungedeckte Positionen in Credit Default Swaps auf öffentliche Schuldtitel, für die sie jeweils zuständige Behörde ist, und für die sie die Meldungen gem. den Art. 5, 7 und 8 VO Nr. 236/2012 entgegennehmen, in einer zusammenfassenden Meldung (Rz. 7 f.) übermitteln. Da Art. 11 VO Nr. 236/2012 – ebenso wie die meisten anderen Bestimmungen der Leerverkaufs-VO – gem. Art. 48 VO Nr. 236/2012 ab dem 1.11.2012 anwendbar war, mussten die zuständigen Behörden die erste Meldung am 1.2.2013 vornehmen. Damit die Informationen insbesondere mit Blick auf die Zwecke des Art. 11 VO Nr. 236/2012, effizient genutzt werden können, sollen sie standardisiert, im Zeitverlauf stabil und – in Form von täglich aggregierten Daten – von ausreichender Granularität sein, damit die ESMA sie verarbeiten und Untersuchungen und Analysen durchführen kann (Erwägungsgrund 5 DelVO Nr. 826/2012).

6 Die Meldung muss nach Art. 4 DelVO Nr. 826/2012 folgende Informationen umfassen:

   a) die tägliche aggregierte Netto-Leerverkaufsposition in jeder einzelnen Aktie in dem von der jeweils zuständigen Behörde bestimmten wichtigsten nationalen Aktienindex;

   b) die aggregierte Netto-Leerverkaufsposition zum Quartalsende für jede einzelne Aktie, die nicht in dem unter lit. a) genannten Index enthalten ist;

   c) die tägliche aggregierte Netto-Leerverkaufsposition für jeden einzelnen öffentlichen Emittenten;

---

1 *Grundmann* in Staub, HGB, Bankvertragsrecht 2, 5. Aufl. 2018, 6. Teil, 4. Abschnitt, A Rz. 604; *Moloney*, EU Securities and Financial Markets Regulation, 3rd ed. 2014, VI.3.7., S. 564.

d) gegebenenfalls die täglichen aggregierten ungedeckten Positionen in Credit Default Swaps öffentlicher Emittenten.

Zusätzlich müssen die im Formular nach Anhang II DurchfVO Nr. 827/2012 (Rz. 8) abgefragten Informationen enthalten sein.

Die Meldungen müssen nach Art. 3 Abs. 1 DurchfVO Nr. 827/2012 von den jeweils zuständigen Behörden in dem in Anhang II DurchfVO Nr. 827/2012 festgelegten **Format** (Rz. 8) übermittelt werden. Die **Übermittlung** muss nach Art. 3 Abs. 2 DurchfVO Nr. 827/2012 **elektronisch** über ein von der ESMA geschaffenes System vorgenommen werden. Die ESMA ist verpflichtet, dieses System einzurichten und dabei sicherzustellen, dass die Vollständigkeit, Integrität und Vertraulichkeit der Daten während des Übermittlungsvorgangs gewährleistet wird.   7

Anhang II DurchfVO Nr. 827/2012:   8

Format, in dem der ESMA vierteljährlich Informationen zu übermitteln sind (Artikel 3)

Angabe	Format
1. Identität des Emittenten[1]	Bei Aktien: Vollständiger Name des Unternehmens, dessen Aktien zum Handel an einem Handelsplatz zugelassen sind
	Bei öffentlichen Schuldtiteln: Vollständiger Name des Emittenten
	Bei ungedeckten Credit Default Swaps auf öffentliche Schuldtitel: Vollständiger Name des Emittenten des zugrundeliegenden öffentlichen Schuldtitels
2. ISIN[2]	Nur bei Aktien: ISIN der wichtigsten Gattung von Stammaktien des Emittenten. Sind keine Stammaktien zum Handel zugelassen, ISIN der Gattung von Vorzugsaktien (oder der wichtigsten Gattung von zum Handel zugelassenen Vorzugsaktien, falls davon mehrere Gattungen zum Handel zugelassen sind)
3. Ländercode	Zweistelliger Buchstabencode des Landes des öffentlichen Emittenten gemäß ISO 3166-1
4. Datum der Position	Datum, für das die Position übermittelt wird, gemäß ISO 8601:2004 (JJJJ-MM-TT)
5. Tägliche aggregierte Netto-Leerverkaufsposition bei Aktien des wichtigsten nationalen Indexes	Auf 2 Dezimalstellen gerundeter Prozentsatz
6. Zum Quartalsende aggregierte Nettoleerverkaufsposition bei anderen Aktien	Auf 2 Dezimalstellen gerundeter Prozentsatz
7. Tägliche aggregierte Nettoleerverkaufspositionen bei öffentlichen Schuldtiteln	Nominaler Gegenwert in Euro
8. Tägliche aggregierte ungedeckte Positionen bei Credit Default Swaps eines öffentlichen Emittenten	

V. Ad-hoc-Meldungen (Art. 11 Abs. 2 VO Nr. 236/2012). Nach Art. 11 Abs. 2 Unterabs. 1 VO Nr. 236/2012   9
ist die ESMA berechtigt, sich jederzeit an die jeweils zuständige Behörde zu wenden und zusätzliche Informationen über Netto-Leerverkaufspositionen im ausgegebenen Aktienkapital und ausgegebenen öffentlichen Schuldtiteln oder über ungedeckte Positionen in Credit Default Swaps auf öffentliche Schuldtitel anfordern. Die jeweils zuständige Behörde muss der ESMA die angeforderten Informationen nach Art. 11 Abs. 2 Unterabs. 2 Satz 1 VO Nr. 236/2012 grundsätzlich spätestens innerhalb von sieben Kalendertagen übermitteln. Sofern es zu unerwünschten Ereignissen oder Entwicklungen kommt, die eine ernsthafte Bedrohung der Finanzstabilität oder des Marktvertrauens in dem betreffenden Mitgliedstaat oder einem anderen Mitgliedstaat darstellen (vgl. Art. 18–26 VO Nr. 236/2012 Rz. 19), muss die zuständige Behörde alle verfügbaren Informationen auf der Grundlage der Meldepflichten gem. den Art. 5, 7 und 8 VO Nr. 236/2012 sogar innerhalb von 24 Stunden der ESMA zur Verfügung stellen.

Der **Inhalt einer Ad-hoc-Meldung** nach Art. 11 Abs. 2 VO Nr. 236/2012 ist durch die DelVO Nr. 826/2012   10
nicht näher spezifiziert. Vielmehr muss die Meldung nach Art. 5 DelVO Nr. 826/2012 alle von der ESMA angeforderten spezifischen Informationen enthalten, die die zuständige Behörde nicht schon zuvor gem. Art. 11 Abs. 1 i.V.m. Art. 4 DelVO Nr. 826/2012 übermittelt hat. Der Inhalt der Anfrage kann über diejenigen Infor-

---

[1] Die Angaben zum *Emittenten* müssen dessen vollen rechtlichen Namen nennen. Ist der Emittent ein Unternehmen, ist dessen Firma zu nennen.
[2] Um Verwechslungen zu vermeiden, ist neben der Firma als einheitlicher Identifikationscode der ISIN Code anzugeben.

mationen, die den jeweils zuständigen Behörden nach Art. 5, 7 und 8 VO Nr. 236/2012 übermittelt werden hinausgehen (arg. con. Art. 4 Abs. 2 DurchfVO Nr. 827/2012). Die Informationen müssen aber freilich im Zusammenhang Netto-Leerverkaufspositionen im ausgegebenen Aktienkapital und ausgegebenen öffentlichen Schuldtiteln oder mit ungedeckte Positionen in Credit Default Swaps auf öffentliche Schuldtitel stehen.

11 Die Ad-hoc-Meldungen müssen nach Art. 4 Abs. 1 DurchfVO Nr. 827/2012 von den jeweils zuständigen Behörden in dem von der ESMA in ihrer Anfrage **angegebenen Format** übermittelt werden. Nur soweit die Anfrage Informationen betrifft, die der zuständigen Behörde gem. den Art. 5, 7 und 8 VO Nr. 236/2012 gemeldet werden, werden diese nach Maßgabe des Art. 2 DelVO Nr. 826/2012 bereitgestellt (Art. 4 Abs. 2 DurchfVO Nr. 827/2012). Die **Übermittlung** muss nach Art. 4 Abs. 3 DurchfVO Nr. 827/2012 in allen Fällen **elektronisch** über ein von der ESMA geschaffenes System vorgenommen werden. Die ESMA ist verpflichtet, dieses System einzurichten und dabei sicherzustellen, dass die Vollständigkeit, Integrität und Vertraulichkeit der Daten während des Übermittlungsvorgangs gewährleistet wird.

12 **VI. Veröffentlichung durch die zuständigen Behörden.** Derzeit bestehen **keine Veröffentlichungspflichten** für die zuständigen Behörden. In ihrem aktuellen *technical advice* zu einem Review der Leerverkaufs-VO hat die ESMA erwogen, eine Veröffentlichungspflicht für aggregierte Netto-Leerverkaufspositionen durch die national zuständigen Behörden einzuführen[1]. Der Vorschlag sieht allerdings nur vor, dass die national zuständigen Behörden berechtigt sein sollen, entsprechende Veröffentlichungen vorzunehmen, wenn sie der Auffassung sind, dass sie dadurch die Informationseffizienz des Marktes steigern können[2].

13 **VII. Ermächtigung zum Erlass von Tertiärrechtsakten (Art. 11 Abs. 3 und 4 VO Nr. 236/2012).** Um eine konsequente – und harmonisierte – Anwendung des Meldeverfahrens zu gewährleisten, hat die ESMA nach Art. 11 Abs. 3 Unterabs. 1 VO Nr. 236/2012 Entwürfe für technische Regulierungsstandards zu entwickeln, durch die die Einzelheiten der gem. Abs. 1 und Abs. 2 bereitzustellenden Informationen geregelt werden. Diese Entwürfe hatte sie der Europäischen Kommission bis spätestens 31.3.2012 vorzulegen. Der Europäischen Kommission überträgt Art. 11 Abs. 3 Unterabs. 3 VO Nr. 236/2012 die Befugnis, diese technischen Regulierungsstandards gem. dem in den Art. 10–14 VO Nr. 1095/2010 festgelegten Verfahren zu erlassen. Dem kam die Europäische Kommission durch Erlass der **Art. 4 und 5 DelVO Nr. 826/2012** nach.

14 Um einheitliche Bedingungen für die Anwendung von Art. 11 Abs. 1 VO Nr. 236/2012 zu gewährleisten, hatte die ESMA nach Art. 11 Abs. 4 Unterabs. 1 Entwürfe technischer Durchführungsstandards zu entwickeln, in denen das Format der nach den Abs. 1 und 2 bereitzustellenden Informationen festgelegt werden. Diese waren der Europäischen Kommission bis spätestens 31.3.2012 vorzulegen. Art. 11 Abs. 4 Unterabs. 3 VO Nr. 236/2012 überträgt der Europäischen Kommission die Befugnis, die genannten technischen Durchführungsstandards nach Art. 15 VO Nr. 1095/2010 zu erlassen. Dem kam die Europäische Kommission durch Erlass des **Art. 3 und 4 DurchfVO Nr. 827/2012** nach.

Kapitel III
Ungedeckte Leerverkäufe

Art. 12 Beschränkung ungedeckter Leerverkäufe in Aktien

(1) Eine natürliche oder juristische Person kann eine zum Handel an einem Handelsplatz zugelassene Aktie nur dann leer verkaufen, wenn eine der folgenden Bedingungen erfüllt ist:

a) die natürliche oder juristische Person hat die Aktie geliehen oder hat alternative Vorkehrungen getroffen, die zu gleichen rechtlichen Ergebnissen führen;

b) die natürliche oder juristische Person hat bezüglich der Aktie eine Leihvereinbarung getroffen oder hat einen vertragsrechtlich oder eigentumsrechtlich unbedingt durchsetzbaren Anspruch auf Übertragung des Eigentums an einer entsprechenden Anzahl von Wertpapieren derselben Gattung, so dass das Geschäft bei Fälligkeit abgewickelt werden kann;

c) die natürliche oder juristische Person hat von einem Dritten die Zusage erhalten, dass die Aktie lokalisiert wurde, und dass dieser Dritte die Maßnahmen gegenüber Dritten ergriffen hat, die dafür notwendig sind, dass die natürliche oder juristische Person berechtigterweise erwarten kann, dass das Geschäft bei Fälligkeit abgewickelt werden kann.

---

[1] ESMA, Final Report – Technical Advice on the evaluation of certain elements of the Short Selling Regulation, ESMA70-145-386, 5.2. Rz. 239 ff.
[2] ESMA, Final Report – Technical Advice on the evaluation of certain elements of the Short Selling Regulation, ESMA70-145-386, 5.2.3. Rz. 263.

(2) Um einheitliche Bedingungen für die Anwendung von Absatz 1 zu gewährleisten, arbeitet die ESMA Entwürfe technischer Durchführungsstandards aus, in denen festgelegt wird, welche Arten von Vereinbarungen, Zusagen und Maßnahmen angemessen gewährleisten, dass eine Aktie für die Abwicklung des Geschäfts verfügbar sein wird. Bei der Festlegung, welche Maßnahmen notwendig sind, damit berechtigterweise erwartet werden kann, dass das Geschäft bei Fälligkeit abgewickelt werden kann, berücksichtigt die ESMA unter anderem den Innertageshandel und die Liquidität der Aktien.

Die ESMA legt der Kommission bis spätestens 31. März 2012 Entwürfe dieser technischen Durchführungsstandards vor.

Der Kommission wird die Befugnis zum Erlass der in Unterabsatz 1 genannten technischen Durchführungsstandards gemäß Artikel 15 der Verordnung (EU) Nr. 1095/2010 übertragen.

In der Fassung vom 14.3.2012 (ABl. EU Nr. L 86 v. 24.3.2012, S. 1).

Art. 13 Beschränkung ungedeckter Leerverkäufe von öffentlichen Schuldtiteln

(1) Eine natürliche oder juristische Person kann einen öffentlichen Schuldtitel nur dann leer verkaufen, wenn eine der folgenden Bedingungen erfüllt ist:

a) die natürliche oder juristische Person hat den öffentlichen Schuldtitel geliehen oder hat alternative Vorkehrungen mit vergleichbarer rechtlicher Wirkung getroffen;

b) die natürliche oder juristische Person hat bezüglich des öffentlichen Schuldtitels eine Leihvereinbarung getroffen oder hat einen vertragsrechtlich oder eigentumsrechtlich unbedingt durchsetzbaren Anspruch auf Übertragung des Eigentums an einer entsprechenden Anzahl von Wertpapieren derselben Gattung, so dass das Geschäft bei Fälligkeit abgewickelt werden kann, oder

c) die natürliche oder juristische Person hat von einem Dritten die Zusage erhalten, dass der öffentliche Schuldtitel lokalisiert wurde, oder kann aus anderen Gründen berechtigterweise erwarten, dass das Geschäft bei Fälligkeit abgewickelt werden kann.

(2) Die in Absatz 1 genannten Beschränkungen gelten nicht, wenn das Geschäft dazu dienen soll, eine Long-Position in Schuldinstrumenten eines Emittenten abzusichern, deren Kurse eine hohe Korrelation mit den Kursen der betreffenden öffentlichen Schuldtitel aufweisen.

(3) Falls die Liquidität im Zusammenhang mit öffentlichen Schuldtiteln unter den gemäß der Methode nach Absatz 4 ermittelten Schwellenwert sinkt, können die in Absatz 1 genannten Beschränkungen von der jeweils zuständigen Behörde vorübergehend aufgehoben werden. Die jeweils zuständige Behörde meldet der ESMA und den anderen zuständigen Behörden vorab die geplante vorübergehende Aufhebung dieser Beschränkungen.

Eine Aufhebung gilt zunächst für einen Zeitraum von höchstens sechs Monaten ab dem Tag ihrer Bekanntgabe auf der Website der jeweils zuständigen Behörde. Die Aufhebung kann um Zeiträume von jeweils höchstens sechs Monaten verlängert werden, sofern die Gründe für die Aufhebung weiterhin gegeben sind. Die Aufhebung endet automatisch, sofern sie nicht nach Ablauf des ursprünglichen Zeitraums oder jedwedem darauf folgenden Verlängerungszeitraum verlängert wird.

Die ESMA nimmt innerhalb von 24 Stunden nach der Meldung durch die jeweils zuständige Behörde auf der Grundlage des Absatzes 4 zu der gemeldeten vorübergehenden Aufhebung oder deren Verlängerung Stellung. Die Stellungnahme wird auf der Website der ESMA veröffentlicht.

(4) Die Kommission nimmt delegierte Rechtsakte gemäß Artikel 42 an, mit denen die Parameter und Methoden zur Berechnung der in Absatz 3 des vorliegenden Artikels genannten Liquiditätsschwelle in Bezug auf die ausgegebenen öffentlichen Schuldtitel festgelegt werden.

Die Parameter und Methoden, nach denen die Mitgliedstaaten den Schwellenwert zu berechnen haben, sind so festzulegen, dass sein Erreichen einem erheblichen Rückgang im Vergleich zu dem durchschnittlichen Liquiditätsniveau für die betreffenden öffentlichen Schuldtitel entspricht.

Der Schwellenwert wird anhand objektiver, für den betreffenden Markt für öffentliche Schuldtitel spezifischer Kriterien festgelegt, einschließlich des ausstehenden Gesamtbetrags der ausgegebenen öffentlichen Schuldtitel jedes öffentlichen Emittenten.

(5) Um einheitliche Bedingungen für die Anwendung von Absatz 1 zu gewährleisten, kann die ESMA Entwürfe technischer Durchführungsstandards ausarbeiten, in denen festgelegt wird, welche Arten von Vereinbarungen oder Zusagen angemessen gewährleisten, dass ein öffentlicher Schuldtitel für die Abwicklung des Geschäfts verfügbar sein wird. Die ESMA berücksichtigt insbesondere die Notwendigkeit

einer ausreichenden Liquidität der Märkte, vor allem der Märkte für öffentliche Anleihen und der Rückkaufsmärkte für öffentliche Anleihen.

Die ESMA legt der Kommission bis spätestens 31. März 2012 die Entwürfe dieser technischen Durchführungsstandards vor.

Der Kommission wird die Befugnis zum Erlass der in Unterabsatz 1 genannten technischen Durchführungsstandards gemäß Artikel 15 der Verordnung (EU) Nr. 1095/2010 übertragen.

In der Fassung vom 14.3.2012 (ABl. EU Nr. L 86 v. 24.3.2012, S. 1).

Die Art. 12, 13 VO Nr. 236/2012 werden im Folgenden gemeinsam erläutert.

Durchführungsverordnung (EU) Nr. 827/2012 der Kommission vom 29. Juni 2012
zur Festlegung technischer Durchführungsstandards in Bezug auf die Verfahren für die Offenlegung von Nettopositionen in Aktien gegenüber der Öffentlichkeit, das Format, in dem der Europäischen Wertpapier- und Marktaufsichtsbehörde Informationen zu Netto-Leerverkaufspositionen zu übermitteln sind, die Arten von Vereinbarungen, Zusagen und Maßnahmen, die angemessen gewährleisten, dass Aktien oder öffentliche Schuldtitel für die Abwicklung des Geschäfts verfügbar sind, und die Daten, zu denen die Ermittlung des Haupthandelsplatzes einer Aktie erfolgt, sowie den Zeitraum, auf den sich die betreffende Berechnung bezieht, gemäß der Verordnung (EU) Nr. 236/2012 des Europäischen Parlaments und des Rates über Leerverkäufe und bestimmte Aspekte von Credit Default Swaps

(Auszug)

Art. 5 Leihvereinbarungen und andere durchsetzbare Ansprüche gleicher Wirkung

(1) Die in Artikel 12 Absatz 1 Buchstabe b und Artikel 13 Absatz 1 Buchstabe b der Verordnung (EU) Nr. 236/2012 genannten Leihvereinbarungen oder anderen durchsetzbaren Ansprüche erhalten die Form einer der folgenden Arten von Vereinbarung, Vertrag oder Forderung, die für die Dauer des Leerverkaufs rechtlich verbindlich sind:

a) Termingeschäfte und Swaps: Termin- und Swap-Kontrakte, die die physische Lieferung der betreffenden Aktien oder öffentlichen Schuldtitel nach sich ziehen und zumindest die Anzahl an Aktien oder den Betrag der öffentlichen Schuldtitel abdecken, die die natürliche oder juristische Person leer verkaufen will, und die vor oder gleichzeitig mit dem Leerverkauf geschlossen werden und einen Liefer- oder Ablauftermin vorsehen, der gewährleistet, dass der Leerverkauf bei Fälligkeit abgewickelt werden kann.

b) Optionen: Kontrakte, die die physische Lieferung der betreffenden Aktien oder öffentlichen Schuldtitel nach sich ziehen und zumindest die Anzahl an Aktien oder den Betrag der öffentlichen Schuldtitel abdecken, die die natürliche oder juristische Person leer verkaufen will, und die vor oder gleichzeitig mit dem Leerverkauf geschlossen werden und einen Ablauftermin vorsehen, der gewährleistet, dass der Leerverkauf bei Fälligkeit abgewickelt werden kann.

c) Rückkaufvereinbarungen: Vereinbarungen, die zumindest die Anzahl an Aktien oder den Betrag der öffentlichen Schuldtitel abdecken, die die natürliche oder juristische Person leer verkaufen will, und die vor oder gleichzeitig mit dem Leerverkauf geschlossen werden und einen Rückkauftermin vorsehen, der gewährleistet, dass der Leerverkauf bei Fälligkeit abgewickelt werden kann.

d) Ständige Vereinbarungen oder rollierende Fazilitäten: vor oder gleichzeitig mit dem Leerverkauf geschlossene Vereinbarungen oder Fazilitäten über bzw. für eine im Voraus festgelegte Menge genau bezeichneter Aktien oder öffentlicher Schuldtitel, die für die Dauer des Leerverkaufs zumindest die Anzahl an Aktien oder den Betrag der öffentlichen Schuldtitel abdecken, die die natürliche oder juristische Person leer verkaufen will und einen Liefer- oder Ausführungstermin vorsehen, der gewährleistet, dass der Leerverkauf bei Fälligkeit abgewickelt werden kann.

e) Bezugsrechtsvereinbarungen: Vereinbarungen über Bezugsrechte in Fällen, in denen die natürliche oder juristische Person zur Zeichnung neuer Aktien derselben Kategorie und desselben Emittenten berechtigt ist, die zumindest die Anzahl der Aktien, die leer verkauft werden sollen, abdecken, wenn die natürliche oder juristische Person zur Entgegennahme der Aktien bei oder vor Abwicklung des Leerverkaufs berechtigt ist.

f) Sonstige Ansprüche oder Vereinbarungen, die die Lieferung der Aktien oder öffentlichen Schuldtitel nach sich ziehen: Vereinbarungen oder Ansprüche, die zumindest die Anzahl der Aktien oder den Betrag der öffentlichen Schuldtitel abdecken, die die natürliche oder juristische Person leer verkaufen will, die vor oder gleichzeitig mit dem Leerverkauf geschlossen bzw. eingegangen werden und einen Liefer- oder Ausführungstermin vorsehen, der gewährleistet, dass der Leerverkauf bei Fälligkeit abgewickelt werden kann.

(2) Die Vereinbarung, der Kontrakt oder der Anspruch wird der natürlichen oder juristischen Person von der Gegenpartei als Nachweis für das Bestehen der Leihvereinbarung oder eines sonstigen durchsetzbaren Anspruchs auf einem dauerhaften Datenträger zur Verfügung gestellt.

In der Fassung vom 29.6.2012 (ABl. EU Nr. L 251 v. 18.9.2012, S. 11).

Art. 6 Zusagen und Maßnahmen, die in Bezug auf Leerverkäufe in Aktien zu treffen sind, die zum Handel an einem Handelsplatz zugelassen sind

[Artikel 12 Absatz 1 Buchstabe c der Verordnung (EU) Nr. 236/2012]

(1) In den Absätzen 2, 3 und 4 werden die Zusagen und Maßnahmen bestimmt, die gemäß Artikel 12 Absatz 1 Buchstabe c der Verordnung (EU) Nr. 236/2012 in Bezug auf Leerverkäufe in Aktien abzugeben sind, die zum Handel an einem Handelsplatz zugelassen sind.

(2) Standardlokalisierungszusagen und -maßnahmen sind Zusagen, Bestätigungen und Maßnahmen, die alle folgenden Elemente enthalten:
a) bei Lokalisierungsbestätigungen: eine dem Leerverkauf durch eine natürliche oder juristische Person vorangehende Bestätigung des Dritten, wonach er die Aktien unter Berücksichtigung der Höhe des möglichen Verkaufs und der Marktbedingungen fristgerecht für die Abwicklung zur Verfügung stellen kann, und in der angegeben ist, für welchen Zeitraum die Aktie lokalisiert ist;
b) bei Vormerkungsbestätigungen: eine dem Leerverkauf vorangehende Bestätigung des Dritten, dass er die angefragte Anzahl von Aktien für diese Person zumindest vorgemerkt hat.

(3) Standardlokalisierungszusagen und -maßnahmen für denselben Tag sind Zusagen, Bestätigungen und Maßnahmen, die alle folgenden Elemente enthalten:
a) bei Bestätigungsersuchen: Ersuchen der natürlichen oder juristischen Person an den Dritten, ihr bestätigen, dass der Leerverkauf durch Ankäufe am Tag des Leerverkaufs gedeckt sein wird;
b) bei Lokalisierungsbestätigungen: eine dem Leerverkauf vorangehende Bestätigung des Dritten, wonach er die Aktien unter Berücksichtigung der Höhe des möglichen Verkaufs und der Marktbedingungen fristgerecht für die Abwicklung zur Verfügung stellen kann, und in der angegeben ist, für welchen Zeitraum die Aktien lokalisiert sind;
c) bei Bestätigungen der Problemlosigkeit der Leihe oder des Ankaufs: eine dem Leerverkauf vorangehende Bestätigung des Dritten, dass die Aktie unter Berücksichtigung der Marktbedingungen und der diesem Dritten ansonsten vorliegenden Informationen über das Angebot an diesen Aktien ohne Weiteres in der erforderlichen Menge geliehen oder erworben werden kann, oder bei Fehlen einer solchen Bestätigung des Dritten, dass er die angefragte Anzahl an Aktien für die natürliche oder juristische Person zumindest vorgemerkt hat;
d) bei Überwachung: eine Zusage der natürlichen oder juristischen Person, den nicht durch Käufe gedeckten Teil des Leerverkaufs zu überwachen;
e) bei Anweisungen für den Fall fehlender Deckung: eine Zusage der natürlichen oder juristischen Person, dass sie den Dritten für den Fall, dass ausgeführte Leerverkäufe nicht durch Käufe am selben Tag gedeckt sind, umgehend anweisen wird, die Aktien zur Deckung des Leerverkaufs und zur Gewährleistung der fristgerechten Abwicklung zu beschaffen.

(4) Zusagen und Maßnahmen in Bezug auf die Problemlosigkeit von Leihe und Ankauf sind Zusagen, Bestätigungen und Maßnahmen bei Leerverkäufen der natürlichen oder juristischen Person in Aktien, die die in Artikel 22 der Verordnung (EG) Nr. 1287/2006 der Kommission festgelegten Liquiditätsanforderungen erfüllen, oder anderen Aktien, die in dem von der jeweils zuständigen Behörde der einzelnen Mitgliedstaaten bestimmten wichtigsten nationalen Aktienindex geführt werden und bei einem an einem Handelsplatz zugelassenen Derivatekontrakt das Basisfinanzinstrument darstellen, die die folgenden Elemente beinhalten:
a) bei Lokalisierungsbestätigungen: eine dem Leerverkauf vorangehende Bestätigung des Dritten, wonach er die Aktien unter Berücksichtigung der Höhe des möglichen Verkaufs und der Marktbedingungen fristgerecht für die Abwicklung zur Verfügung stellen kann, und in der angegeben ist, für welchen Zeitraum die Aktie lokalisiert ist;
b) bei Bestätigungen der Problemlosigkeit der Leihe oder des Ankaufs: eine dem Leerverkauf vorangehende Bestätigung des Dritten, dass die Aktie unter Berücksichtigung der Marktbedingungen und der diesem Dritten ansonsten vorliegenden Informationen über das Angebot an diesen Aktien ohne Weiteres in der erforderlichen Menge geliehen oder erworben werden kann, oder bei Fehlen einer solchen Bestätigung des Dritten, dass er die angefragte Anzahl an Aktien für die natürliche oder juristische Person zumindest vorgemerkt hat; und
c) bei Deckungsanweisungen: wenn ausgeführte Leerverkäufe nicht durch Käufe oder Leihen gedeckt sein werden, die Zusage, dass die natürliche oder juristische Person den Dritten umgehend anweisen wird, die Aktien zur Deckung des Leerverkaufs und zur Gewährleistung der fristgerechten Abwicklung zu beschaffen.

(5) Als Nachweis für das Bestehen der Zusagen, Bestätigungen und Anweisungen werden die in den Absätzen 2, 3 und 4 genannten Zusagen, Bestätigungen und Anweisungen der natürlichen oder juristischen Person von dem Dritten auf einem dauerhaften Datenträger zur Verfügung gestellt.

In der Fassung vom 29.6.2012 (ABl. EU Nr. L 251 v. 18.9.2012, S. 11).

Art. 7 *Zusagen von Dritten in Bezug auf öffentliche Schuldtitel*

[Artikel 13 Absatz 1 Buchstabe c der Verordnung (EU) Nr. 236/2012]

(1) In den Absätzen 2 bis 5 werden die Zusagen bestimmt, die gemäß Artikel 13 Absatz 1 Buchstabe c der Verordnung (EU) Nr. 236/2012 von Dritten in Bezug auf öffentliche Schuldtitel abzugeben sind.

(2) Eine Standardlokalisierungszusage für öffentliche Schuldtitel ist eine dem Leerverkauf vorangehende Bestätigung des Dritten, wonach er die öffentlichen Schuldtitel unter Berücksichtigung der Marktbedingungen fristgerecht und in dem von der natürlichen oder juristischen Person angeforderten Umfang für die Abwicklung zur Verfügung stellen kann, und in der angegeben ist, für welchen Zeitraum die öffentlichen Schuldtitel lokalisiert sind.

(3) Eine zeitlich befristete Zusage ist eine Zusage, bei der die natürliche oder juristische Person dem Dritten gegenüber erklärt, dass der Leerverkauf durch Ankäufe am Tag des Leerverkaufs gedeckt sein wird, und der Dritte vor dem Leerverkauf bestätigt, dass er unter Berücksichtigung der Marktbedingungen und der ihm ansonsten über das Angebot der öffentlichen Schuldtitel am Tag des Leerverkaufs vorliegenden Informationen berechtigterweise erwarten kann, dass die öffentlichen Schuldtitel in der erforderlichen Menge angekauft werden können.

(4) Eine uneingeschränkte Repo-Bestätigung ist eine dem Leerverkauf vorangehende Bestätigung des Dritten, wonach er berechtigterweise erwarten kann, dass aufgrund seiner Beteiligung an einem von einer Zentralbank, einer Schuldenverwaltungsstelle oder einem Wertpapierliefer- und -abrechnungssystem organisierten oder betriebenen strukturierten, permanenten System, das uneingeschränkten Zugang zu den betreffenden öffentlichen Schuldtiteln in einem dem Leerverkauf entsprechendem Umfang bietet, das Geschäft bei Fälligkeit abgewickelt werden kann.

(5) Eine Bestätigung der Problemlosigkeit des Ankaufs der öffentlichen Schuldtitel ist eine dem Leerverkauf vorangehende Bestätigung des Dritten, wonach er angesichts der Tatsache, dass sich die betreffenden Schuldtitel problemlos in der erforderlichen Menge leihen oder ankaufen lassen, unter Berücksichtigung der Marktbedingungen und der ihm ansonsten über das Angebot der öffentlichen Schuldtitel vorliegenden Informationen berechtigterweise erwarten kann, dass das Geschäft bei Fälligkeit abgewickelt werden kann.

(6) Als Nachweis für das Bestehen der Zusagen, Bestätigungen und Anweisungen werden die in den Absätzen 2 bis 5 genannten Zusagen, Bestätigungen und Anweisungen der natürlichen oder juristischen Person von dem Dritten auf einem dauerhaften Datenträger zur Verfügung gestellt.

In der Fassung vom 29.6.2012 (ABl. EU Nr. L 251 v. 18.9.2012, S. 11).

Art. 8 *Dritte, von denen Zusagen entgegengenommen werden*

(1) Die Dritten, die die in den Artikeln 6 und 7 genannten Zusagen abgeben, lassen sich einer der folgenden Kategorien zuordnen:

a) wenn es sich um eine Wertpapierfirma handelt: eine Wertpapierfirma, die die in Absatz 2 festgelegten Anforderungen erfüllt;
b) wenn es sich um eine zentrale Gegenpartei handelt: eine zentrale Gegenpartei, die die betreffenden Aktien oder öffentlichen Schuldtitel abrechnet;
c) wenn es sich um ein Wertpapierliefer- und -abrechnungssystem handelt: ein Wertpapierliefer- und -abrechnungssystem im Sinne der Richtlinie 98/26/EG des Europäischen Parlaments und des Rates, über das die betreffenden Aktien oder öffentlichen Schuldtitel geliefert und abgerechnet werden;
d) wenn es sich um eine Zentralbank handelt: eine Zentralbank, die die betreffenden Aktien oder öffentlichen Schuldtitel als Sicherheit akzeptiert oder in Bezug auf die betreffenden Aktien oder öffentlichen Schuldtitel Offenmarkt- oder Repogeschäfte tätigt;
e) wenn es sich um eine nationale Schuldenverwaltungsstelle handelt: die nationale Schuldenverwaltungsstelle des betreffenden öffentlichen Emittenten;
f) jede andere Person, die dem Unionsrecht zufolge von einem Mitglied des Europäischen Finanzaufsichtssystems zugelassen oder registriert werden muss und die in Absatz 2 festgelegten Anforderungen erfüllt;
g) eine in einem Drittland niedergelassene zugelassene oder registrierte Person, die von einer Behörde dieses Drittlands beaufsichtigt wird und die in Absatz 2 festgelegten Anforderungen erfüllt, sofern die Behörde des Drittlands Vertragspartei einer angemessenen Kooperationsvereinbarung ist, die den Informationsaustausch mit der jeweils zuständigen Behörde regelt.

(2) Für die Zwecke des Absatzes 1 Buchstaben a, f und g erfüllt der Dritte folgende Anforderungen:

a) er ist an der Verwaltung der Leihe oder des Ankaufs der betreffenden Aktien oder öffentlichen Schuldtitel beteiligt;
b) er erbringt den Nachweis einer solchen Beteiligung;
c) er kann auf Anfrage nachweisen, einschließlich mit statistischen Nachweisen, dass er die Aktien oder öffentlichen Schuldtitel zu den Terminen, die er seinen Gegenparteien zugesagt hat, liefern bzw. deren Lieferung abwickeln kann.

In der Fassung vom 29.6.2012 (ABl. EU Nr. L 251 v. 18.9.2012, S. 11).

Delegierte Verordnung (EU) Nr. 918/2012 der Kommission vom 5. Juli 2012 zur Ergänzung der Verordnung (EU) Nr. 236/2012 des Europäischen Parlaments und des Rates über Leerverkäufe und bestimmte Aspekte von Credit Default Swaps im Hinblick auf Begriffsbestimmungen, die Berechnung von Netto-Leerverkaufspositionen, gedeckte Credit Default Swaps auf öffentliche Schuldtitel, Meldeschwellen, Liquiditätsschwellen für die vorübergehende Aufhebung von Beschränkungen, signifikante Wertminderungen bei Finanzinstrumenten und ungünstige Ereignisse

(Auszug)

Art. 22 *Methoden für die Berechnung und Bestimmung der Liquiditätsschwelle für die vorübergehende Aufhebung von Beschränkungen für Leerverkäufe öffentlicher Schuldtitel*

(1) Die von allen zuständigen Behörden für die Liquidität der ausgegebenen öffentlichen Schuldtitel zu verwendende Messgröße ist der Umsatz, definiert als der Gesamtnominalwert der gehandelten Schuldinstrumente in Relation zu einem Korb aus Referenzwerten mit unterschiedlichen Laufzeiten.

(2) Beschränkungen für ungedeckte Leerverkäufe öffentlicher Schuldtitel können vorübergehend aufgehoben werden, wenn der Umsatz eines Monats unter das 5. Perzentil des monatlichen Handelsvolumens der vorangegangenen zwölf Monate fällt.

(3) Für diese Berechnungen verwenden alle zuständigen Behörden die an einem oder mehreren Handelsplätzen, im OTC-Handel oder bei beiden ohne Weiteres vorliegenden repräsentativen Daten und teilen der ESMA danach mit, welche Daten sie verwendet haben.

(4) Bevor die zuständigen Behörden von ihrer Befugnis zur vorübergehenden Aufhebung von Beschränkungen für Leerverkäufe öffentlicher Schuldtitel Gebrauch machen, vergewissern sie sich, dass der signifikante Liquiditätsrückgang nicht auf saisonale Liquiditätseffekte zurückzuführen ist.

In der Fassung vom 5.7.2012 (ABl. EU Nr. L 274 v. 9.10.2012, S. 1).

Schrifttum: S. Vor Art. 1 ff. VO Nr. 236/2012.

I. Regelungsgegenstand 1
II. Regelungssystematik 5
 1. Verordnungsebene 5
 2. Tertiärrechtsakte 8
 3. Leitlinien und Empfehlungen der ESMA
    (Level 3) 11
 4. Nationale Rechtsakte 12
 5. Marktmanipulation 13
 6. Leerverkaufsverbote für Investmentfonds 14
III. Regelungszweck 15
IV. Anwendungsbereich 16
 1. Sachlicher Anwendungsbereich 16
    a) Aktien (Art. 12 VO Nr. 236/2012) 16
    b) Öffentliche Schuldtitel (Art. 13 VO
       Nr. 236/2012) 20
    c) Kein Verbot „synthetischer" Leerverkäufe . 22
 2. Persönlicher Anwendungsbereich 23
 3. Internationaler Anwendungs-, Geltungs- und
    Zuständigkeitsbereich 25
 4. Zeitlicher Anwendungsbereich 26
V. Verbotstatbestände (Art. 12 Abs. 1 und
    Art. 13 Abs. 1 VO Nr. 236/2012) 27
VI. Deckungsvoraussetzungen (Art. 12 Abs. 1
    und Art. 13 Abs. 1 VO Nr. 236/2012) 30
 1. Leihe oder rechtlich gleichwertiges Geschäft . . 31
 2. Leihvereinbarung oder unbedingter Anspruch
    auf Eigentumsübertragung 34
    a) Gemeinsame Anforderungen an Deckungs-
       geschäfte 35
    b) Beispielskatalog tauglicher Deckungs-
       geschäfte 42
       aa) Leihvereinbarungen 43
       bb) Termingeschäfte und Swaps 44
       cc) Optionen 45
       dd) Rückkaufvereinbarungen 46
       ee) Ständige Vereinbarungen und rollie-
           rende Fazilitäten 47
       ff) Bezugsrechtsvereinbarungen 48
    c) Nachweis nach Art. 5 Abs. 2 DurchfVO
       Nr. 827/2012 49
 3. Lokalisierungszusagen für Aktien (Art. 12
    Abs. 1 lit. c VO Nr. 236/2012) 50
    a) Standard-Lokalisierungszusagen 52
    b) Same-Day-Lokalisierungszusagen 53
    c) Bestätigung der Problemlosigkeit der Leihe
       bei liquiden Aktien 54
    d) Dritter (Art. 8 DurchfVO Nr. 827/2012) . . 55
    e) Nachweis auf dauerhaftem Datenträger . . . 56
 4. Lokalisierungszusagen für öffentliche Schuld-
    titel (Art. 13 Abs. 1 lit. c VO Nr. 236/2012) . . . 57
    a) Standard-Lokalisierungszusagen 58
    b) Same-Day-Lokalisierungszusagen 59
    c) Uneingeschränkte Repo-Bestätigungen . . . 60
    d) Bestätigung der Problemlosigkeit des An-
       kaufs 61
    e) Dritter 62
    f) Nachweis auf dauerhaftem Datenträger . . . 63
 5. Zeitliche Dauer des Vorliegens der Deckungs-
    voraussetzungen 64
    a) Erfordernis des Vorhaltens einer Deckung
       bis zur Abwicklung 64
    b) Sonderfall: Unvollkommene Deckungen . . 68
 6. Behandlung von Mehrfachveräußerungen . . . 70
 7. Doppelverwendungsproblematik 71
VII. Ausnahme bei Absicherungszweck (Art. 13
     Abs. 2 VO Nr. 236/2012) 73
VIII. Aussetzung des Verbots des Art. 13 (Art. 13
      Abs. 3 VO Nr. 236/2012) 74
IX. Ermächtigung zu Tertiärrechtsakten
    (Art. 12 Abs. 2, Art. 13 Abs. 4 und Abs. 5
    VO Nr. 236/2012) 77
X. Rechtsfolgen eines Verstoßes 79
 1. Ordnungswidrigkeitenrecht 79
 2. (Sonstiges) Aufsichtsrecht 80
 3. Zivilrecht 81
    a) Keine Nichtigkeit wegen Verstoß gegen
       Verbotsgesetz (§ 134 BGB) 81
    b) Kein Schadensersatzanspruch nach § 823
       Abs. 2 BGB 82
    c) Kein Rechtsverlust 86
XI. Rechtstatsächliches/Rechtspraxis 87

I. Regelungsgegenstand. Das III. Kapitel der Leerverkaufs-VO verbietet ungedeckte Leerverkäufe von Aktien 1
(Art. 12 VO Nr. 236/2012) und öffentlichen Schuldtiteln (Art. 13 VO Nr. 236/2012)[1]. **Art. 12 Abs. 1 VO
Nr. 236/2012** gestattet Leerverkäufe von **Aktien** nur, wenn es sich um **gedeckte Leerverkäufe** handelt. Zur Deckung ist erforderlich, dass der Leerverkäufer vor oder gleichzeitig mit dem Leerverkauf (i) die Aktien, die leer
verkauft werden, **geliehen** oder alternative Vorkehrungen getroffen hat, die zu gleichen rechtlichen Ergebnissen
führen (Art. 12 Abs. 1 lit. a VO Nr. 236/2012), (ii) der Leerverkäufer bezüglich der Aktien eine **Leihvereinbarung** getroffen oder einen vertragsrechtlich oder eigentumsrechtlich unbedingt durchsetzbaren Anspruch
auf Übertragung des Eigentums an einer entsprechenden Anzahl von Wertpapieren derselben Gattung hat, so
dass das Geschäft bei Fälligkeit abgewickelt werden kann (Art. 12 Abs. 1 lit. b VO Nr. 236/2012), oder (iii) eine
sog. **Lokalisierungsvereinbarung** abgeschlossen worden ist (Art. 12 Abs. 1 lit. c VO Nr. 236/2012).

Art. 13 Abs. 1 VO Nr. 236/2012 beschränkt ungedeckte Leerverkäufe von **öffentlichen Schuldtiteln**. Für die 2
Deckung gelten ähnliche Voraussetzungen wie für gedeckte Leerverkäufe von Aktien: Die entsprechende Ver-

---

[1] *Grundmann* in Staub, HGB, Bankvertragsrecht 2, 5. Aufl. 2018, 6. Teil, 4. Abschnitt, A Rz. 606 ff.; *Walla* in Veil, European Capital Markets Law, 2nd ed. 2017, § 24 Rz. 18 ff.; *Sorgenfrei/Saliger* in Park, Kapitalmarktstrafrecht, Kap. 18.16. Rz. 10 ff.; *Weick-Ludewig* in Fuchs, § 30h WpHG Rz. 61 ff.; *Howell*, Journal of Corporate Law Studies 16 (2016), 333; *Riederer/ Weick-Ludewig*, WM 2016, 1005; *Zetzsche* in Gebauer/Teichmann, Europäisches Privat- und Unternehmensrecht, 1. Aufl. 2016, § 7 C. Rz. 258 ff.; *F. Schäfer* in Assmann/Schütze, Handbuch des Kapitalanlagerechts, 4. Aufl. 2015, § 21 Rz. 15 ff.; *von Buttlar/Petersen* in Just/Voß/Ritz/Becker, § 30h WpHG Rz. 74 ff.; *Schlimbach*, Leerverkäufe, 2015, S. 104 ff.; *Sajnovits/Weick-Ludewig*, WM 2016, 2226; *Wansleben/Weick-Ludewig*, ZBB 2015, 395; *Moloney*, EU Securities and Financial Markets Regulation, 3rd ed. 2014, VI.3.7., S. 555 ff.; *Gruber*, Leerverkäufe, 2014, S. 52 ff.; *Juurikkala*, ECFR 2012, 307, 322 ff.; *Payne*, EBOR 13 (2012), 413, 429 ff.; *Mülbert/Sajnovits*, ZBB 2012, 266, 269 ff.

einbarung muss vor dem Leerverkauf getroffen werden und es muss gewährleistet sein, dass die Schuldtitel zur rechten Zeit und in der rechten Anzahl verfügbar sind, wobei sowohl den verschiedenen Marktkonditionen als auch divergierenden Erfüllungsperioden Rechnung zu tragen ist. **Art. 13 Abs. 2 VO Nr. 236/2012** bestimmt, dass die Beschränkung nach Art. 13 Abs. 1 VO Nr. 236/2012 nicht gilt, wenn das Geschäft dazu dient, eine Long-Position in Schuldinstrumenten eines Emittenten abzusichern, deren Kurse eine hohe Korrelation mit den Kursen des betreffenden öffentlichen Schuldtitels aufweisen.

3 **Art. 12 Abs. 2 VO Nr. 236/2012** und **Art. 13 Abs. 5 VO Nr. 236/2012** ermächtigen die Europäische Kommission, auf der Basis von Entwürfen der ESMA, technische Durchführungsstandards zu erlassen, die festlegen, welche Arten von Vereinbarungen, Zusagen und Maßnahmen angemessen gewährleisten, dass eine Aktie bzw. ein öffentlicher Schuldtitel für die Abwicklung des Leerverkaufs verfügbar ist. Diese Ermächtigungen hat die Europäische Kommission – einheitlich für Art. 12 und Art. 13 VO Nr. 236/2012 – mit den Art. 5–8 DurchfVO Nr. 827/2012 ausgeübt.

4 **Art. 13 Abs. 3 VO Nr. 236/2012** gibt der jeweils zuständigen Behörde die Befugnis, die **Beschränkung** nach Art. 13 Abs. 1 VO Nr. 236/2012 **vorübergehend aufzuheben**, wenn die Liquidität im Zusammenhang mit öffentlichen Schuldtiteln unter den gemäß der Methode nach Art. 13 Abs. 4 VO Nr. 236/2012 ermittelten Schwellenwert sinkt. **Art. 13 Abs. 4 VO Nr. 236/2012** ermächtigt die Europäische Kommission zum Erlass delegierter Rechtsakte zur Festlegung der **Parameter und Methoden**, nach denen die **maßgeblichen Schwellenwerte** berechnet werden. Dieser Ermächtigung ist die Europäische Kommission durch Erlass des Art. 22 DelVO Nr. 918/2012 nachgekommen.

5 **II. Regelungssystematik. 1. Verordnungsebene.** Die Art. 12 und 13 VO Nr. 236/2012 sind die Verbotsvorschriften für ungedeckte Leerverkäufe. Sachlich ausgefüllt wird das Verbot durch die in Art. 2 Abs. 1 lit. b VO Nr. 236/2012 enthaltene **Legaldefinition eines Leerverkaufs** (Art. 2 VO Nr. 236/2012 Rz. 5 ff.). Die Art. 12 und 13 VO Nr. 236/2012 erlauben einen Leerverkauf nur, wenn eine der in dem jeweiligen Abs. 1 lit. a–c genannten Deckungsvoraussetzungen erfüllt sind.

6 In der Leerverkaufs-VO sind einige **Ausnahmetatbestände** enthalten. So gilt das Verbot des Art. 12 Abs. 1 VO Nr. 236/2012 gem. Art. 16 Abs. 1 VO Nr. 236/2012 nicht für **Aktien**, die zwar zum Handel an einem Handelsplatz in der Europäischen Union zugelassen sind, deren **Haupthandelsplatz** sich jedoch **außerhalb der Europäischen Union** befindet (Art. 16 VO Nr. 596/2014 Rz. 8 ff.). Die Verbote der Art. 12 und 13 VO Nr. 236/2012 gelten nach Art. 17 Abs. 1 VO Nr. 236/2012 nicht für Geschäfte, die aufgrund von **Market-Making-Tätigkeiten** (Art. 2 VO Nr. 236/2012 Rz. 34) getätigt werden, das Verbot des Art. 13 Abs. 1 VO Nr. 236/2012 gilt nach Art. 17 Abs. 3 VO Nr. 236/2012 zudem nicht für **Primärhändler**, die als Eigenhändler in Finanzinstrumenten auftreten, die auf dem Primär- oder Sekundärmarkt für öffentliche Schuldtitel gehandelt werden (Art. 17 VO Nr. 236/2012 Rz. 33 ff.). Schließlich gelten die Verbote der Art. 12 und 13 VO Nr. 236/2012 gem. Art. 17 Abs. 4 VO Nr. 236/2012 nicht für Leerverkäufe im Rahmen von **Stabilisierungsmaßnahmen** i.S.d. Art. 5 VO Nr. 596/2012 (näher Art. 17 VO Nr. 236/2012 Rz. 39 f.).

7 In **Ausnahmesituationen** haben die jeweils zuständige Behörde (Art. 20, 23 VO Nr. 236/2012) und sogar die ESMA (Art. 28 VO Nr. 236/2012) die Möglichkeit zu **weitergehenden Leerverkaufsbeschränkungen**. Näher Art. 18–26 VO Nr. 236/2012 Rz. 28 ff. und Art. 27–31 VO Nr. 236/2012 Rz. 41 ff.

8 **2. Tertiärrechtsakte.** Zwei **Tertiärrechtsakte**, die DurchfVO Nr. 827/2012 und die DelVO Nr. 918/2012 ergänzen das Verbotsregime. Im Einzelnen:

9 Die **Art. 5–8 DurchfVO Nr. 827/2012** konkretisieren – auf der Basis der Art. 12 Abs. 2 und 13 Abs. 5 VO Nr. 236/2012 – die Deckungsvoraussetzungen nach Art. 12 Abs. 1 und Art. 13 Abs. 1 VO Nr. 236/2012. Zu den Deckungsvoraussetzungen Rz. 30 ff.

10 **Art. 22 DelVO Nr. 918/2012** präzisiert – auf Basis der Ermächtigung nach Art. 13 Abs. 4 VO Nr. 236/2012 – die Parameter und Methoden zur Berechnung der Liquiditätsschwellen für eine Aufhebung des Leerverkaufsverbots für öffentliche Schuldtitel nach Art. 13 Abs. 3 VO Nr. 236/2012. Näher zur Aufhebung Rz. 74 ff.

11 **3. Leitlinien und Empfehlungen der ESMA (Level 3).** Die **ESMA** hat **Q&As** zur Leerverkaufs-VO veröffentlicht (näher Vor Art. 1 ff. VO Nr. 236/2012 Rz. 42). Die Antworten 7a–7m befassen sich mit den Leerverkaufsverboten der Art. 12 und 13 VO Nr. 236/2012. Während die Fragen 7a–d allgemeine Fragen des Verbotsregimes betreffen, präzisieren die Antworten 7e–f die Aufsichtspraxis zum Verbot ungedeckter Leerverkäufe in Aktien und die Antworten 7g–h diejenige zum Verbot ungedeckter Leerverkäufe in öffentlichen Schuldtiteln. Die Antworten 7i–m adressieren schließlich einige Fragen zur DurchfVO Nr. 827/2012 und zur DelVO Nr. 918/2012.

12 **4. Nationale Rechtsakte.** Die Vorgaben zu den Befugnissen der zuständigen Behörden (Art. 33 VO Nr. 236/2012) und zu den Strafmaßnahmen (Art. 41 VO Nr. 236/2012) hat der deutsche Gesetzgeber im WpHG umgesetzt. Zu den **Ordnungswidrigkeitentatbestände** bei einer Verletzung der Verbotsvorschriften s. Rz. 79. Zu den sonstige **aufsichtsbehördliche Mechanismen** Rz. 80 und Vor Art. 1 ff. VO Nr. 236/2012 Rz. 19 ff., 38 f.

5. Marktmanipulation. Die Verbote von **ungedeckten Leerverkäufen** stehen neben dem Marktmanipulationsverbot und nicht etwa in einem Spezialitätsverhältnis zu diesem (Art. 12 VO Nr. 596/2014 Rz. 10)[1]. Verstöße gegen das Marktmanipulationsverbot im Zusammenhang mit Leerverkäufen kommen daher sowohl bei verbotenen als auch bei erlaubten, weil gedeckten Leerverkäufen in Betracht. Näher Vor Art. 1 ff. VO Nr. 236/2012 Rz. 57, 71 ff. Die Schwelle zur Marktmanipulation ist regelmäßig erst überschritten, wenn der Leerverkäufer **nicht erfüllungsfähig** ist; dann nämlich übermittelt er ein unrichtiges Signal über das Angebot, womit eine Marktmanipulation nach Art. 15, 12 Abs. 1 lit. a Ziff. i) VO Nr. 596/2014 (MAR) vorliegen kann (näher Art. 12 VO Nr. 596/2014 Rz. 71 f.). Deshalb können ungedeckte Leerverkäufe in hoch volatilen Märkten, in denen das konkrete Risiko eines Kursanstieges in einer Dimension besteht, die es dem Leerverkäufer unmöglich macht, die leerverkauften Stücke zu erwerben, ebenso nach Art. 15, 12 Abs. 1 lit. a VO Nr. 596/2014 verboten sein wie ungedeckte Leerverkäufe, die den *free float* oder gar das Gesamtangebot eines Finanzinstruments übersteigen. Gleichermaßen kommt eine Marktmanipulation in Betracht, wenn im Zusammenhang mit Leerverkäufen Informationen verbreitet werden, die zu einem Kurverfall der leerverkauften Finanzinstrumente führen (sog. Short-Seller-Attacken, s. Vor Art. 1 ff. VO Nr. 236/2012 Rz. 71 ff.).

6. Leerverkaufsverbote für Investmentfonds. Neben den Leerverkaufsbeschränkungen der Art. 12 und 13 VO Nr. 236/2012 unterliegen OGAW-Fonds und AIFM-Fonds bestimmten zusätzlichen Restriktionen. Die Beschränkungen dienen dem Anlegerschutz. Die dahingehenden Vorgaben der OGAW- und der AIFM-Richtlinie hat der deutsche Gesetzgeber in **§ 205 KAGB** (früher § 59 InvG a.F.) umgesetzt. Danach darf eine Kapitalverwaltungsgesellschaft für gemeinschaftliche Rechnung der Anleger keine Vermögensgegenstände verkaufen, wenn die jeweiligen Vermögensgegenstände im Zeitpunkt des Geschäftsabschlusses nicht zum inländischen OGAW gehören[2].

III. Regelungszweck. Nach Auffassung des europäischen Gesetzgebers können (exzessive) ungedeckte Leerverkäufe gerade in turbulenten Zeiten das **Marktgleichgewicht stören**, zu weiteren **Verwerfungen auf den Finanzmärkten** führen und gezielt zur Spekulation auf einen **Kursverfall** oder Zahlungsausfall missbraucht werden[3]. Ferner können sie das Risiko steigern, dass **Abwicklungen scheitern**. Zur ökonomischen Rechtfertigung der Leerverkaufsverbote formuliert Erwägungsgrund 18 VO Nr. 236/2012 daher: „Ungedeckte Leerverkäufe von Aktien und öffentlichen Schuldtiteln gelten mitunter als Faktor, durch den das potenzielle Risiko steigt, dass Abwicklungen scheitern und Marktvolatilität entsteht". Zudem werden die Verbote immer wieder wegen möglicher **Marktmanipulationen durch Leerverkäufe** gerechtfertigt. Näher – auch zur Kritik – Vor Art. 1 ff. VO Nr. 236/2012 Rz. 54 ff.

IV. Anwendungsbereich. 1. Sachlicher Anwendungsbereich. a) Aktien (Art. 12 VO Nr. 236/2012). Der sachliche Anwendungsbereich in Bezug auf Aktien erstreckt sich auf **alle Aktiengattungen**, also auch auf Namens- und Vorzugsaktien, von allen Aktiengesellschaften, also etwa auch auf Aktien von einer Investmentaktiengesellschaft (als Anteile an einem ETF), sofern diese an einem Handelsplatz in der Europäischen Union zugelassen sind. Ein Handelsplatz ist nach Art. 2 Abs. 1 lit. l VO Nr. 236/2012 ein geregelter Markt i.S.d. Art. 4 Abs. 1 Nr. 21 RL 2014/65/EU (MiFID II), ein multilaterales Handelssystem (MTF) gem. Art. 4 Abs. 1 Nr. 22 RL 2014/65/EU oder ein organisiertes Handelssystem (OTF) i.S.d. Art. 4 Abs. 1 Nr. 23 RL 2014/65/EU (s. Art. 1 VO Nr. 236/2012 Rz. 3)[4].

Nicht in den Anwendungsbereich fällt der ungedeckte Leerverkauf noch **nicht zugelassener** oder gar noch **nicht einmal emittierter** Aktien[5]. Zwar werden insbesondere bei Kapitalerhöhungen noch nicht emittierte Aktien bereits vor ihrer Ausgabe leerverkauft und die konstatierten Gefahren der Preisbeeinflussung, die aus einem gesteigerten Interesse der Investoren an einem Rückgang des Kurses herrühren[6], können dazu führen, dass die Durchführung der Kapitalmaßnahme erschwert oder gar unmöglich wird. Jedoch fordert der Normtext explizit eine Zulassung (näher zum Begriff Art. 1 VO Nr. 236/2012 Rz. 3 ff.). Zudem wird gerade in Kapitalerhöhungsfällen die Aktie für den Regelfall ohnehin bereits zum Handel im regulierten Markt zugelassen und also der sachliche

---

1 A.A. *Mock* in KölnKomm. WpHG, § 20a WpHG Rz. 82.
2 Dazu *Schlimbach*, Leerverkäufe, 2015, S. 232 ff.; *Döser* in Patzner/Döser/Kempf, Investmentrecht, 3. Aufl. 2017, § 205 KAGB; zu § 50 InvG nur *Stabenow* in Emde/Dornseifer/Dreibus/Hölscher, Investmentgesetz, 1. Aufl. 2013, § 59.
3 S. etwa die Pressemitteilung von *Christopher Cox*, Chairman der SEC, vom 19.9.2008, SEC News Release 2008-211: „The emergency order temporarily banning short selling of financial stocks will restore equilibrium to markets" und „unbridled short selling is contributing to the recent sudden price declines in the securities of financial institutions unrelated to true price valuation." Zum Ganzen auch *Beber/Pagano*, Journal of Finance 68 (2013), 343 ff.
4 Gem. Art. 94 Unterabs. 2 i.V.m. Anhang IV RL 2014/65/EU (MiFID II) ist der Verweis in der Leerverkaufs-VO auf die MiFID I als solcher auf die MiFID II zu lesen (näher Vor Art. 1 ff. VO Nr. 236/2012 Rz. 17).
5 Antwort 14a der BaFin FAQs, Häufige Fragen zum Verbot ungedeckter Leerverkäufe in Aktien und öffentlichen Schuldtiteln gem. Art. 12 f. der EU-LeerverkaufsVO (zuletzt geändert am 10.8.2015, abrufbar auf: http://www.bafin.de/SharedDocs/Veroeffentlichungen/DE/FAQ/faq_leerverkaufsVO_verbot.html; *Ludewig* in Heidel, Aktien- und Kapitalmarktrecht, § 30h WpHG Rz. 2.
6 *Gruenewald/Wagner/Weber*, International Journal of Disclosure and Regulation 7 (2010), 108; *Mittermeier*, ZBB 2010, 139, 142.

Anwendungsbereich des Art. 12 Abs. 1 VO Nr. 236/2012 ohnehin eröffnet sein. Das gilt jedenfalls dann, wenn man für die Identität der Aktie auf die Aktiengattung abstellt, nicht auf die WKN oder die ISIN[1].

18 **Nicht** erfasst sind Aktien vergleichbare Beteiligungspapiere und Aktien vertretende Zertifikate (§ 2 Abs. 1 Satz 1 Nr. 2 WpHG), von Investmentgesellschaften ausgegebene Anteile (§ 2 Abs. 1 Satz 2 WpHG) sowie alle derivativen Wertpapiere. Gleichfalls nicht erfasst sind *Global Depositary Receipts* (GDRs) und *American Depositary Receipts* (ADR)[2].

19 **Ausgenommen** sind Aktien, die zwar zum Handel an einem Handelsplatz in der Europäischen Union zugelassen sind, deren **Haupthandelsplatz** sich jedoch **außerhalb der Europäischen Union** befindet (Art. 16 Abs. 1 VO Nr. 236/2012). Näher Art. 16 VO Nr. 236/2012 Rz. 8 ff.

20 **b) Öffentliche Schuldtitel (Art. 13 VO Nr. 236/2012).** Das Verbot ungedeckter Leerverkäufe von **öffentlichen Schuldtiteln** betrifft alle Schuldinstrumente unabhängig von ihrer Denomination, die ein öffentlicher Emittent begeben hat (Art. 2 Abs. 1 lit. f VO Nr. 236/2012)[3]. Ein öffentlicher Emittent ist die Union, ein Mitgliedstaat, im Falle eines bundesstaatlich organisierten Mitgliedstaats ein Gliedstaat des Bundes, eine für mehrere Mitgliedstaaten tätige Zweckgesellschaft, ein von zwei oder mehreren Mitgliedstaaten gegründetes internationales Finanzinstitut sowie die Europäische Investitionsbank (Art. 2 Abs. 1 lit. d VO Nr. 236/2012). Näher Art. 2 VO Nr. 236/2012 Rz. 24.

21 **Nicht erfasst** werden Schuldtitel, die von einer Gebietskörperschaft oder einer sonstigen Körperschaft oder Anstalt öffentlichen Rechts begeben werden, die kein Bundesland ist[4]. Gleichfalls nicht erfasst sind Schuldtitel, die von einer – auch zu 100 % – im Eigentum eines Mitgliedstaats oder eines sonstigen öffentlichen Emittenten stehenden Gesellschaft begeben werden, solange es sich bei dieser nicht um eine Zweckgesellschaft i.S.d. Art. 2 Abs. 1 lit. d Ziff. ii) VO Nr. 236/2012 handelt[5]. Näher Art. 2 VO Nr. 236/2012 Rz. 25.

22 **c) Kein Verbot „synthetischer" Leerverkäufe.** Die Verbote der Art. 12 und 13 VO Nr. 236/2012 beziehen sich nur auf den Verkauf von Aktien (Rz. 16 ff.) und öffentlichen Schuldtiteln (Rz. 20 f.). **Nicht** vom Anwendungsbereich umfasst und damit auch nicht **verboten** sind sog. **synthetische Leerverkäufe**, mithin der Aufbau von Short-Positionen durch derivative Finanzinstrumente[6]. Gleichfalls nicht erfasst ist ein Leerverkauf, bei dem bereits von vornherein vereinbart wird, dass eine Lieferung nicht stattfindet. Der Ausschluss der Lieferung und die Vereinbarung eines Barausgleichs über die Kursdifferenz genügt aus Sicht der Schutzzweckerwägungen der Leerverkaufs-VO (Vor Art. 1 ff. VO Nr. 236/2012 Rz. 54 ff.) nämlich nicht, um die erheblichen Eingriffe zu rechtfertigen[7]. Dies wird besonders hinsichtlich der Herstellung der Settlement-Effizienz deutlich, die bei einem Ausschluss der Lieferung nicht gefährdet ist. Zudem würden auch die Deckungsvoraussetzungen der Art. 12, 13 VO Nr. 236/2012 (Rz. 30 ff.) keinen Sinn machen, wenn keine Lieferpflicht vereinbart ist. Derartige Short-Positionen unterliegen aber dem Transparenzregime der Art. 5 ff. VO Nr. 236/2012 (näher Art. 3 VO Nr. 236/2012 Rz. 16).

23 **2. Persönlicher Anwendungsbereich. Normadressat** der Verbotsvorschriften ist der jeweilige **Rechtsträger**, der als Verkäufer einen Leerverkauf tätigt, unabhängig davon, ob es sich um eine **natürliche oder juristische Person** handelt, und unabhängig vom Wohnort bzw. Sitz der jeweiligen natürlichen oder juristischen Person (vgl. Art. 10 VO Nr. 236/2012)[8].

24 **Market Maker** und **Primärhändler** sind nicht *per se* vom persönlichen Anwendungsbereich ausgenommen. Die Ausnahme des Art. 17 VO Nr. 236/2012 ist personen- und tätigkeitsbezogen. Zu den Ausnahmen für Market Maker und Primärhändler s. Art. 17 VO Nr. 236/2012 Rz. 16 ff., 33 ff.

---

1 *Mülbert/Sajnovits*, ZBB 2012, 266, 280; a.A. Antwort 10 der BaFin FAQs, Häufige Fragen zum Verbot ungedeckter Leerverkäufe in Aktien und öffentlichen Schuldtiteln gem. Art. 12 f. der EU-LeerverkaufsVO (zuletzt geändert am 10.8.2015), abrufbar auf: http://www.bafin.de/SharedDocs/Veroeffentlichungen/DE/FAQ/faq_leerverkaufsVO_verbot.html; *Weick-Ludewig* in Fuchs, § 30h WpHG Rz. 66.
2 ESMA, Questions and Answers – Implementation of the Regulation on short selling and certain aspects of credit default swaps, ESMA70-145-408, Version 4, Answer 1 f. Allgemein zu American Depository Shares *Weber*, Sponsored American Depository Shares: Umfang und Grenzen der Gleichstellung mit Aktien, 2011.
3 ESMA, Questions and Answers – Implementation of the Regulation on short selling and certain aspects of credit default swaps, ESMA70-145-408, Version 4, Answer 7g.
4 Erwägungsgrund 9 VO Nr. 236/2012; *Weick-Ludewig* in Fuchs, § 30h WpHG Rz. 37.
5 ESMA, Questions and Answers – Implementation of the Regulation on short selling and certain aspects of credit default swaps, ESMA70-145-408, Version 4, Answer 1i.
6 *Howell*, Journal of Corporate Law Studies 16 (2016), 333, 347; Antwort 7 und 8 der BaFin FAQs, Häufige Fragen zum Verbot ungedeckter Leerverkäufe in Aktien und öffentlichen Schuldtiteln gem. Art. 12 f. der EU-LeerverkaufsVO (zuletzt geändert am 10.8.2015), abrufbar auf: http://www.bafin.de/SharedDocs/Veroeffentlichungen/DE/FAQ/faq_leerverkaufsVO_verbot.html.
7 A.A. *Grundmann* in Staub, HGB, Bankvertragsrecht 2, 5. Aufl. 2018, 6. Teil, 4. Abschnitt, A Rz. 609.
8 *Weick-Ludewig* in Fuchs, § 30h WpHG Rz. 45; Antwort 9 der BaFin FAQs, Häufige Fragen zum Verbot ungedeckter Leerverkäufe in Aktien und öffentlichen Schuldtiteln gem. Art. 12 f. der EU-LeerverkaufsVO (zuletzt geändert am 10.8.2015), abrufbar auf: http://www.bafin.de/SharedDocs/Veroeffentlichungen/DE/FAQ/faq_leerverkaufsVO_verbot.html.

3. Internationaler Anwendungs-, Geltungs- und Zuständigkeitsbereich. Der Anwendungsbereich der Art. 12 und 13 VO Nr. 236/2012 im Sinne der räumlichen Verortung der Sachverhalte, auf welche die Normen anwendbar sind (*jurisdiction to prescribe*), ist nicht auf die Europäische Union bzw. den EWR beschränkt[1]. Handlungen, welche dem sachlichen Anwendungsbereich unterfallende Instrumente (Rz. 16 ff.) betreffen, müssen nicht selbst innerhalb der EU/des EWR stattfinden. Die Verbotsvorschriften der Art. 12 und 13 VO Nr. 236/2012 sind vielmehr auch auf Handlungen **außerhalb der EU in einem Drittstaat** anwendbar. Entscheidend ist allein der Leerverkauf eines vom sachlichen Schutzbereich erfassten Instruments. Der Bezug zu den erfassten Instrumenten stellt den völkerrechtlich erforderlichen **genuine link** dar. Die Leerverkaufsverbote der Art. 12 und 13 VO Nr. 236/2012 gelten damit **extraterritorial**. Der **Geltungsbereich** der Art. 12 und 13 VO Nr. 236/2012 im Sinne des Gebietes, in dem Gerichte und Behörden an Art. 15, 12 gebunden sind und die Normen anwenden und durchsetzen (*jurisdiction to enforce*), ist demgegenüber auf die Europäische Union bzw. den EWR beschränkt. Vom Geltungsbereich zu unterscheiden ist der Zuständigkeitsbereich der jeweiligen national zuständigen Behörden und der ESMA. Zuständig für die Durchsetzung der Verbotsvorschriften ist im Ausgangspunkt jede national zuständige Behörde i.S.d. Art. 32 VO NR. 236/2012. Etwaige Kompetenzkonflikte oder -überschneidungen können durch die Verpflichtung zur Zusammenarbeit und Koordinierung abgemildert werden. Näher zum Ganzen Art. 1 VO Nr. 236/2012 Rz. 13 ff.

4. Zeitlicher Anwendungsbereich. Die Leerverkaufs-VO wurde am 23.3.2012 – nach Ausfertigung durch den Präsidenten des Europäischen Parlaments und den Präsidenten des Rates der EU am 14.3.2012 – im Amtsblatt der EU veröffentlicht (ABl. EU Nr. L 86 v. 24.3.2012, S. 1) und trat gem. Art. 48 Satz 1 VO Nr. 236/2012 am Tag nach ihrer Veröffentlichung, mithin am 24.3.2012, in Kraft. Ihre wesentlichen Bestimmungen – und so auch die Verbotsvorschriften der Art. 12 und 13 VO Nr. 236/2012 – gelten gem. Art. 48 Satz 2 VO Nr. 236/2012 aber erst **seit dem 1.11.2012**. Näher Art. 1 VO Nr. 236/2012 Rz. 16.

V. Verbotstatbestände (Art. 12 Abs. 1 und Art. 13 Abs. 1 VO Nr. 236/2012). Nach **Art. 12 Abs. 1 VO Nr. 236/2012** ist jedermann der Leerverkauf einer zum Handel an einem Handelsplatz zugelassenen Aktie verboten, es sei denn, im Zeitpunkt des Verkaufs ist eine der Bedingungen nach Art. 12 Abs. 1 lit. a–c VO Nr. 236/2012 erfüllt. Erlaubt sind damit nach Art. 12 Abs. 1 VO Nr. 236/2012 nur sog. gedeckte Leerverkäufe, **verboten** sind hingegen **ungedeckte Leerkäufe von Aktien**, mithin solche, bei denen keine der Voraussetzungen nach Art. 12 Abs. 1 lit. a–c VO Nr. 236/2012 erfüllt ist.

Art. 13 Abs. 1 VO Nr. 236/2012 verbietet jedermann den Leerverkauf eines öffentlichen Schuldtitels, es sei denn, im Zeitpunkt des Verkaufs ist eine der Bedingungen nach Art. 13 Abs. 1 lit. a–c VO Nr. 236/2012 erfüllt. Erlaubt sind damit nach Art. 13 Abs. 1 nur sog. gedeckte Leerverkäufe, **verboten** sind hingegen **ungedeckte Leerverkäufe von öffentlichen Schuldtiteln**, mithin solche, bei denen keine der Voraussetzungen nach Art. 13 Abs. 1 lit. a–c VO Nr. 236/2012 erfüllt ist. Die Deckungsvoraussetzungen des Art. 13 Abs. 1 lit. a–c VO Nr. 236/2012 ähneln denen des Art. 12 Abs. 1 lit. a–c VO Nr. 236/2012, wenn auch die Lokalisierungszusagen an weniger strenge Voraussetzungen geknüpft sind.

Ein **Leerverkauf** wird durch Art. 2 Abs. 1 lit. b Halbs. 1 VO Nr. 236/2012 legaldefiniert als der Verkauf von Aktien oder öffentlichen Schuldtiteln, die sich im Zeitpunkt des Eingehens der Verkaufsvereinbarung nicht im Eigentum des Verkäufers befinden. Näher Art. 2 VO Nr. 236/2012 Rz. 5 ff.

VI. Deckungsvoraussetzungen (Art. 12 Abs. 1 und Art. 13 Abs. 1 VO Nr. 236/2012). Ausgehend von der in Art. 2 VO Nr. 236/2012 präzisierten Leerverkaufsdefinition (Art. 2 VO Nr. 236/2012 Rz. 5 ff.), erlauben die Art. 12 Abs. 1 lit. a–c bzw. Art. 13 Abs. 1 lit. a–c VO Nr. 236/2012 einen Leerverkauf in Aktien bzw. öffentlichen Schuldtiteln nur wenn *bei* Eingehung des Leerverkaufs – nicht erst am Ende des jeweiligen Handelstages (keine Intra-Day-Ausnahme) – entweder

– die natürliche oder juristische Person sich die Aktie bzw. den öffentlichen Schuldtitel geliehen oder alternative Bestimmungen festgelegt hat, die die gleichen rechtlichen Auswirkungen haben (lit. a),
– der Verkäufer bezüglich der Aktie bzw. des öffentlichen Schuldtitels eine Leihvereinbarung getroffen hat oder nach dem maßgeblichen Gesellschaftsrecht oder Eigentumsrecht einen unbedingt vollstreckbaren Anspruch auf Übertragung des Eigentums an einer entsprechenden Anzahl von Wertpapieren derselben Gattung hat, so dass das Geschäft bei Fälligkeit abgewickelt werden kann (lit. b), oder
– die natürliche oder juristische Person von einem Dritten die Zusage erhalten hat, dass die Aktie bzw. der öffentliche Schuldtitel lokalisiert wurde und die notwendigen Maßnahmen gegenüber dem Dritten ergriffen wurden, so dass die natürliche oder juristische Person berechtigterweise erwarten kann, dass das Geschäft abgewickelt wird (lit. c).

1. Leihe oder rechtlich gleichwertiges Geschäft. Nach Art. 12 Abs. 1 lit. a bzw. Art. 13 Abs. 1 lit. a VO Nr. 236/2012 liegt kein verbotener ungedeckter Leerverkauf vor, wenn sich der Leerverkäufer die Aktie bzw.

---

[1] Vgl. *Mülbert*, AG 1986, 1, 4 f.; *Linke*, Europäisches internationales Verwaltungsrecht, 2001, S. 28 f.

den öffentlichen Schuldtitel geliehen hat, oder eine alternative Vorkehrung getroffen hat, die zu gleichen rechtlichen Ergebnissen führt[1].

32 Bei Art. 12 Abs. 1 lit. a Alt. 1 bzw. Art. 13 Abs. 1 lit. a Alt. 1 VO Nr. 236/2012 geht es darum, dass der Leerverkäufer das rechtliche Eigentum (Rechtsinhaberschaft) an der entsprechenden Anzahl von Aktien bzw. öffentlichen Schuldtiteln infolge einer **bereits vollzogenen Wertpapierleihe** bereits erlangt hat[2]. Eine Wertpapierleihe lässt sich in Deutschland typischerweise als Sachdarlehen i.S.d. § 607 BGB einordnen. Bei Valutierung des Darlehens kommt es zu einer Eigentumsübertragung vom Darlehensgeber auf den Darlehensnehmer[3]. Das dabei erlangte rechtliche Eigentum (zur Unterscheidung zum wirtschaftlichen Eigentum Art. 2 VO Nr. 236/2012 Rz. 8f.) genügt nach Art. 12 Abs. 1 lit. a Alt. 1 VO Nr. 236/2012 grundsätzlich (zum Problem der Doppelverwendung Rz. 71 f.), um einen gedeckten und damit erlaubten Leerverkauf vorzunehmen.

33 **Alternative Vorkehrungen** nach Art. 12 Abs. 1 lit. a Alt. 2 bzw. Art. 13 Abs. 1 lit. a Alt. 2 VO Nr. 236/2012, die zu *gleichen* rechtlichen Ergebnissen führen, müssen – in Parallele zur Wertpapierleihe (Rz. 32) – ebenfalls zu einer dem Leerverkauf vorangegangenen Übertragung des rechtlichen Eigentums geführt haben und der Leerverkäufer muss aufgrund des Deckungsgeschäfts zur Rückübertragung verpflichtet sein, so dass das wirtschaftliche Eigentum bei ihm verbleibt[4]. Der Wertpapierleihe gleichgestellt sind damit insbesondere typische **Pensionsgeschäfte**[5], **Repurchase Agreements**[6] und **Buy and Sell back Agreements**[7], da alle diese Vertragsformen die Überlassung von Wertpapieren für einen bestimmten oder unbestimmten Zeitraum mit der Verpflichtung, nach Ablauf dieses Zeitraums oder nach Rückruf eine entsprechende Zahl und Güte von Wertpapieren zurückzuliefern, beinhalten[8].

34 **2. Leihvereinbarung oder unbedingter Anspruch auf Eigentumsübertragung.** Nach Art. 12 Abs. 1 lit. b bzw. Art. 13 Abs. 1 lit. b VO Nr. 236/2012 liegt kein ungedeckter Leerverkauf vor, wenn die natürliche oder juristische Person bezüglich der Aktie bzw. des öffentlichen Schuldtitels eine Leihvereinbarung getroffen oder einen vertragsrechtlich oder eigentumsrechtlich unbedingt durchsetzbaren Anspruch auf Übertragung des Eigentums an einer entsprechenden Anzahl von Wertpapieren derselben Gattung hat, so dass das Geschäft bei Fälligkeit abgewickelt werden kann[9]. Aus dem Zusammenspiel der Leerverkaufs-VO mit der DurchfVO Nr. 827/2012 ergeben sich sechs gemeinsame Anforderungen für taugliche Deckungsgeschäfte i.S.d. Art. 12 Abs. 1 lit. b bzw. Art. 13 Abs. 1 lit. b VO Nr. 236/2012.

35 **a) Gemeinsame Anforderungen an Deckungsgeschäfte.** Art. 12 Abs. 1 lit. b bzw. Art. 13 Abs. 1 lit. b VO Nr. 236/2012 in Konkretisierung durch Art. 5 DurchfVO Nr. 827/2012 stellt im Wesentlichen sechs **gemeinsame Anforderungen** auf, die **alle tauglichen Deckungsgeschäfte** – einschließlich der Leihvereinbarung – **erfüllen müssen**[10]. Im Einzelnen:

36 Das Deckungsgeschäft muss erstens einen Anspruch auf **physische Lieferung** der Aktien bzw. öffentlichen Schuldtitel geben[11]. Die Vereinbarung eines Barausgleichs ist nicht genügend, da diese die ungestörte Abwick-

---

1 *Grundmann* in Staub, HGB, Bankvertragsrecht 2, 5. Aufl. 2018, 6. Teil, 4. Abschnitt, A Rz. 610; *Sajnovits/Weick-Ludewig*, WM 2015, 2226, 2227; *Weick-Ludewig* in Fuchs, § 30h WpHG Rz. 68; *Wansleben/Weick-Ludewig*, ZBB 2015, 395, 397 f.; *Gruber*, Leerverkäufe, 2014, S. 53; *Mülbert/Sajnovits*, ZBB 2012, 266, 271; *Schlimbach*, Leerverkäufe, 2015, S. 128 f.
2 *Armour/Awrey/Davies/Enriques/Gordon/Mayer/Payne*, Principles of Financial Regulation, 2016, S. 194 mit Fn. 64; *Sajnovits/Weick-Ludewig*, WM 2015, 2226, 2227; *Weick-Ludewig* in Fuchs, § 30h WpHG Rz. 68; *Wansleben/Weick-Ludewig*, ZBB 2015, 395, 398; *Schlimbach*, Leerverkäufe, 2015, S. 129; *von Buttlar/Petersen* in Just/Voß/Ritz/Becker, § 30h WpHG Rz. 79 („bereits geliehen, also geliefert worden sein"); *Mülbert/Sajnovits*, ZBB 2012, 266, 271.
3 *Weick-Ludewig/Sajnovits*, WM 2014, 1521; *von Buttlar/Petersen* in Just/Voß/Ritz/Becker, § 30h WpHG Rz. 79; *Schlimbach*, Leerverkäufe, 2015, S. 113.
4 In diesem Sinne auch *Sajnovits/Weick-Ludewig*, WM 2015, 2226, 2227; *Weick-Ludewig* in Fuchs, § 30h WpHG Rz. 68; *Grundmann* in Staub, HGB, Bankvertragsrecht 2, 5. Aufl. 2018, 6. Teil, 4. Abschnitt, A Rz. 610; *Schlimbach*, Leerverkäufe, 2015, S. 129; *Mülbert/Sajnovits*, ZBB 2012, 266, 271.
5 Dazu *Mülbert* in Staudinger, Neubearbeitung 2015, § 488 BGB Rz. 769 ff.
6 Gegen Zahlung eines Betrages vorgenommene zeitlich befristete Übertragung von Wertpapieren auf eine andere Partei, dazu etwa *Uwe H. Schneider* in 6. Aufl., § 22 WpHG Rz. 80; *Teuber* in Schimansky/Bunte/Lwowski, Bankrechts-Handbuch, § 105 Rz. 16.
7 Wertpapier-Kassageschäfte in Form des Rückkaufs der Wertpapiere auf Termin.
8 *Mülbert/Sajnovits*, ZBB 2012, 266, 271; *Schlimbach*, Leerverkäufe, 2015, S. 117 ff. Zu Ähnlichkeit und Überschneidungsbereichen zwischen Repurchase Agreement und echten Pensionsgeschäften, s. etwa *Teuber* in Schimansky/Bunte/Lwowski, Bankrechts-Handbuch, § 105 Rz. 16.
9 *Grundmann* in Staub, HGB, Bankvertragsrecht 2, 5. Aufl. 2018, 6. Teil, 4. Abschnitt, A Rz. 611; *Walla* in Veil, European Capital Markets Law, 2nd ed. 2017, § 24 Rz. 19; *Sorgenfrei/Saliger* in Park, Kapitalmarktstrafrecht, Kap. 18.16 Rz. 11 f.; *Weick-Ludewig* in Fuchs, § 30h WpHG Rz. 69 ff.; *Sajnovits/Weick-Ludewig*, WM 2015, 2226, 2228 ff.; *Wansleben/Weick-Ludewig*, ZBB 2015, 395, 308; *von Buttlar/Petersen* in Just/Voß/Ritz/Becker, § 30h WpHG Rz. 80; *Schlimbach*, Leerverkäufe, 2015, S. 129 ff.; *Mülbert/Sajnovits*, ZBB 2012, 266, 272 f.
10 Ausführlich *Sajnovits/Weick-Ludewig*, WM 2015, 2226, 2228 ff.; ähnlich bereits *Mülbert/Sajnovits*, ZBB 2012, 266, 272; ferner *Gruber*, Leerverkäufe, 2014, S. 53 f.
11 *Mülbert/Sajnovits*, ZBB 2012, 266, 272; *Schlimbach*, Leerverkäufe, 2015, S. 130; *Gruber*, Leerverkäufe, 2014, S. 53.

lung des Leerverkaufs nicht gewährleisten kann. Letztere ist jedoch ein wesentlicher Schutzzweck der Leerverkaufs-VO (Rz. 15).

Zweitens muss – schon durch die Leerverkaufs-VO selbst gefordert – der aus dem Deckungsgeschäft resultierende Anspruch **unbedingt durchsetzbar** sein[1]. Unbedingtheit ist kein Pendant zur zivilrechtlichen Bedingung i.S.d. § 158 BGB[2]. Es ist nicht erforderlich, dass der Anspruch im Zeitpunkt des Leerverkaufs bereits fällig ist[3]. Genügend – aber auch erforderlich – ist, dass die Fälligkeit zwingend eintritt oder allein vom Willen des Leerverkäufers abhängt (Potestativbedingung)[4]. 37

Drittens muss die Deckungsvereinbarung mindestens **für die Dauer des Leerverkaufs rechtlich verbindlich** sein[5]. Die Dauer des Leerverkaufs meint dabei den Zeitraum zwischen Abschluss der Verkaufsvereinbarung und der Erfüllung der Hauptleistungspflicht des Verkäufers, also der Lieferung der Aktien bzw. des öffentlichen Schuldtitels. 38

Jedes Deckungsgeschäft muss viertens einen **Anspruch** auf **zumindest die Anzahl** der leerverkauften Aktien bzw. öffentlichen Schuldtitel geben[6]. 39

Fünftens muss das Deckungsgeschäft **vor oder gleichzeitig**[7] mit dem **Leerverkauf abgeschlossen** werden[8]. Gleichzeitigkeit ist dann gewährleistet, wenn der Vertragsschluss innerhalb derselben juristischen Sekunde erfolgt. Dies kann innerhalb elektronischer Datenverarbeitungssysteme dadurch gewährleistet sein, dass die Verkaufstransaktion zwangsläufig gleichzeitig mit dem Vertragsschluss zum Deckungsgeschäft erfolgt[9]. Zur Frage der zeitlichen Geltung der Deckungsvoraussetzungen Rz. 64 ff. 40

Die Deckungsvereinbarungen müssen schließlich sechstens einen **Erfüllungszeitpunkt** vorsehen, der die ungestörte **Abwicklung des Leerverkaufs gewährleistet**[10]. Dafür müssen alle tauglichen Deckungsvereinbarungen einen **bestimmten oder jedenfalls bestimmbaren Termin** vorsehen, zu dem der aus den Vereinbarungen folgende Anspruch auf Aktien bzw. öffentliche Schuldtitel erfüllt sein muss. Dieser Termin muss derart vor dem Erfüllungstermin des Leerverkaufs liegen, dass dessen Abwicklung sichergestellt ist[11]. Die DurchfVO Nr. 827/2012 spricht – angepasst an die übliche Terminologie der jeweiligen Vereinbarung – von einem Liefer- oder Ablauftermin bei Termingeschäfte und Swaps, einem Ablauftermin bei Optionen, einem Liefer- oder Ausführungstermin bei ständigen Vereinbarungen und rollierende Fazilitäten und sonstigen Ansprüchen oder Vereinbarungen sowie einem Rückkauftermin bei Rückkaufvereinbarungen[12]. Bei der Bezugsrechtsvereinbarung spricht Art. 5 Abs. 1 lit. e DurchfVO Nr. 827/2012 davon, dass der Leerverkäufer zur Entgegennahme der Aktien bei oder vor Abwicklung des Leerverkaufs berechtigt sein muss[13]. Die Anforderungen an die Vereinbarung eines entsprechenden Termins umfassen einen formalen und einen materiellen Aspekt[14]: **Formal** bedarf es der **konkreten Vereinbarung** eines Liefer-, Ablauf- bzw. Ausführungstermins. Art. 5 Abs. 1 lit. a DurchfVO Nr. 827/2012 verlangt nämlich ausdrücklich, dass ein entsprechender Termin explizit vorgesehen wird. So wird sichergestellt, dass Aufsichtsbehörden auch *ex ante* leicht nachvollziehen können, ob eine hinreichende Deckung vorlag[15]. Die Vereinbarung eines expliziten Termins erfordert entweder eine ausdrückliche datumsmäßige Bezeichnung oder aber eindeutige Kriterien, durch die der Termin alleine aus der Vereinbarung heraus bestimmbar ist[16]. **Materiell** muss der vereinbarte Termin jedenfalls **abstrakt** dazu **geeignet** sein, die **rechtzeitige Erfüllung des Leerverkaufs** zu gewährleisten[17]. 41

---

1 *Sajnovits/Weick-Ludewig*, WM 2015, 2226, 2230.
2 *Sajnovits/Weick-Ludewig*, WM 2015, 2226, 2230; schon zu § 30h WpHG a.F. *Mülbert* in 6. Aufl., § 30h WpHG Rz. 11.
3 Vgl. *Mülbert* in 6. Aufl., § 30h WpHG Rz. 11.
4 Vgl. *Mülbert* in 6. Aufl., § 30h WpHG Rz. 11.
5 *Sajnovits/Weick-Ludewig*, WM 2015, 2226, 2230; *Mülbert/Sajnovits*, ZBB 2012, 266, 272.
6 *Sajnovits/Weick-Ludewig*, WM 2015, 226, 2230; *Gruber*, Leerverkäufe, 2014, S. 53; *Mülbert/Sajnovits*, ZBB 2012, 266, 272.
7 Antwort 13 der BaFin FAQs, Häufige Fragen zum Verbot ungedeckter Leerverkäufe in Aktien und öffentlichen Schuldtiteln gem. Art. 12 f. der EU-LeerverkaufsVO (zuletzt geändert am 10.8.2015), abrufbar auf: http://www.bafin.de/SharedDocs/Veroeffentlichungen/DE/FAQ/faq_leerkaufsVO_verbot.html.; *Sajnovits/Weick-Ludewig*, WM 2015, 2226, 2230 f.; *Mülbert/Sajnovits*, ZBB 2012, 266, 272; a.A. *Schlimbach*, Leerverkäufe, 2015, S. 127 f., der Gleichzeitigkeit nicht genügen lassen will.
8 *Sajnovits/Weick-Ludewig*, WM 2015, 2226, 2230 f.; Antwort 10 der BaFin FAQs, Häufige Fragen zum Verbot ungedeckter Leerverkäufe in Aktien und öffentlichen Schuldtiteln gem. Art. 12 f. der EU-LeerverkaufsVO (zuletzt geändert am 10.8.2015), abrufbar auf: http://www.bafin.de/SharedDocs/Veroeffentlichungen/DE/FAQ/faq_leerkaufsVO_verbot.html.
9 *Sajnovits/Weick-Ludewig*, WM 2015, 2226, 2230 f.
10 *Sajnovits/Weick-Ludewig*, WM 2015, 2226, 2230 f.; *Mülbert/Sajnovits*, ZBB 2012, 266, 272.
11 *Sajnovits/Weick-Ludewig*, WM 2015, 2226, 2230 f.
12 *Sajnovits/Weick-Ludewig*, WM 2015, 2226, 2230 f.
13 *Sajnovits/Weick-Ludewig*, WM 2015, 2226, 2230 f.
14 *Sajnovits/Weick-Ludewig*, WM 2015, 2226, 2230 f.
15 *Sajnovits/Weick-Ludewig*, WM 2015, 2226, 2230 f.
16 *Sajnovits/Weick-Ludewig*, WM 2015, 2226, 2230 f.
17 *Sajnovits/Weick-Ludewig*, WM 2015, 2226, 2230 f.

42 **b) Beispielskatalog tauglicher Deckungsgeschäfte.** Die Leerverkaufs-VO nennt in Art. 12 Abs. 1 lit. b Alt. 1 bzw. Art. 13 Abs. 1 lit. b Alt. 1 VO Nr. 236/2012 die Leihvereinbarung als Beispiel für ein Deckungsgeschäft. Art. 5 Abs. 1 DurchfVO Nr. 827/2012 zählt zudem beispielhaft (i) Termingeschäfte und Swaps, (ii) Optionen, (iii) Rückkaufprogramme, (iv) ständige Vereinbarungen und rollierende Fazilitäten und (iv) Bezugsrechtsvereinbarungen als denkbare Deckungsgeschäfte auf. Bei allen Vereinbarungen ist entscheidend, dass sie alle genannten gemeinsamen Anforderungen (Rz. 35 ff.) erfüllen. Als Auffangregelung ermöglicht Art. 5 Abs. 1 lit. f DurchfVO Nr. 827/2012 auch eine Deckung durch *sonstige Vereinbarungen und Ansprüche*, womit deutlich wird, dass die Erfüllung der gemeinsamen Deckungsvoraussetzungen und nicht das Vorliegen eines bestimmten Vertragstyps entscheidend ist.

43 **aa) Leihvereinbarungen.** Ein Leerverkauf kann nach **Art. 12 Abs. 1 lit. b bzw. Art. 13 Abs. 1 lit. b VO Nr. 236/2012** durch eine Leihvereinbarung gedeckt sein. Eine **Wertpapierleihe** lässt sich in Deutschland typischerweise als Sachdarlehen i.S.d. § 607 BGB einordnen. Vor Valutierung des Darlehens, mithin der Eigentumsübertragung an den Wertpapieren, hat der Entleiher (Darlehensnehmer) einen Anspruch auf Eigentumsübertragung. Sofern dieser Anspruch alle Voraussetzungen der Art. 12 Abs. 1 lit. b bzw. Art. 13 Abs. 1 lit. b VO Nr. 236/2012 i.V.m. Art. 5 DurchfVO Nr. 827/2012 (Rz. 35 ff.) erfüllt, ist er zur Deckung eines Leerverkaufs geeignet.

44 **bb) Termingeschäfte und Swaps.** Nach **Art. 5 Abs. 1 lit. a DurchfVO Nr. 827/2012** können Termingeschäfte und Swaps zur Deckung genutzt werden[1]. Bei Termingeschäften wird der Kauf oder Verkauf eines Basiswerts zu einem festgelegten Zeitpunkt und Preis in der Zukunft abgewickelt[2], bei einem Swap handelt es sich um die vertragliche Vereinbarung über den Austausch zukünftiger Zahlungsströme[3]. Eine Standardisierung dieser Vereinbarungen ist keine zwingende Voraussetzung an ein Deckungsgeschäft, aber allgemein üblich[4]. Termingeschäfte und Swaps müssen ein physisches Settlement vorsehen, um eine taugliche Deckung darzustellen (vgl. Rz. 36). Ein Cash Settlement ist nicht ausreichend, da es die Abwicklung des Leerverkaufs gerade nicht gewährleistet[5].

45 **cc) Optionen. Art. 5 Abs. 1 lit. b DurchfVO Nr. 827/2012** spricht davon, dass ein Leerverkauf auch durch eine Option gedeckt werden kann. Durch Optionen wird dem Käufer das Recht eingeräumt, einen bestimmten Basiswert in der Zukunft zu einem heute bestimmten oder bestimmbaren Preis (Ausübungspreis) zu kaufen oder zu verkaufen[6]. Durch die Ausübung der Option kommt ein Kaufvertrag zwischen den Parteien zustande[7]. Für einen Leerverkäufer sind nur Kaufoptionen (Call-Optionen) zur Deckung geeignet[8]. Ob es sich bei der Call-Option um eine **amerikanische** oder **europäische Option**[9] handelt, ist jedoch ohne Belang[10]. Denn auch eine amerikanische Option, bei der der Optionsinhaber sein Optionsrecht jederzeit ausüben kann, kommt als taugliche Deckung in Betracht, obwohl der Optionsvertrag keinen „Ablauftermin" i.S.d. Art. 5 Abs. 1 lit. b DurchfVO Nr. 827/2012 vorsieht[11]. Die amerikanische Option gibt dem Optionsinhaber nämlich schon bei ihrem Abschluss einen unbedingt durchsetzbaren Anspruch, dessen Fälligkeit nur von seinem Willen abhängig ist (vgl. Rz. 37)[12]. Bei allen Optionen ist aber freilich erforderlich, dass ein physisches Settlement vereinbart ist (vgl. Rz. 36). Ohne Belang ist, ob die Option verbrieft oder unverbrieft ist[13]. Zur Frage der zeitlichen Geltung Rz. 64 ff. und des Bestehens einer Ausübungspflicht Rz. 68.

46 **dd) Rückkaufvereinbarungen.** Nach **Art. 5 Abs. 1 lit. c DurchfVO** können auch Rückkaufvereinbarung (sog. **Repurchase- oder Repo-Agreements**) zur Deckung eines Leerverkaufs genügen. Bei einer Rückkaufvereinbarung schließen die Parteien einen Kaufvertrag über Wertpapiere und vereinbaren zugleich, dass gleichartige Wertpapiere zu einem festgelegten Preis und zu einem festgelegten Zeitpunkt in der Zukunft vom Erstverkäufer

---

1 *Weick-Ludewig* in Fuchs, § 30h WpHG Rz. 70.
2 S. etwa: *Schüwer/Steffen* in Zerey, Finanzderivate, 4. Aufl. 2015 § 1 Rz. 5 f.; *Spaermann/Gantenbein*, Finanzmärkte, 2. Aufl. 2013, S. 207; im englischen Sprachgebrauch ist der *forward* gebräuchlich, wenngleich die englische Sprachfassung der Durchführungsverordnung von *future* spricht. Ein *future* zeichnet sich gegenüber einem *forward* durch seine Standardisierung und seine tägliche Marktpreisbewertung aus. Zu futures und forwards im Zusammenhang mit der Leerverkaufsverordnung auch *Schlimbach*, Leerverkäufe, 2015, S. 120 ff.
3 *Lehmann*, NJW 2016, 2913, 2913; *Rudolf* in Kümpel/Wittig, Bank- und Kapitalmarktrecht, Rz. 19.123.
4 *Haisch* in Haisch/Helios, Rechtshandbuch Finanzinstrumente, 2011, § 1 Rz. 82: z.B. das ISDA Master Agreement.
5 Antwort 13 der BaFin FAQs, Häufige Fragen zum Verbot ungedeckter Leerverkäufe in Aktien und öffentlichen Schuldtiteln gem. Art. 12 f. der EU-LeerverkaufsVO (zuletzt geändert am 10.8.2015), abrufbar auf: http://www.bafin.de/SharedDocs/Veroeffentlichungen/DE/FAQ/faq_leerverkaufsVO_verbot.html.
6 *Sajnovits/Weick-Ludewig*, WM 2016, 2226, 2228 f.
7 *Rudolf* in Kümpel/Wittig, Bank- und Kapitalmarktrecht, Rz. 19.89.
8 *Sajnovits/Weick-Ludewig*, WM 2016, 2226, 2229.
9 Zu den Arten: *Hull*, Optionen, Futures und andere Derivate, 8. Aufl. 2012, 254; *Haisch* in Haisch/Helios, Rechtshandbuch Finanzinstrumente, 2011, § 1 Rz. 11.
10 *Sajnovits/Weick-Ludewig*, WM 2016, 2226, 2229.
11 *Sajnovits/Weick-Ludewig*, WM 2016, 2226, 2229.
12 *Sajnovits/Weick-Ludewig*, WM 2016, 2226, 2229.
13 Zu Optionsscheinen, s.: *Habersack* in MünchKomm. BGB, 7. Aufl. 2017, § 793 BGB Rz. 7, 10.

zurückgekauft werden[1]. Nach deutschem Recht sind Repo-Agreements häufig als Kauf mit Rückkaufvereinbarung/Rückkaufsrecht zu qualifizierendes Wertpapierpensionsgeschäft (§ 340b HGB) ausgestaltet[2]. Zur Deckungseignung muss auch das Repo-Agreement alle oben genannten Anforderungen erfüllen (Rz. 36 ff.).

ee) Ständige Vereinbarungen und rollierende Fazilitäten. Nach **Art. 5 Abs. 1 lit. c DurchfVO Nr. 827/2012** können auch sog. ständige Vereinbarungen und rollierende Fazilitäten (*standing agreements and rolling facilities*) zur Deckung genutzt werden. Darunter sind **Rahmenverträge** zu verstehen, wobei entscheidend ist, dass diese die gemeinsamen Anforderungen (Rz. 36 ff.) erfüllen. Bei derartigen **Dauerschuldverhältnissen** wird man zudem fordern müssen, dass dem Leerverkäufer das Recht eingeräumt wird, jederzeit innerhalb der Vertragslaufzeit, die Lieferung einer bestimmten Anzahl von Wertpapieren zu verlangen (ähnliche Ausgestaltung wie ein revolvierender Kredit)[3]. 47

ff) Bezugsrechtsvereinbarungen. Nach **Art. 5 Abs. 1 lit. e DurchfVO Nr. 827/2012** können auch Vereinbarungen über Bezugsrechte zur Deckung geeignet sein[4]. In ihren FAQs (Rz. 11) betont die ESMA in Antwort 10.6, dass Bezugsrechte nur dann zur Deckung geeignet sind, wenn gewährleistet ist, dass die neuen Aktien am Fälligkeitsdatum des Leerverkaufs für die Abwicklung verfügbar sind[5]. Jegliche Unsicherheit in diesem Zusammenhang führt dazu, dass Bezugsrechte auf bislang nicht ausgegebene Aktien nicht zu Dekung taugen[6]. Ein Bezugsrecht gibt nach deutschem Recht aber nur einen Anspruch auf Abschluss eines Zeichnungsvertrages gegen die AG und gerade noch keinen Anspruch auf Lieferung einer bestimmten Anzahl an Aktien[7]. Ein so verstandenes Bezugsrecht ist daher zur Deckung ungeeignet[8]. Erst wenn die Durchführung der Kapitalerhöhung in das Handelsregister eingetragen wurde bzw. wenn bei der bedingten Kapitalerhöhung die Aktien ausgegeben werden, besteht ein unbedingt durchsetzbarer Anspruch gegen die AG, der – vorbehaltlich der Erfüllung der übrigen Voraussetzungen (Rz. 36 ff.) – zur Deckung geeignet sein kann[9]. 48

c) Nachweis nach Art. 5 Abs. 2 DurchfVO Nr. 827/2012. Nach Art. 5 Abs. 2 DurchfVO Nr. 827/2012 muss der Kontrakt oder Anspruch dem Leerverkäufer von der Gegenpartei (Vertragspartner der Deckungsvereinbarung) als Nachweis für das Bestehen der Vereinbarung auf einem **dauerhaften Datenträger** zur Verfügung gestellt werden. Nach Auffassung der ESMA können diesen Anforderungen auch Aufzeichnungen von Telefongesprächen genügen[10], jedenfalls – so ist zu ergänzen –, wenn diese auf einem dauerhaften Datenträger gespeichert werden. Für einen genügenden Nachweis zu sorgen ist keine Voraussetzung an das Deckungsgeschäft, sondern eine zusätzliche Pflicht des Leerverkäufers[11]. Ein Verstoß führt daher nicht zu einer Verletzung der Verbote nach Art. 12 und/oder 13 VO Nr. 236/2012, kann aber aufsichtsrechtliche Konsequenzen nach sich ziehen[12]. Die Informationen sollen nach Empfehlung der ESMA mindestens fünf Jahre lang verfügbar gehalten werden[13]. Die DurchfVO Nr. 827/2012 sieht allerdings keine Frist vor. Die Pflicht zur Aufbewahrung richtet sich – trotz des missverständlichen Wortlauts – an den Leerverkäufer, als vertragliche Schutzpflicht kann sie sich aber auch auf Seiten des Vertragspartners zu einer Pflicht verdichten[14]. 49

3. Lokalisierungszusagen für Aktien (Art. 12 Abs. 1 lit. c VO Nr. 236/2012). Nach Art. 12 Abs. 1 lit. c VO Nr. 236/2012 genügt zur Deckung eines Leerverkaufs von Aktien ferner, wenn der Leerverkäufer (i) die Lokalisierungszusage eines Dritten einholt und er (ii) aufgrund von Maßnahmen, die der Dritte zur Beschaffung der 50

---

1 Den Vereinbarungen liegt in aller Regel die Vorlage des Technical Committee of the International Organization of Securities Commissions (IOSCO), Commitee on Payment and Settlement Systems (CPSS), S. 7 Securities Lending Transactions zugrunde; s. auch *Hull*, Optionen, Futures und andere Derivate, 8. Aufl. 2012, S. 993; *Haisch* in Haisch/Helios, Rechtshandbuch Finanzinstrumente, 2011, § 1 Rz. 142.
2 *Mülbert* in Staudinger, Neubearbeitung 2015, § 488 BGB Rz. 769 ff.
3 *Schlimbach*, Leerverkäufe, 2015, S. 131 f., der von „automatischen Wertpapierdarlehen" spricht. S. ferner *Sajnovits/Weick-Ludewig*, WM 2015, 2226, 2230.
4 *Weick-Ludewig* in Fuchs, § 30h WpHG Rz. 71; *Sajnovits/Weick-Ludewig*, WM 2015, 2226, 2230; *Wansleben/Weick-Ludewig*, ZBB 2015, 395, 398; *Mülbert/Sajnovits*, ZBB 2012, 266, 272.
5 Antwort 15 der BaFin FAQs, Häufige Fragen zum Verbot ungedeckter Leerverkäufe in Aktien und öffentlichen Schuldtiteln gem. Art. 12 f. der EU-LeerverkaufsVO (zuletzt geändert am 10.8.2015), abrufbar auf: http://www.bafin.de/SharedDocs/Veroeffentlichungen/DE/FAQ/faq_leerverkaufsVO_verbot.html; so auch *Schlimbach*, Leerverkäufe, 2015, S. 132.
6 ESMA, Questions and Answers – Implementation of the Regulation on short selling and certain aspects of credit default swaps, ESMA70-145-408, Version 4, Answer 10.6.
7 *Hüffer/Koch*, § 186 AktG Rz. 4; *von Dryander/Niggemann* in Hölters, § 186 AktG Rz. 14; *Schürnbrand* in MünchKomm. AktG, 4. Aufl. 2016, § 186 AktG Rz. 22.
8 *Weick-Ludewig* in Fuchs, § 30h WpHG Rz. 71.
9 Vgl. *Sajnovits/Weick-Ludewig*, WM 2015, 2226, 2230.
10 ESMA, Questions and Answers – Implementation of the Regulation on short selling and certain aspects of credit default swaps, ESMA70-145-408, Version 4, Answer 7c.
11 *Sajnovits/Weick-Ludewig*, WM 2015, 2226, 2231; unklar *Schlimbach*, Leerverkäufe, 2015, S. 133.
12 *Sajnovits/Weick-Ludewig*, WM 2015, 2226, 2231.
13 ESMA, Questions and Answers – Implementation of the Regulation on short selling and certain aspects of credit default swaps, ESMA70-145-408, Version 4, Answer 7d.
14 *Sajnovits/Weick-Ludewig*, WM 2015, 2226, 2231.

Aktien getroffen hat, berechtigterweise erwarten kann, dass der Leerverkauf bei Fälligkeit abgewickelt wird[1]. Die Regelung war im Gesetzgebungsprozess sehr umkämpft[2]. Näher konkretisiert werden die Anforderungen an eine Lokalisierungszusage durch den Art. 6 DurchfVO Nr. 827/2012.

51 Art. 6 DurchfVO Nr. 827/2012 unterscheidet zwischen Lokalisierungszusagen für einen Tag (Same-Day-Lokalisierungszusagen), Lokalisierungszusagen für mehrere Tage (Standard-Lokalisierungszusagen) und Lokalisierungszusagen bei liquiden Aktien[3]. In jedem Fall muss es sich aber um eine **spezifische Bestätigung** handeln, so dass allgemeine Listen, auf denen leicht zu beschaffende Aktien aufgeführt werden, nicht genügen[4].

52 **a) Standard-Lokalisierungszusagen.** Art. 12 Abs. 1 lit. c VO Nr. 236/2012 verlangen, dass die Lokalisierungszusage eines tauglichen Dritten (Rz. 55) eingeholt wurde und dass der Leerverkäufer berechtigterweise erwarten kann, dass der Dritte die Wertpapiere bei Fälligkeit des Leerverkaufs zur Abwicklung liefern kann[5]. Beide Voraussetzungen kann der Leerverkäufer in einem Schritt verwirklichen[6]. Erforderlich ist, dass er

– eine Lokalisierungsbestätigung (*locate confirmation*) und
– eine Vormerkungsbestätigung (*Put-on-hold-Zusage*) erhält (Art. 6 Abs. 2 DurchfVO Nr. 827/2012)[7].

Erstere ist die zeitlich vor dem Leerverkauf erfolgte Bestätigung eines Dritten, dass die den Leerverkauf deckende Anzahl an Aktien zum Zeitpunkt der Fälligkeit verfügbar sein werden (Art. 6 Abs. 2 lit. a DurchfVO Nr. 827/2012); zweiteres die vorgängige Bestätigung eines Dritten, dass die entsprechende Anzahl von verfügbaren Aktien gerade für die jeweilige natürliche oder juristische Person bereitstehen oder jedenfalls vorgemerkt sind (Art. 6 Abs. 2 lit. b DurchfVO Nr. 827/2012). Dass der Dritte bereits zum Zeitpunkt der Zusage über die Aktien verfügt, ist also nicht erforderlich[8].

53 **b) Same-Day-Lokalisierungszusagen.** Für Lokalisierungszusagen am Tage des Leerverkaufs[9] gelten erleichterte Anforderungen, insbesondere verlangt die DurchfVO Nr. 827/2012 **keine Put-on-hold-Zusage** (Art. 6 Abs. 3 DurchfVO Nr. 827/2012)[10]. Zur Deckung ist aber erforderlich, dass:

– der Leerverkäufer vom Dritten eine Bestätigung verlangt, dass der Leerverkauf am Fälligkeitstag gedeckt werden kann (**Bestätigungsersuchen**; Art. 6 Abs. 3 lit. a DurchfVO Nr. 827/2012). In diesem muss der Leerverkäufer dem Dritten bestätigen, dass der Leerverkauf durch Käufe gedeckt wird, die am selben Tag getätigt werden, es sich mithin um das Ersuchen einer Same-Day-Lokalisierungszusage handelt.
– der Dritte eine **Lokalisierungsbestätigung** abgibt (Art. 6 Abs. 3 lit. b DurchfVO Nr. 827/2012)[11],
– der Dritte bestätigt, dass die Aktien leicht zu leihen bzw. zu beschaffen sind (Art. 6 Abs. 3 lit. c DurchfVO Nr. 827/2012)[12],
– der Leerverkäufer die Überwachung des nicht durch Käufe gedeckten Teils des Leerverkaufs zusagt (Art. 6 Abs. 3 lit. d DurchfVO Nr. 827/2012) und
– der Leerverkäufer zusagt, den Dritten im Falle der Nichtdeckung am selben Tag umgehend anzuweisen, die Aktien zur Deckung des Leerverkaufs und zur Gewährleistung der fristgerechten Abwicklung zu beschaffen (Art. 6 Abs. 3 lit. e DurchfVO Nr. 827/2012).

---

1 *Grundmann* in Staub, HGB, Bankvertragsrecht 2, 5. Aufl. 2018, 6. Teil, 4. Abschnitt, A Rz. 612; *Sajnovits/Weick-Ludewig*, WM 2015, 2226, 2232; *Wansleben/Weick-Ludewig*, ZBB 2015, 395, 97 f.; *Weick-Ludewig* in Fuchs, § 30h WpHG Rz. 72 ff.; *Schlimbach*, Leerverkäufe, 2015, 133 ff.; *Gruber*, Leerverkäufe, 2014, S. 54 ff.; *Mülbert/Sajnovits*, ZBB 2012, 266, 272 f.
2 *Moloney*, EU Securities and Financial Markets Regulation, 3rd ed. 2014, VI.3.7.2., S. 556; *Howell*, Journal of Corporate Law Studies 16 (2016), 333, 348.
3 *Howell*, Journal of Corporate Law Studies 16 (2016), 333, 348; *Moloney*, EU Securities and Financial Markets Regulation, 3rd ed. 2014, VI.3.7.2., S. 556.
4 ESMA, Questions and Answers – Implementation of the Regulation on short selling and certain aspects of credit default swaps, ESMA70-145-408, Version 4, Answer 7m.
5 *Howell*, Journal of Corporate Law Studies 16 (2016), 333, 348; *Moloney*, EU Securities and Financial Markets Regulation, 3rd ed. 2014, VI.3.7.2., S. 556; *Mülbert/Sajnovits*, ZBB 2012, 266, 272.
6 ESMA, Draft technical standards on the Regulation (EU) xxxx/2012 of the European Parliament and of the Council on short selling and certain aspects of credit default swaps – Consultation Paper, ESMA/2012/30, S. 11, Rz. 20.
7 *Weick-Ludewig* in Fuchs, § 30h WpHG Rz. 74; *Howell*, Journal of Corporate Law Studies 16 (2016), 333, 348 f.; *Moloney*, EU Securities and Financial Markets Regulation, 3rd ed. 2014, VI.3.7.2., S. 556; *Mülbert/Sajnovits*, ZBB 2012, 266, 272.
8 ESMA, Draft technical standards on the Regulation (EU) xxxx/2012 of the European Parliament and of the Council on short selling and certain aspects of credit default swaps – Consultation Paper, ESMA/2012/30, S. 11, Rz. 21.
9 Art. 7 Abs. 3 DurchfVO Nr. 827/2012 spricht von zeitlich befristeten Lokalisierungszusagen für öffentliche Schuldtitel.
10 *Howell*, Journal of Corporate Law Studies 16 (2016), 333, 348; *Weick-Ludewig* in Fuchs, § 30h WpHG Rz. 75; *Moloney*, EU Securities and Financial Markets Regulation, 3rd ed. 2014, VI.3.7.2., S. 556.
11 Nicht erforderlich ist eine Vormerkungsbestätigung. S. ESMA, Questions and Answers – Implementation of the Regulation on short selling and certain aspects of credit default swaps, ESMA70-145-408, Version 4, Answer 7l.
12 *Nicht erforderlich ist also, dass die Aktien i.S.d. Art. 6 Abs. 2 lit. b DurchfVO Nr. 827/2012 „jedenfalls vorgemerkt"* sind. S. ESMA, Draft technical standard on the Regulation (EU) no 236/2012 of the European Parliament and of the Council on short selling and certain aspects of credit default swaps, Final Report, ESMA 2012/228, S. 6 Rz. 13.

Für den Empfänger einer derartigen Lokalisierungszusage folgt daraus, dass er die Zusage noch am selben Tag durch eine andere Deckung (Ankauf von Wertpapieren) ersetzen muss. Die Vereinbarung dient damit der erleichterten **Ermöglichung von Intra-Day-Leerverkäufen**[1].

c) **Bestätigung der Problemlosigkeit der Leihe bei liquiden Aktien.** Für den Leerverkauf von liquiden Aktien[2] bestehen nach Art. 6 Abs. 4 DurchfVO Nr. 827/2012 weithin **dieselben Anforderungen wie** bei **Same-Day-Lokalisierungszusagen** (Rz. 53)[3]. Erforderlich für eine Deckung ist eine zuvor abgegebene Lokalisierungsbestätigung eines Dritten (Art. 6 Abs. 4 lit. a DurchfVO Nr. 827/2012), eine Bestätigung eines Dritten, dass die Aktien leicht zu leihen oder zu beschaffen sind (Art. 6 Abs. 4 lit. b DurchfVO Nr. 827/2012) sowie die Abrede, dass der Leerverkäufer den Dritten im Falle der Nichtdeckung am selben Tag umgehend anweisen wird, die Aktien zur Deckung des Leerverkaufs und zur Gewährleistung der fristgerechten Abwicklung zu beschaffen (Art. 6 Abs. 4 lit. c DurchfVO Nr. 827/2012)[4]. Richtigerweise muss zudem eine Überwachungsobliegenheit i.S.d. Art. 6 Abs. 3 lit. d DurchfVO Nr. 827/2012 vereinbart werden[5]. Die Bestätigung der Problemlosigkeit der Leihe ist aber nur genügend bei (i) **Aktien i.S.d. Art. 22 VO Nr. 1287/2006** der Kommission **(liquiden Aktien)** sowie bei (ii) **Aktien, die in dem wesentlichen nationalen Index** gelistet sind[6] und die unterliegenden Finanzinstrumente für an einem Handelsplatz gehandelte Derivate.

d) **Dritter (Art. 8 DurchfVO Nr. 827/2012).** Wer Dritter einer Lokalisierungszusage sein kann, wird in der Leerverkaufs-VO weder definiert noch der Europäischen Kommission zur Konkretisierung überantwortet[7]. Die Europäische Kommission und die ESMA hielten gleichwohl eine einschränkende Konkretisierung des möglichen Personenkreises für zweckmäßig, da andernfalls keine hinreichende Gewähr dafür bestehe, dass es bei Fälligkeit tatsächlich zur Abwicklung des Leerverkaufs kommt, wodurch ein wesentlicher Regelungszweck der Verordnung beeinträchtigt sei[8]. Art. 8 Abs. 1 DurchfVO Nr. 827/2012 enthält deshalb einen **abschließenden Katalog** tauglicher Dritter. Diese müssen gegenüber dem Leerverkäufer rechtlich selbständige Personen sein[9]. Rechtlich selbständig sind grundsätzlich auch konzernangehörige Personen, so dass auch Mutter-, Tochter- oder Schwestergesellschaften tauglicher Dritter sein können[10]. Im Falle zentraler Gegenparteien, Wertpapierliefer- und abrechnungssystemen i.S.d. RL 98/26/EG, Zentralbanken und nationalen Schuldenverwaltungsstellen gelten keine weiteren Anforderungen[11]. Bei Wertpapierfirmen, anderen von einem Mitglied des Europäischen Finanzaufsichtssystems zugelassenen oder registrierten Personen[12] sowie in Drittstaaten niedergelassenen und von der Aufsichtsbehörde dieses Drittstaates beaufsichtigten Personen ist gem. Art. 8 Abs. 2 DurchfVO Nr. 827/2012 zusätzlich erforderlich, dass die Person an der Wertpapierleihe oder der Beschaffung der entsprechenden Wertpapiere beteiligt ist, hierfür einen Beweis erbringen kann und zudem auf Anfrage auch anhand entsprechender Statistiken nachweisen kann, dass sie die zugesagten Wertpapiere liefern bzw. deren Lieferung abwickeln kann.

e) **Nachweis auf dauerhaftem Datenträger.** Bei allen Lokalisierungszusagen muss gem. Art. 6 Abs. 5 DurchfVO Nr. 827/2012 durch die Speicherung aller notwendigen Daten auf einem **dauerhaften Datenträger** die Möglichkeit der Beweiserbringung gewährleistet werden[13] (vgl. Rz. 49).

4. **Lokalisierungszusagen für öffentliche Schuldtitel (Art. 13 Abs. 1 lit. c VO Nr. 236/2012).** Nach Art. 13 Abs. 1 lit. c VO Nr. 236/2012 genügt zur Deckung eines Leerverkaufs von öffentlichen Schuldtiteln, wenn der

---

1 *Howell*, Journal of Corporate Law Studies 16 (2016), 333, 348.
2 Aktien i.S.d. Art. 22 VO Nr. 1287/2006 der Kommission sowie Aktien die in dem wesentlichen nationalen Index gelistet sind und die unterliegenden Finanzinstrumente für an einem Handelsplatz gehandelte Derivate sind.
3 *Weick-Ludewig* in Fuchs, § 30h WpHG Rz. 76; Antwort 19 der BaFin FAQs, Häufige Fragen zum Verbot ungedeckter Leerverkäufe in Aktien und öffentlichen Schuldtiteln gem. Art. 12 f. der EU-LeerverkaufsVO (zuletzt geändert am 10.8. 2015), abrufbar auf: http://www.bafin.de/SharedDocs/Veroeffentlichungen/DE/FAQ/faq_leerverkaufsVO_verbot.html.
4 *Weick-Ludewig* in Fuchs, § 30h WpHG Rz. 76.
5 *Mülbert/Sajnovits*, ZBB 2012, 266, 272; *Weick-Ludewig* in Fuchs, § 30h WpHG Rz. 76.
6 ESMA, Questions and Answers – Implementation of the Regulation on short selling and certain aspects of credit default swaps, ESMA70-145-408, Version 4, Answer 7k mit Annex 5 mit einer Auflistung der wichtigsten Handelsplätze der Mitgliedstaaten, z.B. für Deutschland: DAX 30; für Frankreich CAC 40.
7 *Mülbert/Sajnovits*, ZBB 2012, 266, 273.
8 ESMA, Draft technical standards on the Regulation (EU) xxxx/2012 of the European Parliament and of the Council on short selling and certain aspects of credit default swaps – Consultation Paper, ESMA/2012/30, S. 10, Rz. 15.
9 S. ESMA, Draft technical standard on the Regulation (EU) no 236/2012 of the European Parliament and of the Council on short selling and certain aspects of credit default swaps, Final Report, ESMA 2012/228, S. 7 Rz. 18; *Weick-Ludewig* in Fuchs, § 30h WpHG Rz. 83.
10 *Weick-Ludewig* in Fuchs, § 30h WpHG Rz. 83.
11 Antwort 25 der BaFin FAQs, Häufige Fragen zum Verbot ungedeckter Leerverkäufe in Aktien und öffentlichen Schuldtiteln gem. Art. 12 f. der EU-LeerverkaufsVO (zuletzt geändert am 10.8.2015), abrufbar auf: http://www.bafin.de/SharedDocs/Veroeffentlichungen/DE/FAQ/faq_leerverkaufsVO_verbot.html.
12 Etwa Versicherungsunternehmen, Pensionsfonds; s. ESMA, Draft technical standard on the Regulation (EU) no 236/ 2012 of the European Parliament and of the Council on short selling and certain aspects of credit default swaps, Final Report, ESMA 2012/228, S. 7 Rz. 16.
13 *Mülbert/Sajnovits*, ZBB 2012, 266, 272; *Weick-Ludewig* in Fuchs, § 30h WpHG Rz. 77.

Leerverkäufer (i) von einem Dritten die Zusage erhalten hat, dass der öffentliche Schuldtitel lokalisiert wurde, oder er aus anderen Gründen berechtigterweise erwarten kann, dass das Geschäft bei Fälligkeit abgewickelt werden kann. Näher konkretisiert werden die **Anforderungen an eine Lokalisierungszusage** bei öffentlichen Schuldtiteln durch Art. 7 DurchfVO Nr. 827/2012. Diese sind **milder** als diejenigen bei Aktien (Rz. 50 ff.)[1], weil zahlreiche Mitgliedstaaten im Entstehungsprozess der VO Nr. 236/2012 die Sorge teilten, dass zu strenge Restriktionen die Liquidität der Märkte für öffentliche Schuldtitel erheblich einschränken könnten[2]. Vor diesem Hintergrund sind auch die Ausnahme nach Art. 13 Abs. 2 VO Nr. 236/2012 (Rz. 73) und die Aussetzungsmöglichkeit nach Art. 13 Abs. 3 VO Nr. 236/2012 (Rz. 74 ff.) zu verstehen[3].

58 a) **Standard-Lokalisierungszusagen.** Ein Leerverkauf öffentlicher Schuldtitel kann durch eine **Standardlokalisierungszusage** gedeckt werden (Art. 13 Abs. 1 lit. c VO Nr. 236/2012 i.V.m. Art. 7 Abs. 2 DurchfVO Nr. 827/2012). Eine solche ist eine dem Leerverkauf vorangehende Bestätigung eines tauglichen Dritten (Rz. 62), in der dieser bestätigt:
- dass er die öffentlichen Schuldtitel unter Berücksichtigung der Marktbedingungen fristgerecht und in dem von dem Leerverkäufer angeforderten Umfang für die Abwicklung zur Verfügung stellen kann, und
- für welchen Zeitraum die öffentlichen Schuldtitel lokalisiert sind.

Eine *Put-on-hold*-**Zusage** ist – anders als bei Aktien (Rz. 52) – **nicht erforderlich**[4].

59 b) **Same-Day-Lokalisierungszusagen.** Eine Same-Day-Lokalisierungszusage ist ebenfalls unter erleichterten Bedingungen zur Deckung eines Leerverkaufs von öffentlichen Schuldtiteln geeignet[5]. Nach Art. 13 Abs. 1 lit. c VO Nr. 236/2012 i.V.m. Art. 7 Abs. 3 DurchfVO Nr. 827/2012 muss der taugliche **Dritte** (Rz. 62) bei dieser nur bestätigen, dass er unter Berücksichtigung der Marktbedingungen und der ihm ansonsten über das Angebot der öffentlichen Schuldtitel am Tag des Leerverkaufs vorliegenden Informationen **berechtigterweise erwarten kann**, dass die öffentlichen Schuldtitel in der erforderlichen Menge **angekauft werden können**. Zudem muss der Leerverkäufer gegenüber dem Dritten erklären, dass der Leerverkauf durch Ankäufe am Tag des Leerverkaufs gedeckt sein wird[6].

60 c) **Uneingeschränkte Repo-Bestätigungen.** Ferner kann ein Leerverkauf in öffentlichen Schuldtiteln durch eine uneingeschränkte Repo-Bestätigung gedeckt werden (Art. 13 Abs. 1 lit. c VO Nr. 236/2012 i.V.m. Art. 7 Abs. 4 DurchfVO Nr. 827/2012)[7]. Bei einer solchen handelt es sich um eine dem Leerverkauf vorangehende **Bestätigung eines Dritten**, wonach dieser berechtigterweise erwarten kann, dass das Geschäft bei Fälligkeit abgewickelt werden kann. Die Erwartung des Dritten ist **berechtigt**, wenn er an einem von einer Zentralbank, einer Schuldenverwaltungsstelle oder einem Wertpapierliefer- und -abrechnungssystem organisierten oder betriebenen strukturierten, permanenten System, das uneingeschränkt Zugang zu den betreffenden öffentlichen Schuldtiteln in einem dem Leerverkauf entsprechenden Umfang bietet, beteiligt ist.

61 d) **Bestätigung der Problemlosigkeit des Ankaufs.** Nach Art. 13 Abs. 1 lit. c VO Nr. 236/2012 i.V.m. Art. 7 Abs. 5 DurchfVO Nr. 827/2012 ist schließlich eine Bestätigung der Problemlosigkeit des Ankaufs öffentlicher Schuldtitel zur Deckung geeignet (vgl. auch Erwägungsgrund 20 VO Nr. 236/2012)[8]. Dabei handelt es sich um eine dem Leerverkauf vorangehende **Bestätigung eines Dritten**, wonach dieser angesichts der Tatsache, dass sich die betreffenden **Schuldtitel problemlos** in der erforderlichen Menge **leihen** oder **ankaufen lassen**, berechtigterweise erwarten kann, dass sich das Geschäft bei Fälligkeit abwickeln lässt. Die Erwartung des Dritten muss unter Berücksichtigung der **Marktbedingungen** und der ihm ansonsten über das Angebot der öffentlichen Schuldtitel vorliegenden Informationen entstehen.

62 e) **Dritter.** Hinsichtlich des **tauglichen Dritten** gelten die gleichen Anforderungen wie bei Lokalisierungszusagen für Aktien (vgl. Rz. 55).

---

1 *von Buttlar/Petersen* in Just/Voß/Ritz/Becker, § 30h WpHG Rz. 85; *Howell*, Journal of Corporate Law Studies 16 (2016), 333, 351; *Moloney*, EU Securities and Financial Markets Regulation, 3rd ed. 2014, VI.3.7.3., S. 557.
2 *Howell*, Journal of Corporate Law Studies 16 (2016), 333, 351; *Moloney*, EU Securities and Financial Markets Regulation, 3rd ed. 2014, VI.3.7.3., S. 557.
3 *Howell*, Journal of Corporate Law Studies 16 (2016), 333, 351; *Moloney*, EU Securities and Financial Markets Regulation, 3rd ed. 2014, VI.3.7.3., S. 557.
4 *Howell*, Journal of Corporate Law Studies 16 (2016), 333, 351; *Weick-Ludewig* in Fuchs, § 30h WpHG Rz. 79; *Moloney*, EU Securities and Financial Markets Regulation, 3rd ed. 2014, VI.3.7.3., S. 557 mit Fn. 258.
5 *Weick-Ludewig* in Fuchs, § 30h WpHG Rz. 80; *Moloney*, EU Securities and Financial Markets Regulation, 3rd ed. 2014, VI.3.7.3., S. 557 mit Fn. 258.
6 *Weick-Ludewig* in Fuchs, § 30h WpHG Rz. 80.
7 *Weick-Ludewig* in Fuchs, § 30h WpHG Rz. 81; Antwort 23 der BaFin FAQs, Häufige Fragen zum Verbot ungedeckter Leerverkäufe in Aktien und öffentlichen Schuldtiteln gem. Art. 12 f. der EU-LeerverkaufsVO (zuletzt geändert am 10.8.2015), abrufbar auf: http://www.bafin.de/SharedDocs/Veroeffentlichungen/DE/FAQ/faq_leerverkaufsVO_verbot.html.
8 *Weick-Ludewig* in Fuchs, § 30h WpHG Rz. 81; Antwort 24 der BaFin FAQs, Häufige Fragen zum Verbot ungedeckter Leerverkäufe in Aktien und öffentlichen Schuldtiteln gem. Art. 12 f. der EU-LeerverkaufsVO (zuletzt geändert am 10.8.2015), abrufbar auf: http://www.bafin.de/SharedDocs/Veroeffentlichungen/DE/FAQ/faq_leerverkaufsVO_verbot.html.

f) **Nachweis auf dauerhaftem Datenträger.** Hinsichtlich des erforderlichen **Nachweises auf einem dauerhaf-** 63
ten Datenträger gelten die gleichen Anforderungen wie bei Lokalisierungszusagen für Aktien (vgl. Rz. 56).

5. Zeitliche Dauer des Vorliegens der Deckungsvoraussetzungen. a) Erfordernis des Vorhaltens einer De- 64
ckung bis zur Abwicklung. Nach dem Wortlaut der Art. 12 Abs. 1 und 13 Abs. 1 VO Nr. 236/2012 muss **spätestens zum Zeitpunkt des Abschlusses der Leerverkaufsvereinbarung** eine den Anforderungen des jeweiligen Abs. 1 genügende Deckung vorliegen[1]. Eine später abgeschlossene Deckungsvereinbarung genügt danach eindeutig nicht[2].

Eine taugliche Deckung muss zudem **bis zur Erfüllung des Leerverkaufs gehalten werden**[3]. Der **Wortlaut** der 65
Art. 12 Abs. 1 und 13 Abs. 1 VO Nr. 236/2012 verlangt, dass die Deckung *spätestens* in dem Moment des Leerverkaufs vorliegen muss. Dass auch nach Abschluss des Leerverkaufs eine Deckung weiterhin gehalten werden muss, sprechen die Tatbestände nicht an, sie stehen einem solchen Erfordernis aber auch nicht prinzipiell entgegen[4]. Zwar sanktioniert die Leerverkaufs-VO trotz der Zwecksetzung der Sicherstellung des Settlements an sich nicht die Nichtlieferung, sondern scheint ein tendenziell abschlussbezogenes Verbotsregime zu implementieren (vgl. Vor Art. 1 ff. VO Nr. 236/2012 Rz. 55). Bereits ein **systematischer Blick** auf Art. 14 Abs. 1 VO Nr. 236/2012 zeigt jedoch, dass es auch auf den Zeitraum nach Abschluss eines Geschäfts ankommt. Nach Art. 14 Abs. 1 VO Nr. 236/2012 muss nämlich eine durch das CDS zu sichernde Position über die gesamte Laufzeit des CDS vorliegen (Art. 14 VO Nr. 236/2012 Rz. 22). Für die Maßgeblichkeit auch des Zeitraums zwischen Geschäftsabschluss und Abwicklung sprechen aus systematischer Sicht auch die Anforderungen an Lokalisierungszusagen nach Art. 12 Abs. 1 lit. c bzw. Art. 13 Abs. 1 lit. c VO Nr. 236/2012 i.V.m. Art. 6 und 7 DurchfVO Nr. 827/2012[5]. Die Unterscheidung zwischen der Standard-Lokalisierungszusage (Rz. 52) und der Same-Day-Lokalisierungszusage (Rz. 53) macht nur Sinn, wenn es für die Deckung nicht nur auf den Zeitpunkt des Abschlusses des Leerverkaufs ankommt[6]. Schließlich kann nur mit diesem zusätzlichen Erfordernis die Abwicklung hinreichend sichergestellt werden, weshalb der **Regelungszweck** der VO Nr. 236/2012 (Rz. 15) für eine **teleologische Extension** streitet[7]. Ein Leerverkäufer, der im Zeitpunkt des Leerverkaufs eine taugliche Deckung innehat, diese aber unmittelbar nach dem Leerverkauf und vor dessen Abwicklung (bewusst) aufgibt, kann die Erfüllung seines Leerverkaufs ebenso wenig gewährleisten, wie derjenige, der von Anfang an keine taugliche Deckung hat. Die Deckungsanforderungen würden zu reinem Formalismus verkommen und es wäre Umgehungsstrategien Tür und Tor geöffnet, wenn man allein auf den Abschlusszeitpunkt abstellen würde. Ein Verstoß gegen Art. 12 Abs. 1 bzw. Art. 13 Abs. 1 VO Nr. 236/2012 kommt deshalb auch in Betracht, wenn ein zunächst gedeckter Leerverkauf in der Phase bis zur Abwicklung noch zu einem ungedeckten Leerverkauf wird.

Kein Verstoß gegen die Art. 12 und 13 VO Nr. 236/2012 liegt vor, wenn die Deckung in der Phase bis zur Er- 66
füllung des Leerverkaufs zwar aufgegeben (Rz. 65), aber durch eine den Anforderungen des Art. 12 Abs. 1 bzw. Art. 13 Abs. 1 VO Nr. 236/2012 voll genügende **neue Deckungsvereinbarung ersetzt** wird[8]. In diesem Fall ist zum einen der Schutzzweck des Verbotsregimes nicht tangiert, da die neue Deckungsvereinbarung die Abwicklung gerade sicherstellt. Zum anderen zeigt auch der Vergleich mit der Lokalisierungszusage, dass ein Austausch der Deckung nach dem Willen des europäischen Gesetzgebers möglich sein soll.

Die Aufgabe der Deckung nach Abschluss der Leerverkaufsvereinbarung kann bußgeldrechtlich nicht geahndet 67
werden. Da der Wortlaut der Art. 12 Abs. 1, 13 Abs. 1 VO Nr. 236/2012 und derjenige des Art. 5 DurchfVO Nr. 827/2012 nämlich nicht ansprechen, dass eine Deckung auch über den Zeitpunkt des Abschlusses der Leerverkaufsvereinbarung gehalten werden muss, handelt es sich bei dem aufsichtsrechtlichen Erfordernis (Rz. 65) **um eine teleologische Extension der Vorschriften der Leerverkaufs-VO**. Einer Ahndung steht daher das ord-

---

1 *Wansleben/Weick-Ludewig*, ZBB 2015, 395, 398.
2 *Wansleben/Weick-Ludewig*, ZBB 2015, 395, 398; *Sajnovits/Weick-Ludewig*, WM 2015, 2226, 2231 f.; *Gruber*, Leerverkäufe, 2014, S. 53; *Schlimbach*, Leerverkäufe, 2015, 127 f.; *Weick-Ludewig* in Fuchs, § 30h WpHG Rz. 70; *Mülbert/Sajnovits*, ZBB 2012, 266, 271.
3 *Wansleben/Weick-Ludewig*, ZBB 2015, 395, 399 ff.; *Sajnovits/Weick-Ludewig*, WM 2015, 2226, 2231 ff.; Antwort 10b der BaFin FAQs, Häufige Fragen zum Verbot ungedeckter Leerverkäufe in Aktien und öffentlichen Schuldtiteln gem. Art. 12 f. der EU-LeerverkaufsVO (zuletzt geändert am 10.8.2015), abrufbar auf: http://www.bafin.de/SharedDocs/Veroeffentlichungen/DE/FAQ/faq_leerverkaufsVO_verbot.html; wohl auch *Grundmann* in Staub, HGB, Bankvertragsrecht 2, 5. Aufl. 2018, 6. Teil, 4. Abschnitt, A Rz. 611: Es muss sichergestellt sein, dass Abrede „während der gesamten Laufzeit des Leerverkaufs wirksam bleibt".
4 *Wansleben/Weick-Ludewig*, ZBB 2015, 395, 399 f.; *Sajnovits/Weick-Ludewig*, WM 2015, 2226, 2232.
5 *Sajnovits/Weick-Ludewig*, WM 2015, 2226, 2232; vgl. auch *Wansleben/Weick-Ludewig*, ZBB 2015, 395, 402 f.
6 *Sajnovits/Weick-Ludewig*, WM 2015, 2226, 2232.
7 *Wansleben/Weick-Ludewig*, ZBB 2015, 395, 399 f.; *Sajnovits/Weick-Ludewig*, WM 2015, 2226, 2232.
8 *Sajnovits/Weick-Ludewig*, WM 2015, 2226, 2232; *Wansleben/Weick-Ludewig*, ZBB 2015, 395, 398; *Weick-Ludewig/Geilfus*, BaFinJournal, Juni 2015, S. 23, 26 f.; Antwort 10b der BaFin FAQs, Häufige Fragen zum Verbot ungedeckter Leerverkäufe in Aktien und öffentlichen Schuldtiteln gem. Art. 12 f. der EU-LeerverkaufsVO (zuletzt geändert am 10.8.2015), abrufbar auf: http://www.bafin.de/SharedDocs/Veroeffentlichungen/DE/FAQ/faq_leerverkaufsVO_verbot.html; vgl. auch ESMA, Questions and Answers – Implementation of the Regulation on short selling and certain aspects of credit default swaps, ESMA70-145-408, Version 4, Answer 7h.

nungswidrigkeitenrechtliche **Analogieverbot** entgegen[1]. Aufsichts- und Ordnungswidrigkeitentatbestand sind daher gespalten auszulegen (vgl. Vor Art. 1 ff. VO Nr. 236/2012 Rz. 48). In Betracht kommen aber ggf. sonstige aufsichtsrechtliche Sanktionen.

68 **b) Sonderfall: Unvollkommene Deckungen.** Bei sog. unvollkommenen Deckungen ist der Leerverkäufer aus Schutzzweckerwägungen verpflichtet, sein bestehendes Recht auf die Lieferung der Aktien oder öffentlichen Schuldtitel auch tatsächlich auszuüben[2], selbst wenn dies für ihn ökonomisch von Nachteil sein kann. Als unvollkommene Deckungen werden **Deckungsvereinbarungen** bezeichnet, die zwar zum Zeitpunkt des Leerverkaufs alle Voraussetzungen des Art. 12 Abs. 1 bzw. Art. 13 Abs. 1 VO Nr. 236/2012 erfüllen, die aber aufgrund ihrer Ausgestaltung **nicht zwangsläufig die Erfüllung** (Abwicklung) des Leerverkaufs **ermöglichen**[3]. Gemeint sind alle Vereinbarungen, bei denen eine Handlung des Leerverkäufers nötig ist, um die Lieferung herbeizuführen (vgl. oben Rz. 37)[4]. Dies gilt etwa bei Optionen hinsichtlich der Ausübung des Optionsrechts[5]. In diesen Fällen ist für die sichere Abwicklung entscheidend, dass der Leerverkäufer sein Recht auch rechtzeitig ausübt, was bedeutet, dass er durch die Ausübung sicherstellt, dass die Aktien bzw. Schuldtitel so rechtzeitig geliefert werden, dass er seine eigene Verpflichtung aus dem Leerverkauf erfüllen kann. Übt er sein Recht nicht rechtzeitig aus, ist ein Verstoß gegen Art. 12 bzw. 13 VO Nr. 236/2012 zu bejahen, auch wenn im Zeitpunkt des Abschlusses der Leerverkaufsvereinbarung eine den Anforderungen der Art. 12 bzw. 13 VO Nr. 236/2012 genügende Deckung vorgelegen haben sollte.

69 Einer **ordnungswidrigkeitenrechtlichen Ahndung** eines Verstoßes steht auch insoweit das **Analogieverbot** entgegen (vgl. Rz. 67).

70 **6. Behandlung von Mehrfachveräußerungen.** Die Behandlung von Mehrfachveräußerungen hat zur Grundlage, dass es für das Vorliegen eines gedeckten oder ungedeckten Leerverkaufs im Ausgangspunkt auf den Zeitpunkt des Vertragsschlusses ankommt (Rz. 64), das Eigentum aber nicht notwendig zeitgleich mit dem Verkauf übergeht[6]. Daher bleibt nur das Abstellen auf die zeitliche Abfolge. **Gedeckt ist** mithin nur **der zeitlich erste Verkauf**, die darauffolgenden Verkäufe sind, vorbehaltlich des Vorliegens anderer Deckungsvoraussetzungen, verbotene ungedeckte Leerverkäufe[7].

71 **7. Doppelverwendungsproblematik.** Kommt es bei einer Wertpapierleihe (Rz. 32) zu einem Verkauf der verliehenen Aktien oder öffentlichen Schuldtitel sowohl durch den Verleiher als auch durch den Entleiher, können sich nach dem Wortlaut der Leerverkaufs-VO beide Verkäufe als zulässig erweisen. Der Verleiher bleibt wirtschaftlicher Eigentümer der Wertpapiere und tätigt deshalb mit einem Verkauf keinen Leerverkauf (Art. 2 VO Nr. 236/2012 Rz. 12); der Entleiher tätigt zwar einen Leerverkauf, dieser ist aber – gegebenenfalls – gedeckt. Damit können nach dem Wortlaut ein und dieselben Aktien bzw. Schuldtitel zweimal veräußert werden und es kann das Settlement eines dieser Verkäufe in einem die Schutzzwecke der Leerverkaufs-VO tangierenden Maße gefährdet sein (sog. Doppelverwendungsproblematik)[8].

72 Mit Blick auf den Regelungszweck (Rz. 15) ist es daher geboten, die Regelung des **Art. 12 Abs. 1 lit. a bzw. Art. 13 Abs. 1 lit. a VO Nr. 236/2012** in bestimmten Fällen **teleologisch zu reduzieren** und einen Leerverkauf – trotz der formalen Erfüllung der Deckungsvoraussetzungen – im Zeitpunkt seiner Vornahme dem Leerverkaufsverbot zu unterwerfen[9]. Dies ist jedenfalls dann geboten, wenn im Zeitpunkt des Leerverkaufs aufgrund der Bedingungen der Wertpapierleihe (Zeitpunkt der Rückübertragung), die zur Deckung herangezogen wird, ausgeschlossen ist, dass der Entleiher sowohl seiner Pflicht zur Lieferung aus dem Leerverkauf als auch seiner Rückübertragungspflicht aus der Wertpapierleihe wird nachkommen können[10].

73 **VII. Ausnahme bei Absicherungszweck (Art. 13 Abs. 2 VO Nr. 236/2012).** Die Beschränkungen des Art. 13 Abs. 1 VO Nr. 236/2012 für Leerverkäufe öffentlicher Schuldtitel gelten nicht, wenn das Geschäft dazu dienen soll, eine **Long-Position in Schuldinstrumenten** (Art. 3 VO Nr. 236/2012 Rz. 26 ff.) **abzusichern**, deren Kurse eine hohe Korrelation mit den Kursen der betreffenden öffentlichen Schuldtitel aufweisen[11]. Diese Ausnahme-

---

1 Offen *Wansleben/Weick-Ludewig*, ZBB 2015, 395, 398; *Sajnovits/Weick-Ludewig*, WM 2015, 2226, 2231 ff.
2 *Wansleben/Weick-Ludewig*, ZBB 2015, 395, 399; Antwort 12b der BaFin FAQs, Häufige Fragen zum Verbot ungedeckter Leerverkäufe in Aktien und öffentlichen Schuldtiteln gem. Art. 12 f. der EU-LeerverkaufsVO (zuletzt geändert am 10.8. 2015), abrufbar auf: http://www.bafin.de/SharedDocs/Veroeffentlichungen/DE/FAQ/faq_leerverkaufsVO_verbot.html.
3 Begriff nach *Wansleben/Weick-Ludewig*, ZBB 2015, 395, 399.
4 *Wansleben/Weick-Ludewig*, ZBB 2015, 395, 399.
5 *Wansleben/Weick-Ludewig*, ZBB 2015, 395, 399.
6 *Mülbert/Sajnovits*, ZBB 2012, 266, 271.
7 *Mülbert/Sajnovits*, ZBB 2012, 266, 271.
8 Dazu erstmals *Weick-Ludewig/Sajnovits*, WM 2014, 1521, 1525 ff.; ferner *Riederer/Weick-Ludewig*, WM 2016, 1005, 1008.
9 Näher *Weick-Ludewig/Sajnovits*, WM 2014, 1521, 1525 ff.; *Riederer/Weick-Ludewig*, WM 2016, 1005, 1008.
10 Näher *Weick-Ludewig/Sajnovits*, WM 2014, 1521, 1525 ff.; *Riederer/Weick-Ludewig*, WM 2016, 1005, 1008 ff., Letztere auch zu weiteren Konstellationen.
11 *Weick-Ludewig* in Fuchs, § 30h WpHG Rz. 67; *von Buttlar/Riederer* in Just/Voß/Ritz/Becker, § 30h WpHG Rz. 84; *Moloney*, EU Securities and Financial Markets Regulation, 3rd ed. 2014, VI.3.7.3., S. 557; Antwort 27 der BaFin FAQs,

bestimmung bezweckt – ebenso wie die erleichterten Voraussetzungen bei Lokalisierungszusagen (Rz. 57) – zu verhindern, dass die Liquidität der Märkte für öffentliche Schuldtitel beeinträchtigt wird und trägt damit der Sorge der Mitgliedstaaten an einer Beeinträchtigung ihrer Finanzierung Rechnung[1]. Für die Beurteilung der Frage, wann ein Geschäft der Absicherung einer **Long-Position in hoch korrelierten Schuldinstrumenten** dient, ist Art. 3 VO Nr. 236/2012 maßgeblich (Art. 3 VO Nr. 236/2012 Rz. 26 ff.). Denkbar ist nur eine Deckung durch eine hoch korrelierte Position in öffentlichen Schuldtiteln. Ungeeignet ist deshalb etwa eine Unternehmensanleihe[2].

VIII. Aussetzung des Verbots des Art. 13 (Art. 13 Abs. 3 VO Nr. 236/2012). Art. 13 Abs. 3 Unterabs. 1 VO Nr. 236/2012 gibt der jeweils zuständigen Behörde (Art. 2 VO Nr. 236/2012 Rz. 30 ff.) die Befugnis zu einer **vorübergehenden Aussetzung** der Beschränkungen des Art. 13 Abs. 1 VO Nr. 236/2012, falls die Liquidität der öffentlichen Schuldtitel unter den nach Maßgabe des Art. 13 Abs. 4 VO Nr. 236/2012 zu ermittelnden Schwellenwert sinkt[3]. Diese Befugnis trägt ebenfalls der Sorge der Mitgliedstaaten Rechnung, dass die Beschränkungen des Art. 13 VO Nr. 236/2012 gravierende negative Auswirkungen auf den Markt für öffentliche Schuldtitel nehmen könnten[4].

74

Eine Aufhebung gilt nach Art. 13 Abs. 3 Unterabs. 2 Satz 1 VO Nr. 236/2012 für einen **Zeitraum** von **zunächst höchstens 6 Monaten** ab dem Tag ihrer Bekanntgabe auf der Website der jeweils zuständigen Behörde. Die ESMA nimmt zu der Aufhebung innerhalb von 24 Stunden Stellung (Art. 13 Abs. 3 Unterabs. 3 VO Nr. 236/2012). Die **Aufhebung kann** gem. Art. 13 Abs. 3 Unterabs. 2 Satz 2 VO Nr. 236/2012 um Zeiträume von jeweils höchstens sechs Monaten **verlängert werden**, wenn die Gründe der Aufhebung fortbestehen. **Nach Ablauf** des genannten Zeitraums **endet** die Aufhebung **automatisch** (Art. 13 Abs. 3 Unterabs. 2 Satz 3 VO Nr. 236/2012).

75

Die Europäische Kommission hat auf Basis der Ermächtigung nach Art. 13 Abs. 4 VO Nr. 236/2012 den Art. 22 DelVO Nr. 918/2012 erlassen, mit dem die Parameter und Methoden für die Berechnung der Liquiditätsschwellen festgelegt werden. Die für die Liquidität der ausgegebenen öffentlichen Schuldtitel zu verwendende **Messgröße** ist der **Umsatz**, definiert als der Gesamtnominalwert der gehandelten Schuldinstrumente in Relation zu einem Korb aus Referenzwerten mit unterschiedlichen Laufzeiten (Art. 22 Abs. 1 DelVO Nr. 918/2012). Die Beschränkung für Leerverkäufe öffentlicher Schuldtitel kann nach Art. 13 Abs. 3 VO Nr. 236/2012 aufgehoben werden, wenn der Umsatz eines Monats unter das 5. Perzentil des monatlichen Handelsvolumens der vorangegangenen zwölf Monate fällt (Art. 22 Abs. 2 DelVO Nr. 918/2012). Bei der Ermittlung zieht die jeweils zuständige Behörde die repräsentativen Daten von Handelsplätzen und/oder im OTC-Handel heran und teilt der ESMA mit, welche Daten sie verwendet hat (Art. 22 Abs. 3 DelVO Nr. 918/2012). Die jeweils zuständige Behörde muss sich bei einer Aufhebung zudem vergewissern, dass der signifikante Liquiditätsrückgang nicht auf saisonale Liquiditätseffekte zurückzuführen ist (Art. 22 Abs. 4 DelVO Nr. 918/2012).

76

IX. Ermächtigung zu Tertiärrechtsakten (Art. 12 Abs. 2, Art. 13 Abs. 4 und Abs. 5 VO Nr. 236/2012). **Art. 12 Abs. 2** und **Art. 13 Abs. 5 VO Nr. 236/2012** ermächtigen die Europäische Kommission, auf der Basis von Entwürfen der ESMA **technische Durchführungsstandards** gem. dem Verfahren nach Art. 15 VO Nr. 1095/2010 zu erlassen, die festlegen, welche Arten von Vereinbarungen, Zusagen und Maßnahmen angemessen gewährleisten, dass eine Aktie bzw. ein öffentlicher Schuldtitel für die Abwicklung des Leerverkaufs verfügbar ist. Diese Ermächtigungen hat die Europäische Kommission – einheitlich für Art. 12 und Art. 13 VO Nr. 236/2012 – mit den **Art. 5–8 DurchfVO Nr. 827/2012** ausgeübt.

77

Art. 13 Abs. 4 VO Nr. 236/2012 ermächtigt die Europäische Kommission zum Erlass delegierter Rechtsakte gem. Art. 42 VO Nr. 236/2012, mit denen die Parameter und Methoden zur Berechnung der in Art. 13 Abs. 3 VO Nr. 236/2012 genannten Liquiditätsschwelle in Bezug auf die ausgegebenen öffentlichen Schuldtitel festgelegt werden. Die Parameter und Methoden, nach denen die Mitgliedstaaten den Schwellenwert zu berechnen haben, sind so festzulegen, dass sein Erreichen einem erheblichen Rückgang im Vergleich zu dem durchschnittlichen Liquiditätsniveau für die betreffenden öffentlichen Schuldtitel entspricht. Der Schwellenwert wird anhand objektiver, für den betreffenden Markt für öffentliche Schuldtitel spezifischer Kriterien festgelegt, einschließlich des ausstehenden Gesamtbetrags der ausgegebenen öffentlichen Schuldtitel jedes öffentlichen Emittenten. Diese Ermächtigung hat die Europäische Kommission mit **Art. 22 DelVO Nr. 918/2012** ausgeübt.

78

Häufige Fragen zum Verbot ungedeckter Leerverkäufe in Aktien und öffentlichen Schuldtiteln gem. Art. 12 f. der EU-LeerverkaufsVO (zuletzt geändert am 10.8.2015), abrufbar auf: http://www.bafin.de/SharedDocs/Veroeffentlichungen/DE/FAQ/faq_leerverkaufsVO_verbot.html.

1 *Howell*, Journal of Corporate Law Studies 16 (2016), 333, 351; *Moloney*, EU Securities and Financial Markets Regulation, 3rd ed. 2014, VI.3.7.3., S. 557.

2 A.A. *Weick-Ludewig* in Fuchs, § 30h WpHG Rz. 67.

3 *Howell*, Journal of Corporate Law Studies 16 (2016), 333, 351; *Moloney*, EU Securities and Financial Markets Regulation, 3rd ed. 2014, VI.3.7.3., S. 557; *Mülbert/Sajnovits*, ZBB 2012, 266, 273; *von Buttlar/Petersen* in Just/Voß/Ritz/Becker, § 30h WpHG Rz. 86.

4 *Howell*, Journal of Corporate Law Studies 16 (2016), 333, 351; *Moloney*, EU Securities and Financial Markets Regulation, 3rd ed. 2014, VI.3.7.3., S. 557.

79 X. **Rechtsfolgen eines Verstoßes. 1. Ordnungswidrigkeitenrecht.** Verstöße gegen die Verbotsvorschriften der Leerverkaufs-VO sind durch **Blankett-Ordnungswidrigkeitentatbestände** flankiert. Nach **§ 120 Abs. 6 Nr. 3 WpHG** handelt ordnungswidrig, wer gegen die Leerverkaufs-VO verstößt, indem er **vorsätzlich** oder **leichtfertig** entgegen Art. 12 Abs. 1 oder Art. 13 Abs. 1 VO Nr. 236/2012 eine Aktie oder einen öffentlichen Schuldtitel leer verkauft. Mit dem Ordnungswidrigkeitentatbestand entspricht der deutsche Gesetzgeber seinem Regelungsauftrag aus **Art. 41 VO Nr. 236/2012**, wonach er wirksame, verhältnismäßige und abschreckende Sanktionen vorsehen muss.

80 **2. (Sonstiges) Aufsichtsrecht.** Gem. § 53 Abs. 1 Satz 3 WpHG gelten zudem, soweit in der Leerverkaufs-VO nichts Abweichendes geregelt ist, die **Vorschriften der Abschnitte 1 und 2 des WpHG**, mit Ausnahme der §§ 18 Abs. 7 Satz 4–8, 21 Abs. 1 Satz 3 und § 22 WpHG, entsprechend. In den in Bezug genommenen Vorschriften der Abschnitte 1 und 2, insbesondere in der Generalnorm des § 6 WpHG, werden der BaFin auch für den Fall eines Verstoßes gegen die Verbotsvorschriften der Leerverkaufs-VO bestimmte Kompetenzen übertragen (näher § 6 WpHG Rz. 9). Mit dem Verweis und der damit verbundenen Kompetenzbegründung setzt der deutsche Gesetzgeber die Vorgaben zu den Behördenbefugnissen des Art. 33 Abs. 2 VO Nr. 236/2012 um[1]. S. auch Vor Art. 1 ff. VO Nr. 236/2012 Rz. 19 ff.

81 **3. Zivilrecht. a) Keine Nichtigkeit wegen Verstoß gegen Verbotsgesetz (§ 134 BGB).** Ein Verstoß gegen das Leerverkaufsverbot **berührt nicht** die **zivilrechtliche Wirksamkeit** des Leerverkaufs[2]. Ein gesetzliches *Verbot* i.S.d. § 134 BGB kann sich zwar auch aus dem Recht der Europäischen Union ergeben[3]. Jedoch muss es als ein solches – soweit die zivilrechtliche Nichtigkeit nicht ausdrücklich angeordnet wird – die allgemeinen Voraussetzungen eines Verbotsgesetzes erfüllen, mithin muss insbesondere der Normzweck die Nichtigkeit des jeweiligen Rechtsgeschäfts gebieten[4]. Bei den Art. 12 und 13 VO Nr. 236/2012 handelt es sich zwar um einseitig an den Leerverkäufer gerichtete Verbote, nicht um bloße Ordnungsvorschriften, die sich gegen bestimmte Umstände des Zustandekommens des jeweiligen Rechtsgeschäfts richten. Jedoch **steht** der **Normzweck** einer **Nichtigkeit sogar entgegen**[5]. Der Zweck der Leerverkaufs-VO, der auch in der Gewährleistung effizienter und stabiler Märkte liegt (Vor Art. 1 ff. VO Nr. 236/2012 Rz. 56), würde durch eine zivilrechtliche Nichtigkeitsfolge nämlich geradezu konterkariert[6]. Dann müsste nämlich jeder Käufer eines Finanzinstruments sich zunächst darüber informieren, ob dessen Verkäufer bereits über eine dingliche oder schuldrechtliche Deckung seiner Belieferungspflicht verfügt, was im anonymen Börsenhandel schlechthin nicht möglich wäre und in letzter Konsequenz sogar zum gänzlichen Zusammenbruch des Handels führen müsste[7]. Gegen eine zivilrechtliche Nichtigkeit spricht zusätzlich, dass sich der Verstoß gegen die Art. 12 bzw. 13 VO Nr. 236/2012 nicht notwendig nur nach dem Zeitpunkt des Vertragsschlusses bemisst, sondern auch das Verhalten des Leerverkäufers in der Phase bis zur Erfüllung maßgeblich ist (Rz. 64 ff.). Diese Extension der Verbotsvorschriften verträgt sich offenkundig nicht mit einem zivilrechtlichen Nichtigkeitsverdikt i.S.d. § 134 BGB.

82 **b) Kein Schadensersatzanspruch nach § 823 Abs. 2 BGB.** Der Verstoß gegen die Art. 12 bzw. 13 VO Nr. 236/2012 begründet für Anleger und auch für die Vertragsgegenseite **keinen Schadensersatzanspruch** nach § 823 Abs. 2 BGB[8]. Die Art. 12 und 13 sind keine Schutzgesetze i.S.d. § 823 Abs. 2 BGB. Die Normen vermitteln weder Individualschutz, noch würde sich ein Schadensersatzanspruch in das kapitalmarktrechtliche Haftungssystem sinnvoll einfügen. Das Unionsrecht gebietet keine andere Beurteilung.

83 Auf Basis der tradierten Schutzgesetzdogmatik des § 823 Abs. 2 BGB vermitteln die Art. 12 und 13 VO Nr. 236/2012 **keinen Individualschutz**, sondern bezwecken umfassenden Marktfunktionenschutz[9]. Auch der Zweck der Gewährleistung der Abwicklung dient nicht dem Schutz der Vertragsgegenseite, sondern einzig dem Marktfunktionenschutz (vgl. Vor Art. 1 ff. VO Nr. 236/2012 Rz. 55). Neben den Erwägungsgründen sprechen auch **systematische Erwägungen** klar gegen eine intendierte Individualschutzvermittlung. Anders als etwa bei der Ratingagenturen-VO (Art. 35a VO Nr. 462/2013) und der PRIIP-VO (Art. 11 VO Nr. 1286/2014), in denen der europäische Gesetzgeber unmittelbar anwendbare zivilrechtliche Anspruchsgrundlagen normiert hat, setzt er

---

1 Begr. Fraktionsentwurf EU-Leerverkaufs-Ausführungsgesetz, BT-Drucks. 17/1952, 8.
2 *Mülbert/Sajnovits*, ZBB 2012, 266, 283; zustimmend *Mock* in KölnKomm. WpHG, § 30h WpHG Rz. 30. Näher zu zivilrechtlichen Fragen bei Leerverkäufen *Bartels/Sajnovits*, JZ 2014, 322.
3 *Ellenberger* in Palandt, 76. Aufl. 2017, § 134 Rz. 3; *Armbrüster* in MünchKomm. BGB, 7. Aufl. 2015, § 134 Rz. 37.
4 Zur Unterscheidung zwischen Verbotsgesetzeigenschaft und Nichtigkeitssanktion *Sack/Seibl* in Staudinger, Neubearbeitung 2011, § 134 BGB BGB Rz. 34; *Armbrüster* in MünchKomm. BGB, 7. Aufl. 2015, § 134 BGB Rz. 41 f. Aus der Auslegung des Verbotsgesetzes ergibt sich auch, ob dieses die Nichtigkeit des *gesamten* Rechtsgeschäfts gebietet oder eine „geltungserhaltende Reduktion" in Betracht kommt. Dazu eingehend *Verse/Wurmnest*, AcP 204 (2004), 855, 859 ff., 866 f. (zu EU-beihilferechtswidrigen Verträgen).
5 *Mülbert/Sajnovits*, ZBB 2012, 266, 283.
6 Schon *Mülbert/Sajnovits*, ZBB 2012, 266, 283.
7 *Mülbert/Sajnovits*, ZBB 2012, 266, 283; zu § 30h WpHG a.F. bereits *Mülbert* in 6. Aufl., § 30h WpHG Rz. 37.
8 *Mülbert/Sajnovits*, ZBB 2012, 266, 283; zustimmend *F. Schäfer* in Assmann/Schütze, Hdb. des Kapitalanlagerechts, § 21 Rz. 23; *Schlimbach*, Leerverkäufe, 2015, S. 165; a.A. *Mock* in KölnKomm. WpHG, § 30h WpHG Rz. 31.
9 Dazu Erwägungsgründe 7, 18, 22 VO Nr. 236/2012.

beim Leerverkaufsregime ganz auf eine aufsichts- und sanktionenrechtliche Durchsetzung[1]. Hätte er einen zivilrechtlichen Schutz individueller Anleger angestrebt, hätte es nahegelegen, eine ausdrückliche Regelung aufzunehmen (vgl. Art. 15 VO Nr. 596/2014 Rz. 46).

Ein Schadensersatzanspruch würde sich – unabhängig von der Frage der Individualschutzvermittlung (Rz. 83) – auch **nicht** sinnvoll **in das kapitalmarktrechtliche Haftungsregime einfügen**. Die ganz herrschende Meinung fordert für einen Schadensersatzanspruch nach § 823 Abs. 2 BGB zusätzlich zur Individualschutzvermittlung des verletzten Gesetzes, dass sich der Anspruch in das haftungsrechtliche Gesamtsystem einfügen muss. Deliktischer Schutz vor primären Vermögensschäden wird im deutschen Deliktsrecht aber nur sehr zurückhaltend gewährt. Diese bewusste Entscheidung des Gesetzgebers würde konterkariert, führte der Verstoß gegen jedes Gesetz, dass auch die Interessen Einzelner schützt, sogleich zu einer Haftung bei primären Vermögensschäden[2]. Dies wird insbesondere im Kapitalmarktrecht offenbar. Würde auch ein (fahrlässiger) Verstoß gegen das Leerverkaufsverbot zu einer Haftung für primäre Vermögensschäden eines zunächst nicht begrenzten und begrenzbaren Kreises von Anspruchsstellern führen, verlören nicht nur die Haftung für vorsätzliche sittenwidrige Schädigung nach § 826 BGB, sondern auch die spezialgesetzlichen Haftungstatbestände des Kapitalmarktrechts an Bedeutung. 84

Das **Unionsrecht** zwingt zu keiner anderen Beurteilung. Zwar wird im deutschen Kapitalmarktrechtsschrifttum im Zusammenhang mit dem Marktmanipulationsverbot zunehmend vertreten, dass das Unionsrecht eine zivilrechtliche Ahndung bestimmter Verstöße gebiete, wobei auf die Rechtsprechung des EuGH in den Sachen *Courage*, *Manfredi* und *Muñoz* sowie auf allgemeine Überlegungen zum unionsrechtlichen Gebot der effektiven Rechtsdurchsetzung und auf die gesamtgesellschaftlichen Vorzüge eines *private enforcement* verwiesen wird[3]. Der **Grundsatz effektiver Durchsetzung des Unionsrechts** – auch in seiner Konkretisierung durch den EuGH – gebietet jedoch **keine** pauschale und undifferenzierte **Pflicht zur Gewährleistung zivilrechtlicher Schadensansprüche** bei Verstößen gegen europäisches (Verordnungs-)Recht (Art. 15 VO Nr. 596/2014 Rz. 48)[4]. Die Erwägungen des EuGH in den genannten Urteilen können schon deshalb nicht auf das Leerverkaufsregime übertragen werden, weil sich der europäische Gesetzgeber in der Leerverkaufs-VO dafür entschieden hat, die Durchsetzung den Mitgliedstaaten zu überantworten[5]. Diese positive Entscheidung des europäischen Gesetzgebers muss zur Wahrung institutioneller Balance[6] grundsätzlich auch vom EuGH akzeptiert werden[7]. Aber auch in der Sache ist eine Effektuierung durch private Schadensersatzklagen im Rahmen der Leerverkaufsverordnung nicht angezeigt, da anders als im Falle einer nur stichprobenhaften Kontrolle durch die nationalen Behörden im Falle der dem Muñoz-Urteil zugrunde liegenden Verordnungen[8], aber auch der besonderen Erschwernis rein behördlicher Durchsetzung von Kartellrechtsverstößen, eine völlig andere Ausgangslage gegeben ist. Die Durchsetzung der Leerverkaufs-VO bedarf dieses zusätzlichen Instruments nicht, da die BaFin eine effektive Kontrolle bereits durch die Überwachung der Meldungen durchzusetzen vermag und schon dadurch bedingt ein weitgehendes Aufdecken von Verstößen zu erwarten ist. Zudem werden tatsächlich gescheiterte Abwicklungen – wenn sie denn überhaupt in nennenswertem Umfang auftreten – ohnehin durch die jeweiligen Handelsplatzbetreiber erkannt und der Aufsichtsbehörde (z.B. Börsenaufsicht) gemeldet, die dann entsprechende Maßnahmen ergreifen wird. 85

c) **Kein Rechtsverlust.** Der Verstoß gegen das Leerverkaufsverbot führt zu keinem Rechtsverlust bei den jeweiligen Finanzinstrumenten. Die Vorschriften zum Rechtsverlust im deutschen Recht, etwa in § 20 AktG oder § 44 WpHG, sind durchweg auf die Verletzung von Mitteilungspflichten bezogen und dienen dazu, Meldepflichtige dazu anzuhalten, ihren Pflichten nachzukommen, um so die (Kapitalmarkt-)Publizität zu erhöhen. Dieser Zweck lässt sich ersichtlich nicht auf die Leerverkaufsverbote übertragen. Die **analoge Anwendung** der Vorschriften über einen Rechtsverlust (z.B. § 44 WpHG) **liegt** daher bereits wegen der fehlenden Vergleichbarkeit **fern**. Ohne eine normative Anknüpfung lässt sich der schwerwiegende Eingriff in die privatrechtliche Rechtsposition, der in einem Rechtsverlust liegt, nicht rechtfertigen. 86

XI. Rechtstatsächliches/Rechtspraxis. Zur Rechtspraxis der Überwachung der Leerverkaufsverbote s. Vor Art. 1 ff. VO Nr. 236/2012 Rz. 65 ff. 87

---

1 S. *Schmolke*, NZG 2016, 721; insoweit auch *Poelzig*, ZGR 2015, 801, 809.
2 So auch *Verse*, ZHR 170 (2006), 398, 407; *Wagner* in MünchKomm. BGB, 7. Aufl. 2017, § 823 BGB Rz. 474.
3 *Poelzig*, ZGR 2015, 801; *Poelzig*, NZG 2016, 492, 501; *Seibt/Wollenschläger*, AG 2014, 593, 607; *Beneke/Thele*, BKR 2017, 12; *Seibt*, ZHR 177 (2013), 388, 424 f.; *Tountopoulos*, ECFR 2014, 297, 315 ff.; *Mock* in KölnKomm. WpHG, § 20a WpHG Rz. 478 ff.; für informationsbezogene Manipulationen auch *Hellgardt*, AG 2012, 154, 163 ff.; offen *Veil*, ZGR 2016, 305, 322 ff. der sich für ein Eingreifen des Gesetzgebers ausspricht; *Maume*, ZHR 180 (2016), 358, 368; **a.A.** etwa *Schmolke*, NZG 2016, 721, 723 f.; *Spindler* in BeckOGK, Stand: 16.10.2016, § 823 BGB Rz. 374.
4 *Sajnovits*, Financial-Benchmarks, S. 298 ff.
5 So auch *Schmolke*, NZG 2016, 721, 727.
6 *Schmolke*, NZG 2016, 721, 722 ff.; vgl. auch *Grigoleit*, ZHR 177 (2013), 264, 275 ff.; *W.-H. Roth*, ZHR 179 (2015), 668, 674 ff., 684.
7 Vgl. *Rebhahn*, ZfPW 2016, 281, 287.
8 S. Art. 7 VO Nr. 2200/96.

Art. 14 Beschränkungen für ungedeckte Credit Default Swaps auf öffentliche Schuldtitel

(1) Eine natürliche oder juristische Person kann Transaktionen mit Credit Default Swaps auf öffentliche Schuldtitel nur dann vornehmen, wenn diese Transaktionen nicht zu ungedeckten Positionen in Credit Default Swaps auf öffentliche Schuldtitel gemäß Artikel 4 führen.

(2) Eine zuständige Behörde kann vorübergehend die in Absatz 1 aufgeführten Beschränkungen aufheben, wenn sie objektive Gründe für die Annahme hat, dass der Markt für öffentliche Schuldtitel, für den sie zuständig ist, nicht ordnungsgemäß funktioniert und dass sich solche Beschränkungen insbesondere durch erhöhte Kreditaufnahmekosten für öffentliche Emittenten oder eine Beeinträchtigung ihrer Fähigkeit, neue Schuldtitel zu emittieren, negativ auf den Markt für Credit Default Swaps auf öffentliche Schuldtitel auswirken könnten. Diese Gründe stützen sich auf die folgenden Indikatoren:

a) hohe oder steigende Zinsen des öffentlichen Schuldtitels;
b) größer werdende Zinsmargen des öffentlichen Schuldtitels im Vergleich zu öffentlichen Schuldtiteln anderer öffentlicher Emittenten;
c) größer werdende Margen von Credit Default Swaps auf öffentliche Schuldtitel im Vergleich zur eigenen Kurve und zu anderen öffentlichen Emittenten;
d) die Zeitdauer für die Rückkehr des Preises des öffentlichen Schuldtitels zum ursprünglichen Gleichgewicht nach einer umfangreichen Transaktion;
e) den Umfang der handelbaren öffentlichen Schuldtitel.

Die zuständige Behörde kann auch auf andere Indikatoren als die in den Unterabsatz 1 Buchstaben a bis e aufgeführten Indikatoren zurückgreifen.

Vor der Aufhebung von Beschränkungen gemäß diesem Artikel meldet die jeweils zuständige Behörde der ESMA und den anderen zuständigen Behörden die vorgeschlagene Aufhebung und die Gründe, auf die diese sich stützt.

Eine Aufhebung gilt zunächst für einen Zeitraum von höchstens 12 Monaten ab dem Tag ihrer Bekanntgabe auf der Website der jeweils zuständigen Behörde. Sie kann um Zeiträume von höchstens sechs Monaten verlängert werden, sofern die Gründe für die Aufhebung weiterhin gegeben sind. Die Aufhebung endet automatisch, sofern sie nicht nach Ablauf des ursprünglichen Zeitraums oder jedwedem darauf folgenden Verlängerungszeitraum verlängert wird.

Die ESMA gibt innerhalb von 24 Stunden nach der Meldung der betreffenden zuständigen Behörde eine Stellungnahme zu der beabsichtigten Aufhebung oder deren Verlängerung ab, unabhängig davon, ob die Aufhebung durch die zuständige Behörde auf den in Unterabsatz 1 Buchstaben a bis e dargelegten Indikatoren oder auf anderen Indikatoren beruht. Wenn die beabsichtigte Aufhebung oder deren Verlängerung auf Unterabsatz 2 beruht, so enthält diese Stellungnahme außerdem eine Beurteilung der von der zuständigen Behörde verwendeten Indikatoren. Die Stellungnahme wird auf der Website der ESMA veröffentlicht.

In der Fassung vom 14.3.2012 (ABl. EU Nr. L 86 v. 24.3.2012, S. 1).

Schrifttum: S. Vor Art. 1 ff. VO Nr. 236/2012.

I. Regelungsgegenstand 1	VI. Darlegungspflicht 23
II. Regelungssystematik 3	VII. Aussetzung des Verbots (Art. 14 Abs. 2 VO Nr. 236/2012) 24
1. Verordnungsebene 3	1. Zuständige Behörde 25
2. Leitlinien und Empfehlungen der ESMA (Level 3) 8	2. Aussetzungsverfahren und Aussetzungsdauer . 26
3. Nationale Rechtsakte 9	3. Materielle Aussetzungsvoraussetzungen 29
III. Regelungszweck 10	4. Übergangsvorschrift (Art. 46 Abs. 2 VO Nr. 236/2012) 31
IV. Anwendungsbereich 11	VIII. Rechtsfolgen eines Verstoßes 32
1. Sachlicher Anwendungsbereich 11	1. Ordnungswidrigkeitenrecht 32
2. Persönlicher Anwendungsbereich 13	2. (Sonstiges) Aufsichtsrecht 33
3. Internationaler Anwendungs- und Geltungsbereich 16	3. Zivilrecht 34
4. Zeitlicher Anwendungsbereich 17	IX. Rechtstatsächliches/Rechtspraxis 35
V. Verbotstatbestand (Art. 14 Abs. 1 VO Nr. 236/2012) 19	

I. **Regelungsgegenstand.** Art. 14 VO Nr. 236/2012 ist – neben den Leerverkaufsverboten der Art. 12 und 13 VO Nr. 236/2012 – die dritte Verbotsvorschrift im III. Kapitel der Leerverkaufs-VO. Nach **Art. 14 Abs. 1 VO Nr. 236/2012** dürfen natürliche oder juristische Personen Transaktionen in Credit Default Swaps (CDS) auf öffentliche Schuldtitel nur vornehmen, wenn diese **nicht** zu **ungedeckten Positionen** in CDS auf öffentliche Schuldtitel i.S.d. **Art. 4 VO Nr. 236/2012** führen[1]. Adressat dieses Transaktionsverbots ist alleine der jeweilige Sicherungsnehmer.

Art. 14 Abs. 2 Unterabs. 1 VO Nr. 236/2012 erlaubt einer zuständigen Behörde, die **Beschränkung** nach Art. 14 Abs. 1 VO Nr. 236/2012 **vorübergehend aufzuheben**, wenn sie objektive Gründe für die Annahme hat, dass der Markt für öffentliche Schuldtitel, für den sie zuständig ist, nicht ordnungsgemäß funktioniert und sich dies negativ auf die Liquidität des CDS-Marktes und die Kreditaufnahmekosten der betreffenden öffentlichen Emittenten auswirken könnte. Die zuständige Behörde muss die Gründe für ihre Einschätzung auf bestimmte Indikatoren stützen, wobei Art. 14 Abs. 2 Unterabs. 1 lit. a–e VO Nr. 236/2012 beispielhaft einige Indikatoren aufzählt. **Art. 14 Abs. 2 Unterabs. 2–5 VO Nr. 236/2012** macht nähere **Vorgaben zum Verfahren** einer Aufhebung der Beschränkungen durch eine zuständige Behörde und dabei auch zur Beteiligung der ESMA (Art. 14 Abs. 2 Unterabs. 3 und 5 VO Nr. 236/2012).

II. **Regelungssystematik. 1. Verordnungsebene.** Art. 14 Abs. 1 VO Nr. 236/2012 verbietet das Eingehen von ungedeckten Positionen in einem CDS auf öffentliche Schuldtitel. Sachlich ausgefüllt wird das Verbot durch die in Art. 4 enthaltene **Legaldefinition einer ungedeckten Position in einem CDS auf öffentliche Schuldtitel** (näher Art. 4 VO Nr. 236/2012 Rz. 6 ff.).

Wird das Verbot ungedeckter CDS nach Art. 14 Abs. 2 VO Nr. 236/2012 ausnahmsweise aufgehoben, besteht gem. Art. 8 eine Meldepflicht für **ungedeckte Positionen in CDS**. Näher Art. 5–10 VO Nr. 236/2012 Rz. 36 f.

Die Leerverkaufs-VO enthält – neben der Möglichkeit einer Aufhebung der Beschränkung nach Art. 14 Abs. 2 VO Nr. 236/2012 (Rz. 24 ff.) – weitere **Ausnahmetatbestände**[2]. Das Verbot des Art. 14 VO Nr. 236/2012 gilt nach Art. 17 Abs. 1 VO Nr. 236/2012 nicht für Geschäfte, die aufgrund von **Market-Making-Tätigkeiten** (Art. 2 VO Nr. 236/2012 Rz. 34) getätigt werden (Art. 17 VO Nr. 236/2012 Rz. 16 ff.). Ferner gilt das Verbot nach Art. 17 Abs. 3 VO Nr. 236/2012 nicht für **Primärhändler**, die als Eigenhändler in Finanzinstrumenten auftreten, die auf dem Primär- oder Sekundärmarkt für öffentliche Schuldtitel gehandelt werden (Art. 17 VO Nr. 236/2012 Rz. 33 ff.). Schließlich gilt das Verbot gem. Art. 17 Abs. 4 VO Nr. 236/2012 nicht für das Eingehen einer ungedeckten Position in einem Credit Default Swaps im Rahmen von **Stabilisierungsmaßnahmen** i.S.d. Art. 5 VO Nr. 596/2014 (näher Art. 17 VO Nr. 236/2012 Rz. 39 f.). Darüber hinaus ist eine generelle Ausnahme – über die Regeln der Art. 17 ff. VO Nr. 236/2012 hinaus – für Parteien anzuerkennen, die ungedeckte CDS-Positionen auch unfreiwillig eingehen müssen, was insbesondere für General Clearing Member einer CCP gilt (Rz. 15).

Eine Ausnahme vom Verbot des Art. 14 VO Nr. 236/2012 besteht nach **Art. 46 Abs. 2 VO Nr. 236/2012** zudem für vor dem 25.3.2012 begründete CDS-Position und für ungedeckte CDS-Positionen, die während einer Aussetzung des Verbots eingegangen wurden; diese dürfen trotz fehlender Deckung bis zum Fälligkeitstermin gehalten werden. Näher Rz. 18 und 31.

In **Ausnahmesituationen** haben die jeweils zuständige Behörde (Art. 20, 23 VO Nr. 236/2012) die Möglichkeit zu **weitergehenden Beschränkungen**[3]. Näher Art. 18–26 VO Nr. 236/2012 Rz. 33 f.

2. Leitlinien und Empfehlungen der ESMA (Level 3). Die **ESMA** hat **Q&As** zur Leerverkaufs-VO veröffentlicht (näher Vor Art. 1 ff. VO Nr. 236/2012 Rz. 42). Die Antworten 8a–8g befassen sich mit dem Verbot des Art. 14 VO Nr. 236/2012.

3. Nationale Rechtsakte. Die Vorgaben zu den Befugnissen der zuständigen Behörden (Art. 33 VO Nr. 236/2012) und zu den Strafmaßnahmen (Art. 41 VO Nr. 236/2012) hat der deutsche Gesetzgeber im WpHG umgesetzt. Zu den **Ordnungswidrigkeitentatbeständen** bei einer Verletzung des Art. 14 VO Nr. 236/2012 s. Rz. 32. Zu den sonstigen **aufsichtsbehördlichen Mechanismen s.** Rz. 33 und Vor Art. 1 ff. VO Nr. 236/2012 Rz. 19 ff.

III. **Regelungszweck.** CDSs auf öffentliche Schuldtitel sollen auf dem **Grundsatz des versicherbaren Interesses** beruhen (Erwägungsgrund 21 Satz 1 VO Nr. 236/2012), also nur zulässig sein, soweit der Versprechensemp-

---

[1] *Grundmann* in Staub, HGB, Bankvertragsrecht 2, 5. Aufl. 2018, 6. Teil, 4. Abschnitt, A Rz. 617 f.; *Sorgenfrei/Saliger* in Park, Kapitalmarktstrafrecht, Kap. 18.16 Rz. 20 ff.; *Walla* in Veil, European Capital Markets Law, 2nd ed. 2017, § 24 Rz. 36 ff.; *Schmidt-Wenzel*, Die Regulierung von Kreditderivaten, 2017, S. 387 ff.; *Howell*, European Business Organization Law Review 17 (2016), 319; *Howell*, Journal of Corporate Law Studies 16 (2016), 333, 351 ff.; *Weick-Ludewig* in Fuchs, § 30h WpHG Rz. 85 ff.; *F. Schäfer* in Assmann/Schütze, Hdb. Kapitalanlagerecht, § 21 Rz. 18 f.; *von Buttlar/Petersen* in Just/Voß/Ritz/Becker, § 30h WpHG Rz. 87 ff.; *Moloney*, EU Securities and Financial Markets Law, 3rd ed. 2014, VI.3.7.4., S. 558 ff.; *Juurikkala*, ECFR 2012, 307, 322 ff.; *Mülbert/Sajnovits*, ZBB 2012, 266, 273 ff.

[2] *Bierwirth*, RdF 2012, 104, 110 f.

[3] *Schmidt-Wenzel*, Die Regulierung von Kreditderivaten, 2017, S. 402 ff.

fänger ein Absicherungsinteresse hat, wobei dieses Interesse auch aus anderen Umständen als dem Halten von Schuldtiteln des betreffenden öffentlichen Emittenten resultieren kann (Rz. 21). Erwägungsgrund 22 VO Nr. 236/2012 beruft sich zur Rechtfertigung des Verbots von ungedeckten öffentlichen CDS darauf, dass sich der Eintritt in einen CDS auf öffentliche Schuldtitel ohne zugrunde liegende Exposition gegenüber dem Risiko eines Wertverfalls des öffentlichen Schuldinstruments nachteilig auf die **Stabilität der Märkte** für öffentliche Schuldtitel auswirken kann[1]. Zudem sollen ungedeckte CDS die Refinanzierungskosten der Eurostaaten erhöhen können[2]. Näher – auch zur Kritik – Vor Art. 1 ff. VO Nr. 236/2012 Rz. 62 ff.

11 **IV. Anwendungsbereich. 1. Sachlicher Anwendungsbereich.** Der sachliche Anwendungsbereich des Verbots erfasst Transaktionen in CDS auf öffentliche Schuldtitel. Ein CDS auf öffentliche Schuldtitel ist gem. Art. 2 Abs. 1 lit. e VO Nr. 236/2012 ein Credit Default Swap (Art. 2 VO Nr. 236/2012 Rz. 21), bei dem im Falle eines Kreditereignisses oder Zahlungsausfalls im Zusammenhang mit einem öffentlichen Emittenten eine Zahlung geleistet oder ein anderer Vorteil gewährt wird. Entscheidend ist, dass der **Referenzschuldner** des CDS ein **öffentlicher Emittent** (Art. 2 VO Nr. 236/2012 Rz. 22) ist. Erfasst sind CDSs zur Verhinderung von Umgehungsstrategien auch dann, wenn sie in **Credit Linked Notes** oder **Total Return Swaps** eingebettet sind[3].

12 Nicht in den Anwendungsbereich fallen sog. **Corporate Credit Default Swaps**, also Kreditausfallderivate mit einem privatrechtlichen Referenzschuldner[4]. Das gilt auch für Schuldtitel, die von einer – auch zu 100 % – im Eigentum eines Mitgliedstaats oder eines sonstigen öffentlichen Emittenten stehenden Gesellschaft begeben werden, solange es sich bei dieser nicht um eine Zweckgesellschaft i.S.d. Art. 2 Abs. 1 lit. d Ziff. ii) VO Nr. 236/2012 handelt[5]. Gleichfalls nicht erfasst werden Schuldtitel, die von einer Gebietskörperschaft oder sonstigen Körperschaft oder Anstalt des öffentlichen Rechts begeben werden, die kein Bundesland ist[6]. Näher Art. 2 VO Nr. 236/2012 Rz. 24 f.

13 **2. Persönlicher Anwendungsbereich. Normadressat** der Verbotsvorschriften ist der jeweilige **Sicherungsnehmer**[7], unabhängig davon, ob es sich um eine **natürliche oder juristische Person** handelt, und unabhängig vom Wohnort bzw. Sitz der jeweiligen natürlichen oder juristischen Person[8].

14 **Market Maker und Primärhändler** sind nicht *per se* vom persönlichen Anwendungsbereich ausgenommen[9]. Die Ausnahme des Art. 17 VO Nr. 236/2012 ist personen- und tätigkeitsbezogen. Zu den Ausnahmen für Market Maker und Primärhändler s. Art. 17 VO Nr. 236/2012 Rz. 16 ff. und 33 ff.

15 **Keine ungedeckten Positionen** in Credit Default Swaps gehen nach Art. 19 Abs. 5 DelVO Nr. 918/2012 Parteien ein, die ungedeckte CDS-Positionen auch „unfreiwillig" eingehen müssen, was insbesondere für **General Clearing Member einer CCP** gilt[10].

16 **3. Internationaler Anwendungs- und Geltungsbereich.** Vgl. zum internationalen Anwendungsbereich Art. 1 VO Nr. 236/2012 Rz. 13 ff.

17 **4. Zeitlicher Anwendungsbereich.** Die Leerverkaufs-VO trat gem. Art. 48 Satz 1 VO Nr. 236/2012 am Tag nach ihrer Veröffentlichung, mithin am 24.3.2012, in Kraft. Ihre wesentlichen Bestimmungen – und so auch die Verbotsvorschriften des Art. 14 VO Nr. 236/2012 – gelten gem. Art. 48 Satz 2 VO Nr. 236/2012 aber erst **seit dem 1.11.2012**. Näher Art. 1 VO Nr. 236/2012 Rz. 16.

18 Eine zeitliche Ausnahme vom Verbot des Art. 14 Abs. 1 VO Nr. 236/2012 besteht für vor dem 25.3.2012 begründete CDS-Position; diese dürfen trotz fehlender Deckung bis zum Fälligkeitstermin gehalten werden (Art. 46 Abs. 2 VO Nr. 236/2012)[11].

---

1 Dazu *Mülbert/Sajnovits*, ZBB 2012, 266, 268, 273; *Schmidt-Wenzel*, Die Regulierung von Kreditderivaten, 2017, S. 199 ff.
2 *Financial Crisis Inquiry Commission*, The Financial Crisis Inquiry Report, January 2011, S. 8 ff., 50 f., 140 ff., abrufbar unter: http://fcic-static.law.stanford.edu/cdn_media/fcic-reports/fcic_final_report_full.pdf; dazu auch *Juurikkala*, ECFR 2012, 307, 308.
3 *Sorgenfrei/Saliger* in Park, Kapitalmarktstrafrecht, Kap. 18.16 Rz. 23; *Mülbert/Sajnovits*, ZBB 2012, 266, 269; **a.A.** *Weick-Ludewig* in Fuchs, § 30h WpHG Rz. 86; *Bierwirth*, RfF 2013, 104, 105 f.
4 *Juurikkala*, ECFR 2012, 307, 330 f.
5 ESMA, Questions and Answers – Implementation of the Regulation on short selling and certain aspects of credit default swaps, ESMA70-145-408, Version 4, Answer 1i.
6 Erwägungsgrund 9 VO Nr. 236/2012; *Weick-Ludewig* in Fuchs, § 30h WpHG Rz. 37.
7 ESMA, Questions and Answers – Implementation of the Regulation on short selling and certain aspects of credit default swaps, ESMA70-145-408, Version 4, Answer 8a; *Weick-Ludewig* in Fuchs, § 30h WpHG Rz. 86; *von Buttlar/Petersen* in Just/Voß/Ritz/Becker, § 30h WpHG Rz. 87.
8 Vgl. *Weick-Ludewig* in Fuchs, § 30h WpHG Rz. 45; Antwort 9 der BaFin FAQs, Häufige Fragen zum Verbot ungedeckter Leerverkäufe in Aktien und öffentlichen Schuldtiteln gem. Art. 12 f. der EU-LeerverkaufsVO (zuletzt geändert am 10.8. 2015), abrufbar auf: http://www.bafin.de/SharedDocs/Veroeffentlichungen/DE/FAQ/faq_leerverkaufsVO_verbot.html.
9 *Sorgenfrei/Saliger* in Park, Kapitalmarktstrafrecht, Kap. 18.16 Rz. 30; *Schmidt-Wenzel*, Die Regulierung von Kreditderivaten, 2017, S. 3398 ff.
10 *Sorgenfrei/Saliger* in Park, Kapitalmarktstrafrecht, Kap. 18.16 Rz. 30; *Weick-Ludewig* in Fuchs, § 30h WpHG Rz. 98.
11 *Weick-Ludewig* in Fuchs, § 30h WpHG Rz. 100.

V. Verbotstatbestand (Art. 14 Abs. 1 VO Nr. 236/2012). Nach Art. 14 Abs. 1 VO Nr. 236/2012 kann [gemeint ist: darf[1]] eine natürliche oder juristische Person Transaktionen mit CDS auf öffentliche Schuldtitel nur dann vornehmen, wenn diese Transaktionen nicht zu ungedeckten Positionen in CDS auf öffentliche Schuldtitel gem. Art. 4 VO Nr. 236/2012 führen. Art. 14 Abs. 1 VO Nr. 236/2012 ist damit als eingeschränkte Zulassung ansonsten verbotener CDS auf öffentliche Schuldtitel formuliert[2]. Da CDS nur beim Sicherungsnehmer zu entsprechenden ungedeckten Positionen führen können, ist es auch nur diesem verboten, entsprechende Transaktionen zu tätigen. 19

Der Begriff der **Transaktion** meint jede Art von Rechtsgeschäft, das zur Begründung eines CDS i.S.d. Art. 2 Abs. 1 lit. c VO Nr. 236/2012 führt. Ein CDS ist ein **Derivatekontrakt**, bei dem eine Partei einer anderen Partei eine **Prämie** als Gegenleistung für eine Zahlung zahlt oder einen anderen Vorteil im Falle des Eintritts eines **Kreditereignisses** mit Bezug auf einen Referenzschuldner oder bei jedem anderen Zahlungsausfall im Zusammenhang mit diesem Derivatekontrakt, der eine vergleichbare wirtschaftliche Wirkung hat, gewährt. 20

Art. 14 Abs. 1 VO Nr. 236/2012 verbietet derartige Transaktionen nur denjenigen Personen, bei denen die Transaktion dazu führt, dass diese eine ungedeckte Position in einem CDS auf öffentliche Schuldtitel hält. Eine natürliche oder juristische Person **hält** (vgl. Art. 3 VO Nr. 236/2012 Rz. 10) eine **ungedeckte Position** in einem CDS auf öffentliche Schuldtitel, wenn der CDS auf öffentliche Schuldtitel **nicht dazu dient**, 21

a) sich gegen ein Ausfallrisiko des Emittenten abzusichern, weil sie eine Long-Position in öffentlichen Schuldtiteln des betreffenden Emittenten hält, auf den der Credit Default Swap auf öffentliche Schuldtitel sich bezieht, oder

b) sich gegen das Risiko eines Wertverfalls des öffentlichen Schuldtitels abzusichern, weil sie Vermögenswerte besitzt oder Verbindlichkeiten hat, die u.a., aber nicht nur Finanzgeschäfte, ein Portfolio von Vermögenswerten oder finanziellen Verpflichtungen, deren Wert eine Korrelation zum Wert des öffentlichen Schuldtitels aufweisen, umfassen.

Damit richtet sich das **Verbot** nur **an den Sicherungsnehmer** eines CDS[3], da ein CDS nur bei diesem zu einer solchen Position führen kann. Näher Art. 4 VO Nr. 236/2012 Rz. 7 ff.

Die zu sichernde Position muss spätestens im **Zeitpunkt des Abschlusses** der CDS-Transaktion vorliegen[4]. Sie muss zudem **während der gesamten Laufzeit** des CDS gehalten werden oder durch eine andere zu sichernde Position ausgetauscht werden. Dies verdeutlichen auch die Darlegungspflichten nach Art. 16 und 18 DelVO Nr. 918/2012 (Rz. 23). Danach muss eine natürliche oder juristische Person, die eine CDS-Position hält, der zuständigen Behörde auf deren Verlangen u.a. nachweisen, dass der Sicherungszweck zu jedem Zeitpunkt des Haltens vorgelegen hat. Eine derartige Nachweispflicht kann nur bestehen, wenn der Positionsinhaber auch materiell dazu verpflichtet ist, eine entsprechende zu sichernde Position während der Laufzeit des CDS zu halten. Da die Schutzzwecke des Verbots des Art. 14 VO Nr. 236/2012 aber dann nicht tangiert sind, wenn das CDS eine hinreichende Sicherung bezweckt, ist unerheblich, ob über die gesamte Laufzeit des CDS dieselbe Position abgesichert wird oder aber die zu sichernde Position ausgetauscht wird. 22

VI. Darlegungspflicht. Diejenigen natürlichen oder juristischen Personen, die in eine CDS-Position eintreten, müssen der **zuständigen Behörde** (Art. 2 VO Nr. 236/2012 Rz. 30 ff.) **auf deren Verlangen darlegen**, dass zum Zeitpunkt des Eintritts in die CDS-Position und zu jedem Zeitpunkt ihres Haltens eine zu sichernde Position, die die Anforderungen des Art. 4 VO Nr. 236/2012 erfüllt, bestand[5]. Näher Art. 4 VO Nr. 236/2012 Rz. 30. 23

VII. Aussetzung des Verbots (Art. 14 Abs. 2 VO Nr. 236/2012). Das Verbot des Eingehens von ungedeckten Positionen in CDS auf öffentliche Schuldtitel kann gem. Art. 14 Abs. 2 VO Nr. 236/2012 von der jeweils zuständigen nationalen Behörde vorübergehend aufgehoben werden[6]. Diese Befugnis trägt der Sorge der Mitgliedstaaten Rechnung, dass die Beschränkungen des Art. 14 VO Nr. 236/2012 gravierende negative Auswirkungen auf 24

---

1 Die englische Fassung spricht von *may*. Wie hier auch *Schmidt-Wenzel*, Die Regulierung von Kreditderivaten, 2017, S. 393.
2 *Bierwirth*, RdF 2012, 104, 107.
3 ESMA, Questions and Answers – Implementation of the Regulation on short selling and certain aspects of credit default swaps, ESMA70-145-408, Version 4, Answer 8a.
4 *Sorgenfrei/Saliger* in Park, Kapitalmarktstrafrecht, Kap. 18.16 Rz. 25; *Schmidt-Wenzel*, Die Regulierung von Kreditderivaten, 2017, S. 394; *Weick-Ludewig* in Fuchs, § 30h WpHG Rz. 89; *Bierwirth*, RdF 2013, 104, 107 f.; *Mülbert/Sajnovits*, ZBB 2012, 266, 274.
5 *von Buttlar/Petersen* in Just/Voß/Ritz/Becker, § 30h WpHG Rz. 88; *Moloney*, EU Securities and Financial Markets Law, 3rd ed. 2014, VI.3.7.4., S. 559.
6 *Grundmann* in Staub, HGB, Bankvertragsrecht 2, 5. Aufl. 2018, 6. Teil, 4. Abschnitt, A Rz. 618; *Schmidt-Wenzel*, Die Regulierung von Kreditderivaten, 2017, S. 401 f.; *Howell*, European Business Organization Law Review 17 (2016), 319, 343; *Walla* in Veil, European Capital Markets Law, 2nd ed. 2017, § 24 Rz. 40; *Howell*, Journal of Corporate Law Studies 16 (2016), 333, 353; *Weick-Ludewig* in Fuchs, § 30h WpHG Rz. 99; *von Buttlar/Petersen* in Just/Voß/Ritz/Becker, § 30h WpHG Rz. 89; *Moloney*, EU Securities and Financial Markets Law, 3rd ed. 2014, VI.3.7.4., S. 560; *Juurikkala*, ECFR 2012, 307, 336 ff.; *Mülbert/Sajnovits*, ZBB 2012, 266, 276.

den Markt für öffentliche Schuldtitel nehmen könnten[1]. Mit der Aufhebung kommt gegenläufig die Meldepflicht i.S.d. Art. 8 VO Nr. 236/2012 zur Anwendung (Art. 5–10 VO Nr. 236/2012 Rz. 36 f.).

25 **1. Zuständige Behörde.** Zur Aussetzung des Verbots ist diejenige zuständige Behörde berechtigt, die die zuständige Behörde für die **öffentlichen Schuldtitel des öffentlichen Emittenten** ist, auf dessen Schuldtitel sich der CDS bezieht. Im Falle von **öffentlichen Schuldtiteln eines Mitgliedstaats** oder einem seiner föderalen Gliedstaaten ist zuständige Behörde diejenige des jeweiligen Mitgliedstaats (Art. 2 Abs. 1 lit. j Ziff. i) VO Nr. 236/2012). Bei **sonstigen öffentlichen Schuldtiteln** ist zuständige Behörde diejenige des Mitgliedstaates, in dem der Emittent seinen „Sitz" hat: Bei öffentlichen Schuldtiteln der Union ist dies der Mitgliedstaat, in dem sich die emittierende Stelle des Schuldtitels befindet (Art. 2 Abs. 1 lit. j Ziff. ii) VO Nr. 236/2012), bei öffentlichen Schuldtiteln mehrerer Mitgliedstaaten, die sich einer Zweckgesellschaft bedienen, ist es der Mitgliedstaat, in dem die Zweckgesellschaft niedergelassen ist (Art. 2 Abs. 1 lit. j Ziff. iii) VO Nr. 236/2012), bei öffentlichen Schuldtitel eines von zwei oder mehr Mitgliedstaaten gegründeten internationalen Finanzinstituts[2] ist es der Mitgliedstaat, in dem das Finanzinstitut niedergelassen ist (Art. 2 Abs. 1 lit. j Ziff. iv) VO Nr. 236/2012) und bei einem von der Europäischen Investitionsbank begebenen Schuldinstrument ist dies Luxemburg als deren Sitzstaat (Art. 2 Abs. 1 lit. j) Ziff. vii)). Näher Art. 2 VO Nr. 236/2012 Rz. 31 f.

26 **2. Aussetzungsverfahren und Aussetzungsdauer. Vor der Aussetzung** von Beschränkungen gem. Art. 14 Abs. 2 VO Nr. 236/2012 meldet die jeweils zuständige Behörde der ESMA und den anderen zuständigen Behörden die vorgeschlagene Aufhebung und die Gründe, auf die diese sich stützt (Art. 14 Abs. 2 Unterabs. 3 VO Nr. 236/2012). Die gleiche Pflicht trifft die zuständige Behörde im Falle einer Verlängerung (Rz. 27).

27 Eine Aufhebung gilt nach Art. 14 Abs. 2 Unterabs. 4 Satz 1 VO Nr. 236/2012 für einen **Zeitraum** von **zunächst höchstens 12 Monaten** ab dem Tag ihrer Bekanntgabe auf der Website der jeweils zuständigen Behörde. Die **Aufhebung kann** gem. Art. 14 Abs. 2 Unterabs. 4 Satz 2 VO Nr. 236/2012 um Zeiträume von jeweils höchstens sechs Monaten **verlängert werden**, wenn die Gründe der Aufhebung fortbestehen. **Nach Ablauf** des genannten Zeitraums **endet** die Aufhebung **automatisch** (Art. 14 Abs. 2 Unterabs. 4 Satz 3 VO Nr. 236/2012).

28 Die **ESMA** nimmt zu der Meldung einer geplanten Aufhebung bzw. einer Verlängerung innerhalb von 24 Stunden nach deren Zugang Stellung (Art. 14 Abs. 3 Unterabs. 1 VO Nr. 236/2012). Wenn die beabsichtigte Aufhebung oder deren Verlängerung auf anderen als den in Art. 14 Abs. 2 Unterabs. 2 lit. a–e VO Nr. 236/2012 genannten Indikatoren beruht, so enthält die Stellungnahme ESMA außerdem eine Beurteilung der von der zuständigen Behörde verwendeten Indikatoren. Die Stellungnahme wird auf der Website der ESMA veröffentlicht.

29 **3. Materielle Aussetzungsvoraussetzungen.** Eine zuständige Behörde kann die Beschränkungen des Art. 14 Abs. 1 VO Nr. 236/2012 aufheben, wenn sie **objektive Gründe** für die Annahme hat, dass der **Markt** für öffentliche Schuldtitel, für den sie zuständig ist, **nicht ordnungsgemäß funktioniert** und dass sich solche Beschränkungen insbesondere (i) durch **erhöhte Kreditaufnahmekosten** für öffentliche Emittenten oder (ii) eine **Beeinträchtigung ihrer Fähigkeit, neue Schuldtitel zu emittieren**, negativ auf den Markt für Credit Default Swaps auf öffentliche Schuldtitel auswirken könnten.

30 Art. 14 Abs. 2 Unterabs. 1 lit. a–f VO Nr. 236/2012 nennt folgende Indikatoren, auf die sich die Annahme der zuständigen Behörde stützen kann:

a) hohe oder steigende Zinsen des öffentlichen Schuldtitels;
b) größer werdende Zinsmargen des öffentlichen Schuldtitels im Vergleich zu öffentlichen Schuldtiteln anderer öffentlicher Emittenten;
c) größer werdende Margen von Credit Default Swaps auf öffentliche Schuldtitel im Vergleich zur eigenen Kurve und zu anderen öffentlichen Emittenten;
d) die Zeitdauer für die Rückkehr des Preises des öffentlichen Schuldtitels zum ursprünglichen Gleichgewicht nach einer umfangreichen Transaktion;
e) den Umfang der handelbaren öffentlichen Schuldtitel.

Die zuständige Behörde kann – wie es Art. 14 Abs. 2 Unterabs. 2 VO Nr. 236/2012 ausdrücklich festlegt – **auch auf andere Indikatoren** zurückgreifen.

31 **4. Übergangsvorschrift (Art. 46 Abs. 2 VO Nr. 236/2012).** CDS-Transaktionen, die während einer Aussetzung des Verbots getätigt wurden und zu einer ungedeckten Position führten, können auch nach Wiederinkraftsetzung des Verbots bis zu ihrer Fälligkeit gehalten werden (Art. 46 Abs. 2 VO Nr. 236/2012)[3]. Die Vorschrift stellt eine materielle **Bestandsschutzklausel** dar.

---

1 *Howell*, Journal of Corporate Law Studies 16 (2016), 333, 351 ff.; *Moloney*, EU Securities and Financial Markets Regulation, 3rd ed. 2014, VI.3.7.3., S. 557 f.
2 Dieses muss dem Zweck dienen, Finanzmittel zu mobilisieren und Finanzhilfen zugunsten seiner Mitglieder zu geben, die von schwerwiegenden Finanzierungsproblemen betroffen oder bedroht sind.
3 *Weick-Ludewig* in Fuchs, § 30h WpHG Rz. 100.

VIII. Rechtsfolgen eines Verstoßes. 1. Ordnungswidrigkeitenrecht. Verstöße gegen die Verbotsvorschriften der Leerverkaufs-VO sind durch **Blankett-Ordnungswidrigkeitentatbestände** flankiert. Nach § **120 Abs. 6 Nr. 4 WpHG** handelt ordnungswidrig, wer gegen die Leerverkaufs-VO verstößt, indem er **vorsätzlich** oder **leichtfertig** entgegen entgegen Art. 14 Abs. 1 VO Nr. 236/2012 eine Transaktion vornimmt. Mit dem Ordnungswidrigkeitentatbestand entspricht der deutsche Gesetzgeber seinem Regelungsauftrag aus **Art. 41 VO Nr. 236/2012**, wonach er wirksame, verhältnismäßige und abschreckende Sanktionen vorsehen muss. 32

2. (Sonstiges) Aufsichtsrecht. Gem. § 53 Abs. 1 Satz 3 WpHG gelten zudem, soweit in der Leerverkaufs-VO nichts Abweichendes geregelt ist, die **Vorschriften der Abschnitte 1 und 2 des WpHG**, mit Ausnahme der §§ 18 Abs. 7 Satz 4–8, 21 Abs. 1 Satz 3 und § 22 WpHG, entsprechend. In den in Bezug genommenen Vorschriften der Abschnitte 1 und 2, insbesondere in der Generalnorm des § 6 WpHG, werden der BaFin auch für den Fall eines Verstoßes gegen die Verbotsvorschriften der Leerverkaufs-VO bestimmte Kompetenzen übertragen (näher § 6 WpHG Rz. 9). Mit dem Verweis und der damit verbundenen Kompetenzbegründung setzt der deutsche Gesetzgeber die Vorgaben zu den Behördenbefugnissen des Art. 33 Abs. 2 VO Nr. 236/2012 um[1]. S. auch Vor Art. 1 ff. VO Nr. 236/2012 Rz. 19 ff. 33

3. Zivilrecht. Ein Verstoß gegen Art. 14 VO Nr. 236/2012 führt weder zur zivilrechtlichen Nichtigkeit der betreffenden Rechtsgeschäfte[2], noch begründet er einen Schadensersatzanspruch nach § 823 Abs. 2 BGB. Vgl. Art. 12 und 13 VO Nr. 236/2012 Rz. 81 ff. 34

IX. Rechtstatsächliches/Rechtspraxis. Zur Rechtspraxis der Überwachung des Verbots s. Vor Art. 1 ff. VO Nr. 236/2012 Rz. 65 ff. 35

Art. 15 Eindeckungsverfahren
[aufgehoben]

(1) Eine zentrale Gegenpartei in einem Mitgliedstaat, die Clearingdienste für Aktien erbringt, stellt sicher, dass sie über Verfahren verfügt, die allen nachfolgend aufgeführten Anforderungen entsprechen:

a) *Ist eine natürliche oder juristische Person, die Aktien verkauft, nicht in der Lage, die Aktien innerhalb von vier Geschäftstagen nach dem Tag, an dem die Abwicklung fällig ist, zur Abwicklung des Geschäfts zu liefern, so werden automatisch Verfahren zur Eindeckung mit den Aktien in Gang gesetzt, um sicherzustellen, dass diese zur Abwicklung des Geschäfts geliefert werden;*

b) *ist eine Eindeckung mit den Aktien zum Zwecke der Lieferung nicht möglich, so wird ein Betrag an den Käufer geleistet, dessen Höhe sich nach dem am Fälligkeitstag der Lieferung bestehenden Wert der zu liefernden Aktien, zuzüglich eines Betrags zur Entschädigung für Verluste des Käufers aufgrund der Nichtabwicklung des Geschäfts, richtet, und*

c) *die natürliche oder juristische Person, an der die Abwicklung des Geschäfts scheitert, ersetzt alle gemäß den Buchstaben a und b gezahlten Beträge.*

(2) Eine zentrale Gegenpartei in einem Mitgliedstaat, die Clearingdienste für Aktien erbringt, stellt sicher, dass sie über Verfahren verfügt, die gewährleisten, dass natürliche oder juristische Personen, die am Handelsplatz Aktien verkaufen und nicht in der Lage sind, die Aktien zur Abwicklung des Geschäfts zum Fälligkeitsdatum der Geschäftsabwicklung zu liefern, für jeden Tag, an dem das Geschäft nicht abgewickelt werden kann, eine Zahlung leisten müssen.

Die täglichen Zahlungen werden so hoch angesetzt, dass vom Scheitern der Geschäftsabwicklung eine abschreckende Wirkung auf natürliche oder juristische Personen ausgeht.

Art. 72 VO Nr. 909/2014 strich Art. 15 Leerverkaufs-VO, weil die Maßnahmen zur Vermeidung gescheiterter Abwicklungen und des Vorgehens hiergegen durch die **VO Nr. 909/2014** auf Unionsebene harmonisiert werden, und diese Verordnung einen weiteren Anwendungsbereich für diese Maßnahmen vorsieht als die Leerverkaufs-VO (Erwägungsgrund 78 VO Nr. 909/2014)[3]. 1

---

1 Begr. Fraktionsentwurf EU-Leerverkaufs-Ausführungsgesetz, BT-Drucks. 17/1952, 8.
2 *Mülbert/Sajnovits*, ZBB 2012, 266, 283; *Schmidt-Wenzel*, Die Regulierung von Kreditderivaten, 2017, S. 387413 ff.; *Schlimbach*, Leerverkäufe, 2015, S. 165; *Cahn/Müchler*, BKR 2013, 45, 54.
3 Konsolidierter Verordnungstext abrufbar unter: http://eur-lex.europa.eu/legal-content/DE/TXT/?qid=1476448253485& uri=CELEX:02012R0236-20140917. Zu Art. 15 VO Nr. 236/2012 a.F. und Art. 72 VO Nr. 909/2014 *Grundmann* in Staub, HGB, Bankvertragsrecht 2, 5. Aufl. 2018, 6. Teil, 4. Abschnitt, A Rz. 619 ff.

Kapitel IV
Ausnahmen

Art. 16 Ausnahme für in Drittländern befindliche Haupthandelsplätze

(1) Die Artikel 5, 6, 12 und 15 gelten nicht für Aktien eines Unternehmens, die zwar zum Handel an einem Handelsplatz in der Union zugelassen sind, deren Haupthandelsplatz sich aber in einem Drittland befindet.

(2) Die jeweils zuständige Behörde bestimmt für Aktien eines Unternehmens, die an einem Handelsplatz in der Union und einem Handelsplatz in einem Drittland gehandelt werden, mindestens alle zwei Jahre, ob der Haupthandelsplatz dieser Aktien sich in einem Drittland befindet.

Die jeweils zuständige Behörde teilt der ESMA mit, für welche Aktien ein Haupthandelsplatz in einem Drittland festgestellt wurde.

Die ESMA veröffentlicht alle zwei Jahre eine Liste der Aktien, deren Haupthandelsplatz sich in einem Drittland befindet. Die Liste gilt für einen Zeitraum von zwei Jahren.

(3) Um eine konsequente Anwendung dieses Artikels zu gewährleisten, entwickelt die ESMA Entwürfe für technische Regulierungsstandards, in denen die Methode zur Berechnung des Umsatzes und somit zur Bestimmung des Haupthandelsplatzes einer Aktie festgelegt wird.

Die ESMA legt der Kommission bis 31. März 2012 die Entwürfe dieser technischen Regulierungsstandards vor.

Der Kommission wird die Befugnis übertragen, die technischen Regulierungsstandards im Sinne von Unterabsatz 1 gemäß dem in den Artikeln 10 bis 14 der Verordnung (EU) Nr. 1095/2010 festgelegten Verfahren zu erlassen.

(4) Um einheitliche Bedingungen für die Anwendung der Absätze 1 und 2 zu gewährleisten, entwickelt die ESMA Entwürfe für technische Durchführungsstandards, durch die Folgendes festgelegt wird:

a) das Datum, zu dem die Ermittlung des Haupthandelsplatzes einer Aktie erfolgt, und der Zeitraum, auf den sich die betreffende Berechnung bezieht,
b) das Datum, bis zu dem die jeweils zuständige Behörde der EXMA mitteilt, welche Aktien ihren Haupthandelsplatz in einem Drittland haben,
c) das Datum, ab dem die Liste nach der Veröffentlichung durch die ESMA gilt.

Die ESMA legt der Kommission bis 31. März 2012 die Entwürfe dieser technischen Durchführungsstandards vor.

Der Kommission wird die Befugnis übertragen, die in Unterabsatz 1 genannten technischen Durchführungsstandards nach Artikel 15 der Verordnung (EU) Nr. 1095/2010 zu erlassen.

In der Fassung vom 14.3.2012 (ABl. EU Nr. L 86 v. 24.3.2012, S. 1).

Delegierte Verordnung (EU) Nr. 826/2012 der Kommission vom 29. Juni 2012
zur Ergänzung der Verordnung (EU) Nr. 236/2012 des Europäischen Parlaments und des Rates im Hinblick auf technische Regulierungsstandards für die Melde- und Offenlegungspflichten in Bezug auf Netto-Leerverkaufspositionen, die Einzelheiten der in Bezug auf Netto-Leerverkaufspositionen an die Europäische Wertpapier- und Marktaufsichtsbehörde zu übermittelnden Informationen und die Methode zur Berechnung des Umsatzes zwecks Ermittlung der unter die Ausnahmeregelung fallenden Aktien

(Auszug)

Art. 6 Umsatzberechnung zur Bestimmung des Haupthandelsplatzes einer Aktie

(1) Bei der Berechnung des Umsatzes gemäß Artikel 16 der Verordnung (EU) Nr. 236/2012 zieht eine jeweils zuständige Behörde die besten verfügbaren Informationen heran, was Folgendes beinhalten kann:

a) öffentlich verfügbare Informationen;
b) im Rahmen von Artikel 25 Absatz 3 der Richtlinie 2004/39/EG des Europäischen Parlaments und des Rates erhaltene Daten über Geschäfte;
c) Informationen von Seiten der Handelsplätze, an denen die betreffende Aktie gehandelt wird;
d) Informationen, die von einer anderen zuständigen Behörde, einschließlich der zuständigen Behörde eines Drittlands, übermittelt werden;
e) Informationen, die vom Emittenten der betreffenden Aktie übermittelt werden;
f) Informationen von Seiten anderer Dritter, einschließlich Datenanbietern.

(2) Bei der Bestimmung der besten verfügbaren Informationen stellt eine jeweils zuständige Behörde, soweit nach vernünftigem Ermessen möglich, sicher, dass

a) sie öffentlich verfügbare Informationen bevorzugt vor anderen Informationsquellen heranzieht;
b) sich die Informationen auf alle Börsentage des maßgeblichen Zeitraums erstrecken, unabhängig davon, ob die Aktie an allen diesen Börsentagen gehandelt wurde;
c) bei den Berechnungen berücksichtigte eingehende Transaktionen nur einmal gezählt werden;
d) über einen Handelsplatz gemeldete, aber außerhalb dieses Handelsplatzes ausgeführte Transaktionen nicht gezählt werden.

(3) Ist eine Aktie nicht mehr zum Handel an einem Handelsplatz zugelassen, wird angenommen, dass der Umsatz mit dieser Aktie an diesem Handelsplatz gleich null ist, auch wenn die Aktie im relevanten Berechnungszeitraum zum Handel an diesem Handelsplatz zugelassen war.

In der Fassung vom 29.6.2012 (ABl. EU Nr. L 251 v. 18.9.2012, S. 1).

Art. 7 Inkrafttreten

Diese Verordnung tritt am Tag nach ihrer Veröffentlichung im *Amtsblatt der Europäischen Union* in Kraft.

Sie gilt ab dem 1. November 2012, mit Ausnahme des Artikels 6, der ab dem in Absatz 1 genannten Zeitpunkt gilt.

In der Fassung vom 29.6.2012 (ABl. EU Nr. L 251 v. 18.9.2012, S. 1).

Durchführungsverordnung (EU) Nr. 827/2012 der Kommission vom 29. Juni 2012
zur Festlegung technischer Durchführungsstandards in Bezug auf die Verfahren für die Offenlegung von Nettopositionen in Aktien gegenüber der Öffentlichkeit, das Format, in dem der Europäischen Wertpapier- und Marktaufsichtsbehörde Informationen zu Netto-Leerverkaufspositionen zu übermitteln sind, die Arten von Vereinbarungen, Zusagen und Maßnahmen, die angemessen gewährleisten, dass Aktien oder öffentliche Schuldtitel für die Abwicklung des Geschäfts verfügbar sind, und die Daten, zu denen die Ermittlung des Haupthandelsplatzes einer Aktie erfolgt, sowie den Zeitraum, auf den sich die betreffende Berechnung bezieht, gemäß der Verordnung (EU) Nr. 236/2012 des Europäischen Parlaments und des Rates über Leerverkäufe und bestimmte Aspekte von Credit Default Swaps

(Auszug)

Art. 9 Datum und Zeitraum für die Berechnungen zur Ermittlung des Haupthandelsplatzes

(1) Für die Zeit zwischen dem 1. Januar 2010 und dem 31. Dezember 2011 führen die jeweils zuständigen Behörden alle Berechnungen zur Bestimmung des Haupthandelsplatzes einer Aktie mindestens 35 Kalendertage vor Geltungsbeginn der Verordnung (EU) Nr. 236/2012 durch.

(2) Die nachfolgenden Berechnungen für die Zeit zwischen dem 1. Januar 2012 und dem 31. Dezember 2013 erfolgen bis zum 22. Februar 2014 und danach alle zwei Jahre für die nachfolgenden Zweijahreszeiträume.

(3) War die betreffende Aktie während des gesamten Zweijahreszeitraums weder an dem Handelsplatz in der Union noch an dem Handelsplatz des Drittlandes zum Handel zugelassen, so wird für die Berechnung der Zeitraum zugrunde gelegt, in dem die Aktie gleichzeitig an beiden Plätzen zum Handel zugelassen war.

In der Fassung vom 29.6.2012 (ABl. EU Nr. L 251 v. 18.9.2012, S. 11).

Art. 10 Datum der Mitteilung an die ESMA

Die jeweils zuständigen Behörden teilen der ESMA mindestens 35 Kalendertage vor Geltungsbeginn der Verordnung (EU) Nr. 236/2012 und danach ab März 2014 alle zwei Jahre am Tag vor dem ersten Handelstag im März mit, bei welchen Aktien der Haupthandelsplatz außerhalb der Union liegt.

In der Fassung vom 29.6.2012 (ABl. EU Nr. L 251 v. 18.9.2012, S. 11).

Art. 11 Geltungsbeginn der Liste der unter die Ausnahmeregelung fallenden Aktien

Die Liste der Aktien, deren Haupthandelsplatz sich außerhalb der Union befindet, gilt ab dem 1. April nach ihrer Veröffentlichung durch die ESMA; hiervon ausgenommen ist nur die erste von der ESMA veröffentlichte Liste, die ab dem Tag des Geltungsbeginns der Verordnung (EU) Nr. 236/2012 gilt.

In der Fassung vom 29.6.2012 (ABl. EU Nr. L 251 v. 18.9.2012, S. 11).

Art. 12 Besondere Fälle, in denen die Liste mit den unter die Ausnahmeregelung fallenden Aktien überarbeitet wird

(1) Eine zuständige Behörde, die nach Eintreten eines der in Absatz 2 genannten Umstände bestimmt, ob sich der Haupthandelsplatz einer Aktie außerhalb der Union befindet, stellt sicher, dass

a) alle Berechnungen zur Bestimmung des Haupthandelsplatzes so schnell wie möglich nach Eintreten der maßgeblichen Umstände erfolgen und sich auf den Zweijahreszeitraum, der dem Tag der Berechnung vorangeht, beziehen;
b) sie der ESMA ihr Ergebnis so schnell wie möglich und – soweit relevant – vor der Zulassung zum Handel an einem Handelsplatz in der Union mitteilt.

Jede geänderte Liste gilt ab dem Tag nach ihrer Veröffentlichung durch die ESMA.

(2) Die Bestimmungen des Absatzes 1 gelten, wenn

a) der Handel mit den Aktien eines Unternehmens am Haupthandelsplatz außerhalb der Union auf Dauer eingestellt wird;

b) der Handel mit den Aktien eines Unternehmens am Haupthandelsplatz innerhalb der Union auf Dauer eingestellt wird;
c) die Aktien eines Unternehmens, das zuvor an einem Handelsplatz außerhalb der Union zum Handel zugelassen war, an einem Handelsplatz innerhalb der Union zum Handel zugelassen werden.

In der Fassung vom 29.6.2012 (ABl. EU Nr. L 251 v. 18.9.2012, S. 11).

Art. 13 Inkrafttreten

Diese Verordnung tritt am Tag nach ihrer Veröffentlichung im *Amtsblatt der Europäischen Union* in Kraft.
Sie gilt ab dem 1. November 2012, mit Ausnahme der Artikel 9, 10 und 11, die ab dem in Absatz 1 genannten Datum gelten.

In der Fassung vom 29.6.2012 (ABl. EU Nr. L 251 v. 18.9.2012, S. 11).

Schrifttum: S. Vor Art. 1 ff. VO Nr. 236/2012.

I. Regelungsgegenstand 1	a) Zuständige Behörde für die Bestimmung . . . 11
II. Regelungssystematik 3	b) Einzubeziehende Informationen und Bestimmung des Umsatzes 12
1. Verordnungsebene 3	c) Bestimmungszeitpunkt und -zeitraum 14
2. Tertiärrechtsakte 4	2. Mitteilung an die ESMA 19
3. Leitlinien und Empfehlungen der ESMA (Level 3) 5	3. Zweite Stufe: Konstitutive Festlegung durch ESMA (Negativliste) 21
III. Regelungszweck 6	a) Rechtsnatur der Festlegung durch die ESMA 21
IV. Ausnahmetatbestand (Art. 16 Abs. 1 VO Nr. 236/2012) 8	b) Veröffentlichung der Negativliste 22
V. Konstitutives Festlegungsverfahren (Art. 16 Abs. 2 VO Nr. 236/2012) 10	c) Zeitliche Geltung der Festlegung 24
1. Erste Stufe: Bestimmung des Haupthandelsplatzes 11	VI. Ermächtigung zu Tertiärrechtsakten 25

1 **I. Regelungsgegenstand.** Die Art. 5, 6, 12 (und 15) VO Nr. 236/2012 gelten gem. **Art. 16 Abs. 1 VO Nr. 236/ 2012** nicht für Aktien, die zwar zum Handel an einem Handelsplatz in der Europäischen Union zugelassen sind, deren Haupthandelsplatz sich aber in einem Drittland befindet[1]. Die Ausnahmevorschrift **begrenzt** damit den sachlichen Anwendungsbereich einzelner Bestimmungen der Leerverkaufs-VO[2]. Die jeweils für die Aktien eines Unternehmens, die an einem Handelsplatz in der Europäischen Union und an einem Handelsplatz in einem Drittland gehandelt werden, zuständigen Behörden müssen mindestens alle zwei Jahre bestimmen, ob sich der Haupthandelsplatz dieser Aktien in einem Drittland befindet (**Art. 16 Abs. 2 Unterabs. 1 VO Nr. 236/ 2012**) und teilen dies der ESMA mit (**Art. 16 Abs. 2 Unterabs. 2 VO Nr. 236/2012**). Die ESMA veröffentlicht alle zwei Jahre eine zwei Jahre gültige Liste mit Aktien, deren Haupthandelsplatz sich in einem Drittland befindet und die deshalb unter den Ausnahmetatbestand des Art. 16 Abs. 1 fallen (**Art. 16 Abs. 2 Unterabs. 3 VO Nr. 236/2012**).

2 Näher ausgestaltet werden die Methoden und das Verfahren zur Ermittlung des Haupthandelsplatzes durch die **DelVO Nr. 826/2012** (Rz. 25) und durch die **DurchfVO Nr. 827/2012** (Rz. 26).

3 **II. Regelungssystematik. 1. Verordnungsebene.** Art. 16 VO Nr. 236/2012 ist eine Ausnahmevorschrift für die Transparenz- (Art. 5, 6 VO Nr. 236/2012) und die Verbotsvorschriften (Art. 12 VO Nr. 236/2012) im Hinblick auf Aktien (Rz. 8 f.). Die Ausnahme für Art. 15 VO Nr. 236/2012 hat keine Bedeutung mehr, da dieser aufgehoben wurde (Vor Art. 1 ff. VO Nr. 236/2012 Rz. 15). Ebenso wenig betrifft die Ausnahme das Regime für öffentliche Schuldtitel öffentlicher Emittenten und dasjenige für CDS[3]. Den für die Ausnahmebestimmung maßgeblichen Begriff des Haupthandelsplatzes (Rz. 9) im Zusammenhang mit Aktien definiert Art. 2 Abs. 1 lit. m VO Nr. 236/2012. Für die Bestimmung des Haupthandelsplatzes einer Aktie ist deren Umsatz (Rz. 9) i.S.d. Art. 2 Abs. 1 lit. q VO Nr. 236/2012 maßgeblich.

4 **2. Tertiärrechtsakte.** Art. 16 VO Nr. 236/2012 wird durch Bestimmungen in **zwei Tertiärrechtsakten**, der DelVO Nr. 826/2012 (Rz. 25) und der DurchfVO Nr. 827/2012 (Rz. 26), näher konkretisiert. Vorgaben zu der **Berechnung des Umsatzes** und somit zur Bestimmung des Haupthandelsplatzes einer Aktie macht der auf Ba-

---

[1] *Grundmann* in Staub, HGB, Bankvertragsrecht 2, 5. Aufl. 2018, 6. Teil, 4. Abschnitt, A Rz. 625 f.; *Weick-Ludewig* in Fuchs, § 30h WpHG Rz. 30; *von Buttlar/Petersen* in Just/Voß/Ritz/Becker, § 30h WpHG Rz. 92 f.; *Moloney*, EU Securities and Financial Markets Regulation, 3rd ed. 2014, VI.3.5.2., S. 552 f.; *Gruber*, Leerverkäufe, 2014, S. 20; *Mülbert/Sajnovits*, ZBB 2012, 266, 269.
[2] **A.A.** *Moloney*, EU Securities and Financial Markets Regulation, 3rd ed. 2014, VI.3.5.2., S. 552, die von einer Begrenzung der extraterritorialen Wirkung spricht.
[3] *Grundmann* in Staub, HGB, Bankvertragsrecht 2, 5. Aufl. 2018, 6. Teil, 4. Abschnitt, A Rz. 625; *Mülbert/Sajnovits*, ZBB 2012, 266, 269.

sis des Art. 16 Abs. 3 VO Nr. 236/2012 erlassene Art. 6 DelVO Nr. 826/2012 (Rz. 12 f.). Nähere Vorgaben zum (a) Datum, zu dem die Ermittlung des Haupthandelsplatzes einer Aktie erfolgt, und zum Zeitraum, auf den sich die betreffende Berechnung bezieht, (b) zum Datum, bis zu dem die jeweils zuständige Behörde der ESMA mitteilt, welche Aktien ihren Haupthandelsplatz in einem Drittland haben und (c) zum Datum, ab dem die Liste nach der Veröffentlichung durch die ESMA gilt, erfolgen durch die auf Basis des Art. 16 Abs. 4 VO Nr. 236/2012 erlassenen Art. 9–12 DurchfVO Nr. 827/2012.

3. Leitlinien und Empfehlungen der ESMA (Level 3). Die **ESMA** hat **Q&As** zur Leerverkaufs-VO veröffentlicht (näher Vor Art. 1 ff. VO Nr. 236/2012 Rz. 42). Diese befassen sich allerdings nur rudimentär mit der Ausnahmebestimmung des Art. 16 VO Nr. 236/2012 (Antwort 1d). 5

III. Regelungszweck. Erwägungsgrund 25 Satz 1 VO Nr. 236/2012 weist darauf hin, dass Aktien zunehmend sowohl auf Handelsplätzen innerhalb der EU als auch in Drittländern zum Handel zugelassen werden. So seien an verschiedenen Handelsplätzen innerhalb der EU auch Aktien großer Unternehmen mit Sitz in einem Drittland gelistet (Erwägungsgrund 25 Satz 2 VO Nr. 236/2012). Die Ausnahme für Aktien, die einen Haupthandelsplatz außerhalb der EU haben, ist nach Erwägungsgrund 25 Satz 3 VO Nr. 236/2012 „aus **Gründen der Effizienz**" geboten. 6

Angesichts der praktischen Probleme, die einige Aufsichtsbehörden damit haben, die Aktien, die unter die Ausnahme fallen, zu bestimmen, erscheint es zweifelhaft, ob das Ziel einer Effizienzsteigerung (Rz. 6) tatsächlich erreicht wird. Die **ESMA** hat die **Bedenken** der nationalen Behörden der Europäischen Kommission in ihrem ersten Advice zu einem **Review der Leerverkaufs-VO** im Jahr 2013 mitgeteilt[1]. Dabei hatte sie empfohlen, Aktien von Drittstaatenemittenten nur dann dem Anwendungsbereich der Leerverkaufs-VO zu unterwerfen, wenn diese selbst eine Zulassung zum Handel an einem Handelsplatz innerhalb der EU beantragt haben[2]. Die Europäische Kommission sah in ihrem Bericht an den Rat der EU und das Europäische Parlament davon ab, die Bedenken der ESMA weiterzuleiten[3]. 7

IV. Ausnahmetatbestand (Art. 16 Abs. 1 VO Nr. 236/2012). Die Art. 5, 6 und 12 VO Nr. 236/2012 gelten nach Art. 16 Abs. 1 VO Nr. 236/2012 nicht für Aktien eines Unternehmens, die zwar zum Handel an einem Handelsplatz in der Union zugelassen sind, deren Haupthandelsplatz (Rz. 9) sich aber in einem Drittland befindet. Damit die Ausnahmebestimmung überhaupt zur Anwendung gelangen kann, muss zunächst eine Aktie eines Unternehmens gegeben sein, die grundsätzlich dem Anwendungsbereich des Transparenz- und Verbotsregimes unterfällt. Dies ist sowohl bei den Art. 5 und 6 als auch bei Art. 12 VO Nr. 236/2012 für Aktien der Fall, die an einem Handelsplatz (Art. 2 Abs. 1 lit. l VO Nr. 236/2012) in der EU zugelassen sind (näher Art. 5–10 VO Nr. 236/2012 Rz. 10; Art. 12, 13 VO Nr. 236/2012 Rz. 15). Für Aktien, die *ausschließlich* an einem Handelsplatz in einem Drittland zugelassen sind, hat der Ausnahmetatbestand keine Bedeutung. 8

Der **Haupthandelsplatz** einer Aktie ist gem. Art. 2 Abs. 1 lit. o VO Nr. 236/2012 der Handelsplatz, an dem der mit dieser Aktie generierte Umsatz am größten ist. **Umsatz** einer Aktie ist nach Art. 2 Abs. 1 lit. u VO Nr. 236/2012 der Umsatz i.S.v. Art. 2 Abs. 9 VO Nr. 1287/2006, mithin das Ergebnis, das sich aus der **Multiplikation der Stückzahlen dieses Finanzinstruments**, die zwischen Käufern und Verkäufern während eines bestimmten Zeitraums infolge der auf dem Handelsplatz oder anderenorts stattfindender Geschäfte gehandelt wurden, **mit dem Stückpreis eines jeden Geschäfts** ergibt[4]. 9

V. Konstitutives Festlegungsverfahren (Art. 16 Abs. 2 VO Nr. 236/2012). Das **Verfahren zur Festlegung**, ob eine Aktie unter den Ausnahmetatbestand des Art. 16 Abs. 1 VO Nr. 236/2012 fällt, ist ein **zweistufiges**. Auf der **ersten** Stufe (Rz. 11 ff.) bestimmt die jeweils zuständige Behörde (Rz. 11) gem. Art. 16 Abs. 2 Unterabs. 1 VO Nr. 236/2012 für die Aktien eines Unternehmens mindestens alle zwei Jahre (Rz. 16), ob diese ihren Haupthandelsplatz innerhalb der Union haben. Dafür muss sie in Rz. 9 genannte Berechnung durchführen und auf dieser Basis feststellen, ob der Haupthandelsplatz einer Aktie (Rz. 9) außerhalb der EU ist. Dies muss die jeweils zuständige Behörde dann als Zwischenschritt der ESMA mitteilen (Art. 16 Abs. 2 Unterabs. 2 VO Nr. 236/2012). Die ESMA veröffentlicht auf der **zweiten** Stufe (Rz. 21 ff.) alle zwei Jahre eine Liste der Aktien, deren Haupthandelsplatz sich – ausweislich der Mitteilungen der jeweils zuständigen Behörden – in einem Drittland befindet (Art. 16 Abs. 2 Unterabs. 3 Satz 1 VO Nr. 236/2012, sog. **Negativliste**[5]). Die Aufnahme einer 10

---

1 ESMA, Final Report – ESMA's technical advice on the evaluation of the Regulation (EU) 236/2012 of the European Parliament and of the Council on short selling and certain aspects of credit default swaps, 3 June 2013, ESMA/2013/614, VII, S. 31 ff. Rz. 118–134.
2 ESMA, Final Report – ESMA's technical advice on the evaluation of the Regulation (EU) 236/2012 of the European Parliament and of the Council on short selling and certain aspects of credit default swaps, 3 June 2013, ESMA/2013/614, VII, S. 33 Rz. 132 f.
3 Europäische Kommission, Bericht der Kommission an das Europäische Parlament und den Rat über die Bewertung der Verordnung (EU) Nr. 236/2012 über Leerverkäufe und bestimmte Aspekte von Credit Default Swaps, COM/2013/0885 final. Dazu auch *Weick-Ludewig* in Fuchs, § 30h WpHG Rz. 30.
4 Vgl. Art. 17 Abs. 4 DelVO 2017/587.
5 *Weick-Ludewig* in Fuchs, § 30h WpHG Rz. 30.

Aktie in diese Liste ist der eigentliche Festlegungsakt. Die Liste der ESMA gilt nach Art. 16 Abs. 2 Unterabs. 3 Satz 2 VO Nr. 236/2012 für einen Zeitraum von zwei Jahren.

11 **1. Erste Stufe: Bestimmung des Haupthandelsplatzes. a) Zuständige Behörde für die Bestimmung.** Die Bestimmung des Haupthandelsplatzes einer Aktie, mithin die Frage, ob eine Aktie ihren Haupthandelsplatz in einem Drittland – und damit nicht in der EU – hat, ist von der **jeweils zuständigen Behörde** für die jeweilige Aktie vorzunehmen. Nach Art. 2 Abs. 1 lit. j Ziff. v) VO Nr. 236/2012 ist bei Aktien diejenige nationale Behörde die zuständige Behörde, die zuständige Behörde für das Finanzinstrument i.S.v. Art. 2 Abs. 7 VO Nr. 1287/2006 der Kommission ist und die im Einklang mit Kapitel III jener Verordnung festgelegt wird[1]. Die Festlegung erfolgt nach Liquiditätsgesichtspunkten[2]. Bei Aktien, die von der VO Nr. 1287/2006 nicht erfasst waren, wie etwa für Freiverkehrswerte und Finanzinstrumente an MTFs galt, ist zuständige Behörde diejenige des Handelsplatzes, an dem das betreffende Finanzinstrument zuerst zum Handel zugelassen wurde[3]. Die RL 2014/65/EU enthält keine Regelung zum Außerkrafttreten der VO Nr. 1287/2006 der Kommission. Eine dem Art. 2 Abs. 7 VO Nr. 1287/2006 der Kommission entsprechende Bestimmung der zuständigen Behörde im Rahmen des MiFID II-Regimes findet sich nunmehr in Art. 18 DelVO 2017/587 i.V.m. Art. 4 DelVO 2017/587.

12 **b) Einzubeziehende Informationen und Bestimmung des Umsatzes.** Der Umsatz wird errechnet durch die Multiplikation der Stückzahlen der Aktie, die zwischen Käufern und Verkäufern während eines bestimmten Zeitraums (Rz. 14 ff.) infolge der auf dem Handelsplatz oder anderenorts stattfindender Geschäfte gehandelt wurden, mit dem Stückpreis eines jeden Geschäfts. Bei der Ermittlung des Umsatzes einer Aktie zur Bestimmung von deren Haupthandelsplatz (Rz. 9) hat die jeweils zuständige Behörde nach Art. 6 DelVO Nr. 826/2012 die **besten verfügbaren Informationen** heranzuziehen. Dies kann nach der **nicht abschließenden Aufzählung** in Art. 6 Abs. 1 DelVO Nr. 826/2012 folgendes umfassen:

a) öffentlich verfügbare Informationen,
b) im Rahmen von Art. 26 Abs. 1 und 2 VO Nr. 600/2014 (MiFIR)[4] erhaltene Daten über Geschäfte,
c) Informationen von Seiten der Handelsplätze, an denen die betreffende Aktie gehandelt wird,
d) Informationen, die von einer anderen zuständigen Behörde, einschließlich der zuständigen Behörde eines Drittlands, übermittelt werden,
e) Informationen, die vom Emittenten der betreffenden Aktie übermittelt werden,
f) Informationen von Seiten anderer Dritter, einschließlich Datenanbietern.

13 Die jeweils zuständige Behörde soll nach Art. 6 Abs. 2 DelVO Nr. 826/2012 dabei – soweit möglich – **sicherstellen, dass sie öffentlich verfügbare Informationen bevorzugt** vor anderen Informationsquellen **heranzieht** (Art. 6 Abs. 2 lit. a DelVO Nr. 826/2012), sich die Informationen auf **alle Handelstage** des maßgeblichen Zeitraums erstrecken, unabhängig davon, ob die Aktie an allen diesen Handelstagen gehandelt wurde (Art. 6 Abs. 2 lit. b DelVO Nr. 826/2012), bei den Berechnungen berücksichtigte eingehende **Transaktionen nur einmal gezählt** werden (Art. 6 Abs. 2 lit. c DelVO Nr. 826/2012) und über einen Handelsplatz gemeldete, aber **außerhalb dieses Handelsplatzes ausgeführte Transaktionen nicht gezählt** werden (Art. 6 Abs. 2 lit. d DelVO Nr. 826/2012). Sofern eine Aktie nicht mehr zum Handel an einem Handelsplatz zugelassen ist, wird nach Art. 6 Abs. 3 DelVO Nr. 826/2012 angenommen, dass der Umsatz mit dieser Aktie an diesem Handelsplatz gleich null ist, auch wenn die Aktie im relevanten Berechnungszeitraum (Rz. 14 ff.) zum Handel an diesem Handelsplatz zugelassen war.

14 **c) Bestimmungszeitpunkt und -zeitraum.** Art. 9 DurchfVO Nr. 827/2012 macht Vorgaben zum Zeitpunkt und Zeitraum an bzw. für den die Bestimmungen durch die jeweils zuständige Behörde vorgenommen werden. Dabei unterscheidet Art. 9 DurchfVO Nr. 827/2012 zwischen dem Zeitraum vom 1.1.2010 bis 31.12.2011 (Rz. 15), demjenigen vom 1.1.2012 bis 31.12.2013 (Rz. 15) und den Zweijahreszeiträumen danach (Rz. 16). Art. 12 DurchfVO Nr. 827/2012 regelt den Umgang mit Aktien, bei denen nach einer Bestimmung bestimmte Änderungen eintreten, die eine neue Bestimmung erforderlich machen (Rz. 17). War eine Aktie nicht während des gesamten Zweijahreszeitraums an den Handelsplatz in der Union und an dem Handelsplatz eines Drittlandes zum Handel zugelassen, wird nach Art. 9 Abs. 3 DurchfVO Nr. 827/2012 für die Berechnung der Zeitraum zugrunde gelegt, in dem die Aktie **gleichzeitig an beiden Plätzen** zum Handel zugelassen war.

15 Für den **Zeitraum** zwischen dem **1.1.2010** und dem **31.12.2011** hatten die jeweils zuständigen Behörden nach Art. 9 Abs. 1 DurchfVO Nr. 827/2012 alle Berechnungen zur Bestimmung des Haupthandelsplatzes einer Aktie **mindestens 35 Kalendertage** vor Geltungsbeginn der VO Nr. 236/2012, also **vor dem 1.11.2012** (Art. 1 VO Nr. 236/2012 Rz. 16), durchzuführen. Für den Zeitraum zwischen dem **1.1.2012** und dem **31.12.2013** musste die Bestimmung gem. Art. 9 Abs. 2 Alt. 1 DurchfVO Nr. 827/2012 bis zum 22.2.2014 erfolgt sein.

---

1 Vgl. auch Art. 18 DelVO 2017/587.
2 Art. 18 DelVO 2017/587 i.V.m. Art. 4 DelVO 2017/587.
3 *Weick-Ludewig* in Fuchs, § 30h WpHG Rz. 39.
4 Der in der DelVO Nr. 826/2012 enthaltene Verweis auf Art. 25 Abs. 3 RL 2004/39/EG (MiFID I) ist nach Art. 94 Unterabs. 2 i.V.m. Anhang IV RL 2014/65/EU (MiFID II) als solcher auf Art. 26 Abs. 1 und 2 VO Nr. 600/2014 (MiFIR) zu lesen.

Für die nachfolgenden Zweijahreszeiträume muss die Meldung danach, gemeint ist der 22.2.2014, alle zwei Jahre erfolgen (Art. 9 Abs. 2 Alt. 2 DurchfVO Nr. 827/2012). Das bedeutet, dass die Bestimmung für den Zeitraum zwischen dem **1.1.2014** und dem **31.12.2015** bis zum 22.2.2016 erfolgt sein musste. Diejenige für den Zeitraum zwischen dem **1.1.2016** und dem **31.12.2017** musste **bis** zum **22.2.2018** erfolgt sein und diejenige für den Zeitraum zwischen dem **1.1.2018** und dem **31.12.2018** muss **bis** zum **22.2.2019** erfolgen. 16

Art. 12 Abs. 2 DurchfVO Nr. 827/2012 verpflichtet die jeweils zuständigen Behörden, auch während des Laufs einer Zweijahresperiode (Rz. 16) zu bestimmen, ob eine Aktie ihren Haupthandelsplatz innerhalb oder außerhalb der EU hat, wenn 17

a) der Handel mit den Aktien eines Unternehmens am Haupthandelsplatz außerhalb der Union auf Dauer eingestellt wird,

b) der Handel mit den Aktien eines Unternehmens am Haupthandelsplatz innerhalb der Union auf Dauer eingestellt wird,

c) die Aktien eines Unternehmens, das zuvor an einem Handelsplatz außerhalb der Union zum Handel zugelassen war, an einem Handelsplatz innerhalb der Union zum Handel zugelassen werden.

Dabei muss die zuständige Behörde nach Art. 12 Abs. 1 Satz 1 lit. a DurchfVO Nr. 827/2012 sicherstellen, dass alle Berechnungen zur Bestimmung des Haupthandelsplatzes so schnell wie möglich nach Eintreten der maßgeblichen Umstände erfolgen und sich auf den Zweijahreszeitraum, der dem Tag der Berechnung vorangeht, beziehen. 18

2. Mitteilung an die ESMA. Die jeweils zuständige Behörde (Rz. 11) muss der ESMA nach Art. 16 Abs. 2 Unterabs. 2 VO Nr. 236/2012 mitteilen, für welche Aktie sie einen Haupthandelsplatz in einem Drittland bestimmt hat (Rz. 12 ff.). Die erste Mitteilung musste gem. **Art. 10 DurchfVO Nr. 827/2012** mindestens 35 Kalendertage vor Geltungsbeginn der Leerverkaufs-VO, also vor dem 1.11.2012 erfolgen. 19

Die nachfolgenden Meldungen müssen **ab März 2014 alle zwei Jahre** jeweils **am Tag vor dem ersten Handelstag im März** erfolgen (Art. 10 DurchfVO Nr. 827/2012). Da die Bestimmung jeweils bis zum 22.2. des jeweiligen Jahres erfolgen muss (Rz. 16), bleiben der zuständigen Behörde nur wenige Tage zwischen dem letztmöglichen Zeitpunkt der Bestimmung und der Mitteilung. Im Falle einer **Zwischenperiodenbestimmung** (Rz. 17) muss die jeweils zuständige Behörde der ESMA nach Art. 12 Abs. 1 Satz 1 lit. b DurchfVO Nr. 827/2012 ihre neue Bestimmung **so schnell wie möglich** und – soweit relevant – vor der Zulassung der Aktien zum Handel an einem Handelsplatz in der EU mitteilen. 20

3. Zweite Stufe: Konstitutive Festlegung durch ESMA (Negativliste). a) Rechtsnatur der Festlegung durch die ESMA. Die Aufnahme einer Aktie in die von der ESMA erstellte und auf ihrer Website veröffentliche Negativliste hat **konstitutive Wirkung** für die Ausnahme nach Art. 16 Abs. 1 VO Nr. 236/2012[1]. Aktien, die in diese Liste aufgenommen werden, sind während der Wirksamkeit der Liste von den Transparenz- und Verbotsvorschriften der Art. 5, 6 und 12 VO Nr. 236/2012 ausgenommen. Dafür spricht **Art. 16 Abs. 2 Unterabs. 3 Satz 2 VO Nr. 236/2012**, wonach die Liste der ESMA für einen Zeitraum von zwei Jahren gilt. Eine ausdrückliche Vorschrift zur Geltung der Liste wäre unnötig, hätte diese lediglich deklaratorische Bedeutung. Für eine konstitutive Wirkung der Aufnahme auf die Liste streitet aber auch der **Regelungszweck** (Rz. 6 f.). Da es Marktteilnehmern selbst so gut wie unmöglich ist, unter Liquiditätsgesichtspunkten zu ermitteln, ob und wann eine Aktie einen Haupthandelsplatz außerhalb der Union hat, könnte die drohende Rechtsunsicherheit sie von bestimmte Transaktionen abhalten. Dies hätte negative Auswirkungen auf die Liquidität der Märkte insbesondere größerer Unternehmensaktien mit Mehrfachlistings. Eine solche Folge bezweckt der europäische Gesetzgeber offensichtlich nicht mit dem System einer Negativliste, durch die er eine transparente Regelung schaffen wollte, mag diese auch mit erheblichen Problemen insbesondere für die nationalen Aufsichtsbehörden verbunden sein. 21

b) **Veröffentlichung der Negativliste.** Die ESMA ist nur für den – freilich bedeutsamen (Rz. 21) – **formalen aber konstitutiven Akt der Veröffentlichung** aller Aktien, deren Haupthandelsplatz sich nach den Bestimmungen durch die jeweils zuständigen Behörden außerhalb der EU befindet, zuständig. Sie kann aber nicht an der Ermittlung des Haupthandelsplatzes mitwirken oder die Ermittlung kontrollieren und hat insofern **kein materielles Prüfungsrecht**. Sie hat diejenigen Aktien, die ihr von den zuständigen Behörden mitgeteilt wurden (Rz. 19 f.), in die Negativliste aufzunehmen und diese **bis zum 1.4.** nach den Mitteilungen der jeweils zuständigen Behörde (Rz. 11) **auf ihrer Website zu veröffentlichen** (Rz. 23). Dies folgt aus Art. 10 DurchfVO Nr. 827/2012. 22

Die ESMA hat auf ihrer Website ein **Registersystem „Exempted Shares under Short Selling Legal Framework"** eingerichtet[2]. Darunter ist es möglich, unter Eingabe der ISIN oder des Namens eines Unternehmens sowie weiterer Suchkriterien herauszufinden, ob eine Aktie aktuell oder zu einem vergangenen Zeitpunkt ihren Haupthandelsplatz außerhalb der EU hatte. 23

---

1 A.A. tendenziell *Weick-Ludewig* in Fuchs, § 30h WpHG Rz. 30 mit Fn. 88.
2 https://registers.esma.europa.eu/publication/searchRegister?core=esma_registers_mifid_shsexs.

Art. 17 VO Nr. 236/2012 | Ausnahme für bestimmte Tätigkeiten

24 c) **Zeitliche Geltung der Festlegung.** Die Negativliste der ESMA gilt gem. Art. 11 DurchfVO Nr. 827/2012 – abgesehen von der ersten von der ESMA veröffentlichten Liste, die ab dem 1.11.2012 galt – ab dem 1.4. nach ihrer Veröffentlichung. Soweit die ESMA aufgrund der Mitteilung einer Zwischenperiodenbestimmung (Rz. 17) die Liste zu aktualisieren hat, gilt diese nach Art. 12 Abs. 1 Satz 2 DurchfVO Nr. 827/2012 ab dem Tag ihrer Veröffentlichung durch die ESMA.

25 **VI. Ermächtigung zu Tertiärrechtsakten.** Um eine konsequente – und harmonisierte – Anwendung des Festlegungsverfahrens zu gewährleisten, hatte die ESMA nach Art. 16 Abs. 3 Unterabs. 1 VO Nr. 236/2012 Entwürfe für technische Regulierungsstandards zu entwickeln, in denen die Methode zur Berechnung des Umsatzes und somit zur Bestimmung des Haupthandelsplatzes einer Aktie festgelegt wird. Diese Entwürfe hatte sie der Europäischen Kommission bis spätestens 31.12.2012 vorzulegen. Der Europäischen Kommission überträgt Art. 16 Abs. 3 Unterabs. 3 VO Nr. 236/2012 die Befugnis, diese technischen Regulierungsstandards i.S.v. Art. 16 Abs. 3 Unterabs. 1 VO Nr. 236/2012 gemäß dem in den Art. 10–14 VO Nr. 1095/2010 festgelegten Verfahren zu erlassen. Dem kam die Europäische Kommission durch Erlass der **Art. 6 DelVO Nr. 826/2012** nach.

26 Um einheitliche Bedingungen für die Anwendung des Festlegungsverfahrens nach Art. 16 Abs. 1 und 2 VO Nr. 236/2012 zu gewährleisten, hatte die ESMA nach Art. 16 Abs. 4 VO Nr. 236/2012 Entwürfe technischer Durchführungsstandards zu entwickeln, durch die a) das Datum, zu dem die Ermittlung des Haupthandelsplatzes einer Aktie erfolgt, und der Zeitraum, auf den sich die betreffende Berechnung bezieht, b) das Datum, bis zu dem die jeweils zuständige Behörde der ESMA mitteilt, welche Aktien ihren Haupthandelsplatz in einem Drittland haben und c) das Datum, ab dem die Liste nach der Veröffentlichung durch die ESMA gilt, festgelegt werden. Diese waren der Europäischen Kommission bis spätestens 31.12.2012 vorzulegen. Art. 16 Abs. 4 Unterabs. 3 VO Nr. 236/2012 überträgt der Europäischen Kommission die Befugnis, die in Art. 16 Abs. 4 Unterabs. 1 VO Nr. 236/2012 genannten technischen Durchführungsstandards nach Art. 15 VO Nr. 1095/2010 zu erlassen. Dem kam die Europäische Kommission durch Erlass des **Art. 9–12 DurchfVO Nr. 827/2012** nach.

Art. 17 Ausnahme für Market-Making-Tätigkeiten und Primärmarkttätigkeiten

(1) Die Artikel 5, 6, 7, 12, 13 und 14 gelten nicht für Geschäfte, die aufgrund von Market-Making-Tätigkeiten getätigt werden.

(2) Die Kommission kann nach dem in Artikel 44 Absatz 2 genannten Verfahren Beschlüsse erlassen, durch die festgestellt wird, dass der Rechts- und Aufsichtsrahmen eines Drittlandes gewährleistet, dass ein in diesem Drittland zugelassener Markt rechtsverbindliche Anforderungen erfüllt, die zum Zweck der Anwendung der in Absatz 1 vorgesehenen Ausnahme den Anforderungen nach Titel III der Richtlinie 2004/39/EG, nach Richtlinie 2003/6/EG des Europäischen Parlaments und des Rates vom 28. Januar 2003 über Insider-Geschäfte und Marktmanipulation (Marktmissbrauch) und nach Richtlinie 2004/109/EG des Europäischen Parlaments und des Rates vom 15. Dezember 2004 zur Harmonisierung der Transparenzanforderungen in Bezug auf Informationen über Emittenten, deren Wertpapiere zum Handel auf einem geregelten Markt zugelassen sind gleichwertig sind, und dass in dem betreffenden Drittland diesbezüglich eine wirksame Beaufsichtigung und Durchsetzung gegeben ist.

Der Rechts- und Aufsichtsrahmen eines Drittlandes kann als gleichwertig betrachtet werden, wenn:

a) die Märkte dieses Drittlandes einer Zulassungspflicht unterliegen und Gegenstand wirksamer und kontinuierlicher Beaufsichtigungs- und Durchsetzungsverfahren sind,

b) die Märkte dieses Drittlandes eindeutige und transparente Regeln für die Zulassung von Wertpapieren zum Handel haben, so dass solche Wertpapiere fair, ordnungsgemäß und effizient gehandelt werden können und frei handelbar sind,

c) die Wertpapieremittenten dieses Drittlandes regelmäßig und kontinuierlich Informationspflichten nachkommen, die ein hohes Maß an Anlegerschutz gewährleisten, und

d) Markttransparenz und -integrität in diesem Drittland gewährleistet sind, indem Marktmissbrauch in Form von Insider-Geschäften und Marktmanipulation verhindert werden.

(3) Die Artikel 7, 13 und 14 gelten nicht für die Tätigkeiten natürlicher oder juristischer Personen, die infolge einer Vereinbarung mit einem öffentlichen Emittenten als Primärhändler zugelassen sind und als Eigenhändler in Finanzinstrumenten auftreten, die auf dem Primär- oder Sekundärmarkt für öffentliche Schuldtitel gehandelt werden.

(4) Die Artikel 5, 6, 12, 13 und 14 der vorliegenden Verordnung gelten nicht für natürliche oder juristische Personen, die im Zusammenhang mit der Stabilisierung eines Finanzinstruments nach Kapitel III der Verordnung (EG) Nr. 2273/2003 der Kommission vom 22. Dezember 2003 zur Durchführung der Richtlinie 2003/6/EG des Europäischen Parlaments und des Rates in Bezug auf Ausnahmeregelungen

für Rückkaufprogramme und Kursstabilisierungsmaßnahmen ein Wertpapier leer verkaufen oder eine Netto-Leerverkaufsposition halten.

(5) Die Ausnahme nach Absatz 1 gilt nur, wenn die natürliche oder juristische Person der zuständigen Behörde ihres Herkunftsmitgliedstaats schriftlich ihre Absicht mitgeteilt hat, die Ausnahme in Anspruch zu nehmen. Diese Mitteilung erfolgt spätestens 30 Kalendertage vor der erstmals beabsichtigten Inanspruchnahme der Ausnahme.

(6) Die Ausnahme nach Absatz 3 gilt nur, wenn die natürliche oder juristische Person der für die betreffenden öffentlichen Schuldtitel zuständigen Behörde schriftlich ihre Absicht mitgeteilt hat, die Ausnahme in Anspruch zu nehmen. Diese Mitteilung erfolgt spätestens 30 Kalendertage vor der erstmals beabsichtigten Inanspruchnahme der Ausnahme durch die natürliche oder juristische Person, die als Eigenhändler in Finanzinstrumenten auftreten.

(7) Die zuständige Behörde nach den Absätzen 5 und 6 kann die Inanspruchnahme der Ausnahme untersagen, wenn sie der Ansicht ist, dass die natürliche oder juristische Person die Bedingungen für die Ausnahme nicht erfüllt. Ein solches Verbot wird innerhalb des in den Absätzen 5 oder 6 genannten Zeitraums von 30 Kalendertagen erlassen, kann aber auch zu einem späteren Zeitpunkt ausgesprochen werden, falls die zuständige Behörde feststellt, dass hinsichtlich der betreffenden natürlichen oder juristischen Person Änderungen eingetreten sind und sie die Bedingungen der Ausnahmeregelung deshalb nicht mehr erfüllt.

(8) Einheiten eines Drittlands, die nicht in der Union zugelassen sind, übermitteln die in den Absätzen 5 und 6 genannte Mitteilung der zuständigen Behörde des Handelsplatzes in der Union, an dem sie hauptsächlich tätig sind.

(9) Eine natürliche oder juristische Person, die eine Mitteilung nach Absatz 5 getätigt hat, benachrichtigt die zuständige Behörde ihres Herkunftsmitgliedstaats so bald wie möglich schriftlich über jegliche Änderungen mit möglichen Auswirkungen auf das Recht zur Inanspruchnahme der Ausnahme oder darüber, dass sie die Ausnahme nicht länger in Anspruch zu nehmen wünscht.

(10) Eine natürliche oder juristische Person, die eine Mitteilung nach Absatz 6 getätigt hat, benachrichtigt die für die betreffenden öffentlichen Schuldtitel zuständige Behörde sobald wie möglich schriftlich über jegliche Änderungen mit möglichen Auswirkungen auf das Recht zur Inanspruchnahme der Ausnahme oder darüber, dass sie die Ausnahme nicht länger in Anspruch zu nehmen wünscht.

(11) Die zuständige Behörde des Herkunftsmitgliedstaats kann bei natürlichen oder juristischen Personen, die im Rahmen der in Absatz 1, 3 oder 4 genannten Ausnahmen tätig sind, schriftliche Informationen über gehaltene Short-Positionen oder über die im Rahmen der Ausnahme durchgeführten Tätigkeiten anfordern. Die natürliche oder juristische Person liefert die Informationen spätestens vier Kalendertage nach der Anfrage.

(12) Eine zuständige Behörde unterrichtet die ESMA innerhalb von zwei Wochen nach der Mitteilung gemäß Absatz 5 oder 9 über Market-Maker und gemäß Absatz 6 oder 10 über zugelassene Primärhändler, die die Ausnahme in Anspruch nehmen, sowie über Market-Maker und zugelassene Primärhändler, die die Ausnahme nicht mehr in Anspruch nehmen.

(13) Die ESMA veröffentlicht auf ihrer Website eine Liste der Market-Maker und zugelassenen Primärhändler, die die Ausnahme in Anspruch nehmen; sie aktualisiert diese Liste laufend.

(14) Eine Mitteilung gemäß diesem Artikel kann jederzeit bis 60 Tage vor dem 1. November 2012 durch eine Person an eine zuständige Behörde und durch eine zuständige Behörde an die ESMA gemacht werden.

In der Fassung vom 14.3.2012 (ABl. EU Nr. L 86 v. 24.3.2012, S. 1).

Schrifttum: S. Vor Art. 1 ff. VO Nr. 236/2012.

I. Regelungsgegenstand 1	3. Geschäfte aufgrund von Market-Making-Aktivitäten 23
II. Regelungssystematik 5	4. Mitteilung gegenüber der jeweils zuständigen Behörde 28
1. Verordnungsebene 5	5. Keine Untersagung der Inanspruchnahme durch die jeweils zuständige Behörde 29
2. ESMA-Leitlinien (Guidelines) (Level 3) 9	V. Gleichwertige Drittstaaten (Art. 17 Abs. 2 VO Nr. 236/2012) 30
3. Nationale Rechtsakte und Verlautbarungen der BaFin 11	
III. Regelungszweck 13	
IV. Ausnahme für Market-Making-Tätigkeiten (Art. 17 Abs. 1, 5, 9 VO Nr. 236/2012) 16	VI. Ausnahme für zugelassene Primärhändler (Art. 17 Abs. 3, 6, 10 VO Nr. 236/2012) 33
1. Persönlicher Anwendungsbereich 17	1. Persönlicher Anwendungsbereich: Zugelassene Primärhändler 34
2. Sachlicher Anwendungsbereich 21	

Art. 17 VO Nr. 236/2012 | Ausnahme für bestimmte Tätigkeiten

2. Sachlicher Anwendungsbereich 35
3. Mitteilung gegenüber der zuständigen Behörde 36
4. Keine Untersagung der Inanspruchnahme durch die jeweils zuständige Behörde 37
VII. Compliancepflichten von Market Makern .. 38
VIII. Ausnahme für Stabilisierungsmaßnahmen (Art. 17 Abs. 4 VO Nr. 236/2012) 39
IX. Verfahren der Mitteilung nach Art. 17 Abs. 5, 6, 9 und 10 (i.V.m. Abs. 8) VO Nr. 236/2012 41
1. Mitteilungsadressat 41
2. Inhalt der Mitteilung 45
3. Form der Mitteilung 50

4. Übermittlung der Mitteilung 51
5. Zeitpunkt der Mitteilung 52
X. Untersagung der Inanspruchnahme (Art. 17 Abs. 7 VO Nr. 236/2012) 54
XI. Unterrichtung der ESMA (Art. 17 Abs. 12 VO Nr. 236/2012) 57
XII. Liste der Market Maker und zugelassenen Primärhändler (Art. 17 Abs. 13 VO Nr. 236/2012) 58
XIII. Informationsrechte der jeweils zuständigen Behörde (Art. 17 Abs. 11 VO Nr. 236/2012) . 59

1 **I. Regelungsgegenstand.** Art. 17 VO Nr. 236/2012 enthält bestimmte Ausnahmen vom Verbotsregime und den Transparenzpflichten der Leerverkaufs-VO[1]. Nach **Art. 17 Abs. 1 VO Nr. 236/2012** finden die Art. 5, 6, 7, 12, 13 und 14 VO Nr. 236/2012 keine Anwendung auf Geschäfte, die aufgrund von **Market-Making-Aktivitäten**[2] getätigt werden. Die Art. 7, 13 und 14 VO Nr. 236/2012 finden nach **Art. 17 Abs. 3 VO Nr. 236/2012** keine Anwendung auf Tätigkeiten von Personen, die infolge einer Vereinbarung mit einem Emittenten öffentlicher Schuldtitel als **Primärhändler** zugelassen sind und als Eigenhändler in Finanzinstrumenten auftreten. Voraussetzung für das Eingreifen der beiden Ausnahmetatbestände ist nach **Art. 17 Abs. 5** bzw. **Abs. 6 VO Nr. 236/2012**, dass die betreffende **Person** der **zuständigen Behörde** ihres Herkunftsmitgliedstaats vor der Inanspruchnahme der Ausnahme schriftlich **mitgeteilt** hat, diese in Anspruch nehmen zu wollen. Nach dieser Mitteilung müssen die jeweils zuständigen Behörden über Änderungen mit möglichen Auswirkungen auf das Recht zur Inanspruchnahme der Ausnahmen unverzüglich benachrichtigt werden (**Art. 17 Abs. 9** bzw. **Abs. 10 VO Nr. 236/2012**). Die zuständigen Behörden erteilen keine Genehmigung für die Inanspruchnahme der Ausnahme. **Art. 17 Abs. 7 VO Nr. 236/2012** berechtigt sie aber zu einer Untersagung.

2 **Art. 17 Abs. 2 VO Nr. 236/2012** ermöglicht es der Europäischen Kommission, den Aufsichtsrahmen eines Drittstaates durch Beschluss als gleichwertig mit dem europäischen Aufsichtsrahmen anzuerkennen und so einem **Market Maker in einem Drittstaat** die Möglichkeit zu geben, die Ausnahme nach Art. 17 Abs. 1 VO Nr. 236/2012 in Anspruch zu nehmen. Im Falle einer Anerkennung müssen Market Maker aus einem Drittstaat die Meldungen nach Art. 17 Abs. 5 VO Nr. 236/2012 der zuständigen Behörde des Handelsplatzes übermitteln, an dem sie hauptsächlich tätig sind (**Art. 17 Abs. 8 VO Nr. 236/2012**). Der Verweis in Art. 17 Abs. 2 auf Art. 17 Abs. 6 VO Nr. 236/2012 ist irreführend, da es für die zugelassenen Primärhändler keine Drittstaatenanerkennung gibt.

3 Die Art. 5, 6, 12, 13 und 14 VO Nr. 236/2012 gelten nach **Art. 17 Abs. 4 VO Nr. 236/2012** nicht für die Tätigkeiten von Personen, die im Zusammenhang mit der **Stabilisierung von Wertpapieren nach Art. 5 VO Nr. 596/2014 (MAR)**[3] ein Wertpapier leerverkaufen oder eine Netto-Leerverkaufsposition halten.

4 Die zuständigen Behörden haben nach **Art. 17 Abs. 11 VO Nr. 236/2012** das Recht, bei Personen, die die Ausnahmen nach Art. 17 Abs. 1, 3 und 4 VO Nr. 236/2012 in Anspruch nehmen, bestimmte Informationen anzufordern, die diese spätestens vier Kalendertage nach der Anfrage übermitteln müssen (Art. 17 Abs. 11 VO Nr. 236/2012). Sie sind verpflichtet, die ESMA über die Mitteilungen nach Art. 17 Abs. 5, 6, 9 und 10 VO Nr. 236/2012 zu unterrichten (**Art. 17 Abs. 12 VO Nr. 236/2012**). Die ESMA veröffentlicht auf ihrer Website eine deklaratorische Liste der Market-Maker und zugelassenen Primärhändler, die die Ausnahmen in Anspruch nehmen (**Art. 17 Abs. 13 VO Nr. 236/2012**).

---

1 Dazu *Grundmann* in Staub, HGB, Bankvertragsrecht 2, 5. Aufl. 2018, 6. Teil, 4. Abschnitt, A Rz. 627 ff.; *Walla* in Veil, European Capital Markets Law, 2nd ed. 2017, § 24 Rz. 16; *Sorgenfrei/Saliger* in Park, Kapitalmarktstrafrecht, Kap. 18.16. Rz. 15 f.; *Weick-Ludewig* in Fuchs, WpHG, § 30h Rz. 101 ff.; *Zetzsche* in Gebauer/Teichmann, Europäisches Privat- und Unternehmensrecht, 1. Aufl. 2016, § 7 C. Rz. 254; *von Buttlar/Petersen* in Just/Voß/Ritz/Becker, § 30h WpHG Rz. 94 ff.; *Schlimbach*, Leerverkäufe, 2015, S. 137 ff.; *Moloney*, EU Securities and Financial Markets Regulation, 3rd ed. 2014, VI.3.5.2., S. 553 f.; *Gruber*, Leerverkäufe, 2014, S. 22 ff.; *Ludewig/Geilfus*, WM 2013, 1533; *Mülbert/Sajnovits*, ZBB 2012, 266, 282.

2 Die Definition des Market Making in der Leerverkaufs-VO stimmt nicht vollumfänglich mit der Definition eines Market Makers nach Art. 4 Abs. 1 Nr. 7 RL 2014/65/EU überein. Nach diesem ist ein Market Maker eine Person, die an den Finanzmärkten auf kontinuierlicher Basis ihre Bereitschaft anzeigt, durch den An- und Verkauf von Finanzinstrumenten unter Einsatz des eigenen Kapitals Handel für eigene Rechnung zu von ihr gestellten Kursen zu betreiben. Die Europäische Kommission hat in ihrer Anfrage an die ESMA zu einer neuerlichen Evaluation der Leerverkaufs-VO (Vor Art. 1 ff. VO Nr. 236/2012 Rz. 18) auf potenzielle Diskrepanzen hingewiesen. Die ESMA hat in ihrem final advice allerdings für *eine Beibehaltung der Unterschiede* plädiert. S. ESMA, Final Report – Technical Advice on the evaluation of certain elements of the Short Selling Regulation, ESMA70-145-386, 3.2.3. Rz. 25 ff.

3 Gem. Art. 37 i.V.m. Anhang II VO Nr. 596/2014 (MAR) ist der Verweis in der Leerverkaufs-VO auf die MAD I als solcher auf die MAR zu lesen (näher Vor Art. 1 ff. VO Nr. 236/2012 Rz. 17).

II. Regelungssystematik. 1. Verordnungsebene. Geschäfte, die dem Ausnahmetatbestand des **Art. 17 Abs. 1 VO Nr. 236/2012** unterfallen, sind weder melde- noch veröffentlichungspflichtig (Art. 5–10 VO Nr. 236/2012 Rz. 25 ff.), noch stellen sie einen Verstoß gegen die Art. 12, 13 VO Nr. 236/2012 (näher Art. 12, 13 VO Nr. 236/2012 Rz. 27 ff.) oder gegen Art. 14 VO Nr. 236/2012 (näher Art. 14 VO Nr. 236/2012 Rz. 19 ff.) dar. Den Begriff der Market-Making-Tätigkeit definiert **Art. 2 Abs. 1 lit. k VO Nr. 236/2012** (Art. 2 VO Nr. 236/2012 Rz. 34).

Zugelassene Primärhändler verstoßen bei ihrer Tätigkeit nicht gegen die Art. 13 (Art. 13 VO Nr. 236/2012 Rz. 28) und 14 VO Nr. 236/2012 (Art. 14 VO Nr. 236/2012 Rz. 19 ff.) und müssen Netto-Leerverkaufspositionen in den ausgegebenen öffentlichen Schuldtiteln eines öffentlichen Emittenten nicht nach Art. 7 VO Nr. 236/2012 der jeweils zuständigen Behörde melden (näher Art. 5–10 VO Nr. 236/2012 Rz. 32 ff.). Den Begriff des zugelassenen Primärhändlers definiert **Art. 2 Abs. 1 lit. n VO Nr. 236/2012** (Art. 2 VO Nr. 236/2012 Rz. 37).

Für das Verfahren zur **Anerkennung eines Drittstaates** als gleichwertig, das nur für die Ausnahme nach Art. 17 Abs. 1 VO Nr. 236/2012 Bedeutung hat (Rz. 2 a.E.), verweist Art. 17 Abs. 2 VO Nr. 236/2012 auf **Art. 44 Abs. 2 VO Nr. 236/2012**, der seinerseits auf **Art. 5 VO Nr. 182/2011** verweist. Im Falle einer Anerkennung eines gleichwertigen Drittstaates müssen Market Maker dieses Drittstaates die Meldungen nach Art. 17 Abs. 5 VO Nr. 236/2012 der zuständigen Behörde des Handelsplatzes übermitteln, an dem sie hauptsächlich tätig sind (**Art. 17 Abs. 8 VO Nr. 236/2012**). Der Verweis in Art. 17 Abs. 9 VO Nr. 236/2012 auf Art. 17 Abs. 6 VO Nr. 236/2012 ist irreführend, da es für die zugelassenen Primärhändler keine Drittstaatenanerkennung gibt.

Die Art. 5, 6, 12, 13 und 14 VO Nr. 236/2012 gelten nach **Art. 17 Abs. 4 VO Nr. 236/2012** nicht für die Tätigkeiten von Personen, die im Zusammenhang mit der **Stabilisierung eines Finanzinstruments nach Art. 5 VO Nr. 596/2014 (MAR)**[1] ein Wertpapier leerverkaufen oder eine Netto-Leerverkaufsposition halten. Zum allgemeinen Verhältnis zur MAR s. Vor Art. 1 ff. VO Nr. 236/2012 Rz. 17.

2. ESMA-Leitlinien (Guidelines) (Level 3). Als (echte) Level 3-Maßnahmen hat die **ESMA Guidelines zu Market-Making- und Primärhändlertätigkeiten** zu Art. 17 VO Nr. 236/2012 erlassen[2]. Eine rechtliche Bindungswirkung der Leitlinien der ESMA besteht weder gegenüber den Kapitalmarktteilnehmern noch gegenüber den nationalen Aufsichtsbehörden[3]. Der Regelungsauftrag der ESMA beim Erlass von Guidelines geht nach Art. 16 Abs. 1 VO Nr. 1095/2010 (ESMA-VO) dahin, kohärente, effiziente und wirksame Aufsichtspraktiken zu schaffen und eine gemeinsame, einheitliche und kohärente Anwendung des Unionsrechts sicherzustellen. Die ESMA ist nicht ermächtigt, über die Regelungen des Sekundärrechtsakts und der Tertiärrechtsakte hinaus zu gehen[4].

Zu den von der ESMA veröffentlichten Guidelines hat die **BaFin** – ebenso wie einige andere nationale Aufsichtsbehörden[5] – lediglich eine *Partially-Comply*-**Erklärung** abgegeben[6], da sie der Auffassung ist, dass die ESMA die Leerverkaufs-VO in den Guidelines teilweise falsch auslegt. Zur Präzisierung ihrer eigenen Auslegung hat die BaFin ein Merkblatt veröffentlicht (Rz. 12). Dies führt an verschiedenen Stellen zu einer zwischen den Mitgliedstaaten der EU uneinheitlichen Auslegung und damit auch Handhabung des Art. 17 VO Nr. 236/2012, da die meisten andere europäische Aufsichtsbehörden erklärt haben, den Guidelines der ESMA zu folgen[7]. Die **Aufsichtspraxis** zum Ausnahmetatbestand für Market-Making-Aktivitäten ist deshalb **in der EU uneinheitlich**. Diesen Zustand wollten die Leerverkaufs-VO selbst (Vor Art. 1 ff. VO Nr. 236/2012 Rz. 13) und die ESMA als Institution eigentlich verhindern.

3. Nationale Rechtsakte und Verlautbarungen der BaFin. Das BMF kann gem. § 53 Abs. 4 Unterabs. 1 Nr. 3 WpHG durch **Rechtsverordnung** nähere Bestimmungen über Art, Umfang und Form der Mitteilungen, Übermittlungen und Benachrichtigungen gem. Art. 17 Abs. 5, 6 und 8–10 erlassen (Vor Art. 1 ff. VO Nr. 236/2012 Rz. 23). Die BaFin hat – nach Übertragung der Ermächtigung durch das BMF – die **Leerverkaufs-Anzeigenverordnung (LAnzV**[8]**)** erlassen. Darin werden Inhalt und Verfahren der Mitteilungen nach den Art. 17 Abs. 5, 6, 9 und 10 VO Nr. 236/2012 – teilweise in Abweichung zu den Guidelines der ESMA – näher ausgestaltet.

Die **BaFin** hat auf ihrer Website zudem ein (aktualisiertes) **Merkblatt – Anzeigen von Market-Making und Primärhändlertätigkeiten** veröffentlicht[9], das Ausführungen sowohl zum Übergangsregime als auch zur prak-

---

1 Gem. Art. 37 i.V.m. Anhang II VO Nr. 596/2014 (MAR) ist der Verweis in der Leerverkaufs-VO auf die MAD I als solcher auf die MAR zu lesen (näher Vor Art. 1 ff. VO Nr. 236/2012 Rz. 17).
2 Abrufbar unter: https://www.esma.europa.eu/sites/default/files/library/2015/11/esma2013-74_de.pdf.
3 *Ludewig/Geilfus*, WM 2013, 1533, 1535; *Schlimbach*, Leerverkäufe, 2015, S. 138; *Hupka*, WM 2009, 1351, 1354; *Möllers*, ZEuP 2008, 480, 490 ff.; *Kalss* in Riesenhuber, Europäische Methodenlehre, S. 605, 618.
4 *Kalss* in Riesenhuber, Europäische Methodenlehre, S. 605, 618.
5 Dies waren die Aufsichtsbehörden von Großbritannien, Dänemark, Schweden und Frankreich.
6 Abrufbar unter: https://www.esma.europa.eu/sites/default/files/library/2015/11/2013-765_guidelines_compliance_table_-_market_making_guidelines.pdf. Näher *Ludewig/Geilfus*, WM 2013, 1533.
7 S. ESMA, Guidelines Compliance Table, ESMA/2013/765, abrufbar unter: https://www.esma.europa.eu/sites/default/files/library/2015/11/2013-765_guidelines_compliance_table_-_market_making_guidelines.pdf.
8 Leerverkaufs-Anzeigeverordnung vom 16.4.2014 (BGBl. I 2014, 386).
9 Abrufbar unter: https://www.bafin.de/SharedDocs/Veroeffentlichungen/DE/Merkblatt/WA/mb_130715_eu_market_making.html?nn=7852652 (Aktualisierte Fassung gültig seit 15.8.2013, zuletzt geringfügig geändert am 18.9.2013).

tischen Umsetzung der Anzeigepflichten in der LAnzV enthält. Ferner erläutert das Merkblatt die Auslegungspraxis zu Art. 17 VO Nr. 236/2012, die – wie erwähnt (Rz. 10) – in einigen Punkten von derjenigen der ESMA abweicht[1]. Ergänzt wird das Merkblatt durch einen ebenfalls auf der Website veröffentlichten **Hinweis zum aktualisierten Merkblatt** vom 15.7.2013[2].

13 **III. Regelungszweck.** Die Leerverkaufs-VO erkennt in ihrem 26. Erwägungsgrund ausdrücklich an, dass **Market-Making-Tätigkeiten** bei der **Bereitstellung von Liquidität** auf den Märkten in der Union eine maßgebliche Rolle spielen und Market Maker bei ihrer Tätigkeit notwendig Short-Positionen eingehen müssen (Erwägungsgrund 26 Satz 1 VO Nr. 236/2012)[3]. Um die Liquidität auf den Märkten und Tätigkeiten von diesen Marktteilnehmern, die für das **effiziente Funktionieren der Märkte** wichtig sind, nicht zu beeinträchtigen, sieht Art. 17 Abs. 1 VO Nr. 236/2012 deshalb Ausnahmen vom Verbotsregime und den Transparenzpflichten für Market-Making-Tätigkeiten vor (Erwägungsgrund 26 Satz 4 VO Nr. 236/2012)[4]. Um auch **Market Makern in gleichwertigen Drittstaaten** die Ausübung ihrer Tätigkeiten innerhalb der EU zu ermöglichen, wurde das Verfahren zur Anerkennung nach Art. 17 Abs. 2 VO Nr. 236/2012 eingeführt (Erwägungsgrund 26 Satz 5 VO Nr. 236/2012).

14 Den durch Art. 17 Abs. 3 VO Nr. 236/2012 ausgenommenen **Primärhändlertätigkeiten** spricht die Leerverkaufs-VO in Erwägungsgrund 26 Satz 7 VO Nr. 236/2012 ebenfalls eine **bedeutsame Rolle** für das **effiziente Funktionieren der Märkte** zu. Damit deren wichtige Tätigkeit nicht durch die Verbots- und Transparenzvorschriften der Leerverkaufs-VO zum Nachteil der Effizienz der Märkte beeinträchtigt bzw. eingeschränkt werden, sieht Art. 17 Abs. 3 VO Nr. 236/2012 entsprechende Ausnahmen vor (Erwägungsgrund 26 Satz 7 VO Nr. 236/2012).

15 Schließlich haben auch **Stabilisierungsmaßnahmen** eine wichtige Funktion für das **effiziente Funktionieren der Märkte**. Daher ist es aus Sicht des europäischen Gesetzgebers erforderlich, bestimmte Stabilisierungsmaßnahmen von den Verbots- und Transparenzvorschriften der Leerverkaufs-VO zu befreien (Erwägungsgrund 26 Satz 7 VO Nr. 236/2012, zur Bedeutung von Stabilisierungsmaßnahmen Art. 5 VO Nr. 596/2014 Rz. 26 f.). Die Ausnahme für Stabilisierungsmaßnahmen stellt zudem sicher, dass die **Leerverkaufs-VO** und die **MAR nicht** miteinander **konfligieren**.

16 **IV. Ausnahme für Market-Making-Tätigkeiten (Art. 17 Abs. 1, 5, 9 VO Nr. 236/2012).** Die Ausnahme des Art. 17 Abs. 1 VO Nr. 236/2012 greift nur, wenn es sich bei dem jeweiligen konkreten Geschäft, das zu einer Netto-Leerverkaufsposition führt oder einen ungedeckten Leerverkauf darstellt bzw. zu einer ungedeckten Position in CDS führt, (i) um eine Market-Making-Tätigkeit durch (ii) einen Market Maker handelt und (iii) eine ordnungsgemäße und vollständige Anzeige rechtzeitig erfolgt ist. Keine der Voraussetzungen genügt für sich[5]. Liegt mithin eine ordnungsgemäße Anzeige vor, stellt aber ein Geschäft keine Market-Making-Tätigkeit durch einen Market Maker dar, greift auch die Ausnahme nicht ein.

17 **1. Persönlicher Anwendungsbereich.** Der Ausnahmetatbestand für Market-Making-Tätigkeiten ist **auf bestimmte Personen beschränkt**. Dem Art. 17 Abs. 1 VO Nr. 236/2012 unterfallende Market-Making-Tätigkeiten können ausweislich der Definition der Market-Making-Tätigkeit in Art. 2 Abs. 1 lit. k VO Nr. 236/2012 nur durch (i) eine Wertpapierfirma, (ii) ein Kreditinstitut, (iii) eine Körperschaft eines Drittlands oder (iv) eine lokale Firma vorgenommen werden, die jeweils Mitglied eines Handelsplatzes in der EU oder eines Drittlandmarktes sind, dessen Rechts- und Aufsichtsrahmen von der Europäischen Kommission gem. Art. 17 Abs. 2 VO Nr. 236/2012 als gleichwertig erklärt wurde (Rz. 30 ff.)[6].

18 Zwar verweist Art. 2 Abs. 1 lit. k VO Nr. 236/2012 nur hinsichtlich der lokalen Firma auf die Begriffsbestimmung der MiFID I, was nunmehr als Verweis auf die MiFID II zu lesen ist[7]. Zur Wahrung der Einheit des Unionsrechts ist aber auch hinsichtlich des Begriffs der Wertpapierfirma auf die MiFID II zurückzugreifen. Nach Art. 4 Abs. 1 Nr. 1 RL 2014/65/EU (MiFID II) ist eine **Wertpapierfirma** jede juristische Person, die im Rahmen ihrer üblichen beruflichen oder gewerblichen Tätigkeit gewerbsmäßig eine oder mehrere Wertpapierdienstleistungen (Art. 4 Abs. 1 Nr. 2 RL 2014/65/EU) für Dritte erbringt und/oder eine oder mehrere Anlagetätigkeiten ausübt. Für den Begriff des Kreditinstituts ist auf Art. 4 Abs. 1 Nr. 1 VO Nr. 575/2013 (CRR) zurückzugreifen[8]. Danach ist ein **Kreditinstitut** ein Unternehmen, dessen Tätigkeit darin besteht, Einlagen oder andere rückzahl-

---

1 *Weick-Ludewig* in Fuchs, § 30h WpHG Rz. 105.
2 Abrufbar unter: https://www.bafin.de/SharedDocs/Veroeffentlichungen/DE/Merkblatt/WA/mb_130715_eu_market_making_hinweisblatt.html.
3 Zum Market Making s. nur *Armour/Awrey/Davies/Enriques/Gordon/Mayer/Payne*, Principles of Financial Regulation, 2016, S. 449 ff.; ferner etwa *Klöhn*, ZBB 2017, 261, 266 f.; *Müller-Lankow*, WM 2017, 2335, 2336 f.
4 *Grundmann* in Staub, HGB, Bankvertragsrecht 2, 5. Aufl. 2018, 6. Teil, 4. Abschnitt, A Rz. 628.
5 ESMA, Guidelines zu Market-Making- und Primärhändlertätigkeiten, Rz. 13, S. 6, Rz. 28, S. 8.
6 *Grundmann* in Staub, HGB, Bankvertragsrecht 2, 5. Aufl. 2018, 6. Teil, 4. Abschnitt, A Rz. 629.
7 Gem. Art. 94 Unterabs. 2 i.V.m. Anhang IV RL 2014/65/EU (MiFID II) ist der Verweis in der Leerverkaufs-VO auf die MiFID I als solcher auf die MiFID II zu lesen (näher Vor Art. 1 ff. VO Nr. 236/2012 Rz. 17).
8 So auch *Schlimbach*, Leerverkäufe, 2015, S. 140.

bare Gelder des Publikums entgegenzunehmen und Kredite für eigene Rechnung zu gewähren. **Körperschaften von Drittländern** sind nicht näher definiert; hier ist entscheidend, dass sie ähnliche Funktionen wie Wertpapierfirmen und Kreditinstitute ausüben und Mitglied eines Handelsplatzes in der EU oder eines für gleichwertig erklärten Drittlandes sind (Rz. 30 ff.). Für den Begriff der lokalen Firma verweist die Leerverkaufs-VO auf Art. 2 Abs. 1 lit. l RL 2004/39/EG (MiFID I). In der MiFID II und der MiFIR findet der Begriff keine Entsprechung mehr[1]. Jedoch definiert Art. 4 Abs. 1 Nr. 4 VO Nr. 575/2013 (CRR) die **lokale Firma** als eine Firma, die auf Finanztermin- oder Options- oder anderen Derivatemärkten und auf Kassamärkten für eigene Rechnung mit dem alleinigen Ziel der Absicherung von Positionen auf Derivatemärkten tätig ist oder die für Rechnung anderer Mitglieder dieser Märkte handelt und die über eine Garantie seitens der Clearingmitglieder der genannten Märkte verfügt, wobei die Verantwortung für die Erfüllung der von einer solchen Firma abgeschlossenen Geschäfte von Clearingmitgliedern der selben Märkte übernommen wird. Auf diese Begriffsbestimmung kann zurückgegriffen werden.

Der Market Maker (Rz. 17 f.) muss nach Art. 2 Abs. 1 lit. k VO Nr. 236/2012 **Mitglied eines Handelsplatzes** (Art. 2 Abs. 1 lit. l VO Nr. 236/2012) oder eines für gleichwertig erklärten Drittlandsmarktes (Rz. 30 ff.) sein[2]. Dabei genügt es, wenn der Market Maker Mitglied an irgendeinem tauglichen Handelsplatz bzw. Drittlandmarkt ist. Er muss nicht gerade Mitglied an demjenigen Handelsplatz bzw. Drittlandmarkt sein, an dem das jeweilige Finanzinstrument gehandelt wird[3]. Dies entspricht auch der Auslegung der BaFin[4] und der britischen FCA[5]. 19

Die **ESMA** legt Art. 2 Abs. 1 lit. k VO Nr. 236/2012 in ihren Guidelines zu Art. 17 VO Nr. 236/2012 (Rz. 9) demgegenüber so aus, dass der Market Maker an einem Handelsplatz Mitglied sein muss, an dem das jeweilige Finanzinstrument auch zugelassen ist oder gehandelt wird[6]. Diese Auslegung ist nicht überzeugend. Nach dem **Wortlaut** des Art. 2 Abs. 1 lit. k VO Nr. 236/2012 bezieht sich die Voraussetzung der Handelsplatzmitgliedschaft nur auf die Person des Market Maker und nicht auf das Finanzinstrument[7]. Auch der zweite Satzteil spricht nur von der Tätigkeit in Bezug auf ein an *einem* Handelsplatz oder außerhalb eines Handelsplatzes gehandeltes Finanzinstrument und begründet keine Einschränkung dahingehend, dass das jeweilige Finanzinstrument gerade an dem Handelsplatz gehandelt werden müsse, an dem auch die Mitgliedschaft (des ersten Satzteils) besteht[8]. Lediglich die englische Sprachfassung[9] deutet auf einen Zusammenhang zwischen Handelsplatzmitgliedschaft und Handelsort des Finanzinstruments hin und unterstützt insoweit die enge Auslegung durch die ESMA. Aber auch die FSA (FCA) versteht *„where"* nicht als örtliche Bezugnahme, sondern erläutert, dass *„where"* als *„the circumstances in which"* zu verstehen sei, wie auch in einer Reihe anderer Vorschriften der Leerverkaufs-VO[10]. Zudem sprechen **systematische Erwägungen** dagegen, Mitgliedschaft und Handelsort zusammenzuziehen. Denn andernfalls könnte die Ausnahme für Finanzinstrumente, die an keinem Handelsplatz gehandelt werden, nicht in Anspruch genommen werden[11]. Insbesondere für CDS, die in aller Regel OTC gehandelt werden, käme die Ausnahme nicht in Betracht[12]. Da aber Art. 17 Abs. 1 VO Nr. 236/2012 ausdrücklich auch auf Art. 14 VO Nr. 236/2012 Bezug nimmt, würde die Ausnahme insofern faktisch leerlaufen[13]. Schließlich spricht auch der **Regelungszweck** gegen eine enge Auslegung. Gerade vor dem Hintergrund der in der empirischen Forschung konstatierten Auswirkungen von Leerverkaufsverboten auf die Liquidität der Märkte (Vor Art. 1 ff. VO Nr. 236/2012 Rz. 52) und der großen Bedeutung von Market Makern für die Liquidität ist davor zu warnen, durch eine besonders strenge Auslegung der Ausnahmevorschriften für Market Maker deren wichtige Tätigkeit (Rz. 13) über Gebühr zu beschränken. In ihrem *technical advice* zu einem Review der Leerverkaufs-VO schlägt die ESMA nunmehr – wohl in Anerkennung der die Auslegung der BaFin und der FCA tragenden Erwägungen – vor, die Anfor- 20

---

1 Gem. Art. 94 Unterabs. 2 i.V.m. Anhang IV RL 2014/65/EU (MiFID II) ist der Verweis in der Leerverkaufs-VO auf die MiFID I als solcher auf die MiFID II zu lesen (näher Vor Art. 1 ff. VO Nr. 236/2012 Rz. 17).
2 *Ludewig/Geilfus*, WM 2013, 1533, 1534, 1537 ff.
3 *Ludewig/Geilfus*, WM 2013, 1533, 1534, 1537 ff.; *Weick-Ludewig* in Fuchs, § 30h WpHG Rz. 114.
4 S. ESMA, Guidelines Compliance Table, ESMA/2013/765, abrufbar unter: https://www.esma.europa.eu/sites/default/files/library/2015/11/2013-765_guidelines_compliance_table_-_market_making_guidelines.pdf.
5 S. ESMA, Guidelines Compliance Table, ESMA/2013/765, abrufbar unter: https://www.esma.europa.eu/sites/default/files/library/2015/11/2013-765_guidelines_compliance_table_-_market_making_guidelines.pdf.
6 ESMA Guidelines zu Market-Making- und Primärhändlertätigkeiten, Rz. 19 ff., S. 7 f. und Rz. 35 f., S. 10 f. jedenfalls für Aktien und öffentliche Schuldtitel.
7 *Ludewig/Geilfus*, WM 2013, 1533, 1534.
8 *Ludewig/Geilfus*, WM 2013, 1533, 1534.
9 Die englische Fassung des Art. 2 Abs. 1 lit. k VO Nr. 236/2012 lautet: „market making activities' means the activities of an investment firm, a credit institution, a third-country entity, or a firm as referred to in point (l) of Article 2(1) of Directive 2004/39/EC, which is a member of a trading venue or of a market in a third country, the legal and supervisory framework of which has been declared equivalent by the Commission pursuant to Article 17(2) where it deals as principal in a financial instrument, whether traded on or outside a trading venue, in any of the following capacities …".
10 Stellungnahme FSA, s. ESMA, Guidelines Compliance Table, ESMA/2013/765, abrufbar unter: https://www.esma.europa.eu/sites/default/files/library/2015/11/2013-765_guidelines_compliance_table_-_market_making_guidelines.pdf.
11 So auch konsequent ESMA, Guidelines zu Market-Making- und Primärhändlertätigkeiten, Rz. 22, S. 8.
12 *Weick-Ludewig* in Fuchs, § 30h WpHG Rz. 115.
13 *Weick-Ludewig* in Fuchs, § 30h WpHG Rz. 115 mit Fn. 236.

Art. 17 VO Nr. 236/2012 | Ausnahme für bestimmte Tätigkeiten

derungen an die Handelsplatzmitgliedschaft *de lege ferenda* zu lockern[1]. Zukünftig soll für handelsplatzbasiertes *market making* in Instrumenten, die an einem Handelsplatz in der EU zugelassen sind, die Mitgliedschaft an irgendeinem Handelsplatz in der EU genügen[2]. Für OTC *market making* in Instrumenten, die an einem Handelsplatz gehandelt werden, und für OTC *market making* in Instrumenten, die ausschließlich OTC gehandelt werden, soll sogar ganz auf das Erfordernis einer Handelsplatzmitgliedschaft verzichtet werden[3].

21 **2. Sachlicher Anwendungsbereich.** Die Ausnahme nach Art. 17 Abs. 1 VO Nr. 236/2012 gilt **instrumentenbasiert**[4] und kann für Geschäfte in Aktien[5], öffentlichen Schuldtiteln[6], CDS auf öffentliche Schuldtitel und **allen anderen Finanzinstrumenten** i.S.d. Art. 2 Abs. 1 lit. a VO Nr. 236/2012 eingreifen (zum Begriff Art. 1 VO Nr. 236/2012 Rz. 2 ff.)[7]. Damit wird insbesondere sichergestellt, dass Market Maker ihre Tätigkeit durch Hedging-Geschäfte umfassend absichern können[8].

22 Die **ESMA-Guidelines** verstehen Finanzinstrumente in Art. 2 Abs. 1 lit. k VO Nr. 236/2012 **enger** und sehen nur diejenigen Finanzinstrumente als erfasst an, die in Teil 1 und 2 von Anhang I der DelVO Nr. 918/2013 aufgeführt sind (zu diesen Art. 3 VO Nr. 236/2012 Rz. 11)[9]. Diese Auslegung ist nicht mehr vom Wortlaut der Leerverkaufs-VO gedeckt, da Art. 2 Abs. 1 lit. a VO Nr. 236/2012 den Begriff des Finanzinstruments für die gesamte Leerverkaufs-VO einheitlich definiert. Diese Begriffsbestimmung kann durch die ESMA nicht eingeschränkt werden. Die BaFin hat daher zutreffend erklärt, der Auslegung in den ESMA-Guidelines auch insofern nicht zu folgen (Rz. 10). Folge einer wie von der ESMA vorgenommenen Einschränkung wäre, dass das für Market Maker wichtige *hedging* mittels OTC-Instrumenten eingeschränkt wäre und diese dadurch in der effizienten Durchführung ihrer Tätigkeit beeinträchtigt wären. In ihrem *technical advice* zu einem Review der Leerverkaufs-VO hält die ESMA zwar an ihrer Auslegung fest, schlägt aber immerhin die Erstellung einer neuen Liste vor, die die erfassten Instrumente erweitert[10]. Ausdrücklich schlägt die ESMA vor, dass Bezugsrechte und Wandelanleihen in den Katalog der tauglichen Hedging-Instrumente aufgenommen werden sollen[11].

23 **3. Geschäfte aufgrund von Market-Making-Aktivitäten.** Die Ausnahme für Market Maker ist tätigkeitsbezogen[12]. Damit ein Geschäft dem Ausnahmetatbestand nach Art. 17 Abs. 1 VO Nr. 236/2012 unterfallen kann, muss es sich um eine Market-Making-Tätigkeit handeln und der Market Maker (Rz. 17 ff.) mithin als Eigenhändler auftreten und dabei **zumindest eine** der folgenden drei Funktionen ausüben[13]:

(i) Stellen wettbewerbsfähiger, fester, zeitgleicher An- und Verkaufskurse vergleichbarer Höhe zu wettbewerbsfähigen Preisen, so dass der Markt regelmäßig und kontinuierlich mit Liquidität versorgt ist;

(ii) Ausführung von Kundenaufträgen oder Aufträgen, die sich aus einem Handelsauftrag des Kunden ergeben, im Rahmen der normalen Tätigkeit;

(iii) Absicherung von Positionen, die sich aus den vorgenannten zwei Tätigkeiten ergeben.

Für andere Geschäfte der Market Maker, insbesondere ihren Eigenhandel[14] oder etwa reine Arbitragegeschäfte, kommt die Ausnahme nicht in Betracht (Erwägungsgrund 26 VO Nr. 236/2012)[15]. In ihrem *final advice* zu ei-

---

1 Vgl. ESMA, Final Report – Technical Advice on the evaluation of certain elements of the Short Selling Regulation, ESMA70-145-386, 3.4.3. Rz. 91 ff.
2 ESMA, Final Report – Technical Advice on the evaluation of certain elements of the Short Selling Regulation, ESMA70-145-386, 3.3.1. Rz. 91 ff.
3 ESMA, Final Report – Technical Advice on the evaluation of certain elements of the Short Selling Regulation, ESMA70-145-386, 3.3.1. Rz. 95 ff.
4 ESMA, Guidelines zu Market-Making- und Primärhändlertätigkeiten, Rz. 28, S. 8; vgl. auch *Grundmann* in Staub, HGB, Bankvertragsrecht 2, 5. Aufl. 2018, 6. Teil, 4. Abschnitt, A Rz. 629.
5 ESMA, Guidelines zu Market-Making- und Primärhändlertätigkeiten, Rz. 28, S. 8.
6 ESMA, Guidelines zu Market-Making- und Primärhändlertätigkeiten, Rz. 28, S. 8; *Weick-Ludewig* in Fuchs, § 30h WpHG Rz. 112.
7 BaFin, Merkblatt – Anzeigen von Market-Making und Primärhändlertätigkeiten, S. 5; *Weick-Ludewig* in Fuchs, § 30h WpHG Rz. 112 f.; *Ludewig/Geilfus*, WM 2013, 1533, 1538.
8 Vgl. ESMA, Final Report – Technical Advice on the evaluation of certain elements of the Short Selling Regulation, ESMA70-145-386, 3.3.1. Rz. 33.
9 ESMA, Guidelines zu Market-Making- und Primärhändlertätigkeiten, Rz. 32 ff., S. 9 f.
10 ESMA, Final Report – Technical Advice on the evaluation of certain elements of the Short Selling Regulation, ESMA70-145-386, 3.3.1. Rz. 34 ff., 45 ff.
11 ESMA, Final Report – Technical Advice on the evaluation of certain elements of the Short Selling Regulation, ESMA70-145-386, 3.3.1. Rz. 45.
12 *Grundmann* in Staub, HGB, Bankvertragsrecht 2, 5. Aufl. 2018, 6. Teil, 4. Abschnitt, A Rz. 627.
13 S. die englische Sprachfassung „in any of the following capacities"; die deutsche Fassung lautet mit Blick auf die Punkte (i) – (iii): „dabei eine oder beide der folgenden Funktionen wahrnehmen". S. auch *Grundmann* in Staub, HGB, Bankvertragsrecht 2, 5. Aufl. 2018, 6. Teil, 4. Abschnitt, A Rz. 629.
14 Die Abgrenzung zwischen Eigenhandel und Market Making kann im Einzelfall durchaus schwierig sein. Vgl. dazu *Armour/Awrey/Davies/Enriques/Gordon/Mayer/Payne*, Principles of Financial Regulation, 2016, S. 523 f.
15 ESMA, Guidelines zu Market-Making- und Primärhändlertätigkeiten, Rz. 13, S. 6, Rz. 24, S. 8; *Grundmann* in Staub, HGB, Bankvertragsrecht 2, 5. Aufl. 2018, 6. Teil, 4. Abschnitt, A Rz. 629.

nem Review der Leerverkaufs-VO hat die ESMA Ende Dezember 2017 eine Erweiterung der Definition der Market-Making-Tätigkeit vorgeschlagen[1]. Danach sollen *de lege ferenda* – jedenfalls sofern die Market-Making-Tätigkeit an einem Handelsplatz ausgeführt wird – weitere Tätigkeiten wie etwa Market-Making-Vereinbarungen i.S.d. Art. 17 Abs. 3 und 48 Abs. 2 RL 2014/65/EU unter die Ausnahme fallen. Ferner schlägt die ESMA eine allgemeine Erfassung aller Formen von Liquiditätsbereitstellung (liquidity provision) vor[2].

Das Geschäft kann nach Art. 2 Abs. 1 lit. k Ziff. i) VO Nr. 236/2012 dem Stellen wettbewerbsfähiger, fester, zeitgleicher An- und Verkaufskurse vergleichbarer Höhe zu wettbewerbsfähigen Preisen dienen (**Quote-Stellen**), so dass der Markt regelmäßig und kontinuierlich mit Liquidität versorgt ist[3]. Die ESMA hat in Ihren Guidelines präzisiert, welche Anforderungen an dieses Quote-Stellen bei liquiden Aktien und Derivaten einerseits und bei nicht liquiden Aktien und Derivaten andererseits zu beachten sind[4]. Diesen Leitlinien folgt die BaFin in ihrer Aufsichtspraxis[5]. 24

Das Geschäft kann ferner der **Ausführung von Kundenaufträgen** oder Aufträgen, die sich aus einem **Handelsauftrag des Kunden** ergeben, dienen[6]. Der Market Maker muss nach den ESMA-Guidelines – denen die BaFin insoweit folgt – bei diesen Festpreisgeschäften *regelmäßig* Preise für Kunden bereitstellen oder *kontinuierlich* zur Bereitstellung von An- und Verkaufskursen fähig sein[7]. 25

Ferner kann das Geschäft auch der Absicherung (**Hedging**) von Positionen dienen, die sich aus den vorgenannten zwei Tätigkeiten (Rz. 24 f.) ergeben[8]. Das Volumen des Absicherungsgeschäfts muss dabei aber proportional zur Höhe der abgesicherten Position sein[9]. Unter Umständen sind aber auch **vorausschauende Absicherungsgeschäfte** zulässig[10]. Erfasst ist damit auch die **Tätigkeit von Skontroführern**[11]. 26

Bei all diesen Tätigkeiten ist es unerheblich, ob diese an einem **Handelsplatz oder OTC** ausgeführt werden[12]. Nach Auffassung der ESMA muss hingegen mindestens eine der Tätigkeiten an einem Handelsplatz ausgeführt werden, damit von der Ausnahme Gebrauch gemacht werden kann[13]. Richtigerweise ergibt sich aus Art. 2 Abs. 1 lit. k VO Nr. 236/2012 aber **keine zwingende Verbindung** zwischen den **Market-Making-Tätigkeiten** und dem **Handelsplatz**. Letzterer bezieht sich vielmehr nur darauf, dass ein Market Maker Mitglied an einem solchen sein muss (Rz. 19 f.). Die BaFin hat deshalb zutreffend erklärt, dass sie der Auslegung der ESMA auch insofern nicht folgt. Immerhin erkennt die ESMA in ihrem *final advice* zu einem Review der Leerverkaufs-VO an, dass ein Ausschluss von OTC-Market-Making-Tätigkeiten negative Auswirkungen auf die Marktliquidität haben kann und rät der Europäischen Kommission daher zu einigen Erleichterungen[14]. 27

4. Mitteilung gegenüber der jeweils zuständigen Behörde. Voraussetzung für das Eingreifen des Ausnahmetatbestands ist nach **Art. 17 Abs. 5 VO Nr. 236/2012**, dass der Market Maker der jeweils zuständigen Behörde (Rz. 41 ff.) vorher – mithin vor der Inanspruchnahme der Ausnahme – schriftlich mitgeteilt hat, diese in Anspruch zu nehmen, wobei diese Mitteilung nach dem Wortlaut des Art. 17 Abs. 5 VO Nr. 236/2012 **spätestens 30 Kalendertage** vor der erstmals beabsichtigten Inanspruchnahme der Ausnahme erfolgt sein muss. Zur Mitteilung und zu den von den Aufsichtsbehörden anerkannten Ausnahmen näher Rz. 41 ff. 28

5. Keine Untersagung der Inanspruchnahme durch die jeweils zuständige Behörde. Die zuständige Behörde nach Art. 17 Abs. 5 VO Nr. 236/2012 (Rz. 41 ff.) darf die Inanspruchnahme der Ausnahme nicht untersagt haben. Nach Art. 17 Abs. 7 VO Nr. 236/2012 ist sie zu einer Untersagung berechtigt, wenn sie der Ansicht ist, dass die natürliche oder juristische Person die **Bedingungen für die Ausnahme nicht erfüllt** (Art. 17 Abs. 7 Satz 1 VO Nr. 236/2012). Näher zur Untersagung Rz. 54 ff. 29

---

1 ESMA, Final Report – Technical Advice on the evaluation of certain elements of the Short Selling Regulation, ESMA70-145-386, 3.2.3. Rz. 26 ff.
2 ESMA, Final Report – Technical Advice on the evaluation of certain elements of the Short Selling Regulation, ESMA70-145-386, 3.2.3. Rz. 27.
3 ESMA, Guidelines zu Market-Making- und Primärhändlertätigkeiten, Rz. 44 ff., S. 12 ff.; BaFin, Merkblatt – Anzeigen von Market-Making und Primärhändlertätigkeiten, S. 7 ff.; *Weick-Ludewig* in Fuchs, § 30h WpHG Rz. 117; *Ludewig/Geilfus*, WM 2013, 1533, 1539.
4 ESMA, Guidelines zu Market-Making- und Primärhändlertätigkeiten, Rz. 44 ff.
5 BaFin, Merkblatt – Anzeigen von Market-Making und Primärhändlertätigkeiten, 6.a).
6 ESMA, Guidelines zu Market-Making- und Primärhändlertätigkeiten, Rz. 47 ff.; BaFin, Merkblatt – Anzeigen von Market-Making und Primärhändlertätigkeiten, S. 9 f.; *Ludewig/Geilfus*, WM 2013, 1533, 1539.
7 ESMA, Guidelines zu Market-Making- und Primärhändlertätigkeiten, Rz. 54, S. 16.
8 *Ludewig/Geilfus*, WM 2013, 1533, 1539.
9 ESMA, Guidelines zu Market-Making- und Primärhändlertätigkeiten, Rz. 57, S. 17.
10 ESMA, Guidelines zu Market-Making- und Primärhändlertätigkeiten, Rz. 56, S. 17.
11 ESMA, Guidelines zu Market-Making- und Primärhändlertätigkeiten, Rz. 25, S. 8.
12 BaFin, Merkblatt – Anzeigen von Market-Making und Primärhändlertätigkeiten, S. 6; *Weick-Ludewig* in Fuchs, § 30h WpHG Rz. 116; *Ludewig/Geilfus*, WM 2013, 1533, 1538.
13 ESMA, Guidelines zu Market-Making- und Primärhändlertätigkeiten, Rz. 21, S. 7.
14 ESMA, Final Report – Technical Advice on the evaluation of certain elements of the Short Selling Regulation, ESMA70-145-386, 3.2.3. Rz. 28 ff.

Art. 17 VO Nr. 236/2012 | Ausnahme für bestimmte Tätigkeiten

30 **V. Gleichwertige Drittstaaten (Art. 17 Abs. 2 VO Nr. 236/2012).** Art. 17 Abs. 2 Unterabs. 1 VO Nr. 236/2012 ermächtigt die Europäische Kommission dazu, nach dem in Art. 44 Abs. 2 VO Nr. 236/2012 genannten Verfahren durch Beschluss festzustellen, dass der **Rechts- und Aufsichtsrahmen** eines Drittlandes gewährleistet, dass ein in diesem Drittland **zugelassener Markt** mit einem Handelsplatz innerhalb der EU gleichwertig ist[1]. Die **Gleichwertigkeit** muss auf die rechtsverbindlichen Anforderungen in dem Rechts- und Aufsichtsrahmen des Drittlandes im Hinblick auf die Vorgaben der RL 2014/65/EU (**MiFID II**) und der VO Nr. 600/2014 (**MiFIR**), der VO Nr. 596/2014 (**MAR**) und der RL 2004/109/EG (**Transparenzrichtlinie**) beziehen. Zudem ist zu berücksichtigen, ob in dem Drittland auch eine wirksame Beaufsichtigung und Durchsetzung stattfindet.

31 Der Rechts- und Aufsichtsrahmen eines Drittlandes kann nach Art. 17 Abs. 2 Unterabs. 2 VO Nr. 236/2012 als gleichwertig betrachtet werden, wenn:

a) die Märkte dieses Drittlandes einer Zulassungspflicht unterliegen und Gegenstand wirksamer und kontinuierlicher Beaufsichtigungs- und Durchsetzungsverfahren sind,

b) die Märkte dieses Drittlandes eindeutige und transparente Regeln für die Zulassung von Wertpapieren zum Handel haben, so dass solche Wertpapiere fair, ordnungsgemäß und effizient gehandelt werden können und frei handelbar sind,

c) die Wertpapieremittenten dieses Drittlandes regelmäßig und kontinuierlich Informationspflichten nachkommen, die ein hohes Maß an Anlegerschutz gewährleisten, und

d) Markttransparenz und -integrität in diesem Drittland gewährleistet sind, indem Marktmissbrauch in Form von Insider-Geschäften und Marktmanipulation verhindert werden.

32 Aktuell ist noch kein Handelsplatz außerhalb der EU als gleichwertig anerkannt worden. In Folge des Brexits wird sich aber ggf. die Frage stellen, ob Großbritannien als gleichwertiges Drittland anerkannt werden kann[2].

33 **VI. Ausnahme für zugelassene Primärhändler (Art. 17 Abs. 3, 6, 10 VO Nr. 236/2012).** Die Art. 7, 13 und 14 VO Nr. 236/2012 finden nach Art. 17 Abs. 3 VO Nr. 236/2012 keine Anwendung auf Tätigkeiten von Personen, die infolge einer Vereinbarung mit einem Emittenten öffentlicher Schuldtitel (i) als *Primärhändler* zugelassen sind und als Eigenhändler in Finanzinstrumenten auftreten, die auf dem Primär- oder Sekundärmarkt für öffentliche Schuldtitel gehandelt werden[3]. Die Ausnahme greift nur für Geschäfte, die zugelassene Primärhändler in dieser Funktion tätigen.

34 **1. Persönlicher Anwendungsbereich: Zugelassene Primärhändler.** Die Ausnahme nach Art. 17 Abs. 3 VO Nr. 236/2012 kommt nur für zugelassene Primärhändler in Betracht, die als Eigenhändler tätig sind. Ein **zugelassener Primärhändler** ist nach Art. 2 Abs. 1 lit. n VO Nr. 236/2012 eine natürliche oder juristische Person, die eine **Vereinbarung mit einem öffentlichen Emittenten** getroffen hat oder durch einen öffentlichen Emittenten oder in dessen Namen förmlich als Primärhändler anerkannt worden ist und sich gemäß dieser Vereinbarung oder Anerkennung verpflichtet hat, in Verbindung mit Primär- oder Sekundärmarkttätigkeiten als **Eigenhändler** für die von diesem Emittenten begebenen öffentlichen Schuldtitel aufzutreten. Anders als beim Market Maker muss die Verpflichtung also nicht öffentlich bzw. allgemein gegenüber dem Markt erfolgen[4].

35 **2. Sachlicher Anwendungsbereich.** Der Ausnahmetatbestand erstreckt sich nur auf **diejenigen Tätigkeiten** eines zugelassenen Primärhändlers, die er gerade in seiner **Funktion als zugelassener Primärhändler** vornimmt[5].

36 **3. Mitteilung gegenüber der zuständigen Behörde.** Die Ausnahme nach Art. 17 Abs. 3 VO Nr. 236/2012 gilt nur, wenn die natürliche oder juristische Person der für die betreffenden öffentlichen Schuldtitel zuständigen Behörde schriftlich ihre Absicht mitgeteilt hat, die Ausnahme in Anspruch zu nehmen (Art. 17 Abs. 6 VO Nr. 236/2012). Diese Mitteilung muss nach dem Wortlaut des Art. 17 Abs. 6 VO Nr. 236/2012 spätestens 30 Kalendertage vor der erstmals beabsichtigten Inanspruchnahme der Ausnahme erfolgen. Zur Mitteilung und zu den von den Aufsichtsbehörden anerkannten Ausnahmen näher Rz. 41 ff.

37 **4. Keine Untersagung der Inanspruchnahme durch die jeweils zuständige Behörde.** Die zuständige Behörde nach Art. 17 Abs. 6 VO Nr. 236/2012 (Rz. 41 ff.) darf die Inanspruchnahme der Ausnahme nicht untersagt haben. Nach Art. 17 Abs. 7 VO Nr. 236/2012 ist sie zu einer Untersagung berechtigt, wenn sie der Ansicht ist, dass die natürliche oder juristische Person die **Bedingungen für die Ausnahme nicht erfüllt**. Näher zur Untersagung Rz. 54 ff.

38 **VII. Compliancepflichten von Market Makern.** Ausweislich der **ESMA-Guidelines** sind Market Maker, die die Ausnahmen nach Art. 17 Abs. 1 bzw. 3 VO Nr. 236/2012 in Anspruch nehmen wollen, dazu verpflichtet, gewisse Compliancepflichten zu erfüllen. Dadurch soll sichergestellt werden, dass die jeweils zuständigen Behörden die Einhaltung der Bestimmungen der Leerverkaufs-VO effektiv überwachen können. Dabei müssen Market Maker[6]:

---

1 *Grundmann* in Staub, HGB, Bankvertragsrecht 2, 5. Aufl. 2018, 6. Teil, 4. Abschnitt, A Rz. 630.
2 Dazu *Zetzsche/Lehmann*, AG 2017, 651; ferner *Sajnovits*, WM 2018, 1247 zum Drittstatten-Regime der Benchmark-VO.
3 *Grundmann* in Staub, HGB, Bankvertragsrecht 2, 5. Aufl. 2018, 6. Teil, 4. Abschnitt, A Rz. 631.
4 *Grundmann* in Staub, HGB, Bankvertragsrecht 2, 5. Aufl. 2018, 6. Teil, 4. Abschnitt, A Rz. 631.
5 ESMA, Guidelines zu Market-Making- und Primärhändlertätigkeiten, Rz. 14, S. 6.
6 ESMA, Guidelines zu Market-Making- und Primärhändlertätigkeiten, Rz. 43, S. 12.

- **Aufzeichnungen** über Aufträge und Transaktionen im Zusammenhang mit ihren Market-Making-Tätigkeiten führen, für die sie die Ausnahmeregelung beantragt, so dass diese ohne weiteres von ihren Eigenhandelsaktivitäten unterschieden werden können;
- **interne Verfahren** in Bezug auf die Market-Making-Tätigkeiten einführen, für die die Ausnahmeregelung in Anspruch genommen wird, die es ermöglichen, diese Tätigkeiten unmittelbar zu ermitteln und der zuständigen Behörde auf Anfrage die Unterlagen ohne weiteres zur Verfügung zu stellen;
- über wirksame **Compliance- und Prüfungsressourcen** sowie einen Rahmen verfügen, der die Überwachung der Market-Making-Tätigkeiten, für die die Ausnahmeregelung beantragt wird, ermöglicht;
- der **zuständigen Behörde jederzeit nachweisen können**, dass ihre Market-Making-Tätigkeiten den Grundsätzen und Kriterien in den Leitlinien entsprechen.

VIII. Ausnahme für Stabilisierungsmaßnahmen (Art. 17 Abs. 4 VO Nr. 236/2012). Die Art. 5, 6, 12, 13 und 14 VO Nr. 236/2012 gelten nach **Art. 17 Abs. 4 VO Nr. 236/2012** nicht für die Tätigkeiten von Personen, die im Zusammenhang mit der **Stabilisierung eines Finanzinstruments nach Art. 5 VO Nr. 596/2014 (MAR)**[1] ein Wertpapier leerverkaufen oder eine Netto-Leerverkaufsposition halten[2].

Im Rahmen von insbesondere **ergänzenden Stabilisierungsmaßnahmen** kann die Vornahme von Leerverkäufen sinnvoll bzw. erforderlich sein (näher Art. 5 VO Nr. 596/2014 Rz. 99 ff.). Diese Leerverkäufe müssen sich grundsätzlich auch am Regime der Leerverkaufs-VO messen lassen, so dass sie eine Transparenzpflicht auslösen oder sogar gegen das Leerverkaufsverbot der Art. 12 oder 13 VO Nr. 236/2012 verstoßen könnten. In der Praxis der Stabilisierungsmaßnahmen finden allerdings keine ungedeckten Leerverkäufe i.S.d. Art. 12 VO Nr. 236/2012 statt. Der gegenüber dem Markt stattfindende Verkauf der Aktien ist nämlich in aller Regel voll durch ein Wertpapierdarlehen gedeckt und nur die Rückzahlung des Darlehens gegenüber dem Sachdarlehensgeber ist mitunter nicht (vollständig) durch die Greenshoe-Option abgesichert[3]. Ein solcher Fall stellt aber keinen Leerverkauf i.S.d. Art. 12 VO Nr. 236/2012 dar[4]. Die Ausnahme nach Art. 17 Abs. 4 VO Nr. 236/2012 ist daher nicht mit Blick auf die Verbotstatbestände der VO Nr. 236/2012, sondern mit Blick auf die Transparenzvorschriften (Art. 5 ff. VO Nr. 236/2012) von Bedeutung[5]. Näher dazu Art. 5 VO Nr. 596/2014 Rz. 105.

IX. Verfahren der Mitteilung nach Art. 17 Abs. 5, 6, 9 und 10 (i.V.m. Abs. 8) VO Nr. 236/2012. 1. Mitteilungsadressat. Mitteilungsadressat der Mitteilungen nach den Art. 17 Abs. 5, 6, 9 und 10 VO Nr. 236/2012 ist die **jeweils zuständige Behörde**[6]. Die Zuständigkeit richtet sich bei Mitteilungen nach Art. 17 Abs. 5 und 9 VO Nr. 236/2012 (Market-Making-Tätigkeiten) nach der Person, die die Ausnahme in Anspruch nehmen will[7]. Im Falle der Körperschaft eines Drittlandes (Art. 17 Abs. 2 VO Nr. 236/2012) richtet sich der Mitteilungsadressat nach dem Handelsplatz, an dem diese Person hauptsächlich tätig ist. Bei einer Mitteilung von Primärhändlern nach Art. 17 Abs. 6, 10 VO Nr. 236/2012 richtet sich der Mitteilungsadressat nach dem jeweiligen öffentlichen Schuldtitel, auf den sich die Primärhändlertätigkeit bezieht.

Für **Market Maker aus der EU** muss die Mitteilung gegenüber der zuständigen Behörde ihres Herkunftsmitgliedstaats (Art. 2 Abs. 1 lit. i VO Nr. 236/2012) erfolgen (Art. 17 Abs. 5 Satz 1 VO Nr. 236/2012). Die BaFin ist mithin für alle Market Maker die zuständige Behörde und damit Mitteilungsadressat, die ihren **Hauptsitz** in der **Bundesrepublik Deutschland** haben[8]. Näher zum Herkunftsmitgliedstaat Art. 2 VO Nr. 236/2012 Rz. 28 f.

Für **Market Maker aus Drittstaaten** müssen die Mitteilungen der zuständigen Behörde des Handelsplatzes übermittelt werden, an dem diese hauptsächlich tätig sind. Die Market Maker müssen nach den Vorgaben der ESMA selbst ermitteln, an welchem Handelsplatz innerhalb der EU sie hauptsächlich tätig sind[9].

Bei **Primärhändlern** ist die zuständige Behörde des Mitgliedstaats der Mitteilungsadressat i.S.d. Art. 7 Abs. 6 VO Nr. 236/2012, auf deren öffentliche Schuldtitel sich die Primärhändlertätigkeit bezieht. Die BaFin ist deshalb Mitteilungsadressat für alle Primärhändlertätigkeiten, die sich auf Schuldtitel der Bundesrepublik Deutschland oder der Bundesländer beziehen[10].

---

1 Gem. Art. 37 i.V.m. Anhang II VO Nr. 596/2014 (MAR) ist der Verweis in der Leerverkaufs-VO auf die MAD I als solcher auf die MAR zu lesen (näher Vor Art. 1 ff. VO Nr. 236/2012 Rz. 17).
2 Dazu auch *Grundmann* in Staub, HGB, Bankvertragsrecht 2, 5. Aufl. 2018, 6. Teil, 4. Abschnitt, A Rz. 632.
3 *Feuring/Berrar* in Habersack/Mülbert/Schlitt, Unternehmensfinanzierung am Kapitalmarkt, Rz. 39.61; ungenau *Klöhn* in Klöhn, Art. 5 MAR Rz. 128; *Sorgenfrei/Saliger* in Park, Kapitalmarktstrafrecht, Kap. 6.1. Rz. 290.
4 *Feuring/Berrar* in Habersack/Mülbert/Schlitt, Unternehmensfinanzierung am Kapitalmarkt, Rz. 39.61.
5 *Feuring/Berrar* in Habersack/Mülbert/Schlitt, Unternehmensfinanzierung am Kapitalmarkt, Rz. 39.61.
6 Dazu auch *Weick-Ludewig* in Fuchs, § 30h WpHG Rz. 106 f.
7 ESMA, Guidelines zu Market-Making- und Primärhändlertätigkeiten, Rz. 37 ff., S. 11; BaFin, Merkblatt – Anzeigen von Market-Making und Primärhändlertätigkeiten, S. 4.
8 *Weick-Ludewig* in Fuchs, § 30h WpHG Rz. 196.
9 ESMA, Guidelines zu Market-Making- und Primärhändlertätigkeiten, Rz. 40, S. 11.
10 *Weick-Ludewig* in Fuchs, § 30h WpHG Rz. 196.

45 **2. Inhalt der Mitteilung.** Die Leerverkaufs-VO selbst macht keine näheren Vorgaben zum Inhalt der Mitteilungen. In Art. 17 Abs. 5 und 6 VO Nr. 236/2012 heißt es lediglich, dass die Absicht schriftlich mitgeteilt werden soll, die Ausnahme in Anspruch nehmen zu wollen. Bei den Änderungsmitteilungen nach den Art. 17 Abs. 9 und 10 VO Nr. 236/2012 soll schriftlich über jegliche Änderungen berichtet werden.

46 Um einheitliche Standards für den Inhalt der Mitteilungen festzulegen hat die ESMA diesen in ihren Guidelines festgelegt (Rz. 63 ff. und Anhängen I bis III der Guidelines)[1]. Aufgrund der *Partially-Comply*-Erklärung der BaFin (Rz. 10) sind für Mitteilungen gegenüber der BaFin aber nicht die ESMA-Guidelines, sondern die **angepassten Anforderungen** in der **LAnzV** maßgeblich.

47 Der Inhalt der Absichtsanzeige für **Market Maker** richtet sich nach **§ 2 LAnzV**. Der Inhalt der Absichtsanzeige für **Primärhändler** richtet sich nach **§ 3 LAnzV**.

48 In der Mitteilung des Market Makers oder Primärhändlers über **Änderungen** nach Art. 17 Abs. 9 oder 10 VO Nr. 236/2012 ist der **neue Sachverhalt** darzustellen (§ 5 Satz 1 LAnzV). Hierbei gelten die jeweils einschlägigen Vorgaben der §§ 2 und 3 LAnzV entsprechend (§ 5 Satz 2 LAnzV).

49 Zusätzlich sind gem. § 6 Abs. 2 LAnzV sog. **Bestandslisten** zu übermitteln. Diese sind eine Aufstellung im *Comma-Separated-Values*-Format (CSV-Format), in der nach § 2 Nr. 7 LAnzV sämtliche Finanzinstrumente sowie nach § 3 Abs. 1 Nr. 3 LAnzV sämtliche öffentliche Emittenten aufzulisten sind, bezüglich derer der Anzeigende die Ausnahme zukünftig in Anspruch nimmt.

50 **3. Form der Mitteilung.** Die Mitteilung muss nach § 5 LAnzV unter Verwendung des jeweiligen auf der Internetseite der BaFin zur Verfügung gestellten Formulars erfolgen (§ 4 Satz 1 LAnzV)[2]. Die Formulare sind sowohl auf Deutsch als auch auf Englisch verfügbar.

51 **4. Übermittlung der Mitteilung.** Ausweislich des Merkblatts der BaFin muss die Übermittlung der Mitteilung – mit Ausnahme der Bestandlisten, die nur per E-Mail übermittelt werden müssen – sowohl **per Telefax** (+49 (0)228/4108-3479) oder **per Post** (BaFin, Referat WA 25/Bereich Leerverkaufsüberwachung, Marie-Curie-Straße 24–28, 60439 Frankfurt/M.) als auch **per E-Mail** (anzeige-leerverkaeufe@bafin.de) erfolgen[3].

52 **5. Zeitpunkt der Mitteilung.** Nach dem insoweit eindeutigen **Wortlaut** der Art. 17 Abs. 5 und 6 VO Nr. 236/2012 müssen Market Maker und Primärhändler **spätestens 30 Kalendertage** vor der ersten Inanspruchnahme der Ausnahmen nach Art. 17 Abs. 1 bzw. Abs. 3 VO Nr. 236/2012 der jeweils zuständigen Behörde ihre Absicht zur Inanspruchnahme mitgeteilt haben.

53 Die **ESMA-Guidelines** schaffen eine zwar sinnvolle, jedoch wohl kompetenzüberschreitende[4] Erleichterung für Marktteilnehmer: Nach ihnen kann die Ausnahme nämlich **auch vor Ablauf der 30 Kalendertage** in Anspruch genommen werden, wenn die jeweils zuständige Behörde dem Market Maker schriftlich mitteilt, dass sie von einer Untersagung der Inanspruchnahme (Rz. 54 ff.) absehen wird[5]. Nach Auffassung der ESMA ist die betreffende Person bereits ab dem Zeitpunkt des Zugangs dieser Mitteilung zur Inanspruchnahme der Ausnahme nach Art. 17 Abs. 1 bzw. Abs. 3 VO Nr. 236/2012 berechtigt[6]. Die BaFin folgt dieser „Auslegungspraxis"[7].

54 **X. Untersagung der Inanspruchnahme (Art. 17 Abs. 7 VO Nr. 236/2012).** Die **zuständige Behörde** nach Art. 17 Abs. 5 und 6 VO Nr. 236/2012 (Rz. 41 ff.) kann die Inanspruchnahme der Ausnahme nach Art. 17 Abs. 7 VO Nr. 236/2012 untersagen, wenn sie der Ansicht ist, dass die jeweilige natürliche oder juristische Person die Bedingungen für die Ausnahme nach Art. 17 Abs. 1 bzw. Abs. 3 VO Nr. 236/2012 nicht erfüllt (Art. 17 Abs. 7 Satz 1 VO Nr. 236/2012). Die Ausnahmen nach Art. 17 Abs. 1 und 3 VO Nr. 236/2012 sind – unter der Maßgabe einer **ordnungsgemäßen Anzeige** (Art. 17 Abs. 5, 6 VO Nr. 236/2012) – als **Erlaubnis mit Verbotsvorbehalt** ausgestaltet. Es gibt kein Bewilligungs- oder Genehmigungsverfahren[8]. Ein Verbot nach Art. 17 Abs. 7 VO Nr. 236/2012 soll grundsätzlich innerhalb des in den Art. 17 Abs. 5 oder 6 VO Nr. 236/2012 genannten Zeitraums von 30 Kalendertagen erlassen werden, kann aber auch zu einem späteren Zeitpunkt ausgesprochen werden, falls die zuständige Behörde feststellt, dass hinsichtlich der betreffenden natürlichen oder juristischen Person Änderungen eingetreten sind und sie die Bedingungen der Ausnahmeregelung deshalb nicht mehr erfüllt (Art. 17 Abs. 7 Satz 2 VO Nr. 236/2012).

---

1 BaFin, Merkblatt – Anzeigen von Market-Making und Primärhändlertätigkeiten, S. 11 ff.
2 https://www.bafin.de/DE/Aufsicht/BoersenMaerkte/Leerverkaeufe/Ausnahmen/ausnahmen_node.html;jsessionid=4ED7A8E428CE25CAEBC4813D66B831D5.2_cid372.
3 BaFin, Merkblatt – Anzeigen von Market-Making und Primärhändlertätigkeiten, S. 13.
4 Kritisch auch *Ludewig/Geilfus*, WM 2013, 1533, 1537.
5 ESMA, Guidelines zu Market-Making- und Primärhändlertätigkeiten, Rz. 17, S. 6.
6 ESMA, Guidelines zu Market-Making- und Primärhändlertätigkeiten, Rz. 17, S. 6.
7 BaFin, Merkblatt – Anzeigen von Market-Making und Primärhändlertätigkeiten, S. 11.
8 ESMA, Guidelines zu Market-Making- und Primärhändlertätigkeiten, Rz. 58, S. 17.

Die Leerverkaufs-VO macht für den indirekten Vollzug des Art. 17 VO Nr. 236/2012 keine Vorgaben, so dass sich diese nach nationalem Recht richtet[1]. Da die Untersagung der BaFin als Verwaltungsbehörde übertragen ist und ihr in diesem Zusammenhang keine Normsetzungsbefugnis in Form einer Verordnungsbefugnis übertragen wurde, handelt es sich bei dem Verfahren um ein Verwaltungsverfahren. Für alle Fragen, die durch Art. 17 VO Nr. 236/2012 und auch im Übrigen durch das vorrangig anwendbare Unionsrecht nicht prädeterminiert sind, ist das **VwVfG des Bundes** maßgeblich. Die Untersagung der Inanspruchnahme selbst ist ein **Verwaltungsakt**[2]. Die BaFin hat beim Erlass der Untersagung **keinen Beurteilungsspielraum** und auch **kein Ermessen**. Liegen die Voraussetzungen der Art. 17 Abs. 1 bzw. 3 VO Nr. 236/2012 vor und wurde die Absicht der Inanspruchnahme ordnungsgemäß mitgeteilt (Rz. 41 ff.), darf die BaFin die Inanspruchnahme nicht untersagen. Wird hingegen nur eine der Ausnahmevoraussetzungen nicht erfüllt, muss die BaFin die Inanspruchnahme untersagen (gebundene Entscheidung). 55

Die Untersagung als Verwaltungsakt wird dem Adressaten gegenüber mit deren **Bekanntgabe** wirksam (§ 43 Abs. 1 Satz 1 VwVfG). Sie muss **schriftlich** ergehen und **begründet werden**[3]. Bei Übersendung durch die Post im Inland gilt hinsichtlich der Bekanntgabe die Fiktion des § 41 Abs. 2 Satz 1 VwVfG. Gegen die Untersagung kann im Wege von Widerspruch und Anfechtungsklage vorgegangen werden. Die Einlegung eines **Rechtsbehelfs** hat **keine aufschiebende Wirkung** (§ 53 Abs. 3 WpHG). 56

XI. Unterrichtung der ESMA (Art. 17 Abs. 12 VO Nr. 236/2012). Art. 17 Abs. 12 VO Nr. 236/2012 verpflichtet die zuständige Behörde dazu, die ESMA innerhalb von zwei Wochen nach einer Mitteilung gem. Art. 17 Abs. 5, 6, 9 und 10 VO Nr. 236/2012 über Market-Maker und über zugelassene Primärhändler, die die Ausnahme in Anspruch nehmen oder nicht mehr in Anspruch nehmen, zu informieren. Auf der Basis dieser Unterrichtung erstellt und aktualisiert die ESMA eine Liste aller Market Maker und zugelassenen Primärhändler (Rz. 58). 57

XII. Liste der Market Maker und zugelassenen Primärhändler (Art. 17 Abs. 13 VO Nr. 236/2012). Die ESMA stellt auf ihrer Website gem. Art. 17 Abs. 13 VO Nr. 236/2012 eine Liste aller Market Maker und zugelassenen Primärhändler bereit, die eine Mitteilung nach den Art. 17 Abs. 5 und 6 VO Nr. 236/2012 übermittelt haben[4]. 58

XIII. Informationsrechte der jeweils zuständigen Behörde (Art. 17 Abs. 11 VO Nr. 236/2012). Die zuständige Behörde des Herkunftsmitgliedstaats kann nach Art. 17 Abs. 11 VO Nr. 236/2012 bei natürlichen oder juristischen Personen, die im Rahmen der in Art. 17 Abs. 1, 3 oder 4 VO Nr. 236/2012 genannten Ausnahmen tätig sind, **schriftliche Informationen** über gehaltene Short-Positionen oder über **die im Rahmen der Ausnahme durchgeführten Tätigkeiten** anfordern[5]. Die natürliche oder juristische Person ist nach Art. 17 Abs. 11 Satz 2 VO Nr. 236/2012 dazu verpflichtet, die Informationen spätestens vier Kalendertage nach der Anfrage zu liefern. Daneben bestehen für Market-Making-Tätigkeiten keine Meldepflichten nach der Leerverkaufs-VO. Die ESMA schlägt allerdings in ihrem aktuellen *technical advice* zu einem **Review der Leerverkaufs-VO** vor, ein neues Melderegime für Short-Positionen von Market Makern in die Leerverkaufs-VO aufzunehmen[6]. 59

Die natürliche oder juristische Person, die eine Ausnahme nach den Art. 17 Abs. 1 oder 3 VO Nr. 236/2012 in Anspruch nehmen will, muss dafür Sorge tragen, dass sie die jeweils zuständige Behörde auf deren Anfrage hin auch über alle relevanten Informationen in Kenntnis setzen kann (vgl. Rz. 38). 60

---

1 Vgl. dazu EuGH v. 21.9.1983 – 205-215/82, ECLI:EU:C:1983:233 – Deutsches Milchkontor, Slg. 1983, 2633/265 = NJW 1984, 2024: „Soweit das Gemeinschaftsrecht [...] hierfür [Verwaltungsvollzug] keine gemeinsamen Vorschriften enthält, gehen die nationalen Behörden bei dieser Durchführung der Gemeinschaftsregeln nach den formellen und materiellen Bestimmungen des nationalen Rechts vor [...]". Die Anwendung nationalen Verfahrensrechts beim indirekten Vollzug steht daher unter dem Vorbehalt entgegenstehender unionsrechtlicher Grundsätze bzw. Regelungen (*Nettesheim* in Grabitz/Hilf, Das Recht der Europäischen Union, 40. Aufl. 2009, Art. 249 EGV Rz. 245; EuGH v. 19.6.1990 – Rs. C-213/89, ECLI:EU:C:1990:257 – The Queen/Secretary of State for Transport, Slg. 1990, I-2433 =, NJW 1991, 2271).
2 *Schlimbach*, Leerverkäufe, 2015, S. 154 f.
3 Davon geht auch die ESMA in ihren Guidelines aus. S. ESMA, Guidelines zu Market-Making- und Primärhändlertätigkeiten, Rz. 16, S. 6, Rz. 60, S. 17.
4 https://www.esma.europa.eu/sites/default/files/library/list_of_market_makers_and_primary_dealers.pdf.
5 Dazu nunmehr auch ESMA, Final Report – Technical Advice on the evaluation of certain elements of the Short Selling Regulation, ESMA70-145-386, 3.5. Rz. 100 ff.
6 ESMA, Final Report – Technical Advice on the evaluation of certain elements of the Short Selling Regulation, ESMA70-145-386, 3.5.3. Rz. 118 ff.

Kapitel V
Eingriffsbefugnisse der zuständigen Behörden und der ESMA

Abschnitt 1
Befugnisse der zuständigen Behörden

Art. 18 Meldung und Offenlegung in Ausnahmesituationen

(1) Vorbehaltlich des Artikels 22 kann die zuständige Behörde natürliche oder juristische Personen, die Netto-Leerverkaufspositionen in einem bestimmten Finanzinstrument oder einer bestimmten Art von Finanzinstrumenten halten, dazu auffordern, dies zu melden oder der Öffentlichkeit die Einzelheiten der betreffenden Position offenzulegen, wenn diese eine von der zuständigen Behörde festgelegte Meldeschwelle erreicht oder unterschreitet und wenn:

a) ungünstige Ereignisse oder Entwicklungen eingetreten sind, die eine ernstzunehmende Bedrohung für die Finanzstabilität oder das Marktvertrauen in dem betreffenden Mitgliedstaat oder in einem oder mehreren anderen Mitgliedstaaten darstellen, und

b) die Maßnahme erforderlich ist, um der Bedrohung zu begegnen, und die Effizienz der Finanzmärkte wird im Vergleich zum Nutzen der Maßnahme nicht unverhältnismäßig beeinträchtigt.

(2) Absatz 1 des vorliegenden Artikels gilt nicht für Finanzinstrumente, die bereits den in Artikel 5 bis 8 festgelegten Transparenzvorschriften unterliegen. Eine Maßnahme nach Absatz 1 kann in Situationen oder vorbehaltlich von Ausnahmen gelten, die von der jeweils zuständigen Behörde festgelegt werden. Ausnahmen können insbesondere für Market-Making-Tätigkeiten und Primärmarkt-Aktivitäten festgelegt werden.

In der Fassung vom 14.3.2012 (ABl. EU Nr. L 86 v. 24.3.2012, S. 1).

Art. 19 Meldepflicht von Verleihern in Ausnahmesituationen

(1) Vorbehaltlich des Artikels 22 kann die zuständige Behörde die in Absatz 2 des vorliegenden Artikels genannte Maßnahme ergreifen, wenn:

a) ungünstige Ereignisse oder Entwicklungen eingetreten sind, die eine ernstzunehmende Bedrohung für die Finanzstabilität oder das Marktvertrauen in dem betreffenden Mitgliedstaat oder in einem oder mehreren weiteren Mitgliedstaaten darstellen, und

b) die Maßnahme erforderlich ist, um der Bedrohung zu begegnen, und die Effizienz der Finanzmärkte wird im Vergleich zum Nutzen der Maßnahme nicht unverhältnismäßig beeinträchtigt.

(2) Eine zuständige Behörde kann natürliche oder juristische Personen, die ein bestimmtes Finanzinstrument oder eine Kategorie von Finanzinstrumenten leihweise zur Verfügung stellen, dazu auffordern, jede erhebliche Änderung der Gebühren zu melden, die für ein solches Verleihen zu zahlen sind.

In der Fassung vom 14.3.2012 (ABl. EU Nr. L 86 v. 24.3.2012, S. 1).

Art. 20 Beschränkung von Leerverkäufen und vergleichbaren Transaktionen in Ausnahmesituationen

(1) Vorbehaltlich des Artikels 22 kann eine zuständige Behörde eines Mitgliedstaats eine oder mehrere der in Absatz 2 des vorliegenden Artikels genannte Maßnahme ergreifen, wenn:

a) ungünstige Ereignisse oder Entwicklungen eingetreten sind, die eine ernstzunehmende Bedrohung für die Finanzstabilität oder das Marktvertrauen in dem betreffenden Mitgliedstaat oder in einem oder mehreren anderen Mitgliedstaaten darstellen, und

b) die Maßnahme erforderlich ist, um der Bedrohung zu begegnen, und die Effizienz der Finanzmärkte im Vergleich zum Nutzen der Maßnahme nicht unverhältnismäßig beeinträchtigt wird.

(2) Eine zuständige Behörde kann ein Verbot oder Bedingungen verhängen im Hinblick auf natürliche oder juristische Personen, die

a) einen Leerverkauf tätigen oder

b) eine andere Transaktion als einen Leerverkauf tätigen, durch die ein anderes Finanzinstrument geschaffen wird oder die sich auf ein anderes Finanzinstrument bezieht und deren Wirkung oder eine deren Wirkungen darin besteht, dass die natürliche oder juristische Person im Falle einer Kurs- oder Wertminderung eines anderen Finanzinstruments einen finanziellen Vorteil erzielt.

(3) Eine gemäß Absatz 2 ergriffene Maßnahme kann für Transaktionen im Zusammenhang mit allen Finanzinstrumenten, mit Finanzinstrumenten einer bestimmten Art oder mit einem bestimmten Finanzinstrument gelten. Die Maßnahme kann in Situationen oder vorbehaltlich von Ausnahmen gelten, die von der zuständigen Behörde festgelegt werden. Ausnahmen können insbesondere für Market-Making-Tätigkeiten und Primärmarkt-Aktivitäten festgelegt werden.

In der Fassung vom 14.3.2012 (ABl. EU Nr. L 86 v. 24.3.2012, S. 1).

Art. 21 Beschränkung von Transaktionen mit Credit Default Swaps auf öffentliche Schuldtitel in Ausnahmesituationen

(1) Vorbehaltlich des Artikels 22 kann eine zuständige Behörde die Befugnis natürlicher oder juristischer Personen, in Transaktionen mit Credit Default Swaps auf öffentliche Schuldtitel einzutreten, Beschränkungen unterwerfen oder den Wert von Positionen in Credit Default Swaps auf öffentliche Schuldtitel, die diese natürlichen oder juristischen Personen eingehen dürfen, beschränken, wenn:

a) ungünstige Ereignisse oder Entwicklungen eingetreten sind, die eine ernstzunehmende Bedrohung für die Finanzstabilität oder das Marktvertrauen in dem betreffenden Mitgliedstaat oder in einem oder mehreren anderen Mitgliedstaaten darstellen, und

b) die Maßnahme erforderlich ist, um der Bedrohung zu begegnen, und die Effizienz der Finanzmärkte im Vergleich zum Nutzen der Maßnahme nicht unverhältnismäßig beeinträchtigt wird.

(2) Eine gemäß Absatz 1 ergriffene Maßnahme kann für bestimmte Arten von Transaktionen mit Credit Default Swaps auf öffentliche Schuldtitel oder für Transaktionen mit bestimmten Credit Default Swaps auf öffentliche Schuldtitel gelten. Die Maßnahme kann in Situationen oder vorbehaltlich von Ausnahmen gelten, die von der zuständigen Behörde festgelegt werden. Ausnahmen können insbesondere für Market-Making-Tätigkeiten und Primärmarkt-Aktivitäten festgelegt werden.

In der Fassung vom 14.3.2012 (ABl. EU Nr. L 86 v. 24.3.2012, S. 1).

Art. 22 Maßnahmen durch andere zuständige Behörden

Unbeschadet des Artikels 26 darf eine zuständige Behörde eine Maßnahme gemäß den Artikeln 18, 19, 20 oder 21 in Bezug auf ein Finanzinstrument, für das sie nicht die jeweils zuständige Behörde ist, nur mit Zustimmung der jeweils zuständigen Behörde ergreifen oder verlängern.

In der Fassung vom 14.3.2012 (ABl. EU Nr. L 86 v. 24.3.2012, S. 1).

Art. 23 Befugnis zur befristeten Beschränkung des Leerverkaufs von Finanzinstrumenten bei signifikantem Kursverfall

(1) Ist der Kurs eines Finanzinstruments an einem Handelsplatz innerhalb eines einzigen Handelstages im Vergleich zur Schlussnotierung des Vortags signifikant gefallen, so prüft die für diesen Handelsplatz zuständige Behörde des Herkunftsmitgliedstaats, ob es angebracht ist, an diesem Handelsplatz den Leerverkauf des betreffenden Finanzinstruments für natürliche oder juristische Personen zu verbieten oder zu beschränken oder Transaktionen mit diesem Finanzinstrument am Handelsplatz anderweitig zu beschränken, um einen ungeordneten Kursverfall des Finanzinstruments zu verhindern.

Kommt die zuständige Behörde nach der Prüfung gemäß Unterabsatz 1 zu dem Schluss, dass dies angebracht ist, so verbietet oder beschränkt sie im Falle von Aktien oder Schuldinstrumenten den Leerverkauf durch natürliche oder juristische Personen an diesem Handelsplatz und beschränkt im Falle anderer Arten von Finanzinstrumenten Transaktionen mit dem betreffenden Finanzinstrument an jenem Handelsplatz, um einen ungeordneten Kursverfall des Finanzinstruments zu verhindern.

(2) Die in Absatz 1 genannte Maßnahme gilt längstens bis zum Ende des auf den Handelstag des Kursverfalls folgenden Handelstags. Ist am Ende des auf den Handelstag des Kursverfalls folgenden Han-

delstages trotz der Verhängung der Maßnahme ein weiterer signifikanter Verfall des Werts des Finanzinstruments in Höhe von mindestens der Hälfte des in Absatz 5 genannten Betrags im Vergleich zur Schlussnotierung des ersten Handelstages zu verzeichnen, kann die zuständige Behörde die Maßnahme um einen weiteren Zeitraum verlängern, der zwei Handelstage nach Ende des zweiten Handelstages nicht überschreitet.

(3) Die in Absatz 1 genannte Maßnahme gilt in Situationen oder vorbehaltlich von Ausnahmen, die von der zuständigen Behörde festgelegt werden. Ausnahmen können insbesondere für Market-Making-Tätigkeiten und Primärmarkt-Aktivitäten festgelegt werden.

(4) Eine Behörde des Herkunftsmitgliedstaates, die für einen Handelsplatz zuständig ist, an dem der Kurs eines Finanzinstruments innerhalb eines einzigen Handelstages um den in Absatz 5 genannten Wert gefallen ist, meldet der ESMA die gemäß Absatz 1 getroffene Entscheidung spätestens zwei Stunden nach Ende des betreffenden Handelstages. Die ESMA informiert unverzüglich die Behörden der Herkunftsmitgliedstaaten, die für Handelsplätze zuständig sind, an denen dasselbe Finanzinstrument gehandelt wird.

Ist eine zuständige Behörde mit der von einer anderen zuständigen Behörde ergriffenen Maßnahme in Bezug auf ein Finanzinstrument, das an unterschiedlichen, von unterschiedlichen zuständigen Behörden geregelten Handelsplätzen gehandelt wird, nicht einverstanden, kann die ESMA diese Behörden gemäß Artikel 19 der Verordnung (EU) Nr. 1095/2010 dabei unterstützen, eine Einigung zu erzielen.

Die Schlichtung wird am Ende desselben Handelstages vor Mitternacht abgeschlossen. Erzielen die betreffenden zuständigen Behörden innerhalb der Schlichtungsphase keine Einigung, so kann die ESMA gemäß Artikel 19 Absatz 3 der Verordnung (EU) Nr. 1095/2010 einen Beschluss fassen. Der Beschluss wird vor Beginn des nächsten Handelstages gefasst.

(5) Gemäß Artikel 22 der Verordnung (EG) Nr. 1287/2006 beträgt die Wertminderung im Falle liquider Aktien 10 % oder mehr und im Falle illiquider Aktien und anderer Arten von Finanzinstrumenten eine von der Kommission festzulegende Höhe.

(6) Die ESMA kann unter Berücksichtigung der Entwicklungen auf den Finanzmärkten eine Stellungnahme über die Anpassung des in Absatz 5 genannten Schwellenwertes an die Kommission abgeben.

Die Kommission ist unter Berücksichtigung der Entwicklungen auf den Finanzmärkten befugt, delegierte Rechtsakte gemäß Artikel 42 zur Änderung der in Absatz 5 des vorliegenden Artikels genannten Schwellenwerte zu erlassen.

(7) Die Kommission erlässt delegierte Rechtsakte gemäß Artikel 42, in denen festgelegt wird, was eine signifikante Wertminderung für andere Finanzinstrumente als liquide Aktien darstellt, wobei die Besonderheiten jeder Art von Finanzinstrumenten berücksichtigt werden.

(8) Um eine konsequente Anwendung dieses Artikels zu gewährleisten, entwickelt die ESMA Entwürfe technischer Regulierungsstandards, in denen die Methode zur Berechnung der Wertminderung liquider Aktien um 10 % sowie die Wertminderung in der von der Kommission gemäß Absatz 7 festgelegten Höhe beschrieben wird.

Die ESMA legt der Kommission bis 31. März 2012 Entwürfe dieser technischen Regulierungsstandards vor.

Der Kommission wird die Befugnis übertragen, die technischen Regulierungsstandards im Sinne von Unterabsatz 1 gemäß dem in den Artikeln 10 bis 14 der Verordnung (EU) Nr. 1095/2010 festgelegten Verfahren zu erlassen.

In der Fassung vom 14.3.2012 (ABl. EU Nr. L 86 v. 24.3.2012, S. 1).

Art. 24 Dauer der Beschränkungen

Eine Maßnahme nach Artikel 18, 19, 20 oder 21 gilt zunächst für die Dauer von höchstens drei Monaten ab dem Zeitpunkt der Veröffentlichung der in Artikel 25 genannten Bekanntmachung.

Die Maßnahmen können um weitere Zeiträume von höchstens drei Monaten verlängert werden, wenn die Gründe für die Maßnahme weiterhin vorliegen. Wird eine Maßnahme nach Ablauf eines solchen Dreimonatszeitraums nicht verlängert, so tritt sie automatisch außer Kraft.

In der Fassung vom 14.3.2012 (ABl. EU Nr. L 86 v. 24.3.2012, S. 1).

Art. 25 Bekanntmachung von Beschränkungen

(1) Eine zuständige Behörde veröffentlicht auf ihrer Website jeden Beschluss zur Verhängung oder Verlängerung einer Maßnahme nach Artikel 18 bis 23.

(2) Die Bekanntmachung enthält zumindest Einzelheiten zu:

a) den verhängten Maßnahmen einschließlich Instrumenten und Transaktionsarten, für die sie gelten, sowie ihrer Dauer,

b) den Gründen, aus denen die zuständige Behörde die Verhängung der Maßnahmen für notwendig hält, einschließlich Belegen dafür.

(3) Eine Maßnahme nach Artikel 18 bis 23 tritt zum Zeitpunkt der Veröffentlichung der Bekanntmachung oder einem darin genannten späteren Zeitpunkt in Kraft und gilt nur für Transaktionen, die nach Inkrafttreten der Maßnahme eingegangen werden.

In der Fassung vom 14.3.2012 (ABl. EU Nr. L 86 v. 24.3.2012, S. 1).

Art. 26 Unterrichtung der ESMA und der anderen zuständigen Behörden

(1) Vor Verhängung oder Verlängerung einer Maßnahme nach Artikel 18, 19, 20 oder 21 und vor Verhängung von Beschränkungen nach Artikel 23 unterrichtet die zuständige Behörde die ESMA und die anderen zuständigen Behörden über die von ihr vorgeschlagene Maßnahme.

(2) Die Unterrichtung umfasst Einzelheiten der vorgeschlagenen Maßnahmen, die Arten der betroffenen Finanzinstrumente und Transaktionen, Belege für die Gründe der Maßnahmen und den Zeitpunkt des geplanten Inkrafttretens.

(3) Die Unterrichtung über einen Vorschlag zur Verhängung oder Verlängerung einer Maßnahme nach den Artikeln 18, 19, 20 oder 21 erfolgt spätestens 24 Stunden vor dem geplanten Inkrafttreten der Maßnahme oder ihrer Verlängerung. Kann die 24-Stunden-Frist nicht eingehalten werden, kann die zuständige Behörde die Unterrichtung im Ausnahmefall weniger als 24 Stunden vor dem geplanten Inkrafttreten der Maßnahme vornehmen. Die Unterrichtung über eine Beschränkung gemäß Artikel 23 erfolgt, bevor die Maßnahme in Kraft treten soll.

(4) Eine zuständige Behörde, die gemäß diesem Artikel unterrichtet wird, kann in diesem Mitgliedstaat Maßnahmen nach Artikel 18 bis 23 ergreifen, wenn sie davon überzeugt ist, dass die Maßnahme erforderlich ist, um die zuständige Behörde, von der sie unterrichtet wird, zu unterstützen. Will die unterrichtete zuständige Behörde Maßnahmen ergreifen, nimmt sie ebenfalls eine Unterrichtung gemäß den Absätzen 1 bis 3 vor.

In der Fassung vom 14.3.2012 (ABl. EU Nr. L 86 v. 24.3.2012, S. 1).

Die Art. 18–26 VO Nr. 236/2012 werden im Folgenden gemeinsam erläutert.

**Delegierte Verordnung (EU) Nr. 918/2012 der Kommission vom 5. Juli 2012
zur Ergänzung der Verordnung (EU) Nr. 236/2012 des Europäischen Parlaments und des Rates über Leerverkäufe und bestimmte Aspekte von Credit Default Swaps im Hinblick auf Begriffsbestimmungen, die Berechnung von Netto-Leerverkaufspositionen, gedeckte Credit Default Swaps auf öffentliche Schuldtitel, Meldeschwellen, Liquiditätsschwellen für die vorübergehende Aufhebung von Beschränkungen, signifikante Wertminderungen bei Finanzinstrumenten und ungünstige Ereignisse**

(Auszug)

Art. 23 Signifikante Wertminderung bei anderen Finanzinstrumenten als liquiden Aktien

(1) Bei anderen Aktien als liquiden Aktien ist eine im Vergleich zur Schlussnotierung des vorangegangenen Handelstages signifikante Wertminderung innerhalb eines einzigen Handelstages gleichbedeutend mit

a) einem 10 %igen oder stärkeren Rückgang des Kurses der Aktie, wenn diese im wichtigsten nationalen Index vertreten und Basisfinanzinstrument eines Derivatekontrakts ist, der zum Handel an einem Handelsplatz zugelassen ist;

b) einem 20 %igen oder stärkeren Rückgang des Kurses der Aktie, wenn der Aktienkurs 0,50 EUR oder mehr (oder Gegenwert in der lokalen Währung) beträgt;

c) einem 40 %igen oder stärkeren Rückgang des Kurses der Aktie in allen anderen Fällen.

(2) Steigt die Rendite für den betreffenden öffentlichen Emittenten innerhalb eines einzigen Handelstages über die gesamte Renditekurve um 7 % oder mehr an, wird dies als eine für einen öffentlichen Schuldtitel signifikante Wertminderung angesehen.

(3) Steigt die Rendite einer Unternehmensanleihe innerhalb eines einzigen Handelstages um 10 % oder mehr an, wird dies als eine für eine Unternehmensanleihe signifikante Wertminderung angesehen.

(4) Fällt der Kurs eines Geldmarktinstruments innerhalb eines einzigen Handelstages um 1,5 % oder mehr, wird dies als eine für ein Geldmarktinstrument signifikante Wertminderung angesehen.

(5) Fällt der Kurs eines börsengehandelten Fonds innerhalb eines einzigen Handelstages um 10 % oder mehr, wird dies als eine für einen börsengehandelten Fonds, auch für einen OGAW signifikante Wertminderung angesehen. Um bei einem hebelfinanzierten börsengehandelten Fonds einen 10 %igen Rückgang des Kurses eines entsprechenden nicht hebelfinanzierten Fonds abzubilden, wird Ersterer um die betreffende Leverage-Quote bereinigt. Um bei einem börsengehandelten inversen Fonds einen 10 %igen Rückgang des Kurses eines entsprechenden nicht hebelfinanzierten börsengehandelten Direktfonds abzubilden, wird Ersterer um den Faktor -1 bereinigt.

(6) Bei einem Derivat, einschließlich eines Differenzkontrakts, das an einem Handelsplatz gehandelt wird und als einziges Basiswert ein Finanzinstrument hat, für das im vorliegenden Artikel und in Artikel 23 Absatz 5 der Verordnung (EU) Nr. 236/2012 eine signifikante Wertminderung definiert ist, wird von einer signifikanten Wertminderung ausgegangen, wenn das Basisfinanzinstrument eine signifikante Wertminderung erfährt.

In der Fassung vom 5.7.2012 (ABl. EU Nr. L 274 v. 9.10.2012, S. 1).

Delegierte Verordnung (EU) Nr. 919/2012 der Kommission vom 5. Juli 2012 zur Ergänzung der Verordnung (EU) Nr. 236/2012 des Europäischen Parlaments und des Rates über Leerverkäufe und bestimmte Aspekte von Credit Default Swaps im Hinblick auf technische Regulierungsstandards für die Methode zur Berechnung der Wertminderung bei liquiden Aktien und anderen Finanzinstrumenten

Art. 1 Gegenstand

(1) In dieser Verordnung wird die Methode zur Berechnung der 10 %igen Wertminderung bei liquiden, an einem Handelsplatz gehandelten Aktien gemäß Artikel 23 Absatz 5 der Verordnung (EU) Nr. 236/2012 festgelegt.

(2) In dieser Verordnung wird außerdem die Methode zur Berechnung der Wertminderung bei folgenden an einem Handelsplatz gehandelten Finanzinstrumenten festgelegt, wie sie in der gemäß Artikel 23 Absatz 7 der Verordnung (EU) Nr. 236/2012 erlassenen delegierten Verordnung (EU) Nr. 918/2012 spezifiziert wird:

a) illiquiden Aktien;
b) folgenden nicht derivativen Finanzinstrumenten:
   i) von öffentlichen Emittenten und von Unternehmen begebenen Schuldtiteln;
   ii) börsengehandelten Fonds;
   iii) Geldmarktinstrumenten;
c) Derivaten, deren einziges Basisinstrument ein an einem Handelsplatz gehandeltes Finanzinstrument ist.

In der Fassung vom 5.7.2012 (ABl. EU Nr. L 274 v. 9.10.2012, S. 16).

Art. 2 Methode zur Berechnung einer signifikanten Wertminderung bei liquiden und illiquiden Aktien

(1) Bei einer an einem Handelsplatz gehandelten Aktie wird die Wertminderung gegenüber der am vorangehenden Handelstag an diesem Handelsplatz festgestellten offiziellen Schlussnotierung berechnet, so wie diese nach den geltenden Vorschriften dieses Handelsplatzes definiert ist.

(2) Etwaige Kursrückgänge, die sich ausschließlich auf einen Aktiensplit, auf eine Kapitalmaßnahme (Corporate Action) oder auf vergleichbare, vom Emittenten in Bezug auf das ausgegebene Aktienkapital beschlossene Maßnahmen, die zu einer Korrektur des Kurses durch den betreffenden Handelsplatz führen können, zurückführen lassen, werden bei dieser Berechnungsmethode nicht berücksichtigt.

In der Fassung vom 5.7.2012 (ABl. EU Nr. L 274 v. 9.10.2012, S. 16).

Art. 3 Methode zur Berechnung einer signifikanten Wertminderung bei anderen nicht derivativen Finanzinstrumenten

(1) Bei Finanzinstrumenten, die keine Aktien sind und nicht unter die in Anhang I Abschnitt C Nummern 4 bis 10 der Richtlinie 2004/39/EG aufgeführten Derivat-Gattungen fallen, wird eine signifikante Wertminderung nach der in den Absätzen 2, 3 und 4 dargelegten Methode berechnet.

(2) Bei einem Finanzinstrument, bei dem die in Artikel 23 Absatz 7 der Verordnung (EU) Nr. 236/2012 genannte signifikante Wertminderung im Verhältnis zu einem betreffenden Finanzinstrument notierten Kurs gemessen wird, wird die Minderung gegenüber der an dem betreffenden Handelsplatz festgestellten offiziellen Schlussnotierung berechnet, so wie diese nach den geltenden Vorschriften dieses Handelsplatzes definiert ist.

(3) Bei einem von einem öffentlichen Emittenten begebenen Finanzinstrument, bei dem die in Artikel 23 Absatz 7 der Verordnung (EU) Nr. 236/2012 genannte signifikante Wertminderung im Verhältnis zu einer Renditekurve gemessen wird, wird die Minderung als eine die gesamte Renditekurve betreffende Renditeerhöhung im Vergleich zur Renditekurve des öffentlichen Emittenten bei Geschäftsschluss am vorangehenden Handelstag berechnet, so wie diese anhand der für den öffentlichen Emittenten an diesem Handelsplatz vorliegenden Daten kalkuliert wurd.

(4) Bei einem Finanzinstrument, bei dem die in Artikel 23 Absatz 7 der Verordnung (EU) Nr. 236/2012 genannte signifikante Wertminderung im Verhältnis zu einer Veränderung der Rendite gemessen wird, wird die Minderung als Erhöhung der jeweiligen Rendite im Vergleich zur Rendite des Instruments bei Geschäftsschluss am vorangehenden Handelstag berechnet, so wie sie diese anhand der für dieses Instrument an diesem Handelsplatz vorliegenden Daten kalkuliert wird.

In der Fassung vom 5.7.2012 (ABl. EU Nr. L 274 v. 9.10.2012, S. 16).

Art. 4 Methode zur Berechnung einer signifikanten Wertminderung bei Derivaten

Bei Finanzinstrumenten, die unter die in Anhang I Abschnitt C Nummern 4 bis 10 der Richtlinie 2004/39/EG aufgeführten Derivat-Gattungen fallen und deren einziges Basisinstrument ein an einem Handelsplatz gehandeltes Finanzinstrument ist, für das eine signifikante Wertminderung gemäß Artikel 2 oder Artikel 3 spezifiziert wurde, wird eine signifikante Wertminderung unter Bezugnahme auf die signifikante Wertminderung bei dem betreffenden Basisinstrument berechnet.
In der Fassung vom 5.7.2012 (ABl. EU Nr. L 274 v. 9.10.2012, S. 16).

Art. 5 Inkrafttreten

Diese Verordnung tritt am Tag nach ihrer Veröffentlichung im *Amtsblatt der Europäischen Union* in Kraft.
Sie gilt ab dem 1. November 2012.

In der Fassung vom 5.7.2012 (ABl. EU Nr. L 274 v. 9.10.2012, S. 16).

Schrifttum: S. Vor Art. 1 ff. VO Nr. 236/2012.

I. Regelungsgegenstand	1
II. Regelungssystematik	4
1. Verordnungsebene	4
2. Tertiärrechtsakte	7
3. Nationale Rechtsakte	11
III. Regelungszweck	12
IV. Rechtsnatur des Erlassverfahrens und der Notfallmaßnahmen	14
V. Maßnahmen in Ausnahmesituationen (Art. 18, 19, 20, 21 VO Nr. 236/2012)	17
1. Zuständige Behörde	17
2. Ausnahmesituationen	19
3. Verhältnismäßigkeit der Maßnahme	20
4. Abstimmung mit ESMA und anderen zuständigen Behörden	21
5. Einzelne Maßnahmen (Art. 18–21 VO Nr. 236/2012)	22
a) Meldungen und Offenlegungen (Art. 18 VO Nr. 236/2012)	22
b) Meldepflichten von Verleihern (Art. 19 VO Nr. 236/2012)	26
c) Beschränkungen von Leerverkäufen und vergleichbaren Transaktionen (Art. 20 VO Nr. 236/2012)	28
d) Beschränkungen von Transaktionen mit CDS (Art. 21 VO Nr. 236/2012)	33
6. Bekanntmachung und Wirksamwerden der Maßnahmen (Art. 25 VO Nr. 236/2012) . . .	35
7. Dauer der Wirksamkeit der Maßnahmen (Art. 24 VO Nr. 236/2012)	36
8. Bisherige Maßnahmen zuständiger Behörden .	38
VI. Befristete Beschränkung bei signifikantem Kursverfall (circuit breaker) (Art. 23 VO Nr. 236/2012)	39
1. Zuständige Behörde	39
2. Signifikanter Kursverfall	42
3. Berechnung eines signifikanten Kursverfalls .	46
4. Notwendigkeit einer Beschränkung zur Verhinderung eines ungeordneten Kursverfalls .	50
5. Beschränkungen und Verbote (Art. 23 Abs. 1 VO Nr. 236/2012)	52
a) Inhalt der Beschränkung	52
b) Dauer der Beschränkung (Art. 23 Abs. 2 VO Nr. 236/2012)	57
6. Bisherige Maßnahmen zuständiger Behörden .	59
VII. Unterrichtungspflichten der zuständigen Behörde	60
1. Maßnahmen nach den Art. 18–21 (Art. 26 VO Nr. 236/2012)	60
2. Maßnahmen nach Art. 23 VO Nr. 236/2012 (Art. 26 und Art. 23 Abs. 4 VO Nr. 236/2012) .	62
VIII. Bekanntmachung und Wirksamwerden der Beschränkungen (Art. 25 VO Nr. 236/2012) .	65
IX. Rechtsschutz	69
X. Befugnis zum Erlass von Tertiärrechtsakten .	71

I. Regelungsgegenstand. Die Art. 18–26 VO Nr. 236/2012 regeln die Eingriffsbefugnisse (Notfallmaßnahmen) der zuständigen Behörden in Ausnahmesituationen (Art. 18–21 VO Nr. 236/2012) bzw. bei einem signifikanten Kursverfall (Art. 23 VO Nr. 236/2012)[1]. Die Art. 18–21 VO Nr. 236/2012 konstituieren diverse Eingriffsbefugnisse der jeweils **zuständigen nationalen Behörden**. Voraussetzung ist stets eine **Ausnahmesituation**, mithin der Eintritt ungünstiger Ereignisse oder Entwicklungen. Die ergriffene Maßnahme muss zudem erforderlich sein, um der Bedrohung zu beggnen, und die Effizienz der Finanzmärkte darf im Vergleich zum Nutzen der Maßnahme nicht unverhältnismäßig beeinträchtigt werden. **Art. 18 VO Nr. 236/2012** ermächtigt die jeweils zuständige Behörde dazu, die **Meldung und Offenlegung** bestimmter – nicht von den Art. 5–10 VO Nr. 236/2012 erfasster – Positionen verlangen zu können. Nach **Art. 19 VO Nr. 236/2012** kann den **Verleihern von Wertpapieren** eine Meldepflicht auferlegt werden. **Art. 20 und 21 VO Nr. 236/2012** ermächtigen die jeweils zuständige Behörde dazu, Leerverkäufe und vergleichbare Transaktionen (synthetische Leerverkäufe) sowie Transaktionen in Credit Default Swaps bestimmten – über die Art. 12, 14 VO Nr. 236/2012 hinausgehenden –

1

---

[1] Zu den Eingriffsbefugnissen der nationalen Behörden *Grundmann* in Staub, HGB, Bankvertragsrecht 2, 5. Aufl. 2016, 6. Teil, 3. Abschnitt, D Rz. 637 ff.; *Walla* in Veil, European Capital Markets Law, 2nd ed. 2017, § 24 Rz. 42 ff.; *Weick-Ludewig* in Fuchs, § 30h WpHG Rz. 122 ff.; *Howell*, Journal of Corporate Law Studies 16 (2016), 333, 359 ff.; *von Buttlar/Petersen* in Just/Voß/Ritz/Becker, § 30h WpHG Rz. 98 ff.; *Schlimbach*, Leerverkäufe, 2015, S. 187 ff.; *Gruber*, Leerverkäufe, 2014, S. 63 ff.; *Moloney*, EU Securities and Financial Markets Regulation, 3rd ed. 2014, VI.3.9., S. 564 ff.; *Mülbert/Sajnovits*, ZBB 2012, 266, 284 f.

Beschränkungen zu unterwerfen. Die Maßnahmen nach Art. 18–21 VO Nr. 236/2012 **gelten** zunächst für die Dauer von **höchstens drei Monaten** ab dem Zeitpunkt der Veröffentlichung der Bekanntmachung (**Art. 24 Unterabs. 1 VO Nr. 236/2012**), können aber um weitere Zeiträume von jeweils höchstens drei Monaten verlängert werden (**Art. 24 Unterabs. 2 Satz 1 VO Nr. 236/2012**).

2 Für den Fall eines **signifikanten Kursverfalls** innerhalb eines Handelstages gegenüber der Schlussnotierung des Vortages räumt **Art. 23 VO Nr. 236/2012** der jeweils zuständigen Behörde die Befugnis ein, **gedeckte Leerverkäufe** von Finanzinstrumenten **befristet zu beschränken**. Zuständige Behörde in Deutschland ist für Börsen – abweichend von der grundsätzlichen Zuständigkeit der BaFin – gem. § 15 Abs. 5a BörsG die **Börsengeschäftsführung**, für sonstige Handelsplätze die **BaFin**. Im Falle liquider Aktien ist ein Kursverfall von mehr als 10 % als signifikant anzusehen, im Falle illiquider Aktien und anderer Arten von Finanzinstrumenten ist ein von der Europäischen Kommission festzulegender Schwellenwert maßgeblich (Art. 23 Abs. 5 VO Nr. 236/2012). Die Methoden der Berechnung des Kursverfalls werden durch die DelVO Nr. 919/2012 konkretisiert. Die Maßnahme nach Art. 23 VO Nr. 236/2012 kann – vorbehaltlich beschränkt zulässiger Verlängerungen – längstens bis zum Ende des auf den Kursverfall folgenden Handelstags angeordnet werden.

3 Jede Beschränkung muss von der zuständigen nationalen Behörde auf ihrer Website **bekannt gemacht werden** (**Art. 25 VO Nr. 236/2012**). Über die Verhängung oder Verlängerung einer Maßnahme muss die zuständige nationale Behörde die ESMA und die anderen zuständigen nationalen Behörden benachrichtigen (**Art. 26 VO Nr. 236/2012**).

4 **II. Regelungssystematik. 1. Verordnungsebene.** Die **Art. 18–21 VO Nr. 236/2012** ermächtigen die jeweils zuständigen nationalen Behörden zu unterschiedlichen Eingriffsmaßnahmen (Rz. 22 ff.). Für jeden Eingriff muss eine Ausnahmesituation vorliegen, die definiert wird als das Eintreten von **ungünstigen Ereignissen oder Entwicklungen**, die eine ernstzunehmende Bedrohung für die Finanzstabilität oder das Marktvertrauen in dem betreffenden Mitgliedstaat oder in einem oder mehreren anderen Mitgliedstaaten darstellen. Art. 30 VO Nr. 236/2012 gibt der Europäischen Kommission die Befugnis zum Erlass von delegierten Rechtsakten zur Konkretisierung, wann eine entsprechende Ausnahmesituation vorliegt (näher Art. 27–31 VO Nr. 236/2012 Rz. 56 ff.). Zudem muss jeder Eingriff nach den Art. 18–21 VO Nr. 236/2012 **erforderlich** sein, um der Bedrohung zu begegnen, und er darf die **Effizienz** der Finanzmärkte im Vergleich zum Nutzen der Maßnahme **nicht unverhältnismäßig beeinträchtigen** (Rz. 20). Der sich nur auf die Maßnahmen nach den Art. 18–21 VO Nr. 236/2012 beziehende **Art. 22 VO Nr. 236/2012** stellt sicher, dass es zu keinen Kompetenzkonflikten zwischen den verschiedenen zuständigen Behörden kommt (Rz. 17 f.). Die Dauer einer Maßnahme nach den Art. 18–21 VO Nr. 236/2012 ist – systematisch unbefriedigend nach Art. 23 VO Nr. 236/2012 – durch **Art. 24 VO Nr. 236/2012** festgelegt.

5 **Art. 23 VO Nr. 236/2012** gibt der jeweils zuständigen Behörde die Befugnis zur befristeten Beschränkung von – auch synthetischen – Leerverkäufen von Finanzinstrumenten bei einem signifikanten Kursverfall. Wann ein signifikanter Kursverfall vorliegt ist je nach der Art des betroffenen Finanzinstruments unterschiedlich zu beurteilen. Für den Begriff der liquiden Aktien verweist Art. 23 Abs. 5 VO Nr. 236/2012 auf **Art. 23 VO Nr. 1287/2006** der Kommission. Für andere als liquide Aktien und sonstige Finanzinstrumente ermächtigt Art. 23 Abs. 7 VO Nr. 236/2012 die Europäische Kommission zur Spezifizierung eines signifikanten Kursverfalls zum Erlass von delegierten Rechtsakten. Für die Dauer einer Maßnahme nach Art. 23 VO Nr. 236/2012 gilt nicht Art. 24 VO Nr. 236/2012, sondern vielmehr Art. 23 Abs. 2 VO Nr. 236/2012.

6 Die Bekanntgabe der Maßnahmen nach Art. 18–21 und 23 VO Nr. 236/2012 wird einheitlich durch **Art. 25 VO Nr. 236/2012** geregelt. In dessen Abs. 3 ist auch der Zeitpunkt des Wirksamwerdens spezifiziert (Rz. 65 ff.). Vor dem Erlass einer Maßnahme nach den Art. 18–21 und 23 VO Nr. 236/2012 müssen die jeweils zuständigen Behörden unterschiedliche **Konsultationspflichten** mit anderen zuständigen Behörden und der ESMA beachten (**Art. 26 und Art. 23 Abs. 4 VO Nr. 236/2012**).

7 **2. Tertiärrechtsakte.** Das Regime für Notfallmaßnahmen der zuständigen Behörden wird durch Bestimmungen in **zwei Tertiärrechtsakten**, der DelVO Nr. 918/2012 (Rz. 72) und der DelVO Nr. 919/2012 (Rz. 73), näher konkretisiert. Im Einzelnen:

8 **Art. 23 DelVO Nr. 918/2012** macht Vorgaben zur signifikanten Wertminderung bei anderen Finanzinstrumenten als liquiden Aktien und setzt damit die Konkretisierungsbefugnis nach Art. 23 Abs. 7 VO Nr. 236/2012 um.

9 **Art. 24 DelVO Nr. 918/2012** legt die Kriterien und Faktoren fest, die bei der Entscheidung, ob ungünstige Ereignisse oder Entwicklungen und Bedrohungen vorliegen, zu berücksichtigen sind. Mit dem Erlass des Art. 24 DelVO Nr. 918/2012 ist die Europäische Kommission ihrem Regelungsauftrag aus Art. 30 VO Nr. 236/2012 nachgekommen. Art. 30 steht systematisch nicht ganz überzeugend im 2. Abschnitt des V. Kapitels unter den *Befugnissen der ESMA*, obwohl der Europäischen Kommission darin auch eine maßgebliche Regelungsbefugnis mit Blick auf die Notfallmaßnahmen für die zuständigen Behörden zugesprochen wird. Näher Art. 27–31 VO Nr. 236/2012 Rz. 56 ff.

Die **DelVO Nr. 919/2012** macht Vorgaben zur Methode der Berechnung einer signifikanten Wertminderung und setzt damit den Konkretisierungsauftrag nach Art. 23 Abs. 8 VO Nr. 236/2012 um.

3. Nationale Rechtsakte. Für die Notfallmaßnahmen relevante nationale Rechtsakte sind **§ 53 WpHG** und **§ 15 Abs. 5a BörsG**, die jeweils die Zuständigkeit regeln. Zudem enthält § 53 Abs. 3 WpHG Regelungen zum Entfall der aufschiebenden Wirkung von Rechtsbehelfen gegen Maßnahmen der BaFin (Rz. 69).

III. Regelungszweck. Ausweislich des Erwägungsgrundes 27 VO Nr. 236/2012 sollen die **Art. 18–21 VO Nr. 236/2012** die **zuständigen Behörden** in Ausnahmesituationen, die eine ernstzunehmende Bedrohung für die Finanzstabilität oder das Marktvertrauen in einem Mitgliedstaat oder in der Union darstellen, in die Lage versetzen, durch flexible Maßnahmen einen **ungeordneten Kursverfall zu verhindern**. Wie die regulären Transparenz- und Verbotsvorschriften basieren auch die Notfallkompetenzen auf der Prämisse, dass Leerverkäufe, und so ist zu ergänzen: auch synthetische Leerverkäufe, in bestimmten Situationen einen ungeordneten Kursverfall befördern können bzw. gezielt zur Manipulation von Kursen missbraucht werden können (dazu Vor Art. 1 ff. VO Nr. 236/2012 Rz. 56). Die Notfallmaßnahmen sind aber – anders als die dauerhaften Beschränkungen – strikt an das Verhältnismäßigkeitsprinzip gebunden (Rz. 20) und auch tatbestandlich durch das Vorliegen einer Ausnahmesituation (Rz. 19) stark eingegrenzt. Die bisher von nationalen Behörden ergriffenen Maßnahmen lassen freilich Zweifel an der praktischen Wirksamkeit dieser Einschränkungen aufkommen[1].

Eine besondere Notfallmaßnahme stellt der sog. *circuit breaker* nach **Art. 23 VO Nr. 236/2012** dar. Er dient – ebenso wie die Art. 18–21 VO Nr. 236/2012 – dazu, einen ungeordneten Kursverfall zu verhindern. Dabei ermöglicht Art. 23 VO Nr. 236/2012 durch eingeschränkte Abstimmungspflichten mit den anderen zuständigen Behörden und der ESMA ein deutlich schnelleres Eingreifen – bei einer deutlich beschränkten zeitlichen Geltungsdauer – als die Art. 18–21 VO Nr. 236/2012, was dem Regelungszweck entspricht[2]. Die Maßnahmen sind allerdings auf einen bestimmten Handelsplatz beschränkt (Rz. 53). Folgen andere Behörden den Beschränkungen nicht, kann es deshalb zu ungewollten Arbitragemöglichkeiten oder Handelsverlagerungen kommen[3]. Zudem wurde die Notwendigkeit der Regelung vor dem Hintergrund der an einigen Handelsplätzen bestehenden automatischen Handelsaussetzungen (Volatilitätsunterbrechungen) in Zweifel gezogen[4]. Die ESMA hat in ihrem aktuellen technical advice zu einem Review der Leerverkaufs-VO die Effekte der kurzzeitigen Beschränkungen nach Art. 23 VO Nr. 236/2012 auf Kurse, die Volatilität und die Liquidität der betroffenen Finanzinstrumente untersucht[5]. Danach hatten die Maßnahmen nach Art. 23 VO Nr. 236/2012 keinen statistisch signifikanten Einfluss auf den Kurs, führten zu einer Reduzierung der Volatilität und hatten keinen statistisch signifikanten Einfluss auf die Liquidität[6].

IV. Rechtsnatur des Erlassverfahrens und der Notfallmaßnahmen. Das Verfahren zum Erlass von Notfallmaßnahmen durch die BaFin (Rz. 17) bzw. durch die Börsengeschäftsführung (Rz. 18) ist ein **Verwaltungsverfahren** und kein Normsetzungsverfahren[7]. Der Erlass einer Notfallmaßnahme erfolgt deshalb in Deutschland durch eine **Allgemeinverfügung** (Rz. 16) und nicht durch Rechtsnormsetzung. Die Leerverkaufs-VO macht für den indirekten Vollzug der Art. 18–21, 23 VO Nr. 236/2012 hinsichtlich der Verfahrensart und der Rechtsnatur keine Vorgaben, so dass sich diese nach nationalem Recht richten. Den Mitgliedstaaten ist deshalb von Seiten des Unionsrechts freigestellt, ob das Verfahren als Verwaltungsverfahren oder als Normsetzungsverfahren ausgestaltet wird. Da die Kompetenz zum Erlass einer Notfallmaßnahme der BaFin bzw. der Börsengeschäftsführung als Verwaltungsbehörde übertragen ist und ihr vom deutschen Gesetzgeber in diesem Zusammenhang keine Normsetzungsbefugnis in Form einer Verordnungsbefugnis übertragen wurde, kann es sich bei dem Verfahren nur um ein Verwaltungsverfahren handeln.

Das Verfahren der Festlegung richtet sich in erster Linie nach den besonderen **Verfahrensvorschriften der Art. 18–26 VO Nr. 236/2012**. Soweit diese speziellere, auch vom deutschen Verwaltungsrecht abweichende Vorgaben machen, sind diese vorrangig anzuwenden. Für alle Fragen, die durch die Art. 18–26 VO Nr. 236/2012 und auch im Übrigen durch das vorrangig anwendbare Unionsrecht nicht prädeterminiert sind, ist für Notfallmaßnahmen der BaFin das **VwVfG des Bundes** und für Notfallmaßnahmen der Börsengeschäftsführung das jeweilige **Landes-VwVfG** maßgeblich.

---

1 *Howell*, Journal of Corporate Law Studies 16 (2016), 333, 361.
2 *Moloney*, EU Securities and Financial Markets Regulation, 3rd ed. 2014, VI.3.9.1., S. 565.
3 ESMA, Consultation Paper – on the evaluation of certain elements of the Short Selling Regulation, ESMA70-145-127, S. 30 f.
4 *Howell*, Journal of Corporate Law Studies 16 (2016), 333, 364.
5 ESMA, Final Report – Technical Advice on the evaluation of certain elements of the Short Selling Regulation, ESMA70-145-386, 4.2.3. Rz. 178 ff.
6 ESMA, Final Report – Technical Advice on the evaluation of certain elements of the Short Selling Regulation, ESMA70-145-386, 4.2.3. Rz. 180 f. und ausführlich Annex III.
7 Tendenziell für Rechtsnormsetzung *Schlimbach*, Leerverkäufe, 2015, S. 203, der dann aber zutreffend darauf hinweist, dass die BaFin in diesem Bereich nicht zum Erlass von Rechtsverordnungen ermächtigt ist.

16 Die **Notfallmaßnahme** als Ergebnis des Verwaltungsverfahrens ist ein Verwaltungsakt in Form einer adressatenbezogenen **Allgemeinverfügung** (§ 35 Satz 2 VwVfG), mithin die Regelung eines in der Zukunft liegenden räumlich und zeitlich begrenzten Sachverhalts gegenüber allen potenziell hiervon Betroffenen. Es genügt dabei, dass der Personenkreis im Zeitpunkt des Eintritts des Sachverhalts bestimmbar ist[1].

17 **V. Maßnahmen in Ausnahmesituationen (Art. 18, 19, 20, 21 VO Nr. 236/2012). 1. Zuständige Behörde.** Alle Maßnahmen nach den Art. 18–21 VO Nr. 236/2012 beziehen sich auf bestimmte Finanzinstrumente (zum Begriff Art. 1 VO Nr. 236/2012 Rz. 2 ff.). Im Ausgangspunkt kann jede zuständige Behörde Maßnahmen nach den Art. 18–21 VO Nr. 236/2012 für Finanzinstrumente erlassen, für die sie die **jeweils zuständige Behörde** i.S. Art. 2 Abs. 1 lit. l VO Nr. 236/2012 ist (näher Art. 2 VO Nr. 236/2012 Rz. 30 ff.). Für derartige Maßnahmen bedarf sie keiner Zustimmung durch andere zuständige Behörden (Rz. 18).

18 Mit der **Zustimmung der jeweils** für ein Finanzinstrument **zuständigen Behörde** kann aber auch jede andere zuständige Behörde eine Maßnahme nach den Art. 18–21 VO Nr. 236/2012 erlassen. Dies folgt aus **Art. 22 VO Nr. 236/2012**, nach dem unbeschadet des Art. 26 VO Nr. 236/2012 eine zuständige Behörde eine Maßnahme gem. den Art. 18, 19, 20 oder 21 VO Nr. 236/2012 in Bezug auf ein Finanzinstrument, für das sie *nicht* die jeweils zuständige Behörde ist, nur mit Zustimmung der jeweils zuständigen Behörde ergreifen oder verlängern darf.

19 **2. Ausnahmesituationen.** Für den Erlass einer Maßnahme nach den Art. 18–21 VO Nr. 236/2012 muss tatbestandlich eine Ausnahmesituation vorliegen. Diese wird in den Art. 18 Abs. 1 lit. a, 19 Abs. 1 lit. a, 20 Abs. 1 lit. a und 21 Abs. 1 lit. a VO Nr. 236/2012 einheitlich definiert als das **Eintreten ungünstiger Ereignisse oder Entwicklungen**, die eine ernstzunehmende Bedrohung für die Finanzstabilität oder das Marktvertrauen in dem betreffenden Mitgliedstaat oder in einem oder mehreren anderen Mitgliedstaaten darstellen. Näher konkretisiert werden die Voraussetzungen durch den auf Basis des Art. 30 VO Nr. 236/2012 erlassenen **Art. 24 DelVO Nr. 918/2012** (dazu Art. 27–31 VO Nr. 236/2012 Rz. 56 ff.).

20 **3. Verhältnismäßigkeit der Maßnahme.** Nach den Art. 18 Abs. 1 lit. b, 19 Abs. 1 lit. b, 20 Abs. 1 lit. b und 21 Abs. 1 lit. b VO Nr. 236/2012 muss jede erlassene Maßnahme **erforderlich** sein, um der Bedrohung (der Ausnahmesituation) (Rz. 19) zu begegnen, und die Effizienz der Finanzmärkte darf im Vergleich zum Nutzen der Maßnahme nicht unverhältnismäßig beeinträchtigt werden (**Verhältnismäßigkeit i.e.S.**). Eine derartige Bewertung ist *ex ante* natürlich ausgesprochen schwierig[2]. Insbesondere vor dem Hintergrund der erheblichen **Gefahren** von Leerverkaufsverboten **für das effiziente Funktionieren der Märkte** (Vor Art. 1 ff. VO Nr. 236/2012 Rz. 49 ff.), sind die zuständigen Behörden aber zu einer sorgfältigen Abwägung und einem **restriktiven Einsatz der Notfallkompetenzen** verpflichtet.

21 **4. Abstimmung mit ESMA und anderen zuständigen Behörden.** Vor dem Erlass oder der Verlängerung einer Maßnahme nach den Art. 18–21 VO Nr. 236/2012 – ebenso wie vor Maßnahmen nach Art. 23 VO Nr. 236/2012 – ist eine Abstimmung mit anderen nationalen zuständigen Behörden und der ESMA erforderlich. Näher Rz. 60 ff.

22 **5. Einzelne Maßnahmen (Art. 18–21 VO Nr. 236/2012). a) Meldungen und Offenlegungen (Art. 18 VO Nr. 236/2012).** Art. 18 Abs. 1 VO Nr. 236/2012 ermächtigt eine nationale zuständige Behörde dazu, Melde- und Veröffentlichungspflichten für das Halten von Netto-Leerverkaufspositionen in einem bestimmten Finanzinstrument oder einer bestimmten Art von Finanzinstrumenten zu verlangen, wenn diese eine von der zuständigen Behörde festgelegte Meldeschwelle erreicht, über- oder unterschreitet (vgl. Art. 5–10 VO Nr. 236/2012 Rz. 25 ff.). Hinsichtlich des Haltens einer Netto-Leerverkaufsposition gelten die Ausführungen zu Art. 3 VO Nr. 236/2012 entsprechend (s. Art. 3 VO Nr. 236/2012 Rz. 6 ff.).

23 Die Maßnahme kann sich grundsätzlich auf **alle Finanzinstrumente i.S.d. Art. 2 Abs. 1 lit. a VO Nr. 236/2012** beziehen und zwar unabhängig von ihrer Handelsplatzzulassung. Nach Art. 2 Abs. 2 VO Nr. 236/2012 gelten die Art. 18, 20 und 23–30 VO Nr. 236/2012 nämlich für alle Finanzinstrumente i.S.v. Art. 2 Abs. 1 lit. a VO Nr. 236/2012, **unabhängig von** ihrer **Handelsplatzzulassung**[3]. Ausweislich des Art. 18 Abs. 2 VO Nr. 236/2012 gilt dies allerdings nicht für **Finanzinstrumente**, die bereits dem **Transparenzregime der Art. 5–10 VO Nr. 236/2012** unterliegen[4]. Zu diesen Art. 5–10 VO Nr. 236/2012 Rz. 19 ff.

24 Die Maßnahme kann nicht nur auf konkrete Finanzinstrumente bezogen sein, sondern sich auch auf bestimmte Arten von Finanzinstrumenten beziehen. Zudem kann eine nationale Behörde auch bestimmte Ausnahmen vorsehen (Art. 18 Abs. 2 Satz 2 VO Nr. 236/2012). Art. 18 Abs. 2 Satz 3 VO Nr. 236/2012 verweist insofern ausdrücklich auf eine denkbare Ausnahme für Market-Making- und Primärhändler-Tätigkeiten. Vor dem Hintergrund des Regelungszwecks des Art. 17 VO Nr. 236/2012 (Art. 17 VO Nr. 236/2012 Rz. 13 ff.) und des Verhältnismäßig-

---

1 Vgl. *Stelkens* in Stelkens/Bonk/Sachs, 8. Aufl. 2014, § 35 VwVfG Rz. 284 m.w.N.
2 *Howell*, Journal of Corporate Law Studies 16 (2016), 333, 362.
3 *von Buttlar/Petersen* in Just/Voß/Ritz/Becker, § 30h WpHG Rz. 37; *Moloney*, EU Securities and Financial Markets Regulation, 3rd ed. 2014, VI.3.7., S. 552.
4 *Grundmann* in Staub, HGB, Bankvertragsrecht 2, 5. Aufl. 2016, 6. Teil, 3. Abschnitt, D Rz. 638.

keitsgebots beim Erlass von Notfallmaßnahmen (Rz. 20), ist es der nationalen zuständigen Behörde **in der Regel** anzuraten, **Ausnahmen für Market-Making-Tätigkeiten** und **Primärhändler-Aktivitäten** festzulegen.

Obwohl von der Leerverkaufs-VO nicht ausdrücklich vorgegeben sollten **Meldungen** und **Offenlegungen** aufgrund einer Notfallmaßnahme nach Art. 18 Abs. 1 VO Nr. 236/2012 **entsprechend** den **Transparenzvorgaben der Art. 5–10 VO Nr. 236/2012** erfolgen. Näher zum Verfahren der Meldung und Offenlegung Art. 5–10 VO Nr. 236/2012 Rz. 50 ff. Die erlassende Behörde sollte die Marktteilnehmer beim Erlass der Maßnahme zu einer dem Regime der Art. 5–10 VO Nr. 236/2012 entsprechenden Meldung bzw. Offenlegung verpflichten, um so ein Mindestmaß an Harmonisierung zu gewährleisten.

b) Meldepflichten von Verleihern (Art. 19 VO Nr. 236/2012). Art. 19 Abs. 2 VO Nr. 236/2012 ermächtigt eine nationale zuständige Behörde dazu, von Verleihern von Wertpapieren (zum Begriff der Wertpapierleihe Art. 12 und 13 VO Nr. 236/2012 Rz. 43) zu verlangen, dass diese jede erhebliche Änderung der Gebühren (Rz. 27) melden, die für ein solches Verleihen zu zahlen sind[1]. Die Meldepflicht ist als **Ergänzung zu den permanenten Transparenzpflichten** nach den Art. 5–10 VO Nr. 236/2012 und **etwaigen temporären Transparenzpflichten** auf Basis des Art. 18 Abs. 1 VO Nr. 236/2012 (Rz. 22 ff.) gedacht. Die Veränderung der Gebühren von Verleihern von Wertpapieren kann für die Aufsichtsbehörden nämlich ein wichtiges Indiz für – gedeckte – Leerverkaufsaktivitäten auf den Märkten sein.

Art. 19 VO Nr. 236/2012 konkretisiert nicht näher, wann eine **erhebliche Änderung der Gebühren** vorliegt. Dies ist vielmehr Aufgabe der erlassenden Behörde, die eine Maßnahme entsprechend konkretisieren muss. Pauschale Richtwerte lassen sich nicht aufstellen. Die erlassende Behörde muss den Markt für Wertpapierverleihungen in dem entsprechenden Finanzinstrument beobachten und ausgerichtet an dessen Volatilität einen prozentualen Wert festlegen. Die Meldung selbst sollte entsprechend dem Verfahren für Meldungen nach den Art. 5, 7 und 8 VO Nr. 236/2012 erfolgen (vgl. Art. 5–10 VO Nr. 236/2012 Rz. 50 ff.). Die erlassende Behörde müsste aber angepasste Formulare bzw. Online-Verfahren bereitstellen.

c) Beschränkungen von Leerverkäufen und vergleichbaren Transaktionen (Art. 20 VO Nr. 236/2012). Art. 20 Abs. 2 VO Nr. 236/2012 ermächtigt eine zuständige Behörde zum Erlass eines **Verbots** oder einer **Beschränkung** im Hinblick auf a) das **Tätigen eines Leerverkaufs** und b) **andere Transaktionen** als einen Leerverkauf, durch die ein anderes Finanzinstrument geschaffen wird oder die sich auf ein anderes Finanzinstrument beziehen und deren Wirkung oder eine deren Wirkungen darin besteht, dass die natürliche oder juristische Person im Falle einer **Kurs- oder Wertminderung** eines anderen Finanzinstruments einen **finanziellen Vorteil** erzielt.

Die Beschränkungen von Leerverkäufen und anderen Transaktionen können sich auf **alle Finanzinstrumente** i.S.d. **Art. 2 Abs. 1 lit. a VO Nr. 236/2012** beziehen[2] (zum Begriff Art. 1 VO Nr. 236/2012 Rz. 2 ff.) und zwar **unabhängig von** ihrer **Handelsplatzzulassung** (Art. 1 Abs. 2 VO Nr. 236/2012) und sind nicht wie Art. 12 VO Nr. 236/2012 auf Aktien bzw. wie Art. 13 VO Nr. 236/2012 auf öffentliche Schuldtitel beschränkt (Art. 20 Abs. 3 Satz 1 VO Nr. 236/2012). Zudem kann die erlassene Maßnahme nicht nur spezifische Finanzinstrumente, sondern auch bestimmte Arten von Finanzinstrumenten betreffen (Art. 20 Abs. 3 Satz 1 VO Nr. 236/2012).

Die erlassende Behörde (Rz. 17 f.) kann zunächst ein **Verbot oder Beschränkungen** hinsichtlich des **Tätigens eines Leerverkaufs** erlassen. Über Art. 12 Abs. 1 VO Nr. 236/2012 hinausgehend kann die Behörde auch gedeckte Leerverkäufe (zum Begriff Art. 12 und 13 VO Nr. 236/2012 Rz. 30 ff.) verbieten. Beim Erlass eines Verbots muss sie aber stets den Verhältnismäßigkeitsgrundsatz (Art. 20 Abs. 1 lit. b VO Nr. 236/2012) beachten. Dieser zwingt sie dazu, vor dem Erlass eines Verbots sämtlicher – also auch gedeckter – Leerverkäufe, die Auferlegung von Beschränkungen, etwa in der Form des Verbots ungedeckter Leerverkäufe nach dem Vorbild des Art. 12 Abs. 1 VO Nr. 236/2012, zu erwägen.

Deutlich über die Verbote der Art. 12 und 13 VO Nr. 236/2012 hinausgehend erlaubt Art. 20 Abs. 2 lit. b VO Nr. 236/2012 ein Verbot oder Beschränkungen anderer Transaktionen, durch die ein anderes Finanzinstrument geschaffen wird oder die sich auf ein anderes Finanzinstrument bezieht und deren Wirkung oder eine deren Wirkungen darin besteht, dass die natürliche oder juristische Person im Falle einer **Kurs- oder Wertminderung** eines anderen Finanzinstruments einen **finanziellen Vorteil** erzielt. Damit können auch sog. **synthetische Leerverkäufe über Derivate** untersagt oder jedenfalls Beschränkungen unterworfen werden[3]. Wann ein Finanzinstrument einen finanziellen Vorteil bei einem Wertverlust eines bestimmten Basisinstruments gewährt, bestimmt sich nach den Kriterien im Rahmen des Art. 3 VO Nr. 236/2012 (näher Art. 3 VO Nr. 236/2012 Rz. 14 ff.). Beim Erlass entsprechender Maßnahmen ist **höchste Zurückhaltung** geboten. Die allgemein gegenüber dem Verbot von Leerverkäufen dargestellten Bedenken (Vor Art. 1 ff. VO Nr. 236/2012 Rz. 49 ff.) sind hier besonders virulent. Der Markt hätte beim Erlass eines entsprechenden Verbots keine Möglichkeit mehr, negative Informationen einzupreisen, was zu erheblichen Kursverzerrungen führen könnte.

---

1 *Grundmann* in Staub, HGB, Bankvertragsrecht 2, 5. Aufl. 2016, 6. Teil, 3. Abschnitt, D Rz. 638.
2 *Grundmann* in Staub, HGB, Bankvertragsrecht 2, 5. Aufl. 2016, 6. Teil, 3. Abschnitt, D Rz. 639.
3 *Howell*, Journal of Corporate Law Studies 16 (2016), 333, 359.

32 Von den Beschränkungen nach Art. 20 Abs. 2 VO Nr. 236/2012 können ebenfalls bestimmte **Ausnahmen** zugelassen werden (Art. 20 Abs. 3 Satz 2 und 3 VO Nr. 236/2012). Auch insofern sollte zumindest eine Rückausnahme für **Market-Making-** und **Primärmarkt-Tätigkeiten** ergehen (vgl. Rz. 24).

33 **d) Beschränkungen von Transaktionen mit CDS (Art. 21 VO Nr. 236/2012).** Nach Art. 21 Abs. 1 VO Nr. 236/2012 kann eine zuständige Behörde (Rz. 17 f.) Transaktionen mit Credit Default Swaps auf öffentliche Schuldtitel **über Art. 14 VO Nr. 236/2012 hinaus** Beschränkungen unterwerfen oder den Wert von Positionen in Credit Default Swaps auf öffentliche Schuldtitel, die eine natürliche oder juristische Person eingehen darf, beschränken[1]. Mit einer Notfallmaßnahme nach Art. 21 Abs. 1 VO Nr. 236/2012 können daher – vorbehaltlich der Einhaltung der allgemeinen Voraussetzungen (Rz. 19 ff.) – Transaktionen in CDS **auch** dann **verboten werden**, wenn mit diesen eine **legitime Absicherungsstrategie** verfolgt wird (vgl. Art. 4 VO Nr. 236/2012 Rz. 8 ff.).

34 Von den Beschränkungen nach Art. 21 Abs. 1 VO Nr. 236/2012 können ebenfalls bestimmte **Ausnahmen** zugelassen werden (Art. 21 Abs. 2 Satz 2 und 3 VO Nr. 236/2012). Auch insofern sollte zumindest eine Rückausnahme für **Market-Making-** und **Primärmarkt-Tätigkeiten** vorgesehen werden (vgl. Rz. 24).

35 **6. Bekanntmachung und Wirksamwerden der Maßnahmen (Art. 25 VO Nr. 236/2012).** Hinsichtlich der Bekanntmachung und des Wirksamwerdens der Notfallmaßnahmen nach Art. 18–21 gelten die allgemeinen Ausführungen zu Art. 25 VO Nr. 236/2012. S. Rz. 65 ff.

36 **7. Dauer der Wirksamkeit der Maßnahmen (Art. 24 VO Nr. 236/2012).** Eine Maßnahme nach den Art. 18, 19, 20 oder 21 VO Nr. 236/2012 gilt nach **Art. 24 Abs. 1 VO Nr. 236/2012** zunächst für die Dauer von **höchstens drei Monaten** ab dem Zeitpunkt der Veröffentlichung der in Art. 25 VO Nr. 236/2012 genannten Bekanntmachung (Rz. 65 ff.). Wird eine Maßnahme nach Ablauf eines solchen Dreimonatszeitraums nicht verlängert, tritt sie automatisch außer Kraft (Art. 24 Abs. 2 Satz 2 VO Nr. 236/2012).

37 Die Maßnahmen können um **weitere Zeiträume** von höchstens drei Monaten **verlängert** werden, wenn die Gründe für die Maßnahme weiterhin vorliegen (**Art. 24 Abs. 2 VO Nr. 236/2012**).

38 **8. Bisherige Maßnahmen zuständiger Behörden.** Seit Inkrafttreten der Leerverkaufs-VO haben verschiedene nationale zuständige Behörden (Griechenland, Italien, Spanien) Notfallmaßnahmen – insbesondere Leerverkaufsbeschränkungen nach Art. 20 VO Nr. 236/2012 (Rz. 28 ff.) – erlassen[2]. Die ESMA hat sich bislang – bis auf eine Ausnahme[3] – in ihren Stellungnahmen (Art. 27–31 VO Nr. 236/2012 Rz. 15 ff.) durchweg zustimmend zu den erlassenen Beschränkungen geäußert[4].

39 **VI. Befristete Beschränkung bei signifikantem Kursverfall** (*circuit breaker*) **(Art. 23 VO Nr. 236/2012). 1. Zuständige Behörde.** Zuständig für den Erlass einer Notfallmaßnahme nach Art. 23 VO Nr. 236/2012 ist die **für den jeweiligen Handelsplatz,** für den die Beschränkung gelten soll, **zuständige Behörde**[5]. Die Mitgliedstaaten sind nach Art. 32 VO Nr. 236/2012 dazu berechtigt, auch mehr als eine zuständige Behörde für die Durchsetzung der Leerverkaufs-VO zu bestimmen (Art. 32 VO Nr. 236/2012 Rz. 3). In ihrem aktuellen *technical advice* zu einem Review der Leerverkaufs-VO hat die ESMA vorgeschlagen, dass zukünftig nur noch die national zuständige Behörde des aus liquiditätsgesichtspunkten wichtigsten Marktes eine Beschränkung nach Art. 23 VO Nr. 236/2012 erlassen können soll[6].

40 Für Handelsplätze in der Bundesrepublik Deutschland ist zu unterscheiden. Für **Börsen** hat der deutsche Gesetzgeber in § 15 Abs. 5a BörsG die jeweilige **Börsengeschäftsführung** zur zuständigen Behörde für den Erlass von Notfallmaßnahmen nach Art. 23 VO Nr. 236/2012 ernannt. Diese soll nach Auffassung des deutschen Gesetzgebers schneller in der Lage sein, einen signifikanten Kursverfall zu erkennen und durch die entsprechenden Maßnahmen zu reagieren, als es der BaFin möglich wäre[7].

41 Für alle **anderen Handelsplätze** (Art. 2 VO Nr. 236/2012 Rz. 35), die keine Börsen sind, bleibt es bei der Zuständigkeit der **BaFin** (§ 58 WpHG)[8].

42 **2. Signifikanter Kursverfall.** Voraussetzung zum Erlass einer Maßnahme nach Art. 23 VO Nr. 236/2012 ist ein signifikanter Kursverfall eines Finanzinstruments an einem Handelsplatz innerhalb eines Handelstages

---

1 *Grundmann* in Staub, HGB, Bankvertragsrecht 2, 5. Aufl. 2016, 6. Teil, 3. Abschnitt, D Rz. 639.
2 *Howell*, Journal of Corporate Law Studies 16 (2016), 333, 360; *Weick-Ludewig* in Fuchs, § 30h WpHG Rz. 132 ff.
3 Dies betraf ein Leerverkaufsverbot durch die griechische Aufsichtsbehörde (HCMC) in Aktien der Attica Bank SA. Trotz der abweichenden Stellungnahme der ESMA hat die HCMA das Leerverkaufsverbot erlassen. Dazu *Howell*, Journal of Corporate Law Studies 16 (2016), 333, 360.
4 *Howell*, Journal of Corporate Law Studies 16 (2016), 333, 360.
5 *Grundmann* in Staub, HGB, Bankvertragsrecht 2, 5. Aufl. 2016, 6. Teil, 3. Abschnitt, D Rz. 640.
6 ESMA, Final Report – Technical Advice on the evaluation of certain elements of the Short Selling Regulation, ESMA70-145-386, 4.3.3. Rz. 209.
7 Hierzu kritisch *Hirte* in Stellungnahme zum Leerverkaufs-Ausführungsgesetz, S. 2 ff. (www.bundestag.de/bundestag/ausschuesse17/a07/anhoerungen/2012/091/Stellungnahmen/10-Prof__Hirte.pdf).
8 *Weick-Ludewig* in Fuchs, § 30h WpHG Rz. 136; *von Buttlar/Petersen* in Just/Voß/Ritz/Becker, § 30h WpHG Rz. 99.

(Art. 2 VO Nr. 236/2012 Rz. 39) im Vergleich zur Schlussnotierung des Vortages (Art. 23 Abs. 1 VO Nr. 236/2012)[1]. Wann ein signifikanter Kursverfall vorliegt, hängt vom jeweils zu betrachtenden Finanzinstrument ab.

Bei **liquiden Aktien** i.S.d. Art. 22 VO Nr. 1287/2006 der Kommission[2] bedeutet eine Wertminderung von **10 %** **oder mehr** einen signifikanten Kursverfall (**Art. 23 Abs. 5 Alt. 1 VO Nr. 236/2012**). Zur Berechnung sogleich Rz. 46 ff. 43

Bei **anderen Finanzinstrumenten** als liquiden Aktien (Rz. 43) ist Art. 23 DelVO Nr. 918/2012 maßgeblich (Art. 23 Abs. 5, 7 VO Nr. 236/2012). Danach liegt ein signifikanter Kursverfall vor[3]: 44
- bei **Aktien, die im wichtigsten nationalen Index** vertreten und Basisfinanzinstrument eines Derivatekontrakts sind, bei einem 10%igen oder stärkeren Rückgang des Kurses der Aktie (Art. 23 Abs. 1 lit. a DelVO Nr. 918/2012);
- bei Aktien mit einem Aktienkurs von 0,50 Euro oder mehr, bei einem 20%igen oder stärkeren Rückgang des Kurses der Aktie (Art. 23 Abs. 1 lit. b DelVO Nr. 918/2012);
- bei sonstigen Aktien, bei einem **40%igen** oder stärkerer Rückgang des Kurses der Aktie (Art. 23 Abs. 1 lit. c DelVO Nr. 918/2012);
- bei **öffentlichen Schuldtiteln**, wenn die **Rendite** für den betreffenden öffentlichen Emittenten innerhalb eines einzigen Handelstages über die gesamte Renditekurve um **7 % oder mehr ansteigt** (Art. 23 Abs. 2 DelVO Nr. 918/2012);
- bei **Unternehmensanleihen**, wenn die Rendite innerhalb eines einzigen Handelstages um **10 % oder mehr** ansteigt (Art. 23 Abs. 3 DelVO Nr. 918/2012);
- bei **Geldmarktinstrumenten**, wenn der Kurs innerhalb eines einzigen Handelstages um 1,5 % oder mehr fällt;
- bei **börsengehandelten Fonds**, wenn der Kurs innerhalb eines einzigen Handelstages um 10 % oder mehr fällt;
- bei einem **Derivaten**, einschließlich **Differenzkontrakten**, die an einem Handelsplatz gehandelt werden und als einziges Basiswert ein Finanzinstrument haben, für das eine signifikante Wertminderung nach Art. 23 Abs. 5 VO Nr. 236/2012 oder Art. 23 DelVO Nr. 918/2012 definiert ist, wenn das Basisfinanzinstrument eine signifikante Wertminderung erfährt.

Die **ESMA** kann nach Art. 23 Abs. 6 VO Nr. 236/2012 unter Berücksichtigung der Entwicklungen auf den Finanzmärkten eine **Stellungnahme** über die **Anpassung der Schwellenwerte** nach Art. 23 Abs. 5 VO Nr. 236/2012 abgeben. Dem kommt sie in ihrem jüngst veröffentlichten *technical advice* zu einem Review der Leerverkaufs-VO (Vor Art. 1 ff. VO Nr. 236/2012 Rz. 18) nach[4]. Darin schlägt sie vor, die Schwellenwerte für Aktien beizubehalten und diejenige für öffentliche Schuldtitel zu modifizieren[5]. Es bleibt abzuwarten, ob die Europäische Kommission den Vorschlägen der ESMA folgt und die Schwellenwerte anpassen wird. 45

3. Berechnung eines signifikanten Kursverfalls. Die jeweils für einen Handelsplatz zuständige Behörde muss ermitteln, ob ein signifikanter Kursverfall (Rz. 42 ff.) vorliegt. Die Europäische Kommission hat durch die **DelVO Nr. 919/2012**, die auf der Basis technischer Regulierungsstandards der ESMA erging, nähere Vorgaben zur Berechnung eines signifikanten Kursverfalls aufgestellt (Art. 23 Abs. 8 VO Nr. 236/2012). 46

Bei einer an einem Handelsplatz gehandelten **Aktie** wird die Wertminderung gem. Art. 2 Abs. 1 DelVO Nr. 919/2012 gegenüber der am vorangehenden Handelstag an diesem Handelsplatz festgestellten **offiziellen Schlussnotierung** berechnet, so wie diese nach den geltenden Vorschriften dieses Handelsplatzes definiert ist. Dabei dürfen etwaige Kursrückgänge, die sich ausschließlich auf einen Aktiensplit, auf eine Kapitalmaßnahme oder auf vergleichbare, vom Emittenten in Bezug auf das ausgegebene Aktienkapital beschlossene Maßnahmen, zurückführen lassen, nicht berücksichtigt werden (Art. 2 Abs. 2 DelVO Nr. 918/2012). 47

Bei **nicht derivativen Finanzinstrumenten** erfolgt die Berechnung nach den Vorgaben des **Art. 3 DelVO Nr. 919/2012**. Nach Art. 3 Abs. 2 DelVO Nr. 919/2012 wird die Wertminderung bei **Geldmarktinstrumenten** (Rz. 44) gegenüber der an dem betreffenden Handelsplatz festgestellten offiziellen Schlussnotierung berechnet, so wie diese nach den geltenden Vorschriften dieses Handelsplatzes definiert ist. Bei **öffentlichen Schuldtiteln** (Rz. 44) wird die Minderung als eine die gesamte Renditekurve betreffende Renditeerhöhung im Vergleich zur Renditekurve des öffentlichen Emittenten bei Geschäftsschluss am vorangehenden Handelstag berechnet, so 48

---

1 *Howell*, Journal of Corporate Law Studies 16 (2016), 333, 363 ff.; *Grundmann* in Staub, HGB, Bankvertragsrecht 2, 5. Aufl. 2016, 6. Teil, 3. Abschnitt, D Rz. 642.
2 Vgl. nunmehr der Begriff des liquiden Marktes für Aktien nach Art. 2 Abs. 1 Nr. 17 VO Nr. 600/2014 (MiFIR) i.V.m. Art. 1 DelVO Nr. 567/2017.
3 Zu einem Assessment ESMA, Consultation Paper – on the evaluation of certain elements of the Short Selling Regulation, ESMA70-145-127, S. 20 ff.
4 ESMA, Final Report – Technical Advice on the evaluation of certain elements of the Short Selling Regulation, ESMA70-145-386, 4. Rz. 151 ff.
5 ESMA, Final Report – Technical Advice on the evaluation of certain elements of the Short Selling Regulation, ESMA70-145-386, 4.4.3. Rz. 234 f.

wie diese anhand der für den öffentlichen Emittenten an diesem Handelsplatz vorliegenden Daten kalkuliert wird (Art. 3 Abs. 3 DelVO Nr. 919/2012). Bei **Unternehmensanleihen** wird die Wertminderung als Erhöhung der jeweiligen Rendite im Vergleich zur Rendite des Instruments bei Geschäftsschluss am vorangehenden Handelstag berechnet, so wie diese anhand der für dieses Instrument an diesem Handelsplatz vorliegenden Daten kalkuliert wird (Art. 3 Abs. 4 DelVO Nr. 919/2012).

49 Bei **Derivaten** i.S.d. Anhang I Abschnitt C Nr. 4–10 RL 2014/65/EU (MiFID II), deren einziges Basisinstrument ein an einem Handelsplatz gehandeltes Finanzinstrument (Art. 1 VO Nr. 236/2012 Rz. 2 ff.) ist, für das die Berechnung einer signifikanten Wertminderung durch die Art. 2 und 3 DelVO Nr. 919/2012 spezifiziert wurde (Rz. 47 f.), wird eine signifikante Wertminderung unter Bezugnahme auf die signifikante Wertminderung bei dem betreffenden Basisinstrument berechnet (Art. 4 DelVO Nr. 919/2012).

50 **4. Notwendigkeit einer Beschränkung zur Verhinderung eines ungeordneten Kursverfalls.** Liegt ein signifikanter Kursverfall vor (Rz. 42 ff.), trifft die für den Handelsplatz zuständige Behörde die Pflicht zu prüfen, ob Beschränkungen oder Verbote (Rz. 52 ff.) notwendig sind, um einen ungeordneten Kursverfall zu verhindern. Das **Notwendigkeitskriterium** bringt auch hier die Bindung der Behörde an den Verhältnismäßigkeitsgrundsatz zum Ausdruck (vgl. Rz. 20). Es darf beim Erlass nur darum gehen, einen **ungeordneten Kursverfall** zu verhindern. Ein Kursverfall ist dann nicht ungeordnet, wenn er aufgrund vorheriger Ereignisse bzw. öffentlich bekannt gewordener Informationen erklärbar ist[1]. Das zeigt systematisch auch Art. 2 Abs. 2 DelVO Nr. 919/2012, wonach Kursrückgänge, die sich ausschließlich auf einen Aktiensplit, auf eine Kapitalmaßnahme oder auf vergleichbare, vom Emittenten in Bezug auf das ausgegebene Aktienkapital beschlossene Maßnahmen, zurückführen lassen, nicht berücksichtigt werden. Ein bekanntes Beispiel der jüngeren Geschichte ist ebenso für solche Maßnahmen der Kursverfall der BP Aktie nach der Ölkatastrophe im Golf von Mexiko. Die Aktie von BP fiel an nur einem Tag um etwa 50 %, was aber nicht als ungeordneter Kursverfall erscheinen konnte, sondern auf den öffentlich bekannten Informationen zu der Katastrophe beruhte[2]. Die zuständige Behörde muss jeweils bewerten – was kein einfaches Unterfangen ist –, ob der Kursverfall auf Basis der öffentlich bekannten Informationen erklärbar oder vielmehr Folge irrationalen Verhaltens, (rationalen) Herdenverhalten oder sogar von Manipulationen ist. Nur in diesen Fällen kann es gerechtfertigt sein, eine entsprechende Maßnahme zu erlassen.

51 Besteht eine Notwendigkeit im eben beschriebenen Sinne und ist ein signifikanter Kursverfall (Rz. 42 ff.) gegeben, dann muss eine zuständige Behörde handeln. Sie hat **kein Ermessen hinsichtlich des Ob** des Tätigwerdens, sondern nur hinsichtlich des Wie, mithin des Inhalts ihrer Maßnahme.

52 **5. Beschränkungen und Verbote (Art. 23 Abs. 1 VO Nr. 236/2012). a) Inhalt der Beschränkung.** Die zuständige Behörde ist nach Art. 23 Abs. 1 VO Nr. 236/2012 berechtigt, den Leerverkauf des betreffenden Finanzinstruments für natürliche oder juristische Personen an dem Handelsplatz zu verbieten oder zu beschränken oder Transaktionen mit diesem Finanzinstrument am Handelsplatz anderweitig zu beschränken.

53 Die Beschränkungen von Leerverkäufen und anderen Transaktionen können sich auf alle Finanzinstrumente[3] i.S.d. Art. 2 Abs. 1 lit. a VO Nr. 236/2012 beziehen (zum Begriff Art. 1 VO Nr. 236/2012 Rz. 2 ff.) und sind nicht wie Art. 12 VO Nr. 236/2012 auf Aktien oder wie Art. 13 VO Nr. 236/2012 auf öffentliche Schuldtitel beschränkt. Entscheidend ist aber, dass sich die Verbote oder Beschränkungen **nur auf Handlungen an** demjenigen **Handelsplatz** (Art. 2 VO Nr. 236/2012 Rz. 35) beziehen, für den die erlassende Behörde zuständig ist und an dem der Kurs des betreffenden Finanzinstruments signifikant gefallen ist. In ihrem aktuellen *technical advice* zu einem Review der Leerverkaufs-VO hat die ESMA vorgeschlagen, dass eine von der unter Liquiditätsgesichtspunkten relevantesten nationalen zuständigen Behörde (Rz. 39 a.E.) erlassene Beschränkung im gesamten Anwendungsbereich der Leerverkaufs-VO gelten soll[4].

54 Die erlassende Behörde (Rz. 39 ff.) kann ein **Verbot oder Beschränkungen** hinsichtlich des **Tätigens eines Leerverkaufs** erlassen. Über Art. 12 Abs. 1 VO Nr. 236/2012 hinausgehend kann die Behörde auch gedeckte Leerverkäufe verbieten.

55 Ebenso wie bei Art. 20 Abs. 2 lit. b VO Nr. 236/2012 kann die erlassende Behörde – über die Verbote der Art. 12 und 13 VO Nr. 236/2012 hinausgehend – auch **andere Transaktionen** verbieten oder beschränken,

---

1 *Weick-Ludewig* in Fuchs, § 30h WpHG Rz. 136; vgl. auch ESMA, Consultation Paper – on the evaluation of certain elements of the Short Selling Regulation, ESMA70-145-127, S. 29 f., die darauf hinweist, dass es der Aufsichtspraxis der nationalen Behörden entspricht, in solchen Fällen keine Beschränkung zu erlassen.

2 Das Beispiel stammt von *Howell*, Journal of Corporate Law Studies 16 (2016), 333, 364 mit Fn. 203.

3 In ihrem aktuellen *technical advice* zu einem Review der Leerverkaufs-VO hat die ESMA vorgeschlagen, den sachlichen Anwendungsbereich auf Aktien und öffentliche Schuldtitel zu beschränken, da nach den bisherigen Erfahrungen die Maßnahmen nur für Aktien eingesetzt wurden. Öffentliche Schuldtitel sollen wegen ihrer großen Bedeutung für die Finanzstabilität der Mitgliedstaaten erfasst bleiben, auch wenn insofern bislang keine Beschränkungen erlassen wurden. S. ESMA, Final Report – Technical Advice on the evaluation of certain elements of the Short Selling Regulation, ESMA70-145-386, 4.4.3. Rz. 233.

4 ESMA, Final Report – Technical Advice on the evaluation of certain elements of the Short Selling Regulation, ESMA70-145-386, 4.3.3. Rz. 212.

durch die ein anderes Finanzinstrument geschaffen wird oder die sich auf ein anderes Finanzinstrument bezieht und deren Wirkung oder eine deren Wirkungen darin besteht, dass die natürliche oder juristische Person im Falle einer **Kurs- oder Wertminderung** eines anderen Finanzinstruments einen **finanziellen Vorteil** erzielt. Damit können auch sog. **synthetische Leerverkäufe** über Derivate untersagt oder jedenfalls Beschränkungen unterworfen werden (vgl. Rz. 31). In ihrem aktuellen technical advice zu einer Review der Leerverkaufs-VO schlägt die ESMA ausdrücklich vor, den Art. 23 Abs. 1 VO Nr. 236/2012 dahingehend zu erweitern, dass die jeweils zuständige Behörde zukünftig insgesamt die Erweiterung von Netto-Leerverkaufspositionen untersagen können soll[1].

Von den Beschränkungen nach Art. 23 VO Nr. 236/2012 können bestimmte **Ausnahmen** zugelassen werden (Art. 23 Abs. 3 VO Nr. 236/2012). Auch insofern sollte zumindest eine Ausnahme für **Market-Making-** und **Primärmarkt**-Tätigkeiten eingeräumt werden (vgl. Rz. 24). In ihrem aktuellen technical advice zu einer Review der Leerverkaufs-VO empfiehlt die ESMA dahingehend, dass die erlassende Behörde dazu verpflichtet sein sollte, ausdrücklich zu einer Ausnahme für Market Maker Stellung zu nehmen[2].   56

b) Dauer der Beschränkung (Art. 23 Abs. 2 VO Nr. 236/2012). Eine Maßnahme nach Art. 23 VO Nr. 236/2012 gilt gem. Art. 23 Abs. 2 Satz 1 VO Nr. 236/2012 **längstens** bis zum **Ende** des auf den Handelstag des Kursverfalls **folgenden Handelstag**.   57

Ist am Ende des auf den Handelstag des Kursverfalls folgenden Handelstages trotz der Verhängung der Maßnahme **ein weiterer signifikanter Verfall des Werts** des Finanzinstruments i.H.v. mindestens der Hälfte des für den Erlass notwendigen Betrags (Rz. 42 ff.) im Vergleich zur Schlussnotierung des ersten Handelstages zu verzeichnen, kann die zuständige Behörde die **Maßnahme** um einen weiteren Zeitraum **verlängern**, der **zwei Handelstage** nach Ende des zweiten Handelstages nicht überschreiten darf (Art. 23 Abs. 2 Satz 2 VO Nr. 236/2012).   58

6. Bisherige Maßnahmen zuständiger Behörden. Seit Inkrafttreten der Leerverkaufs-VO haben nur zwei nationale zuständige Behörden, diejenigen von Italien (CONSOB) und Portugal (CMVM) in insgesamt 46 Fällen wegen eines signifikanten Kursverfalls auf einem Handelsplatz, für den sie zuständig sind, *Circuit-breaker*-Regelungen erlassen[3]. Alle Fälle betrafen Aktien[4]. Die anderen nationalen zuständigen Behörden haben entweder entsprechende Maßnahmen erlassen oder nichts weiter unternommen. Keine andere nationale zuständige Behörde hat einer Maßnahme nach Art. 23 VO Nr. 236/2012 bislang widersprochen[5].   59

VII. Unterrichtungspflichten der zuständigen Behörde. 1. Maßnahmen nach den Art. 18–21 (Art. 26 VO Nr. 236/2012). Vor Verhängung oder Verlängerung einer Maßnahme nach den Art. 18–21 VO Nr. 236/2012 muss die erlassende Behörde (Rz. 17 f.) nach Art. 26 Abs. 1 VO Nr. 236/2012 die **ESMA** und die **anderen zuständigen Behörden** über die von ihr vorgeschlagene Maßnahme unterrichten. Die Unterrichtung muss nach Art. 26 Abs. 3 Satz 1 VO Nr. 236/2012 grundsätzlich spätestens 24 Stunden vor dem geplanten Inkrafttreten der Maßnahme oder ihrer Verlängerung erfolgen. Sofern die 24-Stunden-Frist nicht eingehalten werden kann, kann die zuständige Behörde die Unterrichtung im Ausnahmefall weniger als 24 Stunden vor dem geplanten Inkrafttreten der Maßnahme vornehmen (Art. 26 Abs. 3 Satz 2 VO Nr. 236/2012). Die Unterrichtung muss gem. Art. 26 Abs. 2 VO Nr. 236/2012 die Einzelheiten der vorgeschlagenen Maßnahmen, die Arten der betroffenen Finanzinstrumente und Transaktionen, Belege für die Gründe der Maßnahmen und den Zeitpunkt des geplanten Inkrafttretens benennen.   60

Eine **andere zuständige Behörde**, die über eine Maßnahme unterrichtet wird, kann nach Art. 26 Abs. 4 VO Nr. 236/2012 eine entsprechende Maßnahme ergreifen, wenn sie davon überzeugt ist, dass die Maßnahme erforderlich ist, um die zuständige Behörde, von der sie unterrichtet wird, zu unterstützen. Will die unterrichtete zuständige Behörde Maßnahmen ergreifen, nimmt sie ebenfalls eine Unterrichtung gem. Art. 26 Abs. 1–3 VO Nr. 236/2012 vor[6]. Zu den **Befugnissen der ESMA** s. Art. 27–31 VO Nr. 236/2012 Rz. 15 ff.   61

2. Maßnahmen nach Art. 23 VO Nr. 236/2012 (Art. 26 und Art. 23 Abs. 4 VO Nr. 236/2012). Vor der Verhängung von Beschränkungen nach Art. 23 VO Nr. 236/2012 muss die erlassende Behörde (Rz. 39 ff.) nach Art. 26 Abs. 1 VO Nr. 236/2012 die ESMA und die anderen zuständigen Behörden ebenfalls über die von ihr   62

---

1 ESMA, Final Report – Technical Advice on the evaluation of certain elements of the Short Selling Regulation, ESMA70-145-386, 4.4.2. Rz. 231 ff.
2 ESMA, Final Report – Technical Advice on the evaluation of certain elements of the Short Selling Regulation, ESMA70-145-386, 4.4.2. Rz. 232.
3 ESMA, Final Report – Technical Advice on the evaluation of certain elements of the Short Selling Regulation, ESMA70-145-386, 4.2.1. Rz. 166 f.; *Howell*, Journal of Corporate Law Studies 16 (2016), 333, 363 ff.
4 ESMA, Final Report – Technical Advice on the evaluation of certain elements of the Short Selling Regulation, ESMA70-145-386, 4.2.1. Rz. 168 f.
5 ESMA, Final Report – Technical Advice on the evaluation of certain elements of the Short Selling Regulation, ESMA70-145-386, 4.2.1. Rz. 165.
6 *von Buttlar/Petersen* in Just/Voß/Ritz/Becker, § 30h WpHG Rz. 103.

vorgeschlagene Maßnahme unterrichten. Die Unterrichtung hat gem. Art. 26 Abs. 2 VO Nr. 236/2012 die Einzelheiten der vorgeschlagenen Maßnahmen, die Arten der betroffenen Finanzinstrumente und Transaktionen, Belege für die Gründe der Maßnahmen und den Zeitpunkt des geplanten Inkrafttretens zu benennen.

63 Diese Unterrichtung (Rz. 62) muss erfolgen, bevor die Maßnahme in Kraft treten soll (Art. 26 Abs. 3 Satz 3 VO Nr. 236/2012). Art. 23 Abs. 4 Unterabs. 1 VO Nr. 236/2012 konkretisiert insofern, dass die **Meldung gegenüber der ESMA** spätestens zwei Stunden nach Ende des betreffenden Handelstages, an dem der Kurs eines Finanzinstruments signifikant gefallen ist, erfolgen muss. Die **ESMA** ist dann zur **unverzüglichen Information** derjenigen nationalen Behörden verpflichtet, die für Handelsplätze zuständig sind, an denen dasselbe Finanzinstrument gehandelt wird (Art. 23 Abs. 4 Unterabs. 1 Satz 2 VO Nr. 236/2012).

64 Ist eine zuständige Behörde mit der von einer anderen zuständigen Behörde ergriffenen Maßnahme in Bezug auf ein Finanzinstrument, das an unterschiedlichen, von unterschiedlichen zuständigen Behörden überwachten Handelsplätzen gehandelt wird, nicht einverstanden[1], kann die ESMA diese Behörden gem. Art. 19 VO Nr. 1095/2010 dabei unterstützen, eine Einigung zu erzielen (Art. 24 Abs. 4 Unterabs. 2 VO Nr. 236/2012). Diese **Schlichtung** muss am Ende desselben Handelstages **vor Mitternacht** abgeschlossen werden (Art. 24 Abs. 4 Unterabs. 2 Satz 1 VO Nr. 236/2012). Erzielen die betreffenden zuständigen Behörden innerhalb der Schlichtungsphase keine Einigung, kann die ESMA gem. Art. 19 Abs. 3 VO Nr. 1095/2010 vor Beginn des nächsten Handelstages einen bindenden Beschluss fassen (Art. 24 Abs. 4 Unterabs. 2 Satz 2 und 3 VO Nr. 236/2012).

65 **VIII. Bekanntmachung und Wirksamwerden der Beschränkungen (Art. 25 VO Nr. 236/2012).** Art. 25 VO Nr. 236/2012 macht nähere Vorgaben zur Bekanntmachung und zum Wirksamwerden der Beschränkungen[2]. Nach Art. 25 Abs. 1 VO Nr. 236/2012 muss jeder Beschluss zur Verhängung oder Verlängerung einer Notfallmaßnahme auf der Website der erlassenden Behörde veröffentlicht werden. Die Bekanntmachung muss nach Art. 25 Abs. 2 VO Nr. 236/2012 zumindest Einzelheiten enthalten zu (i) den verhängten Maßnahmen einschließlich Instrumenten und Transaktionsarten, für die sie gelten, sowie (ii) ihrer Dauer und (iii) zu den Gründen, aus denen die zuständige Behörde die Verhängung der Maßnahmen für notwendig hält, einschließlich (iv) Belegen dafür. Eine Maßnahme nach den Art. 18–21, 23 VO Nr. 236/2012 tritt nach Art. 25 Abs. 3 VO Nr. 236/2012 zum Zeitpunkt der Veröffentlichung der Bekanntmachung oder einem darin genannten späteren Zeitpunkt in Kraft und gilt nur für Transaktionen, die nach Inkrafttreten der Maßnahme eingegangen werden[3].

66 Für **Notfallmaßnahmen**, die von der **BaFin** (Rz. 17, Rz 39 f.) oder der **Börsengeschäftsführung** (Rz. 40) erlassen werden[4], enthält Art. 25 VO Nr. 236/2012 speziellere, dem allgemeinen deutschen Verwaltungsrecht vorgehende Regelungen. Macht nämlich das Unionsrecht eigene Vorgaben zum Verwaltungsverfahren beim indirekten Vollzug, so sind diese – vorbehaltlich einer entsprechenden Kompetenz des Unionsgesetzgebers – vorrangig[5]. Nur soweit die EU keine Regelungen erlassen hat, kommt das nationale Verfahrensrecht vollumfänglich zur Anwendung[6]. Die Anwendung nationalen Verfahrensrechts beim indirekten Vollzug steht daher unter dem Vorbehalt entgegenstehender unionsrechtlicher Grundsätze bzw. Regelungen[7].

67 Art. 25 VO Nr. 236/2012 überlagert das nationale Verwaltungsrecht in mehrfacher Hinsicht. Zum einen macht er Vorgaben zur **Art der Bekanntmachung** (vgl. § 41 Abs. 4 Satz 1 VwVfG). Die Bekanntmachung des Verwaltungsakts muss nämlich über eine Veröffentlichung auf der Website der erlassenden Behörde erfolgen. Zudem zwingt er die Behörde zu einer **Begründung des Verwaltungsakts** (Art. 25 Abs. 2 VO Nr. 236/2012). Schließlich enthält Art. 25 Abs. 3 VO Nr. 236/2012 eine den § 41 Abs. 4 Satz 3 und 4 VwVfG verdrängende Regelung zum **Zeitpunkt der Bekanntgabe**, mit Auswirkungen auf den Zeitpunkt des Wirksamwerdens (§ 43 Abs. 1 Satz 1 VwVfG). Ein öffentlich bekannt gemachter Verwaltungsakt gilt grundsätzlich nach § 41 Abs. 4 Satz 3 VwVfG zwei Wochen nach der ortsüblichen Bekanntmachung als bekannt gegeben, wobei nach § 41 Abs. 4 Satz 4 VwVfG in einer Allgemeinverfügung ein hiervon abweichender Tag, jedoch frühestens der auf die Bekanntmachung folgende Tag bestimmt werden kann[8]. Art. 25 Abs. 3 VO Nr. 236/2012 überlagert diese Regelung, weshalb die Notfallmaßnahme **sofort mit ihrer Veröffentlichung** auf der Website **bekanntgegeben** ist

---

1 In ihrem technical advice zu einem Review der Leerverkaufs-VO schlägt die ESMA vor, dass die anderen Behörden kein Recht mehr haben sollen, sich gegen eine Beschränkung auszusprechen, wenn diese von der national zuständigen Behörde des unter Liquiditätsgesichtspunkten relevantesten Marktes getroffen wurde. S. ESMA, Final Report – Technical Advice on the evaluation of certain elements of the Short Selling Regulation, ESMA70-145-386, 4.3.3. Rz. 210.
2 Knapp auch *Grundmann* in Staub, HGB, Bankvertragsrecht 2, 5. Aufl. 2016, 6. Teil, 3. Abschnitt, D Rz. 641.
3 *Weick-Ludewig* in Fuchs, § 30h WpHG Rz. 141.
4 *Weick-Ludewig* in Fuchs, § 30h WpHG Rz. 141.
5 *Ruffert* in Calliess/Ruffert, EUV/AEUV, 4. Aufl. 2011, Art. 197 AEUV Rz. 11; *Schmidt-Aßmann* in Hoffmann-Riem/Schmidt-Aßmann/Voßkuhle, Grundlagen des Verwaltungsrechts, Band I, 2. Aufl. 2012, § 5 Rz. 30, 31, S. 286 f.
6 EuGH v. 21.9.1983 – 205-215/82, ECLI:EU:C:1983:233 – Deutsches Milchkontor, Slg. 1983, 2633/265 = NJW 1984, 2024.
7 *Nettesheim* in Grabitz/Hilf, Das Recht der Europäischen Union, 40. Aufl. 2009, Art. 249 EGV Rz. 245; EuGH v. 19.6.1990 – C-213/89, ECLI:EU:C:1990:257 – The Queen/Secretary of State for Transport, Slg. 1990, I-2433 = NJW 1991, 2271.
8 Bei der Regelung des § 41 Abs. 3 Satz 4 VwVfG wird in der Literatur mitunter von einem rechtsstaatlichen Minimum gesprochen. So *Schwarz* in HK-VwVfG, 3. Aufl. 2013, § 41 VwVfG Rz. 42; *Rittgen* in Bauer/Heckmann/Ruge/Schallbruch, 1. Aufl. 2012, § 41 VwVfG Rz. 105.

und deshalb auch sofort **wirksam** ist. Die maßgebliche Kompetenz der EU zum Erlass einer derartigen verfahrensrechtlichen Vorschrift folgt aus Art. 114 AEUV: Dieser ermächtigt zum Erlass von Maßnahmen zur Angleichung der Rechts- und Verwaltungsvorschriften, die die Errichtung und das Funktionieren des Binnenmarktes zum Gegenstand haben. Die Verfahrensvorschrift des Art. 25 Abs. 3 VO Nr. 236/2012 ist erforderlich, um das Funktionieren des Binnenmarktes zu gewährleisten. Gerade für Ausnahmemaßnahmen betont die Leerverkaufs-VO die besondere Bedeutung von Koordinierung und Kohärenz zwischen den Mitgliedstaaten, die nur bei einer einheitlichen Anwendung der ergriffenen Maßnahmen zu einer bestmöglichen Durchsetzung gelangen können. Ein ebensolches höheres Maß an Koordinierung und Kohärenz setzt auch voraus, dass Maßnahmen in einheitlicher zeitlicher Folge in Kraft treten können und dass es insoweit nicht zu nationalen Besonderheiten kommt. Besonders deutlich wird das Erfordernis einer sofortigen Wirksamkeit aber bei den Maßnahmen nach Art. 23 VO Nr. 236/2012 (Rz. 39 ff.), da diese besonders kurzfristig ergehen müssen. Jedes andere Verständnis würde diese Maßnahmen in ihrer Effektivität ganz erheblich beeinträchtigen.

Vor dem Hintergrund des eben dargestellten Kohärenzbedürfnisses ist zu bemängeln, dass der europäische Gesetzgeber – abgesehen von den erforderlichen Abstimmungen zwischen den nationalen Behörden und der ESMA (Rz. 60 ff.) – davon abgesehen hat, den Erlass von Notfallmaßnahmen zu vereinheitlichen. Derzeit können Notfallmaßnahmen von zuständigen Behörden in 28 verschiedenen Mitgliedstaaten erlassen werden, ohne dass die Bekanntmachungen auch nur sprachlich vereinheitlicht wären[1]. Hinzu kommt, dass die ESMA keinen Regelungsauftrag zur einheitlichen Veröffentlichung aller Maßnahmen auf ihrer Website hat. Die Marktteilnehmer sind daher gezwungen, die Websites aller für einen Erlass potenziell zuständiger Behörden permanent zu beobachten.

IX. Rechtsschutz. Hinsichtlich des Rechtsschutzes im Zusammenhang mit dem Erlass von Notfallmaßnahmen macht die VO Nr. 236/2012 **keine Vorgaben.** Da der Erlass von Notfallmaßnahmen durch die BaFin und die Börsengeschäftsführung als Verwaltungsverfahren und die Notfallmaßnahme selbst als Allgemeinverfügung zu klassifizieren ist (Rz. 14 ff.), steht Marktteilnehmern grundsätzlich der **Verwaltungsrechtsweg** offen[2]. Gegen eine Notfallmaßnahme sind grundsätzlich Widerspruch und Anfechtungsklage statthaft. Eine **Anfechtungsklage** setzt nach § 68 Abs. 1 VwGO die vorherige erfolglose Durchführung eines Widerspruchverfahrens voraus. Für die Frist zur Einlegung des Widerspruchs ist entscheidend, ob die Notfallmaßnahme mit einer Rechtsbehelfsbelehrung versehen war (dann einen Monat ab Bekanntgabe, § 70 Abs. 1 VwGO) oder nicht (dann ein Jahr ab Bekanntgabe, §§ 70 Abs. 2, 58 Abs. 2 VwGO). Die Klagefrist richtet sich nach § 74 VwGO. Widerspruch und Anfechtungsklage gegen Notfallmaßnahmen der BaFin haben keine aufschiebende Wirkung (§ 53 Abs. 3 WpHG). Die Börsengeschäftsführung sollte die sofortige Vollziehung im öffentlichen Interesse gesondert anordnen (§ 80 Abs. 2 Nr. 4 VwGO). Eine **Verpflichtungsklage** auf Erlass einer Allgemeinverfügung wird demgegenüber mangels Klagebefugnis nicht statthaft sein[3].

Instanzverwaltungsgerichte können, letztinstanzliche VG müssen die Frage der Unionsrechtskonformität einer Notfallmaßnahme durch die BaFin bzw. die Börsengeschäftsführung dem **EuGH** im Wege des **Vorabentscheidungsverfahrens** vorlegen.

X. Befugnis zum Erlass von Tertiärrechtsakten. Art. 23 Abs. 6 VO Nr. 236/2012 überträgt der ESMA die Befugnis, unter Berücksichtigung der Entwicklungen auf den Finanzmärkten eine Stellungnahme über die Anpassung des in Art. 23 Abs. 5 VO Nr. 236/2012 genannten Schwellenwertes an die Kommission abzugeben. Die Europäische Kommission ist unter Berücksichtigung der Entwicklungen auf den Finanzmärkten befugt, **delegierte Rechtsakte** gem. Art. 42 VO Nr. 236/2012 zur Änderung der in Art. 23 Abs. 5 VO Nr. 236/2012 genannten Schwellenwerte zu erlassen. Bislang wurden entsprechende Rechtsakte nicht erlassen.

Art. 23 Abs. 7 VO Nr. 236/2012 überträgt der Europäischen Kommission die Befugnis zum Erlass delegierter Rechtsakte gem. Art. 42 VO Nr. 236/2012, in denen festgelegt wird, was eine signifikante Wertminderung für andere Finanzinstrumente als liquide Aktien darstellt, wobei die Besonderheiten jeder Art von Finanzinstrumenten berücksichtigt zu berücksichtigen sind. Dem ist die Europäische Kommission durch Erlass des **Art. 23 DelVO Nr. 918/2012** nachgekommen.

Um eine konsequente Anwendung des Art. 23 VO Nr. 236/2012 zu gewährleisten, hatte die ESMA nach **Art. 23 Abs. 8 Unterabs. 1 VO Nr. 236/2012** Entwürfe technischer Regulierungsstandards zu entwickeln, in denen die Methode zur Berechnung der Wertminderung liquider Aktien um 10 % sowie die Wertminderung in der von der Kommission gem. Art. 23 Abs. 7 VO Nr. 236/2012 festgelegten Höhe beschrieben wird. Entwürfe dieser technischen Regulierungsstandards hatte die ESMA der Europäischen Kommission bis zum 31.3.2012 vorzulegen. Art. 23 Abs. 8 Unterabs. 3 VO Nr. 236/2012 überträgt der Europäischen Kommission die Befugnis, auf der Basis der Entwürfe der ESMA, technische Regulierungsstandards gem. dem in den Art. 10–14 VO Nr. 1095/2010 festgelegten Verfahren zu erlassen. Dem kam die Europäische Kommission durch Erlass der **DelVO Nr. 919/2012** nach.

---

1 Kritisch auch *Howell*, Journal of Corporate Law Studies 16 (2016), 333, 362.
2 So auch *Schlimbach*, Leerverkäufe, 2015, 203 ff.
3 So auch *Schlimbach*, Leerverkäufe, 2015, 204.

Abschnitt 2
Befugnisse der ESMA

Art. 27 Koordinierung durch die ESMA

(1) Die ESMA spielt bei Maßnahmen der zuständigen Behörden gemäß Abschnitt 1 eine unterstützende und koordinierende Rolle. Die ESMA gewährleistet insbesondere, dass die zuständigen Behörden bei den getroffenen Maßnahmen einen kohärenten Ansatz verfolgen; dies gilt insbesondere, wenn Eingriffsbefugnisse ausgeübt werden müssen, und für die Art der verhängten Maßnahmen sowie deren Inkrafttreten und Dauer.

(2) Nachdem die ESMA gemäß Artikel 26 über eine Maßnahme unterrichtet wurde, die nach Artikel 18, 19, 20 oder 21 verhängt oder verlängert werden soll, gibt sie innerhalb von 24 Stunden eine Stellungnahme dazu ab, ob sie die Maßnahme bzw. die vorgeschlagene Maßnahme für notwendig hält, um die Ausnahmesituation zu bewältigen. In dieser Stellungnahme erklärt die ESMA, ob nach ihrer Auffassung ungünstige Ereignisse oder Entwicklungen eingetreten sind, die eine ernstzunehmende Bedrohung für die Finanzstabilität oder das Marktvertrauen in einem oder mehreren Mitgliedstaaten darstellen, ob die Maßnahme bzw. die vorgeschlagene Maßnahme zur Bewältigung der Bedrohung angemessen und verhältnismäßig ist und ob die jeweils vorgeschlagene Dauer der Maßnahme gerechtfertigt ist. Hält die ESMA Maßnahmen anderer zuständiger Behörden für notwendig, um die Bedrohung zu bewältigen, gibt sie auch dies in ihrer Stellungnahme an. Die Stellungnahme wird auf der Website der ESMA veröffentlicht.

(3) Werden von einer zuständigen Behörde Maßnahmen vorgeschlagen oder ergriffen, die der in Absatz 2 genannten Stellungnahme der ESMA zuwiderlaufen, oder wird das Ergreifen von Maßnahmen entgegen der nach dem genannten Absatz abgegebenen Stellungnahme der ESMA von einer zuständigen Behörde abgelehnt, so veröffentlicht die betreffende zuständige Behörde auf ihrer Website innerhalb von 24 Stunden ab Erhalt der Stellungnahme der ESMA eine Bekanntmachung, in der sie die Gründe für ihr Vorgehen vollständig darlegt. Tritt eine solche Situation ein, wägt die ESMA ab, ob die Bedingungen erfüllt sind, um von ihren Eingriffsbefugnissen gemäß Artikel 28 Gebrauch zu machen, und ob es sich um einen Fall handelt, in dem dies angebracht ist.

(4) Die ESMA überprüft die Maßnahmen nach diesem Artikel regelmäßig, mindestens jedoch alle drei Monate. Wird eine Maßnahme nach einem solchen Dreimonatszeitraum nicht verlängert, so tritt sie automatisch außer Kraft.

In der Fassung vom 14.3.2012 (ABl. EU Nr. L 86 v. 24.3.2012, S. 1).

Art. 28 Eingriffsbefugnisse der ESMA in Ausnahmesituationen

(1) Gemäß Artikel 9 Absatz 5 der Verordnung (EU) Nr. 1095/2010 ergreift die ESMA vorbehaltlich des Absatzes 2 folgende Maßnahmen:

a) Sie fordert natürliche oder juristische Personen, die Netto-Leerverkaufspositionen in einem bestimmten Finanzinstrument oder einer bestimmten Art von Finanzinstrumenten halten, auf, dies einer zuständigen Behörde zu melden oder der Öffentlichkeit die Einzelheiten jeder derartigen Position offenzulegen, oder

b) sie verhängt ein Verbot oder erlässt Bedingungen für den Eintritt einer natürlichen oder juristischen Person in einen Leerverkauf oder eine Transaktion, durch die ein anderes Finanzinstrument als die in Artikel 1 Absatz 1 Buchstabe c genannten Finanzinstrumente geschaffen wird oder die sich auf ein anderes Finanzinstrument als die in Artikel 1 Absatz 1 Buchstabe c genannten Finanzinstrumente bezieht, wenn deren Wirkung oder eine von deren Wirkungen darin besteht, dass diese Person im Falle eines Kurs- oder Wertverlusts eines anderen Finanzinstruments einen finanziellen Vorteil erzielt;

Eine Maßnahme kann auf bestimmte Situationen beschränkt oder Ausnahmen unterworfen werden, die von der ESMA festgelegt werden. Ausnahmen können insbesondere für Market-Making-Tätigkeiten und Primärmarkt-Aktivitäten festgelegt werden.

(2) Die ESMA fasst einen Beschluss gemäß Absatz 1 nur, wenn:

a) die unter Absatz 1 Buchstaben a und b genannten Maßnahmen die ordnungsgemäße Funktionsweise und Integrität der Finanzmärkte oder die Stabilität des gesamten oder eines Teils des Finanzsystems in der Union bedrohen und die Auswirkungen grenzübergreifend sind und

b) keine zuständige Behörde Maßnahmen ergriffen hat, um der Bedrohung zu begegnen, oder eine oder mehrere der zuständigen Behörden Maßnahmen ergriffen hat, die der Bedrohung nicht in angemessener Weise gerecht werden.

(3) Ergreift die ESMA Maßnahmen nach Absatz 1, so berücksichtigt sie, inwieweit die Maßnahme

a) die Bedrohung für die ordnungsgemäße Funktionsweise und Integrität der Finanzmärkte oder die Stabilität des gesamten Finanzsystems oder eines Teils davon in der Union signifikant verringert oder die Möglichkeiten der zuständigen Behörden zur Überwachung der Bedrohung signifikant verbessert;

b) keine Gefahr der Aufsichtsarbitrage entstehen lässt;

c) die Effizienz der Finanzmärkte im Vergleich zum Nutzen der Maßnahme nicht unverhältnismäßig beeinträchtigt, etwa durch Verringerung der Liquidität dieser Märkte oder Schaffung von Unsicherheit für die Marktteilnehmer.

Haben eine oder mehrere zuständige Behörden eine Maßnahme nach Artikel 18, 19, 20 oder 21 ergriffen, so kann die ESMA die in Absatz 1 des vorliegenden Artikels genannten Maßnahmen ergreifen, ohne die in Artikel 27 vorgesehene Stellungnahme abzugeben.

(4) Bevor die ESMA die Verhängung oder Verlängerung von Maßnahmen nach Absatz 1 beschließt, konsultiert sie den ESRB und gegebenenfalls andere zuständige Behörden.

(5) Bevor die ESMA die Verhängung oder Verlängerung einer Maßnahme nach Absatz 1 beschließt, unterrichtet sie die betreffenden zuständigen Behörden über die von ihr vorgeschlagene Maßnahme. Die Unterrichtung umfasst Einzelheiten der vorgeschlagenen Maßnahmen, die Art der betroffenen Finanzinstrumente und Transaktionen, Belege für die Gründe des Ergreifens dieser Maßnahmen und den Zeitpunkt des geplanten Inkrafttretens.

(6) Die Unterrichtung erfolgt spätestens 24 Stunden vor dem Inkrafttreten der Maßnahme oder ihrer Verlängerung. Kann die 24-Stunden-Frist nicht eingehalten werden, kann die ESMA die Unterrichtung im Ausnahmefall weniger als 24 Stunden vor dem geplanten Inkrafttreten der Maßnahme vornehmen.

(7) Die ESMA veröffentlicht auf ihrer Website jeden Beschluss zur Verhängung oder Verlängerung einer Maßnahme nach Absatz 1. Die Bekanntmachung enthält mindestens Folgendes:

a) die verhängten Maßnahmen einschließlich Instrumenten und Transaktionsarten, für die sie gelten, sowie ihrer Dauer und

b) die Gründe, warum die ESMA die Verhängung der Maßnahmen für notwendig hält, einschließlich Belegen dafür.

(8) Nachdem ein Beschluss zur Verhängung oder Verlängerung einer Maßnahme nach Absatz 1 getroffen wurde, unterrichtet die ESMA die zuständigen Behörden unverzüglich über die von ihr ergriffenen Maßnahmen.

(9) Eine Maßnahme tritt zum Zeitpunkt der Veröffentlichung der Bekanntmachung auf der Website der ESMA oder einem darin genannten späteren Zeitpunkt in Kraft und gilt nur für Transaktionen, die nach Inkrafttreten der Maßnahme eingegangen werden.

(10) Die ESMA überprüft die gemäß Absatz 1 ergriffenen Maßnahmen in geeigneten Zeitabständen, mindestens aber alle drei Monate. Wird eine Maßnahme am Ende dieses Zeitraums von drei Monaten nicht verlängert, so tritt sie automatisch außer Kraft. Für die Erneuerung von Maßnahmen finden die Absätze 2 bis 9 Anwendung.

(11) Eine gemäß diesem Artikel beschlossene Maßnahme der ESMA erhält Vorrang vor allen etwaigen früheren Maßnahmen einer zuständigen Behörde nach Abschnitt 1.

In der Fassung vom 14.3.2012 (ABl. EU Nr. L 86 v. 24.3.2012, S. 1).

Art. 29 Befugnisse der ESMA in Ausnahmesituationen im Zusammenhang mit öffentlichen Schuldtiteln

Im Falle einer Ausnahmesituation im Zusammenhang mit öffentlichen Schuldtiteln oder Credit Default Swaps auf öffentliche Schuldtitel finden Artikel 18 und 38 der Verordnung (EU) Nr. 1095/2010 Anwendung.

In der Fassung vom 14.3.2012 (ABl. EU Nr. L 86 v. 24.3.2012, S. 1).

Art. 30 Abgrenzung ungünstiger Ereignisse oder Entwicklungen

Die Kommission wird zum Erlass von delegierten Rechtsakten gemäß Artikel 42 ermächtigt, in denen festgelegt wird, welche Kriterien und Faktoren die zuständigen Behörden und die ESMA bei der Entscheidung, ob ungünstige Ereignisse oder Entwicklungen im Sinne der Artikel 18 bis 21 sowie des Artikels 27 und Bedrohungen im Sinne von Artikel 28 Absatz 2 Buchstabe a vorliegen, zu berücksichtigen haben.

In der Fassung vom 14.3.2012 (ABl. EU Nr. L 86 v. 24.3.2012, S. 1).

Art. 31 Untersuchungen der ESMA

Die ESMA kann auf Antrag einer oder mehrerer zuständiger Behörden, des Europäischen Parlaments, des Rates oder der Kommission oder auf eigene Initiative eine Untersuchung über eine bestimmte Frage oder Praxis im Zusammenhang mit Leerverkäufen oder dem Einsatz von Credit Default Swaps durchführen, um zu prüfen, ob die betreffende Frage oder Praxis eine potenzielle Bedrohung für die Finanzstabilität oder das Marktvertrauen in der Union darstellt.

Die ESMA veröffentlicht innerhalb von drei Monaten nach Abschluss einer solchen Untersuchung einen Bericht, in dem sie ihre Ergebnisse darlegt und gegebenenfalls Empfehlungen zu der betreffenden Frage oder Praxis abgibt.

In der Fassung vom 14.3.2012 (ABl. EU Nr. L 86 v. 24.3.2012, S. 1).

Die Art. 27–31 VO Nr. 236/2012 werden im Folgenden gemeinsam erläutert.

**Delegierte Verordnung (EU) Nr. 918/2012 der Kommission vom 5. Juli 2012
zur Ergänzung der Verordnung (EU) Nr. 236/2012 des Europäischen Parlaments und des Rates über Leerverkäufe
und bestimmte Aspekte von Credit Default Swaps im Hinblick auf Begriffsbestimmungen, die Berechnung
von Netto-Leerverkaufspositionen, gedeckte Credit Default Swaps auf öffentliche Schuldtitel, Meldeschwellen,
Liquiditätsschwellen für die vorübergehende Aufhebung von Beschränkungen, signifikante Wertminderungen bei
Finanzinstrumenten und ungünstige Ereignisse**

(Auszug)

Art. 24 Kriterien und Faktoren, die bei der Entscheidung, ob ungünstige Ereignisse oder Entwicklungen und Bedrohungen vorliegen, zu berücksichtigen sind

(1) Für die Zwecke der Artikel 18 bis 21 der Verordnung (EU) Nr. 236/2012 umfassen ungünstige Ereignisse oder Entwicklungen gemäß Artikel 30 der Verordnung (EU) Nr. 236/2012, die die Finanzstabilität oder das Marktvertrauen in dem betreffenden Mitgliedstaat oder in einem oder mehreren anderen Mitgliedstaaten ernsthaft bedrohen können, sämtliche Handlungen, Ergebnisse, Tatsachen oder Ereignisse, von denen vernünftigerweise anzunehmen ist oder angenommen werden kann, dass sie Folgendes bewirken:

a) schwere finanzielle, monetäre oder budgetäre Probleme, die bei einem Mitgliedstaat oder einer Bank bzw. einem anderen Finanzinstitut, das als wichtig für das globale Finanzsystem angesehen wird, wie in der Union tätige Versicherungsgesellschaften, Marktinfrastruktur-Anbieter und Vermögensverwaltungsgesellschaften, zu Instabilität führen können, wenn dies die ordnungsgemäße Funktionsweise und Integrität von Finanzmärkten oder die Stabilität des Finanzsystems in der Union bedrohen kann;

b) eine Rating-Maßnahme oder den Ausfall eines Mitgliedstaats oder einer Bank oder eines anderen Finanzinstituts, das als wichtig für das globale Finanzsystem angesehen wird, wie in der Union tätige Versicherungsgesellschaften, Marktinfrastruktur-Anbieter und Vermögensverwaltungsgesellschaften, die/der schwere Zweifel an deren Solvenz aufkommen lässt oder nach vernünftigem Ermessen aufkommen lassen dürfte;

c) erheblichen Verkaufsdruck oder ungewöhnliche Volatilität, die bei Finanzinstrumenten, die sich auf Banken oder andere Finanzinstitute, die als wichtig für das globale Finanzsystem angesehen werden, wie in der Union tätige Versicherungsgesellschaften, Marktinfrastruktur-Anbieter und Vermögensverwaltungsgesellschaften, und gegebenenfalls auf öffentliche Emittenten beziehen, eine erhebliche Abwärtsspirale in Gang setzen;

d) einen bedeutsamen Schaden an den physischen Strukturen von wichtigen Finanzemittenten, Marktinfrastrukturen, Clearing- und Abwicklungssystemen und Aufsichtsbehörden, der sich insbesondere in Fällen, in denen er auf eine Naturkatastrophe oder einen terroristischen Angriff zurückzuführen ist, nachteilig auf die Märkte auswirken kann;

e) eine bedeutsame Störung bei einem Zahlungssystem oder Abwicklungsprozess – insbesondere wenn diese das Interbankengeschäft betrifft –, die innerhalb der EU-Zahlungssysteme zu erheblichen Zahlungs- oder Abwicklungsfehlern oder -verzögerungen führt oder führen kann, speziell wenn diese in einer Bank oder einem anderen Finanzinstitut, die als wichtig für das globale Finanzsystem angesehen werden, wie in der Union tätige Versicherungsgesellschaften, Marktinfrastruktur-Anbieter und Vermögensverwaltungsgesellschaften, oder in einem Mitgliedstaat zur Ausbreitung einer finanziellen oder wirtschaftlichen Krise führen können.

(2) Für die Zwecke des Artikels 27 trägt die ESMA bei Erwägung der in Absatz 1 genannten Kriterien der Möglichkeit eines Übergreifens auf andere Systeme oder Emittenten oder einer Ansteckung sowie der Frage, ob sich in dem betreffenden Fall womöglich eine Prophezeiung selbst erfüllt, Rechnung.

(3) Für die Zwecke des Artikels 28 Absatz 2 Buchstabe a ist eine Bedrohung der ordnungsgemäßen Funktionsweise und Integrität der Finanzmärkte oder der Stabilität des gesamten oder eines Teils des Finanzsystems in der Union gleichbedeutend mit:
a) einer drohenden schweren finanziellen, monetären oder budgetären Instabilität eines Mitgliedstaat oder des Finanzsystems eines Mitgliedstaats, wenn dies die ordnungsgemäße Funktionsweise und Integrität der Finanzmärkte oder die Stabilität des gesamten oder eines Teils des Finanzsystems in der Union ernsthaft bedrohen kann;
b) der Möglichkeit des Ausfalls eines Mitgliedstaats oder supranationalen Emittenten;
c) einem schweren Schaden an den physischen Strukturen von wichtigen Finanzemittenten, Marktinfrastrukturen, Clearing- und Abwicklungssystemen und Aufsichtsbehörden, der insbesondere in Fällen, in denen er auf eine Naturkatastrophe oder einen terroristischen Angriff zurückzuführen ist, grenzübergreifende Märkte schwer beeinträchtigen kann, wenn dies die ordnungsgemäße Funktionsweise und Integrität der Finanzmärkte oder die Stabilität des gesamten oder eines Teils des Finanzsystems in der Union ernsthaft bedrohen kann;
d) einer schweren Störung bei einem Zahlungssystem oder Abwicklungsprozess – insbesondere wenn diese das Interbankengeschäft betrifft –, die innerhalb der grenzübergreifenden Zahlungssysteme in der Union zu erheblichen Zahlungs- oder Abwicklungsfehlern oder -verzögerungen führt oder führen kann, speziell wenn diese im gesamten oder in einem Teil des Finanzsystems der Union zur Ausbreitung einer finanziellen oder wirtschaftlichen Krise führen kann.

In der Fassung vom 5.7.2012 (ABl. EU Nr. L 274 v. 9.10.2012, S. 1).

Schrifttum: S. Vor Art. 1 ff. VO Nr. 236/2012.

I. Regelungsgegenstand 1
II. Regelungssystematik 6
  1. Verordnungsebene 6
  2. Tertiärrechtsakte 10
  3. ESMA-VO 11
III. Regelungszweck 13
IV. Koordinierung durch die ESMA bei Notfallmaßnahmen der zuständigen Behörden (Art. 27 VO Nr. 236/2012) 15
  1. Unterrichtung durch die zuständige Behörde 16
  2. Stellungnahme der ESMA 17
  3. Reaktion der zuständigen nationalen Behörde 20
  4. Überprüfung durch die ESMA 22
V. Eingriffsbefugnisse der ESMA in Ausnahmesituationen (Art. 28 VO Nr. 236/2012) 23
  1. Primärrechtskonformität 23
  2. Rechtsnatur der Maßnahme 24
  3. Vorrang der Maßnahmen der ESMA (Art. 28 Abs. 11 VO Nr. 236/2012) 25
  4. Materielle Erlassvoraussetzungen 26
    a) Bedrohung (Art. 28 Abs. 2 lit. a VO Nr. 236/2012) 27
    b) Subsidiarität (Art. 28 Abs. 2 lit. b VO Nr. 236/2012) 28
    c) Geeignetheit (Art. 28 Abs. 3 lit. a VO Nr. 236/2012) 29
    d) Keine Gefahr von Aufsichtsarbitrage (Art. 28 Abs. 3 lit. b VO Nr. 236/2012) 30
    e) Verhältnismäßigkeit i.e.S. (Art. 28 Abs. 3 lit. c VO Nr. 236/2012) 31
  5. Konsultation des ESRB und anderer Behörden (Art. 28 Abs. 4 VO Nr. 236/2012) 32
  6. Unterrichtung der zuständigen Behörden (Art. 28 Abs. 5 VO Nr. 236/2012) 34
  7. Erlass einer Maßnahme 35
    a) Melde- und Offenlegungspflichten 37
    b) Beschränkungen von Leerverkäufen und vergleichbaren Transaktionen 41
    c) Ausnahmen 45
  8. Dauer der Maßnahme 46
  9. Bekanntmachung und Wirksamwerden der Beschränkungen 47
  10. Überprüfung der Maßnahmen 50
VI. Befugnisse der ESMA in Ausnahmesituationen bei öffentlichen Schuldtiteln (Art. 29 VO Nr. 236/2012) 51
VII. Rechtsschutz 54
VIII. Ausnahme- und Bedrohungssituationen (Art. 30 VO Nr. 236/2012) 56
  1. Ausnahmesituation i.S.d. Art. 18–21 VO Nr. 236/2012 57
  2. Zusätzliche von der ESMA im Rahmen des Art. 27 VO Nr. 236/2012 zu berücksichtigende Aspekte 58
  3. Bedrohung i.S.d. Art. 28 VO Nr. 236/2012 59
IX. Untersuchungsbefugnis der ESMA (Art. 31 VO Nr. 236/2012) 60

I. Regelungsgegenstand. Der 2. Abschnitt des V. Kapitels ist mit „Befugnisse der ESMA" überschrieben[1]. **Art. 27 VO Nr. 236/2012** regelt die **Koordinierungsbefugnis** der ESMA in Bezug auf die Notfallmaßnahmen nach den Art. 18–21 VO Nr. 236/2012[2]. Nach **Art. 27 Abs. 2 VO Nr. 236/2012** gibt die ESMA zu jeder avisierten Notfallmaßnahme i.S.d. Art. 18–21 VO Nr. 236/2012 innerhalb von 24 Stunden nach der Unterrichtung

---

[1] Zu den Befugnissen der ESMA *Grundmann* in Staub, HGB, Bankvertragsrecht 2, 5. Aufl. 2018, 6. Teil, 4. Abschnitt, A Rz. 643; *Walla* in Veil, European Capital Markets Law, 2nd ed. 2017, § 24 Rz. 49 f.; *Weick-Ludewig* in Fuchs, § 30h WpHG Rz. 129, 142 f.; *Howell*, Journal of Corporate Law Studies 16 (2016), 333, 365 ff.; *von Buttlar/Petersen* in Just/Voß/Ritz/Becker, § 30h WpHG Rz. 104 ff.; *Schlimbach*, Leerverkäufe, 2015, S. 205 ff.; *Moloney*, EU Securities and Financial Markets Regulation, 3rd ed. 2014, VI.3.9.2., S. 567 ff.; *Juurikkala*, ECFR 2012, 307, 331 ff.; *Mülbert/Sajnovits*, ZBB 2012, 266, 285.

[2] Die koordinierende Rolle der ESMA im Zusammenhang mit den Beschränkungen nach Art. 23 Abs. 1 VO Nr. 236/2012 ist in Art. 23 Abs. 4 VO Nr. 236/2012 geregelt (s. Art. 18–26 VO Nr. 236/2012 Rz. 62 ff.).

durch die zuständige nationale Behörde eine **Stellungnahme** ab. In dieser Stellungnahme gibt sie an, ob sie die Maßnahme unterstützt oder ablehnt. Werden von einer zuständigen Behörde Maßnahmen erlassen, die der Stellungnahme der ESMA zuwiderlaufen, ist diese Behörde nach **Art. 27 Abs. 3 VO Nr. 236/2012** zur Veröffentlichung einer **Begründung ihrer Abweichung** verpflichtet (*comply or explain*). **Art. 27 Abs. 4 VO Nr. 236/2012** verpflichtet die ESMA zu einer mindestens alle drei Monate stattfindenden **Überprüfung der Maßnahmen**.

2   **Art. 28 VO Nr. 236/2012** normiert unmittelbare Eingriffsbefugnisse der ESMA in **Bedrohungssituationen**. Nach **Art. 28 Abs. 1 VO Nr. 236/2012** ist die ESMA berechtigt, gem. Art. 9 Abs. 5 VO Nr. 1095/2010 (i) die **Meldung und Offenlegung** bestimmter Netto-Leerverkaufspositionen zu verlangen und (ii) **Leerverkäufe** und **vergleichbare Transaktionen** (synthetische Leerverkäufe) **Beschränkungen** zu unterwerfen. Öffentliche Schuldtitel sind von der Befugnis zum Erlass von Notfallmaßnahmen nach Art. 28 VO Nr. 236/2012 ausgenommen (Rz. 12). Der Erlass einer Notfallmaßnahme durch die ESMA ist an strenge Voraussetzungen geknüpft[1]. Eine Maßnahme kann nach **Art. 28 Abs. 2 VO Nr. 236/2012** nur ergehen, wenn eine **Bedrohung**[2] für die ordnungsgemäße Funktionsweise und die Integrität der Finanzmärkte oder die Stabilität des gesamten Finanzsystems oder eines Teils davon in der Europäischen Union **mit grenzübergreifenden Auswirkungen** besteht (Art. 28 Abs. 2 lit. a VO Nr. 236/2012)[3]. Zudem steht jede Maßnahme der ESMA unter dem Vorbehalt, dass keine zuständige nationale Behörde Maßnahmen ergriffen hat, um der Bedrohung zu begegnen, oder dass eine oder mehrere dieser Behörden Maßnahmen ergriffen haben, die der Bedrohung nicht in angemessener Weise gerecht werden (Art. 28 Abs. 2 lit. b VO Nr. 236/2012)[4]. Schließlich muss die ESMA nach **Art. 28 Abs. 3 VO Nr. 236/2012** beim Erlass einer Notfallmaßnahme berücksichtigen, inwieweit die Maßnahme (i) eine Bedrohung für die ordnungsgemäße Funktionsweise und die Integrität der Finanzmärkte ist oder die Stabilität des gesamten Finanzsystems *oder* eines Teils davon in der Europäischen Union signifikant verringert *oder* die Möglichkeiten der zuständigen Behörden zur Überwachung der Bedrohung signifikant verbessert, (ii) keine Gefahr der Aufsichtsarbitrage entstehen lässt und (iii) die Effizienz der Finanzmärkte im Vergleich zum Nutzen der Maßnahme nicht unverhältnismäßig beeinträchtigt werden, etwa durch Verringerung der Liquidität dieser Märkte oder Schaffung von Unsicherheit für die Marktteilnehmer[5]. **Vor** der **Verhängung** oder **Verlängerung** einer Maßnahme muss die ESMA gem. **Art. 28 Abs. 4 VO Nr. 236/2012** das *European Systemic Risk Board* (**ESRB**) und gegebenenfalls andere zuständige Behörden **konsultieren**. Zudem ist sie gem. **Art. 28 Abs. 5 und 6 VO Nr. 236/2012** dazu verpflichtet, spätestens 24 Stunden vor dem Inkrafttreten einer Maßnahme oder Ihrer Verlängerung, die zuständigen nationalen Behörden zu unterrichten. Jeden Beschluss zur Verhängung einer Maßnahme muss die ESMA auf ihrer **Website veröffentlichen** (Art. 28 Abs. 7 VO Nr. 236/2012). Eine **Maßnahme** der ESMA tritt nach **Art. 28 Abs. 9 VO Nr. 236/2012** zum *Zeitpunkt dieser Veröffentlichung* oder einem darin genannten späteren Zeitpunkt **in Kraft**. Eine Maßnahme der ESMA hat nach **Art. 28 Abs. 11 VO Nr. 236/2012 Vorrang** vor etwaigen früheren Maßnahmen einer zuständigen nationalen Behörde nach den Art. 18–21 VO Nr. 236/2012.

3   **Art. 29 VO Nr. 236/2012** erklärt – deklaratorisch – die **Art. 18 und 38 VO Nr. 1095/2010** im Falle einer Ausnahmesituation im Zusammenhang mit öffentlichen Schuldtiteln oder Credit Default Swaps auf öffentliche Schuldtitel für anwendbar (Rz. 51).

4   **Art. 30 VO Nr. 236/2012** ermächtigt die Europäische Kommission zum Erlass von delegierten Rechtsakten gem. Art. 42 VO Nr. 236/2012, in denen festgelegt wird, welche **Kriterien und Faktoren** die jeweils zuständige nationale Behörde und die ESMA bei der Entscheidung, ob **ungünstige Ereignisse oder Entwicklungen** i.S.d. Art. 18–21 VO Nr. 236/2012 sowie des Art. 27 VO Nr. 236/2012 und **Bedrohungen** i.S.v. Art. 28 Abs. 2 lit. a VO Nr. 236/2012 vorliegen, zu berücksichtigen haben. Dem ist die Europäische Kommission durch Erlass des **Art. 24 DelVO Nr. 918/2012** nachgekommen (Rz. 56 ff.).

5   **Art. 31 VO Nr. 236/2012** räumt der ESMA bestimmte **Untersuchungsbefugnisse** ein, damit sie überprüfen kann, ob bestimmte Praxis oder eine Fragen im Zusammenhang mit Leerverkäufen oder Credit Default Swaps eine potentielle Bedrohung für die Finanzstabilität oder das Marktvertrauen in der EU darstellen. Eine derartige Untersuchung kann die ESMA auf Antrag einer oder mehrerer zuständiger Behörden, des Europäischen Parlaments, des Rates der EU, der Europäischen Kommission oder auf eigene Initiative einleiten (Rz. 60).

6   **II. Regelungssystematik. 1. Verordnungsebene. Art. 27 VO Nr. 236/2012** dient im Wesentlichen der Ergänzung des Abschnitt 1 des V. Kapitels, indem er die Rolle der ESMA im Zusammenhang mit den Eingriffsbefugnissen der jeweils zuständigen Behörden nach den Art. 18–21 VO Nr. 236/2012 regelt. Keine Bedeutung hat Art. 27 VO Nr. 236/2012 für die Beschränkungen gem. Art. 23 Abs. 1 VO Nr. 236/2012. Art. 23 Abs. 4 VO Nr. 236/2012 enthält insofern abschließende Bestimmungen zur Rolle der ESMA beim Erlass entsprechender

---

[1] EuGH v. 22.1.2014 – C-270/12, ECLI:EU:C:2014:18, NJW 2014, 1359, 1360 Rz. 45 ff. = AG 2014, 199.
[2] Der Wortlaut des Art. 28 Abs. 2 VO Nr. 236/2012 ist irreführend bzw. unzutreffend. Näher Rz. 27.
[3] EuGH v. 22.1.2014 – C-270/12, ECLI:EU:C:2014:18, NJW 2014, 1359, 1360 Rz. 46 = AG 2014, 199.
[4] EuGH v. 22.1.2014 – C-270/12, ECLI:EU:C:2014:18, NJW 2014, 1359, 1360 Rz. 47 = AG 2014, 199.
[5] EuGH v. 22.1.2014 – C-270/12, ECLI:EU:C:2014:18, NJW 2014, 1359, 1360 Rz. 48 = AG 2014, 199.

Beschränkungen. Da die ESMA im Rahmen der Koordinierung nach Art. 27 VO Nr. 236/2012 keine eigene (verdrängende) Kompetenz zum Erlass von Notfallmaßnahmen hat und die jeweils zuständige nationale Behörde auch gegen das Votum der ESMA eine Notfallmaßnahe erlassen bzw. nicht erlassen kann, wäre die Norm aus **systematischer Sicht** – ebenso wie Art. 23 Abs. 4 VO Nr. 236/2012 – besser im **1. Abschnitt** des V. Kapitels zu verorten gewesen.

Die Kompetenzen der ESMA nach **Art. 28 Abs. 1 VO Nr. 236/2012** knüpfen an diejenigen der zuständigen nationalen Behörden nach den Art. 18 und 20 VO Nr. 236/2012 an. Auch der ESMA wird die Kompetenz eingeräumt, die Meldung und Offenlegung bestimmter Netto-Leerverkaufspositionen zu verlangen und Leerverkäufe sowie vergleichbare Transaktionen bestimmten Beschränkungen zu unterwerfen. Allerdings können sich die Maßnahmen der ESMA – anders als jene der zuständigen nationalen Behörde – **nicht auf Finanzinstrumente** i.S.d. **Art. 1 Abs. 1 lit. c VO Nr. 236/2012**, mithin auf öffentliche Schuldtitel, beziehen (zu diesen Art. 1 VO Nr. 236/2012 Rz. 8). Die Melde- und Offenlegungspflichten nach Art. 28 Abs. 1 lit. a VO Nr. 236/2012 stehen zudem in Konflikt mit den Regeltransparenzvorgaben der Art. 5 und 6 VO Nr. 236/2012. Daher erstreckt sich die Kompetenz der ESMA – ebenso wie es Art. 18 Abs. 2 VO Nr. 236/2012 für die Kompetenz der zuständigen nationalen Behörde formuliert – richtigerweise nicht auf Finanzinstrumente, die bereits dem Melde- und Offenlegungsregime der Art. 5 und 6 VO Nr. 236/2012 unterliegen (Rz. 39). Der Erlass einer Maßnahme durch die ESMA ist an die zwingenden Voraussetzungen nach **Art. 28 Abs. 2 VO Nr. 236/2012** gebunden. Wann eine Bedrohung i.S.d. Art. 28 Abs. 2 lit. a VO Nr. 236/2012 vorliegt, wird durch den auf Basis des Art. 30 VO Nr. 236/2012 erlassenen Art. 24 Abs. 3 DelVO Nr. 918/2012 näher konkretisiert (Rz. 56 ff.). Zusätzlich ist die ESMA verpflichtet, bestimmte Umstände beim Erlass der Maßnahme zu berücksichtigen (Art. 28 Abs. 3 VO Nr. 236/2012). Durch diese Voraussetzungen wird die Übereinstimmung der Maßnahme mit den Regelungszielen der Harmonisierung des Aufsichtsregimes und der Effizienzsteigerung sichergestellt.

Sofern Ausnahmesituationen im Zusammenhang mit öffentlichen Schuldtiteln oder CDS auf öffentliche Schuldtitel eintreten, die von der Eingriffsbefugnis nach Art. 28 Abs. 1 VO Nr. 236/2012 ausgenommen sind, verweist **Art. 29 VO Nr. 236/2012** deklaratorisch auf die allgemeinen Regeln der Art. 18 und 39 VO Nr. 1095/2010 (Rz. 51).

Art. 31 VO Nr. 236/2012, der der ESMA bestimmte Befugnisse für Untersuchungen gibt (Rz. 60), ermöglicht ihr, angemessen Informationen für die Beurteilung des Vorliegens der Voraussetzungen nach Art. 28 Abs. 2 und 3 VO Nr. 236/2012 zu gewinnen. Auf Basis der auch so gewonnenen Informationsgrundlage kann sie dann Entscheidungen treffen.

2. Tertiärrechtsakte. Art. 30 VO Nr. 236/2012 ermächtigt die Europäische Kommission zum Erlass von delegierten Rechtsakten gem. Art. 42 VO Nr. 236/2012, in denen festgelegt wird, welche Kriterien und Faktoren die zuständigen Behörden und die ESMA bei der Entscheidung, ob **ungünstige Ereignisse oder Entwicklungen** i.S.d. Art. 18–21 VO Nr. 236/2012 sowie des Art. 27 VO Nr. 236/2012 und **Bedrohungen** i.S.v. Art. 28 Abs. 2 lit. a VO Nr. 236/2012 vorliegen, zu berücksichtigen haben. Mit dem Erlass des **Art. 24 DelVO Nr. 918/2012** ist die Europäische Kommission ihrem Regelungsauftrag nachgekommen. Art. 30 VO Nr. 236/2012 steht systematisch nicht überzeugend im 2. Abschnitt des V. Kapitels unter den Befugnissen der ESMA, obwohl der Europäischen Kommission darin auch eine maßgebliche Regelungsbefugnis mit Blick auf die Notfallmaßnahmen für die zuständigen Behörden zugesprochen wird.

3. ESMA-VO. Art. 28 Abs. 1 VO Nr. 236/2012 verweist für die Eingriffsmaßnahme der ESMA auf **Art. 9 Abs. 5 VO Nr. 1095/2010**. Danach kann die ESMA bestimmte Finanztätigkeiten, durch die das ordnungsgemäße Funktionieren und die Integrität der Finanzmärkte oder die Stabilität des Finanzsystems in der Europäischen Union als Ganzes oder in Teilen gefährdet wird, in den Fällen und unter den Bedingungen, die in Art. 1 Abs. 2 VO Nr. 1095/2010 genannten Gesetzgebungsakten (zu denen auch die Leerverkaufs-VO zählt) festgelegt sind, beziehungsweise erforderlichenfalls im Krisenfall nach Maßgabe des Art. 18 Abs. 4 VO Nr. 1095/2010 und unter den darin festgelegten Bedingungen vorübergehend verbieten oder beschränken. Neben den Maßnahmen nach Art. 28 Abs. 1 VO Nr. 236/2012 ist es deshalb zwar grundsätzlich denkbar, dass die ESMA Krisenmaßnahmen nach Art. 9 VO Nr. 1095/2010 auch im Hinblick auf die von Art. 28 Abs. 1 VO Nr. 236/2012 erfassten Finanzinstrumente einleitet (s. auch Erwägungsgrund 34 VO Nr. 236/2012)[1]. Da sie aber unter ähnlichen Voraussetzungen nach Art. 28 Abs. 1 VO Nr. 236/2012 *schneller* Maßnahmen erlassen kann, wird sie diesen Weg im Anwendungsbereich des Art. 28 Abs. 1 VO Nr. 236/2012 nicht gehen.

Im Fall von Ausnahmesituationen im Zusammenhang mit öffentlichen Schuldtiteln oder CDS auf öffentliche Schuldtitel enthält die Leerverkaufs-VO keine Eingriffsbefugnisse zugunsten der ESMA. Sie verweist in **Art. 29 VO Nr. 236/2012** nur auf die allgemeinen Bestimmungen nach **Art. 18 und 38 VO Nr. 1095/2010**, wobei dieser Verweis nur einen hinweisenden Charakter hat (Erwägungsgrund 35 VO Nr. 236/2012).

III. Regelungszweck. Ausweislich **Erwägungsgrund 31** VO Nr. 236/2012 soll die ESMA im Falle von ungünstigen Ereignissen oder Entwicklungen, die sich auf mehr als einen einzigen Mitgliedstaat erstrecken oder andere grenzübergreifende Auswirkungen haben, beispielsweise wenn ein Finanzinstrument zum Handel an verschie-

---

[1] *von Buttlar/Petersen* in Just/Voß/Ritz/Becker, § 30h WpHG Rz. 107.

denen Handelsplätzen in mehreren Mitgliedstaaten zugelassen ist, eine zentrale **Koordinierungsfunktion** bei der erforderlichen engen Zusammenarbeit zwischen den zuständigen nationalen Behörden übernehmen. Insbesondere sollen die koordinierenden Aufgaben nach **Art. 27 VO Nr. 236/2012** ermöglichen, ein kohärentes Vorgehen der zuständigen Behörden zu gewährleisten.

14 Der **33. Erwägungsgrund** der VO Nr. 236/2012 anerkennt zwar, dass die zuständigen nationalen Behörden oftmals am besten in der Lage sind, ungünstige Ereignisse oder Entwicklungen zu überwachen und rasch darauf zu reagieren. Gleichwohl war es aus Sicht des europäische Gesetzgebers erforderlich, dass auch die **ESMA** dazu befugt ist, **Maßnahmen** zu ergreifen, wenn Leerverkäufe und andere verwandte Tätigkeiten das ordnungsgemäße Funktionieren und die Integrität der Finanzmärkte oder die Stabilität eines Teils oder des gesamten Finanzsystems in der Union bedrohen, wenn grenzüberschreitende Auswirkungen vorliegen und wenn die zuständigen Behörden keine ausreichenden Maßnahmen zur Bewältigung der Bedrohung ergriffen haben. Damit wollte der europäische Gesetzgeber im Falle ernsthafter Bedrohungen für die ordnungsgemäße Funktionsweise und die Integrität der Finanzmärkte oder die Stabilität des Finanzsystems in der Europäischen Union einen „geeigneten Mechanismus schaffen, der die Möglichkeit bietet, als **letztes Mittel** und unter ganz bestimmten Voraussetzungen Maßnahmen zu erlassen, die in der gesamten Union anwendbar sind [...]"[1]. Die **politische Entscheidung** zur Gewährung **unmittelbarer Eingriffsbefugnisse** wurde schon vor Erlass der Leerverkaufs-VO getroffen und fand – auf Drängen des Europäischen Parlaments – Eingang in Art. 9 Abs. 5 VO Nr. 1095/2012[2].

15 **IV. Koordinierung durch die ESMA bei Notfallmaßnahmen der zuständigen Behörden (Art. 27 VO Nr. 236/2012).** Art. 27 VO Nr. 236/2012 regelt die **Koordinierungsbefugnisse** der ESMA in Bezug auf Notfallmaßnahmen nach den **Art. 18–21 VO Nr. 236/2012**[3]. Die ESMA soll nach Art. 27 Abs. 1 Satz 2 VO Nr. 236/2012 insbesondere gewährleisten, dass die zuständigen Behörden bei den getroffenen Maßnahmen einen **kohärenten Ansatz** verfolgen[4]. Die koordinierende Rolle der ESMA im Zusammenhang mit den Beschränkungen nach Art. 23 Abs. 1 VO Nr. 236/2012 regelt ergänzend Art. 23 Abs. 4 VO Nr. 236/2012 (s. Art. 18–26 VO Nr. 236/2012 Rz. 63).

16 **1. Unterrichtung durch die zuständige Behörde. Vor Verhängung oder Verlängerung** einer Maßnahme nach den Art. 18–21 und 23 VO Nr. 236/2012 muss die zuständige nationale Behörde nach Art. 26 Abs. 1 VO Nr. 236/2012 die ESMA über die von ihr vorgeschlagene Maßnahme **unterrichten** (näher Art. 18–26 VO Nr. 236/2012 Rz. 60, 62).

17 **2. Stellungnahme der ESMA.** Nach **Art. 27 Abs. 2 VO Nr. 236/2012** gibt die ESMA zu jeder avisierten Notfallmaßnahme i.S.d. Art. 18–21 VO Nr. 236/2012 oder deren Verlängerung **innerhalb von 24 Stunden** nach der Unterrichtung gem. Art. 26 VO Nr. 236/2012 durch die zuständige nationale Behörde (Rz. 16) eine **Stellungnahme** ab. In dieser Stellungnahme gibt sie nach Art. 27 Abs. 2 Satz 1 und 2 VO Nr. 236/2012 an:
- ob sie die Maßnahme bzw. die vorgeschlagene Maßnahme für **notwendig** hält, um die **Ausnahmesituation** zu **bewältigen**,
- ob nach ihrer Auffassung **ungünstige Ereignisse** oder **Entwicklungen eingetreten** sind, die eine ernstzunehmende Bedrohung für die Finanzstabilität oder das Marktvertrauen in einem oder mehreren Mitgliedstaaten darstellen,
- ob die Maßnahme bzw. die vorgeschlagene Maßnahme zur Bewältigung der Bedrohung **angemessen** und **verhältnismäßig** ist und
- ob die jeweils vorgeschlagene Dauer der Maßnahme gerechtfertigt ist.

Hält die ESMA **Maßnahmen anderer zuständiger Behörden** für **notwendig**, um die Bedrohung zu bewältigen, gibt sie auch dies in ihrer Stellungnahme an.

18 Die Stellungnahme wird auf der **Website der ESMA** veröffentlicht (Art. 27 Abs. 2 Satz 4 VO Nr. 236/2012)[5]. Fast alle Stellungnahmen der ESMA waren bislang zustimmend und in ihrer Begründung eher knapp. Zuletzt hat die ESMA folgende Stellungnahmen zu Notfallmaßnahmen der zuständigen nationalen Behörden abgegeben, von denen immerhin eine Stellungnahme sich ablehnend geäußert hat:
- zustimmende Stellungnahme vom 12.6.2017 zu einer Notfallmaßnahme der Comisión Nacional del Mercado de Valores (CNMV) nach Art. 20 in Bezug auf die Liberbank, S.A.[6],

---

1 EuGH v. 22.1.2014 – C-270/12, ECLI:EU:C:2014:18, NJW 2014, 1359, 1362f. Rz. 108 = AG 2014, 199.
2 *Moloney*, EU Securities and Financial Markets Regulation, 3rd ed. 2014, VI.3.9.2., S. 567.
3 *Weick-Ludewig* in Fuchs, § 30h WpHG Rz. 129; *von Buttlar/Petersen* in Just/Voß/Ritz/Becker, § 30h WpHG Rz. 105; *Howell*, ECFR 2014, 454, 462 f.; *Moloney*, EU Securities and Financial Markets Regulation, 3rd ed. 2014, VI.3.9.2., S. 567; *Juurikkala*, ECFR 2014, 307, 334 ff.
4 *Howell*, ECFR 2014, 454, 462.
5 Alle Stellungnahmen abrufbar unter: https://www.esma.europa.eu/databases-library/esma-library?f[0]=im_esma_sections %3A23&perpage=100.
6 Abrufbar unter: https://www.esma.europa.eu/sites/default/files/library/esma70-146-10_opinion_on_cnmv_emergency_ measure_under_the_short_selling_regulation_0.pdf.

- zustimmende Stellungnahme vom 4.10.2016 zu einer Notfallmaßnahme der CNMW nach Art. 20 VO Nr. 236/2012 in Bezug auf Aktien der Banca Monte die Paschi di Siena spa[1],
- zustimmende Stellungnahme vom 6.7.2016 zu einer Notfallmaßnahme der CNMW nach Art. 20 VO Nr. 236/2012 in Bezug auf Aktien der Banca Monte die Paschi di Siena spa[2],
- ablehnende Stellungnahme 11.1.2016 zu einer Notfallmaßnahme der Hellenic Capital Market Commission (HCMC)[3].

Trotz der **ablehnenden Stellungnahme der ESMA vom 11.1.2016** hat die HCMC die die Attica Bank SA betreffende Notfallmaßnahme verlängert[4].

Sofern eine oder mehrere zuständige Behörden eine Maßnahme nach Art. 18, 19, 20 oder 21 VO Nr. 236/2012 ergriffen hat und die ESMA selbst eine Maßnahme nach Art. 28 Abs. 1 VO Nr. 236/2012 ergreift, kann sie **ausnahmsweise davon absehen**, eine **Stellungnahme abzugeben** (Art. 28 Abs. 3 Unterabs. 2 VO Nr. 236/2012). 19

3. Reaktion der zuständigen nationalen Behörde. Die zuständige Behörde kann eine **Maßnahme** nach den Art. 18–21 VO Nr. 236/2012 grundsätzlich **unabhängig von** der **Stellungnahme der ESMA** erlassen. Läuft die Maßnahme allerdings der Stellungnahme zuwider muss die zuständige Behörde gem. Art. 27 Abs. 3 Satz 1 VO Nr. 236/2012 auf ihrer Website innerhalb von 24 Stunden ab Erhalt der Stellungnahme der ESMA eine **Bekanntmachung** veröffentlichen, in der sie die **Gründe** für ihr Vorgehen vollständig darlegt (*comply or explain*). 20

Im Falle einer der Stellungnahme zuwiderlaufenden Maßnahme überprüft die ESMA, ob die Voraussetzungen für ihre eigenen Eingriffsbefugnisse gem. Art. 28 VO Nr. 236/2012 (Rz. 23 ff.) erfüllt sind (**Art. 27 Abs. 3 Satz 2 VO Nr. 236/2012**). 21

4. Überprüfung durch die ESMA. Nach Art. 27 Abs. 4 VO Nr. 236/2012 ist die ESMA zu einer regelmäßigen – **mindestens alle drei Monate** stattfindenden – Überprüfung aller bestehenden Maßnahmen verpflichtet. 22

V. Eingriffsbefugnisse der ESMA in Ausnahmesituationen (Art. 28 VO Nr. 236/2012). 1. Primärrechtskonformität. Art. 28 VO Nr. 236/2012 normiert unmittelbare Eingriffsbefugnisse der ESMA in Bedrohungssituationen[5]. Das Vereinigte Königreich hat am 31.5.2012 **Nichtigkeitsklage** nach Art. 263 AEUV gegen Art. 28 VO Nr. 236/2012 eingereicht[6]. Nach dem Vorbringen Großbritanniens solle die Eingriffsbefugnis nach Art. 28 VO Nr. 236/2012 gegen die Rechtsprechung des EuGH in den Rechtssachen *Meroni*[7] und *Romano*[8] verstoßen, der ESMA unzulässiger Weise Befugnisse i.S.d. Art. 290 und 291 AEUV einräumen und mit Art. 114 AEUV auf eine falsche Rechtsgrundlage gestützt sein[9]. Der Generalanwalt *Jääskinen* verwarf in seiner Stellungnahme die ersten drei Einwände, war aber ebenfalls der Auffassung, dass Art. 114 AEUV keine geeignete Rechtsgrundlage für die Eingriffsbefugnisse nach Art. 28 VO Nr. 236/2012 darstelle[10]. Der **EuGH** hat alle Vorbringen Großbritanniens verworfen und mit seinem Urteil vom 22.1.2014 die **Primärrechtskonformität des Art. 28 VO Nr. 236/2012 festgestellt**[11]. 23

2. Rechtsnatur der Maßnahme. Bei einer Maßnahme der ESMA nach Art. 28 VO Nr. 236/2012, die im direkten Vollzug des Unionsrechts erlassen werden kann, handelt es sich um einen **Beschluss** i.S.d. **Art. 288 Abs. 4 AEUV**, der in der Regel gegenüber jeder natürlichen oder juristischen Person ergeht, die im Besitz eines bestimmten Finanzinstruments oder einer bestimmten Art von Finanzinstrumenten ist oder bestimmte finanzielle Transaktionen tätigt[12]. 24

---

1 https://www.esma.europa.eu/sites/default/files/library/esma-2016-1431_opinion_on_consob20renewal_of_emergency_measure_under_the_ssr.pdf.
2 Abrufbar unter: https://www.esma.europa.eu/sites/default/files/library/2016-1078_opinion_on_consob_emergency_measure_under_the_ssr_0.pdf.
3 https://www.esma.europa.eu/sites/default/files/library/2016-28_opinion_on_hcmc_emergency_measure_under_the_ssr.pdf. Zu dieser ablehnenden Stellungnahme auch *Howell*, Journal of Corporate Law Studies 16 (2016), 333, 360 f.
4 *Howell*, Journal of Corporate Law Studies 16 (2016), 333, 360 f.
5 *von Buttlar/Petersen* in Just/Voß/Ritz/Becker, § 30h WpHG Rz. 106; *Howell*, ECFR 2014, 454, 463 f.; *Moloney*, EU Securities and Financial Markets Regulation, 3rd ed. 2014, VI.3.9.2., S. 567 ff.
6 *Howell*, ECFR 2014, 454, 464 ff.
7 EuGH v. 13.6.1958 – 9/56, ECLI:EU:C:1958:7, Slg. 1958, 9.
8 EuGH v. 14.5.1981 – 98/80, ECLI:EU:C:1981:104, Slg. 1981, 1241.
9 Dazu *Howell*, ECFR 2014, 454, 464 ff.
10 Schlussanträge des Generalanwalts *Niilo Jääskinen* v. 12.9.2013, BeckRS 2013, 81781.
11 EuGH v. 22.1.2014 – C-270/12, ECLI:EU:C:2014:18, NJW 2014, 1359 = AG 2014, 199. Zu dem Urteil etwa *Adamski*, European Law Review 2014, 812; *Bonichot*, Revue française de droit administratif 2014, 325; *Bergström*, Common Market Law Review 2015, 219; *Chamon*, European Law Review 2014, 380; *van Gestel*, Maastricht Journal of European and Comparative Law 2014, 188; *Howell*, ECFR 2014, 454; *Kohtamäki*, EuR 2014, 321; *von Livonius/Hilger*, RdF 2013, 340; *Sauer*, DÖV 2014, 549; *Manger-Nestler*, GPR 2014, 141; *Di Noia/Gargantini*, EBOR 2014, 1; *Ohler*, JZ 2014, 249; *Orator*, EuZW 2013, 852; *Skowron*, EuR 2014, 250; *Thompson*, The Bar Review 2014, 58.
12 Vgl. EuGH v. 22.1.2014 – C-270/12, ECLI:EU:C:2014:18, NJW 2014, 1359 Rz. 64 = AG 2014, 199.

25 3. **Vorrang der Maßnahmen der ESMA (Art. 28 Abs. 11 VO Nr. 236/2012).** Eine gem. Art. 28 VO Nr. 236/2012 beschlossene Maßnahme der ESMA genießt – wie es Art. 28 Abs. 11 VO Nr. 236/2012 ausdrücklich formuliert – Vorrang vor allen etwaigen früheren Maßnahmen einer zuständigen Behörde nach den Art. 18–21 VO Nr. 236/2012[1]. Relevant ist dieser Vorrang nur, wenn eine zuständige nationale Behörde in Bezug auf bestimmte Finanzinstrumente eine Maßnahme nach den Art. 18–21 VO Nr. 236/2012 erlassen hat und die Maßnahme der ESMA in ihrer konkreten Ausgestaltung von dieser Notfallmaßnahme abweicht.

26 4. **Materielle Erlassvoraussetzungen.** Die Abs. 2 und 3 des Art. 28 VO Nr. 236/2012 konstituieren im Wesentlichen fünf Voraussetzungen für den Erlass einer Maßnahme durch die ESMA[2]. Die Voraussetzungen nach **Art. 28 Abs. 2 VO Nr. 236/2012** betreffen die Frage des **Ob eines Erlasses**, diejenigen des **Art. 28 Abs. 3 VO Nr. 236/2012** betreffen die Frage des **Wie eines Erlasses**.

27 a) **Bedrohung (Art. 28 Abs. 2 lit. a VO Nr. 236/2012).** Zunächst müssen gem. Art. 28 Abs. 2 lit. a VO Nr. 236/2012 Umstände vorliegen, die die **ordnungsgemäße Funktionsweise und Integrität der Finanzmärkte** oder die **Stabilität** des gesamten oder eines Teils **des Finanzsystems** in der Europäischen Union bedrohen und **grenzübergreifende Auswirkungen** haben[3]. Der Wortlaut der deutschen Sprachfassung des Art. 28 Abs. 2 lit. a VO Nr. 236/2012 ist unzutreffend[4]. Danach darf ein Beschluss gem. Art. 28 Abs. 1 VO Nr. 236/2012 nur ergehen, wenn die unter Abs. 1 genannten Maßnahmen (!) die ordnungsgemäße Funktionsweise usw. *bedrohen*. Es geht aber natürlich nicht darum, dass die Maßnahme der ESMA eine Bedrohung darstellt, sondern dass eine Bedrohung besteht und die Maßnahme diese Bedrohung eindämmen will. Näher zur Bedrohung i.S.d. Art. 28 Abs. 2 lit. a VO Nr. 236/2012 in Konkretisierung durch Art. 24 Abs. 3 DelVO 918/2012 s. Rz. 59.

28 b) **Subsidiarität (Art. 28 Abs. 2 lit. b VO Nr. 236/2012).** Ferner ist die Eingriffsbefugnis der ESMA an den Grundsatz der Subsidiarität gebunden. Die ESMA darf nach Art. 28 Abs. 2 lit. b VO Nr. 236/2012 nur eingreifen, wenn **keine zuständige Behörde Maßnahmen ergriffen hat**, um der Bedrohung (Rz. 27) zu begegnen, oder eine oder mehrere der zuständigen Behörden **Maßnahmen** ergriffen hat/haben, die der Bedrohung **nicht in angemessener Weise gerecht werden**[5].

29 c) **Geeignetheit (Art. 28 Abs. 3 lit. a VO Nr. 236/2012).** Liegen die Voraussetzungen nach Art. 28 Abs. 2 lit. a und b VO Nr. 236/2012 vor, muss die ESMA gem. Art. 28 Abs. 3 lit. a VO Nr. 236/2012 sicherstellen, ob eine von ihr avisierte Maßnahme die Bedrohung (Rz. 27) signifikant verringert *oder* die Möglichkeiten der zuständigen Behörden zur Überwachung der Bedrohung signifikant verbessert. Die Voraussetzung ist letztlich Ausdruck einer **Geeignetheitsprüfung**. Die ESMA muss gewährleisten, dass die Maßnahme geeignet ist, (i) der **Bedrohung zu begegnen und diese auch signifikant** – also nicht nur unwesentlich – verringern kann[6]. Ferner darf die ESMA auch eingreifen, wenn die Maßnahme (ii) dazu geeignet ist, die Möglichkeit der zuständigen Behörden zur **Überwachung der Bedrohung signifikant zu verbessern**[7]. Letztere Alternative hat insbesondere Bedeutung, wenn die ESMA Melde- und Offenlegungspflichten i.S.d. Art. 28 Abs. 1 lit. a VO Nr. 236/2012 auferlegt, da die Meldungen gegenüber den zuständigen nationalen Behörden erfolgen müssen (Rz. 37).

30 d) **Keine Gefahr von Aufsichtsarbitrage (Art. 28 Abs. 3 lit. b VO Nr. 236/2012).** Die Maßnahme darf nach Art. 28 Abs. 3 lit. b VO Nr. 236/2012 keine Gefahr der Aufsichtsarbitrage entstehen lassen. Die **Gefahr der Aufsichtsarbitrage** ist freilich bei Art. 28 Abs. 1 VO Nr. 236/2012 – anders als bei den Beschränkungen nach Art. 23 VO Nr. 236/2012 (dazu Art. 18–26 VO Nr. 236/2012 Rz. 13) – **ohnehin** deutlich **gemindert**, da sich die Maßnahmen auf bestimmte Finanzinstrumente beziehen (Rz. 38, 42) und im Ausgangspunkt unabhängig davon gelten, wo jene gehandelt werden bzw. wo eine bestimmte Transaktion getätigt wird. Aus Art. 28 Abs. 3 lit. b VO Nr. 236/2012 folgt daher, dass die ESMA die **Maßnahme nicht** auf bestimmte Mitgliedstaaten **räumlich** oder aber auf bestimmte Marktteilnehmer **persönlich beschränken** darf. Faktisch kann es zwar immer noch zu Aufsichtsarbitrage und Benachteiligungen kommen, wenn sich die Maßnahme auf Finanzinstrumente bezieht, die typischerweise nur in einem oder wenigen Mitgliedstaaten gehandelt werden und leicht zu substituieren sind. Derartige Gefahren sind zwar mit in die Abwägung einzustellen, bei Vorliegen der sonstigen Erlassvoraussetzungen aber hinzunehmen.

---

1 *von Buttlar/Petersen* in Just/Voß/Ritz/Becker, § 30h WpHG Rz. 106; *Howell*, ECFR 2014, 454, 464; *Moloney*, EU Securities and Financial Markets Regulation, 3rd ed. 2014, VI.3.9.2., S. 568.
2 *Howell*, ECFR 2014, 454, 463 f.
3 EuGH v. 22.1.2014 – C-270/12, ECLI:EU:C:2014:18, NJW 2014, 1359, 1360 Rz. 46 = AG 2014, 199; *Moloney*, EU Securities and Financial Markets Regulation, 3rd ed. 2014, VI.3.9.2., S. 568.
4 Auf eine fehlerhafte deutsche Übersetzung weisen auch *von Buttlar/Petersen* in Just/Voß/Ritz/Becker, § 30h WpHG Rz. 106 hin. Klar etwa die englische Sprachfassung: „ESMA shall take a decision under paragraph 1 only if: (a) the measures listed in points (a) and (b) of paragraph 1 address a threat to the orderly functioning and integrity of financial markets or to the stability of the whole or part of the financial system in the Union and there are cross-border implications; and …".
5 EuGH v. 22.1.2014 – C-270/12, ECLI:EU:C:2014:18, NJW 2014, 1359, 1360 Rz. 46 = AG 2014, 199; *Moloney*, EU Securities and Financial Markets Regulation, 3rd ed. 2014, VI.3.9.2., S. 568.
6 EuGH v. 22.1.2014 – C-270/12, ECLI:EU:C:2014:18, NJW 2014, 1359, 1360 Rz. 47 = AG 2014, 199.
7 EuGH v. 22.1.2014 – C-270/12, ECLI:EU:C:2014:18, NJW 2014, 1359, 1360 Rz. 47 = AG 2014, 199.

e) **Verhältnismäßigkeit i.e.S. (Art. 28 Abs. 3 lit. c VO Nr. 236/2012)**. Die Effizienz der Finanzmärkte darf im Vergleich zum Nutzen der Maßnahme nicht unverhältnismäßig beeinträchtigt werden, etwa durch Verringerung der Liquidität dieser Märkte oder Schaffung von Unsicherheiten für die Marktteilnehmer (**Verhältnismäßigkeit i.e.S.**). Eine derartige Bewertung ist *ex ante* allerdings schwierig (vgl. Art. 18–26 VO Nr. 236/2012 Rz. 20). Vor dem Hintergrund der erheblichen **Gefahren** von Leerverkaufsverboten **für die Effizienz der Märkte** (Vor Art. 1 ff. VO Nr. 236/2012 Rz. 49 ff.), ist auch die ESMA zu einer sorgfältigen Abwägung und einem **restriktiven Einsatz der Notfallkompetenzen** verpflichtet. 31

5. Konsultation des ESRB und anderer Behörden (Art. 28 Abs. 4 VO Nr. 236/2012). Art. 28 Abs. 4 VO Nr. 236/2012 verpflichtet die ESMA, vor jeder Verhängung oder Verlängerung von Maßnahmen nach Art. 28 Abs. 1 VO Nr. 236/2012 das European Systemic Risk Board (ESRB) und gegebenenfalls andere zuständige Behörden zu konsultieren[1]. Die **Konsultation des ESRB** folgt der Erkenntnis, dass die tatbestandlich vorausgesetzte Bedrohung (Rz. 27) gegebenenfalls auch systemische Auswirkungen auf das Finanzsystem haben kann und dass deshalb das ESRB – als Makro-Aufsicht – besser dazu in der Lage ist, die Auswirkungen einer Maßnahme insgesamt abzuschätzen (Erwägungsgrund 33 Satz 2 VO Nr. 236/2012). 32

Andere zuständige Behörden – die Art. 28 Abs. 4 VO Nr. 236/2012 nicht näher spezifiziert[2] – sind zu konsultieren, wenn die Maßnahme unmittelbare Auswirkungen auf deren Zuständigkeitsbereich hat oder wahrscheinlich haben könnte. Das betrifft etwa Fälle, in denen die ESMA Warenderivate beschränkt (vgl. Erwägungsgrund 33 Satz 2 VO Nr. 236/2012), da diese eine erhebliche Bedeutung auch für physische Warenmärkte haben, für die andere europäische Behörden zuständig sind. 33

6. Unterrichtung der zuständigen Behörden (Art. 28 Abs. 5 VO Nr. 236/2012). Art. 28 Abs. 5 Satz 1 VO Nr. 236/2012 verpflichtet die ESMA **vor jeder Verhängung oder Verlängerung** einer Maßnahme nach Art. 28 Abs. 1 VO Nr. 236/2012 die betreffenden zuständigen Behörden über die von ihr vorgeschlagene Maßnahme zu **unterrichten**. Die betreffenden zuständigen Behörden sind **alle** für die Maßnahme **nach den Art. 18–21 VO Nr. 236/2012 zuständigen Behörden** der 28 Mitgliedstaaten der EU. Die Unterrichtung umfasst Einzelheiten der vorgeschlagenen Maßnahmen, die Art der betroffenen Finanzinstrumente und Transaktionen, Belege für die Gründe des Ergreifens dieser Maßnahmen und den Zeitpunkt des geplanten Inkrafttretens (Art. 28 Abs. 6 Satz 2 VO Nr. 236/2012). Nach Art. 28 Abs. 6 Satz 1 VO Nr. 236/2012 hat die Unterrichtung spätestens 24 Stunden vor dem Inkrafttreten der Maßnahme oder ihrer Verlängerung zu erfolgen. Nur für den Ausnahmefall, dass die 24-Stunden-Frist nicht eingehalten werden kann, erlaubt Art. 28 Abs. 6 Satz 2 VO Nr. 236/2012 die Unterrichtung weniger als 24 Stunden vor dem geplanten Inkrafttreten der Maßnahme vorzunehmen. 34

7. Erlass einer Maßnahme. Art. 28 Abs. 1 VO Nr. 236/2012 räumt der ESMA die Befugnis ein, vorbehaltlich der Voraussetzungen nach Art. 28 Abs. 2 VO Nr. 236/2012 (Rz. 26 ff.) eine Maßnahme gem. **Art. 9 Abs. 5 VO Nr. 1095/2012** zu erlassen, durch die a) Melde- und Offenlegungspflichten auferlegt und/oder b) Leerverkäufe und/oder vergleichbare Transaktionen untersagt werden. Nach Art. 9 Abs. 5 VO Nr. 1095/2010 kann die ESMA bestimmte Finanztätigkeiten, durch die das ordnungsgemäße Funktionieren und die Integrität der Finanzmärkte oder die Stabilität des Finanzsystems in der Europäischen Union als Ganzes oder in Teilen gefährdet wird, in den Fällen und unter den Bedingungen, die in der Leerverkaufs-VO festgelegt sind, *vorübergehend* verbieten oder beschränken. 35

Bislang hat die **ESMA keine Maßnahmen** nach Art. 28 VO Nr. 236/2012 **erlassen**. 36

a) **Melde- und Offenlegungspflichten**. Art. 28 Abs. 1 lit. a VO Nr. 236/2012 ermächtigt die ESMA dazu, Melde- und Veröffentlichungspflichten für das Halten von Netto-Leerverkaufspositionen in einem bestimmten Finanzinstrument oder einer bestimmten Art von Finanzinstrumenten zu verlangen, wenn diese eine von der ESMA festgelegte Meldeschwelle erreicht, über- oder unterschreitet (vgl. Art. 5–10 VO Nr. 236/2012 Rz. 27 ff.). Die Meldungen erfolgen gegenüber der für das jeweilige Finanzinstrument zuständigen nationalen Behörde. Hinsichtlich des Haltens einer Netto-Leerverkaufsposition gelten die Ausführungen zu Art. 3 VO Nr. 236/2012 entsprechend (s. Art. 3 VO Nr. 236/2012 Rz. 6 ff.). 37

Die Maßnahme kann sich auf alle **Finanzinstrumente** i.S.d. Art. 2 Abs. 1 lit. a VO Nr. 236/2012, **außer** auf solche i.S.d. **Art. 1 Abs. 1 lit. c VO Nr. 236/2012**, beziehen[3]. Nach Art. 1 Abs. 2 VO Nr. 236/2012 gelten die Art. 18, 20 und 23–30 VO Nr. 236/2012 für Finanzinstrumente **unabhängig von** ihrer **Handelsplatzzulassung**[4]. Obwohl diese Beschränkung in Art. 28 Abs. 1 lit. a VO Nr. 236/2012, anders als in Art. 28 Abs. 1 lit. b VO Nr. 236/2012, im Wortlaut keinen ausdrücklichen Eingang gefunden hat, entsprach es dem Willen des europäi- 38

---

1 EuGH v. 22.1.2014 – C-270/12, ECLI:EU:C:2014:18, NJW 2014, 1359, 1360 Rz. 50 = AG 2014, 199; *von Buttlar/Petersen* in Just/Voß/Ritz/Becker, § 30h WpHG Rz. 106; *Howell*, ECFR 2014, 454, 463 f.; *Moloney*, EU Securities and Financial Markets Regulation, 3rd ed. 2014, VI.3.9.2., S. 568.
2 *Moloney*, EU Securities and Financial Markets Regulation, 3rd ed. 2014, VI.3.9.2., S. 568 mit Fn. 319.
3 *Moloney*, EU Securities and Financial Markets Regulation, 3rd ed. 2014, VI.3.9.2., S. 568.
4 *von Buttlar/Petersen* in Just/Voß/Ritz/Becker, § 30h WpHG Rz. 37; *Moloney*, EU Securities and Financial Markets Regulation, 3rd ed. 2014, VI.3.7., S. 552.

schen Gesetzgebers, der ESMA **keine Notfallbefugnisse bezüglich öffentlicher Schuldtitel** einzuräumen. Aus systematischer Sicht spricht ferner Art. 29 VO Nr. 236/2012 dafür, öffentliche Schuldtitel aus dem Anwendungsbereich des Art. 28 Abs. 1 lit. a VO Nr. 236/2012 auszunehmen.

39 Ferner kann sich eine Maßnahme nach Art. 28 Abs. 1 lit. a VO Nr. 236/2012, auch wenn dies in Art. 28 VO Nr. 236/2012 – anders als in Art. 18 Abs. 2 VO Nr. 236/2012 – nicht ausdrücklich erwähnt ist, **nicht auf Finanzinstrumente** beziehen, die bereits dem **Transparenzregime der Art. 5–10 VO Nr. 236/2012** unterliegen (zu diesen Art. 5–10 VO Nr. 236/2012 Rz. 25 ff.). Im Übrigen kann die erlassene Maßnahme nicht nur spezifische Finanzinstrumente, sondern auch bestimmte Arten von Finanzinstrumenten betreffen.

40 Obwohl von der Leerverkaufs-VO nicht ausdrücklich vorgegeben, sollten **Meldungen** und **Offenlegungen** aufgrund des Art. 28 Abs. 1 lit. a VO Nr. 236/2012 entsprechend den **Transparenzvorgaben der Art. 5–10 VO Nr. 236/2012** erfolgen. Näher zum Verfahren der Meldung und Offenlegung s. Art. 5–10 VO Nr. 236/2012 Rz. 38 ff. Die ESMA sollte die Marktteilnehmer zu einer den Vorgaben der Art. 5 ff. VO Nr. 236/2012 entsprechenden Meldung bzw. Offenlegung verpflichten, um ein Mindestmaß an Harmonisierung zu gewährleisten.

41 **b) Beschränkungen von Leerverkäufen und vergleichbaren Transaktionen.** Art. 28 Abs. 1 lit. b VO Nr. 236/2012 ermächtigt die ESMA zum Erlass eines Verbots oder anderer Beschränkungen für den Eintritt einer natürlichen oder juristischen Person in einen **Leerverkauf** oder eine **Transaktion**, durch die ein anderes Finanzinstrument als die in Art. 1 Abs. 1 lit. c VO Nr. 236/2012 genannten Finanzinstrumente geschaffen wird oder die sich auf ein anderes Finanzinstrument als die in Art. 1 Abs. 1 lit. c VO Nr. 236/2012 genannten Finanzinstrumente bezieht, wenn deren **Wirkung** oder eine von deren Wirkungen darin besteht, dass diese Person im Falle eines **Kurs- oder Wertverlusts** eines anderen Finanzinstruments einen **finanziellen Vorteil** erzielt.

42 Die Beschränkungen von Leerverkäufen und anderen Transaktionen können sich auf **alle Finanzinstrumente** i.S.d. Art. 2 Abs. 1 lit. a VO Nr. 236/2012, **außer** auf die in **Art. 1 Abs. 1 lit. c VO Nr. 236/2012** genannten Finanzinstrumente, beziehen. Auf die Handelsplatzzulassung kommt es nicht an (vgl. Rz. 38). **Ausgenommen** sind damit **öffentliche Schuldtitel**. Ansonsten kann die erlassene Maßnahme nicht nur spezifische Finanzinstrumente, sondern auch bestimmte Arten von Finanzinstrumenten betreffen (*arg. e con.* Art. 29 VO Nr. 236/2012).

43 Die ESMA kann zunächst ein **Verbot oder Beschränkungen** hinsichtlich des **Tätigens eines Leerverkaufs** erlassen. Über Art. 12 Abs. 1 VO Nr. 236/2012 hinausgehend kann die ESMA auch gedeckte Leerverkäufe verbieten. Beim Erlass eines Verbots muss sie aber stets den Verhältnismäßigkeitsgrundsatz (Art. 28 Abs. 3 lit. c VO Nr. 236/2012) beachten. Daher muss sie vor dem Erlass eines Verbots sämtlicher – also auch gedeckter – Leerverkäufe bloße Beschränkungen, etwa in der Form des Verbots ungedeckter Leerverkäufe nach dem Vorbild des Art. 12 Abs. 1 VO Nr. 236/2012, erwägen.

44 Deutlich über die Verbote der Art. 12 und 13 VO Nr. 236/2012 hinausgehend erlaubt Art. 28 Abs. 1 lit. b VO Nr. 236/2012 – ebenso wie Art. 20 Abs. 1 lit. b VO Nr. 236/2012 – ein Verbot oder Beschränkungen **anderer Transaktionen**, durch die ein anderes Finanzinstrument geschaffen wird oder die sich auf ein anderes Finanzinstrument beziehen, und deren Wirkung oder eine deren Wirkungen darin besteht, dass die natürliche oder juristische Person im Falle einer **Kurs- oder Wertminderung** eines anderen Finanzinstruments einen **finanziellen Vorteil** erzielt. Damit können auch sog. **synthetische Leerverkäufe über Derivate** untersagt oder jedenfalls Beschränkungen unterworfen werden. Wann ein Finanzinstrument einen finanziellen Vorteil bei einem Wertverlust eines bestimmten Basisinstruments gewährt, bestimmt sich nach den Kriterien im Rahmen des Art. 3 VO Nr. 236/2012 (näher Art. 3 VO Nr. 236/2012 Rz. 16). Beim Erlass entsprechender Maßnahmen ist **höchste Zurückhaltung** geboten. Die allgemein gegenüber dem Verbot von Leerverkäufen bestehenden Bedenken (Vor Art. 1 ff. VO Nr. 236/2012 Rz. 49 ff.) haben hier besonderes Gewicht. Der Markt hätte beim Erlass eines entsprechenden Verbots nur sehr beschränkte Möglichkeiten (Verkauf der Instrumente), negative Informationen einzupreisen, was zu erheblichen Kursverzerrungen führen könnte.

45 **c) Ausnahmen.** Die ESMA kann bestimmte Ausnahme von ihren Maßnahmen vorsehen (Art. 28 Abs. 1 Unterabs. 2 VO Nr. 236/2012). Art. 28 Abs. 1 Unterabs. 2 VO Nr. 236/2012 verweist insofern ausdrücklich auf eine denkbare Ausnahme für Market-Making- und Primärhändler-Tätigkeiten. Vor dem Hintergrund des Regelungszwecks des Art. 17 VO Nr. 236/2012 (Art. 17 VO Nr. 236/2012 Rz. 13 ff.) und des Verhältnismäßigkeitsgebots beim Erlass von Notfallmaßnahmen (Rz. 31) ist es der ESMA **in der Regel** anzuraten, **Ausnahmen für Market-Making-Tätigkeiten** und **Primärhändler-Aktivitäten** festzulegen.

46 **8. Dauer der Maßnahme.** Eine Notfallmaßnahme der ESMA gilt für eine Dauer von **höchstens drei Monaten** ab dem Zeitpunkt der Veröffentlichung der in Art. 28 Abs. 7 VO Nr. 236/2012 genannten Bekanntmachung (Rz. 47 ff.)[1]. Dies ergibt sich aus **Art. 28 Abs. 10 VO Nr. 236/2012**, nach dem die ESMA eine Maßnahme nach Art. 28 Abs. 1 VO Nr. 236/2012 in geeigneten Zeitabständen, mindestens aber alle drei Monate überprüfen muss und eine Maßnahme nach Art. 28 Abs. 10 Satz 2 VO Nr. 236/2012 am Ende dieses Zeitraums von drei

---

[1] *Weick-Ludewig* in Fuchs, § 30h WpHG Rz. 143; *von Buttlar/Petersen* in Just/Voß/Ritz/Becker, § 30h WpHG Rz. 106; *Moloney*, EU Securities and Financial Markets Regulation, 3rd ed. 2014, VI.3.9.2., S. 568.

Monaten **automatisch außer Kraft tritt**, wenn sie nicht verlängert wird. Für die mögliche Verlängerung gelten nach Art. 28 Abs. 10 Satz 3 VO Nr. 236/2012 die Abs. 2–9 des Art. 28 VO Nr. 236/2012. Auch eine Verlängerung kann daher jeweils längstens für drei Monate erfolgen.

9. Bekanntmachung und Wirksamwerden der Beschränkungen. Maßnahmen der ESMA nach Art. 28 Abs. 1 VO Nr. 236/2012 werden durch **Veröffentlichung des Beschlusses** zur Verhängung oder Verlängerung auf der **Website der ESMA** bekannt gemacht (Art. 28 Abs. 7 Satz 1 VO Nr. 236/2012)[1]. Die **Bekanntmachung** muss gem. Art. 28 Abs. 7 Satz 2 VO Nr. 236/2012 mindestens a) die verhängten Maßnahmen einschließlich Instrumenten und Transaktionsarten, für die sie gelten, sowie ihrer Dauer und b) die Gründe, warum die ESMA die Verhängung der Maßnahmen für notwendig hält, einschließlich Belegen dafür, enthalten. 47

Eine Maßnahme der ESMA **tritt** nach Art. 28 Abs. 9 VO Nr. 236/2012 **zum Zeitpunkt der Veröffentlichung** der Bekanntmachung auf der Website der ESMA oder einem darin **genannten späteren Zeitpunkt in Kraft** und gilt nur für Transaktionen, die nach Inkrafttreten der Maßnahme eingegangen werden. 48

Nachdem ein Beschluss zur Verhängung oder Verlängerung einer Maßnahme getroffen wurde, **unterrichtet** die ESMA die **zuständigen Behörden** unverzüglich über die von ihr ergriffenen Maßnahmen (Art. 28 Abs. 8 VO Nr. 236/2012). 49

10. Überprüfung der Maßnahmen. Die ESMA **überprüft** alle von ihr ergriffenen **Maßnahmen** in geeigneten Zeitabständen, mindestens aber **alle drei Monate** (Art. 28 Abs. 10 Satz 1 VO Nr. 236/2012). Sofern die Voraussetzungen des Erlasses nicht mehr vorliegen und die Maßnahme nicht wegen Zeitablaufs automatisch außer Kraft tritt (Rz. 46), ist die ESMA zu einer **Außerkraftsetzung durch Beschluss** verpflichtet. 50

VI. Befugnisse der ESMA in Ausnahmesituationen bei öffentlichen Schuldtiteln (Art. 29 VO Nr. 236/2012). Liegt eine Ausnahmesituation im Zusammenhang mit öffentlichen Schuldtiteln oder Credit Default Swaps auf öffentliche Schuldtitel vor, finden nach **Art. 29 VO Nr. 236/2012** die Art. 18 und 38 VO Nr. 1095/2010 Anwendung. Bei Art. 29 VO Nr. 236/2012 handelt es sich um eine **deklaratorische Bestimmung**, da die Art. 18 und 38 VO Nr. 1095/2010 ohnehin anwendbar sind (Erwägungsgrund 34 VO Nr. 236/2012)[2]. 51

Nach **Art. 18 Abs. 1 VO Nr. 1095/2010** hat die ESMA im Fall von ungünstigen Entwicklungen, die das ordnungsgemäße Funktionieren und die Integrität von Finanzmärkten oder die Stabilität des Finanzsystems in der Union als Ganzes oder in Teilen ernsthaft gefährden könnten, bestimmte Koordinierungsbefugnisse. Auf Ersuchen der ESMA kann der Rat der EU in Abstimmung mit der Europäischen Kommission und dem ESRB sowie gegebenenfalls den ESAs, einen an die ESMA gerichteten Beschluss erlassen, in dem das **Vorliegen einer Krisensituation** i.S.d. VO Nr. 1095/2010 festgestellt wird. Hat der Rat der EU einen entsprechenden Beschluss erlassen und liegen außergewöhnliche Umstände vor, die ein koordiniertes Vorgehen der nationalen Behörden erfordern, kann die ESMA nach **Art. 18 Abs. 3 VO Nr. 1095/2010** eine zuständige Behörden durch **Erlass von Beschlüssen** im Einzelfall dazu verpflichten, gem. den Vorschriften der Leerverkaufs-VO (Art. 18 ff. VO Nr. 236/2012) die Maßnahmen zu treffen, die erforderlich sind, um auf solche Entwicklungen zu reagieren. Gem. **Art. 18 Abs. 4 VO Nr. 1095/2010** kann die ESMA, wenn eine zuständige Behörde dem in Art. 18 Abs. 3 VO Nr. 1095/2010 genannten Beschluss nicht innerhalb der in diesem Beschluss genannten Frist nachkommt und wenn die einschlägigen Anforderungen der Leerverkaufs-VO unmittelbar auf Finanzmarktteilnehmer anwendbar sind, **im Einzelfall selbst** einen an einen Finanzmarktteilnehmer gerichteten **Beschluss erlassen**, der diesen zum Ergreifen der Maßnahmen verpflichtet, die zur Erfüllung seiner Pflichten im Rahmen der Leerverkaufs-VO erforderlich sind, einschließlich der Einstellung jeder Tätigkeit[3]. 52

Die Krisenbefugnisse der ESMA nach Art. 18 VO Nr. 1095/2010 sind durch **Art. 38 VO Nr. 1095/2010** begrenzt. Dieser verpflichtet die ESMA dazu, sicherzustellen, dass eine Maßnahme nach Art. 18 VO Nr. 1095/2010 nicht in die **haushaltspolitische Zuständigkeit** eines Mitgliedstaats eingreift und gibt den Mitgliedstaaten bestimmte Rechtsschutzmöglichkeiten. 53

VII. Rechtsschutz. Gegen Maßnahmen der ESMA nach Art. 28 Abs. 1 VO Nr. 236/2012 kann jede betroffene natürliche oder juristische Person sowie jede zuständige nationale Behörde gem. **Art. 60 Abs. 1 VO Nr. 1095/2010 Beschwerde** vor dem gemeinsamen **Beschwerdeausschuss** der ESAs einlegen[4]. Die Beschwerde ist samt Begründung innerhalb von zwei Monaten ab dem Tag, an dem die ESMA ihren Beschluss veröffentlicht hat, schriftlich bei der ESMA einzulegen (Art. 28 Abs. 2 VO Nr. 1095/2010). Eine **Beschwerde** nach Art. 60 Abs. 1 VO Nr. 1095/2010 hat **keine aufschiebende Wirkung** (Art. 60 Abs. 3 Satz 1 VO Nr. 1095/2010). Der Beschwerdeausschuss kann jedoch den Vollzug des angefochtenen Beschlusses aussetzen, wenn die Umstände dies nach seiner Auffassung erfordern (Art. 60 Abs. 3 Satz 2 VO Nr. 1095/2010). Der **Beschwerdeausschuss** entscheidet durch **Beschluss** (Art. 60 Abs. 5 VO Nr. 1095/2010). 54

---

1 *Howell*, ECFR 2014, 454, 464.
2 *Moloney*, EU Securities and Financial Markets Regulation, 3rd ed. 2014, VI.3.9.2., S. 568.
3 Dazu auch *Hitzer/Hauser*, BKR 2015, 52, 56 f.
4 Dazu auch *Schlimbach*, Leerverkäufe, 2015, S. 209 f.

55 Gegen einen **Beschluss des Beschwerdeausschusses** kann nach Art. 61 Abs. 1 VO Nr. 1095/2010 i.V.m. Art. 263 AEUV **Nichtigkeitsklage beim EuGH** erhoben werden. Nimmt die ESMA trotz der Verpflichtung tätig zu werden keinen Beschluss an, so kann vor dem EuGH eine Untätigkeitsklage nach Art. 265 AEUV erhoben werden (Art. 61 Abs. 3 VO Nr. 1095/2010).

56 **VIII. Ausnahme- und Bedrohungssituationen (Art. 30 VO Nr. 236/2012). Art. 30 VO Nr. 236/2012** ermächtigt die Europäische Kommission zum Erlass von delegierten Rechtsakten gem. Art. 42 VO Nr. 236/2012, die festlegen, welche Kriterien und Faktoren die zuständigen Behörden und die ESMA bei der Entscheidung, ob ungünstige Ereignisse oder Entwicklungen i.S.d. Art. 18–21 VO Nr. 236/2012 sowie des Art. 27 VO Nr. 236/2012 und Bedrohungen i.S.v. Art. 28 Abs. 2 lit. a VO Nr. 236/2012 vorliegen, zu berücksichtigen haben. Dem ist die Europäische Kommission durch Erlass des **Art. 24 DelVO Nr. 918/2012** nachgekommen.

57 **1. Ausnahmesituation i.S.d. Art. 18–21 VO Nr. 236/2012.** Für den Erlass einer Maßnahme nach den Art. 18–21 VO Nr. 236/2012 muss tatbestandlich eine Ausnahmesituation vorliegen (Art. 18–26 VO Nr. 236/2012 Rz. 19). Gem. Art. 24 Abs. 1 VO Nr. 236/2012 umfassen für die Zwecke der **Art. 18–21 VO Nr. 236/2012** ungünstige Ereignisse oder Entwicklungen sämtliche **Handlungen**, **Ergebnisse**, **Tatsachen** oder **Ereignisse**, von denen vernünftigerweise anzunehmen ist oder angenommen werden könnte, dass sie Folgendes bewirken:

a) **schwere finanzielle, monetäre** oder **budgetäre Probleme**, die bei einem Mitgliedstaat oder einer Bank bzw. einem anderen Finanzinstitut, das als wichtig für das globale Finanzsystem angesehen wird, wie in der EU tätige Versicherungsgesellschaften, Marktinfrastruktur-Anbieter und Vermögensverwaltungsgesellschaften, zu Instabilität führen können, wenn dies die ordnungsgemäße Funktionsweise und Integrität von Finanzmärkten oder die Stabilität des Finanzsystems in der Europäischen Union bedrohen kann;

b) eine **Rating-Maßnahme** oder den **Ausfall eines Mitgliedstaats** oder einer **Bank** oder eines **anderen Finanzinstituts**, das als **wichtig** für das **globale Finanzsystem** angesehen wird, sowie in der EU tätige Versicherungsgesellschaften, Marktinfrastruktur-Anbieter und Vermögensverwaltungsgesellschaften, die/der schwere Zweifel an deren Solvenz aufkommen lässt oder nach vernünftigem Ermessen aufkommen lassen dürfte;

c) **erheblichen Verkaufsdruck** oder **ungewöhnliche Volatilität**, die bei Finanzinstrumenten, die sich auf Banken oder andere Finanzinstitute, die als wichtig für das globale Finanzsystem angesehen werden, sowie in der EU tätige Versicherungsgesellschaften, Marktinfrastruktur-Anbieter und Vermögensverwaltungsgesellschaften, und gegebenenfalls auf öffentliche Emittenten beziehen, eine **erhebliche Abwärtsspirale in Gang** setzen;

d) einen bedeutsamen Schaden an den physischen Strukturen von wichtigen Finanzemittenten, Marktinfrastrukturen, Clearing- und Abwicklungssystemen und Aufsichtsbehörden, der sich insbesondere in Fällen, in denen er auf eine **Naturkatastrophe** oder einen **terroristischen Angriff** zurückzuführen ist, nachteilig auf die Märkte auswirken kann;

e) eine **bedeutsame Störung** bei einem **Zahlungssystem** oder **Abwicklungsprozess** – insbesondere wenn diese das **Interbankengeschäft** betrifft –, die innerhalb der EU-Zahlungssysteme zu erheblichen Zahlungs- oder Abwicklungsfehlern oder -verzögerungen führt oder führen kann, speziell wenn diese in einer Bank oder einem anderen Finanzinstitut, die als wichtig für das globale Finanzsystem angesehen werden, sowie in der EU tätige Versicherungsgesellschaften, Marktinfrastruktur-Anbieter und Vermögensverwaltungsgesellschaften, oder in einem Mitgliedstaat zur Ausbreitung einer finanziellen oder wirtschaftlichen Krise führen können.

58 **2. Zusätzliche von der ESMA im Rahmen des Art. 27 VO Nr. 236/2012 zu berücksichtigende Aspekte.** Die ESMA muss bei ihrer Beurteilung einer Notfallmaßnahme einer zuständigen nationalen Behörde neben den in Art. 24 Abs. 1 DelVO Nr. 918/2012 (Rz. 57) genannten Kriterien zusätzlich in Rechnung stellen, ob die Möglichkeit eines Übergreifens des Problems auf andere Systeme oder Emittenten oder einer Ansteckung in Betracht kommt sowie, ob sich in dem betreffenden Fall womöglich eine Prophezeiung selbst bewahrheiten könnte (*self fulfilling prophecy*) (Art. 24 Abs. 2 DelVO Nr. 918/2012).

59 **3. Bedrohung i.S.d. Art. 28 VO Nr. 236/2012.** Für den Erlass einer Maßnahme nach Art. 28 VO Nr. 236/2012 muss tatbestandlich eine Bedrohung vorliegen (Rz. 27). Nach Art. 24 Abs. 3 DelVO Nr. 918/2012 ist für die Zwecke des Art. 28 Abs. 2 lit. a VO Nr. 236/2012 eine Bedrohung der ordnungsgemäßen Funktionsweise und Integrität der Finanzmärkte oder der Stabilität des gesamten oder eines Teils des Finanzsystems in der EU gleichbedeutend mit:

a) einer drohenden **schweren finanziellen, monetären oder budgetären Instabilität** eines Mitgliedstaats oder des Finanzsystems eines Mitgliedstaats, wenn dies die ordnungsgemäße Funktionsweise und Integrität der Finanzmärkte oder die Stabilität des gesamten oder eines Teils des Finanzsystems in der EU ernsthaft bedrohen kann;

b) der Möglichkeit des Ausfalls eines Mitgliedstaats oder supranationalen Emittenten;

c) einem **schweren Schaden** an den physischen Strukturen von wichtigen Finanzemittenten, Marktinfrastrukturen, Clearing- und Abwicklungssystemen und Aufsichtsbehörden, der insbesondere in Fällen, in denen er auf eine **Naturkatastrophe** oder einen **terroristischen Angriff** zurückzuführen ist, grenzübergreifende Märkte schwer beeinträchtigen kann, wenn dies die ordnungsgemäße Funktionsweise und Integrität der Finanzmärkte oder die Stabilität des gesamten oder eines Teils des Finanzsystems in der EU ernsthaft bedrohen kann;

d) einer **schweren Störung** bei einem **Zahlungssystem** oder **Abwicklungsprozess** – insbesondere wenn diese das Interbankengeschäft betrifft –, die innerhalb der grenzübergreifenden Zahlungssysteme in der EU zu erheblichen Zahlungs- oder Abwicklungsfehlern oder -verzögerungen führt oder führen kann, speziell wenn diese im gesamten oder in einem Teil des Finanzsystems der EU zur Ausbreitung einer finanziellen oder wirtschaftlichen Krise führen kann.

IX. **Untersuchungsbefugnis der ESMA (Art. 31 VO Nr. 236/2012).** Die ESMA kann **auf Antrag** einer oder mehrerer zuständiger Behörden, des Europäischen Parlaments, des Rates der Europäischen Union oder der Europäischen Kommission oder **auf eigene Initiative** eine Untersuchung über eine bestimmte Frage oder Praktiken im Zusammenhang mit Leerverkäufen oder dem Einsatz von Credit Default Swaps durchführen, um zu prüfen, ob die betreffende Frage oder Praxis eine potentielle Bedrohung für die Finanzstabilität oder das Marktvertrauen in der EU darstellt (Art. 31 Satz 1 VO Nr. 236/2012)[1]. Die ESMA muss innerhalb von drei Monaten nach Abschluss einer solchen Untersuchung einen Bericht veröffentlichen, in dem sie ihre Ergebnisse darlegt und gegebenenfalls Empfehlungen zu der betreffenden Frage oder Praxis abgibt (Art. 31 Satz 2 VO Nr. 236/2012). Bislang wurde noch kein entsprechender Bericht veröffentlicht. 60

Kapitel VI
Rolle der zuständigen Behörden

Art. 32 Zuständige Behörden

Für die Zwecke dieser Verordnung benennt jeder Mitgliedstaat eine oder mehrere zuständige Behörde(n).
Benennt ein Mitgliedstaat mehr als eine zuständige Behörde, so bestimmt er eindeutig ihre jeweiligen Aufgaben und benennt die Behörde, die für die Koordinierung der Zusammenarbeit und den Informationsaustausch mit der Kommission, der ESMA und den zuständigen Behörden der anderen Mitgliedstaaten zuständig ist.
Die Mitgliedstaaten setzen die Kommission, die ESMA und die zuständigen Behörden der anderen Mitgliedstaaten von diesen Benennungen in Kenntnis.

In der Fassung vom 14.3.2012 (ABl. EU Nr. L 86 v. 24.3.2012, S. 1).

Schrifttum: *Krüger/Ludewig*, Leerverkaufsregulierung, WM 2012, 1942; *Mülbert/Sajnovits*, Das künftige Regime für Leerverkäufe und bestimmte Aspekte von Credit Default Swaps nach der Verordnung (EU) Nr. 236/2012, ZBB 2012, 266; *Parmentier*, Die Entwicklung des europäischen Kapitalmarktrechts 2012–2013, EuZW 2014, 50; *Zimmer/Beisken*, Die Regulierung von Leerverkäufen de lege lata und de lege ferenda, WM 2010, 485.

I. Regelungsgehalt der Norm 1	III. Bestimmung des Aufgabenzuschnitts bei mehreren zuständigen Aufsichtsbehörden und einer Koordinierungsbehörde 4
II. Benennung einer oder mehrerer zuständiger nationaler Aufsichtsbehörde(n) 2	IV. Informationen über die Bestimmungen 6

I. Regelungsgehalt der Norm. Art. 32 VO Nr. 236/2012 (Leerverkaufs-VO) verpflichtet die Mitgliedstaaten, für die Zwecke der Leerverkaufs-VO eine oder mehrere **zuständige Behörde(n) zu benennen**. Soweit ein Mitgliedstaat mehrere zuständige Behörden benennt, ist er zudem verpflichtet, ihre **jeweiligen Aufgaben eindeutig zu bestimmen** und die für die **Koordinierung der Zusammenarbeit** und den Informationsaustausch mit der EU-Kommission, der ESMA und den zuständigen Behörden der anderen Mitgliedstaaten zuständige Behörde zu benennen. Der Mitgliedstaat ist letztlich verpflichtet, die EU-Kommission, die ESMA und die zuständigen Behörden der anderen Mitgliedstaaten **über diese Festlegungen zu informieren**. 1

II. Benennung einer oder mehrerer zuständiger nationaler Aufsichtsbehörde(n). Gem. Art. 32 Unterabs. 1 VO Nr. 236/2012 werden die **Mitgliedstaaten verpflichtet, für die Zwecke der EU-Leerverkaufs-VO eine oder mehrere zuständige Behörde(n) zu benennen.** Die Benennung hat „**für die Zwecke dieser Verordnung**" zu erfolgen. Mit dieser Formulierung nimmt die Regelung Bezug auf die Aufgaben, die durch die übrigen Regelungen der Leerverkaufs-VO für die zuständigen Behörden vorgesehen wurden. Diese reichen von der Entgegennahme von Meldungen, wie z.B. nach Art. 5 und 7 VO Nr. 236/2012, über die Regelungen zum Informationsaustausch und der Kooperation mit der ESMA und den zuständigen Behörden der übrigen Mitgliedstaaten, 2

---

[1] *Moloney*, EU Securities and Financial Markets Regulation, 3rd ed. 2014, VI.3.9.2., S. 567.

Art. 32 VO Nr. 236/2012 | Zuständige Behörden

wie beispielsweise nach Art. 11, 13 Abs. 3, 26 VO Nr. 236/2012 bis hin zu besonderen Eingriffsbefugnissen für die zuständigen Behörden nach Art. 18 ff. VO Nr. 236/2012.

3 Im Vergleich zu der Pflicht zur Bestimmung der zuständigen Behörde in anderen europäischen Verordnungen, wie beispielsweise in Art. 22 VO Nr. 596/2014 (MAR), sieht die Regelung ausdrücklich die **Möglichkeit der Benennung von mehreren zuständigen Aufsichtsbehörden** vor. Für diesen Fall muss die jeweilige Benennung nach Art. 32 Unterabs. 2 VO Nr. 236/2012 weiter spezifiziert werden.

4 **III. Bestimmung des Aufgabenzuschnitts bei mehreren zuständigen Aufsichtsbehörden und einer Koordinierungsbehörde.** Benennt ein Mitgliedstaat mehr als eine zuständige Behörde, so erweitert sich nach Art. 32 Unterabs. 2 VO Nr. 236/2012 sein Pflichtenkanon bei der Bestimmung der zuständigen Behörde. Der **Mitgliedstaat hat zusätzlich** die jeweiligen **Aufgaben der benannten Behörden eindeutig zu bestimmen** und er hat die die **Behörde zu benennen, die für die Koordinierung der Zusammenarbeit und den Informationsaustausch** mit der Kommission, der ESMA und den zuständigen Behörden der anderen Mitgliedstaaten zuständig ist.

5 Diese Pflicht zu weitergehenden Klarstellungen dient der **Eindeutigkeit und Klarheit der Zuständigkeit** für die Umsetzung der Leerverkaufs-VO und damit der Effizienz der Aufgabenerfüllung. Denn mit Blick auf die Zielsetzung der Leerverkaufs-VO, einen präventiven Regelungsrahmen für Ausnahmesituationen zu schaffen[1], ist es unabdingbar, für **den Austausch der verschiedenen Informationen schnell den richtigen Ansprechpartner an der Hand** zu haben.

6 **IV. Informationen über die Bestimmungen.** Um das Ziel eines schnellen und effizienten Informationsaustausches einschließlich der Klarheit über die jeweiligen Zuständigkeiten zu gewährleisten, sind die **Mitgliedstaaten** nach Art. 32 Unterabs. 3 VO Nr. 236/2012 **verpflichtet, die EU-Kommission, die ESMA und die zuständigen Behörden der anderen Mitgliedstaaten von diesen Benennungen in Kenntnis zu setzen**. Das bedeutet, dass bei der Benennung mehrerer zuständiger Behörden auch die Abgrenzung der Zuständigkeiten und die Bestimmung der die Zusammenarbeit und den Informationsaustausch koordinierenden Behörde an diese Einrichtungen zu übermitteln ist. Letztlich ist aber auch für die Marktteilnehmer eine eindeutige Bestimmung der jeweils zuständigen Behörde von großer Relevanz, damit diese ihre Meldungen ordnungsgemäß und schnellstmöglich übermitteln können.

7 Für **Deutschland** ist die Bundesanstalt als grundsätzlich zuständige nationale Aufsichtsbehörde benannt worden[2]. Der deutsche Gesetzgeber hat mit der Umsetzung der Regelungen durch das EU-Leerverkaufs-Ausführungsgesetz[3] zunächst mit § 30h WpHG a.F. und nach der Neunummerierung des WpHG mit dem 2. FiMaNoG mit § 53 Abs. 1 Satz 1 WpHG die **Bundesanstalt als grundsätzlich zuständige Behörde** i.S.d. Leerverkaufs-VO benannt. Im Entwurf des EU-Leerverkaufs-Ausführungsgesetzes wurde zudem vorgeschlagen, dass die Benennung der Bundesanstalt insoweit eingeschränkt werden soll, als **§ 15 Abs. 5a BörsG unberührt bleiben** soll[4]. Als Hintergrund dieser Regelung führt die Gesetzesbegründung zum EU-Leerverkaufs-Ausführungsgesetz aus: „Satz 1 bestimmt grundsätzlich die Bundesanstalt für Finanzdienstleistungsaufsicht als zuständige Behörde im Sinne der EU-Leerverkaufsverordnung und knüpft damit an die bisherige Zuständigkeit der Bundesanstalt nach Abschnitt 5b des Wertpapierhandelsgesetzes an. Abweichend hiervon wird im Börsengesetz wegen der größeren Sachnähe die jeweilige Börsengeschäftsführung als zuständige Behörde bestimmt, soweit es um Maßnahmen nach Artikel 23 der EU-Leerverkaufsverordnung geht."[5]

8 Dieser Vorschlag über die Aufteilung der Zuständigkeit wurde im Gesetzgebungsverfahren zum Erlass des EU-Leerverkaufs-Ausführungsgesetzes intensiv diskutiert[6] und letztlich mit Blick auf die vorgetragene Vergleichbarkeit der Maßnahme mit der Kompetenz zu Handelsaussetzungen und der größeren Sachnähe der Börsengeschäftsführungen beibehalten (zunächst § 30h Abs. 1 Satz 2 WpHG a.F., nun § 53 Abs. 1 Satz 2 WpHG)[7]. Dem Ergebnis der Diskussion entsprechend regelt § 15 Abs. 5a BörsG, dass die Geschäftsführung zuständige Behörde i.S.d. Art. 23 Abs. 1 VO Nr. 236/2012 ist, sofern Finanzinstrumente betroffen sind, die an einem regulierten Markt oder im Freiverkehr dieser Börse gehandelt werden. Das bedeutet, dass die **Geschäftsführungen der Börsen für den Erlass von befristeten Beschränkungen von Leerverkäufen oder anderen Transaktionen nach Art. 23 Abs. 1 VO Nr. 236/2012 zuständig** sind, wenn solche **Finanzinstrumente betroffen sind, die an einem regulierten Markt oder im Freiverkehr dieser Börse gehandelt werden**.

---

1 Vgl. Erwägungsgrund 4 VO Nr. 236/2012.
2 Vgl. die Übersicht über die gemeldeten zuständigen Aufsichtsbehörden auf der Internetseite der ESMA unter: https://www.esma.europa.eu/sites/default/files/library/esma_competent_authorities_2016.xlsx.
3 Gesetz zur Ausführung der Verordnung (EU) Nr. 236/2012 des Europäischen Parlaments und des Rates vom 14.3.2012 über Leerverkäufe und bestimmte Aspekte von Credit Default Swaps (EU-Leerverkaufs-Ausführungsgesetz) v. 6.11.2012, BGBl. I 2012 v. 15.11.2012, 2286.
4 Vgl. Begr. RegE, BT-Drucks. 17/9665, 8.
5 Vgl. Begr. RegE, BT-Drucks. 17/9665, 8.
6 Vgl. Stellungnahme des Bundesrates und Gegenäußerung der Bundesregierung, BT-Drucks. 17/9665, 11 und 13; Beschlussempfehlung und Bericht des Finanzausschusses, BT-Drucks. 17/10854, 6.
7 Vgl. auch Mock in KölnKomm. WpHG, § 30h WpHG Rz. 34; Weick-Ludewig in Fuchs, § 30h WpHG Rz. 22.

Art. 33 Befugnisse der zuständigen Behörden

(1) Die zuständigen Behörden werden mit allen für die Wahrnehmung ihrer Aufgaben gemäß dieser Verordnung erforderlichen Aufsichts- und Ermittlungsbefugnissen ausgestattet. Sie üben ihre Befugnisse auf einem der folgenden Wege aus:

a) unmittelbar,

b) in Zusammenarbeit mit anderen Behörden,

c) durch Antrag bei den zuständigen Justizbehörden.

(2) Die zuständigen Behörden werden im Einklang mit dem nationalen Recht mit folgenden für die Wahrnehmung ihrer Aufgaben gemäß dieser Verordnung erforderlichen Befugnissen ausgestattet:

a) Unterlagen aller Art einzusehen und Kopien davon zu erhalten oder anzufertigen,

b) von jeder natürlichen oder juristischen Person Informationen zu verlangen und, falls notwendig, natürliche oder juristische Personen vorzuladen und zu vernehmen, um Informationen zu erlangen,

c) angekündigte und unangekündigte Prüfungen vor Ort durchzuführen,

d) bereits vorhandene Aufzeichnungen von Telefongesprächen und Datenübermittlungen anzufordern,

e) die Einstellung von Praktiken zu verlangen, die gegen die Bestimmungen dieser Verordnung verstoßen,

f) das Einfrieren und/oder die Beschlagnahme von Vermögenswerten zu verlangen.

(3) Die zuständigen Behörden sind unbeschadet des Absatzes 2 Buchstaben a und b befugt, von natürlichen oder juristischen Personen, die in Transaktionen mit Credit Default Swaps eintreten, im Einzelfall die folgenden Angaben zu verlangen:

a) eine Erklärung über den Zweck der Transaktion und die Angabe, ob diese der Absicherung gegen Risiken oder anderen Zwecken dient, und

b) Informationen über das zugrunde liegende Risiko, wenn die Transaktion Absicherungszwecken dient.

In der Fassung vom 14.3.2012 (ABl. EU Nr. L 86 v. 24.3.2012, S. 1).

Schrifttum: *Krüger/Ludewig*, Leerverkaufsregulierung, WM 2012, 1942; *Mülbert/Sajnovits*, Das künftige Regime für Leerverkäufe und bestimmte Aspekte von Credit Default Swaps nach der Verordnung (EU) Nr. 236/2012, ZBB 2012, 266; *Parmentier*, Die Entwicklung des europäischen Kapitalmarltrechts 2012–2013, EuZW 2014, 50; *Zimmer/Beisken*, Die Regulierung von Leerverkäufen de lege lata und de lege ferenda, WM 2010, 485.

I. Übersicht über die Regelung 1	3. Prüfungen vor Ort (Art. 33 Abs. 2 lit. c VO Nr. 236/2012) 18
II. Pflicht zur Ausstattung der zuständigen Behörden (Art. 33 Abs. 1 Satz 1 VO Nr. 236/2012) 4	4. Verlangen von vorhandenen Aufzeichnungen von Telefongesprächen und Datenübermittlungen (Art. 33 Abs. 2 lit. d VO Nr. 236/2012) . . . 19
III. Art und Weise der Wahrnehmung der Befugnisse (Art. 33 Abs. 1 Satz 2 VO Nr. 236/2012) 7	5. Verlangen des Einstellens von rechtswidrigen Praktiken (Art. 33 Abs. 2 lit. e VO Nr. 236/2012) 20
IV. Notwendige Mindestbefugnisse der zuständigen Behörde (Art. 23 Abs. 2 VO Nr. 236/2012) 13	6. Einfrieren bzw. Beschlagnahme von Vermögenswerten (Art. 33 Abs. 2 lit. f VO Nr. 236/2012) . . 21
1. Zugang zu Unterlagen und Daten (Art. 33 Abs. 2 lit. a VO Nr. 236/2012) 16	V. Europarechtliche Befugnis zu Auskunftsverlangen über Credit Default Swaps (Art. 33 Abs. 3 VO Nr. 236/2012) 22
2. Verlangen von Informationen und Ladung von Personen (Art. 33 Abs. 2 lit. b VO Nr. 236/2012) 17	

I. Übersicht über die Regelung. Die Regelungen in Art. 33 VO Nr. 236/2012 (Leerverkaufs-VO) umfassen vier 1 verschiedene Regelungsaspekte. Zunächst werden die Mitgliedstaaten verpflichtet, ihre zuständigen Behörden mit allen für die Wahrnehmung ihrer Aufgaben gemäß Leerverkaufs-VO erforderlichen Aufsichts- und Ermittlungsbefugnissen auszustatten (Art. 33 Abs. 1 Satz 1 VO Nr. 236/2012). Zudem zeigt die Norm auf, auf welche Art und Weise die zuständigen Behörden ihre Befugnisse ausüben können (Art. 33 Abs. 1 Satz 2 VO Nr. 236/2012). Die Norm bestimmt zudem, mit welchen Befugnissen die Mitgliedstaaten ihre zuständige Behörde mindestens auszustatten haben (Art. 33 Abs. 2 VO Nr. 236/2012), und letztlich normiert die Regelung eine eigene Auskunftsbefugnis der zuständigen Behörden in Bezug auf Informationen zu Credit Default Swaps (Art. 33 Abs. 3 VO Nr. 236/2012).

Art. 33 VO Nr. 236/2012 ist als Norm einer unmittelbar anwendbaren EU-Verordnung **unmittelbar anwend-** 2 **bares Recht**. Ungeachtet dessen ist für die dogmatische Einordnung von Art. 33 ein näherer Blick angezeigt. Denn Art. 33 VO Nr. 236/2012 enthält in Abs. 3 eine Regelung, die unmittelbare Rechtswirkung entfaltet. Hierbei handelt es sich um eine Auskunftsbefugnis der zuständigen Behörden. Die Regelungen in Art. 33 Abs. 1 und 2 VO Nr. 236/2012 fordern hingegen von den Mitgliedstaaten, dass diese **ihren zuständigen Aufsichtsbehör-**

den bestimmte Befugnisse verleihen. So haben die Mitgliedstaaten den zuständigen Behörden alle zur Wahrnehmung ihrer Aufgaben erforderlichen Aufsichts- und Ermittlungsbefugnisse zu übertragen, insbesondere müssen die zuständigen Behörden nach dem nationalen Recht über bestimmte Mindestbefugnisse verfügen.

3 Das bedeutet, dass Art. 33 VO Nr. 236/2012 als unmittelbar geltende EU-Norm dennoch **teilweise zunächst einer Umsetzung durch den nationalen Gesetzgeber bedarf**. Denn wie die Mitgliedstaaten die Anforderungen umsetzen und ob und inwieweit sie über diese Mindestanforderungen hinausgehen, obliegt ihrer Entscheidung. Um den Anforderungen zur Umsetzung der Leerverkaufs-VO Rechnung zu tragen, müssen sie die nationalen Gegebenheiten beachten. Die Leerverkaufs-VO ist insoweit eine sog. „hinkende" oder auch unvollständige Verordnung[1]. Die Vervollständigung muss durch die Umsetzung der wirksamen Vorgaben im nationalen Recht erfolgen.

4 **II. Pflicht zur Ausstattung der zuständigen Behörden (Art. 33 Abs. 1 Satz 1 VO Nr. 236/2012).** Art. 33 Abs. 1 Satz 1 VO Nr. 236/2012 regelt, dass die zuständigen Behörden „mit allen für die Wahrnehmung ihrer Aufgaben gemäß dieser Verordnung erforderlichen Aufsichts- und Ermittlungsbefugnisse ausgestattet werden". Diese im Passiv gehaltene Formulierung ist als **Pflicht der Mitgliedstaaten** zu verstehen, die **erforderlichen Aufsichts- und Ermittlungsbefugnisse für ihre zuständigen Behörden zu normieren**. Denn die in Abs. 2 geforderten Mindestbefugnisse sind Teil dieser erforderlichen Aufsichts- und Ermittlungsbefugnisse. Zudem werden in den übrigen Regelungen der Leerverkaufs-VO zwar spezielle Befugnisse geregelt, wie beispielsweise für Notfallmaßnahmen der zuständigen Behörden und der ESMA, nicht aber die erforderlichen Aufsichts- und Ermittlungsbefugnisse, quasi die Grundlage der Sachverhaltsermittlung, um Notfallmaßnahmen ergreifen zu können.

5 Die in Art. 33 Abs. 1 und 2 VO Nr. 236/2012 normierten Anforderungen an die Eingriffsbefugnisse der zuständigen Behörde werden im deutschen Recht **im WpHG umgesetzt**. Die Regelung der Befugnisse der Aufsichtsbehörde als unvollständige Verordnungsnormen in der Leerverkaufs-VO ist kein Einzelfall. Die gleiche rechtliche Konstruktion findet sich auch in anderen europäischen Verordnungen wieder. So hat der EU-Gesetzgeber beispielsweise auch in Art. 23 VO Nr. 596/2014 (MAR) Vorgaben für Mindestbefugnisse der zuständigen nationalen Behörden normiert, die vom nationalen Gesetzgeber in nationales Recht umzusetzen sind.

6 Art. 33 Abs. 1 Satz 2 VO Nr. 236/2012 verpflichtet die Mitgliedstaaten, die zuständigen Behörden mit allen für die Wahrnehmung ihrer Aufgaben gemäß Leerverkaufs-VO erforderlichen Aufsichts- und Ermittlungsbefugnissen auszustatten. Diese generelle Regelung geht über die Übertragung der in Art. 33 Abs. 2 VO Nr. 236/2012 aufgeführten Mindestbefugnisse hinaus. Durch diese Regelung sind Ergänzungen der vorgegebenen Mindestbefugnisse in **Anpassung an das jeweilige nationale Recht** erforderlich, ggf. aber auch tatsächliche Maßnahmen, wie die Sicherstellung einer hinreichenden personellen, technischen und sachlichen Ausstattung. Maßgeblich ist die **Gewährleistung der Aufgabenwahrnehmung** in Bezug auf die Regelungen der Leerverkaufs-VO durch eine durchsetzungsfähige zuständige Behörde.

7 **III. Art und Weise der Wahrnehmung der Befugnisse (Art. 33 Abs. 1 Satz 2 VO Nr. 236/2012).** Nach Art. 33 Abs. 1 Satz 2 VO Nr. 236/2012 haben die zuständigen Behörden die Möglichkeit, ihre Aufgaben und Befugnisse wahlweise auf **drei verschiedenen Art und Weise** wahrzunehmen, und zwar:
- unmittelbar,
- in Zusammenarbeit mit anderen Behörden oder den Marktteilnehmern,
- durch Antrag bei den Justizbehörden.

8 Bei dieser Regelung der Art und Weise der Ausübung der Befugnisse kann die **Frage** gestellt werden, ob es sich hierbei um eine **unmittelbar anzuwendende Regelung** handelt oder ob die Regelung zur Art und Weise der Nutzung der Befugnisse auch einer **Umsetzung ins nationales Recht bedarf**. Mit Blick auf die Funktion der Regelung handelt es sich nicht um eine eigene, europarechtlich normierte Befugnis für die zuständige Behörde, sondern um die Art und Weise der Ausübung der in Art. 33 Abs. 2 VO Nr. 236/2012 vorgesehenen Befugnisse. Nach dem Verständnis des deutschen Verwaltungsrechts kann es sich aber auch nicht um eine Regelung zum Auswahlermessen der zuständigen Behörde handeln, denn das Ermessen ist immer Teil der Rechtsfolge in Bezug auf einen vorgegebenen Tatbestand. Der Tatbestand der entsprechenden Befugnisnormen soll aber nach Art. 33 Abs. 2 VO Nr. 236/2012 vom nationalen Gesetzgeber im nationalen Recht verankert werden. Entsprechend handelt es sich hier nach deutschem Rechtsverständnis um das Aufzeigen des Handlungsspielraums für den nationalen Gesetzgeber bei der Normierung der entsprechenden Befugnisse für die zuständige Behörde im nationalen Recht und für die dort im Rahmen des Auswahlermessens berücksichtigungsfähigen Möglichkeiten.

9 Bei der Auswahl der Möglichkeiten nennt Art. 33 Abs. 1 Satz 2 lit. a VO Nr. 236/2012 die **Wahrnehmung der Aufgabe bzw. Befugnis unmittelbare durch die zuständige Behörde**. Das bedeutet, dass die Behörden selbst

---

[1] Zum Begriff beispielsweise: *Columbus/List*, Vollzugsprobleme „hinkender" Verordnungen, NL-BzAR 2008, 227; *Constantinesco*, Das Recht der Europäischen Gemeinschaften, 1977, Band I: Das institutionelle Recht, S. 562; *Ruffert* in Calliess/Ruffert, EUV/AEUV-Kommentar, 5. Aufl. 2016, Art. 288 AEUV Rz. 21.

die Aufgabe ausführt oder ihre Befugnis nutzt. Hierbei handelt es sich um den „Normalfall" des Tätigwerdens der Behörde. Als ein Beispiel kann hier das Anfordern von Auskünften und Unterlagen von einem Marktteilnehmer durch die zuständige Aufsichtsbehörde benannt werden, im deutschen Recht beispielsweise gem. § 6 Abs. 3 Satz 1 WpHG.

Als zweite Möglichkeit sieht die Regelung in Art. 33 Abs. 1 Satz 2 lit. b VO Nr. 236/2012 vor, dass die zuständigen Behörden ihre **Aufgaben und Befugnisse in Zusammenarbeit mit anderen Behörden wahrnehmen**. Hier kann beispielsweise an eine Zusammenarbeit bei der Aufklärung von unklaren Sachverhalten mit einer Handelsüberwachungsstelle gedacht werden. Entsprechende Regelungen finden sich z.B. in § 17 WpHG. Zudem kommt auch die Nutzung der grundsätzlichen Vorschriften über die Amtshilfe nach Art. 35 GG, §§ 4 ff. VwVfG in Betracht. Ungeachtet der Zusammenarbeit mit anderen Behörden verbleibt die Aufgabenstellung aber stets bei der benannten zuständigen Behörde, in Deutschland i.d.R. bei der Bundesanstalt.

Diese Möglichkeit der Wahrnehmung der Aufgaben und Befugnisse durch die zuständigen Behörden in Zusammenarbeit mit anderen Behörden schließt nicht die Möglichkeit aus, die Aufgaben bzw. Befugnisse in **Zusammenarbeit mit Marktteilnehmern** wahrzunehmen oder **Teilaspekte der Aufgabenwahrnehmung** auf andere Behörden oder Marktteilnehmer zu **delegieren**. Hier kann z.B. an die Beauftragung eines Wirtschaftsprüfers oder Sachverständigen gedacht werden. Diese Möglichkeit der Übertragung von Aufgaben findet sich auch in § 6 Abs. 17 WpHG wieder, wonach von der Bundesanstalt auch Wirtschaftsprüfer und Sachverständige bei Ermittlungen oder Überprüfungen eingesetzt werden können. Hierbei verbleibt die Letztverantwortung der Aufgabenwahrnehmung bezüglich der Überwachung bei der zuständigen Behörde.

Letztlich sieht Art. 33 Abs. 1 Satz 2 lit. c VO Nr. 236/2012 vor, dass die zuständigen Behörden ihre Aufgaben und Befugnisse auch durch das Stellen von entsprechenden **Anträgen bei den zuständigen Justizbehörden** wahrnehmen können. Als Beispiel kann hier die Mindestbefugnis zum Einfrieren bzw. zum Beschlagnahmen von Vermögenswerten nach Art. 33 Abs. 2 lit. f VO Nr. 236/2012 benannt werden, die über die Verweisung in § 53 Abs. 1 Satz 3 WpHG in § 6 Abs. 13 WpHG umgesetzt wird und einen Richtervorbehalt vorsieht.

IV. Notwendige Mindestbefugnisse der zuständigen Behörde (Art. 23 Abs. 2 VO Nr. 236/2012). Um die Aufgaben nach der Leerverkaufs-VO wahrzunehmen, müssen die **zuständigen Behörden nach ihrem jeweiligen nationalen Recht** gem. Art. 33 Abs. 2 VO Nr. 236/2012 **bestimmte, näher ausgeführte Mindestbefugnisse** verfügen. Hierbei spricht der Normentext von Aufsichts- und Ermittlungsbefugnissen. Der Begriff der Ermittlungsbefugnisse ist hierbei nicht im strafrechtlichen Sinne zu verstehen, sondern als Befugnisse zur Sachverhaltsaufklärung durch die zuständige Behörde. Hierfür sind auch verwaltungsrechtliche Befugnisse ausreichend. Von diesen Befugnissen zur Sachverhaltsaufklärung, die im Einklang mit dem jeweiligen nationalen Recht den zuständigen Behörden einzuräumen sind, **zu unterscheiden** sind die verschiedenen **speziellen europarechtlichen Eingriffsbefugnisse** für die zuständigen Behörden, die die Leerverkaufs-VO diesen beispielsweise zur Bewältigung von Ausnahmesituationen nach **Art. 18 ff. VO Nr. 236/2012** einräumt.

Notwendig ist die **nationale Umsetzung der geforderten Mindestbefugnisse** der zuständigen Behörde. Im deutschen Recht erfolgte die Umsetzung der Anforderungen aus der Leerverkaufs-VO mit dem EU-Leerverkaufs-Ausführungsgesetz[1]. Die entsprechenden Mindestbefugnisse wurden im WpHG umgesetzt[2]. Hierbei entschied sich der deutsche Gesetzgeber nicht zur Normierung spezieller Befugnisse, sondern verweist in § 30h Abs. 1 Satz 3 WpHG a.F., heute § 53 Abs. 1 Satz 3 WpHG, auf die entsprechende Geltung der Regelungen der Abschnitte 1 und 2 des WpHG[3].

Insoweit soll bereits an dieser Stelle und damit vorab für die folgende Kommentierung der geforderten Mindestbefugnisse **auf die Kommentierung der entsprechenden Befugnisnormen in den jeweiligen WpHG-Normen** des Abschnitts 1 und 2 des WpHG verwiesen werden. Zur Vermeidung von Wiederholungen wird somit auf eine über die Angabe der Fundstellen der nationalen Umsetzung hinausgehende Kommentierung der verschiedenen Anforderungen an die Befugnisse der zuständigen Behörde verzichtet.

1. Zugang zu Unterlagen und Daten (Art. 33 Abs. 2 lit. a VO Nr. 236/2012). Die zuständigen Behörden müssen die Befugnis haben, Zugang zu jedweden **Unterlagen und Daten** in jeder Form zu haben und Kopien von ihnen zu verlangen oder anfertigen zu können. Das Verlangen nach Zugang umfasst insbesondere ein Ersuchen um Vorlage von Unterlagen. Die Umsetzung dieser Anforderung für die Bundesanstalt erfolgt über die Verweisung in § 53 Abs. 1 Satz 3 WpHG mit der Generalermächtigung in **§ 6 Abs. 3 Satz 1 und 2 WpHG** (vgl. § 6 WpHG Rz. 90 ff.).

---

[1] Gesetz zur Ausführung der Verordnung (EU) Nr. 236/2012 des Europäischen Parlaments und des Rates vom 14.3.2012 über Leerverkäufe und bestimmte Aspekte von Credit Default Swaps (EU-Leerverkaufs-Ausführungsgesetz) v. 6.11.2012, BGBl. I 2012, 2286.
[2] Zusätzlich wurde im Börsengesetz in Bezug auf die Spezialzuständigkeit der Geschäftsführungen der Börsen für Maßnahmen nach Art. 23 VO Nr. 236/2012 § 15 Abs. 5a und § 25 Abs. 3 BörsG eingefügt. Vgl. hierzu die Ausführungen zu Art. 32 VO Nr. 236/2012 Rz. 7 f.
[3] Vgl. Begr. RegE, BT-Drucks. 17/9665, 8.

17 2. **Verlangen von Informationen und Ladung von Personen (Art. 33 Abs. 2 lit. b VO Nr. 236/2012).** Zu den Mindestbefugnissen der zuständigen Behörden gehört auch von jeder natürlichen oder juristischen Person Informationen, d.h. **Auskunft,** zu verlangen. Die zuständige Behörde muss auch die Befugnis haben, falls erforderlich natürliche oder juristische **Person vorzuladen und zu vernehmen,** um Informationen zu erhalten. Die Umsetzung dieser Anforderungen erfolgt gleichfalls über die Verweisung in § 53 Abs. 1 Satz 3 WpHG mit **§ 6 Abs. 3 Satz 1 und 2 WpHG** (vgl. § 6 WpHG Rz. 90 ff.).

18 3. **Prüfungen vor Ort (Art. 33 Abs. 2 lit. c VO Nr. 236/2012).** Der zuständigen Behörde ist im nationalen Recht die Befugnis einzuräumen, angekündigte und nichtangekündigte **Prüfungen vor Ort** durchzuführen. Diese Mindestbefugnis unterscheiden nicht in die Prüfung vor Ort bei natürlichen oder bei juristischen Personen. Entsprechend müssen beide Aspekte der Befugnis im nationalen Recht umgesetzt sein. Die Umsetzung der Befugnisse erfolgt über die Verweisung in § 53 Abs. 1 Satz 3 WpHG mit **§ 6 Abs. 11 i.V.m. Abs. 3 WpHG** (vgl. § 6 WpHG Rz. 196 ff.).

19 4. **Verlangen von vorhandenen Aufzeichnungen von Telefongesprächen und Datenübermittlungen (Art. 33 Abs. 2 lit. d VO Nr. 236/2012).** Die zuständige Behörde muss die Befugnis besitzen, bereits vorhandene **Aufzeichnungen von Telefongesprächen und Datenübermittlungen** anzufordern. Je nach Adressat des Verlangens wird diese Mindestbefugnis über die Verweisung in § 53 Abs. 1 Satz 3 WpHG mit **§ 6 Abs. 3 Satz 1 WpHG und in § 7 Abs. 2 WpHG** umgesetzt (vgl. § 6 WpHG Rz. 29 ff.). So kann die Bundesanstalt von Wertpapierdienstleistungsunternehmen, Datenbereitstellungsdiensten und Kreditinstituten diese Daten nach § 7 Abs. 2 WpHG anfordern. Im Übrigen kann die Bundesanstalt von jedermann die Vorlage von Unterlagen und sonstigen Daten verlangen, wozu auch bereits vorhandene Aufzeichnungen von Telefongesprächen und Datenübermittlungen gehören.

20 5. **Verlangen des Einstellens von rechtswidrigen Praktiken (Art. 33 Abs. 2 lit. e VO Nr. 236/2012).** Als Mindestbefugnis muss der zuständigen Behörde die Befugnis zustehen, die Einstellung von Praktiken zu verlangen, die gegen die Bestimmungen dieser Verordnung verstoßen. Eine entsprechende Befugnis hat die Bundesanstalt über die Verweisung in § 53 Abs. 1 Satz 3 WpHG nach **§ 6 Abs. 6 WpHG** sowie nach **§ 6 Abs. 2 Satz 2 und Satz 1 i.V.m. § 1 Abs. 1 Nr. 8 lit. c WpHG** (vgl. § 6 WpHG Rz. 67 ff., 146 ff.). Nach der zweiten Alternative kann die Bundesanstalt alle **Anordnungen** erlassen, die **zur Durchsetzung der Gebote und Verbote** auch der Leerverkaufs-VO geeignet und erforderlich sind. Dazu gehört auch das Verlangen des Einstellens von rechtswidrigen Praktiken.

21 6. **Einfrieren bzw. Beschlagnahme von Vermögenswerten (Art. 33 Abs. 2 lit. f VO Nr. 236/2012).** Eine weitere Befugnis, die das nationale Recht der zuständigen Behörde zumindest einräumen muss, ist die Befugnis das **Einfrieren und/oder die Beschlagnahme von Vermögenswerten.** Die Umsetzung dieser Anforderung in Form der **Antragsbefugnis der Bundesanstalt für eine richterliche Anordnung der Beschlagnahme** erfolgt durch die entsprechende Geltung der Befugnisse (vgl. die Verweisung in § 53 Abs. 1 Satz 3 WpHG) des **§ 6 Abs. 13 WpHG** (vgl. § 6 WpHG Rz. 220 ff.).

22 V. **Europarechtliche Befugnis zu Auskunftsverlangen über Credit Default Swaps (Art. 33 Abs. 3 VO Nr. 236/2012).** Art. 33 Abs. 3 VO Nr. 236/2012 regelt anders als Abs. 2 unmittelbar Befugnisse der zuständigen Behörden. Nach dieser Regelung sind die zuständigen Behörden befugt, von natürlichen oder juristischen Personen, die in Transaktionen mit Credit Default Swaps eintreten, bestimmte Angaben zu verlangen. Diese Formulierung bedeutet, dass hier eine **Auskunftsbefugnis unmittelbar geregelt** ist und nicht erst der Mitgliedsstatt verpflichtet wird, der zuständigen Behörde eine solche Befugnis einzuräumen.

23 Die unterschiedliche Ausgestaltung der Regelungen in Art. 33 Abs. 2 VO Nr. 236/2012 und in Abs. 3 wird auch durch die Formulierung in Art. 33 Abs. 3 VO Nr. 236/2012 „unbeschadet des Absatzes 2 Buchstaben a und b" belegt. Nach Art. 33 Abs. 2 lit. a und b VO Nr. 236/2012 sind der zuständigen Behörde entsprechende Auskunfts- und Vorlagebefugnisse einzuräumen, und zwar durch den jeweiligen Mitgliedstaat. Die Formulierung „unbeschadet" weist gerade darauf hin, dass der zuständigen Behörde möglicherweise wahlweise zwei verschiedene Ermächtigungsgrundlagen für das Verlangen der Auskünfte zur Verfügung stehen, die europarechtliche aus Art. 33 Abs. 3 VO Nr. 236/2012 und die nationale Befugnis, die in Umsetzung des Art. 33 Abs. 2 lit. a und b VO Nr. 236/2012 normiert ist. Im deutschen Kapitalmarktrecht kann die Bundesanstalt die Auskünfte und die Vorlage von Unterlagen gem. § 6 Abs. 3 Satz 2 und 3 WpHG fordern.

24 Die Befugnis der zuständigen Aufsichtsbehörden bezieht sich nach Art. 33 Abs. 3 VO Nr. 236/2012 **konkret auf folgende Auskünfte:**

a) eine Erklärung über den Zweck der Transaktion und die Angabe, ob diese der Absicherung gegen Risiken oder anderen Zwecken dient, und

b) Informationen über das zugrunde liegende Risiko, wenn die Transaktion Absicherungszwecken dient.

25 Durch diese Auskünfte ist es der zuständigen Behörde möglich, den **wirtschaftlichen Hintergrund und das mit dem Geschäft verbundenen Risiko besser einschätzen** zu können. Denn aufgrund der spezifischen Risiken, die durch den Einsatz von Credit Default Swaps entstehen können, sollen diese Transaktionen durch die

zuständigen Behörden genau überwacht werden. Daher sollen die zuständigen Behörden in Einzelfällen befugt sein, von natürlichen oder juristischen Personen, die eine einschlägige Transaktion vornehmen, Informationen über den Zweck einer solchen Transaktion anfordern können[1].

Als **Tatbestandsvoraussetzungen** für ein solches Auskunftsverlangen sieht Art. 33 Abs. 3 VO Nr. 236/2012 vor, dass entweder natürliche oder juristische **Personen in Transaktionen mit Credit Default Swaps eintreten**. Gegenüber diesen Personen besteht die Befugnis zu einem Auskunftsverlangen. Weitere Voraussetzungen sind auf der Tatbestandsseite nicht geregelt. 26

Auf der **Rechtsfolgenseite** ist zu berücksichtigen, dass die Befugnis eine Entscheidung „**im Einzelfall**" fordert. Das bedeutet, die zuständige Behörde hat bei ihrer Entscheidung über das Auskunftsersuchen **den auch im Europarecht verankerten Grundsatz der Verhältnismäßigkeit zu beachten** (vgl. Art. 5 Abs. 4 Unterabs. 1 EUV). Sie muss also prüfen, dass das Auskunftsverlangen erforderlich, geeignet und angemessen ist. In diesem Sinn regelt auch § 53 Abs. 2 WpHG, dass die Bundesanstalt ihre nach der Leerverkaufs-VO übertragenen Befugnisse ausübt, soweit das erforderlich ist. Dies stellt klar, dass die Bundesanstalt auch bei ihren Aufsichtsmaßnahmen nach der Leerverkaufs-VO an das Gebot der Verhältnismäßigkeit gebunden ist[2]. Etwas unklar bleibt in diesem Zusammenhang der Erwägungsgrund 37 der Leerverkaufs-VO, der zum einen die Bedeutung der Überwachung dieser Geschäfte betont und zum anderen von Auskunftsersuchen „in Ausnahmefällen" spricht, ohne dies weiter zu spezifizieren. Die Formulierung in Art. 33 Abs. 3 VO Nr. 236/2012, der Befugnis „in Einzelfällen", entspricht dem Ziel der Befugnis deutlich besser, da die zuständige Behörde die Auskünfte nicht ohne Grund anfordern soll, also die Erforderlichkeit darlegen können muss, aber auch hinreichende Möglichkeiten haben muss, die spezifischen Risiken durch den Einsatz von Credit Default Swaps hinreichend überwachen zu können. 27

Da es sich um eine Entscheidung der zuständigen nationalen Behörde handelt, sind **Überprüfungen** der Ermessensentscheidung **entsprechend des jeweiligen nationalen Rechts** möglich. Für die deutsche Rechtslage ist auf die Regelung in § 53 Abs. 3 i.V.m. Abs. 2 und Abs. 1 Satz 1 WpHG zu verweisen, der die aufschiebende Wirkung von Widerspruch und Anfechtungsklage gegen Maßnahmen der Bundesanstalt aufgrund der Befugnisse der Leerverkaufs-VO anordnet. Diese Regelung ist § 13 WpHG nachgebildet und soll sicherstellen, dass Maßnahmen der Bundesanstalt zur Durchsetzung der Bestimmungen der Leerverkaufs-VO sofort vollziehbar sind. Dies ist für eine wirksame Gefahrenabwehr geboten, da durch Verstöße gegen die Leerverkaufsbestimmungen in kurzer Zeit hohe Schäden für Teilnehmer an den Finanzmärkten entstehen können[3]. 28

Art. 34 Berufsgeheimnis

(1) Alle natürlichen oder juristischen Personen, die für die zuständige Behörde oder für eine Behörde oder natürliche oder juristische Person, an die die zuständige Behörde Aufgaben delegiert hat, tätig sind oder waren, einschließlich der von der zuständigen Behörde beauftragten Rechnungsprüfer und Sachverständigen, sind an das Berufsgeheimnis gebunden. Unter das Berufsgeheimnis fallende vertrauliche Informationen dürfen an keine andere natürliche oder juristische Person oder Behörde weitergegeben werden, es sei denn, dies ist für gerichtliche Ermittlungen erforderlich.

(2) Alle im Rahmen dieser Verordnung zwischen zuständigen Behörden ausgetauschten Informationen, die Geschäfts- oder Betriebsbedingungen und andere wirtschaftliche oder persönliche Angelegenheiten betreffen, gelten als vertraulich und unterliegen den Anforderungen des Berufsgeheimnisses, es sei denn, ihre Weitergabe wird von den zuständigen Behörden zum Zeitpunkt der Übermittlung für zulässig erklärt oder ist für gerichtliche Ermittlungen erforderlich.

In der Fassung vom 14.3.2012 (ABl. EU Nr. L 86 v. 24.3.2012, S. 1).

Schrifttum: Vgl. Literatur zur Verschwiegenheitspflicht nach § 21 WpHG, § 9 KWG.

I. Regelungsgehalt der Norm 1	III. Besonderer Schutz für die zwischen zuständigen Behörden ausgetauschten Informationen (Art. 34 Abs. 2 VO Nr. 236/2012) 10
II. Allgemeines Berufsgeheimnis (Art. 34 Abs. 1 VO Nr. 236/2012) 3	

I. Regelungsgehalt der Norm. Art. 34 VO Nr. 236/2012 (Leerverkaufs-VO) regelt das Berufsgeheimnis zuständigen Behörden und der Personen, die in die Aufsicht über die Regelungen der Leerverkaufs-VO einbezogen sind. Hierbei umfasst die Norm Regelungen **zur Weite und zu den Anforderungen des Berufsgeheimnisses** 1

---

[1] Vgl. Erwägungsgrund 37 VO Nr. 236/2012.
[2] Vgl. Begr. RegE, BT-Drucks. 17/9665, 8 f.
[3] Vgl. Begr. RegE, BT-Drucks. 17/9665, 9.

und **eine Regelung über einen besonderen Schutz der zwischen den zuständigen Behörden ausgetauschten Informationen**.

2 Diese Regelungen zum Berufsgeheimnis sind **unmittelbar geltendes EU-Recht**. Sie finden also unmittelbare Anwendung. Ungeachtet dessen verweist der deutsche Gesetzgeber in § 53 Abs. 1 Satz 3 WpHG auch auf die **Geltung der Verschwiegenheitspflicht der Bundesanstalt** nach § 21 WpHG, nimmt hierbei aber die Regelung des § 21 Abs. 1 Satz 3 WpHG aus. Diese Regelung normiert die Regelbeispiele für ein befugtes Offenbaren von verschwiegenheitspflichtigen Informationen. Insoweit kann für die Bestimmung des Vorliegens einer Befugnis zum Offenbaren bzw. Weitergeben von Informationen allein auf die Regelungen des Art. 34 VO Nr. 236/2012 zurückgegriffen werden. Durch die im deutschen Recht zusätzlich normierte entsprechende Geltung der Verschwiegenheitspflicht des § 21 WpHG werden mithin Unklarheiten in Bezug auf die rechtlichen Auswirkungen des Berufsgeheimnisses vermieden. Denn ungeachtet der Relevanz des europarechtlichen Berufsgeheimnisses bei der der Vernehmung von Personen, die einem Amtsgeheimnis unterliegen, und bei der Ahndung der Verletzung oder Verwendung von Geheimnissen, können die Rechtsfolgen z.B. aus § 376 Abs. 1 ZPO und §§ 203 Abs. 2 und 204 StGB durch die entsprechende Anwendung der nationalen Verschwiegenheitspflicht fraglos in Betracht kommen.

3 **II. Allgemeines Berufsgeheimnis (Art. 34 Abs. 1 VO Nr. 236/2012).** Das Berufsgeheimnis nach Art. 34 Abs. 1 VO Nr. 236/2012 gilt nach Satz 1 für **alle Personen, die für die zuständige Behörde oder für eine Behörde oder Person, an die die zuständige Behörde Aufgaben delegiert hat, tätig** sind. Hierbei spielt es keine Rolle, ob tätig werdenden Personen natürliche oder juristische Personen sind und ob sie auch noch weiterhin hierfür tätig sind oder tätig waren. Maßgeblich ist, dass die Personen für die zuständige Behörde i.S.d. Leerverkaufs-VO tätig sind oder waren oder für eine Behörde oder natürliche oder juristische Person tätig sind oder waren, auf die eine zuständige Behörde Aufgaben delegiert hat. Relevant ist demzufolge die **Tätigkeit für eine Behörde oder Person, die in die Überwachung und Durchsetzung der Pflichten nach der Leerverkaufs-VO einbezogen sind**. Nicht erforderlich ist nach dem Wortlaut hingegen, dass die Person selbst Aufgaben zur Überwachung oder Umsetzung der Regelungen der Leerverkaufs-VO übernommen hat.

4 Besonders hebt die Regelung die **von der zuständigen Behörde beauftragten Rechnungsprüfer und Sachverständigen** hervor, die von der vorgenannten Regelung mit umfasst sind. Diese haben bei einer entsprechenden Beauftragung bzw. Aufgabendelegation eine **doppelte Pflicht zur Wahrung des Berufsgeheimnisses**. Denn sie unterliegen in ihrer Tätigkeit als Rechnungsprüfer und Sachverständigen ihren berufsständischen Berufsgeheimnissen und mit der Beauftragung zusätzlich dem Berufsgeheimnis nach Art. 34 Abs. 1 VO Nr. 236/2012.

5 Keine besondere Erwähnung findet das **Berufsgeheimnis der jeweils zuständigen Behörde** selbst. Zweifellos gilt das Berufsgeheimnis – in Parallelität zu beauftragten Behörden – auch für die zuständige Behörde. Denn diese kann nur durch ihre Beschäftigten handeln, die ausdrücklich dem Berufsgeheimnis unterliegen. Zudem kann das Berufsgeheimnis nicht dadurch umgangen werden, dass Anträge auf Zugang zu entsprechenden Informationen an die zuständige Behörde gestellt werden, die von den für die Behörde tätigen Personen nicht weitergegeben werden dürfen[1].

6 Die vorgenannten Behörden und Personen sind gem. Art. 34 Abs. 1 Satz 1 VO Nr. 236/2012 an das Berufsgeheimnis gebunden. Dies bedeutet nach Art. 34 Abs. 1 Satz 2 VO Nr. 236/2012, dass sie die unter das Berufsgeheimnis fallenden **vertraulichen Informationen** grundsätzlich **an keine andere natürliche oder juristische Person oder Behörde weitergeben dürfen**. Diese Regelung in Art. 34 Abs. 1 Satz 2 VO Nr. 236/2012 enthält in ihrer Formulierung zwei Aspekte. Zum einen enthält es als Rechtsfolge das **Verbot der Weitergabe** der unter das Berufsgeheimnis fallenden Informationen. Zum anderen schränkt es das Berufsgeheimnis auf **vertrauliche Informationen** ein.

7 Die Bezugnahme des **Berufsgeheimnisses auf vertrauliche Informationen** umfasst schon sprachlich nicht nur Betriebs- und Geschäftsgeheimnisse und personenbezogene Daten, sondern geht deutlich darüber hinaus. Das Berufsgeheimnis bezieht sich auf vertrauliche Informationen. Der Umfang des Berufsgeheimnisses war auch schon Gegenstand der Rechtsprechung des EuGH und, bezogen auf die nationalen Berufsgeheimnisse, der nationalen Rechtsprechung. In Anbetracht der Abweichungen beispielsweise zur deutschen Verschwiegenheitspflicht nach § 21 Abs. 1 WpHG ist an dieser Stelle besonders auf die bisherigen Entscheidungen des EuGH zu verweisen. So hat der EuGH im Urteil vom 12.11.2014[2] unter Bezugnahme auf die Schlussanträge des Generalanwalts vom 4.9.2014[3] über die Verschwiegenheitspflicht nach Art. 54 Abs. 1 RL 2004/39 (MiFID) entschieden, dass sich dieses auf drei Aspekte bezieht. Das **Berufsgeheimnis umfasst die Informationen**, die erstens dem

---

1 Vgl. hierzu auch die Rechtsprechung zur Verschwiegenheitspflicht der Bundesanstalt nach § 21 WpHG (§ 21 WpHG Rz. 15).
2 Vgl. Urteil des EuGH v. 12.11.2014 – C-140/13, ECLI:EU:C:2014:2362 – Annett Altmann u.a./BaFin, ABl. EU Nr. C 16 v. 19.1.2015, S. 3 = ZIP 2014, 2307.
3 Schlussanträge des Generalanwalts *Jääskinen* v. 4.9.2014 – C-140/13, ECLI:EU:C:2014:2168 – Annett Altmann u.a./ BaFin, ZIP 2014, 2052.

sog. Bankgeheimnis unterliegen, zweitens durch das „Betriebsgeheimnis" der beaufsichtigten Unternehmen geschützt werden und drittens, die der eigenen Geheimhaltungspflicht der Aufsichtsbehörden unterliegen, dem sog. „aufsichtsrechtlichen Geheimnis"[1]. Hinsichtlich der Details zum „aufsichtsrechtlichen Geheimnis" kann auf die Kommentierung zur Verschwiegenheitspflicht in § 21 WpHG (§ 21 WpHG Rz. 23 ff.) verwiesen werden. Das Berufsgeheimnis nach Art. 54 Abs. 1 RL 2004/39 (MiFID I) ist in seiner Grundstruktur vergleichbar, so dass diese EuGH-Rechtsprechung unter Ausklammerung der weitergehenden Ausnahmen vom Berufsgeheimnis nach MiFID auch auf die Leerverkaufs-VO übertragen werden kann.

Eine ausdrückliche **Ausnahme vom Berufsgeheimnis** sieht Art. 34 Abs. 1 Satz 2 VO Nr. 236/2012 für die **Informationen** vor, die **für gerichtliche Ermittlungen erforderlich** sind. Gerichtliche Ermittlungen bezieht sich auf strafrechtliche Ermittlungen, nicht zivilrechtliche Verfahren. Unabhängig davon, dass bei einer Weitergabe der vertraulichen Informationen zur Verwendung in einem Zivilverfahren das Berufsgeheimnis faktisch ausgehöhlt wäre, kann eine Sachverhaltsklärung im Zivilverfahren, in dem regelmäßig auch nicht der Amtsermittlungsgrundsatz gilt, nicht als „gerichtliche Ermittlung" bezeichnet werden. Zudem wird in der Rechtssprache der Begriff „Ermittlungen" regelmäßig mit der Strafverfolgung verbunden. Dieses Verständnis entspricht auch den vergleichbaren europarechtlichen Regelungen zum Berufsgeheimnis. Letztlich muss die Weitergabe der vertraulichen Informationen aus Sicht der Behörde hierfür **erforderlich** sein.

8

Eine weitere **Ausnahme vom Berufsgeheimnis** ergibt sich aus der Systematik und dem Ziel der Leerverkaufs-VO. Die Regelungen der Leerverkaufs-VO sehen zahlreiche **Pflichten zur Zusammenarbeit und für einen intensiven Informationsaustausch** zwischen den zuständigen Behörden und der ESMA vor (vgl. z.B. Art. 35 ff., 11, 14 Abs. 2, 26 VO Nr. 236/2012). Diese Pflichten umfassen gerade auch vertrauliche Informationen. Zur Erfüllung dieser Pflichten ist es den zuständigen Behörden und der ESMA gestattet und auch geboten, derartige Informationen auszutauschen. Ein Austausch von Informationen als Erfüllung dieser Pflichten stellt somit kein Verstoß gegen das Berufsgeheimnis dar. Dies zeigt auch die Regelung in Art. 34 Abs. 2 VO Nr. 236/2012, die einen besonderen Schutz für die Informationen regelt, die zwischen den zuständigen Behörden ausgetauscht wurden. In Bezug auf die Weitergabe von vertraulichen Informationen an Aufsichtsstellen in einem Drittland oder an ein Drittland finden die Regelungen der Art. 39 f. VO Nr. 236/2012 Anwendung.

9

III. Besonderer Schutz für die zwischen zuständigen Behörden ausgetauschten Informationen (Art. 34 Abs. 2 VO Nr. 236/2012).

10

Art. 34 Abs. 2 VO Nr. 236/2012 regelt neben dem allgemeinen Berufsgeheimnis einen **besonderen Schutz für die Informationen**, die zwischen den **zuständigen Behörden ausgetauscht wurden**. Dieser besondere Schutz umfasst die **Informationen, die im Rahmen der Leerverkaufs-VO** zwischen den zuständigen Behörden **ausgetauscht wurden**. Hierbei handelt es sich nicht nur um die Informationen nach Art. 35 VO Nr. 236/2012, sondern auch um die Informationen, die im Rahmen der speziellen Befugnisse und Regelungen zur Zusammenarbeit für spezielle Fallkonstellationen, wie nach Art. 11, 14 Abs. 2, 26 VO Nr. 236/2012 etc. Für die Zusammenarbeit und den Informationsaustausch nach den anderen europäischen kapitalmarktrechtlichen Regelungsmaterien gilt gleichfalls ein Berufsgeheimnis, dass in den dortigen Regelwerken eigenständig normiert ist.

Der besondere Schutz des Art. 34 Abs. 2 VO Nr. 236/2012 umfasst **alle ausgetauschten Informationen, die Geschäfts- oder Betriebsbedingungen und andere wirtschaftliche oder persönliche Angelegenheiten betreffen**. Diese Regelung ist recht weitgehend. Denn sowohl der Terminus „Geschäfts- oder Betriebsbedingungen" als auch die Begrifflichkeit „andere wirtschaftliche oder persönliche Angelegenheiten" setzen nicht voraus, dass es sich um Geheimnisse, vertrauliche Tatsachen o.Ä. handeln muss. So umfassen **Geschäfts- oder Betriebsbedingungen** deutlich weitergehende Informationen als Geschäfts- oder Betriebsgeheimnisse. „Andere wirtschaftliche Angelegenheiten" ist für sich ein sehr weitgehender Terminus, der nicht nur Informationen umfasst, die sich auf bestimmte Marktteilnehmer oder Kreise von Marktteilnehmern beziehen, sondern auch auf allgemeine Entwicklungen in der Wirtschaft, die z.B. auf die Entstehung einer Ausnahmesituation hinweisen könnten. Diese Regelungsweite entspricht auch dem Ziel der Leerverkaufs-VO, durch die Schaffung eines gemeinsamen präventiven Regelungsrahmens für Leerverkäufe und bestimmte Aspekte von Credit Default Swaps Ausnahmesituationen vorzubeugen und ein gemeinsames Vorgehen gegen solche Situationen sicherzustellen. Insoweit ist ein umfassender Schutz der zwischen den zuständigen Behörden ausgetauschten Informationen erforderlich, um beispielsweise Maßnahmen nicht dadurch zu konterkarieren, dass die Überlegungen und Prüfungen der Behörden vorzeitig bekannt werden.

11

Diese ausgetauschten Informationen genießen insoweit einen besonderen Schutz als sie **als vertraulich gelten**. Hiermit wird eine **Fiktion** geregelt, dass unabhängig davon, ob die Informationen bei der übermittelnden Behörde als vertraulich eingeordnet sind, die Informationen bei der empfangenden Behörde zunächst als vertraulich zu behandeln sind. Diese Informationen **unterliegen** damit bei der Empfängerbehörde den **Anforderungen des Berufsgeheimnisses**.

12

---

1 Vgl. Schlussanträge des Generalanwalts *Jääskinen* v. 4.9.2014 – C-140/13, ECLI:EU:C:2014:2168 – Annett Altmann u.a./ BaFin, ZIP 2014, 2052 Rz. 34–38.

13 Diese Fiktion der Vertraulichkeit und der Geltung der Anforderungen des Berufsgeheimnisses **gelten nur dann nicht**, wenn **eine der beiden Ausnahmen** nach Art. 34 Abs. 2 VO Nr. 236/2012 **einschlägig** ist. Hiernach ist zum einen eine Weitergabe zulässig, wenn diese von den zuständigen Behörden zum Zeitpunkt der Übermittlung für zulässig erklärt wird. Durch diese **Genehmigung der Weitergabe** kann die übermittelnde Behörde einerseits ihre eigene Einschätzung der Vertraulichkeit oder Nicht-Vertraulichkeit der Information weitergeben, und andererseits wird ihr die Möglichkeit gegeben, die Nutzung der übermittelten Informationen nachverfolgen zu können. Zum anderen ist auch ohne Genehmigung der übermittelnden Behörde die Weitergabe durch die empfangende Behörde dann zulässig, wenn dies **für gerichtliche Ermittlungen erforderlich** ist. Gerichtliche Ermittlungen bezieht sich auf strafrechtliche Ermittlungen, nicht zivilrechtliche Verfahren (vgl. Rz. 8). Zudem muss auch hierfür die Weitergabe aus Sicht der Behörde **erforderlich** sein.

Art. 35 Verpflichtung zur Zusammenarbeit

Die zuständigen Behörden arbeiten zusammen, wenn dies für die Zwecke dieser Verordnung erforderlich oder zweckdienlich ist. Insbesondere übermitteln die zuständigen Behörden einander unverzüglich Informationen, die für die Wahrnehmung ihrer Aufgaben gemäß dieser Verordnung von Belang sind.

In der Fassung vom 14.3.2012 (ABl. EU Nr. L 86 v. 24.3.2012, S. 1).

Schrifttum: *Krüger/Ludewig*, Leerverkaufsregulierung, WM 2012, 1942; *Mülbert/Sajnovits*, Das künftige Regime für Leerverkäufe und bestimmte Aspekte von Credit Default Swaps nach der Verordnung (EU) Nr. 236/2012, ZBB 2012, 266; *Parmentier*, Die Entwicklung des europäischen Kapitalmarltrechts 2012–2013, EuZW 2014, 50; *Zimmer/Beisken*, Die Regulierung von Leerverkäufen de lege lata und de lege ferenda, WM 2010, 485.

I. Pflicht zur Zusammenarbeit der zuständigen Behörden 1	II. Gegenseitige Information 3

1 **I. Pflicht zur Zusammenarbeit der zuständigen Behörden.** Art. 35 VO Nr. 236/2012 (Leerverkaufs-VO) normiert eine **generelle Pflicht der zuständigen Behörden** zur gemeinsamen Zusammenarbeit, wenn dies für die Zwecke der Leerverkaufs-VO erforderlich oder zweckdienlich ist. Auslöser der Pflicht zur Zusammenarbeit ist die **Erforderlichkeit oder Zweckdienlichkeit für die Zwecke der Leerverkaufs-VO**. Das Eingreifen der Pflicht bereits bei Zweckdienlichkeit korrespondiert mit dem Ziel der Leerverkaufs-VO, die im Hinblick auf das Entstehen und das Bewältigen von Ausnahmesituationen einen gemeinsamen Regelungsrahmen schaffen will[1].

2 Diese generelle Pflicht wird **ergänzt durch eine Reihe weiterer, spezieller Vorschriften** in der Leerverkaufs-VO **zur Zusammenarbeit** der zuständigen Behörden. So regelt beispielsweise Art. 37 VO Nr. 236/2012 die Pflicht zur Zusammenarbeit bei Prüfungen und Ermittlungen vor Ort und Art. 22 f. VO Nr. 236/2012 besondere Pflichten der Zusammenarbeit bei Notfallmaßnahmen. Die Zusammenarbeit umfasst auch einen entsprechenden Informationsaustausch, geht aber über diesen hinaus und kann sich auch auf gegenseitige Beratung, praktische Hilfestellungen und gegenseitige Unterstützung bei Maßnahmen vor Ort erstrecken.

3 **II. Gegenseitige Information.** Als Teil der Zusammenarbeit regelt Art. 35 VO Nr. 236/2012 die gleichfalls generelle Pflicht der zuständigen Behörden zur unverzüglichen Übermittlung von Informationen, die für die Wahrnehmung ihrer Aufgaben gemäß der Leerverkaufs-VO von Belang sind. Diese generelle Pflicht zur gegenseitigen Information bezüglich der für die Aufgaben nach der Leerverkaufs-VO relevanten Sachverhalte wird, wie auch bei der generellen Pflicht zur Zusammenarbeit, **ergänzt durch eine Vielzahl weiterer spezieller Regelungen** über eine Pflicht zur Weitergabe von Informationen, wie z.B. Art. 13 Abs. 3, 14 Abs. 2 Unterabs. 3, 26 VO Nr. 236/2012. Hierbei schließen die spezielleren Pflichten die generelle Pflicht nicht aus, sondern die generelle Pflicht ist quasi der große Rahmen und der Auffangtatbestand, der gewährleisten soll, dass alle maßgeblichen Informationen schnellstmöglich den betroffenen zuständigen Stellen zur Verfügung stehen.

4 Diese Pflicht zur gegenseitigen Information **schließt zugleich die Befugnis zur Weitergabe auch vertraulicher Informationen ein**, die grundsätzlich dem Berufsgeheimnis nach Art. 34 VO Nr. 236/2012 unterliegen. Hinsichtlich der Übermittlung personenbezogener Daten ergeben sich besondere Pflichten aus der Regelung des Art. 39 VO Nr. 236/2012.

---

1 Vgl. Erwägungsgründe 4 und 30 VO Nr. 236/2012.

Art. 36 Zusammenarbeit mit der ESMA

Die zuständigen Behörden arbeiten gemäß der Verordnung (EU) Nr. 1095/2010 für die Zwecke dieser Richtlinie mit der ESMA zusammen.

Die zuständigen Behörden stellen der ESMA gemäß der Verordnung (EU) Nr. 1095/2010 unverzüglich alle für die Ausführung ihrer Aufgaben erforderlichen Informationen zur Verfügung.

In der Fassung vom 14.3.2012 (ABl. EU Nr. L 86 v. 24.3.2012, S. 1).

Schrifttum: *Krüger/Ludewig*, Leerverkaufsregulierung, WM 2012, 1942; *Mülbert/Sajnovits*, Das künftige Regime für Leerverkäufe und bestimmte Aspekte von Credit Default Swaps nach der Verordnung (EU) Nr. 236/2012, ZBB 2012, 266; *Parmentier*, Die Entwicklung des europäischen Kapitalmarktrechts 2012–2013, EuZW 2014, 50; *Zimmer/Beisken*, Die Regulierung von Leerverkäufen de lege lata und de lege ferenda, WM 2010, 485.

I. Pflicht zur Zusammenarbeit mit der ESMA	1	II. Pflicht zur unverzüglichen Information der ESMA	3

I. Pflicht zur Zusammenarbeit mit der ESMA. Die Regelung in Art. 36 VO Nr. 236/2012 (Leerverkaufs-VO) 1
verpflichtet **die zuständigen Behörden unmittelbar zu einer Zusammenarbeit mit der ESMA** gemäß der VO Nr. 1095/2010 (ESMA-VO) für die Zwecke dieser Richtlinie. Der Verweis auf die ESMA-VO nimmt die auf Basis der ESMA-VO geschaffenen Grundlagen und Prinzipien der Zusammenarbeit in Bezug. Die Regelungen der Leerverkaufs-VO zur Zusammenarbeit gehen aber insoweit über die Regelungen der ESMA-VO hinaus, als sie die dort normierten Prinzipien bezüglich der grundsätzlichen Zusammenarbeit einer deutlich weiteren Konkretisierung und Ausdifferenzierung zuführen.

Voraussetzung für die in Art. 36 VO Nr. 236/2012 normierten Pflicht ist, dass die **Zusammenarbeit für die** 2
Zwecke dieser Verordnung erfolgt. Das bedeutet, dass durch die Zusammenarbeit die Ziele der Leerverkaufs-VO verwirklicht werden sollen. Damit wird auch jeder zuständigen Behörde eine Mitverantwortung für die Realisierung dieser Ziele gegeben, die im Wesentlichen durch die ESMA koordiniert erreicht werden sollen[1].

II. Pflicht zur unverzüglichen Information der ESMA. Art. 36 VO Nr. 236/2012 regelt als Teilaspekt der Zu- 3
sammenarbeit auch die **generelle Pflicht der zuständigen Behörden** der ESMA gemäß der ESMA-VO unverzüglich **alle für die Ausführung ihrer Aufgaben erforderlichen Informationen** zur Verfügung zu stellen. Die Aufgaben der ESMA nach der Leerverkaufs-VO sind vielfältig ausgestaltet. So wurde der ESMA z.B. die Aufgabe der Schaffung von Transparenz, der Entwicklung von technischen Durchführungsstandards, der Koordination bei geplanten Maßnahmen durch die zuständigen Behörden und der Koordination der Aufsicht nebst eigener Befugnisse für Eingriffe in besonderen Fällen, wie z.B. in Ausnahmesituationen nach Art. 28 ff. VO Nr. 236/2012, übertragen. Die Pflicht zur unverzüglichen Informationsübermittlung bezieht sich auf alle diese Aufgaben der ESMA nach der Leerverkaufs-VO. Die Grenze der Pflicht zur Informationsübermittlung ist mit der **Erforderlichkeit** geregelt. Denn die zu übermittelnden Informationen müssen für die Ausführung der Aufgaben der ESMA erforderlich sein.

Die Pflicht nimmt zudem **Bezug auf die ESMA-VO**. Der Verweis bezieht sich im Wesentlichen auf Art. 35 VO 4
Nr. 1095/2010 (ESMA-VO), aber auch auf die Funktion der ESMA als Koordinator der Aufsichtstätigkeit nach Art. 31 VO Nr. 1095/2010 (ESMA-VO) und den damit verbundenen Informationsaustausch.

Die generelle Pflicht zum unverzüglichen Informationsübermittlung wird **flankiert von weiteren speziellen Infor-** 5
mationspflichten der zuständigen Behörden gegenüber der ESMA. Hier kann beispielsweise auf die entsprechenden Regelungen in Art. 11, 13 Abs. 3, 14 Abs. 2 Unterabs. 3 und 16 Abs. 2 Unterabs. 2 VO Nr. 236/2012 verwiesen werden. Wie auch bei Art. 35 VO Nr. 236/2012 bezüglich der Pflicht zur Zusammenarbeit der zuständigen Behörden untereinander, schließen die spezielleren Pflichten die generelle Pflicht nicht aus. Die generelle Pflicht ist quasi der große Rahmen und der Auffangtatbestand, der gewährleisten soll, dass alle maßgeblichen Informationen schnellstmöglich den betroffenen zuständigen Stellen zur Verfügung stehen. Die Regelung einzelner spezieller Informationspflichten zeigt vor allem die Bedeutung der dort benannten Informationen für die Zusammenarbeit auf[2].

Diese Pflicht zur unverzüglichen Information schließt zugleich die **Befugnis zur Weitergabe vertraulicher In-** 6
formationen ein, die grundsätzlich dem Berufsgeheimnis nach Art. 34 VO Nr. 236/2012 unterliegen. Hinsichtlich der **Übermittlung personenbezogener Daten** ergeben sich besondere Pflichten aus der Regelung des Art. 39 VO Nr. 236/2012.

---
1 Vgl. z.B. die Ausführungen in den Erwägungsgründen 29, 33 und 45 VO Nr. 236/2012.
2 Vgl. z.B. Erwägungsgrund 30 VO Nr. 236/2012, der ausführt: „Die zuständige Behörde sollte auch verpflichtet sein, der ESMA einen solchen Beschluss zu melden, so dass die ESMA unverzüglich die zuständigen Behörden anderer Mitgliedstaaten mit Handelsplätzen, an denen dasselbe Instrument gehandelt wird, unterrichten, die Ergreifung von Maßnahmen seitens dieser anderen Mitgliedstaaten koordinieren und sie, falls notwendig, beim Erzielen einer Einigung unterstützen oder gemäß Artikel 19 der Verordnung (EU) Nr. 1095/2010 selbst einen Beschluss fassen kann."

Art. 37 Zusammenarbeit bei Anträgen auf Prüfungen oder Ermittlungen vor Ort

(1) Die zuständige Behörde eines Mitgliedstaats kann im Hinblick auf Prüfungen oder Ermittlungen vor Ort die Amtshilfe der zuständigen Behörde eines anderen Mitgliedstaats beantragen.
Die beantragende zuständige Behörde setzt die ESMA über jeden Antrag nach Unterabsatz 1 in Kenntnis. Ermittlungen oder Prüfungen mit grenzübergreifender Wirkung können von der ESMA koordiniert werden und müssen von ihr koordiniert werden, wenn sie darum ersucht wird.
(2) Erhält eine zuständige Behörde einen Antrag einer zuständigen Behörde eines anderen Mitgliedstaats auf Durchführung von Prüfungen vor Ort oder Ermittlungen, so hat sie folgende Möglichkeiten:
a) Sie führt die Prüfung oder Ermittlung vor Ort selbst durch;
b) sie gestattet der antragstellenden zuständigen Behörde, sich an der Prüfung oder Ermittlung vor Ort zu beteiligen;
c) sie gestattet der antragstellenden zuständigen Behörde, die Prüfung oder Ermittlung vor Ort selbst durchzuführen;
d) sie beauftragt Rechnungsprüfer oder Sachverständige mit der Durchführung der Prüfung oder Ermittlung vor Ort;
e) sie teilt sich bestimmte mit der Wahrnehmung der Aufsichtstätigkeiten zusammenhängende Aufgaben mit den anderen zuständigen Behörden.
(3) Die ESMA kann von den zuständigen Behörden verlangen, spezielle Ermittlungen und Prüfungen vor Ort durchzuführen, wenn Informationen vernünftigerweise erforderlich sind, damit die ESMA eine Befugnis ausüben kann, die ihr im Rahmen dieser Verordnung ausdrücklich übertragen wird.

In der Fassung vom 14.3.2012 (ABl. EU Nr. L 86 v. 24.3.2012, S. 1).

Schrifttum: S. Art. 36 VO Nr. 236/2012.

I. Regelungsgehalt der Norm 1	III. Möglichkeiten der Amtshilfe (Art. 37 Abs. 2 VO Nr. 236/2012) 4
II. Amtshilfe bei Vor-Ort-Maßnahmen (Art. 37 Abs. 1 VO Nr. 236/2012) 2	IV. Ersuchen der ESMA (Art. 37 Abs. 3 VO Nr. 236/2012) 7

1 **I. Regelungsgehalt der Norm.** Art. 37 VO Nr. 236/2012 (Leerverkaufs-VO) regelt das Vorgehen für **Amtshilfeersuchen** zwischen zuständigen Behörden bei Prüfungen und Ermittlungen vor Ort (Abs. 1 und 2) und die **Befugnis der ESMA,** von den zuständigen Behörden die **Durchführung von Ermittlungen und Prüfungen vor Ort zu verlangen.**

2 **II. Amtshilfe bei Vor-Ort-Maßnahmen (Art. 37 Abs. 1 VO Nr. 236/2012).** Nach Art. 37 Abs. 1 Unterabs. 1 VO Nr. 236/2012 kann die zuständige Behörde eines Mitgliedstaats die **Amtshilfe** der zuständigen Behörde eines anderen Mitgliedstaats **im Hinblick auf Prüfungen oder Ermittlungen vor Ort beantragen.** Es steht somit im Ermessen der beantragenden zuständigen Behörde, ob sie eine solche Amtshilfe in Anspruch nehmen möchte. Die beantragende zuständige Behörde muss zudem die **ESMA über jeden dieser Anträge in Kenntnis** setzen. Hierdurch wird der ESMA die Möglichkeit eröffnet, koordinierend tätig zu werden.

3 Aufgrund der Kenntnis des Amtshilfeersuchens **entscheidet die ESMA, ob sie** es für angezeigt erachtet, die Ermittlungen oder Prüfungen zu **koordinieren.** Voraussetzung für diese Koordinierung durch die ESMA ist, dass die Ermittlungen oder Prüfungen eine grenzübergreifende Wirkung haben. Wird die ESMA in einem solchen Fall **um Koordination ersucht,** ist die **ESMA zur Koordination verpflichtet.** Hinsichtlich dieser Pflicht der ESMA regelt die Norm nicht näher, wer antragsbefugt ist. **Antragsbefugt** sind jedenfalls die an der Amtshilfe beteiligten oder von ihr berührten zuständigen Behörden. Ggf. könnte auch die EU-Kommission antragsbefugt sein, die bei der Umsetzung der Vorgaben der Leerverkaufs-VO mitwirkt. Hiergegen spricht jedoch, dass die EU-Kommission in Bezug auf Maßnahmen in Ausnahmesituationen nach Art. 18 ff. VO Nr. 236/2012 und auf die Koordinierung durch die ESMA nach Art. 27 VO Nr. 236/2012 keine besondere Rolle übernimmt.

4 **III. Möglichkeiten der Amtshilfe (Art. 37 Abs. 2 VO Nr. 236/2012).** Art. 37 Abs. 1 Unterabs. 1 VO Nr. 236/2012 sieht für die zuständige Behörde, an die der Amtshilfeantrag der zuständigen Behörde eines anderen Mitgliedstaats gerichtet ist, ein **Wahlrecht für die Gewährung der Amtshilfe** vor. Das bedeutet, dass die beantragende Behörde die Entscheidung über das „Ob" der Amtshilfe bezüglich der Durchführung von Ermittlungen oder Vor-Ort-Prüfungen trifft, während die amtshilfegewährende Behörde die **Wahl über das „Wie" der Amtshilfe** hat.

5 Als **abschließende Wahlmöglichkeiten** für die Gewährung der Amtshilfe bei Prüfungen oder Ermittlungen vor Ort sieht die Regelung vor, dass die amtshilfegewährende Behörde:

a) die Prüfung oder Ermittlung vor Ort selbst durchführt;
b) der antragstellenden zuständigen Behörde gestattet, sich an der Prüfung oder Ermittlung vor Ort zu beteiligen;
c) der antragstellenden zuständigen Behörde gestattet, die Prüfung oder Ermittlung vor Ort selbst durchzuführen;
d) Rechnungsprüfer oder Sachverständige mit der Durchführung der Prüfung oder Ermittlung vor Ort beauftragt oder
e) sich bestimmte mit der Wahrnehmung der Aufsichtstätigkeiten zusammenhängende Aufgaben mit den anderen zuständigen Behörden teilt.

Die Wahl liegt im **Ermessen der amtshilfegewährenden Behörde**, wobei sie sowohl den jeweiligen Einzelfall, die nationale Rechtslage, taktische Erwägungen und praktische Aspekte in ihre Entscheidungsfindung einfließen lassen wird.

IV. Ersuchen der ESMA (Art. 37 Abs. 3 VO Nr. 236/2012). Art. 37 Abs. 3 VO Nr. 236/2012 räumt der **ESMA das Recht** ein, von den zuständigen Behörden die **Durchführung spezieller Ermittlungen und Prüfungen vor Ort zu verlangen**. Voraussetzung ist, dass die Informationen für die ESMA erforderlich sind, damit diese ihre in der Leerverkaufs-VO übertragene Befugnisse[1] ausüben kann. Hierbei gibt die Regelung einen Hinweis auf die Darlegungslast der ESMA für ihr Verlangen. Denn die Norm räumt das Recht ein, wenn die Informationen „vernünftigerweise" erforderlich sind. Das bedeutet, dass die ESMA die **Erforderlichkeit der Maßnahme** nicht abschließend darlegen bzw. beweisen, sondern dass sie die Erforderlichkeit schlüssig darlegen muss. Im Übrigen liegt die Nutzung der Befugnis **im Ermessen** der ESMA.

Die zur Durchführung der Ermittlungen und Prüfungen **herangezogene Behörde benötigt** für eingreifende Maßnahmen, wie Prüfungen oder Befragungen vor Ort etc., eine **Ermächtigungsgrundlage** bzw. Befugnis. Diese kann sich zwar auch der Leerverkaufs-VO ergeben, wie z.B. aus Art. 33 Abs. 3 VO Nr. 236/2012, wahrscheinlicher ist aber, dass sich die Befugnis aus dem nationalen Recht ergibt. Derartige Befugnisse müssen den zuständigen Behörden z.B. in Umsetzung der Mindestbefugnisse nach Art. 33 Abs. 1 VO Nr. 236/2012, eingeräumt sein. So ist die Befugnis zu Prüfungen vor Ort in Art. 33 Abs. 1 lit. c VO Nr. 236/2012 vorgesehen. Das Verlangen der Durchführung von speziellen Ermittlungen ist daher auch so zu verstehen, dass konkrete Sachverhalte aufgeklärt werden sollen, und zwar mit den in Umsetzung der Mindestbefugnisse eingeräumten Möglichkeiten, und nicht, dass Spezialermittlungen außerhalb der vorliegenden Kompetenzen gefordert werden können. Eine ausdrückliche Regelung über eine Erstattung der entstehenden Kosten, wie z.B. bei der Beauftragung von Wirtschaftsprüfern, ist in der Leerverkaufs-VO nicht aufgenommen[2]. Eine solche wäre zur Klarstellung wohl hilfreich.

Art. 38 Zusammenarbeit mit Drittländern

(1) Wann immer dies möglich ist, schließen die zuständigen Behörden mit Aufsichtsstellen von Drittländern Kooperationsvereinbarungen über den Informationsaustausch mit Aufsichtsstellen in Drittländern, die Durchsetzung von Verpflichtungen aus dieser Verordnung in Drittländern und das Ergreifen vergleichbarer Maßnahmen in Drittländern durch deren Aufsichtsstellen zur Ergänzung der gemäß Kapitel V ergriffenen Maßnahmen. Mit den Kooperationsvereinbarungen wird mindestens ein wirksamer Informationsaustausch gewährleistet, in dessen Rahmen den zuständigen Behörden der Mitgliedstaaten die Erfüllung ihrer Aufgaben gemäß dieser Verordnung ermöglicht wird.
Schlägt eine zuständige Behörde das Eingehen einer derartigen Vereinbarung vor, so setzt sie die ESMA und die anderen zuständigen Behörden der anderen Mitgliedstaaten davon in Kenntnis.
(2) In der Kooperationsvereinbarung wird der Austausch von Daten und Informationen geregelt, die die jeweils zuständige Behörde benötigt, um ihrer Verpflichtung nach Artikel 16 Absatz 2 nachzukommen.
(3) Die ESMA koordiniert die Ausarbeitung von Kooperationsvereinbarungen zwischen den zuständigen Behörden und den jeweils zuständigen Aufsichtsstellen von Drittländern. Zu diesem Zweck erstellt die ESMA ein Musterdokument für Kooperationsvereinbarungen, das die zuständigen Behörden verwenden können.
Die ESMA koordiniert auch den Informationsaustausch zwischen den zuständigen Behörden bei Informationen von Aufsichtsstellen aus Drittländern, die für das Ergreifen von Maßnahmen nach Kapitel V von Belang sein können.

---

1 S. z.B. Art. 27, 28 und 31 VO Nr. 236/2012.
2 Vgl. Art. 74 Abs. 3 VO Nr. 648/2012 (EMIR).

Art. 38 VO Nr. 236/2012 | Zusammenarbeit mit Drittländern

(4) Die zuständigen Behörden schließen Kooperationsvereinbarungen über den Informationsaustausch mit den Aufsichtsstellen von Drittländern nur, wenn der Schutz des Berufsgeheimnisses hinsichtlich der weitergegebenen Informationen mindestens ebenso gewährleistet ist wie nach Artikel 34 gefordert. Ein derartiger Informationsaustausch dient der Wahrnehmung der Aufgaben dieser zuständigen Behörden.

In der Fassung vom 14.3.2012 (ABl. EU Nr. L 86 v. 24.3.2012, S. 1).

Schrifttum: *Zetzsche/Lehmann*, Das Vereinigte Königreich als Drittstaat? – Die Auswirkungen des Brexit auf das Finanzmarktrecht, AG 2017, 651; *Zimmer/Beisken*, Die Regulierung von Leerverkäufen de lege lata und de lege ferenda, WM 2010, 485.

I. Regelungsgehalt der Norm 1	III. Vorgehen und koordinierende Funktion der
II. Voraussetzung und Inhalt der Kooperationsvereinbarungen mit Aufsichtsstellen in Drittländern 2	ESMA 6

1 **I. Regelungsgehalt der Norm.** Art. 38 VO Nr. 236/2012 (Leerverkaufs-VO) regt den **Abschluss von Kooperationsvereinbarungen** mit Aufsichtsstellen in **Drittländern** durch die zuständigen Behörden an, regelt das **Vorgehen bei der Vorbereitung** solcher Vereinbarungen und bestimmt die **Voraussetzungen** und den **Mindestinhalt** einer solchen Vereinbarungen. Ähnliche Vorschriften sind auch in anderen kapitalmarktrechtlichen europäischen Verordnungen einhalten, wie z.B. in Art. 26 VO Nr. 596/2014 (MAR).

2 **II. Voraussetzung und Inhalt der Kooperationsvereinbarungen mit Aufsichtsstellen in Drittländern.** Art. 38 Abs. 1 Unterabs. 1 VO Nr. 236/2012 fordert die zuständigen Behörden auf – „wann immer dies möglich ist" – **Kooperationsvereinbarungen mit Aufsichtsstellen von Drittländern** abzuschließen. Mit dieser Formulierung wird **keine rechtliche Verpflichtung** der zuständigen Behörden normiert. Die Regelung regt den Abschluss dieser Vereinbarung allein an. Die Entscheidung zur Vorbereitung einer solchen Vereinbarung liegt also im Ermessen der Behörde, wobei die Entscheidung nicht justiziabel ist. Eine solche Kooperationsvereinbarung wird in der Regel als **Memorandum of Understanding** (MoU) abgeschlossen.

3 Als **Voraussetzung** für eine solche Vereinbarung regelt Art. 38 Abs. 4 Satz 1 VO Nr. 236/2012, dass der **Schutz des Berufsgeheimnisses** hinsichtlich der weitergegebenen Informationen mindestens ebenso gewährleistet ist, wie nach Art. 34 VO Nr. 236/2012 gefordert. Damit ist eine **Vergleichbarkeit des Datenschutzniveaus** Voraussetzung für den Abschluss einer entsprechenden Vereinbarung. Wie bei vielen vergleichbaren anderen Regelungen des Kapitalmarktrechts[1] ist beim Abschluss solcher Kooperationsvereinbarungen die Wahrung des Berufsgeheimnisses einschließlich des Schutzes personenbezogener Daten zu gewährleisten. Hinsichtlich des geforderten **Maßstabs** beim Schutz des Berufsgeheimnisses kann auf die Ausführungen zu **Art. 34 VO Nr. 236/2012** verwiesen werden.

4 Der **Inhalt einer Kooperationsvereinbarung** ergibt sich aus Art. 38 Abs. 1 Unterabs. 1 und Abs. 2 VO Nr. 236/2012. Hierbei kann zwischen dem **Mindestinhalt** einer entsprechenden Kooperationsvereinbarung und **weitergehenden Vereinbarungspunkten**, die über den Mindestinhalt hinausgehen, unterschieden werden.

Der **Mindestinhalt** ist:

– ein wirksamer Informationsaustausch zum Zwecke der Erfüllung ihrer Aufgaben für die zuständigen Behörden
– ein Austausch von Daten und Informationen, die die jeweils zuständige Behörde benötigt, um ihrer Verpflichtung zur Bestimmung des Haupthandelsplatzes nach Art. 16 Abs. 2 VO Nr. 236/2012 nachzukommen und
– das Ergreifen vergleichbarer Maßnahmen gem. Kapitel V VO Nr. 236/2012 in Drittländern durch deren Aufsichtsstellen. Hierbei handelt es sich um die Eingriffsbefugnisse der zuständigen Behörden und der ESMA in Ausnahmesituationen nach Art. 18 ff. VO Nr. 236/2012.

5 **Zweck der Kooperationsvereinbarung** ist gem. Art. 38 Abs. 4 Satz 2 VO Nr. 236/2012 die **Wahrnehmung der Aufgaben der zuständigen Behörde nach der Leerverkaufs-VO**. Besondere Schwerpunkte der Aufgabenwahrnehmung sind schon durch die Mindestinhalte gesetzt, wie die Realisierung möglicher koordinierter Maßnahmen in Ausnahmesituationen auch über die Grenzen der EU hinweg und die zuverlässige Bestimmung des Haupthandelsplatzes von Aktien. Der geforderte wirksame Informationsaustausch zum Zwecke der Erfüllung der Aufgaben für die zuständigen Behörden ist zudem so umfassend, dass sich hierunter alle Regelungen der Verordnung fassen lassen.

6 **III. Vorgehen und koordinierende Funktion der ESMA.** Nach Art. 38 Abs. 1 Unterabs. 2 VO Nr. 236/2012 hat eine **zuständige Behörde eine Pflicht zu einer Vorabinformation an die ESMA und die anderen zuständigen Behörden über ihren Vorschlag zum Abschluss einer Kooperationsvereinbarung** mit einer Aufsichts-

---

1 Vgl. z.B. Art. 75 VO Nr. 648/2012 (EMIR) oder Art. 26 VO Nr. 596/2014 (MAR).

stelle eines Drittlandes. Durch diese frühzeitige Information wird es der ESMA ermöglicht – wie in Art. 38 Abs. 3 VO Nr. 236/2012 vorgesehen – die **Ausarbeitung von Kooperationsvereinbarungen** zwischen den zuständigen Behörden und den jeweils zuständigen Aufsichtsstellen von Drittländern **zu koordinieren**. Zudem können auch andere zuständige Behörden, die sich gleichfalls mit dem Gedanken an eine Kooperationsvereinbarung mit dieser Aufsichtsstelle getragen haben, dieses parallele Vorgehen in ihre Überlegungen aufnehmen und sich mit der anderen zuständigen Behörde verständigen.

Im Rahmen ihrer koordinierenden Tätigkeit erstellt die ESMA u.a. ein **Musterdokument für Kooperationsvereinbarungen**, dass die zuständigen Behörden verwenden können. Die koordinierende Tätigkeit der ESMA geht über das Erstellen eines Musters für Kooperationsvereinbarungen deutlich hinaus und ist umfassend zu verstehen (vgl. auch Art. 27 VO Nr. 236/2012). Sie stimmt z.B. auch die Ausarbeitung der konkreten Kooperationsvereinbarung ab. Letztlich koordiniert die ESMA auch den Informationsaustausch zwischen den zuständigen Behörden bei Informationen von Aufsichtsstellen aus Drittländern, die für das Ergreifen von Maßnahmen nach Art. 18 ff. VO Nr. 236/2012 von Belang sein können.   7

Art. 39 Übermittlung und Speicherung personenbezogener Daten

Bei der Übermittlung personenbezogener Daten zwischen Mitgliedstaaten oder zwischen Mitgliedstaaten und einem Drittland wenden die Mitgliedstaaten die Bestimmungen der Richtlinie 95/46/EG an. Bei der Übermittlung personenbezogener Daten an die Mitgliedstaaten oder an ein Drittland wendet die ESMA die Bestimmungen der Verordnung (EG) Nr. 45/2001 an.
Die in Absatz 1 genannten personenbezogenen Daten werden nicht länger als fünf Jahre gespeichert.

In der Fassung vom 14.3.2012 (ABl. EU Nr. L 86 v. 24.3.2012, S. 1).

Schrifttum: *Albrecht*, Das neue Datenschutzrecht der EU, 2017; *Bundesbeauftragter für den Datenschutz und Informationsfreiheit*, Veröffentlichungen zum Thema Datenschutzgrundverordnung, abrufbar unter: www.bfdi.bund.de; *Ehmann/Selmayr*, Datenschutz-Grundverordnung, 2017; *Keppeler*, Die Datenschutz-Grundverordnung im Überblick, IPRB 2017, 224; *Paal/Pauly*, Datenschutz-Grundverordnung, 2016; *Plath*, BDSG/DSGVO, 3. Aufl. 2018; *Taeger/Gabel*, DSGV, 2017.

I. Regelungsgehalt der Norm 1	2. Übermittlung durch die ESMA 8
II. Übermittlung personenbezogener Daten (Art. 39 Unterabs. 1 VO Nr. 236/2012) 2	III. Speicherung der personenbezogenen Daten (Art. 39 Unterabs. 2 VO Nr. 236/2012) 12
1. Übermittlung durch einen Mitgliedstaat 2	

I. Regelungsgehalt der Norm. Art. 39 VO Nr. 236/2012 (Leerverkaufs-VO) regelt die anwendbaren Bestimmungen bei der **Übermittlung personenbezogener Daten** und **die Dauer ihrer Speicherung**. Hinsichtlich der Übermittlung der personenbezogenen Daten unterscheidet die Norm in eine Regelung für die **Mitgliedstaaten**, wenn diese personenbezogenen Daten mit anderen Mitgliedstaaten, also innerhalb der EU, oder mit einem Drittstaat austauschen (Art. 39 Unterabs. 1 Satz 1 VO Nr. 236/2012). Der andere Teil der Regelung betrifft **die ESMA**, wenn sie anderen Mitgliedstaaten oder einem Drittstaat personenbezogene Daten übermittelt (Art. 39 Unterabs. 1 Satz 2 VO Nr. 236/2012). Zudem bestimmt die Norm, dass personenbezogene Daten nicht länger als fünf Jahre gespeichert werden dürfen (Art. 39 Unterabs. 2 VO Nr. 236/2012).   1

II. Übermittlung personenbezogener Daten (Art. 39 Unterabs. 1 VO Nr. 236/2012). 1. Übermittlung durch einen Mitgliedstaat. Art. 39 Unterabs. 1 Satz 1 VO Nr. 236/2012 bestimmt, dass die Mitgliedstaaten bei der Übermittlung personenbezogener Daten **zwischen Mitgliedstaaten** oder **zwischen Mitgliedstaaten und einem Drittland** die Bestimmungen der RL 95/46/EG anzuwenden haben. Die RL 95/46/EG[1] zum Schutz natürlicher Personen bei der Verarbeitung personenbezogener Daten und zum freien Datenverkehr wurde 1995 erlassen. Sie dient dem Schutz der Privatsphäre von natürlichen Personen bei der Verarbeitung von personenbezogenen Daten.   2

Am 25.5.2018 wurde die RL 95/46/EG **durch die europäische Datenschutz-Grundverordnung (DSGVO)**[2] **abgelöst**. Diese Änderung dient der Erneuerung und Vereinheitlichung der Vorschriften und einer besseren Kontrolle der betroffenen Personen über ihre personenbezogenen Daten. In Bezug auf die hier vorliegende Verweisung auf die aufgehobene Richtlinie kommt seit dem 25.5.2018 Art. 94 VO 2016/679 (DSGVO) über die Auf-   3

---

1 Richtlinie 95/46/EG des Europäischen Parlaments und des Rates vom 24. Oktober 1995 zum Schutz natürlicher Personen bei der Verarbeitung personenbezogener Daten und zum freien Datenverkehr, ABl. EU Nr. L 281 v. 23.11.1995, S. 31.
2 Verordnung (EU) 2016/679 des Europäischen Parlaments und des Rates vom 27. April 2016 zum Schutz natürlicher Personen bei der Verarbeitung personenbezogener Daten, zum freien Datenverkehr und zur Aufhebung der Richtlinie 95/46/EG (Datenschutz-Grundverordnung), ABl. EU Nr. L 119 v. 4.5.2016, S. 1.

Art. 39 VO Nr. 236/2012 | Übermittlung und Speicherung personenbezogener Daten

hebung der RL 95/46/EG zu Anwendung. Aus dieser Regelung ergibt sich zum einen, dass die RL 95/46/EG mit Wirkung vom 25.5.2018 aufgehoben wurde, und zum anderen, dass Verweise auf die aufgehobene Richtlinie **als Verweise auf die neue DSGVO gelten**. Entsprechend ist die Verweisung in Art. 39 Unterabs. 1 Satz 1 VO Nr. 236/2012 (Leerverkaufs-VO) als eine Verweisung auf die VO 2016/679 (DSGVO) zu lesen.

4 In Bezug auf den Kreis der **Adressaten der Pflicht** nach Art. 39 Unterabs. 1 Satz 1 VO Nr. 236/2012 kann der Eindruck entstehen, dass allein die Mitgliedstaaten Verpflichtete der Regelung sind. Denn die Regelung spricht nach ihrem Wortlaut neben der ESMA nur die **Mitgliedstaaten** an. Ungeachtet dessen gelten die Regelungen auch für die **zuständigen Behörden** der Mitgliedstaaten. Diese haben zum einen gleichfalls die europäischen Datenschutzvorschriften einzuhalten. Zum anderen bezieht der Erwägungsgrund 40 VO Nr. 236/2012 die vorliegende Regelung auf zuständigen Behörden, so dass vom Willen des Verordnungsgebers die zuständigen Behörden gleichfalls als Adressaten erfasst sind.

5 Hinsichtlich des **sachlichen Anwendungsbereichs** ergibt sich die Auslegung des Begriffs „personenbezogene Daten" auch aus der DSGVO, die durchaus auf dem bisherigen Verständnis aufbaut. So sind nach Art. 4 Nr. 1 VO 2016/679 (DSGVO) **personenbezogene Daten** alle Informationen, die sich auf eine identifizierte oder identifizierbare natürliche Person beziehen; als identifizierbar wird eine natürliche Person angesehen, die direkt oder indirekt, insbesondere mittels Zuordnung zu einer Kennung wie einem Namen, zu einer Kennnummer, zu Standortdaten, zu einer Online-Kennung oder zu einem oder mehreren besonderen Merkmalen, die Ausdruck der physischen, physiologischen, genetischen, psychischen, wirtschaftlichen, kulturellen oder sozialen Identität dieser natürlichen Person sind, identifiziert werden kann.

6 Bezüglich der Übermittlung personenbezogener Daten **zwischen den Mitgliedstaaten**, also innerhalb der EU, ergeben sich eine Vielzahl von Regelungen und insbesondere neue Rechte der betroffenen Personen. In Anbetracht des Umfangs dieser Regelung kann aus Sicht der kapitalmarktrechtlich ausgerichteten Kommentierung auf die entsprechenden Ausführungen zur neuen DSGVO verwiesen werden.

7 Regelungen für die Übermittlung personenbezogener Daten **in Drittländer** sind im Kapitel V der DSGVO enthalten. Eine Übermittlung von personenbezogenen Daten in Drittländer ist danach **nur unter Einhaltung der in Art. 44–50 VO 2016/679 (DSGVO) geregelten Vorgaben zulässig**[1]. Das setzt voraus, dass die EU-Kommission einen Beschluss erlassen hat, dass das betreffende Drittland ein angemessenes Schutzniveau bietet (Art. 45 VO 2016/679), dass geeignete Garantien für einen Datenschutz, durchsetzbare Rechte und wirksame Rechtsbehelfe für betroffene Personen bestehen (Art. 46 VO 2016/679) oder die Voraussetzungen für eine Übermittlung als Ausnahme für bestimmte Fälle nach Art. 49 VO 2016/679 erfüllt sind. Gem. Erwägungsgrund 103 VO 2016/679 darf die Kommission „mit Wirkung für die gesamte Union beschließen, dass ein bestimmtes Drittland … ein angemessenes Datenschutzniveau bietet, und auf diese Weise in Bezug auf das Drittland … in der gesamten Union Rechtssicherheit schaffen und eine einheitliche Rechtsanwendung sicherstellen". Für die Praxis des Austauschs wird das eine deutliche Erleichterung bringen. Hinzuweisen ist noch auf die Pflicht, die betroffene Person über eine solche Übermittlung unter Berücksichtigung der Ausnahmen nach Art. 23 Abs. 1 VO 2016/679 nach Art. 14 Abs. 1 lit. f, Art. 15 Abs. 2 VO 2016/679 zu informieren. Weitere Einschränkungen ergeben sich für zuständige Behörden aus der Regelung des Art. 40 VO Nr. 236/2012 (Leerverkaufs-VO).

8 **2. Übermittlung durch die ESMA.** Gem. Art. 39 Unterabs. 1 Satz 2 VO Nr. 236/2012 **wendet die ESMA** bei der Übermittlung personenbezogener Daten an die Mitgliedstaaten oder an ein Drittland die **Bestimmungen der Verordnung (EG) Nr. 45/2001**[2] an. Diese Verordnung regelt die **Pflichten der EU-Organe bei der Verarbeitung personenbezogener Daten**. Neben der Pflicht zur Bestellung eines Datenschutzbeauftragten bei jedem Organ und Informations- und Abwehrrechten der betroffenen Personen sieht die Verordnung beispielsweise eine strikte Zweckbestimmung, Erforderlichkeit, Vertraulichkeit und Sicherheit der Datenverarbeitung und die Aktualität der verarbeiteten personenbezogenen Daten vor. Personenbezogene Daten sind in diesem Zusammenhang alle Informationen über eine bestimmte oder bestimmbare natürliche Person, die Ausdruck ihrer physischen, physiologischen, psychischen, wirtschaftlichen, kulturellen oder sozialen Identität sind (Art. 2 lit. a VO Nr. 45/2001). Der Terminus „Verarbeiten" ist hierbei weit zu verstehen, er umfasst unter anderen das Erheben, Speichern, die Veränderung, die Nutzung, die Weitergabe durch Übermittlung, Verbreitung oder jede andere Form der Bereitstellung, die Kombination oder die Verknüpfung sowie das Sperren, Löschen oder Vernichten der Daten (Art. 2 lit. b VO Nr. 45/2001). Diese Regelungen können nur zur Wahrung besonderer öffentlicher Interessen nach Art. 20 VO Nr. 45/2001 eingeschränkt werden, wie z.B. zur Verhütung und Verfolgung von Straftaten, wegen wichtiger wirtschaftlichen oder finanziellen Interessen eines Mitgliedstaates oder der EU oder wegen Kontroll-, Überwachungs- und Ordnungsaufgaben, die im Zusammenhang nicht den beiden zuvor benannten Aspekten stehen.

---

1 Vgl. auch die Ausführungen der EU-Kommission unter https://ec.europa.eu/info/law/law-topic/data-protection/reform/rules-business-and-organisations/obligations/what-rules-apply-if-my-organisation-transfers-data-outside-eu_de.

2 Verordnung (EG) Nr. 45/2001 des Europäischen Parlaments und des Rates vom 18. Dezember 2000 zum Schutz natürlicher Personen bei der Verarbeitung personenbezogener Daten durch die Organe und Einrichtungen der Gemeinschaft und zum freien Datenverkehr, ABl. EU Nr. L 8 v. 12.1.2001, S. 1.

Für die Übermittlung von **personenbezogenen Daten der ESMA an die Mitgliedstaaten bzw. die zuständigen Behörden** sind die Regelungen des **Art. 8 VO Nr. 45/2001 einschlägig**, der für die Übermittlung personenbezogener Daten an Empfänger gilt, die nicht Organe oder Einrichtungen der Gemeinschaft sind und die der RL 95/46/EG unterworfen sind. Hiernach werden personenbezogene Daten an Empfänger, die den aufgrund der RL 95/46/EG erlassenen nationalen Rechtsvorschriften unterliegen, nur übermittelt, 9

a) wenn der Empfänger nachweist, dass die Daten für die Wahrnehmung einer Aufgabe, die im öffentlichen Interesse liegt oder zur Ausübung der öffentlichen Gewalt gehört, erforderlich sind oder

b) wenn der Empfänger die Notwendigkeit der Datenübermittlung nachweist und kein Grund zu der Annahme besteht, dass die berechtigten Interessen der betroffenen Person beeinträchtigt werden könnten.

Zudem bestimmt Art. 8 VO Nr. 45/2001, dass die Übermittlung „unbeschadet der Art. 4, 5, 6 und 10" nur unter den vorgegebenen Voraussetzungen erfolgen darf. Das bedeutet, dass die Vorschriften der Art. 4 (Qualität der Daten), Art. 5 (Rechtmäßigkeit der Verarbeitung), Art. 6 (Änderung der Zweckbestimmung) und Art. 10 (Verarbeitung besonderer Datenkategorien) der VO Nr. 45/2001 gleichfalls zu erfüllen sind.

Die **Übermittlung von personenbezogene Daten in Drittländer**, also an Stellen die nicht Organe oder Einrichtungen der Gemeinschaft sind und die nicht der RL 95/46/EG unterworfen sind, und die Voraussetzungen sind in **Art. 9 VO Nr. 45/2001** normiert. Hiernach dürfen personenbezogene Daten an diese Stellen grundsätzlich nur übermittelt werden, wenn ein angemessenes Schutzniveau in dem Land des Empfängers oder innerhalb der empfangenden internationalen Organisation gewährleistet ist. Zudem soll die Übermittlung ausschließlich die Wahrnehmung von solchen Aufgaben ermöglichen, die in die Zuständigkeit des für die Verarbeitung Verantwortlichen fallen. Weitere Detailregelungen bestimmen das Vorliegen dieser Voraussetzungen. Soweit diese Voraussetzungen nicht erfüllt sind, darf eine Weitergabe nur in bestimmten, näher geregelten Fallkonstellationen erfolgen. Diese umfassen beispielsweise die Fälle der ausdrücklichen Zustimmung zur Übermittlung durch die Personen, deren Daten weitergegeben werden sollen, der Erforderlichkeit zur Wahrung lebenswichtiger Interessen dieser Person, der Weitergabe öffentlich zugänglicher Registerdaten oder bei Genehmigung der Übermittlung durch den Europäischen Datenschutzbeauftragten. 10

Mit Blick auf die seit 25.5.2018 geltende DSGVO[1] wird die **Verordnung (EG) Nr. 45/2001 derzeit überarbeitet**[2], um sie in Einklang mit diesen neuen Vorschriften zu bringen. Einen entsprechenden Vorschlag für diese Anpassung veröffentlichte die EU-Kommission am 10.1.2017[3]. Zu diesem Vorschlag sind schon mehrere Stellungnahmen abgegeben worden, so auch vom Europäischen Datenschutzbeauftragten (EDBA)[4]. Die **vermutlich im Laufe des Jahres 2018** finalisierte Fassung der Regelungen der Pflichten der EU-Organe bei der Verarbeitung personenbezogener Daten werden künftig sicherlich auch auf die Übermittlung personenbezogener Daten an Drittstaaten nach der Leerverkaufs-VO Anwendung finden. Der Entwurf der neuen Verordnung sieht in Art. 71 vor, dass Bezugnahmen auf die dann aufzuhebende VO Nr. 45/2001 als Bezugnahmen auf die neue Verordnung gelten. 11

III. Speicherung der personenbezogenen Daten (Art. 39 Unterabs. 2 VO Nr. 236/2012). Nach Art. 39 Abs. 2 VO Nr. 236/2012 (Leerverkaufs-VO) dürfen die in Abs. 1 genannten personenbezogenen Daten **nicht länger als fünf Jahre gespeichert** werden. Diese Regelung wird durch den am 25.5.2018 in Kraft getretenen Art. 5 Abs. 1 lit. e VO 2016/679 (DSGVO) insoweit modifiziert, als personenbezogene Daten dann in einer Form gespeichert werden müssen, die die Identifizierung der betroffenen Personen nur so lange ermöglicht, wie es für die Zwecke, für die sie verarbeitet werden, erforderlich ist; personenbezogene Daten dürfen länger gespeichert werden, soweit die personenbezogenen Daten vorbehaltlich der Durchführung geeigneter technischer und organisatorischer Maßnahmen, die von VO 2016/679 (DSGVO) zum Schutz der Rechte und Freiheiten der betroffenen Person gefordert werden, ausschließlich für im öffentlichen Interesse liegende Archivzwecke oder für wissenschaftliche und historische Forschungszwecke oder für statistische Zwecke gem. Art. 89 Abs. 1 VO 2016/679 (DSGVO) verarbeitet werden („Speicherbegrenzung"). 12

---

1 Verordnung (EU) 2016/679 des Europäischen Parlaments und des Rates vom 27. April 2016 zum Schutz natürlicher Personen bei der Verarbeitung personenbezogener Daten, zum freien Datenverkehr und zur Aufhebung der Richtlinie 95/46/EG (Datenschutz-Grundverordnung), ABl. EU Nr. L 119 v. 4.5.2016, S. 1.

2 Vgl. die Ausführungen von *Hoffmann* in der cepStudie (Centrum für Europäische Politik) zu dem Vorhaben unter https://www.cep.eu/fileadmin/user_upload/cep.eu/Studien/EU-Datenschutzrecht/cepStudie_EU-Datenschutzrecht.pdf, S. 52 ff. und der derzeitige Entwurf einer neuen Verordnung unter http://eur-lex.europa.eu/legal-content/DE/TXT/?qid=1488205011179&uri=CELEX:52017PC0008.

3 Vorschlag für eine Verordnung des Europäischen Parlaments und des Rates zum Schutz natürlicher Personen bei der Verarbeitung personenbezogener Daten durch die Organe, Einrichtungen und sonstigen Stellen der Union, zum freien Datenverkehr und zur Aufhebung der Verordnung (EG) Nr. 45/2001 und des Beschlusses Nr. 1247/2002/EG, COM(2017) 8 final. 2017/0002 (COD), veröffentlicht unter https://ec.europa.eu/transparency/regdoc/rep/1/2017/DE/COM-2017-8-F1-DE-MAIN-PART-1.PDF.

4 Vgl. Stellungnahme des Europäischen Datenschutzbeauftragten vom 15.3.2017, veröffentlicht unter https://edps.europa.eu/sites/edp/files/publication/17-03-15_regulation_45-2001_de.pdf.

Art. 40 Offenlegung von Informationen gegenüber Drittländern

Sind die Bedingungen des Artikels 25 oder 26 der Richtlinie 95/46/EG erfüllt, so dürfen die zuständigen Behörden Daten und die Auswertung von Daten gegenüber der Aufsichtsstelle eines Drittlands offenlegen; eine solche Offenlegung erfolgt jedoch nur im Einzelfall. Die zuständige Behörde muss überzeugt sein, dass die Weitergabe für die Zwecke dieser Verordnung notwendig ist. Jede derartige Weitergabe von Informationen erfolgt mit Maßgabe einer Vereinbarung, dass das Drittland die Daten nicht ohne ausdrückliche schriftliche Zustimmung der zuständigen Behörde an die Aufsichtsstelle eines anderen Drittlands weitergibt.

Eine zuständige Behörde legt die von einer zuständigen Behörde eines anderen Mitgliedstaats erhaltenen Informationen, die gemäß Artikel 34 als vertraulich eingestuft sind, nur dann gegenüber einer Aufsichtsstelle eines Drittlandes offen, wenn sie die ausdrückliche Zustimmung der zuständigen Behörde erhalten hat, von der die Informationen übermittelt wurden, und die Informationen lediglich zu den Zwecken offengelegt werden, für die die zuständige Behörde gegebenenfalls ihre Zustimmung erteilt hat.

In der Fassung vom 14.3.2012 (ABl. EU Nr. L 86 v. 24.3.2012, S. 1).

Schrifttum: S. Art. 34 und Art. 38 f. VO Nr. 236/2012.

I. Regelungsgehalt der Norm 1	III. Beschränkte Weitergabe von Daten einer anderen zuständigen Stelle (Art. 40 Unterabs. 2 VO Nr. 236/2012) 6
II. Weitergabe von Informationen in Drittländer (Art. 40 Unterabs. 1 VO Nr. 236/2012) 2	

1 **I. Regelungsgehalt der Norm.** Art. 40 VO Nr. 236/2012 (Leerverkaufs-VO) regelt weitere, **besonderen Anforderungen für die Weitergabe von Daten an Aufsichtsstellen eines Drittlandes.** Insoweit ergänzt diese Regelung die Vorgaben gem. Art. 34 ff. und ist Spezialnorm im Verhältnis zu § 18 Abs. 7 Satz 5 ff. i.V.m. Abs. 10 WpHG (vgl. § 53 Abs. 1 Satz 3 WpHG)[1]. Die Regelung unterscheidet zwischen Informationen, die die zuständige Behörde von einer anderen zuständigen Behörde erhalten hat (Art. 40 Unterabs. 2 VO Nr. 236/2012), und Informationen, die die zuständige Behörde selbst erhoben oder von sonstigen Dritten erhalten hat (Art. 40 Unterabs. 1 VO Nr. 236/2012).

2 **II. Weitergabe von Informationen in Drittländer (Art. 40 Unterabs. 1 VO Nr. 236/2012).** Art. 40 Unterabs. 1 VO Nr. 236/2012 normiert **weitere grundsätzliche Voraussetzungen** dafür, dass die zuständigen Behörden Daten und Auswertung von **Daten gegenüber der Aufsichtsstelle eines Drittlands offenlegen** dürfen. Die Begrifflichkeit der **Offenlegung** ist synonym zu verstehen mit dem z.B. in Art. 39 VO Nr. 236/2012 genutzten Terminus der Übermittlung und dem Begriff der Weiterleitung, denn die Offenlegung einer Information erfolgt durch ihre Weiterleitung, sei es durch eine Übersendung oder eine Einsicht in Unterlagen etc.

3 Hinsichtlich des **sachlichen Anwendungsbereichs** stellt sich die Frage, ob sich diese Regelung auf die Weitergabe von personenbezogenen Daten oder auch auf andere Daten bezieht. Zwar verweist die Regelung auf die Erfüllung der Bedingungen der Art. 25 f. der RL 95/46/EG, sie spricht aber allgemein **von Daten und Auswertungen.** Nach dem Wortlaut ist somit davon auszugehen, dass sich die Regelung nicht nur auf personenbezogene Daten bezieht, sondern auch auf andere Daten und Auswertungen. Auch teleologische und systematische Überlegungen führen zu dem Schluss, dass sich die Regelung auch auf andere Daten und Auswertungen bezieht. Denn die Zielrichtung der weitergehenden Anforderungen spricht für einen umfassenden Anwendungsbereich und die weitergehende Regelung in Art. 40 Unterabs. 2 VO Nr. 236/2012 fordert eine zusätzliche Prüfung, ob die Daten als vertraulich i.S.d. Art. 34 VO Nr. 236/2012 eingestuft sind. Dies ist nur dann sinnvoll, wenn es sich nicht nur um personenbezogene Daten handelt. Insofern bezieht sich die Regelung allgemein auf „Daten und die Auswertung von Daten". Die Auswertung von Daten sind insbesondere statistische Auswertungen über z.B. Leerverkaufsaktivitäten, sei es auf Teilmärkte oder spezielle Marktteilnehmer bezogen, oder Auswertungen über Risiken und deren Entwicklung durch Geschäfte mit Credit Default Swaps.

4 Eine Offenlegung der Daten und die Auswertung von Daten ist bei Vorliegen weiterer Voraussetzungen nur dann zulässig, wenn die **Bedingungen des Art. 25 oder 26 der RL 95/46/EG erfüllt** sind. Hierbei handelt es sich um Regelungen bezüglich eines angemessenen Schutzniveaus für personenbezogene Daten in einem Drittland bzw. der Voraussetzungen für ein ausnahmsweises Übermitteln der personenbezogenen Daten in ein Drittland. Am 25.5.2018 wurden die Regelungen der RL 95/46/EG abgelöst durch die **europäische Datenschutz-Grundverordnung** (DSGVO)[2]. Gem. Art. 94 VO 2016/679 (DSGVO) gelten die Verweisungen auf die RL 95/46/EG als Verweisungen auf die VO 2016/679 (DSGVO). Daher ist davon auszugehen, dass seit dem

---

1 Vgl. Begr. RegE zum EU-Leerverkaufs-Ausführungsgesetz, BT-Drucks. 17/9665, 8.
2 Verordnung (EU) 2016/679 des Europäischen Parlaments und des Rates vom 27. April 2016 zum Schutz natürlicher Personen bei der Verarbeitung personenbezogener Daten, zum freien Datenverkehr und zur Aufhebung der Richtlinie 95/46/EG (Datenschutz-Grundverordnung), ABl. EU Nr. L 119 v. 4.5.2016, S. 1.

25.5.2018 die Regelung der Art. 44–50 VO 2016/679 (DSGVO) zu Anwendung kommen. Hinsichtlich näherer Ausführungen kann auf die Kommentierung zu Art. 39 VO Nr. 236/2012 Rz. 2 ff., insb. Rz. 7, verwiesen werden. Nach dem Gesamtkontext muss davon ausgegangen werden, dass die Bedingungen des Art. 25 oder 26 der RL 95/46/EG bzw. der Art. 44–50 VO 2016/679 (DSGVO) nur für personenbezogenen Daten erfüllt sein müssen.

Auch bei Vorliegen der datenschutzrechtlichen Voraussetzungen dürfen die zuständigen Behörden Daten und die Auswertung von Daten gegenüber der Aufsichtsstelle eines Drittlands **nur im Einzelfall offenlegen**. Das bedeutet, dass die zuständige Behörde vor der Weiterleitung eine **Ermessensentscheidung über das „Ob" und damit auch den Umfang der weiterzuleitenden Informationen** trifft. Für diese Ermessensentscheidung gibt Art. 39 Unterabs. 2 Satz 2 VO Nr. 236/2012 Rahmenbedingungen vor, bei deren Nichterfüllen eine Weitergabe der Informationen nicht zulässig ist. So muss die zuständige Behörde überzeugt sein, dass die Weitergabe **für die Zwecke dieser Verordnung notwendig** ist. Zudem darf eine Weitergabe von Informationen nur mit Maßgabe einer Vereinbarung erfolgen, dass das Drittland die Daten nicht ohne ausdrückliche schriftliche Zustimmung der zuständigen Behörde an die Aufsichtsstelle eines anderen Drittlands weitergibt. Diese **Vereinbarung eines Zustimmungsvorbehalts vor einer nochmaligen Weiterleitung** bindet damit die Aufsichtsstelle des Drittstaates in gleicher Weise, wie auch die zuständige Behörde an die Zustimmung gebunden ist, wenn sie die Informationen von einer übermittelnden zuständigen Behörde erlangt hat. Ungeachtet des Vorliegens dieser beiden Voraussetzungen sind aber auch **weitere Besonderheiten des Einzelfalls** in die Entscheidung einzubeziehen.

III. Beschränkte Weitergabe von Daten einer anderen zuständigen Stelle (Art. 40 Unterabs. 2 VO Nr. 236/2012). Art. 40 Unterabs. 2 VO Nr. 236/2012 regelt **weitere Begrenzungen** für die Weitergabe von Informationen von den zuständigen Behörden an einer Aufsichtsstelle eines Drittlandes. Sachlich bezieht sich diese Begrenzung auf **Informationen, die einer zuständigen Behörde vorliegen und die sie von einer anderen zuständigen Behörde erhalten hat**. Zudem bezieht sich die Begrenzung auf Informationen, die gem. **Art. 34 VO Nr. 236/2012 als vertraulich eingestuft** sind. Hierbei handelt es sich sowohl um vertrauliche Informationen als auch um die nach Art. 34 Abs. 2 VO Nr. 236/2012 als vertraulich geltenden Informationen, die zwischen zuständigen Behörden ausgetauscht worden sind und die Geschäfts- oder Betriebsbedingungen und andere wirtschaftliche oder persönliche Angelegenheiten betreffen (vgl. Art. 34 VO Nr. 236/2012 Rz. 7 und 11). In Anbetracht des Bezugs der Norm auf die von einer anderen Aufsichtsbehörde übermittelten Informationen ist insbesondere Art. 34 Abs. 2 VO Nr. 236/2012 zu berücksichtigen.

Eine Befugnis zur Offenlegung dieser Informationen gegenüber einer Aufsichtsstelle eines Drittlandes besteht für eine zuständige Behörde nur, wenn **neben den allgemeinen Voraussetzungen des Art. 40 Abs. 1 VO Nr. 236/2012** (Weitergabe nur im Einzelfall, für die Zwecke der VO Nr. 236/2012 notwendig und mit der Vereinbarung der Erforderlichkeit der ausdrücklichen Zustimmung für eine weitere Weitergabe) **zwei weitere Voraussetzungen** erfüllt sind.

Erste Voraussetzung für eine befugte Offenlegung von Informationen gegenüber einer Aufsichtsstelle eines Drittlandes ist, dass **die zuständige Behörde die ausdrückliche Zustimmung der zuständigen Behörde erhalten hat, von der ihr die Informationen übermittelt wurden**. Diese Voraussetzung knüpft an den besonderen Schutz der zwischen den zuständigen Behörden ausgetauschten Informationen nach Art. 34 Abs. 2 VO Nr. 236/2012 an. Denn auch nach Art. 34 Abs. 2 VO Nr. 236/2012 dürfen diese ausgetauschten Informationen nur mit Zustimmung der übermittelnden Behörde weitergegeben werden, es sei denn, sie Informationen sind für gerichtliche Ermittlungen erforderlich. In Bezug auf die Weitergabe der Informationen in ein Drittland ist keine besondere Befugnis zur Übermittlung für gerichtliche Ermittlungen normiert. In einem solchen Fall muss jedenfalls die Genehmigung der Weitergabe durch die übermittelnde Behörde vorliegen.

Zweite Voraussetzung für eine befugte Offenlegung von Informationen gegenüber einer Aufsichtsstelle eines Drittlandes ist, dass die von der zunächst übermittelnden Behörde vorgenommene Zweckbindung eingehalten wird. Denn die Informationen dürfen lediglich zu den Zwecken offengelegt werden, für die die zuständige Behörde gegebenenfalls ihre Zustimmung erteilt hat. Die **Einhaltung der Zweckbindung** für zur Verfügung gestellte Informationen ist eine übliche Bedingung bei der Weitergabe von Informationen im Rahmen der europäischen und internationalen Zusammenarbeit, wie z.B. auch in § 18 Abs. 7 Satz 6 und Abs. 10 Satz 2 WpHG.

Art. 41 Strafmaßnahmen

Die Mitgliedstaaten legen Regeln für Sanktionen und verwaltungsrechtliche Maßnahmen fest, die bei Verstößen gegen diese Verordnung verhängt werden, und ergreifen alle erforderlichen Maßnahmen, um deren Durchsetzung zu gewährleisten. Diese Sanktionen und verwaltungsrechtlichen Maßnahmen müssen wirksam, verhältnismäßig und abschreckend sein.

Die ESMA kann gemäß der Verordnung (EU) Nr. 1095/2010 Leitlinien zur Gewährleistung eines einheitlichen Ansatzes bezüglich der Sanktionen und verwaltungsrechtlichen Maßnahmen, die von den Mitgliedstaaten festzulegen sind, erlassen.

Art. 41 VO Nr. 236/2012 | Strafmaßnahmen

Die Mitgliedstaaten teilen der Kommission und der ESMA bis zum 1. Juli 2012 die Bestimmungen gemäß den Unterabsätzen 1 und 2 mit und melden ihnen unverzüglich alle späteren Änderungen.

Die ESMA veröffentlicht auf ihrer Website ein nach Mitgliedstaaten geordnetes Verzeichnis der bestehenden Sanktionen und verwaltungsrechtlichen Maßnahmen und aktualisiert dieses regelmäßig.

Die Mitgliedstaaten übermitteln der ESMA jährlich einen zusammenfassenden Bericht über alle verhängten Sanktionen und verwaltungsrechtlichen Maßnahmen. Gibt eine zuständige Behörde die Verhängung einer Sanktion oder einer verwaltungsrechtlichen Maßnahme öffentlich bekannt, so unterrichtet sie gleichzeitig die ESMA darüber.

In der Fassung vom 14.3.2012 (ABl. EU Nr. L 86 v. 24.3.2012, S. 1).

Schrifttum: ESMA Questions and Answers, Implementation of the Regulation on short selling and certain aspects of credit default swaps (2nd Update); List of administrative measures and sanctions applicable in Member States to infringements of Regulation on short selling and credit default swaps vom 12.9.2014; *Weick-Ludewig/Sajnovits*, Der Leerverkaufsbegriff nach der Verordnung (EU) Nr. 236/2012 (EU-LVVO), WM 2014, 1521.

I. Grundlagen 1	3. Rechtsnatur der ESMA Leitlinien 12
II. Sanktionen und verwaltungsrechtliche Maßnahmen (Art. 41 Unterabs. 1 VO Nr. 236/2012) 6	IV. Mitteilung an die ESMA (Art. 41 Unterabs. 3 VO Nr. 236/2012) 15
III. Leitlinien der ESMA (Art. 41 Unterabs. 2 VO Nr. 236/2012) 9	V. Veröffentlichung durch die ESMA (Art. 41 Unterabs. 4 VO Nr. 236/2012) 16
1. Bisherige Umsetzung durch die ESMA 9	VI. Jährliche Berichtspflicht (Art. 14 Unterabs. 5 VO Nr. 236/2012) 18
2. Wirkung der ESMA Leitlinien 10	

1 **I. Grundlagen.** Die Sanktionsregelung des Art. 41 VO Nr. 236/2012 steht in einer Reihe mit vergleichbaren Regelungen anderer EU-Verordnungen im Finanzdienstleistungssektor[1]. Mangels eines gemeinsamen Regelungsrahmens erließen die Mitgliedstaaten auf dem Höhepunkt der Finanzkrise zunächst eigene Maßnahmen in Bezug auf Leerverkäufe. Bereits der **Vorschlag der Europäischen Kommission** aus dem Jahr 2010 sah sprachlich leicht modifiziert den heutigen Art. 41 Unterabs. 1 vor[2]. Der dortige Art. 35 wurde im Laufe des Gesetzgebungsverfahrens insbesondere durch die Abänderungen des Europäischen Parlaments[3] um die weiteren Unterabsätze des Art. 41 ergänzt. Bereits nach der ersten Lesung wurden die veränderten Regelungen angenommen[4].

2 Die Verordnung ist auf Art. 114 AEUV gestützt. Sie wurde durch die Verordnung (EU) Nr. 909/2014 „zur Verbesserung der Wertpapierlieferungen und -abrechnungen in der Europäischen Union und über Zentralverwahrer sowie zur Änderung der Richtlinien 98/26/EG und 2014/65/EU und der Verordnung (EU) Nr. 236/2012" abgeändert. Die vier einschlägigen delegierten Verordnungen und die Durchführungsverordnung (EU) Nr. 827/2012 betreffen Art. 41 der Verordnung (EU) Nr. 236/2012 jedoch nicht.

3 Die bis zum Juli 2010 geltenden nationalen Vorschriften wurden durch das Gesetz zur Ausführung der Verordnung (EU) Nr. 236/2012 des Europäischen Parlaments und des Rates vom 14.3.2012 über Leerverkäufe und bestimmte Aspekte von Credit Default Swaps (EU-Leerverkaufs-Ausführungsgesetz) vom 6.11.2012[5] abgelöst. Die Umsetzung des Unterabs. 1 der Verordnung fand sich danach im deutschen Recht bis zur Umsetzung des 2. Finanzmarktnovellierungsgesetz in **§ 39 Abs. 2d, Abs. 3a und Abs. 6 WpHG**. Durch die Änderungen im **2. Finanzmarktnovellierungsgesetz** (2. FiMaNoG) werden die Sanktionsvorschriften in **§ 120 Abs. 6 und 13 WpHG** übernommen.

4 Unter der Überschrift „Strafmaßnahmen" („Penalties") sieht Art. 41 Unterabs. 1 VO Nr. 236/2012 die **Einführung von Sanktionen und verwaltungsrechtlichen Maßnahmen** durch die Mitgliedstaaten bei Verstoß gegen die Verordnung vor. Der Begriff der Strafmaßnahmen ist dabei untechnisch zu verstehen und umfasst nicht strafrechtliche Sanktionen nach dem deutschen Verständnis (vgl. dazu auch Rz. 6ff.). Denn nach Art. 83 Abs. 2 AEUV steht der Union lediglich die Kompetenz zu, Strafrechtsangleichung durch Richtlinien vorzunehmen[6].

5 Die Einführung von wirksamen, angemessenen und verhältnismäßigen Maßnahmen soll gewährleisten, dass ein hohes Maß an **Verbraucher- und Anlegerschutz** sichergestellt wird[7]. Der gemeinsame Regelungsrahmen

---

[1] Vgl. Art. 22 VO Nr. 1286/2014; Art. 12 VO Nr. 648/2012.
[2] Art. 35 des Vorschlags für eine Verordnung des Europäischen Parlaments und des Rates über Leerverkäufe und bestimmte Aspekte von Credit Default Swaps, 15.9.2010, KOM(2010) 482 S. 44.
[3] Art. 35 der Abänderungen des Europäischen Parlaments vom 5.7.2011 zu dem Vorschlag für eine Verordnung des Europäischen Parlaments und des Rates über Leerverkäufe und bestimmte Aspekte von Credit Default Swaps (KOM(2010) 0482-C7-0264/2010-2010/0251(COD), ABl. EU Nr. C 33E v. 5.2.2013, S. 298.
[4] ABl. EU Nr. C 153E v. 31.5.2013, S. 176.
[5] BGBl. I 2012, 2286.
[6] *Vogel/Eisele* in Grabitz/Hilf/Nettesheim, Das Recht der Europäischen Union, Art. 83 AEUV Rz. 28 f.
[7] Mitteilung der Kommission vom 8.12.2010 „Stärkung der Sanktionsregelungen im Finanzdienstleistungssektor", KOM (2010) 716, S. 5, Präambel 2 VO Nr. 236/2012.

im Zusammenhang mit Leerverkäufen und Credit Default Swaps soll ein höheres Maß an Koordinierung und Kohärenz zwischen den Mitgliedstaaten möglich machen und divergierende Maßnahmen der einzelnen Mitgliedstaaten verhindern[1]. Die Verordnung ist zwar nach Art. 288 AEUV unmittelbar anwendbares Recht. Sie schafft jedoch für die von Art. 41 Unterabs. 1 VO Nr. 236/2012 geforderten Sanktionen und verwaltungsrechtlichen Maßnahmen lediglich einen Rahmen, der von den Mitgliedstaaten auszufüllen ist. Die Wahl und Ausgestaltung der sanktionsrechtlichen Regelungen obliegt den Mitgliedstaaten – insofern stellt Art. 41 Unterabs. 1 VO Nr. 236/2012 eine sonst für **Richtlinien typische Harmonisierung** dar (Art. 30 VO Nr. 596/2014 Rz. 5, 8).

II. Sanktionen und verwaltungsrechtliche Maßnahmen (Art. 41 Unterabs. 1 VO Nr. 236/2012). Art. 41 Unterabs. 1 VO Nr. 236/2012 **verpflichtet die Mitgliedstaaten**, wirksame, verhältnismäßige und abschreckende Sanktionen und verwaltungsrechtliche Maßnahmen für den Fall des Verstoßes gegen die Verordnung festzulegen. Sie sollen die erforderlichen Maßnahmen ergreifen, um die Durchsetzung der Sanktionen und Maßnahmen sicherzustellen.

Art. 41 VO Nr. 236/2012 markiert mit dem Begriffspaar von verwaltungsrechtlichen Sanktionen und Maßnahmen eine Rückkehr zur allgemeinen Dogmatik im EU-Recht (vgl. Art. 30 VO Nr. 596/2014 Rz. 23 ff.). Die Auslegung der Begriffe in Unterabs. 1 entspricht dem verwendeten Vokabular anderer sanktionsrechtlicher Vorschriften des EU-Rechts[2].

Sanktionen sind demnach **wirksam**, wenn sie die Einhaltung des EU-Rechts sicherstellen können, **verhältnismäßig**, wenn sie der Schwere des Verstoßes angemessen sind und nicht über das zur Erreichung der verfolgten Ziele notwendige Maß hinausgehen, und **abschreckend**, wenn sie schwer genug sind, um einen Urheber von einem weiteren Verstoß und andere potenzielle Rechtsbrecher von einem erstmaligen Verstoß abhalten (vgl. Kommentierung zu Art. 30 VO Nr. 596/2014 Rz. 28 ff.)[3].

III. Leitlinien der ESMA (Art. 41 Unterabs. 2 VO Nr. 236/2012). 1. Bisherige Umsetzung durch die ESMA. Bis Mitte Juli 2018 hat die ESMA von ihrer Kompetenz hinsichtlich Art. 41 VO Nr. 236/2012 noch keinen Gebrauch gemacht[4]. Da Art. 41 der Verordnung schon seit dem 1.11.2012 in Kraft ist und die Mitgliedstaaten bereits Sanktionsvorschriften verabschiedet haben, wäre ein Erlass der Leitlinien zum jetzigen Zeitpunkt wenig zweckmäßig.

2. Wirkung der ESMA Leitlinien. Die ESMA soll innerhalb des europäischen Finanzaufsichtssystems sicherstellen, dass die Aufsichtspraktiken effizient sind und es zu einer einheitlichen Anwendung des Unionsrechts kommt. Zu diesem Zweck kann die ESMA Leitlinien und Empfehlungen erlassen, die sich an die nationalen Aufsichtsbehörden und die Finanzmarktteilnehmer richten (vgl. Art. 16 Abs. 1 VO Nr. 1095/2010 [ESMA-VO]). Diese von der ESMA erlassenen Leitlinien und Empfehlungen sind nicht bindend[5]. Für Empfehlungen ergibt sich dies bereits aus Art. 288 Abs. 5 AEUV, der die rechtliche Unverbindlichkeit von Empfehlungen normiert. Dies wird auch für Leitlinien angenommen[6]. Die nationalen Aufsichtsbehörden und Finanzmarktteilnehmer sind gehalten, alle erforderlichen Anstrengungen zu unternehmen, um den Leitlinien und Empfehlungen nachzukommen (vgl. Art. 16 Abs. 3 Unterabs. 1 VO Nr. 1095/2010). Dadurch entsteht zwar **kein Befolgungszwang**, jedoch werden nationale Aufsichtsbehörden dazu verpflichtet, der ESMA innerhalb von zwei Monaten nach Veröffentlichung der Leitlinien und Empfehlungen mitzuteilen, ob sie diesen nachkommen oder nachzukommen beabsichtigen und dies bei Nichtbefolgung zu begründen (vgl. Art. 16 Abs. 2 Unterabs. 2 VO Nr. 1095/2010). Diese Erklärungspflicht erzeugt trotz rechtlicher Unverbindlichkeit einen tatsächlichen Befolgungsdruck, der noch einmal dadurch bestärkt wird, dass die jeweilige Entscheidung der nationalen Aufsichtsbehörden veröffentlicht wird[7]. Eine etwaige verbindliche Rechtswirkung kann nur durch eine Selbstbindung der Verwaltung eintreten, die sodann von den Unionsgerichten beachtet werden müsste. Folglich käme es erst dann zu einer mittelbaren Wirkung der Leitlinien und Empfehlungen, wenn diese durch die nationalen Aufsichtsbehörden in ihre Verwaltungspraxis übernommen werden würden (abgesehen von dem oben skizzierten *comply or explain-Prinzip*)[8].

Hinsichtlich der Leitlinien an die Mitgliedstaaten zur Umsetzung der Sanktionen nach Art. 41 Unterabs. 2 VO Nr. 236/2012 kann nichts anderes gelten. Dies legen der Wortlaut und die Verweisung nahe[9]. Auch hier ist je-

---

1 Präambel 2 VO Nr. 236/2012.
2 Vgl. Art. 30 VO Nr. 596/2014 Rz. 28 ff.; vgl. auch Art. 12 VO Nr. 648/2012, Art. 22 VO Nr. 1286/2014.
3 Mitteilung der Kommission vom 8.12.2010 „Stärkung der Sanktionsregelungen in Finanzdienstleistungssektor", KOM (2010) 716, S. 5.
4 Redaktionsschluss: 12.7.2018; vgl. ESMA Questions and Answers, Implementation of the Regulation on short selling and certain aspects of credit default swaps (2nd Update) S. 28.
5 Vgl. *Weber-Rey/Horak*, WM 2013, 721, 724.
6 *Gurlit*, ZHR 177 (2013), 862, 875; *v. Graevenitz*, EuZW 2013, 169; *Lehmann/Manger-Nestler*, ZBB 2011, 1, 12 ff. Zur Wirkung für die gerichtliche Prüfung EuGH v. 15.9.2016 – C-28/15, ECLI:EU:C:2016:692 – KPN u.a., MMR 2017, 315.
7 So einhellig die Literatur, vgl. *Baur/Boegl*, BKR 2011, 177, 183; *Walla*, BKR 2012, 265, 267; *Wymeersch*, ZGR 2011, 443, 459; *Rötting/Lang*, EuZW 2012, 8, 10; *Sonder*, BKR 2012, 8, 9; *Gurlit*, ZHR 177 (2013), 862, 876; *Weber-Rey/Horak*, WM 2013, 721, 724; *Veil*, ZHR 177 (2013), 427, 435.
8 *Becker*, BKR 2014, 151, 152 f.
9 Bejahend auch *Veil*, Europäisches Insiderrecht 2.0 – Konzeption und Grundsatzfragen der Reform durch MAR und CRIM-MAD, ZBB 2014, Heft 2, 85 (88).

doch zu beachten, dass die nationalen Aufsichtsbehörden die Leitlinien und Empfehlungen **berücksichtigen** müssen (s. Rz. 12 ff.). Sie dürfen von Leitlinien und Empfehlungen zur Auslegung unionsrechtlicher Vorschriften und zu Aufsichtspraktiken nur aus berechtigten Gründen abweichen. Ein nationales Gericht ist nicht an Leitlinien und Empfehlungen gebunden, hat aber keine Kompetenz, jene zu verwerfen[1]. Falls das Gericht eine andere Auslegung der Vorschrift anstrebt, muss es die Auslegungsfrage dem EuGH vorlegen. Die ESMA übt folglich eine sekundärrechtlich legitimierte Konkretisierungsfunktion aus und kann im Wege von Leitlinien und Empfehlungen auf eine einheitliche Rechtsanwendung hinwirken[2].

12 **3. Rechtsnatur der ESMA Leitlinien.** Die Rechtsnatur der Leitlinien und Empfehlungen, die von der ESMA erlassen werden, ist umstritten. Nach einer Ansicht wird sie als Maßnahme mit „normativem Charakter" eingestuft[3]. Des Weiteren wird die Meinung vertreten, dass die Leitlinien und Empfehlungen *soft law* darstellen, also *abstrakt-generelle Vorgaben*, die zwar rechtlich nicht verbindlich seien, aber eine hohe faktische Bindungswirkung erzeugen. Insofern entsprächen Leitlinien und Empfehlungen den CESR-Empfehlungen[4].

13 Auch die Erwägungsgründe der VO Nr. 1095/2010 (ESMA-VO) lassen keinen Schluss bezüglich der Rechtsnatur der Leitlinien zu. Erwägungsgrund 26 VO Nr. 1095/2010, welcher sich mit den Leitlinien und Empfehlungen beschäftigt, verweist nur darauf, dass die ESMA Leitlinien und Empfehlungen in den Bereichen abgeben soll, die nicht von technischen Regulierungs- oder Durchführungsstandards gedeckt sind.

14 Angesichts der fehlenden Bindungswirkung der ESMA Leitlinien (Rz. 10 f.) erscheint es im Ergebnis vorzugswürdig, die Leitlinien und Empfehlungen ausschließlich als *soft law* einzuordnen[5]. Die ESMA ist nicht zur alleinigen Rechtsetzung befugt und die von der ESMA ausgearbeiteten Leitlinien und Empfehlungen entfalten wie zuvor festgestellt für Gerichte keine bindende Wirkung[6].

15 **IV. Mitteilung an die ESMA (Art. 41 Unterabs. 3 VO Nr. 236/2012).** Die Regelung sieht vor, dass die Mitgliedstaaten der ESMA und der Kommission die Bestimmungen nach den vorangegangenen Unterabsätzen anzeigen und ihnen alle späteren Änderungen melden. Dadurch wird sichergestellt, dass die Kommission und die ESMA ihren **Überwachungs- bzw. Aufsichtsfunktionen** nachkommen können.

16 **V. Veröffentlichung durch die ESMA (Art. 41 Unterabs. 4 VO Nr. 236/2012).** Die ESMA ist dazu verpflichtet, auf ihrer Website ein Verzeichnis zu veröffentlichen, welches die Mitgliedstaaten und die verwaltungsrechtlichen Maßnahmen und Sanktionen auflistet. Die ESMA muss dieses regelmäßig aktualisieren. Die durch die ESMA in englischer Sprache geführte Zusammenstellung[7] listet die einzelnen Sanktionen nach Ländern geordnet auf. Dadurch werden die verschiedenen Maßnahmen sowohl für die Mitgliedstaaten als auch für die europäischen Institutionen und die Bürger transparent. Dabei wird deutlich, dass die Maßnahmen nicht nur in der Wahl der Mittel zwischen **Verwarnungen**[8], **Ordnungswidrigkeiten**[9], **strafrechtlichen Sanktionen**[10] und weiteren Maßnahmen variieren, sondern auch in der **Höhe der vorgesehenen Geldbußen**.

17 Bei der Veröffentlichung handelt es sich nicht um eine Maßnahme des **„naming and shaming"**[11], denn die ESMA veröffentlicht nur ein Verzeichnis aller gesetzlichen Regelungen der Mitgliedstaaten. Konkrete Verstöße werden von der ESMA hingegen nicht veröffentlicht.

18 **VI. Jährliche Berichtspflicht (Art. 14 Unterabs. 5 VO Nr. 236/2012).** Um die Kontrollfunktion ausüben zu können, übermitteln die Mitgliedstaaten der ESMA jährlich einen Bericht über die verhängten Sanktionen und verwaltungsrechtlichen Maßnahmen. Wird die Sanktion oder verwaltungsrechtliche Maßnahme öffentlich gemacht, soll die zuständige Behörde die ESMA gleichzeitig darüber unterrichten. Nach Art. 32 Unterabs. 1 VO Nr. 236/2012 bestimmen die Mitgliedstaaten eine oder mehrere zuständige Behörde(n). In Deutschland handelt es sich hierbei um eine Aufgabe der **Bundesanstalt für Finanzdienstleistungsaufsicht (BaFin)**, die ihr durch § 53 WpHG zugewiesen ist.

---

1 EuGH v. 15.9.2016 – C-28/15, ECLI:EU:C:2016:692 – Koninklijke KPN u.a., Rz. 34 ff.
2 *Veil*, Europäisches Insiderrecht 2.0 – Konzeption und Grundsatzfragen der Reform durch MAR und CRIM-MAD, ZBB 2014, Heft 2, 85 (88).
3 *Sonder*, BKR 2012, 8, 9.
4 *Walla*, BKR 2012, 265, 267 unter Verweis auf BVerwG v. 24.5.2011 – 7 C 6/10, NVwZ 2011, 1012, 1015.
5 So auch *Hitzer/Hauser* in BKR 2015, 52, 55.
6 Vgl. *v. Graevenitz*, EuZW 2013, 169, 171.
7 Vgl. List of administrative measures and sanctions applicable in Member States to infringements of Regulation on short selling and credit default swaps vom 12.9.2014, abrufbar unter: https://www.esma.europa.eu/sites/default/files/library/list_of_administrative_measures_and_sanctions.pdf; zuletzt abgerufen am 12.7.2018.
8 Vgl. französischer Code monétaire et financier, L.621-15 paragraph 3.
9 Vgl. § 120 Abs. 6 Nr. 1–5 WpHG.
10 Vgl. § 2 Bekendtgørelse om straffebestemmelser for overtrædelse af Europa-Parlamentets og Rådets forordning (EF) nr. 236/2012 af 14. marts 2012 om short selling og visse aspekter af credit default swaps (Bekanntmachung über Strafmaßnahmen bei Verletzung der Verordnung (EU) Nr. 236/2012), abrufbar unter: https://www.retsinformation.dk/pdfPrint.aspx?id=145124; zuletzt abgerufen am 12.7.2018.
11 Zum Begriff vgl. Art. 68 VO Nr. 648/2012 Rz. 4; weitergehend § 123 WpHG Rz. 1, 6 ff.

Kapitel VII
Delegierte Rechtsakte

Art. 42 Ausübung der Befugnisübertragung

(1) Die Befugnis zum Erlass der delegierten Rechtsakte wird der Kommission unter den in diesem Artikel festgelegten Bedingungen übertragen.

(2) Die Befugnis zum Erlass der in Artikel 2 Absatz 2, Artikel 3 Absatz 7, Artikel 4 Absatz 2, Artikel 5 Absatz 4, Artikel 6 Absatz 4, Artikel 7 Absatz 3, Artikel 17 Absatz 2, Artikel 23 Absatz 5 sowie Artikel 30 genannten delegierten Rechtsakte wird der Kommission auf unbestimmte Zeit übertragen.

(3) Die Befugnisübertragung gemäß Artikel 2 Absatz 2, Artikel 3 Absatz 7, Artikel 4 Absatz 2, Artikel 5 Absatz 4, Artikel 6 Absatz 4, Artikel 7 Absatz 3, Artikel 17 Absatz 2, Artikel 23 Absatz 5 sowie Artikel 30 kann vom Europäischen Parlament oder vom Rat jederzeit widerrufen werden. Ein Beschluss über den Widerruf beendet die Übertragung der in diesem Beschluss angegebenen Befugnis. Der Beschluss über den Widerruf wird am Tag nach dem Datum seiner Veröffentlichung im *Amtsblatt der Europäischen Union* oder zu einem darin genannten späteren Zeitpunkt wirksam. Die Gültigkeit von delegierten Rechtsakten, die bereits in Kraft sind, wird von dem Beschluss über den Widerruf nicht berührt.

(4) Sobald die Kommission einen delegierten Rechtsakt erlässt, übermittelt sie ihn gleichzeitig dem Europäischen Parlament und dem Rat.

(5) Ein delegierter Rechtsakt gemäß Artikel 2 Absatz 2, Artikel 3 Absatz 7, Artikel 4 Absatz 2, Artikel 5 Absatz 4, Artikel 6 Absatz 4, Artikel 7 Absatz 3, Artikel 17 Absatz 2, Artikel 23 Absatz 5 sowie Artikel 30 tritt nur in Kraft, wenn weder das Europäische Parlament noch der Rat innerhalb eines Zeitraums von drei Monaten ab der Übermittlung des betreffenden Rechtsakts an das Europäische Parlament und den Rat einen Widerspruch geäußert hat oder wenn vor Ablauf dieses Zeitraums das Europäische Parlament und der Rat beide der Kommission mitgeteilt haben, dass sie keinen Widerspruch einlegen werden. Auf Betreiben des Europäischen Parlaments oder des Rates wird die Frist um drei Monate verlängert.

In der Fassung vom 14.3.2012 (ABl. EU Nr. L 86 v. 24.3.2012, S. 1).

Art. 43 Frist für den Erlass delegierter Rechtsakte

Die Kommission erlässt die delegierten Rechtsakte nach Artikel 2 Absatz 2, Artikel 3 Absatz 7, Artikel 4 Absatz 2, Artikel 5 Absatz 4, Artikel 6 Absatz 4, Artikel 7 Absatz 3, Artikel 17 Absatz 2, Artikel 23 Absatz 5 sowie Artikel 30 bis zum 31. März 2012.
Die Kommission kann die in Absatz 1 genannte Frist um sechs Monate verlängern.

In der Fassung vom 14.3.2012 (ABl. EU Nr. L 86 v. 24.3.2012, S. 1).

Kapitel VIII
Durchführungsrechtsakte

Art. 44 Ausschussverfahren

(1) Die Kommission wird von dem durch den Beschluss 2001/528/EG der Kommission eingesetzten Europäischen Wertpapierausschuss unterstützt. Dabei handelt es sich um einen Ausschuss im Sinne der Verordnung (EU) Nr. 182/2011.

(2) Wird auf diesen Absatz Bezug genommen, so gilt Artikel 5 der Verordnung (EU) Nr. 182/2011.

In der Fassung vom 14.3.2012 (ABl. EU Nr. L 86 v. 24.3.2012, S. 1).

Die Art. 42–44 VO Nr. 236/2012 werden im Folgenden gemeinsam erläutert.

Schrifttum: S. Vor Art. 1 ff. VO Nr. 236/2012.

I. Delegierte Rechtsakte (Art. 42, 43 VO Nr. 236/2012) 1	II. Durchführungsrechtsakte (Art. 44 VO Nr. 236/2012) 7

Art. 45–48 VO Nr. 236/2012 | Übergangs- und Schlussbestimmungen

1   **I. Delegierte Rechtsakte (Art. 42, 43 VO Nr. 236/2012).** Die Kapitel VII und VIII regeln die Ausübung der Befugnis zum Erlass der Delegierten Rechtsakte und der Durchführungsrechtsakte.

2   Die Art. 2 Abs. 2, 3 Abs. 7, 4 Abs. 2, 5 Abs. 4, 6 Abs. 4, 7 Abs. 3, 17 Abs. 2, 23 Abs. 5 sowie der Art. 30 VO Nr. 236/2012 übertragen der Europäischen Kommission die Befugnis zum Erlass **delegierter Rechtsakte**, wobei Art. 42 VO Nr. 236/2012 näher regelt, wie die Befugnis auszuüben ist. Die Befugnis wird der Europäischen Kommission auf unbestimmte Zeit übertragen (Art. 44 Abs. 2 VO Nr. 236/2012), kann aber vom Rat der EU und vom Europäischen Parlament jederzeit widerrufen werden (Art. 44 Abs. 3 Satz 1 VO Nr. 236/2012). Ein Beschluss über den Widerruf beendet die Übertragung der in diesem Beschluss angegebenen Befugnis, wobei der Beschluss am Tag nach dem Datum seiner Veröffentlichung im Amtsblatt der Europäischen Union oder zu einem darin genannten späteren Zeitpunkt wirksam wird (Art. 44 Abs. 3 Satz 2 und 3 VO Nr. 236/2012). Die Gültigkeit von delegierten Rechtsakten, die bereits in Kraft sind, wird von dem Beschluss über den Widerruf nicht berührt (Art. 44 Abs. 3 Satz 4 VO Nr. 236/2012).

3   Die Europäische Kommission muss eine DelVO sofort nach ihrem Erlass gleichzeitig an das Europäische Parlament und den Rat der EU übermitteln (Art. 44 Abs. 4 VO Nr. 236/2012). Nach Art. 44 Abs. 5 VO Nr. 236/2012 tritt eine DelVO nach Art. 44 VO Nr. 236/2012 **in Kraft**, wenn das Europäische Parlament oder der Rat der EU innerhalb eines **Zeitraums von drei Monaten** ab der Übermittlung des betreffenden Rechtsakts **keinen Widerspruch** geäußert haben oder wenn sie vor Ablauf dieses Zeitraums der Europäischen Kommission mitgeteilt haben, dass sie keinen Widerspruch einlegen werden.

4   Die Europäische Kommission hatte die delegierten Rechtsakte nach Art. 44 VO Nr. 236/2012 gem. Art. 45 VO Nr. 236/2012 bis zum 31.3.2012 zu erlassen. Die Europäische Kommission konnte diese Frist – wovon sie auch Gebrach gemacht hat – gem. Art. 45 Satz 1 VO Nr. 236/2012 um sechs Monate verlängern.

5   Auf Basis der Art. 2 Abs. 2, 3 Abs. 7, 4 Abs. 2, 5 Abs. 4, 6 Abs. 4, 7 Abs. 3, 17 Abs. 2, 23 Abs. 5 sowie der Art. 30 VO Nr. 236/2012 i.V.m. Art. 44 VO Nr. 236/2012 erließ die Europäische Kommission
  – die **Delegierte Verordnung (EU) Nr. 918/2012** vom 29.6.2012[1],
  – die **Delegierte Verordnung (EU) Nr. 826/2012** vom 29.6.2012[2],
  – die **Delegierte Verordnung (EU) Nr. 919/2012** vom 9.10.2012[3].

6   Die Rechtsakte basieren auf Vorschlägen der ESMA, die in Arbeitsgruppen erstellt wurden, in denen Mitglieder der nationalen Aufsichtsbehörden vertreten waren[4]. Die Europäische Kommission hat allerdings die ESMA-Vorschläge an nicht unwesentlichen Stellen vor dem Erlass geändert[5].

7   **II. Durchführungsrechtsakte (Art. 44 VO Nr. 236/2012).** Art. 9 Abs. 6, 11 Abs. 4, 12 Abs. 2, 13 Abs. 5 sowie Art. 16 Abs. 4 VO Nr. 236/2012 ermächtigen die Europäische Kommission jeweils gem. Art. 15 VO Nr. 1095/2010 zum Erlass von **Durchführungsrechtsakten**, wobei die ESMA in allen Bestimmungen zur Vorlage von Entwürfe technischer Durchführungsstandards ermächtigt und verpflichtet wird. Die Europäische Kommission wird bei ihrer Tätigkeit im Rahmen des Erlasses der Durchführungsrechtsakten gem. Art. 44 VO Nr. 236/2012 vom Europäischen Wertpapierausschuss unterstützt.

8   Auf Basis der Ermächtigungen erließ die Europäische Kommission:
  – die **Durchführungsverordnung (EU) Nr. 827/2012** vom 18.9.2012[6].

Kapitel IX
Übergangs- und Schlussbestimmungen

Art. 45 Überprüfung und Berichterstattung

Die Kommission erstattet dem Europäischen Parlament und dem Rat bis zum 30. Juni 2013 im Lichte der Gespräche mit den zuständigen Behörden und der ESMA Bericht über:

---

1 ABl. EU Nr. L 274 v. 9.10.2012, S. 1.
2 ABl. EU Nr. L 251 v. 18.9.2012, S. 1.
3 ABl. EU Nr. L 274 v. 9.10.2012, S. 16; Basis ist jeweils ESMA's technical advice on possible Delegated Acts concerning the regulation on short selling and certain aspects of credit default swaps – Final report ((EC) No 236/2012), ESMA 2012/263.
4 *Weick-Ludewig* in Fuchs, § 30h WpHG Rz. 13 mit Fn. 50.
5 *Weick-Ludewig* in Fuchs, § 30h WpHG Rz. 13 mit Fn. 50.
6 ABl. EU Nr. L 251 v. 18.9.2012, S. 11; Basis ist ESMA, Draft technical standards on the Regulation (EU) No 236/2012 of the European Parliament and of the Council on short selling and certain aspects of credit default swaps – Final report, ESMA 2012/228.

a) die Angemessenheit der Meldungen und der Schwellen für die Offenlegung gemäß den Artikeln 5, 6, 7 und 8,
b) die Auswirkung der jeweiligen Offenlegungspflichten gemäß Artikel 6, unter besonderer Beachtung ihrer Wirkung auf die Effizienz und Volatilität der Finanzmärkte,
c) die Zweckmäßigkeit direkter oder zentralisierter Berichterstattung an die ESMA,
d) die Anwendung der Beschränkungen und Anforderungen der Kapitel II und III,
e) die Angemessenheit der Beschränkungen in Bezug auf ungedeckte Credit Default Swaps auf öffentliche Schuldtitel und die Angemessenheit weiterer Beschränkungen oder Bedingungen für Leerverkäufe und Credit Default Swaps.

In der Fassung vom 14.3.2012 (ABl. EU Nr. L 86 v. 24.3.2012, S. 1).

Art. 46 Übergangsbestimmung

(1) In den Geltungsbereich dieser Verordnung fallende bestehende Maßnahmen, die vor dem 15. September 2010 in Kraft gesetzt wurden, können bis 1. Juli 2013 gültig bleiben, sofern sie der Kommission bis 24. April 2012 mitgeteilt werden.

(2) Credit-Default-Swap-Transaktionen, die zu einer ungedeckten Position in einem Credit Default Swap führen und vor dem 25. März 2012 oder während der Aussetzung von Beschränkungen für ungedeckte Credit Default Swaps gemäß Artikel 14 Absatz 2 getätigt wurden, werden bis zum Fälligkeitstermin des Credit-Default-Swap-Vertrags gehalten.

In der Fassung vom 14.3.2012 (ABl. EU Nr. L 86 v. 24.3.2012, S. 1).

Art. 47 Personal und Ressourcen der ESMA

Die ESMA beurteilt bis zum 31 Dezember 2012 ihren Personal- und Mittelbedarf, der sich aus der Wahrnehmung der ihr durch diese Verordnung übertragenen Aufgaben und Befugnisse ergibt, und übermittelt dem Europäischen Parlament, dem Rat und der Kommission einen Bericht.

In der Fassung vom 14.3.2012 (ABl. EU Nr. L 86 v. 24.3.2012, S. 1).

Art. 48 Inkrafttreten

Diese Verordnung tritt am Tag nach ihrer Veröffentlichung im *Amtsblatt der Europäischen Union* in Kraft.
Sie gilt ab dem 1. November 2012.
Artikel 2 Absatz 2, Artikel 3 Absatz 7, Artikel 4 Absatz 2, Artikel 7 Absatz 3, Artikel 9 Absatz 5, Artikel 11 Absätze 3 und 4, Artikel 12 Absatz 2, Artikel 13 Absätze 4 und 5, Artikel 16 Absätze 3 und 4, Artikel 17 Absatz 2, Artikel 23 Absätze 5, 7 und 8 sowie Artikel 30, 42, 43 und 44 gelten jedoch ab 25. März 2012.

In der Fassung vom 14.3.2012 (ABl. EU Nr. L 86 v. 24.3.2012, S. 1).

Schrifttum: S. Vor Art. 1 ff. VO Nr. 236/2012.

I. Überprüfung und Berichterstattung (Art. 45 VO Nr. 236/2012) 1	III. Personal und Ressourcen der ESMA (Art. 47 VO Nr. 236/2012) 5
II. Übergangsbestimmung (Art. 46 VO Nr. 236/2012) 3	IV. Inkrafttreten (Art. 48 VO Nr. 236/2012) 6

I. Überprüfung und Berichterstattung (Art. 45 VO Nr. 236/2012). Nach Art. 45 VO Nr. 236/2012 hatte die 1 Europäische Kommission dem Europäischen Parlament und dem Rat der EU im Lichte ihrer Gespräche mit den zuständigen Behörden und der ESMA bis zum 30.6.2013 einen Bericht über: (a) die Angemessenheit der Meldungen und der Schwellen für die Offenlegung, (b) die Auswirkung der jeweiligen Offenlegungspflichten gem. Art. 6 VO Nr. 236/2012, (c) die Zweckmäßigkeit direkter oder zentralisierter Berichterstattung an die ESMA, (d) die Anwendung der Beschränkungen und Anforderungen der Kapitel II und III, (e) die Angemessenheit der Beschränkungen in Bezug auf ungedeckte Credit Default Swaps auf öffentliche Schuldtitel und (f) die

Angemessenheit weiterer Beschränkungen oder Bedingungen für Leerverkäufe und Credit Default Swaps zu erstatten. Die Berichterstattung erfolgte in Form eines **Review zur Leerverkaufs-VO** am 13.12.2013[1].

2 Im Januar 2017 schickte die Europäische Kommission eine weitere Anfrage an die ESMA und ersuchte diese um eine **neuerliche Evaluation der Leerverkaufs-VO**[2]. Die ESMA hat dazu am 7.7.2017 einen Konsultationsbericht[3] und am 21.12.2017 ihren finalen technical advice vorgelegt[4]. Darin nimmt sie Stellung zu den Ausnahmevorschriften für Market Maker[5], zu den Ausnahmemaßnahmen nach Art. 23[6] sowie zum Transparenzregime[7]. Zu dem Konsultationspapier hatten einige Interessenverbände und Marktteilnehmer Stellung genommen[8]. Die Stellungnahmen sind auf der Website der ESMA veröffentlicht[9]. Dazu auch Vor Art. 1 ff. VO Nr. 236/2012 Rz. 18.

3 **II. Übergangsbestimmung (Art. 46 VO Nr. 236/2012).** Nach Art. 46 Abs. 1 VO Nr. 236/2012 konnten in den Geltungsbereich der Leerverkaufs-VO fallende bestehende Maßnahmen, die vor dem 15.9.2010 in Kraft gesetzt wurden, bis 1.7.2013 gültig bleiben, sofern sie der Europäischen Kommission bis 24.4.2012 mitgeteilt wurden.

4 CDS-Transaktionen, die während einer Aussetzung des Verbots getätigt wurden und zu einer ungedeckten Position führten, können auch nach Wiederinkraftsetzung des Verbots bis zu ihrer Fälligkeit gehalten werden (Art. 46 Abs. 2 VO Nr. 236/2012)[10]. Die Vorschrift stellt eine materielle Bestandsschutzklausel dar.

5 **III. Personal und Ressourcen der ESMA (Art. 47 VO Nr. 236/2012).** Die ESMA hatte nach Art. 47 VO Nr. 236/2012 bis zum 31.12.2012 ihren Personal- und Mittelbedarf, der sich aus der Wahrnehmung der ihr durch diese Verordnung übertragenen Aufgaben und Befugnisse ergibt, zu beurteilen und dem Europäischen Parlament, dem Rat und der Kommission einen Bericht darüber zu übermitteln. Der *Report to the European Parliament, the Council and the Commission on the budgetary implications of Regulation (EU) No 236/2012 on short selling and certain aspects of credit default swaps*, ESMA/2012/875 ist auf der Website der ESMA abrufbar[11].

6 **IV. Inkrafttreten (Art. 48 VO Nr. 236/2012).** Die Leerverkaufs-VO wurde am 24.3.2012 – nach Ausfertigung durch den Präsidenten des Europäischen Parlaments und den Präsidenten des Rates der EU am 14.3.2012 – im Amtsblatt der EU veröffentlicht (ABl. EU Nr. L 86 v. 24.3.2012, S. 1) und trat gem. Art. 48 Satz 1 VO Nr. 236/2012 am Tag nach ihrer Veröffentlichung, mithin am 25.3.2012, in Kraft. Ihre wesentlichen Bestimmungen gelten gem. Art. 48 Satz 2 VO Nr. 236/2012 aber erst **seit dem 1.11.2012**. S. auch Art. 1 VO Nr. 236/2012 Rz. 16.

---

1 *Weick-Ludewig* in Fuchs, § 30h WpHG Rz. 146 ff.
2 Request for ESMA technical advice on the evaluation of Regulation (EU) No 236/2012, 19 January 2017, abrufbar unter: https://ec.europa.eu/info/law/short-selling-regulation-eu-no-236-2012/monitoring-and-enforcement_en.
3 Abrufbar unter: https://www.esma.europa.eu/press-news/esma-news/esma-consults-evaluation-short-selling-regulation.
4 ESMA, Final Report – Technical Advice on the evaluation of certain elements of the Short Selling Regulation, ESMA70-145-386.
5 ESMA, Consultation Paper on the evaluation of certain elements of the Short Selling Regulation, ESMA70-145-127, S. 7 ff.; ESMA, Final Report – Technical Advice on the evaluation of certain elements of the Short Selling Regulation, ESMA70-145-386, Annex II.
6 ESMA, Consultation Paper on the evaluation of certain elements of the Short Selling Regulation, ESMA70-145-127, S. 19 ff. und Annex III.; ESMA, Final Report – Technical Advice on the evaluation of certain elements of the Short Selling Regulation, ESMA70-145-386, Annex III.
7 ESMA, Consultation Paper on the evaluation of certain elements of the Short Selling Regulation, ESMA70-145-127, S. 35 ff.; ESMA, Final Report – Technical Advice on the evaluation of certain elements of the Short Selling Regulation, ESMA70-145-386, Annex IV.
8 So etwa die Deutsche Bank, die Deutsche Kreditwirtschaft, die Deutsche Börse, der Bundesverband der Wertpapierfirmen e.V., die London Stock Exchange Group sowie AFME und ISDA.
9 *Abrufbar unter:* https://www.esma.europa.eu/press-news/consultations/consultation-evaluation-certain-aspects-short-selling-regulationn#TODO.
10 *Weick-Ludewig* in Fuchs, § 30h WpHG Rz. 100.
11 https://www.esma.europa.eu/sites/default/files/library/2015/11/2012-875.pdf.

Verordnung (EU) Nr. 648/2012
des Europäischen Parlaments und des Rates vom 4. Juli 2012 über OTC-Derivate, zentrale Gegenparteien und Transaktionsregister (EMIR)

Vorbemerkungen vor Art. 1–91

Schrifttum: *Archarya,* A Transparency Standard for Derivatives, National Bureau of Economic Research (NBER) Working Paper Series, Working Paper 17558, abrufbar über: http://www.nber.org; *Benos/Payne/Vasios,* Centralized trading, transparency and interest rate swap market liquidity:evidence from the implementation of the Dodd-Frank Act, Bank of England (BoE) Staff Working Paper (SWP) No. 580 vom 17.1.2016 (aktualisiert Fassung Juli 2016), abrufbar über: http://www.bankofengland.co.uk; *Bosch/Ertogrul,* Regulierung von OTC-Derivaten und deren Liquiditätswirkung, ZfgK 2013, 190; *Bundesanstalt für Finanzdienstleistungsaufsicht (BaFin),* European Market Infrastructure Regulation (EMIR), Stand: 11.1.2017, abrufbar über: http://www.bafin.de; *Bundesanstalt für Finanzdienstleistungsaufsicht (BaFin),* Häufige Fragen und Antworten der BaFin zur EMIR, Stand: 6.10.2016, abrufbar über: https://www.bafin.de („BaFin Q&A"); *Cecchetti/Gyntelberg/Hollanders,* Central counterparties for over-the-counter derivatives, Bank for International Settlement, BIS Quarterly Review, September 2009, 45, abrufbar über: https://www.bis.org; *Cloridaß,* Regulierung in Europa – auch in der Schweiz: Finanzmarktinfrastrukturgesetz, WM 2015, 268; *Cloridaß/Müller* in Temporale (Hrsg.), Europäische Finanzmarktregulierung – Handbuch zu EMIR, MiFID II/MiFIR, PRIIPs, MAD/MAR, OTC-Derivaten und Hochfrequenzhandel, 2015; *Coffee,* Extraterritorial Financial Regulation. Why E.T. Can't Coe Home, 99 Cornell L. Rev. 1259 (2014), abrufbar über: https://scholarship.law.cornell.edu/clr/vol99/iss6/1/; *Dilger,* Applicability constellations under EMIR with special relevance for non-financial sector companies inside and outside of the European Union (later European Economic Area), Journal of International Banking Law and Regulation 29 (2014), 751; *Cont/Kokholm,* Central Clearing of OTC derivatives: Bilateral vs multilateral netting, Statistics and Risk Modeling, Vol 31, No. 1, 3-22, March 2014, abrufbar über: https://arxiv.org/pdf/1304.5065.pdf; *Decker,* Segregation und Ausfallrisiko nach EMIR und KAGB, BKR 2014, 397; *Diekmann/Fleischmann,* Der Verordnungsentwurf der Europäischen Kommission für den OTC-Derivatemarkt, WM 2011, 1105; *Droll/Ockler,* Die Transparenz globaler Derivatemärkte – Licht, Halbdunkel und Schatten, ZfgK 2013, 173; *Europäische Wertpapier- und Marktaufsichtsbehörde (ESMA),* „Fragen und Antworten – Umsetzung der Verordnung (EU) Nr. 648/2012 über OTC-Derivate, zentrale Gegenparteien und Transaktionsregister (EMIR)", ESMA70-1861941480-52 vom 30.5.2018, abrufbar über: https://www.esma.europa.eu („ESMA Q&A"); *Europäisches Parlament* (Hrsg.), Studie „Derivatives, Central Counterparties and Trade Repositories", IP/A/ECON/NT/2010-14 vom 4.2.2011, Autoren: *Alexander/Mülbert/Kassow/Farkas,* abrufbar über: http://www.europarl.europa.eu („[Autor] in ECON Studie 2010-14"); *Financial Markets Law Committee (FMLC),* Diskussionspapier „Issue 156 – OTC Derivatives" vom Oktober 2011 („FMLC 2011"); *FMLC,* Diskussionspapier „Coordination in the Reform of International Financial Regulation" vom Februar 2015 („FMLC 2015"); *Flosbach,* EMIR-Gesetz: ein Beitrag zu mehr Vertrauen und Transparenz? ZfgK 2013, 168; *Funke/Neubauer,* Reaktion auf die Finanzmarktkrise: REMIT und EMIR als neue Frühwarnsysteme bei den Europäischen Energiemarkt, CCZ 2012, 6; *Funke,* Reaktion auf die Finanzmarktkrise – Teil 2: MiFID und MiFIR machen das Frühwarnsystem perfekt!, CCF 2012, 54; *Funke,* REMIT und EMIR – eine Umgestaltung des OTC-Marktes für Energieprodukte steht bevor!, WM 2012, 202; *Glass,* The regulatory drive towards central counterparty clearing of OTC credit derivatives and the necessary limits on this, Capital Markets Law Journal (CMLJ), Volume 4, 2009, 579; *Goldschmidt/Rudy,* EU-Maßnahmen für sichere Derivatemärkte, ZfgK 2010, 268; *Gstädtner,* Regulierung der Märkte für OTC-Derivate, RdF 2012, 145; *Heppe/Tielemann,* Die Neuordnung des Dodd-Frank Wall Street Reform and Consumer Protection Act, WM 2011, 1883; *International Swaps and Derivatives Association (ISDA),* Comments on the 'EMIR Refit' proposal vom 18.7.2017, abrufbar über: https://www.isda.org/a/e8iDE/isda-comments-on-emir-refit-proposal-final-18-july-2017.pdf; *Jahn,* Die Finanzkrise und ihre rechtlichen Auswirkungen auf Rahmenverträge über OTC-Derivategeschäfte, BKR 2009, 25; *Jahn/Reiner,* Außerbörsliche Finanztermingeschäfte (OTC-Derivate), in Schimansky/Bunte/Lwowski (Hrsg.), Bankrechtshandbuch, 5. Aufl. 2017, § 114; *Jobst,* Börslicher und außerbörslicher Derivatehandel mittels zentraler Gegenpartei, ZBB 2010, 384; *Johnson,* Commentary on the Abraham L. Pomerantz Lecture: Clearinghouse Governance: Moving Beyond Cosmetic Reform, Brooklyn Law Review Vol. 77 (2012), Issue 2, 681; abrufbar über: https://brooklynworks.brooklaw.edu; *Köhling/Adler,* Der neue europäische Regulierungsrahmen für OTC-Derivate, WM 2012, 2125 und 2173; *König* in Ebenroth/Boujong/Joost/Strohn (Hrsg.), Handelsgesetzbuch, Bank- und Börsenrecht, VIII. Finanztermingeschäfte und Derivate, 3. Aufl. 2015; *Kommission,* „EMIR: Häufig gestellte Fragen", zuletzt aktualisiert am 10.7.2014, abrufbar über: http://ec.europa.eu („Kommission FAQ"); *Krahnen/Pelizzon,* „Predatory" Margins and the Regulation and Supervision of Central Counterparty Clearing Houses (CCPs), Sustainable Architecture for Finance in Europe (SAFE), White Paper No. 41 vom 9.9.2016, abrufbar über: http://safe-frankfurt.de/fileadmin/user_upload/editor_common/Policy_Center/Krahnen_Pelizzon_CCP.pdf; *Litten/Schwenk,* EMIR – Auswirkungen der OTC-Derivateregulierung auf Unternehmen der Realwirtschaft, DB 2013, 857 und 918; *Lutter/Bayer/J. Schmidt* (Hrsg.) Europäisches Unternehmens- und Kapitalmarktrecht, 6. Aufl. 2017, ZGR Sonderheft 1, Teil 1; *Marjosola,* Regulate Thy Neighbour: Competition and Conflict in the Cross-Border Regulatory Space for OTC Derivatives, EUI Working Paper LAW 2016/01, abrufbar über: https://papers.ssrn.com/sol3/papers.cfm?abstract_id=2733138; *Martens* in Derleder/Knops/Bamberger (Hrsg.), Deutsches und europäisches Bank- und Kapitalmarktrecht, Band 2, 3. Aufl. 2017, § 60; *Meyer/Rieger,* Umsetzungsprozess in der heißen Phase, Die Bank 4.2012, 16; *Muegge,* Kreditderivate als Ursache der globalen Finanzkrise: Systemfehler oder unglücklicher Zufall, in Kessler (Hrsg.), Die Internationale Politische Ökonomie der Weltfinanzkrise, 2011; *Mülbert,* Regulierungstsunami im europäischen Kapitalmarktrecht, ZHR 178 (2012), 369; *Nietsch/Graef,* Regulierung der europäischen Märkte für außerbörsliche OTC-Derivate, BB 2010, 1361; *Okonjo,* Assessing the impact of the extraterritorial provisions of the European Market Infrastructure Regulation (EMIR) on emerging economies' OTC derivatives markets: A doctrine of proportionality perspective – challenges and unresolved issues, India Journal of International Economic Law, Vol. VII (2015), 1, abrufbar über: http://docs.manupatra.in/newsline/articles/Upload/

5B404F05-0CF3-4809-8BCF-937A93FDBAAE.pdf; *Pankoke*, Internationale Regulierungsstandards für Derivatemärkte, BaFinJournal 10/2011, 18; *Pankoke/Wallus*, Europäische Derivateregulierung und M&A, WM 2014, 4; *Pietrzak*, Anforderungen und Geschäftsmodelle für OTC Derivate Clearing Häuser, ZfgK 2013, 400; *Russo*, OTC derivatives: financial stability challenges and responses from authorities, Banque de France (BdF), Financial Stability Review No. 14, Derivatives – Financial innovations and stability, July 2010, 101, abrufbar über: https://publications.banque-france.fr; *Salewski*, MAD II, MiFID II, EMIR und Co. – Die Ausweitung des europäischen Marktmissbrauchsregimes durch die neue Finanzmarktinfrastruktur, GWR 2012, 265; *Schuster/Ruschkowski*, EMIR – Überblick und ausgewählte Aspekte, ZBB/JBB 2014, 123; *Scott*, The New EU 'Extraterritoriality', Common Market Law Review Vol. 51 (2014) 1343, abrufbar über: https://papers.ssrn.com/sol3/papers.cfm?abstract_id=2464240; *Sigmundt*, EMIR: Neue Regeln für den Handel mit OTC-Derivaten, BaFinJournal 01/2012, 12; *Singh*, Collateral, Netting and Systemic Risk in the OTC Derivatives Market, Working Paper No. 10/99, abrufbar über: https://www.imf.org; *Sjostrum*, The AIG Bailout, 66 Wash. & Lee L. Rev. (2009), 943, abrufbar über: https://scholarlycommons.law.wlu.edu/cgi/viewcontent.cgi?article=1062&context=wlulr; *Teuber/Schoepp*, Derivate-Regulierung EMIR: Auswirkungen auf Unternehmen in Deutschland, RdF 2013, 209; *Teuber/Schröer* (Hrsg.), MiFID II und MiFIR – Umsetzung in der Bankpraxis, 2015; *von Hall*, Warum EMIR den Finanzplatz stärkt, und trotzdem eine Wettbewerbsverzerrung im Binnenmarkt droht, WM 2013, 673; *Weck/Zimmermann*, Derivate in der kommunalen Praxis, ZfgK 2013, 193; *Wieland/Weiß*, EMIR – die Regulierung des europäischen OTC-Derivatemarktes, Corporate Finance Law 2013, 73; *Wiesner/Christmann/Milke*, Regulierung des Derivatemarktes durch EMIR – Auswirkungen auf deutsche Unternehmen, Deloitte White Paper Nr. 56 vom 1.2.2013, abrufbar über: https://www2.deloitte.com/de/de/pages/financial-services/articles/White-Paper-No-56.html; *Wulff/Kloka*, Umsetzung von EMIR-Pflichten im Zusammenhang mit nicht-geclearten Derivategeschäften, WM 2015, 215; *Yadav/Turing*, The Extra-Territorial Regulation of Clearinghouses (September 11, 2015), Vanderbilt Law and Economics Research Paper No. 15-24, abrufbar über: https://ssrn.com/abstract=2659336 oder http://dx.doi.org/10.2139/ssrn.2659336; *Zeitler*, Vergessene Ursachen der Banken- und Finanzkrise, WM 2012, 673; *Zerey* (Hrsg.), Finanzderivate, Rechtshandbuch, 4. Aufl. 2016.

I. Regelungszweck 1	V. Geplante Überarbeitungen der EMIR 31
II. Entstehungsgeschichte 10	VI. Extraterritoriale Wirkungen 36
III. Inkrafttreten und Geltung der EMIR 20	VII. Umsetzung der G20-Beschlüsse in anderen
IV. Änderungen und Ergänzungen der EMIR 25	Staaten 41

1 I. Regelungszweck. Die VO Nr. 648/2012 (nachfolgend auch European Market Infrastructure Regulation oder „EMIR" genannt) ist eine **Reaktion auf die Finanzmarktkrise von 2007/2008**, die mit der Insolvenz der Lehman Brothers Holdings Inc. am 15.9.2008 und der Liquiditätskrise und Beinahe-Insolvenz der American International Group, Inc. (AIG), ebenfalls im September 2008, ihren Höhepunkt fand.

2 Der Regelungszweck der EMIR ist ein vielfacher: Zum einen soll sie für die zuständigen Aufsichtsbehörden[1] die **Transparenz** der außerbörslich (d.h. over the counter oder „OTC") abgeschlossenen Derivate erhöhen, um die mit ihnen verbundenen Risiken für das Finanzsystem frühzeitig identifizieren zu können[2]. OTC-Derivate werden von den Vertragsparteien individuell ausgehandelt und vereinbart. Sieht man einmal von den von der Bank für International Zahlungsausgleich (BIZ) veröffentlichten halbjährlichen Statistiken[3] ab, so fehlten in der Vergangenheit Angaben zu Art und Umfang der abgeschlossenen OTC-Derivate sowie den beteiligten Vertragsparteien[4]. Die Folgen fehlender Transparenz sind insbesondere während der Finanzmarktkrise deutlich geworden: Die AIG Financial Products Corporation, eine Tochtergesellschaft der AIG, hatte im großen Umfang unbesicherte Kreditderivate in Form von credit default swaps (CDS) abgeschlossen[5], mit denen sie den Inhabern

---

[1] Zur notwendigen Transparenz für die Marktteilnehmer, die das Gegenparteiausfallrisiko ihres Kontrahenten besser einschätzen und „bepreisen" können sollen: *Archarya*, NBER Working 17558, S. 3: „as a result of this opacity, counterparty credit risk cannot be adequately reflected in price and collateral arrangements"; *Grundmann* in Staub, HGB, Band 11/2, 5. Aufl. 2018, Rz. 657. Die von *Archarya* angesprochene Markttransparenz wird von der EMIR nicht adressiert. Sie ist aber Aufgabe der Offenlegungsanforderungen (Pillar III) des Art. 439 VO Nr. 575/2013 (CRR).

[2] Erwägungsgrund Nr. 4 VO Nr. 648/2012; *Köhling/Adler*, WM 2012, 2125, 2126; *Cloridaß*, WM 2015, 268; *Grundmann* in Staub, HGB, Band 11/2, 5. Aufl. 2018, Rz. 657; *König* in Ebenroth/Boujong/Joost/Strohn, HGB, Rz. VIII 19.

[3] *Bank für Internationalen Zahlungsausgleich (BIZ)*, Halbjährliche Statistik über den Bestand außerbörslich gehandelter Derivate, abrufbar über: https://www.bis.org/statistics/derstats.htm?m=6 %7C32 %7C71. Einen Überblick über die aus der Datenhistorie der BIZ ableitbare Entwicklung des globalen OTC-Derivatemarktes geben *Wilhelmi/Blum* in Wilhelmi/Achtelik/Kunschke/Sigmundt, Handbuch EMIR, Teil 1.B Rz. 2 bis 8. Einen Überblick über das Wachstum in den letzten drei Jahren vor der Finanzmarktkrise geben *Cecchetti/Gyntelberg/Hollanders*, BIS Quarterly Review, September 2009, 45, 46. Nach *Droll/Ockler*, ZfgK 2013, 173 waren die von der BIZ veröffentlichten Daten noch im Jahr 2013 die beste Quelle für einen ersten Einblick in Umfang, Struktur und Entwicklung der weltweite OTC-Derivatemärkte.

[4] Erwägungsgrund Nr. 4 VO Nr. 648/2012.

[5] *Sjostrum*, The AIG Bailout, 66 Wash. & Lee L. Rev. (2009), 943 ff.; nach *Johnson*, Brooklyn Law Review Vol. 77 (2012), 681, 689 wies der Jahresabschluss der AIG für 2007 Kreditderivate i.H.v. 527 Milliarden U.S.-Dollar aus; 148 Milliarden U.S.-Dollar entfielen auf CLOs und CDOs. Dieses Portfolio hat im ersten Quartal 2008 20,6 Milliarden U.S.-Dollar Verlust realisiert. Laut *Cecchetti/Gyntelberg/Hollanders*, BIS Quarterly Review, September 2009, 45 verfügte die AIG noch im Juni 2018 über Kreditderivate mit einem Volumen von 446 Milliarden U.S.-Dollar. Zu weiteren Einzelheiten, insbesondere zum Umfang der erforderlichen Stützungsmaßnahmen, s. *Grundmann* in Staub, HGB, Band 11/2, 5. Aufl. 2018, Rz. 655.

von strukturierten Schuldverschreibungen z.B. collateralized debt obligations (CDOs) oder asset-backed securities (ABS) – Absicherungen für die ihnen innewohnenden Kreditrisiken verkaufte. Über diese Kreditderivate ist das Kreditrisiko der Schuldverschreibungen – für die zuständige Aufsicht unbemerkt[1] – nicht nur über zwischenstaatliche Grenzen hinweg transferiert, sondern auch innerhalb der Finanzgruppe konzentriert worden.

Ausprägung der Bemühung um mehr Transparenz ist die Einführung einer **Meldepflicht** für OTC-Derivate in Art. 9 VO Nr. 648/2012. Die durch Art. 9 VO Nr. 648/2012 geschaffene Transparenz hat auch unterstützende Funktion, in dem sie dem Gesetzgeber zuverlässige Daten für die Ausübung der durch die EMIR geschaffenen Handlungsoptionen zur Verfügung stellt. Bedeutung hat dies u.a. für die Begründung einer Clearingpflicht für bestimmte Derivatekategorien, die Festsetzung und Überprüfung der für nichtfinanzielle Gegenparteien definierten Clearingschwellen[2] oder die Anordnung der Handelspflicht für Derivate nach Art. 32 VO Nr. 600/2014[3]. 3

Ein weiterer Regelungszweck ist die **Minderung von Systemrisiken**[4]. Hierbei geht es zum einen um das Kreditrisiko in Form des Gegenparteiausfallrisikos[5], d.h. das Risiko, dass eine Vertragspartei ihre Verpflichtungen unter den von ihr abgeschlossenen OTC-Derivaten nicht mehr erfüllen kann (Art. 2 Nr. 11 VO Nr. 648/2012). Das **Gegenparteiausfallrisiko** kann für die Stabilität der Finanzmärkte relevant sein, wenn die betreffende Gegenpartei selbst systemrelevant ist und OTC-Derivate in einem Umfang abschließt, der ihre Existenz gefährdet bzw. der befürchten lässt, dass die Gegenpartei aufgrund ihrer Größe oder ihrer Vernetzung im Falle einer ungeordneten Abwicklung andere Finanzmarktteilnehmer in Mitleidenschaft zieht. Ausprägung der angestrebten Verminderung des Gegenparteiausfallrisikos ist neben der bereits erwähnten Meldepflicht die Einführung einer **Clearingpflicht** für OTC-Derivate in Art. 4 VO Nr. 648/2012, d.h. die Verwendung einer zentralen Gegenpartei (central counterparty, CCP), die in die bestehende Vertragsbeziehung eintritt[6], sowie die Verpflichtung zur Verwendung von **Risikominderungstechniken** für nicht über eine CCP abgewickelte OTC-Derivate in Art. 11 VO Nr. 648/2012. 4

In den Erwägungsgründen nur am Rande erwähnt[7], aber durch die Entstehungsgeschichte sowie Art. 11 Abs. 1 VO Nr. 648/2012 und die organisatorischen Anforderungen an CCPs und Transaktionsregister belegt, ist die Gefährdung der Finanzmarktstabilität durch **operationelle Risiken**, insbesondere **Rechtsrisiken**. Ausprägung hierfür ist die Pflicht zur zeitnahen Bestätigung von OTC-Derivaten und die Einrichtung von Verfahren über den **Portfolioabgleich** und die zeitnahe **Beilegung von Streitigkeiten**, die mögliche Zweifel an der Wirksamkeit der OTC-Derivate, der für sie vereinbarten Besicherungsvereinbarungen und dem Inhalt der durch sie begründeten Verpflichtungen minimieren sollen. 5

Hinzugetreten ist zuletzt die Verpflichtung, die wesentlichen Bedingungen für die Abwicklung, Bewertung, vorzeitige Beendigung und Abrechnung von OTC-Derivaten bereits vor oder zumindest zeitgleich mit dem Abschluss der OTC-Derivate in **schriftlichen Vereinbarungen** festzuhalten und die Wirksamkeit und Durchsetzbarkeit dieser Vereinbarungen – in der Praxis handelt es sich in der Regel um die von Handelsverbänden entwickelten Rahmenverträge (z.B. den von den deutschen Spitzenverbänden der Kreditwirtschaft entwickelten Rahmenvertrag für Finanztermingeschäfte oder das 2002 ISDA Master Agreement) – laufend zu überwachen (Art. 2 Abs. 2 Unterabs. 1 Buchst. g und Abs. 3 DelVO 2016/2251). 6

---

1 Zur Problematik der Intransparenz insbesondere aus Sicht des Regulierers s. *Wilhelmi/Blum* in Wilhelmi/Achtelik/Kunschke/Sigmundt, Handbuch EMIR, Teil 2.A Rz. 9. S. auch *Archarya*, NBER Working 17558, S. 1: „lack of adequate understanding of such exposures often compromise regulatory ability to unwind an institution".
2 Erwägungsgrund Nr. 37 VO Nr. 648/2012.
3 Im Rahmen ihrer Vorarbeiten für die Anordnung der Handelspflicht nach Art. 32 VO Nr. 600/2014 hat die ESMA auch auf Daten der Transaktionsregister zurückgegriffen. S. *ESMA*, Konsultationspapier zur Handelspflicht für Derivate unter der MiFIR, ESMA 70-156-71 vom 19.6.2017, abrufbar über: https://www.esma.europa.eu/sites/default/files/library/esma 70-156-227_final_report_trading_obligation_derivatives.pdf („*ESMA* Konsultationspapier Handelspflicht"), Rz. 27.
4 Erwägungsgründe Nr. 7 und 15 VO Nr. 648/2012; *Archarya*, NBER Working 17558, S. 1: „derivatives exposure across large financial institutions often contribute to – if not necessarily create – systemic risk"; *Grundmann* in Staub, HGB, Band 11/2, 5. Aufl. 2018, Rz. 657.
5 Erwägungsgründe Nr. 17 und 19 VO Nr. 648/2012.
6 Zu den Vorteilen der Verwendung von CCPs: Reduzierung von Gegenparteiausfallrisiken und operationellen Risiken durch Netting und zeitnahe Besicherung, Effizienz der Steuerung von Gegenparteiausfallrisiken, die durch Cross-Margining und durch Interoperabilitätsvereinbarungen mehrerer CCPs noch gesteigert werden kann, Solidarhaftung der Clearingmitglieder: *Singh*, IMF Working Paper No. 10/99, 8; *Cont/Kokholm*, Statistics and Risk Modeling 2014, 5; *Cecchetti/Gyntelberg/Hollanders*, BIS Quarterly Review, September 2009, 45, 46; *Jobst*, ZBB 2010, 384, 385; *Wieland/Weiß*, CFL 2013, 73, 77; *Sigmundt* in Wilhelmi/Achtelik/Kunschke/Sigmundt, Handbuch EMIR, Teil 5.D Rz. 3. Zu den Risiken: Der Konzentration von Gegenparteiausfallrisiken in CCPs, die selbst wiederum ein systemisches Risiko darstellen: *Johnson*, Brooklyn Law Review Vol. 77 (2012), 681, 695; *Pietrzak*, ZfgK 2013, 400; dem gesteigerten Bedarf an liquiden Vermögenswerten: *Bosch/Ertogrul*, ZfgK 2013, 190, 191; dem Wettbewerb der CCPs und dem Risiko eines „Race-to-the-Bottom": *Krahnen/Pelizzon*, SAFE White Paper No. 41, 2 und 7/8; *Sigmundt* in Wilhelmi/Achtelik/Kunschke/Sigmundt, Handbuch EMIR, Teil 5.D Rz. 7, *Yadav/Turing*, The Extra-Territorial Regulation of Clearinghouses, 7: „look for ‚lowest-cost' compliance environments".
7 Erwägungsgrund Nr. 24 VO Nr. 648/2012.

7 In den Erwägungsgründen der VO Nr. 648/2012 als weiterer Regelungszwecke erwähnt[1], ist die **Schaffung gleicher Wettbewerbsbedingungen** und der **Schutz vor Marktmissbrauch**[2]. Ausdruck dieses Regelungszweckes sind zum einen die in Art. 7, 8, 36 und 37 VO Nr. 648/2012 verankerten Vorschriften über den Zugang zu CCPs und Handelsplätzen zu fairen, angemessenen, diskriminierungsfreien und handelsüblichen Bedingungen (fair, reasonable and non-discriminatory oder „FRAND")[3], zum anderen die in Art. 38 Abs. 1 VO Nr. 648/2012 geregelte Pflicht zur öffentlichen Bekanntmachung von Preisen und Entgelten für die von CCPs und Clearingmitgliedern angebotene Dienstleistungen.

8 Die EMIR ist wesentlicher Bestandteil des auf internationaler Ebene beschlossenen **Maßnahmenpaketes zur Behebung der Ursachen der Finanzmarktkrise von 2007/2008**, das auf europäischer Ebene u.a. aus folgenden Initiativen besteht[4]: (1) der Reform der Aufsichtsstruktur für den Finanzsektor, d.h. der Schaffung der drei Europäischen Finanzaufsichtsbehörden EBA, ESMA und EIOPA[5], des Europäischen Ausschusses für Systemrisiken (ESRB)[6] und der einheitlichen Aufsicht systemrelevanter Banken durch die Europäische Zentralbank (EZB)[7], (2) die Begründung eines neuen Regelungsrahmens für Leerverkäufe und credit default swaps (CDS)[8], (3) die durch den Baseler Bankenausschuss (BCBS) vorangetriebene Anpassung der Eigenkapitalanforderungen für Kreditinstitute und Wertpapierfirmen[9], (4) die erweiterten Anforderungen für die geregelten Märkte für Finanzinstrumente sowie die dort aktiven Wertpapierfirmen und Datenübermittlungsdienstleister[10], (5) die Überarbeitung der Regelungen zur Bekämpfung von Marktmissbrauch[11], (6) die Begründung eines neuen Rah-

---

1 Erwägungsgründe Nr. 7, 14, 17 und 35 VO Nr. 648/2012.
2 *Wilhelmi/Blum* in Wilhelmi/Achtelik/Kunschke/Sigmundt, Handbuch EMIR, Teil 2.A Rz. 6 mit Verweis auf die G20-Beschlüsse in Pittsburgh. *Grundmann* in Staub, HGB, Band 11/2, 5. Aufl. 2018, Rz. 658 sieht dieses Regulierungsziel als allenfalls sekundär an.
3 Das sog. „FRAND-Prinzip" soll im Rahmen der Überarbeitung der EMIR auf den Zugang zu Clearingdienstleistungen durch clearingpflichtige Gegenparteien erweitert werden. S. *Kommission*, Vorschlag für eine Verordnung des Europäischen Parlaments und des Rates zur Änderung der Verordnung (EU) Nr. 648/2012 in Bezug auf die Clearingpflicht, die Aussetzung der Clearingpflicht, die Meldepflichten, die Risikominderungstechniken für nicht durch eine zentrale Gegenpartei geclearte OTC- Derivatekontrakte, die Registrierung und Beaufsichtigung von Transaktionsregistern und die Anforderungen an Transaktionsregister, KOM(2017) 208 final vom 4.5.2017, abrufbar über: http://ec.europa.eu/transparency/regdoc/rep/1/2017/DE/COM-2017-208-F1-DE-MAIN-PART-1.PDF („*Kommission* EMIR-REFIT-Entwurf"), S. 17 unter „Änderungen zur Schaffung von Clearing-Anreizen und zur Verbesserung des Clearing-Zugangs".
4 Einen sehr guten Überblick über den durch die Finanzmarktkrise ausgelösten „Regulierungstsunami" vermittelt: *Mülbert*, ZHR 178 (2012), 369 ff.; *Salewski*, GWR 2012, 265.
5 Verordnung (EU) Nr. 1093/2010 des Europäischen Parlaments und des Rates vom 24. November 2010 zur Errichtung einer Europäischen Aufsichtsbehörde (Europäische Bankenaufsichtsbehörde), zur Änderung des Beschlusses Nr. 716/2009/EG und zur Aufhebung des Beschlusses 2009/78/EG der Kommission, ABl. EU Nr. L 331 v. 15.12.2010, S. 12; Verordnung (EU) Nr. 1094/2010 des Europäischen Parlaments und des Rates vom 24. November 2010 zur Errichtung einer Europäischen Aufsichtsbehörde (Europäische Aufsichtsbehörde für das Versicherungswesen und die betriebliche Altersversorgung), zur Änderung des Beschlusses Nr. 716/2009/EG und zur Aufhebung des Beschlusses 2009/79/EG der Kommission, ABl. EU Nr. L 331 v. 15.12.2010, S. 48; Verordnung (EU) Nr. 1095/2010 des Europäischen Parlaments und des Rates vom 24. November 2010 zur Errichtung einer Europäischen Aufsichtsbehörde (Europäische Wertpapier- und Marktaufsichtsbehörde), zur Änderung des Beschlusses Nr. 716/2009/EG und zur Aufhebung des Beschlusses 2009/77/EG der Kommission, ABl. EU Nr. L 331 v. 15.12.2010, S. 84.
6 Verordnung (EU) Nr. 1092/2010 des Europäischen Parlaments und des Rates vom 24. November 2010 über die Finanzaufsicht der Europäischen Union auf Makroebene und zur Errichtung eines Europäischen Ausschusses für Systemrisiken, ABl. EU Nr. L 331 v. 15.12.2010, S. 1.
7 Verordnung (EU) Nr. 1024/2013 des Rates vom 15. Oktober 2013 zur Übertragung besonderer Aufgaben im Zusammenhang mit der Aufsicht über Kreditinstitute auf die Europäische Zentralbank, ABl. EU Nr. L 287 v. 29.10.2013, S. 63 und Verordnung (EU) Nr. 468/2014 der Europäischen Zentralbank vom 16. April 2014 zur Einrichtung eines Rahmenwerks für die Zusammenarbeit zwischen der Europäischen Zentralbank und den nationalen zuständigen Behörden und den nationalen benannten Behörden innerhalb des einheitlichen Aufsichtsmechanismus, ABl. EU Nr. L 141 v. 4.5.2014, S. 1.
8 Verordnung (EU) Nr. 236/2012 des Europäischen Parlaments und des Rates vom 14. März 2012 über Leerverkäufe und bestimmte Aspekte von Credit Default Swaps, ABl. EU Nr. L 86 v. 24.3.2012, S. 1.
9 Richtlinie 2013/36/EU des Europäischen Parlaments und des Rates vom 26. Juni 2013 über den Zugang zur Tätigkeit von Kreditinstituten und die Beaufsichtigung von Kreditinstituten und Wertpapierfirmen, zur Änderung der Richtlinie 2002/87/EG und zur Aufhebung der Richtlinien 2006/48/EG und 2006/49/EG, ABl. EU Nr. L 176 v. 27.6.2013, S. 338 und Verordnung (EU) Nr. 575/2013 des Europäischen Parlaments und des Rates vom 26. Juni 2013 über Aufsichtsanforderungen an Kreditinstitute und Wertpapierfirmen und zur Änderung der Verordnung (EU) Nr. 648/2012, ABl. EU Nr. L 176 v. 27.6.2013 und Berichtigung vom 30.11.2013, ABl. EU Nr. L 321 v. 30.11.2013 S. 6.
10 Richtlinie 2014/65/EU des Europäischen Parlaments und des Rates vom 15. Mai 2014 über Märkte für Finanzinstrumente sowie zur Änderung der Richtlinien 2002/92/EG und 2011/61/EU, ABl. EU Nr. L 173 v. 12.6.2014, S. 349 und Verordnung (EU) Nr. 600/2014 des Europäischen Parlaments und des Rates vom 15. Mai 2014 über Märkte für Finanzinstrumente und zur Änderung der Verordnung (EU) Nr. 648/2012, ABl. EU Nr. L 173 v. 12.6.2014, S. 84.
11 Richtlinie 2014/57/EU des Europäischen Parlaments und des Rates vom 16. April 2014 über strafrechtliche Sanktionen bei Marktmanipulation, ABl. EU Nr. L 173 v. 12.6.2014, S. 179; Verordnung (EU) Nr. 596/2014 des Europäischen Parlaments und des Rates vom 16. April 2014 über Marktmissbrauch (Marktmissbrauchsverordnung) und zur Aufhebung der Richtlinie 2003/6/EG des Europäischen Parlaments und des Rates und der Richtlinien 2003/124/EG, 2003/125/EG und 2004/72/EG der Kommission, ABl. EU Nr. L 173 v. 12.6.2014, S. 1.

menwerkes für die Sanierung und Abwicklung von Kreditinstituten und Wertpapierfirmen[1], (7) die Begründung von Transparenzpflichten für Wertpapierfinanzierungsgeschäfte (security financing transactions oder „SFT") und für die als Pfandrechte mit Nutzungsrecht (right of use) gestellten Sicherheiten[2], (8) die Begründung eines Rahmenwerkes für die Beaufsichtigung von Ratingagenturen und die Reduzierung der Abhängigkeit von Ratings[3] und (9) die Beschreibung eines Rahmenwerkes für die in Finanzinstrumenten als Referenzwert (benchmark) verwendeten Indizes[4].

Die Initiativen ergänzen und beeinflussen sich gegenseitig[5]. Zudem ergeben sich **Doppelregelungen und Zielkonflikte**. Zu nennen sind z.B. mehrfach begründete Meldepflichten für ein und dieselben Derivate oder die durch die Clearingpflicht begründete Konzentration von Gegenparteiausfallrisiken in den als systemrelevant zu qualifizierenden CCPs. 9

II. Entstehungsgeschichte. Die im vorherigen Abschnitt erwähnten Systemrisiken waren bereits vor Beginn der Finanzmarktkrise von 2007/2008 Gegenstand intensiver **Diskussionen zwischen Aufsichtsbehörden und Finanzmarktteilnehmern**[6]. Anlass der Gespräche war u.a. der beträchtliche Umfang an Kreditderivaten, bei denen die schriftliche Bestätigung (confirmation) ausstand und bei denen deshalb der – wie in der Praxis üblich – telefonisch zustande gekommene Vertragsabschluss und dessen Inhalt im Falle eines Rechtsstreites vor Gericht nur durch Befragung der Händler als Zeugen oder durch Anhören der elektronisch aufgezeichneten Telefongespräche zu beweisen gewesen wäre. Diese Diskussion, bei der anfänglich nur operationelle Risiken auf der Tagesordnung standen, hat in der Folge eine deutliche Erweiterung des Teilnehmerkreises und der Themen erfahren und führte zu einer **Reihe von Selbstverpflichtungen der Marktteilnehmer**, die wesentliche Teile der späteren G20-Pittsburgh-Beschlüsse und der EMIR vorwegnahmen. 10

Die Gespräche begannen mit einer ersten Sitzung am 15.9.2005 – auf den Tage genau drei Jahre vor der Insolvenz der Lehman Brothers Holding Inc. – im Hause der Federal Reserve Bank of New York, an der 14 Kreditinstitute und Wertpapierfirmen (die sog. „major dealer"), und deren nationale Aufsichtsbehörden, die OTC Derivatives Supervisors Group (ODSG), teilnahmen[7]. Ein erstes Ergebnis war die Verpflichtung der Marktteilnehmer[8] vom 11

---

1 Richtlinie 2014/59/EU des Europäischen Parlaments und des Rates vom 15. Mai 2014 zur Festlegung eines Rahmens für die Sanierung und Abwicklung von Kreditinstituten und Wertpapierfirmen und zur Änderung der Richtlinie 82/891/ EWG des Rates, der Richtlinien 2001/24/EG, 2002/47/EG, 2004/25/EG, 2005/56/EG, 2007/36/EG, 2011/35/EU, 2012/ 30/EU und 2013/36/EU sowie der Verordnungen (EU) Nr. 1093/2010 und (EU) Nr. 648/2012 des Europäischen Parlaments und des Rates, ABl. EU Nr. L 173 v. 12.6.2014, S. 190.
2 Verordnung (EU) 2015/2365 des Europäischen Parlaments und des Rates vom 25. November 2015 über die Transparenz von Wertpapierfinanzierungsgeschäften und der Weiterverwendung sowie zur Änderung der Verordnung (EU) Nr. 648/ 2012, ABl. EU Nr. L 337 v. 23.12.2015, S. 1.
3 Verordnung (EG) Nr. 1060/2009 des Europäischen Parlaments und des Rates vom 16. September 2009 über Ratingagenturen, ABl. EU Nr. L 302 v. 17.11.2009, S. 1; Verordnung (EU) Nr. 513/2011 des Europäischen Parlaments und des Rates vom 11. Mai 2011 zur Änderung der Verordnung (EG) Nr. 1060/2009 über Ratingagenturen, ABl. EU Nr. L 145 v. 31.5. 2011, S. 30; Verordnung (EU) Nr. 462/2013 des Europäischen Parlaments und des Rates vom 21. Mai 2013 zur Änderung der Verordnung (EG) Nr. 1060/2009 über Ratingagenturen, ABl. EU Nr. L 146 v. 1.5.2013, S. 1.
4 Verordnung (EU) 2016/1011 des Europäischen Parlaments und des Rates vom 8. Juni 2016 über Indizes, die bei Finanzinstrumenten und Finanzkontrakten als Referenzwert oder zur Messung der Wertentwicklung eines Investmentfonds verwendet werden, und zur Änderung der Richtlinien 2008/48/EG und 2014/17/EU sowie der Verordnung (EU) Nr. 596/2014, ABl. EU Nr. L 171 v. 29.6.2016, S. 1.
5 Sehr anschaulich hierzu: *Cloridaß/Müller* in Temporale, Europäische Finanzmarktregulierung, S. 145.
6 S. *Glass*, 2009 CMLJ, 579 ff.; *Köhling/Adler*, WM 2012, 2125, 2126.
7 Federal Reserve Bank of New York (FED), Pressemitteilungen über die Gespräche zwischen der ODSG und den Major Dealern, sämtliche Pressemitteilungen sind abrufbar über: https://www.newyorkfed.org/newsevents/otc_derivative.html: FED Pressemitteilung „Statement Regarding Meeting on Credit Derivatives" vom 15.9.2005, abrufbar über: https://www. newyorkfed.org/newsevents/news/markets/2005/an050915 („FED Pressemitteilung 15.9.2005"); FED Pressemitteilung „New York Fed Welcomes New Industry Commitments on Credit Derivatives" vom 13.3.2006, abrufbar über: https:// www.newyorkfed.org/newsevents/news/markets/2006/an060313.html; FED Pressemitteilung „Statement Regarding Progress in Credit Derivatives Markets" vom 27.9 2006, abrufbar über: https://www.newyorkfed.org/newsevents/news/markets/2006/an060927.html; FED Pressemitteilung „Statement Regarding June 9 Meeting on Over-the-Counter Derivatives" vom 9.6.2008, abrufbar über: https://www.newyorkfed.org/newsevents/news/markets/2008/ma080609.html („FED Pressemitteilung 9.6.2008"); FED Pressemitteilung „New York Fed to Host Meeting Regarding Central Counterparty for CDS" vom 10.10.2008, abrufbar über: https://www.newyorkfed.org/newsevents/news/markets/2008/an081010.html („FED Pressemitteilung 10.10.2008"); FED Pressemitteilung „New York Fed Welcomes Industry Commitments on Equity Derivatives" vom 21.11.2006, abrufbar über: https://www.newyorkfed.org/newsevents/news/markets/2006/an061 121.html; „New York Fed Welcomes Further Industry Commitments on Over-the-Counter Derivatives" vom 31.10.2008, abrufbar über: https://www.newyorkfed.org/newsevents/news/markets/2008/an081031.
8 Sämtliche Selbstverpflichtungen der sog. *Major Dealers* sind abrufbar über https://www.newyorkfed.org/newsevents/otc_ derivative.html: Schreiben an Timothy Geithner, President of the Federal Reserve Bank of New York vom 4.10.2005, abrufbar über: https://www.newyorkfed.org/medialibrary/media/newsevents/news/markets/2005/industryletter.pdf („*Major Dealers* Selbstverpflichtung vom 4.10.2005"), Schreiben vom 16.12.2005, abrufbar über: https://www.newyorkfed.org/ medialibrary/media/newsevents/news/markets/2006/industryletter.pdf („*Major Dealers* Selbstverpflichtung vom 16.12.

4.10.2005, die Anzahl der Kreditderivate-Bestätigungen, die länger als 30 Tage ausstehen (den sog. „Bestätigungsrückstau" oder „confirmation backlog") bis zum Beginn des Jahres 2006 um 30 Prozent zu reduzieren. Als mittelfristiges Ziel wurde vereinbart, einfach strukturierte Kreditderivate (plain vanilla credit default swaps) innerhalb von fünf Geschäftstagen nach Abschluss zu bestätigen und hierfür nach Möglichkeit auch elektronische **Bestätigungsverfahren** (confirmation matching system) zu nutzen[1]. Mit Schreiben der Marktteilnehmer vom 16.12.2005 wurde die Verpflichtung zur Reduzierung des Bestätigungsrückstaus auf 50 Prozent bis April 2006 erweitert[2].

12 Im Anschluss an die Sitzung vom 14.2.2006 verpflichteten sich die Marktteilnehmer mit Schreiben vom 10.3.2006, sämtliche Kreditderivate, die über das automatisierte Bestätigungsverfahren der Depository Trust & Clearing Corporation (DTTC), der späteren MarkitSERV, oder vergleichbare Systeme bestätigt werden können (sog. „eligible trades"), binnen eines Geschäftstages in das System einzugeben, so dass sie spätestens nach fünf Geschäftstagen bestätigt sind. Für die Bestätigung von Einzelabschlüssen, die nicht für ein automatisiertes Bestätigungsverfahren geeignet sind, wurde eine Versendung der Bestätigung innerhalb von zehn Geschäftstagen und deren Gegenbestätigung nach spätestens 30 Geschäftstagen vereinbart. Unabhängig davon verpflichteten sich die Marktteilnehmer dazu, die wesentlichen Bedingungen neuer Einzelabschlüsse bereits nach drei Geschäftstagen mit ihren Kunden telefonisch oder in anderer Form abzustimmen (economic affirmation). Der Bestätigungsrückstau sollte bis Ende Juni 2006 um 70 Prozent reduziert werden. Bereits die März-Verpflichtung enthielt den Hinweis auf das im Aufbau befindliche **Transaktionsregister** der DTCC, das spätere Trade Information Warehouse, das die Transaktionsdaten sämtlicher Kreditderivate speichern und für Zwecke der Aufsichtsbehörden bereithalten sollte.

13 Das Schreiben der Marktteilnehmer vom 21.11.2006 adressierte zum ersten Mal Aktienderivate und unterwarf sie der bereits für Kreditderivate bestehenden Verpflichtung zur zeitnahen Bestätigung. Vorrangiges Ziel war jedoch die **Vereinfachung der Vertragsdokumentation** durch Einführung von Mustertexten für sog. „master confirmations", die den wesentlichen Inhalt der Bestätigungen für bestimmte Kategorien von Aktienderivaten vorwegnimmt und bei denen die Parteien lediglich kurze Ergänzungen (supplements) für die wesentlichen ökonomischen Bestimmungen vereinbaren müssen. Der auch bei Aktienderivaten bestehende Bestätigungsrückstau sollte bis Ende Januar 2007 um 25 Prozent reduziert werden. Mit der Selbstverpflichtung vom 15.5.2007 wurde dieses Ziel in Schritten auf 80 Prozent bis Ende November 2007 erhöht.

14 Einen weiteren wesentlichen Schritt zur Reduzierung systemischer Risiken stellte die Sitzung vom 9.6.2008 und das nachfolgende Schreiben der Marktteilnehmer vom 31.7.2008 dar, die den Umfang der bisherigen Selbstverpflichtungen auf Zins-, Währungs- und Warenderivate erweiterten und in denen zum ersten Mal die **Errichtung einer zentralen Gegenpartei (CCP) für Kreditderivate** angekündigt wurde. Ebenfalls neu waren die angekündigte Einführung multilateraler Verfahren zur Reduzierung von Derivaten durch **Portfoliokomprimierung** (portfolio compression) sowie Maßnahmen zur Verbesserung der Besicherung von OTC-Derivaten, insbesondere die Reduzierung von Bewertungsstreitigkeiten durch die regelmäßige **Abstimmung von Derivate-Portfolien** (portfolio reconciliation). Die Selbstverpflichtungen der Industrie hatten bereits vor dem Höhepunkt der Finanzmarktkrise zu einer deutlichen Verbesserung der Bestätigungspraxis geführt. So betrug die Quote der elektronisch erstellten Bestätigungen für Kreditderivate am 31.7.2008 bereits 90 Prozent. Darüber hinaus war der Bestätigungsrückstau bei Kreditderivaten zu diesem Zeitpunkt bereits um 93 Prozent reduziert.

15 Die **Insolvenz der Investmentbank Lehman Brothers Holding Inc.** am 15.9.2008 bildete eine deutliche Zäsur. Ab diesem Zeitpunkt ging das Heft des Handelns zunehmend auf die Politik über. In Europa legte die von der **Kommission** beauftragte und von **Jacques de Larosière** geleitete Expertengruppe am 25.2.2009 ihren umfassenden und, rückblickend betrachtet, wegweisenden Bericht vor. Darin analysierte sie die Ursachen der Finanzmarktkrise und unterbreitete erste konkrete Vorschläge u.a. für eine Reform der Marktinfrastruktur für Derivate. Zentrale Forderung war die Errichtung mindestens einer europäischen zentralen Gegenpartei für Kreditderivate[3]. Die Kommission griff die Anregungen der Larosière-Gruppe auf und setzte sich in ihrer Mitteilung für die Frühjahrstagung des Rates am 4.3.2009 dafür ein, dem von der Kommission angekündigten Maßnahmenpaket in den nächsten Monaten Priorität einzuräumen[4].

2005"); Schreiben vom 10.3.2006, abrufbar über: https://www.newyorkfed.org/medialibrary/media/newsevents/news/markets/2006/industryletter2.pdf; Schreiben vom 21.11.2006, abrufbar über: https://www.newyorkfed.org/medialibrary/media/newsevents/news/markets/2006/an061121c.pdf, Schreiben vom 10.3.2006, abrufbar über: https://www.newyorkfed.org/medialibrary/media/newsevents/news/markets/2006/industryletter2.pdf; Schreiben vom 24.10.2007, abrufbar über: https://www.newyorkfed.org/medialibrary/media/newsevents/news/markets/2007/FedLetter1007.pdf; Schreiben vom 27.3.2008, abrufbar über: https://www.newyorkfed.org/medialibrary/media/newsevents/news/markets/2008/an080327.pdf.

1 *Major Dealers* Selbstverpflichtung vom 4.10.2005, S. 2.
2 *Major Dealers* Selbstverpflichtung vom 16.12.2005, S. 1.
3 *High-Level Group on Financial Supervision in the EU* (Vorsitzender Jacques de Larosière), Bericht vom 25.2.2009, abrufbar über: http://ec.europa.eu/internal_market/finances/docs/de_larosiere_report_en.pdf („Larosière-Bericht"), Empfehlung Nr. 8, S. 25.
4 *Kommission*, Mitteilung für die Frühjahrstagung des Europäischen Rates über „Impulse für den Aufschwung in Europa" vom 4.3.2009, KOM(2009) 114 endgültig, abrufbar über: http://ec.europa.eu/transparency/regdoc/rep/1/2009/DE/1-2009-114-DE-F1-1.Pdf.

Auch die Gruppe der Marktteilnehmer reagierte auf den bevorstehenden Bericht der Larosière-Gruppe. Mit Schreiben vom 17.2.2009[1] verpflichteten sie sich, an der Errichtung einer europäischen CCP für Kreditderivate aktiv mitzuarbeiten und diese für die Abwicklung ihrer OTC-Derivate zu nutzen. Die hierfür erforderlichen Vorarbeiten sollten bis 31.7.2009 abgeschlossen sein. Die mit dem Schreiben verbundene Hoffnung, drohende legislative Maßnahmen, insbesondere einen gesetzlichen Clearingzwang, zu verhindern, erfüllte sich jedoch nicht. 16

Mit ihrer Mitteilung „Gewährleistung effizienter, sicherer und solider Derivatemärkte" vom 3.7.2009[2] erkannte die Kommission die vielfältigen Initiativen der Marktteilnehmer an, ließ jedoch bereits erkennen, dass die Politik ggf. zusätzliche Anreize schaffen müsse, um insbesondere die zentrale Abwicklung von OTC-Derivaten sicherzustellen[3]. Am selben Tag veröffentlichte sie ihr erstes Konsultationspapier[4]. In der VO Nr. 648/2012 wird später zu lesen sein, dass die Anreize zur Förderung der Nutzung von CCPs sich nicht als ausreichend erwiesen hätten, um zu gewährleisten, dass standardisierte OTC-Derivate tatsächlich zentral gecleart werden[5]. 17

Auf ihrem Gipfel am 24./25.9.2009 in **Pittsburgh** beschlossen die Staats- und Regierungschefs der zwanzig wichtigsten Industrie- und Schwellenländer (G20)[6] eine grundlegende Reform des OTC-Derivate-Marktes. Ziel war es, bis Ende 2012 sämtliche OTC-Derivate entweder an Börsen oder elektronischen Plattformen zu handeln oder sie über zentrale Gegenparteien abzuwickeln. Alle OTC-Derivate seien in Transaktionsregistern zu erfassen. Für nicht zentral geclearte OTC-Derivate sollten höhere Eigenkapitalanforderungen gelten[7]. Dieser Beschluss wurde auf dem G20-Gipfel in **Cannes** am 3. und 4.11.2011 um eine Verpflichtung zur Besicherung nicht CCP-abgewickelter OTC-Derivate erweitert[8]. 18

In Europa organisierte die Kommission bereits am 25.9.2009, dem letzten Tag des G20-Gipfels in Pittsburgh, eine Konferenz zum Thema „Finanzderivate in der Krise – Erhaltung der Finanzstabilität", auf der sie die Ergebnisse ihrer ersten Konsultation präsentierte und bereits auf die sich abzeichnenden globalen Initiativen verwies. Ihre Mitteilung vom 20.10.2009[9] widmete sich bereits den Beschlüssen des G20-Gipfels in Pittsburgh und ihrer Umsetzung ins europäische Recht. Der zweiten Konsultation vom 14.6.2010[10] folgte bereits am 15.9.2010 – auf den Tag genau zwei Jahre nach der Insolvenz der Lehman Brothers Holdings Inc. – der Vorschlag der Europäischen Kommission für die zukünftige Verordnung über OTC-Derivate, zentrale Gegenparteien und Transaktionsregister[11]. 19

III. Inkrafttreten und Geltung der EMIR. Die VO Nr. 648/2012 ist nach Stellungnahmen des Europäischen Wirtschafts- und Sozialausschusses (EWSA)[12], der EZB[13] und des Europäischen Datenschutzbeauftragten 20

---

1 *International Swaps and Derivatives Association, Inc. (ISDA)*, Schreiben an Kommissar *McCreevy* vom 11.3.2009, abrufbar über: http://www.isdadocs.org/speeches/pdf/Commissioner-McCreevy-commitment.pdf. Die Unterzeichner der Selbstverpflichtung waren: Barclays Capital, Citigroup, Credit Suisse, Deutsche Bank, Goldman Sachs, HSBC, JP Morgan Chase, Morgan Stanley, UBS. Nomura ist später beigetreten. S. auch *Jobst*, ZBB 2010, 384, 385.
2 *Kommission*, Mitteilung „Gewährleistung effizienter, sicherer und solider Derivatemärkte" vom 3.7.2009, KKOM(2009) 332 final, abrufbar über: http://eur-lex.europa.eu/legal-content/DE/TXT/PDF/?uri=CELEX:52009DC0332&from=DE („*Kommission* Mitteilung vom 3.7.2009").
3 *Kommission* Mitteilung vom 3.7.2009, S. 12.
4 *Kommission*, Arbeitspapier der Kommissionsdienststellen „Possible initiatives to enhance the resilience of OTC Derivatives Markets", SEC(2009) 914 final vom 3.7.2009 abrufbar über: http://ec.europa.eu/internal_market/consultations/docs/2009/derivatives/derivatives_consultation.pdf.
5 Erwägungsgrund Nr. 13 VO Nr. 648/2012.
6 Sämtliche auf den *G20-Gipfeln* getroffenen Beschlüsse der Staats- und Regierungschefs sind in Englisch und Deutsch (Arbeitsübersetzung) abrufbar über: https://www.bundesregierung.de/Content/DE/StatischeSeiten/Breg/G7G20/ueber sicht-dokumente.html: Gipfeltreffen in Pittsburgh vom 24./25.9.2009, abrufbar über: https://www.bundesregierung.de/Content/DE/StatischeSeiten/Breg/G7G20/Anlagen/G20-erklaerung-pittsburgh-2009-de.pdf?__blob=publicationFile&v=4 („G20-Pittsburgh-Beschlüsse"); Gipfeltreffen in Cannes vom 3./4.11.2011, abrufbar über: https://www.bundesregierung.de/Content/DE/_Anlagen/G7_G20/G20-Cannes-abschlusserklaerung-deutsch.pdf?__blob=publicationFile&v=3 („G20-Cannes-Beschlüsse").
7 G20-Pittsburgh-Beschlüsse, Statement Nr. 13, S. 14.
8 G20-Cannes-Beschlüsse, Statement Nr. 24, S. 8.
9 *Kommission*, Mitteilung der Kommission an das Europäische Parlament, den Rat, den Europäischen Wirtschafts- und Sozialausschuss, den Ausschuss der Regionen und die Europäische Zentralbank über die „Gewährleistung effizienter, sicherer und solider Derivatemärkte: Künftige politische Maßnahmen", KOM(2009) 563 final vom 20.10.2009, abrufbar über: http://eur-lex.europa.eu/legal-content/DE/TXT/PDF/?uri=CELEX:52009DC0563&from=EN.
10 *Kommission*, Konsultationsdokument „Derivatives and Market Infrastructures" vom 14.6.2010, abrufbar über http://ec.europa.eu/finance/consultations/2010/derivatives/docs/100614_derivatives_en.pdf.
11 *Kommission*, Vorschlag für eine Verordnung des Europäischen Parlaments und des Rates über OTC-Derivate, zentrale Gegenparteien und Transaktionsregister, KOM(2010) 484 final vom 15.9.2010, abrufbar über http://www.europarl.europa.eu/meetdocs/2009_2014/documents/com/com_com(2010)0484_/com_com(2010)0484_de.pdf („*Kommission* EMIR-Entwurf"); zum Kommissionsvorschlag s. *Diekmann/Fleischmann*, WM 2011, 1105.
12 Stellungnahme des EWSA, ABl. C 54 vom 19.2.2011, S. 44, abrufbar über: https://eur-lex.europa.eu/legal-content/DE/TXT/PDF/?uri=OJ:C:2011:054:FULL&from=EN
13 Stellungnahme der EZB vom 22.3.2012, ABl. C 57 vom 7.6.2012, S. 3, abrufbar über: https://www.ecb.europa.eu/ecb/legal/pdf/c_16120120607de00030022.pdf.

Vor Art. 1 VO Nr. 648/2012 | Vorbemerkungen

(EDSB)[1] sowie nach Lesung im Europäischen Parlament[2] am 4.7.2012 verabschiedet worden[3]. Sie ist am zwanzigsten Tag nach ihrer Veröffentlichung im Amtsblatt der Europäischen Union (ABl. EU Nr. L 201 v. 27.7.2012, S. 1), d.h. am **16.8.2012**, in Kraft getreten (Art. 91 VO Nr. 648/2012).

21 Ungeachtet des Inkrafttretens galten diejenigen durch die EMIR begründeten Verpflichtungen, die durch ergänzende **Durchführungsrechtsakte** weiterzuentwickeln waren – z.B. die Clearingpflicht, die Meldepflicht und einige der Risikominderungspflichten – erst ab dem Zeitpunkt zu dem die betreffenden Durchführungsrechtsakte wirksam wurden[4].

22 Abweichend hiervon vertrat die Kommission die Auffassung, dass die in Art. 11 Abs. 3 VO Nr. 648/2012 verortete Pflicht zum **Austausch von Sicherheiten** bereits seit dem 16.8.2012 Anwendung findet[5]. Danach sollten clearingpflichtige Gegenparteien lediglich die Ausgestaltung ihrer Besicherungsvereinbarungen, nicht jedoch das „ob" der Besicherung, frei gestalten können. Da diese Auffassung die Gegenparteien gezwungen hätte, ihre neu abgeschlossenen Besicherungsvereinbarungen nach Inkrafttreten der technischen Regulierungsstandards anzupassen[6], ist sie zu Recht kritisiert worden[7]. Wie Art. 35 DelVO 2016/2251 und die dort verortete Bestimmung zur Fortgeltung der vor dem Inkrafttreten abgeschlossenen Besicherungsvereinbarungen andeutet, hat die Kommission an ihrer Auffassung jedoch festgehalten. Praktische Bedeutung hat der Meinungsstreit bislang jedoch nicht erlangt[8].

23 Die EMIR findet in allen Mitgliedstaaten der **Europäischen Union unmittelbare Anwendung**[9]. Sie galt lange Zeit nicht in den drei Mitgliedstaaten der Europäischen Freihandelsassoziation (EFTA), die zugleich Mitglied des **Europäischen Wirtschaftsraums (EWR)** sind, d.h. den sog. „EEA-EFTA-Staaten" Island, Liechtenstein und Norwegen. Die EMIR war zwar mit ihrer Veröffentlichung im Amtsblatt der Europäischen Union als für den EWR relevanter Rechtsakt gekennzeichnet worden. Das Verfahren zur Aufnahme der EMIR in Anhang IX des Abkommens über den Europäischen Wirtschaftsraum (EWR-Abkommen) ist jedoch erst sehr spät eingeleitet worden. Der Entwurf einer Entscheidung des Gemeinsamen EWR-Ausschusses ist den im European External Action Service (EEAS) zusammenwirkenden Vertretern der Europäischen Kommission und den im EFTA Standing Committee vertretenen Botschaftern der drei EEA-EFTA-Staaten erst am 9.3.2016 zugeleitet worden. Der Beschluss des Gemeinsamen EWR-Ausschusses vom 30.9.2016 ist am 23.2.2017 im Amtsblatt der Europäischen Union veröffentlicht worden[10]. Die Finanzmarktaufsicht Liechtenstein (FMA) hatte bereits sehr früh erklärt, dass Liechtenstein ein EMIR-Durchführungsgesetz erlassen habe, dass zeitgleich mit dem Beschluss des Gemeinsamen EWR-Ausschusses in Kraft treten werde[11]. Die erforderliche Zustimmung des norwegischen Parlaments lag seit 18.5.2017 vor. Der Beschluss des Gemeinsamen **EWR-Ausschusses ist am 1.7.2017 in Kraft getreten**[12].

24 Die Aufnahme in das EWR-Abkommen umfasst zunächst nur die EMIR. Die auf ihrer Grundlage erlassenen **Durchführungsverordnungen** und **Delegierte Verordnungen**, mit denen die Kommission zwischenzeitlich

---

1 Stellungnahme des EDSB, ABl. EU Nr. C 216 v. 22.7.2011, S. 9, abrufbar über: https://eur-lex.europa.eu/legal-content/DE/TXT/PDF/?uri=OJ:C:2011:216:FULL&from=EN.
2 Innerhalb des Europäischen Parlaments lag die Zuständigkeit beim Ausschuss für Wirtschaft und Währung (ECON). Der Bericht des Berichterstatters Langen vom 7.6.2011 ist abrufbar über: http://www.europarl.europa.eu/sides/getDoc.do?pubRef=-//EP//NONSGML+REPORT+A7-2011-0223+0+DOC+PDF+V0//EN. Die vom Europäischen Parlament in erster Lesung am 5.7.2011 beschlossenen Abänderungen des EMIR-Entwurf sind in ABl. C 33 E vom 5.2.2013, S. 233-295 abgedruckt, abrufbar über: https://eur-lex.europa.eu/legal-content/DE/TXT/PDF/?uri=OJ:C:2013:033E:FULL&from=EN.
3 Ein Überblick über das Gesetzgebungsverfahren (2010/0250 (COD)) und die in diesem Zusammenhang im Europäischen Parlament und im Rat erörterten Stellungnahmen und Berichte ist abrufbar über: https://eur-lex.europa.eu/procedure/DE/2010_250. S. auch *Lutter/Bayer/J. Schmidt*, EuropUR, 37.1.
4 Erwägungsgrund Nr. 93 VO Nr. 648/2012; s. auch *Kommission*, „EMIR: Häufig gestellte Fragen", zuletzt aktualisiert am 10.7.2014, abrufbar über: http://ec.europa.eu/internal_market/financial-markets/docs/derivatives/emir-faqs_en.pdf („*Kommission* FAQ"), FAQ I.1.
5 *Kommission* I.6.
6 *Kommission* FAQ I.6: „counterparties will have to change their rules".
7 *Schuster/Ruschkowski*, ZBB/JBB 2014, 123, 129.
8 *Achtelik/Steinmüller* in Wilhelmi/Achtelik/Kunschke/Sigmundt, Handbuch EMIR, Teil 3.B.II Rz. 49 mit Hinweis auf die Haltung der BaFin.
9 Art. 91 Satz 2 VO Nr. 648/2012; *Litten/Schwenk*, DB 2013, 857.
10 Beschluss des Gemeinsamen EWR-Ausschusses Nr. 206/2016 vom 30.9.2016, ABl. EU Nr. L 46 v. 23.2.2017, S. 53; *Lutter/Bayer/J. Schmidt*, EuropUR, 37.1.
11 *Finanzmarktaufsicht Liechtenstein (FMA)*, EMIR, abrufbar über: https://www.fma-li.li/de/finanzintermediare/bereichwertpapiere-und-markte/markte/emir.html.
12 S. den Statusbericht auf der Webseite der EFTA: http://www.efta.int/eea-lex/32012R0648. Nach Art. 3 des Beschlusses des Gemeinsamen EWR-Ausschusses Nr. 206/2016 hing das Inkrafttreten des Beschlusses u.a. vom Inkrafttreten des Beschlusses Nr. 201/2016 zu VO Nr. 1095/2010 über die Errichtung der Europäischen Wertpapier- und Marktaufsichtsbehörde (ESMA) ab. Dieser Beschluss war bereits am 1.10.2016 in Kraft getreten. Was das Inkrafttreten des Beschlusses Nr. 206/2016 letztendlich verzögert hat, war der Zustimmungsvorbehalt des norwegischen Parlaments.

technische Durchführungs- und Regulierungsstandards festgelegt hat, sollen **erst zu einem späteren Zeitpunkt** in das EWR-Abkommen aufgenommen werden. Einen dadurch entstehenden Nachteil sah die Europäische Kommission nicht, da es bislang keine Transaktionsregister oder zentrale Gegenparteien in den EEA-EFTA-Staaten gebe[1]. Diese Auffassung kann jedoch nicht für die in den Verordnungen DurchfVO 1247/2012, DelVO Nr. 148/2013, DelVO Nr. 149/2013 und DelVO 2016/2251 näher ausgestalteten Melde- und Risikominderungspflichten gelten, da diese für die in den EEA-EFTA-Staaten ansässigen Gegenparteien unmittelbar relevant sind. Immerhin ist das Verfahren zur Aufnahme der Level-2-Verordnungen in das EWR-Abkommen zwischenzeitlich eingeleitet worden[2], so dass es nur eine Frage der Zeit ist, wann die EMIR in den EEA-EFTA-Staaten vollständig Wirkung entfaltet.

IV. Änderungen und Ergänzungen der EMIR. Die EMIR wurde bislang geändert durch[3]: 25
- **Verordnung (EU) Nr. 575/2013** des Europäischen Parlaments und des Rates vom 26.6.2013 über Aufsichtsanforderungen an Kreditinstitute und Wertpapierfirmen und zur Änderung der Verordnung (EU) Nr. 648/2012, ABl. EU Nr. L 176 v. 27.6.2013 und Berichtigung vom 30.11.2013, ABl. EU Nr. L 321 v. 30.11.2013 S. 6, („VO Nr. 575/2013" oder „CRR");
- **Delegierte Verordnung (EU) Nr. 1002/2013** der Kommission vom 12.7.2013 zur Änderung der Verordnung (EU) Nr. 648/2012 des Europäischen Parlaments und des Rates über OTC-Derivate, zentrale Gegenparteien und Transaktionsregister in Bezug auf die Liste der von ihrem Anwendungsbereich ausgenommenen Stellen, ABl. EU Nr. L 279 v. 19.10.2013, S. 1 („DelVO Nr. 1002/2013");
- **Verordnung (EU) Nr. 600/2014** des Europäischen Parlaments und des Rates vom 15.5.2014 über Märkte für Finanzinstrumente und zur Änderung der Verordnung (EU) Nr. 648/2012, ABl. Nr. EU L 173 v. 12.6.2014, S. 84 („VO Nr. 600/2014" oder „MiFIR");
- **Richtlinie 2014/59/EU** des Europäischen Parlaments und des Rates vom 15.5.2014 zur Festlegung eines Rahmens für die Sanierung und Abwicklung von Kreditinstituten und Wertpapierfirmen und zur Änderung der Richtlinie 82/891/EWG des Rates, der Richtlinien 2001/24/EG, 2002/47/EG, 2004/25/EG, 2005/56/EG, 2007/36/EG, 2011/35/EU, 2012/30/EU und 2013/36/EU sowie der Verordnungen (EU) Nr. 1093/2010 und (EU) Nr. 648/2012 des Europäischen Parlaments und des Rates, ABl. EU Nr. L 173 v. 12.6.2014, S. 190 („RL 2014/59/EU" oder „BRRD");
- **Richtlinie (EU) 2015/849** des Europäischen Parlaments und des Rates vom 20.5.2015 zur Verhinderung der Nutzung des Finanzsystems zum Zwecke der Geldwäsche und der Terrorismusfinanzierung, zur Änderung der Verordnung (EU) Nr. 648/2012 des Europäischen Parlaments und des Rates und zur Aufhebung der Richtlinie 2005/60/EG des Europäischen Parlaments und des Rates und der Richtlinie 2006/70/EG der Kommission, ABl. EU Nr. L 141 v. 5.6.2015, S. 73 („RL 2015/849");
- **Delegierte Verordnung (EU) Nr. 2015/1515** der Kommission vom 5.6.2015 zur Änderung der Verordnung (EU) Nr. 648/2012 des Europäischen Parlaments und des Rates im Hinblick auf die Verlängerung der Übergangszeiträume für Altersversorgungssysteme, ABl. EU Nr. L 239 v. 15.9.2015, S. 63 („DelVO 2015/1515");
- **Verordnung (EU) 2015/2365** des Europäischen Parlaments und des Rates vom 25.11.2015 über die Transparenz von Wertpapierfinanzierungsgeschäften und der Weiterverwendung sowie zur Änderung der Verordnung (EU) Nr. 648/2012, ABl. EU Nr. L 337 v. 23.12.2015, S. 1 („VO 2015/1515" oder „SFT-Verordnung");
- **Verordnung (EU) 2017/2402** des Europäischen Parlaments und des Rates vom 12.12.2017 zur Festlegung eines allgemeinen Rahmens für Verbriefungen und zur Schaffung eines spezifischen Rahmens für einfache, transparente und standardisierte Verbriefung und zur Änderung der Richtlinien 2009/65/EG, 2009/138/EG, 2011/61/EU und der Verordnungen (EG) Nr. 1060/2009 und (EU) Nr. 648/2012, ABl. EU Nr. L 347 v. 28.12.2017, S. 35 („VO 2017/2402" oder „Verbriefungsverordnung").

Die Kommission hat auf Grundlage der EMIR bislang folgende Rechtsakte erlassen[4]: 26
- **Durchführungsverordnung (EU) Nr. 1247/2012** der Kommission vom 19.12.2012 zur Festlegung technischer Durchführungsstandards im Hinblick auf das Format und die Häufigkeit von Transaktionsmeldungen an Transaktionsregister gemäß der Verordnung (EU) Nr. 648/2012 des Europäischen Parlaments und

---

1 S. *Kommission*, Vorschlag für einen Beschluss des Rates über den im Namen der Europäischen Union im Gemeinsamen EWR-Ausschuss zu vertretenden Standpunkt zur Änderung von Anhang IX (Finanzdienstleistungen) des EWR-Abkommens, KOM(2016) 319 final vom 31.5.2016 („*Kommission* EWR-Abkommen"), S. 10: „Da es derzeit keine Transaktionsregister mit Sitz in den dem EWR angehörenden EFTA-Staaten gibt, entstehen dadurch keine Probleme in der Praxis." Der Vorschlag ist abrufbar über http://eur-lex.europa.eu/resource.html?uri=cellar:1904dba1-27c8-11e6-914b-01aa75ed71a1.0002.03/DOC_1&format=PDF, die Anhänge 1-9 sind über http://eur-lex.europa.eu/legal-content/DE/TXT/PDF/?uri=CELEX:52016PC0319&from=EN abrufbar.
2 Für die DurchfVO Nr. 1247/2012, die DelVO Nr. 148/2013 und die DelVO Nr. 149/2013 liegt der Entwurf eines Beschlusses des Gemeinsamen EWR-Ausschusses seit dem 19.4.2017 vor.
3 S. *Lutter/Bayer/J. Schmidt*, EuropUR, 37.2.
4 S. die Übersicht bei *Lutter/Bayer/J. Schmidt*, EuropUR, Fundstellenverzeichnis (nach 37.29).

des Rates über OTC-Derivate, zentrale Gegenparteien und Transaktionsregister, ABl. EU Nr. L 352 v. 21.12. 2012, S. 20 („DurchfVO 1247/2012");
– **Durchführungsverordnung (EU) Nr. 1248/2012** der Kommission vom 19.12.2012 zur Festlegung technischer Durchführungsstandards für das Format von Anträgen auf Registrierung von Transaktionsregistern gemäß der Verordnung (EU) Nr. 648/2012 des Europäischen Parlaments und des Rates über OTC-Derivate, zentrale Gegenparteien und Transaktionsregister, ABl. EU Nr. L 352 v. 21.12.2012, S. 30 („DurchfVO Nr. 1248/2012");
– **Durchführungsverordnung (EU) Nr. 1249/2012** der Kommission vom 19.12.2012 zur Festlegung technischer Durchführungsstandards im Hinblick auf das Format der gemäß der Verordnung (EU) Nr. 648/2012 des Europäischen Parlaments und des Rates über OTC-Derivate, zentrale Gegenparteien und Transaktionsregister von zentralen Gegenparteien aufzubewahrenden Aufzeichnungen, ABl. EU Nr. L 352 v. 21.12.2012, S. 32 („DurchfVO Nr. 1249/2012");
– **Delegierte Verordnung (EU) Nr. 148/2013** der Kommission vom 19.12.2012 zur Ergänzung der Verordnung (EU) Nr. 648/2012 des Europäischen Parlaments und des Rates über OTC-Derivate, zentrale Gegenparteien und Transaktionsregister bezüglich technischer Regulierungsstandards für die Mindestangaben der Meldungen an Transaktionsregister, ABl. EU Nr. L 52 v. 23.2.2013, S. 1 („DelVO Nr. 148/2013");
– **Delegierte Verordnung (EU) Nr. 149/2013** der Kommission vom 19.12.2012 zur Ergänzung der Verordnung (EU) Nr. 648/2012 des Europäischen Parlaments und des Rates im Hinblick auf technische Regulierungsstandards für indirekte Clearingvereinbarungen, die Clearingpflicht, das öffentliche Register, den Zugang zu einem Handelsplatz, nichtfinanzielle Gegenparteien und Risikominderungstechniken für nicht durch eine CCP gecleartes OTC-Derivatekontrakte, ABl. EU Nr. L 52 v. 23.2.2013, S. 11 („DelVO Nr. 149/2013"), geändert durch die Delegierte Verordnung (EU) 2017/104;
– **Delegierte Verordnung (EU) Nr. 150/2013** der Kommission vom 19.12.2012 zur Ergänzung der des Europäischen Parlaments und des Rates über OTC-Derivate, zentrale Gegenparteien und Transaktionsregister durch technische Regulierungsstandards, in denen die Einzelheiten eines Antrags auf Registrierung als Transaktionsregister festgelegt werden, ABl. EU Nr. L 52 v. 23.2.2013, S. 25 („DelVO Nr. 150/2013");
– **Delegierte Verordnung (EU) Nr. 151/2013** der Kommission vom 19.12.2012 zur Ergänzung der Verordnung (EU) Nr. 648/2012 des Europäischen Parlaments und des Rates über OTC-Derivate, zentrale Gegenparteien und Transaktionsregister im Hinblick auf technische Regulierungsstandards für die von Transaktionsregistern zu veröffentlichenden und zugänglich zu machenden Daten sowie operationelle Standards für die Zusammenstellung und den Vergleich von Daten sowie den Datenzugang, ABl. EU Nr. L 52 v. 23.2. 2013, S. 33 („DelVO Nr. 151/2013"), geändert durch die Delegierte Verordnung (EU) 2017/1800;
– **Delegierte Verordnung (EU) Nr. 152/2013** der Kommission vom 19.12.2012 zur Ergänzung der Verordnung (EU) Nr. 648/2012 des Europäischen Parlaments und des Rates im Hinblick auf technische Regulierungsstandards für die Eigenkapitalanforderungen an zentrale Gegenparteien ABl. EU Nr. L 52 v. 23.2.2013, S. 37 („DelVO Nr. 152/2013");
– **Delegierte Verordnung (EU) Nr. 153/2013** der Kommission vom 19.12.2012 zur Ergänzung der Verordnung (EU) Nr. 648/2012 des Europäischen Parlaments und des Rates in Bezug auf technische Regulierungsstandards für Anforderungen an zentrale Gegenparteien, ABl. EU Nr. L 52 v. 23.2.2013, S. 41 („DelVO Nr. 153/2013"), geändert durch die Delegierte Verordnung (EU) 2016/822;
– **Delegierte Verordnung (EU) Nr. 876/2013** der Kommission vom 28.5.2013 zur Ergänzung der Verordnung (EU) Nr. 648/2012 des Europäischen Parlaments und des Rates im Hinblick auf technische Regulierungsstandards bezüglich Kollegien für zentrale Gegenparteien, ABl. EU Nr. L 244 v. 13.9.2013, S. 19 („DelVO Nr. 876/2013");
– **Delegierte Verordnung (EU) Nr. 1003/2013** der Kommission vom 12.7.2013 zur Ergänzung der Verordnung (EU) Nr. 648/2012 des Europäischen Parlaments und des Rates in Bezug auf die Gebühren, die den Transaktionsregistern von der Europäischen Wertpapier- und Marktaufsichtsbehörde in Rechnung gestellt werden, ABl. EU Nr. L 279 v. 19.10.2013, S. 3 („DelVO Nr. 1003/2013");
– **Delegierte Verordnung (EU) Nr. 285/2014** der Kommission vom 13.2.2014 zur Ergänzung der Verordnung (EU) Nr. 648/2012 des Europäischen Parlaments und des Rates im Hinblick auf technische Regulierungsstandards in Bezug auf unmittelbare, wesentliche und vorhersehbare Auswirkungen von Kontrakten innerhalb der Union und die Verhinderung der Umgehung von Vorschriften und Pflichten, ABl. EU Nr. L 85 v. 21.3.2014, S. 1 („DelVO Nr. 285/2014");
– **Durchführungsverordnung (EU) Nr. 484/2014** der Kommission vom 12.5.2014 zur Festlegung technischer Durchführungsstandards bezüglich des hypothetischen Kapitals einer zentralen Gegenpartei gemäß der Verordnung (EU) Nr. 648/2012 des Europäischen Parlaments und des Rates, ABl. EU Nr. L 138 v. 13.5. 2014, S. 1 („DurchfVO Nr. 484/2014");
– **Delegierte Verordnung (EU) Nr. 667/2014** der Kommission vom 13.3.2014 zur Ergänzung der Verordnung (EU) Nr. 648/2012 des Europäischen Parlaments und des Rates im Hinblick auf Verfahrensvorschrif-

ten für von der Europäischen Wertpapier – und Marktaufsichtsbehörde (ESMA) Transaktionsregistern auferlegte Sanktionen, einschließlich Vorschriften über das Verteidigungsrecht und Fristen, ABl. EU Nr. L 179 v. 19.6.2014, S. 31 („DelVO Nr. 667/2014");
- **Delegierte Verordnung (EU) 2015/1515** der Kommission vom 5.6.2015 zur Änderung der Verordnung (EU) Nr. 648/2012 des Europäischen Parlaments und des Rates im Hinblick auf die Verlängerung der Übergangszeiträume für Altersversorgungssysteme, ABl. EU Nr. L 239 v. 15.9.2015, S. 63 („DelVO 2015/1515");
- **Delegierte Verordnung (EU) 2015/2205** der Kommission vom 6.8.2015 zur Ergänzung der Verordnung (EU) Nr. 648/2012 des Europäischen Parlaments und des Rates durch technische Regulierungsstandards für die Clearingpflicht (Zinsderivate), ABl. EU Nr. L 314 v. 1.12.2015, S. 13 („DelVO 2015/2205");
- **Delegierte Verordnung (EU) 2016/592** der Kommission vom 1.3.2016 zur Ergänzung der Verordnung (EU) Nr. 648/2012 des Europäischen Parlaments und des Rates durch technische Regulierungsstandards für die Clearingpflicht (Kreditderivate), ABl. EU Nr. L 103 v. 19.4.2016, S. 5 („DelVO 2016/592"), geändert durch die Berichtigung vom 8.7.2016 (ABl. EU Nr. L 183 vom 8.7.2016, S. 72);
- **Delegierte Verordnung (EU) 2016/822** der Kommission vom 21.4.2016 zur Änderung DelVO Nr. 153/2013 im Hinblick auf die für die verschiedenen Kategorien von Finanzinstrumenten zu bestimmenden Zeithorizonte für die Liquidationsperiode, ABl. EU Nr. L 137 v. 26.5.2016, S. 1 („DelVO 2016/822");
- **Delegierte Verordnung (EU) 2016/1178** der Kommission vom 10.6.2016 zur Ergänzung der Verordnung (EU) Nr. 648/2012 des Europäischen Parlaments und des Rates durch technische Regulierungsstandards für die Clearingpflicht, ABl. EU Nr. L 195 v. 20.7.2016, S. 3 („DelVO 2016/1178"), geändert durch die Berichtigung vom 21.7.2016 (ABl. EU Nr. L 196 v. 21.7.2016, S. 56);
- **Delegierte Verordnung (EU) 2016/2251** der Kommission vom 4.10.2016 zur Ergänzung der Verordnung (EU) Nr. 648/2012 des Europäischen Parlaments und des Rates über OTC-Derivate, zentrale Gegenparteien und Transaktionsregister durch technische Regulierungsstandards zu Risikominderungstechniken für nicht durch eine zentrale Gegenpartei geclearte OTC-Derivatekontrakte, ABl. EU Nr. L 340 v. 15.12.2016, S. 9 („DelVO 2016/2251"), geändert durch die Berichtigung vom 17.2.2017 (ABl. EU Nr. L 40 v. 17.2.2017, S. 79) und geändert durch die Delegierte Verordnung (EU) 2017/323 vom 20.1.2017 (ABl. EU Nr. L 49 v. 25.2.2017, S. 1);
- **Delegierte Verordnung (EU) 2017/104** der Kommission vom 19.10.2016 zur Änderung der Delegierten Verordnung (EU) Nr. 148/2013 zur Ergänzung der Verordnung (EU) Nr. 648/2012 des Europäischen Parlaments und des Rates über OTC-Derivate, zentrale Gegenparteien und Transaktionsregister bezüglich technischer Regulierungsstandards für die Mindestangaben der Meldungen an Transaktionsregister, ABl. EU Nr. L 17 v. 21.1.2017, S. 1 („DurchfVO 2017/104");
- **Delegierte Verordnung (EU) 2017/105** der Kommission vom 26.10.2016 zur Änderung der Durchführungsverordnung (EU) Nr. 1247/2012 der Kommission zur Festlegung technischer Durchführungsstandards im Hinblick auf das Format und die Häufigkeit von Transaktionsmeldungen an Transaktionsregister gemäß der Verordnung (EU) Nr. 648/2012 des Europäischen Parlaments und des Rates über OTC-Derivate, zentrale Gegenparteien und Transaktionsregister, ABl. EU Nr. L 17 v. 21.1.2017, S. 1 („DelVO 2017/105"), geändert durch die Berichtigung vom 25.1.2017 (ABl. EU Nr. L 19 v. 25.1.2017, S. 97);
- **Delegierte Verordnung (EU) 2017/323** der Kommission vom 20.1.2017 zur Berichtigung der Delegierten Verordnung (EU) 2016/2251 vom 4.10.2016 zur Ergänzung der Verordnung (EU) Nr. 648/2012 des Europäischen Parlaments und des Rates über OTC-Derivate, zentrale Gegenparteien und Transaktionsregister durch technische Regulierungsstandards zu Risikominderungstechniken für nicht durch eine zentrale Gegenpartei geclearte OTC-Derivatekontrakte, ABl. EU Nr. L 49 v. 25.2.2017, S. 1 („DelVO 2017/323");
- **Delegierte Verordnung (EU) 2017/581** der Kommission vom 24.6.2016 zur Ergänzung der Verordnung (EU) Nr. 600/2014 des Europäischen Parlaments und des Rates durch technische Regulierungsstandards für den Clearing-Zugang im Zusammenhang mit Handelsplätzen und zentralen Gegenparteien, ABl. L 87 vom 31.3.2017, S. 212 („DelVO 2017/581"), geändert durch die Berichtigung vom 12.8.2017 (ABl. L 87 vom 12.8.2017, S. 62);
- **Delegierte Verordnung (EU) 2017/610** der Kommission vom 20.12.2016 zur Änderung der Verordnung (EU) Nr. 648/2012 des Europäischen Parlaments und des Rates im Hinblick auf die Verlängerung der Übergangszeiträume für Altersversorgungssysteme, ABl. EU Nr. L 86 v. 31.3.2017, S. 3 („DelVO 2017/610");
- **Delegierte Verordnung (EU) 2017/979** der Kommission vom 2.3.2017 zur Änderung der Verordnung (EU) Nr. 648/2012 des Europäischen Parlaments und des Rates über OTC-Derivate, zentrale Gegenparteien und Transaktionsregister in Bezug auf die Liste der von ihrem Anwendungsbereich ausgenommenen Einrichtungen, ABl. EU Nr. L 148 v. 10.6.2017, S. 1 („DelVO 2017/979");
- **Delegierte Verordnung (EU) 2017/751** der Kommission vom 16.3.2017 zur Änderung der Delegierten Verordnungen (EU) 2015/2205, (EU) 2016/592 und (EU) 2016/1178 hinsichtlich der Frist zur Erfüllung der Clearingpflichten von bestimmten, mit OTC-Derivaten handelnden Gegenparteien, ABl. EU Nr. L 113 v. 29.4.2017, S. 15 („DelVO 2017/751");

- **Delegierte Verordnung (EU) 2017/1800** der Kommission vom 29.6.2017 zur Änderung der Delegierte Verordnung (EU) Nr. 151/2013 der Kommission vom 19.12.2012 zur Ergänzung der Verordnung (EU) Nr. 648/2012 des Europäischen Parlaments und des Rates ABl. EU Nr. L 259 v. 7.10.2017, S. 14 („DelVO 2017/1800");
- **Delegierte Verordnung (EU) 2017/2155** der Kommission vom 22.9.2017 zur Änderung der Delegierte Verordnung (EU) Nr. 149/2013 der Kommission im Hinblick auf technische Regulierungsstandards für indirekte Clearingvereinbarungen ABl. EU Nr. L 304 v. 21.11.2017, S. 13 („DelVO 2017/2155").

In Vorbereitung befinden sich folgende Rechtsakte:
- **Delegierte Verordnung (EU)** der Kommission zur Änderung der Delegierten Verordnung (EU) 2016/2251 zu Risikominderungstechniken für nicht durch eine zentrale Gegenpartei geclearte OTC-Derivatekontrakte im Hinblick auf physisch zu erfüllenden Devisentermingeschäfte[1];
- **Delegierte Verordnung (EU)** der Kommission zur Änderung der Delegierten Verordnung (EU) 2016/2251 zu Risikominderungstechniken für nicht durch eine zentrale Gegenpartei geclearte OTC-Derivatekontrakte im Zusammenhang mit ETF-Verbriefungen im Sinne der Verordnung (EU) 2917/2402[2].

27 Auf der **Grundlage des Art. 25 Abs. 6 VO Nr. 648/2012** hat die Kommission zahlreiche Durchführungsakte über die Gleichwertigkeit der in Drittstaaten geltenden Regulierungsrahmen für **zentrale Gegenparteien** erlassen. Die Durchführungsakte sind Voraussetzung dafür, dass in Drittstaaten ansässige CCPs nach Art. 25 VO Nr. 648/2012 anerkannt und von clearingpflichtigen Gegenparteien für das Clearing von OTC-Derivaten genutzt werden können. Gleichwertigkeitsbeschlüsse sind, um nur einige Beispiele zu nennen, für folgende Drittstaaten ergangen: Japan, Singapur, Hongkong, Australien, Südkorea, Südafrika, Kanada, Schweiz und den U.S.A.

28 Weitere Durchführungsakte hat die Kommission auf **Grundlage des** seit 12.1.2016 geltenden **Art. 2a VO Nr. 648/2012** erlassen. Sie betrifft die Gleichwertigkeit der in Drittstaaten ansässigen **geregelten Märkte**, die für die Bestimmung des Begriffs OTC-Derivate maßgeblich ist[3].

29 Von ihrer Befugnis nach **Art. 13 Abs. 2 VO Nr. 648/2012** hat die Kommission erstmals am 13.10.2017 Gebrauch gemacht[4]. Mit DurchfB 2017/1857 hat sie die Rechts-, Aufsichts- und Durchsetzungsmechanismen der U.S.A. für die Minderung operationaler Risiken aus nicht geclearten OTC-Derivaten und für den **Austausch von Sicherheiten** als den Art. 11 Abs. 1, 2 und 3 VO Nr. 648/2012 gleichwertig angesehen.

30 Die Bundesrepublik Deutschland hat folgende ergänzende Rechtsakte erlassen:
- **Ausführungsgesetz zur Verordnung (EU) Nr. 648/2012** über OTC-Derivate, zentrale Gegenparteien und Transaktionsregister vom 13.2.2013, BGBl. I 2013, 174 (EMIR-Ausführungsgesetz)[5];
- **Verordnung über die Prüfung und Bescheinigung der Einhaltung bestimmter Pflichten auf Grund der Verordnung (EU) Nr. 648/2012** des Europäischen Parlaments und des Rates vom 4.7.2012 über OTC-Derivate, zentrale Gegenparteien und Transaktionsregister durch prüfpflichtige nichtfinanzielle Gegenparteien (**Gegenpartei-Prüfbescheinigungsverordnung** – GPrüfbV) vom 19.3.2014 (BGBl. I 2014, 266).

31 **V. Geplante Überarbeitungen der EMIR.** In Vorbereitung des von der Kommission zu erstellenden Berichts nach Art. 85 Abs. 1 VO Nr. 648/2012 hatte die ESMA am 13.8.2015 vier Berichte über das Ergebnis ihrer **Überprüfung der EMIR** vorgelegt[6]. In ihnen wird die Verwendung von OTC-Derivaten durch nichtfinanzielle Ge-

---

1 Gemeinsames Konsultationspapier des *Gemeinsamen Ausschusses (GA) der Europäischen Aufsichtsbehörden (ESA)* JC/2017/79 vom 18.12.2017, abrufbar über: https://www.eba.europa.eu/documents/10180/2065831/Joint+Draft+RTS+on+margin+requirements+for+non-centrally+cleared+OTC+derivatives+%28JC-2017-79%29.pdf/f65ed249-4cd0-4f76-a3cb-bd05b5420225.
2 Gemeinsames Konsultationspapier des GA ESA JC 2018 15 vom 4.5.2018, abrufbar über: https://www.eba.europa.eu/documents/10180/2205971/Consultation+Paper+amending+Delegated+Regulation+%28EU%29%202016-2251+%28JC+2018+15%29.pdf/ba643315-1a2f-4ea6-a8d7-06d435ee1d94.
3 S. Erläuterungen zu Art. 2 Nr. 7 und Art. 2a VO Nr. 648/2012.
4 Durchführungsbeschluss (EU) 2017/1857 der Kommission vom 13. Oktober 2017 über die Anerkennung der Gleichwertigkeit der Rechts-, Aufsichts- und Durchsetzungsmechanismen der Vereinigten Staaten von Amerika für der Aufsicht der Commodity Futures Trading Commission (Aufsichtsbehörde für den Warenterminhandel) unterliegende Derivatgeschäfte mit bestimmten Anforderungen des Art. 11 der Verordnung (EU) Nr. 648/2012 des Europäischen Parlaments und des Rates über OTC-Derivate, zentrale Gegenparteien und Transaktionsregister, ABl. EU Nr. L 265 v. 14.10.2017, S. 23.
5 S. hierzu: *Flosbach*, ZfgK 2013, 168 ff.
6 *ESMA*, Berichte über die Überprüfung der EMIR: Bericht Nr. 1 über die Verwendung von OTC-Derivaten durch nichtfinanzielle Gegenparteien, ESMA/2015/1251 vom 13.8.2015, abrufbar über: https://www.esma.europa.eu/sites/default/files/library/2015/11/esma-2015-1251_-_emir_review_report_no.1_on_non_financial_firms.pdf („*ESMA* EMIR Prüfbericht Nr. 1"), Bericht Nr. 2 über die Effizienz von Besicherungsanforderungen zur Begrenzung prozyklischer Effekte, ESMA/2015/1252 vom 13.8.2015, abrufbar über: https://www.esma.europa.eu/sites/default/files/library/2015/11/esma-2015-1252_-_emir_review_report_no.2_on_procyclicality.pdf („*ESMA* EMIR Prüfbericht Nr. 2"), Bericht Nr. 3 über

genparteien (ESMA Prüfbericht Nr. 1), die Effizienz der von CCPs zu erfüllenden Besicherungsanforderungen zur Begrenzung prozyklischer Effekte (ESMA Prüfbericht Nr. 2) und die Umsetzung der Trennungs- und Übertragbarkeitsanforderungen (ESMA Prüfbericht Nr. 3) untersucht. Sie befassen sich darüber hinaus mit möglichen Änderungen der Clearingpflicht, insbesondere der Möglichkeit der vorübergehenden Suspendierung der Clearingpflicht bei Marktstörungen, der Abschaffung der Clearingpflicht für Altgeschäfte mit bestimmter Restlaufzeit (das sog. „Frontloading") sowie möglichen Verbesserungen des Anerkennungsverfahrens für CCPs mit Sitz in Drittstaaten (ESMA Prüfbericht Nr. 4). Nach Durchführung einer öffentlichen Konsultation hat die Kommission am 23.11.2016 ihren eigenen Bericht vorgelegt[1]. Einen Bedarf für grundlegende Änderungen sehe sie zwar nicht. Die von der ESMA durchgeführten Analysen ließen jedoch einige Probleme erkennen, die anzugehen wären[2]. Darüber hinaus beschloss die Kommission, die Überarbeitung der EMIR in ihr Programm zur Gewährleistung der Effizienz und Leistungsfähigkeit der Rechtsetzung (REFIT) aufzunehmen. Am 4.5.2017 hat die Kommission ihren Vorschlag für eine Änderung der EMIR – den sogenannten EMIR-REFIT-Entwurf[3] – vorgelegt, der den in den ESMA Prüfberichten Nr. 1 bis Nr. 3 aufgezeigten Änderungsbedarf in wesentlichen Teilen umsetzen und - der Zielsetzung des REFIT-Programms folgend - zur Entlastung kleinerer nichtfinanzieller Gegenparteien führen soll[4]. Die Änderung der im ESMA Prüfbericht Nr. 4 untersuchten Anerkennungsverfahrens für CCPs mit Sitz in Drittstaaten ist Gegenstand eines gesonderten Vorschlages – des EMIR-II-Entwurfs –, den die Kommission am 13.6.2017 vorgelegt hat[5].

Der EMIR-REFIT-Entwurf sieht u.a. folgende Änderungen[6] vor: die Erweiterung des Begriffs **finanzielle Gegenparteien**, der zukünftig auch Zentralverwahrer, Verbriefungszweckgesellschaften sowie solche alternativen Investmentfonds umfassen soll, die nicht von einem gemäß der RL 2011/61/EU (AIFMD) zugelassenen Verwalter verwaltet werden, die Einführung von **Clearingschwellen für finanzielle Gegenparteien**, die dazu führen soll, das finanzielle Gegenparteien mit kleineren Derivateportfolien zukünftig nicht mehr der Clearingpflicht und der Pflicht zur Verwendung von Risikominderungspflichten unterliegen, die Abschaffung des bereits erwähnten **Frontloadings**, die Einführung einer Möglichkeit zur vorübergehenden **Suspendierung der Clearingpflicht** z.B. in Fällen fehlender Clearingvolumen, die Abschaffung der Meldepflicht für Derivatekontrakte, die vor dem Inkrafttreten der EMIR abgeschlossen worden sind (das sog. „**Backloading**"), die Befreiung bestimmter gruppeninterner Geschäfte von der Meldepflicht sowie der teilweise Wegfall von Meldungen, die von nichtfinanziellen Gegenparteien abzugeben sind. Der EMIR-II-Entwurf sieht im Wesentlichen vor, dass Drittstaaten-CCPs, die eine systemrelevante Bedeutung erlangen können (sog. Tier 2-CCPs) zukünftig sämtliche der an europäische CCPs gestellten Anforderungen erfüllen müssen. Gelangt die ESMA im Einvernehmen mit den Zentralbanken zum Schluss, dass die Systemrelevanz einer Tier 2-CCPs so wesentlich ist, dass die Erfüllung der Anforderungen für sich genommen nicht ausreicht, soll die Kommission die Anerkennung der Tier 2-CCP versagen können; ihr bliebe dann nur die Sitzverlagerung in die Union und eine Zulassung als europäische CCP nach Art. 14 VO Nr. 648/2012.

---

die Trennung- und Übertragbarkeitsanforderungen, ESMA/2015/1253 vom 13.8.2015, abrufbar über: https://www.esma.europa.eu/sites/default/files/library/2015/11/esma-2015-1253_-_emir_review_report_no.3_on_segregation_and_portability.pdf („*ESMA EMIR Prüfbericht Nr. 3*"), Bericht Nr. 4 über weitere Anregungen der ESMA im Rahmen der Überprüfung der EMIR durch die Kommission, ESMA/2015/1254 vom 13.8.2015, abrufbar über: https://www.esma.europa.eu/sites/default/files/library/2015/11/esma-2015-1254_-_emir_review_report_no.4_on_other_issues.pdf („*ESMA EMIR Prüfbericht Nr. 4*").

[1] *Kommission*, „Bericht der Kommission gemäß Artikel 85 Abs. 1 der Verordnung (EU) Nr. 648/2012 des Europäischen Parlaments und des Rates vom 4. Juli 2012 über OTC-Derivate, zentrale Gegenparteien und Transaktionsregister", KOM(2016) 857 final vom 23.11.2016, abrufbar über: http://eur-lex.europa.eu/legal-content/DE/TXT/PDF/?uri=CELEX:52016DC0857&from=DE („*Kommission* EMIR-Prüfbericht").
[2] *Kommission* EMIR-Prüfbericht, S. 12 unter Nr. 5 „Schlussfolgerungen".
[3] *Kommission*, Vorschlag für eine Verordnung des Europäischen Parlaments und des Rates zur Änderung der Verordnung (EU) Nr. 648/2012 in Bezug auf die Clearingpflicht, die Aussetzung der Clearingpflicht, die Meldepflichten, die Risikominderungstechniken für nicht durch eine zentrale Gegenpartei geclearte OTC- Derivatekontrakte, die Registrierung und Beaufsichtigung von Transaktionsregistern und die Anforderungen an Transaktionsregister, KOM(2017) 208 final vom 4.5.2017, abrufbar über: http://ec.europa.eu/transparency/regdoc/rep/1/2017/DE/COM-2017-208-F1-DE-MAIN-PART-1.PDF („*Kommission* EMIR-REFIT-Entwurf"); s.a. *International Swaps and Derivatives Association (ISDA)* comments on the 'EMIR Refit' proposal vom 18.7.2017, abrufbar über: https://www.isda.org/a/e8iDE/isda-comments-on-emir-refit-proposal-final-18-july-2017.pdf.
[4] *Grundmann* in Staub, HGB, Band 11/2, 5. Aufl. 2018, Rz. 664.
[5] *Kommission*, Vorschlag für eine Verordnung des Europäischen Parlaments und des Rates zur Änderung der Verordnung (EU) Nr. 1095/2010 zur Errichtung einer Europäischen Aufsichtsbehörde (Europäische Wertpapier- und Marktaufsichtsbehörde) sowie der Verordnung (EU) Nr. 648/2012 hinsichtlich der für die Zulassung von zentralen Gegenparteien anwendbaren Verfahren und zuständigen Behörden und der Anforderungen für die Anerkennung zentraler Gegenparteien aus Drittstaaten, KOM(2017) 331 vom 3.6.2017, abrufbar über: http://eur-lex.europa.eu/resource.html?uri=cellar:80b1cafa-50fe-11e7-a5ca-01aa75ed71a1.0020.02/DOC_1&format=PDF („*Kommission* EMIR-II-Entwurf"). Der Vorschlag der Kommission wurde am 20.9.2017 ergänzt; die Ergänzung ist abrufbar über: https://eur-lex.europa.eu/legal-content/DE/TXT/PDF/?uri=CELEX:52017PC0539&from=DE.
[6] *Kommission* EMIR-REFIT-Entwurf, S. 15 ff.

33 Der innerhalb des Europäischen Parlaments zuständige Ausschuss für Wirtschaft und Währung (ECON) hat am 16.5.2018 den Bericht seines Berichterstatters *Langen* zum EMIR-REFIT-Entwurf[1] beschlossen. Der Bericht stimmt dem Kommissionsvorschlag im Wesentlichen zu, spricht sich jedoch gegen eine Erweiterung des Begriffs finanzielle Gegenparteien auf Verbriefungszweckgesellschaften und außereuropäische alternative Investmentfonds aus. Darüber hinaus schlägt er vor, die Zentralregierungen und Zentralbanken von Drittstaaten sowie die in Art. 1 Abs. 5 VO Nr. 648/2012 genannten multilateralen Entwicklungsbanken vom persönlichen Anwendungsbereich der EMIR grundsätzlich auszunehmen. Das Europäische Parlament hat den Bericht am 25.5.2018 beschlossen, so dass mit dem Beginn des Trilogs zwischen Europäischen Parlament, Kommission und Europäischem Rat bald zu rechnen ist. Am 25.5.2018 vom Europäischen Parlament ebenfalls gebilligt wurde der Bericht der Berichterstatterin *Hübner* zum EMIR-II-Entwurf[2], der die Verweigerung der Anerkennung besonders systemrelevanter Tier 2-CCPs an enge Voraussetzungen knüpfen will. Die Meinungsbildung im Europäischen Rat war dem Vernehmen nach zu diesem Zeitpunkt noch nicht abgeschlossen.

34 Am 23.11.2016 hat die Kommission einen Entwurf zur Änderung der Nr. 575/2013 (CRR) und der EMIR[3], vorgelegt, der u.a. die Einführung einer neuen Methode zur Berechnung der Eigenmittelanforderungen für vorfinanzierte **Beiträge zum Ausfallfonds** einer qualifizierten CCP vorsieht. Die wesentliche Änderung ist die Berechnung des hypothetischen Kapitals mittels des neuen Standardansatzes für das Gegenparteiausfallrisiko (SA-CCR); er löst das bisher verwendete Marktbewertungsmethode ab. Die Änderung macht auch eine Anpassung der Art. 50a–50d VO Nr. 648/2012 sowie die Einführung einer neuen Übergangsvorschrift in Art. 98 Abs. 5a VO Nr. 648/2012 erforderlich. Am 22.5.2018 hat der Präsident des Europäischen Rats einen Kompromissvorschlag[4] unterbreitet, der von dem Rat „Wirtschaft und Finanzen" (ECOFIN-Rat) am 25.5.2018 angenommen wurde. Soweit es die Änderung der EMIR betrifft, sieht der Kompromissvorschlag gegenüber dem Vorschlag der Kommission keine Abweichungen vor. Der Trilog stand zum Zeitpunkt der Kommentierung noch aus.

35 Eine weitere Änderung der EMIR ergibt sich durch die von der Kommission am 28.11.2016 vorgeschlagene Verordnung über einen Rahmen für die **Sanierung und Abwicklung zentraler Gegenparteien**[5]. Sie sieht vor, dass die Kommission die Clearingpflicht nach Art. 4 Abs. 1 VO Nr. 648/2012 für die von einer in Abwicklung befindlichen CCP geclearten Kategorien von OTC-Derivaten vorübergehend aussetzen kann, wenn dies im Interesse der Finanzstabilität erforderlich erscheint. Die innerhalb des ECON-Ausschusses des Europäischen Parlaments zuständigen Berichterstatter *Swinburne* und *von Weizsäcker* haben am 31.1.2018 ihren Bericht[6] vorgelegt, in dem sie dem Kommissionvorschlag im Wesentlichen zustimmen. Sie schlagen lediglich vor, als weitere Voraussetzung für die Aussetzung der Clearingpflicht zu verlangen, dass keine andere CCP die Clearingdienstleistungen erbringen kann.

36 **VI. Extraterritoriale Wirkungen.** Gemeinsam ist den durch die EMIR begründeten Pflichten, dass sie grundsätzlich nur von den Gegenparteien zu beachten sind, die **in der Union niedergelassen** sind oder dort aktiv Dienstleistungen erbringen. In einem Drittstaat niedergelassene Einrichtungen ohne Unionsbezug werden den Anforderungen der EMIR nur dann unterstellt, wenn sie im Falle der fingierten Sitzverlegung in die Union den EMIR-Pflichten unterlägen und wenn das betreffende OTC-Derivat – entweder weil es mit einer Gegenpartei in der Union abgeschlossen oder von einer europäischen finanziellen Gegenpartei garantiert wurde oder aus anderen Gründen – unmittelbare, wesentliche und vorhersehbare Auswirkungen innerhalb der Union entfaltet[7]. Dies entspricht dem völkerrechtlichen Territorialitätsprinzip wonach ein Staat grundsätzlich nur die Per-

---

[1] Der Bericht ist abrufbar über: http://www.europarl.europa.eu/sides/getDoc.do?pubRef=-//EP//TEXT+REPORT+A8-2018-0181+0+DOC+XML+V0//EN&language=de.
[2] Der Bericht ist abrufbar über: http://www.europarl.europa.eu/sides/getDoc.do?type=REPORT&mode=XML&reference=A8-2018-0190&language=EN.
[3] *Kommission*, Vorschlag für eine Verordnung des Europäischen Parlaments und des Rates zur Änderung der Verordnung (EU) Nr. 575/2013 in Bezug auf die Verschuldungsquote, die strukturelle Liquiditätsquote, Anforderungen an Eigenmittel und berücksichtigungsfähige Verbindlichkeiten, das Gegenparteiausfallrisiko, das Marktrisiko, Risikopositionen gegenüber zentralen Gegenparteien, Risikopositionen gegenüber Organismen für gemeinsame Anlagen, Großkredite, Melde- und Offenlegungspflichten und zur Änderung der Verordnung (EU) Nr. 648/2012, COM(2016) 850 final vom 23.11.2016, abrufbar über: https://ec.europa.eu/transparency/regdoc/rep/1/2016/DE/COM-2016-850-F1-DE-MAIN-PART-1.PDF („*Kommission* Entwurf CRR II").
[4] Der Kompromissvorschlag ist abrufbar über: https://eur-lex.europa.eu/legal-content/DE/TXT/PDF/?uri=CONSIL:ST_9055_2018_INIT&from=EN.
[5] *Kommission*, Vorschlag für eine Verordnung des Europäischen Parlaments und des Rates über einen Rahmen für die Sanierung und Abwicklung zentraler Gegenparteien und zur Änderung der Verordnungen (EU) Nr. 1095/2010, (EU) Nr. 648/2012 und (EU) 2015/2365, COM(2016) 856 final vom 28.11.2016, abrufbar über: https://ec.europa.eu/transparency/regdoc/rep/1/2016/DE/COM-2016-856-F1-DE-MAIN-PART-1.PDF („*Kommission* Entwurf CCP-Abwicklungsverordnung").
[6] Der Bericht ist abrufbar über: http://www.europarl.europa.eu/sides/getDoc.do?pubRef=-//EP//NONSGML+REPORT+A8-2018-0015+0+DOC+PDF+V0//EN.
[7] *Mülbert*, ZHR 178 (2012), 369, 377, der von einer weitreichenden extraterritorialen Ausdehnung spricht.

sonen und Vermögenswerte seinem Recht bzw. seiner Hoheitsgewalt unterwerfen kann, die sich in seinem Staatsgebiet befinden oder einen anderen völkerrechtlich legitimen Anknüpfungspunkt aufweisen[1].

Dadurch, dass die EMIR die meisten durch sie begründeten Pflichten als **Organisationspflichten** ausgestaltet, d.h. ihre Adressaten verpflichtet, ihre Verfahren für den Abschluss, die Dokumentation und das Risikomanagement von OTC-Derivaten so auszugestalten, dass sie den Anforderungen der EMIR **weltweit** genügen, führt sie jedoch auch dazu, dass die durch die EMIR begründeten Pflichten die in Drittstaaten ansässigen Kontrahenten ohne Unionsbezug zumindest **mittelbar bzw. faktisch** betreffen[2]. 37

Soweit die Umsetzung der Organisationspflichten die Mitwirkung des im Drittstaat ansässigen Kontrahenten verlangt – dies ist z.B. bei der Clearingpflicht nach Art. 4 VO Nr. 648/2012, den meisten Risikominderungspflichten des Art. 11 VO Nr. 648/2012 und selbst bei der Meldepflicht nach Art. 9 VO Nr. 648/2012 der Fall – ist dies **in zweierlei Hinsicht nicht unproblematisch.** So werden den vom Anwendungsbereich der EMIR erfassten europäischen Gegenparteien Pflichten auferlegt, die sie im Zweifel, wenn ihre in Drittstaaten ansässigen Kontrahenten ihre Mitwirkung verweigern, nur dadurch erfüllen können, dass sie den Abschluss von OTC-Derivaten mit ihnen einstellen. In dieser Hinsicht beschränken die Organisationspflichten die verfassungsrechtlich geschützte **Berufsausübungsfreiheit** der europäischen Gegenparteien. Zum anderen erreicht der europäische Gesetzgeber dadurch, dass er seine europäischen Gegenparteien mittels der ihnen aufgebürdeten Organisationspflichten „instrumentalisiert", **Veränderungen in Drittstaaten**, die ihm aufgrund des völkerrechtlichen Territorialitätsprinzips ansonsten versagt geblieben wären. Ein Beispiel sind die **in Drittstaaten ansässigen zentralen Kontrahenten (CCP)**, die sich, weil sie ihre europäischen Clearingmitglieder nicht verlieren wollen, „freiwillig" der Anerkennung durch die ESMA unterwerfen. Soweit Drittstaaten wie die auf Ebene der G20 Staaten zusammenwirkenden Länder dieselben finanzmarktpolitischen Ziele verfolgen, mag diese extraterritoriale Wirkung der EMIR im Zweifel nicht beanstandet werden. Es ist jedoch nicht auszuschließen, dass einzelne Staaten die mittelbare extraterritoriale Wirkung als Eingriff in ihre Hoheitsgewalt bewerten und ihre Bürger durch den Erlass gesetzlicher Bestimmungen (blocking statutes) verbieten, die Anforderungen der EMIR zu befolgen. 38

Die vorstehend genannten Konflikte sind vom Gesetzgeber erkannt worden[3]. Nach **Art. 13 VO Nr. 648/2012** ist es die Aufgabe der Kommission festzustellen, ob die Vorschriften der EMIR möglicherweise mit den **Rechts-, Aufsichts- und Durchsetzungsmechanismen eines Drittstaates kollidieren** und dazu führen, dass Gegenparteien ggf. doppelten Anforderungen unterliegen. Nach Art. 13 Abs. 2 VO Nr. 648/2012 ist die Kommission unter bestimmten Voraussetzungen befugt, Durchführungsrechtsakte über die Gleichwertigkeit eines Drittstaaten-Regulierungsrahmens zu erlassen. Folge eines entsprechenden Durchführungsbeschlusses ist, dass europäische Gegenparteien nicht mehr den Anforderungen der EMIR unterliegen, d.h. nur noch die insoweit gleichwertigen Bestimmungen des Drittstaates beachten brauchen. Wie bereits in Rz. 29 erwähnt, hat die Kommission von ihrer Befugnis erstmals mit ihrem DurchfB 2017/1857 vom 13.10.2017 Gebrauch gemacht. 39

In sehr seltenen Fällen hat der Gesetzgeber möglichen Kollisionen auf Ebene der Delegierten Verordnungen Rechnung getragen. Ein Beispiel ist **Art. 26 DelVO 2016/2251**, der es Gegenparteien ermöglicht, das für den Austausch von Einschüssen maßgebliche Derivateportfolio so zu erweitern, dass es auch die nur nach dem Regulierungsrahmen eines Drittstaates zu besichernden OTC-Derivatekontrakte umfasst. 40

VII. Umsetzung der G20-Beschlüsse in anderen Staaten. In den **U.S.A.** erfolgte die Umsetzung der Pittsburgh-Beschlüsse[4] mit dem am 21.7.2010 vom Präsidenten Barack Obama unterzeichneten Dodd-Frank Wall 41

---

1 *Wieland/Weiß*, CFL 2013, 73, 79; *Schuster/Ruschkowski*, ZBB/JBB 2014, 123, 127; *Coffee*, 99 Cornell L. Rev. (2014), 1302 mit Verweis darauf, dass der Schutz vor systemischen Risiken ein legitimer Anknüpfungspunkt sei. Kritisch hierzu: *Okonjo*, India Journal of International Economic Law, Vol. VII (2015) 8 f. Zu den drei neuen Anknüpfungspunkte („new triggers") des europäischen Rechts – Auswirkungen, Umgehungen, Handel mit europäischen Einrichtungen: *Scott*, Common Market Law Review Vol. 51 (2014), 1347 und 1355 ff.

2 *ESMA*, „Fragen und Antworten – Umsetzung der Verordnung (EU) Nr. 648/2012 über OTC-Derivate, zentrale Gegenparteien und Transaktionsregister (EMIR)", ESMA70-1861941480-52 vom 2.10.2017, abrufbar über: https://www.esma.europa.eu/sites/default/files/library/esma70-1861941480-52_qa_on_emir_implementation.pdf („*ESMA* Q&A"), OTC Frage Nr. 12(b) [letzte Aktualisierung: 20.3.2014] mit Verweis auf Art. 13 VO Nr. 648/2012 als möglichen Ausweg; ausführlich: *Sigmundt* in Wilhelmi/Achtelik/Kunschke/Sigmundt, Handbuch EMIR, Teil 3.B.IV Rz. 7 und Rz. 23-28; kritisch: *Achtelik/Steinmüller* in Wilhelmi/Achtelik/Kunschke/Sigmundt, Handbuch EMIR, Teil 3.B.II Rz. 8; s. auch *Panko-ke/Wallus*, WM 2014, 4, 5; *Schuster/Ruschkowski*, ZBB/JBB 2014, 123, 129; *Cloridaß/Müller* in Temporale, Europäische Finanzmarktregulierung, S. 146; *Coffee*, 99 Cornell L. Rev. (2014), 1278 für das gleiche „cross-border swaps dilemma" aus U.S.-amerikanischer Sicht.

3 Ein Überblick über das Problem kollidierender bzw. überlappender Regelungen findet sich bgei: *Marjosola*, EUI Working Paper LAW 2016/01, 9 ff., abrufbar über: https://papers.ssrn.com/sol3/papers.cfm?abstract_id=2733138.

4 Einen guten Überblick über die Umsetzung der Pittsburgh-Beschlüsse vermittelt der jährliche Umsetzungsbericht des *Financial Stability Board (FSB)*; s. 3rd Annual Report on Implementation and Effects of the G20 Financial Regulatory Reforms, vom 3.7.2017, abrufbar über: http://www.fsb.org/wp-content/uploads/P030717-2.pdf („*FSB* G20 Implementation Report 2017"), S. 12–15 (unter 2.3).

Street Reform and Consumer Protection Act (Dodd-Frank-Act)[1]. Das Gesetz ist nach dem damaligen Vorsitzenden des Senats-Ausschusses für Banken, Wohnungs- und Städtebau *Chris Dodd* und dem damaligen Vorsitzenden des Repräsentantenhaus-Ausschusses für Finanzdienstleistungen *Barney Frank* benannt. Das insgesamt 849 Seiten starke und aus 15 Titeln bestehende Artikelgesetz übernimmt in dem mit „Wall Street Transparency and Accountability" überschriebenen Titel VII auch Teile (etwas mehr als ein Drittel) des ursprünglich als Einzelgesetz eingebrachten Over-the-Counter Derivatives Markets Act von 2009. Wesentliche Bestandteile des Titels VII sind die Clearingpflicht für OTC-Derivate (Section 723 des Dodd-Frank-Acts), die Meldepflicht (Section 729 des Dodd-Frank-Acts), die Besicherungspflicht für nicht über eine zentrale Gegenpartei abgewickelte OTC-Derivate (Section 731 des Dodd-Frank-Acts).

42 In der **Schweiz** wurden die Pittsburgh-Beschlüsse des G20-Gipfels erst durch das Bundesgesetz über die Finanzmarktinfrastrukturen und das Marktverhalten im Effekten- und Derivatehandel (Finanzmarktinfrastrukturgesetz, FinfraG) vom 19.6.2015 umgesetzt[2]. Das FinfraG und die auf seiner Grundlage erlassene FinfraG-Verordnung sind am 1.1.2016 in Kraft getreten. Wie die EMIR sieht das FinfraG folgende Pflichten vor: die Clearingpflicht (Art. 97–103 FinfraG), die Meldepflicht (Art. 104–106 FinfraG) sowie die Pflicht zur Risikominderung, die neben der Pflicht zum Austausch von Sicherheiten auch die Pflichten zur rechtzeitigen Bestätigung, Portfolioabstimmung, Streitbeilegung und Portfoliokompression umfassen (Art. 107–111 FinfraG). Wesentliche Abweichung ergeben sich daraus, dass kleine finanzielle Gegenparteien (i.S.d. Art. 99 FinfraG) vom Anwendungsbereich der Clearingpflicht ausgenommen sind und auch von weiteren Erleichterungen profitieren.

Titel I
Gegenstand, Anwendungsbereich und Begriffsbestimmungen

Art. 1 Gegenstand und Anwendungsbereich

(1) In dieser Verordnung werden Clearing- und bilaterale Risikomanagementvorschriften für außerbörsliche (over-the counter („OTC")) Derivatekontrakte, Meldepflichten für Derivatekontrakte sowie einheitliche Vorschriften für die Ausübung der Tätigkeiten von zentralen Gegenparteien (central counterparties – im Folgenden „CCPs") und Transaktionsregistern festgelegt.

(2) Diese Verordnung gilt für CCPs und deren Clearingmitglieder, finanzielle Gegenparteien und Transaktionsregister. Für nichtfinanzielle Gegenparteien und Handelsplätze gilt sie, soweit dies vorgesehen ist.

(3) Titel V dieser Verordnung gilt nur für übertragbare Wertpapiere und Geldmarktinstrumente im Sinne von Artikel 4 Absatz 1 Nummer 18 Buchstaben a und b sowie Artikel 4 Absatz 1 Nummer 19 der Richtlinie 2004/39/EG.

(4) Diese Verordnung gilt nicht für

a) die Mitglieder des ESZB und andere Stellen der Mitgliedstaaten mit ähnlichen Aufgaben sowie sonstige Stellen der Union, die für die staatliche Schuldenverwaltung zuständig oder daran beteiligt sind;

b) die Bank für Internationalen Zahlungsausgleich;

c) die Zentralbanken und die öffentlichen Stellen, die für die staatliche Schuldenverwaltung in folgenden Ländern zuständig oder daran beteiligt sind:

　i) Japan;

　ii) Vereinigte Staaten von Amerika;

　iii) Australien;

　iv) Kanada

　v) Hongkong;

　vi) Mexiko;

　vii) Singapur;

　viii) Schweiz.

---

1 Der Dodd-Frank-Act ist abrufbar über: https://www.gpo.gov/fdsys/pkg/PLAW-111publ203/html/PLAW-111publ203.htm. Eine umfassende Darstellung des Gesetzes findet sich bei: *Heppe/Tielemann*, WM 2011, 1883 ff.; *Wieland/Weiß*, CFL 2013, 73, 88 f; *Diekmann/Fleischmann*, WM 2011, 1105, 1108.

2 S. https://www.admin.ch/opc/de/classified-compilation/20141779/index.html. Eine umfassende Darstellung des Gesetzes findet sich bei: *Cloridaß*, WM 2015, 268.

(5) Mit Ausnahme der Meldepflicht gemäß Artikel 9 gilt diese Verordnung nicht für die folgenden Einrichtungen:
a) die in Anhang VI Teil 1 Abschnitt 4.2 der Richtlinie 2006/48/EG aufgeführten multilateralen Entwicklungsbanken;
b) öffentliche Stellen im Sinne des Artikels 4 Nummer 18 der Richtlinie 2006/48/EG, soweit sie sich im Besitz von Zentralstaaten befinden und für sie eine einer ausdrücklichen Garantie gleichstehende Haftung seitens des jeweiligen Zentralstaats gilt;
c) die Europäische Finanzstabilisierungsfazilität und den Europäischen Stabilitätsmechanismus.

(6) Der Kommission wird die Befugnis übertragen, gemäß Artikel 82 in Bezug auf die Änderung der Liste in Absatz 4 dieses Artikels delegierte Rechtsakte zu erlassen.

Dazu legt die Kommission dem Europäischen Parlament und dem Rat bis zum 17. November 2012 einen Bericht vor, in dem beurteilt wird, wie öffentliche Einrichtungen, die für die staatliche Schuldenverwaltung zuständig oder daran beteiligt sind, und Zentralbanken international behandelt werden.

Der Bericht umfasst eine vergleichende Untersuchung über die Behandlung dieser Stellen und von Zentralbanken innerhalb des Rechtsrahmens einer wesentlichen Anzahl von Drittstaaten, darunter mindestens die drei wichtigsten Rechtsordnungen hinsichtlich des Volumens der gehandelten Kontrakte und der Risikomanagementstandards, die für die von diesen Stellen und den Zentralbanken dieser Rechtsordnungen abgeschlossenen Derivategeschäfte gelten. Wenn dieser Bericht zu dem Schluss kommt – vor allem angesichts der vergleichenden Analyse –, dass es notwendig ist, die Zentralbanken dieser Drittstaaten im Hinblick auf ihre währungspolitischen Verpflichtungen von der Clearing- und der Meldepflicht zu entbinden, so nimmt die Kommission diese Einrichtungen in die Liste in Absatz 4 auf.

In der Fassung vom 4.7.2012 (ABl. EU Nr. L 201 v. 27.7.2012, S. 1), geändert durch Delegierte Verordnung (EU) Nr. 1002/2013 vom 12.7.2013 (ABl. EU Nr. L 279 v. 19.10.2013, S. 2) und durch Delegierte Verordnung (EU) 2017/979 vom 2.3.2017 (ABl. EU Nr. L 148 v. 10.6.2017, S. 1).

Schrifttum: *Bundesanstalt für Finanzdienstleistungsaufsicht (BaFin)*, Häufige Fragen und Antworten der BaFin zu EMIR, Stand: 6.10.2016, abrufbar über: http://www.bafin.de („BaFin Q&A"); *Europäische Wertpapier- und Marktaufsichtsbehörde (ESMA)*, „Fragen und Antworten – Umsetzung der Verordnung (EU) Nr. 648/2012 über OTC-Derivate, zentrale Gegenparteien und Transaktionsregister (EMIR)", ESMA70-1861941480-52 vom 30.5.2018, abrufbar über: https://www.esma.europa.eu („*ESMA* Q&A"); *Köhling/Adler*, Der neue europäische Regulierungsrahmen für OTC-Derivate, WM 2012, 2125 und 2173.

I. Gegenstand und sachlicher Anwendungsbereich der EMIR (Art. 1 Abs. 1 VO Nr. 648/2012) 1
II. Persönlicher Anwendungsbereich der EMIR (Art. 1 Abs. 2 VO Nr. 648/2012) 2
III. Interoperabilitätsvereinbarungen (Art. 1 Abs. 3 VO Nr. 648/2012) 7
IV. Bereichsausnahme für Zentralregierungen, Zentralbanken sowie bestimmte supranationale Einrichtungen (Art. 1 Abs. 4 VO Nr. 648/2012) 9
 1. Europäische Zentralregierungen und Zentralbanken (Art. 1 Abs. 4 lit. a VO Nr. 648/2012) .. 10
 2. Bank für Internationalen Zahlungsausgleich (Art. 1 Abs. 4 lit. b VO Nr. 648/2012) 18
 3. Zentralregierungen und Zentralbanken von Drittstaaten (Art. 1 Abs. 4 lit. c VO Nr. 648/2012) 19
V. Bereichsausnahme für Multilaterale Entwicklungsbanken, öffentliche Stellen und die europäischen Stabilisierungsfazilitäten (Art. 1 Abs. 5 VO Nr. 648/2012) 22
 1. Multilaterale Entwicklungsbanken (Art. 1 Abs. 5 lit. a VO Nr. 648/2012) 23
 2. Öffentliche Stellen (Art. 1 Abs. 5 lit. b VO Nr. 648/2012) 24
 3. EFSF und ESM (Art. 1 Abs. 5 lit. c VO Nr. 648/2012) 26
VI. Ermächtigung zur Einführung von Bereichsausnahmen für Zentralregierungen und Zentralbanken von Drittstaaten (Art. 1 Abs. 6 VO Nr. 648/2012) 27

I. Gegenstand und sachlicher Anwendungsbereich der EMIR (Art. 1 Abs. 1 VO Nr. 648/2012). Die Beschreibung des **Gegenstandes** der EMIR beschränkt sich auf die vier wesentlichen Regelungsbereiche: (1) die Clearing- und Risikominderungspflichten für OTC-Derivatekontrakte, (2) die für sämtliche Derivatekontrakte geltende Meldepflicht, (3) die Vorschriften über die Ausübung der Tätigkeiten von CCPs und (4) die Vorschriften über die Ausübung der Tätigkeiten von Transaktionsregistern. Darüber hinaus enthält die EMIR Vorschriften über den diskriminierungsfreien Zugang zu CCPs und Handelsplätzen sowie Regelungen, die, wie die später eingefügten Art. 50a–50d VO Nr. 648/2012, nur Bedeutung für die von Kreditinstituten und Wertpapierfirmen zu beachtenden Eigenkapitalanforderungen der VO Nr. 575/2013 (CRR) haben.

II. Persönlicher Anwendungsbereich der EMIR (Art. 1 Abs. 2 VO Nr. 648/2012). Der **persönliche Anwendungsbereich** der EMIR wird in Art. 1 Abs. 2 VO Nr. 648/2012 nur unvollständig beschrieben. So wird er über Art. 1 Abs. 3–5 und Art. 89 Abs. 1 VO Nr. 648/2012 inhaltlich eingeschränkt oder zeitlich hinausgeschoben.

Art. 1 VO Nr. 648/2012 | Gegenstand und Anwendungsbereich

3 Wie an den in Art. 2 Nr. 8 und 9 VO Nr. 648/2012 definierten Begriffen finanzielle Gegenpartei und nichtfinanzielle Gegenpartei deutlich wird, beschränkt sich der persönliche Anwendungsbereich auf solche Unternehmen, die in der **Union** niedergelassen sind oder als finanzielle Gegenpartei in der Union Dienstleistungen erbringen und einer besonderen Zulassung oder Anerkennung bedürfen[1]. Hiervon abweichend erweitern Art. 4 Abs. 1 Buchst. a Ziff. iv) und v) und Art. 11 Abs. 12 VO Nr. 648/2012 den persönlichen Anwendungsbereich der EMIR hinsichtlich einiger der durch sie begründeten Pflichten auf Einrichtungen in **Drittstaaten**.

4 Die in Art. 1 Abs. 1 VO Nr. 648/2012 beschriebenen Vorschriften lassen sich wie folgt **zuordnen**:
- Die in im **Titel II** (Art. 4–13 VO Nr. 648/2012) zusammengefassten Vorschriften über die Melde-, Clearing- und Risikominderungspflichten gelten für alle **finanziellen Gegenparteien**. Für **nichtfinanzielle Gegenparteien** gelten sie nur soweit dies vorgesehen ist (Art. 1 Abs. 2 Satz 2 VO Nr. 648/2012). Abweichend hiervon begründen die Art. 7–9 VO Nr. 648/2012 Verpflichtungen für CCPs und für die Betreiber von Handelsplätzen. Über Art. 4 Abs. 3 VO Nr. 648/2012 und die dort formulierten Anforderungen an das sog. „indirekte Clearing" begründet Titel II auch Anforderungen für Clearingmitglieder, die jedoch erst in der DelVO Nr. 149/2013 näher ausgestaltet worden sind.
- Die Vorschriften der **Titel III, IV und V** (Art. 14–54 VO Nr. 648/2012) gelten für **CCPs** und deren **Clearingmitglieder**.
- Der Geltungsbereich des **Titels V** über Interoperabilitätsvereinbarungen zwischen CCPs wird über Art. 1 Abs. 3 VO Nr. 648/2012 auf übertragbare Wertpapiere und Geldmarktinstrumente eingeschränkt.
- Die Vorschriften der **Titel VI und VII** (Art. 55–82 VO Nr. 648/2012) gelten nur für **Transaktionsregister**.

5 Der persönliche Anwendungsbereich der in Titel II der EMIR zusammengefassten Bestimmungen über die Melde-, Clearing- und Risikominderungspflichten entspricht weitestgehend den Unternehmen, für die Kreditinstitute und Wertpapierfirmen, wenn sie mit ihnen OTC-Derivate abschließen, zusätzliche Eigenkapitalanforderungen erfüllen müssen, um dem „**CVA-Risiko**" Rechnung zu tragen (Art. 381–386 VO Nr. 575/2013)[2]. Die Abkürzung „CVA" steht für „Anpassung der Kreditbewertung" (credit valuation adjustment). Sie beschreibt das Risiko, dass der auf der Grundlage von Mittelkursen (mid-market prices) ermittelte Marktwert eines OTC-Derivats die tatsächliche Bonität der Gegenpartei, d.h. deren spezifisches Kreditrisiko, nicht angemessen wiederspiegelt und deshalb angepasst werden muss (Art. 381 VO Nr. 575/2013). Für diese Zwecke bestimmt das Institut anhand der in der CRR vorgeschriebenen Methoden einen Marktwert für das spezifische Kreditrisiko seines Kontrahenten. Dieser ist gesondert mit Eigenkapital zu unterlegen. Dass es sich bei der sog. „CVA Charge" um eine die EMIR ergänzende Eigenmittelanforderung handelt[3], zeigt sich an Art. 382 Abs. 4 Unterabs. 1 Buchst. a-d VO Nr. 575/2013, der ihren Anwendungsbereich definiert. Danach sind OTC-Derivaten, die ein Institut mit **nicht der Clearingpflicht oder nicht der EMIR unterliegenden Gegenparteien** abschließt, von der CVA Charge ausgenommen.

6 Die im Entwurf vorliegenden Verordnung zur Änderung der EMIR (**EMIR-REFIT-Entwurf**)[4] wird den in Art. 2 Nr. 8 VO Nr. 648/2012 definierten Begriff finanzielle Gegenpartei deutlich erweitern. Sie wird damit nicht nur den persönlichen Anwendungsbereich der EMIR, sondern auch den Personenkreis erweitern, für den Kreditinstitute und Wertpapierfirmen zusätzliche Eigenkapitalanforderungen für das CVA-Risiko erfüllen müssen. Dies gilt selbst dann, wenn die betreffenden finanziellen Gegenparteien aufgrund der vorgeschlagenen Einführung einer Clearingschwelle zukünftig von den Clearing- und Risikominderungspflichten ausgenommen werden.

7 **III. Interoperabilitätsvereinbarungen (Art. 1 Abs. 3 VO Nr. 648/2012).** Art. 1 Abs. 3 VO Nr. 648/2012 hat erst im Laufe des Gesetzgebungsverfahrens Eingang in Art. 1 VO Nr. 648/2012 gefunden. Er reduziert den sachlichen Anwendungsbereich des **Titels V** (Art. 51–54 VO Nr. 648/2012) für die zwischen CCPs abgeschlossenen **Interoperabilitätsvereinbarungen** auf übertragbare Wertpapiere und Geldmarktinstrumente im Sinne des Art. 4 Abs. 1 Nr. 18 Buchst. a und b und Nr. 19 RL 2004/39/EG (MiFID). Grund für die Beschränkung des Anwendungsbereichs sind die mit der indirekten Erbringung von Clearingdienstleistungen mittels Interoperabilitätsvereinbarung verbundene **Komplexität** und die hieraus erwachsenden **zusätzlichen Risiken**[5]. Art. 1

---

1 *Grundmann* in Staub, HGB, Band 11/2, 5. Aufl. 2018, Rz. 672.
2 *Köhling/Adler*, WM 2012, 2173, 2179.
3 Erwägungsgrund Nr. 87 VO Nr. 648/2012: „Somit ergänzt diese Verordnung die Verordnung (EU) Nr. 648/2012"; *Wilhelmi/Blum* in Wilhelmi/Achtelik/Kunschke/Sigmundt, Handbuch EMIR, Teil 2.B Rz. 16.
4 *Kommission*, Vorschlag für eine Verordnung des Europäischen Parlaments und des Rates zur Änderung der Verordnung (EU) Nr. 648/2012 in Bezug auf die Clearingpflicht, die Aussetzung der Clearingpflicht, die Meldepflichten, die Risikominderungstechniken für nicht durch eine zentrale Gegenpartei geclearte OTC- Derivatekontrakte, die Registrierung und Beaufsichtigung von Transaktionsregistern und die Anforderungen an Transaktionsregister, KOM(2017) 208 final vom 4.5.2017, abrufbar über: http://ec.europa.eu/transparency/regdoc/rep/1/2017/DE/COM-2017-208-F1-DE-MAIN-PART-1.PDF („*Kommission* EMIR-REFIT-Entwurf"), S. 28/29. Einbezogen werden u.a. sämtliche alternativen Investmentfonds (AIFs) und Verbriefungszweckgesellschaften.
5 Erwägungsgrund Nr. 73 VO Nr. 648/2012.

Abs. 3 VO Nr. 648/2012 steht unter einem **Prüfvorbehalt**. Nach Art. 85 Abs. 3 Buchst. d VO Nr. 648/2012 sollte die ESMA der Kommission bis 30.9.2014 einen Bericht vorlegen, um zu ermitteln, ob eine Ausweitung des Anwendungsbereichs zweckmäßig ist. In ihrem Brief an die Kommission vom 29.9.2014[1] hatte ESMA mitgeteilt, dass die Verfahren für die Zulassung und Anerkennung von CCPs noch nicht abgeschlossen seien und es aus ihrer Sicht deshalb verfrüht erscheine, den Bericht über die Ausweitung der Bestimmungen über die Interoperabilität abzuschließen.

Ein **Beispiel** für eine – derzeit von der EMIR nicht erfasste – Interoperabilitätsvereinbarung über Derivate ist die zwischen der Chicago Mercantile Exchange (CME) Group und der Singapore Exchange Limited (SGX) bestehende Vereinbarung über das Mutual Offset System (MOS). So können z.B. die an der CME gehandelten Nikkei 225 Futures auf Anforderung des Clearingmitgliedes in das Clearingsystem der SGX übertragen werden. 8

IV. Bereichsausnahme für Zentralregierungen, Zentralbanken sowie bestimmte supranationale Einrichtungen (Art. 1 Abs. 4 VO Nr. 648/2012). Bestimmte **zentralstaatliche und supranationale Einrichtungen** sind nach Art. 1 Abs. 4 VO Nr. 648/2012 aus dem gesamten Geltungsbereich der EMIR ausgenommen. Die Ausnahme gilt lediglich für die Vorschriften der EMIR, die unmittelbar auf die genannten Einrichtungen oder die von ihnen getätigten Geschäfte Anwendung finden. Die Ausnahme entfaltet dann keine Wirkung, wenn eine nach Art. 1 Abs. 4 VO Nr. 648/2012 befreite Einrichtung die von der EMIR regulierten Tätigkeiten freiwillig ausübt. Bedeutung hat dies insbesondere für die Zulassung der in Art. 1 Abs. 4 VO Nr. 648/2012 genannten Einrichtungen als Clearingmitglied i.S.d. Art. 2 Nr. 14 VO Nr. 648/2012 und die hierdurch begründeten Pflichten nach Art. 39 VO Nr. 648/2012[2]. 9

1. Europäische Zentralregierungen und Zentralbanken (Art. 1 Abs. 4 lit. a VO Nr. 648/2012). Art. 1 Abs. 4 Buchst. a VO Nr. 648/2012 entspricht vergleichbaren Ausnahmen in anderen Rechtsakten der Union, wie z.B. Art. 2 Abs. 1 Buchst. g RL 2004/39/EG. Die **Bereichsausnahme** soll verhindern, dass die von Zentralbanken und Stellen der staatlichen Schuldenverwaltung wahrgenommenen Aufgaben, deren **Erfüllung im öffentlichen Interesse** ist, durch die Vorschriften der EMIR, z.B. die Meldepflicht und die damit verbundenen Transparenz, beeinträchtigt werden (VO Nr. 648/2012 Erwägungsgrund Nr. 32). Dies gilt insbesondere für die geld-, devisen- und finanzstabilitätspolitischen Geschäfte der europäischen Zentralbanken, die aufgrund ähnlicher Erwägungen auch von der Vor- und Nachhandelstransparenz der Art. 8 und 10 VO Nr. 600/2014 (MiFIR) freigestellt werden (Art. 1 Abs. 6 VO Nr. 600/2014 und Art. 14 DelVO 2017/583). 10

Die Abkürzung „**ESZB**" steht für das **Europäische System der Zentralbanken**. Nach Art. 1 Abs. 1.2 des Protokolls über die Satzung des Europäischen Systems der Zentralbanken und der Europäischen Zentralbank („ESZB Satzung") i.V.m. Art. 127 Abs. 2 des Vertrages über die Arbeitsweise der Europäischen Union (AEUV) besteht das ESZB aus der Europäischen Zentralbank (EZB) und den Zentralbanken der Mitgliedstaaten (nationale Zentralbanken). Die Ausnahme ist von Bedeutung für die Durchführung von Devisengeschäften im Rahmen der für den Euro festgelegten Wechselkurspolitik und der Verwaltung der offiziellen Währungsreserven der Mitgliedstaaten. 11

Die Formulierung „andere Stellen der Mitgliedstaaten mit **ähnlichen Aufgaben**" ist nicht eindeutig. Sie verweist auf die nationalen Zentralbanken und die Aufgaben, die diese als Bestandteil des ESZB erfüllen. Art. 3 Abs. 3.2 der EZB-Satzung stellt insoweit klar, dass das Recht zur Verwaltung von Arbeitsguthaben in Fremdwährungen weiterhin bei den Regierungen der Mitgliedstaaten verbleibt. Ob es darüber hinaus weitere „ähnliche Funktionen" geben kann, ist jedoch fraglich, da insbesondere die in Art. 3 Abs. 3.1 der EZB-Satzung genannte Festlegung und Ausführung der Geldpolitik ausschließliche Kompetenz des ESZB ist. 12

Die Formulierung „sonstige Stellen der Union, die für die **staatliche Schuldenverwaltung** zuständig oder daran beteiligt sind" ist weit auszulegen, so dass sie sämtliche mit der staatlichen Schuldenverwaltung betraute Stellen innerhalb der Union erfasst, und zwar unabhängig davon, ob ihr Träger die Union, ein Mitgliedstaat oder eine regionale oder lokale Gebietskörperschaft ist. Dies legt nicht nur die sprachlich offenere englische Fassung (union public bodies) nahe; für die Stellen der Mitgliedstaaten folgt dies auch aus Buchstabe c), da es nicht Absicht des Gesetzgebers sein kann, Mitgliedstaaten schlechter zu stellen als Drittstaaten. 13

Der Begriff **staatliche Schuldenverwaltung** umfasst die Kreditaufnahme, die damit in Zusammenhang stehende Dokumentation und Beurkundung sowie die Verwaltung und Bedienung der durch sie begründeten Schulden. Sie umfasst auch die Ausgabe und Platzierung staatlicher Schuldtitel[3]. 14

---

1 *ESMA*, Brief an die Kommission „Postponement of reports due by ESMA under Article 85.3 of EMIR" vom 29.9.2014, abrufbar über: https://www.esma.europa.eu/sites/default/files/library/2015/11/esma_2014_1179_letter_to_commisison_on_esma_reports_per_art_85.pdf („*ESMA* Brief vom 29.9.2014"), S. 2.
2 *ESMA*, „Fragen und Antworten – Umsetzung der Verordnung (EU) Nr. 648/2012 über OTC-Derivate, zentrale Gegenparteien und Transaktionsregister (EMIR)" ESMA70-1861941480-52 vom 30.5.2018, abrufbar über: https://www.esma.europa.eu/sites/default/files/library/esma70-1861941480-52_qa_on_emir_implementation.pdf („*ESMA* Q&A"), CCP Frage Nr. 19 [letzte Aktualisierung: 11.2.2014].
3 Erwägungsgrund Nr. 14 RL 2004/39/EG.

15 Stellen der staatlichen Schuldenverwaltung sind in **Deutschland** die Bundesrepublik Deutschland – Finanzagentur GmbH, auf die der Bund seit 1.6.2001 wesentliche Teile seines Schuldenmanagements ausgelagert hat, und die Bundeswertpapierverwaltung, eine Bundesoberbehörde im Geschäftsbereich des Bundesministeriums der Finanzen. Zu nennen sind ferner die Schuldenverwaltungen der Länder (z.B. das Finanzministerium des Landes Nordrhein Westfalen) und die der Sondervermögen des Bundes (z.B. das Bundeseisenbahnvermögen, die Energie- und Klimafonds, der Erblastentilgungsfonds und der Ausgleichsfonds Währungsumstellung) und der Länder.

16 Ob auch die **Schuldenverwaltung der Gemeinden und Kreise** über Art. 1 Abs. 4 Buchst. a VO Nr. 648/2012 vom Anwendungsbereich der EMIR ausgenommen werden, hängt davon ab, ob man sie als „staatliche Schuldenverwaltung" qualifizieren kann. Im Rahmen der Umsetzung von Art. 2 Abs. 1 Buchst. g RL 2004/39/EG in § 2 Abs. 1 Nr. 3a KWG hat der deutsche Gesetzgeber die kommunalen Gebietskörperschaften nicht erwähnt[1], was dafür spricht, dass er staatliche und kommunale Schuldenverwaltung unterscheidet. Die Kommission hat die Frage bislang offen gelassen[2]. Die BaFin bejaht sie, allerdings nur für Gebietskörperschaften und ihre rechtlich unselbständigen Regie- und Eigenbetriebe. Zweckverbände und andere rechtlich selbständige Einrichtungen seien allenfalls deshalb vom Anwendungsbereich der EMIR ausgenommen, weil sie keiner unternehmerischen Tätigkeit nachgingen[3]. Dieser Auffassung ist nicht zu folgen. Deutsche Gemeinden und Gemeindeverbände sind von Art. 1 Abs. 4 Buchst. a VO Nr. 648/2012 nicht erfasst. Sie sind Bestandteil der Länder und bilden, auch wenn sie als Institution verfassungsrechtlich anerkannt sind, keine Staaten im rechtlichen Sinne. Die Trennung zwischen Zentralstaaten einerseits und regionalen und lokalen Gebietskörperschaften andererseits liegt auch der Anerkennung von Sicherheiten nach Art. 4 Abs. 1 DelVO 2016/2251 zugrunde. Art. 382 Abs. 4 Buchst. d VO Nr. 575/2013 der die in Art. 1 Abs. 4 Buchst. a VO Nr. 648/2012 genannten Zentralstaaten und Stellen der staatlichen Schuldenverwaltung von den Eigenkapitalanforderungen für das CVA-Risiko ausnimmt, sieht kommunale Gebietskörperschaften ebenfalls nicht als von Buchstabe a erfasst an, weshalb er sie über den Verweis auf Art. 115 Abs. 2 VO Nr. 575/2013, der Regelung über nullgewichtete regionale Gebietskörperschaften, ausdrücklich ausnimmt.

17 Darüber hinaus ist die Bereichsausnahme in Art. 1 Abs. 4 Buchst. a VO Nr. 648/2012 dahingehend einzuschränken, dass sie nur solche Tätigkeiten vom Geltungsbereich ausnimmt, die mit der staatlichen Schuldenverwaltung in einem **unmittelbaren Zusammenhang** stehen. So werden z.B. nur solche Derivate freigestellt, mit denen ein Mitgliedstaat die mit seiner Kreditaufnahme oder den von ihm gehaltenen Arbeitsguthaben in Fremdwährungen verbundenen Zins-, Währungs- oder Kreditrisiken absichert oder gestaltet. Alle sonstigen Geschäfte werden – insoweit ist der BaFin zuzustimmen – nur über die mangelnde Qualifizierung als „Unternehmen" (Art. 2 Nr. 9 VO Nr. 648/2012) befreit.

18 **2. Bank für Internationalen Zahlungsausgleich (Art. 1 Abs. 4 lit. b VO Nr. 648/2012).** Die Ausnahme für die **Bank für Internationalen Zahlungsausgleich (BIZ)** ist insbesondere für die in Art. 22 der BIZ-Statuten geregelte Befugnis zum Handel in Edelmetallen, Devisen und börsengängigen Wertpapieren von Bedeutung. Im Rahmen dieser Handelstätigkeit schließt die BIZ auch Termingeschäfte, Optionen und Swaps ab.

19 **3. Zentralregierungen und Zentralbanken von Drittstaaten (Art. 1 Abs. 4 lit. c VO Nr. 648/2012).** Art. 1 Abs. 4 Buchst. c VO Nr. 648/2012 ist durch die DelVO Nr. 1002/2013 eingefügt und durch die DelVO 2017/979 erweitert worden. Mit den beiden Verordnungen hat die Kommission von ihrer in Art. 1 Abs. 6 VO Nr. 648/2012 begründeten Befugnis Gebrauch gemacht, die Liste der vom Anwendungsbereich der EMIR generell ausgenommenen Stellen um die Zentralbanken und die staatliche Schuldenverwaltung bestimmter Drittstaaten zu erweitern.

20 Die Beschränkung der Bereichsausnahme auf die in Art. 1 Abs. 4 Buchst. c VO Nr. 648/2012 aufgeführten Zentralregierungen und Zentralbanken bzw. der mangelnde Fortschritt bei der Anerkennung weiterer Drittstaaten ist auf Kritik gestoßen. Diese entzündete sich in erster Linie an der Meldepflicht des Art. 9 VO Nr. 648/2012 und der damit einhergehenden Transparenz, die die Funktionsfähigkeit der geld-, devisen- und finanzstabilitätspolitischen Instrumente der nicht anerkannten Drittstaateneinrichtungen beeinträchtige. Darüber hinaus sind europäische Kreditinstitute und Wertpapierfirmen, die mit Zentralregierungen und Zentralbanken in nicht anerkannten Drittstaaten OTC-Derivate abschließen wollen, gegenüber ihren Wettbewerbern insbesondere aus den U.S.A. benachteiligt.

21 Erwogen wurde deshalb, die in nicht privilegierten Drittstaaten ansässigen Zentralbanken und Stellen der staatlichen Schuldenverwaltung aufgrund ihrer hoheitlichen Tätigkeit vom **Begriff des Unternehmens** auszunehmen. Dieser Ansatz widerspricht jedoch Art. 1 Abs. 6 VO Nr. 648/2012, der die Befugnis zur Erweiterung des Kataloges privilegierter Drittstaatseinrichtungen ausschließlich der Kommission zuweist. Im Rahmen der Beratungen über den **EMIR-REFIT-Entwurf** hat sich das Europäische Parlament für eine Änderung des Art. 1

---

[1] BaFin Merkblatt „Hinweise zur Bereichsausnahme für die öffentliche Schuldenverwaltung" vom 12.11.2010.
[2] Kommission, „EMIR: Häufig gestellte Fragen", zuletzt aktualisiert am 10.7.2014, abrufbar über: http://ec.europa.eu/internal_market/financial-markets/docs/derivatives/emir-faqs_en.pdf („Kommission FAQ"), II. 15.
[3] *Bundesanstalt für Finanzdienstleistungsaufsicht (BaFin)*, Häufige Fragen und Antworten der BaFin zur EMIR, Stand: 6.10.2016, abrufbar über: https://www.bafin.de/SharedDocs/Veroeffentlichungen/DE/FAQ/faq_emir.html;jsessionid=49FAFE220B13AD4EDFE6C04AB1BE512B.2_cid290 („*BaFin* Q&A"), Nr. 2.

Abs. 4 Buchst. c VO Nr. 648/2012 ausgesprochen[1]. Danach sollen Zentralregierungen und Zentralbanken generell vom Anwendungsbereich der EMIR ausgenommen werden.

V. Bereichsausnahme für Multilaterale Entwicklungsbanken, öffentliche Stellen und die europäischen Stabilisierungsfazilitäten (Art. 1 Abs. 5 VO Nr. 648/2012). Die Bereichsausnahme für öffentliche Stellen und bestimmte europäische und supranationale Einrichtungen sieht lediglich die **Anwendbarkeit der Meldepflicht** nach Art. 9 VO Nr. 648/2012 vor[2]. Von den übrigen Vorschriften der EMIR sind die genannten Einrichtungen befreit. Auch hier gilt: Die Befreiung gilt lediglich für die Vorschriften der EMIR, die unmittelbar auf die genannten Stellen oder Einrichtungen oder die von ihnen getätigten Geschäfte Anwendung finden. Die Ausnahme entfaltet insbesondere dann keine Wirkung, wenn eine nach Art. 1 Abs. 5 VO Nr. 648/2012 befreite Stelle sich als Clearingmitglied betätigt[3].   22

1. Multilaterale Entwicklungsbanken (Art. 1 Abs. 5 lit. a VO Nr. 648/2012). Der in Bezug genommene Katalog des Anhang VI Teil 1 Abschnitt 4.2 RL 2006/48/EG (CRD) umfasst die folgenden **multilateralen Entwicklungsbanken:** die Internationale Bank für Wiederaufbau und Entwicklung (IBRD), die Internationale Finanz-Corporation (IFC), die Interamerikanische Entwicklungsbank, die Asiatische Entwicklungsbank, die Afrikanische Entwicklungsbank, die Entwicklungsbank des Europarates, die Nordische Investitionsbank, die Karibische Entwicklungsbank, die Europäische Bank für Wiederaufbau und Entwicklung (EBRD), die Europäische Investitionsbank (EIB), den Europäischen Investitionsfonds, und die Multilaterale Investitions-Garantie-Agentur. Ihnen wird auch unter der geltenden VO Nr. 575/2013 unter dem Kreditrisikostandardansatz ein Risikogewicht von 0 % zugewiesen (Art. 117 Abs. 2 VO Nr. 575/2013). Im Rahmen der Beratungen über den **EMIR-REFIT-Entwurf** hat sich das Europäische Parlament dafür ausgesprochen, die nullgewichteten multilateralen Entwicklungsbanken vom Anwendungsbereich der EMIR generell auszunehmen[4]. Würde dieser Vorschlag im Rahmen des Trilogs aufgegriffen, wären sie auch von der Meldepflicht des Art. 9 VO Nr. 648/2012 befreit.   23

2. Öffentliche Stellen (Art. 1 Abs. 5 lit. b VO Nr. 648/2012). Der Begriff **öffentliche Stellen** verweist auf die Definition des gleichlautenden Begriffs in Art. 4 Nr. 18 RL 2006/48/EG bzw. Art. 4 Abs. 1 Nr. 8 VO Nr. 575/2013, schränkt ihn jedoch dadurch, dass die Stelle von einem Zentralstaat getragen oder garantiert sein muss, wieder ein. Befreit sind zum einen die **Verwaltungseinrichtungen** eines Mitgliedstaates, d.h. in Deutschland die Bundesbehörden. Ebenfalls ausgenommen sind die im Besitz eines Mitgliedstaates befindlichen **privatrechtlich organisierten Gesellschaften ohne Erwerbszweck**, wenn sie über eine ausdrückliche Garantie oder vergleichbare Haftung des Mitgliedstaates verfügen. Ferner die sich selbst verwaltenden Stellen des öffentlichen Rechts, die der Aufsicht des Mitgliedstaates unterliegen; in Deutschland sind dies z.B. die vom Bund errichteten und seiner Aufsicht unterstehenden Anstalten des öffentlichen Rechts – z.B. die Kreditanstalt für Wiederaufbau (KfW) – sowie öffentlich rechtlichen Körperschaften und Stiftungen.   24

Der Begriff **Zentralstaat** wird vom Gesetzgeber nicht definiert sondern als bekannt vorausgesetzt. Nach Abschnitt 20.57 des ESVG 2010[5] erfasst der Zentralstaat in einem föderalen Regierungssystem wie in Deutschland nur den Bund, nicht jedoch auch die Länder. Dies bedeutet für Art. 1 Abs. 5 Buchst. b VO Nr. 575/2013, dass die von den deutschen Bundesländern getragenen oder garantierten öffentlichen Stellen vom Anwendungsbereich der EMIR nicht ausgenommen sind[6].   25

3. EFSF und ESM (Art. 1 Abs. 5 lit. c VO Nr. 648/2012). Die **Europäische Finanzstabilisierungsfazilität (EFSF)** war von den Mitgliedstaaten im Mai 2010 im Zuge der sich zuspitzenden Staatsschuldenkrise als Teil des sog. „temporären Euro-Schutzschirms" errichtet worden. Er ist als luxemburgische Aktiengesellschaft in der Rechtsform der *société anonyme* organisiert. Aufgabe der Gesellschaft war es, Mitgliedstaaten der Währungsunion, denen es nur noch unter erschwerten Bedingungen möglich war, sich an den Kapitalmärkten zu finanzieren, durch Notkredite Beistand zu leisten. Das Geld für die Notkredite nahm die Gesellschaft über den Kapitalmarkt auf. Sämtliche Verpflichtungen der Gesellschaft sind durch Garantien der Mitgliedstaaten gedeckt. Das unter der EFSF zur Verfügung gestellte Finanzierungsvolumen betrug insgesamt 440 Milliarden Euro. Die ESFS wurde am 30.6.2013 durch den als dauerhafte Einrichtung angelegten **Europäischen Stabilitätsmechanismus (ESM)** abgelöst. Der ESM wurde durch völkerrechtlichen Vertrag – dem Vertrag zur Einrichtung eines Europäischen Stabilitätsmechanismus vom 2.2.2012 – errichtet. Er hat am 8.10.2012 seine Arbeit aufgenommen. Die Aufgaben des ESM entsprechen denen des früheren ESFS. Er soll in finanzielle Schwierig-   26

---

1 S. Bericht des Berichterstatters *Langen*, abrufbar über: http://www.europarl.europa.eu/sides/getDoc.do?pubRef=-//EP//TEXT+REPORT+A8-2018-0181+0+DOC+XML+V0//EN&language=de („ECON Bericht REFIT").
2 *Grundmann* in Staub, HGB, Band 11/2, 5. Aufl. 2018, Rz. 678, wonach der Gesetzgeber – anders als bei den Zentralbanken – keine der Meldepflicht entgegenstehende Geheimhaltungsinteressen sah.
3 *ESMA* Q&A CCP Frage Nr. 19 [letzte Aktualisierung: 11.2.2014].
4 S. ECON Bericht REFIT, Rz. 21.
5 *Eurostat*, Europäisches System Volkswirtschaftlicher Gesamtrechnungen (ESVG 2010), abrufbar über: https://www.bundesbank.de/Redaktion/DE/Downloads/Service/Meldewesen/Bankenstatistik/Kundensystematik/esvg_2010.pdf?__blob=publicationFile („*Eurostat* ESVG 2010").
6 *Köhling/Adler*, WM 2012, 2125, 2129.

Art. 2 VO Nr. 648/2012 | Begriffsbestimmungen

keiten geratene Mitgliedstaaten der Währungsunion durch Finanzhilfen unterstützen. Der ESM verfügt über ein Stammkapital von ca. 705 Milliarden Euro, von dem ca. 80 Milliarden Euro eingezahlt sind.

27 **VI. Ermächtigung zur Einführung von Bereichsausnahmen für Zentralregierungen und Zentralbanken von Drittstaaten (Art. 1 Abs. 6 VO Nr. 648/2012).** Die Kommission ist befugt, die in Art. 1 Abs. 4 VO Nr. 648/2012 erstellte Liste der von der EMIR ausgenommenen Stellen durch einen nach Art. 82 VO Nr. 648/2012 erlassenen delegierten Rechtsakt zu ändern, insbesondere zu erweitern. Der in Art. 1 Abs. 6 Unterabs. 2 VO Nr. 648/2012 genannte **Bericht an das Europäische Parlament und den Rat** liegt seit 22.3.2013 vor[1]. Der Bericht ist am 2.3.2017 durch einen weiteren Bericht fortgeschrieben worden[2]. Die in den beiden Berichten zusammengefassten Schlussfolgerungen[3] sind für die U.S.A. und Japan mit der DelVO Nr. 1002/2013 und für Australien, Kanada, Hongkong, Mexiko, Singapur und die Schweiz mit der DelVO 2017/979 umgesetzt worden.

28 Die Erweiterung des Art. 1 Abs. 4 VO Nr. 648/2012 muss keine dauerhafte sein. Die Kommission hat zuletzt deutlich gemacht, dass sie die Behandlung der vom Anwendungsbereich der EMIR ausgenommenen Zentralbanken und öffentlichen Stellen weiterhin **regelmäßig überprüfen** wird, und dass die damit ggf. einhergehende Neubewertung zur Folge haben könnte, dass bestimmte Drittstaaten aus der Liste der ausgenommenen Einrichtungen wieder gestrichen werden[4].

29 Das in Art. 1 Abs. 6 VO Nr. 648/2012 genannte **Verfahrens nach Art. 82 VO Nr. 648/2012** lehnt sich eng an das in Art. 10–14 VO Nr. 1095/2010 (ESMA-Verordnung)[5] geregelte Verfahren zum Erlass technischer Regulierungsstandards an. Der wesentliche Unterschied besteht darin, dass der Entwurf des auf Art. 82 VO Nr. 648/2012 gestützten delegierten Rechtsaktes nicht von der Europäischen Wertpapier – und Marktaufsichtsbehörde (ESMA) sondern von der **Kommission** selbst erstellt wird. Art. 82 Abs. 3 VO Nr. 648/2012 sieht lediglich vor, dass die Kommission die ESMA nach Möglichkeit vor Erlass des delegierten Rechtsaktes konsultiert. Wegen der Einzelheiten wird auf die Ausführungen zu Art. 82 VO Nr. 648/2012 verwiesen.

30 Bis zur Erweiterung des Art. 1 Abs. 4 VO Nr. 648/2012 um weitere Zentralbanken und Stellen der staatlichen Schuldenverwaltung mit Sitz in Drittstaaten werden diese als **Drittstaatseinrichtungen** nur über Art. 4 Abs. 1 Buchst. a Ziff. vi) oder v) oder Art. 11 Abs. 12 VO Nr. 648/2012 von den Vorschriften der EMIR erfasst. Da sie, wären sie in der Union ansässig, weder als Kreditinstitut noch als Wertpapierfirma zugelassen wären (s. unter Art. 2 VO Nr. 648/2012 Rz. 87–88), würden sie als **nichtfinanzielle Gegenpartei** i.S.v. Art. 2 Nr. 9 VO Nr. 648/2012 nur dann der Clearingpflicht unterliegen, wenn sie die nach Art. 10 Abs. 3 VO Nr. 648/2012 festgelegte Clearingschwelle überschreiten würden[6]. Die Risikominderungspflichten würden sie nach Art. 11 Abs. 12 VO Nr. 648/2012 nur dann treffen, wenn sie Geschäfte mit anderen Drittstaatseinrichtungen tätigen, die wären sie in der Union ansässig, ebenfalls als Gegenpartei gelten würden; dies gilt allerdings nur für Geschäfte die **unmittelbare, wesentliche und vorhersehbare Auswirkungen innerhalb der Union** haben.

Art. 2 Begriffsbestimmungen

Für die Zwecke dieser Verordnung bezeichnet der Ausdruck:
1. „CCP" eine juristische Person, die zwischen die Gegenparteien der auf einem oder mehreren Märkten gehandelten Kontrakte tritt und somit als Käufer für jeden Verkäufer bzw. als Verkäufer für jeden Käufer fungiert;
2. „Transaktionsregister" eine juristische Person, die die Aufzeichnungen zu Derivaten zentral sammelt und verwahrt;

---

1 *Kommission*, Erster Bericht über die internationale Behandlung von Zentralbanken und öffentlichen, für die staatliche Schuldenverwaltung zuständigen Stellen im Hinblick auf OTC-Derivatgeschäfte, KOM(2013) 158 final vom 22.3.2013, abrufbar über: http://ec.europa.eu/transparency/regdoc/rep/1/2013/DE/1-2013-158-DE-F1-1.Pdf („*Kommission* Erster Bericht zu Art. 1 Abs. 4 VO Nr. 648/2012").
2 *Kommission*, Zweiter Bericht über die internationale Behandlung von Zentralbanken und öffentlichen, für die staatliche Schuldenverwaltung zuständigen Stellen im Hinblick auf OTC-Derivatgeschäfte, KOM(2017) 104 final vom 2.3.2017, abrufbar über: https://eur-lex.europa.eu/legal-content/DE/TXT/PDF/?uri=CELEX:52017DC0104&from=DE („*Kommission* Zweiter Bericht zu Art. 1 Abs. 4 VO Nr. 648/2012").
3 *Kommission* Erster Bericht zu Art. 1 Abs. 4 VO Nr. 648/2012, S. 13 ff.; *Kommission* Zweiter Bericht zu Art. 1 Abs. 4 VO Nr. 648/2012, S. 11 f.
4 Erwägungsgrund Nr. 5 DelVO 2017/979.
5 Verordnung (EU) Nr. 1095/2010 des Europäischen Parlaments und des Rates vom 24. November 2010 zur Errichtung einer Europäischen Aufsichtsbehörde (Europäische Wertpapier- und Marktaufsichtsbehörde), zur Änderung des Beschlusses Nr. 716/2009/EG und zur Aufhebung des Beschlusses 2009/77/EG der Kommission, ABl. EU Nr. L 331 v. 15.12.2010, S. 84.
6 *ESMA* Q&A OTC Frage Nr. 19 [letzte Aktualisierung: 21.5.2014]: für Zentralbanken: „would be an NFC if it were established in the EU".

3. „Clearing" den Prozess der Erstellung von Positionen, darunter die Berechnung von Nettoverbindlichkeiten, und die Gewährleistung, dass zur Absicherung des aus diesen Positionen erwachsenden Risikos Finanzinstrumente, Bargeld oder beides zur Verfügung stehen;
4. „Handelsplatz" ein System, das von einer Wertpapierfirma oder einem Marktbetreiber im Sinne des Artikels 4 Absatz 1 Nummer 1 bzw. Nummer 13 der Richtlinie 2004/39/EG, ausgenommen systematische Internalisierer im Sinne des Artikels 4 Absatz 1 Nummer 7 der genannten Richtlinie, betrieben wird, in dem die Interessen am Kauf oder Verkauf von Finanzinstrumenten so zusammengeführt werden, dass sie in Geschäfte gemäß Titel II oder III jener Richtlinie münden;
5. „Derivat" oder „Derivatekontrakt" eines der in Anhang I Abschnitt C Nummern 4 bis 10 der Richtlinie 2004/39/EG, durchgeführt durch die Artikel 38 und 39 der Verordnung (EG) Nr. 1287/2006, genannten Finanzinstrumente;
6. „Derivatekategorie" eine Untergruppe von Derivaten, denen allgemeine und wesentliche Eigenschaften gemeinsam sind, darunter mindestens das Verhältnis zu dem zugrundeliegenden Vermögenswert, die Art des zugrundeliegenden Vermögenswertes und die Währung des Nominalwerts. Derivate derselben Kategorie können unterschiedliche Fälligkeiten haben;
7. „OTC-Derivate" oder „OTC-Derivatekontrakte" Derivatekontrakte, deren Ausführung nicht auf einem geregelten Markt im Sinne von Artikel 4 Absatz 1 Nummer 14 der Richtlinie 2004/39/EG oder auf einem Markt eines Drittstaats erfolgt, der gemäß Artikel 2a dieser Verordnung als einem geregelten Markt gleichwertig angesehen wird,;
8. „finanzielle Gegenpartei" gemäß der Richtlinie 2004/39/EG zugelassene Wertpapierfirmen, gemäß der Richtlinie 2006/48/EG zugelassene Kreditinstitute, gemäß der Richtlinie 73/239/EWG zugelassene Versicherungsunternehmen, gemäß der Richtlinie 2002/83/EG zugelassene Versicherungsunternehmen, gemäß der Richtlinie 2005/68/EG zugelassene Rückversicherungsunternehmen, gemäß der Richtlinie 2009/65/EG zugelassene OGAW und gegebenenfalls deren gemäß jener Richtlinie zugelassenen Verwaltungsgesellschaften, Einrichtungen der betrieblichen Altersversorgung im Sinne des Artikels 6 Buchstabe a der Richtlinie 2003/41/EG und alternative Investmentfonds, die von gemäß der Richtlinie 2011/61/EU zugelassenen oder eingetragenen Verwaltern alternativer Investmentfonds (AIFM) verwaltet werden;
9. „nichtfinanzielle Gegenpartei" ein in der Union niedergelassenes Unternehmen, das nicht zu den in den Nummern 1 und 8 genannten Einrichtungen gehört;
10. „Altersversorgungssystem"
    a) Einrichtungen der betrieblichen Altersversorgung im Sinne des Artikels 6 Buchstabe a der Richtlinie 2003/41/EG, einschließlich der zugelassenen Stellen nach Artikel 2 Absatz 1 jener Richtlinie, die für die Verwaltung solcher Einrichtungen verantwortlich und in ihrem Namen tätig sind, sowie die juristischen Personen, die für die Anlagezwecke solcher Einrichtungen gegründet werden und ausschließlich in deren Interesse handeln;
    b) Geschäfte der betrieblichen Altersversorgung von Einrichtungen gemäß Artikel 3 der Richtlinie 2003/41/EG;
    c) unter die Richtlinie 2002/83/EG fallende Geschäfte der betrieblichen Altersversorgung von Lebensversicherungsunternehmen, sofern für alle dem jeweiligen Geschäft entsprechenden Vermögenswerte und Verbindlichkeiten ein separater Abrechnungsverband eingerichtet wird und sie ohne die Möglichkeit einer Übertragung getrennt von den anderen Tätigkeiten des jeweiligen Versicherungsunternehmens verwaltet und organisiert werden;
    d) sonstige zugelassene und beaufsichtigte Einrichtungen oder Systeme, die auf nationaler Ebene tätig sind, sofern
        i) sie nach innerstaatlichem Recht anerkannt sind und
        ii) ihr primärer Zweck in der Bereitstellung von Altersversorgungsleistungen besteht.
11. „Gegenparteiausfallrisiko" das Risiko des Ausfalls der Gegenpartei eines Geschäfts vor der abschließenden Abwicklung der mit diesem Geschäft verbundenen Zahlungen;
12. „Interoperabilitätsvereinbarung" eine Vereinbarung zwischen zwei oder mehr CCPs über die systemübergreifende Ausführung von Transaktionen;
13. „zuständige Behörde" die zuständige Behörde im Sinne der Rechtsvorschriften, die in Nummer 8 dieses Artikels genannt werden, die zuständige Behörde gemäß Artikel 10 Absatz 5 oder die Behörde, die von jedem Mitgliedstaat gemäß Artikel 22 benannt wird;
14. „Clearingmitglied" ein Unternehmen, das an einer CCP teilnimmt und für die Erfüllung der aus dieser Teilnahme erwachsenden finanziellen Verpflichtungen haftet;

Art. 2 VO Nr. 648/2012 | Begriffsbestimmungen

15. „Kunde" ein Unternehmen, das eine Vertragsbeziehung mit einem Clearingmitglied einer CCP unterhält, die es diesem Unternehmen ermöglicht, seine Transaktionen durch diese CCP zu clearen;
16. „Gruppe" die aus einem Mutterunternehmen und dessen Tochterunternehmen bestehende Gruppe von Unternehmen im Sinne der Artikel 1 und 2 der Richtlinie 83/349/EWG oder die Gruppe von Unternehmen gemäß Artikel 3 Absatz 1 und Artikel 80 Absätze 7 und 8 der Richtlinie 2006/48/EG;
17. „Finanzinstitut" ein Unternehmen, das kein Kreditinstitut ist und dessen Haupttätigkeit darin besteht, Beteiligungen zu erwerben oder eines oder mehrere der Geschäfte zu betreiben, die in Anhang I Nummern 2 bis 12 der Richtlinie 2006/48/EG aufgeführt sind;
18. „Finanzholdinggesellschaft" ein Finanzinstitut, dessen Tochterunternehmen ausschließlich oder hauptsächlich Kreditinstitute oder andere Finanzinstitute sind, wobei mindestens eines dieser Tochterunternehmen ein Kreditinstitut ist, und das keine gemischte Finanzholdinggesellschaft im Sinne des Artikels 2 Absatz 15 der Richtlinie 2002/87/EG der Europäischen Parlaments und des Rates vom 16. Dezember 2002 über die zusätzliche Beaufsichtigung der Kreditinstitute, Versicherungsunternehmen und Wertpapierfirmen eines Finanzkonglomerats ist;
19. „Anbieter von Nebendienstleistungen" ein Unternehmen, dessen Haupttätigkeit im Besitz oder der Verwaltung von Immobilien, in der Verwaltung von Datenverarbeitungsdiensten oder einer ähnlichen Tätigkeiten besteht, die im Verhältnis zur Haupttätigkeit eines oder mehrerer Kreditinstitute den Charakter einer Nebentätigkeit hat;
20. „qualifizierte Beteiligung" das direkte oder indirekte Halten von mindestens 10 % des Kapitals oder der Stimmrechte einer CCP oder eines Transaktionsregisters nach den Artikeln 9 und 10 der Richtlinie 2004/109/EG des Europäischen Parlaments und des Rates vom 15. Dezember 2004 zur Harmonisierung der Transparenzanforderungen in Bezug auf Informationen über Emittenten, deren Wertpapiere zum Handel auf einem geregelten Markt zugelassen sind unter Berücksichtigung der Voraussetzungen für das Zusammenrechnen der Beteiligungen nach Artikel 12 Absätze 4 und 5 jener Richtlinie oder die Möglichkeit der Ausübung eines maßgeblichen Einflusses auf die Geschäftsführung der CCP oder des Transaktionsregisters, an dem diese Beteiligung gehalten wird;
21. „Mutterunternehmen" ein Mutterunternehmen im Sinne von Artikel 1 und 2 der Richtlinie 83/349/EWG;
22. „Tochterunternehmen" ein Tochterunternehmen im Sinne von Artikel 1 und 2 der Richtlinie 83/349/EWG, einschließlich aller Tochterunternehmen eines Tochterunternehmens des an der Spitze stehenden Mutterunternehmens;
23. „Kontrolle" die Verbindung zwischen einem Mutterunternehmen und einem Tochterunternehmen im Sinne von Artikel 1 der Richtlinie 83/349/EWG;
24. „enge Verbindung" eine Situation, in der zwei oder mehr natürliche oder juristische Personen verbunden sind durch
    a) Beteiligung, d. h. das direkte Halten oder die Kontrolle von mindestens 20 % der Stimmrechte oder des Kapitals an einem Unternehmen, oder
    b) Kontrolle oder ein ähnliches Verhältnis zwischen einer natürlichen oder juristischen Person und einem Unternehmen oder Tochterunternehmen eines Tochterunternehmens; jedes Tochterunternehmen eines Tochterunternehmens wird ebenfalls als Tochterunternehmen des Mutterunternehmens angesehen, das an der Spitze dieser Unternehmen steht.
    Eine Situation, in der zwei oder mehr natürliche oder juristische Personen mit ein und derselben Person durch ein Kontrollverhältnis dauerhaft verbunden sind, gilt ebenfalls als enge Verbindung zwischen diesen Personen;
25. „Eigenkapital" gezeichnetes Kapital im Sinne von Artikel 22 der Richtlinie 86/635/EWG des Rates vom 8. Dezember 1986 über den Jahresabschluss und den konsolidierten Abschluss von Banken und anderen Finanzinstituten, sofern es eingezahlt wurde, zuzüglich des Emissionsagiokontos, sofern es Verluste in Normalsituationen vollständig auffängt und sofern es im Konkurs- oder Liquidationsfall gegenüber allen anderen Forderungen nachrangig ist;
26. „Rücklagen" Rücklagen gemäß Artikel 9 der Vierten Richtlinie 78/660/EWG des Rates vom 25. Juli 1978 aufgrund von Artikel 54 Absatz 3 Buchstabe g des Vertrags über den Jahresabschluss von Gesellschaften bestimmter Rechtsformen sowie die unter Zuweisung des endgültigen Ergebnisses vorgetragenen Ergebnisse;
27. „Leitungsorgan" den Verwaltungs- oder Aufsichtsrat oder beide, gemäß dem nationalen Gesellschaftsrecht;
28. „unabhängiges Mitglied des Leitungsorgans" ein Mitglied des Leitungsorgans, das keine geschäftliche, familiäre oder sonstige Beziehung unterhält, die zu einem Interessenkonflikt in Bezug auf die

betreffende CCP oder ihre kontrollierenden Aktionäre, ihre Verwaltung oder ihre Clearingmitglieder führt, und das in den fünf Jahren vor seiner Mitgliedschaft in dem Organ keine solche Beziehung unterhalten hat;

29. „Geschäftsleitung" die Personen, die die Geschäfte der CCP oder des Transaktionsregisters tatsächlich leiten, und das oder die geschäftsführende(n) Mitglied(er) des Leitungsorgans;

30. *[Geltung ab 1.1.2019:]* „gedeckte Schuldverschreibung" eine Schuldverschreibung, die den Anforderungen des Artikels 129 der Verordnung (EU) Nr. 575/2013 genügt;

31. *[Geltung ab 1.1.2019:]* „Emittent gedeckter Schuldverschreibungen" denjenigen, der eine gedeckte Schuldverschreibung emittiert, oder den Deckungspool einer gedeckten Schuldverschreibung.

In der Fassung vom 4.7.2012 (ABl. EU Nr. L 201 v. 27.7.2012, S. 1), geändert durch Verordnung (EU) 2015/2365 vom 25.11.2015 (ABl. EU Nr. L 337 v. 23.12.2015, S. 1) und Verordnung (EU) 2017/2402 vom 12.12.2017 (ABl. EU Nr. L 347 v. 28.12.2017, S. 35).

Schrifttum: *Bundesanstalt für Finanzdienstleistungsaufsicht (BaFin),* Häufige Fragen und Antworten der BaFin zu EMIR, Stand: 6.10.2016, abrufbar über: http://www.bafin.de („BaFin Q&A"); *Europäische Wertpapier- und Marktaufsichtsbehörde (ESMA),* „Fragen und Antworten – Umsetzung der Verordnung (EU) Nr. 648/2012 über OTC-Derivate, zentrale Gegenparteien und Transaktionsregister (EMIR)", ESMA70-1861941480-52 vom 30.5.2018, abrufbar über: https://www.esma.europa.eu („*ESMA* Q&A"); *Gstädtner,* Regulierung der Märkte für OTC-Derivate, RdF 2012, 145; *Jahn/Reiner,* Außerbörsliche Finanztermingeschäfte (OTC-Derivate), in Schimansky/Bunte/Lwowski (Hrsg.), Bankrechtshandbuch, 5. Aufl. 2017, § 114; *Jobst,* Börslicher und außerbörslicher Derivatehandel mittels zentraler Gegenpartei, ZBB 2010, 384; *Köhling,* Die Clearing-Rahmenvereinbarung – deutsche Vertragsdokumentation für das Kundenclearing, BKR 2013, 491; *Köhling/Adler,* Der neue europäische Regulierungsrahmen für OTC-Derivate, WM 2012, 2125 und 2173; *Kommission,* „EMIR: Häufig gestellte Fragen", zuletzt aktualisiert am 10.7.2014, abrufbar über: http://ec.europa.eu („*Kommission* FAQ"); *Litten/Schwenk,* EMIR – Auswirkungen der OTC-Derivateregulierung auf Unternehmen der Realwirtschaft, DB 2013, 857 und 918; *Martens* in Derleder/Knops/Bamberger (Hrsg.), Deutsches und europäisches Bank- und Kapitalmarktrecht, Band 2, 3. Aufl. 2017, § 60; *Pankoke/Wallus,* Europäische Derivateregulierung und M&A, WM 2014, 4; *Redeke,* Zur Corporate Governance zentraler Gegenparteien (Central Counterparties, CCP), WM 2015, 554; *Scholz/Appelbaum,* Bedeutung der AIFM-Umsetzung für Family Offices und Reichweite des Holding-Privilegs, RdF 2013, 268; *Schuster/Ruschkowski,* EMIR – Überblick und ausgewählte Aspekte, ZBB/JBB 2014, 123; *Teuber/Schoepp,* Derivate-Regulierung EMIR: Auswirkungen auf Unternehmen in Deutschland, RdF 2013, 209; *Weck/Zimmermann,* Derivate in der kommunalen Praxis, ZfgK 2013, 193; *Wieland/Weiß,* EMIR – die Regulierung des europäischen OTC-Derivatemarktes, Corporate Finance Law 2013, 73; *Zerey* (Hrsg.), Finanzderivate, Rechtshandbuch, 4. Aufl. 2016.

I. Überblick 1	XIII. Gegenparteiausfallrisiko (Art. 2 Nr. 11 VO Nr. 648/2012) 101
II. Richtlinienverweise 2	XIV. Interoperabilitätsvereinbarung (Art. 2 Nr. 12 VO Nr. 648/2012) 102
III. Zentrale Gegenpartei, CCP (Art. 2 Nr. 1 VO Nr. 648/2012) 6	XV. Zuständige Behörde (Art. 2 Nr. 13 VO Nr. 648/2012) 103
IV. Transaktionsregister (Art. 2 Nr. 2 VO Nr. 648/2012) 10	XVI. Clearingmitglied (Art. 2 Nr. 14 VO Nr. 648/2012) 109
V. Clearing (Art. 2 Nr. 3 VO Nr. 648/2012) ... 13	XVII. Kunde (Art. 2 Nr. 15 VO Nr. 648/2012) .. 110
VI. Handelsplatz (Art. 2 Nr. 4 VO Nr. 648/2012) 21	XVIII. Gruppe (Art. 2 Nr. 16 VO Nr. 648/2012) . 111
VII. Derivat und Derivatekontrakt (Art. 2 Nr. 5 VO Nr. 648/2012) 24	XIX. Finanzinstitut (Art. 2 Nr. 17 VO Nr. 648/2012) 114
VIII. Derivatekategorie (Art. 2 Nr. 6 VO Nr. 648/2012) 39	XX. Finanzholdinggesellschaft (Art. 2 Nr. 18 VO Nr. 648/2012) 115
IX. OTC-Derivate oder OTC-Derivatkontrakt (Art. 2 Nr. 7 VO Nr. 648/2012) 41	XXI. Anbieter von Nebendienstleistungen (Art. 2 Nr. 19 VO Nr. 648/2012) 116
X. Finanzielle Gegenpartei (Art. 2 Nr. 8 VO Nr. 648/2012) 48	XXII. Qualifizierte Beteiligung (Art. 2 Nr. 20 VO Nr. 648/2012) 117
1. Wertpapierfirmen 54	XXIII. Mutterunternehmen (Art. 2 Nr. 21 VO Nr. 648/2012) 118
2. Kreditinstitute 59	
3. Versicherungsunternehmen 62	
4. Rückversicherungsunternehmen 63	XXIV. Tochterunternehmen (Art. 2 Nr. 22 VO Nr. 648/2012) 122
5. Einrichtungen der betrieblichen Altersversorgung 64	XXV. Kontrolle (Art. 2 Nr. 23 VO Nr. 648/2012) 123
6. Organismen für gemeinsame Anlagen in Wertpapieren (OGAW) 66	XXVI. Enge Verbindung (Art. 2 Nr. 24 VO Nr. 648/2012) 124
7. Alternative Investmentfonds (AIFs) .. 68	
8. Zentralverwahrer 76	XXVII. Eigenkapital (Art. 2 Nr. 25 VO Nr. 648/2012) 127
9. Verbriefungszweckgesellschaften 77	
XI. Nichtfinanzielle Gegenpartei (Art. 2 Nr. 9 VO Nr. 648/2012) 79	XXVIII. Rücklagen (Art. 2 Nr. 26 VO Nr. 648/2012) 130
XII. Altersversorgungssysteme (Art. 2 Nr. 10 VO Nr. 648/2012) 96	XXIX. Leitungsorgan (Art. 2 Nr. 27 VO Nr. 648/2012) 132

Art. 2 VO Nr. 648/2012 | Begriffsbestimmungen

XXX. Unabhängiges Mitglied des Leitungs-
organs (Art. 2 Nr. 28 VO Nr. 648/2012) .. 135
XXXI. Geschäftsleitung (Art. 2 Nr. 29 VO
Nr. 648/2012) 137
XXXII. Gedeckte Schuldverschreibung (Art. 2
Nr. 30 VO Nr. 648/2012) 139
XXXIII. Emittent gedeckter Schuldverschreibun-
gen (Art. 2 Nr. 31 VO Nr. 648/2012) 143
XXXIV. Nicht definierte Begriffe 144
  1. Gegenpartei 144

  2. Union und Drittstaat 145
  3. Bewertung zu Marktpreisen und Bewertung
     zu Modellpreisen 148
  4. Arbeitstag und Geschäftstag 149
  5. C.6-Energiederivatkontrakte 150
  6. Energiegroßhandelsprodukt 153
  7. Eigenmittel 155
  8. Finanzinstrument 156
XXXV. Ausblick 157

1 **I. Überblick.** Art. 2 VO Nr. 648/2012 fasst die für die EMIR und die auf sie beruhenden Level-2-Verordnungen wesentlichen Begriffsbestimmungen zusammen. Weitere Begriffe werden außerhalb des Art. 2 VO Nr. 648/2012 in anderen Bestimmungen der EMIR eingeführt; einer der wichtigeren ist der in Art. 3 VO Nr. 648/2012 definierte Begriff des gruppeninternen Geschäfts. Teilweise verwendet der Gesetzgeber die Technik der **Klammerdefinition**. Beispiele hierfür sind der im Rahmen des Inhaberkontrollverfahrens nach Art. 31 VO Nr. 648/2012 verwendete Begriff „interessierter Erwerber" oder die im Rahmen der Vorschriften über die insolvenzfeste Trennung von Positionen und Vermögenswerten nach Art. 39 VO Nr. 648/2012 eingefügte „Omnibus-Kunden-Kontentrennung". Die Begriffsbestimmungen des Art. 2 VO Nr. 648/2012 werden durch weitere Begriffsbestimmungen der **Level-2-Verordnungen** ergänzt. Diese werden im Zusammenhang mit der jeweiligen Bestimmung bzw. der betreffenden Durchführungsverordnung oder Delegierten Verordnung erläutert. Begriffe, deren Bedeutung der Gesetzgeber **als bekannt vorausgesetzt** und nicht definiert hat, werden am Ende der Kommentierung (Rz. 144–156) näher erläutert.

2 **II. Richtlinienverweise.** Es entspricht der Regelungstechnik des europäischen Gesetzgebers, dass die in der EMIR verwendeten Begriffe soweit möglich und sachgerecht auf andere Bestimmungen des europäischen Rechts verweisen. Soweit es sich hierbei um Definitionen aus **Richtlinien** handelt, werden diese mit der Verweisung in den Rang der Verordnung erhoben und gelten wie alle Bestimmungen der EMIR als in den Mitgliedstaaten unmittelbar anwendbares Recht, und zwar ohne dass es des Umwegs über die nationale Implementierung durch die Mitgliedstaaten bedarf. Insoweit ist es auch unschädlich, dass die Mehrzahl der referenzierten Richtlinien, wie z.B. die RL 78/660/EWG[1], die RL 2006/48/EG[2] (CRD), die RL 2006/39/EG[3] durch neue Richtlinien oder Verordnungen ersetzt und außer Kraft gesetzt wurden: Sie gelten mit ihrem zum Zeitpunkt ihrer Ablösung geltenden Text als Bestandteil der EMIR fort. Ob und in welchem Umfang die EMIR die **Weiterentwicklung des europäischen Rechts** nachvollzieht, ist eine Entscheidung des Gesetzgebers.

3 Ein Beispiel für eine entsprechende gesetzgeberische Entscheidung, die sich auch auf die Begriffsbestimmungen des Art. 2 VO Nr. 648/2012 auswirkt, ist Art. 52 Unterabs. 2 RL 2013/34/EU[4], der die Bezugnahmen auf die RL 78/660/EWG gem. der in Anhang VII wiedergegebenen Entsprechungstabelle in Bezugnahmen auf die RL 2013/34/EU überführt. Eine vergleichbare Regelung enthält Art. 163 RL 2013/36/EU[5] für die aufgehobenen Bestimmungen der RL 2006/48/EG. Für die RL 2004/39/EG finden sich die Überleitungsvorschrift und die Entsprechungstabelle in Art. 94 Unterabs. 2 RL 2014/65/EU[6] und Anhang IV. Für die in der Definition des Derivatebegriffs in Art. 2 Nr. 5 VO Nr. 648/2012 verwendete Bezugnahme auf die VO Nr. 1287/2006[7] liegt eine Überleitungsvorschrift jedoch derzeit nicht vor.

---

1 Vierte Richtlinie 78/660/EWG des Rates vom 25. Juli 1978 aufgrund von Art. 54 Abs. 3 Buchstabe g) des Vertrages über den Jahresabschluss von Gesellschaften bestimmter Rechtsformen, ABl. EG Nr. L 222 v. 14.8.1978, S. 11.
2 Richtlinie 2006/48/EG des Europäischen Parlaments und des Rates vom 14. Juni 2006 über die Aufnahme und Ausübung der Tätigkeit der Kreditinstitute (Neufassung), ABl. EU Nr. L 177 v. 30.6.2006, S. 1.
3 Richtlinie 2006/39/EG des Europäischen Parlaments und des Rates vom 21. April 2004 über Märkte für Finanzinstrumente, zur Änderung der Richtlinien 85/611/EWG und 93/6/EWG des Rates und der Richtlinie 2000/12/EG des Europäischen Parlaments und des Rates und zur Aufhebung der Richtlinie 93/22/EWG des Rates, ABl. EU Nr. L 145 v. 30.4.2004, S. 1.
4 Richtlinie 2013/34/EU des Europäischen Parlaments und des Rates vom 26. Juni 2013 über den Jahresabschluss, den konsolidierten Abschluss und damit verbundene Berichte von Unternehmen bestimmter Rechtsformen und zur Änderung der Richtlinie 2006/43/EG des Europäischen Parlaments und des Rates und zur Aufhebung der Richtlinien 78/660/EWG und 83/349/EWG, ABl. EU Nr. L 182 v. 29.6.2013, S. 19.
5 Richtlinie 2013/36/EU des Europäischen Parlaments und des Rates vom 26. Juni 2013 über den Zugang zur Tätigkeit von Kreditinstituten und die Beaufsichtigung von Kreditinstituten und Wertpapierfirmen, zur Änderung der Richtlinie 2002/87/EG und zur Aufhebung der Richtlinien 2006/48/EG und 2006/49/EG, ABl. EU Nr. L 176 v. 27.6.2013, S. 338.
6 Richtlinie 2014/65/EU des Europäischen Parlaments und des Rates vom 15. Mai 2014 über Märkte für Finanzinstrumente sowie zur Änderung der Richtlinien 2002/92/EG und 2011/61/EU, ABl. EU Nr. L 173 v. 12.6.2014, S. 349.
7 Verordnung (EG) Nr. 1287/2006 der Kommission vom 10. August 2006 zur Durchführung der Richtlinie 2004/39/EG des Europäischen Parlaments und des Rates betreffend die Aufzeichnungspflichten für Wertpapierfirmen, die Meldung von Geschäften, die Markttransparenz, die Zulassung von Finanzinstrumenten zum Handel und bestimmte Begriffe im Sinne dieser Richtlinie, ABl. EU Nr. L 103 v. 2.9.2006, S. 1.

Die Frage ob Bezugnahmen auf Richtlinien und Verordnungen auch ohne ausdrückliche Überleitungsvorschrift **„dynamisch"** interpretiert werden können, wird von der Kommission zumindest für die VO Nr. 1287/2006 bejaht. So lässt bereits **Art. 37 Abs. 2 DelVO 2016/2251**, der den Beginn der Besicherungspflicht für physisch zu erfüllende Devisentermingeschäfte bis zum Inkrafttreten der DelVO 2017/565[1] hinausschiebt, erkennen, dass die Kommission als Level-2-Verordnungsgeberin die in Art. 10 Abs. 1 DelVO 2017/565 vorgesehene Klarstellung für die sog. „nichtkommerziellen Devisentermingeschäfte" auch für den Anwendungsbereich der EMIR als relevant ansieht. Noch deutlicher wird dies in der Begründung des am 4.5.2017 vorgelegten Vorschlages für eine Änderung der EMIR[2]. Darin geht die Kommission wie selbstverständlich davon aus, dass sich mit der Neufassung des Derivatebegriffs durch Art. 10 DelVO 2017/565 auch der Kreis der clearingpflichtigen Gegenparteien automatisch erweitern werde.

Die Auffassung der Kommission ist gut nachvollziehbar. So erscheint eine Überleitung auf Bestimmungen des Primärrechts ohne die gleichzeitige Überführung der dazugehörigen Bestimmungen des Sekundärrechts wenig sinnvoll. Auf der anderen Seite ist sie zumindest in den Fällen problematisch, in denen die dynamische Verweisung zu einer **Erweiterung der durch die EMIR begründeten Pflichten** bzw. zu einer weiteren Einschränkung der durch die Europäische Charta[3] geschützten **Grundrechte** führen würde. Hier wäre eine Änderung durch den Level-1-Verordnungsgeber wünschenswert.

III. Zentrale Gegenpartei, CCP (Art. 2 Nr. 1 VO Nr. 648/2012). Die Abkürzung „CCP" wird bereits in Art. 1 Abs. 1 VO Nr. 648/2012 eingeführt und steht für **zentrale Gegenpartei** (central counterparty). Kennzeichnend für die CCP ist, dass sie nach Abschluss eines bilateralen Geschäfts zwischen die beiden Gegenparteien des Geschäfts tritt, mit der Folge, dass die CCP jeweils einer der beiden Gegenparteien des ursprünglichen Geschäfts gegenübersteht. Dies kann dadurch geschehen, dass das ursprünglich zustande gekommene Geschäft erlischt und durch zwei neue spiegelbildliche Geschäfte ersetzt wird (**Novations-Modell**) oder – wie dies bei börsengehandelten Finanzinstrumenten möglich ist –, dass die am Handelsplatz vermittelten spiegelbildlichen Geschäfte ohne den Umweg über ein bilaterales Geschäft unmittelbar zwischen der CCP und den beiden Gegenparteien zustande kommen (**Open-Offer-Modell**). Die Definition bringt diese Verdoppelung der Geschäfte und die Spiegelbildlichkeit der durch sie begründeten Leistungsbeziehungen durch die Formulierung „und somit als Käufer für jeden Verkäufer bzw. als Verkäufer für jeden Käufer fungiert" zum Ausdruck.

Der Begriff CCP basiert auf einem **funktionalen Ansatz:** Es wird lediglich beschrieben, wie die zentrale Gegenpartei in die von ihr übernommenen Geschäfte eintritt. Ob dies, wie in der Regel, durch eine Schuldumwandlung oder Novation des ursprünglichen Geschäfts oder eine andere Rechtstechnik, wie z.B. die Stellvertretung[4], bewirkt wird, lässt die Definition offen. Auch handelt es sich bei den Begriffen Käufer und Verkäufer nur um Beispiele, die es ermöglichen, die Definition kurz und prägnant zu halten. Eine Beschränkung des Begriffs CCP auf Kaufverträge im rechtlichen Sinne ist, wie sich mittelbar auch aus der Definition des Begriffs Derivat in Art. 2 Nr. 5 VO Nr. 648/2012 ergibt, nicht beabsichtigt. Die einzige rechtlich relevante Einschränkung ist, dass es sich bei der CCP um eine **juristische Person** handeln muss[5], was natürliche Personen und Personenvereinigungen ohne Rechtsfähigkeit ausschließt.

Die Definition lässt offen, von welcher Art die **Kontrakte** sind, die von der CCP gecleart werden. Anhaltspunkte ergeben sich insoweit aus Art. 14 Abs. 3 VO Nr. 648/2012, der von der Zulassung einer CCP verlangt, dass sie die „Kategorien von Finanzinstrumenten" angeben muss, auf die sich die Zulassung als CCP bezieht, sowie aus Art. 1 Abs. 3 VO Nr. 648/2012, der die in Titel V zusammengefassten Vorschriften über Interoperabilitätsvereinbarungen auf solche CCPs beschränkt, die ausschließlich Wertpapiere oder Geldmarktinstrumente abwickeln. Hieraus folgt, dass der in Nr. 1 verwendete Begriff Kontrakt **weit auszulegen** ist, womit auch solche Gegenparteien als CCPs gelten, die **Wertpapierpensionsgeschäfte** oder **Wertpapierdarlehen**[6] clearen oder die lediglich **Kassageschäfte** abwickeln und ausschließlich die Übertragung des Finanzinstruments gegen Zahlung des Kaufpreises sicherstellen, d.h. nicht sämtliche Aspekte des Clearings i.S.d. Art. 2 Nr. 3 VO Nr. 648/2012 (Rz. 13–20) übernehmen. Ebenfalls weit auszulegen ist der Begriff **Markt**. Neben den in Art. 2 Nr. 4 VO Nr. 648/2012 definierten Handelsplätzen umfasst er auch den außerbörslichen bzw. den OTC-Markt[7]. Der Be-

---

[1] Delegierte Verordnung (EU) 2017/565 der Kommission vom 25. April 2016 zur Ergänzung der Richtlinie 2014/65/EU des Europäischen Parlaments und des Rates in Bezug auf die organisatorischen Anforderungen an Wertpapierfirmen und die Bedingungen für die Ausübung ihrer Tätigkeit sowie in Bezug auf die Definition bestimmter Begriffe für die Zwecke der genannten Richtlinie, ABl. EU Nr. L 87 v. 31.3.2017, S. 1.
[2] *Kommission* EMIR-REFIT-Entwurf, S. 5.
[3] Charta der Grundrechte der Europäischen Union, ABl. EG Nr. C 364 v. 18.12.2000, S. 1, Art. 16 und 17: Unternehmerische Freiheit und Eigentumsrecht.
[4] Zur rechtliche Konstruktion des Eintritts einer CCP aus deutscher Sicht: *Jobst*, ZBB 2010, 384, 388–394; s. auch *Martens* in Derleder/Knops/Bamberger, § 60 Rz. 46.
[5] *Grundmann* in Staub, HGB, Band 11/2, 5. Aufl. 2018, Rz. 680.
[6] *BaFin*, Merkblatt – Hinweise zum Tatbestand der Tätigkeit als zentrale Gegenpartei vom 12.8.2013 (geändert am 19.9.2013), abrufbar über: https://www.bafin.de/SharedDocs/Veroeffentlichungen/DE/Merkblatt/mb_130812_tatbestand_zentrale_gegenpartei.html („*BaFin* Merkblatt CCP"), 1.b.
[7] *BaFin* Merkblatt CCP, 1.a.

griff CCP erfasst darüber hinaus sowohl Gegenparteien mit Sitz in der Union als auch solche mit **Sitz in Drittstaaten**.

9 Der Begriff zentrale Gegenpartei fand sich bereits in Teil 1, Nr. 1 des Anhang III RL 2006/48/EG. Er ist für die Zwecke der Bankenaufsicht durch den durch die EMIR eingeführten neuen Begriff CCP abgelöst worden (Art. 4 Abs. 1 Nr. 34 VO Nr. 575/2013). Der Begriff CCP wird auch in anderen Rechtsakten der Union verwendet: Art. 2 Abs. 1 Nr. 31 VO Nr. 600/2014 (MiFIR), Art. 2 Abs. 1 Nr. 64 RL 2014/59/EU (BRRD) und Art. 2 Abs. 1 Nr. 16 VO Nr. 909/2014 (Zentralverwahrer) verweisen auf die EMIR. § 2 Abs. 45 WpHG übernimmt ebenfalls die Definition des Art. 2 Nr. 1 VO Nr. 648/2012.

10 **IV. Transaktionsregister (Art. 2 Nr. 2 VO Nr. 648/2012).** Der Begriff Transaktionsregister ist ebenfalls funktional, über die Tätigkeit des Sammelns und Verwahrens von Aufzeichnungen über Geschäfte definiert. Der Formulierung „zentral" kommt neben der Tätigkeit des „Sammelns" keine eigenständige Bedeutung zu, da es für ein und dasselbe Geschäfte mehrere Transaktionsregister geben kann.

11 Anders als der vergleichbare Begriff CCP ist die Definition Transaktionsregister **produktspezifisch**. Nur solche Stellen, die Aufzeichnungen über Derivate i.S.d. Art. 2 Nr. 5 VO Nr. 648/2012 sammeln, gelten als Transaktionsregister i.S.d. EMIR. Die für die Meldungen von Wertpapierfinanzierungsgeschäften (z.B. Wertpapierdarlehen oder Wertpapierpensionsgeschäften) nach Art. 4 Abs. 1 der VO 2015/2365[1] vorgesehenen Transaktionsregister sind daher in Art. 3 Nr. 1 VO 2015/2365 gesondert definiert; ihre Registrierung bzw. Anerkennung folgt ebenfalls eigenen, wenn auch vergleichbaren Regelungen. Die im Entwurf vorliegenden Verordnung zur Änderung der EMIR (**EMIR-REFIT-Entwurf**)[2] wird der Vergleichbarkeit des Regulierungsrahmens Rechnung tragen, in dem es für die unter der VO 2015/2365 zugelassenen Transaktionsregister, die ihre Tätigkeit auf das Sammeln von Transaktionsdaten für Derivate erweitern wollen, ein vereinfachtes Antragsverfahren vorsehen wird[3].

12 Wie die Definition CCP verlangt auch der Begriff Transaktionsregister, dass es sich hierbei um eine **juristische Person** handeln muss. Erfasst werden sowohl Transaktionsregister mit Sitz in der Union als auch solche, die in einem **Drittstaat** ansässig sind.

13 **V. Clearing (Art. 2 Nr. 3 VO Nr. 648/2012).** Der Begriff Clearing beschreibt die beiden **wesentlichen Tätigkeiten**, die eine CCP übernimmt, wenn sie Finanzinstrumente, die mit einem Gegenparteiausfallrisiko verbunden sind, abwickelt: Sie übernimmt zu einem die Ermittlung der durch die Finanzinstrumente begründeten Positionen und der sich daraus ergebenden wechselseitigen Verbindlichkeiten auf Nettobasis. Zum anderen stellt sie sicher, dass die aus diesen Positionen erwachsenden Risiken ausreichend besichert sind[4]. In der Definition nicht genannt[5], aber notwendiger Bestandteil des Clearings ist die in Art. 50 VO Nr. 648/2012 genannte **Abwicklung der Geschäfte**, insbesondere die Lieferung der zugrunde liegenden Finanzinstrumente.

14 Der Begriff Clearing lässt, wie der Begriff CCP, nicht erkennen, auf welche Kontrakte er sich bezieht. Auch hier gilt (s. Rz. 8), dass er **weit auszulegen** ist.

15 Der Begriff **Position** ist nicht definiert, obwohl er auch an anderen Stellen der EMIR Verwendung findet. Anhaltspunkte für die Auslegung lassen sich Art. 40 Abs. 1 VO Nr. 648/2012 entnehmen, der von jeder CCP verlangt, dass sie ihre **Kreditrisikopositionen** in nahezu Echtzeit misst und bewertet. Im Kontext des Art. 40 Abs. 1 VO Nr. 648/2012 ist mit „Position" das Gegenparteiausfallrisiko i.S.d. Art. 2 Nr. 11 VO Nr. 648/2012 gemeint. Zu ermitteln ist danach der mögliche Verlust, der der CCP dadurch entsteht, dass die Gegenpartei eines Geschäfts vor Abwicklung der mit diesem Geschäft verbundenen Zahlungen ausfällt, d.h. zahlungsunfähig oder aus andere Gründen insolvent wird. Einen vergleichbaren Inhalt weist der mit Art. 4 Abs. 1 Nr. 91 VO Nr. 575/2013 eingeführte Terminus Handelsrisikoposition (trade exposure) auf. Dieser ist für die Berechnung der Eigenkapitalanforderungen für die durch CCPs abgewickelten Derivate maßgeblich und unterscheidet zwischen der aktuelle Risikoposition (current exposure) und der potentiellen zukünftigen Risikoposition (potential future exposure, PFE).

16 Die Unterscheidung zwischen **aktueller und potentieller zukünftiger Risikoposition** findet sich auch in Art. 41 und 46 VO Nr. 648/2012. Die aktuelle Risikoposition entspricht in der Regel dem **Marktwert des Ge-**

---

1 Verordnung (EU) 2015/2365 des Europäischen Parlaments und des Rates vom 25. November 2015 über die Transparenz von Wertpapierfinanzierungsgeschäften und der Weiterverwendung sowie zur Änderung der Verordnung (EU) Nr. 648/2012, ABl. EU Nr. L 337 v. 23.12.2015, S. 1.
2 *Kommission*, Vorschlag für eine Verordnung des Europäischen Parlaments und des Rates zur Änderung der Verordnung (EU) Nr. 648/2012 in Bezug auf die Clearingpflicht, die Aussetzung der Clearingpflicht, die Meldepflichten, die Risikominderungstechniken für nicht durch eine zentrale Gegenpartei geclearte OTC- Derivatekontrakte, die Registrierung und Beaufsichtigung von Transaktionsregistern und die Anforderungen an Transaktionsregister, KOM(2017) 208 final vom 4.5.2017, abrufbar über: http://ec.europa.eu/transparency/regdoc/rep/1/2017/DE/COM-2017-208-F1-DE-MAIN-PART-1.PDF („*Kommission* EMIR-REFIT-Entwurf").
3 *Kommission* EMIR-REFIT-Entwurf, S. 19.
4 *Gstädtner*, RdF 2012, 145, 149; *Scholl* in Wilhelmi/Achtelik/Kunschke/Sigmundt, Handbuch EMIR, Teil 7 A Rz. 3; *Martens* in Derleder/Knops/Bamberger, § 60 Rz. 34.
5 *Grundmann* in Staub, HGB, Band 11/2, 5. Aufl. 2018, Rz. 682.

schäfts (fair value) zum Zeitpunkt der Ermittlung durch die CCP. Soweit die CCP Finanzinstrumente abwickelt, die an Handelsplätzen gehandelt werden, wird die CCP für Zwecke der Ermittlung der aktuellen Risikoposition auf die Kurse oder Abrechnungspreise der Handelsplätze verweisen können (mark-to-market). Bei Derivaten, die außerbörslich abgeschlossen wurden, wird die CCP die aktuelle Risikoposition anhand eigener Bewertungsmodelle und Preisfaktoren (mark-to-model) ermitteln müssen. Die **potentielle zukünftige Risikoposition** entspricht aus Sicht der CCP dem Betrag, um den der Marktwert des Geschäfts zukünftig fallen kann, weil in diesem Umfang Ansprüche der CCP entstehen können, die durch den Ausfall der Gegenpartei gefährdet sind. Sie ist auf der Grundlage von wahrscheinlichkeitsbasierter mathematischer Verfahren unter Berücksichtigung der für das Geschäft und dem ihn zugrundliegenden Basiswert beobachteten historischen Preisveränderungen zu ermitteln. Dabei hängt die Länge des Zeitraums, für den potentielle zukünftige Marktwertveränderungen zu schätzen sind – Art. 26 DelVO Nr. 153/2013 spricht von „Liquidationsperiode" – davon ab, zu welchem Zeitpunkt in der Zukunft das abzuwickelnde Geschäft endet oder durch Kündigung oder Glattstellung beendet werden kann.

In diesem Zusammenhang ist von Bedeutung, dass die Art. 41 und 48 VO Nr. 648/2012 vorsehen, dass die am Clearing teilnehmenden Gegenparteien **an jedem Geschäftstag** die an diesem Tag ermittelte Veränderung des Marktwertes durch Zahlung eines **Nachschusses** (variation margin) ausgleichen müssen und dass die CCP das abzuwickelnde Geschäft bei Ausbleiben des Nachschusses kündigen oder durch Abschluss eines spiegelbildlich ausgestalteten Gegengeschäfts glattstellen kann. Die für die Ermittlung der potentiellen zukünftigen Risikoposition maßgebliche Liquidationsperiode ist daher kurz und beträgt in der Regel nur wenige Tage. Auch die potentielle zukünftige Risikoposition ist durch Zahlung eines Einschusses abzusichern. Da die potentielle zukünftige Risikoposition bereits mit Abschluss des abzuwickelnden Geschäfts und dessen Aufnahme in das Abwicklungssystem der CCP begründet wird – Art. 46 VO Nr. 648/2012 spricht insoweit von der „anfänglichen Risikoposition" –, ist der Einschuss bereits am ersten Tag zu leisten (**Ersteinschuss**, initial margin). Der zu Beginn des Geschäfts geleistete Ersteinschuss kann sich erhöhen, wenn die während der Laufzeit des Geschäfts beobachteten Preisveränderungen auf deren Grundlage das zukünftige Risiko ermittelt wurde, z.B. außergewöhnliche Preissprünge, dies nahe legen. Der Ersteinschuss wird erst zurückgezahlt, wenn das Geschäft beendet oder durch ein Gegengeschäft glattgestellt worden ist. 17

Mit der Ermittlung der aktuellen und zukünftigen Risikoposition einher geht die Ermittlung der sich daraus ergebenden **beiderseitigen Zahlungsverpflichtungen**. So wird die CCP für jedes neue Geschäft einen Ersteinschuss einfordern. Ergibt die tägliche Bewertung eines Geschäfts eine positive Veränderung des Marktwertes, wird die CCP einen entsprechenden Anspruch der Gegenpartei auf Zahlung eines Nachschusses ermitteln. Ist der Marktwert eines Geschäfts gesunken, begründet dies einen entsprechenden Anspruch der CCP. Sämtliche für eine Gegenpartei ermittelten beiderseitigen Ansprüche und Verpflichtungen werden miteinander verrechnet und zu der in Nr. 3 erwähnten Nettoverbindlichkeit zusammengeführt. 18

Die Ermittlung der Positionen und der sich daraus ergebenden täglichen Verpflichtungen wird durch Art. 39 Abs. 2 und 3 VO Nr. 648/2012 und die durch sie begründete Verpflichtung zur **Kontentrennung** besonders geregelt. 19

Die zweite für das Clearing typische Tätigkeit ist es sicher zu stellen, dass sämtliche aus den Positionen erwachsende Risiken **durch Finanzinstrumente oder Bargeld** besichert sind. Wie sich aus Art. 46 Abs. 1 VO Nr. 648/ 2012 ergibt, ist der Verweis auf Finanzinstrumente und Geldzahlungen nicht als Einschränkung, sondern nur als Regelbeispiel zu verstehen: So kann eine CCP von nichtfinanziellen Gegenparteien auch Bankgarantien verlangen, ohne dass die Abwicklungstätigkeit der CCP hierdurch ihre Qualifizierung als Clearing verlieren würde. 20

VI. Handelsplatz (Art. 2 Nr. 4 VO Nr. 648/2012). Der in Art. 2 Nr. 4 VO Nr. 648/2012 verortete Handelsplatzbegriff verweist auf die mittlerweile aufgehobene RL 2004/39/EG (MiFID). Aufgrund der **Überleitungsvorschrift** in Art. 94 Unterabs. 2 RL 2014/65/EU (MiFID II) ist die Bezugnahme seit dem 3.1.2018[1] als Referenz auf Art. 4 Abs. 1 RL 2014/65/EU zu lesen. Das von einer Wertpapierfirma i.S.d. Art. 4 Abs. 1 Nr. 1 RL 2014/65/ EU oder einem Marktbetreiber i.S.d. Art. 4 Abs. 1 Nr. 18 RL 2014/65/EU betriebene **System** umfasst danach sowohl den **geregelten Markt** i.S.d. Art. 4 Abs. 1 Nr. 21 RL 2014/65/EU als auch – mittelbar, über die Katalog der Wertpapierleistungen und Anlagetätigkeiten in Anhang 1 Abschnitt A Nrn. 8 und 9 RL 2014/65/EU – das **multilaterale Handelssystem** (multilateral trading facilities, MTF) und das **organisiertes Handelssystem** (organised trading facilites, OTF) i.S.d. Art. 4 Abs. 1 Nrn. 22 und 23 RL 2014/65/EU. Ausgenommen sind systematische Internalisierer i.S.d. Art. 4 Abs. 1 Nr. 20 RL 2014/65/EU, die ihre Kundenaufträge außerhalb geregelter Märkte und MTFs durch Selbsteintritt ausführen. 21

Der Begriff Handelsplatz hat Bedeutung für die Vorschriften über den wechselseitigen **diskriminierungsfreien Zugang von CCPs und Handelsplätzen** in Art. 7 und 8 VO Nr. 648/2012, was auch die Ausnahme für systematische Internalisierer erklärt, die nicht gezwungen werden sollen, CCPs Handelsdaten diskriminierungsfrei, transparent und zu handelsüblichen Bedingungen zur Verfügung stellen zu müssen[2]. 22

---
1 S. Art. 93 Abs. 1 RL 2004/39/EG in der durch die RL 2016/1034 vom 23.6.2016 geänderten Fassung.
2 *Grundmann* in Staub, HGB, Band 11/2, 5. Aufl. 2018, Rz. 684.

23 Die Erweiterung des Handelsplatzbegriffs um OTFs entspricht der Neufassung des für die MiFID II und die MiFIR maßgeblichen Handelsplatzbegriffes in Art. 4 Abs. 1 Nr. 24 RL 2014/65/EU und Art. 2 Abs. 1 Nr. 16 VO Nr. 600/2014 (MiFIR). Bedeutung hat der Handelsplatzbegriff dort insbesondere für die neuen Art. 35 und 36 VO Nr. 600/2014 über den diskriminierungsfreien Zugang von CCPs und Handelsplätzen zum Clearing von übertragbaren Wertpapieren, Geldmarktinstrumenten und börsengehandelten Derivaten.

24 **VII. Derivat und Derivatekontrakt (Art. 2 Nr. 5 VO Nr. 648/2012).** Der Begriff Derivat, sein Synonym Derivatekontrakt[1] und der nicht näher definierte aber an zahlreichen Stellen der EMIR verwendete Begriff Kontrakt definieren den **sachlichen Anwendungsbereich** der im Titel II der EMIR zusammengefassten Bestimmungen über die Melde-, Clearing- und Risikominderungspflichten. Er ist einer der zentralen Begriffe der EMIR.

25 Auch der in Art. 2 Nr. 5 VO Nr. 648/2012 verortete Derivatebegriff verweist auf die mittlerweile aufgehobene und in die RL 2014/65/EU übergeleitete RL 2004/39/EG (MiFID). Bislang nicht übergeleitet ist die am 3.1.2018 außer Kraft getretene VO Nr. 1287/2006, was die bereits angesprochene Frage der **dynamischen Verweisung** aufwirft. Für eine dynamische Verweisung auf die neue DelVO 2017/565 spricht, dass eine Überleitung des Derivatebegriffs auf den neuen Anhang I Abschnitt C Nrn. 4–10 RL 2004/39/EG ohne die in den konkretisierenden Bestimmungen der Level-2-Verordnung wenig sinnvoll erscheint. Darüber hinaus sind die mit der DelVO 2017/565 vorgenommenen Klarstellungen für die von ihnen betroffenen Gegenparteien zumindest aus deutscher Sicht **weitestgehend vorteilhaft**. Im Bereich der **Devisenkassageschäfte** kann er jedoch auch zu einer **Erweiterung des** Derivatebegriffs und der mit ihm einhergehenden Pflichten führen[2], was eine differenzierende Betrachtung erfordert.

26 Der **Verweis** auf die in Anhang I Abschnitt C Nrn. 4–10 RL 2004/39/EG definierten Finanzinstrumente und die ergänzenden Bestimmungen in Art. 38 und 39 der DurchfVO Nr. 1287/2006 war bis zum Inkrafttreten der RL 2014/65/EU (MiFID II) und der sie ergänzenden DelVO 2017/565 am 3.1.2018 nicht unproblematisch. Anhang I der RL 2004/39/EG definierte diejenigen Wertpapierdienstleistungen und Anlagetätigkeiten, die einer vorherigen Zulassung durch die zuständige Aufsichtsbehörde bedurften (Art. 5 Abs. 1 RL 2004/39/EG). Er diente damit einem von der EMIR verschiedenen **Regelungszweck**, der nicht nur die besonderen Ausnahmen für **Warenderivate mit effektiver Lieferung** (physische Warenderivate) rechtfertigte[3], sondern in der Vergangenheit auch Anlass für finanzmarktpolitische Überlegungen bot, die in einigen Mitgliedstaaten zur Nichtanwendung der MiFID auf **kommerziellen Zwecken dienende Devisentermingeschäfte** führte[4]. Hinzu trat der heute nicht mehr zeitgemäße Ansatz, bei der Beschreibung von Regelbeispielen auf die im Finanzmarkt gebräuchlichen Produktbezeichnungen („Terminkontrakt", „Swap") zu verweisen[5]. Zur Unsicherheit beigetragen hat auch der Umstand, dass die Regelbeispiele in den Nrn. 4–7 des Abschnitts C unterschiedlich aufgezählt wurden. So fehlt das Regelbeispiel „Termingeschäft" in den Nrn. 4 und 6, obwohl es Termingeschäfte auch auf Wertpapiere, Fremdwährungen und Waren gibt[6]. Nicht zweifelsfrei war auch, wann eine effektive Lieferung vorlag[7]. Diese

---

1 *Köhling/Adler*, WM 2012, 2125, 2129, die zutreffend darauf hinweisen, dass die beiden Begriffe austauschbar sind.
2 *Kommission*, Arbeitsunterlage der Kommissionsdienststellen, Zusammenfassung der Folgenabschätzung, Begleitunterlage zur Delegierten Richtlinie der Kommission zur Ergänzung der Verordnung (EU) Nr. 600/2014 des Europäischen Parlaments und des Rates im Hinblick auf Begriffsbestimmungen, Transparenz, Portfoliokomprimierung und Aufsichtsmaßnahmen zur Produktintervention und auf Positionen, SWD(2016) 156 final vom 18.5.2016, abrufbar über: http://ec.europa.eu/transparency/regdoc/rep/10102/2016/DE/SWD-2016-156-F1-DE-MAIN-PART-1.PDF („*Kommission* DelVO 2017/565 Folgenabschätzung"), S. 7: „Devisenkontrakte mit einer Lieferfrist von über T+2 würden als FX-Derivatekontrakte und somit als Finanzinstrumente gelten, die den MiFID II-Anforderungen unterliegen."
3 *Sigmundt* in Wilhelmi/Achtelik/Kunschke/Sigmundt, Handbuch EMIR, Teil 1.A Rz. 9, mit Hinweis auf Warentermingeschäfte, die der Absicherung der landwirtschaftlichen Produktion gegen Marktpreisschwankungen dienen, und die nicht der Regulierung unterworfen werden sollten.
4 Die Regierung des Vereinigten Königreichs hatte bereits im Januar 1988 erklärt, dass einfache Fremdwährungs- und Edelmetalltermingeschäfte nicht unter den U.K. Financial Services Act (1986) fallen. S. *Bank of England*, The Non-Investment Products Code for Principals and Broking Firms in the Wholesale Markets vom November 2011, abrufbar über: http://www.bankofengland.co.uk/markets/Documents/forex/fxjsc/nipscode1111.pdf (NIPS Code), S. 4, Fn. 3. Art. 84 Abs. 2 U.K. Financial Services and Markets Act 2000 (Regulated Activities) Order 2001 (abrufbar über: http://www.legislation.gov.uk/uksi/2001/544/pdfs/uksi_20010544_en.pdf) nimmt kommerziellen Zwecken dienende Termingeschäfte auf Währungen oder Rohwaren (vom Anwendungsbereich des U.K. Financial Services and Markets Act 2000 aus. Sie unterliegen lediglich den Regelungen des NIPS Code.
5 *Kunschke/Schaffelhuber* in Wilhelmi/Achtelik/Kunschke/Sigmundt, Handbuch EMIR, Teil 3.A Rz. 2, mit dem Hinweis, dass einigen der verwendeten Begriffe bei isolierter Betrachtung kein wirklicher Erklärungswert zukomme.
6 *Europäische Wertpapier- und Marktaufsichtsbehörde (ESMA)*, Konsultationspapier zu „Leitlinien zur Anwendung der Definitionen in Abschnitt C6 und C7 von Anhang I der (MiFID)" ESMA/2014/1189 vom 29.9.2014, abrufbar über: https://www.esma.europa.eu/sites/default/files/library/2015/11/2014-1189.pdf („*ESMA* Entwurf Leitlinien C.6 und C.7 Derivate"), Rz. 32; die finalen Leitlinien sind am 6.5.2015 veröffentlicht worden, abrufbar über: https://www.esma.europa.eu/sites/default/files/library/2015/11/2015-05-06_final_guidelines_c6_and_7.pdf.
7 *Ausschuss der Europäischen Aufsichtsbehörden für das Wertpapierwesen (CESR)*, „Technical Advice on Possible Implementing Measures of the Directive 2004/39/EC on Markets in Financial Instruments" CESR/05-290b vom April 2006, abrufbar über: https://www.esma.europa.eu/sites/default/files/library/2015/11/05_290b.pdf („*CESR*-MiFID-Level2-2006"), S. 13.

Unsicherheiten sind mit der Bezugnahme auf die RL 2004/39/EG in die EMIR übernommen worden[1]. Dieser Befund hat sich mit der Ersetzung der RL 2004/39/EG durch die RL 2014/65/EU zwar grundsätzlich nicht geändert; die DelVO 2017/565 hat jedoch zu wesentlichen Klarstellungen geführt.

Ausgehend von den **Regelbeispielen** in Anhang I Abschnitt C Nrn. 4–10 RL 2014/65/EU und der in den Nrn. 4–7 und 10 verwendeten Formulierung „*und alle anderen Derivatkontrakte*" sollte der Begriff Derivat weit ausgelegt werden[2]. In Anlehnung an den bis 1.1.2014 geltenden § 31 Abs. 1a Satz 1 KWG ist ein Derivate jedes als Kauf, Tausch oder durch anderweitigen Bezug auf einen Basiswert ausgestaltete Festgeschäft oder Optionsgeschäft, dessen Marktwert durch den Basiswert bestimmt wird und sich infolge des zeitlich hinausgeschobenen Erfüllungszeitpunkts künftig so verändern kann, dass eine der Gegenparteien einem Gegenparteiausfallrisiko ausgesetzt ist[3]. **Festgeschäfte** sind solche, bei denen die Erfüllung fest vereinbart ist, während sie bei dem **Optionsgeschäft** davon abhängt, ob der Käufer der Option diese tatsächlich ausübt, d.h. die Erfüllung verlangt oder sein Recht ungenutzt verfallen lässt. Zu den als Kauf ausgestalteten Festgeschäften zählen das **Termingeschäft** (forward) und der an einem geregelten Markt gehandelte **Terminkontrakt** (future). Bei den als **Tausch** (swap) ausgestalteten Festgeschäften[4] zahlt jede Partei regelmäßig an die jeweils andere Partei einen Geldbetrag, dessen Höhe jeweils von der Entwicklung des in Bezug genommenen Marktpreises des Basiswertes abhängt. So zahlt bei einem Zinssatzswap die eine Partei z.B. Geldbeträge, die auf Grundlage eines variablen Zinssatzes (z.B. des 3-Monats-EURIBOR) ermittelt werden, während die andere Partei einen Festzinssatz zahlt. Auch das **Zinstermingeschäft** (forward rate agreement, FRA) zählt zu den als Tausch ausgestalteten Festgeschäften. Der Unterschied zu den Swaps besteht darin, dass bei dem Zinstermingeschäft nur eine Zahlung am Ende der Laufzeit geleistet wird; diese wird auf der Basis der Differenz zwischen dem variablen und dem vereinbarten Festzinssatz ermittelt. Mit den Swaps verwandt sind die in Anhang I Abschnitt C Nr. 9 RL 2014/65/EU genannten **finanziellen Differenzgeschäfte** (contracts for differences) und die in Art. 4 Abs. 2 DuchfVO 1247/2012 aufgeführten **Spreadwetten** (spread-bits). Bei den Geschäften, die einen anderweitigen Bezug zu einem Basiswert aufweisen, handelt es sich z.B. um die in Anhang I Abschnitt C Nr. 4 RL 2014/65/EU genannten **Zinsausgleichsvereinbarungen** (cap, floor, collar). Die als Kauf ausgestalteten Optionsgeschäfte werden üblicherweise als Option bezeichnet, und zwar auch dann, wenn sie an einem geregelten Markt gehandelt werden.

Als **Basiswert** in Betracht kommen Wertpapiere, Fremdwährungen, Zinssätze, Waren, Emissionsberechtigungen, sowie finanzielle Indizes oder Messgrößen, die effektiv geliefert oder durch Zahlung eines Geldbetrages abgerechnet werden können. Anhang I Abschnitt C Nr. 10 RL 2014/65/EU nennt als „Messgrößen" insbesondere Klimavariablen, Frachtsätze, Inflationsraten sowie andere offizielle Wirtschaftsstatistiken. Art. 8 DelVO 2017/565 nennt wie die Vorläuferregelung in Art. 39 DurchfVO Nr. 1287/2006 darüber hinaus u.a. Telekommunikations-Bandbreiten, Lagerkapazitäten für Waren und Übertragungs- oder Transportkapazitäten in Bezug auf Waren, sei es nun über Kabel, Rohrleitung oder auf sonstigem Wege. Der Begriff Ware erfasst nach Art. 2 Nr. 6 DelVO 2017/565 wiederum Metalle, einschließlich ihrer Erze und Legierungen, landwirtschaftliche Produkte und Energie, insbesondere Strom. Wie sich aus Anhang I Abschnitt C Nr. 8 RL 2014/65/EU ergibt, kann Basiswert auch das Kreditrisiko bzw. der für die Übernahme des Kreditrisikos zu zahlende Preis (spread) sein. Basiswert eines Derivates kann auch ein anderes Derivat sein. Ein Beispiel ist die Option auf Abschluss eines Zinssatzswaps (swaption).

Derivate auf Fremdwährungen werden grundsätzlich ebenfalls vom Begriff Derivat erfasst[5], und zwar auch dann, wenn sie effektiv zu erfüllen sind oder als Nebendienstleistung i.S.d. Anhang I Abschnitt B Nr. 4 RL 2014/65/EU mit anderen Wertpapierdienstleistungen in Zusammenhang stehen. Dies ergibt sich mittelbar auch aus dem Erwägungsgrund Nr. 19 VO Nr. 648/2012, der darauf verweist, dass die ESMA im Rahmen der Festlegung der Clearingpflicht nach Art. 5 Abs. 4 VO 648/2012 auch dem besonderen Charakter der jeweiligen Kategorie von Derivatekontrakten Rechnung tragen muss und in diesem Zusammenhang zum Schluss kommen kann, dass Fremdwährungsderivate (die deutsche Fassung spricht von Wechselkurskontrakten) aufgrund bestehender infrastruktureller Vorkehrungen, die dem Risiko aus Fremdwährungsderivaten angemessen Rechnung tragen, eines Clearings nicht bedürfen[6]. Dieser Grundsatz hat jedoch nach Inkrafttreten der RL 2014/65/EU und der sie ergänzenden DelVO 2017/565 am 3.1.2018 für nichtkommerzielle Devisentermingeschäfte eine Ausnahme erfahren (s. Rz. 34).

---

1 *Köhling/Adler*, WM 2012, 2125, 2128; *Schuster/Ruschkowski*, ZBB/JBB 2014, 123, 127; *Kunschke/Schaffelhuber* in Wilhelmi/Achtelik/Kunschke/Sigmundt, Handbuch EMIR, Teil 3.A Rz. 25.
2 *ESMA* Entwurf Leitlinien C.6 und C.7 Derivate, Rz. 34 und 35 für Warenderivate.
3 *Jobst*, ZBB 2010, 384, 386/387; *Wieland/Weiß*, CFL 2013, 73, 74, die zwischen Termingeschäften und Optionen differenzieren; ähnlich: *Sigmundt* in Wilhelmi/Achtelik/Kunschke/Sigmundt, Handbuch EMIR, Teil 1.A Rz. 4 und *Grundmann* in Staub, HGB, Band 11/2, 5. Aufl. 2018, Rz. 685, die zwischen Festgeschäften, Swaps und Optionsgeschäften unterscheidet.
4 *Jobst*, ZBB 2010, 384, 387 zählt die Swaps zu den Festgeschäften; ebenso *Sigmundt* in Wilhelmi/Achtelik/Kunschke/Sigmundt, Handbuch EMIR, Teil 1.A Rz. 6, der bei Swaps zutreffend von verketteten Termingeschäften spricht.
5 *Kommission*, „EMIR: Häufig gestellte Fragen", zuletzt aktualisiert am 10.7.2014, abrufbar über: http://ec.europa.eu/internal_market/financial-markets/docs/derivatives/emir-faqs_en.pdf („*Kommission* FAQ"), II. 2.
6 *Kommission* FAQ II. 2.

Art. 2 VO Nr. 648/2012 | Begriffsbestimmungen

30 Die Erfüllung der Derivate kann durch **Zahlung eines Barausgleichs** (cash settlement) erfolgen, der auf der Grundlage der Differenz zwischen dem für den Basiswert vereinbarten Preis (z.B. 50 Euro für die Aktie der EMIR AG) und dem zum Zeitpunkt der Erfüllung festgestellten Preis (z.B. 54 Euro Schlusskurs an der Börse Y) ermittelt wird. Die Derivate, deren Basiswert übertragbar ist, können auch durch **effektive Lieferung** (physical settlement), (z.B. Lieferung der EMIR-Aktie Zug um Zug gegen Zahlung von 50 Euro) erfüllt werden.

31 Nicht alle vorstehend beschriebenen Geschäfte sind von Art. 2 Nr. 5 VO 648/2012 bzw. Anhang I Abschnitt C Nrn. 4–10 RL 2014/65/EU erfasst. Ausgenommen sind zunächst sämtliche **Kassageschäfte**[1], d.h. die als Kauf ausgestaltete Festgeschäfte, die sofort (on the spot) zu erfüllen sind, und bei denen der vereinbarte Erfüllungszeitraum nur aus technischen Gründen, z.B. wegen der notwendigen Einschaltung von Abwicklungssystemen, zeitlich hinausgeschoben ist. Der in Art. 2 Nr. 5 VO Nr. 648/2012 in Bezug genommene, mittlerweile aufgehobene Art. 38 Abs. 2 DurchfVO Nr. 1287/2006 definierte ein Kassageschäft als ein Geschäft, das innerhalb von **zwei Handelstagen** oder, wenn diese Frist länger ist, innerhalb der vom Markt für den Basiswert als Standardlieferfrist akzeptierten Frist erfüllt wird. Diese „handelsübliche Lieferfrist" konnte je nach Abwicklungssystem oder lokalen Marktusancen länger als zwei Handelstage sein.

32 Die Anwendung der Definition **Kassageschäft** auf Transaktionen **in Fremdwährungen** war bis zum Inkrafttreten der DelVO 2017/565 europaweit nicht einheitlich[2]. In ihrem Schreiben vom 13.7.2014 hatte die Kommission die Auffassung vertreten, dass die für Kassageschäfte in Währungen der Mitgliedstaaten sowie für Spot-Geschäfte in bestimmten liquiden Drittstaaten-Währungen maßgebliche Frist maximal zwei Handelstage (T+2) betrage[3]. Für andere Währungen hatte sie den Verweis auf die handelsübliche Lieferfrist bestätigt und klargestellt, dass die Frist bei Kassageschäften, die **mit Transaktionen über Wertpapiere und Fondsanteile im Zusammenhang stehen**, maximal fünf Handelstage betragen solle[4]. Im Übrigen hat sie auf die zukünftigen technischen Regulierungsstandards zur RL 2014/65/EU verwiesen, in deren Zusammenhang weitere Klarstellungen zu erwarten seien. Gemeint war Art. 10 Abs. 2 DelVO 2017/565, der eine neue Definition des Begriffs Devisenkassageschäfts einführte und dabei die im Schreiben der Kommission vom 13.7.2014 vertretene Auffassung bestätigte: Für Geschäfte in den in Art. 10 Abs. 3 DelVO 2017/565 definierten **Hauptwährungen** ist nunmehr eine Frist von maximal zwei Handelstagen und für die mit Transaktionen über Wertpapiere oder Fondsanteile im Zusammenhang stehenden Geschäfte die Frist von maximal fünf Handelstagen maßgeblich. Im Übrigen gilt für alle anderen Devisenkassageschäfte der bereits in Art. 38 Abs. 2 DurchfVO Nr. 1287/2006 verfolgte Ansatz unverändert fort.

33 Die Frage, ob es sich bei dem Verweis auf Art. 38 Abs. 2 DurchfVO Nr. 1287/2006 um eine **dynamische Verweisung** handelt, die nach Inkrafttreten der DelVO 2017/565 als Bezugnahme auf 10 Abs. 2 DelVO 2017/565 zu verstehen ist, ist mit der Auffassung der Kommission **zu bejahen** (s. Rz. 4, sowie Rz. 25). Zu berücksichtigen bleibt zwar, dass die Einführung der **Maximalfrist von zwei bzw. fünf Handelstagen** in Einzelfällen dazu führen kann, dass gegenüber der alten Regelung in Art. 38 Abs. 2 DurchfVO Nr. 1287/2006 zusätzliche der von Gegenparteien abgeschlossenen Devisengeschäfte als Derivate der Clearing- bzw. Besicherungspflicht unterliegen[5]. Auf der anderen Seite wird die Maximalfrist nur für Basiswerte angeordnet, bei denen die in der Praxis beobachtbare handelsübliche Lieferfrist ohnehin sehr kurz bemessen ist, so dass sich die Ausweitung der EMIR-Pflichten auf seltene Fälle beschränken dürfte.

34 Die unter der Geltung der alten RL 2004/39/EG fragliche Klassifizierung von **nichtkommerziellen Devisentermingeschäften**[6] ist durch Art. 10 Abs. 1 Buchst. b DelVO 2017/565 für Zwecke der RL 2014/65/EU weitestgehend geklärt. Danach sind außerhalb eines Handelsplatzes abgeschlossene und durch Zahlung der Fremdwährung effektiv zu erfüllende Devisentermingeschäfte, an denen mindestens eine nichtfinanzielle Gegenpartei beteiligt ist und die dazu dienen, die Abwicklung von Zahlungen für Waren, Dienstleistungen oder Direktinvestitionen zu vereinfachen (facilitate), vom Derivatebegriff ausgenommen. Mit der Neufassung des Derivatebegriffs wurde die bislang im Vereinigten Königreich geltende Ausnahme für nichtkommerzielle Devisentermingeschäfte[7] im Wesentlichen in das europäische Recht übernommen. Art. 10 Abs. 1 Buchst. b DelVO 2017/565 ist jedoch enger gefasst. So muss das Devisentermingeschäft einen **objektiv feststellbaren Zusammenhang**

---

1 *Kommission* FAQ, II. 1.
2 *ESMA*, Brief an Kommissar Michel Barnier vom 14.2.2014, „Classification of financial instruments as derivatives", abrufbar über https://www.esma.europa.eu/sites/default/files/library/2015/11/2014-184_letter_to_commissioner_barnier_-_classification_of_financal_instruments.pdf (*„ESMA-Brief vom 14.2.2014"*).
3 *Kommission*, Brief an die ESMA vom 23.7.2014, abrufbar über: https://www.esma.europa.eu/sites/default/files/library/2015/11/ec_letter_to_esma_on_classification_of_financial_instruments_23_07_2014.pdf (*„Kommission Brief vom 23.7.2014"*), S. 2.
4 *Kommission* Brief vom 23.7.2014, S. 2.
5 *Kommission* DelVO 2017/565 Folgenabschätzung, S. 7: „Devisenkontrakte mit einer Lieferfrist von über T+2 würden als FX-Derivatekontrakte umfasst und somit als Finanzinstrumente gelten, die den MiFID II-Anforderungen unterliegen".
6 S. Erwägungsgrund Nr. 42 DelVO 2016/2251 („in der Union uneinheitlich definiert").
7 S. die Anmerkungen in Rz. 26 und Fn. 4, insbesondere den Hinweis auf Art. 84 Abs. 2 U.K. Financial Services and Markets Act 2000 (Regulated Activities) Order 2001.

zu einem Waren- oder Dienstleistungsgeschäft oder einer Direktinvestition der nichtfinanziellen Gegenpartei aufweisen. In der Praxis werden finanzielle Gegenparteien wie Kreditinstitute und Investmentfirmen von ihren Kunden im Zweifel eine Kopie der Rechnung oder einen anderen geeigneten Nachweis über die erforderliche Konnektivität verlangen müssen. Darüber hinaus wird erforderlich sein, dass der Erfüllungszeitraum des Devisentermingeschäfts eine gewisse zeitliche Nähe zu dem in der Rechnung ausgewiesenen Fälligkeitstag oder Zahlungsziel aufweist. Nicht von der Ausnahme des Art. 10 Abs. 1 Buchst. b DelVO 2017/565 erfasst sind Devisentermingeschäfte, die an einem Handelsplatz i.S.d. Art. 4 Abs. 1 Nr. 24 RL 2014/65/EU gehandelt werden oder zustande kommen; dies schließt auch den Abschluss über eine OTF mit ein. Ebenfalls nicht vom Derivatebegriff ausgenommen sind Devisentermingeschäfte, die durch Barausgleich zu erfüllen sind. In diesem Zusammenhang stellt Art. 10 Abs. 1 Buchst. b DelVO 2017/565 klar, dass ein für den Fall der Nichterfüllung der Lieferverpflichtung oder bei Ausfall geschuldeter Barausgleich die effektive Lieferung nicht einschränkt. Die Frage, ob es sich bei dem Verweis auf Art. 38 Abs. 2 DurchfVO Nr. 1287/2006 um eine **dynamische Verweisung** handelt, die nach Inkrafttreten der DelVO 2017/565 als Bezugnahme auch auf 10 Abs. 1 DelVO 2017/565 auszulegen ist, ist hier leichter zu bejahen, da die Bereichsausnahme für nichtkommerzielle Devisentermingeschäfte für die betroffenen Gegenparteien zumindest aus deutscher Sicht nur positiv ist.

Warenderivate, die ausschließlich oder nach Wahl einer Partei durch Barausgleich (cash settlement) zu erfüllen sind, gelten nach Anhang I Abschnitt C Nr. 5 RL 2014/65/EU als Derivat[1]. Soweit ein Wahlrecht vereinbart ist, muss sich dieses auf die Hauptleistungspflicht beziehen. Verträge über Warenlieferungen werden nicht dadurch zum Derivat, dass die für sie vereinbarten Vertragsbestimmunen für den Fall der Nichtabnahme durch den Kunden eine Ausgleichszahlung vorsehen. Wie sich im Umkehrschluss aus Anhang I Abschnitt C Nrn. 5–7 RL 2014/65/EU ergibt, sind auf **Waren** bezogene Geschäfte, die ausschließlich durch **effektive Lieferung** des Basiswertes zu erfüllen sind, und die nichtkommerziellen Zwecken dienen, weil sie weder an einem geregelten Markt noch über ein OTF oder MTF gehandelt werden, noch Merkmale anderer derivativer Finanzinstrumente aufweisen, jedoch vom Derivatebegriff ausgenommen. 35

Die in Art. 38 Abs. 1 DurchfVO Nr. 1287/2006 beschriebenen Umstände, unter denen ein effektiv zu erfüllendes Warenderivat „Merkmale derivativer Finanzinstrumente" aufweist, sind im Wesentlichen unverändert in den neuen **Art. 7 Abs. 1 DelVO 2017/565** überführt worden. Ein nach wie vor wichtiges Kriterium ist die **Standardisierung des Kontraktes**, insbesondere die Bezugnahme auf regelmäßig veröffentlichte Preise, Standardhandelseinheiten oder Standardliefertermine (Art. 7 Abs. 1 Buchst. b DelVO 2017/565). Zu Recht entfallen ist das in Art. 38 Abs. 1 Buchst. b DurchfVO Nr. 1287/2006 aufgeführte Kriterium der **Abwicklung des Kontraktes über eine Clearingstelle** oder CCP, die vor dem Hintergrund der durch Art. 4 VO Nr. 648/2012 begründeten Clearingpflicht unerwünschte Folgen gehabt hätte: Ein physisch zu erfüllender Warentermingeschäft, das freiwillig über eine CCP gecleart wird, wird dadurch, dass es nun „Merkmale anderer derivativer Finanzinstrumente" aufweist, zum Derivat und unterliegt damit ggf. der Clearingpflicht. Die im Zusammenhang mit den Devisengeschäften aufgeworfene Frage, ob es sich bei dem Verweis auf die DurchfVO Nr. 1287/2006 um eine **dynamische Verweisung** handelt, die nach Inkrafttreten der DelVO 2017/565 als Bezugnahme auch auf die DelVO 2017/565 auszulegen ist, ist deshalb auch hier leicht zu bejahen, da die Klarstellung der Anforderung „Merkmale derivativer Finanzinstrumente" für die betroffenen Gegenparteien nur positiv ist. 36

Um die mit der Erweiterung des Derivatebegriffs verbundenen Auswirkungen auf den **europäischen Energiehandel** zu mindern, sieht die RL 2014/65/EU zwei Einschränkungen vor. Zum einen wird in dem neu gefassten Anhang I Abschnitt C Nr. 6 der RL 2014/65/EU klargestellt, dass die der VO Nr. 1227/2011[2] (REMIT) unterliegenden **Energiegroßhandelsprodukte**[3] über Strom und Erdgas mit effektiver Lieferung auch dann nicht vom Begriff Finanzinstrumente erfasst sind, wenn sie an einem OTF gehandelt werden (sog. „**REMIT-Ausnahme**"). Zum anderen sieht Art. 95 RL 2014/65/EU vor, dass die nicht von der REMIT-Ausnahme erfassten Warenderivate auf Kohle oder Öl (die übrigen **C.6-Energiederivatkontrakte**) mit Zustimmung der zuständigen Behörde bis zum 3.1.2021[4] von der Clearing- und der Besicherungspflicht sowie von der Anrechnung auf die Clearingschwelle nach Art. 10 VO Nr. 648/2012 befreit sind, im Übrigen jedoch der EMIR (d.h. der Meldepflicht und den Risikominderungspflichten) unterliegen. 37

---

1 *Kommission* FAQ, II. 1.
2 Verordnung (EU) Nr. 1227/2011 des Europäischen Parlaments und des Rates vom 25. Oktober 2011 über die Integrität und Transparenz des Energiegroßhandelsmarkts, ABl. EU Nr. L 326 v. 8.12.2011, S. 1.
3 Energiegroßhandelsprodukte sind nach Art. 2 Nr. 4 VO Nr. 1227/2011 u.a. Derivate, die Strom oder Erdgas betreffen, das oder der in der Union erzeugt, gehandelt oder geliefert wurde und Derivate, die den Transport von Strom oder Erdgas in der Union betreffen. Verträge über die Lieferung und die Verteilung von Strom oder Erdgas an Endverbraucher gelten nur dann als Energiegroßhandelsprodukte, wenn sie den Schwellenwert von 600 GWh pro Jahr erreichen oder überschreiten.
4 Die ursprüngliche Frist bis 3.7.2020 ist durch Art. 1 Abs. 9 RL 2016/1034 verlängert worden. S. Richtlinie (EU) 2016/1034 des Europäischen Parlaments und des Rates vom 23. Juni 2016 zur Änderung der Richtlinie 2014/65/EU über Märkte für Finanzinstrumente, ABl. EU Nr. L 175 v. 30.6.2016, S. 8.

38 Die Voraussetzungen, unter denen ein Energiegroßhandelsprodukt als „effektiv zu liefern" gilt, werden in Art. 5 Abs. 2 DelVO 2017/565 definiert. Danach muss das Derivat unbedingte, unbeschränkte und durchsetzbare Pflichten der Vertragsparteien zur Lieferung und Abnahme der dem Derivat zugrunde liegenden Ware begründen. Auch darf keiner Vertragspartei gestattet sein, die Lieferung durch einen Barausgleich zu ersetzen. Klargestellt wird auch, dass die Saldierung von Lieferpflichten aufgrund der mit den Übertragungsnetzbetreibern geschlossenen Bilanzkreisvereinbarungen (**operatives Netting**) oder ein für den Fall der **Nichterfüllung** der Lieferverpflichtung oder bei Ausfall geschuldeter Barausgleich die effektive Lieferung nicht einschränkt[1]. Gleiches gilt für die im Gashandel anzutreffenden sog. **Take-or-Pay-Verträge**[2], bei denen sich der Käufer verpflichtet, eine festgelegte Menge Gas abzunehmen und diese auch dann zu bezahlen, wenn er sie tatsächlich nicht abgenommen hat.

39 **VIII. Derivatekategorie (Art. 2 Nr. 6 VO Nr. 648/2012).** Die Begriffe Derivatekategorie, Kategorie von Derivaten, OTC-Derivatekategorie und Kategorie von OTC-Derivaten werden von der EMIR als Synonyme verwendet. Definiert wird in Art. 2 Nr. 6 VO Nr. 648/2012 jedoch nur der erste Begriff. Seine Aufgabe ist es, diejenigen **OTC-Derivate** zu beschreiben, die im Wesentlichen gleich ausgestaltet sind und ein **im Wesentlichen vergleichbares Risikoprofil** aufweisen, so dass sie für die Zwecke der Festlegung der Clearingpflicht nach Art. 5 VO Nr. 648/2012 als **homogene Untergruppe** aufgefasst werden können. Die Kriterien anhand derer die Gleichartigkeit der Derivate zu beurteilen ist, ergeben sich primär aus Art. 5 Abs. 4 VO Nr. 648/2012 und Art. 7 DelVO Nr. 149/2013. So sollten die Derivate hinsichtlich Standardisierungsgrad und Preisbildungsinformationsniveau vergleichbar sein und – was für das Kriterium „Volumen und Liquidität" von Bedeutung ist – von den Marktteilnehmer als sich gegenseitig substituierend anerkannt werden. Nr. 6 definiert insoweit nur die Mindestanforderungen (gleicher Basiswert, keine Währungsinkongruenz). Kein Kriterium für die Bildung einer homogenen Gruppe ist hingegen die Laufzeit bzw. eine gleichlaufende Fälligkeit[3].

40 Bedeutung hat der Begriff Kategorie auch im Rahmen der **Zulassung von CCPs**, die nach Art. 14 Abs. 3 VO Nr. 648/2012 u.a. angeben muss, auf welche Kategorie von Finanzinstrumenten sich die zugelassene Clearingtätigkeit bezieht. Der Begriff entscheidet auch darüber, ob das Clearing zusätzlicher OTC-Derivate noch von der bestehenden Zulassung gedeckt ist oder ob die CCP eine **Erweiterung ihrer Zulassung** nach Art. 15 VO 648/2012 beantragen muss. Nach Art. 12 Abs. 2 DelVO 2017/581 ist für die OTC-Derivate, die derselben Kategorie angehören, zu vermuten, dass sie wirtschaftlich gleichwertig sind und, wenn sie gegenläufige Zahlungs- oder Lieferpflichten begründen, sich gegenseitig **netten** bzw. **glattstellen**.

41 **IX. OTC-Derivate oder OTC-Derivatekontrakt (Art. 2 Nr. 7 VO Nr. 648/2012).** Der ursprüngliche Verweis auf Art. 19 Abs. 6 RL 2004/39/EG ist durch Art. 32 Abs. 1 der VO 2015/2365 (**SFT-Verordnung**) mit Wirkung zum 12.1.2016[4] durch den Verweis auf den neu eingeführten Art. 2a VO Nr. 648/2012 ersetzt worden. Der Verweis auf den mittlerweile aufgehobenen Art. 4 Abs. 1 Nr. 14 RL 2004/39/EG ist aufgrund der **Überleitungsvorschrift** in Art. 94 Unterabs. 2 RL 2014/65/EU seit dem 3.1.2018 als Referenz auf Art. 4 Abs. 1 Nr. 21 RL 2014/65/EU zu lesen.

42 Die Abkürzung „OTC" wird bereits in Art. 1 Abs. 1 VO Nr. 648/2012 eingeführt. Sie steht für „over the counter". Der Begriff OTC-Derivate und sein Synonym OTC-Derivatekontrakte bilden einen Unterfall des Begriffs Derivat. Das entscheidende Merkmal ist, dass es sich bei ihm um ein Derivat handelt, dessen **Ausführung** (execution) weder auf einem in der Union errichteten **geregelten Markt** i.S.d. Art. 4 Abs. 1 Nr. 21 RL 2014/65/EU noch auf einem **gleichwertigen Markt eines Drittstaats** i.S.d. Art. 2a VO Nr. 648/2012 erfolgt. Da ein Markt in einem Drittstaat nach Art. 2a VO Nr. 648/2012 nur dann als gleichwertig anerkannt werden kann, wenn er Vorschriften unterliegt, die den in Titel III der RL 2014/65/EU festgelegten Vorschriften für die Zulassung geregelter Märkte in Europa gleichwertig sind, ist es denkbar, dass der Begriff OTC-Derivate auch solche Geschäfte erfasst, die an einer Börse ausgeführt wurden[5]. Eine Gleichsetzung des Begriffs „OTC-Derivate" mit dem Begriff außerbörsliche Derivate – wie in Art. 1 Abs. 1 VO Nr. 648/2012 geschehen – ist daher nur eingeschränkt möglich.

---

1 So schon: *ESMA*, Leitlinien zur Anwendung der Definitionen in Abschnitt C6 und C7 von Anhang I der Richtlinie 2004/39/EC (MiFID) ESMA/2015/675 vom 6.5.2015, abrufbar über: https://www.esma.europa.eu/sites/default/files/library/2015/11/2015-05-06_final_guidelines_c6_and_7.pdf („ESMA, Leitlinien C.6 und C.7"), Annex 1 (Feedback to the Consultation), Rz. 1 und 2: „secondary contractual rights".
2 S. auch *BaFin*, Häufige Fragen und Antworten der BaFin zur EMIR, Stand: 6.10.2016, abrufbar über: https://www.bafin.de/SharedDocs/Veroeffentlichungen/DE/FAQ/faq_emir.html;jsessionid=49FAFE220B13AD4EDFE6C04AB1BE512B.2_cid290 („BaFin Q&A"), Nr. 3.
3 *Achtelik* in Wilhelmi/Achtelik/Kunschke/Sigmundt, Handbuch EMIR, Teil 3.B.I Rz. 32.
4 Art. 32 Abs. 1 VO 2015/2365 ist am zwanzigsten Tag nach der Veröffentlichung der SFT-Verordnung im Amtsblatt der Europäischen Union, d.h. am 12.1.2016, in Kraft getreten.
5 *ESMA*, „Fragen und Antworten – Umsetzung der Verordnung (EU) Nr. 648/2012 über OTC-Derivate, zentrale Gegenparteien und Transaktionsregister (EMIR)", ESMA70-1861941480-52 vom 30.5.2018, abrufbar über: https://www.esma.europa.eu/sites/default/files/library/esma70-1861941480-52_qa_on_emir_implementation.pdf („*ESMA* Q&A"), OTC Frage 1(c) [letzte Aktualisierung: 2.10.2017]: „However, derivatives contracts on third-country markets which have not been considered to be equivalent [...] will count for the determination of the clearing threshold."

Der Verweis auf Art. 4 Abs. 1 Nr. 21 RL 2014/65/EU verdeutlicht, dass Derivate, die lediglich über ein **OTF** oder ein **MTF** i.S.d. Art. 4 Abs. 1 Nr. 22 und 23 RL 2014/65/EU ausgeführt wurden, OTC-Derivate sind[1]. Gleiches gilt für Derivate, die zwar außerhalb eines geregelten Marktes abgeschlossen wurden, deren vertragliche Ausgestaltung jedoch mit denen, die in dem geregelten Markt ausgeführt wurden, identisch sind (**exchange look-alike** derivatives): Verlangt wird eine Ausführung „auf" einem geregelten Markt[2]. Etwas anderes hat zu gelten, wenn die Ausführung des Derivates an einem geregelten Markt vorgesehen war, diese jedoch nur deshalb unterblieben ist, weil die Regeln des Marktes dies im Interesse der geordneten Preisbildung ausdrücklich vorsehen, die Ausführung im Übrigen jedoch den Regeln des Marktes folgt bzw. die Derivate den Regeln entsprechend über die zentrale Gegenpartei des geregelten Marktes abgewickelt werden. Ein Beispiel für diese Fallgruppe ist der sog. **Pakethandel** (block trades)[3].   43

Bis zum 12.1.2016 waren Derivate, die an einem Markt in einem Drittstaat ausgeführt wurden, nur dann vom Begriff OTC-Derivate ausgenommen, wenn dieser Markt nach Art. 19 Abs. 6 RL 2004/39/EG als gleichwertig galt, weil er Vorschriften unterlag, die den in Titel III der RL 2004/39/EG festgelegten Vorschriften für die Zulassung geregelter Märkte in Europa gleichwertig waren. Art. 19 Abs. 6 RL 2004/39/EG sah vor, dass die Kommission eine Liste derjenigen Märkte veröffentlicht, die nach ihrer Auffassung als gleichwertig zu betrachten sind. Diese Liste stand bis zum 12.1.2016 aus[4]. Mit Einführung des neuen **Art. 2a VO Nr. 648/2012** wurde die Definition des Begriffs OTC-Derivat vom Verfahren nach Art. 19 Abs. 6 RL 2004/39/EG entkoppelt. Danach kann die Kommission nach dem in Art. 86 Abs. 2 VO Nr. 648/2012 geregelten Prüfverfahren Durchführungsakte erlassen, mit denen sie die Gleichwertigkeit von Drittstaatenmärkten für Zwecke des Art. 2 Nr. 7 VO Nr. 648/2012 feststellt. Die betreffenden Märkte sind der Webseite der ESMA zu veröffentlichen. Wegen der Einzelheiten wird auf die Ausführungen zu Art. 2a VO Nr. 648/2012 verwiesen.   44

Für das alte Recht und den Verweis auf Art. 19 Abs. 6 RL 2004/39/EG hatte die ESMA die Auffassung vertreten, dass alle Drittsaaten-Märkte, die nicht auf der von der Kommission veröffentlichten Liste genannt sind, als OTC-Derivate zu behandeln sind[5]. Für die ab 12.1.2016 geltende Neuregelung folgt dies unmittelbar aus Art. 2a Abs. 1 VO Nr. 648/2012.   45

Die Klassifizierung eines Derivates als OTC-Derivat ist für **nichtfinanzielle Gegenparteien**, die nach Art. 10 Abs. 1 VO Nr. 648/2012 ihre Durchschnittsposition in OTC-Derivaten laufend überwachen müssen, von besonderer Bedeutung, da sie alle nicht börsengehandelten Derivate, für die ihnen der Nachweis der objektiv messbaren Risikoreduzierung nach Art. 10 Abs. 3 VO Nr. 648/2012 misslingt, auf die Clearingschwelle anrechnen müssen.   46

Der Begriff OTC-Derivat korrespondiert mit dem durch Art. 2 Abs. 1 Nr. 32 VO Nr. 600/2014 eingeführten Begriff **börsengehandeltes Derivat**, der ebenfalls nur solche Derivate umfasst, die an einem geregelten Markt oder einem gleichwertigen Drittlandmarkt ausgeführt werden. Der Begriff börsengehandeltes Derivat (exchange traded derivative – ETD) wird von der ESMA in ihren Auslegungsentscheidungen[6] verwendet, wobei nicht immer deutlich wird, ob sie den engeren Begriff der MiFIR zugrunde legt oder jedes an einer Terminbörse gehandelte Derivat meint.   47

X. Finanzielle Gegenpartei (Art. 2 Nr. 8 VO Nr. 648/2012). Der Begriff finanzielle Gegenpartei beschreibt diejenigen Unternehmen, auf die die im Titel II der EMIR zusammengefassten Bestimmungen über die **Melde-, Clearing- und Risikominderungspflichten** grundsätzlich ohne Einschränkung Anwendung finden sollen (Erwägungsgrund Nr. 25 VO Nr. 648/2012). Gemeinsam ist den in Art. 2 Nr. 8 VO Nr. 648/2012 aufgeführten Unternehmen, dass für sie zu vermuten ist, dass sie als Finanzmarktteilnehmer und den durch ihre Handelsaktivität naturgemäß stärker ausgeprägten wechselseitigen Bindungen ein **besonderes Risiko für die Stabilität des Finanzmarktes** darstellen und dass sie als professioneller Händler oder institutionelle Anleger Derivate in einem Umfang abschließen, der stets systemrelevant ist.   48

Damit weist der Begriff finanzielle Gegenpartei gewisse Parallelen zu dem mit Art. 4 Abs. 1 Nr. 27 VO Nr. 575/2013 eingeführten Begriff **Unternehmen der Finanzbranche** (financial sector entity) auf, dem im Rahmen der Ermittlung der Eigenkapitalanforderungen – z.B. bei den Abzugsregelungen für die von Unternehmen der Finanzbranche begebenen Eigenkapitalinstrumente (Art. 36 Abs. 1 Buchst. h und i VO Nr. 575/2013) oder bei der Bestimmung des Korrelationskoeffizienten für die Risikogewichtungsfunktion (Art. 153 Abs. 2 VO Nr. 575/   49

---

1 *ESMA* Q&A OTC Frage 1(a) [letzte Aktualisierung: 2.10.2017]; *Kommission*, Bericht an das Europäische Parlament und den Rat über die Notwendigkeit, börsengehandelte Derivate vorübergehend vom Anwendungsbereich der Art. 35 und 36 Verordnung (EU) Nr. 600/2014 über Märkte für Finanzinstrumente auszunehmen, KOM(2017) 468 final vom 11.9.2017, abrufbar über: http://eur-lex.europa.eu/legal-content/DE/TXT/PDF/?uri=CELEX:52017DC0468&from=DE („*Kommission* Bericht nach Art. 52(12) MiFIR"); S. 3; *Donner* in Zerey, Finanzderivate, § 34 Rz. 97; *Jahn/Reiner* in Schimansky/Bunte/Lwowski, § 114 Rz. 208.
2 *ESMA* Q&A, OTC Frage 1(b) [letzte Aktualisierung: 2.10.2017]; *Sigmundt* in Wilhelmi/Achtelik/Kunschke/Sigmundt, Handbuch EMIR, Teil 1.A Rz. 18.
3 *ESMA* Q&A, OTC Frage 1(d) [letzte Aktualisierung: 2.10.2017]; *Pankoke/Wallus*, WM 2014, 4, 7.
4 *ESMA* Q&A, OTC Frage 1(c) [letzte Aktualisierung: 2.10.2017].
5 *ESMA* Q&A, OTC Frage 1(c) [letzte Aktualisierung: 2.10.2017].
6 *ESMA* Q&A, OTC Frage 1(b) [letzte Aktualisierung: 2.10.2017], TR Frage 1 [letzte Aktualisierung: 5.8.2013].

2013) – die Aufgabe zukommt, den **höheren Ansteckungsrisiken** innerhalb des Finanzsektors Rechnung zu tragen. Allerdings ist der Begriff finanzielle Gegenpartei deutlich enger.

50 Die Besonderheit des Begriffs finanzielle Gegenpartei ist, dass er bislang an den **aufsichtsrechtlichen Status** als ein unter den europäischen Finanzmarktregeln zugelassenes und beaufsichtigtes Unternehmen anknüpft[1]. Dabei ist die jeweilige Formulierung „gemäß der Richtlinie […] zugelassene" dahingehend zu verstehen, dass das Unternehmen **nach den Rechtsvorschriften des jeweiligen Mitgliedstaates**, mit dem dieser die in Nr. 8 genannten Richtlinien in nationales Recht umgesetzt hat, zugelassen sein muss. Der Vorteil dieses Ansatzes ist, dass er den Kreis der unter den Begriff finanzielle Gegenpartei fallenden Unternehmen über den Zulassungsakt eindeutig definiert und dass er über die in einigen Richtlinien vorgesehene Verpflichtung der Aufsichtsbehörden, die von ihnen zugelassenen Unternehmen öffentlich bekannt zu machen, für die notwendige **Transparenz** sorgt.

51 Auf der anderen Seite führt der Ansatz dazu, dass einige Unternehmen, die man aufgrund ihrer Tätigkeit intuitiv als Teil der Gruppe der finanziellen Gegenparteien erwartet hätte, von der VO Nr. 575/2013 nur als nichtfinanziellen Gegenpartei erfasst werden[2]. Ein Beispiel für solche „**quasi-financials**" sind in Drittstaaten errichtete oder organisierte **alternative Investmentfonds (AIFs)**, z.B. Hedgefonds, die nicht durch einen unter der RL 2011/61/EU[3] (AIFMD) zugelassenen oder registrierten Verwalter verwaltet werden. Der Entwurf der Verordnung zur Änderung der EMIR (**EMIR REFIT-Entwurf**)[4] hat deshalb den Vorschlag der ESMA[5], die vom Anwendungsbereich der RL 20111/61/EU nicht erfassten AIFs wie finanzielle Gegenparteien zu behandeln, aufgegriffen; ob die Kommission mit ihrem Vorschlag durchdringt, ist noch offen. Mit der Annahme des Berichts zum EMIR-REFIT-Entwurf[6] seines Berichterstatters Langen am 23.5.2018 hat sich das Europäische Parlament gegen eine entsprechende Erweiterung ausgesprochen. Unabhängig davon findet sich in neueren Level-2-Verordnungen der Trend, Drittstaaten-AIFs, die als nichtfinanzielle Gegenparteien gelten, den finanziellen Gegenparteien zumindest teilweise gleichzustellen[7] oder ihnen die Vorteile, die für europäische AIFs gelten, vorzuenthalten[8].

52 Weitere Folge der Anknüpfung ist, dass der Begriff finanzielle Gegenpartei die in den jeweiligen Richtlinien vorgesehenen, durch andere rechtspolitische Überlegungen motivierte **Ausnahmen von der Zulassungspflicht** (z.B. für Energiehändler, die nur physisch abzuwickelnde Derivate abschließen) übernimmt. Darüber hinaus erfasst er nur solche Unternehmen, die in einem **Mitgliedstaat** errichtet oder niedergelassen sind. Diese Beschränkung wird jedoch für die Clearing- und Risikominderungspflichten über Art. 4 Abs. 1 Buchst. a Ziff. v) und Art. 11 VO Nr. 648/2012 **teilweise wieder korrigiert**.

53 Wie der Derivatebegriff verweist auch die Definition des Begriffs finanzielle Gegenpartei auf **europäische Richtlinien**, die vom Gesetzgeber zwischenzeitlich **aufgehoben** worden sind. Auch hier gilt, dass der Gesetzgeber die meisten Bestimmungen durch **Überleitungsvorschriften** und ergänzende Entsprechungstabellen durch Bezugnahmen auf das neue Recht ersetzt hat. Soweit der EMIR-REFIT-Entwurf im Rahmen der Neufassung der Nr. 8 diese Überleitungen nachvollzieht, handelt es sich nur um Klarstellungen.

54 **1. Wertpapierfirmen.** Nach Art. 5 Abs. 1 RL 2014/65/EU (MiFID II) bedarf die Erbringung von Wertpapierdienstleistungen oder die Ausübung von Anlagetätigkeiten als berufliche oder gewerbliche Tätigkeit der vorherigen Zulassung. Die Begriffe Wertpapierdienstleistungen und Anlagetätigkeit werden über die in Anhang I Abschnitt A RL 2014/65/EU beschriebenen Dienstleistungen definiert. Diese müssen sich auf die in Anhang I Abschnitt C RL 2014/65/EU definierten Finanzinstrumente beziehen. Die ESMA hat eine Webseite[9] eingerichtet, über die das Verzeichnis der zugelassenen Wertpapierfirmen einsehbar ist.

55 Die Auslegung und Anwendung des **Begriffs Wertpapierdienstleistung** war bis zur Ablösung der RL 2004/39/EG durch die RL 2014/65/EU nicht einheitlich[10]. So vertraten einige Mitgliedstaaten z.B. die Auffassung, dass nichtkommerzielle Devisentermingeschäfte nicht dem Anwendungsbereich der RL 2004/39/EG unterliegen

---

1 *Grundmann* in Staub, HGB, Band 11/2, 5. Aufl. 2018, Rz. 689.
2 *ESMA*, Bericht Nr. 1 über die Verwendung von OTC-Derivaten durch nichtfinanzielle Gegenparteien, ESMA/2015/1251 vom 13.8.2015, abrufbar über: https://www.esma.europa.eu/sites/default/files/library/2015/11/esma-2015-1251_-_emir_review_report_no.1_on_non_financial_firms.pdf („*ESMA* EMIR Prüfbericht Nr. 1"), Rz. 18.
3 Richtlinie 2011/61/EU des Europäischen Parlaments und des Rates vom 8. Juni 2011 über die Verwalter alternativer Investmentfonds und zur Änderung der Richtlinien 2003/41/EG und 2009/65/EG und der Verordnungen (EG) Nr. 1060/2009 und (EU) Nr. 1095/2010, ABl. EU Nr. L 174 v. 1.7.2011, S. 1.
4 *Kommission* EMIR-REFIT-Entwurf, S. 28/29.
5 *ESMA*, EMIR Prüfbericht Nr. 1, Rz. 73.
6 Der Bericht ist abrufbar über: http://www.europarl.europa.eu/sides/getDoc.do?pubRef=-//EP//TEXT+REPORT+A8-2018-0181+0+DOC+XML+V0//EN&language=de.
7 S. Art. 2 Abs. 1 Buchst. b und c DelVO 2015/2205, DelVO 2016/592 und DelVO 2016/1178: clearingpflichtige Gegenparteien der Kategorien 2 und 3.
8 S. Art. 28 Abs. 3 DelVO 2016/2251: Schwellenwertberechnung auf Gruppenebene.
9 Das Verzeichnis ist zugänglich über: https://registers.esma.europa.eu/publication/searchRegister?core=esma_registers_upreg.
10 *ESMA*, Schreiben an Kommissar Michel Barnier vom 14.2.2014, „Classification of financial instruments as derivatives"), abrufbar über https://www.esma.europa.eu („*ESMA* Schreiben vom 14.2.2014").

(Rz. 26). Dies hatte zur Folge, dass Unternehmen, die mit ihren Kunden ausschließlich nichtkommerzielle Devisentermingeschäfte abschlossen, nicht in allen Mitgliedstaaten als Wertpapierfirmen zugelassen waren.

Keiner Zulassung bedurften bislang die durch Art. 2 Abs. 1 RL 2004/39/EG ausgenommenen Unternehmen. Von Bedeutung waren insbesondere die Ausnahmen für Rohwarenhändler, die hauptsächlich für **eigene Rechnung** handelten oder Wertpapierdienstleistungen in Waren-Derivaten nur für die Abnehmer ihrer Waren erbrachten (Art. 4 Abs. 1 Nr. 2 Buchst. i und k RL 2004/39/EG). Art. 64 Abs. 3 RL 2004/39/EG hatte die **Bereichsausnahmen für Rohwarenhändler** unter einen Prüfvorbehalt gestellt. Sie sind im Rahmen der Überarbeitung der MiFID in Art. 2 Abs. 1 Buchst. j RL 2014/65/EU nur teilweise fortgeführt worden. Ausgenommen sind danach nur noch solche Wertpapierdienstleistungen, die auf individueller und aggregierter Basis auf der Ebene der Unternehmensgruppe nachweislich nur eine Nebentätigkeit zur Haupttätigkeit darstellen (sog. „**Nebentätigkeitstests**"). Nach Art. 1 DelVO 2017/592[1] gelten Tätigkeiten als Nebentätigkeit zur Haupttätigkeit der Gruppe, wenn diese Tätigkeiten die in Art. 2 und 3 DelVO 2017/592 festgelegten Schwellwerte unterschreiten[2]. 56

Die **Überleitung auf die RL 2014/65/EU** hat sich auf den Begriff Wertpapierdienstleistung wie folgt ausgewirkt: Zum einen ist über den Anhang I RL 2014/65/EU und Art. 10 DelVO 2017/565 der konkretisierte Derivatebegriff zur Anwendung gekommen, der u.a. dazu führt, dass Unternehmen, die ausschließlich **nichtkommerzielle Devisentermingeschäfte** tätigen, nur dann aus dem Anwendungsbereich der RL 2014/65/EU fallen, wenn ihre Devisentermingeschäfte den engen Anforderungen des Art. 10 Abs. 1 Buchst. b DelVO 2017/565 entsprechen. Darüber hinaus wird der erwähnte Nebentätigkeitstest des Art. 2 Abs. 1 Buchst. j RL 2014/65/EU dazu führen, dass **Rohwarenhändler** denen der für den Nebentätigkeitstest erforderliche Nachweis misslingt, der Zulassungspflicht unterliegen und mit erteilter Zulassung als finanzielle Gegenpartei gelten[3]. Der EMIR-REMIT-Entwurf[4] sieht vor, dass die Bezugnahme in Nr. 8 auf die gem. der RL 2004/39/EG zugelassenen Wertpapierfirmen durch eine Referenz auf die RL 2014/65/EU ersetzt wird. Diese Änderung hat jedoch aufgrund der bereits bestehenden Überleitungsvorschrift in Art. 94 Unterabs. 2 RL 2014/65/EU nur klarstellende Bedeutung. 57

Die nach Art. 2 Abs. 1 RL 2014/65/EU ausgenommenen Unternehmen werden teilweise über eigene Fallgruppen des Begriffs finanzielle Gegenpartei erfasst (so die Versicherungen, Rückversicherungen, OGAWs und alternativen Investmentfonds). Alle übrigen Unternehmen qualifizieren sich als „nichtfinanzielle Gegenparteien" und unterliegen den Vorschriften des Titels II der EMIR soweit dies vorgesehen ist. Einige von ihnen, wie die EZB und die übrigen Mitglieder des Europäischen Systems der Zentralbanken, werden jedoch über Art. 1 Abs. 4 VO 648/2012 vom Anwendungsbereich der EMIR ausgenommen. 58

2. Kreditinstitute. Die Bezugnahme auf die mittlerweile aufgehobene RL 2006/48/EG ist durch die Überleitungsvorschrift in Art. 163 RL 2013/36/EU und die in Anhang II der RL 2013/36/EU sowie in Anhang IV der VO Nr. 575/2013[5] wiedergegebenen Entsprechungstabellen durch Verweise auf die RL 2013/36/EU und die VO Nr. 575/2013 ersetzt worden. Nach Art. 8 Abs. 1 RL 2013/36/EU bedarf jedes Kreditinstitut vor Aufnahme seiner Tätigkeit einer Zulassung. Nach Art. 3 Abs. 1 Nr. 1 RL 2013/36/EU i.V.m. Art. 4 Abs. 1 Nr. 1 VO Nr. 575/2013 ist Kreditinstitut ein Unternehmen, dessen Tätigkeit darin besteht, **Einlagen** oder andere rückzahlbare Gelder des Publikums entgegenzunehmen **und Kredite** für eigene Rechnung zu gewähren. Unternehmen die nur eine der beiden Tätigkeiten ausüben, z.B. nur Einlagen entgegennehmen, erfüllen den Tatbestand der Zulassungspflicht nicht. Der für den Begriff finanzielle Gegenpartei maßgebliche Definition Kreditinstitut deckt sich nicht mit dem weiteren Kreditinstitute-Begriff des Kreditwesengesetzes (KWG); er entspricht jedoch dem in § 1 Abs. 3d KWG definierten Begriff CRR-Kreditinstitut. 59

Bis zur Überleitung der RL 2006/48/EG auf die RL 2013/36/EU ebenfalls vom Begriff Kreditinstitut erfasst, waren nach Art. 4 Nr. 1 Buchst. b RL 2006/48/EG **E-Geld-Institute** i.S.d. RL 2000/46/EG vom 18.9.2000[6]. Diese 60

---

1 Delegierte Verordnung (EU) 2017/592 der Kommission vom 1. Dezember 2016 zur Ergänzung der Richtlinie 2014/65/EU des Europäischen Parlaments und des Rates durch technische Regulierungsstandards zur Festlegung der Kriterien, nach denen eine Tätigkeit als Nebentätigkeit zur Haupttätigkeit gilt, ABl. EU Nr. L 87 v. 31.3.2017, S. 592.
2 Einen guten Überblick über die Nebentätigkeitsausnahmen bietet *BaFin*, MiFID II -Positionslimits und Nebentätigkeitsausnahme, Workshop vom 16.2.2017, abrufbar über: https://www.bafin.de/SharedDocs/Downloads/DE/Veranstaltung/dl_170216_Workshop_MiFIDII_MiFIR_Positionslimits.pdf?__blob=publicationFile&v=4 („*BaFin* MiFID II Workshop"), S. 19ff.
3 Die Kommission geht davon aus, dass die Einführung der sog. „Nebentätigkeitstests" für Rohwarenhändler durch Art. 2 Abs. 1 Buchst. j RL 2014/65/EU zu einer Erweiterung des Anwendungsbereichs der Lizenzierungspflicht auf Rohwarenhändler führen wird. S. *Kommission* EMIR-REFIT-Entwurf, S. 5.
4 *Kommission* EMIR-REFIT-Entwurf, S. 28.
5 Verordnung (EU) Nr. 575/2013 des Europäischen Parlaments und des Rates vom 26. Juni 2013 über Aufsichtsanforderungen an Kreditinstitute und Wertpapierfirmen und zur Änderung der Verordnung (EU) Nr. 648/2012, ABl. EU Nr. L 176 v. 27.6.2013 und Berichtigung vom 30.11.2013, ABl. EU Nr. L 321 v. 30.11.2013 S. 6.
6 Richtlinie 2000/46/EG des Europäischen Parlaments und des Rates vom 18. September 2000 über die Aufnahme, Ausübung und Beaufsichtigung der Tätigkeit von E-Geld-Instituten, ABl. EU Nr. L 275 v. 27.10.2000, S. 39; abgelöst durch Richtlinie 2009/110/EG des Europäischen Parlaments und des Rates vom 16. September 2009 über die Aufnahme, Ausübung und Beaufsichtigung der Tätigkeit von E-Geld-Instituten, ABl. EU Nr. L 267 v. 10.10.2009, S. 7.

gelten, weil die „Ausgabe von E-Geld" in Anhang I Nr. 15 der RL 2013/36/EU aufgeführt ist, nur noch als Finanzinstitut i.S.d. des Art. 3 Abs. 1 Nr. 22 RL 2013/36/EU i.V.m. Art. 4 Abs. 1 Nr. 26 VO Nr. 575/2013. Der EMIR-REFIT-Entwurf will die Bezugnahme auf die RL 2006/48/EG durch eine Referenz auf die **Zulassung gem. der VO Nr. 575/2013 (CRR)** ersetzen[1]. Die neue Bezugnahme ist unzutreffend, da Kreditinstitute derzeit nicht gemäß der CRR sondern gem. Art. 8 Abs. 1 RL 2013/36/EU bzw. der sie implementierenden nationalen Bestimmungen der Mitgliedstaaten zugelassen werden.

61 Art. 2 Abs. 5 RL 2013/36/EU nimmt bestimmte, zum Teil namentlich genannte Unternehmen, wie z.B. die Zentralbanken der Mitgliedstaaten vom Anwendungsbereich der Richtlinien aus. Auch hier gilt, dass sie – mangels weitergehender Ausnahmen – den Vorschriften der EMIR nur in dem Umfang unterliegen als dies auch bei anderen nichtfinanziellen Gegenparteien der Fall ist. Art. 20 RL 2013/36/EU sieht vor, dass jedes Kreditinstitut, dem eine Zulassung erteilt wurde, in einer **Liste** aufgeführt und von der Europäischen Bankenaufsichtsbehörde (EBA) veröffentlicht wird. Die EBA hat hierzu eine Webseite[2] eingerichtet, über die das Verzeichnis der zugelassenen Kreditinstitute einsehbar ist.

62 **3. Versicherungsunternehmen.** Die Bezugnahmen auf die mittlerweile aufgehobenen RL 73/239/EWG[3] und RL 2002/83/EG[4] sind durch die Überleitungsvorschrift in Art. 310 Unterabs. 2 RL 2009/138/EG (Solvabilität II)[5] und die in Anhang VII wiedergegebene Entsprechungstabelle durch einen Verweis auf die RL 2009/138/EG ersetzt worden. Nach Art. 14 Abs. 1 RL 2009/138/EG bedarf jedes Unternehmen vor Aufnahme der Tätigkeit der **Direktversicherung** der vorherigen Zulassung. Art. 3–12 RL 2009/138/EG nehmen bestimmte, zum Teil namentlich genannte Einrichtungen vom Anwendungsbereich aus. Zu nennen sind insbesondere die unter ein **gesetzliches System der sozialen Sicherheit** fallenden Versicherungen (Art. 3 RL 2009/138/EG). Der EMIR-REFIT-Entwurf[6] will die Überleitung auf die RL 2009/138/EG durch eine Anpassung des Wortlauts klarstellen. Die Europäische Aufsichtsbehörde für das Versicherungswesen und die betriebliche Altersversorgung (EIOPA) hat eine Webseite[7] eingerichtet, über die das Verzeichnis der zugelassenen Wertpapierfirmen einsehbar ist.

63 **4. Rückversicherungsunternehmen.** Das für Versicherungsunternehmen ausgeführte gilt entsprechend für Rückversicherungen: Die Bezugnahme auf die mittlerweile aufgehobene RL 2005/68/EG[8] ist durch die Überleitungsvorschrift in Art. 310 Unterabs. 2 RL 2009/138/EG (Solvabilität II) durch einen Verweis auf die RL 2009/138/EG ersetzt worden; der EMIR-REFIT-Entwurf[9] wird die Überleitung auf die RL 2009/138/EG durch eine Anpassung des Wortlauts lediglich klarstellen. Nach Art. 14 Abs. 1 RL 2009/138/EG bedarf jedes Unternehmen, das eine von der RL 2009/138/EG gedeckten **Rückversicherungstätigkeit** ausüben möchte, der vorherigen Zulassung. **Rückversicherung** ist nach Art. 13 Nr. 7 RL 2009/138/EG die Übernahme von Risiken, die von einem Versicherungsunternehmen oder einem anderen Rückversicherungsunternehmen abgegeben werden. Der Begriff Rückversicherungsunternehmen schließt firmeneigene Rückversicherungsunternehmen (sog. „captives") mit ein. Nicht zu den zulassungspflichtigen Rückversicherungsunternehmen zählen Zweckgesellschaften i.S.d. Art. 13 Nr. 26 RL 2009/138/EG, die Risiken von Versicherungs- oder Rückversicherungsunternehmen übernehmen, diese jedoch vollständig über die Emission strukturierter Schuldtiteln oder vergleichbare Instrumente mit Nachrang gegenüber dem Versicherungsunternehmen absichern.

64 **5. Einrichtungen der betrieblichen Altersversorgung.** Nach Art. 9 Abs. 1 RL 2003/41/EG[10] ist jede Einrichtung der betrieblichen Altersversorgung in ein Register einzutragen oder zuzulassen. Der in Art. 6 Buchst. a RL 2003/41/EG definierte Begriff Einrichtung der betrieblichen Altersversorgung erfasst jede nach dem **Kapitaldeckungsverfahren** arbeitende Einrichtung, die rechtlich unabhängig von dem Beiträge leistenden Trägerunternehmen zu dem Zweck eingerichtet ist, an die Ausübung einer beruflichen Tätigkeit geknüpfte Altersversorgungsleistungen zu erbringen. Ausgenommen sind nach Art. 2 Abs. 2 RL 2003/41/EG die **gesetzlichen Systeme der sozialen Sicherheit**, die nach der RL 2009/138/EG zugelassenen Versicherungen, Systeme, die nach

---

1 Kommission EMIR-REFIT-Entwurf, S. 28.
2 Das sog. Credit Institution Register ist zugänglich über: https://eportal.eba.europa.eu/cir/faces/publicDisclaimer.xhtml;jsessionid=MW8fdj9vNwNXPm-I5lcZ9LBAWb0sENvJRJmUuDrFTIyVvGC1Feeg!926806639#no-back-button.
3 Erste Richtlinie 73/239/EWG des Rates vom 24. Juni 1973 zur Koordinierung der Rechts- und Verwaltungsvorschriften betreffend die Aufnahme und Ausübung der Tätigkeit der Direktversicherung (mit Ausnahme der Lebensversicherung), ABl. EG Nr. L 228 v. 16.8.1973, S. 3.
4 Richtlinie 2002/83/EG des Europäischen Parlaments und des Rates vom 5. November 2002 über Lebensversicherungen, ABl. EG Nr. L 345 v. 19.2.2002 S. 1.
5 Richtlinie 2009/138/EG des Europäischen Parlaments und des Rates vom 25. November 2009 betreffend die Aufnahme und Ausübung der Versicherungs- und der Rückversicherungstätigkeit, ABl. EU Nr. L 335 v. 17.12.2009, S. 1.
6 Kommission EMIR-REFIT-Entwurf, S. 28.
7 Das Verzeichnis ist zugänglich über: https://eiopa.europa.eu/regulation-supervision/registers.
8 Richtlinie 2005/68/EG des Europäischen Parlaments und des Rates vom 16. November 2005 über die Rückversicherung und zur Änderung der Richtlinien 73/239/EWG, 92/49/EWG des Rates sowie der Richtlinien 98/78/EG und 2002/83/EG, ABl. Eu Nr. L 323 v. 9.12.2005, S. 1.
9 Kommission EMIR-REFIT-Entwurf, S. 28.
10 Richtlinie 2003/41/EG des Europäischen Parlaments und des Rates vom 3. Juni 2003 über die Tätigkeiten und die Beaufsichtigung von Einrichtungen der betrieblichen Altersversorgung, ABl. EU Nr. L 235 v. 23.9.2003, S. 10.

dem Umlageverfahren arbeiten, Einrichtungen, bei denen die Beschäftigten der Trägerunternehmen keine gesetzlichen Leistungsansprüche haben und Unternehmen, die im Hinblick auf die Auszahlung zukünftiger Versorgungsleistungen Pensionsrückstellungen bilden.

Der Begriff **Systeme der sozialen Sicherheit** wird in Art. 2 Abs. 2 RL 2003/41/EG durch Verweis auf die VO Nr. 1408/1971 und die hierzu ergangene DurchfVO Nr. 574/72 näher definiert. Beide Verordnungen sind in wesentlichen Teilen durch die VO Nr. 883/2004 und die DurchfVO Nr. 987/2009 abgelöst worden. Maßgeblich ist Art. 3 Abs. 1 VO Nr. 883/2004, der die **relevanten Zweige** der sozialen Sicherung beschreibt.

6. Organismen für gemeinsame Anlagen in Wertpapieren (OGAW). Nach Art. 5 Abs. 1 RL 2009/65/EG[1] bedarf ein Organismus für gemeinsame Anlagen in Wertpapieren (**OGAW**) vor Ausübung seiner Geschäftstätigkeit der Zulassung. Der Begriff OGAW ist in Art. 2 Abs. 2 RL 2009/65/EG definiert und erfasst jeden als Sondervermögen, Treuhand oder als Investmentgesellschaft organisierten Organismus, dessen ausschließlicher Zweck es ist, beim Publikum beschaffte Gelder für gemeinsame Rechnung nach dem Grundsatz der Risikostreuung in Wertpapieren zu investieren, und deren Anteile auf Verlangen der Anteilinhaber zu Lasten des OGAWs zurückgenommen werden. Mitgliedstaaten können vorsehen, dass ein OGAW aus mehreren **Teilfonds** besteht (umbrella fund). In diesem Fall ist der Teilfonds, für dessen Rechnung die Verwaltungsgesellschaft das Geschäft tätigt, die relevante finanzielle Gegenpartei[2]. Eine besondere über Art. 5 RL 2009/65/EG hinausgehende Erlaubnis sieht Art. 27 RL 2009/65/EG für die als Investmentgesellschaft organisierte OGAW vor. Die Zulassung von Verwaltungsgesellschaften ist in Art. 6 Abs. 1 RL 2009/65/EG geregelt.

Nach Art. 3 RL 2009/65/EG gilt die Richtlinie nicht für **geschlossene OGAWs** oder solche, die ihre Anteile nicht in der Union platzieren. Vom Anwendungsbereich der RL 2009/65/EG ebenfalls ausgenommen sind Organismen, die in anderen Vermögenswerten als Wertpapieren oder den in Art. 50 Abs. 1 RL 2009/65/EG definierten Finanzanlagen investieren. Entsprechende Investmentvermögen können sich jedoch als alternative Investmentfonds für den Begriff finanzielle Gegenpartei qualifizieren.

7. Alternative Investmentfonds (AIFs). Nach Art. 2 Abs. 1 RL 2011/61/EU (AIFMD) erstreckt sich der Geltungsbereich der Richtlinie auf sämtliche in der Union ansässigen Verwalter alternativer Investmentfonds (alternative investment funds managers, AIFM) und sämtliche in Drittstaaten ansässige Verwaltungsgesellschaften (Nicht-EU-AIFMs), die in der Union zugelassene, registrierte oder dort ansässige alternative Investmentfonds (EU-AIF) verwalten oder Anteile eines von ihnen verwalteten aber nicht in der Union ansässigen alternativen Investmentfonds (Nicht-EU-AIF) in der Union vertreiben wollen. Sie bedürfen nach Art. 6 Abs. 1 und Art. 36 Abs. 1 RL 2011/61/EU der vorherigen Zulassung. AIFs, die keinen entsprechenden **Bezug zur Union** aufweisen und deshalb nicht der vorherigen Zulassung bedürfen, qualifizieren sich nicht als finanzielle Gegenparteien[3]. Ebenfalls vom Begriff finanzielle Gegenpartei ausgenommen sind Nicht-EU-AIFMs, denen ein Mitgliedstaat nach Art. 42 RL 2011/61/EU gestattet hat, Anteile eines von ihm verwalteten Nicht-EU-AIF an professionelle Anleger in ihrem Hoheitsgebiet **auch ohne Zulassung** nach Art. 36 Abs. 1 RL 2011/61/EU zu vertreiben[4]. Gleiches gilt für AIFs, die nach Art. 61 Abs. 3 oder 4 RL 2011/61/EU deshalb keiner Zulassung bedürfen, weil sie als bestehende Altfälle seit dem 22.7.2013 keine neuen Anlage erwerben oder keine neuen Anteile ausgeben. Voraussetzung ist jedoch, dass ihr Verwalter nicht als AIFM zugelassen ist[5].

Der Begriff **alternativer Investmentfonds** (AIF) ist in Art. 4 Abs. 1 Buchst. a RL 2011/61/EU definiert und erfasst jeden als Sondervermögen, Treuhand oder als Investmentgesellschaft organisierten offenen oder geschlossenen Organismus für gemeinsame Anlagen, einschließlich seiner Teilfonds, der von einer Anzahl von Anlegern Kapital einsammelt, um es gemäß einer festgelegten Anlagestrategie zum Nutzen dieser Anleger zu investieren, und der keine Genehmigung gem. Art. 5 RL 2009/65/EG benötigt. Die Definition verdeutlicht, dass die Begriffe OGAW und AIF zwei sich einander ausschließende Teilmengen des Oberbegriffs Organismus für gemeinsame Anlagen („OGA") sind (Art. 4 Abs. 1 Nr. 7 VO Nr. 575/2013 und Art. 2 Abs. 1 Buchst. h RL 2004/39/EG), wobei der AIF-Begriff der umfassendere ist. Vom Geltungsbereich der AIFMD ausgenommen sind nach Art. 2 Abs. 3 RL 2011/61/EU Holdinggesellschaften, Einrichtungen der betrieblichen Altersversorgung, die einen eigenen Unterfall der finanziellen Gegenpartei bilden, supranationale Institutionen soweit sie im öffentliche Interesse handelnde AIFs verwalten, staatliche Stellen und Gebietskörperschaften oder andere Einrichtungen, die Fonds zur Unterstützung von Sozialversicherungs- und Pensionssystemen verwalten, und Verbriefungszweckgesellschaften.

Die Ausnahme für **Holdinggesellschaften** ist relevant für Private-Equity-Fonds, die sich für den Erwerb eines Unternehmen oder entsprechender Beteiligungen einer von ihnen gehaltenen und beherrschte Gesellschaft bedie-

---

1 Richtlinie 2009/65/EG des Europäischen Parlaments und des Rates vom 13. Juli 2009 zur Koordinierung der Rechts- und Verwaltungsvorschriften betreffend bestimmte Organismen für gemeinsame Anlagen in Wertpapieren, ABl. EU Nr. L 302 v. 17.11.2009, S. 32.
2 *ESMA* Q&A, Allgemeine Frage Nr. 1(c) [letzte Aktualisierung: 21.5.2014].
3 *ESMA* EMIR Prüfbericht Nr. 1, Rz. 19.
4 *ESMA* Q&A, Allgemeine Frage Nr. 4 [letzte Aktualisierung: 21.5.2014].
5 *ESMA* Q&A, Allgemeine Frage Nr. 3(i) und (ii) [letzte Aktualisierung: 21.5.2014]; *Specht/Klebeck* in Wilhelmi/Achtelik/Kunschke/Sigmundt, Handbuch EMIR, Teil 3.C Rz. 44.

Art. 2 VO Nr. 648/2012 | Begriffsbestimmungen

nen, deren alleiniger Zweck es ist, die Beteiligungen an der Zielgesellschaft zu halten und ggf. Fremdkapital aufzunehmen (leveraged buy-out). Die Ausnahme stellt klar, dass lediglich der private Private-Equity-Fonds als AIF bzw. finanzielle Gegenpartei zu qualifizieren ist; die Holdinggesellschaft selbst ist nichtfinanzielle Gegenpartei[1].

71 Zu den in Art. 2 Abs. 3 Buchst. c RL 2011/61/EU genannten **supranationalen Institutionen**, die im öffentlichen Interesse handelnde AIFs auch ohne Zulassung verwalten können, zählen die Europäische Zentralbank, die Europäische Investitionsbank, der Europäische Investitionsfonds, die Europäischen Entwicklungsfinanzierungsinstitute und bilateralen Entwicklungsbanken, die Weltbank, der Internationale Währungsfonds sowie sonstige supranationale Einrichtungen und ähnliche internationale Organisationen. Ein Beispiel für einen entsprechenden AIF wäre ein von einer Entwicklungsbank aufgelegter als Investmentaktiengesellschaft organisierter Fonds, der in Mikrofinanz-, Umweltschutz- oder Wirtschaftsförderungsprojekte investiert. Die Aufzählung der supranationalen Institutionen ist nicht abschließend. Deutlich wird jedoch, dass von Zentralstaaten verwalteten AIFs nicht von der Ausnahme Gebrauch machen können. Dies gilt insbesondere für sog. Staatsfonds (sovereign wealth funds), die nur dann von der AIFMD ausgenommen sind, wenn sie der **Unterstützung von Sozialversicherungs- und Pensionssystemen** dienen[2].

72 **Verbriefungszweckgesellschaften** sind nach Art. 4 Abs. 1 Buchst. a RL 2011/61/EU Gesellschaften, deren einziger Zweck darin besteht, eine oder mehrere Verbriefungen i.S.v. Art. 1 Abs. 2 VO Nr. 24/2009[3] durchzuführen. Sie sind derzeit als nichtfinanzielle Gegenpartei zu behandeln[4].

73 **Family Offices.** Über das Tatbestandsmerkmal „von einer Anzahl von Anlegern Kapital einsammelt" vom Begriff AIF ausgenommen sind sog. Family Offices, d.h., Unternehmen, die sich ausschließlich mit der bankenunabhängigen Verwaltung großer privater Vermögen befassen. Dabei ist aus Sicht der ESMA entscheidend, dass das Unternehmen Gelder eines zum Zeitpunkt seiner Errichtung bereits existierenden Familienverbandes (pre-existing group) verwaltet[5], was die Ausnahme sachlich auf Single-Family Offices beschränkt[6]. Ebenfalls nicht von der Family-Office-Ausnahme gedeckt sind Investmentfonds in die neben Familienangehörigen auch Dritte (z.B. ehemalige Hausangestellte oder ein externer Portfoliomanager) investieren.

74 **Pooling-Strukturen, Segmente und Pakethandel.** ESMA und die Kommission haben in der Vergangenheit wiederholt zur Frage Stellung genommen, wer im Geltungsbereich der RL 2009/65/EG und der AIFMD als die relevante finanzielle Gegenpartei zu qualifizieren ist. Anlass gaben zum einen die in einzelnen Mitgliedstaaten üblichen Pooling- und Segmentstrukturen, bei denen OGAWs oder AIFs oder deren Teilfonds ihre Vermögenswerte oder einen Teil ihrer Anlagen im Interesse einer effizienteren Verwaltung durch spezialisierte Portfoliomanager entweder mit anderen Fonds zu sog. „Pools" zusammenfassen oder in einem Segment ausgliedern. Sofern ein solcher Pool oder ein solches Segment als eigenständiger Organismus organisiert ist und – im Falle des Poolings als Master-OGAW i.S.d. Art. 58 Abs. 1 RL 2009/65/EG oder Master-AIF i.S.d. Art. 4 Abs. 1 Buchst. y RL 2011/61/EU – über eine eigene Zulassung verfügt oder von einem zugelassenen AIFM verwaltet wird, handelt es sich bei dem Pool oder dem Segment um eine separate finanzielle Gegenpartei. In den Fällen, in denen es sich bei dem Pool oder Segment jedoch lediglich um eine faktische Bündelung oder Separierung von Vermögenswerten handelt, die nach außen hin lediglich buchhalterisch durch im Namen des Pools oder des Segments geführte Konten in Erscheinung tritt, kommt einem solchen virtuellen Pool oder dem Segment keine eigenständige rechtliche Bedeutung zu. Gegenpartei bleiben die Investmentvermögen oder Teilfonds, die sich an dem virtuellen Pool beteiligen oder ihre Vermögenswerte in einem Segment separieren[7]. Bestätigung findet diese Auffassung auch in Art. 28 Abs. 3 DelVO 2016/2251, wonach Investmentvermögen für Zwecke der Schwellenwertberechnung nur dann als selbständige Gegenpartei anzusehen ist, wenn es sich bei ihnen um insolvenzrechtlich segregierte Vermögensmassen handelt.

75 Eine andere Fallgruppe ist der in der Praxis übliche **Pakethandel** (block trades), bei der eine Verwaltungsgesellschaft die Geschäfte tätigt ohne die Investmentvermögen, die es betrifft, offen zu legen und sie erst im Anschluss daran auf die von ihr verwalteten Fonds oder Teilfonds verteilt. Gegenpartei ist in diesem Fall der jeweilige Fonds oder Teilfonds. Schließt die Verwaltungsgesellschaft das Geschäft in Ausnahmefällen für eigene Rechnung ab, ist finanzielle Gegenpartei die Verwaltungsgesellschaft; gleiches gilt, wenn sie einen block trade nur teilweise auf die von ihre verwalteten Fonds oder Teilfonds verteilt[8].

---

1 *ESMA* Q&A, Allgemeine Frage Nr. 3(iv) [letzte Aktualisierung: 21.5.2014].
2 *ESMA* Q&A, OTC Frage Nr. 13(d) [letzte Aktualisierung: 31.3.2015].
3 Verordnung (EG) Nr. 24/2009 der Europäischen Zentralbank vom 19. Dezember 2008 über die Statistik über die Aktiva und Passiva von finanziellen Mantelkapitalgesellschaften, die Verbriefungsgeschäfte betreiben, ABl. EU Nr. L 15 v. 20.1. 2009, S. 1, abrufbar über: https://www.ecb.europa.eu/ecb/legal/pdf/l_01520090120de00010013.pdf.
4 *ESMA* EMIR Prüfbericht Nr. 1, Rz. 21; *ESMA* Q&A, Allgemeine Frage Nr. 3(iii) [letzte Aktualisierung: 21.5.2014].
5 *ESMA*, „Guidelines on key concepts of the AIFMD", ESMA/2013/611 vom 13.8.2013 abrufbar über: http://www.a-tvp.si/Documents/Guidelines_on_key_concepts_of_the_AIFMD.pdf („*ESMA*-AIFMD-Guidelines"), Rz. 14 unter VII.
6 Ebenso *Scholz/Appelbaum*, RdF 2013, 268, 271.
7 *Kommission* FAQ II. 11 für virtuelle Pools.
8 *ESMA* Q&A, Allgemeine Frage Nr. 1(a) [letzte Aktualisierung: 21.5.2014], TR Frage Nr. 39(ii) [letzte Aktualisierung: 27.10.2014].

8. **Zentralverwahrer.** Mit ihrem EMIR-REFIT-Entwurf[1] hat die Kommission vorgeschlagen, die nach Art. 16 VO Nr. 909/2014[2] zugelassenen **Zentralverwahrer** in den Begriff finanzielle Gegenpartei aufzunehmen. Der Begriff Zentralverwahrer ist in Art. 2 Abs. 1 Nr. 1 VO Nr. 909/2014 definiert und umfasst jede juristische Person, die ein Wertpapierliefer- und -abrechnungssystem betreibt und wenigstens eine weitere im Abschnitt A des Anhangs der VO Nr. 909/2014 definierte weitere Kerndienstleistung, z.B., das Führen von Wertpapierkonten auf oberster Ebene, erbringt. Rechtfertigen lässt sich die Entscheidung der Kommission deshalb, weil die von den Zentralverwahrern betriebenen Wertpapierliefer- und -abrechnungssysteme für das Funktionieren der Wertpapiermärkte systemrelevant sind (Erwägungsgrund Nr. 2 VO Nr. 909/2014). Der Zulassung nach Art. 16 VO Nr. 909/2014 unterliegen nur die Zentralverwahrer, die ihren Sitz innerhalb der **Union** haben. Dies ergibt sich mittelbar auch aus dem in Art. 2 Abs. 1 Nr. 10 VO Nr. 909/2014 definierten Begriff Wertpapierliefer- und -abrechnungssystem, bei dem es sich um ein in der Union ansässiges System i.S.d. RL 98/26/EG[3] (Finalitätsrichtlinie) handeln muss.

76

9. **Verbriefungszweckgesellschaften.** Im EMIR-REFIT-Entwurf[4] ebenfalls vorgesehen ist eine Erweiterung der finanziellen Gegenparteien um **Verbriefungszweckgesellschaften** i.S.d. Art. 4 Abs. 1 Nr. 66 VO Nr. 575/2013 (CRR). Für die Einbeziehung von Verbriefungszweckgesellschaften spricht deren enge Verbindung mit den in Europa aktiven Kredit- und Finanzinstituten (Erwägungsgrund Nr. 3 VO Nr. 24/2009). Der in der CRR verwendete Begriff Verbriefungszweckgesellschaft setzt eine Verbriefung i.S.d. Art. 4 Abs. 1 Nr. 61 VO Nr. 575/2013 und damit eine Tranchierung der auf die Zweckgesellschaft übertragenen Kreditrisiken bzw. eine unterschiedliche Rangfolge der von der Zweckgesellschaft aufgenommenen Fremdverbindlichkeiten voraus. Zweckgesellschaften, die Vermögenswerte erwerben, ohne dass die im Rahmen der Finanzierung aufgenommenen Fremdverbindlichkeiten in einem sog. „Wasserfall" stehen (sog. **„Umverpackungszweckgesellschaften"** oder „re-packaging vehicles"), werden von dem Begriff finanzielle Gegenpartei zukünftig nicht erfasst.

77

Der mit Art. 4 Abs. 1 Nr. 66 VO Nr. 575/2013 eingeführte Begriff Verbriefungszweckgesellschaften ist enger als der gleichlautende Begriff in Art. 1 Abs. 2 VO Nr. 24/2009[5]. Die VO Nr. 24/2009 verlangt keine Tranchierung der auf die Zweckgesellschaft übertragenen Kreditrisiken, erfasst daher auch die oben erwähnten Umverpackungsgesellschaften. Gemeinsam ist beiden Begriffsbestimmungen, dass Verbriefungszweckgesellschaften nicht gesellschaftsrechtlich organisiert sein müssen, sondern dass es sich bei ihnen auch um Sondervermögen oder um treuhänderisch gehaltene Vermögensmasse handeln kann. Darüber hinaus differenzieren die beiden Begriffsbestimmungen nicht zwischen europäischen und außereuropäischen Zweckgesellschaften. Da nicht davon auszugehen ist, dass der Gesetzgeber den in Nr. 8 verfolgten Ansatz, den persönlichen Anwendungsbereich der EMIR grundsätzlich auf solche Unternehmen zu beschränken, die in der Union niedergelassen sind oder dort Dienstleistungen erbringen (s. Art. 1 VO Nr. 648/2012 Rz. 3), sollte der neue Nr. 8 zukünftig so ausgelegt werden, dass es sich bei den Verbriefungszweckgesellschaften um in der **Union errichtete Zweckgesellschaften** handeln muss. Diese Auslegung würde auch sicherstellen, dass die in Art. 4 Abs. 1 Buchst. a Ziff. iv) und v) und Art. 11 Abs. 12 VO Nr. 648/2012 geregelten Erweiterungen des persönlichen Anwendungsbereichs auf Drittstaatensachverhalte zu sinnvollen und mit dem Territorialitätsprinzip vereinbaren Ergebnissen führen.

78

XI. **Nichtfinanzielle Gegenpartei (Art. 2 Nr. 9 VO Nr. 648/2012).** Gem. Erwägungsgrund Nr. 29 VO Nr. 648/2012 beschreibt der Begriff nichtfinanzielle Gegenpartei diejenigen Unternehmen, die der Clearingpflicht und einzelnen Risikominderungspflichten nur dann unterworfen werden, wenn sie OTC-Derivate nicht ausschließlich zu Absicherungszwecken nutzen und der Umfang dieser Geschäfte die nach Art. 10 Abs. 3 VO Nr. 648/2012 definierte Clearingschwelle überschreitet, d.h. systemrelevant ist.

79

Der Begriff nichtfinanzielle Gegenpartei ist sowohl **positiv als auch negativ definiert**. Er verlangt im positiven Sinne ein Unternehmen, das in der Union niedergelassen ist. In negativer Hinsicht verlangt er, dass das Unternehmen nicht zu den in Art. 2 Nr. 1 und 8 VO Nr. 648/2012 genannten Einrichtungen (CCPs oder finanzielle Gegenparteien) gehört. Die **Ausnahme von CCPs** hat Bedeutung für die OTC-Derivate, die die CCP außerhalb des von ihr betriebenen Clearingsystems abschließt, um im Falle eines **Ausfalls eines Clearingmitgliedes** nach Art. 48 Abs. 2 VO Nr. 648/2012 die für Rechnung des Clearingmitgliedes gehaltenen Positionen durch geeignete Gegengeschäfte glattzustellen. Diese OTC-Derivate sind von den im Titel II der EMIR zusammengefassten Bestimmungen über die Melde-, Clearing- und Risikominderungspflichten befreit. Dass Art. 23 DelVO

80

---

1 *Kommission* EMIR-REFIT-Entwurf, S. 28.
2 Verordnung (EU) Nr. 909/2014 des Europäischen Parlaments und des Rates vom 23. Juli 2014 zur Verbesserung der Wertpapierlieferungen und -abrechnungen in der Europäischen Union und über Zentralverwahrer sowie zur Änderung der Richtlinien 98/26/EG und 2014/65/EU und der Verordnung (EU) Nr. 236/2012, ABl. EU Nr. L 257 v. 8.8.2014, S. 1.
3 Richtlinie 98/26/EG des Europäischen Parlaments und des Rates vom 19. Mai 1998 über die Wirksamkeit von Abrechnungen in Zahlungs- sowie Wertpapierliefer- und -abrechnungssystemen, ABl. EG Nr. L 166 v. 11.6.1998, S. 45.
4 *Kommission* EMIR-REFIT-Entwurf, S. 29.
5 Verordnung (EG) Nr. 24/2009 der Europäischen Zentralbank vom 19. Dezember 2008 über die Statistik über die Aktiva und Passiva von finanziellen Mantelkapitalgesellschaften, die Verbriefungsgeschäfte betreiben, ABl. EU Nr. L 15 v. 20.1.2009, S. 1, abrufbar über: https://www.ecb.europa.eu/ecb/legal/pdf/l_01520090120de00010013.pdf.

2016/2251 CCPs von der Besicherungspflicht ausdrücklich ausnimmt, hat seinen Grund darin, dass es sich bei den in der Vorschrift genannten CCPs um solche handelt, die als Kreditinstitute zugelassen sind.

81 Der Begriff **Unternehmen** ist in der EMIR nicht definiert. Weit verbreitet ist der Ansatz, ihn in Anlehnung an das europäische Wettbewerbsrechts und unter Berücksichtigung der ständigen Rechtsprechung des Europäischen Gerichtshofes (EuGH) und des Europäischen Gerichts Erster Instanz (EuG) zu Art. 101 und 102 AEUV (ehemals Art. 85, 86 EGV) auszulegen[1]. Danach ist Unternehmen jede eine wirtschaftliche Tätigkeit ausübende Einrichtung unabhängig von ihrer Rechtsform und der Art ihrer Finanzierung[2]. Wirtschaftliche Tätigkeit ist jede Tätigkeit, die darin besteht, Güter oder Dienstleistungen auf einem bestimmten Markt anzubieten[3]. Eine Tätigkeit, die nach ihrer Art, den für sie geltenden Regeln und ihrem Gegenstand keinen Bezug zum Wirtschaftsleben hat oder die mit der Ausübung hoheitlicher Befugnisse zusammenhängt, unterliegt hingegen nicht den Wettbewerbsregeln des AEUV[4].

82 Dem Ansatz ist grundsätzlich zu folgen. Bei der Übertragung des wettbewerblichen Unternehmensbegriffs ist jedoch zu berücksichtigen, dass er sich auf **konkrete Tätigkeiten** bezieht[5], was dazu führen kann, dass sich die Einrichtung nur hinsichtlich einzelner Funktionen als Unternehmen qualifiziert[6]. Dies wird deutlich am Beispiel der staatlichen Arbeitsvermittlung, die der EuGH als wirtschaftliche Tätigkeit des Staates (bzw. der damaligen Bundesanstalt für Arbeit) einstufte und insoweit dem europäischen Wettbewerbsregeln unterwarf[7].

83 Im Kontext der EMIR ebenfalls von Bedeutung ist, dass die Rechtsprechung auch das **Nachfrageverhalten** einer Einrichtung als wettbewerbsrelevant qualifiziert, wenn es mittelbar der wirtschaftlichen Tätigkeit der Einrichtung, d.h., dem Vertrieb von Waren oder Dienstleistungen dient[8]. Da nichtfinanzielle Gegenparteien Derivate ausschließlich als Abnehmer (buy side) erwerben, würde dieser Ansatz zur Frage führen, ob die Derivate mittelbar, z.B. dadurch dass sie Risiken aus der wirtschaftlichen Tätigkeit der Einrichtung absichern, unternehmerischen Zwecken dienen. Der Vorteil dieses Ansatzes ist, dass er der Perspektive der Kreditinstitute und Wertpapierfirmen entspricht, die im Rahmen ihrer Geschäftstätigkeit gehalten ist, den Status ihrer Gegenpartei zu erfassen. Er würde darüber hinaus bei den Einrichtungen, die wie der Staat oder lokale Gebietskörperschaften überwiegend hoheitliche Befugnisse wahrnehmen oder Aufgaben im öffentlichen Interesse ausführen, zu sachgerechten Ergebnissen führen: Sie würden nur ausnahmsweise und nur dann als Unternehmen behandelt, wenn sich der Einsatz von Derivaten für einen Dritten erkennbar einer konkreten wirtschaftlichen Tätigkeit (z.B. einem unternehmerisch tätigen Sondervermögen oder Eigenbetrieb) zuordnen lässt. Einen ähnlichen Ansatz vertritt die BaFin, wenn sie für die rechtlich selbstständigen Handlungsformen der Gemeinden, die nicht unter die Ausnahme des Art. 1 Abs. 4 Buchst. a VO 648/2012 fallen, die Vermutung hoheitlichen Handels aufstellt, im Einzelfall jedoch eine Schwerpunktbetrachtung anhand der aus dem Jahresabschluss ersichtlichen Einnahmen verlangt[9].

84 Bei der Auswertung der Rechtsprechung des EuGH und des EuG ist zu berücksichtigen, dass Art. 101 AEUV auch das wettbewerbliche Verhalten von **Unternehmensvereinigungen** regelt. Die Begriffe Unternehmensvereinigung und Unternehmen sind voneinander zu trennen. So kann ein Unternehmensverband zugleich auch Unternehmen sein, dies allerdings nur, wenn er zugleich auch wirtschaftlich tätig ist[10]. Ferner behandelt die Rechtsprechung die Frage, unter welchen Voraussetzungen sich das wettbewerbswidrige Verhalten eines Unternehmens einem Dritten zurechnen lässt, und zwar auch in den Fällen, in denen der Dritte selbst kein Unternehmen ist[11]; auch der Aspekt der Zurechnung wettbewerbswidrigen Verhaltens ist für den Unternehmensbegriff ohne Bedeutung.

---

1 Kommission FAQ II. 14; BaFin Q&A Nr. 4; Pankoke/Wallus, WM 2014, 4; Köhling/Adler, WM 2012, 2125, 2129/2130, Fn. 31; Köhling, BKR 2013, 491, 493; Donner in Zerey, Finanzderivate, § 34 Rz. 103; Liebrich in Just/Voß/Ritz/Becker, §§ 18–20 WpHG Rz. 31; Wieland/Weiß, CFL 2013, 73, 77; Grundmann in Staub, HGB, Band 11/2, 5. Aufl. 2018, Rz. 690; Martens in Derleder/Knops/Bamberger, § 60 Rz. 41; a.A. Teuber/Schoepp, RdF 2013, 209, 210, die nur wirtschaftlich tätige Personenmehrheiten, die durch eine Gesellschaftsform gebunden sind, als Unternehmen klassifizieren, bzw. Selbständige vom Anwendungsbereich der EMIR ausnehmen wollen.
2 Grundlegend: EuGH v. 23.4.1991 – C-41/90 – ECLI:EU:C:1991:161 – Höfner und Eiser, Slg. 1991, I-1979, Rz. 21 = NJW 1991, 2891.
3 EuGH v. 16.6.1987 – C-118/85 – ECLI:EU:C:1987:283 – Kommission/Italien, Slg. 1987, 2599 Rz. 7.
4 EuGH v. 19.2.2002 – C-309/99 – ECLI:EU:C:2002:98 – Wouters u.a., Slg. 2002, I-1577 = NJW 2002, 877 = BB 2002, 469.
5 Kommission FAQ II. 14, BaFin Q&A Nr. 4.
6 ESMA Q&A, Allgemeine Frage Nr. 1(b) [letzte Aktualisierung: 21.5.2014] mit dem Beispiel einer gemeinnützigen Einrichtung, die einzelne unternehmerische Tätigkeiten ausführt.
7 EuGH v. 23.4.1991 – C-41/90 – ECLI:EU:C:1991:161 – Höfner und Eiser, Slg. 1991, I-1979 = NJW 1991, 2891 und EuGH v. 11.12.1997 – C-55/96 – ECLI:EU:C:1997:603 – Job Centre, Slg. 1997, I-7119.
8 Grundlegend EuG v. 4.3.2003 – T-319/99 – ECLI:EU:T:2003:50 – FENIN, Slg. 2003, II-357 Rz. 37, bestätigt durch EuGH v. 11.7.2006 – C-205/03 P – ECLI:EU:C:2006:453 – FENIN, Slg. 2006, I-6295 = NJW 2006, 3266.
9 BaFin Q&A Nr. 2.
10 EuG v. 2.7.1992 – T-61/89 – ECLI:EU:T:1992:79 – Dansk Pelsdyravlerforening, Slg. 1992, II-1931 Rz. 50, Tierzüchterverband.
11 EuGH v. 11.7.2013 – C-440/11 P – ECLI:EU:C:2013:514 – Stichting Administratiekantoor Portielje, Rz. 38.

Folgende Einrichtungen sind **als Unternehmen** zu qualifizieren: **Einzelkaufleute**[1], insbesondere selbständige Zollspediteure[2], **Landwirte**[3], insbesondere Tierzüchter[4], **Angehörige freier Berufe**, auch wenn ihre Tätigkeit im handelsrechtlichen Sinne nicht als „Gewerbe" zu qualifizieren ist, insbesondere Rechtsanwälte[5], Apotheker[6], Ärzte und Architekten[7]. Ebenfalls zu den Unternehmen zählen **Zweckgesellschaften**, insbesondere die aus dem Anwendungsbereich der Richtlinien RL 2005/68/EG und RL 2011/61/EU ausgenommenen Versicherungszweckgesellschaften, Verbriefungszweckgesellschaften und die als Holdinggesellschaften ausgenommenen Erwerbsgesellschaften[8].

85

Nicht als Unternehmen zu qualifizieren sind: **natürliche Personen**, soweit sie nicht wirtschaftlich tätig sind[9], ebenso nicht wirtschaftlich tätige Gesellschaften des bürgerlichen Rechts (**GbR**) und **Idealvereine**[10], **Familienstiftungen**[11], **Family Offices** und **Aktienclubs**, soweit sie kein Kapital von Anlegern einsammeln bzw. Finanzinstrumente für Dritte erwerben[12], **Kirchen** und **Religionsgemeinschaften**[13], **Wirtschaftsverbände**[14] und **berufsständische Vereinigungen**, insbesondere Handelskammern, Innungen, Rechtsanwalts- und Notarkammern, da die ihnen übertragenen Aufgaben, z.B. die Formulierung und Durchsetzung standesrechtlicher Verhaltensregeln oder die wirtschaftliche und politische Interessenvertretung ihrer Mitglieder, in der Regel keinen Bezug zum Wirtschaftsleben aufweisen. Die Tatsache, dass seine Einrichtung als **gemeinnützig** anerkannt ist, schließt die Qualifizierung als Unternehmen grundsätzlich nicht aus[15], sie kann aber ein starkes Indiz für eine fehlende wirtschaftlichen Tätigkeit sein.

86

Zentralstaaten können bereits nach Art. 1 Abs. 4 Buchst. a oder c VO Nr. 648/2012 vom Anwendungsbereich der EMIR ausgenommen sein. Bei den Mitgliedstaaten wird Art. 1 Abs. 4 Buchst. a VO Nr. 648/2012 in den meisten Fällen einschlägig sein, da Derivate in der Regel Bestandteil der staatlichen Schuldenverwaltung sind. Drittstaaten sind den Mitgliedstaaten nur dann gleichgestellt, wenn die Kommission dies nach Art. 1 Abs. 6 VO Nr. 648/2012 durch delegierten Rechtsakt ausdrücklich angeordnet hat. Soweit die Tätigkeit von Staaten nicht von Art. 1 Abs. 4 VO 648/2012 erfasst wird, ist zu unterscheiden, ob der Staat als öffentliche Hand tätig wird oder ob er, weil er Güter und Dienstleistungen auf dem Markt anbietet, eine wirtschaftliche Tätigkeit industrieller oder kommerzieller Art ausübt[16]. Soweit der Staat hoheitlich tätig wird, fehlt ihm die Unternehmenseigenschaft[17]. Nach der hier vertretenen Auffassung ist entscheidend, ob die Nutzung von Derivaten durch den Staat in einem erkennbaren Zusammenhang zu einer wirtschaftlichen Tätigkeit steht. Dies ist nicht der Fall, wenn z.B. ein nicht in Art. 1 Abs. 4 Buchst. c VO Nr. 648/2012 genannter Drittstaat Derivate im Rahmen seiner staatlichen Schuldenverwaltung abschließt, da bereits die Schuldenaufnahme auf die sich die Derivate beziehen, keinen Zusammenhang zu einer konkreten Tätigkeit des Staates erkennen lässt. Die Beurteilung könnte jedoch anders ausfallen, wenn der Drittstaat z.B. Derivate für Rechnung eines bestimmten unternehmerisch tätigen Sondervermögens tätigt.

87

Zentralbanken. Für Zentralbanken gelten ähnliche Überlegungen wie für Zentralstaaten (Rz. 87). Sie können bereits nach Art. 1 Abs. 4 Buchst. a oder c VO Nr. 648/2012 oder durch delegierten Rechtsakt nach Art. 1 Abs. 6 VO Nr. 648/2012 ausgenommen sein. Werden sie nicht von den vorstehend genannten Ausnahmen erfasst, gelten sie jedoch als Unternehmen[18].

88

Staatsfonds (sovereign wealth funds). Die Klassifizierung von Staatsfonds hängt von ihrer rechtlichen Ausgestaltung ab. Soweit ein Staatsfonds **Teil der staatlichen Organisation** eines Zentralstaates und nicht Träger

89

---

1 BaFin Q&A Nr. 4.
2 EuG v. 30.3.2000 – T-513/93 – ECLI:EU:T:2000:91 – Consiglio Nazionale degli Spedizionieri Doganali, Slg. 2000, II-1807 Rz. 37.
3 BaFin Q&A Nr. 4.
4 EuG v. 2.7.1992 – T-61/89 – ECLI:EU:T:1992:79 – Dansk Pelsdyravlerforening, Slg. 1992, II-1931 Rz. 50.
5 EuGH v. 19.2.2002 – C-309/99 – ECLI:EU:C:2002:98 – Wouters u.a., Slg. 2002, I-1577 Rz. 48, 49 = NJW 2002, 877 = BB 2002, 469.
6 EuG v. 26.10.2010 – T-23/09 – ECLI:EU:T:2010:452 – Conseil national de l'Ordre des pharmaciens, Rz. 71.
7 BaFin Q&A Nr. 4.
8 Kommission FAQ II. 10.
9 BaFin Q&A Nr. 4; Litten/Schwenk, DB 2013, 857, 859.
10 BaFin Q&A Nr. 4.
11 EuGH v. 11.7.2013 – C-440/11 P – ECLI:EU:C:2013:514 – Stichting Administratiekantoor Portielje, Rz. 38; Achtelik/Steinmüller in Wilhelmi/Achtelik/Kunschke/Sigmundt, Handbuch EMIR, Teil 3.B.II Rz. 10.
12 BaFin Q&A Nr. 4, die es allerdings bei Family Offices als kritisch ansieht, wenn das Investmentvermögen, in das die Familienmitglieder investieren, gesellschaftsrechtlich organisiert ist.
13 BaFin Q&A Nr. 4; Achtelik/Steinmüller in Wilhelmi/Achtelik/Kunschke/Sigmundt, Handbuch EMIR, Teil 3.B.II Rz. 10.
14 EuG v. 2.7.1992 – T-61/89 – ECLI:EU:T:1992:79 – Dansk Pelsdyravlerforening, Slg. 1992, II-1931 Rz. 50.
15 ESMA Q&A, Allgemeine Frage Nr. 1(b) [letzte Aktualisierung: 21.5.2014]; European Commission FAQ Nr. 14.
16 EuGH v. 16.6.1987 – C-118/85 – ECLI:EU:C:1987:283 – Kommission/Italien, Slg. 1987, 2599 Rz. 7, 8.
17 BaFin Q&A Nr. 4; Donner in Zerey, Finanzderivate, § 34 Rz. 103; Achtelik in Wilhelmi/Achtelik/Kunschke/Sigmundt, Handbuch EMIR, Teil 3.B.I Rz. 12.
18 ESMA Q&A OTC Frage Nr. 19 [letzte Aktualisierung: 21.5.2014]: „would be an NFC if it were established in the EU".

Art. 2 VO Nr. 648/2012 | Begriffsbestimmungen

eigener Rechte und Pflichten ist, gelten die vorstehenden Anmerkungen zu den Zentralstaaten. Für die Frage des Zusammenhangs mit einer wirtschaftlichen Tätigkeit ist von Bedeutung, dass Staatsfonds i.d.R. aus Überschüssen des staatlichen Haushalts gespeist werden und die von ihnen erwirtschafteten Einkünfte zu gegebener Zeit wieder dem staatlichen Haushalt oder bestimmten hoheitlichen Aufgabe, wie der Unterstützung der sozialen Sicherungssysteme zugeführt werden. Dies würde einer Klassifizierung als Unternehmen widersprechen.

90 Soweit ein Staatsfonds als rechtlich verselbständigtes **Investmentvermögen** organisiert ist, wäre zunächst zu prüfen, ob er als alternativer Investmentfonds (AIF) einer Zulassung nach der AIFMD bedürfte. Für in Europa organisierte alternative Investmentfonds sieht Art. 2 Abs. 3 Buchst. c AIFMD Ausnahmen nur für supranationale Institutionen, nicht jedoch Zentralstaaten vor. Bei Staatsfonds von Drittstaaten dürfte es bereits an dem für die AIFMD erforderlichen Bezug zur Union fehlen, da der Verwalter des Staatsfonds i.d.R. in dem betreffenden Zentralstaat organisiert ist und ein Vertrieb von Anteilen generell ausgeschlossen ist. Da die Anlage von Vermögenswerten eine Dienstleistung ist, wäre der Staatsfonds in diesem Fall als Unternehmen und damit als nichtfinanzielle Gegenpartei zu klassifizieren[1]. Dasselbe gilt, wenn der Staatsfonds privatrechtlich als Kapitalgesellschaft organisiert ist.

91 **Lokale Gebietskörperschaften**[2]. Lokale Gebietskörperschaften wie Gemeinden und Kreise werden nach der hier vertretenen Auffassung nicht bereits nach Art. 1 Abs. 4 Buchst. a VO Nr. 648/2012 vom Anwendungsbereich ausgenommen[3]. Für sie gilt jedoch das für Staaten Ausgeführte: Sie sind nur dann als Unternehmen zu qualifizieren, wenn die Nutzung von Derivaten durch sie in einem erkennbaren Zusammenhang zu einer wirtschaftlichen Tätigkeit steht. Dies ist nicht der Fall, wenn der Kämmerer der Gemeinde Derivate im Rahmen der kommunalen Schuldenverwaltung abschließt, da die Derivate wie die Aufnahme von Krediten, auf die sie sich beziehen, im Hinblick auf ihren Verwendungszweck neutral sind. Denkbar wäre jedoch, dass die Gemeinde Derivate für Rechnung eines unternehmerisch tätigen Eigenbetriebes tätigt, der (wie z.B. die städtische Friedhofsgärtnerei) mit anderen Unternehmen (wie z.B. den örtlichen Gärtnereien) in Wettbewerb steht[4].

92 **Kommunale Zweckverbände.** Kommunale Zweckverbände werden nach der hier vertretenen Auffassung nicht bereits nach Art. 1 Abs. 5 Buchst. b VO Nr. 648/2012 vom Anwendungsbereich ausgenommen, da sie als öffentliche Stelle im Sine des Art. 4 Nr. 18 VO Nr. 575/2013 nicht von einem Zentralstaat getragen oder garantiert werden. Für sie gilt jedoch das für Staaten Ausgeführte: Sie sind nur dann als Unternehmen zu qualifizieren, wenn die Nutzung von Derivaten durch sie in einem erkennbaren Zusammenhang zu einer wirtschaftlichen Tätigkeit steht.

93 **Träger der gesetzlichen sozialen Sicherungssysteme.** Die Träger der gesetzlichen sozialen Sicherungssysteme sind vom Anwendungsbereich der Richtlinien RL 73/239/EG, RL 2002/83/EG und RL 2003/41/EG ausgenommen. Nach ständiger Rechtsprechung des EuGH und des EuG sind sie auch nicht als Unternehmen im Sinne des europäischen Wettbewerbsrechts zu qualifizieren. Zu ihnen zählen insbesondere **gesetzliche Krankenversicherungen**[5], die Träger der **Rentenversicherungssysteme**[6] und die **Berufsgenossenschaften** als Träger der Pflichtversicherung gegen Arbeitsunfälle und Berufskrankheiten[7]. Maßgebliches Kriterium ist, dass es sich bei ihnen um obligatorische, auf dem Grundsatz der Solidarität beruhende Systeme der sozialen Sicherheit handelt, und dass die sie verwaltenden Einrichtungen nur die Gesetze anwenden und keine Möglichkeit haben, auf die Höhe der Beiträge, die Verwendung der Mittel und die Bestimmung des Leistungsumfangs Einfluss zu nehmen. Nicht ausgenommen sind hingegen Einrichtungen, die nach dem **Kapitaldeckungsverfahren** arbeiten und hinsichtlich Beitragshöhe und Leistungsumfang einen Gestaltungsspielraum haben, und zwar auch dann, wenn sie mit einer Pflichtmitgliedschaft verbunden sind[8]; sie dürften als Einrichtungen der betrieblichen Altersversorgung, zumindest teilweise, auch von der RL 2003/41/EG erfasst sein.

94 **Kassenärztliche Vereinigungen.** Die als Körperschaften des öffentlichen Rechts organisierten kassenärztlichen Vereinigungen (§ 77 Abs. 5 SGB V) sind in Deutschland Bestandteil des gesetzlichen Krankenversicherungssystems und sollten den gesetzlichen Krankenversicherungen gleichgestellt werden. Ihre Aufgaben umfasst u.a. die Mitwirkung an der Sicherstellung der flächendeckenden ambulanten ärztlichen und zahnärztlichen Versorgung

---

1 *ESMA* Q&A OTC Frage Nr. 13(d) [letzte Aktualisierung: 31.3.2015].
2 Zum Einsatz von Derivaten durch Kommunen s. *Weck/Zimmermann*, ZfgK 2013, 193 ff.
3 A.A. *BaFin* Q&A Nr. 2.
4 *Donner* in Zerey, Finanzderivate, § 34 Rz. 104; *Achtelik* in Wilhelmi/Achtelik/Kunschke/Sigmundt, Handbuch EMIR, Teil 3.B.I Rz. 12; a.A. *BaFin* Q&A Nr. 2, die Eigenbetriebe über Art. 1 Abs. 4 Buchst. a VO Nr. 648/2012 generell ausnimmt.
5 EuGH v. 17.2.1993 – C-159/91 und C-160/91 – ECLI:EU:C:1993:63 – Poucet und Pistre, Slg. 1993, I-637 Rz. 18 = NJW 1993, 2597; EuGH v. 16.3.2004 – C-264/01, C-306/01, C-354/01 und C-355/01 – ECLI:EU:C:2004:150 – AOK-Bundesverband u.a., Slg. 2004, I-2493 Rz. 46, 47 = NJW 2004, 2723.
6 EuGH v. 16.3.2004 – C-264/01, C-306/01, C-354/01 und C-355/01 – ECLI:EU:C:2004:150 – AOK-Bundesverband u.a., Slg. 2004, I-2493 = NJW 2004, 2723.
7 EuGH v. 5.3.2009 – C-350/07 – ECLI: ECLI:EU:C:2009:127 – Kattner, Slg. 2009, I-1513 Rz. 35, 42 = NJW 2009, 1325.
8 EuGH v. 21.9.1999 – C-67/96 – ECLI:EU:C:1999:430 – Albany, Slg. 1999, I-5751 Rz. 85, 86 und EuGH v. 12.9.2000 – C-180/98 bis C-184/98 – ECLI:EU:C:2000:428 – Pavlov, Slg. 2000, I-6451 Rz. 118.

(§ 72 SGB V), die Vertretung der Rechte ihrer Mitglieder gegenüber den Krankenkassen und die Honorarverteilung an die Vertragsärzte (vgl. § 85 SGB V). Die Aufgabe der Honorarverteilung bedingt dass die kassenärztlichen Vereinigungen die von den Krankenkassen gezahlte Gesamtvergütung bis zur Verteilung an die Vertragsärzte verwalten bzw. kurzfristig anlegen müssen, wobei sie zur Absicherung der damit verbundenen Risiken auch Derivate einsetzen können.

Wie der Unternehmensbegriff ist auch der Begriff **Niederlassung** weder in der EMIR noch im übrigen Recht der Union definiert. Die Kommission[1] verweist auf die Rechtsprechung des EuGH und des EuG zu Art. 49 AEUV (ehemals Art. 52 EGV) und der von ihnen vorgenommenen Abgrenzung zwischen Niederlassungsfreiheit und Dienstleistungsfreiheit. Danach impliziert der Begriff Niederlassung, dass der Wirtschaftsteilnehmer seine Dienstleistungen **in stabiler und kontinuierlicher Weise** von einem Mitgliedstaat aus anbietet[2]. Damit setzt der Begriff nichtfinanzielle Gegenpartei zumindest eine **Zweigniederlassung** in der Union voraus[3]. Unternehmen, die in Europa tätig sind, ohne sich dazu einer Zweigniederlassung zu bedienen, werden als Drittstaatseinrichtungen nur über Art. 4 Abs. 1 Buchst. a Ziff. vi) oder v) oder Art. 11 Abs. 12 VO Nr. 648/2012 von der Clearingverpflichtung und den Risikominderungspflichten erfasst.

XII. Altersversorgungssysteme (Art. 2 Nr. 10 VO Nr. 648/2012). Der Begriff Altersversorgungssystem definiert den Kreis derjenigen Gegenparteien, die nach Art. 89 Abs. 1 VO Nr. 648/2012 vorübergehend von der **Clearingpflicht** ausgenommen sind. Wegen der Voraussetzungen für die Freistellung, deren Dauer und den gesetzgeberischen Motiven wird auf die Anmerkungen zu Art. 89 VO Nr. 648/2012 Rz. 1–11 verwiesen. Altersversorgungssysteme genießen auch im Hinblick auf die nach Art. 11 Abs. 3 VO Nr. 648/2012 einzurichtenden **Risikomanagementverfahren** Erleichterungen, z.B. bei den nach Art. 8 Abs. 2 DelVO 2016/2251 zu beachtenden Konzentrationsgrenzen für Ersteinschüsse.

Der Begriff Altersversorgungssystem umfasst insgesamt vier Fallgruppen. Zur ersten Fallgruppe zählen die **Einrichtungen der betrieblichen Altersversorgung** nach Art. 6 Buchst. a RL 2003/41/EG. Ihnen gleichgestellt werden zum einen die in Art. 2 Abs. 1 RL 2003/41/EG aufgeführten zugelassenen Stellen, die für die Verwaltung der Einrichtung verantwortlich sind, zum anderen diejenigen juristischen Personen, die für die Anlagezwecke der Einrichtung gegründet worden sind und ausschließlich in deren Interesse handeln. Zu den zuletzt genannten juristischen Personen zählen die in Art. 19 Abs. 1 RL 2003/41/EG genannten Vermögensverwalter, denen die Verwaltung des von der Einrichtung gehaltenen Anlagevermögens übertragen wurde. Nach Art. 19 Abs. 1 RL 2003/41/EG muss sich bei den Vermögensverwaltern um nach der RL 2006/39/EG (MiFID) zugelassene Wertpapierfirmen oder nach der RL 2009/65/EG (OGAWR) zugelassene Verwaltungsgesellschaften handeln.

Die zweite Fallgruppe erfasst die in Art. 3 RL 2003/41/EG genannten **gesetzliche Rentenversicherungssysteme**, die als Systeme der sozialen Sicherheit i.S.d. VO Nr. 1408/71 und der DurchfVO Nr. 574/72 anzusehen sind und zwar in dem Umfang, in dem sie fakultative betriebliches Altersversorgungsgeschäft betreiben. Art. 3 RL 2003/41/EG schreibt insoweit vor, dass das gesetzliche Rentenversicherungssystem für ihr auf Freiwilligkeit basierendes betriebliches Altersversorgungsgeschäft einen separaten Abrechnungsverband einrichten muss, der die durch das Altersversorgungsgeschäft begründeten Verbindlichkeiten und die zu ihrer Deckung erworbenen Vermögenswerte voneinander trennt. Wegen der Geltung der VO Nr. 1408/71 und der DurchfVO Nr. 574/72 wird auf die Anmerkungen zu Art. 2 Nr. 8 VO Nr. 648/2012 (Rz. 65) verwiesen.

In die dritte Fallgruppe fallen die unter den Anwendungsbereich der RL 2009/138/EG fallenden **Lebensversicherungen** und zwar in dem Umfang, in dem sie betriebliches Altersversorgungsgeschäft betreiben. Auch hier gilt, dass Lebensversicherungen für ihr betriebliches Altersversorgungsgeschäft einen separaten Abrechnungsverband mit getrenntem Anlagevermögen einrichten müssen.

In der vierten Fallgruppe werden **sonstige auf nationaler Ebene tätige, zugelassene und beaufsichtigte Einrichtungen** zusammengefasst soweit ihr Hauptzweck in der Bereitstellung von Altersversorgungsleistungen besteht.

XIII. Gegenparteiausfallrisiko (Art. 2 Nr. 11 VO Nr. 648/2012). Der Begriff entspricht wortwörtlich den für bankaufsichtliche Zwecke verwendeten Definitionen in Art. 272 Nr. 1 VO Nr. 575/2013 (CRR).

XIV. Interoperabilitätsvereinbarung (Art. 2 Nr. 12 VO Nr. 648/2012). Eine Interoperabilitätsvereinbarung ist nach Art. 2 Nr. 12 VO Nr. 648/2012 die Vereinbarung zwischen zwei oder mehr CCPs über die systemübergreifende Ausführung von Transaktionen. Die Formulierung *„Ausführung von Transaktionen"* bzw. die *„cross-system exexcution of transactions"* ist missverständlich, weil sich die Ausführung von Aufträgen nur an Handelsplätzen vollziehen kann. Gemeint ist offenbar die zwischen zwei oder mehreren CCPs getroffene **Vereinbarung über das systemübergreifende Clearing**. Dies wird auch durch die Erwägungsgründe[4] und den dorti-

---

1 Kommission FAQ II. 14.
2 Grundlegend: EuGH v. 30.11.1995 – C-55/94 – ECLI:EU:C:1995:411 – Gebhard, Slg. 1995, I-4165 Rz. 25; s. auch EuGH v. 19.7.2012 – C-470/11 – ECLI:EU:C:2012:505 – Garkalns, NVwZ 2012, 1162 Rz. 27.
3 Ebenso Litten/Schwenk, DB 2013, 857, 859; Wieland/Weiß, CFL 2013, 73, 79.
4 Erwägungsgründe Nrn. 72 und 73 VO Nr. 648/2012.

gen Verweis auf den Europäischen Verhaltenskodex für Clearing und Settlement vom 7.11.2006[1] bestätigt. Danach ist eine Interoperabilitätsvereinbarung eine Vereinbarung, die über den bloßen Zugang zu den von einer CCP angebotenen Standard-Clearingdienstleistungen hinausgeht, bei der es sich um eine fortgeschrittene, maßgeschneiderte Form von Zusammenarbeit handelt, die ohne zusätzliche technische Entwicklung der von den CCPs angewendeten Verfahren nicht möglich ist[2].

103 **XV. Zuständige Behörde (Art. 2 Nr. 13 VO Nr. 648/2012).** Der Begriff zuständige Behörde bezeichnet die von den Mitgliedstaaten zu benennende **nationale Aufsichtsbehörde**, die für die Wahrnehmung der aus der EMIR erwachsenden Aufgaben zuständig ist. Für diejenigen Aufgaben, die sich auf die von **finanziellen Gegenparteien** einzuhaltenden Pflichten beziehen, verweist Art. 2 Nr. 13 VO Nr. 648/2012 auf die zuständige Behörde im Sinne derjenigen Rechtsvorschriften, die in Art. 2 Nr. 8 VO Nr. 648/2012 (finanzielle Gegenpartei) genannt sind. Für Kreditinstitute und Wertpapierfirmen sind dies z.B. die von den Mitgliedstaaten zu benennende zuständige Behörde i.S.v. Art. 3 Abs. 1 Nr. 36 RL 2013/36/EU (CRD IV) i.V.m. Art. 4 Abs. 1 Nr. 40 VO Nr. 575/2013 (CRR) bzw. Art. 4 Abs. 1 Nr. 26 i.V.m. Art. 67 Abs. 1 RL 2014/65/EU (MiFID II), d.h. in Deutschland nach § 4 Abs. 1 des Wertpapierhandelsgesetzes (WpHG) bzw. § 6 Abs. 1 des Kreditwesengesetzes (KWG) die Bundesanstalt für Finanzdienstleistungsaufsicht (BaFin).

104 Die VO Nr. 1024/2013[3], mit der einzelne Aufgaben im Zusammenhang mit der Beaufsichtigung von Kreditinstitute auf die **Europäische Zentralbank** (EZB) übertragen wurden, hat auf die Zuständigkeit der nationalen Aufsichtsbehörden grundsätzlich keinen Einfluss, da Art. 4 Abs. 1 VO Nr. 1024/2013 die von der EMIR begründeten Pflichten nicht benennt. Aufgrund der allgemeinen Zuständigkeit der EZB für die Einhaltung der von Kreditinstitute zu beachtenden besonderen organisatorischen Pflichten insbesondere im Hinblick auf ein angemessenes und wirksames Risikomanagement (Art. 4 Abs. 1 Buchst. e VO Nr. 1024/2013), kann es jedoch zu Zuständigkeitsüberschneidungen im Bereich der Risikominderungspflichten des Art. 11 VO Nr. 648/2012 kommen. Diese sind jedoch nur für die „teilnehmenden Mitgliedstaaten" i.S.d. Art. 2 Nr. 1 der VO Nr. 1024/2013, d.h. nur für Mitgliedstaaten von Bedeutung, deren Währung der Euro ist.

105 Für **nichtfinanzielle Gegenparteien** i.S.d. Nr. 9 verweist Art. 2 Nr. 13 VO Nr. 648/2012 auf die nach Art. 10 Abs. 5 VO Nr. 648/2012 zu benennende Stelle. Der durch das EMIR-Ausführungsgesetz vom 13.2.2013 eingefügte § 30 Abs. 1 des Wertpapierhandelsgesetzes (WpHG) (ursprünglich § 18 Abs. 1 WpHG) überträgt die Zuständigkeit für die Einhaltung der Vorschriften nach Art. 4, 5 und 7–13 VO Nr. 648/2012 ebenfalls auf die BaFin. Die oben erwähnte Zuständigkeit nach § 6 KWG für Kreditinstitute und Wertpapierdienstleistungsunternehmen bleibt nach § 30 Abs. 1 WpHG ausdrücklich unberührt.

106 Art. 22 Abs. 1 VO Nr. 648/2012 verweist für die Zulassung und Beaufsichtigung von **CCPs mit Sitz in einem Mitgliedstaat** auf die von dem betreffenden Mitgliedstaat zu benennende zuständige Behörde. Der durch das EMIR-Ausführungsgesetz vom 13.2.2013 eingefügte § 6 Abs. 1a des Kreditwesengesetzes (KWG) überträgt die Zuständigkeit für diese Aufgaben auf die BaFin.

107 Die Zuständigkeit für die Zulassung und Überwachung von **CCPs mit Sitz in einem Drittstaat und Transaktionsregistern** ist nicht den nationale Aufsichtsbehörden zugewiesen worden; sie wird von der Europäischen Wertpapier- und Marktaufsichtsbehörde (ESMA) wahrgenommen (Art. 25 Abs. 1 und 55 Abs. 1 VO Nr. 648/2012).

108 Eigene Zuständigkeiten begründen Art. 12 Abs. 4 und Art. 15 Abs. 2 DelVO Nr. 149/2013 für die von finanziellen Gegenparteien auf Anforderung zu meldenden **unbestätigten OTC-Derivate** sowie die Mitteilung der **nicht fristgerecht beigelegten Meinungsverschiedenheiten** über den Inhalt von OTC-Derivaten: Zuständig ist die gem. Art. 67 Abs. 1 RL 2014/65/EU[4] benannte Stelle. Nach Art. 67 Abs. 3 RL 2014/65/EU veröffentlicht die ESMA auf ihrer Webseite ein Verzeichnis der zuständigen Behörden i.S.d. Art. 67 Abs. 1 und 2 RL 2014/65/EU[5].

---

1 *Federation of European Securities Exchanges (FESE), the European Association of Central Counterparty Clearing Houses (EACH) and the European Central Securities Depositories Association (ECSDA)*, Europäischer Verhaltenskodex für Clearing und Settlement vom 7.11.2006, in Englisch abrufbar über: http://www.eesc.europa.eu/sites/default/files/resources/docs/076-private-act.pdf („*FESE/EACH/ECSDA* Clearing und Settlement Code").

2 *FESE/EACH/ECSDA* Clearing und Settlement Code, Rz. 24: „Interoperability means advanced forms of relationships amongst Organisations where an Organisation is not generally connecting to existing standard service offerings of the other Organisations but where Organisations agree to establish customised solutions. Amongst its objectives, Interoperability will aim to provide a service to the customers such that they have choice of service provider. Such agreement will require Organisations to incur additional technical development." S. auch *Sigmundt* in Wilhelmi/Achtelik/Kunschke/Sigmundt, Handbuch EMIR, Teil 5.D Rz. 9.

3 Verordnung (EU) Nr. 1024/2013 des Rates vom 15. Oktober 2013 zur Übertragung besonderer Aufgaben im Zusammenhang mit der Aufsicht über Kreditinstitute auf die Europäische Zentralbank, ABl. EU Nr. L 287 v. 29.10.2013, S. 63.

4 *Der ursprüngliche Verweis auf* Art. 48 RL 2004/39/EG ist aufgrund der Überleitungsvorschrift in Art. 94 Unterabs. 2 RL 2014/65/EU seit dem 3.1.2018 als Referenz auf Art. 67 RL 2014/65/EU zu lesen.

5 Das nach Art. 67 Abs. 3 RL 2014/65/EU zu erstellende Verzeichnis ist abrufbar über: https://www.esma.europa.eu/sites/default/files/list_of_ncas_under_article_673_of_mifid_ii.pdf.

Diese Zuständigkeitsregelung ist auch für solche finanzielle Gegenparteien maßgeblich, die ansonsten nicht in den Anwendungsbereich der MiFID fallen (z.B. Kreditinstitute, Investmentvermögen oder Versicherungen)[1]. Für deutsche finanzielle Gegenparteien ist zuständige Behörde die BaFin.

XVI. Clearingmitglied (Art. 2 Nr. 14 VO Nr. 648/2012). Mit der Formulierung „an einer CCP teilnimmt" ist die Teilnahme an dem von der zentralen Gegenpartei (CCP) durchgeführten Clearing und den zur Absicherung des Clearings eingerichteten Sicherungssystemen (z.B. den Ausfallfonds) gemeint. Das Clearingmitglied muss nicht Gesellschafter oder Aktionär der CCP werden. Das Clearingmitglied kann selbst clearingpflichtige Partei sein. Es kann seine Mitgliedschaft jedoch auch dazu nutzen, anderen clearingpflichtigen Gegenparteien direkten oder indirekten Zugang zu den Clearingdienstleistungen einer CCP zu vermitteln. Die Pflichten der Clearingmitglieder aus direkten Clearingvereinbarungen sind in Art. 39 VO Nr. 648/2012 näher geregelt. Die Pflichten der Clearingmitglieder aus indirekten Clearingvereinbarungen ergeben sich aus Art. 4 DelVO Nr. 149/2013.

109

XVII. Kunde (Art. 2 Nr. 15 VO Nr. 648/2012). Der Begriff Kunde kennzeichnet die **clearingpflichtige Gegenpartei**, wenn sie, um Zugang zu den Clearingdienstleistungen einer zugelassenen oder anerkannten zentralen Gegenpartei (CCP) zu erlangen, mit einem Clearingmitglied eine **Clearingvereinbarung** abschließt. Nutzt die clearingpflichtige Gegenpartei eine **indirekte Clearingvereinbarung** i.S.d. Art. 4 Abs. 3 Unterabs. 2 VO Nr. 648/2012, so führt Art. 1 Buchst. a DelVO Nr. 149/2013 für sie den Begriff des **indirekten Kunden** ein. Der Begriff Kunde ist nicht nur für die Erfüllung der Clearingpflicht sondern auch für die Pflicht der Clearingmitglieder zur Trennung (segregation) von Positionen und Vermögenswerten ihrer Kunden von Bedeutung. So muss das Clearingmitglied nach Art. 39 Abs. 4 VO 648/2012 getrennte Aufzeichnungen und Abrechnungskonten führen und nach Art. 39 Abs. 5 VO Nr. 648/2012 seinen Kunden mindestens die Omnibus-Kunden-Kontentrennung anbieten. Eine vergleichbare Pflicht trifft Kunden, die indirekte Clearingleistungen für ihre indirekten Kunden anbieten, nach Art. 5 der DelVO Nr. 149/2013.

110

XVIII. Gruppe (Art. 2 Nr. 16 VO Nr. 648/2012). Der Gruppenbegriff definiert sich über die in Art. 22 Abs. 1 RL 2013/34/EU eingeführten Begriffe **Mutterunternehmen** und **Tochterunternehmen**. Er hat insbesondere Bedeutung für die auf Gruppenebene durchzuführende Ermittlung der **Ausnutzung der Clearingschwelle** durch nichtfinanzielle Gegenparteien nach Art. 10 Abs. 3 VO Nr. 648/2012. Wegen der Einzelheiten wird auf die Ausführungen zum Begriff Mutterunternehmen in Rz. 118–121 verwiesen.

111

Der Begriff Gruppe korrespondiert hinsichtlich seiner Weite mit dem in Art. 3 VO Nr. 648/2012 definierten Begriff des **gruppeninternen Geschäfts**. Beide Begriffe decken sich jedoch nicht. So erfasst der Begriff gruppeninternes Geschäft und der für ihn maßgebliche Begriff der Vollkonsolidierung neben den auf gesellschaftsrechtlichen Grundsätzen basierenden Konzernfälle, wie sie durch die eben erwähnten Begriffe Mutterunternehmen und Tochterunternehmen und das Merkmal des beherrschenden Einflusses beschrieben werden, auch Sachverhalte, bei denen die Zusammenfassung von Unternehmen zu einer Gruppe oder die Vollkonsolidierung auf anderen Überlegungen, wie z.B. der Zuordnung der Parteien zu demselben **institutsbezogenen Sicherungssystem** oder derselben **Zentralorganisation** oder **bilanziellen Grundsätzen** beruht.

112

Der Unterschied zwischen den beiden Begriffen „gruppeninternes Geschäft" und „Gruppe" zeigt sich gerade bei der eingangs erwähnten Clearingschwelle nach Art. 10 Abs. 3 VO Nr. 648/2012. So kann es sich bei einem zwischen einem Kreditinstitut und einer Verbriefungszweckgesellschaft abgeschlossenen OTC-Derivat um ein gruppeninternes Geschäft handeln, weil das Kreditinstitut die Zweckgesellschaft nach den Internationalen Rechnungslegungsstandards IFRS konsolidieren muss (Fall des Art. 3 Abs. 3 Buchst. a VO Nr. 648/2012). Auf der anderen Seite kann es an dem Tatbestandsmerkmal „Mutterunternehmen" fehlen, weil das Kreditinstitut an der Zweckgesellschaft nicht beteiligt ist und auf diese daher keinen beherrschenden Einfluss ausüben kann. In diesem Fall sind mit der Zweckgesellschaft abgeschlossenen gruppeninternen OTC-Derivate auf die Clearingschwelle der durch die nichtfinanziellen Gegenparteien gebildeten Gruppe nicht anzunehmen.

113

XIX. Finanzinstitut (Art. 2 Nr. 17 VO Nr. 648/2012). Seit der Überleitung der RL 2006/48/EG auf die RL 2013/36/EU verweist der Finanzinstitutebegriff der EMIR auf die in den Nrn. 2–12 des Anhang I der RL 2013/36/EU genannten Geschäfte. Wie die Vorgängervorschrift zählt Anhang I der RL 2013/36/EU diejenigen Aktivitäten auf, die von der gegenseitigen Anerkennung bzw. dem „Europäischen Pass" für das Betreiben von Bankgeschäften innerhalb der Union profitieren. Unternehmen, die ausschließlich Einlagen und andere rückzahlbare Gelder aufnehmen (Nr. 1 des Anhang I der RL 2013/36/EU), sind keine Finanzinstitute. Da der Umfang der in Art. 2 Nr. 17 VO Nr. 648/2012 referenzierten Geschäfte die „Ausgabe von E-Geld" nicht erfasst, weicht er vom Finanzinstitutebegriff in Art. 3 Abs. 1 Nr. 22 RL 2013/36/EU i.V.m. Art. 4 Abs. 1 Nr. 26 VO Nr. 575/2013 ab.

114

XX. Finanzholdinggesellschaft (Art. 2 Nr. 18 VO Nr. 648/2012). Der Begriff Finanzholdinggesellschaft deckt sich im Wesentlichen mit der Definition in Art. 3 Abs. 1 Nr. 19 RL 2013/36/EU i.V.m. Art. 4 Abs. 1 Nr. 20 VO

115

---

1 *ESMA* Q&A, OTC Frage Nr. 12(d) [letzte Aktualisierung: 20.3.2014].

Nr. 575/2013. Der bankaufsichtliche Begriff ist weiter, weil er auch solche Holdinggesellschaften erfasst, deren Tochterunternehmen ausschließlich oder hauptsächlich Wertpapierfirmen sind. Beiden gemeinsam ist, dass gemischte Finanzholdinggesellschaften i.S.d. Art. 2 Abs. 15 RL 2002/87/EG[1], d.h. Mutterunternehmen eines Finanzkonglomerates, die selbst nicht der Aufsicht unterliegen, vom Anwendungsbereich ausgenommen sind. Der Begriff Finanzholdinggesellschaft hat Bedeutung für den in Art. 3 VO Nr. 648/2012 definierten Begriff des gruppeninternen Geschäfts, für den Art. 4 Abs. 2 und Art. 11 Abs. 5–11 VO Nr. 648/2012 unter bestimmten Voraussetzungen eine Befreiung von der Clearing- und Risikominderungspflicht vorsehen.

116 **XXI. Anbieter von Nebendienstleistungen (Art. 2 Nr. 19 VO Nr. 648/2012).** Der Begriff Anbieter von Nebendienstleistungen entspricht der bankaufsichtlichen Definition in Art. 3 Abs. 1 Nr. 17 RL 2013/36/EU i.V.m. Art. 4 Abs. 1 Nr. 18 VO Nr. 575/2013. Seine Bedeutung erschöpft sich in der Bezugnahme in Art. 3 Abs. 2 VO Nr. 648/2012: der Definition des Begriffs gruppeninternes Geschäft.

117 **XXII. Qualifizierte Beteiligung (Art. 2 Nr. 20 VO Nr. 648/2012).** Der Begriff der qualifizierten Beteiligung, die darin vorgesehene 10 %-Schwelle und das Alternativkriterium der Möglichkeit eines maßgeblichen Einflusses (significant influence) entsprechen der bankaufsichtlichen Definition in Art. 3 Abs. 1 Nr. 33 RL 2013/36/EU i.V.m. Art. 4 Abs. 1 Nr. 36 VO Nr. 575/2013. Über den Verweis auf die RL 2004/109/EG[2] werden die in Art. 9 RL 2004/109/EG vorgesehenen Ausnahmen für Aktien, die nur für Zwecke der **Abwicklung und Abrechnung** und nur innerhalb des üblichen Abrechnungszyklus (settlement cycle), oder von Wertpapierfirmen in ihrer Eigenschaft als **Market-Maker** oder Wertpapierhändler gehalten werden, auf den Begriff der qualifizierten Beteiligung übertragen. Entsprechendes gilt für die in Art. 10 RL 2004/109/EG vorgesehene Zurechnung von Aktien, die von bestimmten Dritten oder verbundenen Unternehmen gehalten werden oder an denen ein Sicherungsrecht oder ein Nießbrauch bestellt ist. Der Begriff ist für die Anteilseignerkontrolle nach Art. 30 Abs. 2 und Art. 31, 32 VO Nr. 648/2012 von Bedeutung.

118 **XXIII. Mutterunternehmen (Art. 2 Nr. 21 VO Nr. 648/2012).** Mutterunternehmen ist jedes Unternehmen, das auf ein anderes Unternehmen (das Tochterunternehmen i.S.d. Art. 2 Nr. 22 VO Nr. 648/2012) einen beherrschenden Einfluss ausüben kann oder tatsächlich ausübt. Die Bezugnahmen auf Art. 1 und 2 RL 83/349/EWG[3] sind durch Art. 52 Unterabs. 2 RL 2013/34/EU und der in Anhang VII wiedergegebenen Entsprechungstabelle in den Art. 22 Abs. 1–5 RL 2013/34/EU überführt worden.

119 Nach Art. 22 Abs. 1 und 2 RL 2013/34/EU qualifizieren folgende Beherrschungstatbestände ein Mutterunternehmen:

- das Halten der Mehrheit der Stimmrechte eines Unternehmens (Art. 22 Abs. 1 Satz 1 Buchst. a RL 2013/34/EU),
- das Recht, als Gesellschafter eines Unternehmens die Mehrheit der Mitglieder des Verwaltungs-, Leitungs- oder Aufsichtsorgans dieses Unternehmens zu bestellen oder abzuberufen (Art. 22 Abs. 1 Satz 1 Buchst. b RL 2013/34/EU),
- das Recht auf ein Unternehmen, dessen Gesellschafter man ist, einen beherrschenden Einfluss aufgrund eines mit dem Unternehmen geschlossenen Vertrages oder aufgrund einer Satzungsbestimmung des Unternehmens auszuüben (Art. 22 Abs. 1 Satz 1 Buchst. c RL 2013/34/EU),
- der Umstand, dass man als Gesellschafter eines Unternehmens allein durch die Ausübung seiner Stimmrechte die Mehrheit der im laufenden und im vorherigen Geschäftsjahr amtierenden Mitglieder des Verwaltungs-, Leitungs- oder Aufsichtsorgans des betreffenden Unternehmens bestellt hat (Art. 22 Abs. 1 Satz 1 Buchst. d Ziff. i) RL 2013/34/EU),
- der Umstand, dass man als Gesellschafter eines Unternehmens aufgrund einer Vereinbarung mit anderen Gesellschaftern des betreffenden Unternehmens über die Mehrheit der Stimmrechte verfügt (Art. 22 Abs. 1 Satz 1 Buchst. d Ziff. ii) RL 2013/34/EU),
- der Umstand, dass man als Gesellschafter eines Unternehmens tatsächlich einen beherrschenden Einfluss auf ein anderes Unternehmen ausübt (Art. 22 Abs. 2 Buchst. a RL 2013/34/EU) und
- der Umstand, dass man über ein Unternehmen die einheitliche Leitung ausübt (Art. 22 Abs. 2 Buchst. b RL 2013/34/EU).

---

1 Richtlinie 2002/87/EG des Europäischen Parlaments und des Rates vom 16. Dezember 2002 über die zusätzliche Beaufsichtigung der Kreditinstitute, Versicherungsunternehmen und Wertpapierfirmen eines Finanzkonglomerats und zur Änderung der Richtlinien 73/239/EWG, 79/267/EWG, 92/49/EWG, 92/96/EWG, 93/6/EWG und 93/22/EWG des Rates und der Richtlinien 98/78/EG und 2000/12/EG des Europäischen Parlaments und des Rates, ABl. EU Nr. L 35 v. 11.2.2003, S. 1.
2 Richtlinie 2004/109/EG des Europäischen Parlaments und des Rates vom 15. Dezember 2004 zur Harmonisierung der Transparenzanforderungen in Bezug auf Informationen über Emittenten, deren Wertpapiere zum Handel auf einem geregelten Markt zugelassen sind, und zur Änderung der Richtlinie 2001/34/EG, ABl. EU Nr. L 390 v. 31.12.2004, S. 38.
3 Siebente Richtlinie 83/349/EWG des Rates vom 13. Juni 1983 aufgrund von Art. 54 Abs. 3 Buchstabe g) des Vertrages über den konsolidierten Abschluss, ABl. EG Nr. L 193 v. 18.7.1983, S. 1.

Bei der Anwendung der in Art. 22 Abs. 1 Satz 1 Buchst. a, b und d RL 2013/34/EU geregelten Konzernfälle sind die indirekt, d.h. über ein Tochterunternehmen oder einen Dritten, gehaltenen Stimm-, Bestellungs- oder Abberufungsrechte nach Art. 22 Abs. 3–5 RL 2013/34/EU zu berücksichtigen.

Mit dem Verweis auf Art. 22 RL 2013/34/EU überführt Art. 2 Nr. 21 VO Nr. 648/2012 diese in den **Rang einer Verordnung** mit unmittelbarer Geltung in den Mitgliedstaaten. Dies hat zum einen zur Folge, dass es des Umweges über die nationale Implementierung nicht mehr bedarf. Der Verweis führt auch dazu, dass es auf die in Art. 22 und 23 RL 2013/34/EU vorgesehenen Wahlrechte und Ermessensentscheidungen[1] und deren Ausübung durch die Mitgliedstaaten nicht mehr ankommt. Sie gelten als vom Verordnungsgeber so ausgeübt, dass sämtliche der in Rz. 119 genannten Konzerntatbestände für den Begriff Mutterunternehmen relevant sind[2].

120

Der Begriff Mutterunternehmen hat u.a. Bedeutung für den Gruppenbegriff (Art. 2 Nr. 16 VO Nr. 648/2012), die Anteilseignerkontrolle nach Art. 30 Abs. 2 und 31, 32 VO Nr. 648/2012 und für die Identifizierung und Vermeidung von Interessenkonflikten nach Art. 33 VO Nr. 648/2012. Für die **Bestimmung gruppeninterner Geschäfte** und die Abgrenzung des maßgeblichen Konsolidierungskreises ist er hingegen nicht relevant. Hier verweist die EMIR zwar ebenfalls auf bestimmte Konsolidierungsvorschriften, die Bezugnahme erschöpft sich hier jedoch auf das unter Anwendung dieser Vorschriften erzielte **Ergebnis der Konsolidierung** und zwar auch in dem Umfang, in dem Mitgliedstaaten, zuständige Behörden oder die betroffenen Unternehmen im Rahmen der Umsetzung oder Anwendung der Vorschriften Wahlrechte oder Ermessensspielräume ausgeübt haben.

121

XXIV. Tochterunternehmen (Art. 2 Nr. 22 VO Nr. 648/2012). Tochterunternehmen ist jedes Unternehmen, auf das ein anderes Unternehmen (das Mutterunternehmen) einen beherrschenden Einfluss ausüben kann oder tatsächlich ausübt. Wegen der relevanten Beherrschungstatbestände wird auf die Ausführungen zum Begriff Mutterunternehmen in Art. 2 Nr. 21 VO Nr. 648/2012 Rz. 118–121 verwiesen.

122

XXV. Kontrolle (Art. 2 Nr. 23 VO Nr. 648/2012). Der Kontrollbegriff ist in erster Linie für den in Art. 2 Nr. 24 VO Nr. 648/2012 definierten Begriff der engen Verbindung von Bedeutung. Er verweist auf den beherrschenden Einfluss, den ein Mutterunternehmen auf ein Tochterunternehmen ausüben kann. Wegen der relevanten Beherrschungstatbestände wird auch hier auf die Ausführungen zum Begriff Mutterunternehmen in Art. 2 Nr. 21 VO Nr. 648/2012 Rz. 118–121 verwiesen.

123

XXVI. Enge Verbindung (Art. 2 Nr. 24 VO Nr. 648/2012). Der Begriff „enge Verbindung" ist für die **Zulassung einer zentralen Gegenpartei (CCP)** und die im Rahmen des Verfahrens nach Art. 30 Abs. 3 VO Nr. 648/2012 zu prüfende Zuverlässigkeit derjenigen natürlichen oder juristischen Personen maßgeblich, zu denen die CCP eine enge Verbindung unterhält. Das Bestehen einer engen Verbindung ist auch für die nach Art. 33 VO Nr. 648/2012 zu identifizierenden und zu vermeidenden **Interessenkonflikte** von Bedeutung[3].

124

Eine enge Verbindung zur CPP ist nach Art. 2 Nr. 24 Buchst. a VO Nr. 648/2012 bereits dann gegeben, wenn eine natürliche oder juristische Person **20 % der Stimmrechte** oder des **Kapitals** der CCP hält oder kontrolliert (Beteiligung). Die Definition lehnt sich eng an Art. 4 Abs. 1 Nr. 38 VO Nr. 575/2013 an. Der dort gewählten Formulierung ist zu entnehmen, dass mit dem Wort „kontrolliert" das indirekte Halten der Stimmrechte oder des Kapitals durch ein beherrschtes Tochterunternehmen gemeint ist.

125

Neben der Beteiligung begründet auch die Kontrolle i.S.d. Art. 2 Nr. 23 VO Nr. 648/2012 oder ein **ähnliches Verhältnis** (Art. 2 Nr. 24 Buchst. b VO Nr. 648/2012) eine enge Verbindung. Was mit der Formulierung „ein ähnliches Verhältnis" gemeint ist, ist unklar. Da der Kontrollbegriff bzw. das ihn tragende Merkmal des beherrschenden Einflusses sehr weit gefasst sind, lassen sich allenfalls solche Verbindungen darunter fassen, die eine **starke wirtschaftliche oder persönliche Verbindung** begründen. Diese Verbindung wäre dann jedoch weniger für die Zuverlässigkeitskontrolle nach Art. 30 VO Nr. 648/2012 von Bedeutung, als vielmehr für die Vermeidung von Interessenkonflikten nach Art. 33 VO Nr. 648/2012. Für diese Auslegung spricht, dass Buchst. b nicht nur Unternehmen, sondern auch natürliche Personen benennt, die durch ein „ähnliches Verhältnis" eng verbunden sein können. Gemeint wären damit z.B. Ehegatten oder Familienangehörige. Eine enge Verbindung ist auch dann gegeben, wenn zwei oder mehrere Unternehmen durch ein dauerhaftes Kontrollverhältnis mit **ein und derselben dritten Person** verbunden, d.h. sog. Schwesterunternehmen sind (Art. 2 Nr. 24 Buchst. c VO Nr. 648/2012).

126

---

1 So können die Mitgliedstaaten nach Art. 23 Abs. 2 RL 2013/34/EU mittlere Gruppen von der Pflicht zur Erstellung eines konsolidierten Abschlusses befreien. Nach Art. 22 Abs. 1 Satz 1 Buchst. c Unterabs. 2 RL 2013/34/EU können die Mitgliedstaaten vorsehen, dass das Mutterunternehmen nicht Gesellschafter des Tochterunternehmens sein muss. Nach Art. 22 Abs. 1 Satz 2 RL 2013/34/EU können sie davon absehen, Art. 22 Abs. 1 Satz 1 Buchst. d Ziff. i) RL 2013/34/EU nicht umzusetzen oder eine Mindestbeteiligung von 20 % vorzusehen. Nach Art. 22 Abs. 2 RL 2013/34/EU können die Mitgliedstaaten die tatsächliche Ausübung eines beherrschenden Einflusses oder die einheitliche Leitung als Konzernfall regeln; sie müssen es aber nicht.

2 Dies zeigt sich auch an der Definition Mutterunternehmen in Art. 4 Abs. 1 Nr. 15 Buchst. b VO Nr. 575/2013 (CRR), der für die Zwecke von Titels VII Kapitel 3 und 4 und des Titels VIII der RL 2013/36/EU (CRD IV) lediglich auf die Tatbestände des Art. 22 Abs. 1 RL 2013/34/EU verweist und diese um den Tatbestand des tatsächlichen beherrschenden Einflusses ergänzt, d.h. für die eingeschränkte Anwendung des Art. 22 Abs. 2 Buchst. a RL 2013/34/EU „optiert".

3 *Grundmann* in Staub, HGB, Band 11/2, 5. Aufl. 2018, Rz. 696.

Art. 2 VO Nr. 648/2012 | Begriffsbestimmungen

127 **XXVII. Eigenkapital (Art. 2 Nr. 25 VO Nr. 648/2012).** Der Kapitalbegriff ist zum einen für die Zulassung von zentralen Gegenparteien (CCP) von Bedeutung: Nach Art. 16 Abs. 1 VO Nr. 648/2012 müssen CCPs über ein **Mindesteigenkapital** von 7,5 Millionen Euro verfügen. Darüber hinaus ist er für die nach Art. 16 Abs. 2 VO Nr. 648/2012 laufend einzuhaltenden **Eigenmittelanforderungen** relevant. Danach müssen Eigenkapital und Rücklagen in einem angemessenen Verhältnis zu den von der CCP eingegangenen Risiken stehen. Eine wichtige Funktion übernehmen die Eigenmittel im Fall des Ausfalls eines Clearingmitgliedes und dem von der CCP nach Art. 45 VO Nr. 648/2012 anzuwendenden Wasserfallprinzip. So ist ein Teil der Eigenmittel der CCP – und zwar der von der CCP nach Art. 43 Abs. 1 und Art. 45 Abs. 4 VO Nr. 648/2012 zugeordnete Teil der Eigenmittel – für die Deckung von Verlusten heranzuziehen, wenn die von dem ausgefallenen Clearingmitglied geleisteten Einschüsse und Beiträge zum Ausfallfonds erschöpft sind. Erst danach darf die CCP auf die in den Ausfallfonds eingezahlten Beiträge der nicht ausgefallenen Clearingmitglieder zugreifen.

128 Der Verweis auf Art. 22 RL 86/635/EWG[1] ist wenig ergiebig. Danach gilt als gezeichnetes Kapital jeder Betrag, der entsprechend der Rechtsform des Kreditinstitutes nach den einzelstaatlichen Voraussetzungen als von den Gesellschaftern oder anderen Eigentümern gezeichneter Eigenkapitalbetrag gilt. Art. 22 RL 86/635/EWG ist in Deutschland durch § 25 RechKredV nahezu wortwörtlich umgesetzt worden.

129 Nach § 272 Abs. 1 HGB umfasst das gezeichnete Kapital die Gesamtheit der Einlagen, zu deren Einzahlung sich die Gesellschafter verpflichtet haben. Er ist zugleich der Betrag, auf den sich die Haftung der Gesellschafter für Verbindlichkeiten der Gesellschaft beschränkt. Das gezeichnete Kapital unterteilt sich in die eingezahlten Einlagen, die nicht eingeforderten ausstehenden Einlagen und die eingeforderten Einlagen. Das Eigenkapital und die Rücklagen (im Sinne von Gewinnrücklagen und sonstigen Rücklagen) werden in Art. 35 DelVO Nr. 153/2013 zum Oberbegriff Eigenmittel zusammengefasst.

130 **XXVIII. Rücklagen (Art. 2 Nr. 26 VO Nr. 648/2012).** Nach Anhang III der RL 2013/34/EU umfasst der unter der Bilanzposition „Passiva, A.IV" auszuweisende Betrag der Rücklagen, die gesetzlichen Rücklagen, die ggf. nach einzelstaatlichen Vorschriften (wie z.B. § 272 Abs. 1a HGB) vorgeschriebenen Rücklagen für eigene Aktien oder Anteile, die satzungsmäßigen Rücklagen und die sonstigen Rücklagen (einschließlich der Zeitwert-Rücklagen). Hinzuzuzählen ist nach Art. 2 Nr. 26 VO Nr. 648/2012 der Ergebnisvortrag.

131 Der Begriff Rücklagen ist wie der Eigenkapitalbegriff für die von zentralen Gegenparteien (CCPs) zu erfüllenden Eigenmittelanforderungen nach Art. 16 Abs. 2 VO Nr. 648/2012 und für das Wasserfallprinzip nach Art. 45 VO Nr. 648/2012 von Bedeutung. Der in Art. 2 Nr. 26 VO Nr. 648/2012 eingeführte Begriff ist mit den genannten Bestimmungen nur bedingt kompatibel. So verwendet die EMIR und die DelVO Nr. 153/2013 durchgehend die Formulierung „**Gewinnrücklagen und sonstige Rücklagen**", was nur einem Teil der in Anhang III der RL 2013/34/EU genannten Positionen entspricht: den gesetzlichen, den satzungsmäßigen und den sonstigen Rücklagen. Die Rücklagen (im Sinne von Gewinnrücklagen und sonstigen Rücklagen) und das Eigenkapital werden in Art. 35 DelVO Nr. 153/2013 zum Oberbegriff Eigenmittel zusammengefasst.

132 **XXIX. Leitungsorgan (Art. 2 Nr. 27 VO Nr. 648/2012).** Der Begriff Leitungsorgan (board) wird in den Bestimmungen über die organisatorischen Anforderungen an zentrale Kontrahenten und Transaktionsregister (z.B. in Art. 27 Abs. 1 oder Art. 78 Abs. 8 VO Nr. 648/2012) verwendet. Art. 2 Nr. 27 VO Nr. 648/2012 definiert den Begriff nicht, sondern stellt lediglich klar, dass der Begriff Leitungsorgan je nach nationalem Gesellschaftsrecht entweder „*den Verwaltungsrat oder den Aufsichtsrat oder beides*" meint.

133 Eine wichtige Klarstellung ergibt sich aus Art. 3 Abs. 5 DelVO Nr. 153/2013. Danach müssen bei den CCPs, bei denen die Leitungsebene zweistufig gegliedert ist, die nach Maßgabe der EMIR und DelVO Nr. 153/2013 festgelegten Aufgaben und Zuständigkeiten des Leitungsorgans „*in geeigneter Weise auf den Aufsichtsrat und den Vorstand aufgeteilt*" werden. Art. 3 Abs. 5 DelVO Nr. 153/2013 lässt erkennen, dass sich der Gesetzgeber der **unterschiedlichen Kontroll- und Leitungsmodelle**, die in den jeweiligen nationalen Gesellschaftsrechtsordnungen für Kapitalgesellschaften entwickelt worden sind – das in angelsächsischen Ländern insbesondere in den U.S.A. vorherrschende monistische System (auch One-Tier-Modell oder einstufige Unternehmensorganisation genannt) und das in kontinentaleuropäischen Ländern anzutreffende dualistische System (auch Two-Tier-Modell oder zweistufige Unternehmensorganisation genannt) bewusst war. Der Begriff Leitungsorgan umfasst danach beide Funktionen, die **Geschäftsleitungsfunktion und die Aufsichtsfunktion**. Auch lassen sich das Leitungsorgan in seiner Geschäftsleitungsfunktion und das Leitungsorgan in seiner Aufsichtsfunktion unterscheiden. Der in Art. 2 Nr. 27 VO Nr. 648/2012 Begriff Verwaltungsrat ist nicht als Verweis auf das monistische System oder entsprechende Rechtsbegriffe – wie z.B. Art. 38 Abs. 3 Buchst. b VO Nr. 2157/2001[2] – zu verstehen, sondern als funktionaler Begriff, der beides umfasst: den Verwaltungsrat im monistischen System und den Vorstand im dualistischen System. Nur so lassen sich die Formulierung „den Verwaltungsrat oder den Aufsichtsrat *oder beides*" und Art. 3 Abs. 5 DelVO Nr. 153/2013 widerspruchsfrei auslegen.

---

1 Richtlinie 86/635/EWG des Rates vom 8. Dezember 1986 über den Jahresabschluss und den konsolidierten Abschluss von Banken und anderen Finanzinstituten, ABl. EG Nr. L 372 v. 31.12.1986, S. 1.
2 Verordnung (EG) Nr. 2157/2001 des Rates vom 8. Oktober 2001 über das Statut der Europäischen Gesellschaft (SE), ABl. EU Nr. L 294 v. 10.11.2001, S. 1.

Diese Auslegung entspricht der **aufsichtsrechtlichen Definition**, die sich einerseits in Art. 2 Abs. 1 Nr. 22 VO Nr. 600/2014 (MiFIR) bzw. Art. 4 Abs. 1 Nr. 36 RL 2014/65/EG (MiFID II), anderseits in Art. 4 Abs. 1 Nr. 9 VO Nr. 575/2013 (CRR) bzw. Art. 3 Abs. 1 Nr. 7 RL 2013/36/EU (CRD IV) findet. Danach ist Leitungsorgan das Organ oder die Organe (sic!), die nach nationalem Recht bestellt wurden und befugt sind, Strategie, Ziele und Gesamtpolitik des Instituts festzulegen und die Entscheidungen der Geschäftsleitung (senior management) zu kontrollieren und zu überwachen und dem die Personen angehören, die die Geschäfte des Unternehmens tatsächlich führen[1]. In Art. 4 Abs. 1 Nr. 36 RL 2014/65/EG findet sich zudem die Art. 3 Abs. 5 DelVO Nr. 153/2013 verwandte, durch die unterschiedlichen Kontroll- und Leitungsmodelle bedingte Klarstellung, dass das nationale Recht vorgesehen kann, dass die Geschäftsleitungs- und die Aufsichtsfunktion des Leitungsorgans verschiedenen Organen (dualistisches System) oder verschiedenen Mitgliedern innerhalb eines Organs (monistisches System) zugewiesen ist. Dem Begriff Leitungsorgan gleich gestellt ist der in Art. 9 Abs. 4 Unterabs. 2 VO Nr. 648/2012 verwendete Begriff **Leitungsmitglieder** und der in Art. 31 Abs. 1 VO Nr. 648/2012 verwendete Begriff Geschäftsleitung. 134

XXX. Unabhängiges Mitglied des Leitungsorgans (Art. 2 Nr. 28 VO Nr. 648/2012). Die Begriffsbestimmungen ist für die Zusammensetzung des Leitungsorgans nach Art. 27 Abs. 2 VO Nr. 648/2012 und des von der CCP einzusetzenden Risikoausschuss nach Art. 28 VO Nr. 648/2012 von Bedeutung, der von einem unabhängigen Mitglied des Leitungsorgans geführt werden muss. „Unabhängig" meint die **Abwesenheit von geschäftlichen, familiären oder sonstigen Beziehungen**, die zu Interessenkonflikten führen. Der in Art. 2 Nr. 28 VO Nr. 648/2012 gewählten Formulierung *„führt"* ist zu entnehmen, dass ein **potentieller Interessenkonflikt** für sich genommen nicht ausreicht, um die Unabhängigkeit auszuschließen[2]. 135

Die Unabhängigkeit muss während eines Zeitraums von mindestens **fünf Jahren** vor Übernahme des Amtes bestanden haben. Die Tatsache, dass der Vorsitzende des Risikoausschusses ein unabhängiges Mitglied des Leitungsorgans des kontrollierenden Aktionärs bzw. Mutterunternehmens der CCP ist, besagt für sich allein noch nicht, dass die Unabhängigkeit und die Abwesenheit von möglichen Interessenkonflikten auch im Hinblick auf die CCP gegeben ist; sie ist vielmehr in jedem Einzelfall zu prüfen[3]. 136

XXXI. Geschäftsleitung (Art. 2 Nr. 29 VO Nr. 648/2012). Der Begriff Geschäftsleitung (senior management) wird in den Bestimmungen über die organisatorischen Anforderungen an zentrale Kontrahenten und Transaktionsregister, z.B. in Art. 27 Abs. 1 oder Art. 78 Abs. 8 VO Nr. 648/2012, verwendet. Der Wortlaut der Definition: *„die die Geschäfte der CCP oder des Transaktionsregister tatsächlich leiten"* verdeutlicht, dass die Begriffsbestimmung auf ihre Verwendung im vierten und siebten Titel der EMIR bzw. auf die in diesem Zusammenhang erlassenen Level-2-Verordnungen, z.B. die DelVO Nr. 153/2013, beschränkt ist. 137

Die in Art. 2 Nr. 29 VO Nr. 648/2012 verwendete Begriffsbestimmung entspricht der **aufsichtsrechtlichen Definition** des Begriffs Geschäftsleitung. Art. 4 Abs. 1 Nr. 10 VO Nr. 575/2013 bzw. Art. 3 Abs. 1 Nr. 9 RL 2013/36/EU und 4 Abs. 1 Nr. 37 RL 2014/65/EG (MiFID II) verstehen unter Geschäftsleitung diejenigen natürlichen Personen, die in einem Institut Geschäftsleitungsaufgaben wahrnehmen und für das Tagesgeschäft des Instituts verantwortlich und gegenüber dem Leitungsorgan – im dualistischen System dem Vorstand und dem Aufsichtsrat und im monistischen System dem Verwaltungsrat – rechenschaftspflichtig sind. Er bezeichnet daher zum einen die geschäftsführenden Mitglieder des Leitungsorgans (im dualistischen System den Vorstand), der dem Leitungsorgan in seiner Aufsichtsfunktion (im dualistischen System dem Aufsichtsrat) Rechenschaft schuldet; zum anderen aber auch die leitenden Mitarbeiter unmittelbar unterhalb des Leitungsorgans, die an die geschäftsführenden Mitglieder des Leitungsorgans (im dualistischen System des Vorstandes) berichten. Dieses weite Verständnis wird auch durch Art. 2 Nr. 29 VO Nr. 648/2012 belegt, der die geschäftsführenden Mitglieder des Leitungsorgans ausdrücklich mit einbezieht: Die Einbeziehung des Vorstandes wäre nicht notwendig gewesen, wenn neben dem Vorstand nicht noch andere die Geschäfte der CCP bzw. des Transaktionsregisters leitende Mitarbeiter zur Geschäftsleitung gehören. Dem Begriff Geschäftsleiter gleichgestellt ist der in den Durchführungsverordnungen, z.B. Art. 3 Abs. 1 DelVO Nr. 153/2013 verwendete Begriff **Geschäftsführung**. 138

XXXII. Gedeckte Schuldverschreibung (Art. 2 Nr. 30 VO Nr. 648/2012). Der Begriff gedeckte Schuldverschreibung hat Bedeutung für die Freistellung der Emittenten gedeckter Schuldverschreibungen von der Clearingpflicht (Art. 4 Abs. 5 und 6 VO Nr. 648/2012) sowie für den nach Art. 30 DelVO 2016/2251 zulässigen Verzicht auf den Austausch von Sicherheiten. Er ist durch Art. 42 Abs. 1 VO 2017/2402[4] eingeführt worden und gilt ab dem 1.1.2019 (Art. 48 VO 2017/2402). Art. **129 Abs. 1 VO Nr. 575/2013** definiert diejenigen gedeckten 139

---

[1] *Dürselen* in Boos/Fischer/Schulte-Mattler, KWG, CRR-VO, Art. 4 CCR-VO Rz. 26–28; *Weber/Seifert* in Luz/Neus/Schaber/Schneider/Wagner/Weber, KWG und CRR, Art. 4 CRR Rz. 8.
[2] *Redeke*, WM 2015, 554, 557; *Redeke* in Wilhelmi/Achtelik/Kunschke/Sigmundt, Handbuch EMIR, Teil 5.A Rz. 14.
[3] ESMA Q&A CCP Frage Nr. 14 [letzte Aktualisierung: 5.8.2013] auch unter Verweis auf Art. 3 Abs. 4 DelVO Nr. 153/2013.
[4] Verordnung (EU) 2017/2402 des Europäischen Parlaments und des Rates vom 12.12.2017 zur Festlegung eines allgemeinen Rahmens für Verbriefungen und zur Schaffung eines spezifischen Rahmens für einfache, transparente und standardisierte Verbriefung und zur Änderung der Richtlinien 2009/65/EG, 2009/138/EG, 2011/61/EU und der Verordnungen (EG) Nr. 1060/2009 und (EU) Nr. 648/2012, ABl. EU Nr. L 347 v. 28.12.2017, S. 35 („VO 2017/2402" oder „Verbriefungsverordnung").

Art. 2 VO Nr. 648/2012 | Begriffsbestimmungen

Schuldverschreibungen, für die Institute im Kreditrisikostandardansatz die günstigeren Risikogewichte des Art. 129 Abs. 4 VO Nr. 575/2013 (10 % für Pfandbriefe der Bonitätsstufe 1) verwenden dürfen. Er verweist zunächst auf die allgemeinen Anforderungen des **Art. 52 Abs. 4 Unterabs. 1 RL 2009/65/EG**. Danach müssen gedeckte Schuldverschreibungen, in die ein OGAW investieren will, folgende Bedingungen erfüllen: Sie müssen von einem Kreditinstitut mit **Sitz in einem Mitgliedstaat** begeben worden sein, das aufgrund gesetzlicher Vorschriften zum Schutz der Inhaber dieser Schuldverschreibungen einer **besonderen öffentlichen Aufsicht** unterliegt. Die unter der Schuldverschreibung empfangenen Gelder müssen in Vermögenswerte angelegt werden, die die Verbindlichkeiten aus den Schuldverschreibungen während der gesamten Laufzeit decken (**Deckungsstock**) und die vorrangig für die bei Ausfall des Emittenten fällige werden Rückzahlung des Kapitals und der Zinsen bestimmt sind (**Pfandbriefprivileg**). Das zuletzt genannte Pfandbriefprivileg ist, wenn es auch die Ansprüche der Gegenparteien aus den für Rechnung des Deckungsstocks abgeschlossenen OTC-Derivaten umfasst, die Rechtfertigung für die oben erwähnte Freistellung von der Clearing- und Besicherungspflicht.

140 Art. 129 Abs. 1 VO Nr. 575/2013 stellt darüber hinaus weitere Anforderungen: So müssen Vermögenswerte des Deckungsstocks zu den in Art. 129 Abs. 1 Buchst. a–g VO Nr. 575/2013 genannten **Anlageklassen** (z.B. durch Wohnimmobilien besicherte Darlehen) zählen und dürfen näher definierte Beleihungs- und Konzentrationsgrenzen nicht überschreiten. Institute, die das günstigere Risikogewicht nutzen wollen, müssen nach Art. 129 Abs. 7 VO Nr. 575/2013 über **jährlich aktualisierte Informationen** über die dem Deckungsstock angehörenden Vermögenswerte, einschließlich deren Wert, geographische Lage, Laufzeitprofil und Ausfallstatus verfügen. Bei durch Immobilien gedeckte Schuldverschreibungen müssen die Kreditinstitute, die die Pfandbriefe begeben, darüber hinaus die in Art. 208 VO Nr. 575/2013 definierten besonderen Anforderungen an Immobiliensicherheiten erfüllen (Art. 129 Abs. 3 VO Nr. 575/2013).

141 Nach Art. 52 Abs. 4 Unterabs. 3 RL 2009/65/EG übermitteln die Mitgliedstaaten der ESMA und der Kommission ein Verzeichnis der Schuldverschreibungen, die nach den gesetzlichen Vorschriften den in Art. 52 Abs. 4 Unterabs. 1 RL 2009/65/EG festgelegten Kriterien entsprechen. Diese Informationen sind von der **ESMA** auf ihrer **Webseite** zu veröffentlichen. Die Liste[1] enthält Beschreibungen der gesetzlichen Bestimmungen der Mitgliedstaaten und teilweise auch Verweise auf die Webseiten der nationalen Aufsichtsbehörden.

142 Der vom der European Mortgage Federation (EMF), dem Zentralverband der europäischen Hypothekenbanken, gegründete European Covered Bond Council (ECBC) veröffentlicht auf seiner Webseite eine **interaktive Datenbank**, die neben umfangreichen Analysen der nationalen Gesetze auch Hinweise dafür gibt, ob die unter dem jeweiligen nationalen Aufsichtssystem begebenen gedeckten Schuldverschreibungen den Anforderungen des Art. 52 Abs. 4 RL 2009/65/EG und Art. 129 VO Nr. 575/2013 entsprechen[2]. Hierzu zählen u.a. die unter dem **deutschen Pfandbriefgesetz** begebenen emittierte Hypotheken-, Schiffs- und Öffentlichen Pfandbriefe[3].

143 **XXXIII. Emittent gedeckter Schuldverschreibungen (Art. 2 Nr. 31 VO Nr. 648/2012).** Der Begriff Emittent gedeckter Schuldverschreibungen ist ebenfalls durch Art. 42 Abs. 1 VO 2017/2402 eingeführt worden und gilt ab dem 1.1.2019 (Art. 48 VO 2017/2402). Aus der Bezugnahme auf den in Art. 2 Nr. 30 VO Nr. 648/2012 definierten Begriff gedeckte Schuldverschreibung und der daran anknüpfenden „Verweiskette" Art. 129 VO Nr. 575/2013 und Art. 52 Abs. 4 Unterabs. 1 RL 2009/65/EG folgt, dass es sich bei dem Emittenten gedeckter Schuldverschreibungen um ein **Kreditinstitut mit Sitz in einem Mitgliedstaat** handeln muss, das aufgrund gesetzlicher Vorschriften zum Schutz der Inhaber dieser Schuldverschreibungen einer besonderen öffentlichen Aufsicht unterliegt. Wegen der Einzelheiten wird auf die Ausführungen zum Begriff gedeckte Schuldverschreibung in Art. 2 Nr. 30 VO Nr. 648/2012 (Rz. 139–142) verwiesen.

144 **XXXIV. Nicht definierte Begriffe. 1. Gegenpartei.** Der Begriff Gegenpartei wird in der EMIR als Oberbegriff für finanzielle und nichtfinanzielle Gegenpartei verwendet[4]. Wegen der Einzelheiten wird auf die Ausführungen zu Art. 9 VO Nr. 648/2012 Rz. 8 verwiesen.

145 **2. Union und Drittstaat.** Der Begriff Union wird von der EMIR lediglich in den Erwägungsgründen genutzt. Er ist in Art. 1 Abs. 1 des Vertrags über die Europäische Union (VEU) als die Gemeinschaft der Staaten definiert, die entweder durch Unterzeichnung des VEU oder durch späteren Beitritt Mitgliedstaaten der Europäischen Union geworden sind.

146 Seit Aufnahme der EMIR in Anhang IX des Abkommens über den Europäischen Wirtschaftsraum (EWR-Abkommen), entfaltet die EMIR unmittelbare Wirkung auch in den drei Mitgliedstaaten der Europäischen Freihandelsassoziation (EFTA), die zugleich Mitglied des **Europäischen Wirtschaftsraums (EWR)** sind, d.h. den sog. „EEA-EFTA-Staaten" Island, Liechtenstein und Norwegen. Nr. 8 des ersten Protokolls zum EWR-Abkommen sieht vor, dass die in aufgenommenen Rechtsakten enthaltenen Bezugnahmen auf das Gebiet der Union

---

1 *ESMA*, List of categories of covered bonds and issuers of covered bonds, abrufbar über: https://www.esma.europa.eu/sites/default/files/library/consolidated_document_update_march_2014.pdf („*ESMA* Covered Bond Liste").
2 Die Datenbank ist abrufbar über: http://www.ecbc.eu.
3 S. Begr. RegE Pfandbriefgesetznovelle 2014, S. 268.
4 *Grundmann* in Staub, HGB, Band 11/2, 5. Aufl. 2018, Rz. 688.

als Bezugnahmen auf die Hoheitsgebiete der Vertragsparteien des EWR-Abkommens gelten. Der Begriff Union umfasst in diesem Fall auch Island, Liechtenstein und Norwegen.

Der von der EMIR an mehreren Stellen verwendete Begriff **Drittstaat** definiert sich negativ über den Begriff Union: Drittstaat ist jeder Staat der weder Mitglied der Union ist noch als solcher gilt. Das Begriffspaar Union/ Drittstaat ist von Bedeutung für die extraterritoriale Reichweite der EMIR: die durch sie begründeten Pflichten finden auf Einrichtungen mit Sitz in Drittstaaten nur unter bestimmten Voraussetzungen Anwendung. 147

3. Bewertung zu Marktpreisen und Bewertung zu Modellpreisen. Die Begriffe lehnen sich erkennbar an die gleichlautenden Definitionen in Art. 4 Abs. 2 Nrn. 68 und 69 VO Nr. 575/2013 (CRR) an. Siehe hierzu die Anmerkungen zu Art. 11 VO Nr. 648/2012 Rz. 122–128. 148

4. Arbeitstag und Geschäftstag. Die Begriffe werden sowohl in der EMIR (Art. 9 Abs. 1 VO Nr. 648/2012) als auch in den Delegierten Verordnungen (Art. 9 Abs. 2 DelVO 2016/2251) verwendet, um den Zeitraum zu bestimmen, innerhalb dessen eine Gegenpartei, eine CCP oder eine zuständige Behörde eine bestimmte Handlung (z.B. eine Mitteilung, Bestätigung, Austausch von Sicherheiten) vornehmen muss. Grundsätzlich gilt, dass Arbeitstag oder Geschäftstag jeder Kalendertag ist, an dem alle an der Handlung beteiligten Unternehmen oder Einrichtungen nach den an dem betreffenden Finanzplatz geltenden Gesetzen oder Usancen oder, im Falle eines Handelsplatzes oder einer CCP, nach dem für sie aufgestellten Kalender für die Vornahme der Handlung geöffnet haben sollten[1]. 149

5. C.6-Energiederivatkontrakte. Der Begriff wurde durch Art. 53 Abs. 1 der VO Nr. 600/2014 (MiFIR) in die EMIR eingeführt. Er beschreibt die Derivatekontrakte, die nach der Übergangsregelung des Art. 95 Abs. 1 RL 2014/65/EU bis zum 3.1.2021[2] auf Antrag der nichtfinanziellen Gegenpartei von der Clearingpflicht, der Besicherungspflicht sowie der Anrechnung auf die Clearingschwelle nach Art. 10 VO Nr. 648/2012 befreit sind. Die Ausnahme wird nach Art. 95 Abs. 2 RL 2014/65/EU von der jeweils zuständigen Behörde gewährt; diese entscheidet auch, welche Kontrakte ausgenommen sind. 150

Nach Art. 4 Abs. 1 Nr. 16 RL 2014/65/EU erfasst der Begriff sämtliche Optionen, Terminkontrakte (Futures), Swaps oder andere in Anhang I Abschnitt C Nr. 6 RL 2004/39/EG II genannte Derivatekontrakte in Bezug auf **Kohle oder Öl**, die über ein OTF gehandelt werden und effektiv geliefert werden müssen. Art. 6 DelVO 2017/ 565 konkretisiert den Begriff C.6-Energiederivatkontrakte dahin gehend, dass der Begriff Öl **Erdöl** jeder Art einschließlich der aus Erdöl gewonnenen Produkte, Komponenten und Erdölderivate, wie z.B. **Kraftstoffe** umfasst und zwar auch soweit ihnen Biokraftstoffe beigemischt sind. Ebenfalls definiert wird der Begriff Kohle (schwarzes oder dunkelbraunes karbonisiertes Pflanzenmaterial). 151

Grund für die Ausnahme ist die mit der Einführung von OTFs verbundene Erweiterung des Derivatebegriffs und die bislang nicht abschätzbaren Auswirkungen auf die Liquidität der Energiemärkte. Im Übrigen wird auf die Ausführungen in Rz. 37f. verwiesen. 152

6. Energiegroßhandelsprodukt. Der Begriff ist in Art. 2 Nr. 4 VO Nr. 1227/2011 (REMIT) definiert und dort für die durch Art. 8 Abs. 1 VO Nr. 1227/2011 begründete **Meldepflicht** von Bedeutung die, ähnlich wie Art. 26 der VO Nr. 600/2014 (MiFIR), für die von der Meldepflicht nach Art. 9 VO Nr. 648/2012 erfassten Derivate eine Doppelmeldung begründet (s. Art. 9 VO Nr. 648/2012 Rz. 5). 153

Darüber hinaus werden die an einem OTF gehandelten Energiegroßhandelsprodukte mit effektiver Erfüllung nach Anhang I Abschnitt C Nr. 6 RL 2014/65/EU (MiFID II) vom Anwendungsbereich des Begriffs Finanzinstrumente ausgenommen (s. Rz. 37f.). Nach Art. 4 Abs. 1 Nr. 58 RL 2014/65/EU erfasst der Begriff die in Art. 2 Nr. 4 VO Nr. 1227/2011 definierten Verträge und Derivate, die sich auf **Strom oder Erdgas** beziehen, der oder das in der Union erzeugt, gehandelt oder geliefert wurde oder die den Transport von Strom oder Erdgas in der Union zum Gegenstand haben. Ausgenommen sind Verträge über die Lieferung und die Verteilung von Strom oder Erdgas zur Nutzung durch Endverbraucher mit einer Verbrauchskapazität von weniger als **600 GWh pro Jahr**. 154

7. Eigenmittel. Der Begriff wird an verschiedenen Stellen der EMIR und im unterschiedlichen Zusammenhang verwendet. Er ist zum einen für die Freistellung clearingpflichtiger Gegenparteien von der Besicherungspflicht für gruppeninterne Geschäfte nach Art. 11 VO Nr. 648/2012 maßgeblich. Die Freistellung verlangt, dass innerhalb der Gruppe keine tatsächlichen oder rechtlichen Hindernisse für die unverzügliche Übertragung von Eigenmitteln bestehen. Darüber hat er Bedeutung für die Zulassung und Beaufsichtigung von zentralen Gegenparteien. Für den zuletzt genannten Regelungsbereich findet sich eine Umschreibung des Begriffs Eigenmittel 155

---

1 Für Bestätigungen: *ESMA* OTC Frage Nr. 5(e) [letzte Aktualisierung: 5.8.2013], für Meldungen: *ESMA* Q&A TR Frage Nr. 11(b) [letzte Aktualisierung: 5.8.2013].
2 Die ursprüngliche Frist bis 3.7.2020 ist durch Art. 1 Abs. 9 RL 2016/1034 verlängert worden. S. Richtlinie (EU) 2016/1034 des Europäischen Parlaments und des Rates vom 23. Juni 2016 zur Änderung der Richtlinie 2014/65/EU über Märkte für Finanzinstrumente, ABl. EU Nr. L 175 v. 30.6.2016, S. 8.

in Art. 35 DelVO Nr. 153/2013. Danach umfassen die Eigenmittel das Eigenkapital i.S.v. Art. 16 VO Nr. 648/2012 sowie die Gewinnrücklagen und sonstigen Rücklagen.

156 **8. Finanzinstrument.** Der an mehreren Stellen der EMIR verwendete Begriff Finanzinstrumente wird vom Gesetzgeber offenbar als bekannt vorausgesetzt. Die enge Verbindung zwischen der EMIR einerseits und der MiFID II bzw. der MiFIR andererseits lassen es geboten erscheinen, den Begriff einheitlich im Sinne des Anhang I Abschnitt C RL 2014/65/EU auszulegen.

157 **XXXV. Ausblick.** Zum Zeitpunkt der Kommentierung zeichneten sich folgende Änderungen ab: Mit der im Entwurf vorliegenden Verordnung zur Änderung der EMIR (**EMIR-REFIT-Entwurf**)[1] soll der in Art. 2 Nr. 8 VO Nr. 648/2012 definierte Begriff der finanziellen Gegenpartei deutlich erweitert werden. Er soll zukünftig auch Zentralverwahrer, Verbriefungszweckgesellschaften sowie solche alternativen Investmentfonds (AIFs) umfassen, die nicht von einer gem. der RL 2011/61/EU (AIFMD) zugelassenen oder registrierten Verwaltungsgesellschaft verwaltet werden. Mit der Annahme des Berichts seines Berichterstatters Langen[2] am 25.5.2018 hat das Europäische Parlament sich für eine Erweiterung des Begriffs finanzielle Gegenparteien um Zentralverwahrer, aber gegen die Erfassung von Verbriefungszweckgesellschaften und außereuropäischen alternativen Investmentfonds ausgesprochen. Die endgültige Entscheidung hierüber bleibt dem Trilog vorbehalten.

Art. 2a Entscheidung über die Gleichwertigkeit für die Zwecke der Bestimmung des Begriffs „OTC-Derivate"

(1) Für die Zwecke des Artikels 2 Nummer 7 dieser Verordnung wird ein Markt eines Drittstaats im Sinne von Artikel 4 Absatz 1 Nummer 14 der Richtlinie 2004/39/EG als einem geregelten Markt gleichwertig angesehen, wenn die Kommission gemäß dem Verfahren nach Absatz 2 dieses Artikels feststellt, dass er rechtsverbindliche Anforderungen erfüllt, die denen des Titels III jener Richtlinie entsprechen, und in dem betreffenden Drittstaat dauerhaft einer wirksamen Beaufsichtigung und einer effektiven Rechtsdurchsetzung unterliegt.

(2) Die Kommission kann Durchführungsrechtsakte erlassen, in denen sie für die Zwecke des Absatzes 1 feststellt, dass ein Markt eines Drittstaats rechtsverbindliche Anforderungen erfüllt, die denen des Titels III der Richtlinie 2004/39/EG entsprechen, und in dem betreffenden Drittstaat dauerhaft einer wirksamen Beaufsichtigung und einer effektiven Rechtsdurchsetzung unterliegt.

Diese Durchführungsrechtsakte werden nach dem Prüfverfahren gemäß Artikel 86 Absatz 2 dieser Verordnung erlassen.

(3) Die Kommission und die ESMA veröffentlichen auf ihren Websites ein Verzeichnis der Märkte, die gemäß dem Durchführungsrechtsakt nach Absatz 2 als gleichwertig anzusehen sind. Dieses Verzeichnis wird regelmäßig aktualisiert.

In der Fassung vom 25.11.2015 (ABl. EU Nr. L 337 v. 23.12.2015, S. 1).

Schrifttum: *Europäische Wertpapier- und Marktaufsichtsbehörde (ESMA)*, „Fragen und Antworten – Umsetzung der Verordnung (EU) Nr. 648/2012 über OTC-Derivate, zentrale Gegenparteien und Transaktionsregister (EMIR)", ESMA70-1861941480-52 vom 30.5.2018, abrufbar über: https://www.esma.europa.eu („*ESMA* Q&A"); *Lutter/Bayer/J. Schmidt* (Hrsg.) Europäisches Unternehmens- und Kapitalmarktrecht, 6. Aufl. 2017, ZGR Sonderheft 1, Teil 1 („*Lutter/Bayer/J. Schmidt*, EuropUR").

I. Zweck und Bedeutung (Art. 2a Abs. 2 VO Nr. 648/2012) 1	III. Veröffentlichung (Art. 2a Abs. 3 VO Nr. 648/2012) 5
II. Prüfverfahren (Art. 2a Abs. 2 VO Nr. 648/2012) 2	

1 **I. Zweck und Bedeutung (Art. 2a Abs. 2 VO Nr. 648/2012).** Art. 2a VO Nr. 648/2012 ist mit Wirkung zum 12.1.2016 in die EMIR eingefügt worden[3]. Die Vorschrift ermächtigt die Kommission zur Anerkennung von

---

1 Kommission, Vorschlag für eine Verordnung des Europäischen Parlaments und des Rates zur Änderung der Verordnung (EU) Nr. 648/2012 in Bezug auf die Clearingpflicht, die Aussetzung der Clearingpflicht, die Meldepflichten, die Risikominderungstechniken für nicht durch eine zentrale Gegenpartei geclearte OTC-Derivatekontrakte, die Registrierung und Beaufsichtigung von Transaktionsregistern und die Anforderungen an Transaktionsregister, KOM(2017) 208 final vom 4.5.2017, abrufbar über: http://ec.europa.eu („*Kommission* EMIR-REFIT-Entwurf").
2 Der Bericht ist abrufbar über: http://www.europarl.europa.eu/sides/getDoc.do?pubRef=-//EP//TEXT+REPORT+A8-2018-0181+0+DOC+XML+V0//EN&language=de.
3 Art. 2a VO Nr. 648/2012 ist durch Art. 32 Abs. 2 VO 2015/2365 (SFT-Verordnung) eingeführt worden. Die SFT-Verordnung ist am zwanzigsten Tag nach ihrer Veröffentlichung im Amtsblatt der Europäischen Union, d.h. am 12.1.2016, in Kraft getreten.

Märkten eines Drittstaates. Gegenstand der Anerkennung ist die Feststellung, dass der Drittstaatenmarkt in seinem Heimatland Vorschriften unterliegt, die den in Titel III der RL 2014/65/EU (MiFID II) festgelegten Vorschriften für die Zulassung geregelter Märkte in Europa gleichwertig sind. Die Feststellung erfolgt nach Durchführung des in Art. 2a Abs. 2 VO Nr. 648/2012 und Art. 86 Abs. 2 VO Nr. 648/2012 geregelten Prüfverfahrens durch Beschluss. Die Bedeutung des Art. 2a VO Nr. 648/2012 erschöpft sich in der Konkretisierung des in Art. 2 Nr. 7 VO Nr. 648/2012 definierten Begriffs OTC-Derivat. Wegen der Einzelheiten wird auf die Ausführungen zu Art. 2 VO Nr. 648/2012 Rz. 42–44 verwiesen.

II. Prüfverfahren (Art. 2a Abs. 2 VO Nr. 648/2012). Das in Art. 2a VO Nr. 648/2012 geregelte Verfahren der Anerkennung lehnt sich an Art. 28 Abs. 1 Buchst. d und Abs. 4 VO Nr. 600/2014 an, die an die Stelle des alten Art. 19 Abs. 6 RL 2004/39/EG (MiFID) getreten sind. Diese sehen vor, dass die Kommission die Gleichwertigkeit von Drittstaatenmärkten nach Abschluss eines förmlichen Prüfverfahrens nach Art. 5 VO Nr. 182/2011 durch Beschluss feststellen kann. Wegen der Einzelheiten wird auf die Ausführungen zu Art. 86 VO Nr. 648/2012 Rz. 3–6 verwiesen. 2

Von ihrer Befugnis hat die Kommission erstmals am 1.7.2016 Gebrauch gemacht, als sie die von der U.S. Commodity Futures Trading Commission (CFTC) als designated contract markets (DCM) anerkannten und beaufsichtigten Handelsplätze[1] als gleichwertig eingestuft hat. 3

Die Kommission hat bislang folgende Durchführungsbeschlüsse erlassen[2]: 4

- **Durchführungsbeschluss (EU) 2016/1073** der Kommission vom 1.7.2016 über die Gleichwertigkeit anerkannter Kontraktmärkte in den **Vereinigten Staaten von Amerika** gemäß der VO Nr. 648/2012 des Europäischen Parlaments und des Rates, ABl. EU Nr. L 178 v. 2.7.2016, S. 24 („Gleichwertigkeitsentscheidung Börsen in den U.S.A.");
- **Durchführungsbeschluss (EU) 2016/2270** der Kommission vom 15.12.2016 über die Gleichwertigkeit in **Singapur** genehmigter Börsen gemäß der VO Nr. 648/2012 des Europäischen Parlaments und des Rates ABl. EU Nr. L 342 v. 16.12.2016, S. 42 („Gleichwertigkeitsentscheidung Börsen in Singapur");
- **Durchführungsbeschluss (EU) 2016/2271** der Kommission vom 15.12.2016 über die Gleichwertigkeit von Börsen für Finanzinstrumente und Warenbörsen in **Japan** gemäß der VO Nr. 648/2012 des Europäischen Parlaments und des Rates, ABl. EU Nr. L 342 v. 16.12.2016, S. 45 („Gleichwertigkeitsentscheidung Börsen in Japan");
- **Durchführungsbeschluss (EU) 2016/2272** der Kommission vom 15.12.2016 über die Gleichwertigkeit von Finanzmärkten in **Australien** gemäß der VO Nr. 648/2012 des Europäischen Parlaments und des Rates, ABl. EU Nr. L 342 v. 16.12.2016, S. 48 („Gleichwertigkeitsentscheidung Börsen in Australien");
- **Durchführungsbeschluss (EU) 2016/2273** der Kommission vom 15.12.2016 über die Gleichwertigkeit in **Kanada** anerkannter Börsen gemäß der VO Nr. 648/2012 des Europäischen Parlaments und des Rates, ABl. EU Nr. L 342 v. 16.12.2016, S. 51, („Gleichwertigkeitsentscheidung Börsen in Kanada").

III. Veröffentlichung (Art. 2a Abs. 3 VO Nr. 648/2012). Die ESMA veröffentlicht auf ihrer Webseite eine Liste der als gleichwertig anerkannten Börsen[3]. Diese umfasste am 26.1.2017 insgesamt 37 Handelsplätze[4]. 5

Art. 3 Gruppeninterne Geschäfte

(1) In Bezug auf eine nichtfinanzielle Gegenpartei ist ein gruppeninternes Geschäft ein OTC-Derivatekontrakt, der mit einer anderen Gegenpartei, die Mitglied derselben Unternehmensgruppe ist, geschlossen wird, sofern die beiden Gegenparteien in dieselbe Vollkonsolidierung einbezogen sind, geeigneten zentralisierten Risikobewertungs-, -mess- und -kontrollverfahren unterliegen, und die betreffende andere Gegenpartei in der Union oder in einem Drittstaat ansässig ist, soweit die Kommission in Bezug auf den Drittstaat einen Durchführungsrechtsakt gemäß Artikel 13 Absatz 2 erlassen hat.

---

1 S. *U.S. Commodity Futures Trading Commission (CFTC)*, Liste der anerkannten designated contract markets (DCM), abrufbar über https://sirt.cftc.gov/SIRT/SIRT.aspx?Topic=TradingOrganizations&implicit=true&type=DCM&CustomCol umnDisplay=TTTTTTTT.
2 S. die Übersicht bei *Lutter/Bayer/J. Schmidt*, EuropUR, Fundstellenverzeichnis (nach 37.29).
3 *Europäische Wertpapier- und Marktaufsichtsbehörde (ESMA)*, „Fragen und Antworten – Umsetzung der Verordnung (EU) Nr. 648/2012 über OTC-Derivate, zentrale Gegenparteien und Transaktionsregister (EMIR)", ESMA70-1861941480-52 vom 30.5.2018, abrufbar über: https://www.esma.europa.eu/sites/default/files/library/esma70-1861941480-52_qa_on_ emir_implementation.pdf („*ESMA* Q&A"), OTC Frage 1(c) [letzte Aktualisierung: 2.10.2017].
4 *ESMA*, Liste der Drittstaaten-Märkte, die nach Art. 2a VO Nr. 648/2012 als gleichwertig anerkannt wurden, letzte Aktualisierung 26.1.2017, abrufbar über: https://www.esma.europa.eu/sites/default/files/library/equivalent_tc-markets_un der_emir.pdf.

(2) In Bezug auf eine finanzielle Gegenpartei ist ein gruppeninternes Geschäft
a) ein OTC-Derivatekontrakt, der mit einer anderen Gegenpartei, die Mitglied derselben Unternehmensgruppe ist, geschlossen wird, sofern die nachstehenden Voraussetzungen erfüllt sind:
   i) die finanzielle Gegenpartei ist in der Union ansässig; wenn die finanzielle Gegenpartei in einem Drittstaat ansässig ist, hat die Kommission in Bezug auf den Drittstaat einen Durchführungsrechtsakt nach Artikel 13 Absatz 2 erlassen;
   ii) bei der anderen Gegenpartei handelt es sich um eine finanzielle Gegenpartei, eine Finanzholdinggesellschaft, ein Finanzinstitut oder einen Anbieter von Nebendienstleistungen, die/der den jeweiligen Aufsichtsvorschriften unterliegt;
   iii) beide Gegenparteien sind in dieselbe Vollkonsolidierung einbezogen und
   iv) beide Gegenparteien unterliegen geeigneten zentralisierten Risikobewertungs-, -mess- und -kontrollverfahren,
b) ein OTC-Derivatekontrakt, der mit einer anderen Gegenpartei geschlossen wird, wenn beide Gegenparteien Teil desselben institutsbezogenen Sicherungssystems nach Artikel 80 Absatz 8 der Richtlinie 2006/48/EG sind, sofern die Voraussetzung nach Buchstabe a Ziffer ii dieses Absatzes erfüllt ist;
c) ein OTC-Derivatekontrakt, der zwischen Kreditinstituten geschlossen wird, die nach Artikel 3 Absatz 1 der Richtlinie 2006/48/EG derselben Zentralorganisation zugeordnet sind, oder zwischen einem solchen Kreditinstitut und der Zentralorganisation oder
d) ein OTC-Derivatekontrakt, der mit einer nichtfinanziellen Gegenpartei, die Mitglied derselben Unternehmensgruppe ist, geschlossen wird, sofern die beiden Gegenparteien in dieselbe Vollkonsolidierung einbezogen sind und geeigneten zentralisierten Risikobewertungs-, -mess- und -kontrollverfahren unterliegen und die betreffende andere Gegenpartei in der Union oder in einem Drittstaat niedergelassen ist, wofür die Kommission in Bezug auf den Drittstaat einen Durchführungsrechtsakt gemäß Artikel 13 Absatz 2 erlassen hat.

(3) Für die Zwecke dieses Artikels gelten Gegenparteien als in dieselbe Konsolidierung einbezogen, wenn sie beide entweder
a) nach der Richtlinie 83/349/EWG oder nach den Internationalen Rechnungslegungsstandards (International Financial Reporting Standards, im Folgenden „IFRS"), die gemäß der Verordnung (EG) Nr. 1606/2002 erlassen wurden, oder – bei Gruppen mit einem Mutterunternehmen mit Hauptsitz in einem Drittstaat – nach den allgemein anerkannten Rechnungslegungsgrundsätzen des betreffenden Drittstaats, für die festgestellt wurde, dass sie den IFRS entsprechen, die in Übereinstimmung mit der Verordnung (EG) Nr. 1569/2007 erlassen wurden, (oder nach den Rechnungslegungsgrundsätzen des betreffenden Drittstaats, die gemäß Artikel 4 dieser Verordnung zulässig sind) in eine Konsolidierung einbezogen sind, oder
b) derselben Beaufsichtigung auf konsolidierter Basis gemäß der Richtlinie 2006/48/EG oder der Richtlinie 2006/49/EG unterliegen, bzw. – bei Gruppen mit einem Mutterunternehmen mit Hauptsitz in einem Drittstaat – wenn für dieselbe Beaufsichtigung auf konsolidierter Basis durch eine zuständige Behörde des Drittstaats überprüft wurde, dass sie einer Beaufsichtigung auf konsolidierter Basis nach den Grundsätzen entspricht, die in Artikel 143 der Richtlinie 2006/48/EG oder in Artikel 2 der Richtlinie 2006/49/EG dafür festgelegt sind.

In der Fassung vom 4.7.2012 (ABl. EU Nr. L 201 v. 27.7.2012, S. 1).

Schrifttum: *Europäische Wertpapier- und Marktaufsichtsbehörde (ESMA)*, „Fragen und Antworten – Umsetzung der Verordnung (EU) Nr. 648/2012 über OTC-Derivate, zentrale Gegenparteien und Transaktionsregister (EMIR)", ESMA70-1861941480-52 vom 30.5.2018, abrufbar über: https://www.esma.europa.eu („*ESMA Q&A*"); *Hönig/Rauberger*, CCP für OTC in der Sparkassen-Finanzgruppe, ZfgK 2013, 187; *Köhling/Adler*, Der neue europäische Regulierungsrahmen für OTC-Derivate, WM 2012, 2125 und 2173; *Pankoke/Wallus*, Europäische Derivateregulierung und M&A, WM 2014, 4; *Wieland/Weiß*, EMIR – die Regulierung des europäischen OTC-Derivatemarktes, Corporate Finance Law 2013, 73; *Zerey* (Hrsg.), Finanzderivate, Rechtshandbuch, 4. Aufl. 2016.

I. Inhalt und Struktur des Begriffs gruppeninternes Geschäft (Art. 3 Abs. 1 und 2 VO Nr. 648/2012) 1	a) Bilanzielle Konsolidierung 18
	b) Regulatorische Konsolidierung 24
II. Wirtschaftliche Bedeutung gruppeninterner Geschäfte 8	2. Institutsbezogenes Sicherungssystem 33
	3. Zentralorganisation 39
III. Anforderungen an gruppeninterne Geschäfte 13	4. Zentralisiertes Risikomanagement 42
1. Vollkonsolidierung (Art. 3 Abs. 3 VO Nr. 648/2012) 13	5. Zusätzliche Anforderung bei Drittstaatenbezug 48

I. Inhalt und Struktur des Begriffs gruppeninternes Geschäft (Art. 3 Abs. 1 und 2 VO Nr. 648/2012). Nach Art. 3 Abs. 1 VO Nr. 648/2012 ist **gruppeninternes Geschäft** jedes OTC-Derivat, dass mit einer Gegenpartei abgeschlossen wurde, die als Mitglied derselben Gruppe in dieselbe Vollkonsolidierung und in dasselbe zentralisierte Risikobewertungs-, mess- und -kontrollverfahren einbezogen ist. Ist die Gegenpartei in einem Drittstaat ansässig, liegt ein gruppeninternes Geschäft nur dann vor, wenn die Kommission zuvor im Hinblick auf diesen Drittstaat einen Durchführungsrechtsakt nach Art. 13 Abs. 2 VO Nr. 648/2012 erlassen hat. 1

Der Begriff gruppeninternes Geschäft ist für die in Art. 4 Abs. 2 und Art. 11 Abs. 5–10 VO Nr. 648/2012 geregelte **Freistellung** von den Clearing- und Risikominderungspflichten von Bedeutung[1]. Darüber hinaus ist er auch für die in Art. 28 Abs. 1 VO Nr. 600/2014[2] (MiFIR) angeordnete **Handelspflicht** relevant. 2

Der Begriff gruppeninternes Geschäft unterscheidet perspektivisch – **aus Sicht der Partei, die die Freistellung anstrebt** – danach, ob es sich bei ihr um eine nichtfinanzielle Gegenpartei oder eine finanzielle Gegenpartei handelt. Darüber hinaus wird danach unterschieden, ob die Zusammenfassung der beiden Gegenparteien zu einer Gruppe auf **gesellschaftsrechtlichen Grundsätzen** basiert (die sog. „Konzernfälle") oder auf **anderen Kriterien**, wie der Zuordnung der Parteien zu demselben institutsbezogenen Sicherungssystem oder derselben Zentralorganisation[3]. 3

In den auf **gesellschaftsrechtlichen Grundsätzen basierenden Konzernfällen** liegt ein gruppeninternes Geschäft dann vor, wenn es sich bei dem Geschäft um ein OTC-Derivat handelt und beide Gegenparteien in dieselbe Vollkonsolidierung einbezogen sind. Der hierfür relevante Begriff der „**Einbeziehung in dieselbe Konsolidierung**" ist in Art. 3 Abs. 3 VO Nr. 648/2012 definiert. Die in Art. 2 Nrn. 16, 21 und 22 VO Nr. 648/2012 definierten Begriffe „Gruppe"[4], „Mutterunternehmen" und „Tochterunternehmen" sind hingegen nicht von Bedeutung, da ihre Funktion bereits von Art. 3 Abs. 3 VO Nr. 648/2012 übernommen wird. 4

Die erwähnte „**Antragstellersicht**" scheint auf den ersten Blick eine gewisse Redundanz zu erzeugen: So werden die Anforderungen an ein gruppeninternes Geschäft, bei dem eine finanzielle Gegenpartei einer nichtfinanziellen Gegenpartei gegenüber steht, sowohl in Art. 3 Abs. 1 VO Nr. 648/2012 als auch in Art. 3 Abs. 2 Buchst. a Ziff. ii) und Buchst. d VO Nr. 648/2012 geregelt. Wie sich jedoch aus Art. 11 VO Nr. 648/2012 und den dort geregelten Verfahren für die Freistellung von der Besicherungspflicht ergibt, tritt Art. 3 Abs. 1 VO Nr. 648/2012 in den Fällen, in denen der antragstellenden nichtfinanziellen Gegenpartei eine finanzielle Gegenpartei gegenüber steht, hinter dem spezielleren Art. 3 Abs. 2 VO Nr. 648/2012 zurück: So sehen Art. 11 Abs. 7 und 9 VO Nr. 648/2012 für die Konzernfälle des Art. 3 Abs. 1 VO Nr. 648/2012 lediglich eine Benachrichtigung der zuständigen Behörden vor, während für die Verfahren, an denen finanzielle Gegenparteien beteiligt sind, stets eine Zustimmung der zuständigen Behörden verlangt wird. Da die Art des Verfahrens – Mitteilungsverfahren oder Genehmigungsverfahren – nicht davon abhängen kann, wer die Gruppenfreistellung anstrebt, kann Art. 3 Abs. 1 VO Nr. 648/2012 nur dann relevant werden, wenn beide Mitglieder der Gruppe nichtfinanzielle Gegenparteien sind. 5

Die Anwendungsbereiche der in Art. 3 Abs. 2 Buchst. a und d VO Nr. 648/2012 zusammengefassten Konzernfälle überschneiden sich darüber hinaus insoweit, als es sich bei den in Art. 3 Abs. 2 Buchst. a Ziff. ii) VO Nr. 648/2012 genannten Finanzholdinggesellschaften, Finanzinstituten und Anbietern von Nebendienstleistungen auch um nichtfinanzielle Gegenparteien im Sinne des Art. 3 Abs. 2 Buchst. d VO Nr. 648/2012 handeln kann. Hier wird man Art. 3 Abs. 2 Buchst. a VO Nr. 648/2012 als **speziellere Vorschrift** den Vorrang einräumen müssen. 6

Aus dem Vorangestellten ergibt sich für die Tatbestände des Art. 3 Abs. 1 und 2 VO Nr. 648/2012 folgende Anwendungsregel: 7

– Konzernfälle, in denen **beide** Gegenparteien **nichtfinanzielle Gegenparteien** sind, werden in Art. 3 Abs. 1 VO Nr. 648/2012,
– Konzernfälle, in denen eine Gegenpartei eine **finanzielle Gegenpartei** und die andere eine **finanzielle Gegenpartei, eine Finanzholdinggesellschaft, ein Finanzinstitut oder ein Anbietern von Nebendienstleistungen** ist, werden in Art. 3 Abs. 2 Buchst. a VO Nr. 648/2012,
– Konzernfälle, in denen die eine Gegenpartei eine **finanzielle Gegenpartei** und die andere eine **nichtfinanzielle Gegenpartei** ist, werden in Art. 3 Abs. 2 Buchst. d VO Nr. 648/2012,

---

1 *Grundmann* in Staub, HGB, Band 11/2, 5. Aufl. 2018, Rz. 698.
2 Verordnung (EU) Nr. 600/2014 des Europäischen Parlaments und des Rates vom 15. Mai 2014 über Märkte für Finanzinstrumente und zur Änderung der Verordnung (EU) Nr. 648/2012, ABl. EU Nr. L 173 v. 12.6.2014, S. 84.
3 *Donner* in Zerey, Finanzderivate, § 34 Rz. 117; *Grundmann* in Staub, HGB, Band 11/2, 5. Aufl. 2018, Rz. 698.
4 A.A. offenbar die *Europäische Wertpapier- und Marktaufsichtsbehörde (ESMA)*, die auf die Definition des Art. 2 Nr. 16 VO Nr. 648/2012 verweist, s. *ESMA*, „Fragen und Antworten – Umsetzung der Verordnung (EU) Nr. 648/2012 über OTC-Derivate, zentrale Gegenparteien und Transaktionsregister (EMIR)", ESMA70-1861941480-52 vom 30.5.2018, abrufbar über: https://www.esma.europa.eu/sites/default/files/library/esma70-1861941480-52_qa_on_emir_implementation.pdf („*ESMA* Q&A"), OTC Frage Nr. 6(h) [letzte Aktualisierung: 10.7.2017].

– Fälle, in denen beide Gegenparteien demselben **institutsbezogenen Sicherungssystem** nach Art. 80 Abs. 8 RL 2006/48/EG (CRD) angehören, werden in Art. 3 Abs. 2 Buchst. b VO Nr. 648/2012 und
– Fälle, in denen beide Gegenparteien derselben **Zentralorganisation** nach Art. 3 Abs. 1 RL 2006/48/EG (CRD) angehören, werden in Art. 3 Abs. 2 Buchst. c VO Nr. 648/2012

geregelt.

8 **II. Wirtschaftliche Bedeutung gruppeninterner Geschäfte.** Gruppeninterne Geschäfte sind **wesentlicher Bestandteil der konzernweiten Steuerung** der aus der Geschäftstätigkeit des Unternehmensverbundes erwachsenden Risiken[1]. Hierzu zählen insbesondere **Zins-, Währungs-** und **Marktpreisrisiken**. Gruppeninterne Geschäfte ermöglichen es dem Mutterunternehmen der Gruppe oder dem mit der zentralen Risikosteuerung oder Treasury-Funktion betrauten Tochterunternehmen, die Risiken auf Gruppenebene zu erfassen und zu steuern. Dieses kann die Risiken über einzelne Derivate am Finanzmarkt absichern und die erworbene Absicherung durch gruppeninterne Geschäfte an die jeweiligen gruppenangehörigen Unternehmen, die es betrifft, weitergeben.

9 Diese **Zentralisierung der Risikosteuerung** ermöglicht insbesondere die Berücksichtigung von Saldierungseffekten innerhalb der Gruppe: So kann es sein, dass ein gruppenangehöriges Unternehmen aufgrund seiner Exporte nennenswerte Fremdwährungsbeträge erwartet, die es vor Währungsrisiken abzusichern gilt, während ein Schwesterunternehmen z.B. Dienstleistungen im Ausland bezieht, für die es zukünftig Beträge in derselben Fremdwährung aufbringen muss, deren Preise ebenfalls kalkulierbar bleiben müssen. Anstatt dass beide gruppenangehörigen Unternehmen Devisentermingeschäfte am Finanzmarkt tätigen, würde das Mutterunternehmen nur die Nettorisikoposition (die sog. „Spitze") absichern, was auch **Kostenvorteile** mit sich bringt.

10 Unterstützen gruppeninterne Geschäfte auf der einen Seite das effektive Risikomanagement der Gruppe, so sind auf der anderen Seite mit ihnen auch spezifische systemische Risiken verbunden[2], da sie die wechselseitigen Verbindungen und Abhängigkeiten der gruppenangehörigen Unternehmen untereinander verstärken bzw. das sog. **„Ansteckungsrisiko"** erhöhen. Art. 3 VO Nr. 648/2012 definiert daher nicht nur den Begriff des gruppeninternen Geschäfts, sondern stellt gleichzeitig besondere Anforderungen auf. So gilt für sämtliche gruppeninternen Geschäfte, dass beide Gegenparteien geeigneten zentralisierten Risikobewertungs-, Risikomess- und Risikokontrollverfahren unterliegen müssen.

11 Die bestehenden systemischen Risiken sind auch der Grund dafür, dass gruppeninterne Geschäfte bislang **lediglich von der Clearing- und der Risikominderungspflicht** freigestellt werden können. Sie unterliegen stets der Meldepflicht nach Art. 9 VO Nr. 648/2012, was zumindest die von der EMIR angestrebte Transparenz sicherstellt[3].

12 Die wirtschaftliche Bedeutung von gruppeninternen Geschäften und die Auswirkungen der durch Art. 4, 9, 10 und 11 VO Nr. 648/2012 begründeten Anforderungen an nichtfinanzielle Gegenparteien sind im Rahmen der laufenden Beratungen über den **EMIR-REFIT-Entwurf**[4] eingehend erörtert worden. Der EMIR-REFIT-Entwurf schlägt vor, gruppeninterne Geschäfte, an denen eine nichtfinanzielle Gegenpartei beteiligt ist, von der Meldepflicht nach Art. 9 VO Nr. 648/2012 grundsätzlich zu befreien[5]. Der vom Europäischen Parlament am 25.5.2018 angenommene Bericht des Berichterstatters Langen[6] unterstützt den Vorschlag und spricht sich für die Klarstellung aus, dass die Freistellung auch dann gelten soll, wenn die nichtfinanzielle Gegenpartei ihren Sitz in einem Drittstaat hat. Darüber hinaus sollen gruppeninterne Geschäfte mit nichtfinanziellen Gegenpartei unterhalb der Clearingschwelle auch von den Risikominderungspflichten des Art. 11 Abs. 1 VO Nr. 648/2012 freigestellt werden[7].

13 **III. Anforderungen an gruppeninterne Geschäfte. 1. Vollkonsolidierung (Art. 3 Abs. 3 VO Nr. 648/2012).** Die in Art. 3 Abs. 3 VO Nr. 648/2012 verortete Definition der Anforderung „Einbeziehung in dieselbe Konsolidierung" ist ausschließlich für die in Art. 3 Abs. 1 und Abs. 2 Buchst. a und d VO Nr. 648/2012 geregelten Kon-

---

1 Erwägungsgrund Nr. 38 VO Nr. 648/2012.
2 Erwägungsgrund Nr. 38 VO Nr. 648/2012.
3 *ESMA* Q&A, TR Frage Nr. 13 [letzte Aktualisierung: 5.8.2013] und Tabelle 2, Feld 38 des Anhangs zur DelVO Nr. 148/2013.
4 *Kommission*, Vorschlag für eine Verordnung des Europäischen Parlaments und des Rates zur Änderung der Verordnung (EU) Nr. 648/2012 in Bezug auf die Clearingpflicht, die Aussetzung der Clearingpflicht, die Meldepflichten, die Risikominderungstechniken für nicht durch eine zentrale Gegenpartei geclearte OTC- Derivatekontrakte, die Registrierung und Beaufsichtigung von Transaktionsregistern und die Anforderungen an Transaktionsregister, KOM(2017) 208 final vom 4.5.2017, abrufbar über: http://ec.europa.eu/transparency/regdoc/rep/1/2017/DE/COM-2017-208-F1-DE-MAIN-PART-1.PDF („*Kommission* EMIR-REFIT-Entwurf").
5 *Kommission* EMIR-REFIT-Entwurf, S. 23 unter Erwägungsgrund 12: „Gruppeninterne Geschäfte mit nichtfinanziellen Gegenparteien machen einen vergleichsweise geringen Anteil am gesamten OTC-Derivategeschäft aus und dienen in erster Linie der gruppeninternen Absicherung. Wenngleich diese Geschäfte daher nicht wesentlich zum Systemrisiko und zur Verflechtung beitragen, bringt die Pflicht zur Meldung dieser Geschäfte für nichtfinanzielle Gegenparteien doch hohe Kosten und Belastungen mit sich."
6 Der Bericht des Berichterstatters *Langen* („ECON-Bericht") ist abrufbar über: http://www.europarl.europa.eu/sides/getDoc.do?pubRef=-//EP//TEXT+REPORT+A8-2018-0181+0+DOC+XML+V0//EN&language=de.
7 ECON-Bericht, S. 23.

zernfälle relevant. Basiert die Definition des gruppeninternen Geschäfts gem. Art. 3 Abs. 2 Buchst. b und c VO Nr. 648/2012 auf der Zugehörigkeit zu einem institutsbezogenen Sicherungssystem oder einer Zentralorganisation, kommt es auf Art. 3 Abs. 3 VO Nr. 648/2012 nicht an: Das Erfordernis der Beaufsichtigung auf konsolidierter Basis ergibt sich hier nur mittelbar über die Definition des institutsbezogenen Sicherungssystems bzw. der Zentralorganisation[1].

Art. 3 Abs. 3 VO Nr. 648/2012 unterscheidet zwischen dem für die Rechnungslegung maßgeblichen **bilanziellen Konsolidierungskreis** und dem für die Beaufsichtigung von Kreditinstituten und Wertpapierfirmen maßgeblichen **regulatorischen Konsolidierungskreis**. Beide Konsolidierungskreise können sowohl **alternativ** als auch **kumulativ** angewendet werden[2]. Die kumulative Anwendung ist insbesondere für die Konzerne von Bedeutung, denen neben den vom regulatorischen Konsolidierungskredits erfassten Kreditinstituten, Wertpapierfirmen, Finanzinstituten und Anbietern von Nebendienstleistungen auch Versicherungen, Rückversicherungen oder Zweckgesellschaften angehören.   14

Gefordert wird nach Art. 3 Abs. 1 und Abs. 2 VO Nr. 648/2012 die Vollkonsolidierung; eine **anteilige bzw. Quotenkonsolidierung** oder die Konsolidierung nach der **Äquivalenzmethode** ist nicht ausreichend[3].   15

Die in Art. 3 Abs. 3 VO Nr. 648/2012 gewählten Formulierungen „in eine Konsolidierung *einbezogen sind*" und „derselben Beaufsichtigung auf konsolidierter Basis […] *unterliegen*" machen deutlich, dass Abs. 3 nicht die in den Buchst. a und b genannten Richtlinien und Verordnungen selbst einbezieht, sondern ausschließlich das unter Anwendung der Konsolidierungsvorschriften auf den betreffenden Unternehmensverbund erzielte **Ergebnis der Konsolidierung**. Soweit die Konsolidierungsvorschriften den Mitgliedstaaten oder den Aufsichtsbehörden Wahlrechte oder Ermessensentscheidungen einräumen, mit denen sie den Kreis der zu konsolidierenden Unternehmen gestalten können, erstreckt sich Art. 3 Abs. 3 VO Nr. 648/2012 auch auf die **Ausübung dieser Wahlrechte und Ermessensentscheidungen**[4]. Die nach Art. 4 Abs. 2 oder Art. 11 Abs. 6–10 VO Nr. 648/2012 über die Befreiung von der Clearing- oder Risikominderungspflicht befindende zuständige Behörde muss das Ergebnis der Konsolidierung hinnehmen bzw. kann lediglich die Qualifizierung der zur Anwendung gekommenen Konsolidierungsvorschriften überprüfen.   16

Die in Art. 3 Abs. 3 VO Nr. 648/2012 in Bezug genommenen Richtlinien – RL 83/349/EWG[5], RL 2006/48/EG[6] und RL 2006/49/EG[7] – sind zwischenzeitlich aufgehoben und durch neue Richtlinien und Verordnungen ersetzt worden. In sämtlichen Fällen hat der Gesetzgeber angeordnet, dass Verweisungen auf die **aufgehobenen Richtlinien** als Verweisungen auf die neuen Richtlinien und Verordnungen zu lesen sind. So hat Art. 52 Unterabs. 2 RL 2013/34/EU[8] die Bezugnahmen auf die RL 83/349/EWG gemäß der in Anhang VII der RL 2013/34/EU wiedergegebenen Entsprechungstabelle mit Wirkung zum 19.7.2013 in Bezugnahmen auf die RL 2013/34/EU überführt. Gleiches galt für die Referenzen auf die RL 2006/48/EG und RL 2006/49/EG, die am 1.1.2014 über Art. 163 RL 2013/36/EU und die in Anhang II der RL 2013/36/EU bzw. Anhang IV der VO Nr. 575/2013 definierten Entsprechungstabellen entweder in Bestimmungen der RL 2013/36/EU oder Bestimmungen der VO Nr. 575/2013 überführt wurden. Die für Art. 3 Abs. 3 Buchst. a VO Nr. 648/2012 maßgeblichen Vorschriften für den bilanziellen Konsolidierungskreis sind derzeit in Kapitel 6 der **RL 2013/34/EU** zusammengefasst. Die für Art. 3 Abs. 3 Buchst. b VO Nr. 648/2012 maßgeblichen Vorschriften für den regulatorischen Konsolidierungskredits finden sich im Teil 1 Titel II Kapitel 2 der **VO Nr. 575/2013** und, für deutsche Institute, in der seit dem 1.1.2014 gültigen Fassung des § 10a KWG.   17

a) Bilanzielle Konsolidierung. Die Bestimmung des **bilanziellen Konsolidierungskreis** folgt entweder den in RL 2013/34/EU definierten und in nationales Recht umgesetzten europäischen Rechnungslegungsvorschriften oder den – nach dem in Art. 3 VO Nr. 1606/2002[9] beschriebenen Verfahren für anwendbar erklärten – **Inter-**   18

---

1 S. Art. 10 Abs. 1 Satz 1 Buchst. b VO Nr. 575/2013 für die Zentralorganisation und Art. 113 Abs. 7 Satz 2 Buchst. e VO Nr. 575/2013 für das institutsbezogene Sicherungssystem.
2 *BaFin* Merkblatt Intragruppenausnahmen Art. 4 EMIR, A.III.2; *ESMA* Q&A OTC Frage Nr. 6(e) [letzte Aktualisierung: 10.7.2017].
3 *ESMA* Q&A OTC Frage Nr. 3(b.5) [letzte Aktualisierung: 21.5.2014], *Pankoke/Wallus*, WM 2014, 12.
4 *Pankoke/Wallus*, WM 2014, 4, 12 für den Fall des Verzichts auf Einbeziehung nach § 296 HGB.
5 Siebente Richtlinie 83/349/EWG des Rates vom 13. Juni 1983 aufgrund von Art. 54 Abs. 3 Buchst. g) des Vertrages über den konsolidierten Abschluss, ABl. EG Nr. L 193 v. 18.7.1983, S. 1.
6 Richtlinie 2006/48/EG des Europäischen Parlaments und des Rates vom 14. Juni 2006 über die Aufnahme und Ausübung der Tätigkeit der Kreditinstitute (Neufassung), ABl. EU Nr. 177 v. 30.6.2006, S. 1.
7 Richtlinie 2006/49/EG des Europäischen Parlaments und des Rates vom 14. Juni 2006 über die angemessene Eigenkapitalausstattung von Wertpapierfirmen und Kreditinstituten (Neufassung), ABl. EU Nr. 177 v. 30.6.2006, S. 201.
8 Richtlinie 2013/34/EU des Europäischen Parlaments und des Rates vom 26. Juni 2013 über den Jahresabschluss, den konsolidierten Abschluss und damit verbundene Berichte von Unternehmen bestimmter Rechtsformen und zur Änderung der Richtlinie 2006/43/EG des Europäischen Parlaments und des Rates und zur Aufhebung der Richtlinien 78/660/EWG und 83/349/EWG, ABl. EU Nr. L 182 v. 29.6.2013, S. 19.
9 Verordnung (EG) Nr. 1606/2002 des Europäischen Parlaments und des Rates vom 19. Juli 2002 betreffend die Anwendung internationaler Rechnungslegungsstandards, ABl. EG Nr. L 243 v. 11.9.2002, S. 1.

national Financial Reporting Standards (IFRS), die wiederum die International Accounting Standards (IAS) und die Auslegungsentscheidungen des IFRS Interpretation Committees (IFRIC) oder des Standing Interpretation Committees (SIC) einbeziehen. Die nach den IFRS maßgeblichen Grundsätze für die Einbeziehung von Tochterunternehmen in den Konsolidierungskreis und die Vollkonsolidierung finden sich in **IFRS 10**.

19 Das Verhältnis zwischen den europäischen Rechnungslegungsvorschriften und den IFRS ist in Art. 4 VO Nr. 1606/2002 und § 315a HGB geregelt. Art. 4 VO Nr. 1606/2002 verpflichtet Gesellschaften, deren Wertpapiere in einem Mitgliedstaat zum **Handel in einem geregelten Markt** i.S.d. Art. 1 Abs. 13 RL 93/22/EWG (ISD) gehandelt werden, zur Anwendung der IFRS. Darüber hinaus sieht § 315a Abs. 3 HGB für deutsche Gegenparteien vor, dass Mutterunternehmen, die nicht verpflichtet sind, die IFRS anzuwenden, ihren Konzernabschluss auch freiwillig nach den IFRS aufstellen dürfen.

20 Hat das Mutterunternehmen der Gruppe seinen Sitz in einem Drittstaat, kann der Konsolidierungskreis auch anhand der allgemein anerkannten Rechnungslegungsgrundsätze (generally accepted accounting principles – GAAP) dieses **Drittstaates** ermittelt werden, wenn die Kommission nach dem in der VO Nr. 1569/2007[1] vorgesehenen Verfahren festgestellt hat, dass sie den IFRS gleichwertig sind. In ihrer Entscheidung 2008/961/EG[2] und den nachfolgenden Durchführungsbeschlüssen 2012/194/EU[3] und 2015/1612[4] hat die Kommission die allgemein anerkannten Rechnungslegungsgrundsätze Japans und der U.S.A. als gleichwertig anerkannt.

21 Soweit die RL 2013/34/EU Anwendung findet[5], bestimmt sich der Kreis der in die Vollkonsolidierung einzubeziehenden Unternehmen nach den Bestimmungen des Kapitels 6 der **RL 2013/34/EU**. Art. 21 RL 2013/34/EU begründet die Pflicht zur Erstellung eines konsolidierten Abschlusses für jedes der in Art. 22 Abs. 1 und 2 RL 2013/34/EU definierten Mutterunternehmen; zu konsolidierende Unternehmen sind das Mutterunternehmen und alle seine Tochterunternehmen. Wegen der Einzelheiten zu Art. 22 Abs. 1 und 2 RL 2013/34/EU wird auf die Anmerkungen zum Begriff Mutterunternehmen in Art. 2 VO Nr. 648/2012 Rz. 118–121 und nachstehend unter Rz. 30 verwiesen.

22 Nach Art. 53 RL 2013/34/EU war die Richtlinie bis spätestens zum **20.7.2015** umzusetzen. Zu berücksichtigen ist, dass die Art. 22 und 23 RL 2013/34/EU zahlreiche **Wahlrechte der Mitgliedstaaten** vorsehen, von denen sie im Rahmen der Umsetzung in das nationale Recht Gebrauch machen können und die den Umfang der Konsolidierung beeinflussen. So können die Mitgliedstaaten nach Art. 23 Abs. 2 RL 2013/34/EU **mittlere Gruppen** von der Pflicht zur Erstellung eines konsolidierten Abschlusses befreien. Nach Art. 22 Abs. 1 Satz 1 Buchst. c Unterabs. 2 RL 2013/34/EU können die Mitgliedstaaten vorsehen, dass das Mutterunternehmen nicht Gesellschafter des Tochterunternehmens sein muss. Nach Art. 22 Abs. 1 Satz 2 RL 2013/34/EU können sie entscheiden, Art. 22 Abs. 1 Satz 1 Buchst. d Ziff. i) RL 2013/34/EU nicht umzusetzen oder eine Mindestbeteiligung von 20 % vorzusehen. Nach Art. 22 Abs. 2 RL 2013/34/EU können die Mitgliedstaaten vorsehen, dass die **tatsächliche Ausübung eines beherrschenden Einflusses oder die einheitliche Leitung** die Pflicht zur Erstellung eines konsolidierten Abschlusses auslöst; sie können sich jedoch auch auf die Umsetzung der in Art. 22 Abs. 1 RL 2013/34/EU genannten Tatbestände beschränken.

23 Die Tatsache, dass der Umfang der zu konsolidierende Unternehmen je nach Umsetzung durch die Mitgliedstaaten abweichen kann, erklärt auch warum die **BaFin** in den Fällen, in denen die Vollkonsolidierung nicht auf den regulatorischen sondern auf den bilanziellen Konsolidierungsvorschriften beruht, im Rahmen ihrer Prüfung nach Art. 4 Abs. 2 VO Nr. 648/2012 **geeignete Nachweise** verlangt[6].

24 **b) Regulatorische Konsolidierung.** Der für Zwecke der Vollkonsolidierung maßgebliche regulatorische Konsolidierungskreis basiert seit dem 1.1.2014 auf Art. 11 und 18 VO Nr. 575/2013. Die Anerkennung der in einem

---

1 Verordnung (EG) Nr. 1569/2007 der Kommission vom 21. Dezember 2007 über die Einrichtung eines Mechanismus zur Festlegung der Gleichwertigkeit der von Drittstaatemittenten angewandten Rechnungslegungsgrundsätze gemäß den Richtlinien 2003/71/EG und 2004/109/EG des Europäischen Parlaments und des Rates, ABl. EU Nr. L 340 v. 22.12.2007, S. 66.
2 Entscheidung 2008/961/EG der Kommission vom 12. Dezember 2008 über die Verwendung der nationalen Rechnungslegungsgrundsätze bestimmter Drittländer und der International Financial Reporting Standards durch Wertpapieremittenten aus Drittländern bei der Erstellung ihrer konsolidierten Abschlüsse, ABl. EU Nr. L 340 v. 19.12.2008, S. 112.
3 Durchführungsbeschluss 2012/194/EU der Kommission vom 11. April 2012 zur Änderung der Entscheidung 2008/961/EG über die Verwendung der nationalen Rechnungslegungsgrundsätze bestimmter Drittländer und der International Financial Reporting Standards durch Wertpapieremittenten aus Drittländern bei der Erstellung ihrer konsolidierten Abschlüsse, ABl. EU Nr. L 103 v. 13.4.2012, S. 49.
4 Durchführungsbeschluss (EU) 2015/1612 der Kommission vom 23. September 2015 zur Änderung der Entscheidung 2008/961/EG über die Verwendung der nationalen Rechnungslegungsgrundsätze bestimmter Drittländer und der International Financial Reporting Standards durch Wertpapieremittenten aus Drittländern bei der Erstellung ihrer konsolidierten Abschlüsse, ABl. EU Nr. L 249 v. 25.9.2015, S. 26.
5 Der Anwendungsbereich der Richtlinie ist in Art. 1 Abs. 1 RL 2013/34/EU definiert und erfasst die in Anhang I genannten Unternehmensrechtsformen mit beschränkter Haftung sowie die in Anhang II genannten Unternehmensformen mit unbeschränkter Haftung, bei denen alle Gesellschafter über eine in Anhang I genannte Rechtsform verfügen.
6 *BaFin* Merkblatt Intragruppenausnahmen Art. 4 EMIR, A.III.2.

Drittstaat geltenden Vorschriften über die Beaufsichtigung auf konsolidierter Basis erfolgte bis 1.1.2014 anhand der in Art. 143 RL 2006/48/EG genannten „allgemeinen Orientierungen" des Europäischen Bankenausschusses. Sie beruht heute auf Art. 127 RL 2013/36/EU.

Zum regulatorischen Konsolidierungskreis gehören nach Art. 18 Abs. 1 VO Nr. 575/2013 die Kreditinstitute und Finanzinstitute, die Tochterunternehmen des Mutterunternehmens sind. Der Begriff **Kreditinstitut** wird in Art. 3 Abs. 1 Nr. 1 RL 2013/36/EU i.V.m. Art. 4 Abs. 1 Nr. 1 VO Nr. 575/2013 definiert. Eine Abweichung gegenüber der Vorgängervorschrift in Art. 4 Nr. 1 Buchst. b RL 2006/48/EG ergibt sich daraus, dass die VO Nr. 575/2013 die E-Geld-Institute i.S.d. RL 2000/46/EG[1] aus dem Begriff Kreditinstitut ausgenommen hat. Diese Abweichung hat jedoch keine Auswirkungen auf den Konsolidierungskreis, da E-Geld-Institute seit dem 1.1.2014 als Finanzinstitute gelten[2]. Im Übrigen wird wegen des Begriffs Kreditinstitut auf die Ausführungen zu Art. 2 VO Nr. 648/2012 VO Rz. 59–61 verwiesen.

Die Definition des Begriffs **Finanzinstitut** ist in Art. 3 Abs. 1 Nr. 22 RL 2013/36/EU i.V.m. Art. 4 Abs. 1 Nr. 26 VO Nr. 575/2013 definiert: Erfasst wird jedes Unternehmen, das nicht Kreditinstitut ist und dessen Haupttätigkeit darin besteht, Beteiligungen zu erwerben oder eines oder mehrere der in Nrn. 2–12 und 15 der im Anhang I zur RL 2013/36/EU genannten Tätigkeiten auszuüben. Anhang I zählt die Geschäfte auf, die von der gegenseitigen Anerkennung bzw. dem „Europäischen Pass" für das Betreiben von Bankgeschäften innerhalb der Union profitieren. Vom Begriff Finanzinstitute ebenfalls erfasst sind Finanzholdinggesellschaften, gemischte Finanzholdinggesellschaften, Zahlungsinstitute im Sinne der RL 2007/64/EG[3] und Vermögensverwaltungsgesellschaften.

Der Begriff **Vermögensverwaltungsgesellschaft** ist in Art. 3 Abs. 1 Nr. 18 RL 2013/36/EU i.V.m. Art. 4 Abs. 1 Nr. 19 VO Nr. 575/2013 definiert und umfasst Verwaltungsgesellschaften i.S.v. Art. 2 Nr. 5 RL 2002/87/EG[4] sowie Verwaltungsgesellschaften von alternativen Investmentfonds i.S.d. Art. 4 Nr. 1 Buchst. b RL 2011/61/EU[5]. Bei den zuerst genannten Vermögensverwaltungsgesellschaften i.S.d. RL 2002/87/EG handelt es sich um Verwaltungsgesellschaften i.S.d. Art. 1a Nr. 2 der RL 85/611/EWG[6], sowie um Unternehmen mit Sitz in Drittstaaten, die, hätten sie ihren Sitz in der Union eine Zulassung nach Art. 5 Abs. 1 der RL 85/611/EWG benötigen würden. Nicht zu den Finanzinstituten bzw. den zu konsolidierenden Unternehmen zählen die von den Vermögensverwaltungsgesellschaften verwalteten Investmentvermögen bzw. Organismen für gemeinsame Anlagen. Dies gilt auch dann, wenn das Investmentvermögen als juristische Person (z.B. als Investmentaktiengesellschaft oder société d'investissement à capital variable [SICAV]) organisiert ist und das Institut die Mehrheit der Anteile an der juristischen Person hält[7].

Handelt es sich bei dem Mutterunternehmen um ein Kreditinstitut oder eine Finanzholdinggesellschaft mit Sitz in einem Mitgliedstaat der Union und findet daher Art. 111 Abs. 1 oder Abs. 2 RL 2013/36/EU Anwendung, sind nach Art. 18 Abs. 8 VO Nr. 575/2013 auch die **Anbieter von Nebendienstleistungen** sowie die bereits genannten Vermögensverwaltungsgesellschaften i.S.v. Art. 2 Nr. 5 RL 2002/87/EG in die Konsolidierung mit einbezogen. Unter der RL 2013/36/EU gilt dies auch für gemischte Finanzholdinggesellschaft mit Sitz in der Union. Wie bereits erwähnt, erfasst der Begriff Vermögensverwaltungsgesellschaft der RL 2002/87/EG nur die OGAW-Verwaltungsgesellschaften, d.h. nicht die Verwaltungsgesellschaften alternativer Investmentfonds. Dass Art. 18 Abs. 8 VO Nr. 575/2013 die Vermögensverwaltungsgesellschaften i.S.d. RL 2002/87/EG weiterhin erwähnt, ist ein Redaktionsversehen, da sie als Finanzinstitute bereits über Art. 18 Abs. 1 VO Nr. 575/2013 zu konsolidieren sind.

---

1 Richtlinie 2000/46/EG des Europäischen Parlaments und des Rates vom 18. September 2000 über die Aufnahme, Ausübung und Beaufsichtigung der Tätigkeit von E-Geld-Instituten, ABl. EU Nr. L 275 v. 27.10.2000, S. 39; abgelöst durch Richtlinie 2009/110/EG des Europäischen Parlaments und des Rates vom 16. September 2009 über die Aufnahme, Ausübung und Beaufsichtigung der Tätigkeit von E-Geld-Instituten, ABl. EU Nr. L 267 v. 10.10.2009, S. 7.
2 S. Nr. 15 des Anhang I der RL 2013/36/EU: Ausgabe von E-Geld.
3 Richtlinie 2007/64/EG des Europäischen Parlaments und des Rates vom 13. November 2007 über Zahlungsdienste im Binnenmarkt, zur Änderung der Richtlinien 97/7/EG, 2002/65/EG, 2005/60/EG und 2006/48/EG sowie zur Aufhebung der Richtlinie 97/5/EG, ABl. EU Nr. L 319 v. 5.12.2007, S. 1.
4 Richtlinie 2002/87/EG des Europäischen Parlaments und des Rates vom 16. Dezember 2002 über die zusätzliche Beaufsichtigung der Kreditinstitute, Versicherungsunternehmen und Wertpapierfirmen eines Finanzkonglomerats und zur Änderung der Richtlinien 73/239/EWG, 79/267/EWG, 92/49/EWG, 92/96/EWG, 93/6/EWG und 93/22/EWG des Rates und der Richtlinien 98/78/EG und 2000/12/EG des Europäischen Parlaments und des Rates, ABl. EU Nr. L 35 v. 11.2.2003, S. 1.
5 Richtlinie 2011/61/EU des Europäischen Parlaments und des Rates vom 8. Juni 2011 über die Verwalter alternativer Investmentfonds und zur Änderung der Richtlinien 2003/41/EG und 2009/65/EG und der Verordnungen (EG) Nr. 1060/2009 und (EU) Nr. 1095/2010, ABl. EU Nr. L 174 v. 1.7.2011, S. 1.
6 Richtlinie 2009/65/EG des Europäischen Parlaments und des Rates vom 13. Juli 2009 zur Koordinierung der Rechts- und Verwaltungsvorschriften betreffend bestimmte Organismen für gemeinsame Anlagen in Wertpapieren, ABl. EU Nr. L 302 v. 17.11.2009, S. 32.
7 Die ESMA scheint die Vollkonsolidierung von Investmentvermögen hingegen ausnahmsweise für möglich zu halten; s. ESMA Q&A OTC Frage Nr. 6(h) [letzte Aktualisierung: 10.7.2017]: „ESMA is of the view that in the case of AIFs the exemption for intragroup transactions should be construed narrowly."

29 Von zentraler Bedeutung für den regulatorischen Konsolidierungskreis der VO Nr. 575/2013 sind die Begriffe **Mutterunternehmen** und **Tochterunternehmen**, die in Art. 4 Abs. 1 Nr. 15(a) und Nr. 16(a) VO Nr. 575/2013 definiert sind und die für Zwecke der Konsolidierung nach Ersetzung der Art. 1 und 2 RL 83/349/EWG durch die RL 2013/34/EU auf Art. 22 RL 2013/34/EU verweisen.

30 Nach Art. 22 Abs. 1 und 2 RL 2013/34/EU qualifizieren folgende Beherrschungstatbestände ein Mutterunternehmen:

- das Halten der Mehrheit der Stimmrechte eines Unternehmens (Art. 22 Abs. 1 Satz 1 Buchst. a RL 2013/34/EU),
- das Recht, als Gesellschafter eines Unternehmens die Mehrheit der Mitglieder des Verwaltungs-, Leitungs- oder Aufsichtsorgans dieses Unternehmens zu bestellen oder abzuberufen (Art. 22 Abs. 1 Satz 1 Buchst. b RL 2013/34/EU),
- das Recht auf ein Unternehmen, dessen Gesellschafter man ist, einen beherrschenden Einfluss aufgrund eines mit dem Unternehmen geschlossenen Vertrages oder aufgrund einer Satzungsbestimmung des Unternehmens auszuüben (Art. 22 Abs. 1 Satz 1 Buchst. c RL 2013/34/EU),
- der Umstand, dass man als Gesellschafter eines Unternehmens allein durch die Ausübung seiner Stimmrechte die Mehrheit der im laufenden und im vorherigen Geschäftsjahr amtierenden Mitglieder des Verwaltungs-, Leitungs- oder Aufsichtsorgans des betreffenden Unternehmens bestellt hat (Art. 22 Abs. 1 Satz 1 Buchst. d Ziff. i) RL 2013/34/EU),
- der Umstand, dass man als Gesellschafter eines Unternehmens aufgrund einer Vereinbarung mit anderen Gesellschaftern des betreffenden Unternehmens über die Mehrheit der Stimmrechte verfügt (Art. 22 Abs. 1 Satz 1 Buchst. d Ziff. ii) RL 2013/34/EU),
- der Umstand, dass man als Gesellschafter eines Unternehmens tatsächlich einen beherrschenden Einfluss auf ein anderes Unternehmen ausübt (Art. 22 Abs. 2 Buchst. a RL 2013/34/EU) und
- der Umstand, dass man über ein Unternehmen die einheitliche Leitung ausübt (Art. 22 Abs. 2 Buchst. b RL 2013/34/EU).

Bei der Anwendung der in Art. 22 Abs. 1 Satz 1 Buchst. a, b und d RL 2013/34/EU geregelten Konzernfälle sind die indirekt, d.h. über ein Tochterunternehmen oder einen Dritten, gehaltenen Stimm-, Bestellungs- oder Abberufungsrechte nach Art. 22 Abs. 3–5 RL 2013/34/EU zu berücksichtigen.

31 Auch hier gilt (s. Art. 2 VO Nr. 648/2012 Rz. 120) dass die VO Nr. 575/2013 die Art. 1 Abs. 1 sowie Abs. 2 Buchst. a RL 83/349/EWG mit ihren Bezugnahmen in den Rang einer Verordnung erhebt und zwar ohne, dass es des Umweges über die nationale Implementierung bedarf. Der Verweis führt auch dazu, dass es auf die in Art. 22 und 23 RL 2013/34/EU vorgesehenen Wahlrechte und Ermessensentscheidungen und deren Ausübung durch die Mitgliedstaaten nicht mehr ankommt. Sie gelten als vom Verordnungsgeber so ausgeübt, dass sämtliche der in Rz. 27 genannten Konzerntatbestände für den Begriff Mutterunternehmen relevant sind. Dies zeigt sich auch an der Definition Mutterunternehmen in Art. 4 Abs. 1 Nr. 15 Buchst. b VO Nr. 575/2013, der für die Zwecke von Titels VII Kapitel 3 und 4 und des Titels VIII der RL 2013/36/EU lediglich auf Tatbestände des Art. 22 Abs. 1 RL 2013/34/EU verweist und diese um den Tatbestand des tatsächlichen beherrschenden Einflusses ergänzt, d.h. für die eingeschränkte Anwendung des Art. 22 Abs. 2 Buchst. a RL 2013/34/EU „optiert".

32 Nach Art. 19 VO Nr. 575/2013 kann die für die Konsolidierung **zuständige Behörde** auf die Einbeziehung von Tochterunternehmen in die Konsolidierung unter bestimmten Voraussetzungen verzichten. Hierzu zählen insbesondere das Bestehen rechtlicher Hindernisse für die Übertragung der für die Konsolidierung notwendigen Information, die geringe Bedeutung der betreffenden Tochtergesellschaften, insbesondere das Unterschreiten der in Art. 73 Abs. 1 Buchst. b RL 2006/48/EG bzw. Art. 19 Abs. 1 VO Nr. 575/2013 genannten Schwellenwerte, oder die Gefahr, dass die Einbeziehung in den Konsolidierungskreis für die Bankenaufsicht ungeeignet oder irreführend wäre. Entschließt sich die zuständige Behörde von der Kompetenz Gebrauch zu machen, so scheidet das betreffende Tochterunternehmen aus dem regulatorischen Konsolidierungskreis aus. Das Tochterunternehmen kann in diesem Fall jedoch weiterhin über den bilanziellen Konsolidierungskreis erfasst werden.

33 **2. Institutsbezogenes Sicherungssystem.** Ein gruppeninternes Geschäft ist nach Art. 3 Abs. 2 Buchst. b VO Nr. 648/2012 stets dann gegeben, wenn beide Gegenparteien Teil desselben **institutsbezogenen Sicherungssystems** nach Art. 80 Abs. 8 RL 2006/48/EG sind. Der Verweis auf die Bestimmungen in Art. 80 Abs. 8 RL 2006/48/EG ist durch die Überleitungsvorschrift in Art. 163 RL 2013/36/EU und die in Anhang II der RL 2013/36/EU sowie in Anhang IV der VO Nr. 575/2013[1] wiedergegebenen Entsprechungstabellen durch einen Verweis auf Art. 113 Abs. 7 VO Nr. 575/2013 ersetzt worden.

---

[1] Verordnung (EU) Nr. 575/2013 des Europäischen Parlaments und des Rates vom 26. Juni 2013 über Aufsichtsanforderungen an Kreditinstitute und Wertpapierfirmen und zur Änderung der Verordnung (EU) Nr. 648/2012, ABl. EU Nr. L 176 v. 27.6.2013 und Berichtigung vom 30.11.2013, ABl. EU Nr. L 321 v. 30.11.2013 S. 6.

Der Begriff institutsbezogenes Sicherungssystem setzt nach Art. 113 Abs. 7 Satz 1 VO Nr. 575/2013 eine **vertragliche oder auf Satzung basierende Haftungsvereinbarung** voraus, die die in das Sicherungssystem eingebundenen Institute absichert und insbesondere sicherstellt, dass im Bedarfsfall, wenn es darum geht eine Insolvenz des Kreditinstituts zu vermeiden, ausreichende Mittel zur Verfügung gestellt werden. Diese Mittel müssen nach Art. 113 Abs. 7 Satz 2 Buchst. b VO Nr. 575/2013 sofort verfügbar sein. Art. 113 Abs. 7 Satz 2 Buchst. h VO Nr. 575/2013 verlangt darüber hinaus, dass sich das institutsbezogene Sicherungssystem auf eine **breite Mitgliedschaft von Kreditinstituten mit einem überwiegend homogenen Geschäftsmodell** stützt. Beispiele für institutsbezogene Sicherungssysteme sind das auf einer Rahmensatzung basierende institutsbezogene Sicherungssystem der deutschen Sparkassen-Finanzgruppe[1] oder das durch Statut errichtete institutsbezogene Sicherungssystem der deutschen Volksbanken und Raiffeisenbanken[2]. 34

Die in Art. 113 Abs. 7 VO Nr. 575/2013 definierten Anforderungen an institutsbezogene Sicherungssysteme beinhalten u.a. auch, dass die Mitglieder des Systems ihren Sitz **in demselben Mitgliedstaat** haben (Art. 113 Abs. 7 Satz 2 Buchst. a i.V.m. Art. 113 Abs. 6 Buchst. d VO Nr. 575/2013). Dies führt im Ergebnis dazu, dass es grenzüberschreitende Sachverhalte mit Drittstaatenbezug, für die ein Durchführungsbeschluss über die Gleichwertigkeit nach Art. 13 Abs. 2 VO Nr. 648/2012 erforderlich wäre, ausgeschlossen sind. 35

Eine weitere Anforderung sind die in Art. 113 Abs. 7 Buchst. c und d VO Nr. 575/2013 beschriebenen einheitlich geregelten **Systeme für die Überwachung und Einstufung der Risiken**, die einen vollständigen Überblick über die Risikoposition der einzelnen Mitglieder und das institutsbezogene Sicherungssystem ermöglichen müssen und die eine den Mitgliedern mitgeteilte eigene Risikobewertung durch das institutsbezogene Sicherungssystem vorsieht. Dieses System tritt an die Stelle der für die Konzernfälle geforderten zentralisierten Risikobewertungs-, Risikomess- und Risikokontrollverfahren[3]. 36

Neben der Zugehörigkeit zu einem institutsbezogenen Sicherungssystem verlangt Art. 3 Abs. 2 Buchst. b VO Nr. 648/2012, dass Art. 3 Abs. 2 Buchst. a Ziff. ii) VO Nr. 648/2012 erfüllt ist, d.h. dass es sich bei der anderen Partei um eine finanzielle Gegenpartei, eine **Holdinggesellschaft**, ein **Finanzinstitut** oder einen **Anbieter von Nebendienstleistungen** handelt, was sich jedoch bereits aus den Anforderungen des Art. 113 Abs. 7 Satz 2 Buchst. a i.V.m. Art. 113 Abs. 6 Buchst. d VO Nr. 575/2013 ergibt. 37

Die Definition des Begriffs gruppeninternes Geschäft in Art. 3 Abs. 2 Buchst. b VO Nr. 648/2012 führt dazu, dass sämtliche OTC-Derivate die zwischen deutschen Sparkassen und ihren Landesbanken oder deutschen Genossenschaftsbaken und ihren Zentralinstituten abgeschlossen werden, nicht der **Clearingpflicht** unterliegen[4]. Da die Anerkennung als institutsbezogenes Sicherungssystem nach Art. 113 Abs. 7 Satz 2 Buchst. a i.V.m. Art. 113 Abs. 6 Buchst. e VO Nr. 575/2013 auch die Abwesenheit von wesentlichen oder tatsächlichen Hindernissen für die unverzügliche Übertragung von Eigenmitteln und die Rückzahlung von Verbindlichkeiten voraussetzt, dürften sie auch ohne besondere Anzeige von der Besicherungspflicht des Art. 11 Abs. 3 VO Nr. 648/2012 befreit sein. 38

3. Zentralorganisation. Ein gruppeninternes Geschäft ist nach Art. 3 Abs. 2 Buchst. c VO Nr. 648/2012 auch dann gegeben, wenn beide Gegenparteien als Kreditinstitut derselben **Zentralorganisation** i.S.d. Art. 3 Abs. 1 RL 2006/48/EG zugeordnet sind. Der Verweis auf die Bestimmungen des Art. 3 Abs. 1 RL 2006/48/EG ist durch die bereits erwähnte Überleitungsvorschrift in Art. 163 RL 2013/36/EU durch einen Verweis auf Art. 10 Abs. 1 VO Nr. 575/2013 ersetzt worden. 39

Voraussetzung für eine Anerkennung als Zentralorganisation ist, das die Verbindlichkeiten der Zentralorganisation und die ihr angeschlossenen Institute gemeinsame Verbindlichkeiten sind oder im vollen Umfang von der Zentralorganisation garantiert werden, dass die Solvabilität und Liquidität der Zentralorganisation und ihrer Institute auf Grundlage konsolidierte Abschlüsse überwacht werden und die Leitung der Zentralorganisation den Leitern der angeschlossenen Institute Weisungen erteilen kann. Beispiele für Zentralorganisation i.S.d. Art. 10 Abs. 1 VO Nr. 575/2013 sind die niederländischen Rabobanken und ihre Zentralorganisation Rabobank Nederland, die finnische OP Cooperative (vormals OP-Pohjola Central Cooperative) oder die frühere, seit Oktober 2014 in der Sanierung und Abwicklung befindliche Österreichische Volksbanken-Aktiengesellschaft (ÖVAG)[5]. 40

---

1 Zum Einsatz von OTC-Derivaten in der deutschen Sparkassen-Finanzgruppe: *Hönig/Rauberger*, ZfgK 2013, 187 ff. Danach tätigt ein Teil der Sparkassen, davon überwiegend größere Institute, auch OTC-Derivate mit Kontrahenten außerhalb des Haftungsverbundes.
2 *Köhling/Adler*, WM 2012, 2125, 2131; *Donner* in Zerey, Finanzderivate, § 34 Rz. 119; *Achtelik* in Wilhelmi/Achtelik/Kunschke/Sigmundt, Handbuch EMIR, Teil 3.B.I Rz. 2.
3 *Achtelik* in Wilhelmi/Achtelik/Kunschke/Sigmundt, Handbuch EMIR, Teil 3.B.I Rz. 22, mit Verweis auf das BaFin-Schreiben an den Bundesverband der deutschen Volkbanken und Raiffeisenbanken (BVR) vom 5.5.2015/WA 1 – Wp 2055-2014/0029) wonach die BaFin aufgrund der Befreiung nach Art. 113 Abs. 7 VO Nr. 575/2013 keine erneute materielle Prüfung des Vorliegens der Voraussetzungen des Art. 3 VO Nr. 648/2012 prüfe.
4 *Köhling/Adler*, WM 2012, 2125, 2131; *Hönig/Rauberger* ZfgK 2013, 187, 188; *Wieland/Weiß*, CFL 2013, 73, 80.
5 *Donner* in Zerey, Finanzderivate, § 34 Rz. 119; *Achtelik* in Wilhelmi/Achtelik/Kunschke/Sigmundt, Handbuch EMIR, Teil 3.B.I Rz. 23.

41 Auch hier gilt, dass die der Zentralorganisation zugeordneten Kreditinstitute **in demselben Mitgliedstaat** niedergelassen sein müssen was einen Durchführungsbeschluss über die Gleichwertigkeit nach Art. 13 Abs. 2 VO Nr. 648/2012 entbehrlich macht.

42 **4. Zentralisiertes Risikomanagement.** Die Anforderung „**geeignetes zentralisiertes Risikobewertungs-, -mess- und -kontrollverfahren**" wird nicht näher ausgeführt. Sie lässt eine Anlehnung an die in Art. 74 Abs. 1 RL 2013/36/EU vorgeschriebenen Verfahren zur Ermittlung, Steuerung, Überwachung und Meldung der tatsächlichen und potentiellen künftigen Risiken erkennen. Art. 74 Abs. 1 RL 2013/36/EU ist in Deutschland in § 25a KWG und den Mindestanforderungen für das Risikomanagement (MaRisk)[1] umgesetzt worden. Diese verdeutlichen, dass die Ausgestaltung des Risikomanagements vom Umfang der Geschäftstätigkeit sowie der Komplexität und dem Risikogehalt der betroffenen Geschäfte aber auch von der Struktur der Gruppe abhängt (**Prinzip der Proportionalität**)[2]. So werden die Anforderungen an das zentrale Risikomanagement einer Gruppe von nichtfinanziellen Gegenparteien, die OTC-Derivate überwiegend zu Absicherungszwecken nutzen, geringer anzusetzen sein, als die Anforderungen, die man an eine grenzüberschreitend tätige Kreditinstitutsgruppe stellen muss. Auf der anderen Seite ist die Einhaltung der MaRisk durch ein deutsches Institut zugleich auch ein Indiz für die Erfüllung der Anforderungen an ein zentralisiertes Risikomanagement[3].

43 Die Entscheidung über die Geeignetheit eines zentralen Risikomanagements trifft die **zuständige Behörde** im Rahmen der in Art. 4 Abs. 2 VO Nr. 648/2012 geregelten Verfahren, mit denen die Gegenpartei die Intergruppenfreistellung anstrebt. In diesem Zusammenhang hat die ESMA Auslegungsentscheidungen veröffentlicht, die auch Rückschlüsse auf die an das zentrale Risikomanagement zu stellenden Anforderungen erlauben[4]. Diese sind von der BaFin übernommen worden[5].

44 Zu den Mindestanforderungen an ein zentralisiertes Risikobewertungs-, Risikomess- und Risikokontrollverfahren gehören zum einen **konzernweit geltende Leitlinien** über den Einsatz von Derivaten, deren vertragliche Dokumentation sowie die Erfassung und Begrenzung des aus ihnen erwachsenden Gegenparteiausfallrisikos[6]. Zu regeln sind insbesondere, welche Stelle innerhalb der Gruppe Derivate zu welchen Zwecken und an welchen Finanzmärkten abschließen darf, auf welcher vertraglichen Grundlage die Derivate abgeschlossen und bestätigt werden und welche Anforderungen im Hinblick auf das Ausfallrisiko an die Gegenparteien oder die Derivate zu stellen sind.

45 Eine weitere Anforderung sind **konzernweit geltende Kontrollprozesse** die sicherstellen, dass das Ausfallrisiko aus Derivaten mit derselben Gegenpartei zeitnah ermittelt und auf Ebene der Gruppe zusammengefasst wird[7]. Maßstab für die Ermittlung des Ausfallrisikos ist Art. 11 Abs. 2 VO Nr. 648/2012, der für clearingpflichtige nichtfinanzielle Gegenparteien eine tägliche Bewertung der Derivate auf Basis aktueller Kurse verlangt. Zu den erforderlichen Kontrollprozessen zählen auch die Festlegung eines Limits für das Ausfallrisikos einer Gegenpartei und die Überwachung des Limits sowie die regelmäßige Prüfung, ob der durch das Limit zum Ausdruck gebrachte „Risikoappetit" der Gruppe noch angemessen ist. Um Konzentrationsrisiken zu erfassen, sind vergleichbare Limits auch auf Ebene der Gruppe des Kontrahenten (Kreditnehmereinheit, group of connected clients) sowie auf Branchen- und Länderebene einzurichten und zu überwachen. Die Angemessenheit der Kontrollprozesse selbst bedarf der regelmäßigen Überprüfung[8].

46 Ein wichtiges Merkmal des Risikobewertungs-, Risikomess- und Risikokontrollverfahrens ist, dass es **zentralisiert** ist, dass die Leitlinien und Kontrollprozesse konzernweit einheitlich definiert und angewendet werden, dass die Personen, die in der Gruppe Geschäftsleitungsaufgaben wahrnehmen auch das zentrale Risikomanagement verantworten und überprüfen[9], und dass die Geschäftsleitung und die Leitungsorgane der Gruppe über die Ergebnisse des Risikomanagement laufend und transparent informiert werden (management information system, MIS).

---

1 *BaFin*, MaRisk, BA 54-FR 2210-2017/0002 vom 27.10.2017, abrufbar über: https://www.bafin.de/SharedDocs/Downloads/DE/Rundschreiben/dl_rs0917_marisk_Endfassung_2017_pdf_ba.pdf;jsessionid=3C9EB966208B98EEFA667571EFFFA3F6.2_cid298?__blob=publicationFile&v=5 („*BaFin* MaRisk").
2 *BaFin* MaRisk, AT 1, Tz. 2.
3 *Achtelik* in Wilhelmi/Achtelik/Kunschke/Sigmundt, Handbuch EMIR, Teil 3.B.I Rz. 21.
4 ESMA Q&A OTC Frage Nr. 6(d) [letzte Aktualisierung: 31.3.2015]; *Grundmann* in Staub, HGB, Band 11/2, 5. Aufl. 2018, Rz. 699.
5 *BaFin*, Merkblatt – Anzeigen/Anträge Intragruppenausnahmen nach Art. 4 EMIR sowie bei Drittstaatensachverhalten vom 22.12.2015, abrufbar über: https://www.bafin.de/DE/Aufsicht/BoersenMaerkte/EMIR/AusnahmenClearing/intragruppen_ausnahmen_clearing_node.html;jsessionid=E0DCAE0F0F3CA8DEEA76B2703A2D781C.2_cid290 („*BaFin* Merkblatt Intragruppenausnahmen Art. 4 EMIR"), A.III.5.
6 ESMA Q&A OTC Frage Nr. 6(d)(1) [letzte Aktualisierung: 10.7.2017]: „policies and controls that are centrally defined."
7 ESMA Q&A OTC Frage Nr. 6(d)(4) [letzte Aktualisierung: 10.7.2017]: „all sources of relevant risks can be identified, measured, and monitored on an aggregated basis."
8 ESMA Q&A OTC Frage Nr. 6(d)(2) und (5) [letzte Aktualisierung: 10.7.2017]: „risk measurement is regularly reviewed" und „regularly reported to the central risk management function".
9 ESMA Q&A OTC Frage Nr. 6(d)(2) [letzte Aktualisierung: 10.7.2017]: „senior management is responsible for risk management".

Von Interesse ist, dass die ESMA die Erwartung geäußert hat, dass Mitglieder derselben Gruppe, die in unterschiedlichen Mitgliedstaaten ansässig sind und ihren jeweils zuständigen Behörden auf Befreiung gerichtete Mitteilungen oder Anträge einreichen, ähnliche Informationen zur Verfügung stellen sollen[1], was, wenn es gelingt, selbst wiederum ein Indiz für das Bestehen eines konzernweiten zentralen Risikomanagements ist. 47

5. Zusätzliche Anforderung bei Drittstaatenbezug. Für Gegenparteien, die in einem Drittstaat ansässig sind, fordert Art. 3 VO Nr. 648/2012 dass die Kommission in einem **Durchführungsbeschluss** nach Art. 13 Abs. 2 VO Nr. 648/2012 festgestellt haben muss, dass die Rechts-, Aufsichts- und Durchsetzungsmechanismen des betreffenden Drittstaates den durch Art. 4, 9, 10 und 11 VO Nr. 648/2012 festgelegten Anforderungen entsprechen, dass sie den Schutz des Berufsgeheimnisses gewährleisten und in fairer und den Wettbewerb nicht verzerrende Weise durchgesetzt werden[2]. Das Erfordernis einer Äquivalenzentscheidung ist nur für die in Art. 3 Abs. 1 und Abs. 2 Buchst. a und d VO Nr. 648/2012 geregelten **Konzernfälle** relevant. Basiert die Definition des gruppeninternen Geschäfts gem. Art. 3 Abs. 2 Buchst. b und c VO Nr. 648/2012 auf der Zugehörigkeit zu einem institutsbezogenen Sicherungssystem oder einer Zentralorganisation, kommt es hierauf nicht an, weil dem institutsbezogenen Sicherungssystem und der Zentralorganisation nur Institute angehören können, die ihren Sitz in demselben Mitgliedstaat haben. 48

Auffallend ist der in Art. 3 Abs. 2 Buchst. a Ziff. i) VO Nr. 648/2012) vorgenommene **Perspektivwechsel**, der den Durchführungsakt nicht für die „andere Partei" verlangt – wie dies bei den übrigen Konzernfällen der Fall ist – sondern für die finanzielle Gegenpartei, die die Befreiung von den Clearing- oder Risikominderungspflichten anstrebt. Hierbei handelt es sich offensichtlich um ein Redaktionsversehen[3]. Richtig verortet wäre der verlangte Durchführungsbeschluss in Ziff. ii). 49

Eine weitere Auffälligkeit ist, dass Art. 3 Abs. 2 Buchst. a und d VO Nr. 648/2012 jeweils voraussetzen, dass **nur eine Gegenpartei** ihren Sitz in einem Drittstaat hat. Der Fall, dass beide Gegenparteien ihren Sitz in einem Drittstaat haben, scheint von der Definition gruppeninternes Geschäft nicht erfasst zu sein. Relevanz hat dies für die Geschäfte, die nach Art. 4 Abs. 1 Buchst. a Ziff. v) VO Nr. 648/2012 nur deshalb der Clearingpflicht unterliegen, weil sie unmittelbare, wesentliche und vorhersehbare Auswirkungen innerhalb der Union entfalten. Zu denken ist z.B. an OTC-Derivate, die von einer in der Union ansässigen finanziellen Gegenpartei, z.B. dem Mutterunternehmen der beiden Drittstaatentöchter, garantiert werden. Entsprechende OTC-Derivate könnten, da sie keine gruppeninternen Geschäfte i.S.d. Art. 3 Abs. 2 Buchst. a und d VO Nr. 648/2012 sind, von der Clearingpflicht nicht befreit werden[4]. Warum die Tochtergesellschaften die Intragruppenfreistellung in diesen Fällen auch dann nicht nutzen können sollen, wenn sie in ein geeignetes zentralisiertes Risikobewertungs-, -mess- und -kontrollverfahren eingebunden sind, ist jedoch nicht nachvollziehbar. Dass OTC-Derivate zwischen zwei Drittstaateneinrichtungen von Art. 3 Abs. 2 Buchst. a und d VO Nr. 648/2012 nicht erfasst sind, ist sehr wahrscheinlich Ergebnis der erwähnten Antragstellersicht – dass mindestens eine Gegenpartei in der Union ansässig sein muss, um die Freistellungen nach Art. 4 Abs. 2 VO Nr. 648/2012 oder Art. 11 Abs. 8 oder 9 VO Nr. 648/2012 beantragen zu können. Dies würde jedoch auf eine planwidrige Lücke hinweisen, die durch eine Erweiterung des Begriffs gruppeninternes Geschäft geschlossen werden sollte. 50

Kritisch zu bewerten ist der Umstand, dass Art. 3 VO Nr. 648/2012 bei grenzüberschreitenden Sachverhalten einen Durchführungsbeschluss nach Art. 13 Abs. 2 VO Nr. 648/2012 verlangt. Hieraus folgt, dass Maßstab für die Anerkennung des in einem Drittstaat anwendbaren Rechts-, Aufsichts- und Durchsetzungsregimes die in **Art. 4, 9, 10 und 11 VO Nr. 648/2012 festgelegten Anforderungen** sind. Ob eine entsprechend umfassende Äquivalenzentscheidung sachgerecht ist, muss bezweifelt werden. Nicht nachvollziehbar ist z.B. die gebotene Vergleichbarkeit der im Drittstaat anwendbaren Vorschriften über die Meldung von Derivaten, da Art. 3 und 11 VO Nr. 648/2012 eine Freistellung gruppeninterner Geschäfte von der Meldepflicht nach Art. 9 VO Nr. 648/2012 nicht zulassen. Sachgerecht wäre es gewesen, in Art. 3 VO Nr. 648/2012 ein gesondertes Verfahren über die Gleichwertigkeit eines Drittstaatenregimes vorzusehen, dass ausschließlich die in Art. 3 VO Nr. 648/2012 verorteten Anforderungen an die Vollkonsolidierung und an das zentralisierte Risikobewertungs-, -mess- und -kontrollverfahren zum Maßstab nimmt. 51

---

1 *ESMA* Q&A OTC Frage Nr. 6(d) am Ende [letzte Aktualisierung: 10.7.2017].
2 *ESMA* Q&A OTC Frage Nr. 6(b) [letzte Aktualisierung: 10.7.2017].
3 *ESMA* EMIR Prüfbericht Nr. 4, Rz. 75–78; *Pankoke/Wallus*, WM 2014, 4, 8.
4 In diesem Sinne: *Pankoke/Wallus*, WM 2014, 4, 8.

Titel II
Clearing, Meldung und Risikominderung von OTC-Derivaten

Art. 4 Clearingpflicht

(1) Gegenparteien sind zum Clearing aller OTC-Derivatekontrakte verpflichtet, die zu einer Derivatekategorie gehören, die der Clearingpflicht gemäß Artikel 5 Absatz 2 unterliegt, wenn die Kontrakte die beiden folgenden Bedingungen erfüllen:

a) Sie wurden wie folgt abgeschlossen:
   i) zwischen zwei finanziellen Gegenparteien,
   ii) zwischen einer finanziellen Gegenpartei und einer nichtfinanziellen Gegenpartei, die die Bedingungen des Artikels 10 Absatz 1 Buchstabe b erfüllt,
   iii) zwischen zwei nichtfinanziellen Gegenparteien, die die Bedingungen des Artikels 10 Absatz 1 Buchstabe b erfüllen,
   iv) zwischen einer finanziellen Gegenpartei oder einer nichtfinanziellen Gegenpartei, die die Bedingungen des Artikels 10 Absatz 1 Buchstabe b erfüllt, und einer in einem Drittstaat ansässigen Einrichtung, die der Clearingpflicht unterliegen würde, wenn sie in der Union ansässig wäre, oder
   v) zwischen zwei in einem oder mehreren Drittstaaten ansässigen Unternehmen, die der Clearingpflicht unterliegen würden, wenn sie in der Union ansässig wären, sofern der Kontrakt unmittelbare, wesentliche und vorhersehbare Auswirkungen innerhalb der Union hat oder sofern diese Pflicht notwendig oder zweckmäßig ist, um die Umgehung von Vorschriften dieser Verordnung zu verhindern, und

b) sie wurden geschlossen oder verlängert
   i) am oder nach dem Tag, an dem die Clearingpflicht wirksam wird, oder
   ii) am oder nach dem Tag, an dem die Mitteilung gemäß Artikel 5 Absatz 1 erfolgt, jedoch vor dem Tag, ab dem die Clearingpflicht wirksam wird, sofern die Restlaufzeit dieser Kontrakte länger ist als die von der Kommission gemäß Artikel 5 Absatz 2 Buchstabe c festgelegte Mindestrestlaufzeit.

(2) Unbeschadet der Risikominderungsverfahren nach Artikel 11 unterliegen OTC-Derivatekontrakte, bei denen es sich um gruppeninterne Geschäfte im Sinne des Artikels 3 handelt, nicht der Clearingpflicht.

Die in Unterabsatz 1 genannte Ausnahme gilt nur:

a) wenn zwei in der Union ansässige, derselben Gruppe angehörende Gegenparteien die jeweils zuständigen Behörden vorab schriftlich darüber informiert haben, dass sie die Ausnahme für die zwischen ihnen geschlossenen OTC-Derivatekontrakte in Anspruch zu nehmen beabsichtigen. Die Mitteilung muss spätestens dreißig Kalendertage vor der Inanspruchnahme der Ausnahme erfolgen. Die zuständigen Behörden können binnen 30 Kalendertagen nach Erhalt dieser Mitteilung Einwände gegen die Inanspruchnahme dieser Ausnahme erheben, wenn die Geschäfte zwischen den Gegenparteien nicht den in Artikel 3 festgelegten Bedingungen entsprechen; das Recht der zuständigen Behörden, auch nach Ablauf dieser Frist von 30 Kalendertagen Einwände zu erheben, wenn diese Bedingungen nicht länger erfüllt werden, bleibt davon unberührt. Wenn die zuständigen Behörden zu keiner Einigung gelangen, kann die ESMA die Behörden im Rahmen ihrer Befugnisse nach Artikel 19 der Verordnung (EU) Nr. 1095/2010 im Einigungsprozess unterstützen;

b) für OTC-Derivatekontrakte zwischen zwei derselben Gruppe angehörenden Gegenparteien, die in einem Mitgliedstaat und in einem Drittstaat ansässig sind, wenn der in der Union ansässigen Gegenpartei von der entsprechend zuständigen Behörde binnen 30 Kalendertagen nach Erhalt der von der in der Union ansässigen Gegenpartei übermittelten Mitteilung gestattet wurde, die Ausnahme in Anspruch zu nehmen und die Bedingungen nach Artikel 3 erfüllt sind. Die zuständige Behörde unterrichtet die ESMA über die entsprechende Entscheidung.

(3) Das Clearing der OTC-Derivatekontrakte, die gemäß Absatz 1 clearingpflichtig sind, wird von einer CCP durchgeführt, die für das Clearing dieser Kategorie von OTC-Derivaten nach Artikel 14 zugelassen oder nach Artikel 25 anerkannt und gemäß Artikel 6 Absatz 2 Buchstabe b im Register aufgeführt ist.

Hierzu wird die Gegenpartei zu einem Clearingmitglied oder einem Kunden, oder sie trifft indirekte Clearingvereinbarungen mit einem Clearingmitglied, sofern durch diese Vereinbarungen das Risiko der Gegenpartei nicht steigt und sichergestellt ist, dass die Vermögenswerte und Positionen der Gegenpartei gleichermaßen geschützt sind wie im Falle der Schutzvorkehrungen der Artikel 39 und 48.

(4) Um die einheitliche Anwendung dieses Artikels zu gewährleisten, erarbeitet die ESMA Entwürfe für technische Regulierungsstandards, in denen angegeben ist, welche Kontrakte unmittelbare, wesentliche und vorhersehbare Auswirkungen innerhalb der Union haben dürften oder in welchen Fällen es notwendig oder zweckmäßig ist, die Umgehung von Vorschriften dieser Verordnung im Sinne von Absatz 1 Buchstabe a Ziffer v zu verhindern, und welche Arten von mittelbaren vertraglichen Vereinbarungen die Bedingungen gemäß Absatz 3 Unterabsatz 2 erfüllen.

Die ESMA legt der Kommission diese Entwürfe für technische Regulierungsstandards bis zum 30. September 2012 vor.

Der Kommission wird die Befugnis übertragen, die in Unterabsatz 1 genannten technischen Regulierungsstandards gemäß den Artikeln 10 bis 14 der Verordnung (EU) Nr. 1095/2010 zu erlassen.

[Geltung ab 1.1.2019:]

(5) Absatz 1 des vorliegenden Artikels gilt nicht für OTC-Derivatekontrakte, die von Emittenten gedeckter Schuldverschreibungen im Zusammenhang mit einer gedeckten Schuldverschreibung oder von einer Verbriefungszweckgesellschaft im Zusammenhang mit einer Verbriefung im Sinne der Verordnung (EU) 2017/2402 des Europäischen Parlaments und des Rates abgeschlossen werden, sofern

a) im Falle von Verbriefungszweckgesellschaften die Verbriefungszweckgesellschaft ausschließlich Verbriefungen emittieren darf, die die Anforderungen der Artikel 18 und Artikel 19 bis 22 oder der Artikel 23 bis 26 der Verordnung (EU) 2017/2402 [Verordnung über die Verbriefung] erfüllen,

b) der OTC-Derivatekontrakt nur zur Absicherung gegen Zins- oder Währungsinkongruenzen im Rahmen der gedeckten Schuldverschreibung oder der Verbriefung verwendet wird und

c) die Regelungen im Rahmen der gedeckten Schuldverschreibung oder der Verbriefung das Gegenparteiausfallrisiko bei den OTC-Derivatekontrakten angemessen mindern, die der Emittent gedeckter Schuldverschreibungen oder die Verbriefungszweckgesellschaft im Zusammenhang mit der gedeckten Schuldverschreibung beziehungsweise der Verbriefung abgeschlossen hat.

(6) Um die einheitliche Anwendung dieses Artikels zu gewährleisten, arbeiten die Europäischen Aufsichtsbehörden unter Berücksichtigung der Notwendigkeit, Regulierungsarbitrage zu verhindern, Entwürfe technischer Regulierungsstandards aus, in denen die Kriterien festgelegt werden, anhand derer festgestellt wird, welche Regelungen im Rahmen von gedeckten Schuldverschreibungen oder Verbriefungen das Gegenparteiausfallrisiko im Sinne des Absatzes 5 angemessen mindern.

Die Europäischen Aufsichtsbehörden übermitteln diese Entwürfe technischer Regulierungsstandards spätestens bis zum 18. Juli 2018 der Kommission.

Der Kommission wird die Befugnis übertragen, diese Verordnung durch den Erlass der im vorliegenden Absatz genannten technischen Regulierungsstandards nach den Artikeln 10 bis 14 der Verordnung (EU) Nr. 1093/2010, (EU) Nr. 1094/2010 oder (EU) Nr. 1095/2010 zu ergänzen.

In der Fassung vom 4.7.2012 (ABl. EU Nr. L 201 v. 27.7.2012, S. 1) geändert durch Verordnung (EU) 2017/2402 vom 12.12.2017 (ABl. EU Nr. L 347 v. 28.12.2017, S. 35).

Delegierte Verordnung (EU) Nr. 285/2014 vom 13. Februar 2014
zur Ergänzung der Verordnung (EU) Nr. 648/2012 des Europäischen Parlaments und des Rates im Hinblick auf technische Regulierungsstandards in Bezug auf unmittelbare, wesentliche und vorhersehbare Auswirkungen von Kontrakten innerhalb der Union und die Verhinderung der Umgehung von Vorschriften und Pflichten

Art. 1 Begriffsbestimmungen

Für die Zwecke dieser Verordnung bezeichnet der Ausdruck

„Garantie" eine ausdrücklich dokumentierte rechtliche Verpflichtung eines Garantiegebers, die Zahlungen von Beträgen zu decken, die gemäß den durch die Garantie gedeckten und vom Garantienehmer und dem Begünstigen eingegangenen OTC-Derivatekontrakten fällig sind oder fällig werden könnten, falls ein im Rahmen der Garantie definierter Ausfall eintritt oder der Garantienehmer keine Zahlung geleistet hat.

In der Fassung vom 13.2.2014 (ABl. EU Nr. L 85 v. 21.3.2014, S. 1).

Art. 2 Kontrakte mit unmittelbaren, wesentlichen und vorhersehbaren Auswirkungen innerhalb der Union

(1) Ein OTC-Derivatekontrakt wird als mit unmittelbaren, wesentlichen und vorhersehbaren Auswirkungen innerhalb der Union verbunden erachtet, wenn mindestens eine Einrichtung in einem Drittstaat von einer Garantie profitiert, die eine in der Union niedergelassene Gegenpartei gewährt und die die aus dem OTC-Derivatekontrakt resultierende Verbindlichkeit in voller Höhe oder teilweise deckt, soweit die Garantie die beiden folgenden Bedingungen erfüllt:

a) Sie deckt die aus einem oder mehreren OTC-Derivatekontrakten in Höhe eines aggregierten Nennwerts von mindestens 8 Mrd. EUR oder des Gegenwerts in der betreffenden Fremdwährung resultierende Verbindlichkeit einer Einrichtung in einem Drittstaat in vollem Umfang ab oder sie deckt lediglich einen Teil der aus einem oder mehreren OTC-Derivatekontrakten in Höhe eines aggregierten Nennwerts von mindestens 8 Mrd. oder des Gegenwerts in der betreffenden Fremdwährung resultierenden Verbindlichkeit einer Einrichtung in einem Drittstaat, dividiert durch den prozentualen Anteil der gedeckten Verbindlichkeit, ab.

b) Sie entspricht mindestens 5 Prozent der Summe des aktuellen Wiederbeschaffungswerts im Sinne des Artikels 272 Nummer 17 der Verordnung (EU) Nr. 575/2013 des Europäischen Parlaments und des Rates von OTC-Derivatekontrakten der in der Union niedergelassenen finanziellen Gegenpartei, die die Garantie gewährt.

Wird die Garantie für einen unter der in Unterabsatz 1 Buchstabe a genannten Schwelle liegenden Höchstbetrag gewährt, so haben die durch die Garantie gedeckten Kontrakte keine unmittelbaren, wesentlichen und vorhersehbaren Auswirkungen innerhalb der Union, es sei denn, der Garantiebetrag wird erhöht, woraufhin die unmittelbaren, wesentlichen und vorhersehbaren Auswirkungen der Kontrakte innerhalb der Union vom Garantiegeber anhand der in Unterabsatz 1 Buchstaben a und b dargelegten Bedingungen am Tag der Erhöhung neu bewertet werden.

Liegt die aus einem oder mehreren OTC-Derivatekontrakten resultierende Verbindlichkeit unter der in Unterabsatz 1 Buchstabe a genannten Schwelle, so werden diese Kontrakte als nicht mit unmittelbaren, wesentlichen und vorhersehbaren Auswirkungen innerhalb der Union verbunden erachtet, auch wenn der Höchstbetrag der eine solche Verbindlichkeit deckenden Garantie der in Unterabsatz 1 Buchstabe a genannten Schwelle entspricht oder darüber liegt und auch wenn die in Unterabsatz 1 Buchstabe b ausgeführte Bedingung erfüllt ist.

Erhöht sich die aus den OTC-Derivatekontrakten resultierende Verbindlichkeit oder sinkt der aktuelle Wiederbeschaffungswert, so bewertet der Garantiegeber erneut, ob die in Unterabsatz 1 Buchstaben a und b genannten Bedingungen erfüllt sind. Eine solche Bewertung erfolgt am Tag der Erhöhung der Verbindlichkeit in Bezug auf die in Unterabsatz 1 Buchstabe a genannte Bedingung bzw. monatlich in Bezug auf die in Unterabsatz 1 Buchstabe b genannte Bedingung.

OTC-Derivatekontrakte in Höhe eines aggregierten Nennwerts von mindestens 8 Mrd. oder in Höhe des Gegenwerts in der betreffenden Fremdwährung, die vor der Gewährung oder Erhöhung einer Garantie geschlossen wurden und im Anschluss durch eine Garantie gedeckt werden, wenn der Höchstbetrag der in Unterabsatz 1 Buchstaben a und b genannten Bedingungen erfüllt, werden als mit unmittelbaren, wesentlichen und vorhersehbaren Auswirkungen innerhalb der Union verbunden erachtet.

(2) Ein OTC-Derivatekontrakt wird als mit unmittelbaren, wesentlichen und vorhersehbaren Auswirkungen innerhalb der Union verbunden erachtet, wenn zwei in einem Drittstaat niedergelassene Einrichtungen den OTC-Derivatekontrakt über ihre Zweigniederlassungen in der Union eingehen und als finanzielle Gegenparteien gelten würden, wenn sie ihren Sitz in der Union hätten.

In der Fassung vom 13.2.2014 (ABl. EU Nr. L 85 v. 21.3.2014, S. 1).

Art. 3 Fälle, in denen es notwendig oder zweckmäßig ist, die Umgehung von Vorschriften oder Pflichten gemäß der Verordnung (EU) Nr. 648/2012 zu verhindern

(1) Ein OTC-Derivatekontrakt gilt als zur Umgehung der Anwendung einer Bestimmung der Verordnung (EU) Nr. 648/2012 ausgestaltet, wenn die Art und Weise, wie der Kontrakt geschlossen wurde, insgesamt und unter Berücksichtigung aller Umstände als primär der Umgehung der Anwendung einer Bestimmung der Verordnung dienend erachtet wird.

(2) Für die Zwecke von Absatz 1 wird ein Kontrakt als primär der Umgehung der Anwendung einer Bestimmung der Verordnung (EU) Nr. 648/2012 dienend erachtet, wenn der primäre Zweck eines Arrangements oder einer Reihe von Arrangements im Zusammenhang mit dem OTC-Derivatekontrakt darin besteht, den Gegenstand, Geist und Zweck einer Bestimmung der Verordnung (EU) Nr. 648/2012 zu vereiteln, die andernfalls Anwendung fände, auch wenn sie Teil eines künstlichen Arrangements oder Teil einer künstlichen Reihe von Arrangements ist.

Ein Arrangement, das an sich einer wirtschaftlichen Logik, eines geschäftlichen Gehalts oder einer relevanten wirtschaftlichen Begründung entbehrt und aus einem Kontrakt, einer Transaktion, einer Regelung, einer Handlung, einem Vorgang, einer Vereinbarung, einer Zusage, einer Verpflichtung oder einem Ereignis besteht, gilt als künstliches Arrangement. Ein Arrangement kann mehr als einen Schritt oder Teil umfassen.

In der Fassung vom 13.2.2014 (ABl. EU Nr. L 85 v. 21.3.2014, S. 1).

Art. 4 Inkrafttreten

Diese Verordnung tritt am zwanzigsten Tag nach ihrer Veröffentlichung im *Amtsblatt der Europäischen Union* in Kraft. Artikel 2 gilt ab dem 10. Oktober 2014.

In der Fassung vom 13.2.2014 (ABl. EU Nr. L 85 v. 21.3.2014, S. 1).

Delegierte Verordnung (EU) Nr. 149/2013 vom 19. Dezember 2012 zur Ergänzung der Verordnung (EU) Nr. 648/2012 des Europäischen Parlaments und des Rates im Hinblick auf technische Regulierungsstandards für indirekte Clearingvereinbarungen, die Clearingpflicht, das öffentliche Register, den Zugang zu einem Handelsplatz, nichtfinanzielle Gegenparteien und Risikominderungstechniken für nicht durch eine CCP geclearte OTC-Derivatekontrakte

(Auszug)

Art. 1 Begriffsbestimmungen

Für die Zwecke dieser Verordnung gelten folgende Begriffsbestimmungen:

a) „indirekter Kunde": Kunde eines Kunden eines Clearingmitglieds;

b) „indirekte Clearingvereinbarung": Gesamtheit der Vertragsbeziehungen zwischen den Erbringern und den Empfängern indirekter Clearingdienste, die von einem Kunden, einem indirekten Kunden oder einem indirekten Kunden zweiten Ranges erbracht werden;

c) „Bestätigung": Dokumentation der Zustimmung der Gegenparteien zu sämtlichen Bedingungen eines OTC-Derivatekontrakts (OTC: over the counter);
d) „indirekter Kunde zweiten Ranges": Kunde eines indirekten Kunden;
e) „indirekter Kunde dritten Ranges": Kunde eines indirekten Kunden zweiten Ranges.

In der Fassung vom 19.12.2012 (ABl. EU Nr. L 52 v. 23.2.2013, S. 11), geändert durch Delegierte Verordnung (EU) 2017/2155 vom 22.9.2017 (ABl. EU Nr. L 304 v. 21.11.2017, S. 13).

Art. 2 Anforderungen für die Erbringung indirekter Clearingdienste durch Kunden

(1) Ein Kunde darf indirekte Clearingdienste für indirekte Kunden nur erbringen, sofern sämtliche folgenden Bedingungen erfüllt sind:
a) bei dem Kunden handelt es sich um ein zugelassenes Kreditinstitut, eine zugelassene Wertpapierfirma oder ein Unternehmen mit Sitz in einem Drittland, das als Kreditinstitut oder Wertpapierfirma eingestuft würde, wenn es seinen Sitz in der Union hätte;
b) der Kunde erbringt die indirekten Clearingdienste zu handelsüblichen Bedingungen und veröffentlicht die allgemeinen Konditionen, zu denen er diese Dienste erbringt;
c) das Clearingmitglied hat sich mit den in Buchstabe b dieses Absatzes genannten allgemeinen Konditionen einverstanden erklärt.

(2) Der Kunde nach Absatz 1 und der indirekte Kunde schließen eine indirekte Clearingvereinbarung in schriftlicher Form. Die indirekte Clearingvereinbarung umfasst mindestens die folgenden Vertragsbedingungen:
a) die allgemeinen Konditionen gemäß Absatz 1 Buchstabe b;
b) die Zusage des Kunden, alle Verpflichtungen des indirekten Kunden gegenüber dem Clearingmitglied in Bezug auf die Transaktionen im Rahmen der indirekten Clearingvereinbarung zu erfüllen.

Sämtliche Aspekte der indirekten Clearingvereinbarung werden unmissverständlich dokumentiert.

(3) Eine CCP kann sich dem Abschluss indirekter Clearingvereinbarungen, die zu handelsüblichen Bedingungen geschlossen werden, nicht widersetzen.

In der Fassung vom 19.12.2012 (ABl. EU Nr. L 52 v. 23.2.2013, S. 11), geändert durch Delegierte Verordnung (EU) 2017/2155 vom 22.9.2017 (ABl. EU Nr. L 304 v. 21.11.2017, S. 13).

Art. 3 Pflichten der CCPs

(1) Eine CCP eröffnet und unterhält je nach Wunsch des Clearingmitglieds eines der Konten nach Artikel 4 Absatz 4.

(2) Eine CCP, die die Vermögenswerte und Positionen mehrerer indirekter Kunden in einem Konto gemäß Artikel 4 Absatz 2 Buchstabe b hält, führt über die Positionen der einzelnen indirekten Kunden getrennte Aufzeichnungen, berechnet die Einschusszahlungen in Bezug auf jeden indirekten Kunden und zieht die Summe dieser Einschüsse gestützt auf die Informationen gemäß Artikel 4 Absatz 3 auf Bruttobasis ein.

(3) Eine CCP ermittelt, überwacht und steuert alle wesentlichen Risiken, die aus der Erbringung indirekter Clearingdienste erwachsen und die Belastbarkeit der CCP bei ungünstigen Marktentwicklungen beeinträchtigen könnten.

In der Fassung vom 19.12.2012 (ABl. EU Nr. L 52 v. 23.2.2013, S. 11), geändert durch Delegierte Verordnung (EU) 2017/2155 vom 22.9.2017 (ABl. EU Nr. L 304 v. 21.11.2017, S. 13).

Art. 4 Pflichten der Clearingmitglieder

(1) Ein Clearingmitglied erbringt indirekte Clearingdienste zu handelsüblichen Bedingungen und veröffentlicht die allgemeinen Konditionen, zu denen es diese Dienste erbringt.

Die allgemeinen Konditionen nach Unterabsatz 1 umfassen finanzielle und operationelle Mindestanforderungen an Kunden, die indirekte Clearingdienste erbringen.

(2) Ein Clearingmitglied, das indirekte Clearingdienste erbringt, eröffnet und unterhält je nach Wunsch des Kunden mindestens die folgenden Konten:
a) ein Sammelkonto mit den von diesem Kunden für Rechnung seiner indirekten Kunden gehaltenen Vermögenswerten und Positionen;
b) ein Sammelkonto mit den von diesem Kunden für Rechnung seiner indirekten Kunden gehaltenen Vermögenswerten und Positionen, bei dem das Clearingmitglied sicherstellt, dass die Positionen eines indirekten Kunden nicht mit den Positionen eines anderen indirekten Kunden verrechnet und die Vermögenswerte eines indirekten Kunden nicht zur Besicherung der Positionen eines anderen indirekten Kunden verwendet werden können.

(3) Ein Clearingmitglied, das Vermögenswerte und Positionen für Rechnung mehrerer indirekter Kunden in einem Konto gemäß Absatz 2 Buchstabe b führt, übermittelt der CCP täglich sämtliche Informationen, die erforderlich sind, damit die CCP die für Rechnung jedes indirekten Kunden gehaltenen Positionen ermitteln kann. Diese Informationen stützen sich auf die Angaben nach Artikel 5 Absatz 4.

(4) Ein Clearingmitglied, das indirekte Clearingdienste erbringt, eröffnet und unterhält bei der CCP je nach Wunsch des Kunden mindestens die folgenden Konten:
a) ein getrenntes Konto, das ausschließlich dazu dient, die Vermögenswerte und Positionen indirekter Kunden, die das Clearingmitglied in einem Konto gemäß Absatz 2 Buchstabe a hält, zu führen;

Art. 4 VO Nr. 648/2012 | Clearingpflicht

b) ein getrenntes Konto, das ausschließlich dazu dient, für jeden Kunden die Vermögenswerte und Positionen dessen indirekter Kunden, die das Clearingmitglied in einem Konto gemäß Absatz 2 Buchstabe b hält, zu führen.

(5) Ein Clearingmitglied richtet Verfahren für den Umgang mit dem Ausfall eines Kunden ein, der indirekte Clearingdienste erbringt.

(6) Ein Clearingmitglied, das die Vermögenswerte und Positionen indirekter Kunden in einem Konto gemäß Absatz 2 Buchstabe a hält,

a) stellt sicher, dass die Verfahren nach Absatz 5 bei Ausfall eines Kunden die umgehende Liquidierung dieser Vermögenswerte und Positionen, einschließlich der Liquidierung der Vermögenswerte und Positionen auf der Ebene der CCP, ermöglichen und ein detailliertes Verfahren für die Unterrichtung der indirekten Kunden über den Ausfall des Kunden und die für die Liquidierung ihrer Vermögenswerte und Positionen anzusetzende Frist enthalten;

b) gibt nach Abschluss aller Verfahrensschritte bei Kundenausfall diesem Kunden für Rechnung seiner indirekten Kunden unmittelbar jeden aus der Liquidierung dieser Vermögenswerte und Positionen geschuldeten verbleibenden Überschuss zurück.

(7) Ein Clearingmitglied, das Vermögenswerte und Positionen indirekter Kunden in einem Konto gemäß Absatz 2 Buchstabe b hält,

a) sieht in seinen Verfahren nach Absatz 5

  i) Schritte vor, um die vom ausfallenden Kunden für Rechnung seiner indirekten Kunden gehaltenen Vermögenswerte und Positionen auf einen anderen Kunden oder auf ein Clearingmitglied zu übertragen;

  ii) Schritte vor, um jedem indirekten Kunden den Liquidationserlös seiner Vermögenswerte und Positionen auszuzahlen;

  iii) ein detailliertes Verfahren vor, um die indirekten Kunden über den Ausfall des Kunden und die für die Liquidierung ihrer Vermögenswerte und Positionen anzusetzende Frist zu unterrichten.

b) verpflichtet sich vertraglich dazu, die Verfahren einzuleiten, mit denen die Vermögenswerte und Positionen, die der ausfallende Kunde für Rechnung seiner indirekten Kunden hält, auf Verlangen jener indirekten Kunden und ohne Zustimmung des ausfallenden Kunden auf einen anderen Kunden oder ein anderes Clearingmitglied, der bzw. das von den indirekten Kunden des ausfallenden Kunden benannt wurde, übertragen werden. Dieser andere Kunde bzw. dieses andere Clearingmitglied muss der Übertragung solcher Vermögenswerte und Positionen nur zustimmen, soweit er bzw. es sich zuvor gegenüber den betreffenden indirekten Kunden hierzu vertraglich verpflichtet hat;

c) stellt sicher, dass die Verfahren nach Absatz 5 bei Ausfall eines Kunden die umgehende Liquidierung dieser Vermögenswerte und Positionen, einschließlich der Liquidierung der Vermögenswerte und Positionen auf der Ebene der CCP, ermöglichen, falls die Übertragung gemäß Buchstabe b, gleich aus welchen Gründen, nicht innerhalb eines in der indirekten Clearingvereinbarung vorab festgelegten Übertragungszeitraums stattfindet;

d) verpflichtet sich vertraglich dazu, nach der Liquidierung dieser Vermögenswerte und Positionen die Verfahren einzuleiten, mit denen jedem indirekten Kunden der Liquidationserlös ausgezahlt wird;

e) gibt, sofern es die indirekten Kunden nicht ermitteln oder den Liquidationserlös nach Buchstabe d nicht in voller Höhe an die indirekten Kunden auszahlen konnte, dem Kunden für Rechnung seiner indirekten Kunden unmittelbar jeden aus der Liquidierung dieser Vermögenswerte und Positionen geschuldeten verbleibenden Überschuss zurück.

(8) Ein Clearingmitglied ermittelt, überwacht und steuert alle wesentlichen Risiken, die aus der Erbringung indirekter Clearingdienste erwachsen und seine Belastbarkeit bei ungünstigen Marktentwicklungen beeinträchtigen könnten. Das Clearingmitglied richtet interne Verfahren ein, um sicherzustellen, dass die Informationen nach Artikel 5 Absatz 8 nicht für kommerzielle Zwecke genutzt werden können.

In der Fassung vom 19.12.2012 (ABl. EU Nr. L 52 v. 23.2.2013, S. 11), geändert durch Delegierte Verordnung (EU) 2017/2155 vom 22.9.2017 (ABl. EU Nr. L 304 v. 21.11.2017, S. 13).

Art. 5 Pflichten der Kunden

(1) Ein Kunde, der indirekte Clearingdienste erbringt, bietet den indirekten Kunden mindestens die Wahl zwischen den in Artikel 4 Absatz 2 vorgesehenen Kontenarten und stellt sicher, dass die indirekten Kunden vollumfänglich über die verschiedenen Trennungsgrade und die Risiken jeder Kontenart informiert sind.

(2) Der Kunde nach Absatz 1 weist indirekten Kunden, die ihre Kontenwahl nicht innerhalb einer von ihm festgesetzten angemessenen Frist mitteilen, eine in Artikel 4 Absatz 2 genannte Kontenart zu. Der Kunde unterrichtet den indirekten Kunden unverzüglich über die Risiken, die mit der ihm zugewiesenen Kontenart verbunden sind. Der indirekte Kunde kann beim Kunden jederzeit schriftlich eine andere Kontenart beantragen.

(3) Ein Kunde, der indirekte Clearingdienste erbringt, führt getrennte Aufzeichnungen und Abrechnungskonten, die ihm die Möglichkeit geben, zwischen seinen eigenen Vermögenswerten und Positionen und den für Rechnung indirekter Kunden geführten Vermögenswerten und Positionen zu unterscheiden.

(4) Führt ein Clearingmitglied Vermögenswerte und Positionen mehrerer indirekter Kunden in einem Konto gemäß Artikel 4 Absatz 2 Buchstabe b, übermittelt der Kunde dem Clearingmitglied täglich sämtliche Angaben, die erforderlich sind, damit das Clearingmitglied die für Rechnung jedes indirekten Kunden gehaltenen Positionen ermitteln kann.

(5) Ein Kunde, der indirekte Clearingdienste erbringt, fordert das Clearingmitglied auf, die der Wahl seiner indirekten Kunden entsprechenden Konten gemäß Artikel 4 Absatz 4 bei der CCP zu eröffnen und zu unterhalten.

(6) Ein Kunde stellt seinen indirekten Kunden ausreichende Informationen bereit, damit diese indirekten Kunden ermitteln können, über welche CCP und welches Clearingmitglied ihre Positionen gecleart werden.

(7) Führt ein Clearingmitglied Vermögenswerte und Positionen eines oder mehrerer indirekter Kunden in einem Konto gemäß Artikel 4 Absatz 2 Buchstabe b, nimmt der Kunde gemäß Artikel 4 Absatz 7 in die indirekte Clearingvereinbarung mit seinen indirekten Kunden sämtliche Konditionen auf, die erforderlich sind, um sicherzustellen, dass das Clearingmitglied bei Ausfall des Kunden den indirekten Kunden zeitnah den Erlös aus der Liquidierung der für Rechnung dieser indirekten Kunden gehaltenen Vermögenswerte und Positionen auszahlen kann.

(8) Ein Kunde stellt dem Clearingmitglied ausreichende Informationen bereit, damit dieses alle wesentlichen Risiken ermitteln, überwachen und steuern kann, die aus der Erbringung indirekter Clearingdienste erwachsen und seine Belastbarkeit bei ungünstigen Marktentwicklungen beeinträchtigen könnten.

(9) Ein Kunde trifft geeignete Vorkehrungen, um sicherzustellen, dass bei seinem Ausfall sämtliche Informationen, über die er im Zusammenhang mit seinen indirekten Kunden verfügt, darunter auch die Identität seiner indirekten Kunden gemäß Artikel 5 Absatz 4, dem Clearingmitglied unverzüglich zur Verfügung gestellt werden.

In der Fassung vom 19.12.2012 (ABl. EU Nr. L 52 v. 23.2.2013, S. 11), geändert durch Delegierte Verordnung (EU) 2017/2155 vom 22.9.2017 (ABl. EU Nr. L 304 v. 21.11.2017, S. 13).

Art. 5a Anforderungen für die Erbringung indirekter Clearingdienste durch indirekte Kunden

(1) Ein indirekter Kunde darf indirekte Clearingdienste für indirekte Kunden zweiten Ranges nur erbringen, sofern die Teilnehmer der indirekten Clearingvereinbarung eine der in Absatz 2 genannten Anforderungen erfüllen und sämtliche folgenden Bedingungen erfüllt sind:

a) bei dem indirekten Kunden handelt es sich um ein zugelassenes Kreditinstitut, eine zugelassene Wertpapierfirma oder ein Unternehmen mit Sitz in einem Drittland, das als Kreditinstitut oder Wertpapierfirma eingestuft würde, wenn es seinen Sitz in der Union hätte;

b) der indirekte Kunde und der indirekte Kunde zweiten Ranges schließen eine indirekte Clearingvereinbarung in schriftlicher Form. Die indirekte Clearingvereinbarung umfasst mindestens die folgenden Vertragsbedingungen:

　i) die allgemeinen Konditionen gemäß Artikel 2 Absatz 1 Buchstabe b;

　ii) die Zusage des indirekten Kunden, alle Verpflichtungen des indirekten Kunden zweiten Ranges gegenüber dem Kunden in Bezug auf Transaktionen im Rahmen der indirekten Clearingvereinbarung zu erfüllen;

c) die Vermögenswerte und Positionen des indirekten Kunden zweiten Ranges werden vom Clearingmitglied in einem Konto gemäß Artikel 4 Absatz 2 Buchstabe a geführt.

Sämtliche Aspekte der indirekten Clearingvereinbarung gemäß Buchstabe b werden unmissverständlich dokumentiert.

(2) Für die Zwecke des Absatzes 1 erfüllen die Teilnehmer einer indirekten Clearingvereinbarung eine der folgenden Anforderungen:

a) das Clearingmitglied und der Kunde gehören derselben Gruppe an, während der indirekte Kunde dieser Gruppe nicht angehört;

b) der Kunde und der indirekte Kunde gehören derselben Gruppe an, während weder das Clearingmitglied noch der indirekte Kunde zweiten Ranges dieser Gruppe angehören.

(3) Bei indirekten Clearingvereinbarungen mit Teilnehmern nach Absatz 2 Buchstabe a

a) ist Artikel 4 Absätze 1, 5, 6 und 8 auf den Kunden anwendbar als handele es sich bei ihm um ein Clearingmitglied;

b) sind Artikel 2 Absatz 1 Buchstabe b sowie Artikel 5 Absätze 2, 3, 6, 8 und 9 auf den indirekten Kunden anwendbar als handele es sich bei ihm um einen Kunden.

(4) Bei indirekten Clearingvereinbarungen mit Teilnehmern nach Absatz 2 Buchstabe b

a) ist Artikel 4 Absätze 5 und 6 auf den Kunden anwendbar als handele es sich bei ihm um ein Clearingmitglied;

b) sind Artikel 2 Absatz 1 Buchstabe b sowie Artikel 5 Absätze 2, 3, 6, 8 und 9 auf den indirekten Kunden anwendbar als handele es sich bei ihm um einen Kunden.

In der Fassung vom 22.9.2017 (ABl. EU Nr. L 304 v. 21.11.2017, S. 13).

Art. 5b Anforderungen für die Erbringung indirekter Clearingdienste durch indirekte Kunden zweiten Ranges

(1) Ein indirekter Kunde zweiten Ranges darf indirekte Clearingdienste für indirekte Kunden dritten Ranges nur erbringen, sofern sämtliche folgenden Bedingungen erfüllt sind:

a) bei dem indirekten Kunden und dem indirekten Kunden zweiten Ranges handelt es sich um zugelassene Kreditinstitute, zugelassene Wertpapierfirmen oder Unternehmen mit Sitz in einem Drittland, die als Kreditinstitut oder Wertpapierfirma eingestuft würden, wenn sie ihren Sitz in der Union hätten;

b) das Clearingmitglied und der Kunde gehören derselben Gruppe an, während der indirekte Kunde dieser Gruppe nicht angehört;

c) der indirekte Kunde und der indirekte Kunde zweiten Ranges gehören derselben Gruppe an, während der indirekte Kunde dritten Ranges dieser Gruppe nicht angehört;

d) der indirekte Kunde zweiten Ranges und der indirekte Kunde dritten Ranges schließen eine indirekte Clearingvereinbarung in schriftlicher Form. Die indirekte Clearingvereinbarung umfasst mindestens die folgenden Vertragsbedingungen:

　i) die allgemeinen Konditionen gemäß Artikel 2 Absatz 1 Buchstabe b;

　ii) die Zusage des indirekten Kunden zweiten Ranges, alle Verpflichtungen des indirekten Kunden dritten Ranges gegenüber dem indirekten Kunden in Bezug auf Transaktionen im Rahmen der indirekten Clearingvereinbarung zu erfüllen;

e) die Vermögenswerte und Positionen des indirekten Kunden dritten Ranges werden vom Clearingmitglied in einem Konto gemäß Artikel 4 Absatz 2 Buchstabe a geführt.

Sämtliche Aspekte der indirekten Clearingvereinbarung gemäß Unterabsatz 1 Buchstabe d werden unmissverständlich dokumentiert.

(2) Erbringen indirekte Kunden zweiten Ranges indirekte Clearingdienste gemäß Absatz 1,

a) ist Artikel 4 Absätze 1, 5, 6 und 8 auf den Kunden und den indirekten Kunden anwendbar als handele es sich bei ihnen um Clearingmitglieder;

b) sind Artikel 2 Absatz 1 Buchstabe b sowie Artikel 5 Absätze 2, 3, 6, 8 und 9 auf den indirekten Kunden und den indirekten Kunden zweiten Ranges anwendbar als handele es sich bei ihnen um Kunden.

In der Fassung vom 22.9.2017 (ABl. EU Nr. L 304 v. 21.11.2017, S. 13).

Schrifttum: *Bundesanstalt für Finanzdienstleistungsaufsicht (BaFin),* Häufige Fragen und Antworten der BaFin zur EMIR, Stand: 6.10.2016, abrufbar über: https://www.bafin.de („BaFin Q&A"); *Bundesverband deutscher Banken (BdB),* Hintergrundinformationen und Erläuterungen zum EMIR-Anhang, Stand: 23.7.2013, abrufbar über: https://bankenverband.de („*BdB* Erläuterungen EMIR-Anhang"); *Braithwaite,* The dilemma of client clearing in the OTC derivatives markets, European Business Organization Law Review (2016), abrufbar über: http://eprints.lse.ac.uk/64476/; *Cloridaß/Müller* in Temporale (Hrsg.) Europäische Finanzmarktregulierung – Handbuch zu EMIR, MiFID II/MiFIR, PRIIPs, MAD/MAR, OTC-Derivaten und Hochfrequenzhandel, 2015; *Europäische Wertpapier- und Marktaufsichtsbehörde (ESMA),* „Fragen und Antworten – Umsetzung der Verordnung (EU) Nr. 648/2012 über OTC-Derivate, zentrale Gegenparteien und Transaktionsregister (EMIR)", ESMA70-1861941480-52 vom 30.5.2018, abrufbar über: https://www.esma.europa.eu („*ESMA Q&A*"); *Funke,* Reaktion auf die Finanzmarktkrise – Teil 2: MiFID und MiFIR machen das Frühwarnsystem perfekt!, CCF 2012, 54; *Funke,* REMIT und EMIR – eine Umgestaltung des OTC-Marktes für Energieprodukte steht bevor!, WM 2012, 202; *Gstädtner,* Regulierung der Märkte für OTC-Derivate, RdF 2012, 145; *International Swaps and Derivatives Association, Inc. (ISDA),* ISDA 2013 EMIR NFC Representation Protocol vom 8.3.2013, abrufbar über: https://www.isda.org („*ISDA 2013 EMIR NFC Representation Protocol*"); *ISDA und Futures and Options Association (FOA),* ISDA/FOA Client Cleared OTC Derivatives Addendum vom 11.6.2013, aktualisierte Fassung vom 5.7.2013, abrufbar über https://fia.org („*ISDA/FOA* Client Cleared OTC Derivatives Addendum"); *Hönig/Rauberger,* CCP für OTC in der Sparkassen-Finanzgruppe, ZfgK 2013, 187; *ISDA/FOA,* Pressemitteilung zur Veröffentlichung des ISDA/FOA Client Cleared OTC Derivatives Addendum vom 11.6.2013, abrufbar über: https://www.isda.org („*ISDA/FOA* Pressemitteilung vom 11.6.2013"); *Kommission,* „EMIR: Häufig gestellte Fragen", zuletzt aktualisiert am 10.7.2014, abrufbar über: http://ec.europa.eu („*Kommission FAQ*"); *Köhling/Adler,* Der neue europäische Regulierungsrahmen für OTC-Derivate, WM 2012, 2125 und 2173; *Köhling,* Die Clearing-Rahmenvereinbarung – deutsche Vertragsdokumentation für das Kundenclearing", BKR 2013, 491; *König* in Ebenroth/Boujong/Joost/Strohn (Hrsg.), Handelsgesetzbuch, Bank- und Börsenrecht, VIII. Finanztermingeschäfte und Derivate, 3. Aufl. 2015; *Litten/Schwenk,* EMIR – Auswirkungen der OTC-Derivateregulierung auf Unternehmen der Realwirtschaft, DB 2013, 857 und 918; *Luz/Neus/Schaber/Schneider/Wagner/Weber* (Hrsg.), Kommentar zu KWG, CRR, FKAG, SolvV, WuSolvV, GroMiKV, LiqV und weiteren aufsichtsrechtlichen Vorschriften, Bd. 2, 3. Aufl. 2015; *Martens* in Derleder/Knops/Bamberger* (Hrsg.), Deutsches und europäisches Bank- und Kapitalmarktrecht, Band 2, 3. Aufl. 2017, § 60; *Meyer/Rieger,* Umsetzungsprozess in der heißen Phase, Die Bank 4.2012, 16; *Pankoke/Wallus,* Europäische Derivateregulierung und M&A, WM 2014, 4; *Schuster/Ruschkowski,* EMIR – Überblick und ausgewählte Aspekte, ZBB/JBB 2014, 123; *Teuber/Schröer* (Hrsg.) MiFID II und MiFIR – Umsetzung in der Bankpraxis, 2015; *Zerey* (Hrsg.), Finanzderivate, Rechtshandbuch, 4. Aufl. 2016.

I. Anwendungsbereich der Clearingpflicht (Art. 4 Abs. 1 VO Nr. 648/2012) 1	4. Sachlicher Anwendungsbereich 46
1. Persönlicher Anwendungsbereich (Art. 4 Abs. 1 Buchst. a VO Nr. 648/2012) 2	5. Zeitlicher Anwendungsbereich (Art. 4 Abs. 1 Buchst. b VO Nr. 648/2012) 48
a) Finanzielle Gegenparteien (Art. 4 Abs. 1 Buchst. a Ziff. i VO Nr. 648/2012) 3	a) Wirksamwerden der Clearingpflicht (Art. 4 Abs. 1 Buchst. b Ziff. i VO Nr. 648/2012) .. 48
b) Nichtfinanzielle Gegenparteien (Art. 4 Abs. 1 Buchst. a Ziff. ii und iii VO Nr. 648/2012) .. 4	b) Frontloading (Art. 4 Abs. 1 Buchst. b Ziff. ii VO Nr. 648/2012) 49
c) Einrichtungen mit Sitz in Drittstaaten (Art. 4 Abs. 1 Buchst. a Ziff. iii und iv VO Nr. 648/2012) 7	c) Änderung von OTC-Derivaten 56
	6. Ausnahmen vom Anwendungsbereich 57
	a) Altersversorgungssysteme 58
	b) C.6-Energiederivatkontrakte 60
2. OTC-Derivate zwischen zwei Drittstaateneinrichtungen (DelVO Nr. 285/2014) 10	c) Vom Begriff nichtfinanzielle Gegenpartei ausgenommene Einrichtungen 61
a) Garantiebegriff (Art. 1 DelVO Nr. 285/2014) 11	d) Ausnahmen der Verbriefungsverordnung (Art. 4 Abs. 5 VO Nr. 648/2012) 64
b) Unmittelbare, wesentliche und vorhersehbare Auswirkungen (Art. 2 DelVO Nr. 285/2014) 15	aa) Gedeckte Schuldverschreibungen 65
aa) Garantie der europäischen Mutter (Art. 2 Abs. 1 DelVO Nr. 285/2014) ... 16	bb) ETS-Verbriefungen 68
bb) Abschluss über europäische Zweigniederlassungen (Art. 2 Abs. 2 DelVO Nr. 285/2014) 27	7. Überarbeitungen der EMIR 71
	a) EMIR-REFIT-Entwurf 71
	b) Sanierung und Abwicklung von CCPs 76
c) Vermeidung von Umgehungen der EMIR (Art. 3 DelVO Nr. 285/2014) 29	**II. Freistellung von gruppeninternen Geschäften (Art. 4 Abs. 2 VO Nr. 648/2012)** 77
3. Einstufung von Kunden 33	1. Anzeige- und Genehmigungsverfahren 78
a) Auslegungsentscheidungen der ESMA 33	a) Unionssachverhalte (Art. 4 Abs. 2 Buchst. a VO Nr. 648/2012) 80
b) Bankpraxis 41	

b) Sachverhalte mit Drittstaatenbezug (Art. 4 Abs. 2 Buchst. b VO Nr. 648/2012) 82
c) Widerruf und Verbot 84
2. Vorprüfverfahren nach Art. 3 Abs. 2 DelVO 2015/2205, DelVO 2016/592 und DelVO 2016/1178 85
3. Verwaltungspraxis, Formblätter und MVP-Portal 88
4. Reichweite der Freistellungen 91
5. Altersversorgungssysteme 93
III. Ausgestaltung der Clearingpflicht (Art. 4 Abs. 3 VO Nr. 648/2012) 94
1. Gegenstand des Clearings 95
2. Clearingverfahren 100
    a) Einstufiges Clearing, direktes Clearing 102
    b) Zweistufiges Clearing, Kundenclearing 103
    c) Dreistufiges Clearing, indirektes Kundenclearing 106
    d) Erleichterung des Zugangs zum Clearing ... 107
3. Anforderungen an das indirekte Clearing (DelVO Nr. 149/2013) 110

a) Indirekte Clearingvereinbarung (Art. 1 DelVO Nr. 149/2013) 110
b) Anforderungen an den Kunden (Art. 2 DelVO Nr. 149/2013) 116
c) Pflichten der CCP (Art. 3 DelVO Nr. 149/2013) 123
d) Pflichten der Clearingmitglieder (Art. 4 DelVO Nr. 149/2013) 129
e) Pflichten der Kunden (Art. 5 DelVO Nr. 149/2013) 145
f) Anforderungen an indirekte Kunden (Art. 5a DelVO Nr. 149/2013) 152
g) Anforderungen an indirekte Kunden zweiten Ranges (Art. 5b DelVO Nr. 149/2013) .. 157
4. Anforderungen an Clearingmitglieder (Art. 29 Abs. 2 VO Nr. 600/2014) 158
5. Vereinbarungen für das indirekte Clearing 159
IV. Sanktionen bei Verletzung der Clearingpflicht 161
V. Technische Regulierungsstandards (Art. 4 Abs. 4 VO Nr. 648/2012) 162
1. DelVO Nr. 149/2013 163
2. DelVO Nr. 285/2014 164

I. Anwendungsbereich der Clearingpflicht (Art. 4 Abs. 1 VO Nr. 648/2012). Art. 4 Abs. 1 VO Nr. 648/2012 1 definiert den Anwendungsbereich der Clearingpflicht in persönlicher, sachlicher und zeitlicher Hinsicht.

1. Persönlicher Anwendungsbereich (Art. 4 Abs. 1 Buchst. a VO Nr. 648/2012). Der **persönliche Anwen-** 2 **dungsbereich** der Clearingpflicht ist für jedes OTC-Derivat gesondert zu bestimmen. Hierfür bildet Art. 4 Abs. 1 Buchst. a VO Nr. 648/2012 insgesamt **fünf Fallgruppen**, die jeweils danach unterscheiden, ob es sich bei den Gegenparteien eines OTC-Derivates um finanzielle Gegenparteien oder nichtfinanzielle Gegenparteien handelt, und ob eine oder beide Gegenparteien in der Union oder in einem Drittstaat ansässig sind. Dabei verdeutlichen die in Art. 4 Abs. 1 Buchst. a VO Nr. 648/2012 beschriebenen fünf Fallgruppen, dass ein OTC-Derivat nur dann der Clearingpflicht unterliegt, wenn **beide Parteien** des Geschäfts **clearingpflichtig sind**[1]. Ist nur eine der Gegenparteien clearingpflichtig, entfällt der Zwang zum Clearing für beide Parteien[2].

a) Finanzielle Gegenparteien (Art. 4 Abs. 1 Buchst. a Ziff. i VO Nr. 648/2012). Wird das OTC-Derivat zwi- 3 schen **zwei finanziellen Gegenparteien** abgeschlossen und haben beide Gegenparteien ihren Sitz in der Union, ist das Geschäft, wenn es in den zeitlichen Anwendungsbereich des Art. 4 Abs. 1 Buchst. b VO Nr. 648/2012 fällt, ohne weiteres clearingpflichtig. Dies gilt auch dann, wenn das Geschäft für eine der beiden finanziellen Gegenparteien der Absicherung von Risiken dient. Die im Entwurf vorliegenden Verordnung zur Änderung der EMIR (**EMIR REFIT-Entwurf**)[3] schlägt vor, für finanzielle Gegenparteien eine neue Clearingschwelle einzuführen, deren Höhe sich an den für nichtfinanzielle Gegenparteien geltenden Clearingschwelle orientiert, auf die jedoch auch solche OTC-Derivate anzurechnen sind, die der Absicherung von Risiken dienen. Die Einführung der Clearingschwelle wird dazu führen, dass finanzielle Gegenparteien mit kleineren Derivateportfolien zukünftig nicht mehr der Clearingpflicht unterliegen werden.

b) Nichtfinanzielle Gegenparteien (Art. 4 Abs. 1 Buchst. a Ziff. ii und iii VO Nr. 648/2012). Kommt das 4 OTC-Derivat zwischen einer finanziellen Gegenpartei und einer **nichtfinanziellen Gegenpartei** mit Sitz jeweils in der Union zustande, ist das Geschäft nur dann clearingpflichtig, wenn die nichtfinanzielle Gegenpartei die Bedingungen des Art. 10 Abs. 1 Buchst. b VO Nr. 648/2012 erfüllt, d.h., wenn sie nicht der Absicherung von Risiken dienende OTC-Derivate in einem Umfang tätigt, der die Clearingschwelle nachhaltig übersteigt.

Eine nichtfinanzielle Gegenpartei, die die Bedingungen des Art. 10 Abs. 1 Buchst. b VO Nr. 648/2012 erfüllt, 5 wird an anderer Stelle der EMIR auch „nichtfinanzielle Gegenpartei gemäß Artikel 10" (Art. 11 VO Nr. 648/

---

1 Erwägungsgrund Nr. 22 VO Nr. 648/2012.
2 *Achtelik* in Wilhelmi/Achtelik/Kunschke/Sigmundt, Handbuch EMIR, Teil 3.B.I Rz. 7; *Pankoke/Wallus*, WM 2014, 4, 6; *Köhling/Adler*, WM 2012, 2125, 2129; *Grundmann* in Staub, HGB, Band 11/2, 5. Aufl. 2018, Rz. 707; *Cloridaß/Müller* in Temporale, Europäische Finanzmarktregulierung, S. 134; *Martens* in Derleder/Knops/Bamberger, § 60 Rz. 41; *König* in Ebenroth/Boujong/Joost/Strohn, HGB, Rz. VIII 23.
3 *Kommission*, Vorschlag für eine Verordnung des Europäischen Parlaments und des Rates zur Änderung der Verordnung (EU) Nr. 648/2012 in Bezug auf die Clearingpflicht, die Aussetzung der Clearingpflicht, die Meldepflichten, die Risikominderungstechniken für nicht durch eine zentrale Gegenpartei geclearte OTC- Derivatekontrakte, die Registrierung und Beaufsichtigung von Transaktionsregistern und die Anforderungen an Transaktionsregister, KOM(2017) 208 final vom 4.5.2017, abrufbar über: http://ec.europa.eu/transparency/regdoc/rep/1/2017/DE/COM-2017-208-F1-DE-MAIN-PART-1.PDF („*Kommission* EMIR-REFIT-Entwurf"), S. 29/30. Einführung eines neuen Art. 4a VO Nr. 648/2012.

Art. 4 VO Nr. 648/2012 | Clearingpflicht

2012) und in den Auslegungsentscheidungen der Kommission und der ESMA auch „**NFC+**" genannt. Sind **beide** Gegenparteien des Geschäfts **nichtfinanzielle Gegenparteien** mit Sitz in der Union, ist das OTC-Derivat nur dann clearingpflichtig, wenn beide Parteien die Bedingungen des Art. 10 Abs. 1 Buchst. b VO Nr. 648/2012 erfüllen. Die Bedingungen, die zur Begründung der Clearingpflicht führen, sind in Art. 10 VO Nr. 648/2012 Rz. 9–24 näher erläutert. Wegen des Begriffs nichtfinanzielle Gegenpartei wird auf die Anmerkungen zu Art. 2 VO Nr. 648/2012 Rz. 79–95 verwiesen.

6   Die Bedeutung der Clearingpflicht nichtfinanzieller Gegenparteien ist aus **makroprudenzieller Sicht** überschaubar. So sollen nach inoffiziellen Schätzungen der ESMA nur 150 nichtfinanzielle Gegenparteien der Clearingpflicht unterliegen[1]. Auf der anderen Seite ist die Clearingpflicht für nichtfinanzielle Gegenparteien mit **erheblichem Aufwand** verbunden[2].

7   **c) Einrichtungen mit Sitz in Drittstaaten (Art. 4 Abs. 1 Buchst. a Ziff. iii und iv VO Nr. 648/2012).** Steht einer clearingpflichtigen nichtfinanziellen Gegenpartei oder einer finanziellen Gegenpartei eine Einrichtung oder ein Unternehmen **mit Sitz in einem Drittstaat** gegenüber, dann ist das OTC-Derivat nur dann clearingpflichtig, wenn der im Drittstaat ansässige Vertragspartner – unterstellt er hätte seinen Sitz in der Union – der Clearingpflicht nach Art. 4 Abs. 1 Buchst. a Ziff. i–iii VO Nr. 648/2012 unterläge. Sind **beide Vertragspartner** des Geschäfts **in einem Drittstaat** ansässig, unterliegt das OTC-Derivat nur dann der Clearingpflicht, wenn beide – unterstellt sie hätten ihren Sitz jeweils in der Union – der Clearingpflicht nach Abs. 1 unterlägen und das Geschäft unmittelbare, wesentliche und vorhersehbare Auswirkungen innerhalb der Union entfaltet oder wenn die Clearingpflicht notwendig oder zweckmäßig ist, um die Umgehung der EMIR zu verhindern.

8   Die in Art. 4 Abs. 1 Buchst. a Ziff. iii und iv VO Nr. 648/2012 verwendeten Begriffe **Einrichtung und Unternehmen** sind vom Gesetzgeber offenbar bewusst gewählt worden, weil der Begriff Gegenpartei als Oberbegriff für die finanziellen und nichtfinanziellen Gegenparteien den in der Union ansässigen Unternehmen vorbehalten ist[3]. Allerdings verwendet die EMIR den Begriff nicht durchgehend. So greift sie in Art. 3 und 11 VO Nr. 648/2012 wieder auf den Begriff Gegenpartei zurück[4].

9   Von der in Art. 4 Abs. 4 VO Nr. 648/2012 übertragenen Befugnis, diejenigen OTC-Derivate zu bestimmen, die unmittelbare, wesentliche und vorhersehbare Auswirkungen innerhalb der Union entfalten oder bei denen Umgehungen entgegen zu wirken ist, hat die Kommission mit ihrer DelVO Nr. 285/2014 Gebrauch gemacht.

10 **2. OTC-Derivate zwischen zwei Drittstaateneinrichtungen (DelVO Nr. 285/2014).** Die Bestimmungen der DelVO Nr. 285/2014 beschreiben **zwei Anknüpfungspunkte**, die die Erstreckung der EMIR auf Drittstaatensachverhalte rechtfertigen sollen: die von OTC-Derivaten ausgehende unmittelbare, wesentliche und vorhersehbare Auswirkung innerhalb der Union (Art. 2 DelVO Nr. 285/2014) und die Gefahr der Umgehung der durch die EMIR begründeten Pflichten (Art. 3 DelVO Nr. 285/2014). Die zuerst genannte unmittelbare, wesentliche und vorhersehbare Auswirkung kann wiederum auf zwei Umständen beruhen: Der Tatsache, dass eine der beiden Drittstaatseinrichtungen von der Garantie einer in der Union ansässigen finanziellen Gegenpartei profitiert oder die Tatsache, dass beide Drittstaatseinrichtungen ihre OTC-Derivatekontrakte über Niederlassungen innerhalb der Union abschließen. Der Garantiebegriff ist in Art. 1 DelVO Nr. 285/2014 definiert.

11 **a) Garantiebegriff (Art. 1 DelVO Nr. 285/2014).** Die Definition des Begriffes Garantie ist für die in Art. 2 Abs. 1 DelVO Nr. 285/2014 beantwortete Frage von Bedeutung, ob von den zwischen zwei Drittstaatseinrichtungen abgeschlossenen OTC-Derivaten eine unmittelbare, wesentliche und vorhersehbare Auswirkung innerhalb der Union ausgeht.

12 Wie sich aus den Formulierungen *„ausdrücklich dokumentierte rechtliche Verpflichtung"* und *„die Zahlungen von Beträgen zu decken"* und aus dem in Art. 2 Abs. 1 DelVO Nr. 285/2014 genutzten Wort „gewährt" ergibt, muss es sich bei der Garantie um eine **durch Vertrag begründete direkte Zahlungsverpflichtung des Garantiegebers** handeln. Dies entspricht im Kern den Anforderungen des Art. 213 VO Nr. 575/2013, der die regulatorischen Anerkennungsfähigkeit von Garantien und Kreditderivaten als Risikominderung regelt. Dies schließt eine auf Gesetz beruhende Haftung oder Verlustausgleichspflicht ebenso aus wie Erklärungen, die ohne erkennbaren Verpflichtungswillen abgegeben wurden (comfort letters oder sog. „weiche Patronatserklärungen")[5] oder

---

[1] *Litten/Schwenk*, DB 2013, 918, 922; *Wilhelmi/Blum* in Wilhelmi/Achtelik/Kunschke/Sigmundt, Handbuch EMIR, Teil 2.B Rz. 12.
[2] *Grundmann* in Staub, HGB, Band 11/2, 5. Aufl. 2018, Rz. 703; zur Energiewirtschaft: *Funke*, WM 2012, 202; zu den Auswirkungen auf das Merger & Acquisitions-Geschäft: *Pankoke/Wallus*, WM 2014, 10 f.
[3] *Grundmann* in Staub, HGB, Band 11/2, 5. Aufl. 2018, Rz. 708.
[4] *Pankoke/Wallus*, WM 2014, 4, 6 und *Achtelik* in Wilhelmi/Achtelik/Kunschke/Sigmundt, Handbuch EMIR, Teil 3.B.I Rz. 6 messen der Unterscheidung zwischen Einrichtung und Gegenpartei daher keine Bedeutung bei.
[5] *Europäische Wertpapier- und Marktaufsichtsbehörde (ESMA)*, Endgültiger Bericht der ESMA über technische Regulierungsstandards unter der EMIR für Kontrakte mit unmittelbaren, wesentlichen und vorhersehbaren Auswirkungen innerhalb der Union und Verhinderung von Umgehungen, ESMA/2013/1657 vom 15.11.2013, abrufbar über: https://www.esma.europa.eu/sites/default/files/library/2015/11/2013-1657_final_report_on_emir_application_to_third_country_entities_and_non-evasion.pdf („*ESMA* Entwurf RTS Drittstaateneinrichtungen"), Rz. 26; *Sigmundt* in Wilhelmi/Achtelik/Kunschke/Sigmundt, Handbuch EMIR, Teil 3.B.IV Rz. 9.

die sich nur auf das Drittstaatenunternehmen und dessen Bestand oder Zahlungsfähigkeit beziehen. Auch Absicherungen in Form von Kreditderivaten, z.B. einem credit default swap (CDS), oder Versicherungen scheiden als Garantie aus[1].

Ob sog. **"harte Patronatserklärungen"**, die zumindest in Deutschland für bankaufsichtliche Zwecke als risikomindernde Garantie anerkannt werden[2], Garantien i.S.d. Art. 1 DelVO Nr. 285/2014 sind, ist vor dem Hintergrund, dass es sich bei der DelVO Nr. 285/2014 um eine autonom auszulegende Vorschrift handelt, fraglich. 13

Indirekte Garantien, bei denen ein im Drittstaat ansässiger Dritter die Garantie für Rechnung der in der Union ansässigen Gegenpartei abgibt, dürften sich ebenfalls nicht als Garantie qualifizieren, können jedoch als Umgehung unter Art. 3 DelVO Nr. 285/2014 fallen. 14

b) Unmittelbare, wesentliche und vorhersehbare Auswirkungen (Art. 2 DelVO Nr. 285/2014). Die im Einzelfall anzunehmenden unmittelbaren, wesentlichen und vorhersehbaren Auswirkungen innerhalb der Union werden für zwei Fallgruppen angenommen: Dass entweder eine der im Drittstaat ansässigen Partei von der **Garantie** einer in der Union ansässigen finanziellen Gegenpartei profitiert oder dass beide im Drittstaat ansässige Einrichtungen das OTC-Derivat durch eine **Zweigniederlassung** in der Union abschließen. 15

aa) Garantie der europäischen Mutter (Art. 2 Abs. 1 DelVO Nr. 285/2014). Die in der Union ansässige finanzielle Gegenpartei begründet dadurch, dass sie einer der beiden Drittstaatseinrichtungen eine **Garantie** gewährt, den für die Erweiterung des persönlichen Anwendungsbereichs der Clearing- und Risikominderungspflichten notwendigen Anknüpfungspunkt. Für die Wesentlichkeit der mit der Garantie verbundenen Auswirkungen ist zusätzlich erforderlich, dass die Garantie sich auf Verbindlichkeiten aus OTC-Derivaten bezieht, deren Volumen **beide** der in Art. 2 Abs. 1 Unterabs. 1 Buchst. a und b DelVO Nr. 285/2014 genannten **Schwellenwerte** überschreitet. Das Überschreiten nur eines der beiden Schwellenwerte reicht nicht aus. Bei der Berechnung der Schwellenwerte werden nur die OTC-Derivate berücksichtigt, die am oder nach dem **Inkrafttreten** der DelVO Nr. 285/2014 am **14.4.2015** abgeschlossen wurden[3]. 16

Wegen des für Art. 2 Abs. 1 DelVO Nr. 285/2014 maßgeblichen **Garantiebegriffs** wird auf die Anmerkungen in Rz. 11–14 verwiesen. 17

Für die Feststellung der unmittelbaren, wesentlichen und vorhersehbaren Auswirkungen innerhalb der Union unerheblich, ist der **Zeitpunkt**, zu dem die Garantie gewährt wurde. Sie ist auch dann relevant, wenn sie bereits vor dem Inkrafttreten der DelVO Nr. 285/2014 ausgereicht wurde[4]. Haben die Drittstaatseinrichtungen untereinander OTC-Derivate abgeschlossen, die erst nachträglich von der Garantie gedeckt werden, sind diese bei der Bewertung der Auswirkungen der Garantie ebenfalls zu berücksichtigen (s. Art. 2 Abs. 1 Unterabs. 4 DelVO Nr. 285/2014). 18

Wie sich erst aus Art. 2 Abs. 1 Unterabs. 1 Buchst. b DelVO Nr. 285/2014 ergibt, muss die Garantie von einer in der Union ansässigen **finanziellen Gegenpartei**[5] gewährt worden sein. Grund für diese Anforderung sind die hierdurch begründete **Verbindung zum Finanzsystem der Union** bzw. die im Falle eines Ausfalls der Drittstaatseinrichtung zu erwartenden Auswirkungen auf die Finanzstabilität. Ob dieses „Ansteckungsrisiko" wesentlich ist, weil die garantierende finanzielle Gegenpartei den Ausfall der Drittstaatseinrichtung sehr wahrscheinlich nicht auffangen kann, wird auch durch die in Art. 2 Abs. 1 Unterabs. 1 Buchst. b DelVO Nr. 285/2014 definierte Fünf-Prozent-Schwelle (s. Rz. 21) beantwortet. 19

Der in Art. 2 Abs. 1 Unterabs. 1 Buchst. a DelVO Nr. 285/2014 definierte **Schwellenwert von 8 Mrd. Euro** entspricht dem auch in anderen Delegierten Verordnungen – z.B. in Art. 2 Abs. 1 Buchst b DelVO 2015/2205, 2016/592 und 2016/1178 (clearingpflichtige Gegenparteien der Kategorie 2), oder Art. 28 DelVO 2015/2251 (Freistellung von der Besicherung durch Ersteinschüsse) – verwendeten Materialitätsschwellen, mit denen ein Derivateportfolio mit systemrelevanter Größe beschrieben wird. Maßgeblich ist auch hier der aggregierte **Nominalwert der OTC-Derivate**. Sichert die Garantie der finanziellen Gegenpartei nur einen Teil des Derivateportfolios ab, so muss der garantierte Teil den Schwellenwert von 8 Mrd. Euro überschreiten. Aus der Bestimmung über die Teilquoten ergibt sich auch, dass sich der Schwellenwert ausschließlich auf das bilaterale Verhältnis zwischen den beiden Drittstaateneinrichtungen bezieht, d.h. kein gruppenbezogener Schwellenwert ist[6]. 20

---

1 *ESMA* Entwurf RTS Drittstaateneinrichtungen, Rz. 26; *Sigmundt* in Wilhelmi/Achtelik/Kunschke/Sigmundt, Handbuch EMIR, Teil 3.B.IV Rz. 9.
2 *Weber/Seifer/Schmid* in Luz/Neus/Schaber u.a., KWG und CRR, Art. 213 CRR Rz. 6; *Achtelik* in Boos/Fischer/Schulte-Mattler, KWG, CRR-VO, Art. 213 CRR Rz. 4.
3 *ESMA* Entwurf RTS Drittstaateneinrichtungen, Rz. 44 und 45; *ESMA*, „Fragen und Antworten – Umsetzung der Verordnung (EU) Nr. 648/2012 über OTC-Derivate, zentrale Gegenparteien und Transaktionsregister (EMIR)", ESMA70-1861941480-52 vom 30.5.2018, abrufbar über: https://www.esma.europa.eu/sites/default/files/library/esma70-1861941480-52_qa_on_emir_implementation.pdf („*ESMA* Q&A"), OTC Frage Nr. 23(a) [letzte Aktualisierung: 31.3.2015].
4 *ESMA* Q&A OTC Frage Nr. 23(b) [letzte Aktualisierung: 31.3.2015].
5 *Sigmundt* in Wilhelmi/Achtelik/Kunschke/Sigmundt, Handbuch EMIR, Teil 3.B.IV Rz. 10.
6 *Sigmundt* in Wilhelmi/Achtelik/Kunschke/Sigmundt, Handbuch EMIR, Teil 3.B.IV Rz. 10.

Art. 4 VO Nr. 648/2012 | Clearingpflicht

21 Der in Art. 2 Abs. 1 Unterabs. 1 Buchst. b DelVO Nr. 285/2014 definierte Fünf-Prozent-Schwellenwert knüpft an die aktuellen **Wiederbeschaffungswerte**, d.h. die Marktwerte der garantierten OTC-Derivate an und vergleicht diese mit den Marktwerten sämtlicher von der garantierenden finanziellen Gegenpartei abgeschlossenen OTC-Derivate. Übersteigt der Marktwert der garantierten OTC-Derivate fünf Prozent der Marktwerte der OTC-Derivate der garantierenden finanziellen Gegenpartei, so ist zu vermuten, dass ein Ausfall der Drittstaatseinrichtung die europäische Gegenpartei beeinträchtigen wird. Der Verweis auf Art. 272 Nr. 17 VO Nr. 575/2013 (CRR) klärt, dass es sich in den Fällen, in denen die OTC-Derivate in eine **rechtlich durchsetzbare Nettingvereinbarung** einbezogen sind, bei den Marktwerten um Nettomarktwerte handelt.

22 Nach Art. 2 Abs. 1 Unterabs. 2 und 3 DelVO Nr. 285/2014 ist für den Acht-Milliarden-Schwellenwert des Art. 2 Abs. 1 Unterabs. 1 Buchst. a DelVO Nr. 285/2014 ausschließlich der Bestand der **tatsächlich abgeschlossenen** und garantierten OTC-Derivate maßgeblich. Dies gilt auch dann, wenn für die Garantie ein Höchstbetrag vereinbart wurde, der oberhalb der Materialitätsschwelle (z.B. bei 10 Mrd. Euro) liegt. Auf der anderen Seite führt ein Höchstbetrag unterhalb der Materialitätsschwelle nach Unterabs. 2 stets dazu, dass eine unmittelbare, wesentliche und vorhersehbare Auswirkungen innerhalb der Union nicht anzunehmen ist.

23 Gewährt die in der Union ansässige finanzielle Gegenpartei einer der beiden Drittstaatseinrichtungen **mehrere Garantien**, dann sind diese für die Zwecke der Schwellenwertberechnung **zusammenzufassen**. Dies gilt auch dann, wenn die garantierten OTC-Derivate der Drittstaatseinrichtung mit unterschiedlichen Gegenparteien mit Sitz in Drittstaaten abgeschlossen wurden[1].

24 Art. 2 Abs. 1 Unterabs. 2–4 DelVO Nr. 285/2014 ist zu entnehmen, dass das Überschreiten der Schwellenwerte laufend zu beobachten bzw. zu bewerten ist. Nach Art. 2 Abs. 1 Unterabs. 4 DelVO Nr. 285/2014 ist diese Bewertung im Hinblick auf die in Art. 2 Abs. 1 Unterabs. 1 Buchst. a DelVO Nr. 285/2014 definierte Acht-Milliarden-Schwelle **an jedem Geschäftstag** vorzunehmen, an dem sich der aggregierte Nominalwert der OTC-Derivate durch Abschluss neuer oder Änderung bzw. Beendigung bestehender OTC-Derivate ändert. Die in Art. 2 Abs. 1 Unterabs. 1 Buchst. b DelVO Nr. 285/2014 definierte Fünf-Prozent-Schwelle ist **monatlich** zu bewerten.

25 Wer die laufende Bewertung vornehmen muss, ist Art. 2 Abs. 1 DelVO Nr. 285/2014 nicht zu entnehmen. Die ESMA hat in ihren Auslegungsentscheidungen klargestellt, dass es die Aufgabe der in der **Union ansässigen finanziellen Gegenpartei** ist, die laufende Bewertung vorzunehmen[2]. Dabei hat sie durch Vereinbarung mit der im Drittstaat ansässigen Gegenpartei sicherzustellen, dass sie die für die Überprüfung der Schwellenwerte erforderlichen Angaben erhält.

26 Die Erweiterung des persönlichen Anwendungsbereichs auf garantierte Drittstaatseinrichtungen entspricht den finalen Regelungen der U.S.-amerikanischen **Commodity Futures Trading Commission (CFTC)** über die grenzüberschreitende Anwendung der Regelungen über die Besicherung nicht zentral gecleartes OTC-Derivate[3]. Eine Materialitätsschwelle kennt die CFTC-Regelung jedoch nicht.

27 **bb) Abschluss über europäische Zweigniederlassungen (Art. 2 Abs. 2 DelVO Nr. 285/2014).** Eine unmittelbare, wesentliche und vorhersehbare Auswirkung innerhalb der Union ist auch dann anzunehmen, wenn beide Drittstaatseinrichtungen das OTC-Derivat durch ihre **Zweigniederlassungen** in der Union abschließen. Die in Art. 2 Abs. 2 DelVO Nr. 285/2014 gewählte Formulierung „*eingehen*" lässt vermuten, dass das maßgebliche Kriterium für die Zuordnung des OTC-Derivates zur Zweigniederlassung die vertragliche Einigung zwischen den Drittstaatseinrichtungen, d.h. der Abschluss des OTC-Derivates durch einen im Namen und für Rechnung der Zweigniederlassung handelnden Händler ist[4]. Ein entsprechender Abschluss hat i.d.R. auch zur Folge, dass das OTC-Derivate in den Systemen der Zweigniederlassung erfasst und gebucht und von den Abwicklungsabteilungen der Zweigniederlassung bestätigt wird. Notwendig ist dies jedoch nicht[5].

28 Die Anforderung, dass beide Drittstaatseinrichtungen im Falle der fiktiven Sitzverlegung in die Union als **finanzielle Gegenpartei** gelten müssen, weicht von Art. 4 Abs. 1 Buchst. a Ziff. v und Art. 11 Abs. 12 VO Nr. 648/2012, die auch clearingpflichtige nichtfinanzielle Gegenparteien ausreichen lassen, ab. Gerechtfertigt ist diese Einschränkung jedoch vor dem Hintergrund der auch für Art. 2 Abs. 1 DelVO Nr. 285/2014 geforderten **Verbindung zum europäischen Finanzsystem**.

---

1 *ESMA* Q&A OTC Frage Nr. 22 [letzte Aktualisierung: 31.3.2015].
2 *ESMA* Q&A OTC Frage Nr. 21 [letzte Aktualisierung: 31.3.2015].
3 *CFTC*, Final Rule, Margin Requirements for Uncleared Swaps for Swap Dealers and Major Swap Participants – Cross Border Application of the Margin Requirements, Federal Register/Vol. 81, Nr. 104, S. 34818 vom 31.5.2016, abrufbar über: http://www.cftc.gov/idc/groups/public/@lrfederalregister/documents/file/2016-12612a.pdf („CFTC 81 FR 34818"), § 23.160(b).
4 Noch deutlicher *ESMA* Entwurf RTS Drittstaateneinrichtungen, Entwurf der Delegierten Verordnung, Erwägungsgrund 6, S. 16: „can enter into OTC derivative contracts".
5 *Sigmundt* in Wilhelmi/Achtelik/Kunschke/Sigmundt, Handbuch EMIR, Teil 3.B.IV Rz. 13, der zu Recht darauf hinweist, dass die Zuordnung im Einzelfall schwierig sein kann.

c) **Vermeidung von Umgehungen der EMIR (Art. 3 DelVO Nr. 285/2014).** Der Anwendungsbereich des **Umgehungstatbestandes** beschränkt sich auf solche Fälle, in denen die Ausgestaltung eines OTC-Derivates primär der Umgehung der EMIR dient. Die ist zu vermuten, wenn Zweck der von den Drittstaatseinrichtungen getroffenen Vereinbarungen die Vereitelung der von der EMIR verfolgten Ziele ist oder es sich um künstliche Vereinbarungen handelt, die einer wirtschaftlichen Logik, eines geschäftlichen Gehalts oder einer relevanten wirtschaftlichen Begründung entbehren.

Art. 3 DelVO Nr. 285/2014 ist anzumerken, wie schwer es der Kommission gefallen sein muss, diejenigen Fälle zu beschreiben, in denen es notwendig oder zweckmäßig erscheint, eine Umgehung der Anwendung der EMIR zu verhindern[1]. Die **zirkuläre Aussage** in Art. 3 Abs. 1 DelVO Nr. 285/2014 erschöpft sich in der Feststellung, dass das Vorliegen einer Umgehung anhand der Art und Weise, wie das OTC-Derivat abgeschlossen wurde, zu beurteilen ist. Art. 3 Abs. 2 DelVO Nr. 285/2014 stellt lediglich klar, dass eine Umgehung zu vermuten ist, wenn sich für die konkrete Ausgestaltung des OTC-Derivates oder die Art und Weise seines Abschlusses **keine vernünftigen wirtschaftlichen Gründe** anführen lassen. Der Umweg über den Begriff des künstlichen Arrangements erscheint zwar überflüssig, deutet jedoch an, worum es der Kommission ging: Dass sich die von der Drittstaatseinrichtungen getroffenen Vereinbarungen und der ihr zugrunde liegenden Umstände nicht anders als ein Versuch der Umgehung deuten lassen. In den Erwägungsgründen beispielhaft genannt werden Rundgeschäfte (circular in nature)[2], ohne jedoch zu erläutern, worin eine mögliche Umgehung bestehen könnte.

Für Art. 3 DelVO Nr. 285/2014 maßgeblich ist die Umgehung der in Art. 4 und Art. 11 VO Nr. 648/2012 verorteten **Clearing-und Risikominderungspflichten**. Für die Meldepflicht nach Art. 9 VO Nr. 648/2012 ist die durch ihn erzielte Erweiterung des persönlichen Anwendungsbereiches auf Drittstaatseinrichtungen nicht relevant.

Anders als bei Art. 2 DelVO Nr. 285/2014 kann es sich bei den Drittstaatseinrichtungen auch um **nichtfinanzielle Gegenparteien** handeln, die, wenn sie ihren Sitz in die Union verlegen würden, der Clearingpflicht unterlägen. Auswirkungen für das Finanzsystem der Union werden nicht verlangt. Der Vorwurf der gezielten Vereitelung der EMIR reicht als Anknüpfung aus.

3. Einstufung von Kunden. a) Auslegungsentscheidungen der ESMA. In ihren **Auslegungsentscheidungen** hat die ESMA zu der Frage Stellung genommen, welchen Aufwand eine finanzielle Gegenpartei, z.B. ein Kreditinstitut oder eine Wertpapierfirma, bei der **Einstufung ihrer Kunden** betreiben muss. Dabei geht es zum einen um die Klassifizierung eines Kunden als nichtfinanzielle Gegenpartei und die in diesem Zusammenhang vorzunehmende Einschätzung, ob dieser die Clearingschwelle nachhaltig überschreitet oder nicht. Zum anderen geht es um Einrichtungen mit Sitz in Drittstaaten, für deren Einstufung die Sitzverlegung in die Union fingiert werden muss.

In ihrer Antworten unterscheidet die ESMA zutreffend danach, ob der Kunde seinen Sitz in der Union hat und damit selbst den durch die EMIR begründeten Pflichten unterliegt. Bei Drittstaatseinrichtungen berücksichtigt sie zudem, ob die Drittstaatseinrichtung in ihrem Heimatland gesetzlichen Anforderungen unterliegt, die denen der EMIR vergleichbar sind.

Bei OTC-Derivaten, die von zwei **in der Union ansässigen** Gegenparteien abgeschlossen werden, ist es grundsätzlich die Aufgabe des Kunden festzustellen, ob er die Clearingschwelle – allein oder zusammen mit anderen Mitgliedern seiner Gruppe – überschreitet oder nicht[3]. Finanzielle Gegenparteien sind jedoch gehalten, von ihren Kunden **Zusicherungen** über ihren Status einzuholen[4]. Die ESMA erwartet nicht, dass die finanzielle Gegenpartei eigene Nachforschungen anstellt. Allerdings kann sie der Zusicherung ihres Kunden nur solange vertrauen, solange sie nicht über Informationen verfügt, aus denen sich klar ergibt, dass die Zusicherung falsch ist[5]. Ein solcher Fall ist z.B. gegeben, wenn bereits die zwischen der finanziellen Gegenpartei und ihrem Kunden bilateral abgeschlossenen OTC-Derivate die Clearingschwelle überschreiten.

Bei Einrichtungen mit **Sitz in Drittstaaten**, die selbst nicht der EMIR unterliegen, ist es Aufgabe der finanziellen Gegenpartei zu prüfen, ob die Drittstaatseinrichtung im Falle der fiktiven Sitzverlegung in die Union der Clearingpflicht unterläge oder nicht. Hierbei muss die finanzielle Gegenpartei insbesondere die Art der Geschäftstätigkeit der Drittstaatseinrichtung und, wenn es sich bei ihr im Falle der Sitzverlegung um eine nichtfinanzielle Gegenpartei handeln würde, den Umfang der nicht der Absicherung dienenden OTC-Derivate berücksichtigen[6].

---

1 Noch kritischer *Achtelik* in Wilhelmi/Achtelik/Kunschke/Sigmundt, Handbuch EMIR, Teil 3.B.I Rz. 16, wonach der durch Art. 3 DelVO Nr. 285/2014 erzielte praktische Erkenntnisgewinn aufgrund der unbestimmten Rechtsbegriffe relative gering sei.
2 Erwägungsgrund Nr. 9 DelVO Nr. 285/2014.
3 *ESMA* Q&A OTC Frage Nr. 4 [letzte Aktualisierung: 20.3.2013].
4 Zur notwendigen Kundenkommunikation s. *Cloridaß/Müller* in Temporale, Europäische Finanzmarktregulierung, S. 149.
5 *ESMA* Q&A OTC Frage Nr. 4 [letzte Aktualisierung: 20.3.2013]; *Pankoke/Wallus*, WM 2014, 4, 6.
6 *ESMA* Q&A OTC Frage Nr. 13(a) [letzte Aktualisierung: 31.3.2015].

37 Die ESMA erwartet, dass die finanzielle Gegenpartei ihre in Drittstaaten ansässigen Kunden in die Prüfung einbindet und versucht, die für die Einstufung erforderlichen Tatsachen durch **Nachfragen** in Erfahrung zu bringen[1]. Auch hier ist es zulässig, dass sich die finanzielle Gegenpartei das Vorliegen bestimmter Tatsachen oder den Status der Drittstaatseinrichtung zusichern lässt und dass die Gegenpartei diese Zusicherungen im Rahmen der Einstufung verwendet ohne die Richtigkeit der Zusicherungen durch eigene Nachforschungen zu überprüfen[2]. Darüber hinaus gilt auch hier, dass die finanzielle Gegenpartei der Zusicherung ihres Kunden nur solange vertrauen kann, solange sie nicht über Informationen verfügt, aus denen sich ergibt, dass die Zusicherung falsch ist[3].

38 Für Kunden mit Sitz in einem Drittstaat, die **Mitglied einer Gruppe** sind und die im Falle der unterstellten Sitzverlegung in die Union als nichtfinanzielle Gegenpartei das Erreichen der **Clearingschwelle auf Gruppenebene** ermitteln müssten, kann die clearingpflichtige Gegenpartei im Rahmen ihrer Einstufung weitere Erleichterungen in Anspruch nehmen. Soweit der in einem Drittstaat ansässige Kunde Mitglied einer Gruppe ist, der auch eine in der Union ansässige nichtfinanzielle Gegenpartei angehört, kann die clearingpflichtige Gegenpartei unterstellen, dass das europäische gruppenangehörige Unternehmen die auf Gruppenebene zu ermittelnden Positionen zutreffend erfasst und der für sie festgestellte Status und der Status der Drittstaatseinrichtung übereinstimmen. Voraussetzung ist jedoch, dass sich die clearingpflichtige Gegenpartei den Status des europäischen gruppenangehörigen Unternehmens zusichern lässt[4].

39 Gehört die Drittstaatseinrichtung keiner Gruppe an, unterliegt sie jedoch in ihrem Heimatland gesetzlichen Regelungen, die eine mit der **EMIR vergleichbare Ausnahme** von der Clearingpflicht vorsehen, kann die clearingpflichtige Partei unterstellen, dass sie auch im Falle der fiktiven Sitzverlegung in die Union keiner Clearingpflicht unterläge[5]. In allen übrigen Fällen bleibt der clearingpflichtigen Partei nur die Möglichkeit, das Überschreiten der Clearingschwelle auf der Grundlage eigener Berechnungen zu verifizieren oder der bereits erwähnte Weg der Zusicherung[6].

40 Kann die clearingpflichtige Gegenpartei den Status ihrer Vertragspartei nicht bestimmen, so muss sie den Vertragspartner im Zweifel als clearingpflichtige nichtfinanzielle Gegenpartei behandeln[7].

41 **b) Bankpraxis.** Das Verfahren der Einstufung des Vertragspartners und die dabei ggf. verwendeten Annahmen sind **ausreichend zu dokumentieren**[8]. In der Praxis basiert die Einstufung von Vertragspartnern ganz wesentlich auf den oben erwähnten Zusicherungen. Soweit sie von U.S.-amerikanischen swap dealern und major swap particpants verwendet werden, erfüllen diese zugleich die durch die U.S.-amerikanische Regelung in 17 CFR § 23.505[9] begründete Verpflichtung, den rechtlichen Status der Gegenpartei zu dokumentieren.

42 Für die unter dem deutschen Rahmenvertrag für Finanztermingeschäfte (DRV) dokumentierten OTC-Derivate können Marktteilnehmer auf den von den **Spitzenverbänden der deutschen Kreditwirtschaft** entwickelten EMIR-Anhang zurückgreifen[10]. Nr. 3 Abs. 1 des EMIR-Anhangs weist zunächst darauf hin, dass es für die Einhaltung der durch die EMIR begründeten Pflichten notwendig ist, festzustellen, ob der Vertragspartner der Clearingpflicht unterliegt oder nicht, und dass die Feststellung des Clearingstatus entweder mittels der in Nr. 10 des EMIR-Anhangs aufgenommenen Zusicherung oder mittels eines anderen Verfahrens erfolgt. Den Kern der Vorschrift bilden Nr. 3 Abs. 2 und Abs. 3 des EMIR-Anhangs, mit denen die Vertragspartei verpflichtet wird, der Bank jede Änderung ihres Clearingstatus unverzüglich mitzuteilen.

43 Die **International Swaps and Derivatives Association**, Inc. (ISDA) hatte am 8.3.2013 den Mustertext einer Änderungsvereinbarung[11] veröffentlicht, den die Parteien eines ISDA Master Agreements durch Beitritt zum

---

1 *ESMA* Q&A OTC Frage Nr. 13(a) [letzte Aktualisierung: 31.3.2015]: „in cooperation with their third-country counterparties".
2 *ESMA* Q&A OTC Frage Nr. 13(b) [letzte Aktualisierung: 31.3.2015].
3 *ESMA* Q&A OTC Frage Nr. 13(b) [letzte Aktualisierung: 31.3.2015] mit Verweis auf ESMA Q&A OTC Frage Nr. 4 [letzte Aktualisierung: 20.3.2013].
4 *ESMA* Q&A OTC Frage Nr. 13(b) [letzte Aktualisierung: 31.3.2015].
5 *ESMA* Q&A OTC Frage Nr. 13(b) [letzte Aktualisierung: 31.3.2015].
6 *ESMA* Q&A OTC Frage Nr. 13(b) [letzte Aktualisierung: 31.3.2015].
7 *ESMA* Q&A OTC Frage Nr. 13(b) [letzte Aktualisierung: 31.3.2015].
8 *ESMA* Q&A OTC Frage Nr. 13(a) [letzte Aktualisierung: 31.3.2015].
9 *U.S. CFTC*, Final Rule, Confirmation, Portfolio Reconciliation, Portfolio Compression, and Swap Trading Relationship Documentation Requirements for Swap Dealers and Major Swap Participants, Federal Register/Vol. 77, Nr. 176, S. 55904 vom 11.9.2012, abrufbar über: http://www.cftc.gov/idc/groups/public/@lrfederalregister/documents/file/2012-21414a.pdf („*U.S. CFTC* 77 FR 55904"), S. 55964 unter „end user exception documentation".
10 *Bundesverband deutscher Banken*, EMIR-Anhang vom 23.2.2017, abrufbar über: https://bankenverband.de/media/uploads/2017/09/13/44040_0117_emir-anhang-2017_muster.pdf („*BdB* EMIR-Anhang"). S. auch *BdB*, Hintergrundinformationen und Erläuterungen zum EMIR-Anhang, Stand: 23.7.2013, abrufbar über: https://bankenverband.de/media/contracts/EMIR-Anhang-Hintergruende-Informationen-2013-07-23.pdf („*BdB* Erläuterungen EMIR-Anhang"). Erläuterungen zum EMIR-Anhang finden sich auch bei *Dittrich/Fried* in Zerey, Finanzderivate, § 33 Rz. 50.
11 *International Swaps and Derivatives Association, Inc. (ISDA)*, ISDA 2013 EMIR NFC Representation Protocol vom 8.3. 2013, abrufbar über: https://www2.isda.org/functional-areas/protocol-management/protocol/11 („*ISDA* 2013 EMIR NFC Representation Protocol").

ISDA 2013 EMIR NFC Representation Protocol vertraglich vereinbaren konnten. Das Ergebnis des Beitritts zum Protokoll war, dass ein zwischen zwei beitretenden Vertragsparteien bestehendes ISDA Master Agreement um eine vertragliche Zusicherung ihres Status als nichtfinanzielle Gegenpartei ergänzt wurde. Die durch das ISDA 2013 EMIR NFC Representation Protocol eingefügte Standardzusicherung beinhaltet die Aussage, dass es sich bei der beitretenden Partei um eine nichtfinanzielle Gegenpartei handelt, die nicht der Clearingpflicht unterliegt (sogenannte NFC-). Ändert sich der Status der erklärenden Gegenpartei, so muss sie ihre Zusicherung einschränken oder aufheben. Bereits in 2012 hatten die Markit Group Limited und ISDA den Marktteilnehmern eine internet-basierte Anwendung (ISDA Amend) zur Verfügung gestellt, die es ihnen ermöglicht, gegenseitig Mitteilungen über ihren Status auszutauschen[1]. In 2013 wurde das ISDA Amend EMIR Counterparty Classification Tool aufgelegt. Mit der sich abzeichnenden Clearingpflicht wurde ISDA Amend um am 13.7.2015 um das ISDA Amend EMIR Clearing Classification Tool erweitert.

Die Einstufung von Vertragspartnern und der in diesem Zusammenhang von der clearingpflichtigen Gegenpartei betriebene Aufwand sind zum einen von Bedeutung, wenn die zuständige Behörde eine Verletzung der durch die EMIR begründeten Pflichten feststellt und diese nach den nationalen Vorschriften des betreffenden Mitgliedstaates mit den in Art. 12 Abs. 1 VO Nr. 648/2012 geforderten Sanktionen geahndet werden kann. Nach § 120 Abs. 7 Nr. 1 i.V.m. Abs. 24 WpHG kann z.B. die vorsätzliche oder leichtfertige Verletzung der Clearingpflicht als Ordnungswidrigkeit mit einem Bußgeld bis zu zweihunderttausend Euro geahndet werden. 44

Die Einstufung ist darüber hinaus für die von Kreditinstituten und Wertpapierfirmen zu ermittelnden Eigenkapitalanforderungen für das sog. „**CVA-Risiko**" von Bedeutung. Nach Art. 382 Abs. 4 Buchst. a der VO Nr. 575/2013 (CRR) sind Geschäfte mit nichtfinanziellen Gegenparteien i.S.d. Art. 2 Nr. 9 VO Nr. 648/2012 oder mit einer gleichzustellenden Drittstaatseinrichtung von der sog. „CVA Charge" ausgenommen, wenn diese die Bedingung des Art. 10 Abs. 1 Buchst. b VO Nr. 648/2012 nicht erfüllt. Mit der DelVO 2018/728[2] hat die Kommission zunächst klargestellt, dass die Bereichsausnahme des Art. 382 Abs. 4 Buchst. a der VO Nr. 575/2013 auch für in einem Drittstaat ansässige Einrichtungen gilt, wenn diese im Falle der fiktiven Sitzverlegung in die Union als nichtfinanzielle Gegenpartei unterhalb der Clearingschwelle zu behandeln wäre. Sie hat zugleich festgelegt, dass der Status der Drittstaateneinrichtung mindestens jährlich und anlassbezogen, bei Abschluss eines neuen OTC-Derivats und immer dann, wenn das Institut Grund zur Annahme hat, dass sich der Status der Drittstaateneinrichtung geändert haben könnte, überprüft werden muss, Erreichen die Bruttowerte einer Drittstaateneinrichtung 75 % der in Art. 11 DelVO Nr. 149/2013 definierten Clearingschwelle, ist die Überprüfung der Clearingschwelle sogar vierteljährlich durchzuführen. Wegen der Einzelheiten zur CVA Charge wird auf die Ausführungen zu Art. 1 VO Nr. 648/2012 Rz. 5 verwiesen. 45

4. Sachlicher Anwendungsbereich. Der sachliche Anwendungsbereich wird durch den Begriff **OTC-Derivatekontrakte** definiert. Wegen der Einzelheiten wird auf die Ausführungen in Art. 2 Nr. 7 VO Nr. 648/2012 Rz. 41–47 verwiesen. Darüber hinaus ist erforderlich, dass die Kommission für die betreffende Kategorie von OTC-Derivaten nach Art. 5 Abs. 2 VO Nr. 648/2012 die **Clearingpflicht angeordnet** haben muss. Wegen der hierbei zu beachtenden Voraussetzungen wird auf die Ausführungen zu Art. 5 VO Nr. 648/2012 verwiesen. 46

Die Kommission hat bislang **drei Delegierte Verordnungen** – die DelVO 2015/2205, die DelVO 2016/592 und die DelVO 2016/1178 – erlassen, mit denen sie die Clearingpflicht für bestimmte OTC-Zins- und -Kreditderivate angeordnet hat. Wegen der Einzelheiten wird auf die die Ausführungen zu Art. 5 VO Nr. 648/2012 Rz. 43 ff. verwiesen. 47

5. Zeitlicher Anwendungsbereich (Art. 4 Abs. 1 Buchst. b VO Nr. 648/2012). a) Wirksamwerden der Clearingpflicht (Art. 4 Abs. 1 Buchst. b Ziff. i VO Nr. 648/2012). Ordnet die Kommission in dem nach Art. 5 Abs. 2 VO Nr. 648/2012 vorgesehenen Verfahren die Clearingpflicht für eine bestimmte Kategorie von OTC-Derivaten an, so findet nach Art. 4 Abs. 1 Buchst. b Ziff. i VO Nr. 648/2012 die Clearingpflicht grundsätzlich nur auf die OTC-Derivate Anwendung, die am oder nach dem Tag, an dem die Clearingpflicht wirksam wird, **neu abgeschlossen** werden. Bei dem Tag des Wirksamwerdens der Clearingpflicht ist der nach Art. 5 Abs. 2 Buchst. b VO Nr. 648/2012 von der Kommission zu benennende Zeitpunkt gemeint, der für einzelne Kategorien von Gegenparteien unterschiedlich ausgestaltet sein kann. 48

b) Frontloading (Art. 4 Abs. 1 Buchst. b Ziff. ii VO Nr. 648/2012). Abweichend hiervon sieht Art. 4 Abs. 1 Buchst. b Ziff. ii VO Nr. 648/2012 vor, dass für OTC-Derivate, die an einer in der Union ansässigen CCP gecleart werden müssen, die Clearingpflicht rückwirkend ab dem Zeitpunkt Anwendung findet, ab dem die zuständige Behörde die europäische CCP für das Clearing der betreffenden Kategorie von OTC-Derivaten nach den 49

---

1 Allgemeine Informationen über ISDA Amend und die von ihm unterstützen Änderungsvereinbarungen sind abrufbar über: http://www.markit.com/product/isda-amend.
2 Delegierte Verordnung (EU) 2018/728 der Kommission vom 24. Januar 2018 zur Ergänzung der Verordnung (EU) Nr. 575/2013 des Europäischen Parlaments und des Rates durch technische Regulierungsstandards für Verfahren, nach denen Geschäfte mit in Drittländern niedergelassenen nichtfinanziellen Gegenparteien von der Eigenmittelanforderung für das CVA-Risiko ausgenommen werden können, ABl. EU Nr. L 123 v. 18.5.2018, S. 1.

Art. 4 VO Nr. 648/2012 | Clearingpflicht

Art. 14 oder 15 VO Nr. 648/2012 zugelassen hat. Maßgeblich für diese als „Frontloading" bezeichnete Pflicht, bereits bestehende OTC-Derivate zu clearen, ist der Zeitpunkt, zu dem die zuständige Behörde der ESMA die **Zulassung der CCP** nach Art. 5 Abs. 1 VO Nr. 648/2012 mitgeteilt hat. Nach Art. 6 Abs. 2 Buchst. f VO Nr. 648/2012 ist die ESMA verpflichtet, die bei ihr eingegangenen Mitteilungen der zuständigen Behörden auf ihrer Webseite zu veröffentlichen[1].

50 Das Frontloading gilt **nicht unbegrenzt**. Es findet nur auf die OTC-Derivate Anwendung, die zum Zeitpunkt der Anwendbarkeit der Clearingpflicht über die nach Art. 5 Abs. 2 Buchst. c VO Nr. 648/2012 von der Kommission bestimmte Mindestrestlaufzeit verfügen. Die bereits erwähnten **drei Delegierte Verordnungen** – die DelVO 2015/2205, die DelVO 2016/592 und die DelVO 2016/1178 –, mit denen die Kommission die Clearingpflicht für bestimmte OTC-Zins- und -Kreditderivate angeordnet hat, enthalten in den insoweit jeweils gleichlautenden Art. 4 nähere Angaben zu den Mindestrestlaufzeiten. Auffallend ist, dass die Kommission für die der Kategorie 4 zugewiesenen **nichtfinanziellen Gegenparteien keine Restlaufzeit** definiert hat, weshalb das Frontloading für sie keine Anwendung findet[2]. Wegen der Einzelheiten wird auf die Ausführungen zu Art. 5 VO Nr. 648/2012 Rz. 75–77 verwiesen.

51 Für die in einem **Drittstaat** ansässigen und von der ESMA nach Art. 25 VO Nr. 648/2012 anerkannten CCPs ist ein Frontloading von clearingpflichtigen OTC-Derivaten nicht vorgesehen[3]. Erkennt die ESMA eine in einem Drittstaat ansässige CCP nach Art. 25 VO Nr. 648/2012 an, so fehlt es bereits an der für Art. 4 Abs. 1 Buchst. b Ziff. ii VO Nr. 648/2012 erforderlichen Mitteilung nach Art. 5 Abs. 1 VO Nr. 648/2012. Da der Clearingzwang bislang nur für OTC-Derivate angeordnet wurde, die an europäischen CCP gecleart werden, ist diese Ausnahme noch nicht relevant geworden.

52 Ein Neuabschluss i.S.d. Art. 4 Abs. 1 Buchst. b Ziff. i VO Nr. 648/2012 liegt grundsätzlich auch dann vor, wenn der Käufer einer Option auf ein clearingpflichtiges OTC-Derivat (z.B. einer Option auf einen EURIBOR-Zinssatzswap, einer sog. „**Swaption**") die Option ausübt und mit der Ausübung das zugrunde liegende clearingpflichtige OTC-Derivat zustande kommt.

53 Eine Ausnahme sieht die ESMA nur in den Fällen vor, in denen die Option vor dem für das Frontloading maßgeblichen Tag der Mitteilung nach Art. 5 Abs. 1 VO Nr. 648/2012 abgeschlossen wurde. Erfolgt der Erwerb der Option und deren Ausübung nach diesem Tag, so ist das OTC-Derivat clearingpflichtig, wenn es am Tag des Wirksamwerdens der Clearingpflicht über die maßgebliche Mindestrestlaufzeit verfügt[4].

54 Das Frontloading von bestehenden OTC-Derivaten ist für die hiervon betroffenen Gegenparteien nicht unproblematisch. Die Aufnahme von Derivaten in das System einer CCP setzt voraus, dass sämtliche für das Clearing notwendigen Einzelheiten eines OTC-Derivates in das von der CCP vorgeschriebene Datenformat überführt werden. Sind die Einzelheiten nur in **Papierform** dokumentiert, ist darüber hinaus die Umwandlung der Daten in eine elektronische Form erforderlich. Der mit dem Frontloading verbundene **Aufwand kann erheblich sein**. Er nimmt mit der Anzahl der von den clearingpflichtigen Gegenparteien abgeschlossenen OTC-Derivate und der Länge der für die Anwendbarkeit der Clearingpflicht vorgesehenen Übergangsphasen zu. Darüber hinaus ist für die betroffenen Gegenparteien zum Zeitpunkt der Mitteilung der zuständigen Behörde an die ESMA noch gar nicht absehbar, ob und in welchem Umfang eine Clearingpflicht angeordnet wird[5]. Die **ESMA** hatte sich in ihrem Brief an die Kommission vom 8.5.2014[6] dafür ausgesprochen, die Clearingpflicht erst ab dem Inkrafttreten des die Clearingpflicht anordnenden delegierten Rechtsaktes vorzusehen. In ihrem Antwortschreiben vom 8.7.2014[7] hatte die **Kommission** für die Haltung der ESMA Verständnis gezeigt und vorgeschlagen, das Frontloading nur dort vorzusehen, wo es die von der EMIR verfolgten Ziele erfüllen könne. Es verwundert daher nicht, dass die Abschaffung des Frontloadings Gegenstand der aktuellen Überlegungen zur Überarbeitung der EMIR ist (s. die Anmerkungen in Rz. 71 ff.).

55 Der Zweck des Frontloadings ist weniger darin zu sehen, einer ordnungspolitisch unerwünschten Umgehung der Clearingpflicht vorzubeugen, da die Gegenparteien bereits die Mitteilung der zuständigen Behörde über die Zulassung einer CCP nach Art. 5 Abs. 1 VO Nr. 648/2012 zum Anlass nehmen könnten, den Abschluss von clearingpflichtigen OTC-Derivaten einzustellen. Wie das Wort „front" in Frontloading bereits andeutet, geht es

---

1 *ESMA*, Public Register for the Clearing Obligation under EMIR, ESMA70-708036281 zuletzt aktualisiert am 19.1.2018, abrufbar über: https://www.esma.europa.eu/sites/default/files/library/public_register_for_the_clearing_obligation_under_emir.pdf („*ESMA* Öffentliches Register für die Clearingpflicht"), Section 2, ab S. 10.
2 Erwägungsgrund Nr. 13 DelVO 2015/2205.
3 *Grundmann* in Staub, HGB, Band 11/2, 5. Aufl. 2018, Rz. 709.
4 *ESMA* Q&A OTC Frage Nr. 20(a) [letzte Aktualisierung: 16.2.2016].
5 *Achtelik* in Wilhelmi/Achtelik/Kunschke/Sigmundt, Handbuch EMIR, Teil 3.B.I Rz. 30.
6 *ESMA*, Brief an die Kommission „Ref: Frontloading requirement under EMIR", ESMA/2014/483 vom 8.5.2014 abrufbar über: https://www.esma.europa.eu/sites/default/files/library/2014-483_letter_to_european_commission_re_frontloading_requirement_under_emir.pdf („*ESMA* Brief vom 8.5.2014").
7 *Kommission*, Antwortschreiben an die ESMA in Sachen Frontloading, JC/tb D(2014) 2392454 vom 8.7.2014, abrufbar über: https://www.esma.europa.eu/sites/default/files/library/2015/11/d2392454.pdf („*Kommission* Brief vom 8.7.2014").

vielmehr darum, einen **positiven Anreiz für das zeitlich vorgezogene freiwillige Clearing** zu schaffen. Dieses freiwillige Clearing ist nicht nur im Interesse der mit der EMIR verfolgten Zielsetzung, es dient zugleich auch den CCPs und den Clearingmitgliedern, die ihre Clearingdienstleistung bereits unmittelbar nach Zulassung der CCP erfolgreich anbieten können, und für die sich ihre teilweise sehr umfangreichen Investitionen schneller amortisieren. Das Frontloading schafft damit einen Ausgleich zwischen den Interessen der clearingpflichtigen Gegenparteien an einer möglichst späten Anwendung der Clearingpflicht und den ihnen entgegen gerichteten Interessen der Clearingindustrie. Dieser **Antagonismus** ist während der bislang durchgeführten öffentlichen Anhörungen nach Art. 5 Abs. 2 VO Nr. 648/2012 deutlich zum Vorschein gekommen.

c) **Änderung von OTC-Derivaten.** Eine weitere Abweichung vom Grundsatz des Art. 4 Abs. 1 Buchst. b Ziff. i VO Nr. 648/2012 ist für bestehende OTC-Derivate vorgesehen, die am oder nach dem Tag, an dem die Clearingpflicht wirksam wird, **Gegenstand einer Änderungsvereinbarung** (novation) werden. Der in der deutschen Fassung der EMIR verwendete Formulierung „verlängert werden" ist zu eng. Die Clearingpflicht wird z.B. auch dann ausgelöst, wenn das OTC-Derivat auf eine andere Gegenpartei übertragen wird[1]. Anders als das Frontloading, dient die Einbeziehung von geänderten Geschäften ausschließlich der **Vermeidung von Umgehungen**. Mit „Verlängerung" ist jede Änderung eines OTC-Derivates gemeint, die das vereinbarte Fälligkeitsdatum (maturity date) weiter in die Zukunft verlegt. Ein OTC-Derivat, für das kein Fälligkeitsdatum vereinbart wurde, der vielmehr durch Kündigung beendet werden muss und sich mangels Kündigung von selbst verlängert, fällt nicht unter die Ausnahme. Ein Beispiel für Derivatekontrakte ohne Fälligkeitsdatum sind die contracts for differences (CFD)[2], denen Wertpapiere, üblicherweise Aktien, zugrunde liegen und bei denen eine Partei dadurch, dass sie von der anderen Partei sämtliche Wertsteigerungen und unter dem Wertpapier gezahlte Zinsen oder Dividenden erhält (bzw. sämtliche Wertverluste ausgleichen muss), wirtschaftlich so gestellt wird, als würde sie das Wertpapier selbst halten. CFDs können jederzeit ganz oder teilweise gekündigt werden. Ebenfalls nicht erfasst wird eine Änderung, die den vereinbarten Fälligkeitstermin zeitlich vorverlegt und damit sicherstellt, dass das OTC-Derivat zum Zeitpunkt der Anwendbarkeit der Clearingpflicht keine Restlaufzeit mehr hat.

6. **Ausnahmen vom Anwendungsbereich.** Der persönliche und sachliche Anwendungsbereich der Clearingpflicht wird in Art. 4 Abs. 1 VO Nr. 648/2012 nur unvollständig beschrieben. Er wird durch andere Bestimmungen der EMIR und der RL 2014/65/EU (MiFID II) inhaltlich eingeschränkt oder zeitlich hinausgeschoben.

a) **Altersversorgungssysteme.** Nach Art. 89 Abs. 1 und 2 VO Nr. 648/2012 von der Clearingpflicht vorübergehend ausgenommen waren die von **Altersversorgungssystemen** abgeschlossene OTC-Derivate, soweit diese objektiv messbar der Reduzierung von Anlagerisiken dienen. Der Zeitraum der Freistellung war ursprünglich auf drei Jahren ab dem Inkrafttreten der EMIR, d.h. bis zum 16.8.2015, begrenzt. Von der in Art. 85 Abs. 2 VO Nr. 648/2012 vorgesehenen Möglichkeit, die Frist um bis zu drei Jahren, d.h. bis zum 16.8.2018, zu verlängern, hat die Kommission mit der DelVO Nr. 2015/1515 und der DelVO 2017/610 Gebrauch gemacht. Wegen der möglichen Verlängerung der Übergangsbestimmung um weitere drei Jahre wird auf die Kommentierung zu Art. 89 VO Nr. 648/2012 Rz. 2 verwiesen.

Der in Art. 2 Nr. 10 VO Nr. 648/2012 definierte Begriff Altersversorgungssystem erfasst nur **in der Union ansässige Einrichtungen**. Die in einem Drittstaat ansässigen Altersversorgungssysteme werden durch Art. 89 Abs. 1 VO Nr. 648/2012 nicht privilegiert, selbst wenn sie im Falle der fiktiven Sitzverlegung in die Union den Tatbestand des Art. 2 Nr. 10 VO Nr. 648/2012 erfüllen würden[3].

b) **C.6-Energiederivatkontrakte.** Nach Art. 95 Abs. 1 RL 2014/65/EU (MiFID II) sind die von nichtfinanziellen Gegenparteien abgeschlossenen **C.6-Energiederivatkontrakte** bis zum 3.1.2021[4] von der Clearingpflicht und der Anrechnung auf die Clearingschwelle nach Art. 10 VO Nr. 648/2012 befreit. Die Freistellung von der Clearingpflicht gilt auch für die nichtfinanziellen Gegenparteien, die nach dem 3.1.2018 erstmals als Wertpapierfirmen zugelassen wurden bzw. werden. Die Ausnahme für die erstmals als Wertpapierfirma zugelassenen Unternehmen ist geboten, weil mit der Umsetzung der RL 2014/65/EU die alten Bereichsausnahmen für Rohwarenhändler nur noch eingeschränkt fortgeführt wurden. So hat der sog. „Nebentätigkeitstest" des Art. 2 Abs. 1 Buchst. j RL 2014/65/EU dazu geführt, dass Rohwarenhändler denen der für den Nebentätigkeitstest erforderliche Nachweis misslingt, der Zulassungspflicht unterliegen und mit erteilter Zulassung als finanzielle Gegenpartei gelten[5]. Nach Art. 95 Abs. 2 RL 2014/65/EU wird die Ausnahmeregelung von der jeweils zuständigen

---

1 *ESMA* Q&A OTC Frage Nr. 20(a) [letzte Aktualisierung: 16.2.2016]: „All types of trade novations are covered".
2 *ESMA* Q&A TR Frage Nr. 34 [letzte Aktualisierung: 14.12.2017].
3 *ESMA* Q&A OTC Frage Nr. 13(c) [letzte Aktualisierung: 31.3.2015].
4 Die ursprüngliche Frist bis 3.7.2020 ist durch Art. 1 Abs. 9 RL 2016/1034 verlängert worden. S. Richtlinie (EU) 2016/1034 des Europäischen Parlaments und des Rates vom 23. Juni 2016 zur Änderung der Richtlinie 2014/65/EU über Märkte für Finanzinstrumente, ABl. EU Nr. L 175 v. 30.6.2016, S. 8.
5 Die Kommission geht davon aus, dass die Einführung des sog. „Nebentätigkeitstests" für Rohwarenhändler durch Art. 2 Abs. 1 Buchst. j RL 2014/65/EU zu einer Erweiterung des Anwendungsbereichs der Lizenzierungspflicht auf Rohwarenhändler führen wird. S. *Kommission* EMIR-REFIT-Entwurf, S. 5.

Art. 4 VO Nr. 648/2012 | Clearingpflicht

Behörde gewährt. Die zuständige Behörde hat wiederum der ESMA mitzuteilen, für welche C.6-Energiederivatkontrakte die Ausnahme gewährt worden ist. Die ESMA hat auf ihrer Website ein Verzeichnis der befreiten C.6-Energiederivatkontrakte zu veröffentlichen. Wegen des Begriffs C.6-Energiederivatekontrakte wird auf die Anmerkungen zu Art. 2 VO Nr. 648/2012 Rz. 150–152 verwiesen. Art. 95 Abs. 1 der RL 2014/65/EU ist in Deutschland durch § 137 WpHG umgesetzt worden. Zuständige Behörde ist die BaFin.

61 c) **Vom Begriff nichtfinanzielle Gegenpartei ausgenommene Einrichtungen.** Ebenfalls vom persönlichen Anwendungsbereich der Clearingpflicht ausgenommen sind diejenigen Einrichtungen, die sich nicht als **nichtfinanzielle Gegenpartei** i.S.d. Art. 2 Nr. 8 VO Nr. 648/2012 qualifizieren. Der Begriff nichtfinanzielle Gegenpartei verlangt im positiven Sinne ein Unternehmen, das in der Union niedergelassen ist. In negativer Hinsicht verlangt er, dass das Unternehmen nicht zu den in Nr. 1 oder Nr. 8 genannten Einrichtungen gehört, d.h., es sich insbesondere nicht um eine CCP handelt.

62 Die **Ausnahme von CCPs** hat Bedeutung für die OTC-Derivate, die die CCP außerhalb des von ihre betriebenen Clearingsystems abschließt, um im Falle eines **Ausfalls eines Clearingmitgliedes** nach Art. 48 Abs. 2 VO Nr. 648/2012 die für Rechnung des Clearingmitgliedes gehaltenen Positionen durch geeignete Gegengeschäfte glattzustellen. Diese OTC-Derivate sind von den Clearingpflicht befreit.

63 Ebenfalls von den Risikominderungspflichten ausgenommen sind die natürlichen Personen und Einrichtungen, die keine wirtschaftliche Tätigkeit ausüben und deshalb nicht als „**Unternehmen**" gelten. Wegen der Einzelheiten zum Unternehmensbegriff wird auf die Ausführungen zu Art. 2 Nr. 8 VO Nr. 648/2012 Rz. 81–86 verwiesen.

64 d) **Ausnahmen der Verbriefungsverordnung (Art. 4 Abs. 5 VO Nr. 648/2012).** Art. 4 Abs. 5 VO Nr. 648/2012 sieht vor, dass die von **Emittenten gedeckter Schuldverschreibungen** oder von bestimmten **Verbriefungszweckgesellschaften** außerbörslich abgeschlossenen Zins- und Währungsderivate von der Clearingpflicht ausgenommen sind. Art. 4 Abs. 5 VO Nr. 648/2012 ist durch Art. 42 Abs. 2 VO 2017/2402[1] in die EMIR eingeführt worden und gilt ab dem 1.1.2019 (Art. 48 VO 2017/2402). Soweit Art. 4 Abs. 5 VO Nr. 648/2012 die Freistellung der Emittenten gedeckter Schuldverschreibungen anordnet, wird sich die Rechtslage materiell nicht ändern, da eine inhaltsgleiche Bereichsausnahme bereits in den Delegierten Verordnungen über die Clearingpflicht (DelVO 2015/2205 und DelVO 2016/592) vorgesehen ist.

65 aa) **Gedeckte Schuldverschreibungen.** Der durch die VO 2017/2402 ebenfalls eingeführte Art. 2 Nr. 30 VO Nr. 648/2012 definiert die gedeckte Schuldverschreibung als eine Schuldverschreibung, die den Anforderungen des **Art. 129 VO Nr. 575/2013 (CRR)** genügt. Art. 129 VO Nr. 575/2013 verweist wiederum von Kreditinstituten mit Sitz in der Union begebenen gedeckten Schuldverschreibungen i.S.d. Art. 52 Abs. 4 RL 2009/65/EG (OGAWR). Von der Befreiung profitieren insbesondere die unter dem **deutschen Pfandbriefgesetz** begebenen Hypotheken-, Schiffs- und Öffentlichen Pfandbriefe deutscher Kreditinstitute. Wegen des Begriffs gedeckte Schuldverschreibung und den von ihnen zu erfüllenden Anforderungen wird auf die Ausführungen zu Art. 2 VO Nr. 648/2012 Rz. 139–142 verwiesen.

66 Die vom Gesetzgeber angeführte Begründung für die Ausnahme von der Clearingpflicht: dass OTC-Derivate, die von Emittenten gedeckter Schuldverschreibungen abgeschlossen werden (die sog. „**Deckungsstockderivate**"), aufgrund ihres besonderen Charakters von der Clearingpflicht auszunehmen sind[2], findet sich bereits in den Erwägungsgründen der EMIR (Erwägungsgrund Nr. 16 VO Nr. 648/2012).

67 Dem Gebot, die Zweckmäßigkeit des Clearings von Deckungsstockderivaten **im Rahmen der Anordnung der Clearingpflicht** nach Art. 5 VO Nr. 648/2012 zu prüfen, ist die Kommission bei der Anordnung des Clearingzwangs für OTC-Zinsderivate nachgekommen. Die insoweit gleichlautenden Art. 1 Abs. 2 DelVO 2015/2205 und DelVO 2016/592 nehmen Deckungsstockderivate u.a. dann von der Clearingpflicht aus, wenn die vertraglichen Vereinbarungen für sie sicherstellen, dass sie im Falle der Insolvenz des Emittenten nicht beendet werden, wenn sie den Inhabern der gedeckten Schuldverschreibungen gleichgestellt in das Pfandbriefprivileg einbezogen sind und der Deckungsstock über eine Übersicherung von mindestens 2 % verfügt. Dieselben Anforderungen finden sich nunmehr in Art. 4 Abs. 5 VO Nr. 648/2012. Wegen der Einzelheiten wird auf die Ausführungen in Art. 5 VO Nr. 648/2012 Rz. 46–51 verwiesen.

---

1 Verordnung (EU) 2017/2402 des Europäischen Parlaments und des Rates vom 12. Dezember 2017 zur Festlegung eines allgemeinen Rahmens für Verbriefungen und zur Schaffung eines spezifischen Rahmens für einfache, transparente und standardisierte Verbriefung und zur Änderung der Richtlinien 2009/65/EG, 2009/138/EG, 2011/61/EU und der Verordnungen (EG) Nr. 1060/2009 und (EU) Nr. 648/2012, ABl. EU Nr. L 347 v. 28.12.2017, S. 35.
2 Erwägungsgrund Nr. 40 VO 2017/2402: „Der Grund dafür ist, dass es sich bei den Gegenparteien der mit Verbriefungszweckgesellschaften geschlossenen OTC-Derivatkontrakte um Gläubiger von im Rahmen von Kreditverbriefungsvereinbarungen gesicherten Risikopositionen handelt und damit üblicherweise ein angemessener Schutz gegen ein Gegenparteiausfallrisiko gewährleistet ist." Erwägungsgrund Nr. 41 VO 2017/2402: „Gedeckte Schuldverschreibungen und Verbriefungen sind in einem gewissen Umfang substituierbar. Um die Möglichkeit von Verzerrungen oder Arbitrage [...] auszuschließen, sollte auch die Verordnung (EU) Nr. 648/2012 dahingehend geändert werden, dass Emittenten gedeckter Schuldverschreibungen von der Clearingpflicht ausgenommen werden und den gleichen bilateralen Bandbreiten unterliegen."

bb) **ETS-Verbriefungen.** Die Freistellung von **Verbriefungszweckgesellschaften** gilt nur für solche Verbriefungstransaktionen, die die Anforderungen der Art. 19–22 oder der Art. 23–26 und des Art. 18 VO 2017/2402 erfüllen und die sich deshalb für das mit Wirkung zum 1.1.2019 eingeführte Gütesiegel einer „**einfachen, transparenten und standardisierten Verbriefung**" (**ETS-Verbriefung**) qualifizieren. Hierzu zählen grundsätzlich nur traditionelle Verbriefungen, bei denen die verbrieften Vermögenswerte im Wege der Vollrechtsübertragung auf eine Zweckgesellschaft überführt werden. 68

Der **Begriff** Verbriefungszweckgesellschaft wird in Art. 2 Nr. 2 VO 2017/2402 definiert und setzt – wie der im wesentlichen Merkmalen übereinstimmende Begriff in Art. 4 Abs. 1 Nr. 66 VO Nr. 575/2013 (CRR) – eine Tranchierung der auf die Zweckgesellschaft übertragenen Kreditrisiken bzw. eine unterschiedliche Rangfolge der von der Zweckgesellschaft aufgenommenen Fremdverbindlichkeiten voraus (s. Anmerkungen zu Art. 2 Nr. 8 VO Nr. 648/2012 Rz. 77). Berücksichtigt man, dass Verbriefungszweckgesellschaften derzeit als nichtfinanzielle Gegenparteien gelten (s. Anmerkungen zu Art. 2 VO Nr. 648/2012 Rz. 72), und dass es sich bei den privilegierten OTC-Derivaten um solche handelt, die der Absicherung von Zins- oder Währungsinkongruenzen dienen, d.h., die nach Art. 10 Abs. 3 VO Nr. 648/2012 von der Anrechnung auf die Clearingschwelle ausgenommen sind, fragt sich, welche Bedeutung die Freistellung in der Praxis überhaupt haben wird. 69

Der EMIR-REFIT-Entwurf[1] schlägt allerdings vor, den in Art. 2 Nr. 8 VO Nr. 648/2012 definierten Begriff finanzielle Gegenpartei um Verbriefungszweckgesellschaften zu erweitern. In diesem Zusammenhang soll auf den erwähnten Art. 4 Abs. 1 Nr. 66 VO Nr. 575/2013 verwiesen werden, der ab dem Geltungsbeginn der VO 2017/2401[2] am 1.1.2019 ebenfalls auf Art. 2 Nr. 2 VO 2017/2402 Bezug nehmen wird. Zwar sieht der EMIR-REFIT-Entwurf ebenfalls vor, dass finanzielle Gegenparteien mit kleinen Derivate-Portfolien dann, wenn sie den eingeführten Clearingschwellenwert nicht überschreiten, von der Clearingpflicht ausgenommen werden sollen. Anders als dies bei nichtfinanziellen Gegenparteien der Fall ist, sollen finanzielle Gegenparteien jedoch auch ihre Absicherungsgeschäfte (hedges) auf die Clearingschwelle anrechnen. Mit der Annahme des Berichts zum EMIR-REFIT-Entwurf[3] seines Berichterstatters Langen am 25.5.2018 hat sich das Europäische Parlament zwischenzeitlich gegen eine Erweiterung des Begriffs finanzielle Gegenpartei um Verbriefungszweckgesellschaften ausgesprochen. 70

7. Überarbeitungen der EMIR. a) EMIR-REFIT-Entwurf. Der Umfang der durch Art. 4 Abs. 1 VO Nr. 648/2012 begründeten Clearingpflicht ist nach wie vor Gegenstand gesetzgeberischer Initiativen. Die ESMA hatte sich in ihrem Prüfbericht Nr. 4 vom 13.8.2015 dafür ausgesprochen, das Frontloading abzuschaffen[4]. Darüber hinaus hatte sie weitere Verbesserungen angeregt, wie z.B. die Möglichkeit, die Clearingpflicht im Falle von Marktstörungen vorübergehend zu suspendieren[5]. Diese Vorschläge hat die Kommission in ihrem Bericht das Europäische Parlament und den Rat vom 23.11.2016 aufgegriffen[6]. Der Vorschlag für eine Verordnung zur Änderung der EMIR (EMIR-REFIT-Entwurf) sieht im Einzelnen folgende Änderungen vor[7]: 71

Die Erweiterung des Begriffs finanzielle Gegenpartei um **alternative Investmentfonds (AIF)**, **Verbriefungszweckgesellschaften** (s. Rz. 70) **und Zentralverwahrer**[8]. 72

Die bereits erwähnte (Rz. 3 und 70) Einführung einer **Clearingschwelle für finanzielle Gegenparteien** mit kleinen Derivate-Portfolien (neuer Art. 4a VO Nr. 648/2012)[9]. Die Clearingschwelle wird sich an den für nichtfinanzielle Gegenparteien maßgeblichen Clearingschwelle des Art. 10 Abs. 4 Buchst. b VO Nr. 648/2012 bzw. Art. 11 DelVO Nr. 149/2013 orientieren. Auf die Clearingschwelle sollen jedoch auch die OTC-Derivate angerechnet werden, die objektiv messbar zur Reduzierung von Risiken beitragen. Wie dies bereits heute für nichtfinanzielle Gegenparteien gilt, wird das Überschreiten der für eine Produktkategorie, z.B. Zinsderivate, definierten Clearingschwelle die Clearingpflicht für sämtliche clearingpflichtigen Produkte, z.B. auch der Kreditderivate nach sich ziehen. 73

---

1 *Kommission* EMIR-REFIT-Entwurf, S. 29.
2 Verordnung (EU) 2017/2401 des Europäischen Parlaments und des Rates vom 12. Dezember 2017 zur Änderung der Verordnung (EU) Nr. 575/2013 über Aufsichtsanforderungen an Kreditinstitute und Wertpapierfirmen, ABl. EU Nr. L 347 v. 28.12.2017, S. 1.
3 Der Bericht ist abrufbar über: http://www.europarl.europa.eu/sides/getDoc.do?pubRef=-//EP//TEXT+REPORT+A8-2018-0181+0+DOC+XML+V0//EN&language=de.
4 *ESMA*, Berichte über die Überprüfung der EMIR vom 13.8.2015, Bericht Nr. 4 über weitere Anregungen der ESMA im Rahmen der Überprüfung der EMIR durch die Kommission, ESMA/2015/1254 („*ESMA* EMIR Prüfbericht Nr. 4"), Rz. 42.
5 *ESMA* EMIR Prüfbericht Nr. 4, Rz. 33.
6 *Kommission*, Bericht der Kommission gemäß Artikel 85 Absatz 1 der Verordnung (EU) Nr. 648/2012 des Europäischen Parlaments und des Rates vom 4.7.2012 über OTC-Derivative, zentrale Gegenparteien und Transaktionsregister", KOM (2016) 857 final vom 23.11.2016, abrufbar über: http://eur-lex.europa.eu/legal-content/DE/TXT/PDF/?uri=CELEX:5201 6DC0857&from=DE („*Kommission* EMIR-Prüfbericht"), Rz. 4.4.1 und 4.2.1.
7 *Kommission* EMIR-REFIT-Entwurf, S. 15 ff.
8 *Kommission* EMIR-REFIT-Entwurf, S. 16 und 28/29: Änderung des Art. 2 Nr. 8 VO Nr. 648/2012.
9 *Kommission* EMIR-REFIT-Entwurf, S. 15 und 29/30.

74 Die **Aufhebung des** in Art. 4 Abs. 1 Buchst. b Ziff. ii VO Nr. 648/2012 verorteten **Frontloadings**[1], die zugleich dazu führt, dass die in den Delegierten Verordnungen DelVO 2015/2205, DelVO 2016/592 und DelVO 2016/1178 festgelegten Mindestrestlaufzeiten zukünftig keine Bedeutung mehr haben.

75 Die Einführung einer **Befugnis** (in einem neuen Art. 6b VO Nr. 648/2012), die es der Kommission ermöglicht, bei Vorlage spezifischer Gründe auf Antrag der ESMA eine bestehende Clearingpflicht vorübergehend auszusetzen[2]. Die vorübergehende **Suspendierung der Clearingpflicht** ist u.a. für die Fälle gedacht, in denen eine für die Abwicklung clearingpflichtiger OTC-Derivate zugelassene oder anerkannte CCP das Clearing nicht nur vorübergehend einstellt. Ein entsprechender „Marktaustritt" könne sich auf die Finanzstabilität nachteilig auswirken und ein kurzfristiges Einschreiten erforderlich machen.

76 **b) Sanierung und Abwicklung von CCPs.** Eine weitere Änderung der Clearingpflicht wird sich im Rahmen der Einführung eines neuen Rechtsrahmens für die **Sanierung und Abwicklung zentraler Gegenparteien** ergeben. Der mittlerweile vorliegende Vorschlag der Kommission[3] sieht vor, dass die Kommission die Clearingpflicht nach Art. 4 Abs. 1 VO Nr. 648/2012 für die von einer in der Abwicklung befindlichen CCP geclearten Kategorien von OTC-Derivaten vorübergehend aussetzen kann, wenn dies im **Interesse der Finanzstabilität** erforderlich erscheint[4].

77 **II. Freistellung von gruppeninternen Geschäften (Art. 4 Abs. 2 VO Nr. 648/2012).** Gruppeninterne OTC-Derivate unterliegen der Clearingpflicht nicht, wenn die zuständige Behörde in dem nach Art. 4 Abs. 2 VO Nr. 648/2012 vorgesehenen Verfahren zur Auffassung gelangt, dass die Voraussetzungen des Art. 3 VO Nr. 648/2012 gegeben sind. Wegen des Begriffs gruppeninterne Geschäfte und den von ihnen zu erfüllenden Anforderungen wird auf die Ausführung zu Art. 3 VO Nr. 648/2012 verwiesen.

78 **1. Anzeige- und Genehmigungsverfahren.** Die in Art. 4 Abs. 2 VO Nr. 648/2012 gewählte Formulierung „wenn zwei in der Union ansässige [...] Gegenparteien" verdeutlicht, dass die Befreiung von der Clearingpflicht **nicht pauschal für die Gruppe** sondern nur für die jeweils zwischen zwei gruppenangehörigen Unternehmen abgeschlossenen OTC-Derivate angestrebt werden kann. Hieraus folgt, dass ein Mutterunternehmen für jedes Tochterunternehmen, mit dem es clearingpflichtige OTC-Derivate abschließt, der für das Mutterunternehmen zuständigen Behörde eine gesonderte Mitteilung machen muss. Darüber hinaus lässt sich der Formulierung „die jeweils zuständigen Behörden" entnehmen, dass sowohl das Mutterunternehmen als auch das Tochterunternehmen **jeweils gesonderte Mitteilungen** erstellen müssen. Hat das Tochterunternehmen seinen Sitz in einem anderen Mitgliedstaat, muss es seine Mitteilung an die zuständige Behörde seines Mitgliedstaates richten[5]. Die Mitteilungen sind an die nationalen zuständigen Behörden zu richten, nicht an die ESMA[6].

79 Hinsichtlich der Verfahren unterscheidet Art. 4 Abs. 2 VO Nr. 648/2012 zwischen den Fällen, in denen **beide Gegenparteien in der Union** ansässig sind (Art. 4 Abs. 2 Buchst. a VO Nr. 648/2012) und den Fällen, in denen eine Gegenpartei in der Union und die andere **Gegenpartei in einem Drittstaat** ansässig ist (Art. 4 Abs. 2 Buchst. b VO Nr. 648/2012)[7]. Die dritte Fallgruppe, dass zwei in einem Drittstaat ansässige Gegenparteien die Befreiung von der Clearingpflicht anstreben, ist nicht geregelt. Hier sollte dasjenige in der Union ansässige Gruppenmitglied maßgeblich sein, das die Geschäfte des im Drittstaat ansässigen Gruppenmitglieds garantiert.

80 **a) Unionssachverhalte (Art. 4 Abs. 2 Buchst. a VO Nr. 648/2012).** Das in Art. 4 Abs. 2 Buchst. a VO Nr. 648/2012 geregelte Verfahren für **gruppeninterne Geschäfte ohne Drittstaatenbezug** ist als Anzeigeverfahren (non-objection process) ausgestaltet[8]. Danach bewirkt die vollständige und rechtzeitig eingegangene Mitteilung, dass die Gegenparteien nach Ablauf der Frist von 30 Kalendertagen die Befreiung von der Clearingpflicht in Anspruch nehmen kann, sofern die oder eine der zuständigen Behörden nicht zuvor Einwände erhoben hat[9]. Die Frist beginnt an dem Kalendertag, der dem Eingang der Mitteilung bei der zuständigen Behörde folgt[10]. Sind

---

1 *Kommission* EMIR-REFIT-Entwurf, S. 16 und 29: Streichung des Art. 4 Abs. 1 Buchst. b Ziff. ii) VO Nr. 648/2012.
2 *Kommission* EMIR-REFIT-Entwurf, S. 17 und 30: Einführung eines neuen Art. 6b VO Nr. 648/2012.
3 *Kommission*, Vorschlag für eine Verordnung des Europäischen Parlaments und des Rates über einen Rahmen für die Sanierung und Abwicklung zentraler Gegenparteien und zur Änderung der Verordnungen (EU) Nr. 1095/2010, (EU) Nr. 648/2012 und (EU) 2015/2365, KOM(2016) 856 final vom 28.11.2016, abrufbar über: https://ec.europa.eu/transparency/regdoc/rep/1/2016/DE/COM-2016-856-F1-DE-MAIN-PART-1.PDF („*Kommission* Entwurf CCP-Abwicklungsverordnung")
4 *Kommission* Entwurf CCP-Abwicklungsverordnung, S. 116: Einfügung eines neuen Art. 6a VO Nr. 648/2012.
5 *Bundesanstalt für Finanzdienstleistungsaufsicht (BaFin)*, Merkblatt – Anzeigen/Anträge Intragruppenausnahmen nach Art. 4 EMIR sowie bei Drittstaatensachverhalten vom 22.12.2015, abrufbar über: https://www.bafin.de/DE/Aufsicht/BoersenMaerkte/EMIR/AusnahmenClearing/intragruppen_ausnahmen_clearing_node.html;jsessionid=E0DCAE0F0F3CA8DEEA76B2703A2D781C.2_cid290 („*BaFin* Merkblatt Intragruppenausnahmen Art. 4 EMIR"), Allgemeines.
6 So ausdrücklich: ESMA Q&A OTC Frage Nr. 6(c) [letzte Aktualisierung: 10.7.2017].
7 ESMA Q&A OTC Frage Nr. 6(c) [letzte Aktualisierung: 10.7.2017].
8 ESMA Q&A OTC Frage Nr. 6(c) [letzte Aktualisierung: 10.7.2017].
9 ESMA Q&A OTC Frage Nr. 6(g) [letzte Aktualisierung: 10.7.2017], zum Fall, dass nur eine der beiden zuständigen Behörden Einwände erhebt: „Where either counterparty is notified [...] that one NCA objects the exemption, firm should not rely on theexemption."
10 ESMA Q&A OTC Frage Nr. 6(f) [letzte Aktualisierung: 10.7.2017].

die Mitteilungen der beiden Gegenparteien den zuständigen Behörden an unterschiedlichen Tagen zugegangen, ist für den Ablauf der 30-Tage-Frist der letzte Zugang maßgeblich[1].

Fraglich ist, ob das Anzeigeverfahren auch dann anzuwenden ist, wenn beide Gegenparteien ihren **Sitz im Inland** haben. Gegen das Anzeigeerfordernis spricht die Formulierung *„die jeweils zuständige Behörde"*, die vermuten lässt, dass Art. 4 Abs. 2 Buchst. a VO Nr. 648/2012 nur zum Zuge kommt, wenn zwei unterschiedliche Behörden, z.B. solche in zwei unterschiedlichen Mitgliedstaaten, zuständig sind. Zu beachten ist jedoch, dass nach Art. 22 Abs. 1 Unterabs. 2 VO Nr. 648/2012 Mitgliedstaaten für die Wahrnehmungen der aus der EMIR erwachsenen Aufgaben mehr als eine zuständige Behörde benennen können und einige Mitgliedstaaten hiervon auch tatsächlich Gebrauch gemacht haben. Andere Argumente, die gegen die Erstreckung der Anzeigepflicht auf Inlandssachverhalte sprechen, sind das in Art. 4 Abs. 2 Buchst. a VO Nr. 648/2012 vorgesehene Verfahren zur Beilegung von Meinungsverschiedenheiten nach Art. 19 VO Nr. 1095/2010, das grundsätzlich nur für grenzüberschreitende Fälle gedacht ist[2], und die Tatsache, dass der in Art. 11 Abs. 5 VO Nr. 648/2012 geregelte Parallelfall – der Intragruppenfreistellung von der Besicherungspflicht – ebenfalls ohne Anzeigeverfahren auskommt. Für deutsche Institute hat die Frage keine Bedeutung, da die BaFin entsprechende Anzeigen auch bei Inlandssachverhalten erwartet[3].

b) **Sachverhalte mit Drittstaatenbezug (Art. 4 Abs. 2 Buchst. b VO Nr. 648/2012).** Bei dem in Art. 4 Abs. 2 Buchst. b VO Nr. 648/2012 geregelten Verfahren für **gruppeninterne Geschäfte mit Drittstaatenbezug** handelt es sich um ein Genehmigungsverfahren (authorisation process), bei dem die Gegenpartei vor Inanspruchnahme der Befreiung die Erlaubnis der zuständigen Behörde abwarten muss[4]. Aufgrund des Verweises auf „die Bedingungen nach Artikel 3" ergibt sich, dass die Genehmigung nach Art. 4 Abs. 2 Buchst. b VO Nr. 648/2012 nur erteilt werden kann, wenn die Kommission mittels eines **Durchführungsbeschlusses nach Art. 13 Abs. 2 VO Nr. 648/2012** festgestellt hat, dass die Rechts-, Aufsichts- und Durchsetzungsmechanismen des Drittstaates, in dem das andere Gruppenmitglied ansässig ist, denen der EMIR entsprechen[5]. Vor Wirksamwerden des Durchführungsbeschlusses können Gegenparteien den Antrag nicht stellen[6]. Ist ein Durchführungsbeschluss ergangen, ist der Antrag nur von der in der Union ansässigen Gegenpartei zu stellen[7].

Der Verweis auf den Begriff gruppeninternes Geschäft und der Umstand, dass Art. 3 Abs. 2 Buchst. a und d VO Nr. 648/2012 jeweils voraussetzen, dass **nur eine Gegenpartei** ihren Sitz in einem Drittstaat hat, wirft die Frage auf, ob die Freistellungsmöglichkeit nach Art. 4 Abs. 2 Buchst. b VO Nr. 648/2012 auch für die Geschäfte genutzt werden kann, die nach Art. 4 Abs. 1 Buchst. a Ziff. v VO Nr. 648/2012 nur deshalb der Clearingpflicht unterliegen, weil sie unmittelbare, wesentliche und vorhersehbare Auswirkungen innerhalb der Union entfalten[8]. Zu denken ist z.B. an OTC-Derivate, die von einer in der Union ansässigen finanziellen Gegenpartei, z.B. dem Mutterunternehmen der beiden Drittstaatentöchter, garantiert werden. Dieses Ergebnis kann jedoch vom Gesetzgeber nicht beabsichtigt worden sein. Mit der hier vertretenen Auffassung – s. die Ausführungen zu Art. 3 VO Nr. 648/2012 Rz. 50 – ist der Begriff gruppeninternes Geschäft so auszulegen, dass er auch die von Art. 4 Abs. 1 Buchst. a Ziff. v VO Nr. 648/2012 erfassten Fallkonstellationen abdeckt. Da das garantierende Mutterunternehmen den völkerrechtlich relevanten Anknüpfungspunkt für die Erweiterung der Clearingpflicht bildet, sollte es auch den nach Art. 4 Abs. 2 Buchst. b VO Nr. 648/2012 erforderlichen Antrag stellen können.

c) **Widerruf und Verbot.** Für beide Verfahren, das Anzeigeverfahren nach Art. 4 Abs. 2 Buchst. a VO Nr. 648/2012 und das Genehmigungsverfahren nach Art. 4 Abs. 2 Buchst. b VO Nr. 648/2012 gilt, dass die zuständige Behörde die Nutzung der Intragruppenausnahme verbieten oder die **Genehmigung widerrufen kann**, wenn nachträglich Änderungen eingetreten sind, die dazu führen, dass die Voraussetzungen des Art. 3 VO Nr. 648/2012 entfallen[9]. Ein Beispiel wäre der Verkauf von Anteilen an einem Tochterunternehmen, der dazu führt, dass das Mutterunternehmen die Tochter nicht mehr in die Vollkonsolidierung einbezieht. Auch der Austritt eines Mitgliedstaates aus der Union nach Art. 50 des Vertrages über die Europäische Union (EUV) führt zum Wegfall der Intragruppenfreistellung, wenn nicht zeitgleich ein Durchführungsbeschluss nach Art. 13 Abs. 2 VO Nr. 648/2012 ergeht.

2. Vorprüfverfahren nach Art. 3 Abs. 2 DelVO 2015/2205, DelVO 2016/592 und DelVO 2016/1178. Um zu verhindern, dass Gegenparteien nach Wirksamwerden der Clearingpflicht aber vor Ablauf des Prüfverfahrens

---

1 *ESMA* Q&A OTC Frage Nr. 6(g) [letzte Aktualisierung: 10.7.2017].
2 *Achtelik* in Wilhelmi/Achtelik/Kunschke/Sigmundt, Handbuch EMIR, Teil 3.B.I Rz. 24.
3 *BaFin*, Häufige Fragen und Antworten der BaFin zur EMIR, Stand: 6.10.2016, abrufbar über: https://www.bafin.de/Shared Docs/Veroeffentlichungen/DE/FAQ/faq_emir.html;jsessionid=49FAFE220B13AD4EDFE6C04AB1BE512B.2_cid290 („BaFin Q&A"), Nr. 5; *Pankoke/Wallus*, WM 2014, 4, 9.
4 *Grundmann* in Staub, HGB, Band 11/2, 5. Aufl. 2018, Rz. 710 spricht von einem Vetorecht der zuständigen Behörde.
5 *BaFin* Merkblatt Intragruppenausnahmen Art. 4 EMIR, Allgemeines.
6 *ESMA* Q&A OTC Frage Nr. 6(c) [letzte Aktualisierung: 10.7.2017].
7 *BaFin* Q&A, Nr. 6; *Achtelik* in Wilhelmi/Achtelik/Kunschke/Sigmundt, Handbuch EMIR, Teil 3.B.I Rz. 25.
8 Verneinend: *Pankoke/Wallus*, WM 2014, 4, 8.
9 *BaFin* Merkblatt Intragruppenausnahmen Art. 4 EMIR, Allgemeines und IV.; s. auch § 49 Abs. 1 Nr. 3 VwVfG.

nach Art. 13 Abs. 2 VO Nr. 648/2012 ihre gruppeninternen Geschäfte über eine CCP clearen müssen, sehen **Art. 3 Abs. 2 DelVO 2015/2205** und die jeweils gleich lautenden Vorschriften in der **DelVO 2016/592** und der **DelVO 2016/1178** vor, dass sich für finanzielle Gegenparteien und alternative Investmentfonds (AIFs) der Kategorien 1 bis 3 das Wirksamwerden der Clearingpflicht für die betreffende OTC-Derivatekategorie auf den **60. Tag nach Wirksamwerden des Durchführungsbeschlusses** der Kommission oder, falls ein solcher Beschluss nicht ergeht, bis auf den Zeitpunkt verschiebt, zu dem die nichtfinanziellen Gegenparteien der Kategorie 4 mit dem Clearing beginnen müssen. Voraussetzung ist jedoch u.a. dass die zuständige Behörde zuvor schriftlich mitgeteilt hat, dass die übrigen in Art. 3 VO Nr. 648/201210 genannten Voraussetzungen, insbesondere die Einbeziehung in die Vollkonsolidierung und in das zentralisierte Risikomanagement, gegeben sind. In ihrem Merkblatt zu den Intragruppenausnahmen nach Art. 4 VO Nr. 648/2012[1] hat die BaFin klargestellt, dass das Verfahren nach **Art. 3 Abs. 2 Unterabs. 2 Buchst. e DelVO 2015/2205** und den jeweils gleich lautenden Vorschriften in der **DelVO 2016/592** und der **DelVO 2016/1178** keinen Gebührentatbestand auslöst.

86 Die drei Delegierten Verordnungen sehen für das Wirksamwerden der Clearingpflicht von nichtfinanziellen Gegenparteien der **Kategorie 4** folgende Zeitpunkte vor (s. Art. 5 VO Nr. 648/2012 Rz. 67):

- **DelVO 2015/2205:** Zinsderivate, die auf den EURIBOR, LIBOR oder die Overnight-Referenzzinssätze EONIA, Fed Funds oder SONIA Bezug nehmen: 21.12.2018
- **DelVO 2016/592:** Nicht tranchierte Index-Kreditderivate, die auf den iTraxx Europe Bezug nehmen: 9.5.2019
- **DelVO 2016/1178:** Zinsderivate, die auf den NIBOR, WIBOR oder STIBOR Bezug nehmen: 9.8.2019

Mit Ablauf der Fristen endet die vorübergehende Befreiung gruppeninterner Geschäfte und zwar unabhängig davon, ob die Kommission einen Durchführungsbeschluss nach Art. 13 Abs. 2 VO Nr. 648/2012 erlassen hat oder nicht. Bislang hat die Kommission von Art. 13 Abs. 2 VO Nr. 648/2012 erst einmal Gebrauch gemacht, indem sie für die von der *U.S. Commodity Futures Trading Commission* (CFTC) beaufsichtigten Unternehmen die Gleichwertigkeit der Risikominderungsanforderungen mit Art. 11 VO Nr. 648/2012 festgestellt hat[2]; dem Vernehmen nach ist mit weiteren Durchführungsbeschlüssen nicht zu rechnen. Vor dem Hintergrund des drohenden Beginns der Clearingpflicht für gruppeninterne Geschäfte mit Drittstaatenbezug wäre eine **angemessene Verlängerung** der aufschiebenden Wirkung des Vorprüfverfahrens über die in den Delegierten Verordnungen vorgesehenen Zeitpunkte hinaus geboten. Für finanzielle Gegenparteien der Kategorie 3 ergibt sich eine zusätzliche Besonderheit: Das Inkrafttreten der **DelVO 2017/751** hat dazu geführt, dass für sie die Clearingpflicht für außerbörsliche EURIBOR- und LIBOR-Zinsderivate und Kreditderivate erst am 21.6.2019 und damit nach den oben genannten Zeitpunkten beginnt. Will man Wertungswidersprüche vermeiden, muss für sie auch im Hinblick auf die aufschiebende Wirkung des Vorprüfverfahrens die günstigere Frist gelten.

87 Da die in Art. 4 Abs. 2 und Art. 11 Abs. 5–10 VO Nr. 648/2012 vorgesehenen Ausnahmen von der Clearing- und der Risikominderungspflicht erst an dem Tag Bedeutung erlangen, an denen die betreffenden Pflichten durch Erlass der delegierten Rechtsakte oder Durchführungsrechtsakte konkretisiert worden sind (Erwägungsgrund Nr. 93 VO Nr. 648/2012), können Gegenparteien nach übereinstimmender Auffassung der Kommission und der ESMA ihre Mitteilungen und **Anträge grundsätzlich erst dann einreichen**, wenn die betreffenden technischen Regulierungsstandards **in Kraft getreten** sind. Allerdings hat die ESMA es den nationalen Aufsichtsbehörden freigestellt, das Verfahren ggf. früher zu beginnen, wenn sie dies vor dem Hintergrund der erwarteten Anzahl an Anträgen für notwendig halten[3].

88 **3. Verwaltungspraxis, Formblätter und MVP-Portal.** In ihrem Merkblatt zu den Intragruppenausnahmen nach Art. 4 VO Nr. 648/2012 hat die BaFin klargestellt, dass in den Fällen, in denen beide **Gegenparteien** ihren Sitz **in Deutschland** haben, die beiden Anzeigen nach Art. 4 Abs. 2 Buchst. a VO Nr. 648/2012 auch von einer einzigen Gegenpartei abgegeben werden können, wenn diese hierzu bevollmächtigt wurde. Im Übrigen lässt es die BaFin zu, dass die deutsche Gegenpartei ihre Anzeigen und Anträge so bündelt, dass sich jeweils eine Anzeige oder ein Antrag auf sämtliche in einem bestimmten Mitgliedstaat oder Drittstaat ansässige Gegenparteien ihrer Gruppe bezieht[4]. Auf die für jede Einzelprüfung anfallenden Gebühren[5] hat die Bevollmächtigung oder Bündelung hingegen keinen Einfluss.

---

1 *BaFin* Merkblatt Intragruppenausnahmen Art. 4 EMIR, Allgemeines.
2 Durchführungsbeschluss (EU) 2017/1857 der Kommission vom 13.10.2017 über die Anerkennung der Gleichwertigkeit der Rechts-, Aufsichts- und Durchsetzungsmechanismen der Vereinigten Staaten von Amerika für die Aufsicht der Commodity Futures Trading Commission (Aufsichtsbehörde für den Warenterminhandel) unterliegende Derivatgeschäfte mit bestimmten Anforderungen des Art. 11 der Verordnung (EU) Nr. 648/2012 des Europäischen Parlaments und des Rates über OTC-Derivate, zentrale Gegenparteien und Transaktionsregister, ABl. EU Nr. L 265 v. 14.10.2017, S. 10.
3 *Kommission*, „EMIR: Häufig gestellte Fragen", zuletzt aktualisiert am 10.7.2014, abrufbar über: http://ec.europa.eu/internal_market/financial-markets/docs/derivatives/emir-faqs_en.pdf („*Kommission* FAQ"); II. 8, *ESMA* Q&A OTC Frage Nr. 6(a) [letzte Aktualisierung: 10.7.2017].
4 *BaFin* Merkblatt Intragruppenausnahmen Art. 4 EMIR, Allgemeines.
5 S. Anlage zur FinDAGKostV, Gebührentabelle Nr. 10.2, Stand 18.7.2016: 100 bis 300 Euro.

Die von der Kommission angekündigten **Formblätter**[1], die ein einheitliches Verfahren insbesondere bei grenzüberschreitenden Sachverhalten sicherstellen sollen, sind von der BaFin zwischenzeitlich veröffentlicht worden[2]. Die BaFin hat auf ihrer Webseite **zwei Mustertexte für Mitteilungen nach Art. 4 Abs. 2 Buchst. a) VO Nr. 648/2012** bekannt gemacht. Der erste Mustertext ist für gruppeninterne Geschäfte zu verwenden, bei denen beide Gegenparteien in Deutschland ansässig sind. Der zweite Mustertext ist für gruppeninterne Geschäfte mit EU-Bezug zu verwenden. Einen Mustertext für Mitteilungen nach Art. 4 Abs. 2 Buchst. b VO Nr. 648/2012, d.h. gruppeninterne Geschäfte mit Drittstaaten-Bezug steht noch aus. Für Gegenparteien, die von Art. 3 Abs. 2 DelVO 2015/2205 sowie den gleichlautenden Vorschriften in der DelVO 2016/592 und DelVO 2016/1178 Gebrauch machen wollen, hat die BaFin einen gesonderten **Mustertext für einen Antrag auf Bestätigung der BaFin zur Wirksamwerden der Clearingpflicht bei Drittstaatensachverhalten** zur Verfügung gestellt. 89

Die Mitteilungen bzw. Anträge sowie die angeforderten Informationen und Unterlagen sind der BaFin auf **elektronischem Wege** über die Melde- und Veröffentlichungsplattform Portal („**MVP Portal**") zu übersenden. Sie gelten erst dann als eingegangen, wenn der Status der MVP-Einreichung „Meldung akzeptiert" anzeigt und die Gegenpartei eine schriftliche Eingangsbestätigung per E-Mail erhalten hat. Der Zugang zum MVP Portal muss gesondert beantragt werden[3]. 90

4. Reichweite der Freistellungen. Die ESMA hat in Auslegungsentscheidungen klargestellt, dass Gegenparteien die Nutzung der Intragruppenfreistellung einmalig für sämtliche bestehenden und zukünftigen gruppeninternen Geschäfte anzeigen bzw. beantragen, und zwar auch für solche Derivatekategorien, für die der in Kraft getretene technische Regulierungsstandard keine Clearingpflicht anordnet[4]. 91

Etwas anderes gilt jedoch für das „**Vorprüfverfahren**" nach Art. 3 Abs. 2 Unterabs. 2 Buchst. e DelVO 2015/2205 und den jeweils gleich lautenden Vorschriften in der DelVO 2016/592 und der DelVO 2016/1178. Da die nach Art. 13 Abs. 2 VO Nr. 648/2012 durchzuführende Prüfung der Gleichwertigkeit des Regelungsrahmens für jede OTC-Derivatekategorie anders ausfallen kann (so unterliegen z.B. physisch zu erfüllenden Devisentermingeschäfte und Devisenswaps in den U.S.A. nicht der Clearingpflicht), beschränkt sich die Vorprüfung und die mit einer positiven Entscheidung verbundene Verschiebung der Clearingpflicht auf die von dem betreffenden technischen Regulierungsstandard erfasste **Derivatekategorien**[5]. So konnten Gegenparteien nach Inkrafttreten der DelVO 2015/2205 die Vorprüfung ihrer gruppeninternen Geschäfte mit Drittstaatenbezug nur für die im Anhang der DelVO 2015/2205 genannten Zinsswaps und Forward Rate Agreements durchführen. Mit Inkrafttreten der DelVO 2016/592 mussten Gegenparteien die Vorprüfung in einem neuen Verfahren auf die im Anhang der DelVO 2016/592 genannten Index-Kreditderivate erweitern. 92

5. Altersversorgungssysteme. Die von der ESMA getroffenen Auslegungsentscheidungen gelten auch für die von den in Art. 89 Abs. 2 VO Nr. 648/2012 genannten **Altersversorgungssystemen** nach Art. 2 Nr. 10 Buchst. c und d VO Nr. 648/2012 abgeschlossenen OTC-Derivate, denen die vorübergehende Befreiung von der Clearingpflicht nur auf Antrag gewährt wird. Auch für sie kann die Freistellung vom Clearingzwang erst beantragt werden, sobald ein den Clearingzwang begründeter technischer Regulierungsstandard in Kraft getreten ist[6]. In ihren Auslegungsentscheidungen hat die ESMA bereits erste Anforderung an die Darlegung der in Art. 3 VO Nr. 648/2012 definierten **Anforderungen an ein zentrales Risikomanagementsystem** formuliert. Danach muss die mitteilende oder antragstellende Gegenpartei die bestehenden Richtlinien und Kontrollprozesse beschreiben und darlegen, wie sie konzernweit angewendet werden[7]. Wegen der Einzelheiten wird auf die Anmerkungen zu Art. 3 VO Nr. 648/2012 Rz. 42–47 verwiesen. 93

III. Ausgestaltung der Clearingpflicht (Art. 4 Abs. 3 VO Nr. 648/2012). Clearingpflichtige Gegenparteien kommen ihren Verpflichtung dadurch nach, dass sie das Clearing der von Ihnen abgeschlossenen OTC-Derivate einer CCP übertragen, die für das Clearing der betreffenden Kategorie von OTC-Derivaten nach Art. 14 oder Art. 25 VO Nr. 648/2012 zugelassen oder anerkannt wurde und als solche in dem von der ESMA nach 94

---

1 *Kommission* FAQ II. 8.
2 *BaFin*, „Mustertexte für Mitteilungen nach Art. 4 Abs. 2a) VO (EU) 648/2012 EMIR über die Inanspruchnahme der Ausnahme von der Clearingpflicht" abrufbar über https://www.bafin.de/DE/Aufsicht/BoersenMaerkte/EMIR/Ausnahmen Clearing/intragruppen_ausnahmen_clearing_node.html;jsessionid=E0DCAE0F0F3CA8DEEA76B2703A2D781C.2_cid290 („*BaFin* Mustertext Artikel-4-Mitteilungen").
3 *BaFin*, Informationsblatt zum Fachverfahren „Meldungen bzw. Mitteilungen EMIR", Stand 1.1.2017, abrufbar über: https://www.bafin.de/DE/Aufsicht/BoersenMaerkte/EMIR/AusnahmenClearing/intragruppen_ausnahmen_clearing_no de.html;jsessionid=E0DCAE0F0F3CA8DEEA76B2703A2D781C.2_cid290 („*BaFin* Informationsblatt MVP Portal").
4 *ESMA* Q&A OTC Frage Nr. 6(a) [letzte Aktualisierung: 10.7.2017]; *BaFin* Merkblatt Intragruppenausnahmen Art. 4 EMIR, Allgemeines.
5 *ESMA*, Förmliche Stellungnahme nach Art. 10 VO Nr. 1095/2010 „Revised Opinion – Draft RTS on the Clearing Obligation on Interest Rate Swaps", 2015/ESMA/511 vom 6.3.2015, abrufbar über: https://www.esma.europa.eu/sites/default/files/library/2015/11/2015-511_revised_opinion_on_draft_rts_on_the_clearing_obligation.pdf, Rz. 29, *BaFin* Merkblatt Intragruppenausnahmen Art. 4 EMIR, Allgemeines.
6 *ESMA* Q&A OTC Frage Nr. 6(a) [letzte Aktualisierung: 10.7.2017].
7 *ESMA* Q&A OTC Frage Nr. 6 [letzte Aktualisierung: 10.7.2017].

Art. 4 VO Nr. 648/2012 | Clearingpflicht

Art. 6 VO Nr. 648/2012 geführten Register aufgelistet ist. Wegen der Einzelheiten zum Clearingregister wird auf die Ausführungen zu Art. 6 VO Nr. 648/2012, Rz. 5 und 6 verwiesen.

95 **1. Gegenstand des Clearings.** Wesentliche Ausprägungen des **Clearings** ergeben sich zum einen aus der Begriffsbestimmung in Art. 2 Nr. 3 VO Nr. 648/2012 (s. die Anmerkungen zu Art. 2 VO Nr. 648/2012 Rz. 13–20), zum anderen mittelbar aus den aufsichtsrechtlichen Anforderungen, denen die CCPs nach Titel IV Kapitel 3 der EMIR genügen müssen.

96 Eine Folge des Clearings ist, dass die clearingpflichtige Gegenpartei zur Absicherung des mit dem OTC-Derivat verbundenen Gegenparteiausfallrisikos **Sicherheiten in Form von Einschüssen** stellen muss. So wird sie bereits mit Aufnahme des Geschäfts in das Clearingsystem der CCP einen **Ersteinschuss** (initial margin) stellen müssen, der das potentielle künftige Ausfallrisiko (potential future exposure) der CCP absichert. Diese initial margin wird die CCP laufend überprüfen und in den Fällen, in denen die gestiegene Volatilität des Marktwertes des geclearten Geschäfts ein höheres zukünftiges Ausfallrisiko erwarten lässt, umgehend erhöhen. Die clearingpflichtige Gegenpartei hat dann unverzüglich, ggf. auch während des laufenden Geschäftstages, den Ersteinschuss anzupassen.

97 Neben dem Ersteinschuss werden die CCP und die clearingpflichtige Gegenpartei an jedem Geschäftstag, an dem die Bewertung des geclearten OTC-Derivates durch die CCP eine Veränderung des Marktwertes ergibt, einen **Nachschuss** (variation margin) austauschen, mit dem sie die gegenüber dem Vortag beobachtete Wertveränderung ausgleichen: Ist der Marktwert des OTC-Derivates zugunsten der clearingpflichtigen Gegenpartei gestiegen, ist der Nachschuss von der CCP zu zahlen; ist er gesunken, wird der Nachschuss von der clearingpflichtigen Gegenpartei geschuldet.

98 Hat die clearingpflichtige Gegenpartei mehrere OTC-Derivate in das Clearingsystem einer CCP überführt, wird diese sämtliche **Einschussleistungen zu einer einheitlichen Zahlung zusammenfassen** (payment netting), so dass an jedem Geschäftstag nur jeweils eine Zahlung zu leisten bzw. zu empfangen ist. Wickelt die CCP OTC-Derivate in unterschiedlichen Währungen ab, beschränkt sich das payment netting in der Regel auf Einschüsse in derselben Währung. Während der Ersteinschuss üblicherweise nach Wahl der clearingpflichtigen Gegenpartei in Form von **Geld oder hochwertigen liquiden Finanzinstrumente** gestellt werden kann, sind Nachschüsse ausschließlich in Geld zu leisten.

99 Geht das Eigentum an den als Ersteinschüssen übertragenen Vermögensgegenständen auf die CCP über und hat dies zur Folge, dass die clearingpflichtige Gegenpartei im Falle der **Insolvenz der CCP** lediglich eine einfache Insolvenzforderung geltend machen kann, so begründet der Ersteinschuss ein Gegenparteiausfallrisiko der clearingpflichtigen Gegenpartei. Dieses Risiko ist der Hintergrund für die weite Fassung des Begriffs Handelsrisikoposition in Art. 4 Abs. 1 Nr. 91 VO Nr. 575/2013 (CRR): Sie bezieht die aus Einschussleistungen herrührenden Risikopositionen ausdrücklich mit ein und unterwirft sie damit den Eigenkapitalanforderungen der Art. 301 ff. VO Nr. 575/2013. Sie ist auch die Erklärung für Art. 306 Abs. 2 VO Nr. 575/2013 der es erlaubt, Sicherheitsleistungen aus den Eigenkapitalanforderungen auszunehmen, wenn sie im Falle der Insolvenz der CCP oder eines Clearingmitgliedes oder eines seiner Kunden geschützt sind (Art. 300 Nr. 1 VO Nr. 575/2013: „insolvenzgeschützt").

100 **2. Clearingverfahren.** Die Übertragung des Clearings auf eine zugelassene oder anerkannte CCP kann nach Art. 4 Abs. 3 VO Nr. 648/2012 auf verschiedene Art und Weise erfolgen[1]. Die clearingpflichtige Gegenpartei kann zum einen **Clearingmitglied der CCP** werden. Das Clearing des OTC-Derivates beruht in diesem Falle auf einer bilateral Vereinbarung zwischen der CCP und der clearingpflichtige Gegenpartei über die Clearingmitgliedschaft (**einstufiges Clearing**). Darüber hinaus kann die clearingpflichtige Gegenpartei **Kunde eines Clearingmitgliedes** werden. In diesem Fall basiert das Clearingmodell auf zwei bilateralen Rechtsbeziehung: der Vereinbarung über die Clearingmitgliedschaft zwischen der CCP und dem Clearingmitglied und der direkten Clearingvereinbarung zwischen dem Clearingmitglied und der clearingpflichtigen Gegenpartei (**zweistufiges Clearing**). Als weitere Option sieht Art. 4 Abs. 3 VO Nr. 648/2012 den Abschluss einer indirekten Clearingvereinbarung vor, durch den die clearingpflichtige Gegenpartei **indirekter Kunde eines Clearingmitgliedes** wird. In diesem Fall werden insgesamt drei bilaterale Rechtsbeziehungen begründet: die beiden Vereinbarungen des zweistufigen Clearing sowie die sie ergänzende indirekte Clearingvereinbarung zwischen der clearingpflichtigen Gegenpartei und dem Kunden des Clearingmitgliedes (**dreistufiges Clearing**).

101 Die indirekte Clearingvereinbarung hat erst im Laufe des Gesetzgebungsverfahrens Eingang in die EMIR gefunden, als sich die Befürchtung ergab, dass möglicherweise nicht alle clearingpflichtigen Gegenparteien Kunden von Clearingmitgliedern werden können[2]. Von der in Art. 4 Abs. 4 VO Nr. 648/2012 übertragenen Befugnis, die an indirekte Clearingvereinbarungen zu stellenden Anforderungen näher zu definieren, hat die Kommission mit ihrer DelVO Nr. 149/2013 Gebrauch gemacht. Die Anforderungen an das mittelbare Clearing sind durch die DelVO 2017/2155 erweitert und konkretisiert worden[3].

---

1 Einen guten Überblick vermitteln: *Köhling*, BKR 2013, 493; *Martens* in Derleder/Knops/Bamberger, § 60 Rz. 35 f.
2 Erwägungsgrund Nr. 33 VO Nr. 648/2012; *Braithwaite*, European Business Organization Law Review (2016), 11.
3 Die DelVO 2017/2155 ist am zwanzigsten Tag nach ihrer Veröffentlichung im Amtsblatt der Europäischen Union, d.h. am 11.12.2017 in Kraft getreten (Art. 2 DelVO 2017/2155). Sie ist seit dem 3.1.2018 anwendbar.

a) **Einstufiges Clearing, direktes Clearing.** Beim **einstufigen Clearing** erfolgt der Austausch der Einschüsse unmittelbar zwischen der als Clearingmitglied zugelassenen clearingpflichtigen Gegenpartei und der CCP. Die clearingpflichtige Gegenpartei unterhält zu diesem Zweck bei der CCP eigene Positions- und Abrechnungskonten (sog. „house accounts"), über die die geclearten OTC-Derivate und die von der CCP ermittelten Nettozahlungen verbucht und abgewickelt werden. Das einstufige Clearing setzt voraus, dass die clearingpflichtige Gegenpartei die von der CCP festgelegten Zugangskriterien (Art. 37 VO Nr. 648/2012) erfüllen kann, die im Hinblick auf die vom Clearingmitglied aufzubringenden finanziellen Mittel – den Einschüssen (Art. 41 VO Nr. 648/2012), den Beiträgen zum Ausfallfonds (Art. 42 VO Nr. 648/2012) sowie den nach Art. 42 Abs. 3 VO Nr. 648/2012 ggf. vereinbarten zusätzlichen Mitteln – besondere Anforderungen an Größe, Ausstattung sowie Mindestbonität stellen[1]. Das direkte Clearing wird daher i.d.R. nur für einige wenige große Institute in Betracht kommen[2].

b) **Zweistufiges Clearing, Kundenclearing.** Die Mehrzahl der clearingpflichtigen Gegenparteien wird mittels des zweistufigen Clearings bzw. Kundenclearings Zugang zu den Clearingdienstleistungen einer CCP erhalten[3]. Beim **zweistufigen Clearingmodell** erfolgt der Austausch der Einschüsse in der Regel in zwei Schritten: So rechnet die CCP die Einschüsse zunächst mit dem Clearingmitglied der clearingpflichtigen Gegenpartei ab. Das Clearingmitglied unterhält für diesen Zweck bei der CCP eigene aber für Rechnung ihrer Kunden geführte Positions- und Abrechnungskonten (sog. „client accounts"), über die sie die für Rechnung der Kunden geclearten OTC-Derivate und die von der CCP ermittelten Nettozahlungen verbucht und abwickelt. Im zweiten Schritt erfolgt der Austausch der Einschüsse zwischen dem Clearingmitglied und der clearingpflichtigen Gegenpartei. Um sicher zu stellen, dass sich das Clearingmitglied im Falle einer Erhöhung der Ersteinschüsse durch die CCP bei ihren Kunden zeitnah erholen kann, verlangt das Clearingmitglied von ihren Kunden in der Regel für jedes zu clearende Geschäft einen zusätzlichen Ersteinschuss. Dieser wird in Art. 39 Abs. 6 VO Nr. 648/2012 als Überschuss bezeichnet.

Je nach rechtlicher Ausgestaltung des Clearings ist beim zweistufigen Clearingmodell zwischen dem Vertretermodell und dem Kommissionsmodell zu unterscheiden. Bei dem in den U.S.A vorherrschenden[4] – teilweise aber auch in Europa genutzten – **Vertretermodell** (agency model) handelt das Clearingmitglied (z.B. ein futures commission merchant oder FCM) im Namen seiner Kunden. Die Clearingbeziehung kommt hier unmittelbar zwischen der CCP und den Kunden zustande. Um zu verhindern, dass die CCP dem Ausfallrisiken des Kunden ausgesetzt ist, garantiert das Clearingmitglied die Verpflichtungen seiner Kunden. Bei dem in Europa vorherrschenden[5] **Kommissionsmodel** (principal model, principal-to-principal model oder back-to-back model) handelt das Clearingmitglied im eigenen Namen. Die Haftung des Clearingmitgliedes wird hier dadurch begründet, dass zwischen ihm und der CCP eine eigene Clearingbeziehung mit originären Rechten und Pflichten begründet wird.

Die Verpflichtung der CCP, ihren Clearingmitgliedern Kundenkonten einzurichten, die es den Clearingmitgliedern ermöglicht, die Kundenpositionen auf Ebene der CCP von den eigenen Positionen zu trennen, ergibt sich unmittelbar aus Art. 39 Abs. 2 und Abs. 3 VO Nr. 648/2012. Wegen der Einzelheiten wird auf die Ausführungen zu Art. 39 VO Nr. 648/2012 verwiesen.

c) **Dreistufiges Clearing, indirektes Kundenclearing.** Bei dem auf einer indirekten Clearingvereinbarung basierenden **dreistufigen Clearing** erfolgt der Austausch der Einschüsse zunächst wie beim zweistufigen Clearing. Sie wird jedoch durch einen dritten Schritt, der Weiterleitung der Einschüsse vom Kunden an die clearingpflichtige Gegenpartei, den indirekten Kunden, ergänzt. Da eine indirekte Clearingvereinbarung die Clearingpflicht nach Art. 4 Abs. 3 VO Nr. 648/2012 nur dann erfüllen kann, wenn die Positionen und Vermögenswerte der clearingpflichtigen Gegenpartei dem Schutzniveau des Art. 39 VO Nr. 648/2012 unterliegen, setzt die indirekte Clearingvereinbarung voraus, dass das Clearingmitglied für seinen Kunden die Möglichkeit eröffnet, neben dem eigenen Konten auch Kundenkonten zu führen. Zusätzliche Anforderungen sind in der DelVO Nr. 149/2013 geregelt worden (s. Rz. 110 ff.).

d) **Erleichterung des Zugangs zum Clearing.** Die Sicherstellung eines effektiven Zugangs zu Clearingdienstleistungen war und ist ein wichtiges Anliegen des Gesetzgebers. Betroffen sind insbesondere finanzielle Gegenparteien mit kleinen Derivateportfolien, bei denen der mit der Clearingpflicht verbundene Aufwand sowohl auf Seiten der Clearingmitglieder als auch auf Seiten der clearingpflichtigen Gegenpartei in keinem angemessenen Verhältnis zu dem mit dem Clearing verbundenen Nutzen steht. Dies gilt insbesondere für OGAWs, die ggf.

---

1 *Meyer/Rieger*, Die Bank 2012, 16; *Achtelik* in Wilhelmi/Achtelik/Kunschke/Sigmundt, Handbuch EMIR, Teil 3.B.I Rz. 38; *Cloridaß/Müller* in Temporale, Europäische Finanzmarktregulierung, S. 133.
2 *Meyer/Rieger*, Die Bank 2012, 16, mit dem Hinweis, dass 2012 nur fünf deutsche Institute die Zugangskriterien für das Clearing an der LCH.Clearnet erfüllten.
3 *Köhling*, BKR 2013, 491, 492; *Achtelik* in Wilhelmi/Achtelik/Kunschke/Sigmundt, Handbuch EMIR, Teil 3.B.I Rz. 39; *Hönig/Rauberger*, ZfgK 2013, 187, 188 für die Mitglieder der Sparkassen-Finanzgruppe.
4 *Köhling*, BKR 2013, 491, 494.
5 *Achtelik* in Wilhelmi/Achtelik/Kunschke/Sigmundt, Handbuch EMIR, Teil 3.B.I Rz. 40; *Braithwaite*, European Business Organization Law Review (2016), 10.

nur ein clearingpflichtiges OTC-Derivat abgeschlossen haben. In ihrem endgültigen Bericht über technische Regulierungsstandards für **indirekte Clearingvereinbarungen** unter der EMIR und MiFIR[1] hatte sich die ESMA deshalb für Erleichterungen bei der Trennung von Positionen und Vermögenswerte sowie für die teilweise Zulassung des vierstufigen Clearings – der sog. „long chains" – ausgesprochen. Diese Vorschläge sind mittlerweile mit der DelVO 2017/2155 umgesetzt worden.

108 In ihrem Bericht über die Clearingpflicht von **finanziellen Gegenparteien mit kleinen Derivatevolumen** hatte die Kommission dargelegt, welchen Schwierigkeiten gerade kleinere finanzielle Gegenparteien ausgesetzt sind, wenn sie versuchen, ihrer Clearingpflicht durch Anschluss an ein Clearingmitglied, d.h. durch das zweistufige Clearingmodell, nachzukommen. Genannt wurden u.a. strengere Anforderungen an die von Kunden zu stellenden Sicherheiten[2], die Vorgabe von Kreditlinien, die den Umfang der abzuwickelnden Derivate begrenzen[3] oder ein Anstieg der von den Clearingmitgliedern verlangten Entgelte[4]. In ihren Schlussfolgerungen diskutierte sie denkbare Alternativen, wie eine Erweiterung des Direktzugangs zur CCP, d.h. des einstufigen Clearingmodells, durch **Direct-Access-** oder **Sponsored-Access-Modelle**[5]; sie beschränkte sich jedoch zunächst auf eine Verschiebung der Anwendung der Clearingpflicht für clearingpflichtige finanziellen Gegenparteien der Kategorie 3[6]. Diese ist mit Inkrafttreten der DelVO 2017/751 zwischenzeitlich umgesetzt worden. Einen grundsätzlich anderen Weg beschreitet der Vorschlag der Kommission für eine Verordnung zur Änderung der EMIR (EMIR-REFIT-Entwurf). Danach soll für die von finanziellen Gegenparteien abgeschlossenen OTC-Derivate eine **Clearingschwelle** eingeführt werden[7], was den Kreis der clearingpflichtigen Gegenparteien mit kleinen Derivateportfolien reduzieren dürfte.

109 Der EMIR-REFIT-Entwurf sieht darüber hinaus weitere Maßnahmen vor, die den Zugang zu Clearingdienstleistungen erleichtern sollen. So soll ein neuer Art. 4 Abs. 3a VO Nr. 648/2012 eingefügt werden[8], der Clearingmitglieder und ihre Kunden verpflichtet, die von ihnen angebotenen Clearingdienstleistungen zu fairen, angemessenen und diskriminierungsfreien handelsüblichen Bedingungen (fair, reasonable and non-discriminatory oder „FRAND") zu erbringen.

110 **3. Anforderungen an das indirekte Clearing (DelVO Nr. 149/2013). a) Indirekte Clearingvereinbarung (Art. 1 DelVO Nr. 149/2013).** Der bereits in den Erwägungsgründen der EMIR[9] eingeführte Begriff **indirekter Kunde** verdeutlicht, dass es sich bei dem indirekten Clearing um ein auf drei bilateralen Rechtsbeziehungen basierendes Clearing mit maximal vier Beteiligten handelt. Längere „Ketten" von Rechtsbeziehungen, bei denen auch der indirekte Kunde Clearingdienstleistungen für Dritte erbringt, sahen Art. 4 Abs. 3 VO Nr. 648/2012 und die ursprüngliche Fassung der DelVO Nr. 149/2013 nicht vor.

111 Im Rahmen ihrer Überprüfung der DelVO Nr. 149/2013 hatte die ESMA[10] erwogen, auch indirekte Clearingvereinbarungen mit mehr als vier Beteiligten zuzulassen. Sie hat hiervon aufgrund der Komplexität langer Clearingketten (**long chains**) und den damit verbundenen Herausforderungen für die Trennung von Positionen und Vermögenswerten und das Verfahren bei Ausfall indirekter Kunden grundsätzlich Abstand genommen. Eine Ausnahme hat sie jedoch für das Clearing von OTC-Derivaten vorgeschlagen, bei denen mindestens zwei der in die Clearingkette eingebundenen Beteiligten, z.B. das Clearingmitglied und sein Kunde oder der indirekte Kunde und dessen Kunde, **derselben Gruppe angehören**. In ihrer Verordnung DelVO 2017/2155 hat die Kommission den Vorschlag der ESMA aufgenommen. Die neuen Art. 5a und 5b DelVO Nr. 149/2013 sehen vor, dass indirekte Clearingvereinbarungen aus bis zu **fünf Rechtsbeziehungen** und **maximal sechs Beteiligten** bestehen können.

112 Die nach der Neufassung der DelVO Nr. 149/2013 möglichen Rechtsbeziehungen und deren Beteiligten ergeben sich aus den Begriffsbestimmungen des Art. 1 DelVO Nr. 149/2013 sowie mittelbar aus den durch Art. 2

---

1 *ESMA*, Endgültiger Bericht der ESMA über technische Regulierungsstandards für indirekte Clearingvereinbarungen unter der EMIR und MiFIR, ESMA/2016/725 vom 6.5.2016, abrufbar über: https://www.esma.europa.eu/sites/default/files/library/2016-725.pdf („*ESMA* RTS Indirektes Clearing").
2 *ESMA*, Endgütiger Bericht über die Clearingpflicht von finanziellen Gegenparteien mit kleinen Derivatevolumen ESMA/2016/1565 vom 14.11.2016, abrufbar über: https://www.esma.europa.eu/sites/default/files/library/2016-1565_final_report_on_clearing_obligation.pdf („*ESMA* Clearingpflicht für kleine Portfolien"), Rz. 30.
3 *ESMA* Clearingpflicht für kleine Portfolien, Rz. 36.
4 *ESMA* Clearingpflicht für kleine Portfolien, Rz. 21.
5 *ESMA* Clearingpflicht für kleine Portfolien, Rz. 38–40.
6 Wegen des Begriffs „Gegenpartei der Kategorie 3" wird auf die Anmerkungen zu den Delegierten Verordnungen DelVO 2015/2205, DelVO 2016/592 und DelVO 2016/1178 in der Kommentierung zu Art. 5 VO Nr. 648/2012 Rz. 64 verwiesen.
7 *Kommission* EMIR-REFIT-Entwurf, S. 15 und 29/30.
8 *Kommission* EMIR-REFIT-Entwurf, S. 17, 29.
9 Erwägungsgrund Nr. 33 VO Nr. 648/2012.
10 *ESMA, Endgültiger Bericht der ESMA* über technische Regulierungsstandards für indirekte Clearingvereinbarungen unter der EMIR und MiFIR, ESMA/2016/725 vom 6.5.2016, abrufbar über: https://www.esma.europa.eu/sites/default/files/library/2016-725.pdf („*ESMA* RTS Indirektes Clearing"), Rz. 83.

bis 5 DelVO Nr. 149/2013 begründeten Pflichten von CCP, Clearingmitgliedern und Kunden. Zu unterscheiden sind demnach folgende bilateralen Rechtsbeziehungen: (1) Die Vereinbarungen zwischen der CCP und dem Clearingmitglied, (2) die Clearingvereinbarung zwischen dem Clearingmitglied und dessen Kunden, (3) die Clearingvereinbarung zwischen dem Kunden und dessen indirekten Kunden, (4) die Clearingvereinbarung zwischen dem indirekten Kunden und dessen indirekten Kunden zweiten Ranges und (5) die Clearingvereinbarung zwischen dem indirekten Kunden zweiten Ranges und dessen indirekten Kunden dritten Ranges.

Die Beteiligten der letzten drei Stufen – der indirekte Kunde, der indirekte Kunde zweiten Ranges und der indirekte Kunde dritten Ranges – werden in Art. 1 Buchst. a, d und e DelVO Nr. 149/2013 definiert. Die Begriffsbestimmungen für die übrigen Beteiligten – CCP, Clearingmitglied und Kunde – finden sich in Art. 2 Nrn. 1, 14 und 15 VO Nr. 648/2012. 113

Der Begriff **indirekte Clearingvereinbarung** umfasst nach Art. 1 Buchst. b DelVO Nr. 149/2013 nur Vereinbarungen über Clearingdienstleistungen, die von einem Kunden, einem indirekten Kunden oder einem indirekten Kunden zweiten Ranges erbracht werden. Er beschränkt sich damit auf die letzten drei Stufen der Clearingkette. 114

Die Zusammenfassung der drei Rechtsbeziehungen zum einheitlichen Begriff der indirekten Clearingvereinbarung rechtfertigt sich durch die enge Verbindung und Angleichung der Vereinbarungen, die sich insbesondere bei den dynamischen Verweisen auf die Regelwerke der CCPs und dem „Durchreichen" der von der CCP ermittelten Positionsbewertungen und Einschüsse zeigt. 115

b) Anforderungen an den Kunden (Art. 2 DelVO Nr. 149/2013). Nach Art. 2 Abs. 1 Buchst. a DelVO Nr. 149/2013 darf der Kunde eines Clearingmitgliedes seinen indirekten Kunden Clearingdienstleistungen nur anbieten, wenn er selbst als **Kreditinstitut oder Wertpapierfirma** zugelassen ist. Kunden mit Sitz in einem Drittstaat erfüllen diese Anforderung dann, wenn sie sich im Falle der fingierten Sitzverlegung in die Union um eine Zulassung als Kreditinstitut oder Investmentfirma bemühen müssten. Die ursprüngliche Anforderung, dass es sich bei dem Drittstaatenkunden um ein gleichwertiges Kreditinstitut bzw. eine gleichwertige Wertpapierfirma handeln muss, ist mit der Neufassung durch die DelVO 2017/2155 entfallen. Darüber hinaus muss der Kunde seine Clearingdienstleistung zu **handelsüblichen Bedingungen** erbringen und die Konditionen, zu denen er seine Dienstleistungen erbringt, veröffentlichen (Art. 2 Abs. 1 Buchst. b DelVO Nr. 149/2013). 116

Die in der ursprünglichen Fassung des Art. 2 Abs. 1 DelVO Nr. 149/2013 formulierte Anforderung, dass das **Clearingmitglied** des Kunden bereit sein muss, dass indirekte Clearing durch seinen Kunden zu ermöglichen, ist mit der Neufassung durch die DelVO 2017/2155 entfallen. Art. 2 Abs. 1 Buchst. c DelVO Nr. 149/2013 sieht nur noch vor, dass das Clearingmitglied sich mit den **allgemeinen Konditionen**, zu denen sein Kunde indirekte Clearingdienstleistungen anbieten will, einverstanden erklären muss. Eine Verpflichtung der Clearingmitglieder, das indirekte Clearing ihrer Kunden zu unterstützen, ergibt sich hieraus jedoch nicht. Dies folgt bereits im Umkehrschluss aus Art. 2 Abs. 3 DelVO Nr. 149/2013, der einen entsprechenden Zwang nur für CCPs vorsieht („nicht widersetzen"). Darüber hinaus ist auch der Begründung der Kommission zu entnehmen, dass die durch die DelVO Nr. 149/2013 begründeten Pflichten der Clearingmitglieder nur dann gelten, wenn Clearingmitglieder sich entschieden haben, Clearingdienstleistungen grundsätzlich anzubieten[1]. Insoweit hat sich die Rechtslage nicht geändert. 117

Die indirekte Clearingvereinbarung, auf deren Grundlage der Kunde Clearingdienstleistungen für seine indirekten Kunden erbringt, muss unmissverständlich dokumentiert sein und neben den allgemeinen Konditionen, zu denen die Clearingdienstleistungen erbracht werden, vorsehen, dass der Kunde sämtliche durch das indirekte Clearing begründeten Pflichten der indirekten Kunden gegenüber dem Clearingmitglied erfüllt (Art. 2 Abs. 2 Buchst. b DelVO Nr. 149/2013). 118

Die nach Art. 2 Abs. 1 Buchst. c DelVO Nr. 149/2013 gebotene Abstimmung der Konditionen mit dem Clearingmitglied soll sicherstellen, dass das indirekte Clearing sich nicht nachteilig auf die Geschäftstätigkeit des Clearingmitglieds auswirkt. Gegenstand der Abstimmung sind die **betrieblichen und technischen Anforderungen**, die im Interesse einer reibungslosen **Kommunikation und Abwicklung** zwischen Clearingmitglied, Kunde und indirektem Kunde zu erfüllen sind, insbesondere Inhalt und Format der Nachrichten, mit denen das Clearingmitglied die für die indirekten Kunden gehaltenen Positionen abrechnet und die der Kunde an seine indirekten Kunden „durchreichen" muss. 119

Ebenfalls zu klären ist die Frage, welche **Abrechnungskonten** das Clearingmitglied für die Positionen und Vermögenswerte des indirekten Kunden bei der CCP führen soll. Abweichend von Art. 39 Abs. 5 VO Nr. 648/2012 sieht Art. 4 Abs. 2 DelVO Nr. 149/2013 hierfür die Omnibus-Kunden-Kontentrennung und zwar in den beiden Alternativen „Standard-Sammelkonto" und „Brutto-Sammelkonto" vor. 120

Die **Haftung** für die durch das indirekte Clearing begründeten **Verpflichtungen des indirekten Kunden** ist Gegenstand der Vereinbarung zwischen Clearingmitglied und Kunde. Sie wird dadurch begründet, dass der 121

---

[1] Begründung zur DelVO 2017/2155, S. 3 „Clearingmitglieder, die indirekte Clearingdienste anbieten", abrufbar über: https://ec.europa.eu/transparency/regdoc/rep/3/2017/DE/C-2017-6270-F1-DE-MAIN-PART-1.PDF.

Kunde die OTC-Derivate des indirekten Kunden im eigenen Namen clearen lässt. Eine **Haftungsübernahme durch Garantie** würde voraussetzen, dass der indirekte Kunde und das Clearingmitglied eine eigene bilaterale Rechtsbeziehung unterhalten. Dies dürfte jedoch insbesondere den Interessen des Kunden widersprechen, der seine indirekten Kunden nicht der Gefahr aussetzen möchte, dass diese vom Clearingmitglied für eigene kommerzielle Zwecke umworben bzw. „abgeworben" werden.

122 Neben der Übernahme der Haftung durch den Kunden wird die Vereinbarung zwischen dem Clearingmitglied und seinem Kunden auch Angaben zu den vom Kunden nach Art. 5 Abs. 4 und 8 DelVO Nr. 149/2013 zur Verfügung zu stellenden **Informationen über die Risikopositionen seiner indirekten Kunden** enthalten müssen. Ebenfalls aufzunehmen ist die Pflicht, für den Fall des Ausfalls eines Kunden Vorkehrungen zu treffen, die sicherstellen, dass das Clearingmitglied von der Identität des ausgefallenen indirekten Kunden umgehend Kenntnis erlangt (Art. 5 Abs. 9 DelVO Nr. 149/2013).

123 c) **Pflichten der CCP (Art. 3 DelVO Nr. 149/2013).** Nach Art. 3 Abs. 1 DelVO Nr. 149/2013 muss eine CCP ihren Clearingmitgliedern, die indirekte Clearingdienstleistungen anbieten, auf Wunsch die in Art. 4 Abs. 4 DelVO Nr. 149/2013 genannten Konten einrichten. Er erweitert damit die durch Art. 39 Abs. 2 VO Nr. 648/2012 begründete Pflicht der CCP, getrennte Aufzeichnungen und Abrechnungskonten zu führen.

124 Bei den in Art. 4 Abs. 4 DelVO Nr. 149/2013 genannten Konten handelt es sich um Sammelkonten, in denen das Clearingmitglied die von seinem Kunden gehaltenen Positionen und Vermögenswerte der indirekten Kunden verbuchen und von anderen Positionen und Vermögenswerten (z.B. den eigenen Positionen und Vermögenswerten des Kunden) trennen kann. Das mit der Trennung verbundenen Schutzniveau entspricht der Omnibus-Kunden-Kontentrennung i.S.d. Art. 39 Abs. 5 VO Nr. 648/2012. Anders als dies noch in der ursprünglichen Fassung des Art. 4 Abs. 2 Buchst. b DelVO Nr. 149/2013 vorgesehen war, ist das Clearingmitglied nicht mehr verpflichtet, seinen Kunden auch die Einzelkunden-Kontentrennung anzubieten. An ihre Stelle ist die Omnibus-Kunden-Kontentrennung auf Bruttobasis, das sog. „Brutto-Sammelkonto" getreten.

125 Macht das Clearingmitglied von der Möglichkeit des Art. 3 Abs. 1 DelVO Nr. 149/2013 Gebrauch, führt die CCP auf ihrer Stufe für das Clearingmitglied mindestens die folgenden **drei Konten:** (1) ein für das Clearingmitglied geführtes „house account", in dem die eigene Positionen und Vermögenswerte des Clearingmitglieds verbucht werden, (2) ein „client account" i.S.d. Art. 39 Abs. 2 oder 3 VO Nr. 648/2012, in dem das Clearingmitglied die eigenen Positionen und Vermögenswerte des Kunden verbuchen lässt – dies kann als Omnibus-Kunden-Konto oder als Einzelkundenkonto geführt werden – und (3) das „indirect client account" i.S.d. Art. 4 Abs. 4 DelVO Nr. 149/2013.

126 Wie sich mittelbar aus Art. 5 Abs. 2 DelVO Nr. 149/2013 ergibt, muss das für indirekte Kunden gehaltene Sammelkonto für Rechnung „dieses Kunden" und dessen indirekten Kunden geführt werden. Erbringt das Clearingmitglied für einen weiteren Kunden indirekte Clearingdienstleistungen, muss die CCP daher auf Wunsch des Clearingmitgliedes ein zweites „indirect client account" eröffnen, dessen Schutzniveau sich vom ersten Sammelkonto unterscheiden kann. Aus Art. 5 Abs. 5 DelVO Nr. 149/2013 folgt darüber hinaus, dass die für ein und denselben Kunden geführten „indirect client accounts" unterschiedliche Trennungsgrade aufweisen können, die auch auf Ebene der CCP erhalten bleiben müssen. Hat der Kunde zwei indirekte Kunden, von denen einer das Standard-Sammelkonto und der andere das Brutto-Sammelkonto gewählt hat, zieht dies auch auf Ebene der CCP eine weitere Kontoeröffnung nach sich.

127 Führt die CCP das erwähnte „indirect client account" nach Art. 4 Abs. 4 Buchst. b DelVO Nr. 149/2013 als Brutto-Sammelkonto, muss sie die für indirekte Kunden gehaltenen Positionen und die sich daraus ableitenden Einschussverpflichtungen der indirekten Kunden ebenfalls auf Bruttobasis ermitteln (Art. 3 Abs. 2 DelVO Nr. 149/2013). Im Ergebnis führt dies dazu, dass die CCP die von ihr ermittelten positiven und negativen Marktwerte der geclearten OTC-Derivate nicht miteinander verrechnet und zwei aggregierte Zahlungsverpflichtungen – die der CCP gegenüber den indirekten Kunden und die der indirekten Kunden gegenüber der CCP – ermittelt. Die Verpflichtung der CCP zur Bruttorechnung wird durch die durch Art. 4 Abs. 3 und Art. 5 Abs. 4 DelVO Nr. 149/2013 begründete „Informationskette" unterstützt. Danach muss der Kunde seinem Clearingmitglied und das Clearingmitglied der CCP sämtliche für die Ermittlung der Bruttopositionen erforderlichen Informationen zur Verfügung stellen.

128 Nach Art. 3 Abs. 3 DelVO Nr. 149/2013 muss die CCP alle wesentlichen Risiken, die aus dem indirekten Clearing erwachsen und die die Belastbarkeit der CCP beeinträchtigen können, ermitteln, überwachen und steuern. Diese Verpflichtung entspricht Art. 37 Abs. 2 VO Nr. 648/2012. Dort wie in Art. 3 Abs. 3 DelVO Nr. 149/2013 sind mit den wesentlichen oder relevanten Risiken nicht die durch die OTC-Derivate begründeten Ausfallrisiken gemeint, die bereits durch Einschüsse und Beiträge zum Ausfallfonds gedeckt werden, sondern die **durch das Clearing für Kunden begründeten spezifischen Risiken.** Dazu zählen insbesondere Konzentrationsrisiken, die beim Kundenclearing deshalb schwerer zu erfassen sind, weil der Kunde, für dessen Rechnung die Risikopositionen geführt werden, der CCP nur dann bekannt ist, wenn sie für ihn ein gesondertes Abrechnungskonto führt.

129 d) *Pflichten der Clearingmitglieder (Art. 4 DelVO Nr. 149/2013).* Ein Clearingmitglied, das indirekte Clearingdienstleistungen anbietet, muss diese zu **handelsüblichen Bedingungen** erbringen und die Konditionen, zu

denen es seine Dienstleistungen erbringt, veröffentlichen (Art. 4 Abs. 1 DelVO Nr. 149/2013). Die Regelung soll verhindern, dass Clearingmitglieder ihre Preisgestaltung dazu nutzen, interessierte Kunden von der Erbringung indirekter Clearingdienstleistungen abzuhalten. Sie entspricht der für Kunden geltenden Parallelvorschrift in Art. 2 Abs. 1 Buchst. b DelVO Nr. 149/2013 und folgt im Übrigen Art. 39 Abs. 7 VO Nr. 648/2012.

Die von dem Clearingmitglied zu veröffentlichenden Konditionen müssen auch die von Kunden zu erfüllenden **finanziellen und operationellen Mindestanforderungen** umfassen. Grund hierfür ist, dass ein Clearingmitglied, das seinen Kunden die Möglichkeit eröffnet, indirekte Clearingdienstleistungen zu erbringen, auf seiner Clearingstufe die Funktion einer CCP übernimmt. Daraus folgt, dass das Clearingmitglied wie eine CCP nach Art. 37 Abs. 1 VO Nr. 648/2012 Zugangskriterien definieren können muss, die eine reibungslose Abwicklung der über den Kunden geclearten OTC-Derivate gewährleistet. 130

Hatte Art. 4 Abs. 1 DelVO Nr. 149/2013 in seiner ursprünglichen Fassung die Zulassung zu indirekten Clearingdienstleistungen lediglich an operationelle Mindestanforderungen geknüpft, so ist dies nach der Neufassung durch die DelVO 2017/2155 nicht mehr der Fall. So kann das Clearingmitglied die Durchführung des indirekten Clearings auch dann versagen, wenn der Kunde nicht über die erforderliche **finanzielle Ausstattung verfügt**. 131

Das Clearingmitglied **muss** den Zugang zu indirekten Clearingdienstleistungen versagen, wenn der Kunde nicht die in Art. 2 DelVO Nr. 149/2013 definierten Anforderungen erfüllt, d.h., kein Kreditinstitut oder keine Wertpapierfirma ist. 132

Art. 4 Abs. 2 DelVO Nr. 149/2013 überträgt die Verpflichtung aus Art. 39 Abs. 5 VO Nr. 648/2012 auf das indirekte Clearing. Danach muss das Clearingmitglied jedem Kunden, den sie im Rahmen des indirekten Clearings unterstützt, die Möglichkeit anbieten, für seine indirekten Kunden ein separates Abrechnungskonto zu führen. Anders als für die eigenen OTC-Derivate des Kunden, steht dem Kunden für die Positionen und Vermögenswerte seiner indirekten Kunden nur das Schutzniveau der **Omnibus-Kunden-Kontentrennung** zur Verfügung. Allerdings kann er zwischen den Alternativen „**Standard-Sammelkonto**" und „**Brutto-Sammelkonto**" wählen. 133

Macht der Kunde von der Möglichkeit des Art. 4 Abs. 2 DelVO Nr. 149/2013 Gebrauch, führt das Clearingmitglied auf seiner Stufe für den Kunden die folgenden **zwei Konten:** (1) ein für den Kunden geführtes „house account" in dem die eigene Positionen und Vermögenswerte des Kunden verbucht werden – dieses kann nach Art. 39 Abs. 5 VO Nr. 648/2012 nach Wahl des Kunden entweder als Omnibus-Kunden-Konto oder als Einzelkundenkonto geführt werden – und (2) das „indirect client account" i.S.d. Art. 4 Abs. 2 DelVO Nr. 149/2013. Bietet ein Clearingmitglied zwei Kunden indirekte Clearingdienstleistungen an und hat jeder der beiden Kunden vier indirekte Kunden, muss das Clearingmitglied mindestens drei Abrechnungskonten führen. Entscheidet sich einer der Kunden im Hinblick auf seine eigenen Positionen und Vermögenswerte für die Einzel-Kunden-Kontentrennung, sind es vier Abrechnungskonten. 134

Mit Art. 4 Abs. 4 DelVO Nr. 149/2013 wird sichergestellt, dass die vom Kunden gewählte Verbuchung von Positionen und Vermögenswerten und das mit ihr verbundene Schutzniveau auch auf Ebene der CCP gewahrt wird[1]. 135

Unterstützt das Clearingmitglied Kunden, die indirekte Clearingdienstleistungen erbringen, so muss es nach Art. 4 Abs. 5 DelVO Nr. 149/2013 auch Vorkehrungen für deren **Ausfall** treffen. Die in Art. 4 Abs. 6 und 7 DelVO Nr. 149/2013 näher beschriebenen **Verfahren** bei Ausfall eines Kunden lehnen sich eng an die in Art. 48 VO Abs. 5 und 6 Nr. 648/2012 geregelten Verfahren bei Ausfall eines Clearingmitgliedes an. Wie diese unterscheiden sie zwischen den unterschiedlichen Arten der Verbuchung von Positionen und Vermögenswerten. Im Einzelnen ergeben sich jedoch Unterschiede. 136

Im Falle der Verwahrung in einem **Brutto-Sammelkonto** muss nach Art. 4 Abs. 7 DelVO Nr. 149/2013 die Möglichkeit vorgesehen werden, die für indirekte Kunden gehaltenen Positionen und Vermögenswerte auf einen anderen Kunden des Clearingmitgliedes oder ein anderes Clearingmitglied des indirekten Kunden zu übertragen. Wie in Art. 48 Abs. 6 VO Nr. 648/2012 setzt die Übertragung die **Zustimmung des indirekten Kunden** und die des übernehmenden Kunden bzw. Clearingmitgliedes voraus. Ist eine Übertragung (**porting**) der Positionen und Vermögenswerte nicht möglich, sind die Positionen und Vermögenswerte der indirekten Kunden umgehend zu liquidieren. Ein im Rahmen der Abwicklung erzielter Erlös ist an den indirekten Kunden unmittelbar, d.h. unter Umgehung des ausgefallenen Kunden, auszuzahlen. An wen das Clearingmitglied bei Ausfall des Kunden zahlen muss, war vor der Neufassung des DelVO Nr. 149/2013 noch unklar. 137

Im Falle der Verwahrung in einem **Standard-Sammelkonto** sieht Art. 4 Abs. 6 DelVO Nr. 149/2013 – abweichend von Art. 48 Abs. 5 VO Nr. 648/2012 – ausschließlich die **Abwicklung** der Positionen und Vermögenswerte der indirekten Kunden vor. Eine Übertragung der im Standard-Sammelkonto verbuchten Positionen ist nicht erforderlich. Wie bei Art. 48 Abs. 5 VO Nr. 648/2012 ist ein erzielter Erlös an den ausgefallenen Kunden, aber für Rechnung der indirekten Kunden, zu zahlen. 138

---

1 *ESMA* Q&A OTC Frage Nr. 18b [letzte Aktualisierung: 14.12.2017].

139 Ob das Porting von Positionen indirekter Kunden bei Ausfall eines Kunden erfolgreich ist, hängt letztendlich auch von der **Bereitschaft des Clearingmitgliedes** ab, zwischen den indirekten Kunden, die vom Ausfall betroffen sind, und dem neuen Kunden, der die Positionen übernehmen soll, zu vermitteln. Denkbar wäre auch, dass sich das Clearingmitglied selbst anbietet, die Positionen des indirekten Clearingmitgliedes zu übernehmen, d.h. das **indirekte Clearing in ein direktes Clearing umzuwandeln**. Verpflichtet ist es hierzu nicht.

140 Um ein Porting bzw. die Auszahlung von Liquidationserlösen unmittelbar an die indirekten Kunden zu erleichtern, ist der Kunde nach Art. 5 Abs. 9 DelVO Nr. 149/2013 verpflichtet, sicher zu stellen, dass dem Clearingmitglied bei Ausfall des Kunden **sämtliche hierfür erforderlichen Informationen,** über die der Kunde im Hinblick auf seine **indirekten Kunden** verfügt (d.h. Name, Anschrift, LEI, Kontaktinformationen), zugänglich sind.

141 Die rechtliche Durchsetzbarkeit der in Art. 4 DelVO Nr. 149/2013 vorgesehenen Maßnahmen, insbesondere das „Überspringen" des ausgefallenen Kunden im Wege eines sog. „leapfrog payments" ist nach wie vor umstritten[1]. Die Union hat es bislang versäumt, die bei Ausfall eines Clearingmitgliedes oder eines Kunden durchgeführten Maßnahmen von den insolvenzrechtlichen Bestimmungen freizustellen. In ihrem seit dem 4.5.2017 vorliegenden Entwurf einer Verordnung zur Änderung der EMIR (**EMIR-REFIT-Entwurf**) hat die Kommission nunmehr vorgeschlagen, die Insolvenzferne der nach Art. 39 VO Nr. 648/2012 einzurichtenden Omnibus- und Einzelkundenkonten bzw. der in ihnen verbuchten Positionen und Vermögenswerte ausdrücklich klarzustellen[2]. Ob dieser Insolvenzschutz auch auf die auf Kundenebene verbuchten Positionen und Vermögenswerte übertragen werden kann, ist hingegen fraglich. Dies gilt insbesondere dann, wenn der Kunde in einem Drittstaat ansässig ist, dessen Insolvenzrecht durch den neu gefassten Art. 39 VO Nr. 648/2012 nicht „überschrieben" werden kann.

142 Für deutsche Clearingmitglieder ist **Art. 102b EGInsO** von Bedeutung, der in § 1 klarstellt, dass die Eröffnung eines Insolvenzverfahrens über das Vermögen eines Clearingmitglieds der Durchführung der in Art. 48 VO Nr. 648/2012 genannten Maßnahmen nicht beeinträchtigt. Art. 102b EGInsO ist jedoch auf die von Clearingmitgliedern durchgeführten Maßnahmen nach Art. 4 Abs. 4 und 5 DelVO Nr. 149/2013 ohne weiteres nicht übertragbar.

143 Nach Art. 4 Abs. 8 DelVO Nr. 149/2013 ermittelt, überwacht und steuert das Clearingmitglied alle Risiken, die mit dem indirekten Clearing verbunden sind. Die Vorschrift korrespondiert mit Art. 3 Abs. 3 DelVO Nr. 149/2013, der die Ermittlung, Überwachung und Steuerung der durch das Kundenclearing begründeten spezifischen Risiken auch der CCP auferlegt. Die für das **Risikomanagement erforderlichen Informationen** hat der Kunde nach Art. 5 Abs. 4 und 8 DelVO Nr. 149/2013 zur Verfügung zu stellen.

144 Um zu verhindern, dass das Clearingmitglied die indirekten Kunden für kommerzielle Zwecke umwirbt, muss das Clearingmitglied nach Art. 4 Abs. 8 DelVO Nr. 149/2013 durch geeignete Verfahren sicherstellen, dass die vom Kunden zur Verfügung gestellten Informationen soweit sie eine Identifizierung der indirekten Kunden möglich machen, nicht in den Teil seiner Organisation gelangen, der mit der Anbahnung von Geschäften betraut ist.

145 **e) Pflichten der Kunden (Art. 5 DelVO Nr. 149/2013).** Entscheidet sich ein Kunde, indirekte Clearingdienstleistungen anzubieten, dann übernimmt er auf seiner Clearingstufe die Funktion eines Clearingmitgliedes. Es verwundert daher nicht, dass Art. 5 DelVO Nr. 149/2013 den Kunden ähnlichen Pflichten unterstellt, wie die EMIR für Clearingmitglieder vorsieht.

146 Art. 5 Abs. 3 DelVO Nr. 149/2013 verpflichtet den Kunden, für seine indirekten Kunden **getrennte Aufzeichnungen und Abrechnungskonten** zu führen, die es ihm ermöglichen, die Positionen und Vermögenswerte seiner indirekten Kunden von den eigenen Positionen und Vermögenswerten zu unterscheiden; dies entspricht Art. 39 Abs. 4 VO Nr. 648/2012. Dabei hat er seinen indirekten Kunden die Möglichkeit zu geben, zwischen den in Art. 4 Abs. 2 DelVO Nr. 149/2013 genannten Sammelkonten – Standard-Sammelkonto oder Brutto-Sammelkonto – zu wählen. Um ihm die Wahl zu erleichtern, hat er über die mit den Kontenarten verbundenen **Trennungsgrade und Risiken zu informieren** (Art. 5 Abs. 1 DelVO Nr. 149/2013). Dies entspricht den für Clearingmitglieder geltenden Vorgaben in Art. 39 Abs. 5–7 VO Nr. 648/2012.

147 Hat der indirekte Kunde von seiner Wahlmöglichkeit nicht innerhalb der vom Kunden gesetzten Frist Gebrauch gemacht, so sieht Art. 5 Abs. 2 DelVO Nr. 149/2013 vor, dass der Kunde die maßgebliche Kontoart auswählt und den indirekten Kunden über das mit der Kontoart verbundene Schutzniveau informiert. Dass der Kunde hierbei auch über die ggf. bestehende Möglichkeit der Übertragung informiert, sieht die Neufassung der DelVO Nr. 149/2013 nicht mehr vor, sollte jedoch weiterhin gelten. Die vom Kunden gesetzte Frist für die Wahl der Kontoart muss angemessen sein. Der indirekte Kunde kann jederzeit schriftlich eine andere Kontoart wählen.

148 Nach Art. 5 Abs. 5 DelVO Nr. 149/2013 muss der Kunde sicherstellen, dass sein Clearingmitglied auf Ebene der CCP ein Sammelkonto für seine indirekten Kunden führt, und zwar mit dem Schutzniveau, das der Wahl sei-

---

1 ESMA RTS Indirektes Clearing, Rz. 60–63.
2 Kommission EMIR-REFIT-Entwurf, S. 12, 17 und 34: Einfügung eines neuen Art. 39 Abs. 11 VO Nr. 648/2012.

nes indirekten Kunden entspricht. Dies kann dazu führen, dass das Clearingmitglied für seine Kunden auf Ebene der CCP zwei „indirect client accounts" – das erste als Standard-Sammelkonto und das zweite als Brutto-Sammelkonto – führen muss.

Nach Art. 5 Abs. 8 DelVO Nr. 149/2013 muss der Kunde seinem Clearingmitglied diejenigen Informationen zur Verfügung stellen, die es für die Steuerung der spezifischen Risiken des indirekten Clearings nach Art. 4 Abs. 8 DelVO Nr. 149/2013 benötigt. Welche Informationen dies sind, lässt die Vorschrift offen. Umfang und Format der Informationen sind in der **Vereinbarung zwischen Clearingmitglied und Kunden** näher zu bestimmen. 149

Art. 5 Abs. 8 DelVO Nr. 149/2013 schließt es nicht aus, dass der Kunde die Namen seiner indirekten Kunden nicht offenlegt und stattdessen **Alias-Namen** oder **anonymisierende Kennziffern** verwendet unter denen er die Positionen seiner indirekten Kunden zusammenfasst und berichtet[1]. Um Konzentrationsrisiken erfassen zu können, benötigt das Clearingmitglied jedoch die **Branchenzugehörigkeit oder das Sitzland** des indirekten Kunden oder Angaben dazu, ob der indirekte Kunde mit anderen indirekten Kunden eine **Kreditnehmereinheit** (group of connected clients) bildet. 150

Für den Fall seines Ausfalls muss der Kunde nach Art. 5 Abs. 9 DelVO Nr. 149/2013 sicherstellen, dass das Clearingmitglied zu sämtlichen Information Zugang hat, die es für die Übertragung oder Liquidierung der Positionen und Vermögenswerte der indirekten Kunden benötigt. Die Informationen sollen es dem Clearingmitglied insbesondere ermöglichen, Zahlungen unmittelbar an den indirekten Kunden zu leisten. 151

f) Anforderungen an indirekte Kunden (Art. 5a DelVO Nr. 149/2013). Art. 5a DelVO Nr. 149/2013 ist mit der DelVO 2017/2155 eingefügt worden. Er erweitert das indirekte Clearing um eine weitere vierte Stufe, beschränkt sie jedoch auf die Fälle, in denen entweder das Clearingmitglied und der Kunde oder der Kunde und der indirekte Kunde, der die Clearingdienstleistung für seinen indirekten Kunden zweiten Ranges erbringt, derselben Gruppe angehören (Art. 5a Abs. 2 DelVO Nr. 149/2013). Wegen des Begriffs Gruppe wird auf die Ausführung zu Art. 2 VO Nr. 648/2012 Rz. 111–113 verwiesen. 152

Die an indirekte Kunden gestellten Anforderungen entsprechen teilweise den in Art. 2 DelVO Nr. 149/2013 definierten Anforderungen an Kunden. Nach Art. 5a Abs. 1 Buchst. a DelVO Nr. 149/2013 darf der indirekte Kunde Clearingdienstleistungen nur anbieten, wenn er selbst als **Kreditinstitut oder Wertpapierfirma** zugelassen ist. Auch hier gilt: Indirekte Kunden mit Sitz in einem Drittstaat erfüllen diese Anforderung, wenn sie sich im Falle der fingierten Sitzverlegung in die Union um eine Zulassung als Kreditinstitut oder Investmentfirma bemühen müssten. 153

Die indirekte Clearingvereinbarung, auf deren Grundlage der indirekte Kunde Clearingdienstleistungen für seine indirekten Kunden zweiten Ranges erbringt, muss unmissverständlich dokumentiert sein und neben den allgemeinen Konditionen, zu denen die Clearingdienstleistungen erbracht werden, vorsehen, dass der Kunde sämtliche durch das indirekte Clearing begründeten Pflichten der indirekten Kunden gegenüber dem Clearingmitglied erfüllt (Art. 5a Abs. 1 Buchst. b und c DelVO Nr. 149/2013). 154

Abweichend von Art. 4 DelVO Nr. 149/2013 werden die Positionen und Vermögenswerte der indirekten Kunden zweiten Ranges in einem Standard-Sammelkonto nach Art. 4 Abs. 2 Buchst. a DelVO Nr. 149/2013 verbucht. Ein weitergehendes Wahlrecht, das auch die Brutto-Sammelkonto-Verbuchung umfasst, steht dem indirekten Kunden zweiten Ranges nicht zu. (Art. 5a Abs. 1 Buchst. c DelVO Nr. 149/2013). 155

Nach Art. 5a Abs. 3 und 4 DelVO Nr. 149/2013 finden die Bestimmungen der Art. 2 Abs. 1 Buchst. b DelVO Nr. 149/2013, Art. 5 Abs. 2, 3, 6, 8 und 9 DelVO Nr. 149/2013 und Art. 4 Abs. 5 und 6 DelVO Nr. 149/2013 auf das indirekte Clearing der vierten Stufe entsprechend Anwendung. Gehören Clearingmitglied und Kunde derselben Gruppe an, nicht jedoch der indirekte Kunde, finden zusätzlich auch die Bestimmungen des Art. 4 Abs. 1 und 8 DelVO Nr. 149/2013 entsprechende Anwendung. 156

g) Anforderungen an indirekte Kunden zweiten Ranges (Art. 5b DelVO Nr. 149/2013). Der ebenfalls mit der DelVO 2017/2155 eingefügte Art. 5b DelVO Nr. 149/2013 erweitert das indirekte Clearing um eine zusätzliche fünfte Stufe. Anders als Art. 5a DelVO Nr. 149/2013 verlangt er jedoch, dass die Clearingkette mindestens zwei Gruppenbeziehungen aufweist. So müssen zum einen das Clearingmitglied und der Kunde derselben Gruppe angehören (Art. 5b Abs. 1 Buchst. b DelVO Nr. 149/2013). Zum anderen müssen auch der indirekte Kunde und der indirekte Kunde zweiten Ranges derselben Gruppe angehören (Art. 5b Abs. 1 Buchst. c DelVO Nr. 149/2013); diese müssen darüber hinaus beide Kreditinstitut oder Wertpapierfirma sein (Art. 5b Abs. 1 Buchst. a DelVO Nr. 149/2013). Im Übrigen übernimmt Art. 5b DelVO Nr. 149/2013 die vorstehend näher erläuterten Bestimmungen des Art. 5a DelVO Nr. 149/2013. 157

4. Anforderungen an Clearingmitglieder (Art. 29 Abs. 2 VO Nr. 600/2014). Die Bestimmungen über die Clearingpflicht werden durch **Art. 29 Abs. 2 VO Nr. 600/2014 (MiFIR)** ergänzt. Danach haben die CCP und 158

---

1 *ESMA* RTS Indirektes Clearing, Rz. 29: „preserve the anonymity of the commercial relationship"

die als Clearingmitglieder auftretende Wertpapierfirmen durch wirksame automatisierte Systeme und Verfahren sicher zu stellen, dass clearingpflichtige OTC-Derivate so schnell wie möglich, spätestens innerhalb der in der **DelVO 2017/582** bestimmten Fristen, in das System der CCP aufgenommen und gecleart werden. Der mit § 78 WpHG in deutsches Recht umgesetzte **Art. 17 Abs. 6 RL 2014/65/EU (MiFID II)** verpflichtet Wertpapierfirmen, die Clearingdienstleistungen für Dritte erbringen, wirksame Systeme und Kontrollen vorzuhalten, mit denen sie sicherstellen, dass sie Clearingdienstleistungen nur für solche Kunden erbringen, die über die erforderliche Eignung verfügen und mit denen sie eine rechtlich bindende **schriftliche Vereinbarung** über das Clearing abgeschlossen haben. Zu den geforderten Systemen und Kontrollen zählen nach **Art. 25 DelVO 2017/589** insbesondere die vor Aufnahme der Clearingtätigkeit durchzuführende und jährlich zu wiederholenden **Due-Diligence-Prüfungen**, die u.a. die Bonität des Kunden, dessen Handelsstrategie und Risikokontrollsysteme zum Gegenstand haben. Darüber hinaus ist Zweck der Überprüfung, mögliche Verstöße gegen Vorschriften, mit denen die Integrität der Finanzmärkte sichergestellt bzw. Marktmissbrauch, Finanzkriminalität oder Geldwäsche entgegen gewirkt wird, aufzudecken. Nach Art. 26 DelVO 2017/589 müssen die Clearingmitglieder angemessene **Handels- und Positionslimits** festlegen, mit denen sie ihr eigenes Gegenparteiausfall- oder Liquiditätsrisiko steuern. Wegen der Einzelheiten wird auf die Kommentierung zu § 78 WpHG verwiesen.

159 **5. Vereinbarungen für das indirekte Clearing.** Für die Dokumentation der Vereinbarungen über das indirekte Clearing bedienen sich die Clearingmitglieder i.d.R. der von Handelsorganisationen und Bankenverbänden entwickelten Mustertexte. Ein Beispiel ist das gemeinsam von der *International Swaps and Derivatives Association, Inc. (ISDA)* und der *Futures and Options Association (FOA)* entwickelte **ISDA/FOA Client Cleared OTC Derivatives Addendum**[1], durch das ein bestehendes *ISDA Master Agreement* oder *ein FOA Futures and Options Agreement*[2] so erweitert werden kann, dass es auch die über eine CCP geclearten OTC-Derivate einbezieht. Ein anderes Beispiel ist das vom *London Clearing House (LCH)* entwickelte **SwapClear Client Clearing Agreement**[3].

160 In Deutschland und teilweise auch im deutschsprachigen Ausland verwenden die Clearingmitglieder weitestgehend die von den Spitzenverbänden der deutschen Kreditwirtschaft entwickelten **Clearing-Rahmenvereinbarung**[4] sowie die ihn ergänzenden Anhänge, die für das Clearing von Kontrakten über bestimmte CCPs ergänzende Bestimmungen vorsehen („CCP-Anhänge")[5]. Derzeit verfügbar sind CCP-Anhänge für die Eurex Clearing AG, die LCH.Clearnet Limited, die LCH.SA und die ICE Clear Europe Limited. Der Anhang für die CME Clearing Europe Ltd ist nicht mehr relevant, weil diese nach Rückgabe der Zulassung am 23.6.2017 das Clearing eingestellt hat. Neben den CCP-Anhängen haben die Spitzenverbände der deutschen Kreditwirtschaft einen weiteren Anhang zum Rahmenvertrag für Finanztermingeschäfte, den sog. „Clearing-Anhang", entwickelt[6], der klarstellt, dass die unter dem Rahmenvertrag abgeschlossenen Derivate mit deren Aufnahme in das Clearing nicht mehr Gegenstand des durch den Rahmenvertrag begründeten einheitlichen Vertrages bzw. Netting-Satzes sind.

161 **IV. Sanktionen bei Verletzung der Clearingpflicht.** Nach Art. 12 VO Nr. 648/2012 sind Verstöße gegen die Bestimmungen der in Titel II zusammengefassten Art. 4–11 VO Nr. 648/2012 von den Mitgliedstaaten mit Geldbußen oder anderen abschreckenden Sanktionen zu ahnden. Der deutsche Gesetzgeber sieht in § 120 Abs. 7 Nr. 1 i.V.m. Abs. 24 WpHG für Verstöße gegen die Clearingpflicht Geldbußen i.H.v. bis zu 200.000 Euro vor. Nach § 123 Abs. 4 WpHG hat die BaFin jede unanfechtbar gewordene Bußgeldentscheidung unverzüglich auf ihrer Internetseite öffentlich bekannt zu machen, es sei denn, diese Veröffentlichung würde die Finanz-

---

1 *International Swaps and Derivatives Association, Inc. (ISDA) und Futures and Options Association (FOA)*, ISDA/FOA Client Cleared OTC Derivatives Addendum vom 11.6.2013, aktualisierte Fassung vom 5.7.2013, abrufbar über https://fia.org/articles/updated-isdafoa-client-cleared-otc-derivatives-addendum-published-5-july-2013-blackline („*ISDA/FOA Client Cleared OTC Derivatives Addendum*"). Erläuterungen zum ISDA/FOA Client Cleared OTC Derivatives Addendum finden sich auch bei *Dittrich/Fried* in Zerey, Finanzderivate, § 33 Rz. 82–98; *Teuber* in Teuber/Schröer, MiFID II/MiFIR, Rz. 878.
2 *ISDA/FOA*, Pressemitteilung zur Veröffentlichung des ISDA/FOA Client Cleared OTC Derivatives Addendum vom 11.6.2013, abrufbar über: https://www.isda.org/a/m4DDE/client-clearing-addendum-final.pdf („*ISDA/FOA Pressemitteilung vom 11.6.2013*"); Erläuterungen zum *ISDA/FOA* Addendum finden sich bei *Scholl* in Wilhelmi/Achtelik/Kunschke/Sigmundt, Handbuch EMIR, Teil 7 A Rz. 56 ff.
3 *LCH Group*, SwapClear Client Clearing Agreement, Version 4.0 vom 20.6.2014 und SwapClear Client Clearing Standard Terms/Version 3.0 dated 20 June 2014, abrufbar jeweils über: http://secure-area.lchclearnet.com/swaps/swapclear_for_clients/legal_documentation.asp („Swap Clear Client Clearing Agreement").
4 *Bundesverband deutscher Banken (BdB)*, Clearing-Rahmenvereinbarung, abrufbar über: https://bankenverband.de/media/uploads/2017/09/13/44037_0413a_2015_muster_rhmz1qz.pdf („*BdB* CRV"); s. auch *BdB*, Hintergrundinformationen und Erläuterungen zur Clearing-Rahmenvereinbarung vom 23.2.2015, abrufbar über: https://bankenverband.de/media/uploads/2017/09/13/2015-02-23-crv-hintergrundinformationen-unm_olba6ii.pdf („*BdB* Erläuterungen CRV"). Erläuterungen zur Clearing-Rahmenvereinbarung finden sich auch bei *Köhling*, BKR 2013, 491, 495; *Dittrich/Fried* in Zerey, Finanzderivate, § 33 Rz. 58–81; *Scholl* in Wilhelmi/Achtelik/Kunschke/Sigmundt, Handbuch EMIR, Teil 7 A Rz. 26 ff.
5 Sämtliche CCP-Anhänge sind abrufbar über: https://bankenverband.de/service/rahmenvertraege-fuer-finanzgeschaefte/ccp-anhange/.
6 Abrufbar über: https://bankenverband.de/service/rahmenvertraege-fuer-finanzgeschaefte/weitere-dokumente/.

märkte erheblich gefährden oder zu einem unverhältnismäßigen Schaden bei den Beteiligten führen. Die Bekanntmachung darf keine personenbezogenen Daten enthalten und ist nach fünf Jahren zu löschen. Wegen der Einzelheiten wird auf die Ausführungen zu Art. 12 VO Nr. 648/2012 und zu § 120 WpHG verwiesen.

V. Technische Regulierungsstandards (Art. 4 Abs. 4 VO Nr. 648/2012). Von den in den Art. 4 Abs. 4 VO Nr. 648/2012 vorgesehenen Befugnissen hat die Kommission mit ihren Delegierten Verordnungen DelVO Nr. 149/2013 und DelVO Nr. 285/2014 umfassend Gebrauch gemacht. 162

1. DelVO Nr. 149/2013. Die Bedingungen, denen indirekte Clearingvereinbarungen nach Art. 4 Abs. 3 Unterabs. 2 VO Nr. 648/2012 genügen müssen, sind von der Kommission in der DelVO Nr. 149/2013 festgelegt worden. Die Verordnung ist am zwanzigsten Tag nach ihrer Veröffentlichung im Amtsblatt der Europäischen Union, d.h. am 15.3.2013, in Kraft getreten (Art. 21 DelVO Nr. 149/2013). Die Bestimmungen über indirekte Clearingvereinbarungen sind mit der **DelVO 2017/2155** wesentlich erweitert und geändert worden. 163

2. DelVO Nr. 285/2014. Mit Erlass der auch auf Art. 11 Abs. 14 Buchst. e VO Nr. 648/2012 gestützten DelVO Nr. 285/2014 hat die Kommission die OTC-Derivate bestimmt, bei denen unmittelbare, wesentliche und vorhersehbare Auswirkungen innerhalb der Union gegeben sind bzw. bei denen es zweckmäßig ist, Umgehungen zu verhindern. Die Verordnung ist am zwanzigsten Tag nach ihrer Veröffentlichung im Amtsblatt der Europäischen Union, d.h. am 10.4.2014, in Kraft getreten. Abweichend hiervon gilt Art. 2 DelVO Nr. 285/2014 seit dem 10.10.2014. Die Bestimmungen der DelVO Nr. 285/2014 sind von der auf Art. 28 Abs. 5 der VO Nr. 600/2014 (MiFIR) gestützten **DelVO 2017/579** nahezu wörtlich übernommen worden. 164

Art. 5 Verfahren in Bezug auf die Clearingpflicht

(1) Erteilt eine zuständige Behörde einer CCP gemäß Artikel 14 oder 15 die Zulassung zum Clearing einer OTC-Derivatekategorie, so unterrichtet sie die ESMA unverzüglich über diese Zulassung.

Um die einheitliche Anwendung dieses Artikels zu gewährleisten, erarbeitet die ESMA Entwürfe für technische Regulierungsstandards, in denen festgelegt ist, welche Angaben die im ersten Unterabsatz genannten Mitteilungen enthalten müssen.

Die ESMA legt der Kommission diese Entwürfe für technische Regulierungsstandards bis zum 30. September 2012 vor.

Der Kommission wird die Befugnis übertragen, die in Unterabsatz 2 genannten technischen Regulierungsstandards gemäß Artikel 10 bis 14 der Verordnung (EU) Nr. 1095/2010 zu erlassen.

(2) Innerhalb von sechs Monaten nach Erhalt der Mitteilung nach Absatz 1 oder nach Abschluss eines Anerkennungsverfahrens gemäß Artikel 25 werden von der ESMA – nach öffentlicher Anhörung und nach Anhörung des ESRB und gegebenenfalls der zuständigen Behörden von Drittstaaten – Entwürfe für technische Regulierungsstandards erarbeitet und der Kommission zur Billigung übermittelt, in denen Folgendes festgelegt ist:

a) die Kategorien von OTC-Derivaten, die der Clearingpflicht gemäß Artikel 4 unterliegen sollten,

b) der Zeitpunkt oder die Zeitpunkte, ab dem bzw. denen die Clearingpflicht wirksam wird, einschließlich einer etwaigen Übergangsphase und der Kategorien von Gegenparteien, für die die Clearingpflicht gilt, und

c) die Mindestrestlaufzeit der OTC-Derivatekontrakte gemäß Artikel 4 Absatz 1 Buchstabe b Ziffer ii.

Der Kommission wird die Befugnis übertragen, die in Unterabsatz 1 genannten technischen Regulierungsstandards gemäß den Artikeln 10 bis 14 der Verordnung (EU) Nr. 1095/2010 zu erlassen.

Bei der Erarbeitung der Entwürfe technischer Regulierungsstandards nach diesem Absatz lässt die ESMA die Übergangsbestimmungen für C.6-Energiederivatkontrakte nach Artikel 95 der Richtlinie 2014/65/EU unberührt.

(3) Die ESMA ermittelt von sich aus nach Durchführung einer öffentlichen Anhörung und nach Anhörung des ESRB sowie gegebenenfalls der zuständigen Behörden von Drittstaaten anhand der in Absatz 4 Buchstaben a, b und c genannten Kriterien diejenigen Kategorien von Derivaten, die der Clearingpflicht nach Artikel 4 unterliegen sollten, für die jedoch noch keine CCP eine Zulassung erhalten hat, und setzt die Kommission darüber in Kenntnis.

Nach einer solchen Meldung veröffentlicht die ESMA eine Aufforderung zur Ausarbeitung von Vorschlägen für das Clearing dieser Derivatekategorien.

(4) Da das übergeordnete Ziel darin besteht, das Systemrisiko zu verringern, sind in den Entwürfen für diejenigen technischen Regulierungsstandards, die in Absatz 2 Buchstabe a genannt sind, die folgenden Kriterien zu berücksichtigen:

Art. 5 VO Nr. 648/2012 | Verfahren in Bezug auf die Clearingpflicht

a) der Grad der Standardisierung der Vertragsbedingungen und operativen Prozesse bei der betreffenden Kategorie von OTC- Derivaten,

b) das Volumen und die Liquidität der jeweiligen Kategorie von OTC-Derivatene,

c) die Verfügbarkeit von fairen, zuverlässigen und allgemein akzeptierten Preisbildungsinformationen in der jeweiligen Kategorie von OTC-Derivaten.

Bei der Ausarbeitung dieser Entwürfe für technische Regulierungsstandards kann die ESMA der Vernetzung zwischen den Gegenparteien, die die einschlägigen Kategorien von OTC-Derivaten nutzen, den voraussichtlichen Auswirkungen auf die Höhe des Gegenparteiausfallrisikos sowie den Auswirkungen auf den Wettbewerb innerhalb der Union Rechnung tragen.

Um die einheitliche Anwendung dieses Artikels zu gewährleisten, erarbeitet die ESMA Entwürfe für technische Regulierungsstandards, in denen die Kriterien nach Unterabsatz 1 Buchstaben a, b und c näher festgelegt sind.

Die ESMA legt der Kommission diese Entwürfe für technische Regulierungsstandards bis zum 30. September 2012 vor.

Der Kommission wird die Befugnis übertragen, die in Unterabsatz 3 genannten technischen Regulierungsstandards gemäß den Artikeln 10 bis 14 der Verordnung (EU) Nr. 1095/2010 zu erlassen.

(5) In den Entwürfen für diejenigen technischen Regulierungsstandards, die in Absatz 2 Buchstabe b genannt sind, werden die folgenden Kriterien berücksichtigt:

a) das erwartete Volumen der jeweiligen Kategorie von OTC- Derivaten,

b) ob das Clearing ein und derselben Kategorie von OTC-Derivaten bereits durch mehr als eine CCP erfolgt,

c) die Fähigkeit der jeweiligen CCPs zur Bewältigung des erwarteten Volumens und zur Beherrschung der mit dem Clearing der betreffenden Kategorie von OTC-Derivaten verbundenen Risiken,

d) die Art und Zahl der Gegenparteien, die in dem Markt für die jeweilige Kategorie von OTC-Derivaten aktiv sind oder voraussichtlich aktiv werden,

e) der Zeitraum, den eine clearingpflichtige Gegenpartei benötigt, um Vorkehrungen für ein Clearing ihrer OTC-Derivatekontrakte durch eine CCP zu treffen,

f) das Risikomanagement und die rechtliche und operative Leistungsfähigkeit der im Markt für die jeweilige Kategorie von OTC-Derivaten tätigen Gegenparteien, die der Clearingpflicht gemäß Artikel 4 Absatz 1 unterliegen würden.

(6) Wenn es für eine Kategorie von OTC-Derivatekontrakten keine CCP mehr gibt, die gemäß dieser Verordnung für das Clearing dieser Kontrakte zugelassen oder entsprechend anerkannt ist, unterliegt diese Kontraktkategorie nicht länger der Clearingpflicht gemäß Artikel 4, und Absatz 3 dieses Artikels findet Anwendung.

In der Fassung vom 4.7.2012 (ABl. EU Nr. L 201 v. 27.7.2012, S. 1), geändert durch Verordnung (EU) Nr. 600/2014 vom 15.5.2014 (ABl. EU Nr. L 173 v. 12.6.2014, S. 84).

Delegierte Verordnung (EU) Nr. 149/2013 vom 19. Dezember 2012
zur Ergänzung der Verordnung (EU) Nr. 648/2012 des Europäischen Parlaments und des Rates im Hinblick auf technische Regulierungsstandards für indirekte Clearingvereinbarungen, die Clearingpflicht, das öffentliche Register, den Zugang zu einem Handelsplatz, nichtfinanzielle Gegenparteien und Risikominderungstechniken für nicht durch eine CCP geclearte OTC-Derivatekontrakte

(Auszug)

Art. 6 Angaben, die in der Mitteilung enthalten sein müssen

(1) Die Mitteilung für die Zwecke der Clearingpflicht enthält folgende Angaben:

a) Identifikation der Kategorie von OTC-Derivatekontrakten;

b) Identifikation der OTC-Derivatekontrakte innerhalb der Kategorie von OTC-Derivatekontrakten;

c) sonstige Angaben, die nach Artikel 8 in das öffentliche Register aufzunehmen sind;

d) etwaige weitere Merkmale, die erforderlich sind, um OTC- Derivatekontrakte innerhalb der Kategorie von OTC-Derivatekontrakten von OTC-Derivatekontrakten außerhalb dieser Kategorie zu unterscheiden;

e) Belege für den Grad der Standardisierung der Vertragsbedingungen und operativen Prozesse bei der betreffenden Kategorie von OTC-Derivatekontrakten;

f) Daten zum Volumen der Kategorie von OTC-Derivatekontrakten;

g) Daten zur Liquidität der Kategorie von OTC-Derivatekontrakten;

h) Belege dafür, dass den Marktteilnehmern für Kontrakte in der Kategorie von OTC-Derivatekontrakten faire, zuverlässige und allgemein akzeptierte Preisinformationen zur Verfügung stehen;

i) Belege für die Auswirkungen der Clearingpflicht auf die Verfügbarkeit von Preisinformationen für die Marktteilnehmer.

(2) Für die Zwecke der Bewertung des Zeitpunkts bzw. der Zeitpunkte für das Wirksamwerden der Clearingpflicht, einschließlich einer etwaigen schrittweisen Umsetzung, und der Kategorien von Gegenparteien, für die die Clearingpflicht gilt, enthält die Mitteilung für die Zwecke der Clearingpflicht Folgendes:
a) relevante Daten zur Einschätzung des zu erwartenden Volumens der Kategorie von OTC-Derivatekontrakten, wenn diese clearingpflichtig wird;
b) Nachweis der Fähigkeit der CCP, das zu erwartende Volumen der Kategorie von OTC-Derivatekontrakten, wenn diese clearingpflichtig wird, zu bewältigen und das Risiko zu steuern, das mit dem Clearing der betreffenden Kategorie von OTC- Derivatekontrakten, auch über Clearing-Vereinbarungen mit Kunden oder indirekten Kunden, verbunden ist;
c) Art und Zahl der Gegenparteien, die am Markt für die betreffende Kategorie von OTC-Derivatekontrakten aktiv sind oder voraussichtlich aktiv werden, wenn diese clearingpflichtig wird;
d) Überblick über die verschiedenen Aufgaben, die ausgeführt werden müssen, um mit dem Clearing über eine CCP beginnen zu können, unter Angabe der für jede Aufgabe benötigten Zeit;
e) Informationen über die Risikomanagement-, rechtlichen und operationellen Kapazitäten der Gegenparteien, die am Markt für die betreffende Kategorie von OTC-Derivatekontrakten aktiv sind, wenn diese clearingpflichtig wird.

(3) Die Daten zu Volumen und Liquidität umfassen für die betreffende Kategorie von OTC-Derivatekontrakten und für jeden Derivatekontrakt innerhalb dieser Kategorie relevante Marktinformationen, einschließlich historischer Daten, aktueller Daten sowie jeglicher Veränderung, die bei Einführung der Clearingpflicht für die betreffende Kategorie von OTC-Derivatekontrakte erwartet wird, einschließlich
a) Zahl der Geschäfte;
b) Gesamtvolumen;
c) offene Kontraktposition insgesamt;
d) Tiefe der Order einschließlich der durchschnittlichen Zahl der Order und Notierungsanträge;
e) Enge der Spreads;
f) Messgrößen der Liquidität unter Stressbedingungen am Markt;
g) Messgrößen der Liquidität für die Durchführung von Ausfall-Verfahren.

(4) Die Informationen zum Grad der Standardisierung der Vertragsbedingungen und operativen Prozesse bei der betreffenden Kategorie von OTC-Derivatekontrakten im Sinne von Absatz 1 Buchstabe e umfassen für die Kategorie von OTC-Derivatekontrakten und für jeden Derivatekontrakt innerhalb der Kategorie Daten zum täglichen Referenzpreis sowie zur Anzahl der Tage im Jahr mit einem Referenzpreis, den sie bei Betrachtung mindestens der letzten zwölf Monate für verlässlich hält.

In der Fassung vom 19.12.2012 (ABl. EU Nr. L 52 v. 23.2.2013, S. 11).

Art. 7 Von der ESMA zu prüfende Kriterien

(1) In Bezug auf den Grad der Standardisierung der Vertragsbedingungen und operativen Prozesse bei der betreffenden Kategorie von OTC-Derivaten berücksichtigt die Europäische Wertpapier- und Marktaufsichtsbehörde (ESMA)
a) ob die Vertragsbedingungen der betreffenden Kategorie von OTC-Derivatekontrakten gebräuchliche Rechtsdokumente, unter anderem Netting-Rahmenvereinbarungen, Definitionen, Standardbedingungen und -bestätigungen beinhalten, in denen von Gegenparteien üblicherweise verwendete Kontraktspezifikationen ausgeführt werden;
b) ob die operativen Prozesse der betreffenden Kategorie von OTC-Derivatekontrakten einer automatisierten Nachhandelsverarbeitung und Lebenszyklusereignissen unterliegen, die nach einem zwischen den Gegenparteien allgemein vereinbarten Zeitplan und einheitliche Weise gehandhabt werden.

(2) In Bezug auf das Volumen und die Liquidität der jeweiligen Kategorie von OTC-Derivaten berücksichtigt die ESMA
a) ob die Margen oder Finanzierungsanforderungen der CCP in angemessenem Verhältnis zu dem Risiko stünden, das mit der Clearingpflicht gemindert werden soll;
b) die langfristige Stabilität der Größe und Tiefe des Markts in Bezug auf das Produkt;
c) die Wahrscheinlichkeit, dass die Marktdispersion bei Ausfall eines Clearingmitglieds weiterhin ausreichend wäre;
d) die Anzahl und den Wert der Geschäfte.

(3) In Bezug auf die Verfügbarkeit fairer, zuverlässiger und allgemein akzeptierter Preisbildungsinformationen in der jeweiligen Kategorie von OTC-Derivaten berücksichtigt die ESMA, ob die Informationen, die für die richtige Bepreisung der zu der betreffenden Kategorie von OTC-Derivaten gehörenden Kontrakte erforderlich sind, für die Marktteilnehmer ohne weiteres zu handelsüblichen Bedingungen verfügbar sind und ob sie weiterhin ohne weiteres verfügbar wären, wenn die betreffende Kategorie von OTC-Derivaten clearingpflichtig würde.

In der Fassung vom 19.12.2012 (ABl. EU Nr. L 52 v. 23.2.2013, S. 11).

Delegierte Verordnung (EU) 2015/2205 vom 6. August 2015
zur Ergänzung der Verordnung (EU) Nr. 648/2012 des Europäischen Parlaments und des Rates durch technische Regulierungsstandards für die Clearingpflicht

Art. 1 Clearingpflichte Kategorien von OTC-Derivaten

(1) Die im Anhang aufgeführten Kategorien außerbörslich („over the counter") gehandelter Derivate (OTC-Derivate) sind clearingpflichtig.

(2) Die im Anhang aufgeführten Kategorien von OTC-Derivaten umfassen keine Kontrakte, die Gegenstand von Abschlüssen mit Emittenten gedeckter Schuldverschreibungen oder Deckungspools für gedeckte Schuldverschreibungen sind, sofern die jeweiligen Kontrakte alle folgenden Voraussetzungen erfüllen:

Art. 5 VO Nr. 648/2012 | Verfahren in Bezug auf die Clearingpflicht

a) Sie werden ausschließlich zur Absicherung gegen Zins- oder Währungsinkongruenzen zwischen dem Deckungspool und der gedeckten Schuldverschreibung verwendet.

b) Sie sind gemäß den nationalen gesetzlichen Bestimmungen für gedeckte Schuldverschreibungen im Deckungspool der gedeckten Schuldverschreibung eingetragen oder registriert.

c) Sie werden im Falle einer Abwicklung oder Insolvenz des Emittenten gedeckter Schuldverschreibungen oder des Deckungspools nicht beendet.

d) Bei OTC-Derivaten, die Gegenstand von Abschlüssen mit Emittenten gedeckter Schuldverschreibungen oder Deckungspools für gedeckte Schuldverschreibungen sind, ist die Gegenpartei mindestens gleichrangig mit den Inhabern der gedeckten Schuldverschreibungen, außer in Fällen, in denen die Gegenpartei bei OTC-Derivaten, die Gegenstand von Abschlüssen mit Emittenten gedeckter Schuldverschreibungen oder Deckungspools für gedeckte Schuldverschreibungen sind, die säumige oder die betroffene Partei ist oder in denen die genannte Gegenpartei auf die Gleichrangigkeit verzichtet. e) Die gedeckte Schuldverschreibung erfüllt die Anforderungen des Artikels 129 der Verordnung (EU) Nr. 575/2013 des Europäischen Parlaments und des Rates und unterliegt einer aufsichtsrechtlichen Besicherungspflicht von mindestens 102 %.

In der Fassung vom 6.8.2015 (ABl. EU Nr. L 314 v. 1.12.2015, S. 13).

Art. 2

(1) Für die Zwecke der Artikel 3 und 4 werden die clearingpflichtigen Gegenparteien in die folgenden Kategorien unterteilt:

a) Kategorie 1 umfasst diejenigen Gegenparteien, die zum Zeitpunkt des Inkrafttretens der vorliegenden Verordnung in Bezug auf mindestens eine der im Anhang dieser Verordnung aufgeführten Kategorien von OTC-Derivaten Clearingmitglieder im Sinne des Artikels 2 Absatz 14 der Verordnung (EU) Nr. 648/2012 von mindestens einer der vor dem genannten Zeitpunkt für das Clearing von mindestens einer dieser Kategorien zugelassenen oder anerkannten CCP sind.

b) Kategorie 2 umfasst nicht der Kategorie 1 angehörende Gegenparteien, die einer Unternehmensgruppe angehören, deren zum Monatsende ermittelter aggregierter Durchschnitt des ausstehenden Bruttonominalwerts der nicht zentral geclearten Derivate für Januar, Februar und März 2016 über 8 Mrd. EUR beträgt und bei denen es sich handelt um:
  i) finanzielle Gegenparteien oder
  ii) alternative Investmentfonds im Sinne des Artikels 4 Absatz 1 Buchstabe a der Richtlinie 2011/61/EU des Europäischen Parlaments und des Rates, die nichtfinanzielle Gegenparteien sind.

c) Kategorie 3 umfasst nicht der Kategorie 1 oder der Kategorie 2 angehörende Gegenparteien, bei denen es sich handelt um:
  i) finanzielle Gegenparteien oder
  ii) alternative Investmentfonds im Sinne des Artikels 4 Absatz 1 Buchstabe a der Richtlinie 2011/61/EU, die nichtfinanzielle Gegenparteien sind.

d) Kategorie 4 umfasst nichtfinanzielle Gegenparteien, die nicht der Kategorie 1, der Kategorie 2 oder der Kategorie 3 angehören.

(2) In die Berechnung des in Absatz 1 Buchstabe b genannten zum Monatsende ermittelten aggregierten Durchschnitts des ausstehenden Bruttonominalwerts werden alle nicht zentral geclearten Derivate der Unternehmensgruppe einbezogen, einschließlich Devisentermingeschäften, Swaps und Währungsswaps.

(3) Handelt es sich bei Gegenparteien um alternative Investmentfonds im Sinne des Artikels 4 Absatz 1 Buchstabe a der Richtlinie 2011/61/EU oder um Organismen für gemeinsame Anlagen in Wertpapieren im Sinne des Artikels 1 Absatz 2 der Richtlinie 2009/65/EG des Europäischen Parlaments und des Rates, gilt der in Absatz 1 Buchstabe b dieses Artikels genannte Schwellenwert von 8 Mrd. EUR auf Ebene des Einzelfonds.

In der Fassung vom 6.8.2015 (ABl. EU Nr. L 314 v. 1.12.2015, S. 13).

Art. 3 Zeitpunkt des Wirksamwerdens der Clearingpflicht

(1) Bei Kontrakten, die einer im Anhang aufgeführten Kategorie von OTC-Derivaten angehören, wird die Clearingpflicht wirksam am:

a) 21. Juni 2016 für Gegenparteien der Kategorie 1;
b) 21. Dezember 2016 für Gegenparteien der Kategorie 2;
c) 21. Juni 2019 für Gegenparteien der Kategorie 3;
d) 21. Dezember 2018 für Gegenparteien der Kategorie 4.

Wird ein Kontrakt von zwei Gegenparteien unterschiedlicher Kategorien geschlossen, so wird die Clearingpflicht für diesen Kontrakt am späteren der beiden Daten wirksam.

(2) Abweichend von Absatz 1 Buchstaben a, b und c wird die Clearingpflicht bei Kontrakten, die einer im Anhang aufgeführten Kategorie von OTC-Derivaten angehören und von nicht der Kategorie 4 angehörenden Gegenparteien geschlossen werden, die Mitglied derselben Unternehmensgruppe sind und von denen eine in einem Drittland und die andere in der Union ansässig ist, wirksam am:

a) 21. Dezember 2018, wenn für die Zwecke des Artikels 4 der Verordnung (EU) Nr. 648/2012 kein Beschluss über die Gleichwertigkeit nach Artikel 13 Absatz 2 der genannten Verordnung erlassen wurde, der die im Anhang der vorliegenden Verordnung aufgeführten OTC-Derivatekontrakte abdeckt und sich auf das betreffende Drittland bezieht, oder

b) späteren der folgenden Daten, wenn für die Zwecke des Artikels 4 der Verordnung (EU) Nr. 648/2012 ein Beschluss über die Gleichwertigkeit nach Artikel 13 Absatz 2 der genannten Verordnung erlassen wurde, der die im Anhang der vorliegenden Verordnung aufgeführten OTC-Derivatekontrakte abdeckt und sich auf das betreffende Drittland bezieht:
   i) 60 Tage nach Inkrafttreten des für die Zwecke des Artikels 4 der Verordnung (EU) Nr. 648/2012 nach Artikel 13 Absatz 2 der genannten Verordnung erlassenen Beschlusses, der die im Anhang der vorliegenden Verordnung aufgeführten OTC-Derivatekontrakte abdeckt und sich auf das betreffende Drittland bezieht,
   ii) das Datum, an dem die Clearingpflicht nach Absatz 1 wirksam wird.

Diese abweichende Regelung findet nur dann Anwendung, wenn die Gegenparteien die folgenden Voraussetzungen erfüllen:
a) Die in einem Drittland ansässige Gegenpartei ist entweder eine finanzielle Gegenpartei oder eine nichtfinanzielle Gegenpartei.
b) Die in der Union ansässige Gegenpartei ist:
   i) eine finanzielle Gegenpartei, eine nichtfinanzielle Gegenpartei, eine Finanzholdinggesellschaft, ein Finanzinstitut oder ein Anbieter von Nebendienstleistungen, die/der den jeweiligen Aufsichtsvorschriften unterliegt, und die unter Buchstabe a genannte Gegenpartei ist eine finanzielle Gegenpartei oder
   ii) entweder eine finanzielle Gegenpartei oder eine nichtfinanzielle Gegenpartei, und die unter Buchstabe a genannte Gegenpartei ist eine nichtfinanzielle Gegenpartei.
c) Beide Gegenparteien sind nach Artikel 3 Absatz 3 der Verordnung (EU) Nr. 648/2012 in dieselbe Vollkonsolidierung einbezogen.
d) Beide Gegenparteien unterliegen geeigneten zentralisierten Risikobewertungs-, Risikomess- und Risikokontrollverfahren.
e) Die in der Union ansässige Gegenpartei hat der für sie zuständigen Behörde schriftlich mitgeteilt, dass die Voraussetzungen unter den Buchstaben a, b, c und d erfüllt sind, und die zuständige Behörde hat innerhalb von 30 Kalendertagen nach Erhalt der Mitteilung bestätigt, dass dies der Fall ist.

In der Fassung vom 6.8.2015 (ABl. EU Nr. L 314 v. 1.12.2015, S. 13), geändert durch Delegierte Verordnung (EU) 2017/751 vom 16.3.2017 (ABl. EU Nr. L 113 v. 29.4.2017, S. 15).

Art. 4 Mindestrestlaufzeit

(1) Für finanzielle Gegenparteien der Kategorie 1 beträgt die Mindestrestlaufzeit nach Artikel 4 Absatz 1 Buchstabe b Ziffer ii der Verordnung (EU) Nr. 648/2012 an dem Tag, an dem die Clearingpflicht wirksam wird:
a) 50 Jahre bei vor dem 21. Februar 2016 geschlossenen oder verlängerten Kontrakten, die den im Anhang Tabelle 1 oder Tabelle 2 aufgeführten Kategorien angehören;
b) 3 Jahre bei vor dem 21. Februar 2016 geschlossenen oder verlängerten Kontrakten, die den im Anhang Tabelle 3 oder Tabelle 4 aufgeführten Kategorien angehören;
c) 6 Monate bei ab dem 21. Februar 2016 geschlossenen oder verlängerten Kontrakten, die den im Anhang Tabelle 1 bis Tabelle 4 aufgeführten Kategorien angehören.

(2) Für finanzielle Gegenparteien der Kategorie 2 beträgt die Mindestrestlaufzeit nach Artikel 4 Absatz 1 Buchstabe b Ziffer ii der Verordnung (EU) Nr. 648/2012 an dem Tag, an dem die Clearingpflicht wirksam wird:
a) 50 Jahre bei vor dem 21. Mai 2016 geschlossenen oder verlängerten Kontrakten, die den im Anhang Tabelle 1 oder Tabelle 2 aufgeführten Kategorien angehören;
b) 3 Jahre bei vor dem 21. Mai 2016 geschlossenen oder verlängerten Kontrakten, die den im Anhang Tabelle 3 oder Tabelle 4 aufgeführten Kategorien angehören;
c) 6 Monate bei ab dem 21. Mai 2016 geschlossenen oder verlängerten Kontrakten, die den im Anhang Tabelle 1 bis Tabelle 4 aufgeführten Kategorien angehören.

(3) Für finanzielle Gegenparteien der Kategorie 3 und für Geschäfte nach Artikel 3 Absatz 2 der vorliegenden Verordnung, die zwischen finanziellen Gegenparteien geschlossen werden, beträgt die Mindestrestlaufzeit nach Artikel 4 Absatz 1 Buchstabe b Ziffer ii der Verordnung (EU) Nr. 648/2012 an dem Tag, an dem die Clearingpflicht wirksam wird:
a) 50 Jahre bei Kontrakten, die den im Anhang Tabelle 1 oder Tabelle 2 aufgeführten Kategorien angehören;
b) 3 Jahre bei Kontrakten, die den im Anhang Tabelle 3 oder Tabelle 4 aufgeführten Kategorien angehören.

(4) Wird ein Kontrakt zwischen zwei finanziellen Gegenparteien, die unterschiedlichen Kategorien angehören, oder zwischen zwei finanziellen Gegenparteien, die an Geschäften nach Artikel 3 Absatz 2 beteiligt sind, geschlossen, ist für die Zwecke dieses Artikels die längere Restlaufzeit zu berücksichtigen.

In der Fassung vom 6.8.2015 (ABl. EU Nr. L 314 v. 1.12.2015, S. 13).

Art. 5 Inkrafttreten

Diese Verordnung tritt am zwanzigsten Tag nach ihrer Veröffentlichung im *Amtsblatt der Europäischen Union* in Kraft.

In der Fassung vom 6.8.2015 (ABl. EU Nr. L 314 v. 1.12.2015, S. 13).

Anhang

(nicht abgedruckt)

Art. 5 VO Nr. 648/2012 | Verfahren in Bezug auf die Clearingpflicht

**Delegierte Verordnung (EU) 2016/592 vom 1. März 2016
zur Ergänzung der Verordnung (EU) Nr. 648/2012 des Europäischen Parlaments und des Rates durch technische Regulierungsstandards für die Clearingpflicht**

Art. 1 Clearingpflichte Kategorien von OTC-Derivaten

Die im Anhang aufgeführten Kategorien außerbörslich („over the counter") gehandelter Derivate (OTC-Derivate) sind clearingpflichtig.

In der Fassung vom 1.3.2016 (ABl. EU Nr. L 103 v. 19.4.2016, S. 5).

Art. 2

(1) Für die Zwecke der Artikel 3 und 4 werden die clearingpflichtigen Gegenparteien in die folgenden Kategorien unterteilt:
a) Kategorie 1 umfasst diejenigen Gegenparteien, die zum Zeitpunkt des Inkrafttretens der vorliegenden Verordnung in Bezug auf mindestens eine der im Anhang dieser Verordnung aufgeführten Kategorien von OTC-Derivaten Clearingmitglieder im Sinne des Artikels 2 Absatz 14 der Verordnung (EU) Nr. 648/2012 von mindestens einer der vor dem genannten Zeitpunkt für das Clearing von mindestens einer dieser Kategorien zugelassenen oder anerkannten CCP sind.
b) Kategorie 2 umfasst nicht der Kategorie 1 angehörende Gegenparteien, die einer Unternehmensgruppe angehören, deren zum Monatsende ermittelter aggregierter Durchschnitt des ausstehenden Bruttonominalwerts der nicht zentral geclearten Derivate für Januar, Februar und März 2016 über 8 Mrd. EUR beträgt und bei denen es sich handelt um:
  i) finanzielle Gegenparteien oder
  ii) alternative Investmentfonds im Sinne des Artikels 4 Absatz 1 Buchstabe a der Richtlinie 2011/61/EU des Europäischen Parlaments und des Rates, die nichtfinanzielle Gegenparteien sind.
c) Kategorie 3 umfasst nicht der Kategorie 1 oder der Kategorie 2 angehörende Gegenparteien, bei denen es sich handelt um:
  i) finanzielle Gegenparteien oder
  ii) alternative Investmentfonds im Sinne des Artikels 4 Absatz 1 Buchstabe a der Richtlinie 2011/61/EU, die nichtfinanzielle Gegenparteien sind.
d) Kategorie 4 umfasst nichtfinanzielle Gegenparteien, die nicht der Kategorie 1, der Kategorie 2 oder der Kategorie 3 angehören.

(2) In die Berechnung des in Absatz 1 Buchstabe b genannten zum Monatsende ermittelten aggregierten Durchschnitts des ausstehenden Bruttonominalwerts werden alle nicht zentral geclearten Derivate der Unternehmensgruppe einbezogen, einschließlich Devisentermingeschäften, Swaps und Währungsswaps.

(3) Handelt es sich bei Gegenparteien um alternative Investmentfonds im Sinne des Artikels 4 Absatz 1 Buchstabe a der Richtlinie 2011/61/EU oder um Organismen für gemeinsame Anlagen in Wertpapieren im Sinne des Artikels 1 Absatz 2 der Richtlinie 2009/65/EG des Europäischen Parlaments und des Rates, gilt der in Absatz 1 Buchstabe b dieses Artikels genannte Schwellenwert von 8 Mrd. EUR auf Ebene des Einzelfonds.

In der Fassung vom 1.3.2016 (ABl. EU Nr. L 103 v. 19.4.2016, S. 5).

Art. 3 Zeitpunkt des Wirksamwerdens der Clearingpflicht

(1) Bei Kontrakten, die einer im Anhang aufgeführten Kategorie von OTC-Derivaten angehören, wird die Clearingpflicht wirksam am:
a) 9. Februar 2017 für Gegenparteien der Kategorie 1;
b) 9. August 2017 für Gegenparteien der Kategorie 2;
c) 21. Juni 2019 für Gegenparteien der Kategorie 3;
d) 9. Mai 2019 für Gegenparteien der Kategorie 4.
Wird ein Kontrakt von zwei Gegenparteien unterschiedlicher Kategorien geschlossen, so wird die Clearingpflicht für diesen Kontrakt am späteren der beiden Daten wirksam.

(2) Abweichend von Absatz 1 Buchstaben a, b und c wird die Clearingpflicht bei Kontrakten, die einer im Anhang aufgeführten Kategorie von OTC-Derivaten angehören und von nicht der Kategorie 4 angehörenden Gegenparteien geschlossen werden, die Mitglied derselben Unternehmensgruppe sind und von denen eine in einem Drittland und die andere in der Union ansässig ist, wirksam am:
a) 9. Mai 2019, wenn für die Zwecke des Artikels 4 der Verordnung (EU) Nr. 648/2012 kein Beschluss über die Gleichwertigkeit nach Artikel 13 Absatz 2 der genannten Verordnung erlassen wurde, der die im Anhang der vorliegenden Verordnung aufgeführten OTC-Derivatekontrakte abdeckt und sich auf das betreffende Drittland bezieht, oder
b) späteren der folgenden Daten, wenn für die Zwecke des Artikels 4 der Verordnung (EU) Nr. 648/2012 ein Beschluss über die Gleichwertigkeit nach Artikel 13 Absatz 2 der genannten Verordnung erlassen wurde, der die im Anhang der vorliegenden Verordnung aufgeführten OTC-Derivatekontrakte abdeckt und sich auf das betreffende Drittland bezieht:
  i) 60 Tage nach Inkrafttreten des für die Zwecke des Artikels 4 der Verordnung (EU) Nr. 648/2012 nach Artikel 13 Absatz 2 der genannten Verordnung erlassenen Beschlusses, der die im Anhang der vorliegenden Verordnung aufgeführten OTC-Derivatekontrakte abdeckt und sich auf das betreffende Drittland bezieht,
  ii) das Datum, an dem die Clearingpflicht nach Absatz 1 wirksam wird.

Diese abweichende Regelung findet nur dann Anwendung, wenn die Gegenparteien die folgenden Voraussetzungen erfüllen:
a) Die in einem Drittland ansässige Gegenpartei ist entweder eine finanzielle Gegenpartei oder eine nichtfinanzielle Gegenpartei.
b) Die in der Union ansässige Gegenpartei ist:
   i) eine finanzielle Gegenpartei, eine nichtfinanzielle Gegenpartei, eine Finanzholdinggesellschaft, ein Finanzinstitut oder ein Anbieter von Nebendienstleistungen, die/der den jeweiligen Aufsichtsvorschriften unterliegt, und die unter Buchstabe a genannte Gegenpartei ist eine finanzielle Gegenpartei oder
   ii) entweder eine finanzielle Gegenpartei oder eine nichtfinanzielle Gegenpartei, und die unter Buchstabe a genannte Gegenpartei ist eine nichtfinanzielle Gegenpartei.
c) Beide Gegenparteien sind nach Artikel 3 Absatz 3 der Verordnung (EU) Nr. 648/2012 in dieselbe Vollkonsolidierung einbezogen.
d) Beide Gegenparteien unterliegen geeigneten zentralisierten Risikobewertungs-, Risikomess- und Risikokontrollverfahren.
e) Die in der Union ansässige Gegenpartei hat der für sie zuständigen Behörde schriftlich mitgeteilt, dass die Voraussetzungen unter den Buchstaben a, b, c und d erfüllt sind, und die zuständige Behörde hat innerhalb von 30 Kalendertagen nach Erhalt der Mitteilung bestätigt, dass dies der Fall ist.

In der Fassung vom 1.3.2016 (ABl. EU Nr. L 103 v. 19.4.2016, S. 5), geändert durch Delegierte Verordnung (EU) 2017/751 vom 16.3.2017 (ABl. EU Nr. L 113 v. 29.4.2017, S. 15).

Art. 4 Mindestrestlaufzeit

(1) Für finanzielle Gegenparteien der Kategorie 1 beträgt die Mindestrestlaufzeit nach Artikel 4 Absatz 1 Buchstabe b Ziffer ii der Verordnung (EU) Nr. 648/2012 an dem Tag, an dem die Clearingpflicht wirksam wird,
a) 5 Jahre und 3 Monate bei vor dem 9. Oktober 2016 geschlossenen oder verlängerten Kontrakten, die den im Anhang in der Tabelle aufgeführten Kategorien angehören;
b) 6 Monate bei ab dem 9. Oktober 2016 geschlossenen oder verlängerten Kontrakten, die den im Anhang in der Tabelle aufgeführten Kategorien angehören.

(2) Für finanzielle Gegenparteien der Kategorie 2 beträgt die Mindestrestlaufzeit nach Artikel 4 Absatz 1 Buchstabe b Ziffer ii der Verordnung (EU) Nr. 648/2012 an dem Tag, an dem die Clearingpflicht wirksam wird,
a) 5 Jahre und 3 Monate bei vor dem 9. Oktober 2016 geschlossenen oder verlängerten Kontrakten, die den im Anhang in der Tabelle aufgeführten Kategorien angehören;
b) 6 Monate bei ab dem 9. Oktober 2016 geschlossenen oder verlängerten Kontrakten, die den im Anhang in der Tabelle aufgeführten Kategorien angehören.

(3) Für finanzielle Gegenparteien der Kategorie 3 und für Geschäfte nach Artikel 3 Absatz 2 der vorliegenden Verordnung, die zwischen finanziellen Gegenparteien geschlossen werden, beträgt die Mindestrestlaufzeit nach Artikel 4 Absatz 1 Buchstabe b Ziffer ii der Verordnung (EU) Nr. 648/2012 an dem Tag, an dem die Clearingpflicht wirksam wird, 5 Jahre und 3 Monate.

(4) Wird ein Kontrakt zwischen zwei finanziellen Gegenparteien, die unterschiedlichen Kategorien angehören, oder zwischen zwei finanziellen Gegenparteien, die an Geschäften nach Artikel 3 Absatz 2 beteiligt sind, geschlossen, ist für die Zwecke dieses Artikels die längere Restlaufzeit zu berücksichtigen.

In der Fassung vom 1.3.2016 (ABl. EU Nr. L 103 v. 19.4.2016, S. 5), geändert durch Berichtigung vom 8.7.2016 (ABl. EU Nr. L 183 v. 8.7.2016, S. 72).

Art. 5 Inkrafttreten

Diese Verordnung tritt am zwanzigsten Tag nach ihrer Veröffentlichung im *Amtsblatt der Europäischen Union* in Kraft.

In der Fassung vom 1.3.2016 (ABl. EU Nr. L 103 v. 19.4.2016, S. 5).

Anhang

(nicht abgedruckt)

Delegierte Verordnung (EU) 2016/1178 vom 10. Juni 2016
zur Ergänzung der Verordnung (EU) Nr. 648/2012 des Europäischen Parlaments und des Rates durch technische Regulierungsstandards für die Clearingpflicht

Art. 1 Clearingpflichtige Kategorien von OTC-Derivaten

(1) Die im Anhang aufgeführten Kategorien außerbörslich („over the counter") gehandelter Derivate (OTC-Derivate) sind clearingpflichtig.

(2) Die im Anhang aufgeführten Kategorien von OTC-Derivaten umfassen keine Kontrakte, die Gegenstand von Abschlüssen mit Emittenten gedeckter Schuldverschreibungen oder Deckungspools für gedeckte Schuldverschreibungen sind, sofern die jeweiligen Kontrakte alle folgenden Voraussetzungen erfüllen:
a) Sie werden ausschließlich zur Absicherung gegen Zins- oder Währungsinkongruenzen zwischen dem Deckungspool und der gedeckten Schuldverschreibung verwendet.

b) Sie sind gemäß den nationalen gesetzlichen Bestimmungen für gedeckte Schuldverschreibungen im Deckungspool der gedeckten Schuldverschreibung eingetragen oder registriert.
c) Sie werden im Falle einer Abwicklung oder Insolvenz des Emittenten gedeckter Schuldverschreibungen oder des Deckungspools nicht beendet.
d) Bei OTC-Derivaten, die Gegenstand von Abschlüssen mit Emittenten gedeckter Schuldverschreibungen oder Deckungspools für gedeckte Schuldverschreibungen sind, ist die Gegenpartei mindestens gleichrangig mit den Inhabern der gedeckten Schuldverschreibungen, außer in Fällen, in denen die Gegenpartei bei OTC-Derivaten, die Gegenstand von Abschlüssen mit Emittenten gedeckter Schuldverschreibungen oder Deckungspools für gedeckte Schuldverschreibungen sind, die säumige oder die betroffene Partei ist oder in denen die genannte Gegenpartei auf die Gleichrangigkeit verzichtet. e) Die gedeckte Schuldverschreibung erfüllt die Anforderungen des Artikels 129 der Verordnung (EU) Nr. 575/2013 des Europäischen Parlaments und des Rates und unterliegt einer aufsichtsrechtlichen Besicherungspflicht von mindestens 102 %.

In der Fassung vom 10.6.2016 (ABl. EU Nr. L 195 v. 20.7.2016, S. 3).

Art. 2 Kategorien von Gegenparteien

(1) Für die Zwecke der Artikel 3 und 4 werden die clearingpflichtigen Gegenparteien in die folgenden Kategorien unterteilt:

a) Kategorie 1 umfasst diejenigen Gegenparteien, die zum Zeitpunkt des Inkrafttretens der vorliegenden Verordnung in Bezug auf mindestens eine der im Anhang dieser Verordnung oder in Anhang I der Delegierten Verordnung (EU) 2015/2205 der Kommission aufgeführten Kategorien von OTC-Derivaten Clearingmitglieder im Sinne des Artikels 2 Absatz 14 der Verordnung (EU) Nr. 648/2012 von mindestens einer der vor dem genannten Zeitpunkt für das Clearing von mindestens einer dieser Kategorien zugelassenen oder anerkannten CCP sind.

b) Kategorie 2 umfasst nicht der Kategorie 1 angehörende Gegenparteien, die einer Unternehmensgruppe angehören, deren Monatsende ermittelter aggregierter Durchschnitt des ausstehenden Bruttonominalwerts der nicht zentral geclearten Derivate für Januar, Februar und März 2016 über 8 Mrd. EUR beträgt und bei denen es sich handelt um:
   i) finanzielle Gegenparteien oder
   ii) alternative Investmentfonds im Sinne des Artikels 4 Absatz 1 Buchstabe a der Richtlinie 2011/61/EU des Europäischen Parlaments und des Rates, die nichtfinanzielle Gegenparteien sind.

c) Kategorie 3 umfasst nicht der Kategorie 1 oder der Kategorie 2 angehörende Gegenparteien, bei denen es sich handelt um:
   i) finanzielle Gegenparteien oder
   ii) alternative Investmentfonds im Sinne des Artikels 4 Absatz 1 Buchstabe a der Richtlinie 2011/61/EU, die nichtfinanzielle Gegenparteien sind.

d) Kategorie 4 umfasst nichtfinanzielle Gegenparteien, die nicht der Kategorie 1, der Kategorie 2 oder der Kategorie 3 angehören.

(2) In die Berechnung des in Absatz 1 Buchstabe b genannten zum Monatsende ermittelten aggregierten Durchschnitts des ausstehenden Bruttonominalwerts werden alle nicht zentral geclearten Derivate der Unternehmensgruppe einbezogen, einschließlich Devisentermingeschäften, Swaps und Währungsswaps.

(3) Handelt es sich bei Gegenparteien um alternative Investmentfonds im Sinne des Artikels 4 Absatz 1 Buchstabe a der Richtlinie 2011/61/EU oder um Organismen für gemeinsame Anlagen in Wertpapieren im Sinne des Artikels 1 Absatz 2 der Richtlinie 2009/65/EG des Europäischen Parlaments und des Rates, gilt der in Absatz 1 Buchstabe b dieses Artikels genannte Schwellenwert von 8 Mrd. EUR auf Ebene des Einzelfonds.

In der Fassung vom 10.6.2016 (ABl. EU Nr. L 195 v. 20.7.2016, S. 3).

Art. 3 Zeitpunkt des Wirksamwerdens der Clearingpflicht

(1) Bei Kontrakten, die einer im Anhang aufgeführten Kategorie von OTC-Derivaten angehören, wird die Clearingpflicht wirksam am:
a) 9. Februar 2017 für Gegenparteien der Kategorie 1;
b) 9. August 2017 für Gegenparteien der Kategorie 2;
c) 21. Juni 2019 für Gegenparteien der Kategorie 3;
d) 9. August 2019 für Gegenparteien der Kategorie 4.

Wird ein Kontrakt von zwei Gegenparteien unterschiedlicher Kategorien geschlossen, so wird die Clearingpflicht für diesen Kontrakt am späteren der beiden Daten wirksam.

(2) Abweichend von Absatz 1 Buchstaben a, b und c wird die Clearingpflicht bei Kontrakten, die einer im Anhang aufgeführten Kategorie von OTC-Derivaten angehören und von nicht der Kategorie 4 angehörenden Gegenparteien geschlossen werden, die Mitglied derselben Unternehmensgruppe sind und von denen eine in einem Drittland und die andere in der Union ansässig ist, wirksam am:
a) 9. August 2019, wenn für die Zwecke des Artikels 4 der Verordnung (EU) Nr. 648/2012 kein Beschluss über die Gleichwertigkeit nach Artikel 13 Absatz 2 der genannten Verordnung erlassen wurde, der die im Anhang der vorliegenden Verordnung aufgeführten OTC-*Derivate*kontrakte abdeckt und sich auf das betreffende Drittland bezieht, oder
b) späteren der folgenden Daten, wenn für die Zwecke des Artikels 4 der Verordnung (EU) Nr. 648/2012 ein Beschluss über die Gleichwertigkeit nach Artikel 13 Absatz 2 der genannten Verordnung erlassen wurde, der die im Anhang der

vorliegenden Verordnung aufgeführten OTC-Derivatekontrakte abdeckt und sich auf das betreffende Drittland bezieht:

  i) 60 Tage nach Inkrafttreten des für die Zwecke des Artikels 4 der Verordnung (EU) Nr. 648/2012 nach Artikel 13 Absatz 2 der genannten Verordnung erlassenen Beschlusses, der die im Anhang der vorliegenden Verordnung aufgeführten OTC-Derivatekontrakte abdeckt und sich auf das betreffende Drittland bezieht,
  ii) das Datum, an dem die Clearingpflicht nach Absatz 1 wirksam wird.

Diese abweichende Regelung findet nur dann Anwendung, wenn die Gegenparteien die folgenden Voraussetzungen erfüllen:

a) Die in einem Drittland ansässige Gegenpartei ist entweder eine finanzielle Gegenpartei oder eine nichtfinanzielle Gegenpartei.
b) Die in der Union ansässige Gegenpartei ist:
  i) eine finanzielle Gegenpartei, eine nichtfinanzielle Gegenpartei, eine Finanzholdinggesellschaft, ein Finanzinstitut oder ein Anbieter von Nebendienstleistungen, die/der den jeweiligen Aufsichtsvorschriften unterliegt, und die unter Buchstabe a genannte Gegenpartei ist eine finanzielle Gegenpartei oder
  ii) entweder eine finanzielle Gegenpartei oder eine nichtfinanzielle Gegenpartei, und die unter Buchstabe a genannte Gegenpartei ist eine nichtfinanzielle Gegenpartei.
c) Beide Gegenparteien sind nach Artikel 3 Absatz 3 der Verordnung (EU) Nr. 648/2012 in dieselbe Vollkonsolidierung einbezogen.
d) Beide Gegenparteien unterliegen geeigneten zentralisierten Risikobewertungs-, Risikomess- und Risikokontrollverfahren.
e) Die in der Union ansässige Gegenpartei hat der für sie zuständigen Behörde schriftlich mitgeteilt, dass die Voraussetzungen unter den Buchstaben a, b, c und d erfüllt sind, und die zuständige Behörde hat innerhalb von 30 Kalendertagen nach Erhalt der Mitteilung bestätigt, dass dies der Fall ist.

In der Fassung vom 10.6.2016 (ABl. EU Nr. L 195 v. 20.7.2016, S. 3), geändert durch Berichtigung vom 21.7.2016 (ABl. EU Nr. L 196 v. 21.7.2016, S. 56) und durch Delegierte Verordnung (EU) 2017/751 vom 16.3.2017 (ABl. EU Nr. L 113 v. 29.4.2017, S. 15).

Art. 4 Mindestrestlaufzeit

(1) Für finanzielle Gegenparteien der Kategorie 1 beträgt die Mindestrestlaufzeit nach Artikel 4 Absatz 1 Buchstabe b Ziffer ii der Verordnung (EU) Nr. 648/2012 an dem Tag, an dem die Clearingpflicht wirksam wird:
a) 15 Jahre bei vor dem 9. Oktober 2016 geschlossenen oder verlängerten Kontrakten, die den im Anhang I Tabelle 1 aufgeführten Kategorien angehören;
b) 3 Jahre bei vor dem 9. Oktober 2016 geschlossenen oder verlängerten Kontrakten, die den im Anhang I Tabelle 2 aufgeführten Kategorien angehören;
c) 6 Monate bei am oder nach dem 9. Oktober 2016 geschlossenen oder verlängerten Kontrakten, die den im Anhang I Tabelle 1 oder Tabelle 2 aufgeführten Kategorien angehören.

(2) Für finanzielle Gegenparteien der Kategorie 2 beträgt die Mindestrestlaufzeit nach Artikel 4 Absatz 1 Buchstabe b Ziffer ii der Verordnung (EU) Nr. 648/2012 an dem Tag, an dem die Clearingpflicht wirksam wird:
a) 15 Jahre bei vor dem 9. Oktober 2016 geschlossenen oder verlängerten Kontrakten, die den in Anhang I Tabelle 1 aufgeführten Kategorien angehören;
b) 3 Jahre bei vor dem 9. Oktober 2016 geschlossenen oder verlängerten Kontrakten, die den in Anhang I Tabelle 2 aufgeführten Kategorien angehören;
c) 6 Monate bei am oder nach dem 9. Oktober 2016 geschlossenen oder verlängerten Kontrakten, die den in Anhang I Tabelle 1 oder Tabelle 2 aufgeführten Kategorien angehören.

(3) Für finanzielle Gegenparteien der Kategorie 3 und für Geschäfte nach Artikel 3 Absatz 2 der vorliegenden Verordnung, die zwischen finanziellen Gegenparteien geschlossen werden, beträgt die Mindestrestlaufzeit nach Artikel 4 Absatz 1 Buchstabe b Ziffer ii der Verordnung (EU) Nr. 648/2012 an dem Tag, an dem die Clearingpflicht wirksam wird:
a) 15 Jahre bei Kontrakten, die den in Anhang I Tabelle 1 aufgeführten Kategorien angehören;
b) 3 Jahre bei Kontrakten, die den in Anhang I Tabelle 2 aufgeführten Kategorien angehören.

(4) Wird ein Kontrakt zwischen zwei finanziellen Gegenparteien, die unterschiedlichen Kategorien angehören, oder zwischen zwei finanziellen Gegenparteien, die an Geschäften nach Artikel 3 Absatz 2 beteiligt sind, geschlossen, ist für die Zwecke dieses Artikels die längere Restlaufzeit zu berücksichtigen.

In der Fassung vom 10.6.2016 (ABl. EU Nr. L 195 v. 20.7.2016, S. 3).

Art. 5 Inkrafttreten

Diese Verordnung tritt am zwanzigsten Tag nach ihrer Veröffentlichung im *Amtsblatt der Europäischen Union* in Kraft.

In der Fassung vom 10.6.2016 (ABl. EU Nr. L 195 v. 20.7.2016, S. 3).

Anhang

(nicht abgedruckt)

Art. 5 VO Nr. 648/2012 | Verfahren in Bezug auf die Clearingpflicht

Schrifttum: *Europäische Wertpapier- und Marktaufsichtsbehörde (ESMA)*, „Fragen und Antworten – Umsetzung der Verordnung (EU) Nr. 648/2012 über OTC-Derivate, zentrale Gegenparteien und Transaktionsregister (EMIR)", ESMA70-1861941480-52 vom 30.5.2018, abrufbar über: https://www.esma.europa.eu („*ESMA Q&A*"); *Gstädtner*, Regulierung der Märkte für OTC-Derivate, RdF 2012, 145; *Litten/Schwenk*, EMIR – Auswirkungen der OTC-Derivateregulierung auf Unternehmen der Realwirtschaft, DB 2013, 857 und 918; *Pankoke/Wallus*, Europäische Derivateregulierung und M&A, WM 2014, 4; *Schuster/Ruschkowski*, EMIR – Überblick und ausgewählte Aspekte, ZBB/JBB 2014, 123.

I. Anordnung der Clearingpflicht, Befugnis, Verfahren und Inhalt (Art. 5 Abs. 1 und 2 VO Nr. 648/2012) 1	d) Wettbewerb 33
1. Mitteilung der zuständigen Behörde über die Zulassung einer CCP 4	2. Bestimmung des Beginns der Clearingpflicht .. 34
2. Dauer des Verfahrens und erforderliche Anhörungen 9	**IV. Ende der Clearingpflicht (Art. 5 Abs. 6 VO Nr. 648/2012)** 38
3. Inhalt der Anordnung 12	**V. DelVO 2015/2205, DelVO 2016/592 und DelVO 2016/1178** 43
II. Initiativrecht der ESMA (Art. 5 Abs. 3 VO Nr. 648/2012) 17	1. Freistellung von Deckungsstockderivaten 46
III. Kriterien für die Anordnung der Clearingpflicht (Art. 5 Abs. 4 und 5 VO Nr. 648/2012) 20	2. Kategorien clearingpflichtiger Gegenparteien .. 52
1. Bestimmung der clearingpflichtigen OTC-Derivatekategorie 21	a) Kategorie 1 54
a) Grad der Standardisierung 26	b) Kategorie 2 57
b) Volumen und Liquidität 29	c) Kategorie 3 64
c) Faire, zuverlässige und allgemein akzeptierte Preisbildungsinformationen 31	d) Kategorie 4 65
	3. Wirksamwerden der Clearingpflicht 66
	4. Clearingpflicht von gruppeninternen Geschäften mit Drittstaatenbezug 68
	5. Mindestrestlaufzeiten 75

1 **I. Anordnung der Clearingpflicht, Befugnis, Verfahren und Inhalt (Art. 5 Abs. 1 und 2 VO Nr. 648/2012).** Art. 5 VO Nr. 648/2012 enthält nicht nur die **Befugnis** der Kommission zur Anordnung der Clearingpflicht, er regelt auch die Einzelheiten des für die Anordnung vorgesehenen **Verfahrens** sowie die von der ESMA und der Kommission hierbei zu beachtenden Kriterien.

2 Wie sich aus Art. 5 Abs. 4 VO Nr. 648/2012 ergibt, ist oberstes Ziel der Clearingpflicht die **Verringerung von Systemrisiken**. ESMA und Kommission müssen daher in ihrem Verfahren über die Anordnung der Clearingpflicht prüfen, ob die OTC-Derivate aufgrund ihrer Standardisierung, des Volumens und der für sie beobachtbaren Preisbildungsinformationen überhaupt für ein zentrales Clearing geeignet sind.

3 Das Verfahren knüpft i.d.R. an die **erstmalige Zulassung oder Anerkennung einer CCP** nach Art. 14 oder 25 VO Nr. 648/2012 an. Die ESMA kann jedoch nach Art. 5 Abs. 3 VO Nr. 648/2012 auch selbst initiativ werden und prüfen, ob bestimmte OTC-Derivate, für die bislang keine Clearingdienstleistungen angeboten werden, der Clearingpflicht unterliegen sollen.

4 **1. Mitteilung der zuständigen Behörde über die Zulassung einer CCP.** Erteilt eine **zuständige Behörde** einer CCP die Zulassung zum Clearing einer OTC-Derivatekategorie, so ist sie nach Art. 5 Abs. 1 Unterabs. 1 VO Nr. 648/2012 verpflichtet, die ESMA hierüber unverzüglich zu unterrichten. Der Verweis auf Art. 15 VO Nr. 648/2012 verdeutlicht, dass die zuständige Behörde der ESMA nicht nur die erstmalige Zulassung mitteilen muss, sondern auch jede **Erweiterung einer bestehenden Zulassung**, die das Clearing einer neuen Kategorie von Finanzinstrumenten umfasst[1].

5 Der Tag, an dem die **Mitteilung** bei der ESMA eingeht, ist bislang für das sog. „**Frontloading**" von Bedeutung. Nach Art. 4 Abs. 1 Buchst. b Ziff. i) VO Nr. 648/2012 erfasst die Clearingpflicht zwar grundsätzlich nur die OTC-Derivate, die am oder nach dem Tag, an dem die Clearingpflicht wirksam geworden ist, abgeschlossen oder geändert wurden. Abweichend hiervon sieht Art. 4 Abs. 1 Buchst. b Ziff. ii) VO Nr. 648/2012 jedoch vor, dass für OTC-Derivate, die an einer in der Union ansässigen CCP gecleart werden müssen, die Clearingpflicht **rückwirkend** ab dem Zeitpunkt Anwendung findet, ab dem die zuständige Behörde die europäische CCP für das Clearing der betreffenden Kategorie von OTC-Derivaten nach den Art. 14 oder 15 VO Nr. 648/2012 zugelassen hat. Maßgeblich ist der Tag, an dem die zuständige Behörde der ESMA die **Zulassung der CCP** nach Art. 5 Abs. 1 Unterabs. 1 VO Nr. 648/2012 mitgeteilt hat. Wegen der Einzelheiten zum Frontloading und dem Vorschlag der Kommission für eine Verordnung zur Änderung der EMIR[2], der die Abschaffung des Frontloadings vorsieht, wird auf die Ausführungen zu Art. 4 VO Nr. 648/2012 Rz. 49–55, 71 und 74 verwiesen.

---

[1] *Europäische Wertpapier- und Marktaufsichtsbehörde (ESMA)*, Berichte über die Überprüfung der EMIR: Bericht Nr. 4 über weitere Anregungen der ESMA im Rahmen der Überprüfung der EMIR durch die Kommission, ESMA/2015/1254 vom 13.8.2015, abrufbar über: https://www.esma.europa.eu/sites/default/files/library/2015/11/esma-2015-1254_-_emir_review_report_no.4_on_other_issues.pdf („*ESMA EMIR Prüfbericht Nr. 4*"), Rz. 30.

[2] *Kommission*, Vorschlag für eine Verordnung des Europäischen Parlaments und des Rates zur Änderung der Verordnung (EU) Nr. 648/2012 in Bezug auf die Clearingpflicht, die Aussetzung der Clearingpflicht, die Meldepflichten, die Risiko-

Der Tag der Mitteilung ist nach Art. 6 Abs. 2 Buchst. f VO Nr. 648/2012 in das von der ESMA geführte **öffent-** 6
liche Register aufzunehmen. Das öffentliche Register ist über die **Webseite** der ESMA „Registers and Data"[1]
unter der Zwischenüberschrift „Post-trading (EMIR, Settlement Finality Directive, CSDR)" abrufbar[2].

Von der in Art. 5 Abs. 1 Unterabs. 2 VO Nr. 648/2012 vorgesehenen Befugnis, die in die Mitteilung der zustän- 7
digen Behörde aufzunehmenden Angaben festzulegen, hat die Kommission mit **Art. 6 DelVO Nr. 149/2013**
Gebrauch gemacht. Diese gehen über die Identifizierung der CCP und der von der Zulassung erfassten Derivatekategorien hinaus. Verlangt werden auch Angaben zu den in den Art. 5 Abs. 4 und 5 VO Nr. 648/2012 benannten Kriterien, auf deren Grundlage ESMA ihre Empfehlungen für die Anordnung der Clearingpflicht formulieren soll. So sind u.a. Angaben zum Volumen und zur Liquidität der OTC-Derivate und dem Grad ihrer Standardisierung zu machen.

Ist eine CCP, die Clearingdienstleistungen für OTC-Derivate anbietet, in einem Drittstaat ansässig, so tritt nach 8
Art. 5 Abs. 2 Unterabs. 1 VO Nr. 648/2012 an die Stelle der Mitteilung der Tag der Anerkennung der **Drittstaaten-CCP** durch die ESMA nach Art. 25 VO Nr. 648/2012. Der Tag der Anerkennung wird von der ESMA in ihrer Liste der nach Art. 25 VO Nr. 648/2012 anerkannten Drittstaaten-CCPs[3] angegeben. Ein Frontloading ist hiermit nicht verbunden; die Reglung des Art. 4 Abs. 1 Buchst. b Ziff. ii) VO Nr. 648/2012 gilt nur für europäische CCPs.

2. Dauer des Verfahrens und erforderliche Anhörungen. Nach Art. 5 Abs. 2 Unterabs. 1 VO Nr. 648/2012 9
muss die ESMA innerhalb von **sechs Monaten** nach Erhalt der Mitteilung nach Art. 5 Abs. 1 VO Nr. 648/2012
oder nach Anerkennung einer Drittstaaten-CCP Entwürfe für technische Regulierungsstandards erarbeiten. Sie hat innerhalb der sechs Monate eine öffentliche Anhörung durchzuführen und den Europäischen Ausschuss für Systemrisiken (ESRB) und, gegebenenfalls, die zuständigen Behörden von Drittstaaten anzuhören.

Die vorgesehene **öffentliche Anhörung** wird überflüssigerweise erwähnt. Die Notwendigkeit zur Konsultation 10
folgt bereits aus Art. 10 Abs. 1 Unterabs. 3 VO Nr. 1095/2010[4] und findet sich deshalb auch nicht in anderen
Bestimmungen der EMIR. Die ESMA hat in 2014 drei Anhörungen zur Clearingpflicht von Zinsderivaten, Kreditderivaten und Währungsderivaten durchgeführt[5]. Zwei von ihnen haben zum Erlass technischer Regulierungsstandards geführt.

Als zu beteiligende Stellen ausdrücklich erwähnt werden der **ESRB** und die zuständigen **Behörden von Dritt-** 11
staaten. Letztere sind stets dann einzubinden, wenn die Clearingpflicht eine OTC-Derivatekategorie betrifft, die von einer nach Art. 25 VO Nr. 648/2012 anerkannten CCP mit Sitz in einem Drittstaat abgewickelt wird. Grund für die Konsultation ist die Gefahr, dass die Anordnung der Clearingpflicht das Volumen der von der Drittstaaten-CCP abzuwickelnden OTC-Derivate in einem Umfang erhöht, der von den Systemen und Risikomanagementverfahren der Drittstaaten-CCP ggf. nicht ohne weiteres bewältigt werden kann (Art. 5 Abs. 5 Buchst. c VO Nr. 648/2012).

3. Inhalt der Anordnung. Der von der ESMA erarbeitete technische Regulierungsstandard muss die in Art. 5 12
Abs. 2 Unterabs. 1 Buchst. a-c VO Nr. 648/2012 geforderten **Feststellungen** treffen. Dazu zählen die clearingpflichtige Derivatekategorie, den oder die Zeitpunkte, zu dem oder zu denen die Clearingpflicht wirksam wird, die ggf. erforderlichen Übergangsfristen und die Bestimmung der für das sog. Frontloading maßgeblichen Mindestrestlaufzeit der OTC-Derivate.

---

minderungstechniken für nicht durch eine zentrale Gegenpartei geclearte OTC- Derivatekontrakte, die Registrierung und Beaufsichtigung von Transaktionsregistern und die Anforderungen an Transaktionsregister, KOM(2017) 208 final vom 4.5.2017, abrufbar über: http://ec.europa.eu („*Kommission* EMIR-REFIT-Entwurf").

1 https://www.esma.europa.eu/databases-library/registers-and-data.
2 *ESMA*, Öffentliches Register für die Clearingpflicht unter der EMIR, ESMA70-708036281, zuletzt aktualisiert am 19.1. 2018, abrufbar über: https://www.esma.europa.eu/sites/default/files/library/public_register_for_the_clearing_obligation _under_emir.pdf („*ESMA* Öffentliches Register für die Clearingpflicht").
3 *ESMA*, Liste der Drittstaaten-CCPs, die für die Erbringung von Clearingdienstleistungen in der Union anerkannt worden sind, ESMA70-152-348, zuletzt aktualisiert am 18.5.2018, abrufbar über: https://www.esma.europa.eu/sites/default/files/ library/third-country_ccps_recognised_under_emir.pdf („*ESMA* Liste der anerkannten Drittstaaten-CCPs").
4 Verordnung (EU) Nr. 1095/2010 des Europäischen Parlaments und des Rates vom 24. November 2010 zur Errichtung einer Europäischen Aufsichtsbehörde (Europäische Wertpapier- und Marktaufsichtsbehörde), zur Änderung des Beschlusses Nr. 716/2009/EG und zur Aufhebung des Beschlusses 2009/77/EG der Kommission, ABl. EU Nr. L 331 v. 15.12.2010, S. 84.
5 *ESMA*, Konsultationspapier zur Clearingpflicht für Zins- und Wertpapierderivaten „Clearing Obligation under EMIR (no. 1)", ESMA/2014/799 vom 11.7.2014, geänderte Version veröffentlicht am 17.7.2014, abrufbar über: https://www. esma.europa.eu/sites/default/files/library/2015/11/esma-2014-799_irs_-_consultation_paper_on_the_clearing_obligation _no_u_1_uu_.pdf („*ESMA* Konsultation Clearingpflicht Nr. 1"); *ESMA*, Konsultationspapier zur Clearingpflicht für Kreditderivate „Clearing Obligation under EMIR (no. 2)", ESMA/2014/800 vom 11.7.2014, abrufbar über: https://www.esma. europa.eu/sites/default/files/library/2015/11/2014-800.pdf („*ESMA* Konsultation Clearingpflicht Nr. 2"); *ESMA*, Konsultationspapier zur Clearingpflicht für Währungsderivate „Clearing Obligation under EMIR (no. 3)", ESMA/2014/1185 vom 10.10.2014, geänderte Version veröffentlicht am 10.10.2014, abrufbar über: https://www.esma.europa.eu/sites/ default/files/library/2015/11/esma-2014-1185.pdf („*ESMA* Konsultation Clearingpflicht Nr. 3").

13 Die in Art. 5 Abs. 2 Unterabs. 1 Buchst. b VO Nr. 648/2012 gewählte Formulierung „der Zeitpunkt oder die Zeitpunkte" verdeutlicht, dass die ESMA der Kommission auch eine **schrittweise Einführung der Clearingpflicht** vorschlagen kann[1]. In diesem Zusammenhang kann sie insbesondere berücksichtigen, welche Marktteilnehmer der Clearingpflicht nachkommen müssen[2]. In den bislang vorliegenden drei Delegierten Verordnungen über die Clearingpflicht – der DelVO 2015/2205, der DelVO 2016/592 und der DelVO 2016/1178 –, haben ESMA und Kommission von dieser Möglichkeit Gebrauch gemacht. So unterscheiden sie insgesamt **vier Kategorien** von clearingpflichtigen Gegenparteien, für die sie den Beginn der Clearingpflicht unterschiedlich festlegen.

14 Das ebenfalls in Art. 5 Abs. 2 Unterabs. 1 Buchst. b VO Nr. 648/2012 verortete Gebot, diejenigen Kategorien von Gegenparteien zu bestimmen, für die die Clearingpflicht gilt, verdeutlicht, dass die ESMA der Kommission auch vorschlagen kann, **einzelne Kategorien** von Gegenparteien aus dem Anwendungsbereich der Clearingpflicht **auszunehmen**. Ein Beispiel hierfür sind die in den beiden Delegierten Verordnungen über die Clearingpflicht von Zinsderivaten – der DelVO 2015/2205 und der DelVO 2016/1178 – vorgesehenen Ausnahmen für die von **Emittenten gedeckter Schuldverschreibungen** abgeschlossenen Zinsderivate.

15 Nach Art. 5 Abs. 2 Unterabs. 1 Buchst. c VO Nr. 648/2012 ebenfalls anzugeben, ist die für Art. 4 Abs. 1 Buchst. b Ziff. ii) VO Nr. 648/2012 bzw. das mit ihm verbundene Frontloading maßgebliche Mindestrestlaufzeit. Wie bereits in Rz. 5 erwähnt, hat die Kommission in ihrem Vorschlag für eine Änderung der VO Nr. 648/2012 (EMIR-REFIT-Entwurf) vorgesehen, das Frontloading abzuschaffen. Dieser Vorschlag beinhaltet folgerichtig auch die Streichung des Art. 5 Abs. 2 Unterabs. 1 Buchst. c VO Nr. 648/2012[3].

16 Der durch Art. 53 Abs. 1 VO Nr. 600/2014 (MiFIR)[4] eingeführte Art. 5 Abs. 2 Unterabs. 3 VO Nr. 648/2012 soll sicherstellen, dass die Clearingpflicht nicht für solche **C.6-Energiederivatkontrakte** angeordnet wird, die nach Art. 95 Abs. 1 der RL 2014/65/EU bis 3.1.2021[5] von der Clearingpflicht befreit sind[6]. Von der Clearingfrist ausgenommen sind C.6-Energiederivatkontrakte, die nichtfinanzielle Gegenparteien an einer OTF abgeschlossen haben. Die Ausnahmeregelung wird nach Art. 95 Abs. 2 RL 2014/65/EU von der jeweils zuständigen Behörde gewährt; diese entscheidet auch, welche Kontrakte ausgenommen sind. Wegen des Begriffs C.6-Energiederivatkontrakte wird auf die Ausführungen zu Art. 2 VO Nr. 648/2012 Rz. 150–152 verwiesen.

17 **II. Initiativrecht der ESMA (Art. 5 Abs. 3 VO Nr. 648/2012).** Nach Art. 5 Abs. 3 Unterabs. 1 VO Nr. 648/2012 ermittelt die ESMA von sich aus, ob für bestimmte OTC-Derivatekategorien, für die bislang noch keine CCP zugelassen oder anerkannt wurde, die Clearingpflicht angeordnet werden sollte. Kommt sie zu dem Ergebnis, dass dem so ist, unterrichtet sie die Kommission und veröffentlicht eine Aufforderung zur Ausarbeitung von Vorschlägen für das Clearing.

18 Das Initiativrecht der Kommission bzw. der sog. „**Top-Down-Ansatz**"[7], soll verhindern, dass eine für das Finanzsystem relevante Kategorie von OTC-Derivaten, die sämtliche der für eine Clearingpflicht relevanten Kriterien erfüllt, nur deshalb nicht gecleart wird, weil sich keine CCP findet, die ein Clearing für diese Derivatekategorie anbietet. Ein Grund hierfür kann die **fehlende Bereitschaft** der CCPs sein, für die Derivatekategorie das Clearing anzubieten[8]. Wie dem Verweis in Art. 11 Abs. 13 VO Nr. 648/2012 zu entnehmen ist, dachte der Gesetzgeber jedoch auch an eine **regulatorische Arbitrage** zwischen geclearten und nicht geclearten OTC-Derivaten, d.h. an ein bewusstes Ausweichen der Gegenparteien auf nicht geclearte Kategorien von Derivatekontrakten.

19 Das Initiativrecht erschöpft sich nach Art. 5 Abs. 3 Unterabs. 2 VO Nr. 648/2012 in der **Ausarbeitung von Vorschlägen** für das Clearing der betreffenden Derivatekategorie. Weitergehende Befugnisse, wie etwa die Verpflichtung der zugelassenen oder anerkannten CCPs ihr Clearing auf weitere Derivatekategorien zu erweitern, sind nicht vorgesehen.

---

1 *Pankoke/Wallus*, WM 2014, 4, 6.
2 Erwägungsgrund Nr. 16 VO Nr. 648/2012.
3 *Kommission* EMIR-REFIT-Entwurf, Änderung Nr. 4 auf S. 30.
4 Art. 53 Abs. 1 VO Nr. 600/2014 ist am zwanzigsten Tag nach der Veröffentlichung der MiFIR im Amtsblatt der Europäischen Union, d.h. am 2.7.2014, in Kraft getreten. Ursprünglich war vorgesehen, dass die Bestimmungen der MiFIR, einschließlich Art. 53 VO Nr. 600/2014, ab dem 3.1.2017 gelten. Die Geltung der MiFIR ist jedoch durch Art. 1 Nr. 14 VO 2016/1033 auf den 3.1.2018 verschoben worden.
5 Die ursprüngliche Frist bis 3.7.2020 ist durch Art. 1 Abs. 9 RL 2016/1034 verlängert worden. S. Richtlinie (EU) 2016/1034 des Europäischen Parlaments und des Rates vom 23. Juni 2016 zur Änderung der Richtlinie 2014/65/EU über Märkte für Finanzinstrumente, ABl. EU Nr. L 175 v. 30.6.2016, S. 8.
6 Erwägungsgrund Nr. 52 VO Nr. 600/2014.
7 *Gstädtner*, RdF 2012, 145, 150; *Schuster/Ruschkowski*, ZBB/JBB 2014, 123, 127; *Achtelik* in Wilhelmi/Achtelik/Kunschke/Sigmundt, Handbuch EMIR, Teil 3.B.I Rz. 34; *Europäische Wertpapier- und Marktaufsichtsbehörde (ESMA)*, Diskussionspapier „The Clearing Obligation under EMIR", ESMA/2013/925 vom 12.7.2013, abrufbar über: https://www.esma.europa.eu/sites/default/files/library/2015/11/2013-925_discussion_paper_-_the_clearing_obligation_under_emir_0.pdf („*ESMA* Diskussionspapier Clearingpflicht"), Rz. 7.
8 Erwägungsgrund Nr. 18 VO Nr. 648/2012.

III. Kriterien für die Anordnung der Clearingpflicht (Art. 5 Abs. 4 und 5 VO Nr. 648/2012). Bei ihrer Entscheidung über die Anordnung der Clearingpflicht haben sich die ESMA und die Kommission von den in Art. 5 Abs. 4 und 5 VO Nr. 648/2012 vorgegebenen Kriterien leiten zu lassen. Während die in Art. 5 Abs. 4 VO Nr. 648/2012 genannten Parameter die Festlegung der zu clearenden Derivatekategorien betreffen, sollen die in Art. 5 Abs. 5 VO Nr. 648/2012 genannten Kriterien Anhaltspunkte dafür geben, ab wann die Clearingpflicht wirksam werden soll.

1. Bestimmung der clearingpflichtigen OTC-Derivatekategorie. Bei der Entscheidung darüber, welche **Kategorien von OTC-Derivaten** der Clearingpflicht unterliegen sollen, muss die ESMA nach Art. 5 Abs. 4 Unterabs. 1 VO Nr. 648/2012 den **Grad der Standardisierung** der Vertragsbedingungen und der operativen Prozesse, das **Volumen** und die **Liquidität** der betreffenden OTC-Derivatekategorie sowie die Verfügbarkeit von fairen, zuverlässigen **Preisinformationen** berücksichtigen. Darüber hinaus kann sie nach Art. 5 Abs. 4 Unterabs. 2 VO Nr. 648/2012 die **Vernetzung** zwischen den Nutzern der betreffenden Derivatekategorie und die voraussichtlichen Auswirkungen auf die Höhe des Gegenparteiausfallrisikos und des **Wettbewerbs** berücksichtigen.

Die in Art. 5 Abs. 4 VO Nr. 648/2012 definierten Kriterien sollen sicherstellen, dass die Clearingpflicht nur für solche OTC-Derivatekategorien angeordnet wird, für die ein obligatorisches CCP-Clearing **geboten erscheint**[1]. Zwar ist die Zulassung einer CCP zum Clearing von OTC-Derivaten bereits ein Indiz dafür, dass das Clearing technisch möglich und ökonomisch sinnvoll ist. Die Clearingpflicht soll jedoch nur dann angeordnet werden, wenn sie auch erforderlich und geeignet ist, um ein ggf. **bestehendes Systemrisiko zu verringern**[2]. Ein wesentlicher Aspekt ist hierbei, ob das Gegenparteiausfallrisiko aus nicht geclearten OTC-Derivaten durch Clearing effizient und im systemrelevanten Umfang reduziert werden kann.

Liegt das Hauptrisiko einer bestimmten Kategorie von OTC-Derivaten nicht im Gegenparteiausfallrisiko sondern z.B. im **Abwicklungsrisiko**, ist nach der in den Erwägungsgründen vertretenen Auffassung des Gesetzgebers zu prüfen, ob ein obligatorisches Clearing überhaupt geeignet sein kann, Systemrisiken zu reduzieren. Dies sei, so die Kommission, bei physisch zu erfüllenden **Fremdwährungsderivaten** möglicherweise nicht der Fall[3].

Als eine weitere Fallgruppe, bei der das Gegenparteiausfallrisiko ggf. nicht im Vordergrund steht, benennt der Gesetzgeber in den Erwägungsgründen[4] die von **Emittenten gedeckter Schuldverschreibungen** oder die für Rechnung von Deckungspools für gedeckte Schuldverschreibungen abgeschlossenen OTC-Derivate. Wie bereits erwähnt, hat die Kommission dem Rechnung getragen, in dem sie in ihren Delegierten Verordnungen DelVO 2015/2205 und DelVO 2016/1178 die für gedeckte Schuldverschreibungen abgeschlossenen Zinsderivaten unter bestimmten Voraussetzungen von der Clearingpflicht ausgenommen hat.

Von der in Art. 5 Abs. 4 Unterabs. 3 VO Nr. 648/2012 vorgesehenen Befugnis, die in Art. 5 Abs. 4 Unterabs. 1 Buchst. a–c VO Nr. 648/2012 genannten Kriterien näher festzulegen, hat die Kommission mit **Art. 7 DelVO Nr. 149/2013** Gebrauch gemacht.

a) Grad der Standardisierung. Nach Art. 5 Abs. 4 Unterabs. 1 Buchst. a VO Nr. 648/2012 sollten die **Vertragsbedingungen** der Derivatekategorie und die im Rahmen der Erfüllung zur Anwendung kommenden **operativen Prozesse** hinreichend standardisiert sein.

Für die Beurteilung der Standardisierung der Vertragsbedingungen verweist Art. 7 Abs. 1 Buchst. a DelVO 149/2013 auf die im Markt gebräuchlichen **Rahmenverträge** (z.B. den deutschen Rahmenvertrag für Finanztermingeschäfte oder das 2002 ISDA Master Agreement)[5], sowie die Definitionen (definition booklets) und Mustertexte für Bestätigungen. Bei den operativen Prozessen ist nach Art. 7 Abs. 1 Buchst. b DelVO 149/2013 zu prüfen, in welchem Umfang die **Nachhandelsverarbeitung** (post-trade processing) automatisiert erfolgt und ob die während der Laufzeit anfallenden Ereignisse (lifecycle events), z.B. die Feststellung eines variablen, Zinssatzes, die Ausübung einer Option oder der Eintritt eines Kreditereignisses, nach im Markt allgemein akzeptierten Grundsätzen und Verfahren abgewickelt werden.

Das Fehlen einer ausreichenden Standardisierung der Vertragsbedingungen war der Grund dafür, für **Wertpapierderivate** zunächst keine Clearingpflicht anzuordnen[6].

---

1 Erwägungsgrund Nr. 15 VO Nr. 648/2012.
2 Erwägungsgrund Nr. 21 VO Nr. 648/2012.
3 Erwägungsgrund Nr. 19 VO Nr. 648/2012.
4 Erwägungsgrund Nr. 16 VO Nr. 648/2012.
5 *Schuster/Ruschkowski*, ZBB/JBB 2014, 123, 127; *Achtelik* in Wilhelmi/Achtelik/Kunschke/Sigmundt, Handbuch EMIR, Teil 3.B.I Rz. 32; *Litten/Schwenk*, DB 2013, 918.
6 *ESMA*, Konsultationspapier zur Clearingpflicht für Zins- und Wertpapierderivaten „Clearing Obligation under EMIR (no. 1)", ESMA/2014/799 vom 11.7.2014, geänderte Version veröffentlicht am 17.7.2014, abrufbar über: https://www.esma.europa.eu/sites/default/files/library/2015/11/esma-2014-799_irs_-_consultation_paper_on_the_clearing_obligation_no_u_1_uu_.pdf („*ESMA* Konsultation Clearingpflicht Nr. 1"), Rz. 256, S. 60: „ESMA believes that the high number of additional characteristics proposed by market participants is a relevant indication that the degree of standardisation of this asset class is still low." s.a. *Grundmann* in Staub, HGB, Band 11/2, 5. Aufl. 2018, Rz. 714.

29 b) **Volumen und Liquidität.** Für die in Art. 5 Abs. 4 Unterabs. 1 Buchst. b VO Nr. 648/2012 genannten Kriterien Volumen und Liquidität ist nach Art. 7 Abs. 2 Buchst. b DelVO 149/2013 u.a. die Prognose ausschlaggebend, ob die Größe und Tiefe des Marktes langfristig stabil bleiben.

30 Ein anderer wichtiger Aspekt ist nach Art. 7 Abs. 2 Buchst. c DelVO 149/2013 die Anzahl der verfügbaren Clearingmitglieder und die Prognose, ob der Ausfall eines Clearingmitgliedes ggf. dazu führt, dass die verbleibenden Clearingmitglieder das zu clearende Volumen an OTC-Derivaten aufgrund der beschränkten Systemkapazitäten nicht übernehmen können.

31 c) **Faire, zuverlässige und allgemein akzeptierte Preisbildungsinformationen.** Die in Art. 5 Abs. 4 Unterabs. 1 Buchst. c VO Nr. 648/2012 angesprochene Verfügbarkeit von fairen, zuverlässigen und allgemein akzeptierten **Preisbildungsinformationen** trägt dem Umstand Rechnung, dass eine Bewertung von OTC-Derivaten zu Marktpreisen (marking to market) i.d.R. nicht möglich ist. Ausnahmen bilden OTC-Derivate, die einen börsengehandelten Derivatekontrakt nachbilden (exchange look-alike contract) und z.B. für Zwecke der Erfüllung durch Barausgleich auf den Abrechnungspreis der Terminbörse verweisen. In den meisten Fällen ist der Marktwert eines OTC-Derivates jedoch anhand einer **Bewertung zu Modellpreisen** (marking to model) und unter Verwendung von im Markt beobachtbaren Preisparametern zu ermitteln. Wegen der Einzelheiten zur Bewertung von OTC-Derivaten wird auf die Ausführung in Art. 11 VO Nr. 648/2012 Rz. 120–128 verwiesen.

32 Art. 7 Abs. 3 DelVO 149/2013 adressiert die Verfügbarkeit von Preisbildungsinformationen in **zweierlei Hinsicht**. Zum einen müssen die als zuverlässig akzeptierten Preisinformationen bereits zum Zeitpunkt der Prüfung durch die ESMA verfügbar sein, so dass sie auch von den CCPs genutzt werden können, um auf ihrer Basis täglich die Einschussverpflichtungen der Clearingmitglieder ermitteln zu können. Darüber hinaus darf die Anordnung der Clearingpflicht nicht dazu führen, dass den Gegenparteien für ihre nicht zentral geclearten OTC-Derivate die für die Bewertung erforderlichen Preisbildungsinformationen nicht mehr zu fairen handelsüblichen Bedingungen zur Verfügung stehen.

33 d) **Wettbewerb.** Bei der Entscheidung über die Anordnung des Clearingzwangs können nach Art. 5 Abs. 4 Unterabs. 2 VO Nr. 648/2012 auch die möglichen **Auswirkungen auf den Wettbewerb** innerhalb der Union berücksichtigt werden. Mit der Benennung des Wettbewerbs innerhalb der Union verweist der Gesetzgeber auf Art. 1 Abs. 5 Buchst. d VO Nr. 1095/2010 und die Verpflichtung, einer möglichen Aufsichtsarbitrage entgegenzuwirken und gleiche Wettbewerbsbedingungen zu fördern[1].

34 **2. Bestimmung des Beginns der Clearingpflicht.** Bei der Entscheidung über den **Zeitpunkt des Wirksamwerdens** der Clearingpflicht, muss die ESMA nach Art. 5 Abs. 5 VO Nr. 648/2012 das zu erwartende **Volumen** der geclearten OTC-Derivate, dessen **Verteilung** auf die zugelassenen oder anerkannten CCPs, die **Aufnahmefähigkeit** der von den CCPs genutzten Systeme, die **Art und Zahl der Gegenparteien**, die Clearingdienstleistungen nachfragen, und der Zeitraum berücksichtigen, den die Gegenparteien benötigen, um die notwendigen Voraussetzungen für den **Anschluss an die Clearingdienstleistungen** einer CCP zu schaffen.

35 Das zuletzt genannte Kriterium, dass die Gegenparteien nach Art. 5 Abs. 5 Buchst. e VO Nr. 648/2012 über ausreichend Zeit verfügen müssen, um die erforderlichen Vorkehrungen für das Clearing zu schaffen, war mit entscheidend für die in den drei Delegierten Verordnungen über die Clearingpflicht – der DelVO 2015/2205, der DelVO 2016/592 und der DelVO 2016/1178 – getroffene Unterscheidung zwischen den **vier Kategorien** von clearingpflichtigen Gegenparteien. So handelt es sich bei den **Kategorie-1-Gegenparteien** um solche Gegenparteien, die zum Zeitpunkt des Inkrafttretens der betreffenden Delegierten Verordnungen bereits als Clearingmitglied einer CCP zugelassen waren, und bei denen die CCP bereits alle Voraussetzungen dafür geschaffen hatte, dass das Clearingmitglied seiner Clearingpflicht zeitnah nachkommen kann.

36 Zu den notwendigen **Vorbereitungshandlungen** zählen aus Sicht der betroffenen CCPs der Abschluss neuer oder die Erweiterung bestehender Vereinbarungen mit ihren Clearingmitgliedern (das sog. „onboarding"), die Einrichtung von Abrechnungskonten für die Erfassung und Besicherung der für Clearingmitglieder oder deren Kunden geclearten OTC-Derivate nach Art. 39 VO Nr. 648/2012 und die Einrichtung und Abstimmung der für das tägliche Reporting sowie für sonstige Mitteilungen genutzten elektronischen Kommunikationsverbindungen. Ein vergleichbarer Aufwand ergibt sich aus Sicht der Clearingmitglieder im Hinblick auf die von ihnen betreuten Kunden.

37 Von Bedeutung ist in diesem Zusammenhang, ob und in welchem Umfang nichtfinanzielle Gegenparteien oder kleinere finanzielle Gegenparteien, für die eine Anbindung als Clearingmitglied aufgrund des damit verbundenen Aufwandes nicht in Betracht kommt, der indirekte Zugang über eine ausreichende Anzahl an Clearingmitgliedern oder über das indirekte Clearing zur Verfügung steht. Die ESMA hat in ihrem Bericht über neue technische Regulierungsstandards zum indirekten Clearing[2] darauf hingewiesen, dass sich die bankaufsichtlichen Anforderungen der VO Nr. 575/2013 (CRR), insbesondere die Behandlung von Ausfallrisiken aus Clearing-

---

1 Erwägungsgrund Nr. 17 VO Nr. 648/2012.
2 *ESMA*, endgültiger Bericht der ESMA über technische Regulierungsstandards für indirekte Clearingvereinbarungen unter der EMIR und MiFIR, ESMA/2016/725 vom 26.5.2016, abrufbar über: https://www.esma.europa.eu/sites/default/files/library/2016-725.pdf („*ESMA* RTS Indirektes Clearing"), Rz. 21.

dienstleistungen im Rahmen der Verschuldungsquote (leverage ratio), nach wie vor negativ auf die Bereitschaft von Kreditinstituten und Wertpapierfirmen, als Clearingmitglied zu fungieren, auswirken.

IV. Ende der Clearingpflicht (Art. 5 Abs. 6 VO Nr. 648/2012). Art. 5 Abs. 6 VO Nr. 648/2012 stellt klar, dass 38 die Clearingpflicht für eine bestimmte Kategorie von OTC-Derivaten **spätestens dann entfällt**, wenn es keine CCP mehr gibt, die für das Clearing der betreffenden OTC-Derivatkategorie zugelassen oder anerkannt ist.

Entfallen andere Voraussetzungen, auf denen die Anordnung der Clearingpflicht beruht, z.B. fehlt es auf- 39 grund von Marktstörungen, die nicht nur vorübergehender Natur sind, an den nach Art. 5 Abs. 4 Buchst. c VO Nr. 648/2012 erforderlichen Preisbildungsinformationen, kann die Clearingpflicht für eine bestimmte Derivatekategorie nur durch Aufhebung oder Änderung der betreffenden Delegierten Verordnung beendet werden. Für sie wäre das nach Art. 5 Abs. 2 VO Nr. 648/2012 vorgesehene, ggf. mehrere Monate in Anspruch nehmende Verfahren, einschließlich der öffentlichen Anhörung und der Beteiligung des ESRB, zu durchlaufen[1].

In ihren auf Art. 85 VO Nr. 648/2012 gestützten Berichten haben sich die ESMA[2] und die Kommission[3] dafür 40 ausgesprochen, im Rahmen der anstehenden Überarbeitung der EMIR einen **Mechanismus** vorzusehen, der es erlaubt, die **Clearingpflicht** unter bestimmten Voraussetzungen, z.B. bei dramatischen Veränderungen der Marktbedingungen, **vorübergehend auszusetzen**. Vorbild für die ESMA ist die Befugnis der U.S.-amerikanischen Commodity Futures Trading Commission (CFTC), sog. „no-action letter" zu erlassen, mit denen sie in Notfällen zeitnah regieren kann.

In ihrem Vorschlag für eine Verordnung zur Änderung der VO Nr. 648/2012 (**EMIR-REFIT-Entwurf**) hat die 41 Kommission die Überlegung aufgegriffen. Der neue Art. 6b VO Nr. 648/2012 soll es der Kommission zukünftig ermöglichen, die Clearingpflicht bei Vorlage spezifischer Gründe auf Antrag der ESMA vorübergehend auszusetzen[4]. Die vorübergehende **Suspendierung der Clearingpflicht** ist u.a. für die Fälle gedacht, in denen eine für die Abwicklung clearingpflichtiger OTC-Derivate zugelassene oder anerkannte CCP das Clearing nicht nur vorübergehend einstellt. Eine entsprechender „Marktaustritt" könne sich auf die Finanzstabilität nachteilig auswirken und ein kurzfristiges Einschreiten erforderlich machen.

Die ESMA hatte die Möglichkeit der Suspendierung der Clearingpflicht auch für den Fall vorgesehen, dass eine 42 CCP, die für das Clearing einer bestimmten Derivatekategorie wesentlich verantwortlich ist, ausfällt oder ihrer Verpflichtungen aufgrund anderer Ursachen nicht mehr nachkommen kann[5]. Diese Anregung ist von der Kommission in dem am 28.11.2016 veröffentlichten Vorschlag für eine Verordnung für die **Sanierung und Abwicklung zentraler Gegenparteien**[6] teilweise aufgegriffen worden.

V. DelVO 2015/2205, DelVO 2016/592 und DelVO 2016/1178. Die Kommission hat mittlerweile **drei Dele-** 43 **gierte Verordnungen** erlassen, mit denen sie die Clearingpflicht für bestimmte im Anhang der jeweiligen Verordnung näher bezeichnete OTC-**Zins- und Kreditderivate** angeordnet hat. Gegenstand der drei Konsultationen über die Clearingpflicht waren auch Wertpapier- und Fremdwährungsderivate. Nach Durchführung der Konsultationen hatte die ESMA jedoch beschlossen, die Clearingpflicht bis auf weiteres weder für Wertpapierderivate[7] noch für durch Barausgleich zu erfüllende Devisengeschäfte (non deliverable forwards, NDF)[8] vorzusehen.

Mit der **DelVO 2015/2205** wurde die Clearingpflicht für Zinsswaps und Zinstermingeschäfte (forward rate 44 agreement, FRA) angeordnet, die auf die Referenzzinssätze EURIBOR oder LIBOR Bezug nehmen. Ebenfalls clearingpflichtig wurden Overnight Index Swaps (OIS), die auf die Overnight-Referenzzinssätze EONIA, Fed Funds oder SONIA referenzieren. Die DelVO 2015/2205 ist am zwanzigsten Tag nach ihrer Veröffentlichung im Amtsblatt der Europäischen Union, d.h. am 21.12.2015, in Kraft getreten. Die auf den Kreditderivateindex

---

1 *ESMA* EMIR Prüfbericht Nr. 4, Rz. 35.
2 *ESMA* EMIR Prüfbericht Nr. 4, Rz. 38.
3 *Kommission*, Bericht der Kommission gemäß Artikel 85 Absatz 1 der Verordnung (EU) Nr. 648/2012 des Europäischen Parlaments und des Rates vom 4. Juli 2012 über OTC-Derivative, zentrale Gegenparteien und Transaktionsregister, KOM(2016) 857 final vom 23.11.2016, abrufbar über: http://eur-lex.europa.eu/legal-content/DE/TXT/PDF/?uri=CELEX: 52016DC0857&from=DE („*Kommission* EMIR-Prüfbericht"), S. 7 unter 4.1.1.
4 *Kommission* EMIR-REFIT-Entwurf, S. 17 und 30.
5 *ESMA* EMIR Prüfbericht Nr. 4, Rz. 37.
6 *Kommission*, Vorschlag für eine Verordnung des Europäischen Parlaments und des Rates über einen Rahmen für die Sanierung und Abwicklung zentraler Gegenparteien und zur Änderung der Verordnungen (EU) Nr. 1095/2010, (EU) Nr. 648/2012 und (EU) 2015/2365, KOM(2016) 856 final vom 28.11.2016, abrufbar über: https://ec.europa.eu/transparency/regdoc/rep/1/2016/DE/COM-2016-856-F1-DE-MAIN-PART-1.PDF („*Kommission* Entwurf CCP-Abwicklungsverordnung").
7 *ESMA* Konsultation Clearingpflicht Nr. 1, Rz. 257: „ESMA is not proposing at this stage to submit any equity classes to the clearing obligation."
8 *ESMA*, Stellungnahme zu den Ergebnissen der Konsultation zur Clearingpflicht für Währungsderivate – Devisentermingeschäfte mit Barausgleich „Feedback Statement Consultation on the Clearing Obligation for Non-Deliverable Forwards", 2015/ESMA/234 vom 4.2.2015, abrufbar über: https://www.esma.europa.eu/sites/default/files/library/2015/11/2015-esma-234_-_feedback_statement_on_the_clearing_obligation_of_non_deliverable_forward.pdf („*ESMA* Stellungnahmen NDFs"), Rz. 69: „ESMA is not proposing a clearing obligation on the NDF classes at this stage."

Art. 5 VO Nr. 648/2012 | Verfahren in Bezug auf die Clearingpflicht

iTraxx Europe Bezug nehmenden nicht tranchierten Index Credit Default Swaps wurden mit der **DelVO 2016/592** der Clearingpflicht unterworfen; die DelVO 2016/592 ist am 8.5.2015 in Kraft getreten. Zuletzt hat die Kommission mit der **DelVO 2016/1178** weitere auf die Referenzzinssätze NIBOR, WIBOR oder STIBOR bezogene Zinsswaps und Zinstermingeschäfte in die Clearingpflicht einbezogen; die DelVO 2016/1178 ist am 19.8.2016 in Kraft getreten. Nach Aussagen der Kommission[1] führen die drei Delegierten Verordnungen etwa 70 % der OTC-Derivate in den genannten Kategorien dem Clearing zu.

45   Mit der DelVO 2017/751 hat die Kommission die Frist zur Erfüllung der Clearingpflichten für die **Kategorie-3-Gegenparteien**, d.h. finanziellen Gegenparteien mit kleineren bis mittleren Derivateportfolien unterhalb der 8-Mrd.-Euro-Schwelle, zeitlich bis zum **21.6.2019** hinausgeschoben; die DelVO 2017/751 ist am 19.5.2017 in Kraft getreten.

46   **1. Freistellung von Deckungsstockderivaten.** Die beiden Delegierten Verordnungen über die Clearingflicht von Zinsderivaten – die DelVO 2015/2205 und die DelVO 2016/1178 – sehen übereinstimmend in Art. 1 Abs. 2 vor, dass die Clearingpflicht nicht für die von **Emittenten gedeckter Schuldverschreibungen** oder die für Rechnung eines Deckungsstocks für gedeckte Schuldverschreibungen abgeschlossenen OTC-Derivate (die sog. „Deckungsstockderivate") gilt. Voraussetzung hierfür ist jedoch, dass die OTC-Derivate die in Art. 1 Abs. 2 Buchst. a–d definierten Anforderungen erfüllen.

47   Die Freistellung ist nur in den beiden genannten Delegierten Verordnungen über die Clearingpflicht von Zinsderivaten vorgesehen. Die DelVO 2016/592 über die Clearingpflicht indexbezogener **Kreditderivate** enthält die Freistellung nicht und ist daher auf Deckungsstockderivate uneingeschränkt anwendbar.

48   Die Freistellung von Deckungsstockderivaten und die an sie zu stellenden Anforderungen entsprechen Art. 4 Abs. 5 VO Nr. 648/2012, der die von Emittenten gedeckter Schuldverschreibungen außerbörslich abgeschlossenen Zins- und Währungsderivate von der Clearingpflicht generell befreit. Art. 4 Abs. 5 VO Nr. 648/2012 ist durch Art. 42 Abs. 2 VO 2917/2402[2] in die EMIR eingeführt worden und gilt ab dem 1.1.2019 (Art. 48 VO 2917/2402). Die Voraussetzungen stimmen im Übrigen mit denen des **Art. 30 DelVO 2016/2251** überein, mit denen Emittenten gedeckter Schuldverschreibungen die Möglichkeit gegeben wird, für ihre von der Clearingpflicht befreiten Zins- und Währungsderivate eine asymmetrische Besicherung zu vereinbaren.

49   Die Freistellung des Deckungsstocks von der Clearingpflicht soll den **besonderen rechtlichen Rahmenbedingungen**, unter denen gedeckte Schuldverschreibungen begeben werden, Rechnung tragen. Sehen die nationalen gesetzlichen Bestimmungen für gedeckte Schuldverschreibungen vor, dass Deckungsstockderivate in das für die Inhaber gedeckter Schuldverschreibungen geltende **Pfandbriefprivileg** gleichrangig einbezogen sind, dann stehen ihnen im Falle des Ausfalls des Emittenten bereits ausreichend segregierte Vermögenswerte zur Verfügung, aus denen sie vorrangig Befriedigung erlangen können. Würde der Emittent der gedeckten Schuldverschreibung mit seinen Deckungsstockderivaten der Clearingpflicht unterliegen und der CCP die nach Art. 41 VO Nr. 648/2012 geforderten Sicherheiten stellen, würde dies zu einer **Superprivilegierung der CCP** führen, die in den gesetzlichen Bestimmungen nicht vorgesehen ist.

50   Der Begriff **gedeckte Schuldverschreibung** wird nur mittelbar über die Anforderung in Buchstaben e und die dort beginnende Verweiskette auf Art. 129 VO Nr. 575/2013 und Art. 52 Abs. 4 Unterabs. 1 RL 2009/65/EG definiert: Danach müssen gedeckte Schuldverschreibungen von einem **Kreditinstitut mit Sitz in einem Mitgliedstaat** begeben worden sein, das aufgrund gesetzlicher Vorschriften zum Schutz der Inhaber dieser Schuldverschreibungen einer **besonderen öffentlichen Aufsicht** unterliegt. Die unter der Schuldverschreibung empfangenen Gelder müssen in Vermögenswerte angelegt werden, die die Verbindlichkeiten aus der Schuldverschreibung während der gesamten Laufzeit decken und die vorrangig für die bei Ausfall des Emittenten fällig werden Rückzahlung des Kapitals und der Zinsen bestimmt sind. Wegen der übrigen Anforderungen, die sich aus Art. 129 VO Nr. 575/2013 ergeben, wird auf die Ausführungen zu Art. 2 VO Nr. 648/2012 Rz. 139–143 verwiesen.

51   Die Freistellung von der Clearingpflicht setzt voraus, dass die nationalen gesetzlichen Bestimmungen für gedeckte Schuldverschreibungen für Deckungsstockderivate ein **bestimmtes Schutzniveau** vorschreiben (Buchstaben b, d und e). Unabhängig davon muss die vertragliche Vereinbarung zwischen dem Emittenten und dem Kontrahenten vorsehen, dass die Deckungsstockderivate im Falle der Insolvenz des Emittenten nicht beendet werden (Buchst. c). Wegen der Einzelheiten wird auf die Ausführungen zu Art. 11 VO Nr. 648/2012 Rz. 695–705 verwiesen.

---

1 *Kommission*, Bericht an das Europäische Parlament und den Rat über die Notwendigkeit, börsengehandelte Derivate vorübergehend vom Anwendungsbereich der Artikel 35 und 36 Verordnung (EU) Nr. 600/2014 über Märkte für Finanzinstrumente auszunehmen, KOM(2017) 468 final vom 11.9.2017, abrufbar über: http://eur-lex.europa.eu/legal-content/DE/TXT/PDF/?uri=CELEX:52017DC0468&from=DE („*Kommission* Bericht nach Art. 52 (11) MiFIR"), S. 7.

2 Verordnung (EU) 2017/2402 des Europäischen Parlaments und des Rates vom 12. Dezember 2017 zur Festlegung eines *allgemeinen Rahmens für Verbriefungen* und zur Schaffung eines spezifischen Rahmens für einfache, transparente und standardisierte Verbriefung und zur Änderung der Richtlinien 2009/65/EG, 2009/138/EG, 2011/61/EU und der Verordnungen (EG) Nr. 1060/2009 und (EU) Nr. 648/2012, ABl. EU Nr. L 347 v. 28.12.2017, S. 35.

2. Kategorien clearingpflichtiger Gegenparteien. Für die Zwecke der Clearingpflicht unterscheiden die drei Delegierten Verordnungen **vier Kategorien clearingpflichtiger Gegenparteien:** Die Kategorie 1 umfasst diejenigen Gegenparteien, die zum Zeitpunkt des Inkrafttretens der betreffenden Delegierten Verordnung in Bezug auf eine der im betreffenden Anhang genannten OTC-Derivatekategorien bereits Clearingmitglied einer anerkannten CCP sind. Kategorie 2 umfasst alle finanziellen Gegenparteien und alternative Investmentfonds (AIFs), die über ein Derivateportfolio mit einem Bruttonominalwert von mehr als 8 Mrd. Euro verfügen; AIFs werden auch dann dieser Kategorie 2 zugewiesen, wenn sie keine finanziellen Gegenparteien sind. Kategorie 3 umfasst alle finanziellen Gegenparteien und AIFs deren Derivatportfolio unterhalb der für die Kategorie 2 maßgeblichen Schwelle liegt. Kategorie 4 umfasst clearingpflichtige nichtfinanzielle Gegenparteien.

Die Kategorisierung der clearingpflichtigen Gegenparteien ist für den **Zeitpunkt des Wirksamwerdens der Clearingpflicht** und für das sog. „**Frontloading**" nach Art. 4 Abs. 1 Buchst. b Ziff. ii) VO Nr. 648/2012 von Bedeutung. Die Zeitpunkte für den Beginn des Clearings sind für nichtfinanzielle Gegenparteien i.d.R. am großzügigsten bemessen. Grund hierfür ist, dass nichtfinanzielle Gegenparteien ausreichend Zeit haben sollen, sich auf das Clearing vorzubereiten und die hierfür notwendigen Vereinbarungen mit Clearingmitgliedern abzuschließen.

a) Kategorie 1. Von Clearingmitgliedern, die zum Zeitpunkt des Inkrafttretens der jeweiligen Delegierten Verordnung bereits eine der im Anhang der betreffenden Verordnung genannten Kategorien von OTC-Derivaten freiwillig gecleart hatten, wurde erwartet, dass sie bereits über die für das Clearing erforderlichen Systeme und Vereinbarungen verfügen, so dass sie es ohne nennenswerten Aufwand auf sämtliche clearingpflichtigen Derivatekategorien des Anhangs erweitern können.

Für Kategorie-1-Gegenparteien begann die Clearingpflicht für Zinsderivate, die auf den EURIBOR, LIBOR oder die Overnight-Referenzzinssätze EONIA, Fed Funds oder SONIA Bezug nehmen, bereits am 21.6.2016. Die DelVO 2016/1178, mit der die Clearingpflicht um solche Zinsderivate erweitert wurde, die auf den NIBOR, WIBOR oder STIBOR Bezug nehmen, knüpfte an den für die DelVO 2015/2205 maßgeblichen Zeitpunkt und den alten Anhang der DelVO 2015/2205 an: Hatte z.B. ein Clearingmitglied bereits am 21.12.2015 einen der im Anhang genannten EURIBOR-Kontrakte gecleart, so galt sie auch im Hinblick auf die neu aufgenommenen NIBOR, WIBOR oder STIBOR-Kontrakte als clearingpflichtige Gegenpartei der Kategorie 1. Hinzu traten die Clearingmitglieder, die zum Zeitpunkt des Inkrafttretens der DelVO 2016/1178, dem 9.8.2016, freiwillig einer der im Anhang der DelVO 2016/1178 genannten NIBOR, WIBOR oder STIBOR-Kontrakte gecleart hatten. Für die Kategorie 1 begann die Clearingpflicht für die zusätzlichen NIBOR, WIBOR oder STIBOR-Kontrakte am 9.2.2017.

Die DelVO 2016/592, mit der die Clearingpflicht für bestimmte auf den iTraxx Europe Bezug nehmende Kreditderivate begründet wurde, knüpfte wieder an den Zeitpunkt ihres Inkrafttretens, dem 9.5.2016 an. Hatte ein Clearingmitglied zu diesem Zeitpunkt bereits einen der iTraxx-Kontrakte des Anhangs freiwillig gecleart, gehörte er zur Kategorie 1 mit der Folge, dass er ab dem 9.2.2017 sämtliche Kreditderivate des Anhangs clearen musste.

b) Kategorie 2. Die Kategorie 2 ist zum einen für **finanzielle Gegenparteien** i.S.d. Art. 2 Nr. 8 VO Nr. 648/2012 vorgesehen. Ihnen gleichgestellt werden jedoch diejenigen clearingpflichtigen **alternativen Investmentfonds (AIFs)**, die weil sie nicht den von der RL 2011/61 EU (AIFMD) geforderten Bezug zur Union aufweisen, nicht als finanzielle Gegenpartei gelten. Wegen des Begriffs finanzielle Gegenpartei und den Voraussetzungen unter denen AIFs als finanzielle Gegenparteien zu behandeln sind, wird auf die Ausführungen zu Art. 2 VO Nr. 648/2012 Rz. 68 verwiesen.

Die als **nichtfinanzielle Gegenparteien** eingestuften ausländischen AIFs sind nur dann clearingpflichtig, bzw. gelten als NFC+, wenn die von ihnen abgeschlossenen, nicht der Absicherung dienenden OTC-Derivatekontrakte die **Clearingschwelle** des Art. 10 VO Nr. 648/2012 überschreiten. Mit der Gleichstellung der Drittstaaten-AIFs versuchen die Delegierten Verordnungen über die Clearingpflicht die bereits im ersten ESMA-Bericht über die Überprüfung der EMIR vom 13.8.2015[1] angesprochene Unzulänglichkeit des Begriffs finanzielle Gegenpartei zumindest teilweise zu korrigieren[2]: Überschreitet der AIF die Clearingschwelle, wird er den anderen finanziellen Gegenparteien gleichgestellt.

Der für die Kategorie 2 maßgebliche Schwellenwert knüpft an die **Größe des Derivateportfolios der Gegenpartei** oder, wenn sie einer Gruppe angehört, an die Größe des Derivateportfolios der Gruppe an. Die Gegenpartei gehört zur Kategorie 2, wenn der aggregierte durchschnittliche Nominalwert der nicht geclearten OTC-Derivatekontrakte in dem Beobachtungszeitraum von **Januar bis März** eines jeden Jahres mehr als **8 Mrd. Euro** aufwies. Da der für das Frontloading maßgebliche Stichtag nach Art. 4 DelVO 2015/2205 für Gegenparteien der Kategorie 2 der 21.5.2016 war, mussten diese ihren Status erstmals für den Beobachtungszeitraum von Januar bis März 2016 ermitteln[3].

---

1 *ESMA* EMIR Prüfbericht Nr. 1, Rz. 18–20.
2 Erwägungsgrund Nr. 7 DelVO 2015/2205.
3 *ESMA*, „Fragen und Antworten – Umsetzung der Verordnung (EU) Nr. 648/2012 über OTC-Derivate, zentrale Gegenparteien und Transaktionsregister (EMIR)", ESMA70-1861941480-52 vom 30.5.2018, abrufbar über: https://www.esma.europa.eu/sites/default/files/library/esma70-1861941480-52_qa_on_emir_implementation.pdf („*ESMA* Q&A") OTC Frage Nr. 24 [letzte Aktualisierung: 2.6.2016].

60 Die für die Kategorie-2-Gegenparteien maßgebliche Schwelle ähnelt der in Art. 28 DelVO 2015/2251 definierten 8-Mrd.-Euro-Schwelle für die Freistellung kleiner Derivateportfolien von der Pflicht zur Besicherung durch Ersteinschüsse. Sie ist dort jedoch für einen **anderen Beobachtungszeitraum** (März bis Mai) und jedes Jahr neu zu ermitteln.

61 Art. 2 Abs. 2 der Delegierten Verordnungen sieht vor, dass die clearingpflichtigen Gegenparteien der Kategorie 2 die 8-Mrd.-Euro-Schwelle **auf Gruppenebene** zu berechnen haben. Gruppeninterne Geschäfte sind mit einzubeziehen und entsprechend der Auslegung, die Art. 10 Abs. 3 VO Nr. 648/2012 durch die ESMA erfahren hat[1] zweimal zu berücksichtigen. Die in Art. 28 Abs. 2 Unterabs. 2 DelVO 2015/2251 vorgesehene einmalige Berücksichtigung ist in Art. 2 Abs. 2 der Delegierten Verordnungen nicht vorgesehen.

62 OGAWs und AIFs, die als finanzielle Gegenparteien anzusehen sind, gelten für Zwecke der Schellwertberechnung als **eigenständige Einheiten**. Die Klarstellung geht auf die Initiative der ESMA zurück[2]. Die in der Parallelvorschrift des Art. 28 Abs. 3 DelVO 2015/2251 vorgesehenen zusätzlichen Anforderungen gelten hier nicht.

63 Für die clearingpflichtigen Gegenparteien der Kategorie 2 begann die Clearingpflicht für die auf den EURIBOR, LIBOR oder die Overnight-Referenzzinssätze Bezug nehmenden Zinsderivate am 21.12.2016. Ihr folgte am 9.8.2017 das Clearing der NIBOR, WIBOR oder STIBOR-Kontrakte und der Kreditderivate.

64 **c) Kategorie 3.** Die nicht der Kategorie 2 angehörenden **finanziellen Gegenparteien und AIFs** sind der Kategorie 3 zugewiesen. Für sie sollte die Clearingpflicht für die auf den EURIBOR, LIBOR oder die Overnight-Referenzzinssätze Bezug nehmenden Zinsderivate ursprünglich bereits am 21.6.2017 beginnen. Das Clearing der übrigen Zins- und Kreditderivate sollte dann am 9.2.2018 folgen. Mit Art. 1–3 DelVO 2017/751 hat die Kommission die Clearingpflicht einheitlich auf den **21.6.2019** hinausgeschoben. Wegen der Gründe, die die Kommission zur Verschiebung des Beginns der Clearingpflicht bewegt haben, wird auf die Ausführungen zu Art. 4 VO Nr. 648/2012 Rz. 108 verwiesen. Der Vorschlag der Kommission für eine Verordnung zur Änderung der EMIR (**EMIR-REFIT-Entwurf**) und die darin vorgesehene Einführung einer Clearingschwelle für finanzielle Gegenparteien[3] wird den Kreis der clearingpflichtigen Kategorie-3-Gegenparteien zusätzlich reduzieren.

65 **d) Kategorie 4. Nichtfinanzielle Gegenparteien**, die die Voraussetzungen des Art. 10 Abs. 1 Buchst. b VO Nr. 648/2012 zum Zeitpunkt des Beginns der Clearingpflicht erfüllen, d.h. die Clearingschwelle zu diesem Zeitpunkt bereits nachhaltig überschritten haben und damit als NFC+ zu qualifizieren sind, müssen die auf den EURIBOR, LIBOR oder die Overnight-Referenzzinssätze Bezug nehmenden Zinsderivate ab dem 21.12.2018 clearen. Das Clearing der Kreditderivate beginnt für sie am 9.5.2019 und das der übrigen Zinsderivate am 9.8.2019. Die Verschiebung des Beginns der Clearingpflicht für die Kategorie-3-Gegenparteien durch die **DelVO 2017/751** hat dazu geführt, dass nichtfinanziellen clearingpflichtige Gegenparteien ihre außerbörslichen EURIBOR- und LIBOR-Zinsderivate und Kreditderivate **früher** ins Clearing überführen müssen als finanzielle Gegenparteien mit kleineren Derivateportfolien, was der ursprünglichen Intention des Verordnungsgebers eigentlich widerspricht.

66 **3. Wirksamwerden der Clearingpflicht.** Die Zeitpunkte für das Wirksamwerden der Clearingpflicht werden für die einzelnen Kategorien der clearingpflichtigen Gegenparteien unterschiedlich festgelegt. Gehören die beiden clearingpflichtigen Gegenparteien unterschiedlichen Kategorien an, so gilt nach Art. 3 Abs. 1 Unterabs. 2 der Delegierten Verordnungen der spätere der beiden Zeitpunkte.

67 Die drei Delegierten Verordnungen sehen für das Wirksamwerden der Clearingpflicht folgende Zeitpunkte vor:
- **DelVO 2015/2205:** Zinsderivate, die auf den EURIBOR, LIBOR oder die Overnight-Referenzzinssätze EONIA, Fed Funds oder SONIA Bezug nehmen:
  Kategorie 1: 21.6.2016
  Kategorie 2: 21.12.2016
  Kategorie 3: 21.6.2019
  Kategorie 4: 21.12.2018
- **DelVO 2016/592:** Nicht tranchierte Index-Kreditderivate, die auf den iTraxx Europe Bezug nehmen:
  Kategorie 1: 9.2.2017
  Kategorie 2: 9.8.2017
  Kategorie 3: 21.6.2019
  Kategorie 4: 9.5.2019

---

1 *ESMA* Q&A OTC Frage Nr. 3(b.1) [letzte Aktualisierung: 21.5.2014].
2 *ESMA*, Überarbeitetes Gutachten zu dem Entwurf technischer Regulierungsstandards für die Clearingpflicht von Zinsderivaten, *2015/ESMA/511* vom 6.3.2015, abrufbar über: https://www.esma.europa.eu/sites/default/files/library/2015/11/2015-511_revised_opinion_on_draft_rts_on_the_clearing_obligation.pdf („*ESMA* Gutachten Zinsderivate"), Rz. 63.
3 *Kommission* EMIR-REFIT-Entwurf, S. 15 und 29/30.

- **DelVO 2016/1178:** Zinsderivate, die auf den NIBOR, WIBOR oder STIBOR Bezug nehmen:
  Kategorie 1: 9.2.2017
  Kategorie 2: 9.8.2017
  Kategorie 3: 21.6.2019
  Kategorie 4: 9.8.2019

4. **Clearingpflicht von gruppeninternen Geschäften mit Drittstaatenbezug.** Art. 3 Abs. 2 Unterabs. 1 der Delegierten Verordnungen sieht vor, das die Pflicht zum Clearing von **gruppeninternen Geschäften mit Drittstaatenbezug** für die Gegenparteien der Kategorie 1, 2 und 3 erst zu einem späteren Zeitpunkt wirksam wird: Wird von der Kommission für die Zwecke der Clearingpflicht nach Art. 4 VO Nr. 648/2012 kein Durchführungsbeschluss nach Art. 13 Abs. 2 VO Nr. 648/2012 erlassen, so müssen die Gegenparteien für ihre gruppeninternen Geschäfte Ersteinschüsse ab dem Zeitpunkt clearen, zu dem die Clearingpflicht auch für die Kategorie-4-Gegenparteien wirksam wird. 68

Wollen die Gegenparteien für ihre gruppeninternen Geschäfte von der Verschiebung des Clearings Gebrauch machen, müssen sie die in Art. 3 Abs. 2 Unterabs. 2 Buchst. a-d der Delegierten Verordnungen bestimmten Voraussetzungen erfüllen. Dazu zählen die **Vollkonsolidierung** der beiden gruppenangehörigen Gegenparteien und deren Einbindung in ein zentrales **Risikobewertungs-, -mess- und -kontrollverfahren**, die auch für die Intragruppenausnahme nach Art. 4 Abs. 2 Buchst. b i.V.m. Art. 3 VO Nr. 648/2012 vorgesehen sind. 69

Art. 3 Abs. 2 Unterabs. 2 Buchst. e der Delegierten Verordnungen verlangt von der in der Union ansässigen clearingpflichtigen Gegenpartei darüber hinaus, dass sie der für sie **zuständigen Behörde** schriftlich mitteilt, dass die Voraussetzungen des Art. 3 Abs. 2 Unterabs. 2 Buchst. a-d erfüllt sind, und dass die zuständige Behörde dies innerhalb von 30 Kalendertagen bestätigt. Die BaFin hat in ihrem Merkblatt zu Intragruppenausnahmen nach Art. 4 VO Nr. 648/2012[1] klargestellt, dass das Verfahren nach Art. 3 Abs. 2 Unterabs. 2 Buchst. e keinen Gebührentatbestand auslöst. 70

Art. 3 Abs. 2 der Delegierten Verordnungen soll dem Umstand Rechnung tragen, dass Gegenparteien die gruppeninterne Geschäfte mit gruppenangehörigen Kontrahenten in Drittstaaten abgeschlossen haben, eine Freistellung von der Clearingpflicht nach Art. 4 Abs. 2 VO Nr. 648/2012 erst beantragen bzw. in Anspruch nehmen können, wenn die Kommission für den betreffenden Drittstaat einen **Durchführungsrechtsakt** nach Art. 13 Abs. 2 VO Nr. 648/2012 erlassen hat[2]. 71

Die Kommission hatte in Rahmen des nach Art. 10 VO Nr. 1095/2010 durchzuführenden Verfahrens zunächst vorgeschlagen, für einen **Zeitraum von drei Jahre** zu vermuten, dass die Rechts-, Aufsichts- und Durchsetzungsmechanismen von Drittstaaten für Zwecke der Clearingpflicht als gleichwertig i.S.d. Art. 13 Abs. 2 VO Nr. 648/2012 gelten[3]. Die ESMA hatte sich zurückhaltend geäußert und angemerkt, dass sie als europäische Aufsichtsbehörde eine solche Gleichwertigkeitsentscheidung im Rahmen ihrer Befugnisse nach Art. 5 VO Nr. 648/2012 nicht vorschlagen könne[4]. Mit der jetzigen Fassung haben sich beide Seiten weitestgehend durchgesetzt. Art. 3 Abs. 2 der Delegierten Verordnungen fingiert die Gleichwertigkeit der Drittstaaten-Regelungsregime nicht, sondern schiebt den Zeitpunkt für das Wirksamwerden der Clearingpflicht deutlich – wenn auch nicht für exakt drei Jahre – über die in Art. 3 Abs. 1 der Delegierten Verordnungen genannten Zeitpunkte hinaus. 72

Erlässt die Kommission vor Ablauf der verlängerten Frist einen Durchführungsbeschluss, so fällt der Beginn des Clearings nach Art. 2 Abs. 2 Unterabs. 1 Buchst. b der Delegierten Verordnungen auf den 60. Tag nach Wirksamwerden des Durchführungsbeschlusses. Die **60-Tagefrist** ist die Frist, die die Gegenparteien nutzen können, um nach Wirksamwerden des Durchführungsbeschlusses einen Antrag auf Intragruppenfreistellung nach Art. 4 Abs. 2 Buchst. b VO Nr. 648/2012 zu stellen. Da die zuständige Behörde nach Art. 3 Abs. 2 Unterabs. 2 Buchst. e der Delegierten Verordnungen bestätigt haben muss, dass die Voraussetzungen des Art. 3 VO Nr. 648/2012 im Übrigen erfüllt sind, dürfte die Frist auch ausreichend bemessen sein. 73

Die drei Delegierten Verordnungen sehen für das Wirksamwerden der Clearingpflicht von nichtfinanziellen Gegenparteien der **Kategorie 4** folgende Zeitpunkte vor: 74

- **DelVO 2015/2205:** Zinsderivate, die auf den EURIBOR, LIBOR oder die Overnight-Referenzzinssätze EONIA, Fed Funds oder SONIA Bezug nehmen: 21.12.2018

---

1 *BaFin*, Merkblatt – Anzeigen/Anträge Intragruppenausnahmen nach Art. 4 EMIR sowie bei Drittstaatensachverhalten vom 22.12.2015, abrufbar über: https://www.bafin.de/DE/Aufsicht/BoersenMaerkte/EMIR/AusnahmenClearing/intragruppen_ausnahmen_clearing_node.html;jsessionid=E0DCAE0F0F3CA8DEEA76B2703A2D781C.2_cid290 („*BaFin* Merkblatt Intragruppenausnahmen Art. 4 EMIR"), Allgemeines.
2 *ESMA* Q&A OTC Frage Nr. 6(c)[letzte Aktualisierung: 10.7.2017].
3 *ESMA* Gutachten Zinsderivate, Rz. 17.
4 *ESMA* Gutachten Zinsderivate, Rz. 32.

– **DelVO 2016/592:** Nicht tranchierte Index-Kreditderivate, die auf den iTraxx Europe Bezug nehmen: 9.5. 2019
– **DelVO 2016/1178:** Zinsderivate, die auf den NIBOR, WIBOR oder STIBOR Bezug nehmen: 4: 9.8.2019

Mit Ablauf der Fristen endet die vorübergehende Befreiung gruppeninterner Geschäfte und zwar unabhängig davon, ob die Kommission einen Durchführungsbeschluss erlassen hat oder nicht. Darauf, dass die Kommission die Fristen bislang nahezu ungenutzt hat verstreichen lassen und deshalb eine angemessene Verlängerung der Fristen geboten erscheint, und dass sich nach Inkrafttreten der **DelVO 2017/751** und der Verschiebung der Clearingpflicht für Gegenparteien der Kategorie 3 Wertungswidersprüche ergeben, ist bereits im Rahmen der Kommentierung von Art. 4 VO Nr. 648/2012 Rz. 86 hingewiesen worden.

75 **5. Mindestrestlaufzeiten.** Ordnet die Kommission die Clearingpflicht für eine bestimmte Kategorie von OTC-Derivaten an, so findet die Clearingpflicht nach Art. 4 Abs. 1 Buchst. b Ziff. i) VO Nr. 648/2012 grundsätzlich nur auf die OTC-Derivate Anwendung, die **an oder nach dem Tag**, an dem die **Clearingpflicht wirksam wird, abgeschlossen werden**. Abweichend hiervon sieht Art. 4 Abs. 1 Buchst. b Ziff. ii) VO Nr. 648/2012 vor, dass für OTC-Derivate, die an einer in der Union ansässigen CCP gecleart werden müssen, die Clearingpflicht rückwirkend ab dem Zeitpunkt Anwendung findet, ab dem die zuständige Behörde die europäische CCP für das Clearing der betreffenden Kategorie von OTC-Derivaten nach den Art. 14 oder 15 VO Nr. 648/2012 zugelassen hat.

76 Die Pflicht, bereits bestehende OTC-Derivate zu clearen (sog. „**Frontloading**"), gilt nicht unbegrenzt. Sie findet nur auf die Derivatekontrakte Anwendung, die zum Zeitpunkt der Anwendbarkeit der Clearingpflicht über die nach Art. 5 Abs. 2 Buchst. c VO Nr. 648/2012 von der Kommission bestimmte **Mindestrestlaufzeit** verfügen.

77 Die für das Frontloading maßgeblichen Mindestrestlaufzeiten sind jeweils in Art. 4 der Delegierten Verordnungen DelVO 2015/2205, DelVO 2016/592 und DelVO 2016/1178 festgelegt. Für die der Kategorie 4 zugewiesenen **nichtfinanziellen Gegenparteien** ist keine Mindestrestlaufzeit angegeben, weshalb für sie ein Frontloading nicht vorgesehen ist[1].

Art. 6 Öffentliches Register

(1) Die ESMA erstellt und führt ein öffentliches Register, in dem die clearingpflichtigen Kategorien von OTC-Derivaten ordnungsgemäß und eindeutig erkennbar verzeichnet sind, und hält dieses auf dem neuesten Stand. Das öffentliche Register wird auf der Website der ESMA veröffentlicht.

(2) Das Register enthält

a) die Kategorien von OTC-Derivaten, die gemäß Artikel 4 clearingpflichtig sind,

b) die für die Wahrnehmung der Clearingpflicht zugelassenen oder entsprechend anerkannten CCPs,

c) den Zeitpunkt, ab dem die Clearingpflicht wirksam wird, einschließlich einer schrittweisen Umsetzung,

d) die von der ESMA gemäß Artikel 5 Absatz 3 ermittelten Kategorien von OTC-Derivaten,

e) die Mindestrestlaufzeit der Derivatekontrakte gemäß Artikel 4 Absatz 1 Buchstabe b Ziffer ii,

f) die CCPs, die der ESMA von der zuständigen Behörde als für die Wahrnehmung der Clearingpflicht befugt gemeldet wurden, und das Datum jeder Meldung.

(3) Wenn eine CCP nicht länger gemäß dieser Verordnung für das Clearing einer bestimmten Derivatekategorie zugelassen oder anerkannt ist, wird sie von der ESMA unverzüglich für die betreffende Kategorie von OTC-Derivaten aus dem öffentlichen Register entfernt.

(4) Um die einheitliche Anwendung dieses Artikels zu gewährleisten, kann die ESMA Entwürfe für technische Regulierungsstandards erarbeiten, in denen festgelegt ist, welche Angaben in das öffentliche Register nach Absatz 1 aufgenommen werden.

Die ESMA legt der Kommission bis 30. September 2012 Entwürfe für entsprechende technischer Regulierungsstandards vor.

Der Kommission wird die Befugnis übertragen, die in Unterabsatz 1 genannten technischen Regulierungsstandards gemäß den Artikeln 10 bis 14 der Verordnung (EU) Nr. 1095/2010 zu erlassen.

In der Fassung vom 4.7.2012 (ABl. EU Nr. L 201 v. 27.7.2012, S. 1).

---

1 Erwägungsgrund Nr. 13 DelVO 2015/2205.

**Delegierte Verordnung (EU) Nr. 149/2013 vom 19. Dezember 2012
zur Ergänzung der Verordnung (EU) Nr. 648/2012 des Europäischen Parlaments und des Rates im Hinblick auf technische Regulierungsstandards für indirekte Clearingvereinbarungen, die Clearingpflicht, das öffentliche Register, den Zugang zu einem Handelsplatz, nichtfinanzielle Gegenparteien und Risikominderungstechniken für nicht durch eine CCP geclearte OTC-Derivatekontrakte**

(Auszug)

Art. 8 In das ESMA-Register aufzunehmende Angaben

(1) Das öffentliche Register der ESMA enthält für jede clearingpflichtige Kategorie von OTC-Derivatekontrakten folgende Angaben:
a) Vermögenswertkategorie der OTC-Derivatekontrakte;
b) Art der OTC-Derivatekontrakte innerhalb dieser Kategorie;
c) Basiswerte der OTC-Derivatekontrakte innerhalb dieser Kategorie;
d) bei Basiswerten, die Finanzinstrumente sind, Angabe, ob es sich beim Basiswert um ein einziges Finanzinstrument bzw. einen einzigen Emittenten oder um einen Index bzw. ein Portfolio handelt;
e) bei sonstigen Basiswerten Angabe der Kategorie des Basiswerts;
f) Nenn- und Abwicklungswährungen der OTC-Derivatekontrakte innerhalb der Kategorie;
g) Laufzeitenspektrum der OTC-Derivatekontrakte innerhalb der Kategorie;
h) Abwicklungsbedingungen der OTC-Derivatekontrakte innerhalb der Kategorie;
i) Zahlungsfrequenzspektrum der OTC-Derivatekontrakte innerhalb der Kategorie;
j) Produktkennziffer (Product Identifier) der betreffenden Kategorie von OTC-Derivatekontrakten;
k) alle anderen Merkmale, die erforderlich sind, um in der betreffenden Kategorie von OTC-Derivatekontrakten einen Kontrakt vom anderen zu unterscheiden.

(2) In Bezug auf CCPs, die für die Zwecke der Clearingpflicht zugelassen oder anerkannt sind, enthält das öffentliche Register der ESMA für jede CCP folgende Angaben:
a) Kennziffer gemäß Artikel 3 der Durchführungsverordnung (EU) Nr. 1247/2012 der Kommission;
b) vollständiger Name;
c) Land der Niederlassung;
d) gemäß Artikel 22 der Verordnung (EU) Nr. 648/2012 benannte zuständige Behörde.

(3) In Bezug auf den Zeitpunkt, ab dem die Clearingpflicht wirksam wird, einschließlich einer etwaigen schrittweisen Umsetzung, enthält das öffentliche Register der ESMA folgende Angaben:
a) Identifikation der Kategorien von Gegenparteien, für die die bei einer schrittweisen Umsetzung greifenden Übergangsphasen gelten;
b) alle sonstigen Bedingungen, die nach den gemäß Artikel 5 Absatz 2 der Verordnung (EU) Nr. 648/2012 erlassenen technischen Regulierungsstandards erfüllt sein müssen, damit die betreffende Übergangsphase wirksam wird.

(4) Das öffentliche Register der ESMA enthält eine Bezugnahme auf die gemäß Artikel 5 Absatz 2 der Verordnung (EU) Nr. 648/2012 erlassenen technischen Regulierungsstandards, auf deren Grundlage die Clearingpflicht im Einzelfall eingeführt wurde.

(5) In Bezug auf die CCP, die der ESMA von der zuständigen Behörde gemeldet wurde, enthält das öffentliche Register der ESMA mindestens folgende Angaben:
a) Identifikation der CCP;
b) Vermögenswertkategorie der gemeldeten OTC-Derivatekontrakte;
c) Art der OTC-Derivatekontrakte;
d) Datum der Meldung;
e) Identifikation der meldenden zuständigen Behörde.

In der Fassung vom 19.12.2012 (ABl. EU Nr. L 52 v. 23.2.2013, S. 11).

Schrifttum: *Europäische Wertpapier- und Marktaufsichtsbehörde (ESMA)*, „Fragen und Antworten – Umsetzung der Verordnung (EU) Nr. 648/2012 über OTC-Derivate, zentrale Gegenparteien und Transaktionsregister (EMIR)", ESMA70-1861941480-52 vom 30.5.2018, abrufbar über: https://www.esma.europa.eu („*ESMA Q&A*").

I. Öffentliches Register (Art. 6 Abs. 1 VO Nr. 648/2012) 1	III. Entfernung von CCPs (Art. 6 Abs. 3 VO Nr. 648/2012) 9
II. Erforderliche Angaben (Art. 6 Abs. 2 VO Nr. 648/2012) 3	

I. Öffentliches Register (Art. 6 Abs. 1 VO Nr. 648/2012). Art. 6 Abs. 1 VO Nr. 648/2012 verpflichtet die ESMA ein **öffentliches Register** zu führen, in dem sie die clearingpflichtigen Kategorien von OTC-Derivaten verzeichnet. Das öffentliche Register ist auf der **Webseite der ESMA** zu veröffentlichen. 1

Art. 6 VO Nr. 648/2012 | Öffentliches Register

2   Die ESMA ist ihrer Verpflichtung am 18.3.2014 nachgekommen[1]. Das öffentliche Register ist derzeit über die Webseite „Registers and Data"[2] unter der Zwischenüberschrift „Post-trading (EMIR, Settlement Finality Directive, CSDR)" abrufbar[3].

3   **II. Erforderliche Angaben (Art. 6 Abs. 2 VO Nr. 648/2012).** Die in das öffentliche Register aufzunehmenden **Angaben** sind in Art. 6 Abs. 2 VO Nr. 648/2012 vorgegeben. Von der in Art. 6 Abs. 4 VO Nr. 648/2012 vorgesehenen Befugnis, diese Angaben näher zu bestimmen, hat die Kommission mit Art. 8 DelVO Nr. 149/2013 Gebrauch gemacht.

4   Die nach Art. 6 Abs. 2 Buchst. a VO Nr. 648/2012 erforderlichen Angaben zu den clearingpflichtigen **OTC-Derivatekategorien** müssen nach Art. 8 Abs. 1 Buchst. a–k DelVO Nr. 149/2013 u.a. Informationen über die jeweiligen **Basiswerte** (z.B. Zinsen, Aktien, Währungen), die **Art** der Derivate (z.B. Option, Swap, Forward) sowie deren **Laufzeiten** und zu den Bedingungen für die **Abwicklung** (z.B. Barausgleich oder physische Erfüllung) enthalten. In den Erwägungsgründen zur DelVO Nr. 149/2013[4] hat die Kommission klargestellt, dass die Ausführlichkeit der Informationen je nach ihrer Relevanz für die Identifizierung der betreffenden Derivatekategorie variieren kann[5].

5   Die Angaben zu den **CCPs** die für die Erbringung von Clearingdienstleistungen für die OTC-Derivatekategorien zugelassen oder anerkannt worden sind, müssen nach Art. 8 Abs. 2 Buchst. a–d DelVO Nr. 149/2013 neben dem **Namen** und dem **Land der Niederlassung** auch die in Art. 3 DurchfVO Nr. 1247/2012 vorgesehene **Kennziffer** enthalten. Darüber hinaus ist bei europäischen CCPs die nach Art. 22 VO Nr. 648/2012 zuständige **nationale Aufsichtsbehörde** anzugeben. Nach Art. 4 Abs. 3 VO Nr. 648/2012 kann eine clearingpflichtige Gegenpartei ihrer Verpflichtung nur dadurch nachkommen, dass sie das Clearing der von Ihr abgeschlossenen OTC-Derivate einer CCP überträgt, die in dem Clearingregister aufgelistet ist. Ob die Angabe der CCP im Clearingregister insoweit konstitutiv ist, d.h. die clearingpflichtige Gegenpartei eine nachweislich zugelassene CCP nur nutzen kann, wenn und sobald diese entsprechend gelistet ist[6], erscheint jedoch fraglich.

6   Mit der Kennziffer i.S.d. Art. 3 DurchfVO Nr. 1247/2012 ist der sog. **Legal Entity Indentifier (LEI)** gemeint; wegen der Einzelheiten zur LEI wird auf die Kommentierung von Art. 9 VO Nr. 648/2012 Rz 54–62 verwiesen. Die Angaben zu den CCPs finden sich in Abschnitt 1 Nr. 2 des öffentlichen Registers. Wegen der LEI verweist das öffentliche Register in den Fußnoten 6 und 7 auf die beiden Verzeichnisse über die nach Art. 14 VO Nr. 648/2012 zugelassenen europäischen CCPs[7] und die nach Art. 25 VO Nr. 648/2012 anerkannten Drittstaaten-CCPs[8].

7   Die nach Art. 6 Abs. 2 Buchst. c, f und e VO Nr. 648/2012 erforderlichen Angaben zu den Zeitpunkten für das schrittweise **Wirksamwerden** der Clearingpflicht, dem Tag, an dem der ESMA die Zulassung einer europäischer CCP **mitgeteilt** wurde und zu den von der Kommission bestimmten **Mindestrestlaufzeiten** sind für den Beginn der Clearingpflicht und das sog. „Frontloading" von Bedeutung.

8   Ebenfalls in das öffentliche Register aufzunehmen sind nach Art. 6 Abs. 2 Buchst. d VO Nr. 648/2012 die Kategorien von OTC-Derivatekontrakten, bei denen die ESMA nach Durchführung des in Art. 5 Abs. 3 VO Nr. 648/2012 vorgesehenen Verfahrens zur Auffassung gelangt ist, **dass sie der Clearingpflicht unterliegen** sollten. Entsprechende Feststellungen hat die ESMA bislang nicht getroffen.

9   **III. Entfernung von CCPs (Art. 6 Abs. 3 VO Nr. 648/2012).** Verliert eine CCP für eine clearingpflichtige OTC-Derivatekategorie ihre Zulassung oder Anerkennung, so ist sie von der ESMA aus dem öffentlichen Register zu entfernen.

10 Die Zulassung oder Anerkennung kann nach Art. 20 Abs. 5 VO Nr. 648/2012 oder Art. 25 Abs. 5 Satz 3 VO Nr. 648/2012 **ganz oder teilweise entzogen** wurde. Nach Art. 20 Abs. 5 VO Nr. 648/2012 kann sich der Entzug der Zulassung auch auf einzelne Kategorien von Finanzinstrumenten bzw. OTC-Derivaten beschränken.

---

1   *ESMA*, „Fragen und Antworten – Umsetzung der Verordnung (EU) Nr. 648/2012 über OTC-Derivate, zentrale Gegenparteien und Transaktionsregister (EMIR)", ESMA70-1861941480-52 vom 30.5.2018, abrufbar über: https://www.esma.europa.eu/sites/default/files/library/esma70-1861941480-52_qa_on_emir_implementation.pdf („*ESMA* Q&A"), OTC Frage Nr. 7 [letzte Aktualisierung: 21.5.2015].
2   https://www.esma.europa.eu/databases-library/registers-and-data.
3   *ESMA*, Öffentliches Register für die Clearingpflicht unter der EMIR, ESMA70-708036281, zuletzt aktualisiert am 19.1. 2018, abrufbar über: https://www.esma.europa.eu/sites/default/files/library/public_register_for_the_clearing_obligation_under_emir.pdf („*ESMA* Öffentliches Register für die Clearingpflicht").
4   Erwägungsgrund Nr. 12 DelVO Nr. 149/2013.
5   S. zum Register auch *Achtelik* in Wilhelmi/Achtelik/Kunschke/Sigmundt, Handbuch EMIR, Teil 3.B.I Rz. 42.
6   S. *Grundmann* in Staub, HGB, Band 11/2, 5. Aufl. 2018, Rz. 711.
7   *ESMA*, Liste der europäischen CCPs, die für die Erbringung von Clearingdienstleistungen in der Union zugelassen worden sind, zuletzt aktualisiert am 18.5.2018, abrufbar über: https://www.esma.europa.eu/sites/default/files/library/ccps_authorised_under_emir.pdf („*ESMA* Liste zugelassene CCPs").
8   *ESMA*, Liste der Drittstaaten-CCPs, die für die Erbringung von Clearingdienstleistungen in der Union anerkannt worden sind, ESMA70-152-348, zuletzt aktualisiert am 18.5.2018, abrufbar über: https://www.esma.europa.eu/sites/default/files/library/third-country_ccps_recognised_under_emir.pdf („*ESMA* Liste anerkannte Drittstaaten-CCPs").

Ein **Beispiel** für die Entfernung einer CCP aus dem öffentlichen Register ist die CME Clearing Europe Limited (CMECE). Im April 2017 hatte die Chicago Mercantile Exchange (CME) mitgeteilt, dass ihr Tochterunternehmen, die CMECE, nach sieben Jahren Tätigkeit die Erbringung von Clearingdienstleistungen einstellen wird. Die Zulassung der CMECE ist am 23.6.2017 entzogen worden. Im öffentlichen Register ist der Entzug der Zulassung bzw. die „Entfernung" der CMECE dadurch kenntlich gemacht worden, dass sämtliche die CMECE betreffende Angaben durchgestrichen wurden.

Art. 7 Zugang zu einer CCP

(1) Eine für das Clearing von OTC-Derivatkontrakten zugelassene CCP, muss das Clearing solcher Kontrakte – auch in Bezug auf Anforderungen für Sicherheiten, mit dem Zugang verbundene Gebühren und unabhängig vom Handelsplatz – diskriminierungsfrei und transparent akzeptieren. Damit wird insbesondere sichergestellt, dass ein Handelsplatz das Recht hat, dass auf dem Handelsplatz gehandelte Kontrakte nichtdiskriminierend behandelt werden in Bezug auf:

a) Anforderungen für Sicherheiten und das Netting wirtschaftlich gleichwertiger Kontrakte, sofern die Glattstellung oder sonstige Aufrechnungsverfahren einer CCP aufgrund des geltenden Insolvenzrechts durch die Einbeziehung solcher Kontrakte nicht unterbrochen oder gestört, ungültig oder in Bezug auf ihre Durchsetzbarkeit beeinträchtigt werden, und

b) das Cross-Margining mit korrelierten Kontrakten, die im Rahmen eines Risikomodells gemäß Artikel 41 von derselben CCP gecleart werden.

Eine CCP kann verlangen, dass ein Handelsplatz den von ihr geforderten operativen und technischen Anforderungen, auch für das Risikomanagement, genügt.

(2) Wenn ein Handelsplatz einem förmlichen Antrag auf Zugang stellt, muss die CCP binnen drei Monaten ab Antragstellung diesem Antrag stattgeben oder ihn ablehnen.

(3) Wenn eine CCP den Zugang gemäß Absatz 2 verweigert, muss sie dies gegenüber dem Handelsplatz ausführlich begründen.

(4) Mit Ausnahme der Fälle, in denen die zuständige Behörde des Handelsplatzes und die zuständige Behörde der CCP den Zugang verweigern, gewährt die CCP dem Handelsplatz vorbehaltlich des Unterabsatzes 2 binnen drei Monaten nach der Entscheidung, mit der dem förmlichen Antrag des Handelsplatzes gemäß Absatz 2 stattgegeben wurde, den Zugang.

Die zuständige Behörde des Handelsplatzes und die zuständige Behörde der CCP können einem Handelsplatz, der einen förmlichen Antrag gestellt hat, den Zugang zur CCP nur dann verweigern, wenn ein solcher Zugang das reibungslose und ordnungsgemäße Funktionieren der Märkte beeinträchtigen oder zu einer Verstärkung der Systemrisiken führen würde.

(5) Bei Meinungsverschiedenheiten zwischen den zuständigen Behörden regelt die ESMA die betreffenden Streitigkeiten in Ausübung ihrer Befugnisse nach Artikel 19 der Verordnung (EU) Nr. 1095/2010.

(6) Die Bedingungen für eine nichtdiskriminierende Behandlung der an dem betreffenden Handelsplatz gehandelten Kontrakte, was die Anforderungen an die Besicherung, die Aufrechnung wirtschaftlich gleichwertiger Kontrakte und das Cross-Margining mit korrelierenden, von derselben CCP geclearten Kontrakten betrifft, werden in den technischen Standards festgelegt, die gemäß Artikel 35 Absatz 6 Buchstabe e der Verordnung (EU) Nr. 600/2014 angenommen werden.

In der Fassung vom 4.7.2012 (ABl. EU Nr. L 201 v. 27.7.2012, S. 1), geändert durch Verordnung (EU) Nr. 600/2014 vom 15.5.2014 (ABl. EU Nr. L 173 v. 12.6.2014, S. 84).

Delegierte Verordnung (EU) 2017/581 vom 24. Juni 2016
zur Ergänzung der Verordnung (EU) Nr. 600/2014 des Europäischen Parlaments und des Rates durch technische Regulierungsstandards für den Clearing-Zugang im Zusammenhang mit Handelsplätzen und zentralen Gegenparteien

(Auszug)

Art. 12 Anforderungen an Sicherheiten und Margining bei wirtschaftlich gleichwertigen Kontrakten

(1) Die CCP bestimmt, ob Kontrakte, die an einem Handelsplatz gehandelt werden, zu dem sie Zugang gewährt hat, wirtschaftlich den bereits von der CCP geclearten Kontrakten mit ähnlichen Risikoeigenschaften gleichwertig sind.

(2) Für die Zwecke dieses Artikels betrachtet eine CCP sämtliche Kontrakte, die an einem Handelsplatz gehandelt werden, zu dem sie Zugang gewährt hat, und die zu der Finanzinstrumentenklasse gehören, die unter die in Artikel 14 der Verordnung (EU) Nr. 648/2012 genannte CCP-Zulassung oder unter eine in Artikel 15 dieser Verordnung genannte nachträgliche Erweiterung dieser Zulassung fallen, als wirtschaftlich gleichwertig mit den Kontrakten in der entsprechenden Finanzinstrumentenklasse, die bereits von der CCP gecleart wurden.

(3) Eine CCP kann einen Kontrakt, der an einem Handelsplatz gehandelt wird, zu dem sie Zugang gewährt hat und der ein erheblich anderes Risikoprofil oder wesentliche Unterschiede zu den von ihr in der entsprechenden Finanzinstrumentenklasse bereits geclearten Kontrakten aufweist, als wirtschaftlich nicht gleichwertig betrachten, wenn sie gemäß Artikel 15 der Verordnung (EU) Nr. 648/2012 in Bezug auf diesen Kontrakt und in Zusammenhang mit dem Zugangsantrag dieses Handelsplatzes eine Erweiterung ihrer Zulassung erhalten hat.

(4) Eine CCP wendet auf die in Absatz 1 genannten wirtschaftlich gleichwertigen Kontrakte in Bezug auf Margining und Sicherheiten dieselben Methoden an, unabhängig davon, an welchem Ort die Kontrakte gehandelt werden. Eine CCP macht das Clearing eines in Absatz 1 genannten wirtschaftlich gleichwertigen Kontrakts nur in den Fällen von der Vornahme von Änderungen an den Risikomodellen- und -parametern der CCP abhängig, in denen dies erforderlich ist, um die Risikofaktoren in Zusammenhang mit diesem Handelsplatz oder den darauf gehandelten Kontrakten abzuschwächen. Solche Änderungen sind als wesentliche Änderungen an den Modellen und Parametern der CCP gemäß Artikel 28 und Artikel 49 der Verordnung (EU) Nr. 648/2012 zu betrachten.

In der Fassung vom 24.6.2016 (ABl. EU Nr. L 87 v. 31.3.2017, S. 212), geändert durch Berichtigung vom 12.8.2017 (ABl. EU Nr. L 209 v. 12.8.2017, S. 62).

Art. 13 *Netting wirtschaftlich gleichwertiger Kontrakte*

(1) Unabhängig vom Ort, an dem diese gehandelt werden, wendet eine CCP bei den in Artikel 12 Absatz 1 genannten wirtschaftlich gleichwertigen Kontrakten dieselben Nettingverfahren an; dabei ist jedoch Voraussetzung, dass sämtliche Netting-Verfahren, die sie anwendet, gemäß Richtlinie 98/26/EG und gemäß dem geltenden Insolvenzrecht gültig und durchsetzbar sind.

(2) Ist eine CCP der Auffassung, dass das Rechts- oder Basisrisiko im Zusammenhang mit dem Nettingverfahren, das sie auf einen wirtschaftlich gleichwertigen Kontrakt anwendet, nicht ausreichend abgeschwächt wurde, macht sie das Clearing eines solchen Kontrakts von der Umsetzung von Änderungen an diesem Nettingverfahren abhängig, mit Ausnahme des Nettings dieses Kontrakts. Solche Änderungen sind als wesentliche Änderungen an den Modellen und Parametern der CCP gemäß Artikel 28 und Artikel 49 der Verordnung (EU) Nr. 648/2012 zu betrachten.

(3) Für die Zwecke des Absatzes 2 bezeichnet „Basisrisiko" das Risiko, das sich aus den nicht perfekt korrelierten Bewegungen zwischen zwei oder mehr Vermögenswerten oder Kontrakten ergibt, die von CCP gecleart wurden. Artikel 14 Cross-Margining korrelierter Kontrakte, die von derselben CCP gecleart werden Wenn eine CCP Einschusszahlungen im Hinblick auf das Cross-Margining bei korrelierten Kontrakten gemäß Artikel 41 der Verordnung (EU) Nr. 648/2012 und Artikel 27 der delegierten Verordnung (EU) Nr. 153/2013 der Kommission (1) berechnet, die von derselben CCP gecleart wurden (Portfolio-Margining), wendet die CCP diesen Portfolio-Margining- Ansatz auf sämtliche korrelierte Kontrakte an, unabhängig von dem Ort, an dem diese gehandelt wurden. Kontrakte mit einer wesentlichen und zuverlässigen Korrelation oder einem äquivalenten, statistischen Abhängigkeitsparameter profitieren von denselben Aufrechnungen und Nachlässen.

In der Fassung vom 24.6.2016 (ABl. EU Nr. L 87 v. 31.3.2017, S. 212).

Art. 14 *Cross-Margining korrelierter Kontrakte, die von derselben CCP gecleart werden*

Wenn eine CCP Einschusszahlungen im Hinblick auf das Cross-Margining bei korrelierten Kontrakten gemäß Artikel 41 der Verordnung (EU) Nr. 648/2012 und Artikel 27 der delegierten Verordnung (EU) Nr. 153/2013 der Kommission berechnet, die von derselben CCP gecleart wurden (Portfolio-Margining), wendet die CCP diesen Portfolio-Margining- Ansatz auf sämtliche korrelierte Kontrakte an, unabhängig von dem Ort, an dem diese gehandelt wurden. Kontrakte mit einer signifikanten und zuverlässigen Korrelation oder einem äquivalenten, statistischen Abhängigkeitsparameter profitieren von denselben Aufrechnungen und Nachlässen.

In der Fassung vom 24.6.2016 (ABl. EU Nr. L 87 v. 31.3.2017, S. 212), geändert durch Berichtigung vom 12.8.2017 (ABl. EU Nr. L 209 v. 12.8.2017, S. 62).

Schrifttum: *Gstädtner*, Regulierung der Märkte für OTC-Derivate, RdF 2012, 145.

I. Pflicht zur Gewährung des Zugangs (Art. 7 Abs. 1 VO Nr. 648/2012) 1	b) Operative und technische Anforderungen .. 15
1. Anwendungsbereich 6	c) Risikomanagement 18
2. Gegenstand der Zugangspflicht 8	d) Sicherheitenanforderungen 20
3. Anforderungen an den Zugang, Versagungsgründe 11	e) Nettingverfahren 22
a) Bedeutung der DelVO 2017/581 13	f) Besicherung auf Portfolioebene 24
	II. Zugangsverfahren (Art. 7 Abs. 2–5 VO Nr. 648/2012) 27

1 **I. Pflicht zur Gewährung des Zugangs (Art. 7 Abs. 1 VO Nr. 648/2012).** Eine für das Clearing von OTC-Derivaten zugelassene CCP muss jedem Handelsplatz, der dies wünscht, in transparenter und nichtdiskriminierender Weise die Möglichkeit einräumen, die an ihm gehandelten OTC-Derivate durch die CCP clearen zu lassen.

2 Art. 7 VO Nr. 648/2012 ist Ausprägung der im U.S.-amerikanischen und europäischen Kartellrecht entwickelten **Essential-Facilities-Doktrin**[1]. Danach ist es einem Anbieter von Waren oder Dienstleistungen, der im Hin-

---

1 Grundlegend: Kommission, Entscheidung v. 11.6.1991 – Sealink I, Bulletin der EG Nr. 6, 1992, Tz. 1.3.30; Kommission, Entscheidung v. 21.12.1993 – 94/19/EG – Sealink II, ABl. EG Nr. L 15 v. 18.1.1994, S. 8; Kommission, Entscheidung v. 21.12.1993 – 94/119/EG – Hafen von Rødby, ABL. EG Nr. L 55 v. 26.2.1994, S. 52.

blick auf die von ihm angebotenen Leistungen eine **Monopolstellung** innehat, untersagt, anderen Unternehmen eines **nachgelagerten Marktes**, die für die Erbringung der von ihnen angebotenen Waren oder Dienstleistungen auf die Nutzung der Leistungen zwingend angewiesen sind, den Zugang zu ihren Leistungen missbräuchlich zu verweigern oder zu erschweren. Die Essential-Facilities-Doktrin stützt sich auf das in Art. 106 Abs. 1 i.V.m. Art. 102 AEUV verankerte Verbot des Missbrauches einer marktbeherrschenden Stellung; sie ist von den europäischen Gerichten auch auf Finanzmarktinfrastruktureinrichtungen übertragen worden[1].

Zweck der Regelung ist die Gewährleistung eines **fairen und offenen Zugangs** zwischen Handelsplätzen und CCPs bzw. die Schaffung eines von Wettbewerbsverzerrungen befreiten europäischen Marktes für OTC-Derivate[2]. Es soll insbesondere verhindert werden, dass die Einführung einer Clearingpflicht von einer CCP zum Anlass genommen wird, die über bestimmte Handelsplätze ausgeführten OTC-Derivate nur deshalb nicht abzuwickeln, weil sich die CCP im Besitz eines **konkurrierenden Handelsplatzes** befindet[3]. 3

Art. 7 VO Nr. 648/2012 regelt den Zugang zu den CCPs, die für das Clearing von **OTC-Derivaten** zugelassen worden sind. Der Zugang zu CCPs, die an Handelsplätzen gehandelte Derivate oder übertragbare Wertpapiere oder Geldmarktinstrumente abwickeln, ist in Art. 35 VO Nr. 600/2014 (MiFIR) geregelt. Beide Vorschriften stimmen hinsichtlich Zweck und Struktur weitestgehend überein und können in weiten Teilen als einheitliches Regime aufgefasst werden[4]. Gleichwohl sind im Rahmen der Überarbeitung und Anpassung des Art. 7 VO Nr. 648/2012[5] nicht alle Bestimmungen des Art. 35 VO Nr. 600/2014 übernommen worden. 4

Die mit der **DelVO 2017/581** erlassenen technischen Regulierungsstandards für den Zugang zu CCPs nach Art. 35 VO Nr. 600/2014 sind über Art. 7 Abs. 6 VO Nr. 648/2012 nur teilweise anwendbar. Soweit sie nicht anwendbar sind, geben sie jedoch wichtige Hinweise für die Auslegung des Art. 7 VO Nr. 648/2012. 5

1. Anwendungsbereich. Wie sich bereits aus der in Art. 7 Abs. 1 Unterabs. 1 VO Nr. 648/2012 gewählten Formulierung „zugelassene CCP" ergibt, beschränkt sich der **persönliche Anwendungsbereich** der Zugangspflicht auf die nach Art. 14 VO Nr. 648/2012 zugelassenen **CCPs mit Sitz in der Union**. Ihnen gleichgestellt sind die CCPs, die vor Inkrafttreten der EMIR im Rahmen eines nationalen Zulassungssystems eines Mitgliedstaates zugelassen wurden. Ausgenommen sind hingegen CCPs mit Sitz in einem Drittstaat, die von der ESMA nach Art. 25 VO Nr. 648/2012 anerkannt wurden. 6

Dem in Art. 2 Nr. 4 VO Nr. 648/2012 definierten Begriff Handelsplatz ist zu entnehmen, dass **Inhaber** des durch Art. 7 Abs. 1 VO Nr. 648/2012 begründeten Zugangsrechts nur ein **europäischer** geregelter Markt bzw. ein von einer Wertpapierfirma oder einem Marktbetreiber mit Sitz in der Union betriebenes multilaterales Handelssystem (multilateral trading facilities, MTF) oder organisiertes Handelssystem (organised trading facilites, OTF) sein kann. Den in einem Drittstaat ansässigen Märkten stehen die Rechte aus Art. 7 VO Nr. 648/2012 selbst dann nicht zu, wenn der auf sie anwendbare Regulierungsrahmen des betreffenden Drittstaates nach Art. 2a VO Nr. 648/2012 von der Kommission als gleichwertig anerkannt wurde. Das in Art. 38 Abs. 1 VO Nr. 600/2014 vorgesehene Zugangsrecht von Drittstaaten-Handelsplätzen beschränkt sich auf den Zugang zu Clearingdienstleistungen, die sich auf **börsengehandelte Derivate, Wertpapiere oder Geldmarktinstrumente** beziehen. 7

2. Gegenstand der Zugangspflicht. Ist eine CCP für das Clearing einer bestimmten Kategorie von OTC-Derivaten zugelassen, muss sie auf Antrag eines Handelsplatzes auch die an diesem Handelsplatz abgeschlossenen OTC-Derivate in ihr Clearing aufnehmen. Die Pflicht erstreckt sich nur auf „solche Kontrakte", d.h. auf **OTC-Derivatekontrakte, die derselben Kategorie** angehören. Der Handelsplatz hat keinen Anspruch darauf, dass die CCP durch Erweiterung ihrer Zulassung nach Art. 15 VO Nr. 648/20 und Anpassung ihrer Systeme die Voraussetzung dafür schafft, dass sie die OTC-Derivate des antragstellenden Handelsplatzes abwickeln kann. 8

Mit der Einschränkung des Zugangs auf die bereits von der CCP geclearten Kategorien von OTC-Derivaten unterscheidet sich der Zugang nach Art. 7 VO Nr. 648/2012 von dem Zugang nach Art. 35 VO Nr. 600/2014. So verlangt Art. 4 Abs. 1 Buchst. a DelVO 2017/581, dass eine CCP, die für die Finanzinstrumente, für der die Zugang beantragt wird, bislang keine Clearingdienstleistungen anbietet, **angemessene Anstrengungen** unternimmt, um die Voraussetzungen für das Clearing zu erfüllen. 9

Die europäische CCP muss für das Clearing einer Kategorie von **OTC-Derivaten** zugelassen worden sein. Bezieht sich die Zulassung auf eine andere Kategorie von Finanzinstrumenten, z.B. Derivate, die an einem in der 10

---

1 EuG v. 9.9.2009 – T-301/04 – ECLI:EU:T:2009:317 – Clearstream, Slg. 2009, II-3155.
2 Erwägungsgrund Nr. 35 VO Nr. 648/2012.
3 Erwägungsgrund Nr. 34 VO Nr. 648/2012.
4 Erwägungsgrund Nr. 39 VO Nr. 600/2014 weist auf die angestrebte Kohärenz der beiden Regelungen hin.
5 Art. 7 Abs. 1 VO Nr. 648/2012 ist durch Art. 53 Abs. 2 Buchst. a VO Nr. 600/2014 (MiFIR) neu gefasst worden, Art. 7 Abs. 6 VO Nr. 648/2012 wurde durch Art. 53 Abs. 2 Buchst. b VO Nr. 600/2014 eingefügt. Die MiFIR ist am zwanzigsten Tag nach ihrer Veröffentlichung im Amtsblatt der Europäischen Union, d.h. am 2.7.2014, in Kraft getreten. Ursprünglich war vorgesehen, dass ihre Bestimmungen, einschließlich Art. 53 VO Nr. 600/2014, ab dem 3.1.2017 gelten. Die Geltung der MiFIR ist jedoch durch Art. 1 Nr. 14 VO 2016/1033 auf den 3.1.2018 verschoben worden.

Art. 7 VO Nr. 648/2012 | Zugang zu einer CCP

Union errichteten geregelten Markt i.S.d. Art. 4 Abs. 1 Nr. 14 RL 2004/39/EG ausgeführt wurden, findet Art. 7 VO Nr. 648/2012 keine Anwendung. Gleiches gilt, wenn die CCP nur übertragbare Wertpapier oder Geldmarktinstrumente abwickeln oder Wertpapierpensionsgeschäfte oder andere Wertpapierfinanzierungsgeschäfte clearen darf.

11 **3. Anforderungen an den Zugang, Versagungsgründe.** Die Verpflichtung, Handelsplätzen einen **diskriminierungsfreien Zugang** zu ermöglichen, bedeutet, dass die CCP bei den Anforderungen, die sie an das Clearing einer bestimmten Kategorie von OTC-Derivaten stellt und den hierfür geforderten Entgelten nicht danach unterscheiden darf, an welchem Handelsplatz das OTC-Derivat zustande gekommen ist. Die CCP kann nach Art. 7 Abs. 1 Unterabs. 2 VO Nr. 648/2012 jedoch verlangen, dass der Handelsplatz den von ihr geforderten operativen und technischen Anforderungen sowie den Anforderungen ihres Risikomanagements entspricht. In diesem Umfang kann sie den Zugang auch versagen.

12 In Art. 7 Abs. 1 Unterabs. 1 Buchst. a und b VO Nr. 648/2012 besonders hervorgehoben werden die von der CCP gestellten Anforderungen an die Besicherung, die Aufrechnung wirtschaftlich gleichwertiger Kontrakte und an das sog. „Cross-Margining" korrelierter OTC-Derivate. Diese Anforderungen müssen, unabhängig vom Ort an dem die OTC-Derivate zustande gekommen sind, auf sämtliche OTC-Derivate angewendet werden, die wirtschaftlich gleichwertig sind. Ausnahmen sind nur unter den in Art. 12–14 DelVO 2017/581 genannten Bedingungen zulässig.

13 a) **Bedeutung der DelVO 2017/581.** Die in der DelVO 2017/581 aufgeführten Versagungsgründe, die sich auf operative und technischen Anforderungen sowie Anforderungen des Risikomanagements stützen, finden auf die Zulassung nach Art. 7 VO Nr. 648/2012 **unmittelbar keine Anwendung**. Dies stellt Art. 35 Abs. 1 Unterabs. 2 Satz 2 VO Nr. 600/2014 ausdrücklich klar. Auch ist zu berücksichtigen, dass die CCP nach Art. 7 VO Nr. 648/2012 den Zugang nur zum Clearing derjenigen Kategorien von OTC-Derivaten gewähren muss, die sie bereits abwickelt. Die Versagungsgründe des Art. 3 Satz 2 Buchst. b und Art. 4 Buchst. a DelVO 2017/581[1] können daher, weil die CCP bereits über die erforderliche Zulassungen, Kenntnisse und Erfahrungen verfügt, keine Bedeutung erlangen. Die schließt jedoch nicht aus, dass die Auslegung des Abs. 1 sich, soweit sachgerecht, an den **Fallbeispielen der DelVO 2017/581 orientiert**.

14 Über Art. 7 Abs. 6 VO Nr. 648/2012 **unmittelbar anwendbar** sind nur die Bestimmungen der Art. 12 bis 14 DelVO 2017/581. Sie beschränken sich auf die Anforderungen an die **Besicherung**, das **Netting** wirtschaftlich gleichwertiger OTC-Derivate und das **Cross-Margining** für korrelierte OTC-Derivate.

15 b) **Operative und technische Anforderungen.** Ein **zulässiges Differenzierungsmerkmal** und Versagungsgrund ist die Nichterfüllung der in Art. 7 Abs. 1 Unterabs. 2 VO Nr. 648/2012 genannten **operativen und technischen Anforderungen**. Hierzu zählen u.a. die in Art. 38 Abs. 4 VO Nr. 648/2012 genannten und öffentlich bekannt zu machenden Anforderungen an die Nachrichtenformate, die für die Kommunikation und den Datenaustausch mit dem Handelsplatz zu verwenden sind.

16 Die Gründe für die Verweigerung sind für Zwecke des Art. 35 VO Nr. 600/2014 in Art. 2 bis 4 DelVO 2017/581 abschließend aufgezählt. Nach Art. 2 DelVO 2017/581 kann die CCP den Zugang unter Hinweis auf das antizipierte Transaktionsvolumen ablehnen, wenn die skalierbare Struktur und die Kapazität der CCP in einem Umfang überschritten würden, der durch eine Anpassung der Systeme der CCP oder den Erwerb von Zusatzkapazitäten nicht mehr gesteuert werden kann. Mit operationellen Risiken kann die Ablehnung der Zulassung nach Art. 3 Unterabs. 2 Buchst. a DelVO 2017/581 dann begründet werden, wenn die IT-Systeme der CCP und des Handelsplatzes nicht kompatibel sind.

17 Kein zulässiges Kriterium sind hingegen die vom Handelsplatz genutzten vertraglichen Vereinbarungen, auf deren Grundlage die an ihm ausgeführten OTC-Derivate dokumentiert wurden. Entsprechen diese dem Marktstandard, hat die CCP sie zu akzeptieren[2].

18 c) **Risikomanagement.** Der in Art. 7 Abs. 1 Unterabs. 2 VO Nr. 648/2012 aufgenommene Zusatz „**auch für das Risikomanagement**" entspricht Art. 35 Abs. 1 Unterabs. 2 Satz 1 VO Nr. 600/2014. Er verdeutlicht, dass die CCP den Zugang zu ihren Clearingdienstleistungen auch dann verweigern kann, wenn sie nach Übernahme der OTC-Derivate des antragstellenden Handelsplatzes die an das Risikomanagement zu stellenden Anforderungen nicht mehr erfüllen kann.

19 Art. 1 DelVO 2017/581 stellt im Kontext des Art. 35 VO Nr. 600/2014 klar, dass die CCP zunächst alle angemessenen Anstrengungen unternehmen muss, um die mit den zusätzlichen OTC-Derivaten verbundenen Risiken zu steuern. Gelangt sie gleichwohl zum Schluss, dass erhebliche unangemessene und nicht steuerbare Risiken verbleiben würden, darf sie den Zugang verweigern.

---

1 Die Bestimmungen der DelVO 2017/581 sind in der Kommentierung zu Art. 35 und 36 VO Nr. 600/2014 vollständig wiedergegeben.
2 Erwägungsgrund Nr. 34 VO Nr. 648/2012.

d) **Sicherheitenanforderungen.** Art. 12 Abs. 2 DelVO 2017/581 macht für Zwecke des Art. 35 VO Nr. 600/ 2014 deutlich, dass Finanzinstrumente, die derselben Kategorie angehören wie die Finanzinstrumente, für die die CCP bereits eine Zulassung nach Art. 14 oder 15 VO Nr. 648/201 erhalten hat, als wirtschaftlich gleichwertig zu betrachten sind und deshalb denselben **Sicherheitenanforderungen** unterliegen müssen.   20

Für Art. 7 VO Nr. 648/2012 relevant ist insbesondere Art. 12 Abs. 4 Satz 2 DelVO 2017/581. Danach ist es zulässig, dass die CCP den Zugang zum Clearing davon abhängig macht, dass sie zuvor ihre für die Berechnung der Einschussanforderungen verwendeten Risikomodelle und Risikoparameter anpasst. Voraussetzung ist jedoch, dass die Anpassung dazu dient, die mit dem Handelsplatz verbundenen Risikofaktoren angemessen zu mindern bzw. zu steuern. Der in Art. 12 Abs. 4 Satz 2 DelVO 2017/581 enthaltene Verweis auf Art. 28 Abs. 3 VO Nr. 648/ 2012 bzw. Art. 49 Abs. 1 Unterabs. 2 VO Nr. 648/2012 stellt klar, dass die Anpassungen vom Risikoausschuss der CCP und vom dem im Kollegium vertretenen Aufsichtsbehörden und Stellen begutachtet werden müssen.   21

e) **Nettingverfahren.** Der Grundsatz, dass Finanzinstrumente, die derselben Kategorie angehören als wirtschaftlich gleichwertige Kontrakte denselben Regelungen unterliegen müssen, gilt nach Art. 13 Abs. 1 DelVO 2017/581 auch für das **Netting bzw. die Glattstellung von Positionen.** Voraussetzung ist jedoch, dass die von der CCP angewendeten Nettingverfahren nach der RL 98/26/EG (FinalitätsRL)[1] und dem anwendbaren Insolvenzrecht rechtlich durchsetzbar sind. Weitere Voraussetzung ist nach Art. 13 Abs. 2 und 3 DelVO 2017/581, dass die in das Nettingverfahren eingestellten gegenläufigen Finanzinstrumente hinsichtlich ihrer Ausstattungsmerkmale **identisch sind und perfekt korrelieren.** Bleiben Basisrisiken bestehen, darf auf die Finanzinstrumente ein Netting- oder Glattstellungsverfahren nur angewendet werden, wenn die betreffenden Verfahren zuvor angepasst wurden. Auch hier ist eine Beteiligung des Risikoausschusses und des Kollegiums erforderlich.   22

Bei dem in der RL 98/26/EG geregelten Nettingverfahren handelt es sich um das sog. **Payment-Netting**, d.h. die Aufrechnung der unter den Finanzinstrumenten fällig werdenden Zahlungsansprüche. Die perfekte Korrelation oder „Spiegelbildlichkeit" der Finanzinstrumente ist erreicht, wenn die unter den beiden Finanzinstrumenten begründeten gegenläufigen Zahlungsansprüche sich hinsichtlich Währung und Fälligkeitstag zu jedem Zeitpunkt aufrechenbar gegenüber stehen. Weichen die Zahlungsansprüche der Höhe nach voneinander ab, erfolgt das Payment-Netting nur in der Höhe, in der sich die fälligen Beträge decken. Eine perfekte Korrelation führt dazu, dass sich die beiden Finanzinstrumente und die durch sie begründeten Risikopositionen gegenseitig ganz oder teilweise aufheben bzw. glattstellen. Soweit sie sich aufheben, müssen weder Nachschüsse noch Ersteinschüsse verlangt werden. Sind die Finanzinstrumente nicht perfekt korreliert, kann eine signifikante und zuverlässige Korrelation nur im Rahmen der Besicherung auf Portfolioebene berücksichtigt werden.   23

f) **Besicherung auf Portfolioebene.** Bei dem in Art. 7 Abs. 1 Unterabs. 1 Buchst. b VO Nr. 648/2012 angesprochenen **Cross Margining** korrelierter OTC-Derivate handelt es sich um die in Art. 41 Abs. 4 Satz 2 VO Nr. 648/2012 und Art. 27 DelVO Nr. 153/2013 geregelte Besicherung von Finanzinstrumenten auf **Portfolioebene.** So kann die Besicherung auf Portfolioeben dazu führen, dass die für gegenläufige Finanzinstrumente ermittelten Einschussanforderungen ganz oder teilweise miteinander verrechnet werden können. Die Verrechnung oder Reduzierung der Marginanforderungen setzt nach Art. 27 Abs. 1 DelVO Nr. 153/2013 jedoch voraus, dass die beiden Finanzinstrumente hinsichtlich ihres Preisrisikos wesentlich und zuverlässig korrelieren, was von der CCP durch geeignete Stresstests und Rückvergleiche mit historischen Zeitreihen nachzuweisen ist.   24

Die vorstehend beschriebenen Verfahren des Nettings und des Cross-Marginings verlangen von der CCP, dass sie die Positionen unabhängig vom Handelsplatz, an dem sie zustande gekommen sind, in demselben **Abrechnungskonto** zusammenfasst.   25

Da für die an unterschiedlichen Handelsplätzen zustande gekommen OTC-Derivate auch unterschiedliche Produktkennziffern (Unique Product Identifier, UPI) vergeben werden, muss die CCP für **Zwecke des Nettings** bzw. der Glattstellung durch geeignete Verfahren sicherstellen, dass die an unterschiedlichen Handelsplätzen abgeschlossenen gegenläufigen OTC-Derivate als derselben Kategorie zugehörig identifiziert werden können.   26

II. **Zugangsverfahren (Art. 7 Abs. 2–5 VO Nr. 648/2012).** Anders als die Parallelvorschrift in Art. 35 Abs. 2 VO Nr. 600/2014 enthält Art. 7 Abs. 2 VO Nr. 648/2012 keine Angaben dazu, an wen der Handelsplatz seinen Antrag richten muss, welche Form bzw. welchen Inhalt der Antrag aufweisen muss und wer über den Eingang des Antrages zu informieren ist. Die Frage stellt sich u.a. deshalb, weil Art. 8 Abs. 4 Unterabs. 2 VO Nr. 648/ 2012 den für den Handelsplatz und die CCP zuständigen Behörden das Recht einräumt, den Zugang zur CCP unter bestimmten Voraussetzungen zu untersagen. Dies setzt jedoch voraus, dass die zuständigen Behörden von der Antragstellung Kenntnis erlangen.   27

Für deutsche CCPs ist die Frage durch § 53i KWG, § 21 BörsG und § 72 Abs. 8 WpHG geklärt worden. Danach geht der deutsche Gesetzgeber davon aus, dass der Träger der Börse bzw. der Betreiber des MTF oder OTF sei-   28

---

[1] Richtlinie 98/26/EG des Europäischen Parlaments und des Rates vom 19. Mai 1998 über die Wirksamkeit von Abrechnungen in Zahlungs- sowie Wertpapierliefer- und -abrechnungssystemen, ABl. EG Nr. L 166 v. 11.6.1998, S. 45 (FinalitätsRL).

nen Antrag nach Art. 7 Abs. 2 VO Nr. 648/2012 bei der CCP stellen muss. Nach § 53i KWG muss die CCP der BaFin den Eingang des Antrages unverzüglich schriftlich mitteilen. Gleiches gilt nach § 72 Abs. 8 WpHG und nach § 21 Abs. 3 BörsG für den Betreiber eines MTF oder OTF und den Börsenträger, der den Antrag gestellt hat. Sie müssen die für sie zuständige Behörde, die BaFin bzw. die Börsenaufsichtsbehörde, über den Eingang des Antrages nach Art. 7 Abs. 2 VO Nr. 648/2012 bei der CCP unverzüglich schriftlich informieren.

29 Ebenfalls nicht geregelt ist die Frage, ob die Frist nach Art. 7 Abs. 2 VO Nr. 648/2012 erst beginnt, wenn der Antrag aus Sicht der CCP vollständig ist.

30 Verweigert die CCP dem Handelsplatz den Zugang zu ihren Clearingdienstleistungen, hat sie ihre Entscheidung nach Art. 7 Abs. 3 VO Nr. 648/2012 **ausführlich zu begründen**. Dabei kann sie sich nur auf die Gründe stützen, die in Art. 7 Abs. 1 Unterabs. 2 VO Nr. 648/2012 genannt sind. Eine Begründung wird man auch in den Fällen verlangen müssen, in denen die CCP den Zugang zwar gewährt, die neu in das Clearing aufgenommen OTC-Derivate jedoch Besicherungsanforderungen oder Nettingverfahren unterwirft, die von den Anforderungen, die für die betreffende Derivatekategorie normalerweise gelten, abweichen.

31 Lehnen die beiden zuständigen Behörden den Zugang einvernehmlich ab, ist die CCP an diese Entscheidung gebunden. Nach Art. 7 Abs. 4 Unterabs. 2 VO Nr. 648/2012 können die zuständigen Behörden den Zugang nur dann verweigern, wenn dies für das reibungslose und ordnungsgemäße **Funktionieren der Märkte** oder zur Begrenzung von **Systemrisiken** erforderlich ist[1].

32 Sind sich die beiden zuständigen Behörden nicht einig, so sieht Art. 7 Abs. 5 VO Nr. 648/2012 vor, dass **Meinungsverschiedenheiten** nach dem in Art. 19 VO Nr. 1095/2010 geregelten Verfahren beizulegen sind. Da das Verfahren nach Art. 19 VO Nr. 1095/2010 nur für grenzüberschreitende Meinungsverschiedenheiten geschaffen wurde, wirft die Formulierung „*in Ausübung ihrer Befugnisse*" die Frage auf, ob die ESMA nur dann tätig werden darf, wenn die beiden zuständigen Behörden ihren Sitz in unterschiedlichen Mitgliedstaaten haben. Bejaht man die Frage, müssten Meinungsverschiedenheiten zwischen unterschiedlichen Behörden ein und desselben Mitgliedstaates, insbesondere, wenn diese – wie in Deutschland – unterschiedlichen Gebietskörperschaften angehören, auf andere Weise gelöst werden.

33 Nach Art. 19 Abs. 1 VO Nr. 1095/2010 wird die ESMA auf Ersuchen einer oder beider Behörden tätig. Führt die vermittelnde Tätigkeit der ESMA innerhalb der von ihr festgesetzten Frist nicht zu einem Erfolg, kann die ESMA nach Art. 44 VO Nr. 1095/2010 die Meinungsverschiedenheit durch **verbindlichen Beschluss** regeln.

Art. 8 Zugang zu einem Handelsplatz

(1) Ein Handelsplatz stellt CCPs, die zum Clearing von an diesem Handelsplatz gehandelten OTC-Derivatekontrakten zugelassen sind, auf deren Antrag diskriminierungsfrei und auf transparente Weise Handelsdaten zur Verfügung.

(2) Wenn eine CCP einen förmlichen Antrag auf Zugang zu einem Handelsplatz gestellt hat, muss der Handelsplatz binnen drei Monaten auf den Antrag der CCP reagieren.

(3) Wenn der Handelsplatz den Zugang verweigert, muss er die CCP entsprechend benachrichtigen und dies ausführlich begründen.

(4) Unbeschadet der Entscheidung der zuständigen Behörden des Handelsplatzes und der CCP muss der Handelsplatz den Zugang binnen drei Monaten nach einem positiven Bescheid auf den entsprechenden Antrag ermöglichen.

Der Zugang der CCP zu dem Handelsplatz wird nur gewährt, wenn ein solcher Zugang keine Interoperabilität erfordern oder das reibungslose und ordnungsgemäße Funktionieren der Märkte insbesondere aufgrund einer Fragmentierung der Liquidität gefährden würde und wenn der Handelsplatz angemessene Mechanismen zur Verhinderung einer solchen Fragmentierung eingerichtet hat.

(5) Um die einheitliche Anwendung dieses Artikels zu gewährleisten, erarbeitet die ESMA Entwürfe für technische Regulierungsstandards, in denen das Konzept der Fragmentierung der Liquidität näher bestimmt wird.

Die ESMA legt der Kommission diese Entwürfe für technische Regulierungsstandards bis zum 30. September 2012 vor.

Der Kommission wird die Befugnis übertragen, die in Unterabsatz 1 genannten technischen Regulierungsstandards gemäß den Artikeln 10 bis 14 der Verordnung (EU) Nr. 1095/2010 zu erlassen.

In der Fassung vom 4.7.2012 (ABl. EU Nr. L 201 v. 27.7.2012, S. 1).

---

1 *Grundmann* in Staub, HGB, Band 11/2, 5. Aufl. 2018, Rz. 718.

**Delegierte Verordnung (EU) Nr. 149/2013 vom 19. Dezember 2012
zur Ergänzung der Verordnung (EU) Nr. 648/2012 des Europäischen Parlaments und des Rates im Hinblick
auf technische Regulierungsstandards für indirekte Clearingvereinbarungen, die Clearingpflicht, das öffentliche
Register, den Zugang zu einem Handelsplatz, nichtfinanzielle Gegenparteien und Risikominderungstechniken für
nicht durch eine CCP geclearte OTC-Derivatekontrakte**

(Auszug)

Art. 9 Nähere Bestimmung des Konzepts der Fragmentierung der Liquidität

(1) Eine Fragmentierung der Liquidität gilt als gegeben, wenn die Teilnehmer an einem Handelsplatz ein Geschäft mit einem oder mehreren anderen Teilnehmern an diesem Handelsplatz nicht abschließen können, weil keine Clearingvereinbarungen vorhanden sind, zu der alle Teilnehmer Zugang haben.

(2) Der Zugang einer CCP zu einem Handelsplatz, der bereits von einer anderen CCP bedient wird, gilt als nicht zu einer Fragmentierung der Liquidität an diesem Handelsplatz führend, wenn allen Teilnehmern an diesem Handelsplatz – ohne dass die Clearingmitglieder der eingesessenen CCP verpflichtet werden müssen, Clearingmitglieder der antragstellenden CCP zu werden – das Clearing direkt oder indirekt über einen der folgenden Wege möglich ist:

a) mindestens eine gemeinsame CCP;
b) von den CCPs eingerichtete Clearingvereinbarungen.

(3) Die Vorkehrungen zur Erfüllung der in Absatz 2 Buchstaben a oder b genannten Bedingungen werden getroffen, bevor die antragstellende CCP mit der Erbringung von Clearingdiensten für den betreffenden Handelsplatz beginnt.

(4) Der Zugang zu einer gemeinsamen CCP im Sinne von Absatz 2 Buchstabe a kann durch zwei oder mehr Clearingmitglieder, zwei oder mehr Kunden oder durch indirekte Clearingvereinbarungen hergestellt werden.

(5) Clearingvereinbarungen im Sinne von Absatz 2 Buchstabe b können die Übertragung der von den betreffenden Marktteilnehmern ausgeführten Transaktionen auf Clearingmitglieder anderer CCPs vorsehen. Auch wenn der Zugang einer CCP zu einem Handelsplatz keine Interoperabilität voraussetzen sollte, kann die Anforderung des Zugangs zu gemeinsamen Clearingvereinbarungen durch eine von den betreffenden CCPs geschlossene und von den jeweils zuständigen Behörden genehmigte Interoperabilitätsvereinbarung erfüllt werden.

In der Fassung vom 19.12.2012 (ABl. EU Nr. L 52 v. 23.2.2013, S. 11).

I. Pflicht zur Gewährung des Zugangs (Art. 8 Abs. 1 VO Nr. 648/2012) 1	a) Interoperabilitätsvereinbarung 12
1. Anwendungsbereich 6	b) Fragmentierung der Liquidität 15
2. Gegenstand der Zugangspflicht 8	c) Operative und technische Anforderungen . . 20
3. Anforderungen an den Zugang, Versagungsgründe 9	**II. Zugangsverfahren (Art. 8 Abs. 2–4 VO Nr. 648/2012)** 23

I. Pflicht zur Gewährung des Zugangs (Art. 8 Abs. 1 VO Nr. 648/2012). Nach Art. 8 Abs. 1 VO Nr. 648/2012 ist ein Handelsplatz verpflichtet, einer CCP, die zum Clearing der an diesem Handelsplatz gehandelten OTC-Derivaten zugelassen ist, auf deren Antrag hin in transparenter und nichtdiskriminierender Weise **Handelsdaten** zur Verfügung zu stellen. 1

Auch Art. 8 VO Nr. 648/2012 ist Ausprägung der im europäischen Kartellrecht entwickelten **Essential-Facilities-Doktrin** (s. Art. 7 VO Nr. 648/2012 Rz. 2). Zweck ist die Gewährleistung eines fairen und offenen Zugangs zwischen Handelsplätzen und CCPs bzw. die Schaffung eines von Wettbewerbsverzerrungen befreiten europäischen Marktes für OTC-Derivate[1]. Handelsplätze sollen CCPs transparent und diskriminierungsfrei Zugang zu den Handelsdaten gewähren. Insbesondere soll es möglich sein, dass mehrere CCPs die Handelsdaten desselben Handelsplatzes nutzen[2]. 2

Die Verpflichtung des Handelsplatzes, einen diskriminierungsfreien Zugang zu ihren Handelsdaten zu gewähren, wird über Art. 51 Abs. 2 VO Nr. 648/2012 auf die indirekte Erbringung von Clearingdienstleistungen mittels **Interoperabilitätsvereinbarung** erweitert. Aufgrund der Beschränkung des sachlichen Anwendungsbereiches auf übertragbare Wertpapiere und Geldmarktinstrumente (Art. 1 Abs. 3 VO Nr. 648/2012) hat diese Erweiterung für die von Art. 8 VO Nr. 648/2012 erfassten OTC-Derivate derzeit jedoch keine Bedeutung. 3

Inhaber des Anspruchs kann nur eine CCP sein, die über eine Zulassung zum Clearing von OTC-Derivaten verfügt. Der Zugang von CCPs, die an Handelsplätzen gehandelte Derivate, Wertpapiere oder Geldmarktinstrumente clearen oder abwickeln, ist in Art. 36 VO Nr. 600/2014 (MiFIR) geregelt. Beide Vorschriften stimmen hinsichtlich Zweck und Struktur weitestgehend überein. 4

Die mit der **DelVO 2017/581** erlassenen technischen Regulierungsstandards für den Zugang zu Handelsplätzen nach Art. 36 VO Nr. 600/2014 sind auf Art. 8 VO Nr. 648/2012 nicht anwendbar. Ihnen lassen sich jedoch wichtige Hinweise für die Auslegung des Art. 8 VO Nr. 648/2012 entnehmen. 5

---

1 Erwägungsgrund Nr. 35 VO Nr. 648/2012.
2 Erwägungsgrund Nr. 34 VO Nr. 648/2012.

Art. 8 VO Nr. 648/2012 | Zugang zu einem Handelsplatz

6 **1. Anwendungsbereich.** Wie sich aus dem Begriff „zugelassen" ergibt, steht der Anspruch auf Zugang zu den Handelsdaten nur den nach Art. 14 VO Nr. 648/2012 zugelassenen **CCPs mit Sitz in der Union** zu. CCPs mit Sitz in einem Drittstaat haben auch dann keinen Anspruch auf Zugang, wenn sie von der ESMA nach Art. 25 VO Nr. 648/2012 anerkannt wurden. Das in Art. 38 Abs. 1 VO Nr. 600/2014 vorgesehene Zugangsrecht von **Drittstaaten-CCPs** beschränkt sich auf den Zugang nach Art. 36 VO Nr. 600/2014, d.h. auf den Zugang zu Handelsdaten, die sich auf börsengehandelte Derivate, übertragbare Wertpapiere oder Geldmarktinstrumente beziehen.

7 Wie in Art. 36 VO Nr. 600/2014 vorgesehen, kann der Anspruch auf Zugang zu den Handelsdaten nur den CCPs zustehen, die auch tatsächlich die **Absicht haben**, die an dem Handelsplatz gehandelten OTC-Derivate zu clearen.

8 **2. Gegenstand der Zugangspflicht.** Gegenstand der Zugangspflicht ist die Bereitstellung von Handelsdaten. Der Begriff **Handelsdaten** wird von der EMIR nicht definiert und als bekannt vorausgesetzt. Art und Umfang der zur Verfügung zu stellenden Handelsdaten ergibt sich mittelbar aus dem Zweck des Art. 8 VO Nr. 648/2012: Sie müssen die CCP in die Lage versetzen, die an dem Handelsplatz zustande gekommenen OTC-Derivate zu clearen. Damit geht ihr Umfang über die nach Art. 10 Abs. 1 VO Nr. 600/2014 und Art. 7 DelVO 2017/583 von Handelsplätzen im Rahmen der Nachhandelstranzparenz zu veröffentlichenden Daten hinaus.

9 **3. Anforderungen an den Zugang, Versagungsgründe.** Die Verpflichtung, CCPs einen **diskriminierungsfreien Zugang** zu ermöglichen, bedeutet, dass der Handelsplatz bei den Anforderungen, die er an den Zugang zu seinen Handelsdaten stellt, nicht danach unterscheiden darf, an welchem Finanzplatz die CCP tätig ist und für welche anderen ggf. mit dem Handelsplatz in Wettbewerb stehende Märkte die CCP bereits Clearingdienstleistungen erbringt.

10 Zulässige Differenzierungsmerkmale und Versagungsgründe sind zunächst die Nichteinhaltung der in Art. 8 Abs. 4 Unterabs. 2 VO Nr. 648/2012 genannten Anforderungen. Darüber hinaus muss die Übernahme von Clearingdienstleistungen durch die antragstellende CCP auch ohne Abschluss einer Interoperabilitätsvereinbarung nach Art. 51 VO Nr. 648/2012 möglich sein. Ferner darf die beabsichtigte Übernahme des Clearings durch die antragstellende CCP nicht zu einer Fragmentierung der Liquidität des Handelsplatzes führen.

11 Da die CCP und der Handelsplatz miteinander kommunizieren und Daten austauschen müssen, ist darüber hinaus erforderlich, dass die CCP die hierfür zu beachtenden operativen und technischen Anforderungen erfüllt. Dass die CCP entsprechende operative und technische Anforderungen erfüllen muss, ist in Art. 8 Abs. 1 und 4 VO Nr. 648/2012 zwar nicht vorgesehen, ergibt sich jedoch aus der Natur der Sache.

12 **a) Interoperabilitätsvereinbarung.** Der Abschluss einer Interoperabilitätsvereinbarung nach Art. 51 VO Nr. 648/2012 ist dann erforderlich, wenn die CCP ihre Clearingdienstleistungen nur über eine andere CCP erbringen kann.

13 Die in Art. 36 Abs. 4 Unterabs. 2 VO Nr. 600/2014 vorgesehene Möglichkeit, den Zugang zu den Handelsdaten gleichwohl zu gewähren, wenn die CCPs, die Vertragsparteien der vorgesehenen Interoperabilitätsvereinbarung werden sollen, ihr bereits zugestimmt haben und die Risiken, die sich für die antragstellende CCP hieraus ergeben, von einer dritten Partei abgesichert werden, besteht für Art. 8 VO Nr. 648/2012 derzeit nicht. Grund ist die in den Erwägungsgründen angesprochene **Steigerung der Komplexität**, die mit der indirekten Erbringung von Clearingdienstleistungen für OTC-Derivate mittels Interoperabilitätsvereinbarung verbunden ist[1] und die auch den Ausschlag dafür gab, den Anwendungsbereich der Art. 51–54 VO Nr. 648/2012 auf die Abwicklung von handelbaren Wertpapieren und Geldmarktinstrumenten zu beschränken.

14 Abweichend hiervon erlaubt Art. 9 Abs. 5 DelVO Nr. 149/2013 jedoch den Abschluss einer „kleinen" Interoperabilitätsvereinbarung, wenn durch sie eine drohende Fragmentierung der Liquidität verhindert werden kann.

15 **b) Fragmentierung der Liquidität.** Die Anforderung, dass die Übernahme des Clearings durch die antragstellende CCP nicht zu einer **Fragmentierung der Liquidität** des Handelsplatzes führen darf, findet sich auch in Art. 36 Abs. 4 Unterabs. 1 Buchst. a VO Nr. 600/2014. Von der in Art. 8 Abs. 5 VO Nr. 648/2012 eingeräumten Befugnis, das Konzept der Fragmentierung der Liquidität näher zu bestimmen, hat die Kommission in **Art. 9 DelVO 149/2013** Gebrauch gemacht.

16 Nach Art. 9 Abs. 1 DelVO Nr. 149/2013 und in Übereinstimmung mit Art. 2 Abs. 1 Nr. 45 VO Nr. 600/2014 gilt eine Fragmentierung als gegeben, wenn ein Teilnehmer des Handelsplatzes mit einem anderen Teilnehmer desselben Handelsplatzes deshalb kein Geschäft mehr abschließen kann, weil nach Aufnahme der Clearingtätigkeit durch die antragstellende CCP beide Teilnehmer nicht mehr über dieselbe CCP abwickeln würden.

17 Eine Fragmentierung liegt nach Art. 9 Abs. 2 Buchst. a und Abs. 3 DelVO Nr. 149/2013 hingegen dann nicht vor, wenn beide Teilnehmer vor Aufnahme der Clearingtätigkeit durch die neue CCP Zugang zu **mindestens einer gemeinsamen CCP** hatten, über die sie das Geschäft clearen lassen könnten. Dabei ist es nach Art. 9 Abs. 4 DelVO Nr. 149/2013 unerheblich, ob der bereits bestehende Zugang auf Vereinbarungen mit einem oder mehreren Clearingmitgliedern oder auf indirekten Clearingvereinbarungen beruht.

---

1 Erwägungsgrund Nr. 73 VO Nr. 648/2012.

Nach Art. 9 Abs. 2 Buchst. b und Abs. 5 DelVO Nr. 149/2013 kann eine Fragmentierung der Liquidität auch dadurch ausgeschlossen werden, dass die beiden CCPs, d.h. die CCP, die den Handelsplatz bereits mit Clearingdienstleistungen versorgt und die antragstellende CCP, eine **Vereinbarung über die Übertragung von Geschäften** auf Clearingmitglieder der bereits etablierten CCP abschließen. 18

Nach Art. 9 Abs. 5 DelVO Nr. 149/2013 gilt diese Vereinbarung zwischen der etablierten CCP und der antragstellenden CCP als Interoperabilitätsvereinbarung (sog. „kleine" Interoperabilitätsvereinbarung), die der Genehmigung der für die beiden CCPs zuständigen Aufsichtsbehörden bedarf. Gemäß Art. 54 Abs. 1 VO Nr. 648/2012 ist über die Interoperabilitätsvereinbarung nach dem in Art. 17 VO Nr. 648/2012 vorgesehen Verfahren, d.h. unter Mitwirkung des Kollegiums, zu entscheiden. 19

c) **Operative und technische Anforderungen.** Im Hinblick auf die von dem Handelsplatz zu stellenden **operativen und technischen Anforderungen** ist eine Versagung des Zugangs dann zulässig, wenn die IT-Systeme oder die Regelwerke der CCP mit denen des Handelsplatzes nicht kompatibel sind. Dies entspricht den Anforderungen, die Art. 6 und Art. 7 Buchst. b DelVO 2017/581 für Zwecke des Art. 36 VO Nr. 600/2014 begründen. 20

Keine Diskriminierung stellt die **Erhebung von Lizenzgebühren** dar, die vom Handelsplatz oder von anderen Inhabern gewerblicher Schutzrechte für die mit dem Clearing von OTC-Derivaten verbundene Nutzung dieser Rechte verlangt werden. Ein Beispiel hierfür sind die als eingetragene Warenzeichen geschützten Indizes (z.B., EURIBOR oder DAX). Voraussetzung ist jedoch, dass die Lizenzen zu verhältnismäßigen, fairen, angemessenen und diskriminierungsfreien Bedingungen erteilt werden[1]. 21

Die Verpflichtung der Inhaber gewerblicher Schutzrechte, den CCPs, die dies wünschen, die für das Clearing notwendigen Lizenzen zu angemessenen handelsüblichen Preisen zu gewähren, ist durch Art. 37 VO Nr. 600/2014 begründet worden. 22

II. Zugangsverfahren (Art. 8 Abs. 2–4 VO Nr. 648/2012). Auch für den Zugang zu den Handelsdaten gilt, dass Art. 8 Abs. 2 VO Nr. 648/2012 keine Angaben dazu enthält, an wen die CCP ihren Antrag richten muss, welche Form bzw. welchen Inhalt der Antrag aufweisen muss und wer über den Eingang des Antrages zu informieren ist. Festzustellen ist nur, dass sowohl die für den Handelsplatz zuständige Behörde als auch die für die CCP zuständige Behörde nach Art. 8 Abs. 4 VO Nr. 648/2012 über den Antrag der CCP entscheiden dürfen. 23

Für deutsche CCPs ist die Frage durch § 53i KWG, § 21 BörsG und § 72 Abs. 8 WpHG geklärt worden. Danach hat die CCP ihren Antrag nach Art. 8 Abs. 2 VO Nr. 648/2012 bei der Börse bzw. dem multilateralen Handelssystem einzureichen. Nach § 53i KWG muss die CCP der BaFin den Eingang des Antrages unverzüglich schriftlich mitteilen. Gleiches gilt nach § 72 Abs. 8 WpHG und nach § 21 Abs. 3 BörsG für den Betreiber des multilateralen Handelssystems bzw. den Börsenträger. Sie müssen, die für sie zuständige Behörde, die BaFin bzw. die Börsenaufsichtsbehörde, über den Eingang des Antrages nach Art. 8 Abs. 2 VO Nr. 648/2012 unverzüglich schriftlich informieren. 24

Ebenfalls nicht geregelt ist die Frage, ob die Frist nach Art. 8 Abs. 2 VO Nr. 648/2012 erst beginnt, wenn der Antrag aus Sicht der CCP vollständig ist. 25

Verweigert der Handelsplatz der CCP den Zugang zu ihren Handelsdaten, hat er seine Entscheidung **ausführlich zu begründen.** Dabei kann er sich nur auf die Gründe stützen, die in Art. 8 Abs. 4 Unterabs. 2 VO Nr. 648/2012 genannt sind. 26

Der einleitenden Formulierung in Art. 8 Abs. 4 Unterabs. 1 VO Nr. 648/2012 („unbeschadet der Entscheidung der zuständigen Behörden") und der Parallelvorschrift in Art. 36 Abs. 4 VO Nr. 600/2014 ist zu entnehmen, dass die für den Handelsplatz und die CCP jeweils zuständige Behörde der Zulassung der CCP aus den in Art. 8 Abs. 4 VO Nr. 648/2012 genannten Gründen **ebenfalls** widersprechen können. Lehnen die beiden zuständigen Behörden den Zugang einvernehmlich ab, ist der Handelsplatz an diese Entscheidung gebunden. 27

Anders als Art. 7 VO Nr. 600/2014 enthält Art. 8 Abs. 4 VO Nr. 648/2012 keinen Hinweis darauf, wie bei **Meinungsverschiedenheiten** zwischen den beteiligten Behörden zu verfahren ist. Da Art. 1 Abs. 2 VO Nr. 1095/2010 die VO Nr. 648/2012 nicht nennt, ist das in Art. 19 VO Nr. 1095/2010 geregelte Verfahren unmittelbar nicht anwendbar. 28

Art. 9 Meldepflicht

(1) **Gegenparteien und CCPs stellen sicher, dass die Einzelheiten aller von ihnen geschlossenen Derivatekontrakte und jeglicher Änderung oder Beendigung von Kontrakten an ein gemäß Artikel 55 registriertes oder gemäß Artikel 77 anerkanntes Transaktionsregister gemeldet werden. Die Einzelheiten sind spätestens an dem auf den Abschluss, die Änderung oder Beendigung des Kontraktes folgenden Arbeitstag zu melden.**

---

1 Erwägungsgrund Nr. 36 VO Nr. 648/2012, Erwägungsgrund Nr. 40 VO Nr. 600/2014 mit Verweis auf die EMIR.

Art. 9 VO Nr. 648/2012 | Meldepflicht

Die Meldepflicht gilt für Derivatekontrakte, die
a) vor dem 16. August 2012 geschlossen wurden und zu diesem Zeitpunkt noch ausstehen,
b) am oder nach dem 16. August 2012 geschlossen werden.

Eine der Meldepflicht unterliegende Gegenpartei oder CCP kann die Meldung der Einzelheiten zu den Derivatekontrakten delegieren.

Gegenparteien und CCPs stellen sicher, dass die Einzelheiten ihrer Derivatekontrakte ohne Mehrfachmeldung gemeldet werden.

(2) Die Aufzeichnungen für von ihnen geschlossene Derivatekontrakte und Änderungen werden von den Gegenparteien noch mindestens fünf Jahre nach Beendigung des Kontrakts aufbewahrt.

(3) Wenn kein Transaktionsregister zur Verfügung steht, um die Einzelheiten eines Derivatekontrakts aufzuzeichnen, stellen die Gegenparteien und CCPs sicher, dass solche Einzelheiten an die ESMA gemeldet werden.

In diesem Fall stellt die ESMA sicher, dass alle in Artikel 81 Absatz 3 genannten einschlägigen Stellen Zugang zu allen Einzelheiten der Derivatekontrakte haben, die sie für die Erfüllung ihrer jeweiligen Aufgaben und Mandate benötigen.

(4) Eine Gegenpartei oder eine CCP, die einem Transaktionsregister oder der ESMA die Einzelheiten eines Derivatekontrakts meldet, oder eine Einrichtung, die die Meldung solcher Angaben im Namen einer Gegenpartei oder einer CCP übernimmt, verstößt nicht gegen Beschränkungen, die aufgrund des betreffenden Kontrakts oder aufgrund von Rechts- oder Verwaltungsvorschriften für die Weitergabe von Informationen gelten.

Die meldende Einrichtung oder ihre Leitungsmitglieder bzw. Beschäftigten haften nicht für diese Weitergabe von Informationen.

(5) Um die einheitliche Anwendung dieses Artikels zu gewährleisten, erarbeitet die ESMA Entwürfe für technische Regulierungsstandards, in denen die Einzelheiten und die Art der in den Absätzen 1 und 3 genannten Meldungen für die verschiedenen Derivatekategorien festgelegt sind.

Die Meldungen gemäß den Absätzen 1 und 3 enthalten zumindest folgende Informationen:
a) die Identität der Parteien des Derivatekontrakts und – falls mit diesen nicht identisch – der Träger der daraus erwachsenden Rechte und Pflichten;
b) die wesentlichen Merkmale der Derivatekontrakte, darunter die Art, die Fälligkeit, der Nominalwert, der Preis und das Abwicklungsdatum der Kontrakte.

Die ESMA legt der Kommission diese Entwürfe für technische Regulierungsstandards bis zum 30. September 2012 vor.

Der Kommission wird die Befugnis übertragen, die in Unterabsatz 1 genannten technischen Regulierungsstandards gemäß den Artikeln 10 bis 14 der Verordnung (EU) Nr. 1095/2010 zu erlassen.

(6) Zur Gewährleistung einheitlicher Bedingungen für die Anwendung der Absätze 1 und 3 erarbeitet die ESMA Entwürfe für technische Durchführungsstandards, in denen Folgendes festgelegt ist:
a) das Format und die Häufigkeit der in Absatz 1 und 3 genannten Meldungen für die verschiedenen Derivatkategorien,
b) der Zeitpunkt, bis zu dem Derivatkontrakte gemeldet werden müssen, einschließlich einer etwaigen Übergangsphase für Kontrakte, die vor dem Beginn der Meldepflicht geschlossen wurden.

Die ESMA legt der Kommission diese Entwürfe für technische Durchführungsstandards bis zum 30. September 2012 vor.

Der Kommission wird die Befugnis übertragen, die in Unterabsatz 1 genannten technischen Durchführungsstandards gemäß Artikel 15 der Verordnung (EU) Nr. 1095/2010 zu erlassen.

In der Fassung vom 4.7.2012 (ABl. EU Nr. L 201 v. 27.7.2012, S. 1).

Durchführungsverordnung (EU) Nr. 1247/2012 vom 19. Dezember 2012
zur Festlegung technischer Durchführungsstandards im Hinblick auf das Format und die Häufigkeit von Transaktionsmeldungen an Transaktionsregister gemäß der Verordnung (EU) Nr. 648/2012 des Europäischen Parlaments und des Rates über OTC-Derivate, zentrale Gegenparteien und Transaktionsregister

Art. 1 Format der Derivatekontrakt-Meldungen

Die in einer Meldung nach Artikel 9 der Verordnung (EU) Nr. 648/2012 enthaltenen Angaben werden in dem im Anhang der vorliegenden Verordnung angegebenen Format übermittelt.

In der Fassung vom 19.12.2012 (ABl. EU Nr. L 352 v. 21.12.2012, S. 20).

Art. 2 Häufigkeit der Derivatekontrakt-Meldungen

Soweit in Artikel 11 Absatz 2 der Verordnung (EU) Nr. 648/2012 vorgesehen, werden die an ein Transaktionsregister gemeldeten Kontrakte täglich einer Marktpreis- oder Modellpreisbewertung unterzogen. Alle anderen etwaigen Bestandteile der Meldung, die im Anhang dieser Verordnung und im Anhang des delegierten Rechtsakts zur Festlegung technischer Regulierungsstandards für die Mindestangaben, die den Transaktionsregistern gemäß Artikel 9 Absatz 5 der Verordnung (EU) Nr. 648/2012 zu melden sind, aufgeführt sind, werden bei Eintreten des betreffenden Ereignisses und unter Beachtung der in Artikel 9 der Verordnung (EU) Nr. 648/2012 insbesondere für den Abschluss, die Änderung oder die Kündigung eines Kontrakts vorgesehenen Fristen gemeldet.

In der Fassung vom 19.12.2012 (ABl. EU Nr. L 352 v. 21.12.2012, S. 20).

Art. 3 Identifikation von Gegenparteien und anderen juristischen Personen

Eine Kennziffer für die juristische Person wird in einer Meldung verwendet für:
a) Begünstigte, bei denen es sich um juristische Personen handelt,
b) Maklerfirmen,
c) zentrale Gegenparteien,
d) Clearingmitglieder,
e) Gegenparteien, bei denen es sich um juristische Personen handelt,
f) meldende Unternehmen.

In der Fassung vom 19.12.2012 (ABl. EU Nr. L 352 v. 21.12.2012, S. 20), geändert durch Durchführungsverordnung (EU) 2017/105 vom 19.10.2016 (ABl. EU Nr. L 17 v. 21.1.2017, S. 17).

Art. 3a Seite der Gegenpartei

(1) Die in Tabelle 1 Feld 14 des Anhangs genannte Seite der Gegenpartei eines Derivatkontrakts wird gemäß den Absätzen 2 bis 10 bestimmt.

(2) Bei Optionen und Swaptions wird die Gegenpartei, die das Recht auf Ausübung der Option innehat, als Käufer und die Gegenpartei, die die Option gegen eine Prämie verkauft, als Verkäufer angegeben.

(3) Bei Futures und Forwards außer Futures und Forwards, die sich auf Währungen beziehen, wird die Gegenpartei, die das Instrument kauft, als Käufer und die Gegenpartei, die das Instrument verkauft, als Verkäufer angegeben.

(4) Bei Swaps, die sich auf Wertpapiere beziehen, wird die Gegenpartei, die das Risiko einer Preisbewegung des zugrunde liegenden Wertpapiers übernimmt und den Wertpapierbetrag erhält, als Käufer und die Gegenpartei, die den Wertpapierbetrag zahlt, als Verkäufer angegeben.

(5) Bei Swaps, die sich auf Zinssätze oder Inflationsindizes beziehen, wird die Gegenpartei, die den Festzins zahlt, als Käufer und die Gegenpartei, die den Festzins erhält, als Verkäufer angegeben. Bei Basisswaps wird die Gegenpartei, die den Spread zahlt, als Käufer und die Gegenpartei, die den Spread erhält, als Verkäufer angegeben.

(6) Bei Währungsswaps sowie Swaps und Forwards, die sich auf Währungen beziehen, wird die Gegenpartei, die die Währung erhält, die bei einer alphabetischen Sortierung nach den ISO 4217-Codes der Internationalen Organisation für Normung an erster Stelle steht, als Käufer und die Gegenpartei, die diese Währung liefert, als Verkäufer angegeben.

(7) Bei Swaps, die sich auf Dividenden beziehen, wird die Gegenpartei, die die äquivalenten tatsächlichen Dividendenzahlungen erhält, als Käufer und die Gegenpartei, die die Dividende zahlt und den Festzins erhält, als Verkäufer angegeben.

(8) Bei derivativen Instrumenten zur Übertragung des Kreditrisikos mit Ausnahme von Optionen und Swaptions wird die Gegenpartei, die die Absicherung kauft, als Käufer und die Gegenpartei, die die Absicherung verkauft, als Verkäufer angegeben.

(9) Bei Warenderivatkontrakten wird die Gegenpartei, die die in der Meldung genannte Ware erhält, als Käufer und die Gegenpartei, die die Ware liefert, als Verkäufer angegeben.

(10) Bei Zinstermingeschäften (Forward Rate Agreements) wird die Gegenpartei, die den Festzins zahlt, als Käufer und die Gegenpartei, die den Festzins erhält, als Verkäufer angegeben.

In der Fassung vom 19.10.2016 (ABl. EU Nr. L 17 v. 21.1.2017, S. 17).

Art. 3b Besicherung

(1) Die Art der Besicherung des Derivatkontrakts gemäß Tabelle 1 Feld 21 des Anhangs wird von der meldenden Gegenpartei in Einklang mit den Absätzen 2 bis 5 angegeben.

(2) Wenn die Gegenparteien keine Sicherungsvereinbarung geschlossen haben oder in der zwischen den Gegenparteien geschlossenen Sicherungsvereinbarung festgelegt ist, dass die meldende Gegenpartei in Bezug auf den Derivatkontrakt weder Ersteinschuss- noch Nachschusszahlungen hinterlegt, wird der Derivatkontrakt als unbesichert angegeben.

(3) Ist in der zwischen den Gegenparteien geschlossenen Sicherungsvereinbarung festgelegt, dass die meldende Gegenpartei in Bezug auf den Derivatkontrakt lediglich regelmäßige Nachschusszahlungen hinterlegt, wird der Derivatkontrakt als teilweise besichert angegeben.

(4) Ist in der zwischen den Gegenparteien geschlossenen Sicherungsvereinbarung festgelegt, dass die meldende Gegenpartei die Ersteinschusszahlung und regelmäßige Nachschusszahlungen hinterlegt und die andere Gegenpartei in Bezug auf den Derivatkontrakt entweder lediglich Nachschusszahlungen oder überhaupt keine Einschüsse hinterlegt, wird der Derivatkontrakt als einseitig besichert angegeben.

(5) Ist in der zwischen den Gegenparteien geschlossenen Sicherungsvereinbarung festgelegt, dass beide Gegenparteien in Bezug auf den Derivatkontrakt Ersteinschusszahlungen und regelmäßige Nachschusszahlungen hinterlegen, wird der Derivatkontrakt als vollständig besichert angegeben.

In der Fassung vom 19.10.2016 (ABl. EU Nr. L 17 v. 21.1.2017, S. 17).

Art. 4 Spezifizierung, Identifizierung und Klassifizierung von Derivaten

(1) In einer Meldung wird ein Derivat auf der Grundlage des Kontrakttyps und der Vermögensklasse gemäß den Absätzen 2 und 3 identifiziert.

(2) Das Derivat wird in Tabelle 2 Feld 1 des Anhangs als einer der folgenden Kontrakttypen angegeben:
a) finanzieller Differenzkontrakt,
b) Zinstermingeschäft,
c) außerbörslicher Finanzterminkontrakt (Forward),
d) börsengehandelter Finanzterminkontrakt (Future),
e) Option,
f) Spreadbet,
g) Swap,
h) Tauschoption (Swaption),
i) Sonstige.

(3) Das Derivat wird in Tabelle 2 Feld 2 des Anhangs als einer der folgenden Vermögensklassen angegeben:
a) Warenderivat und Emissionszertifikat,
b) Kreditderivat,
c) Währungsderivat,
d) Aktienderivat,
e) Zinsderivat.

(4) Wenn ein Derivat unter keine der in Absatz 3 genannten Vermögensklassen fällt, so geben die Gegenparteien in der Meldung die Vermögensklasse an, die dem Derivat am ähnlichsten ist. Beide Gegenparteien geben die gleiche Vermögensklasse an.

(5) Das Derivat wird in Tabelle 2 Feld 6 des Anhangs mittels folgender Angaben identifiziert, sofern verfügbar:
a) bis zum Datum der Anwendung des von der Kommission gemäß Artikel 27 Absatz 3 der Verordnung (EU) Nr. 600/2014 des Europäischen Parlaments und des Rates verabschiedeten delegierten Rechtsakts eine internationale Wertpapierkennnummer (ISIN) nach ISO 6166 bzw. eine alternative Instrumentenkennziffer (AII);
b) ab dem Datum der Anwendung des von der Kommission gemäß Artikel 27 Absatz 3 der Verordnung (EU) Nr. 600/2014 verabschiedeten delegierten Rechtsakts eine ISIN.

Bei Verwendung eines AII-Codes ist der vollständige AII-Code anzugeben.

(6) Der vollständige AII-Code gemäß Absatz 5 ergibt sich aus der Verkettung folgender sechs Elemente:
a) Handelsplatz-Identifikationsnummer (MIC) nach ISO 10383 des Handelsplatzes, an dem das Derivat gehandelt wird, bestehend aus vier alphanumerischen Zeichen;
b) vom Handelsplatz zugewiesener, ausschließlich mit einem bestimmten zugrunde liegenden Instrument, einer bestimmten Abwicklungsart und anderen Eigenschaften des Kontrakts verknüpfter Code, bestehend aus maximal zwölf alphanumerischen Zeichen;
c) Buchstabe zur Angabe, ob es sich bei dem Instrument um eine Option oder einen Finanzterminkontrakt (Future) handelt, wobei ‚O' für Option und ‚F' für Future steht;
d) Buchstabe zur Angabe, ob es sich bei der Option um eine Put- oder eine Call-Option handelt, wobei ‚P' für Put und ‚C' für Call steht; wurde das Instrument gemäß Buchstabe c als Future identifiziert, wird ‚F' angegeben;
e) Ausübungs- oder Fälligkeitstermin eines Derivatkontrakts gemäß ISO 8601 (JJJJ-MM-TT);
f) Ausübungspreis einer Option, bestehend aus maximal 19 Ziffern mit bis zu fünf Dezimalstellen ohne vorangestellte oder nachfolgende Nullen. Als Dezimalzeichen wird ein Punkt verwendet. Negative Werte sind nicht zulässig. Handelt es sich bei dem Instrument um ein Future, wird der Ausübungspreis als Null angegeben.

(7) Bei Produkten, die mittels eines ISIN-Codes nach ISO 6166 oder eines AII-Codes identifiziert wurden, wird das Derivat in Tabelle 2 Feld 4 des Anhangs mithilfe der Kennziffer zur Klassifizierung von Finanzinstrumenten (CFI) nach ISO 10692 klassifiziert.

(8) Derivate, für die es weder einen ISIN-Code nach ISO 6166 noch einen AII-Code gibt, werden mittels eines eigens zugeteilten Codes klassifiziert. Dieser Code muss:
a) unverwechselbar,
b) neutral,
c) verlässlich,
d) quelloffen,
e) skalierbar,
f) zugänglich und

g) zu vertretbaren Kosten verfügbar sein und
h) einem angemessenen Entscheidungsrahmen unterliegen.
(9) Bis zur Annahme des in Absatz 8 genannten Codes durch die ESMA werden Derivate, für die es weder einen ISIN-Code nach ISO 6166 noch einen AII-Code gibt, mithilfe eines CFI-Codes nach ISO 10692 klassifiziert.

In der Fassung vom 19.12.2012 (ABl. EU Nr. L 352 v. 21.12.2012, S. 20), geändert durch Durchführungsverordnung (EU) 2017/105 vom 19.10.2016 (ABl. EU Nr. L 17 v. 21.1.2017, S. 17).

Art. 4a Eindeutige Geschäftsabschluss-Kennziffer

(1) Meldungen werden entweder über eine von der ESMA angenommene, globale eindeutige Geschäftsabschluss- Kennziffer oder in Ermangelung dessen durch eine von den Gegenparteien vereinbarte eindeutige Geschäftsabschluss-Kennziffer identifiziert.

(2) Können sich die Gegenparteien nicht darauf einigen, wer für die Generierung der eindeutigen Geschäftsabschluss-Kennziffer für die Meldung zuständig ist, so bestimmen sie die für die Generierung der eindeutigen Geschäftsabschluss-Kennziffer zuständige Stelle wie folgt:

a) bei zentral abgewickelten und geclearten Geschäften wird die eindeutige Geschäftsabschluss-Kennziffer beim Clearing durch die zentrale Gegenpartei (CCP) für das Clearingmitglied generiert. Das Clearingmitglied generiert eine andere eindeutige Geschäftsabschluss-Kennziffer für seine Gegenpartei;

b) bei zentral abgewickelten, aber nicht zentral geclearten Geschäften wird die eindeutige Geschäftsabschluss-Kennziffer vom Handelsplatz der Auftragsausführung für sein Mitglied generiert;

c) bei zentral bestätigten und geclearten Geschäften wird die eindeutige Geschäftsabschluss-Kennziffer beim Clearing durch die CCP für das Clearingmitglied generiert. Das Clearingmitglied generiert eine andere eindeutige Geschäftsabschluss-Kennziffer für seine Gegenpartei;

d) bei auf elektronischem Wege zentral bestätigten, aber nicht zentral geclearten Geschäften wird die eindeutige Geschäftsabschluss-Kennziffer durch die Plattform der Geschäftsbestätigung bei der Bestätigung generiert;

e) für alle Geschäfte außer den Geschäften gemäß den Buchstaben a bis d gilt Folgendes:
   i) bei Geschäften zwischen finanziellen und nichtfinanziellen Gegenparteien wird die eindeutige Geschäftsabschluss-Kennziffer durch die finanzielle Gegenpartei generiert;
   ii) bei Geschäften zwischen nichtfinanziellen Gegenparteien oberhalb der Clearingschwelle und nichtfinanziellen Gegenparteien unterhalb der Clearingschwelle wird die eindeutige Geschäftsabschluss-Kennziffer durch die nichtfinanzielle Gegenpartei oberhalb der Clearingschwelle generiert;
   iii) bei allen Geschäften außer den Geschäften gemäß Ziffer (i) und (ii) wird die eindeutige Geschäftsabschluss-Kennziffer durch den Verkäufer generiert.

(3) Die Gegenpartei, die die eindeutige Geschäftsabschluss-Kennziffer generiert, teilt diese der anderen Gegenpartei so rechtzeitig mit, dass diese in der Lage ist, ihre Meldepflichten zu erfüllen.

In der Fassung vom 19.10.2016 (ABl. EU Nr. L 17 v. 21.1.2017, S. 17).

Art. 4b Ausführungsplatz

Der Ausführungsplatz des Derivatkontrakts wird in Tabelle 2 Feld 15 des Anhangs wie folgt angegeben:

a) bis zum Datum der Anwendung des von der Kommission gemäß Artikel 27 Absatz 3 der Verordnung (EU) Nr. 600/2014 verabschiedeten delegierten Rechtsakts:
   i) bei einem Ausführungsplatz innerhalb der Union mittels der Handelsplatz-Identifikationsnummer (MIC) nach ISO 10383 gemäß dem auf der Website der ESMA veröffentlichten Register, das auf der Grundlage der von den zuständigen Behörden gemäß Artikel 13 Absatz 2 der Verordnung (EG) Nr. 1287/2006 der Kommission bereitgestellten Informationen eingerichtet wurde;
   ii) bei einem Ausführungsplatz außerhalb der Union mittels des MIC-Codes nach ISO 10383 gemäß der Liste von MIC-Codes, die von der ISO gepflegt und aktualisiert und auf der ISO-Website veröffentlicht ist;
b) ab dem Datum der Anwendung des von der Kommission gemäß Artikel 27 Absatz 3 der Verordnung (EU) Nr. 600/2014 verabschiedeten delegierten Rechtsakts eine ISIN mittels des MIC-Codes nach ISO 10383.

In der Fassung vom 19.10.2016 (ABl. EU Nr. L 17 v. 21.1.2017, S. 17).

Art. 5 Meldebeginn

(1) Kredit- und Zinsderivatkontrakte werden wie folgt gemeldet:

(a) wenn ein Transaktionsregister vor dem 1. April 2013 nach Artikel 55 der Verordnung (EU) Nr. 648/2012 für diese Derivatekategorie registriert wurde, bis zum 1. Juli 2013;

(b) wenn vor dem oder am 1. April 2013 kein Transaktionsregister für diese Derivatekategorie registriert wurde, 90 Tage nach Registrierung eines Transaktionsregisters für diese Derivatekategorie gemäß Artikel 55 der Verordnung (EU) Nr. 648/2012;

(c) wenn für diese Derivatekategorie bis zum 1. Juli 2015 kein Transaktionsregister nach Artikel 55 der Verordnung (EU) Nr. 648/2012 registriert wurde, bis zum 1 Juli 2015; die Meldepflicht beginnt an diesem Tag und solange für diese Derivatekategorie kein Transaktionsregister registriert ist, werden die Kontrakte gemäß Artikel 9 Absatz 3 der genannten Verordnung an die ESMA gemeldet.

Art. 9 VO Nr. 648/2012 | Meldepflicht

(2) Nicht in Absatz 1 genannte Derivatkontrakte werden wie folgt gemeldet:
- (a) wenn ein Transaktionsregister vor dem 1. Oktober 2013 nach Artikel 55 der Verordnung (EU) Nr. 648/2012 für diese Derivatekategorie registriert wurde, bis zum 1. Januar 2014;
- (b) wenn vor dem oder am 1. Oktober 2013 kein Transaktionsregister für diese Derivatekategorie registriert wurde, 90 Tage nach Registrierung eines Transaktionsregisters für diese Derivatekategorie gemäß Artikel 55 der Verordnung (EU) Nr. 648/2012;
- (c) wenn für diese Derivatekategorie bis zum 1. Juli 2015 kein Transaktionsregister nach Artikel 55 der Verordnung (EU) Nr. 648/2012 registriert wurde, bis zum 1. Juli 2015; Die Meldepflicht beginnt an diesem Tag und solange für diese Derivatekategorie kein Transaktionsregister registriert ist, werden die Kontrakte gemäß Artikel 9 Absatz 3 der genannten Verordnung an die ESMA gemeldet.

(3) Derivatkontrakte, die am 16. August 2012 ausstanden und bei Meldebeginn nach wie vor ausstehen, werden einem Transaktionsregister innerhalb von 90 Tagen nach Meldebeginn für die betreffende Derivatekategorie gemeldet.

(4) Die folgenden Derivatkontrakte, die bei Meldebeginn für die betreffende Derivatekategorie nicht ausstehen, werden einem Transaktionsregister innerhalb von fünf Jahren nach diesem Datum gemeldet:
- (a) Derivatkontrakte, die vor dem 16. August 2012 geschlossen wurden und am 16. August 2012 nach wie vor ausstanden;
- (b) Derivatkontrakte, die am oder nach dem 16. August 2012 geschlossen wurden.

(5) Für die Meldung der Angaben, die in Artikel 3 des delegierten Rechtsakts zur Festlegung technischer Regulierungsstandards für die Mindestangaben, die den Transaktionsregistern gemäß Artikel 9 Absatz 5 der Verordnung (EU) Nr. 648/2012 zu melden sind, genannt sind, wird der Meldebeginn um 180 Tage verlängert.

In der Fassung vom 19.12.2012 (ABl. EU Nr. L 352 v. 21.12.2012, S. 20), geändert durch Durchführungsverordnung (EU) 2017/105 vom 19.10.2016 (ABl. EU Nr. L 17 v. 21.1.2017, S. 17).

Art. 6 Inkrafttreten

Diese Verordnung tritt am zwanzigsten Tag nach ihrer Veröffentlichung im *Amtsblatt der Europäischen Union* in Kraft.

In der Fassung vom 19.12.2012 (ABl. EU Nr. L 352 v. 21.12.2012, S. 20).

Anhang

(nicht abgedruckt)

**Delegierte Verordnung (EU) Nr. 148/2013 vom 19. Dezember 2012
zur Ergänzung der Verordnung (EU) Nr. 648/2012 des Europäischen Parlaments und des Rates über OTC-Derivate, zentrale Gegenparteien und Transaktionsregister bezüglich technischer Regulierungsstandards für die Mindestangaben der Meldungen an Transaktionsregister**

Art. 1 Einzelheiten der Meldungen nach Artikel 9 Absätze 1 und 3 der Verordnung (EU) Nr. 648/2012

(1) Meldungen an ein Transaktionsregister enthalten Folgendes:
- a) die in Tabelle 1 des Anhangs genannten Angaben zu den Gegenparteien eines Kontrakts;
- b) die in Tabelle 2 des Anhangs genannten Angaben zu dem zwischen den beiden Gegenparteien geschlossenen Derivatekontrakt.

(2) Die in Absatz 1 genannten Angaben sind in einer einzigen Meldung zusammenzufassen.

Abweichend von Unterabsatz 1 sind die in Absatz 1 genannten Angaben in gesonderten Meldungen zu übermitteln, wenn:
- a) der Derivatekontrakt sich aus mehreren Derivatekontrakten zusammensetzt;
- b) die Felder in den Tabellen des Anhangs für die Übermittlung der Angaben zu dem unter Buchstabe a genannten Derivatekontrakt ungeeignet sind.

Die Gegenparteien eines Derivatekontrakts, der sich aus mehreren Derivatekontrakten zusammensetzt, einigen sich vor Ablauf der Meldefrist auf die Anzahl der für diesen Derivatekontrakt an ein Transaktionsregister zu übermittelnden getrennten Meldungen.

Die meldende Gegenpartei verknüpft die getrennten Meldungen durch eine Kennung, die gemäß Tabelle 2 Feld 14 des Anhangs bei der Gegenpartei ausschließlich für die betreffende Gruppe von Geschäftsmeldungen verwendet wird.

(3) Erfolgt eine Meldung im Namen beider Gegenparteien, so enthält diese die in Tabelle 1 des Anhangs geforderten Angaben zu jeder Gegenpartei. Die in Tabelle 2 des Anhangs genannten Angaben werden nur einmal übermittelt.

(4) Erfolgt eine Meldung im Namen beider Gegenparteien, so ist dies in Feld 9 von Tabelle 1 des Anhangs anzugeben.

(5) Meldet eine Gegenpartei die Einzelheiten eines Kontrakts im Namen der anderen Gegenpartei an ein Transaktionsregister oder meldet ein Dritter einen Kontrakt im Namen einer oder beider Gegenparteien an ein Transaktionsregister, so sind sämtliche Einzelheiten anzugeben, die bei einer getrennten Meldung des Kontrakts an das Transaktionsregister durch die Gegenparteien mitgeteilt worden wären.

(6) Weist ein Derivatekontrakt Merkmale auf, die für mehr als einen der in Tabelle 2 des Anhangs genannten Basiswerte typisch sind, wird in der Meldung angegeben, welche Einigung die Gegenparteien vor Übermittlung der Meldung an ein Transaktionsregister hinsichtlich der Vermögensklasse erzielt haben, der der Kontrakt am ehesten zuzuordnen ist.

In der Fassung vom 19.12.2012 (ABl. EU Nr. L 52 v. 23.2.2013, S. 1), geändert durch Delegierte Verordnung (EU) 2017/104 vom 19.10.2016 (ABl. EU Nr. L 17 v. 21.1.2017, S. 1).

Art. 2 Geclearte Geschäfte

(1) Wird ein Derivatekontrakt, dessen Einzelheiten bereits gemäß Artikel 9 der Verordnung (EU) Nr. 648/2012 gemeldet worden sind, anschließend durch eine CCP gecleart, wird dieser Kontrakt als beendet gemeldet und zu diesem Zweck in Feld 93 der Tabelle 2 des Anhangs ‚early termination' angegeben; die sich aus dem Clearing ergebenden neuen Kontrakte werden gemeldet.

(2) Wird ein Kontrakt an einem Handelsplatz geschlossen und noch am selben Tag gecleart, sind lediglich die sich aus dem Clearing ergebenden Kontrakte zu melden.

In der Fassung vom 19.12.2012 (ABl. EU Nr. L 52 v. 23.2.2013, S. 1), geändert durch Delegierte Verordnung (EU) 2017/104 vom 19.10.2016 (ABl. EU Nr. L 17 v. 21.1.2017, S. 1).

Art. 3 Meldung von Risiken

(1) Die in Tabelle 1 des Anhangs verlangten Daten zur Besicherung umfassen alle hinterlegten und empfangenen Sicherheiten, wie sie in den Feldern 21 bis 35 der Tabelle 1 aufgeführt sind.

(2) Besichert eine Gegenpartei nicht auf Transaktionsbasis, so melden die Gegenparteien dem Transaktionsregister die in den Feldern 21 bis 35 der Tabelle 1 des Anhangs aufgeführten hinterlegten und empfangenen Sicherheiten auf Portfoliobasis.

(3) Werden die Sicherheiten eines Kontrakts auf Portfoliobasis gemeldet, so teilt die meldende Gegenpartei dem Transaktionsregister die in Feld 23 der Tabelle 1 des Anhangs aufgeführte Kennziffer für das Portfolio des gemeldeten Kontrakts mit.

(4) Andere als die in Artikel 10 der Verordnung (EU) Nr. 648/2012 genannten nichtfinanziellen Gegenparteien sind nicht zur Meldung von Sicherheiten und der Bewertung zu Markt- oder zu Modellpreisen der Kontrakte gemäß Tabelle 1 des Anhangs verpflichtet.

(5) Bei Kontrakten, die von einer CCP gecleart wurden, übermittelt die Gegenpartei die von der CCP in den Feldern 17 bis 20 der Tabelle 1 des Anhangs vorgenommene Bewertung des Kontrakts.

(6) Bei Kontrakten, die nicht von einer CCP gecleart wurden, übermittelt die Gegenpartei die in den Feldern 17 bis 20 der Tabelle 1 des Anhangs vorgenommene Bewertung, bei der nach dem von der Union übernommenen, im Anhang der Verordnung (EG) Nr. 1126/2008 der Kommission enthaltenen IFRS 13 *Bemessung des beizulegenden Zeitwerts* zu verfahren ist.

In der Fassung vom 19.12.2012 (ABl. EU Nr. L 52 v. 23.2.2013, S. 1), geändert durch Delegierte Verordnung (EU) 2017/104 vom 19.10.2016 (ABl. EU Nr. L 17 v. 21.1.2017, S. 1).

Art. 3a Nennbetrag

(1) Der in Feld 20 der Tabelle 2 des Anhangs genannte Nennbetrag des Derivatekontrakts ist:
a) bei in Geldeinheiten gehandelten Swaps, Futures und Forwards der Referenzbetrag, anhand dessen vertragliche Zahlungen an den Derivatemärkten bestimmt werden;
b) bei Optionen der Basispreis;
c) bei Differenzkontrakten und Derivatekontrakten im Zusammenhang mit Rohstoffen, die in Einheiten wie Barrel oder Tonnen gehandelt werden, der Betrag, der sich aus der Quantität zum im Kontrakt festgelegten Preis ergibt;
d) bei Derivatekontrakten, bei denen der Nennbetrag anhand des Preises des Basiswerts berechnet wird und dieser Preis nur zum Zeitpunkt der Abrechnung verfügbar ist, der Tagesschlusspreis des Basiswerts zum Zeitpunkt des Abschlusses des Kontrakts.

(2) Bei der erstmaligen Meldung eines Derivatekontrakts, dessen Nennbetrag sich im Laufe der Zeit verändert, ist der Nennbetrag zum Zeitpunkt des Abschlusses des Derivatekontrakts anzugeben.

In der Fassung vom 19.10.2016 (ABl. EU Nr. L 17 v. 21.1.2017, S. 1).

Art. 4 Meldelogbuch

Änderungen an den in Transaktionsregistern eingetragenen Daten werden in einem Meldelogbuch aufgezeichnet unter Angabe der die Änderung beantragenden Person(en), gegebenenfalls einschließlich des Transaktionsregisters selbst, sowie der Gründe für die Änderung, eines Zeitstempels und einer eindeutigen Beschreibung der Änderungen, einschließlich der alten und neuen Inhalte der einschlägigen Daten, gemäß dem Feld 93 der Tabelle 2 des Anhangs.

In der Fassung vom 19.12.2012 (ABl. EU Nr. L 52 v. 23.2.2013, S. 1), geändert durch Delegierte Verordnung (EU) 2017/104 vom 19.10.2016 (ABl. EU Nr. L 17 v. 21.1.2017, S. 1).

Art. 5 Inkrafttreten

Diese Verordnung tritt am zwanzigsten Tag nach ihrer Veröffentlichung im *Amtsblatt der Europäischen Union* in Kraft.

In der Fassung vom 19.12.2012 (ABl. EU Nr. L 52 v. 23.2.2013, S. 1).

Anhang

(nicht abgedruckt)

Art. 9 VO Nr. 648/2012 | Meldepflicht

Schrifttum: *Bundesverband deutscher Banken (BdB)*, Hintergrundinformationen und Erläuterungen zum EMIR-Anhang, Stand: 23.7.2013, abrufbar über: https://bankenverband.de („*BdB* Erläuterungen EMIR-Anhang"); *BdB*, Hintergrundinformationen und Erläuterungen zur Clearing-Rahmenvereinbarung vom 23.2.2015, abrufbar über: https://bankenverband.de („*BdB* Erläuterungen CRV"); *Europäische Wertpapier- und Marktaufsichtsbehörde (ESMA)*, „Fragen und Antworten – Umsetzung der Verordnung (EU) Nr. 648/2012 über OTC-Derivate, zentrale Gegenparteien und Transaktionsregister (EMIR)", ESMA70-1861941480-52 vom 30.5.2018, abrufbar über: https://www.esma.europa.eu („*ESMA Q&A*"); *Funke/ Neubauer*, Reaktion auf die Finanzmarktkrise: REMIT und EMIR als neue Frühwarnsysteme für den Europäischen Energiemarkt, CCZ 2012, 6; *Funke*, Reaktion auf die Finanzmarktkrise Teil 2: MiFID und MiFIR machen das Frühwarnsystem perfekt!, CCF 2012, 54; *Funke*, REMIT und EMIR – eine Umgestaltung des OTC-Marktes für Energieprodukte steht bevor!, WM 2012, 202; *Köhling/Adler*, Der neue europäische Regulierungsrahmen für OTC-Derivate, WM 2012, 2125 und 2173; *Kommission*, „EMIR: Häufig gestellte Fragen", zuletzt aktualisiert am 10.7.2014, abrufbar über: http://ec.europa.eu („*Kommission FAQ*"); *Litten/Schwenk*, EMIR – Auswirkungen der OTC-Derivateregulierung auf Unternehmen der Realwirtschaft, DB 2013, 857 und 918; *Martens* in Derleder/Knops/Bamberger (Hrsg.), Deutsches und europäisches Bank- und Kapitalmarktrecht, Band 2, 3. Aufl. 2017, § 60; *Schuster/Ruschkowski*, EMIR – Überblick und ausgewählte Aspekte, ZBB/JBB 2014, 123; *Wiesner/Christmann/Milke*, Regulierung des Derivatemarktes durch EMIR – Auswirkungen auf deutsche Unternehmen, Deloitte White Paper Nr. 56 vom 1.2.2013, abrufbar über: https://www2.deloitte.com/de/de/pages/financial-services/articles/White-Paper-No-56.html („*Wiesner/Christmann/Milke*, Deloitte WP Nr. 56"); *Wulff/Kloka*, Umsetzung von EMIR-Pflichten im Zusammenhang mit nicht-geclearten Derivategeschäften, WM 2015, 215.

I. Zweck der Meldepflicht 1	bb) Vermögensklassen 84
II. Anwendungsbereich der Meldepflicht (Art. 9 Abs. 1 VO Nr. 648/2012) 7	cc) Internationale Wertpapierkennnummer (ISIN) und AII-Code 91
1. Persönlicher Anwendungsbereich 8	dd) CFI-Code 95
2. Sachlicher Anwendungsbereich 15	ee) Eindeutige Produktkennziffer (UPI) . . . 97
3. Zeitlicher Anwendungsbereich 18	f) Eindeutige Geschäftsabschluss-Kennziffer (UTI) 102
a) Meldebeginn 19	g) Ausführungsplatz (MIC) 112
b) Backloading 23	h) Komplexe Derivate 113
III. Ausgestaltung der Meldepflicht 28	i) Gecleart Derivate 115
1. Meldung an ein Transaktionsregister 28	j) Nennbetrag 118
2. Rückfalllösung: Meldung an die ESMA (Art. 9 Abs. 3 VO Nr. 648/2012) 30	6. Delegierung der Meldung 120
3. Meldezeitpunkt und Häufigkeit der Meldung . . 31	7. Vermeidung von Doppelmeldungen 129
a) Begriff Arbeitstag 33	8. Aufzeichnungspflicht (Art. 9 Abs. 2 VO Nr. 648/2012) 133
b) Abschluss eines Derivats 36	9. Freistellung von Datenschutz- und Vertraulichkeitsverpflichtungen (Art. 9 Abs. 4 VO Nr. 648/ 2012) 137
c) Änderung eines Derivats 39	
4. Bestimmung der relevanten Transaktion 42	
5. Form und Inhalt der Meldung 48	10. Meldelogbuch 141
a) Kennziffer für die juristische Person (Legal Entity Indentifier, LEI) 54	11. Sanktionen 143
b) Seite der Gegenpartei 63	IV. Technische Regulierungsstandards (Art. 9 Abs. 5 und 6 VO Nr. 648/2012) 144
c) Besicherung 66	1. DurchfVO Nr. 1247/2012 145
d) Wert des Derivats 76	2. DelVO Nr. 148/2013 146
e) Produktkategorie und eindeutige Produktkennziffer 79	V. Ausblick 147
aa) Kontrakttypen 80	

1 **I. Zweck der Meldepflicht.** Die Meldepflicht dient der **Transparenz**. Die mit dem Einsatz von Derivaten verbundenen Risiken für das Finanzsystem sollen frühzeitig identifiziert werden können[1]. Darüber hinaus stellt sie dem Gesetzgeber zuverlässige Daten für die Ausübung der durch die EMIR geschaffenen Handlungsoptionen, insbesondere im Bereich der Begründung der Clearingpflicht zur Verfügung[2]. Die zuletzt genannte „**Datenbeschaffungsfunktion**" rechtfertigte nach Auffassung des Gesetzgebers auch die Meldung von bereits vor Inkrafttreten der EMIR abgeschlossenen Derivaten, das sog. „Backloading"[3].

2 Das der Meldepflicht zugrunde liegende **Konzept** wird in den Erwägungsgründen verdeutlicht[4]: Mit den Transaktionsregistern soll ein **zentraler Datenspeicher** geschaffen werden, der sämtliche Einzelheiten aller Derivate erfasst und der für die ESMA, die zuständigen Behörden, den Europäischen Ausschuss für Systemrisiken und die Zentralbanken des ESZB leicht zugänglich ist.

3 Die Meldepflicht nach Art. 9 VO Nr. 648/2012 deckt sich mit **vergleichbaren Meldepflichten**, die nach anderen europäischen Vorschriften vorgesehen sind. So müssen Wertpapierfirmen, die Geschäfte über Finanzinstrumente abschließen, nach **Art. 26 Abs. 1 VO Nr. 600/2014** (MiFIR) die Einzelheiten dieser Geschäfte an einen genehmig-

---

1 Erwägungsgründe Nr. 4 und 43 VO Nr. 648/2012.
2 Erwägungsgrund Nr. 37 VO Nr. 648/2012.
3 Erwägungsgrund Nr. 37 VO Nr. 648/2012.
4 Erwägungsgrund Nr. 41 VO Nr. 648/2012.

ten Meldemechanismus (ARM) i.S.d. Art. 2 Abs. 1 Nr. 36 VO Nr. 600/2014 melden. Da es sich bei Derivaten aufgrund des Verweises in Art. 12 Nr. 5 VO Nr. 648/2012 auf Anhang I der 2014/65/EU stets auch um Finanzinstrumente handelt, wird es in großem Umfang zu Doppelmeldungen kommen. Um diese zu vermeiden[1], sieht Art. 26 Abs. 7 VO Nr. 600/2014 vor, dass in den Fällen, in denen Geschäfte einem als ARM anerkannten Transaktionsregister gem. Art. 9 VO Nr. 648/2012 gemeldet wurden und diese Meldungen auch die nach Art. 26 Abs. 1, 3 und 9 VO Nr. 600/2014 erforderlichen Einzelheiten enthalten, die Meldepflicht unter der MiFIR als erfüllt gilt.

Die zuletzt genannte Anforderung, dass die Meldung nach Art. 9 VO Nr. 648/2012 auch den Inhalt der Meldung nach Art. 26 Abs. 1 VO Nr. 600/2014 abdecken muss, ist von der Kommission bereits im Rahmen der Bestimmung der meldepflichtigen Transaktionsdaten durch die DelVO Nr. 148/2013 berücksichtigt worden. 4

Eine vergleichbare Meldepflicht begründet Art. 8 Abs. 1 VO Nr. 1227/2011 (REMIT)[2] für Energiegroßhandelsprodukte[3]. Sie sind der Agentur für die Zusammenarbeit der Energieregulierungsbehörden (ACER) zu melden. Der Begriff **Energiegroßhandelsprodukt** ist in Art. 2 Nr. 4 VO Nr. 1227/2011 definiert. Er umfasst u.a. Derivate, die sich auf Strom oder Erdgas beziehen, der oder das in der Union erzeugt, gehandelt oder geliefert wurde. Um Doppelmeldungen zu vermeiden sehen Art. 8 Abs. 3 VO Nr. 1227/2011 und Art. 6 Abs. 5 DurchfVO Nr. 1348/2014 vor, dass Personen, die Transaktionen gem. Art. 26 VO Nr. 600/2014 oder Art. 9 VO Nr. 648/2012 gemeldet haben, keiner doppelten Meldepflicht in Bezug auf Energiegroßhandelsprodukte unterliegen. Art. 6 Abs. 4 Buchst. a DurchfVO Nr. 1348/2014 sieht vielmehr vor, dass die Informationen über Energiehandelsprodukte der ACER unmittelbar über die Transaktionsregister zur Verfügung gestellt werden. 5

In den U.S.A. hat die U.S. Commodity Futures Trading Commission (CFTC) auf Basis des Dodd-Frank Wall Street Reform and Consumer Protection Act (Dodd-Frank-Act) vom 21.7.2010[4] eine Richtlinie (final rule) erlassen[5], mit der sie den von ihr registrierten Börsen, swap execution facilities (SEFs), CCPs und Transaktionsregistern – den registered entities[6] – und den Gegenparteien (swap counterparties) die Pflicht zur Meldung auferlegte (17 CFR § 45). Die Richtlinie ist am 27.6.2016 geändert worden[7]. 6

II. Anwendungsbereich der Meldepflicht (Art. 9 Abs. 1 VO Nr. 648/2012). Art. 9 Abs. 1 VO Nr. 648/2012 definiert den Anwendungsbereich der Meldepflicht in persönlicher, sachlicher und zeitlicher Hinsicht. 7

1. Persönlicher Anwendungsbereich. Meldepflichtig sind CCPs sowie sämtliche Gegenparteien, und zwar unabhängig davon, ob die Gegenparteien clearingpflichtig sind oder nicht. Der in Art. 9 Abs. 1 Unterabs. 1 VO Nr. 648/2012 verwendete Begriff **Gegenpartei** wird vom Gesetzgeber nicht definiert[8], sondern als bekannt vorausgesetzt. Da der in Art. 1 Abs. 2 VO Nr. 648/2012 beschriebene persönliche Anwendungsbereich der EMIR nur finanzielle Gegenparteien und nichtfinanzielle Gegenparteien nennt, und die Benennung der CCPs als meldepflichtige Einrichtungen darauf zurückzuführen ist, dass der in Art. 2 Nr. 9 VO Nr. 648/2012 definierte Begriff der nichtfinanziellen Gegenpartei diese ausdrücklich ausnimmt, liegt der Schluss nahe, dass es sich bei dem Begriff Gegenpartei um den gemeinsamen **Oberbegriff für finanzielle und nichtfinanzielle Gegenparteien** handelt[9]. 8

Hieraus folgt zum einen, dass **Einrichtungen**, die sich weder als finanzielle Gegenpartei noch als nichtfinanzielle Gegenpartei qualifizieren, von der Meldepflicht ausgenommen sind. Dies sind insbesondere Einrichtungen, **die nicht unternehmerisch tätig sind**[10]. Wegen der Auslegung des Begriffs Unternehmen wird auf die Anmerkungen zu Art. 2 VO Nr. 648/2012 Rz. 81–86 verwiesen. Zum anderen folgt aus dem Begriff Gegenpartei, dass finanzielle Gegenparteien und nichtfinanzielle Gegenparteien nur dann Transaktionsdaten melden müssen, wenn sie **in der Union** zugelassen oder niedergelassen sind[11]. Eine Art. 4 Abs. 1 Buchst. a oder Art. 11 Abs. 12 9

---

1 S. Erwägungsgrund Nr. 35 VO Nr. 600/2014.
2 Verordnung (EU) Nr. 1227/2011 des Europäischen Parlaments und des Rates vom 25. Oktober 2011 über die Integrität und Transparenz des Energiegroßhandelsmarkts, ABl. EU Nr. L 326 v. 8.12.2011, S. 1.
3 Ein Überblick über die VO Nr. 1227/2011 vermittelt *Funke*, WM 2012, 202, 203 ff.; *Funke/Neubauer*, CCZ 2012, 6, 7 ff.
4 S. https://www.gpo.gov/fdsys/pkg/PLAW-111publ203/html/PLAW-111publ203.htm.
5 *U.S. CFTC*, Final Rule, Swap Data Recordkeeping and Reporting Requirements, Federal Register/Vol. 77, Nr. 9, S. 2136 vom 13.1.2012, abrufbar über: http://www.cftc.gov/idc/groups/public/@lrfederalregister/documents/file/2011-33199a.pdf („*U.S. CFTC* 77 FR 2136").
6 Der Begriff „registered entity" ist in 7 U.S. Code § 1a(40) definiert und meint die von der CFTC registrierten Börsen (board of trades designated as contract markets, DCMs), CCPs (derivatives clearing organizations, DCOs), SEFs (swap execution facilities, SEFs) und Transaktionsregister (swap data repositories, SDRs).
7 *U.S. CFTC*, Final Rule, Amendments to Swap Data Recordkeeping and Reporting Requirements for Cleared Swaps, Federal Register/Vol. 81, Nr. 123, S. 41736 vom 27.6.2016, abrufbar über: http://www.cftc.gov/idc/groups/public/@lrfederal register/documents/file/2016-14414a.pdf („*U.S. CFTC* 81 FR 41736").
8 *Köhling/Adler*, WM 2012, 2173, 2176; *Litten/Schwenk*, DB 2013, 857, 859.
9 *Zeitz* in Wilhelmi/Achtelik/Kunschke/Sigmundt, Handbuch EMIR, Teil 6 A Rz. 2; i.E. auch: *Schuster/Ruschkowski*, ZBB/JBB 2014, 123, 131; *Grundmann* in Staub, HGB, Band 11/2, 5. Aufl. 2018, Rz. 688 und 720.
10 *Zeitz* in Wilhelmi/Achtelik/Kunschke/Sigmundt, Handbuch EMIR, Teil 6 A Rz. 1.
11 Europäische Wertpapier- und Marktaufsichtsbehörde (ESMA), „Fragen und Antworten – Umsetzung der Verordnung (EU) Nr. 648/2012 über OTC-Derivate, zentrale Gegenparteien und Transaktionsregister (EMIR)", ESMA70-1861941480-52 vom 30.5.2018, abrufbar über: https://www.esma.europa.eu/sites/default/files/library/esma70-1861941480-52_qa_on_

Art. 9 VO Nr. 648/2012 | Meldepflicht

VO Nr. 648/2012 vergleichbare Regelung, die unter bestimmten Voraussetzungen auch in Drittstaaten ansässige Einrichtungen der Meldepflicht unterwirft, ist in Art. 9 VO Nr. 648/2012 nicht aufgenommen worden.

10 Nach Art. 1 Abs. 5 VO Nr. 648/2012 unterliegen die dort genannten **multilateralen Entwicklungsbanken, öffentlichen Stellen** sowie die **EFSF** und die **ESFS** ebenfalls der Meldepflicht. Da die Anwendung des Art. 1 Abs. 5 VO Nr. 648/2012 nicht zu einer Erweiterung der Meldepflicht führen darf, ist die Bestimmung dahingehend auszulegen, dass die Meldepflicht nur für solche Einrichtungen besteht, die **in der Union ansässig** und **unternehmerisch tätig** sind. Meldepflichtig wäre demnach z.B. die Europäische Bank für Wiederaufbau und Entwicklung (EBRD), die Europäische Investitionsbank (EIB) und der Europäische Investitionsfonds.

11 Eine **CCP** muss die Meldung von Transaktionsdaten nur für die Derivate sicherstellen, die sie entweder selbst abgeschlossen hat oder bei denen sie nach Aufnahme in ihr **Clearingsystem** entsprechend den für sie geltenden Regelwerken wirksam in die Vertragsbeziehungen mit den Clearingmitgliedern eingetreten ist. Hat eine CCP ein zum Clearing angemeldetes Derivat abgelehnt, weil z.B. die Ausstattungsmerkmale des Derivats nicht den Clearingbedingungen entsprechen, dann bleiben ausschließlich die ursprünglichen Gegenparteien für die Meldung verantwortlich.

12 Zu der ersten Gruppe der von der CCP selbst abgeschlossenen Derivate zählen die Transaktionen, die die CCP außerhalb des von ihre betriebenen Clearingsystems eingeht, um im Falle eines **Ausfalls eines Clearingmitgliedes** nach Art. 48 Abs. 2 VO Nr. 648/2012 die für Rechnung des Clearingmitgliedes gehaltenen Positionen durch geeignete Gegengeschäfte abzusichern oder glattzustellen.

13 In ihrem Vorschlag für eine **Änderung der EMIR** (EMIR-REFIT-Entwurf)[1] hat sich die Kommission zuletzt dafür ausgesprochen, den persönlichen Anwendungsbereich der Meldepflicht so zu ändern, dass in bestimmten Konstellationen nur die CCP oder eine der beiden Gegenparteien der Meldepflicht unterliegen. So soll bei börsengehandelten Derivaten zukünftig nur die CCP für die Meldung verantwortlich sein. Bei OTC-Derivaten, bei denen sich eine finanzielle Gegenpartei und eine nichtfinanzielle Gegenpartei unterhalb der Clearingschwelle (NFC-) gegenüberstehen, soll nur die finanzielle Gegenpartei melden, bzw. für die Richtigkeit der gemeldeten Angaben verantwortlich sein.

14 Die Meldung geclearter Derivate durch die CCP entspricht der U.S.-amerikanischen Regelung in 17 CFR § 45.8(i)[2]. Wird ein Derivat an einer Börse oder einer swap execution facility (SEF) abgeschlossen, nachfolgend aber nicht über eine CCP gecleart, ist nach 17 CFR § 45.8(h)[3] die Börse bzw. die SEF für die Meldung verantwortlich. Die Regel, dass bei nicht geclearten OTC-Derivaten, bei denen sich eine finanzielle und eine nichtfinanzielle Gegenpartei gegenüberstehen, nur die finanzielle Gegenpartei meldet, entspricht grundsätzlich ebenfalls U.S.-amerikanischen Regelung. Der Entscheidungsbaum in 17 CFR § 45.8(a)-(g)[4] ist jedoch wesentlich stärker ausdifferenziert.

15 **2. Sachlicher Anwendungsbereich.** Von der Meldepflicht erfasst sind sämtliche **Derivate**, unabhängig davon, ob es sich um außerbörslich, d.h. over the counter (OTC) abgeschlossene, oder um an einem Handelsplatz zustande gekommene Geschäfte handelt[5]. Er schließt **gruppeninterne Geschäfte** i.S.d. Art. 3 VO Nr. 648/2012 mit ein; auch diese sind zu melden[6].

16 Derivate die zwischen zwei **rechtlich unselbständige Niederlassungen derselben Gegenpartei** getätigt werden – sog. „unternehmensinterne Geschäfte" – sind von der Meldepflicht hingegen ausgenommen[7]. Unternehmensinterne Geschäfte sind für das Risikomanagement von Kreditinstituten und Wertpapierfirmen von Bedeutung, da sie es ermöglichen, die mit Handelsgeschäften verbundenen Marktpreisrisiken über einzelne Handelsbücher hinweg zusammen zu fassen und als Nettorisikoposition zu steuern. Nach BTO 2.2.1 Tz. 1 MaRisk[8] unterliegen

---

emir_implementation.pdf („*ESMA* Q&A") TR Frage Nr. 15 [letzte Aktualisierung: 5.8.2013]; *Schuster/Ruschkowski*, ZBB/JBB 2014, 123, 131.

1 *Kommission*, Vorschlag für eine Verordnung des Europäischen Parlaments und des Rates zur Änderung der Verordnung (EU) Nr. 648/2012 in Bezug auf die Clearingpflicht, die Aussetzung der Clearingpflicht, die Meldepflichten, die Risikominderungstechniken für nicht durch eine zentrale Gegenpartei gecleart OTC- Derivatekontrakte, die Registrierung und Beaufsichtigung von Transaktionsregistern und die Anforderungen an Transaktionsregister, COM(2017) 208 final vom 4.5.2017, abrufbar über: http://ec.europa.eu/transparency/regdoc/rep/1/2017/DE/COM-2017-208-F1-DE-MAIN-PART-1.PDF („*Kommission* EMIR-REFIT-Entwurf"), S. 18 und 31/32.
2 *U.S. CFTC* 81 FR 41736, S. 41777.
3 *U.S. CFTC* 81 FR 41736, S. 41777.
4 *U.S. CFTC* 81 FR 41736, S. 41777.
5 *ESMA* Q&A TR Frage Nr. 5(a) [letzte Aktualisierung: 4.6.2013] zu exchange-traded derivatives – ETD; *Zeitz* in Wilhelmi/Achtelik/Kunschke/Sigmundt, Handbuch EMIR, Teil 6 A Rz. 3; *Schuster/Ruschkowski*, ZBB/JBB 2014, 123, 131; *Grundmann* in Staub, HGB, Band 11/2, 5. Aufl. 2018, Rz. 721.
6 *ESMA* Q&A TR Frage Nr. 13 [letzte Aktualisierung: 5.8.2013].
7 *ESMA* Q&A TR Frage Nr. 14 [letzte Aktualisierung: 5.8.2013].
8 *BaFin*, Rundschreiben 09/2017 (BA) – Mindestanforderungen an das Risikomanagement – MaRisk, BA 54-FR 2210-2017/0002 vom 27.10.2017, abrufbar über: https://www.bafin.de/SharedDocs/Downloads/DE/Rundschreiben/dl_rs0917_marisk_Endfassung_2017_pdf_ba.pdf;jsessionid=3C9EB966208B98EEFA667571EFFFA3F6.2_cid298?__blob=publicationFile&v=5 („*BaFin* MaRisk").

unternehmensinterne Geschäfte im Hinblick auf ihre zeitnahe Verbuchung und Bestätigung grundsätzlich denselben Anforderungen wie externe Geschäfte. Löst die Erfassung eines Derivats in den Buchungssystemen der Bank eine automatische Meldung nach Art. 9 VO Nr. 648/2012 aus, so wäre sie für die als unternehmensinternes Geschäft identifizierten Derivate zu unterdrücken.

Die Pflicht zur Meldung von Derivaten gilt auch für solche Derivate, die am selben Arbeitstag abgeschlossen und wieder beendet oder durch den Abschluss eines Gegengeschäftes glattgestellt werden[1]. Dies hat Bedeutung für den **Hochfrequenzhandel**, bei dem auch kleinere Marktpreisschwankungen zum automatischen Abschluss von Derivatekontakten bzw. deren Beendigung führen. In Anlehnung an die Auslegungsentscheidungen der ESMA[2], wird man es jedoch als ausreichend ansehen können, wenn der Abschluss und Beendigung des Derivates dem Transaktionsregister in derselben Meldung mitgeteilt werden.   17

3. Zeitlicher Anwendungsbereich. Art. 9 Abs. 1 Unterabs. 2 VO Nr. 648/2012 definiert den Anwendungsbereich der Meldepflicht in zeitlicher Hinsicht. Danach erfasst die Meldepflicht zwei Fallgruppen. Zu melden sind zum einen die Derivate, die am oder nach dem Inkrafttreten der VO Nr. 648/2012, d.h. am **16.8.2012**, abgeschlossen wurden. Zum anderen sind die Derivate zu melden, die vor dem 16.8.2012 abgeschlossen wurden, aber zu diesem Zeitpunkt noch ausstanden, d.h. noch nicht vollständig erfüllt oder vorzeitig beendet waren.   18

a) Meldebeginn. Von der in Art. 9 Abs. 6 Unterabs. 1 Buchst. b VO Nr. 648/2012 eingeräumten Befugnis, das Wirksamwerden der Meldepflicht – den **Meldebeginn** – festzulegen, hat die Kommission in Art. 5 Abs. 1 und 2 DurchfVO Nr. 1247/2012 Gebrauch gemacht.   19

Aufgrund der verspäteten Zulassung der Transaktionsregister sind die Regelungen in Art. 5 Abs. 1 Buchst. a und Abs. 2 Buchst. a DurchfVO Nr. 1247/2012 nicht relevant geworden. Die ersten vier **Transaktionsregister** sind von der ESMA mit Wirkung zum 14.11.2013 anerkannt worden[3]. Die Meldepflicht begann damit nach dem in Art. 5 Abs. 1 Buchst. b und Abs. 2 Buchst. b DurchfVO Nr. 1247/2012 verankerten Grundsatz nach Ablauf von 90 Kalendertagen, d.h. am **12.2.2014**.   20

Da bereits mit der ersten Anerkennung von Transaktionsregistern am 14.11.2013 für jede der in Art. 4 Abs. 3 Buchst. a DurchfVO Nr. 1247/2012 genannten Derivatekategorie ein Transaktionsregister bestand, ist auch die in Art. 9 Abs. 3 VO Nr. 648/2012 und Art. 5 Abs. 1 Buchst. c und Abs. 2 Buchst. c DurchfVO Nr. 1247/2012 angesprochene Rückfalllösung: die Meldung an die ESMA nicht relevant geworden.   21

Die in Art. 5 Abs. 1 und 2 DurchfVO Nr. 1247/2012 gewählte Unterscheidung zwischen Zins- und Kreditderivaten einerseits und anderen Derivatekategorien andererseits hat nur noch historische Bedeutung. Sie war dem Umstand zu verdanken, dass zum Zeitpunkt der Verabschiedung der DurchfVO Nr. 1247/2012 für Zinsderivate und Kreditderivate bereits Transaktionsregister bestanden, die von den Marktteilnehmer für die freiwilligen Meldungen ihrer OTC-Derivate genutzt wurden.   22

b) Backloading. Der mit Art. 9 Abs. 1 Unterabs. 2 Buchst. a VO Nr. 648/2012 verbundene Zwang, bestehende Geschäfte zu melden, wird auch als „**Backloading**" bezeichnet. Das Backloading war und ist mit erheblichem Aufwand verbunden, da nicht alle meldepflichtigen Einzelheiten der Derivate in elektronischer Form und in der von der DelVO Nr. 148/2013 geforderten Datenstruktur vorlagen bzw. vorliegen. Art. 9 Abs. 6 Buchst. b VO Nr. 648/2012 trägt dem Rechnung, indem er der Kommission die Befugnis erteilt, Übergangsphasen für die Meldung der vor Beginn der Meldepflicht abgeschlossenen Geschäfte vorzusehen.   23

Die Kommission hatte bereits früh erkennen lassen, dass sie von der Möglichkeit, Übergangsphasen zu bestimmen, Gebrauch machen wird[4]. In Art. 5 Abs. 3 DurchfVO Nr. 1247/2012 hat sie für die vor dem 16.8.2012 abgeschlossen Derivate, die zum Zeitpunkt des Beginns der Meldepflicht noch ausstanden, eine Übergangsphase von **90 Kalendertagen** bis **13.5.2014** vorgesehen.   24

Für die vor oder nach dem 16.8.2012 abgeschlossene Derivate, die zum Zeitpunkt des Beginns der Meldepflicht nicht mehr ausstanden, hat sie in Art. 5 Abs. 4 DurchfVO Nr. 1247/2012 zunächst eine Übergansfrist von drei Jahren vorgesehen. Diese Frist ist mit Art. 1 Abs. 5 DurchfVO 2017/105 auf **fünf Jahre** verlängert worden. Um die Nachmeldung von Altgeschäften zusätzlich zu erleichtern, hat die ESMA es in ihren Auslegungsentscheidungen[5] als zulässig angesehen, dass auf die Meldung der vor Beginn der Meldepflicht vorgenommenen Änderungen (der sog. „**life cycle events**") verzichtet werden kann; zu melden ist lediglich der letzte Status. In ihrem   25

---

1 *ESMA* Q&A TR Frage Nr. 11(c) [letzte Aktualisierung: 5.8.2013].
2 *ESMA* Q&A TR Frage Nr. 6 [letzte Aktualisierung: 20.3.2013] (Abschluss und Clearing des Derivates am selben Arbeitstag) und ESMA Q&A TR Frage Nr. 5 [letzte Aktualisierung: 4.6.2013] (kein Intraday-Reporting von Ereignissen).
3 *ESMA*, Pressemitteilung „ESMA registers trade repositories", 2013/1629 vom 7.11.2013, abrufbar über: https://www.esma.europa.eu/search/site/7%20November%202013?page=1&f[0]=im_esma_sections%3A10 („*ESMA* Pressemitteilung 7.11.2013").
4 *Kommission* FAQ I.8.
5 *ESMA* Q&A TR Frage Nr. 4(a) [letzte Aktualisierung: 3.4.2017].

Vorschlag für eine Änderung der EMIR (EMIR-REFIT-Entwurf)[1] hat sich die Kommission zuletzt dafür ausgesprochen, das Backloading ganz abzuschaffen.

26 Eine weitere Erleichterung sah Art. 5 Abs. 5 DurchfVO Nr. 1247/2012 für die Meldung der in Art. 3 DelVO Nr. 148/2013 anzugebenden **Werte von Derivatekontrakten** (Felder 17–20 der Tabelle 1 des Anhangs) und gestellten Sicherheiten (Felder 21–35 der Tabelle 1 des Anhangs) vor. Die Meldepflicht begann für sie 180 Kalendertage nach Meldebeginn, d.h. am **12.8.2014**, mit der Folge, dass die Angaben erstmals in die am 12.8.2014 erfolgte Meldung aufzunehmen waren[2]. Art. 5 Abs. 5 DurchfVO Nr. 1247/2012 hat keine praktische Bedeutung mehr. Auch ist die Bezugnahme auf Art. 3 DelVO Nr. 148/2013 nach Inkrafttreten der DelVO 2017/104 unrichtig geworden.

27 Hiernach ist die Meldepflicht wie folgt wirksam geworden:
– Neugeschäft: 12.2.2014
– Altgeschäft:
    – Abschluss vor dem 16.8.2012:
        – vor dem 16.8.2012 beendet: Keine Meldung
        – vor dem 12.2.2014 beendet: 12.2.2019
        – am oder nach dem 12.2.2014 beendet: 13.5.2014
    – Abschluss am oder nach dem 16.8.2012:
        – vor dem 12.2.2014 beendet: 12.2.2019
        – am oder nach dem 12.2.2014 beendet: 12.2.2014
– Meldung von Barwerten: 11.8.2014

28 **III. Ausgestaltung der Meldepflicht. 1. Meldung an ein Transaktionsregister.** Nach Art. 9 Abs. 1 Unterabs. 1 Satz 1 VO Nr. 648/2012 muss die Mitteilung gegenüber einem **registrierten oder anerkannten Transaktionsregister** erfolgen. Die Registrierung eines europäischen Transaktionsregisters ist in Art. 55 VO Nr. 648/2012, die Anerkennung eines in einem Drittstaat ansässigen Transaktionsregisters in Art. 77 VO Nr. 648/2012 geregelt. In beiden Fällen ist die ESMA zuständig.

29 Eine **Liste** der registrierten Transaktionsregister und der von ihnen unterstützten Derivatekategorien ist über die Webseite der ESMA[3] aufrufbar.

30 **2. Rückfalllösung: Meldung an die ESMA (Art. 9 Abs. 3 VO Nr. 648/2012).** Für die in Art. 9 Abs. 3 VO Nr. 648/2012 vorgesehene **Rückfalllösung für Meldungen** von Derivaten an die ESMA hatte die Kommission in Art. 5 Abs. 1 Buchst. c und Abs. 2 Buchst. c ihrer DurchfVO Nr. 1247/2012 zunächst vorgesehen, dass diese frühestens am 1.7.2015 beginnen sollte. Da die ESMA vor diesem Stichtag Transaktionsregister für sämtliche Derivatekategorien registriert hat, ist diese Regelung jedoch nicht relevant geworden.

31 **3. Meldezeitpunkt und Häufigkeit der Meldung.** Nach Art. 9 Abs. 1 Unterabs. 1 Satz 2 VO Nr. 648/2012 müssen die Einzelheiten spätestens an dem auf den Abschluss, die Änderung oder die Beendigung des Derivates **folgenden Arbeitstag** gemeldet werden[4]. Die Frist ist für börsengehandelte Derivate und OTC-Derivate gleich.

32 Die in Art. 9 Abs. 1 Unterabs. 1 Satz 2 VO Nr. 648/2012 vorgesehene Meldung T+1 ist wesentlich komfortabler als die U.S.-amerikanischen Regelung in 17 CFR § 45.3[5]. Danach ist der Abschluss eines clearingpflichtigen Derivats einschließlich der wesentlichen ökonomischen Einzelheiten (primary economic terms) von swap dealern und major swap participants innerhalb von 15 Minuten zu melden (17 CFR § 45.3(b)(1)(i)). Für nichtfinanzielle Gegenparteien ist eine Frist von einer Stunde vorgesehen. Für nicht der Clearingpflicht unterliegende Kredit-, Wertpapier-, Fremdwährungs- und Zinsderivate beträgt die Frist 30 Minuten (17 CFR § 45.3(c)(1)(i)). Für Änderungen eines Derivats, z.B. die sog. „life cycle events" sieht 17 CFR § 45.4(a)[6] die gleichtägige Meldung vor.

33 **a) Begriff Arbeitstag.** Der Begriff Arbeitstag (working day) ist vom Gesetzgeber nicht definiert worden. Da es sich bei den meldepflichtigen Gegenparteien um Unternehmen mit eingerichteten Geschäftsbetrieb handelt, wird man unter **Arbeitstag** jeden Tag verstehen, an dem die Gegenparteien, die CCP und das Transaktionsregister für die Abgabe und Entgegennahme von Mitteilung geöffnet sind.

---

1 *Kommission* EMIR-REFIT-Entwurf, S. 18 und 31.
2 *ESMA* Q&A TR Frage Nr. 3a(b) [letzte Aktualisierung: 14.12.2017].
3 *ESMA*, Liste der zugelassenen Transaktionsregister, zuletzt aktualisiert am 21.2.2018, abrufbar über: https://www.esma.europa.eu/supervision/trade-repositories/list-registered-trade-repositories („*ESMA* Liste der Transaktionsregister").
4 *ESMA* Q&A TR Frage Nr. 3b(b) [letzte Aktualisierung: 14.12.2017]): „... by the end of the day following execution (reporting time limit)".
5 *U.S. CFTC* 81 FR 41736, S. 41772/3.
6 *U.S. CFTC* 81 FR 41736, S. 41775.

Die ESMA[1] unterscheidet zwischen börsengehandelten Derivaten und OTC-Derivaten. Danach soll für **börsengehandelte Derivate** der Börsengeschäftstag, d.h. der Tag, an dem die Terminbörse nach dem für sie vereinbarten Kalender für den Handel in dem betreffenden Derivat geöffnet haben soll, maßgeblich sein. Für **OTC-Derivate** verweist sie auf den für den jeweiligen Einzelabschluss vereinbarten Geschäftstag bzw. den maßgeblichen Finanzplatz. Im Zweifel soll der für die Abwicklung von Euro-Zahlungen im TARGET2-System des ESZB vereinbarte Kalender maßgeblich sein[2]. 34

Dieser Auffassung kann nur eingeschränkt gefolgt werden. Auch bei börsengehandelten Derivaten kommt es allein auf die Öffnungszeiten der CCP an, nicht auf die der Terminbörse. Darüber hinaus muss in jedem Fall auch das Transaktionsregister geöffnet haben. In der Praxis dürfte sich der Unterschied nur dann auswirken, wenn Terminbörse, CCP oder Transaktionsregister in unterschiedlichen Ländern ansässig sind. Der für OTC-Derivate vereinbarte Geschäftstag berücksichtigt in der Regel auch den Finanzplatz an dem die bei Zahlungen in Fremdwährungen eingebundenen Korrespondenzbanken ansässig sind. Auf diesen Aspekt kommt es jedoch bei der Bestimmung des für Meldungen maßgeblichen Arbeitstages nicht an. 35

b) Abschluss eines Derivats. Der Abschluss eines Derivates ist der Zeitpunkt, der den Beginn der für die Meldung vorgesehenen Frist definiert. Art. 1 Abs. 2 DelVO Nr. 148/2013 hatte den Begriff **Abschluss** ursprünglich über die Verweiskette Art. 25 Abs. 3 RL 2004/39/EG, Art. 13 Abs. 1 DurchfVO Nr. 1287/2006[3] und Anhang 1, Tabelle 1, Feld 2 der DurchfVO Nr. 1287/2006 als den Handelstag, bzw. den Tag definiert, an dem das Geschäft „ausgeführt wurde". Dieser Verweis ist jedoch durch Art. 1 Abs. 1 DelVO 2017/104 aus guten Gründen aufgehoben worden. 36

Maßgeblich ist für OTC-Derivate der Geschäftstag, an dem sich die beiden Gegenparteien telefonisch oder im Wege der elektronischen Kommunikation über sämtliche Einzelheiten des OTC-Derivates **geeinigt haben**[4], und zwar unabhängig davon, ob das Derivat im eigenen oder fremden Namen oder für eigene oder fremde Rechnung abgeschlossen wurde[5]. Dies entspricht auch dem Verständnis, das den Anforderungen des BTO 2.2.1 MaRisk und der Meldepflicht nach § 22 WpHG zugrunde liegt. 37

Bei einer physisch zu erfüllenden **Option auf ein Derivat** (swaption) gilt das im Falle der Ausübung der Option zustande gekommene Derivat als an dem Tag abgeschlossen, an dem die Option vom Käufer ausgeübt wurde. 38

c) Änderung eines Derivats. Da der aktuelle **Wert des Derivates** und der **Wert der gestellten und empfangenen Sicherheiten** zu den meldepflichtigen Einzelheiten zählt, löst jede Änderung des Wertes des Derivates oder der gestellten oder empfangenen Sicherheiten eine neue Meldung an das Transaktionsregister aus[6]. 39

Um den Meldeaufwand zu reduzieren, sehen Art. 2 Satz 1 DurchfVO Nr. 1247/2012 („soweit in Artikel 11 Absatz 2 der Verordnung (EU) Nr. 648/2012 vorgesehen") und Art. 3 Abs. 4 DelVO Nr. 148/2013 vor, dass **nichtfinanzielle Gegenparteien** unterhalb der Clearingschwelle in ihre Meldungen weder den Wert des betreffenden Derivats noch den Wert der gestellten oder empfangenen Sicherheiten aufzunehmen haben. 40

Alle **übrigen Ereignisse** – die sog. „**life cycle events**" – sind nach Art. 2 Satz 2 DurchfVO Nr. 1247/2012 dann zu melden, wenn sie eintreten. Zu den übrigen Ereignissen zählen u.a. die Aufnahme eines Derivats in das Clearing einer CCP[7], die vorzeitige Beendigung[8] des Derivats durch Ausübung einer Option, die Kündigung oder Portfoliokomprimierung[9] oder die Änderung der Einzelheiten eines Derivates. Letztere können auch den Basiswert betreffen, der dem Derivat zugrunde liegt. Zu denken ist an sog. „**corporate actions**", wie z.B. Namenswechsel, Verschmelzungen, Abspaltungen oder Rechtsformwechsel, die den Emittenten einer dem Derivat zugrunde liegenden Aktie oder Schuldverschreibung betreffen. Ebenso zählen zu den übrigen Ereignissen solche, die eine der in der Meldung anzugebenden **Personen oder Einrichtungen** betreffen, z.B. ein Namenswechsel, 41

---

1 ESMA Q&A TR Frage Nr. 11(b) [letzte Aktualisierung: 5.8.2013].
2 ESMA Q&A TR Frage Nr. 11(b) [letzte Aktualisierung: 5.8.2013]; Zeitz in Wilhelmi/Achtelik/Kunschke/Sigmundt, Handbuch EMIR, Teil 6 A Rz. 9.
3 Verordnung (EG) Nr. 1287/2006 der Kommission vom 10. August 2006 zur Durchführung der Richtlinie 2004/39/EG des Europäischen Parlaments und des Rates betreffend die Aufzeichnungspflichten für Wertpapierfirmen, die Meldung von Geschäften, die Markttransparenz, die Zulassung von Finanzinstrumenten zum Handel und bestimmte Begriffe im Sinne dieser Richtlinie, ABl. EU Nr. L 241 v. 2.9.2006, S. 1.
4 ESMA Q&A TR Frage Nr. 11(a) [letzte Aktualisierung: 5.8.2013]: „date of conclusion"; Zeitz in Wilhelmi/Achtelik/Kunschke/Sigmundt, Handbuch EMIR, Teil 6 A Rz. 13, wonach auf den schuldrechtlichen Vertragsabschluss abzustellen ist.
5 Zeitz in Wilhelmi/Achtelik/Kunschke/Sigmundt, Handbuch EMIR, Teil 6 A Rz. 13, wonach es nicht darauf ankommt, ob das Derivat als Eigengeschäft, Eigenhandel für Dritte, Kommissionsgeschäft oder durch einen Abschlussvermittler zustande kommt.
6 ESMA Q&A TR Frage Nr. 11(a) [letzte Aktualisierung: 5.8.2013]; Zeitz in Wilhelmi/Achtelik/Kunschke/Sigmundt, Handbuch EMIR, Teil 6 A Rz. 4.
7 Zeitz in Wilhelmi/Achtelik/Kunschke/Sigmundt, Handbuch EMIR, Teil 6 A Rz. 5.
8 Zeitz in Wilhelmi/Achtelik/Kunschke/Sigmundt, Handbuch EMIR, Teil 6 A Rz. 15.
9 Zeitz in Wilhelmi/Achtelik/Kunschke/Sigmundt, Handbuch EMIR, Teil 6 A Rz. 6.

Art. 9 VO Nr. 648/2012 | Meldepflicht

das Überschreiten der Clearingschwelle oder die erstmalige Verfügbarkeit oder Änderung einer LEI[1], UPI, UTI oder einer anderen Kennziffer[2].

42 **4. Bestimmung der relevanten Transaktion.** Die Frage, ob es sich bei einer Transaktion um ein oder mehrere Derivate i.S.d. Art. 9 VO Nr. 648/2012 handelt, kann bei **komplexen Geschäften** schwierig zu beurteilen sein. Dies ist insbesondere dann der Fall, wenn eine Transaktion für Zwecke der Bewertung oder des Marktrisikomanagements in den positionsführenden System der Gegenpartei in mehrere Komponenten – sog. „legs" – zerlegt wird, die in den Systemen der Gegenpartei jeweils gesondert erfasst werden.

43 Für die Bestimmung der relevanten Transaktion ist grundsätzlich das maßgeblich, was die **Gegenparteien vereinbart und bestätigt haben.** So können z.B. die Parteien einer Kaufoption, die dem Käufer das Recht einräumt, während der zwölfmonatigen Laufzeit der Option jeden Monat eine bestimmte Menge an Aktien zu einem bestimmten Festpreis zu erwerben, diese Option sowohl als eine Kette von Derivaten (zwölf europäische Optionen mit jeweils unterschiedlichem Ausübungstag) oder als nur ein Derivat (Bermuda-Option mit dem Recht zur mehrfachen Teilausübung) ausgestalten.

44 Werden zwei oder mehrere Derivate von den beiden Gegenparteien als voneinander getrennte Geschäfte vereinbart und bestätigt, so führt der Umstand, dass sämtliche Derivate Gegenstand derselben **Anlagestrategie** sind, nicht dazu, dass sie zu einem einheitlichen Derivat „verklammert werden"; sie sind nach wie vor als separate Derivate zu melden[3]. Ein Beispiel sind die von einer Gegenpartei erworbenen Kauf- und Verkaufsoptionen (einen sog. „straddle"), mit dem sie sich wirtschaftlich so stellen will, als habe sie eine gegen Kursverluste abgesicherte Aktie erworben.

45 Eine Option auf ein Derivat (**swaption**) ist zunächst nur als ein Derivat zu melden. Sieht die Option jedoch „physische Erfüllung" (physical settlement) vor, d.h. kommt im Falle der Ausübung zwischen dem Käufer der Option und dem Verkäufer das vereinbarte Derivat zustande, ist zum Zeitpunkt der Ausübung ein neues Derivat zu melden[4].

46 Für die von Verwaltungsgesellschaften für Rechnung der von ihnen verwalteten Investmentvermögen abgeschlossenen **Block-Trades** gilt, dass sie bis zur Verteilung auf die einzelnen Fonds oder Teilfonds als ein Derivat der Verwaltungsgesellschaft zu melden sind. Nach Aufteilung der Transaktion ist für jeden Fonds oder Teilfonds ein gesondertes Derivat zu melden[5].

47 Sind mehrere Derivate durch Schuldumwandlung oder Novation – z.B. im Rahmen einer **Portfoliokomprimierung** nach Art. 14 DelVO Nr. 149/2013 – zu einem neuen Derivat zusammengefasst worden, ist nach Wirksamwerden der Komprimierung nur noch eine Meldung vorzunehmen[6].

48 **5. Form und Inhalt der Meldung.** Die Form der Meldung und die nach Art. 9 Abs. 1 Unterabs. 1 VO Nr. 648/ 2012 in die Mitteilung aufzunehmenden Einzelheiten sind in Art. 1 DurchfVO Nr. 1247/2012 und Art. 1 Abs. 1 DelVO Nr. 148/2013 festgelegt worden. Beide Bestimmungen verweisen jeweils auf Anhänge, die jedoch dieselben Datenfelder aufweisen. Sie unterscheiden sich lediglich dadurch, dass der Anhang zur DelVO Nr. 148/2013 den **Inhalt** des jeweiligen Datenfeldes definiert während der Anhang zur DurchfVO Nr. 1247/2012 das **Format** angibt, das für die in die Meldung aufzunehmende Information zu wählen ist.

49 Die genannten Verordnungen und ihre Anhänge sind durch die DurchfVO 2017/105[7] und die DelVO 2017/ 104[8] mit Wirkung zum 1.11.2017 wesentlich geändert und erweitert worden; die neuen Anhänge sind auch für bereits gemeldet Transaktionen verbindlich[9], aber nur soweit sie zum Stichtag 1.11.2017 noch ausstanden[10]. Mit der Änderung der Anhänge hat die Granularität der in ihnen aufzunehmenden **Einzelheiten zur Besicherung** deutlich zugenommen. Zu melden sind jetzt insbesondere Einzelheiten zu den nach der DelVO 2016/

---

1 *ESMA* Q&A TR Frage Nr. 40 [letzte Aktualisierung: 20.11.2017]: Änderung der LEI durch Verschmelzung oder Übernahme.
2 S. auch den Begriff „life cycle event" in 17 CFR § 45.1, *U.S. CFTC* 77 FR 2136, 2197.
3 *ESMA* Q&A TR Frage Nr. 26(b) [letzte Aktualisierung: 11.2.2014].
4 *ESMA* Q&A TR Frage Nr. 26(a) [letzte Aktualisierung: 11.2.2014].
5 *ESMA* Q&A TR Frage Nr. 39 [letzte Aktualisierung: 24.10.2014].
6 *ESMA* Q&A TR Frage Nr. 17 [letzte Aktualisierung: 29.5.2018].
7 Art. 3, 4 und 5 DurchfVO Nr. 1247/2012 sowie der Anhang der DurchfVO Nr. 1247/2012 sind durch die DurchfVO 2017/105 neu gefasst worden. Die DurchfVO 2017/105 hat darüber hinaus Art. 3a, 3b, 4a und 4b DurchfVO Nr. 1247/ 2012 eingefügt. Die DurchfVO 2017/105 ist am zwanzigsten Tag nach ihrer Veröffentlichung im Amtsblatt der Europäischen Union, d.h. am 10.2.2017 in Kraft getreten. Mit Ausnahme des Art. 1 Abs. 5 DurchfVO 2017/105 (Änderung des Art. 5 Abs. 4 DurchfVO Nr. 1247/2012 über das sog. „Backloading") gelten die Bestimmungen seit dem 1.11.2017 (Art. 2 DurchfVO 2017/105).
8 Art. 1 Abs. 2, Art. 2, 3 und 4 5 DelVO Nr. 148/2013 sowie der Anhang der DelVO Nr. 148/2013 sind durch die DelVO 2017/104 geändert bzw. neu gefasst worden. Die DelVO 2017/104 hat ferner Art. 3a DelVO Nr. 148/2013 eingefügt. Die DelVO 2017/104 ist am 10.2.2017 in Kraft getreten und gilt seit dem 1.11.2017 (Art. 2. DelVO 2017/104).
9 *ESMA* Q&A TR Frage Nr. 44(a) [letzte Aktualisierung: 20.11.2017].
10 *ESMA* Q&A TR Frage Nr. 44(d) [letzte Aktualisierung: 20.11.2017].

2251 auszutauschenden Ersteinschüssen, Nachschüssen und den ggf. zu viel geleisteten überschüssigen Sicherheiten, wobei die meldende Gegenpartei nochmals zwischen empfangenen und geleisteten Einschüssen differenzieren muss. Mittlerweile weisen die Anhänge insgesamt **129 Datenfelder** auf. Um die Verwendung der Anhänge zu erleichtern, hat die ESMA in ihren Auslegungsentscheidungen Beispiele für deren Befüllung gegeben[1].

Die Anhänge unterscheiden zwischen den Angaben zur **Gegenpartei** (Tabelle 1) und den Angaben zum **Derivatekontrakt** (Tabelle 2). Im Einzelnen halten sie sich jedoch nicht an die gewählte Aufteilung, da sich einige der in Tabelle 1 enthaltenen Merkmale, wie z.B. der Wert des Kontraktes auf das Derivat beziehen.

Der Grundsatz, dass die Meldung sämtliche der im Anhang genannten Angaben enthalten muss, gilt nur eingeschränkt. Felder, die für ein Derivat keine Bedeutung haben, können leer gelassen werden[2]. Ist ein Feld für ein Derivat relevant, gibt es jedoch legitime Gründe dafür, die erforderliche Angabe nicht zu machen, oder sind die nach der DurchfVO Nr. 1247/2012 zu nutzenden Standardantworten für einen Derivatekontrakt nicht einschlägig, kann die Befüllung des Feldes ebenfalls unterbleiben. In diesem Fall ist der Wert „not available (NA)" anzugeben[3].

Zu den legitimen Gründen für die Nichtbefüllung eines Feldes zählt auch der Umstand, dass die **Angabe des Namens der Gegenpartei** gegen anwendbares Recht (z.B. gegen Vorschriften über den Schutz personenbezogener Daten oder gegen das Bankgeheimnis) verstößt[4].

Von den legitimen Gründen zu trennen ist der Fall, dass die meldepflichtige Gegenpartei eines börsengehandelten Derivatekontraktes ihren Vertragspartner nicht kennt, weil ihm dessen Name von der Terminbörse nicht mitgeteilt wurde. Anzugeben ist hier die CCP. Die ursprüngliche Fassung des Art. 2 Abs. 2 DelVO Nr. 148/2013 hatte dies ausdrücklich klargestellt. Die Aufhebung der Vorschrift durch Art. 1 Abs. 2 DelVO 2017/104 sollte daran nichts ändern.

a) Kennziffer für die juristische Person (Legal Entity Indentifier, LEI). Nach Art. 3 DurchfVO Nr. 1247/2012 sind für die **Identifizierung** der in der Meldung anzugebenden Personen Kennziffern zu verwenden. Art. 3 DurchfVO Nr. 1247/2012 nennen den Begünstigten, den ggf. verwendeten Abschlussvermittler (Makler), die CCP[5], die Clearingmitglieder, die Gegenpartei und das meldende Unternehmen. Die Kennziffern sind in Tabelle 1 Felder 2, 4, 8, 10 und 12 sowie in Tabelle 2 Feld 37 anzugeben.

Mit der Kennziffer i.S.d. Art. 3 DurchfVO Nr. 1247/2012 ist der sog. **Legal Entity Indentifier (LEI)** gemeint. Seine Einführung geht auf den Bericht des Financial Stability Board (FSB) vom 8.6.2012[6] zurück, der von den Staats- und Regierungschefs der zwanzig wichtigsten Industrie- und Schwellenländer (G20) auf ihrem Gipfeltreffen am 18. bis 19.6.2012 im mexikanischen Los Cabos genehmigt wurde. Gegenstand der Initiative ist die Einführung eines einstufigen globalen Systems für die Vergabe von LEIs.

Als oberste Stufe etabliert der FSB im Januar 2013 das **LEI Regulatory Oversight Committee** (LEI ROC). Ihm wurde die Verantwortung für den Aufbau und die Beaufsichtigung des globalen LEI-Systems übertragen. Als zweite Stufe errichtete der FSB im Juni 2014 die **Global Legal Entity Identifier Foundation (GLEIF)**, eine gemeinnützige Stiftung schweizerischen Rechts[7]. Ihr obliegen die operativen Aufgaben, insbesondere der Betrieb des Central Operational Units (COU). Die GLEIF hat im Oktober 2015 ihre Tätigkeit aufgenommen[8]. Die unterste Stufe wird durch die örtlichen **LEI-Vergabestellen** (Local Operational Units – **LOU**s) repräsentiert.

Das LEI ROC hat am 27.7.2013 **Mindestanforderung für die Vergabe von LEIs** veröffentlicht[9] und im Oktober 2013 begonnen, die von nationalen LOUs erstellten LEIs vorläufig anzuerkennen (sog. „Pre-LOUs"). Im Januar 2017 hat das LEI ROC begonnen, die LEI-Vergabestellen förmlich zu akkreditieren und die von ihnen er-

---

1 *ESMA* Q&A TR Frage Nr. 46 [letzte Aktualisierung: 29.5.2018]: Meldung eines physisch zu erfüllenden Rohwarenderivats über Elektrizität. S.a. *ESMA* Q&A TR Frage Nr. 28 [letzte Aktualisierung: 29.5.2018]: Befüllung des Feldes 8 in Tabelle 2: Identifizierung des Basiswerts bei Körben (baskets) und Indizes.
2 *ESMA* Q&A TR Frage Nr. 20a Nr. 1 [letzte Aktualisierung: 27.4.2015].
3 *ESMA* Q&A TR Frage Nr. 20a Nr. 2 [letzte Aktualisierung: 27.4.2015].
4 A.A. *ESMA* Q&A TR Frage Nr. 10(d) [letzte Aktualisierung: 24.10.2014].
5 S. *ESMA* Q&A TR Frage Nr. 43(a) [letzte Aktualisierung: 26.7.2016]: Anzugeben sind nur CCPs i.S.d. Art. 2 Nr. 1 VO Nr. 648/2012. Clearing-Häuser, die Derivate abwickeln, ohne zwischen die beiden Gegenparteien des Geschäfts zu treten, sind nicht zu melden.
6 *Financial Stability Board (FSB)*, Bericht über „A Global Legal Entity Identifier for Financial Markets" vom 8.6.2012, abrufbar über: http://www.fsb.org/wp-content/uploads/r_120608.pdf („*FSB* LEI Report"); *Litten/Schwenk*, DB 2013, 857, 860.
7 *FSB*, Pressemitteilung „Establishment of the Global LEI Foundation" vom 30.6.2014, abrufbar über: http://www.fsb.org/2014/06/pr_140630/ („*FSB* GLEIF Pressemitteilung").
8 *LEI ROC*, Pressemitteilung „GLEIF ready to be the central operating unit of the Global LEI System" vom 7.10.2015, abrufbar über: https://www.leiroc.org/publications/gls/lou_20151007-1.pdf („*LEI ROC* Oktober 2015 Update").
9 *LEI Regulatory Oversight Committee (LEI ROC)*, Principles to be observed by Pre-LOUs that wish to integrate into the Interim Global Legal Entity Identifier System (GLEIS) vom 27.7.2013, geänderte Version veröffentlicht am 24.8.2014, abrufbar über: https://www.leiroc.org/publications/gls/lou_20140824_2.pdf („*ROC* LOU Principles").

stellten LEIs dauerhaft anzuerkennen[1]. Eine Liste der Pre-LOUs und der akkreditierten LOUs kann über die Webseite der GLEIF[2] abgerufen werden.

58 Die **Struktur der LEI** und die bei ihrer Erstellung referenzierten Daten wurden im Mai 2012 von der Internationalen Organisation für Standardisierung (ISO) als **Norm 17442:2012** veröffentlicht. Die 20-stellige Kennziffer ist weitestgehend neutral. Die ersten vier Zeichen lassen lediglich die Local Operational Unit (LOU) erkennen, die die LEI vergeben hat. Die folgenden 15 alphanumerischen Zeichen bilden die Rechtsträgerkennung, die jedoch keinerlei Rückschlüsse auf das Sitzland oder die Geschäftstätigkeit der juristischen Person zulassen. Bei den letzten beiden Ziffern handelt es sich um eine Prüfziffer. Die mit der LEI verknüpften Daten beinhalten den offiziellen Namen des Rechtsträgers, wie er in offiziellen Registern verzeichnet ist, die registrierte Anschrift des Rechtsträgers, das Land, in dem der Rechtsträger errichtet wurde, die Codes für die Darstellung der Ländernamen und ihrer Unterbereiche sowie das Datum der ersten LEI-Zuweisung sowie der letzten Aktualisierung.

59 LEIs werden für alle **juristischen Personen** (legal entities), für **quasi-juristische Personen** (z.B. Personenhandelsgesellschaften) und die für Zwecke des Insolvenzrechts **getrennten Vermögensmassen** (wie z.B. Sonder- oder Treuhandvermögen oder die von Pfandbriefbanken verwalteten Deckungsmassen) vergeben. LEIs werden insbesondere auch für Investmentvermögen und deren Teilfonds vergeben[3]. Zum jetzigen Zeitpunkt unterscheidet die LEI nicht zwischen Haupt- und Zweigniederlassungen derselben juristischen Person[4]. Seit dem 1.5. 2017 werden jedoch auch Informationen über die Mutterunternehmen der juristischen Person erfasst[5]. Darüber hinaus hat die LEI ROC am 26.7.2017 eine Konsultation über die Erfassung sog. „corporate actions", wie z.B. Namenswechsel, Adresswechsel, Verschmelzungen, Abspaltungen oder Rechtsformwechsel begonnen[6].

60 **Natürliche Personen** sowie Vermögensmassen, denen für Zwecke des Insolvenzrechts keine Bedeutung zukommt (z.B. lediglich buchhalterisch definierte „virtuelle Pools"), können keine LEI erhalten. Für sie sind **andere Kennziffern** wie z.B. die Kontonummer zu verwenden[7].

61 Die **Datenbanken**, in denen die bislang vergebenen LEIs erfasst werden – am 13.6.2018 waren dies 1.206.976 LEIs – sind **öffentlich zugänglich** und können für Recherchen genutzt werden. Zugang vermittelt z.B. der von der GLEIF betriebene Global Legal Entity Identifier (LEI) Index[8]. Daneben haben sich auch private Anbieter etabliert.

62 Bis zur Geltung der DurchfVO 2017/105 am 1.1.2017 sah der mittlerweile aufgehobene Art. 3 Abs. 3 Nr. 1247/ 2012 vor, dass in den Fällen, in denen für eine Person keine LEI verfügbar ist, auf das Geschäftskennzeichen nach **ISO-Code 9362** zurückgegriffen werden könne. Bei dem genannten Code handelt es sich um den von der ISO herausgegebenen Standard für die Identifizierung von juristischen Personen im Rahmen der **automatisierten Abwicklung von Finanz- und Zahlungsverkehrsdienstleistungen**. Der Standard beschreibt die Struktur und die wesentlichen Elemente eines globalen Geschäftskennzeichens (dem business identifier code, **BIC**), mit dessen Hilfe Finanzinstitute, Finanzmarktinfrastruktureinrichtungen aber auch nichtfinanzielle juristische Personen weltweit eindeutig identifiziert werden können. Derzeit gültig ist die am 1.12.2014 veröffentlichte Version ISO 9362:2014. Wie die LEI wird das BIC nur für juristische Personen, nicht jedoch für natürliche Personen, vergeben.

63 **b) Seite der Gegenpartei.** Nach Art. 3a Abs. 1 DurchfVO Nr. 1247/2012 muss die meldende Gegenpartei In Tabelle 1 Feld 14 angeben, ob sie unter dem zu meldenden Derivat als **Käuferin** oder **Verkäuferin** handelt. Die nachfolgenden Bestimmungen in Art. 3a Abs. 2–10 DurchfVO Nr. 1247/2012 definieren die Regeln, nach denen der Käufer bzw. der Verkäufer für einzelne Kontrakttypen und Anlageklassen zu bestimmen ist. Die Vorschrift ist durch die DurchfVO 2017/105 neu aufgenommen worden und übernimmt die zum diesem Zeitpunkt existierenden Auslegungsentscheidungen der ESMA[9].

64 Die Bestimmung des Verkäufers ist nach Art. 4a DurchfVO Nr. 1247/2012 auch für die Frage maßgeblich, welche Gegenpartei für ein Derivat die eindeutige **Geschäftsabschluss-Kennziffer** (unique transaction identifier, UTI) zu erstellen hat, wenn sich die Gegenparteien nicht auf die UTI verständigen können.

65 Die Art. 3a Abs. 4 DurchfVO Nr. 1247/2012 vorgesehene Regelung für **Wertpapierswaps** (equity swaps) ist auf finanzielle Differenzgeschäfte (contracts for differences, CFDs) und Spread-Bits, die sich auf Wertpapiere bezie-

---

1 *LEI ROC*, Pressemitteilung „Update by the LEI ROC" vom 12.1.2017, abrufbar über https://www.leiroc.org/publications/gls/roc_20170112-1.pdf („*LEI ROC* Januar 2017 Update").
2 *Global Legal Entity Identifier Foundation (GLEIF)*, Liste der anerkannten und akkreditierten Pre-LOUs und LOUSs, abrufbar über: https://www.gleif.org/en/about-lei/how-to-get-an-lei-find-lei-issuing-organizations („*GLEIF* LOU-Liste").
3 *ESMA* Q&A, Allgemeine Frage Nr. 1(c) [letzte Aktualisierung: 21.5.2014].
4 *FSB* LEI Report, S. 37; *ESMA* Q&A TR Frage Nr. 10(c) [letzte Aktualisierung: 24.10.2014].
5 *LEI ROC*, Pressemitteilung „Launch of the data collection on parent entities in the Global LEI System" vom 9.5.2019, abrufbar über: https://www.leiroc.org/publications/gls/roc_20170509-1.pdf („*LEI ROC* Mai 2017 Update").
6 *LEI ROC*, Konsultationspapier „Corporate Actions and Data History in the Global LEI System" vom 26.7.2017, abrufbar über: https://www.leiroc.org/publications/gls/roc_20170726-1.pdf („*LEI ROC* Konsultation Corporate Actions").
7 *ESMA* Q&A TR Frage Nr. 10(a) [letzte Aktualisierung: 24.10.2014].
8 https://www.gleif.org/en/lei/search.
9 *ESMA* Q&A TR Frage Nr. 24 [letzte Aktualisierung: 24.10.2014].

hen, entsprechend anzuwenden. Käufer ist hier die Gegenpartei, die wirtschaftlich so behandelt wird, als hätte sie das Wertpapier tatsächlich erworben. Wegen der Begriffe **finanzielle Differenzgeschäfte** und **Spread-Bits** wird auf die Ausführungen in Rz. 81 und 82 verwiesen.

c) Besicherung. Nach Art. 3b DelVO 2017/104 ist in Tabelle 1 Feld 21 anzugeben, ob die Gegenparteien eine Besicherungsvereinbarung abgeschlossen haben und ob diese eine vollständige oder nur teilweise Besicherung vorsieht. 66

Haben die Gegenparteien **keine Besicherungsvereinbarung** abgeschlossen oder haben sie vereinbart, dass die meldende Gegenpartei Ersteinschüsse und Nachschüsse nur entgegennimmt, aber nicht leistet, ist das Derivat nach Art. 3b Abs. 2 DelVO 2016/2251 in Feld 21 als „unbesichert" zu bezeichnen. Anwendungsfälle für die zuletzt genannte „**asymmetrische Besicherung**" sind z.B. die Nutzung der in Art. 30 DelVO 2016/2251 vorgesehenen Freistellung von **Emittenten gedeckter Schuldverschreibungen** oder die in Art. 31 DelVO 2017/2251 vorgesehene Freistellung in Fällen, in denen die von den Gegenparteien vereinbarten Netting- und Besicherungsvereinbarungen **rechtlich nicht durchsetzbar** sind. 67

Eine vollständige Besicherung ist nach Art. 3b Abs. 5 DelVO 2017/104 nur dann anzugeben, wenn beide Gegenparteien sowohl Ersteinschüsse als auch Nachschüsse austauschen. Leistet die meldende Gegenpartei nur Nachschüsse, weil sie z.B. von dem Schwellenwert nach Art. 28 DelVO 2016/2251 Gebrauch macht, gilt das Derivat als nur „teilweise besichert". 68

Weitere Einzelheiten der Besicherung, wie z.B. die Kennziffer des besicherten Portfolios, der Wert der von der meldenden Gegenpartei geleisteten Ersteinschüsse oder Nachschüsse oder der Wert der überschüssigen Sicherheiten, sind in Tabelle 1 Felder 22–35 zu melden. Der **Umfang und Detaillierungsgrad** der Angaben ist durch die DelVO 2017/104 deutlich erhöht worden. Der mit der Erweiterung verbundene Anpassungsbedarf für die Systeme der meldenden Gegenparteien war auch der Grund dafür, dass die Geltung der DelVO 2017/104 auf den 1.11.2017 verlegt wurde[1]. 69

Die ESMA hat in ihrer Auslegungsentscheidung klargestellt, dass der Wert der Sicherheiten ohne **Abschläge** (haircuts) oder sonstige den Wert mindernde Abzüge, z.B. die Entgelte oder Kosten der Verwahrer oder Wertpapierabwicklungssysteme anzugeben ist[2]. Ob diese aufsichtsrechtliche Praxis nach Inkrafttreten der DelVO 2016/2251 fortbesteht, bleibt abzuwarten. Nach Art. 19 Abs. 1 Buchst. a und 21 Abs. 1 DelVO 2016/2251 ist an jedem Geschäftstag der um Abschläge reduzierte schwankungsbereinigte Wert der Sicherheiten zu ermitteln. Auch ist es nach Art. 19 Abs. 1 Buchst. h und i DelVO 2016/2251 zulässig, dass die vorstehend genannten Kosten für die Verwahrung und Abwicklung von der sicherungsnehmenden Gegenpartei einbehalten werden. 70

Die **Art** der als Sicherheit übertragenen oder verpfändeten **Vermögenswerte** ist nicht anzugeben. Werden Vermögenswerte als Sicherheiten übertragen oder verpfändet, die auf **unterschiedliche Währungen** lauten, so sind deren Werte in eine einzige Währung, der sog. „Basiswährung" (base currency) umzurechnen. Die Basiswährung kann von der meldenden Gegenpartei frei gewählt werden, muss aber stetig genutzt werden. Es sollte sich hierbei um die Währung handeln, die am stärksten vertreten ist[3]. Wenn sich der Wert der Sicherheiten ändert, ist in Tabelle 2 Feld 93 der Wert „**Valuation Update**" anzugeben[4]. 71

Besichern die Gegenparteien ihre Derivate auf Netto- bzw. Portfoliobasis, d.h. für sämtliche durch denselben Netting-Satz zusammengefassten Derivate, so haben sie dies nach Art. 3 Abs. 2 DelVO Nr. 148/2013 in ihrer Meldung in Tabelle 1 Feld 21 anzugeben. Darüber hinaus haben sie für das Portfolio in der Tabelle 1 Feld 22 eine Kennziffer anzugeben. Diese ist von der meldenden Gegenpartei festzulegen und für sämtliche Derivate, die unter derselben Besicherungsvereinbarung auf Portfoliobasis besichert werden, einheitlich zu verwenden. 72

Die Berechnung der Einschusszahlungen auf Portfoliobasis ist nach den Bestimmungen der DelVO 2016/2251 die Regel. Die Besicherung auf Bruttobasis ist nur dann erforderlich, wenn die rechtliche Prüfung der Nettingvereinbarung ergibt, dass diese rechtlich nicht durchsetzbar ist. In diesem Fall bildet jedes Derivat einen Netting-Satz. 73

Wie bereits erwähnt (Rz. 40) sind **nichtfinanzielle Gegenparteien unterhalb der Clearingschwelle** nach Art. 3 Abs. 3 DelVO Nr. 148/2013 von der Befüllung der Tabelle 1 Felder 21–35 befreit. Dies gilt auch dann, wenn sie freiwillig Sicherheiten stellen. 74

Hat die nichtfinanzielle Gegenpartei die Meldung nach Art. 9 Abs. 1 Satz 4 VO Nr. 648/2012 auf ihre Gegenpartei **delegiert**, so gilt die Befreiung auch für die meldende Partei, die ihre Meldung gem. Art. 1 Abs. 3 DelVO Nr. 148/2013 zugleich auch im Namen der nichtfinanzielle Gegenpartei abgibt. Sie kann die in der für die nichtfinanzielle Gegenpartei abgegebenen Tabelle 1 unausgefüllt lassen. 75

---

1 DelVO 2017/104 Erwägungsgrund Nr. 8.
2 *ESMA* Q&A TR Frage Nr. 3a(a) [letzte Aktualisierung: 14.12.2017].
3 *ESMA* Q&A TR Frage Nr. 3a(a2) [letzte Aktualisierung: 14.12.2017].
4 *ESMA* Q&A TR Frage Nr. 3a(b) [letzte Aktualisierung: 14.12.2017].

Art. 9 VO Nr. 648/2012 | Meldepflicht

76 **d) Wert des Derivats.** Die ESMA hatte bereits in ihren Auslegungsentscheidungen klargestellt, dass bei Derivaten, die von einer zentralen Gegenpartei (CCP) gecleart werden, die von der CCP am Ende eines jeden Geschäftstages (end of day) ermittelten Werte zu melden sind. Dies bedeute nicht, dass die Meldung von der CCP vorzunehmen sei, sondern dass sich die meldende Gegenpartei die Werte von der CCP zur Verfügung stellen lassen müsse[1]. Diese aufsichtsrechtliche Praxis ist mit der Neufassung des Art. 3 Abs. 5 DelVO Nr. 148/2013 in die Delegierte Verordnung übernommen worden.

77 Bei Derivaten, die nicht zentral gecleart werden, ist nach Art. 3 Abs. 6 DelVO Nr. 148/202 der nach IFRS 13 ermittelte Wert des Derivats anzugeben. Mit dem Verweis auf IFRS 13 sind die durch die VO Nr. 1606/2002 übernommenen International Financial Reporting Standards (IFRS) und die in IFRS 13 definierten besonderen Anforderungen an die Bewertung von Finanzinstrumenten gemeint. Wegen der Einzelheiten wird auf die Ausführungen zu Art. 11 VO Nr. 648/2012 Rz. 123–125 verwiesen.

78 Die Werte sind in Tabelle 1 Felder 17–20 anzugeben. Die Angabe erfolgt auf Transaktionsbasis[2]. Die mit Art. 3 Abs. 2 DelVO Nr. 148/2013 eröffnete Möglichkeit, die Werte von gestellten oder empfangenen Sicherheiten auf Portfoliobasis zu melden, lässt sich auf die Meldung der Kontraktwerte nicht übertragen.

79 **e) Produktkategorie und eindeutige Produktkennziffer.** Nach Art. 4 Abs. 1 DurchfVO Nr. 1247/2012 ist für jedes zu meldende Derivat die **Produktkategorie** anzugeben. Die Produktkategorie wird mittels einer Kombination aus Kontrakttyp (z.B. Swap, Option, Forward) und zugrunde liegender Vermögensklasse (z.B. Zinsen, Aktien, Währungen) beschrieben. Der Kontrakttyp ist nach Art. 4 Abs. 2 DurchfVO Nr. 1247/2012 in Tabelle 2 Feld 1 anzugeben. Die Angabe des Basiswerts erfolgt nach Art. 4 Abs. 3 DurchfVO Nr. 1247/2012 Tabelle 2 Feld 2.

80 **aa) Kontrakttypen.** Die in Art. 4 Abs. 2 DurchfVO Nr. 1247/2012 zur Auswahl stehendenden Kontrakttypen weisen zum Teil „Spuren" der erst in Art. 4 Abs. 3 DurchfVO Nr. 1247/2012 aufgeführten Vermögensklassen auf. Ein Beispiel ist das in Art. 4 Abs. 2 Buchst. b DurchfVO Nr. 1247/2012 genannte **Zinstermingeschäft** (forward rate agreement, FRA), das sich auch durch die Kombination aus „Forward" oder „Future" und dem Basiswert „Zinsderivat" hätte darstellen lassen.

81 Der in Art. 4 Abs. 2 Buchst. a DurchfVO Nr. 1247/2012 genannte **finanzielle Differenzkontrakt** (contract for differences, CFD) wird nicht definiert. Nach Anhang III Tabelle 11.1 der DelVO 2017/583 handelt es sich hierbei um ein Derivat, das für den Inhaber mit einer Position verbunden ist, die lang oder kurz sein kann, und die sich als Differenz zwischen dem Preis eines zugrunde liegenden Vermögenswerts (z.B. einer Aktie) zu Beginn des Vertrags und dem Preis bei Ende des Vertrags ergibt. Die bereits in Anhang III Abschnitt 9(3) der von der ESMA konsultierten Fassung[3] vorgesehene Begriffsbestimmung war aufgrund ihrer Weite und der fehlenden Abgrenzbarkeit zu vergleichbaren Derivaten, wie z.B. den Wertpapierswaps (equity swaps) zu Recht kritisiert worden[4]. Was ein finanzielles Differenzgeschäft auszeichnet, ist, dass es keine feste Laufzeit hat (open-ended) und laufend durch Barausgleich (cash settlement) abgewickelt wird. Die unter dem finanziellen Differenzgeschäft als Käufer fungierende Gegenpartei erwirbt eine synthetische long position, d.h. sie wird wirtschaftlich so behandelt, als hätte sie den Basiswert, z.B. eine Aktie, tatsächlich erworben.

82 Der in Art. 4 Abs. 2 Buchst. f DurchfVO Nr. 1247/2012 eingeführte Begriff **Spreadbet** (Differenzwette) wird ebenfalls nicht definiert. Anhang III Tabelle 11.1 der DelVO 2017/583 behandelt die Spread Betting-Verträge zusammen mit den finanziellen Differenzgeschäften. Beiden Derivaten ist gemeinsam, dass für den Wert des Derivates die Differenz zwischen dem Preis eines zugrunde liegenden Vermögenswerts (z.B. einer Aktie) zu Beginn des Vertrags und dem Preis bei Ende des Vertrags maßgeblich ist und dass der Wert durch Barausgleich (cash settlement) ausgeglichen wird. Beim Spread-Bet erhält die unter dem Derivat als Käufer fungierende Gegenpartei bei Anstieg des Wertes je Basispunkt einen fest vereinbarten Barausgleich (z.B. 10 Euro je Cent, den die Aktie der EMIR-AG seit Beginn des Vertrages ansteigt). Darüber hinaus hat der Spread-Bet in der Regel eine feste Laufzeit und wird erst am Ende der Laufzeit des Derivats abgewickelt. Die Aufnahme des Begriffs Spread-Bet ist während der Konsultation der späteren DelVO 2017/583 aufgrund der Weite des Begriffs und seiner Funktion als Auffangtatbestand kritisiert worden[5].

83 Nicht aufgeführt werden die Zins- oder Kursbegrenzungsgeschäfte **Cap, Floor** oder **Collar**. Da es sich bei ihnen um Festgeschäfte handelt, hätte es nahe gelegen, sie je nach Art des Abschlusses als Forward oder Future zu melden. Die ESMA hat sich hingegen dafür ausgesprochen, sie als Option zu klassifizieren[6].

---

1 *ESMA* Q&A TR Frage Nr. 3b(a) [letzte Aktualisierung: 14.12.2017].
2 *ESMA* Q&A TR Frage Nr. 3b(a) [letzte Aktualisierung: 23.6.2014]: „at position level".
3 *ESMA*, Konsultationspapier zum technischen Regulierungsstandard zu den Transparenzanforderungen für Handelsplätze und Wertpapierfirmen (RTS 9) „Addendum Consultation Paper MiFID II/MiFIR" ESMA/2015/319 vom 18.2.2015, abrufbar über: https://www.esma.europa.eu/sites/default/files/library/2015/11/2015-319_cp_addendum_mifid_ii-ii.mifir.pdf („*ESMA* RTS 9 Konsultation").
4 *ISDA*, Stellungnahme „ISDA's Response to ESMA'S MIFID II/MIFIR Addendum published on February 18, 2015" vom 23.3.2015, abrufbar über: https://www2.isda.org/mifid („*ISDA* Stellungnahmen zu RTS 9 Konsultation"), S. 86/87.
5 *ISDA* Stellungnahmen zu RTS 9 Konsultation, S. 6 und 17.
6 *ESMA* Q&A TR Frage Nr. 1(b) [letzte Aktualisierung: 5.8.2013].

bb) **Vermögensklassen.** Art. 4 Abs. 3 DurchfVO Nr. 1247/2012 benennt **fünf Vermögensklassen** sieht jedoch, 84
anders als Art. 4 Abs. 2 DurchfVO Nr. 1247/2012 und die früheren Auslegungsentscheidungen der ESMA[1],
keine Auffanglösung „Sonstiges" vor. Unklar bleibt insoweit, wie z.B. Derivate auf Schuldverschreibungen,
Edelmetalle oder auf die in Anhang I Abschnitt C Nr. 10 RL 2004/39/EG genannten Klimavariablen, Frachtsätze, Inflationsraten oder andere offizielle Wirtschaftsstatistiken (sog. C.10-Derivate) zu melden sind.

In ihren Auslegungsentscheidungen hat die ESMA für den **Euro-Bobl-Future** und den **Euro-Bund-Future** 85
klargestellt, dass diese börsengehandelten Derivate in Feld 2 als Zinsderivat („IR") zu melden sind[2]; dies dürfte
für alle auf Schuldverschreibungen bezogene Derivate, z.B. auch für bond options gelten.

Die auf **Edelmetalle** bezogenen Derivate wurden in der Konsultation der späteren DelVO 2017/583 noch der 86
Vermögensklasse „Währung" zugeordnet. Anhang III Tabelle 7.1 der DelVO 2017/583 behandelt sie nunmehr
zu Recht als Warenderivate[3]. Dies wäre auch die zutreffende Einstufung für die sog. **C.10-Derivate**, die in der
DelVO 2017/583 eine eigene Kategorie bilden.

Bei Derivaten, die wie die Währungsswaps (cross currency swaps) **mehr als einer Vermögensklasse** (Währung 87
und Zinsen) zuzuordnen sind, ist nach Art. 1 Abs. 6 DelVO Nr. 148/2103 eine vorherige Verständigung der Gegenparteien darüber erforderlich, welcher Anlageklasse das Derivat am ehesten zuzuordnen ist. Die früher vertretene Auffassung der ESMA, dass beide Basiswerte anzugeben sind[4], ist überholt.

Lassen sich Derivate einer Vermögensklasse **nicht sicher zuordnen**, so ist nach Art. 4 Abs. 4 DurchfVO 88
Nr. 1247/2012 in der Meldung diejenige Vermögensklasse anzugeben, die dem Derivat am ähnlichsten ist.
Art. 4 Abs. 4 DurchfVO Nr. 1247/2012 übernimmt damit die bisherigen Auslegungsentscheidungen der ESMA[5].

Die in Art. 4 Abs. 3 DurchfVO Nr. 1247/2012 genannten Vermögensklassen entsprechen den in Art. 11 DelVO 89
Nr. 149/2013 genannten **Produktkategorien für die Clearingschwelle**, denen nichtfinanzielle Gegenparteien
ihre nicht der Absicherung dienenden OTC-Derivate zuordnen müssen. Anders als Art. 4 Abs. 3 DurchfVO
Nr. 1247/2012 sieht Art. 11 Buchst. e DelVO Nr. 149/2013 vor, dass die Produktkategorie „**Warenderivate**", für
die ein Schwellenwert von 3 Mrd. Euro vorgesehen ist, **als Auffangtatbestand** zu nutzen ist.

Die hier vertretene Auffassung (Rz. 86), dass Edelmetalle und C.10-Derivate für Zwecke der Meldung ebenfalls 90
der Vermögensklasse „Waren" zuordnen sind, würde sicherstellen, dass die von nichtfinanziellen Gegenparteien abgegebenen Meldungen auch zur **Plausibilisierung** ihrer Mitteilungen nach Art. 10 Abs. 1 Buchst. a VO
Nr. 648/2012 und § 31 Abs. 2 WpHG genutzt werden können; ein Verfahren, dass die ESMA auch für ihre
Überprüfungen nach Art. 85 VO Nr. 648/2012 angewandt hat[6].

cc) **Internationale Wertpapierkennnummer (ISIN) und AII-Code.** Nach Art. 4 Abs. 5 DurchfVO Nr. 1247/ 91
2012 ist für das Derivat in Tabelle 2 Feld 6 für börsengehandelte Derivate die **internationale Wertpapierkennnummer** anzugeben.

Nach Art. 27 Abs. 3 VO Nr. 600/2014 ist die Kommission befugt, technische Regulierungsstandards zu erlassen, 92
mit denen sie die Datenstandards und Datenformate für die nach Art. 27 Abs., 1 VO Nr. 600/2014 bereitzustellenden Referenzdaten für an geregelten Märkten zugelassene oder über ein MTF oder OTF gehandelte Finanzinstrumente festlegt. Von ihrer Befugnis hat die Kommission mit Erlass der **DelVO 2017/585** Gebrauch gemacht. Die Verordnung ist am 20.4.2017 in Kraft getreten und findet seit dem 3.1.2018 Anwendung. Für Art. 4
Abs. 5 DurchfVO Nr. 1247/2012 bedeutet dies, dass die in Art. 4 Abs. 5 Buchst. a DurchfVO Nr. 1247/2012
vorgesehene Übergangsregelung, die auch eine Verwendung der alternativen Instrumentenkennziffer (AII) zuließ, keine Bedeutung mehr hat.

Bei der in Art. 4 Abs. 5 Buchst. b DurchfVO Nr. 1247/2012 genannten internationale Wertpapierkennnummer 93
handelt es sich um die **International Securities Identification Number (ISIN)**. Die ISIN ist eine zwölfstellige
Buchstaben-Zahlen-Kombination mit deren Hilfe die an Finanzplätzen gehandelten Finanzinstrumente – Aktien, Schuldverschreibungen, Derivate, Anteile an Investmentvermögen – eindeutig identifiziert werden können.
Die ISIN wird von zentralen Stellen vergeben; in Deutschland von der Herausgebergemeinschaft WERTPAPIER-MITTEILUNGEN Keppler, Lehmann GmbH & Co. KG (WM Datenservice). Die Erstellung der ISIN
wird durch den ISO-Code 6166 normiert; derzeit gültig ist die am 15.7.2013 veröffentlichte Version ISO
6166:2013.

Der in Art. 4 Abs. 5 Buchst. a und Abs. 6 DurchfVO Nr. 1247/2012 genannte AII-Code hat für die Meldepraxis 94
keine Bedeutung mehr. Bis zu Anwendung der DelVO 2017/585 war es den Handelsplätzen bzw. den melden-

---

1 *ESMA* Q&A TR Frage Nr. 21 Abs. 2 [letzte Aktualisierung: 11.2.2014].
2 *ESMA* Q&A TR Frage Nr. 1(a) [letzte Aktualisierung: 5.8.2013].
3 *ISDA* Stellungnahmen zu RTS 9 Konsultation, S. 17.
4 *ESMA* Q&A TR Frage Nr. 1(b) [letzte Aktualisierung: 5.8.2013]: „FX and interest rate for cross-currency swaps".
5 *ESMA* Q&A TR Frage Nr. 21 Abs. 3 [letzte Aktualisierung: 11.2.2014]: „most closely resembles".
6 *ESMA* EMIR Prüfbericht Nr. 1, Rz. 49.

den Gegenparteien gestattet, anstelle der ISIN eine **alternative Instrumentenkennziffer** (alternative instrument identifier, AII) zu verwenden. Die Struktur der des AII-Codes war von dem Europäischen Spitzenverband der Wertpapierbörsen, der Federation of European Securities Exchanges (FESE), entwickelt worden und bestand aus sechs Bestandteilen: (i) der Kennziffer des Handelsplatzes (MIC Code), (ii) der von dem Handelsplatz vergebenen Produktkennziffer, (iii) dem Derivatetyp (Option oder Futures), (iv) dem Put/Call-Identifier („P" oder „C"), (v) dem Enddatum und (vi) dem Basispreis (strike). Diejenigen europäischen Handelsplätze, die alternative Instrumentenkennziffer verwenden (die sog. „AII-Handelsplätze") wurden von der ESMA auf ihrer **Webseite** veröffentlicht.

95 **dd) CFI-Code.** Um eine konsistente Meldung von Derivaten sicherzustellen, hatte die ESMA von den meldenden Gegenparteien erwartet, dass sie bei Meldungen von an AII-Handelsplätzen gehandelten Derivaten stets auch den **CFI-Code** angeben[1]. Diese Auslegungsentscheidung ist mit Art. 4 Abs. 7 DurchfVO Nr. 1247/2012 generell, d.h. auch für die durch eine ISIN klassifizierten Produkte übernommen worden. Der CFI Code ist in Tabelle 2 Feld 4 anzugeben.

96 Der CFI-Code basiert auf den ISO-Normen für ein international verwendbares System zur **Klassifizierung von Finanzinstrumenten** (classification of financial instruments – CFI Code). Der Anwendungsbereich der ISO 10962:2015 ist weiter als der der ISIN, da er auch für komplexe Finanzinstrumente geeignet ist. Der CFI Code besteht aus sechs alphabetischen Zeichen, von denen die ersten beiden Zeichen die Produktkategorie und die Untergruppe beschreiben, während es sich bei den übrigen vier Zeichen um besondere Attribute handelt. So unterscheidet die Produktkategorie Optionen („O") zwischen den Untergruppen Call („OC") und Put („OP"). Zu den Attributen einer Option zählen in folgender Reihenfolge die Ausübungsart (American „A" oder European „E"), der Basiswert (Aktie „S", Index „I", Schuldverschreibung „D" etc.), die Art der Erfüllung (Barausgleich „C" oder Lieferung „P") und ob es sich um eine Standardoption („S") handelt oder nicht („N"). Eine europäische Standard-Aktienputoption mit Barausgleich hätte demnach folgenden CFI-Code: „OPESCS".

97 **ee) Eindeutige Produktkennziffer (UPI).** Produktkategorien, für die es keine ISIN gibt, sollen nach Art. 4 Abs. 8 DurchfVO Nr. 1247/2012 mittels einer durch die ESMA angenommenen Kennziffer identifiziert werden[2]. Bei ihr handelt es sich um die auf internationaler Ebene entwickelte eindeutige Produktkennziffer (**unique product identifier, UPI**).

98 Die Arbeiten an einem globalen System zur Erstellung von UPIs sind nahezu abgeschlossen. Im Anschluss an die Vorarbeiten des **Financial Stability Boards** (FSB) und der am 19.9.2014 veröffentlichten Machbarkeitsstudie[3] hatten der Baseler Ausschuss für Zahlungsverkehr und Marktinfrastrukturen (**CPMI**) und die Internationale Organisation der Wertpapieraufsichtsbehörden (**IOSCO**) im November 2014 eine gemeinsame Arbeitsgruppe (die „Harmonisation Group") ins Leben gerufen. Die in der **Harmonisation Group** entwickelten Überlegungen sind in zwei Konsultationsberichten zusammengefasst worden. Während sich der erste Bericht vom 17.12.2015[4] auf das Klassifizierungssystem und die in diesem Zusammenhang anzuwendenden Grundsätze (main principles) und Grobspezifikationen (high-level business specifications) konzentrierte, befasst sich der zweite Bericht vom 18.8.2016[5] mit der konkreteren Ausgestaltung der UPI. Die ursprünglich für Ende 2016 angekündigte **technische Richtlinie** ist am 28.9.2017 veröffentlicht worden[6].

99 Die in Art. 4 Abs. 8 Buchst. a-h DurchfVO Nr. 1247/2012 **genannten Grundsätze**, denen die einheitliche Produktkennziffer genügen muss, entsprechen weitestgehend den Grundsätzen und Grobspezifikationen des ersten CPMI-IOSCO-Berichts vom 17.12.2015[7], die durch den zweiten CPMI-IOSCO-Bericht vom 18.8.2016 geringfügig ergänzt wurden[8].

100 Die Anforderung an die **Unverwechselbarkeit** der Kennziffer (Art. 4 Abs. 8 Buchst. a DurchfVO Nr. 1247/2012) drückt die Erwartung aus, dass jedes Produkt nur durch einen einzige Kennzahl klassifiziert wird, die sie von anderen Produkten eindeutig unterscheidet. Die **Neutralität** der Kennziffer (Art. 4 Abs. 8 Buchst. b DurchfVO Nr. 1247/2012) umfasst unterschiedliche Aspekte: Zum einen sollte die Klassifizierung nicht auf Rechtsbegriffen basieren, die nur für eine einzige Rechtsordnung relevant sind (rechtliche Neutralität). Zum an-

---

1 *ESMA* Q&A TR Frage Nr. 22 [letzte Aktualisierung: 11.2.2014].
2 *Martens* in Derleder/Knops/Bamberger, § 60 Rz. 57.
3 *FSB*, Machbarkeitsstudie über Ansätze für das Aggregieren von Transaktionsdaten für OTC-Derivate vom 19.9.2014, abrufbar über: http://www.fsb.org/wp-content/uploads/r_140919.pdf („*FSB* Machbarkeitsstudie").
4 *Baseler Ausschuss für Zahlungsverkehr und Marktinfrastrukturen (CPMI) und Internationale Organisation der Wertpapieraufsichtsbehörden (IOSCO)*, Konsultationsbericht zur Harmonisierung der einheitlichen Produktkennziffer vom 17.12.2015, abrufbar über: https://www.bis.org/cpmi/publ/d141.pdf („CPMI d141").
5 *CPMI und IOSCO*, Zweiter Konsultationsbericht zur Harmonisierung der einheitlichen Produktkennziffer vom 18.8. 2016, abrufbar über: https://www.bis.org/cpmi/publ/d151.pdf („CPMI d151").
6 *CPMI und IOSCO*, Technische Richtlinie für die Harmonisierung der einheitlichen Produktkennziffer vom 28.9.2017, abrufbar über https://www.bis.org/cpmi/publ/d169.pdf („CPMI d169").
7 *CPMI* d141, S. 8–11.
8 *CPMI* d151, S. 11.

deren sollte die Kennziffer in unterschiedlichsten Melde- und Kommunikationssysteme bzw. Medien nutzbar sein (System- und Medienneutralität). Die **Verlässlichkeit** (Art. 4 Abs. 8 Buchst. c DurchfVO Nr. 1247/2012) beinhaltet, dass das Klassifizierungssystem in der Lage ist, jedes Derivat zu klassifizieren, dass jedes Produkt stets durch dieselben Datenelemente (data elements) beschrieben wird, und dass es seine ihm zugewiesene Kennzahl dauerhaft beibehält. Die Anforderungen an die **Quelloffenheit** (Art. 4 Abs. 8 Buchst. d DurchfVO Nr. 1247/2012) und **Zugänglichkeit** (Art. 4 Abs. 8 Buchst. f DurchfVO Nr. 1247/2012) verlangen u.a. dass das Klassifizierungssystem auf offenen IT-Standards basiert, die eine automatisierte Übertragung von Daten zwischen Marktteilnehmern, Transaktionsregistern und zuständigen Behörden unterstützen und dass die Zuordnung von Produkten klar, unzweideutig und für die Marktteilnehmer transparent ist. Die **Skalierbarkeit** (Art. 4 Abs. 8 Buchst. e DurchfVO Nr. 1247/2012) verlangt, dass sich das Klassifizierungssystem an verändernde Marktgegebenheiten und die Entwicklung neuer Derivateprodukte anpassen sowie um andere Produkte, z.B. Wertpapierfinanzierungsgeschäfte (Wertpapierdarlehen oder Repos) erweitert werden kann. Die **Verwendbarkeit zu vertretbaren Kosten** (Art. 4 Abs. 8 Buchst. g DurchfVO Nr. 1247/2012) beinhaltet auch, dass es möglich sein muss, ohne großen Aufwand festzustellen, ob für ein Produkt eine bestimmte Kennzahl bereits vorhanden ist.

Die im zweiten Bericht vom 18.8.2016[1] vorgeschlagenen Datenelemente (data elements), die für die Klassifizierung von Produkten genutzt werden sollen, unterscheiden zwischen unterschiedlichen **Anlageklassen** (Kredit, Zins, Rohwaren, Aktien und Devisen), dem **Instrumenten-Typus** (Termingeschäft, Option, Swap), der **Art der Erfüllung** (Barausgleich, physische Lieferung des Basiswertes), sowie weiteren Merkmalen.

101

f) **Eindeutige Geschäftsabschluss-Kennziffer (UTI).** Nach Art. 4a Abs. 1 DurchfVO Nr. 1247/2012 ist das Derivat in den Meldung auch durch eine **eindeutige Geschäftsabschluss-Kennziffer** zu identifizieren. Sie ist in Tabelle 2 Feld 12 anzugeben. Der Zweck der eindeutigen Geschäftsabschluss-Kennziffer wird in Art. 4 Abs. 2 DelVO Nr. 151/2013 verdeutlicht. Danach soll sie es ermöglichen, die unterschiedlichen Transaktionsregistern gemeldeten Daten über diese hinweg zusammen zu fassen und zu vergleichen.

102

Bei der in Art. 4a Abs. 1 DurchfVO Nr. 1247/2012 genannten global eindeutigen Geschäftsabschluss-Kennziffer handelt es sich um die auf internationaler Ebene entwickelte eindeutige Transaktionskennziffer (**unique transaction identifier, UTI**). Die Arbeiten an einem globalen System zur Erstellung von UTIs sind ebenfalls weit vorangeschritten. Im Anschluss an die bereits erwähnten Vorarbeiten des Financial Stability Boards (FSB) und der von ihm veröffentlichten Machbarkeitsstudie hatte die vom Baseler Ausschuss für Zahlungsverkehr und Marktinfrastrukturen (CPMI) und der Internationalen Organisation der Wertpapieraufsichtsbehörden (IOSCO) ins Leben gerufene Harmonisation Group erste Überlegungen in einem am 19.8.2015 veröffentlichten Konsultationspapier[2] zusammengefasst. Nach Durchführung öffentlicher Anhörungen im März 2015 und Februar 2016 haben der CPMI und die IOSCO am 28.2.2017 ihre **technische Richtlinie**[3] vorgelegt.

103

Die technische Richtlinie schlägt vor, dass die UTI aus **maximal 52 alphanumerischen Zeichen** besteht, von denen die ersten 20 Zeichen die LEI der Stelle angeben, die die UTI generiert hat, und die übrigen Zeichen die Transaktion identifizieren[4]. Dabei ist es Aufgabe der die UTI generierenden Stelle sicherzustellen, dass die für die Transaktion genutzten Zeichen nur einmal verwendet werden und damit eindeutig sind[5]. Die UTI ist so zeitig (in time) zu generieren, dass sie für die erforderliche Meldung genutzt werden kann[6]. Änderungen der gemeldeten Transaktion (sog. „**life cycle events**") haben auf die UTI grundsätzlich keinen Einfluss. Dies gilt insbesondere für die Veränderung des Wertes des Derivates, die Berichtigung von Angaben oder die Meldung einer vorzeitigen Beendigung[7]. Andere Änderungen, wie die Aufnahme eines Derivates in das Clearing von CCP oder die Ersetzung eines Derivates durch ein neues Derivat im Zuge einer Portfoliokomprimierung ziehen die Generierung einer neuen UTI nach sich[8]. Um zu verhindern, dass für ein Derivat zwei UTIs erzeugt werden, schlägt die technische Richtlinie vor, dass nur eine Stelle die UTI generieren soll[9]. Der für die Bestimmung der zuständigen Stelle vorgeschlagene „**Entscheidungsbaum**"[10] sieht u.a. vor, dass bei geclearten Derivaten im Verhältnis zwischen CCP und Clearingmitglied grundsätzlich die CCP und im Verhältnis zwischen Clearingmitglied und Kunde grundsätzlich das Clearingmitglied die UTI generiert.

104

---

1 *CPMI* d151, S. 14–18.
2 *CPMI und IOSCO*, Konsultationsbericht zur Harmonisierung der einheitlichen Transaktionskennziffer, vom 19.8.2015, abrufbar über: https://www.bis.org/cpmi/publ/d131.pdf („CPMI d131").
3 *CPMI und IOSCO*, Technische Richtlinie für die Harmonisierung der einheitlichen Transaktionskennziffer vom 28.2.2017, abrufbar über: https://www.bis.org/cpmi/publ/d158.pdf („CPMI d158").
4 *CPMI* d158, S. 17.
5 *CPMI* d158, S. 16.
6 *CPMI* d158, S. 15.
7 *CPMI* d158, S. 9.
8 *CPMI* d158, S. 10
9 *CPMI* d158, S. 10.
10 *CPMI* d158, S. 12–14.

Art. 9 VO Nr. 648/2012 | Meldepflicht

105 Im Nachgang zur technischen Richtlinie der CPMI und IOSCO hat der FSB im März 2017 ein Konsultationspapier zur Überwachung und Kontrolle der Erzeugung und Nutzung von UTIs veröffentlicht[1]. Die FSB-Empfehlungen sind am 29.12.2017 veröffentlicht worden[2].

106 Abweichend von den Vorschlägen der CPMI und IOSCO in ihrer technischen Richtlinie[3] sieht Art. 4a Abs. 1 DurchfVO Nr. 1247/2012 vor, dass sich die **meldepflichtigen Gegenparteien** in der Übergangsphase, bis die ESMA verbindliche Regelungen für die Erzeugung der eindeutigen Geschäftsabschluss-Kennziffer angenommen hat, auf die Kennziffer **verständigen**[4]. Können sich die meldepflichtigen Gegenparteien **nicht einigen**, bestimmt sich die für die Erzeugung der Geschäftsabschluss-Kennziffer zuständige Stelle nach dem in den Art. 4a Abs. 2 DurchfVO Nr. 1247/2012 beschriebenen Entscheidungsbaum. Dieser stimmt mit dem von der CPMI und IOSCO vorgeschlagenen Rückfalllösungen weitestgehend überein.

107 Wird das Derivat in das **Clearing einer CCP** aufgenommen, ist für das Derivat zu diesem Zeitpunkt eine neue Geschäftsabschluss-Kennziffer zu generieren. Im Verhältnis zwischen Clearingmitglied und CCP wird die Geschäftsabschluss-Kennziffer von der CCP generiert (Art. 4a Abs. 2 Buchst. a Satz 1 DurchfVO Nr. 1247/2012). Beim zweistufigen Clearing wird für das Derivat im Verhältnis zwischen Clearingmitglied und Kunde vom Clearingmitglied eine weitere Geschäftsabschluss-Kennziffer generiert (Art. 4a Abs. 2 Buchst. a Satz 2 DurchfVO Nr. 1247/2012). Die gleiche Regelung gilt, wenn ein OTC-Derivat durch ein zentrales Confirmation-Matching-System elektronisch bestätigt und anschließend gecleart wird (Art. 4a Abs. 2 Buchst. c Satz 1 DurchfVO Nr. 1247/2012).

108 Wird das Derivat über einen Handelsplatz abgeschlossen aber (noch) nicht durch eine CCP gecleart, wird die Geschäftsabschluss-Kennziffer vom **Handelsplatz** generiert (Art. 4a Abs. 2 Buchst. b DurchfVO Nr. 1247/2012). Wird ein OTC-Derivat durch ein zentrales **Confirmation-Matching-System** elektronisch bestätigt aber (noch) nicht durch eine CCP gecleart, ist die Geschäftsabschluss-Kennziffer von dem Betreiber des Confirmation-Matching-Systems zu erzeugen (Art. 4a Abs. 2 Buchst. d DurchfVO Nr. 1247/2012).

109 In allen übrigen Fällen entscheidet der **Status der Gegenpartei** eines OTC-Derivates, wer für die Erzeugung der Geschäftsabschluss-Kennziffer verantwortlich ist (Art. 4a Abs. 2 Buchst. e Satz 1 DurchfVO Nr. 1247/2012). Stehen sich eine finanzielle Gegenpartei und eine nichtfinanzielle Gegenpartei gegenüber, wird die Geschäftsabschluss-Kennziffer im Zweifel von der finanziellen Gegenpartei generiert. Bei zwei nichtfinanziellen Gegenparteien von denen eine der Clearingpflicht unterliegt, ist die clearingpflichtige nichtfinanzielle Gegenpartei für die Erzeugung der Geschäftsabschluss-Kennziffer verantwortlich. Haben beide Gegenparteien denselben Status, ist die UTI durch den **Verkäufer** zu generieren. Der Verkäufer bestimmt sich nach Art. 3a DurchfVO Nr. 1247/2012.

110 Nach Art. 4a Abs. 3 DurchfVO Nr. 1247/2012 muss die Stelle, die die Geschäftsabschluss-Kennziffer generiert, diese der anderen Gegenpartei so rechtzeitig mitteilen, dass diese ihrer Meldepflicht nachkommen kann. Es ist zulässig, dass die meldepflichtige Gegenpartei oder die CCP die Erzeugung der Geschäftsabschluss-Kennziffer **auf einen Dritten delegieren**[5]. In diesem Fall muss die mit dem Dritten getroffene Vereinbarung sicherstellen, dass die Geschäftsabschluss-Kennziffer rechtzeitig zur Verfügung steht.

111 Die U.S.-amerikanische Regelung in 17 CFR § 45.5(b)[6] sieht vor, dass die Geschäftsabschluss-Kennziffer – unique swap identifier – bei nichtgeclearten OTC-Derivaten, die von einem swap dealer oder einem major swap participant zu melden sind, von der meldenden Gegenpartei bestimmt wird. Diese hat die Geschäftsabschluss-Kennziffer unverzüglich nach Abschluss des OTC-Derivates zu generieren und der anderen Gegenpartei mitzuteilen. Ist meldende Stelle eine nichtfinanzielle Gegenpartei, dann ist es das Transaktionsregister das die Geschäftsabschluss-Kennziffer generiert (17 CFR § 45.5(d)). Bei börsengehandelten Derivaten obliegt die Generierung der Geschäftsabschluss-Kennziffer der Börse oder SEF (17 CFR § 45.5(b)), bei geclearten OTC-Derivaten ist es Aufgabe der CCP die Geschäftsabschluss-Kennziffer zu bestimmen (17 CFR § 45.5(d)).

112 g) **Ausführungsplatz (MIC).** In Tabelle 2 Feld 15 ist für den Ausführungsplatz stets der **Market Identifier Code (MIC)** anzugeben. Bei dem MIC oder MIC-Code handelt es sich um eine in der ISO 10383 definierte vierstellige Identifikationsnummer für Handelsplätze. Die MIC Codes sind in einer auf der Webseite der ISO

---

1 *FSB*, Konsultationspapier „Proposed governance arrangements for the unique transaction identifier (UTI)" vom 13.3.2017, abrufbar über: http://www.fsb.org/wp-content/uploads/Proposed-governance-arrangements-for-the-unique-transaction-identifier-UTI.pdf („*FSB* Konsultationspapier UTI Governance").
2 *FSB*, Empfehlungen „Governance arrangements for the unique transaction identifier (UTI), conclusions and implementation plan" vom 29.12.2017, abrufbar über: http://www.fsb.org/wp-content/uploads/P291217.pdf („*FSB* Empfehlungen UTI Governance").
3 *CPMI* d158, S. 10: „only one entity should be responsible".
4 Dies entsprach bereits der früheren Auslegungsentscheidung der ESMA: *ESMA* Q&A TR Frage Nr. 18 [letzte Aktualisierung: 11.2.2014].
5 *ESMA* Q&A TR Frage Nr. 8(b) [letzte Aktualisierung: 4.6 2013].
6 *U.S. CFTC* 81 FR 41736, S. 41775/6.

abrufbaren Liste veröffentlicht. Der MIC-Code der EUREX Deutschland lautet z.B. „XEUR". Der MIC Code war auch Bestandteil der alternative Instrumentenkennziffer (AII).

h) Komplexe Derivate. Art. 1 Abs. 2 Unterabs. 2 DelVO Nr. 148/2013 trägt dem Umstand Rechnung, dass sich nicht alle Derivate mit den in Tabelle 1 und 2 aufzunehmenden Angaben zutreffend beschreiben lassen. Danach ist es zulässig, dass Gegenparteien für komplexe Derivate, die aus mehreren Derivaten zusammengesetzt sind, mehrere Meldungen abgeben. Voraussetzung hierfür ist jedoch, dass sich die Gegenparteien vor Meldebeginn auf die getrennte Meldung der einzelnen „legs" verständigen. Darüber hinaus muss die meldende Gegenpartei in jeden Meldesatz, mit dem sie das komplexe Derivat meldet, in Tabelle 2 Feld 14 eine Kennung angeben, mit deren Hilfe sich die Meldungen verknüpfen lassen. 113

Zweck der Regelung ist es, den zuständigen Behörden die Möglichkeit zu geben, das Zusammenwirken der einzelnen Komponenten des Geschäfts und die mit ihm verbundene **Gesamtstrategie** besser zu verstehen[1]. 114

i) Geclearte Derivate. Art. 2 Abs. 1 DelVO Nr. 148/2013 stellt klar, dass die Aufnahme eines Derivats in das System einer CCP dazu führt, dass der ursprünglich abgeschlossene Derivat endet und durch ein neues gecleartes Derivat ersetzt wird. Für das neue gecleartes Derivat ist eine neue Geschäftsabschluss-Kennziffer zu generieren. 115

War das Derivat vor Beginn des Clearings bereits Gegenstand einer Meldung, so muss die meldende Stelle dem Transaktionsregister nunmehr zwei Meldungen zuleiten. Eine Änderungsmeldung für das alte Derivat, das als beendet gilt, sowie eine erstmalige Meldung für das neue geclearte Derivat. In der Änderungsmeldung ist die in Tabelle 2 Feld 93 der Wert „Early Termination" anzugeben. 116

Bereits vor Inkrafttreten der DelVO 2017/104 hatte es die ESMA zugelassen, dass Gegenparteien in den Fällen, in denen der Abschluss eines börsengehandelten Derivats und der **Beginn des Clearings an demselben Arbeitstag** erfolgten, nur eine Meldung einreichen[2]. Der neu gefasste Art. 2 Abs. 2 DelVO Nr. 148/2013 greift diese aufsichtsrechtliche Praxis auf. 117

j) Nennbetrag. Art. 3a Abs. 1 DelVO Nr. 148/2013 verdeutlicht, wie der in Tabelle 2 Feld 20 anzugebende Nennbetrag eines Derivates zu ermitteln ist. Die in Buchst. b, c und d gewählte Anknüpfung an den Basiswert entspricht Art. 274 Abs. 2 VO Nr. 575/2013 (CRR) und Anhang IV Abs. 1 DelVO 2016/2251, die für die Ermittlung des potentiellem künftigem Wiederbeschaffungswertes bzw. des Ersteinschusses ebenfalls auf den zugrunde liegenden Wert verweisen. 118

Dass der Nennbetrag nach Art. 3a Abs. 2 DelVO Nr. 148/2013 im Falle einer Erhöhung oder Reduzierung im Wege der Änderungsmeldung anzupassen ist, entsprach bereits der aufsichtsrechtlichen Praxis der ESMA[3] vor Inkrafttreten der DelVO 2017/104. 119

6. Delegierung der Meldung. Art. 9 Abs. 1 Unterabs. 3 VO Nr. 648/2012 erlaubt es den meldepflichtigen Gegenparteien oder der CCP, die Meldung der Einzelheiten des Derivats zu **delegieren**, so dass sie nur von einer der beiden Parteien oder von einem Dritten vorgenommen wird. Der Dritte kann seinen Sitz auch in einem Drittstaat haben[4]. Als ein Fall der Delegierung auf einen Dritten gilt auch die Meldung eines für Rechnung eines **Investmentfonds** abgeschlossenen Derivats durch dessen Verwaltungsgesellschaft[5]. Die Delegierung ist insbesondere für nichtfinanzielle Gegenparteien von Bedeutung, denen es sehr häufig an der für die Meldung erforderlichen technischen Infrastruktur mangelt[6]. 120

Wird die Meldung von einer der beiden Parteien übernommen, gibt diese sie nach Art. 1 Abs. 3 und 4 DelVO Nr. 148/2013 zugleich im eigenen Namen und im Namen der anderen Partei ab. Der Dritte oder die Gegenpartei an den oder die die Meldung delegiert wurde, ist in Tabelle 1 Feld 9 anzugeben; einzutragen ist die LEI. Findet keine Delegierung statt, bleibt das Feld leer. 121

Nach Art. 1 Abs. 5 DelVO Nr. 148/2013 darf die Abgabe nur einer Tabelle 2 nicht dazu führen, dass die Meldung weniger Angaben enthält als bei einer Meldung ohne Delegierung. Dies hat Bedeutung für die von finanziellen Gegenparteien abgeschlossenen, nicht geclearten OTC-Derivate und den in Tabelle 1 Felder 17–20 anzugebenden aktuellen Wert des Derivatekontraktes: Art. 1 Abs. 5 DelVO Nr. 148/2013 führt dazu, dass die meldende Stelle bei der meldepflichtigen Gegenpartei ggf. nachfragen muss, welchen Marktwert sie für das Derivat ermittelt hat. 122

Die Kommission und die ESMA haben stets betont, dass die Delegierung der Meldung die meldepflichtige Gegenpartei oder die CCP nicht von der Verantwortung für die Richtigkeit und Vollständigkeit der Meldung befreit und dass die meldepflichtige Partei sicherstellen muss, dass die meldende Stelle die Meldung ordnungs- 123

---

1 Erwägungsgrund Nr. 3 DelVO 2017/104.
2 ESMA Q&A TR Frage Nr. 6 [letzte Aktualisierung: 20.3.2013].
3 ESMA Q&A TR Frage Nr. 35 [letzte Aktualisierung: 23.6.2014].
4 Kommission FAQ II.4; *Litten/Schwenk*, DB 2013, 857, 860.
5 ESMA Q&A, Allgemeine Frage Nr. 1(a)(2) [letzte Aktualisierung: 21.5.2014].
6 *Wiesner/Christmann/Milke*, Deloitte WP Nr. 56, 5.

gemäß ausführt[1]. Die ESMA empfiehlt darüber hinaus, dass die Vereinbarung über die Delegation der Meldepflicht schriftlich festgehalten wird[2].

124 Für die unter dem deutschen **Rahmenvertrag für Finanztermingeschäfte** (DRV) dokumentierten OTC-Derivate können Marktteilnehmer auf den von den Spitzenverbänden der deutschen Kreditwirtschaft entwickelten **EMIR-Anhang**[3] zurückgreifen. Nr. 4 des EMIR-Anhangs stellt klar, dass sowohl die Bank als auch der Vertragspartner berechtigt sind, Dritte mit der Ausführung der Meldung zu beauftragen und dass in den Fällen, in denen der Vertragspartner eine Meldung durch die Bank wünscht, eine gesonderte Vereinbarung zu treffen ist[4]. Soweit sie von der Delegierung Gebrauch machen und die Ausführung der Meldung auf einen Dritten übertragen, haften Bank und Vertragspartner nur für die sorgfältige Auswahl des Dritten.

125 Die Reduzierung der Haftung auf das Auswahlverschulden hat nur schuldrechtliche Bedeutung; sie enthebt die Gegenparteien nicht von ihrer aufsichtsrechtlichen Pflicht[5]. Für Vertragspartner mit Sitz in einem Drittstaat sieht Nr. 9 des EMIR-Anhangs darüber hinaus vor, dass diese der Weitergabe von Transaktionsdaten an ein Transaktionsregister zustimmen. Grund ist Art. 9 Abs. 4 VO 648/2012, dessen Geltungsbereich sich auf die Rechtsordnungen der Mitgliedstaaten der Union beschränkt, d.h. die Behörden und Gerichte von Drittstaaten nicht bindet. Für die über eine CCP abzuwickelnden börsengehandelten oder OTC abgeschlossenen Derivate sieht Nr. 9 der von den Spitzenverbänden der deutschen Kreditwirtschaft entwickelten **Clearing-Rahmenvereinbarung** (CRV)[6] eine mit Nr. 4 des EMIR-Anhangs vergleichbare Regelung vor. Eine wesentliche Abweichung ist, dass die Bank als Clearingmitglied die Meldung des Derivates für den Vertragspartner im Zweifel – sofern die Parteien nichts Abweichendes vereinbaren – mit übernimmt[7].

126 Für die unter dem **ISDA Master Agreement** dokumentierten OTC-Derivate hatte die International Swaps and Derivatives Association, Inc. (ISDA) am 10.5.2013 den Mustertext einer Änderungsvereinbarung veröffentlicht, den die Parteien eines ISDA Master Agreements durch Beitritt zum **ISDA 2013 Reporting Protocol**[8] für ihre Dokumentation nutzen konnten. Die Änderungsvereinbarung sah vor, dass die Parteien die unter den einschlägigen Gesetzen (z.B. der EMIR oder dem Dodd-Frank-Act) bestehenden Meldepflichten anerkennen und der Weitergabe von Transaktionsdaten an ein Transaktionsregister zustimmen. Die Regelung ist am 19.7.2013 in Teil II des **ISDA 2013 EMIR Protocols**[9] im Wesentlichen übernommen worden.

127 Am 13.1.2014 haben die ISDA und die Futures Industry Association (FIA), letztere noch unter ihren alten Namen Futures and Options Association (FOA), den Mustertext eines **ISDA/FOA EMIR Reporting Delegation Agreements**[10] bekannt gemacht, mit denen die Parteien eines Derivates Vereinbarungen über die Delegierung der Meldepflicht dokumenteiern können. Der Mustertext ist sowohl für die unter dem ISDA Master Agreement dokumentierten OTC-Derivate als auch für die unter der FOA-Dokumentation ausgeführten und geclearten börsengehandelten Derivate geeignet.

128 Das Recht, die Meldung zu delegieren entspricht der U.S.-amerikanischen Regelung in 17 CFR § 45.8(d) (2)[11], hat dort jedoch aufgrund der Regelungen, die die meldepflichtige Partei zwingend festlegt, praktisch geringere Bedeutung. Danach gilt für nicht gleclearte OTC-Derivaten, bei denen beide Gegenparteien denselben Status haben – d.h. beide Gegenparteien swap dealer oder major swap particpants oder nichtfinanzielle Gegenparteien sind –, dass sich die Gegenparteien darüber zu verständigen haben, wer die Meldung vornimmt.

---

1 Kommission FAQ II.3 und II.4; *ESMA* Q&A, TR Frage Nr. 8 [letzte Aktualisierung: 4.6.2013], Q&A TR Frage Nr. 3b(d) [letzte Aktualisierung: 23.6.2014], Allgemeine Frage Nr. 1(a)(2) [letzte Aktualisierung: 21.5.2014]; s. auch *Litten/Schwenk*, DB 2013, 857, 860; *Wulff/Kloka*, WM 2015, 215; *Zeitz* in Wilhelmi/Achtelik/Kunschke/Sigmundt, Handbuch EMIR, Teil 6 A Rz. 8.
2 ESMA Q&A, TR Frage Nr. 8(a) [letzte Aktualisierung: 4.6.2013].
3 *Bundesverband deutscher Banken (BdB)*, EMIR-Anhang vom 23.2.2017, abrufbar über: https://bankenverband.de/media/uploads/2017/09/13/44040_0117_emir-anhang-2017_muster.pdf („*BdB* EMIR-Anhang").
4 *BdB*, Hintergrundinformationen und Erläuterungen zum EMIR-Anhang, Stand: 23.7.2013, abrufbar über: https://bankenverband.de/media/contracts/EMIR-Anhang-Hintergruende-Informationen-2013-07-23.pdf („*BdB* Erläuterungen EMIR-Anhang"), 6.
5 *Wulff/Kloka*, WM 2015, 215.
6 *BdB*, Clearing-Rahmenvereinbarung, abrufbar über: https://bankenverband.de/media/uploads/2017/09/13/44037_0413a_2015_muster_rhmz1qz.pdf („*BdB* CRV").
7 *BdB*, Hintergrundinformationen und Erläuterungen zur Clearing-Rahmenvereinbarung vom 23.2.2015, abrufbar über: https://bankenverband.de/media/uploads/2017/09/13/2015-02-23-crv-hintergrundinformationen-unm_olba6ii.pdf („*BdB* Erläuterungen CRV"), 8.
8 *International Swaps and Derivatives Association, Inc. (ISDA)*, ISDA 2013 Reporting Protocol vom 10.5.2013, abrufbar über: https://www2.isda.org/functional-areas/protocol-management/protocol/14 („ISDA 2013 Reporting Protocol").
9 *ISDA*, ISDA 2013 EMIR Portfolio Reconciliation, Dispute Resolution and Disclosure Protocol vom 19.7.2013, abrufbar über: https://www2.isda.org/functional-areas/protocol-management/protocol/15 („ISDA 2013 EMIR Protocol").
10 *ISDA und Futures and Options Association (FOA)*, ISDA/FOA EMIR Reporting Delegation Agreement vom 13.1.2104, abrufbar über: http://www2.isda.org/news/isdafoa-emir-reporting-delegation-agreement-published („*ISDA/FOA* Reporting Delegation Agreement");
11 U.S. CFTC 81 FR 41736, S. 41777.

7. **Vermeidung von Doppelmeldungen.** Nach Art. 9 Abs. 1 Unterabs. 4 VO Nr. 648/2012 sind **Doppelmeldungen** zu vermeiden. Die meldepflichtigen Parteien eines Derivates müssen sicherstellen, dass sie für ihren Kontrakt lediglich eine Meldung abgeben[1]. Geben beide Parteien des Derivats jeweils eigene Meldungen ab, stellt dies für sich genommen noch keine Doppelmeldung dar; in diesem Fall müssen die Meldungen jedoch denselben Inhalt haben[2]. 129

Das Ziel, Doppelmeldungen zu vermeiden ist auch Hauptanliegen der Bemühungen um die Einführung und Standardisierung einer einheitlichen **Geschäftsabschluss-Kennziffer** (unique transaction identifier, UTI)[3]. Wegen der Einzelheiten zur UTI wird auf die Anmerkungen in Rz. 102–104 verwiesen. 130

Die Kommission und die ESMA entnehmen Art. 9 Abs. 1 Unterabs. 4 VO Nr. 648/2012, dass sich die meldepflichtigen Parteien über das Verfahren der Meldung verständigen müssen[4]. Das zu nutzende Transaktionsregister und die Einzelheiten der Meldung können von einer Partei nicht einseitig vorgegeben werden. Dies schließt jedoch nicht aus, dass z.B. eine CCP für den Fall der Delegierung der Meldepflicht das von ihr genutzte Transaktionsregister in ihrem Regelwerk festlegt[5]. 131

Die Pflicht, Doppelmeldungen zu vermeiden bezieht sich nur auf die Meldungen nach Art. 9 VO Nr. 648/2012. Doppelmeldungen, die deshalb vorzunehmen sind, weil andere europäische Vorschriften wie z.B. Art. 26 VO Nr. 600/2014 die Meldung desselben Derivates ebenfalls erfordern, werden nicht adressiert. Sie sind Gegenstand gesonderter Regelungen wie dem bereits eingangs erwähnten Art. 26 Abs. 7 VO Nr. 600/2014. 132

8. **Aufzeichnungspflicht (Art. 9 Abs. 2 VO Nr. 648/2012).** Die für Derivate erstellten **Aufzeichnungen** müssen nach Art. 9 Abs. 2 VO Nr. 648/2012 von den Gegenparteien für mindestens fünf Jahre ab der Beendigung des Derivates aufbewahrt werden. Zweck der Aufbewahrung ist es sicher zu stellen, dass die für die Überwachung der Meldepflicht zuständigen Stellen – in Deutschland die BaFin und die Wirtschaftsprüfer – im Rahmen ihrer Prüfungen einen Abgleich zwischen den Aufzeichnungen der geprüften Gegenpartei und den betreffenden Registermeldungen vornehmen können. 133

Die Fünf-Jahresfrist ist eine **Mindestfrist**. Längere Aufbewahrungsfristen können sich aus anderen gesetzlichen Bestimmungen ergeben. Zu denken ist etwa an die 10-jährige Aufbewahrungsfrist für Buchungen und Rechnungen nach § 147 Abs. 2 i.V.m. Abs. 1 Nr. 1, 4 und 4a AO oder § 14b Abs. 1 UStG oder die 6-jährige Aufbewahrungsfrist für empfangene Handels- oder Geschäftsbriefe, zu denen auch Bestätigungen zählen. 134

Der Begriff **Aufzeichnung** ist nicht definiert, ist jedoch vor dem Hintergrund des oben erwähnten Regelungszwecks weit zu verstehen. Er umfasst u.a. die Erfassung des Derivates im Rechnungswesen der Gegenpartei, die versendeten und empfangenen Bestätigungen, soweit Bestätigungen noch nicht verfügbar sind, die Aufzeichnungen der von den Händlern geführten Telefongespräche, die Mitteilungen der als Berechnungsstelle agierenden Gegenpartei oder der CCP über die Bewertung des Derivates oder der ausgetauschten Sicherheiten oder über die von einer Partei zu erbringenden Zahlungen oder Lieferungen. 135

Die **Art der Aufbewahrung** ist in Art. 9 Abs. 2 VO Nr. 648/2012 nicht geregelt. Entsprechend den allgemeinen Grundsätzen wird eine Aufbewahrung in elektronischer Form ausreichen, wenn sich die Aufzeichnung detailgetreu reproduzieren lässt. 136

9. **Freistellung von Datenschutz- und Vertraulichkeitsverpflichtungen (Art. 9 Abs. 4 VO Nr. 648/2012).** Art. 9 Abs. 4 Satz 1 VO Nr. 648/2012 stellt klar, dass eine Gegenpartei oder eine CCP, die Transaktionsdaten an ein Transaktionsregister oder die ESMA meldet, nicht gegen solche Rechts- oder Verwaltungsvorschriften verstößt, die die Weitergabe von Information aus datenschutzrechtlichen oder anderen Gründen beschränken oder verbieten[6]. Gleiches gilt nach Satz 1 für Meldungen, die im Rahmen der Delegierung nach Art. 9 Abs. 1 Satz 4 VO Nr. 648/2012 von einem Dritten durchgeführt wurde. Art. 9 Abs. 4 Satz 2 VO Nr. 648/2012 erweitert den Schutz auf die Leitungsorgane und Beschäftigten der meldenden Stellen. 137

Der räumliche Geltungsbereich der VO Nr. 648/2012, d.h. seine Beschränkung auf das Gebiet der Union, bedingt, dass Art. 9 Abs. 4 VO Nr. 648/2012 nur von den zuständigen Behörden und Gerichten der Mitgliedstaaten zu beachten ist. Meldet eine in der Union ansässige Gegenpartei ein Derivat, das sie mit einem Kontrahenten mit Sitz in einem **Drittstaat** abgeschlossen hat, sind etwaige Verstöße gegen die Rechts- oder Verwaltungsvorschriften des Drittstaates von Art. 9 Abs. 4 VO Nr. 648/2012 nicht gedeckt. Soweit dies nach dem Recht des Drittstaates zulässig ist, empfiehlt es sich daher, die ausdrückliche Zustimmung des Vertragspartners zur Weitergabe der Transaktionsdaten einzuholen. 138

---

1 *ESMA* Q&A TR Frage Nr. 7(b) [letzte Aktualisierung: 4.6.2013].
2 *ESMA* Q&A TR Frage Nr. 7(b) [letzte Aktualisierung: 4.6.2013].
3 *ESMA* Q&A TR Frage Nr. 7(b) [letzte Aktualisierung: 4.6.2013].
4 *Kommission* FAQ II.5; *ESMA* Q&A TR Frage Nr. 7(a) [letzte Aktualisierung: 4.6.2013].
5 *ESMA* Q&A TR Frage Nr. 7(a) [letzte Aktualisierung: 4.6.2013].
6 *Martens* in Derleder/Knops/Bamberger, § 60 Rz. 58.

139 Die ESMA hat in ihren Auslegungsentscheidungen darauf hingewiesen, dass es legitime Gründe dafür geben kann, einzelne Felder der Mitteilung unausgefüllt zu lassen[1]. Ist es meldenden Gegenpartei oder CCP nach den Rechts- oder Verwaltungsvorschriften eines Drittstaates trotz Zustimmung untersagt, die **Identität des Vertragspartners** mitzuteilen, muss es zulässig sein, die in Tabelle 1 vorgesehenen Felder, die eine Identifizierung der Gegenpartei ermöglichen (ID der anderen Gegenpartei, Name der Gegenpartei, ggf. auch Sitz und Unternehmenssparte der Gegenpartei), frei zu lassen (sog. „Masking").

140 Der **Financial Stability Board** (FSB) hatte in einer umfassenden Untersuchung festgestellt, dass in den Rechtsordnungen der Mitglieder des FSB nach wie vor Rechtsvorschriften existieren, die einer grenzüberschreitenden Meldung von Transaktionsdaten entgegenstehen und die auch nicht durch vertragliche Vereinbarungen der Gegenparteien überwunden werden können[2]. Die Mitglieder des FSB haben vereinbart, entsprechende rechtliche Hindernisse bis spätestens Juni 2018 abzubauen, um sicherzustellen, dass die bisherige Praxis des „Maskings" nach dem 31.12.2018 beendet werden kann[3].

141 **10. Meldelogbuch.** Art. 4 DelVO Nr. 148/2013 verpflichtet die Transaktionsregister, ein Meldelogbuch zu führen, in dem sie die bei ihnen eingegangenen Meldungen aufzeichnen. Das Meldelogbuch ist Teil der in **Art. 80 Abs. 3 Satz 2 VO Nr. 648/2012** genannten Verfahren, mit denen ein Transaktionsregister die von meldenden Gegenparteien oder Dritten empfangenen Informationen über Änderungen von Derivatekontrakte (den sog. „**lifecycle events**") aufzeichnet und dokumentiert.

142 Anzugeben sind im Meldelogbuch die **Person, die die Änderung meldet**, der sog. „**Meldezeitstempel**", d.h. das in Tabelle 1 Feld 1 anzugebende Datum und die Uhrzeit der Meldung, sowie die Änderung selbst. Bei der **Beschreibung der Änderung** ist auf die in Tabelle 2 Feld 93 einzutragenden Daten zurückzugreifen.

143 **11. Sanktionen.** Mitgliedstaaten müssen nach Art. 12 VO Nr. 648/2012 sicherstellen, dass **Verstöße gegen die Melde- und Aufbewahrungspflichten** durch wirksame und abschreckende Sanktionen geahndet werden. Diese Sanktionen müssen zumindest Geldbußen umfassen. Der deutsche Gesetzgeber ist dieser Vorgabe mit dem EMIR-Ausführungsgesetz vom 13.2.2013 nachgekommen. § 120 Abs. 7 Nr. 3 und Nr. 4 i.V.m. Abs. 24 WpHG sieht für die vorsätzliche oder leichtfertige Missachtung der Melde- und Aufbewahrungspflichten ein Bußgeld von bis zu 200.000 Euro vor. Nach § 123 Abs. 4 WpHG hat die BaFin jede unanfechtbar gewordene Bußgeldentscheidung unverzüglich auf ihrer Internetseite öffentlich bekannt zu machen, es sei denn, diese Veröffentlichung würde die Finanzmärkte erheblich gefährden oder zu einem unverhältnismäßigen Schaden bei den Beteiligten führen. Die Bekanntmachung darf keine personenbezogenen Daten enthalten und ist nach fünf Jahren zu löschen. Wegen der Einzelheiten wird auf die Ausführungen zu Art. 12 VO Nr. 648/2012 und zu § 120 WpHG verwiesen.

144 **IV. Technische Regulierungsstandards (Art. 9 Abs. 5 und 6 VO Nr. 648/2012).** Von den in den Art. 9 Abs. 5 und 6 VO Nr. 648/2012 vorgesehenen Befugnissen hat die Kommission mit ihrer DurchfVO Nr. 1247/2012 und ihrer delegierten Verordnungen DelVO Nr. 148/2013 umfassend Gebrauch gemacht.

145 **1. DurchfVO Nr. 1247/2012.** Die in Art. 9 Abs. 6 VO Nr. 648/2012 genannten Festlegungen hat die Kommission in ihrer DurchfVO Nr. 1247/2012 getroffen. Dazu zählen die Bestimmung des Formats und der Häufigkeit der nach Art. 9 Abs. 1 und 3 VO Nr. 648/2012 vorzunehmenden Meldungen und die Festlegung des Zeitpunkts bis zu dem Derivate gemeldet werden müssen. Die Verordnung ist am zwanzigsten Tag nach ihrer Veröffentlichung im Amtsblatt der Europäischen Union, d.h. am 10.1.2013, in Kraft getreten (Art. 6 DurchfVO Nr. 1247/2012). Sie ist mit der DurchfVO 2017/105 wesentlich erweitert worden. Die DurchfVO 2017/105 ist am 10.2.2017 in Kraft getreten (Art. 2 DurchfVO 2017/105) und gilt seit dem 1.11.2017. Abweichend hiervon gilt der neu gefasste Art. 5 Abs. 4 DurchfVO 2017/105 über das sog. „Backloading" bereits seit dem 10.2.2017.

146 **2. DelVO Nr. 148/2013.** Die nach Art. 9 Abs. 5 VO Nr. 648/2012 erforderliche Bestimmung der in die Meldungen aufzunehmenden Einzelheiten ist von der Kommission in ihrer DelVO Nr. 148/2013 vorgenommen worden. Die Verordnung ist am zwanzigsten Tag nach ihrer Veröffentlichung im Amtsblatt der Europäischen Union, d.h. am 15.3.2013, in Kraft getreten (Art. 5 DelVO Nr. 148/2013). Sie ist durch die DelVO 2017/104 geändert worden. Die DelVO 2017/104 ist am 10.2.2017 in Kraft getreten (Art. 2 DelVO 2017/104) und gilt seit dem 1.11.2017.

147 **V. Ausblick.** Zum Zeitpunkt der Kommentierung zeichneten sich folgende Änderungen ab: Mit dem seit 7.5. 2017 vorliegenden Vorschlag für eine Änderung der EMIR (**EMIR-REFIT-Entwurf**) soll die Meldung von

---

1 ESMA Q&A TR Frage Nr. 20a(2)(a) [letzte Aktualisierung: 27.4.2015]; a.A. ESMA Q&A TR Frage Nr. 10(d) [letzte Aktualisierung: 24.10.2014]: „not be deemed compliant".
2 *Financial Stability Board (FSB)*, Prüfbericht über die Meldung von OTC-Derivaten „Thematic Review on OTC Derivatives Trade Reporting – Peer Review Report" vom 4.11.2015, abrufbar unter: http://www.fsb.org/wp-content/uploads/Peer-review-on-trade-reporting.pdf („*FSB* Prüfbericht Transaktionsmeldungen"), S. 12, mit Hinweisen zu 20 Ländern.
3 *FSB* Prüfbericht Transaktionsmeldungen, S. 4.

Derivaten bzw. das Backloading auf die Kontrakte beschränkt werden, die vor dem 12.2.2014, dem Beginn der Meldepflicht, abgeschlossen wurden und zu diesem Zeitpunkt noch ausstanden[1]. Gruppeninterne Geschäfte im Sinne des Art. 3 VO Nr. 648/2012, bei denen eine Gegenpartei eine nichtfinanzielle Gegenpartei ist, sollen von der Meldepflicht ausgenommen werden[2]. Darüber hinaus soll für börsengehandelte Derivate und für OTC-Derivate zwischen einer finanziellen Gegenpartei und einer nicht der Clearingpflicht unterliegenden nichtfinanziellen Gegenpartei (NFC-) vorgesehen werden, dass nur eine Partei – die CCP oder die finanzielle Gegenpartei – für die Meldung verantwortlich ist[3]. Der vom Europäischen Parlament am 25.5.2018 angenommene Bericht des Berichterstatters Langen[4] unterstützt die Vorschläge. Er sieht jedoch den vollständigen Wegfall des Backloadings vor. Darüber soll eine NFC- verpflichtet werden, der meldepflichtigen finanziellen Gegenpartei, diejenigen Angaben, die der finanziellen Gegenpartei nicht bekannt sein können, wie z.B. dass es sich bei dem OTC-Derivat aus Sicht der NFC- um ein Absicherungsgeschäft handelt, mitzuteilen.

Art. 10 Nichtfinanzielle Gegenparteien

(1) Wenn eine nichtfinanzielle Gegenpartei Positionen in OTC-Derivatekontrakten eingeht und diese Positionen die nach Absatz 3 festgelegte Clearingschwelle übersteigen, dann gilt Folgendes:

a) die betreffende nichtfinanzielle Gegenpartei teilt diese Tatsache der ESMA und der zuständigen Behörde nach Absatz 5 unverzüglich mit,

b) die betreffende nichtfinanzielle Gegenpartei wird in Bezug auf künftige Kontrakte gemäß Artikel 4 clearingpflichtig, wenn die gleitende Durchschnittsposition die Clearingschwelle für einen Zeitraum von 30 Tagen übersteigt, und

c) die betreffende nichtfinanzielle Gegenpartei cleart alle entsprechenden künftigen Kontrakte innerhalb von vier Monaten, nachdem die Clearingpflicht wirksam wird.

(2) Eine nichtfinanzielle Gegenpartei, die gemäß Absatz 1 Buchstabe b clearingpflichtig geworden ist und in der Folge der gemäß Absatz 5 benannten Behörde gegenüber den Nachweis dafür erbringt, dass ihre gleitende Durchschnittsposition die Clearingschwelle für einen Zeitraum von 30 Tagen nicht übersteigt, unterliegt nicht mehr der Clearingpflicht gemäß Artikel 4.

(3) Bei der Berechnung der in Absatz 1 genannten Positionen berücksichtigt die nichtfinanzielle Gegenpartei alle von ihr oder anderen nichtfinanziellen Einrichtungen innerhalb der Gruppe, zu der sie gehört, geschlossenen OTC-Derivatekontrakte, die nicht objektiv messbar zur Reduzierung der Risiken beitragen, die unmittelbar mit der Geschäftstätigkeit oder dem Liquiditäts- und Finanzmanagement dieser Gegenpartei oder Gruppe verbunden sind.

(4) Um die einheitliche Anwendung dieses Artikels zu gewährleisten, erarbeitet die ESMA nach Anhörung des ESRB und anderer einschlägiger Behörden Entwürfe für technische Regulierungsstandards, in denen Folgendes festgelegt ist:

a) Kriterien, anhand derer festgestellt wird, welche OTC-Derivatekontrakte objektiv messbar zur Reduzierung der Risiken beitragen, die unmittelbar mit der Geschäftstätigkeit oder dem Liquiditäts- und Finanzmanagement gemäß Absatz 3 verbunden sind, und

b) Werte für die Clearingschwellen, die unter Berücksichtigung der Systemrelevanz der Summe aller Nettopositionen und -forderungen je Gegenpartei und Kategorie von Derivaten ermittelt werden.

Nach Durchführung einer offenen öffentlichen Anhörung legt die ESMA der Kommission diese Entwürfe für technische Regulierungsstandards bis zum 30. September 2012 vor.

Der Kommission wird die Befugnis übertragen, die in Unterabsatz 1 genannten technischen Regulierungsstandards gemäß den Artikeln 10 bis 14 der Verordnung (EU) Nr. 1095/2010 zu erlassen.

Die ESMA überprüft nach Anhörung des ESRB und anderer einschlägiger Behörden regelmäßig die Schwellen und schlägt gegebenenfalls technische Regulierungsstandards zu ihrer Änderung vor.

(5) Jeder Mitgliedstaat benennt eine Behörde, die dafür zuständig ist, die Einhaltung der Pflicht nach Absatz 1 sicherzustellen.

In der Fassung vom 4.7.2012 (ABl. EU Nr. L 201 v. 27.7.2012, S. 1).

---

1 *Kommission* EMIR-REFIT-Entwurf, S. 31.
2 *Kommission* EMIR-REFIT-Entwurf, S. 31; neuer Art. 9 Abs. 1 Satz 3 VO Nr. 648/2012.
3 *Kommission* EMIR-REFIT-Entwurf, S. 31; neuer Art. 9 Abs. 1a VO Nr. 648/2012.
4 Der Bericht des Berichterstatters Langen („ECON-Bericht") ist abrufbar über: http://www.europarl.europa.eu/sides/getDoc.do?pubRef=-//EP//TEXT+REPORT+A8-2018-0181+0+DOC+XML+V0//EN&language=de.

Art. 10 VO Nr. 648/2012 | Nichtfinanzielle Gegenparteien

**Delegierte Verordnung (EU) Nr. 149/2013 vom 19. Dezember 2012
zur Ergänzung der Verordnung (EU) Nr. 648/2012 des Europäischen Parlaments und des Rates im Hinblick auf technische Regulierungsstandards für indirekte Clearingvereinbarungen, die Clearingpflicht, das öffentliche Register, den Zugang zu einem Handelsplatz, nichtfinanzielle Gegenparteien und Risikominderungstechniken für nicht durch eine CCP geclearte OTC-Derivatekontrakte**

(Auszug)

**Art. 10 (Artikel 10 Absatz 4 Buchstabe a der Verordnung (EU) Nr. 648/2012)
Kriterien, anhand derer festgestellt wird, welche OTC-Derivatekontrakte objektiv zur Reduzierung der Risiken beitragen**

(1) Ein OTC-Derivatekontrakt trägt objektiv messbar zur Reduzierung der Risiken bei, die unmittelbar mit der Geschäftstätigkeit oder dem Liquiditäts- und Finanzmanagement der nichtfinanziellen Gegenpartei oder Gruppe verbunden sind, wenn er für sich genommen oder in Kombination mit anderen Derivatekontrakten, direkt oder über eng korrelierte Instrumente, eines der folgenden Kriterien erfüllt:

a) Er deckt die Risiken einer potenziellen Veränderungen des Werts der Vermögenswerte, Dienstleistungen, Einsatzgüter, Produkte, Rohstoffe oder Verbindlichkeiten ab, die die nichtfinanzielle Gegenpartei oder deren Gruppe besitzt, erzeugt, herstellt, verarbeitet, erbringt, erwirbt, im Rahmen von Merchandising vermarktet, (ver)least, verkauft oder eingeht oder bei normalem Verlauf ihrer Geschäftstätigkeit nach vernünftigem Ermessen zu besitzen, zu erzeugen, herzustellen, zu verarbeiten, zu erbringen, zu erwerben, im Rahmen von Merchandising zu vermarkten, zu (ver)leasen, zu verkaufen oder einzugehen erwarten kann;

b) er deckt die Risiken der potenziellen indirekten Auswirkungen einer Schwankung der Zinssätze, Inflationsraten, Devisenkurse oder Kreditrisiken auf den Wert der unter Buchstabe a genannten Vermögenswerte, Dienstleistungen, Einsatzgüter, Produkte, Rohstoffe oder Verbindlichkeiten ab;

c) er gilt als Sicherungsgeschäft im Sinne der gemäß Artikel 3 der Verordnung (EG) Nr. 1606/2002 des Europäischen Parlaments und des Rates übernommenen „International Financial Reporting Standards" (IFRS).

In der Fassung vom 19.12.2012 (ABl. EU Nr. L 52 v. 23.2.2013, S. 11).

**Art. 11 (Artikel 10 Absatz 4 Buchstabe b der Verordnung (EU) Nr. 648/2012) Clearingschwellen
Für die Zwecke der Clearingpflicht gelten für die Clearingschwellen folgende Werte:**

a) für OTC-Kreditderivatekontrakte ein Bruttonennwert von 1 Mrd. EUR;
b) für OTC-Aktienderivatekontrakte ein Bruttonennwert von 1 Mrd. EUR;
c) für OTC-Zinsderivatekontrakte ein Bruttonennwert von 3 Mrd. EUR;
d) für OTC-Devisenderivatekontrakte ein Bruttonennwert von 3 Mrd. EUR;
e) für OTC-Warenderivatekontrakte und andere, unter den Buchstaben a bis d nicht vorgesehene OTC-Derivatekontrakte ein Bruttonennwert von 3 Mrd. EUR.

In der Fassung vom 19.12.2012 (ABl. EU Nr. L 52 v. 23.2.2013, S. 11).

I. Zweck und Bedeutung 1	V. Auf die Clearingschwelle anzurechnende OTC-Derivate (Art. 10 Abs. 3 VO Nr. 648/2012) 30
II. Anwendungsbereich 6	1. Absicherungsgeschäfte (Art. 10 DelVO Nr. 149/2013) 35
III. Begründung der Clearingpflicht (Art. 10 Abs. 1 VO Nr. 648/2012) 9	2. Berücksichtigung auf Gruppenebene 44
1. Erstmaliges Überschreiten der Clearingschwelle 11	VI. Clearingschwelle 48
2. Nachhaltiges Überschreiten der Clearingschwelle 15	VII. Technische Regulierungsstandards (Art. 10 Abs. 4 VO Nr. 648/2012) 57
3. Erfüllung der Clearingpflicht 25	VIII. Zuständige Behörde (Art. 10 Abs. 5 VO Nr. 648/2012) 58
4. Sanktionen 26	IX. Ausblick 59
IV. Ende der Clearingpflicht (Art. 10 Abs. 2 VO Nr. 648/2012) 27	

Schrifttum: *Europäische Wertpapier- und Marktaufsichtsbehörde (ESMA)*, Fragen und Antworten – Umsetzung der Verordnung (EU) Nr. 648/2012 über OTC-Derivate, zentrale Gegenparteien und Transaktionsregister (EMIR), ESMA70-1861941480-52 vom 30.5.2018, abrufbar über: https://www.esma.europa.eu *(„ESMA Q&A")*; *ESMA*, Basisinformationen für nichtfinanzielle Gegenparteien, „Non-financial counterparties (NFCs)", abrufbar über: https://www.esma.europa.eu *(„ESMA NFC Basisinformationen")*; *Gstädtner*, Regulierung der Märkte für OTC-Derivate, RdF 2012, 145; *Jahn/Reiner*, Außerbörsliche Finanztermingeschäfte (OTC-Derivate), in Schimansky/Bunte/Lwowski (Hrsg.), Bankrechtshandbuch, 5. Aufl. 2017, § 114 Rz. 208–212; *Köhling/Adler*, Der neue europäische Regulierungsrahmen für OTC-Derivate, WM 2012, 2125; *Kommission*, „EMIR: Häufig gestellte Fragen", zuletzt aktualisiert am 10.7.2014, abrufbar über: http://ec.europa.eu *(„Kommission FAQ")*; *Litten/Schwenk*, EMIR – Auswirkungen der OTC-Derivateregulierung auf Unternehmen der Realwirtschaft, DB 2013, 857 und 918; *Pankoke/Wallus*, Europäische Derivateregulierung und M&A, WM 2014, 4; *Trepte/Byentsa*, Hedging – Quo vadis nach der Regulierung des OTC-Derivatemarktes, Corporate Finance Law 2010, 260; *Wieland/Weiß*, EMIR – die Regulierung des europäischen OTC-Derivatemarktes, Corporate Finance Law 2013, 73.

1 **I. Zweck und Bedeutung.** Nach den Erwägungsgründen der EMIR sollen die für finanzielle Gegenparteien geltenden Regeln, insbesondere die Pflicht zum Clearing von OTC-Derivaten, für nichtfinanzielle Gegenparteien

nur dann gelten, wenn dies zweckmäßig ist[1]. Soweit nichtfinanzielle Gegenparteien OTC-Derivate abschließen, um sich mit ihnen gegen die aus ihrer Geschäftstätigkeit oder ihrer Unternehmensfinanzierung erwachsenden Risiken abzusichern, sieht der Gesetzgeber kein Bedürfnis für eine entsprechende Gleichstellung. Dies ändert sich jedoch in dem Umfang, in dem nichtfinanziellen Gegenparteien OTC-Derivate für andere, ggf. auch spekulative Zwecke nutzen.

Der Zweck des Art. 10 VO Nr. 648/2012 bzw. der durch ihn begründeten **Clearingschwelle**, besteht darin, die OTC-Derivate zu beschreiben, die im Hinblick auf Art und Umfang eine systemrelevante Risikoposition begründen und deshalb der Clearingpflicht unterliegen sollten. Er erfüllt damit eine ähnliche Funktion wie die U.S.-amerikanischen Definition des Begriffs „**substantial position**" in 17 CFR § 1.3(sss)[2], mittels der zu bestimmen ist, ob eine Gegenpartei ein clearingpflichtiger „major swap participant" ist. Es verwundert in diesem Zusammenhang nicht, dass die in 17 CFR § 1.3(sss)(1) genannten Schwellen – auch wenn auf der Grundlage der für bankaufsichtliche Zwecke zu ermittelnden aktuellen sowie potentiellen Risikopositionen zu ermitteln sind – ähnlich Größenordnungen aufweisen[3]. 2

Art. 10 VO Nr. 648/2012 hat nicht nur für die Clearingpflicht Bedeutung. Durch die Bezugnahme in Art. 11 VO Nr. 648/2012 begründet Art. 10 VO Nr. 648/2012 mittelbar auch die von clearingpflichtigen Gegenparteien zu beachtenden **Risikominderungspflichten**, insbesondere die Pflicht zur täglichen Bewertung zu Marktpreisen (Art. 11 Abs. 2 VO Nr. 648/2012) und die Pflicht, Risikomanagementverfahren vorzuhalten, die insbesondere den rechtzeitigen und angemessenen Austausch von Sicherheiten vorschreiben (Art. 11 Abs. 3 VO Nr. 648/2012). 3

Über Art. 28 Abs. 1 VO Nr. 600/2014 hat Art. 10 VO Nr. 648/2012 auch Bedeutung für die seit 3.1.2018 bestehende Verpflichtung, bestimmte clearingpflichtige Derivate, für die nach Art. 32 VO Nr. 600/2014 die **Handelspflicht** angeordnet wurde, ausschließlich über geregelte Märkte, multilaterale Handelssysteme (multilateral trading facilities, MTF), organisierte Handelssysteme (organised trading facilites, OTFs) oder ein als gleichwertig anerkanntes Drittlandhandelssystem abzuschließen. 4

Das nachhaltige Überschreiten der Clearingschwelle ist darüber hinaus für die von Kreditinstituten und Wertpapierfirmen mit Eigenkapital zu unterlegene „**CVA-Charge**" von Bedeutung, da sie die mit einer nichtfinanziellen Gegenpartei abgeschlossenen OTC-Derivate ab diesem Zeitpunkt nicht mehr nach Art. 382 Abs. 4 Buchst. a VO Nr. 575/2013 (CRR) unberücksichtigt lassen können. Dies führt im Ergebnis dazu, dass sich die OTC-Derivate für die betroffenen Institute verteuern. 5

II. Anwendungsbereich. Der Anwendungsbereich des Art. 10 VO Nr. 648/2012 ist auf **nichtfinanzielle Gegenparteien** beschränkt. Er definiert die Bedingungen, unter denen eine nichtfinanzielle Gegenpartei einer finanziellen Gegenpartei gleichzustellen ist. Diese wird an anderen Stellen der EMIR auch als „*nichtfinanzielle Gegenparteien gemäß Artikel 10*" (Art. 11 Abs. 2 VO Nr. 648/2012) oder, präziser, als „*nichtfinanzielle Gegenparteien die die Bedingungen des Artikels 10 Absatz 1 Buchstabe b erfüllen*" (Art. 4 Abs. 1 Buchst. a VO Nr. 648/2012) bezeichnet. Die ESMA nennt sie in ihren Auslegungsentscheidungen auch schlicht „**NFC+**"[4]. 6

Die durch Art. 10 VO Nr. 648/2012 begründeten Mitteilungspflichten sind nur auf in der **Union ansässige** nichtfinanzielle Gegenparteien anwendbar. Art. 4 Abs. 1 Buchst. a Ziff. iv) und v) VO Nr. 648/2012, die eine Clearingpflicht für in Drittstaaten ansässige Einrichtungen begründen, wenn diese im Falle der unterstellten Sitzverlegung in die Union die Bedingung des Art. 10 Abs. 1 Buchst. b VO Nr. 648/2012 erfüllen, ist nicht anwendbar, auch nicht entsprechend. 7

Wegen des Begriffs **nichtfinanzielle Gegenpartei** wird auf die Anmerkungen zu Art. 2 VO Nr. 648/2012 Rz. 79–95 verwiesen. Die praktischen Fragen der Einstufung von nichtfinanziellen Gegenparteien finden sich in Art. 4 VO Nr. 648/2012 Rz. 33–40 erörtert. 8

III. Begründung der Clearingpflicht (Art. 10 Abs. 1 VO Nr. 648/2012). Nach Art. 10 Abs. 1 Buchst. b VO Nr. 648/2012 wird eine nichtfinanzielle Gegenpartei dann clearingpflichtig, wenn ihre gleitende Durchschnittposition in OTC-Derivaten die Clearingschwelle für einen Zeitraum von 30 Tagen – d.h. nachhaltig – übersteigt. Neben der Begründung der Clearingpflicht regelt Art. 10 Abs. 1 VO Nr. 648/2012 weitere Aspekte, näm- 9

---

1 Erwägungsgründe Nr. 29 VO Nr. 648/2012.
2 *U.S. CFTC* 77 FR 80174, 80213.
3 Für die Ermittlung einer „substantial position" wendet die CFTC zwei Tests an. Der erste Test bestanden, wenn die Gegenparteien über ein nicht besichertes Ausfallrisiko aus Derivaten von mehr als 1 Milliarde USD (bzw. 3 Milliarden USD für Zinsderivaten) verfügt. Der zweite Test berücksichtigt auch das potentielle zukünftige Ausfallrisiko, das wie bei der bankaufsichtlichen Marktbewertungsmethode über Add-ons zu ermitteln ist. Der Schwellenwert für das Gesamtausfallrisiko aus Derivaten beträgt 3 Mrd. USD (bzw. 6 Mrd. USD für Zinsderivaten).
4 *Europäische Wertpapier- und Marktaufsichtsbehörde (ESMA)*, „Fragen und Antworten – Umsetzung der Verordnung (EU) Nr. 648/2012 über OTC-Derivate, zentrale Gegenparteien und Transaktionsregister (EMIR)", ESMA70-1861941480-52 vom 30.5.2018, abrufbar über: https://www.esma.europa.eu/sites/default/files/library/esma70-1861941480-52_qa_on_emir_implementation.pdf („*ESMA* Q&A"), Abkürzungsverzeichnis, S. 5.

lich die Pflicht zur Mitteilung des Überschreitens der Clearingschwelle sowie die Frist, innerhalb der die nichtfinanzielle Gegenpartei mit dem Clearing beginnen muss.

10 Die in der Einleitung des Art. 10 Abs. 1 VO Nr. 648/2012 gewählte Bezugnahme auf die „*nach Absatz 3 festgelegte Clearingschwelle*" ist unrichtig, da Art. 10 Abs. 3 VO Nr. 648/2012 lediglich die OTC-Derivate definiert, die auf die Clearingschwelle anzurechnen sind. Die Befugnis der Kommission die Clearingschwelle festzulegen, findet sich in Art. 10 Abs. 4 Buchst. b VO Nr. 648/2012. Die von der Kommission vorgeschlagene Neufassung des Art. 10 Abs. 1 VO Nr. 648/2012 wird dies korrigieren[1].

11 **1. Erstmaliges Überschreiten der Clearingschwelle.** Nach Art. 10 Abs. 1 Buchst. a VO Nr. 648/2012 ist das **erstmalige Überschreiten** der Clearingschwelle der zuständigen Behörde – in Deutschland der BaFin – sowie der ESMA unverzüglich mitzuteilen. Gehört die nichtfinanzielle Gegenpartei einer **Gruppe** an, der zugleich auch andere in der Union ansässige nichtfinanzielle Gegenparteien angehören, so ist für jede nichtfinanzielle Gegenpartei bei der für sie zuständigen Behörde eine gesonderte Mitteilung zu machen[2].

12 ESMA hat auf ihrer Webseite[3] einen **Mustertext** veröffentlicht, den nichtfinanzielle Gegenparteien für ihre Mitteilungen nach Art. 10 Abs. 1 Buchst. a VO Nr. 648/2012 verwenden sollen. Um die Meldungen zu erleichtern, sieht der Mustertext vor, dass die nichtfinanziellen Gegenparteien derselben Gruppe gegenüber der ESMA nur eine Mitteilung abzugeben brauchen. Voraussetzung ist jedoch, dass das meldende Gruppenmitglied von den anderen Mitgliedern der Gruppe hierzu autorisiert wurde. Die Mitteilung ist der ESMA mittels E-Mail einzureichen.

13 Die BaFin hat auf ihrer Webseite[4] ebenfalls einen Mustertext veröffentlicht, der in Form und Inhalt von der Vorlage der ESMA geringfügig abweicht. Alternativ können nichtfinanzielle Gegenparteien auch den Mustertext der ESMA verwenden[5]. Auch die BaFin lässt Sammelmeldungen zu. Nach **§ 31 Abs. 1 WpHG** ist für die Meldung an die BaFin die Schriftform vorgeschrieben, d.h. eine elektronische Übermittlung per E-Mail (Textform) ist ausgeschlossen[6]. Die Mitteilung ist an das BaFin-Referat WA 26 zu richten und muss unterschrieben sein[7].

14 Das erstmalige Überschreiten der Clearingschwelle ist auch in die **Meldung nach Art. 9 VO Nr. 648/2012**, und zwar in Tabelle 1 Feld 19 aufzunehmen[8]. Das Feld ist als „life cycle event" in die Meldungen sämtlicher noch ausstehender OTC-Derivat aufzunehmen, die von der betreffenden nichtfinanziellen Gegenpartei oder einer anderen nichtfinanziellen Gegenpartei derselben Gruppe abgeschlossen wurde.

15 **2. Nachhaltiges Überschreiten der Clearingschwelle.** Hat die nichtfinanzielle Gegenpartei die Clearingschwelle überschritten, so wird sie nach Art. 10 Abs. 1 Buchst. b VO Nr. 648/2012 erst dann clearingpflichtig, wenn ihre gleitende Durchschnittsposition in OTC-Derivaten die Clearingschwelle für einen Zeitraum von 30 Tagen – d.h. nachhaltig – übersteigt.

16 Der Begriff **Position** ist durch Art. 11 DelVO Nr. 149/2013 und den dort verwendeten Begriff Bruttonennwert (gross notional value) klargestellt worden. Wegen der Einzelheiten wird auf die Ausführungen in Rz. 49 verwiesen. Mit dem Begriff **Tage** sind Geschäfts- bzw. Arbeitstage (working days, business days) gemeint. Nichtfinanzielle Gegenparteien können nur an solchen Tagen OTC-Derivate abschließen oder durch Gegengeschäfte glattstellen, an denen sie und ihre Vertragspartner ihren Geschäftsbetrieb geöffnet haben. Dass für Art. 10 Abs. 1 Buchst. b VO Nr. 648/2012 Geschäfts- oder Arbeitstage maßgeblich sind, entspricht auch dem Verständnis der ESMA, das in den von ihr veröffentlichten Mustertexten für die Meldungen zum Ausdruck kommt[9].

---

1 *Kommission*, Vorschlag für eine Verordnung des Europäischen Parlaments und des Rates zur Änderung der Verordnung (EU) Nr. 648/2012 in Bezug auf die Clearingpflicht, die Aussetzung der Clearingpflicht, die Meldepflichten, die Risikominderungstechniken für nicht durch eine zentrale Gegenpartei geclearte OTC-Derivatekontrakte, die Registrierung und Beaufsichtigung von Transaktionsregistern und die Anforderungen an Transaktionsregister, KOM(2017) 208 final vom 4.5.2017, abrufbar über: http://ec.europa.eu/transparency/regdoc/rep/1/2017/DE/COM-2017-208-F1-DE-MAIN-PART-1.PDF („*Kommission* EMIR-REFIT-Entwurf"), S. 33.
2 *ESMA* Q&A OTC Frage Nr. 2(c) [letzte Aktualisierung: 20.3.2013].
3 *ESMA*, Mustertext für eine Mitteilung der nichtfinanziellen Gegenpartei gegenüber der ESMA, dass die Clearingschwelle gemäß Artikel 10 Absatz 1 der Verordnung (EU) 648/2012 (EMIR) überschritten wurde, abrufbar über die Webseite „Non-financial counterparties (NFCs)", https://www.esma.europa.eu/regulation/post-trading/non-financial-counterparties-nfcs („*ESMA* Art. 10(1)-Mitteilungen").
4 *Bundesanstalt für Finanzdienstleistungsaufsicht (BaFin)*, Mustertext für eine Mitteilung der nichtfinanziellen Gegenpartei gegenüber der BaFin, dass die Clearingschwelle gemäß Artikel 10 Abs. 1 der Verordnung (EU) 648/2012 (EMIR) überschritten wurde, abrufbar über: https://www.bafin.de/DE/Aufsicht/BoersenMaerkte/EMIR/Mitteilungen/mitteilungen_node.html („*BaFin* Art. 10(1)-Mitteilung").
5 *BaFin*, Veröffentlichung „EMIR – Mitteilungen an die BaFin", Stand: 20.11.2015, abrufbar über: https://www.bafin.de/DE/Aufsicht/BoersenMaerkte/EMIR/Mitteilungen/mitteilungen_node.html („*BaFin* EMIR Mitteilungen").
6 *Mock* in KölnKomm. WpHG, § 20 WpHG Rz. 7.
7 *BaFin* EMIR Mitteilungen.
8 *ESMA*, EMIR Prüfbericht Nr. 1 Rz. 48.
9 *ESMA* Art. 10(1)-Mitteilungen: „over 30 working days".

Aus der Formulierung „**gleitende Durchschnittposition**" folgt, dass die nichtfinanzielle Gegenpartei zunächst, in einem ersten Schritt, die Bruttonennwerte für jeden der 30 Geschäftstage gesondert ermitteln muss. Hat sich der Bestand der OTC-Derivate an einem Geschäftstag mangels Handelsaktivität oder mangels Beendigung von OTC-Derivaten nicht verändert, so ist der Bruttonennwert vom unmittelbar vorhergehenden Geschäftstag anzusetzen. Für Zwecke der Durchschnittsbildung sind die für jeden Geschäftstag ermittelten Bruttonennwerte in einem zweiten Schritt zu addieren und durch die Anzahl der Geschäftstage, d.h. 30, zu teilen[1]. 17

Ist die nichtfinanzielle Gegenpartei **Mitglied einer Gruppe**, der auch andere nichtfinanzielle Gegenparteien angehören, so hat sie nach Art. 10 Abs. 3 VO Nr. 648/2012 bei der Ermittlung der Durchschnittsposition nicht nur die eigenen, sondern auch die OTC-Derivate der anderen zur Gruppe zählenden nichtfinanziellen Gegenparteien zu berücksichtigen. Dies gilt auch dann, wenn eines dieser Gruppenmitglieder in einem Drittstaat ansässig ist[2]. Die von finanziellen Gegenparteien derselben Gruppe abgeschlossenen nicht der Absicherung dienenden OTC-Derivate bleiben hingegen unberücksichtigt[3]. 18

Die Ermittlung der Durchschnittsposition ist für jede der in Art. 11 DelVO Nr. 149/2013 genannten **Produktkategorien** – Kreditderivate, Aktienderivate, Zinsderivate, Devisenderivate und Warenderivate – gesondert durchzuführen. Der für eine Produktkategorie ermittelte Durchschnittsbetrag ist mit dem in Art. 11 DelVO Nr. 149/2013 für die betreffende Produktkategorie festgelegte Bruttonennwert zu vergleichen. 19

Überschreitet die nichtfinanzielle Gegenpartei **einen der Bruttonennwerte**, so hat sie den Schwellenwert insgesamt überschritten mit der Folge, dass sie für **sämtliche OTC-Derivate**, die sie nach diesem dreißigsten Geschäftstag abgeschlossen hat, clearingpflichtig wird[4]. Die Clearingpflicht wird auch für solche OTC-Derivate begründet, bei denen es sich um Absicherungsgeschäfte i.S.d. Art. 10 Abs. 3 VO Nr. 648/2012 handelt. 20

Die Formulierung „*gleitende*" Durchschnittsposition begründet die Verpflichtung der nichtfinanziellen Gegenpartei die vorstehend beschriebene Ermittlung der Durchschnittsposition für jeden neuen Zeitraum von 30 zusammenhängenden Geschäftstagen, d.h. für jeden neuen Geschäftstag einschließlich der 29 unmittelbar vorhergehenden Tage, zu wiederholen. 21

Das Überschreiten der Clearingschwelle mit der gleitenden 30-Geschäftstage-Durchschnittposition ist nicht mitteilungspflichtig[5]. Da eine nichtfinanzielle Gegenpartei nach Art. 10 Abs. 2 VO Nr. 648/2012 den *actus contrarius*, d.h. den Wegfall der Clearingpflicht, nur in Anspruch nehmen kann, wenn sie der zuständigen Behörde gegenüber den Nachweis erbringt, dass ihre 30-Geschäftstage-Durchschnittposition unterhalb der Clearingschwelle liegt, verwundert dies. 22

Der deutsche Gesetzgeber hat diese **Lücke mit § 31 Abs. 2 WpHG** geschlossen. Danach hat eine in Deutschland ansässige nichtfinanzielle Gegenpartei der BaFin den Beginn der Clearingpflicht unverzüglich schriftlich mitzuteilen. Die BaFin hat auf ihrer Webseite[6] hierfür einen weiteren Mustertext veröffentlicht. Im Übrigen wird auf die Ausführungen zur Meldung nach Art. 10 Abs. 1 Buchst. a VO Nr. 648/2012 (s. Rz. 13) verwiesen. 23

Da die nichtfinanzielle Gegenpartei als clearingpflichtige Gegenpartei auch den Risikominderungspflichten des Art. 11 Abs. 2 und 3 VO Nr. 648/2012 unterliegt, sind mit der Meldung nach § 31 Abs. 2 WpHG für Zwecke der **Meldung nach Art. 9 VO Nr. 648/2012** erstmalig auch die Felder 17 bis 35 der Tabelle 1 auszufüllen: Anzugeben sind u.a. der Wert eines jeden OTC-Derivates, die Art der Bewertung, der Bewertungszeitstempel sowie die Einzelheiten zu den nach DelVO 2016/2251 auszutauschenden Sicherheiten. 24

3. Erfüllung der Clearingpflicht. Art. 10 Abs. 1 Buchst. c VO Nr. 648/2012 sieht vor, dass die nichtfinanzielle Gegenpartei mit dem Clearing ihrer OTC-Derivate innerhalb von **vier Monaten** beginnen muss. Die Übergangsfrist gibt der nichtfinanziellen Gegenpartei die Zeit, die sie benötigt, um die nach Art. 4 Abs. 3 VO Nr. 648/2012 erforderliche Vereinbarung mit einem Clearingmitglied oder dem Kunden eines Clearingmitgliedes abzuschließen. Darüber hinaus ist es ihr möglich, den Umfang der OTC-Derivate durch Aufhebungsvereinbarungen oder Portfoliokomprimierung in einem Umfang zu reduzieren[7], der die Clearingpflicht vor Ablauf der vier Monate nach Art. 10 Abs. 2 VO Nr. 648/2012 wieder entfallen lässt. 25

4. Sanktionen. Nach Art. 12 VO Nr. 648/2012 sind Verstöße gegen die Bestimmungen der in Titel II zusammengefassten Art. 4 bis 11 VO Nr. 648/2012 von den Mitgliedstaaten mit Geldbußen oder anderen abschreckenden Sanktionen zu ahnden. Der deutsche Gesetzgeber sieht in § 120 Abs. 7 Nr. 5 i.V.m. Abs. 24 WpHG für 26

---

1 *Grundmann* in Staub, HGB, Band 11/2, 5. Aufl. 2018, Rz. 728.
2 *ESMA* Q&A OTC Frage Nr. 3(b.4) [letzte Aktualisierung: 21.5.2014].
3 *ESMA* Q&A OTC Frage Nr. 3(b.3) [letzte Aktualisierung: 21.5.2014].
4 *Wieland/Weiß*, CFL 2013, 73, 78, die von einer „Infizierung" des verbleibenden Derivategeschäfte sprechen; *Jahn/Reiner* in Schimansky/Bunte/Lwowski, § 114 Rz. 209: „breach one – breach all".
5 *ESMA* Q&A OTC Frage Nr. 2(b) [letzte Aktualisierung: 20.3.2013].
6 *BaFin*, Mustertext für eine Mitteilung der nichtfinanziellen Gegenpartei gegenüber der BaFin gemäß § 19 Abs. 2 WpHG, abrufbar über: https://www.bafin.de/DE/Aufsicht/BoersenMaerkte/EMIR/Mitteilungen/mitteilungen_node.html („BaFin § 31(2)WpHG-Mitteilung").
7 *Pankoke/Wallus*, WM 2014, 4, 8; *Grundmann* in Staub, HGB, Band 11/2, 5. Aufl. 2018, Rz. 728.

Verstöße gegen die Mitteilungspflicht nach Art. 10 Abs. 1 Buchst. a VO Nr. 648/2012 Geldbußen i.H.v. bis zu 500.000 Euro vor. Nach § 123 Abs. 4 WpHG hat die BaFin jede unanfechtbar gewordene Bußgeldentscheidung unverzüglich auf ihrer Internetseite öffentlich bekannt zu machen, es sei denn, diese Veröffentlichung würde die Finanzmärkte erheblich gefährden oder zu einem unverhältnismäßigen Schaden bei den Beteiligten führen. Die Bekanntmachung darf keine personenbezogenen Daten enthalten und ist nach fünf Jahren zu löschen. Wegen der Einzelheiten wird auf die Ausführungen zu Art. 12 VO Nr. 648/2012 und zu § 120 WpHG verwiesen.

27 **IV. Ende der Clearingpflicht (Art. 10 Abs. 2 VO Nr. 648/2012).** Unterschreiten sämtliche nach Art. 10 Abs. 1 Buchst. b VO Nr. 648/2012 ermittelten Durchschnittspositionen die in Art. 11 DelVO Nr. 149/2013 festgelegten Bruttonennwerte, so **entfällt die Clearingpflicht** an dem Geschäftstag, an dem die letzte Produktkategorie unter dem für sie bestimmten Bruttonennwert fällt. Eine Übergangsfrist ist für den Wegfall der Clearingpflicht nicht vorgesehen. Das Ende der Clearingpflicht ist der zuständigen Behörde und der ESMA **unverzüglich mitzuteilen**. Die ESMA hat auf ihrer Webseite einen **Mustertext**[1] veröffentlicht, den nichtfinanzielle Gegenparteien für ihre Mitteilungen nach Art. 10 Abs. 2 VO Nr. 648/2012 verwenden sollen. Die BaFin hat auf ihrer Webseite ebenfalls einen Mustertext[2] veröffentlicht, Im Übrigen wird auf die Ausführungen in Rz. 13 verwiesen.

28 Art. 10 Abs. 2 VO Nr. 648/2012 verlagert die **Darlegungs- und Beweislast** auf die nichtfinanzielle Gegenpartei. Sie muss der zuständigen Behörde nachweisen, dass ihre gleitende 30-Geschäftstage-Durchschnittposition unterhalb der Clearingschwelle liegt. Der deutsche Gesetzgeber hat darüber hinaus in **§ 31 Abs. 3 WpHG** vorgesehen, dass die nichtfinanzielle Gegenpartei das Unterschreiten der Clearingschwelle durch die **Bescheinigung eines Wirtschaftsprüfers** nachweist.

29 Von der Beendigung der Clearingpflicht nach Art. 10 Abs. 2 VO Nr. 648/2012 zu unterscheiden ist die Korrektur einer irrtümlicherweise angenommenen Clearingpflicht. Die ESMA hat in ihren Auslegungsentscheidungen hierzu ausgeführt, dass die nichtfinanzielle Gegenpartei in den Fällen, in denen das Überschreitung des Schwellenwertes auf **falschen Annahmen** beruht und sie feststellt, dass sie die Clearingschwelle bei richtiger Ermittlung der Bruttonennwerte ihrer OTC-Derivate nicht überschritten hätte, die zuständige Behörde informieren soll[3]. Sie ist dann für alle vergangenen und zukünftigen OTC-Derivaten als NFC- zu behandeln.

30 **V. Auf die Clearingschwelle anzurechnende OTC-Derivate (Art. 10 Abs. 3 VO Nr. 648/2012).** Auf die Clearingschwelle anzurechnen sind nach Art. 10 Abs. 3 VO Nr. 648/2012 nur diejenigen OTC-Derivate, die nicht objektiv messbar zur Reduzierung der mit der Geschäftstätigkeit oder dem Liquiditäts- und Finanzmanagement verbundenen Risiken beitragen.

31 Wegen des Begriffs **OTC-Derivat** und der Tatsache, dass börsengehandelte Derivate, die an einer Terminbörse mit Sitz in einem Drittstaat gehandelt werden, nur über einen Durchführungsbeschluss der Kommission nach Art. 2a VO Nr. 648/2012 von der Anrechnung auf die Clearingschwelle befreit sind, wird auf die Anmerkungen zu Art. 2 VO Nr. 648/2012 Rz. 41–47 verwiesen. Auch **freiwillig geclearte OTC-Derivate** sind, wenn sie nicht der Absicherung von Risiken dienen, auf die Clearingschwelle anzurechnen[4]. Anzurechnen sind auch die über ein MTF oder OTF zustande gekommenen Derivate.

32 Privilegiert werden sowohl OTC-Derivate, die der Absicherung **eigener Risiken** dienen als auch solche, mit denen Risiken eines **gruppenangehörigen Unternehmens** abgesichert werden. Dies hat zur Folge, dass in den Fällen, in denen ein gruppenangehöriges Unternehmen – z.B. das mit der Treasury-Funktion betraute Mutterunternehmen – OTC-Derivate zur Absicherung tätigt und diesen Schutz durch spiegelbildliche gruppeninterne OTC-Derivate an andere Mitglieder seiner Gruppe „durchreicht", sowohl das externe Geschäft als auch die gruppeninternen Geschäfte privilegiert sind[5].

33 Von der Anrechnung auf die Clearingschwelle ebenfalls ausgenommen, allerdings nur vorübergehend bis zum 3.1.2021[6], sind nach Art. 95 Abs. 1 Buchst. b RL 2014/65/EU (MiFID II) die von nichtfinanziellen Gegenparteien abgeschlossenen **C.6-Energiederivatkontrakte**. Die Ausnahmeregelung wird nach Art. 95 Abs. 2 RL 2014/65/EU von der jeweils zuständigen Behörde gewährt; diese entscheidet auch, welche Kontrakte ausgenommen sind. Wegen des Begriffs C.6-Energiederivatekontrakte wird auf die Anmerkungen zu Art. 2 VO Nr. 648/

---

1 *ESMA*, Mustertext für eine Mitteilung der nichtfinanziellen Gegenpartei gegenüber der ESMA, dass die Clearingschwelle gemäß Artikel 10 Absatz 2 der Verordnung (EU) 648/2012 (EMIR) nicht mehr überschritten wird, abrufbar über die Webseite „Non-financial counterparties (NFCs)", https://www.esma.europa.eu/regulation/post-trading/non-financial-counterparties-nfcs („*ESMA* Art. 10(2)-Mitteilung").
2 *BaFin*, Mustertext für eine Mitteilung der nichtfinanziellen Gegenpartei gegenüber der BaFin, dass die Clearingschwelle gemäß Artikel 10 Abs. 2 der Verordnung (EU) 648/2012 (EMIR) nicht mehr überschritten wird, abrufbar über: https://www.bafin.de/DE/Aufsicht/BoersenMaerkte/EMIR/Mitteilungen/mitteilungen_node.html („*BaFin* Art. 10(2)-Mitteilung").
3 *ESMA* Q&A OTC Frage Nr. 3(f) [letzte Aktualisierung: 21.5.2014].
4 *ESMA* Q&A OTC Frage Nr. 3(b2) [letzte Aktualisierung: 21.5.2014].
5 *ESMA* Q&A OTC Frage Nr. 3(c) [letzte Aktualisierung: 21.5.2014] mit Beispielen.
6 *Die ursprüngliche Frist bis 3.7.2020 ist durch Art. 1 Abs. 9 RL 2016/1034 verlängert worden.* S. Richtlinie (EU) 2016/1034 des Europäischen Parlaments und des Rates vom 23. Juni 2016 zur Änderung der Richtlinie 2014/65/EU über Märkte für Finanzinstrumente, ABl. EU Nr. L 175 v. 30.6.2016, S. 8.

2012 Rz. 150–152 verwiesen. Art. 95 Abs. 1 der RL 2014/65/EU ist in Deutschland durch § 137 WpHG umgesetzt worden. Zuständige Behörde ist die BaFin.

Von der in Art. 10 Abs. 4 VO Nr. 648/2012 eingeräumten Befugnis, die durch Art. 10 Abs. 3 VO Nr. 648/2012 privilegierten Absicherungsgeschäfte positiv zu bestimmen, hat die Kommission in **Art. 10 DelVO Nr. 149/ 2013** Gebrauch gemacht. Dabei ist sie den Vorgaben des Gesetzgebers, den Sicherungs- und Risikominderungsstrategien nichtfinanzieller Gegenparteien gebührend Rechnung zu tragen[1] umfassend nachgekommen. 34

1. Absicherungsgeschäfte (Art. 10 DelVO Nr. 149/2013). Die in Art. 10 DelVO Nr. 149/2013 verortete Beschreibung der Absicherungsgeschäfte ist sehr **weit gefasst**. Sie ist insbesondere weiter als der für die International Financial Reporting Standards (IFRS) maßgebliche Begriff der Sicherungsgeschäfte[2]. 35

Unterschieden werden drei Fallgruppen, die alternativ[3] Anwendung finden können. Allen drei Fallgruppen ist gemeinsam, dass die OTC-Derivate einen unmittelbaren Bezug zur **Geschäftstätigkeit** der nichtfinanziellen Gegenpartei oder deren **Liquiditäts- und Finanzmanagement** aufweisen müssen. Dabei ist ein Gruppenbezug ausreichend: So klassifiziert sich das von einer finanziellen Gegenpartei abgeschlossene OTC-Derivat auch dann als Absicherungsgeschäft, wenn dieses OTC-Derivat nicht die eigenen Risiken, sondern die Risiken eines mit ihr verbundenen Unternehmen absichert. Das Spektrum der durch die Geschäftstätigkeit oder das Liquiditäts- und Finanzmanagement begründeten Risiken hängt wesentlich von der Art der von der finanziellen Gegenpartei produzierten oder vertriebenen Waren und Dienstleistungen ab. Das Liquiditäts- und Finanzmanagement betrifft i.d.R. die kurz-, mittel- und langfristige **Finanzierung des Unternehmens** sowie die kurzfristige Anlage von Finanzmitteln[4]. 36

Art. 10 Buchst. a DelVO Nr. 149/2013 beschreibt OTC-Derivate, die das **spezielle Marktpreisrisiko** absichern, d.h. das Risiko dass sich die Marktpreise der von der finanziellen Gegenpartei erworbenen Rohstoffe, Güter und Forderungen nachteilig verändern. Er erweitert die zulässigen Absicherungsgeschäfte um OTC-Derivate, die Marktpreise aus zukünftiger Geschäftstätigkeit absichern (anticipatory hedging). Entscheidend ist, dass Art und Umfang der Geschäftstätigkeit (z.B. der Export von Gütern nach deren Herstellung) vorhersehbar und quantifizierbar sind. Maßstab ist der normale Verlauf der Geschäftstätigkeit, wie er sich auf der Grundlage der bereits getroffenen Vereinbarungen oder erzielten Produktionsfortschritte bzw. vor dem Hintergrund von Erfahrungswerten für die Zukunft plausibilisieren lässt. 37

Art. 10 Buchst. b DelVO Nr. 149/2013 adressiert das **allgemeine Marktrisiko**, dass sich mittelbar auf den Marktwert der erworbenen Rohstoffe, Güter und Forderungen auswirkt, weil sich z.B. die Wechselkurse der Währungen oder die für die Finanzierung des Anlage- und Umlaufvermögen zu zahlenden Zinsen nachteilig verändern. 38

Art. 10 Buchst. c DelVO Nr. 149/2013 verweist auf die **Sicherungsgeschäfte** im Sinne der nach Art. 3 VO Nr. 1606/2002 (IFRS-Verordnung) für anwendbar erklärten International Financial Reporting Standards (IFRS). Einschlägig sind der IAS 39 und der nach Art. 2 VO 2016/2067[5] ab 1.1.2018 an seine Stelle tretende IFRS 9. Der IFRS 9 ist erstmals auf die am oder nach dem 1.1.2018 beginnenden Geschäftsjahre anzuwenden. Die IFRS können auch von den Gegenparteien herangezogen werden, die die IFRS nicht für ihre Rechnungslegung verwenden[6]. Bei Gegenparteien, die lokale Rechnungslegungsvorschriften anwenden, hat die Kommission[7] die Erwartung geäußert, dass die nach diesen Rechnungslegungsvorschriften als Absicherungsgeschäfte anerkannten OTC-Derivate auch den Anforderungen des Art. 10 DelVO Nr. 149/2013 genügen. 39

Gemeinsam ist den in den Art. 10 Buchst. a und b DelVO Nr. 149/2013 beschrieben Fallgruppen, dass die absichernde Wirkung auch auf **Korrelationsannahmen** basieren kann (macro hedging, portfolio hedging)[8]. Darüber hinaus ist es auch zulässig, dass die Absicherung auf mehreren OTC-Derivaten oder auf einer Kombination von Derivaten basiert, wobei auch börsengehandelte Derivate zum Einsatz kommen können. Ein Beispiel für eine auf Korrelationsannahmen basierende Absicherung z.B. eines Lagerbestandes in Heizöl ist der Abschluss eines durch Barausgleich zu erfüllenden Termingeschäfts auf Erdöl, bei dem der Inhaber des Lagerbestandes Verkäufer ist. Die der Absicherung zugrunde liegende Korrelationsannahme ist, dass immer wenn der Preis für Erdöl fällt dies auch für den Preis des durch die Verarbeitung von Erdöl erzeugten Heizöls gilt. Ein Beispiel für 40

---

1 Erwägungsgründe Nr. 30 und 31 VO Nr. 648/2012.
2 *ESMA* Q&A OTC Frage Nr. 10(a) [letzte Aktualisierung: 5.8.2013].
3 *Heist* in Wilhelmi/Achtelik/Kunschke/Sigmundt, Handbuch EMIR, Teil 4.A Rz. 20.
4 Erwägungsgrund 20 DelVO Nr. 149/2013.
5 Verordnung (EU) 2016/2067 der Kommission vom 22. November 2016 zur Änderung der Verordnung (EG) Nr. 1126/ 2008 zur Übernahme bestimmter internationaler Rechnungslegungsstandards gemäß der Verordnung (EG) Nr. 1606/ 2002 des Europäischen Parlaments und des Rates im Hinblick auf den International Financial Reporting Standard 9, ABl. EU Nr. L 323 v. 29.11.2016, S. 1.
6 Erwägungsgrund 17 DelVO Nr. 149/2013; *Pankoke/Wallus* WM 2014, 4, 7.
7 Erwägungsgrund 17 DelVO Nr. 149/2013.
8 *ESMA* Q&A OTC Frage Nr. 10(a) [letzte Aktualisierung: 5.8.2013]; Erwägungsgrund 18 DelVO Nr. 149/2013; *Litten/ Schwenk*, DB 2013, 857, 862; *Heist* in Wilhelmi/Achtelik/Kunschke/Sigmundt, Handbuch EMIR, Teil 4.A Rz. 29.

OTC-Derivate, die in ihrer Kombination risikoreduzierend wirken ist z.B. die Absicherung des Heizölbestandes eines Tochterunternehmens mit Sitz in einem Drittstaat, bei dem das Mutterunternehmen durch Abschluss eines Devisentermingeschäfts auch das Fremdwährungsrisiko absichert.

41 Die absichernde Wirkung des OTC-Derivates muss **objektiv messbar**, d.h. für einen außenstehenden Dritten nachvollziehbar sein. Hieraus folgt, dass die nichtfinanzielle Gegenpartei über Unterlagen verfügen muss, mit denen sie den Bezug eines konkreten OTC-Derivategeschäfts zu den mit der Geschäftstätigkeit des Unternehmens oder dessen Liquiditäts- und Finanzmanagement verbundenen Risiken nachweisen kann[1]. Der Bezug auf **interne Leitlinien**, z.B. die Aussage, dass OTC-Derivate nicht zu dem Zweck abgeschlossen werden dürfen, kurzfristig Gewinne zu erzielen, reicht für sich genommen nicht aus[2]. Auch der Umstand, dass die nichtfinanzielle Gegenpartei OTC-Derivate nur sehr selten abschließt, ist für die Feststellung, ob es sich bei diesen OTV-Derivaten um Absicherungsgeschäfte handelt, ohne Bedeutung[3].

42 Hat die nichtfinanzielle Gegenpartei für die von ihr abgeschlossenen OTC-Derivate einen **Kontrollprozess** eingerichtet, der die durch sie begründeten Marktrisiken bzw. den aus ihnen erwachsenden potentiellen Verlust (value at risk, VaR) mittels finanzmathematischer, wahrscheinlichkeitsbasierter Verfahren abschätzt, so ist es nicht ausreichend, wenn sie für Zwecke des Nachweises auf ihr **Marktrisikomodell** verweist und spekulative Geschäfte nur dann annimmt, wenn das potentielle Verlustrisiko einen bestimmten Schwellenwert übersteigt[4]. Grund hierfür ist, dass Marktrisikomodelle potentielle Verluste auf Basis von Nettopositionen bzw. auf Portfolioebene ermitteln und daher zu einzelnen Geschäften und deren Risikogehalt und ggf. spekulativer Natur nur bedingt Aussagen zulassen[5].

43 Geringere Anforderungen sind an Sicherungsgeschäfte im Sinne des IAS 39 bzw. des neuen IFRS 9 zu stellen, da diese strengen **Dokumentationsanforderungen**[6] unterliegen und i.d.R. durch den **Abschlussprüfer des Unternehmens** überprüft werden[7]. Höhere Anforderungen sind an die auf Korrelationsannahmen basierende Absicherungen zu stellen, bei denen auch die **Gleichartigkeit des Risikos** dargelegt werden muss. Vergleichbares gilt für antizipierende Absicherungsgeschäfte, bei denen im Zweifel auch die **zukünftige Geschäftstätigkeit** zu plausibilisieren ist.

44 **2. Berücksichtigung auf Gruppenebene.** Gehört eine nichtfinanzielle Gegenpartei eine **Gruppe** an, so muss sie die auf die Clearingschwelle anzurechnenden OTC-Derivate auf Gruppenebene ermitteln. Für diesen Zweck muss die nichtfinanzielle Gegenpartei eine separate **Teilgruppe** bilden, die ausschließlich die mit ihr verbundenen nichtfinanziellen Gegenparteien umfasst.

45 Gruppenmitglieder mit Sitz in einem **Drittstaat** sind in diese Teilgruppe mit einzubeziehen, wenn sie im Falle der unterstellten Sitzverlegung in die Union als nichtfinanzielle Gegenpartei zu qualifizieren wären[8]. Die Bildung einer Teilgruppe für Zwecke der Schwellenwertberechnung ist mit erheblichem Aufwand verbunden. Insbesondere begründet sie die Notwendigkeit, sämtliche von nichtfinanziellen Gegenparteien derselben Gruppe abgeschlossenen Geschäfte **zentral** zu erfassen. Einzubeziehen sind auch **gruppeninterne Geschäfte** i.S.d. Art. 3 VO Nr. 648/2012[9]. Dies hat zur Folge, dass ein nicht der Absicherung dienendes OTC-Derivat zwischen zwei nichtfinanziellen Gegenparteien auf den Schwellenwert der Gruppe doppelt anzurechnen ist, während ein gruppeninternes Geschäft mit einer finanziellen Gegenpartei nur einmal zu erfassen ist[10].

46 Dass dieses Ergebnis **nicht sachgerecht** ist, ist vom Gesetzgeber im Zusammenhang mit der Besicherung von nicht zentral geclearten OTC-Derivatekontrakten und der Freistellung kleiner Derivateportfolien von der Pflicht zum Austausch von Ersteinschüssen anerkannt worden. Nach Art. 28 Abs. 2 Unterabs. 2 DelVO 2016/2251 sind gruppeninterne Geschäfte zwar auch bei der Berechnung der 8-Mrd.-Euro-Schwelle zu berücksichtigen. Sie werden dort jedoch nur einmal berücksichtigt.

---

1 *ESMA Q&A OTC* Frage Nr. 10(a) [letzte Aktualisierung: 5.8.2013]; ausführlich hierzu *Heist* in Wilhelmi/Achtelik/Kunschke/Sigmundt, Handbuch EMIR, Teil 4.A Rz. 30–43.
2 *ESMA Q&A OTC* Frage Nr. 10(a) [letzte Aktualisierung: 5.8.2013].
3 *ESMA Q&A OTC* Frage Nr. 10(b) [letzte Aktualisierung: 5.8.2013].
4 *ESMA Q&A OTC* Frage Nr. 10(c)(5) [letzte Aktualisierung: 5.8.2013].
5 *ESMA Q&A OTC* Frage Nr. 10(c)(1) [letzte Aktualisierung: 5.8.2013].
6 IAS 39, Tz. 88(a): „Zu Beginn der Absicherung sind sowohl die Sicherungsbeziehung als auch die Risikomanagementzielsetzungen und -strategien, die das Unternehmen im Hinblick auf die Absicherung verfolgt, formal festzulegen und zu dokumentieren"; Paragraph 6.4.1(b) IFRS 9: „Zu Beginn der Sicherungsbeziehung erfolgt sowohl für die Sicherungsbeziehung als auch für die Risikomanagementzielsetzungen und -strategien, die das Unternehmen im Hinblick auf die Absicherung verfolgt, eine formale Designation und Dokumentation. Diese Dokumentation umfasst die Identifizierung des Sicherungsinstruments, des gesicherten Grundgeschäfts, der Art des abgesicherten Risikos und die Art und Weise, in der das Unternehmen beurteilt, ob die Sicherungsbeziehung die Anforderungen an die Wirksamkeit der Absicherung erfüllt."
7 *ESMA Q&A OTC* Frage Nr. 10(a) [letzte Aktualisierung: 5.8.2013].
8 *ESMA Q&A OTC* Frage Nr. 3(b.4) [letzte Aktualisierung: 21.5.2014].
9 *Kommission* FAQ II.9.
10 *ESMA Q&A OTC* Frage Nr. 3(b.1) [letzte Aktualisierung: 21.5.2014]; *Pankoke/Wallus* WM 2014, 4, 7.

Wenn es sich bei der Gegenpartei um ein **Investmentvermögen** (z.B. einen OGAW oder AIF) oder um den 47
rechtlich segregierten Teilfonds eines Investmentvermögens handelt, ist für die Größe eines Derivateportfolios
und die daraus abgeleiteten Pflichten, z.B. die Berechnung der Clearingschwelle oder die Anzahl der Derivatekontrakte, ausschließlich der jeweilige Fonds maßgeblich[1].

VI. Clearingschwelle. Die Kommission hat von ihrer Befugnis in Art. 10 Abs. 4 Buchst. b VO Nr. 648/2012 48
Gebrauch gemacht und den für die Clearingpflicht maßgeblichen **Schwellenwert** in Art. 11 DelVO Nr. 149/
2013 definiert. Bei der Festlegung des Schwellenwertes hat sie zwischen **fünf Produktkategorien** – Kreditderivaten, Aktienderivaten, Zinsderivaten, Devisenderivaten und Warenderivaten – unterschieden. Sie hat für jede
der fünf Produktkategorien einen Bruttonennwert festgelegt, der jeweils für sich genommen den Schwellenwert
repräsentiert: **Überschreitet** die nichtfinanzielle Gegenpartei nur **einen der fünf Bruttonennwerte** (gross notional values), so löst sie die in Art. 10 Abs. 1 Buchst. a VO Nr. 648/2012 angeordnete Mitteilungspflicht aus[2].

Mit dem Bruttonennwert ist die Summe der Nennwerte der OTC-Derivate gemeint. Der Begriff **Nennwert** oder 49
Nominalwert (notional value) ist im europäischen Recht nicht definiert[3]. Seine Bedeutung lässt sich nur mittelbar
– z.B. aus Art. 274 VO Nr. 575/2013 (CRR)[4] – ableiten. Der Nennwert eines Derivates ist danach entweder der als
Bezugsgröße für Zahlungen dienende **Nominalbetrag** (notional amount) oder, soweit die Bezugsgröße nicht als
Geldbetrag sondern als Anzahl oder Menge des dem OTC-Derivat zugrunde liegenden Basiswertes (z.B. 100
Aktien, 1.000 Feinunzen Gold) ausgedrückt ist, der mit der vereinbarte Anzahl oder Menge multiplizierte **Wert
des Basiswertes** (underlying value) zum Zeitpunkt des Abschlusses gemeint[5]. Dies entspricht der Definition in
Art. 3a DelVO 148/2013, der für die Meldung des **Nennbetrages** nach Art. 9 VO Nr. 648/2012 maßgeblich ist.

Nennwerte, die nicht auf Euro lauten, sind täglich auf Basis des aktuellen Wechselkurses in **Euro umzurech-** 50
nen[6]. Ändert sich der Nennwert eines OTC-Derivats so ist der geänderte Betrag zu berücksichtigen[7].

Für die Ermittlung des Bruttonennwertes sind die Nennwerte der OTC-Derivate zusammen zu zählen. Eine 51
Verrechnung bzw. ein Netting von Nennwerten findet grundsätzlich nicht statt. In Anlehnung an Art. 298
Abs. 2 VO Nr. 575/2013 (CRR) lässt ESMA eine Ausnahme für **spiegelbildlich ausgestaltete OTC-Derivate**
zu, bei denen sich die wechselseitigen Zahlungs- und Lieferpflichten ganz oder teilweise aufheben bzw. am jeweiligen Fälligkeitstag aufgrund vertraglicher Vereinbarung miteinander verrechnet werden[8].

Art. 11 DelVO Nr. 149/2013 ist ebenfalls zu entnehmen, dass die nichtfinanzielle Gegenpartei bei die Ermitt- 52
lung ihrer Positionen ihre OTC-Derivates einer der **fünf Produktkategorien** zuordnen und die Bruttonennwerte für jede dieser Produktkategorien getrennt ermitteln muss.

Die fünf Produktkategorien entsprechen weitestgehend den Vermögensklassen, die nach Art. 4 Abs. 3 53
DurchfVO Nr. 1247/2012 in den Meldungen an das Transaktionsregister nach Art. 9 VO Nr. 648/2012 anzugeben sind. Ein Unterschied ergibt sich daraus, dass Art. 11 DelVO Nr. 149/2013 die Produktkategorie „**Waren-**
derivate" zugleich auch **als Auffangkategorie** für diejenigen Produkte nutzt, die sich den in Art. 11 Buchst. a
bis d DelVO Nr. 149/2013 genannten Kategorien nicht sicher zuordnen lassen. OTC-Derivate, die sich auf
Edelmetalle oder auf die in Anhang I Abschnitt C Nr. 10 RL 2004/39/EG genannten Klimavariablen, Frachtsätze, Inflationsraten oder andere offizielle Wirtschaftsstatistiken (sog. **C.10-Derivate**) beziehen, sind daher auf
die 3-Mrd.-Euro-Schwelle des Art. 11 Buchst. e DelVO Nr. 149/2013 anzurechnen.

Für Derivate auf **Schuldverschreibungen** sollte in Übereinstimmung mit der Auslegungsentscheidung der ESMA[9] 54
die Produktkategorie „Zinsderivate" maßgeblich sein. Wegen der anzustrebenden Übereinstimmung der nach
Art. 10 Abs. 1 Buchst. a VO Nr. 648/2012 und § 31 Abs. 2 WpHG abzugebenden Mitteilungen an die ESMA
und der BaFin mit den Meldungen an das Transaktionsregister nach Art. 9 VO Nr. 648/2012 wird auf die Ausführungen zu Art. 9 VO Nr. 648/2012 Rz. 90 verweisen.

Die Anknüpfung der Clearingschwelle an Bruttonennwerte ist im **Schrifttum** kritisiert worden, weil der Nenn- 55
wert eines Derivates keine Rückschlüsse auf die mit ihm tatsächlich verbundene Risikoposition zulässt[10]. Auf

---

1 *ESMA* Q&A, Allgemeine Frage Nr. 1(a)(1) [Last update 21.5.2014].
2 *Litten/Schwenk*, DB 2013, 857, 861.
3 *Sigmundt* in Wilhelmi/Achtelik/Kunschke/Sigmundt, Handbuch EMIR, Teil 1.A Rz. 19.
4 Die in Art. 274 VO Nr. 575/2013 geregelte Marktbewertungsmethode gibt vor, wie Institute den mit Eigenmittel zu unterlegenden Forderungswert aus Derivaten bzw. den potentiellen künftigen Wiederbeschaffungswert (add-on) zu ermitteln haben. Die Marktbewertungsmethode ist auch das Vorbild für die standardisierte Methode für die Berechnung von
 Ersteinschüssen nach Anhang IV der DelVO 2016/2251.
5 *ESMA* Q&A OTC Frage Nr. 9 [letzte Aktualisierung: 20.3.2014]; *Sigmundt* in Wilhelmi/Achtelik/Kunschke/Sigmundt,
 Handbuch EMIR, Teil 1.A Rz. 20.
6 *ESMA* Q&A OTC Frage Nr. 3(a) [letzte Aktualisierung: 21.5.2014].
7 *ESMA* Q&A OTC Frage Nr. 3(d) [letzte Aktualisierung: 21.5.2014] und Q&A OTC Frage Nr. 9 [letzte Aktualisierung:
 20.3.2014].
8 *ESMA* Q&A OTC Frage Nr. 3(e) [letzte Aktualisierung: 21.5.2014].
9 *ESMA* Q&A TR Frage Nr. 1(a) [letzte Aktualisierung: 5.8.2013].
10 *Köhling/Adler*, WM 2012, 2125; *Gstädtner*, RdF 2012, 145, 146.

Art. 11 VO Nr. 648/2012 | Risikominderungstechniken

der anderen Seite stellt er – anders als der Marktwert eines Derivates[1] – eine einfach nachvollziehbare und damit überprüfbare Größe dar[2].

56 Der Grundsatz, dass das nachhaltige Überschreiten eines der fünf Bruttonennwerte, die Clearingpflicht für sämtliche OTC-Derivate begründet, ist von der Kommission zwischenzeitlich hinterfragt worden. Ihr Vorschlag für eine Änderung der EMIR (**EMIR-REFIT-Entwurf**)[3] sieht vor, dass nach Überschreiten eines der fünf Bruttonennwerte nur die OTC-Derivate zu clearen sind, die der betreffenden Produktkategorie angehören.

57 **VII. Technische Regulierungsstandards (Art. 10 Abs. 4 VO Nr. 648/2012).** Von den in den Art. 4 Abs. 4 VO Nr. 648/2012 vorgesehenen Befugnissen hat die Kommission mit ihrer Delegierten Verordnung DelVO Nr. 149/2013 umfassend Gebrauch gemacht. Die Verordnung ist am zwanzigsten Tag nach ihrer Veröffentlichung im Amtsblatt der Europäischen Union, d.h. am 15.3.2013, in Kraft getreten (Art. 21 DelVO Nr. 149/2013).

58 **VIII. Zuständige Behörde (Art. 10 Abs. 5 VO Nr. 648/2012).** Die Bestimmung der BaFin als zuständiger Behörde erfolgte durch das EMIR-Ausführungsgesetz vom 13.2.2013 (§ 30 Abs. 1 WpHG). Bedeutung hat die Zuständigkeitsbestimmung des Art. 10 Abs. 5 VO Nr. 648/2012 auch für die Inanspruchnahme der Intragruppenfreistellung nach Art. 11 Abs. 7 und 9 und 10 VO Nr. 648/2012.

59 **IX. Ausblick.** Zum Zeitpunkt der Kommentierung zeichneten sich folgende Änderungen ab: Mit dem seit 7.5.2017 vorliegenden Vorschlag für eine Änderung der EMIR (**EMIR-REFIT-Entwurf**) soll das Verfahren für die Feststellung der Clearingpflicht erleichtert werden. Die Kommission hat sich dafür ausgesprochen, dass die Einhaltung der Clearingschwelle nur einmal im Jahr anhand der für die Monate März bis Mai festgestellten durchschnittlichen Monatsendpositionen überprüft wird[4], was dem heute schon für die Ermittlung der Schwellenwerte nach Art. 28, 36 und 37 DelVO 2016/2251 vorgeschriebenen Verfahren entspräche (s. Art. 28 Abs. 1 und Art. 39 Abs. 1 DelVO 2016/2251). Auch soll das Überschreiten eines der Clearingschwelle wie bereits erwähnt (Rz. 56) nicht mehr zur Folge haben, dass die nichtfinanzielle Gegenpartei sämtliche OTC-Derivate clearen muss; die Clearingpflicht beschränkt sich auf die Kategorie von OTC-Derivaten, bei denen die Clearingpflicht überschritten wurde[5]. Der vom Europäischen Parlament am 25.5.2018 angenommene Bericht des Berichterstatters *Langen*[6] unterstützt den Vorschlag. Er spricht sich jedoch dafür aus, die Einhaltung der Clearingschwelle jährlich anhand der durchschnittlichen Monatsendpositionen der zurückliegenden zwölf Monate zu ermitteln.

Art. 11 Risikominderungstechniken für nicht durch eine CCP geclearte OTC-Derivatekontrakte

(1) Finanzielle Gegenparteien und nichtfinanzielle Gegenparteien, die einen nicht durch eine CCP geclearten Derivatekontrakt abschließen, gewährleisten mit der gebührenden Sorgfalt, dass angemessene Verfahren und Vorkehrungen bestehen, um das operationelle Risiko und das Gegenparteiausfallrisiko zu ermessen, zu beobachten und zu mindern; diese umfassen zumindest Folgendes:

a) die rechtzeitige Bestätigung der Bedingungen des betreffenden OTC-Derivatekontrakts, gegebenenfalls auf elektronischem Wege;

b) formalisierte Prozesse, die solide, belastbar und prüfbar sind, zur Abstimmung von Portfolios, zur Beherrschung der damit verbundenen Risiken, zur frühzeitigen Erkennung und Ausräumung von Meinungsverschiedenheiten zwischen Parteien sowie zur Beobachtung des Werts ausstehender Kontrakte.

(2) Finanzielle Gegenparteien und nichtfinanzielle Gegenparteien gemäß Artikel 10 ermitteln täglich auf der Basis der aktuellen Kurse den Wert ausstehender Kontrakte. Wenn die Marktbedingungen eine Bewertung zu Marktpreisen nicht zulassen, wird eine zuverlässige und vorsichtige Bewertung zu Modellpreisen vorgenommen.

---

1 *Sigmundt* in Wilhelm/Achtelik/Kunschke/Sigmundt, Handbuch EMIR, Teil 1.A Rz. 23, der insbesondere darauf hinweist, dass es in Einzelfällen sehr schwierig sein kann, einen Marktpreis festzustellen.
2 *Europäische Wertpapier- und Marktaufsichtsbehörde (ESMA)*, Endgültiger Bericht über technische Regulierungsstandards unter der Verordnung (EU) Nr. 648/2012 über OTC-Derivate, zentrale Gegenparteien und Transaktionsregister, ESMA/2012/600 vom 27.9.2012, abrufbar über: https://www.esma.europa.eu/sites/default/files/library/2015/11/2012-600_0.pdf („ESMA EMIR RTS"); Rz. 77: „ESMA considers that the gross notional amount is a figure which is simpler to calculate and monitor, and which is an important feature for NFCs."
3 *Kommission* EMIR-REFIT-Entwurf, S. 33.
4 *Kommission* EMIR-REFIT-Entwurf, S. 16 und 33.
5 *Kommission* EMIR-REFIT-Entwurf, S. 33.
6 Der Bericht des Berichterstatters *Langen* („ECON-Bericht") ist abrufbar über: http://www.europarl.europa.eu/sides/getDoc.do?pubRef=-//EP//TEXT+REPORT+A8-2018-0181+0+DOC+XML+V0//EN&language=de.

(3) Finanzielle Gegenparteien müssen über Risikomanagementverfahren verfügen, die einen rechtzeitigen und angemessenen Austausch von Sicherheiten, bei dem diese angemessen von eigenen Vermögenswerten getrennt sind, in Bezug auf OTC-Derivatekontrakte vorschreiben, die am oder nach dem 16. August 2012 abgeschlossen wurden. Nichtfinanzielle Gegenparteien gemäß Artikel 10 müssen über Risikomanagementverfahren verfügen, die einen rechtzeitigen und angemessenen Austausch von Sicherheiten, bei dem die Sicherheiten angemessen von eigenen Vermögenswerten getrennt sind, in Bezug auf OTC-Derivatekontrakte vorschreiben, die am oder nach dem Tag abgeschlossen wurden, an dem die Clearingschwelle überschritten wurde.

(4) Finanzielle Gegenparteien müssen eine geeignete und angemessene Eigenkapitalausstattung zur Absicherung der Risiken vorhalten, die nicht durch einen entsprechenden Austausch von Sicherheiten gedeckt sind.

(5) Die Anforderung nach Absatz 3 dieses Artikels gilt nicht für gruppeninterne Geschäfte im Sinne des Artikels 3, die zwischen im selben Mitgliedstaat ansässigen Gegenparteien abgeschlossen werden, sofern ein tatsächliches oder rechtliches Hindernis für die unverzügliche Übertragung von Eigenmitteln oder die Rückzahlung von Verbindlichkeiten zwischen den Gegenparteien weder vorhanden noch abzusehen ist.

(6) Ein gruppeninternes Geschäft im Sinne des Artikels 3 Absatz 2 Buchstaben a, b oder c, das zwischen Gegenparteien abgeschlossen wird, die in verschiedenen Mitgliedstaaten ansässig sind, wird auf der Grundlage einer positiven Entscheidung der beiden zuständigen Behörden ganz oder teilweise von der Anforderung nach Absatz 3 dieses Artikels befreit, sofern die folgenden Voraussetzungen erfüllt sind:
a) Die Risikomanagementverfahren der Gegenparteien sind hinreichend solide und belastbar und entsprechen dem Komplexitätsgrad des Derivategeschäfts;
b) ein tatsächliches oder rechtliches Hindernis für die unverzügliche Übertragung von Eigenmitteln oder die Rückzahlung von Verbindlichkeiten zwischen den Gegenparteien ist weder vorhanden noch abzusehen.

Gelangen die zuständigen Behörden innerhalb von 30 Kalendertagen nach Erhalt des Antrags auf Befreiung zu keiner positiven Entscheidung, so kann die ESMA in Ausübung ihrer Befugnisse nach Artikel 19 der Verordnung (EU) Nr. 1095/2010 dabei helfen, eine Einigung zwischen den Behörden zu erzielen.

(7) Ein gruppeninternes Geschäft im Sinne des Artikels 3 Absatz 1, das zwischen nichtfinanziellen Gegenparteien abgeschlossen wird, die in verschiedenen Mitgliedstaaten ansässig sind, wird von der Anforderung nach Absatz 3 dieses Artikels befreit, sofern die folgenden Voraussetzungen erfüllt sind:
a) Die Risikomanagementverfahren der Gegenparteien sind hinreichend solide und belastbar und entsprechen dem Komplexitätsgrad des Derivategeschäfts;
b) ein tatsächliches oder rechtliches Hindernis für die unverzügliche Übertragung von Eigenmitteln oder die Rückzahlung von Verbindlichkeiten zwischen den Gegenparteien ist weder vorhanden noch abzusehen.

Die nichtfinanziellen Gegenparteien benachrichtigen die zuständigen Behörden nach Artikel 10 Absatz 5 über ihre Absicht, die Befreiung in Anspruch zu nehmen. Die Befreiung ist gültig, sofern nicht eine der benachrichtigten zuständigen Behörden innerhalb von drei Monaten ab dem Tag der Benachrichtigung erklärt, dass die Voraussetzungen der Buchstaben a oder b des Unterabsatzes 1 nicht erfüllt sind.

(8) Ein gruppeninternes Geschäft im Sinne des Artikels 3 Absatz 2 Buchstaben a bis d, das zwischen einer in der Union ansässigen und einer in einem Drittstaat ansässigen Gegenpartei abgeschlossen wird, wird auf der Grundlage einer befürwortenden Entscheidung der zuständigen Behörde, der jeweils die Aufsicht über die in der Union ansässige Gegenpartei obliegt, ganz oder teilweise von der Anforderung nach Absatz 3 dieses Artikels befreit, sofern die folgenden Voraussetzungen erfüllt sind:
a) Die Risikomanagementverfahren der Gegenparteien sind hinreichend solide und belastbar und entsprechen dem Komplexitätsgrad des Derivategeschäfts;
b) ein tatsächliches oder rechtliches Hindernis für die unverzügliche Übertragung von Eigenmitteln oder die Rückzahlung von Verbindlichkeiten zwischen den Gegenparteien ist weder vorhanden noch abzusehen.

(9) Ein gruppeninternes Geschäft im Sinne des Artikels 3 Absatz 1, das zwischen einer in der Union ansässigen nichtfinanziellen Gegenpartei und einer in einem Drittstaat ansässigen Gegenpartei abgeschlossen wird, wird von der Anforderung nach Absatz 3 dieses Artikels befreit, sofern die folgenden Voraussetzungen erfüllt sind:
a) Die Risikomanagementverfahren der Gegenparteien sind hinreichend solide und belastbar und entsprechen dem Komplexitätsgrad des Derivategeschäfts;

b) ein tatsächliches oder rechtliches Hindernis für die unverzügliche Übertragung von Eigenmitteln oder die Rückzahlung von Verbindlichkeiten zwischen den Gegenparteien ist weder vorhanden noch abzusehen.

Die nichtfinanzielle Gegenpartei benachrichtigt die zuständige Behörde nach Artikel 10 Absatz 5 über ihre Absicht, die Befreiung in Anspruch zu nehmen. Die Befreiung ist gültig, sofern nicht die benachrichtigte zuständige Behörde innerhalb von drei Monaten ab dem Tag der Benachrichtigung erklärt, dass die Voraussetzungen der Buchstaben a oder b des Unterabsatzes 1 nicht erfüllt sind.

(10) Ein gruppeninternes Geschäft im Sinne des Artikels 3 Absatz 1, das zwischen einer nichtfinanziellen Gegenpartei und einer finanziellen Gegenpartei abgeschlossen wird, die in verschiedenen Mitgliedstaaten ansässig sind, wird auf der Grundlage einer befürwortenden Entscheidung der zuständigen Behörde, der jeweils die Aufsicht über die finanzielle Gegenpartei obliegt, ganz oder teilweise von der Anforderung nach Absatz 3 dieses Artikels befreit, sofern die folgenden Voraussetzungen erfüllt sind:

a) Die Risikomanagementverfahren der Gegenparteien sind hinreichend solide und belastbar und entsprechen dem Komplexitätsgrad des Derivategeschäfts;

b) ein tatsächliches oder rechtliches Hindernis für die unverzügliche Übertragung von Eigenmitteln oder die Rückzahlung von Verbindlichkeiten zwischen den Gegenparteien ist weder vorhanden noch abzusehen.

Die zuständige Behörde, der jeweils die Aufsicht über die finanzielle Gegenpartei obliegt, unterrichtet die zuständige Behörde nach Artikel 10 Absatz 5 über jede derartige Entscheidung. Die Befreiung ist gültig, sofern nicht die benachrichtigte zuständige Behörde erklärt, dass die Voraussetzungen der Buchstaben a oder b des Unterabsatzes 1 nicht erfüllt sind. Besteht zwischen den zuständigen Behörden eine Meinungsverschiedenheit, so kann die ESMA diese Behörden in Ausübung ihrer Befugnisse nach Artikel 19 der Verordnung (EU) Nr. 1095/2010 dabei unterstützen, eine Einigung zu erzielen.

(11) Die Gegenpartei des gruppeninternen Geschäfts, das von der Anforderung nach Absatz 3 befreit wurde, veröffentlicht die Informationen über die Freistellung.

Eine zuständige Behörde unterrichtet die ESMA über jede Entscheidung gemäß den Absätzen 6, 8 oder 10 und über jede gemäß den Absätzen 7, 9 oder 10 eingegangene Benachrichtigung und teilt der ESMA die Einzelheiten des betreffenden gruppeninternen Geschäfts mit.

(12) Die Pflichten nach den Absätzen 1 bis 11 gelten für OTC-Derivatekontrakte, die zwischen Drittstaatseinrichtungen, die diesen Pflichten unterliegen würden, wenn sie in der Union ansässig wären, geschlossen werden, sofern diese Kontrakte unmittelbare, wesentliche und vorhersehbare Auswirkungen innerhalb der Union haben oder sofern diese Pflichten notwendig oder zweckmäßig sind, um die Umgehung von Vorschriften dieser Verordnung zu verhindern.

(13) Die ESMA kontrolliert den Handel mit nicht clearingfähigen Derivaten regelmäßig, um Fälle zu erkennen, in denen eine bestimmte Derivatekategorie ein Systemrisiko darstellen könnte, und um eine Aufsichtsarbitrage zwischen geclearten und nicht geclearten Derivatetransaktionen zu verhindern. Insbesondere trifft die ESMA – nach Anhörung des ESRB – Maßnahmen gemäß Artikel 5 Absatz 3 oder überprüft die für Einschussanforderungen geltenden technischen Regulierungsstandards gemäß Absatz 14 dieses Artikels und Artikel 41.

(14) Um die einheitliche Anwendung dieses Artikels zu gewährleisten, erarbeitet die ESMA Entwürfe für technische Regulierungsstandards, in denen Folgendes festgelegt wird:

a) die Verfahren und Vorkehrungen nach Absatz 1,

b) die Marktbedingungen, die eine Bewertung zu Marktpreisen verhindern, und die Kriterien für eine Bewertung nach Modellpreisen gemäß Absatz 2,

c) die Angaben zu freigestellten gruppeninternen Geschäften, die in der Benachrichtigung gemäß den Absätzen 7, 9 und 10 enthalten sein müssen,

d) die genauen Angaben, die in der Mitteilung über freigestellte gruppeninterne Geschäfte nach Absatz 11 enthalten sein müssen,

e) die Kontrakte, die unmittelbare, wesentliche und vorhersehbare Auswirkungen innerhalb der Union haben dürften, und die Fälle, in denen es notwendig oder zweckmäßig ist, die Umgehung von Vorschriften dieser Verordnung zu verhindern, wie in Absatz 12 vorgesehen;

die ESMA legt der Kommission diese Entwürfe für technische Regulierungsstandards bis zum 30. September 2012 vor.

Der Kommission wird die Befugnis übertragen, die in Unterabsatz 1 genannten technischen Regulierungsstandards gemäß den Artikeln 10 bis 14 der Verordnung (EU) Nr. 1095/2010 zu erlassen.

[Fassung bis 31.12.2018:]
(15) Um die einheitliche Anwendung dieses Artikels zu gewährleisten, *erarbeiten die ESAs*[1] allgemeine Entwürfe für technische Regulierungsstandards, in denen Folgendes festgelegt wird:
a) die Risikomanagementverfahren, einschließlich der Höhe und der Art der Sicherheiten sowie der Abgrenzungsmaßnahmen, die zur Einhaltung der Vorschriften des Absatzes 3 erforderlich sind,
b) *[am 28.6.2013 aufgehoben]*
c) die Verfahren, die die Gegenparteien und die jeweils zuständigen Behörden bei Freistellungen gemäß den Absätzen 6 bis 10 zu befolgen haben,
d) die maßgeblichen Kriterien nach den Absätzen 5 bis 10, insbesondere die Umstände, die als tatsächliches oder rechtliches Hindernis für die unverzügliche Übertragung von Eigenmitteln oder die Rückzahlung von Verbindlichkeiten zwischen den Gegenparteien betrachtet werden sollten.

Die ESA legen der Kommission diese allgemeinen Entwürfe für technische Regulierungsstandards bis zum 30. September 2012 vor.

In Abhängigkeit von der Rechtsform der Gegenpartei wird der Kommission die Befugnis übertragen, die in Unterabsatz 1 genannten technischen Regulierungsstandards gemäß den Artikeln 10 bis 14 der Verordnungen (EU) Nr. 1093/2010, (EU) Nr. 1094/2010 oder (EU) Nr. 1095/2010 zu erlassen.

[Fassung ab 1.1.2019:]
(15) Um die einheitliche Anwendung dieses Artikels zu gewährleisten, arbeiten die Europäischen Aufsichtsbehörden gemeinsame Entwürfe technischer Regulierungsstandards aus, in denen Folgendes präzisiert wird:
a) die Risikomanagementverfahren, einschließlich der Höhe und der Art der Sicherheiten sowie der Abgrenzungsmaßnahmen, die für die Einhaltung des Absatzes 3 erforderlich sind;
b) die Verfahren, die die Gegenparteien und die jeweils zuständigen Behörden bei Freistellungen nach den Absätzen 6 bis 10 einzuhalten haben;
c) die anwendbaren Kriterien nach den Absätzen 5 bis 10, insbesondere die Umstände, die als tatsächliches oder rechtliches Hindernis für die unverzügliche Übertragung von Eigenmitteln oder die Rückzahlung von Verbindlichkeiten zwischen den Gegenparteien angesehen werden.

Höhe und Art der erforderlichen Sicherheiten in Bezug auf OTC-Derivatekontrakte, die von Emittenten gedeckter Schuldverschreibungen im Zusammenhang mit einer gedeckten Schuldverschreibung oder von einer Verbriefungszweckgesellschaft im Zusammenhang mit einer Verbriefung im Sinne dieser Verordnung abgeschlossen werden, die die Voraussetzungen des Artikels 4 Absatz 5 dieser Verordnung und die Anforderungen des Artikels 18 und der Artikel 19 bis 22 oder der Artikel 23 bis 26 der Verordnung (EU) 2017/2402 [Verordnung über die Verbriefung] erfüllt, werden unter Berücksichtigung der Hindernisse festgelegt, die dem Austausch von Sicherheiten in Bezug auf bestehende Finanzsicherheiten im Rahmen der gedeckten Schuldverschreibung oder der Verbriefung entgegenstehen.

Die Europäischen Aufsichtsbehörden übermitteln diese Entwürfe technischer Regulierungsstandards spätestens bis zum 18. Juli 2018 der Kommission.

In Abhängigkeit von der Rechtsform der Gegenpartei wird der Kommission die Befugnis übertragen, die im vorliegenden Absatz genannten technischen Regulierungsstandards gemäß den Artikeln 10 bis 14 der Verordnungen (EU) Nr. 1093/2010, (EU) Nr. 1094/2010 oder (EU) Nr. 1095/2010 zu erlassen.

In der Fassung vom 4.7.2012 (ABl. EU Nr. L 201 v. 27.7.2012, S. 1), geändert durch Verordnung (EU) Nr. 575/2013 vom 26.6.2013 (ABl. EU Nr. L 176 v. 27.6.2013, S. 1) und durch Verordnung (EU) 2017/2402 vom 12.12.2017 (ABl. EU Nr. L 347 v. 28.12.2017, S. 25).

Delegierte Verordnung (EU) Nr. 149/2013 vom 19. Dezember 2012
zur Ergänzung der Verordnung (EU) Nr. 648/2012 des Europäischen Parlaments und des Rates im Hinblick auf technische Regulierungsstandards für indirekte Clearingvereinbarungen, die Clearingpflicht, das öffentliche Register, den Zugang zu einem Handelsplatz, nichtfinanzielle Gegenparteien und Risikominderungstechniken für nicht durch eine CCP gecleartе OTC-Derivatekontrakte

(Auszug)

Art. 1 Begriffsbestimmungen

Für die Zwecke dieser Verordnung gelten folgende Begriffsbestimmungen:
a) „indirekter Kunde": Kunde eines Kunden eines Clearingmitglieds;
b) „indirekte Clearingvereinbarung": Gesamtheit der Vertragsbeziehungen zwischen der zentralen Gegenpartei (CCP), dem Clearingmitglied, dem Kunden eines Clearingmitglieds und dem indirekten Kunden, die es dem Kunden eines Clearingmitglieds ermöglichen, Clearingdienste für einen indirekten Kunden zu erbringen;

---

1 Anm.: In der deutschen Fassung unzutreffend: „erarbeitet die ESMA".

Art. 11 VO Nr. 648/2012 | Risikominderungstechniken

c) „Bestätigung": Dokumentation der Zustimmung der Gegenparteien zu sämtlichen Bedingungen eines OTC-Derivatekontrakts (OTC: over the counter).
d) „indirekter Kunde zweiten Ranges": Kunde eines indirekten Kunden;
e) „indirekter Kunde dritten Ranges": Kunde eines indirekten Kunden zweiten Ranges.

In der Fassung vom 19.12.2012 (ABl. EU Nr. L 52 v. 23.2.2013, S. 11), geändert durch Delegierte Verordnung (EU) 2017/2155 vom 22.9.2017 (ABl. EU Nr. L 304 v. 21.11.2017, S. 13).

Art. 12 (Artikel 11 Absatz 14 Buchstabe a der Verordnung (EU) Nr. 648/2012) Rechtzeitige Bestätigung

(1) Ein OTC-Derivatekontrakt, der zwischen finanziellen Gegenparteien oder nichtfinanziellen Gegenparteien im Sinne des Artikels 10 der Verordnung (EU) Nr. 648/2012 geschlossen und nicht durch eine CCP gecleart wird, wird, soweit verfügbar auf elektronischem Wege, so früh wie möglich bestätigt, spätestens jedoch

a) im Falle von Credit Default Swaps und Zinsswaps, die bis einschließlich 28. Februar 2014 geschlossen werden, bis zum Ende des zweiten auf das Datum der Ausführung des OTC-Derivatekontrakts folgenden Geschäftstages;
b) im Falle von Credit Default Swaps und Zinsswaps, die nach dem 28. Februar 2014 geschlossen werden, bis zum Ende des auf das Datum der Ausführung des OTC-Derivatekontrakts folgenden Geschäftstages;
c) im Falle von Aktienswaps, Devisenswaps, Rohstoffswaps und allen anderen, unter Buchstabe a nicht vorgesehenen Derivatekontrakten, die bis einschließlich 31. August 2013 geschlossen werden, bis zum Ende des dritten auf das Datum der Ausführung des Derivatekontrakts folgenden Geschäftstages,
d) im Falle von Aktienswaps, Devisenswaps, Rohstoffswaps und allen anderen, unter Buchstabe a nicht vorgesehenen Derivatekontrakten, die nach dem 31. August 2013 bis einschließlich 31. August 2014 geschlossen werden, bis zum Ende des zweiten auf das Datum der Ausführung des Derivatekontrakts folgenden Geschäftstages;
e) im Falle von Aktienswaps, Devisenswaps, Rohstoffswaps und allen anderen, unter Buchstabe a nicht vorgesehenen Derivatekontrakten, die nach dem 31. August 2014 geschlossen werden, bis zum Ende des auf das Datum der Ausführung des Derivatekontrakts folgenden Geschäftstages.

(2) Ein OTC-Derivatekontrakt mit einer nichtfinanziellen Gegenpartei, die keine nichtfinanzielle Gegenpartei im Sinne des Artikels 10 der Verordnung (EU) Nr. 648/2012 ist, wird – soweit verfügbar auf elektronischem Wege – so früh wie möglich bestätigt, spätestens jedoch

a) im Falle von Credit Default Swaps und Zinsswaps, die bis einschließlich 31. August 2013 geschlossen werden, bis zum Ende des fünften auf das Datum der Ausführung des OTC- Derivatekontrakts folgenden Geschäftstages;
b) im Falle von Credit Default Swaps und Zinsswaps, die nach dem 31. August 2013 bis einschließlich 31. August 2014 geschlossen werden, bis zum Ende des dritten auf das Datum der Ausführung des OTC-Derivatekontrakts folgenden Geschäftstages;
c) im Falle von Credit Default Swaps und Zinsswaps, die nach dem 31. August 2014 geschlossen werden, bis zum Ende des zweiten auf das Datum der Ausführung des OTC-Derivatekontrakts folgenden Geschäftstages;
d) im Falle von Aktienswaps, Devisenswaps, Rohstoffswaps und allen anderen, unter Buchstabe a nicht vorgesehenen Derivatekontrakten, die bis einschließlich 31. August 2013 geschlossen werden, bis zum Ende des siebten auf das Datum der Ausführung des Derivatekontrakts folgenden Geschäftstages,
e) im Falle von Aktienswaps, Devisenswaps, Rohstoffswaps und allen anderen, unter Buchstabe a nicht vorgesehenen Derivatekontrakten, die nach dem 31. August 2013 bis einschließlich 31. August 2014 geschlossen werden, bis zum Ende des vierten auf das Datum der Ausführung des Derivatekontrakts folgenden Geschäftstages;
f) im Falle von Aktienswaps, Devisenswaps, Rohstoffswaps und allen anderen, unter Buchstabe a nicht vorgesehenen Derivatekontrakten, die nach dem 31. August 2014 geschlossen werden, bis zum Ende des zweiten auf das Datum der Ausführung folgenden Geschäftstages.

(3) Wird eine Transaktion im Sinne der Absätze 1 oder 2 nach 16.00 Uhr Ortszeit oder mit einer Gegenpartei in einer anderen Zeitzone geschlossen, so dass die Bestätigung innerhalb der festgelegten Fristen nicht möglich ist, erfolgt die Bestätigung so früh wie möglich, spätestens jedoch einen Geschäftstag nach dem in den Absätzen 1 bzw. 2 festgelegten Termin.

(4) Finanzielle Gegenparteien verfügen über die nötigen Verfahren, um der gemäß Artikel 48 der Richtlinie 2004/39/EG des Europäischen Parlaments und des Rates benannten zuständigen Behörde monatlich die Zahl der unbestätigten Transaktionen mit OTC-Derivaten im Sinne der Absätze 1 und 2 zu melden, die seit über fünf Geschäftstagen ausstehen.

In der Fassung vom 19.12.2012 (ABl. EU Nr. L 52 v. 23.2.2013, S. 11).

Art. 13 (Artikel 11 Absatz 14 Buchstabe a der Verordnung (EU) Nr. 648/2012) Portfolioabgleich

(1) Finanzielle und nichtfinanzielle Gegenparteien eines OTC- Derivatekontrakts vereinbaren mit jeder ihrer Gegenparteien schriftlich oder auf gleichwertigem elektronischem Wege die Modalitäten, nach denen Portfolios abgeglichen werden. Diese Vereinbarung wird getroffen, bevor der OTC-Derivatekontrakt geschlossen wird.

(2) Der Portfolioabgleich wird von den Gegenparteien des OTC-Derivatekontrakts gegenseitig oder durch einen qualifizierten Dritten durchgeführt, der hierzu von einer Gegenpartei entsprechend ermächtigt wurde. Der Portfolioabgleich erstreckt sich auf die zentralen Bedingungen, die für den einzelnen OTC-Derivatekontrakt kennzeichnend sind, und umfasst mindestens die gemäß Artikel 11 Absatz 2 der Verordnung (EU) Nr. 648/2012 ermittelte Bewertung jedes einzelnen Kontrakts.

(3) Um etwaige Diskrepanzen bei wesentlichen Bedingungen des OTC-Derivatekontrakts, einschließlich seiner Bewertung, frühzeitig zu erkennen, erfolgt der Portfolioabgleich

a) im Falle einer finanziellen Gegenpartei oder einer nichtfinanziellen Gegenpartei im Sinne des Artikels 10 der Verordnung (EU) Nr. 648/2012

i) an jedem Geschäftstag, wenn zwischen den Gegenparteien 500 oder mehr OTC-Derivatekontrakte ausstehen;
ii) einmal pro Woche, wenn zwischen den Gegenparteien zu irgendeinem Zeitpunkt während der Woche zwischen 51 und 499 OTC-Derivatekontrakte ausstehen;
iii) einmal pro Quartal, wenn zwischen den Gegenparteien zu irgendeinem Zeitpunkt während des Quartals 50 oder weniger OTC-Derivatekontrakte ausstehen;
b) im Falle einer nichtfinanziellen Gegenpartei, die keine nichtfinanzielle Gegenpartei im Sinne des Artikels 10 der Verordnung (EU) Nr. 648/2012 ist:
i) einmal pro Quartal, wenn zwischen den Gegenparteien zu irgendeinem Zeitpunkt während des Quartals mehr als 100 OTC-Derivatekontrakte ausstehen;
ii) einmal pro Jahr, wenn zwischen den Gegenparteien 100 oder weniger OTC-Derivatekontrakte ausstehen.

In der Fassung vom 19.12.2012 (ABl. EU Nr. L 52 v. 23.2.2013, S. 11).

Art. 14 (Artikel 11 Absatz 14 Buchstabe a der Verordnung (EU) Nr. 648/2012) Portfoliokomprimierung

Finanzielle Gegenparteien und nichtfinanzielle Gegenparteien mit 500 oder mehr gegenüber einer Gegenpartei ausstehenden OTC-Derivatekontrakten, die nicht zentral gecleart werden, verfügen über Verfahren, um regelmäßig und mindestens zweimal pro Jahr zu prüfen, ob zur Verringerung ihres Gegenparteiausfallrisikos eine Portfoliokomprimierung durchgeführt werden kann, und um eine solche Portfoliokomprimierung durchzuführen.

Finanzielle Gegenparteien und nichtfinanzielle Gegenparteien stellen sicher, dass sie der zuständigen Behörde eine hinreichende und stichhaltige Begründung liefern können, wenn sie zu dem Schluss gelangen, dass eine Portfoliokomprimierung nicht angemessen ist.

In der Fassung vom 19.12.2012 (ABl. EU Nr. L 52 v. 23.2.2013, S. 11).

Art. 15 (Artikel 11 Absatz 14 Buchstabe a der Verordnung (EU) Nr. 648/2012) Streitbeilegung

(1) Wenn finanzielle und nichtfinanzielle Gegenparteien OTC-Derivatekontrakte miteinander schließen, vereinbaren sie zuvor detaillierte Verfahren und Prozesse in Bezug auf
a) die Feststellung, Aufzeichnung und Überwachung von Streitigkeiten im Zusammenhang mit der Anerkennung oder Bewertung des Kontrakts und dem Austausch von Sicherheiten zwischen den Gegenparteien. Bei diesen Verfahren werden mindestens der Zeitraum, über den die Streitigkeit besteht, die Gegenpartei und der strittige Betrag aufgezeichnet;
b) die zügige Beilegung von Streitigkeiten mit einem speziellen Prozess für Streitigkeiten, die nicht innerhalb von fünf Geschäftstagen beigelegt werden.

(2) Finanzielle Gegenparteien melden der gemäß Artikel 48 der Richtlinie 2004/39/EG benannten zuständigen Behörde alle einen OTC-Derivatekontrakt, dessen Bewertung oder den Austausch von Sicherheiten betreffende Streitigkeiten in Höhe beziehungsweise im Wert von über 15 Mio. EUR, die seit mindestens 15 Geschäftstagen bestehen.

In der Fassung vom 19.12.2012 (ABl. EU Nr. L 52 v. 23.2.2013, S. 11).

Art. 16 (Artikel 11 Absatz 14 Buchstabe b der Verordnung (EU) Nr. 648/2012) Marktbedingungen, die eine Bewertung zu Marktpreisen verhindern

(1) Marktbedingungen, die die Bewertung eines OTC-Derivatekontrakts zu Marktpreisen verhindern, gelten als gegeben, wenn eine der folgenden Situationen vorliegt:
a) der Markt ist inaktiv;
b) die Bandbreite der plausiblen Zeitwertschätzungen ist signifikant und die Wahrscheinlichkeiten der verschiedenen Schätzungen können nicht hinreichend bewertet werden.

(2) Ein Markt für einen OTC-Derivatekontrakt wird als inaktiv angesehen, wenn die notierten Preise nicht ohne weiteres und regelmäßig verfügbar sind und die verfügbaren Preise keine tatsächlich und regelmäßig unter marktüblichen Bedingungen stattfindenden Markttransaktionen repräsentieren.

In der Fassung vom 19.12.2012 (ABl. EU Nr. L 52 v. 23.2.2013, S. 11).

Art. 17 (Artikel 11 Absatz 14 Buchstabe b der Verordnung (EU) Nr. 648/2012) Kriterien für eine Bewertung nach Modellpreisen

Für die Bewertung nach Modellpreisen verfügen finanzielle und nichtfinanzielle Gegenparteien über ein Modell, das
a) alle Faktoren einbezieht, die die Gegenparteien bei der Festlegung eines Preises berücksichtigen würden, einschließlich einer größtmöglichen Nutzung von Marktbewertungsinformationen;
b) mit anerkannten ökonomischen Verfahrensweisen für die Bepreisung von Finanzinstrumenten übereinstimmt;
c) anhand der Preise von beobachtbaren aktuellen Markttransaktionen mit demselben Finanzinstrument kalibriert und auf seine Validität geprüft wurde oder sich auf verfügbare beobachtbare Marktdaten stützt;
d) von einer anderen Einheit validiert und unabhängig überwacht wird als der Einheit, die das Risiko übernimmt;
e) ordnungsgemäß dokumentiert und vom Leitungsorgan genehmigt wird, und zwar so häufig wie nötig, im Anschluss an wesentliche Änderungen und mindestens einmal pro Jahr. Diese Genehmigung kann an einen Ausschuss delegiert werden.

In der Fassung vom 19.12.2012 (ABl. EU Nr. L 52 v. 23.2.2013, S. 11).

Art. 18 (Artikel 11 Absatz 14 Buchstabe c der Verordnung (EU) Nr. 648/2012)
Angaben zu gruppeninternen Geschäften in der Benachrichtigung der zuständigen Behörde

(1) Der Antrag oder die Mitteilung an die zuständige Behörde mit den Einzelheiten des gruppeninternen Geschäfts erfolgen schriftlich und enthalten folgende Angaben:
a) rechtmäßige Gegenparteien der Transaktionen unter Angabe ihrer Kennziffern gemäß Artikel 3 der Durchführungsverordnung (EU) Nr. 1247/2012;
b) Unternehmensbeziehung zwischen den Gegenparteien;
c) Einzelheiten der zugrunde liegenden Vertragsbeziehungen zwischen den Parteien;
d) Kategorie des gruppeninternen Geschäfts gemäß Artikel 3 Absatz 1 und Absatz 2 Buchstaben a bis d der Verordnung (EU) Nr. 648/2012;
e) Einzelheiten der Geschäfte, für die die Gegenpartei die Freistellung beantragt, einschließlich
    i) Vermögenswertkategorie der OTC-Derivatekontrakte;
    ii) Art der OTC-Derivatekontrakte;
    iii) Art der Basiswerte;
    iv) Nenn- und Abwicklungswährungen;
    v) Bandbreite der vereinbarten Kontraktdauern („contract tenors");
    vi) Abwicklungsart;
    vii) pro Jahr erwarteter Umfang, erwartete Volumen und erwartete Frequenz der OTC-Derivatekontrakte.

(2) Im Rahmen ihres Antrags bzw. der Benachrichtigung der zuständigen Behörde übermittelt eine Gegenpartei außerdem zusätzliche Informationen, die belegen, dass die Bedingungen des Artikels 11 Absätze 6 bis 10 der Verordnung (EU) Nr. 648/2012 erfüllt sind. Diese Belege umfassen Kopien der dokumentierten Risikomanagementverfahren, historische Transaktionsdaten und Kopien der entsprechenden Kontrakte zwischen den Parteien und können auf Verlangen der zuständigen Behörde auch ein Rechtsgutachten beinhalten.

In der Fassung vom 19.12.2012 (ABl. EU Nr. L 52 v. 23.2.2013, S. 11).

Art. 19 (Artikel 11 Absatz 14 Buchstabe d der Verordnung (EU) Nr. 648/2012)
Angaben zu gruppeninternen Geschäften in der Mitteilung an die ESMA

(1) Die Mitteilung einer zuständigen Behörde über die Einzelheiten des gruppeninternen Geschäfts wird der ESMA schriftlich übermittelt
a) im Falle einer Benachrichtigung nach Artikel 11 Absatz 7 oder Artikel 11 Absatz 9 der Verordnung (EU) Nr. 648/2012 innerhalb eines Monats nach Erhalt der Benachrichtigung;
b) im Falle einer Entscheidung der zuständigen Behörde gemäß Artikel 11 Absätze 6, 8 oder 10 der Verordnung (EU) Nr. 648/2012 innerhalb eines Monats nach Übermittlung der Entscheidung an die Gegenpartei.

(2) Die Miteilung an die ESMA enthält
a) die in Artikel 18 aufgeführten Angaben;
b) die Angabe, ob eine positive oder eine abschlägige Entscheidung getroffen wurde;
c) im Falle einer positiven Entscheidung:
    i) eine Zusammenfassung der Gründe, warum die Bedingungen des Artikels 11 Absätze 6, 7, 8, 9 bzw. 10 der Verordnung (EU) Nr. 648/2012 als erfüllt angesehen werden;
    ii) bei Mitteilungen im Zusammenhang mit Artikel 11 Absätze 6, 8 oder 10 der Verordnung (EU) Nr. 648/2012 Angabe, ob die Befreiung ganz oder teilweise gewährt wird.
d) im Falle einer abschlägigen Entscheidung:
    i) Angabe der Bedingungen des Artikels 11 Absätze 6, 7, 8, 9 bzw. 10 der Verordnung (EU) Nr. 648/2012, die nicht erfüllt sind;
    ii) Zusammenfassung der Gründe, warum diese Bedingungen als nicht erfüllt angesehen werden.

In der Fassung vom 19.12.2012 (ABl. EU Nr. L 52 v. 23.2.2013, S. 11).

Art. 20 (Artikel 11 Absatz 14 Buchstabe d der Verordnung (EU) Nr. 648/2012)
Zu veröffentlichende Informationen über die Befreiung gruppeninterner Geschäfte

Die zu veröffentlichenden Informationen über die Befreiung gruppeninterner Geschäfte umfassen folgende Angaben:
a) rechtmäßige Gegenparteien der Transaktionen unter Angabe ihrer Kennziffern gemäß Artikel 3 der Durchführungsverordnung (EU) Nr. 1247/2012;
b) Beziehung zwischen den Gegenparteien;
c) Angabe, ob gruppeninterne Geschäfte ganz oder teilweise befreit werden;
d) Gesamtnennbetrag der OTC-Derivatekontrakte, für die die Befreiung gruppeninterner Geschäfte gilt.

In der Fassung vom 19.12.2012 (ABl. EU Nr. L 52 v. 23.2.2013, S. 11).

**Delegierte Verordnung (EU) 2016/2251 vom 4. Oktober 2016
zur Ergänzung der Verordnung (EU) Nr. 648/2012 des Europäischen Parlaments und des Rates über OTC-Derivate, zentrale Gegenparteien und Transaktionsregister durch technische Regulierungsstandards zu Risikominderungstechniken für nicht durch eine zentrale Gegenpartei geclearte OTC-Derivatekontrakte**

Art. 1 Begriffsbestimmungen

Für die Zwecke dieser Verordnung bezeichnet der Ausdruck:
1. „Ersteinschuss" die Sicherheit, die eine Gegenpartei entgegennimmt, um aktuelle sowie potenzielle künftige Risiken in der Zeit zwischen der letzten Entgegennahme von Einschusszahlungen und der Veräußerung von Positionen zu decken, oder die Absicherung gegen Marktrisiken infolge eines Ausfalls der anderen Gegenpartei;
2. „Nachschuss" die Sicherheit, die eine Gegenpartei entgegennimmt, um den Ergebnissen ihrer täglichen Bewertung ausstehender Kontrakte Rechnung zu tragen, die sie gemäß Artikel 11 Absatz 2 der Verordnung (EU) Nr. 648/2012 auf der Basis aktueller Kurse oder von Modellpreisen vornimmt;
3. „Netting-Satz" einen Satz nicht zentral geclearter außerbörslicher Derivatekontrakte (OTC-Derivatekontrakte) zwischen zwei Gegenparteien, der einer rechtlich durchsetzbaren bilateralen Nettingvereinbarung unterliegt.

In der Fassung vom 4.10.2016 (ABl. EU Nr. L 340 v. 15.12.2016, S. 9).

Art. 2 Allgemeine Anforderungen

(1) Gegenparteien legen für den Austausch von Sicherheiten für nicht zentral geclearte OTC-Derivatekontrakte Verfahren für das Risikomanagement fest, dokumentieren diese und wenden sie an.

(2) Die Risikomanagementverfahren nach Absatz 1 enthalten Festlegungen oder Verfahren für

a) die Anerkennungsfähigkeit von Sicherheiten für nicht zentral geclearte OTC-Derivatekontrakte gemäß Abschnitt 2,
b) die Berechnung und Entgegennahme von Einschusszahlungen für nicht zentral geclearte OTC-Derivatekontrakte gemäß Abschnitt 3,
c) die Verwaltung und Abgrenzung von Sicherheiten für nicht zentral geclearte OTC-Derivatekontrakte gemäß Abschnitt 5,
d) die Berechnung des angepassten Werts von Sicherheiten gemäß Abschnitt 6, e) den Austausch von Informationen zwischen Gegenparteien sowie die Genehmigung und Erfassung von Ausnahmen zu den Risikomanagementverfahren gemäß Absatz 1,
f) die Berichterstattung an die Geschäftsleitung über die in Kapitel II genannten Ausnahmen, g) die Bestimmungen sämtlicher Vereinbarungen, die die Gegenparteien spätestens beim Abschluss des nicht zentral geclearten OTC-Derivatekontrakts schließen müssen, darunter die Bestimmungen der Nettingvereinbarung und die Bestimmungen der Vereinbarung über den Austausch von Sicherheiten gemäß Artikel 3,
h) die regelmäßige Überprüfung der Liquidität der auszutauschenden Sicherheiten,
i) die zeitnahe Rückübertragung von Sicherheiten an die sicherungsgebende Gegenpartei durch die sicherungsnehmende Gegenpartei im Falle eines Ausfalls, und
j) die regelmäßige Überwachung der Risikopositionen aus OTC-Derivatekontrakten bei gruppeninternen Geschäften und den zeitnahen Ausgleich der Verbindlichkeiten aus diesen Kontrakten.

Für die Zwecke von Unterabsatz 1 Buchstabe g sind in den Vereinbarungen sämtliche Aspekte in Bezug auf die aus den abzuschließenden, nicht zentral geclearten OTC-Derivatekontrakten erwachsenden Verpflichtungen geregelt, mindestens aber Folgendes:

a) sämtliche zwischen den Gegenparteien entstehenden Zahlungsverpflichtungen;
b) die Bedingungen für die Verrechnung der Zahlungsverpflichtungen;
c) die Ereignisse, die im Zusammenhang mit nicht zentral geclearten OTC-Derivatekontrakten einen Ausfall oder eine Beendigung begründen;
d) sämtliche in Bezug auf Zahlungsverpflichtungen eingesetzten Berechnungsmethoden;
e) die Bedingungen für die Verrechnung der Zahlungsverpflichtungen im Falle der Beendigung; f) der Übergang der Rechte und Pflichten im Falle der Beendigung;
g) das auf die Transaktionen im Zusammenhang mit den nicht zentral geclearten OTC-Derivatekontrakten anwendbare Recht.

(3) Wenn Gegenparteien eine Nettingvereinbarung oder eine Vereinbarung über den Austausch von Sicherheiten schließen, beauftragen sie eine unabhängige Stelle mit der rechtlichen Überprüfung dieser Vereinbarungen. Diese Überprüfung kann von einer unabhängigen internen Abteilung oder von einem unabhängigen Dritten durchgeführt werden. In Bezug auf Nettingvereinbarungen gilt die in Unterabsatz 1 vorgesehene Pflicht zur Durchführung einer rechtlichen Überprüfung als erfüllt, wenn die Vereinbarung gemäß Artikel 296 der Verordnung (EU) Nr. 575/2013 anerkannt wurde.

(4) Die Gegenparteien legen Strategien fest, nach denen die Rechtsgültigkeit der von ihnen geschlossenen Nettingvereinbarungen und Vereinbarungen über den Austausch von Sicherheiten fortlaufend geprüft wird.

(5) Die Risikomanagementverfahren nach Absatz 1 werden nach Bedarf, mindestens aber jährlich, getestet, überprüft und gegebenenfalls aktualisiert.

(6) Gegenparteien, die Modelle für Ersteinschusszahlungen gemäß Abschnitt 4 verwenden, legen den zuständigen Behörden auf deren Antrag jederzeit alle in Absatz 2 Buchstabe b genannten Unterlagen im Zusammenhang mit den Risikomanagementverfahren vor.

In der Fassung vom 4.10.2016 (ABl. EU Nr. L 340 v. 15.12.2016, S. 9).

Art. 11 VO Nr. 648/2012 | Risikominderungstechniken

Art. 3 Vereinbarung über den Austausch von Sicherheiten

Eine Vereinbarung über den Austausch von Sicherheiten nach Artikel 2 Absatz 2 Unterabsatz 1 Buchstabe g enthält mindestens Bestimmungen über

a) die Höhe und die Art der erforderlichen Sicherheiten,
b) die Abgrenzungsmaßnahmen,
c) den Netting-Satz, auf den sich der Austausch von Sicherheiten bezieht,
d) die Verfahren für die Meldung, Bestätigung und Anpassung von Nachschussforderungen,
e) die Verfahren zur Abwicklung von Nachschussforderungen für jede Art anerkennungsfähiger Sicherheiten,
f) die Verfahren, Methoden, Zeitpläne und Zuständigkeiten für die Berechnung von Einschüssen und die Bewertung von Sicherheiten,
g) die Ereignisse, die als Ausfall gelten oder eine Beendigung begründen,
h) die für nicht zentral geclearte OTC-Derivatekontrakte geltenden Rechtsvorschriften,
i) die für die Vereinbarung über den Austausch von Sicherheiten geltenden Rechtsvorschriften.

In der Fassung vom 4.10.2016 (ABl. EU Nr. L 340 v. 15.12.2016, S. 9).

Art. 4 Anerkennungsfähige Sicherheiten

(1) Die Gegenparteien nehmen lediglich Sicherheiten der folgenden Anlageklassen entgegen:

a) Barsicherheiten in Form von auf einem Konto gutgeschriebenen Beträgen in beliebiger Währung oder vergleichbare Geldforderungen, beispielsweise Geldmarkt-Sichteinlagen;
b) Gold in Form von einzelverwahrtem Barrengold gemäß dem Good-Delivery-Standard;
c) Schuldverschreibungen von Zentralstaaten oder Zentralbanken der Mitgliedstaaten;
d) Schuldverschreibungen von regionalen oder lokalen Gebietskörperschaften der Mitgliedstaaten, deren Risikopositionen im Einklang mit Artikel 115 Absatz 2 der Verordnung (EU) Nr. 575/2013 wie Risikopositionen des Zentralstaats dieses Mitgliedstaats behandelt werden;
e) Schuldverschreibungen von öffentlichen Stellen der Mitgliedstaaten, deren Risikopositionen im Einklang mit Artikel 116 Absatz 4 der Verordnung (EU) Nr. 575/2013 wie Risikopositionen des Zentralstaats oder einer regionalen oder lokalen Gebietskörperschaft dieses Mitgliedstaats behandelt werden;
f) Schuldverschreibungen von regionalen oder lokalen Gebietskörperschaften der Mitgliedstaaten mit Ausnahme der in Buchstabe d genannten;
g) Schuldverschreibungen von öffentlichen Stellen der Mitgliedstaaten mit Ausnahme der in Buchstabe e genannten;
h) Schuldverschreibungen von in Artikel 117 Absatz 2 der Verordnung (EU) Nr. 575/2013 genannten multilateralen Entwicklungsbanken;
i) Schuldverschreibungen von in Artikel 118 der Verordnung (EU) Nr. 575/2013 genannten internationalen Organisationen;
j) Schuldverschreibungen von Zentralstaaten oder Zentralbanken von Drittstaaten;
k) Schuldverschreibungen von regionalen oder lokalen Gebietskörperschaften von Drittstaaten, die die Anforderungen der Buchstaben d und e erfüllen;
l) Schuldverschreibungen von regionalen oder lokalen Gebietskörperschaften von Drittstaaten mit Ausnahme der in den Buchstaben d und e genannten;
m) Schuldverschreibungen von Kreditinstituten oder Wertpapierfirmen, einschließlich Anleihen nach Artikel 52 Absatz 4 der Richtlinie 2009/65/EG des Europäischen Parlaments und des Rates;
n) Unternehmensanleihen;
o) die höchstrangige Tranche einer Verbriefung im Sinne von Artikel 4 Absatz 61 der Verordnung (EU) Nr. 575/2013, bei der es sich nicht um eine Wiederverbriefung im Sinne von Artikel 4 Absatz 63 dieser Verordnung handelt;
p) Wandelschuldverschreibungen, sofern diese nur in Aktien umgewandelt werden können, die in einem Index gemäß Artikel 197 Absatz 8 Buchstabe a der Verordnung (EU) Nr. 575/2013 vertreten sind;
q) Aktien, die in einem Index gemäß Artikel 197 Absatz 8 Buchstabe a der Verordnung (EU) Nr. 575/2013 vertreten sind;
r) Anteile an Organismen für gemeinsame Anlagen in Wertpapieren (OGAW), sofern die in Artikel 5 genannten Bedingungen erfüllt sind.

(2) Sicherheiten der in den Buchstaben f, g sowie k bis r genannten Anlageklassen nehmen die Gegenparteien nur entgegen, wenn sämtliche nachfolgenden Bedingungen erfüllt sind:

a) Die Vermögenswerte wurden nicht von der sicherungsgebenden Gegenpartei begeben.
b) Die Vermögenswerte wurden nicht von einem Unternehmen begeben, das derselben Gruppe angehört wie die sicherungsgebende Gegenpartei.
c) Für die Vermögenswerte besteht kein anderweitiges wesentliches Korrelationsrisiko im Sinne von Artikel 291 Absatz 1 Buchstaben a und b der Verordnung (EU) Nr. 575/2013.

In der Fassung vom 4.10.2016 (ABl. EU Nr. L 340 v. 15.12.2016, S. 9).

Art. 5 Kriterien für die Anerkennungsfähigkeit von Anteilen an OGAW

(1) Für die Zwecke von Artikel 4 Absatz 1 Buchstabe r dürfen Gegenparteien Anteile an OGAW nur als anerkennungsfähige Sicherheiten verwenden, wenn sämtliche nachfolgenden Bedingungen erfüllt sind:
a) Der Kurs der Anteile wird täglich festgestellt.
b) Die OGAW dürfen nur in Vermögenswerte investieren, die gemäß Artikel 4 Absatz 1 anerkennungsfähig sind.
c) Die OGAW erfüllen die in Artikel 132 Absatz 3 der Verordnung (EU) Nr. 575/2013 genannten Kriterien.

Für die Zwecke des Buchstabens b können die OGAW zur Absicherung gegen die Risiken, die sich aus den Vermögenswerten ergeben, in die sie investieren, Derivate einsetzen.

Erwirbt ein OGAW Anteile anderer OGAW, so gelten die in Unterabsatz 1 festgelegten Bedingungen auch für diese OGAW.

(2) Abweichend von Absatz 1 Buchstabe b darf in Fällen, in denen ein OGAW oder einer seiner Basis-OGAW nicht ausschließlich in gemäß Artikel 4 Absatz 1 anerkennungsfähige Vermögenswerte investiert, lediglich der Wert des Anteils des OGAW, der Investitionen in anerkennungsfähige Vermögenswerte entspricht, als anerkennungsfähige Sicherheit gemäß Absatz 1 dieses Artikels verwendet werden.

Unterabsatz 1 gilt für alle Basis-OGAW eines OGAW, der über eigene Basis-OGAW verfügt.

(3) Können nicht anerkennungsfähige Vermögenswerte eines OGAW einen negativen Wert annehmen, so wird der Wert der Anteile des OGAW, der gemäß Absatz 1 als anerkennungsfähige Sicherheit verwendet werden darf, bestimmt, indem der höchstmögliche negative Wert der nicht anerkennungsfähigen Vermögenswerte vom Wert der anerkennungsfähigen Vermögenswerte abgezogen wird.

In der Fassung vom 4.10.2016 (ABl. EU Nr. L 340 v. 15.12.2016, S. 9).

Art. 6 Bonitätsbeurteilung

(1) Die sicherungsnehmende Gegenpartei beurteilt die Bonität der Vermögenswerte der Anlageklassen nach Artikel 4 Absatz 1 Buchstaben c, d und e, die entweder nicht auf die Landeswährung des Emittenten lauten oder nicht aus dieser finanziert sind, sowie der Ablageklassen nach Artikel 4 Absatz 1 Buchstaben f, g, j bis n und p nach einer der folgenden Methoden:
a) nach dem internen Bewertungsverfahren gemäß Absatz 3 der sicherungsnehmenden Gegenpartei;
b) nach dem internen Bewertungsverfahren gemäß Absatz 3 der sicherungsgebenden Gegenpartei, sofern diese in der Union oder in einem Drittstaat niedergelassen ist, in dem sie einer Beaufsichtigung auf konsolidierter Basis unterliegt, die gemäß Artikel 127 der Richtlinie 2013/36/EU der im Unionsrecht vorgesehenen Beaufsichtigung gleichwertig ist;
c) Verwendung einer Bonitätsbeurteilung einer anerkannten externen Ratingagentur (ECAI) im Sinne von Artikel 4 Absatz 98 der Verordnung (EU) Nr. 575/2013 oder einer Bonitätsbeurteilung einer Exportversicherungsagentur nach Artikel 137 dieser Verordnung.

(2) Zur Beurteilung der Bonität der Vermögenswerte der Anlageklasse nach Artikel 4 Absatz 1 Buchstabe o verwendet die sicherungsnehmende Gegenpartei die in Absatz 1 Buchstabe c genannte Methode.

(3) Eine Gegenpartei, die den auf internen Einstufungen basierenden Ansatz („IRB-Ansatz") gemäß Artikel 143 der Verordnung (EU) Nr. 575/2013 verwenden darf, kann diesen für die Zwecke der vorliegenden Verordnung auch zur Beurteilung der Bonität der entgegengenommenen Sicherheiten verwenden.

(4) Verwendet eine Gegenpartei den IRB-Ansatz gemäß Absatz 3, so ermittelt sie die Bonitätsstufe der Sicherheit gemäß Anhang I.

(5) Verwendet eine Gegenpartei den IRB-Ansatz gemäß Absatz 3, so teilt sie der anderen Gegenpartei die gemäß Absatz 4 ermittelte Bonitätsstufe der als Sicherheit auszutauschenden Vermögenswerte mit.

(6) Für die Zwecke von Absatz 1 Buchstabe c werden die Bonitätsbeurteilungen gemäß Artikel 136 oder Artikel 270 der Verordnung (EU) Nr. 575/2013 den Bonitätsstufen zugeordnet.

In der Fassung vom 4.10.2016 (ABl. EU Nr. L 340 v. 15.12.2016, S. 9).

Art. 7 Besondere Anforderungen an anerkennungsfähige Vermögenswerte

(1) Gegenparteien verwenden Vermögenswerte nach Artikel 4 Absatz 1 Buchstaben f, g sowie j bis p lediglich dann als Sicherheiten, wenn deren Kreditqualität gemäß Artikel 6 mit einer der Bonitätsstufen 1, 2 oder 3 bewertet wurde.

(2) Gegenparteien verwenden Vermögenswerte nach Artikel 4 Absatz 1 Buchstaben c, d und e, die nicht auf die Landeswährung des Emittenten lauten oder nicht aus dieser finanziert sind, lediglich dann als Sicherheiten, wenn deren Kreditqualität gemäß Artikel 6 mit einer der Bonitätsstufen 1, 2, 3 oder 4 bewertet wurde.

(3) Gegenparteien legen fest, nach welchem Verfahren gemäß den Absätzen 1 und 2 als Sicherheiten ausgetauschte Vermögenswerte zu behandeln sind, wenn deren Bonität zu einem späteren Zeitpunkt
a) bei Vermögenswerten nach Absatz 1 - mit der Bonitätsstufe 4 oder darunter bewertet wird;
b) bei Vermögenswerten nach Absatz 2 - mit einer Bonitätsstufe unterhalb von 4 bewertet wird.

(4) Die Verfahren nach Absatz 3 erfüllen sämtliche nachstehenden Anforderungen:
a) Sie verhindern, dass Gegenparteien weitere Vermögenswerte mit der in Absatz 3 genannten Bonitätsstufe austauschen.
b) Sie enthalten einen Zeitplan, nach dem die bereits als Sicherheiten ausgetauschten und mit der in Absatz 3 genannten Bonitätsstufe bewerteten Vermögenswerte innerhalb von höchstens zwei Monaten ersetzt werden.

c) Sie geben eine Bonitätsstufe vor, ab der die Vermögenswerte nach Absatz 3 unverzüglich ersetzt werden müssen.
d) Sie ermöglichen es den Gegenparteien, für diejenigen Sicherheiten, die nicht nach dem Zeitplan gemäß Buchstabe b ersetzt wurden, die entsprechenden Abschläge zu erhöhen.

(5) Die Gegenparteien verwenden keine Vermögenswerte der in Artikel 4 Absatz 1 genannten Anlageklassen als Sicherheiten, wenn sie für diese Vermögenswerte keinen Zugang zu dem entsprechenden Markt haben oder wenn sie nicht in der Lage sind, diese Vermögenswerte im Falle des Ausfalls der sicherungsgebenden Gegenpartei zeitnah zu veräußern.

In der Fassung vom 4.10.2016 (ABl. EU Nr. L 340 v. 15.12.2016, S. 9).

Art. 8 *Konzentrationsgrenzen für Ersteinschusszahlungen*

(1) Wird eine Sicherheit gemäß Artikel 13 als Ersteinschuss entgegengenommen, so gelten für jede sicherungsnehmende Gegenpartei die nachstehenden Grenzen:
a) Die Summe der Werte der entgegengenommenen Ersteinschusszahlungen aus den in Artikel 4 Absatz 1 Buchstaben b, f, g sowie 1 bis r genannten Anlageklassen, die von ein und demselben Emittenten oder von Unternehmen begeben wurden, die derselben Gruppe angehören, darf den höheren der nachstehenden Werte nicht übersteigen:
   i) 15 % der von der sicherungsgebenden Gegenpartei entgegengenommenen Sicherheiten;
   ii) 10 Mio. EUR oder den entsprechenden Betrag in einer anderen Währung;
b) die Summe der Werte der entgegengenommenen Ersteinschusszahlungen aus den in Artikel 4 Absatz 1 Buchstaben o, p und q genannten Anlageklassen, wobei die Vermögenswerte der Anlageklassen nach den Buchstaben p und q von Instituten im Sinne der Verordnung (EU) Nr. 575/2013 begeben wurden, darf den höheren der nachstehenden Werte nicht übersteigen:
   i) 40 % der von der sicherungsgebenden Gegenpartei entgegengenommenen Sicherheiten;
   ii) 10 Mio. EUR oder den entsprechenden Betrag in einer anderen Währung. Die Grenzen gemäß Unterabsatz 1 gelten auch für Anteile an OGAW, sofern diese OGAW im Wesentlichen in die unter diesem Unterabsatz genannten Anlageklassen investieren.

(2) Wird eine Sicherheit im Wert von über 1 Mrd. EUR gemäß Artikel 13 als Ersteinschuss entgegengenommen und gehören sämtliche Gegenparteien einer der in Absatz 3 genannten Kategorien an, so gelten für die von einer Gegenpartei geleisteten, über den Ersteinschussbetrag von 1 Mrd. EUR hinausgehenden Beträge die nachstehenden Grenzen:
a) Die Summe der Werte der entgegengenommenen Ersteinschüsse aus den in Artikel 4 Absatz 1 Buchstaben c bis l genannten Anlageklassen, die von ein und demselben Emittenten oder von Emittenten mit Sitz in ein und demselben Staat begeben wurden, darf 50 % des Wertes der von dieser Gegenpartei geleisteten Ersteinschüsse nicht übersteigen.
b) Werden Ersteinschüsse in Barmitteln entgegengenommen, so trägt die Konzentrationsgrenze gemäß Buchstabe a in Höhe von 50 % auch den Risikopositionen Rechnung, die entstehen, wenn diese Barmittel von Dritten oder Verwahrstellen gehalten werden.

(3) Die in Absatz 2 genannten Gegenparteien sind entweder:
a) gemäß Artikel 131 der Richtlinie 2013/36/EU als G-SRI eingestufte Institute, oder
b) gemäß Artikel 131 der Richtlinie 2013/36/EU als A-SRI eingestufte Institute, oder
c) Gegenparteien, bei denen es sich nicht um Altersversorgungssysteme handelt und für die die Summe der Werte der entgegenzunehmenden Sicherheiten 1 Mrd. EUR übersteigt.

(4) Wird von einem Altersversorgungssystem eine Sicherheit im Wert von über 1 Mrd. EUR gemäß Artikel 13 als Ersteinschuss geleistet oder entgegengenommen, so legt die sicherungsnehmende Gegenpartei für Sicherheiten in Bezug auf die Anlageklassen nach Artikel 4 Absatz 1 Buchstaben c bis l Verfahren zur Steuerung des Konzentrationsrisikos fest, die auch eine angemessene Diversifizierung dieser Sicherheiten sicherstellen.

(5) Wenn Institute gemäß Absatz 3 Buchstaben a und b Ersteinschüsse in Barmitteln von einer einzigen Gegenpartei entgegennehmen, bei der es sich ebenfalls um ein unter diese Buchstaben fallendes Institut handelt, so stellt die sicherungsnehmende Gegenpartei sicher, dass nicht mehr als 20 % dieser Ersteinschusszahlung von ein und demselben Dritten verwahrt werden.

(6) Die Absätze 1 bis 4 gelten nicht für als Sicherheiten entgegengenommene Finanzinstrumente, die dem Finanzinstrument entsprechen, das dem nicht zentral geclearten OTC-Derivatekontrakt unterliegt.

(7) Die sicherungsnehmende Gegenpartei prüft mindestens bei jeder Berechnung der Ersteinschusszahlungen gemäß Artikel 9 Absatz 2, ob die in Absatz 2 des vorliegenden Artikels genannten Bedingungen erfüllt sind. 15.12.2016 L 340/22 Amtsblatt der Europäischen Union DE.

(8) Abweichend von Absatz 7 kann eine Gegenpartei nach Artikel 2 Absatz 10 Buchstaben a, b und c der Verordnung (EU) Nr. 648/2012 die Erfüllung der in Absatz 2 des vorliegenden Artikels genannten Bedingungen vierteljährlich prüfen, wenn der von jeder einzelnen Gegenpartei geleistete Ersteinschussbetrag während des der Überprüfung vorausgehenden Quartals zu keinem Zeitpunkt 800 Mio. EUR übersteigt.

In der Fassung vom 4.10.2016 (ABl. EU Nr. L 340 v. 15.12.2016, S. 9).

Art. 9 *Häufigkeit der Berechnungen und Bestimmung der Berechnungstermine*

(1) Die Gegenparteien führen mindestens täglich Berechnungen der Nachschusszahlungen gemäß Artikel 10 durch.
(2) Die Gegenparteien führen mindestens am Geschäftstag, der auf eines der nachstehenden Ereignisse folgt, Berechnungen der Ersteinschusszahlungen gemäß Artikel 11 durch:

a) wenn ein neuer nicht zentral geclearter OTC-Derivatekontrakt abgeschlossen oder dem Netting-Satz hinzugefügt wird;
b) wenn ein bestehender nicht zentral geclearter OTC-Derivatekontrakt ausläuft oder aus den Netting-Satz entnommen wird;
c) wenn ein bestehender nicht zentral geclearter OTC-Derivatekontrakt eine Zahlung oder Lieferung auslöst, bei denen es sich nicht um die Leistung oder Entgegennahme einer Einschusszahlung handelt;
d) wenn die Ersteinschusszahlung gemäß dem Standardansatz nach Artikel 11 Absatz 1 berechnet wird und ein bestehender Kontrakt in Bezug auf die Anlageklasse gemäß Anhang IV Absatz 1 im Zuge der Verkürzung der Laufzeit neu eingestuft wird;
e) wenn in den vorangegangenen zehn Geschäftstagen keine Berechnung durchgeführt wurde.

(3) Für die Zwecke der Bestimmung der Berechnungstermine für die Ersteinschuss- und Nachschusszahlungen gilt Folgendes:
a) Befinden sich beide Gegenparteien in derselben Zeitzone, so wird die Berechnung auf der Grundlage des Netting- Satzes des vorhergehenden Geschäftstages durchgeführt.
b) Befinden sich die Gegenparteien nicht in derselben Zeitzone, so wird die Berechnung auf der Grundlage derjenigen Transaktionen im Netting-Satz durchgeführt, die in der früheren der beiden Zeitzonen am vorhergehenden Geschäftstag vor 16.00 Uhr getätigt wurden.

In der Fassung vom 4.10.2016 (ABl. EU Nr. L 340 v. 15.12.2016, S. 9).

Art. 10 Berechnung der Nachschusszahlung

Der Betrag der von einer Gegenpartei entgegenzunehmenden Nachschusszahlung entspricht der Summe der nach Artikel 11 Absatz 2 der Verordnung (EU) Nr. 648/2012 berechneten Werte sämtlicher Kontrakte des Netting-Satzes, abzüglich des Wertes aller zuvor entgegengenommenen Nachschüsse sowie des Nettowertes jedes Kontrakts des Netting- Satzes beim Vertragsabschluss und zuzüglich des Wertes aller zuvor geleisteten Nachschüsse.

In der Fassung vom 4.10.2016 (ABl. EU Nr. L 340 v. 15.12.2016, S. 9).

Art. 11 Berechnung der Ersteinschusszahlung

(1) Die Gegenparteien berechnen den Betrag der entgegenzunehmenden Ersteinschusszahlungen nach dem Standardansatz gemäß Anhang IV, nach den in Abschnitt 4 beschriebenen Modellen für Ersteinschusszahlungen oder nach beiden Methoden.
(2) Die Ersteinschusszahlungen werden geleistet, wobei die Beträge der Ersteinschusszahlungen nicht zwischen den beiden Gegenparteien aufgerechnet werden.
(3) Wenn beide Gegenparteien für denselben Netting-Satz sowohl den Standardansatz nach Anhang IV als auch die in Abschnitt 4 genannten Modelle für Ersteinschusszahlungen verwenden, so verwenden sie diese stets unverändert für jeden der nicht zentral geclearten OTC-Derivatekontrakte.
(4) Gegenparteien, die den Betrag der Ersteinschusszahlung gemäß Abschnitt 4 berechnen, lassen bei dieser Berechnung etwaige Korrelationen zwischen dem Wert der unbesicherten Risikoposition und der Sicherheit außer Acht.
(5) Die Gegenparteien einigen sich auf die Methode, die jede von ihnen zur Bestimmung der von ihr entgegenzunehmenden Ersteinschusszahlungen verwendet, müssen sich aber nicht auf eine gemeinsame Methode verständigen.
(6) Setzen eine oder beide Gegenparteien ein Modell für Ersteinschusszahlungen ein, so erzielen sie Übereinstimmung über das gemäß Abschnitt 4 entwickelte Modell.

In der Fassung vom 4.10.2016 (ABl. EU Nr. L 340 v. 15.12.2016, S. 9).

Art. 12 Leistung der Nachschusszahlung

(1) Die sicherungsgebende Gegenpartei leistet die Nachschusszahlung
a) am gemäß Artikel 9 Absatz 3 bestimmten Berechnungstermin,
b) sofern die Bedingungen des Absatzes 2 erfüllt sind, innerhalb von zwei Geschäftstagen nach dem gemäß Artikel 9 Absatz 3 bestimmten Berechnungstermin.
(2) Die Leistung der Nachschusszahlung gemäß Absatz 1 Buchstabe b ist nur zulässig, wenn
a) der Netting-Satz Derivatekontrakte umfasst, für die keine Ersteinschussanforderungen nach Maßgabe der vorliegenden Verordnung gelten, und die sicherungsgebende Gegenpartei am oder vor dem Berechnungstermin der Nachschusszahlung einen Vorschussbetrag anerkennungsfähiger Sicherheiten geleistet hat, der nach der in Artikel 15 für Ersteinschusszahlungen dargelegten Weise berechnet wurde und für den sie eine Nachschuss-Risikoperiode („MPOR") zugrunde gelegt hat, die mindestens der Zahl von Tagen vom Berechnungstermin bis zum Tag der Entgegennahme – beide Tage eingerechnet – entspricht.
b) der Netting-Satz Derivatekontrakte umfasst, für die Ersteinschussanforderungen nach Maßgabe der vorliegenden Verordnung gelten, und die Ersteinschusszahlung nach einem der folgenden Verfahren angepasst wurde:
  i) die Nachschuss-Risikoperiode gemäß Artikel 15 Absatz 2 wurde um einen Zeitraum verlängert, der der Zahl der Tage vom gemäß Artikel 9 Absatz 3 bestimmten Berechnungstermin bis zum gemäß Absatz 1 des vorliegenden Artikels bestimmten Tag der Entgegennahme – beide Tage eingerechnet – entspricht;
  ii) die gemäß dem Standardansatz nach Artikel 11 berechnete Ersteinschusszahlung wurde mittels einer geeigneten Methode erhöht, bei der eine Nachschuss-Risikoperiode zugrunde gelegt wurde, die um einen Zeitraum verlängert

wurde, der der Zahl der Tage vom gemäß Artikel 9 Absatz 3 bestimmten Berechnungstermin bis zum gemäß Absatz 2 des vorliegenden Artikels bestimmten Tag der Entgegennahme – beide Tage eingerechnet – entspricht.
Für die Zwecke des Buchstabens a können zwei Gegenparteien, für die keine Abgrenzungsvereinbarung besteht, die von ihnen zu leistenden Beträge gegeneinander aufrechnen.
(3) Sollte bezüglich der Höhe einer fälligen Nachschusszahlung Uneinigkeit bestehen, so leisten die Gegenparteien in dem Zeitraum gemäß Absatz 1 mindestens den unstrittigen Teil der Nachschusszahlung.

In der Fassung vom 4.10.2016 (ABl. EU Nr. L 340 v. 15.12.2016, S. 9).

Art. 13 Leistung der Ersteinschusszahlung

(1) Die sicherungsgebende Gegenpartei leistet die Ersteinschusszahlung gemäß Abschnitt 5.
(2) Die sicherungsgebende Gegenpartei leistet die Ersteinschusszahlung an dem gemäß Artikel 9 Absatz 3 bestimmten Berechnungstermin.
(3) Sollte bezüglich der Höhe einer fälligen Ersteinschusszahlung Uneinigkeit bestehen, so leisten die Gegenparteien an dem gemäß Artikel 9 Absatz 3 bestimmten Berechnungstermin mindestens den unstrittigen Teil der Ersteinschusszahlung.

In der Fassung vom 4.10.2016 (ABl. EU Nr. L 340 v. 15.12.2016, S. 9).

Art. 14 Allgemeine Anforderungen

(1) Verwendet eine Gegenpartei ein Modell für Ersteinschusszahlungen, so kann dieses Modell von einer der beiden Gegenparteien, von beiden gemeinsam oder von einem Dritten entwickelt werden.
Verwendet eine Gegenpartei ein von einem Dritten entwickeltes Modell für Ersteinschusszahlungen, so liegt die Verantwortung dafür, dass das Modell die Anforderungen nach dem vorliegenden Abschnitt erfüllt, bei dieser Gegenpartei.
(2) Modelle für Ersteinschusszahlungen werden in einer Weise entwickelt, die sämtlichen wesentlichen Risiken, die mit dem Abschluss von nicht zentral geclearten OTC-Derivatekontrakten in einem Netting-Satz verbunden sind, Rechnung trägt und unter anderem die Art, den Umfang und die Komplexität dieser Risiken berücksichtigt; darüber hinaus erfüllen die Modelle die folgenden Anforderungen:
a) Das Modell enthält Risikofaktoren für die einzelnen Währungen, auf die die Kontrakte des Netting-Satzes lauten.
b) Das Modell enthält zinsbezogene Risikofaktoren für die einzelnen Währungen, auf die die Kontrakte des Netting-Satzes lauten.
c) Die Zinsstrukturkurve ist für die mit einem Zinsänderungsrisiko behafteten Risikopositionen in den wichtigsten Währungen und Märkten in mindestens sechs Laufzeitsegmente unterteilt.
d) Das Modell erfasst das Risiko von Entwicklungen bei den verschiedenen Zinsstrukturkurven und den verschiedenen Laufzeitsegmenten.
e) Das Modell enthält mindestens für jede für die Kontrakte wesentliche Aktie oder Ware beziehungsweise für jeden für die Kontrakte wesentlichen Aktienindex oder Warenindex gesonderte Risikofaktoren.
f) Das Modell erfasst das aus weniger liquiden Positionen und Positionen mit begrenzter Preistransparenz erwachsende Risiko unter Zugrundelegung realistischer Marktszenarien.
g) Das Modell erfasst das aus Derivatekontrakten, deren zugrundeliegende Anlageklasse Kredite sind, erwachsende Risiko, sofern dieses nicht durch andere Merkmale des Modells erfasst wird.
h) Das Modell erfasst das Risiko von Entwicklungen ähnlicher, aber nicht identischer zugrundeliegender Risikofaktoren und das Risiko einer Änderung der Werte aufgrund von Fristeninkongruenzen.
i) Das Modell erfasst die wichtigsten nichtlinearen Abhängigkeiten.
j) Das Modell enthält Methoden für den Rückvergleich, die auch statistische Tests des Modells umfassen.
k) Im Modell ist festgelegt, welche Ereignisse eine Änderung eines Modells, eine Kalibrierung oder andere Abhilfemaßnahmen auslösen.

(3) Die Risikomanagementverfahren gemäß Artikel 2 Absatz 1 stellen sicher, dass die Leistung des Modells fortlaufend, mindestens jedoch vierteljährlich unter anderem durch Rückvergleich überprüft wird.
Der Rückvergleich gemäß Unterabsatz 1 umfasst einen Vergleich der beobachteten Marktwerte der nicht zentral geclearten OTC-Derivatekontrakte des Netting-Satzes mit den vom Modell gelieferten Werten.
(4) In den Risikomanagementverfahren nach Artikel 2 Absatz 1 sind Methoden für den Rückvergleich festgelegt, die auch statistische Leistungstests umfassen.
(5) In den Risikomanagementverfahren gemäß Artikel 2 Absatz 1 ist darüber hinaus festgelegt, bei welchen Ergebnissen des Rückvergleichs Änderungen oder Neukalibrierungen des Modells oder sonstige Abhilfemaßnahmen vorgenommen werden müssen.
(6) Die Risikomanagementverfahren gemäß Artikel 2 Absatz 1 stellen sicher, dass die Gegenparteien die Ergebnisse der nach Absatz 3 des vorliegenden Artikels durchgeführten Rückvergleiche festhalten.
(7) Die Gegenpartei stellt der anderen Gegenpartei alle Informationen zur Erläuterung der Berechnung jedes Werts des Modells für Ersteinschusszahlungen in einer Weise zur Verfügung, die es einem sachverständigen Dritten ermöglicht, die Berechnung gegebenenfalls zu überprüfen.
(8) Im Modell für Ersteinschusszahlungen wird Unsicherheitsfaktoren bezüglich der Parameter, der Korrelation, dem Basisrisiko und der Datenqualität in umsichtiger Weise Rechnung getragen.

In der Fassung vom 4.10.2016 (ABl. EU Nr. L 340 v. 15.12.2016, S. 9).

Art. 15 Konfidenzintervall und Nachschuss-Risikoperiode

(1) Bei der Berechnung der Ersteinschusszahlungen anhand eines Modells für Ersteinschusszahlungen stützen sich die angenommenen Änderungen des Werts der nicht zentral geclearten OTC-Derivatekontrakte des Netting-Satzes auf ein einseitiges Konfidenzintervall von 99 % über eine Nachschuss-Risikoperiode von mindestens 10 Tagen.

(2) Die bei der Berechnung der Ersteinschusszahlungen anhand eines Modells für Ersteinschusszahlungen gemäß Absatz 1 zugrunde gelegte Nachschuss-Risikoperiode umfasst

a) den möglichen Zeitraum zwischen dem letzten Austausch von Nachschusszahlungen bis zum Ausfall der Gegenpartei;
b) den geschätzten Zeitraum, der erforderlich ist, um jeden der nicht zentral geclearten OTC-Derivatekontrakte innerhalb des Netting-Satzes zu ersetzen oder die sich aus ihnen ergebenden Risiken abzusichern, wobei der Liquidität des Marktes, auf dem sie gehandelt werden, der Gesamtmenge der nicht zentral geclearten OTC-Derivatekontrakte auf diesem Markt und der Zahl der Marktteilnehmer Rechnung zu tragen ist.

In der Fassung vom 4.10.2016 (ABl. EU Nr. L 340 v. 15.12.2016, S. 9).

Art. 16 Kalibrierung der Modellparameter

(1) Die für die Modelle für Ersteinschusszahlungen eingesetzten Parameter werden mindestens jährlich auf der Grundlage historischer Daten, die einen Zeitraum von mindestens drei und höchstens fünf Jahren betreffen, kalibriert.

(2) Für die Kalibrierung der Parameter der Modelle für Ersteinschusszahlungen werden Daten zum jüngsten fortlaufenden Zeitraum vor dem Tag der Kalibrierung gemäß Absatz 1 verwendet, wobei mindestens 25 % dieser Daten einen Zeitraum mit erheblichem Finanzstress abbilden müssen („Stressdaten").

(3) Bilden die Stressdaten nach Absatz 2 nicht mindestens 25 % der Daten, die für das Modell für Ersteinschusszahlungen verwendet werden, so werden die ältesten der historischen Daten nach Absatz 1 durch Daten aus einem Zeitraum mit erheblichem Finanzstress ersetzt, sodass der Anteil der Stressdaten mindestens 25 % des im Modell für Ersteinschusszahlungen verwendeten gesamten Datensatzes ausmacht.

(4) Der für die Kalibrierung der Parameter verwendete Zeitraum mit erheblichem Finanzstress wird mindestens für jede Anlageklasse nach Artikel 17 Absatz 2 separat ermittelt und angewandt.

(5) Für die Kalibrierung der Parameter werden alle Daten gleich gewichtet.

(6) Die Parameter können für kürzere Zeiträume als die nach Artikel 15 ermittelte Nachschuss-Risikoperiode kalibriert werden. Werden kürzere Zeiträume verwendet, so sind die Parameter mittels einer geeigneten Methode an diese Nachschuss-Risikoperiode anzupassen.

(7) Die Gegenparteien legen schriftlich fest, unter welchen Voraussetzungen eine häufigere Kalibrierung vorgenommen wird.

(8) Die Gegenparteien legen fest, nach welchen Verfahren der Wert der auszutauschenden Einschusszahlungen angepasst wird, wenn sich die Parameter aufgrund einer Veränderung der Marktbedingungen ändern. In diesen Verfahren wird den Gegenparteien die Möglichkeit gegeben, die sich aus diesen Parameteränderungen ergebenden zusätzlichen Ersteinschusszahlungen während eines Zeitraums von einem bis dreißig Geschäftstagen auszutauschen.

(9) Die Gegenparteien legen Verfahren hinsichtlich der Qualität der im Modell gemäß Absatz 1 verwendeten Daten fest, die Kriterien in Bezug auf die Auswahl geeigneter Datenanbieter und die Bereinigung und Interpolation der Daten enthalten.

(10) In den Modellen für Ersteinschusszahlungen dürfen nur dann Näherungswerte für die Daten verwendet werden, wenn die beiden nachstehenden Bedingungen erfüllt sind:

a) Die verfügbaren Daten reichen nicht aus oder spiegeln die Volatilität eines OTC-Derivatekontrakts oder eines Portfolios von OTC-Derivatekontrakten innerhalb eines Netting-Satzes nicht realistisch wider.
b) Die Verwendung von Näherungswerten führt zu einem konservativen Niveau der Einschusszahlungen.

In der Fassung vom 4.10.2016 (ABl. EU Nr. L 340 v. 15.12.2016, S. 9).

Art. 17 Diversifizierung, Absicherung und Risikoausgleich über zugrunde liegende Klassen hinweg

(1) Modelle für Ersteinschusszahlungen umfassen nur die nicht zentral geclearten OTC-Derivatekontrakte ein und desselben Netting-Satzes. In den Modellen für Ersteinschusszahlungen können Diversifizierungen, Absicherungen oder Risikoausgleiche für die Kontrakte eines Netting-Satzes vorgesehen werden, sofern diese Diversifizierungen, Absicherungen oder Risikoausgleiche nur in Bezug auf dieselbe zugrunde liegende Anlageklasse gemäß Absatz 2 vorgenommen werden.

(2) Für die Zwecke des Absatzes 1 können Diversifizierungen, Absicherungen und Risikoausgleiche nur innerhalb der folgenden Anlageklassen vorgenommen werden: a) Zinssätze, Währung und Inflation;
  b) Aktien;
  c) Kreditinstrumente;
  d) Rohstoffe und Gold;
  e) Sonstige.

In der Fassung vom 4.10.2016 (ABl. EU Nr. L 340 v. 15.12.2016, S. 9).

Art. 18 Qualitative Anforderungen

(1) Die Gegenparteien legen einen internen Überwachungsprozess fest, anhand dessen die Angemessenheit des Modells für Ersteinschusszahlungen auf kontinuierlicher Basis bewertet wird und der sämtliche der folgenden Elemente umfasst:
a) eine erste Validierung des Modells durch entsprechend qualifizierte Personen, die von den mit der Modellentwicklung befassten Personen unabhängig sind;
b) eine Follow-up-Validierung, die bei jeder signifikanten Änderung des Modells für Ersteinschusszahlungen und mindestens einmal jährlich vorgenommen wird;
c) ein regelmäßiges Prüfverfahren, um Folgendes zu bewerten:
   i) die Integrität und Zuverlässigkeit der Datenquellen;
   ii) das Managementinformationssystem für den Betrieb des Modells;
   iii) die Genauigkeit und Vollständigkeit der verwendeten Daten;
   iv) die Genauigkeit und Angemessenheit der Annahmen in Bezug auf Volatilitäten und Korrelationen.

(2) Die Dokumentation der in Artikel 2 Absatz 2 Buchstabe b genannten Risikomanagementverfahren im Zusammenhang mit dem Modell für Ersteinschusszahlungen erfüllt sämtliche der folgenden Bedingungen:
a) sie ermöglicht es einem fachkundigen Dritten, die Gestaltung und die operationellen Einzelheiten des Modells für Ersteinschusszahlungen zu verstehen;
b) sie enthält die wichtigsten Annahmen und Beschränkungen des Modells für Ersteinschusszahlungen;
c) sie definiert die Umstände, unter denen die Annahmen bezüglich des Modells für Ersteinschusszahlungen nicht mehr gelten.

(3) Alle Änderungen des Modells für Ersteinschusszahlungen werden von den Gegenparteien dokumentiert. Eine solche Dokumentation enthält auch Einzelheiten zu den Ergebnissen der Validierungen nach Absatz 1, die nach einschlägigen Änderungen vorgenommen worden sind.

In der Fassung vom 4.10.2016 (ABl. EU Nr. L 340 v. 15.12.2016, S. 9).

Art. 19 Sicherheitenmanagement und Abgrenzung

(1) Die Verfahren im Sinne des Artikels 2 Absatz 2 Buchstabe c sehen Folgendes vor:
a) eine tägliche Bewertung der gehaltenen Sicherheiten gemäß Abschnitt 6;
b) die rechtlichen Regelungen und eine Beteiligungsstruktur der Sicherheiten, die den Zugang zu erhaltenen Sicherheiten ermöglichen, sofern diese von Dritten gehalten werden;
c) wenn die Ersteinschusszahlung vom Sicherungsgeber gehalten wird, dass die Sicherheit in insolvenzgeschützten Verwahrkonten verwahrt wird;
d) dass unbare Ersteinschusszahlungen gemäß den Absätzen 3 und 4 gehalten werden;
e) dass als Ersteinschusszahlungen entgegengenommene Barmittel auf Geldkonten bei Zentralbanken oder Kreditinstituten verbleiben, die sämtliche der folgenden Voraussetzungen erfüllen:
   i) sie sind im Einklang mit der Richtlinie 2013/36/EU oder in einem Drittstaat zugelassen, dessen aufsichtliche und rechtliche Vorschriften als den Vorschriften von Artikel 142 Absatz 2 der Verordnung (EU) Nr. 575/2013 gleichwertig befunden wurden;
   ii) bei ihnen handelt es sich weder um die sicherungsgebende noch um die sicherungsnehmende Gegenpartei, und sie sind auch nicht Bestandteil einer Gruppe, der eine der Gegenparteien angehört;
f) die Verfügbarkeit der nicht in Anspruch genommenen Sicherheiten für den Abwickler oder sonstigen Insolvenzverwalter der ausfallenden Gegenpartei;
g) dass die Ersteinschusszahlungen im Falle eines Ausfalls der sicherungsnehmenden Gegenpartei fristgerecht frei auf die sicherungsgebende Gegenpartei übertragbar sind;
h) dass unbare Sicherheiten ohne regulatorische oder rechtliche Einschränkungen oder Ansprüche Dritter, einschließlich derjenigen des Abwicklers der sicherungsnehmenden Gegenpartei oder eines als Verwahrstelle tätigen Dritten, übertragbar sind, ausgenommen Gebühren und Ausgaben, die bei der Bereitstellung von Verwahrkonten entstehen, und anderer Gebühren, die regelmäßig auf alle Wertpapiere in einem Clearingsystem erhoben werden, in dem derartige Sicherheiten gehalten werden können;
i) dass nicht in Anspruch genommene Sicherheiten der sicherungsgebenden Gegenpartei vollständig zurückgegeben werden, ausgenommen Kosten und Ausgaben für das Verfahren, in dessen Rahmen Sicherheiten entgegengenommen und gehalten werden.

(2) Sicherheiten, die als Ersteinschuss oder Nachschuss gestellt werden, können durch alternative Sicherheiten ersetzt werden, sofern sämtliche der folgenden Bedingungen erfüllt sind:
a) die Ersetzung erfolgt im Einklang mit den Bestimmungen der Vereinbarung zwischen den Gegenparteien im Sinne des Artikels 3;
b) die alternative Sicherheit ist im Einklang mit Abschnitt 2 anerkennungsfähig;
c) der Wert der alternativen Sicherheit reicht aus, um sämtliche Einschussanforderungen nach der Anwendung etwaiger relevanter Abschläge zu erfüllen.

(3) Ersteinschüsse werden gegen den Ausfall oder die Insolvenz der sicherungsnehmenden Gegenpartei gesichert, indem sie in einer oder beiden der folgenden Weisen abgegrenzt werden:

a) Sie werden in den Büchern und Aufzeichnungen eines Dritten oder eines Verwahrers geführt.
b) Sie sind Gegenstand anderer rechtsverbindlicher Vereinbarungen.

(4) Die Gegenparteien gewährleisten, dass als Ersteinschüsse ausgetauschte unbare Sicherheiten wie folgt abgegrenzt werden:
a) wird die Sicherheit von der sicherungsnehmenden Gegenpartei auf Eigentümerbasis gehalten, so wird sie von ihren übrigen eigenen Vermögenswerten abgegrenzt;
b) wird die Sicherheit von der sicherungsgebenden Gegenpartei nicht auf Eigentümerbasis gehalten, so wird sie von ihren übrigen eigenen Vermögenswerten abgegrenzt;
c) wird die Sicherheit in den Büchern und Aufzeichnungen eines Verwahrers oder eines Dritten geführt, so wird sie von den eigenen Vermögenswerten dieses Drittinhabers oder Verwahrers abgegrenzt.

(5) Wird eine unbare Sicherheit von der sicherungsnehmenden Gegenpartei oder einem Drittinhaber oder Verwahrer gehalten, so gewährt die sicherungsnehmende Gegenpartei der sicherungsgebenden Gegenpartei die Möglichkeit, ihre Sicherheit von den Vermögenswerten anderer sicherungsgebender Gegenparteien abzugrenzen.

(6) Die Gegenparteien nehmen eine unabhängige rechtliche Überprüfung vor, um festzustellen, ob die Abgrenzungsmaßnahmen nach Absatz 1 Buchstabe g die Anforderungen der Absätze 3, 4 und 5 erfüllen. Diese rechtliche Überprüfung kann von einer unabhängigen internen Abteilung oder von einem unabhängigen Dritten durchgeführt werden.

(7) Die Gegenparteien übermitteln ihren zuständigen Behörden Nachweise für die Einhaltung von Absatz 6 in Bezug auf jedes betreffende Land und legen auf Ersuchen einer zuständigen Behörde Maßnahmen fest, die gewährleisten, dass die Einhaltung der Vorschriften kontinuierlich bewertet wird.

(8) Für die Zwecke von Absatz 1 Buchstabe e beurteilen die Gegenparteien die Bonität des einschlägigen Kreditinstituts anhand einer Methode, die sich nicht ausschließlich oder automatisch auf externe Bonitätsbeurteilungen stützt.

In der Fassung vom 4.10.2016 (ABl. EU Nr. L 340 v. 15.12.2016, S. 9).

Art. 20 Behandlung entgegengenommener Ersteinschusszahlungen

(1) Die sicherungsnehmende Gegenpartei darf als Sicherheit entgegengenommene Ersteinschusszahlungen nicht weiterverpfänden oder anderweitig wiederverwenden.

(2) Ungeachtet des Absatzes 1 kann ein Drittinhaber in bar erhaltene Ersteinschusszahlungen für Reinvestitionszwecke verwenden.

In der Fassung vom 4.10.2016 (ABl. EU Nr. L 340 v. 15.12.2016, S. 9).

Art. 21 Berechnung des angepassten Werts der Sicherheit

(1) Die Gegenparteien passen den Wert der entgegengenommenen Sicherheit im Einklang mit der in Anhang II dargelegten Methode oder einer Methode gemäß Artikel 22 an, bei der eigene Volatilitätsschätzungen verwendet werden.

(2) Bei der Anpassung des Werts der Sicherheit gemäß Absatz 1 können die Gegenparteien die Wechselkursrisiken der Positionen in Währungen vernachlässigen, für die eine rechtlich bindende zwischenstaatliche Vereinbarung zur Begrenzung der Schwankungen dieser Positionen gegenüber anderen in dieser Vereinbarung erfassten Währungen gilt.

In der Fassung vom 4.10.2016 (ABl. EU Nr. L 340 v. 15.12.2016, S. 9).

Art. 22 Eigene Schätzungen des angepassten Werts der Sicherheit

(1) Die Gegenparteien passen den Wert der entgegengenommenen Sicherheit unter Verwendung eigener Volatilitätsschätzungen gemäß Anhang III an.

(2) Die Gegenparteien aktualisieren ihre Daten und berechnen die eigenen Volatilitätsschätzungen gemäß Artikel 21, wenn sich das Volatilitätsniveau der Marktpreise wesentlich ändert, zumindest aber vierteljährlich.

(3) Für die Zwecke von Absatz 2 bestimmen die Gegenparteien vorab die Volatilitätsniveaus, die eine Neuberechnung der Abschläge gemäß Anhang III nach sich ziehen.

(4) Die Verfahren nach Artikel 2 Absatz 2 Buchstabe d umfassen Maßnahmen zur Überwachung der Berechnung der eigenen Volatilitätsschätzungen und der Einbeziehung dieser Schätzungen in die Risikomanagementverfahren dieser Gegenpartei.

(5) Die in Absatz 4 genannten Maßnahmen werden einer internen Überprüfung unterzogen, die sämtliche der folgenden Elemente umfasst:
a) die Einbeziehung der Schätzungen in das Risikomanagementverfahren der Gegenpartei, die mindestens jährlich vorgenommen wird;
b) die Einbeziehung der geschätzten Abschläge in das tägliche Risikomanagement;
c) die Validierung jeder wesentlichen Änderung des Verfahrens für die Berechnung von Schätzungen;
d) die Verifizierung der Schlüssigkeit, Zeitnähe und Verlässlichkeit der für die Berechnung der Schätzungen verwendeten Datenquellen; e) die Genauigkeit und Angemessenheit der Volatilitätsannahmen.

(6) Die in Absatz 5 genannte Überprüfung erfolgt regelmäßig im Rahmen der internen Prüfung der Gegenpartei.

In der Fassung vom 4.10.2016 (ABl. EU Nr. L 340 v. 15.12.2016, S. 9).

Art. 23 Als Kreditinstitute zugelassene zentrale Gegenparteien

Abweichend von Artikel 2 Absatz 2 können Gegenparteien in ihren Risikomanagementverfahren vorsehen, dass in Bezug auf nicht zentral geclearte OTC-Derivatekontrakte, die mit zentralen Gegenparteien eingegangen wurden, die gemäß der Richtlinie 2013/36/EU als Kreditinstitute zugelassen sind, keine Sicherheiten ausgetauscht werden.

In der Fassung vom 4.10.2016 (ABl. EU Nr. L 340 v. 15.12.2016, S. 9).

Art. 24 Nichtfinanzielle Gegenparteien und Gegenparteien aus Drittstaaten

Abweichend von Artikel 2 Absatz 2 können Gegenparteien in ihren Risikomanagementverfahren vorsehen, dass in Bezug auf nicht zentral geclearte OTC-Derivatekontrakte, die mit nichtfinanziellen Gegenparteien eingegangen wurden, die die Bedingungen nach Artikel 10 Absatz 1 Buchstabe b der Verordnung (EU) Nr. 648/2012 nicht erfüllen, oder die mit in einem Drittstaat niedergelassenen nichtfinanziellen Unternehmen eingegangen wurden, die die Bedingungen nach Artikel 10 Absatz 1 Buchstabe b der Verordnung (EU) Nr. 648/2012 nicht erfüllen würden, wenn sie in der Union niedergelassen wären, keine Sicherheiten ausgetauscht werden.

In der Fassung vom 4.10.2016 (ABl. EU Nr. L 340 v. 15.12.2016, S. 9).

Art. 25 Mindesttransferbetrag

(1) Abweichend von Artikel 2 Absatz 2 können Gegenparteien in ihren Risikomanagementverfahren vorsehen, dass keine Sicherheiten von einer Gegenpartei entgegengenommen werden, wenn der fällige Betrag ab der letzten Entgegennahme von Sicherheiten gleich hoch oder niedriger als der Betrag ist, der von den Gegenparteien vereinbart wurde („Mindesttransferbetrag"). Der Mindesttransferbetrag übersteigt nicht 500 000 EUR oder den entsprechenden Betrag in einer anderen Währung.

(2) Einigen sich die Gegenparteien auf einen Mindesttransferbetrag, so wird der Betrag der fälligen Sicherheiten als Summe folgender Elemente berechnet:

a) dem ab der letzten Entgegennahme fälligen und gemäß Artikel 10 berechneten Nachschuss, einschließlich etwaiger überschüssiger Sicherheiten;

b) dem ab der letzten Entgegennahme fälligen und gemäß Artikel 11 berechneten Ersteinschuss, einschließlich etwaiger überschüssiger Sicherheiten.

(3) Übersteigt der Betrag der fälligen Sicherheit den von den Gegenparteien vereinbarten Mindesttransferbetrag, so nimmt die sicherungsnehmende Gegenpartei den Betrag der fälligen Sicherheit in voller Höhe ohne Abzug des Mindesttransferbetrags entgegen.

(4) Die Gegenparteien können getrennte Mindesttransferbeträge für Ersteinschusszahlungen und Nachschusszahlungen vereinbaren, unter der Voraussetzung, dass die Summe dieser Mindesttransferbeträge 500 000 EUR oder den entsprechenden Betrag in einer anderen Währung nicht übersteigt.

(5) Vereinbaren die Gegenparteien getrennte Mindesttransferbeträge gemäß Absatz 4, nimmt die sicherungsnehmende Gegenpartei den vollen Betrag der fälligen Ersteinschusszahlungen oder Nachschusszahlungen ohne Abzug der Mindesttransferbeträge entgegen, wenn der Betrag der fälligen Ersteinschusszahlungen oder Nachschusszahlungen den Mindesttransferbetrag übersteigt.

In der Fassung vom 4.10.2016 (ABl. EU Nr. L 340 v. 15.12.2016, S. 9).

Art. 26 Berechnung von Einschusszahlungen im Zusammenhang mit Gegenparteien aus Drittstaaten

Ist eine Gegenpartei in einem Drittstaat niedergelassen, können die Gegenparteien die Einschüsse auf der Grundlage eines Netting-Satzes berechnen, der folgende Arten von Kontrakten umfasst:

a) nicht zentral geclearte OTC-Derivate, die Einschussanforderungen nach dieser Verordnung unterliegen;

b) Kontrakte, die die beiden folgenden Bedingungen erfüllen:

　i) sie gelten nach den auf die im Drittstaat niedergelassene Gegenpartei anzuwendenden Vorschriften als nicht zentral geclearte OTC-Derivate;

　ii) sie unterliegen nach den auf die im Drittstaat niedergelassene Gegenpartei anzuwendenden Vorschriften Bestimmungen für Einschüsse.

In der Fassung vom 4.10.2016 (ABl. EU Nr. L 340 v. 15.12.2016, S. 9).

Art. 27 Devisenkontrakte

Abweichend von Artikel 2 Absatz 2 können Gegenparteien in ihren Risikomanagementverfahren vorsehen, dass in Bezug auf folgende Kontrakte keine Ersteinschusszahlungen entgegengenommen werden:

a) physisch abgewickelte OTC-Derivatekontrakte, die lediglich den Austausch von zwei verschiedenen Währungen zu einem bestimmten in der Zukunft liegenden Zeitpunkt und zu einem vereinbarten festen Zinssatz am Handelstag des Kontrakts über den Austausch betreffen („Devisentermingeschäfte");

b) physisch abgewickelte OTC-Derivatekontrakte, die lediglich einen Austausch von zwei verschiedenen Währungen zu einem bestimmten Zeitpunkt und zu einem festen Zinssatz, der am Handelstag des Kontrakts über den Austausch vereinbart wird, und einen Rücktausch der beiden Währungen zu einem späteren Zeitpunkt und zu einem festen Zinssatz betreffen, der ebenfalls am Handelstag des Kontrakts über den Austausch vereinbart wird („Devisenswaps");

c) nicht zentral geclearte OTC-Derivatekontrakte, bei denen die Gegenparteien zu bestimmten Zeitpunkten und nach einer bestimmten Formel lediglich den Kapitalbetrag und etwaige Zinszahlungen in einer Währung gegen den Kapitalbetrag und etwaige Zinszahlungen in einer anderen Währung austauschen („Währungsswaps").

In der Fassung vom 4.10.2016 (ABl. EU Nr. L 340 v. 15.12.2016, S. 9).

Art. 28 Schwellenwert auf der Grundlage des Nominalbetrags

(1) Abweichend von Artikel 2 Absatz 2 können Gegenparteien in ihren Risikomanagementverfahren vorsehen, dass für alle neuen OTC-Derivatekontrakte, die innerhalb eines Kalenderjahres eingegangen werden und bei denen eine der beiden Gegenparteien für die Monate März, April und Mai des vorangehenden Jahres einen zum Monatsende ermittelten aggregierten durchschnittlichen Nominalwert für nicht zentral geclearte OTC-Derivate von unter 8 Mrd. EUR aufweist, keine Ersteinschusszahlungen entgegengenommen werden.

Der zum Monatsende ermittelte aggregierte durchschnittliche Nominalwert nach Unterabsatz 1 wird auf Ebene der Gegenpartei oder auf Gruppenebene berechnet, sofern die Gegenpartei zu einer solchen gehört.

(2) Gehört die Gegenpartei zu einer Gruppe, umfasst die Berechnung des zum Monatsende ermittelten aggregierten durchschnittlichen Nominalbetrags auf Gruppenebene alle nicht zentral geclearten OTC-Derivatekontrakte der Gruppe, einschließlich aller gruppeninterner nicht zentral geclearter OTC-Derivatekontrakte.

Für die Zwecke von Unterabsatz 1 werden OTC-Derivatekontrakte, bei denen es sich um interne Transaktionen handelt, nur einmal berücksichtigt.

(3) Nach der Richtlinie 2009/65/EG zugelassene OGAW und alternative Investmentfonds, die von gemäß der Richtlinie 2011/61/EU des Europäischen Parlaments und des Rates zugelassenen oder eingetragenen Verwaltern alternativer Investmentfonds verwaltet werden, gelten als eigenständige Einheiten und werden bei der Anwendung der in Absatz 1 genannten Schwellenwerte getrennt behandelt, wenn folgende Bedingungen erfüllt sind:

a) für die Zwecke einer Fonds-Insolvenz sind die Fonds eigenständige abgegrenzte Pools von Vermögenswerten;
b) die abgegrenzten Pools von Vermögenswerten werden nicht durch andere Investmentfonds oder deren Verwalter besichert, garantiert oder anderweitig finanziell unterstützt.

In der Fassung vom 4.10.2016 (ABl. EU Nr. L 340 v. 15.12.2016, S. 9).

Art. 29 Schwellenwert auf der Grundlage der Ersteinschussbeträge

(1) Abweichend von Artikel 2 Absatz 2 können Gegenparteien in ihren Risikomanagementverfahren vorsehen, dass der Ersteinschussbetrag in den Fällen der Buchstaben a und b des vorliegenden Absatzes um bis zu 50 Mio. EUR und im Falle des Buchstabens c des vorliegenden Absatzes um bis zu 10 Mio. EUR gesenkt wird:

a) keine der Gegenparteien gehört zu einer Gruppe;
b) die Gegenparteien gehören zu unterschiedlichen Gruppen;
c) beide Gegenparteien gehören zur selben Gruppe.

(2) Nimmt eine Gegenpartei im Einklang mit Artikel 1 Buchstabe b keine Ersteinschusszahlungen entgegen, umfassen die Risikomanagementverfahren nach Artikel 2 Absatz 1 Bestimmungen, um auf Gruppenebene zu überwachen, ob der Schwellenwert überschritten wird, sowie Bestimmungen über die Aufbewahrung angemessener Aufzeichnungen zu den Risikopositionen der Gruppe gegenüber jeder einzelnen Gegenpartei, die zur selben Gruppe gehört.

(3) Nach der Richtlinie 2009/65/EG zugelassene OGAW und alternative Investmentfonds, die von gemäß der Richtlinie 2011/61/EU zugelassenen oder eingetragenen Verwaltern alternativer Investmentfonds verwaltet werden, gelten als eigenständige Einheiten und werden bei der Anwendung der in Absatz 1 genannten Schwellenwerte getrennt behandelt, wenn folgende Bedingungen erfüllt sind:

a) für die Zwecke einer Fonds-Insolvenz sind die Fonds eigenständige abgegrenzte Pools von Vermögenswerten;
b) die abgegrenzten Pools von Vermögenswerten werden nicht durch andere Investmentfonds oder deren Verwalter besichert, garantiert oder anderweitig finanziell unterstützt.

In der Fassung vom 4.10.2016 (ABl. EU Nr. L 340 v. 15.12.2016, S. 9).

Art. 30 Behandlung von Derivaten im Zusammenhang mit gedeckten Schuldverschreibungen für Sicherungszwecke

(1) Abweichend von Artikel 2 Absatz 2 und sofern die Bedingungen gemäß Absatz 2 des vorliegenden Artikels erfüllt sind, können Gegenparteien in ihren Risikomanagementverfahren in Bezug auf OTC-Derivatekontrakte, die im Zusammenhang mit gedeckten Schuldverschreibungen geschlossen wurden, Folgendes vorsehen:

a) die Nachschusszahlungen werden nicht durch den Emittenten gedeckter Schuldverschreibungen oder Deckungspool geleistet, sondern von dessen Gegenpartei bar entgegengenommen und bei Fälligkeit der Gegenpartei zurückgegeben;
b) es werden keine Ersteinschusszahlungen geleistet oder entgegengenommen.

(2) Absatz 1 findet Anwendung, wenn sämtliche der folgenden Bedingungen erfüllt sind:

a) der OTC-Derivatekontrakt wird im Falle einer Abwicklung oder Insolvenz des Emittenten gedeckter Schuldverschreibungen oder des Deckungspools nicht beendet;
b) bei OTC-Derivaten, die Gegenstand von Abschlüssen mit Emittenten gedeckter Schuldverschreibungen oder Deckungspools für gedeckte Schuldverschreibungen sind, ist die Gegenpartei mindestens gleichrangig mit den Inhabern der gedeckten Schuldverschreibungen, außer in Fällen, in denen die Gegenpartei bei OTC-Derivaten, die Gegenstand von Abschlüssen mit Emittenten gedeckter Schuldverschreibungen oder Deckungspools für gedeckte Schuldverschrei-

bungen sind, die säumige oder die betroffene Partei ist oder in denen die genannte Gegenpartei auf die Gleichrangigkeit verzichtet;
c) der OTC-Derivatekontrakt ist gemäß den nationalen gesetzlichen Bestimmungen für gedeckte Schuldverschreibungen im Deckungspool der gedeckten Schuldverschreibung eingetragen oder registriert;
d) der OTC-Derivatekontrakt wird ausschließlich zur Absicherung gegen Zins- oder Währungsinkongruenzen zwischen dem Deckungspool und der gedeckten Schuldverschreibung verwendet;
e) der Netting-Satz enthält keine OTC-Derivatekontrakte, die nicht mit dem Deckungspool der gedeckten Schuldverschreibung in Zusammenhang stehen;
f) die gedeckte Schuldverschreibung, mit der der OTC-Derivatekontrakt verbunden ist, erfüllt die Anforderungen von Artikel 129 Absätze 1, 2 und 3 der Verordnung (EU) Nr. 575/2013;
g) der Deckungspool der gedeckten Schuldverschreibung, mit dem der OTC-Derivatekontrakt verbunden ist, unterliegt einer aufsichtsrechtlichen Besicherungspflicht von mindestens 102 %.

In der Fassung vom 4.10.2016 (ABl. EU Nr. L 340 v. 15.12.2016, S. 9).

Art. 31 Behandlung von Derivaten mit Gegenparteien in Drittstaaten, in denen die rechtliche Durchsetzbarkeit von Netting-Vereinbarungen oder des Schutzes von Sicherheiten nicht gewährleistet werden kann

(1) Abweichend von Artikel 2 Absatz 2 können in der Union niedergelassene Gegenparteien in ihren Risikomanagementverfahren vorsehen, dass keine Nachschuss- und Ersteinschusszahlungen für nicht zentral geclearte OTC-Derivatekontrakte mit in Drittstaaten niedergelassenen Gegenparteien geleistet werden müssen, wenn eine der folgenden Bedingungen zutrifft:
a) die rechtliche Überprüfung nach Artikel 2 Absatz 3 bestätigt, dass die Nettingvereinbarung und, sofern zutreffend, die Vereinbarung über den Austausch von Sicherheiten nicht jederzeit sicher rechtlich durchgesetzt werden können;
b) die rechtliche Überprüfung nach Artikel 19 Absatz 6 bestätigt, dass die Abgrenzungsanforderungen nach Artikel 19 Absätze 3, 4 und 5 nicht erfüllt werden können. Für die Zwecke von Unterabsatz 1 nehmen die in der Union ansässigen Gegenparteien Einschusszahlungen auf Bruttobasis entgegen.

(2) Abweichend von Artikel 2 Absatz 2 können in der Union niedergelassene Gegenparteien in ihren Risikomanagementverfahren vorsehen, dass keine Nach- und Ersteinschusszahlungen für Kontrakte mit in Drittstaaten niedergelassenen Gegenparteien entgegengenommen oder geleistet werden müssen, wenn sämtliche der folgenden Bedingungen zutreffen:
a) Absatz 1 Buchstabe a sowie gegebenenfalls Absatz 1 Buchstabe b finden Anwendung;
b) die rechtlichen Überprüfungen nach Absatz 1 Buchstaben a und b bestätigen, dass es nicht möglich ist, Sicherheiten im Einklang mit dieser Verordnung entgegenzunehmen, auch nicht auf Bruttobasis; c) der gemäß Absatz 3 berechnete Quotient liegt unter 2,5 %.

(3) Der in Absatz 2 Buchstabe c genannte Quotient ist das Ergebnis der Division des aus Buchstabe a des vorliegenden Absatzes resultierenden Betrags durch den aus Buchstabe b des vorliegenden Absatzes resultierenden Betrag:
a) Summe der Nominalbeträge jeglicher ausstehender OTC-Derivatekontrakte der Gruppe, zu der die Gegenpartei gehört, die nach dem Inkrafttreten dieser Verordnung geschlossen wurden und für die keine Einschusszahlungen von in einem Drittstaat niedergelassenen Gegenparteien, auf die Absatz 2 Buchstabe b Anwendung findet, entgegengenommen wurden;
b) Summe der Nominalbeträge aller ausstehenden OTC-Derivatekontrakte der Gruppe, zu der die Gegenpartei gehört, ausgenommen OTC-Derivatekontrakte, bei denen es sich um gruppeninterne Geschäfte handelt.

In der Fassung vom 4.10.2016 (ABl. EU Nr. L 340 v. 15.12.2016, S. 9), geändert durch Berichtigung vom 17.2.2017 (ABl. EU Nr. L 40 v. 17.2.2017, S. 79).

Art. 32 Verfahren für Gegenparteien und jeweils zuständige Behörden

(1) Der Antrag oder die Benachrichtigung einer Gegenpartei an die zuständige Behörde nach Artikel 11 Absätze 6 bis 10 der Verordnung (EU) Nr. 648/2012 gilt als eingegangen, wenn bei der zuständigen Behörde sämtliche der folgenden Informationen eingegangen sind:
a) alle Informationen, die erforderlich sind, um zu beurteilen, ob die in Artikel 11 Absatz 6, 7, 8, 9 oder 10 der Verordnung (EU) Nr. 648/2012 spezifizierten Bedingungen erfüllt worden sind;
b) die Informationen und Dokumente im Sinne von Artikel 18 Absatz 2 der Delegierten Verordnung (EU) Nr. 149/2013 der Kommission.

(2) Stellt eine zuständige Behörde fest, dass weitere Informationen benötigt werden, um beurteilen zu können, ob die Bedingungen nach Absatz 1 Buchstabe a erfüllt sind, so richtet sie ein schriftliches Ersuchen um Informationen an die Gegenpartei.

(3) Eine Entscheidung einer zuständigen Behörde nach Artikel 11 Absatz 6 der Verordnung (EU) Nr. 648/2012 wird der Gegenpartei innerhalb von drei Monaten nach Eingang aller in Absatz 1 genannten Informationen mitgeteilt.

(4) Trifft eine zuständige Behörde eine positive Entscheidung gemäß Artikel 11 Absatz 6, 8 oder 10 der Verordnung (EU) Nr. 648/2012, so teilt sie diese positive Entscheidung der Gegenpartei schriftlich mit und gibt mindestens Folgendes an: a) ob gruppeninterne Geschäfte ganz oder teilweise freigestellt werden; b) im Fall einer teilweisen Freistellung klare Angaben zu den Beschränkungen der Freistellung.

(5) Trifft eine zuständige Behörde eine ablehnende Entscheidung gemäß Artikel 11 Absatz 6, 8 oder 10 der Verordnung (EU) Nr. 648/2012 oder erhebt sie Einwände gegen eine Benachrichtigung gemäß Artikel 11 Absatz 7 oder 9 der genann-

ten Verordnung, so teilt sie diese ablehnende Entscheidung oder Einwände der Gegenpartei schriftlich mit und gibt mindestens Folgendes an: a) welche Bedingungen nach Artikel 11 Absatz 6, 7, 8, 9 oder 10 der Verordnung (EU) Nr. 648/2012 nicht erfüllt sind; b) eine Zusammenfassung der Gründe, weshalb diese Bedingungen als nicht erfüllt angesehen werden.

(6) Ist eine der nach Artikel 11 Absatz 7 der Verordnung (EU) Nr. 648/2012 benachrichtigten zuständigen Behörden der Ansicht, dass die Bedingungen gemäß Artikel 11 Absatz 7 Unterabsatz 1 Buchstabe a oder b dieser Verordnung nicht erfüllt sind, teilt sie dies der anderen zuständigen Behörde innerhalb von zwei Monaten nach Eingang der Benachrichtigung mit.

(7) Die zuständigen Behörden unterrichten die nichtfinanziellen Gegenparteien über den Einwand im Sinne von Absatz 5 innerhalb von drei Monaten nach Eingang der Benachrichtigung.

(8) Eine Entscheidung einer zuständigen Behörde nach Artikel 11 Absatz 8 der Verordnung (EU) Nr. 648/2012 wird der in der Union ansässigen Gegenpartei innerhalb von drei Monaten nach Eingang aller in Absatz 1 genannten Informationen mitgeteilt.

(9) Eine Entscheidung der zuständigen Behörde einer finanziellen Gegenpartei nach Artikel 11 Absatz 10 der Verordnung (EU) Nr. 648/2012 wird der zuständigen Behörde der nichtfinanziellen Gegenpartei innerhalb von zwei Monaten nach Eingang aller in Absatz 1 genannten Informationen und den Gegenparteien innerhalb von drei Monaten nach Eingang dieser Informationen mitgeteilt.

(10) Gegenparteien, die eine Benachrichtigung übermittelt haben oder eine positive Entscheidung nach Artikel 11 Absatz 6, 7, 8, 9 oder 10 der Verordnung (EU) Nr. 648/2012 erhalten haben, unterrichten die jeweils zuständige Behörde unverzüglich über jede Änderung, die sich auf die Erfüllung der in diesen Absätzen genannten Bedingungen auswirken könnte. Treten Umstände ein, die sich auf die Erfüllung dieser Bedingungen auswirken könnten, so kann die zuständige Behörde die Anwendung der Freistellung untersagen oder ihre positive Entscheidung widerrufen.

(11) Wird von der zuständigen Behörde eine ablehnende Entscheidung oder ein Einwand mitgeteilt, kann die jeweilige Gegenpartei nur dann einen weiteren Antrag oder eine weitere Benachrichtigung übermitteln, wenn eine wesentliche Änderung der Umstände eingetreten ist, auf deren Grundlage die zuständige Behörde die Entscheidung oder den Einwand stützt.

In der Fassung vom 4.10.2016 (ABl. EU Nr. L 340 v. 15.12.2016, S. 9).

Art. 33 Auf das rechtliche Hindernis für die unverzügliche Übertragung von Eigenmitteln oder die Rückzahlung von Verbindlichkeiten anzuwendende Kriterien

Ein rechtliches Hindernis für die unverzügliche Übertragung von Eigenmitteln oder die Rückzahlung von Verbindlichkeiten zwischen den Gegenparteien nach Artikel 11 Absätze 5 bis 10 der Verordnung (EU) Nr. 648/2012 gilt als gegeben, wenn Beschränkungen rechtlicher Natur tatsächlich bestehen oder vorgesehen sind, wozu alles Folgende zählt:
a) Währungs- und Devisenkontrollen;
b) ein regulatorischer, administrativer, rechtlicher oder vertraglicher Rahmen, der gegenseitige finanzielle Unterstützung verhindert oder erhebliche Auswirkungen auf die Übertragung von Mitteln innerhalb der Gruppe hat;
c) es ist eine der Voraussetzungen für ein frühzeitiges Eingreifen, eine Sanierung und Abwicklung im Sinne der Richtlinie 2014/59/EU des Europäischen Parlaments und des Rates erfüllt, was zur Folge hat, dass die zuständige Behörde ein Hindernis für die unverzügliche Übertragung von Eigenmitteln oder die Rückzahlung von Verbindlichkeiten vorsieht;
d) es bestehen Minderheitsbeteiligungen, die die Entscheidungskompetenz innerhalb der die Gruppe bildenden Einheiten einschränken;
e) die Art der Rechtsstruktur der Gegenpartei gemäß ihrer Satzungen und den internen Vorschriften.

In der Fassung vom 4.10.2016 (ABl. EU Nr. L 340 v. 15.12.2016, S. 9).

Art. 34 Auf die praktischen Hindernisse für die unverzügliche Übertragung von Eigenmitteln oder die Rückzahlung von Verbindlichkeiten anzuwendende Kriterien

Ein praktisches Hindernis für die unverzügliche Übertragung von Eigenmitteln oder die Rückzahlung von Verbindlichkeiten zwischen den Gegenparteien nach Artikel 11 Absätze 5 bis 10 der Verordnung (EU) Nr. 648/2012 gilt als gegeben, wenn Beschränkungen praktischer Natur bestehen, wozu alles Folgende zählt:
a) unzureichende Verfügbarkeit nicht belasteter oder liquider Vermögenswerte bei der jeweiligen Gegenpartei bei Fälligkeit;
b) Hindernisse operativer Natur, die solche Übertragungen oder Rückzahlungen bei Fälligkeit wirksam verhindern.

In der Fassung vom 4.10.2016 (ABl. EU Nr. L 340 v. 15.12.2016, S. 9).

Art. 35 Übergangsbestimmungen

Gegenparteien nach Artikel 11 Absatz 3 der Verordnung (EU) Nr. 648/2012 können die vor dem Inkrafttreten der vorliegenden Verordnung eingeführten Risikomanagementverfahren weiterhin auf nicht zentral geclearte OTC-Derivatekontrakte anwenden, die zwischen dem 16. August 2012 und den in der vorliegenden Verordnung festgelegten Daten eingegangen wurden.

In der Fassung vom 4.10.2016 (ABl. EU Nr. L 340 v. 15.12.2016, S. 9).

Art. 11 VO Nr. 648/2012 | Risikominderungstechniken

Art. 36 Anwendung von Artikel 9 Absatz 2, Artikel 11, Artikel 13 bis 18, Artikel 19 Absatz 1 Buchstaben c, d und f, Artikel 19 Absatz 3 und Artikel 20

(1) Artikel 9 Absatz 2, Artikel 11, die Artikel 13 bis 18, Artikel 19 Absatz 1 Buchstaben c, d und f, Artikel 19 Absatz 3 und Artikel 20 finden wie folgt Anwendung:

a) ab einem Monat nach dem Inkrafttreten dieser Verordnung, wenn der aggregierte durchschnittliche Nominalbetrag nicht zentral geclearter OTC-Derivate jeder Gegenpartei bzw. der Gruppen, der diese Gegenparteien angehören, über 3 000 Mrd. EUR liegt;

b) ab dem 1. September 2017, wenn der aggregierte durchschnittliche Nominalbetrag nicht zentral geclearter OTC- Derivate jeder Gegenpartei bzw. der Gruppen, der diese Gegenparteien angehören, über 2 250 Mrd. EUR liegt;

c) ab dem 1. September 2018, wenn der aggregierte durchschnittliche Nominalbetrag nicht zentral geclearter OTC- Derivate jeder Gegenpartei bzw. der Gruppen, der diese Gegenparteien angehören, über 1 500 Mrd. EUR liegt;

d) ab dem 1. September 2019, wenn der aggregierte durchschnittliche Nominalbetrag nicht zentral geclearter OTC- Derivate jeder Gegenpartei bzw. der Gruppen, der diese Gegenparteien angehören, über 750 Mrd. EUR liegt;

e) ab dem 1. September 2020, wenn der aggregierte durchschnittliche Nominalbetrag nicht zentral geclearter OTC- Derivate jeder Gegenpartei bzw. der Gruppen, der diese Gegenparteien angehören, über 8 Mrd. EUR liegt;.

(2) Abweichend von Absatz 1 finden Artikel 9 Absatz 2, Artikel 11, die Artikel 13 bis 18, Artikel 19 Absatz 1 Buchstaben c, d und f, Artikel 19 Absatz 3 und Artikel 20 wie folgt Anwendung, sofern die Bedingungen von Absatz 3 des vorliegenden Artikels erfüllt sind:

a) drei Jahre nach Inkrafttreten der vorliegenden Verordnung, wenn für die Zwecke von Artikel 11 Absatz 3 der Verordnung (EU) Nr. 648/2012 für den betreffenden Drittstaat kein Beschluss über die Gleichwertigkeit nach Artikel 13 Absatz 2 der genannten Verordnung erlassen wurde:

b) ab dem späteren der folgenden Zeitpunkte, wenn für die Zwecke von Artikel 11 Absatz 3 der Verordnung (EU) Nr. 648/2012 für den betreffenden Drittstaat ein Beschluss über die Gleichwertigkeit nach Artikel 13 Absatz 2 der genannten Verordnung erlassen wurde:

　i) vier Monate nach Inkrafttreten des für die Zwecke von Artikel 11 Absatz 3 der Verordnung (EU) Nr. 648/2012 für den betreffenden Drittstaat erlassenen Beschlusses über die Gleichwertigkeit nach Artikel 13 Absatz 2 der genannten Verordnung;

　ii) dem nach Absatz 1 bestimmten anwendbaren Datum.

(3) Die in Absatz 2 genannte Abweichung findet nur dann Anwendung, wenn die Gegenparteien bei nicht zentral geclearten OTC-Derivatekontrakten sämtliche der folgenden Voraussetzungen erfüllen:

a) eine Gegenpartei ist in einem Drittstaat niedergelassen, und die andere Gegenpartei ist in der Union niedergelassen;

b) die in einem Drittstaat niedergelassene Gegenpartei ist entweder eine finanzielle Gegenpartei oder eine nichtfinanzielle Gegenpartei; 15.12.2016 L 340/37 Amtsblatt der Europäischen Union DE

c) die in der Union ansässige Gegenpartei ist

　i) eine finanzielle Gegenpartei, eine nichtfinanzielle Gegenpartei, eine Finanzholdinggesellschaft, ein Finanzinstitut oder ein Anbieter von Nebendienstleistungen, die/der den jeweiligen Aufsichtsvorschriften unterliegt, und die unter Buchstabe a genannte im Drittstaat niedergelassene Gegenpartei ist eine finanzielle Gegenpartei;

　ii) entweder eine finanzielle Gegenpartei oder eine nichtfinanzielle Gegenpartei, und die unter Buchstabe a genannte im Drittstaat niedergelassene Gegenpartei ist eine nichtfinanzielle Gegenpartei;

d) beide Gegenparteien sind nach Artikel 3 Absatz 3 der Verordnung (EU) Nr. 648/2012 in dieselbe Vollkonsolidierung einbezogen.

e) beide Gegenparteien unterliegen geeigneten zentralisierten Risikobewertungs-, Risikomess- und Risikokontrollverfahren;

f) die Anforderungen des Kapitels III sind erfüllt.

In der Fassung vom 4.10.2016 (ABl. EU Nr. L 340 v. 15.12.2016, S. 9).

Art. 37 Anwendung von Artikel 9 Absatz 1, Artikel 10 und Artikel 12

(1) Artikel 9 Absatz 1, Artikel 10 und Artikel 12 finden wie folgt Anwendung:

a) einen Monat nach dem Inkrafttreten dieser Verordnung auf Gegenparteien, wenn der aggregierte durchschnittliche Nominalbetrag nicht zentral geclearter OTC-Derivate jeder Gegenpartei bzw. der Gruppen, der diese Gegenparteien angehören, über 3 000 Mrd. EUR liegt;

b) ab dem 1. März 2017 oder einen Monat nach dem Inkrafttreten dieser Verordnung, je nachdem, welcher Zeitpunkt der spätere ist, auf andere Gegenparteien.

(2) Abweichend von Absatz 1 finden Artikel 9 Absatz 1, Artikel 10 und Artikel 12 in Bezug auf Devisentermingeschäfte gemäß Artikel 27 Buchstabe a ab einem der folgenden Zeitpunkte Anwendung, je nachdem, welcher Zeitpunkt früher eintritt:

a) ab dem 31. Dezember 2018, sofern die in Buchstabe b genannte Verordnung noch nicht gilt;

b) ab dem Tag des Inkrafttretens der delegierten Verordnung der Kommission zur Spezifizierung einiger technischer Elemente in Zusammenhang mit der Definition von Finanzinstrumenten im Hinblick auf physisch abgewickelte Devisentermingeschäfte oder ab dem gemäß Absatz 1 festgelegten Tag, je nachdem, welcher Zeitpunkt der spätere ist.

(3) Abweichend von Absatz 1 finden Artikel 9 Absatz 1, Artikel 10 und Artikel 12 wie folgt Anwendung, sofern die Bedingungen von Absatz 4 des vorliegenden Artikels erfüllt sind:

a) drei Jahre nach Inkrafttreten der vorliegenden Verordnung, wenn für die Zwecke von Artikel 11 Absatz 3 der Verordnung (EU) Nr. 648/2012 für den betreffenden Drittstaat kein Beschluss über die Gleichwertigkeit nach Artikel 13 Absatz 2 der genannten Verordnung erlassen wurde;
b) ab dem späteren der folgenden Zeitpunkte, wenn für die Zwecke von Artikel 11 Absatz 3 der Verordnung (EU) Nr. 648/2012 für den betreffenden Drittstaat ein Beschluss über die Gleichwertigkeit nach Artikel 13 Absatz 2 der genannten Verordnung erlassen wurde:
   i) vier Monate nach Inkrafttreten des für die Zwecke von Artikel 11 Absatz 3 der Verordnung (EU) Nr. 648/2012 für den betreffenden Drittstaat erlassenen Beschlusses über die Gleichwertigkeit nach Artikel 13 Absatz 2 der genannten Verordnung;
   ii) dem nach Absatz 1 bestimmten anwendbaren Datum.

(4) Die in Absatz 3 genannte Abweichung findet nur dann Anwendung, wenn die Gegenparteien bei nicht zentral geclearten OTC-Derivatekontrakten sämtliche der folgenden Voraussetzungen erfüllen:
a) eine Gegenpartei ist in einem Drittstaat niedergelassen, und die andere Gegenpartei ist in der Union niedergelassen;
b) die in einem Drittstaat niedergelassene Gegenpartei ist entweder eine finanzielle Gegenpartei oder eine nichtfinanzielle Gegenpartei; 15.12.2016 L 340/37 Amtsblatt der Europäischen Union DE
c) die in der Union ansässige Gegenpartei ist
   i) eine finanzielle Gegenpartei, eine nichtfinanzielle Gegenpartei, eine Finanzholdinggesellschaft, ein Finanzinstitut oder ein Anbieter von Nebendienstleistungen, die/der den jeweiligen Aufsichtsvorschriften unterliegt, und die unter Buchstabe a genannte im Drittstaat niedergelassene Gegenpartei ist eine finanzielle Gegenpartei;
   ii) entweder eine finanzielle Gegenpartei oder eine nichtfinanzielle Gegenpartei, und die unter Buchstabe a genannte im Drittstaat niedergelassene Gegenpartei ist eine nichtfinanzielle Gegenpartei;
d) beide Gegenparteien sind nach Artikel 3 Absatz 3 der Verordnung (EU) Nr. 648/2012 in dieselbe Vollkonsolidierung einbezogen.
e) beide Gegenparteien unterliegen geeigneten zentralisierten Risikobewertungs-, Risikomess- und Risikokontrollverfahren;
f) die Anforderungen des Kapitels III sind erfüllt.

In der Fassung vom 4.10.2016 (ABl. EU Nr. L 340 v. 15.12.2016, S. 9), geändert durch Delegierte Verordnung (EU) 2017/323 vom 20.1.2017 (ABl. EU Nr. L 49 v. 25.2.2017, S. 1).

Art. 38 Tag des Inkrafttretens für bestimmte Kontrakte

(1) Abweichend von Artikel 36 Absatz 1 und Artikel 37 finden die in Artikel 36 Absatz 1 und Artikel 37 genannten Artikel in Bezug auf alle nicht zentral geclearten OTC-Derivate, bei denen es sich um Optionen auf einzelne Aktien oder Indexoptionen handelt, drei Jahre nach dem Tag des Inkrafttretens dieser Verordnung Anwendung.

(2) Abweichend von Artikel 36 Absatz 1 und Artikel 37 finden in Fällen, in denen eine in der Union ansässige Gegenpartei mit einer Gegenpartei, die derselben Gruppe angehört, einen nicht zentral geclearten OTC-Derivatekontrakt eingeht, die in Artikel 36 Absatz 1 und Artikel 37 genannten Artikel zu den nach diesen Artikeln festgelegten Zeitpunkten oder zum 4. Juli 2017 Anwendung, je nachdem, welcher Zeitpunkt der spätere ist.

In der Fassung vom 4.10.2016 (ABl. EU Nr. L 340 v. 15.12.2016, S. 9).

Art. 39 Berechnung des aggregierten durchschnittlichen Nominalbetrags

(1) Für die Zwecke der Artikel 36 und 37 wird der darin genannte aggregierte durchschnittliche Nominalbetrag als Durchschnitt der gesamten Bruttonominalbeträge berechnet, die sämtliche der folgenden Bedingungen erfüllen:
a) für Gegenparteien gemäß Artikel 36 Absatz 1 Buchstabe a werden sie am letzten Geschäftstag im März, April und Mai 2016 aufgezeichnet;
b) für Gegenparteien gemäß den übrigen Buchstaben von Artikel 36 Absatz 1 werden sie am letzten Geschäftstag im März, April und Mai des in den jeweiligen Buchstaben genannten Jahres aufgezeichnet;
c) sie berücksichtigen alle Einheiten der Gruppe;
d) sie beinhalten alle nicht zentral geclearten OTC-Derivatekontrakte der Gruppe;
e) sie beinhalten alle gruppeninternen nicht zentral geclearten OTC-Derivatekontrakte der Gruppe, die jeweils einmal gezählt werden.

(2) Für die Zwecke von Absatz 1 gelten nach der Richtlinie 2009/65/EG zugelassene OGAW und alternative Investmentfonds, die von gemäß der Richtlinie 2011/61/EU zugelassenen oder eingetragenen AIFM verwaltet werden, als voneinander abgegrenzte Einheiten und werden getrennt behandelt, wenn folgende Bedingungen erfüllt sind:
a) für die Zwecke einer Fonds-Insolvenz sind die Fonds eigenständige abgegrenzte Pools von Vermögenswerten;
b) die abgegrenzten Pools von Vermögenswerten werden nicht durch andere Investmentfonds oder deren Verwalter besichert, garantiert oder anderweitig finanziell unterstützt.

In der Fassung vom 4.10.2016 (ABl. EU Nr. L 340 v. 15.12.2016, S. 9).

Art. 40 Inkrafttreten

Diese Verordnung tritt am zwanzigsten Tag nach ihrer Veröffentlichung im *Amtsblatt der Europäischen Union* in Kraft.
In der Fassung vom 4.10.2016 (ABl. EU Nr. L 340 v. 15.12.2016, S. 9).

Art. 11 VO Nr. 648/2012 | Risikominderungstechniken

Anhang I Bonitätsstufen und entsprechende Ausfallwahrscheinlichkeit ("PD") für die Zwecke der Artikel 6 und 7

Ein internes Rating mit einer PD, deren Wert dem in Tabelle 1 angegebenen Wert entspricht oder darunter liegt, wird der entsprechenden Bonitätsstufe zugeordnet.

Tabelle 1

Bonitätsstufe	Ausfallwahrscheinlichkeit im Sinne von Artikel 4 Nummer 54 der Verordnung (EU) Nr. 575/2013 geringer oder gleich:
1	0,10 %
2	0,25 %
3	1 %
4	7,5 %

Anhang II Methode zur Anpassung des Werts von Sicherheiten für die Zwecke von Artikel 21

(1) Der Wert der Sicherheit wird wie folgt angepasst:

$C_{value} = C \times (1 - H_C - H_{FX})$

Dabei ist:

C = der Marktwert der Sicherheit;

H_C = der nach Absatz 2 berechnete, der Sicherheit angemessene Abschlag;

H_{FX} = der nach Absatz 6 berechnete, der Währungsinkongruenz angemessene Abschlag.

(2) Die Gegenparteien wenden auf den Marktwert der Sicherheit mindestens die in den nachstehenden Tabellen 1 und 2 enthaltenen Abschläge an:

Tabelle 1
Abschläge für langfristige Bonitätsbeurteilungen

Bonitätsstufe, mit der die Bonitätsbeurteilung der Schuldverschreibung verbunden ist	Restlaufzeit	Abschläge für Schuldverschreibungen der in Artikel 4 Absatz 1 Buchstaben c bis e und h bis k genannten Emittenten, in %	Abschläge für Schuldverschreibungen der in Artikel 4 Absatz 1 Buchstaben f, g und l bis n genannten Emittenten, in %	Abschläge für Verbriefungspositionen, die die in Artikel 4 Absatz 1 Buchstabe o genannten Kriterien erfüllen, in %
1	≤ 1 Jahr	0,5	1	2
	> 1 ≤ 5 Jahre	2	4	8
	> 5 Jahre	4	8	16
2–3	≤ 1 Jahr	1	2	4
	> 1 ≤ 5 Jahre	3	6	12
	> 5 Jahre	6	12	24
4 oder weniger	≤ 1 Jahr	15	Entfällt	Entfällt
	> 1 ≤ 5 Jahre	15	Entfällt	Entfällt
	> 5 Jahre	15	Entfällt	Entfällt

Tabelle 2
Abschläge für kurzfristige Bonitätsbeurteilungen

Bonitätsstufe, mit der die Bonitätsbeurteilung einer kurzfristigen Schuldverschreibung verbunden ist	Abschläge für Schuldverschreibungen der in Artikel 4 Absatz 1 Buchstaben c und j genannten Emittenten, in %	Abschläge für Schuldverschreibungen der in Artikel 4 Absatz 1 Buchstabe m genannten Emittenten, in %	Abschläge für Verbriefungspositionen, die die in Artikel 4 Absatz 1 Buchstabe o genannten Kriterien erfüllen, in %
1	0,5	1	2
2–3 oder weniger	1	2	4

(1) Der Abschlag für in bedeutenden Indizes eingeschlossene Aktien, für in bedeutenden Indizes eingeschlossene Wandelschuldverschreibungen und Gold beträgt 15 %.

(2) Bei anerkennungsfähigen Anteilen an OGAW entspricht der Abschlag dem gewichteten Durchschnitt der Abschläge, die auf die Vermögenswerte, in die der Fonds investiert ist, anwendbar wären.

(3) Barnachschüsse unterliegen einem Abschlag von 0 %.

(4) Für die Zwecke eines Austauschs von Nachschüssen ist ein Abschlag von 8 % auf alle unbaren Sicherheiten anwendbar, die in einer anderen Währung als denjenigen gestellt werden, die in einem einzelnen Derivatekontrakt, der einschlägigen geltenden Netting-Rahmenvereinbarung oder im einschlägigen Kreditsicherungsanhang vereinbart wurden.

(5) Für die Zwecke eines Austauschs von Ersteinschüssen ist ein Abschlag von 8 % auf alle baren und unbaren Sicherheiten anwendbar, die in einer anderen Währung als derjenigen gestellt werden, in der die Zahlungen im Falle einer vorzeitigen Beendigung oder eines Ausfalls im Einklang mit dem einzelnen Derivatekontrakt, der einschlägigen Vereinbarung über den Austausch von Sicherheiten oder dem einschlägigen Kreditsicherungsanhang vorzunehmen sind („Beendigungswährung"). Jede der Gegenparteien kann eine andere Beendigungswährung wählen. Wird in der Vereinbarung keine Beendigungswährung festgelegt, findet der Abschlag auf den Marktwert aller als Sicherheit gestellten Vermögenswerte Anwendung.

Anhang III

Eigene Volatilitätsschätzungen der auf den Marktwert der Sicherheit anzuwendenden Abschläge für die Zwecke von Artikel 22

(1) Die Berechnung des angepassten Werts der Sicherheit erfüllt sämtliche der folgenden Bedingungen:

a) die Gegenparteien legen bei der Berechnung ein einseitiges Konfidenzniveau von 99 % zugrunde;
b) die Gegenparteien legen bei der Berechnung einen Verwertungszeitraum von mindestens 10 Geschäftstagen zugrunde;
c) die Gegenparteien berechnen die Abschläge durch Heraufskalierung der auf einer täglichen Neubewertung basierenden Abschläge anhand nachstehender „Wurzel-Zeit"-Formel:

$$H = H_M \times \sqrt{\frac{N_R + (T_M - 1)}{T_M}}$$

Dabei ist:

H = der anzuwendende Abschlag;

H_M = der Abschlag bei täglicher Neubewertung;

N_R = die tatsächliche Anzahl an Geschäftstagen zwischen den Neubewertungen;

T_M = der Verwertungszeitraum für das betreffende Geschäft.

d) die Gegenparteien tragen der geringeren Liquidität von Vermögenswerten geringerer Qualität Rechnung. Bestehen Zweifel an der Liquidität einer Sicherheit, verlängern sie den Verwertungszeitraum. Sie stellen ferner fest, wo historische Daten möglicherweise eine Unterschätzung der potenziellen Volatilität bewirken. In solchen Fällen werden die Daten einem Stresstest unterzogen;
e) der historische Beobachtungszeitraum, den die Institute für die Berechnung der Abschläge heranziehen, beträgt mindestens ein Jahr. Bei Gegenparteien, die ein Gewichtungsschema oder andere Methoden verwenden, beträgt der effektive Beobachtungszeitraum mindestens ein Jahr; f) der Marktwert der Sicherheit wird wie folgt angepasst:

$C_{value} = C \times (1 - H)$

Dabei ist:

C = der Marktwert der Sicherheit;

H = der nach Buchstabe c berechnete Abschlag.

(2) Barnachschüsse können einem Abschlag von 0 % unterliegen.

(3) Bei Schuldverschreibungen, die von einer ECAI eingestuft wurden, können die Gegenparteien für jede Wertpapierkategorie ihre eigene Volatilitätsschätzung ermitteln.

(4) Bei der Abgrenzung der Wertpapierkategorien für die Zwecke von Absatz 3 tragen die Gegenparteien der Art des Emittenten, dem externen Rating der Wertpapiere, ihrer Restlaufzeit und ihrer modifizierten Laufzeit Rechnung. Die Volatilitätsschätzungen sind für die Wertpapiere, die in die Kategorie aufgenommen wurden, repräsentativ.

(5) Die Berechnung der Abschläge, die aus der Anwendung von Absatz 1 Buchstabe c resultieren, erfüllt sämtliche der folgenden Bedingungen:

a) eine Gegenpartei nutzt die Volatilitätsschätzungen in ihrem täglichen Risikomanagement – auch in Bezug auf ihre Risikolimits;
b) ist der von einer Gegenpartei genutzte Verwertungszeitraum länger als derjenige, der in Absatz 1 Buchstabe b für den betreffenden OTC-Derivatekontrakt festgelegt ist, so skaliert sie ihre Abschläge im Einklang mit der unter Buchstabe c dieses Absatzes angegebenen Wurzel-Zeit-Formel nach oben.

Anhang IV Standardisierte Methode für die Berechnung von Ersteinschüssen für die Zwecke der Artikel 9 bis 11

(1) Die Nominalbeträge oder gegebenenfalls die zugrunde liegenden Werte der OTC-Derivatekontrakte in einem Netting-Satz werden mit den Prozentsätzen in der nachstehenden Tabelle 1 multipliziert:

Tabelle 1

Kategorie	Faktor für Aufschläge
Kredit: 0–2 Jahre Restlaufzeit	2 %
Kredit: 2–5 Jahre Restlaufzeit	5 %

Kategorie	Faktor für Aufschläge
Kredit: Restlaufzeit 5 Jahre und darüber	10 %
Rohstoffe	15 %
Aktien	15 %
Devisen	6 %
Zinssatz und Inflation: 0–2 Jahre Restlaufzeit	1 %
Zinssatz und Inflation: 2–5 Jahre Restlaufzeit	2 %
Zinssatz und Inflation: 5 Jahre und darüber	4 %
Sonstiges:	15 %

(2) Die Brutto-Ersteinschüsse eines Netting-Satzes werden als Summe der in Absatz 1 genannten Produkte für alle OTC-Derivatkontrakte im Netting-Satz berechnet.

(3) Das nachstehende Verfahren wird auf Kontrakte angewandt, die in mehr als eine Kategorie fallen:
a) kann ein einschlägiger Risikofaktor für einen OTC-Derivatekontrakt klar ermittelt werden, so werden die Kontrakte der diesem Risikofaktor entsprechenden Kategorie zugeordnet;
b) ist die Anforderung gemäß Buchstabe a nicht erfüllt, so werden die Kontrakte der Kategorie zugeordnet, die unter den einschlägigen Kategorien den höchsten Faktor für Aufschläge aufweist;
c) die Ersteinschussanforderungen für einen Netting-Satz werden nach folgender Formel berechnet: Netto-Ersteinschuss = 0,4 × Brutto-Ersteinschuss + 0,6 × NGR × Brutto-Ersteinschuss.

Dabei
i) entspricht der Netto-Ersteinschuss dem reduzierten Wert für die Ersteinschussanforderung für alle OTC-Derivatekontrakte mit einer bestimmten Gegenpartei, die in einen Netting-Satz aufgenommen wurden;
ii) entspricht NGR dem Netto-brutto-Quotienten aus den Netto-Wiederbeschaffungskosten eines Netting-Satzes mit einer bestimmten Gegenpartei (Zähler) und den Brutto-Wiederbeschaffungskosten dieses Netting-Satzes (Nenner);
d) für die Zwecke von Buchstabe c entsprechen die Netto-Wiederbeschaffungskosten eines Netting-Satzes Null oder, sollte dieser Wert höher sein, der Summe der aktuellen Marktwerte aller OTC-Derivatekontrakte im Netting-Satz;
e) für die Zwecke von Buchstabe c entsprechen die Bruttowiederbeschaffungskosten eines Netting-Satzes der Summe der aktuellen Marktwerte aller im Einklang mit Artikel 11 Absatz 2 der Verordnung (EU) Nr. 648/2012 und Artikel 16 und 17 der Delegierten Verordnung (EU) Nr. 149/2013 berechneten OTC-Derivatekontrakte mit positiven Werten im Netting-Satz;
f) der in Absatz 1 genannte Nominalbetrag kann durch das Netting der Nominalbeträge der Kontrakte berechnet werden, die gegenläufig und ansonsten vollständig identische Merkmale hinsichtlich der Kontrakte aufweisen, ausgenommen in Bezug auf die Nominalbeträge.

Schrifttum: *Bundesverband deutscher Banken (BdB)*, Hintergrundinformationen und Erläuterungen zum EMIR-Anhang, Stand: 23.7.2013, abrufbar über: https://bankenverband.de („*BdB* Erläuterungen EMIR-Anhang"); *BdB*, Die neue EMIR-Besicherungsdokumentation zum deutschen Rahmenvertrag für Finanztermingeschäfte – Hintergründe und Erläuterungen, Stand: 19.4.2017, abrufbar über: https://bankenverband.de/media/uploads/2017/09/13/emir-besicherungsdokumentation-hintergrund-stand-18–03–2017.pdf („*BdB* Erläuterungen EMIR-Besicherungsdokumentation"); *Bundesanstalt für Finanzdienstleistungsaufsicht (BaFin)*, Häufige Fragen und Antworten der BaFin zur EMIR, Stand: 6.10.2016, abrufbar über: https://www.bafin.de („*BaFin* Q&A"); *Boos/Fischer/Schulte-Mattler* (Hrsg.), Kommentar zu Kreditwesengesetz, VO (EU) Nr. 575/2013 (CRR) und Ausführungsvorschriften, Band 2, 5. Aufl. 2016; *Cont*, Margin Requirements for Non-cleared Derivatives, April 2018, abrufbar über: https://www.isda.org/a/cpmEE/Margin-Requirements-for-Noncleared-Derivatives-April-2018.pdf; *Cloridaß/Müller* in Temporale (Hrsg.) Europäische Finanzmarktregulierung – Handbuch zu EMIR, MiFID II/MiFIR, PRIIPs, MAD/MAR, OTC-Derivaten und Hochfrequenzhandel, 2015; *Decker*, Sicherheitsstellung nach EMIR sowie AIFMD und die Auswirkungen auf deutsche Investmentfonds und deren Depotbanken RdF 2014, 23; *Europäische Wertpapier- und Marktaufsichtsbehörde (ESMA)*, „Fragen und Antworten – Umsetzung der Verordnung (EU) Nr. 648/2012 über OTC-Derivate, zentrale Gegenparteien und Transaktionsregister (EMIR)", ESMA70-1861941480-52 vom 30.5.2018, abrufbar über: https://www.esma.europa.eu („*ESMA* Q&A"); *Institut der Wirtschaftsprüfer in Deutschland e.V. (IDW)*, IDW Prüfungsstandard: Prüfung von Systemen nach § 20 WpHG bei nichtfinanziellen Gegenparteien, Stand 24.11.2016 („*IDW* Prüfungsstandard PS 920"); *Karl*, Die verschiedenen Formen der Edelmetalllagerung, Diskussionspapier vom 2.8.2015, abrufbar über: https://www.orsuisse.ch („*Karl* Edelmetalllagerungen"); *Köhling/Adler*, Der neue europäische Regulierungsrahmen für OTC-Derivate, WM 2012, 2125 und 2173; *Kommission*, „EMIR: Häufig gestellte Fragen", zuletzt aktualisiert am 10.7.2014, abrufbar über: http://ec.europa.eu („*Kommission* FAQ"); *Litten/Schwenk*, EMIR – Auswirkungen der OTC-Derivateregulierung auf Unternehmen der Realwirtschaft, DB 2013, 857 und 918; *London Bullion Market Association (LBMA)*, Good Delivery Rules für Goldbarren, abrufbar über: http://www.lbma.org.uk („*LBMA* Good Delivery Rules"); *Luz/Neus/Schaber/Schneider/Wagner/Weber* (Hrsg.), Kommentar zu KWG, CRR, FKAG, SolvV, Wu-

SolvV, GroMiKV, LiqV und weiteren aufsichtsrechtlichen Vorschriften, Band 2, 3. Aufl. 2015; *Martens* in Derleder/ Knops/Bamberger (Hrsg.), Deutsches und europäisches Bank- und Kapitalmarktrecht, Band 2, 3. Aufl. 2017, § 60; *Meyer/ Rieger*, Umsetzungsprozess in der heißen Phase, Die Bank 4.2012, 16; *Pankoke/Wallus*, Europäische Derivateregulierung und M&A, WM 2014, 4; *Pietrzak*, Anforderungen und Geschäftsmodelle für OTC Derivate Clearing Häuser, ZfgK 2013, 400; *Reiner*, ISDA Master Agreements, 1. Aufl. 2013; *Schuster/Ruschkowski*, EMIR – Überblick und ausgewählte Aspekte, ZBB/JBB 2014, 123; *Vause*, Counterparty risk and contract volumes in the credit default swap market, Bank für Internationalen Zahlungsausgleich (BIZ) Quarterly Review (QR) Dezember 2010, S. 59, abrufbar über: https://www.bis.org („*Vause*, BIZ QR 12/2010"); *Wieland/Weiß*, EMIR – die Regulierung des europäischen OTC-Derivatemarktes, Corporate Finance Law 2013, 73; *Wulff/Kloka*, Umsetzung von EMIR-Pflichten im Zusammenhang mit nicht-geclearten Derivategeschäften, WM 2015, 215; *Zerey* (Hrsg.), Finanzderivate, Rechtshandbuch, 4. Aufl. 2016.

I. Zweck, Wesen und Inhalt der Risikominderungspflichten (Art. 11 Abs. 1–4 und 12 VO Nr. 648/2012)	1
II. Anwendungsbereich der Risikominderungspflichten	9
1. Persönlicher Anwendungsbereich	9
a) Sämtliche Gegenparteien	10
b) Clearingpflichtige Gegenparteien	11
c) Finanzielle Gegenparteien	12
d) Drittstaatenbezug	13
e) Kollision mit Risikominderungspflichten eines Drittstaates	15
2. Sachlicher Anwendungsbereich	20
3. Zeitlicher Anwendungsbereich	26
4. Ausnahmen vom Anwendungsbereich	32
a) Staatliche und internationale Einrichtungen	32
b) C.6-Energiederivatkontrakte	33
c) Vom Begriff nichtfinanzielle Gegenpartei ausgenommene Einrichtungen	36
5. Überarbeitung der EMIR	39
III. Ausgestaltung der Risikominderungspflichten	43
1. Zeitnahe Bestätigung von OTC-Derivaten (Art. 12 DelVO Nr. 149/2013)	43
a) Anwendungsbereich	43
b) Begriff und Zweck der Bestätigung	44
c) Form der Bestätigung	52
d) Fristen für die Bestätigung (Art. 12 Abs. 1 und 2 DelVO Nr. 149/2013)	55
aa) Grundsatz: T+1 oder T+2	56
bb) Ausnahme: Spätgeschäfte (Art. 12 Abs. 3 DelVO Nr. 149/2013)	61
e) Erfassung und Meldung ausstehender Bestätigungen (Art. 12 Abs. 4 DelVO Nr. 149/2013)	64
2. Portfolioabgleich (Art. 13 DelVO Nr. 149/2013)	69
a) Anwendungsbereich	69
b) Begriff und Zweck des Portfolioabgleichs	70
c) Zeitpunkt und Form der Vereinbarung über den Portfolioabgleich	76
d) Gegenstand des Portfolioabgleichs (Art. 13 Abs. 2 DelVO Nr. 149/2013)	80
e) Häufigkeit des Portfolioabgleichs (Art. 13 Abs. 3 DelVO Nr. 149/2013)	84
3. Streitbeilegung (Art. 15 DelVO Nr. 149/2013)	89
a) Anwendungsbereich	89
b) Begriff und Zweck Streitbeilegung	90
c) Zeitpunkt und Form der Vereinbarung über die Streitbeilegung	92
d) Gegenstand der Streitbeilegung	94
e) Verfahren der Streitbeilegung und Fristen	96
f) Aufzeichnungspflichten (Art. 15 Abs. 1 Buchst. a DelVO Nr. 149/2013)	98
g) Meldepflichten (Art. 15 Abs. 2 DelVO Nr. 149/2013)	102
4. Portfoliokomprimierung (Art. 14 DelVO Nr. 149/2013)	107
a) Anwendungsbereich	107
b) Begriff und Zweck der Portfoliokomprimierung	108
c) Gegenstand der durch Art. 14 DelVO 149/2013 begründeten Pflicht	112
d) Häufigkeit der Portfoliokomprimierung	117
e) Behandlung der durch die Portfoliokomprimierung begründeten neuen OTC-Derivate	118
5. Tägliche Bewertung von OTC-Derivaten (Art. 16 und 17 der DelVO Nr. 149/2013)	120
a) Anwendungsbereich	120
b) Fristen für die Bewertung	121
c) Bewertungsverfahren	122
6. Zeitnahe Dokumentation der Vertragsbestimmungen (Art. 2 Abs. 2 Unterabs. 1 Buchst. g DelVO 2016/2251)	129
a) Anwendungsbereich	129
b) Gegenstand der Dokumentationspflicht	130
aa) Mindestinhalt der Vereinbarungen (Art. 2 Abs. 2 Unterabs. 2 und Art. 3 DelVO 2016/2251)	131
(1) Zahlungsverpflichtungen	133
(2) Verrechnung von Zahlungsverpflichtungen (Payment Netting)	136
(3) Ausfallereignisse (Events of Default)	138
(4) Berechnungsmethoden	139
(5) Liquidationsnetting (Close-out Netting)	140
(6) Anwendbares Recht	142
(7) Höhe der Sicherheiten	144
(8) Verwahrung bzw. Segregierung der Ersteinschüsse	146
(9) Besichertes Portfolio	149
(10) Bestätigung von Sicherheitsleistungen	155
(11) Angaben zu Konten und Depots	157
bb) Zeitnaher Abschluss der Vereinbarungen	158
cc) Prüfung der rechtlichen Durchsetzbarkeit der vertraglichen Vereinbarungen (Art. 2 Abs. 3 und 4 DelVO 2016/2251)	161
7. Risikomanagementverfahren (Art. 2 Abs. 1 und 2 DelVO 2016/2251)	173
a) Anwendungsbereich	173
b) Gegenstand des Risikomanagementverfahrens	174
aa) Geeignete Sicherheiten	177
bb) Berechnung, Anforderung und Entgegennahme von Sicherheiten	179
cc) Verwaltung und Trennung von Ersteinschüssen	181
dd) Bewertung von Sicherheiten	184
ee) Informationsaustausch	186
ff) Umgang mit den Freistellungen von der Besicherungspflicht	187
gg) Überprüfung der Liquidität der Sicherheiten	192
hh) Verfahren bei Ausfall einer Gegenpartei	196
ii) Gruppeninterne Geschäfte	199
c) Validierung des Risikomanagementverfahrens (Art. 2 Abs. 5 DelVO 2016/2251)	203
d) Vorlagepflicht (Art. 2 Abs. 6 DelVO 2016/2251)	204

8. Besicherungspflicht (Art. 11 Abs. 3 VO
   Nr. 648/2012) 205
   a) Anwendungsbereich 206
      aa) Persönlicher Anwendungsbereich 206
      bb) Sachlicher Anwendungsbereich 207
         (1) Geclearte OTC-Derivate 207
         (2) Gekaufte Optionen 208
         (3) Freistellungen nach Kapitel II der
             DelVO 2016/2251 210
      cc) Zeitlicher Anwendungsbereich 212
   b) Geeignete Sicherheiten 217
      aa) Anerkennungsfähige Arten von Sicherheiten (Art. 4 Abs. 1 DelVO 2016/2251) 217
         (1) Barsicherheiten 224
         (2) Barrengold 228
         (3) Schuldverschreibungen der Zentralregierungen und Zentralbanken der Mitgliedstaaten 232
         (4) Schuldverschreibungen der nullgewichteten regionalen und lokalen Gebietskörperschaften der Mitgliedstaaten 233
         (5) Schuldverschreibungen der nullgewichteten öffentlichen Stellen der Mitgliedstaaten 237
         (6) Schuldverschreibungen der sonstigen regionalen und lokalen Gebietskörperschaften der Mitgliedstaaten 240
         (7) Schuldverschreibungen der sonstigen öffentlichen Stellen der Mitgliedstaaten . 242
         (8) Schuldverschreibungen der multilateralen Entwicklungsbanken 243
         (9) Schuldverschreibungen der internationalen Organisationen 246
         (10) Schuldverschreibungen der Zentralregierungen und Zentralbanken von Drittstaaten 249
         (11) Schuldverschreibungen der öffentlichen Stellen von Drittstaaten 250
         (12) Schuldverschreibungen der regionalen und lokalen Gebietskörperschaften von Drittstaaten 253
         (13) Schuldverschreibungen der Institute ... 254
         (14) Schuldverschreibungen der Unternehmen 257
         (15) Verbriefungstranchen 261
         (16) Wandelschuldverschreibungen 272
         (17) Aktien eines Hauptindexes 275
         (18) Fondsanteile 276
      bb) Korrelationsrisiken (Art. 4 Abs. 2 DelVO 2016/2251) 278
         (1) Sicherungsgebende Partei 281
         (2) Verbundene Unternehmen 282
         (3) Sonstige Korrelationsrisiken 283
      cc) Beurteilung der Bonität empfangener Sicherheiten (Art. 6 DelVO 2016/2251) . 288
         (1) Anwendungsbereich der Beurteilungspflicht 292
         (2) IRB-Ansatz (Art. 6 Abs. 1 Buchst. a und b DelVO 2016/2251) 296
         (3) Standardansatz (Art. 6 Abs. 1 Buchst. c DelVO 2016/2251) 310
         (4) Zuordnung von Beurteilungen zu Bonitätsstufen (Art. 6 Abs. 4 und 6 DelVO 2016/2251) 320
         (5) Mitteilungspflicht (Art. 6 Abs. 5 DelVO 2016/2251) 333
      dd) Mindestbonitätsstufen und Liquiditätsanforderungen (Art. 7 DelVO 2016/2251) 336
         (1) Keine Bonitätsanforderungen 337
      (2) Mindestbonitätsstufe 3 (Art. 7 Abs. 1 DelVO 2016/2251) 342
      (3) Mindestbonitätsstufe 4 (Art. 7 Abs. 2 DelVO 2016/2251) 344
      (4) Vereinbarung über Sicherheiten, die nicht mehr über die erforderliche Mindestbonitätsstufe verfügen (Art. 7 Abs. 3 und 4 DelVO 2016/2251) 346
      (5) Liquiditätsanforderungen (Art. 7 Abs. 5 DelVO 2016/2251) 355
      ee) Konzentrationsgrenzen (Art. 8 DelVO 2016/1225) 359
         (1) Erste Konzentrationsgrenze (Art. 8 Abs. 1 DelVO 2016/2251) 363
         (2) Zweite Konzentrationsgrenze (Art. 8 Abs. 2 DelVO 2016/2251) 377
         (3) Altersversorgungssysteme (Art. 8 Abs. 4 DelVO 2016/2251) 394
         (4) Aufteilung von Bareinlagen (Art. 8 Abs. 5 DelVO 2016/2251) 395
         (5) Ausnahmen (Art. 8 Abs. 6 DelVO 2016/2251) 398
         (6) Überwachung der Konzentrationsgrenzen (Art. 8 Abs. 7 und 8 DelVO 2016/2251) 400
      ff) Anteile an OGAW (Art. 5 DelVO 2016/2251) 401
         (1) Tägliche Kursfeststellung 402
         (2) Investition in zulässige Vermögenswerte 405
         (3) Mindestbonitätsstufen 412
         (4) Zulässige Derivate 416
         (5) Erfüllung der Anforderungen aus Art. 132 Abs. 3 VO Nr. 575/2013 420
         (6) Abzug von nicht geeigneten Vermögenswerten und negativen Barwerten 423
   c) Nachschüsse (variation margin) 430
      aa) Begriff und Zweck der Nachschüsse (Art. 1 Nr. 2 DelVO 2016/2251) 430
      bb) Höhe des Nachschusses (Art. 10 DelVO 2016/2251) 433
         (1) Netting-Satz (Art. 1 Nr. 3 DelVO 2016/2251) 434
         (2) Berücksichtigung historischer Nachschüsse 439
      cc) Häufigkeit der Berechnung (Art. 9 DelVO 2016/2251) 453
         (1) Tägliche Berechnung durch beide Gegenparteien 454
         (2) Für die Berechnung maßgebliches Derivateportfolio, Spätgeschäfte 457
      dd) Leistung der Nachschüsse (Art. 12 DelVO 2016/2251) 462
         (1) Leistungsbegriff (Art. 12 Abs. 1 DelVO 2016/2251) 465
         (2) Ersteinschüsse und Nachschüsse (Art. 12 Abs. 2 DelVO 2016/2251) 472
         (3) Bestrittene Nachschüsse (Art. 12 Abs. 3 DelVO 2016/2251) 479
      ee) Vollrechtsübertragung 481
   d) Ersteinschüsse (initial margin) 485
      aa) Begriff und Zweck der Ersteinschüsse (Art. 1 Nr. 1 DelVO 2016/2251) 485
      bb) Höhe der Ersteinschüsse (Art. 11 Abs. 1 und 3–6 DelVO 2016/2251) 488
         (1) Standardansatz (Anhang IV DelVO 2016/2251) 493
         (2) Modelle (Art. 14–18 DelVO 2016/2251) 501
      cc) Aufrechnungsverbot (Art. 11 Abs. 2 DelVO 2016/2251) 531

dd) Häufigkeit der Berechnung (Art. 9
 Abs. 2 DelVO 2016/2251) 535
(1) Neuabschluss eines OTC-Derivates ... 539
(2) Beendigung eines OTC-Derivates 543
(3) Leistungen unter einem OTC-Derivat .. 547
(4) Verkürzung der Restlaufzeit eines
 OTC-Derivates 549
(5) Rückfalllösung 551
(6) Für die Berechnung maßgebliches
 Derivateportfolio, Spätgeschäfte 553
ee) Devisenkontrakte (Art. 27 DelVO 2016/
 2251) 554
ff) Schwellenwerte (Art. 28 und 29 DelVO
 2016/2251) 560
(1) Nominalbetrags-Schwellenwert
 (8 Mrd. Euro) 563
(2) Ersteinschuss-Schwellenwert
 (50 Mio. Euro) 572
gg) Leistung der Ersteinschüsse (Art. 13
 DelVO 2016/2251) 586
hh) Anforderungen an das Halten von Ersteinschüssen (Art. 13 Abs. 1, Art. 19 und
 20 DelVO 2016/2251) 590
(1) Vom Sicherungsgeber gehaltene Barsicherheiten 598
(2) Vom Sicherungsnehmer gehaltene Barsicherheiten 613
(3) Vom Sicherungsgeber gehaltene unbare
 Sicherheiten 620
(4) Vom Sicherungsnehmer gehaltene
 unbare Sicherheiten 630
(5) Rechtliche Durchsetzbarkeit der Trennungsmaßnahmen (Art. 19 Abs. 6 und 7
 DelVO 2016/2251) 635
(6) Beurteilung der Bonität von Kreditinstituten (Art. 19 Abs. 8 DelVO 2016/2251) 640
(7) Verwendungsverbot (Art. 20 DelVO
 2016/2251) 643
e) Berechnung von Einschüssen bei Drittstaatenbezug (Art. 26 DelVO 2016/2251) 646
f) Bewertung und Verwaltung von Sicherheiten
 (Art. 19 Abs. 1 und 2 DelVO 2016/2251) ... 649
aa) Tägliche Bewertung (Art. 19 Abs. 1
 Buchst. a DelVO 2016/2251) 651
bb) Bewertungsabschläge (Art. 21 und 22
 DelVO 2016/2251) 656
cc) Verwahrung durch Dritte (Art. 19
 Abs. 1 Buchst. b DelVO 2016/2251) ... 669
dd) Ersetzung von Sicherheiten (Art. 19
 Abs. 2 DelVO 2016/2251) 673
g) Freistellungen von der Besicherungspflicht . 674
aa) Als Kreditinstitute zugelassene CCPs
 (Art. 23 DelVO 2016/2251) 674
bb) Nichtfinanzielle Gegenparteien
 (Art. 24 DelVO 2016/2251) 679
cc) Mindesttransferbetrag (Art. 25 DelVO
 2016/2251) 681
(1) Zweck und Gegenstand des Mindesttransferbetrages 682
(2) Anwendung des Mindesttransferbetrages 687
(3) Zulässige Gestaltungsmöglichkeiten ... 690
dd) Gedeckte Schuldverschreibungen
 (Art. 30 DelVO 2016/2251) 695
ee) Mangelnde Durchsetzbarkeit von Nettingvereinbarungen oder Abgrenzungsmaßnahmen (Art. 31 DelVO 2016/2251) 706
h) Übergangsvorschriften 726
aa) Neuabschlüsse 726

bb) Schrittweise Einführung der Ersteinschussverpflichtung (Art. 36 DelVO
 2016/2251) 728
(1) Größenabhängige Stichtage (Art. 36
 Abs. 1 DelVO 2016/2251) 729
(2) Gruppeninterne Geschäfte mit Drittstaatenbezug (Art. 36 Abs. 2 und 3
 DelVO 2016/2251) 733
cc) Schrittweise Einführung der Nachschusspflicht (Art. 37 DelVO 2016/2251) 736
(1) Größenabhängige Stichtage (Art. 37
 Abs. 1 DelVO 2016/2251) 736
(2) Devisentermingeschäfte (Art. 37 Abs. 2
 DelVO 2016/2251) 738
(3) Gruppeninterne Geschäfte mit Drittstaatenbezug (Art. 37 Abs. 3 und 4
 DelVO 2016/2251) 742
dd) Aktienderivate (Art. 38 Abs. 1 DelVO
 2016/2251) 743
ee) Gruppeninterne Geschäfte (Art. 38
 Abs. 2 DelVO 2016/2251) 748
9. Eigenkapitalausstattung (Art. 11 Abs. 4 VO
 Nr. 648/2012) 751
10. Sanktionen 755
**IV. Freistellung von gruppeninternen Geschäften
 (Art. 11 Abs. 5–11 VO Nr. 648/2012)** 757
1. Anzeige und Genehmigungsverfahren 759
a) Gegenparteien in demselben Mitgliedstaat
 (Art. 11 Abs. 5 VO Nr. 648/2012) 765
b) Gegenparteien in unterschiedlichen Mitgliedstaaten (Art. 11 Abs. 6, 7 und 10 VO
 Nr. 648/2012) 767
aa) Genehmigung nach Art. 11 Abs. 6 VO
 Nr. 648/2012 771
bb) Anzeigeverfahren nach Art. 11 Abs. 7
 VO Nr. 648/2012 783
cc) Kombiniertes Genehmigungs- und
 Anzeigeverfahren nach Art. 11 Abs. 10
 VO Nr. 648/2012 786
c) Drittstaatenbezug (Art. 11 Abs. 8 und 9 VO
 Nr. 648/2012) 790
aa) Genehmigung nach Art. 11 Abs. 8 VO
 Nr. 648/2012 794
bb) Anzeigeverfahren nach Art. 11 Abs. 9
 VO Nr. 648/2012 796
2. Vorprüfverfahren nach Art. 36 und 37 DelVO
 2016/2251 798
3. Anforderungen an gruppeninterne Geschäfte . 801
a) Risikomanagement 801
b) Abwesenheit tatsächlicher oder rechtlicher
 Hindernisse für die Übertragung von Eigenkapital 805
aa) Rechtliche Hindernisse (Art. 33 DelVO
 2016/2251) 809
bb) Praktische Hindernisse (Art. 34 DelVO
 2016/2251) 817
4. Reichweite der Freistellung 821
5. Veröffentlichungspflicht 823
**V. Vermeidung von Aufsichtsarbitrage (Art. 11
 Abs. 13 VO Nr. 648/2012)** 827
**VI. Technische Regulierungsstandards (Art. 11
 Abs. 14 und 15 VO Nr. 648/2012)** 830
1. DelVO Nr. 149/2013 831
2. DelVO Nr. 285/2014 832
3. DelVO 2016/2251 833
VII. Ausblick 834

… Art. 11 VO Nr. 648/2012 | Risikominderungstechniken

1 **I. Zweck, Wesen und Inhalt der Risikominderungspflichten (Art. 11 Abs. 1–4 und 12 VO Nr. 648/2012).** Zweck der durch Art. 11 VO Nr. 648/2012 begründeten Risikominderungspflichten ist die Reduzierung des **operationellen Risikos** und des **Gegenparteiausfallrisikos**[1].

2 In Art. 11 Abs. 1–4 VO Nr. 648/2012 ausdrücklich genannt sind die Pflicht zur rechtzeitigen Bestätigung von OTC-Derivaten, die Pflicht zur Einrichtung von Verfahren über den Portfolioabgleich und die Streitbeilegung, die Pflicht zur täglichen Bewertung der OTC-Derivate, die Pflicht zur Einrichtung von Risikomanagementverfahren, die auch den Austausch angemessener Sicherheiten vorsehen müssen, und die Pflicht, eine angemessene Eigenkapitalausstattung vorzuhalten.

3 Die in Art. 11 Abs. 1 VO Nr. 648/2012 gewählte Formulierung „umfassen zumindest" verdeutlicht, dass die Aufzählung der Risikominderungspflichten **nicht abschließend zu verstehen** ist. Von der in Art. 11 Abs. 14 Buchst. a VO Nr. 648/2012 vorgesehenen Möglichkeit, weitere Risikominderungstechniken vorzuschreiben, die das operationelle Risiko und das Gegenparteiausfallrisiko reduzieren, hat die Kommission in Art. 14 DelVO Nr. 149/2013 Gebrauch gemacht. Danach müssen Gegenparteien mit großen Portfolien auch prüfen, ob sie das Gegenparteiausfallrisiko durch Verfahren der Portfoliokomprimierung (portfolio compression) verringern können.

4 Darüber hinaus begründet die auf Grundlage des Art. 11 Abs. 15 Buchst. a VO Nr. 648/2012 erlassene Bestimmung des Art. 2 Abs. 2 Unterabs. 1 Buchst. g DelVO 2016/2251 die Verpflichtung der Gegenparteien, spätestens bei Abschluss eines OTC-Derivates geeignete Rahmenvereinbarungen abzuschließen, mit denen sie die in Art. 2 Abs. 2 Unterabs. 2 und Art. 3 DelVO 2016/2251 näher beschriebenen Bestimmungen z.B. über das Liquidationsnetting festlegen.

5 Hiernach begründen Art. 11 VO Nr. 648/2012 und die auf ihrer Grundlage erlassenen DelVO Nr. 149/2013 und DelVO 2016/2251 folgende Risikominderungspflichten:
– Zeitnahe Bestätigung von OTC-Derivaten
– Portfolioabgleich
– Streitbeilegung
– Portfoliokomprimierung
– Tägliche Bewertung von OTC-Derivaten
– Zeitnahe Dokumentation der Vertragsbestimmungen
– Risikomanagementverfahren
– Besicherungspflicht

6 Bei den vorstehend genannten Pflichten handelt es sich um allgemeine Organisationspflichten. Sie erfüllen eine ähnliche Funktion wie **§ 25a Abs. 1 Satz 3 KWG**[2] und die ihn ergänzenden Mindestanforderungen für das Risikomanagement (**MaRisk**)[3], die von deutschen Kredit- und Finanzdienstleistungsinstituten verlangt, dass sie eine ordnungsgemäße Geschäftsorganisation vorhalten, die insbesondere Prozesse zur Identifizierung, Beurteilung und Steuerung von Risiken vorsieht. Dies führt in Teilbereichen, wie z.B. der Pflicht zur rechtzeitigen Bestätigung von Einzelabschlüssen[4], zu Überschneidungen.

7 Der vom Gesetzgeber gewählte Ansatz, die durch Art. 11 VO Nr. 648/2012 begründeten Pflichten als **allgemeine Organisationspflichten** auszugestalten, führt dazu, dass europäische Gegenparteien die von ihnen einzurichtenden Verfahren auch auf solche OTC-Derivate anwenden müssen, die sie mit **Kontrahenten in Drittstaaten** abschließen[5]. Sachgerechter wäre es gewesen, die Technik des Art. 4 Abs. 1 Buchst. a VO Nr. 648/2012 auch für Art. 11 VO Nr. 648/2012 zu nutzen und, wie bei Art. 11 Abs. 12 VO Nr. 648/2012, den sachlichen Anwendungsbereich der Pflichten für jeden OTC-Derivatekontrakt gesondert zu definieren. Tatsächlich ist dieser Ansatz in den technischen Regulierungsstandards teilweise aufgegriffen worden[6]. Davon zu trennen

---

1 Erwägungsgrund Nr. 24 VO Nr. 648/2012.
2 *Litten/Schwenk*, DB 2013, 857, 861; *Achtelik/Steinmüller* in Wilhelmi/Achtelik/Kunschke/Sigmundt, Handbuch EMIR, Teil 3.B.II Rz. 1.
3 BaFin, MaRisk, BA 54-FR 2210-2017/0002 vom 27.10.2017, abrufbar über: https://www.bafin.de/SharedDocs/Downloads/DE/Rundschreiben/dl_rs0917_marisk_Endfassung_2017_pdf_ba.pdf;jsessionid=3C9EB966208B98EEFA667571EFFFA3F6.2_cid298?__blob=publicationFile&v=5 („*BaFin* MaRisk").
4 S. BTO 2.2.2 Tz. 2 BaFin MaRisk: „Grundsätzlich sind Handelsgeschäfte unverzüglich schriftlich oder in gleichwertiger Form zu bestätigen."
5 Europäische Wertpapier- und Marktaufsichtsbehörde (ESMA), „Fragen und Antworten – Umsetzung der Verordnung (EU) Nr. 648/2012 über OTC-Derivate, zentrale Gegenparteien und Transaktionsregister (EMIR)", ESMA70-1861941480-52 vom 30.5.2018, abrufbar über: https://www.esma.europa.eu/sites/default/files/library/esma70-1861941480-52_qa_on_emir_implementation.pdf („*ESMA* Q&A") OTC Frage Nr. 12(b) [letzte Aktualisierung: 20.3.2014].
6 S. Art. 24 DelVO 2016/2251. Danach können nichtfinanzielle Gegenparteien von der Pflicht zum Austausch von Einschüssen ausgenommen werden. Für *nichtfinanzielle* Gegenparteien mit Niederlassung in einem Drittstaat gilt dies auch, wenn sie im *Falle der fiktiven* Sitzverlegung in die Union, als nichtfinanzielle Gegenpartei unterhalb der Clearingschwelle gelten würden. Dieser Ansatz entspricht Art. 4 Abs. 1 Buchst. a Ziff. iv) VO Nr. 648/2012.

ist die Frage, ob die mit der Ausgestaltung der Risikominderungspflichten als Organisationspflichten verbundene faktische extraterritoriale Wirkung völkerrechtlich gerechtfertigt ist[1].

In den U.S.A. hat die U.S. Commodity Futures Trading Commission (CFTC) auf Basis des Dodd-Frank Wall Street Reform and Consumer Protection Act (Dodd-Frank-Act) vom 21.7.2010[2] zwei Richtlinien (final rules) erlassen[3], mit denen sie bestimmten Gegenparteien – den swap dealern[4] und den major swap participants[5] – im Wesentlichen vergleichbare Risikominderungspflichten auferlegte. Hierzu zählen insbesondere die zeitnahe Bestätigung von OTC-Derivaten (17 CFR § 23.501), der Portfolioabgleich und die Streitbeilegung (17 CFR § 23.502), die Portfoliokomprimierung (17 CFR § 23.503), die zeitnahe Dokumentation der Vertragsbestimmungen (17 CFR § 23.504) und die Besicherungspflicht (17 CFR § 23.150–23.162). Wegen der Einzelheiten wird auf die nachstehenden Kommentierungen verwiesen. 8

II. Anwendungsbereich der Risikominderungspflichten. 1. Persönlicher Anwendungsbereich. Der persönliche Anwendungsbereich der durch Art. 11 VO Nr. 648/2012 und DelVO Nr. 149/2013 und DelVO 2016/2251 begründeten Pflichten ist unterschiedlich geregelt[6]. 9

a) Sämtliche Gegenparteien. Die in Art. 11 Abs. 1 VO Nr. 648/2012 vorgeschriebenen Verfahren für die zeitnahe Bestätigung von OTC-Derivaten, den Portfolioabgleich und die Streitbeilegung gelten für sämtliche Gegenparteien, einschließlich der nichtfinanziellen Gegenparteien unterhalb der Clearingschwelle[7]. Denselben persönlichen Anwendungsbereich haben die Portfoliokomprimierung nach Art. 14 DelVO Nr. 149/2013 und die Pflicht zur Einrichtung von Risikomanagementverfahren und zur zeitnahen Dokumentation der Vertragsbestimmungen nach Art. 2 DelVO 2016/2251. 10

b) Clearingpflichtige Gegenparteien. Die tägliche Bewertung von OTC-Derivaten zu Markt- oder Modellpreisen und der zeitnahe Austausch von Sicherheiten bzw. Einschüssen sind nach Art. 11 Abs. 2 und 3 VO Nr. 648/ 2012 und Art. 24 DelVO 2016/2251 nur für clearingpflichtige Gegenparteien vorgeschrieben. Eine nichtfinanzielle Gegenparteien ist clearingpflichtig und unterliegt der Bewertungs- und Besicherungspflicht, wenn und sobald sie die Bedingungen des Art. 10 Abs. 1 Buchst. b VO Nr. 648/2012 erfüllt, d.h., wenn sie nicht der Absicherung von Risiken dienende OTC-Derivate in einem Umfang tätigt, der die Clearingschwelle nachhaltig übersteigt. Finanzielle Gegenparteien müssen die vorstehend genannten Risikominderungstechniken auch dann anwenden, wenn die von ihnen abgeschlossenen OTC-Derivate der Absicherung von Risiken dienen. 11

c) Finanzielle Gegenparteien. Die angemessene Eigenkapitalausstattung gilt nach Art. 10 Abs. 4 VO Nr. 648/ 2012 nur für finanzielle Gegenparteien. Ebenfalls auf finanzielle Gegenparteien beschränkt, ist die Pflicht zur Einrichtung von Verfahren für die Erfassung der länger als fünf Geschäftstage **ausstehenden Bestätigungen** (confirmation backlog) und deren auf Anforderung der zuständigen Behörde vorzunehmende Meldung nach Art. 12 Abs. 4 DelVO Nr. 149/2013 sowie die in Art. 15 Abs. 2 DelVO Nr. 149/2013 verorte Verpflichtung zur Meldung der **nicht rechtzeitig abgeschlossenen Streitbeilegungsverfahren**. 12

---

1 Zu den extraterritorialen Wirkungen der EMIR s. Vor Art. 1 ff. VO Nr. 648/2012 Rz. 35–38. Kritisch zum faktisch extraterritorial wirkenden Ansatz Achtelik/Steinmüller in Wilhelmi/Achtelik/Kunschke/Sigmundt, Handbuch EMIR, Teil 3.B.II Rz. 8.
2 S. https://www.gpo.gov/fdsys/pkg/PLAW-111publ203/html/PLAW-111publ203.htm.
3 U.S. CFTC, Final Rule, Confirmation, Portfolio Reconciliation, Portfolio Compression, and Swap Trading Relationship Documentation Requirements for Swap Dealers and Major Swap Participants, Federal Register/Vol. 77, Nr. 176, S. 55904 vom 11.9.2012, abrufbar über: http://www.cftc.gov/idc/groups/public/@lrfederalregister/documents/file/2012-21414a. pdf („U.S. CFTC 77 FR 55904") und U.S. CFTC, Final Rule, Margin Requirements for Uncleared Swaps for Swap Dealers and Major Swap Participants, Federal Register/Vol. 81, Nr. 3, S. 636 vom 6.1.2016, abrufbar über: http://www.cftc.gov/ idc/groups/public/@lrfederalregister/documents/file/2015-32320a.pdf („U.S. CFTC 81 FR 636").
4 Der Begriff „swap dealer" ist in 7 U.S. Code § 1a(49) definiert und meint damit jede Person, die sich (i) als Swap-Dealer ausgibt; (ii) als Market Maker einen Markt für Swaps bildet; (iii) regelmäßig Swaps mit Kontrahenten für eigene Rechnung eingeht oder (iv) eine Tätigkeit ausübt, die dazu führt, dass sie im Markt als Händler oder Market Maker für Swaps bekannt ist.
5 Ein „major swap participant" oder „MSP" ist nach 7 U.S. Code § 1a(33) eine Person, die entweder (i) eine wesentliche Position (substantial position) in einer der wichtigsten Swap-Kategorien innehat oder (ii) deren ausstehende Swaps ein erhebliches Kontrahentenrisiko darstellen, das schwerwiegende negative Auswirkungen auf die finanzielle Stabilität des Bankensystems oder der Finanzmärkte der U.S.A. haben könnte. Oder (iii) das als Finanzinstitut über einen hohen Verschuldungsgrad (leverage) verfügt, nicht den Eigenkapitalanforderungen einer Aufsichtsbehörde des Bundes unterliegt und eine wesentliche Position in einer der wichtigsten Swap-Kategorien innehat. Der Begriff „substantial position" ist von der CFTC näher bestimmt worden. Hierfür wendet sie zwei Tests an. Der erste Test ist bestanden, wenn die Gegenparteien über ein nicht besichertes aktuelles Ausfallrisiko aus Derivaten von mehr als 1 Mrd. USD (bzw. 3 Mrd. USD für Zinsderivaten) verfügt. Der zweite Test berücksichtigt auch das potentielle zukünftige Ausfallrisiko, das wie bei der bankaufsichtlichen Marktbewertungsmethode über Aufschläge (add-ons) zu ermitteln ist. Der Schwellenwert für das Gesamtausfallrisiko aus Derivaten beträgt 3 Mrd. USD (bzw. 6 Mrd. USD für Zinsderivaten).
6 S. auch den Überblick bei Achtelik/Steinmüller in Wilhelmi/Achtelik/Kunschke/Sigmundt, Handbuch EMIR, Teil 3.B.II Rz. 6.
7 ESMA Q&A OTC Frage Nr. 12(c) [letzte Aktualisierung: 20.3.2014].

13 **d) Drittstaatenbezug.** Gemeinsam ist den in Art. 11 VO Nr. 648/2012 begründeten Pflichten, dass sie grundsätzlich nur von den **in der Union** niedergelassenen Gegenparteien zu beachten sind. Eine Ausnahme ist in Art. 11 Abs. 12 VO Nr. 648/2012 nur für die zwischen **Drittstaateinrichtungen** abgeschlossenen OTC-Derivate mit unmittelbarer, wesentlicher und vorhersehbarer Auswirkung auf die Union vorgesehen.

14 Von der in Art. 11 Abs. 14 Buchst. e VO Nr. 648/2012 vorgesehenen Befugnis, diejenigen OTC-Derivate zu bestimmen, die **unmittelbare, wesentliche und vorhersehbare Auswirkungen innerhalb der Union** entfalten oder bei denen Umgehungen entgegen zu wirken ist, hat die Kommission mit ihrer DelVO Nr. 285/2014 Gebrauch gemacht. Nach Art. 2 DelVO 285/2014 sind unmittelbare, wesentliche und vorhersehbare Auswirkungen u.a. dann anzunehmen, wenn die betreffende Drittstaateinrichtung Tochterunternehmen einer europäischen Muttergesellschaft ist, die für die Erfüllung der Verpflichtungen ihre Tochter eine Garantie übernommen hat und wenn das Derivateportfolio der Tochter ein sehr großes Volumen aufweist, das beide Schwellenwerte des Art. 2 DelVO 285/2014, den aggregierten Nominalbetrag von mindestens 8 Mrd. Euro und fünf Prozent der Werte der von der Muttergesellschaft abgeschlossenen OTC-Derivate, überschreitet. Wegen der Einzelheiten der DelVO Nr. 285/2014 wird auf die Kommentierung zu Art. 4 VO Nr. 648/2012 Rz. 10–32 verwiesen.

15 **e) Kollision mit Risikominderungspflichten eines Drittstaates.** Wie bereits in Rz. 7 erwähnt, führt der vom Gesetzgeber gewählte Ansatz, die durch Art. 11 VO Nr. 648/2012 begründeten Pflichten als **allgemeine Organisationspflichten** auszugestalten dazu, dass europäische Gegenparteien die von ihnen einzurichtenden Verfahren auch auf solche OTC-Derivate anwenden müssen, die sie mit **Kontrahenten in Drittstaaten** abschließen[1].

16 Dies führt zum einen dazu, dass europäische Gegenparteien die in Art. 11 VO Nr. 648/2012 geforderten Risikominderungstechniken auch dann zum Einsatz bringen müssen, wenn der Kontrahent in seinem Drittstaat **keinen vergleichbaren Regelungen** unterliegt. Für die Besicherungspflicht hat dies die Kommission unter Hinweis auf gleichwertige Wettbewerbsbedingungen in den Erwägungsgründen der DelVO 2016/2251 angedeutet[2]. Sofern der im Drittstaat ansässige Kontrahent vergleichbaren Risikominderungstechniken unterliegt, kann dies zum anderen zu nicht auflösbaren **Doppelanwendungen und Normkollisionen** kommen. Die zuletzt genannten Risiken sind vom Gesetzgeber erkannt worden. Nach **Art. 13 VO Nr. 648/2012** ist es die Aufgabe der Kommission festzustellen, ob die Vorschriften der EMIR möglicherweise mit den Rechts-, Aufsichts- und Durchsetzungsmechanismen eines Drittstaates kollidieren und dazu führen, dass Gegenparteien ggf. doppelten Anforderungen unterliegen. Sie kann unter bestimmten Voraussetzungen Durchführungsrechtsakte über die Gleichwertigkeit eines Drittstaaten-Regulierungsrahmens erlassen mit der Folge, dass die europäische Gegenparteien nicht mehr den Anforderungen der EMIR unterliegt[3].

17 Von der in Art. 13 VO Nr. 648/2012 vorgesehenen Befugnis, die im Hinblick auf die Risikominderungspflichten erlassenen Rechts-, Aufsichts- und Durchsetzungsmechanismen eines Drittstaates für gleichwertig zu erklären, mit der Folge, dass die in der Union ansässigen Gegenparteien nur die Anforderungen des Drittstaates erfüllen müssen, hat die Kommission bislang nur für die **U.S.A.** und nur für OTC-Derivate mit in den von der *U.S. Commodity Futures Trading Commission (CFTC)* beaufsichtigten swap dealers und major swap participants Gebrauch gemacht[4]. Eine Gleichwertigkeitsentscheidung zu den von den U.S. Aufsichtsbehörden konkretisierten Risikominderungspflichten steht derzeit noch aus.

18 Die einzige Bestimmung, die mögliche Normkollisionen derzeit Rechnung trägt, ist **Art. 26 DelVO 2016/2251**. Die Bestimmung erlaubt es einer europäischen Gegenpartei, die mit einer in einem Drittstaat ansässigen Gegenpartei OTC-Derivate abgeschlossen hat, für die sie nach den Vorschriften der DelVO 2016/2251 Einschüsse austauschen muss, den für die Berechnung nach Art. 10 und 11 DelVO 2016/2251 maßgeblichen Netting-Satz so zu erweitern, dass er auch solche OTC-Derivate umfasst, die ausschließlich nach dem Recht des Drittstaates zu besichern sind.

---

1 *ESMA* Q&A OTC Frage Nr. 12(b) [letzte Aktualisierung: 20.3.2014]: „Therefore, where an EU counterparty is transact-ing with a third country entity, the EU counterparty would be required to ensure that the requirements for portfolio reconciliation, dispute resolution, timely confirmation and portfolio compression are met for the relevant portfolio and/or transactions even though the third country entity would not itself be subject to EMIR"; *Pankoke/Wallus*, WM 2014, 4, 9.

2 Erwägungsgrund Nr. 7 DelVO 2016/2251. Danach muss die clearingpflichtige europäische Gegenpartei, wenn sie mit einer clearingpflichtigen Drittstaaten-Gegenpartei OTC-Derivate abschließt, Sicherheiten „in beide Richtungen" austauschen. Daraus folgt, dass die europäische Gegenpartei Sicherheiten auch dann stellen muss, wenn die Drittstaaten-Gegenpartei keiner Verpflichtung zur Hereinnahme von Sicherheiten unterliegt.

3 Hierzu umfassend *Sigmundt* in Wilhelmi/Achtelik/Kunschke/Sigmundt, Handbuch EMIR, Teil 3.B.IV Rz. 23–28. Er weist zu Recht darauf hin, dass sich aus Art. 13 VO Nr. 648/2012 und der Nennung des Art. 11 VO Nr. 648/2012 der Wille des Gesetzgebers ableiten lässt, dass die Risikominderungspflichten grundsätzlich umfassende Geltung beanspruchen.

4 Durchführungsbeschluss (EU) 2017/1857 der Kommission vom 13. Oktober 2017 über die Anerkennung der Gleichwertigkeit der Rechts-, Aufsichts- und Durchsetzungsmechanismen der Vereinigten Staaten von Amerika für die Aufsicht der Commodity Futures Trading Commission (Aufsichtsbehörde für den Warenterminhandel) unterliegende Derivategeschäfte mit bestimmten *Anforderungen des Artikels 11 der Verordnung (EU) Nr. 648/2012 des Europäischen Parlaments und des Rates über OTC-Derivate, zentrale Gegenparteien und Transaktionsregister*, ABl. EU Nr. L 265 v. 14.10.2017, S. 23 („DurchfB 2017/1857").

Die Regelung soll verhindern, dass Gegenparteien, um den lokalen Anforderungen des Drittstaates Rechnung 19
tragen zu können, eine **zusätzliche Netting- und Besicherungsvereinbarung** abschließen müssen, die nur die
im Drittstaat besicherungspflichtigen Geschäfte umfasst, was mit zusätzlichem Aufwand aber auch mit dem erhöhten Risiko potentieller Streitigkeiten verbunden wäre[1].

2. Sachlicher Anwendungsbereich. Art. 11 Abs. 1 VO Nr. 648/2012 beschreibt den **Grundsatz**, der für den gesamten Art. 11 VO Nr. 648/2012 und für sämtliche durch die DelVO Nr. 149/2013 und DelVO 2016/2251 begründeten Pflichten gilt: Danach müssen die Risikominderungspflichten nur auf **nicht zentral geclearte OTC-Derivate** angewendet werden. Sie gelten nicht für die bereits im Clearing befindlichen OTC-Derivate. Dies gilt unabhängig davon, ob eine Clearingpflicht besteht, ob das Clearing über eine CCP freiwillig erfolgt oder ob das Clearing von einer CCP in einem Drittstaat übernommen wird, die nicht nach Art. 25 VO Nr. 648/2012 anerkannt ist[2]. 20

Zu den geclearten OTC-Derivaten zählen nicht nur die in das Clearingsystem einer CCP aufgenommenen Derivate und die hierdurch begründete unmittelbare Rechtsbeziehung zwischen der CCP und dem Clearingmitglied, sondern beim zweistufigen Clearingverfahren auch die Rechtsbeziehung zwischen dem Clearingmitglied und seinem Kunden[3] oder, beim **indirekten Clearing** i.S.d. Art. 4 Abs. 3 VO Nr. 648/2012, die Rechtsbeziehung zwischen dem Kunden und dessen Vertragspartner, dem indirekten Kunden[4]. Ebenfalls als „gecleart" gelten die OTC-Derivate, die eine **CCP** im Falle der Insolvenz eines Clearingmitgliedes **außerhalb ihres Systems** tätigt, um die Positionen des ausgefallenen Clearingmitgliedes zu verwalten oder abzusichern, und die OTC-Derivate, die die CCP zur Steuerung ihres Liquiditätsrisikos einsetzt[5]. 21

Die Formulierung „nicht durch eine CCP geclearte Derivatekontrakte" legt zunächst nahe, dass die durch Art. 11 VO Nr. 648/2012 begründeten Risikominderungspflichten erst dann keine Anwendung mehr finden, wenn das OTC-Derivat in das Clearingsystem einer CCP aufgenommen bzw. die CCP im Wege der Schuldumwandlung oder Novation in das Vertragsverhältnis mit dem Clearingmitglied eingetreten ist. Im Umkehrschluss hieße dies, dass OTC-Derivate, für die lediglich vorgeschrieben oder vertraglich vereinbart ist, dass sie über eine CCP gecleart werden, bei denen die Einbeziehung in das Clearingsystem jedoch noch aussteht, weiterhin in den Anwendungsbereich des Art. 11 VO Nr. 648/2012 fallen. Dies ist jedoch vor dem Hintergrund der **Kürze der Frist**, die üblicherweise zwischen dem Abschluss eines OTC-Derivates und dessen Aufnahme in das Clearingsystem vergeht, **nicht sachgerecht**. 22

Für die über eine CCP zu clearenden OTC-Derivate sieht **Art. 4 DelVO 2017/582** vor, dass die Gegenpartei, die für das Clearing benötigten Informationen über das OTC-Derivat innerhalb von 30 Minuten nach Geschäftsschluss an die CCP übermitteln muss. Nach Art. 4 Abs. 2 DelVO 2017/582 hat die CCP die bei ihr eingegangenen Informationen innerhalb von 60 Sekunden nach Eingang an das für die Gegenpartei zuständige Clearingmitglied weiterzuleiten. Das Clearingmitglied hat innerhalb weiterer 60 Sekunden nach Zugang der Informationen zu entscheiden, ob es das zu clearende OTC-Derivat annimmt oder nicht. Nach Art. 4 Abs. 3 DelVO 2017/582 hat die CCP nach Eingang der Mitteilung des Clearingmitglieds ihrerseits 10 Sekunden um über die Annahme oder Nichtannahme des OTC-Derivates zu entscheiden. Vor diesem Hintergrund sind OTC-Derivate, für die bei Abschluss bereits feststeht, dass sie über eine CCP zu clearen sind, den bereits geclearten OTC-Derivaten gleichzustellen. 23

Art. 11 Abs. 1 VO Nr. 648/2012 ist darüber hinaus dahingehend auszulegen, dass er nur für **OTC-Derivate** gilt. Dies folgt bereits aus dem Umstand, dass die in Art. 11 Abs. 1 VO Nr. 648/2012 beispielhaft aufgezählten Techniken bei börsengehandelten Derivaten durch die für die Terminbörse und die zuständige CCP geltenden Regelwerke und Prozesse umfänglich ersetzt werden. Diese Sicht wird durch die Bestimmungen der DelVO Nr. 149/2013 bestätigt, die durchgehend nur OTC-Derivate erfassen. 24

Der sachliche Anwendungsbereich ist **für einzelne Risikominderungspflichten** zusätzlich eingeschränkt, zum Teil nur vorübergehend. Ein Beispiel für eine dauerhafte Ausnahme vom Anwendungsbereich der **Besicherungspflicht** sind **verkaufte Optionen**, bei denen der Verkäufer (Stillhalter) die von ihm zu beanspruchende Prämie bereits erhalten hat[6]. Sie begründen, wenn sie „im Geld" (in the money) sind, ein Gegenparteiausfallrisiko ausschließlich für den Käufer und müssen daher nur von diesem abgesichert werden. Ein Beispiel für eine vorübergehende Ausnahme vom Anwendungsbereich der Besicherungspflicht ist die um drei Jahre hinausgeschobene Anwendung auf bestimmte Aktien- und Aktienindexoptionen (Art. 38 Abs. 1 DelVO 2016/2251) oder die bis zum 3.1.2021 befristete Ausnahme für C.6-Energiederivate (Art. 95 Abs. 1 RL 2014/65/EU). 25

---

1 Erwägungsgrund Nr. 10 DelVO 2016/2251.
2 *ESMA* Q&A OTC Frage Nr. 12(j) [letzte Aktualisierung: 20.3.2014]; *Achtelik/Steinmüller* in Wilhelmi/Achtelik/Kunschke/Sigmundt, Handbuch EMIR, Teil 3.B.II Rz. 11.
3 *ESMA* Q&A, Allgemeine Frage Nr. 2 [letzte Aktualisierung: 5.8.2013]: „back-to-back contract is considered to have been cleared".
4 Erwägungsgrund Nr. 2 DelVO 2016/2251.
5 Erwägungsgrund Nr. 4 DelVO 2016/2251.
6 Erwägungsgrund Nr. 5 DelVO 2016/2251.

26 **3. Zeitlicher Anwendungsbereich.** Nach den Erwägungsgründen der VO Nr. 648/2012[1] wurden die durch sie begründeten Pflichten, die durch ergänzende **technische Regulierungsstandards** weiterzuentwickeln waren, erst ab dem Zeitpunkt wirksam, ab dem die betreffende Durchführungsverordnung wirksam wurde[2].

27 Für die durch die **DelVO Nr. 149/2013** konkretisierten Risikominderungspflichten bedeutete dies, dass sie grundsätzlich erst ab dem **15.3.2013** wirksam wurden. Eine Ausnahme war nach Art. 21 Unterabs. 1 DelVO Nr. 149/2013 für die durch Art. 13, 14 und 15 DelVO Nr. 149/2013 eingeführten Bestimmungen über den Portfolioabgleich, die Portfoliokomprimierung und die Streitbeilegung vorgesehen. Sie wurden erst sechs Monate nach Inkrafttreten der DelVO Nr. 149/2013, d.h. am **15.9.2013** wirksam. Die Risikominderungspflichten fanden auf sämtliche OTC-Derivate Anwendung, die am jeweiligen Tag des Wirksamwerdens der DelVO Nr. 149/2013 noch ausstanden, und zwar unabhängig davon, ob sie vor, am oder nach diesem Tag abgeschlossen worden waren[3].

28 Der für das Wirksamwerden der durch die **DelVO 2016/2251** konkretisierten Risikominderungspflichten ist grundsätzlich der **4.1.2016**, das Inkrafttreten der DelVO 2016/2251, maßgeblich. Um den clearingpflichtigen Gegenparteien ausreichend Zeit für den Abschluss der für die Besicherung ihrer OTC-Derivate erforderlichen Vereinbarungen zu geben, war für die Pflicht zum Austausch von Sicherheiten bzw. Einschüssen Übergangsvorschriften vorgesehen, die zum Teil noch heute Bedeutung haben.

29 So fand die Pflicht zum Austausch von Sicherheiten nach Art. 36 Abs. 1 Buchst. a und Art. 37 Abs. 1 Buchst. a DelVO 2016/2251 frühestens einem Monat nach Inkrafttreten der Delegierten Verordnung, d.h. am **4.2.2017**, und nur für die großen Derivatportfolien mit aggregierten durchschnittlichen Nominalbeträgen von über 3.000 Mrd. Euro (den sog. „Phase 1-Gegenparteien") Anwendung. Für die Gegenparteien die über Derivateportfolien mit geringeren Nominalbeträgen verfügten (den sog. „Phase-2-Gegenparteien"), begann die Pflicht zum Austausch von Nachschüssen nach Art. 37 Abs. 1 Buchst. b DelVO 2016/2251 am **1.3.2017**, während der Austausch von Ersteinschüssen nach Art. 36 Abs. 1 Buchst. b–e DelVO 2016/2251 von der Größe des Derivateportfolios abhing bzw. noch abhängig ist. Die Übergangsfrist für Ersteinschüsse läuft erst am **1.9.2020** aus.

30 Abweichend von den übrigen Risikominderungspflichten war für die Pflicht zum Austausch von Sicherheiten vorgesehen, dass sie nur für OTC-Derivate galten bzw. gelten, die am oder nach dem Tag des Wirksamwerdens der jeweiligen Pflicht zum Austausch von Ersteinschüssen oder Nachschüssen abgeschlossen wurden bzw. werden (Art. 35 DelVO 2016/2251). Darüber hinaus waren bzw. sind zusätzliche Übergangsfristen für einzelne Derivatekategorien (Devisentermingeschäfte, Aktienoptionen, C.6-Energiederivate) und gruppeninterne Geschäfte vorgesehen.

31 Hiernach sind die durch Art. 11 VO Nr. 648/2012 begründeten und durch die DelVO Nr. 149/2013 und die DelVO 2016/2251 konkretisierten Risikominderungspflichten an folgenden Tagen wirksam geworden bzw. werden an folgenden Tagen wirksam:

Zeitnahe Bestätigung von OTC-Derivaten		15.3.2013
Portfolioabgleich		15.9.2013
Streitbeilegung		15.9.2013
Portfoliokomprimierung		15.9.2013
Tägliche Bewertung von OTC-Derivaten		15.3.2013
Zeitnahe Dokumentation der Vertragsbestimmungen		4.1.2016
Risikomanagementverfahren		4.1.2016
Besicherungspflicht		
Ersteinschüsse	(Phase I)	4.2.2017
	(Phase II)	1.9.2017–1.9.2020
Nachschüsse	(Phase I)	4.2.2017
	(Phase II)	1.3.2017
Einschüsse für gruppeninterne Geschäfte		4.7.2017 (frühestens[4])
Einschüsse für Devisentermingeschäfte		3.1.2018 (frühestens)
Einschüsse für Aktienoptionen		4.1.2019 (frühestens)
Einschüsse für C.6-Energiederivate		3.1.2021

---

1 Erwägungsgrund Nr. 93 VO Nr. 648/2012.
2 S. auch *Kommission*, „EMIR: Häufig gestellte Fragen", zuletzt aktualisiert am 10.7.2014, abrufbar über: http://ec.europa.eu/internal_market/financial-markets/docs/derivatives/emir-faqs_en.pdf („*Kommission* FAQ"), FAQ I.1.
3 *ESMA* Q&A OTC Frage Nr. 12(a) [letzte Aktualisierung: 20.3.2014].
4 Die Formulierung „frühestens" bezieht sich auf die ggf. später wirksam werdende Pflicht zum Austausch von Ersteinschüssen.

4. Ausnahmen vom Anwendungsbereich. a) Staatliche und internationale Einrichtungen. Die in Art. 1 Abs. 4 und 5 VO Nr. 648/2012 genannten **Zentralbanken, Staaten, multilateralen Entwicklungsbanken** und **öffentlichen Stellen** sind von der Pflicht zu Vereinbarung oder Verwendung von Risikominderungstechniken generell befreit[1]. 32

b) C.6-Energiederivatkontrakte. Nach Art. 95 Abs. 1 RL 2014/65/EU (MiFID II) sind die von nichtfinanziellen Gegenparteien abgeschlossenen **C.6-Energiederivatekontrakte** bis zum 3.1.2021[2] von der durch Art. 11 Abs. 3 VO Nr. 648/2012 begründeten Pflicht zum Austausch von Sicherheiten ausgenommen. Die Freistellung von der Clearingpflicht gilt auch für die nichtfinanziellen Gegenparteien, die nach dem 3.1.2018 erstmals als Wertpapierfirmen zugelassen wurden bzw. werden. 33

Die Ausnahme für die erstmals als Wertpapierfirma zugelassenen Unternehmen ist geboten, weil mit der Umsetzung der RL 2014/65/EU die alten Bereichsausnahmen für Rohwarenhändler nur noch eingeschränkt fortgeführt wurden. So hat der sog. „Nebentätigkeitstest" des Art. 2 Abs. 1 Buchst. j RL 2014/65/EU dazu geführt, dass Rohwarenhändler, denen der für den Nebentätigkeitstest erforderliche Nachweis misslingt, der Zulassungspflicht unterliegen und mit erteilter Zulassung als finanzielle Gegenpartei gelten[3]. 34

Nach Art. 95 Abs. 2 RL 2014/65/EU wird die Ausnahmeregelung von der jeweils zuständigen Behörde gewährt. Die zuständige Behörde hat wiederum der ESMA mitzuteilen, für welche C.6-Energiederivatkontrakte die Ausnahme gewährt worden ist. Die ESMA wird auf ihrer Website ein Verzeichnis der befreiten C.6-Energiederivatkontrakte veröffentlichen. Wegen des Begriffs C.6-Energiederivatekontrakte wird auf die Anmerkungen zu Art. 2 VO Nr. 648/2012 Rz. 150–152 verwiesen. Art. 95 Abs. 1 der RL 2014/65/EU ist in Deutschland durch § 137 WpHG umgesetzt worden. Zuständige Behörde ist die BaFin. 35

c) Vom Begriff nichtfinanzielle Gegenpartei ausgenommene Einrichtungen. Ebenfalls vom persönlichen Anwendungsbereich der Risikominderungspflichten ausgenommen sind diejenigen Einrichtungen, die sich nicht als nichtfinanzielle Gegenpartei i.S.d. Art. 2 Nr. 9 VO Nr. 648/2012 qualifizieren. Der Begriff nichtfinanzielle Gegenpartei verlangt im positiven Sinne ein Unternehmen, das in der Union niedergelassen ist. In negativer Hinsicht verlangt er, dass das Unternehmen nicht zu den in Art. 2 Nr. 1 oder Nr. 8 VO Nr. 648/2012 genannten Einrichtungen gehört, d.h., es sich insbesondere nicht um eine CCP handelt. 36

Die **Ausnahme von CCPs** hat Bedeutung für die OTC-Derivate, die die CCP außerhalb des von ihre betriebenen Clearingsystems abschließt, um im Falle eines **Ausfalls eines Clearingmitgliedes** nach Art. 48 Abs. 2 VO Nr. 648/2012 die für Rechnung des Clearingmitgliedes gehaltenen Positionen durch geeignete Gegengeschäfte glattzustellen. Diese OTC-Derivate sind von den Risikominderungspflichten befreit. Dass Art. 23 DelVO 2016/2251 CCPs von der Besicherungspflicht ausdrücklich ausnimmt, hat seinen Grund darin, dass es sich bei den in der Vorschrift genannten CCPs um solche handelt, die als Kreditinstitute zugelassen sind. 37

Ebenfalls von den Risikominderungspflichten ausgenommen sind die natürlichen Personen und Einrichtungen, die keine wirtschaftliche Tätigkeit ausüben und deshalb nicht als „Unternehmen" gelten. Wegen der Einzelheiten zum Unternehmensbegriff wird auf die Ausführungen zu Art. 2 VO Nr. 648/2012 Rz. 81–86 verwiesen. 38

5. Überarbeitung der EMIR. Der **EMIR-REFIT-Entwurf** sieht für Art. 11 VO Nr. 648/2012 derzeit nur eine **Änderung** vor: die Erweiterung der in Art. 11 Abs. 15 Buchst. a VO Nr. 648/2012 verorteten Ermächtigung zum Erlass technischer Regulierungsstandards. Danach soll die Kommission zukünftig auch die aufsichtlichen Verfahren zur Gewährleistung der erstmaligen und laufenden Validierung von Risikomanagementverfahren festlegen können[4]. 39

Bislang nicht ausreichend berücksichtigt ist, dass der EMIR-REFIT-Entwurf eine Erweiterung des Begriffs finanzielle Gegenpartei vorsieht, die sich **mittelbar** auch auf den persönlichen Anwendungsbereich der Risikominderungspflichten auswirken wird. So würden mit der geplanten Erweiterung des Begriffs finanzielle Gegenpartei zusätzliche **alternative Investmentfonds** (AIF) und erstmals auch **Verbriefungszweckgesellschaften** und **Zentralverwahrer** die für finanzielle Gegenpartei vorgeschriebenen Risikominderungspflichten erfüllen 40

---

1 ESMA Q&A OTC Frage Nr. 12(g) [letzte Aktualisierung: 20.3.2014].
2 Die ursprüngliche Frist bis 3.7.2020 ist durch Art. 1 Abs. 9 RL 2016/1034 verlängert worden. S. Richtlinie (EU) 2016/1034 des Europäischen Parlaments und des Rates vom 23. Juni 2016 zur Änderung der Richtlinie 2014/65/EU über Märkte für Finanzinstrumente, ABl. EU Nr. L 175 v. 30.6.2016, S. 8.
3 Die Kommission geht davon aus, dass die Einführung des sog. „Nebentätigkeitstests" für Rohwarenhändler durch Art. 2 Abs. 1 Buchst. j RL 2014/65/EU zu einer Erweiterung des Anwendungsbereichs der Lizenzierungspflicht auf Rohwarenhändler führen wird. S. Kommission, Vorschlag für eine Verordnung des Europäischen Parlaments und des Rates zur Änderung der Verordnung (EU) Nr. 648/2012 in Bezug auf die Clearingpflicht, die Aussetzung der Clearingpflicht, die Meldepflichten, die Risikominderungstechniken für nicht durch eine zentrale Gegenpartei geclearte OTC-Derivatekontrakte, die Registrierung und Beaufsichtigung von Transaktionsregistern und die Anforderungen an Transaktionsregister, KOM(2017) 208 final vom 4.5.2017, abrufbar über: http://ec.europa.eu/transparency/regdoc/rep/1/2017/DE/COM-2017-208-F1-DE-MAIN-PART-1.PDF („*Kommission* EMIR-REFIT-Entwurf"), S. 5.E
4 *Kommission* EMIR-REFIT-Entwurf, S. 18 und 33.

müssen. Dies würde auch dann gelten, wenn sie unterhalb der von der Kommission vorgeschlagene neue Clearingschwelle für finanzielle Gegenparteien blieben[1].

41 Ebenfalls unberücksichtigt bleiben die für Art. 10 VO Nr. 648/2012 vorgesehenen Änderungen, wonach eine **nichtfinanzielle Gegenpartei** zukünftig nur noch die OTC-Derivatekategorien clearen muss, bei denen sie die für diese Kategorie definierte **Clearingschwelle** nachhaltig überschritten hat[2].

42 Mit der Annahme des Berichts zum EMIR-REFIT-Entwurf[3] seines Berichterstatters *Langen* am 23.5.2018 hat sich das Europäische Parlament der Kommission weitestgehend angeschlossen. Es hat sich jedoch auch für Änderungen ausgesprochen. So sollen nichtfinanzielle Gegenparteien zukünftig nur die Derivatekategorien besichern müssen, für die sie auch clearingpflichtig geworden sind. Gruppeninterne Geschäfte i.S.d. Art. 3 VO Nr. 648/2012, an denen eine nichtfinanzielle Gegenpartei unterhalb der Clearingschwelle beteiligt ist, sollen von den Risikominderungstechniken des Art. 11 Abs. 1 VO Nr. 648/2012, d.h. von den Verfahren für die zeitnahe Bestätigung von OTC-Derivaten, den Portfolioabgleich, die Streitbeilegung und die Portfoliokomprimierung befreit werden.

43 **III. Ausgestaltung der Risikominderungspflichten. 1. Zeitnahe Bestätigung von OTC-Derivaten (Art. 12 DelVO Nr. 149/2013). a) Anwendungsbereich.** Die Pflicht zur zeitnahen Bestätigung von OTC-Derivaten gilt für **sämtliche Gegenparteien**, d.h. auch nichtfinanziellen Gegenparteien unterhalb der Clearingschwelle (NFC). Sie ist seit dem **15.3.2013** anwendbar. Die Pflicht zur zeitnahen Bestätigung gilt für den erstmaligen Abschluss des OTC-Derivates sowie für **jede nachfolgende Änderung** einschließlich der Schuldumwandlung (z.B. im Rahmen einer Portfoliokomprimierung) oder Übertragung eines Geschäfts[4]. Wegen der für sämtliche Risikominderungspflichten geltenden Ausnahmen vom Anwendungsbereich wird auf die Anmerkungen in den Rz. 20–25 (geclearte OTC-Derivate) sowie in Rz. 32 und 36–38 (staatliche und internationale Einrichtungen und Einrichtungen, die sich nicht als Unternehmen qualifizieren) verwiesen.

44 **b) Begriff und Zweck der Bestätigung.** Der Begriff **Bestätigung** (confirmation) ist in Art. 1 Buchst. c DelVO Nr. 149/2013 definiert. Danach ist Bestätigung die Dokumentation der Zustimmung der Gegenparteien zu sämtlichen Bedingungen des OTC-Derivates. Die Formulierung „**Dokumentation der Zustimmung der Gegenparteien**" verdeutlicht in zeitlicher Hinsicht, dass sich die Gegenparteien an dem Zeitpunkt, zu dem sie die Bestätigung erstellen, über den Abschluss des OTC-Derivates und dessen Bedingungen bereits geeinigt haben, oder dies zumindest annehmen. Aufgabe der Bestätigung ist es nur noch, diese zeitlich vorgelagerte Einigung zu dokumentieren. Der Begriff Bestätigung entspricht der U.S.-amerikanischen Definition in 17 CFR § 23.500 (c)[5].

45 **Zweck** der Bestätigung ist es, ein **Beweismittel** zu schaffen, mit dessen Hilfe eine Gegenpartei im Falle einer Meinungsverschiedenheit oder eines Rechtsstreites das Bestehen ihres Anspruches und dessen Inhalt nachweisen kann. Der Begriff Bestätigung entspricht damit dem in der Praxis vorherrschenden Verständnis[6].

46 Grund für die Verpflichtung zur rechtzeitigen Bestätigung ist die an den Finanzmärkten vorherrschende Praxis, OTC-Derivate **telefonisch abzuschließen**. Zwar werden die Telefonate der Händler üblicherweise auf Tonträger aufgezeichnet. Die Verwertbarkeit entsprechender Aufzeichnungen insbesondere in einem gerichtlichen Verfahren hängt jedoch vom lokalen Prozessrecht ab und ist, insbesondere wenn die Aufzeichnung ohne Zustimmung oder Kenntnis der Gegenseite erfolgte, nicht immer gewährleistet. Eine weitere Schwäche ist die Qualität der Aufzeichnungen, die aufgrund von Umwelteinflüssen im Laufe der Zeit stetig abnimmt. Auch ist es oft mühsam, die wesentlichen Bestandteile der vertraglichen Einigung aus den gelegentlich mit privaten Inhalten überfrachteten Händlergesprächen „herauszufiltern".

47 Das mit dem Fehlen von Bestätigungen verbundene **operationelle Risiko**, einen Anspruch im Falle eines Streites nicht beweisen zu können, war einer der wesentlichen Gründe für die im September 2005 begonnenen Gespräche zwischen Bankenaufsicht und Industrie über eine Reform der Finanzmarktinfrastrukturen[7].

48 In der Regel ist das abgeschlossene OTC-Derivat bereits wirksam, bevor es bestätigt wird. Dies schließt nicht aus, dass das jeweils anwendbare Recht **besondere Formvorschriften** vorsieht und die Wirksamkeit des Geschäfts erst mit der Dokumentation der Einigung, d.h. durch die Bestätigung, eintritt. Ein Beispiel sind OTC-

---

1 *Kommission* EMIR-REFIT-Entwurf, S. 15 und 29/30: Einführung eines neuen Art. 4a VO Nr. 648/2012.
2 *Kommission* EMIR-REFIT-Entwurf, S. 16 und 33: Änderung des Art. 10 Abs. 1 Buchst. b und c VO Nr. 648/2012.
3 Der Bericht ist abrufbar über: http://www.europarl.europa.eu/sides/getDoc.do?pubRef=-//EP//TEXT+REPORT+A8-2018-0181+0+DOC+XML+V0//EN&language=de.
4 *ESMA* Q&A OTC Frage Nr. 5(c) [letzte Aktualisierung: 5.8.2013]; *Achtelik/Steinmüller* in Wilhelmi/Achtelik/Kunschke/Sigmundt, Handbuch EMIR, Teil 3.B.II Rz. 14.
5 *U.S. CFTC* 77 FR 55904, S. 55960: „Confirmation means the consummation (electronically or otherwise) of legally binding documentation (electronic or otherwise) that memorializes the agreement of the counter parties to all of the terms of a swap transaction."
6 S. Section 9(e)(ii) des 2002 ISDA Master Agreements: „which in each case will be sufficient for all purposes to evidence a binding supplement to this Agreement".
7 Zur Entstehungsgeschichte s. Vor Art. 1 ff. VO Nr. 648/2012, Rz. 11.

Derivate, die von einer deutschen Gemeinde abgeschlossen werden und bei der die Erklärung des Gemeindevertreters i.d.R. der Schriftform bedarf[1].

Der von der ESMA[2] vertretene Auffassung, dass die Gegenparteien vereinbaren können, dass eine Zustimmung einer Gegenpartei als dokumentiert gilt, wenn diese der Bestätigung nicht innerhalb einer bestimmten Frist widerspricht (**negative affirmation**), ist nicht ohne weiteres zu folgen. Soll eine Bestätigung ihre Funktion als Beweismittel erfüllen, muss zuvor geklärt sein, ob das im Streitfall angerufene Gericht und das von ihm angewendete Verfahrensrecht eine auf stillschweigender Annahme basierende Bestätigung als Beweismittel anerkennt. 49

Die negative affirmation darf darüber hinaus nicht in Widerspruch zu aufsichtsrechtlichen Vorschriften stehen[3]. Für deutsche Kredit- und Finanzdienstleistungsinstitute ist insoweit BTO 2.2.2 Tz. 2 MaRisk maßgeblich, der von ihnen verlangt, dass sie den **Eingang der Gegenbestätigung** sicherstellen. Für das U.S.-amerikanischen Recht gilt nach 17 CFR § 23.500 (c) vergleichbares[4]. Danach ist die Bestätigung erst dann erstellt, wenn die Gegenbestätigung (acknowledgment) des Kontrahenten vorliegt[5]. Nach beiden Rechtsordnungen wäre die von der ESMA als zulässig angesehene negativ affirmation von vornherein ausgeschlossen. Darüber hinaus ist sie auch in den Fällen nicht nutzbar, in denen das anwendbare Recht für die Wirksamkeit des Abschlusses die Schriftform oder eine vergleichbare Förmlichkeit verlangt. 50

Die Frage wie sich Art. 11 Abs. 1 VO Nr. 648/2012 und BTO 2.2.2 Tz. 2 MaRisk zueinander verhalten[6], ist dahingehend zu beantworten, dass sie **kumulativ anzuwenden** sind und im Falle eines Konflikts die strengere Regelung vorgeht[7]. Zu berücksichtigen ist insoweit, dass § 25a KWG und BTO 2.2.2 Tz. 2 MaRisk die Vorgaben des Art. 74 RL 2013/36/EU (CRD IV) umsetzen und damit letztendlich beide auf gleichrangiges europäisches Recht zurückzuführen sind. 51

c) **Form der Bestätigung.** Die in Art. 11 Abs. 1 Buchst. a VO Nr. 648/2012 verwendete Formulierung wonach die Bestätigung ggf. (where available) auf **elektronischem Wege** zur erfolgen ist, begründet lediglich eine Verpflichtung zu prüfen, ob die von einem Dienstleister angebotene Erstellung elektronischer Bestätigungen mittels automatisierten Kontraktdatenabgleichs (confirmation matching) genutzt werden kann, um die zeitnahe Bestätigung von OTC-Derivaten zu unterstützen. Entsprechende Verfahren werden von unterschiedlichen Anbietern, wie z.B. das von IHS Markit (MarkitSERV) oder EFETnet (electronic Confirmation Matching – eCM) angeboten. Für Gegenparteien, die der Clearingpflicht unterliegen, gebietet sich die Verwendung von elektronischen Bestätigungssystemen schon deshalb, weil sich nur auf diesem Wege die direkte oder mittelbare Anbindung an die CCP sicherstellen lässt[8]. 52

Hat die Gegenpartei legitime Gründe, warum sie ein verfügbares Angebot nicht nutzen möchte, so kann sie die Bestätigung auch in anderer Form vornehmen[9]. Ein solcher legitimer Grund kann der Umstand sein, dass eine entsprechende Nutzung mit notwendigen Anpassungen der eigenen Datenverarbeitungssysteme sowie Schulungen der für die Bestätigung verantwortlichen Mitarbeiter verbunden wäre, und dass sich ein entsprechender Aufwand bzw. die mit der Nutzung verbundenen Kosten nur bei einer großen Anzahl von OTC-Derivaten lohnt, d.h. in anderen Fällen **unverhältnismäßig**[10] wäre. Nach Auffassung des Instituts der Wirtschaftsprüfer in Deutschland e.V. (IDW)[11] kann in den Fällen, in denen ein bereits bestehendes manuelles Bestätigungssystem eingespielt ist und nachweislich funktioniert, aufgrund des bereits **verringerten Prozessrisikos** ebenfalls auf ein elektronisches Bestätigungssystem verzichtet werden. 53

Die Pflicht ähnelt damit der in Art. 14 DelVO Nr. 149/2013 begründeten Pflicht zur Prüfung von Möglichkeiten der Portfoliokompression. In der Praxis dürfte sich zumindest für finanzielle Gegenparteien die Notwendigkeit eines confirmation matchings aus den in der Regel sehr kurzen Bestätigungsfristen ergeben, die auf anderem Wege kaum einzuhalten sind[12]. 54

---

1 S. z.B. § 64 Abs. 1 GO NRW.
2 *ESMA* Q&A OTC Frage Nr. 5(a) [letzte Aktualisierung: 5.8.2013]; offen: *Grundmann* in Staub, HGB, Band 11/2, 5. Aufl. 2018, Rz. 733; *Cloridaß/Müller* in Temperale, Europäische Finanzmarktregulierung, S. 140; wie hier: *Martens* in Derleder/Knops/Bamberger, § 60 Rz. 49; *Wieland/Weiß*, Corporate Finance Law 2013, 73, 82.
3 *IDW* Prüfungsstandard PS 920, Anlage 1 Rz. 5.2.1, S. 73, der im Übrigen, wenn die MaRisk dem nicht entgegenstehen, eine Vereinbarung über das Schweigen als Zustimmung nur bei gruppeninternen Geschäften als zulässig erachtet.
4 *Donner* in Zerey, Finanzderivate, § 34 Rz. 133.
5 *U.S. CFTC* 77 FR 55904, S. 55960: „A confirmation is created when an acknowledgment is manually, electronically, or by some other legally equivalent means, signed by the receiving counterparty".
6 *Wulff/Kloka*, WM 2015, 215, 217.
7 *Achtelik/Steinmüller* in Wilhelmi/Achtelik/Kunschke/Sigmundt, Handbuch EMIR, Teil 3.B.II Rz. 25, die darauf hinweisen, dass dies auch der Auffassung der BaFin entspricht.
8 *Meyer/Rieger*, Die Bank 2012, 16, 17.
9 *ESMA* Q&A OTC Frage Nr. 5(b) [letzte Aktualisierung: 5.8.2013].
10 *IDW* Prüfungsstandard PS 920, Anlage 1 Rz. 5.2.1, S. 73; *Achtelik/Steinmüller* in Wilhelmi/Achtelik/Kunschke/Sigmundt, Handbuch EMIR, Teil 3.B.II Rz. 24.
11 *IDW* Prüfungsstandard PS 920, Anlage 1 Rz. 5.2.1, S. 73.
12 *Wulff/Kloka*, WM 2015, 215, 217.

55 **d) Fristen für die Bestätigung (Art. 12 Abs. 1 und 2 DelVO Nr. 149/2013).** Die in Art. 12 Abs. 1 und 2 DelVO Nr. 149/2013 vorgesehenen Übergangsregelungen haben sich durch Zeitablauf erledigt. Maßgeblich sind nur noch die in Art. 12 Abs. 1 Buchst. b und e DelVO Nr. 149/2013 und Art. 12 Abs. 2 Buchst. c und f DelVO Nr. 149/2013 genannten Fristen. Sie unterscheiden danach, ob es sich bei beiden Gegenparteien um clearingpflichtige Gegenparteien handelt oder ob zumindest eine der Gegenparteien eine nichtfinanzielle Gegenpartei unterhalb der Clearingschwelle ist. Die in Art. 12 Abs. 1 und 2 DelVO Nr. 149/2013 angelegte Differenzierung zwischen Kredit- und Zinsderivaten einerseits und Aktien-, Fremdwährungs- und Rohwarenderivaten andererseits war historisch bedingt[1] und ist ebenfalls nicht mehr von Bedeutung.

56 **aa) Grundsatz: T+1 oder T+2.** Unterliegen **beide Gegenparteien der Clearingpflicht**, müssen sie ihre OTC-Derivate sowie jede vertragliche Änderung ihrer OTC-Derivate bis zum Ende des auf den Tag des Abschlusses oder der Änderung folgenden Geschäftstages (d.h. T+1) bestätigen. Unterliegt eine der beiden Gegenparteien **nicht der Clearingpflicht**, muss die Bestätigung bis zum Ende des zweiten auf den Abschluss oder die Änderung folgenden Geschäftstages (T+2) erfolgen. Diese Regelung entspricht dem U.S.-amerikanischen Compliance Schedule in 17 CFR § 23.501(c)(1)(ii)[2].

57 Für den Beginn der Fristen, d.h. den **Startpunkt T**, ist stets der Abschluss des OTC-Derivates oder die Vereinbarung über die zu bestätigende Änderung des OTC-Derivates maßgeblich. Bei OTC-Derivaten, die telefonisch abgeschlossen werden, ist dies der Zeitpunkt zu dem die mündliche Einigung am Telefon erfolgt[3]. Dabei hat es auf den Beginn der Frist keinen Einfluss, wenn sich die Gegenparteien vor ihrer telefonischen Einigung bereits über Einzelheiten der Bestätigung verständigt oder erste Entwürfe ausgetauscht haben.

58 Wegen des Begriffs **Geschäftstag** wird auf die Ausführungen zu Art. 2 VO Nr. 648/2012 Rz. 149 verwiesen. Für die Berechnung der Fristen sind nur die Tage maßgeblich, die in den Lokationen beider Gegenparteien als Geschäftstage gelten[4].

59 In ihren Auslegungsentscheidungen hat die Kommission klargestellt, dass es sich bei den in Art. 12 DelVO Nr. 149/2013 definierten Zeiträumen **nicht um „harte Fristen" handelt**, die in jedem Einzelfall einzuhalten sind[5]. Wenn die von der Gegenpartei eingerichteten Verfahren zur Bestätigung von OTC-Derivaten generell geeignet seien, die Bestätigung innerhalb der definierten Fristen sicherzustellen, könne es durchaus legitime Gründe dafür geben, dass die Fristen gelegentlich nicht eingehalten würden. Hintergrund für die Auslegungsentscheidung war der Entwurf eines Entschließungsantrag des Europäischen Parlaments vom 4.2.2013[6], mit dem der damalige Berichterstatter des Ausschusses für Wirtschaft und Währung (ECON) auf die Schwierigkeiten insbesondere für kleinere finanzielle Gegenparteien hingewiesen hatte und der, wenn er vom Parlament angenommen worden wäre, die Einigung über die spätere DelVO Nr. 149/2013 hätte gefährden können[7].

60 Auf OTC-Derivate, die mit einer Person oder Einrichtung abgeschlossen wurden, die nach Art. 1 Abs. 4 oder Abs. 5 VO Nr. 648/2012 vom Anwendungsbereich der EMIR ausgenommen sind, finden Art. 11 Abs. 1 VO Nr. 648/2012 und Art. 12 DelVO Nr. 149/2013 keine Anwendung[8]. Gleiches gilt für die Personen und Einrichtungen, die mangels unternehmerischer Tätigkeit nicht als Gegenpartei zu qualifizieren sind (z.B. auf Privatpersonen). Für deutsche Kredit- und Finanzdienstleistungsinstitute, die der MaRisk unterliegen, bleibt es in diesen Fällen jedoch bei der Pflicht zur **unverzüglichen Bestätigung**[9].

61 **bb) Ausnahme: Spätgeschäfte (Art. 12 Abs. 3 DelVO Nr. 149/2013).** Wird ein OTC-Derivat an einem Geschäftstag nach 16.00 Uhr Ortszeit abgeschlossen, verschiebt sich die Bestätigungsfrist um einen Geschäftstag. Den „**Spätgeschäften**" gleichgestellt werden OTC-Derivate, die mit einer Gegenpartei abgeschlossen werden, die in einer anderen Zeitzone ansässig ist, wenn dies dazu führt, dass eine Bestätigung innerhalb der vorgesehenen Frist nicht möglich ist. Dies ist dann der Fall, wenn die für die Bestätigung notwendige Handlung in einer

---

1 Die 2005 begonnene Gespräche zwischen Aufsichtsbehörden und Finanzmarktteilnehmern und die daraus erwachsenen Selbstverpflichtungen der Industrie hatten für Kredit- und Zinsderivate bereits zu einer signifikanten Verbesserung der Bestätigungspraxis geführt, weshalb es gerechtfertigt erschien, für diese OTC-Derivatekategorien strengere Anforderungen zu stellen. S. zur Entstehungsgeschichte die Einleitung Vor Art. 1 ff. VO Nr. 648/2012 Rz. 11 ff.
2 *U.S. CFTC* 77 FR 55904, S. 55961: „end of the first business day following the day of execution."
3 *ESMA* Q&A OTC Frage Nr. 5(f) [letzte Aktualisierung: 5.8.2013].
4 *ESMA* Q&A OTC Frage Nr. 5(e) [letzte Aktualisierung: 5.8.2013]; *Achtelik/Steinmüller* in Wilhelmi/Achtelik/Kunschke/Sigmundt, Handbuch EMIR, Teil 3.B.II Rz. 20.
5 *Kommission* FAQ II.13: „do not introduce hard deadlines".
6 *Europäische Parlament,* Entwurf eines Entschließungsantrages B7-0000/2013 vom 23.1.2013, abrufbar über: http://www.europarl.europa.eu/cmsdata/59784/att_20130206ATT60598-6285667087451517072.pdf („*Europäisches Parlament* Entwurf Entschließungsantrag vom 23.1.2013"), Rz. S und T.
7 *Achtelik/Steinmüller* in Wilhelmi/Achtelik/Kunschke/Sigmundt, Handbuch EMIR, Teil 3.B.II Rz. 21.
8 *ESMA* Q&A OTC Frage Nr. 12(g) [letzte Aktualisierung: 20.3.2014].
9 *Achtelik/Steinmüller* in Wilhelmi/Achtelik/Kunschke/Sigmundt, Handbuch EMIR, Teil 3.B.II Rz. 10 und 19.

der beiden Zeitzonen nach 16.00 Uhr Ortszeit vorzunehmen wäre[1]. Diese Regelung entspricht der U.S.-amerikanischen Regelung in 17 CFR § 23.501(a)(5)[2].

Die Bestimmung kann für Zeitzonen in beide Himmelsrichtungen von Bedeutung sein: Schließt z.B. der Händler eines deutschen Kreditinstitutes um 14.00 Uhr Mitteleuropäischer Zeit (MEZ) ein OTC-Derivat mit einem Händler in Tokio ab, geht der Abwicklungsabteilung des japanischen Händlers die um 14.30 Uhr versendete Bestätigung des deutschen Institutes am selben Geschäftstag um 21.30 Uhr Ortszeit zu.

Gleiches gilt, wenn ein deutscher Händler um 15.00 Uhr MEZ ein OTC-Derivat mit einem Händler in New York abschließt, das von der Abwicklungsabteilung des deutschen Institutes um 15.30 Uhr bestätigt wird. Benötigt die Abwicklungsabteilung des amerikanischen Instituts für die Gegenbestätigung länger als 30 Minuten, geht diese dem deutschen Institut erst nach 16.00 Uhr MEZ zu.

e) **Erfassung und Meldung ausstehender Bestätigungen (Art. 12 Abs. 4 DelVO Nr. 149/2013).** Art. 12 Abs. 4 DelVO Nr. 149/2013 begründet zunächst nur eine Organisationspflicht: Finanzielle Gegenparteien haben lediglich die notwendigen Verfahren einzurichten, mit deren Hilfe sie sämtliche Bestätigungen, die **länger als fünf Geschäftstage** ausstehen, identifizieren können[3]. Startpunkt für die Berechnung der fünf Geschäftstage ist das Ende des Geschäftstages, an dem das OTC-Derivat nach den Bestimmungen des Art. 12 Abs. 1 und 2 DelVO Nr. 149/2013 spätestens hätte bestätigt werden müssen[4]. Die **Meldung** der ausstehenden Bestätigungen selbst ist **nur auf Anforderung** der zuständigen Behörde (sognanntes „Pull-Verfahren"[5]) vorzunehmen[6].

Der persönliche Anwendungsbereich erfasst nur **finanzielle Gegenparteien** i.S.d. Art. 2 Nr. 8 VO Nr. 648/2012, d.h. Unternehmen, die der Aufsicht einer in der Union ansässigen zuständigen Behörde unterliegen.

Abweichend von Art. 2 Nr. 13 VO Nr. 648/2012 ist für die nach Art. 12 Abs. 4 DelVO Nr. 149/2013 vorgesehene Anforderung der noch ausstehenden Bestätigungen die nach **Art. 67 RL 2014/65/EU**[7] von den Mitgliedstaaten **benannte Stelle** zuständig. Nach Art. 67 Abs. 3 RL 2014/65/EU veröffentlicht die ESMA auf ihrer Webseite ein Verzeichnis der zuständigen Behörden i.S.d. Art. 67 Abs. 1 und 2 RL 2014/65/EU[8]. Diese Zuständigkeitsregelung ist auch für solche finanziellen Gegenparteien maßgeblich, die ansonsten nicht in den Anwendungsbereich der MiFID fallen, wie z.B. Kreditinstitute, Investmentvermögen oder Versicherungen[9]. Für deutsche finanzielle Gegenparteien ist zuständige Behörde die Bundesanstalt für Finanzdienstleistungsaufsicht (**BaFin**).

Schließt eine finanzielle Gegenpartei OTC-Derivate über eine unselbständige Niederlassung ab, bleibt für die Anforderung nach Art. 12 Abs. 4 DelVO Nr. 149/2013 die Behörde verantwortlich, die für die **Hauptniederlassung der finanziellen Gegenpartei** zuständig ist[10]. Für Investmentfonds ist die Behörde des Mitgliedstaates zuständig, in der der Investmentfonds organisiert ist; auf den Sitz der Verwaltungsgesellschaft kommt es insoweit nicht an[11].

Die Tatsache, dass ein OTC-Derivat bestätigt wurde, sowie Datum, Uhrzeit und die für die Bestätigung genutzte Form (z.B. die elektronische Bestätigung) sind in der nach Art. 9 VO Nr. 648/2012 vorzunehmenden **Meldung an das Transaktionsregister** in der Tabelle 2 Felder 32 und 33 anzugeben. Steht die Bestätigung noch aus, muss das Feld 33 den Wert „N" aufweisen.

2. Portfolioabgleich (Art. 13 DelVO Nr. 149/2013). a) Anwendungsbereich. Die Pflicht zum Abschluss von Vereinbarungen über den Portfolioabgleich gilt für **sämtliche Gegenparteien**, d.h. auch für nichtfinanzielle Ge-

---

1 *ESMA* Q&A OTC Frage Nr. 5(d) [letzte Aktualisierung: 5.8.2013].
2 *U.S. CFTC* 77 FR 55904, S. 55961.
3 S. *BaFin*, Veröffentlichung „EMIR – Mitteilungen an die BaFin", Stand: 20.11.2015, abrufbar über: https://www.bafin.de/DE/Aufsicht/BoersenMaerkte/EMIR/Mitteilungen/mitteilungen_node.html („*BaFin* EMIR Mitteilungen").
4 *ESMA* Q&A OTC Frage Nr. 8(a) [letzte Aktualisierung: 4.6.2013].
5 *Achtelik/Steinmüller* in Wilhelmi/Achtelik/Kunschke/Sigmundt, Handbuch EMIR, Teil 3.B.II Rz. 22.
6 *ESMA* Q&A OTC Frage Nr. 8(b) [letzte Aktualisierung: 4.6.2013]; *Pankoke/Wallus*, WM 2014, 4, 9.
7 Der ursprüngliche Verweis auf Art. 48 RL 2004/39/EG ist aufgrund der Überleitungsvorschrift in Art. 94 Unterabs. 2 RL 2014/65/EU seit dem 3.1.2018 als Referenz auf Art. 67 RL 2014/65/EU zu lesen.
8 *ESMA*, Verzeichnis der zuständigen Behörden i.S.d. Art. 67 Abs. 1 und 2 RL 2014/65/EU, ESMA70-156-319 vom 3.1.2018, abrufbar über: https://www.esma.europa.eu/sites/default/files/list_of_ncas_under_article_673_of_mifid_ii.pdf („*ESMA* Verzeichnis der für die MiFID-II-Aufgaben zuständigen Behörden"). Bis zum 3.1.2018 maßgeblich war das auf Grundlage des Art. 48 RL 2006/39/EG erstellte Verzeichnis der mit der Wahrnehmung der von der Richtlinie 2006/39/EG über Märkte für Finanzinstrumente (MiFID I) vorgesehenen Aufgaben betrauten zuständigen Behörden, letzte Aktualisierung vom 3.2.2016, abrufbar über: https://www.esma.europa.eu/sites/default/files/library/ncas_under_article_48_1_and_2_mifid.pdf („*ESMA* Verzeichnis der für die MiFID-Aufgaben zuständigen Behörden").
9 *ESMA* Q&A, OTC Frage Nr. 12(e) [letzte Aktualisierung: 20.3.2014].
10 *ESMA* Q&A OTC Frage Nr. 12(f) [letzte Aktualisierung: 20.3.2014]; *Achtelik/Steinmüller* in Wilhelmi/Achtelik/Kunschke/Sigmundt, Handbuch EMIR, Teil 3.B.II Rz. 22.
11 *ESMA* Q&A OTC Frage Nr. 12(e) [letzte Aktualisierung: 20.3.2014]; *Specht/Klebeck* in Wilhelmi/Achtelik/Kunschke/Sigmundt, Handbuch EMIR, Teil 3.C Rz. 59.

genparteien unterhalb der Clearingschwelle (NFC-). Sie ist seit dem **15.9.2013** anwendbar. Wegen der für sämtlichen Risikominderungspflichten geltenden Ausnahmen vom Anwendungsbereich wird auf die Anmerkungen in den Rz. 20–25 (geclearte OTC-Derivate) sowie in Rz. 32 und 36–38 (staatliche und internationale Einrichtungen und Einrichtungen, die sich nicht als Unternehmen qualifizieren) verwiesen.

70 **b) Begriff und Zweck des Portfolioabgleichs.** Der Begriff Portfolioabgleich wird in Art. 11 Abs. 1 VO Nr. 648/2012 und Art. 13 DelVO Nr. 149/2013 nicht definiert. Der Gesetzgeber setzt ihn offenbar als bekannt voraus. In der Praxis handelt es sich beim Portfolioabgleich um zwischen den Gegenparteien **ausgetauschte Listen** (z.B. Tabellen in elektronischem Format), die mit den Einzelheiten der ausstehenden OTC-Derivate befüllt werden und die von den Gegenparteien manuell oder durch einen automatischen elektronischen Abgleich miteinander verglichen werden können.

71 Die Einführung von Verfahren über den **Portfolioabgleich** (portfolio reconsiliation) dient der Reduzierung operationeller Risiken. Zweck des Portfolioabgleichs ist es, etwaige Unstimmigkeiten, die später zu Meinungsverschiedenheiten führen können, **frühzeitig zu erkennen**[1]. Gegenstand des Portfolioabgleichs sind nach Art. 11 Abs. 1 Buchst. b VO Nr. 648/2012 und Art. 13 Abs. 2 DelVO Nr. 149/2013 die „zentralen Bedingungen" des OTC-Derivates und dessen Wert.

72 Grund für die Verpflichtung zur Abstimmung von Portfolien ist das **Fehlen eines industrieweiten Standards für die Verbuchung und Bewertung von OTC-Derivaten**. So ist es jeder Partei selbst überlassen, wie sie die einzelnen durch den OTC-Derivat begründeten Zahlungs- und Lieferverpflichtungen in ihren Systemen darstellt und erfasst und welche Preise, Kurse und Zinskurven sie für die Bewertung der einzelnen Verpflichtungen, insbesondere für die Diskontierung zukünftiger Zahlungen, heranzieht. Hinzu kommt, dass für OTC-Derivate i.d.R. keine an einem aktiven Markt beobachtbaren Marktpreise existieren, die eine unmittelbare Bewertung (marking to market) zulassen würden.

73 Ausnahmen sind OTC-Derivate, die ein börsengehandeltes Derivat bewusst nachbilden (exchange look-alike) und bei denen die Bewertung den von der Terminbörse festgestellten Abrechnungspreisen folgen kann. Grundsätzlich kommen bei der Bewertung von OTC-Derivaten jedoch mathematische Verfahren oder Modelle (z.B. das Black-Scholes-Merton-Modell für Optionen) zum Einsatz (marking to model), bei denen die am Markt beobachtbaren Preise, Kurse und Zinskurven interpoliert oder als Eingangsgrößen für komplexe mathematische Formeln genutzt werden. Die von den Gegenparteien verwendeten Bewertungsverfahren können im Einzelfall daher voneinander abweichen.

74 Die Pflicht zur Vereinbarung eines Portfolioabgleichs (portfolio reconciliation) ist mit der in Art. 15 DelVO Nr. 149/2013 verorteten Pflicht zur Vereinbarung von **Verfahren der Streitbeilegung** inhaltlich und funktional eng verknüpft. So soll der Portfolioabgleich dazu dienen, mögliche Unstimmigkeiten, die eine Ursache für spätere Meinungsverschiedenheiten sein können, rechtzeitig zu identifizieren und mittels der nach Art. 15 DelVO Nr. 149/2013 zu vereinbarenden Verfahren zu klären.

75 Soweit die Streitigkeit zwischen den Gegenparteien sich auf den Wert der auszutauschenden Sicherheiten bezieht, wird Art. 13 DelVO Nr. 149/2013 durch Art. 17 Abs. 4 DelVO 2016/2251 ergänzt. Danach sind Gegenparteien, die die Höhe der zu leistenden Ersteinschüsse mittels eines eigenen Modells berechnen verpflichtet, der anderen Gegenpartei alle Informationen zur Verfügung zu stellen, die es einem sachverständigen Dritten ermöglicht, die Modellberechnungen zu überprüfen. Auch diese Informationspflicht dient dem Portfolioabgleich bzw. der Streitbeilegung[2].

76 **c) Zeitpunkt und Form der Vereinbarung über den Portfolioabgleich.** Nach Art. 13 Abs. 1 Satz 2 DelVO Nr. 149/2013 ist die Vereinbarung über den Portfolioabgleich **vor dem Abschluss** eines OTC-Derivates zu treffen. Diese Verpflichtung ist dahingehend auszulegen, dass sie nur für das erste Geschäft gilt bzw. die Vereinbarung über den Portfolioabgleich nicht bei jedem weiteren Geschäft erneut getroffen werden muss. Im Übrigen kann Satz 2 nicht entnommen werden, dass der Abschluss von OTC-Derivaten ohne Vereinbarung über den Portfolioabgleich verboten ist.

77 Die in Art. 13 Abs. 2 Satz 1 DelVO Nr. 149/2013 erwähnte Vereinbarung auf „**gleichwertigem elektronischem Wege**" hat Bedeutung für die in der Praxis verwendeten Protokolllösungen, bei denen Gegenparteien ihre Zustimmung zur Ergänzung ihrer bestehenden Rahmenverträge elektronisch über die Webseite einer als Vertreterin fungierenden Handelsorganisation erklären. Ein Beispiel ist das von der *International Swaps and Derivatives Association, Inc. (ISDA)* aufgelegte ISDA 2013 EMIR Portfolio Reconciliation, Dispute Resolution and Disclosure Protocol[3],

---

1 Erwägungsgrund Nr. 28 DelVO 2016/2251; *Achtelik/Steinmüller* in Wilhelmi/Achtelik/Kunschke/Sigmundt, Handbuch EMIR, Teil 3.B.II Rz. 26.
2 Erwägungsgrund Nr. 21 DelVO 2016/2251.
3 *ISDA*, ISDA 2013 EMIR Portfolio Reconciliation, Dispute Resolution and Disclosure Protocol vom 19.7.2013, abrufbar über: https://www2.isda.org/functional-areas/protocol-management/protocol/15 („*ISDA 2013 EMIR Protocol*"); Ausführungen zum ISDA 2013 EMIR Protocol finden sich bei *Huertas* in Wilhelmi/Achtelik/Kunschke/Sigmundt, Handbuch EMIR, Teil 7 B Rz. 44 ff.

mit dessen Hilfe die dem Protokoll beitretenden Gegenparteien ihre bestehenden Rahmenverträge um eine Vereinbarung über den Portfolioabgleich ergänzen konnten[1].

78 Die Gegenparteien können in ihrer Vereinbarung vorsehen, dass eine oder beide Gegenparteien einen **Dritten** mit der Durchführung des Portfolioabgleiches betrauen. Wie bei der Delegation der Meldepflicht gilt auch hier, dass die Gegenpartei, die den Portfolioabgleich durch einen Dritten durchführen lässt, für die Erfüllung der sich aus Art. 13 DelVO Nr. 149/2013 ergebenden Pflichten weiterhin verantwortlich bleibt[2].

79 In der Praxis bedienen sich die Gegenparteien i.d.R. der von Handelsorganisationen und Bankenverbänden entwickelten Mustertexte. Ein Beispiel ist das bereits in Rz. 77 angesprochene ISDA 2013 EMIR Portfolio Reconciliation, Dispute Resolution and Disclosure Protocol. In Deutschland verwenden die Gegenparteien, die OTC-Derivate unter dem von den Spitzenverbänden der deutschen Kreditwirtschaft entwickelten Rahmenvertrag für Finanztermingeschäfte abschließen, in der Regel den sog. EMIR-Anhang[3].

d) Gegenstand des Portfolioabgleichs (Art. 13 Abs. 2 DelVO Nr. 149/2013).

80 Gegenstand des Portfolioabgleichs sind nach Art. 11 Abs. 1 Buchst. b VO Nr. 648/2012 und Art. 13 Abs. 2 DelVO Nr. 149/2013 sowohl die „zentralen Bedingungen" des OTC-Derivates als auch dessen Wert.

81 Der Umfang des Portfolioabgleichs entspricht dem der U.S.-amerikanischen „portfolio reconciliation" in 17 CFR § 23.500(i)[4], die ebenfalls die Abstimmung der wesentlichen Bestimmungen (material terms) der OTC-Derivate und deren Wert verlangt. Der in 17 CFR § 23.500(g) eingeführte Begriff „material terms" ist jedoch deutlich weiter gefasst, da er durch seine Bezugnahme auf 17 CFR Part 45 sämtliche der Meldepflicht unterliegende Einzelheiten eines OTC-Derivates zu den abstimmungspflichtigen Daten erhebt. In ihrem No-Action-Letter vom 26.2.2013[5] hat die U.S. CFTC den Begriff der wesentlichen Bestimmungen für Zwecke des Portfolioabgleichs eingeschränkt, um den Gegenparteien zu ermöglichen, sich auf die für die Bewertung maßgeblichen Bedingungen zu beschränken. Am 22.9.2015 hat die U.S. CFTC einen Vorschlag für die Neufassung der 17 CFR § 23.500 (g) vorgelegt, die dem Inhalt des No-Action-Letters entspricht[6]. Damit gleichen sich Art. 13 Abs. 2 DelVO Nr. 149/2013 und 17 CFR § 23.500(i) wieder stärker aneinander an.

82 Zu den **zentralen Bedingungen eines OTC-Derivates** i.S.d. Art. 11 Abs. 1 Buchst. b VO Nr. 648/2012 zählen die Merkmale, die sich unmittelbar oder mittelbar auf die von den Parteien geschuldeten Leistungen oder den Marktwert des OTC-Derivates auswirken können. Dazu zählen u.a. die Bestimmung des Basiswertes (underlying), die Angaben zum Nennbetrag oder zur Anzahl oder Menge des Basiswertes, die Angaben, welche Partei welche Leistung schuldet (fixed rate payer, buyer-seller) und der vereinbarte Festpreis, Festzinssatz oder Ausübungspreis (strike)[7].

83 In den Portfolioabgleich mit aufzunehmen ist außerdem der nach Art. 11 Abs. 2 VO Nr. 648/2012 zu ermittelnde **Wert des OTC-Derivates**. Dies gilt jedoch nicht für Gegenparteien, die nicht der Clearingpflicht unterliegen, da diese den Marktwert nicht ermitteln müssen[8]. Wegen der Bewertung von OTC-Derivaten und den Faktoren, die zu Abweichungen führen können, wird auf die Ausführungen in Rz. 122–128 verwiesen.

e) Häufigkeit des Portfolioabgleichs (Art. 13 Abs. 3 DelVO Nr. 149/2013).

84 Hinsichtlich der **Häufigkeit des Portfolioabgleiches** unterscheidet Art. 13 Abs. 3 DelVO Nr. 149/2013 zum einen zwischen clearingpflichtigen Parteien und nichtfinanziellen Gegenparteien unterhalb der Clearingschwelle, zum anderen differenziert er nach der Größe des Portfolios. Für die Größe des Portfolios maßgeblich ist die Anzahl der noch ausstehenden, nicht über eine CCP geclearte OTC-Derivate.

85 Unterliegen **beide Gegenparteien der Clearingpflicht** ist der Abgleich mindestens einmal im Quartal, bei größeren Portfolien mit mehr als 50 OTC-Derivatekontrakten einmal pro Woche und bei mehr als 499 OTC-Deri-

---

1 Zur Technik der Protokolllösung, bei der die teilnehmenden Parteien bei der ISDA *Adherence Letters* einreichen, s. *Dittrich/Fried* in in Zerey, Finanzderivate, § 33 Rz. 53.
2 *ESMA* Q&A OTC Frage Nr. 14(c) [letzte Aktualisierung: 20.12.2013].
3 *Bundesverband deutscher Banken*, EMIR-Anhang vom 23.2.2017, abrufbar über: https://bankenverband.de/media/uploads/2017/09/13/44040_0117_emir-anhang-2017_muster.pdf („*BdB* EMIR-Anhang"); s. auch *BdB*, Hintergrundinformationen und Erläuterungen zum EMIR-Anhang, Stand: 23.7.2013, abrufbar über: https://bankenverband.de/media/contracts/EMIR-Anhang-Hintergruende-Informationen-2013-07-23.pdf („*BdB* Erläuterungen EMIR-Anhang"). Erläuterungen zum EMIR-Anhang finden sich auch bei *Dittrich/Fried* in in Zerey, Finanzderivate, § 33 Rz. 50; *Schuster/Ruschkowski*, ZBB/JBB 2014, 123, 129; *Ganz* in Wilhelmi/Achtelik/Kunschke/Sigmundt, Handbuch EMIR, Teil 7 C Rz. 1 ff.; *Wulff/Kloka*, WM 2015, 215, 216.
4 *U.S. CFTC* 77 FR 55904, S. 55960.
5 *U.S. CFTC*, No Action Letter, vom 26.6.2013, abrufbar über: http://www.cftc.gov/idc/groups/public/@lrlettergeneral/documents/letter/13-31.pdf („*U.S. CFTC* Letter No. 13-31").
6 *U.S. CFTC*, Proposed Rule to Amend the Definition of „Material Terms" for Purposes of Swap Portfolio Reconciliation, Federal Register/Vol. 80, Nr. 183, S. 57129 vom 22.9.2015, abrufbar über: http://www.cftc.gov/idc/groups/public/@lrfederalregister/documents/file/2015-24021a.pdf („*U.S. CFTC* 80 FR 57129").
7 *ESMA* Q&A OTC Frage Nr. 14(b) [letzte Aktualisierung: 20.12.2013]; *Schuster/Ruschkowski*, ZBB/JBB 2014, 123, 128; *Achtelik/Steinmüller* in Wilhelmi/Achtelik/Kunschke/Sigmundt, Handbuch EMIR, Teil 3.B.II Rz. 28.
8 *ESMA* Q&A OTC Frage Nr. 14(e) [letzte Aktualisierung: 20.12.2013].

vatekontrakten an jedem Geschäftstag durchzuführen. Unterliegt eine der **Gegenparteien nicht der Clearingpflicht**, erfolgt der Portfolioabgleich mindestens einmal im Jahr. Bei Portfolio mit mehr als 100 OTC-Derivatekontrakten ist der Portfolioabgleich mindestens einmal im Quartal durchzuführen. Die in Art. 13 Abs. 3 DelVO Nr. 149/2013 vorgenommene Differenzierung und die Häufigkeit der vorzunehmenden Abstimmungen entsprechen der U.S.-amerikanischen Regelung in 17 CFR § 23.502(a) und (b)[1].

86 Schließen Verwaltungsgesellschaften OTC-Derivate für Rechnung ihrer Investmentfonds ab, ist für die Größe des Portfolios die Anzahl der für Rechnung ein und desselben Fonds oder Teilfonds abgeschlossenen Geschäfte maßgeblich[2].

87 Haben die Parteien ein OTC-Derivat durch Abschluss eines zweiten OTC-Derivats mit identischen aber gegenläufigen Leistungspflichten so „**glattgestellt**", das nach Aufrechnung der Leistungspflichten keine Partei zur Zahlung oder Lieferung verpflichtet ist, dann sind beide Geschäfte nicht auf die Anzahl anzurechnen[3]. Heben sich die beiden OTC-Derivate nur teilweise auf, gelten sie als nur ein Geschäft.

88 Schwankt die Anzahl der nicht geclearten OTC-Derivate, oder ändert sich der Statuts einer nichtfinanziellen Gegenpartei, weil sie z.B. die Clearingschwelle des Art. 10 VO Nr. 648/2012 unterschreitet, **ändert sich auch der Zyklus** für den regelmäßigen Abgleich des Portfolios. Maßgeblich für die Bestimmung des nächsten Abgleichs ist stets der Tag an dem der unmittelbar vorangegangene Abgleich durchzuführen war[4].

89 **3. Streitbeilegung (Art. 15 DelVO Nr. 149/2013). a) Anwendungsbereich.** Der Anwendungsbereich der Bestimmungen über die Streitbeilegung entspricht dem Anwendungsbereich der Bestimmungen über den Portfolioabgleich. Er erfasst **sämtliche Gegenparteien**, auch nichtfinanzielle Gegenparteien unterhalb der Clearingschwelle (NFC-). Die Bestimmungen über die Streitbeilegung sind seit dem **15.9.2013** anwendbar. Wegen der für sämtliche Risikominderungspflichten geltenden Ausnahmen vom Anwendungsbereich wird auf die Anmerkungen in den Rz. 20–25 (geclearte OTC-Derivate) sowie in Rz. 32 und 36–38 (staatliche und internationale Einrichtungen und Einrichtungen, die sich nicht als Unternehmen qualifizieren) verwiesen.

90 **b) Begriff und Zweck Streitbeilegung.** Die Pflicht zur Vereinbarung von Verfahren der **Streitbeilegung** (dispute resolution) ist mit der in Art. 13 DelVO Nr. 149/2013 verorteten Pflicht zur Vereinbarung eines regelmäßigen Portfolioabgleichs inhaltlich und funktional eng verbunden. Bereits der Portfolioabgleich soll dazu dienen, mögliche Unstimmigkeiten, die eine Ursache für Meinungsverschiedenheiten sein können, rechtzeitig zu identifizieren.

91 Soweit die Streitigkeit zwischen den Gegenparteien sich auf den Wert der auszutauschenden Sicherheiten bezieht, wird Art. 15 DelVO Nr. 149/2013 durch Art. 12 Abs. 3 und Art. 13 Abs. 3 DelVO 2016/2251 ergänzt. Danach ist die zur Übertragung von Nachschüssen oder Ersteinschüssen verpflichtete Gegenpartei gehalten, zumindest den unstrittigen Betrag der Einschüsse zu leisten.

92 **c) Zeitpunkt und Form der Vereinbarung über die Streitbeilegung.** Auch hier gilt, dass die Verpflichtung, die Vereinbarung über die Streitbeilegung **vor dem Abschluss** eines OTC-Derivates zu treffen, nur für das erste Geschäft gilt bzw. die Vereinbarung nicht bei jedem weiteren Geschäft erneut getroffen werden muss.

93 Die in der Praxis verwendeten Mustertexte der Handelsorganisationen und Bankenverbänden – z.B. das bereits in Rz. 77 angesprochene ISDA 2013 EMIR Portfolio Reconciliation, Dispute Resolution and Disclosure Protocol oder der EMIR-Anhang – enthalten auch Bestimmungen über die Streitbeilegung.

94 **d) Gegenstand der Streitbeilegung.** Das Verfahren der Streitbeilegung muss sämtliche Streitigkeiten im Zusammenhang mit einem OTC-Derivat oder der für das OTC-Derivat zu stellenden Sicherheit umfassen. Der in Art. 15 Abs. 1 Buchst. a DelVO Nr. 149/2013 verwendeten Formulierung „Anerkennung oder Bewertung des Kontraktes" ist zu entnehmen, dass es sich hierbei nicht nur um Streitigkeiten über den wirksamen Abschluss eines OTC-Derivates (d.h. das „Ob") handelt, sondern auch um Streitigkeiten über die **zentralen Bedingungen** eines OTC-Derivates, d.h. über Merkmale, die sich unmittelbar oder mittelbar auf die von den Parteien geschuldeten Leistungen oder den Marktwert des OTC-Derivates auswirken können. Insoweit handelt es sich um dieselben Merkmale, die auch Gegenstand des Portfolioabgleichs nach Art. 13 Abs. 2 DelVO Nr. 149/2013 sind. Dies entspricht der U.S.-amerikanischen Regelung in 17 CFR § 23.500(i) und 23.502[5].

95 Ebenfalls zu erfassen sind Streitigkeiten über die zwischen den Gegenparteien auszutauschenden **Zahlungen und Lieferungen**[6]. Diese werden in der Praxis in den Fällen, in denen ein automatisiertes straight through processing (STP) nicht möglich ist oder in denen die Zahlungen oder Lieferungen einen bestimmten Betrag oder Wert überschreiten (z.B. 10 Mio. Euro), vorab zwischen den Gegenparteien abgestimmt[7].

---

1 *U.S. CFTC* 77 FR 55904, S. 55962f.
2 *ESMA* Q&A Allgemeine Frage Nr. 1(a)(1)[letzte Aktualisierung: 21.5.2014].
3 Für die Clearingpflicht: *ESMA* Q&A OTC Frage Nr. 3(e) [letzte Aktualisierung: 21.5.2014].
4 *ESMA* Q&A OTC Frage Nr. 14(d) [letzte Aktualisierung: 20.12.2013] mit Beispielen für die Fristberechnung.
5 *U.S. CFTC* 77 FR 55904, S. 55962f.
6 *ESMA* Q&A OTC Frage Nr. 15(b) [letzte Aktualisierung: 5.8.2013]: „cashflow settlement breaks".
7 *ISDA*, 2010 ISDA OTC Derivative Settlements Best Practices, abrufbar über: http://www.isda.org/c_and_a/pdf/ISDA-OTC-Derivative-Settlements-Best-Practices.pdf („ISDA 2010 OTC Settlement Best Practices").

e) **Verfahren der Streitbeilegung und Fristen.** Nach Art. 15 Abs. 1 Buchst. b DelVO Nr. 149/2013 soll die Streitigkeit innerhalb von **fünf Geschäftstagen** beigelegt sein. Nach der U.S.-amerikanischen Regelung in 17 CFR § 23.502(c)[1] gelten die fünf Geschäftstage nur für OTC-Derivate, bei denen eine Gegenpartei kein swap dealer oder major swap participant ist. Sind beide Gegenparteien swap dealer oder major swap participant reduziert sich die Frist auf drei Geschäftstage. 96

Der für den Fall einer länger andauernden Streitigkeit geforderte „**spezielle Prozess**" ist nicht als Verweis auf das gerichtliche Streitbeilegungsverfahren oder eine außergerichtliche Schlichtung zu verstehen. Gemeint ist ein Verfahren, dass eine intensivere Befassung mit dem streitigen Sachverhalt vorsieht und, weil es z.B. die Einbeziehung von bislang nicht mit dem Streit befassten Mitarbeitern mit höherer Verantwortungsstufe und Kompetenz vorsieht, eine größere Wahrscheinlichkeit der Einigung bietet. Ein Beispiel aus der Praxis ist Part 1(4)(c) des ISDA 2013 EMIR Protocol, das eine Eskalation zu den „appropriately senior members of staff" vorsieht. Nr. 7 Abs. 3 des EMIR-Anhangs sieht die Zuführung zu einem internen Eskalationsprozess vor. 97

f) **Aufzeichnungspflichten (Art. 15 Abs. 1 Buchst. a DelVO Nr. 149/2013).** Nach Art. 15 Abs. 1 Buchst. a DelVO Nr. 149/2013 müssen die Gegenparteien Aufzeichnungen führen, in denen sie mindestens den Namen der Gegenpartei, die Dauer des Streites und die Höhe des strittigen Betrages festhalten. Bei dem **strittigen Betrag** handelt es sich nur um den Teil des Marktwertes eines OTC-Derivates oder der angeforderten Sicherheiten von dem behauptet wird, dass er unrichtig sei. Ermittelt eine Gegenpartei z.B. für ein OTC-Derivat einen Marktwert von 20 Mio. Euro und behauptet die andere Gegenpartei, sie habe für das OTC-Derivat nur einen Marktwert i.H.v. 19 Mio. Euro ermitteln können, beläuft sich der strittige Betrag auf 1 Mio. Euro (nicht auf 20 Mio. Euro). 98

Die Gegenparteien können vereinbaren, dass Streitigkeiten über den **Wert von OTC-Derivaten** oder Sicherheiten bis zu einer bestimmten Höhe als unbedeutend bewertet werden und nicht dem Streitbeilegungsverfahren unterliegen[2]. In der Praxis häufig anzutreffen ist bei Streitigkeiten über Sicherheiten ein Schwellenwert, der den von den Gegenparteien vereinbarten Mindesttransferbetrag entspricht. Dieser darf nach Art. 25 Abs. 1 Unterabs. 2 DelVO 2016/2251 einen Betrag von 500.000 Euro nicht übersteigen. Eine vergleichbare Regelung ist in 17 CFR § 23.502[3] vorgesehen; danach unterliegen Streitigkeiten über den Wert eines OTC-Derivates dann nicht der Streitbeilegung, wenn der Differenzbetrag zwischen dem höheren und dem niedrigeren Wert nicht mehr als **10 %** des höheren Wertes beträgt. 99

Soweit sich Streitigkeiten auf OTC-Derivate beziehen, sind die Aufzeichnungen auf **Transaktionsebene** (d.h., nicht auf Portfolioebene) zu führen[4]. Etwas anderes gilt nur für Streitigkeiten über Sicherheiten, die wie die Nachschüsse nach Art. 10 DelVO 2016/2251 auf Nettobasis zu ermitteln sind[5]. 100

Die Aufzeichnungen unterstützen in erster Linie die von finanziellen Gegenparteien geforderten Mitteilungen nach Art. 15 Abs. 2 DelVO Nr. 149/2013; sie sind jedoch von sämtlichen Gegenparteien zu führen. 101

g) **Meldepflichten (Art. 15 Abs. 2 DelVO Nr. 149/2013).** Dauert eine Streitigkeit über einen Wert von mehr als 15 Mio. Euro mehr als 15 Geschäftstage an, müssen finanzielle Gegenparteien die Streitigkeit der zuständigen Behörde melden. Die Meldepflicht entspricht der U.S.-amerikanischen Regelung in 17 CFR § 23.502(c)[6]; danach sind Streitigkeiten von mehr als 20 Mio. USD bereits dann zu melden, wenn sie nicht innerhalb der erwähnten Frist von drei bzw. fünf Geschäftstagen beigelegt sind. Die 15-Geschäftstage-Frist kennt 17 CFR § 23.502 nicht. 102

Wie bei den auf Anforderung vorzunehmenden Meldungen ausstehender Bestätigungen nach Art. 2 Nr. 13 VO Nr. 648/2012 ist auch für die Meldung nach Art. 15 Abs. 2 DelVO Nr. 149/2013 die nach **Art. 67 RL 2014/65/EU** benannte Stelle verantwortlich Auf die Anmerkungen in Rz. 66 wird verwiesen. 103

Zuständig ist auch hier die für die **Hauptniederlassung** der finanziellen Gegenpartei zuständige Behörde. Dies gilt auch, wenn die finanzielle Gegenpartei das bestrittene OTC-Derivate über eine unselbständige Niederlassung in einem anderen Mitgliedstaat abgeschlossen hat[7]. Auch hier gilt, dass für Investmentfonds die Behörde des Mitgliedstaates zuständig ist, in der der Investmentfonds organisiert ist[8]. 104

Die ESMA erwartet, dass die Meldungen mindestens einmal im Monat für den jeweils zurückliegenden Monat abgegeben werden; die zuständigen Behörden der Mitgliedstaaten könnten jedoch eine häufigere Meldung ver- 105

---

1 *U.S. CFTC* 77 FR 55904, S. 55963.
2 *ESMA* Q&A OTC Frage Nr. 15(a) [letzte Aktualisierung: 5.8.2013]; *Achtelik/Steinmüller* in Wilhelmi/Achtelik/Kunschke/Sigmundt, Handbuch EMIR, Teil 3.B.II Rz. 32.
3 *U.S. CFTC* 77 FR 55904, S. 55963.
4 *ESMA* Q&A OTC Frage Nr. 15(c) [letzte Aktualisierung: 5.8.2013].
5 *ESMA* Q&A OTC Frage Nr. 15(c) [letzte Aktualisierung: 5.8.2013].
6 *U.S. CFTC* 77 FR 55904, S. 55963.
7 *ESMA* Q&A OTC Frage Nr. 12(f) [letzte Aktualisierung: 20.3.2014].
8 *ESMA* Q&A OTC Frage Nr. 12(e) [letzte Aktualisierung: 20.3.2014].

langen[1]. Die BaFin verlangt bis auf weiteres lediglich monatliche Meldungen, wobei diese **innerhalb von 14 Kalendertagen** nach Ende des jeweils abgelaufenen Kalendermonats einzureichen sind[2]. Die BaFin hat auf ihrer Webseite[3] einen Mustertext für die Meldungen nach Art. 15 Abs. 2 DelVO Nr. 149/2013 veröffentlicht. Dieses kann postalisch, per E-Mail oder über das **MVP-Portal** der BaFin eingereicht werden[4]. Wegen der Einzelheiten zum MVP Portal wird auf die Ausführungen zu Art. 4 VO Nr. 648/2012 Rz. 89 verwiesen.

106 Die Meldepflicht nach Art. 15 Abs. 2 DelVO Nr. 149/2013 ist für Kreditinstitute und Wertpapierfirmen, die den Eigenkapitalanforderungen der VO Nr. 575/2013 (CRR) unterliegen und ihre Eigenmittelanforderungen für das Gegenparteiausfallrisiko mittels eigener interner Modelle berechnen, von besonderer Bedeutung. So sieht Art. 285 Abs. 4 VO Nr. 575/2013 vor, dass ein Institut, das in den letzten zwei Quartalen an mehr als zwei Streitigkeiten über die Höhe eines Nachschusses beteiligt war, die für die Berechnung des potentiellen zukünftigen Ausfallrisikos maßgebliche Nachschuss-Risikoperiode (margin period of risk, MPOR) verdoppeln muss, wenn diese Streitigkeiten länger als die in Art. 285 Abs. 2 VO Nr. 575/2013 vorgesehene Mindest-Nachschuss-Risikoperiode von zehn Geschäftstagen andauerten.

107 **4. Portfoliokomprimierung (Art. 14 DelVO Nr. 149/2013). a) Anwendungsbereich.** Der Anwendungsbereich der Bestimmungen über die Portfoliokomprimierung entspricht dem der Bestimmungen über den Portfolioabgleich. Der mögliche Einsatz der Portfoliokomprimierung ist von **sämtlichen Gegenparteien** regelmäßig zu überprüfen. Dies gilt auch für nichtfinanzielle Gegenparteien unterhalb der Clearingschwelle (NFC-). Die Bestimmungen über die Portfoliokomprimierung sind seit dem **15.9.2013** anwendbar. Wegen der für sämtliche Risikominderungspflichten geltenden Ausnahmen vom Anwendungsbereich wird auf die Anmerkungen in den Rz. 20–25 (geclearte OTC-Derivate) sowie in Rz. 32 und 36–38 (staatliche und internationale Einrichtungen und Gegenparteien, die sich nicht als Unternehmen qualifizieren) verwiesen.

108 **b) Begriff und Zweck des Portfoliokomprimierung.** Der Begriff **Portfoliokomprimierung** (portfolio compression) wird von der DelVO 149/2013 als bekannt vorausgesetzt. Nach Art. 2 Abs. 1 Nr. 47 VO Nr. 600/2014 (MiFIR) handelt es sich bei ihr um eine als Dienstleistung angebotene Risikominderungstechnik („Dienst zur Risikoverringerung"), bei dem zwei oder mehrere Gegenparteien einige oder alle in die Portfoliokomprimierung einzubeziehenden Derivatepositionen ganz oder teilweise beenden und diese durch andere Derivatepositionen ersetzen, deren Gesamtnennwert geringer ist als der der beendeten Derivatepositionen[5]. Dies entspricht der U.S.-amerikanischen Definition von Portfoliokomprimierung („bilateral portfolio compression" und „multilateral portfolio compression") in 17 CFR § 23.500(b) und (h)[6].

109 In der Regel basiert die Ersetzung der einbezogenen OTC-Derivate durch neue OTC-Derivate in rechtlicher Hinsicht auf einer **Schuldumwandlung** oder **Novation**. Dabei kann es zusätzlich zu Ausgleichszahlungen kommen, mit denen die in den Neugeschäften nicht berücksichtigten Marktwerte der ersetzten OTC-Derivate ausgeglichen werden. Das besondere an der Portfoliokomprimierung ist, dass sie sich nicht auf die bilaterale Saldierung von Positionen zwischen zwei Gegenparteien beschränkt, sondern die Positionen sämtlicher teilnehmenden Gegenparteien berücksichtigt (**multilaterales Netting**). Insoweit kann es auch zur Saldierung von Positionen kommen, die eine Gegenpartei durch Abschluss von OTC-Derivaten mit unterschiedlichen Gegenparteien begründet hat (**cross entity netting**)[7].

110 Die Formulierung „Dienst zur Risikoverringerung" verdeutlicht zweierlei: Zum einen handelt es sich bei dem **Anbieter der Dienstleistung** i.d.R. um einen Dritten, der nicht notwendigerweise selbst Gegenpartei der OTC-Derivate sein muss. Zu nennen sind CCPs, Transaktionsregister, Zentralverwahrer, Wertpapierfirmen oder Marktbetreiber[8]. Zum anderen ist das Ziel der Portfoliokomprimierung die **Reduzierung des Gegenparteiausfallrisikos**. Die Verringerung der Anzahl der ausstehenden OTC-Derivate und deren Ersetzung durch ein oder ggf. mehrere Neugeschäfte, die durch den Dienstleister vermittelt und dokumentiert werden, reduziert jedoch auch das **operationelle Risiko**, weshalb der Gesetzgeber auch zutreffend von der Verminderung von „Nichtmarktrisiken" spricht[9].

111 Handelt es sich bei den die Portfoliokomprimierung durchführenden Dienstleistern um **Wertpapierfirmen oder Marktbetreiber**, die den Bestimmungen der RL 2014/65/EU und der VO Nr. 600/2014 unterliegen, richtet

---

1 *ESMA* Q&A OTC Frage Nr. 15(d) [letzte Aktualisierung: 5.8.2013].
2 *BaFin* EMIR Mitteilungen, S. 1.
3 *BaFin*, Mustertext für eine Mitteilung über Streitigkeiten zwischen Gegenparteien gem. Art. 15 Abs. 2 der Delegierten Verordnung EU 149/2013, abrufbar über: https://www.bafin.de/DE/Aufsicht/BoersenMaerkte/EMIR/Mitteilungen/mitteilungen_node.html („BaFin Art. 15(2) DelVO 149 Mitteilung").
4 *Achtelik/Steinmüller* in Wilhelmi/Achtelik/Kunschke/Sigmundt, Handbuch EMIR, Teil 3.B.II Rz. 37.
5 *Vause*, BIZ QR 12/2010, 59, 63/64, der insbesondere die Bedeutung der Portfoliokomprimierung für Kreditderivate analysiert; *Wilhelmi/Bluhm* in Wilhelmi/Achtelik/Kunschke/Sigmundt, Handbuch EMIR, Teil 1.B Rz. 4.
6 *U.S. CFTC* 77 FR 55904, S. 55960.
7 S. ESMA Q&A OTC Frage Nr. 11(b) [letzte Aktualisierung: 4.6.2013].
8 Erwägungsgründe Nr. 8 VO Nr. 600/2014.
9 Erwägungsgründe Nrn. 8 und 27 VO Nr. 600/2014.

sich die Durchführung der Portfoliokomprimierung und die mit ihr verbundenen Transparenz- und Aufzeichnungspflichten nach Art. 17 und 18 DelVO 2017/567. Wegen der Einzelheiten wird auf die Ausführungen zu Art. 31 VO Nr. 600/2014 Rz. 9–15 verwiesen.

c) **Gegenstand der durch Art. 14 DelVO 149/2013 begründeten Pflicht.** Art. 14 DelVO 149/2013 begründet keinen Zwang zur Nutzung der Portfoliokomprimierung. Er verpflichtet die Gegenparteien nur dazu, den möglichen Einsatz der Risikominderungstechnik zu prüfen. Dies entspricht der U.S.-amerikanischen Regelung in 17 CFR § 23.503[1] wonach die Portfoliokomprimierung stets angemessen (appropriate) sein muss.

Die Portfoliokomprimierung i.S.d. Art. 14 DelVO 149/2013 kann unterbleiben, wenn die Gegenpartei nach Prüfung zum Schluss gelangt, dass ihre Anwendung zu **keinem angemessenen Ergebnis** führt. Der Formulierung „hinreichende und stichhaltige Begründung" ist zu entnehmen, dass das Ergebnis der Prüfung und die tragenden Gründen der **Entscheidung zu dokumentieren** und der zuständigen Behörde auf Anforderung mitzuteilen sind[2].

Zu den Umständen, die eine Nutzung der Portfoliokomprimierung als nicht angemessen erscheinen lassen, zählen u.a., dass eine Portfoliokomprimierung für die von der Gegenpartei abgeschlossenen Kategorie von OTC-Derivaten **nicht zur Verfügung** steht. Darüber hinaus ist es denkbar, dass die durch die OTC-Derivate begründeten Positionen aufgrund ihrer einseitigen Ausrichtung eine Saldierung bzw. eine Reduzierung von Gegenparteiausfallrisiken nicht zulassen[3]. Ein insbesondere für nichtfinanzielle Gegenparteien wichtiger Grund ist, dass die Anwendung der Portfoliokompression nicht dazu führen darf, dass der **Absicherung von Risiken** dienende OTC-Derivate entfallen und damit das Risikomanagement der Gegenpartei oder die für Zwecke der Rechnungslegung gebildeten Bewertungseinheiten beeinträchtigt werden[4]. Daneben können auch Kosten-Nutzen-Erwägungen[5] einen Verzicht auf die Portfoliokomprimierung rechtfertigen.

Alleiniges Kriterium für die Prüfungspflicht ist die **Größe des Derivateportfolios**. Die Prüfungspflicht besteht, sobald die Anzahl der nicht zentral geclearten OTC-Derivate den Schwellenwert von **500** erreicht oder übersteigt. Freiwillig gecleartes OTC-Derivate senken die Anzahl der maßgeblichen Geschäfte und lassen, wenn die Zahl 500 unterschritten wird, die Verpflichtung zur Prüfung entfallen.

Bei der Ermittlung der Anzahl sind ausschließlich die zwischen den beiden Gegenparteien ausstehenden OTC-Derivate maßgeblich; eine Konsolidierung auf **Gruppenebene** findet nicht statt[6]. Handelt es sich bei der Gegenpartei um ein **Investmentvermögen** oder um den rechtlich segregierten Teilfonds eines Investmentvermögens, ist für die Größe eines Derivateportfolios und die daraus abgeleiteten Pflichten, z.B. die Berechnung der Anzahl der Derivatekontrakte, ausschließlich der jeweilige Fonds maßgeblich[7].

d) **Häufigkeit der Portfoliokomprimierung.** Die Gegenparteien müssen die Prüfung regelmäßig, mindestens aber zweimal im Jahr durchführen. Wann die Gegenpartei die Prüfung durchführt, ist ihr überlassen. Dem Wort „regelmäßig" ist jedoch zu entnehmen, dass die Zeiträume zwischen den beiden Prüfungen im wesentlich gleich sein, d.h. **etwa sechs Monate** betragen müssen.

e) **Behandlung der durch die Portfoliokomprimierung begründeten neuen OTC-Derivate.** Für die **Meldepflicht** nach Art. 9 VO Nr. 648/2012 gilt: Sind OTC-Derivate durch eine erfolgreiche Portfoliokomprimierung zu einem neuen OTC-Derivat zusammengefasst worden, ist nach Wirksamwerden der Novation das Neugeschäft zu melden. Für die in die Portfoliokomprimierung einbezogenen und beendeten OTC-Derivate ist nach DelVO Nr. 148/2013 eine letzte Meldung abzugeben, die in Tabelle 2 Feld 93 durch den Hinweis „Compression" auf die Art der ändernden Maßnahme hinweist[8]. **Die Pflicht zur zeitnahen Bestätigung** nach Art. 12 DelVO Nr. 149/2013 gilt für die durch Portfoliokompression zustande gekommenen neuen OTC-Derivate[9] ebenso wie die übrigen Risikominderungspflichten des Art. 11 VO Nr. 648/2012.

Handelt es sich bei den neuen OTC-Derivaten um eine Derivatekategorie, für die nach Art. 5 VO Nr. 648/2012 die **Clearingpflicht** angeordnet wurde, müssen clearingpflichtige Gegenparteien die neuen OTC-Derivate nach Art. 4 VO Nr. 648/2012 durch eine zugelassene oder anerkannte CCP clearen lassen. Dies gilt auch dann, wenn die OTC-Derivate, die durch die Portfoliokomprimierung ersetzt wurden, selbst nicht der Clearingpflicht unterlagen. Eine Freistellung der durch die Portfoliokomprimierung begründeten Neugeschäfte, wie sie Art. 31 Abs. 1 VO Nr. 600/2014 für die Handelspflicht nach Art. 28 VO Nr. 600/2014 vorsieht, fehlt derzeit. Mit der

---

1 *U.S. CFTC* 77 FR 55904, S. 55960.
2 *ESMA* Q&A OTC Frage Nr. 11(a) [letzte Aktualisierung: 4.6.2013].
3 *ESMA* Q&A OTC Frage Nr. 11(a) [letzte Aktualisierung: 4.6.2013]: „purely directional".
4 *ESMA* Q&A OTC Frage Nr. 11(a) [letzte Aktualisierung: 4.6.2013]; *IDW* Prüfungsstandard PS 920, Anlage 1 Rz. 5.2.3, S. 76.
5 *IDW* Prüfungsstandard PS 920, Anlage 1 Rz. 5.2.3, S. 76: „prohibitiv hohe Kosten".
6 *Achtelik/Steinmüller* in Wilhelmi/Achtelik/Kunschke/Sigmundt, Handbuch EMIR, Teil 3.B.II Rz. 35.
7 *ESMA* Q&A, Allgemeine Frage Nr. 1(a)(1) [Last update 21.5.2014].
8 *ESMA* Q&A TR Frage Nr. 17 [seit 1.11.2017 anwendende Fassung].
9 *ESMA* Q&A OTC Frage Nr. 5(c) [letzte Aktualisierung: 5.8.2013].

Annahme des Berichts zum EMIR-REFIT-Entwurf[1] seines Berichterstatters *Langen* am 23.5.2018 hat sich das Europäische Parlament dafür ausgesprochen, dass die Möglichkeit einer entsprechenden Bereichsausnahme von der Europäischen Kommission zeitnah überprüft wird.

120 **5. Tägliche Bewertung von OTC-Derivaten (Art. 16 und 17 DelVO Nr. 149/2013). a) Anwendungsbereich.** Nach Art. 11 Abs. 2 VO Nr. 648/2012 sind clearingpflichtige Gegenparteien verpflichtet, den **Wert** ihrer ausstehenden nicht geclearten OTC-Derivate anhand aktueller Kurse täglich zu ermitteln. Die Pflicht zur Bewertung ist auf sämtliche OTC-Derivate anwendbar, die am **15.3.2013**, dem Inkrafttreten der Art. 16 und 17 DelVO Nr. 149/2013, ausstanden und zwar unabhängig davon, ob sie vor oder nach diesem Datum abgeschlossen wurden[2]. Wegen der für sämtliche Risikominderungspflichten geltenden Ausnahmen vom Anwendungsbereich wird auf die Anmerkungen in den Rz. 20–25 (geclearte OTC-Derivate) sowie in Rz. 32 und 36–38 (staatliche und internationale Einrichtungen und Einrichtungen, die sich nicht als Unternehmen qualifizieren) verwiesen.

121 **b) Fristen für die Bewertung.** Die in Art. 11 Abs. 2 VO Nr. 648/2012 gewählte Formulierung „täglich" ist so zu verstehen, dass das OTC-Derivat an jedem Geschäftstag neu zu bewerten ist. Wegen des Begriffs **Geschäftstag** wird auf die Anmerkung zu Art. 2 VO Nr. 648/2012 Rz. 149 verwiesen.

122 **c) Bewertungsverfahren.** Die in Art. 11 Abs. 2 Satz 1 VO Nr. 648/2012 geforderte Bewertung „anhand aktueller Kurse" wird im nachfolgenden Satz 2 mit der **Bewertung zu Marktpreisen** (marking to market) gleichgestellt. Eine **Bewertung zu Modellpreisen** (marking to model) ist nur zulässig, wenn die Marktbedingungen eine Bewertung zu Marktpreisen nicht zulassen.

123 Die vom Gesetzgeber gewählte Formulierung lässt eine deutliche **Anlehnung** an die **International Financial Reporting Standards (IFRS)** und die dort festgelegten Anforderungen an die Bewertung von Finanzinstrumenten erkennen. Ein Anhaltspunkt ist bereits der in Art. 16 DelVO Nr. 149/2013 verwendete Begriff des „Zeitwerts", der dem IFRS 13 entlehnt zu sein scheint. Der mit Art. 1 Abs. 3 DelVO 2017/104 neu eingefügte Art. 3 Abs. 6 DelVO 148/2013 wird insoweit noch deutlicher: Er verlangt für die nach Art. 9 VO Nr. 648/2012 vorzunehmenden **Meldungen an das Transaktionsregister**, dass die im Meldesatz anzugebenden Werte der Derivate in den Fällen, in denen sie nicht von einer CCP ermittelt werden, den nach **IFRS 13** ermittelten Zeitwerten entsprechen müssen. Eine weitere Quelle der Inspiration waren erkennbar die Bestimmungen des Art. 105 VO Nr. 575/2013 (CRR) die ebenfalls mit dem Begriffspaar Bewertung zu Marktpreisen (marking to market) und Bewertung zu Modellpreisen (marking to model) operieren.

124 Der Begriff **Bewertung zu Marktpreisen** ist in Art. 4 Abs. 1 Nr. 68 VO Nr. 575/2013 definiert. Er bezeichnet eine Bewertung auf Grundlage einfach feststellbarer Glattstellungspreise, die aus neutralen Quellen bezogen werden. Hierzu zählen u.a. Börsenkurse, über Handelssysteme angezeigte Preise sowie Quotierungen von Wertpapierfirmen. Bei der **Bewertung zu Modellpreisen** handelt es sich demgegenüber um eine Bewertung, die aus einem oder mehreren Marktwerten abgeleitet, extrapoliert oder auf andere Weise errechnet werden muss (Art. 4 Abs. 1 Nr. 69 VO Nr. 575/2013). Die beiden Begriffe machen deutlich, dass von einer Bewertung zu Marktpreisen nur dann die Rede sein kann, wenn der Preis für das betreffende OTC-Derivat oder für ein in allen preisbildenden Faktoren identisches Finanzinstrument quotiert wurde. Auch nach Art. 105 Abs. 6 VO Nr. 575/2013 ist eine Bewertung zu Modellpreisen nur zulässigen, wenn eine Bewertung zu Marktpreisen nicht möglich ist.

125 **IFRS 13** unterscheidet **drei Stufen (levels)** der Bewertung. Existiert für das Finanzinstrument oder für einen identischen Vermögenswert ein in einem aktiven Markt notierter oder beobachtbarer Preis, so spricht man bei diesem Marktpreis von einem Stufe 1-Inputfaktor (IFRS 13.76) und bei den so bewerteten Vermögenswerten von Level-1-Assets. Die Verwendung eines **Stufe 1-Inputfaktors** entspricht der Bewertung zu Marktpreisen nach Art. 4 Abs. 1 Nrn. 68 VO Nr. 575/2013. Lässt sich an den aktiven Märkten für ein Finanzinstrument kein Stufe 1-Inputfaktor finden, wohl aber eine Preisnotierung für ähnliche Vermögenswerte oder andere Inputfaktoren, die für die Bewertung des Finanzinstrumentes von Bedeutung sind, spricht man von **Stufe 2-Inputfaktoren** (IFRS 13.81 und 82). Zu den anderen Inputfaktoren der Stufe 2 zählen insbesondere Zinssätze, implizite Volatilitäten oder Kredit-Spreads (IFRS 13.B35). Da die Stufe 2-Inputfaktoren bei der Berechnung durch Interpolation, Ableitung oder Umrechnung angepasst werden müssen, entspricht die Bewertung anhand von Stufe 2-Inputfaktoren der Bewertung zu Modellpreisen des Art. 4 Abs. 1 Nrn. 69 VO Nr. 575/2013. Bei den **Stufe 3-Inputfaktoren** handelt es sich um solche, die für den zu bewertenden Vermögenswert in einem aktiven Markt nicht beobachtbar sind. Auch die Bewertung anhand von Stufe 3-Inputfaktoren stellt eine Bewertung zu Modellpreisen dar. Sie ist jedoch mit größeren Unsicherheiten behaftet.

126 Die **Marktbedingungen**, die eine Bewertung zu Marktpreisen verhindern und den Wechsel zur Bewertung zu Modellpreisen rechtfertigen, sind von der Kommission in Art. 16 DelVO Nr. 149/2013 näher bestimmt worden.

---

1 Bericht zum EMIR-REFIT-Entwurf, S. 32/33, neuer Art. 85 Abs. 8 VO Nr. 648/2012: „whether trades directly resulting from post-trade risk reduction services including portfolio compression should be exempted from the clearing obligation." Der Bericht ist abrufbar über: http://www.europarl.europa.eu/sides/getDoc.do?pubRef=-//EP//TEXT+REPORT+A8-2018-0181+0+DOC+XML+V0//EN&language=de.

2 *ESMA* Q&A OTC Frage Nr. 12(a) [letzte Aktualisierung: 20.3.2014].

Der in Art. 16 Abs. 1 Buchst. a DelVO Nr. 149/2013 genannte Fall des inaktiven Markts ist nach Art. 16 Abs. 2 DelVO Nr. 149/2013 zu vermuten, wenn die an einem Markt notierten Preise für das OTC-Derivat nicht ohne weiteres und regelmäßig verfügbar sind oder wenn die verfügbaren Preise nicht auf der Basis von tatsächlichen und unter marktüblichen Bedingungen abgeschlossenen Transaktionen ermittelt wurden. Dem gleichgestellt sind nach Art. 16 Abs. 1 Buchst. b DelVO Nr. 149/2013 die Fälle, in denen die an einem Markt beobachtbaren Preise zwar plausibel erscheinen, sie jedoch über eine Bandbreite verfügen, die eine hinreichende Bewertung des OTC-Derivates unmöglich macht.

Die **Kriterien für die Bewertung von Modellpreisen** sind von der Kommission in Art. 17 DelVO Nr. 149/2013 festgelegt worden. Sie lehnen sich eng an die Parallelvorschrift in Art. 105 Abs. 7 VO Nr. 575/2013 an. Dies gilt insbesondere für das Gebot der größtmöglichen Nutzung von Marktbewertungsinformationen, die auch für die Kalibrierung und Valdierung des Bewertungsmodells zu nutzen sind, und für die Pflicht zur regelmäßigen Validierung des Bewertungsmodells durch eine unabhängige Stelle.

Die Pflicht zur täglichen Neubewertung wird operativ durch die nach Art. 11 Abs. 2 Buchst. b VO Nr. 648/2012 zu vereinbarenden Verfahren über den **Portfolioabgleich** (portfolio reconsiliation) und die **Beilegung von Meinungsverschiedenheiten** (dispute resolution) unterstützt. Clearingpflichtige Gegenparteien müssen auch den von ihnen ermittelten Wert der OTC-Derivate in den Portfolioabgleich einbeziehen und den Abgleich mindestens einmal pro Quartal, bei großen Portfolios mit mehr als 500 Einzelabschlüssen sogar täglich durchführen. Der Portfolioabgleich soll auch dazu führen, dass mögliche Ermessensspielräume, die insbesondere bei der Bewertung zu Modellpreisen bestehen, transparent werden. Hierzu zählen u.a. auch die von den Gegenparteien verwendeten Bewertungsmethoden, die Input-Parameter[1], wie die für die Diskontierung verwendeten Zinskurven (EURIBOR vs. EONIA) oder Spreads, aber auch die der Berechnung zur Anwendung kommenden Marktusancen, wie den Geschäftstagekalender, die Zinstageformel (day count fraction) oder die für die Verschiebung von Kalendertagen auf Geschäftstage maßgeblichen Regeln (business day convention)[2].

6. Zeitnahe Dokumentation der Vertragsbestimmungen (Art. 2 Abs. 2 Unterabs. 1 Buchst. g DelVO 2016/2251). a) Anwendungsbereich. Die Pflicht zur zeitnahen Dokumentation der Vertragsbestimmungen besteht für **sämtliche Gegenparteien**, d.h. auch für nichtfinanzielle Gegenparteien unterhalb der Clearingschwelle (NFC-). Sie ist seit dem **4.1.2016** anwendbar. Wegen der für sämtliche Risikominderungspflichten geltenden Ausnahmen vom Anwendungsbereich wird auf die Anmerkungen in den Rz. 20–25 (geclearte OTC-Derivate) sowie in Rz. 32 und 36–38 (staatliche und internationale Einrichtungen und Einrichtungen, die sich nicht als Unternehmen qualifizieren) verwiesen.

b) Gegenstand der Dokumentationspflicht. Art. 2 Abs. 2 Unterabs. 1 Buchst. g DelVO 2016/2251 begründet **zwei** Verpflichtungen. Zum einen müssen die **Richtlinien und Prozessbeschreibungen** der Gegenparteien Festlegungen über die mit den Vertragsparteien abzuschließenden Vereinbarungen über die OTC-Derivate enthalten. Zum anderen müssen die **Vereinbarungen über das Netting und den Austausch der Sicherheiten** spätestens beim Abschluss eines nicht zentral geclearten OTC-Derivates abgeschlossen werden. Art. 2 Abs. 2 Unterabs. 1 Buchst. g DelVO 2016/2251 entspricht damit der U.S.-amerikanischen Regelung in 17 CFR § 23.504[3].

Für die Dokumentation der Vereinbarungen über das Netting und den Austausch der Sicherheiten bedienen sich die Gegenparteien i.d.R. der von Handelsorganisationen und Bankenverbänden entwickelten Mustertexte. Ein Beispiel sind die von der **International Swaps and Derivatives Association, Inc.** (ISDA) entwickelten **ISDA Master Agreements**[4] und die sie ergänzenden Handbücher (booklets), mit denen die in den Bestätigungen über die Einzelabschlüsse verwendeten Begriffe und Verfahren für die Bestimmung der Leistungspflichten definiert werden. Für neue Rahmenverträge wird derzeit die 2002 veröffentlichte Version verwendet. Für die ISDA Master Agreements kann sowohl die Geltung englischen Rechts als auch die Geltung des Rechtes des U.S.-Bundestaates New York vereinbart werden[5]. Ergänzt werden die ISDA Master Agreements durch drei **Besicherungsanhänge**[6]. Zur Unterstützung der durch Art. 11 Abs. 3 VO Nr. 648/201 begründeten Pflichten hat die ISDA in 2016 neue Besicherungsanhänge veröffentlicht, die u.a. auch den Anforderungen der DelVO 2016/2251 Rech-

---

1 *Specht/Klebeck* in Wilhelmi/Achtelik/Kunschke/Sigmundt, Handbuch EMIR, Teil 3.C Rz. 35, wonach unterschiedliche Bewertungsmethoden und Informationsressourcen im Regelfall zu unterschiedlichen Ergebnissen führen.
2 *Achtelik/Steinmüller* in Wilhelmi/Achtelik/Kunschke/Sigmundt, Handbuch EMIR, Teil 3.B.II Rz. 38, mit weiteren Faktoren, die zu Marktwertdifferenzen führen können.
3 *U.S. CFTC* 77 FR 55904, S. 55963 f.
4 Hierzu ausführlich: *Reiner*, ISDA Master Agreements, 1. Aufl. 2013; *Jahn/Reiner* in Schimansky/Bunte/Lwowski, § 114 Rz. 88 ff.; *Sachsen-Altenburg* in Zerey, Finanzderivate, § 7 Rz. 24 ff.
5 Die ISDA hat am 3.7.2018 zwei weitere Versionen des 2002 ISDA Master Agreements veröffentlicht, die dem Recht Irlands und dem Recht Frankreichs unterstellt werden können; s. https://www.isda.org/2018/07/03/isda-publishes-french-and-irish-law-master-agreements/. Darüber hinaus ist es in der Praxis üblich, dass Gegenparteien auch andere governing laws, z.B. das Recht einer der kanadischen Provinzen oder japanisches Recht verwenden.
6 Bei den drei Besicherungsanhängen handelt es sich um den 1994 ISDA Credit Support Annex (Security Interest – New York Law), den 1995 ISDA Credit Support Annex (Title Transfer – English Law) und den 1995 ISDA Credit Support Deed (Security Interest – English Law).

nung tragen sollen. Die vier neuen Besicherungsanhänge[1] unterscheiden jeweils zwischen Ersteinschüssen (initial margin, IM) und Nachschüssen (variation margin, VM) sowie dem für das ISDA Master Agreement vereinbarten englischem oder New Yorker Recht. Während die Besicherungsanhänge für die Nachschüsse Sicherheitsleistungen im Wege der Vollrechtsübertragung vorsehen, werden an den Ersteinschüssen lediglich beschränkte dingliche Rechte (security intereest, charge) ohne Nutzungsrecht begründet.

130b In Deutschland und teilweise auch im deutschsprachigen Ausland verwenden die Gegenparteien weitestgehend den von den **Spitzenverbänden der deutschen Kreditwirtschaft** entwickelten deutschen **Rahmenvertrag für Finanztermingeschäfte**[2] sowie die ihn ergänzenden Anhänge, die für bestimmte Derivatekategorien, wie z.B. Devisengeschäfte und -optionen, Wertpapierderivate oder Rohwarenderivate ergänzende Bestimmungen vorsehen. Der Rahmenvertrag für Finanztermingeschäfte wird ergänzt durch einen Besicherungsanhang, der – wie der 1995 ISDA Credit Support Annex (Title Transfer – English Law) – Sicherheitsleistungen im Wege der Vollrechtsübertragung vorsieht. Der Besicherungsanhang ist 2016 um einen neuen Besicherungsanhang für Variation Margin ergänzt worden[3].

131 **aa) Mindestinhalt der Vereinbarungen (Art. 2 Abs. 2 Unterabs. 2 und Art. 3 DelVO 2016/2251).** Die in Art. 2 Abs. 2 Unterabs. 1 Buchst. g DelVO 2016/2251 genannten Vereinbarungen über das Netting und den Austausch von Sicherheiten sind nur **beispielhaft genannt**. Bestandteil der Vereinbarungen sind auch die in den **Bestätigungen** nach Art. 12 DelVO Nr. 149/2013 zu dokumentierenden Abreden über die Einzelheiten des OTC-Derivates[4].

132 Der **Mindestinhalt** der Vereinbarungen ergibt sich aus Art. 2 Abs. 2 Unterabs. 2 DelVO 2016/2251. Er wird für die Vereinbarungen über den Austausch von Sicherheiten durch Art. 3 DelVO 2016/2251 ergänzt. Weitere Einzelheiten, die in der Besicherungsvereinbarung zu regeln sind, ergeben sich u.a. aus Art. 7 Abs. 3 und 4, Art. 11 Abs. 5 und 6 und Art. 19 Abs. 2 DelVO 2016/2251.

133 **(1) Zahlungsverpflichtungen.** Die durch ein OTC-Derivat begründeten Zahlungsverpflichtungen (Art. 2 Abs. 2 Unterabs. 2 Buchst. a DelVO 2016/2251) werden i.d.R. bei Abschluss des Derivates **mündlich vereinbart** und nachfolgend in der nach Art. 12 Abs. 1 DelVO Nr. 149/2013 zu erstellenden **Bestätigung** dokumentiert. Dabei verweisen die Bestätigungen nicht selten auf die von Handelsorganisationen oder Bankenverbänden entwickelten produktspezifischen Definitions-Handbücher oder Rahmenvertragsanhänge (z.B. die ISDA Definition Booklets oder die von den deutsche Spitzenverbänden der Kreditwirtschaft entwickelten Anhänge zum deutschen Rahmenvertrag für Finanztermingeschäfte).

134 Die in der Praxis üblichen **Rahmenverträge** (z.B. das 2002 ISDA Master Agreement oder der deutsche Rahmenvertrag für Finanztermingeschäfte) verweisen auf die in der Bestätigung dokumentierten Zahlungsverpflichtungen. Soweit Rahmenverträge eigene Zahlungsverpflichtungen begründen, geht es i.d.R. um **Verzugszinsen** für nicht rechtzeitig erbrachte Leistungen oder um die im Falle eines Ausfalls einer Gegenpartei zu ermittelnde einheitliche Ausgleichforderung.

135 Vereinbarungen über den **Austausch von Sicherheiten** begründen Zahlungsansprüche nur dann, wenn von den Gegenparteien als anerkennungsfähige Sicherheiten für Einschüsse ausschließlich Barsicherheiten i.S.d. Art. 4 Abs. 1 DelVO 2016/2251 vereinbart wurden. Ansonsten begründen Besicherungsvereinbarungen nur einen Anspruch auf Leistung von Sicherheiten, den die verpflichtete Gegenpartei nach ihrer Wahl durch Übertragung geeigneter Vermögenswerte, d.h. auch unbar, erfüllen kann.

136 **(2) Verrechnung von Zahlungsverpflichtungen (Payment Netting).** Die in Art. 2 Abs. 2 Unterabs. 2 Buchst. b DelVO 2016/2251 angesporchene Verrechnung von fälligen Zahlungsansprüchen (**payment netting**) wird üblicherweise im Rahmenvertrag vereinbart. Sie beschränkt sich grundsätzlich auf **Zahlungsansprüche in derselben Währung**, die an demselben Geschäftstag fällig werden. Da die Erfassung von Zahlungsansprüchen in den positionsführenden Systemen der Gegenparteien sehr aufwendig sein kann, beschränkt sie sich i.d.R. auf die unter demselben OTC-Derivat fällig werdenden Zahlungsansprüche. Vereinbaren Gegenparteien eine erweiterte Zahlungsverrechnung, die auch Ansprüche aus unterschiedlichen OTC-Derivaten erfasst, erfasst sie i.d.R. nur OTC-Derivate derselben Gattung (z.B. Devisentermingeschäfte).

---

1 Bei den vier neuen Besicherungsanhängen handelt es sich um den ISDA 2016 Credit Support Annex for Variation Margin (VM) (Security Interest – New York Law), den ISDA 2016 Phase One Credit Support Annex for Initial Margin (IM) (Security Interest – New York Law), den ISDA 2016 Credit Support Annex for Variation Margin (VM) (Title Transfer – English Law) und den 2016 Phase One IM Credit Support Deed (Security Interest – English Law).
2 Hierzu ausführlich: *Jahn/Reiner* in Schimansky/Bunte/Lwowski, § 114 Rz. 54 ff.; *Behrends* in Zerey, Finanzderivate, § 7 Rz. 24 ff.
3 *Bundesverband deutscher Banken (BdB)*, Die neue EMIR-Besicherungsdokumentation zum deutschen Rahmenvertrag für Finanztermingeschäfte – Hintergründe und Erläuterungen, Stand: 19.4.2017, abrufbar über: https://bankenverband. de/media/uploads/2017/09/13/emir-besicherungsdokumentation-hintergrund-stand-19-04-2017.pdf (*„BdB* Erläuterungen EMIR-Besicherungsdokumentation").
4 Für die U.S.-amerikanischen Regelung wird dies in 17 CFR § 23.504(b)(2) ausdrücklich klargestellt.

Besondere Vereinbarungen über die Zahlungsverrechnung finden sich i.d.R. im Zusammenhang mit der **Beendigung** von OTC-Derivaten im Falle eines Ausfalls einer Gegenpartei. Gegenstand ist hier die Verrechnung der **einheitlichen Ausgleichforderung** mit möglichen Gegenansprüchen der vertragstreuen Partei. Die Vereinbarungen sehen im diesem Zusammenhang auch vor, dass für Gegenansprüche die auf eine fremde Währungen lauten, ein Zahlungsanspruch in der Währung des einheitlichen Ausgleichsanspruchs ermittelt wird. Unter manchen Rahmenverträgen werden die unter einem Besicherungsanhang empfangenen und verwerteten Vermögenswerte wie Gegenansprüche verrechnet. 137

(3) **Ausfallereignisse (Events of Default).** Die einen Ausfall (default) begründenden Ereignisse (Art. 2 Abs. 2 Unterabs. 2 Buchst. c DelVO 2016/2251) werden i.d.R. im Rahmenvertrag vereinbart. Gelegentlich geschieht dies auch durch einen Verweis auf die in einem Kreditvertrag oder einer Schuldverschreibung verwendeten Begriffsbestimmungen. Die Definition eines Ausfalls ist an die aufsichtsrechtliche Definition z.B. Art. 178 VO Nr. 575/2013 angelehnt. Sie umfasst daher i.d.R. mindestens das Ausbleiben geschuldeter Zahlungen (**failure to pay**) und die Beantragung oder Eröffnung eines Insolvenzverfahrens (**bankruptcy**). 138

(4) **Berechnungsmethoden.** Die bei der **Berechnung von Zahlungsverpflichtungen** genutzten Methoden i.S.d. Art. 2 Abs. 2 Unterabs. 2 Buchst. d DelVO 2016/2251 werden i.d.R. bei Abschluss des OTC-Derivates durch Verweis auf die bereits erwähnten (s. Rz. 133) produktspezifischen Definitionshandbücher (booklets) oder Rahmenvertragsanhänge der Handelsorganisationen oder Bankenverbände bestimmt. Sehr selten finden sich diese in den Rahmenverträgen selbst. Ein Beispiel für eine Ausnahme ist der für zinsbezogene OTC-Derivate maßgebliche Nr. 6 des deutschen Rahmenvertrages für Finanztermingeschäfte, der Angaben zur Bestimmung der maßgeblichen Berechnungszeiträume und Zinstage enthält. 139

(5) **Liquidationsnetting (Close-out Netting).** Die nach Art. 2 Abs. 2 Unterabs. 2 Buchst. e DelVO 2016/2251 zu vereinbarenden Bedingungen für die Verrechnung von Zahlungsverpflichtungen im Falle der Beendigung der OTC-Derivate (das sog. „close-out netting" oder Liquidationsnetting) finden sich in den Rahmenverträgen. Tatsächlich ist die wirksame und rechtlich durchsetzbare Vereinbarung des **Liquidationsnettings** die wesentliche Aufgabe eines Rahmenvertrages. Sie besteht i.d.R. aus **drei Elementen:** der vorzeitigen Beendigung der in den Rahmenvertrag einbezogenen OTC-Derivate im Falle eines Ausfalls, der Berechnung von positiven oder negativen Marktwerten für die noch nicht fälligen zukünftigen Zahlungs- und Lieferansprüche aus den beendeten OTC-Derivaten und deren Verrechnung zu einer einheitlichen Ausgleichsforderung, wobei ausstehende Leistungen (die z.B. zum Ausfall geführt haben) und ausgetauschte Sicherheiten in die Ausgleichsforderung einbezogen werden. 140

Eine sehr häufige Bestimmung, die das Liquidationsnetting unterstützen soll, ist die Verknüpfung der unter dem Rahmenvertrag abgeschlossenen OTC-Derivate zu einem **einheitlichen Vertrag** (single agreement). Für das Liquidationsnetting ebenfalls von Bedeutung sind Vereinbarungen über das auf die OTC-Derivate anwendbare Recht (governing law) und die im Streitfalle anzurufenden Gerichte (jurisdiction). 141

(6) **Anwendbares Recht.** Die nach Art. 2 Abs. 2 Unterabs. 2 Buchst. g DelVO 2016/2251 geforderte Vereinbarung über das auf OTC-Derivate anwendbare Recht (**governing law**) findet sich stets im Rahmenvertrag. Es ist für die auf europäische Kreditinstitute anwendbaren Insolvenzverfahren von besonderer Bedeutung, da sich nach Art. 25 RL 2001/24/EG[1] über die **Sanierung und Liquidation** von Kreditinstituten und den nationalen Umsetzungsgesetzen (z.B. § 340 InsO) die Wirksamkeit von Vereinbarungen über das Netting nach dem zwischen den Gegenparteien vereinbarten anwendbaren Recht beurteilt. 142

Das anwendbare Recht ist darüber hinaus für die in der RL 2014/59/EU[2] und den nationalen Umsetzungsgesetzen vorgesehene **Abwicklungsbefugnisse** von Bedeutung. So sehen Art. 55 Abs. 1 RL 2014/59/EU und §§ 55 **und 60a SAG** vor, dass Gegenparteien in ihren Vereinbarungen, die dem Recht eines Drittstaates unterliegen, soweit erforderlich Vereinbarungen über die vertragliche Anerkennung von Abwicklungsbefugnissen, insbesondere im Hinblick auf die Anwendung des Instruments der Gläubigerbeteiligung (bail-in) und die vorübergehenden Aussetzung von Beendigungsrechten (stay), aufnehmen. 143

(7) **Höhe der Sicherheiten.** Nach Art. 3 Buchst. a DelVO 2016/2251 ist in den Besicherungsvereinbarungen insbesondere die Höhe der erforderlichen Sicherheiten zu regeln. Diese ist durch Art. 10 und 11 DelVO 2016/2251 bereits weitestgehend festgelegt. Gestaltungsspielräume, die die Gegenparteien im Rahmen ihrer Verhandlungen über die Besicherungsvereinbarung nutzen können, ergeben sich u.a. im Hinblick auf den nach Art. 25 DelVO 2016/2251 zugelassenen **Mindesttransferbetrag** für Nachschüsse von bis zu 500.000 Euro sowie den nach Art. 28 DelVO 2016/2251 zugelassenen Schwellenbetrag für Ersteinschusszahlungen von 8 Mrd. Euro. 144

---

1 Richtlinie 2001/24/EG des Europäischen Parlaments und des Rates vom 4. April 2001 über die Sanierung und Liquidation von Kreditinstituten, ABl. EG Nr. L 125 v. 5.5.2001, S. 15.
2 Richtlinie 2014/59/EU des Europäischen Parlaments und des Rates vom 15. Mai 2014 zur Festlegung eines Rahmens für die Sanierung und Abwicklung von Kreditinstituten und Wertpapierfirmen und zur Änderung der Richtlinie 82/891/ EWG des Rates, der Richtlinien 2001/24/EG, 2002/47/EG, 2004/25/EG, 2005/56/EG, 2007/36/EG, 2011/35/EU, 2012/ 30/EU und 2013/36/EU sowie der Verordnungen (EU) Nr. 1093/2010 und (EU) Nr. 648/2012 des Europäischen Parlaments und des Rates, ABl. EU Nr. L 173 v. 12.6.2014, S. 190.

145 Darüber hinaus können Gegenparteien, die Ersteinschusszahlungen austauschen müssen, vereinbaren, dass sie für die Berechnung der Ersteinschüsse eigene oder fremde **Modelle** i.S.d. Abschnitts 4 der DelVO 2016/2251 nutzen. Ein Beispiel für ein solches Modell ist das von der International Swaps and Derivatives Association, Inc. (ISDA) entwickelte Standard Initial Margin Model (SIMM)^{TM1} das gegen Zahlung einer Lizenzgebühr von jedem Marktteilnehmer genutzt werden kann.

146 **(8) Verwahrung bzw. Segregierung der Ersteinschüsse.** Die nach Art. 19 und 20 DelVO 2016/2251 vorzusehenden Maßnahmen der **Abgrenzung** (segregation) der als Sicherheit gestellten Ersteinschüsse müssen nach Art. 3 Buchst. b DelVO 2016/2251 Gegenstand der Besicherungsvereinbarung sein.

147 Für **Barsicherheiten** sieht Art. 19 Abs. 1 Buchst. e DelVO 2016/2251 vor, dass diese auf Geldkonten bei Zentralbanken oder bei einem nicht mit der sicherungsnehmenden Gegenpartei verbundenen Kreditinstitut verbleiben. Die sicherungsnehmende Gegenpartei kann an ihnen nur ein Pfandrecht erwerben.

148 **Unbare Ersteinschüsse**, insbesondere Finanzinstrumente, sind nach Art. 19 Abs. 1 Buchst. d und Abs. 3 und 4 DelVO 2016/2251 so zu halten, dass sie von den Vermögenswerten der beiden Gegenparteien getrennt und gegen den Ausfall oder die Insolvenz einer der beiden Gegenparteien gesichert sind. Auch hier wird in der Praxis üblicherweise vereinbart, dass die Finanzinstrumente bei einem Dritten, z.B. einen Zentralverwahrer, hinterlegt werden, und dass die sicherungsnehmende Gegenpartei an diesen Finanzinstrumenten lediglich ein Pfandrecht erwirbt.

149 **(9) Besichertes Portfolio.** Die Notwendigkeit zur Vereinbarung des zu besichernden **Netting-Satzes** (Art. 3 Buchst. c DelVO 2016/2251) ergibt sich bereits aus dem **zeitlichen Anwendungsbereich** der DelVO 2016/2251: Nach Art. 35 DelVO 2016/2251 fand bzw. findet die Pflicht zum Austausch von Sicherheiten nur auf solche OTC-Derivate Anwendung, die nach den in Art. 36 und 37 DelVO 2016/2251 festgelegten Stichtagen abgeschlossen wurden. So begann z.B. die Pflicht zum Austausch von Nachschüssen für die Mehrheit der clearingpflichtigen Gegenpartei erst am 1.3.2017.

150 Es ist den clearingpflichtigen Gegenparteien daher möglich, die Anwendung der neuen Besicherungsvereinbarung auf den Netting-Satz zu beschränken, der durch die OTC-Derivatekontrakte gebildet wird, die nach dem betreffenden Stichtag, z.B. dem 1.3.2017 abgeschlossen wurden. Darüber hinaus können Gegenparteien, die bereits vor den maßgeblichen Stichtagen Sicherheiten ausgetauscht haben, ihre **alten Besicherungsvereinbarungen** fortführen, soweit sich diese nur auf solche OTC-Derivatekontrakte beziehen, die am oder vor dem Stichtag eingegangen wurden.

151 Ob und in welchem Umfang die Gegenparteien von dem durch Art. 35 DelVO 2016/2251 eröffneten Gestaltungsspielraum – der **Aufteilung in zwei Teilportfolien** bzw. Netting-Sätze – Gebrauch machen, hängt u.a. davon ab, wieviel operativer Aufwand hiermit verbunden ist und ob dieser Aufwand geringer ins Gewicht fällt als die Kosten, die mit einer einheitlichen Besicherung des Gesamtportfolios auf Basis der neuen Regelungen verbunden wären.

152 Für manche Rechtsordnungen wird darüber hinaus diskutiert[2], ob die Besicherung eines Teilportfolios **rechtlich durchsetzbar** ist, wenn sich der besicherte Anspruch weiterhin auf das durch den Rahmenvertrag definierte Gesamtportfolio und die entsprechende einheitliche Ausgleichsforderung bezieht. Bedeutung hat dies insbesondere für die Frage, ob es sich bei der für das Teilportfolio ermittelten Ausgleichsforderung um eine „maßgebliche Verbindlichkeit" i.S.d. Art. 2 Abs. 1 Buchst. f RL 2002/47/EG[3] handelt, bei der die für sie gestellten Sicherheiten als Finanzsicherheiten den im nationalen Recht der Mitgliedstaaten gewährten Schutz insbesondere im Falle der Insolvenz der sicherungsgebenden Gegenpartei genießen.

153 In diesem Zusammenhang ist von Bedeutung, dass es sich bei der maßgeblichen Verbindlichkeit nach Art. 2 Abs. 1 Buchst. f RL 2002/47/EG auch um eine gegenwärtige oder künftige Verbindlichkeit handeln kann, was insbesondere auf die Ersteinschüsse und das durch sie abgesicherte potentielle zukünftige Ausfallrisiko (potential future exposure) zutrifft. Will man verhindern, dass die durch die DelVO 2016/2251 vorgesehenen Besicherungsformen und Gestaltungsspielräume den durch die RL 2002/47/EG bezweckten Schutz verlieren, muss man diese und die sie umsetzenden nationalen Rechtsvorschriften (z.B. §§ 104, 130 InsO) dahingehend auslegen, dass auch ein Ersteinschuss bzw. die durch Art. 35 DelVO 2016/2251 zugelassene Besicherung eines Teilportfolios von der RL 2002/47/EG erfasst ist.

154 Ebenfalls zur Bestimmung des Netting-Satzes gehört die Vereinbarung der Gegenparteien über den nach Art. 9 Abs. 3 Buchst. a DelVO 2016/2251 maßgeblichen „**Buchungsschnitt**", d.h., welche an einem Geschäftstag be-

---

1 *International Swaps and Derivatives Association, Inc. (ISDA)*, ISDA SIMM^{TM} Methodology, version 2.0 (based on v1.3. 1944: 26 July 2017), Effective Date: 4.12.2017, abrufbar über: https://www2.isda.org/functional-areas/wgmr-implementation/ („*ISDA SIMM^{TM} 2.0*").
2 *Fried* in Zerey, Finanzderivate, § 19 Rz. 25 ff.
3 Richtlinie 2002/47/EG des Europäischen Parlaments und des Rates vom 6. Juni 2002 über Finanzsicherheiten, ABl. EG Nr. L 168 v. 27.6.2002, S. 43.

obachteten Veränderungen des Netting-Satzes bei der am nachfolgenden Geschäftstag durchzuführenden Bewertung noch zu berücksichtigen sind.

(10) **Bestätigung von Sicherheitsleistungen.** Die Besicherungsvereinbarungen enthalten i.d.R. Bestimmungen über die **Mitteilung** des an jedem Geschäftstag ermittelten Besicherungsanspruches und der sich hieraus ableitenden Einschusszahlungen. Eine förmliche **Bestätigung** der Mitteilung, wie sie nach Art. 3 Buchst. d DelVO 2016/2251 erforderlich erscheint, ist in der Praxis nicht vorgesehen. Sie erfolgt entweder konkludent, dadurch dass die besicherungspflichtige Gegenpartei die angeforderten Einschüsse leistet oder dadurch, dass sie von dem nach Art. 15 Abs. 1 DelVO Nr. 148/2013 vorgeschriebenen Verfahren der Streitbeilegung Gebrauch macht und lediglich den unstrittigen Teil der Einschüsse leistet. Einer besonderen Bestätigung bedarf es daher nicht.

Von der Bestätigung zu unterscheiden ist die im Erwägungsgrund Nr. 32 der DelVO 2016/2251 zum Ausdruck kommende Erwartung, dass Gegenparteien mögliche Abweichung von der Besicherungsvereinbarung prüfen und ggf. genehmigen.

(11) **Angaben zu Konten und Depots.** Nach Art. 3 Buchst. f DelVO 2016/2251 muss die Besicherungsvereinbarung für jeden der als anerkennungsfähige Sicherheit vereinbarten Vermögenswerte festlegen, wie Nachschussforderungen abzuwickeln, d.h. zu erfüllen sind. Die in Art. 12 DelVO 2016/2251 definierten Anforderungen lassen den Gegenparteien nur wenig Gestaltungsspielraum. Insbesondere ist der Zeitraum innerhalb dessen Nachschüsse zu übertragen sind, umfassend geregelt. Von den Gegenparteien festzulegen sind insbesondere die **Zahlungskonten** und Depots auf die die als Sicherheit geleisteten Vermögenswerte zu übertragen sind.

bb) **Zeitnaher Abschluss der Vereinbarungen.** Art. 2 Abs. 2 Unterabs. 1 Buchst. g DelVO 2016/2251 sieht vor, dass die Gegenparteien ihre Vereinbarungen über das Netting und den Austausch von Sicherheiten **spätestens bei Abschluss** des nicht zentral geclearten OTC-Derivates treffen. Dies entspricht der U.S.-amerikanischen Regelung in 17 CFR § 23.504[1].

Es ist zulässig, dass die Parteien eines OTC-Derivates sich erst während des telefonischen Abschlusses ihres OTC-Derivates auf die erforderliche Dokumentation einigen und die von ihnen vereinbarten Rahmen- und Besicherungsverträge innerhalb der Fristen des Art. 12 DelVO Nr. 149/2013 durch Referenz auf entsprechende Marktstandarddokumentation (z.B. auf das 2002 ISDA Master Agreement oder den deutschen Rahmenvertrag für Finanztermingeschäfte) schriftlich bestätigen. In der Praxis spricht man von der sog. „**long form-confirmation**".

Während sich die Verpflichtung zur Vereinbarung der Einzelheiten des OTC-Derivates für deutsche Kredit- und Finanzdienstleistungsinstitute bereits aus BTO 2.2.1 Tz. 1 MaRisk ergibt, ist eine vergleichbare Verpflichtung für Rahmenverträge und Besicherungsvereinbarungen in den MaRisk derzeit nicht vorgesehen. BTO 2.2.1 Tz. 8 MaRisk sieht lediglich vor, dass Rahmenverträge und Besicherungsvereinbarungen, wenn sie denn genutzt werden, vor Abschluss durch eine vom Handel unabhängige Stelle auf deren rechtliche Durchsetzbarkeit hin überprüft werden müssen. Damit stehen die MaRisk dem Abschluss von OTC-Derivaten ohne Rahmenvertrag, eine Praxis, die insbesondere bei Devisentermingeschäften weit verbreitet ist, bislang nicht entgegen.

cc) **Prüfung der rechtlichen Durchsetzbarkeit der vertraglichen Vereinbarungen (Art. 2 Abs. 3 und DelVO 2016/2251).** Art. 2 Abs. 3 DelVO 2016/2251 begründet die Verpflichtung der Gegenparteien, die rechtliche **Wirksamkeit und Durchsetzbarkeit** der von ihnen abgeschlossenen Rahmenverträge und Besicherungsvereinbarungen durch eine unabhängige Stelle **überprüfen** zu lassen. Für deutsche Kredit- und Finanzdienstleistungsinstitute ergibt sich eine entsprechende Verpflichtung bereits aus BTO 2.2.1 Tz. 8 MaRisk. Für das U.S.-amerikanische Recht ergibt sich eine vergleichbare aber weitergehende Verpflichtung aus 17 CFR § 23.504 (c)[2]: Danach soll die Überprüfung der Dokumentation auch solche Schwächen aufdecken, die nicht nur die Wirksamkeit und Durchsetzbarkeit der Dokumentation betreffen, sondern auch deren Angemessenheit. So könnte es sich ggf. als Schwäche erweisen, wenn die in der Vereinbarung über das Netting vorgesehenen Kündigungsgründe und Fristen nicht mehr dem Marktstandard entsprechen.

Die Verpflichtung nach Art. 2 Abs. 3 DelVO 2016/2251 **beschränkt** sich auf die Vereinbarungen über das Netting und den Austausch von **Sicherheiten**. Nicht einbezogen in den Prüfungsumfang sind die in Art. 2 Abs. 2 Unterabs. 1 Buchst. g und Unterabs. 2 DelVO 2016/2251 mit der Formulierung „sämtliche Vereinbarungen" angesprochenen sonstigen Abreden, insbesondere die durch die Bestätigungen (confirmations) dokumentierten Einzelabschlüsse. Hierin weicht Art. 2 Abs. 3 DelVO 2016/2251 von der im Anwendungsbereich weitergehenden Regelung in 17 CFR § 23.504(c) ab.

Das Ziel der rechtlichen Überprüfung ergibt sich mittelbar aus Art. 31 Abs. 1 Buchst. a und Art. 2 Abs. 4 DelVO 2016/2251. Danach soll sichergestellt werden. dass die Vereinbarungen über das Netting und den Austausch von Sicherheiten jederzeit rechtlich durchgesetzt werden können.

---

1   U.S. *CFTC* 77 FR 55904, S. 55963: „shall be executed prior to or contemporaneously with entering into a swap transaction with any counterparty."
2   U.S. *CFTC* 77 FR 55904, S. 55964: „shall have an independent internal or external auditor conduct periodic audits sufficient to identify any material weakness in its documentation policies and procedures."

164 Die Überprüfung kann sowohl durch einen unabhängigen Dritten, z.B. eine beauftragte **externe Rechtsanwaltskanzlei**, als auch durch eine unabhängige interne Abteilung der Gegenpartei, z.B. die **Rechtsabteilung** durchgeführt werden. Die Überprüfung durch eine unabhängige interne Abteilung entspricht den Mindestanforderungen, die die Europäische Bankenaufsichtsbehörde (EBA) und die BaFin im bankaufsichtlichen Kontext an die Prüfung der rechtlichen Durchsetzbarkeit von Kreditrisikominderungstechniken nach Art. 194 Abs. 1 VO Nr. 575/2013 stellt[1].

165 Voraussetzung ist, dass die interne Abteilung der Gegenpartei unabhängig ist, d.h. **keinen Weisungen der** Abteilungen unterliegt, die wie z.B. die **Handelsabteilungen** ein wirtschaftliches Interesse am Abschluss der OTC-Derivate haben. Die geforderte Unabhängigkeit der internen Rechtsabteilung ergibt sich bei deutschen Kreditinstituten und Wertpapierdienstleistungsinstituten aus BTO Tz. 8 MaRisk. Die Tatsache, dass die Mitarbeiter der Rechtsabteilung angestellt sind und damit arbeitsrechtlichen Weisungen unterliegen, beeinträchtigt die Unabhängigkeit hingegen nicht. Auch ist nicht erforderlich, dass der Mitarbeiter der Gegenpartei als Rechtsanwalt oder Syndikusanwalt[2] zugelassen ist.

166 Von der im Bankenaufsichtsrecht üblichen Anforderung, dass die Prüfung der rechtlichen Durchsetzbarkeit auf der Grundlage von unabhängigen, schriftlichen und mit einer Begründung versehenen **Rechtsgutachten** zu erfolgen hat, und dass die Rechtsgutachten auf Verlangen der zuständigen Aufsichtsbehörde vorzulegen sind[3], hat Art. 2 Abs. 3 DelVO 2016/2251 keinen Gebrauch gemacht. Allerdings folgt aus Art. 2 DelVO 2016/2251 sowie allgemeinen Grundsätzen, dass die von der unabhängigen internen Abteilung durchgeführte Prüfung und deren Ergebnis ausreichend zu dokumentieren ist.

167 Nach Art. 2 Abs. 3 Unterabs. 2 DelVO 2016/2251 findet Unterabs. 1 auf die Kreditinstitute und Wertpapierfirmen, die ihre Vereinbarungen über das Netting auch für die in Art. 298 VO Nr. 575/2013 vorgesehene Reduzierung der Eigenkapitalanforderungen für das Gegenparteiausfallrisiko aus Derivaten nutzen, dann keine Anwendung, wenn die vertragliche Nettingvereinbarung nach Art. 296 VO Nr. 575/2013 durch die zuständige Behörde anerkannt wurde.

168 Art. 296 Abs. 2 VO Nr. 575/2013 beschreibt zunächst die Voraussetzungen für die **regulatorische Anerkennung** vertraglicher Nettingvereinbarungen. Danach muss die Nettingvereinbarung vorsehen, dass die einbezogenen Geschäfte im Falle des Ausfalls des Vertragspartners nur ein Saldo der positiven und negativen Marktwerte ermittelt wird. Darüber hinaus muss das Institut der zuständigen Behörde für jede relevante Rechtsordnung ein schriftliches und begründetes Rechtsgutachten vorlegen können, aus dem hervorgeht, dass die Ansprüche und Zahlungsverpflichtungen des Instituts bei einer rechtlichen Anfechtung der vertraglichen Nettingvereinbarung nicht über den Saldo der positiven und negativen Marktwerte hinausgehen würden.

169 Die Form der regulatorischen Anerkennung durch die zuständige Behörde ist in Art. 296 VO Nr. 575/2013 nicht geregelt. Die EBA hat die unterschiedliche und von ihr kommentierte Praxis in den Mitgliedstaaten[4] bislang nicht zum Anlass genommen, diese zu vereinheitlichen. Für deutsche Kredit- und Finanzdienstleistungsinstitute entspricht es der unter § 206 SolvV a.F. eingeführten Praxis, von einer regulatorischen Anerkennung auszugehen, wenn die BaFin der Anzeige der Absicht, eine bestimmte Nettingvereinbarung für Zwecke des Art. 298 VO Nr. 575/2013 zu nutzen, nicht widerspricht. Diese Praxis ist von der Europäischen Zentralbank (EZB) für die Institute, die ihrer Aufsicht unterliegen, bislang fortgeführt worden.

170 Sinn und Zweck des Art. 2 Abs. 3 Unterabs. 2 DelVO 2016/2251 hätte es entsprochen, auch die Prüfung der von Kreditinstituten und Wertpapierfirmen abgeschlossenen Vereinbarung über den Austausch von Sicherheiten entfallen zu lassen, wenn diese den in Art. 207 VO Nr. 575/2013 definierten Anforderungen für regulatorischen Anerkennung genügen. Diese Anerkennung setzt auch die bereits erwähnte Prüfung der rechtlichen Wirksamkeit der Sicherheit nach Art. 194 VO Nr. 575/2013 voraus.

171 Die im Rahmen des Risikomanagements festzulegenden und zu dokumentierenden Richtlinien und Prozesse müssen nach Art. 2 Abs. 4 DelVO 2016/2251 auch vorsehen, dass die Rechtswirksamkeit der von der Gegenpartei abgeschlossenen Vereinbarungen über das Netting und den Austausch von Sicherheiten **fortlaufend geprüft** werden. Die Verpflichtung entspricht den bankaufsichtlichen Vorgaben in Art. 207 Abs. 2 und Art. 297 VO Nr. 575/2013.

172 Da die laufende Überprüfung der Rechtsordnungen im Hinblick auf mögliche negative Änderungen Voraussetzung für die regulatorische Anerkennung vertraglicher Nettingvereinbarungen ist, hätte es nahe gelegen, auch

---

1 *Europäische Bankenaufsichtsbehörde (EBA)*, Single Rulebook Q&A, Q&A Nr. 2013-23 zu Art. 194 Abs. 1 VO Nr. 575/2013, abrufbar über: https://www.eba.europa.eu/single-rule-book-qa/-/qna/view/publicId/2013_23 („*EBA Q&A 2013-23*").
2 Zur Unabhängigkeit von Syndikusanwälten s. § 46 Abs. 2 und 3 BRAO.
3 S. Art. 194 Abs. 1, Art. 243 Abs. 5 Buchst. b, Art. 244 Abs. 5 Buchst. d, Art. 296 Abs. 2 Buchst. b, Art. 305 Abs. 2 Buchst. c VO Nr. 575/2013.
4 *EBA*, Single Rulebook Q&A, Q&A Nr. 2014-1424 zu Art. 296 VO Nr. 575/2013 abrufbar über: http://www.eba.europa.eu/single-rule-book-qa/-/qna/view/publicId/2014_1424 („*EBA Q&A 2014-1424*").

für Art. 2 Abs. 4 DelVO 2016/2251 klarzustellen, dass die laufende Überprüfung entfallen kann, solange die regulatorische Anerkennung besteht.

7. **Risikomanagementverfahren (Art. 2 Abs. 1 und 2 DelVO 2016/2251). a) Anwendungsbereich.** Der Anwendungsbereich der Bestimmungen über das Risikomanagementverfahren entspricht dem Anwendungsbereich der Verpflichtung zur zeitnahen Dokumentation der Vertragsbeziehungen. Sie besteht für **sämtliche Gegenparteien**, d.h. auch für nichtfinanzielle Gegenparteien unterhalb der Clearingschwelle (NFC-). Die Bestimmungen sind seit dem **4.1.2016** anwendbar. Wegen der für sämtliche Risikominderungspflichten geltenden Ausnahmen vom Anwendungsbereich wird auf die Anmerkungen in den Rz. 20–25 (geclearte OTC-Derivate) sowie in Rz. 32 und 36–38 (staatliche und internationale Einrichtungen und Einrichtungen, die sich nicht als Unternehmen qualifizieren) verwiesen. 173

b) **Gegenstand des Risikomanagementverfahrens.** Die durch Art. 2 Abs. 1 DelVO 2016/2251 begründete Verpflichtung unterscheidet folgende **drei Aspekte:** die Festlegung eines Risikomanagementverfahrens im Sinne einer sich aus dem bestehenden Geschäftsmodell der Gegenpartei ableitenden **Risikostrategie**, wie sie sich für deutsche Kreditinstitute und Wertpapierdienstleistungsunternehmen bereits aus AT 4.2 Tz. 2 MaRisk ergibt, deren **Dokumentation** durch umfassende und für einen Dritten nachvollziehbare Richtlinien (policies) und Prozessbeschreibungen (key operating procedures) sowie – was selbstverständlich sein sollte – deren **Anwendung** in der täglichen Praxis. 174

Art. 2 Abs. 2 Unterabs. 1 DelVO 2016/2251 listet den **Mindestinhalt** des von Gegenparteien festzulegenden Risikomanagementverfahrens auf. Die Beschreibung ist nicht abschließend und wird durch zahlreiche weitere Bestimmungen der DelVO 2016/2251 ergänzt. 175

Art. 2 Abs. 1 DelVO 2016/2251 wird durch die **Pflicht zur zeitnahen Dokumentation der Vertragsbestimmungen** ergänzt und unterstützt. So sind die in den internen Richtlinien und Prozessbeschreibungen getroffenen Entscheidungen über die Ausgestaltung des Austausches von Sicherheiten teilweise auch in den Besicherungsvereinbarungen festzulegen. 176

aa) **Geeignete Sicherheiten.** Nach Art. 2 Abs. 2 Unterabs. 1 Buchst. a DelVO 2016/2251 müssen die von den Gegenparteien zu entwickelnden Richtlinien und Prozessbeschreibungen festlegen, welche Sicherheiten sie mit ihren Kontrahenten austauschen wollen. Die Liste der anerkennungsfähigen Sicherheiten, aus denen die Gegenparteien auswählen können, ist in Art. 4 Abs. 1 DelVO 2016/2251 definiert. In welchem Umfang sie von dem hierdurch begründeten Gestaltungsspielraum Gebrauch machen, hängt jedoch von den zusätzlichen Anforderungen ab, die sie im Rahmen der Verwaltung der empfangenen Sicherheiten erfüllen müssen und deren Einhaltung ggf. mit erheblichem Aufwand verbunden ist. 177

So schreiben Art. 7 Abs. 1 und 2 DelVO 2016/2251 für einige der als Sicherheit anerkannten Schuldverschreibungen ein laufend zu überwachendes Mindestrating vor. Zusätzliche Anforderungen ergeben sich aus Art. 8 DelVO 2016/2251, der für Sicherheiten, die als Ersteinschuss geleistet werden, komplex gestaltete Konzentrationsgrenzen vorgibt. Darüber hinaus gelten für Anteile an Investmentvermögen nach Art. 5 DelVO 2016/2251 zusätzliche Anforderungen, die teilweise nur durch eine aufwendige „Durchschau" auf die Vermögenswerte des Investmentvermögens zu erfüllen sind. Ein ebenfalls bedeutender Aspekt stellt für Kreditinstitute und Wertpapierfirmen, die den Eigenkapitalanforderungen der VO Nr. 575/2013 unterliegen, die bankaufsichtliche Behandlung des Austausches von Sicherheiten dar. So wäre es durchaus nachvollziehbar, dass sich Gegenparteien bei der Auswahl der geeigneten Sicherheiten z.B. auf Barsicherheiten und Schuldverschreibungen europäischer Zentralregierungen (government bonds) beschränken. 178

bb) **Berechnung, Anforderung und Entgegennahme von Sicherheiten.** Die von den Gegenparteien festzulegenden und zu dokumentierenden Richtlinien und Prozesse müssen nach Art. 2 Abs. 2 Unterabs. 1 Buchst. b DelVO 2016/2251 auch Angaben dazu erhalten, wann und wie Einschüsse berechnet, angefordert und entgegengenommen werden. Der rechtliche Rahmen hierfür wird durch Abschnitt 3 der DelVO 2016/2251 vorgegeben. Dieser weist für die Gegenparteien nur geringfügige Gestaltungsspielräume auf. 179

Beispiele für entsprechende Freiräume, über deren Nutzung sich Gegenparteien Gedanken machen müssen, sind z.B. die nach Art. 25 DelVO 2016/2251 zugelassenen Mindesttransferbeträge für Nachschüsse von bis zu 500.000 Euro sowie die nach Art. 28 DelVO 2016/2251 zugelassenen Schwellenbeträge für Ersteinschusszahlungen von 8 Mrd. Euro. Sie werden jedoch in Art. 2 Abs. 2 Unterabs. 1 Buchst. e DelVO 2016/2251 gesondert adressiert. 180

cc) **Verwaltung und Trennung von Ersteinschüssen.** Das Risikomanagementverfahren muss nach Art. 2 Abs. 2 Unterabs. 1 Buchst. c DelVO 2016/2251 auch Vorgaben für die im fünften Abschnitt der DelVO 2016/2251 geregelte Verwaltung und Abgrenzung (segregation) der als Ersteinschüsse empfangenen Sicherheiten enthalten. Einen Sonderfall, nämlich die Freigabe der nicht benötigten Ersteinschüsse nach Ausfall der sicherungsnehmenden Gegenpartei regelt Art. 2 Abs. 2 Unterabs. 1 Buchst. i DelVO 2016/2251. 181

Eine Herausforderung stellt in diesem Zusammenhang die Verwaltung **unbarer Ersteinschüsse** dar, für die nach Art. 19 Abs. 1 Buchst. d und Abs. 3 und 4 DelVO 2016/2251 vorgeschrieben ist, dass sie so zu halten sind, 182 dass sie von den Vermögenswerten der beiden Gegenparteien getrennt und gegen den Ausfall oder die Insolvenz einer der beiden Gegenparteien gesichert sind.

183 In der Praxis wird üblicherweise vereinbart, dass die Finanzinstrumente bei einem Dritten, z.B. einen Zentralverwahrer, hinterlegt werden, und dass die sicherungsnehmende Gegenpartei an diesen Finanzinstrumenten lediglich ein Pfandrecht erwirbt. Will die Gegenpartei von dieser Möglichkeit Gebrauch machen, muss sie in ihren Richtlinien und Prozessbeschreibungen auch festlegen, welchen Verwahrer sie verwendet. Dabei wird sie auch berücksichtigen müssen, ob und mit welchem Aufwand sie ihrer Verpflichtung zur rechtlichen Prüfung nach Art. 19 Abs. 6 DelVO 2016/2251 nachkommen kann.

184 **dd) Bewertung von Sicherheiten.** Die an jedem Geschäftstag vorzunehmende Bewertung der empfangenen Sicherheiten ist nach Art. 19 Abs. 1 Buchst. a DelVO 2016/2251 Teil der Sicherheitenverwaltung. Da die Einzelheiten der Bewertung in der DelVO 2016/2251 nicht vorgegeben sind, müssen sie von den sicherungsnehmenden Gegenparteien festgelegt werden. Dies gilt z.B. für die für die Bewertung zu nutzenden Bildschirminformationsdienste (Bloomberg, Reuters) oder die im Falle einer Störung der Informationsdienste heranzuziehenden Alternativen, z.B. den Rückgriff auf Preise eines bestimmten Handelsplatzes oder auf angefragte Quotierungen von Händlern.

185 In den Art. 21 und 22 DelVO 2016/2251 geregelt ist lediglich die Anpassung des aktuellen Wertes der gestellten Sicherheiten durch Bewertungsabschläge (haircuts), mit denen möglichen negativen Wertveränderungen angemessen Rechnung getragen werden soll. Dabei lehnen sich die Bestimmungen eng an die in Art. 223–229 VO Nr. 575/2013 geregelte umfassende Methode zur Berücksichtigung finanzieller Sicherheiten an. Wie diese eröffnen Art. 21 und 22 DelVO 2016/2251 einen Gestaltungsspielraum, von dem die Gegenparteien in ihren internen Richtlinien und Prozessbeschreibungen Gebrauch machen müssen.

186 **ee) Informationsaustausch.** Die internen Richtlinien und Prozessbeschreibungen der Gegenparteien müssen nach Art. 2 Abs. 2 Unterabs. 1 Buchst. e DelVO 2016/2251 Vorgaben für den Austausch von Informationen zwischen den Gegenparteien enthalten. Gemeint sind die an verschiedenen Stellen der DelVO 2016/2251 verorteten Informations- und Abstimmungspflichten, z.B. die in Art. 14 Abs. 7 DelVO 2016/2251 geregelte Pflicht zur Offenlegung von Einzelheiten eines für die Berechnung von Ersteinschusszahlungen verwendeten Modells.

187 **ff) Umgang mit den Freistellungen von der Besicherungspflicht.** Ebenfalls noch in Art. 2 Abs. 2 Unterabs. 1 Buchst. e DelVO 2016/2251 geregelt ist die Festlegung und Dokumentation des internen Entscheidungsprozesses für die Nutzung der im Kapitel II der DelVO 2016/2251 vorgesehenen **Freistellungen** von der Pflicht zur Besicherung. Sie wird ergänzt durch Art. 2 Abs. 2 Unterabs. 1 Buchst. f DelVO 2016/2251, der die Berichterstattung an die Geschäftsleitung vorsieht.

188 Zu den erlaubten Freistellungen, über deren Nutzung die Gegenpartei eine Entscheidung treffen muss, zählen zum einen die Ausnahmen für OTC-Derivate mit zentralen Gegenparteien (Art. 23 DelVO 2016/2251) und nichtfinanziellen Gegenparteien unterhalb der Clearingschwelle (Art. 24 DelVO 2016/2251), ferner die Ausnahmen für physisch zu erfüllende Devisenkontrakte (Art. 27 DelVO 2016/2251) und für Deckungsstockderivate (Art. 30 DelVO 2016/2251). Zum anderen zählen hierzu die in den Besicherungsvereinbarungen zu regelnden Mindesttransferbeträge (Art. 25 DelVO 2016/2251) und Schwellenwerte für Ersteinschusszahlungen (Art. 28 DelVO 2016/2251). So müssen Gegenparteien in ihren internen Richtlinien und Prozessbeschreibungen festlegen ob und unter welchen Voraussetzungen sie von den Freistellungen Gebrauch machen und wie diese Entscheidungen im Einzelfall in den Systemen der Gegenpartei zu erfassen sind.

189 Besondere Aufmerksamkeit verdient Art. 31 Abs. 2 DelVO 2016/2251, der es einer Gegenpartei erlaubt, ihre OTC-Derivate mit in **Drittstaaten** niedergelassenen Gegenpartei unbesichert zu lassen, wenn die in Art. 2 Abs. 3 und Art. 19 Abs. 6 DelVO 2016/2251 vorgesehenen rechtlichen Prüfungen bestätigen, dass die mit der Drittstaatseinrichtung abgeschlossene Nettingvereinbarung oder die erforderlichen Abgrenzungsmaßnahmen nicht jederzeit rechtlich durchgesetzt werden können. Die Einrichtung verlässlicher und überprüfbarer Prozesse dürfte die Gegenparteien vor nicht unerhebliche Herausforderungen stellen.

190 Art. 2 Abs. 2 Unterabs. 1 Buchst. f DelVO 2016/2251 sieht vor, dass die Geschäftsleitung der Gegenpartei über die von ihr in Anspruch genommenen Ausnahmen von der Besicherungspflicht informiert wird. Einzelheiten über den Umfang und die Frequenz der Berichterstattung sind der DelVO 2016/2251 nicht zu entnehmen. Für deutsche Kredit- und Finanzdienstleistungsinstitute ergibt sich die Pflicht der Berichterstattung dem Grunde nach bereits aus BTR 1 Tz. 7 MaRisk. Danach ist der Geschäftsleitung in regelmäßigen Abständen, mindestens aber vierteljährlich, ein Risikobericht zur Verfügung zu stellen, der die wesentlichen strukturellen Merkmale des Kreditgeschäfts enthält. Dieser muss bereits jetzt nach geeigneten Kriterien wie z.B. Branchen, Ländern, Risikoklassen oder Sicherheitenkategorien unterscheiden.

191 Der Begriff **Geschäftsleitung** wird von der DelVO 2016/2251 nicht definiert. Der gleichlautende Begriff des Art. 2 Nr. 29 VO Nr. 648/2012 ist in seinem Anwendungsbereich auf CCPs und Transaktionsregister beschränkt und auf Gegenparteien nicht ohne weiteres übertragbar. Soweit Kreditinstitute oder Wertpapierfirmen betroffen sind, erscheint eine Anlehnung an die aufsichtsrechtliche Definition des Begriffs Geschäftsleitung

sachgerecht. Art. 4 Abs. 1 Nr. 10 VO Nr. 575/2013 bzw. Art. 3 Abs. 1 Nr. 9 RL 2013/36/EU verstehen unter Geschäftsleitung die natürlichen Personen, die in einem Institut Geschäftsleitungsaufgaben wahrnehmen und für das Tagesgeschäft des Instituts verantwortlich und gegenüber dem Leitungsorgan, d.h. gegenüber Vorstand und Aufsichtsrat (beim dualistischen System) und gegenüber dem Verwaltungsrat (beim monistischen System) rechenschaftspflichtig sind. Er bezeichnet im dualistischen System die Mitglieder des Vorstandes und die Ebene der geschäftsführenden Mitarbeiter unmittelbar unterhalb des Vorstandes und im monistische System die sog. „Officers". Im Übrigen wird auf die Ausführungen zu Art. 2 VO Nr. 648/2012 Rz. 137–138 verwiesen.

gg) Überprüfung der Liquidität der Sicherheiten. Die Risikomanagementverfahren der Gegenpartei müssen nach Art. 2 Abs. 2 Unterabs. 1 Buchst. h DelVO 2016/2251 die regelmäßige Überprüfung der Liquidität der auszutauschenden Sicherheiten vorsehen. Die Formulierung **„auszutauschenden"** verdeutlicht, dass sich die von der Gegenpartei einzurichtenden Verfahren auf sämtliche anerkennungsfähige Sicherheiten i.S.d. Art. 2 Abs. 2 Unterabs. 1 Buchst. a DelVO 2016/2251 beziehen muss, nicht nur auf die Vermögenswerte, die die Gegenpartei tatsächlich entgegengenommen hat. 192

Die Liquidität der als Sicherheit zu stellenden Vermögenswerte entscheidet darüber, ob die sicherungsnehmende Gegenpartei bei Ausfall der anderen Gegenpartei in der Lage ist, die Vermögenswerte innerhalb angemessener Frist ohne Wertverlust zu verwerten[1]. Sie hängt davon ab, ob der betreffende Vermögenswert an einem Handelsplatz gehandelt wird, der selbst wiederum über eine ausreichende Liquidität verfügt. Die Liquidität eines Handelsplatzes wird wiederum wesentlich von der Anzahl der Marktteilnehmer sowie der Häufigkeit und der Menge bestimmt, in der gehandelte Vermögenswerte umgesetzt werden[2]. 193

Die Liquidität eines Vermögenswertes hängt somit auch von der Menge ab, in der dieser als Sicherheit gestellt wird: Übersteigt die gestellte Sicherheit die an einem Handelsplatz an einem Geschäftstag durchschnittlich gehandelten Menge, so ist zu erwarten, dass eine wertschonende Veräußerung des Vermögenswertes, d.h. ein Verkauf, der selbst wiederum keinen wesentlichen Einfluss auf die Preisbildung an dem Handelsplatz hat, nur durch einen über mehrere Handelstage gestreckten Verkauf möglich ist. Für die Liquidität ebenfalls entscheidend ist, ob die sicherungsnehmende Gegenpartei unmittelbare oder mittelbar Zugang zu dem Handelsplatz bzw. dem liquiden Markt hat (Art. 7 Abs. 5 DelVO 2016/2251). 194

Anhaltspunkte für die Ausgestaltung der nach Art. 2 Abs. 2 Unterabs. 1 Buchst. h DelVO 2016/2251 vorzusehenden Verfahren lassen sich u.a. Art. 417 VO Nr. 575/2013 entnehmen, der besondere operative Anforderungen an die von Kreditinstituten und Wertpapierfirmen gehaltene Liquiditätsreserve stellt. Nach Art. 417 Buchst. d VO Nr. 575/2013 muss ein Teil der liquiden Aktiva regelmäßig mindestens jedoch jährlich durch direkte Verkäufe oder einfache Pensionsgeschäfte an einem anerkannten Markt verwertet werden, um den Zugang zum Markt und die Wirksamkeit der Verwertungsverfahren zu prüfen. 195

hh) Verfahren bei Ausfall einer Gegenpartei. Die mit Art. 2 Abs. 2 Unterabs. 1 Buchst. i DelVO 2016/2251 begründete Verpflichtung einer Gegenpartei, durch geeignete Vorkehrungen sicher zu stellen, dass sie die von ihr gestellten Sicherheiten im Falle des **Ausfalls der sicherungsnehmenden Gegenpartei** zeitnah zurück verlangen kann, trägt einem Problem Rechnung, das während der Finanzmarktkrise von 2007/2008, insbesondere im Rahmen der Insolvenzen der Lehman Brothers Holding Inc. und der ihr nachgeordneten Tochtergesellschaften offen zu Tage getreten ist: 196

Überträgt die sicherungsgebende Gegenpartei die von ihr als Sicherheit geschuldeten Vermögenswerte im Wege der Vollrechtsübertragung (title transfer collateral) oder verpfändet sie der sicherungsnehmenden Gegenpartei die Vermögenswerte und räumt dieser das Recht ein, sich die verpfändeten Vermögenswerte anzueignen, um sie für eigene Zwecke zu nutzen (right of use), dann verliert sie mit der Vollrechtsübertragung oder Aneignung ihr Eigentum oder ihre sonstigen dinglichen Rechte an den Vermögenswerten, so dass ihr im Falle der Insolvenz der sicherungsnehmenden Gegenpartei nur noch ein schuldrechtlicher, lediglich mit der Insolvenzquote bedienter, Anspruch auf Rückübertragung der Vermögenswerte zusteht. 197

Konkrete Anforderungen im Hinblick auf die zeitnahe Rückübertragung gestellter Sicherheiten finden sich Art. 19 Abs. 1 Buchst. f und g DelVO 2016/2251. Danach müssen die von der Gegenpartei etablierten Verfahren über die Verwaltung und Abgrenzung von Sicherheiten auch die Verfügbarkeit der nicht in Anspruch genommenen Sicherheiten für den Insolvenzverwalter der ausfallenden Gegenpartei regeln. Darüber hinaus muss vorgesehen sein, dass die nicht benötigten Ersteinschusszahlungen im Falle eines Ausfalls der sicherungsnehmenden Gegenpartei fristgerecht frei auf die sicherungsgebende Gegenpartei übertragbar sind. 198

ii) Gruppeninterne Geschäfte. Art. 2 Abs. 2 Unterabs. 1 Buchst. j DelVO 2016/2251 begründet zwei Pflichten: Zum einen müssen Gegenparteien, die einer Gruppe angehören und die mit den Mitgliedern ihrer Gruppe interne OTC-Derivatekontrakte i.S.d. Art. 3 VO Nr. 648/2012 abgeschlossen haben, ihre Risikopositionen aus 199

---

1 Erwägungsgrund 25 DelVO 2016/2251.
2 S. Erwägungsgrund Nr. 21 DelVO 2016/2251 und Art. 15(2)(b) DelVO 2016/2251 sowie die Definition liquider Markt in Art. 2 Abs. 1 Nr. 17 VO Nr. 600/2014 bzw. § 2 Abs. 23 WpHG.

Art. 11 VO Nr. 648/2012 | Risikominderungstechniken

diesen **gruppeninternen Geschäften** regelmäßig überwachen. Zum anderen müssen sie durch geeignete Vorkehrungen sicherstellen, dass die Verbindlichkeiten aus diesen Kontrakten zeitnah erfüllt werden.

200 Die zuerst genannte **Überwachungspflicht** ergibt sich für Gruppen, denen auch nichtfinanzielle Gegenparteien angehören, mittelbar bereits aus Art. 10 Abs. 1 Buchst. b und Abs. 2 VO Nr. 648/2012. So kann das Überschreiten oder Unterschreiten der Clearingschwelle, nur dann festgestellt und nachgewiesen werden, wenn die gleitende Durchschnittsposition sämtlicher zwischen nichtfinanziellen Gegenparteien derselben Gruppe abgeschlossener OTC-Derivate laufend überwacht wird. Für finanzielle Gegenparteien, die wie Kreditinstitute und Wertpapierfirmen besonderen Eigenkapitalanforderungen unterliegen und die keinen Gebrauch von den in Art. 7 und 8 VO Nr. 575/2013 vorgesehenen Ausnahmen von der Anwendung der Aufsichtsanforderungen auf Einzelbasis machen, ist die laufende Erfassung der Risikopositionen aus gruppeninternen Geschäften ebenfalls erforderlich.

201 Die zweite Verpflichtung zur **zeitnahen Erfüllung** der durch gruppeninterne Geschäfte begründeten Verpflichtungen soll sicherstellen, dass gruppenintern geschuldete Zahlungen und Leistungen gestundet oder nicht geltend gemacht werden und sich die hieraus ergebenden Ausfallrisiken nicht aufsummieren. Sie ist Ausdruck der bereits in Art. 2 Abs. 1 DelVO 2016/2251 genannten Pflicht zur Anwendung der Risikomanagementverfahren.

202 Art. 2 Abs. 2 Unterabs. 1 Buchst. j DelVO 2016/2251 findet keine Anwendung auf gruppeninterne Geschäfte, die pflichtgemäß oder freiwillig über eine zentrale Gegenpartei gecleart werden. Dies folgt bereits aus Art. 2 Abs. 1 DelVO 2016/2251. Hier wird bereits durch die Risikomanagementverfahren der zentralen Gegenpartei sichergestellt, dass Positionen aus gruppeninternen Geschäften zeitnah erfasst und erfüllt werden. Gleiches gilt für gruppeninterne Geschäfte, für die eine Gegenpartei erfolgreich die Freistellung von den Anforderungen des Art. 11 Abs. 3 VO Nr. 648/2012 beantragt hat. Allerdings ist es den zuständigen Behörden nach Art. 11 Abs. 6 VO Nr. 648/2012 bei grenzüberschreitenden gruppeninternen Geschäften möglich, die Freistellung nur teilweise zu gewähren.

203 **c) Validierung des Risikomanagementverfahrens (Art. 2 Abs. 5 DelVO 2016/2251).** Das Risikomanagementverfahren ist nach Art. 2 Abs. 5 DelVO 2016/2251 anlassbezogen, mindestens jedoch jährlich zu prüfen und ggf. anzupassen. Dies entspricht dem aufsichtsrechtlichen Standards, z.B. der in Art. 191 VO Nr. 575/2013 vorgeschriebene Überprüfung interner Ratingsysteme des Instituts und deren Funktionsweise.

204 **d) Vorlagepflicht (Art. 2 Abs. 6 DelVO 2016/2251).** Nach Art. 2 Abs. 6 DelVO 2016/2251 müssen Gegenparteien, die für die Berechnung von Ersteinschüssen eigene Modelle verwenden, die in Art. 2 Abs. 2 Unterabs. 1 Buchst. b DelVO 2016/2251 genannten Unterlagen – d.h. die internen Richtlinien und Prozessbeschreibungen über die Berechnung und Entgegennahme von Einschusszahlungen – auf Anforderung der zuständigen Behörde vorlegen.

205 **8. Besicherungspflicht (Art. 11 Abs. 3 VO Nr. 648/2012).** Nach Art. 11 Abs. 3 VO Nr. 648/2012 müssen die von clearingpflichtigen Gegenparteien vorzuhaltenden Risikomanagementverfahren auch den rechtzeitigen und angemessenen Austausch von Sicherheiten vorsehen. Mit der Besicherungspflicht setzt die Union die auf dem G20-Gipfel in **Cannes**[1] getroffenen Beschlüsse um. Die durch den Baseler Bankenausschusses (BCBS) und die Internationale Organisation der Wertpapieraufsichtskommissionen (IOSCO) vermittelten Bemühungen um eine Angleichung der in den U.S.A. und Europa zur Anwendung kommenden Regelungen, haben die Arbeiten an den technischen Regulierungsstandards der europäischen Aufsichtsbehörden (ESA) zunächst deutlich verzögert[2]. Der auf internationaler Ebene von **BCBS und IOSCO** gefundene Kompromiss vom 18.3.2015[3] ist mit der DelVO 2016/2251 umgesetzt worden. Die DelVO 2016/2251 hat in den U.S.A. mit der Richtlinie der U.S CFTC vom 6.1.2016[4] und der Einführung der 17 CFR § 23.150-23.16 ihre Entsprechung gefunden.

206 **a) Anwendungsbereich. aa) Persönlicher Anwendungsbereich.** Die Pflicht zum Austausch von Sicherheiten gilt nach Art. 11 Abs. 3 VO Nr. 648/2012 und Art. 24 DelVO 2016/2251 nur für **clearingpflichtige Gegenparteien**. Eine nichtfinanzielle Gegenparteien ist clearingpflichtig und unterliegt damit der Besicherungspflicht, wenn und sobald sie die Bedingungen des Art. 10 Abs. 1 Buchst. b VO Nr. 648/2012 erfüllt, d.h., wenn sie nicht der Absicherung dienende OTC-Derivate in einem Umfang tätigt, der die Clearingschwelle für einen Zeitraum von 30 Tagen übersteigt. Wegen der für sämtliche Risikominderungspflichten geltenden Ausnahmen vom per-

---

1 Gipfeltreffen in Cannes vom 3./4.11.2011, abrufbar über: https://www.bundesregierung.de/Content/DE/_Anlagen/G7_G20/G20-Cannes-abschlusserklaerung-deutsch.pdf?__blob=publicationFile&v=3 („G20-Cannes-Beschlüsse"), Statement Nr. 24, S. 8.
2 Die erste als final bezeichnete Fassung datierte vom 2.9.2013: *Baseler Bankenausschusses (BCBS) und Internationale Organisation der Wertpapieraufsichtskommissionen (IOSCO)*, Rahmenregelung „Einschusspflichten für nicht zentral geclearte Derivate" vom 2.9.2013, abrufbar über: https://www.bis.org/publ/bcbs261.pdf („BCBS/IOSCO bcbs 261").
3 *BCBS/IOSCO*, Rahmenregelung „Einschusspflichten für nicht zentral geclearte Derivate" vom 18.3.2015, abrufbar über: http://www.bis.org/bcbs/publ/d317.htm („*BCBS/IOSCO* d317").
4 *U.S. CFTC*, Final Rule, Margin Requirements for Uncleared Swaps for Swap Dealers and Major Swap Participants, Federal Register/Vol. 81, Nr. 3, S. 636 vom 6.1.2016, abrufbar über: http://www.cftc.gov/idc/groups/public/@lrfederalregister/documents/file/2015-32320a.pdf („*U.S. CFTC* 81 FR 636").

sönlichen Anwendungsbereich wird auf die Anmerkungen in Rz. 32 und 36–38 (staatliche und internationale Einrichtungen und Einrichtungen, die sich nicht als Unternehmen qualifizieren) verwiesen.

bb) Sachlicher Anwendungsbereich. (1) Geclearte OTC-Derivate. Der sachliche Anwendungsbereich der Besicherungspflicht beschränkt sich auf nicht zentral geclearte OTC-Derivate. OTC-Derivate, für die feststeht, dass sie zeitnah in das Clearingsystem einer CCP aufgenommen werden, sind vom Anwendungsbereich des Art. 11 Abs. 3 VO Nr. 648/2012 ausgenommen. Wegen der Einzelheiten wird auf die Anmerkungen in Rz. 20–25 verwiesen.

(2) Gekaufte Optionen. Nach Auffassung der Kommission[1] vom sachlichen Anwendungsbereich der Besicherungspflicht dauerhaft ausgenommen sind **verkaufte Optionen**, bei denen der Verkäufer (Stillhalter) die von ihm zu beanspruchende Prämie bereits erhalten hat. Sie begründen, wenn sie „im Geld" (in the money) sind, ein Gegenparteiausfallrisiko ausschließlich für den Käufer und müssen daher nur von diesem abgesichert werden.

Der von der Kommission gewählte Ansatz entspricht den Auslegungsentscheidungen der EBA[2] zur Berechnung von Eigenkapitalanforderungen für Gegenparteiausfallrisiken nach der Marktbewertungsmethode. Danach können verkaufte Optionen, die nicht in einen Netting-Satz einbezogen sind, für den Verkäufer, der bereits sämtliche Prämien erhalten hat, weder ein aktuelles Ausfallrisiko (current exposure) noch ein potentielles künftiges Ausfallrisiko (potential future exposure) begründen.

Zu differenzieren ist allerdings bei verkauften Optionen, die in einen **Netting-Satz** einbezogen sind und deren aus Sicht des Käufers negatives Ausfallrisiko das insgesamt positive Exposure aus anderen OTC-Derivaten reduziert. Hier könnte eine positive Wertentwicklung der verkauften Option „Richtung null" dazu führen, dass das für den Netting-Satz insgesamt ermittelte Exposure zukünftig steigt. Dieser Anstieg ist jedoch auf den absoluten Betrag des negativen Werts der verkauften Option begrenzt und kann nicht dazu führen, dass für die Option ein voller Ersteinschuss anzusetzen ist. Aus Gründen der Vereinfachung der Besicherungsverfahren sollte jedoch den erwähnten Erwägungsgründen gefolgt werden was im Ergebnis dazu führt, dass verkaufte Optionen stets nur vom Verkäufer zu besichern sind und der Käufer für sie weder Ersteinschuss- noch Nachschusszahlungen leisten muss.

(3) Freistellungen nach Kapitel II der DelVO 2016/2251. Von den dauerhaften Ausnahmen zu unterscheiden sind die in Kapitel II der DelVO 2016/2251 vorgesehenen Freistellungen von der Besicherungspflicht. Sie unterscheiden sich von den Ausnahmen dadurch, dass ihre Inanspruchnahme der internen Genehmigung nach Art. 2 Abs. 2 Unterabs. 2 Buchst. e DelVO 2016/2251 unterliegt und dass die Gegenpartei Vorkehrungen treffen muss, die sicherstellen, dass sie die in Anspruch genommenen Freistellungen in ihren Systemen erfasst. Auch unterliegen sie der internen Berichtspflicht nach Art. 2 Abs. 2 Unterabs. 2 Buchst. f DelVO 2016/2251. Wegen der Einzelheiten wird auf die Ausführungen in den Rz. 187–191 verwiesen.

Zu den erlaubten Freistellungen zählen zum einen die Ausnahmen für OTC-Derivate mit zentralen Gegenparteien (Art. 23 DelVO 2016/2251) und nichtfinanziellen Gegenparteien unterhalb der Clearingschwelle (Art. 24 DelVO 2016/2251), ferner die auf Ersteinschüsse beschränkte Ausnahme für physisch zu erfüllende Devisenkontrakte (Art. 27 DelVO 2016/2251), die einseitige Ausnahmen für Deckungsstockderivate (Art. 30 DelVO 2016/2251) und die Ausnahme für OTC-Derivate mit Gegenparteien in Drittstaaten, in denen Nettingvereinbarungen und Abgrenzungsmaßnahmen rechtlich nicht durchsetzbar sind (Art. 31 DelVO 2016/2251). Zum anderen gehören hierzu die in den Besicherungsvereinbarungen zu regelnden Mindesttransferbeträge (Art. 25 DelVO 2016/2251) und Schwellenwerte für Ersteinschusszahlungen (Art. 28 und 29 DelVO 2016/2251), die jedoch nur eine teilweise Freistellung ermöglichen.

cc) Zeitlicher Anwendungsbereich. Während die durch die **DelVO 2016/2251** konkretisierten Risikominderungspflichten grundsätzlich bereits am **4.1.2016**, dem Inkrafttreten der DelVO 2016/2251, wirksam geworden sind, waren bzw. sind für die Besicherungspflicht und den Austausch von Einschüssen **längere Übergangsfristen** vorgesehen. Die Übergangsfristen entsprechen – mit einer Ausnahme – den in 17 CFR § 23.161 vorgesehenen Stichtagen des U.S.-amerikanischen Rechts.

Nach Art. 36 Abs. 1 Buchst. a und Art. 37 Abs. 1 Buchst. a DelVO 2016/2251 begann die Besicherungspflicht für Gegenparteien mit **großen Derivateportfolien** mit aggregierten durchschnittlichen Nominalbeträgen von über 3.000 Mrd. Euro (den sog. „Phase-1-Gegenparteien") am **4.2.2017**. Hiervon abweichend begann die Besicherungspflicht für die Phase-1-Gegenparteien in den U.S.A. bereits am **1.9.2016** (17 CFR § 23.161(a)(1)[3]).

Für die Gegenparteien die über Derivateportfolien mit geringeren Nominalbeträgen verfügten (den sog. „Phase-2-Gegenparteien"), begann die Pflicht zum **Austausch von Nachschüssen** nach Art. 37 Abs. 1 Buchst. b DelVO 2016/2251 (und 17 CFR § 23.161(a)(2)) am **1.3.2017**, während der Austausch von **Ersteinschüssen** von der

---
1 S. Erwägungsgrund Nr. 5 DelVO 2016/2251.
2 *EBA*, Single Rulebook Q&A, Q&A Nr. 2015-2195 zu Art. 274 Abs. 2 VO Nr. 575/2013, abrufbar über: http://www.eba.europa.eu/single-rule-book-qa/-/qna/view/publicId/2015_2195 („*EBA* Q&A 2015-2195").
3 *U.S. CFTC* 81 FR 636, S. 703.

Größe des Derivateportfolios abhing bzw. abhängig ist. Die Übergangsfrist für Ersteinschüsse läuft schrittweise, nach aggregierten durchschnittlichen Nominalbeträgen gestaffelt, erst am **1.9.2020** aus.

215 Ergänzt wird die schrittweise Einführung der Besicherungspflicht durch Übergangsvorschriften für einzelne OTC-Derivatekategorien. Zu nennen sind die – teilweise nicht mehr relevanten – **Ausnahmen** für lieferbare bzw. physisch zu erfüllende Devisentermingeschäfte (Art. 37 Abs. 2 DelVO 2016/2251), die um drei Jahre hinausgeschobene Anwendung auf bestimmte Aktien- und Aktienindexoptionen (Art. 38 Abs. 1 DelVO 2016/2251) und der Aufschub für gruppeninterne Geschäfte (Art. 38 Abs. 2 DelVO 2016/2251). Ebenfalls zu den zeitlich befristeten Ausnahmen zählt die in Art. 95 Abs. 1 RL 2014/65/EU (MiFID II) vorgesehen Ausnahme von der Besicherungspflicht für **C.6-Energiederivatekontrakte.**

216 Hiernach ergibt sich für die Besicherungspflicht folgender zeitlicher Anwendungsbereich:

Ersteinschüsse

Nominalbetrag über 3.000 Mrd. Euro:	4.2.2017
Nominalbetrag über 2.250 Mrd. Euro:	1.9.2017
Nominalbetrag über 1.500 Mrd. Euro:	1.9.2018
Nominalbetrag über 750 Mrd. Euro:	1.9.2019
Nominalbetrag über 8 Mrd. Euro:	1.9.2020

Nachschüsse

Nominalbetrag über 3.000 Mrd. Euro:	4.2.2017
Nominalbetrag bis 3.000 Mrd. Euro:	1.3.2017
Einschüsse für gruppeninterne Geschäfte	4.7.2017 (frühestens)
Nachschüsse für Devisentermingeschäfte	3.1.2018
Einschüsse für Aktienoptionen	4.1.2019 (frühestens)
Einschüsse für C.6-Energiederivate	3.1.2021 (frühestens)

217 **b) Geeignete Sicherheiten. aa) Anerkennungsfähige Arten von Sicherheiten (Art. 4 Abs. 1 DelVO 2016/2251).** Sicherungsnehmende Gegenparteien dürfen nach Art. 4 Abs. 1 DelVO 2016/2251 nur Barsicherheiten, Gold, Schuldverschreibungen, höchstrangige Verbriefungstranchen, Aktien und Anteile an OGAWs als Sicherheit entgegennehmen. Die Aussage, dass Gegenparteien Sicherheiten, die nicht zu den in Art. 4 Abs. 1 DelVO 2016/2251 genannten Anlageklassen gehören, nicht entgegennehmen, ist durchaus wörtlich zu nehmen. So folgt aus Art. 7 Abs. 3 DelVO 2016/2251, dass Gegenparteien diejenigen Vermögenswerte, die ihre Eignung als Sicherheit nachträglich verlieren, unverzüglich austauschen müssen.

218 Die Aufzählungen der als Sicherheit anerkennungsfähigen Vermögenswerte lehnt sich eng an die in Art. 197 VO Nr. 575/2013 vorgegebene Liste der anerkennungsfähigen Sicherheiten an[1]. Die in Art. 197 VO Nr. 575/2013 integrierten Mindestanforderungen an die **Kreditqualität** der Sicherheiten findet sich in Art. 7 DelVO 2016/2251. Wie Art. 197 VO Nr. 575/2013 verweist Art. 7 DelVO 2016/2251 auf Bonitätsstufen, denen die als Sicherheit in Betracht kommenden Vermögenswerte über das in Art. 6 DelVO 2016/2251 definierte Beurteilungsverfahren zugeordnet werden müssen.

219 Eine Besonderheit der DelVO 2016/2251 sind die in Art. 8 DelVO 2016/2251 definierten **Konzentrationsgrenzen** für als Ersteinschüsse geleistete Vermögenswerte. Dass sich im Zusammenhang mit der Entgegennahme von Sicherheiten Konzentrationsrisiken ergeben können, wird auch vom Aufsichtsrecht anerkannt: Art. 207 Abs. 4 Buchst. b VO Nr. 575/2013 verlangt von Instituten jedoch lediglich, dass sie Konzentrationsrisiken durch den Einsatz solider Verfahren und Prozesse steuern; starre Konzentrationsgrenzen sind der VO Nr. 575/2013 bislang fremd.

220 Der im Chapeau des Art. 4 Abs. 1 DelVO 2016/2251 verwendete Begriff Anlageklasse wird auch an anderen Stellen der DelVO 2016/2251 allerdings nicht einheitlich verwendet. In Art. 4 Abs. 1 DelVO 2016/2251 meint er die dort aufgezählten **Gattungen von Vermögenswerten**, die als anerkennungsfähige Sicherheiten gelten. Hier entspricht der deutsche Begriff dem englischen „asset class". In Art. 9 Abs. 2 Buchst. d, Art. 17 Abs. 2 und Anhang IV DelVO 2016/2251 meint der Gesetzgeber mit Anlageklasse den einem OTC-Derivat **zugrunde liegenden Basiswert**, das „underlying" oder die „underlying asset class".

---

1 *GA-ESA*, Endgültiger Entwurf der „Regulatory technical standards on risk-mitigation techniques for OTC-derivative contracts not cleared by a CCP under Article 11(15) of Regulation (EU) No 648/2012", ESAs 2016 23 vom 8.3.2016, abrufbar über: https://www.eba.europa.eu/documents/10180/1398349/RTS+on+Risk+Mitigation+Techniques+for+OTC+contracts+(JC-2016-+18).pdf („*GA-ESA* Endgültiger RTS Besicherung"), S. 9: „As a starting point, the list of eligible collateral is based on the provisions laid down by Articles 197 and 198 of the CRR, relating to financial collateral available under the credit risk mitigation framework of institutions, and includes only funded protection."

Während Art. 4 Abs. 1 DelVO 2016/2251 die anerkennungsfähigen Arten von Sicherheiten für beide Einschussverpflichtungen – den Ersteinschüssen und den Nachschüssen – einheitlich definiert, differenziert das U.S.-amerikanische Recht. So werden nach 17 CFR § 23.156(b)[1] für die Erfüllung von **Nachschussverpflichtungen nur Barsicherheiten** in U.S. Dollar, einer anderen Hauptwährung (major currency) wie z.B. dem Euro oder der für ein OTC-Derivat vereinbarten Währung zugelassen. Der Kreis der als **Ersteinschussleistung** zugelassenen Vermögenswerte ist in den U.S.A. deutlich enger gefasst. 221

Nach 17 CFR § 23.156(a)[2] sind neben den bereits erwähnten Barsicherheiten nur folgende Vermögenswerte zugelassen: Schuldverschreibungen, die von dem U.S. Department of Treasury oder einer anderen U.S. government agency begeben oder garantiert wurden, Schuldverschreibungen, die von der Europäischen Zentralbank oder der Zentralregierung eines Drittstaaten begeben oder garantiert werden, wenn die Zentralregierung im Keditrisikostandardansatz über ein Risikogewicht von mindestens 20 % verfügt, Schuldverschreibungen oder asset-backed securities (ABS), die von einem U.S. government-sponsored enterprise (GSE)[3] begeben oder garantiert worden sind, Schuldverschreibungen, die von der Bank für Internationalen Zahlungsausgleich (BIZ) oder den in 17 CFR § 23.151 definierten multilateralen Entwicklungsbanken begeben oder garantiert wurden, Aktien, die in den S&P Composite 1500 Index oder in einen Index einbezogen sind, der von der Aufsichtsbehörde eines Drittstaates als ein für Ersteinschussanforderungen geeigneter Index anerkannt wurde, sowie jederzeit rückzahlbare Anteile an Investmentfonds, die ausschließlich in Schuldverschreibungen der U.S. Department of Treasury oder in Schuldverschreibungen der EZB bzw. der 20 %-gewichteten Zentralregierungen investieren. 222

Andere handelbaren Schuldverschreibungen sind nur dann anerkennungsfähig, wenn sie von der **zuständigen Aufsichtsbehörde** (prudential regulator) zuvor anerkannt wurden (17 CFR § 23.156(a)(vii)). 223

(1) Barsicherheiten. Die Anerkennung von **Barsicherheiten** entspricht Art. 197 Abs. 1 Buchst. a und Art. 200 Buchst. a VO Nr. 575/2013; die DelVO 2016/2251 weicht jedoch geringfügig ab. Die Formulierung „in Form von auf einem Konto gutgeschriebenen Beträgen" stellt zunächst klar, dass der Begriff Barsicherheiten keine Banknoten und Münzen, sondern nur das sog. „**Buchgeld**" umfasst. Zum anderen werden bargeldähnliche Instrumente, wie die in Art. 4 Abs. 1 Nr. 60 VO Nr. 575/2013 beschriebenen **Einlagenzertifikate** (certificate of deposit, CD) oder die von Instituten begebene Schuldverschreibungen, die uneingeschränkt zum Nennwert zurückzuzahlen sind, nicht als Barsicherheit anerkannt. Bargeldähnliche Instrumente werden lediglich nach Art. 4 Abs. 1 Buchst. m DelVO 2016/2251 (Schuldverschreibungen von Kreditinstituten und Wertpapierfirmen) anerkannt, und unterliegen damit der Bonitätsbeurteilung und den Konzentrationsgrenzen der Art. 7 und 8 DelVO 2016/2251. 224

Die in Art. 4 Abs. 1 Buchst. a DelVO 2016/2251 verwendete Formulierung „claims for the repayment of money", die in der deutschen Fassung nur unzureichend mit „vergleichbare Geldforderungen" übersetzt wurde, verweist auf den im Aufsichtsrecht verwendeten **Einlagenbegriff**[4], der auch in Art. 197 Abs. 1 Buchst. a VO Nr. 575/2013 verwendet wird. Der Begriff Geldmarkt-Sichteinlage ist nur beispielhaft aufgeführt. Für die Anerkennung von Barsicherheiten unerheblich ist, ob die Einlage von der sicherungsnehmenden Gegenpartei oder von einem Dritten gehalten wird und ob die Einlage auf Euro oder auf eine Fremdwährung lautet. 225

Die besondere Behandlung von Barsicherheiten, die in einer **anderen Währung** als derjenigen gestellt werden, in der OTC-Derivate im Falle eines Ausfalls einer Gegenpartei abzurechnen sind, zeigt sich lediglich bei Ersteinschüssen und nur bei der Bewertung der Barsicherheit. Nach Art. 21 Abs. 1 und Anhang II der DelVO 2016/2251 ist ein Bewertungsabschlag von 8 % anzuwenden. Die Höhe des Abschlages entspricht der in Art. 224(1) VO Nr. 575/2013 und Tabelle 4 vorgesehenen Volatilitätsanpassung für Währungsinkongruenzen. 226

Werden Barsicherheiten bei einem **Dritten** gehalten, sind diese nach Art. 8 Abs. 2 Buchst. b DelVO 2016/2251 bei der Berechnung der von systemrelevanten Instituten und Altersversorgungssystemen einzuhaltenden 50 %-Konzentrationsgrenze für empfangene Ersteinschüsse zu berücksichtigen. Eine entsprechende Berücksichtigung bei der für alle Gegenparteien maßgeblichen Konzentrationsgrenze des Art. 8 Abs. 1 DelVO 2016/2251 ist nicht vorgesehen. 227

(2) Barrengold. Sicherheiten in **Gold** werden nach Art. 197 Abs. 1 Buchst. g VO Nr. 575/2013 auch für bankaufsichtliche Zwecke anerkannt. Art. 4 Abs. 1 Buchst. b DelVO 2016/2251 ist jedoch enger gefasst. Er entspricht Anhang I, Abschnitt 3 DelVO Nr. 153/2013, und den dort definierten Voraussetzungen, unter denen CCPs Gold als hochliquide Sicherheit i.S.d. Art. 46 Abs. 1 VO Nr. 648/2012 akzeptieren dürfen. 228

Anerkennungsfähig ist nur **Barrengold**, das dem Good-Delivery-Standard entspricht. Was unter dem „Good-Delivery-Standard" zu verstehen ist, wird nicht erläutert. Gemeint sind die von der London Bullion Market As- 229

---

1 U.S. CFTC 81 FR 636, S. 702.
2 U.S. CFTC 81 FR 636, S. 701.
3 Die bekanntesten sind die Federal National Mortgage Association (Fannie Mae), die Federal Home Loan Mortgage Corporation (Freddie Mac) und die Federal Home Loan Banks.
4 Art. 4 Abs. 1 Nr. 1 VO Nr. 575/2013: „Einlagen oder andere rückzahlbare Gelder".

sociation (LBMA) vorgegebenen Anforderungen an Standardhandelsbarren[1]. Diese müssen über einen Mindestfeingehalt von 99,5 % und ein Gewicht zwischen 350–430oz (10,9–13,4 kg) verfügen. Darüber hinaus müssen sich die Außenmaße der Barren in definierten Bandbreiten bewegen. Alle Goldbarren müssen über eine Seriennummer verfügen und den Feingehalt, das Produktionsjahr und den Prüfstempel der Raffinerie erkennen lassen.

230 Zudem verdeutlicht der Verweis auf die **Einzelverwahrung**, dass Gold nur dann anerkennungsfähig ist, wenn sich das Barrengold im Alleineigentum der sicherungsgebenden Gegenpartei befindet. In der Sammelverwahrung bzw. im Miteigentum befindliches Gold (alloziertes Gold) oder sog. „Buchgold" (unalloziertes Gold), bei dem die sicherungsgebende Gegenpartei lediglich einen schuldrechtlichen, nicht insolvenzfesten Lieferanspruch gegen den Lageristen oder Goldhändler erwirbt, sind nicht anerkennungsfähig.

231 Soweit Ersteinschüsse in Form segregierter Goldbarren entgegen genommen werden, unterliegen sie der Konzentrationsgrenze des Art. 8 Abs. 1 Unterabs. 1 Buchst. a DelVO 2016/2251. Danach darf der Wert der Goldbarren zusammen mit anderen als Ersteinschuss empfangenen Vermögenswerten (wie z.B. Schuldverschreibungen bestimmter Emittenten, Verbriefungstranchen, Aktien oder Anteilen an Publikumsfonds) 15 % der von der Gegenpartei entgegengenommenen Sicherheiten oder, sofern dieser Betrag geringer als 10.000.000 Euro ist, den Betrag von 10.000.000 Euro nicht übersteigen.

232 **(3) Schuldverschreibungen der Zentralregierungen und Zentralbanken der Mitgliedstaaten.** Die in Art. 4 Abs. 1 Buchst. c DelVO 2016/2251 vorgesehene Anerkennung von Schuldverschreibungen, die von einem **Mitgliedstaat** oder der **Zentralbank eines Mitgliedstaates** begeben wurden, entspricht Art. 197 Abs. 1 Buchst. b VO Nr. 575/2013. Art. 7 Abs. 2 DelVO 2016/2251 verlangt für sie eine Bonitätsstufe von mindestens 4 (was einem S&P/Fitch/Moody's/Euler Hermes-Rating von BB/BB/Ba/BB entspricht), beschränkt diese Anforderung jedoch, anders als Art. 197 Abs. 1 Buchst. b VO Nr. 575/2013, auf Schuldverschreibungen, die **nicht in der Landeswährung** des Emittenten begeben oder finanziert wurden. Im Übrigen ist nur die für systemrelevante Institute und Altersversorgungssysteme und die Entgegennahme von Ersteinschüssen maßgebliche 50 %-Konzentrationsgrenze des Art. 8 Abs. 2 Buchst. a DelVO 2016/2251 zu beachten.

233 **(4) Schuldverschreibungen der nullgewichteten regionalen und lokalen Gebietskörperschaften der Mitgliedstaaten.** Die von **regionalen oder lokalen Gebietskörperschaften** eines **Mitgliedstaates** begebenen Schuldverschreibungen (Art. 4 Abs. 1 Buchst. d DelVO 2016/2251) sind auch nach Art. 197 Abs. 1 Buchst. b i.V.m. Abs. 2 Buchst. a VO Nr. 575/2013 anerkennungsfähig. Voraussetzung ist bei beiden Regelungen, dass die Verbindlichkeiten der betreffenden Gebietskörperschaft im Rahmen von Art. 115 Abs. 2 VO Nr. 575/2013 wie Verbindlichkeiten des betreffenden Mitgliedstaates behandelt werden und deshalb im Kreditrisikostandardansatz der VO Nr. 575/2013 mit einem **Risikogewicht von 0 %** versehen sind. Schuldverschreibungen, die von nicht mit null gewichteten Gebietskörperschaften begeben werden, sind nur nach Buchst. f anerkennungsfähig.

234 Grund für die Gleichstellung der regionalen und lokalen Gebietskörperschaften mit ihrem Zentralstaat sind die den Gebietskörperschaften ggf. zustehenden Steuererhebungsbefugnisse, die eine Finanzierung der von ihnen übernommen Aufgaben der Verwaltung sicherstellen, sowie ggf. bestehende institutionelle Vorkehrungen (wie z.B. eine zentralstaatliche Aufsicht, das Bestehen eines Finanzausgleichs oder das Recht, finanzielle Hilfen des Zentralstaates in Anspruch nehmen zu können), die zur Verringerung des Ausfallrisikos beitragen.

235 Eine **Liste** der nullgewichteten Gebietskörperschaften ist nach Art. 115 Abs. 2 Unterabs. 2 VO Nr. 575/2013 von der EBA zu veröffentlichen[2]. In Deutschland sind danach alle Bundesländer, Sondervermögen eines Bundeslandes, Gemeinden und Gemeindeverbände mit 0 % zu gewichten.

236 Nach Art. 7 Abs. 2 DelVO 2016/2251 müssen die Schuldverschreibungen der nullgewichteten regionalen oder lokalen Gebietskörperschaften mindestens die Bonitätsstufe 4 aufweisen. Wie bei den Schuldverschreibungen der Zentralregierungen ist im Übrigen nur die für systemrelevante Institute und Altersversorgungssysteme maßgebliche 50 %-Konzentrationsgrenze des Art. 8 Abs. 2 Buchst. a DelVO 2016/2251 zu beachten.

237 **(5) Schuldverschreibungen der nullgewichteten öffentlichen Stellen der Mitgliedstaaten.** Die Anerkennung der in Art. 4 Abs. 1 Buchst. e DelVO 2016/2251 genannten Schuldverschreibungen, die von der **öffentlichen Stelle** eines Mitgliedstaates begeben wurden, entspricht Art. 197 Abs. 1 Buchst. b i.V.m. Abs. 2 Buchst. b VO Nr. 575/2013. Voraussetzung ist auch hier, dass den Verbindlichkeiten der öffentlichen Stellen im Kreditrisikostandardansatz ein **Risikogewicht von 0 %** zugewiesen werden kann. Schuldverschreibungen, die von nicht nullgewichteten öffentlichen Stellen begeben werden, sind nur nach Buchst. g anerkennungsfähig.

238 Die Voraussetzungen für die Nullgewichtung von öffentlichen Stellen sind in Art. 116 Abs. 4 VO Nr. 575/2013 geregelt. Danach kann die zuständige Behörde eines Mitgliedstaates in Ausnahmefällen Risikopositionen gegen-

---

1 *London Bullion Market Association (LBMA)*, Good Delivery Rules für Goldbarren, abrufbar über: http://www.lbma.org.uk/good-delivery-rules („*LBMA* Good Delivery Rules").
2 *EBA*, Liste der regionalen Gebietskörperschaften eines Mitgliedstaates, die nach Art. 115 Abs. 2 VO Nr. 575/2013 dem betreffenden Mitgliedstaat gleichgestellt sind, abrufbar über: http://www.eba.europa.eu/supervisory-convergence/supervisory-disclosure/rules-and-guidance („*EBA* Art. 115 Liste").

über einer öffentlichen Stellen wie Risikopositionen gegenüber dem betreffenden Mitgliedstaat behandeln, wenn die lokale Stelle über eine **angemessene Garantie des Mitgliedstaates** oder einer regionale oder lokalen Gebietskörperschaften des Mitgliedstaates verfügt.

Eine Liste der nullgewichteten öffentlichen Stellen wird von der EBA veröffentlicht[1]. In Deutschland sind dies u.a. die **Kreditanstalt für Wiederaufbau** (KfW), oder die Investitions-, Förder- und Aufbaubanken der Bundesländer. Die Bonität der öffentlichen Stellen muss nach Art. 7 Abs. 2 DelVO 2016/2251 mindestens der Bonitätsstufe 4 entsprechen. Darüber hinaus ist von systemrelevanten Instituten und Altersversorgungssystemen auch hier nur die 50 %-Konzentrationsgrenze des Art. 8 Abs. 2 Buchst. a DelVO 2016/2251 zu beachten. 239

(6) Schuldverschreibungen der sonstigen regionalen und lokalen Gebietskörperschaften der Mitgliedstaaten. Die in Art. 4 Abs. 1 Buchst. f DelVO 2016/2251 gelisteten Schuldverschreibungen von **nicht nullgewichteten lokalen Gebietskörperschaften** sind auch nach Art. 197 Abs. 1 Buchst. c i.V.m. Abs. 3 Buchst. a VO Nr. 575/2013 als geeignete Sicherheiten anerkannt. Im Gegensatz zu den als nullgewichtete Schuldverschreibungen müssen sie nach Art. 7 Abs. 1 DelVO 2016/2251 und Art. 197 Abs. 1 Buchst. c VO Nr. 575/2013 über eine Bonität verfügen, die mindestens der **Bonitätsstufe 3** (d.h. einem S&P/Fitch/Moody's/Euler Hermes-Rating von BBB/BBB/Baa/BBB) entspricht. 240

Darüber hinaus unterliegen sie beiden Konzentrationsgrenzen des Art. 8 DelVO 2016/2251: Nach Art. 8 Abs. 1 Unterabs. 1 Buchst. a DelVO 2016/2251 darf der Wert der als Ersteinschuss empfangenen Schuldverschreibungen, die von sonstigen regionale und lokale Gebietskörperschaften der Mitgliedstaaten begeben wurden, 15 % der von der Gegenpartei entgegengenommenen Sicherheiten oder, sofern dieser Betrag geringer als 10.000.000 Euro ist, den Betrag von 10.000.000 Euro nicht übersteigen. Darüber hinaus müssen systemrelevante Institute und Altersversorgungssysteme die für Ersteinschüsse maßgebliche 50 %-Konzentrationsgrenze des Art. 8 Abs. 2 Buchst. a DelVO 2016/2251 beachten. 241

(7) Schuldverschreibungen der sonstigen öffentlichen Stellen der Mitgliedstaaten. Die Schuldverschreibungen der **nicht nullgewichteten öffentlichen Stellen** der Mitgliedstaaten (Art. 4 Abs. 1 Buchst. g DelVO 2016/2251) sind nach Art. 197 Abs. 1 Buchst. c i.V.m. Abs. 3 Buchst. b VO Nr. 575/2013 ebenfalls als geeignete Sicherheiten anerkannt. Die für sie geltenden Bonitätsanforderungen und Konzentrationsgrenzen entsprechen denen der sonstigen regionalen oder lokalen Gebietskörperschaften der Mitgliedstaaten. Auf die Ausführungen in Rz. 240–241 wird verwiesen. 242

(8) Schuldverschreibungen der multilateralen Entwicklungsbanken. Nach Art. 4 Abs. 1 Buchst. h DelVO 2016/2251 sind auch die Schuldverschreibungen der in Art. 117 Abs. 2 VO Nr. 575/2013 aufgezählten **multilateralen Entwicklungsbanken** anerkennungsfähig. Dies entspricht Art. 197 Abs. 1 Buchst. b i.V.m. Abs. 2 Buchst. c VO Nr. 575/2013. 243

Der Katalog des Art. 117 Abs. 2 VO Nr. 575/2013 umfasst die folgenden Entwicklungsbanken: die Internationale Bank für Wiederaufbau und Entwicklung (IBRD), die Internationale Finanz-Corporation (IFC), die Interamerikanische Entwicklungsbank, die Asiatische Entwicklungsbank, die Afrikanische Entwicklungsbank, die Entwicklungsbank des Europarates, die Nordische Investitionsbank, die Karibische Entwicklungsbank, die Europäische Bank für Wiederaufbau und Entwicklung (EBRD), die Europäische Investitionsbank (EIB), den Europäischen Investitionsfonds, und die Multilaterale Investitions-Garantie-Agentur. Gemeinsam ist ihnen, dass ihnen im Kreditrisikostandardansatz ein **Risikogewicht von 0 %** zugewiesen wird.

Mindestbonitätsstufen sind für die Schuldverschreibungen der nullgewichteten multilateralen Entwicklungsbanken nicht vorgeschrieben. Es ist lediglich die 50 %-Konzentrationsgrenze des Art. 8 Abs. 2 Buchst. a DelVO 2016/2251 zu beachten. 244

Eine Reglung, die wie Art. 117 Abs. 1 VO Nr. 575/2013 und Art. 197 Abs. 1 Buchst. c i.V.m. Abs. 3 Buchst. c VO Nr. 575/2013 vorsieht, dass die **Schuldverschreibungen anderer** als der in Art. 117 Abs. 2 VO Nr. 575/ 2013 gelisteten multilateralen **Entwicklungsbanken** wie Schuldverschreibungen von Instituten zu behandeln sind, fehlt in Art. 4 Abs. 1 DelVO 2016/2251. Ob es sich hierbei um eine planwidrige Lücke handelt, kann jedoch dahinstehen, da die von Instituten begebene Schuldverschreibungen und die Unternehmensanleihen von der DelVO 2016/2251 im Ergebnis gleich behandelt werden. 245

(9) Schuldverschreibungen der internationalen Organisationen. Die Schuldverschreibungen der in Art. 118 VO Nr. 575/2013 genannten **internationalen Organisationen** (Art. 4 Abs. 1 Buchst. i DelVO 2016/2251) sind auch nach Art. 197 Abs. 1 Buchst. b i.V.m. Abs. 2 Buchst. d VO Nr. 575/2013 anerkennungsfähig. Der Katalog des Art. 118 VO Nr. 575/2013 umfasst die Europäische Union, den Internationalen Währungsfonds, die Bank für Internationalen Zahlungsausgleich (BIZ), die Europäische Finanzstabilitätsfazilität (EFSF) und den Europäischen Stabilitätsmechanismus (ESM). 246

---

1 EBA, Liste der öffentlichen Stellen eines Mitgliedstaates, die nach Art. 116 Abs. 4 VO Nr. 575/2013 dem betreffenden Mitgliedstaat gleichgestellt sind, abrufbar über: http://www.eba.europa.eu/supervisory-convergence/supervisory-disclosure/rules-and-guidance („EBA Art. 116(4) Liste").

247 Art. 118 Buchst. f VO Nr. 575/2013 schließt darüber hinaus jedes internationale Finanzinstitut ein, das von zwei oder mehr Mitgliedstaaten mit dem Ziel eingerichtet wurde, für diejenigen seiner Mitglieder, die schwerwiegende Finanzierungsprobleme haben oder denen solche Probleme drohen, finanzielle Mittel zu mobilisieren und ihnen finanzielle Hilfe zu gewähren. Beispiele für internationale Finanzinstitute i.S.d. Art. 118 Buchst. f VO Nr. 575/2013 sind der Europäischen Finanzstabilitätsfazilität (**EFSF**) und der Europäische Stabilitätsmechanismus (**ESM**), die bereits ausdrücklich benannt sind. Aufgabe der Bestimmung ist es, die zukünftige Errichtung neuer oder die Ersetzung bestehender Finanzinstitute zu berücksichtigen. Gemeinsam ist den in Art. 4 Abs. 1 Buchst. i DelVO 2016/2251 genannten internationalen Organisationen, dass sie im Kreditrisikostandardansatz ein **Risikogewicht von 0 %** aufweisen.

248 Mindestbonitätsstufen sind für die Schuldverschreibungen der nullgewichteten internationalen Organisationen nicht vorgeschrieben. Auch hier gilt: Es ist lediglich die für systemrelevante Institute und Altersversorgungssysteme maßgebliche 50 %-Konzentrationsgrenze des Art. 8 Abs. 2 Buchst. a DelVO 2016/2251 zu beachten. Die Schuldverschreibungen der nicht in Art. 118 VO Nr. 575/2013 genannten internationalen Organisationen sind in Anlehnung an die Auslegung der EBA[1] wie Unternehmensanleihen zu behandeln.

249 **(10) Schuldverschreibungen der Zentralregierungen und Zentralbanken von Drittstaaten.** Die Anerkennung der von **Drittstaaten** und deren **Zentralbanken** begebenen Schuldverschreibungen (Art. 4 Abs. 1 Buchst. j DelVO 2016/2251) entspricht Art. 197 Abs. 1 Buchst. b VO Nr. 575/2013. Die Anforderungen an die Bonität der Schuldverschreibungen sind jedoch strenger als die der CRR. Nach Art. 7 Abs. 1 DelVO 2016/2251 müssen die Schuldverschreibungen von Drittstaaten mindestens die Bonitätsstufe 3 aufweisen. Darüber hinaus unterliegen von systemrelevanten Instituten und Altersversorgungssystemen entgegengenommene Ersteinschüsse in dieser Anlageklasse der 50 %-Konzentrationsgrenze des Art. 8 Abs. 2 Buchst. a DelVO 2016/2251.

250 **(11) Schuldverschreibungen der öffentlichen Stellen von Drittstaaten.** Die in Art. 4 Abs. 1 Buchst. k DelVO 2016/2251 vorgesehene Anerkennung von Schuldverschreibungen, die von **lokalen Gebietskörperschaften** in Drittstaaten begeben sind, entspricht Art. 197 Abs. 1 Buchst. b i.V.m. Abs. 2 Buchst. a VO Nr. 575/2013. Voraussetzung ist, dass ihnen aufgrund der in Art. 115 Abs. 2 VO Nr. 575/2013 genannten Kriterien dasselbe Risikogewicht zugewiesen wird, wie dem Drittstaat selbst.

251 Die Anforderungen entsprechen im Übrigen denen die für die Schuldverschreibungen der Zentralstaaten vorgesehen sind: Nach Art. 7 Abs. 1 DelVO 2016/2251 müssen die Schuldverschreibungen von regionalen oder lokalen Gebietskörperschaften in Drittstaaten mindestens die Bonitätsstufe 3 aufweisen. Darüber hinaus unterliegen sie der von systemrelevanten Instituten und Altersversorgungssystemen zu beachtenden 50 %-Konzentrationsgrenze des Art. 8 Abs. 2 Buchst. a DelVO 2016/2251.

252 Die in Art. 4 Abs. 1 Buchst. k und l DelVO 2016/2251 enthaltenen Verweise auf die „Anforderungen der Buchstaben d und e" ist missglückt. Regionale und lokale Gebietskörperschaften sind nur in Buchst. d genannt; Buchst. e befasst sich hingegen nur mit den in Art. 116 VO Nr. 575/2013 genannten öffentlichen Stellen. Eine denkbare Auslegung wäre, dass die Vorschriften in Buchst. k und l die in Drittstaaten ansässigen öffentlichen Stellen versehentlich nicht nennen und insoweit eine ungeplante Lücke aufweisen. Dagegen spricht jedoch, dass der in Buchst. e in Bezug genommene Art. 116 Abs. 4 VO Nr. 575/2013 eine Einzelfallentscheidung verlangt, die aufgrund der engen Definition des Begriffs „zuständige Behörde" (Art. 4 Abs. 1 Nr. 40 VO Nr. 575/2013) nur von der Aufsichtsbehörde eines Mitgliedstaates und nur für öffentliche Stellen innerhalb dieses Mitgliedstaates getroffen werden kann. Wahrscheinlicher ist es, dass der Verweis auf Buchst. e fehlerhaft ist.

253 **(12) Schuldverschreibungen der regionalen und lokalen Gebietskörperschaften von Drittstaaten.** Erfüllen in Drittstaaten ansässige **regionale oder lokale Gebietskörperschaften** die Anforderungen des Art. 4 Abs. 1 Buchst. d DelVO 2016/2251 bzw. des Art. 115 Abs. 2 VO Nr. 575/2013 nicht, so erhöhen sich die an sie zu stellenden Anforderungen. Sie bleiben zwar nach Art. 4 Abs. 1 Buchst. l DelVO 2016/2251 anerkennungsfähig, müssen jedoch nicht nur die nach Art. 7 Abs. 1 DelVO 2016/2251 vorgeschrieben Bonitätsstufe 3 aufweisen, sondern darüber hinaus folgende Konzentrationsgrenzen des Art. 8 DelVO 2016/2251 beachten: Die 15 %- bzw. 10.000.000 Euro-Schwelle des Art. 8 Abs. 1 Unterabs. 1 Buchst. a DelVO 2016/2251 und die für systemrelevante Institute und Altersversorgungssysteme maßgebliche 50 %-Konzentrationsgrenze des Art. 8 Abs. 2 Buchst. a DelVO 2016/2251.

254 **(13) Schuldverschreibungen der Institute.** Die Art. 4 Abs. 1 Buchst. m DelVO 2016/2251 vorgesehene Anerkennungsfähigkeit der von **Kreditinstituten** und **Wertpapierfirmen** begebenen Schuldverschreibungen entspricht Art. 197 Abs. 1 Buchst. c VO Nr. 575/2013. Der Verweis auf die in Art. 52 Abs. 4 RL 2009/65/EG[2] (OGAW-R) genannten **gedeckten Schuldverschreibungen** dient lediglich der Klarstellung. Art. 52 Abs. 4 Satz 1 RL 2009/65/EG schreibt vor, dass gedeckte Schuldverschreibungen nur von europäischen Kreditinstitu-

---

1 EBA, Single Rulebook Q&A, Q&A Nr. 2014-968 zu Art. 118 VO Nr. 575/2013 vom 10.10.2014, abrufbar über: https://www.eba.europa.eu/single-rule-book-qa/-/qna/view/publicId/2014_968 („EBA Q&A 2014-968").
2 Richtlinie 2009/65/EG des Europäischen Parlaments und des Rates vom 13. Juli 2009 zur Koordinierung der Rechts- und Verwaltungsvorschriften betreffend bestimmte Organismen für gemeinsame Anlagen in Wertpapieren, ABl. EG Nr. L 302 v. 17.11.2009, S. 32.

ten begeben werden können, die in ihrem Mitgliedstaat einer besonderen Aufsicht unterliegen. Wegen der Einzelheiten wird auf die Ausführungen zu Art. 2 VO Nr. 648/2012 Rz. 139–143 verwiesen.

Von Instituten begebene Schuldverschreibungen müssen nach Art. 7 Abs. 1 DelVO 2016/2251 mindestens die Bonitätsstufe 3 erfüllen. Darüber ist die 15 %- bzw. 10.000.000 Euro-Schwelle des Art. 8 Abs. 1 Unterabs. 1 Buchst. a DelVO 2016/2251 zu beachten. Von der 50 %-Konzentrationsgrenze des Art. 8 Abs. 2 Buchst. a DelVO 2016/2251 sind die von Instituten begebenen Schuldverschreibungen hingegen ausgenommen.

Bedeutung dürfte Art. 4 Abs. 1 Buchst. m DelVO 2016/2251 nicht nur für die bereits erwähnten gedeckten Schuldverschreibungen i.S.d. Art. 52 Abs. 4 RL 2009/65/EG, sondern auch für die von Kreditinstitut begebenen **Einlagenzertifikate** (certificate of deposit, CD) haben.

(14) Schuldverschreibungen der Unternehmen. Die Anerkennung der in Art. 4 Abs. 1 Buchst. n DelVO 2016/2251 gelisteten **Unternehmensanleihen** ähnelt der in Art. 197 Abs. 1 Buchst. d VO Nr. 575/2013. Die bankaufsichtliche Regelung weist jedoch stärker den Charakter einer Auffangregelung auf, was sich bereits in der Wortwahl „Schuldverschreibungen andere Emittenten" zum Ausdruck bringt.

Ob die in Art. 4 Abs. 1 Buchst. n DelVO 2016/2251 gewählte Bezugnahme auf „Unternehmen" in dieselbe Richtung (d.h. Richtung Auffangtatbestand) ausgelegt werden kann, oder ob sie einen Mindeststandard beschreibt, der dazu führt, dass Schuldverschreibungen, die nicht von einem Unternehmen begeben worden sind, die Anerkennung versagt werden muss, wird in der Praxis vor dem Hintergrund der in Art. 7 Abs. 1 DelVO 2016/2251 geforderten Bonitätsstufe 3 i.d.R. keine Bedeutung erlangen. Soweit es darauf ankommt, werden jedoch für Art. 4 Abs. 1 Buchst. n DelVO 2016/2251 dieselben Überlegungen maßgeblich sein, die bereits im Zusammenhang mit dem Begriff der nichtfinanziellen Gegenpartei erörtert wurden. Wegen der Einzelheiten wird auf die Anmerkungen zu Art. 2 VO Nr. 648/2012 Rz. 81–86 verwiesen.

Neben der bereits erwähnten Mindestbonitätsstufe muss bei Unternehmensanleihen auch die 15 %- bzw. 10.000.000 Euro-Schwelle des Art. 8 Abs. 1 Unterabs. 1 Buchst. a DelVO 2016/2251 beachtet werden. Von der 50 %-Konzentrationsgrenze des Art. 8 Abs. 2 Buchst. a DelVO 2016/2251 sind Unternehmensanleihen jedoch ausgenommen.

Als Unternehmensanleihen anerkennungsfähig sind auch die von öffentlichen Stellen in Drittstaaten begebenen Schuldverschreibungen, wie z.B. die Anleihen der durch den Kongress der U.S.A. errichteten government-sponsored agencies: der Federal Home Loan Banks (FHLBanks), der Federal National Mortgage Association (Fannie Mae), der Federal Home Loan Mortgage Corporation (Freddie Mac) oder der Financing Corporation (FICO).

(15) Verbriefungstranchen. Die in Art. 4 Abs. 1 Buchst. o DelVO 2016/2251 vorgesehene Anerkennung von **Verbriefungstranchen** als geeignete Sicherheiten sowie der Ausschluss von Wiederverbriefungen entspricht Art. 197 Abs. 1 Buchst. h VO Nr. 575/2013. Buchstabe o weicht jedoch von der bankaufsichtlichen Anerkennung ab: Als geeignete Sicherheit anerkannt wird nur die jeweils höchstrangige Tranche einer Verbriefung (die sog. Super-Senior-Tranche).

Der Begriff **Verbriefung** wird über den Verweis auf Art. 4 Abs. 1 Nr. 61 VO Nr. 575/2013 definiert. Löst man sich von der hölzernen deutschen Fassung in Art. 4 Abs. 1 Nr. 61 VO Nr. 575/2013 so kann man unter Verbriefung eine Transaktion verstehen, durch die das mit einem Pool von Risikopositionen, z.B. einer oder mehrerer angekaufter Forderungen oder Wertpapieren (Portfolio) verbundene Kreditrisiko in Tranchen unterteilt wird, mit der Folge, dass die an die Inhaber der Tranchen geschuldeten Zahlungen (die Zahlung von Zinsen und ggf. die Rückzahlung des Kapitals) von der Verlustentwicklung des Portfolios abhängen (credit-linked) und die während der Laufzeit der Transaktion anfallenden Verluste des Portfolios in der Rangfolge der Tranchen (priority of payment, dem sog. „Wasserfall") auf diese verteilt werden.

Kennzeichnend für eine Verbriefung ist, dass der Inhaber der Verbriefungsposition nur auf das Portfolio zugreifen kann (limited recourse), und dass Verluste aus dem Portfolio nicht erst im Rahmen der Verwertung des Portfolios verteilt werden, sondern während der Laufzeit und zwar sobald diese anfallen (sog. „running waterfall"). Nicht zu den Verbriefungen zählen daher die von Kreditinstituten begebenen gedeckten Schuldverschreibungen i.S.d. Art. 52 Abs. 4 RL 2009/65/EG (OGAW-R), da das Kreditinstitut auch dann zur Rückzahlung der Schuldverschreibung verpflichtet bleibt, wenn die zur Deckung verwendeten Vermögenswerte ganz oder teilweise ausgefallen sind. Es fehlt somit an dem beschränkten Rückgriff.

Ebenfalls keine Verbriefungen sind die im Wege der sog. „Umverpackung" (repackaging) begebenen Schuldverschreibungen, bei denen die Zahlung von Zinsen und Kapital zwar von der Verlustentwicklung einer oder mehrere Vermögenswerte (z.B. Forderungen, Wertpapieren, Aktien, Fondsanteilen) abhängt, bei denen die begebenen Schuldverschreibungen jedoch denselben Rang haben und die unter den „umverpackten" Vermögenswerten geleisteten Zahlungen eins zu eins und zu gleichen Teilen (pro rata) an die Inhaber der Schuldverschreibungen durchgeleitet werden. Hier fehlt es am sog. „Wasserfall".

Der in Art. 4 Abs. 1 Nr. 67 VO Nr. 575/2013 definierte Begriff der **Tranche** meint jedes durch die Transaktion festgelegte Segment des mit dem Portfolio verbundenen Kreditrisikos, wobei eine Position in diesem Segment (bzw. der Inhaber der Tranche, der dieses Segment zugewiesen ist) je nach der Positionierung der Tranche im „Wasserfall" einem größeren oder geringeren Verlustrisiko ausgesetzt ist als eine Position gleicher Höhe in jedem anderen dieser Segmente (bzw. als die Inhaber der Tranchen, denen die anderen Segmente zugewiesen sind). Je nach der Position im Wasserfall unterscheidet man Erstverlust- oder Junior-Tranchen, denen die Verluste des Portfolios zuerst zugewiesen werden, und Senior-Tranchen, wie die bereits erwähnte Super-Senior-Tranche, denen Verluste erst dann zugewiesen werden, wenn nachrangige Tranchen durch Verlustzuweisungen vollständig erschöpft worden sind.

266 Je nach vertraglicher Ausgestaltung kann die durch die Verbriefungstransaktion begründete Tranche die Form einer **Schuldverschreibung** annehmen, bei der die Zahlung von Zinsen und die Rückzahlung des Kapitals davon abhängt, in welchem Umfang sich das dem Portfolio innewohnende Kreditrisiko realisiert. Derartige Tranchen werden auch als „mit Kreditrisiken verknüpfte Schuldverschreibungen" oder credit-linked notes (CLN) oder asset backed securities (ABS) bezeichnet.

267 Alternativ kann die Tranche auch als **Gelddarlehen oder Kreditfazilität** ausgestaltet werden, bei der die Rückzahlung des geliehenen oder des durch Ziehung in Anspruch genommenen Betrages bzw. der Zinsen in gleicher Weise wie bei einer CLN von der Verlustentwicklung des Portfolios abhängt. Tranchen können auch die Gestalt einer **Garantie oder eines Kreditderivates** (z.B. eines credit default swaps, CDS) annehmen. In diesem Falle verspricht der Inhaber der Tranche (protection seller) jeden Verlust der nach dem vereinbarten Wasserfall seiner Tranche zugewiesen wird, durch eine Zahlung auszugleichen.

268 Da die als Sicherheit gestellten Verbriefungstranchen den Anforderungen des Art. 7 Abs. 5 DelVO 2016/2251 genügen müssen, d.h. die sicherungsnehmende Gegenpartei über einen Zugang zu einem Handelsplatz verfügen muss, über den sie die Verbriefungstranche im Falle eines Ausfalls der sicherungsgebenden Gegenpartei zeitnah verwerten kann, kommen als Sicherheiten jedoch nur **handelbare Schuldverschreibungen** (CLNs oder ABS) in Betracht.

269 Der Begriff höchstrangige Tranche ist nicht definiert. In Anlehnung an Art. 261 Abs. 1 Unterabs. 6 VO Nr. 575/2013 wird man bei der Feststellung, ob es sich bei einer Tranche um die höchstrangige Tranche handelt, die im Range vorgehenden Verbriefungspositionen, die aus Zins- oder Währungsderivaten oder an Dritte zu zahlende Entgelte, Gebühren, Steuern und Abgaben bestehen, unberücksichtigt lassen können. Gemeinsam ist diesen Verbriefungspositionen, dass sie weder Kapitalbeträge zur Verfügung stellen noch Zahlungsversprechen begründen, mit denen Verluste des Portfolios ausgeglichen werden können.

270 Der in Art. 4 Abs. 1 Nr. 63 VO Nr. 575/2013 definierte Begriff der **Wiederverbriefung** meint jede Verbriefung bei der mindestens eine der dem Portfolio angehörende Forderungen eine Verbriefungsposition ist. Höchstrangige Tranchen einer Wiederverbriefung sind auch dann auszuschließen, wenn es sich bei den verbrieften Verbriefungspositionen des Portfolios selbst wiederum um als Sicherheit geeignete Super-Senior-Tranchen i.S.d. Art. 4 Abs. 1 Buchst. o DelVO 2016/2251 handelt. Zwar dürften entsprechende Super-Senior-Wiederverbriefungstranchen nur noch ein stark verwässertes Kreditrisiko repräsentieren. Was ihren Ausschluss vom Katalog der geeigneten Sicherheiten jedoch rechtfertigt, ist die mit der zweiten und jeder weiteren Tranchierung verbundene **Komplexität der Verlustzuweisung**, die eine verlässliche Bewertung derartiger Tranchen erschwert.

271 Höchstrangige Verbriefungstranchen müssen nach Art. 7 Abs. 1 DelVO 2016/2251 mindestens die Bonitätsstufe 3 erfüllen. Darüber hinaus ist bei Verbriefungspositionen die 15 %- bzw. 10.000.000 Euro-Schwelle des Art. 8 Abs. 1 Unterabs. 1 Buchst. a DelVO 2016/2251 zu beachten. Hinzu tritt die zusätzliche Konzentrationsgrenze des Art. 8 Abs. 1 Unterabs. 1 Buchst. b DelVO 2016/2251. Danach darf der Wert der als Ersteinschuss entgegengenommenen Verbriefungstranchen (zusammen mit den von Instituten begebenen Wandelschuldverschreibungen und Aktien) 40 % der von der Gegenpartei entgegengenommenen Sicherheiten oder, sofern dieser Betrag geringer als 10.000.000 Euro ist, den Betrag von 10.000.000 Euro nicht übersteigen.

272 **(16) Wandelschuldverschreibungen.** Die in Art. 4 Abs. 1 Buchst. p DelVO 2016/2251 vorgesehene Anerkennung von **Wandelschuldverschreibungen** weicht von Art. 197 Abs. 1 Buchst. f VO Nr. 575/2013 ab. Während die CRR verlangt, dass die als Sicherheit gestellte Wandelschuldverschreibung in einen Hauptindex einbezogen ist, lässt es Art. 4 Abs. 1 Buchst. p DelVO 2016/2251 ausreichen, dass die Aktien, in die das Kapital der Wandelschuldverschreibung umgewandelt werden kann, Bestandteil eines Hauptindexes ist. Dies erweitert die Anerkennungsfähigkeit von Wandelschuldverschreibungen erheblich.

273 Für die Bestimmung des für Aktien maßgeblichen Hauptindexes verweist Art. 4 Abs. 1 Buchst. p DelVO 2016/2251 auf Art. 197 Abs. 8 Buchst. a VO Nr. 575/2013 und die dort vorgesehenen technischen Durchführungsstandards der Kommission. Mit Art. 1 DurchfVO 2016/1646[1] hat die Kommission die für Aktien maßgeblichen

---

[1] Durchführungsverordnung (EU) 2016/1646 der Kommission vom 13. September 2016 zur Festlegung technischer Durchführungsstandards im Hinblick auf Hauptindizes und anerkannte Börsen gemäß der Verordnung (EU) Nr. 575/2013 des Europäischen Parlaments und des Rates über Aufsichtsanforderungen an Kreditinstitute und Wertpapierfirmen, ABl. EG Nr. L 245 v. 14.9.2016, S. 5.

Hauptindizes festgelegt. Anhang I, Tabelle 1 DurchfVO 2016/1646 benennt für Deutschland den HDAX, den von der Deutschen Börse berechneten Index, der die Werte aller im DAX, MDAX und TecDAX enthaltenen 110 Unternehmen zusammenfasst. Für Europa werden – um nur einige Beispiele zu nennen – der STOXX Europe 600, der FTSE Europe Index und der MSCI AC Europe & Middle East aufgeführt.

Die Emittenten der Wandelschuldverschreibungen müssen nach Art. 7 Abs. 1 DelVO 2016/2251 mindestens die Bonitätsstufe 3 erfüllen. Für die Aktien, in die die Wandelschuldverschreibungen gewandelt werden können, ist keine Bonitätsstufe vorgeschrieben. An ihre Stelle tritt das Erfordernis, dass die Aktien in einen Hauptindex einbezogen sein müssen. Darüber hinaus sind für Wandelschuldverschreibungen beide Konzentrationsgrenzen des Art. 8 Abs. 1 DelVO 2016/2251 maßgeblich: die 15 %- bzw. 10.000.000 Euro-Schwelle des Buchst. a und, wenn die Wandelschuldverschreibungen von Instituten begeben wurden, die 40 %- bzw. 10.000.000 Euro-Schwelle des Buchst. b. 274

(17) Aktien eines Hauptindexes. Die Anerkennung der in Art. 4 Abs. 1 Buchst. q DelVO 2016/2251 genannten **Aktien eines Hauptindexes** entspricht Art. 197 Abs. 1 Buchst. f VO Nr. 575/2013. Die für Art. 4 Abs. 1 Buchst. q DelVO 2016/2251 maßgeblichen Hauptindizes sind in der bereits erwähnten DelVO 2016/1646 bestimmt (s. Rz. 273). Im Übrigen sind für Aktien beide Konzentrationsgrenzen des Art. 8 Abs. 1 DelVO 2016/2251 zu beachten: die 15 %- bzw. 10.000.000 Euro-Schwelle des Buchst. a und, wenn die Aktien von Instituten begeben wurden, die 40 %- bzw. 10.000.000 Euro-Schwelle des Buchst. b. 275

(18) Fondsanteile. Die Anerkennung von **Fondsanteilen** folgt Art. 197 Abs. 5 VO Nr. 575/2013, ist jedoch deutlich enger gefasst. Während die VO Nr. 575/2013 über den in Art. 4 Abs. 1 Nr. 7 VO Nr. 575/2013 definierten Begriff des Organismus für gemeinsame Anlagen (OGA) auch Anteile an alternative Investmentfonds (AIFs) i.S.d. Art. 4 Abs. 1 Buchst. a RL 2011/61/EU[1] sowie Anteile an nicht europäischen Publikumsfonds, wie z.B. den durch den U.S.-amerikanischen Investment Company Act von 1940 regulierten mutual funds zulässt, beschränkt sich Art. 4 Abs. 1 Buchst. r DelVO 2016/2251 auf Anteile an **Organismen für die gemeinsame Anlagen in Wertpapieren** (OGAW). 276

Der Begriff OGAW wird von der DelVO 2016/2251 als bekannt vorausgesetzt. Er wird in Art. 2 Nr. 8 VO Nr. 648/2012 über den Begriff finanzielle Gegenpartei eingeführt und meint Investmentvermögen i.S.d. Art. 1 Nr. 2 RL 2009/65/EG[2]. Die an OGAW-Anteile zu stellenden Anforderungen sind in Art. 5 DelVO 2016/2251 definiert; sie werden nachstehend unter ff) (Rz. 401–429) kommentiert. 277

bb) Korrelationsrisiken (Art. 4 Abs. 2 DelVO 2016/2251). Art. 4 Abs. 2 DelVO 2016/2251 dient der Vermeidung des mit der Verwendung von Sicherheiten verbundenen **Korrelationsrisikos** (wrong-way risk): Besteht zwischen der Bonität der sicherungsgebenden Gegenpartei und dem Wert der von ihr als Einschuss gestellten Vermögenswerte eine wesentliche positive Korrelation, d.h. ist bei einer Verschlechterung der Bonität der Gegenpartei zu erwarten, dass auch der Wert der Sicherheit sinkt, so schließt dies die Anerkennungsfähigkeit der gestellten Vermögenswerte aus. 278

Der sachliche Anwendungsbereich des Art. 4 Abs. 2 DelVO 2016/2251 beschränkt sich auf die in Art. 4 Abs. 1 Buchst. f, g, k–r DelVO 2016/2251 genannten Vermögenswerte. Die im Kreditrisikostandardansatz der VO Nr. 575/2013 mit null gewichteten Schuldverschreibungen der Zentralstaaten, Zentralbanken, multilateralen Entwicklungsbanken und internationalen Einrichtungen sowie Schuldverschreibungen der mit 0 % gewichteten Gebietskörperschaften und öffentlichen Stellen sind somit vom Wrong-way-risk-Verbot ausgenommen[3]. Bedeutung hat dies nur für die staatlichen oder internationalen Einrichtungen, die nicht nach Art. 1 Abs. 4 oder Abs. 5 VO Nr. 648/2012 vom Anwendungsbereich der EMIR ausgenommen sind, oder für deren clearingpflichtige Tochterunternehmen: Sie können auch eigene Schuldverschreibungen oder die Schuldverschreibungen ihrer Mutter als Sicherheiten stellen. 279

Das Korrelationsrisiko wird auch von der CRR in mehreren Vorschriften adressiert. Abs. 2 lehnt sich eng an Art. 207 Abs. 2 VO Nr. 575/2013 an, weicht jedoch teilweise von ihm ab. 280

(1) Sicherungsgebende Partei. Der in Art. 4 Abs. 2 Buchst. a DelVO 2016/2251 vorgeschriebene Ausschluss von Vermögenswerten, die von der **sicherungsgebenden Partei** begeben wurden, entspricht Art. 207 Abs. 2 Unterabs. 2 Satz 1 VO Nr. 575/2013. Die in Art. 207 Abs. 2 Unterabs. 2 Satz 2 VO Nr. 575/2013 aber auch in Anhang II Abschnitt 1 Buchst. g Ziff. i) DelVO Nr. 153/2013 vorgesehene Ausnahme für **gedeckte Schuldverschreibungen** übernimmt Art. 4 Abs. 2 DelVO 2016/2251 nicht[4]. 281

---

1 Richtlinie 2011/61/EU des Europäischen Parlaments und des Rates vom 8. Juni 2011 über die Verwalter alternativer Investmentfonds und zur Änderung der Richtlinien 2003/41/EG und 2009/65/EG und der Verordnungen (EG) Nr. 1060/2009 und (EU) Nr. 1095/2010, ABl. EG Nr. L 174 v. 1.7.2011, S. 1.
2 Richtlinie 2009/65/EG des Europäischen Parlaments und des Rates vom 13. Juli 2009 zur Koordinierung der Rechts- und Verwaltungsvorschriften betreffend bestimmte Organismen für gemeinsame Anlagen in Wertpapieren, ABl. EU Nr. L 302 v. 17.11.2009, S. 32.
3 *GA-ESA* Endgültiger RTS Besicherung, S. 10: „except on sovereign debt securities".
4 *GA-ESA* Endgültiger RTS Besicherung, S. 10: „extends to [...] covered bonds".

282 **(2) Verbundene Unternehmen.** Die von verbundenen Unternehmen der sicherungsgebenden Partei begebenen Vermögenswerte (Art. 4 Abs. 2 Buchst. b DelVO 2016/2251) sind auch nach Art. 207 Abs. 2 Unterabs. 2 Satz 1 VO Nr. 575/2013 von der Anerkennung ausgeschlossen. Rechtfertigung für den Ausschluss ist das innerhalb einer Gruppe bestehende „Ansteckungsrisiko", d.h. dass ein in finanzielle Schwierigkeiten geratenes Mutterunternehmen ihren beherrschenden Einfluss nutzt, um von ihren Tochterunternehmen Unterstützung zu erlangen, oder dass es – weil es dazu vertraglich oder gesetzlich verpflichtet ist oder weil es die Gläubiger erwarten – einem schwächelnden Tochterunternehmen beisteht. Wegen des Begriffs Gruppe wird auf die Ausführungen zu Art. 2 VO Nr. 648/2012 Rz. 111–113 verwiesen.

283 **(3) Sonstige Korrelationsrisiken.** Die Bezugnahme in Art. 4 Abs. 2 Buchst. c DelVO 2016/2251 auf die Vorschriften des Art. 291 Abs. 1 VO Nr. 575/2013 ist unklar. Art. 291 VO Nr. 575/2013 adressiert, anders als Art. 4 Abs. 2 Buchst. a und b DelVO 2016/2251 nicht die Korrelation von Gegenpartei und gestellter Sicherheit sondern die bei Derivaten denkbare Korrelation von Gegenpartei und **Basiswert** (underlying): Besteht zwischen der Bonität der Gegenpartei und dem Wert des dem Derivat zugrunde liegenden Basiswertes eine wesentliche positive Korrelation, die dazu führt, dass im Falle einer Verschlechterung der Bonität der Gegenpartei der Wert des Derivates sinkt, so ist dem durch die in Art. 291 Abs. 2–5 VO Nr. 575/2013 vorgesehenen Verfahren Rechnung zu tragen (Art. 273 Abs. 8 Unterabs. 2 VO Nr. 575/2013).

284 Art. 291 VO Nr. 575/2013 unterscheidet zwischen dem **allgemeinen Korrelationsrisiko**, bei dem die positive Korrelation auf allgemeinen Marktrisikofaktoren beruht, und dem **speziellen Korrelationsrisiko**, bei dem die für die Gegenpartei ermittelte Ausfallwahrscheinlichkeit (probability of default, PD) mit dem Wert des Derivates korreliert. Ein Beispiel für das spezielle Korrelationsrisiko ist der Terminverkauf (forward) einer Schuldverschreibung, die vom Verkäufer selbst begeben wurde: Verschlechtert sich die Bonität des Verkäufers so wirkt sich dies notwendigerweise auch auf den Wert des von ihm begebenen Basiswertes (der Schuldverschreibung) aus mit der Folge, dass der Forward aus Sicht des Käufers seinen Wert verliert. Der Käufer muss zum vereinbarten Kaufpreis einen wertlosen Basiswert abnehmen.

285 Ein Beispiel für das allgemeine Korrelationsrisiko wäre ein Forward, bei dem der Verkäufer (z.B. eine Bank) die Schuldverschreibung eines Unternehmens verkauft, das (wie z.B. ein anderes Finanzinstitut) als Wettbewerber demselben Marktumfeld oder Konjunkturzyklus ausgesetzt ist und dessen Geschäftsergebnis von denselben oder wesentlich vergleichbaren Marktrisiken (z.B. sinkenden Zinsen) abhängt.

286 Art. 291 VO Nr. 575/2013 verlangt von Kreditinstituten und Wertpapierfirmen, dass sie dem allgemeinen und speziellen Korrelationsrisiko gebührend Beachtung schenken (Art. 291 Abs. 2 VO Nr. 575/2013) und sie durch geeignete Verfahren, die beim allgemeinen Korrelationsrisiko auch Stresstests umfassen müssen (Art. 291 Abs. 3 VO Nr. 575/2013), kontinuierlich ermitteln, verfolgen und kontrollieren (Art. 291 Abs. 4 VO Nr. 575/2013). Besondere Maßnahmen – die Begründung eines separaten Netting-Satzes und die Berechnung der Eigenkapitalanforderungen auf der Grundlage des Basiswertes und einer Verlustquote bei Ausfall (loss given default, LGD) von 100 %. – schreibt Art. 291 Abs. 5 VO Nr. 575/2013 für OTC-Derivate vor, bei denen das spezielle Korrelationsrisiko auf einer **rechtlichen Verbindung** zwischen der Gegenpartei und dem Basiswert beruht. Ein Beispiel hierfür ist ein Kreditderivat (credit default swap, CDS), bei dem der Verkäufer (credit protection seller) eine Absicherung für den Fall seines eigenen Ausfalls (self-referencing CDS) verkauft.

287 Art. 4 Abs. 2 Buchst. c DelVO 2016/2251 ist dahingehend auszulegen, dass eine **positive Korrelation**, die die Eignung der als Einschüsse gestellten Vermögenswerte beeinträchtigt außer in den Fällen des Art. 4 Abs. 2 Buchst. a und b DelVO 2016/2251 auch dann gegeben ist, wenn die Korrelation von Gegenpartei und Sicherheit auf den in Art. 291 Abs. 1 Buchst. a VO Nr. 575/2013 genannten Marktverhältnissen beruht und als wesentlich zu bewerten ist[1].

288 **cc) Beurteilung der Bonität empfangener Sicherheiten (Art. 6 DelVO 2016/2251).** Nach Art. 6 Abs. 1 DelVO 2016/2251 ist die sicherungsnehmende Gegenpartei verpflichtet, die Bonität der von ihr als Sicherheit empfangenen Vermögenswerte zu beurteilen.

289 Bei den für die Bonitätsbeurteilung zugelassenen Verfahren unterscheidet Art. 6 Abs. 1 DelVO 2016/2251 zwischen dem auf internen Beurteilungen basierenden Ansatz (**IRB-Ansatz**) und den auf externen Beurteilungen einer anerkannten Rating- oder Exportversicherungsagentur basierenden Ansatz (**Standardansatz**). Dabei kann die sicherungsnehmende Gegenpartei wählen, ob sie für die Beurteilung der von ihr empfangenen Sicherheiten den IRB-Ansatz oder den Standardansatz verwendet. Eine Ausnahme sieht Art. 6 Abs. 2 DelVO 2016/2251 für die Beurteilung von **Verbriefungstranchen** i.S.d. Art. 4 Abs. 1 Buchst. o DelVO 2016/2251 vor. Für sie ist der Standardansatz vorgeschrieben.

290 Die Gesetzesbegründung lässt eine gewisse Präferenz für den IRB-Ansatz erkennen. So berge der Standartansatz das Risiko in sich, dass Gegenparteien systematisch und ohne diese kritisch zu hinterfragen auf externe Ratings zurückgriffen, was im Falle von Bonitätsherabstufungen zu unerwünschten Klippeneffekten führen könne[2].

---

1 Erwägungsgrund Nr. 30 DelVO 2016/2251.
2 Erwägungsgrund Nr. 25 DelVO 2016/2251.

Diese Auffassung entspricht der seit der Finanzmarktkrise von 2007/2008 weltweit zu beobachtenden Tendenz, die **Abhängigkeit der Institute und Anleger von externen Ratings** zu verringern und dem „blinden Vertrauen"[1] auf externe Ratings entgegen zu wirken. Ausdruck dieser Bemühungen ist auch Art. 19 Abs. 8 DelVO 2016/2251, der es den Gegenparteien untersagt, sich bei der Bonitätsbeurteilung der kontoführenden Kreditinstute ausschließlich auf externe Bonitätsbeurteilungen zu stützen.

Die Prüfung der Bonität beschränkt sich nicht auf die als Einschuss empfangenen Sicherheiten. Nach Art. 19 Abs. 8 DelVO 2016/2251 muss eine Gegenpartei, in den Fällen, in denen als Ersteinschusszahlungen geleistete **Bareinlagen** nicht von einer Zentralbank sondern von einem Kreditinstitut gehalten werden, das **Kreditinstitut** selbst ebenfalls einer Bonitätsbeurteilung unterziehen. 291

(1) Anwendungsbereich der Beurteilungspflicht. Die Bonitätsbeurteilung ist für sämtliche der in Art. 6 Abs. 1 und 2 DelVO 2016/2251 genannten Anlageklassen vorgeschrieben. **Ausgenommen** sind lediglich Barsicherheiten, Barrengold, die in der Landeswährung begebenen oder finanzierten Schuldverschreibungen der Mitgliedstaaten, Zentralbanken, nullgewichteter Gebietskörperschaften und öffentlichen Stellen, die Schuldverschreibungen der in Art. 117 Abs. 2 und Art. 118 VO Nr. 575/2013 genannten multilateralen Entwicklungsbanken und internationalen Einrichtungen sowie Aktien und OGAW-Anteile. 292

Die Aufzählung der zu beurteilenden Anlageklassen deckt sich mit der Liste der in Art. 7 Abs. 1 und Abs. 2 DelVO 2016/2251 genannten Vermögenswerte, die von Gegenparteien nur dann als Sicherheiten akzeptiert werden dürfen, wenn deren Kreditqualität mindestens der in Art. 7 DelVO 2016/2251 vorgeschriebenen Bonitätsstufe 3 oder 4 entspricht. 293

OGAW-Anteile unterliegen als solche nicht der Beurteilungspflicht. Nach Art. 5 Abs. 1 Buchst. b DelVO 2016/ 2251 ist die Beurteilungspflicht für sie jedoch mittelbar von Bedeutung, weil ein anerkennungsfähiger OGAW nur in solche Vermögenswerte investieren darf, die auch den Mindestbonitätsanforderungen des Art. 7 DelVO 2016/2251 genügen. Wegen der Einzelheiten wird auf die Ausführungen in Rz. 412–415 verwiesen. 294

Die für **Schuldverschreibungen der öffentlichen Hand** gewählte Formulierung „nicht auf die Landeswährung des Emittenten lauten oder nicht in dieser finanziert sind" entspricht der vergleichbaren Regelung in Art. 114 Abs. 4 VO Nr. 575/2013. Die Übergangsvorschrift in Art. 114 Abs. 5 und Abs. 6 VO Nr. 575/2013, die eine schrittweise Rücknahme der Privilegierung der in der Währungen eines anderen Mitgliedstaates begebenen oder finanzierten Schuldverschreibungen vorsieht, ist von der DelVO 2016/2251 nicht übernommen worden. 295

(2) IRB-Ansatz (Art. 6 Abs. 1 Buchst. a und b DelVO 2016/2251). Der Begriff IRB-Ansatz ist in Art. 6 Abs. 3 DelVO 2016/2251 definiert. Gemeint ist der in Art. 142ff. VO Nr. 575/2013 geregelte, auf internen Beurteilungen basierende Ansatz für die Bestimmung risikogewichteter Positionen. 296

Bei den im IRB-Ansatz zur Anwendung gelangenden Beurteilungssystemen handelt es sich um **wahrscheinlichkeitsbasierte stochastische Modelle**. Grundlage der Modelle sind die für eine homogene Gruppe von Kreditnehmern (z.B. gewerbliche Unternehmen oder Kreditinstitute) zusammengefassten historischen Daten über Ausfälle und den bei Ausfall beobachteten Verlusten. Homogen ist eine Gruppe von Kreditnehmern dann, wenn sämtliche der Gruppe zugewiesenen Unternehmen dieselben Risikofaktoren (z.B. Branche, Herkunftsland, Größe, Eigenkapital) aufweisen. Die für die homogene Gruppe ermittelten historischen Daten werden durch eine sehr hohe, theoretisch unendliche Anzahl von Wiederholungen eines Zufallsexperiments (der sog. „Monte-Carlo-Simulation") einem Erwartungs- oder Vertrauensbereich, dem sog. „Konfidenzintervall", zugewiesen. Dabei wird vermutet, dass der „richtige" Wert – im Falle des IRB-Ansatzes die aus den historischen Daten abgeleitete Werte „Ausfallwahrscheinlichkeit" (probabiliy of default, PD) und „Verlustausfallquote" (loss given default, LGD) – mit einer gewissen Häufigkeit, dem sog. Konfidenzniveau (z.B. in 99 % aller Fälle) in dem zu beobachtenden Vertrauensbereich liegen. 297

Art. 6 Abs. 1 DelVO 2016/2251 unterscheidet für die Verwendung des IRB-Ansatzes **zwei Fälle**. Art. 6 Abs. 1 Buchst. a DelVO 2016/2251 regelt zunächst den Fall, dass die sicherungsnehmende Gegenpartei die Bonitätsbeurteilung mit den **eigenen Beurteilungssystemen** vornimmt. Dem in Art. 6 Abs. 3 DelVO 2016/2251 enthaltenen Verweis auf die bankaufsichtliche Erlaubnis nach Art. 143 VO Nr. 575/2013 ist mittelbar zu entnehmen, dass es sich bei der sicherungsnehmenden Gegenpartei in diesem Fall um ein in der Union ansässiges Institut handeln muss. 298

Art. 6 Abs. 1 Buchst. b DelVO 2016/2251 lässt darüber hinaus zu, dass die sicherungsnehmende Gegenpartei für ihre Bonitätsbeurteilung die **Beurteilungssysteme der sicherungsgebenden Gegenpartei** verwendet. Für diesen Fall erweitert Art. 6 Abs. 1 Buchst. b DelVO 2016/2251 die für die Beurteilung zugelassenen Systeme. So kann es sich bei der sicherungsgebenden Gegenpartei, die ihren IRB-Ansatz zur Verfügung stellt, auch um ein Institut mit Sitz in einem **Drittstaat** handeln, wenn es über eine IRB-Ansatz-Erlaubnis der nationalen Aufsichtsbehörde verfügt und es in ihrem Heimatland einer Beaufsichtigung unterliegt, die gem. Art. 127 RL 2013/36/EU der im Unionsrecht vorgesehenen Beaufsichtigung gleichwertig ist. 299

---

1 Erwägungsgrund Nr. 10 VO Nr. 1060/2009.

300 Art. 6 Abs. 1 Buchst. b DelVO 2016/2251 ist für diejenigen sicherungsnehmenden Gegenparteien von Bedeutung, die wie z.B. **Versicherungen, Rückversicherungen oder Investmentvermögen** nicht den Anforderungen der VO Nr. 575/2013 unterliegen oder die als Kreditinstitute oder Wertpapierfirmen keine nach Art. 143 VO Nr. 575/2013 zugelassenen Ratingsysteme verwenden.

301 Der für Drittstaaten relevante Verweis auf **Art. 127 RL 2013/36/EU** ist wenig glücklich. Anders als die Gleichwertigkeitsentscheidung nach Art. 142 Abs. 2 VO Nr. 575/2013, die einen Durchführungsbeschluss der Kommission voraussetzt, ist es nach Art. 127 Abs. 1 RL 2013/36/EU Aufgabe der zuständigen Behörde, über die Gleichwertigkeit des Aufsichtssystems eines Drittstaates zu entscheiden. Zwar kann die Kommission die EBA nach Art. 127 Abs. 2 RL 2013/36/EU ersuchen, allgemeine Orientierungen zu erlassen, an denen die zuständige Behörde ihre Entscheidung ausrichten soll. Hiervon hat die Kommission bislang jedoch keinen Gebrauch gemacht. Darüber hinaus ist Art. 127 RL 2013/36/EU nur auf die Fälle der konsolidierten Aufsicht anwendbar, in denen ein Institut Tochtergesellschaft eines in einem Drittstaat ansässigen Mutterunternehmens ist.

302 Eine sinnvolle **Auslegung des Verweises** ist daher nur möglich, wenn man sich für Zwecke des Art. 6 Abs. 1 Buchst. b DelVO 2016/2251 vom Tatbestand des Art. 127 RL 2013/36/EU löst und die Entscheidung über die Gleichwertigkeit der für die Beaufsichtigung der sicherungsnehmenden Gegenpartei zuständigen Behörde zuweist. Diese dürfte sich wiederum an den vorstehend erwähnten Durchführungsbeschlüssen der Kommission zu Art. 142 Abs. 2 VO Nr. 575/2013 orientieren.

303 Die Kommission hat erstmals mit **Durchführungsbeschluss 2014/908/EU**[1] von Art. 142 Abs. 2 VO Nr. 575/2013 Gebrauch gemacht und in Art. 5 und Anhang V des Beschlusses insgesamt 17 Rechtsordnungen als gleichwertig anerkannt. Dieser Beschluss ist zuletzt durch den **Durchführungsbeschluss 2016/2358**[2] erweitert worden. Die Liste der anerkannten Rechtsordnungen umfasst nunmehr 21 Drittstaaten.

304 Eine **Rangfolge** zwischen den in Art. 6 Abs. 1 Buchst. a und b DelVO 2016/2251 genannten Alternativen, z.B. die Aussage, dass ein Institut, dass den IRB-Ansatz verwendet, stets nur seine eigenen Ratingsysteme verwenden darf, ist nicht vorgesehen.

305 Unbeachtlich ist auch der **Umfang der Erlaubnis** nach Art. 143 VO Nr. 575/2013, insbesondere ob das Institut nur die Ausfallwahrscheinlichkeit schätzen darf (sog. „Basis-IRB-Ansatz") oder ob es nach Art. 151 Abs. 9 VO Nr. 575/2013 auch eigene Schätzungen der Verlustausfallquote und der Umrechnungsfaktors nutzen darf (sog. „fortgeschrittener IRB-Ansatz"): Für die Bonitätsbeurteilung nach Art. 6 Abs. 1 Buchst. a oder b DelVO 2016/2251 ist nur die „Ausfallwahrscheinlichkeit" (probabiliy of default, PD) von Bedeutung, die unter beiden IRB-Ansätzen geschätzt werden muss.

306 Indem Art. 6 Abs. 1 DelVO 2016/2251 auch den IRB-Ansatz zulässt, weicht er scheinbar von der bankaufsichtlichen Regelung in **Art. 197 VO Nr. 575/2013** ab: Diese sieht für die Beurteilung von Sicherheiten nur den Standardansatz vor. Zu berücksichtigen ist jedoch, dass die unter der VO Nr. 575/2013 beaufsichtigten europäischen Kreditinstitute und Wertpapierfirmen, die den fortgeschrittener IRB-Ansatz nach Art. 151 Abs. 9 VO Nr. 575/2013 nutzen, die risikoreduzierende Wirkung von Sicherheiten auch in der von ihnen zu schätzenden Verlustausfallquote (loss given default, LGD) berücksichtigen dürfen und in diesem Zusammenhang über umfangreiche Gestaltungsspielräume verfügen. So verweist Art. 181 Abs. 1 Buchst. f VO Nr. 575/2013 nur auf die in Art. 205–217 VO Nr. 575/2013 zusammengefassten Regeln, mit denen die LGD-Schätzung lediglich „im Großen und Ganzen" in Einklang stehen muss. Eine Beschränkung auf die in Art. 197 ff. VO Nr. 575/2013 genannten Anlageklassen oder die dort vorgesehene Bewertung anhand der externen Beurteilungen anerkannter Rating- oder Exportversicherungsagenturen ist hingegen nicht vorgeschrieben[3].

307 Die Verwendung der für den IRB-Ansatz zugelassenen internen Bewertungssysteme für die Beurteilung von Sicherheiten kann **mit erheblichem Aufwand** verbunden sein. So werden die ausgetauschten Sicherheiten innerhalb des IRB-Ansatz-Institutes i.d.R. von einer besonderen Abteilung verwaltet, die zwar Zugang zu den für die tägliche Bewertung der Sicherheiten genutzten Bildschirminformationsdiensten (z.B. Bloomberg, Reuters) hat, die jedoch nicht notwendigerweise auch in das Rating der Kreditnehmer eingebunden ist und auch nicht über den erforderlichen Zugang zu den internen Beurteilungssystemen verfügt. Es ist daher nicht auszuschließen, dass ein IRB-Ansatz-Institut auf die Verwendung seiner nach Art. 143 VO Nr. 575/2013 zugelassenen internen Beurteilungssysteme verzichtet und stattdessen den Standardansatz nach Abs. 1 Buchst. c verwendet.

---

1 Durchführungsbeschluss 2014/908/EU der Kommission vom 12. Dezember 2014 über die Gleichwertigkeit der aufsichtlichen und rechtlichen Anforderungen bestimmter Drittländer und Gebiete für die Zwecke der Behandlung von Risikopositionen gemäß der Verordnung (EU) Nr. 575/2013 des Europäischen Parlaments und des Rates, ABl. EU Nr. L 359 v. 16.12.2014, S. 155.
2 Durchführungsbeschluss (EU) 2016/230 der Kommission vom 17. Februar 2016 zur Änderung des Durchführungsbeschlusses 2014/908/EU im Hinblick auf die Listen der Drittländer und Gebiete, deren aufsichtliche und rechtliche Anforderungen für die Zwecke der Behandlung von Risikopositionen gemäß der Verordnung (EU) Nr. 575/2013 des Europäischen Parlaments und des Rates als gleichwertig betrachtet werden, ABl. EU Nr. L 41 v. 18.2.2016, S. 23.
3 *EBA*, Single Rulebook Q&A, Q&A Nr. 2016-2593 zu Art. 161 Abs. 3 VO Nr. 575/2013, abrufbar über: http://www.eba.europa.eu/single-rule-book-qa/-/qna/view/publicId/2016_2593 („*EBA* Q&A 2016-2593").

Die Bonitätsbeurteilung ist von der sicherungsnehmenden Gegenpartei dann vorzunehmen, wenn ein Vermögenswert **erstmals als Sicherheit** verwendet werden soll. Nicht geregelt ist der Zeitpunkt, zu dem die Beurteilung einer bereits ausgetauschten Sicherheit zu wiederholen ist. Die Frage ist für Art. 7 DelVO 2016/2251 und die dort verlangten Vereinbarungen und Prozesse von Bedeutung. So müssen Gegenparteien Vorkehrungen für den Fall treffen, dass die Bonität eines als Einschuss verwendeten Vermögenswertes „zu einem späteren Zeitpunkt" unter die nach Art. 7 Abs. 1 und 2 DelVO 2016/2251 geforderte Mindestbonität fällt. Da die DelVO 2016/2251 nicht erkennen lässt, dass sie strengere Anforderungen stellen will, als die in Art. 6 Abs. 1 DelVO 2016/2251 genannten Beurteilungsverfahren, ist anzunehmen dass sie diese auch hinsichtlich des Bewertungsfrequenz als maßgeblich erachtet. Auf jeden Fall ist ein entsprechender „Gleichlauf" der Regelungssysteme unter Praktikabilitätserwägungen wünschenswert. 308

Nach Art. 173 Abs. 1 Buchst. b VO Nr. 575/2013 müssen Institute, die über die Erlaubnis verfügen, den IRB-Ansatz zu nutzen, ihre interne Bonitätsbewertung **mindestens jährlich** und, **anlassbezogen**, immer dann überprüfen, wenn wesentliche Informationen über den Schuldner oder die Risikoposition bekannt werden, die eine Änderung der Bonität nahelegen. Dies sollte auch der Maßstab für die Beurteilung von empfangenen Sicherheiten sein. Art. 173 Abs. 1 Buchst. b VO Nr. 575/2013 und Art. 25 Abs. 2 Buchst. a des von der EBA vorgeschlagenen technischen Regulierungsstandards[1] sehen zwar vor, dass Schuldner mit hohem Risiko und problembehaftete Risikopositionen in kürzeren Intervallen als jährlich überprüft werden müssen. Diese zusätzliche Anforderung dürfte jedoch vor dem Hintergrund der erwähnten Mindestbonitätsstufen keine praktische Relevanz haben. 309

(3) Standardansatz (Art. 6 Abs. 1 Buchst. c DelVO 2016/2251). Die im Standardansatz zu ermittelnde Bonitätsbeurteilung kann nach Art. 6 Abs. 1 Buchst. c DelVO 2016/2251 entweder auf Bonitätsbeurteilungen einer **anerkannten Ratingagentur** i.S.d. Art. 4 Abs. 1 Nr. 98 VO Nr. 575/2013 oder auf Bonitätsbeurteilungen einer **Exportversicherungsagentur** i.S.d. Art. 137 VO Nr. 575/2013 vorgenommen werden. Während die Ratings von anerkannten Ratingagenturen für sämtliche in Art. 4 Abs. 1 DelVO 2016/2251 genannten Vermögenswerte maßgeblich ist, sind die Bonitätsbeurteilungen der Exportversicherungsagenturen nur für die Schuldverschreibungen der in Art. 114 VO Nr. 575/2013 genannten Zentralstaaten und nationalen Zentralbanken nutzbar. 310

Ratingagenturen müssen nach der in Bezug genommenen Definition in Art. 4 Abs. 1 Nr. 98 VO Nr. 575/2013 gem. der VO Nr. 1060/2009[2] entweder gem. Art. 16 oder 17 VO Nr. 1060/2009 registriert oder, wenn es sich um eine Ratingagentur mit Sitz in einem Drittstaat handelt, nach Art. 5 VO Nr. 1060/2009 zertifiziert worden sein. 311

Den registrierten oder zertifizierten Ratingagenturen gleichgestellt sind **Zentralbanken** die Bonitätsbeurteilungen erstellen, aber nach Art. 2 Abs. 2 Buchst. d VO Nr. 1060/2009 unter den dort genannten Bedingungen von dem Registrierungserfordernis freigestellt sind. Von Bedeutung sind bislang nur die von der französischen Zentralbank, der Banque de France, erstellten Bonitätsbeurteilungen, die diese als Teil ihres geldpolitischen Instrumentariums für die durch Unternehmensforderungen zu besichernden Inanspruchnahmen ihrer Refinanzierungsfazilität verwendet. Institute die die Refinanzierungsfazilität der Banque de France in Anspruch nehmen, können die in diesem Zusammenhang mitgeteilten Bonitätsbeurteilungen auch für regulatorische Zwecke nutzen[3]. 312

Die Zertifizierung der in Drittstaaten ansässigen Ratingagenturen setzt die Entscheidung der Kommission über die **Gleichwertigkeit** des in dem Drittstaat zur Anwendung kommenden Regulierungsrahmens sowie den Abschluss einer Kooperationsvereinbarung voraus. 313

Nach Art. 4 Abs. 3 VO Nr. 1060/2009 können in der Union ansässige und registrierte Ratingagenturen das in einem Drittstaat abgegebene Rating unter bestimmten engen Voraussetzungen übernehmen. Das **Übernahmeverfahren** setzt u.a. voraus, dass das übernommene Rating entweder von der registrierten Ratingagentur selbst (z.B. deren Zweigniederlassung im Ausland) oder von einer derselben Gruppe angehörenden Ratingagentur (z.B. der Muttergesellschaft) abgegeben wurde, dass es einen objektiven Grund für die Erstellung des Ratings im Ausland gibt und dass die Ratingagentur im Drittstaat der Aufsicht einer staatlichen Stelle unterliegt, mit der ausreichende Kooperationsvereinbarungen bestehen. Das von einer anerkannten Ratingagentur übernom- 314

---

1 *EBA*, Finaler Technischer Regulierungsstandard zur Methodik für die Beurteilung der auf internen Ratings basierender Ansätze (IRB-Ansätze) gemäß Artikel 144(2), 173(3) und 180(3)(b) der Verordnung (EU) Nr. 575/2013, EBA/RTS/2016/03 vom 21.7.2016, abrufbar über: http://www.eba.europa.eu/documents/10180/1525916/Final+Draft+RTS+on+Assessment+Methodology+for+IRB.pdf/e8373cbc-cc4b-4dd9-83b5-93c9657a39f0 („*EBA* RTS IRB-Ansatz").
2 Verordnung (EG) Nr. 1060/2009 des Europäischen Parlaments und des Rates vom 16. September 2009 über Ratingagenturen, ABl. EU Nr. L 302 v. 17.11.2009, S. 1 („Ratingagenturverordnung" oder „CRA"); Verordnung (EU) Nr. 513/2011 des Europäischen Parlaments und des Rates vom 11. Mai 2011 zur Änderung der Verordnung (EG) Nr. 1060/2009 über Ratingagenturen, ABl. EU Nr. L 145 v. 31.5.2011, S. 30 („CRA II"); Verordnung (EU) Nr. 462/2013 des Europäischen Parlaments und des Rates vom 21. Mai 2013 zur Änderung der Verordnung (EG) Nr. 1060/2009 über Ratingagenturen, ABl. EU Nr. L 146 v. 1.5.2013, S. 1 („CRA III").
3 *Banque de France (BdF)*, The Banque de France Rating Reference Guide vom Oktober 2016, abrufbar über: https://entreprises.banque-france.fr/sites/default/files/media/2016/12/29/the-banque-de-france-rating-reference-guide.pdf („*BdF* Reference Guide"), S. 3.

mene Rating darf nach den Art. 135 und 267 VO Nr. 575/2013 wie die von der Ratingagentur selbst erstellte Bonitätsbeurteilung verwendet werden. Dies sollte auch für Zwecke der DelVO 2016/2251 gelten.

315 Nach Art. 18 Abs. 3 VO Nr. 1060/2009 ist es Aufgabe der Kommission, eine **Liste der registrierten Ratingagenturen** im Amtsblatt der Union zu veröffentlichen. Darüber hinaus veröffentlicht die ESMA eine Liste sämtlicher registrierten und zertifizierten Ratingagenturen einschließlich des Datums ihrer Anerkennung[1]. Diese Liste kann auch über die Webseite der BaFin[2] abgerufen werden. Zugelassene Ratingagenturen mit Sitz in Deutschland sind u.a. die Euler Hermes Rating GmbH, die am 16.11.2010 als erste Ratingagentur überhaupt die Zulassung erhielt, die Creditreform Rating AG, die Fitch Deutschland GmbH oder die Moody's Deutschland GmbH, wobei letztere auch von dem Übernahmeverfahren nach Art. 4 Abs. 3 VO Nr. 1060/2009 Gebrauch machen könnten. Die Möglichkeit der Zertifizierung haben bislang nur vier Ratingagenturen mit Sitz in Japan, den U.S.A. und Mexiko genutzt.

316 Die Beurteilung einer **Exportversicherungsagentur** (export credit agency) ist nach Art. 137 Abs. 1 Buchst. a VO Nr. 575/2013 zugelassen, wenn es sich bei der Beurteilung um die **Konsensländerklassifizierung** einer Exportversicherungsagentur handelt, die die Leitlinien der Organisation für wirtschaftliche Zusammenarbeit und Entwicklung (OECD) für öffentlich unterstützte Exportkredite[3] anerkannt hat. Die OECD Leitlinien sind erstmals im April 1978 in Kraft getreten und wurden laufend, zuletzt im September 2017, aktualisiert. Zweck der Leitlinien ist es einen gemeinsamen Rahmen für die geordnete Nutzung von staatlich geförderten Ausfuhrkrediten zu schaffen und für gleiche Wettbewerbsbedingungen zu sorgen[4]. Die Vereinbarung über die OECD-Leitlinien ist als Gentlemen's Agreement ausgestaltet. Beigetreten sind bislang Australien, Kanada, die Mitgliedstaaten der Union, Japan, Südkorea, Neuseeland, Norwegen, die Schweiz und die Vereinigten Staaten von Amerika. Die OECD-Leitlinien gelten für alle Ausfuhrgarantien und -versicherungen, die von oder für Rechnung eines der beigetretenen Staaten abgegeben wurden (z.B. auch für die von der Euler Hermes SA und PwC vermittelte **Hermes-Deckung der Bundesrepublik Deutschland**).

317 Eine wesentliche Regelung der OECD-Leitlinien ist die **Vereinbarung einer Mindestprämie**, deren Höhe von dem **Risiko d**es Landes abhängt, in dem der Schuldner ansässig ist[5]. Die Klassifizierung der Länderrisiken („Country Risk Classification") basiert auf dem in Art. 25 Buchst. c der Leitlinien beschriebenen Bewertungsverfahren. Es wird vom OECD-Sekretariat unterstützt und jährlich durchgeführt. Das Bewertungsverfahren nutzt **acht Bewertungsstufen** (0–7), die in Tabelle 9 des Art. 137 VO Nr. 575/2013 den dort definierten Risikogewichten zugeordnet werden. Die Bewertungsstufen werden vom OECD-Sekretariat veröffentlicht[6]. Ebenfalls zugelassen sind nach Art. 137 Abs. 1 Buchst. b VO Nr. 575/2013 die Beurteilung der Exportfinanzierungagenturen, die ohne an sie gebunden zu sein, das in den OECD-Leitlinien vorgesehene Beurteilungsverfahren freiwillig anwenden und ihre Länderratings veröffentlichen.

318 Die in Art. 6 Abs. 2 DelVO 2016/2251 vorgeschriebene Beurteilung von **Verbriefungstranchen** anhand des Standardverfahrens entspricht im Wesentlichen Art. 197 Abs. 1 Buchst. h VO Nr. 575/2013. Abweichungen ergeben sich lediglich daraus, dass Art. 6 Abs. 2 DelVO 2016/2251 über den Verweis auf Art. 1 Buchst. c auch die Beurteilung durch eine Exportversicherungsagentur i.S.d. Art. 137 VO Nr. 575/2013 zulässt, was aber für Verbriefungstransaktionen keine Relevanz haben dürfte. Im Übrigen verweist Art. 6 Abs. 6 DelVO 2016/2251 für Verbriefungstranchen auf die durch Art. 270 VO Nr. 575/2013 und die DurchfVO 2016/1801 definierte Zuordnungen von externen Beurteilungen zu Bonitätsstufen, die auch im bankaufsichtlichen Kontext maßgeblich sind.

319 Sicherungsnehmende Gegenparteien, die den **Standardansatz** verwenden, haben sicher zu stellen, dass sie von der Änderung einer Bonitätsbeurteilung einer anerkannten Rating- oder Exportversicherungsagentur **rechtzeitig Kenntnis** erlangen. Nach Art. 8 Abs. 5 VO Nr. 1060/2009 müssen Ratingagentur ihre Bonitätsbeurteilungen laufend überwachen. Sie müssen ihre Ratings mindestens **einmal pro Jahr** überprüfen und ggf. anpassen. Eine Überprüfung und Anpassung ist auch dann erforderlich, wenn **wesentliche Änderungen** eintreten, die Auswirkungen auf ein Rating haben könnten. Die von Exportversicherungsagenturen verwendete Konsensländerklassifizierung nach Art. 137 VO Nr. 575/2013 wird ebenfalls jährlich überprüft.

---

1 *ESMA*, Liste der nach der VO Nr. 1060/2009 vom 16.9.2009 über Ratingagenturen registrierten Ratingagenturen, Stand: 1.5.2018, abrufbar über: https://www.esma.europa.eu/supervision/credit-rating-agencies/risk („*ESMA* Liste der registrierten Ratingagenturen").
2 https://www.bafin.de/SharedDocs/Veroeffentlichungen/DE/Fachartikel/2013/fa_bj_2013_01_ratingagenturen.html.
3 *Organisation für wirtschaftliche Zusammenarbeit und Entwicklung (OECD)*, Vereinbarung über die Leitlinien für öffentlich unterstützte Exportkredite, TAD/PG(2018)1 vom 16.1.2018, abrufbar über: http://www.oecd.org/officialdocuments/publicdisplaydocumentpdf/?doclanguage=en&cote=tad/pg(2018)1 („*OECD* Leitlinien Exportkredite").
4 *OECD* Leitlinien Exportkredite, Art. 1.
5 *OECD* Leitlinien Exportkredite, Art. 24.
6 *OECD*, Country Risk Classifications of the Participants to the Arrangement on Officially Supported Export Credits vom 26.1.2018, abrufbar über: http://www.oecd.org/trade/xcred/cre-crc-current-english.pdf („*OECD* Länderrisikoklassifizierung").

(4) **Zuordnung von Beurteilungen zu Bonitätsstufen (Art. 6 Abs. 4 und 6 DelVO 2016/2251).** Bei der Zuordnung der Bonitätsbeurteilungen zu Bonitätsstufen unterscheidet Art. 6 DelVO 2016/2251 zwischen dem IRB-Ansatz und dem Standardansatz. 320

Nach Art. 6 Abs. 4 DelVO 2016/2251 erfolgt die Zuordnung der mittels des **IRB-Ansatz** ermittelten Ausfallwahrscheinlichkeiten gemäß der im Anhang 1 der DelVO 2016/2251 wiedergegebenen Tabelle 1. So entspricht z.B. eine Ausfallwahrscheinlichkeit von 0,10 % der Bonitätsstufe 1. 321

Bei Vermögenswerten, deren Bonität mittels des **Standardansatzes** ermittelt wurde, richtet sich die Zuordnung nach Art. 6 Abs. 6 DelVO 2016/2251 und den dort referenzierten Bestimmungen in Art. 136 VO Nr. 575/2013 oder, für Verbriefungspositionen, nach Art. 270 VO Nr. 575/2013. Art. 6 Abs. 6 DelVO 2016/2251 ist nur für die Beurteilungen **anerkannter Ratingagenturen** maßgeblich. Die im Standardansatz ebenfalls zugelassenen Beurteilungen **anerkannter Exportfinanzierungagenturen** werden über Art. 137 VO Nr. 575/2013 und der dort wiedergegebenen Tabelle 9 zugeordnet. 322

Von der in Art. 136 VO Nr. 575/2013 vorgesehenen Möglichkeit, technische Durchführungsstandards für die Zuordnung von Bonitätsbeurteilungen externer Ratingagenturen zu Bonitätsstufen zu erlassen, hat die Kommission mit ihrer DurchfVO 2016/1799[1] Gebrauch gemacht. Ausweislich des ersten Erwägungsgrundes gilt die DurchfVO 2016/1799 **für sämtliche** nach Art. 136 VO Nr. 575/2013 zu Bonitätsstufen zuzuweisenden **Ratings**. Ausgenommen sind lediglich die Bonitätsbeurteilungen für Verbriefungspositionen, deren Zuordnung zu Bonitätsstufen sich nach Art. 270 VO Nr. 575/2013 richtet. 323

Nach der im Anhang III der DurchfVO 2016/1799 wiedergegeben Zuordnungstabelle entspricht eine Langfrist-Bonitätsbewertung der Ratingagenturen Fitch Ratings („Fitch"), Standard & Poor's Ratings Services („S&P"), und Euler Hermes Rating GmbH („Euler") von „BB" und eine Bonitätsbewertung der Moody's Investors Service („Moody's") von „Ba" der in Art. 7 Abs. 2 DelVO 2016/2251 verlangten **Mindestbonitätsstufe 4**. Die **Mindestbonitätsstufe 3** des Art. 7 Abs. 1 DelVO 2016/2251 wird von einer Fitch-, S&P- oder Euler-Langfrist-Bonitätsbewertung von „BBB" und einer Moody's-Langfrist-Bonitätsbewertung von „Baa" erfüllt. 324

Die in Art. 270 VO Nr. 575/2013 vorgesehene Möglichkeit, technische Durchführungsstandards für die Zuordnung von Ratings für **Verbriefungspositionen** zu erlassen, hat die Kommission mit ihrer DurchfVO 2016/1801[2] in Anspruch genommen. Nach der im Anhang I der DurchfVO 2016/1801 wiedergegeben Zuordnungstabelle für Verbriefungspositionen entspricht die für höchstrangige Verbriefungstranchen geforderte **Mindestbonitätsstufe von 3** einer Langfrist-Bonitätsbewertung von Fitch und S&P von „BBB+(sf)" bis BBB-(sf)" und einer Langfrist-Bonitätsbewertung von Moody's von „Baa1(sf) bis Baa3(sf)". 325

Anders als Art. 138–141 VO Nr. 575/2013 enthält Art. 6 DelVO 2016/2251 keine Vorgaben für die **Verwendung der Bonitätsbeurteilungen** externer Ratingagenturen. Da keine Anhaltspunkte dafür bestehen, dass der Gesetzgeber den im Übrigen angestrebten „Gleichklang" von DelVO 2016/2251 und VO Nr. 575/2013 ausgerechnet an dieser Stelle aufgeben wollte, sollte diese Lücke, soweit sinnvoll, durch eine entsprechende Anwendung der Art. 138–141 VO Nr. 575/2013 geschlossen werden. 326

Mit Art. 138 VO Nr. 575/2013 ist zu fordern, dass die verwendete Bonitätsbeurteilung **vom Schuldner in Auftrag gegeben** wurden[3]. Eine nicht angeforderte Bonitätsbeurteilung (unsolicited credit assessment) ist nur verwendbar, wenn die EBA zuvor bestätigt hat, dass zwischen den nicht angeforderten Bonitätsbeurteilungen einer anerkannten Ratingagentur und den angeforderten Bonitätsbeurteilungen dieser Ratingagentur keine Qualitätsunterschiede bestehen. Mit Beschluss vom 22.7.2016 hat die EBA[4] für die im Anhang ihres Beschlusses genannten Ratingagenturen festgestellt, dass diese Voraussetzung erfüllt ist. Der Beschluss erfasst jedoch nicht alle anerkannten Ratingagenturen. 327

Eine weitere Anforderung ergibt sich aus Art. 139 VO Nr. 575/2013, wonach Bonitätsbeurteilungen, die für eine bestimmte Schuldverschreibung oder ein bestimmtes Emissionsprogramm abgegeben wurden (**issue rating**), 328

---

1 Durchführungsverordnung (EU) 2016/1799 der Kommission vom 7. Oktober 2016 zur Festlegung technischer Durchführungsstandards im Hinblick auf die Zuordnung der Bonitätsbeurteilungen des Kreditrisikos durch externe Ratingagenturen gemäß Artikel 136 Absatz 1 und Artikel 136 Absatz 3 der Verordnung (EU) Nr. 575/2013 des Europäischen Parlaments und des Rates, ABl. EU Nr. L 275 v. 12.10.2016, S. 3.

2 Durchführungsverordnung (EU) 2016/1801 der Kommission vom 11. Oktober 2016 zur Festlegung technischer Durchführungsstandards im Hinblick auf die Zuordnung der Bonitätsbeurteilungen für Verbriefungen durch externe Ratingagenturen gemäß der Verordnung (EU) Nr. 575/2013 des Europäischen Parlaments und des Rates, ABl. EU Nr. L 275 v. 12.10.2016, S. 27.

3 *Dürselen* in Boos/Fischer/Schulte-Mattler, Art. 138 CRR Rz. 12; *Luz* in *Luz/Neus/Schaber/Schneider/Wagner/Weber*, Art. 135–141 CRR Rz. 15.

4 Beschluss der Europäischen Bankenaufsichtsbehörde zur Bestätigung, dass zwischen ohne Auftrag abgegebenen Bonitätsbeurteilungen bestimmter ECAI und in Auftrag gegebenen Bonitätsbeurteilungen derselben ECAI keine Qualitätsunterschiede bestehen, 2016/C 266/05 v. 17.5.2016, ABl. EU Nr. C 266 v. 22.7.2016, S. 4 („EBA 2016/C 266/05").

vorrangig zu verwenden sind[1], und dass eine Bewertung auf Emittentenbasis (**issuer rating**) nur dann verwendet werden kann, wenn sie die besonderen Anforderungen des Art. 139 Abs. 2 Buchst. b VO Nr. 575/2013 erfüllt, d.h. zumindest den gleichen Rang hat[2].

329 Liegen für einen Emittenten und die von ihm begebenen Schuldverschreibungen **zwei Bonitätsbeurteilungen** vor, ist nach Art. 138 Buchst. e VO Nr. 575/2013 das Rating maßgeblich, das zu einer schlechteren Bonitätsstufe führt. Liegen mehr als zwei Bonitätsbeurteilungen vor, werden nach Art. 138 Buchst. f VO Nr. 575/2013 die beiden Bonitätsbeurteilungen zugrunde gelegt, die zu einer besseren Bonitätsstufe führen; sind diese unterschiedlich, ist wiederum das Rating ausschlaggebend, das zu einer schlechtere Bonitätsstufe führt.

330 Eine Einschränkung, die insbesondere auch für die in Fremdwährung begebenen Schuldverschreibungen der Mitgliedstaaten sowie deren Zentralbanken, Gebietskörperschaften und öffentlichen Stellen von Bedeutung ist, ergibt sich aus Art. 141 VO Nr. 575/2013. Danach darf das Rating einer auf die Landeswährung des Emittenten lautenden Schuldverschreibungen nicht genutzt werden, um die Bonitätsstufe einer auf ausländische Währung lautende Schuldverschreibung desselben Schuldners abzuleiten.

331 Eine Einschränkung, die für die Bonitätsbeurteilungen von **Verbriefungspositionen** relevant ist, ergibt sich aus Art. 268 Buchst. c VO Nr. 575/2013. Danach darf sich die Bonitätsbeurteilung der anerkannten Ratingagentur weder ganz noch teilweise auf die von der sicherungsnehmenden **Gegenpartei bereitgestellte Unterstützung** stützen. Ein Beispiele hierfür sind von einer Verbriefungszweckgesellschaft begebenen forderungsgedeckten Commercial Papers (ABCPs), bei denen die sicherungsnehmende Gegenpartei als Sponsor durch die von ihr zur Verfügung gestellten Liquiditätsfazilität sicherstellt, dass sämtliche ABCPs bei Laufzeitende zurückgezahlt werden können.

332 Ebenfalls entsprechend anzuwenden sind die Regelungen in Art. 269 Abs. 2 VO Nr. 575/2013 für die Fälle, in denen für eine Verbriefungsposition **mehrere Bonitätsbeurteilungen** unterschiedlicher Ratingagenturen vorliegen. Diese Fallkonstellation ist durchaus praxisrelevant, da Art. 8c Abs. 1 VO Nr. 1060/2009 von Emittenten strukturierter Finanzinstrumente verlangt, dass diese – wenn sie ein Rating der Verbriefungstranche beabsichtigen – mindestens zwei Ratingagenturen beauftragen, die unabhängig voneinander eine Bonitätsbeurteilung abzugeben haben.

333 **(5) Mitteilungspflicht (Art. 6 Abs. 5 DelVO 2016/2251).** Nach Art. 6 Abs. 5 DelVO 2016/2251 hat eine Gegenparteien, die den **IRB-Ansatz** anwendet, die andere Gegenpartei über die von ihr ermittelte Bonitätsstufe zu informieren.

334 Auffallend ist, dass eine vergleichbare Verpflichtung für die nach dem **Standardansatz** ermittelten Bonitätsstufen fehlt. Diese wäre zumindest dann sachgerecht, wenn für einen Vermögenswert mehrere Ratings einer anerkannten Ratingagentur vorliegen und die sicherungsnehmende Gegenpartei die in Art. 138 und 269 Abs. 2 VO Nr. 575/2013 vorgesehenen Verwendungsregeln anwendet.

335 Ergibt sich aus der Zuordnung, dass der beurteilte Vermögenswert nicht mehr die nach Art. 7 Abs. 1 oder Abs. 2 DelVO 2016/2251 geforderten Mindestbonitätsstufe aufweist, ist die Mitteilung nach Art. 6 Abs. 5 DelVO 2016/2251 auch der **Zeitpunkt**, zu dem die Gegenparteien die in **Art. 7 Abs. 4 DelVO 2016/2251 geforderten Maßnahmen** ergreifen müssen.

336 dd) **Mindestbonitätsstufen und Liquiditätsanforderungen (Art. 7 DelVO 2016/2251).** Gegenparteien dürfen die in Art. 4 Abs. 1 DelVO 2016/2251 genannten Vermögenswerte nur dann als Sicherheiten verwenden, wenn die Vermögenswerte über die in Art. 7 Abs. 1 und 2 DelVO 2016/2251 angegebenen Bonitätsstufe verfügen und wenn für sie ein liquider Markt existieren, der es der sicherungsnehmenden Gegenpartei ermöglicht, die Vermögenswerte zeitnah zu veräußern.

337 **(1) Keine Bonitätsanforderungen.** Privilegiert sind die **Schuldverschreibungen der Zentralregierungen oder Zentralbanken der Mitgliedstaaten** sowie die Schuldverschreibungen von **Gebietskörperschaften und öffentlichen Stellen der Mitgliedstaaten**, die nach Art. 115 Abs. 2 und 116 Abs. 4 VO Nr. 575/2013 im Kreditrisikostandardansatz dasselbe Risikogewicht erhalten wie der Mitgliedstaat in dem sie ansässig sind. Sie unterliegen **keinen Mindestbonitätsanforderungen**. Ausgenommen sind nur solche Schuldverschreibungen, die in einer Fremdwährung begeben oder finanziert wurden. Sie müssen über die Mindestbonitätsstufe 4 verfügen

338 Barsicherheiten, Barrengold, Aktien und Anteile an OGAW-R-konformen Investmentvermögen unterliegen ebenfalls keinen Bonitätsanforderungen. Bei **Aktien** wird die Funktion der Mindestbonitätsstufe durch die nach Art. 4 Abs. 1 Buchst. q DelVO 2016/2251 geforderte Einbeziehung der Aktie in einen anerkannten **Hauptindex** erfüllt.

---

1 *EBA*, Single Rulebook Q&A, Q&A Nr. 2013-652 zu Art. 120 Abs. 1 VO Nr. 575/2013, abrufbar über: https://www.eba.europa.eu/single-rule-book-qa/-/qna/view/publicId/2013_652 („*EBA* Q&A 2013-652").
2 *EBA*, Single Rulebook Q&A, Q&A Nr. 2013-679 zu Art. 197 Abs. 1 VO Nr. 575/2013, abrufbar über: https://www.eba.europa.eu/single-rule-book-qa/-/qna/view/publicId/2013_679 („*EBA* Q&A 2013-679"); *Dürselen* in Boos/Fischer/Schulte-Mattler, Art. 139 CRR Rz. 4.

OGAW-Anteile unterliegen als solche nicht der Bonitätsanforderung. Für sie sind die Mindestbonitätsstufen jedoch mittelbar von Bedeutung, weil ein anerkennungsfähiger OGAW nach Art. 5 Abs. 1 Buchst. b DelVO 2016/2251 nur in solche Vermögenswerte investieren darf, die den Anforderungen des Art. 7 DelVO 2016/2251 genügen. 339

Auffallend ist, dass die DelVO 2016/2251 für **Barsicherheiten**, die von einem Dritten gehalten werden, keine Mindestbonitätsstufe verlangt; dies obwohl Einlagen und andere rückzahlbare Gelder dem Ausfallrisiko des kontoführenden Institutes ausgesetzt sind[1]. 340

Hier weicht die DelVO 2016/2251 auch von der VO Nr. 575/2013 ab, die entsprechende Einlagen lediglich als Garantie des Drittinstitutes anerkennt (Art. 200 Buchst. a VO Nr. 575/2013). Berücksichtigung findet das Kreditrisiko lediglich bei den von systemrelevanten Instituten und Gegenparteien mit großen Derivateportfolien zu beachtenden Konzentrationsgrenzen und den Diversifizierungsanforderungen des Art. 8 Abs. 2 Buchst. b und Abs. 5 DelVO 2016/2251 sowie in der in Art. 19 Abs. 8 DelVO 2016/2251 verorteten Pflicht zur Überwachung der Bonität von Kreditinstituten. 341

(2) Mindestbonitätsstufe 3 (Art. 7 Abs. 1 DelVO 2016/2251). Nach Art. 7 Abs. 1 DelVO 2016/2251 gilt die Mindestbonitätsstufe 3 für sämtliche **Wandelschuldverschreibungen** und **Verbriefungstranchen** und **Schuldverschreibungen**. Ausgenommen sind lediglich die von der Bonitätsanforderung befreiten oder in Art. 7 Abs. 2 DelVO 2016/2251 geregelten Schuldverschreibungen der Zentralregierungen oder Zentralbanken der Mitgliedstaaten sowie die Schuldverschreibungen der im Kreditrisikostandardansatz mit 0 % gewichteten Gebietskörperschaften und öffentlichen Stellen der Mitgliedstaaten. 342

Die Mindestbonitätsstufe 3 entspricht im Standardansatz des Art. 6 Abs. 1 Buchst. c DelVO 2016/2251 einem externen Rating von „**BBB/Baa**" bzw. „BBB+(sf) bis BBB-(sf)". 343

(3) Mindestbonitätsstufe 4 (Art. 7 Abs. 2 DelVO 2016/2251). Begeben die Zentralregierungen oder Zentralbanken der Mitgliedstaaten oder die im Kreditrisikostandardansatz mit 0 % gewichteten Gebietskörperschaften und öffentlichen Stellen der Mitgliedstaaten Schuldverschreibungen, die in einer **Fremdwährung** begeben oder finanziert wurden, so müssen sie nach Art. 7 Abs. 2 DelVO 2016/2251 mindestens die Bonitätsstufe 4 aufweisen. 344

Die in diesem Falle geltende Mindestbonitätsstufe 4 entspricht im Standardansatz des Art. 6 Abs. 1 Buchst. c DelVO 2016/2251 einem externen Rating von „**BB/Ba**" bzw. der OECD-Konsensländerklassifizierung von 3. 345

(4) Vereinbarung über Sicherheiten, die nicht mehr über die erforderliche Mindestbonitätsstufe verfügen (Art. 7 Abs. 3 und 4 DelVO 2016/2251). Die in Art. 2 Abs. 2 Unterabs. 1 Buchst. g DelVO 2016/2251 vorgeschriebene Vereinbarungen über den Austausch von Sicherheiten müssen festlegen, wie Vermögenswerte zu behandeln sind, die zu einem späteren Zeitpunkt nicht mehr in Art. 7 Abs. 1 und 2 DelVO 2016/2251 geforderte Mindestbonitätsstufe aufweisen. 346

Der in Art. 7 Abs. 3 DelVO 2016/2251 genannte „**spätere Zeitpunkt**" ist von Bedeutung, weil er den Startpunkt für die nach Art. 7 Abs. 4 DelVO 2016/2251 vorzusehenden Maßnahmen bildet. So müssen die herabgestuften Vermögenswerte nach Art. 7 Abs. 4 Buchst. b DelVO 2016/2251 spätestens nach Ablauf von zwei Monaten durch geeignete Sicherheiten ersetzt werden. Bei erheblichen Herabstufungen i.S.d. Art. 7 Abs. 4 Buchst. c DelVO 2016/2251 muss die Substitution sogar unverzüglich erfolgen. Da diese Maßnahmen sowohl sachlich als auch zeitlich an die nach Art. 6 DelVO 2016/2251 vorzunehmende Bonitätsbewertung anknüpfen, ist es sachgerecht als **Startpunkt** den Zeitpunkt zu wählen, zu dem die Gegenpartei, die die Zuordnung der von ihr bewerteten Sicherheiten zu Bonitätsstufen vornimmt, das Ergebnis ihrer Zuordnung nach **Art. 6 Abs. 5 DelVO 2016/2251** der anderen Gegenpartei mitteilt. 347

Der Zeitpunkt, zu dem die sicherungsnehmende Gegenpartei die Bonitätsbeurteilung zu wiederholen hat, ist nicht ausdrücklich geregelt (s. Rz. 308 und 309). Gegenparteien, die den **IRB-Ansatz** nutzen, müssen in entsprechender Anwendung des Art. 173 Abs. 1 Buchst. b VO Nr. 575/2013 ihre internen Bonitätsbeurteilungen mindestens einmal jährlich und, anlassbezogen, immer dann überprüfen, wenn wesentliche Änderungen bekannt werden, die sich auf ihr internes Rating auswirken könnten. Sicherungsnehmende Gegenparteien, die den **Standardansatz** verwenden, haben durch geeignete Vorkehrungen sicher zu stellen, dass sie von der Änderung einer Bonitätsbeurteilung einer anerkannten Rating- oder Exportversicherungsagentur rechtzeitig Kenntnis erlangen. 348

Auffallend ist, dass Art. 7 Abs. 3 DelVO 2016/2251 lediglich den Verlust des Mindestratings behandelt. Nicht geregelt ist z.B. der Fall, dass eine als Sicherheit gestellte Aktie nachträglich aus dem gem. Art. 197 Abs. 8 VO Nr. 575/2013 definierten **Hauptindex ausscheidet**, weil die für die Mitgliedschaft im Index geforderte Marktkapitalisierung oder der geforderte Mindestbörsenumsatz unterschritten wurde. Ebenfalls nicht geregelt ist der **Wegfall des** nach Art. 7 Abs. 5 DelVO 2016/2251 geforderten **Zielmarktes**, infolge dauerhafter Einstellung einer zuvor bestehenden Börsennotierung (delisting). 349

---

1 Erwägungsgrund Nr. 29 DelVO 2016/2251; *GA-ESA* Endgültiger RTS Besicherung, S. 8 „no reference to any minimal external rating".

Art. 11 VO Nr. 648/2012 | Risikominderungstechniken

350 Der Mindestinhalt der nach Art. 7 Abs. 3 DelVO 2016/2251 zu treffenden **Vereinbarungen** ist in Art. 7 Abs. 4 DelVO 2016/2251 vorgegeben. Er eröffnet einen Gestaltungsspielraum, den die Gegenparteien im Rahmen ihrer Vertragsverhandlungen nutzen müssen. Darüber hinaus begründet sie Pflichten, denen die Gegenparteien nur durch zusätzliche organisatorische Vorkehrungen nachkommen können.

351 Nach Art. 7 Abs. 4 Buchst. a DelVO 2016/2251 müssen Gegenparteien durch geeignete technische Verfahren sicherstellen, dass nach Herabstufung eines Vermögenswertes **keine weiteren Stücke** dieses Vermögenswertes als zusätzliche Sicherheit gestellt werden. Der einzig zulässige „Austausch" dieses Vermögenswertes ist die Ersetzung (substitution) durch andere geeignete Vermögenswerte nach Art. 7 Abs. 4 Buchst. b und c DelVO 2016/2251. In der Praxis wird es Aufgabe der von der Sicherheitenverwaltung der Gegenparteien genutzten Systeme sein, Vermögenwerte, die ihre Eignung als anerkennungsfähige Sicherheiten verloren haben, zeitnah zu identifizieren und auszusteuern.

352 Der in Art. 7 Abs. 4 Buchst. b DelVO 2016/2251 für die **Ersetzung** von nicht mehr anerkennungsfähigen Sicherheiten vorgesehene Zeitplan muss vertraglich vereinbart werden. Die Gegenparteien können hierfür Zeiträume **bis zu zwei Monaten** vorsehen. Sinn und Zweck des hierdurch eröffneten Gestaltungsspielraums ist es, die Ersetzung der aufgrund von Bonitätsherabstufungen nicht mehr anerkennungsfähigen Vermögenswerte zeitlich zu verzögern, um eine marktschonende Wiedereindeckung durch die sicherungsgebende Gegenpartei zu ermöglichen[1].

353 Nach Art. 7 Abs. 4 Buchst. c DelVO 2016/2251 müssen die Gegenparteien in ihren Vereinbarungen auch diejenige Bonitätsstufe bestimmen, ab der herabgestufte Vermögenswerte **unverzüglich ausgetauscht** werden müssen. Dies ist mindestens die niedrigste **Bonitätsstufe 6**, die auch die als ausgefallen geltenden bzw. mit dem Rating „D" beurteilten Vermögenswerte umfasst.

354 Die Vereinbarungen müssen nach Art. 7 Abs. 4 Buchst. d DelVO 2016/2251 auch vorsehen, dass Vermögenswerte, die nicht unverzüglich ausgetauscht werden können, **erhöhten Abschlägen** unterliegen. Der Begriff Abschlag (haircut) verweist auf die in Art. 21 und Anhang II der DelVO 2016/2251 vorgesehene Anpassung des Wertes der gestellten Sicherheiten. Der Abschlag soll dort die Volatilität der für den Vermögenswert festgestellten Marktpreise berücksichtigen und so bemessen sein, dass er den für die Nachschuss-Risikoperiode geschätzten zukünftigen potentiellen Wertverlust der Sicherheit abdeckt. Allerdings sind die in Anhang II definierten Abschläge nicht zu verwenden, da sie nur für solche Sicherheiten gelten, die über das in Art. 7 DelVO 2016/2251 geforderte Mindestrating verfügen.

355 **(5) Liquiditätsanforderungen (Art. 7 Abs. 5 DelVO 2016/2251).** Der sachliche Anwendungsbereich der in Art. 7 Abs. 5 DelVO 2016/2251 verorteten Liquiditätsanforderungen erfasst sämtliche nach Art. 4 Abs. 1 DelVO 2016/225 anerkennungsfähigen Vermögenswerte, d.h. auch solche, die nicht unter die Mindestbonitätsanforderungen des Art. 7 Abs. 1–4 DelVO 2016/2251 fallen.

356 Art. 7 Abs. 5 DelVO 2016/2251 entspricht Art. 207 Abs. 4 Buchst. a VO Nr. 575/2013. Nach beiden Vorschriften muss die sicherungsnehmende Gegenpartei in der Lage sein, die von ihr entgegengenommenen Sicherheiten im Falle des Ausfalls der sicherungsgebenden Gegenpartei **zeitnah** zu veräußern[2].

357 Art. 7 Abs. 5 DelVO 2016/2251 lässt es ausreichen, wenn die sicherungsnehmende Gegenpartei für die Vermögensgegenstände einen **Markt** identifizieren kann, an dem der Vermögensgegenstand gehandelt wird und zu dem sie unmittelbar oder mittelbar Zugang hat. Als **weitere Voraussetzungen** wird man jedoch verlangen müssen, dass auch der identifizierte Zielmarkt selbst so liquide ist, dass die empfangene Sicherheit zeitnah und ohne wesentliche Werteinbuße veräußert werden kann. Dies hängt letztendlich auch von der Anzahl der als Sicherheit bzw. dem Nominalbetrag der ausgetauschten Vermögenswerte ab und davon, in welcher Größenordnung der Vermögenswert an dem für ihn relevanten Zielmarkt an jedem Geschäftstag gehandelt wird.

358 Das Erfordernis eines Marktzugangs dürfte bei den nach Art. 4 Abs. 1 Buchst. q DelVO 2016/2251 genannten **Aktien**, die in einen anerkannten **Hauptindex** einbezogen sind, stets erfüllt sein. **OGAW-Anteile**, für die nach Art. 5 Abs. 1 Buchst. a DelVO 2016/1225 gefordert ist, dass ihr Kurs täglich festgestellt wird, erfüllen die Liquiditätsanforderungen bereits deshalb, weil sie von der sicherungsnehmenden Gegenpartei **jederzeit** zum Rücknahme- oder Auszahlungspreis **zurückgegeben** werden können.

359 **ee) Konzentrationsgrenzen (Art. 8 DelVO 2016/1225).** Art. 8 DelVO 2016/1225 sieht für die von sicherungsnehmenden Gegenparteien empfangenen **Ersteinschüsse** zwei voneinander zu unterscheidende Konzentrationsgrenzen vor. Die in Art. 8 Abs. 1 DelVO 2016/1225 vorgesehene **erste Konzentrationsgrenze** gilt für alle **sicherungsnehmenden Gegenparteien.** Sie begrenzt den Umfang der von ein und demselben Emittenten oder einem seiner gruppenangehörigen Unternehmen begebenen Vermögenswerte auf 15 % der empfangenen Sicherheiten und führt eine zusätzliche 40 %-Schwelle für Aktien und Wandelschuldverschreibungen ein.

360 Die **zweite Konzentrationsgrenze** des Art. 8 Abs. 2 DelVO 2016/1225 ist nur von **systemrelevanten Instituten und Gegenparteien mit großen Derivateportfolios** zu beachten. Sie beschränkt sich auf den Teil der Erstein-

---

1 Erwägungsgrund Nr. 25 DelVO 2016/2251, der auf zu befürchtende „Klippeneffekte" verweist.
2 Erwägungsgrund Nr. 24 DelVO Nr. 149/2013: „innerhalb angemessener Frist".

schüsse, der die Schwelle von 1 Mrd. Euro übersteigt und der entweder in Schuldverschreibungen der öffentlichen Hand, die dasselbe Länderrisiko repräsentieren, oder in Form von bei Dritten gehaltenen Barguthaben geleistet werden. Diese dürfen 50 % der von der Gegenpartei geleisteten Ersteinschüsse nicht übersteigen. **Altersversorgungssysteme** mit großen Derivateportfolien sind von der zweiten Konzentrationsgrenze ausgenommen. Sie haben nach Art. 8 Abs. 4 DelVO 2016/1225 stattdessen besondere Vorkehrungen zu treffen, mit denen sie das Konzentrationsrisiko steuern.

Zweck des Art. 8 DelVO 2016/1225 ist die **Vermeidung von Konzentrationsrisiken** aus empfangenen Ersteinschüssen[1]. Die Konzentrationsgrenzen sollen dazu führen, dass die vom Sicherungsnehmer gehaltenen Ersteinschüsse ausreichend **diversifiziert** sind und bei Ausfall des Sicherungsgebers ohne wesentliche negative Auswirkungen auf dem Markt liquidiert werden können. Ähnliche Konzentrationsgrenzen sieht Art. 42 DelVO Nr. 153/2013 für die von CCPs als Einschusszahlungen gehaltenen Sicherheiten vor; diese sind jedoch von den CCPs selbst zu bestimmen. 361

Aufgrund seiner **Beschränkung auf Ersteinschüsse**, sind die durch Art. 8 DelVO 2016/2251 begründeten Konzentrationsgrenzen nur für solche Gegenparteien von Bedeutung, bei denen der aggregierte durchschnittliche Nominalwert der von ihnen abgeschlossenen OTC-Derivate den in Art. 28 Abs. 1 DelVO 2016/2251 definierten Schwellenwert von 8 Mrd. Euro überschreitet. 362

(1) Erste Konzentrationsgrenze (Art. 8 Abs. 1 DelVO 2016/2251). Die von **sämtlichen Gegenparteien** zu beachtende erste Konzentrationsgrenze unterscheidet zwei Arten von „**Klumpenrisiken**", für die sie wiederum unterschiedliche Schwellen ansetzt. 363

In dem in Art. 8 Abs. 1 Unterabs. 1 Buchst. a DelVO 2016/2251 geregelten ersten Fall ergeben sich die Konzentrationsrisiken aus dem Umstand, dass die als Sicherheit gestellten Vermögenswerte von ein und demselben Emittenten oder, bei Emittenten, die einer Gruppe verbundener Unternehmen angehören, von Emittenten derselben Gruppe begeben wurden. Im Vordergrund steht hier die Konzentration des **Ausfallrisikos**. 364

In dem in Art. 8 Abs. 1 Unterabs. 1 Buchst. b DelVO 2016/2251 geregelten zweiten Fall ergeben sich die Konzentrationsrisiken aus der Abhängigkeit gleichartiger Vermögenswerte von denselben Marktentwicklungen. Ein Beispiel hierfür sind die von Kreditinstituten und Wertpapierfirmen begebenen Aktien, deren Wert von der allgemeinen Entwicklung der Finanzmärkte und den zu beobachtenden Finanzierungskosten (z.B. einer langanhaltenden Niedrigzinsphase) beeinflusst wird und bei denen diese Entwicklungen dazu führen können, dass sich die Werte von Bankaktien und der auf Bankaktien basierten Finanzinstrumente korreliert verhalten. Im Vordergrund steht hier die Konzentration des **allgemeinen Marktrisikos**. 365

Gemeinsam ist den in Art. 8 Abs. 1 Unterabs. 1 DelVO 2016/2251 definierten Grenzen, dass sie den Wert der als Ersteinschuss geleisteten Vermögenswerte auf einen Bruchteil der von der Gegenpartei entgegengenommenen Sicherheiten begrenzen: im Fall der Konzentration von Ausfallrisiken sind dies 15 % und im Falle der Konzentration von Marktrisiken 40 %. Darüber hinaus lassen beide Grenzen Konzentrationsrisiken in Vermögenswerten, die einen Wert von **10 Mio. Euro** nicht übersteigen, unberücksichtigt. 366

Die Einführung des Schwellenwertes von 10 Mio. Euro dient dem **Schutz nicht systemrelevanter Gegenparteien** mit kleinen OTC-Derivateportfolios, die möglicherweise nur in begrenztem Umfang über anerkennungsfähige Sicherheiten verfügen und bei denen eine geringere Schwelle und der mit ihr verbundene Zwang zur stärkeren Diversifizierung der Ersteinschüsse eine besondere Herausforderungen darstellen könnte[2]. 367

Die in Art. 8 Abs. 1 Unterabs. 1 DelVO 2016/2251 als **Bezugsgröße** herangezogenen „entgegengenommenen Sicherheiten" beschränkt sich nicht auf die entgegengenommenen Ersteinschüsse. Der Begriff **Sicherheiten** hat hier die Funktion eines **Oberbegriffs**, der die von der sicherungsnehmenden Gegenpartei entgegengenommenen Nachschüsse mit umfasst. Dies verdeutlicht der Vergleich mit der in Art. 8 Abs. 2 Buchst. a DelVO 2016/2251 Abs. 2 definierte zweiten Konzentrationsgrenze für das Länderrisiko, bei der die Bezugsgröße für die 50 %-Schwelle nur die Ersteinschüsse sind. 368

Sinn und Zweck der Konzentrationsgrenze gebieten es jedoch, nur solche Nachschüsse zu berücksichtigen, die sich noch im Vermögen der sicherungsnehmenden Gegenpartei befinden, d.h. die weder von ihr zurückgezahlt noch durch eingene Nachschüsse der sicherungsnehmenden Gegenpartei ausgeglichen wurden. Diese **Nettobetrachtung** entspricht auch der in Art. 10 DelVO 2016/2251 geregelten „historischen" Berechnung von Nachschusszahlungen, bei der sämtliche in der Vergangenheit empfangenen und geleisteten Nachschüsse miteinander zu verrechnen sind (s. Rz. 441). Der Wert der von der Gegenpartei entgegengenommenen Sicherheiten setzt sich demnach im Ergebnis wie folgt zusammen: Aus dem Wert der von ihr entgegen genommenen Ersteinschüsse und dem positiven, auf Nettobasis ermittelten Wert sämtlicher in den Netting-Satz einbezogener OTC-Derivatekontrakte. Ist der auf Nettobasis ermittelte Wert aus Sicht der sicherungsnehmenden Gegenpartei negativ, d.h. hat sie insgesamt mehr Nachschüsse geleistet als empfangen, sind die Nachschüsse mit dem Wert null anzurechnen. 369

---

1 Erwägungsgrund Nr. 27 DelVO 2016/2251.
2 Erwägungsgrund Nr. 27 DelVO 2016/2251.

Art. 11 VO Nr. 648/2012 | Risikominderungstechniken

370 Die **15 %-Schwelle** des Art. 8 Abs. 1 Unterabs. 1 Buchst. a Ziff. i) DelVO 2016/2251 gilt für folgende Vermögenswerte: Barrengold, Schuldverschreibungen die im Kreditrisikostandardansatz der VO Nr. 575/2013 nicht mit null gewichtet werden, insbesondere Bank- und Unternehmensanleihen, höchstrangige Verbriefungstranchen, Wandelschuldverschreibungen, Aktien und OGAW-Anteile.

371 Für die 15 %-Schwelle sind nur die von ein und **demselben Emittenten** oder, bei Emittenten, die eine Gruppe verbundener Unternehmen angehören, die von Emittenten derselben Gruppe begebenen Vermögenswerte zusammen zu fassen. Dabei erstreckt sich die Zusammenfassung auf sämtliche Anlageklassen. Stellt z.B. die sicherungsgebende Gegenpartei Ersteinschüsse in Form von Aktien der EMIR-Bank AG im Wert von 3 Mio. Euro sowie von der EMIR-Bank AG begebene Pfandbriefe im Wert von 9 Mio. Euro, so sind diese zu addieren. Da der Gesamtbetrag von 12 Mio. Euro den Wert von 10 Mio. Euro übersteigt, hängt es nun von der Summe der von der sicherungsgebenden Gegenpartei empfangenen Sicherheiten ab, ob das Konzentrationsrisiko „EMIR-Bank AG" zu begrenzen ist oder nicht.

372 Dass die für **Goldbarren** vorgesehene Konzentrationsgrenze in Buchst. a und nicht in einer gesonderten Regelung verortet wurde, ist sehr wahrscheinlich der Einfachheit geschuldet.

373 Die **40 %-Schwelle** des Art. 8 Abs. 1 Unterabs. 1 Buchst. b Ziff. i) DelVO 2016/2251 gilt für folgende Anlageklassen: höchstrangige Verbriefungstranchen, Wandelschuldverschreibungen und Aktien; für Wandelschuldverschreibungen und Aktien gilt sie jedoch nur, wenn es sich bei den Emittenten um Institute i.S.d. Art. 4 Abs. 1 Nr. 3 VO Nr. 575/2013, d.h. Kreditinstitute oder Wertpapierfirmen handelt.

374 Für die 40 %-Schwelle sind sämtliche Aktien, Wandelschuldverschreibungen sowie Aktienfonds zusammenzufassen und zwar auch, wenn diese von **unterschiedlichen Emittenten** begeben wurden. Dies führt z.B. dazu, dass die im obigen Beispiel genannten Aktien der EMIR-Bank AG auch bei der 40 %-Schwelle berücksichtigt werden.

375 Nach Art. 8 Abs. 1 Unterabs. 2 DelVO 2016/2251 sind **OGAW-Anteile** in beide Schwellen einzubeziehen, wenn der betreffende OGAW im Wesentlichen in eine der genannten Anlageklassen investiert. Das Wort „**wesentlich**" wird nicht näher erläutert. Die englische Fassung der Vorschrift, die die Formulierung „primarily" (in erster Linie) verwendet, rechtfertigt die Annahme, dass die in Art. 8 Abs. 1 Unterabs. 2 DelVO 2016/2251 genannten Vermögenswerte deutlich mehr als die Hälfte des Investmentvermögens ausmachen müssen, so dass sie den das Wesen des Fonds kennzeichnenden Schwerpunkt seiner Anlagetätigkeit bestimmen.

376 Da OGAW-Anteile in Art. 8 Abs. 1 Unterabs. 1 Buchst. a DelVO 2016/2251 als eigenständige Anlageklasse ausdrücklich genannt sind, kann es sein, dass ein OGAW-Anteil in **zweierlei Hinsicht** für die in Art. 8 Abs. 1 DelVO 2016/2251 definierten Schwellen maßgeblich ist. Stellt z.B. die sicherungsgebende Gegenpartei Ersteinschüsse in Form von Anteilen eines bestimmten OGAW, der ausschließlich in Bankaktien investiert, dann unterliegt er sowohl der 15 %-Schwelle als auch der 40 %-Schwelle.

377 **(2) Zweite Konzentrationsgrenze (Art. 8 Abs. 2 DelVO 2016/2251).** Die nur für **systemrelevante Institute und Gegenparteien mit großen Derivateportfolien** geltende zweite Konzentrationsgrenze unterscheidet ebenfalls zwei Arten von „Klumpenrisiken", für die sie jedoch dieselbe 50 %-Schwelle ansetzt.

378 In dem in Art. 8 Abs. 2 Buchst. a DelVO 2016/2251 geregelten ersten Fall ergeben sich die Konzentrationsrisiken aus dem Umstand, dass die als Sicherheit gestellten Vermögenswerte entweder von ein und demselben Emittenten oder von mehreren Emittenten begeben wurden, die ihren Sitz in ein und **demselben Staat** haben. Im Vordergrund steht hier sowohl die Konzentration des **Ausfallrisikos** als auch die **Konzentration des Länderrisikos**.

379 In dem in Art. 8 Abs. 2 Buchst. b DelVO 2016/2251 geregelten zweiten Fall werden Konzentrationsrisiken dadurch begründet, dass **Bareinlagen** von Dritten oder Verwahrstellen gehalten werden; sie sind in der 50 %-Schwelle des Art. 8 Abs. 2 Buchst. a DelVO 2016/2251 mit zu berücksichtigen.

380 Die zweite Konzentrationsgrenze ist von den in Art. 8 Abs. 3 DelVO 2016/2251 definierten systemrelevanten Instituten und Gegenparteien mit großen Derivateportfolien **zusätzlich** zu der in Art. 8 Abs. 1 Unterabs. 1 DelVO 2016/2251 vorgesehene Konzentrationsgrenze zu beachten. Sie ist jedoch nur dann zu beachten, wenn **beide Gegenparteien** der in Art. 8 Abs. 3 DelVO 2016/2251 definierten Gruppe angehören[1].

381 Abweichend von Art. 8 Abs. 1 Unterabs. 1 DelVO 2016/2251 findet die 50 %-Konzentrationsgrenze nur auf die Ersteinschüsse Anwendung, deren Betrag oder Wert **1 Mrd. Euro übersteigt**. Darüber hinaus sind Bezugsgröße für die 50 %-Schwelle nur die von der sicherungsgebenden Gegenpartei empfangenen **Ersteinschüsse** (initial margin). Hat die sicherungsgebende Gegenpartei auch Nachschüsse (varation margin) in Form der in Art. 8 Abs. 2 DelVO 2016/2251 genannten Schuldverschreibungen oder Bareinlagen geleistet, bleiben diese außer Betracht. Ein weiterer Unterschied ist das Fehlen eines Freibeitrages von 10 Mio. Euro. Dieser war in Art. 8 Abs. 1

---

[1] *GA-ESA* Endgültiger RTS Besicherung, S. 10.

Unterabs. 1 DelVO 2016/2251 mit dem Schutz nicht systemrelevanter Gegenparteien begründet worden; ein Zweck der bei den Gegenparteien des Art. 8 Abs. 3 DelVO 2016/2251 entfällt.

Die 50 %-Schwelle gilt für folgende Vermögenswerte: Schuldverschreibungen von Zentralregierungen oder Zentralbanken, Schuldverschreibungen von regionalen oder lokalen Gebietskörperschaften, Schuldverschreibungen von öffentlichen Stellen, Schuldverschreibungen der mit 0 % gewichteten multilateralen Entwicklungsbanken oder internationalen Organisationen. Die Schuldverschreibungen der Zentralregierungen oder Zentralbanken der Mitgliedstaaten oder der regionalen und die Schuldverschreibungen der lokalen Gebietskörperschaften sind auch dann auf die 50 %-Schwelle anzurechnen, wenn ihnen im Kreditrisikostandardansatz der VO Nr. 575/2013 ein Risikogewicht von 0 % zugewiesen wird. 382

Ähnlich wie bei der in Art. 8 Abs. 1 Unterabs. 1 Buchst. a DelVO 2016/2251 geregelten 15 %-Schwelle können die in Art. 8 Abs. 2 Buchst. a DelVO 2016/2251 genannten Schuldverschreibungen sowohl auf Emittenten-Ebene als auch „Gruppenebene" für die Konzentrationsgrenze relevant sein. So sind für die **Gruppenbetrachtung** z.B. die von der Bundesrepublik Deutschland begebenen Schuldverschreibungen mit den Schuldverschreibungen der Länder und Gemeinden oder der KfW zu einem Länderrisiko zusammenzufassen. 383

Von der Gruppenbetrachtung auszunehmen sind die **multilateralen Entwicklungsbanken oder internationalen Organisationen:** Da sie von mehreren Staaten errichtet wurden, von denen sie auch finanziell ausgestattet und unterstützt werden, und da ihr besonderer völkerrechtlicher Status und die mit ihr einhergehende umfassende Immunität sie vor hoheitlichen Maßnahmen des Staates, in dem sie ansässig sind, schützen, wäre es nicht sachgerecht, sie dem Länderrisiko des Gaststaates zurechnen. 384

Art. 8 Abs. 2 Buchst. b DelVO 2016/2251 ordnet an, dass die von Dritten oder Verwahrstellen gehaltenen Barmitteln bei der Anwendung der 50 %-Schwelle des Art. 8 Abs. 2 Buchst. a DelVO 2016/2251 zu berücksichtigen sind. Der Begriff **Barmittel** wird nicht definiert. Da es sich im Kontext des Art. 8 DelVO 2016/2251 nur um anerkennungsfähige Sicherheiten i.S.d. Art. 4 Abs. 1 DelVO 2016/2251 handeln kann, ist jedoch klar, dass es sich um Barsicherheiten in Form von Einlagen handelt. Daraus folgt auch, dass es sich bei dem Dritten oder der Verwahrstelle um ein Kreditinstitut, eine Zentralbank oder um ein sonstiges zur Entgegennahme von Einlagen befugtes Finanzinstitut handeln muss. 385

Unklar ist, ob Art. 8 Abs. 2 Buchst. b DelVO 2016/2251 auch auf das in Art. 8 Abs. 2 Buchst. a DelVO 2016/2251 verwendete Kriterium „mit Sitz in ein und demselben Staat" verweisen will. Die Folge eines solchen Verweises wäre, dass das Finanzinstitut nicht nur als „Einzelemittent" zu behandeln wäre sondern auch als Teil des „Länderrisikos", d.h. des Staates, in dem es seinen Sitz hat. Rechtfertigen ließe sich dies durch die zumindest vor der Finanzmarktkrise 2007/2008 vorherrschende Erwartung, dass ein Staat seine in finanzielle Schwierigkeiten geratenen Kreditinstituten durch Rettungsmaßnahmen unterstützt (bail-out) und somit die Bonität eines Kreditinstitut und die Bonität des Heimatstaates positiv korrelieren; eine Betrachtung, die auch in Art. 119 Abs. 2 VO Nr. 575/2013 nachklingt. 386

Art. 8 Abs. 3 DelVO 2016/2251 definiert den **persönlichen Anwendungsbereich** der zweiten Konzentrationsgrenze. Er unterscheidet hierbei zwischen zwei Gruppen: den systemrelevanten Instituten (SRI) i.S.v. Art. 131 der RL 2013/36/EU und den Gegenparteien, die über ein großes Derivateportfolio verfügen. 387

Zweck des in Art. 8 Abs. 3 Buchst. a und b DelVO 2016/2251 in Bezug genommenen **Art. 131 RL 2013/36/EU** ist es, diejenigen Institute zu bestimmen, die aufgrund ihrer besonderen Bedeutung für das Finanzsystem zusätzliches Eigenkapital in Form des sog. **SRI-Puffers** vorhalten müssen. Art. 8 Abs. 3 DelVO 2016/2251 unterscheidet wie Art. 131 RL 2013/36/EU zwischen global systemrelevanten Instituten (G-SRI) und anderen systemrelevanten Instituten (A-SRI); letztere müssen nach Art. 131 Abs. 5 RL 2013/36/EU den SRI-Puffer nur vorhalten, wenn dies die zuständige Aufsichtsbörde des Mitgliedstaates anordnet. Die Unterscheidung zwischen G-SRI und A-SRI ist für Art. 8 DelVO 2016/2251 ohne Bedeutung und dient lediglich der Klarstellung. 388

Die als **G-SRI oder A-SRI einzustufenden Institute** werden nach Art. 131 Abs. 1 RL 2013/36/EU von den zuständigen Behörden der Mitgliedstaaten ermittelt. Die Ermittlung der G-SRI beruht auf den in Art. 131 Abs. 2 RL 2013/36/EU bestimmten fünf Kategorien. Von der in Art. 131 Abs. 18 RL 2013/36/EU vorgesehenen Möglichkeit, technische Regulierungsstandards zu verabschieden, die die Methoden zur Ermittlung und Einstufung von G-SRI näher regeln, hat die Kommission durch die DelVO Nr. 1222/2014[1] und die DelVO 2016/1608[2] Gebrauch gemacht. 389

---

1 Delegierte Verordnung (EU) Nr. 1222/2014 der Kommission vom 8. Oktober 2014 zur Ergänzung der Richtlinie 2013/36/EU des Europäischen Parlaments und des Rates durch technische Regulierungsstandards zur Festlegung der Methode zur Bestimmung global systemrelevanter Institute und zur Festlegung der Teilkategorien global systemrelevanter Institute, ABl. EU Nr. L 330 v. 15.11.2014, S. 27.
2 Delegierte Verordnung (EU) 2016/1608 der Kommission vom 17. Mai 2016 zur Änderung der Delegierten Verordnung (EU) Nr. 1222/2014 durch technische Regulierungsstandards zur Festlegung der Methode zur Bestimmung global systemrelevanter Institute und zur Festlegung der Teilkategorien global systemrelevanter Institute, ABl. EU Nr. L 240 v. 8.9.2016, S. 1.

390 Die genannten Verordnungen stehen im Einklang mit der vom Baseler Bankenausschuss (BCBS) veröffentlichten **Rahmenregelung für global systemrelevante Banken**[1] (BCBS 207). Der Financial Stability Board (FSB) veröffentlicht nach Konsultation mit dem BCBS und den nationalen Aufsichtsbehörden in regelmäßigen Abständen eine Liste der global systemrelevanten Banken, die auch Anhaltspunkt für die europäischen G-SRI i.S.d. Art. 131 RL 2013/36/EU ist. Die Liste ist zuletzt am 21.11.2017 aktualisiert worden[2].

391 Die Ermittlung der A-SRI soll nach Art. 131 Abs. 3 RL 2013/36/EU auf einem der dort genannten Kriterien beruhen. Die in Art. 131 Abs. 3 RL 2013/36/EU vorgesehenen Leitlinien zur Festlegung der Anwendungsvoraussetzungen hat die EBA am 16.12.2014 erlassen[3]; sie orientiert sich an den Rahmenregelung des BCBS für den Umgang mit national systemrelevanten Banken vom 10.2012[4]. Art. 131 RL 2013/36/EU ist in Deutschland in den §§ 10f und 10g KWG umgesetzt. Für die Bestimmung der deutschen A-SRI haben BaFin und Bundesbank eine gemeinsame Mitteilung veröffentlicht[5]. Die BaFin hat im Einvernehmen mit der Deutschen Bundesbank bislang 13 deutsche Institute als systemrelevant identifiziert[6].

392 Den systemrelevanten Gegenparteien gleichgestellt sind die in Art. 8 Abs. 3 Buchst. c DelVO 2016/2251 beschriebenen Gegenparteien mit großen Derivateportfolien. Maßstab für ein **großes Derivateportfolio** ist die Summe der von der betreffenden Gegenpartei entgegenzunehmenden Sicherheiten. Diese muss den Betrag von **1 Mrd. Euro** übersteigen. Mit dem Begriff Sicherheiten ist auch hier die Summe aus empfangenen Ersteinschüssen und Nachschüssen gemeint.

393 Ausdrücklich ausgenommen von Art. 8 Abs. 3 Buchst. c DelVO 2016/2251 und damit auch von der zweiten Konzentrationsgrenze sind **Altersversorgungssysteme**. An die Stelle der zweiten Konzentrationsgrenze tritt für sie die in Art. 8 Abs. 4 DelVO 2016/2251 vorgesehene Verpflichtung zur Steuerung von Konzentrationsrisiken. Begründet wird die Erleichterung mit den Leistungsprofilen der Altersversorgungssysteme und den durch währungskongruente Vermögensanlagen zu deckenden Ruhestandseinkünften, die durch den Zwang zur stärkeren Differenzierung im Bereich Länderrisiken nicht in Mitleidenschaft gezogen werden sollen[7]. Die Freistellung von Altersversorgungssystemen war von den Europäischen Aufsichtsbehörden kritisiert worden; insbesondere könnten sie nicht erkennen, dass die Difersifizierung der Sicherheiten mit unverhältnismäßigen Kosten verbunden sei[8]. Wegen des Begriffs Altersversorgungssysteme wird auf die Ausführungen zu Art. 2 VO Nr. 648/2012 Rz. 96–100 verwiesen.

394 **(3) Altersversorgungssysteme (Art. 8 Abs. 4 DelVO 2016/2251).** Nach Art. 8 Abs. 4 DelVO 2016/2251 müssen **Altersversorgungssysteme**, deren Derivateportfolio den Betrag von **1 Mrd. Euro** übersteigt, für die in Art. 8 Abs. 2 Buchst. a DelVO 2016/2251 genannten Schuldverschreibungen der „öffentlichen Hand" besondere Verfahren zur Erfassung und Verminderung des Konzentrationsrisikos etablieren. Diese Verfahren müssen für eine **angemessene Diversifizierung** der Sicherheiten sowohl auf Einzel- wie auf Gruppenebene, d.h. im Hinblick auf das Länderrisiko, sorgen. Nicht in diese Verfahren einzubeziehen sind die in Art. 8 Abs. 2 Buchst. b DelVO 2016/2251 genannten Risiken aus Bareinlagen, die von Dritten gehalten werden.

395 **(4) Aufteilung von Bareinlagen (Art. 8 Abs. 5 DelVO 2016/2251).** Art. 8 Abs. 5 DelVO 2016/2251 knüpft sachlich an die zweite Konzentrationsgrenze des Art. 8 Abs. 2 Buchst. b DelVO 2016/2251 an: Wenn zwei Gegenparteien, die beide der in Art. 8 Abs. 3 DelVO 2016/2251 definierten Gruppe der systemrelevanten Institute (SRI) und Gegenparteien mit großem Derivateportfolio angehören, untereinander Ersteinschüsse in Form von Bareinlagen austauschen, müssen sie nicht nur sicherstellen, dass von Dritten gehaltene Bareinlagen auf die 50 %-Schwelle angerechnet werden, sie müssen auch dafür sorgen, dass die Bareinlagen so aufgeteilt werden, dass ein und derselbe Dritte nicht mehr als **20 % dieser Bareinlagen** hält. Im Ergebnis führt dies dazu, dass

---

1 *BCBS*, Rahmenregelung für global systemrelevante Banken: Bewertungsmethodik und Anforderungen an die zusätzliche Verlustabsorptionsfähigkeit vom November 2011, abrufbar über: http://www.bis.org/publ/bcbs207.htm („*BCBS 207*").
2 *Financial Stability Board (FSB)*, 2017 Liste der global systemrelevanten Banken (G-SIBs) vom 21.11.2017, abrufbar über: http://www.fsb.org/wp-content/uploads/P211117-1.pdf („*FSB 2017 G-SIB-Liste*").
3 *EBA*, Leitlinien für die Kriterien zur Festlegung der Anwendungsvoraussetzungen für Artikel 131 Absatz 3 RL 2013/36/EU (CRD) in Bezug auf die Bewertung von anderen systemrelevanten Instituten (A-SRI), EBA/GL/2014/10 vom 16.12.2014, abrufbar über: https://www.eba.europa.eu/documents/10180/930752/EBA-GL-2014-10+%28Guidelines+on+O-SIIs+Assessment%29.pdf („*EBA/GL/2014/10*").
4 *BCBS*, Rahmenregelung für den Umgang mit national systemrelevanten Banken vom 10.2012, abrufbar über: http://www.bis.org/publ/bcbs233.pdf („*BCBS 233*").
5 *BaFin und Deutsche Bundesbank*, Mitteilung „Grundzüge der Methode zur Bestimmung anderweitig systemrelevanter Institute (A-SRI)" vom 20.6.2016 (zuletzt geändert am 30.11.2016), abrufbar über: https://www.bafin.de/SharedDocs/Downloads/DE/Eigenmittel_BA/dl_methode_asri_ba.html („*BaFin/Bundesbank* A-SRI Grundzüge").
6 *BaFin*, Liste der anderweitig systemrelevanten Institute vom 30.11.2017, abrufbar über: https://www.bafin.de/DE/PublikationenDaten/Datenbanken/ASRI/asri_artikel.html („*BaFin* Liste deutscher A-SRI").
7 Erwägungsgrund Nr. 28 DelVO 2016/2251.
8 *GA-ESA*, Gutachten der Europäischen Aufsichtsbehörden zu den von der Kommission vorgenommenen Änderungen zum RTS Besicherung, ESAs 2016 62 vom 8.9.2016, abrufbar über: https://esas-joint-committee.europa.eu/Publications/Opinions/ESAs%202016%2062%20(ESAs%20Opinion%20on%20RTS%20on%20OTC%20margins%20%20EMIR+RTS)-PR.pdf („*GA-ESA* Gutachten zu RTS Besicherung"), Rz. 21.

jede Gegenpartei mindestens fünf „Dritte" benennen muss, auf die als Ersteinschüsse verwendete Barsicherheiten zu übertragen sind.

Aus Art. 19 Abs. 1 Buchst. e DelVO 2016/2251 wird deutlich, dass es sich bei dem Dritten, der die Ersteinschusszahlungen verwahrt, entweder um Zentralbanken oder um im Einklang mit der RL 2013/36/EU oder einem gleichwertigen Drittstaatenregime beaufsichtige Kreditinstitute handelt. Dass Art. 8 Abs. 5 DelVO 2016/2251 Kreditinstitute und Zentralbanken gleich behandelt verwundert, zumal sich die nach Art. 19 Abs. 8 DelVO 2016/2251 erforderliche Bonitätsprüfung nur auf Kreditinstitute bezieht. 396

Anders als Art. 8 Abs. 2 DelVO 2016/2251 sieht Art. 8 Abs. 5 DelVO 2016/2251 **keinen Freibetrag** von 1 Mrd. Euro vor. Die Pflicht zur Aufspaltung auf fünf Kreditinstitute oder Zentralbanken würde demnach schon dann bestehen, wenn eine der beiden Gegenparteien nur einen kleinen Ersteinschuss (z.B. 100 Euro) in Bareinlagen leisten muss. Dies ist nicht nachvollziehbar. Ebenfalls verwundert, dass Art. 8 Abs. 5 DelVO 2016/2251 sich in seinem persönlichen Anwendungsbereich auf „**Institute**" beschränkt. Da die Vorschrift von „Instituten gemäß Absatz 3 Buchstaben a *und b*" spricht, wäre es sachgerecht, ihn so auszulegen, dass er sämtliche Gegenparteien mit großen Derivateportfolien, d.h. ggf. auch Versicherungen oder clearingpflichtige nichtfinanzielle Gegenparteien erfasst. 397

(5) **Ausnahmen (Art. 8 Abs. 6 DelVO 2016/2251).** Die beiden Konzentrationsgrenzen des Art. 8 DelVO 2016/2251 gelten nach Art. 8 Abs. 6 DelVO 2016/2251 nicht für als Sicherheiten empfangene Finanzinstrumente, die dem **Basiswert des besicherten OTC-Derivatekontrakts** entsprechen. Ein Beispiel ist der Erwerb einer durch physische Lieferung zu erfüllenden Kaufoption über Aktien (z.B. 500 Stammaktien der EMIR AG), die durch ein Pfandrecht an den vom Verkäufer der Kaufoption gehaltenen Aktien (ebenfalls Stammaktien der EMIR AG) besichert ist. 398

Die Erleichterung des Art. 8 Abs. 6 DelVO 2016/2251 kann nur in Anspruch genommen werden, wenn das als Sicherheit dienende Finanzinstrument mit dem Basiswert identisch ist, d.h. dieselbe Wertpapierkennnummer, ISIN oder CUSIP aufweist. Von einer entsprechenden Identität ist auch dann auszugehen, wenn der Basiswert eines OTC-Derivates mehrere Gattungen umfasst und der Verkäufer Schuldverschreibungen, die einer dieser Gattung entsprechen, als Sicherheit leistet. Ein Beispiel hierfür wäre ein To-be-Announced-(TBA)-Forward, unter dem der Verkäufer jede vor oder am Liefertag begebene und von der Federal National Mortgage Association (Fannie Mae) garantierte hypothekengedeckte Schuldverschreibung (RMBS) mit Festverzinsung und 15 jähriger Laufzeit liefern kann. 399

(6) **Überwachung der Konzentrationsgrenzen (Art. 8 Abs. 7 und 8 DelVO 2016/2251).** Nach Art. 8 Abs. 7 DelVO 2016/2251 ist die Einhaltung der beiden Konzentrationsgrenzen von der sicherungsnehmenden Gegenpartei immer dann zu überprüfen, wenn Ersteinschusszahlungen nach Art. 9 Abs. 2 DelVO 2016/2251 zu berechnen sind. Hieraus ergibt sich eine Mindestprüfungsfrequenz von 10 Geschäftstagen (s. Rz. 536, 551 und 552). 400

Für Altersversorgungssysteme sieht Art. 8 Abs. 8 DelVO 2016/2251 eine Erleichterung vor: Sie können die Einhaltung der Konzentrationsgrenzen vierteljährlich prüfen. Von der Privilegierung ausgenommen sind die in Art. 2 Nr. 10 Buchst. d VO Nr. 648/2012 genannten sonstigen zugelassenen und beaufsichtigten Einrichtungen und Systeme, die auf nationaler Ebene tätig sind.

ff) **Anteile an OGAW (Art. 5 DelVO 2016/2251).** Nach Art. 5 DelVO 2016/2251 dürfen Gegenparteien Anteile eines OGAW nur dann als Sicherheit verwenden, wenn das OGAW die in Art. 5 Abs. 1 DelVO 2016/2251 definierten Anforderungen erfüllt. Dazu zählt insbesondere die Anforderung, dass der OGAW selbst nur in Vermögenswerte investieren darf, die nach Art. 4 Abs. 1 DelVO 2016/2251 anerkennungsfähig sind. 401

(1) **Tägliche Kursfeststellung.** Art. 5 Abs. 1 Unterabs. 1 Buchst. a DelVO 2016/2251 verlangt, dass der Kurs der Anteile an einem OGAW täglich ermittelt werden muss. 402

Der Begriff „**Kurs**" wird zwar auch in Art. 1 Abs. 2 Buchst. b RL 2009/65/EG (OGAW-R) genutzt, er erscheint jedoch wenig glücklich. Er passt nur bei OGAWs, die an einem geregelten Markt oder einem anderen Handelssystem gehandelt werden (exchange traded funds, ETF). Tatsächlich gemeint ist der Preis, zu dem Anteile an einem OGAW nach Art. 1 Abs. 2 Buchst. b RL 2009/65/EG auf Verlangen der Anteilsinhaber zurückgenommen oder ausbezahlt werden und der nicht wesentlich von dem Nettoinventarwert des OGAW abweichen soll. Selbst für OGAW-ETF wird verlangt, dass durch den Einsatz sog. Market Maker sichergestellt wird, dass der börsengehandelte Wert der Anteile an der OGAW nicht wesentlich vom Nettoinventarwert (net asset value, NAV) abweicht[1]. 403

Art. 85 RL 2009/65/EG sieht vor, dass die Regeln für die Bewertung eines OGAW sowie die Regeln zur Berechnung des Rücknahme- oder Auszahlungspreis der Anteile in den nationales Rechtsvorschriften der Mitglied- 404

---

1 *ESMA*, Leitlinien für zuständige Behörden und OGAW-Verwaltungsgesellschaften, Leitlinien zu börsengehandelten Indexfonds (Exchange-Traded Funds, ETF) und anderen OGAW-Themen, ESMA/2014/937 vom 1.8.2014, abrufbar über: https://www.esma.europa.eu/sites/default/files/library/2015/11/esma-2014-0011-01-00-ende.pdf; („*ESMA* ETF Leitlinien"), S. 4.

staaten zu regeln sind. Nach § 212 KAGB ist der Wert eines inländischen OGAW und der Nettoinventarwert je Anteil bei jeder Möglichkeit zur Ausgabe und Rückgabe von Anteilen zu ermitteln und nach § 170 KAGB in einer hinreichend verbreiteten Wirtschafts- oder Tageszeitung oder in elektronischen Informationsmedien zu veröffentlichen. Die Veröffentlichung muss mindestens zweimal im Monat erfolgen.

405 **(2) Investition in zulässige Vermögenswerte.** Dass der OGAW nach Art. 5 Abs. 1 Unterabs. 1 Buchst. b DelVO 2016/2251 nur in gem. Art. 4 Abs. 1 DelVO 2016/2251 anerkennungsfähigen Vermögenswerten investieren darf, ist nur der **Grundsatz**. Ausnahmen sind zum einem in Art. 5 Abs. 1 Unterabs. 2 DelVO 2016/2251 vorgesehen. Danach darf der OGAW zur Absicherung von Risiken auch **Derivate** abschließen. Weitere Ausnahmen beschreiben Art. 5 Abs. 2 Unterabs. 1 und Abs. 3 DelVO 2016/2251. So kann die Verwaltungsgesellschaft des OGAW für dessen Rechnung auch in nicht anerkennungsfähige Vermögenswerte investieren und sogar Verpflichtungen begründen, wenn diese bei der Bewertung des Anteils abgezogen werden.

406 Die Aussage, dass ein OGAW nur in geeignete Vermögenswerte investieren „*darf*", verweist auf die in Art. 132 Abs. 5 und Art. 197 Abs. 6 VO Nr. 575/2013 zugelassene erleichterte Prüfung auf Basis der für den OGAW geltenden Anlagebedingungen bzw. den sog. „**Mandatsansatz**". Die sicherungsnehmende Gegenpartei kann die Geeignetheit eines OGAW-Anteils daher sowohl auf Basis der von dem OGAW tatsächlich erworbenen Vermögenswerte als auch auf Basis der im Prospekt beschriebenen zulässigen Anlageklassen beurteilen.

407 Zum Hintergrund: Art. 132 Abs. 1 VO Nr. 575/2013 sieht für die Berechnung der Eigenkapitalanforderungen für die im Anlagebuch eines Instituts gehaltenen Anteile an Investmentvermögen drei unterschiedliche Verfahren und eine Rückfalllösung vor. Verfügen Anteile eines OGA über die Bonitätsbeurteilung (rating) einer anerkannten externen Ratingagentur, kann das Institut für die Einstufung des Fonds in die in Art. 132 Abs. 2 VO Nr. 575/2013 definierten Ratingbänder diese Bonitätsbeurteilung nutzen. Dieser auf **externen Ratings basierende Ansatz** ist durch Art. 5 Abs. 1 Unterabs. 1 Buchst. b DelVO 2016/2251 und die Parallelvorschrift in Art. 197 Abs. 5 VO Nr. 575/2013 für die Anerkennung von OGAW-Anteilen als geeignete Sicherheit jedoch **versperrt**.

408 Sind dem Institut die Vermögenswerte, in die der OGA tatsächlich investiert hat, bekannt und liegen die zusätzlichen Anforderungen des Art. 132 Abs. 3 VO Nr. 575/2013 vor, darf das Institut nach dem in Art. 132 Abs. 4 VO Nr. 575/2013 genannten **Transparenzansatz** (look through) diese direkt heranziehen, um für die Anteile des OGA ein durchschnittliches Risikogewicht zu berechnen.

409 Sind dem Institut die Vermögenswerte des OGA nicht bekannt, darf es nach Art. 132 Abs. 5 VO Nr. 575/2013 und unter den Voraussetzungen des Art. 132 Abs. 3 VO Nr. 575/2013 das durchschnittliche Risikogewicht des OGA auf Basis des der Verwaltungsgesellschaft erteilten Mandats ermitteln. Dabei hat das Institut jedoch zu unterstellen, dass der OGA bis zu den im Mandat zulässigen Höchstgrenzen die dort zugelassenen Anlageklassen tatsächlich erworben hat. Der zuletzt beschriebene **Mandatsansatz** und die mit ihm verbundene Vermutung ist auch für die bankaufsichtliche Anerkennung von Anteilen an OGAs als Sicherheit maßgeblich. So sieht Art. 197 Abs. 6 letzter Halbsatz VO Nr. 575/2013 vor, dass die sicherungsnehmende Gegenpartei bei ihrer Prüfung zu unterstellen hat, dass der OGA „in dem nach seinem Mandat maximal zulässigen Maß in nicht anerkennungsfähige Vermögenswerte investiert hat".

410 Dass Art. 5 Abs. 1 Unterabs. 1 Buchst. b DelVO 2016/2251 den in Art. 197 Abs. 6 VO Nr. 575/2013 vorgesehenen Mandatsansatz nicht ausdrücklich übernimmt, sondern nur andeutet („darf"), steht seiner Verwendung nicht entgegen. Zum einen ist nicht erkennbar, dass es sich bei der vorgenommenen Kürzung um eine bewusste Entscheidung handelt. Zum anderen ist der in Art. 5 Abs. 1 Unterabs. 1 Buchst. c DelVO 2016/2251 aufgenommene **Verweis auf Art. 132 Abs. 3 VO Nr. 575/2013** und die dort geforderten Mindestangaben (Kategorien zugelassener Vermögenswerte und Anlagehöchstgrenzen) nur für den Mandatsansatz von Bedeutung. Darüber hinaus führt nur die Zulassung des Mandatsansatzes zu **praxisgerechten Lösungen:** So lassen sich geeignete OGAW-Anteile bereits im Wege der Vorprüfung klassifizieren. Auch kann die Einstufung in Anlehnung an den für OGAWs maßgeblichen Art. 132 Abs. 5 Unterabs. 2 VO Nr. 575/2013 von der Verwahrstelle übernommen und im Prospekt publiziert werden. Darüber hinaus entfällt die im Einzelfall schwierige und zeitaufwendige Prüfung, ob der OGAW ggf. unter Verletzung der für ihn geltenden Anlagebedingungen tatsächlich ungeeigneten Anlageklassen (z.B. eine Aktie die nachträglich aus einem Hauptindex ausgeschieden ist) hält.

411 Anteile an OGAWs, die in die in Art. 4 Abs. 1 DelVO 2016/2251 genannten Vermögenswerte nur mittels Derivate (z.B. eines Total Return Swaps), d.h. **synthetisch investieren**, sind nach Art. 5 Abs. 1 Unterabs. 1 Buchst. b DelVO 2016/2251 von der Anerkennung als geeignete Sicherheit ausgeschlossen. Dies gilt auch dann, wenn sie über einen Equity Index Total Return Swap einen der in der DelVO 2016/1646 genannten Aktien-Hauptindizes abbilden.

412 **(3) Mindestbonitätsstufen.** Auffallend ist, dass Art. 5 Abs. 1 Unterabs. 1 Buchst. b DelVO 2016/2251 die **Mindestbonitätsanforderungen** des Art. 7 DelVO 2016/2251 nicht benennt. Anders als Art. 197 Abs. 1 VO Nr. 575/2013, der die generelle Eignung der Vermögenswerte als Sicherheiten einerseits und die geforderte Mindestbonitätsstufe anderseits in einer einheitlichen Regelung zusammenfasst, hat sich die Kommission dafür

entschieden, beide Aspekte in zwei voneinander getrennte Vorschriften (Art. 4 DelVO 2016/2251 einerseits und Art. 7 DelVO 2016/2251 andererseits) zu regeln. Dies könnte dafür sprechen, dass das Fehlen eines Verweises auf Art. 7 DelVO 2016/2251 eine bewusste Entscheidung des Gesetzgebers war.

Rechtfertigen ließe sich diese Entscheidung dadurch, dass OGAW-richtlinienkonforme Investmentvermögen strengen Anlagegrundsätzen unterliegen (Art. 49–57 RL 2009/65/EG). Dafür sprechen jedoch auch Praktikabilitätsüberlegungen: So würde es für die Gegenparteien mit erheblichem Mehraufwand verbunden sein, wenn sie auch die Bonitätsstufen der investierten Vermögenswerte ermitteln würden, zumal sich diese nicht immer ohne weiteres ermitteln lassen 413

Wie sich jedoch aus **Anhang II der DelVO 2016/2251** ergibt, sind die Vermögenswerte des OGAW gleichwohl einer Bonitätsbeurteilung zu unterziehen. Anhang II definiert den Abschlag (haircut), um den der Wert der als Sicherheiten gestellten Vermögenswerte reduziert werden soll. Der Abschlag soll die Volatilität der für den Vermögenswert festgestellten Marktpreise berücksichtigen und so bemessen sein, dass er den für die Nachschuss-Risikoperiode geschätzten zukünftigen potentiellen Wertverlust der Sicherheit abdeckt. Die Höhe des Abschlages ist von der Bonitätsbeurteilung des Vermögenswertes abhängig. 414

Nach Abs. 2 des Anhang II ist der für OGAW-Anteile maßgebliche Abschlag der **gewichtete Durchschnitt der Abschläge**, die für die Vermögenswerte des OGAWs festgestellt wurden. Man könnte Abs. 2 nun so verstehen, dass OGAWs die Mindestbonitätsanforderungen des Art. 7 DelVO 2016/2251 nur auf Durchschnittsbasis erfüllen müssen, d.h. ein Vermögenswert, der z.B. die Bonitätsstufe 5 aufweist durch andere Vermögenswerte, die besser beurteilt werden, kompensiert werden kann. Zu beachten ist jedoch, dass die Tabellen des Anhang II Abschläge nur für die Bonitätsstufen definieren, die gerade noch den Anforderungen des Art. 7 DelVO 2016/2251 genügen. Dass ein OGAW auch in Vermögenswerte investiert, die schlechtere als die in Art. 7 DelVO 2016/2251 definierten Mindestbonitätsstufen aufweisen, sah die Kommission demzufolge nicht vor. Es ist daher davon auszugehen, dass der Gesetzgeber einen **Gleichklang der beiden Regelungssystem** – der DelVO 2016/2251 einerseits und Art. 197 VO Nr. 575/2013 andererseits – beabsichtigte mit der Folge, dass die Vermögenswerte des OGAW auch die Mindestbonitätsstufe des Art. 7 DelVO 2016/2251 beachten müssen. 415

(4) Zulässige Derivate. Art. 5 Abs. 1 Unterabs. 2 DelVO 2016/2251 stellt klar das die von einem OGAW abgeschlossenen oder erworbenen Derivate, mit denen er Risiken absichert, auf die Anerkennungsfähigkeit der von ihm begebenen Anteile keinen Einfluss haben. Die Regelung entspricht Art. 197 Abs. 5 Unterabs. 3 VO Nr. 575/2013. 416

Auch hier gilt, dass die sicherungsnehmende Gegenpartei ihre Feststellung, dass ein Investmentvermögen **Absicherungsgeschäfte** abschließt, auch auf Basis der Anlagebedingungen ermitteln kann. Lassen die Anlagebedingungen hingegen auch **positionsbegründende Derivate** zu (z.B. der Abschluss eines Single Share Total Return Swaps, mit dessen Hilfe der OGAW eine physisch gehaltene Aktie synthetisch nachbildet), muss sich die sicherungsnehmende Gegenpartei mittels des **Transparenzansatzes** (look through) und ggf. durch Nachfrage bei der Verwaltungsgesellschaft darüber informieren, ob und in welchem Umfang der Publikumsfonds tatsächlich in solche Derivate investiert. Diese sind dann nach Art. 5 Abs. 2 Unterabs. 2 DelVO 2016/2251 von dem anerkennungsfähigen Wert des OGAW-Anteils abzuziehen. 417

Die Anerkennung der von OGAWs eingesetzten Absicherungsgeschäfte ist in Deutschland in der auf § 197 Abs. 3 KAGB gestützten Verordnung über Risikomanagement und Risikomessung beim Einsatz von Derivaten, Wertpapierdarlehen und Wertpapierpensionsgeschäften in Investmentvermögen nach dem Kapitalanlagegesetzbuch (**DerivateV**) vom 16.7.2013[1] geregelt worden. § 19 Abs. 1 Nr. 4 Buchst. b DerivateV stellt klar, dass die Anerkennung eines Derivates als Absicherungsgeschäft keine Identität der Basiswerte (perfect hedge) voraussetzt, sondern dass die Absicherungsstrategie auch auf Korrelationsannahmen basieren kann. Es ist jedoch erforderlich, dass das Absicherungsgeschäft zu einer nachweisbaren Reduktion des Risikos des Investmentvermögens führt. Damit entspricht Art. 19 DerivateV den auch für Art. 10 Abs. 3 VO Nr. 648/2012 geltenden Anforderungen. 418

Der Umstand, dass es sich bei einem Derivat um ein Absicherungsgeschäft i.S.d. Art. 10 Abs. 3 VO Nr. 648/2012 handelt, ist nach Tabelle 1 Feld 15 des Anhangs der DelVO Nr. 148/2013 in die **Meldung** nach Art. 9 VO Nr. 648/2012 aufzunehmen. 419

(5) Erfüllung der Anforderungen aus Art. 132 Abs. 3 VO Nr. 575/2013. Der in Art. 5 Abs. 1 Unterabs. 1 Buchst. c DelVO 2016/2251 vorgesehene Verweis auf Art. 132 Abs. 3 VO Nr. 575/2013 entspricht Art. 197 Abs. 5 VO Nr. 575/2013. Er soll sicherstellen, dass die Gesellschaft, die den Fonds verwaltet, bestimmten **Mindestanforderungen** genügt. 420

So muss die Verwaltungsgesellschaft nach Art. 132 Abs. 3 Unterabs. 1 Buchst. a VO Nr. 575/2013 der Aufsicht eines Mitgliedstaates unterliegen. Art. 132 Abs. 3 Unterabs. 1 Buchst. b VO Nr. 575/2013 fordert darüber hinaus einen **Prospekt** oder eine gleichwertige Dokumentation, die zumindest die für den Fonds **zulässigen Vermögenswerte** und die ggf. anwendbare **Anlagehöchstgrenzen** und deren Berechnung beschreibt. Nach Art. 132 421

---

1 BGBl. I 2013, S. 2463; zuletzt geändert durch Art. 1 der Verordnung vom 26.2.2015 (BGBl. I 2015, S. 181).

Abs. 3 Unterabs. 1 Buchst. c VO Nr. 575/2013 muss der Fonds zudem mindestens einmal im Jahr einen **Geschäftsbericht** veröffentlichen. Die weiteren in Art. 132 Abs. 3 Unterabs. 1 Buchst. a VO Nr. 575/2013 genannten Voraussetzung für Fonds mit Sitz in Drittstaaten – die Gleichwertigkeit der staatlichen Aufsicht und der Abschluss einer zwischenstaatlichen Kooperationsvereinbarungen, die sicherstellt, dass die zuständigen Behörden im ausreichenden Umfang zusammenarbeiten – ist für die Anerkennung von OGAWs nicht relevant, weil es sich bei ihnen ausschließlich um in der Union errichtete oder organisierte Investmentvermögen handelt.

422 Die in Art. 132 Abs. 3 Unterabs. 1 Buchst. b und c VO Nr. 575/2013 erwähnten Publikations- und Berichtspflichten sollen es der sicherungsnehmenden Gegenpartei ermöglichen, die nach Buchst. b erforderlichen Prüfungen durchzuführen. Für den **Mandatsansatz** sind insbesondere die in dem Prospekt oder den Anlagebedingungen des OGAW beschriebenen zulässigen Anlageklassen und die für sie geltenden Höchstgrenzen maßgeblich.

423 **(6) Abzug von nicht geeigneten Vermögenswerten und negativen Barwerten.** Nach Art. 5 Abs. 2 Unterabs. 1 DelVO 2016/2251 kann in den Fällen, in denen ein OGAW oder einer seiner Basis-OGAW nicht ausschließlich in gem. Art. 4 Abs. 1 DelVO 2016/2251 genannte Vermögenswerte investiert, der anerkannte Wert des Anteils eines solchen OGAW **auf Basis der anerkennungsfähigen Vermögenswerte** berechnet werden kann. Diese Regelung entspricht Art. 197 Abs. 6 Unterabs. 1 VO Nr. 575/2013.

424 Art. 5 Abs. 3 DelVO 2016/2251 sieht darüber hinaus vor, dass nichtanerkennungsfähige Vermögenswerte, die einen **negativen Wert** annehmen können, nicht nur „herausgerechnet" werden müssen, sondern vom Wert der übrigen anerkennungsfähigen Vermögenswerte **abzuziehen** sind. Anzusetzen ist der höchstmögliche negative Wert, den der nicht anerkennungsfähige Vermögenswert annehmen kann. Diese Regelung entspricht Art. 197 Abs. 6 Unterabs. 3 VO Nr. 575/2013.

425 Der Anwendungsbereich des Art. 5 Abs. 3 DelVO 2016/2251 beschränkt sich auf nicht anerkennungsfähige Vermögenswerte. Derivate, die zur Absicherung der durch Vermögenswerte begründeten Risiken abgeschlossen oder erworben werden und die ggf. mit den abgesicherten Vermögenswerten eine Bewertungseinheit bilden, gelten nach Art. 5 Abs. 1 Unterabs. 2 DelVO 2016/2251 als anerkennungsfähig. Bedeutung hat Art. 5 Abs. 3 DelVO 2016/2251 daher nur für **positionsbegründende Derivatekontrakte**, durch die ansonsten zugelassene Basiswerte synthetisch erworben werden. Die Formulierung „höchstmöglich" verweist in diesem Zusammenhang auf den potentiellen zukünftigen negativen Wert des Derivates, der u.a. von den für den OGAW begründeten Leistungspflichten, der Laufzeit des Derivates und der bislang beobachteten und deshalb auch für die Zukunft zu erwartenden Wertveränderungen des Basiswertes (underlying) abhängt.

426 Art. 5 Abs. 2 Unterabs. 2 DelVO 2016/2251 verdeutlicht, dass sich das in Art. 5 Abs. 2 Unterabs. 1 DelVO 2016/2251 eingeführte **Prinzip der Durchschau** („OGAW oder eines seiner Basis-OGAW") nicht auf den OGAW und seine Basis-OGAWs bzw. auf zwei Ebenen beschränkt, sondern auch auf solche Basis-OGAWs anwendbar ist, die ihrerseits wieder in Basis-OGAWs investieren. Art. 5 Abs. 2 Unterabs. 2 DelVO 2016/2251 ist auf die positionsbegründenden Derivate deren negativer Wert nach Art. 5 Abs. 3 DelVO 2016/2251 abzuziehen ist, zu übertragen.

427 Der **Begriff Basis-OGAW** wird vom Gesetzgeber nicht definiert, sondern als bekannt vorausgesetzt. Er hat hier dieselbe Bedeutung wie in Art. 192 Nr. 4 VO Nr. 575/2013 und meint einen als OGAW regulierten Publikumsfonds, dessen Anteile von einem anderen OGAW, dem Dachfonds, erworben wurden. Das KAGB verwendet in diesem Kontext den Begriff Zielfonds.

428 Auch für Art. 5 Abs. 2 Unterabs. 1 und Abs. 3 DelVO 2016/2251 gilt, dass die sicherungsnehmende Gegenpartei ihre Feststellung, dass ein Investmentvermögen in nicht anerkennungsfähige Anlageklassen investiert, deren Wert ggf. auch negativ werden kann, auf Basis der Anlagebedingungen treffen darf (Mandatsansatz). Lassen die Anlagebedingungen auch den Erwerb ungeeigneter Anlageklassen zu, muss sich die sicherungsnehmende Gegenpartei mittels des Transparenzansatzes (look through) und ggf. durch Nachfrage bei der Verwaltungsgesellschaft darüber informieren, ob und in welchem Umfang der OGAW von dieser Möglichkeit Gebrauch gemacht hat. Kann die sicherungsnehmende Gegenpartei diese Information nicht erlangen, und lässt sich der Umfang auch nicht auf Grundlage der in den Anlagebedingungen definierten Höchstgrenzen abschätzen, darf sie den Anteil insgesamt nicht als geeignete Sicherheit behandeln.

429 Für Anteile an OGAWs ist zunächst nur die 15 %- bzw. 10.000.000 Euro-Schwelle des Art. 8 Abs. 1 Unterabs. 1 Buchst. a DelVO 2016/2251 maßgeblich. Investieren OGAWs im Wesentlichen in eine der in Art. 8 Abs. 1 Unterabs. 1 Buchst. b DelVO 2016/2251 genannten Anlageklassen (z.B. Bankaktien), so ist auch die 40 %- bzw. 10.000.000 Euro-Schwelle des Art. 8 Abs. 1 Unterabs. 1 Buchst. b zu beachten.

430 **c) Nachschüsse (variation margin). aa) Begriff und Zweck der Nachschüsse (Art. 1 Nr. 2 DelVO 2016/2251).** Der Begriff **Nachschuss** ist in Art. 1 Nr. 2 DelVO 2016/2251 definiert. Es handelt sich bei ihm um die Sicherheit, die eine Gegenpartei entgegennimmt, um den Ergebnissen ihrer täglichen Bewertung der ausstehenden OTC-Derivate Rechnung zu tragen. Wegen der Bewertung der ausstehenden OTC-Derivate verweist Art. 1 Nr. 2 DelVO 2016/2251 auf die in Art. 11 Abs. 2 VO Nr. 648/2012 geregelte Bewertung zu Markt- oder Modellpreisen (s. Rz. 120–128).

Zweck des Nachschusses ist der **Ausgleich** der seit der letzten Bewertung des OTC-Derivates zu beobachtenden Änderung des Marktwertes bzw. der mit ihr verbundenen Änderung des **Gegenparteiausfallrisikos**. Da die Bewertung der ausstehenden OTC-Derivate nach Art. 11 Abs. 2 VO Nr. 648/2012 an jedem Geschäftstag zu erfolgen hat, folgt hieraus bereits, dass die durch die Bewertung offengelegten Wertveränderungen ebenfalls an jedem Geschäftstag auszugleichen sind. 431

Ebenfalls zu den Nachschüssen zählt der von einer Gegenpartei nach Art. 12 Abs. 2 Buchst. a DelVO 2016/2251 geleistete **Vorschuss**, mit dem sie sich die Möglichkeit eröffnet, die von ihr geschuldeten Nachschüsse innerhalb von zwei Geschäftstagen (und nicht T+0) zu übertragen. 432

bb) Höhe des Nachschusses (Art. 10 DelVO 2016/2251). Die Berechnung des Nachschusses ergibt sich bereits aus der Definition in Art. 1 Nr. 2 DelVO 2016/2251 und dem dort enthaltenen Verweis auf die tägliche Bewertung der ausstehenden OTC-Derivate nach **Art. 11 Abs. 2 VO Nr. 648/2012**. Art. 10 DelVO 2016/2251 enthält zwei wichtige Klarstellungen. Zum einen schreibt er vor, dass die Bewertung nach Art. 11 Abs. 2 VO Nr. 648/2012 auf **Nettobasis**, d.h. unter Berücksichtigung sämtlicher in denselben Netting-Satz einbezogener OTC-Derivate zu erfolgen hat. Zum anderen stellt er klar, wie in der **Vergangenheit ausgetauschte Nachschüsse** im Rahmen der Bewertung der OTC-Derivate zu berücksichtigen sind. 433

(1) Netting-Satz (Art. 1 Nr. 3 DelVO 2016/2251). Der Begriff Netting-Satz ist in Art. 1 Nr. 3 DelVO 2016/2251 definiert. Danach handelt es sich um einen Satz zentral geclearter OTC-Derivate, der einer rechtlich durchsetzbaren bilateralen Nettingvereinbarung unterliegt. Die Definition lehnt sich erkennbar an Art. 272 Nr. 4 Unterabs. 1 VO Nr. 575/2013 an[1]. 434

Der Begriff bilaterale Nettingvereinbarung ist nicht definiert. Die in Art. 2 Abs. 3 Unterabs. 2 DelVO 2016/2251 enthaltene Bezugnahme auf Art. 296 VO Nr. 575/2013 lässt jedoch erkennen, dass es sich um **Nettingvereinbarungen** i.S.d. Art. 295ff. VO Nr. 575/2013 handelt, d.h. um Schuldumwandlungs- und Liquidationsnettingvereinbarungen (novation netting and close-out netting arrangements), die im Falle des Ausfalles einer Gegenpartei nach Kündigung der einbezogenen OTC-Derivate oder selbsttätig dazu führen, dass die vertragstreue Gegenpartei von der ausgefallenen Gegenpartei nur einen Nettobetrag zahlen muss bzw. beanspruchen kann. 435

Nicht vom Begriff Nettingvereinbarung erfasst sind demnach Vereinbarungen, die lediglich eine **Verrechnung** der unter den nicht geclearten OTC-Derivatekontrakten fälligen Zahlungsansprüche in gleicher Währung vorsehen (payment netting arrangements), da sie im Falle eines Ausfalls einer Gegenpartei den rechtlichen Bestand der einbezogenen OTC-Derivate unberührt lassen bzw. nicht die Ersetzung durch eine einheitliche Ausgleichsforderung vorsehen. 436

Was Art. 1 Nr. 3 DelVO 2016/2251 ebenfalls vermissen lässt, ist die in **Art. 272 Nr. 4 Unterabs. 2 VO Nr. 575/ 2013** enthaltene Aussage, dass jedes nicht geclearte OTC-Derivat, das nicht einer rechtlich durchsetzbaren Nettingvereinbarung unterliegt, für Zwecke der Besicherungspflicht als eigenständiger Netting-Satz zu behandeln ist. Da diese Regelung für eine sinnhafte Anwendung der DelVO 2016/2251 unverzichtbar ist, ist Art. 272 Nr. 4 Unterabs. 2 VO Nr. 575/2013 **entsprechend anzuwenden**. 437

Wesentliche Voraussetzung des Netting-Satzes ist dessen **rechtliche Durchsetzbarkeit**. Diese ist von den Gegenparteien nach Art. 2 Abs. 3 DelVO 2016/2251 durch eine unabhängige Stelle zu prüfen. Kommt diese Stelle zum Ergebnis, dass die Nettingvereinbarung nicht rechtlich durchsetzbar ist, entfällt die oben erwähnte Verklammerung mit der Folge, dass jeder OTC-Derivatekontrakt einen eigenen Netting-Satz bildet. 438

(2) Berücksichtigung historischer Nachschüsse. Art. 10 DelVO 2016/2251 beschreibt die **Rechenregel** anhand derer die Gegenparteien den Anspruch auf Nachschusszahlung ermitteln müssen. Zu berechnen ist sowohl die Höhe der Nachschusszahlung als auch diejenige der beiden Gegenparteien, die die Nachschusszahlung beanspruchen kann. 439

Wie sich aus Art. 9 Abs. 1 DelVO 2016/2251 aber auch aus dem bereits erwähnten Art. 11 Abs. 2 VO Nr. 648/ 2012 ergibt, sind **beide Gegenparteien** verpflichtet, die Berechnung der Nachschusszahlung vorzunehmen. Dies spiegelt sich auch in der Rechenregel wider, die aus diesem Grunde **neutral** gehalten ist. So lässt es die Formel insbesondere zu, dass der Nettowert der OTC-Derivate eines Netting-Satzes aus Sicht der berechnenden Gegenpartei negativ ist und dass die von diesem Wert „abzuziehenden" Werte der von ihr geleisteten Nachschüsse diesen negativen Ausgangswert tatsächlich erhöhen. 440

Was auffällt, ist die „**historische Betrachtungsweise**", die der Rechenregel zugrunde liegt, und die von den Gegenparteien zu verlangen scheint, dass sie sämtliche Nachschüsse, die sie seit Bestehen des Netting-Satzes miteinander ausgetauscht haben, in die tägliche Berechnung mit einbeziehen. Dies kann jedoch nicht gemeint sein. Die den Netting-Satz begründenden Nettingvereinbarungen sind teilweise Jahrzehnte alt und können Grundlage für mehrere tausend Nachschüsse gewesen sein. Auch werden Gegenparteien heute nicht mehr über sämtliche Daten verfügen, die sie für die Ermittlung der historischen Nachschüsse benötigen würden. Dies gilt selbst dann, wenn man den Begriff Nachschüsse nur auf solche bezieht, die für noch ausstehenden Kontrakte geleistet 441

---

1 *GA-ESA* Gutachten zu RTS Besicherung, Rz. 49: „netting set was used in the sense of the CRR".

wurden. Art. 10 DelVO 2016/2251 erhebt daher nicht den Anspruch wörtlich angewendet zu werden. Er soll lediglich das der Rechenregel zugrunde liegende **Konzept** verdeutlichen.

442 **Ausgangspunkt** für die Berechnung der Nachschusszahlung ist der nach Art. 11 Abs. 2 VO Nr. 648/2012 zu ermittelnde Wert der zum Zeitpunkt der Berechnung noch ausstehenden OTC-Derivate. Der Verweis auf die „**Kontrakte des Netting-Satzes**" stellt klar, dass in den Fällen, in denen OTC-Derivate in eine rechtlich durchsetzbare bilaterale Nettingvereinbarung einbezogen sind, der Wert der ausstehenden OTC-Derivatekontrakte der Nettowert ist. Fehlt es an einer rechtlich durchsetzbaren Nettingvereinbarung, so bildet jedes OTC-Derivat seinen eigenen Netting-Satz mit der Folge dass die Nachschusszahlung in diesem Falle grundsätzlich auf **Bruttobasis** zu ermitteln ist. Eine hiervon abweichende Regelung – den Wegfall der Bereicherungspflicht – sieht Art. 31 Abs. 2 DelVO 2016/2251 lediglich für OTC-Derivatekontrakte mit Gegenparteien in Drittstaaten vor.

443 Um die geschuldete Nachschusszahlung zu ermitteln, wird von der berechnenden Gegenpartei **im zweiten Schritt** verlangt, dass sie die von ihr in der Vergangenheit empfangenen Nachschüsse vom Netto-Marktwert abzieht. Das hier verwendete Wort „abzieht" soll lediglich das **negative Vorzeichen** definieren, mit dem die empfangenen Nachschüsse in die Rechenoperation eingehen. Ist der Netto-Marktwert des Netting-Satzes aus Sicht der berechnenden Gegenpartei selbst negativ, so erhöhen sie den negativen Wert.

444 **Im dritten Schritt** ist von der berechnenden Gegenpartei der Wert abzuziehen, den die in den Netting-Satz einbezogenen Kontrakte zum Zeitpunkt ihres jeweiligen Abschlusses hatten. Gemeint sind auch hier die zum Zeitpunkt der Bewertung noch ausstehenden Kontrakte. Auch hier gilt, dass das Wort „abzüglich" nur das negative Vorzeichen definiert, mit dem der historische Nettowert in die Rechenformel eingehen soll. Ist der historische Nettowert aus Sicht der berechnenden Gegenpartei negativ, so führt die Kombination der beiden negativen Vorzeichen dazu, dass der historische Nettowert im Ergebnis zu addieren ist.

445 Die Bedeutung des **Abzuges des historischen Anfangswertes** eines OTC-Derivatekontraktes verdeutlicht nochmals, dass der Nachschuss lediglich die durch die Bewertung nach Art. 11 Abs. 2 VO Nr. 648/2012 ermittelte Wertveränderung ausgleichen soll (Rz. 431).

446 Da die von deutschen Kredit- und Finanzdienstleistungsinstituten abgeschlossenen OTC-Derivate nach BTO 2.2.1 Tz. 2 MaRisk grundsätzlich nur zu marktgerechten Bedingungen abgeschlossen werden dürfen, ist der „Startwert" eines OTC-Derivatekontraktes bei Abschluss i.d.R. null. Ausnahmsweise können jedoch OTC-Derivatekontrakte auf Grundlage historischer Marktdaten abgeschlossen werden, wenn dies vom Kunden gewünscht und entsprechend offen gelegt ist.

447 Andere Beispiele für OTC-Derivate, die mit einem Marktwert beginnen, sind die Geschäfte, mit denen einen Gegenpartei sich im Falle eines **Ausfalls der ursprünglichen Gegenpartei** im Markt wieder eindeckt; ferner die durch eine erfolgreiche **Portfoliokomprimierung** nach Art. 14 DelVO Nr. 149/2013 erzeugten neuen OTC-Derivate, die den wirtschaftlichen Wert des ursprünglichen Derivateportfolios fortführen.

448 Zu nennen sind auch die als **Total Return Swaps** (TRS) ausgestaltete Wertpapierderivate mit denen eine Gegenpartei (die Käuferin) wirtschaftlich so gestellt wird, als hätte sie ein bestimmtes Wertpapier (z.B. eine Stammaktie der EMIR AG) tatsächlich erworben. Hierzu leistet sie unter dem TRS eine **anfängliche Zahlung**, die die Gegenpartei (die Verkäuferin) dazu nutzt, das Wertpapier im Markt zu erwerben. Nachfolgend tauschen (swappen) Käuferin und Verkäuferin die mit dem Halten des Wertpapiers durch die Verkäuferin verbundenen Vorteile, indem die Verkäuferin sämtliche Dividenden und Wertsteigerungen an die Käuferin zahlt, während die Käuferin der Verkäuferin die für das Wertpapier ermittelten Wertverluste ausgleicht. Die von der Käuferin geleistete anfängliche Zahlung, die am Ende der Laufzeit des TRS nach Veräußerung des Wertpapieres durch die Verkäuferin wieder zurück zu zahlen ist, begründet den anfänglichen Marktwert.

449 Das „**Herausrechnen**" des anfänglichen Marktwertes eines OTC-Derivatekontraktes besagt lediglich, dass die Gegenparteien nicht verpflichtet sind, den anfänglichen Marktwert durch Nachschüsse zu besichern. Sie können dies jedoch in ihrer Vereinbarung über den Austausch von Sicherheiten vereinbaren.

450 Der **vierte Schritt**, den die berechnende Gegenpartei vollziehen muss, ist das Hinzurechnen der von ihr geleisteten Nachschüsse.

451 In der **vertraglichen Praxis** werden Nachschüsse in der Weise ermittelt, dass der durch die Bewertung ermittelte Nettowert der in den Netting-Satz einbezogenen OTC-Derivatekontrakte mit dem für den unmittelbar vorhegenden Geschäftstag ermittelten Nettowert verglichen wird. In diesem Fall scheiden die OTC-Derivate, die den Netting-Satz am Vortag verlassen haben bei der Berechnung aus, während der Werte neu abgeschlossener OTC-Derivate insgesamt, d.h., einschließlich der anfänglichen Marktwerte, in die Berechnung eingehen.

452 Was in Art. 10 DelVO 2016/2251 mit der Formulierung „**entgegenzunehmenden**" klargestellt wird ist, dass die Gegenpartei, die einen Anspruch auf Nachschusszahlung hat, diesen Anspruch auch geltend machen muss. Sie darf ihn insbesondere nicht stunden.

453 cc) **Häufigkeit der Berechnung (Art. 9 DelVO 2016/2251).** Die Häufigkeit der Berechnung des Nachschusses ergibt sich bereits aus der Definition des Begriffs Nachschuss in Art. 1 Nr. 2 DelVO 2016/2251 und dem darin

enthaltenen Verweis auf Art. 11 Abs. 2 VO Nr. 648/2012. Da die Bewertung der ausstehenden OTC-Derivate nach Art. 11 Abs. 2 VO Nr. 648/2012 an jedem Geschäftstag zu erfolgen hat, folgt hieraus, dass die Berechnung des Nachschusses ebenfalls **an jedem Geschäftstag** vorzunehmen ist. Art. 9 Abs. 1 DelVO 2016/2251 hat insoweit zunächst nur klarstellende Bedeutung.

(1) Tägliche Berechnung durch beide Gegenparteien. Hierin erschöpft sich Art. 9 Abs. 1 DelVO 2016/2251 jedoch nicht. Durch die Bezugnahme auf ihn in Art. 12 Abs. 1 DelVO 2016/2251 definiert er zum einen den Startpunkt für die in Art. 12 DelVO 2016/2251 geregelte Leistung der Nachschüsse. So müssen Einschüsse grundsätzlich noch an dem in Art. 9 DelVO 2016/2251 bestimmten **Berechnungstag (T+0)** geleistet werden. 454

Zum anderen stellt Art. 9 Abs. 1 DelVO 2016/2251 klar, dass die Berechnung der **Nachschüsse von beiden Gegenparteien** vorzunehmen ist. Dies entspricht nicht nur den Vorgaben des Art. 11 Abs. 2 VO Nr. 648/2012, sondern erschließt sich auch aus Art. 12 Abs. 3 und Art. 13 Abs. 3 DelVO 2016/2251, die davon ausgehen, dass sich die Gegenparteien über die Höhe der geschuldeten Einschüsse **uneinig sein können**. Dies schließt nicht aus, dass die Gegenparteien in ihrer vertraglichen Vereinbarung über den Austausch von Sicherheiten gem. Art. 3 Buchst. f DelVO 2016/2251 festlegen, dass für die Berechnung der Einschüsse nur eine Gegenpartei zuständig ist, oder dass die Berechnung der Einschüsse stets von der Gegenpartei vorgenommen wird, die einen Anspruch auf Leistung eines Einschusses hat. 455

Die Formulierung „**mindestens täglich**" ist dahingehen zu verstehen, dass die Berechnung der geschuldeten Nachschusszahlungen an jedem **Geschäftstag** zumindest einmal durchzuführen ist. Dass Gegenparteien die Berechnung an einem Geschäftstag mehrmals oder sogar laufend vornehmen, ist in der Praxis die Ausnahme. Wegen des Begriffs Geschäftstag wird auf die Ausführungen zu Art. 2 VO Nr. 648/2012 Rz. 149 verwiesen. 456

(2) Für die Berechnung maßgebliches Derivateportfolio, Spätgeschäfte. Nach Art. 9 Abs. 3 Buchst. a DelVO 2016/2251 ist für die Berechnung der Nachschüsse die Zusammensetzung des Netting-Satzes am **unmittelbar vorangehenden Geschäftstag** (T-1) maßgeblich. Wann dieser Geschäftstag endet bzw. bis zu welchem Zeitpunkt die an diesem Geschäftstag zu beobachtenden Veränderungen des Netting-Satzes noch maßgeblich sind, ist Art. 9 Abs. 3 Buchst. a DelVO 2016/2251 nicht zu entnehmen. Bedeutung hat dies insbesondere für die sog. „Spätgeschäfte" i.S.d. BTO 2.2.1 Nr. 7 MaRisk, die vom Handel zu einem Zeitpunkt abgeschlossen werden, zu dem die Abwicklungsabteilungen (back offices) der Gegenparteien, die mit der Erfassung der OTC-Derivate und deren Bewertung betraut sind, bereits geschlossen haben. Einen entsprechenden Erfassungsschluss oder „**Buchungsschnitt**" (cut-off) ist in Art. 9 Abs. 3 Buchst. b DelVO 2016/2251 nur für Gegenparteien vorgesehen, die sich in **unterschiedlichen Zeitzonen** befinden. 457

Dass sich Art. 9 Abs. 3 Buchst. a DelVO 2016/2251 zum Erfassungsschluss ausschweigt, kann jedoch nicht bedeuten, dass bei der Berechnung der Einschüsse jede am unmittelbar vorangegangenen Geschäftstag zu beobachtende Veränderung des Netting-Satzes maßgeblich ist. Der in Art. 9 Abs. 3 Buchst. b DelVO 2016/2251 verwendete Verweis auf die Zeitzone würde gerade innerhalb Europas, das drei unterschiedliche Zeitzonen umspannt, zu deutlichen Unterschieden führen. 458

So dürften Gegenparteien, die in London und Frankfurt/M. ansässig sind, den Erfassungsschluss auf 16.00 Uhr Frankfurter Zeit legen, während Gegenparteien, die sich in Paris und Frankfurt, d.h. in der derselben Zeitzone befinden, ggf. auch nach 16.00 Uhr Frankfurter/Pariser Zeit abgeschlossene OTC-Derivate berücksichtigen müssten. Noch schwieriger würde die Anwendung des Art. 9 Abs. 3 DelVO 2016/2251, wenn die Union sich entscheiden würde, die mit der Richtlinie 2000/84/EG[1] getroffene Regelung zur einheitlichen europäischen Sommerzeit aufzuheben und einzelne Mitgliedstaaten die Sommerzeit abschaffen oder für Zeiträume im Jahr nutzen, die von denen anderer Mitgliedstaaten abweichen. 459

Es muss deshalb den Gegenparteien möglich sein, den Buchungsschnitt ggf. in Übereinstimmung mit den Usancen des Marktes **vertraglich zu vereinbaren**. Anhaltspunkte ergeben sich auch aus Art. 3 Buchst. c DelVO 2016/2251, der von den Gegenparteien erwartet, dass sie in ihrer Vereinbarung über den Austausch der Sicherheiten den Netting-Satz, auf den sich die Besicherung bezieht, näher bestimmen. Dies schließt eine Bestimmung in zeitlicher Hinsicht i.S. eines maßgeblichen Cut-offs nicht aus. Um den hiermit eröffneten Gestaltungsspielraum einzuschränken, wird man jedoch verlangen müssen, dass der Buchungsschnitt nicht früher als bei entsprechender Anwendung des Art. 9 Abs. 3 Buchst. b DelVO 2016/2251 liegen darf. 460

Das in Art. 9 Abs. 3 Buchst. b DelVO 2016/2251 verwendete Wort „**befinden**" ist dahingehend auszulegen, dass es sich um den Ort handelt, an dem die vom Handel abgeschlossenen OTC-Derivate in den Systemen der Gegenpartei erfasst, d.h. gebucht werden. Schließt z.B. eine in Paris ansässige Bank mit der New Yorker Niederlassung eines deutschen Instituts ein OTC-Derivat ab, und wird dieses Geschäft auf Seiten des deutschen Instituts in New York gebucht, dann ist Art. 9 Abs. 3 Buchst. b DelVO 2016/2251 anwendbar, mit der Folge, dass ein nach 16.00 Uhr Pariser Zeit erfasstes OTC-Derivat erst für den Netting-Satz des unmittelbar folgenden Geschäftstages maßgeblich ist. 461

---

1 Richtlinie 2000/84/EG des Europäischen Parlaments und des Rates vom 19. Januar 2001 zur Regelung der Sommerzeit, ABl. EG Nr. L 31 v. 2.2.2001, S. 21.

462 **dd) Leistung der Nachschüsse (Art. 12 DelVO 2016/2251).** Nach Art. 12 Abs. 1 Buchst. a DelVO 2016/2251 muss die Nachschusszahlung noch an dem **Berechnungstag (T+0)** geleistet werden. Eine **spätere Leistung** ist nach Art. 12 Abs. 1 Buchst. b DelVO 2016/2251 nur dann zulässig, wenn die Voraussetzungen des Art. 12 Abs. 2 DelVO 2016/2251 erfüllt sind, d.h. wenn das für den zusätzlichen Zeitraum zu erwartende potentielle künftige Ausfallrisiko (potential future exposure, PFE) durch Ersteinschüsse oder Vorschüsse in ausreichender Höhe gedeckt ist[1].

463 Der in Art. 12 Abs. 1 Buchst. a DelVO 2016/2251 aufgenommene Verweis auf **Art. 9 Abs. 3 DelVO 2016/2251** ist unrichtig, da diese Bestimmung nicht den Berechnungstermin definiert, sondern lediglich den für die Berechnung maßgeblichen Netting-Satz. Der Berechnungstermin selbst richtet sich nach Art. 9 Abs. 1 DelVO 2016/2251: Es ist jeder Geschäftstag.

464 Partielle **Freistellungen** von der Pflicht, Nachschüsse auszutauschen, sind in Art. 25 Abs. 1 und Art. 30 DelVO 2016/2251 vorgesehen. So können Gegenparteien in ihren Risikomanagementverfahren vorsehen, dass Nachschüsse nicht T+0 zu leisten sind, sondern erst dann, wenn der nach Art. 10 DelVO 2016/2251 ermittelte Wert einen vereinbarten **Mindesttransferbetrag** übersteigt. Die Emittenten gedeckter Schuldverschreibungen können darüber hinaus vorsehen, dass sie lediglich Nachschüsse entgegen nehmen, aber selbst keine Nachschüsse leisten.

465 **(1) Leistungsbegriff (Art. 12 Abs. 1 DelVO 2016/2251).** Das Wort „leisten" wird von der DelVO 2016/2251 nicht definiert. Unklar ist insbesondere, ob mit ihm die **Leistungshandlung**, z.B. die Anweisung der kontoführenden Stelle durch den Sicherungsgeber, oder der mit der Handlung verbundene **Leistungserfolg**, d.h. die Verbuchung des Nachschuss beim Sicherungsnehmer gemeint ist. Die Frage ist von Bedeutung, weil die nach Art. 12 Abs. 1 Buchst. a DelVO 2016/2251 gebotene Leistung „T+0" grundsätzlich nur bei Barsicherheiten möglich ist. Will die sicherungsgebende Gegenpartei andere Vermögenswerte, z.B. die nach Art. 4 Abs. 1 Buchst. c–n DelVO 2016/2251 zugelassenen Schuldverschreibungen als Nachschuss übertragen, so ist sie, wenn sie für die Übertragung Wertpapierabrechnungssysteme nutzen muss, an die für sie geltenden Abwicklungszyklen gebunden. Diese sehen für die Übertragung der Wertpapiere i.d.R. einen oder zwei Geschäftstage vor[2]. Eine Lieferung „T+0" ist bei Schuldverschreibungen grundsätzlich nur dann möglich, wenn beide Gegenparteien ihre Wertpapiere bei demselben Zentralverwahrer oder Dritten halten und sich die Lieferung durch bloße Umbuchung von einem Depot in das andere vollziehen kann.

466 Sieht man den Leistungserfolg als maßgeblich an, sieht die DelVO 2016/2251 für Gegenparteien, die Vermögenswerte mit längeren Abwicklungszyklen als Nachschuss stellen wollen, derzeit nur **zwei Optionen** vor: Entweder die zusätzliche **Leistung von Vorschüssen** nach Art. 12 Abs. 1 Buchst. b und Abs. 2 Buchst. a DelVO 2016/2251 oder die anfängliche Leistung von Barguthaben in dem gebotenen Zeitraum „T+0" und die nachfolgende **Ersetzung** (substitution) der Barguthaben durch Schuldverschreibungen oder andere geeignete Vermögenswerte gem. Art. 19 Abs. 2 DelVO 2016/2251.

467 Besonderen Herausforderungen sind als **OGAW** ausgestaltete Investmentvermögen ausgesetzt, die aufgrund der für sie ggf. vereinbarten Beschränkungen in den Anlagebedingungen (§ 162 Abs. 2 Nr. 1 KAGB) Barguthaben in beschränktem Umfang vorhalten können und im Hinblick auf mögliche Kreditaufnahmen an die 10 %-Grenze des § 199 KAGB gebunden sind[3]. Bei ihnen tritt hinzu, dass die Barguthaben der OGAW nach § 72 Abs. 2 KAGB auf den von der Depotbank geführten Sperrkonten verwahrt werden müssen und dass nicht auszuschließen ist, dass sich die Übertragung der Zahlung aufgrund der von der Depotbank vorgenommenen Prüfungen verzögert. Der Umweg über die Substitution nach Art. 19 Abs. 2 DelVO 2016/2251 führt zu einer kurzfristigen **Doppelbesicherung** und – wenn beide Nachschüsse wie üblich im Wege der Vollrechtsübertragung geleistet werden – zu einem entsprechenden **Anstieg des Gegenparteiausfallrisikos** das von den OGAW zu erfassen und bei der Ermittlung der Grenzen für das Kontrahentenrisikos nach § 206 Abs. 6 KAGB zu berücksichtigen ist. Ob Gegenparteien als weiterer Option den in der Praxis etablierten **Markt für liquide Sicherheiten** nutzen können, indem sie ihre nicht für die T+0-Lieferung geeigneten Finanzinstrumente mittels Wertpapierpensionsgeschäften, Wertpapierdarlehen oder sog. Sicherheitentauschgeschäften (collateral swaps) in Barmittel umwandeln, hängt von den Fristen ab, in denen entsprechende Tauschgeschäfte abgewickelt werden können.

468 Anhaltspunkte dafür, wie der Begriff „leisten" zu verstehen ist, ergeben sich zum einen aus der **Entstehungsgeschichte der Vorschrift**. Der Gemeinsame Ausschuss der Europäischen Aufsichtsbehörden hatte sich in seinem Gutachten[4] für die Maßgeblichkeit des Leistungserfolges ausgesprochen und vorgeschlagen, die Formulierung „[d]ie sicherungsgebende Gegenpartei leistet" durch die Formulierung „Nachschüsse sind entgegenzuneh-

---

1 Erwägungsgrund Nr. 20 DelVO 2016/2251.
2 Erwägungsgrund Nr. 36 DelVO 2016/2251, der in diesem Zusammenhang von „operative Sachzwänge" spricht, die die Übertragung von Wertpapieren behindern.
3 *Decker* RdF 2014, 24 mit Hinweis auf die Anlagerestriktionen.
4 *GA-ESA* Gutachten zu RTS Besicherung, Rz. 91.

men" zu ersetzen. Die neue Formulierung sei klarer und stelle sicher, dass der Sicherungsnehmer die Nachschüsse innerhalb der vorgesehenen Frist tatsächlich erhalte. Demgegenüber hatte sich die Kommission auf eine Anfrage eine Mitgliedes des innerhalb des Europäischen Parlaments zuständigen Ausschusses für Wirtschaft und Währung (ECON) gegen den Vorschlag der Europäischen Aufsichtsbehörden ausgesprochen mit der Begründung, dass man von einem „leisten" bereits dann ausgehen könne, wenn die sicherungspflichtige Gegenpartei ihren Zentralverwahrer angewiesen habe, die Übertragung der Finanzinstrumente vorzunehmen[1]. Die Tatsache, dass die **Kommission** dem Vorschlag der Europäischen Aufsichtsbehörden letztendlich **nicht gefolgt** ist, kann man vor diesem Hintergrund nur entnehmen, dass die Kommission an die Leistungshandlung anknüpfen wollte.

Für die Maßgeblichkeit der **Leistungshandlung** sprechen zum anderen die oben erwähnten operativen Sachzwänge. Lässt der Gesetzgeber in Art. 4 Abs. 1 DelVO 2016/2251 auch die Leistung von unbaren Sicherheiten zu, so muss er durch angemessene Regelungen sicherstellen, dass die Gegenparteien hiervon auch Gebrauch machen können. Dass Argument der Europäischen Aufsichtsbehörden, dass der Sicherungsgeber erst dann geschützt sei, wenn er die Nachschüsse empfangen habe[2], muss man hingegen relativieren. Lässt die Eröffnung des Insolvenzverfahrens über das Vermögen des Sicherungsgebers die Wirksamkeit der von ihm erteilen Zahlungs- und Übertragungsaufträge unberührt (s. § 116 Abs. 2 InsO, Art. 5 RL 98/26/EG[3]), dann dürfte es für den Schutz des Sicherungsnehmers ausreichen, wenn der Sicherungsgeber die für die Übertragung der Vermögenswerte erforderlichen Aufträge unwiderruflich und wirksam erteilt hat. Interessant ist in diesem Zusammenhang die Behandlung geleisteter Sicherheiten im Rahmen der Meldung nach Art. 9 VO Nr. 648/2012. So sind nach Auffassung der ESMA die geleisteten Sicherheiten bereits dann im Meldesatz anzugeben, wenn die sicherungspflichtige Gegenpartei die Übertragung der Sicherheiten angewiesen hat; die Tatsache, dass einige der als Sicherheiten gestellten Vermögenswerte den Sicherungsnehmer erst einige Tage später erreichten, könne außer Betracht gelassen werden[4]. 469

Gegen die Maßgeblichkeit der Leistungshandlung spricht auch nicht Art. 12 Abs. 2 Buchst. a und b DelVO 2016/2251, die den Zeitraum definieren, für den die zusätzlichen Ersteinschüsse oder Vorschüsse einen potentiellen Anstieg des Gegenparteiausfallrisikos abdecken müssen. Dass dieser Zeitraum auch den Tag der Entgegennahme des Nachschusses einbezieht, ist nur folgerichtig, da der Sicherungsgeber erst ab diesem Zeitpunkt über die als Nachschüsse gestellten Vermögenswerte verfügen kann. 470

Die in Art. 12 Abs. 1 Buchst. b DelVO 2016/2251 vorgesehene Verlängerung der Lieferfrist um maximal zwei Geschäftstage (T+2) ist nicht sehr großzügig gewählt und kann, da das zusätzliche potentielle künftige Ausfallrisiko durch Ersteinschüsse vollständig abgesichert sein muss, nicht durch Risikoerwägungen motiviert worden sein. 471

(2) Ersteinschüsse und Nachschüsse (Art. 12 Abs. 2 DelVO 2016/2251). Für die Inanspruchnahme der um zwei Geschäftstage verlängerten Nachschussfrist unterscheidet Art. 12 Abs. 2 DelVO 2016/2251 zwischen Gegenparteien, die verpflichtet sind, Ersteinschüsse nach Maßgabe der DelVO 2016/2251 auszutauschen, und solchen, die Vorschüsse in vergleichbarer Höhe auf freiwilliger Basis austauschen. 472

Wie der Verweis in Art. 12 Abs. 2 Unterabs. 1 Buchst. a DelVO 2016/2251 auf die „in Art. 15 für Ersteinschusszahlungen dargelegte Weise" verdeutlicht, müssen Gegenparteien, die **freiwillig Vorschüsse** leisten, für die Berechnung der Vorschüsse ein Modell benutzen. Eine Erleichterung ergibt sich daraus, dass die für Zwecke des Art. 12 DelVO 2016/2251 zugrunde zu legende Nachschuss-Risikoperiode (margin period of risk, MPOR) bereits mit der **Entgegennahme** der als Nachschuss übertragenen Vermögenswerte endet und nicht erst mit der in Art. 15 Abs. 2 Buchst. b DelVO 2016/2251 vorgesehene Wiedereindeckung nach Ausfall der Gegenpartei. Auch die in Art. 15 Abs. 1 DelVO 2016/2251 vorgesehene Mindest-Nachschuss-Risikoperiode von 10 Geschäftstagen ist nicht anwendbar, was zu einer deutlichen Reduzierung der Vorschusszahlung führen dürfte. 473

Bei den nach Art. 12 Abs. 2 Unterabs. 1 Buchst. a DelVO 2016/2251 geleisteten Vorschüssen handelt es sich **nicht um Ersteinschüsse**, sondern um Vorschüsse auf den später geleisteten Nachschuss. Hieraus folgt, dass die in Art. 19 DelVO 2016/2251 für Ersteinschüsse vorgeschriebenen Abgrenzungsmaßnahmen nicht gelten. Dies wird auch durch Art. 12 Abs. 2 Unterabs. 2 bestätigt, der die Vorschüsse von dem in Art. 11 Abs. 2 DelVO 2016/2251 vorgesehenen **Aufrechnungsverbot** ausdrücklich freistellt. 474

Eine weitere Eigenschaft, die die Vorschüsse von den Ersteinschüssen unterscheidet ist, dass die Vorschüsse nach Art. 12 Abs. 2 Unterabs. 1 Buchst. a DelVO 2016/2251 nur von der Gegenpartei zu leisten sind, die die verlängerte Frist für die Übertragung von Nachschüssen nutzen möchte. 475

---

1 *Woodall*, Regulators deaf to variation margin concerns, say dealers, Risk Magazine vom 17.11.2016, abrufbar über: https://www.risk.net/derivatives/2477553/regulators-deaf-to-variation-margin-concerns-say-dealers, S. 4.
2 *GA-ESA* Gutachten zu RTS Besicherung, Rz. 91.
3 Richtlinie 98/26/EG des Europäischen Parlaments und des Rates vom 19. Mai 1998 über die Wirksamkeit von Abrechnungen in Zahlungs- sowie Wertpapierliefer- und -abrechnungssystemen, ABl. EG Nr. L 166 v. 11.6.1998, S. 45 (FinalitätsRL).
4 *ESMA* Q&A TR Frage Nr. 3(a)(a5) [letzte Aktualisierung: 14.12.2017].

476 Nach Art. 12 Abs. 2 Unterabs. 1 Buchst. b DelVO 2016/2251 können Gegenparteien, die nach Maßgabe der DelVO 2016/2251 **Ersteinschüsse** austauschen müssen, die um zwei Geschäftstage verlängerte Nachschussfrist nutzen, wenn sie die Ersteinschüsse so berechnen, dass die Verzögerung von bis zu zwei Geschäftstagen angemessen berücksichtigt wird. Anders als dies für den freiwilligen Austausch von Ersteinschüssen vorgesehen ist, differenziert Art. 12 Abs. 2 Unterabs. 1 Buchst. b DelVO 2016/2251 zwischen Standardansatz und Modell-Ansatz. Die für den Standardansatz vorgesehene Anpassung führt jedoch stets zu einer Erhöhung der ohnehin schon konservativ ermittelten Ersteinschüsse (s. Rz. 478), was zusätzliche Anreize für einen Wechsel auf den Modell-Ansatz schaffen dürfte.

477 Verwendet eine Gegenpartei für die Berechnung der Ersteinschüsse ein **Modell**, so verlangt Art. 12 Abs. 2 Unterabs. 1 Buchst. b Ziff. i) DelVO 2016/2251 dass sie die nach Art. 15 Abs. 2 DelVO 2016/2251 zu berechnende Nachschuss-Risikoperiode um den zusätzlichen Zeitraum von einem oder zwei Geschäftstagen verlängert. Maßgeblich ist auch in diesem Fall die in Art. 15 Abs. 1 der DelVO 2016/2251 vorgesehene Mindest- Nachschuss-Risikoperiode von 10 Geschäftstagen. Überschreitet die **angepasste Nachschuss-Risikoperiode** den „Floor" von 10 Geschäftstagen nicht, wirken sich die zusätzlichen Geschäftstage, um die sich die Lieferung verzögert, auf die Höhe der Ersteinschüsse nicht aus.

478 Gegenparteien, die den **Standardansatz** nach Art. 11 DelVO 2016/2251 verwenden, müssen die nach Anhang IV ermittelte Höhe des Ersteinschusses durch geeignete Verfahren anpassen. Wie dies geschehen soll, regelt Art. 12 Abs. 2 Unterabs. 1 Buchst. b Ziff. ii) DelVO 2016/2251 nicht. Der Verweis auf die Nachschuss-Risikoperiode und die an Art. 15 Abs. 2 Buchst. a DelVO 2016/2251 angelehnte Bestimmung des Endes der Nachschuss-Risikoperiode verdeutlichen jedoch, dass der mittels Standardansatz berechnete Ersteinschuss um einen Betrag zu erhöhen ist, wie ihn Gegenparteien, wenn sie Ersteinschüsse freiwillig austauschen würden, nach Art. 15 Abs. 2 Buchst. a DelVO 2016/2251 berechnen müssten. In diesem Falle ist der ohnehin sehr konservativ bemessene Ersteinschuss um einen weiteren modellbasierten Aufschlag zu erhöhen.

479 **(3) Bestrittene Nachschüsse (Art. 12 Abs. 3 DelVO 2016/2251).** Art. 12 Abs. 3 DelVO 2016/2251 sieht vor, dass Gegenparteien in ihren Vereinbarungen über den Austausch von Sicherheiten vorsehen müssen, dass im Falle eines Streites über die Höhe des Nachschusses der nicht bestrittene Betrag (undisputed amount) innerhalb der Fristen des Art. 12 Abs. 1 DelVO 2016/2251 zu leisten ist. Für die Auslegung des Begriffs „leisten" ist auch hier die Leistungshandlung maßgeblich.

480 Für den **bestrittenen Betrag** des Ersteinschusses ist das Streitbeilegungsverfahren nach Art. 15 Abs. 2 DelVO Nr. 149/2013 anzuwenden[1]. Übersteigt der streitige Betrag die Schwelle von 15 Mio. Euro und kann der Streit nicht innerhalb von 15 Geschäftstagen beigelegt werden, ist die zuständige Behörde zu benachrichtigen. Wegen der Einzelheiten wird auf die Ausführungen in Rz. 89–106 verwiesen.

481 **ee) Vollrechtsübertragung.** Die DelVO 2016/2251 macht keine Angaben dazu, in welcher **Form** die Nachschüsse zu leisten sind. In der Praxis werden Nachschüsse **nahezu ausschließlich** im Wege der Vollrechtsübertragung i.S.d. Art. 2 Abs. 1 Buchst. c RL 2002/47/EG geleistet. Die Vollrechtsübertragung bewirkt, dass die von der sicherungsgebenden Gegenpartei geleisteten Vermögenswerte in das Eigentum oder Vermögen der sicherungsnehmenden Gegenpartei übergehen. Art. 19 Abs. 4 Buchst. a DelVO 2016/2251 spricht in diesem Zusammenhang davon, dass die Vermögenswerte von der sicherungsnehmenden Gegenpartei „auf **Eigentümerbasis** gehalten" werden.

482 Dadurch, dass die als Nachschüsse geleisteten Vermögenswerte in das Eigentum oder Vermögen der sicherungsnehmenden Gegenpartei übergehen und die sicherungsgebende Gegenpartei nur noch einen schuldrechtlichen Anspruch auf Rückübertragung der Vermögenswerte hat, begründet die Vollrechtsübertragung ein **Gegenparteiausfallrisiko**. Sind die Nachschüsse in eine wirksame und rechtlich durchsetzbare bilaterale Nettingvereinbarung einbezogen, die es der sicherungsgebenden Gegenpartei erlaubt, die Nachschüsse mit den auf Nettobasis ermittelten Marktwerten der besicherten OTC-Derivate zu verrechnen, beschränkt sich dieses Gegenparteiausfallrisiko auf den Betrag, um den die Nachschüsse den Marktwert der besicherten OTC-Derivate übersteigen.

483 Dieses für die Vollrechtsübertragung typische Ausfallrisiko ist Grund für die in Art. 31 DelVO 2016/2251 vorgesehen Freistellung von der Besicherungspflicht in den Fällen, in denen die bilaterale **Nettingvereinbarung** zwischen sicherungsnehmender und sicherungsgebender Gegenpartei **rechtlich nicht durchsetzbar** ist. Aus demselben Grund sieht Art. 16 Abs. 10 RL 2014/65/EU[2] vor, dass Wertpapierfirmen mit **Kleinanlegern** keine Vereinbarungen über die Leistung von Sicherheiten im Wege der Vollrechtsübertragung abschließen dürfen[3].

484 Eine Vollrechtsübertragung nach Art. 2 Abs. 1 Buchst. c RL 2002/47/EG ist nur dann gegeben, wenn der als Nachschuss geleistete Vermögenswert nach Übereignung oder Abtretung aus dem Vermögen der sicherungsgebenden Gegenpartei ausscheidet. Dies ist z.B. nicht der Fall, wenn die sicherungsgebende Gegenpartei eine

---

1 Erwägungsgrund Nr. 6 DelVO 2016/2251.
2 Richtlinie 2014/65/EU des Europäischen Parlaments und des Rates vom 15. Mai 2014 über Märkte für Finanzinstrumente sowie zur Änderung der Richtlinien 2002/92/EG und 2011/61/EU, ABl. EU Nr. L 173 v. 12.6.2014, S. 349.
3 Erwägungsgrund Nr. 52 RL 2014/65/EU.

Barsicherheit leistet, in dem sie den als Nachschuss geforderten Geldbetrag auf ein in ihrem Namen geführtes Konto bei einem Kreditinstitut leistet und der sicherungsnehmenden Gegenpartei diese Bareinlage lediglich **verpfändet** ist. Zwar ist auch mit der Überweisung auf das eigene Konto ein Ausfallrisiko – nämlich das der kontoführenden Stelle – verbunden. Der durch die Bareinlage begründete Auszahlungsanspruch ist jedoch immer noch Teil des Vermögens der sicherungsgebenden Gegenpartei. Die Überweisung des Nachschusses auf ein Konto der sicherungsgebenden Gegenpartei ist selbst dann keine Vollrechtsübertragung, wenn die kontoführende Stelle und die sicherungsnehmende Gegenpartei identisch sind, weil auch in diesen Fällen die Bareinlage weiterhin von der sicherungsgebenden Gegenpartei zu bilanzieren ist.

d) **Ersteinschüsse (initial margin). aa) Begriff und Zweck der Ersteinschüsse (Art. 1 Nr. 1 DelVO 2016/2251).** Der Begriff **Ersteinschuss** ist in Art. 1 Nr. 1 DelVO 2016/2251 definiert. Es handelt sich bei ihm um die Sicherheit, die eine Gegenpartei entgegennimmt, um aktuelle sowie potentielle Risiken in der Zeit zwischen der letzten Entgegennahme von Einschusszahlungen und der Veräußerung von Positionen zu decken. Die Formulierung unterscheidet sich von dem in Art. 1 Abs. 4 DelVO Nr. 153/2013 definierten Begriff Ersteinschusszahlungen, der für die in Art. 41 VO Nr. 648/2012 und Art. 24–28 DelVO Nr. 153/2013 geregelten Einschussforderungen der CCPs maßgeblich ist. 485

Auffallend ist zunächst, dass Art. 1 Nr. 1 DelVO 2016/2251 von der Absicherung auch der „**aktuellen Risiken**" spricht. Da es sich bei diesen aktuellen Risiken um Risiken handelt, die erst nach der letzten Entgegennahme eines Einschusses aufgelaufen sind, weicht der Begriff Ersteinschuss in dieser Hinsicht jedoch nicht von Art. 1 Abs. 4 DelVO Nr. 153/2013 und dem in der Praxis vorherrschenden Verständnis ab: Auch die Ersteinschüsse des Art. 1 Nr. 1 DelVO 2016/2251 besichern lediglich den potentiellen Anstieg des Marktwertes des OTC-Derivats, und zwar wie er für den in der Definition beschriebenen Zeitraum ab der letzten Entgegennahme zu erwarten ist. Dass sich während dieses Zeitraums ein Teil der potentiellen Risiken realisiert und sich in aktuelles Risiko wandelt, ändert daran nichts. 486

Der für die Höhe des Ersteinschusses **maßgebliche Zeitraum** „zwischen der letzten Entgegennahme von Einschusszahlungen und der Veräußerung von Positionen" entspricht im Wesentlichen der in Art. 15 Abs. 2 DelVO 2016/2251 und Art. 272 Nr. 9 VO Nr. 575/2013[1] definierten Nachschuss-Risikoperiode (margin period of risk, MPOR). Sie erfüllt dort eine ähnliche Funktion, weicht jedoch geringfügig von ihr ab. Die Nachschuss-Risikoperiode endet nicht bereits mit der „Veräußerung von Positionen", sondern erst dann, wenn die vertragstreue Gegenpartei die durch den Wegfall des ausgefallenen OTC-Derivatekontraktes entstehende offene Risikoposition wieder geschlossen hat. Dies kann durch Abschluss eines oder mehrerer Ersatzgeschäfte, d.h., durch Wiedereindeckung, oder durch Auflösung der offenen Risikoposition erfolgen[2]. Zudem ist die Formulierung „Veräußerung von Positionen" wenig glücklich, weil sie unterstellt, dass OTC-Derivate durch Verkauf auf einen Dritten übertragen werden können. Dies ist i.d.R. nur bei börsengehandelten Derivaten der Fall, auf die die DelVO 2016/2251 jedoch keine Anwendung findet. 487

bb) **Höhe der Ersteinschüsse (Art. 11 Abs. 1 und 3–6 DelVO 2016/2251).** Die Höhe der Ersteinschüsse leitet sich dem Grunde nach bereits aus der Definition des Begriffs Ersteinschuss in Art. 1 Nr. 1 DelVO 2016/2251 ab. Danach muss die Höhe der Ersteinschüsse so bemessen sein, dass sie sämtliche potentiellen Risiken, wie sie für die Nachschuss-Risikoperiode, d.h. für den Zeitraum zwischen der letzten Entgegennahme von Einschüssen und der abgeschlossenen Wiedereindeckung nach Ausfall der Gegenpartei zu erwarten ist, abdeckt. 488

Da die für die Nachschuss-Risikoperiode zu ermittelnden potentiellen Risiken aus Sicht beider Gegenparteien sowohl **positiv als auch negativ** sein können und damit entweder die eine oder die andere Gegenpartei zur Zahlung eines Nachschusses verpflichtet sein kann, ist der Ersteinschuss grundsätzlich von **beiden Gegenparteien** zu leisten. **Ausnahmen** ergeben sich für OTC-Derivate, die ein bereits bestehendes Geschäft „glattstellen" oder für Optionen, bei denen der Käufer der Option bereits sämtliche geschuldeten Prämien gezahlt hat[3]. **Glattstellungsgeschäfte** neutralisieren das potentielle Risiko eines bestehenden Geschäfts und führen dazu, dass mit dem potentiellen Risiko auch die für das glattgestellte Geschäft verbundene Ersteinschussverpflichtung entfällt[4]. Die teilweise vollständig **erfüllten Optionen** begründen ein potentielles Risiko und damit eine Einschussverpflichtung nur für den Käufer der Option, nicht jedoch für den Verkäufer oder Stillhalter, der bereits alles empfangen hat, was ihm der Käufer der Option schuldet. 489

Für die Berechnung der Höhe der Ersteinschüsse stehen den Gegenparteien nach Art. 11 Abs. 1 DelVO 2016/2251 zwei Methoden zur Verfügung: Der in Anhang IV der DelVO 2016/2251 geregelte **Standardansatz** und die in den Art. 14–18 DelVO 2016/2251 geregelten **Modelle**. Die Zulassung der beiden Ansätze entspricht der U.S.-amerikanischen Regelung in 17 CFR § 23.156(b)[5]; sie weichen kaum voneinander ab. 490

---

1 Erwägungsgrund Nr. 19 DelVO 2016/2251.
2 Erwägungsgründe Nr. 3 und Nr. 19 DelVO 2016/2251: „are closed out and the resulting market risk is re-hedged".
3 Erwägungsgrund Nr. 5 DelVO 2016/2251.
4 Dies entspricht der für den Standardansatz geltenden Regelungen in Nr. 3 Buchst. f des Anhang IV der DelVO 2016/2251 sowie Art. 298 Abs. 2 VO Nr. 575/2013.
5 *U.S. CFTC* 81 FR 636, S. 699.

491 Mit der in Art. 11 Abs. 1 DelVO 2016/2251 gewählten Formulierung „oder nach beiden Methoden" eröffnet der Gesetzgeber den Gegenparteien einen **umfangreichen Gestaltungsspielraum**, den sie im Rahmen der nach Art. 11 Abs. 5 und 6 DelVO 2016/2251 geforderten Vereinbarung über die Methode zur Berechnung der Ersteinschüsse nutzen müssen. So können sie für jedes OTC-Derivat wählen, welcher der von den Gegenparteien zu leistende Ersteinschuss mit der Standardmethode oder der Modelle-Methode berechnet werden soll und im letzten Fall, ob die Gegenparteien dasselbe Modell verwenden oder jede Gegenpartei das von ihr gewählte Modell nutzt. Dies kann dazu führen, dass die für ein und dasselbe OTC-Derivat zu leistenden **Ersteinschüsse** der beiden Gegenparteien **nicht symmetrisch** sind[1]. Gefordert ist nur, dass sich die Gegenparteien auf die Methode einigen und – dies wird in Art. 11 Abs. 3 DelVO 2016/2251 klargestellt –, dass die Methode stetig, d.h. für die gesamte Laufzeit des OTC-Derivats angewendet wird.

492 Da die Standardmethode aufgrund ihrer konservativen Annahmen im Ergebnis zu sehr hohen Ersteinschüssen führt, dürfte sich in der Praxis ein **starker Anreiz** für die Verwendung eigener **Modelle** ergeben. Um mögliche Streitigkeiten über die Höhe der mit Modellen berechneten Ersteinschüsse zu vermeiden und die Anzahl der nach Art. 15 DelVO Nr. 149/2013 erforderlichen Streitbeilegungsverfahren und Meldungen an die zuständigen Behörden auf ein Minimum zu reduzieren, dürfte die Verwendung nur eines einzigen Modells und damit eine Symmetrie der Ersteinschüsse erstrebenswert sein.

493 **(1) Standardansatz (Anhang IV DelVO 2016/2251).** Der in Anhang IV der DelVO 2016/2251 näher beschriebene **Standardansatz** lehnt sich stark an die in Art. 274 VO Nr. 575/2013 beschriebene **Marktbewertungsmethode** an[2]. Die Marktbewertungsmethode ist eine von vier Methoden, mit denen Institute den Forderungswert der im Anhang II der VO Nr. 575/2013 genannten Derivate bestimmen müssen (Art. 273 Abs. 1 VO Nr. 575/2013). Dabei entspricht der nach der Marktbewertungsmethode ermittelte Forderungswert der Summe der aktuellen Wiederbeschaffungskosten und dem potentiellem künftigen Wiederbeschaffungswert oder „potential future exposure" bzw. „PFE" (Art. 274 Abs. 4 VO Nr. 575/2013). Der zuletzt genannte **potentielle künftigen Wiederbeschaffungswert** oder Aufschlag (add-on) **entspricht dem Ersteinschuss**.

494 Abweichungen ergeben sich im Wesentlichen bei den Prozentsätzen, mit denen der Nominalbetrag des OTC-Derivates zu multiplizieren ist und die in der Tabelle 1 zum Anhang IV **wesentlich konservativer** ausgestaltet sind als die in der Tabelle 1 zu Art. 274 VO Nr. 575/2013 vorgegebenen Prozentsätze. Grund für die Abweichung der Prozentsätze ist der angestrebte Gleichklang mit den Empfehlungen von BCBS und IOSCO[3]. Dieser hat auch dazu geführt, dass die in der Tabelle 1 angegebenen Werte denen der sog. „table-based method" der U.S.-amerikanischen Regelung in 17 CFR § 23.154(c)[4] entspricht.

495 Um **die Tabelle 1** zum Anhang IV anzuwenden, müssen die ausstehenden OTC-Derivate einer der in Spalte 1 genannten Kategorie zugeordnet werden. Ist es nicht möglich einen OTC-Derivatekontrakte einer der in der Tabelle 1 genannten **Kategorien** zuzuordnen, so ist nach Abs. 3 Buchst. b des Anhang IV die Kategorie zu verwenden, die den höchsten Prozentsatz aufweist. Ein Währungswap (cross currency swap) ist danach der Kategorie „Devisen" zuzuordnen[5]. Derivate, die sich auf das Langlebigkeitsrisiko oder Sterblichkeitsrisiko (longevity risk, mortality risk) beziehen, sind der Kategorie „Sonstiges" zuzuweisen.

496 Abs. 1 des Anhang IV entspricht weitestgehend Art. 274 Abs. 2 VO Nr. 575/2013. Mit der Formulierung „gegebenenfalls die zugrunde liegenden Werte der OTC-Derivate" sind nicht die Marktwerte der OTC-Derivate, sondern die Werte den OTC-Derivaten zugrunde liegenden **Basiswerte** gemeint. Bezieht sich z.B. eine Aktienoption auf eine Aktie der EMIR AG, dann ist der für die Aktie vereinbarte Ausübungs- oder Basispreis (strike) der anzusetzende Wert.

497 Eine der zentralen Vorschriften des Anhang IV ist Abs. 3 Buchst. c, der die Rechenregel für die Berechnung des **Ersteinschusses eines Netting-Satzes** definiert. Er wird durch Abs. 3 Buchst. d und e und den bereits in Abs. 2 des Anhang IV eingeführte Begriff „Brutto-Ersteinschuss" ergänzt.

498 Abs. 3 Buchst. c des Anhang IV entspricht Art. 298 Abs. 1 Buchst. c Ziff. ii) VO Nr. 575/2013. Der **Brutto-Ersteinschuss** ist die in Abs. 2 des Anhang IV genannte Summe der für jedes OTC-Derivat im Netting-Satz ermittelten Einzelersteinschüsse. Bei dem Faktor „NGR" (net gross ratio) handelt es sich um die für den Netting-Satz ermittelten Brutto-Wiederbeschaffungskosten geteilt durch die Netto-Wiederbeschaffungskosten. Die in Abs. 3 Buchst. d des Anhang IV definierten „**Netto-Wiederbeschaffungskosten**" entsprechen den auf Nettobasis ermittelten aktuellen Marktwerten der OTC-Derivate des Netting-Satzes. Wie bei den in Abs. 3 Buchst. e des Anhang IV definierten **Brutto-Wiederbeschaffungskosten** gilt auch hier, dass der aktuelle Marktwert nach

---

1 Erwägungsgrund Nr. 21 DelVO 2016/2251.
2 GA-ESA Endgültiger RTS Besicherung, S. 8.
3 GA-ESA Endgültiger RTS Besicherung, S. 8: „align with those envisaged in the international standards".
4 U.S. CFTC 81 FR 636, S. 700/701.
5 Die Zuordnung zur Anlageklasse „Devisen" (6 %) führt zu einer Abweichung von der U.S.-amerikanischen Regelung, die für die cross currency swaps eine eigene Anlageklasse vorsieht und diese wie die Anlageklasse „Zinsen" (1 %, 2 %, 4 %) behandelt.

Art. 11 Abs. 2 VO Nr. 648/2012 sowie Art. 16 und 17 DelVO Nr. 149/2013 zu ermitteln ist. Ist der Nettomarktwert aus Sicht der Gegenpartei negativ, so wird für ihn ein Betrag von null angesetzt. Ist die NGR null (weil z.B. die Netto-Wiederbeschaffungskosten null bzw. negativ sind), beläuft sich die für den Netting-Satz ermittelte Netto-Ersteinschussforderung auf 40 % des Brutto-Ersteinschussbetrages.

Abs. 3 Buchst. f des Anhang IV stellt klar, dass gegenläufige Derivatekontrakte mit identischen Ausstattungsmerkmalen in der Höhe, in der sie sich gegenseitig „glattstellen" keinen Ersteinschuss erzeugen. Er entspricht Art. 298 Abs. 2 VO Nr. 575/2013. 499

Am 23.11.2016 hat die Kommission einen Entwurf zur Änderung der VO Nr. 575/2013 (CRR)[1], vorgelegt, der u.a. eine neue Standardmethode für die Berechnung des Risikopositionswerts von Derivaten, den Standardansatz für das Gegenparteiausfallrisiko (**SA-CCR**), einführen wird. Der neue Standardansatz wird die bislang verwendete Marktbewertungsmethode ablösen. Wie die Marktbewertungsmethode unterscheidet auch der neue Standardansatz zwischen den Wiederbeschaffungskosten und der potenziellen künftigen Risikoposition bzw. dem Aufschlag (add-on). Die nach Art. 278, 280a-280f CRR neu zu ermittelnden Aufschläge weisen eine höhere Risikosensitivität aus und dürften dafür sorgen, dass die Eigenmittelanforderungen das mit den Derivaten verbundene Gegenparteiausfallrisiko besser widerspiegeln. Sie weisen jedoch auch eine deutlich höhere Komplexität auf[2]. Es bleibt daher abzuwarten, ob die Einführung des neuen Standardansatzes auch im Anhang IV DelVO 2016/2251 nachvollzogen wird. Die Verabschiedung der Verordnung war zum Zeitpunkt der Kommentierung nicht absehbar. 500

(2) Modelle (Art. 14–18 DelVO 2016/2251). Die in den Art. 14–18 DelVO 2016/2251 beschriebenen Anforderungen an die Modelle lehnen sich deutlich an die auf einem **internen Modell beruhende Methode (IMM)** an. Die in Art. 283-294 VO Nr. 575/2013 geregelte IMM ist wie die Marktbewertungsmethode eine von vier Methoden, mit denen Institute den Forderungswert der im Anhang II der VO Nr. 575/2013 genannten Derivate bestimmen müssen (Art. 273 Abs. 1 VO Nr. 575/2013). 501

Ein wesentlicher Unterschied zwischen den Ersteinschussmodellen und der IMM ist, dass die Verwendung der Ersteinschussmodelle bislang nicht der vorherigen Zulassung durch die zuständige Behörde bedarf. Hierin weicht die DelVO 2016/2251 auch von der U.S.-amerikanischen Regelung in 17 CFR § 23.150[3] ab. Diese definiert den Begriff „inital margin model" als ein internes Modell, das von der CFTC oder einem zugelassenen Terminhandelsverband (registered futures association)[4] genehmigt worden ist. 502

Die Übereinstimmung von Ersteinschussmodellen und IMM ist sowohl für die Modellparameter als auch für die zugrunde zu legenden Nachschuss-Risikoperiode (margin period of risk, MPOR) von mindestens **10 Tagen** festzustellen. Die an die Ersteinschussmodelle und die IMM zu stellenden Anforderungen sind damit deutlich **konservativer** als die für **CCPs** geltenden Anforderungen an Ersteinschüsse für geclearte OTC-Derivate, die z.B. nur eine MPOR oder Liquidationsperiode von fünf Geschäftstagen vorsehen (Art. 26 Abs. 1 DelVO Nr. 153/2013)[5]. 503

Bei den in Art. 14–18 DelVO 2016/2251 näher beschriebenen Ersteinschussmodellen handelt es sich um **wahrscheinlichkeitsbasierte stochastische Modelle**, bei denen die durch eine sehr hohe, theoretisch unendliche Anzahl von Wiederholungen eines Zufallsexperimentes (der sog. „Monte-Carlo-Simulation") ermittelten Werte – in diesem Fall die zukünftigen Nettomarktwerte eines Netting-Satzes – einem Erwartungs- oder Vertrauensbereich, dem sog. „Konfidenzintervall", zugewiesen werden. Dabei wird vermutet wird, dass der „richtige" Wert mit einer gewissen Häufigkeit, dem sog. Konfidenzniveau (z.B. in 99 % aller Fälle) in dem zu beobachteten Vertrauensbereich liegt. 504

Art. 14 DelVO 2016/2251 regelt die **allgemeinen Anforderungen**, die von Ersteinschussmodellen zu erfüllen sind. Nach Art. 14 Abs. 1 DelVO 2016/2251 kann das Modell von einer der beiden Gegenparteien, von beiden **gemeinsam oder von einem Dritten** (z.B. einer Handelsorganisation wie der International Swaps and Derivatives Association, Inc. [ISDA]) entwickelt worden sein. Unabhängig davon, wer das Modell entwickelt hat, bleibt die Gegenpartei, die ein Modell verwendet, dafür verantwortlich, dass es den Anforderungen der DelVO 2016/2251 entspricht. Nach Art. 14 Abs. 2 DelVO 2016/2251 müssen die Modelle sämtliche mit dem Abschluss der OTC-Derivate verbundenen **wesentlichen Risiken** sowie **Umfang und Komplexität** der OTC-Derivate be- 505

---

1 *Kommission*, Vorschlag für eine Verordnung des Europäischen Parlaments und des Rates zur Änderung der Verordnung (EU) Nr. 575/2013 in Bezug auf die Verschuldungsquote, die strukturelle Liquiditätsquote, Anforderungen an Eigenmittel und berücksichtigungsfähige Verbindlichkeiten, das Gegenparteiausfallrisiko, das Marktrisiko, Risikopositionen gegenüber zentralen Gegenparteien, Risikopositionen gegenüber Organismen für gemeinsame Anlagen, Großkredite, Melde- und Offenlegungspflichten und zur Änderung der Verordnung (EU) Nr. 648/2012, KOM(2016) 850 final vom 23.11.2016, abrufbar über: https://ec.europa.eu/transparency/regdoc/rep/1/2016/DE/COM-2016-850-F1-DE-MAIN-PART-1.PDF („*Kommission* Entwurf CRR II").
2 *Kommission* Entwurf CRR II, Erwägungsgrund 26, S. 33.
3 *U.S. CFTC* 81 FR 636, S. 696.
4 Ein Beispiel ist die National Futures Association (NFA).
5 S. *Cont*, Margin Requirements for Non-cleared Derivatives, April 2018, S. 6, abrufbar über: https://www.isda.org/a/cpmEE/Margin-Requirements-for-Noncleared-Derivatives-April-2018.pdf.

Art. 11 VO Nr. 648/2012 | Risikominderungstechniken

rücksichtigen. Dabei müssen nach Art. 14 Abs. 8 DelVO 2016/2251 auch möglichen **Unsicherheitsfaktoren** bezüglich der Parameter, der Korrelation, dem Basisrisiko und der Datenqualität in umsichtiger Weise Rechnung getragen werden.

506 Art. 14 Abs. 3 DelVO 2016/2251 verlangt darüber hinaus, dass die Prognosegüte des Modells durch regelmäßige **Rückvergleiche** (back testing) überprüft wird. Diese Prüfungen müssen mindestens einmal im Quartal durchgeführt werden. Die Methoden für den Rückvergleich und die Schwellen, ab denen eine **Neukalibrierung** oder Änderung des Modells erforderlich ist, sind von den Gegenparteien als Bestandteil ihres Risikomanagementverfahrens festzulegen (Art. 14 Abs. 4 und 5 DelVO 2016/2251). Die Ergebnisse der durchgeführten Rückvergleiche sind ausreichend zu dokumentieren (Art. 14 Abs. 6 DelVO 2016/2251).

507 Nach Art. 14 Abs. 7 DelVO 2016/2251 muss die Gegenpartei, die ein Modell verwendet, der anderen Gegenpartei alle **Informationen** zur Verfügung stellen, die es einem sachverständigen Dritten, z.B. dem Wirtschaftsprüfer oder einer zuständigen Behörde, ermöglicht, die Berechnung des Ersteinschusses zu überprüfen. Die Informationspflicht unterstützt die nach Art. 15 DelVO Nr. 149/2013 zu vereinbarenden **Streitbeilegungsverfahren**[1]. Sie soll sicherstellen, dass die sicherungsgebende Gegenpartei die Höhe der Einschusszahlungen auch dann nachvollziehen kann, wenn sie das Modell nicht selbst entwickelt hat.

508 Art. 14 DelVO 2016/2251 ist, wie auch die nachfolgenden Bestimmungen, Ausdruck eines **Zielkonflikts**. Auf der einen Seite soll das für die Berechnung von Ersteinschüssen verwendete Modell alle wesentlichen Risiken des Derivatportfolios, die Einfluss auf das potentielle zukünftige Gegenparteiausfallrisiko haben, richtig abbilden. Auf der anderen Seite soll das Modell noch so einfach sein, dass es auch von der Gegenpartei, die das Modell nicht entwickelt hat, verstanden und nachgebildet werden kann[2]. Darüber hinaus soll das Modell – zumindest in der Theorie – auch jenen Gegenparteien offen stehen, bei denen es sich nicht um Kreditinstitute oder Wertpapierfirmen mit großen Derivatportfolien und ausreichend Ressourcen handelt, sondern die die Modelle-Methode nur deshalb verwenden, um in den Genuss der längeren Lieferfrist für Nachschüsse nach Art. 12 Abs. 2 DelVO 2016/2251 zu gelangen.

509 Eine zentrale Vorschrift ist **Art. 15 DelVO 2016/2251**, der die Einzelheiten des **stochastischen Verfahrens**, insbesondere die Vorgaben für den zu beobachtenden Vertrauensbereich, das Konfidenzniveau, und die Festlegung der Nachschuss-Risikoperiode (margin period of risk, MPOR) enthält. Er verdeutlicht nochmals, dass die Aufgabe des Modells darin besteht, den zukünftigen Nettowert der in einem Netting-Satz zusammengefassten OTC-Derivatkontrakte zu ermitteln. Die Vorgabe eines „einseitigen" Konfidenzintervall ergibt sich aus der Tatsache, dass für die sicherungsnehmende Gegenpartei, die den Ersteinschuss zu berechnen hat, nur die aus ihrer Sicht **positiven Nettowerte** des Netting-Satzes maßgeblich sind. Negative Nettowerte sind nicht Bestandteil des Erwartungsbereichs bzw. Konfidenzintervalls. Verkaufte Optionen, unter denen die sicherungsnehmende Gegenpartei bereits sämtliche Prämien erhalten hat, werden im maßgeblichen Erwartungsbereich der positiven zukünftigen Werte keine „Treffer" zeigen und deshalb auch keine Ersteinschusszahlungen erfordern.

510 Das in Art. 15 Abs. 1 DelVO 2016/2251 vorgegebene **Konfidenzniveau von 99 %** entspricht demjenigen, das Art. 221 Abs. 7 Buchst. b VO Nr. 575/2013 für die IMM vorschreibt, die Institute für das Nettoausfallrisiko aus **Wertpapierfinanzierungsgeschäften** nutzen dürfen. Die für Derivate zugelassene IMM enthält insoweit keine Vorgaben (Art. 287 Abs. 7 VO Nr. 575/2013). Das 99 %-Konfidenzniveau bedeutet, dass diejenigen positiven Nettowerte, für die nur eine sehr geringe Eintrittswahrscheinlichkeit von 1 % oder weniger besteht (das sog. „tail risk") unberücksichtigt bleiben. Das Konfidenzniveau, das **CCPs** für die Berechnung ihrer Ersteinschüsse verwenden müssen, ist **konservativer**. Es beträgt für geclearte OTC-Derivate mindestens 99,5 % (Art. 24 Abs. 1 DelVO Nr. 153/2013).

511 Die für die Modellierung maßgebliche Mindest-Nachschuss-Risikoperiode beträgt zehn Tage. Das Wort „Tage" wird in Art. 15 Abs. 1 DelVO 2016/2251 nicht konkretisiert. Vor dem Hintergrund des vom Gesetzgeber angestrebten „Gleichlaufs" von Delegierter Verordnung und CRR wird man hier wie in Art. 285 Abs. 2 Buchst. b VO Nr. 575/2013 jedoch von **zehn Handels- bzw. Geschäftstagen** und nicht von Kalendertagen ausgehen müssen.

512 Die in Art. 285 Abs. 3 Buchst. a VO Nr. 575/2013 für **große Derivateportfolien** mit mehr als 5.000 Geschäften vorgesehene Verlängerung der Mindest-Nachschuss-Risikoperiode auf 20 Handelstage ist **nicht übernommen** worden. Ebenfalls nicht übernommen wurde die in Art. 285 Abs. 3 Buchst. b VO Nr. 575/2013 vorgesehene 20-tägige Mindest-Nachschuss-Risikoperiode für Netting-Sätze, die durch **schwer realisierbare Sicherheiten** besichert sind oder bei denen sich einzelne Geschäfte insbesondere in Phasen angespannter Marktbedingungen nicht ohne weiteres ersetzen lassen. Darüber hinaus findet die in Art. 285 Abs. 4 VO Nr. 575/2013 vorgesehene Verdoppelung der Mindest-Nachschuss-Risikoperiode bei mehr als **zwei Streitigkeiten** in den zurückliegenden beiden Quartalen in der Delegierten Verordnung ebenfalls keine Entsprechung.

---

1 Erwägungsgrund Nr. 21 DelVO 2016/2251.
2 Erwägungsgrund Nr. 21 DelVO 2016/2251.

Das Fehlen einer vergleichbaren Regelung besagt nicht, dass die in Art. 285 VO Nr. 575/2013 beschriebenen Umstände unbeachtlich sind. Sie sind vielmehr im Rahmen der nach Art. 15 Abs. 2 Buchst. b DelVO 2016/2251 vorzunehmende **Schätzung der Nachschuss-Risikoperiode** zu berücksichtigen. Dabei kann jedoch unterstellt werden, dass schwer realisierbare Sicherheiten nach Art. 7 Abs. 4 DelVO 2016/2251 ausgetauscht (substituiert) oder durch zusätzliche Bewertungsabschläge neutralisiert werden, so dass sie keinen Einfluss auf die Länge der Nachschuss-Risikoperiode haben.

Ebenfalls nicht geregelt ist die Frage, wie ein nach Art. 25 DelVO 2016/2251 vereinbarter Mindesttransferbetrag im Rahmen der Schätzung zu berücksichtigen ist, insbesondere ob die Gegenparteien sich an der für die IMM zugelassene sog. „Abkürzungsmethode" (**shortcut method**) in Art. 285 Abs. 1 Buchst. b Ziff. ii) VO Nr. 575/2013 orientieren dürfen, was sicherlich sachgerecht wäre.

Art. 15 Abs. 2 DelVO 2016/2251 definiert die für einen Netting-Satz maßgebliche Nachschuss-Risikoperiode. Während Art. 15 Abs. 1 Buchst. a DelVO 2016/2251 den Startpunkt beschreibt, definiert Art. 15 Abs. 1 Buchst. b DelVO 2016/2251 das Ende der **Nachschuss-Risikoperiode**, d.h. den Zeitpunkt, zu dem es der Gegenpartei gelungen sein dürfte, sämtliche OTC-Derivatekontrakte, die Teil des Netting-Satzes sind, zu ersetzen bzw. die sich aus ihnen ergebenden Risiken abzusichern.

Die Ermittlung der Nachschuss-Risikoperiode setzt eine Schätzung voraus, bei der neben den in Art. 285 Abs. 3 VO Nr. 575/2013 genannten Parametern wie Größe des Derivatportfolios und Komplexität der zu ersetzenden Geschäfte auch die in Art. 15 Abs. 1 Buchst. b DelVO 2016/2251 beschriebene **Leistungsfähigkeit** des für die Wiedereindeckung relevanten **Marktes** von Bedeutung ist. Das kann der in Art. 15 Abs. 1 Buchst. b DelVO 2016/2251 angesprochene Markt für OTC-Derivate sein, dessen Liquidität durch die Anzahl der Marktteilnehmer und die Menge der von ihnen gehandelten OTC-Derivatekontrakte gekennzeichnet wird. Denkbar ist jedoch auch, dass sich die Gegenpartei an Terminbörsen oder anderen regulierten Handelsplätzen eindeckt.

Nach Art. 16 Abs. 1 DelVO 2016/2251 müssen die von dem Modell verwendeten Parameter mindestens jährlich auf der Grundlage historischer Marktdaten neu kalibriert werden. Die **Kalibrierung** des Modells erfolgt ausschließlich auf der Grundlage von **Markdaten**. Die Eigenschaften der Gegenparteien – z.B. deren Bonitätsstufe und die sich daraus ggf. ergebenden erhöhten Wiedereindeckungskosten oder das Bestehen von Korrelationseffekten – können bei der Überprüfung der Modell-Parameter unberücksichtigt bleiben[1].

Die Marktdaten müssen einen Zeitraum von mindestens drei und dürfen einen Zeitraum von höchstens fünf Jahren umfassen. Nach Art. 16 Abs. 2 und 3 DelVO 2016/2251 ist für die Kalibrierung ein zusammenhängender Zeitraum zu verwenden, dessen jüngste Daten unmittelbar vor dem Tag der Kalibrierung liegen. Dabei müssen **25 %** der Marktdaten einen Zeitraum mit **erheblichem Finanzstress** abbilden. Die Anforderung, dass 25 % der Marktdaten gestresste Marktdaten sein müssen, entspricht Art. 28 Abs. 1 Satz 3 Buchst. b DelVO Nr. 153/2013. Sie dient dazu einer **potentiellen prozyklischen Wirkung** von Ersteinschüssen bzw. zusätzlichen Anforderungen in unerwarteter systemrelevanter Höhe[2] entgegen zu wirken. Verfügt der maßgebliche Drei-bis-fünf-Jahre-Zeitraum nicht über die geforderte Anzahl an Stressdaten, sind diese aus früheren Jahren zu entnehmen, die auch außerhalb des noch zulässigen 5-Jahres-Zeitraums liegen können. Für diesen Zweck sind stets die ältesten Daten des Drei-bis-fünf-Jahre-Zeitraums durch die zusätzlichen Stressdaten zu ersetzen.

Nach Art. 16 Abs. 4 DelVO 2016/2251 muss bei der Kalibrierung der Modell-Parameter zwischen den in Art. 17 Abs. 2 DelVO 2016/2251 genannten **fünf Anlageklassen** unterschieden werden. Für die Kalibrierung der Daten sind sämtliche Daten gleich zu gewichten (Art. 16 Abs. 5 DelVO 2016/2251). Das **Gebot der Gleichgewichtung** der historischen Daten schließt es aus, dass Gegenparteien jüngere Daten, die das aktuelle Marktgeschehen ggf. angemessener reflektieren als solche, die bereits 36 oder 48 Monate zurückliegen, stärker berücksichtigen. Werden die Modell-Parameter für kürzere als die nach Art. 15 DelVO 2016/2251 maßgebliche Nachschuss-Risiko-Periode kalibriert, sind sie durch geeignete Verfahren anzupassen (Art. 16 Abs. 6 DelVO 2016/2251).

Die Gegenparteien müssen nach Art. 16 Abs. 9 DelVO 2016/2251 Vereinbarungen über die Qualität der für die **Kalibrierung verwendeten Daten**, die Auswahl geeigneter Datenanbieter sowie die ggf. erforderliche Interpolation von Daten treffen. Durch Ableitung oder Interpolation erzeugte Näherungswerte für Daten (sog. „proxies") dürfen nach Art. 16 Abs. 10 DelVO 2016/2251 nur dann für die Kalibrierung verwendet werden, wenn ausreichende oder hinreichend aussagekräftige Daten nicht verfügbar sind und die Verwendung der Näherungswerte zu einem konservativen Ergebnis, d.h. zu einer höheren Ersteinschusszahlung führt.

Art. 16 Abs. 7 und 8 DelVO 2016/2251 sieht vor, dass Gegenparteien die Voraussetzungen, unter denen sie Kalibrierung der Modell-Parameter häufiger als jährlich, d.h. auch anlassbezogen, vornehmen, **schriftlich festhalten**. Darüber hinaus müssen sie dokumentieren, nach welchem Verfahren die Höhe der bereits geleisteten Ersteinschüsse anzupassen ist, wenn sich die Modell-Parameter aufgrund veränderter Marktbedingungen eben-

---

1 Erwägungsgrund Nr. 21 DelVO 2016/2251.
2 Erwägungsgrund Nr. 22 DelVO 2016/2251.

falls ändern. Abweichend vom Grundsatz des Art. 13 Abs. 2 DelVO 2016/2251 können die Gegenparteien vorsehen, dass eine durch Parameteränderung ausgelöste Erhöhung der Ersteinschussverpflichtung nur mit einer Verzögerung von bis zu 30 Geschäftstagen ausgetauscht werden muss.

522 Die in Art. 16 Abs. 8 DelVO 2016/2251 vorgesehene Abweichung von Art. 13 Abs. 2 DelVO 2016/2251 (T+0) ist bewusst gewählt worden: Ist die Anpassung von Modell-Parametern auf Marktbedingungen zurückzuführen, dann beschränkt sich der hiermit verbundenen Anstieg der Ersteinschussanforderungen nicht nur auf eine bilaterale Vertragsbeziehung, sondern er betrifft alle Gegenparteien weltweit, die für die Berechnung von Ersteinschüssen Modelle verwenden und ihre Modelle anhand derselben historischen Daten kalibrieren. Dies kann zu **systemrelevanten Einschussanforderungen** in unerwarteter Höhe führen[1]. Dieses derzeit nicht abschätzbare Systemrisiko erklärt auch die lange Frist von 30 Geschäftstagen.

523 Art. 17 Abs. 1 DelVO 2016/2251 sieht vor, dass die Modelle mögliche **Korrelationen** zwischen den OTC-Derivaten ein und desselben **Netting-Satzes**, insbesondere Diversifizierungen und Risikoausgleiche, berücksichtigen dürfen. Die Berücksichtigung muss sich jedoch auf die OTC-Derivate beschränken, die derselben, in Art. 17 Abs. 2 DelVO 2016/2251 genannten Anlageklasse angehören.

524 **Korrelationen**, die sich zwischen dem Wert eines OTC-Derivatekontraktes und dem Wert einer gestellten **Sicherheit** ergeben, sind nach Art. 11 Abs. 4 DelVO 2016/2251 außer Acht zu lassen. Ein Beispiel sind die in Art. 8 Abs. 6 DelVO 2016/2251 genannten Geschäfte, bei denen die gestellte Sicherheit dem Basiswert eines besicherten OTC-Derivatekontraktes entspricht: Eine Gegenpartei erwirbt eine Kaufoption auf die Stammaktie der EMIR AG, die von der anderen Gegenpartei, der Verkäuferin der Option, durch ein Pfandrecht an der EMIR-Aktie besichert wird. Steigt der Wert der EMIR-Aktie steigt nicht nur der Wert der Kaufoption, sondern auch der Wert der Sicherheit.

525 Bei den Anlageklassen sind nach Art. 17 Abs. 2 DelVO 2016/2251 je nach Basiswert des betreffenden OTC-Derivatekontraktes **fünf Gruppen zu unterscheiden**. Die Basiswerte Zins, Währung und Inflation werden zu einer Gruppe zusammengefasst. Die Basiswerte Aktien und Kreditrisiken und Rohwaren (einschließlich Gold) bilden jeweils eine eigene Gruppe. Hinzu tritt die Gruppe „Sonstige". Die in Art. 17 Abs. 2 DelVO 2016/2251 vorgenommene Gruppierung der Basiswerte zu Anlageklassen stimmt mit der in Art. 11 DelVO Nr. 149/2013 vorgenommenen Gruppierung für Zwecke der Berechnung der Clearingschwelle aus guten Gründen nicht überein. Beide Regelungen verfolgen unterschiedliche Zwecke. Bei der Gruppierung nach Art. 17 Abs. 2 DelVO 2016/2251 geht es darum, diejenigen Basiswerte zusammenzufassen, bei denen eine Korrelation der Werte möglich ist.

526 Die **qualitativen Anforderungen** an das Modell, insbesondere im Hinblick auf dessen Validierung sind in Art. 18 DelVO 2016/2251 geregelt. Danach legen die Gegenparteien einen internen Überwachungsprozess fest, anhand dessen sie die Angemessenheit des Modells und die von ihm zu erfüllenden qualitativen Anforderungen insbesondere im Hinblick auf die Validierung des Modells sowie seiner Annahmen und Input-Parameter kontinuierlich bewerten und in angemessener Form dokumentieren. Die qualitativen Anforderungen, die ein Modell für Ersteinschusszahlungen erfüllen muss, orientieren sich an den qualitativen Anforderungen die nach Art. 293 Abs. 1 i.V.m. Art. 368 VO Nr. 575/2013 auch für die IMM (und für die Value-at-Risk-Modelle) vorgesehen sind.

527 Die geforderte **erste Validierung** des Modells durch eine unabhängige qualifizierte Stelle (Art. 18 Abs. 1 Buchst. a DelVO 2016/2251) entspricht Art. 293 Abs. 1 Buchst. c VO Nr. 575/2013. Die Validierung ist bei jeder signifikanten Änderung des Modells mindestens jedoch **einmal im Jahr** zu wiederholen (Art. 18 Abs. 1 Buchst. b DelVO 2016/2251). Die Validierung signifikanter Änderung entspricht Art. 368 Abs. 2 Buchst. d VO Nr. 575/2013. Die regelmäßige Validierung des Modells ist auch nach Art. 293 Abs. 1 Buchst. c VO Nr. 575/ 2013 gefordert. Die **Prüfverfahren** der Integrität und Zuverlässigkeit der **Datenquellen**, die Genauigkeit und Vollständigkeit der verwendeten **historischen Daten** sowie die Genauigkeit und Angemessenheit der **Annahmen** in Bezug auf Volatilitäten und Korrelationen betreffen (Art. 18 Abs. 1 Buchst. c DelVO 2016/2251), sind so auch in Art. 368 Abs. 2 Buchst. e und f VO Nr. 575/2013 vorgesehen. Gleiches gilt im Grundsatz auch für die Einrichtung von Managementinformationssystemen (management information systems, MIS), die sich etwas ausführlicher auch in Art. 369 Abs. 1 Buchst. c VO Nr. 575/2013 beschrieben finden.

528 Die in Art. 18 Abs. 2 DelVO 2016/2251 verortete Pflicht zur **Dokumentation des Modells** lehnt sich an Art. 368 Abs. 2 Buchst. a VO Nr. 575/2013 an, ist jedoch in der DelVO 2016/2251 ausführlicher ausgestaltet. Wie in Art. 14 Abs. 7 DelVO 2016/2251 findet sich auch hier der Verweis auf einen **fachkundigen Dritten** (z.B. einen Wirtschaftsprüfer oder eine zuständige Behörde). Dieser soll durch die Dokumentation in die Lage versetzen werden, die Gestaltung und die operationellen Einzelheiten des Modells nachzuvollziehen. Die Dokumentation muss insbesondere die wichtigsten Annahmen und Beschränkungen des Modells, bzw. die Umstände, unter denen die dem Modell zugrunde liegenden Annahmen nicht mehr gelten, beschreiben. Die Dokumentationspflicht erfasst nach Art. 18 Abs. 3 DelVO 2016/2251 auch sämtliche Änderungen des Modells sowie

---

[1] Erwägungsgrund Nr. 22 DelVO 2016/2251.

die Ergebnisse der nach Art. 18 Abs. 1 Buchst. b DelVO 2016/2251 für signifikante Änderungen vorgesehene Folgevalidierung.

Nach Art. 2 Abs. 6 DelVO 2016/2251 ist die Dokumentation des Modells der **zuständigen Behörde** auf deren Anforderung hin vorzulegen. 529

Die in der International Swaps and Derivatives Association, Inc. (ISDA) organisierten Derivatehändler haben ein eigenes Modell, das **ISDA Standard Initial Margin Model (SIMM)** entwickelt, das in der Praxis zumindest bei den Gegenparteien mit großen Derivateportfolien, die bereits seit dem 4.2.2017 Ersteinschüsse austauschen, weite Verbreitung findet. 530

cc) **Aufrechnungsverbot (Art. 11 Abs. 2 DelVO 2016/2251).** Mit der in Art. 11 Abs. 1 DelVO 2016/2251 gewählten Formulierung „entgegenzunehmenden" stellt der Gesetzgeber klar, dass die Gegenpartei ihren Anspruch auf Ersteinschusszahlung auch geltend machen muss. Sie darf ihn insbesondere nicht stunden. 531

Da der Ersteinschuss grundsätzlich von beiden Gegenparteien zu leisten ist (Rz. 489) und auch durch Geldzahlungen erfüllt werden kann, wäre es theoretisch möglich, dass die Gegenparteien vereinbaren, dass die am selben Tag fälligen Ersteinschusszahlungen **gegeneinander aufzurechnen** sind. Dies schließt Art. 11 Abs. 2 DelVO 2016/2251 jedoch ausdrücklich aus. Ersteinschusszahlungen müssen effektiv und nach Art. 13 Abs. 1 DelVO 2016/2251 unter Verwendung der in Art. 19 DelVO 2016/2251 vorgesehenen **Abgrenzungsvereinbarungen** geleistet werden. 532

Eine nur **scheinbare Ausnahme** vom Aufrechnungsverbot ergibt sich aus Art. 12 Abs. 2 Unterabs. 2 DelVO 2016/2251 für die freiwillig geleisteten **Vorschüsse**, mit denen sich eine Gegenpartei die Möglichkeit eröffnet, die von ihr geschuldeten Nachschüsse innerhalb von zwei Geschäftstagen (und nicht T+0) zu übertragen. Diese Vorschüsse werden zwar wie Ersteinschüsse ermittelt, sie sind jedoch keine. 533

Das Aufrechnungsverbot und die Pflicht zur Abgrenzung (segregation) ist von der **Finanzindustrie kritisiert** worden, da sie dazu führen, dass qualitative hochwertige und liquide Vermögenswerte im großen Umfang bei Dritten verwahrt und mit Pfandrechten belegt werden. Die Folge ist, dass die als Ersteinschuss geleisteten Sicherheiten nicht mehr für andere Zwecke, z.B. als strategische Liquiditätsreserve bzw. liquide Aktiva i.S.d. Art. 412 VO Nr. 575/2013 oder zur Refinanzierung z.B. mittels Wertpapierpensionsgeschäften verwendet werden können. Die DelVO 2016/2251 hat der Kritik durch die Freistellungsmöglichkeit des Art. 28 Abs. 1 DelVO 2016/2251 und die Übergangsvorschrift in Art. 36 Abs. 1 DelVO 2016/2251 Rechnung getragen[1]. 534

dd) **Häufigkeit der Berechnung (Art. 9 Abs. 2 DelVO 2016/2251).** Die Häufigkeit mit der Ersteinschüsse zu berechnen sind, ist in Art. 9 Abs. 2 DelVO 2016/2251 geregelt. Auch für die Berechnung der **Ersteinschüsse** gilt, dass sie von beiden Gegenparteien vorzunehmen ist. 535

Art. 9 Abs. 2 DelVO 2016/2251 benennt insgesamt **vier Ereignisse**, die eine Berechnung von Ersteinschusszahlungen am unmittelbar folgenden Geschäftstag auslösen und begründet die **Rückfalllösung**, dass eine Berechnung stets dann durchzuführen ist, wenn in den **zehn unmittelbar vorhergehenden Geschäftstagen** keine Berechnung aus anderen Gründen durchgeführt wurde. 536

Die Aufzählung der vier Ereignisse ist, wie der Formulierung „mindestens" zu entnehmen ist, **nur beispielhaft** und nicht abschließend. Nicht ausdrücklich genannt ist z.B. der Fall, dass der Inhalt eines OTC-Derivates von den Gegenparteien einvernehmlich geändert wird. Betrifft die Änderung auch nur eines der Merkmale, die für die Berechnung der Ersteinschussverpflichtung maßgeblich sind (z.B. den Nominalbetrag oder die Laufzeit), löst eine entsprechende Änderungsvereinbarung eine Pflicht zur Neuberechnung aus. 537

Ein weiterer Anlass für die Neubewertung des Ersteinschusses ist die **Neukalibrierung der Parameter** eines für die Berechnung von Ersteinschüssen verwendeten Modells. Diese ist nach Art. 16 Abs. 1 DelVO 2016/2251 mindestens jährlich vorzunehmen. Die Gegenparteien können jedoch auch eine häufigere Überprüfung und Anpassung der Modell-Parameter vereinbaren (Art. 16 Abs. 7 DelVO 2016/2251). 538

(1) **Neuabschluss eines OTC-Derivates.** Der **Abschluss eines neuen OTC-Derivates** löst nach Art. 9 Abs. 2 Buchst. a DelVO 2016/2251 stets die Berechnung eines Ersteinschusses aus. 539

Dem Neuabschluss gleichgestellt ist die erstmalige Aufnahme eines bestehenden OTC-Derivates in einen **Netting-Satz**. Grund hierfür ist, dass die risikoreduzierenden Effekte einer Nettingvereinbarung sich auch auf die Höhe des von den Gegenparteien geschuldeten Ersteinschusses auswirken. Dies lässt sich bereits an dem in Art. 11 Abs. 1 und Anhang IV der DelVO 2016/2251 geregelten Standardansatz für die Berechnung von Ersteinschüssen verdeutlichen: So geht jedes in den Netting-Satz einbezogene OTC-Derivat in die in Nr. 3 Buchst c des Anhang IV definierte Netto-Ersteinschuss-Formel ein mit der Folge, dass sich der für ihn zu ermittelnde und ggf. bereits geleistete Ersteinschuss im Idealfall (wenn der Netto-Barwert des in den Netting-Satz einbezogenen OTC-Derivats nach Aufnahme des Einzelabschlusses null wird) auf 40 % reduziert. 540

---

[1] Erwägungsgrund Nr. 14 DelVO 2016/2251 unter Hinweis darauf, dass sich die Ersteinschüsse messbar auf die Marktliquidität auswirken dürfte.

541 Noch deutlicher ist die Reduzierung bei einem gegenläufigen OTC-Derivat, das die Risikoposition eines bereits bestehenden OTC-Derivats ganz oder teilweise schließt bzw. „glattstellt". Weisen beide OTC-Derivate – der alte Einzelabschluss und das zu seiner **Glattstellung** verwendete gegenläufige Geschäft – in jeder Hinsicht identische Ausstattungsmerkmale auf, so wird nach Abs. 3 Buchst. f) des Anhang IV in der Höhe, in der sich die Nominalbeträge der beiden OTC-Derivate decken, kein Ersteinschuss mehr geschuldet.

542 Ähnliche Korrelations- und Glattstellungseffekte können auch von den Gegenparteien berücksichtigt werden, die für die Berechnung ihrer Ersteinschusszahlungen **Modelle** i.S.d. Art. 14 DelVO 2016/2251 verwenden.

543 **(2) Beendigung eines OTC-Derivates.** Wie der Neuabschluss oder die erstmalig Aufnahmen eines OTC-Derivats in einen Netting-Satz zu einer Neuberechnung der geschuldeten Ersteinschüsse führt, so gilt dies nach Art. 9 Abs. 2 Buchst. b DelVO 2016/2251 auch für den *actus contrarius*, d.h. die **Beendigung** eines OTC-Derivats oder der Entnahme eines Geschäfts aus dem Netting-Satz.

544 Ein Beispiel für die Beendigung eines OTC-Derivates ist die Schuldumwandlung oder Novation von Einzelabschlüssen im Rahmen einer erfolgreich durchgeführten **Portfoliokomprimierung** nach Art. 14 der DelVO Nr. 149/2013. Sie führt gleichzeitig auch zu einem Neuabschluss bzw. der Aufnahme des durch die Novation begründeten neuen OTC-Derivates in den Netting-Satz i.S.d. Art. 9 Abs. 2 Buchst. a DelVO 2016/2251.

545 Ein anderer, nicht seltener Fall, ist die Ausübung eines vertraglich vereinbarten Rechts zur **vorzeitigen Beendigung eines OTC-Derivats** (optional early termination oder „break clause"). Entsprechende Gestaltungsrechte werden nicht selten von OGAWs verlangt, die sicherstellen müssen, dass sie ihre der Absicherung dienenden OTC-Derivate zu dem selben Zeitpunkt beenden können, zu dem sie auch den zugrunde liegenden Basiswert, z.B. eine Akie veräußern.

546 Ein Beispiel für die **Entnahme eines OTC-Derivats** aus einem Netting-Satz ist dessen Aufnahme in das Clearing einer zentralen Gegenpartei nach Begründung der Clearingpflicht. Grund für das Ausscheiden von OTC-Derivaten aus einem Netting-Satz kann jedoch auch sein, das die von den Gegenparteien abgeschlossenen Nettingvereinbarung aufgrund einer nachträglichen Änderung des für sie maßgeblichen Rechts ihre rechtliche Durchsetzbarkeit ganz oder teilweise verliert.

547 **(3) Leistungen unter einem OTC-Derivat.** Die in Art. 9 Abs. 2 Buchst. c DelVO 2016/2251 geforderte Neuberechnung von Ersteinschüssen bei **Leistungen unter einem OTC-Derivat** hat folgenden Hintergrund: Jede Zahlung oder Lieferung wirkt sich mittelbar – dadurch, dass sich die Summe der ausstehenden zukünftigen Leistungen verringert – auch auf den Marktwert des betreffenden OTC-Derivats aus. Da für die in Abs. 3 Buchst. c des Anhang IV der DelVO 2016/2251 definierte Netto-Ersteinschuss-Formel und den dort verwendeten Faktor „NGR" der Marktwert des OTC-Derivats maßgeblich ist, löst jede Zahlung oder Lieferung auch eine Veränderung des NGR und damit des geschuldeten Netto-Ersteinschuss-Betrages aus.

548 Darüber hinaus können Zahlungen oder Lieferungen dazu führen, dass sich der Nominalbetrag eines OTC-Derivats ändert, was sich nach Abs. 1 des Anhang IV der DelVO 2016/2251 ebenfalls auf den Ersteinschuss – diesmal auf den für den Einzelabschluss berechneten Brutto-Ersteinschuss – auswirkt.

549 **(4) Verkürzung der Restlaufzeit eines OTC-Derivates.** Nach Art. 9 Abs. 2 Buchst. d DelVO 2016/2251 löst auch die **Verkürzung der Restlaufzeit** eines OTC-Derivates die Neuberechnung der Ersteinschüsse aus: Die Gegenparteien, die den nach Art. 11 Abs. 1 DelVO 2016/2251 zugelassenen Standardansatz verwenden, müssen die Ersteinschüsse anhand Abs. 1 des Anhang IV durch Multiplikation des Nominalbetrages des OTC-Derivats mit dem in der Tabelle 1 zugewiesenen Prozentsatz berechnen. Da für die Einstufung eines OTC-Derivats in die Tabelle 1 nicht nur die Anlageklasse des Basiswertes (z.B. Zinssatz, Aktien, Rohstoffe), sondern teilweise auch dessen Restlaufzeit maßgeblich ist, soll jeder Zeitablauf, der mit einer Neueinstufung des OTC-Derivats verbunden ist, zu einer Neuberechnung führen.

550 Ein Beispiel wäre ein als Credit Default Swap (CDS) ausgestaltetes Kreditderivat, das ursprünglich eine Laufzeit von 6 Jahren hatte. Fällt die Restlaufzeit des CDS unter 5 Jahre, so reduziert sich der für den Ersteinschuss maßgebliche Prozentsatz von 10 % auf 5 %.

551 **(5) Rückfalllösung.** Eine Neuberechnung der Ersteinschüsse ist nach Art. 9 Abs. 2 Buchst. e DelVO 2016/2251 stets dann erforderlich, wenn in den unmittelbar vorangegangenen **zehn Geschäftstagen** keine Berechnung durchgeführt wurde. Da bei der Geschäftstageberechnung Samstage und Sonntage nicht mitgezählt werden, lautet die „Daumenregel": alle zwei Wochen.

552 Die Mindestfrist soll sicherstellen, dass die von den Gegenparteien verwendeten Modelle für Ersteinschusszahlungen auf die **Veränderungen der Marktbedingungen** zeitnah reagieren und z.B. einer gestiegenen Volatilität der Marktpreise durch Erhöhung von Ersteinschüssen Rechnung tragen[1]. Für Gegenparteien, die für die Berechnung der Ersteinschüsse den Standardansatz nach Anhang IV nutzen, führt die Neuberechnung nach Buchst. e nur dann zu einer Anpassung der Einschüsse, *wenn sich während der 10 Geschäftstage die Restlaufzeit eines der Derivate ändert*.

---

1 *GA-ESA* Endgültiger RTS Besicherung, S. 6 „to ensure current market conditions are fully captured".

(6) Für die Berechnung maßgebliches Derivateportfolio, Spätgeschäfte. Für die Berechnung der Ersteinschüsse ist stets die Zusammensetzung des Netting-Satzes am **unmittelbar vorangehenden Geschäftstag** (T-1) maßgeblich. Insoweit wird auf die Ausführungen in Rz. 457–461 verwiesen.

ee) Devisenkontrakte (Art. 27 DelVO 2016/2251). Gegenparteien können in ihren nach Art. 2 Abs. 2 DelVO 2016/2251 zu erstellenden Richtlinien und Prozessbeschreibungen vorsehen, dass die in Art. 27 Buchst. a–c DelVO 2016/2251 aufgeführten physisch zu erfüllenden **Devisenkontrakte** von der Besicherung durch Ersteinschusszahlungen ausgenommen sind. Die Vorschrift erlaubt nur die Freistellung von **Ersteinschüssen**. Eine Befreiung von Nachschüssen war nach Art. 37 Abs. 2 DelVO 2016/2251 zunächst nur für die in Art. 27 Buchst. a DelVO 2016/2251 genannten Devisentermingeschäfte und nur vorübergehend – bis zum 3.1.2018 – zulässig. Seit dem 3.1.2018 sind nur noch die **nichtkommerziellen Devisentermingeschäfte** i.S.d. Art. 10 Abs. 1 DelVO 2017/565 von Einschüssen befreit. Diese Befreiung beruht jedoch nicht auf Art. 37 Abs. 2 DelVO 2016/2251 sondern auf der seit dem 3.1.2018 gebotenen Auslegung des Begriffs Derivat, die dazu führt, dass nichtkommerzielle Devisentermingeschäfte vom Anwendungsbereich der EMIR generell ausgenommen sind. Wegen der Einzelheiten zu den nichtkommerziellen Devisentermingeschäften wird auf die Ausführungen zu Art. 2 VO Nr. 648/2012 Rz. 4 und 34 verwiesen. Zur neueren **gesetzgeberischen Initiative**, die auch eine weitergehende Freistellung von physisch zu erfüllenden Devisenkontrakten erwarten lässt, und deren „Vorwirkungen" s. die Anmerkungen zu Art. 37 Abs. 2 DelVO 2016/2251 (Rz. 741).

Die Freistellungsmöglichkeit des Art. 27 DelVO 2016/2251 gilt auch für die **gruppeninternen Geschäfte** des Art. 3 VO Nr. 648/2012. Dies führt im Ergebnis dazu, dass die Intragruppenfreistellung nach Art. 11 Abs. 5–10 VO Nr. 648/2012 nur für Nachschüsse geltend bzw. beantragt oder angezeigt werden muss.

Art. 27 Buchst. a DelVO 2016/2251 erfasst nur solche **Devisentermingeschäfte**, bei denen die Währungsbeträge (z.B. Euro gegen US-Dollar) **tatsächlich gezahlt** werden. So genannte „non-deliverable forwards" (NDFs), die lediglich einen Barausgleich (cash settlement) in Höhe der Differenzbetrages zwischen dem vereinbarten Wechselkurs und dem zum Liefertermin im Markt zu beobachtenden Wechselkurs vorsehen, sind von Buchst. a nicht erfasst.

Die Beschränkung auf physisch abzuwickelnde OTC-Derivate gilt auch für die in Art. 27 Buchst. b DelVO 2016/2251 erfassten **Devisenswaps** die, ähnlich wie ein Wertpapierpensionsgeschäft, den Kassakauf einer Währung (z.B. Euro gegen US-Dollar) mit dem Terminverkauf derselben Währung (z.B. US-Dollar gegen Euro) kombinieren. Während der erste Teil des Devisenswaps, das **Devisenkassageschäft**, sofort abgewickelt wird, verbleibt der zweite Teil, das **Devisentermingeschäft**, im Netting-Satz und wäre, wenn Art. 27 DelVO 2016/2251 keine Ausnahme zuließe, wegen des mit ihm verbundenen zukünftigen potentielle Ausfallrisikos mit einem Ersteinschuss zu besichern.

Die in Art. 27 Buchst. c DelVO 2016/2251 genannten **Währungsswaps** beinhalten i.d.R. einen Devisenswap. Hinzu tritt, dass die Gegenparteien über die Laufzeit verteilt Zinszahlungen in den Währungen der zu Beginn des Währungsswaps ausgetauschten Kapitalbetrages austauschen. Was sich nur aus den Erwägungsgründen[1] ergibt und den gemeinsamen Empfehlungen des BCBS und der IOSCO entspricht[2] ist, dass die Freistellung von Ersteinschüssen nur für die Währungskomponente, **nicht jedoch für die Zinskomponente** vereinbart werden kann.

Die Ausnahme entspricht weitestgehend der U.S.-amerikanischen Regelung in 17 CFR § 23.150 ff[3]. Der für sie maßgebliche Begriff Swapgeschäft (swap) in § 1a(47) des U.S.-amerikanischen Commodity Exchange Acts (CEA, 7 U.S. Code) war durch Section 721 des Dodd-Frank-Acts neu gefasst worden. U. a. wurde in dem neuen 7 U.S. Code § 1a(47)(E) der **U.S. Treasury** das Recht eingeräumt, bestimmte Devisengeschäfte vom **Anwendungsbereich** des Begriff Swapgeschäft **auszunehmen**. Von dieser Möglichkeit hat die U.S. Treasury am 16.11. 2012 Gebrauch gemacht[4] mit der Folge, dass die in 7 U.S. Code § 1a(24) und (25) definierten „foreign exchange forwards" und „foreign exchange swaps" weder der Clearingpflicht noch der Besicherungspflicht unterliegen. Sie sind lediglich zu melden[5]. 17 CFR § 23.164(b)(2)(iv)[6] nehmen darüber hinaus Währungsswaps (cross-currency swaps) von der Berechnung der Ersteinschusszahlung aus, dies aber auch hier nur hinsichtlich des zu Beginn und gegen Ende des OTC-Derivats ausgetauschten Kapitalbetrages (exchange of principal). Die Zinskomponente ist – wie bei anderen Zinsswaps auch – weiterhin mit Ersteinschüssen zu besichern.

ff) Schwellenwerte (Art. 28 und 29 DelVO 2016/2251). Art. 28 und 29 DelVO 2016/2251 sehen vor, dass Gegenparteien ihre OTC-Derivate von der Besicherung durch Ersteinschusszahlungen ganz oder teilweise ausnehmen können, wenn diese bestimmte **Schwellenwerte** nicht überschreiten.

---

1 DelVO 2016/2251 Erwägungsgrund Nr. 16, s. auch *GA-ESA* Gutachten zu RTS Besicherung, Rz. 92.
2 *BCBS/IOSCO* d317, Requirement 1.2., S. 7.
3 *U.S. CFTC* 81 FR 636ff.
4 *U.S. Department of the Treasury*, Determination on Foreign Exchange Swaps and Forwards under the Commodity Exchange Act, Federal Register/Vol. 77, Nr. 176, S. 69694 vom 20.11.2012 abrufbar über: https://www.gpo.gov/fdsys/pkg/FR-2012-11-20/pdf/2012-28319.pdf („*U.S. Treasury* FX Exemption").
5 *U.S. Treasury* FX Exemption, 77 FR 69694, S. 69705.
6 *U.S. CFTC* 81 FR 636, S. 699.

561 Der in Art. 28 DelVO 2016/2251 definierte Schwellenwert knüpft an die **Größe des Derivateportfolios** einer Gegenpartei oder, wenn die Gegenpartei einer Gruppe angehört, deren Gruppe an. Er lässt eine **vollständige Freistellung** von Ersteinschusszahlungen zu, wenn der aggregierte durchschnittliche Nominalwert der nicht geclearten OTC-Derivate einer der beiden Gegenparteien oder seiner Gruppe weniger als 8 Mrd. Euro beträgt. Zweck der Regelung ist es, Gegenparteien mit kleinen Derivateportfolien, die durch die Ersteinschussforderungen unverhältnismäßig belastet wären[1], die Möglichkeit zu geben, auf den Austausch von Ersteinschüssen zu verzichten.

562 Demgegenüber knüpft der in Art. 29 DelVO 2016/2251 definierte Schwellenwert an die **Höhe** der an einem Geschäftstag berechneten **Ersteinschussbeträge** an. Wie bei den nach Art. 25 DelVO 2016/2251 zulässigen Mindesttransferbeträgen soll die Vereinbarung des Schwellenwertes auch hier verhindern, dass die Gegenparteien an einem Geschäftstag Ersteinschüsse in **geringem Umfang** austauschen müssen[2]. Der mit der Verwaltung von Ersteinschüssen verbundene operative Aufwand ist bei Ersteinschüssen höher als bei Nachschüssen, da bei ihnen die nach Art. 19 DelVO 2016/2251 geforderten Abgrenzungsmaßnahmen hinzutreten.

563 **(1) Nominalbetrags-Schwellenwert (8 Mrd. Euro).** Die für Art. 28 DelVO 2016/2251 maßgebliche Materialitätsschwelle von **8 Mrd. Euro** entspricht den Empfehlungen von BCBS und IOSCO. Sie findet sich auch in den U.S.-amerikanischen Regelungen in 17 CFR § 23.151(b) („material swaps exposure"[3] und 17 CFR § 23.152(b)(1)[4].

564 Bei der Berechnung der Materialitätsschwelle sind sämtliche nicht zentral geclearten OTC-Derivate einzubeziehen. Dabei sind auch solche OTC-Derivate zu berücksichtigen, die ganz oder teilweise von der **Einschusspflicht befreit** sind[5].

565 Die Einführung des jährlichen **Beobachtungszeitraums** von März bis Mai soll es den Gegenparteien erleichtern, die für den Austausch von Ersteinschüssen erforderlichen **Vereinbarungen** abzuschließen und Vorkehrungen für die Abgrenzung der geleisteten Ersteinschüsse zu treffen: Stellen die Gegenparteien am 31. Mai eines Jahres fest, dass beide den Schwellenwert von 8 Mrd. Euro überschreiten, sind sie erst **sieben Monate** später verpflichtet, Ersteinschüsse austauschen. Auch müssen sie Ersteinschüsse nur für am oder nach dem 1. Januar des Folgejahres abgeschlossene OTC-Derivatekontrakte austauschen, was einen sog. „Klippeneffekt" vermeidet.

566 Gehört eine Gegenpartei einer Gruppe an, so ist die Materialitätsschwelle von 8 Mrd. Euro nach Art. 28 Abs. 1 Unterabs. 2 und Abs. 2 DelVO 2016/2251 auf **Gruppenebene** zu ermitteln. Dabei sind die gruppeninternen Geschäfte, d.h. die OTC-Derivate, die die Mitglieder der Gruppe untereinander abgeschlossen haben, mit einzubeziehen. Die gruppeninternen Geschäfte sind nach Art. 28 Abs. 2 Unterabs. 2 DelVO 2016/2251 jedoch nur einmal zu berücksichtigen. Mit der „Einmal-Anrechnung" weicht Art. 28 Abs. 2 Unterabs. 2 DelVO 2016/2 von der Auslegung, die Art. 10 Abs. 3 VO Nr. 648/2012 durch die ESMA erfahren hat[6], bewusst ab. Wegen des Begriffs Gruppe wird auf die Ausführungen zu Art. 2 VO Nr. 648/2012 Rz. 111–113 verwiesen.

567 Die Gruppenbetrachtung hat zur Folge, dass sämtliche Mitglieder derselben Gruppe, auch wenn sie jeweils nur ein OTC-Derivat abgeschlossen haben, so behandelt werden, als hätten sie die 8 Mrd.-Euro-Schwelle überschritten. Dies wirkt sich nicht nur auf die OTC-Derivate aus, die Mitglieder derselben Gruppe mit Dritten abgeschlossen haben, sondern auch auf die Geschäfte, die sie untereinander abgeschlossen haben. Gelingt es den Gegenparteien der Gruppe nicht, die für die **Intragruppenfreistellung** definierten Anforderungen zu erfüllen, müssen sie sowohl Nachschüsse als auch Ersteinschüsse austauschen.

568 Eine besondere Regelung sieht Art. 28 Abs. 3 DelVO 2016/2251 für europäische **OGAWs und alternative Investmentfonds (AIFs)** vor, die in den Anwendungsbereich der RL 2009/65/EG und RL 2011/61/EU fallen. Sie gelten für Zwecke der Schwellwertberechnung als eigenständige Einheiten, wenn sie im Falle der Insolvenz eine eigenständige und von dem Vermögen des Verwalters bzw. dem Vermögen anderer Fonds getrennte Vermögensmasse bilden und von ihrem Verwalter weder besichert noch garantiert oder anderweitig finanziell unterstützt werden.

569 Auffallend ist zunächst, dass Art. 28 Abs. 3 DelVO 2016/2251 die in **Drittstaaten ansässigen Publikumsfonds und AIFs**, die nicht der RL 2011/61/EU unterfallen, vom Anwendungsbereich ausnimmt auch wenn sie im Übrigen die Voraussetzungen für die Einzelbetrachtung erfüllen würden. Grund für die Ausnahme mag das bereits im ESMA-Bericht von 13.8.2015[7] zum Ausdruck kommende Unbehagen über die nicht adäquate Einstufung von Drittstaaten-AIFs gewesen sein.

---

1 Erwägungsgrund Nr. 12 DelVO 2016/2251.
2 *GA-ESA* Endgültiger RTS Besicherung S. 6: „to limit the operational burden".
3 *U.S. CFTC* 81 FR 636, S. 697.
4 *U.S. CFTC* 81 FR 636, S. 698.
5 Erwägungsgrund Nr. 15 DelVO 2016/2251.
6 ESMA Q&A OTC Frage Nr. 3(b.1) [letzte Aktualisierung: 21.5.2014].
7 *ESMA*, Bericht Nr. 1 über die Verwendung von OTC-Derivaten durch nichtfinanzielle Gegenparteien, ESMA/2015/1251 vom 13.8.2015, abrufbar über: https://www.esma.europa.eu/sites/default/files/library/2015/11/esma-2015-1251_-_emir_review_report_no.1_on_non_financial_firms.pdf („*ESMA* EMIR Prüfbericht Nr. 1"), Rz. 18–20.

Die in Art. 28 Abs. 3 Buchst. a DelVO 2016/2251 geforderte **haftungs- und vermögensrechtliche Trennung** der Investmentvermögen, die auch den Fall der Insolvenz des Fonds oder der Verwaltungsgesellschaft übersteht, ist nach den einzelstaatlichen Rechtsvorschriften zu prüfen. Für deutsche Investmentvermögen dürfte sie vor dem Hintergrund der Segregierungsanforderungen in §§ 92 Abs. 1 und 3, 96 Abs. 3, 117 und 132 KAGB für Sondervermögen, Investmentaktiengesellschaften, Investmentkommanditgesellschaften und deren Teilsonder- und -gesellschaftsvermögen nicht fraglich sein. 570

Die weitere Anforderung, dass das Investmentvermögen **nicht durch andere Investmentfonds** oder die Verwaltungsgesellschaft **garantiert** oder anderweitig **finanziell unterstützt** werden darf (Art. 28 Abs. 3 Buchst. b DelVO 2016/2251), ist fragwürdig und ähnelt der in Art. 4 Abs. 1 Nr. 39 VO Nr. 575/2013 definierten „Gruppe verbundener Kunden", bei den die Kreditnehmereinheit auf wirtschaftlicher Abhängigkeit basiert. Problematisch ist die Zurechnung zum einen für kapitalgarantierte Fondsprodukte (wie in Deutschland den sog. „**Riester Investmentfonds**"), bei denen die Verwaltungsgesellschaft einen bestimmten Auszahlungsbetrag garantiert; zum anderen für Investmentvermögen, bei denen die Verwaltungsgesellschaft eigene Anteile im Sinne eines **Co-Investments** (oder „skin in the game") hält. 571

(2) Ersteinschuss-Schwellenwert (50 Mio. Euro). Nach Art. 29 Abs. 1 DelVO 2016/2251 können Gegenparteien vereinbaren, dass für ihre OTC-Derivate nur dann Ersteinschüsse ausgetauscht werden, wenn der an einem Geschäftstag zu leistende Ersteinschuss den Betrag von 50 Mio. Euro oder, wenn beide Gegenparteien derselben Gruppe angehören, den Betrag von 10 Mio. Euro übersteigt. 572

Die in Art. 29 Abs. 1 DelVO 2016/2251 gewählte Formulierung „um bis zu […] Euro gesenkt wird" verdeutlicht die **Mechanik** des Schwellenwertes: Bis zur Höhe des von den Gegenparteien vereinbarten Schwellenbetrages (threshold) findet ein Austausch von Ersteinschüssen nicht statt. Damit unterscheidet sich der Schwellwert in Art. 29 Abs. 1 DelVO 2016/2251 von dem in Art. 25 DelVO 2016/2251 geregelten Mindesttransferbetrag, der die Einschusszahlung nur zeitlich aufschiebt und im Falle seines Überschreitens die Leistung sämtlicher geschuldeter Einschüsse fordert. 573

Die Mechanik des Schellenwertes lässt sich an folgendem Beispiel verdeutlichen: Haben die Gegenparteien in ihrer Besicherungsvereinbarung einen Schwellenwert von 20 Mio. Euro vereinbart und beträgt die für einen Geschäftstag ermittelte Ersteinschusszahlung 30 Mio. Euro, so braucht die zum Ersteinschuss verpflichtete Gegenpartei nur Vermögenswerte mit einem schwankungsbereinigten Wert von 10 Mio. Euro übertragen. Reduziert sich die Ersteinschussverpflichtung an einem der darauffolgenden Geschäftstage aufgrund einer Veränderung des Derivateportfolios auf 15 Mio. Euro, fällt der geschuldete Betrag der Ersteinschusszahlung auf null, mit der Folge, dass die sicherungsnehmende Gegenpartei die als Ersteinschuss empfangenen Vermögenswerte wieder zurückübertragen muss. 574

Hinsichtlich der Höhe des zulässigen Schwellenwertes unterscheidet Art. 29 Abs. 1 DelVO 2016/2251 danach, ob eine oder beide Gegenparteien jeweils einer Gruppe angehören (Art. 29 Abs. 1 Buchst. a und b DelVO 2016/2251), oder ob es sich bei den zu besichernden OTC-Derivaten um gruppeninterne Geschäfte handelt, weil beide Gegenparteien derselben Gruppe angehören (Art. 29 Abs. 1 Buchst. c DelVO 2016/2251). Während der zulässige Schwellenwert bei den ersten beiden Fallgruppen 50 Mio. Euro beträgt, hat der Gesetzgeber ihn für gruppeninterne Geschäfte auf 10 Mio. Euro gesenkt. 575

Der Grund für den niedrigeren Schwellenwert für gruppeninterne Geschäfte ist unklar. Er ist erst nach der zweiten Konsultation des Gemeinsamen Ausschusses der Europäischen Aufsichtsbehörden in den Entwurf der RTS aufgenommen worden[1]. Berücksichtigt man, dass der Schwellenwert für gruppeninterne Geschäfte nur auf der bilateralen Ebene der kontrahierenden Gegenparteien angewendet wird, ist es wahrscheinlich, dass der niedrigere Schwellenwert möglichen **Konzentrationsrisiken innerhalb der Gruppe** entgegenwirken soll. So wird durch die niedrigere gruppeninterne Schwelle sichergestellt, dass ein Mutterunternehmen, das im Rahmen ihrer zentralen Risikomanagementfunktion für die Gruppe OTC-Derivate mit Dritten abschließt, mit denen es Ersteinschüsse austauscht, in den Fällen, in denen es die Risikoposition durch interne Geschäfte an zwei oder mehrere Tochterunternehmen weitergibt, mit ihren Töchterunternehmen ebenfalls Ersteinschüsse austauschen muss. In anderen Worten: Die Aufteilung einer externen Risikoposition in mehrere gruppeninterne Risikopositionen soll nicht dazu führen, dass das Schutzniveau innerhalb der Gruppe abnimmt. 576

Die in Art. 29 Abs. 1 DelVO 2016/2251 gebildeten Fallgruppen sind unvollständig. Nicht erfasst sind Geschäfte, bei denen **nur eine** der beiden Gegenparteien einer Gruppe angehört. Sie sollten wie die in Art. 29 Abs. 1 Buchst. b DelVO 2016/2251 genannten Fälle behandelt werden, für die der Schwellenwert von 50 Mio. Euro vorgesehen ist. 577

---

1 *GA-ESA*, Gemeinsames Konsultationspapier zu den „draft regulatory technical standards on risk-mitigation techniques for OTC-derivative contracts not cleared by a CCP under Article 11(15) of Regulation (EU) No 648/2012", JC/CP/2015/002 vom 10.6.2015, abrufbar über: https://www.eba.europa.eu/documents/10180/1106136/JC-CP-2015-002+JC+CP+on+Risk+Management+Techniques+for+OTC+derivatives+.pdf (*„GA-ESA* Zweite ESA Konsultation zu RTS Besicherung"). Art. 6 Abs. 1 GEN sieht nur einen einheitlichen Schwellenwert von 50 Mio. Euro vor.

578 Nach Art. 29 Abs. 2 DelVO 2016/2251 gilt auch für den 50-Mio.-Euro-Schwellenwert, dass er auf **Gruppenebene** zu berechnen ist. Anders als Art. 28 Abs. 1 Unterabs. 2 DelVO 2016/2251 spricht Art. 29 Abs. 2 DelVO 2016/2251 zwar lediglich davon, dass der Schwellenwert auf Gruppeneben **zu überwachen ist**. Es ist doch fraglich, ob der Gesetzgeber mit dieser Formulierung etwas anderes ausdrücken wollte. So ist es wenig sinnvoll, einen Schwellenwert auf Gruppenebene zu überwachen, wenn dieser nicht auch auf Gruppeneben ermittelt wird. Die Berechnung auf Gruppenebene entspricht auch der vom Gemeinsamen Ausschuss der Europäischen Aufsichtsbehörden vorgelegten endgültigen Fassung der technischen Regulierungsstandards[1] sowie den gemeinsamen Empfehlungen des BCBS und der IOSCO[2]. Sie findet sich auch in der U.S.-amerikanischen Regelung in 17 CFR § 23.151 („initial margin threshold amount")[3].

579 Die Ermittlung der **Schwellenwerte auf Gruppenebene** hat zwei Aspekte. Zum einen muss die Gruppe im Wege der Konsolidierung diejenigen OTC-Derivate zusammenfassen, die von den Mitgliedern der eigenen Gruppe mit ein und demselben Kontrahenten abgeschlossen wurden. Zum anderen muss die Gruppe prüfen, ob der Kontrahent selbst einer Gruppe angehört, und ob außer dem Kontrahenten noch andere Mitglieder der Kontrahentengruppe mit den Mitgliedern der eigenen Gruppe OTC-Derivate abgeschlossen haben. Ist dies der Fall, muss die Gruppe die bereits konsolidierten Geschäfte mit den Mitgliedern der Kontrahentengruppe auf Ebene der Kreditnehmereinheit „Kontrahent" erneut zusammenfassen. Diese Zusammenfassung setzt ein zentralisiertes Risikobewertungs-, mess- und kontrollverfahren voraus, wie es Art. 3 Abs. 2 VO Nr. 648/2012 auch für die Befreiung gruppeninterner Geschäfte von der Clearingpflicht verlangt.

580 Die Konsolidierungsregel des Art. 29 Abs. 2 DelVO 2016/2251 gilt **nicht** für die in Art. 29 Abs. 1 Buchst. c DelVO 2016/2251 genannten **gruppeninternen Geschäfte**, für die der Schwellenwert auf Ebene des einzelnen Unternehmens zu ermitteln und zu überwachen ist[4]. Sie gilt jedoch entsprechend für die Fälle, in denen eine Gegenpartei, die nicht einer Gruppe angehört, einer Gruppe von Kontrahenten gegenüber steht (s. Rz. 577).

581 Art. 29 Abs. 2 DelVO 2016/2251 begründet auch die Pflicht, **Aufzeichnungen** über die Risikopositionen der eigenen Gruppe gegenüber jeder einzelnen Gegenpartei der anderen Gruppe zu führen und aufzubewahren. Die Aufzeichnungs- und Aufbewahrungspflicht soll die zuständigen Behörden darin unterstützen, die Einhaltung der vereinbarten Schwellenwerte auf Gruppenebene nachvollziehen zu können. Dies ist insbesondere bei grenzüberschreitenden Sachverhalten wichtig, wenn die Gegenparteien der eigenen Gruppe und die der Kontrahentengruppe in unterschiedlichen Staaten ansässig sind und von unterschiedlichen Behörden beaufsichtigt werden, die jede für sich nur einen Ausschnitt aus der Gesamthandelsaktivität der Gruppen ermitteln kann[5].

582 Der **Zeitraum**, für den die Aufzeichnungen aufzubewahren sind, ist in 29 Abs. 2 DelVO 2016/2251 nicht genannt. Insoweit gilt die Mindestfrist von 5 Jahren nach Art. 9 Abs. 2 VO Nr. 648/2012. Wegen der Einzelheiten wird auf die Anmerkungen zu Art. 9 VO Nr. 648/2012 verwiesen.

583 Die in Art. 29 Abs. 3 DelVO 2016/2251 vorgesehen Regelung für die Einzelbetrachtung von europäischen OGAWs und AIFs entspricht Art. 28 Abs. 3 DelVO 2016/2251. Auf die Anmerkungen dort (Rz. 568–571) wird verwiesen.

584 Die Gegenparteien können vereinbaren, dass der Schwellenwert nur für die Ersteinschüsse einer der beiden Gegenparteien gilt oder dass der Schwellenwert für beide Gegenparteien gilt, aber **unterschiedlich hoch ausgestaltet** ist. Gegenstand der Vereinbarung über den Austausch der Sicherheiten kann auch sein, dass der Schwellenwert für eine Gegenpartei nur so lange gilt, solange diese über eine bestimmte Mindestbonität verfügt oder dass sich die Höhe des Schwellenwertes reduziert sobald die Bonitätsbeurteilung einer Gegenpartei herabgestuft wurde (downgrading). Auf das geringere Schutzniveau, das mit einem durch „downgrading" ausgelösten Erstnachschuss verbunden ist, wird im Zusammenhang mit den Ausführungen zu Art. 25 Abs. 1 DelVO 2016/2251 (Rz. 691) hingewiesen.

585 Vereinbaren die Gegenparteien für den Schwellenwert eine **andere Währung** als den Euro, müssen sie in ihrer Besicherungsvereinbarung durch eine entsprechende Formulierung sicherstellen, dass der in Art. 29 Abs. 1 DelVO 2016/2251 vorgesehene Höchstbetrag von 10 oder 50 Mio. Euro durch Währungskursschwankungen nicht überschritten wird.

---

1 *GA-ESA*, Endgültiger Entwurf der „Regulatory technical standards on risk-mitigation techniques for OTC-derivative contracts not cleared by a CCP under Article 11(15) of Regulation (EU) No 648/2012", ESAs 2016 23 vom 8.3.2016, abrufbar über: https://www.eba.europa.eu/documents/10180/1398349/RTS+on+Risk+Mitigation+Techniques+for+OTC+contracts+(JC-2016-+18).pdf („*GA-ESA* Endgültiger RTS Besicherung"), Art. 9 Abs. 1 Buchst. b: „all initial margins required to be collected from all counterparties belonging to the posting group by all counterparties belonging to the collecting group".
2 *BCBS/IOSCO*, Rahmenregelung „Einschusspflichten für nicht zentral geclearte Derivate" vom 18.3.2015, abrufbar über: http://www.bis.org/bcbs/publ/d317.htm („*BCBS/IOSCO* d317"), Requirement 2.2., S. 10.
3 *U.S. CFTC* 81 FR 636, S. 697.
4 S. *GA-ESA* Endgültiger RTS Besicherung, Art. 9 Abs. 1 Buchst. c, und *GA-ESA* Endgültiger RTS Besicherung Erwägungsgrund 15.
5 *BCBS/IOSCO* d317, Commentary 2(v), S. 11. Verlangt wird deshalb eine enge Kooperation zwischen den Aufsichtsbehörden.

gg) Leistung der Ersteinschüsse (Art. 13 DelVO 2016/2251). Nach Art. 13 Abs. 2 DelVO 2016/2251 sind 586
Ersteinschüsse an dem Geschäftstag zu leisten, an dem sie berechnet wurden (T+0). Eine Ausnahme vom
Grundsatz T+0 ist nach Art. 16 Abs. 8 DelVO 2016/2251 nur für solche Ersteinschüsse vorgesehen, die aufgrund einer Anpassung der **Modell-Parameter** zusätzlich zu den bereits geleisteten Ersteinschüssen zu erbringen sind. Hier können die Gegenparteien vorsehen, dass der zusätzliche Ersteinschuss bis zu dreißig Geschäftstagen später zu leisten ist.

Wie bereits im Zusammenhang mit Art. 12 Abs. 1 DelVO 2016/2251 erwähnt, ist der Verweis auf Art. 9 Abs. 3 587
DelVO 2016/2251 wenig glücklich, da diese Bestimmung nicht den Bewertungstag definiert, sondern nur die
Größe des für die Bewertung maßgeblichen Netting-Satzes. Die **Berechnung des Ersteinschusses** richtet sich
nach Art. 9 Abs. 2 DelVO 2016/2251 und ist immer dann vorzunehmen, wenn sich das **Risikoprofil des besicherten Derivateportfolios** bzw. des Netting-Satzes durch den Abschluss neuer oder die Beendigung oder Änderung
alter OTC-Derivate oder – im Falle der Modelle-Methode – im Zuge geänderter Marktgegebenheiten verändert
hat. Die Mindestfrequenz für die Berechnung von Ersteinschüssen ist **zehn Geschäftstage** (s. Rz. 551 und 552).

Anders als Art. 12 DelVO 2016/2251 sieht Art. 13 DelVO 2016/2251 **keine Erleichterung** für Vermögenswerte 588
vor, die, wie z.B. die in Art. 4 Abs. 1 Buchst. c–n DelVO 2016/2251 aufgeführten Schuldverschreibungen, nur
mit einem Abwicklungszyklus von T+1 oder T+2 übertragen werden können. Gegenparteien, die Finanzinstrumente als Ersteinschüsse leisten wollen, bleibt nur die anfängliche Leistung von Barguthaben in dem gebotenen
Zeitraum T+0 und die nachfolgende Ersetzung der Barguthaben durch Finanzinstrumente gem. Art. 19 Abs. 2
DelVO 2016/2251. Was den **Umweg über die Substitution** erträglich macht ist der Umstand, dass die durch
die Doppelbesicherung erhöhten Gegenparteiausfallrisiken aufgrund der Abgrenzungsanforderungen nach
Art. 19 und 20 DelVO 2016/2251 deutlich vermindert werden.

Art. 13 Abs. 3 DelVO 2016/2251 sieht vor, dass Gegenparteien in ihren Vereinbarungen über den Austausch von 589
Sicherheiten vorsehen müssen, dass im Falle eines Streites über die Höhe des Ersteinschusses der nicht bestrittene Betrag (undisputed amount) innerhalb der Fristen des Art. 13 Abs. 2 DelVO 2016/2251 zu leisten ist. Die
Vorschrift entspricht Art. 12 Abs. 3 DelVO 2016/2251; auf die Erläuterungen dort (Rz. 479) wird verwiesen.

hh) Anforderungen an das Halten von Ersteinschüssen (Art. 13 Abs. 1, Art. 19 und 20 DelVO 2016/2251). 590
Die Abgrenzung (segregation) der als Sicherheiten empfangenen Vermögenswerte und die für ihre Sicherstellung zu ergreifenden Abgrenzungsmaßnahmen werden bereits in Art. 11 Abs. 3 VO Nr. 648/2012 („von eigenen Vermögenswerten getrennt sind") und in Art. 11 Abs. 15 Buchst. a VO Nr. 648/2012 genannt. Art. 2 Abs. 2
Unterabs. 1 Buchst. c DelVO 2016/2251 greift sie als Regelungsgegenstand der von den Gegenparteien zu erstellenden Richtlinien und Prozessbeschreibungen wieder auf.

Nach Art. 13 Abs. 1 DelVO 2016/2251 müssen die Ersteinschüsse so geleistet werden, dass sie den in Art. 19 591
und 20 DelVO 2016/2251 definierten Anforderungen an die Abgrenzung genügen. Der Begriff **Abgrenzung**
wird vom Gesetzgeber nicht definiert. Den sehr umfangreichen und detaillierten Bestimmungen der Art. 19
und 20 DelVO 2016/2251 ist jedoch zu entnehmen, dass mit Abgrenzung zum einen die angemessene Trennung der als Sicherheit gestellten Vermögenswerte von den eigenen Vermögenswerten der **sicherungsnehmenden Gegenpartei** gemeint ist. Er erfüllt insoweit dieselbe Funktion wie der Begriff Trennung in Art. 39 Abs. 9
VO Nr. 648/2012.

Was mit der Abgrenzung erreicht werden soll, ist der in Art. 19 Abs. 1 Buchst. c und Abs. 3 DelVO 2016/2251 592
erwähnte Ausfall- und **Insolvenzschutz** (insolvency remoteness). Wie sich insbesondere aus Art. 19 Abs. 1
Buchst. g DelVO 2016/2251 ergibt, muss es der sicherungsgebenden Gegenpartei möglich sein, die von ihr gestellten Sicherheiten im Falle des Ausfalls oder der Insolvenz der sicherungsnehmenden Partei aus dem Vermögen der sicherungsnehmenden Gegenpartei auszusondern. Eine vergleichbare funktionale Definition von
Insolvenzschutz findet sich auch in Art. 300 Abs. 1 VO Nr. 575/2013.

Der durch Art. 19 DelVO 2016/2251 bezweckte Insolvenzschutz ist jedoch noch umfassender. Werden die als 593
Ersteinschuss geleisteten Vermögenswerte von der sicherungsgebenden Gegenpartei gehalten, so sind sie nach
Art. 19 Buchst c und e DelVO 2016/2251 zum anderen auch vor dem Ausfall oder der Insolvenz der **sicherungsgebenden Gegenpartei** zu schützen[1].

Werden die als Ersteinschüsse geleisteten Vermögenswerte bei einem Dritten verwahrt, so verlangt die Abgrenzung darüber hinaus, dass die Vermögenswerte nicht dem Ausfall- oder Insolvenzrisiko des Dritten ausgesetzt 594
sind. Auch darf die **Drittverwahrung** nicht dazu führen, dass die sicherungsnehmende Gegenpartei keinen zeitnahen Zugang zu den Vermögenswerten hat oder dass deren Verwertung oder die spätere Rückgabe der Vermögenswerte an die sicherungsgebende Gegenpartei durch die Rechte des Verwahrers beeinträchtigt werden.

Die in Art. 19 und 20 DelVO 2016/2251 zusammengefassten Anforderungen über die Abgrenzung gelten nur 595
für **Ersteinschüsse**. Dabei wird zum einen zwischen Barsicherheiten und unbaren Sicherheiten unterschieden.
Zum anderen wird danach differenziert, ob die Ersteinschüsse vom Sicherungsgeber oder – nach deren Über-

---

[1] Erwägungsgrund Nr. 36 DelVO 2016/2251 für Barsicherheiten.

tragung – vom Sicherungsnehmer oder einem Dritten bzw. einem Verwahrer gehalten werden. Der Begriff „halten" ist funktional gemeint. Er meint die Zuordnung des als Ersteinschuss geleisteten Vermögenswertes zum Vermögen bzw. zur Insolvenzmasse einer Gegenpartei. Je nach Art des Vermögenswertes handelt es sich hierbei um die Zuordnung von Eigentum oder schuldrechtlichen Ansprüchen. Für die Abgrenzung von unbaren Sicherheiten entscheidend ist, ob der Sicherungsgeber oder der Sicherungsnehmer die Vermögenswerte auf „Eigentümerbasis" (Art. 19 Abs. 4 DelVO 2016/2251) hält.

596 Der **Begriff unbare Sicherheit** wird vom Gesetzgeber nicht definiert. Er meint die in Art. 4 Abs. 1 Buchst. b–r DelVO 2016/2251 genannten Anlageklassen, d.h. Goldbarren und Finanzinstrumente in Form von Schuldverschreibungen, Aktien und OGAW-Anteilen. Eine vergleichbare Bedeutung hat er auch in Art. 46 DelVO Nr. 153/2013. Der dort gewählte Verweis auf den mit „Finanzinstrumente" überschriebenen Art. 39 DelVO Nr. 153/2013 bezieht jedoch auch Garantien mit ein.

597 Die Bestimmungen der Art. 19 und 20 DelVO 2016/2251 lassen sich wie folgt gruppieren:

Barsicherheiten, Inhaberin des schuldrechtlichen Rückzahlungsanspruchs ist die

sicherungsgebende Gegenpartei	Art. 19 Abs. 1 Buchst. e und c DelVO 2016/2251
sicherungsnehmende Gegenpartei	Art. 19 Abs. 1 Buchst. e, Abs. 3 DelVO 2016/2251

Unbare Sicherheiten, Eigentümerin der Vermögenswerte ist die

sicherungsgebende Gegenpartei	Art. 19 Abs. 1 Buchst. d, Abs. 4 Buchst. b und Art. 19 Abs. 1 Buchst. c DelVO 2016/2251
sicherungsnehmende Gegenpartei	Art. 19 Abs. 1 Buchst. d, Abs. 4 Buchst. a, Abs. 3, Abs. 5 DelVO 2016/2251

598 **(1) Vom Sicherungsgeber gehaltene Barsicherheiten.** Barsicherheiten werden von der sicherungsgebenden Gegenpartei „gehalten", wenn sie auf einem Geldkonto verbucht werden, das auf den **Namen der sicherungsgebenden Gegenpartei** lautet. Die mit der kontoführenden Stelle getroffene Vereinbarung begründet einen Rückzahlungsanspruch der sicherungsgebenden Gegenpartei, der Gegenstand ihres Vermögens bzw. ihrer Insolvenzmasse wird.

599 Die Anforderungen an die von der sicherungsgebenden Gegenpartei gehaltenen **Barsicherheiten** sind in Art. 19 Abs. 1 Buchst. e DelVO 2016/2251 geregelt. Dies folgt bereits aus der Anforderung in Art. 19 Abs. 1 Buchst. e Ziff. ii) DelVO 2016/2251 wonach es sich bei dem Kreditinstitut, das ein für die Verbuchung der Barsicherheiten genutztes Geldkonto führt, weder um die **sicherungsgebende Gegenpartei** noch um ein Kreditinstitut handeln darf, das der Gruppe der sicherungsgebenden Gegenpartei angehört.

600 Nach Art. 19 Abs. 1 Buchst. e DelVO 2016/2251 sind als **Ersteinschüsse** geleistete **Barsicherheiten** auf Geldkonten bei Zentralbanken oder Kreditinstituten zu halten. Die in Art. 19 Abs. 1 Buchst. e Ziff. i) und ii) DelVO 2016/2251 definierten Anforderungen an die kontoführende Stelle sind nur für Kreditinstitute, nicht jedoch für Zentralbanken, beachtlich.

601 Nach Art. 19 Abs. 1 Buchst. e Ziff. i) DelVO 2016/2251 müssen **Kreditinstitute** im Einklang mit der RL 2013/36/EU zugelassen und beaufsichtigt sein. Kreditinstitute mit Sitz in einem **Drittstaat** erfüllen die Anforderung ebenfalls, wenn die Kommission im Wege des in Art. 142 Abs. 2 VO Nr. 575/2013 genannten Verfahrens einen Durchführungsbeschluss über die Gleichwertigkeit der bankaufsichtlichen und rechtlichen Vorschriften diese Drittlandes erlassen hat.

602 Die Kommission hat erstmals mit **Durchführungsbeschluss 2014/908/EU** von Art. 142 Abs. 2 VO Nr. 575/2013 Gebrauch gemacht und in Art. 5 und Anhang V des Beschlusses insgesamt 17 Rechtsordnungen als gleichwertig anerkannt. Dieser Beschluss ist zuletzt durch den **Durchführungsbeschluss 2016/2358** erweitert worden. Die Liste der anerkannten Rechtsordnungen umfasst nunmehr 21 Drittstaaten. Wegen der Fundstellen wird auf die Anmerkungen zu Rz. 303 verwiesen.

603 Als weitere Voraussetzung verlangt Art. 19 Abs. 1 Buchst. e Ziff. ii) DelVO 2016/2251 – wie bereits erwähnt –, dass es sich bei dem kontoführenden Kreditinstitut weder um die **sicherungsgebende** noch um die **sicherungsnehmende Gegenpartei** handelt. Ebenfalls als kontoführende Stelle ausgeschlossen sind die mit einer der beiden Gegenparteien verbundenen **gruppenangehörigen Kreditinstitute**.

604 Art. 19 Abs. 1 Buchst. e DelVO 2016/2251 wird durch **Art. 19 Abs. 1 Buchst. c DelVO 2016/2251** ergänzt. Danach muss jeder Einschuss der von der sicherungsgebenden Gegenpartei gehalten wird – auch die als Einschuss geleisteten Barsicherheiten – auf **insolvenzgeschützten Verwahrkonten** verwahrt werden.

605 Der Umfang des Art. 19 Abs. 1 Buchst. e DelVO 2016/2251 geforderten Insolvenzschutzes ist unklar. Was *Art. 19 Abs. 1 Buchst. e DelVO 2016/2251* auf jeden Fall erreichen will, ist der Schutz der Barsicherheiten vor dem Ausfall oder der Insolvenz der **sicherungsgebenden Gegenpartei**. Dieser Schutz ist i.d.R. dann gegeben, wenn der Rückzahlungsanspruch der sicherungsgebenden Gegenpartei **wirksam verpfändet** wurde mit der Fol-

ge, dass der sicherungsnehmenden Gegenpartei im Falle der Insolvenz des Sicherungsgebers zumindest die abgesonderte Befriedigung möglich ist. Ob ein Pfandrecht rechtlich wirksam und durchsetzbar ist, und ob es sich auch in der Insolvenz der sicherungsgebenden Gegenpartei durchsetzt, d.h. insbesondere nicht dem Risiko einer Anfechtung durch den Insolvenzverwalter ausgesetzt ist, ist Gegenstand der nach Art. 19 Abs. 6 DelVO 2016/2251 geforderten **rechtlichen Prüfung**.

Die Frage, ob Art. 19 Abs. 1 Buchst. e DelVO 2016/2251 auch den Schutz vor dem Ausfall oder der Insolvenz der **kontoführenden Stelle** verlangt, ist im Ergebnis **zu verneinen**. Zum einen ist zu berücksichtigen, dass Art. 19 DelVO 2016/2251 das Insolvenzrisiko eines Dritten, der als Ersteinschuss geleistete Vermögenswerte in Verwahrung nimmt, in Art. 19 Abs. 4 Buchst. c und Abs. 5 DelVO 2016/2251 ausdrücklich anspricht, in dieser Hinsicht jedoch besondere Anforderungen nur für unbare Sicherheiten stellt. Darüber hinaus ist dem in Art. 20 Abs. 2 DelVO 2016/2251 eingeräumten Recht zur Nutzung (**right of use**) von Barsicherheiten zu entnehmen, dass der Gesetzgeber das mit der Entgegennahme der Bareinlage verbundene Ausfallrisiko der kontoführenden Stelle nicht nur gesehen, sondern im Interesse einer ökonomisch sinnvollen Wiederanlage in ggf. höher verzinslich Finanzinstrumente sogar toleriert hat.

Die vertragliche Vereinbarung über die Verpfändung der Bareinlage muss nach Art. 19 Abs. 1 Buchst. f, g und i DelVO 2016/2251 vorsehen, dass die Barmittel im Falle eines **Ausfalls der sicherungsnehmenden Gegenpartei fristgerecht, frei verfügbar** und **vollständig** auf die sicherungsgebende Gegenpartei oder, wenn über das Vermögen der sicherungsgebenden Gegenpartei ein Sanierungs-, Abwicklungs- oder Insolvenzverfahren eröffnet wurde, auf den Abwickler oder Insolvenzverwalter des Sicherungsgebers zurückübertragen werden. Zweck der Regelungen ist es zu verhindern, dass sich durch die Art und Weise, in der die entgegengenommenen Ersteinschüsse von den Gegenparteien gehalten werden, bei Ausfall des Sicherungsnehmers die Gefahr des Verlustes überschüssiger Sicherheiten erhöht[1].

Die Anforderungen der Art. 19 Abs. 1 Buchst. f, g und i DelVO 2016/2251 dürften bei verpfändeten Barguthaben aufgrund der **akzessorischen Natur des Pfandrechts** bereits deshalb erfüllt sein, weil der sicherungsgebenden Gegenpartei in Höhe der nicht in Anspruch genommenen Sicherheiten ein **Freigabeanspruch** zusteht. In der Praxis ist von Bedeutung, welche Erklärungen und Nachweise die sicherungsgebende Gegenpartei oder deren Insolvenzverwalter vorlegen muss, um von der kontoführenden Stelle die Rückzahlung der Bareinlage verlangen zu können.

Art. 19 Abs. 1 Buchst. i DelVO 2016/2251 stellt klar, dass die kontoführende Stelle die für die Verwaltung der Ersteinschusszahlungen geschuldeten **Entgelte und Aufwendungen** von den nicht in Anspruch genommenen Barguthaben einbehalten darf.

Um die zeitnahe Rückübertragung der überschüssigen Sicherheiten zu gewährleisten, sieht Art. 19 Abs. 1 Buchst. b DelVO 2016/2251 vor, dass die rechtlichen Regelungen, auf deren Grundlage die kontoführende Stelle tätig wird, die in diesem Zusammenhang genutzten Aufzeichnungen und Konten sowie die Prozesse, die den Zugang zu den Vermögenswerten sicherstellen sollen, in den nach Art. 2 Abs. 2 Buchst. c DelVO 2016/2251 zu erstellenden **Richtlinien und Prozessbeschreibungen** festzulegen sind.

Die an überschüssige Sicherheiten zu stellenden Anforderungen werden durch die Meldepflicht des **Art. 9 VO Nr. 648/2012** ergänzt. So sind die überschüssigen Sicherheiten auch an die Transaktionsregister zu melden. Der Betrag und die Währung der überschüssigen Sicherheiten sind in Tabelle 1 Felder 32–35 anzugeben.

Haben die Gegenparteien einen Mindesttransferbetrag nach Art. 25 DelVO 2016/2251 vereinbart, folgt aus den Bestimmungen in Art. 19 Abs. 1 Buchst. f, g und i DelVO 2016/2251 auch, dass der **Mindesttransferbetrag** dann keine Anwendung mehr finden darf, wenn sich abzeichnet, dass ein Ersteinschuss nicht mehr benötigt wird.

(2) Vom Sicherungsnehmer gehaltene Barsicherheiten. Barsicherheiten werden von der sicherungsnehmenden Gegenpartei „gehalten", wenn die sicherungsgebende Gegenpartei den als Ersteinschuss geschuldeten Geldbetrag auf ein Geldkonto überweist, das auf den **Namen der sicherungsnehmenden Gegenpartei** lautet. Die mit der kontoführenden Stelle getroffene Vereinbarung begründet einen Rückzahlungsanspruch der sicherungsnehmenden Gegenpartei, der normalerweise, wenn die nach Art. 19 und 20 DelVO 2016/2251 geforderten Abgrenzungsmaßnahmen nicht zur Anwendung kämen, Gegenstand ihres Vermögens bzw. ihrer Insolvenzmasse würde.

Auch hier gilt, dass sich die Anforderungen an die von der sicherungsnehmenden Gegenpartei gehaltenen **Barsicherheiten** aus Art. 19 Abs. 1 Buchst. e DelVO 2016/2251 ergeben. Danach muss die sicherungsnehmende das Geldkonto bei einer Zentralbank oder bei einem angemessen beaufsichtigten Kreditinstitut führen, das nicht Mitglied seiner Gruppe ist. Auf die Ausführungen in Rz. 600–603 wird verwiesen.

Art. 19 Abs. 1 Buchst. e DelVO 2016/2251 wird im Falle der vom Sicherungsnehmer gehaltenen Bareinlagen durch **Art. 19 Abs. 3 DelVO 2016/2251** ergänzt. Danach müssen die als Ersteinschüsse übertragenen Ver-

---

1 Erwägungsgrund Nr. 34 DelVO 2016/2251.

mögenswerte gegen den Ausfall oder die Insolvenz der sicherungsnehmenden Gegenpartei gesichert sein. Hierfür sind die in Art. 19 Abs. 3 DelVO 2016/2251 aufgeführten Abgrenzungsmaßnahmen zu nutzen. Diese können alternativ oder müssen, wenn eine Maßnahme für sich genommen nicht ausreicht, um den Insolvenzschutz sicher zu stellen, kumulative angewendet werden.

616 Die in Art. 19 Abs. 3 Buchst. a DelVO 2016/2251 genannten **Bücher und Aufzeichnungen** (books and records) eines Verwahrers (custodian) oder eines Dritten (third-party holder) reichen für sich genommen nur dann aus, wenn sich bereits aus der Verbuchung selbst ergibt, dass die von der sicherungsnehmenden Gegenpartei gehaltenen Vermögenswerte nicht Teil ihres Vermögens bzw. ihrer Insolvenzmasse sind. Dies ist bei den auf Geldkonten verbuchten Barsicherheiten allenfalls dann der Fall, wenn die **Bezeichnung des Kontos** deutlich macht, dass die sicherungsnehmende Gegenpartei auf ihren Geldkonten fremde Gelder hält. Dass der Gesetzgeber die Kennzeichnung des Kontos grundsätzlich als eine taugliche Abgrenzungsmaßnahmen ansieht, lässt sich bereits Art. 47 Abs. 5 Satz 1 VO Nr. 648/2012 entnehmen, der die CCPs verpflichtet, für die bei Dritten hinterlegten Vermögenswerte entsprechend gekennzeichnete Konten zu nutzen.

617 Kann durch die Verbuchung bzw. Bezeichnung des Geldkontos das erforderliche Schutzniveau nicht erreicht werden, muss die Verbuchung durch die in Art. 19 Abs. 3 Buchst. b DelVO 2016/2251 genannten „**anderen rechtsverbindlichen Vereinbarungen**" ergänzt werden. Welchen Inhalt die Vereinbarungen haben müssen, ist der Vorschrift aus guten Gründen nicht zu entnehmen. Entscheidend ist, dass die Vereinbarung die erforderliche Abgrenzung bewirkt und auch in der Insolvenz rechtlich durchsetzbar ist. Ob dies der Fall ist, ist im Rahmen der nach Art. 19 Abs. 6 DelVO 2016/2251 geforderten rechtlichen Prüfung festzustellen.

618 Ein Beispiel für eine Abrede i.S.d. Art. 19 Abs. 3 Buchst. b DelVO 2016/2251 wäre eine **Treuhandvereinbarung**, die der sicherungsgebenden Gegenpartei als Treugeberin im Fall der Insolvenz der sicherungsnehmenden Gegenpartei das Recht vermittelt, das auf den Namen des Treugebers lautende Barguthaben auszusondern.

619 Die vertragliche Vereinbarung über die Bestellung der Sicherheiten muss auch hier vorsehen, dass die nicht in Anspruch genommenen Sicherheiten im Falle eines Ausfalls der sicherungsnehmenden Gegenpartei fristgerecht, frei verfügbar und vollständig auf die sicherungsgebende Gegenpartei oder deren Abwickler oder Insolvenzverwalter zurückübertragen werden (Art. 19 Abs. 1 Buchst. f, g und i DelVO 2016/2251). Ein entsprechendes Recht setzt voraus, dass die **kontoführende Stelle** das **treuhänderische Halten der Bareinlage** für die sicherungsgebende Gegenpartei zur Kenntnis nimmt und sich bereit erklärt, das Barguthaben bei Ausfall der sicherungsnehmenden Gegenpartei an den Sicherungsgeber auszuzahlen. In der Praxis von besonderer Bedeutung sind auch hier die Erklärungen und Nachweise, die die sicherungsgebende Gegenpartei oder deren Insolvenzverwalter vorlegen muss, um die Auszahlung an sie bzw. in die Insolvenzmasse zu bewirken.

620 **(3) Vom Sicherungsgeber gehaltene unbare Sicherheiten.** Unbare Sicherheiten werden von der sicherungsgebenden Gegenpartei „gehalten", wenn sie auf einem Depot oder anderem Verwahrkonto verbucht werden, das auf den **Namen der sicherungsgebenden Gegenpartei** lautet. Die mit der depotführenden Stelle bzw. dem Verwahrer getroffene Vereinbarung begründet einen dinglichen oder schuldrechtlichen Herausgabeanspruch der sicherungsgebenden Gegenpartei, der Gegenstand ihres Vermögens bzw. ihrer Insolvenzmasse wird.

621 Der in Art. 19 DelVO 2016/2251 verwendete Begriff Verwahrkonto ist weit auszulegen. Soweit Gegenparteien **Goldbarren** als Ersteinschuss stellen, sind mit ihm die von den Verwahrer der Goldbarren erstellten Bestandslisten gemeint.

622 Die Anforderungen an die von der sicherungsgebenden Gegenpartei gehaltenen **unbaren Sicherheiten** sind in der in Art. 19 Abs. 1 Buchst. d DelVO 2016/2251 beginnenden **Verweiskette** geregelt. Art. 19 Abs. 1 Buchst. d DelVO 2016/2251 referenziert zunächst auf Art. 19 Abs. 4 Buchst. b DelVO 2016/2251, der von der sicherungsgebenden Gegenpartei, die ihre Ersteinschüsse auf Eigentümerbasis hält, die Abgrenzung der Ersteinschüsse von ihren übrigen Vermögenswerten verlangt. Die Pflicht zur Trennung ihrer Vermögenswerte verweist wiederum auf den bereits erörterten Art. 19 Abs. 1 Buchst. c DelVO 2016/2251, der für die Trennung die Nutzung insolvenzfester Verwahrkonten vorschreibt.

623 Der Begriff „insolvenzfeste Verwahrkonten" ist für unbare Sicherheiten **weiter gefasst** als für Barsicherheiten. So ergibt sich mittelbar aus Art. 19 Abs. 4 Buchst. c DelVO 2016/2251, dass auch die Verwahrung der unbaren Sicherheiten durch einen Dritten so ausgestaltet sein muss, dass die Vermögenswerte gegen den Ausfall oder die Insolvenz des Dritten geschützt sind.

624 Im Falle der **Insolvenz des Sicherungsgebers** geschützt sind unbare Sicherheiten dann, wenn sie dem Sicherungsnehmer wirksam verpfändet wurden mit der Folge, dass dem Sicherungsnehmer im Falle der Insolvenz des Sicherungsgebers zumindest das Recht zur abgesonderten Befriedigung zusteht. Da die Bestellung eines wirksamen Pfandrechts i.d.R. voraussetzt, dass die Vermögenswerte an denen das Pfandrecht bestellt werden soll, genau bestimmt worden sind, erfordern Art. 19 Abs. 4 Buchst. b DelVO 2016/2251 und Art. 19 Abs. 4 Buchst. c DelVO 2016/2251 dass die verpfändeten Vermögenswerte in einem **gesonderten Verwahrkonto** eines Dritten verwahrt und gesperrt werden.

Im Falle der **Insolvenz des Dritten** sind Vermögenswerte dann geschützt, wenn sie in den Büchern und Aufzeichnungen des Dritten von dessen eigenen Vermögenswerten abgegrenzt wurden, so dass sie nicht mehr Bestandteil der Insolvenzmasse des Dritten sind. Ob das erforderliche Schutzniveau besteht, ist Gegenstand der nach Art. 19 Abs. 5 DelVO 2016/2251 vorgeschriebenen rechtlichen Prüfung.

Die in Art. 19 Abs. 4 Buchst. b DelVO 2016/2251 gewählte Formulierung „von der sicherungsgebenden Gegenpartei *nicht* auf Eigentümerbasis gehalten" ist **offensichtlich fehlerhaft**. Dies verdeutlicht bereits der von dem Gemeinsamen Ausschuss der Europäischen Aufsichtsbehörden vorgelegte Entwurf der technischen Regulierungsstandards[1] sowie das nachfolgende Gutachten. Danach ging es dem Gesetzgeber darum, die auch in Art. 2 Abs. 1 RL 2002/47/EG verwendete Unterscheidung zwischen Sicherheiten in Form der Vollrechtsübertragung und Sicherheiten in Form beschränkt dinglicher Rechte nachzubilden[2]. Art. 19 Abs. 4 Buchst. b DelVO 2016/2251 ist daher so zu lesen, als wäre das Wort „nicht" gestrichen.

Die vertragliche Vereinbarung über die Verpfändung der unbaren Sicherheiten muss auch hier vorsehen, dass die nicht in Anspruch genommenen Sicherheiten im Falle eines Ausfalls der sicherungsnehmenden Gegenpartei fristgerecht, frei verfügbar und vollständig auf die sicherungsgebende Gegenpartei oder deren Abwickler oder Insolvenzverwalter zurückübertragen werden (Art. 19 Abs. 1 Buchst. f, g und i DelVO 2016/2251).

Hinzu tritt, dass die verpfändeten unbaren Vermögenswerte nach Art. 19 Abs. 1 Buchst. h DelVO 2016/2251 ohne regulatorische und rechtliche Einschränkung, frei von Rechten Dritter übertragbar sein müssen. Die Formulierung „einschließlich des Abwicklers der sicherungsnehmenden Gegenpartei" lässt erkennen, dass es in Art. 19 Abs. 1 Buchst. h DelVO 2016/2251 **auch** um den Schutz des Sicherungsgebers und um den bereits in Art. 19 Abs. 1 Buchst. f, g und i DelVO 2016/2251 beschriebenen **Ausfall des Sicherungsnehmers** geht: Fällt die sicherungsnehmende Gegenpartei aus, müssen die nicht benötigten Sicherheiten zeitnah und frei von Rechten Dritter auf die sicherungsgebende Gegenpartei zurückübertragen werden können.

Die **eigentliche Bedeutung** von Art. 19 Abs. 1 Buchst. h DelVO 2016/2251 besteht in der Klarstellung, dass die bei der Verwahrung und Abwicklung von Vermögenswerten typischerweise anfallenden Entgelte der Verwahrstellen und Wertpapierabrechnungssysteme und die mit ihnen verbundenen Zurückbehaltungsrechte die freie Übertragbarkeit der unbaren Vermögenswerte nicht einschränken dürfen.

(4) Vom Sicherungsnehmer gehaltene unbare Sicherheiten. Unbare Sicherheiten werden von der sicherungsnehmenden Gegenpartei „gehalten", wenn sie auf einem Depot oder anderem Verwahrkonto verbucht werden, das auf den **Namen des Sicherungsnehmers** lautet. Die mit der depotführenden Stelle bzw. dem Verwahrer getroffene Vereinbarung begründet einen dinglichen oder schuldrechtlichen Herausgabeanspruch der sicherungsgebenden Gegenpartei, der normalerweise, wenn die nach Art. 19 und 20 DelVO 2016/2251 geforderten Abgrenzungsmaßnahmen nicht zur Anwendung kämen, Gegenstand ihres Vermögens bzw. ihrer Insolvenzmasse würde.

Die Anforderungen an die von der sicherungsnehmenden Gegenpartei gehaltenen **unbaren Sicherheiten** sind ebenfalls in der in Art. 19 Abs. 1 Buchst. d DelVO 2016/2251 beginnenden **Verweiskette** geregelt. Allerdings referenziert Art. 19 Abs. 1 Buchst. d DelVO 2016/2251 zunächst auf Art. 19 Abs. 4 Buchst. a DelVO 2016/2251, der von der sicherungsnehmenden Gegenpartei, verlangt, dass sie die von ihr gehaltenen Ersteinschüsse von ihren übrigen eigenen Vermögenswerten trennt. Die Pflicht zur Trennung ihrer Vermögenswerte verweist wiederum auf den bereits erörterten Art. 19 Abs. 3 DelVO 2016/2251, der für die Trennung die Nutzung der von einem Dritten oder Verwahrer geführten Verwahrkonten und, wenn die Verbuchung der Vermögenswerte in den Verwahrkonten Dritter für sich genommen nicht ausreicht, um die Abgrenzung zu bewirken, die bereits erwähnten „anderen rechtsverbindlichen Vereinbarungen" verlangt.

Anders als bei den Barguthaben, kann sich bei Wertpapieren das notwendige Schutzniveau bereits aus der Verbuchung der Wertpapiere ergeben. Ein Beispiel hierfür ist die gesetzliche Vermutung nach **§ 4 Abs. 1 DepotG**.

Soweit es um die Verwahrung der Vermögenswerte bei einem Dritten geht, können die Gegenparteien vereinbaren, dass die sicherungsnehmende Gegenpartei die vom Sicherungsgeber übertragenen Vermögenswerte zusammen mit den von anderen Sicherungsgebern gestellten Vermögenswerten verwahren lässt. Diese in Art. 39 Abs. 3 VO Nr. 648/2012 als „**Omnibus-Kunden-Kontentrennung**" bezeichnete Abgrenzung ist jedoch das **Minimum**, dass die sicherungsnehmende Gegenpartei sicherstellen muss. So sieht Art. 19 Abs. 5 DelVO 2016/2251 vor, dass die sicherungsnehmende Gegenpartei dem Sicherungsgeber auch anbieten muss, dass dessen Vermögenswerte so verwahrt werden, dass sie von den Vermögenswerten anderer Sicherungsgeber getrennt sind. Dieses auch als „**Einzel-Kundenkonto-Trennung**" bezeichnete Abgrenzungsverfahren verhindert, dass der Sicherungsgeber ungewollt Mitglied der durch die Omnibus-Kunden-Kontentrennung begründeten Eigentümer- bzw. Risikogemeinschaft wird. Das durch Art. 19 Abs. 5 DelVO 2016/2251 begründete Schutzniveau entspricht somit Art. 39 Abs. 5 VO Nr. 648/2012.

---

[1] *GA-ESA* Endgültiger RTS Besicherung, Art. 33 Abs. 2 Buchst. b: „not proprietary asset of the *collecting* counterparty".
[2] *GA-ESA* Gutachten zu RTS Besicherung, Rz. 73: „where the posting counterparty pledges the initial margin".

634 Die vertragliche Vereinbarung über die Bestellung der Sicherheiten muss auch hier vorsehen, dass die nicht in Anspruch genommenen Sicherheiten im Falle eines Ausfalls der sicherungsnehmenden Gegenpartei fristgerecht, frei verfügbar und vollständig auf die sicherungsgebende Gegenpartei oder deren Abwickler oder Insolvenzverwalter des Sicherungsgebers zurückübertragen werden (Art. 19 Abs. 1 Buchst. f, g und i DelVO 2016/2251). Hinzu tritt auch hier, dass die übereigneten unbaren Vermögenswerte nach Art. 19 Abs. 1 Buchst. h DelVO 2016/2251 ohne regulatorische und rechtliche Einschränkung, frei von Rechten Dritter übertragbar sein müssen.

635 **(5) Rechtliche Durchsetzbarkeit der Trennungsmaßnahmen (Art. 19 Abs. 6 und 7 DelVO 2016/2251).** Nach Art. 19 Abs. 6 DelVO 2016/2251 ist die rechtliche Wirksamkeit und Durchsetzbarkeit der nach Art. 19 Abs. 3–5 DelVO 2016/2251 getroffenen Abgrenzungsmaßnahmen von den Gegenparteien durch eine unabhängige rechtliche Überprüfung festzustellen. Wie sich aus Art. 19 Abs. 7 DelVO 2016/2251 und Art. 31 Abs. 1 Buchst. b DelVO 2016/2251 ergibt, ist die Prüfung für „jedes betreffende Land" vorzunehmen und festzustellen, ob die Abgrenzungsanforderungen in diesem Land „erfüllt werden können". Dies spricht dafür, dass sich die Prüfung nach Art. 19 Abs. 6 DelVO 2016/2251 – anders als die nach Art. 2 Abs. 3 DelVO 2016/2251 geforderte Prüfung der Vereinbarungen über das Netting und den Austausch von Sicherheiten – auf eine **allgemeine Analyse** des jeweiligen Insolvenzrechts beschränken kann.

636 Die Prüfung nach Art. 19 Abs. 6 DelVO 2016/2251 kann sowohl durch einen unabhängigen Dritten, z.B. eine beauftragte **externe Rechtsanwaltskanzlei**, als auch durch eine unabhängige interne Abteilung der Gegenpartei, z.B. die **Rechtsabteilung**, durchgeführt werden. Die Prüfung durch eine unabhängige interne Abteilung entspricht den Mindestanforderungen, die die EBA auch für die Prüfung der rechtlichen Durchsetzbarkeit von Kreditrisikominderungstechniken nach Art. 194 Abs. 1 VO Nr. 575/2013 definiert[1]. Wegen der Einzelheiten wird auf die Ausführungen in Rz. 164–166 verwiesen.

637 Führt die Prüfung zu dem Ergebnis, dass die nach Art. 19 Abs. 3–5 DelVO 2016/2251 getroffenen Abgrenzungsmaßnahmen die an sie zu stellenden Anforderungen an die insolvenzfeste Abgrenzung nicht erfüllen können, hat dies in den Fällen, in denen die **Gegenpartei in einem Drittstaat** ansässig ist, nach Art. 31 DelVO 2016/2251 zur Folge, dass die in der Union ansässige Gegenpartei von der Verpflichtung zum Austausch von Einschüssen ganz oder teilweise freigestellt ist.

638 Nach Art. 19 Abs. 7 DelVO 2016/2251 ist die Durchführung der rechtlichen Prüfung der zuständigen Behörde nachzuweisen. Wenn dies eine zuständige Behörde verlangt, muss die Gegenpartei darüber hinaus Maßnahmen festlegen, die sicherstellen, dass die Einhaltung der in Art. 19 Abs. 3–5 DelVO 2016/2251 definierten Anforderungen auch kontinuierlich bewertet wird. Die erforderlichen Nachweise wird die Gegenpartei nur erbringen können, wenn sie die Prüfung nach Art. 19 Abs. 6 DelVO 2016/2251 ausreichend **dokumentiert**. Wird die Überprüfung durch eine externe Rechtsanwaltskanzlei durchgeführt, umfasst diese auch ein von der Kanzlei ggf. erstelltes Rechtsgutachten.

639 Anders als dies für Art. 194 VO Nr. 575/2013 vorgesehen ist, sind die Nachweise **nicht erst auf Anforderung** der zuständigen Behörde sondern selbsttätig zu übermitteln.

640 **(6) Beurteilung der Bonität von Kreditinstituten (Art. 19 Abs. 8 DelVO 2016/2251).** Nach Art. 19 Abs. 8 DelVO 2016/2251 haben Gegenparteien, die Ersteinschüsse in Form von Barsicherheiten austauschen, die Bonität der kontoführenden Kreditinstitute zu beurteilen. Die einleitende Formulierung „für die Zwecke von Abs. 1 Buchstabe e" ist missverständlich, da weder Art. 19 Abs. 1 Buchst. e DelVO 2016/2251 noch Art. 7 DelVO 2016/2251 Anforderungen an die Bonität der kontoführenden Institute stellen.

641 Verlangt wird die Bonitätsprüfung nur für **Kreditinstitute**. Werden Barguthaben auf Geldkonten bei Zentralbanken gehalten, so muss deren Bonität nicht überwacht werden.

642 Anders als bei der Beurteilung der Bonität von Vermögenswerten nach Art. 6 Abs. 1 DelVO 2016/2251, soll sich die Überwachung der Bonität der kontoführenden Stelle nicht ausschließlich und automatisch auf die im Standardansatz zugelassenen Bonitätsbeurteilungen anerkannter Ratingagenturen stützen. Ein dem IRB-Ansatz entsprechendes internes Rating wird jedoch ebenfalls nicht verlangt. Die eigentliche Bedeutung des Art. 19 Abs. 8 DelVO 2016/2251 liegt darin, dass die Gegenparteien die von ihnen verwendeten externen Ratings zumindest **plausibilisieren** bzw. **kritisch hinterfragen** müssen. Sie entspricht damit der bereits erwähnten Tendenz (Rz. 290), die Abhängigkeit der Institute und Anleger von externen Ratings zu verringern und dem „blinden Vertrauen" auf externe Ratings entgegen zu wirken.

643 **(7) Verwendungsverbot (Art. 20 DelVO 2016/2251).** Art. 20 Abs. 1 DelVO 2016/2251 verbietet der sicherungsnehmenden Gegenpartei, die von ihr entgegen genommenen Ersteinschüsse zu verwenden. Er erfüllt damit eine ähnliche Funktion wie Art. 15 VO 2015/2365[2]. Während Art. 15 VO 2015/2365 jedoch lediglich ver-

---

[1] EBA Q&A 2013-23.
[2] Verordnung (EU) 2015/2365 des Europäischen Parlaments und des Rates vom 25. November 2015 über die Transparenz von Wertpapierfinanzierungsgeschäften und der Weiterverwendung sowie zur Änderung der Verordnung (EU) Nr. 648/2012, ABl. EU Nr. L 337 v. 23.12.2015, S. 1.

langt, dass die sicherungsnehmende Gegenpartei die sicherungsgebende Gegenpartei schriftlich auf die Folgen einer Wiederverwendung hinweist, schließt Art. 20 Abs. 1 DelVO 2016/2251 die Wiederverwendung kategorisch aus.

Eine Ausnahme vom Verwendungsverbot sieht Art. 20 Abs. 2 DelVO 2016/2251 für die von Dritten verwahrten Barsicherheiten vor. Mit dem Begriff „Drittinhaber" sind die in Art. 19 Abs. 1 Buchst. e DelVO 2016/2251 genannten Zentralbanken und Kreditinstitute gemeint, die auf den von ihnen geführten Geldkonten unterhaltenen Ersteinschüsse verwahren. 644

Der Begriff **Reinvestitionszwecke** ist weit zu verstehen. Er umfasst jede Verwendung, die dazu führt, dass die Zentralbank oder das Kreditinstitut Einnahmen erzielt, mit denen sie die mit der Verwahrung verbundenen Kosten und die dem Einleger ggf. geschuldeten Zinsen bestreiten kann. Dass die Reinvestition für Rechnung des Einlegers erfolgt oder die im Rahmen der Reinvestition erworbenen Vermögenswerte – z.B. Kreditforderungen oder Finanzinstrumente – dem Inhaber der Bareinlage zugeordnet und gem. Art. 19 Abs. 3 Buchst. c DelVO 2016/2251 insolvenzfest abgegrenzt werden, verlangt Art. 20 Abs. 2 DelVO 2016/2251 hingegen nicht. 645

e) Berechnung von Einschüssen bei Drittstaatenbezug (Art. 26 DelVO 2016/2251). Art. 26 DelVO 2016/2251 ist die einzige Bestimmung der Delegierten Verordnung, die einem möglichen **Konflikt einzelstaatlicher Vorschriften** Rechnung trägt. Sie erlaubt es einer Gegenpartei, die mit einer in einem Drittstaat ansässigen Gegenpartei OTC-Derivate abgeschlossen hat, für die sie nach Art. 11 Abs. 3 VO Nr. 648/2012 Sicherheiten austauschen muss, den für die Berechnung nach Art. 10 und 11 DelVO 2016/2251 maßgeblichen Netting-Satz so zu erweitern, dass er auch solche OTC-Derivate umfasst, die ausschließlich nach dem Recht des Drittstaates zu besichern sind. 646

Die Regelung soll verhindern, dass Gegenparteien, die den lokalen Anforderungen eines Drittstaates Rechnung tragen müssen, eine **zweite Netting- und Besicherungsvereinbarung** abschließen, die nur die im Drittstaat besicherungspflichtigen Geschäfte umfasst; eine Praxis, die mit einem zusätzlichen administrativen Aufwand aber auch mit dem erhöhten Risiko potentieller Streitigkeiten verbunden wäre[1]. 647

Die Erweiterungsmöglichkeit des Art. 26 DelVO 2016/2251 ist für OTC-Derivate mit Gegenparteien, die den U.S.-amerikanischen Besicherungsanforderungen unterliegen, weniger relevant, da das Spektrum der zu besichernden Produkte unter der DelVO 2016/2251 breiter ist. Dies gilt insbesondere für die **physische zu erfüllenden Fremdwährungsderivate**, die von den U.S.-amerikanischen Besicherungsanforderungen insgesamt dauerhaft ausgenommen sind, während Art. 27 DelVO 2016/2251 eine dauerhafte Freistellung zumindest bislang nur für die Besicherung durch Ersteinschüsse vorsieht. Zur neueren **gesetzgeberischen Initiative**, die auch eine weitergehende Freistellung von physisch zu erfüllenden Devisenkontrakten erwarten lässt, und deren „Vorwirkungen" s. die Anmerkungen zu Art. 37 Abs. 2 DelVO 2016/2251 (Rz. 741). 648

f) Bewertung und Verwaltung von Sicherheiten (Art. 19 Abs. 1 und 2 DelVO 2016/2251). Neben den Anforderungen an die Abgrenzung von Ersteinschüssen enthält Art. 19 DelVO 2016/2251 auch Vorschriften über die Bewertung und Verwaltung von Sicherheiten, die sowohl auf Ersteinschüsse als auch auf Nachschüsse Anwendung finden. Diese werden durch Art. 21 und 22 DelVO 2016/2251 und die Verpflichtung zur Anpassung der Sicherheitenwerte durch Bewertungsabschläge ergänzt. 649

Die Bestimmungen der Art. 19, 21 und 22 DelVO 2016/2251 lassen sich wie folgt gruppieren: 650

Tägliche Bewertung	Art. 19 Abs. 1 Buchst. a DelVO 2016/2251
Bewertungsabschläge	Art. 21 und 22 DelVO 2016/2251
Von Dritten gehaltene Sicherheiten	Art. 19 Abs. 1 Buchst. b DelVO 2016/2251
Austausch von Sicherheiten	Art. 19 Abs. 2 DelVO 2016/2251

aa) Tägliche Bewertung (Art. 19 Abs. 1 Buchst. a DelVO 2016/2251). Nach Art. 19 Abs. 1 Buchst. a DelVO 2016/2251 müssen die von der sicherungsnehmenden Gegenpartei empfangenen Sicherheiten **täglich** bewertet werden. Da als Nachschüsse geleistete Vermögenswerte in die Berechnung der Nachschusszahlungen nach Art. 10 DelVO 2016/2251 eingehen und die Berechnung der Nachschüsse nach Art. 9 Abs. 1 DelVO 2016/2251 ebenfalls täglich durchzuführen ist, wird man hier wie dort das Wort „täglich" einheitlich als Bezugnahme auf den Geschäftstag verstehen müssen. 651

Darüber hinaus folgt aus der zuletzt genannte Bestimmung, dass auch die Bewertung von Sicherheiten **von beiden Gegenparteien** vorzunehmen ist, da sie andernfalls nicht in der Lage sind, den von einer Gegenpartei ermittelten Nachschuss zu plausibilisieren und ggf. zu bestreiten. 652

Der Verweis auf die „Bewertung nach Abschnitt 6" ist wenig glücklich, da die dort verorteten Art. 21 und 22 lediglich die **Anpassung** des ermittelten Wertes einer Sicherheit durch Bewertungsabschläge (die sog. „haircuts") regeln. 653

---

1 Erwägungsgrund Nr. 10 DelVO 2016/2251.

654 Zu der Frage, wie Vermögenswerte zu bewerten sind, schweigt sich Art. 19 Abs. 1 Buchst. a DelVO 2016/2251 aus. Sachgerecht erscheint es, die für die Bewertung von OTC-Derivaten maßgeblichen Bewertungsanforderungen des **Art. 11 Abs. 2 VO Nr. 648/2012** und Art. 16 und 17 DelVO Nr. 149/2013 **entsprechend** anzuwenden. Danach ist die Bewertung von Vermögenswerten grundsätzlich anhand der für sie beobachteten Marktpreise durchzuführen und eine Bewertung zu Modellpreisen nur zulässig, wenn die Marktbedingungen diese nicht zulassen.

655 Nach **Art. 3 Buchst. f DelVO 2016/2251** sind die Verfahren, Methoden, Zeitpläne und Zuständigkeiten für die Bewertung von Sicherheiten in der Vereinbarung der Gegenparteien über den Austausch von Sicherheiten zu regeln. So können die Gegenparteien vorsehen, dass für Zwecke der Nachschussberechnung die Vermögenswerte nur von einer Gegenpartei bewertet werden oder die Bewertung nur von der Gegenpartei vorgenommen wird, die eine Nachschusszahlung geltend macht.

656 **bb) Bewertungsabschläge (Art. 21 und 22 DelVO 2016/2251).** Nach Art. 21 Abs. 1 DelVO 2016/2251 müssen sicherungsnehmende Gegenparteien die Werte der von ihnen empfangenen Sicherheiten durch Abschläge (sog. „haircuts") anpassen. Die Vorschrift trägt dem Umstand Rechnung, dass sich die **Werte** der als Einschuss empfangenen Vermögenswerte **mehr oder weniger stark verändern**, d.h. volatil sind. Um zu verhindern, dass der Wert eines Einschusses sinkt und Teile des Derivateportfolios unbesichert bleiben, sind die nach Art. 19 Abs. 1 Buchst. a DelVO 2016/2251 ermittelten Werte in einem Umfang anzupassen, der dem Maß der für sie beobachteten Wertschwankungen, d.h. ihrer **Volatilität**, entspricht.

657 Für die Berechnung des angepassten Werts der Sicherheiten stehen den Gegenparteien zwei Methoden zur Verfügung: Der in **Anhang II** der DelVO 2016/2251 geregelte **Standardansatz** und die in den Art. 22 DelVO 2016/2251 und **Anhang III** der DelVO 2016/2251 geregelten **Modelle** für Schätzung von Volatilitäten. Die Zulassung von zwei Ansätzen weicht von der U.S.-amerikanischen Regelung in 17 CFR § 23.156(a)(3) und (b)(2)[1], die nur den Standardansatz zulässt, ab. Aufgrund der Unterschiede in den anrechnungsfähigen Sicherheiten ergeben sich auch Unterschiede bei den im Standardansatz vorgesehen Prozentsätzen.

658 Art. 21 Abs. 1 DelVO 2016/2251 entspricht weitestgehend der **umfassenden Methode** zur Berücksichtigung finanzieller Sicherheiten nach Art. 223 VO Nr. 575/2013[2]. Art. 223 Abs. 6 VO Nr. 575/2013 sieht ebenfalls vor, dass Institute die geforderten Volatilitätsanpassungen für finanzielle Sicherheiten entweder anhand der aufsichtlichen Volatilitätsanpassungen nach Art. 224 VO Nr. 575/2013 oder anhand eigener Schätzungen gem. Art. 225 VO Nr. 575/2013 berechnen dürfen. Die in den Tabellen 1 und 2 zu Art. 224 VO Nr. 575/2013 vorgeschriebenen aufsichtlichen Volatilitätsanpassungen für Finanzsicherheiten mit einem Verwertungszeitraum von 10 Handelstagen sind **eins zu eins** in die Tabellen 1 und 2 des Anhang II überführt worden. Die in Art. 22 DelVO 2016/2251 geregelte Schätzung der Abschläge entspricht weitestgehend Art. 225 VO Nr. 575/2013.

659 Bewertungsabschläge sind nach Anhang II und Anhang III nicht nur für die **potentiellen Schwankungen der Sicherheitenwerte** vorzusehen. Weicht die Währung einer empfangenen Sicherheit von derjenigen Währung ab, die nach den Vereinbarungen der Gegenparteien für die Beendigung und Abwicklung der besicherten OTC-Derivate oder für deren Besicherung vereinbart wurde – Abs. 5 des Anhang II spricht von der „**Beendigungswährung**" – so ist für die dadurch begründete Währungsinkongruenz grundsätzlich ein zusätzlicher Abschlag vorzunehmen.

660 Hiervon gibt es **zwei Ausnahmen**. Zum einen kann nach Abs. 3 des Anhang II und Abs. 2 des Anhang III für die in Form von Barsicherheiten geleisteten Nachschüsse (die sog. „**Barnachschüsse**") ein Abschlag von 0 % angesetzt werden. Zum anderen sieht Art. 21 Abs. 2 DelVO 2016/2251 vor, dass Währungsinkongruenzen dann vernachlässigt werden können, wenn die Währungen Gegenstand einer rechtlich bindenden zwischenstaatlichen Vereinbarung zur Begrenzung von Währungsschwanken sind.

661 Ein Beispiel für die in Art. 21 Abs. 2 DelVO 2016/2251 genannten zwischenstaatlichen Vereinbarungen ist der auf einer Entschließung des Europäischen Rats vom 16.6.1997[3] und dem Abkommen der Europäischen Zentralbank und den nationalen Zentralbanken der nicht an der Währungsunion teilnehmenden Mitgliedstaaten vom 1.9.1998[4] beruhende **zweite Europäische Wechselkursmechanismus (WKM II)**. Der WKM II sieht vor, dass für jede Währung eines teilnehmenden Mitgliedstaaten ein Leitkurs und ein durch Interventionskurse de-

---

1 U.S. *CFTC* 81 FR 636, S. 702.
2 *GA-ESA* Endgültiger RTS Besicherung, S. 11: „based on the credit risk mitigation framework oft he CRR"
3 *Europäischer Rat*, Entschließung über die Einführung eines Wechselkursmechanismus in der dritten Stufe der Wirtschafts- und Währungsunion vom 16. Juni 1997, ABl. EG Nr. C 236 v. 2.8.1997, S. 5 („*Europäischer Rat* WKM-II-Entschließung").
4 *Europäische Zentralbank (EZB)*, Abkommen vom 1. September 1998 zwischen der Europäischen Zentralbank und den nationalen Zentralbanken der nicht dem Euro-Währungsgebiet angehörenden Mitgliedstaaten über die Funktionsweise eines Wechselkursmechanismus in der dritten Stufe der Wirtschafts- und Währungsunion, ABl. EG Nr. C 345 vom 13.11. 1998, S. 6, geändert durch *das Abkommen vom 14. September 2000* (ABl. EG Nr. C 362 v. 16.12.2000, S. 11), das Abkommen vom 29. April 2004 (ABl. EU Nr. C 135 v. 13.5.2004, S. 3) und das Abkommen vom 16. September 2004 (ABl. EU Nr.C 281 v. 18.11.2004, S. 3) („*EZB* WKM-II-Abkommen").

finierter Schwankungskorridor festgelegt wird, der, wenn der Währungskurs den Schwankungskorridor verlässt, sofortige Interventionen der teilnehmenden Zentralbanken auslöst[1]. Die Standardbandbreite des Schwankungskorridors beträgt +/– 15 % bezogen auf den Leitkurs[2]. Nachdem eine Reihe der am WKM II teilnehmenden Mitgliedstaaten den Euro eingeführt haben (zuletzt am 1.1.2015 Litauen) ist der WKM II derzeit nur noch für **Dänemark und die Dänische Krone** von Bedeutung. Der Beitritt neuer Mitgliedstaaten (z.B. Bulgarien, Kroatien, Polen, Rumänien oder Tschechische Republik) ist jedoch wahrscheinlich.

Die im **Standardansatz** zu verwendenden **Formel für die Berechnung des angepassten Wertes** von Sicherheiten findet sich in Abs. 1 des Anhang II. Der in der Definition Faktors „H_{FX}" vorgesehene Verweis auf Abs. 6 des Anhang II geht ins Leere; **Währungsinkongruenzen**, die die Anwendung des Faktor „H_{FX}" vorschreiben sind in den Abs. 4 und 5 des Anhang II geregelt. Danach sind Abschläge für Währungsinkongruenzen nur für Ersteinschüsse und für unbare Nachschüsse vorgesehen, nicht jedoch für die erwähnten Barnachschüsse. 662

Die für den Faktor „H_C" maßgeblichen Tabellen 1 und 2 Abs. 2 greifen die **bankaufsichtlichen Volatilitätsanpassungen** des Art. 224 VO Nr. 575/2013 auf. Die für Schuldverschreibungen mit langfristigen Bonitätsbeurteilungen maßgebliche **Tabelle 1** übernimmt die Werte der nach Art. 224 Abs. 1 VO Nr. 575/2013 wiedergegebenen Tabelle 1, beschränkt sich jedoch zutreffender Weise auf die für Derivate maßgebliche mittlere Spalte für 10-tägige Verwertungszeiträume. Die in der **Tabelle 2** wiedergegebenen Abschläge für Schuldverschreibungen mit kurzfristigen Bonitätsbeurteilungen entsprechen denen der nach Art. 224 Abs. 1 VO Nr. 575/2013 wiedergegebenen Tabelle 2. Die in den beiden Tabellen ausgewiesenen Prozentsätze sind als **Faktor „H_C"** in die im ersten Abs. 1 beschriebene Formel einzusetzen. 663

Der zweite Abs. 1 des Anhang II greift die nach Art. 224 Abs. 1 VO Nr. 575/2013 wiedergegebene Tabelle 3 und die in deren Zeilen 1 und 4 vorgegebenen 15 %-Abschläge für **Aktien, Wandelschuldverschreibungen** und **Gold** auf, die als Faktor „H_C" in die Rechenregel aufzunehmen sind. Die Formulierung „in bedeutenden Indizes eingeschlossene Wandelschuldverschreibungen" ist irrtümlich mit übernommen worden. Nach Art. 4 Abs. 1 Buchst. p DelVO 2016/2251 sind Wandelschuldverschreibungen bereits dann anerkennungsfähig, wenn sie in Aktien umgewandelt werden können, die in einen Hauptindex einbezogen sind. 664

Der zweite Abs. 2 des Anhang II entspricht der in Art. 224 Abs. 5 VO Nr. 575/2013 verortete **Durchschnittsregel** für anerkennungsfähige Anteile an Investmentfonds. Wie sich aus Art. 5 Abs. 2 DelVO 2016/2251 ergibt, sind bei der Berechnung des durchschnittlichen Abschlages nur die Vermögenswerte des OGAW zu berücksichtigen, bei denen es sich um anerkennungsfähige Vermögenswerte handelt und für die in Anhang II Abschläge vorgesehen sind. Hält der OGAW z.B. eine Aktie, die nicht, oder nicht mehr in einen Hauptindex einbezogen ist, so ist für diese Aktie nicht etwa der 25 %-Abschlag der Tabelle 3 des Art. 224 Abs. 1 VO Nr. 575/2013 anzusetzen; die Aktie ist vielmehr **aus dem Nettoinventarwert des OGAW-Anteils herauszurechnen** und der durchschnittliche Abschlag ermittelt sich ausschließlich auf Basis der übrigen anrechnungsfähigen Vermögenswerte. 665

Die Berechnung des durchschnittlichen Abschlages ist nicht näher geregelt. Sachgerecht wäre die Ermittlung eines **gewichteten Durchschnitts**. Hierfür wären im ersten Schritt für jeden Vermögenswert, den der OGAW erworben hat, ein volatilitätsbereinigter Marktwert zu ermitteln. Diese wären im zweiten Schritt zu addieren. Beispiel: Der gemischte Fonds hat in gelisteten Aktien mit einem Marktwert von 1.000 Euro und in eine Schuldverschreibung der Republik Italien mit einem Marktwert von 2.000 Euro und einer Restlaufzeit von 9 Monaten investiert. Von den Aktien ist nur eine in einen anerkannten Hauptindex einbezogen; ihr Marktwert beträgt 500 Euro. Der nach Art. 5 Abs. 2 DelVO 2016/2251 anerkennungsfähige Marktwert des Fonds ist 2.500 €. Der volatilitätsbereinigte Marktwert der anerkennungsfähigen Aktien beträgt 425 Euro (500 Euro – 15 %). Der volatilitätsbereinigte Marktwert der Schuldverschreibung 1.990 Euro (2.000 Euro – 0,5 %). Der durchschnittliche volatilitätsbereinigte Marktwert beträgt 2.415 Euro. 666

Der in den Abs. 4 und 5 des Anhang II für Ersteinschüsse und unbare Nachschüsse vorgesehene 8 %-Abschlag für die Währungsinkongruenz – der Faktor „H_{FX}" – entspricht der in Art. 224 Abs. 1 VO Nr. 575/2013 eingefügten Tabelle 4. Maßgeblich für die Feststellung einer Währungsinkongruenz ist die Beendigungswährung, d.h. die Währung, in der die Derivate bei Ausfall des Sicherungsgebers abzurechen sind. Die **Beendigungswährung** ist von den Gegenparteien in ihrer Vereinbarung über das Netting oder den Austausch von Sicherheiten festzulegen. 667

Bei der in Abs. 4 und 5 des Anhang II verwendeten Formulierung „Kreditsicherungsanhang" handelt es sich um die missglückte Übersetzung des Begriffs „credit support annex", der für die Besicherungsanhänge zum ISDA Master Agreement verwendet wird. Für jede der Gegenparteien kann eine andere Beendigungswährung vereinbart werden. Die in Abs. 5 des Anhang II vorgesehene Rückfalllösung, dass in den Fällen, in denen keine Beendigungswährung vereinbart wurde, der 8 %-Faktor „H_{FX}" für alle Ersteinschüsse gilt, ist auf Abs. 4 des Anhang II entsprechend anzuwenden. 668

---

[1] *EZB* WKM-II-Abkommen, Art. 3.1.
[2] *Europäischer Rat* WKM-II-Entschließung und *EZB* WKM-II-Abkommen, Erwägungsgrund.

669 cc) **Verwahrung durch Dritte (Art. 19 Abs. 1 Buchst. b DelVO 2016/2251).** Werden die als Sicherheit geleisteten Vermögenswerte von einem Dritten gehalten, so sieht Art. 19 Abs. 1 Buchst. b DelVO 2016/2251 vor, dass die rechtlichen Bestimmugnen, auf deren Grundlage der Dritte tätig wird, die in diesem Zusammenhang genutzten Aufzeichnungen und Konten sowie die zur Anwendung kommenden Prozesse, die den Zugang zu den Vermögenswerten sicherstellen sollen, in den nach Art. 2 Abs. 2 Buchst. c DelVO 2016/2251 zu erstellenden **Richtlinien und Prozessbeschreibungen** festzulegen sind. Bei dem in der deutschen Fassung verwendeten Begriff „Beteiligungsstruktur" handelt es sich um eine fehlerhafte Übersetzung der englischen Fassung (collateral holding structure).

670 Die Sicherstellung des **Zugangs** zu den Vermögenswerten ist sowohl für den Sicherungsnehmer als auch für den Sicherungsgeber von Bedeutung. So muss der Sicherungsgeber die als Sicherheit gestellten Vermögenswerte nach Art. 7 Abs. 5 DelVO 2016/2251 zeitnah verwerten können. Darüber hinaus ist nach Art. 19 Abs. 1 Buchst. g DelVO 2016/2251 sicherzustellen, dass bei Ausfall des Sicherungsnehmers die nicht genutzten Ersteinschüsse ebenfalls zeitnah an den Sicherungsgeber zurückgegeben werden. Die mit dem Dritten getroffenen Vereinbarungen müssen deshalb sicherstellen, dass jede Gegenpartei bei Ausfall der jeweils anderen Gegenpartei auf die Sicherheiten zugreifen kann[1].

671 Wichtige Aspekte, die für den zeitnahen Zugang von Bedeutung sind, ist die **Rechtsnatur** der in den Aufzeichnungen des Dritten verbuchten Positionen, ob sich um Eigentumsrechte handelt, die im Falle der Insolvenz des Dritten der **Aussonderung** unterliegen, oder um schuldrechtliche nicht insolvenzfeste **Herausgabeansprüche**, oder ob die Vermögenswerte von dem Dritten zusammen mit den Vermögenswerten anderer Sicherungsgeber gehalten werden, so dass diese im Hinblick auf die verwahrten Vermögenswerte eine Gemeinschaft bilden. Ein Aspekt, der auch in den Anforderungen des Art. 19 Abs. 1 Buchst. h DelVO 2016/2251 anklingt, ist die Frage, ob der Dritte oder die jeweils andere Gegenpartei dem Zugang bzw. der Übertragung oder Rückgabe der Vermögenswerte **widersprechen** oder von bestimmten **Bedingungen** (wie z.B. die Zahlung von Entgelten oder Ausgaben) abhängig machen kann. Von Bedeutung ist auch, ob die Übertragung über ein **Wertpapierabwicklungssystem** erfolgt und deshalb bestimmten Abwicklungszyklen unterliegt, die eine Herausgabe und Verwertung der Vermögenswerte verzögern. Der zuletzt genannte Aspekt ist auch für die Bewertung der Sicherheit bzw. die Höhe der selbstgeschätzten Bewertungsabschläge (haircuts) maßgeblich.

672 Eine mit Art. 19 Abs. 1 Buchst. b DelVO 2016/2251 vergleichbare Anforderung enthält Art. 47 Abs. 5 Satz 2 VO Nr. 648/2012. Danach sind die von der CCP empfangenen unbaren Einschüsse oder Beiträge zum Ausfallfonds soweit möglich bei Betreibern von Wertpapierliefer- und -abrechnungssystemen, d.h. bei Dritten, zu hinterlegen. Auch hier muss die Hinterlegung sicherstellen, dass die CCP bei Bedarf sofortigen Zugang zu den Finanzinstrumenten hat.

673 dd) **Ersetzung von Sicherheiten (Art. 19 Abs. 2 DelVO 2016/2251).** Nach 19 Abs. 2 DelVO 2016/2251 können als Ersteinschüsse oder Nachschüsse geleistete Vermögenswerte unter bestimmten Voraussetzungen gegen andere Vermögenswerte ausgetauscht werden. Zum einen muss das Recht zum **Austausch** (substitution) gestellter Sicherheiten vertraglich vereinbart sein. Diese Abrede ist in die nach Art. 3 DelVO 2016/2251 abzuschließende Vereinbarung über den Austausch der Sicherheiten aufzunehmen. Zum anderen muss es sich bei den neuen Vermögenswerten um anerkennungsfähige Sicherheiten handeln, deren um den Abschlag bereinigte Wert ausreicht, um sämtliche Einschussverpflichtungen, die durch die Rückübertragung der ersetzten Vermögenswerte wieder „aufleben" würden, abzudecken.

674 g) **Freistellungen von der Besicherungspflicht. aa) Als Kreditinstitute zugelassene CCPs (Art. 23 DelVO 2016/2251).** Abweichend von Art. 2 Abs. 2 DelVO 2016/2251 können Gegenparteien vorsehen, dass sie für ihre nicht zentral geclearte OTC-Derivate, die sie mit einer **als Kreditinstitut zugelassenen CPP** abgeschlossen haben, keine Sicherheiten bzw. Einschüsse austauschen. Grund für die Freistellung ist **Art. 14 Abs. 5 VO Nr. 648/2012.** Danach steht es Mitgliedstaaten frei, für die Zulassung der in ihrem Hoheitsgebiet ansässigen zentralen Gegenparteien (CCP) zusätzliche Anforderungen zu stellen. Diese können auch bestimmte Zulassungsanforderungen der RL 2013/36/EU umfassen. Macht ein Mitgliedstaat, wie z.B. **Deutschland** (§ 1 Abs. 2 Satz 2 Nr. 12 KWG) hiervon Gebrauch, soll dies nicht dazu führen, dass die CCP als finanzielle Gegenpartei mit sämtlichen von ihr abgeschlossenen OTC-Derivatekontrakten der Besicherungspflicht unterliegt.

675 Die Freistellung ist für die OTC-Derivate relevant, die die CCP **außerhalb des von ihr betriebenen Clearingsystems** abschließt, um im Falle eines **Ausfalls eines Clearingmitgliedes** nach Art. 48 Abs. 2 VO Nr. 648/2012 die für Rechnung des Clearingmitgliedes gehaltenen Positionen durch geeignete Gegengeschäfte abzusichern oder glattzustellen. Die hierdurch entstehenden möglichen Verluste sind in erster Linie durch die von dem ausgefallenen Clearingmitglied geleisteten Ersteinschüsse zu decken[2]. Diese sind nach Art. 41 Abs. 1 VO Nr. 648/2012 und den ergänzenden Vorschriften in Art. 24–28 DelVO Nr. 153/2013 so zu bemessen, dass sie sämtliche durch Wertveränderungen resultierende Verluste, die bis zur Glattstellung der von dem Clearingmitglied gehaltenen Positionen eintreten können, abdecken. Die Freistellung der im Rahmen des **Ausfallmanagement** abge-

---

1 Erwägungsgrund Nr. 34 DelVO 2016/2251.
2 Erwägungsgrund Nr. 22 DelVO 2016/2251.

schlossenen Glattstellunggeschäfte ist deshalb ohne weiteres gerechtfertigt, weil die mit ihnen verbundenen Ausfallrisiken bereits durch die EMIR und die DelVO Nr. 153/2013 ausreichend adressiert sind[1].

Ob Art. 23 DelVO 2016/2251 auch die Freistellung der **für eigene Rechnung abgeschlossenen OTC-Derivatekontrakte** rechtfertigt, ist der Begründung nicht zu entnehmen. Zu denken ist etwa an OTC-Derivatekontrakte, die die CCP zur **Absicherung von Zins- oder Währungsrisiken** aus den von ihr aufgenommenen **Betriebsmittelkrediten** abschließt. Da die Zulassung der zentralen Gegenpartei als Kreditinstitut nicht durch die RL 2013/36/EU gefordert ist, sondern in der Regel aus anderen Gründen, z.B. wegen des hierdurch eröffneten **Zugangs zur Zentralbankliquidität** (Art. 47 Abs. 4 und Art. 50 VO Nr. 648/2012)[2] erfolgt, oder weil bis zum Inkrafttreten der EMIR für die Beaufsichtigung der Tätigkeiten von zentralen Gegenparteien ein angemessenes Aufsichtsrahmen nicht zur Verfügung stand, wäre es gerechtfertigt, die für eigene Rechnung abgeschlossenen OTC-Derivatekontrakte einer CCP **generell von der Besicherungspflicht** freizustellen. 676

Ein formales Argument für die generelle Freistellung würde sich zum einen aus Art. 2 Nr. 9 VO Nr. 648/2012 ergeben, der CCPs vom Begriff der nichtfinanziellen Gegenpartei ausdrücklich ausnimmt. Zum anderen handelt es sich bei den als Kreditinstituten zugelassenen CCPs weder um Einlagenkreditinstitute noch um Wertpapierfirmen i.S.d. Art. 2 Nr. 8 VO Nr. 648/2012. Dies entspräche auch der Position der Kommission, die sich anfänglich gegen die Klarstellung in Art. 23 DelVO 2016/2251 ausgesprochen hatte[3]. Ein materielles Argument wäre, dass CCPs nicht schlechter gestellt werden sollten als nichtfinanziellen Gegenparteien, die, wenn sie die Clearingschwelle nicht überschreiten, nach Art. 24 DelVO 2016/2251 von der Besicherungspflicht ausgenommen werden könnten. 677

Wie jede der nachfolgend dargestellten Freistellungen, so muss auch die Inanspruchnahme der Freistellung nach Art. 24 DelVO 2016/2251 Gegenstand der nach Art. 2 Abs. 2 Unterabs. 1 Buchst. f DelVO 2016/2251 geforderten **Berichterstattung an die Geschäftsleistung** sein. 678

bb) Nichtfinanzielle Gegenparteien (Art. 24 DelVO 2016/2251). Nach Art. 24 DelVO 2016/2251 können Gegenparteien in ihren Risikomanagementverfahren vorsehen, dass sie für ihre OTC-Derivate, die sie mit **nichtfinanziellen Gegenparteien unterhalb der Clearingschwelle** (NFC-) abgeschlossen haben, keine Einschüsse austauschen. Hat der Kontrahent seinen Sitz in einem Drittstaat, so steht ihnen das Recht dann zu, wenn es sich bei dem Kontrahenten im Falle der fiktiven Sitzverlegung in die Union um eine nicht der Clearingpflicht unterliegende nichtfinanzielle Gegenpartei handeln würde. 679

Mit der Freistellung in Art. 24 DelVO 2016/2251 – insbesondere mit dem für Drittstaatseinrichtungen gewählten Ansatz der fiktiven Sitzverlegung in die Union – greift die delegierte Verordnung zum einen die in Art. 4 Abs. 1 Buchst. a VO Nr. 648/2012 verwendete Regelungstechnik auf. Zum anderen beachtet sie damit den durch Art. 11 Abs. 3 VO Nr. 648/2012 gesteckten Rahmen des **persönlichen Anwendungsbereiches**. 680

cc) Mindesttransferbetrag (Art. 25 DelVO 2016/2251). Nach Art. 25 Abs. 1 DelVO 2016/2251 können die Gegenparteien vereinbaren, dass Sicherheiten erst dann geleistet werden müssen, wenn der von einer Gegenpartei geschuldete Betrag einen bestimmten Mindesttransferbetrag (minimum transfer amount, MTA) übersteigt. Dieser darf nach Art. 25 Abs. 1 Unterabs. 2 DelVO 2016/2251 nicht höher als 500.000 Euro sein. 681

(1) Zweck und Gegenstand des Mindesttransferbetrages. Die Vereinbarung eines Mindesttransferbetrages soll verhindern, dass die Gegenparteien an einem Geschäftstag Einschüsse in **geringem Umfang** austauschen müssen, bei dem der mit der Übertragung verbundene Aufwand und der mit der zusätzlichen Absicherung von Gegenparteiausfallrisiken verbundene Nutzen in keinem angemessenen Verhältnis zueinander stehen[4]. 682

Die **Wirkweise** des Mindesttransferbetrages wird in Art. 25 Abs. 4 und 5 DelVO 2016/2251 verdeutlicht. Anders als der in Art. 29 DelVO 2016/2251 zugelassene Schwellenwert (threshold), der dazu führt, dass ein zukünftiges potentielles Ausfallrisiko bis 50 Mio. überhaupt nicht zu besichern ist, führt der Mindesttransferbetrag lediglich dazu, dass er die Sicherheitsleistung **solange aufschiebt**, bis ihn der Betrag der fälligen Einschüsse überschreitet. 683

Da es sein kann, dass die zum Einschuss verpflichtete Gegenpartei ausfällt, bevor der von der geschuldete Betrag den Mindesttransferbetrag überschreitet, ist er aus Sicht der sicherungsnehmenden Gegenpartei im Zweifel so zu behandeln, als hätte sie der Gegenpartei einen vor ihr nicht abzudeckenden Schwellenwert eingeräumt. Aus diesem Grunde ist er ein für das zukünftige potentielle Ausfallrisikos (potential future exposure, PFE) relevanter Faktor, der von den Gegenparteien, die für die Schätzung der Ersteinschüsse Modelle verwenden, in geeigneter Form zu berücksichtigen ist. Ein Beispiel für eine angemessene Berücksichtigung ist z.B. die für die IMM zugelassene sog. „**Abkürzungsmethode**" (shortcut method) in Art. 285 Abs. 1 Buchst. b Ziff. ii) VO Nr. 575/2013, bei der der Mindesttransferbetrag zusammen mit ggf. vereinbarten Schwellwerten die **Mindestnettorisikoposition** bildet. 684

---

1 Erwägungsgrund Nr. 4 DelVO 2016/2251.
2 S. auch *GA-ESA* Gutachten zu RTS Besicherung, Rz. 37: „access to central bank liquidity facility".
3 *GA-ESA* Gutachten zu RTS Besicherung, Rz. 37.
4 Erwägungsgrund Nr. 8 DelVO 2016/2251, mit Hinweis auf den operativen Aufwand.

685 Der Mindesttransferbetrag kann nur für **Einschüsse**, nicht jedoch für andere Zahlungen, die im Zusammenhang mit der Besicherungsvereinbarung stehen, vereinbart werden. Endet die Geschäftsbeziehung nach Ausfall einer der beiden Gegenpartei durch Kündigung und wird für die zu diesem Zeitpunkt noch ausstehenden OTC-Derivate und die empfangenen Nachschusszahlungen ein einheitlicher **Ausgleichsanspruch** ermittelt, so ist dieser unabhängig von der Vereinbarung eines Mindesttransferbetrages **stets im vollen Umfang** fällig.

686 Aus Art. 19 Abs. 1 DelVO 2016/2251 folgt zudem, dass die Vereinbarung über den Mindesttransferbetrag im Fall der **Insolvenz einer Gegenpartei** nicht dazu führen darf, dass die nicht in Anspruch genommenen Ersteinschussleistungen dauerhaft bei der sicherungsnehmenden Gegenpartei verbleiben. Sie sind vielmehr fristgerecht und frei von Rechten Dritter in voller Höhe zurückzuübertragen oder freizugeben. Gleiches muss dann gelten, wenn die Geschäftsbeziehung der Gegenparteien durch ein anderes Ereignis als den Ausfall einer Gegenpartei endet oder, nachdem der letzte noch ausstehende OTC-Derivate vollständig erfüllt worden ist, für unbestimmbare Zeit ruht.

687 **(2) Anwendung des Mindesttransferbetrages.** Vereinbaren die Gegenparteien einen Mindesttransferbetrag, so sind nach Art. 25 Abs. 2 DelVO 2016/2251 die von jeder Gegenpartei an demselben Geschäftstag geschuldeten Ersteinschüsse und Nachschüsse zu summieren. Dabei ist das **Aufrechnungsverbot** des Art. 11 Abs. 2 DelVO 2016/2251 zu beachten.

688 Haben die Gegenparteien z.B. am vorangegangenen Geschäftstag neue OTC-Derivate abgeschlossen, für die jeder 400.000 Euro Ersteinschüsse schuldet und ergibt die Neuberechnung des Derivateportfolios, einen Anstieg des Nettowertes um 150.000 Euro, so hat die Gegenpartei aus deren Sicht der Anstieg des Nettowertes positiv ist, in Summe einen Anspruch auf Einschusszahlungen von 550.000 Euro, während die Gegenpartei nur den Ersteinschuss von 400.000 Euro verlangen kann. Gilt für beide Gegenparteien derselbe Mindesttransferbetrag von 500.000 Euro, hat an diesem Tag nur eine Gegenpartei Vermögenswerte zu übertragen.

689 Die in die Rechenregel aufgenommene Formulierung „einschließlich etwaiger überschüssiger Sicherheiten" ist **überflüssig**, weil sowohl die Berechnung der Nachschüsse als auch die Berechnung der Ersteinschüsse nach Art. 10 bzw. 11 DelVO 2016/2251 für jede Gegenpartei auf Nettobasis erfolgt. Hat z.B. eine Gegenpartei in der Vergangenheit für ein OTC-Derivat einen Ersteinschuss geleistet und scheidet dieser OTC-Derivatekontrakt nach dessen vollständiger Erfüllung aus dem Netting-Satz aus, so reduziert sich der Nettoersteinschussbetrag mit der möglichen Folge, dass die sicherungsnehmende Gegenpartei einen Teil der von ihr empfangenen Ersteinschüsse nach Art. 19 Abs. 1 Buchst. i DelVO 2016/2251 zurück- oder freigeben muss.

690 **(3) Zulässige Gestaltungsmöglichkeiten.** Die Gegenparteien können vereinbaren, dass der Mindesttransferbetrag nur für die Einschüsse **einer der beiden Gegenparteien** gilt oder dass beide Gegenparteien einen Mindesttransferbetrag nutzen dürfen, dass diese jedoch **unterschiedlich hoch** sind. Gegenstand der Vereinbarung über den Austausch der Sicherheiten kann auch sein, dass der Mindesttransferbetrag für eine Gegenpartei nur so lange gilt, solange diese über eine bestimmte **Mindestbonität** verfügt oder dass sich die Höhe des Mindesttransferbetrages reduziert, sobald die Bonitätsbeurteilung einer Gegenpartei herabgestuft wurde (downgrading).

691 Zu beachten ist, dass ein durch Herabstufung der sicherungsgebenden Gegenpartei ausgelöster Nachschuss vom Schutz des Art. 8 Abs. 3 Buchst. a RL 2002/47/EG[1] nicht erfasst ist, d.h. in den Mitgliedstaaten, die die **RL 2002/47/EG** eins zu eins umgesetzt haben, ggf. den Anfechtungsregelungen des nationalen Insolvenzrechts unterliegen kann. In der Praxis waren daher bereits einige Gegenparteien dazu übergegangen, nur noch „starre" Mindesttransferbeträge zu vereinbaren.

692 Vereinbaren die Gegenparteien für den Mindesttransferbetrag eine **andere Währung** als den Euro, müssen sie in ihrer Besicherungsvereinbarung durch eine entsprechende Formulierung sicherstellen, dass der in Art. 25 Abs. 1 Unterabs. 2 DelVO 2016/2251 vorgesehene Kappungsbetrag von 500.000 Euro durch Währungskursschwankungen nicht überschritten wird.

693 Vereinbaren die Gegenparteien einen Mindesttransferbetrag, so gilt er grundsätzlich für sämtliche von den Gegenparteien an demselben Geschäftstag zu leistende Einschüsse, d.h. **Nachschüsse und Ersteinschüsse**. Nach Art. 25 Abs. 4 DelVO 2016/2251 können die Gegenparteien jedoch vereinbaren, dass für Einschüsse und Nachschüsse getrennte Mindesttransferbeträge gelten. Machen sie hiervon Gebrauch, darf die Summe der beiden Mindesttransferbeträge den Betrag von 500.000 Euro nicht überschreiten.

694 In welchem Umfang die Praxis die Möglichkeit des Art. 25 Abs. 4 DelVO 2016/2251 nutzen wird, ist derzeit nicht absehbar, zumal sie nur für die Gegenparteien von Bedeutung ist, die verpflichtet sind, auch Ersteinschüsse auszutauschen. Denkbar wäre, dass Gegenparteien zwei Mindesttransferbeträge definieren, und den für die Ersteinschusszahlungen auf null setzt, um so den gesamten Kappungsbetrag von 500.000 Euro für die Nachschüsse zu nutzen.

---

[1] Richtlinie 2002/47/EG des Europäischen Parlaments und des Rates vom 6. Juni 2002 über Finanzsicherheiten, ABl. EG Nr. L 168 v. 27.6.2002, S. 43.

dd) **Gedeckte Schuldverschreibungen (Art. 30 DelVO 2016/2251).** Schließt der Emittent einer gedeckten 695
Schuldverschreibung für Rechnung des Deckungsstocks mit einem Kontrahenten OTC-Derivatekontrakte ab,
so können die Gegenparteien nach Art. 30 Abs. 1 DelVO 2016/2251 vereinbaren, dass nur der Kontrahent
Nachschusszahlungen leistet und dass Ersteinschüsse von beiden Gegenparteien weder geleistet noch empfangen werden.

Die Freistellung des Deckungsstocks von der Pflicht zur Leistung von Einschüssen soll den **besonderen recht-** 696
lichen Rahmenbedingungen, unter denen gedeckte Schuldverschreibungen begeben werden, Rechnung tragen.
Sehen die nationalen gesetzlichen Bestimmungen für gedeckte Schuldverschreibungen vor, dass die für Rechnung des Deckungsstocks abgeschlossenen Derivate (Deckungsstockderivate) in das für die Inhaber gedeckter
Schuldverschreibungen geltende **Pfandbriefprivileg** gleichrangig einbezogen sind, dann stehen ihnen bei Ausfall des Emittenten bereits ausreichend segregierte Vermögenswerte zur Verfügung, aus denen sie vorrangig Befriedigung erlangen können. Würde der Emittent der gedeckten Schuldverschreibung verpflichtet sein, für seine
Deckungsstockderivate zusätzliche Sicherheiten zu stellen, so würde dies zu einer **Superprivilegierung** des
Kontrahenten führen, die in den gesetzlichen Bestimmungen nicht vorgesehen ist.

Art. 30 Abs. 1 DelVO 2016/2251 und die in Art. 30 Abs. 2 DelVO 2016/2251 näher aufgeführten Voraussetzungen 697
für die Freistellung entsprechen dem ab 1.1.2019 geltenden Art. 4 Abs. 5 VO Nr. 648/2012[1] sowie Art. 1
Abs. 2 der insoweit gleichlautenden Delegierten Verordnungen DelVO 2015/2205 und DelVO 2016/1178. Die
zuletzt genannten Bestimmungen nehmen die Emittenten gedeckter Schuldverschreibungen von der Clearingpflicht für bestimmte Zins- und Währungsderivate aus. Hinsichtlich der Voraussetzungen weichen die Bestimmungen jedoch voneinander ab.

Der Begriff **gedeckte Schuldverschreibungen** wird nur mittelbar über die Anforderung in Art. 30 Abs. 2 698
Buchst. f DelVO 2016/2251 und die dort beginnenden **Verweiskette** auf Art. 129 VO Nr. 575/2013 und Art. 52
Abs. 4 Unterabs. 1 RL 2009/65/EG definiert: Danach müssen gedeckte Schuldverschreibungen von einem **Kreditinstitut mit Sitz in einem Mitgliedstaat** begeben worden sein, das aufgrund gesetzlicher Vorschriften zum
Schutz der Inhaber dieser Schuldverschreibungen einer besonderen **öffentlichen Aufsicht** unterliegt. Die unter
der Schuldverschreibung empfangenen Gelder müssen in Vermögenswerte angelegt werden, die die Verbindlichkeiten aus den Schuldverschreibungen während der gesamten Laufzeit decken, und die vorrangig für die bei
Ausfall des Emittenten fällige werden Rückzahlung des Kapitals und der Zinsen bestimmt sind (Pfandbriefprivileg). Wegen des Begriffs „gedeckte Schuldverschreibungen" wird auf die Ausführungen zu Art. 2 VO Nr. 648/
2012 Rz. 139–143 verwiesen.

Die Formulierung in Art. 30 Abs. 1 Buchst. a DelVO 2016/2251 wonach der Emittent gedeckter Schuldverschrei- 699
bungen oder der Deckungsstock keine Nachschusszahlungen leistet, dass aber Nachschusszahlungen von „dessen
Gegenpartei bar entgegengenommen" werden ist unklar. Wie sich aus den Erwägungsgründen der DelVO 2016/
2251 ergibt, geht es Art. 30 DelVO 2016/2251 darum, die Emittenten gedeckter Schuldverschreibungen bzw. den
Deckungsstock, für dessen Rechnung OTC-Derivate abgeschlossen werden, von der Pflicht zur Leistung von
Nachschüssen zu befreien. Die vertragliche Vereinbarung über den Austausch von Sicherheiten soll vorsehen
können, dass **nur der Kontrahent des Deckungsstocks Nachschüsse** leistet und dass er diese ausschließlich in
Form von Barsicherheiten erbringen darf. Nur in dem Umfang, in dem der Deckungsstock **zuvor** Nachschüsse
empfangen hat, soll er verpflichtet sein, diese an den Kontrahenten zurückzuzahlen[2]. Die in Art. 30 Abs. 1
Buchst. a DelVO 2016/2251 skizzierte **asymmetrische Besicherung** entspricht den Besicherungsvereinbarungen,
die von externen Ratingagenturen, die gedeckte Schuldverschreibungen bewerten, üblicherweise verlangt werden.

Art. 30 Abs. 2 DelVO 2016/2251 definiert die Anforderungen, die an die Freistellung von der zweiseitigen Besi- 700
cherungspflicht zu stellen sind. Danach kann die asymmetrische Besicherungspflicht nur für solche Deckungsstockderivate vereinbart werden, mit denen der Emittent der gedeckten Schuldverschreibungen Zins- oder
Währungsrisiken absichert (Art. 30 Abs. 2 Buchst. d DelVO 2016/2251). Die Freistellung setzt darüber hinaus
voraus, dass die nationalen gesetzlichen Bestimmungen für gedeckte Schuldverschreibungen für Deckungsstockderivate ein bestimmtes Schutzniveau vorschreiben (Art. 30 Abs. 2 Buchst. b, c, f und g DelVO 2016/
2251). Unabhängig davon muss die vertragliche Vereinbarung zwischen dem Emittenten und dem Kontrahenten vorsehen, dass der Netting-Satz ausschließlich Deckungsstockderivate umfasst und diese durch die Insolvenz des Emittenten der gedeckten Schuldverschreibungen nicht beendet werden (Art. 30 Abs. 2 Buchst. a und e
DelVO 2016/2251).

Die asymmetrische Besicherungspflicht ist nur für **Zins- und Währungsderivate** vorgesehen. Erwirbt der Emit- 701
tent der gedeckten Schuldverschreibung für Rechnung des Deckungsstocks **Kreditderivate**, mit denen er das

---

[1] Art. 4 Abs. 5 VO Nr. 648/2012 ist durch Art. 42 Abs. 2 derKOM(Verordnung (EU) 2017/2402 des Europäischen Parlaments und des Rates vom 12.12.2017 zur Festlegung eines allgemeinen Rahmens für Verbriefung und zur Schaffung eines spezifischen Rahmens für einfache, transparente und standardisierte Verbriefung und zur Änderung der Richtlinien 2009/65/EG, 2009/138/EG, 2011/61/EU und der Verordnungen (EG) Nr. 1060/2009 und (EU) Nr. 648/2012, ABl. EU Nr. L 347 v. 28.12.2017, S. 35 („VO 2017/2402" oder „Verbriefungsverordnung") eingefügt worden ist.
[2] Erwägungsgrund Nr. 17 DelVO 2016/2251.

Risiko der dem Deckungsstock zugewiesenen Vermögenswert (z.B. die für einen öffentlichen Pfandbrief erworbenen Staatsanleihe) absichert, so kann sich der Deckungsstock von der Pflicht zu Leistung von Einschüssen nur dadurch befreien, dass er die von ihm geschuldete Prämie zu Beginn der Laufzeit vollständig zahlt. Nur wenn der Emittent der gedeckten Schuldverschreibung sämtliche Zahlungen, die die Gegenpartei (protection seller) verlangen kann, vollständig geleistet hat, besteht für die Gegenpartei weder ein aktuelles noch ein potentiell zukünftiges Gegenparteiausfallrisiko. Dies entspricht der Behandlung gekaufter Optionen, bei denen die Gegenpartei Stillhalterin ist.

702 Die in Art. 30 Abs. 2 Buchst. b, c, f und g DelVO 2016/2251 formulierten Anforderungen an die nationalen gesetzlichen Bestimmungen lehnen sich stark an die Regelungen des **deutschen Pfandbriefgesetzes** (PfandbriefG) an, entsprechen jedoch auch der jüngsten Initiative der EBA für eine europäische Harmonisierung der nationalen Pfandbriefgesetze[1].

703 Die nach Art. 30 Abs. 2 Buchst. b DelVO 2016/2251 geforderte Einbeziehung der Deckungsstockderivate in das Pfandbriefprivileg ist in § 4 Abs. 3 PfandbriefG vorgesehen. Nach § 5 Abs. 3 PfandbriefG sind die Deckungsstockderivate in das Deckungsregister einzutragen, was für die Anforderung in Art. 30 Abs. 2 Buchst. c DelVO 2016/2251 maßgeblich ist. § 4 Abs. 1 PfandbriefG sieht die nach Art. 30 Abs. 2 Buchst. g DelVO 2016/2251 geforderte Überdeckung von 2 % vor. Der neue § 4 Abs. 3a PfandbriefG ermöglicht es der BaFin, darüberhinausgehende Deckungsanforderungen zu stellen.

704 Die **deutschen Spitzenverbände der Kreditwirtschaft** haben für Deckungsstockderivate Mustertexte für Zusatzvereinbarungen entwickelt, die den Rahmenvertrag für Finanztermingeschäfte anpassen und insbesondere sicherstellen, dass die Deckungsstockderivate im Falle der Insolvenz des Emittenten, wie in Buchst. a gefordert nicht beendet werden.

705 Wegen der nach Art. 30 Abs. 2 Buchst. f DelVO 2016/2251 einzuhaltenden Anforderungen, die sich aus **Art. 129 VO Nr. 575/2013** ergeben, wird auf die Ausführungen zu Art. 2 VO Nr. 648/2012 Rz. 139–142 verwiesen.

706 **ee) Mangelnde Durchsetzbarkeit von Nettingvereinbarungen oder Abgrenzungsmaßnahmen (Art. 31 DelVO 2016/2251).** Nach Art. 31 Abs. 1 Unterabs. 1 DelVO 2016/2251 können Gegenparteien in ihren Risikomanagementverfahren vorsehen, dass sie für ihre OTC-Derivate, die sie mit einer Gegenpartei in einem **Drittstaat** abgeschlossen haben, keine Einschüsse zahlen, wenn die rechtliche Prüfung ihrer Nettingvereinbarungen ergibt, dass diese in dem betreffenden Drittstaat **rechtlich nicht durchsetzbar** sind oder wenn die nach Art. 19 DelVO 2016/2251 geforderten Abgrenzungsmaßnahmen die an sie zu stellenden Anforderungen nicht erfüllen können. Die Pflicht der Gegenparteien, von ihrem Kontrahenten in dem Drittstaat Einschüsse entgegenzunehmen, bleibt hiervon unberührt. Nach Art. 31 Abs. 1 Unterabs. 2 DelVO 2016/2251 sind diese auf **Bruttobasis** einzufordern.

707 Eine **weitergehende Freistellungsmöglichkeit** ist nach Art. 31 Abs. 2 DelVO 2016/2251 gegeben, wenn sowohl die Nettingvereinbarungen als auch die Abgrenzungsmaßnahmen nicht wirksam vereinbart werden können und die von der Gegenpartei durchgeführten rechtlichen Prüfungen ergeben, dass es auch nicht möglich ist, im Einklang mit der DelVO 2016/2251 Sicherheiten auf Bruttobasis entgegenzunehmen. In diesem Fall kann die Gegenpartei entscheiden, dass sie mit dem Drittstaatenkontrahenten überhaupt **keine Sicherheiten austauscht**. Der Umfang der unbesicherten OTC-Derivate ist nach Art. 31 Abs. 2 Buchst. c DelVO 2016/2251 jedoch auf **2,5 % der Nominalbeträge** aller ausstehenden OTC-Derivate der Gruppe beschränkt.

708 Die Freistellungsmöglichkeit des Art. 31 DelVO 2016/2251 gilt nur für OTC-Derivate, die mit Drittstaatenkontrahenten abgeschlossen wurden. Stellt sich heraus, das die Vereinbarungen über das Netting oder die nach Art. 19 DelVO 2016/2251 geforderten Abgrenzungsmaßnahmen nach dem **Recht eines Mitgliedstaats** nicht durchsetzbar sind, müssen die Gegenparteien die Einschüsse so leisten und empfangen, als würde jeder der OTC-Derivate einen **eigenen Netting-Satz** bilden, d.h. auf Bruttobasis. Dies folgt bereits aus der Definition Netting-Satz in Art. 1 Nr. 3 DelVO 2016/2251, die eine rechtliche durchsetzbare bilaterale Nettingvereinbarung verlangt (Rz. 434–438).

709 Die Beschränkung des Anwendungsbereichs auf Drittstaaten-Sachverhalte beruht auf der Annahme, dass die rechtliche Durchsetzbarkeit von Nettingvereinbarungen und der in sie einbezogenen Sicherheiten nach Umsetzung der RL 2002/47/EG in allen Mitgliedstaaten gewährleistet ist. Die in Art. 1 Abs. 3 und Abs. 4 RL 2002/47/EG vorgesehenen nationalen **Wahlrechte**, die von einigen Mitgliedstaaten in Anspruch genommen wurden[2], zeigen jedoch bereits, dass das Schutzniveau für Finanzsicherheiten insbesondere bei OTC-Derivaten mit clearingpflichtigen nichtfinanziellen Gegenparteien **nach wie vor stark fragmentiert** ist. Dieser Befund wird durch die von Handelsorganisationen und Bankenverbänden in Auftrag gegebene **Rechtsgutachten** eindrucksvoll

---

1 *EBA*, Report on Covered Bonds Recommendations on Harmonisation of Covered Bond Frameworks in the EU, EBA-Op-2016-23 vom 2012.2016, abrufbar über: https://www.eba.europa.eu/documents/10180/1699643/EBA+Report+on+Covered+Bonds+(EBA-Op-2016-23).pdf („*EBA* 2016 Covered Bond Report"), S. 118.

2 *Kommission*, Bewertungsbericht über die Richtlinie über Finanzsicherheiten, KOM(2006) 833 endgültig vom 20.12.2006, abrufbar über: http://eur-lex.europa.eu/legal-content/DE/TXT/PDF/?uri=CELEX:52006DC0833&from=DE („*Kommission* Bericht Finanzsicherheitenrichtlinie"), 4.2.1, S. 9.

bestätigt. Dass die rechtliche Durchsetzbarkeit von Nettingvereinbarungen in Europa nicht durchgehend gesichert ist, war und ist der Kommission bekannt. Sie hat jedoch bislang keinen Handlungsbedarf gesehen[1]; noch hat sie in den Fällen, in denen dies geboten erschien, Vertragsverletzungsverfahren eingeleitet, um der RL 2002/47/EG Geltung zu verschaffen. Vor diesem Hintergrund erscheint es geboten, den in Art. 31 DelVO 2016/2251 verwendeten Begriff Drittstaaten so auszulegen, dass er auch **Mitgliedstaaten** erfasst. Dies sollte zumindest für die Fälle gelten, in denen die mangelnde Durchsetzbarkeit der Nettingvereinbarungen darauf beruht, dass der betreffende Mitgliedstaat die RL 2002/47/EG nicht vollständig in nationales Recht umgesetzt hat.

Die Formulierung in Art. 31 Abs. 1 Unterabs. 1 DelVO 2016/2251 ließ ursprünglich vermuten, dass Gegenparteien, wenn sie die Voraussetzungen des Unterabs. 1 erfüllen, Einschüsse „weder leisten noch entgegen nehmen" muss. Seit seiner Berichtigung am 17.2.2017[2] entspricht er jedoch inhaltlich Unterabs. 2: Dieser stellt klar, dass die europäische Gegenpartei nur von der **Leistung von Einschüssen befreit** ist, nicht jedoch von deren Entgegennahme. Das Minimum, das mit der in einem Drittstaat (bzw. in einem Mitgliedstaat) ansässigen Gegenpartei vereinbart werden muss, ist daher eine **asymmetrische Besicherung**.

Da sich die Netting-Effekte nicht nur auf die Höhe der Nachschüsse sondern auch auf die Höhe der nach Art. 11 DelVO 2016/2251 zu berechnenden Ersteinschüsse auswirken (Rz. 498), führt die Bruttobetrachtung zu **deutlich höheren Einschussanforderungen**. Berücksichtig man, dass sich die mangelnde rechtliche Durchsetzbarkeit von Nettingvereinbarung auch nachträglich, z.B. aufgrund einer Gesetzesänderung, einstellen kann, so verwundert es, dass der Verordnungsgeber die hiermit verbunden **Klippeneffekte** nicht adressiert hat. Wünschenswert wäre eine Regelung gewesen, wie sie Art. 16 Abs. 8 DelVO 2016/2251 für den auf eine Anpassung des Ersteinschuss-Modells zurückzuführenden Anstieg von Einschussforderungen vorsieht: Die Leistung der Einschüsse innerhalb von 30 Geschäftstagen.

Art. 31 Abs. 1 Unterabs. 1 Buchst. a und b DelVO 2016/2251 verweisen auf die **rechtlichen Überprüfungen**, die von der Gegenpartei nach Art. 2 Abs. 3 und Art. 19 Abs. 6 DelVO 2016/2251 vorzunehmen sind. Wie in Art. 31 Abs. 2 Buchst. a DelVO 2016/2251 bereits vorgesehen, ist auch in Art. 31 Abs. 1 Unterabs. 1 Buchst. b DelVO 2016/2251 ein „**gegebenenfalls**" hineinzulesen: Ist die in der Union ansässige Gegenpartei nämlich nicht verpflichtet, Ersteinschüsse auszutauschen, dann gelten für sie auch nicht die Abgrenzungsanforderungen des Art. 19 DelVO 2016/2251. Die Frage, ob die Abgrenzungsmaßnahmen die Anforderungen des Art. 19 Abs. 3–5 der nach Art. 2 Abs. 3 und Art. 19 Abs. 6 DelVO 2016/2251 erfüllen kann, stellt sich daher nicht.

Für die in Art. 31 Abs. 1 Unterabs. 2 DelVO 2016/2251 vorgesehene Verpflichtung zur Leistung auf Bruttobasis ist zu **unterscheiden**, ob die mangelnde rechtliche Durchsetzbarkeit die nach Art. 2 Abs. 3 DelVO 2016/2251 zu prüfende **Vereinbarung über das Netting** und den Austausch der Sicherheiten betrifft oder die rechtliche Durchsetzbarkeit der nach Art. 19 Abs. 6 DelVO 2016/2251 zu prüfenden **Abgrenzungsmaßnahmen**. Sind die Nettingvereinbarung oder der Austausch von Nachschüssen auf Nettobasis rechtlich durchsetzbar und fehlt es nur an wirksamen Abgrenzungsmaßnahmen so besteht eigentlich keine Notwendigkeit dafür, die Nachschüsse auf Bruttobasis zu leisten. Es reicht aus, wenn die Gegenpartei einseitig lediglich die auf Nettobasis ermittelten Ersteinschüsse verlangt.

Dies soll durch folgendes **Beispiel** verdeutlicht werden: Die EMIR-Bank AG hat mit der International Bank Limited im Staat X eine Nettingvereinbarung mit Besicherungsanhang abgeschlossen. Die getroffenen Vereinbarungen sind im Staat X rechtlich durchsetzbar, dies gilt insbesondere im Falle der Insolvenz der International Bank Limited. Die Umsetzung der nach Art. 19 DelVO 2016/2251 geforderten Abgrenzungsmaßnahmen gestalten sich aus Sicht der EMIR-Bank AG schwierig. Ein Kreditinstitut mit ausreichender Bonität (Art. 19 Abs. 8 DelVO 2016/2251) oder eine Verwahrstelle, die auch die insolvenzfeste Trennung der Ersteinschüsse von ihren eigenen Vermögenswerten sicherstellen kann (Art. 19 Abs. 4 Buchst. c DelVO 2016/2251), existiert in dem Staat X nicht. Die Verwahrung der Ersteinschüsse im Heimatland der EMIR-Bank AG wird von der International Bank Limited mit der Begründung abgelehnt, dass aus ihrer Sicht die zeitnahe Verwertung der Ersteinschüsse nicht gewährleistet ist, weil sie bislang keinen unmittelbaren Zugang zu den Zahlungs- und Wertpapierabwicklungssystemen im Heimatland der EMIR-Bank AG hat.

Unterstellt, die Größe des von der EMIR-Bank AG gehaltenen Derivatportfolios liegt unterhalb der 8-Mrd.-Euro-Schwelle des Art. 28 DelVO 2016/2251: In diesem Fall wäre die Freistellungsmöglichkeit des Art. 31 Abs. 1 Unterabs. 2 DelVO 2016/2251 nicht relevant, weil Ersteinschüsse nicht auszutauschen sind und die für den Austausch der Nachschüsse relevante Nettingvereinbarung mit Besicherungsanhang rechtlich durchsetzbar ist. Unterstellt, die Derivatportfolien beider Gegenparteien hätten die 8-Mrd.-Euro-Schwelle des Art. 28 DelVO 2016/2251 überschritten: In diesem Fall wäre für die Berechnung der Ersteinschüsse und die Frage, ob diese den 50-Mio.-Schwellenwert des Art. 29 DelVO 2016/2251 überschreiten, die Berechnung der Ersteinschüsse auf Nettobasis – d.h. unter Berücksichtigung der rechtlich durchsetzbaren Nettingvereinbarung – maßgeblich.

---

1 *Kommission* Bericht Finanzsicherheitenrichtlinie", 4.2.1, S. 10.
2 Art. 31 Abs. 1 Unterabs. 1 DelVO 2016/2251 ist am 17.2.2017 berichtigt worden (ABl. EU Nr. L 40 v. 17.2.2017, S. 79): die Worte „entgegengenommen oder" wurden gestrichen.

716 Auf den Austausch von Sicherheiten können die Gegenparteien nach Art. 31 Abs. 2 DelVO 2016/2251 nur dann vollständig verzichten, wenn weder die Vereinbarung über das Netting und den Austausch der Sicherheiten noch die ggf. erforderlichen Abgrenzungsmaßnahmen rechtlich durchsetzbar sind. Bei der in Art. 31 Abs. 2 Buchst. b DelVO 2016/2251 geforderten **Unmöglichkeit** handelt es sich nicht um die tatsächliche Unmöglichkeit, die ggf. bereits dann besteht, wenn sich, was in der Praxis der Regelfall sein wird, die im Drittstaat ansässige Gegenpartei weigert, einer asymmetrischen Besicherung zuzustimmen. Wie der Verweis auf die „rechtlichen Überprüfungen" nahe legt, muss es den Gegenparteien unmöglich sein, eine rechtlich wirksame und, soweit es um Ersteinschüsse geht, eine den Abgrenzungsanforderungen des Art. 19 DelVO 2016/2251 entsprechende Besicherung auf Bruttobasis zu vereinbaren.

717 Der Formulierung „**im Einklang mit dieser Verordnung**" ist darüber hinaus zu entnehmen, dass die Gegenparteien ihre rechtliche Überprüfung auf die Besicherungsformen beschränken können, die von der DelVO 2016/2251 vorgesehen sind. Sie sind insbesondere nicht verpflichtet, alternative Formen der Besicherung zu suchen, die eine Bruttobesicherung möglich machen, insbesondere, dann nicht, wenn diese nicht an demselben Geschäftstag geleistet (Art. 12 und 13 DelVO 2016/2251) oder mangels Zugang zu den relevanten Zahlungs- und Wertpapierabwicklungssystemen nicht zeitnah verwertet (Art. 7 Abs. 5 DelVO 2016/2251) werden können, d.h. nicht mehr im Einklang mit der DelVO 2016/2251 stehen.

718 Gleiches gilt für alternative Formen der Besicherung, die nicht **marktüblich** sind oder mit **erheblichen zusätzlichen Kosten** verbunden wären, und dies im Ergebnis dazu führen würde, dass ein Handel mit Gegenparteien in dem betreffenden Drittstaat nicht mehr stattfinden kann. So können sich die Gegenparteien bei ihrer rechtlichen Überprüfung darauf beschränken, ob die für Nachschüsse vorgesehene und marktübliche **Vollrechtsübertragung von Barsicherheiten auf Bruttobasis** rechtlich durchsetzbar ist.

719 Dass Art. 31 DelVO 2016/2251 den Abschluss von OTC-Derivaten mit Gegenparteien in Drittstaaten unterstützen und nicht verhindern soll, ist den Erwägungsgründen der delegierten Verordnung ausdrücklich zu entnehmen[1]. Auch ist die noch im Vorschlag des Gemeinsamen Ausschusses der Europäischen Aufsichtsbehörden enthaltene Überlegung, dass Gegenparteien im Falle eines negativen Ergebnisses ihrer Überprüfungen auf andere Vorkehrungen wie z.B. der Übertragung von Sicherheiten auf internationale Verwahrer zurückgreifen sollten[2], von der Kommission nicht übernommen worden.

720 Unterstellt man mit der hier vertretene Auffassung, dass Gegenstand der Überprüfung bei **Nachschüssen** nur die rechtliche Durchsetzbarkeit der **Vollrechtsübertragung** von Barsicherheiten ist, ergibt sich die Unmöglichkeit der Bruttobesicherung i.d.R. bereits aus dem Umstand, dass die in Art. 31 Abs. 2 Buchst. a DelVO 2016/2251 vorgesehene Überprüfung der rechtlichen **Durchsetzbarkeit der Nettingvereinbarung** negativ ausgefallen ist. Da die Gegenparteien auch bei der Bruttobetrachtung darauf angewiesen sind, dass die für den Ausfall des Sicherungsgebers vereinbarte Verrechnung des Marktwertes eines OTC-Derivates mit dem Wert der für ihn übertragenen Barsicherheit rechtlich durchsetzbar ist, wird die für die Nettobetrachtung festgestellte Unwirksamkeit des Liquidationsnettings auch hier beachtlich sein.

721 Hinzu kommt, dass die asymmetrische Leistung von Sicherheiten auf Bruttobasis von den Gegenparteien **ausdrücklich vereinbart werden muss**, was eine Abweichung von den im Markt verwendeten Standardvereinbarungen darstellt. Ohne eine Abänderung der Besicherungsvereinbarung würde der im Drittstaat ansässige Sicherungsgeber eine Sicherheit leisten, zu der er vertraglich nicht verpflichtet ist. Sie wäre als **inkongruente Sicherheitsleistung** dem Risiko der Insolvenzanfechtung ausgesetzt. Zu prüfen ist auch, ob eine asymmetrische Leistung von Sicherheiten auf Bruttobasis nach dem für die Besicherungsvereinbarung vereinbarten Recht als **unangemessene Benachteiligung** des Sicherungsgebers (unfair terms) zu bewerten und damit unwirksam ist. Das Risiko besteht insbesondere dann, wenn die Gegenparteien für ihre Vertragsbeziehung das Recht eines Drittstaates (z.B. das Recht des Staates New York) vereinbaren, und deshalb davon auszugehen ist, dass die mit Art. 31 DelVO 2016/2251 verbundenen Wertentscheidungen des europäischen Gesetzgebers nicht Gegenstand der Vertragsbeziehungen geworden sind.

722 Verlangt man mit der Auffassung der Europäischen Aufsichtsbehörden[3], dass die Gegenparteien auch alternative Besicherungsformen wie das Halten von Sicherheiten durch **im Ausland ansässige Dritte oder Verwahrer** überprüfen müssen, so kann die Bruttobesicherung auch dann unmöglich sein, wenn der Sicherungsgeber seine Heimatwährung aufgrund von bestehenden **Kapitalverkehrsbeschränkungen** weder transferieren noch in übertragbare Währungen konvertieren kann oder für das Halten von Vermögenswerten im Ausland eine staatliche Erlaubnis benötigen würde. Da für die Übertragung von Vermögenswerten ins Ausland grenzüberschreitend operierende Zahlungs- und Wertpapierabrechnungssysteme verwendet werden müssen, kann die Verwahrung verpfändeter Vermögenswerte im Ausland – dies wurde bereits erwähnt – auch mit anderen **Anforderun-**

---

1 Erwägungsgrund Nr. 18 DelVO 2016/2251.
2 *GA-ESA* Endgültiger RTS Besicherung, S. 7, s. auch: *GA-ESA* Gutachten zu RTS Besicherung Rz. 27: „no alternative solution for the collateral exchange is available"
3 *GA-ESA* Endgültiger RTS Besicherung, S. 7.

gen der DelVO 2016/2251 in Konflikt geraten. So wird die Übertagung von Einschüssen innerhalb desselben Geschäftstages bzw. deren zeitnahe Verwertung kaum möglich sein.

Macht eine Gegenpartei von der Freistellungsmöglichkeit des Art. 31 Abs. 2 DelVO 2016/2251 Gebrauch, so darf der für die nicht besicherten OTC-Derivate ermittelte **Quotient** den in Art. 31 Abs. 2 Buchst. c DelVO 2016/2251 genannten Schwellenwert von 2,5 % nicht erreichen bzw. übersteigen.

Der Quotient selbst ist in Art. 31 Abs. 3 DelVO 2016/2251 definiert. In den **Nenner** des Quotienten sind die Nennwerte sämtlicher noch ausstehender OTC-Derivate der Gruppe einzustellen; auch solche, die zentral gecleart sind. Wegen des Begriffs Gruppe wird auf die Ausführungen zu Art. 2 VO Nr. 648/2012 Rz. 111–113 verwiesen.

Im **Zähler** des Quotienten sind nur die OTC-Derivate zu berücksichtigen, die nach dem Inkrafttreten der DelVO 2016/2251, d.h. am 4.1.2017 abgeschlossen wurden. Die Nichtberücksichtigung der Altgeschäfte war von den Europäischen Aufsichtsbehörden kritisiert worden[1]. Sie hat jedoch den positiven Effekt, dass sich die Quote langsam aufbaut bzw. die in der Union ansässige Gegenpartei laufend prüfen kann, ob ein neues OTC-Derivat, das von der Freistellung Gebrauch machen müsste, noch abgeschlossen werden kann oder nicht. Vom Zähler ausgenommen sind ferner die **gruppeninternen Geschäfte** i.S.d. Art. 3 VO Nr. 648/2012.

h) Übergangsvorschriften. aa) Neuabschlüsse. Art. 35 DelVO 2016/2251 stellt klar, dass clearingpflichtige Gegenparteien, die durch die DelVO 2016/2251 definierten Risikomanagementverfahren nur auf die OTC-Derivate anwenden müssen, die an oder nach den in der Verordnung festgelegten Stichtagen abgeschlossen wurden. So besteht z.B. die Pflicht zum Austausch von Nachschüssen nach Maßgabe des Art. 9 Abs. 1, Art. 11 und 12 DelVO 2016/2251 für Gegenparteien, die nicht zur Gruppe der sog. Phase-1-Gegenparteien gehören, nur für die OTC-Derivate, die sie am oder nach dem 1.3.2017 abgeschlossen haben.

Die Bezugnahme auf die OTC-Derivate die „*zwischen dem 16.8.2012* und den in der vorliegenden Verordnung festgelegten Daten eingegangen wurden" bekräftigt die Auffassung der Kommission, dass Art. 11 Abs. 3 VO Nr. 648/2012 und die Verpflichtung zum **Austausch von Sicherheiten** bereits seit dem 16.8.2012 Anwendung findet[2], und dass Gegenparteien ab diesem Zeitpunkt nicht das „ob" der Besicherung sondern allenfalls die konkrete Ausgestaltung der Besicherung frei vereinbaren konnten. Da dieser Auffassung die Gegenparteien gezwungen hätte, ihre neu abgeschlossenen Besicherungsvereinbarungen nach Inkrafttreten der technischen Regulierungsstandards anzupassen[3], ist sie zu Recht kritisiert worden. Praktische Bedeutung hat der Meinungsstreit bislang nicht erlangt.

bb) Schrittweise Einführung der Ersteinschussverpflichtung (Art. 36 DelVO 2016/2251). Die in den Art. 9, 11 und 13–19 DelVO 2016/2251 enthaltenen Bestimmungen über den Austausch von Ersteinschüssen fanden bzw. finden nach Art. 36 DelVO 2016/2251 nur schrittweise Anwendung.

(1) Größenabhängige Stichtage (Art. 36 Abs. 1 DelVO 2016/2251). Nach Art. 36 Abs. 1 Buchst. a DelVO 2016/2251 waren Ersteinschusszahlungen zunächst nur von Gegenparteien mit **sehr großen Derivateportfolien** (den sog. Phase-1-Gegenparteien) auszutauschen: Überschritt der jeweils auf Gruppenebene zu bestimmende aggregierte durchschnittliche Nominalwert der nicht geclearten OTC-Derivatekontrakte bei beiden Gegenparteien den Betrag von 3.000 Mrd. Euro, so begann die Pflicht zum Austausch von Ersteinschüssen für die beiden Gegenparteien einem Monat nach Inkrafttreten der delegierten Verordnung, d.h. am **4.2.2017**.

Überschritt der aggregierte durchschnittliche Nominalwert der nicht geclearten OTC-Derivatekontrakte bei beiden Gegenparteien auf Gruppenebene den Betrag von 2.250 Mrd. Euro, so hatten sie mit dem Austausch von Ersteinschüssen nach Art. 36 Abs. 1 Buchst. b DelVO 2016/2251 ab dem **1.9.2017** zu beginnen. Danach reduzierte bzw. reduziert sich der maßgebliche Schwellenbetrag, den beide Gegenparteien auf Gruppenebene mindestens überschreiten müssen, jedes Jahr, so dass er nach ab dem **1.9.2020** bei dem für die Freistellung nach Art. 28 DelVO 2016/2251 maßgeblichen Schwellenwert von 8 Mrd. Euro liegt (Art. 36 Abs. 1 Buchst. e DelVO 2016/2251). Ein Überblick über die schrittweise Einführung der Ersteinschussverpflichtung findet sich unter Rz. 216.

Die Berechnung des für Art. 36 Abs. 1 DelVO 2016/2251 maßgeblichen aggregierten durchschnittlichen Nominalwerts ist in **Art. 39 DelVO 2016/2251** geregelt. Sie folgt denselben Grundsätzen, die auch für die Berechnung des in Art. 28 DelVO 2016/2251 genannten Schwellwertes maßgeblich sind: Die aggregierten durchschnittlichen Nominalbeträge der nicht geclearten OTC-Derivatekontrakte sind auf der Grundlage eines **Beobachtungszeitraums von März bis Mai** zu ermitteln. Für die in Art. 36 Abs. 1 Buchst. a DelVO 2016/2251 beschriebenen Phase-1-Gegenparteien war dies der Beobachtungszeitraum, der im **Mai 2016** endete. Für alle anderen Gegenparteien waren bzw. sind dies die Beobachtungszeiträume von März bis Mai, die dem in Art. 36 Abs. 1 Buchst. b–e DelVO 2016/2251 jeweils genannten Stichtag „1. September" vorangingen bzw. noch vorangehen.

---

[1] *GA-ESA* Gutachten zu RTS Besicherung, Rz. 28.
[2] *Kommission* FAQ I.6.
[3] *Kommission* FAQ I.6: „counterparties will have to change their rules".

732 Auch für Art. 39 DelVO 2016/2251 gilt, dass die Nominalbeträge auf Gruppenebene und unter Einbeziehung der gruppeninternen Geschäfte zu ermitteln sind, wobei gruppeninterne Geschäfte nur einmal gezählt werden (Art. 39 Abs. 1 Buchst. c DelVO 2016/2251). Für europäische OGAWs und alternative Investmentfonds (AIFs) gilt die bereits im Zusammenhang mit Art. 28 Abs. 3 und Art. 29 Abs. 3 DelVO 2016/2251 erörterte Zurechnungsregel. Sie gelten für Zwecke der Nominalwertberechnung als eigenständige Einheiten, wenn sie im Falle der Insolvenz eine eigenständige und von dem Vermögen des Verwalters bzw. dem Vermögen anderer Fonds getrennte Vermögensmasse bilden und von ihrem Verwalter weder besichert noch garantiert oder anderweitig finanziell unterstützt werden. Auf die Ausführungen in Rz. 568–571 wird verwiesen.

733 **(2) Gruppeninterne Geschäfte mit Drittstaatenbezug (Art. 36 Abs. 2 und 3 DelVO 2016/2251).** Für gruppeninterne Geschäfte, bei denen eine der Gegenparteien in einem Drittstaat ansässig ist, gelten nach Art. 36 Abs. 2 DelVO 2016/2251 spätere Zeitpunkte. Wird von der Kommission für die Zwecke der Risikominderungspflichten nach Art. 11 VO Nr. 648/2012 kein Durchführungsbeschluss nach Art. 13 Abs. 2 VO Nr. 648/2012 erlassen, so müssen die Gegenparteien für ihre gruppeninternen Geschäfte Ersteinschüsse frühestens **drei Jahre nach Inkrafttreten** der DelVO 2016/2251, d.h. ab dem 4.2.2020, austauschen. Erlässt die Kommission einen Durchführungsbeschluss, so beginnt die Pflicht zum Austausch von Ersteinschüssen erst vier Monate nach Erlass des Beschlusses. Wollen die Gegenparteien für ihre gruppeninternen Geschäfte von der in Art. 36 Abs. 2 DelVO 2016/2251 vorgesehenen Verschiebung Gebrauch machen, müssen sie bestimmte Anforderungen erfüllen. Dazu zählen nach Art. 36 Abs. 3 DelVO 2016/2251 die Vollkonsolidierung und die Einbindung in ein zentrales Risikobewertungs-, -mess- und -kontrollverfahren. Hinzu treten die in Art. 33 und 34 Abs. 2 DelVO 2016/2251 definierten Anforderungen hinsichtlich der freien Übertagbarkeit von Eigenmittel und der Rückzahlung gruppeninterner Verbindlichkeiten.

734 Art. 36 Abs. 2 DelVO 2016/2251 trägt dem Umstand Rechnung, dass Gegenparteien die gruppeninterne Geschäfte mit gruppenangehörigen Kontrahenten in **Drittstaaten** abgeschlossen haben, eine **Freistellung von der Besicherungspflicht** nach Art. 11 Abs. 8 und 9 VO Nr. 648/2012 erst beantragen bzw. in Anspruch nehmen können, wenn die Kommission für den betreffenden Drittstaat einen Durchführungsrechtsakt nach Art. 13 Abs. 2 VO Nr. 648/2012 erlassen hat. Von ihrer Befugnis nach Art. 13 Abs. 2 VO Nr. 648/2012 hat die Kommission erstmals und bislang einmalig am 13.10.2017 Gebrauch gemacht[1]. Darin hat sie die Rechts-, Aufsichts- und Durchsetzungsmechanismen der U.S.A. für die Minderung operationaler Risiken aus nicht geclearten OTC-Derivaten und für den Austausch von Sicherheiten als gleichwertig angesehen. Die Gleichwertigkeitsentscheidung beschränkt sich jedoch auf OTC-Derivate mit in den U.S.A. niedergelassenen swap dealers und major swap participants und auf diejenigen OTC-Derivate, die sowohl unter den CFTC-Rules als auch unter der EMIR den Risikominderungspflichten unterliegen. Die Anerkennung der von den U.S.-amerikanischen Bankaufsichtsbehörden[2] erlassenen Vorschriften über Risikominderungspflichten für die von covered swap entities abgeschlossenen nicht geclearte OTC-Derivate[3] steht noch aus.

735 Art. 36 Abs. 2 DelVO 2016/2251 entspricht weitestgehend Art. 3 Abs. 2 DelVO 2015/2205 und den gleichlautenden Bestimmungen in DelVO 2016/592 und DelVO 2016/1178, mit denen für gruppeninterne Geschäfte mit Drittstaatenbezug das Wirksamwerden der Clearingpflicht hinausgeschoben wird. Wegen der von den Gegenparteien zu beachtenden Verfahrens und der von der BaFin veröffentlichten Mustertexte für Anzeigen wird auf die Ausführungen in Rz. 796–798 verwiesen.

736 **cc) Schrittweise Einführung der Nachschusspflicht (Art. 37 DelVO 2016/2251). (1) Größenabhängige Stichtage (Art. 37 Abs. 1 DelVO 2016/2251).** Die Bestimmungen über den Austausch von Nachschüssen fanden nach Art. 37 Abs. 1 Buchst. b DelVO 2016/2251 grundsätzlich erst ab dem 1.3.2017 Anwendung. Eine frühere Anwendung ab dem 4.2.2017 war nur für die in Art. 36 Abs. 1 Buchst. a DelVO 2016/2251 beschriebenen sog. Phase-1-Gegenparteien vorgesehen. Art. 37 Abs. 1 DelVO 2016/2251 hat keine praktische Bedeutung mehr.

737 Der Stichtag „1.3.2017" hat die clearingpflichtigen Gegenparteien in der Praxis vor **erhebliche Herausforderungen** gestellt. Die mit dem Wirksamwerden der Besicherungspflicht erforderliche Neuverhandlung von Verträgen (**re-papering**) war trotz der von Handelsorganisationen und Bankenverbänden entwickelten Mustertexte

---

[1] Durchführungsbeschluss (EU) 2017/1857 der Kommission vom 13. Oktober 2017 über die Anerkennung der Gleichwertigkeit der Rechts-, Aufsichts- und Durchsetzungsmechanismen der Vereinigten Staaten von Amerika für der Aufsicht der Commodity Futures Trading Commission (Aufsichtsbehörde für den Warenterminhandel) unterliegende Derivatgeschäfte mit bestimmten Anforderungen des Art. 11 der Verordnung (EU) Nr. 648/2012 des Europäischen Parlaments und des Rates über OTC-Derivate, zentrale Gegenparteien und Transaktionsregister, ABl. EU Nr. L 265 v. 14.10.2017, S. 23.

[2] Zu den U.S.-amerikanischen Bankaufsichtsbehörden (agencies) zählen das bei der Treasury beheimatete Office of the Comptroller of the Currency (OCC), der Board of Governors of the Federal Reserve System (Board), die Federal Deposit Insurance Corporation (FDIC), die Farm Credit Administration (FCA) und die Federal Housing Finance Agency (FHFA).

[3] *U.S. Agencies*, Final Rule on Margin and Capital Requirements for Covered Swap Entities, Federal Register/Vol. 80, Nr. 229, S. 74840 vom 30.11.2015, abrufbar über: https://www.federalregister.gov/documents/2015/11/30/2015-28671/margin-and-capital-requirements-for-covered-swap-entities („*U.S. Agencies* 80 FR 74840").

und der Inanspruchnahme von Protokolllösungen und externen Rechtsanwaltskanzleien kaum zu bewältigen. Zum Stichtag bewegte sich die Anzahl der fertig verhandelten Besicherungsvereinbarungen unter denen Sicherheiten im Einklang mit der DelVO 2016/2251 ausgetauscht wurden, im einstelligen Prozentbereich und zwar nicht nur in Europa sondern weltweit. Die zuständigen Behörden haben den Herausforderungen dadurch Rechnung getragen, dass sie die Verstöße gegen die Besicherungspflicht für eine kurze Übergangsfrist nicht mit Sanktionen belegten.

(2) Devisentermingeschäfte (Art. 37 Abs. 2 DelVO 2016/2251). Abweichend von Art. 37 Abs. 1 DelVO 2016/2251 begann die Nachschusspflicht für die in Art. 27 Buchst. a DelVO 2016/2251 beschriebenen physisch zu erfüllenden Devisentermingeschäfte am 3.1.2018. Art. 37 Abs. 2 DelVO 2016/2251 sah die vorübergehende Freistellung nur für **Nachschüsse** vor. Von der Pflicht zum Austausch von **Ersteinschüssen** sind Devisentermingeschäfte nach Art. 27 DelVO 2016/2251 dauerhaft befreit (s. Rz. 554). 738

Die in Art. 37 Abs. 2 DelVO 2016/2251 in Bezug genommene **DelVO 2017/565** definiert in Art. 10 die Umstände, unter denen Derivate in Bezug auf Währungen für Zwecke der RL 2014/65/EU **nicht als Finanzinstrumente** betrachtet werden sollten. Ausgenommen werden nach Art. 10 Abs. 1 Buchst. b DelVO 2017/565 die von **nichtfinanziellen Gegenparteien** außerbörslich abgeschlossenen **Devisentermingeschäfte**, die dazu dienen, die Abwicklung von Zahlungen für Waren, Dienstleistungen oder Direktinvestitionen zu vereinfachen. Wegen der Einzelheiten wird auf die Ausführungen zu Art. 2 VO 648/2012 Rz. 34 verwiesen. 739

Die DelVO 2017/565 ist am 20.4.2017 in Kraft getreten, sie gilt seit dem **3.1.2018** (Art. 91 DelVO 2017/565). Da dieser Tag nach dem in Art. 37 Abs. 1 Buchst. b DelVO 2016/2251 genannten Stichtag „1.3.2017" und vor dem in Art. 37 Abs. 2 Buchst. a DelVO 2016/2251 genannten Stichtag „31.12.2018" lag, war er zugleich der Tag, an dem clearingpflichtige Gegenparteien für ihre physisch zu erfüllenden Devisengeschäfte Nachschüsse austauschen mussten. 740

In ihrer Pressemitteilung vom 24.11.2017 hatten die Europäischen Aufsichtsbehörden (ESA)[1] bereits darauf hingewiesen, dass die Besicherung von physisch zu erfüllenden Devisentermingeschäften weltweit nicht einheitlich geregelt sei und europäische Gegenparteien zunehmend Schwierigkeiten hätten, die Nachschussverpflichtung gegenüber Kontrahenten in bestimmten Regionen durchzusetzen. Vor diesem Hintergrund hätten die Europäischen Aufsichtsbehörden beschlossen, die Besicherungspflicht für physisch zu erfüllende Devisentermingeschäfte zu überprüfen und ggf. aufzuheben. Darauf hin hatte die Financial Conduct Authority (FCA) des Vereinigten Königreichs die von ihr beaufsichtigten Gegenparteien am 7.12.2017[2] davon unterrichtet, dass sie von ihnen bis auf weiteres nicht erwarte, dass sie Nachschüsse für physisch zu erfüllende Devisentermingeschäfte austauschen. Am 18.12.2017 haben die Europäischen Aufsichtsbehörden ihren Entwurf für eine Delegierte Verordnung zur Änderung der DelVO 2016/2251 vorgelegt[3], in dem sie vorschlagen, physisch zu erfüllende Devisentermingeschäfte dauerhaft von der Nachschusspflicht zu befreien[4]. Ausgenommen seien lediglich Geschäfte mit Instituten i.S.d. Art. 4 Abs. 1 Nr. 3 VO Nr. 575/2013 (CRR), d.h. mit Kreditinstituten und Investmentfirmen. Die Verabschiedung der Delegierten Verordnung durch die Kommission stand zum Zeitpunkt der Kommentierung noch aus. 741

(3) Gruppeninterne Geschäfte mit Drittstaatenbezug (Art. 37 Abs. 3 und 4 DelVO 2016/2251). Art. 37 Abs. 3 und 4 DelVO 2016/2251 sind durch die DelVO 2017/323 mit Wirkung zum 4.1.2017 eingefügt worden[5]. Die vorübergehende Freistellung der gruppeninternen Geschäfte mit Drittstaatenbezug von der Nachschusspflicht entspricht Art. 36 Abs. 2 und 3 DelVO 2016/2251. Auf die Anmerkungen in Rz. 733–735 wird verwiesen. 742

dd) Aktienderivate (Art. 38 Abs. 1 DelVO 2016/2251). Nach Art. 38 Abs. 1 DelVO 2016/2251 beginnt die Pflicht zum Austausch von Einschüssen für Optionen auf Aktien oder Aktienindizes frühestens drei Jahre nach Inkrafttreten der DelVO 2016/2251, d.h. am **4.1.2019**. 743

---

1 *Europäischen Aufsichtsbehörden (ESA)*, Mitteilung „Variation margin exchange for physically-settled FX forwards under EMIR" vom 24.11.2017 abrufbar über: https://esas-joint-committee.europa.eu/Pages/News/Variation-margin-exchange-for-physically-settled-FX-forwards-under-EMIR-.aspx (*ESA Mitteilung Physische FX-Forwards*").
2 *U.K. Financial Conduct Authority (FCA)* Mitteilung zu „Variation margin requirements under EMIR for physically settled FX forwards" vom 7.12.2017, abrufbar über: https://www.fca.org.uk/markets/emir („U.K. FCA MitteilungPhysische FX-Forwards").
3 *Gemeinsamer Ausschuss (GA) der Europäischen Aufsichtsbehörden (ESA)*, Entwurf technischer Regulierungsstandards zur Änderung der Delegierten Verordnung (EU) 2016/2251 zur Ergänzung der Verordnung (EU) Nr. 648/2012 des Europäischen Parlaments und des Rates durch technische Regulierungsstandards nach Artikel 11(15) der Verordnung (EU) Nr. 648/2012 zu Risikominderungstechniken für nicht durch eine zentrale Gegenpartei geclearte OTC-Derivatekontrakte im Hinblick auf physisch zu erfüllende Devisentermingeschäfte, JC/2017/79 vom 18.12.2017 abrufbar über: http://www.eba.europa.eu/documents/10180/2065831/Joint+Draft+RTS+on+margin+requirements+for+non-centrally+cleared+OTC+derivatives+%28JC-2017-79%29.pdf („*GA-ESA Änderung DelVO 2016/2251*").
4 Neuer Art. 31a DelVO 2016/2251, *GA-ESA Änderung DelVO 2016/2251*, S. 10.
5 Die DelVO 2017/323 ist am Tage ihrer Veröffentlichung im Amtsblatt der Europäischen Union in Kraft getreten. Sie gilt rückwirkend seit dem 4.1.2017.

744 Die vorübergehende Freistellung von der Besicherungspflicht trägt dem Umstand Rechnung, dass in manchen Staaten keine gleichwertigen Anforderungen für den Austausch von Nachschuss- und Ersteinschusszahlungen bestehen. Sie soll europäische Gegenparteien vor **Wettbewerbsnachteilen** schützen[1].

745 Art. 38 Abs. 1 DelVO 2016/2251 ist zunächst nur auf Optionen anwendbar, die sich auf **einzelne Aktien** (single share options) beziehen. Ob er auch die Freistellung solcher Optionen rechtfertigt, deren Basiswert aus einem **Korb von Aktien** besteht (share basket options), ist nicht geklärt. Dafür spricht, dass die rechtspolitischen Erwägungen, die der Ausnahmeregelung für Aktienderivate zugrunde gelegen haben, auch auf Aktienkorboptionen zutreffen. Darüber hinaus bezieht sich auch eine Aktienkorboption auf die in der Bestätigung genannten „einzelnen Aktien", die den Korb definieren. Auch weichen die Bedingungen, die für eine Aktienkorboption vereinbart werden, von denen einer Aktienoption nicht wesentlich ab.

746 Die Beschränkung der Indexoptionen auf Optionen, denen ein **Aktienindizes** zugrunde liegt (single share index options), ergibt sich erst aus den Erwägungsgründen[2]. Optionen, die sich auf Indizes mit anderen Anlageklassen beziehen, z.B. **Kreditderivate- oder Rohwarenindizes**, sind nicht befreit. Auch hier wird man Optionen, die sich auf einen **Korb von Aktienindizes** beziehen (share index basket options), den Aktienindexoptionen gleichstellen müssen. Von Art. 38 Abs. 1 DelVO 2016/2251 nicht erfasst sind hingegen Optionen, die sich auf **OGAW-Anteile** beziehen. Dies gilt selbst dann, wenn der betreffende OGAW einen Aktienindex nachbildet.

747 Die vorübergehende Freistellung nach Art. 38 Abs. 1 DelVO 2016/2251 gilt auch für die **gruppeninternen Geschäfte** des Art. 3 VO Nr. 648/2012.

748 **ee) Gruppeninterne Geschäfte (Art. 38 Abs. 2 DelVO 2016/2251).** Die in Art. 38 Abs. 2 DelVO 2016/2251 vorgesehene vorübergehende Freistellung gruppeninterner Geschäfte hat ihre Bedeutung zumindest teilweise verloren. Zweck der Vorschrift war bzw. ist es, den Gegenparteien die Möglichkeit zu geben, für ihre **gruppeninterne Geschäfte** eine **Befreiung** nach Art. 11 Abs. 6–10 VO Nr. 648/2012 oder einen vorübergehenden **Aufschub** nach Art. 36 Abs. 2 und Art. 37 Abs. 3 DelVO 2016/2251 zu beantragen[3].

749 Wegen der **Dauer der Freistellung** unterscheidet Art. 38 Abs. 2 DelVO 2016/2251 zwischen Nachschüssen und Ersteinschüssen. Da die Pflicht zum Austausch von **Nachschüssen** nach Art. 37 Abs. 1 Buchst. b DelVO 2016/2251 spätestens am 1.3.2017 begann, endete die Freistellung von der Nachschusspflicht für alle clearingpflichtigen Gegenparteien bereits am **4.7.2017**. Da die zuständigen Behörden für die Entscheidung über den Antrag auf Intragruppenfreistellung **drei Monate** Zeit haben (Art. 32 Abs. 3, 7–9 DelVO 2016/2251) hieß dies, dass die betreffenden Anträge und Benachrichtigungen im Hinblick auf die zu leistenden Einschüsse bereits Anfang April 2017 zu stellen waren.

750 Für **Ersteinschüsse** waren bzw. sind die in Art. 36 DelVO 2016/2251 genannten Zeitpunkte maßgeblich. So hatten nur die clearingpflichtigen Gegenparteien mit großen Derivateportfolien, die sog. Phase-1-Gegenparteien, mit dem gruppeninternen Austausch von Ersteinschüssen bereits am 4.2.2017 zu beginnen.

751 **9. Eigenkapitalausstattung (Art. 11 Abs. 4 VO Nr. 648/2012).** Die Verpflichtung, den Gegenparteiausfallrisiken aus nicht besicherten OTC-Derivaten durch eine angemessene Eigenkapitalausstattung Rechnung zu tragen, trifft nur **finanzielle Gegenparteien**. Von den in Art. 2 Nr. 8 VO Nr. 648/2012 genannten Unternehmen unterliegen nur Kreditinstitute, Wertpapierfirmen und Versicherungsunternehmen besonderen Eigenkapitalanforderungen. Nach Abs. 15 Buchst. b ist die Kommission befugt, die Eigenkapitalausstattung (level of capital), die zur Einhaltung der Vorschriften des Art. 11 Abs. 4 VO Nr. 648/2012 erforderlich ist, durch technische Regulierungsstandards näher zu bestimmen. Entsprechende Anforderungen an die Eigenkapitalausstattung waren ursprünglich für die DelVO 2016/2251 erwartet worden[4], sind jedoch bislang nicht vorgesehen.

752 Art. 11 Abs. 4 VO Nr. 648/2012 wird für Kreditinstitute und Wertpapierfirmen durch die Eigenkapitalanforderungen der VO Nr. 575/2013 (CRR) ergänzt[5]. Dem besonderen Gegenparteiausfallrisiko aus nicht zentral geclearten OTC-Derivaten wird zum einen durch die zusätzlichen Eigenkapitalanforderungen für das „CVA-Risiko"

---

1 Erwägungsgrund Nr. 43 DelVO 2016/2251.
2 Erwägungsgrund Nr. 43 DelVO 2016/2251: „Aktienindizes".
3 *GA-ESA* Gutachten zu RTS Besicherung, Rz. 43.
4 In der ersten Konsultation des *Gemeinsamen Ausschusses (GA) der Europäischen Aufsichtsbehörden (GA-ESA)*, fanden sich nicht einfach zu deutende Hinweise darauf, dass Gegenparteien unterhalb einer auf Gruppeneben zu ermittelnden Schwelle von 50 Mio. Euro anstelle des Austausches von Ersteinschüssen auch das Vorhalten von Eigenkapital vereinbaren konnten: *GA-ESA*, Gemeinsames Konsultationspapier zu den „draft regulatory technical standards on risk-mitigation techniques for OTC-derivative contracts not cleared by a CCP under Article 11(15) of Regulation (EU) No 648/2012", JC/CP/2014/03 vom 14.4.2014, abrufbar über: https://www.eba.europa.eu/documents/10180/655149/JC+CP+20 14+03+%28CP+on+risk+mitigation+for+OTC+derivatives%29.pdf („*GA-ESA* Erste Konsultation zu RTS Besicherung"), Art. 2 Abs. 3 GEN: „they may agree that no initial margin will be exchanged and that they will hold capital against their exposure to their counterparties."
5 Erwägungsgrund Nr. 87 VO Nr. 648/2012: „Somit ergänzt diese Verordnung die Verordnung (EU) Nr. 648/2012."; *Wilhelmi/Bluhm* in Wilhelmi/Achtelik/Kunschke/Sigmundt, Handbuch EMIR, Teil 2.B Rz. 16.

Rechnung getragen (Art. 381–386 VO Nr. 575/2013)[1]. Die Abkürzung „CVA" steht für „Anpassung der Kreditbewertung" (credit valuation adjustment). Sie beschreibt das Risiko, dass der auf der Grundlage von Mittelkursen (mid-market prices) ermittelte Marktwert eines OTC-Derivats die tatsächliche Bonität der Gegenpartei, d.h. deren spezifisches Kreditrisiko, nicht angemessen wiederspiegelt und deshalb angepasst werden muss (Art. 381 VO Nr. 575/2013). Für diese Zwecke bestimmt das Institut anhand der in der CRR vorgeschriebenen Methoden einen Marktwert für das spezifische Kreditrisiko seines Kontrahenten. Dieser ist gesondert mit Eigenkapital zu unterlegen. Dass es sich bei der sog. „CVA Charge" um eine die EMIR ergänzende Eigenmittelanforderung handelt, zeigt sich an Art. 382 Abs. 4 Unterabs. 1 Buchst. a–d VO Nr. 575/2013, der ihren Anwendungsbereich definiert. Danach sind OTC-Derivate, die ein Institut mit nicht der Clearingpflicht oder nicht der EMIR unterliegenden Gegenparteien abschließt, von der CVA Charge ausgenommen.

Eine weitere Anforderung, die nur für nicht zentral gecleartem OTC-Derivaten relevant ist, ergibt sich aus Art. 291 VO Nr. 575/2013 und den Bestimmungen über das allgemeine bzw. spezielle Korrelationsrisiko[2]. Ein **spezielles Korrelationsrisiko** ist nach Art. 291 Abs. 1 Buchst. b Art. 291 VO Nr. 575/2013 dann anzunehmen, wenn aufgrund der Art der Geschäfte mit einer Gegenpartei die Ausfallwahrscheinlichkeit der Gegenpartei positiv mit dem künftigen Wiederbeschaffungswert aus den Geschäften mit dieser bestehenden Gegenpartei korreliert. Ein Beispiel ist ein Kreditderivat (z.B. ein single name CDS), bei dem der Verkäufer der Absicherung (protection seller) dem Käufer Schutz für den Ausfall einer vom Verkäufer geschuldeten Verbindlichkeit verkauft. Solche **„Self-referencing CDS"** unterliegen aufgrund der rechtlichen Verbindung zwischen Verkäufer und Referenzforderung nach Art. 291 Abs. 5 VO Nr. 575/2013 deutlich erhöhten Eigenmittelanforderungen. Diese entfallen jedoch mit der Aufnahme des CDS in das Clearingsystem einer CCP. Da die CCP in die Position des Verkäufers eintritt, entfällt zugleich die rechtliche Verbindung und das durch sie begründete spezifische Korrelationsrisiko. 753

Aufgrund der besonderen Eigenmittelanforderungen der CRR wird im Schrifttum die Auffassung vertreten, dass Art. 11 Abs. 4 VO Nr. 648/2012 für Kreditinstitute und Wertpapierfirmen keine Bedeutung habe[3]. 754

10. Sanktionen. Nach **Art. 12 VO Nr. 648/2012** sind Verstöße gegen die Bestimmungen der in Titel II zusammengefassten Art. 4–11 VO Nr. 648/2012 von den Mitgliedstaaten mit wirksamen und abschreckende **Sanktionen** zu ahnden. Diese Sanktionen müssen zumindest Geldbußen umfassen. 755

Der deutsche Gesetzgeber ist dieser Vorgabe mit dem EMIR-Ausführungsgesetz vom 13.2.2013 nachgekommen. Der neue § 120 Abs. 7 Nrn. 6–10 i.V.m. Abs. 24 WpHG sieht für die vorsätzliche oder leichtfertige Missachtung der durch Art. 11 Abs. 1 und Abs. 2 VO Nr. 648/2012 begründeten Pflichten Bußgelder von bis zu 100.000 Euro, für Verstöße gegen Art. 11 Abs. 3 und Abs. 4 VO 648/2012 Bußgelder von bis zu 500.000 Euro und für Verstöße gegen die Offenlegungspflicht nach Art. 11 Abs. 11 VO 648/2012 Bußgelder von bis zu 50.000 Euro vor. Nach § 123 Abs. 4 WpHG hat die BaFin jede unanfechtbar gewordene Bußgeldentscheidung unverzüglich auf ihrer Internetseite öffentlich bekannt zu machen, es sei denn, diese Veröffentlichung würde die Finanzmärkte erheblich gefährden oder zu einem unverhältnismäßigen Schaden bei den Beteiligten führen[4]. Die Bekanntmachung darf keine personenbezogenen Daten enthalten und ist nach fünf Jahren zu löschen. Wegen der Einzelheiten wird auf die Ausführungen zu Art. 12 VO Nr. 648/2012 und zu § 120 WpHG verwiesen. 756

IV. Freistellung von gruppeninternen Geschäften (Art. 11 Abs. 5–11 VO Nr. 648/2012). Gruppeninterne OTC-Derivate unterliegen der in Art. 11 Abs. 3 VO Nr. 648/2012 begründeten Verpflichtung zur Einrichtung eines Risikomanagementverfahrens und zum Austausch von Sicherheiten nicht, wenn ein **tatsächliches oder rechtliches Hindernis** für die unverzügliche **Übertragung von Eigenmitteln** oder die **Rückzahlung von Verbindlichkeiten** zwischen den beiden gruppenangehörigen Gegenparteien weder vorhanden noch absehbar ist. 757

Für gruppeninterne OTC-Derivate, die zwischen Gegenparteien in **unterschiedlichen Mitgliedstaaten** abgeschlossen wurden oder bei denen eine Gegenpartei in einem **Drittstaat** ansässig ist, gilt dies jedoch nur, wenn die zuständige Behörde in dem nach Art. 11 Abs. 6–10 VO Nr. 648/2012 geregelten Verfahren zur Auffassung gelangt, dass die Voraussetzungen für eine Intragruppenfreistellung gegeben sind. Neben der erwähnten Abwesenheit von tatsächlichen oder rechtlichen Hindernisse für die Übertragung von Eigenmitteln oder die Rückzahlung von Verbindlichkeiten zählt hierzu auch, dass die von den Gegenparteien eingerichteten **Risikomanagementverfahren hinreichend solide und belastbar** sind und dem Komplexitätsgrad des Derivategeschäfts angemessen Rechnung tragen. 758

1. Anzeige und Genehmigungsverfahren. Die in Art. 11 Abs. 5–11 VO Nr. 648/2012 zusammengefassten Bestimmungen über die Freistellung gruppeninterner Geschäfte unterscheiden zum einen danach, ob die beiden 759

---

1 *Wieland/Weiß*, CFL 2013, 73, 88.
2 *Pietrzak*, ZfgK 2013, 400.
3 *Grundmann* in Staub, HGB, Band 11/2, 5. Aufl. 2018, Rz. 740; *Achtelik/Steinmüller* in Wilhelmi/Achtelik/Kunschke/Sigmundt, Handbuch EMIR, Teil 3.B.II Rz. 57, die aufgrund der Anforderungen der RL 2009/138/EG (Solvabilität II) auch Versicherungen vom Anwendungsbereich des Art. 11 Abs. 4 VO Nr. 648/2012 ausnehmen möchten.
4 *Achtelik/Steinmüller* in Wilhelmi/Achtelik/Kunschke/Sigmundt, Handbuch EMIR, Teil 3.B.II Rz. 71.

Gegenparteien ihren Sitz in **demselben Mitgliedstaat** haben (Art. 11 Abs. 5 VO Nr. 648/2012), oder ob eine der Gegenpartei in einem **anderen Mitgliedstaat** (Art. 11 Abs. 6, 7 und 10 VO Nr. 648/2012) oder in einem **Drittstaat** ansässig ist (Art. 11 Abs. 8 und 9 VO Nr. 648/2012).

760 Ebenfalls von Bedeutung ist der Umstand, dass es sich bei einer der Gegenparteien um eine **finanzielle Gegenpartei** handelt. So führt die Beteiligung einer finanziellen Gegenpartei stets dazu, dass die Inanspruchnahme der Intragruppenfreistellung nur möglich ist, wenn die für die finanzielle Gegenpartei zuständige Behörde der Freistellung zuvor zugestimmt hat. Während die von den zuständigen Behörden durchzuführenden Verfahren bei Beteiligung einer finanziellen Gegenpartei als **Genehmigungsverfahren** (authorisation process) ausgestaltet sind (Art. 11 Abs. 6, 8 und 10 VO Nr. 648/2012), handelt es sich bei den Verfahren, bei denen beide Gegenparteien nichtfinanzielle Gegenparteien sind (Art. 11 Abs. 7 und 9 VO Nr. 648/2012), um bloße **Anzeigeverfahren** (non-objection process).

761 Von der in Art. 11 Abs. 15 Buchst. c VO Nr. 648/2012 vorgesehenen Möglichkeit, die Einzelheiten der in Art. 11 Abs. 6–10 VO Nr. 648/2012 vorgesehenen Verfahren zu regeln, hat die Kommission mit **Art. 32 DelVO 2016/2251** Gebrauch gemacht. Sie hat, basierend auf der Ermächtigung in Art. 11 Abs. 14 Buchst. c VO Nr. 648/2012, in **Art. 18 DelVO Nr. 149/2013** die Angaben festgelegt, die von den Gegenparteien, die eine Intragruppenfreistellung in Anspruch nehmen wollen, in ihren Antrag oder ihre Anzeige aufzunehmen sind.

762 Wie für die Intragruppenfreistellung nach Art. 4 Abs. 2 VO Nr. 648/2012 gilt auch hier, dass die Befreiung von den Pflichten des Art. 11 Abs. 3 VO Nr. 648/2012 **nicht pauschal für die Gruppe** sondern nur für die jeweils zwischen zwei gruppenangehörigen Unternehmen abgeschlossenen OTC-Derivate angestrebt werden kann.

763 Für das Verständnis der in Art. 11 Abs. 6–10 VO Nr. 648/2012 geregelten Tatbestände von Bedeutung ist die Bezugnahme auf den in Art. 3 VO Nr. 648/2012 definierten Begriff „gruppeninternes Geschäft" und die dort verwendete „**Antragstellersicht**" (s. Anmerkungen zu Art. 3 VO Nr. 648/2012 Rz. 3–5). So wird z.B. aufgrund des in Art. 11 Abs. 9 VO Nr. 648/2012 vorgesehenen Verweises auf Art. 3 Abs. 1 VO Nr. 648/2012 klar, dass es sich bei der anzeigenden Stelle um eine nichtfinanzielle Gegenpartei handeln muss.

764 Aus dem Vorangestellten ergibt sich für die Tatbestände des Art. 11 Abs. 5–10 VO Nr. 648/2012 folgende Anwendungsregel:
Intragruppenfreistellungen, bei denen
- beide Gegenparteien in **demselben Mitgliedstaat** ansässig sind:
  Art. 11 Abs. 5 VO Nr. 648/2012, kein Anzeige- oder Genehmigungsverfahren.
- eine Gegenpartei in einem **anderen Mitgliedstaat** ansässig ist und die OTC-Derivate gruppeninterne Geschäfte nach
  - Art. 3 Abs. 2 Buchst. a, b oder c VO Nr. 648/2012 sind:
    Art. 11 Abs. 6 VO Nr. 648/2012 und Art. 32 Abs. 3 DelVO 2016/2251, zwei Genehmigungsverfahren.
  - Art. 3 Abs. 1 VO Nr. 648/2012 sind, und es sich bei beiden Gegenparteien um nichtfinanzielle Gegenparteien handelt:
    Art. 11 Abs. 7 VO Nr. 648/2012, zwei Anzeigeverfahren.
  - Art. 3 Abs. 1 VO Nr. 648/2012 sind und es sich bei der anderen Gegenpartei um eine finanzielle Gegenparteien handelt:
    Art. 11 Abs. 10 VO Nr. 648/2012 und Art. 32 Abs. 9 DelVO 2016/2251, ein Genehmigungsverfahren mit interner Beteiligung der zuständigen Behörde der nichtfinanziellen Gegenpartei.
- eine Gegenpartei in einem **Drittstaat** ansässig ist und die OTC-Derivate gruppeninterne Geschäfte nach:
  - Art. 3 Abs. 2 Buchst. a, b oder c VO Nr. 648/2012 sind:
    Art. 11 Abs. 8 VO Nr. 648/2012 und Art. 32 Abs. 8 DelVO 2016/2251, ein Genehmigungsverfahren.
  - Art. 3 Abs. 1 VO Nr. 648/2012 sind:
    Art. 11 Abs. 9 VO Nr. 648/2012, ein Anzeigeverfahren.

765 a) **Gegenparteien in demselben Mitgliedstaat (Art. 11 Abs. 5 VO Nr. 648/2012).** Nicht zentral geclearte gruppeninterne Geschäfte, die zwischen Gegenparteien abgeschlossen wurden, die **beide ihren Sitz in demselben Mitgliedstaat** haben, sind bereits dann von den Risikomanagementverfahren befreit, wenn ein tatsächliches oder rechtliches Hindernis für die unverzügliche Übertragung von Eigenmitteln oder die Rückzahlung von Verbindlichkeiten zwischen den beiden gruppenangehörigen Gegenparteien weder vorhanden noch absehbar ist.

766 Ein Anzeige- oder Genehmigungsverfahren ist nicht vorgesehen[1]. Ob die Anforderungen des Art. 11 Abs. 5 VO Nr. 648/2012 erfüllt sind, ist bei in Deutschland ansässigen Gegenparteien nach § 29 Abs. 1 Buchst. a KWG

---

[1] Achtelik/Steinmüller in Wilhelmi/Achtelik/Kunschke/Sigmundt, Handbuch EMIR, Teil 3.B.II Rz. 59; Pankoke/Wallus, WM 2014, 4, 10.

i.V.m. § 14a Abs. 4 PrüfBV lediglich vom Wirtschaftsprüfer im Rahmen der jährlich Abschlussprüfung festzustellen[1].

b) Gegenparteien in unterschiedlichen Mitgliedstaaten (Art. 11 Abs. 6, 7 und 10 VO Nr. 648/2012). Nicht zentral geclearte gruppeninterne Geschäfte, bei denen eine Gegenpartei in einem **anderen Mitgliedstaat** ansässig ist, können die Intragruppenfreistellung nur dann in Anspruch nehmen, wenn ein tatsächliches oder rechtliches Hindernis für die unverzügliche Übertragung von Eigenmitteln oder die Rückzahlung von Verbindlichkeiten zwischen den beiden gruppenangehörigen Gegenparteien weder vorhanden noch absehbar ist. Darüber hinaus ist erforderlich, dass die nach Art. 3 VO Nr. 648/2012 erforderlichen zentralisierten Risikobewertungs-, -mess- und -kontrollverfahren hinreichend solide und belastbar sind und dem Komplexitätsgrad des Derivatgeschäfts der beiden gruppenangehörigen Gegenparteien angemessen Rechnung tragen.

Sind **beide Gegenparteien finanzielle Gegenparteien** oder zumindest in denselben regulatorischen Konsolidierungskreis einer finanziellen Gegenpartei einbezogen, so sind nach Art. 11 Abs. 6 VO Nr. 648/2012 zwei parallele Genehmigungsverfahren durchzuführen, in deren Folge **beide zuständigen Behörden** der Inanspruchnahme der Intragruppenfreistellung zustimmen müssen.

Für die Fälle, bei denen **beide Gegenparteien nichtfinanzielle Gegenparteien** sind, sind nach Art. 11 Abs. 7 VO Nr. 648/2012 zwei parallele Anzeigeverfahren vorgesehen. Dabei muss jede nichtfinanzielle Gegenpartei die Inanspruchnahme der Intragruppenfreistellung der für sie jeweils zuständigen Behörde anzeigen. Zuständige Behörde ist die nach Art. 10 Abs. 5 VO Nr. 648/2012 von dem betreffenden Mitgliedstaat benannte Stelle.

Ist an dem gruppeninternen Geschäft nur **eine finanzielle Gegenpartei** beteiligt, beschränkt sich das Genehmigungserfordernis nach Art. 11 Abs. 10 VO Nr. 648/2012 auf die vorherige Zustimmung durch die für die finanzielle Gegenpartei zuständige Behörde. Dies setzt einen entsprechenden Antrag der nichtfinanziellen Gegenpartei voraus. Die für die nichtfinanzielle Gegenpartei zuständigen Behörde nach Art. 10 Abs. 5 VO Nr. 648/2012 wird von der zuständigen Behörde der finanziellen Gegenpartei intern beteiligt.

aa) Genehmigung nach Art. 11 Abs. 6 VO Nr. 648/2012. Die Inanspruchnahme der Intragruppenfreistellung setzt nach Art. 11 Abs. 6 VO Nr. 648/2012 eine positive Entscheidung der **beiden** zuständigen Behörden voraus. Hieraus folgt, dass ein entsprechender **Antrag** auf Nutzung der Intragruppenfreistellung an beide Behörden zu richten ist. Die BaFin empfiehlt, dass die Anträge inhaltsgleich sind und der jeweils zuständigen Behörde am selben Tag zugehen[2].

Nach Art. 32 Abs. 1 DelVO 2016/2251 müssen die beiden Anträge **sämtliche Informationen** enthalten, die erforderlich sind, um die Erfüllung der in Art. 11 Abs. 6 VO Nr. 648/2012 gestellten Anforderungen zu beurteilen. Darüber hinaus sind die in Art. 18 Abs. 2 DelVO Nr. 149/2013 aufgeführten Informationen und Dokumente einzureichen. Stellt eine der beteiligten zuständigen Behörden fest, dass weitere Informationen benötigt werden, so richtet sie nach Art. 32 Abs. 2 DelVO 2016/2251 ein schriftliches Ersuchen an die antragstellende Gegenpartei.

Der Antrag gilt nach Art. 32 Abs. 1 DelVO 2016/2251 erst dann als „**eingegangen**", wenn sämtliche Informationen und Dokumente vollständig sind. Mit der Feststellung der Vollständigkeit des Antrages beginnen die in Art. 11 Abs. 6 Unterabs. 2 VO Nr. 648/2012 und Art. 32 Abs. 3 DelVO Nr. 149/2013 genannten Fristen für die interne Einigung der beiden Aufsichtsbehörden (30 Kalendertage) und für die abschließenden Entscheidung (drei Monate). Die Feststellung der Vollständigkeit wird dem Antragsteller mitgeteilt.

Nach Art. 18 Abs. 1 Buchst. a DelVO Nr. 149/2013 ist im Antrag zunächst der **Name** und der **Legal Entity Identifier (LEI)** der anderen Gegenpartei anzugeben. Wegen der Einzelheiten zur LEI wird auf die Ausführungen zu Art. 9 VO Nr. 648/2012 Rz. 54–62 verwiesen.

Der Antrag muss ferner **Angaben zur Unternehmensbeziehung** zwischen den Gegenparteien (Art. 18 Abs. 1 Buchst. b DelVO Nr. 149/2013), den zugrunde liegenden Vertragsbeziehungen (Art. 18 Abs. 1 Buchst. c DelVO Nr. 149/2013) und der Kategorie des gruppeninternen Geschäfts (Art. 18 Abs. 1 Buchst. d DelVO Nr. 149/2013) enthalten.

Darüber hinaus muss der Antrag **Informationen zu den OTC-Derivaten** enthalten, für die aktuell und zukünftig von der Intergruppenfreistellung Gebrauch gemacht werden soll (Art. 18 Abs. 1 Buchst. e DelVO Nr. 149/2013). Anzugeben sind die Kontrakttypen i.S.d. Art. 4 Abs. 2 DurchfVO 1247/2012 (z.B. Option, Forward), die zugrunde liegenden Vermögenswerte i.S.d. Art. 4 Abs. 3 DurchfVO 1247/2012 (z.B. Zinsen, Währung), die Laufzeit und Art der Erfüllung sowie das pro Jahr erwartete Volumen. Die Angaben zum **zukünftigen Volumen** der gruppeninternen OTC-Derivate ist von Bedeutung, weil er den Umfang der erteilten Genehmigung

---

[1] *Bundesanstalt für Finanzdienstleistungsaufsicht (BaFin)*, Merkblatt – Anzeigen/Anträge Intragruppenausnahmen nach Art. 11 Abs. 6–10 EMIR vom 3.1.2017, abrufbar über: https://www.bafin.de/SharedDocs/Downloads/DE/Merkblatt/dl_mb_170104_Merkblatt_Anzeigen_Antraege_Art11_EMIR_wa.html („*BaFin* Merkblatt Intragruppenausnahmen Art. 11 EMIR"), Allgemeines, S. 1.

[2] *BaFin* Merkblatt Intragruppenausnahmen Art. 11 EMIR, A.I.

definiert[1] und nach Art. 11 Abs. 11 Unterabs. 1 VO Nr. 648/2012 und Art. 20 Buchst. d DelVO Nr. 149/2013 zu veröffentlichen ist.

777 Nach Art. 18 Abs. 2 DelVO Nr. 149/2013 sind den zuständigen Behörden die Informationen zu übermittelt, die belegen, dass der Antragsteller die Voraussetzung für die Freistellung erfüllt. Dazu zählen insbesondere **Kopien der dokumentieren Risikomanagementverfahren**, **historische Transaktionsdaten** sowie Kopien der zwischen den Gegenparteien abgeschlossenen **OTC-Derivate**.

778 Die Vorlage **historischer Transaktionsdaten** ist von der BaFin zwischenzeitlich konkretisiert worden. Danach muss die antragstellende Gegenpartei Daten für die **zurückliegenden 12 Monate** einreichen, aus denen sich für **jede Anlageklasse** und für jede Woche, jeden Monat und das Jahr jeweils zusammengefasst die **Brutto- und die Nominalvolumen** der gruppeninternen Geschäfte ergeben[2]. Bereits die Vorlage der historischen Daten ist für die Intragruppenfreistellung von Bedeutung. Gelingt es der Gegenpartei nämlich nicht, die geforderten historischen Daten in der gewünschten Granularität zu liefern (z.B. weil seine Systeme die gruppeninternen Geschäfte für Zwecke der Konsolidierung „ausblenden"), ist dies bereits ein erstes Indiz dafür, dass das zentralisierte Risikomanagement den qualitativen Anforderungen des Art. 11 Abs. 6 Buchst. a VO Nr. 648/2012 möglicherweise nicht genügt.

779 In welchem Umfang die zuständigen Behörden Kopien der für das **Risikomanagementverfahren** wesentlichen Richtlinien und Prozessbeschreibungen oder Kopien der zwischen den Gegenparteien abgeschlossenen **Rahmenverträge** und ausgetauschten Bestätigungen verlangt, ist offen. Die BaFin hat erkennen lassen, dass sie von ihrem Recht, **Rechtsgutachten** zu verlangen, – abweichend von der Praxis anderer Aufsichtsbehörden – nur in Ausnahmefällen Gebrauch machen wird. Soweit Rechtsgutachten verlangt werden, können diese auch von einer unabhängigen internen Stelle der Gegenpartei, z.B. der **Rechtsabteilung** erstellt werden.

780 Die BaFin hat auf ihrer Webseite[3] **zwei Mustertexte für Anzeigen nach Art. 11 VO Nr. 648/2012** veröffentlicht. Einer der beiden Mustertexte ist für gruppeninterne Geschäfte zu verwenden, die, wie im Falle des Art. 11 Abs. 6 VO Nr. 648/2012, keinen Drittstaatenbezug aufweisen. Ebenfalls auf der Webseite der BaFin verfügbar ist der **Mustertext für die Bescheinigung der Geschäftsleitung**, mit der diese bestätigt, dass die mit dem Antrag übermittelten Informationen den Tatsachen entsprechen. Der Antrag sowie die angeforderten Informationen und Unterlagen sind der BaFin auf **elektronischem Wege** über das **MVP Portal** zu übersenden. Wegen der Einzelheiten zum MVP Portal wird auf die Ausführungen zu Art. 4 VO Nr. 648/2012 Rz. 89 verwiesen.

781 Nach Art. 32 Abs. 3 DelVO 2016/2251 müssen die zuständigen Behörde ihre Entscheidung über den Antrag innerhalb von **drei Monaten** nach Eingang des vollständigen Antrages mitteilen. Trifft eine zuständige Behörde eine positive Entscheidung, so hat sie nach Art. 32 Abs. 4 DelVO 2016/2251 anzugeben, ob die gruppeninternen Geschäfte ganz oder teilweise freigestellt werden. Trifft sie eine ablehnende Entscheidung, so hat sie nach Art. 32 Abs. 4 DelVO 2016/2251 anzugeben, welche der Bedingungen für die Intragruppenfreistellung sie als nicht erfüllt ansieht; die negative Entscheidung ist zu begründen.

782 Trifft eine zuständige Behörde eine ablehnende Entscheidung, so kann die jeweilige Gegenpartei nach Art. 32 Abs. 11 DelVO 2016/2251 nur dann einen **erneuten Antrag** auf Intragruppenfreistellung einreichen, wenn sich die Umstände, auf deren Vorliegen die zuständige Behörde ihre negative Entscheidung gestützt hat, wesentlich geändert haben.

783 **bb) Anzeigeverfahren nach Art. 11 Abs. 7 VO Nr. 648/2012.** Die Inanspruchnahme der Intragruppenfreistellung setzt nach Art. 11 Abs. 7 VO Nr. 648/2012 eine **Benachrichtigung der beiden zuständigen Behörden** voraus. Die benachrichtigten Behörden können der Inanspruchnahme widersprechen. Wollen sie hiervon Gebrauch machen, sieht Art. 32 Abs. 5 DelVO 2016/2251 hierfür eine Frist von **drei Monaten** vor. Erheben die zuständigen Behörden innerhalb der Frist keine Einwände, so ist die Befreiung von den Risikominderungspflichten nach Ablauf der drei Monate gültig.

784 Die Kommission hat in ihren Auslegungsentscheidungen klargestellt, dass die nichtfinanzielle Gegenpartei die Dreimonatsfrist **nicht abwarten** muss, sondern die Intragruppenfreistellung bereits ab dem Zeitpunkt der Benachrichtigung nutzen kann[4].

785 Um die **interne Abstimmung** zwischen den beiden zuständigen Behörden zu erleichtern, sieht Art. 32 Abs. 6 DelVO 2016/2251 vor, das diejenige zuständige Behörde, die Einwände gegen die Benachrichtigung erheben will, der anderen zuständigen Behörde die Einwände innerhalb von **zwei Monaten** nach Eingang der vollständi-

---

1 *BaFin* Merkblatt Intragruppenausnahmen Art. 11, Allgemeines, S. 3: „Bitte beachten Sie, dass die gewährte Ausnahme [...] nicht für zukünftige Transaktionen gilt, die nicht in dem Antrag bzw. der Anzeige aufgeführt worden sind."
2 *BaFin* Merkblatt Intragruppenausnahmen Art. 11 EMIR, A.III.4.
3 *BaFin*, Mustertexte für Anzeigen zur Intragruppenausnahme nach Art. 11 EMIR und für die Bestätigung der Geschäftsleitung nach Art. 11 Abs. 6–10 EMIR, abrufbar über: https://www.bafin.de/DE/Aufsicht/BoersenMaerkte/EMIR/AusnahmenBesicherung/intragruppen_ausnahmen_besicherung_node.html („*BaFin* Mustertexte Artikel-11-Mitteilungen").
4 *Kommission* FAQ II.8: „as of the date of notification of their exemption".

gen Anzeige mitteilen muss. Wegen Form und Inhalt der Anzeige und den von der zuständigen Behörde zu treffenden Entscheidungen wird auf die Ausführungen in Rz. 771–782 verwiesen.

cc) Kombiniertes Genehmigungs- und Anzeigeverfahren nach Art. 11 Abs. 10 VO Nr. 648/2012. Die Inanspruchnahme der Intragruppenfreistellung nach Art. 11 Abs. 10 VO Nr. 648/2012 bedarf der positive Entscheidung der für die finanzielle Gegenpartei zuständigen Behörde. Dies setzt wiederum einen entsprechenden Antrag der finanziellen Gegenpartei voraus[1]. 786

Ob parallel hierzu noch die **Anzeige der nichtfinanziellen Gegenpartei** bei der für sie zuständigen Behörde erforderlich ist, kann Art. 11 Abs. 10 VO Nr. 648/2012 nicht entnommen werden. Der Umstand, dass die BaFin in ihrem Merkblatt über die Intragruppenfreistellungen ausschließlich die Fälle regeln will, in denen die finanzielle Gegenpartei in Deutschland ansässig ist[2], spricht dafür, dass die BaFin eine zusätzliche Anzeige der nichtfinanziellen Gegenpartei für entbehrlich hält. Diese Auffassung lässt sich auch mit Art. 32 Abs. 5 und 9 DelVO 2016/2251 begründen. Danach ist vorgesehen, dass den Gegenparteien lediglich die Entscheidung über den Antrag der finanziellen Gegenpartei bekannt gemacht wird. Eine zusätzliche Mitteilung der Einwände der zuständigen Behörde der nichtfinanziellen Gegenpartei, die ein durch Anzeige eingeleitetes Verfahren förmlich abschließen würde, ist nicht vorgesehen. 787

Nach Art. 32 Abs. 9 DelVO 2016/2251 hat die für die finanzielle Gegenpartei zuständige Behörde der anderen Behörde ihre Entscheidung **innerhalb von zwei Monaten** mitzuteilen. Die für die nichtfinanzielle Gegenpartei zuständige Behörde kann der Entscheidung widersprechen. Eine Frist hierfür sieht Art. 11 Abs. 10 VO Nr. 648/2012 nicht vor. Art. 32 Abs. 9 DelVO 2016/2251 ist jedoch zu entnehmen, dass sie hierfür nur **einen Monat** hat. Spätestens drei Monate nach Eingang des vollständigen Antrages muss die für die finanzielle Gegenpartei zuständige Behörde den Gegenparteien ihre Entscheidung mitteilen. 788

Bestehen zwischen den beiden zuständigen Behörden **Meinungsverschiedenheiten**, so kann die ESMA die Behörde m Rahmen ihrer Befugnis nach Art. 19 VO Nr. 1095/2010 beim Einigungsprozess unterstützen. Wegen Form und Inhalt des Antrages und den von der zuständigen Behörde zu treffenden Entscheidungen wird auf die Ausführungen in Rz. 771–782 verwiesen. 789

c) Drittstaatenbezug (Art. 11 Abs. 8 und 9 VO Nr. 648/2012). Nicht zentral gecleart gruppeninterne Geschäfte, bei denen eine Gegenpartei in einem **Drittstaat ansässig** ist, können die Gruppenfreistellung nur dann in Anspruch nehmen, wenn ein tatsächliches oder rechtliches Hindernis für die unverzügliche Übertragung von Eigenmitteln oder die Rückzahlung von Verbindlichkeiten zwischen den beiden gruppenangehörigen Gegenparteien weder vorhanden noch absehbar ist. Darüber hinaus ist auch hier erforderlich, dass die nach Art. 3 VO Nr. 648/2012 erforderlichen zentralisierten Risikobewertungs-, -mess- und -kontrollverfahren hinreichend solide und belastbar sind und dem Komplexitätsgrad des Derivatgeschäfts der beiden gruppenangehörigen Gegenparteien angemessen Rechnung tragen. 790

Wie bei der Intragruppenfreistellung nach Art. 4 Abs. 2 VO Nr. 648/2012 ist auch für die Inanspruchnahme der Intragruppenfreistellung nach Art. 11 Abs. 8 und 9 VO Nr. 648/2012 notwendig, dass die Kommission mittels eines **Durchführungsbeschlusses** nach Art. 13 Abs. 2 VO Nr. 648/2012 festgestellt hat, dass die Rechts-, Aufsichts- und Durchsetzungsmechanismen des Drittstaates, in dem der Kontrahent der finanziellen Gegenpartei ansässig ist, denen der EMIR entsprechen. **Vor Wirksamwerden des Durchführungsbeschlusses** kann die finanzielle Gegenpartei noch keinen Antrag nach Art. 11 Abs. 8 VO Nr. 648/2012 stellen noch eine Benachrichtigung nach Art. 11 Abs. 9 VO Nr. 648/2012 einreichen[3]. Ist ein Durchführungsbeschluss ergangen, ist der Antrag nur von der in der Union ansässigen Gegenpartei zu stellen[4]. 791

Für die Frage, ob über die Inanspruchnahme der Intragruppenfreistellung im Wege des Anzeigeverfahrens oder des Genehmigungsverfahrens zu entscheiden ist, ist die bereits erwähnte „Antragstellersicht" des Art. 3 VO Nr. 648/2012 maßgeblich. Handelt es sich bei der in der Union ansässigen Gegenpartei um eine finanzielle Gegenpartei, so ist nach Art. 11 Abs. 8 VO Nr. 648/2012 **ein Genehmigungsverfahren** durchzuführen. Ist die europäische Gegenpartei eine nichtfinanzielle Gegenpartei, reicht das **Anzeigeverfahren** nach Art. 11 Abs. 9 VO Nr. 648/2012 aus. Dies gilt auch dann, wenn es sich bei dem im Drittstaat ansässigen Kontrahenten im Fall der fiktiven Sitzverlegung in die Union um eine finanzielle Gegenpartei handeln würde. 792

Kennzeichnend für beide Verfahren ist, dass die ggf. **zuständigen Behörden eines Drittstaates** im Verfahren über die Inanspruchnahme der Intragruppenfreistellung nicht beteiligt werden. 793

---

[1] *BaFin* Merkblatt Intragruppenausnahmen Art. 11 EMIR, Allgemeines, S. 2: „Ein entsprechender Antrag ist von der beteiligten FC zu stellen."
[2] *BaFin* Merkblatt Intragruppenausnahmen Art. 11 EMIR, A.I., S. 4.
[3] *ESMA* Q&A OTC Frage Nr. 6(b) [letzte Aktualisierung: 10.7.2017].
[4] *BaFin*, Häufige Fragen und Antworten der BaFin zur EMIR, Stand: 6.10.2016, abrufbar über: https://www.bafin.de/SharedDocs/Veroeffentlichungen/DE/FAQ/faq_emir.html;jsessionid=49FAFE220B13AD4EDFE6C04AB1BE512B2_cid290 („*BaFin* Q&A"), Nr. 6; *Achtelik* in Wilhelmi/Achtelik/Kunschke/Sigmundt, Handbuch EMIR, Teil 3.B.I Rz. 25.

794 **aa) Genehmigung nach Art. 11 Abs. 8 VO Nr. 648/2012.** Die Inanspruchnahme der Intragruppenfreistellung nach Art. 11 Abs. 8 VO Nr. 648/2012 setzt die **positive Entscheidung derjenigen zuständigen Behörde** voraus, die für die Beaufsichtigung der europäischen finanziellen Gegenpartei verantwortlich ist. Nach Art. 32 Abs. 8 DelVO 2016/2251 muss sie dem Antragsteller die Entscheidung über die Intragruppenfreistellung innerhalb von **drei Monaten** nach Eingang des vollständigen Antrages mitteilen.

795 Die BaFin hat auf ihrer Webseite für den Antrag nach Art. 11 Abs. 8 VO Nr. 648/2012 einen **Mustertext für Anzeigen nach Art. 11 VO Nr. 648/2012 mit Drittstaatenbezug** veröffentlicht. Dieser ist auch für das Verfahren nach Art. 36 Abs. 2 DelVO 2016/2251 zu nutzen. Der Antrag sowie die angeforderten Informationen und Unterlagen sind der BaFin auf **elektronischem Wege** über das **MVP Portal** zu übersenden. Wegen Form und Inhalt des Antrages und den von der zuständigen Behörde zu treffenden Entscheidungen wird auf die Ausführungen in Rz. 770–780 verwiesen.

796 **bb) Anzeigeverfahren nach Art. 11 Abs. 9 VO Nr. 648/2012.** Die Inanspruchnahme der Intragruppenfreistellung nach Art. 11 Abs. 9 VO Nr. 648/2012 setzt lediglich die **Benachrichtigung** durch die europäische nichtfinanzielle Gegenpartei voraus. Die Benachrichtigung ist an die Behörde zu richten, die nach Art. 10 Abs. 5 VO Nr. 648/2012 für die nichtfinanzielle Gegenpartei zuständig ist. Diese kann der Inanspruchnahme widersprechen. Will sie hiervon Gebrauch machen, sieht Art. 32 Abs. 5 DelVO 2016/2251 hierfür eine Frist von **drei Monaten** vor.

797 Auch hier gilt, dass die nichtfinanzielle Gegenpartei die Dreimonatsfrist nicht abwarten muss und die Intragruppenfreistellung bereits ab dem Zeitpunkt der Benachrichtigung nutzen kann. Wegen Form und Inhalt der Anzeige und den von der zuständigen Behörde zu treffenden Entscheidungen wird auf die Ausführungen in Rz. 770–780 verwiesen.

798 **2. Vorprüfverfahren nach Art. 36 und 37 DelVO 2016/2251.** Um zu verhindern, dass Gegenparteien nach dem Wirksamwerden der Einschusspflichten aber vor Ablauf des Prüfverfahrens nach Art. 13 Abs. 2 VO Nr. 648/2012 für ihre gruppeninternen Geschäfte Sicherheiten austauschen müssen, sehen Art. 36 Abs. 2 und 37 Abs. 3 DelVO 2016/2251 vor, dass sich das Wirksamwerden der Einschusspflichten auf den Zeitpunkt **vier Monate** nach Wirksamwerden des Durchführungsbeschlusses der Kommission oder, falls ein solcher Beschluss nicht ergeht, auf den Zeitpunkt drei Jahre nach Inkrafttreten der DelVO 2016/2251, d.h., den **4.1.2020** verschiebt. Voraussetzung ist nach Art. 36 Abs. 3 und 37 Abs. 4 DelVO 2016/2251 dass die Voraussetzungen für die Inanspruchnahme der Intragruppenfreistellung im Übrigen erfüllt sind. Mit Ablauf der Frist endet die vorübergehende Befreiung gruppeninterner Geschäfte von der Besicherungspflicht und zwar unabhängig davon, ob die Kommission einen Durchführungsbeschluss nach Art. 13 Abs. 2 VO Nr. 648/2012 erlassen hat oder nicht. Wie bereits im Zusammenhang mit der Freistellung gruppeninterner Geschäfte von der Clearingpflicht ausgeführt (s. Art. 4 VO Nr. 648/2012 Rz. 86) hat die Kommission von Art. 13 Abs. 2 VO Nr. 648/2012 erst einmal Gebrauch gemacht, indem sie für die von CFTC beaufsichtigten Unternehmen die Gleichwertigkeit der Risikominderungsanforderungen mit Art. 11 VO Nr. 648/2012 festgestellt hat. Mit weiteren Durchführungsbeschlüssen ist dem Vernehmen nach nicht zu rechnen. Vor dem Hintergrund des drohenden Beginns der Besicherungspflicht für gruppeninterne Geschäfte mit Drittstaatenbezug wäre eine **angemessene Verlängerung** der aufschiebenden Wirkung des Vorprüfverfahrens über den Stichtag 4.1.2020 hinaus geboten.

799 Anders als die Parallelvorschrift in Art. 3 Abs. 2 Unterabs. 2 Buchst. e DelVO 2015/2205, verlangen Art. 36 Abs. 3 und 37 Abs. 4 DelVO 2016/2251 nicht, dass die zuständige Behörde zuvor schriftlich mitgeteilt haben muss, dass die Voraussetzungen für die Intragruppenfreistellung nach Art. 11 Abs. 8 VO Nr. 648/2012 im Übrigen gegeben sind. Dies hat die **BaFin** jedoch nicht davon abgehalten, in analoger Anwendung von Art. 11 Abs. 8 VO Nr. 648/2012 für die Nutzung der vorübergehenden Suspendierung der Besicherungspflicht ein **Antragsverfahren** einzuführen[1]. Nach Wirksamwerden des Durchführungsbeschlusses muss die finanzielle Gegenpartei, die von der Suspendierung der Besicherungspflicht nach Art. 36 Abs. 2 und 37 Abs. 3 DelVO 2016/2251 Gebrauch gemacht hat, die Freistellung nach Art. 11 Abs. 8 VO Nr. 648/2012 beantragen. Hierfür hat sie vier Monate Zeit.

800 Die BaFin hat auf ihrer Webseite für den Antrag nach Abs. 8 einen **Mustertexte für Anzeigen nach Art. 11 VO Nr. 648/2012 mit Drittstaatenbezug** veröffentlicht. Dieser ist auch für das Verfahren nach Art. 36 Abs. 2 DelVO 2016/2251 zu nutzen. Der Antrag sowie die angeforderten Informationen und Unterlagen sind der BaFin auf **elektronischem Wege** über das **MVP Portal** zu übersenden. Wegen Form und Inhalt der Anzeige und den von der zuständigen Behörde zu treffenden Entscheidungen wird auf die Ausführungen in Rz. 770–780 verwiesen.

801 **3. Anforderungen an gruppeninterne Geschäfte. a) Risikomanagement.** Über den Verweis auf Art. 3 VO Nr. 648/2012 ist auch für die Intragruppenfreistellungen nach Art. 11 Abs. 5–10 VO Nr. 648/2012 zu verlangen, dass die beiden Gegenparteien in dieselbe **Vollkonsolidierung** und in ein geeignetes **zentralisiertes Risiko-**

---

1 *BaFin* Merkblatt Intragruppenausnahmen Art. 11 EMIR, Allgemeines.

bewertungs-, -mess- und kontrollverfahren einbezogen sind. Wegen der Einzelheiten wird auf die Ausführungen zu Art. 3 VO Nr. 648/2012 verwiesen.

Die in Art. 11 Abs. 6–10 VO Nr. 648/2012 gestellten Anforderungen verdeutlichen, dass die Einrichtung eines zentralisiertes Risikomanagement für sich genommen nicht ausreicht, die Intragruppenfreistellung zu rechtfertigen. So muss das **Risikomanagement qualitativ so ausgestaltet** sein, dass es die mit dem Austausch von Sicherheiten verbundene Risikominderung, die mit der Intragruppenfreistellung verloren geht, teilweise übernehmen kann. 802

Eine wichtige Funktion wird in diesem Zusammenhang den von den Gegenparteien auf Gruppenebene vorgehaltenen Eigenmitteln zugewiesen, die mögliche Verluste aus nicht besicherten OTC-Derivaten ausgleichen müssen[1]. Insoweit ist es von Bedeutung, dass die Eigenmittel wie von Art. 11 Abs. 6–10 VO Nr. 648/2012 gefordert, von den Gegenparteien ungehindert übertragen werden können. Dem zentralisierten Risikomanagement kommt im diesen Zusammenhang die wichtige Aufgabe zu, die gruppenweite Allokation der Eigenmittel zu steuern. Insoweit muss es **alle wesentlichen Risiken** aus unbesicherten OTC-Derivaten verlässlich erfassen können. 803

Hinzu tritt die Anforderung, dass das nach Art. 3 Abs. 2 Buchst. a Ziff. iv) VO Nr. 648/2012 vorzuhaltende zentralisierte Risikomanagement, in das die beiden Gegenparteien einbezogen sind, **hinreichend solide und belastbar** und im Hinblick auf die **Komplexität** der abgeschlossenen Derivate angemessen ist. 804

b) Abwesenheit tatsächlicher oder rechtlicher Hindernisse für die Übertragung von Eigenkapital. Die Freistellung gruppeninterner OTC-Derivate von den Risikomanagementverfahren des Art. 11 Abs. 3 VO Nr. 648/2012 setzt voraus, dass ein tatsächliches oder rechtliches **Hindernis** für die unverzügliche **Übertragung von Eigenmitteln** oder die **Rückzahlung von Verbindlichkeiten** zwischen den Gegenparteien weder vorhanden noch abzusehen ist. 805

Die Anforderung entspricht nahezu wörtlich den **bankaufsichtlichen Anforderungen**, die auf konsolidierter Basis beaufsichtigte Kreditinstitute und Wertpapierfirmen erfüllen müssen, wenn sie nach Art. 7 Abs. 1 Buchst. a oder Art. 8 Abs. 1 Buchst. d VO Nr. 575/2013 die Freistellung von der Beaufsichtigung auf Einzelbasis (den sog. „**Waiver**") in Anspruch nehmen wollen. Eine vergleichbare Regelung enthält Art. 113 Abs. 7 Buchst. a i.V.m. Abs. 6 Buchst. e VO Nr. 575/2013 für die Institute, die die Anerkennung als **institutsbezogenes Sicherungssystem** anstreben. Anhaltspunkte dafür, dass die für die Gewährung die Waivers bzw. die Anerkennung als institutsbezogenes Sicherungssystem maßgeblichen Kriterien im Kontext des Art. 11 VO Nr. 648/2012 anders oder sogar strenger auszulegen wären, sind nicht erkennbar[2]. 806

Von der in Art. 11 Abs. 15 Buchst. d VO Nr. 648/2012 vorgesehenen Ermächtigung, die Umstände zu bestimmen, die als tatsächliche oder rechtliche Hindernisse für die Übertragung oder Rückzahlung betrachtet werden sollen, hat die Kommission mit **Art. 33 und 34 DelVO 2016/2251** Gebrauch gemacht. Art. 33 DelVO 2016/2251 legt die Umstände fest, die als ein rechtliches Übertragungs- oder Rückzahlungshindernis gelten. Die Umstände, die ein tatsächliches Übertragungs- oder Rückzahlungshindernis darstellen, sind in Art. 34 DelVO 2016/2251 festgelegt. 807

Die **Europäische Zentralbank (EZB)** hat in ihrem Leitfaden über die im Unionsrecht eröffneten Optionen und Ermessensspielräume[3] für die von ihr beaufsichtigten systemrelevanten Kreditinstitute klargestellt, wie sie die bankaufsichtlichen Anforderungen an die Erteilung des Waivers auslegt. Sie bieten auch wertvolle Hinweise für die Auslegung der Art. 33 und 34 DelVO 2016/2251. 808

aa) Rechtliche Hindernisse (Art. 33 DelVO 2016/2251). Die Aufzählung in Art. 33 DelVO 2016/2251 konkretisiert, unter welchen Umständen von einem **rechtlichen Hindernis** für die unverzügliche Übertragung von Eigenmitteln oder die Rückzahlung von Verbindlichkeiten zwischen den Gegenparteien eines gruppeninternen OTC-Derivates auszugehen ist. 809

Die in Art. 33 Buchst. a DelVO 2016/2251 genannten **Währungs- und Devisenkontrollen** dürften grundsätzlich nur im Verhältnis zu **Drittstaaten** von Bedeutung sein: So sind Beschränkungen des Kapital- und Zahlungsverkehrs zwischen den Mitgliedstaaten nach Art. 63 AEUV verboten. Zwar garantiert Art. 63 AEUV den Kapital- und Zahlungsverkehr auch zwischen der Union und den Drittstaaten; Art. 64 AEUV lässt jedoch die Ende 1993 bestehenden Verkehrsbeschränkungen z.B. im Zusammenhang mit Direktinvestitionen unberührt. Darüber hinaus kann der Europäische Rat nach Art. 66 AEUV vorübergehend Kapitalverkehrsbeschränkungen anordnen, wenn dies erforderlich ist, um einer schwerwiegenden Störung der Wirtschafts- und Währungsunion entgegen zu wirken. 810

---

1 Erwägungsgrund Nr. 18 DelVO 2016/2251, der dem Austausch von Sicherheiten für besser geeignet hält als regulatorische Eigenkapitalanforderungen.
2 *Achtelik/Steinmüller* in Wilhelmi/Achtelik/Kunschke/Sigmundt, Handbuch EMIR, Teil 3.B.II Rz. 59.
3 *EZB*, Leitfaden der EZB zu im Unionsrecht eröffneten Optionen und Ermessensspielräumen vom 24.3.2016, abrufbar über: https://www.bankingsupervision.europa.eu/ecb/pub/pdf/ecb_guide_options_discretions.de.pdf („*EZB* Leitfaden Optionen und Ermessensspielräume").

811 Der Abbau von Kapital- und Zahlungsverkehrsbeschränkungen ist auch Ziel des **Übereinkommens über den Internationalen Währungsfonds (IWF)**[1], dem mittlerweile 189 Staaten beigetreten sind[2]. So ist es einem Mitglied nach Art. VIII Abschn. 2 Buchst. a des IWF-Übereinkommen untersagt, Zahlungen und Übertragungen für laufende internationale Geschäfte ohne Zustimmung des IWF Beschränkungen zu unterwerfen. Diese Verpflichtung steht jedoch unter dem Vorbehalt des Art. XIV Abschn. 2 des IWF-Übereinkommens wonach ein Mitglied die zum Zeitpunkt seines Beitritts geltenden Zahlungs- und Überweisungsbeschränkungen aufrechterhalten darf.

812 Nach Art. XIV Abschn. 3 des IWF-Übereinkommens hat der Internationale Währungsfonds über die bestehenden Währungs- und Devisenkontrollen jährlich **Bericht** zu erstatten. Nach dem zuletzt veröffentlichten Bericht haben noch 19 Staaten von der Übergangsregelung des Art. XIV Abschn. 2 des IWF-Übereinkommens Gebrauch gemacht[3]. Davon haben 15 Staaten bestehende aber auch neue Währungs- und Devisenkontrollen tatsächlich angewendet[4].

813 Die in Art. 33 Buchst. b DelVO 2016/2251 genannten **Rahmenbedingungen**, die eine gegenseitige finanzielle Unterstützung verhindern oder erhebliche Auswirkungen auf die Übertragung finanzieller Mittel innerhalb der Gruppe entfalten können, können sowohl auf gesetzlichen Bestimmungen als auch auf vertraglichen Vereinbarungen basieren. Wie sich an den in den Art. 33 Buchst. d und e DelVO 2016/2251 genannten Umständen zeigt, können sich diese negativen Rahmenbedingungen insbesondere aus der für die Gegenpartei gewählten Rechtsform und den durch **Gesetz, Satzung** oder **Vereinbarung der Gesellschafter** begründeten Regelungen ergeben.

814 Hierzu zählen Bestimmungen über Sperrminoritäten, Mehrfach- oder Höchststimmrechte oder sog. „goldene Aktien" (golden shares), die dazu führen, dass die für die Übertragung finanzieller Mittel erforderlichen Beschlüsse ohne die Zustimmung des **Minderheitengesellschafters** oder eines einzelnen Gesellschafters nicht herbeigeführt werden können. In die Prüfung einzubeziehen sind auch Bestimmungen, die die Zustimmung Dritter, bei denen es sich nicht um Gesellschafter handelt, erfordern[5]. Übertragungshindernisse können sich auch unmittelbar aus den Satzungen, Gesellschafterverträgen, internen Vorschriften (z.B. Geschäftsordnungen), Gewinnabführungs- und Beherrschungsverträgen oder Patronatserklärungen ergeben.

815 Das Bestehen von **gesetzlichen Kapitalerhaltungsvorschriften**, die vorsehen, dass das Eigenkapital eines Tochterunternehmens nicht unter einen bestimmten Mindestbetrag absinken darf, können in diesem Zusammenhang **für sich genommen** ebenso wenig Übertragungshindernisse begründen, wie durch Gesetz oder Rechtsprechung begründete Verbote, die einem existenzgefährdenden Eingriff in die Geschäftsführung des Tochterunternehmens entgegenstehen[6]. Wie sich mittelbar aus Art. 7 Abs. 1 Buchst. a VO Nr. 575/2013 ergibt, stellen auch die **bankaufsichtlichen Eigenkapitalanforderungen** für sich genommen keine rechtlichen Übertragungshindernisse dar. Anders verhält es sich erst, wenn die Kapitalerhaltungsvorschriften und Eigenkapitalanforderungen verletzt sind und eine weitere Übertragung von finanziellen Mitteln durch das unterkapitalisierte gruppenangehörige Unternehmen nicht mehr zulässig ist.

816 Handelt es sich bei der Gegenpartei um ein Kreditinstitut oder eine Wertpapierfirma ist nach Art. 33 Buchst. c DelVO 2016/2251 weitere Voraussetzung, dass die für das Eingreifen der in der RL 2014/59/EU[7] vorgesehenen Sanierungs- und Abwicklungsmaßnahmen erforderlichen Umstände noch **nicht eingetreten** sind. Die Voraussetzung für die Durchführung der im Sanierungsplan vorgesehenen Regelungen und Maßnahmen sind in Art. 27 Abs. 1 RL 2014/59/EU näher bestimmt. Danach reicht es bereits aus, wenn das Kreditinstitut gegen die in der VO Nr. 575/2013 oder der RL 2013/36/EU definierten Anforderungen verstößt, weil es z.B. die **Eigenkapitalanforderungen** nicht mehr erfüllt oder gravierende **Managementprobleme** oder Verstöße gegen die Corporate-Governance vorliegen[8]. Dem steht bei Wertpapierfirmen ein Verstoß gegen die Anforderungen des Titels II der RL 2014/65/EU oder der Art. 3–7, 14–17 und 24, 25 und 26 VO Nr. 600/2014 gleich.

817 **bb) Praktische Hindernisse (Art. 34 DelVO 2016/2251).** Art. 34 DelVO 2016/2251 legt die Umstände fest, die als ein **tatsächliches** Übertragungs- oder Rückzahlungshindernis gelten.

---

1 Gesetz zu dem Übereinkommen über den Internationalen Währungsfonds vom 9.1.1978 (BGBl. 1978 II S. 13) („IWF-Gesetz").
2 *Internationalen Währungsfonds (IWF)*, Jahresbericht über Wechselkursvereinbarungen und Devisenbeschränkungen 2016, abrufbar über: https://www.imf.org/en/Publications/Annual-Report-on-Exchange-Arrangements-and-Exchange-Restrictions/Issues/2017/01/25/Annual-Report-on-Exchange-Arrangements-and-Exchange-Restrictions-2016-43741 („*IWF AREAER 2016*"), S. 1, Fn. 1.
3 *IWF AREAER 2016*, S. 20, Fn. 20 mit den Namen der Staaten.
4 *IWF AREAER 2016*, S. 20.
5 *EZB Leitfaden Optionen und Ermessensspielräume*, S. 6, Fn. 6.
6 *Köhling/Adler*, WM 2012, 2173, 2175.
7 Richtlinie 2014/59/EU des Europäischen Parlaments und des Rates vom 15. Mai 2014 zur Festlegung eines Rahmens für die Sanierung und Abwicklung von Kreditinstituten und Wertpapierfirmen und zur Änderung der Richtlinie 82/891/EWG des Rates, der Richtlinien 2001/24/EG, 2002/47/EG, 2004/25/EG, 2005/56/EG, 2007/36/EG, 2011/35/EU, 2012/30/EU und 2013/36/EU sowie der Verordnungen (EU) Nr. 1093/2010 und (EU) Nr. 648/2012 des Europäischen Parlaments und des Rates, ABl. EU Nr. L 173 v. 12.6.2014, S. 190.
8 *EZB Leitfaden Optionen und Ermessensspielräume*, S. 6.

Ein tatsächliches Hindernis für die Übertragung finanzieller Mittel oder die Rückzahlung von Verbindlichkeiten besteht nach Art. 34 Buchst. a DelVO 2016/2251 dann, wenn eine der beiden Gegenparteien nicht über die für die Übertragung oder die kurzfristige Liquiditätsbeschaffung erforderlichen **liquiden Vermögenswerte** verfügt.

Der Begriff liquide Vermögenswerte ist nicht definiert. Er beschränkt sich nicht auf Barguthaben oder auf die nach Art. 47 VO Nr. 648/2012 von CCPs vorzuhaltenden hochliquiden Finanzinstrumente mit minimalen Markt- und Kreditrisiko. Er schließt auch solche Finanzinstrumente ein, die zur Refinanzierung z.B. mittels eines Lombardkredites oder eines Wertpapierpensionsgeschäftes verwendet werden können. Vermögenswerte, die durch **Rechte Dritter** belastet sind, und die deshalb weder verpfändet noch als Sicherheit übereignet werden können, scheiden als berücksichtigungsfähige Vermögenswerte aus.

Zu den in Art. 34 Buchst. b DelVO 2016/2251 genannten Hindernissen **operativer Natur** können, wenn sie die Übertragung der finanziellen Mittel oder die Rückzahlung von Verbindlichkeiten verzögern, die Entscheidungsfindungsprozesse innerhalb der beteiligten Gegenparteien[1] oder die Prozesse der in die Übertragung eingeschalteten Zahlungs- oder Wertpapierliefer- und -abrechnungssysteme zählen.

4. Reichweite der Freistellung. Nach Art. 11 Abs. 6–10 VO Nr. 648/2012 kann die Entscheidung der zuständigen Behörde vorsehen, dass die finanzielle Gegenpartei nur teilweise freigestellt wird. Unter der **teilweisen Befreiung** ist eine Entscheidung zu verstehen, mit der der Antragsteller nur von der Pflicht zum Austausch von Ersteinschüssen (initial margins) befreit wird[2].

Wie für alle verwaltungsrechtlichen Verfahren gilt auch für die Verfahren nach Art. 11 Abs. 6–10 VO Nr. 648/2012, dass der Inhalt der Entscheidung nicht weiter reichen kann als der Inhalt der von den Gegenparteien gestellten Anträge bzw. eingereichten Benachrichtigungen[3]. Schließen z.B. die Gegenparteien zukünftig OTC-Derivate ab, die in dem positiv beschiedenen Antrag auf Intragruppenfreistellung oder der unwidersprochenen Anzeige nicht genannt waren, so bleibt den Gegenparteien nur eine Möglichkeit, den Austausch von Sicherheiten zu verhindern: Die Einleitung eines neuen Verfahrens.

5. Veröffentlichungspflicht. Nach Art. 11 Abs. 11 Unterabs. 1 VO Nr. 648/2012 muss die Gegenpartei, die von den Pflichten des Art. 11 Abs. 3 VO Nr. 648/2012 befreit wurde, **Informationen über ihre Freistellung** veröffentlichen. Die Formulierung „befreit wurde" scheint dafür zu sprechen, dass die Veröffentlichungspflicht nur für die Fälle gilt, in denen die Nichtanwendung des Art. 11 Abs. 3 VO Nr. 648/2012 auf den in Art. 11 Abs. 6–10 VO Nr. 648/2012 genannten Verfahren beruht. Dies hieße, dass in den Fällen, in denen die beiden Gegenparteien ihren Sitz in demselben Mitgliedstaat haben, und die Intragruppenfreistellung nach Art. 11 Abs. 5 VO Nr. 648/2012 in Anspruch, die Veröffentlichungspflicht entfiele[4]. Dagegen spricht jedoch zum einen der Zweck der Veröffentlichungspflicht, der Aussenstehenden einen Überblick über die nichtbesicherte Risikopositionen aus gruppeninternen Geschäften und das Maß des gruppeninternen Ansteckungsrisikos geben soll. Insoweit kann es keine Bedeutung haben, auf welcher Grundlage die Gegenpartei die Intragruppenfreistellung nutzt. Zum anderen läge es nahe, dass auch die nichtfinanzielle Gegenpartei bei der Ermittlung des für § 32 Abs. 1 Satz 1 WpHG relevanten Schwellenwertes die nach Art. 11 Abs. 5 VO Nr. 648/2012 ausgenommenen Intragruppengeschäfte auf die Schwellen anrechnen: Auch **§ 32 Abs. 1 Satz 2 WpHG** spricht von den gruppeninternen OTC-Derivaten, die von den Anforderungen des Art. 11 Abs. 3 VO Nr. 648/2012 „befreit" wurden. Zu den von der Besicherungspflicht befreiten OTC-Derivaten zählen im Übrigen auch die OTC-Derivate mit Drittstaatenbezug, die im Wege des in **Art. 36 und 37 DelVO 2016/2251 geregelten Vorprüfverfahrens** von der Besicherungspflicht freigestellt wurden.

Von der in Art. 11 Abs. 14 Buchst. d VO Nr. 648/2012 vorgesehenen Ermächtigung, die Einzelheiten der Mitteilung nach Art. 11 Abs. 11 VO Nr. 648/2012 festzulegen, hat die Kommission in **Art. 20 DelVO Nr. 149/2013** Gebrauch gemacht. Die nach Art. 20 Buchst. a und b DelVO Nr. 149/2013 zu veröffentlichen Angaben zur Gegenpartei und der Unternehmensbeziehung entsprechen – einschließlich des Übersetzungsfehlers – denen, die Gegenparteien nach Art. 18 Abs. 1 Buchst. a und b DelVO Nr. 149/2013 in ihren Antrag bzw. ihre Mitteilung aufnehmen müssen. Hinzu treten Angaben dazu, ob die Freistellung ganz oder nur teilweise, z.B. nur im Hinblick auf die Verpflichtung zur Leistung von Ersteinschüssen, gewährt wurde (Art. 20 Buchst. c DelVO Nr. 149/2013) und für welchen Gesamtnennbetrag an gruppeninternen OTC-Derivaten die Freistellung maßgeblich ist (Art. 20 Buchst. d DelVO Nr. 149/2013). Wie zeitnah die Veröffentlichung erfolgen und welches Medium die Gegenpartei hierfür nutzen muss, ist Art. 20 DelVO Nr. 149/2013 nicht zu entnehmen. In der Praxis weit verbreitet ist die Veröffentlichung von EMIR-relevanten Informationen auf einer zentralen Webseite der Gegenpartei.

Für Kreditinstitute und Wertpapierfirmen, die den **Offenlegungspflichten der VO Nr. 575/2013 (Pillar III)** unterliegen, ist darüber hinaus Art. 439 VO Nr. 575/2013 zu beachten. Danach sind Institute verpflichtet, bestimmte

---

1 EZB Leitfaden Optionen und Ermessensspielräume, S. 6.
2 BaFin Merkblatt Intragruppenausnahmen Art. 11 EMIR, Allgemeines.
3 BaFin Merkblatt Intragruppenausnahmen Art. 11, Allgemeines, S. 3 wegen der im Antrag zu benennenden zukünftigen Transaktionen.
4 So Achtelik/Steinmüller in Wilhelmi/Achtelik/Kunschke/Sigmundt, Handbuch EMIR, Teil 3.B.II Rz. 68.

Information über das von ihnen eingegangene **Gegenparteiausfallrisiko** offen zu legen. Diese umfassen u.a. auch Beschreibungen über die Besicherung von Ausfallrisiken aus Derivaten. Insoweit dürfte es geboten erscheinen, die nach Art. 20 DelVO Nr. 149/2013 geforderten Informationen auch in die Offenlegung nach Art. 439 VO Nr. 575/2013 aufzunehmen. Diese sollten dann auch Angaben zu den gruppeninternen OTC-Derivaten enthalten, die nach Art. 11 Abs. 5 VO Nr. 648/2012 vom Anwendungsbereich der Besicherungspflicht ausgenommen sind.

826 Art. 11 Abs. 11 Unterabs. 2 VO Nr. 648/2012 verpflichtet die zuständige Behörde, die ESMA über jede Entscheidung nach Art. 11 Abs. 6, 8 oder 10 VO Nr. 648/2012, ob positiv oder abschlägig, und jede Benachrichtigung nach Art. 11 Abs. 7 oder 9 VO Nr. 648/2012 zu informieren. Die Einzelheiten der Mitteilung hat die Kommission in Art. 19 DelVO Nr. 149/2013 festgelegt. Danach muss die Mitteilung innerhalb eines Monats erfolgen (Art. 19 Abs. 1 DelVO Nr. 149/2013) und die in Art. 18 DelVO Nr. 149/2013 aufgeführten Angaben sowie eine Zusammenfassung der Entscheidungsgründe enthalten (Art. 19 Abs. 1 DelVO Nr. 149/2013).

827 **V. Vermeidung von Aufsichtsarbitrage (Art. 11 Abs. 13 VO Nr. 648/2012).** Art. 11 Abs. 13 VO Nr. 648/2012 begründet die Verpflichtung der ESMA durch geeignete Maßnahmen sicherzustellen, dass sich aufgrund der möglicherweise unterschiedlichen Ausgestaltung der Einschusspflichten bei geclearten und nicht geclearten OTC-Derivaten keine Möglichkeiten der **Aufsichtsarbitrage**[1] ergeben.

828 Mögliche Handlungsoptionen sind entweder das Verfahren nach Art. 5 Abs. 3 VO Nr. 648/2012, mit denen die ESMA die Anbieter von Clearingdienstleistungen auffordert, Vorschläge für ein Clearing von bislang nicht geclearten OTC-Derivaten auszuarbeiten oder eine Anpassung der von der Clearingmitgliedern einer CCP nach Art. 41 VO Nr. 648/2012 zu leistenden Einschusspflichten.

829 Art. 11 Abs. 13 VO Nr. 648/2012 konkretisiert **Art. 1 Abs. 5 Buchst. d VO Nr. 1095/2010**, wonach es Aufgabe der ESMA ist, zur Stabilität und Effektivität des Finanzsystems beizutragen, Aufsichtsarbitrage zu verhindern und gleiche Wettbewerbsbedingungen zu fördern. Eine vergleichbare Regelung findet sich in Art. 28 Abs. 2 Unterabs. 2 VO Nr. 600/2014 für die Handelspflicht.

830 **VI. Technische Regulierungsstandards (Art. 11 Abs. 14 und 15 VO Nr. 648/2012).** Art. 11 Abs. 15 VO Nr. 648/2012 ist durch Art. 520 Abs. 2 VO Nr. 575/2013 (CRR) geändert[2] und durch Art. 42 Abs. 3 VO 2017/2402 (Verbriefungsverordnung)[3] neu gefasst worden. Die Neufassung ist ab dem 1.1.2019 anwendbar. Von den in den Art. 11 Abs. 14 und 15 VO Nr. 648/2012 vorgesehenen Befugnissen hat die Kommission mit ihren Delegierten Verordnungen DelVO Nr. 149/2013, DelVO Nr. 285/2014 und DelVO 2016/2251 weitestgehend Gebrauch gemacht.

831 **1. DelVO Nr. 149/2013.** Die in Art. 11 Abs. 14 Buchst. a-d VO Nr. 648/2012 genannten Festlegungen hat die Kommission in ihrer DelVO Nr. 149/2013 getroffen. Dazu zählen die Festlegung der in Art. 11 Abs. 1 VO Nr. 648/2012 genannten Verfahren und Vorkehrungen der Steuerung des operationellen Risikos und des Gegenparteiausfallrisikos (Bestätigung, Portfolioabgleich, Portfoliokomprimierung und Streitbeilegung), die Festlegung der Bedingungen, die eine Bewertung nach Art. 11 Abs. 2 VO Nr. 648/2012 auf Basis von Modellpreisen rechtfertigt und die Festlegung der Angaben, die in die Mitteilung über freigestellte gruppeninterne Geschäfte nach Art. 11 Abs. 11 VO Nr. 648/2012 aufzunehmen sind. Die Verordnung ist am zwanzigsten Tag nach ihrer Veröffentlichung im Amtsblatt der Europäischen Union, d.h. am 15.3.2013, in Kraft getreten (Art. 21 DelVO Nr. 149/2013). Hiervon abweichend sind die Art. 13, 14 und 15 DelVO Nr. 149/2013 über den Portfolioabgleich, die Portfoliokomprimierung und die Streitbeilegung erst sechs Monate nach Inkrafttreten, d.h. am 15.9.2013 wirksam geworden.

832 **2. DelVO Nr. 285/2014.** Mit Erlass der auch auf Art. 4 Abs. 4 VO Nr. 648/2012 gestützten DelVO Nr. 285/2014 hat die Kommission die OTC-Derivate bestimmt, bei denen unmittelbare, wesentliche und vorhersehbare Auswirkungen innerhalb der Union zu befürchten sind bzw. bei denen es zweckmäßig ist, Umgehungen zu verhindern. Die Verordnung ist am zwanzigsten Tag nach ihrer Veröffentlichung im Amtsblatt der Europäischen Union, d.h. am 10.4.2014, in Kraft getreten. Abweichend hiervon gilt Art. 2 DelVO Nr. 285/2014 seit dem 10.10.2014. Die Bestimmungen der DelVO Nr. 285/2014 sind von der auf Art. 28 Abs. 5 VO Nr. 600/2014 (MiFIR) gestützten **DelVO 2017/579** nahezu wörtlich übernommen worden.

833 **3. DelVO 2016/2251.** Die in Art. 11 Abs. 15 Buchst. a-d VO Nr. 648/2012 genannten Festlegungen hat die Kommission in ihrer DelVO 2016/2251 getroffen. Dazu zählen die Festlegung des in Art. 11 Abs. 3 VO Nr. 648/2012 geforderten Risikomanagementverfahren, die auch den Austausch von Sicherheiten und deren angemessenen Abgrenzung beinhalten, die Festlegung der Verfahren, die Gegenparteien für die Inanspruchnahme der Intragruppenfreistellung zu befolgen haben sowie die Benennung der Umstände, die als ein tatsächliches oder

---

1 *Grundmann* in Staub, HGB, Band 11/2, 5. Aufl. 2018, Rz. 732.
2 Streichung des Art. 11 Abs. 15 Buchst. b VO Nr. 648/2012. Die VO Nr. 575/2013 ist am Tag nach ihrer Veröffentlichung im Amtsblatt der Europäischen Union – d.h. am 28.6.2013 – in Kraft getreten und seit 1.1.2014 anwendbar.
3 Einfügung eines neuen Unterabs. 2, der die Europäischen Aufsichtsbehörden (ESAs) anweist, im Rahmen der Festlegung der Höhe und Art der von Emittenten gedeckter Schuldverschreibungen oder Verbriefungszweckgesellschaft zu stellenden Sicherheiten die Hindernisse zu berücksichtigen, die dem Austausch von Sicherheiten entgegen stehen.

rechtliches Hindernis für die unverzügliche Übertragung von Eigenmittel und die Rückzahlung von Verbindlichkeiten zu betrachten sind. Die Verordnung ist am zwanzigsten Tag nach ihrer Veröffentlichung im Amtsblatt der Europäischen Union, d.h. am 4.1.2017, in Kraft getreten (Art. 40 DelVO 2016/2251). Sie ist am 17.2.2017 berichtigt (ABl. Nr. L 40, S. 79) und durch die DelVO 2017/323 mit Wirkung zum 4.1.2017 ergänzt worden.

VII. Ausblick. Mit der im Entwurf vorliegenden Verordnung zur Änderung der EMIR (**EMIR REMIT-Entwurf**)[1] wird Art. 11 Abs. 15 Buchst. a VO Nr. 648/2012 dahingehend erweitert, dass die ESAs auch die aufsichtlichen Verfahren festlegen, mit denen die zuständigen Behörden die erstmalige und laufende Validierung der Risikomanagementverfahren gewährleisten sollen. Mit der Annahme des Berichts zum EMIR-REFIT-Entwurf[2] seines Berichterstatters *Langen* am 23.5.2018 hat das Europäische Parlament dem Vorschlag zugestimmt. Es hat jedoch weitere Ergänzungen des Art. 11 VO Nr. 648/2012 vorgeschlagen. So sollen nichtfinanzielle Gegenparteien zukünftig nur die Derivatekategorien besichern müssen, für die sie auch clearingpflichtig geworden sind. Gruppeninterne Geschäfte i.S.d. Art. 3 VO Nr. 648/2012, an denen eine nichtfinanzielle Gegenpartei unterhalb der Clearingschwelle beteiligt ist, sollen von den Risikominderungstechniken des Art. 11 VO Nr. 648/2012, d.h. von den Verfahren für die zeitnahe Bestätigung von OTC-Derivaten, den Portfolioabgleich, die Streitbeilegung und die Portfoliokomprimierung befreit werden. 834

Der am 18.12.2017 vorgelegte Entwurf einer Delegierten Verordnung zur Änderung der DelVO 2016/2251[3] schlägt vor, einen neuen Art. 31a DelVO 2016/2251 einzuführen, mit dem physisch zu erfüllende Devisentermingeschäfte dauerhaft von der Pflicht zum Austausch von Nachschüssen befreit werden; ausgenommen sind lediglich Devisentermingeschäfte mit Kreditinstituten und Wertpapierfirmen. 835

Am 4.5.2018 hat der Gemeinsamer Ausschuss der Europäischen Aufsichtsbehörden ein Konsultationspapier für eine neue Delegierte Verordnung[4] vorgelegt, mit der ein neuer Art. 30a DelVO 2016/2251 eingeführt werden soll. Die Änderung basiert auf der ab 1.1.2019 geltenden Neufassung des Art. 11 Abs. 15 VO Nr. 648/2012 und zielt darauf ab, nicht geclearte OTC-Derivate, die von einer Verbriefungszweckgesellschaft im Zusammenhang mit einer Verbriefung abgeschlossen wurden, die sich für das eingeführte Gütesiegel einer „einfachen, transparenten und standardisierten Verbriefung" (ETS-Verbriefung) qualifizieren, dauerhaft von der Pflicht zum Austausch von Nachschüssen zu befreien. Der neue Art. 30a DelVO 2016/2251 ist Art. 30 DelVO 2016/2251 nachgebildet und sieht wie dieser eine asymmetrische Besicherung vor. 836

Art. 12 Sanktionen

(1) Die Mitgliedstaaten legen Vorschriften über Sanktionen bei Verstößen gegen die Bestimmungen dieses Titels fest und ergreifen alle erforderlichen Maßnahmen zur Durchsetzung dieser Sanktionen. Diese Sanktionen umfassen zumindest Geldbußen. Die vorgesehenen Sanktionen müssen wirksam, verhältnismäßig und abschreckend sein.

(2) Die Mitgliedstaaten stellen sicher, dass die für die Beaufsichtigung von finanziellen und gegebenenfalls nichtfinanziellen Gegenparteien zuständigen Behörden die wegen Verstößen gegen Artikel 4, 5 und 7 bis 11 verhängten Sanktionen öffentlich bekanntgeben, es sei denn, diese Bekanntgabe würde die Stabilität der Finanzmärkte erheblich gefährden oder den Beteiligten einen unverhältnismäßig hohen Schaden zufügen. Die Mitgliedstaaten veröffentlichen in regelmäßigen Abständen Berichte über die Be-

---

1 *Kommission*, Vorschlag für eine Verordnung des Europäischen Parlaments und des Rates zur Änderung der Verordnung (EU) Nr. 648/2012 in Bezug auf die Clearingpflicht, die Aussetzung der Clearingpflicht, die Meldepflichten, die Risikominderungstechniken für nicht durch eine zentrale Gegenpartei geclearte OTC- Derivatekontrakte, die Registrierung und Beaufsichtigung von Transaktionsregistern und die Anforderungen an Transaktionsregister, KOM(2017) 208 final vom 4.5.2017, abrufbar über: http://ec.europa.eu („*Kommission* EMIR-REFIT-Entwurf").
2 Der Bericht ist abrufbar über: http://www.europarl.europa.eu/sides/getDoc.do?pubRef=-//EP//TEXT+REPORT+A8-2018-0181+0+DOC+XML+V0//EN&language=de.
3 *Gemeinsamer Ausschuss (GA) der Europäischen Aufsichtsbehörden (ESA)*, Entwurf technischer Regulierungsstandards zur Änderung der Delegierten Verordnung (EU) 2016/2251 zur Ergänzung der Verordnung (EU) Nr. 648/2012 des Europäischen Parlaments und des Rates durch technische Regulierungsstandards nach Artikel 11(15) der Verordnung (EU) Nr. 648/2012 zu Risikominderungstechniken für nicht durch eine zentrale Gegenpartei geclearte OTC-Derivatekontrakte im Hinblick auf physisch zu erfüllende Devisentermingeschäfte, JC/2017/79 vom 18.12.2017 abrufbar über: http://www.eba.europa.eu/documents/10180/2065831/Joint+Draft+RTS+on+margin+requirements+for+non-centrally+cleared+OTC+derivatives+%28JC-2017-79%29.pdf („*GA-ESA* Änderung DelVO 2016/2251 FX").
4 *Gemeinsamer Ausschuss (GA) der Europäischen Aufsichtsbehörden (ESA)*, Entwurf technischer Regulierungsstandards zur Änderung der Delegierten Verordnung (EU) 2016/2251 zur Ergänzung der Verordnung (EU) Nr. 648/2012 des Europäischen Parlaments und des Rates durch technische Regulierungsstandards nach Artikel 11(15) der Verordnung (EU) Nr. 648/2012 zu Risikominderungstechniken für nicht durch eine zentrale Gegenpartei geclearte OTC-Derivatekontrakte im Hinblick auf STS-Verbriefungen i.S.d. Verordnung (EU) 2017/2402, JC/2018/15 vom 4.5.2018, abrufbar über: https://www.eba.europa.eu/documents/10180/2205971/Consultation+Paper+amending+Delegated+Regulation+%28EU%29%20202016-2251+%28JC+2018+15%29.pdf („*GA-ESA* Änderung DelVO 2016/2251 ETS-Verbriefungen").

Art. 12 VO Nr. 648/2012 | Sanktionen

wertung der Wirksamkeit der geltenden Sanktionsbestimmungen. Personenbezogene Daten im Sinne des Artikels 2 Buchstabe a der Richtlinie 95/46/EG sind nicht Teil der Offenlegung und Veröffentlichung dieser Informationen.

Bis zum 17. Februar 2013 melden die Mitgliedstaaten der Kommission die in Abs. 1 genannten Bestimmungen. Sie teilen der Kommission jede spätere Änderung derselben unverzüglich mit.

(3) Die Wirksamkeit eines OTC-Derivatekontrakts oder die Möglichkeit der Parteien zur Durchsetzung der Bestimmungen eines OTC-Derivatekontrakts bleibt von Verstößen gegen die Bestimmungen dieses Titels unberührt. Aus Verstößen gegen die Bestimmungen dieses Titels ergeben sich keine Schadenersatzansprüche gegen eine Partei eines OTC-Derivatekontrakts.

In der Fassung vom 4.7.2012 (ABl. EU Nr. L 201 v. 27.7.2012, S. 1).

I. Grundlagen 1
II. Verwaltungsrechtliche Sanktionen (Art. 12 Abs. 1 VO Nr. 648/2012) 4
III. Veröffentlichungspflichten (Art. 12 Abs. 2 VO Nr. 648/2012) 9
IV. Wirksamkeit Derivatekontrakte (Art. 12 Abs. 3 VO Nr. 648/2012) 12
V. Grundrechtliche Fragen der Umsetzung 13

1 **I. Grundlagen.** Eine Vorschrift über die mitgliedstaatliche Pflicht zur Einführung von Sanktionen war bereits im **Gesetzgebungsvorschlag der Kommission** zur Verordnung über OTC-Derivate, zentrale Gegenparteien und Transaktionsregister (umgangssprachlich European Market Infrastructure Regulation, EMIR) enthalten (ehemals Art. 9). Diese wurde im Gesetzgebungsverfahren noch um Vorschläge des Europäischen Datenschutzbeauftragten ergänzt und auf Initiative des Europäischen Parlaments abgeändert[1]. Art. 12 VO Nr. 648/2012 (EMIR) begründet die Pflicht der Mitgliedstaaten, Verstöße gegen Clearing-, Melde- und Registrierungspflichten für „over the counter" gehandelte Derivate (OTC-Derivate) zu sanktionieren und entsprechende **Sanktionsvorschriften** zu schaffen. Dies wird von Vorgaben zur Art der Sanktionierung und Informationspflichten flankiert. Ziel der Vorschrift ist es, den in Titel II VO Nr. 648/2012 normierten Pflichten zur **Erhöhung der Transparenz und Sicherheit** im Handel mit OTC-Derivaten[2] größere Wirksamkeit zu verleihen[3].

2 Regelungsgegenstand und -ziel werden durch die ausdrückliche Bezugnahme auf die **Mitteilung der Kommission vom 8.12.2010** über die „Stärkung der Sanktionsregelungen im Finanzdienstleistungssektor" konkretisiert[4]. Darin spricht sich die Kommission für die Schaffung von wirkungsvollen und ausreichend konvergenten Sanktionsregelungen aus, die allein durch nationale Initiativen nicht zu erreichen seien[5]. In der Mitteilung konstatiert die Kommission inhaltliche und umsetzungstechnische Schwächen früherer Sanktionsregelungen der Mitgliedstaaten[6]. Auf diese Vorgaben ist bei der **Auslegung** von Art. 12 VO Nr. 648/2012 Rücksicht zu nehmen.

3 Art. 12 VO Nr. 648/2012 ist von den zahlreichen Änderungen der VO Nr. 648/2012 bis jetzt nicht betroffen. Ins deutsche Recht umgesetzt wurde Art. 12 VO Nr. 648/2012 durch das Ausführungsgesetz zur VO Nr. 648/ 2012 über OTC-Derivate, zentrale Gegenparteien und Transaktionsregister (EMIR-Ausführungsgesetz)[7] in nach derzeit geltender Fassung der §§ 123 Abs. 4, 56a Abs. 4e, Abs. 6 Nr. 4[8], 120 Abs. 2 Nr. 7–9[9], Abs. 7[10], Abs. 14[11], 123[12] WpHG, §§ 50 Abs. 2a, 50a BörsG, § 60b KWG[13].

---

1 Art. 9, KOM(2010) 484.
2 Erwägungsgrund 4 VO Nr. 648/2012.
3 Mitteilung der Kommission vom 8.12.2010 „Stärkung der Sanktionsregelungen im Finanzdienstleistungssektor", KOM (2010) 716, S. 11.
4 Erwägungsgrund 46 VO Nr. 648/2012.
5 Mitteilung der Kommission vom 8.12.2010 „Stärkung der Sanktionsregelungen im Finanzdienstleistungssektor", KOM (2010) 716, S. 12; vgl. auch Art. 22 VO Nr. 1286/2014 Rz. 5.
6 Mitteilung der Kommission vom 8.12.2010 „Stärkung der Sanktionsregelungen im Finanzdienstleistungssektor", KOM (2010) 716, S. 7.
7 Ausführungsgesetz zur VO Nr. 648/2012 über OTC-Derivate, zentrale Gegenparteien und Transaktionsregister (VO 648/2012-Ausführungsgesetz) vom 13.2.2013, BGBl. I 2013, 174, Inkrafttreten am 16.2.2013.
8 Geändert durch Art. 2 Nr. 8 Buchst. d des Gesetzes zur Verringerung der Abhängigkeit von Ratings vom 10.12.2014 (BGBl. I 2014, 2085).
9 Geändert durch Art. 1 Nr. 30 Buchst. d des Gesetz zur Umsetzung der Transparenzrichtlinie-Änderungsrichtlinie vom 20.11.2015 (BGBl. I 2015, 2029).
10 Gem. Entwurf eines zweiten Gesetzes zur Novellierung von Finanzmarktvorschriften auf Grund europäischer Rechtsakte (Zweites Finanzmarktnovellierungsgesetz – 2. FiMaNoG), Referentenentwurf des Bundesfinanzministeriums.
11 Gem. Entwurf eines zweiten Gesetzes zur Novellierung von Finanzmarktvorschriften auf Grund europäischer Rechtsakte (Zweites Finanzmarktnovellierungsgesetz – 2. FiMaNoG), Referentenentwurf des Bundesfinanzministeriums.
12 Gem. Entwurf eines zweiten Gesetzes zur Novellierung von Finanzmarktvorschriften auf Grund europäischer Rechtsakte (Zweites Finanzmarktnovellierungsgesetz – 2. FiMaNoG), Referentenentwurf des Bundesfinanzministeriums.
13 Geändert durch Art. 2 Nr. 8 Buchst. d des Gesetzes zur Verringerung der Abhängigkeit von Ratings vom 10.12.2014 (BGBl. I 2014, 2085).

II. Verwaltungsrechtliche Sanktionen (Art. 12 Abs. 1 VO Nr. 648/2012).

Art. 12 Abs. 1 VO Nr. 648/2012 legt die grundsätzliche Verpflichtung der Mitgliedstaaten fest, zum einen in materiell-rechtlicher Hinsicht **wirksame, verhältnismäßige und abschreckende Sanktionsvorschriften** zu schaffen und in prozessualer Hinsicht alle erforderlichen Maßnahmen zu ihrer Durchsetzung zu ergreifen. Es sollen Verstöße gegen die Bestimmungen des Titels II der VO Nr. 648/2012 sanktioniert werden. Mindestens soll zudem eine Geldbuße als Sanktion vorgesehen werden. Darüber hinaus wird die inhaltliche Gestaltung den Mitgliedstaaten überlassen[1]. Die hier und in einigen parallelen Vorschriften angewandte Technik der Mindestharmonisierung ist für Verordnungen untypisch. Eine Bezeichnung als **„unechtes Verordnungsrecht"** erscheint passend. Die durch die Erwägungsgründe vorgesehene Kompetenz der ESMA[2], Sanktionsleitlinien zu erlassen, wurde bis zum Redaktionsschluss nicht ausgeübt. Eine solche Konkretisierung ist angesichts der zwischenzeitlichen Umsetzung von Art. 12 VO Nr. 648/2012 durch die Mitgliedstaaten weder zweckmäßig noch zu erwarten.

Die Pflicht zur Sanktionierung von Verstößen gegen Pflichten des Titels II lässt offen, für welche Verstöße im Einzelnen eine Sanktionierungspflicht begründet werden muss. Neben den zentralen Clearing-, Melde- und Risikominderungspflichten werden in Titel II nämlich eine Vielzahl an Pflichten begründet. So erlegt etwa Art. 8 VO Nr. 648/2012 den Mitgliedstaaten auf, diskriminierungsfreien und transparenten Zugang zu Handelsplätzen zu gewähren, über den Zugang fristgerecht zu entscheiden und im Fall einer Ablehnung zu benachrichtigen und zu begründen. Ob und wie ein Verstoß auch gegen diese Pflichten sanktioniert werden muss, ist im Sinne der Vorgabe von wirksamen und abschreckenden Sanktionen zu beantworten. Eine Sanktionsbewährung aller in Titel II der VO Nr. 648/2012 aufgestellten Pflichten erscheint danach weder erforderlich noch praktikabel. Da es sich aber um eine Wertungsfrage handelt, ermöglicht die Vorschrift eine **Variationsbreite bei der Umsetzung** durch die Mitgliedstaaten, die sich auch realisiert hat.

Im Unterschied zu den anderen Rechtsakten des EU-Kapitalmarktrechts liegt der EMIR der weite Sanktionsbegriff zugrunde, der jedwede verwaltungsrechtliche Maßnahme als Unterfall der Sanktion einordnet. Die Mitteilung der Kommission vom 8.12.2010 zur Stärkung der Sanktionsregelungen im Finanzdienstleistungssektor enthält die maßgeblichen Begriffsbestimmungen. Die Mitteilung dient als Grundlage für das Verständnis des Art. 12 VO Nr. 648/2012. Demnach soll der **Begriff der Sanktion weit ausgelegt** werden. Dabei wird das gesamte Spektrum an Schritten abgedeckt, die nach einem Verstoß eingeleitet werden und das Ziel verfolgen, den Urheber sowie die breite Öffentlichkeit von weiteren Verstößen abzuhalten. Er umfasst belastende Verwaltungsmaßnahmen, aber auch Maßnahmen zur Wiederherstellung der Rechtmäßigkeit, Einziehung, Abberufung des Leitungsorgans, Sanktionen mit aufhebender Wirkung wie den Entzug der Zulassung oder auch Geldstrafen oder Zwangsgelder. Durch diese Auslegung enthält der **Begriff der verwaltungsrechtlichen Maßnahme** allerdings keinen eigenständigen Anwendungsbereich mehr.

Bei der Wahl und Ausgestaltung der Sanktionen sind generell die **Grundsätze der Effektivität und der Äquivalenz** zu berücksichtigen[3]. Der Grundsatz der Effektivität umfasst die Verpflichtung zur Einführung wirksamer Sanktionen. Er ist also bereits in Art. 12 Abs. 1 Satz 3 VO Nr. 648/2012 selbst verankert. Der Grundsatz der Äquivalenz besagt, dass die Mitgliedstaaten darauf zu achten haben, dass die Verstöße nach sachlichen und verfahrensrechtlichen Regeln geahndet werden, die denjenigen bei vergleichbaren Verstößen gegen nationales Recht entsprechen[4]. Zur Auslegung der Anforderungen der wirksamen, verhältnismäßigen und abschreckenden Sanktionen hat sich die Kommission in ihrer Mitteilung über die „Stärkung der Sanktionsregelungen im Finanzdienstleistungssektor" geäußert. Danach könnten Sanktionen als wirksam betrachtet werden, wenn sie die Einhaltung des EU-Rechts sicherstellen könnten, als verhältnismäßig, wenn sie der Schwere des Verstoßes angemessen seien und nicht über das zur Erreichung der verfolgten Ziele notwendige Maß hinausgingen, und als abschreckend, wenn sie schwer genug seien, um einen weiteren Verstoß und andere potentielle Rechtsbrecher von einem erstmaligen Verstoß abhielten[5]. Angesichts des Verweises der Erwägungsgründe, die Mitteilung der Kommission sei bei der Umsetzung durch die Mitgliedstaaten zu berücksichtigen[6], können diese Vorgaben für die Auslegung der Verordnung zugrunde gelegt werden.

Gem. Art. 12 Abs. 2 Unterabs. 2 VO Nr. 648/2012 haben die Mitgliedstaaten der Kommission ihre nationalen Sanktionsvorschriften gem. Art. 12 Abs. 1 VO Nr. 648/2012 bis zum 17.2.2013 mitzuteilen. Außerdem haben sie über jegliche Änderungen dieser Vorschriften unverzüglich zu unterrichten. Diese **Mitteilungen** sind online abzurufen[7].

III. Veröffentlichungspflichten (Art. 12 Abs. 2 VO Nr. 648/2012).

Art. 12 Abs. 2 Unterabs. 1 VO Nr. 648/2012 enthält die Verpflichtung, Sanktionen wegen Verstößen gegen die Art. 4, 5 und 7–11 VO Nr. 648/2012

---

1 EuGH v. 23.12.2009 – C-45/08, ECLI:EU:C:2009:806, Rz. 71.
2 Erwägungsgrund 46 VO Nr. 648/2012.
3 EuGH v. 19.7.2012 – C-591/10, ECLI:EU:C:2012:478; EuGH v. 30.5.2013 – C-604/11, ECLI:EU:C:2013:344.
4 BGH v. 17.9.2013 – XI ZR 332/12, AG 2013, 803.
5 Mitteilung der Kommission vom 8.12.2010 „Stärkung der Sanktionsregelungen im Finanzdienstleistungssektor", KOM (2010) 716, S. 5.
6 Erwägungsgrund 46 VO Nr. 648/2012.
7 http://ec.europa.eu/finance/financial-markets/derivatives/notifications/index_en.htm (zuletzt abgerufen am 29.3.2018).

öffentlich bekanntzugeben. Eine Ausnahme besteht für den Fall, dass die Bekanntgabe die Stabilität der Finanzmärkte erheblich gefährden oder den Beteiligten ein unverhältnismäßig großer Schaden drohen würde. Im Vergleich mit anderen parallelen, aber später erlassenen Vorschriften weisen die Veröffentlichungsvorschriften der VO Nr. 648/2012 einen deutlich **geringeren Detaillierungsgrad** auf[1]. Insofern kommt den Mitgliedstaaten bei der Umsetzung ein größerer Handlungsspielraum zu. Entsprechend des Gebots einheitlicher Sanktionsregelungen[2] und des „effet utile" gem. Art. 4 Abs. 3 EUV erscheint aber auch nachträglich eine Angleichung der Veröffentlichungspraktiken – soweit möglich – geboten.

10 Sobald eine Ausnahme gem. Art. 12 Abs. 2 Unterabs. 1 VO Nr. 648/2012 eingreift, ist die Veröffentlichung zwingend zu unterlassen. Dies hat die zuständige Behörde (in Deutschland die BaFin) zu prüfen. Eine Möglichkeit der abgestuften Veröffentlichung wie in den parallelen Vorschriften ist nicht vorgesehen[3]. Dennoch lässt der Wortlaut von Art. 12 Abs. 2 Unterabs. 1 VO Nr. 648/2012 eine spätere Veröffentlichung zu, wenn zu dem späteren Zeitpunkt die Gefahr einer erheblichen Gefährdung der Finanzmärkte vergangen ist oder ein unverhältnismäßiger Schaden nicht mehr droht. Wer **Beteiligter** i.S.d. Art. 12 Abs. 2 Unterabs. 1 VO Nr. 648/2012 ist und auf Rücksicht dessen eine Veröffentlichung unterbleiben kann, wird nicht näher definiert. In Betracht kommen neben den finanziellen Gegenparteien als juristische Personen auch deren Anteilseigner. Art. 12 Abs. 2 Unterabs. 1 Satz 3 VO Nr. 648/2012 nimmt **personenbezogene Daten** i.S.d. Art. 2 lit. a) RL 95/46/EG von der Offenlegungs- und Veröffentlichungspflicht aus. Auf Vorschlag des Europäischen Datenschutzbeauftragten wurde dies zur Verdeutlichung zusätzlich zum Hinweis im Erwägungsgrund 89 der Verordnung aufgenommen[4]. Gem. Art. 94 Abs. 1 VO 2016/679 (DSGVO) wird die RL 95/46/EG mit Inkrafttreten der VO 2016/679 am 25.5.2018 aufgehoben. Der Verweis in Art. 12 Abs. 2 Unterabs. 1 Satz 3 VO Nr. 648/2012 gilt gem. Art. 94 Abs. 2 Satz 1 VO 2016/679 fortan als Verweis auf die DSGVO. Der Begriff der personenbezogenen Daten ist nunmehr in Art. 4 Nr. 1 VO 2016/679 definiert und erfasst juristische Personen ausdrücklich nicht. Bei der Umsetzung durch die Mitgliedstaaten ist im Sinne einer **verhältnismäßigen Regelung** etwa auf Punkte wie die Dauer der Veröffentlichung und das Abwarten einer rechtskräftigen oder sofort vollziehbaren Entscheidung als Voraussetzung für die Veröffentlichung zu achten. Dass personenbezogene Daten von der Veröffentlichung ausgenommen sind, lässt den Eingriff durch die Veröffentlichung grundsätzlich weniger gravierend erscheinen.

11 Die Mitgliedstaaten haben gem. Art. 12 Abs. 2 Satz 2 VO Nr. 648/2012 in regelmäßigen Abständen **Berichte über die Wirksamkeit** der geltenden Sanktionsbestimmungen zu veröffentlichen. Diese Pflicht wurde auf Vorschlag des Europäischen Parlaments aufgenommen[5]. Eine Überprüfungsbefugnis der Kommission und der ESMA hinsichtlich der wirksamen und kohärenten Umsetzung der Sanktionsverpflichtung wurde im Gesetzgebungsverfahren hingegen gestrichen[6]. In Deutschland erfolgte die **Umsetzung** der Veröffentlichungspflicht durch das Ausführungsgesetz zur Verordnung (EU) Nr. 648/2012 über OTC-Derivate, zentrale Gegenparteien und Transaktionsregister (EMIR-Ausführungsgesetz) in nach derzeit geltender Fassung der § 60b KWG[7], § 40b Abs. 4 WpHG (jetzt § 123 WpHG), § 50a BörsG.

12 **IV. Wirksamkeit Derivatekontrakte (Art. 12 Abs. 3 VO Nr. 648/2012).** Zu **zivilrechtliche Konsequenzen** der Sanktionsvorschriften des Art. 12 VO Nr. 648/2012 wird in seinem Abs. 3 Stellung genommen. Verstößt ein OTC-Derivatekontrakt gegen Vorschriften des Titels II, hat dies weder Auswirkungen auf seine Wirksamkeit noch begründet dies einen Schadensersatzanspruch. Insofern handelt es aus Sicht des europäischen Gesetzgebers bei den angedachten Sanktionsnormen – bei Verwendung deutscher Begrifflichkeiten – nicht um Verbots- oder Schutzgesetze i.S.d. § 134 BGB oder § 823 Abs. 2 BGB. Auch ohne ausdrückliche Regelung im nationalen Recht wird der Anwender der nationalen Sanktionsvorschriften diese Vorgaben im Sinne einer unionsrechtskonformen Auslegung beachten müssen.

13 **V. Grundrechtliche Fragen der Umsetzung.** Ob bei der Umsetzung des Art. 12 VO Nr. 648/2012 durch die Mitgliedstaaten, die ausnahmslos auch Konventionsstaaten sind, die justiziellen Garantien des **Art. 6 EMRK** und der **Art. 48 ff. GRCh**[8] zu berücksichtigen sind, kann allein aufgrund der Vorgaben der Verordnung nicht

---

1 S. z.B. Art. 29 VO Nr. 1286/2014; Art. 34 VO Nr. 596/2014.
2 Mitteilung der Kommission vom 8.12.2010 „Stärkung der Sanktionsregelungen im Finanzdienstleistungssektor", KOM (2010) 716, S. 2, 10.
3 S. z.B. Art. 29 VO Nr. 1286/2014; Art. 34 VO Nr. 596/2014.
4 Stellungnahme des Europäischen Datenschutzbeauftragten, ABl. EU Nr. C 216 v. 22.7.2011, S. 9 Rz. 22.
5 Abänderungen des Europäischen Parlaments vom 5. Juli 2011 zu dem Vorschlag für eine Verordnung des Europäischen Parlaments und des Rates über OTC-Derivate, zentrale Gegenparteien und Transaktionsregister, ABl. EU Nr. C 33E v. 5.2.2013, S. 234, 257.
6 Art. 9, KOM(2010) 484.
7 Geändert durch Art. 2 Nr. 8 Buchst. d des Gesetzes zur Verringerung der Abhängigkeit von Ratings vom 10.12.2014 (BGBl. I 2014, 2085).
8 Die Mitgliedstaaten dürften bei der Umsetzung von Art. 12 VO Nr. 648/2012 gem. Art. 51 Abs. 1 GRCh an die Charta gebunden sein, da die VO Nr. 648/2012 ihnen zwar Umsetzungsspielraum lässt, aber sich die Umsetzungsvorschriften aufgrund der konkreten Vorgaben dennoch als Durchsetzung von Europarecht darstellen; *Frenz*, Handbuch Europarecht, Bd. 4, Europäische Grundrechte, 2009, Kapitel 3, § 1 Rz. 252–254.

beantwortet werden. Ob eine „strafrechtliche Anklage" i.S.d. Art. 6 EMRK und Art. 48–50 GRCh vorliegt, beurteilt sich nach einem für die EMRK und die Grundrechtecharta übereinstimmenden[1], aber eigenständigen Verständnis anhand einer Mehrzahl von Kriterien (s. hierzu ausführlich § 123 WpHG Rz. 8 ff.). Die Variationsbreite der möglichen Umsetzung von Art. 12 VO Nr. 648/2012 lässt eine generalisierende Einordnung nicht zu. Geldbußen können allerdings Strafe i.S.d. Art. 6 EMRK sein (Verwaltungssanktionen mit strafrechtlichem Charakter, § 120 WpHG Rz. 7 m.w.N.; zur Frage eines Sanktionscharakters der Veröffentlichung § 123 WpHG Rz. 8).

Art. 13 Mechanismus zur Vermeidung doppelter oder kollidierender Vorschriften

(1) Die Kommission wird von der ESMA bei der Überwachung der internationalen Anwendung der in den Artikeln 4, 9, 10 und 11 festgelegten Grundsätze, insbesondere in Bezug auf etwaige doppelte oder kollidierende Anforderungen an die Marktteilnehmer, und bei der Erstellung einschlägiger Berichte an das Europäische Parlament und den Rat unterstützt, und sie empfiehlt mögliche Maßnahmen.

(2) Die Kommission kann Durchführungsrechtsakte erlassen, in denen sie erklärt, dass die Rechts-, Aufsichts- und Durchsetzungsmechanismen eines Drittstaats

a) den durch diese Verordnung in den Artikeln 4, 9, 10 und 11 festgelegten Anforderungen entsprechen;
b) einen Schutz des Berufsgeheimnisses gewährleisten, der dem dieser Verordnung gleichwertig ist, und
c) wirksam angewandt und auf faire und den Wettbewerb nicht verzerrende Weise durchgesetzt werden, damit eine funktionierende Aufsicht und Rechtsdurchsetzung in diesem Drittstaat gewährleistet ist.

Diese Durchführungsrechtsakte werden nach Maßgabe des in Artikel 86 Absatz 2 genannten Prüfverfahrens erlassen.

(3) Ein Durchführungsrechtsakt über die Gleichwertigkeit gemäß Absatz 2 impliziert, dass die in den Artikeln 4, 9, 10 und 11 dieser Verordnung vorgesehenen Pflichten der Gegenparteien, die ein Geschäft im Rahmen dieser Verordnung abschließen, nur dann als erfüllt gelten, wenn mindestens eine der Gegenparteien in dem betreffenden Drittstaat niedergelassen ist.

(4) Die Kommission überwacht in Zusammenarbeit mit der ESMA die wirksame Umsetzung der Anforderungen, die den in den Artikeln 4, 9, 10 und 11 festgelegten Anforderungen gleichwertig sind, durch die Drittstaaten, für die ein Durchführungsrechtsakt über die Gleichwertigkeit erlassen worden ist, und erstattet dem Europäischen Parlament und dem Rat regelmäßig und mindestens einmal jährlich Bericht. Sofern aus diesem Bericht hervorgeht, dass eine unzureichende oder inkohärente Umsetzung der Gleichwertigkeitsanforderungen durch Drittstaatsbehörden vorliegt, nimmt die Kommission innerhalb von 30 Kalendertagen nach Vorlage des Berichts die Anerkennung der Gleichwertigkeit des betreffenden Rechtsrahmens des Drittstaats zurück. Wird ein Durchführungsrechtsakt über die Gleichwertigkeit zurückgenommen, so unterliegen die Gegenparteien automatisch wieder allen Anforderungen dieser Verordnung.

In der Fassung vom 4.7.2012 (ABl. EU Nr. L 201 v. 27.7.2012, S. 1).

Schrifttum: *Europäische Wertpapier- und Marktaufsichtsbehörde (ESMA)*, „Fragen und Antworten – Umsetzung der Verordnung (EU) Nr. 648/2012 über OTC-Derivate, zentrale Gegenparteien und Transaktionsregister (EMIR)", ESMA70-1861941480-52 vom 30.5.2018, abrufbar über: https://www.esma.europa.eu/sites/default/files/library/esma70-1861941480-52_qa_on_emir_implementation.pdf („*ESMA Q&A*").

I. Zweck und Bedeutung 1	IV. Wirkung eines Durchführungsrechtsaktes (Art. 13 Abs. 3 VO Nr. 648/2012) 13
II. Überwachung der Rechtsordnungen von Drittstaaten (Art. 13 Abs. 1 VO Nr. 648/2012) 5	V. Überwachung und Rücknahme des Durchführungsrechtsaktes (Art. 13 Abs. 4 VO Nr. 648/2012) 15
III. Prüfverfahren (Art. 13 Abs. 2 VO Nr. 648/2012) . . 8	

I. Zweck und Bedeutung. Zweck der in Art. 13 VO Nr. 648/2012 vorgesehenen Maßnahmen ist es, mögliche Konflikte mit den Regulierungsrahmen von Drittstaaten oder eine doppelte Anwendung von im Wesentlichen gleichwertigen Pflichten zu verhindern. Die durch Art. 4, 9, 10 und 11 VO Nr. 648/2012 begründeten Pflichten sind Bestandteil der von den Staats- und Regierungschefs der zwanzig wichtigsten Industrie- und Schwellenlän-

---

[1] Erläuterungen zur Charta der Grundrechte, ABl. EU Nr. C 303 v. 14.12.2007, S. 17, 30 ff.

der (G20) am 24./25.9.2009 in Pittsburgh[1] beschlossen Reform des OTC-Derivate-Marktes. Es ist daher zu erwarten, dass andere in der G20 vertretene Länder vergleichbare Anforderungen stellen. Eine vergleichbare Funktion erfüllt Art. 33 VO Nr. 600/2014 für die durch die MiFIR begründeten Handels- und Clearingpflichten, die ebenfalls auf den Pittsburgh-Beschlüssen basieren.

2 Eine spezielle Ausformung des Art. 13 VO Nr. 648/2012 stellen die in Art. 4 Abs. 2 Buchst. b und Art. 11 Abs. 8 und 9 VO Nr. 648/2012 vorgesehenen **Freistellungen gruppeninterner Geschäfte** mit Drittstaatenbezug von der Clearingpflicht und der Besicherungspflicht dar. Diese verlangen über den Verweis auf Art. 3 Abs. 1 und 2 VO Nr. 648/2012 ebenfalls das Vorliegen eines Durchführungsrechtsaktes nach Art. 13 Abs. 2 VO Nr. 648/2012: Stellt ein Drittstaat die in seinem Herrschaftsbereich ansässigen Gegenparteien von den Clearing- und Besicherungspflichten frei, so soll, wenn das Drittstaatenregime für die Intragruppenfreistellung die im Wesentlichen gleichen Voraussetzungen zugrunde legt wie die VO Nr. 648/2012, die europäische Gegenpartei nicht schlechter gestellt werden als ihr im Drittstaat ansässiges Gruppenmitglied.

3 Vergleichbare, aber **anderen Zwecken** dienende Durchführungsrechtsakte finden sich in Art. 2a Abs. 2 VO Nr. 648/2012 (Anerkennung von Drittstaatenbörsen), Art. 25 Abs. 1 und 6 VO Nr. 648/2012 (Anerkennung von Drittstaaten-CCPs), Art. 75 Abs. 1 VO Nr. 648/2012 (Anerkennung von Drittstaaten-Transaktionsregistern) und Art. 28 Abs. 4 VO Nr. 600/2014 (Anerkennung von Drittstaatenhandelsplätzen). Zweck ist es hier, die Gleichwertigkeit der in einem Drittstaat ansässigen **Finanzmarktinfrastruktureinheiten** festzustellen. Die zu beantwortende Frage ist hier: Unterliegen die Drittstaatseinrichtungen organisatorischen und aufsichtsrechtlichen Anforderungen und werden sie in einer Art und Weise beaufsichtigt, die es rechtfertigt, dass die dem Anwendungsbereich der VO Nr. 648/2012 bzw. der VO Nr. 600/2014 unterliegenden Gegenparteien für die Erfüllung ihrer Pflichten diese Drittstaatseinrichtungen nutzen.

4 Für die Anerkennung von zentralen Gegenparteien und Transaktionsregistern sind Maßstab die Anforderungen der VO Nr. 648/2012. Für die in Art. 2a Abs. 2 VO Nr. 648/2012 geregelte Anerkennung von Drittstaatenbörsen sind es die im Titel III RL 2014/65/EU (MiFID II) zusammengefassten Anforderungen an geregelte Märkte. Dass ein Durchführungsrechtsakt nach Art. 13 Abs. 2 VO Nr. 648/2012 für die Anerkennung von Finanzmarktinfrastruktureinheiten keine Bedeutung hat, ist für die Anerkennung von Drittstaaten-CCPs ausdrücklich klargestellt worden (Art. 25 Abs. 4 Unterabs. 3 VO Nr. 648/2012).

5 **II. Überwachung der Rechtsordnungen von Drittstaaten (Art. 13 Abs. 1 VO Nr. 648/2012).** Es ist Aufgabe der Kommission festzustellen, ob die Vorschriften der VO Nr. 648/2012 möglicherweise mit den Rechts-, Aufsichts- und Durchsetzungsmechanismen eines Drittstaates kollidieren oder ggf. dazu führen, dass europäische Gegenparteien **doppelte Anforderungen** erfüllen müssen. Die Kommission wird hierbei von der **ESMA** unterstützt; diese hat der Kommission mögliche Maßnahmen zu empfehlen.

6 Art. 13 Abs. 1 VO Nr. 648/2012 benennt die Bestimmungen der VO Nr. 648/2012, die der Überwachung durch die Kommission und der ESMA unterliegen. Dies sind nicht nur die „pflichtenbegründenden" **Art. 4, 9 und 11 VO Nr. 648/2012**, sondern auch Art. 10 VO Nr. 648/2012, der mit der Definition der Clearingschwelle und der Beschreibung der von der Clearingschwelle ausgenommenen Absicherungsgeschäfte wesentliche Voraussetzungen für die Clearing- und Besicherungspflicht der nichtfinanziellen Gegenparteien definiert.

7 Ebenfalls in die Überwachung mit einzubeziehen, sind die **Begriffsbestimmungen** des Art. 2 VO Nr. 648/2012 sowie die Bestimmungen der EMIR, die dadurch, dass auf sie Bezug genommen wird, mittelbar für das Bestehen oder den Umfang der durch Art. 4, 9 und 11 VO Nr. 648/2012 begründeten Pflichten maßgeblich sind. Ein Beispiel hierfür ist die Definition des gruppeninternen Geschäfts nach Art. 3 VO Nr. 648/2012.

8 **III. Prüfverfahren (Art. 13 Abs. 2 VO Nr. 648/2012).** Art. 13 Abs. 2 VO Nr. 648/2012 gewährt der Kommission die Befugnis, Durchführungsrechtsakte zu erlassen, mit denen sie die Gleichwertigkeit eines Drittstaaten-Regulierungsrahmens feststellt. Der Inhalt des Durchführungsrechtsaktes ergibt sich mittelbar aus Art. 13 Abs. 4 VO Nr. 648/2012, der die Wirkungen der Aufhebung eines Durchführungsrechtsaktes regelt. Danach richtet sich der Durchführungsrechtsakt darauf, dass die in seinen Anwendungsbereich fallenden Gegenparteien **von den Anforderungen der VO Nr. 648/2012 freigestellt** werden, d.h. nur die gleichwertigen Anforderungen des Drittstaates erfüllen müssen[2].

---

[1] Beschlüsse des Gipfeltreffens der G20-Staaten in Pittsburgh vom 24./25.9.2009, abrufbar über: https://www.bundesregierung.de/Content/DE/StatischeSeiten/Breg/G7G20/Anlagen/G20-erklaerung-pittsburgh-2009-de.pdf?__blob=publicationFile&v=4 („G20-Pittsburgh-Beschlüsse"), Statement Nr. 13: *„Alle standardisierten außerbörslich gehandelten Derivateverträge sollten bis spätestens Ende 2012 an Börsen oder gegebenenfalls auf elektronischen Handelsplattformen gehandelt und über einen zentralen Kontrahenten abgerechnet werden. Außerbörslich gehandelte Derivateverträge sollten in zentralen Handelsdepots registriert werden. Für nicht zentral abgerechnete Verträge sollten höhere Eigenkapitalanforderungen gelten."*
[2] Europäische Wertpapier- und Marktaufsichtsbehörde (ESMA), „Fragen und Antworten – Umsetzung der Verordnung (EU) Nr. 648/2012 über OTC-Derivate, zentrale Gegenparteien und Transaktionsregister (EMIR)", ESMA70-1861941480-52 vom 30.5.2018, abrufbar über: https://www.esma.europa.eu/sites/default/files/library/esma70-1861941480-52_qa_on_emir_implementation.pdf („*ESMA Q&A*") OTC Frage Nr. 12(b) [letzte Aktualisierung: 20.3.2014].

Die Prüfung, ob ein Durchführungsrechtsakt erlassen werden soll, beschränkt sich nicht auf die Gleichwertigkeit des Drittstaaten-Regulierungsrahmens mit den Anforderungen der Art. 4, 9, 10 oder 11 VO Nr. 648/2012. Zum einen muss sich die Kommission davon überzeugen, dass der Drittstaaten-Regulierungsrahmen auch **tatsächlich angewandt** wird[1]. Mit einzubeziehen sind zum anderen nach Art. 13 Abs. 2 Unterabs. 1 Buchst. b und c VO Nr. 648/2012 die in dem Drittstaat geltenden Vorschriften über den Schutz des **Berufsgeheimnisses** und die in dem Drittstaat zur Anwendung kommenden Aufsichts- und Durchsetzungsmechanismen, die eine **faire und wettbewerbsneutrale** Beaufsichtigung gewährleisten müssen.

Der Durchführungsrechtsakt muss sich **nicht auf sämtliche** in Art. 13 Abs. 2 Unterabs. 1 Buchst. a VO Nr. 648/2012 genannten **Anforderungen** beziehen. So kann es sein, dass ein Drittstaat mit der EMIR vergleichbare Anforderungen nur im Hinblick auf die Meldung von OTC-Derivaten erlassen hat, die Beschlüsse des G20-Gipfels in Pittsburgh im Übrigen jedoch nicht oder nur teilweise umgesetzt hat. In diesem Fall könnte ein Durchführungsrechtsakt der Kommission eine Regelung ausschließlich im Hinblick auf Art. 9 VO Nr. 648/2012 treffen.

Nach Art. 13 Abs. 2 Unterabs. 2 VO Nr. 648/2012 werden die Durchführungsrechtsakte der Kommission nach Maßgabe des in Art. 86 Abs. 2 VO Nr. 648/2012 genannten und in **Art. 5 VO Nr. 182/2011**[2] näher ausgeführten **Prüfverfahrens** erlassen. Wegen der Einzelheiten wird auf die Ausführungen zu Art. 86 VO Nr. 648/2012 Rz. 3–6 verwiesen.

Von ihrer Befugnis nach Art. 13 Abs. 2 VO Nr. 648/2012 hat die Kommission erstmals am 13.10.2017 **Gebrauch gemacht**[3]. Darin hat sie die Rechts-, Aufsichts- und Durchsetzungsmechanismen der U.S.A. für die Minderung operationaler Risiken aus nicht geclearten OTC-Derivaten und für den Austausch von Sicherheiten als den Art. 11 Abs. 1, 2 und 3 VO Nr. 648/2012 gleichwertig angesehen. Die Gleichwertigkeitsentscheidung beschränkt sich jedoch auf OTC-Derivate mit in den U.S.A. niedergelassenen swap dealers und major swap participants und auf diejenigen OTC-Derivate, die sowohl unter den CFTC-Rules als auch unter der EMIR den Risikominderungspflichten unterliegen. Die Anerkennung der von den U.S.-amerikanischen Bankaufsichtsbehörden[4] erlassenen Vorschriften über Risikominderungspflichten für die von covered swap entities abgeschlossenen nicht gleclearte OTC-Derivate[5] steht hingegen noch aus.

IV. Wirkung eines Durchführungsrechtsaktes (Art. 13 Abs. 3 VO Nr. 648/2012). Art. 13 Abs. 3 VO Nr. 648/2012 stellt klar, dass die durch einen Durchsetzungsrechtsakt begründete Freistellung von den Anforderungen der EMIR nur für die OTC-Derivatekontrakte in Anspruch genommen werden kann, bei denen eine der Gegenparteien ihren Sitz in dem betreffenden **Drittstaat** hat.

Vergleichbare Klarstellungen finden sich auch in Art. 3 Abs. 2 der delegierten Verordnungen DelVO 2015/2205, DelVO 2016/592 und DelVO 2016/1178 sowie in Art. 36 Abs. 3 und Art. 37 Abs. 4 DelVO 2016/2251.

V. Überwachung und Rücknahme des Durchführungsrechtsaktes (Art. 13 Abs. 4 VO Nr. 648/2012). Hat die Kommission im Hinblick auf einen Drittstaat einen Durchsetzungsrechtsakt erlassen, so hat sie nach Art. 13 Abs. 4 VO Nr. 648/2012 die Anwendung und Durchsetzung der als gleichwertig anerkannten Vorschriften in diesem Drittstaat zu überwachen. Sie erstattet dem Europäischen Parlament und dem Rat hierüber mindestens einmal jährlich Bericht.

Ergibt die Überwachung, dass die Voraussetzungen für einen Gleichwertigkeitsbeschluss nicht mehr gegeben sind, so hat sie ihren Durchführungsrechtsakt binnen 30 Kalendertagen nach Vorlage des Berichts zurückzunehmen.

---

1 *Grundmann* in Staub, HGB, Band 11/2, 5. Aufl. 2018, Rz. 745, mit dem Hinweis, dass es sich nicht bloß um „law in the books" handeln darf.
2 Verordnung (EU) Nr. 182/2011 des Europäischen Parlaments und des Rates vom 16. Februar 2011 zur Festlegung der allgemeinen Regeln und Grundsätze, nach denen die Mitgliedstaaten die Wahrnehmung der Durchführungsbefugnisse durch die Kommission kontrollieren, ABl. EU Nr. L 55 v. 28.2.2011, S. 13.
3 Durchführungsbeschluss (EU) 2017/1857 der Kommission vom 13.10.2017 über die Anerkennung der Gleichwertigkeit der Rechts-, Aufsichts- und Durchsetzungsmechanismen der Vereinigten Staaten von Amerika für der Aufsicht der Commodity Futures Trading Commission (Aufsichtsbehörde für den Warenterminhandel) unterliegende Derivatgeschäfte mit bestimmten Anforderungen des Art. 11 der Verordnung (EU) Nr. 648/2012 des Europäischen Parlaments und des Rates über OTC-Derivate, zentrale Gegenparteien und Transaktionsregister, ABl. EU Nr. L 265 v. 14.10.2017, S. 23.
4 Zu den U.S.-amerikanischen Bankaufsichtsbehörden (agencies) zählen das bei der Treasury beheimatete Office of the Comptroller of the Currency (OCC), der Board of Governors of the Federal Reserve System (Board), die Federal Deposit Insurance Corporation (FDIC), die Farm Credit Administration (FCA) und die Federal Housing Finance Agency (FHFA).
5 *U.S. Agencies*, Final Rule on Margin and Capital Requirements for Covered Swap Entities, Federal Register/Vol. 80, Nr. 229, S. 74840 vom 30.11.2015, abrufbar über: https://www.federalregister.gov/documents/2015/11/30/2015-28671/margin-and-capital-requirements-for-covered-swap-entities („*U.S. Agencies* 80 FR 74840").

Titel III
Zulassung und Beaufsichtigung von CCPs

Kapitel 1
Bedingungen und Verfahren für die Zulassung einer CCP

Art. 14 Zulassung einer CCP

(1) Eine in der Union niedergelassene juristische Person, die als CCP Clearingdienstleistungen erbringen will, beantragt ihre Zulassung bei der zuständigen Behörde des Mitgliedstaats, in dem sie niedergelassen ist (für die CCP zuständige Behörde), gemäß dem Verfahren nach Artikel 17.

(2) Sobald die Zulassung im Einklang mit Artikel 17 erteilt ist, gilt sie für das gesamte Gebiet der Union.

(3) Die in Absatz 1 genannte Zulassung wird der CCP nur für mit dem Clearing verbundene Tätigkeiten erteilt; darin ist angegeben, welche Dienstleistungen und Tätigkeiten die CCP erbringen bzw. ausüben darf und welche Kategorien von Finanzinstrumenten von dieser Zulassung abgedeckt sind.

(4) Eine zentrale Gegenpartei muss zu jedem Zeitpunkt die für die Zulassung erforderlichen Voraussetzungen erfüllen.

Eine zentrale Gegenpartei unterrichtet die zuständige Behörde unverzüglich über alle wesentlichen Änderungen der für die Zulassung erforderlichen Voraussetzungen.

(5) Eine Zulassung nach Absatz 1 hindert einen Mitgliedstaat nicht daran, zusätzliche Anforderungen bezüglich der in seinem Hoheitsgebiet niedergelassenen CCPs, einschließlich bestimmter Zulassungsanforderungen gemäß der Richtlinie 2006/48/EG, zu erlassen oder weiter anzuwenden.

In der Fassung vom 4.7.2012 (ABl. EU Nr. L 201 v. 27.7.2012, S. 1).

Schrifttum: *Europäische Wertpapier- und Marktaufsichtsbehörde (ESMA)*, „Fragen und Antworten – Umsetzung der Verordnung (EU) Nr. 648/2012 über OTC-Derivate, zentrale Gegenparteien und Transaktionsregister (EMIR)", ESMA70-1861941480-52 vom 30.5.2018, abrufbar über: https://www.esma.europa.eu („*ESMA Q&A*").

I. Überblick 1	V. Pflicht zur Meldung von Änderungen (Art. 14 Abs. 4 VO Nr. 648/2012) 16
II. Zuständigkeit (Art. 14 Abs. 1 VO Nr. 648/2012) 2	VI. Als Kreditinstitute zugelassene CCPs (Art. 14 Abs. 5 VO Nr. 648/2012) 18
III. „Europäischer Pass" (Art. 14 Abs. 2 VO Nr. 648/2012) 7	
IV. Umfang der Zulassung (Art. 14 Abs. 3 VO Nr. 648/2012) 12	

1 **I. Überblick.** Art. 14 VO Nr. 648/2012 bestimmt zunächst, welche nationale Aufsichtsbehörde für die Zulassung einer in der Union niedergelassenen CCP zuständig ist. Sie regelt darüber hinaus Inhalt und Umfang der erteilten Zulassung und begründet die Verpflichtung der CCP, die an die Zulassung gestellten Anforderungen zu jedem Zeitpunkt zu erfüllen. Das Verfahren zur Erteilung der Zulassung ist in Art. 17 VO Nr. 648/2012 geregelt. Die Anforderungen, die von der CCP erfüllt werden müssen, ergeben sich aus Art. 16 VO Nr. 648/2012 sowie aus den im Titel IV zusammengefassten Art. 26–50 VO Nr. 648/2012.

2 **II. Zuständigkeit (Art. 14 Abs. 1 VO Nr. 648/2012).** Für die Erteilung der Zulassung einer in den Union niedergelassenen CCP zuständig ist nach Art. 14 Abs. 1 VO Nr. 648/2012 die zuständige Behörde des Mitgliedstaates, in dem die CCP ansässig ist. Art. 14 Abs. 1 VO Nr. 648/2012 klärt nicht nur die **Zuständigkeit** für die Zulassung, er führt im Wege der **Klammerdefinition** auch den Begriff „für die CCP zuständige Behörde" ein, der an anderen Stellen der EMIR aufgegriffen wird.

3 Die Zuständigkeit der **Behörden der Mitgliedstaaten** ist bewusst gewählt worden, weil sie am ehesten in der Lage ist, den Geschäftsbetrieb der antragstellenden CCP zu untersuchen, und die erforderlichen Prüfungen durchzuführen[1]. Sie stellt auch den Gleichklang mit der nach Art. 17 Abs. 4 VO Nr. 648/2012 erforderlichen Meldung nach Art. 2 Buchst. a RL 98/26/EG[2] als „**System**" her, die ebenfalls von den zuständigen Behörden des Herkunftsmitgliedstaat abzugeben ist.

---
1 Erwägungsgrund Nr. 51 VO Nr. 648/2012. Kritisch: *Achtelik* in Wilhelmi/Achtelik/Kunschke/Sigmundt, Handbuch EMIR, Teil 5.B Rz. 7 mit dem Hinweis auf divergierende nationale Aufsichtspraktiken, die besser durch eine einheitliche Zulassung durch die ESMA zu verhindern wären.
2 Richtlinie 98/26/EG des Europäischen Parlaments und des Rates vom 19. Mai 1998 über die Wirksamkeit von Abrechnungen in Zahlungs- sowie Wertpapierliefer- und -abrechnungssystemen, ABl. EG Nr. L 166 v. 11.6.1998, S. 45 (FinalitätsRL)

Mit der Formulierung „*in der Union niedergelassen*" ist die **Hauptniederlassung** der CCP gemeint. Eine in einem Drittstaat ansässige CCP, die in der Union lediglich eine Zweigniederlassung unterhält, kann Clearingdienstleistungen innerhalb der Union nur erbringen, nachdem sie in dem nach Art. 25 VO Nr. 648/2012 vorgesehenen Verfahren von der ESMA anerkannt wurde. Basis für diese Auslegung ist der Umstand, dass die in dem Verfahren nach Art. 17 VO Nr. 648/2012 erteilte Zulassung nach Art. 14 Abs. 2 VO Nr. 648/2012 für das gesamte Gebiet der Union gültig ist, und der europäische Gesetzgeber einen entsprechenden „Europäischen Pass" grundsätzlich nur für Unternehmen vorsieht, die ihren Sitz bzw. ihre Hauptniederlassung in der Union unterhalten. Die bislang einzige Ausnahme ist das in Art. 46 Abs. 1 VO Nr. 600/2014 (MiFIR) geregelte Registrierungsverfahren, dessen erfolgreicher Abschluss die Zweigniederlassung einer in einem Drittstaat ansässigen Wertpapierfirma berechtigt, ihre Dienstleistungen in der gesamten Union anzubieten. Anhaltspunkte für die Richtigkeit der Auslegung lassen sich auch der englischen Fassung der EMIR entnehmen, die sowohl in Art. 14 VO Nr. 648/2012 als auch in Art. 25 VO Nr. 648/2012 einheitlich das Wort „*established*" verwendet. Insoweit liegt es nahe, beide Vorschriften gleich zu interpretieren. Da sich das Wort „*established*" in beiden Bestimmungen auf die juristische Person selbst bezieht, wird man ihr eher die Bedeutung von „errichtet" oder „gegründet" geben müssen was auch dem Verständnis der Kommission[1] entspräche. Es würde auch durch die Erwägungsgründe der EMIR gestützt, die auch im Kontext der Zulassung von Art. 14 VO Nr. 648/2012 nur von „*ansässig*" sprechen[2]. 4

Der Verweis auf die „**juristische Person**" greift die bereits in Art. 2 Nr. 1 VO Nr. 648/2012 vorgesehene Einschränkung auf, dass die Clearingdienstleistungen innerhalb der Union nicht von natürlichen Personen erbracht werden dürfen. Wegen des Begriffs Clearing und dem mit dem Clearing verbundenen Tätigkeiten wird auf die Ausführungen zu Art. 2 VO Nr. 648/2012 Rz. 13–20 verwiesen. 5

Die für die Zulassung **zuständige Behörde** ist nach Art. 22 Abs. 1 Unterabs. 1 VO Nr. 648/2012 von dem betreffenden Mitgliedstaat, in dem die CCP ihren Sitz hat, zu bestimmen. In Deutschland ist dies nach § 6 Abs. 1a KWG die **BaFin**. Wegen der Einzelheiten wird auf die Ausführungen zu Art. 22 VO Nr. 648/2012 Rz. 1–3 verwiesen. 6

III. „Europäischer Pass" (Art. 14 Abs. 2 VO Nr. 648/2012). Die von der zuständigen Behörde erteilte Zulassung gilt nach Art. 14 Abs. 2 VO Nr. 648/2012 für das gesamte **Gebiet der Union**, d.h. in sämtlichen Mitgliedstaaten und – seit Aufnahme der EMIR in das EWR-Abkommen – in den drei EEA-EFTA-Staaten Island, Liechtenstein und Norwegen. 7

Art. 14 Abs. 2 VO Nr. 648/2012 entspricht hinsichtlich seinen Wirkungen dem „**Europäischen Pass**", der von den nach Maßgabe der RL 2013/36/EU (CRD IV) und der RL 2014/65/EU (MiFID II) zugelassenen Kreditinstitute und Wertpapierfirmen in Anspruch genommen werden kann[3]. Er verbietet es anderen Mitgliedstaaten, in deren Hoheitsgebiet die zugelassene CCP ebenfalls Clearingdienstleistungen erbringen möchte – in der Diktion der RL 2013/36/EU und RL 2014/65/EU dem „Aufnahmemitgliedstaat" –, von der CCP eine gesonderte Zulassung zu verlangen oder an sie ergänzende organisatorische oder aufsichtsrechtliche Anforderungen, wie z.B. strengere Eigenkapitalanforderungen zu stellen. 8

Die Nutzung des Europäischen Passes setzt nach Art. 15 Abs. 2 VO Nr. 648/2012 eine Mitteilung an die zuständige Aufsichtsbehörde desjenigen **Aufnahmemitgliedstaates** voraus, in dem die CCP ihre Clearingdienstleistung erbringen möchte[4]. 9

Die Begrenzung der Zulassung auf das Hoheitsgebiet der Union entspricht dem **völkerrechtlichen Territorialitätsprinzip**. Ihm entspricht, dass eine europäische CCP, die ihre Clearingdienstleistungen in einem Drittstaat erbringen will, gegebenenfalls, wenn dies der Drittstaat so vorsieht, eine erneute Zulassung oder Anerkennung durch den Drittstaat anstreben muss. 10

Der **Austritt eines Mitgliedstaates aus der Union** nach Art. 50 des Vertrages über die Europäische Union (EUV) führt dazu, dass der Europäische Pass nach Art. 14 Abs. 2 VO Nr. 648/2012 verloren geht und die ursprünglich nach Art. 17 VO Nr. 648/2012 zugelassene CCP nunmehr eine gesonderte Anerkennung nach Art. 25 VO Nr. 648/2012 benötigt. 11

IV. Umfang der Zulassung (Art. 14 Abs. 3 VO Nr. 648/2012). Nach Art. 14 Abs. 3 VO Nr. 648/2012 beschränkt sich der Umfang der Zulassung auf die in ihr genannten Kategorien von Finanzinstrumenten und die mit dem Clearing dieser Finanzinstrumente verbundenen Tätigkeiten. Die Bestimmung verdeutlicht, dass es sich bei der CCP um ein **Spezialinstitut** handelt, das nur für Clearingdienstleistungen und nur für das Clearing der in der Erlaubnis genannten Kategorien von Finanzinstrumenten zugelassen wird. Erweitert die CCP den Umfang der von ihr geclearten Finanzinstrumente, bedarf sie hierfür nach Art. 15 Abs. 1 VO Nr. 648/2012 eine weitere Zulassung. 12

---

1 *Kommission* FAQ III. 3, für die in Art. 25 VO Nr. 648/2012 verwendete Formulierung „established in the Union".
2 Erwägungsgrund Nr. 47 VO Nr. 648/2012.
3 S. Art. 17 und 33 RL 2013/36/EG sowie Art. 6 Abs. 3 RL 2014/65/EG.
4 *Achtelik* in Wilhelmi/Achtelik/Kunschke/Sigmundt, Handbuch EMIR, Teil 5.B Rz. 9.

Art. 14 VO Nr. 648/2012 | Zulassung einer CCP

13 Zu den **Finanzinstrumenten** zählen auch Derivate auf Waren, die effektiv zu erfüllen sind, wenn sie an einem geregelten Markt, über ein MTF oder ein OTF gehandelt werden. Übernimmt eine zentrale Gegenpartei wie z.B. die in Leipzig ansässige European Commodity Clearing AG (ECC) die Abwicklung börsengehandelter Strom- oder Gaskontrakte mit physischer Erfüllung, so cleart sie Finanzinstrumente i.S.d. Art. 14 Abs. 3 VO Nr. 648/2012.

14 Die Formulierung „**Kategorie von Finanzinstrumenten**" erfüllt hier eine ähnliche Funktion wie der in Art. 2 Nr. 6 VO Nr. 648/2012 definierte Begriff Derivatekategorie. Gemeint sind Finanzinstrumente, die im Wesentlichen gleich ausgestaltet sind und ein im Wesentlichen **vergleichbares Risikoprofil** aufweisen[1]. Wegen der Einzelheiten wird auf die Ausführungen zu Art. 2 VO Nr. 648/2012 Rz. 39 und 40 verwiesen.

15 Wegen der mit dem **Clearing verbundenen Tätigkeiten**, d.h. der Ermittlung der durch die Finanzinstrumente begründeten Positionen sowie der sich daraus ergebenden wechselseitigen Verbindlichkeiten auf Nettobasis und der Besicherung der Positionen mittels Einschüssen wird auf die Ausführungen zu Art. 2 VO Nr. 648/2012 Rz. 13–20 verwiesen. Aus Art. 14 Abs. 3 VO Nr. 648/2012 folgt, dass die CCP **nur solche Dienstleistungen erbringen** darf, die mit der Clearingtätigkeit verbunden sind[2]. Ein Negativbeispiel, das in der aufsichtlichen Praxis zu einer Untersagung geführt hat, ist die Durchführung von Auktionen für Emissionsrechte[3].

16 **V. Pflicht zur Meldung von Änderungen (Art. 14 Abs. 4 VO Nr. 648/2012).** Die in Art. 14 Abs. 4 Unterabs. 1 VO Nr. 648/2012 aufgenommene Aussage, dass die CCP die für die Zulassung erforderlichen Voraussetzungen zu jedem Zeitpunkt zu erfüllen hat, verweist auf den in Art. 20 Abs. 1 Buchst. c VO Nr. 648/2012 vorgesehenen **Entzug der Zulassung** sowie auf die in Art. 21 Abs. 5 VO Nr. 648/2012 vorgesehenen **Maßnahmen** der zuständigen Behörde im Falle einer Nichterfüllung der Anforderungen[4].

17 Die Pflicht zur **zeitnahen Mitteilung von Änderungen** in Art. 14 Abs. 4 Unterabs. 2 VO Nr. 648/2012 entspricht im Wesentlichen den Parallelvorschriften in Art. 36 Abs. 3 RL 2013/36/EG und Art. 21 Abs. 2 RL 2014/65/EG.

18 **VI. Als Kreditinstitute zugelassene CCPs (Art. 14 Abs. 5 VO Nr. 648/2012).** Art. 14 Abs. 5 VO Nr. 648/2012 trägt dem Umstand Rechnung, dass einige Mitgliedstaaten wie z.B. Deutschland[5] die mit dem Clearing verbundenen Tätigkeiten als „**Bankgeschäft**" klassifizieren und damit zumindest teilweise den für Kreditinstitute geltenden Anforderungen unterstellen[6].

19 In den Erwägungsgründen der EMIR[7] hat der Gesetzgeber deutlich gemacht, dass der Gebrauch des durch Art. 14 Abs. 5 VO Nr. 648/2012 eröffneten Wahlrechts nicht dazu führen darf, dass die in anderen Mitgliedstaaten zugelassenen CCPs den strengeren Anforderungen des Aufnahmemitgliedstaates unterworfen werden. Nach Art. 85 Abs. 3 Unterabs. 1 Buchst. g VO Nr. 648/2012 hatte die ESMA der Kommission bis 30.9.2014 einen Bericht über die möglichen Auswirkungen der nach Art. 14 Abs. 5 VO Nr. 648/2012 erlassenen zusätzlichen Anforderungen vorzulegen.

20 Der Möglichkeit, dass Mitgliedstaaten von Art. 14 Abs. 5 VO Nr. 648/2012 Gebrauch machen und ihnen dadurch ggf. den Status einer clearing- bzw. besicherungspflichtigen finanziellen Gegenpartei verschaffen, hat die Kommission in Art. 23 DelVO 2016/2251 Rechnung getragen. Danach sind als Kreditinstitute zugelassene CCPs von der Pflicht zur Besicherung ihrer nicht zentral geclearten OTC-Derivatekontrakte ausdrücklich ausgenommen.

---

1 *Europäische Wertpapier- und Marktaufsichtsbehörde (ESMA)*, „Fragen und Antworten – Umsetzung der Verordnung (EU) Nr. 648/2012 über OTC-Derivate, zentrale Gegenparteien und Transaktionsregister (EMIR)", ESMA70-1861941480-52 vom 30.5.2018, abrufbar über: https://www.esma.europa.eu/sites/default/files/library/esma70-1861941480-52_qa_on_emir_implementation.pdf („*ESMA* Q&A"), CCP Frage Nr. 6(a) [letzte Aktualisierung: 31.3.2015] mit Beispiel zu „single-name credit default swaps".

2 *ESMA* Q&A CCP Frage Nr. 6(d) [letzte Aktualisierung: 31.3.2015]: „would need to present an objective link".

3 *ESMA*, Bericht „ESMA review of CCP colleges under EMIR",ESMA/2015/20 vom 8.1.2015, abrufbar über: https://www.esma.europa.eu/sites/default/files/library/2015/11/2015-20-_report_on_esma_review_of_ccp_colleges.pdf („*ESMA* CCP Peer Review Colleges"), S. 14, Rz. 25; *Achtelik* in Wilhelmi/Achtelik/Kunschke/Sigmundt, Handbuch EMIR, Teil 5.B Rz. 10.

4 *Achtelik* in Wilhelmi/Achtelik/Kunschke/Sigmundt, Handbuch EMIR, Teil 5.B Rz. 11.

5 S. § 1 Abs. 2 Satz 2 Nr. 12 KWG.

6 S. in Deutschland § 2 Abs. 9a KWG. Hierzu *Ruschkowski* in Wilhelmi/Achtelik/Kunschke/Sigmundt, Handbuch EMIR, Teil 5.C Rz. 5 und 6.

7 Erwägungsgrund Nr. 50 VO Nr. 648/2012; hierzu: *Achtelik* in Wilhelmi/Achtelik/Kunschke/Sigmundt, Handbuch EMIR, Teil 5.B Rz. 8.

Art. 15 Ausweitung der Tätigkeit und Dienstleistungen

(1) Beabsichtigt eine CCP, ihre Geschäfte auf weitere Dienstleistungen oder Tätigkeiten auszuweiten, die nicht durch die Erstzulassung abgedeckt sind, stellt sie einen Erweiterungsantrag bei der für sie zuständigen Behörde. Das Anbieten von Clearingdienstleistungen, für die die CCP noch keine Zulassung besitzt, ist als Ausweitung der von der Zulassung abgedeckten Tätigkeiten zu betrachten. Die Erweiterung einer Zulassung erfolgt nach dem Verfahren des Artikels 17.

(2) Beabsichtigt eine CCP, ihre Geschäftstätigkeit auf einen anderen Mitgliedstaat als den, in dem sie niedergelassen ist, auszudehnen, teilt die für sie zuständige Behörde dies unverzüglich der zuständigen Behörde des anderen Mitgliedstaats mit.

In der Fassung vom 4.7.2012 (ABl. EU Nr. L 201 v. 27.7.2012, S. 1).

I. Überblick 1	III. Mitteilungspflichtige Ausweitung des Absatzmarktes (Art. 15 Abs. 2 VO Nr. 648/2012) 6
II. Genehmigungspflichtige Änderung der zugelassenen Clearingdienstleistung (Art. 15 Abs. 1 VO Nr. 648/2012) 2	

I. Überblick. Art. 15 VO Nr. 648/2012 regelt die Ausweitung der Clearingtätigkeit einer zugelassenen CCP in **zweierlei Hinsicht:** Die Änderung der zugelassenen Clearingtätigkeit, insbesondere das Clearing neuer Kategorien von Finanzinstrumenten, bedarf der Erweiterung der Zulassung, über die auf Antrag der CCP in dem Verfahren nach Art. 17 VO Nr. 648/2012 zu entscheiden ist. Die Erweiterung des Absatzmarktes, d.h. die Erbringung von Clearingdienstleistungen in einem weiteren Mitgliedstaat bedarf lediglich der Mitteilung an die zuständige Behörde des Aufnahmemitgliedstaates. 1

II. Genehmigungspflichtige Änderung der zugelassenen Clearingdienstleistung (Art. 15 Abs. 1 VO Nr. 648/2012). Zu der Frage, wann eine genehmigungspflichtige **Änderung** der Dienstleistungen oder Tätigkeiten einer CCP anzunehmen ist, hat die ESMA in ihrem Gutachten vom 15.11.2016[1] Stellung genommen. Danach ist sie immer dann anzunehmen, wenn die geänderten Dienstleistungen oder Tätigkeiten für die CCP mit einem **neuen oder höheren Risiko** verbunden sind, sich auf Kategorien von Finanzinstrumenten beziehen, deren **Ausgestaltung oder Risikoprofil** von den bislang geclearten Finanzinstrumenten wesentlich abweicht oder wenn sie in der **bisherigen Zulassung** nicht genannt sind[2]. 2

Indizien für eine Ausweitung sind u.a. die Entwicklung eines neuen oder die Anpassung eines bestehenden Risikomanagementverfahrens durch die CCP, der Anstieg der Eigenkapitalanforderungen um mehr als 10 %, die Notwendigkeit einer Zustimmung des nach Art. 28 VO Nr. 648/2012 einzurichtenden Risikoausschusses oder die Einrichtung eines neuen Garantiefonds[3]. 3

Art. 15 Abs. 1 Unterabs. 2 VO Nr. 648/2012 unterwirft die Ausweitung der Zulassung dem in Art. 17 VO Nr. 648/2012 geregelten Genehmigungsverfahren. Bezieht sich der Ausweitungsantrag auf das Clearing einer neuen OTC-Derivatekategorie so ist die erteilte Zulassung nach **Art. 5 Abs. 1 VO Nr. 648/2012** unverzüglich der ESMA mitzuteilen. 4

Die Erweiterung der Clearingtätigkeit um zusätzliche Finanzinstrumente setzt nach Art. 28 Abs. 3 VO Nr. 648/2012 auch die vorherige **Konsultation des Risikoausschusses** voraus (s. Art. 28 VO Nr. 648/2012 Rz. 6). 5

III. Mitteilungspflichtige Ausweitung des Absatzmarktes (Art. 15 Abs. 2 VO Nr. 648/2012). Beabsichtigt eine zugelassen CCP ihre Clearingdienstleistungen in einem anderen Mitgliedstaat zu erbringen, so hat sie dies der für sie zuständigen Behörde mitzuteilen. Diese ist nach Art. 15 Abs. 2 VO Nr. 648/2012 verpflichtet, die zuständige Behörde des anderen Mitgliedstaates – des Aufnahmemitgliedstaates – hierüber unverzüglich zu benachrichtigen. 6

Die Pflicht zur Anzeige lehnt sich eng an die Parallelvorschriften in Art. 39 RL 2013/36/EU und Art. 34 RL 2014/65/EU an. Der einzige Unterschied besteht darin, dass Art. 15 Abs. 2 VO Nr. 648/2012 für die im ersten Schritt erforderliche Mitteilung an die zuständige Behörde (Art. 39 Abs. 1 RL 2013/36/EU und Art. 34 Abs. 2 RL 2014/65/EU) keine Entsprechung hat. 7

Möchte die CCP den Umfang der in dem Aufnahmemitgliedstaat angebotenen Clearingdienstleistungen erweitern, löst dies – wie in Art. 34 Abs. 2 RL 2014/65/EU vorgesehen – die Pflicht zur erneuten Anzeige aus. 8

---

1 *Europäische Wertpapier- und Marktaufsichtsbehörde (ESMA)*, Gutachten zu „Common indicators for new products and services under Article 15 and for significant changes under Article 49 of EMIR", ESMA/2016/1574 vom 15.11.2016, abrufbar über: https://www.esma.europa.eu/sites/default/files/library/2016-1574_-_opinion_on_significant_changes_for_ccps_1.pdf („*ESMA* Opinion 2016/1574").
2 *ESMA* Opinion 2016/1574, Rz. 11.
3 *ESMA* Opinion 2016/1574, Rz. 13.

Art. 16 Eigenkapitalforderungen

(1) Um eine Zulassung nach Artikel 14 zu erhalten, muss eine CCP über ein ständiges und verfügbares Anfangskapital in Höhe von mindestens 7,5 Mio. Euro verfügen.

(2) Das Eigenkapital einer CCP einschließlich der Gewinnrücklagen und sonstigen Rücklagen muss im Verhältnis zu dem Risiko stehen, das sich aus ihren Tätigkeiten ergibt. Es muss zu jedem Zeitpunkt ausreichen, um eine geordnete Abwicklung oder Restrukturierung der Geschäftstätigkeiten über einen angemessenen Zeitraum zu ermöglichen und einen ausreichenden Schutz der CCP vor Kredit-, Gegenpartei-, Markt-, Betriebs-, Rechts- und Geschäftsrisiken zu gewährleisten, sofern diese nicht bereits durch besondere Finanzmittel gemäß den Artikeln 41 bis 44 gedeckt sind.

(3) Um die einheitliche Anwendung dieses Artikels zu gewährleisten, erarbeitet die EBA in enger Zusammenarbeit mit dem ESZB und nach Anhörung der ESMA Entwürfe für technische Regulierungsstandards, in denen die Anforderungen hinsichtlich Eigenkapital, Gewinnrücklagen und sonstige Rücklagen einer CCP gemäß Absatz 2 näher bestimmt werden.

Die EBA legt der Kommission bis zum 30. September 2012 diese Entwürfe für entsprechende technische Regulierungsstandards vor.

Der Kommission wird die Befugnis übertragen, die in Unterabsatz 1 genannten technischen Regulierungsstandards gemäß den Artikeln 10 bis 14 der Verordnung (EU) Nr. 1093/2010 zu erlassen.

In der Fassung vom 4.7.2012 (ABl. EU Nr. L 201 v. 27.7.2012, S. 1).

Delegierte Verordnung (EU) Nr. 152/2013 vom 19. Dezember 2012
zur Ergänzung der Verordnung (EU) Nr. 648/2012 des Europäischen Parlaments und des Rates im Hinblick auf technische Regulierungsstandards für die Eigenkapitalanforderungen an zentrale Gegenparteien

Art. 1 Eigenkapitalanforderungen

(1) Eine CCP hält Eigenkapital einschließlich Gewinnrücklagen und sonstiger Rücklagen in einer Höhe vor, die jederzeit mindestens der Summe entspricht aus:
a) den Eigenkapitalanforderungen der CCP für die Abwicklung oder Umstrukturierung ihrer Geschäftstätigkeiten, berechnet gemäß Artikel 2;
b) den Eigenkapitalanforderungen der CCP für Betriebs- und Rechtsrisiko, berechnet gemäß Artikel 3;
c) den Eigenkapitalanforderungen der CCP für Kredit-, Gegenparteiausfall- und Marktrisiko, berechnet gemäß Artikel 4;
d) den Eigenkapitalanforderungen der CCP für das Geschäftsrisiko, berechnet gemäß Artikel 5.

(2) Die CCP schaffen Verfahren zur Ermittlung aller Quellen von Risiken, die die Wahrnehmung ihrer laufenden Aufgaben beeinträchtigen könnten, und prüfen die Wahrscheinlichkeit potenzieller negativer Auswirkungen auf ihre Einkünfte oder Ausgaben und die Höhe des Eigenkapitals.

(3) Unterschreitet die Höhe des von einer CCP gemäß Absatz 1 gehaltenen Eigenkapitals 110 % der Eigenkapitalanforderungen oder 110 % von 7,5 Mio. Euro („Meldeschwelle"), so unterrichtet die CCP unverzüglich die zuständige Behörde und teilt dieser, bis die Höhe des von der CCP gehaltenen Eigenkapitals wieder oberhalb der Meldeschwelle liegt, mindestens einmal wöchentlich den aktuellen Stand mit.

(4) Diese Meldung erfolgt schriftlich und enthält folgende Informationen:
a) die Gründe, weshalb das Eigenkapital der CCP die Meldeschwelle unterschreitet, und eine Beschreibung der kurzfristigen Finanzperspektive der CCP;
b) eine umfassende Beschreibung der von der CCP geplanten Maßnahmen zur Gewährleistung einer kontinuierlichen Einhaltung der Eigenkapitalanforderungen.

In der Fassung vom 19.12.2012 (ABl. EU Nr. L 52 v. 23.3.2013, S. 37).

Art. 2 Eigenkapitalanforderungen für Abwicklung oder Umstrukturierung

(1) Die CCP dividieren zur Bestimmung ihrer monatlichen Bruttobetriebsausgaben die jährlichen Bruttobetriebsausgaben durch zwölf und multiplizieren das Ergebnis mit dem für die Abwicklung oder Umstrukturierung ihrer Geschäftstätigkeiten gemäß Absatz 2 bestimmten Zeitraum. Diese Berechnung ergibt das zur Gewährleistung einer geordneten Abwicklung oder Umstrukturierung der Geschäftstätigkeiten der CCP erforderliche Eigenkapital.

(2) Zur Festlegung des für die Abwicklung oder Umstrukturierung der Geschäftstätigkeiten erforderlichen Zeitraums im Sinne von Absatz 1 teilt die CCP der zuständigen Behörde im Einklang mit deren Befugnissen nach Titel III der Verordnung (EU) Nr. 648/2012 ihre eigene Schätzung des für die Abwicklung oder Umstrukturierung ihrer Geschäftstätigkeiten angemessenen Zeitraums zur Genehmigung mit. Der geschätzte Zeitraum muss ausreichen, um auch unter angespannten Marktbedingungen eine geordnete Abwicklung oder Umstrukturierung ihrer Geschäftstätigkeiten, eine Sanierung ihrer Geschäfte, die Liquidierung ihres Clearing-Portfolios oder eine Übertragung ihrer Clearing-Tätigkeiten an eine andere CCP zu ermöglichen. Bei der Schätzung werden Liquidität, Umfang und Fälligkeitsstruktur der von der CCP gehaltenen Positionen sowie im Zusammenhang damit bestehende potenzielle grenzübergreifende Hindernisse und die Art der geclearten Produkte berücksichtigt. Für den bei der Berechnung der Eigenkapitalanforderung zugrunde gelegten Zeitraum für die Abwicklung oder Umstrukturierung der Geschäftstätigkeiten gilt eine Untergrenze von sechs Monaten.

(3) Bei jeder signifikanten Veränderung hinsichtlich der Annahmen, die der Schätzung eines angemessenen Zeitraums für die Abwicklung oder Umstrukturierung der Geschäftstätigkeiten zugrunde gelegt wurden, aktualisieren die CCP ihre Schätzung und legen der zuständigen Behörde die aktualisierte Schätzung zur Genehmigung vor.

(4) Für die Zwecke dieses Artikels werden Betriebsausgaben nach internationalen Rechnungslegungsstandards (International Financial Reporting Standards, IFRS), die gemäß der Verordnung (EG) Nr. 1606/2002 oder gemäß den Richtlinien 78/660/EWG, 83/349/EWG und 86/635/EWG des Rates erlassen wurden, bzw. nach allgemein anerkannten Rechnungslegungsgrundsätzen eines Drittstaats, für die nach der Verordnung (EG) Nr. 1569/2007 festgestellt wurde, dass sie den IFRS gleichwertig sind, bzw. nach Rechnungslegungsgrundsätzen eines Drittstaats, die gemäß Artikel 4 der Verordnung (EG) Nr. 1569/2007 der Kommission zulässig sind, behandelt. Die CCP verwenden die aktuellsten geprüften Informationen ihres Jahresabschlusses.

In der Fassung vom 19.12.2012 (ABl. EU Nr. L 52 v. 23.3.2013, S. 37).

Art. 3 Eigenkapitalanforderungen für Betriebs- und Rechtsrisiko

(1) Die CCP berechnen ihre Eigenkapitalanforderungen für das Betriebsrisiko – einschließlich des Rechtsrisikos – gemäß Artikel 1 unter Verwendung des Basisindikatoransatzes oder fortgeschrittene Messansätze gemäß der Richtlinie 2006/48/EG; dabei gelten die Einschränkungen nach den Absätzen 2 bis 7.

(2) Die CCP können zur Berechnung ihrer Eigenkapitalanforderungen für das Betriebsrisiko gemäß Artikel 103 der Richtlinie 2006/48/EG den Basisindikatoransatz verwenden.

(3) Die CCP schaffen ein gut dokumentiertes System für die Bewertung und Steuerung des Betriebsrisikos und weisen die Zuständigkeiten und Verantwortung für dieses System eindeutig zu. Sie ermitteln ihre Betriebsrisiken und sammeln relevante Daten zum Betriebsrisiko, einschließlich Daten zu wesentlichen Verlusten. Dieses System ist regelmäßig durch eine unabhängige Partei zu überprüfen, die über die zur Durchführung einer solchen Überprüfung erforderlichen Kenntnisse verfügt.

(4) Das System einer CCP zur Bewertung des Betriebsrisikos wird eng in die Risikomanagementprozesse der CCP eingebunden. Seine Ergebnisse sind fester Bestandteil des Prozesses der Überwachung und Kontrolle des Betriebsrisikoprofils der CCP.

(5) Die CCP schaffen ein System für die Berichterstattung an das höhere Management, in dessen Rahmen den maßgeblichen Funktionen innerhalb des Instituts über das Betriebsrisiko Bericht erstattet wird. Die CCP schaffen Verfahren, die es ihnen ermöglichen, unter Berücksichtigung der in den Berichten an das Management enthaltenen Informationen geeignete Maßnahmen zu ergreifen.

(6) Ferner können die CCP bei ihrer zuständigen Behörde die Genehmigung der Verwendung fortgeschrittener Messansätze beantragen. Die zuständige Behörde kann der CCP gemäß Artikel 105 der Richtlinie 2006/48/EG die Verwendung fortgeschrittener Messansätze, die auf ihrem eigenen System zur Messung des Betriebsrisikos basieren, genehmigen.

(7) CCP, die zur Berechnung ihrer Eigenkapitalanforderungen für das Betriebsrisiko die in Absatz 6 genannten fortgeschrittenen Messansätze verwenden, halten Eigenkapital in einer Höhe vor, die jederzeit mindestens 80 % des unter Verwendung des Basisindikatoransatzes gemäß Absatz 2 ermittelten Eigenkapitalbedarfs entspricht.

In der Fassung vom 19.12.2012 (ABl. EU Nr. L 52 v. 23.3.2013, S. 37).

Art. 4 Eigenkapitalanforderung für Kredit-, Gegenparteiausfall- und Marktrisiken, die nicht bereits durch die in den Artikeln 41 bis 44 der Verordnung (EU) Nr. 648/2012 genannten besonderen Finanzmittel gedeckt sind

(1) CCP berechnen vorbehaltlich der Einschränkungen der Absätze 2 bis 5 ihre Eigenkapitalanforderungen gemäß Artikel 1 als Summe aus 8 % ihrer risikogewichteten Forderungsbeträge für das Kredit- und das Gegenparteiausfallrisiko und ihren nach Maßgabe der Richtlinien 2006/48/EG und 2006/49/EG berechneten Eigenkapitalanforderungen für das Marktrisiko.

(2) Zur Berechnung der Eigenkapitalanforderungen für das nicht durch die in den Artikeln 41 bis 44 der Verordnung (EU) Nr. 648/2012 genannten besonderen Finanzmittel gedeckte Marktrisiko verwenden die CCP die in den Anhängen I bis IV der Richtlinie 2006/49/EG beschriebenen Methoden.

(3) Zur Berechnung der risikogewichteten Forderungsbeträge für das nicht bereits durch die in den Artikeln 41 bis 44 der Verordnung (EU) Nr. 648/2012 genannten besonderen Finanzmittel gedeckte Kreditrisiko verwenden die CCP den in den Artikeln 78 bis 83 der Richtlinie 2006/48/EG beschriebenen Standardansatz für das Kreditrisiko.

(4) Zur Berechnung der risikogewichteten Forderungsbeträge für das nicht bereits durch die in den Artikeln 41 bis 44 der Verordnung (EU) Nr. 648/2012 genannten besonderen Finanzmittel gedeckte Gegenparteiausfallrisiko verwenden die CCP die in Anhang III Teil 3 der Richtlinie 2006/48/EG beschriebene Marktbewertungsmethode und die umfassende Methode zur Berücksichtigung finanzieller Sicherheiten unter Anwendung von der Aufsicht vorgegebener Volatilitätsanpassungen gemäß Anhang VIII Teil 3 der Richtlinie 2006/48/EG.

(5) Sind nicht alle Bedingungen der Artikel 52 und 53 der Verordnung (EU) Nr. 648/2012 erfüllt und nutzt eine CCP nicht ihre Eigenmittel, so wendet die CCP auf ihre Forderungen aus Beiträgen zum Ausfallfonds einer anderen CCP ein Risikogewicht von 1 250 % und auf ihre Handelsrisiken mit einer anderen CCP ein Risikogewicht von 2 % an.

In der Fassung vom 19.12.2012 (ABl. EU Nr. L 52 v. 23.3.2013, S. 37).

Art. 5 Eigenkapitalanforderungen für das Geschäftsrisiko

(1) Die CCP legen der zuständigen Behörde im Einklang mit deren Befugnissen nach Titel III der Verordnung (EU) Nr. 648/2012 ihre eigene, anhand realistischerweise vorhersehbarer negativer Szenarien ihres Geschäftsmodells ermittelte Schätzung des zur Deckung von Verlusten aus dem Geschäftsrisiko erforderlichen Eigenkapitals zur Genehmigung vor.

Art. 16 VO Nr. 648/2012 | Eigenkapitalforderungen

(2) Die Eigenkapitalanforderung für das Geschäftsrisiko entspricht der genehmigten Schätzung und darf nicht unter 25 % der jährlichen Bruttobetriebsausgaben liegen. Für die Zwecke dieses Artikels werden Bruttobetriebsausgaben gemäß Artikel 2 Absatz 4 behandelt.

In der Fassung vom 19.12.2012 (ABl. EU Nr. L 52 v. 23.3.2013, S. 37).

Art. 6

Diese Verordnung tritt am zwanzigsten Tag nach ihrer Veröffentlichung im *Amtsblatt der Europäischen Union* in Kraft.

In der Fassung vom 19.12.2012 (ABl. EU Nr. L 52 v. 23.3.2013, S. 37).

I. Funktion des Eigenkapitals 1	3. Operationelle Risiken (Art. 3 DelVO Nr. 152/2013) 21
II. Anfangskapital (Art. 16 Abs. 1 VO Nr. 648/2012) 5	4. Kredit- und Marktrisiken (Art. 4 DelVO Nr. 152/2013) 25
III. Eigenkapitalanforderungen (Art. 16 Abs. 2 VO Nr. 648/2012) 7	5. Geschäftsrisiken (Art. 5 DelVO Nr. 152/2013) . 34
1. Eigenkapitalplanung und Meldeschwelle (Art. 1 DelVO Nr. 152/2013) 14	IV. Technische Regulierungsstandards (Art. 16 Abs. 3 VO Nr. 648/2012) 35
2. Abwicklung und Umstrukturierung (Art. 2 DelVO Nr. 152/2013) 17	

1 **I. Funktion des Eigenkapitals.** Die Funktion des nach Art. 16 VO Nr. 648/2012 vorzuhaltenden Eigenkapitals wird bereits in Art. 16 Abs. 2 VO Nr. 648/2012 und dem vorausschauenden Verweis auf Art. 41–44 VO Nr. 648/2012 deutlich. Das Eigenkapital soll die mit der Tätigkeit der CCP verbundenen Verluste insbesondere bei Ausfall eines oder mehrerer Clearingmitglieder decken (**Verlustabsorptionsfähigkeit**).

2 Was das Eigenkapital einer CCP von dem anderer Unternehmen unterscheidet ist, dass es nach Art. 47 Abs. 2 VO Nr. 648/2012 ausschließlich in bar oder in **hochliquiden Finanzinstrumenten** mit minimalen Markt- und Kreditrisiko anzulegen ist. Eigenmittel, die in anderer Form angelegt werden (z.B. Immobilien) bleiben für die Zwecke des Art. 16 Nr. 648/2012 unberücksichtigt.

3 Eine weitere Besonderheit ist, dass das Eigenkapital der CCP Verluste nicht erst dann absorbieren muss, wenn sämtliche sonstigen Finanzmittel, die ihr zur Verfügung stehen, aufgebraucht sind. So muss die CCP nach **Art. 45 Abs. 4 VO Nr. 648/2012** einen Teil ihrer Eigenmittel – mindestens 25 % – bereits dann einsetzen, wenn die von den ausgefallenen Clearingmitgliedern geleisteten Einschüsse und Beiträge vollständig erschöpft sind. Erst danach darf sie auf die Beiträge der nicht ausgefallenen Clearingmitglieder zugreifen. Das Eigenkapital dient damit teilweise auch dem Schutz der nicht ausgefallenen Clearingmitglieder vor möglichen **Ansteckungsrisiken**.

4 Wegen der in Art. 16 VO Nr. 648/2012 verwendeten Begriffe Eigenkapital und Rücklagen wird auf die Ausführungen zu Art. 2 VO Nr. 648/2012 Rz. 127–131 verwiesen.

5 **II. Anfangskapital (Art. 16 Abs. 1 VO Nr. 648/2012).** Eine zentrale Gegenparteien (CCP) muss über ein Anfangskapital von mindestens 7,5 Millionen Euro verfügen. Der Betrag ist von der CCP **ständig vorzuhalten**.

6 Für deutsche CCPs sehen §§ 2 Abs. 9a und 24 Abs. 1 Nr. 9 KWG vor, dass das Absinken des Anfangskapitals unter die in Art. 16 VO Nr. 648/2012 definierten Anforderungen der BaFin unverzüglich anzuzeigen ist. Nach Art. 1 Abs. 3 DelVO Nr. 152/2013 ist dies nicht erst bei einem Absinken unter den Betrag von 7,5 Millionen Euro der Fall. Die sog. „**Meldeschwelle**" liegt bereits bei 110 % des Wertes, d.h. 8,25 Millionen Euro. Darüber hinaus muss die Meldung nach § 24 Abs. 1 Nr. 9 KWG die in Art. 1 Abs. 4 DelVO Nr. 152/2013 geforderten Informationen enthalten.

7 **III. Eigenkapitalanforderungen (Art. 16 Abs. 2 VO Nr. 648/2012).** Art. 16 Abs. 2 VO Nr. 648/2012 formuliert lediglich das **Grundprinzip**. Danach muss das Eigenkapital der CCP einschließlich der Gewinnrücklagen und sonstigen Rücklagen in einem angemessen Verhältnis zu den verbleibenden Risiken stehen und eine geordnete Abwicklung oder Restrukturierung der Geschäftstätigkeit der CCP ermöglichen. Die **Einzelheiten** der von der CCP zu erfüllenden Eigenkapitalanforderungen werden erst durch die **DelVO Nr. 152/2013** geregelt.

8 Für deutsche CCPs gilt, dass die BaFin nach **§ 53g KWG** im Rahmen ihrer Beurteilung der Angemessenheit der Eigenmittel anordnen kann, dass die CCP Eigenmittel in einer Höhe vorhalten muss, die über die Anforderungen des Art. 16 VO Nr. 648/2012 und der DelVO Nr. 152/2013 hinausgehen. Diese zusätzlichen Eigenmittel können insbesondere dem Aufbau eines zusätzlichen Finanzpuffers für Perioden wirtschaftlichen Abschwungs (**antizyklischer Kapitalpuffer**) dienen oder besonderen Risiken, die sich aufgrund der gesellschaftsrechtlichen Gestaltungen und Abhängigkeiten innerhalb der Unternehmensgruppe oder aus der besonderen Geschäftssituation der CCP ergeben (**Sonderverhältnisse**) Rechnung tragen. Die Regelung lehnt sich eng an die für Kreditinstitute geltenden Bestimmungen in §§ 10c und 10d KWG an[1].

---

1 *Achtelik* in Wilhelmi/Achtelik/Kunschke/Sigmundt, Handbuch EMIR, Teil 5.B Rz. 24.

Die durch die Eigenmittel abzudeckenden Risiken umfassen **sämtliche Risikokategorien**, insbesondere das Kredit-, Gegenpartei-, Markt-, Betriebs-, Rechts- und Geschäftsrisiko[1]. Aufgabe der Eigenmittel ist es darüber hinaus, im Falle einer finanziellen Krise oder eines Ausfalls der CCP oder eines Clearingmitgliedes eine geordnete und zeitnahe Abwicklung oder Restrukturierung der Geschäftstätigkeit zu ermöglichen.

Der am Ende des Art. 16 Abs. 2 VO Nr. 648/2012 enthaltene Verweis auf die „Finanzmittel gemäß den Art. 41 bis 44" kündigt bereits das in Art. 45 VO Nr. 648/2012 verortete „**Wasserfallprinzip**" an. Danach sind die Eigenmittel der CCP – und zwar der von der CCP nach Art. 45 Abs. 4 VO Nr. 648/2012 zugeordnete Teil der Eigenmittel – erst dann heranzuziehen, wenn die von einem ausgefallenen Clearingmitglied gestellten Einschüsse und die von ihm gezahlten Beiträge zum Ausfallfonds erschöpft sind.

Wie bereits in Rz. 2 erwähnt, hat die CCP ihre Eigenmittel in bar oder in **hochliquiden Finanzinstrumenten** mit minimalem Markt- und Kreditrisiko anzulegen (Art. 47 Abs. 1 VO Nr. 648/2012). Finanzmittel, die diesen Anforderungen nicht entsprechen, können nicht als Eigenmittel anerkannt werden (Art. 47 Abs. 2 VO Nr. 648/2012).

Nach Art. 15 Abs. 2 Buchst. j DelVO Nr. 153/2012 zählen die **Aufzeichnungen** über die Vermögenswerte und Verbindlichkeiten der CCP sowie über ihre **Kapitalkonten**, zu den von der CCP zu führenden Aufzeichnungen über Vorgänge und Tätigkeiten, die mit ihrer Geschäftsorganisation zusammenhängen. Sie unterliegen den allgemeinen Anforderungen an die Aufbewahrung nach Art. 29 VO Nr. 648/2012 und Art. 12 DelVO Nr. 153/2012, d.h. sie sind für mindestens 10 Jahre aufzubewahren und der zuständigen Behörde, den im ESZB zusammenwirkenden Zentralbanken und der ESMA auf Anfrage zur Verfügung zu stellen.

Von der Befugnis zum Erlass technischer Regulierungsstandards hat die Kommission mit der **DelVO Nr. 152/2013** Gebrauch gemacht. Die Bestimmungen der DelVO Nr. 152/2013 verweisen im großen Umfang auf die in der RL 2006/48/EG (CRD) und der RL 2006/49/EG definierten Eigenmittelanforderungen für Kreditinstitute und Wertpapierfirmen[2]. Diese sind zwischenzeitlich in die VO Nr. 575/2013 (CRR) überführt worden, werden sich aber nach Umsetzung des umfassenden Reformarbeiten des Baseler Bankenausschusses teilweise grundlegend ändern. Dies gilt insbesondere für die in der DelVO Nr. 152/2013 referenzierten Standardansätze. Ob diese Änderungen über eine Anpassung der DelVO Nr. 152/2013 auch für CCPs Bedeutung erlangen, ist derzeit nicht absehbar.

1. Eigenkapitalplanung und Meldeschwelle (Art. 1 DelVO Nr. 152/2013). Das von der CCP vorzuhaltende Eigenkapital einschließlich der Gewinnrücklagen und sonstigen Rücklagen muss nach Art. 1 Abs. 1 DelVO Nr. 152/2013 mindestens die Summe der in Art. 2–5 DelVO Nr. 152/2013 definierten Eigenmittelanforderungen abdecken. Um den aktuellen und zukünftigen **Eigenkapitalbedarf** ermitteln und steuern zu können, muss die CCP nach Art. 1 Abs. 2 DelVO Nr. 152/2013 besondere Verfahren einrichten, mit denen sie die Wahrscheinlichkeit potentieller negativer Ertragsentwicklungen oder Kostensteigerungen beurteilt und deren Auswirkung auf die Eigenkapitalbasis beurteilt.

Unterschreitet die Höhe des von der CCP vorgehaltenen Eigenkapitals **110 %** der Mindesteigenkapitalanforderungen nach Art. 16 Abs. 1 VO Nr. 648/2012 oder 110 % der Eigenmittelanforderungen nach Art. 16 Abs. 2 VO Nr. 648/2012 – die sog. „**Meldeschwelle**" –, so ist die CCP nach Art. 1 Abs. 3 DelVO Nr. 152/2013 verpflichtet, ihre zuständige Behörde unverzüglich zu unterrichten. Sie muss darüber hinaus ihrer zuständigen Behörde solange wöchentlich Bericht erstatten, bis die Meldeschwelle von 110 % wieder erreicht ist. Die Einführung der Meldeschwelle führt faktisch zu einer 10%igen Erhöhung der Eigenkapital- bzw. Eigenmittelanforderungen[3]. Die Meldung nach Art. 1 Abs. 3 DelVO Nr. 152/2013 entspricht §§ 2 Abs. 9a und 24 Abs. 1 Nr. 9 KWG.

Die Meldung nach Art. 1 Abs. 3 DelVO Nr. 152/2013 muss **schriftlich** erfolgen. In ihr sind nach Art. 1 Abs. 4 DelVO Nr. 152/2013 insbesondere die Gründe für das Unterschreiten der Meldeschwelle und die Maßnahmen anzugeben, mit denen die CCP die Eigenmittelanforderungen zukünftig einhalten will.

2. Abwicklung und Umstrukturierung (Art. 2 DelVO Nr. 152/2013). Die in Art. 2 DelVO Nr. 152/2013 definierten Eigenkapitalanforderungen für die **Abwicklung und Umstrukturierung** sind auf der Basis der nach Art. 2 Abs. 4 DelVO Nr. 152/2013 ermittelten Bruttobetriebsausgaben zu berechnen. Zu diesem Zweck sind die monatlichen Bruttobetriebsausgaben der CCP mit dem nach Art. 2 Abs. 2 DelVO Nr. 152/2013 geschätzten Zeitraum der Abwicklung oder Umstrukturierung der Geschäftstätigkeit der CCP zu multiplizieren.

Der von der CCP zu **schätzende Zeitraum** muss nach Art. 2 Abs. 2 DelVO Nr. 152/2013 so bemessen sein, dass er auch bei angespannten Marktbedingungen eine geordnete Abwicklung oder Umstrukturierung der Geschäftstätigkeit der CCP ermöglicht. Der geschätzte Zeitraum ist der zuständigen Behörde zur Genehmigung vorzulegen; er muss **mindestens 6 Monate** betragen.

---

1 Erwägungsgrund Nr. 48 VO Nr. 648/2012.
2 *Achtelik* in Wilhelmi/Achtelik/Kunschke/Sigmundt, Handbuch EMIR, Teil 5.B Rz. 18.
3 *Achtelik* in Wilhelmi/Achtelik/Kunschke/Sigmundt, Handbuch EMIR, Teil 5.B Rz. 17.

19 Verändern sich die Annahmen, die der Schätzung des Zeitraumes zugrunde lagen wesentlich, so sieht Art. 2 Abs. 3 DelVO Nr. 152/2013 vor, dass die Frist anzupassen und von der zuständigen Behörde erneut zu genehmigen ist.

20 Nach Art. 2 Abs. 4 DelVO Nr. 152/2013 sind die Bruttobetriebsausgaben anhand der Internationalen Rechnungslegungsstandards (International Financial Reporting Standards, IFRS), der europäischen Bilanzierungsregelungen oder nach den anerkannten Rechnungslegungsgrundsätzen eines Drittstaates, zu ermitteln.

21 **3. Operationelle Risiken (Art. 3 DelVO Nr. 152/2013).** Die Eigenkapitalanforderungen für das **operationelle Risiko** einschließlich der Rechtsrisiken sind nach Art. 3 DelVO Nr. 152/2013 entweder mittels des in Art. 103 RL 2006/48/EG (CRD) definierten Basisindikatoransatzes oder mittels der in Art. 105 RL 2006/48/EG zugelassenen fortgeschrittenen Messansätze (advanced measurement approaches, AMA) zu berechnen. Dabei ist der Basisindikatoransatz der einfachste Ansatz zur Berechnung der Eigenmittelanforderungen für das operationelle Risiko[1].

22 Die CCP muss nach Art. 3 Abs. 3 DelVO Nr. 152/2013 ein gut dokumentiertes und regelmäßig validiertes **Risikomanagementverfahren** mit eindeutig definierten Zuständigkeiten und Verantwortlichkeiten einrichten, mit dem sie die operationellen Risiken ermittelt, bewertet und steuert. Diese Verfahren müssen auch die Sammlung relevanter **historischer Daten** insbesondere über wesentliche Verluste umfassen. Das Verfahren muss nach Art. 3 Abs. 4 DelVO Nr. 152/2013 eng in die Risikomanagementprozesse der CCP eingebunden und fester Bestandteil der Überwachung und Kontrolle des Betriebsrisikoprofils der CCP sein.

23 Art. 3 Abs. 5 DelVO Nr. 152/2013 verlangt von der CCP, dass sie ein Verfahren für die **Berichterstattung an die Geschäftsleitung** (senior management information, SMI) einrichtet, in dessen Rahmen alle relevanten Funktionen über das Betriebsrisiko informiert werden und sie in die Lage versetzt, geeignete gegensteuernde Maßnahmen zu ergreifen. Verwendet die CCP mit Genehmigung ihrer zuständigen Behörde fortgeschrittene Messansätze (advanced measurement approaches, AMA), halten sie nach Art. 3 Abs. 7 DelVO Nr. 152/2013 ein Eigenkapital in einer Höhe vor, die mindestens 80 % des unter Verwendung des Basisindikatoransatzes ermittelten Eigenmittelbedarfs (dem sog. „floor") entspricht.

24 Nach Anhang X Teil 1 RL 2006/48/EG (CRD) beträgt die Eigenkapitalanforderung für das operationelle Risiko beim **Basisindikatoransatz** 15 % der für einen Dreijahresdurchschnitt ermittelten Summe aus Nettozinserträgen und zinsunabhängigen Nettoerträgen. Der Dreijahresdurchschnitt basiert auf den letzten drei Zwölfmonats-Beobachtungen, die am Ende eines jeden Geschäftsjahres erfolgen. Fehlt es an geprüften Zahlen, können Schätzungen verwendet werden. Ist die Summe aus Nettozinserträgen und zinsunabhängigen Nettoerträgen in einem der Beobachtungszeiträume negativ oder gleich null, so wird dieser Wert nicht in die Berechnung des Dreijahresdurchschnitts einbezogen. Die Nettoerträge sind vor Abzug der Rückstellungen, Risikovorsorge und der Betriebsausgaben zu ermitteln. Ebenfalls ausgenommen sind Erträge aus der Veräußerung von Anlagebuchpositionen und außerordentliche oder unregelmäßige Erträge.

25 **4. Kredit- und Marktrisiken (Art. 4 DelVO Nr. 152/2013).** Die Eigenkapitalanforderungen für das Kredit-, das Gegenparteiausfall- und das Marktrisiko sind nach Art. 4 DelVO Nr. 152/2013 anhand der Vorgaben der RL 2006/48/EG und der RL 2006/49/EG zu berechnen. Mit Eigenkapital sind nach Art. 4 Abs. 1 DelVO Nr. 152/2013 nur die Risiken abzudecken, die nicht bereits durch die in Art. 41 bis 44 VO Nr. 648/2012 vorgeschriebenen Finanzmittel – d.h. Einschüsse, Beiträge zu Ausfallfonds oder von der CCP zugewiesenen Finanzmittel – abgesichert sind[2].

26 Art. 4 Abs. 2 DelVO Nr. 152/2013 sieht vor, dass die Eigenkapitalanforderungen für die ungedeckten Marktrisiken nach den in den Anhängen I bis IV RL 2006/49/EG definierten **Marktrisikostandardmethoden** zu berechnen sind.

27 Für die Berechnung der Eigenkapitalanforderungen für das ungedeckte Kreditrisiko müssen CCPs nach Art. 4 Abs. 3 DelVO Nr. 152/2013 den in Art. 78–83 RL 2006/48/EG definierten **Kreditrisikostandardansatz (KSA)** verwenden; die so ermittelten risikogewichteten Beträge sind mit 8 % zu multiplizieren.

28 Die Berechnung der Eigenkapitalanforderungen für das **nicht gedeckte Gegenparteiausfallrisiko** ist in Art. 4 Abs. 4 DelVO Nr. 152/2013 geregelt. Sie richtet sich nach der in Anhang III Teil 3 RL 2006/48/EG definierten **Marktbewertungsmethode** und, soweit Finanzsicherheiten Berücksichtigung finden, nach der in Anhang VIII Teil 3 RL 2006/48/EG beschriebenen umfassenden Methode, wobei die von der Aufsicht vorgegebenen Volatilitätsanpassungen (haircuts) zu verwenden sind. Auch hier sind die risikogewichteten Beträge mit 8 % zu multiplizieren.

29 Sind die in Art. 52 und 53 VO Nr. 648/2012 definierten Anforderungen an Interoperabilitätsvereinbarungen nicht erfüllt und nutzt die CCP für die von ihr geschuldeten Beiträge zum Ausfallfonds einer anderen CCP eigene Finanzmittel, so hat sie nach Art. 4 Abs. 5 DelVO Nr. 152/2013 die Forderungen aus den Beiträgen zum Ausfallfonds mit 1.250 % und ihre Handelsrisikopositionen mit 2 % zu gewichten.

---

1 *Achtelik* in Wilhelmi/Achtelik/Kunschke/Sigmundt, Handbuch EMIR, Teil 5.B Rz. 20.
2 *Achtelik* in Wilhelmi/Achtelik/Kunschke/Sigmundt, Handbuch EMIR, Teil 5.B Rz. 22.

Gemeinsam ist den in Art. 4 DelVO Nr. 152/2013 zusammengefassten Bestimmungen, dass – anders als beim operationellen Risiko – **auf internen Modellen basierende Methoden** (IRBA, IAA) nicht zugelassen sind. 30

Die Frage, ob für die von der CCP gehaltenen Schuldverschreibungen oder Aktien eine **Marktrisikoposition** oder eine **Kreditrisikoposition** zu bilden ist, hängt nach den bankaufsichtlichen Regeln davon ab, ob das Kreditinstitut oder die Wertpapierfirma die Finanzinstrumente im **Handelsbuch** oder im **Anlagebuch** hält. Für die Zuordnung zum Handelsbuch ist entscheidend, ob die Finanzinstrumente mit **Handelsabsicht**, d.h. mit der Absicht gehalten werden, einen kurzfristigen Handelserfolg zu erzielen. Der Unterschied zwischen Marktrisikoposition oder Kreditrisikoposition ist für die Höhe der Eigenkapitalanforderungen von Bedeutung, die im Kreditrisikostandardansatz deutlich höher sind. 31

Relevanz hat die Frage für die von Clearingmitgliedern geleisteten Ersteinschüsse und Beiträge zu den Ausfallfonds sowie die von der CCP nach Art. 43 VO Nr. 648/2012 vorzuhaltenden „zugeordneten Finanzmittel". Investiert die CCP diese Beträge in Finanzinstrumenten, so wäre für die Frage, ob sie für diese nur die geringeren Eigenkapitalanforderungen des Marktrisikostandardansatzes beachten muss, nach den bankaufsichtlichen Regelung die Bestehen einer Handelsabsicht entscheidend. 32

In ihren Auslegungsentscheidungen hat die ESMA zwischen den im Wasserfall des Art. 45 VO Nr. 648/2012 stehenden Finanzmitteln einerseits und den Eigenmitteln der CCP andererseits unterschieden. Während sie für die Eigenmittel der CCP eine Zuordnung zum Anlagebuch für geboten hält, sieht sie bei den im Wasserfall stehenden Vermögenswerten, die von der CCP bei Ausfall eines Clearingmitgliedes kurzfristig veräußert werden müssen, die Eigenkapitalunterlegung des Marktrisikos trotz mangelnder Handelsabsicht als angemessenen Ansatz an[1]. 33

5. Geschäftsrisiken (Art. 5 DelVO Nr. 152/2013). Die nach Art. 5 DelVO Nr. 152/2013 vorzuhaltenden Eigenkapitalanforderungen für das **Geschäftsrisiko** entspricht dem von der CCP zu schätzenden Jahresverlust. Dabei hat sie ihr Geschäftsmodell realistischen vorhersehbaren negative Szenarien auszusetzen. Die Schätzung ist der zuständigen Behörde zur Genehmigung vorzulegen. Die Eigenkapitalanforderung muss mindestens einen Betrag i.H.v. 25 % der jährlichen Bruttobetriebsausgaben nach Art. 2 Abs. 4 DelVO Nr. 152/2013 erreichen. 34

IV. Technische Regulierungsstandards (Art. 16 Abs. 3 VO Nr. 648/2012). Von der Befugnis zum Erlass technischer Regulierungsstandards hat die Kommission mit der **DelVO Nr. 152/2013** Gebrauch gemacht. Die DelVO Nr. 152/2013 ist am zwanzigsten Tag nach ihrer Veröffentlichung im Amtsblatt der Europäischen Union in Kraft, d.h. am 15.3.2013, in Kraft getreten (Art. 6 DelVO Nr. 152/2013). 35

Art. 17 Verfahren zur Erteilung oder Verweigerung der Zulassung

(1) Die antragstellende CCP beantragt ihre Zulassung bei der zuständigen Behörde in dem Mitgliedstaat, in dem sie niedergelassen ist.

(2) Die antragstellende CCP liefert sämtliche Informationen, um der zuständigen Behörde hinreichend nachzuweisen, dass die Antragstellerin zum Zeitpunkt der Zulassung alle erforderlichen Vorkehrungen getroffen hat, um den Anforderungen dieser Verordnung zu genügen. Die zuständige Behörde übermittelt umgehend alle von der antragstellenden CCP erhaltenen Informationen an die ESMA und das in Artikel 18 Absatz 1 genannte Kollegium.

(3) Die zuständige Behörde prüft binnen 30 Arbeitstagen nach Eingang des Antrags, ob dieser vollständig ist. Ist der Antrag unvollständig, setzt sie der antragstellenden CCP eine Frist, bis zu der diese zusätzliche Informationen vorlegen muss. Stellt die zuständige Behörde fest, dass der Antrag vollständig ist, informiert sie die Antragstellerin, die Mitglieder des nach Artikel 18 Absatz 1 eingesetzten Kollegiums sowie die ESMA darüber.

(4) Die zuständige Behörde erteilt die Zulassung nur dann, wenn ihr hinreichend nachgewiesen wurde, dass die antragstellende CCP allen Anforderungen dieser Verordnung genügt und dass die CCP als System im Sinne der Richtlinie 98/26/EG gemeldet ist.

Die zuständige Behörde trägt der gemäß Artikel 19 erarbeiteten Stellungnahme des Kollegiums gebührend Rechnung. Folgt die für die CCP zuständige Behörde der befürwortenden Stellungnahme des Kollegiums nicht, so muss ihre Entscheidung mit einer ausführlichen Begründung und einer Erläuterung etwaiger erheblicher Abweichungen von dieser befürwortenden Stellungnahme versehen sein.

---

1 *Europäische Wertpapier- und Marktaufsichtsbehörde (ESMA)*, „Fragen und Antworten – Umsetzung der Verordnung (EU) Nr. 648/2012 über OTC-Derivate, zentrale Gegenparteien und Transaktionsregister (EMIR)", ESMA70-1861941480-52 vom 30.5.2018, abrufbar über: https://www.esma.europa.eu/sites/default/files/library/esma70-1861941480-52_qa_on_emir_implementation.pdf („*ESMA* Q&A"), CCP Frage Nr. 7 [letzte Aktualisierung: 4.6.2013].

Die CCP wird dann nicht zugelassen, wenn alle Mitglieder des Kollegiums – mit Ausnahme der Behörden des Mitgliedstaats, in dem die CCP niedergelassen ist – gemäß Artikel 19 Absatz 1 im gegenseitigen Einvernehmen zu einer gemeinsamen Stellungnahme gelangen, der zufolge der CCP keine Zulassung erteilt werden sollte. In dieser Stellungnahme wird schriftlich vollständig und detailliert begründet, warum nach Auffassung des Kollegiums die Anforderungen dieser Verordnung oder anderer Bereiche des Unionsrechts nicht erfüllt sind.

Ist keine gemeinsame Stellungnahme im gegenseitigen Einvernehmen nach Unterabsatz 3 erreicht worden und gibt das Kollegium mit einer Zweidrittelmehrheit eine ablehnende Stellungnahme ab, so kann jede der betroffenen zuständigen Behörden, gestützt auf die Zweidrittelmehrheit des Kollegiums, innerhalb von 30 Kalendertagen nach Annahme der ablehnenden Stellungnahme im Einklang mit Artikel 19 der Verordnung (EU) Nr. 1095/2010 die ESMA in der Sache anrufen.

In der Entscheidung, die ESMA in der Sache anzurufen, ist ausführlich schriftlich zu begründen, warum die jeweiligen Mitglieder des Kollegiums zu der Auffassung gelangt sind, dass die Anforderungen dieser Verordnung oder anderer Bereiche des Unionsrechts nicht erfüllt sind. In diesem Fall stellt die für die CCP zuständige Behörde ihre Entscheidung über die Zulassung zurück, bis die ESMA in Einklang mit Artikel 19 Absatz 3 der Verordnung (EU) Nr. 1095/2010 einen Beschluss über die Zulassung gefasst hat. Die zuständige Behörde trifft dann im Einklang mit dem Beschluss der ESMA ihre Entscheidung. Nach Ablauf der in Unterabsatz 4 genannten Frist von 30 Kalendertagen kann die ESMA in der Sache nicht mehr angerufen werden.

Gelangen alle Mitglieder des Kollegiums – mit Ausnahme der Behörden des Mitgliedstaats, in dem die CCP niedergelassen ist – gemäß Artikel 19 Absatz 1 in gegenseitigem Einvernehmen zu einer gemeinsamen Stellungnahme, der zufolge der betreffenden CCP keine Zulassung erteilt werden sollte, kann die für die CCP zuständige Behörde im Einklang mit Artikel 19 der Verordnung (EU) Nr. 1095/2010 die ESMA in der Sache anrufen.

Die zuständige Behörde in dem Mitgliedstaat, in dem die CCP niedergelassen ist, übermittelt die Entscheidung den anderen betroffenen zuständigen Behörden.

(5) Die ESMA wird gemäß Artikel 17 der Verordnung (EU) Nr. 1095/2010 tätig, wenn die für die CCP zuständige Behörde diese Verordnung nicht angewandt hat oder so angewandt hat, dass ein Verstoß gegen Unionsrecht vorzuliegen scheint.

Die ESMA kann auf Ersuchen eines Mitglieds des Kollegiums oder von Amts wegen nach Unterrichtung der zuständigen Behörde eine angebliche Verletzung oder Nichtanwendung des Unionsrechts untersuchen.

(6) Bei den im Rahmen dieser Aufgaben getroffenen Maßnahmen eines Mitglieds des Kollegiums darf ein Mitgliedstaat oder eine Gruppe von Mitgliedstaaten als Ausgangspunkt für die Erbringung von Clearingdiensten in jeglicher Währung nicht direkt oder indirekt diskriminiert werden.

(7) Binnen sechs Monaten nach Einreichung eines vollständigen Antrags teilt die zuständige Behörde der antragstellenden CCP schriftlich mit ausführlicher Begründung mit, ob die Zulassung erteilt oder verweigert wurde.

In der Fassung vom 4.7.2012 (ABl. EU Nr. L 201 v. 27.7.2012, S. 1).

Schrifttum: *Europäische Wertpapier- und Marktaufsichtsbehörde (ESMA)*, „Fragen und Antworten – Umsetzung der Verordnung (EU) Nr. 648/2012 über OTC-Derivate, zentrale Gegenparteien und Transaktionsregister (EMIR)", ESMA70-1861941480-52 vom 30.5.2018, abrufbar über: https://www.esma.europa.eu („*ESMA* Q&A"); *Kommission*, „EMIR: Häufig gestellte Fragen", zuletzt aktualisiert am 10.7.2014, abrufbar über: http://ec.europa.eu („*Kommission* FAQ").

I. Zuständigkeit (Art. 17 Abs. 1 VO Nr. 648/2012) 1	4. Dauer des Verfahrens 15
II. Verfahren (Art. 17 Abs. 2-4, 6 und 7 VO Nr. 648/2012) 2	III. Voraussetzungen für die Erteilung der Zulassung 16
1. Dem Antrag beizufügende Unterlagen 2	IV. Verletzung von Unionsrecht (Art. 17 Abs. 5 VO Nr. 648/2012) 22
2. Feststellung der Vollständigkeit 7	V. Überarbeitung der EMIR 27
3. Stellungnahme des Kollegiums 9	

1 **I. Zuständigkeit (Art. 17 Abs. 1 VO Nr. 648/2012).** Die CCP beantragt ihre Zulassung bei der zuständigen Behörde des Mitgliedstaates, in dem sie niedergelassen ist. Wie bereits ausgeführt, ist mit Niederlassung die **Hauptniederlassung** oder Hauptverwaltung gemeint. Wegen der Einzelheiten wird auf die Anmerkungen zu Art. 14 VO Nr. 648/2012 Rz. 2–6 verwiesen.

2 **II. Verfahren (Art. 17 Abs. 2–4, 6 und 7 VO Nr. 648/2012). 1. Dem Antrag beizufügende Unterlagen.** Nach Art. 17 Abs. 2 Satz 1 VO Nr. 648/2012 hat die CCP ihrem Antrag sämtliche Informationen beizufügen,

die der zuständigen Behörde nachweisen, dass die CCP zum Zeitpunkt der Zulassung alle erforderlichen Vorkehrungen getroffen hat, um den Anforderungen der EMIR zu genügen. Aus der Formulierung *„Zeitpunkt der Zulassung"* kann im Umkehrschluss gefolgert werden, dass die CCP zum **Zeitpunkt der Antragstellung** den Anforderungen der EMIR noch nicht genügen muss. Der Antrag muss nur klar zum Ausdruck bringen, wie die CCP bis zum Zeitpunkt der Zulassung die Einhaltung der Anforderungen sicherstellt[1].

Die mit dem Antrag **einzureichenden Informationen** werden in der VO Nr. 648/2012 nicht näher bestimmt. Art. 2 DelVO 153/2014 sieht entsprechende Vorgaben nur für die von Drittstaaten-CCPs gestellten Anträge auf Anerkennung nach Art. 25 VO Nr. 648/2012 vor. Immerhin lässt sich Art. 30 Abs. 1 VO Nr. 648/2012 entnehmen, dass die CCP mit ihrem Antrag auch die Inhaber qualifizierter Beteiligungen angeben muss.

Für deutsche CCPs sind die Einzelheiten des Zulassungsantrages in **§ 53m Abs. 1 KWG** geregelt. Neben den bereits in **§ 32 Abs. 1 Satz 2 KWG** genannten Angaben
- zur Eigenmittelausstattung,
- zum Geschäftsplan,
- dem organisatorischen Aufbau und den geplanten internen Kontrollverfahren,
- zu den Mitgliedern der Geschäftsleitung und des Aufsichts- oder Verwaltungsorgans und
- zu den Inhabern qualifizierter Beteiligungen

sind dies insbesondere[2]:
- Informationen zu den geclearten **Kategorien von Finanzinstrumenten**,
- die Beschreibung der für die **Berechnung der Einschüsse** verwendeten Modelle,
- der Nachweis über das Bestehen eines **Ausfallfonds** und der nach Art. 43 VO Nr. 648/2012 vorzuhaltenden **zugeordneten Eigenmittel**,
- eine Beschreibung der Verfahren für die Kontrolle von **Liquiditätsrisiken** und für die Anforderungen von **Sicherheiten**,
- eine Darstellung der **Anlagepolitik** und
- eine Beschreibung der Verfahren bei **Ausfall von Clearingmitgliedern**.

Die nach § 32 Abs. 1 Satz 2 KWG erforderlichen Darstellungen des organisatorischen Aufbaus und der internen Kontrollverfahren sollen den Nachweis erbringen, dass die CCP die in Art. 26 VO Nr. 648/2012 und Art. 3–11 DelVO Nr. 153/2013 definierten organisatorischen Anforderungen genügt. Die BaFin kann nach § 53m Abs. 1 KWG weitere Unterlagen verlangen, soweit dies für ihre Entscheidung nach Art. 11 Abs. 4 VO Nr. 648/2012 erforderlich ist.

Die von der CCP zur Verfügung gestellten Informationen werden von der zuständigen Behörde umgehend an die ESMA und an die Mitglieder des nach Art. 18 Abs. 1 VO Nr. 648/2012 einzurichtenden Kollegiums weitergeleitet.

2. Feststellung der Vollständigkeit. Nach Art. 17 Abs. 3 VO Nr. 648/2012 überprüft die zuständige Behörde innerhalb von 30 Arbeitstagen, ob der Antrag vollständig ist. Ist er vollständig, informiert die zuständige Behörde die CCP, die ESMA und das Kollegium. Fehlen der zuständigen Behörde Informationen, so setzt sie der CCP eine Frist zur Vervollständigung ihres Antrages.

Die in Art. 17 Abs. 3 Satz 3 VO Nr. 648/2012 vorgesehene **Mitteilung der Vollständigkeit** ist für folgende Verfahrensschritte von Bedeutung:
- die Einrichtung des Kollegiums innerhalb von 30 Kalendertagen (Art. 18 Abs. 1 VO Nr. 648/2012),
- die Vorlage des Entwurfs der schriftlichen Vereinbarung über die Arbeitsweise des Kollegiums (Art. 2 Abs. 1 DelVO Nr. 876/2013),
- die innerhalb von vier Monaten durchzuführende Risikobewertung der CCP durch die zuständige Behörde (Art. 19 Abs. 1 Unterabs. 1 VO Nr. 648/2012),
- die sich daran anschließende Erarbeitung einer Stellungnahme durch das Kollegium, für die 30 Kalendertage vorgesehen sind (Art. 19 Abs. 1 Unterabs. 2 VO Nr. 648/2012) und

---

1 *Kommission*, „EMIR: Häufig gestellte Fragen", zuletzt aktualisiert am 10.7.2014, abrufbar über: http://ec.europa.eu/internal_market/financial-markets/docs/derivatives/emir-faqs_en.pdf (*„Kommission* FAQ"), I.5; *Europäische Wertpapier- und Marktaufsichtsbehörde (ESMA)*, „Fragen und Antworten – Umsetzung der Verordnung (EU) Nr. 648/2012 über OTC-Derivate, zentrale Gegenparteien und Transaktionsregister (EMIR)", ESMA70-1861941480-52 vom 30.5.2018, abrufbar über: https://www.esma.europa.eu/sites/default/files/library/esma70-1861941480-52_qa_on_emir_implementation.pdf (*„ESMA* Q&A"), CCP Frage Nr. 6(b) [letzte Aktualisierung: 31.3.2015]: "its application must demonstrate clearly how it will become compliant before it receives authorisation."; *Achtelik* in Wilhelmi/Achtelik/Kunschke/Sigmundt, Handbuch EMIR, Teil 5.B Rz. 25.
2 S. ausführlicher: *Achtelik* in Wilhelmi/Achtelik/Kunschke/Sigmundt, Handbuch EMIR, Teil 5.B Rz. 26.

Art. 17 VO Nr. 648/2012 | Verfahren zur Erteilung oder Verweigerung der Zulassung

– den Abschluss des Zulassungsverfahrens nach spätestens sechs Monaten (Art. 17 Abs. 7 VO Nr. 648/2012).

9 **3. Stellungnahme des Kollegiums.** Nach Art. 17 Abs. 4 Unterabs. 2 VO Nr. 648/2012 ist wesentliche Grundlage der Entscheidung über den Zulassungsantrag die nach Art. 19 VO Nr. 648/2012 vom Kollegium zu erarbeitende Stellungnahme. Art. 19 VO Nr. 648/2012 unterscheidet zwischen der **gemeinsamen Stellungnahme**, die von allen Mitgliedern des Kollegiums getragen wird, und der **einfachen Stellungnahme**, die nach Art. 19 Abs. 1 Unterabs. 3 VO Nr. 648/2012 lediglich von der Mehrheit der Mitglieder beschlossen wird.

10 Von dem in Art. 17 Abs. 4 Unterabs. 2 VO Nr. 648/2012 formulierten Grundsatz, dass die zuständige Behörde der Stellungnahme des Kollegiums (nur) gebührend Rechnung tragen muss, gibt es **zwei Ausnahmen**, in denen eine **Bindung der zuständigen Behörde** vorgesehen ist.

11 Nach Art. 17 Abs. 4 Unterabs. 3 VO Nr. 648/2012 darf die zuständige Behörde die Zulassung nicht erteilen, wenn das Kollegium eine **gemeinsame Stellungnahme** beschlossen hat, in der es die Erteilung der Zulassung einvernehmlich **ablehnt**. In diesem Fall bleibt der zuständigen Behörde nur das Streitbeilegungsverfahren nach Art. 19 Abs. 3 VO Nr. 1095/2010[1]. Das Letztentscheidungsrecht liegt dann faktisch bei der ESMA[2]. Zwar kann gegen die Entscheidung der ESMA nach Art. 60 Abs. 1 VO Nr. 1095/2010 Beschwerde eingelegt werden; diese hat nach Art. 60 Abs. 3 Unterabs. 1 VO Nr. 1095/2010 jedoch keine aufschiebende Wirkung. Der Beschwerdeführer kann jedoch nach Art. 60 Abs. 3 Unterabs. 2 VO Nr. 1095/2010 beim Beschwerdeausschuss der ESMA beantragen, dass dieser die Vollziehung des angefochtenen Beschlusses aussetzt.

12 Die zweite Ausnahme ist der in Art. 17 Abs. 4 Unterabs. 4 VO Nr. 648/2012 geregelte Fall, dass die **ablehnende Entscheidung** des Kollegiums in einer **einfachen Stellungnahme** aber mit **qualifizierter Zweidrittelmehrheit** beschlossen wird und die ESMA nach Anrufung durch eine der betroffenen zuständigen Behörden und Zentralbanken einen Beschluss gem. Art. 19 Abs. 3 VO Nr. 1095/2010 fällt.

13 **Keine Bindungswirkung** ist vorgesehen, wenn das Kollegium einvernehmlich oder mit qualifizierter Zweidrittelmehrheit eine **befürwortende Stellungnahme** abgibt. Weicht die zuständige Behörde von der befürwortenden Stellungnahme des Kollegiums ab, hat sie dies nach Art. 17 Abs. 4 Unterabs. 2 VO Nr. 648/2012 jedoch ausführlich zu begründen („comply or explain").

14 Für die nach Art. 17 Abs. 4 Unterabs. 5 VO Nr. 648/2012 vorgesehene Entscheidung der **ESMA** sieht das Verfahren nur **einen Monat** vor. Dies folgt zum einen aus Art. 19 Abs. 1 VO Nr. 648/2012, wonach der zuständigen Behörde und dem Kollegium **fünf Monate** für die Erstellung des Risikobewertungsberichts und der auf ihr beruhenden Stellungnahme des Kollegiums zur Verfügung stehen, zum anderen aus Art. 17 Abs. 7 VO Nr. 648/2012 wonach das Zulassungsverfahren nach spätestens **sechs Monaten** zu beenden ist.

15 **4. Dauer des Verfahrens.** Das Verfahren nach Art. 17 VO Nr. 648/2012 ist nach spätestens **sechs Monaten** abzuschließen. Die Frist beginnt nach Art. 17 Abs. 7 VO Nr. 648/2012 mit der Einreichung eines vollständigen Antrages. Die Frist kann – anders als der für die Anteilseignerkontrolle nach Art. 31 VO Nr. 648/2012 vorgesehene Beurteilungszeitraum – nicht unterbrochen werden[3].

16 **III. Voraussetzungen für die Erteilung der Zulassung.** Nach Art. 17 Abs. 4 Unterabs. 1 VO Nr. 648/2012 darf die zuständige Behörde die Zulassung nur dann erteilen, wenn ihr hinreichend nachgewiesen worden ist, dass die CCP sämtlichen Anforderungen der EMIR genügt und dass sie als System i.S.d. RL 98/26/EG gemeldet ist.

17 Die Anforderungen, die von der CCP erfüllt werden müssen, ergeben sich aus Art. 16 VO Nr. 648/2012 sowie aus den im Titel IV zusammengefassten Art. 26–50 VO Nr. 648/2012. Der Formulierung „*sämtlichen Anforderungen*", ist zu entnehmen, dass der zuständigen Behörde und dem Kollegium insoweit **kein Ermessensspielraum** zusteht. Sie darf der CCP insbesondere nicht erlauben, Clearingdienstleistungen ohne die nach Art. 41 VO Nr. 648/2012 verlangten Einschüsse oder den nach Art. 42 VO Nr. 648/2012 einzurichtenden Ausfallfonds zu erbringen[4].

18 Dass es der zuständigen Behörde nicht erlaubt ist, die CCP geringeren Anforderungen zu unterstellen als die EMIR vorsieht, gilt auch für solche Dienstleistungen oder Tätigkeiten die mit dem Clearing lediglich verbunden sind. Weisen clearingbezogene Tätigkeiten ein Risikoprofil auf, das sich von der eigentlichen Clearingtätigkeit unterscheidet und das für die CCP ein wesentliches zusätzliches Risiko darstellt, sind auch für diese „**Nebentätigkeiten**" angemessene Risikosteuerungsmechanismen einzurichten[5].

---

1 Verordnung (EU) Nr. 1095/2010 des Europäischen Parlaments und des Rates vom 24. November 2010 zur Errichtung einer Europäischen Aufsichtsbehörde (Europäische Wertpapier- und Marktaufsichtsbehörde), zur Änderung des Beschlusses Nr. 716/2009/EG und zur Aufhebung des Beschlusses 2009/77/EG der Kommission, ABl. EU Nr. L 331 v. 15.12.2010, S. 84.
2 *Achtelik* in Wilhelmi/Achtelik/Kunschke/Sigmundt, Handbuch EMIR, Teil 5.B Rz. 33.
3 *ESMA* Q&A, CCP Frage Nr. 6(c) [letzte Aktualisierung: 31.3.2015]: „there is no possibility for it to ‚stop the clock' once an application has been deemed complete."
4 *ESMA* Q&A, CCP Frage Nr. 6(e) [letzte Aktualisierung: 31.3.2015].
5 Art. 4 Abs. 3 DelVO Nr. 153/2013; ESMA Q&A CCP Frage Nr. 6(e) [letzte Aktualisierung: 31.3.2015].

Nach Art. 17 Abs. 4 Unterabs. 1 VO Nr. 648/2012 darf die CCP ihre Zulassung nur erhalten, wenn sie von ihrem Mitgliedstaat als **System** i.S.d. Art. 2 Buchst. 1 RL 98/26/EG gemeldet wurde. Die Benennung als System stellt u.a. sicher, dass die CCP von den in Art. 9 RL 98/26/EG verorteten Bestimmungen über den Schutz dinglich gesicherter Gläubiger profitiert.

Nach Art. 17 Abs. 6 VO Nr. 648/2012 darf die Anwendung des Zulassungsverfahrens nicht dazu führen, dass ein Mitgliedstaat oder eine Gruppe von Mitgliedstaaten als Herkunftsland für Clearingdienstleistungen **diskriminiert** wird[1]. Hintergrund waren die Befürchtungen der Mitgliedstaaten, deren Währung nicht der Euro ist, dass sich im Rahmen der Ausarbeitung der Stellungnahme nach Art. 19 Abs. 1 VO Nr. 648/2012 innerhalb des Kollegiums aufgrund des Einflusses der im ESZB zusammenwirkenden Zentralbanken die Auffassung durchsetzen könnte, das auf Euro lautende Finanzinstrumente nur von einer CCP mit Sitz im Euroraum gecleart werden sollten[2].

Die Diskussion über die **Zulässigkeit des Clearings von auf Euro lautenden Finanzinstrumenten** außerhalb des Euroraums ist durch den am 13.6.2017 vorgelegten Vorschlag der Kommission für eine Änderung der VO Nr. 648/2012 (Kommission EMIR-II-Entwurf)[3] erneut entfacht worden. In diesem Zusammenhang verweist die Kommission auf das signifikante Volumina von Finanzinstrumenten, die auf die Währungen von Mitgliedstaaten lauten und die durch anerkannte Drittstatten-CCP gecleart werden, ein Volumen, dass nach dem Austritt des Vereinigten Königreichs aus der Union nach ihrer Einschätzung noch deutlich zunehmen werde[4]. Der Vorschlag der Kommission beschränkt sich auf die Anerkennung der in Drittstaaten ansässigen CCPs. Eine Streichung des Art. 17 Abs. 6 VO Nr. 648/2012 ist derzeit nicht vorgesehen.

IV. Verletzung von Unionsrecht (Art. 17 Abs. 5 VO Nr. 648/2012). Hat die zuständige Behörde die Bestimmungen der VO Nr. 648/2012 nicht angewandt oder so angewandt, dass ein **Verstoß gegen das Unionsrecht** vorzuliegen scheint, so sieht Art. 17 Abs. 7 VO Nr. 648/2012 vor, dass die ESMA auf Ersuchen eines Mitgliedes des Kollegiums oder von Amts wegen nach Unterrichtung der zuständigen Behörde nach dem in Art. 17 VO Nr. 1095/2010 vorgesehenen Verfahren tätig wird und die Verletzung oder Nichtanwendung des Unionsrechts untersucht.

Das in Art. 17 VO Nr. 1095/2010 vorgesehene Verfahren sieht vor, dass die ESMA spätestens **zwei Monate** nach Beginn ihrer Untersuchung eine Empfehlung an die betroffene zuständige Behörde richtet. In der Empfehlung sind die Maßnahmen, die zur Einhaltung des Unionsrechts ergriffen werden müssen, zu erläutern.

Sollte die zuständige Behörde das Unionsrecht innerhalb **eines Monats** nach Eingang der Empfehlung der ESMA nicht einhalten, so kann die Kommission eine förmliche Stellungnahme abgeben, in der sie die zuständige Behörde erneut auffordert, die zur Einhaltung des Unionsrechts erforderlichen Maßnahmen zu ergreifen.

Kommt die zuständige Behörde auch der Stellungnahme der Kommission nicht nach, kann die ESMA unter den in Art. 17 Abs. 6 VO Nr. 1095/2010 genannten Voraussetzungen – Gewährleistung neutraler Wettbewerbsbedingungen bzw. des Funktionierens und der Integrität des Finanzsystems – einen **unmittelbar an die CCP gerichteten Beschluss** erlassen. Dieser Beschluss hat Vorrang vor allen von der zuständigen Behörde erlassenen Beschlüssen.

Neben dem Verfahren nach Art. 17 VO Nr. 1095/2010 steht der Kommission auch das Vertragsverletzungsverfahren nach Art. 258 AEUV zur Verfügung.

V. Überarbeitung der EMIR. Nach Auswertung des von der ESMA im Rahmen der Überprüfung der EMIR nach Art. 85 Abs. 1 VO Nr. 648/2012 vorgelegten Prüfberichts[5] hat sich die Kommission mit dem bereits erwähnten Entwurf zur Änderung der EMIR vom 13.6.2017 (**Kommission EMIR-II-Entwurf**) dafür ausgesprochen, die Kohärenz der Beaufsichtigung europäischer CCPs zu stärken und für einheitliche Wettbewerbsbedingungen und eine stärkere Konvergenz der Aufsicht zu sorgen[6]. Der Entwurf schlägt vor, die ESMA bzw. den

---

1 *Achtelik* in Wilhelmi/Achtelik/Kunschke/Sigmundt, Handbuch EMIR, Teil 5.B Rz. 12.
2 Erwägungsgründe Nr. 47 und 52 VO Nr. 648/2012, die den eigentlichen Grund für die Einführung des Art. 17 Abs. 6 VO Nr. 648/2012 nur andeuten.
3 *Kommission*, Vorschlag für eine Verordnung des Europäischen Parlaments und des Rates zur Änderung der Verordnung (EU) Nr. 1095/2010 zur Errichtung einer Europäischen Aufsichtsbehörde (Europäische Wertpapier- und Marktaufsichtsbehörde) sowie der Verordnung (EU) Nr. 648/2012 hinsichtlich der für die Zulassung von zentralen Gegenparteien anwendbaren Verfahren und zuständigen Behörden und der Anforderungen für die Anerkennung zentraler Gegenparteien aus Drittstaaten, KOM(2017) 331 vom 3.6.2017, abrufbar über: http://eur-lex.europa.eu/resource.html?uri=cellar: 80b1cafa-50fe-11e7-a5ca-01aa75ed71a1.0020.02/DOC_1&format=PDF („*Kommission* EMIR-II-Entwurf"). Der Vorschlag der Kommission wurde am 20.9.2017 ergänzt; die Ergänzung ist abrufbar über: https://eur-lex.europa.eu/legal-content/DE/TXT/PDF/?uri=CELEX:52017PC0539&from=DE.KOM(2
4 *Kommission* EMIR-II-Entwurf, S. 6 und 7.
5 *Europäische Wertpapier- und Marktaufsichtsbehörde (ESMA)*, Bericht Nr. 4 über weitere Anregungen der ESMA im Rahmen der Überprüfung der EMIR durch die Kommission, ESMA/2015/1254 vom 13.8.2015, abrufbar über: https://www.esma.europa.eu/sites/default/files/library/2015/11/esma-2015-1254_-_emir_review_report_no.4_on_other_issues.pdf („*ESMA* EMIR Prüfbericht Nr. 4").
6 *Kommission* EMIR-II-Entwurf, S. 13.

von ihr einzurichtenden CCP-Exekutivausschuss in die laufende Beaufsichtigung europäischer CPs einzubinden. Vorgesehen ist u.a. dass die Entscheidung der zuständigen Behörde über die Vollständigkeit des Antrags nach **Art. 17 Abs. 3 VO Nr. 648/2012** im Benehmen mit der ESMA zu treffen ist, und dass sämtlich von der CCP nachgereichten zusätzlichen Informationen unmittelbar nach Erhalt durch die zuständige Behörde an die ESMA und an das Kollegium zu übermitteln sind[1]. Mit der Annahme des Berichts zum EMIR-II-Entwurf[2] seiner Berichterstatterin *Hübner* am 25.5.2018 hat das Europäische Parlament den erweiterten Befugnissen der ESMA grundsätzlich zugestimmt.

Art. 18 Kollegium

(1) Binnen 30 Kalendertagen nach Vorlage eines vollständigen Antrags gemäß Artikel 17 richtet die für die CCP zuständige Behörde ein Kollegium ein und übernimmt dessen Management und Vorsitz, um die Durchführung der in den Artikeln 15, 17, 49, 51 und 54 genannten Aufgaben zu erleichtern.

(2) Dem Kollegium gehören an:

a) die ESMA;

b) die für die CCP zuständige Behörde;

c) die zuständigen Behörden, die verantwortlich sind für die Beaufsichtigung der Clearingmitglieder der CCP, die in den drei Mitgliedstaaten niedergelassen sind, die auf der aggregierten Basis eines Einjahreszeitraums die höchsten Beiträge in den gemäß Artikel 42 von der CCP unterhaltenen Ausfallfonds einzahlen;

d) die zuständigen Behörden, die für die Beaufsichtigung der von der CCP bedienten Handelsplätze verantwortlich sind;

e) die zuständigen Behörden, die die CCPs beaufsichtigen, mit denen Interoperabilitätsvereinbarungen geschlossen wurden;

f) die zuständigen Behörden, die zentrale Wertpapierverwahrstellen beaufsichtigen, mit denen die CCP verbunden ist;

g) die für die Überwachung der CCP jeweils verantwortlichen Mitglieder des ESZB und die Mitglieder des ESZB, die für die Überwachung von CCPs verantwortlich sind, mit denen Interoperabilitätsvereinbarungen geschlossen wurden;

h) die Zentralbanken, die die wichtigsten Unionswährungen der abgerechneten Finanzinstrumente emittieren.

(3) Die zuständige Behörde eines Mitgliedstaats, die nicht dem Kollegium angehört, kann vom Kollegium jedwede Auskunft verlangen, die sie für die Ausübung ihrer Aufsichtspflichten benötigt.

(4) Das Kollegium nimmt – unbeschadet der Verantwortlichkeiten zuständiger Behörden im Rahmen dieser Verordnung – folgende Aufgaben wahr:

a) Ausarbeitung der Stellungnahme gemäß Artikel 19;

b) Informationsaustausch, einschließlich Informationsersuchen, gemäß Artikel 84;

c) Einigung über die freiwillige Übertragung von Aufgaben unter seinen Mitgliedern;

d) Koordinierung von aufsichtlichen Prüfungsprogrammen auf der Grundlage einer Risikobewertung der CCP, und

e) Festlegung von Verfahren und Notfallplänen für Krisensituationen gemäß Artikel 24.

(5) Grundlage für die Einrichtung und die Arbeitsweise des Kollegiums ist eine schriftliche Vereinbarung zwischen allen Mitgliedern des Kollegiums.

In der Vereinbarung werden die praktischen Modalitäten der Arbeitsweise des Kollegiums einschließlich einer detaillierten Regelung für die Abstimmungsverfahren nach Artikel 19 Absatz 3 und gegebenenfalls die Aufgaben festgelegt, die der für die CCP zuständigen Behörde oder einem anderen Kollegiumsmitglied übertragen werden sollen.

(6) Um die einheitliche und kohärente Arbeitsweise der Kollegien in der gesamten Union sicherzustellen, erarbeitet die ESMA Entwürfe für technische Regulierungsstandards, in denen die Bedingungen, anhand deren entschieden wird, welche die wichtigsten Unionswährungen im Sinne des Absatzes 2 Buchstabe h sind, und die praktischen Modalitäten im Sinne des Absatzes 5 näher bestimmt werden.

---

1 *Kommission* EMIR-II-Entwurf, S. 51.
2 Der Bericht ist abrufbar über: http://www.europarl.europa.eu/sides/getDoc.do?pubRef=-%2f%2fEP%2f%2fNONSGML%2bREPORT%2bA8-2018-0190%2b0%2bDOC%2bPDF%2bV0%2f%2fDE.

Die ESMA legt der Kommission diese Entwürfe für technische Regulierungsstandards bis zum 30. September 2012 vor.

Der Kommission wird die Befugnis übertragen, die in Unterabsatz 1 genannten technischen Regulierungsstandards gemäß den Artikeln 10 bis 14 der Verordnung (EU) Nr. 1095/2010 zu erlassen.

In der Fassung vom 4.7.2012 (ABl. EU Nr. L 201 v. 27.7.2012, S. 1).

Delegierte Verordnung (EU) Nr. 876/2013 vom 28. Mai 2013
zur Ergänzung der Verordnung (EU) Nr. 648/2012 des Europäischen Parlaments und des Rates im Hinblick auf technische Regulierungsstandards bezüglich Kollegien für zentrale Gegenparteien

Art. 1 Bestimmung der wichtigsten Währungen

(1) Die wichtigsten Unionswährungen werden auf der Grundlage des relativen Anteils der einzelnen Währungen an den durchschnittlichen offenen Tagesendpositionen der CCP für alle von ihr abgerechneten Finanzinstrumente ermittelt, der über einen Zeitraum von einem Jahr berechnet wird.

(2) Die wichtigsten Unionswährungen sind die drei Währungen mit dem höchsten nach Absatz 1 berechneten relativen Anteil, sofern jeder dieser Anteile mehr als 10 % beträgt.

(3) Die Berechnung des relativen Anteils der Währungen wird auf Jahresbasis durchgeführt.

In der Fassung vom 28.5.2013 (ABl. EU Nr. L 244 v. 13.9.2013, S. 19).

Art. 2 Operative Organisation der Kollegien

(1) Nachdem die für die CCP zuständige Behörde die Vollständigkeit eines Antrags gemäß Artikel 17 Absatz 3 der Verordnung (EU) Nr. 648/2012 geprüft hat, leitet sie einen Entwurf der schriftlichen Vereinbarung nach Artikel 18 Absatz 5 der Verordnung (EU) Nr. 648/2012 an die gemäß Artikel 18 Absatz 2 der Verordnung (EU) Nr. 648/2012 bestimmten Mitglieder des Kollegiums weiter. Diese schriftliche Vereinbarung sieht auch ein Verfahren für die jährliche Überprüfung vor. Sie sieht außerdem ein Änderungsverfahren vor, wonach die für die CCP zuständige Behörde oder andere Mitglieder des Kollegiums jederzeit Änderungen einbringen können, die der Billigung durch das Kollegium nach dem in diesem Artikel ausgeführten Verfahren unterliegen.

(2) Bringen die in Absatz 1 genannten Mitglieder des Kollegiums innerhalb von 10 Kalendertagen keine Anmerkungen zum Ausdruck, fährt die für die CCP zuständige Behörde mit der Annahme der schriftlichen Vereinbarung durch das Kollegium und mit der Einrichtung des Kollegiums gemäß Artikel 18 Absatz 1 der Verordnung (EU) Nr. 648/2012 fort.

(3) Bringen die Mitglieder des Kollegiums Anmerkungen zu dem gemäß Absatz 1 weitergeleiteten Entwurf der schriftlichen Vereinbarung zum Ausdruck, so übermitteln sie diese Anmerkungen zusammen mit einer eingehenden Erklärung innerhalb von 10 Kalendertagen der für die CCP zuständigen Behörde. Falls relevant, arbeitet die für die CCP zuständige Behörden einen revidierten Entwurf aus und beruft eine Sitzung ein, um die endgültige schriftliche Vereinbarung anzunehmen, wobei der in Artikel 18 Absatz 1 der Verordnung (EU) Nr. 648/2012 genannten Frist Rechnung getragen wird.

(4) Nach Annahme der schriftlichen Vereinbarung gilt das Kollegium als eingerichtet.

(5) Alle Mitglieder des Kollegiums sind an die gemäß den Absätzen 1 bis 3 angenommene schriftliche Vereinbarung gebunden.

In der Fassung vom 28.5.2013 (ABl. EU Nr. L 244 v. 13.9.2013, S. 19).

Art. 3 Teilnahme an den Kollegien

(1) Erhält ein Kollegium ein Auskunftsersuchen einer zuständigen mitgliedstaatlichen Behörde, die gemäß Artikel 18 Absatz 3 der Verordnung (EU) Nr. 648/2012 dem Kollegium nicht angehört, entscheidet die für die CCP zuständige Behörde nach Anhörung des Kollegiums über das geeignetste Verfahren für die Übermittlung und Anforderung von Auskünften an bzw. von Behörden, die nicht dem Kollegium angehören.

(2) Jedes Mitglied des Kollegiums benennt für die Sitzungen des Kollegiums einen Teilnehmer und kann einen stellvertretenden Teilnehmer benennen, mit Ausnahme der für die CCP zuständigen Behörde, die weitere Teilnehmer benötigen könnte, welche kein Stimmrecht erhalten.

(3) Wird eine der ermittelten wichtigsten Unionswährungen von mehr als einer Zentralbank emittiert, benennen die betroffenen Zentralbanken einen einzigen Vertreter als Teilnehmer am Kollegium.

(4) Ist eine Behörde aufgrund von mehr als einem der Buchstaben c bis h des Artikels 18 Absatz 2 der Verordnung (EU) Nr. 648/2012 zur Teilnahme am Kollegium berechtigt, kann sie weitere, nicht stimmberechtigte Teilnehmer benennen.

(5) Wurde gemäß diesem Artikel von einem Mitglied des Kollegiums mehr als ein Teilnehmer benannt oder gehören dem Kollegium mehrere Mitglieder aus demselben Mitgliedstaat an als die nach Artikel 19 Absatz 3 der Verordnung (EU) Nr. 648/2012 mögliche Höchstzahl stimmberechtigter Mitglieder, teilt dieses Mitglied bzw. teilen diese Mitglieder des Kollegiums dem Kollegium mit, welche Teilnehmer Stimmrechte ausüben.

In der Fassung vom 28.5.2013 (ABl. EU Nr. L 244 v. 13.9.2013, S. 19).

Art. 4 Governance der Kollegien

(1) Die für die CCP zuständige Behörde stellt sicher, dass die Arbeit des Kollegiums die Durchführung der in der Verordnung (EU) Nr. 648/2012 genannten Aufgaben erleichtert.

(2) Das Kollegium unterrichtet die ESMA über jegliche Aufgaben, die das Kollegium gemäß Absatz 1 durchführt. Die ESMA übernimmt bei der Überwachung der von einem Kollegium durchgeführten Aufgaben eine Koordinierungsfunktion und stellt sicher, dass dessen Ziele soweit wie möglich mit den Zielen anderer Kollegien übereinstimmen.

(3) Die für die CCP zuständige Behörde sorgt zumindest dafür, dass
a) die Ziele einer jeden Sitzung oder Tätigkeit des Kollegiums klar festgelegt werden;
b) die Sitzungen oder Tätigkeiten des Kollegium wirkungsvoll bleiben, und trägt gleichzeitig dafür Sorge, dass alle Mitglieder des Kollegiums in vollem Umfang über die für sie relevanten Tätigkeiten des Kollegiums informiert sind;
c) der Zeitplan für die Sitzungen oder Tätigkeiten des Kollegiums so festgelegt wird, dass deren Ergebnisse eine Hilfe bei der Beaufsichtigung der CCP darstellen;
d) die CCP und andere zentrale Beteiligte sich über Rolle und Arbeitsweise des Kollegiums vollumfänglich im Klaren sind;
e) die Tätigkeiten des Kollegiums regelmäßig überprüft und Abhilfemaßnahmen ergriffen werden, falls das Kollegium nicht wirkungsvoll operiert;
f) die Tagesordnung für eine jährliche Krisenmanagement-Planungssitzung der Mitglieder des Kollegiums, erforderlichenfalls in Zusammenarbeit mit der CCP, festgelegt wird.

(4) Um die Effizienz und Effektivität des Kollegiums zu gewährleisten, übernimmt die für die CCP zuständige Behörde die Funktion als zentrale Anlaufstelle für alle Fragen im Zusammenhang mit der praktischen Organisation des Kollegiums. Die für die CCP zuständige Behörde führt zumindest folgende Aufgaben durch:
a) Aufstellung, Aktualisierung und Weiterleitung der Kontaktliste mit Angaben zu allen Mitgliedern des Kollegiums;
b) Übermittlung der Tagesordnung und der Unterlagen für Sitzungen oder Tätigkeiten des Kollegiums;
c) Führung der Sitzungsprotokolle und Formalisierung der Aktionspunkte;
d) Verwaltung der Website des Kollegiums und, falls vorhanden, anderer elektronischer Mittel für den Informationsaustausch;
e) soweit praktikabel, Bereitstellung von Informations- und Spezialteams zur Unterstützung des Kollegiums bei dessen Aufgaben;
f) Verbreitung von Informationen auf geeignetem Wege unter den Mitgliedern des Kollegiums.

(5) Die Häufigkeit der Sitzungen des Kollegiums wird von der für die CCP zuständigen Behörde festgelegt, die dabei Größe, Art, Umfang und Komplexität der CCP, die systemischen Auswirkungen der CCP über Rechtsräume und Währungen hinweg, die potenziellen Auswirkungen der Tätigkeiten der CCP, die äußeren Umstände und etwaige Anträge von Kollegiumsmitgliedern berücksichtigt. Anberaumt wird mindestens eine jährliche Sitzung des Kollegiums und, falls dies von der für die CCP zuständigen Behörde als notwendig erachtet wird, jeweils eine Sitzung bei jeder anstehenden Entscheidung im Rahmen der Verordnung (EU) Nr. 648/2012. Die für die CCP zuständige Behörde organisiert in regelmäßigen Abständen Zusammenkünfte zwischen den Mitgliedern des Kollegiums und der Geschäftsleitung der CCP.

(6) In der in Artikel 2 genannten schriftlichen Vereinbarung wird für die Sitzungen des Kollegiums ein Quorum von zwei Dritteln festgelegt.

(7) Die für die CCP zuständige Behörde bemüht sich sicherzustellen, dass das für eine gültige Beschlussfassung erforderliche Quorum bei jeder Sitzung des Kollegiums erreicht wird. Wird das Quorum nicht erreicht, stellt der Vorsitz sicher, dass alle zu treffenden Beschlüsse so lange zurückgestellt werden, bis das Quorum erreicht ist, wobei den in der Verordnung Nr. 648/2012 festgelegten einschlägigen Fristen Rechnung getragen wird.

In der Fassung vom 28.5.2013 (ABl. EU Nr. L 244 v. 13.9.2013, S. 19).

Art. 5 Informationsaustausch zwischen Behörden

(1) Jedes Mitglied des Kollegiums übermittelt der für die CCP zuständigen Behörde rechtzeitig alle Informationen, die für die praktische Funktionsweise des Kollegiums und für die Durchführung der wichtigsten Tätigkeiten, an denen das Mitglied beteiligt ist, benötigt werden. Die für die CCP zuständige Behörde übermittelt den Mitgliedern des Kollegiums rechtzeitig ebensolche Informationen.

(2) Die für die CCP zuständige Behörde übermittelt dem Kollegium mindestens folgende Informationen:
a) signifikante Veränderungen der Struktur und der Eigentumsverhältnisse der Gruppe der CCP;
b) signifikante Veränderungen der Höhe des Kapitals der CCP;
c) Veränderungen in Bezug auf Organisation, Geschäftsleitung, Verfahren oder Modalitäten, wenn diese Veränderungen erhebliche Auswirkungen auf die Unternehmensführung oder das Risikomanagement haben;
d) eine Liste der Clearingmitglieder der CCP;
e) Einzelheiten zu den an der Beaufsichtigung der CCP beteiligten Behörden, einschließlich etwaiger Veränderungen bei deren Verantwortlichkeiten;
f) Informationen über etwaige wesentliche Bedrohungen für die Fähigkeit der CCP zur Erfüllung der Verordnung (EU) Nr. 648/2012 und der einschlägigen delegierten und Durchführungsverordnungen;
g) Schwierigkeiten mit potenziell signifikanten Ausstrahlungseffekten;
h) Faktoren, die ein potenziell hohes Ansteckungsrisiko nahelegen;
i) *signifikante Entwicklungen der Finanzlage der CCP;*
j) Frühwarnungen vor möglichen Liquiditätsproblemen oder schwere Betrugsfälle;
k) eingetretene Ausfälle von Mitgliedern und etwaige Folgemaßnahmen;

l) Sanktionen und außergewöhnliche Aufsichtsmaßnahmen;
m) Berichte über Performanzprobleme oder eingetretene Zwischenfälle sowie die ergriffenen Abhilfemaßnahmen;
n) regelmäßige Daten über die Tätigkeit der CCP, deren Umfang und Frequenz im Rahmen der in Artikel 2 beschriebenen schriftlichen Vereinbarung festzulegen sind;
o) Überblick über wichtige Geschäftsvorhaben, einschließlich neuer Produkte oder Dienstleistungen, die angeboten werden sollen;
p) Änderungen bei Risikomodell, Stresstests und Backtesting der CCP;
q) Änderungen bei den Interoperabilitätsvereinbarungen der CCP, sofern anwendbar.

(3) Der Informationsaustausch zwischen den Mitgliedern des Kollegiums spiegelt deren Verantwortlichkeiten und deren Informationsbedarf wider. Um unnötige Informationsflüsse zu vermeiden, wird dafür gesorgt, dass der Informationsaustausch verhältnismäßig und risikofokussiert bleibt.

(4) Die Mitglieder des Kollegiums ziehen für die Informationsübermittlung die wirkungsvollsten Wege in Erwägung, um einen kontinuierlichen, rechtzeitigen und verhältnismäßigen Informationsaustausch zu gewährleisten.

(5) Der Risikobewertungsbericht, der von der für die CCP zuständigen Behörde gemäß Artikel 19 Absatz 1 der Verordnung (EU) Nr. 648/2012 zu erstellen ist, wird dem Kollegium innerhalb eines angemessenen Zeitraums vorgelegt, um sicherzustellen, dass die Mitglieder des Kollegiums diesen Bericht überprüfen und erforderlichenfalls dazu beitragen können.

In der Fassung vom 28.5.2013 (ABl. EU Nr. L 244 v. 13.9.2013, S. 19).

Art. 6 Freiwillige Teilung und Delegation von Aufgaben

(1) Die Mitglieder des Kollegiums verständigen sich auf die ausführlichen Bedingungen etwaiger spezifischer Vereinbarungen über eine Delegation von Aufgaben und etwaiger Vereinbarungen über die freiwillige Übertragung von Aufgaben auf andere Mitglieder, insbesondere wenn diese dazu führen, dass die wichtigsten Aufsichtsaufgaben eines Mitglieds delegiert werden.

(2) Die Parteien, die spezifische Delegationsvereinbarungen oder Vereinbarungen über die freiwillige Übertragung von Aufgaben schließen, verständigen sich auf ausführliche Bedingungen, die zumindest folgende Aspekte abdecken:
a) die spezifischen Tätigkeiten in eindeutig festgelegten Bereichen, die übertragen oder delegiert werden sollen;
b) die anzuwendenden Verfahren und Prozesse;
c) die Rolle und Verantwortlichkeiten jeder Partei;
d) die Art der zwischen den Parteien auszutauschenden Informationen.

(3) Mit der Teilung und Delegation von Aufgaben wird keine Veränderung der Zuweisung der Entscheidungsbefugnis der für die CCP zuständigen Behörde bezweckt.

In der Fassung vom 28.5.2013 (ABl. EU Nr. L 244 v. 13.9.2013, S. 19).

Art. 7 Inkrafttreten

Diese Verordnung tritt am zwanzigsten Tag nach ihrer Veröffentlichung im Amtsblatt der Europäischen Union in Kraft.

In der Fassung vom 28.5.2013 (ABl. EU Nr. L 244 v. 13.9.2013, S. 19).

Schrifttum: *Europäische Wertpapier- und Marktaufsichtsbehörde (ESMA),* „Fragen und Antworten – Umsetzung der Verordnung (EU) Nr. 648/2012 über OTC-Derivate, zentrale Gegenparteien und Transaktionsregister (EMIR)", ESMA70-1861941480-52 vom 30.5.2018, abrufbar über: https://www.esma.europa.eu („*ESMA Q&A*").

I. Errichtung des Kollegiums (Art. 18 Abs. 1 und 5 VO Nr. 648/2012) 1
II. Zusammensetzung des Kollegiums (Art. 18 Abs. 2 VO Nr. 648/2012) 7
III. Zuständigkeiten (Art. 18 Abs. 4 VO Nr. 648/2012) 17
IV. Auskunftspflicht (Art. 18 Abs. 3 VO Nr. 648/2012) 20
V. Technische Regulierungsstandards (Art. 18 Abs. 6 VO Nr. 648/2012) 23
VI. Überarbeitung der EMIR 24

I. Errichtung des Kollegiums (Art. 18 Abs. 1 und 5 VO Nr. 648/2012). Die Errichtung des Kollegiums 1 knüpft nach Art. 18 Abs. 1 VO Nr. 648/2012 in zeitlicher Hinsicht an die erstmalige Zulassung einer europäischen CCP an: Hat die zuständige Behörde nach Art. 17 Abs. 3 Satz 3 VO Nr. 648/2012 festgestellt, dass der Zulassungsantrag der CCP vollständig ist, richtet sie für die CCP innerhalb von 30 Kalendertagen ein Kollegium ein und übernimmt dessen Vorsitz. Soweit ein Kollegium für eine CCP mit Sitz in Deutschland eingerichtet wird, übernimmt die BaFin den Vorsitz[1].

Nach Art. 18 Abs. 5 VO Nr. 648/2012 ist Grundlage für die Arbeitsweise des Kollegiums eine **schriftliche Ver-** 2 **einbarung**, in der auch die Abstimmungsverfahren nach Art. 19 VO Nr. 648/2012 und die ggf. auf Mitglieder des Kollegiums übertragenen Aufgaben festgelegt werden. Art. 18 Abs. 5 VO Nr. 648/2012 trägt dem Umstand

---

1 *Achtelik* in Wilhelmi/Achtelik/Kunschke/Sigmundt, Handbuch EMIR, Teil 5.B Rz. 30.

Rechnung, dass es sich bei der Festlegung der Arbeitsweise des Kollegiums um ein sensibles Thema handelt, und daher von den Mitgliedern des Kollegiums selbst vorgenommen werden sollte[1].

3   Das für den Abschluss der Vereinbarung vorgesehene Verfahren ist von der Kommission in der DelVO Nr. 876/2013 geregelt worden. Nach Art. 2 Abs. 1 DelVO Nr. 876/2013 übermittelt die für die Zulassung der CCP zuständige Behörde den zukünftigen Mitgliedern des Kollegiums den **Entwurf der schriftlichen Vereinbarung** bereits zu dem Zeitpunkt, zu dem sie nach Art. 17 Abs. 3 Satz 3 VO Nr. 648/2012 feststellt, dass der Antrag der CCP vollständig ist. Der Entwurf muss sowohl ein Verfahren für die jährliche Überprüfung der Vereinbarung als auch ein Verfahren für deren Änderung vorsehen.

4   Die zukünftigen Mitglieder des Kollegiums können der für die CCP zuständigen Behörde nach Art. 2 Abs. 3 DelVO Nr. 876/2013 innerhalb von 10 Kalendertagen Anmerkungen aufgeben. Falls erforderlich überarbeitet die zuständige Behörde den Entwurf und beruft eine Sitzung ein, in der die Mitglieder den Entwurf der Vereinbarung abstimmen bzw. annehmen können.

5   Nach Art. 2 Abs. 4 DelVO Nr. 876/2013 gilt das Kollegium erst dann als „**eingerichtet**", wenn deren Mitglieder die nach Art. 18 Abs. 5 VO Nr. 648/2012 vorgesehene schriftliche Vereinbarung über die Arbeitsweise des Kollegiums angenommen haben.

6   Um eine konsistente Anwendung der EMIR sicherzustellen und die Einigung der Kollegiumsmitglieder zu erleichtern, hat ESMA Richtlinien erlassen, die im Anhang einen **Mustertext** vorsehen[2]. Der Mustertext enthält in Nr. 6 auch detaillierte Bestimmungen über die Sitzungen des Kollegiums und das Verfahren der Abstimmung. Wegen der Einzelheiten des Abstimmungsverfahrens wird auf die Ausführungen zu Art. 19 VO Nr. 648/2012 Rz. 7–15 verwiesen.

7   **II. Zusammensetzung des Kollegiums (Art. 18 Abs. 2 VO Nr. 648/2012).** Nach Art. 18 Abs. 2 VO Nr. 648/2012 gehören dem Kollegium folgende Behörden und Stellen an:

- die **ESMA**,
- die für die **CCP zuständige Behörde**,
- die für die Beaufsichtigung der CCP verantwortlichen **Mitglieder des ESZB**,
- die für die Beaufsichtigung der **Clearingmitglieder** der CCP **zuständigen Behörden** der drei Mitgliedstaaten, deren Clearingmitglieder auf aggregierter Jahresbasis die höchsten Beiträge zum Ausfallfonds geleistet haben,
- die Behörden, die für die Beaufsichtigung der von der CCP unterstützten **Handelsplätze** und der von ihr genutzten **Wertpapierverwahrstellen** zuständig sind und
- die Zentralbanken, die für die **wichtigsten Unionswährungen**, in denen die geclearten Finanzinstrumente abgerechnet werden, verantwortlich sind.

Hat die antragstellende CCP mit einer oder mehrerer anderer CCPs eine **Interoperabilitätsvereinbarung** abgeschlossen, so sind auch

- die für die anderen CCPs zuständigen Behörden und Mitglieder des ESZB zu beteiligen.

8   Das Kollegium setzt sich nur aus Mitgliedern europäischer Behörden und Stellen zusammen. Behörden und Stellen, die **in Drittstaaten** ansässig sind, wirken nicht mit.

9   Die Mitwirkung der **ESMA** stellt zum einen sicher, dass sie ihre Funktion als Koordinator nach Art. 31 VO Nr. 1095/2010 erfüllen kann (Art. 19 Abs. 2 VO Nr. 648/2012), zum anderen soll sie eine konsistente Anwendung der EMIR bzw. eine einheitliche „Spruchpraxis" sicherstellen (Art. 21 Abs. 1 VO Nr. 1095/2010)[3]. Die ESMA hat bei der Verabschiedung der Stellungnahme des Kollegiums nach Art. 19 Abs. 3 Satz 4 VO Nr. 648/2012 **kein Stimmrecht**.

10 Die Mitwirkung der für die Beaufsichtigung der **Clearingmitglieder** der CCP zuständigen Behörden beruht auf der Überlegung, dass diese im Falle der drohenden Insolvenz der CCP als Erste betroffen und daher einem besonderen „Ansteckungsrisiko" ausgesetzt sind[4]. Stehen die erforderlichen Informationen über die von den Clearingmitgliedern gezahlten **Beiträge zu den Ausfallfonds** der CCP nicht zur Verfügung, weil die betreffende CCP mit dem Clearing von Finanzinstrumenten noch nicht begonnen hat oder noch nicht länger als ein Jahr

---

1 Erwägungsgrund Nr. 54 VO Nr. 648/2012.
2 *Europäische Wertpapier- und Marktaufsichtsbehörde (ESMA)*, Bericht über „Guidelines and Recommendations regarding written agreements between members of CCP colleges", ESMA/2013/661 vom 4.6.2013, abrufbar über: https://www.esma.europa.eu/sites/default/files/library/2015/11/2013-661_report_gr_on_college_written_agreement_-_final_for_publication_20130604.pdf („*ESMA* Guidance College Agreements"), S. 15 bis 26.
3 Erwägungsgrund Nr. 52 VO Nr. 648/2012; *ESMA*, Bericht „ESMA review of CCP colleges under EMIR", ESMA/2015/20 vom 8.1.2015, abrufbar über: https://www.esma.europa.eu/sites/default/files/library/2015/11/2015-20-_report_on_esma_review_of_ccp_colleges.pdf („*ESMA* CCP Peer Review Colleges"), S. 9: „supervisory convergence task").
4 Erwägungsgrund Nr. 52 VO Nr. 648/2012.

Clearingdienstleistungen erbringt, sind die Beiträge auf Basis des von der CCP vorzulegenden Informationen zu **schätzen**. Dies entspricht der Parallelvorschrift in Art. 25 Abs. 3 Buchst. b VO Nr. 648/2012[1].

Die Begrenzung der zuständigen Behörden auf **drei** folgt Praktikabilitätsüberlegungen. Sie wird jedoch durch das Auskunftsrecht nach Art. 18 Abs. 3 VO Nr. 648/2012 teilweise kompensiert. 11

Die Erfassung und Vermeidung von Systemrisiken rechtfertigt auch die Mitwirkung der Behörden die für die Beaufsichtigung der von der CCP genutzten oder unterstützten **Finanzmarktinfrastrukturen** – den Handelsplätzen, Wertpapierverwahrsystemen und den durch Interoperabilitätsvereinbarungen verbundenen anderen CCPs – zuständig sind und auf die sich die Dienstleistungen und Tätigkeiten der antragstellenden CCP oder deren Insolvenz ggf. nachteilig auswirken können[2]. 12

Die Einzelheiten für die Bestimmung der **wichtigsten Unionswährungen**, sind in Art. 1 DelVO Nr. 876/2013 geregelt. Maßgeblich ist der auf Jahresbasis zu ermittelnde relative Anteil der einzelnen Währungen an den durchschnittlichen offenen Tagesendpositionen der CCP für sämtliche von ihr abgerechneten Finanzinstrumente. Mitglieder des Kollegiums sind die Zentralbanken, die für die **drei Währungen** mit den höchsten Tagesendpositionen verantwortlich sind. Dabei werden nur solche Währungen berücksichtigt, deren relativer Anteil mehr als 10 % beträgt. Wird eine der Währungen von mehr als einer Zentralbank begeben, einigen sich die betroffenen Zentralbanken auf **einen einzigen Vertreter** (Art. 3 Abs. 3 DelVO Nr. 876/2013). 13

Stehen die erforderlichen Informationen über die anteiligen Tagesendpositionen nicht zur Verfügung, weil die betreffende CCP mit dem Clearing von Finanzinstrumenten noch nicht begonnen hat oder noch nicht länger als ein Jahr Clearingdienstleistungen erbringt, sind die anteiligen Tagesendpositionen auf Basis des von der CCP vorzulegenden Informationen zu **schätzen**[3]. 14

Nach Art. 3 Abs. 2 DelVO Nr. 876/2013 benennt jedes Mitglied des Kollegiums für die Sitzungen einen Teilnehmer und ggf. einen stellvertretenden Teilnehmer. Die für die CCP zuständige Behörde kann zusätzliche Teilnehmer benennen, die jedoch kein Stimmrecht erhalten. Ist eine **Behörde** aufgrund ihrer Zuständigkeiten sowohl für die Clearingmitglieder der CCP als auch für die in Art. 18 Abs. 2 VO Nr. 648/2012 genannten Marktinfrastruktureinheiten oder Währungen **mehrfach im Kollegium vertreten**, kann sie weitere Teilnehmer benennen, die jedoch nicht stimmberechtigt sind. 15

Ist ein Mitgliedstaat durch **mehr Teilnehmer** vertreten **als** ihm nach Art. 19 Abs. 3 VO Nr. 648/2012 **Stimmrechte** zustehen, teilen die betreffenden Mitglieder dem Kollegium mit, welche Teilnehmer die Stimmrechte ausüben. Für die Beteiligung deutscher Aufsichtsbehörden sieht § 53f KWG vor, dass in den Fällen, in denen nach Abs. 3 Satz 2 nur zwei Kollegiumsmitglieder aus demselben Mitgliedstaat stimmberechtigt sind, die **BaFin und die Deutsche Bundesbank** in den Abstimmungen jeweils eine Stimme wahrnehmen. Wegen der Einzelheiten wird auf die Ausführungen zu Art. 19 VO Nr. 648/2012 Rz. 7–15 verwiesen. 16

III. Zuständigkeiten (Art. 18 Abs. 4 VO Nr. 648/2012). Art. 18 Abs. 4 VO Nr. 648/2012 beschreibt die Aufgaben, die in den Zuständigkeitsbereich des Kollegiums fallen. Wegen der nach Art. 18 Abs. 4 Buchst. a VO Nr. 648/2012 zu erarbeitenden **Stellungahme** des Kollegiums wird auf die Ausführungen zu Art. 19 VO Nr. 648/2012 verwiesen. Bei dem nach Art. 18 Abs. 4 Buchst. d VO Nr. 648/2012 zu koordinierenden **aufsichtlichen Prüfungsprogramm** handelt es sich um die nach Art. 21 Abs. 1 VO Nr. 648/2012 regelmäßig, mindestens jedoch jährlich durchzuführenden Prüfungen und Bewertungen der von der CCP verwendeten Strategien, Prozesse und Mechanismen. Die für die CCP zuständige Behörde hat die Mitglieder nach Art. 21 Abs. 4 VO Nr. 648/2012 über die Ergebnisse der Prüfungen zu unterrichten. 17

Die Aufgabe des Kollegiums beschränkt sich nicht auf die Mitwirkung bei der Erteilung der **Zulassung**. Nach Art. 20 Abs. 6 VO Nr. 648/2012 ist es auch bei dem **Entzug der Zulassung**, zu konsultieren. Ebenfalls eingebunden ist das Kollegium in das **Anteilseignerkontrollverfahren**, wenn die zuständige Behörde beabsichtigt, dem Erwerb oder der Erhöhung einer **qualifizierten Beteiligung** nach Art. 31 Abs. 5 VO Nr. 648/2012 zu widersprechen. 18

Das Kollegium wirkt nach Art. 49 Abs. 1 Unterabs. 2 VO Nr. 648/2012 auch bei der erstmaligen Genehmigung der von der CCP verwendeten **Modelle für die Berechnung von Einschussforderungen** und **Beiträgen zum Ausfallfonds** mit und gibt Stellungnahmen zu allen wesentlichen Modelländerungen ab[4]. Darüber hinaus ist über den Abschluss einer **Interoperabilitätsvereinbarung** nach Art. 54 Abs. 1 VO Nr. 648/2012 in dem in Art. 17 VO Nr. 648/2012 bestimmten Verfahren und damit unter Einbindung des Kollegiums zu entscheiden. 19

---

1 *ESMA*, „Fragen und Antworten – Umsetzung der Verordnung (EU) Nr. 648/2012 über OTC-Derivate, zentrale Gegenparteien und Transaktionsregister (EMIR)", ESMA70-1861941480-52 vom 30.5.2018, abrufbar über: https://www.esma.europa.eu/sites/default/files/library/esma70-1861941480-52_qa_on_emir_implementation.pdf („*ESMA* Q&A"), CCP Frage Nr. 1 [letzte Aktualisierung: 20.3.2013] für die Schätzung der Tagesendpositionen, Rz. 11; *Kunschke* in Wilhelmi/Achtelik/Kunschke/Sigmundt, Handbuch EMIR, Teil 2.C Rz. 13.
2 Erwägungsgrund Nr. 53 VO Nr. 648/2012.
3 *ESMA* Q&A CCP Frage Nr. 1 [letzte Aktualisierung: 20.3.2013].
4 *ESMA* Q&A CCP Frage Nr. 5(b) [letzte Aktualisierung: 20.3.2013].

20 **IV. Auskunftspflicht (Art. 18 Abs. 3 VO Nr. 648/2012).** Gehört eine zuständige Behörde nicht dem Kollegium an, so kann sie nach Art. 18 Abs. 3 VO Nr. 648/2012 vom Kollegium jedwede Auskünfte verlangen.

21 Das uneingeschränkte Auskunftsrecht nach Art. 18 Abs. 3 VO Nr. 648/2012 ergänzt den allgemeinen Informationsanspruch aus Art. 84 Abs. 1 VO Nr. 648/2012, der sich seinerseits auf die für die Wahrnehmung der Aufgaben erforderlichen Informationen beschränkt. Es soll insbesondere die Interessen derjenigen **Zentralbanken** wahren[1], die deshalb nicht im Kollegium vertreten sind, weil ihre Währung nicht zu den drei wichtigsten Unionswährungen zählt oder die aufgrund Art. 3 Abs. 3 DelVO Nr. 876/2013 von einer anderen Zentralbank repräsentiert werden. Das Auskunftsrecht dient jedoch auch den **zuständigen Behörden**, die deshalb nicht Mitglied des Kollegiums sind, weil die von ihnen jeweils beaufsichtigten **Clearingmitglieder** der CCP in Summe nicht zu den drei größten Trägern des Ausfallfonds gehören. Aufsichtsbehörden von **Drittstaaten** steht das Auskunftsersuchen hingegen nicht zu.

22 Erhält das Kollegium ein Auskunftsersuchen, sieht Art. 3 Abs. 1 DelVO Nr. 876/2013 vor, dass die für die antragstellende **CCP zuständige Behörde** nach Anhörung des Kollegiums über das geeignetste Verfahren für die Übermittlung der Informationen entscheidet.

23 **V. Technische Regulierungsstandards (Art. 18 Abs. 6 VO Nr. 648/2012).** Von der Befugnis, technische Regulierungsstandards über die Bestimmung der wichtigsten Unionswährungen und der praktischen Modalitäten der Arbeitsweise von Kollegien zu erlassen, hat die Kommission mit Erlass der **DelVO Nr. 876/2013** Gebrauch gemacht. Die DelVO Nr. 876/2013 ist am zwanzigsten Tag nach ihrer Veröffentlichung im Amtsblatt der Europäischen Union in Kraft, d.h. am 3.10.2013, in Kraft getreten (Art. 7 der DelVO Nr. 876/2013).

24 **VI. Überarbeitung der EMIR.** Mit ihrem Entwurf zur Änderung der EMIR vom 13.6.2017 (**Kommission EMIR-II-Entwurf**) hat sich die Kommission dafür ausgesprochen, die Kohärenz der Beaufsichtigung europäischer CCPs zu stärken und für einheitliche Wettbewerbsbedingungen und eine stärkere Konvergenz der Aufsicht zu sorgen[2]. Der Entwurf schlägt vor, die ESMA bzw. den von ihr einzurichtenden CCP-Exekutivausschuss in die laufende Beaufsichtigung europäischer CPs einzubinden. Vorgesehen ist u.a. dass die Leitung bzw. der **Vorsitz des Kollegiums** zukünftig nicht mehr der zuständigen Behörde des Mitgliedstaates, sondern dem Leiter des CCP-Exekutivausschusses obliegt[3] und dass anstelle der ESMA die ständigen Mitglieder des CCP-Exekutivausschusses Mitglieder des Kollegiums werden[4]. Mit der Annahme des Berichts zum EMIR-II-Entwurf[5] seiner Berichterstatterin *Hübner* am 25.5.2018 hat das Europäische Parlament den erweiterten Befugnissen der ESMA grundsätzlich zugestimmt.

Art. 19 Stellungnahme des Kollegiums

(1) Binnen vier Monaten nach Vorlage eines vollständigen Antrags durch die CCP gemäß Artikel 17 führt die für die CCP zuständige Behörde eine Risikobewertung der CCP durch und legt dem Kollegium einen Bericht vor.

Das Kollegium erarbeitet binnen 30 Kalendertagen nach Erhalt des Berichts und gestützt auf die darin gewonnenen Erkenntnisse eine gemeinsame Stellungnahme, in welcher es feststellt, ob die CCP alle Anforderungen dieser Verordnung erfüllt.

Unbeschadet des Artikels 17 Absatz 4 Unterabsatz 4 verabschiedet das Kollegium, wenn keine gemeinsame Stellungnahme gemäß Unterabsatz 2 erarbeitet wurde, innerhalb dieser Frist eine Stellungnahme mit Stimmenmehrheit.

(2) Die ESMA wirkt im Rahmen ihrer allgemeinen Koordinatorfunktion gemäß Artikel 31 der Verordnung (EU) Nr. 1095/2010 auf die Annahme einer gemeinsamen Stellungnahme hin.

(3) Eine Stellungnahme mit Stimmenmehrheit des Kollegiums wird mit einfacher Mehrheit der Stimmen seiner Mitglieder verabschiedet. In Kollegien mit bis zu 12 Mitgliedern sind höchstens zwei Kollegiumsmitglieder aus demselben Mitgliedstaat stimmberechtigt, und jedes stimmberechtigte Mitglied hat eine Stimme. In Kollegien mit mehr als 12 Mitgliedern sind höchstens drei Mitglieder aus demselben Mitgliedstaat stimmberechtigt, und jedes stimmberechtigte Mitglied hat eine Stimme. Die ESMA hat bei der Verabschiedung der Stellungnahmen des Kollegiums kein Stimmrecht.

In der Fassung vom 4.7.2012 (ABl. EU Nr. L 201 v. 27.7.2012, S. 1).

---

1 Erwägungsgrund 2 DelVO Nr. 876/2013; *Achtelik* in Wilhelmi/Achtelik/Kunschke/Sigmundt, Handbuch EMIR, Teil 5.B Rz. 30.
2 *Kommission* EMIR-II-Entwurf, S. 13.
3 *Kommission* EMIR-II-Entwurf, S. 51: Änderung des Art. 18 Abs. 1 VO Nr. 648/2012.
4 *Kommission* EMIR-II-Entwurf, S. 51: Neufassung des Art. 18 Abs. 2 Buchst. a VO Nr. 648/2012.
5 Der Bericht ist abrufbar über: http://www.europarl.europa.eu/sides/getDoc.do?pubRef=-%2f%2fEP%2f%2fNONSGML%2bREPORT%2bA8-2018-0190%2b0%2bDOC%2bPDF%2bV0%2f%2fDE.

Schrifttum: *Europäische Wertpapier- und Marktaufsichtsbehörde (ESMA),* „Fragen und Antworten – Umsetzung der Verordnung (EU) Nr. 648/2012 über OTC-Derivate, zentrale Gegenparteien und Transaktionsregister (EMIR)", ESMA70-1861941480-52 vom 30.5.2018, abrufbar über: https://www.esma.europa.eu (*„ESMA Q&A"*).

I. Risikobewertung (Art. 19 Abs. 1 VO Nr. 648/2012) 1	IV. Stellungnahme mit Stimmenmehrheit (Art. 19 Abs. 3 VO Nr. 648/2012) 7
II. Erarbeitung der Stellungnahme 3	V. Überarbeitung der EMIR 16
III. Koordinatorfunktion der ESMA (Art. 19 Abs. 2 VO Nr. 648/2012) 6	

I. Risikobewertung (Art. 19 Abs. 1 VO Nr. 648/2012). Hat die für die CCP zuständige Behörde nach Art. 17 Abs. 3 VO Nr. 648/2012 festgestellt, dass der Zulassungsantrag der CCP vollständig ist, so führt sie nach Art. 19 Abs. 1 Unterabs. 1 VO Nr. 648/2012 innerhalb von vier Monaten eine **Risikobewertung der CCP** durch und legt dem Kollegium einen Bericht vor. 1

Um eine konsistente Anwendung der VO Nr. 648/2012 sicherzustellen, hat die ESMA **Formblätter** sowohl für die von der zuständigen Behörde abzugebende Risikobewertung als auch für die von Kollegiumsmitgliedern zu stellenden Fragen zum Zulassungsantrag entwickelt[1]. 2

II. Erarbeitung der Stellungnahme. Gestützt auf den Bericht der für die CCP zuständigen Behörde erarbeitet das Kollegium nach Art. 19 Abs. 1 Unterabs. 2 VO Nr. 648/2012 innerhalb von 30 Kalendertagen eine **gemeinsame Stellungnahme**. 3

Die Stellungnahme beinhaltet die Feststellung ob die CCP sämtliche **Anforderungen der VO Nr. 648/2012** erfüllt. Nach Art. 41 Abs. 2 Satz 2 VO Nr. 648/2012 ist Gegenstand der Stellungnahme insbesondere die Validierung der für die Berechnung von **Einschusszahlungen verwendeten Modelle** und der ihnen zugrunde liegenden Parameter[2]. 4

Die gemeinsame Stellungnahme setzt **Einstimmigkeit** voraus. Kann sich das Kollegium nicht auf eine gemeinsame Stellungnahme einigen, beschließt es seine Stellungnahme mit Stimmenmehrheit nach Art. 19 Abs. 3 VO Nr. 648/2012. 5

III. Koordinatorfunktion der ESMA (Art. 19 Abs. 2 VO Nr. 648/2012). Nach Art. 19 Abs. 2 VO Nr. 648/2012 ist es die Aufgabe der ESMA, im Rahmen ihrer allgemeinen **Koordinatorfunktion** nach Art. 31 VO Nr. 1095/2010[3] auf eine gemeinsame Stellungnahme hinzuwirken. Der Verweis auf die lediglich koordinierende Funktion der ESMA verweist darauf, dass der ESMA innerhalb des Kollegiums kein Stimmrecht zusteht. Ihre Einflussmöglichkeit beschränkt sich auf die in Art. 17 Abs. 4 VO Nr. 648/2012 vorgesehenen Befugnisse bei Meinungsverschiedenheiten. 6

IV. Stellungnahme mit Stimmenmehrheit (Art. 19 Abs. 3 VO Nr. 648/2012). Art. 19 Abs. 3 Satz 1 VO Nr. 648/2012 definiert die Anforderungen an eine Stellungnahme mit Stimmenmehrheit; sie setzt die **einfache Mehrheit** der Stimmen der stimmberechtigten Kollegiumsmitglieder voraus. 7

Die **stimmberechtigten Kollegiumsmitglieder** werden in Art. 19 Abs. 3 Satz 2 bis 4 VO Nr. 648/2012 definiert. In Kollegien mit bis zu 12 Mitgliedern sind höchstens zwei Kollegiumsmitglieder aus demselben Mitgliedstaat stimmberechtigt und jedes stimmberechtigte Mitglied hat nur eine Stimme. In Kollegien mit mehr als 12 Mitgliedern sind höchstens drei Mitglieder aus demselben Mitgliedstaat stimmberechtigt. Der ESMA steht bei der Beschlussfassung über die Stellungnahme kein Stimmrecht zu. 8

Zweck der in Art. 19 Abs. 3 Satz 2 und 3 VO Nr. 648/2012 vorgesehenen Beschränkung der Stimmrechte auf zwei bzw. drei Vertreter eines Mitgliedstaates ist es, sicherzustellen, dass alle relevanten Marktteilnehmer und Mitgliedstaaten angemessen und in einem ausgewogenen Verhältnis vertreten sind[4]. 9

Für die Beteiligung deutscher Aufsichtsbehörden sieht § 53f KWG vor, dass in den Fällen, in denen nach Abs. 3 Satz 2 nur zwei Kollegiumsmitglieder aus demselben Mitgliedstaat stimmberechtigt sind, die **BaFin und die** 10

---

1 *Europäische Wertpapier- und Marktaufsichtsbehörde (ESMA),* Bericht „ESMA review of CCP colleges under EMIR", ESMA/2015/20 vom 8.1.2015, abrufbar über: https://www.esma.europa.eu/sites/default/files/library/2015/11/2015-20-_report_on_esma_review_of_ccp_colleges.pdf (*„ESMA CCP Peer Review Colleges"*), S. 11.
2 *ESMA,* „Fragen und Antworten – Umsetzung der Verordnung (EU) Nr. 648/2012 über OTC-Derivate, zentrale Gegenparteien und Transaktionsregister (EMIR)", ESMA70-1861941480-52 vom 30.5.2018, abrufbar über: https://www.esma.europa.eu/sites/default/files/library/esma70-1861941480-52_qa_on_emir_implementation.pdf (*„ESMA Q&A"*), CCP Frage Nr. 5(b) [letzte Aktualisierung: 20.3.2013].
3 Verordnung (EU) Nr. 1095/2010 des Europäischen Parlaments und des Rates vom 24. November 2010 zur Errichtung einer Europäischen Aufsichtsbehörde (Europäische Wertpapier- und Marktaufsichtsbehörde), zur Änderung des Beschlusses Nr. 716/2009/EG und zur Aufhebung des Beschlusses 2009/77/EG der Kommission, ABl. EU Nr. L 331 v. 15.12.2010, S. 84.
4 Erwägungsgrund Nr. 54 VO Nr. 648/2012.

Art. 19 VO Nr. 648/2012 | Stellungnahme des Kollegiums

Deutsche Bundesbank in den Abstimmungen jeweils eine Stimme wahrnehmen. Gehören die BaFin oder die Deutsche Bundesbank dem Kollegium nicht an, oder stehen den deutschen Aufsichtsbehörden bei großen Kollegien nach Abs. 3 Satz 3 insgesamt drei Stimmen zu, werden die zusätzlichen Stimmen von den deutschen Behörden wahrgenommen, die für die Beaufsichtigung der Handelsplätze zuständig sind. Dabei ist für die Reihenfolge das Volumen der an dem betreffenden Handelsplatz gehandelten und von der CCP geclearten Finanzinstrumente maßgeblich.

11 Einzelheiten der Beschlussfassung hat die Kommission in dem mit „Governance" überschriebenen Art. 4 DelVO Nr. 876/2013 festgelegt. Danach ist das Kollegium beschlussfähig, wenn ein **Quorum** von zwei Drittel der Mitglieder anwesend ist (Art. 4 Abs. 6 DelVO Nr. 876/2013), wobei nur die **stimmberechtigten Mitglieder** zu zählen sind[1].

12 Zu den **nicht** stimmberechtigten Mitgliedern zählen neben der ESMA auch die Kollegiumsmitglieder, die nach Art. 19 Abs. 3 Satz 2 oder 3 VO Nr. 648/2012 oder nach Art. 3 Abs. 3 DelVO Nr. 876/2013 durch ein anderes Kollegiumsmitglied vertreten werden[2]. Wird das Quorum nicht erreicht, stellt der Vorsitz des Kollegiums sicher, dass alle zu treffenden Beschlüsse so lange zurückgestellt werden, bis das Quorum erreicht ist (Art. 4 Abs. 7 DelVO Nr. 876/2013). Ist das Quorum während einer Sitzung des Kollegiums erreicht, so soll das bestehende Quorum nach Auffassung der ESMA nicht dadurch entfallen, dass ein stimmberechtigtes Mitglied die Sitzung verlässt[3].

13 Nach Art. 19 Abs. 3 Satz 1 VO Nr. 648/2012 fällt das Kollegium seine Beschlüsse mit der **einfachen** Mehrheit der abgegebenen Stimmen. **Stimmenthaltungen** bleiben bei der Feststellung der einfachen Mehrheit unberücksichtigt, d.h., die Mehrheit wird im Nenner wie im Zähler ausschließlich auf Basis der abgegebenen Ja- oder Nein-Stimmen ermittelt[4].

14 Abweichend hiervon werden Stimmenthaltungen bei **Beschlüssen nach Art. 17 Abs. 4 VO Nr. 648/2012** wie folgt berücksichtigt: Sie zählen zu der im Nenner zusammengefassten Gruppe der stimmberechtigten Mitglieder, gehören jedoch nicht zu der im Zähler zusammengefassten Gruppe der Ja- oder Nein-Stimmen[5]. Wird die Stimmenmehrheit in der ersten Abstimmung nicht erreicht, soll das Kollegium innerhalb der in Art. 19 Abs. 1 Unterabs. 2 VO Nr. 648/2012 genannten 30-Tagefrist eine zweite Abstimmung durchführen[6].

15 Eine **Übertragung des Stimmrechts** auf ein anderes Kollegiumsmitglied ist unzulässig[7]. Wird eine der drei wichtigsten Unionswährungen von mehr als einer Zentralbank begeben, und einigen sich die betroffenen **Zentralbanken** nach Art. 3 Abs. 3 DelVO Nr. 876/2013 auf einen einzigen Vertreter, so hat dieser Vertreter im Kollegium nur eine Stimme. Die Ausübung des Stimmrechts bindet jedoch sämtliche betroffenen Zentralbanken[8].

16 **V. Überarbeitung der EMIR.** Mit ihrem Entwurf zur Änderung der EMIR vom 13.6.2017 (**Kommission EMIR-II-Entwurf**) hat sich die Kommission dafür ausgesprochen, die Kohärenz der Beaufsichtigung europäischer CCPs zu stärken und für einheitliche Wettbewerbsbedingungen und eine stärkere Konvergenz der Aufsicht zu sorgen[9]. Der Entwurf schlägt vor, den Einfluss der ESMA bzw. des von ihr einzurichtenden CCP-Exekutivausschuss bei Abstimmungen des Kollegiums zu stärken. Vorgesehen ist u.a. dass die ständigen Mitglieder des CCP-Exekutivausschuss ein Stimmrecht erhalten[10]. Darüber hinaus soll die EZB, wenn sie Mitglied des Kollegiums ist, mehr als eine Stimme erhalten[11]. Mit der Annahme des Berichts zum EMIR-II-Entwurf[12] seiner Berichterstatterin *Hübner* am 25.5.2018 hat das Europäische Parlament den erweiterten Befugnissen der ESMA grundsätzlich zugestimmt.

---

1 *ESMA*, Gutachten über „Voting Procedures for CCP colleges under EMIR", ESMA/2014/576 vom 28.5.2014, abrufbar über: https://www.esma.europa.eu/sites/default/files/library/2015/11/2014-576.pdf („*ESMA* Opinion Voting Procedures"), Rz. 12.
2 *ESMA* Opinion Voting Procedures, Rz. 9.
3 *ESMA* Opinion Voting Procedures, Rz. 14.
4 *ESMA* Opinion Voting Procedures, Rz. 15(b).
5 *ESMA* Opinion Voting Procedures, Rz. 15(a).
6 *ESMA* Opinion Voting Procedures, Rz. 16.
7 *ESMA* Opinion Voting Procedures, Rz. 11.
8 *ESMA* Opinion Voting Procedures, Rz. 10.
9 *Kommission* EMIR-II-Entwurf, S. 13.
10 *Kommission* EMIR-II-Entwurf, S. 52: Änderung des Art. 19 Abs. 3 VO Nr. 648/2012.
11 *Kommission* EMIR-II-Entwurf, S. 52: Änderung des Art. 19 Abs. 3 VO Nr. 648/2012.
12 Der Bericht ist abrufbar über: http://www.europarl.europa.eu/sides/getDoc.do?pubRef=-%2f%2fEP%2f%2fNONSGML%2bREPORT%2bA8-2018-0190%2b0%2bDOC%2bPDF%2bV0%2f%2fDE.

Art. 20 Entzug der Zulassung

(1) Unbeschadet des Artikels 22 Absatz 3 entzieht die für die CCP zuständige Behörde die Zulassung, wenn diese

a) während eines Zeitraums von zwölf Monaten von der Zulassung keinen Gebrauch gemacht, ausdrücklich auf die Zulassung verzichtet oder in den vorangegangenen sechs Monaten keine Dienstleistungen erbracht bzw. keine Tätigkeiten ausgeübt hat;
b) die Zulassung aufgrund falscher Angaben oder auf andere rechtswidrige Weise erhalten hat;
c) nicht mehr die Voraussetzungen erfüllt, aufgrund deren die Zulassung erteilt wurde, und die von der für die CCP zuständigen Behörde geforderten Abhilfemaßnahmen innerhalb der gesetzten Frist nicht ergriffen hat;
d) in schwerwiegender Weise und systematisch gegen eine Anforderungen dieser Verordnung verstoßen hat.

(2) Ist die für die CCP zuständige Behörde der Auffassung, dass einer der in Absatz 1 genannten Sachverhalte gegeben ist, meldet sie dies innerhalb von fünf Arbeitstagen der ESMA und den Mitgliedern des Kollegiums.

(3) Die für die CCP zuständige Behörde konsultiert die Mitglieder des Kollegiums zur Notwendigkeit eines Entzugs der Zulassung einer CCP, es sei denn, eine Entscheidung ist dringend geboten.

(4) Jedes Mitglied des Kollegiums kann die für die CCP zuständige Behörde jederzeit ersuchen, zu prüfen, ob diese nach wie vor die Voraussetzungen erfüllt, aufgrund deren die Zulassung erteilt wurde.

(5) Die für die CCP zuständige Behörde kann den Entzug der Zulassung auf eine bestimmte Dienstleistung, eine bestimmte Tätigkeit oder eine bestimmte Kategorie von Finanzinstrumenten beschränken.

(6) Die für die CCP zuständige Behörde übermittelt der ESMA und den Mitgliedern des Kollegiums ihre ausführlich begründete Entscheidung, in der die Vorbehalte der Mitglieder des Kollegiums berücksichtigt werden.

(7) Die Entscheidung über den Entzug der Zulassung gilt in der gesamten Union.

In der Fassung vom 4.7.2012 (ABl. EU Nr. L 201 v. 27.7.2012, S. 1).

Schrifttum: *Europäische Wertpapier- und Marktaufsichtsbehörde (ESMA)*, „Fragen und Antworten – Umsetzung der Verordnung (EU) Nr. 648/2012 über OTC-Derivate, zentrale Gegenparteien und Transaktionsregister (EMIR)", ESMA70-1861941480-52 vom 30.5.2018, abrufbar über: https://www.esma.europa.eu (*"ESMA Q&A"*); *Kommission*, „EMIR: Häufig gestellte Fragen", zuletzt aktualisiert am 10.7.2014, abrufbar über: http://ec.europa.eu (*"Kommission FAQ"*).

I. Entziehungsgründe (Art. 20 Abs. 1 VO Nr. 648/2012) 1	III. Folgen der Entziehung (Art. 20 Abs. 7 VO Nr. 648/2012) 8
II. Verfahren (Art. 20 Abs. 2–6 VO Nr. 648/2012) . 5	

I. Entziehungsgründe (Art. 20 Abs. 1 VO Nr. 648/2012). Nach Art. 20 Abs. 1 Buchst. a–d VO Nr. 648/2012 1
entzieht die für die CCP zuständige Behörde die Zulassung, wenn die CCP

- während eines Zeitraums von **zwölf Monaten** von der Zulassung keinen Gebrauch gemacht hat,
- auf die Zulassung ausdrücklich **verzichtet** hat,
- in den zurückliegenden **sechs Monaten keine Clearingdienstleistungen** erbracht hat,
- die Zulassung aufgrund **falscher Angaben** oder auf rechtswidrige Weise erlangt hat,
- **nicht mehr die Voraussetzungen erfüllt**, aufgrund derer ihr die Zulassung erteilt wurde oder
- sie in schwerwiegender Weise und systematisch **gegen eine Anforderung der VO Nr. 648/2012 verstoßen** hat.

Ein in Art. 30 Abs. 4 VO Nr. 648/2012 vorgesehener weiterer Entziehungsgrund ist der negative Einfluss des 2
Inhabers einer qualifizierten Beteiligung, der dazu führt, dass die solide und umsichtige Geschäftsführung der CCP gefährdet ist.

Der in Art. 20 Abs. 1 Buchst. c VO Nr. 648/2012 genannte Fall, dass die CCP die Zulassungsvoraussetzungen 3
nicht mehr erfüllt, rechtfertigt die Entziehung der Zulassung nur dann, wenn die CCP die von der zuständigen Behörde geforderten **Abhilfemaßnahmen** nicht innerhalb der ihr gesetzten Frist in Angriff genommen hat. Dass die zuständige Behörde auf eine zeitnahe Abhilfe drängen muss, ergibt sich aus Art. 21 Abs. 5 VO Nr. 648/2012.

Der in Art. 20 Abs. 1 VO Nr. 648/2012 aufgeführte **Katalog der Tatbestände**, die den Entzug der Zulassung 4
rechtfertigen, entspricht weitestgehend Art. 8 Buchst. a–d RL 2014/65/EU (MiFID II) und Art. 18 Buchst. a–c RL 2013/36/EU (CRD IV).

5 II. Verfahren (Art. 20 Abs. 2–6 VO Nr. 648/2012). Der Gesetzgeber ging davon aus, dass die **Initiative zur Entziehung** der Zulassung grundsätzlich von der für die CCP zuständigen Behörde ausgeht. Nach Art. 20 Abs. 4 VO Nr. 648/2012 kann jedoch jedes Mitglied des Kollegiums von der zuständigen Behörde verlangen, dass diese überprüft, ob die Voraussetzungen, aufgrund derer der CCP die Zulassung erteilt wurde, immer noch gegeben sind. Auffallend ist, dass sich das Initiativrecht des Kollegiums auf den in Art. 20 Abs. 1 Buchst. c VO Nr. 648/2012 genannten Entziehungsgrund zu beschränken scheint, d.h. nicht auch andere Entziehungsgründe umfasst.

6 Gelangt die für die CCP zuständige Behörde zur Auffassung, dass die Voraussetzungen für die Entziehung der Zulassung gegeben sind, unterrichtet sie nach Art. 20 Abs. 2 VO Nr. 648/2012 innerhalb von **fünf Arbeitstagen** die ESMA und die Mitglieder des Kollegiums. Sofern die Entscheidung nicht dringend geboten ist, hat die für die CCP zuständige Behörde die Mitglieder des Kollegiums vor ihrer Entscheidung über die Entziehung zu konsultieren (Art. 20 Abs. 3 VO Nr. 648/2012).

7 Der Entzug der Zulassung kann sich nach Art. 20 Abs. 5 VO Nr. 648/2012 auf bestimmte Tätigkeiten oder auf eine bestimmte Kategorie von Finanzinstrumenten beschränken[1]. Der Entzug ist nach Art. 20 Abs. 6 VO Nr. 648/2012 ausführlich zu begründen und muss die ggf. geäußerten Vorbehalte der Mitglieder des Kollegiums berücksichtigen.

8 III. Folgen der Entziehung (Art. 20 Abs. 7 VO Nr. 648/2012). Wie die Zulassung der CCP entfaltet nach Art. 20 Abs. 7 VO Nr. 648/2012 auch der „*actus contrarius*", der Entzug der Zulassung, Geltung in der gesamten Union.

9 Betrifft der Entzug das Clearing einer Kategorie von OTC-Derivaten, für die nach Art. 5 Abs. 2 VO Nr. 648/2012 die **Clearingpflicht** begründet worden ist, kann der Entzug nach Art. 5 Abs. 6 VO Nr. 648/2012 dazu führen, dass die Clearingpflicht entfällt. Dies ist dann gegeben, wenn es nach dem Entzug der Zulassung keine zugelassene oder anerkannte CCP gibt, die die clearingpflichtige Kategorie von OTC-Derivaten clearen könnte.

10 Der Entzug der Zulassung führt nach Art. 6 Abs. 3 VO Nr. 648/2012 dazu, dass die CCP aus dem **öffentlichen Register** zu entfernen ist. Wegen des bislang einzig bekannt gewordenen Falles einer Entziehung der Zulassung wird auf die Ausführung zu Art. 6 VO Nr. 648/2012 Rz. 11 verwiesen.

11 Nach Art. 34 Abs. 2 VO Nr. 648/2012 müssen die von der CCP vorzuhaltenden Strategien und Verfahren für die **Fortführung des Geschäftsbetriebes** auch Maßnahmen vorsehen, die im Falle des Entzuges der Zulassung sicherstellen, dass die Positionen und Vermögenswerte ihrer Clearingmitglieder und deren Kunden zeitnah und ordnungsgemäß abgewickelt oder übertragen werden.

Art. 21 Überprüfung und Bewertung

(1) Unbeschadet der Rolle des Kollegiums überprüfen die in Artikel 22 genannten zuständigen Behörden die Regelungen, Strategien, Prozesse und Mechanismen, die von CCPs angewandt werden, um dieser Verordnung nachzukommen, und bewertet die Risiken, denen diese ausgesetzt sind oder ausgesetzt sein können.

(2) Die Überprüfung und Bewertung nach Absatz 1 bezieht sich auf alle Anforderungen dieser Verordnung, die CCP zu erfüllen haben.

(3) Die zuständigen Behörden legen unter Berücksichtigung der Größe, der Systemrelevanz, der Art, des Umfangs und der Komplexität der Tätigkeiten der betroffenen CCPs Häufigkeit und Umfang der Überprüfung und Bewertung nach Absatz 1 fest. Die Überprüfung und die Bewertung werden mindestens einmal jährlich aktualisiert.
Bei den CCPs werden Prüfungen vor Ort durchgeführt.

(4) Die zuständigen Behörden unterrichten das Kollegium regelmäßig, mindestens aber einmal jährlich, über die Ergebnisse der Überprüfung und Bewertung nach Absatz 1, einschließlich etwaiger getroffener Abhilfemaßnahmen oder auferlegter Sanktionen.

(5) Die zuständigen Behörden fordern jede CCP, die die Anforderungen dieser Verordnung nicht erfüllt, auf, die notwendigen Maßnahmen zu ergreifen, um frühzeitig Abhilfe zu schaffen.

(6) Die ESMA nimmt eine Koordinierungsfunktion zwischen den zuständigen Behörden und zwischen den Kollegien wahr, damit eine gemeinsame Aufsichtskultur und kohärente Aufsichtspraktiken geschaffen werden, einheitliche Verfahren und kohärente Vorgehensweisen gewährleistet werden und eine größere Angleichung bei den Ergebnissen der Aufsicht erreicht wird.

---

1 *Achtelik* in Wilhelmi/Achtelik/Kunschke/Sigmundt, Handbuch EMIR, Teil 5.B Rz. 34.

Für die Anwendung von Unterabsatz 1 führt die ESMA mindestens einmal jährlich folgende Maßnahmen durch:
a) sie unterzieht die Aufsichtstätigkeiten aller zuständigen Behörden in Bezug auf die Zulassung und die Aufsicht von CCPs einer vergleichenden Analyse nach Artikel 30 der Verordnung (EU) Nr. 1095/2010, und
b) sie initiiert und koordiniert unionsweite Bewertungen der Belastbarkeit von CCPs bei ungünstigen Marktentwicklungen nach Artikel 32 Absatz 2 der Verordnung (EU) Nr. 1095/2010.

Werden bei einer Bewertung nach Unterabsatz 2 Buchstabe b Mängel bei der Belastbarkeit einer oder mehrerer CCPs aufgedeckt, gibt die ESMA die notwendigen Empfehlungen nach Artikel 16 der Verordnung (EU) Nr. 1095/2010 heraus.

In der Fassung vom 4.7.2012 (ABl. EU Nr. L 201 v. 27.7.2012, S. 1).

I. Regelmäßige Überprüfungen und Bewertungen (Art. 21 Abs. 1–5 VO Nr. 648/2012) 1	II. Peer Reviews und Stresstest (Art. 21 Abs. 6 VO Nr. 648/2012) 7

I. Regelmäßige Überprüfungen und Bewertungen (Art. 21 Abs. 1–5 VO Nr. 648/2012). Nach Art. 21 Abs. 1 VO Nr. 648/2012 hat die für die CCP zuständige Behörde die von der CCP angewandten Regelungen, Strategien, Prozesse und Mechanismen und die Risiken, denen die CCP ausgesetzt ist oder ausgesetzt sein könnte, in regelmäßigen Abständen zu überprüfen und zu bewerten. Die **Zuständigkeit** liegt bei der nach Art. 22 VO Nr. 648/2012 zuständigen nationalen Aufsichtsbehörde, wobei sich aus Art. 22 Abs. 1 Unterabs. 2 VO Nr. 648/2012 ergibt, dass es sich hierbei um mehr als eine zuständige Behörde handeln kann. Der in Art. 21 Abs. 1 VO Nr. 648/2012 aufgenommene Verweis auf das **Kollegium** bezieht sich auf Art. 18 Abs. 4 Buchst. d VO Nr. 648/2012, wonach das für eine CCP festgelegte Prüfungsprogramm vom Kollegium zu koordinieren ist. 1

Die Prüfung bezieht sich nach Art. 21 Abs. 2 VO Nr. 648/2012 auf **alle Anforderungen der EMIR**, die von der CCP zu erfüllen sind. Umfang und Häufigkeit der Prüfungen werden von der zuständigen Behörde festgelegt. Dabei hat sie nach Art. 21 Abs. 3 VO Nr. 648/2012 die Größe und Systemrelevanz der CCP sowie Art, Umfang und Komplexität ihrer Tätigkeiten zu berücksichtigen. Die Prüfungen und Bewertungen müssen mindestens jährlich erfolgen, was zumindest in der Vergangenheit nicht immer der aufsichtlichen Praxis entsprach[1]. 2

Nach Art. 21 Abs. 4 VO Nr. 648/2012 unterrichtet die für die CCP zuständige Behörde das Kollegium regelmäßig, mindestens jährlich, über das Ergebnis der Überprüfungen und Bewertungen und die von der CCP ergriffenen Maßnahmen, mit denen sie negativen Feststellungen abhilft. 3

Erfüllt eine CCP die Anforderungen der EMIR nicht mehr, so hat die für sie zuständige Behörde sie nach Art. 21 Abs. 5 VO Nr. 648/2012 aufzufordern, die notwendigen Maßnahmen zu ergreifen, um frühzeitig Abhilfe zu schaffen. 4

Art. 21 Abs. 1 VO Nr. 648/2012 lehnt sich eng an die Parallelvorschrift in Art. 97 RL 2013/36/EU (CRD IV) an. Auffallend ist, dass Art. 21 Abs. 3 Unterabs. 2 VO Nr. 648/2012 ausschließlich **Prüfungen vor Ort** vorsieht, was für die zuständigen Behörden mit besonderem Aufwand verbunden ist[2]. Der Vergleich mit Art. 97 RL 2013/36/EU lässt auch vermuten, dass der Gesetzgeber CCPs stets als systemrelevant ansieht und für Erleichterungen, wie sie die RL 2013/36/EU für kleinere Institute mit einfachen Geschäftsmodellen ermöglichen würde, grundsätzlich keinen Raum sieht. 5

Die aufsichtliche Überprüfung und Bewertung durch die zuständige Behörde wird durch **Art. 49 VO Nr. 648/2012** und die ergänzenden Bestimmungen in Art. 47–62 DelVO Nr. 153/2013 unterstützt. Danach hat die CCP ihre Modelle, Methoden und Verfahren, mit denen sie ihre Kredit- und Liquiditätsrisiken erfasst, bewertet und steuert, laufenden **Tests** und **Neubewertungen** zu unterziehen und die zuständige Behörde sowie die ESMA über das Ergebnis ihrer Tests und Validierungen zu unterrichten (Art. 49 Abs. 1 Satz 3 VO Nr. 648/2012). Diese Informationen stellen bereits eine wichtige Quelle für die Vorbereitung der aufsichtlichen Prüfungen dar. 6

II. Peer Reviews und Stresstest (Art. 21 Abs. 6 VO Nr. 648/2012). Nach Art. 21 Abs. 6 VO Nr. 648/2012 unterzieht die ESMA die Aufsichtstätigkeit aller zuständigen Behörden mindestens einmal jährlich einer vergleichenden Analyse (sog. „Peer Review") und initiiert unionsweite Stresstests, mit denen sie die Belastbarkeit von CCPs bei ungünstigen Marktentwicklungen bewertet. 7

---

1 S. *Europäische Wertpapier- und Marktaufsichtsbehörde (ESMA)*, Bericht zum „Peer Review under EMIR Art. 21 – Supervisory Activities on CCP's Margin and Collateral Requirements", ESMA/2016/1683 vom 22.12.2016, abrufbar über: https://www.esma.europa.eu/sites/default/files/library/2016-1683_ccp_peer_review_report.pdf („*ESMA* CCP Peer Review Margining"), Rz. 43 und die in 2015 beobachteten Beanstandungen.

2 *ESMA* CCP Peer Review Margining, Rz. 36 mit dem Hinweis, das Aufsichtsbehörden im Interesse einer ressourcenschonenden Aufsicht immer noch „desk-based reviews" durchführen.

8 Die nach Art. 21 Abs. 6 Buchst. a VO Nr. 648/2012 von der ESMA durchzuführenden **Peer Reviews** basieren auf Art. 30 Abs. 1 Satz 1 VO Nr. 1095/2010[1]. Danach soll ESMA alle oder einige Tätigkeiten der zuständigen Behörden regelmäßig einer von ihr organisierten vergleichenden Analyse unterziehen. Die nach Art. 30 Abs. 1 Satz 2 VO Nr. 1095/2010 zu entwickelnden Methoden hat die ESMA am 25.11.2013 bekannt gemacht[2]. Sie sind für die nach Art. 21 Abs. 6 Buchst. a VO Nr. 648/2012 durchzuführenden Peer Reviews am 5.1.2017 modifiziert worden[3].

9 Die vergleichenden Analysen haben sich bislang auf folgende Bereiche erstreckt: Der erste Peer Review wurde Ende 2014 durchgeführt und untersuchte die Zusammenarbeit der **Kollegiumsmitglieder** insbesondere während der seit Juni 2013 anhängigen Verfahren über die **Zulassung von CCPs**[4]. Ein im November 2015 begonnene Analyse befasste sich mit der Überwachung der aufsichtlichen Anforderungen an **Einschusszahlungen und Sicherheiten**[5].

10 Nach Art. 21 Abs. 6 Buchst. b VO Nr. 648/2012 und Art. 32 Abs. 2 VO Nr. 1095/2010 hat die ESMA mindestens jährlich unionsweite **Stresstests** durchzuführen, mit denen sie die **Widerstandsfähigkeit von CCPs** bei ungünstigen Marktentwicklungen beurteilt. Ihren ersten Stresstest hat die ESMA 2015 durchgeführt. Dabei legte die ESMA den Schwerpunkt auf das mit der Clearingtätigkeit verbundene Ausfall- oder Ansteckungsrisiko. Simuliert wurden der Ausfall mehrerer Clearingmitglieder und ein damit einhergehender Preisschock[6]. Einbezogen in die Übung waren 17 CCPs, darunter sämtliche europäischen CCPs. Die Ergebnisse des ersten Stresstests sind von der ESMA am 29.4.2016 veröffentlicht worden. Gegenstand des am 5.1.2017 angekündigten[7] zweiten Stresstests war neben dem Ausfall- bzw. Ansteckungsrisiko auch das Liquiditätsrisiko. Teilgenommen hatten 16 CCPs. Die Ergebnisse des zweiten Stresstests sind am 2.2.2018 veröffentlicht worden[8].

Kapitel 2
Beaufsichtigung und Überwachung von CCPs

Art. 22 Zuständige Behörde

(1) Jeder Mitgliedstaat benennt die zuständige Behörde, die für die Wahrnehmung der aus dieser Verordnung erwachsenden Aufgaben hinsichtlich Zulassung und Beaufsichtigung der in seinem Gebiet niedergelassenen CCPs verantwortlich ist, und unterrichtet die Kommission und die ESMA entsprechend.

Benennt ein Mitgliedstaat mehr als eine zuständige Behörde, definiert er eindeutig die jeweiligen Aufgaben und benennt eine einzige Behörde, die für die Koordinierung der Zusammenarbeit und den Informationsaustausch mit der Kommission, der ESMA, den zuständigen Behörden der anderen Mitgliedstaaten, der EBA und den einschlägigen Mitgliedern des ESZB gemäß den Artikeln 23, 24, 83 und 84 verantwortlich ist.

---

1 Verordnung (EU) Nr. 1095/2010 des Europäischen Parlaments und des Rates vom 24. November 2010 zur Errichtung einer Europäischen Aufsichtsbehörde (Europäische Wertpapier- und Marktaufsichtsbehörde), zur Änderung des Beschlusses Nr. 716/2009/EG und zur Aufhebung des Beschlusses 2009/77/EG der Kommission, ABl. EU Nr. L 331 v. 15.12.2010, S. 84.
2 *ESMA*, Review Panel Methodology, ESMA/2013/1709 vom 25.11.2013, abrufbar über: https://www.esma.europa.eu/sites/default/files/library/2015/11/2013-1709-review_panel_u_methodology_publication.pdf („*ESMA* Pier Review Methodology").
3 *ESMA*, Methodology for Mandatory Peer Reviews in relation to CCPs' authorisation and supervision under EMIR, ESMA 71-1154262120-155 vom 5.1.2017, abrufbar über: https://www.esma.europa.eu/sites/default/files/library/esma71-1154262120-155_methodology_for_mandatory_peer_reviews.pdf („*ESMA* Pier Review Methodology CCP").
4 *ESMA*, Bericht „ESMA-Prüfung von CCP-Kollegien gemäß der EMIR", ESMA/2015/20 vom 8.1.2015, abrufbar über: https://www.esma.europa.eu/sites/default/files/library/2015/11/2015-20-_report_on_esma_review_of_ccp_colleges.pdf („*ESMA* CCP Peer Review Colleges"), S. 5.
5 *ESMA*, Bericht zum „Peer Review under EMIR Art. 21 – Supervisory Activities on CCP's Margin and Collateral Requirements", ESMA/2016/1683 vom 22.12.2016, abrufbar über: https://www.esma.europa.eu/sites/default/files/library/2016-1683_ccp_peer_review_report.pdf („*ESMA* CCP Peer Review Margining").
6 *ESMA*, Bericht zum „EU-wide CCP Stresstest 2015", ESMA/2016/658 vom 29.4.2016, abrufbar über: https://www.esma.europa.eu/sites/default/files/library/2016-658_ccp_stress_test_report_2015.pdf („*ESMA* CCP Stresstest 2015"), S. 6.
7 *ESMA*, Ankündigung „Methodological Framework – 2017 EU-wide CCP Stress Test Exercise", ESMA70-708036281-51 vom 1.2.2017 abrufbar über: https://www.esma.europa.eu/sites/default/files/library/esma70-708036281-51_public_framework_2017_ccp_stress_test_exercise.pdf („*ESMA* CCP Stresstest 2017").
8 *ESMA*, Bericht zum „EU-wide CCP Stresstest 2017", ESMA70-151-1154 vom 2.2.2018, abrufbar über: https://www.esma.europa.eu/sites/default/files/library/2016-658_ccp_stress_test_report_2015.pdf („*ESMA* CCP Stresstest 2015"), abrufbar über: http://firds.esma.europa.eu/webst/ESMA70-151-1154%20EU-wide%20CCP%20Stress%20Test%202017%20Report.pdf.

(2) Jeder Mitgliedstaat stellt sicher, dass die zuständige Behörde mit den für die Ausübung ihrer Funktionen notwendigen Aufsichts- und Untersuchungsbefugnissen ausgestattet ist.

(3) Jeder Mitgliedstaat gewährleistet, dass im Einklang mit den nationalen Rechtsvorschriften geeignete Verwaltungsmaßnahmen getroffen oder den verantwortlichen natürlichen oder juristischen Personen bei einem Verstoß gegen diese Verordnung auferlegt werden können.

Diese Maßnahmen müssen wirksam, verhältnismäßig und abschreckend sein und können auch in der Aufforderung bestehen, innerhalb einer gesetzten Frist Abhilfemaßnahmen zu ergreifen.

(4) Die ESMA veröffentlicht auf ihrer Website eine Liste der gemäß Absatz 1 benannten zuständigen Behörden.

In der Fassung vom 4.7.2012 (ABl. EU Nr. L 201 v. 27.7.2012, S. 1).

I. Benennung der zuständigen Behörde (Art. 22 Abs. 1 VO Nr. 648/2012) 1	III. Verwaltungsmaßnahmen (Art. 22 Abs. 3 VO Nr. 648/2012) 5
II. Aufsichts- und Untersuchungsbefugnisse (Art. 22 Abs. 2 VO Nr. 648/2012) 4	IV. Liste der zuständigen Behörden (Art. 22 Abs. 4 VO Nr. 648/2012) 9

I. Benennung der zuständigen Behörde (Art. 22 Abs. 1 VO Nr. 648/2012). Nach Art. 22 Abs. 1 Unterabs. 1 VO Nr. 648/2012 benennt jeder Mitgliedstaat die zuständige Behörde, die für die Zulassung und Beaufsichtigung der in seinem Hoheitsgebiet ansässigen CCPs verantwortlich ist und unterrichtet hierüber die Kommission und die ESMA. Grund für die Zuständigkeitsregelung war ursprünglich die Auffassung des Gesetzgebers, dass die nationalen zuständigen Behörden besser in der Lage seien, den Geschäftsbetrieb des CCP zu überwachen bzw. regelmäßige Prüfungen durchzuführen und ggf. erforderliche Maßnahmen zu verhängen[1]. Der von der ESMA im Rahmen der Überprüfung der EMIR nach Art. 85 Abs. 1 VO Nr. 648/2012 vorzulegende Prüfbericht[2] sowie die Ergebnisse der Peer Reviews[3] haben jedoch insbesondere im Bereich der laufenden Aufsicht der europäischen CCPs Schwächen aufgezeigt. So sei die Zusammenarbeit der europäischen Aufsichtsbehörden und Stellen aufgrund der nach Art. 18 VO Nr. 648/2012 einzurichtenden Kollegien im Rahmen der Zulassungen von europäischen CCPs gestärkt worden, allerdings auch nur dort. Am 13.6.2017 hat die Kommission einen Entwurf zur Änderung der EMIR (**Kommission EMIR-II-Entwurf**)[4] vorgelegt, der die Kohärenz der Beaufsichtigung der europäischen CCPs stärken und für einheitliche Wettbewerbsbedingungen und eine stärkere Konvergenz der Aufsicht sorgen soll[5]. Der Entwurf sieht keine Änderung des Art. 22 VO Nr. 648/2012 vor. Er schlägt jedoch u.a. vor, die ESMA bzw. den von ihr einzurichtenden CCP-Exekutivausschuss in die laufende Beaufsichtigung europäischer CPs mit einzubinden. Mit der Annahme des Berichts zum EMIR-II-Entwurf[6] seiner Berichterstatterin *Hübner* am 25.5.2018 hat das Europäische Parlament den erweiterten Befugnissen der ESMA grundsätzlich zugestimmt.

Benennt ein Mitgliedstaat mehr als eine zuständige Behörde, so bezeichnet er nach Art. 22 Abs. 1 Unterabs. 2 VO Nr. 648/2012 zugleich diejenige Behörde, die für die Koordinierung der Zusammenarbeit und den Informationsaustausch verantwortlich ist. Von der Möglichkeit, **mehrere zuständige Behörden** zu benennen, haben bislang Belgien, Frankreich, Italien, die Niederlande und Finnland Gebrauch gemacht[7]. In der Regel handelt es sich bei der zweiten Behörde um die nationale Zentralbank des betreffenden Mitgliedstaates.

---

1 Erwägungsgrund Nr. 51 VO Nr. 648/2012. Vor dem Hintergrund der ggf. divergierenden nationalen Praktiken, die nur über die Koordinatorfunktion der ESMA wieder angeglichen werden können, kritisch: *Achtelik* in Wilhelmi/Achtelik/Kunschke/Sigmundt, Handbuch EMIR, Teil 5.B Rz. 8.
2 *Europäische Wertpapier- und Marktaufsichtsbehörde (ESMA)*, Bericht Nr. 4 über weitere Anregungen der ESMA im Rahmen der Überprüfung der EMIR durch die Kommission, ESMA/2015/1254 vom 13.8.2015, abrufbar über: https://www.esma.europa.eu/sites/default/files/library/2015/11/esma-2015-1254_-_emir_review_report_no.4_on_other_issues.pdf („*ESMA* EMIR Prüfbericht Nr. 4").
3 *ESMA*, Bericht „ESMA-Prüfung von CCP-Kollegien gemäß der EMIR", ESMA/2015/20 vom 8.1.2015, abrufbar über: https://www.esma.europa.eu/sites/default/files/library/2015/11/2015-20-_report_on_esma_review_of_ccp_colleges.pdf („*ESMA* CCP Peer Review Colleges").
4 *Kommission*, Vorschlag für eine Verordnung des Europäischen Parlaments und des Rates zur Änderung der Verordnung (EU) Nr. 1095/2010 zur Errichtung einer Europäischen Aufsichtsbehörde (Europäische Wertpapier- und Marktaufsichtsbehörde) sowie der Verordnung (EU) Nr. 648/2012 hinsichtlich der für die Zulassung von zentralen Gegenparteien anwendbaren Verfahren und zuständigen Behörden und der Anforderungen für die Anerkennung zentraler Gegenparteien aus Drittstaaten, KOM(2017) 331 vom 3.6.2017, abrufbar über: http://eur-lex.europa.eu/resource.html?uri=cellar:80b1cafa-50fe-11e7-a5ca-01aa75ed71a1.0020.02/DOC_1&format=PDF („*Kommission* EMIR-II-Entwurf"). Der Vorschlag der Kommission wurde am 20.9.2017 ergänzt; die Ergänzung ist abrufbar über: https://eur-lex.europa.eu/legal-content/DE/TXT/PDF/?uri=CELEX:52017PC0539&from=DE.
5 *Kommission* EMIR-II-Entwurf, S. 13.
6 Der Bericht ist abrufbar über: http://www.europarl.europa.eu/sides/getDoc.do?pubRef=-%2f%2fEP%2f%2fNONSGML%2bREPORT%2bA8-2018-0190%2b0%2bDOC%2bPDF%2bV0%2f%2fDE.
7 *ESMA*, Liste der nach Art. 22 Abs. 1 VO Nr. 648/2012 benannten nationalen zuständigen Behörden (NCAs for CCPs), Stand: 18.3.2017, abrufbar über: https://www.esma.europa.eu/ncas-ccps („*ESMA* NCA Liste").

3 In Deutschland ist die Zuständigkeit für die Zulassung und Beaufsichtigung von CCPs durch das EMIR-Ausführungsgesetz vom 13.2.2013 auf die **BaFin** übertragen worden (§ 6 Abs. 1a KWG). Wahrgenommen wird die Aufgabe von Mitarbeiter der BaFin am Amtssitz in Frankfurt/M. (Referat WA 22). Die Zuweisung der Zuständigkeit an die BaFin hat nicht zur Folge, dass die in Deutschland ansässigen CCPs von der Zusammenarbeit zwischen der BaFin und der Deutschen Bundesbank nach § 7 KWG ausgenommen sind. Die laufende Aufsicht über sie wird vielmehr auch von der Deutschen Bundesbank wahrgenommen[1]. Diese Einbindung der Deutschen Bundesbank war möglicherweise auch der Grund dafür, dass Deutschland der Kommission und der ESMA zunächst zwei zuständige Behörden (die BaFin und die Deutsche Bundesbank) benannt hatte[2].

4 **II. Aufsichts- und Untersuchungsbefugnisse (Art. 22 Abs. 2 VO Nr. 648/2012).** Die zuständige Behörde ist nach Art. 22 Abs. 2 VO Nr. 648/2012 mit den für die Ausübung ihrer Funktion erforderlichen Aufsichts- und Untersuchungsbefugnissen auszustatten. Da in Deutschland die Tätigkeit als zentrale Gegenpartei als Bankgeschäft gilt (§ 1 Abs. 1 Satz 2 Nr. 12 KWG), stehen der BaFin dieselben Aufsichts- und Untersuchungsbefugnisse zu, die ihr auch bei anderen von ihr beaufsichtigten Instituten zustehen. Dies sind insbesondere die Auskunfts- und Prüfungsanordnungen nach § 44 KWG.

5 **III. Verwaltungsmaßnahmen (Art. 22 Abs. 3 VO Nr. 648/2012).** Nach Art. 22 Abs. 3 VO Nr. 648/2012 müssen die Mitgliedstaaten gewährleisten, dass bei einem Verstoß gegen die Anforderungen der EMIR geeignete Verwaltungsmaßnahmen getroffen oder den verantwortlichen Personen auferlegt werden können. Diese müssen wirksam, verhältnismäßig und abschreckend sein und können auch in der Aufforderung bestehen, innerhalb einer gesetzten Frist Abhilfemaßnahmen zu ergreifen.

6 Im Schrifttum ist zu Recht darauf hingewiesen worden, dass die Vorgaben des Art. 22 VO Nr. 648/2012 vergleichsweise vage sind, und hinter denen anderer sektoraler Regulierungen zurückbleiben[3].

7 In Deutschland stehen der BaFin zunächst die im sechsten Abschnitt des KWG „**Sondervorschriften für zentrale Gegenparteien**" zusammengefassten besonderen Befugnisse und Maßnahmen zur Verfügung. Zu nennen ist zum einen § 53l KWG, der es der BaFin ermöglicht, gegenüber einer CCP Anordnungen zu treffen, die die Einhaltung der Anforderungen der EMIR – insbesondere der in Titel IV Kapitel 1 der EMIR definierten organisatorischen Anforderungen – sicherstellen, zum anderen § 53n KWG, der die BaFin befugt, Maßnahmen zu ergreifen, um die Finanzmittel und die Liquidität der von ihr beaufsichtigten CCP zu verbessern. Beide Bestimmungen sind in großen Teilen den korrespondierenden Vorschriften aus der Institutsaufsicht nachgebildet[4].

8 Diese Sondervorschriften für CCPs werden ergänzt durch die allgemeinen Befugnisse der Institutsaufsicht, die weitestgehend (§ 2 Abs. 9a KWG) auch auf CCPs Anwendung finden. Zu nennen sind § 6 Abs. 3 KWG und die in §§ 45a, 45c und 46 KWG beschriebenen Maßnahmen in besonderen Fällen.

9 **IV. Liste der zuständigen Behörden (Art. 22 Abs. 4 VO Nr. 648/2012).** Die ESMA veröffentlicht eine Liste der nach Art. 22 Abs. 1 VO Nr. 648/2012 benannten zuständigen Behörden. Sie ist über die Webseite der ESMA abrufbar[5]. Die Liste enthält zugleich Verknüpfungen, die den interessierten Nutzer auf die Webseite der betreffenden nationalen Aufsichtsbehörde führen.

Kapitel 3
Zusammenarbeit

Art. 23 Zusammenarbeit zwischen den Behörden

(1) Die zuständigen Behörden arbeiten untereinander, mit der ESMA und, falls erforderlich, mit dem ESZB eng zusammen.

(2) Bei der Wahrnehmung ihrer allgemeinen Aufgaben berücksichtigen zuständige Behörden in gebührender Weise, wie sich ihre Entscheidungen – bei Zugrundelegung der zum jeweiligen Zeitpunkt verfügbaren Informationen – auf die Stabilität des Finanzsystems in allen anderen betroffenen Mitgliedstaaten, insbesondere in Krisensituationen gemäß Artikel 24, auswirken können.

In der Fassung vom 4.7.2012 (ABl. EU Nr. L 201 v. 27.7.2012, S. 1).

---

1 RegE EMIR-Ausführungsgesetz vom 5.11.2012, BT-Drucks. 17/11289, 21 zu. Nr. 4, abrufbar über: http://dipbt.bundestag.de/extrakt/ba/WP17/479/47950.html; *Kunschke* in Wilhelmi/Achtelik/Kunschke/Sigmundt, Handbuch EMIR, Teil 2.C Rz. 9.
2 *Achtelik* in Wilhelmi/Achtelik/Kunschke/Sigmundt, Handbuch EMIR, Teil 5.B Rz. 7.
3 *Kunschke* in Wilhelmi/Achtelik/Kunschke/Sigmundt, Handbuch EMIR, Teil 2.C Rz. 10 mit Verweis auf Art. 46 RL 2011/61/EU (AIFMD).
4 RegE EMIR-Ausführungsgesetz, BT-Drucks. 17/11289, 23.
5 Die Liste ist abrufbar über: https://www.esma.europa.eu/ncas-ccps.

Schrifttum: *Gergen*, Systemrelevanz und staatliche Verflechtung – ein Beitrag zur neuen Marktinfrastruktur für außerbörsliche Derivate unter Einschaltung einer zentralen Gegenpartei, jM 2015, 139; *Flosbach*, EMIR-Gesetz: ein Beitrag zu mehr Vertrauen und Transparenz?, Kreditwesen 2013, 168; *Grüning/Cieslarczyk*, EMIR – Auswirkungen der Derivateregulierung auf die Energiebranche, RdE 2013, 354; *Hartenfels*, Die Verordnung (EU) Nr. 648/2012 über OTC-Derivate, zentrale Gegenparteien und Transaktionsregister („EMIR"), ZHR 178, 173 (2014); *Heuer/Schütt*, Auf dem Weg zu einer europäischen Kapitalmarktunion, BKR 2016, 45; *Jordans*, Zum aktuellen Stand der Finanzmarktnovellierung in Deutschland, BKR 2017, 273; *Köhling/Adler*, Der neue europäische Regulierungsrahmen für OTC-Derivate, WM 2012, 2125 und 2173; *Kox*, REMIT, MiFID, EMIR und Co. verschärfen die Anforderungen zur Teilnahme am Energiehandel, ET 2013, Heft 8, 42; *Litten/Schwenk*, EMIR – Auswirkungen der OTC-Derivateregulierung auf Unternehmen der Realwirtschaft (Teil 1), DB 2013, 857; *Pankoke/Wallus*, Europäische Derivateregulierung bei M&A, WM 2014, 4; *Schüttler*, Zum neuen IDW EPS 920: EMIR im Mittelstand – Das Prüfproblem schlechthin?, DStR 2016, 2006; *Schuster/Ruschkowski*, EMIR – Überblick und ausgewählte Aspekte, ZBB 2014, 123; *Walla*, Die Europäische Wertpapier- und Marktaufsichtsbehörde (ESMA) als Akteur bei der Regulierung der Kapitalmärkte Europas – Grundlagen, erste Erfahrungen und Ausblick, BKR 2012, 265; *Wilhelmi/Achtelik/Kunschke/Sigmundt*, Handbuch EMIR, 2016; *Wulff/Kloka*, Umsetzung von EMIR-Pflichten im Zusammenhang mit Vereinbarungen nicht-geclearter Derivategeschäfte, WM 2015, 215; *von Hall*, Warum EMIR den Finanzplatz Deutschland stärkt und trotzdem eine Wettbewerbsverzerrung im Binnenmarkt droht, WM 2013, 673; *Zimmermann/Weck*, Finanzprodukte transparent und sicher gestalten, StG 2013, 156.

I. Pflicht zur Zusammenarbeit zwischen den Behörden 1	II. Berücksichtigung der Auswirkungen auf die Stabilität des Finanzsystems 8

I. Pflicht zur Zusammenarbeit zwischen den Behörden. Art. 23 Abs. 1 VO Nr. 648/2012 (EMIR) regelt verbindlich, dass die zuständigen nationalen Aufsichtsbehörden untereinander, mit der ESMA und im Rahmen der Erforderlichkeit mit dem ESZB (dem Europäischen System der Zentralbanken) zusammenarbeiten. Aus der systematischen Stellung von Art. 23 VO Nr. 648/2012 als Teil des 3. Kapitels von Titel III der EMIR, der sich auf die Zulassung und Beaufsichtigung der CCP (central counterpart – zentrale Gegenpartei) bezieht, ergibt sich, dass es sich bei der Regelung um die **Zusammenarbeit bei der Beaufsichtigung und Überwachung der CCP** handelt. Diese grundsätzliche Pflicht zur Zusammenarbeit wird überlagert durch die besonderen, detaillierten Regelungen für die Zusammenarbeit in den Kollegien nach Art. 18–21 VO Nr. 648/2012 bezüglich der Zulassung und der Überwachung der CCP. In Anbetracht der Bedeutung der CCP im Rahmen der Beaufsichtigung außerbörslich gehandelter Derivate (OTC-Derivatekontrakte), der Beaufsichtigung der CCP durch die zuständigen nationalen Aufsichtsbehörden und der Mitwirkung der durch die ESMA koordinierten Kollegien bei der Zulassung der CCP hat diese Zusammenarbeit bei der laufenden Aufsicht eine große Bedeutung[1]. 1

Die Zusammenarbeit der zuständigen nationalen Aufsichtsbehörden untereinander und mit der ESMA und ggf. mit dem ESZB ist auch im Rahmen der EMIR nicht allein auf die Zulassung und Beaufsichtigung der CCP beschränkt. Die Pflicht zur Zusammenarbeit in Art. 23 Abs. 1 VO Nr. 648/2012 wird **durch verschiedene weitere Regelungen ergänzt**. So regelt z.B. Art. 84 VO Nr. 648/2012 grundsätzlich den Informationsaustausch zwischen den nationalen Aufsichtsbehörden, der ESMA und dem ESZB. Besondere Informationspflichten sind im Fall etwaiger Krisensituationen in Art. 24 VO Nr. 648/2012 vorgesehen. In Bezug auf die Registrierung von Transaktionsregistern regelt Art. 57 VO Nr. 648/2012 weitere Details der umfassenden Pflicht zum Informationsaustausch. 2

Die Formulierung „zuständigen Behörden" in Art. 23 Abs. 1 VO Nr. 648/2012 nimmt Bezug auf die Legaldefinition in Art. 2 Nr. 13 VO Nr. 648/2012. Hiernach kann der Terminus „zuständige Behörde" in drei verschiedenen Bedeutung verwandt werde: als die **zuständige Behörde** im Sinne der Rechtsvorschriften, die in Art. 2 Nr. 8 VO Nr. 648/2012 genannt werden, als die zuständige Behörde gem. Art. 10 Abs. 5 oder als die Behörde, die von jedem Mitgliedstaat gem. Art. 22 VO Nr. 648/2012 benannt wird. In Anbetracht des Sachzusammenhangs wird sich Pflicht zur Zusammenarbeit regelmäßig auf die nach Art. 22 Abs. 1 VO Nr. 648/2012 von den Mitgliedstaaten für die Zulassung und Beaufsichtigung der CCP benannte zuständigen Behörden[2] beziehen, für Deutschland ist das die Bundesanstalt. 3

Der Hintergrund der **Einbeziehung des ESZB** in die Pflicht zur Zusammenarbeit ist im Erwägungsgrund 11 VO Nr. 648/2012 ausgeführt. Danach besteht „eine der grundlegenden Aufgaben des Europäischen Systems der Zentralbanken (ESZB) ... darin, das reibungslose Funktionieren der Zahlungssysteme zu fördern. Dabei üben die Mitglieder des ESZB eine Aufsichtsfunktion aus, indem sie effiziente und zuverlässige Verrechnungs- und Zahlungssysteme, einschließlich CCPs, gewährleisten. Die Mitglieder des ESZB sind somit eng in die Zulassung und Beaufsichtigung von CCPs, die Anerkennung von CCPs aus Drittstaaten und die Genehmigung von Interoperabilitätsvereinbarungen eingebunden. Zusätzlich sind sie eng in die Festlegung technischer Regulierungsstandards sowie von Leitlinien und Empfehlungen eingebunden. Diese Verordnung berührt nicht die Aufgabe 4

---

[1] Vgl. auch die Ausführungen im Erwägungsgrund 58 VO Nr. 648/2012 in Bezug auf den Informationsaustausch der Behörden und ESMA.
[2] Vgl. die Übersicht über die zuständigen nationalen Aufsichtsbehörden (NCAS) über CCPS nach Art. 22 VO Nr. 648/2012 unter: https://www.esma.europa.eu/ncas-ccps.

der Europäischen Zentralbank (EZB) und der nationalen Zentralbanken (NZB), effiziente und zuverlässige Verrechnungs- und Zahlungssysteme innerhalb der Union und im Verkehr mit Drittstaaten zu gewährleisten. Folglich – und um zu vermeiden, dass parallele Regelwerke eingeführt werden – sollten die ESMA und das ESZB bei der Erstellung der einschlägigen Entwürfe für technische Standards eng zusammenarbeiten. Darüber hinaus ist der Zugang zu Informationen für die EZB und die NZB für die Wahrnehmung ihrer Aufgaben sowohl im Zusammenhang mit der Beaufsichtigung von Verrechnungs- und Zahlungssystemen als auch im Zusammenhang mit den Funktionen einer emittierenden Zentralbank von entscheidender Bedeutung." Aus dieser Rolle der ESZB ergibt sich die Notwendigkeit der Einbeziehung des ESZB in die Zusammenarbeit und die ausdrückliche Begrenzung der Zusammenarbeit mit der ESZB auf die Erforderlichkeit. Diese Erforderlichkeit umfasst sowohl das „Ob" als auch den Umfang der auszutauschenden Informationen. Zudem wirkt das ESZB bei der Erstellung der einschlägigen Entwürfe für technische Standards eng mit der ESMA zusammen (vgl. beispielsweise Art. 16 Abs. 3 VO Nr. 648/2012).

5   Zudem ist auch **die EBA in die Zusammenarbeit** bei der Beaufsichtigung der CCP **einbezogen**. Entsprechende Regelungen zur Zusammenarbeit, die mit der Regelung des Art. 23 Abs. 1 VO Nr. 648/2012 korrespondieren und diese ergänzen, finden sich beispielsweise in Art. 16 Abs. 3 VO Nr. 648/2012, der vorsieht, dass die EBA in enger Zusammenarbeit mit dem ESZB und nach Anhörung der ESMA Entwürfe für technische Regulierungsstandards erarbeitet, in denen die Anforderungen hinsichtlich Eigenkapital, Gewinnrücklagen und sonstige Rücklagen einer CCP gem. Abs. 2 näher bestimmt werden. Nach Art. 42 Abs. 5 VO Nr. 648/2012 erarbeitet die ESMA in enger Zusammenarbeit mit dem ESZB und nach Anhörung der EBA Entwürfe für technische Regulierungsstandards, in denen ein Rahmen für die Feststellung extremer, aber plausibler Marktbedingungen i.S.d. Abs. 3 festgelegt wird; dieser Rahmen sollte herangezogen werden, wenn die Höhe des Ausfallfonds und der anderen in Art. 43 VO Nr. 648/2012 genannten Finanzmittel bestimmt werden. Zudem arbeiten die jeweils zuständigen Behörden bei der Beurteilung eines näher bezeichneten grenzüberschreitenden Erwerbs (Eigentümerkontrolle) nach Art. 32 Abs. 6 VO Nr. 648/2012 eng zusammen.

6   Art. 23 Abs. 1 VO Nr. 648/2012 **fordert eine enge Zusammenarbeit**. Was diese „enge" Zusammenarbeit umfasst, wird in der EMIR nicht näher ausgeführt. In Anbetracht der weiteren Regelungen zum Informationsaustausch in den Art. 57 und 84 VO Nr. 648/2012 **geht die Zusammenarbeit über den Informationsaustausch hinaus**. Die Zusammenarbeit bezieht sich auch auf den Gedankenaustausch in Bezug auf Auslegungsfragen oder der Rechtsanwendung sowie auf die Abstimmung in Bezug auf geplante Maßnahmen, soweit diese aufgrund der komplexen und verknüpften Marktstrukturen auf Marktteilnehmer in einem anderen Mitgliedstaat Auswirkungen haben können.

7   **Vergleichbar** ist die Pflicht zur Zusammenarbeit nach Art. 23 VO Nr. 648/2012 mit den Regelungen in **§§ 18ff. WpHG**. In diesen nationalen Vorschriften über die Pflicht der Zusammenarbeit verschiedener Stellen findet die Zusammenarbeit der Bundesanstalt mit den anderen zuständigen Aufsichtsbehörden, ESMA und ESZB speziell nach den Regelungen der EMIR zwar keine Erwähnung. Das ist aber auch nicht nötig, da die Pflicht zur Zusammenarbeit nach Art. 23 Abs. 1 VO Nr. 648/2012 unmittelbar geltendes Recht ist und somit keiner Umsetzung in nationales Recht bedarf.

8   **II. Berücksichtigung der Auswirkungen auf die Stabilität des Finanzsystems.** Nach Art. 23 Abs. 2 VO Nr. 648/2012 haben die zuständigen Behörden **bei der Wahrnehmung ihrer allgemeinen Aufgaben** in gebührender Weise zu **berücksichtigen, wie sich ihre Entscheidungen** – bei Zugrundelegung der zum jeweiligen Zeitpunkt verfügbaren Informationen – **auf die Stabilität des Finanzsystems** in allen anderen betroffenen Mitgliedstaaten, insbesondere in Krisensituationen gem. Art. 24 VO Nr. 648/2012, **auswirken können**. Die Wahrnehmung ihrer allgemeinen Aufgaben umfasst die laufende Aufsicht über eine CCP, aber auch etwaige Abhilfemaßnahmen zur Sicherstellung der Anforderungen an eine CCP etc.

9   Bezogen auf das deutsche Verwaltungsrecht wird durch diese Regelung die von der Bundesanstalt stets zu berücksichtigende **Verhältnismäßigkeit** ihrer Maßnahmen, bei Entscheidungen mit Ermessensspielraum auch die entsprechende **Ermessensausübung** durch den zusätzlichen Aspekt der Stabilität des Finanzsystems mit **beeinflusst**. Die Berücksichtigung in gebührender Weise gibt kein Abwägungsergebnis vor, verlangt aber, dass die Auswirkungen der Entscheidungen auf die Stabilität des Finanzsystems in die Entscheidungsfindung einzubeziehen sind. Je schwerwiegender die möglichen Auswirkungen sind, um so eindeutiger wird sich eine Entscheidung gerade nach diesem zusätzlichen Aspekt der Auswirkungen auf die Stabilität des Finanzsystems ausrichten.

10 Der zusätzlich zu berücksichtigende Aspekt ist die mögliche **Auswirkung auf die Stabilität des Finanzsystems in allen anderen betroffenen Mitgliedstaaten**, insbesondere in Krisensituationen gem. Art. 24 VO Nr. 648/2012. Die zuständige Behörde hat also nicht nur – was als Selbstverständlichkeit keine nähere Erwähnung gefunden hat – im eigenen Mitgliedstaat auf die Stabilität des Finanzsystems zu achten, sondern auch auf die Auswirkungen auf die Stabilität des Finanzsystems in den anderen Mitgliedstaaten. Aufgrund der globalen *Verknüpfung der Finanzmärkte*, vor allem aber der Schaffung eines einheitlichen Marktes in Europa und der vorhandenen Wechselwirkungen zwischen den Finanzmärkten in der Europäischen Union, ist dieser Blick auf die übrigen Mitgliedstaaten unabdingbar. Die als **Regelbeispiel** benannte **Krisensituation gem. Art. 24 VO**

Nr. 648/2012 ist eine solche, die eine CCP betrifft, einschließlich Entwicklungen auf den Finanzmärkten, die sich negativ auf die Marktliquidität und die Stabilität des Finanzsystems in einem Mitgliedstaat auswirken können, in dem die CCP oder eines ihrer Clearingmitglieder ansässig ist. Entsprechend der Ausgestaltung als Regelbeispiel, ist dieses Beispiel keinesfalls abschließend. Maßgeblich ist, dass die zuständige Behörde die erkennbaren möglichen Auswirkungen ihrer Entscheidung auf die Stabilität des Finanzsystems in die Entscheidungsfindung in angemessener Weise einfließen lässt.

Die Berücksichtigung der möglichen Auswirkung auf die Stabilität des Finanzsystems in allen anderen betroffenen Mitgliedstaaten erfordert eine **Prognose über die künftigen Auswirkungen ihrer Entscheidungen**. Diese Prognose muss in Bezug auf die Stabilität des Finanzsystems in allen anderen betroffenen Mitgliedstaaten getroffen werden, ist also eine systemische Prognose[1]. Zur Erfüllung einer solchen hochkomplexen Aufgabenstellung ist eine Vielzahl unterschiedlichster Informationen aus allen betroffenen Mitgliedstaaten erforderlich.   11

Dementsprechend regelt Art. 23 Abs. 2 VO Nr. 648/2012 ausdrücklich, dass für die Einschätzung der möglichen Auswirkungen der Behördenentscheidung die zum jeweiligen Zeitpunkt **verfügbaren Informationen zugrunde gelegt werden** sollen. Dies entspricht der Regelung des deutschen Verwaltungsrechts zum Amtsermittlungsgrundsatz[2]. Hierbei müssen nicht alle Informationen bei der entscheidenden Behörde vorliegen, sondern diese können auch durch die Verfahrensbeteiligten oder Dritten beigetragen werden. Vorliegend sollen von der jeweils zuständigen Behörde alle vorhandenen Informationen in Bezug auf die möglichen Auswirkungen der Entscheidungen herangezogen werden, also in Bezug auf die Prognose, die stets mit einer großen Unsicherheit behaftet ist. Wenn auch der Blick in die Zukunft nur in sehr eingeschränktem Maße möglich ist, steigt aber die Qualität der Prognoseentscheidung, wenn diese auf Basis einer im Entscheidungsmoment **aus Sicht der Behörde möglichst vollständigen Sachlage** getroffen wird. Mit Blick auf die zu prognostizierenden Auswirkungen auf die Stabilität des Finanzsystems in den anderen betroffenen Mitgliedstaaten kann es sich im Rahmen der Amtsermittlung bei möglicherweise schwerwiegenden Entscheidungen empfehlen, jedenfalls auch eine Einschätzung der Auswirkungen durch die zuständigen Behörden der anderen Mitgliedstaaten bzw. der ESMA nach Abs. 1 einzuholen. Die Entscheidung über die Einbeziehung anderer Dritter in die Sachverhaltsklärung muss unter Berücksichtigung des Berufsgeheimnisses nach Art. 83 VO Nr. 648/2012 getroffen werden. Die Sachverhaltsklärung unter Einbeziehung der anderen zuständigen Behörden bzw. ESMA und ggf. weiterer Dritte wird jedoch nur in besonderen Fällen, wie Krisensituationen und andern wesentlichen Entscheidungen, nötig sein. Denn die Pflicht zur Berücksichtigung der Auswirkungen besteht bei der **Wahrnehmung ihrer allgemeinen Aufgaben**, also auch bei Routineaufgaben. Die Pflicht zur Aufgabenerfüllung und damit auch zur Prognose über die Auswirkungen ihrer Entscheidungen verbleiben aber stets bei den zuständigen Behörden im Sinne dieser Regelung.   12

Art. 24 Krisensituationen

Die für die CCP zuständige Behörde oder eine andere Behörde informiert die ESMA, das Kollegium, die einschlägigen Mitglieder des ESZB und andere einschlägige Behörden unverzüglich über etwaige eine CCP betreffende Krisensituationen, einschließlich Entwicklungen auf den Finanzmärkten, die sich negativ auf die Marktliquidität und die Stabilität des Finanzsystems in einem Mitgliedstaat, in dem die CCP oder eines ihrer Clearingmitglieder ansässig ist, auswirken können.

In der Fassung vom 4.7.2012 (ABl. EU Nr. L 201 v. 27.7.2012, S. 1).

Schrifttum: S. Art. 23 VO Nr. 648/2012.

Art. 24 VO Nr. 648/2012 regelt eine Handlungspflicht für Behörden zum **Auslösen eines gemeinsamen Vorgehens auf europäischer Ebene bei dem Verdacht von Krisensituationen**, gleichsam den Auslöser eines Notfallplans. Hiernach ist über eine etwaige Krisensituation unverzüglich eine Vielzahl von verschiedenen Stellen zu informieren. Das weitere Vorgehen nach dem Auslösen des Notfallplans durch eine solche Krisenmeldung wird nicht in Art. 24 VO Nr. 648/2012 geregelt, sondern ergibt sich aus dem Zusammenspiel der übrigen Regelungen über die Beaufsichtigung der CCPs, wie beispielsweise das Fordern von Abhilfemaßnahmen nach Art. 21 Abs. 5 VO Nr. 648/2012.   1

Die Pflicht zum Auslösen des Notfallplan entsteht nicht erst, wenn sich eine Krisensituation manifestiert hat, sondern schon **bei etwaigen Krisensituationen**. Das bedeutet, dass die Pflicht nicht voraussetzt, dass die den Notfallplan auslösende Behörde sich über den Eintritt der Krisensituation schon sicher ist. Sie muss eine entsprechende Krisensituation nur für wahrscheinlich halten. Allein, dass eine Krisensituation grundsätzlich denkbar   2

---

1 Vgl. *Kunschke* in Wilhelmi/Achtelik/Kunschke/Sigmundt, Handbuch EMIR, S. 43 Rz. 15.
2 Vgl. statt Vieler: *Ramsauer* in Kopp/Ramsauer, § 24 VwVfG Rz. 7 ff.

oder im Rahmen des Möglichen ist, sollte für das Auslösen des Notfallplans noch nicht ausreichend sein. In Anbetracht der auszulösenden Informationswege sollte das Stadium eines drohenden Krisenfalls erreicht sein, um die Pflicht zur Information auszulösen. Das grundsätzliche Bestehen von Risiken und das Management dieser Risiken, die im Ernstfall zu einer Krise führen können, ist zunächst Teil der laufenden Aufsicht über eine CCP.

3 Auslöser der Pflicht zur Information ist eine drohende **Krisensituation**. Was unter einer Krisensituation zu verstehen ist, wird in Art. 24 VO Nr. 648/2012 näher ausgeführt. Als Voraussetzung der Informationspflicht muss die etwaige Krisensituation **eine CCP betreffen**. Diese Betroffenheit einer CCP schließt nach der Regelung ausdrücklich auch solche **Entwicklungen auf den Finanzmärkten** mit ein, die sich negativ auf die Marktliquidität und die Stabilität des Finanzsystems in einem Mitgliedstaat auswirken können, in dem die CCP oder eines ihrer Clearingmitglieder ansässig ist. Zutreffend wird angemerkt, dass der Auslöser des Notfallplans durch eine Vielzahl von unbestimmten Rechtsbegriffen gekennzeichnet ist[1]. In Anbetracht der Vielzahl von wirtschaftlichen Situationen, die eine etwaige Krisensituation bei einer CCP auslösen können und der erst im Jahr 2012 eingeführten Aufsicht über die CCP ist eine konkretere Umschreibung nicht möglich. Wie in vielen wirtschaftsbezogenen Sachverhalten sind künftige Krisensituation in der Phase der Normenschaffung nur sehr begrenzt vorhersehbar. Entsprechend muss sich der Normensetzer mit auslegungsbedürftigen Rechtsbegriffen behelfen, die den gewollten Zweck aber dennoch hinreichend umschreiben. In Anbetracht der übrigen Regelungen zur Minimierung des Risikos bei einer CCP kann hinreichend genug bestimmt werden, wann von einer etwaigen Krisensituation ausgegangen werden kann.

4 Faktoren für eine drohende **Krisensituation, die eine CCP betrifft**, können beispielsweise aus den Regelungen über die wirksamen Ermittlung-, Steuerungs-, Überwachungs- und Berichterstattungspflichten für die Risiken (Art. 26 Abs. 1 VO Nr. 648/2012) abgeleitet werden. So berät beispielsweise der (interne) Risikoausschuss gem. Art. 28 Abs. 3 Satz 1 VO Nr. 648/2012 das Leitungsorgan der CCP in allen Belangen, die sich auf das Risikomanagement der CCP auswirken können, wie etwa die Verfahren bei Ausfall eines Clearingmitglieds (vgl. auch Art. 48 VO Nr. 648/2012), oder die Auslagerung von Funktionen. Zudem hat eine CCP eine angemessene Strategie zur Fortführung des Geschäftsbetriebs sowie einen Notfallwiederherstellungsplan festzulegen und umzusetzen (Art. 34 Abs. 1 Satz 1 VO Nr. 648/2012). Entsprechend können als Faktoren für eine, eine CCP betreffende, drohende Krisensituation **alle Aspekte** in Betracht kommen, **die eine Fortführung des ordnungsgemäßen Geschäftsbetriebs einer CCP und eine Erfüllung der Pflichten der CCP gefährden oder gar den Ausfall einer CCP befürchten lassen**, wie der Ausfall oder die wesentliche Beeinträchtigung von ausgelagerten erforderlichen Funktionen, finanzielle Schieflagen, Ausfall eines oder mehrerer Clearingmitglieder, Ausfall von notwendigen IT-Systemen etc.

5 Der Tatbestand einer eine CCP betreffende etwaige Krisensituationen umfasst nach Art. 24 VO Nr. 648/2012 auch Entwicklungen auf den Finanzmärkten auswirken können, die sich negativ auf die Marktliquidität und die Stabilität des Finanzsystems in einem Mitgliedstaat, in dem die CCP oder eines ihrer Clearingmitglieder ansässig ist. Diese **Entwicklungen wirken mittelbar auf den Geschäftsbetrieb und das Risikomanagement der CCP**. Solche negativen Entwicklungen im Umfeld einer CCP können jedoch gleichfalls dazu führen, dass eine Fortführung des ordnungsgemäßen Geschäftsbetriebs einer CCP gefährdet sein kann oder gar der Ausfall einer CCP zu befürchten ist. Eine besondere Schwierigkeit besteht darin, dass diese negativen Auswirkungen in Bezug auf die Marktliquidität und die Stabilität des Finanzsystems in unterschiedlichen Mitgliedstaaten zeigen können, und zwar in den Mitgliedstaaten, in denen die CCP oder eines ihrer vielen Clearingmitglieder ansässig ist.

6 Die Handlungspflicht gem. Art. 24 VO Nr. 648/2012 entsteht für die Behörde, die für die betroffene **CCP zuständige Behörde** nach Art. 22 VO Nr. 648/2012 ist, und auch für **andere Behörden**. Damit obliegt die Handlungspflicht jeder Behörde, der die potentielle Krisensituation auffällt. Unter Berücksichtigung der Definition der Krisensituation, die auch negative Entwicklungen in einem Mitgliedstaat, in dem ein Clearingmitglied ansässig ist, umfasst, ist gut vorstellbar, dass der zuständigen Behörde eines anderen Mitgliedstaats die drohende Krisensituation eher zur Kenntnis gelangt als der für die CCP zuständigen Behörde. Entsprechend ist die Ausdehnung der Informationspflicht auf jede andere Behörde für ein Krisenmanagement unumgänglich.

7 Die von der jeweiligen Behörde nach Art. 24 VO Nr. 648/2012 geforderte Handlung ist die **Information über die etwaige Krisensituation**. Die Information über die etwaige Krisensituation umfasst Informationen über Art der Krise, der betroffenen CCP, die Sachverhaltsinformationen, die die Behörde zu dem Schluss einer drohenden Krisensituation gebracht haben, und ihre Bewertung über das bestehende Risiko des Eintritts der Krisensituation und das Ausmaß der drohenden Krise.

8 Für die entsprechende Behörde besteht die Pflicht zur **unverzüglichen Information** der benannten Stellen. Unverzüglich ist auch in diesem Kontext als Handlung ohne schuldhaftes Zögern zu verstehen. Dies setzt voraus, dass die entsprechende Behörde die drohende Krisensituation erkannt hat, was durch die vielfältigen wirtschaftlichen Verknüpfungen und Querverbindungen nicht immer einfach sein wird. Erleichtert wird eine Kenntniserlangung durch die Pflicht einer CCP, die zuständige Behörde über die Entscheidung, den Empfeh-

---

[1] Vgl. *Kunschke* in Wilhelmi/Achtelik/Kunschke/Sigmundt, Handbuch EMIR, S. 44 Rz. 15.

lungen ihres Risikoausschusses nicht folgen, zu informieren (vgl. Art. 28 Abs. 5 VO Nr. 648/2012). Wenn die drohende Situation jedoch erkannt wurde, ist eine Information ohne schuldhaftes Zögern erforderlich, um ein schnellstmögliches Bewerten der Krisensituation und ggf. Eingreifen gewährleisten. Oft ermöglicht gerade ein sehr zeitnahes Eingreifen eine effektive Krisenbewältigung.

Die **Pflicht zur Information besteht** für die informierende Behörde **gegenüber:** 9
- der ESMA,
- dem Kollegium,
- den einschlägigen Mitgliedern des ESZB und
- anderen einschlägige Behörden.

Soweit eine andere Behörde als die für die CCP zuständige Behörde die Information über die drohende Krisensituation zur Erkenntnis gelangt ist, das eine Krisensituation droht, ist die für die CCP zuständige Behörde als „andere einschlägige Behörde" gleichfalls zu informieren.

Die unmittelbare **Informationspflicht gegenüber der ESMA** soll ihr die Möglichkeit geben, entsprechend dem 10 in den Erwägungsgründen der EMIR dargelegten Aufgabe, die Stabilität des Finanzmarktes in Krisensituationen wahren und eine tragende Rolle bei der Zulassung und Beaufsichtigung von CCPs und Transaktionsregistern zu spielen[1]. Um ihre auch in Art. 21 Abs. 6 VO Nr. 648/2012 normierte Koordinierungsfunktion auszufüllen, wäre eine Information der ESMA als Mitglied in den jeweiligen Kollegien nicht ausreichend.

Die unverzügliche **Information des Kollegiums nach Art. 18 VO Nr. 648/2012** entspricht dessen besonderer 11 Rolle bei der Zulassung eines CCP und des laufenden Monitorings der von der CCP angewandten Strategien, Prozesse und Mechanismen (vgl. z.B. Art. 21 Abs. 4 VO Nr. 648/2012). Das Kollegium wirkt auch an der Festlegung von Verfahren und Notfallplänen für Krisensituationen gem. Art. 24 VO Nr. 648/2012 für die jeweilige CCP mit (Art. 18 Abs. 4 lit. e VO Nr. 648/2012). Entsprechend muss auch das Kollegium über drohende Krisensituationen informiert werden.

Die Bestimmung der **anderen einschlägigen Behörden**, die bei drohenden Krisensituationen zu informieren 12 sind, muss je nach Einzelfall erfolgen. Das können die Behörden sein, die für die Besetzung des Kollegiums nach Art. 18 Abs. 2 VO Nr. 648/2012 in Betracht kommen, wie die zuständige Behörde für das Clearingmitglied, in dessen Herkunftsland die Marktliquidität und die Stabilität des Finanzsystems beeinträchtigt werden könnte, oder die anderen einschlägigen Behörden i.S.d. Art. 84 Abs. 1 VO Nr. 648/2012, wie z.B. Steuerbehörden und Regulierungsstellen des Energiesektors.

Die unverzügliche Information der **einschlägigen Mitglieder des ESZB** ist unabdingbar auch in Bezug auf ihre 13 Rolle in dem Kollegium[2], vor allem aber in Bezug auf ihre grundlegende Aufgabe, die Förderung des reibungslosen Funktionierens der Zahlungssysteme. Dabei üben die Mitglieder des ESZB ihre Aufsichtsfunktion aus, indem sie effiziente und zuverlässige Verrechnungs- und Zahlungssysteme, einschließlich CCPs, gewährleisten[3].

Kapitel 4
Beziehungen zu Drittstaaten

Art. 25 Anerkennung einer in einem Drittstaat ansässigen CCP

(1) Eine in einem Drittstaat ansässige CCP darf Clearingdienste für in der Union ansässige Clearingmitglieder oder Handelsplätze nur dann erbringen, wenn die betreffende CCP von der ESMA anerkannt wurde.

(2) Die ESMA darf nach Anhörung der in Absatz 3 genannten Behörden eine in einem Drittstaat ansässige CCP, die eine Anerkennung für die Erbringung bestimmter Clearingdienste oder für bestimmte Clearingtätigkeiten beantragt hat, anerkennen, wenn:
 a) die Kommission einen Durchführungsrechtsakt gemäß Absatz 6 erlassen hat;
 b) die CCP in dem betreffenden Drittstaat zugelassen ist und dort einer wirksamen Aufsicht und Rechtsdurchsetzung unterliegt, die sicherstellt, dass sie die in dem Drittstaat geltenden aufsichtsrechtlichen Anforderungen uneingeschränkt erfüllt;
 c) Kooperationsvereinbarungen gemäß Absatz 7 geschlossen wurden;

---

1 Vgl. Erwägungsgrund 10 VO Nr. 648/2012.
2 Vgl. Erwägungsgrund 53 VO Nr. 648/2012.
3 Vgl. Erwägungsgrund 11 VO Nr. 648/2012.

d) die CCP in einem Drittstaat niedergelassen oder zugelassen ist, bei dem die Kommission in Einklang mit der Richtlinie (EU) 2015/849 des Europäischen Parlaments und des Rates nicht davon ausgeht, dass sein nationales System zur Bekämpfung von Geldwäsche und Terrorismusfinanzierung strategische Mängel aufweist, die wesentliche Risiken für das Finanzsystem der Union darstellen.

(3) Bei der Prüfung, ob die Voraussetzungen nach Absatz 2 vorliegen, konsultiert die ESMA

a) die zuständige Behörde des Mitgliedstaats, in dem die CCP Clearingdienste erbringt oder zu erbringen beabsichtigt und den die CCP ausgewählt hat;

b) die zuständigen Behörden, die für die Beaufsichtigung der Clearingmitglieder der CCP verantwortlich sind, die in den drei Mitgliedstaaten ansässig sind, die auf kumulierter Jahresbasis die höchsten Beiträge in den gemäß Artikel 42 von der CCP unterhaltenen Ausfallfonds einzahlen oder nach Einschätzung der CCP voraussichtlich einzahlen werden;

c) die zuständigen Behörden, die für die Beaufsichtigung der in der Union gelegenen Handelsplätze verantwortlich sind, an denen die CCP Dienstleistungen erbringt oder zu erbringen beabsichtigt;

d) die für die Beaufsichtigung von in der Union ansässigen CCPs zuständigen Behörden, mit denen Interoperabilitätsvereinbarungen geschlossen wurden;

e) die jeweiligen Mitglieder des ESZB derjenigen Mitgliedstaaten, in denen die CCP Clearingdienste erbringt oder zu erbringen beabsichtigt und die für die Überwachung der CCPs zuständigen Mitglieder des ESZB, mit denen Interoperabilitätsvereinbarungen geschlossen wurden;

f) die Zentralbanken, die die wichtigsten Unionswährungen der geclearten oder zu clearenden Finanzinstrumente emittieren.

(4) Eine CCP im Sinne von Absatz 1 hat ihren Antrag an die ESMA zu richten.

Die antragstellende CCP stellt der ESMA alle Informationen zur Verfügung, die für ihre Anerkennung notwendig sind. Die ESMA prüft den Antrag innerhalb von 30 Arbeitstagen nach Eingang auf Vollständigkeit. Ist der Antrag unvollständig, so setzt sie der antragstellenden CCP eine Frist, bis zu der diese zusätzliche Informationen vorlegen muss.

Die Entscheidung über eine Anerkennung stützt sich auf die in Absatz 2 genannten Kriterien und ist unabhängig von jeglicher Beurteilung, auf die sich der in Artikel 13 Absatz 3 genannte Beschluss über die Gleichwertigkeit stützt.

Die ESMA hört die in Absatz 3 genannten Behörden und Stellen an, bevor sie ihre Entscheidung fällt.

Innerhalb von 180 Arbeitstagen nach Übermittlung eines vollständigen Antrags informiert die ESMA die antragstellende CCP schriftlich darüber, ob die Anerkennung gewährt oder abgelehnt wurde, und begründet ihre Entscheidung umfassend.

Die ESMA veröffentlicht auf ihrer Website ein Verzeichnis der gemäß dieser Verordnung anerkannten CCPs.

(5) Die ESMA überprüft nach Anhörung der in Absatz 3 genannten Behörden und Stellen die Anerkennung einer in einem Drittstaat ansässigen CCP, wenn diese das Spektrum ihrer Tätigkeiten und Dienstleistungen in der Union erweitert hat. Diese Überprüfung wird nach Maßgabe der Absätze 2, 3 und 4 durchgeführt. Die ESMA kann der betreffenden CCP die Anerkennung entziehen, wenn die Bedingungen nach Absatz 2 nicht mehr erfüllt sind und wenn die in Artikel 20 genannten Umstände vorliegen.

(6) Die Kommission kann gemäß Artikel 5 der Verordnung (EU) Nr. 182/2011 einen Durchführungsrechtsakt erlassen, in dem sie feststellt, dass die Rechts- und Aufsichtsmechanismen eines Drittstaats gewährleisten, dass die in diesem Drittstaat zugelassenen CCPs rechtsverbindliche Anforderungen erfüllen, die den Anforderungen des Titels IV dieser Verordnung entsprechen, dass in dem Drittstaat dauerhaft eine wirksame Beaufsichtigung der betreffenden CCPs und eine effektive Rechtsdurchsetzung sichergestellt sind und dass der Rechtsrahmen des betreffenden Drittstaats ein wirksames gleichwertiges System der Anerkennung von nach dem Recht eines Drittstaats zugelassenen CCPs vorsieht.

(7) Die ESMA schließt Kooperationsvereinbarungen mit den jeweils zuständigen Behörden der Drittstaaten, deren Rechts- und Aufsichtsrahmen gemäß Absatz 6 als dieser Verordnung gleichwertig anerkannt wurden. Diese Vereinbarungen sehen mindestens Folgendes vor:

a) einen Mechanismus für den Informationsaustausch zwischen der ESMA und den zuständigen Behörden der betreffenden Drittstaaten, einschließlich des Zugangs zu allen von der ESMA angeforderten Informationen über in Drittstaaten zugelassene CCPs;

b) einen Mechanismus zur sofortigen Benachrichtigung der ESMA, wenn die zuständige Behörde eines *Drittstaats* der Ansicht ist, dass eine von ihr beaufsichtigte CCP gegen die Zulassungsvoraussetzungen oder anderes des für sie geltenden Rechts verstößt;

c) einen Mechanismus zur sofortigen Benachrichtigung der ESMA durch die zuständige Behörde eines Drittstaats, wenn einer von ihr beaufsichtigten CCP die Erlaubnis erteilt wurde, Clearingdienste für in der Union ansässige Clearingmitglieder oder Kunden zu erbringen;

d) die Verfahren zur Koordinierung der Aufsichtstätigkeiten, einschließlich gegebenenfalls Inspektionen vor Ort.

(8) Um die einheitliche Anwendung dieses Artikels zu gewährleisten, erarbeitet die ESMA Entwürfe für technische Regulierungsstandards, in denen festgelegt wird, welche Angaben die antragstellende CCP in ihrem Antrag auf Anerkennung gegenüber der ESMA zu machen hat.

Die ESMA legt der Kommission diese Entwürfe für technische Regulierungsstandards bis zum 30. September 2012 vor.

Der Kommission wird die Befugnis übertragen, die in Unterabsatz 1 genannten technischen Regulierungsstandards gemäß den Artikeln 10 bis 14 der Verordnung (EU) Nr. 1095/2010 zu erlassen.

In der Fassung vom 4.7.2012 (ABl. EU Nr. L 201 v. 27.7.2012, S. 1), geändert durch Richtlinie (EU) 2015/849 vom 20.5. 2015 (ABl. EU Nr. L 141 v. 5.6.2015, S. 73).

**Delegierte Verordnung (EU) Nr. 153/2013 vom 19. Dezember 2012
zur Ergänzung der Verordnung (EU) Nr. 648/2012 des Europäischen Parlaments und des Rates in Bezug auf technische Regulierungsstandards für Anforderungen an zentrale Gegenparteien**

(Auszug)

Art. 2 Informationen, die der ESMA für die Anerkennung einer CCP vorzulegen sind

Ein von einer in einem Drittstaat ansässigen CCP eingereichter Antrag auf Anerkennung enthält mindestens folgende Informationen:

a) den vollständigen Namen der juristischen Person;
b) Angaben zur Identität der Aktionäre oder Gesellschafter mit qualifizierten Beteiligungen;
c) ein Verzeichnis der Mitgliedstaaten, in denen sie Dienstleistungen zu erbringen beabsichtigt;
d) die Kategorien der geclearten Finanzinstrumente;
e) die auf der Website der ESMA nach Artikel 88 Absatz 1 Buchstabe e der Verordnung (EU) Nr. 648/2012 anzugebenden Einzelheiten;
f) Angaben zu den Finanzmitteln und ihrer Form und zu den Methoden für die Aufrechterhaltung der Finanzmittel sowie Angaben zu den Vorkehrungen, die die Sicherung der Finanzmittel gewährleisten, einschließlich der Verfahren bei Ausfällen;
g) Einzelheiten zur Methodik in Bezug auf die Einschusszahlungen und zur Berechnung der Höhe des Ausfallfonds;
h) ein Verzeichnis der anerkannten Sicherheiten;
i) eine Aufstellung der durch die antragstellende CCP geclearten Werte, falls erforderlich in vorausblickender Form, aufgeschlüsselt nach Währungen der Union, die von der CCP gecleart werden;
j) die Ergebnisse der Stresstests und Backtests, die während des dem Antrag vorausgehenden Jahres durchgeführt wurden;
k) ihre Regelungen und internen Verfahren mit Nachweisen, die eine vollständige Einhaltung der in dem Drittstaat geltenden Vorschriften belegen;
l) Einzelheiten zu Auslagerungsvereinbarungen;
m) Angaben zu Abgrenzungsmaßnahmen und zur betreffenden rechtlichen Unbedenklichkeit und Vollstreckbarkeit;
n) Einzelheiten zu den Zugangsanforderungen der CCP und den Regelungen für die Aussetzung und Beendigung einer Mitgliedschaft;
o) Angaben zu sämtlichen Interoperabilitätsvereinbarungen, einschließlich der Informationen, die der zuständigen Behörde des Drittstaats zum Zweck der Bewertung der Vereinbarungen bereitgestellt wurden.

In der Fassung vom 19.12.2012 (ABl. EU Nr. L 52 v. 23.3.2013, S. 41).

Schrifttum: *Lutter/Bayer/J. Schmidt* (Hrsg.) Europäisches Unternehmens- und Kapitalmarktrecht, 6. Aufl. 2017, ZGR Sonderheft 1, Teil 1; *Yadav/Turing*, The Extra-Territorial Regulation of Clearinghouses (September 11, 2015), Vanderbilt Law and Economics Research Paper No. 15-24, abrufbar über: https://ssrn.com/abstract=2659336 oder http://dx.doi.org/10.2139/ssrn.2659336.

I. Bedeutung der Anerkennung 1	4. Dauer des Verfahrens und Entscheidung 20
II. Zuständigkeit (Art. 25 Abs. 1 VO Nr. 648/2012) 7	5. Veröffentlichung der Anerkennung 22
III. Verfahren (Art. 25 Abs. 4 VO Nr. 648/2012) . 9	IV. Voraussetzungen für die Anerkennung (Art. 25 Abs. 2, 6 und 7 VO Nr. 648/2012) ... 25
1. Dem Antrag beizufügende Unterlagen 12	1. Durchführungsbeschluss (Art. 25 Abs. 6 VO Nr. 648/2012) 27
2. Feststellung der Vollständigkeit 13	
3. Konsultation der Aufsichtsbehörden und Zentralbanken (Art. 25 Abs. 3 VO Nr. 648/2012) 15	2. Zulassung und Beaufsichtigung im Drittstaat . . 36
	3. Kooperationsvereinbarung (Art. 25 Abs. 7 VO Nr. 648/2012) 37

4. Bekämpfung der Geldwäsche 42
V. Erweiterung und Entzug der Anerkennung
(Art. 25 Abs. 5 VO Nr. 648/2012) 43
VI. Technische Regulierungsstandards (Art. 25 Abs. 8 VO Nr. 648/2012) 46

1   I. **Bedeutung der Anerkennung.** Wie sich aus Art. 25 Abs. 1 VO Nr. 648/2012 ergibt, ist die Anerkennung einer Drittstaaten-CCP dann erforderlich, wenn sie Clearingdienstleistungen für **in der Union ansässige Clearingmitglieder** oder **Handelsplätze** erbringen will. Erbringt sie Dienstleistungen nur für Clearingmitglieder, die in ihrem Heimatland ansässig sind, ist eine Anerkennung auch dann nicht notwendig, wenn das im Drittstaat ansässige Clearingmitglied europäische Kunden betreut[1]. Die Anerkennung ist nach Art. 54 Abs. 2 VO Nr. 648/2012 auch dann von Bedeutung, wenn die Drittstaaten-CCP mit einer europäischen CCP eine **Interoperabilitätsvereinbarung** abschließt[2] oder wenn es nach Art. 38 VO Nr. 600/2014 (MiFIR) den **Zugang zu einem Handelsplatz in der Union** beantragt.

2   Clearingmitglieder sind in der Union ansässig, wenn sie dort ihre **Hauptniederlassung oder ihren Sitz** haben. Hieraus folgt, dass eine Drittstaaten-CCP die für die in ihrem Heimatland errichtete Zweigniederlassung eines europäischen Clearingmitglieds tätig wird, in den Anwendungsbereich des Art. 25 VO Nr. 648/2012 fällt[3].

3   Eine Drittstaaten-CCP macht in der Regel nur von der **passiven Dienstleistungsfreiheit** Gebrauch, d.h. dem Recht, Clearingdienste für Unternehmen zu erbringen, die diese aus eigener Initiative bei ihr nachfragen[4]. Eine völkerrechtlich legitime Anknüpfung für das Anerkennungsverfahren besteht zunächst nur dort, wo eine Drittstaaten-CCP potentielle europäische Kunden – Clearingmitglieder, Handelsplätze oder CCPs – in deren Heimatländern zielgerichtet anspricht und umwirbt. Soweit Art. 25 VO Nr. 648/2012 auch Fälle der passiven Dienstleistungspflicht erfasst, erscheint die damit verbundene **extraterritoriale Wirkung** bedenklich[5].

4   Ein Teil dieser extraterritorialen Wirkung ist jedoch **nur scheinbar**. So ist z.B., wenn es um die Erbringung von Dienstleistungen für Clearingmitglieder geht, **Normadressat** nicht (nur) die in dem Drittstaat ansässige CCP sondern (auch) die **europäische clearingpflichtige Gegenpartei**, die der Clearingpflicht nach Art. 4 Abs. 3 VO Nr. 648/2012 nur dadurch nachkommen kann, dass sie ihre OTC-Derivatkontrakte von einer CCP clearen lässt, die den Anforderungen der EMIR oder den zumindest gleichwertigen Anforderungen des Drittstaates genügt. In diesen Kontext fügt sich Art. 25 VO Nr. 648/2012 ein: Indem die Drittstaaten-CCP „freiwillig" das Anerkennungsverfahren durchläuft, wird für das europäische Clearingmitglied und dessen Kunden geklärt, dass sie ihre durch die EMIR begründeten Verpflichtungen durch Inanspruchnahme ihrer Clearingdienstleistungen erfüllen kann. Gleiches gilt für eine europäische CCP, die mit einer Drittstaaten-CCP eine **Interoperabilitätsvereinbarung** abschließen möchte.

5   Aus diesem Grunde ist es auch nicht von Bedeutung, dass Art. 25 VO Nr. 648/2012 keine Art. 14 Abs. 2 VO Nr. 648/2012 entsprechende Regelung über die **unionsweite Geltung der Anerkennung** enthält, da sich diese Wirkung bereits aus dem Wesen der Anerkennung bzw. der unionsweiten Geltung der Art. 4 und 54 VO Nr. 648/2012 ergibt.

6   Dieselben extraterritorialen Wirkungen gehen im Übrigen auch von den **bankaufsichtlichen Eigenmittelanforderungen** der Art. 301 Abs. 3 und 306 Buchst. b VO Nr. 575/2013 (CRR) aus: Diese sehen vor, dass europäische Clearingmitgliedern die Risikoaktiva für ihre Positionen aus Handelsforderungen bei nicht qualifizierten CCPs, d.h. CCPs die weder nach Art. 14 VO Nr. 648/2012 zugelassen noch nach Art. 25 VO Nr. 648/2012 anerkannt sind (Art. 4 Abs. 1 Nr. 88 VO Nr. 575/2013), anhand des Kreditrisikostandardansatzes zu ermitteln, d.h. im Zweifel mit 100 % statt 2 % zu gewichten haben.

7   **II. Zuständigkeit (Art. 25 Abs. 1 VO Nr. 648/2012).** Nach Art. 25 Abs. 1 VO Nr. 648/2012 erfolgt die Anerkennung durch die ESMA. Sie ist folglich auch Adressat des nach Art. 25 Abs. 4 Unterabs. 1 VO Nr. 648/2012 zu stellenden Antrages der Drittstaaten-CCP.

8   Als Rechtfertigung für die Zuständigkeit der **ESMA** verweisen die Erwägungsgründe auf den globalen Charakter der Finanzmärkte[6]. Die Zuständigkeit der ESMA ist jedoch bereits deshalb sinnvoll, weil die in einem Drittstaat ansässige CCP ihre Clearingdienstleistung in der Regel nicht über eine Niederlassung in der Union, sondern ausschließlich in ihrem Heimatland erbringt. Eine Zuordnung der von der CCP erbrachten Dienstleistungen zu

---

1 Erwägungsgrund Nr. 59 VO Nr. 648/2012; s. auch *Kommission*, „EMIR: Häufig gestellte Fragen", zuletzt aktualisiert am 10.7.2014, abrufbar über: http://ec.europa.eu/internal_market/financial-markets/docs/derivatives/emir-faqs_en.pdf („*Kommission* FAQ"), III. 3; *Sigmundt* in Wilhelmi/Achtelik/Kunschke/Sigmundt, Handbuch EMIR, Teil 3.B.IV Rz. 5.
2 VO Nr. 648/2012 Erwägungsgrund Nr. 59.
3 *Kommission* FAQ, III. 3; *Sigmundt* in Wilhelmi/Achtelik/Kunschke/Sigmundt, Handbuch EMIR, Teil 3.B.IV Rz. 4.
4 *Bundesanstalt für Finanzdienstleistungsaufsicht (BaFin)*, Merkblatt zur Erlaubnispflicht von grenzüberschreitend betriebenen Geschäften, Stand: 1.4.2005, abrufbar über: https://www.bafin.de/SharedDocs/Veroeffentlichungen/DE/Merkblatt/mb_050401_grenzueberschreitend.html („*BaFin* Merkblatt zu grenzüberschreitenden Geschäften").
5 *Yadav/Turing*, The Extra-Territorial Regulation of Clearinghouses, 31: „The E.U. model requires U.S. clearinghouses to top up to E.U. standards".
6 Erwägungsgrund Nr. 59 VO Nr. 648/2012.

einzelnen Mitgliedstaaten würde daher nur über **andere Anknüpfungen** – wie z.B. die in einem Mitgliedstaat ansässigen Clearingmitglieder der CCP – möglich sein, was zu Mehrfachzuständigkeiten führen würde.

III. Verfahren (Art. 25 Abs. 4 VO Nr. 648/2012). Die Anerkennung nach Art. 25 VO Nr. 648/2012 wird nur auf **Antrag** der im Drittstaat ansässigen zentralen Gegenpartei (CCP) erteilt. 9

Um Drittstaaten-CCPs die Antragstellung zu erleichtern, hat die ESMA am 17.3.2016 eine **praktische Anleitung**[1] veröffentlicht, die über die Einzelheiten des Antragsverfahrens informiert. Danach kann der Antrag erst gestellt werden, wenn die in Art. 25 Abs. 2 VO Nr. 648/2012 genannten Voraussetzungen erfüllt sind[2]. Anträge können nur per Brief, nicht mittels E-Mail eingereicht werden. Einzureichen sind zwei Papierversionen und eine elektronische Fassung, die z.B. auf einem USB-Stick oder einer CD-ROM oder DVD gespeichert sein kann[3]. Die Verfahrenssprache in der Antrag und die ihn ergänzenden Dokumente abzufassen sind, ist Englisch[4]. 10

Das **Verfahren** für die Anerkennung einer Drittstaaten-CCP folgt weitestgehend dem in Art. 17 VO Nr. 648/ 2012 geregelten Verfahren für die Zulassung europäischer CCPs. 11

1. Dem Antrag beizufügende Unterlagen. Nach Art. 25 Abs. 4 Unterabs. 2 Satz 1 VO Nr. 648/2012 hat die Drittstaaten-CCP der ESMA sämtliche Informationen zur Verfügung zu stellen, die für die Anerkennung benötigt werden. Die in den Antrag aufzunehmenden **Informationen** sind von der Kommission in **Art. 2 DelVO Nr. 153/2014** näher bestimmt worden. 12

2. Feststellung der Vollständigkeit. Die ESMA prüft innerhalb von **30 Arbeitstagen** ob der Anerkennungsantrag vollständig ist. Ist er unvollständig, setzt sie der CCP eine Frist, bis zu der sie die zusätzlichen Informationen vorlegen muss (Art. 25 Abs. 4 Unterabs. 2 Satz 3 VO Nr. 648/2012). Die Prüfung der Vollständigkeit des Antrages und die hierfür vorgesehene Frist von 30 Arbeitstagen entspricht Art. 17 Abs. 3 VO Nr. 648/2012. 13

Die ESMA wird innerhalb von **zwei Geschäftstagen** bestätigen, dass der Antrag auf Anerkennung bei ihr eingegangen ist. Diese Bestätigung stellt jedoch keine Bestätigung der Vollständigkeit des Antrages dar[5]. 14

3. Konsultation der Aufsichtsbehörden und Zentralbanken (Art. 25 Abs. 3 VO Nr. 648/2012). Bei der Prüfung, ob die Voraussetzungen für die Anerkennung gegeben sind, konsultiert die ESMA nach Art. 25 Abs. 4 Unterabs. 4 i.V.m. Abs. 3 Buchst. a–f VO Nr. 648/2012 die folgenden Stellen: 15

- die zuständigen Behörden und die Mitglieder des **Europäischen Systems der Zentralbanken** (ESZB) derjenigen Mitgliedstaaten, in denen die CCP Clearingdienstleistungen erbringen möchte,
- die für die Beaufsichtigung der **Clearingmitglieder** der CCP zuständigen Behörden der drei Mitgliedstaaten, deren Clearingmitglieder auf aggregierter Jahresbasis die höchsten Beiträge zum Ausfallfonds leisten,
- die Behörden, die für die Beaufsichtigung der von der CCP unterstützten europäischen **Handelsplätze** zuständig sind und
- die **Zentralbanken**, die für die wichtigsten Unionswährungen, in denen die geclearten Finanzinstrumente abgerechnet werden, verantwortlich sind.

Hat die antragstellenden CCP mit einer oder mehrerer in der Union ansässigen CCPs eine **Interoperabilitätsvereinbarung** abgeschlossen, so sind auch

- die für die anderen CCPs zuständigen Behörden und Mitglieder des ESZB

zu konsultieren.

Der Kreis der zu beteiligenden europäischen **Aufsichtsbehörden und Zentralbanken** entspricht weitestgehend der Zusammensetzung der Kollegien nach Art. 18 Abs. 2 VO Nr. 648/2012; auf die Anmerkungen zu Art. 18 VO Nr. 648/2012 Rz. 7–16 wird verwiesen. 16

Abweichend von Art. 17 Abs. 4 VO Nr. 648/2012 sieht Art. 25 Abs. 4 Unterabs. 4 VO Nr. 648/2012 nur die **Anhörung** vor. Die ESMA ist weder gehalten, den Rückäußerungen der angehörten Stellen gebührend Rechnung zu tragen, noch entfalten einvernehmliche Stellungnahmen eine Bindungswirkung. 17

Es würde jedoch dem in Art. 2 Abs. 4 VO Nr. 1095/2010[6] verankerten **Grundsatz der loyalen Zusammenarbeit** widersprechen, wenn sich die ESMA nicht um eine einvernehmliche Position der europäischen Behörden bemühen würde. 18

---

1 ESMA, Praktische Anleitung für die Anerkennung von Drittstaaten-CCPs durch die ESMA, ESMA/2016/365 vom 17.3. 2016, abrufbar über: https://www.esma.europa.eu/sites/default/files/library/2016-365_practical_guidance_for_the_recognition_of_third-country_ccp.pdf („*ESMA* Anleitung Drittstaaten-CCPs").
2 *ESMA* Anleitung Drittstaaten-CCPs, Rz. 8: „or are likely to be fulfilled".
3 *Achtelik* in Wilhelmi/Achtelik/Kunschke/Sigmundt, Handbuch EMIR, Teil 5.B Rz. 39.
4 *ESMA* Anleitung Drittstaaten-CCPs, Rz. 9, 10 und 15.
5 *ESMA* Anleitung Drittstaaten-CCPs, Rz. 21.
6 Verordnung (EU) Nr. 1095/2010 des Europäischen Parlaments und des Rates vom 24. November 2010 zur Errichtung einer Europäischen Aufsichtsbehörde (Europäische Wertpapier- und Marktaufsichtsbehörde), zur Änderung des Beschlusses Nr. 716/2009/EG und zur Aufhebung des Beschlusses 2009/77/EG der Kommission, ABl. EU Nr. L 331 v. 15.12.2010, S. 84.

Art. 25 VO Nr. 648/2012 | Anerkennung einer in einem Drittstaat ansässigen CCP

19 Die Anhörung erfolgt nicht nur im Rahmen der **erstmaligen Anerkennung** nach Art. 25 Abs. 4 Unterabs. 4 VO Nr. 648/2012, sie ist im Rahmen der Prüfung einer **wesentlichen Änderung** der von der anerkannten CCP ausgeübten Tätigkeiten nach Art. 25 Abs. 5 VO Nr. 648/2012 zu wiederholen.

20 **4. Dauer des Verfahrens und Entscheidung.** Nach Art. 25 Abs. 4 Unterabs. 5 VO Nr. 648/2012 hat die ESMA Innerhalb von **180 Arbeitstagen** nach Übermittlung eines vollständigen Antrages die antragstellende Drittstaaten-CCP darüber zu informieren, ob die Anerkennung gewährt oder verweigert wird. Sie begründet ihre Entscheidung umfassend. Die Frist von 180 Arbeitstagen ist bedeutend länger als die in Art. 17 Abs. 7 VO Nr. 648/2012 für das Zulassungsverfahren vorgesehenen sechs Monate.

21 Innerhalb der ESMA wird die Entscheidung über die Anerkennung der Drittstaaten-CCP vom **Rat der Aufseher** (Board of Supervisors) i.S.d. Art. 6 Abs. 1 VO Nr. 1095/2010 getroffen[1].

22 **5. Veröffentlichung der Anerkennung.** Die ESMA hat gem. Art. 25 Abs. 4 Unterabs. 6 VO Nr. 648/2012 und Art. 88 Abs. 1 Buchst. c VO Nr. 648/2012 eine **Liste der anerkannten Drittstaaten-CCPs** zu veröffentlichen. Die Liste kann über die Webseite der ESMA abgerufen werden[2].

23 In einer weiteren Liste hat die ESMA diejenigen Drittstaaten-CCPs aufgeführt, die eine **Anerkennung nach Art. 25 VO Nr. 648/2012 beantragt** haben und der Veröffentlichung ihrer Namen zugestimmt haben[3]. Die zweite Liste ist für die Kreditinstitute und Wertpapierfirmen von Bedeutung, die den bereits erwähnten bankaufsichtlichen Eigenkapitalanforderungen der Art. 301 Abs. 3 und 306 Buchst. b VO Nr. 575/2013 (CRR) unterliegen und die von der **Übergangsregelung des Art. 497 Abs. 2 VO Nr. 575/2013** Gebrauch machen. Die besagte Vorschrift sieht vor, dass Institute die von ihnen genutzten Drittstaaten-CCPs vorübergehend, bis zu deren Anerkennung nach Art. 25 VO Nr. 648/2012 oder, falls dieser Zeitpunkt später liegt, bis zu 15 Monate nach Inkrafttreten der in Art. 89 Abs. 3 genannten technischen Regulierungsstandards als qualifizierte CCPs behandeln dürfen.

24 Die zuletzt genannten technischen Regulierungsstandards sind als DelVO Nr. 153/2013 erlassen worden und am 15.3.2013 in Kraft getreten. Die erstmals am 15.6.2014 endende Frist ist durch mehrere Durchführungsverordnungen – DurchfVO Nr. 591/2014[4], DurchfVO Nr. 1317/2014[5], DurchfVO 2015/880[6], DurchfVO 2015/2326[7], DurchfVO 2016/892[8], DurchfVO 2016/2227[9], DurchfVO 2017/954[10], DurchfVO

---

1 ESMA Anleitung Drittstaaten-CCPs, Rz. 35.
2 ESMA, Liste der Drittstaaten-CCPs, die für die Erbringung von Clearingdienstleistungen in der Union anerkannt worden sind, ESMA70-152-348, zuletzt aktualisiert am 18.5.2018, abrufbar über: https://www.esma.europa.eu/sites/default/files/library/third-country_ccps_recognised_under_emir.pdf („ESMA Liste der anerkannten Drittstaaten-CCPs").
3 ESMA, Liste der in Drittstaaten-CCPs, die eine Anerkennung nach Art. 25 EMIR beantragt und der Veröffentlichung ihrer Namen zugestimmt haben, zuletzt aktualisiert am 23.5.2018, abrufbar über: https://www.esma.europa.eu/sites/default/files/library/list_of_applicants_tc-ccps.pdf („ESMA Liste Drittstaaten-CCPs Antragsteller").
4 Durchführungsverordnung (EU) Nr. 591/2014 der Kommission vom 3. Juni 2014 zur Verlängerung der in der Verordnung (EU) Nr. 575/2013 und der Verordnung (EU) Nr. 648/2012 des Europäischen Parlaments und des Rates vorgesehenen Übergangszeiträume in Bezug auf die Eigenmittelanforderungen für Risikopositionen gegenüber zentralen Gegenparteien, ABl. EU Nr. L 165 v. 4.6.2014, S. 31.
5 Durchführungsverordnung (EU) Nr. 1317/2014 der Kommission vom 11. Dezember 2014 zur Verlängerung der in den Verordnungen (EU) Nr. 575/2013 und (EU) Nr. 648/2012 des Europäischen Parlaments und des Rates vorgesehenen Übergangszeiträume in Bezug auf die Eigenmittelanforderungen für Risikopositionen gegenüber zentralen Gegenparteien, ABl. EU Nr. L 355 v. 12.12.2014, S. 6.
6 Durchführungsverordnung (EU) 2015/880 der Kommission vom 4. Juni 2015 zur Verlängerung der in den Verordnungen (EU) Nr. 575/2013 und (EU) Nr. 648/2012 des Europäischen Parlaments und des Rates vorgesehenen Übergangszeiträume in Bezug auf die Eigenmittelanforderungen für Risikopositionen gegenüber zentralen Gegenparteien, ABl. EU Nr. L 143 v. 9.6.2015, S. 7.
7 Durchführungsverordnung (EU) 2015/2326 der Kommission vom 11. Dezember 2015 zur Verlängerung der in den Verordnungen (EU) Nr. 575/2013 und (EU) Nr. 648/2012 des Europäischen Parlaments und des Rates vorgesehenen Übergangszeiträume in Bezug auf die Eigenmittelanforderungen für Risikopositionen gegenüber zentralen Gegenparteien, ABl. EU Nr. L 328 v. 12.12.2015, S. 108.
8 Durchführungsverordnung (EU) 2016/892 der Kommission vom 7. Juni 2016 zur Verlängerung der in den Verordnungen (EU) Nr. 575/2013 und (EU) Nr. 648/2012 des Europäischen Parlaments und des Rates vorgesehenen Übergangszeiträume in Bezug auf die Eigenmittelanforderungen für Risikopositionen gegenüber zentralen Gegenparteien, ABl. EU Nr. L 151 v. 8.6.2016, S. 4.
9 Durchführungsverordnung (EU) 2016/2227 der Kommission vom 9. Dezember 2016 zur Verlängerung der in den Verordnungen (EU) Nr. 575/2013 und (EU) Nr. 648/2012 des Europäischen Parlaments und des Rates vorgesehenen Übergangszeiträume in Bezug auf die Eigenmittelanforderungen für Risikopositionen gegenüber zentralen Gegenparteien, ABl. EU Nr. L 336 v. 10.12.2016, S. 36.
10 Durchführungsverordnung (EU) 2017/954 der Kommission vom 6. Juni 2017 zur Verlängerung der in den Verordnungen (EU) Nr. 575/2013 und (EU) Nr. 648/2012 des Europäischen Parlaments und des Rates vorgesehenen Übergangszeiträume in Bezug auf die Eigenmittelanforderungen für Risikopositionen gegenüber zentralen Gegenparteien, ABl. EU Nr. L 144 v. 7.6.2017, S. 14.

2017/2241[1] und DurchfVO 2018/815[2] – jeweils um sechs Monate bis zum 15.12.2018 verlängert worden[3].

IV. Voraussetzungen für die Anerkennung (Art. 25 Abs. 2, 6 und 7 VO Nr. 648/2012). Nach Art. 25 Abs. 2 VO Nr. 648/2012 darf die ESMA die in einem Drittstaat ansässige CCP nur dann anerkennen, wenn die Kommission im Hinblick auf den Drittstaat einen **Durchführungsrechtsakt** nach Art. 25 Abs. 6 VO Nr. 648/2012 erlassen hat, die CCP in dem betreffenden Drittstaat zugelassen ist und dort einer wirksamen Aufsicht und Rechtsdurchsetzung unterliegt, die ESMA mit der zuständigen Behörde des Drittstaates eine **Kooperationsvereinbarung** nach Art. 25 Abs. 7 VO Nr. 648/2012 abgeschlossen hat, und die CCP in einem Drittstaat niedergelassen oder **zugelassen** ist, dessen Systeme zur Bekämpfung der **Geldwäsche** und der Terrorismusfinanzierung verglichen mit den Anforderungen der RL 2015/849[4] keine die Union gefährdende strategischen Mängel aufweist.

25

Die Entscheidung stützt sich nach Art. 25 Abs. 4 Unterabs. 4 VO Nr. 648/2012 ausschließlich auf die genannten Kriterien und ist unabhängig von jeglicher Beurteilung, auf die sich ein ggf. vorliegender **Gleichwertigkeitsbeschluss** nach Art. 13 Abs. 3 VO Nr. 648/2012 stützt.

26

1. Durchführungsbeschluss (Art. 25 Abs. 6 VO Nr. 648/2012). Die Kommission kann nach dem in Art. 5 VO Nr. 182/2011 vorgesehenen Verfahren einen Durchführungsrechtsakt erlassen, in dem sie feststellt, dass die Rechts- und Aufsichtsmechanismen eines Drittstaates gewährleisten, dass die in dem Drittstaat zugelassenen CCPs Anforderungen erfüllen, die denen des Titels IV der EMIR entsprechen.

27

Der Rechtsdurchsetzungsakt nach Art. 25 Abs. 6 VO Nr. 648/2012 ist nach Art. 25 Abs. 2 Buchst. a VO Nr. 648/2012 eine wesentliche Voraussetzung für die Anerkennung einer Drittstaaten-CCP. Ohne ihn kann die ESMA die Anerkennung nicht erteilen[5].

28

Die an den Rechtsdurchsetzungsakt gestellten **Anforderungen** entsprechen weitestgehend denen des **Art. 13 Abs. 2 VO Nr. 648/2012.** So muss sichergestellt sein, dass die Dienstleistungen und Tätigkeiten, für die die Anerkennung angestrebt wird, in dem Drittstaat einer **funktionierenden Aufsicht** und einer **effektiven Rechtsdurchsetzung** unterliegen. Auch für den Rechtsdurchsetzungsakt nach Art. 25 Abs. 6 VO Nr. 648/2012 ist – diesmal nicht über den „Umweg" des Art. 86 Abs. 2 VO Nr. 648/2012 – das in **Art. 5 VO Nr. 182/2011** näher geregelte **Beschlussverfahren** anzuwenden. Wegen der Einzelheiten wird auf die Ausführungen zu Art. 86 VO Nr. 648/2012 Rz. 4–7 verwiesen.

29

Wesentliche Unterschiede ergeben sich zum einen aus den Anforderungen der EMIR, anhand derer die Gleichwertigkeit der Rechts-, Aufsichts- und Durchsetzungsmechanismen des Drittstaates zu prüfen sind. Während es in Art. 13 Abs. 2 Buchst. a VO Nr. 648/2012 um die nach Art. 4, 9, 10 und 11 VO Nr. 648/2012 begründeten Pflichten der finanziellen und nichtfinanziellen Gegenparteien geht, sind Gegenstand des Beschlussverfahrens nach Art. 25 Abs. 6 VO Nr. 648/2012 die **Anforderungen des Titels IV der EMIR**. Dies ist der Grund für die Feststellung in Art. 25 Abs. 4 Unterabs. 3 VO Nr. 648/2012, dass die Anerkennung einer in einem Drittstaat ansässigen CCP durch Entscheidungen nach Art. 13 Abs. 3 VO Nr. 648/2012 nicht präjudiziert wird.

30

Eine weitere Abweichung ist das **Erfordernis der Gegenseitigkeit.** So muss das Recht des betreffenden Drittstaates über ein gleichwertiges System der Anerkennung von Drittstaaten-CCPs vorsehen, von denen ggf. auch die in der Union ansässigen CCPs profitieren.

31

Nicht in Art. 25 Abs. 6 VO Nr. 648/2012 erwähnt ist die in Art. 13 Abs. 2 Buchst. b VO Nr. 648/2012 geforderte Einhaltung der Vorschriften über den **Schutz des Berufsgeheimnisses.** Er ist Gegenstand der von der ESMA nach Art. 25 Abs. 7 VO Nr. 648/2012 mit den zuständigen Behörden der Drittstaaten abzuschließenden Kooperationsvereinbarungen.

32

Die Anerkennung von CCPs mit Sitz in Drittstaaten war Gegenstand der nach Art. 85 Abs. 1 und Abs. 3 VO Nr. 648/2012 durchzuführenden Überprüfung der EMIR durch die ESMA und die Kommission. Die ESMA

33

---

1 Durchführungsverordnung (EU) 2017/2241 der Kommission vom 6. Dezember 2017 zur Verlängerung der in den Verordnungen (EU) Nr. 575/2013 und (EU) Nr. 648/2012 des Europäischen Parlaments und des Rates vorgesehenen Übergangszeiträume in Bezug auf die Eigenmittelanforderungen für Risikopositionen gegenüber zentralen Gegenparteien, ABl. EU Nr. L 322 v. 7.12.2017, S. 27.
2 Durchführungsverordnung (EU) 2018/815 der Kommission vom 1. Juni 2018 zur Verlängerung der in den Verordnungen (EU) Nr. 575/2013 und (EU) Nr. 648/2012 des Europäischen Parlaments und des Rates vorgesehenen Übergangszeiträume in Bezug auf die Eigenmittelanforderungen für Risikopositionen gegenüber zentralen Gegenparteien, ABl. EU Nr. L 137 v. 4.6.2018, S. 3.
3 S. die Übersicht bei *Lutter/Bayer/J. Schmidt*, EuropUR, Fundstellenverzeichnis (nach 37.29).
4 Richtlinie (EU) 2015/849 des Europäischen Parlaments und des Rates vom 20. Mai 2015 zur Verhinderung der Nutzung des Finanzsystems zum Zwecke der Geldwäsche und der Terrorismusfinanzierung, zur Änderung der Verordnung (EU) Nr. 648/2012 des Europäischen Parlaments und des Rates und zur Aufhebung der Richtlinie 2005/60/EG des Europäischen Parlaments und des Rates und der Richtlinie 2006/70/EG der Kommission, ABl. EU Nr. L 141 v. 5.6.2015, S. 73.
5 *ESMA* Anleitung Drittstaaten-CCPs, Rz. 8 mit dem Hinweis, dass sich Drittstaaten-CCPs vorher über das Vorliegen der Voraussetzung erkundigen sollten.

hatte sich in ihrem Prüfbericht Nr. 4 vom 13.8.2015[1] dafür ausgesprochen, das derzeitige Verfahren zu überdenken. Kritisiert wurde insbesondere der Ansatz, für Zwecke der Anerkennung **vollständig auf das Rechts- und Aufsichtsregime des Drittstaates zu vertrauen**[2] und keine Handhabe in den Fällen zu haben, in denen sich signifikante Risiken aufzeigen, die eine Versagung der Anerkennung oder deren Widerruf geboten erscheinen lassen[3]. Der Vorschlag ist von der Kommission zunächst nicht aufgegriffen worden.

34 Mit dem seit 30.9.2017 vorliegenden Vorschlag für eine Änderung der VO Nr. 1095/2010 und der VO Nr. 648/2012 hinsichtlich der für die Zulassung von zentralen Gegenparteien anwendbaren Verfahren und der Anforderungen für die Anerkennung zentraler Gegenparteien aus Drittstaaten (**EMIR-II-Entwurf**)[4] hat die Kommission umfassende Änderungen des Art. 25 VO Nr. 648/2012 vorgeschlagen. Unter anderem ist vorgesehen, dass CCPs mit systemrelevanter Bedeutung (sog. „**Tier-2-CCPs**") nur dann anerkannt werden dürfen, wenn sie sämtliche Anforderungen der Art. 16 und Art. 26–54 VO Nr. 648/2012 erfüllen[5]. Gelangt die ESMA im Einvernehmen mit den betreffenden emittierenden Zentralbanken zum Schluss, dass die Systemrelevanz einer Tier 2-CCPs so wesentlich ist, dass die Erfüllung der Anforderungen für sich genommen nicht ausreicht, soll die Kommission die Anerkennung der Tier 2-CCP versagen können[6]. Der Drittstaaten-CCP bliebe dann nur die Sitzverlagerung in die Union und eine Zulassung als europäische CCP nach Art. 14 VO Nr. 648/2012[7]. Mit der Annahme des Berichts der Berichterstatterin Hübner zum EMIR-II-Entwurf[8] am 25.5.2018 hat sich das Europäische Parlament grundsätzlich für den Vorschlag der Kommission ausgesprochen. Es will jedoch die Verweigerung der Anerkennung besonders systemrelevanter Tier 2-CCPs an enge Voraussetzungen knüpfen.

35 Aufgrund des Art. 25 Abs. 6 VO Nr. 648/2012 hat die Kommission bislang (Stand: 25.6.2018) folgende Durchsetzungsrechtsakte erlassen[9]:
- **Durchführungsbeschluss (EU) 2014/752** der Kommission vom 30. Oktober 2014 über die Gleichwertigkeit des Regulierungsrahmens **Japans** für zentrale Gegenparteien mit den Anforderungen der Verordnung (EU) Nr. 648/2012 des Europäischen Parlaments und des Rates über OTC-Derivate, zentrale Gegenparteien und Transaktionsregister, ABl. EU Nr. L 311 v. 31.10.2014, S. 55 („Gleichwertigkeitsentscheidung Japan Regulierungsrahmen");
- **Durchführungsbeschluss (EU) 2014/753** der Kommission vom 30. Oktober 2014 über die Gleichwertigkeit des Regulierungsrahmens **Singapurs** für zentrale Gegenparteien mit den Anforderungen der Verordnung (EU) Nr. 648/2012 des Europäischen Parlaments und des Rates über OTC-Derivate, zentrale Gegenparteien und Transaktionsregister, ABl. EU Nr. L 311 v. 31.10.2014, S. 58 („Gleichwertigkeitsentscheidung Singapur Regulierungsrahmen");
- **Durchführungsbeschluss (EU) 2014/754** der Kommission vom 30. Oktober 2014 über die Gleichwertigkeit des Regulierungsrahmens **Hong Kongs** für zentrale Gegenparteien mit den Anforderungen der Verordnung (EU) Nr. 648/2012 des Europäischen Parlaments und des Rates über OTC-Derivate, zentrale Gegenparteien und Transaktionsregister, ABl. EU Nr. L 311 v. 31.10.2014, S. 62 („Gleichwertigkeitsentscheidung Hong Kong Regulierungsrahmen");
- **Durchführungsbeschluss (EU) 2014/755** der Kommission vom 30. Oktober 2014 über die Gleichwertigkeit des Regulierungsrahmens **Australiens** für zentrale Gegenparteien mit den Anforderungen der Verordnung (EU) Nr. 648/2012 des Europäischen Parlaments und des Rates über OTC-Derivate, zentrale Gegenparteien und Transaktionsregister, ABl. EU Nr. L 311 v. 31.10.2014, S. 66 („Gleichwertigkeitsentscheidung Australien Regulierungsrahmen");

---

1 *ESMA*, Bericht Nr. 4 über weitere Anregungen der ESMA im Rahmen der Überprüfung der EMIR durch die Kommission, ESMA/2015/1254 vom 13.8.2015, abrufbar über: https://www.esma.europa.eu/sites/default/files/library/2015/11/esma-2015-1254_-_emir_review_report_no.4_on_other_issues.pdf („*ESMA* EMIR Prüfbericht Nr. 4").
2 *ESMA* EMIR Prüfbericht Nr. 4, Rz. 109: „system of full reliance".
3 *ESMA* EMIR Prüfbericht Nr. 4, Rz. 107.
4 *Kommission*, Vorschlag für eine Verordnung des Europäischen Parlaments und des Rates zur Änderung der Verordnung (EU) Nr. 1095/2010 zur Errichtung einer Europäischen Aufsichtsbehörde (Europäische Wertpapier- und Marktaufsichtsbehörde) sowie der Verordnung (EU) Nr. 648/2012 hinsichtlich der für die Zulassung von zentralen Gegenparteien anwendbaren Verfahren und zuständigen Behörden und der Anforderungen für die Anerkennung zentraler Gegenparteien aus Drittstaaten, KOM(2017) 331 vom 3.6.2017, abrufbar über: http://eur-lex.europa.eu/resource.html?uri=cellar:80b1cafa-50fe-11e7-a5ca-01aa75ed71a1.0020.02/DOC_1&format=PDF („*Kommission* EMIR-II-Entwurf"). Der Vorschlag der Kommission wurde am 20.9.2017 ergänzt; die Ergänzung ist abrufbar über: https://eur-lex.europa.eu/legal-content/DE/TXT/PDF/?uri=CELEX:52017PC0539&from=DE.
5 *Kommission* EMIR-II-Entwurf, S. 55: Einfügung neuer Absätze 2a und 2b.
6 *Kommission* EMIR-II-Entwurf, S. 55/56: Einfügung eines neuen Absatzes. 2c.
7 *Kommission* EMIR-II-Entwurf, S. 56: „…und keine Clearingdienstleistungen in der Union erbringen darf, solange ihr keine Zulassung gemäß Artikel 14 erteilt wird."
8 Der Bericht ist abrufbar über: http://www.europarl.europa.eu/sides/getDoc.do?type=REPORT&mode=XML&reference=A8-2018-0190&language=EN.
9 S. die Übersicht bei *Lutter/Bayer/J. Schmidt*, EuropUR, Fundstellenverzeichnis (nach 37.29). Die Durchführungsbeschlüsse können über folgende Webseite der ESMA abgerufen werden: https://www.esma.europa.eu/regulation/post-trading/central-counterparties-ccps.

- **Durchführungsbeschluss (EU) 2015/2038** der Kommission vom 13. November 2015 über die Gleichwertigkeit des Regulierungsrahmens der **Republik Korea** für zentrale Gegenparteien mit den Anforderungen der Verordnung (EU) Nr. 648/2012 des Europäischen Parlaments und des Rates über OTC-Derivate, zentrale Gegenparteien und Transaktionsregister, ABl. EU Nr. L 298 v. 14.11.2015, S. 25 („Gleichwertigkeitsentscheidung Südkorea Regulierungsrahmen");
- **Durchführungsbeschluss (EU) 2015/2039** der Kommission vom 13. November 2015 über die Gleichwertigkeit des Regulierungsrahmens **Südafrikas** für zentrale Gegenparteien mit den Anforderungen der Verordnung (EU) Nr. 648/2012 des Europäischen Parlaments und des Rates über OTC-Derivate, zentrale Gegenparteien und Transaktionsregister, ABl. EU Nr. L 298 v. 14.11.2015, S. 29 („Gleichwertigkeitsentscheidung Südafrika Regulierungsrahmen");
- **Durchführungsbeschluss (EU) 2015/2040** der Kommission vom 13. November 2015 über die Gleichwertigkeit des Regulierungsrahmens bestimmter Provinzen **Kanadas** für zentrale Gegenparteien mit den Anforderungen der Verordnung (EU) Nr. 648/2012 des Europäischen Parlaments und des Rates über OTC-Derivate, zentrale Gegenparteien und Transaktionsregister, ABl. EU Nr. L 298 v. 14.11.2015, S. 32 („Gleichwertigkeitsentscheidung Kanada Regulierungsrahmen");
- **Durchführungsbeschluss (EU) 2015/2041** der Kommission vom 13. November 2015 über die Gleichwertigkeit des Regulierungsrahmens **Mexikos** für zentrale Gegenparteien mit den Anforderungen der Verordnung (EU) Nr. 648/2012 des Europäischen Parlaments und des Rates über OTC-Derivate, zentrale Gegenparteien und Transaktionsregister, ABl. EU Nr. L 298 v. 14.11.2015, S. 38 („Gleichwertigkeitsentscheidung Mexiko Regulierungsrahmen");
- **Durchführungsbeschluss (EU) 2015/2042** der Kommission vom 13. November 2015 über die Gleichwertigkeit des Regulierungsrahmens der **Schweiz** für zentrale Gegenparteien mit den Anforderungen der Verordnung (EU) Nr. 648/2012 des Europäischen Parlaments und des Rates über OTC-Derivate, zentrale Gegenparteien und Transaktionsregister, ABl. EU Nr. L 298 v. 14.11.2015, S. 42 („Gleichwertigkeitsentscheidung Schweiz Regulierungsrahmen");
- **Durchführungsbeschluss (EU) 2016/337** der Kommission vom 15. März 2016 über die Gleichwertigkeit des Regulierungsrahmens der **Vereinigten Staaten von Amerika** für von der Commodity Futures Trading Commission (Aufsichtsbehörde für den Warenterminhandel) zugelassene und beaufsichtigte zentrale Gegenparteien mit den Anforderungen der Verordnung (EU) Nr. 648/2012 des Europäischen Parlaments und des Rates, ABl. EU Nr. L 70 v. 16.3.2016, S. 32 („Gleichwertigkeitsentscheidung U.S.A. Regulierungsrahmen");
- **Durchführungsbeschluss (EU) 2016/2269** der Kommission vom 14. Dezember 2016 über die Gleichwertigkeit des Regulierungsrahmens **Indiens** für zentrale Gegenparteien gemäß der Verordnung (EU) Nr. 648/2012 des Europäischen Parlaments und des Rates, ABl. EU Nr. L 342 v. 16.12.2016, S. 38 („Gleichwertigkeitsentscheidung Indien Regulierungsrahmen");
- **Durchführungsbeschluss (EU) 2016/2274** der Kommission vom 14. Dezember 2016 über die Gleichwertigkeit des Regulierungsrahmens **Neuseelands** für zentrale Gegenparteien gemäß der Verordnung (EU) Nr. 648/2012 des Europäischen Parlaments und des Rates, ABl. EU Nr. L 342 v. 16.12.2016, S. 54 („Gleichwertigkeitsentscheidung Neuseeland Regulierungsrahmen");
- **Durchführungsbeschluss (EU) 2016/2275** der Kommission vom 15. Dezember 2016 über die Gleichwertigkeit des Regulierungsrahmens **Japans** für zentrale Gegenparteien gemäß der Verordnung (EU) Nr. 648/2012VO Nr. 648/2012 des Europäischen Parlaments und des Rates, ABl. EU Nr. L 342 v. 16.12.2016, S. 57 („Gleichwertigkeitsentscheidung Japan Regulierungsrahmen II");
- **Durchführungsbeschluss (EU) 2016/2276** der Kommission vom 15. Dezember 2016 über die Gleichwertigkeit des Regulierungsrahmens **Brasiliens** für zentrale Gegenparteien gemäß der Verordnung (EU) Nr. 648/2012 des Europäischen Parlaments und des Rates, ABl. EU Nr. L 342 v. 16.12.2016, S. 61 („Gleichwertigkeitsentscheidung Brasilien Regulierungsrahmen");
- **Durchführungsbeschluss (EU) 2016/2277** der Kommission vom 15. Dezember 2016 über die Gleichwertigkeit des Regulierungsrahmens im **Dubai International Financial Centre** für zentrale Gegenparteien gemäß der Verordnung (EU) Nr. 648/2012 des Europäischen Parlaments und des Rates, ABl. EU Nr. L 342 v. 16.12.2016, S. 65 („Gleichwertigkeitsentscheidung DIFC Regulierungsrahmen");
- **Durchführungsbeschluss (EU) 2016/2278** der Kommission vom 15. Dezember 2016 über die Gleichwertigkeit des Regulierungsrahmens der **Vereinigten Arabischen Emirate** für zentrale Gegenparteien gemäß der Verordnung (EU) Nr. 648/2012 des Europäischen Parlaments und des Rates, ABl. EU Nr. L 342 v. 16.12.2016, S. 68 („Gleichwertigkeitsentscheidung UAE Regulierungsrahmen").

2. Zulassung und Beaufsichtigung im Drittstaat. Die Anforderung in Art. 25 Abs. 2 Buchst. b VO Nr. 648/2012, dass die CCP in ihrem Heimatland auch einer wirksamen Aufsicht und Rechtsdurchsetzung unterliegt, ist nicht überflüssig, da sie nicht bereits Gegenstand des nach Art. 25 Abs. 6 VO Nr. 648/2012 durchzuführenden Prüfverfahrens ist. Der Durchsetzungsrechtsakt stellt lediglich fest, ob CCPs in dem betreffenden Drittstaat generell der Regulierung unterliegen.

37 **3. Kooperationsvereinbarung (Art. 25 Abs. 7 VO Nr. 648/2012).** Die ESMA schließt Kooperationsvereinbarungen mit den jeweils zuständigen Behörden des Drittstaates ab, die über einen bestimmten Mindestinhalt verfügen müssen. Der Abschluss der Kooperationsvereinbarung ist nach Art. 25 Abs. 2 Buchst. c VO Nr. 648/2012 wichtige Voraussetzung für die Anerkennung.

38 Art. 25 Abs. 7 VO Nr. 648/2012 ist zu entnehmen, dass die ESMA Kooperationsvereinbarungen (memorandum of understanding, MOU) mit den zuständigen Behörden eines Drittstaates **erst dann** abschließt, wenn die Kommission im Hinblick auf den betreffenden Drittstaat einen Durchführungsrechtsakt nach Art. 25 Abs. 6 VO Nr. 648/2012 erlassen hat.

39 Die Mindestanforderungen, die eine Kooperationsvereinbarung erfüllen muss, beinhalten Bestimmungen über den **freien Informationsaustausch** zwischen den beteiligten Behörden. Für den Fall, dass die zuständige Behörde des Drittstaates zur Auffassung gelangt, dass die von ihr beaufsichtigte CCP gegen Zulassungsvoraussetzungen oder geltendes Recht verstößt, muss die Kooperationsvereinbarung vorsehen, dass die Drittstaatenbehörde die ESMA **umgehend benachrichtigt.** Eine sofortige Benachrichtigung der ESMA ist auch dann vorzusehen, wenn der Drittstaatenbehörde einer CCP die Erlaubnis erteilt, Clearingdienstleistungen für in der Union ansässige Kunden zu erbringen. Zu regeln sind ferner die Koordination der Aufsichtstätigkeit und das Recht der ESMA zur **Vornahme von Prüfungen vor Ort** (onsight inspections).

40 Die von der ESMA abgeschlossenen Kooperationsvereinbarungen enthalten darüber hinaus Bestimmungen über den **vertraulichen Umgang mit Informationen** und das Recht der ESMA, diese an andere Behörden und Zentralbanken innerhalb der Union weiter zu geben.

41 Aufgrund des Art. 25 Abs. 7 VO Nr. 648/2012 hat die ESMA bislang (Stand: 25.6.2018) folgende Kooperationsvereinbarungen abgeschlossen[1]:

- **Memorandum of Understanding** zwischen der ESMA, der **Australian Securities & Investments Commission** (ASIC) und der **Reserve Bank of Australia** vom 26. bzw. 27.11.2014 („MOU Australien");
- **Memorandum of Understanding** zwischen der ESMA und der **Securities and Futures Commission (SFC)** vom 15.12.2014 („MOU Hong Kong");
- **Memorandum of Understanding** zwischen der ESMA und der **Monetay Authority of Singapore** (MAS) vom 10.2.2015 („MOU Singapur");
- **Memorandum of Cooperation** zwischen der ESMA und der **Financial Services Agency of Japan** vom 18.2.2015 („MOU Japan");
- **Memorandum of Understanding** zwischen der ESMA, der Quebec **Autorité des Marchés Financiers (AMF)**, der **Manitoba Securities Commission** (MSC) und der **Ontario Securities Commission** (OSC) vom 30.11.2015 („MOU Kanada – Quebec, Manitoba & Ontario");
- **Memorandum of Understanding** zwischen der ESMA und der **Alberta Securities Commission** (ASC) vom 30.11.2015 („MOU Kanada – Alberta");
- **Memorandum of Understanding** zwischen der ESMA und dem **Financial Services Board** (FSB) vom 30.11.2015 („MOU Südafrika");
- **Memorandum of Understanding** zwischen der ESMA, der **Eidgenössischen Finanzmarktaufsicht (FINMA)** und der **Schweizerischen Nationalbank** vom 30.11.2015 („MOU Schweiz");
- **Memorandum of Understanding** zwischen der ESMA und der **Comisión Nacional Bancaria y de Valores** (CNBV) vom 14.1.2016 („MOU Mexiko");
- **Memorandum of Understanding** zwischen der ESMA, der **Financial Services Commission** (FSC) und der **Financial Supervisory Service** (FSS) vom 15.3.2016 („MOU Südkorea");
- **Memorandum of Understanding** zwischen der ESMA und der **Commodity Futures Trading Commission** (CFTC) vom 2.6.2016 („MOU U.S.A.");
- **Memorandum of Understanding** zwischen der ESMA und der **Dubai Financial Services Authority** (DFSA) vom 22.2.2017 („MOU DIFC");
- **Memorandum of Understanding** zwischen der ESMA, der **Comissão de Valores Mobiliários (CVM)** und der **Banco Central do Brasil (BCB)** vom 28.2.2017 („MOU Brasilien");
- **Memorandum of Understanding** zwischen der ESMA und der **Reserve Bank of India (RBI)** vom 28.2.2017 („MOU India");
- **Memorandum of Understanding** zwischen der ESMA und der **Securities and Commodities Authority (SCA)** vom 28.2.2017 („MOU UAE");

---

[1] Die Kooperationsvereinbarungen können über folgende Webseite der ESMA abgerufen werden: https://www.esma.europa.eu/regulation/post-trading/central-counterparties-ccps.

- **Memorandum of Understanding** zwischen der ESMA und der **Financial Market Authority (FMA) und der Reserve Bank of New Zealand** vom 28.2.2017 („MOU Neuseeland");
- **Memorandum of Understanding** zwischen der ESMA, dem **Ministry of Economy, Trade and Industry (METI)** und dem **Ministry of Agriculture, Forestry and Fisheries (MAFF)** vom 8.3.2017 („MOU Japan II"); und
- **Memorandum of Understanding** zwischen der ESMA und dem **Securities and Exchange Board of India (SEBI)** vom 21.6.2017 („MOU Indien II").

4. Bekämpfung der Geldwäsche. Die Anforderungen, die Art. 25 Abs. 2 Buchst. d VO Nr. 648/2012 an die in einem Drittstaat geltenden Vorschriften über die Bekämpfung der **Geldwäsche und der Terrorismusfinanzierung** stellt, sind im Rahmen der Überarbeitung der europäischen Geldwäscherichtlinie durch Art. 63 RL 2015/849 (Geldwäsche-RL)[1] **neu gefasst** worden[2]. Art. 9 Abs. 2 RL 2015/849 sieht nunmehr vor, dass die Kommission mittels eines delegierten Rechtsaktes diejenigen Drittländer ermittelt, die in ihren nationalen Systemen strategische Mängel aufweisen, die wesentliche Risiken für das Finanzsystem der Union darstellen („Drittländer mit hohem Risiko"). Mit ihrer **DelVO 2016/1675**[3] hat die Kommission von ihrer Befugnis Gebrauch gemacht und insgesamt **elf Drittländer** mit hohem Risiko identifiziert. 42

V. Erweiterung und Entzug der Anerkennung (Art. 25 Abs. 5 VO Nr. 648/2012). Beabsichtigt eine nach Art. 25 VO Nr. 648/2012 anerkannte CCP ihre in der Union ausgeübten Tätigkeiten und Dienstleistungen zu erweitern, so überprüft die ESMA die Anerkennung nach Anhörung der in Art. 25 Abs. 3 VO Nr. 648/2012 genannten Behörden und Stellen nach Maßgabe der Art. 25 Abs. 2–4 VO Nr. 648/2012. Die ESMA kann der CCP die Anerkennung entziehen, wenn die Bedingungen nach Art. 25 Abs. 2 VO Nr. 648/2012 nicht mehr erfüllt sind oder die in Art. 20 VO Nr. 648/2012 genannten Umstände vorliegen. 43

Der Verweis auf die in Art. 20 VO Nr. 648/2012 genannten Umstände gibt die Voraussetzungen für eine Entziehung bereits umfassend wider. Die Aussage, dass die ESMA die Anerkennung auch dann entziehen kann, wenn die Voraussetzungen des Art. 25 Abs. 2 VO Nr. 648/2012 nicht mehr erfüllt sind, ist an sich überflüssig, weil sich dies bereits aus Art. 20 Abs. 1 Buchst. c VO Nr. 648/2012 ergibt. 44

Die in Art. 20 Abs. 5 VO Nr. 648/2012 vorgesehene Möglichkeit, die Entziehung der Zulassung auf einzelne Dienstleistungen oder Kategorien von Finanzinstrumenten zu beschränken, sollte auch für die Entziehung der Anerkennung durch die ESMA gelten. Wegen der möglichen **Folgen auf die Clearingpflicht** einer von der Drittstaaten-CCP abgewickelten Kategorie von OTC-Derivaten wird auf die Ausführungen zu Art. 20 VO Nr. 648/2012 Rz. 8–11 verwiesen. 45

VI. Technische Regulierungsstandards (Art. 25 Abs. 8 VO Nr. 648/2012). Nach Art. 25 Abs. 8 VO Nr. 648/2012 ist die Kommission befugt, technische Regulierungsstandards zu erlassen, in denen sie festlegt, welche Angaben die antragstellende CCP in ihrem Antrag auf Anerkennung machen muss. Von der Befugnis hat die Kommission mit Erlass der DelVO Nr. 153/2013 Gebrauch gemacht. Die DelVO Nr. 153/2013 ist am zwanzigsten Tag nach ihrer Veröffentlichung im Amtsblatt der Europäischen Union, d.h. am 15.3.2013, in Kraft getreten (Art. 62 DelVO Nr. 153/2013). 46

---

1 Richtlinie (EU) 2015/849 des Europäischen Parlaments und des Rates vom 20. Mai 2015 zur Verhinderung der Nutzung des Finanzsystems zum Zwecke der Geldwäsche und der Terrorismusfinanzierung, zur Änderung der Verordnung (EU) Nr. 648/2012 des Europäischen Parlaments und des Rates und zur Aufhebung der Richtlinie 2005/60/EG des Europäischen Parlaments und des Rates und der Richtlinie 2006/70/EG der Kommission, ABl. EU Nr. L 141 v. 5.6.2015, S. 73; die Geldwäsche-RL ist am zwanzigsten Tag nach ihrer Veröffentlichung im Amtsblatt der Europäischen Union, d.h. am 25.6.2015, in Kraft getreten.
2 Zur Vorversion s. *Achtelik* in Willhelmi/Achtelik/Kunschke/Sigmundt, Handbuch EMIR, Teil 5.B Rz. 44.
3 Delegierte Verordnung (EU) 2016/1675 der Kommission vom 14. Juli 2016 zur Ergänzung der Richtlinie (EU) 2015/849 des Europäischen Parlaments und des Rates durch Ermittlung von Drittländern mit hohem Risiko, die strategische Mängel aufweisen, ABl. EU Nr. L 254 v. 20.9.2016, S. 1.

Titel IV
Anforderungen an CCPs

Kapitel 1
Organisatorische Anforderungen

Art. 26 Allgemeine Bestimmungen

(1) Eine CCP muss über solide Regelungen zur Unternehmensführung verfügen, wozu eine klare Organisationsstruktur mit genau abgegrenzten, transparenten und kohärenten Verantwortungsbereichen, wirksamen Ermittlungs-, Steuerungs-, Überwachungs- und Berichterstattungsverfahren für die Risiken, denen sie ausgesetzt ist oder ausgesetzt sein könnte, sowie angemessene interne Kontrollmechanismen einschließlich solider Verwaltungs- und Rechnungslegungsverfahren zählen.

(2) Eine CCP führt Strategien und Verfahren ein, die hinreichend wirksam sind, um die Einhaltung dieser Verordnung, auch die Einhaltung sämtlicher Bestimmungen dieser Verordnung durch ihre Manager und Beschäftigten, sicherzustellen.

(3) Eine CCP muss dauerhaft über eine Organisationsstruktur verfügen, die Kontinuität und ein ordnungsgemäßes Funktionieren im Hinblick auf die Erbringung ihrer Dienstleistungen und Ausübung ihrer Tätigkeiten gewährleistet. Sie muss angemessene und geeignete Systeme, Ressourcen und Verfahren einsetzen.

(4) Eine CCP sorgt für eine stete klare Trennung zwischen den Berichtslinien für das Risikomanagement und den Berichtslinien für ihre übrigen Tätigkeiten.

(5) Eine CCP sorgt für die Festlegung, Einführung und Aufrechterhaltung einer Vergütungspolitik, die einem soliden, effektiven Risikomanagement förderlich ist und keine Anreize für eine Lockerung der Risikostandards schafft.

(6) Eine CCP betreibt informationstechnische Systeme, die der Komplexität, der Vielfalt und der Art ihrer Dienstleistungen und Tätigkeiten angemessen sind, so dass hohe Sicherheitsstandards und die Integrität und Vertraulichkeit der Informationen gewahrt sind.

(7) Eine CCP macht ihre Regelungen zur Unternehmensführung, die für die CCP geltenden Vorschriften sowie die Kriterien für die Zulassung als Clearingmitglied unentgeltlich öffentlich zugänglich.

(8) Eine CCP wird regelmäßig stattfindenden unabhängigen Prüfungen unterworfen. Die Ergebnisse dieser Prüfungen werden dem Leitungsorgan mitgeteilt und der zuständigen Behörde zur Verfügung gestellt.

(9) Um die einheitliche Anwendung dieses Artikels zu gewährleisten, erarbeitet die ESMA nach Anhörung der Mitglieder des ESZB Entwürfe für technische Regulierungsstandards, in denen der Mindestinhalt der in den Absätzen 1 bis 8 genannten Vorschriften und Regelungen zur Unternehmensführung festgelegt wird.

Die ESMA legt der Kommission diese Entwürfe für technische Regulierungsstandards zum 30. September 2012 vor.

Der Kommission wird die Befugnis übertragen, die in Unterabsatz 1 genannten technischen Regulierungsstandards gemäß den Artikeln 10 bis 14 der Verordnung (EU) Nr. 1095/2010 zu erlassen.

In der Fassung vom 4.7.2012 (ABl. EU Nr. L 201 v. 27.7.2012, S. 1).

Delegierte Verordnung (EU) Nr. 153/2013 vom 19. Dezember 2012
zur Ergänzung der Verordnung (EU) Nr. 648/2012 des Europäischen Parlaments und des Rates in Bezug auf technische Regulierungsstandards für Anforderungen an zentrale Gegenparteien

(Auszug)

Art. 3 Regelungen zur Unternehmensführung

(1) Die wichtigsten Elemente der Regelungen zur Unternehmensführung der CCP, in denen ihre Organisationsstruktur sowie klar spezifizierte und gut dokumentierte Grundsätze, Verfahren und Prozesse für die Arbeit des Leitungsorgans und der Geschäftsleitung festgelegt sind, umfassen Folgendes:

a) die Zusammensetzung, Aufgaben und Zuständigkeiten des Leitungsorgans und seiner Ausschüsse;
b) *die Aufgaben und Zuständigkeiten der Geschäftsführung;*
c) die Struktur der Geschäftsleitung;
d) die Berichtslinien zwischen Geschäftsleitung und Leitungsorgan;

e) die Verfahren für die Ernennung von Mitgliedern des Leitungsorgans und der Geschäftsleitung;
f) die Ausgestaltung des Risikomanagements und der Funktionen Compliance und interne Kontrolle;
g) die Verfahren zur Gewährleistung der Rechenschaftspflicht gegenüber Interessenvertretern.

(2) Eine CCP verfügt über angemessenes Personal, um allen aus dieser Verordnung und der Verordnung (EU) Nr. 648/2012 erwachsenden Verpflichtungen nachzukommen. Eine CCP greift nicht gemeinsam mit anderen Unternehmen der Gruppe auf dasselbe Personal zu, es sei denn, dies erfolgt im Einklang mit den Bestimmungen einer Auslagerungsvereinbarung gemäß Artikel 35 der Verordnung (EU) Nr. 648/2012.

(3) Eine CCP legt klare und kohärente Verantwortungsbereiche fest und sorgt dafür, dass diese gut dokumentiert sind. Eine CCP stellt sicher, dass die Funktionen Risikovorstand, Compliance-Vorstand und Technologievorstand von verschiedenen Einzelpersonen ausgeübt werden, die Angestellte der CCP sind und ausschließlich mit der Ausübung dieser Funktionen betraut sind.

(4) Gehört die CCP einer Gruppe an, so berücksichtigt sie jegliche Auswirkungen, die die Gruppe auf ihre Unternehmensführungsregelungen haben könnte, unter anderem auch, ob sie über die zur Erfüllung ihrer rechtlichen Pflichten als juristische Einzelperson notwendige Unabhängigkeit verfügt und ob ihre Unabhängigkeit durch die Gruppenstruktur oder durch Mitglieder des Leitungsorgans, die gleichzeitig dem Leitungsorgan anderer Unternehmen derselben Gruppe angehören, beeinträchtigt werden könnte. Insbesondere sieht eine derartige CCP spezifische Verfahren zur Vermeidung und Steuerung von Interessenkonflikten vor, auch im Hinblick auf Auslagerungsvereinbarungen.

(5) Ist die Leitungsebene einer CCP zweistufig gegliedert, so werden die nach Maßgabe dieser Verordnung und der Verordnung (EU) Nr. 648/2012 festgelegten Aufgaben und Zuständigkeiten des Leitungsorgans in geeigneter Weise auf den Aufsichtsrat und den Vorstand aufgeteilt.

(6) Die Grundsätze, Verfahren, Systeme und Kontrollen des Risikomanagements sind Bestandteil eines kohärenten und einheitlichen Rahmens für die Unternehmensführung, der regelmäßig überprüft und aktualisiert wird.

In der Fassung vom 19.12.2012 (ABl. EU Nr. L 52 v. 23.3.2013, S. 41).

Art. 4 Mechanismen zur Risikosteuerung und zur internen Kontrolle

(1) Eine CCP verfügt über einen soliden Rahmen für die umfassende Steuerung aller wesentlichen Risiken, denen sie ausgesetzt ist oder sein könnte. Eine CCP legt Grundsätze, Verfahren und Systeme zur Ermittlung, Messung, Überwachung und Steuerung derartiger Risiken fest und dokumentiert diese. Die festzulegenden Grundsätze, Verfahren und Systeme für das Risikomanagement werden von der CCP so strukturiert, dass seitens der Clearingmitglieder eine angemessene Steuerung und Eindämmung der von ihnen ausgehenden Risiken für die CCP gewährleistet ist.

(2) Eine CCP behält einen integrierten und umfassenden Überblick über alle einschlägigen Risiken. Dazu gehören Risiken, die sie gegenüber ihren Clearingmitgliedern und, soweit praktikabel, gegenüber ihren Kunden eingeht oder für diese darstellt, sowie die Risiken, die sie gegenüber anderen Einrichtungen eingeht oder für diese darstellt, einschließlich – aber nicht ausschließlich – gegenüber interoperablen CCP, Zahlungs- sowie Wertpapierliefer- und -abrechnungssystemen, Verrechnungsbanken, Liquiditätsbeschaffern, zentralen Wertpapierverwahrstellen, von der CCP bedienten Handelsplätzen und anderen wichtigen Dienstanbietern.

(3) Eine CCP entwickelt angemessene Instrumente für das Risikomanagement, um alle einschlägigen Risiken steuern und melden zu können. Dazu zählen Instrumente zur Ermittlung und Steuerung von systemischen, marktbezogenen oder anderen wechselseitigen Abhängigkeiten. Werden von einer CCP clearingbezogene Dienstleistungen erbracht, deren Risikoprofil sich von dem ihrer Funktion unterscheidet und die potenziell wesentliche zusätzliche Risiken darstellen, so steuert die CCP diese zusätzlichen Risiken in angemessener Weise. Dies kann die rechtliche Trennung der zusätzlichen von der CCP erbrachten Dienstleistungen von ihren Kernfunktionen beinhalten.

(4) Die Regelungen zur Unternehmensführung gewährleisten, dass das Leitungsorgan einer CCP die endgültige Verantwortung und Rechenschaftspflicht für die Steuerung der Risiken der CCP übernimmt. Das Leitungsorgan legt eine angemessene Risikotoleranzschwelle und die Risikoübernahmekapazität der CCP fest und sorgt für deren Dokumentation. Das Leitungsorgan und die Geschäftsleitung stellen sicher, dass die Grundsätze, Verfahren und Kontrollen der CCP mit der Risikotoleranz und Risikoübernahmekapazität der CCP in Einklang stehen und regeln, wie die CCP Risiken ermittelt, meldet, überwacht und steuert.

(5) Eine CCP unterhält solide Informations- und Risikokontrollsysteme, damit sie und gegebenenfalls ihre Clearingmitglieder sowie – soweit möglich – Kunden zeitnah informiert werden und die Grundsätze und Verfahren für das Risikomanagement angemessen angewendet werden. Diese Systeme gewährleisten mindestens, dass die Liquiditäts- und Kreditrisikopositionen auf Ebene der CCP, der Clearingmitglieder und, soweit dies möglich ist, auf Kundenebene kontinuierlich überwacht werden.

(6) Eine CCP stellt sicher, dass die Risikomanagementfunktion über die notwendigen Befugnisse, Ressourcen und Fachkenntnisse verfügt, zu allen einschlägigen Informationen Zugang hat und von anderen Funktionen der CCP hinreichend unabhängig ist. Der Risikovorstand der CCP setzt den Rahmen für das Risikomanagement gemäß den vom Leitungsorgan festgelegten Grundsätzen und Verfahren um.

(7) Eine CCP verfügt über angemessene Mechanismen der internen Kontrolle, um das Leitungsorgan bei der Überwachung und Bewertung der Angemessenheit und Wirksamkeit ihrer Grundsätze, Verfahren und Systeme des Risikomanagements zu unterstützen. Derartige Mechanismen umfassen solide Verwaltungs- und Rechnungslegungsverfahren, eine robuste Compliance-Funktion, eine unabhängige Innenrevision sowie eine Validierungs- oder Überprüfungsfunktion.

(8) Der Abschluss einer CCP wird jährlich erstellt und von Abschlussprüfern oder Prüfungsgesellschaften im Sinne der Richtlinie 2006/43/EG des Europäischen Parlaments und des Rates geprüft.

In der Fassung vom 19.12.2012 (ABl. EU Nr. L 52 v. 23.3.2013, S. 41).

Art. 5 Compliance – Grundsätze und Verfahren

(1) Eine CCP legt angemessene Grundsätze und Verfahren fest, die darauf ausgelegt sind, jedes Risiko einer etwaigen Missachtung der in dieser Verordnung, der Verordnung (EU) Nr. 648/2012 und der Durchführungsverordnung (EU) Nr. 1249/2012 festgelegten Pflichten durch die CCP und ihre Mitarbeiter sowie die damit verbundenen Risiken aufzudecken, setzt diese dauerhaft um und führt angemessene Maßnahmen und Verfahren ein, um derartige Risiken auf ein Mindestmaß zu beschränken und den zuständigen Behörden zu ermöglichen, ihre Befugnisse im Rahmen dieser Verordnungen wirksam auszuüben.

(2) Eine CCP stellt sicher, dass ihre Regelungen, Verfahren und vertraglichen Vereinbarungen klar und umfassend sind und die Einhaltung dieser Verordnung, der Verordnung (EU) Nr. 648/2012 und der Durchführungsverordnung (EU) Nr. 1249/2012 sowie aller anderen anwendbaren Regulierungs- und Aufsichtsanforderungen gewährleisten.

Die Regelungen, Verfahren und vertraglichen Vereinbarungen der CCP werden schriftlich niedergelegt oder auf einem anderen dauerhaften Datenträger festgehalten. Die Regelungen, Verfahren und vertraglichen Vereinbarungen sowie jegliche beigefügten Dokumente sind präzise und aktuell und der zuständigen Behörde, den Clearingmitgliedern und gegebenenfalls den Kunden auf einfache Weise zugänglich.

Eine CCP ermittelt und analysiert, wie solide ihre Regelungen, Verfahren und vertraglichen Vereinbarungen sind. Bei Bedarf werden für den Zweck dieser Analyse unabhängige Rechtsgutachten eingeholt. Die CCP verfügt über ein Verfahren, in dessen Rahmen Änderungen ihrer Regelungen und Verfahren vorgeschlagen und umgesetzt werden können, vor der Umsetzung wesentlicher Änderungen eine Konsultation aller betroffenen Clearingmitglieder erfolgt und die vorgeschlagenen Änderungen der zuständigen Behörde übermittelt werden.

(3) Bei der Erarbeitung ihrer Regelungen, Verfahren und vertraglichen Vereinbarungen berücksichtigt eine CCP die einschlägigen Regulierungsgrundsätze, Branchenstandards und Marktprotokolle und gibt genau an, inwieweit derartige Praktiken in den Katalog der Rechte und Pflichten der CCP, ihrer Clearingmitglieder und anderer einschlägiger Dritter eingeflossen sind.

(4) Eine CCP ermittelt und analysiert potenzielle Normenkollisionen und erarbeitet Regelungen und Verfahren, um die in solchen Fällen entstehenden rechtlichen Risiken zu verringern. Bei Bedarf holt die CCP für den Zweck dieser Analyse unabhängige Rechtsgutachten ein.

In den Regelungen und Verfahren einer CCP ist klar angegeben, welches Recht auf die einzelnen Aspekte der Tätigkeiten und Abläufe der CCP anzuwenden ist.

In der Fassung vom 19.12.2012 (ABl. EU Nr. L 52 v. 23.3.2013, S. 41).

Art. 6 Compliance-Funktion

(1) Eine CCP richtet eine permanente, wirksame und von anderen Funktionen der CCP unabhängig arbeitende Compliance-Funktion ein und erhält diese aufrecht. Sie gewährleistet, dass die Compliance-Funktion über die notwendigen Befugnisse, Ressourcen und Fachkenntnisse verfügt und zu allen für sie relevanten Informationen Zugang hat.

Bei der Einrichtung ihrer Compliance-Funktion trägt die CCP der Art, dem Umfang und der Komplexität ihrer Geschäfte sowie der Natur und dem Spektrum der im Zuge dieser Geschäfte erbrachten Dienstleistungen und Tätigkeiten Rechnung.

(2) Der Compliance-Vorstand ist mindestens für Folgendes verantwortlich:

a) Überwachung und regelmäßige Bewertung der Angemessenheit und Wirksamkeit der im Einklang mit Artikel 5 Absatz 4 eingeführten Vorkehrungen sowie der Maßnahmen, die zur Behebung etwaiger Compliance-Mängel seitens der CCP ergriffen wurden;
b) Verwaltung der von der Geschäftsleitung und dem Leitungsorgan festgelegten Grundsätze und Verfahren für die Compliance;
c) Beratung und Unterstützung der für die Dienstleistungen und Tätigkeiten der CCP verantwortlich zeichnenden Personen bei der Einhaltung der Verpflichtungen der CCP gemäß dieser Verordnung, der Verordnung (EU) Nr. 648/2012 und der Durchführungsverordnung (EU) Nr. 1249/2012 und gegebenenfalls anderer Rechtsvorschriften;
d) regelmäßige Berichterstattung an das Leitungsorgan über die Einhaltung dieser Verordnung, der Verordnung (EU) Nr. 648/2012 und der Durchführungsverordnung (EU) Nr. 1249/2012 durch die CCP und ihre Mitarbeiter;
e) Festlegung von Verfahren für ein wirksames Vorgehen bei Compliance-Mängeln;
f) Gewährleistung, dass die in die Compliance-Funktion eingebundenen Personen nicht in Dienstleistungen oder Tätigkeiten einbezogen werden, die sie überwachen, und dass Interessenkonflikte dieser Personen ordnungsgemäß ermittelt und ausgeräumt werden.

In der Fassung vom 19.12.2012 (ABl. EU Nr. L 52 v. 23.3.2013, S. 41).

Art. 7 Organisationsstruktur und Trennung zwischen den Berichtslinien

(1) Eine CCP legt die Zusammensetzung, Aufgaben und Zuständigkeiten des Leitungsorgans, der Geschäftsleitung und sämtlicher Ausschüsse des Leitungsorgans fest. Diese Festlegungen müssen klar spezifiziert und gut dokumentiert sein. Das Leitungsorgan richtet zumindest einen Prüfungsausschuss und einen Vergütungsausschuss ein. Bei dem im Einklang mit Artikel 28 der Verordnung (EU) Nr. 648/2012 eingerichteten Risikoausschuss handelt es sich um einen beratenden Ausschuss des Leitungsorgans.

(2) Das Leitungsorgan zeichnet mindestens für Folgendes verantwortlich:
a) Festlegung klarer Ziele und Strategien für die CCP;
b) wirksame Überwachung der Geschäftsleitung;

c) Festlegung einer angemessenen Vergütungspolitik;
d) Einrichtung der Risikomanagement-Funktion und Aufsicht über diese Funktion;
e) Aufsicht über die Funktionen Compliance und interne Kontrolle;
f) Aufsicht über Auslagerungsvereinbarungen;
g) Aufsicht über die Einhaltung sämtlicher Bestimmungen dieser Verordnung, der Verordnung (EU) Nr. 648/2012 und der Durchführungsverordnung (EU) Nr. 1249/2012 und aller anderen Regulierungs- und Aufsichtsanforderungen;
h) Übernahme der Rechenschaftspflicht gegenüber den Aktionären oder Eigentümern und Mitarbeitern, Clearingmitgliedern und deren Kunden sowie anderen relevanten Interessenvertretern.

(3) Die Geschäftsleitung zeichnet mindestens für Folgendes verantwortlich:
a) Sicherstellung der Kohärenz der Tätigkeiten der CCP mit den vom Leitungsorgan festgelegten Zielen und der Strategie der CCP;
b) Erarbeitung und Einrichtung von Verfahren für die Compliance und die interne Kontrolle zur Förderung der Ziele der CCP;
c) Sicherstellung, dass die Verfahren der internen Kontrolle regelmäßigen Prüfungen und Tests unterzogen werden;
d) Gewährleistung, dass ausreichende Ressourcen für das Risikomanagement und die Compliance zur Verfügung stehen;
e) aktive Beteiligung am Prozess der Risikosteuerung;
f) Sicherstellung, dass die von den Clearingtätigkeiten und den damit verbundenen Tätigkeiten ausgehenden Risiken für die CCP angemessen behandelt werden.

(4) Überträgt das Leitungsorgan Ausschüssen oder Unterausschüssen Aufgaben, so behält es sich vor, Entscheidungen zu genehmigen, die wesentliche Auswirkungen auf das Risikoprofil der CCP haben könnten.

(5) In den Regelungen über die Funktionsweise des Leitungsorgans und der Geschäftsleitung sind Verfahren für die Ermittlung, Bewältigung und Steuerung von potenziellen Interessenkonflikten der Mitglieder des Leitungsorgans und der Geschäftsleitung festgelegt.

(6) Eine CCP verfügt über klare und direkte Berichtslinien zwischen dem Leitungsorgan und der Geschäftsleitung, um zu gewährleisten, dass die Geschäftsleitung für ihre Tätigkeit rechenschaftspflichtig ist. Die Berichtslinien für die Bereiche Risikomanagement, Compliance und Innenrevision sind klar definiert und von den Berichtslinien in anderen Tätigkeitsbereichen der CCP getrennt. Der Risikovorstand untersteht entweder direkt oder indirekt, d. h. über den Vorsitz des Risikoausschusses, dem Leitungsorgan. Der Compliance-Vorstand und die Funktion Innenrevision unterstehen direkt dem Leitungsorgan.

In der Fassung vom 19.12.2012 (ABl. EU Nr. L 52 v. 23.3.2013, S. 41).

Art. 8 Vergütungspolitik

(1) Der Vergütungsausschuss erarbeitet eine Vergütungspolitik und entwickelt diese weiter, beaufsichtigt deren Umsetzung durch die Geschäftsleitung und prüft regelmäßig die praktische Anwendung. Die Vergütungspolitik wird dokumentiert und mindestens einmal jährlich überprüft.

(2) Die Vergütungspolitik wird derart ausgestaltet, dass die Vergütungshöhe und -struktur sich an einem umsichtigen Risikomanagement orientieren. Bei der Vergütungspolitik werden künftige und bestehende Risiken sowie die deren Auswirkungen berücksichtigt. Die Zeitpläne für die Auszahlungen werden in Abhängigkeit vom Zeithorizont der Risiken festgelegt. Insbesondere bei der variablen Vergütung trägt die Vergütungspolitik möglichen Diskrepanzen zwischen Leistungs- und Risikozeiträumen gebührend Rechnung und gewährleistet, dass Auszahlungen gegebenenfalls zurückgestellt werden. Die festen und variablen Bestandteile der Gesamtvergütung sind ausgewogen und tragen den Risikoelementen Rechnung.

(3) In der Vergütungspolitik ist festzulegen, dass die Vergütung der in die Funktionen Risikomanagement, Compliance und Innenrevision eingebundenen Mitarbeiter vom geschäftlichen Erfolg der CCP unabhängig ist. Die Höhe der Vergütung ist den Zuständigkeiten und der Höhe der Vergütung in dem betreffenden Wirtschaftszweig angemessen.

(4) Die Vergütungspolitik unterliegt einer jährlichen unabhängigen Prüfung. Die Ergebnisse dieser Prüfung werden der zuständigen Behörde zur Verfügung gestellt.

In der Fassung vom 19.12.2012 (ABl. EU Nr. L 52 v. 23.3.2013, S. 41).

Art. 9 Informationstechnische Systeme

(1) Eine CCP arbeitet ein Konzept für ihre informationstechnischen Systeme aus und gewährleistet, dass diese zuverlässig und sicher sind und die Informationen verarbeiten können, die für ein sicheres und effizientes Funktionieren der Tätigkeiten und Abläufe der CCP erforderlich sind.
Die IT-Architektur ist gut zu dokumentieren. Die Systeme sind darauf ausgelegt, die operativen Erfordernisse der CCP zu erfüllen und die Risiken, denen die CCP ausgesetzt ist, zu bewältigen; sie sind auch unter angespannten Marktbedingungen belastbar und bei Bedarf skalierbar, um zusätzliche Informationen zu verarbeiten. Damit das System im Falle einer wesentlichen Störung alle noch offenen Transaktionen vor Tagesabschluss verarbeiten kann, sieht die CCP einschlägige Verfahren, eine Kapazitätsplanung sowie ausreichende Kapazitätsreserven vor. Die CCP legt Verfahren für die Einführung neuer Technologien fest, die auch klare Pläne für die Rückkehr zum vorherigen Stand enthalten.

(2) Um bei der Datenverarbeitung ein hohes Maß an Sicherheit sicherzustellen und die Konnektivität mit den Clearingmitgliedern, Kunden und Dienstleistern zu gewährleisten, stützen sich die informationstechnischen Systeme der CCP auf international anerkannte technische Standards und bewährte Verfahren der Branche. Vor der Erstanwendung, nach sig-

nifikanten Änderungen und nach dem Auftreten einer wesentlichen Störung werden die Systeme der CCP stringenten Tests unterzogen, bei denen Stressbedingungen simuliert werden. In die Entwicklung und Durchführung dieser Tests werden bei Bedarf Clearingmitglieder und Kunden, interoperable CCP und andere interessierte Parteien eingebunden.

(3) Eine CCP erhält einen robusten Rahmen für die Informationssicherheit aufrecht, der für eine angemessene Steuerung ihres Informationssicherheitsrisikos sorgt. Der Rahmen umfasst angemessene Mechanismen, Grundsätze und Verfahren, um Informationen vor unbefugter Offenlegung zu schützen, die Genauigkeit und Integrität der Daten sicherzustellen und die Verfügbarkeit der Dienstleistungen der CCP zu garantieren.

(4) Der Rahmen für die Informationssicherheit umfasst mindestens folgende Merkmale:
a) Zugangskontrollen zum System;
b) angemessene Schutzvorkehrungen gegen Eindringen und Datenmissbrauch;
c) spezifische Instrumente zur Wahrung der Authentizität und Integrität von Daten, einschließlich Verschlüsselungstechniken;
d) zuverlässige Netzwerke und Verfahren für eine präzise und umgehende Datenübermittlung ohne wesentliche Störungen;
e) Prüfpfade.

(5) Die informationstechnischen Systeme und der Rahmen für die Informationssicherheit werden mindestens jährlich überprüft. Hierbei wird eine unabhängige Bewertung vorgenommen. Die Ergebnisse dieser Bewertungen werden dem Leitungsorgan mitgeteilt und der zuständigen Behörde zur Verfügung gestellt.

In der Fassung vom 19.12.2012 (ABl. EU Nr. L 52 v. 23.3.2013, S. 41).

Art. 10 Offenlegung

(1) Eine CCP macht folgende Informationen unentgeltlich öffentlich zugänglich:
a) Informationen über ihre Regelungen zur Unternehmensführung, auch in Bezug auf
   i) ihre Organisationsstruktur und die wichtigsten Ziele und Strategien;
   ii) die Hauptelemente der Vergütungspolitik;
   iii) wesentliche Finanzinformationen, einschließlich der aktuellen geprüften Abschlüsse;
b) Informationen über ihre Regelungen, auch in Bezug auf
   i) Verfahren bei Ausfall, Verfahren und ergänzende Dokumente;
   ii) einschlägige Informationen über die Fortführung des Geschäftsbetriebs;
   iii) Informationen über die Systeme, Techniken und Leistungen des Risikomanagements der CCP im Einklang mit Kapitel XII;
   iv) alle einschlägigen Informationen über ihren Aufbau und ihre Tätigkeiten sowie über die Rechte und Pflichten der Clearingmitglieder und Kunden, die diese in die Lage versetzen müssen, die mit der Nutzung der Dienstleistungen der CCP verbundenen Risiken und Kosten vollständig zu erfassen;
   v) die derzeitigen Clearingdienstleistungen der CCP, einschließlich Einzelheiten zu den jeweils eingeschlossenen Leistungen;
   vi) die Systeme, Techniken und Leistungen des Risikomanagements, einschließlich Informationen über Finanzmittel, Anlagepolitik, Quellen für Preisdaten und die Modelle zur Berechnung der Einschusszahlungen;
   vii) das anwendbare Recht und die Vorschriften im Zusammenhang mit
      (1) dem Zugang zur CCP;
      (2) den von der CCP mit den Clearingmitgliedern und, soweit möglich, mit den Kunden geschlossenen Kontrakten;
      (3) den Kontrakten, deren Clearing die CCP übernimmt;
      (4) sämtlichen Interoperabilitätsvereinbarungen;
      (5) der Verwendung von Sicherheiten und in Ausfallfonds eingezahlten Beiträgen, einschließlich der Liquidierung von Positionen und Sicherheiten und dem Grad, zu dem Sicherheiten bei Ansprüchen Dritter geschützt sind;
c) Informationen über anerkannte Sicherheiten und anwendbare Abschläge;
d) ein aktuelles Verzeichnis aller Clearingmitglieder sowie die Kriterien für die Zulassung, die Aussetzung und die Beendigung der Mitgliedschaft.

Stimmen die zuständige Behörde und die CCP darin überein, dass Informationen gemäß Buchstabe b oder c dieses Absatzes Geschäftsgeheimnisse oder die Sicherheit und Stabilität der CCP gefährdet, so kann die CCP beschließen, die Informationen in einer Weise offenzulegen, die diese Risiken verhindert oder verringert, oder derartige Informationen nicht offenzulegen.

(2) Eine CCP legt Informationen über wesentliche Änderungen ihrer Regelungen zur Unternehmensführung, ihrer Ziele, Strategien, wesentlichen Grundsätze sowie Änderungen ihrer anwendbaren Regelungen und Verfahren unentgeltlich offen.

(3) Die von der CCP offenzulegenden Informationen sind auf ihrer Website abrufbar. Die Informationen stehen mindestens in einer in der internationalen Finanzwelt gebräuchlichen Sprache zur Verfügung.

In der Fassung vom 19.12.2012 (ABl. EU Nr. L 52 v. 23.3.2013, S. 41).

Art. 11 Innenrevision

(1) Eine CCP sorgt für die Einrichtung und Aufrechterhaltung einer Innenrevision, die von den anderen Funktionen und Tätigkeiten der CCP unabhängig und getrennt ist und folgende Aufgaben hat:
a) Erstellung und dauerhafte Umsetzung eines Revisionsprogramms mit dem Ziel, die Angemessenheit und Wirksamkeit der Systeme, der internen Kontrollmechanismen und der Regelungen zur Unternehmensführung der CCP zu prüfen und zu bewerten;
b) Abgabe von Empfehlungen auf der Grundlage der Ergebnisse des nach Maßgabe von Buchstabe a durchgeführten Programms;
c) Überprüfung der Einhaltung dieser Empfehlungen;
d) Berichterstattung über Angelegenheiten der Innenrevision an das Leitungsorgan.

(2) Die Funktion Innenrevision verfügt über die notwendigen Befugnisse, Ressourcen und Fachkenntnisse und hat zu allen für die Ausübung ihrer Funktionen relevanten Dokumenten Zugang. Sie ist von der Geschäftsführung hinreichend unabhängig und berichtet direkt an das Leitungsorgan.

(3) Die Innenrevision bewertet die Wirksamkeit der Risikomanagementprozesse und der Kontrollmechanismen in einer den Risiken, denen die verschiedenen Geschäftszweige ausgesetzt sind, angemessenen Weise, und unabhängig von den bewerteten Geschäftsbereichen. Die Funktion Innenrevision hat Zugang zu Informationen, die zur Überprüfung aller Tätigkeiten und Abläufe, Prozesse und Systeme der CCP, auch in Bezug auf ausgelagerte Tätigkeiten, notwendig sind.

(4) Die Bewertungen der Innenrevision stützen sich auf ein umfassendes Revisionsprogramm, das mindestens jährlich überprüft und den zuständigen Behörden gemeldet wird. Die CCP stellt sicher, dass im Nachgang zu spezifischen Ereignissen kurzfristig besondere Prüfungen durchgeführt werden können. Das Revisionsprogramm und die Überprüfungen werden vom Leitungsorgan genehmigt.

(5) Die Clearingtätigkeiten, Risikomanagementprozesse, Mechanismen der internen Kontrolle und die Rechnungslegung einer CCP werden einer unabhängigen Prüfung unterzogen. Die unabhängigen Prüfungen werden mindestens jährlich durchgeführt.

In der Fassung vom 19.12.2012 (ABl. EU Nr. L 52 v. 23.3.2013, S. 41).

Schrifttum: *Deutsche Bundesbank*, Die neuen CPSS-IOSCO-Prinzipien für Finanzmarktinfrastrukturen, Monatsbericht Juli 2012, S. 39, abrufbar über: https://www.bundesbank.de („*Bundesbank* Monatsbericht Juli 2012"); *Europäische Wertpapier- und Marktaufsichtsbehörde (ESMA)*, „Fragen und Antworten – Umsetzung der Verordnung (EU) Nr. 648/2012 über OTC-Derivate, zentrale Gegenparteien und Transaktionsregister (EMIR)", ESMA70-1861941480-52 vom 30.5.2018, abrufbar über: https://www.esma.europa.eu („*ESMA* Q&A"); *Redeke*, Zur Corporate Governance zentraler Gegenparteien (Central Counterparties, CCP), WM 2015, 554.

I. Regelungen zur Unternehmensführung (Art. 26 Abs. 1 VO Nr. 648/2012) 1	V. Vergütungsstruktur (Art. 26 Abs. 5 VO Nr. 648/2012) 25
II. Compliance Funktion (Art. 26 Abs. 2 VO Nr. 648/2012) 13	VI. Informationstechnologie (Art. 26 Abs. 6 VO Nr. 648/2012) 31
III. Angemessene Ausstattung (Art. 26 Abs. 3 VO Nr. 648/2012) 18	VII. Innenrevision (Art. 26 Abs. 8 VO Nr. 648/2012) 35
IV. Funktionale Trennung (Art. 26 Abs. 4 VO Nr. 648/2012) 23	VIII. Technische Regulierungsstandards (Art. 26 Abs. 9 VO Nr. 648/2012) 39

I. Regelungen zur Unternehmensführung (Art. 26 Abs. 1 VO Nr. 648/2012). Eine CCP muss nach Art. 26 Abs. 1 VO Nr. 648/2012 über solide Regelungen zur Unternehmensführung (governance arrangements) verfügen. Diese beinhalten mindestens eine klare Organisationsstruktur mit genau definierten und abgegrenzten Verantwortungsbereichen, ein wirksames Risikomanagement- und berichterstattungsverfahren und angemessene Kontroll- und Rechnungslegungsverfahren. 1

Art. 26 Abs. 1 VO Nr. 648/2012 lehnt sich bewusst an die **gemeinsamen Empfehlungen** des Basler Ausschusses für Zahlungsverkehrs- und Abwicklungssysteme (CPSS) und der Internationalen Vereinigung der Wertpapieraufsichtsbehörden (IOSCO) für Finanzmarktinfrastrukturen vom 16.4.2012[1] an[2], die auch in anderen europäischen Vorschriften, wie z.B. in Art. 21–29 DelVO 2017/565[3] umgesetzt worden sind. Nach den ersten drei Prinzipen der gemeinsamen Empfehlungen, die sich mit der **organisatorischen Ausgestaltung** von Finanzmarktinfrastrukturen befassen, müssen diese über klare und transparente Regelungen der Unternehmensführung verfügen. Diese müs- 2

---

[1] Baseler Ausschuss für Zahlungsverkehr und Marktinfrastrukturen (CPMI) und Internationale Organisation der Wertpapieraufsichtsbehörden (IOSCO), Prinzipien für Finanzmarktinfrastrukturen vom 16.4.2012, abrufbar über: https://www.bis.org/cpmi/publ/d101a.pdf („*CPMI* d101a").
[2] Erwägungsgrund Nr. 90 VO Nr. 648/2012.
[3] Delegierte Verordnung (EU) 2017/565 der Kommission vom 25. April 2016 zur Ergänzung der Richtlinie 2014/65/EU des Europäischen Parlaments und des Rates in Bezug auf die organisatorischen Anforderungen an Wertpapierfirmen und die Bedingungen für die Ausübung ihrer Tätigkeit sowie in Bezug auf die Definition bestimmter Begriffe für die Zwecke der genannten Richtlinie, ABl. EU Nr. L 87 v. 31.3.2017, S. 1.

sen die Sicherheit und Effektivität der Finanzmarktinfrastrukturen gewährleisten und die Stabilität des Finanzsystems und die Interessen der Öffentlichkeit und anderer relevanter Interessengruppen unterstützen[1]. Ausdrücklich erwähnt wird auch hier die Notwendigkeit eines soliden Risikomanagementverfahrens das sämtliche Risiken, einschließlich der Rechts-, Kredit-, Liquiditäts-, und operationellen Risiken umfassend erfasst und steuert[2].

3 Wie sich aus der Verwendung des Wortes „**angemessen**" ergibt, folgen Art. 26 Abs. 1 VO Nr. 648/2012 und die aus ihm entwickelten Anforderungen an die Organisation der CCP dem auch für die MaRisk[3] geltenden Grundsatz der **Proportionalität**. So orientiert sich die konkrete Ausgestaltung der Regelungen der Unternehmensführung stets an der Komplexität des von der CCP betriebenen Geschäftsmodells und der von ihr gewählten Organisations- und Gruppenstruktur sowie dem Umfang, dem Risikogehalt und der Komplexität der von ihr erbrachten Clearingdienstleistungen.

4 Die **Elemente der Unternehmensführung**, die von der CCP zu regeln sind, finden sich in Art. 3 Abs. 1 DelVO Nr. 153/2013 näher bestimmt. Danach muss die CCP Regelungen für die Zusammensetzung des Leitungsorgans und seiner Ausschüsse, die Struktur der Geschäftsleitung sowie die von den Mitgliedern des Leitungsorgans, der Ausschüsse und der Geschäftsleitung übernommenen Aufgaben und Zuständigkeiten (**Geschäftsverteilung**) festlegen. Ebenfalls zu regeln sind die Verfahren für die Ernennung der Mitglieder des Leitungsorgans und der Geschäftsleitung sowie die zwischen dem Leitungsorgan und der Geschäftsleitung bestehenden Berichtslinien. Wegen der Definition der Begriffe Leitungsorgan und Geschäftsleitung wird auf die Anmerkungen zu Art. 2 VO Nr. 648/2012 Rz. 132–134 und Rz. 137 und 138 verwiesen.

5 Wie sich Art. 3 Abs. 5 DelVO Nr. 153/2013 entnehmen lässt, war sich der Gesetzgeber der **unterschiedlichen Kontroll- und Leitungsmodelle**, die in den jeweiligen nationalen Gesellschaftsrechtsordnungen für Kapitalgesellschaften entwickelt worden sind – das in angelsächsischen Ländern insbesondere in den U.S.A. vorherrschende **monistische System** und das in kontinentaleuropäischen Ländern anzutreffende **dualistische System** – bewusst. So sind in den Mitgliedstaaten, in denen, wie in Deutschland die Leitungsebene einer CCP zweistufig gegliedert ist, die durch die EMIR begründeten Aufgaben und Zuständigkeiten in geeigneter Weise auf Vorstand und Aufsichtsrat zu verteilen. Darüber hinaus sind die gesellschaftsrechtlichen Anforderungen, die das Recht eines Mitgliedstaates an die betreffende Rechtsform stellt, zu berücksichtigen[4]. Für die in Deutschland errichteten Aktiengesellschaften ist dies insbesondere der in § 77 Abs. 1 des Aktiengesetzes (AktG) verankerte Grundsatz der **Gesamtverantwortung des Vorstandes**[5], der zwar eine vorstandsintere Geschäftsverteilung in Ressorts erlaubt, die einzelnen Vorstandsmitglieder von ihrer Kontroll- und Überwachungspflicht gegenüber der Gesellschaft jedoch nicht befreit.

6 Ein weiterer wichtiger Bestandteil der Unternehmensführung ist die Ausgestaltung des **Risikomanagements** und der in den Art. 26 Abs. 2 und 8 VO Nr. 648/2012 bereits anklingenden Funktionen der Compliance und der internen Kontrolle. Die Elemente der Unternehmensführung sind nach Art. 7 Abs. 1 Satz 2 DelVO Nr. 153/2013 klar zu spezifizieren und gut zu dokumentieren. Hintergrund ist u.a. die in Art. 26 Abs. 7 VO Nr. 648/2012 verortete Pflicht der CCP, die Grundsätze ihrer Unternehmensführung **öffentlich zugänglich** zu machen.

7 Wie sich mittelbar aus Art. 15 Abs. 2 Buchst. a DelVO Nr. 153/2013 ergibt, muss die CCP **Organigramme** des Leitungsorgans und der einschlägigen Ausschüsse, der Clearingabteilung, der Risikomanagementabteilung und anderer wichtiger Bereiche erstellen. Diese unterliegen den allgemeinen Anforderungen an die Aufbewahrung nach Art. 29 VO Nr. 648/2012 und Art. 12 DelVO Nr. 153/2013, d.h. sie sind für mindestens 10 Jahre zu verwahren und der zuständigen Behörde, den im ESZB zusammenwirkenden Zentralbanken und der ESMA auf Anfrage zur Verfügung zu stellen.

8 Neben dem nach Art. 28 VO Nr. 648/2012 einzurichtenden **Risikoausschuss**, der jedoch lediglich beratende Funktion hat, hat die CCP zwei weitere Ausschüsse einzurichten: den **Prüfungsausschuss** und den **Vergütungsausschuss** (Art. 7 Abs. 1 Satz 3 DelVO Nr. 153/2013). Die Aufgaben des Vergütungsausschusses sind in Art. 8 DelVO Nr. 153/2013 näher geregelt.

9 Für CCPs, die einer **Gruppe** angehören, verlangt Art. 3 Abs. 4 DelVO Nr. 153/2013, dass die Zugehörigkeit zur Gruppe nicht dazu führend darf, dass die CCP nicht mehr über die für die Erfüllung ihrer Pflichten notwendige **Unabhängigkeit** verfügt. Von Bedeutung ist in diesem Zusammenhang nicht nur die Ausübung eines beherrschenden Einflusses durch das Mutterunternehmen, sondern auch der Umstand, dass ein Mitglied des Leitungsorgans der CCP zugleich dem Leitungsorgan eines anderen Unternehmens der Gruppe angehört.

---

1 *CPMI* d101a, Prinzip 2.
2 *CPMI* d101a, Prinzip 3.
3 *Bundesanstalt für Finanzdienstleistungsaufsicht (BaFin)*, Rundschreiben 09/2017 (BA) – Mindestanforderungen an das Risikomanagement – MaRisk, BA 54-FR 2210-2017/0002 vom 27.10.2017, abrufbar über: https://www.bafin.de/SharedDocs/Downloads/DE/Rundschreiben/dl_rs0917_marisk_Endfassung_2017_pdf_ba.pdf;jsessionid=3C9EB966208B98EEFA667571EFFFA3F6.2_cid298?__blob=publicationFile&v=5 („*BaFin* MaRisk").
4 *Redeke* in Wilhelmi/Achtelik/Kunschke/Sigmundt, Handbuch EMIR, Teil 5.A Rz. 7.
5 *Redeke* in Wilhelmi/Achtelik/Kunschke/Sigmundt, Handbuch EMIR, Teil 5.A Rz. 5.

Die Anforderungen an das **Risikomanagement** sind in Art. 4 DelVO Nr. 153/2013 näher bestimmt. Die Verantwortung für die Erfassung und Steuerung der Risiken obliegt dem Leitungsorgan der CCP. Dieses muss eine **Risikostrategie** festlegen, in der sie für alle wesentlichen Risiken, denen die CCP ausgesetzt ist oder ausgesetzt sein könnte, die Risikotoleranzschwelle (den sog. „Risikoappetit") und die von den Eigenmitteln der CCP zu leistende **Risikoübernahmekapazität** bestimmt (Art. 4 Abs. 4 DelVO Nr. 153/2013). Aufgabe des Leitungsorgans und der Geschäftsleitung ist darüber hinaus sicherzustellen, dass die Grundsätze, Verfahren und Kontrollen mit der Risikostrategie übereinstimmen.

In den Mitgliedstaaten, in denen, wie in Deutschland die Leitungsebene einer CCP zweistufig gegliedert ist, ist es Aufgabe des Vorstandes die in Art. 4 DelVO Nr. 153/2013 geforderten risikostrategischen Entscheidungen zu treffen. Soweit § 25a KWG und die MaRisk auf deutsche CCPs Anwendung finden – dies ist, wie sich aus § 2 Abs. 9a und 9b KWG ergibt, bei CCPs der Fall, die neben der Clearingtätigkeit auch andere erlaubnispflichtige Bankgeschäfte betreiben – handelt es sich hierbei um eine Entscheidung, die nach AT 3 MaRisk dem Gesamtvorstand vorbehalten ist. Soweit die MaRisk nicht einschlägig sind, bleibt es bei den gesellschaftsrechtlichen Grundsätzen, die eine Zuweisung dieser Aufgabe mittels Geschäftsordnung des Vorstandes erlauben würden[1].

Die Grundsätze, Verfahren und Systeme, mit denen die CCP die wesentlichen Risiken erfasst, misst und steuert, sind **angemessen zu dokumentieren** (Art. 4 Abs. 1 Satz 2 DelVO Nr. 153/2013).

II. Compliance Funktion (Art. 26 Abs. 2 VO Nr. 648/2012). Mit den in Art. 26 Abs. 2 VO Nr. 648/2012 genannten Grundsätzen und Verfahren, die eine Einhaltung der durch die EMIR begründeten Anforderungen sicherstellen sollen, ist zum einen die **Compliance-Funktion** gemeint. Die an sie zu stellenden Anforderungen sind in Art. 5 Abs. 1 und Art. 6 DelVO Nr. 153/2013 näher bestimmt. Danach muss die Compliance-Funktion so ausgestaltet sein, dass sie jedes Risiko einer etwaigen Missachtung der Bestimmungen der EMIR aufdeckt und Verfahren etabliert, die mögliche Verstöße durch die CCP und ihre Mitarbeiter verhindern (Art. 5 Abs. 1 DelVO Nr. 153/2013).

Die Compliance-Funktion muss von anderen Funktion der CCP unabhängig sein (Art. 6 Abs. 1 Satz 1 DelVO Nr. 153/2013), was auch durch **getrennte Berichtslinien** bis hin zum Compliancebeauftragten (chief compliance officers) (Art. 7 Abs. 6 DelVO Nr. 153/2013) sicherzustellen ist[2]. Die Compliance-Funktion muss über die notwendigen Befugnisse, Ressourcen und Kenntnisse verfügen und Zugang zu allen relevanten Informationen haben (Ar. 6 Abs. 1 Satz 2 DelVO Nr. 153/2013). Im Hinblick auf die umfassenden rechtlichen Anforderungen, deren Einhaltung der Compliancebeauftragte sicherstellen soll, wird man in Bezug auf die erforderlichen Kenntnisse i.d.R. eine juristische Ausbildung verlangen müssen[3].

Ein anderes wesentliches Instrument, dass die Einhaltung der Anforderungen der EMIR sicherstellt, sind die **Regelungen, Verfahren und vertraglichen Vereinbarungen** (z.B. die Clearingbedingungen) auf deren Grundlage die CCP ihre Dienstleistungen erbringt, und die nach Art. 5 Abs. 2 DelVO Nr. 153/2013 klar und umfassend zu dokumentieren und regelmäßig zu überprüfen und ggf. anzupassen sind. Nach Art. 5 Abs. 3 DelVO Nr. 153/2013 hat sich die CCP bei der Ausgestaltung ihres Rahmenwerkes auch an Branchenstandards (best practices) und Marktprotokolle zu orientieren.

Darüber hinaus muss die CCP mögliche **Gesetzeskollisionen** (conflicts of law) **ermitteln und analysieren** und Grundsätze und Verfahren erarbeiten, mit denen sie die aus solchen Konflikten resultierenden Rechtsrisiken verringert (Art. 5 Abs. 4 DelVO Nr. 153/2013). Hierzu hat sie ggf. unabhängige Rechtsgutachten einzuholen.

Die Aufgaben des **Compliancebeauftragten** sind in Art. 6 Abs. 2 DelVO Nr. 153/2013 definiert. Danach hat er u.a. die von der Geschäftsleitung und dem Leitungsorgan festgelegten Grundsätze und Verfahren für die Compliance umzusetzen und die bei Compliancemängel anzuwendenden Verfahren und Maßnahmen zu bestimmen. Er hat sicher zu stellen, dass die in die Compliance-Funktion eingebundenen Mitarbeiter nicht mit Dienstleistungen oder Tätigkeiten betraut sind, die sie eigentlich überwachen sollten.

III. Angemessene Ausstattung (Art. 26 Abs. 3 VO Nr. 648/2012). Nach Art. 26 Abs. 3 VO Nr. 648/2012 müssen die Organisationsstruktur und die von der CCP genutzten Systeme und Ressourcen eine dauerhafte Erbringung der Clearingdienstleistungen sicherstellen. Insbesondere muss die CCP über angemessenes Personal verfügen (Art. 3 Abs. 2 DelVO Nr. 153/2013).

Eine Besonderheit ist, dass die CCP als **Mitglied einer Gruppe** nicht auf das Personal eines anderen Unternehmens der Gruppe zurückgreifen soll. Ausgenommen sind hiervon Auslagerung von Funktionen oder Tätigkeiten auf andere Gruppenmitglieder, die den Anforderungen des Art. 35 VO Nr. 648/2012 genügen.

---

1 *Redeke* in Wilhelmi/Achtelik/Kunschke/Sigmundt, Handbuch EMIR, Teil 5.A Rz. 6.
2 *ESMA*, Bericht „ESMA review of CCP colleges under EMIR", ESMA/2015/20 vom 8.1.2015, abrufbar über: https://www.esma.europa.eu/sites/default/files/library/2015/11/2015-20-_report_on_esma_review_of_ccp_colleges.pdf („*ESMA* CCP Peer Review Colleges"), S. 14.
3 *Redeke* in Wilhelmi/Achtelik/Kunschke/Sigmundt, Handbuch EMIR, Teil 5.A Rz. 10.

20 Der Begriff **Personal** umfasst die Personen, die für die CCP tätig werden und die unmittelbar in die Dienstleistung oder Tätigkeit der CCP eingebunden sind, einschließlich der Personen, die diese anweisen oder überwachen. Dies schließt die geschäftsführenden Mitglieder des Leitungsorgans mit ein. Bei CCPs mit zweistufiger Unternehmensorganisation zählt der Aufsichtsrat hingegen nicht zum Personal[1].

21 Nach Art. 3 Abs. 3 DelVO Nr. 153/2013 muss die CCP **klare Verantwortungsbereiche festlegen und dokumentieren**. Sie muss sicherstellen, dass die Funktionen des Risikobeauftragten (**chief risk officer**), des Compliance-Beauftragten (**chief compliance officer**) und des Technologiebeauftragten (**chief technology officer**) von verschiedenen Einzelpersonen wahrgenommen werden, die Angestellte der CCP sind und ausschließlich mit der Ausübung dieser Funktion betraut sind. Zweck der Funktionszuweisung ist es, der für die CCP zuständigen Behörde für jeden der Verantwortungsbereiche einen kompetenten Ansprechpartner zur Verfügung zu stellen[2]. Dies schließt nicht aus, dass die jeweiligen Beauftragten auch andere Funktionen außerhalb ihrer Verantwortungsbereiches übernehmen, wenn dies mit ihrer Kernfunktion vereinbar ist[3].

22 Obwohl die deutsche Fassung (Risikovorstand, Compliance-Vorstand und Technologievorstand) dies suggeriert, muss es sich bei den drei Beauftragten nicht um Mitglieder des Leitungsorgans handeln[4]. Dies zeigt sich an Art. 7 Abs. 6 DelVO Nr. 153/2013, der sie **unterhalb der Leitungsebene** ansiedelt.

23 **IV. Funktionale Trennung (Art. 26 Abs. 4 VO Nr. 648/2012).** Die in Art. 26 Abs. 4 VO Nr. 648/2012 geforderte **Trennung der Berichtslinien** ist in Art. 7 Abs. 6 DelVO Nr. 153/2013 näher geregelt. Danach müssen für die Funktionen Risikomanagement, Compliance und Innenrevision getrennte Berichtslinien eingeführt werden. Die Berichtslinien für das Risikomanagement und die Compliance sind bis auf die Ebene des Risiko- bzw. Compliance-Beauftragten zu trennen. Aufgrund der Bestimmung in Art. 3 Abs. 3 Satz 2 DelVO Nr. 153/2013 gilt dies auch für die im Technologiebeauftragten endende Berichtslinie.

24 Der Compliance-Beauftragte und der Leiter der Innenrevision berichten unmittelbar an das Leitungsorgan. Der Risikobeauftragte berichtet entweder an das Leitungsorgan oder an den Vorsitz des Risikoausschusses (Art. 7 Abs. 6 Satz 3 DelVO Nr. 153/2013).

25 **V. Vergütungsstruktur (Art. 26 Abs. 5 VO Nr. 648/2012).** Die Vergütungspolitik der CCP muss nach Art. 26 Abs. 5 VO Nr. 648/2012 dem Risikomanagement förderlich sein und darf **keine falschen Anreize** für eine Lockerung der Risikostandards schaffen. Die Festlegung und regelmäßige Überprüfung der Vergütungspolitik ist nach Art. 8 Abs. 1 DelVO Nr. 153/2013 Aufgabe des **Vergütungsausschusses**. Dieser überwacht zugleich die Umsetzung der Vergütungspolitik durch die Geschäftsleitung[5].

26 Die Ausgestaltung der **Vergütungspolitik** hat sich an einem umsichtigen Risikomanagement zu orientieren. Dabei hat sie bestehende und zukünftige Risiken sowie deren mögliche Auswirkungen auf die Ertragslage der CCP zu berücksichtigen.

27 Bei der variablen Vergütung sind möglichen **Diskrepanzen zwischen Leistung und Risikozeiträumen** gebührend Rechnung zu tragen bzw. zu gewährleisten, dass Auszahlungen ggf. zurückgestellt werden können. Die festen und variablen Bestandteile der Gesamtvergütung müssen in einem angemessen Verhältnis zueinander stehen (Art. 8 Abs. 2 DelVO Nr. 153/2013).

28 Die Vergütungspolitik ist jährlich durch eine **unabhängige Stelle** zu prüfen. Die Ergebnisse der Prüfung sind der zuständigen Behörde zur Verfügung zu stellen (Art. 8 Abs. 4 DelVO Nr. 153/2013).

29 Besondere Anforderungen gelten nach Art. 27 Abs. 2 Satz 3 VO Nr. 648/2012 für die Vergütung der unabhängigen und der anderen nicht geschäftsführenden Mitglieder des Leitungsorgans – im zweistufigen Organisationsmodell den **Mitgliedern des Aufsichtsrates**. Bei ihnen darf die Vergütung nicht vom geschäftlichen Erfolg der CCP abhängen, was eine dividendenorientierte Vergütung oder eine aus bestimmten Unternehmenskennziffern abgeleitete variable Vergütung ausschließt[6]. Gleiches gilt nach Art. 8 Abs. 3 DelVO Nr. 153/2013 für die Vergütung der in den sensiblen Bereichen Risikomanagement, Compliance und Innenrevision tätigen Mitarbeiter.

30 Für die in **Deutschland** als Kreditinstitute zugelassenen CCPs ist § 2 Abs. 9a KWG zu beachten. Wenn sie nicht ausschließlich die Tätigkeit einer CCP ausüben, d.h. nicht privilegiert sind, finden auf sie auch die Bestimmun-

---

1 *Europäische Wertpapier- und Marktaufsichtsbehörde (ESMA)*, „Fragen und Antworten – Umsetzung der Verordnung (EU) Nr. 648/2012 über OTC-Derivate, zentrale Gegenparteien und Transaktionsregister (EMIR)" ESMA70-1861941480-52 vom 30.5.2018, abrufbar über: https://www.esma.europa.eu/sites/default/files/library/esma70-1861941480-52_qa_on_emir_implementation.pdf („*ESMA Q&A*"), CCP Frage Nr. 13(b) [letzte Aktualisierung: 21.5.2014].
2 Erwägungsgrund 13 DelVO Nr. 153/2013; *ESMA Q&A* CCP Frage Nr. 13(a) [letzte Aktualisierung: 21.5.2014]; *Redeke* in Wilhelmi/Achtelik/Kunschke/Sigmundt, Handbuch EMIR, Teil 5.A Rz. 5.
3 *ESMA Q&A* CCP Frage Nr. 13(a) [letzte Aktualisierung: 21.5.2014].
4 *Redeke* in Wilhelmi/Achtelik/Kunschke/Sigmundt, Handbuch EMIR, Teil 5.A Rz. 5, der zu Recht von einer misslungenen deutschen Übersetzung spricht.
5 *Redeke*, WM 2015, 554, 560.
6 *Redeke* in Wilhelmi/Achtelik/Kunschke/Sigmundt, Handbuch EMIR, Teil 5.A Rz. 17.

gen des § 25d Abs. 12 KWG Anwendung. In diesem Fall hat der Aufsichtsrat der CCP einen **Vergütungskontrollausschuss** einzurichten, der die in § 25d Abs. 12 KWG bestimmten Aufgaben übernimmt. Darüber hinaus finden über § 25a Abs. 5 und Abs. 6 Nr. 1 KWG die Bestimmungen der **Institutsvergütungsverordnung**[1] Anwendung.

VI. Informationstechnologie (Art. 26 Abs. 6 VO Nr. 648/2012). Nach Art. 26 Abs. 6 VO Nr. 648/2012 müssen die von der CCP genutzten informationstechnischen Systeme im Hinblick auf die Komplexität und den Umfang der Dienstleistungen und Tätigkeiten der CCP angemessen sein. 31

Die Anforderungen an die **informationstechnischen Systeme** sind in Art. 9 DelVO Nr. 153/2013 näher definiert. Besonders hervorzuheben ist die nach Art. 9 Abs. 2 DelVO Nr. 153/2013 geforderte **Konnektivität mit den Systemen der Clearingmitglieder** und deren Kunden, die durch die Verwendung international anerkannter Standards und bewährter Verfahren der Branche sichergestellt werden soll. 32

Die zunehmend an Bedeutung gewinnende **Informationssicherheit** und der Schutz der in den Systemen der CCP verarbeiteten Daten (cyber security) wird in Art. 9 Abs. 3 und 4 DelVO Nr. 153/2013 besonders adressiert. Die Systeme müsse insbesondere über protokollierte Zugangskontrollen und Schutzvorkehrungen verfügen, die das Eindringen Dritter und den Datenmissbrauch verhindern. 33

Die informationstechnischen Systeme und die getroffenen Maßnahmen der Informationssicherheit sind jährlich durch eine **unabhängige Stelle** zu prüfen und zu bewerten. Die Ergebnisse der Bewertung sind der zuständigen Behörde zur Verfügung zu stellen. (Art. 9 Abs. 5 DelVO Nr. 153/2013). 34

VII. Innenrevision (Art. 26 Abs. 8 VO Nr. 648/2012). Die CCP muss nach Art. 26 Abs. 8 VO Nr. 648/2012 regelmäßigen internen Prüfungen unterworfen sein. Die Durchführung der Prüfungen ist Aufgabe der **Innenrevision**. Nach Art. 11 Abs. 1 DelVO Nr. 153/2013 muss die Innenrevision von anderen Funktion der CCP einschließlich der **Geschäftsleitung** hinreichend unabhängig sein, was auch durch getrennte Berichtslinien sicherzustellen ist (Art. 7 Abs. 6 Satz 2 DelVO Nr. 153/2013). 35

Die Innenrevision muss über die **notwendigen Befugnisse, Ressourcen und Kenntnisse** verfügen und Zugang zu allen für ihre Funktion relevanten Dokumente und Informationen haben (Art. 11 Abs. 2 DelVO Nr. 153/2013). Sie berichtet unmittelbar an das **Leitungsorgan** (Art. 11 Abs. 1 Buchst. c DelVO Nr. 153/2013). 36

Aufgabe der Innenrevision ist u.a. die **Erstellung und Umsetzung eines Revisionsprogramms**, das die Angemessenheit und Wirksamkeit der Systeme und Kontrollprozesse zum Gegenstand hat (Art. 11 Abs. 1 Buchst. a DelVO Nr. 153/2013). 37

Die Funktion der Innenrevision kann von der CCP **ausgelagert werden**, wenn diese die Anforderungen des Art. 35 VO Nr. 648/2012 erfüllt. Da es sich bei der Innenrevision um eine wichtige, mit dem Risikomanagement zusammenhängende Tätigkeit der CCP handelt, bedarf die Auslagerung jedoch der vorherigen **Genehmigung der zuständigen Behörde**[2]. Auch müsste der Dienstleister Zugang zu allen notwendigen Informationen und Dokumenten haben, um seiner unmittelbaren Berichtspflicht gegenüber dem Leitungsorgan nachkommen zu können. 38

VIII. Technische Regulierungsstandards (Art. 26 Abs. 9 VO Nr. 648/2012). Nach Art. 26 Abs. 9 VO Nr. 648/2012 ist die Kommission befugt, technische Regulierungsstandards zu erlassen, in denen sie weitere Einzelheiten der Anforderungen an die Unternehmensführungen festlegt. Von der Befugnis hat sie mit der DelVO Nr. 153/2013 Gebrauch gemacht. Die DelVO Nr. 153/2013 ist am zwanzigsten Tag nach ihrer Veröffentlichung im Amtsblatt der Europäischen Union, d.h. am 15.3.2013, in Kraft getreten (Art. 62 DelVO Nr. 153/2013). 39

Art. 27 Geschäftsleitung und Leitungsorgan

(1) **Die Geschäftsleitung einer CCP muss gut beleumundet sein und über ausreichende Erfahrung verfügen, um ein solides und umsichtiges Management der CCP sicherzustellen.**
(2) **Eine CCP verfügt über ein Leitungsorgan. Mindestens ein Drittel der Mitglieder, jedoch nicht weniger als zwei Mitglieder dieses Leitungsorgans sind unabhängig. Soweit es um Angelegenheiten geht, die für die Artikel 38 und 39 relevant sind, werden zu den Sitzungen des Leitungsorgans Vertreter der Kunden von Clearingmitgliedern eingeladen. Die Vergütung der unabhängigen und der anderen nicht geschäftsführenden Mitglieder des Leitungsorgans darf nicht vom geschäftlichen Erfolg der CCP abhängen.**

---

1 Verordnung über die aufsichtsrechtlichen Anforderungen an Vergütungssysteme von Instituten vom 16.12.2013 (BGBl. I S. 4270), zuletzt geändert durch Artikel 1 der Verordnung vom 25.7.2017 (BGBl. I S. 3042) (Institutsvergütungsverordnung – InstitutsVergV).
2 *ESMA* Q&A CCP Frage Nr. 10 [letzte Aktualisierung: 4.6.2013].

Art. 27 VO Nr. 648/2012 | Geschäftsleitung und Leitungsorgan

Die Mitglieder eines Leitungsorgans einer CCP, einschließlich der unabhängigen Mitglieder, müssen gut beleumundet sein und über angemessene Sachkenntnis in den Bereichen Finanzdienstleistungen, Risikomanagement und Clearingdienstleistungen verfügen.

(3) Eine CCP definiert klar die Rollen und Zuständigkeiten des Leitungsorgans und macht der zuständigen Behörde und den Abschlussprüfern die Protokolle der Sitzungen des Leitungsorgans zugänglich.

In der Fassung vom 4.7.2012 (ABl. EU Nr. L 201 v. 27.7.2012, S. 1).

Schrifttum: *Redeke*, Zur Corporate Governance zentraler Gegenparteien (Central Counterparties, CCP), WM 2015, 554.

I. Eignung und Befähigung der Geschäftsleitung (Art. 27 Abs. 1 VO Nr. 648/2012) 1	2. Unabhängige Mitglieder des Leitungsorgans ... 8
II. Zusammensetzung des Leitungsorgans (Art. 27 Abs. 2 VO Nr. 648/2012) 5	3. Mitwirkung von Kunden 10
1. Eignung und Befähigung der Mitglieder des Leitungsorgans 5	III. Geschäftsordnung des Leitungsorgans (Art. 27 Abs. 3 VO Nr. 648/2012) 13

1 **I. Eignung und Befähigung der Geschäftsleitung (Art. 27 Abs. 1 VO Nr. 648/2012).** Nach Art. 27 Abs. 1 VO Nr. 648/2012 muss die Geschäftsleitung einer CCP gut beleumundet und erfahren (fit and proper)[1] sein. Der Begriff Geschäftsleitung (senior management) ist in Art. 2 Nr. 29 VO Nr. 648/2012 definiert und meint die Personen, die die Geschäfte der CCP tatsächlich leiten, einschließlich der **geschäftsführenden Mitglieder des Leitungsorgans**. Zu Geschäftsleitung zählen im dualistischen System (z.B. der deutschen Aktiengesellschaft) die Mitglieder des Vorstandes[2] sowie die leitenden Angestellten, die dem Vorstand in seiner Funktion als geschäftsführendes Leitungsorgan unmittelbar rechenschaftspflichtig sind. Wegen der Einzelheiten wird auf die Anmerkungen zu Art. 2 VO Nr. 648/2012 Rz. 137 und 138 verwiesen.

2 Die mir der Formulierung „gut beleumdet" und „ausreichend Erfahrung" umschriebenen Anforderungen an die Eignung und Zuverlässigkeit der Geschäftsleitung sollen ein **solides und umsichtiges Management** der CCP sicherstellen. Wie Eignung und Zuverlässigkeit im Einzelnen beschaffen sein müssen, ist in Art. 27 Abs. 1 VO Nr. 648/2012 – anders als in den vergleichbaren regulatorischen Anforderungen für Kreditinstitute und Wertpapierfirmen in Art. 91 RL 2013/36/EU (CRD IV) und Art. 9 Abs. 1 RL 2014/65/EU (MiFID II) und den hierzu ergangenen Leitlinien der Europäischen Bankenaufsichtsbehörde (EBA) und der Europäische Wertpapier- und Marktaufsichtsbehörde (ESMA)[3] nicht geregelt[4]. Dies gilt auch für deutsche CCPs. Zwar handelt es sich bei der Tätigkeit einer CCP um ein Bankgeschäft i.S.d. § 1 Abs. 1 Nr. 12 des Kreditwesengesetzes (KWG). Der für Institute maßgebliche § 25c KWG und die hierzu ergangenen Auslegungsentscheidungen der BaFin[5] finden nach § 2 Abs. 9a und 9b KWG jedoch nur auf CCPs Anwendung, die neben der Tätigkeit einer CCP weitere nach dem KWG erlaubnispflichtige Bankgeschäfte betreiben.

3 Die Eignung und Zuverlässigkeit der Geschäftsleitung ist **Voraussetzung für die Zulassung** der CCP nach Art. 14 VO Nr. 648/2012. In Deutschland sehen deshalb § 53m Abs. 1 Nr. 10 i.V.m. § 32 Abs. 1 Satz 2 Nr. 3 KWG und die Anzeigenverordnung[6] (AnzV) vor, dass die antragstellende CCP der BaFin diejenigen Informationen zukommen lassen muss, die sie als zuständige Behörde für die Beurteilung der Zuverlässigkeit und der Eignung der Geschäftsleitung benötigt.

4 Eine vergleichbare Anforderung enthält Art. 2 DelVO Nr. 153/2013 für die von **Drittstaaten-CCPs** zu stellenden Anträge auf Anerkennung nach Art. 25 VO Nr. 648/2012 nicht. Hier ist es Aufgabe der für die Drittstaa-

---

1 *Redeke*, WM 2015, 554.
2 *Redeke* in Wilhelmi/Achtelik/Kunschke/Sigmundt, Handbuch EMIR, Teil 5.A Rz. 4.
3 S. nur die am 30.8.2018 in Kraft tretende gemeinsame Leitlinie der *Europäischen Bankenaufsichtsbehörde (EBA)* und der *Europäische Wertpapier – und Marktaufsichtsbehörde (ESMA)* zur Beurteilung der Eignung von Mitgliedern des Leitungsorgans und von Inhabern von Schlüsselfunktionen unter der Richtlinie 2013/36/EU und der Richtlinie 2014/65/EU, EBA/GL/2017/12 vom 26.9.2017, abrufbar über: https://www.eba.europa.eu/documents/10180/1972984/Joint+ESMA+and+EBA+Guidelines+on+the+assessment+of+suitability+of+members+of+the+management+body+and+key+function+holders+%28EBA-GL-2017-12 %29.pdf („*EBA/ESMA* Leitlinie Eignung Leitungsorgane"); die EBA/GL/2017/12 löst die alte EB/GL2012/6 vom 22.11.2012 ab.
4 *Redeke* in Wilhelmi/Achtelik/Kunschke/Sigmundt, Handbuch EMIR, Teil 5.A Rz. 4, der unter Hinweis auf Art. 91 RL 2013/36/EU, der neben der Erfahrung auch *Kenntnisse und Fähigkeiten* verlangt, zum Schluss gelangt, dass Art. 27 VO Nr. 648/2012 recht milde Anforderungen stellt.
5 *Bundesanstalt für Finanzdienstleistungsaufsicht (BaFin)*, Merkblatt für die Prüfung der fachlichen Eignung und Zuverlässigkeit von Geschäftsleitern gemäß VAG, KWG, ZAG und InvG vom 20.2.2013 (geändert am 4.1.2016), abrufbar über: https://www.bafin.de/SharedDocs/Veroeffentlichungen/DE/Merkblatt/mb_eignung_geschaeftsleiter_VAG_KWG_ZAG_InvG_ba_va.html („*BaFin* Merkblatt Eignung und Zuverlässigkeit von Geschäftsleitern").
6 Verordnung über die Anzeigen und die Vorlage von Unterlagen nach dem Kreditwesengesetz (Anzeigenverordnung – AnzV) vom 19.12.2006 BGBl. I 2016, 3245.

ten-CCP zuständigen Behörde des Drittstaates, die erforderliche Eignung und Befähigung der Geschäftsleitung sicherzustellen. Sofern die Kommission mit ihrem Vorschlag für eine Änderung u.a. der Anforderungen für die Anerkennung zentraler Gegenparteien aus Drittstaaten (**EMIR-II-Entwurf**)[1] durchdringt, werden zukünftig zumindest die Drittstaaten-CCPs mit systemrelevanter Bedeutung (sog. „Tier-2-CCPs") die Anforderungen des Art. 27 Abs. 1 VO Nr. 648/2012 ebenfalls erfüllen müssen.

II. Zusammensetzung des Leitungsorgans (Art. 27 Abs. 2 VO Nr. 648/2012). 1. Eignung und Befähigung 5
der Mitglieder des Leitungsorgans. Die Mitglieder des Leitungsorgans müssen nach Art. 27 Abs. 2 Unterabs. 2 VO Nr. 648/2012 gut beleumundet sein und über angemessene Sachkenntnis in den Bereichen Finanzdienstleistungen, Risikomanagement und Clearingdienstleistungen verfügen.

Art. 27 Abs. 2 Unterabs. 2 VO Nr. 648/2012 ist lediglich für die unabhängigen und die nicht geschäftsführen- 6
den, d.h. die beaufsichtigenden Mitglieder des Leitungsorgans bzw. – im zweistufigen Organisationsmodell – den Mitgliedern des **Aufsichtsrates** von Bedeutung[2]. Die Eignung und Befähigung der geschäftsführenden Mitglieder des Leitungsorgans bzw. des Vorstandes richtet sich nach Art. 27 Abs. 1 VO Nr. 648/2012.

Verlangt wird von den unabhängigen und nichtgeschäftsführenden Mitgliedern lediglich ausreichende **Sach-** 7
kunde. Auch hier gilt, dass Eignung und Sachkunde der Leitungsorgane **Voraussetzung für die Zulassung** der CCP nach Art. 14 VO Nr. 648/2012 ist. Nach § 53m Abs. 1 Nr. 10 i.V.m. § 32 Abs. 1 Satz 2 Nr. 8 KWG und der AnzV sind in den Zulassungsantrag die Angaben aufzunehmen, die die BaFin für die Beurteilung der Zuverlässigkeit und Sachkunde benötigt.

2. Unabhängige Mitglieder des Leitungsorgans. Nach Art. 27 Abs. 2 Unterabs. 1 Satz 2 VO Nr. 648/2012 8
müssen ein Drittel mindestens jedoch zwei Mitglieder des Leitungsorgans unabhängig sein. Wegen der Anforderungen, die an ein unabhängiges Mitglied des Leitungsorgans zu stellen sind, wird auf die Ausführungen zu Art. 2 VO Nr. 648/2012 Rz. 135 und 136 verwiesen.

Aufgabe der unabhängigen Mitglieder des Leitungsorgans ist es, etwaige Interessenkonflikte innerhalb der 9
CCP zu adressieren[3]. Dies entspricht der Funktion, die die Kommission den unabhängigen Aufsichtsratsmitgliedern in ihrer Empfehlung 2005/162/EG[4] beimisst. Darüber hinaus kommt ihnen eine wichtige Rolle in dem nach Art. 28 VO Nr. 648/2012 einzurichtenden **Risikoausschuss** zu. So muss der Vorsitz im Risikoausschuss nach Art. 28 Abs. 2 Satz 2 VO Nr. 648/2012 von einem unabhängigen Mitglied des Leitungsorgans geführt werden.

3. Mitwirkung von Kunden. Nach Art. 27 Abs. 2 Unterabs. 1 Satz 3 VO Nr. 648/2012 muss das Leitungsorgan 10
sicherstellen, dass zu den Sitzungen, in denen es um Angelegenheiten geht, die für die Art. 38 und 39 VO Nr. 648/2012 relevant sind, auch Vertreter der Kunden von Clearingmitgliedern eingeladen werden. Bei den in Art. 38 und 39 VO Nr. 648/2012 behandelten Angelegenheiten handelt es sich um die für Clearingdienstleistungen anfallenden **Preise und Entgelte** sowie um die **Trennung** (segregation) **von Positionen und Vermögenswerten** der Clearingmitglieder und ihrer Kunden.

Auffallend ist, dass zu den Sitzungen des Leitungsorgans nur Vertreter der Kunden einzuladen sind, **nicht** je- 11
doch auch Vertreter der **Clearingmitglieder**. Zu rechtfertigen ist dies zum einen dadurch, dass die Preise und Entgelte von den Clearingmitgliedern in der Regel an ihre Kunden weiter gereicht werden, d.h. sie nur im Hinblick auf die eigenen Finanzinstrumente betroffen sind. Zum anderen sind die Clearingmitglieder bereits im Risikoausschuss nach Art. 28 VO Nr. 648/2012 vertreten und werden, da die Trennung von Positionen und Vermögenswerten Bestandteil des Risikomanagements der CCP ist, zumindest insoweit beteiligt.

Die Vertreter der Kunden sind **nur einzuladen**[5]. Erscheinen sie, können sie sich zu den Tagesordnungspunk- 12
ten, zu denen sie eingeladen sind, äußern. Ein Stimmrecht steht ihnen nicht zu.

---

1 *Kommission*, Vorschlag für eine Verordnung des Europäischen Parlaments und des Rates zur Änderung der Verordnung (EU) Nr. 1095/2010 zur Errichtung einer Europäischen Aufsichtsbehörde (Europäische Wertpapier- und Marktaufsichtsbehörde) sowie der Verordnung (EU) Nr. 648/2012 hinsichtlich der für die Zulassung von zentralen Gegenparteien anwendbaren Verfahren und zuständigen Behörden und der Anforderungen für die Anerkennung zentraler Gegenparteien aus Drittstaaten, KOM(2017) 331 vom 3.6.2017, abrufbar über: http://eur-lex.europa.eu/resource.html?uri=cellar: 80b1cafa-50fe-11e7-a5ca-01aa75ed71a1.0020.02/DOC_1&format=PDF („*Kommission* EMIR-II-Entwurf"). Der Vorschlag der Kommission wurde am 20.9.2017 ergänzt; die Ergänzung ist abrufbar über: https://eur-lex.europa.eu/legal-content/DE/TXT/PDF/?uri=CELEX:52017PC0539&from=DE.
2 *Redeke* in Wilhelmi/Achtelik/Kunschke/Sigmundt, Handbuch EMIR, Teil 5.A Rz. 15.
3 Erwägungsgrund Nr. 61 VO Nr. 648/2012. S. auch Art. 28 Abs. 4 Satz 2 VO Nr. 648/2012, wonach der Vorsitz des Risikoausschusses – nach Art. 28 Abs. 2 Satz 2 VO Nr. 648/2012 ein unabhängiges Mitglied des Leitungsorgans – feststellt, ob ein Mitglied des Risikoausschuss sich in einem tatsächlichen oder potentiellen Interessenkonflikt befindet.
4 *Kommission*, Empfehlung vom 15.2.2005 zu den Aufgaben von nicht geschäftsführenden Direktoren/Aufsichtsratsmitgliedern/börsennotierter Gesellschaften sowie zu den Ausschüssen des Verwaltungs-/Aufsichtsrats, ABl. EU Nr. L 52 v. 25.2.2005, S. 51 („*Kommission* Empfehlung 2005/162/EG"), Nr. 4: „um sicherzustellen, dass mit Interessenkonflikten, in welche Mitglieder der Unternehmensleitung involviert sind, ordnungsgemäß verfahren wird."
5 *Redeke* in Wilhelmi/Achtelik/Kunschke/Sigmundt, Handbuch EMIR, Teil 5.A Rz. 18.

13 III. **Geschäftsordnung des Leitungsorgans (Art. 27 Abs. 3 VO Nr. 648/2012).** Die Zuständigkeiten des Leitungsorgans sind nach Art. 27 Abs. 3 VO Nr. 648/2012 klar zu definieren. Die Protokolle der Sitzungen des Leitungsorgans sind den Abschlussprüfern und der zuständigen Behörde zugänglich zu machen.

14 Die Vorschrift trägt dem Umstand Rechnung, dass CCPs je nach Gesellschaftsrechtsordnung einstufig oder zweistufig organsiert sein können. Die Pflicht, Rollen und Zuständigkeiten des Leitungsorgans klar zu definieren, ist insbesondere für das dualistische System von Bedeutung, bei dem die durch die EMIR festgelegten Aufgaben auf **Vorstand und Aufsichtsrat** aufzuteilen sind (Art. 3 Abs. 5 DelVO Nr. 153/2013).

Art. 28 Risikoausschuss

(1) Eine CCP richtet einen Risikoausschuss ein, dem Vertreter ihrer Clearingmitglieder, unabhängige Mitglieder des Leitungsorgans sowie Vertreter ihrer Kunden angehören. Der Risikoausschuss kann zu seinen Sitzungen Beschäftigte der CCP sowie unabhängige externe Sachverständige einladen, die jedoch nicht stimmberechtigt sind. Die zuständigen Behörden können beantragen, ohne Stimmrecht an den Sitzungen des Risikoausschusses teilzunehmen und über die Tätigkeiten und Beschlüsse des Risikoausschusses in gebührendem Umfang unterrichtet zu werden. Der Risikoausschuss erteilt seine Empfehlungen unabhängig und ohne direkte Einflussnahme durch die Geschäftsleitung der CCP. Keine der Gruppen von Vertretern darf über eine Mehrheit im Risikoausschuss verfügen.

(2) Eine CCP legt in klarer Form das Mandat, die Regelungen zur Unternehmensführung zur Gewährleistung ihrer Unabhängigkeit, die operationellen Verfahren, die Zulassungskriterien und den Mechanismus für die Wahl der Ausschussmitglieder fest. Die Regelungen zur Unternehmensführung sind öffentlich zugänglich und sehen mindestens vor, dass den Vorsitz im Risikoausschuss ein unabhängiges Mitglied des Leitungsorgans führt, dass der Ausschuss unmittelbar dem Leitungsorgan unterstellt ist und dass er regelmäßige Sitzungen abhält.

(3) Der Risikoausschuss berät die Leitungsorgan in allen Belangen, die sich auf das Risikomanagement der CCP auswirken können, wie etwa wesentliche Änderungen ihres Risikomodells, die Verfahren bei Ausfall eines Clearingmitglieds, die Kriterien für die Zulassung von Clearingmitgliedern, das Clearing neuer Kategorien von Instrumenten oder die Auslagerung von Funktionen. Eine Beratung durch den Risikoausschuss ist nicht erforderlich, wenn es um das Tagesgeschäft der CCP geht. Es sind angemessene Bemühungen zu unternehmen, in Krisenzeiten den Risikoausschuss in Bezug auf Entwicklungen, die sich auf das Risikomanagement der CCP auswirken, zu hören.

(4) Unbeschadet des Rechts der zuständigen Behörden, in gebührender Form unterrichtet zu werden, unterliegen die Mitglieder des Risikoausschusses der Geheimhaltungspflicht. Stellt der Vorsitz des Risikoausschusses fest, dass ein Mitglied sich in Bezug auf eine spezifische Angelegenheit tatsächlich oder potenziell in einem Interessenkonflikt befindet, wird das betreffende Mitglied von der Abstimmung über die betreffende Angelegenheit ausgeschlossen.

(5) Eine CCP unterrichtet die zuständige Behörde unverzüglich über jeden Beschluss des Leitungsorgans, nicht den Empfehlungen des Risikoausschusses zu folgen.

In der Fassung vom 4.7.2012 (ABl. EU Nr. L 201 v. 27.7.2012, S. 1).

Schrifttum: *Europäische Wertpapier- und Marktaufsichtsbehörde (ESMA)*, „Fragen und Antworten – Umsetzung der Verordnung (EU) Nr. 648/2012 über OTC-Derivate, zentrale Gegenparteien und Transaktionsregister (EMIR)", ESMA70-1861941480-52 vom 30.5.2018, abrufbar über: https://www.esma.europa.eu („ESMA Q&A"); *Kommission*, Broschüre „Wettbewerbsrechtliche Compliance – Was Unternehmen tun können, um die EU-Wettbewerbsvorschriften besser einzuhalten", ISBN 978-92-79-22092-0 vom 8.2.2013, abrufbar über: https://publications.europa.eu („*Kommission* Kartell Compliance"); *Redeke*, Zur Corporate Governance zentraler Gegenparteien (Central Counterparties, CCP), WM 2015, 554.

I. Zweck und Zusammensetzung des Risikoausschusses (Art. 28 Abs. 1 und 2 VO Nr. 648/2012) 1	III. Pflichten der Ausschussmitglieder (Art. 28 Abs. 4 VO Nr. 648/2012) 7
II. Zuständigkeiten (Art. 28 Abs. 3 VO Nr. 648/2012) 6	IV. Empfehlungen des Risikoausschusses (Art. 28 Abs. 5 VO Nr. 648/2012) 10

1 **I. Zweck und Zusammensetzung des Risikoausschusses (Art. 28 Abs. 1 und 2 VO Nr. 648/2012).** Zweck des Risikoausschusses ist die Identifizierung und **Vermeidung möglicher Interessenkonflikte**[1]. Darüber hinaus soll die Mitwirkung von Vertretern der Clearingmitglieder und Kunden sicherstellen, dass sich die CCP deren

---

1 Erwägungsgrund Nr. 61 VO Nr. 648/2012.

Kenntnisse über die im Markt gehandelten Finanzinstrumente und die Expertise in Fragen des Risikomanagements zu Nutze machen kann[1].

Dem Risikoausschuss dürfen nach Art. 28 Abs. 1 Satz 1 VO Nr. 648/2012 nur unabhängige Mitglieder des Leitungsorgans, Clearingmitglieder sowie Repräsentanten der Kunden angehören. Nach Art. 28 Abs. 1 Satz 2 VO Nr. 648/2012 können Mitarbeiter der CCP oder andere Personen, wie z.B. Repräsentanten von Handelsplätzen, zu den Sitzungen des Risikoausschusses eingeladen werden; ihnen steht jedoch kein Stimmrecht zu[2].

Die Auswahl der Mitglieder des Risikoausschusses hat sicherzustellen, dass sämtliche **Clearingmitglieder und Kunden**, die durch die Entscheidungen der CCP betroffen sein könnten, **angemessen repräsentiert** sind[3]. Die ausgewählten Vertreter der Kunden sollen frei von Interessenkonflikten sein und die Bandbreite der Nutzer der von der CCP erbrachten Clearingdienstleistungen und sonstigen Tätigkeiten angemessen reflektieren[4]. Keiner der Gruppen von Vertretern darf im Risikoausschuss über eine Mehrheit verfügen. Die Leitung des Risikoausschusses ist nach Art. 28 Abs. 2 Satz 2 VO Nr. 648/2012 einem **unabhängigen Mitglied des Leitungsorgans** zu übertragen.

Nach Art. 28 Abs. 2 Satz 1 VO Nr. 648/2012 ist die Wahl der Ausschussmitglieder in den **Richtlinien und Prozessbeschreibungen** der CCP in klarer Form zu regeln. Gegenstand der Regelungen müssen auch die von den Ausschussmitgliedern zu erfüllenden Zugangskriterien sowie das Verfahren der Wahl sein. Die Regelungen über den Risikoausschuss müssen nach Art. 28 Abs. 2 Satz 2 VO Nr. 648/2012 öffentlich zugänglich sein.

Die **zuständigen Behörden** können nach Art. 28 Abs. 1 Satz 3 VO Nr. 648/2012 beantragen, an den Sitzungen des Risikoausschusses teilzunehmen und in gebührendem Umfang unterrichtet zu werden. Nehmen sie teil, steht ihnen kein Stimmrecht zu. Der in Art. 28 Abs. 1 Satz 3 VO Nr. 648/2012 verwendete Plural „zuständigen Behörden" weist darauf hin, dass das Teilnahmerecht nicht nur der für die CCP zuständigen Behörde zusteht, die nach Art. 28 Abs. 5 VO Nr. 648/2012 immer dann zu informieren ist, wenn das Leitungsorgan von einer Empfehlung des Risikoausschusses abweicht. Sie verweist auch auf die im Kollegium nach Art. 18 VO Nr. 648/2012 vertretenen zuständigen Behörden der Clearingmitglieder.

II. Zuständigkeiten (Art. 28 Abs. 3 VO Nr. 648/2012). Zu den in Art. 28 Abs. 3 VO Nr. 648/2012 nur beispielhaft aufgezählten Belangen des Risikomanagements, zu denen der Risikoausschuss konsultiert werden muss, zählen u.a.:

– der Beschluss über **wesentliche Modelländerungen** nach Art. 49 Abs. 1 Unterabs. 2 VO Nr. 648/2012,
– die **Verfahren bei Ausfall** von Clearingmitgliedern nach Art. 48 Abs. 1 VO Nr. 648/2012,
– die Festlegung der **Zulassungskriterien** nach Art. 37 Abs. 1 VO Nr. 648/2012,
– das Clearing **neuer Finanzinstrumente** sowie die **Auslagerung** von operationalen Funktionen oder Tätigkeiten nach Art. 35 VO Nr. 648/2012[5].

An anderer Stelle genannt sind darüber hinaus,

– die Festlegung des Strategierahmens und der extremen aber plausiblen Marktbedingungen, mit denen die CCP die **Höhe des Ausfallfonds** nach Art. 42 VO Nr. 648/2012 und die betreffenden **Beiträge der Clearingmitglieder** bestimmt (Art. 29 Abs. 3 DelVO Nr. 153/2013),
– die jährliche Überprüfung der **historischen und hypothetischen Szenarien**, mit denen die CCP die extremen aber plausiblen Marktbedingungen bestimmt (Art. 31 Satz 2 DelVO Nr. 153/2013),
– die Verabschiedung des **Liquiditätsplans** (Art. 32 Abs. 3 Unterabs. 2 DelVO Nr. 153/2013),
– die **Validierung** der von der CCP genutzten **Modelle und Parameter** sowie der Validierungsprozesse selbst (Art. 47 Abs. 1 und Abs. 2 DelVO Nr. 153/2013) oder
– die Verwendung von **Derivatekontrakten als hochliquide Finanzanlagen** (Anhang II Abs. 2 DelVO Nr. 153/2013).

III. Pflichten der Ausschussmitglieder (Art. 28 Abs. 4 VO Nr. 648/2012). Art. 28 Abs. 4 Satz 1 VO Nr. 648/2012 verpflichtet die Mitglieder des Risikoausschusses zur **Geheimhaltung**. Darüber hinaus sind sie verpflichtet, mögliche **Interessenkonflikte** frühzeitig zu erkennen und zu vermeiden. Stellt der Vorsitz des Risikoausschusses fest, dass ein Mitglied des Risikoausschusses sich in Bezug auf eine spezielle Angelegenheit in einem tatsächlichen oder möglichen Interessenkonflikt befindet, so muss der Vorsitz das Mitglied nach Art. 28 Abs. 4 Satz 2 VO Nr. 648/2012 von der Abstimmung über die betreffende Abgelegenheit ausschließen.

---

1 *Redeke* in Wilhelmi/Achtelik/Kunschke/Sigmundt, Handbuch EMIR, Teil 5.A Rz. 20 m.w.N.
2 *Europäische Wertpapier- und Marktaufsichtsbehörde (ESMA)*, „Fragen und Antworten – Umsetzung der Verordnung (EU) Nr. 648/2012 über OTC-Derivate, zentrale Gegenparteien und Transaktionsregister (EMIR)", ESMA70-1861941480-52 vom 30.5.2018, abrufbar über: https://www.esma.europa.eu/sites/default/files/library/esma70-1861941480-52_qa_on_emir_implementation.pdf („*ESMA* Q&A"), CCP Frage Nr. 20(a) [letzte Aktualisierung: 21.5.2014].
3 Erwägungsgrund Nr. 61 VO Nr. 648/2012; *ESMA* Q&A CCP Frage Nr. 20(b) [letzte Aktualisierung: 21.5.2014].
4 *ESMA* Q&A CCP Frage Nr. 20(a) [letzte Aktualisierung: 21.5.2014]: „balanced client representation".
5 S. Erwägungsgrund Nr. 62 VO Nr. 648/2012.

8 Soweit Mitglieder des Risikoausschusses dem Kreise der Clearingmitglieder oder deren Kunden angehören, haben sie sich während der Beratungen des Risikoausschusses so zu verhalten, dass sie als Vertreter ihrer Unternehmen nicht mit den **EU-Wettbewerbsregeln** in Konflikt geraten. Zu nennen ist insbesondere Art. 101 Abs. 1 AEUV, der jede Vereinbarung und jedes aufeinander abgestimmte Verhalten verbietet, dass eine Verfälschung des Wettbewerbs innerhalb des Binnenmarkts bezweckt oder bewirkt. Das Vorhalten einer entsprechenden wettbewerbsrechtlichen Compliance[1] ist grundsätzlich Aufgabe der Unternehmen. Sie sollte jedoch durch die in Art. 28 Abs. 2 Satz 1 VO Nr. 648/2012 geforderten Richtlinien und Prozessbeschreibungen der CCP unterstützt werden.

9 Dass auch der Markt für Clearingdienstleistungen wettbewerbsrechtlich relevant sein kann, hat das am 29.4. 2011 eingeleitete Verfahren der Kommission in Sachen „CDS Clearing"[2] gezeigt, in dem die Kommission die Absprachen von 16 Derivatehändlern über Nachlässe bei Clearingentgelten näher untersucht hat. Das Verfahren wurde am 4.12.2015 eingestellt[3].

10 **IV. Empfehlungen des Risikoausschusses (Art. 28 Abs. 5 VO Nr. 648/2012).** Nach Art. 28 Abs. 3 VO Nr. 648/2012 und Art. 7 Abs. 1 DelVO Nr. 153/2013 handelt es sich bei dem Risikoausschuss um einen **beratenden Ausschuss des Leitungsorgans**, der lediglich Empfehlungen abgeben darf. Die Beschlüsse des Risikoausschusses sind für das Leitungsorgan nicht bindend und entbinden die Mitglieder des Leitungsorgans nicht von einer eigenverantwortlichen Entscheidung[4]. Weicht das Leitungsorgan von einer Entscheidung des Risikoausschusses ab, hat es nach Art. 28 Abs. 5 VO Nr. 648/2012 die zuständige Behörde hiervon unverzüglich zu informieren.

11 Die **Sitzungsprotokolle** des Risikoausschusses zählen nach Art. 15 Abs. 2 Buchst. e DelVO Nr. 153/2013 zu den von der Geschäftsführung der CCP zu führenden Aufzeichnungen. Sie unterliegen damit der Aufbewahrungspflichten des Art. 29 VO Nr. 648/2012 und Art. 12 DelVO Nr. 153/2013 und sind der für die **CCP zuständigen Behörde und der ESMA** auf Anfrage zur Verfügung zu stellen.

Art. 29 Aufbewahrungspflichten

(1) Eine CCP bewahrt sämtliche Aufzeichnungen über erbrachte Dienstleistungen und ausgeübte Tätigkeiten für einen Zeitraum von mindestens zehn Jahren auf, so dass die zuständige Behörde überwachen kann, inwieweit die CCP die Bestimmungen dieser Verordnung einhält.

(2) Eine CCP bewahrt sämtliche Informationen über alle von ihr abgewickelten Kontrakte für einen Zeitraum von mindestens zehn Jahren nach Beendigung des jeweiligen Kontrakts auf. Die betreffenden Informationen müssen es zumindest ermöglichen, die ursprünglichen Bedingungen einer Transaktion vor dem Clearing durch die betreffende CCP festzustellen.

(3) Eine CCP stellt der zuständigen Behörde, der ESMA und den einschlägigen Mitgliedern des ESZB auf Anfrage die in den Absätzen 1 und 2 genannten Aufzeichnungen und Informationen sowie sämtliche Informationen über die Positionen geclearter Kontrakte zur Verfügung, unabhängig vom Ort, an dem die Transaktionen abgeschlossen wurden.

(4) Um die einheitliche Anwendung dieses Artikels zu gewährleisten, erarbeitet die ESMA Entwürfe für technische Regulierungsstandards, in denen die Einzelheiten betreffend die nach Absätzen 1 bis 3 aufzubewahrenden Aufzeichnungen und Informationen festgelegt werden.

Die ESMA legt der Kommission diese Entwürfe für technische Regulierungsstandards bis zum 30. September 2012 vor.

Der Kommission wird die Befugnis übertragen, die in Unterabsatz 1 genannten technischen Regulierungsstandards gemäß den Artikeln 10 bis 14 der Verordnung (EU) Nr. 1095/2010 zu erlassen.

(5) Um einheitliche Bedingungen für die Anwendung der Absätze 1 und 2 zu gewährleisten, erarbeitet die ESMA Entwürfe für technische Durchführungsstandards, in denen das Format der aufzubewahrenden Aufzeichnungen und Informationen festgelegt ist.

---

1 S. *Kommission,* Broschüre „Wettbewerbsrechtliche Compliance – Was Unternehmen tun können, um die EU-Wettbewerbsvorschriften besser einzuhalten", ISBN 978-92-79-22092-0 vom 8.2.2013, abrufbar über: https://publications.europa.eu/de/publication-detail/-/publication/78f46c48-e03e-4c36-bbbe-aa08c2514d7a (*„Kommission* Kartell Compliance").
2 *Kommission,* Pressemitteilung „Antitrust: Commission probes Credit Default Swaps market", IP/11/509 vom 29.4.2011, abrufbar über: http://europa.eu/rapid/press-release_IP-11-509_en.htm?locale=en (*„Kommission* Pressemitteilung CDS").
3 Aktenzeichen: AT.39730 CDS; der Einstellungsbeschluss der Kommission ist abrufbar über: http://ec.europa.eu/competition/antitrust/cases/dec_docs/39730/39730_3129_5.pdf.
4 *Redeke* in Wilhelmi/Achtelik/Kunschke/Sigmundt, Handbuch EMIR, Teil 5.A Rz. 26.

Die ESMA legt der Kommission diese Entwürfe für technische Durchführungsstandards bis zum 30. September 2012 vor.

Der Kommission wird die Befugnis übertragen, die in Unterabsatz 1 genannten technischen Durchführungsstandards gemäß Artikel 15 der Verordnung (EU) Nr. 1095/2010 zu erlassen.

In der Fassung vom 4.7.2012 (ABl. EU Nr. L 201 v. 27.7.2012, S. 1).

Durchführungsverordnung (EU) Nr. 1249/2012 vom 19. Dezember 2012
zur Festlegung technischer Durchführungsstandards im Hinblick auf das Format der gemäß der Verordnung (EU) Nr. 648/2012 des Europäischen Parlaments und des Rates über OTC-Derivate, zentrale Gegenparteien und Transaktionsregister von zentralen Gegenparteien aufzubewahrenden Aufzeichnungen

Art. 1 Formate von Aufzeichnungen

(1) Eine CCP bewahrt in dem in Tabelle 1 des Anhangs dargelegten Format für jeden abgewickelten Kontrakt die Aufzeichnungen auf, die in Artikel 20 *[richtig: Artikel 13]* des gemäß Artikel 29 Absatz 4 der Verordnung (EU) Nr. 648/2012 erlassenen delegierten Rechtsakts im Hinblick auf technische Regulierungsstandards zur Festlegung der Einzelheiten der von zentralen Gegenparteien (CCPs) aufzubewahrenden Aufzeichnungen und Informationen festgelegt sind.

(2) Eine CCP bewahrt in dem in Tabelle 2 des Anhangs dargelegten Format für jede Position die Aufzeichnungen auf, die in Artikel 21 *[richtig: Artikel 14]* des gemäß Artikel 29 Absatz 4 der Verordnung (EU) Nr. 648/2012 erlassenen delegierten Rechtsakts im Hinblick auf technische Regulierungsstandards zur Festlegung der Einzelheiten der von zentralen Gegenparteien (CCPs) aufzubewahrenden Aufzeichnungen und Informationen festgelegt sind.

(3) Eine CCP bewahrt in dem in Tabelle 3 des Anhangs dargelegten Format für die mit ihrem Geschäft und ihrer internen Organisation zusammenhängenden Tätigkeiten die Aufzeichnungen auf, die in Artikel 22 *[richtig: Artikel 15]* des gemäß Artikel 29 Absatz 4 der Verordnung (EU) Nr. 648/2012 erlassenen delegierten Rechtsakts im Hinblick auf technische Regulierungsstandards zur Festlegung der Einzelheiten der von zentralen Gegenparteien (CCPs) aufzubewahrenden Aufzeichnungen und Informationen festgelegt sind.

(4) Eine CCP stellt der zuständigen Behörde die Aufzeichnungen und Informationen nach den Absätzen 1, 2 und 3 in einem Format zur Verfügung, das einen direkten Datenfeed zwischen der CCP und der zuständigen Behörde ermöglicht. Eine CCP richtet einen solchen Datenfeed auf Antrag der zuständigen Behörde innerhalb von sechs Monaten ein.

In der Fassung vom 19.12.2012 (ABl. EU Nr. L 352 v. 21.12.2012, S. 32).

Art. 2 Inkrafttreten

Diese Verordnung tritt am zwanzigsten Tag nach ihrer Veröffentlichung im *Amtsblatt der Europäischen Union* in Kraft.

In der Fassung vom 19.12.2012 (ABl. EU Nr. L 352 v. 21.12.2012, S. 32).

Anhang

(nicht abgedruckt)

Delegierte Verordnung (EU) Nr. 153/2013 vom 19. Dezember 2012
zur Ergänzung der Verordnung (EU) Nr. 648/2012 des Europäischen Parlaments und des Rates in Bezug auf technische Regulierungsstandards für Anforderungen an zentrale Gegenparteien

(Auszug)

Art. 12 Allgemeine Anforderungen

(1) Eine CCP bewahrt Aufzeichnungen auf einem dauerhaften Datenträger auf, so dass den zuständigen Behörden, der ESMA und den einschlägigen Mitgliedern des Europäischen Systems der Zentralbanken (ESZB) Informationen in einer Art und Weise bereitgestellt werden können, die die folgenden Bedingungen erfüllen:

a) Jede wichtige Phase der Bearbeitung durch die CCP kann rekonstruiert werden.
b) Der ursprüngliche Inhalt einer Aufzeichnung vor etwaigen Korrekturen oder anderen Änderungen kann aufgezeichnet, nachverfolgt und abgerufen werden.
c) Es bestehen Maßnahmen, um das unbefugte Verändern einer Aufzeichnung zu verhindern.
d) Es bestehen angemessene Maßnahmen, um die Sicherheit und Vertraulichkeit der aufgezeichneten Daten zu gewährleisten.
e) Das Aufzeichnungssystem umfasst einen Mechanismus zur Ermittlung und Berichtigung von Fehlern.
f) Das Aufzeichnungssystem ermöglicht im Falle eines Systemausfalls eine rasche Datenwiederherstellung.

(2) Aufzeichnungen oder Informationen, die weniger als sechs Monate alt sind, werden den Behörden nach Absatz 1 so rasch wie möglich und spätestens am Ende des auf den Tag des Ersuchens der einschlägigen Behörde folgenden Geschäftstags zur Verfügung gestellt.

(3) Aufzeichnungen oder Informationen, die älter als sechs Monate sind, werden den Behörden nach Absatz 1 so rasch wie möglich und innerhalb von fünf Geschäftstagen nach einem Ersuchen der einschlägigen Behörde zur Verfügung gestellt.

(4) Enthalten die von der CCP verarbeiteten Aufzeichnungen personenbezogene Daten, so berücksichtigt die CCP ihre aus der Richtlinie 95/46/EG des Europäischen Parlaments und des Rates und der Verordnung (EG) Nr. 45/2001 des Europäischen Parlaments und des Rates erwachsenden Verpflichtungen.

(5) Werden die Aufzeichnungen einer CCP außerhalb der Union aufbewahrt, so stellt die CCP sicher, dass die zuständige Behörde, die ESMA und die einschlägigen Mitglieder des ESZB im gleichen Umfang und innerhalb derselben Zeiträume Zugang zu den Aufzeichnungen haben, wie wenn die Aufzeichnungen innerhalb der Union aufbewahrt werden.

(6) Jede CCP nennt die einschlägigen Personen, die den zuständigen Behörden innerhalb der in den Absätzen 2 und 3 für die Bereitstellung der relevanten Aufzeichnungen festgelegten Frist den Inhalt der Aufzeichnungen der CCP darlegen können.

(7) Alle gemäß dieser Verordnung von der CCP aufzubewahrenden Aufzeichnungen sind für die zuständige Behörde zur Einsichtnahme freigegeben. Eine CCP stellt der zuständigen Behörde auf Anfrage ein direktes Datenfeed für die nach Maßgabe der Artikel 13 und 14 erforderlichen Aufzeichnungen zur Verfügung.

In der Fassung vom 19.12.2012 (ABl. EU Nr. L 52 v. 23.3.2013, S. 41).

Art. 13 *Aufzeichnungen von Transaktionen*

(1) Eine CCP führt in Bezug auf jeden durch sie geclearten Kontrakt Aufzeichnungen über sämtliche Transaktionen und sorgt dafür, dass ihre Aufzeichnungen alle Informationen enthalten, die für eine umfassende und genaue Rekonstruktion des Clearingprozesses jedes einzelnen Kontrakts notwendig sind, und dass jede Aufzeichnung über jede Transaktion eindeutig gekennzeichnet ist und mindestens mit Hilfe von Angaben in Feldern, die die CCP, die interoperable CCP, das Clearingmitglied, den Kunden, falls dieser der CCP bekannt ist, und das Finanzinstrument betreffen, abrufbar ist.

(2) Eine CCP sorgt dafür, dass für jede zu Clearingzwecken eingegangene Transaktion unmittelbar nach Erhalt der einschlägigen Informationen eine Aufzeichnung angelegt und aktualisiert wird, die folgende Angaben enthält:

a) Preis, Zinssatz oder Spread und Menge;
b) Clearing-Kapazität, anhand derer ermittelt wird, ob es sich bei der Transaktion für die CCP um einen Kauf oder Verkauf handelte;
c) Angaben zum Instrument;
d) Angaben zum Clearingmitglied;
e) Angaben zum Ort, an dem der Kontrakt geschlossen wurde;
f) Datum und Uhrzeit der Zwischenschaltung der CCP;
g) Datum und Uhrzeit der Beendigung des Kontrakts;
h) Umstände und Modalitäten der Abwicklung;
i) Datum und Uhrzeit der Abwicklung oder des Eindeckungsverfahrens bezüglich der Transaktion und gegebenenfalls folgende Einzelheiten:
   i) Datum und Uhrzeit des ursprünglichen Abschlusses des Kontrakts;
   ii) ursprüngliche Kontraktmodalitäten und -parteien;
   iii) gegebenenfalls Angabe der interoperablen CCP, die eine der Komponenten der Transaktion gecleart hat;
   iv) Angaben zum Kunden, auch zu etwaigen indirekten Kunden, falls diese der CCP bekannt sind, und im Falle einer Kontraktübertragung Angaben zur Partei, die den Kontrakt übertragen hat.

In der Fassung vom 19.12.2012 (ABl. EU Nr. L 52 v. 23.3.2013, S. 41).

Art. 14 *Aufzeichnungen von Positionen*

(1) Eine CCP führt Aufzeichnungen über die von jedem Clearingmitglied gehaltenen Positionen. Für alle im Einklang mit Artikel 39 der Verordnung (EU) Nr. 648/2012 gehaltenen Konten werden gesonderte Aufzeichnungen geführt, und die CCP stellt sicher, dass ihre Aufzeichnungen alle Informationen enthalten, die für eine umfassende und genaue Rekonstruktion der einer Position zugrunde liegenden Transaktionen notwendig sind, und jede Aufzeichnung gekennzeichnet ist und mindestens mit Hilfe von Angaben in Feldern, die die CCP, die interoperable CCP, das Clearingmitglied, den Kunden, falls dieser der CCP bekannt ist, und das Finanzinstrument betreffen, abrufbar ist.

(2) Am Ende jedes Geschäftstags erstellt die CCP für jede Position eine Aufzeichnung, die folgende Einzelheiten enthält, soweit diese mit der betreffenden Position in Zusammenhang stehen:

a) Angaben zum Clearingmitglied, zum Kunden, falls dieser der CCP bekannt ist, und gegebenenfalls zu interoperablen CCP, die eine derartige Position aufrechterhalten;
b) Vorzeichen der Position;
c) tägliche Berechnung des Werts der Position mit Aufzeichnungen zu den Preisen, zu denen die Kontrakte bewertet sind, und anderen relevanten Informationen.

(3) Eine CCP führt Aufzeichnungen über die Beträge der Einschusszahlungen, die Beiträge zum Ausfallfonds und sonstige Finanzmittel im Sinne von Artikel 43 der Verordnung (EU) Nr. 648/2012, die von der CCP abgerufen wurden, aktualisiert diese und hält für jedes Clearingmitglied und jeden Kunden, falls dieser der CCP bekannt ist, den am Ende des Geschäftstages tatsächlich von einem Clearingmitglied hinterlegten betreffenden Betrag sowie Änderungen dieses Betrags, die innerhalb eines Tages auftreten können, fest.

In der Fassung vom 19.12.2012 (ABl. EU Nr. L 52 v. 23.3.2013, S. 41).

Art. 15 *Geschäftsaufzeichnungen*

(1) Eine CCP führt angemessene und ordnungsgemäße Aufzeichnungen über Tätigkeiten im Zusammenhang mit ihrer internen und Geschäftsorganisation.

(2) Die Aufzeichnungen im Sinne von Absatz 1 erfolgen bei jeder wesentlichen Änderung der relevanten Unterlagen und umfassen mindestens Folgendes:
a) Organigramme des Leitungsorgans und der einschlägigen Ausschüsse, der Clearingabteilung, der Risikomanagementabteilung und aller anderen relevanten Abteilungen oder Bereiche;
b) die Namen aller Anteilseigner oder Gesellschafter, die eine qualifizierte Beteiligung halten, unabhängig davon, ob diese Beteiligung direkt oder indirekt ist oder es sich um natürliche oder juristische Personen handelt, sowie die Höhe dieser Beteiligungen;
c) die Unterlagen, in denen die Grundsätze, Verfahren und Prozesse nach Maßgabe von Kapitel III Artikel 29 erläutert sind;
d) die Sitzungsprotokolle des Leitungsorgans und gegebenenfalls der Unterausschüsse des Leitungsorgans sowie der Ausschüsse der Geschäftsleitung;
e) die Sitzungsprotokolle des Risikoausschusses;
f) die Protokolle der Konsultationen mit Clearingmitgliedern und gegebenenfalls mit Kunden;
g) interne und externe Prüfberichte, Risikomanagementberichte, Compliance-Berichte und Berichte von Beratungsunternehmen, einschließlich der Reaktionen der Geschäftsführung;
h) die Strategie zur Fortführung des Geschäftsbetriebs und den Notfallwiederherstellungsplan nach Maßgabe von Artikel 17;
i) den Liquiditätsplan und die täglichen Liquiditätsberichte nach Maßgabe von Artikel 32;
j) Aufzeichnungen über alle Vermögenswerte und Verbindlichkeiten und Kapitalkonten nach Maßgabe von Artikel 16 der Verordnung (EU) Nr. 648/2012;
k) die eingegangenen Beschwerden, mit dem Namen, der Anschrift und der Kontonummer des Beschwerdeführers, dem Eingangsdatum der Beschwerde, den Namen aller in der Beschwerde genannten Personen, einer Beschreibung der Art der Beschwerde, dem Ergebnis der Beschwerde und dem Datum, an dem die Beschwerde beigelegt wurde;
l) Aufzeichnungen zu etwaigen Betriebsunterbrechungen oder -ausfällen, einschließlich eines detaillierten Berichts über den zeitlichen Ablauf, die Auswirkungen und Abhilfemaßnahmen;
m) Aufzeichnungen über die Ergebnisse der durchgeführten *Back*- und Stresstests;
n) Schriftverkehr mit den zuständigen Behörden, der ESMA und den einschlägigen Mitgliedern des ESZB;
o) nach Maßgabe von Kapitel III eingeholte Rechtsgutachten;
p) gegebenenfalls Unterlagen zu Interoperabilitätsvereinbarungen mit anderen CCP;
q) Informationen gemäß Artikel 10 Absatz 1 Buchstabe b Ziffer vii und Buchstabe d;
r) die relevanten Unterlagen über die Entwicklung neuer Geschäftsinitiativen.

In der Fassung vom 19.12.2012 (ABl. EU Nr. L 52 v. 23.3.2013, S. 41).

Art. 16 Aufzeichnungen von an ein Transaktionsregister gemeldeten Daten

Eine CCP ermittelt alle Informationen und Daten, die gemäß Artikel 9 der Verordnung (EU) Nr. 648/2012 gemeldet werden müssen, hält das Datum und die Uhrzeit der Meldung der Transaktion fest und bewahrt diese Aufzeichnungen auf.

In der Fassung vom 19.12.2012 (ABl. EU Nr. L 52 v. 23.3.2013, S. 41).

I. Aufbewahrungsfrist (Art. 29 Abs. 1 und 2 VO Nr. 648/2012) 1	IV. Technische Regulierungsstandards (Art. 29 Abs. 4 und 5 VO Nr. 648/2012) 10
II. Art, Inhalt und Form der Aufzeichnungen ... 3	1. DurchfVO Nr. 1249/2012 11
III. Pflicht zur Vorlage der Aufzeichnungen (Art. 29 Abs. 3 VO Nr. 648/2012) 6	2. DelVO Nr. 153/2013 12

I. Aufbewahrungsfrist (Art. 29 Abs. 1 und 2 VO Nr. 648/2012). Die Aufzeichnungen über die von der CCP erbrachten Clearingdienstleistungen und die von ihr abgewickelten Finanzinstrumente sind nach Art. 29 Abs. 1 und 2 VO Nr. 648/2012 für **mindestens 10 Jahre** aufzubewahren. Für die Informationen über die geclearten Finanzinstrumente beginnt die Aufbewahrungspflicht mit der Beendigung des betreffenden Finanzinstruments. 1

Wie sich bereits in Art. 29 Abs. 1 VO Nr. 648/2012 andeutet, ist **Zweck** der Aufbewahrungspflicht die Unterstützung der für die CCP zuständigen Behörde bei der Überwachung der von der CCP einzuhaltenden Anforderungen. Darüber hinaus dient sie, wie sich aus Art. 29 Abs. 3 VO Nr. 648/2012 und Art. 12 Abs. 1 DelVO Nr. 153/2013 ergibt, dem Informationsaustausch zwischen den im Kollegium zusammenarbeitenden zuständigen Behörden, Zentralbanken und der ESMA. 2

II. Art, Inhalt und Form der Aufzeichnungen. Art, Inhalt und Form der Aufzeichnungen sind von der Kommission mit der DurchfVO Nr. 1249/2012 und der DelVO Nr. 153/2013 näher bestimmt worden. 3

Nach Art. 12 Abs. 1 DelVO Nr. 153/2013 sind für die Aufbewahrung der Aufzeichnungen dauerhafte Datenträger zu verwenden, die es technisch ermöglichen, jede **Phase der Bearbeitung** – den ursprünglichen Inhalt der Aufzeichnung sowie jede vorgenommene Korrektur oder Änderung – zu rekonstruieren. Die unbefugte Änderung der Aufzeichnungen – die **Datenintegrität** –, der Schutz ihrer **Vertraulichkeit** sowie die rasche **Wieder-** 4 herstellung der Aufzeichnungen im Falle eines Systemausfalls müssen durch geeignete technische Maßnahmen sichergestellt werden.

5 Die in Art. 12 Abs. 1 DelVO Nr. 153/2013 definierten Anforderungen gelten auch für die **Informationen** über die von der CCP abgewickelten **Finanzkontrakte**. Das Format, in dem die Informationen vorzuhalten sind, ist in **Art. 1 DurchfVO Nr. 1249/2012** und dem ihm beigefügten **Anhang** näher bestimmt worden. Von einer Wiedergabe und Kommentierung des Anhangs wird Abstand genommen.

6 **III. Pflicht zur Vorlage der Aufzeichnungen (Art. 29 Abs. 3 VO Nr. 648/2012).** Die Aufzeichnungen und Informationen sowie sämtliche Informationen über die Positionen der von der CCP geclearten Finanzinstrumente sind nach Art. 29 Abs. 3 VO Nr. 648/2012 der zuständigen Behörde, der ESMA und den zuständigen Mitgliedern des ESZB auf Anforderung zur Verfügung zu stellen.

7 Wie sich mittelbar aus Art. 1 Abs. 2 DurchfVO Nr. 1249/2012 und Tabelle 2 des Anhangs zur DurchfVO Nr. 1249/2012 ergibt, zählen zu den relevanten Informationen auch Angaben zur **Bewertung der Finanzinstrumente** und zur Höhe der von Clearingmitgliedern geleisteten **Einschusszahlungen und Ausfallfondsbeiträgen**.

8 Die Fristen innerhalb der die CCP die Aufzeichnungen und Informationen vorlegen muss, sind in Art. 12 Abs. 2 und Abs. 3 DelVO Nr. 153/2013 geregelt. Sie unterscheiden danach, ob die Aufzeichnungen und Informationen weniger als 6 Monate alt sind – dann müssen sie **am folgenden Geschäftstag** zur Verfügung gestellt werden – oder ob sie älter als 6 Monate sind; in diesem Fall hat die CCP fünf Geschäftstage Zeit.

9 Die Tatsache, dass die Kontrakte im Ausland abgeschlossen wurden oder dass sich die Aufzeichnungen und Informationen nicht in der Union befinden, darf sich nach Art. 29 Abs. 3 VO Nr. 648/2012 und Art. 12 Abs. 5 DelVO Nr. 153/2013 auf den zeitnahen Zugang nicht auswirken.

10 **IV. Technische Regulierungsstandards (Art. 29 Abs. 4 und 5 VO Nr. 648/2012).** Die Kommission ist nach Art. 29 Abs. 4 und 5 VO Nr. 648/2012 befugt, technische Regulierungsstandards und Durchführungsstandards zu erlassen, mit denen sie die Einzelheiten der aufzubewahrenden Aufzeichnungen und Informationen und deren Form festlegt. Von ihrer Befugnis hat sie mit Art. 1 DurchfVO Nr. 1249/2012 und Art. 12 bis 16 DelVO Nr. 153/2013 Gebrauch gemacht.

11 **1. DurchfVO Nr. 1249/2012.** Die DurchfVO Nr. 1249/2012 ist am zwanzigsten Tag nach ihrer Veröffentlichung im Amtsblatt der Europäischen Union, d.h. am 10.1.2013, in Kraft getreten (Art. 2 DurchfVO Nr. 1249/2012). Die Verweise in Art. 1 DurchfVO Nr. 1249/2012 auf Art. 20, 21 und 22 DelVO Nr. 153/2013 sind offensichtlich unrichtig. Die Konkretisierung der durch Art. 29 VO Nr. 648/2012 begründeten Aufbewahrungspflichten findet sich tatsächlich in den Art. 13, 14 und 15 DelVO Nr. 153/2013.

12 **2. DelVO Nr. 153/2013.** Die DelVO Nr. 153/2013 ist am zwanzigsten Tag nach ihrer Veröffentlichung im Amtsblatt der Europäischen Union, d.h. am 15.3.2013, in Kraft getreten (Art. 62 DelVO Nr. 153/2013).

Art. 30 Aktionäre und Gesellschafter mit qualifizierten Beteiligungen

(1) Die zuständige Behörde erteilt einer CCP die Zulassung nicht, bevor sie nicht über die Identität und die Höhe der Beteiligung der natürlichen oder juristischen Personen, die als direkte oder indirekte Aktionäre oder Gesellschafter eine qualifizierte Beteiligung an der CCP halten, unterrichtet worden ist.

(2) Die zuständige Behörde erteilt einer CCP die Zulassung nicht, wenn sie der Auffassung ist, dass die Aktionäre oder Gesellschafter, die qualifizierte Beteiligungen an der CCP halten, den zur Gewährleistung eines soliden und umsichtigen Managements einer CCP zu stellenden Ansprüchen nicht genügen.

(3) Besteht zwischen der CCP und anderen natürlichen oder juristischen Personen eine enge Verbindung, so erteilt die zuständige Behörde die Zulassung nur, wenn diese Verbindung die zuständige Behörde nicht an der wirksamen Ausübung ihrer Aufsichtsfunktionen hindert.

(4) Im Falle einer Einflussnahme der in Absatz 1 genannten Personen, die sich voraussichtlich zum Nachteil eines soliden und umsichtigen Managements der CCP auswirken wird, ergreift die zuständige Behörde die erforderlichen Maßnahmen, um diesen Zustand zu beenden; dazu kann der Entzug der Zulassung der CCP gehören.

(5) Die zuständige Behörde verweigert die Zulassung, wenn die Rechts- oder Verwaltungsvorschriften eines Drittstaats, denen eine oder mehrere natürliche oder juristische Personen unterliegen, zu der bzw. denen die CCP eine enge Verbindung hat, oder Schwierigkeiten bei der Durchsetzung solcher Vorschriften die zuständige Behörde an der wirksamen Ausübung ihrer Aufsichtsfunktionen hindern.

In der Fassung vom 4.7.2012 (ABl. EU Nr. L 201 v. 27.7.2012, S. 1).

I. Inhaber einer qualifizierten Beteiligung (Art. 30 Abs. 1, 2 und 4 VO Nr. 648/2012) 1	II. Personen mit enger Verbindung (Art. 30 Abs. 3 und 5 VO Nr. 648/2012) 7

I. Inhaber einer qualifizierten Beteiligung (Art. 30 Abs. 1, 2 und 4 VO Nr. 648/2012). Nach Art. 30 Abs. 1 1
und 2 VO Nr. 648/2012 ist die Erteilung der Zulassung davon abhängig, dass die CCP der zuständigen Behörde
die Identität der Personen mitteilt, die direkt oder indirekt eine **qualifiziere Beteiligung** an der CCP halten,
und dass diese Personen den Ansprüchen genügen, die im Interesse eines soliden und umsichtigen Managements der CCP an sie zu stellen sind.

Art. 30 VO Nr. 648/2012 lehnt sich eng an die **Parallelvorschrift** in Art. 14 RL 2013/36/EG (CRD IV) an. Dies 2
gilt insbesondere für den in Art. 14 Abs. 1 Unterabs. 2 RL 2013/36/EG enthaltenen Verweis auf die Bestimmungen der RL 2004/109/EG[1], der für die Zwecke der EMIR bereits in die Definition des Begriffs qualifizierte Beteiligung in Art. 2 Nr. 20 VO Nr. 648/2012 eingearbeitet ist.

Eine qualifizierte Beteiligung setzt nach Art. 2 Nr. 20 VO Nr. 648/2012 das direkte oder indirekte Halten von 3
mindestens 10 % des Kapitals oder der Stimmrechte einer CCP voraus. Wegen der Einzelheiten wird auf die
Ausführungen zu Art. 2 VO Nr. 648/2012 Rz. 117 verwiesen.

Wie bei den bankaufsichtlichen Bestimmungen ist nach Art. 30 Abs. 1 VO Nr. 648/2012 bereits die **mangelnde** 4
Transparenz über das Bestehen qualifizierter Beteiligungen ein Zulassungshindernis. Ist der zuständigen Behörde
der Inhaber der qualifizierten Beteiligung bekannt, und gelangt sie zur Auffassung, dass dieser den Anforderungen
an eine solide und umsichtige Geschäftsführung der CCP nicht genügt, ist die Zulassung ebenfalls zu versagen.

Nach Art. 15 Abs. 2 Buchst. b DelVO Nr. 153/2012 zählen die Namen aller Anteilseigner und Gesellschafter, 5
die eine qualifizierte Beteiligung halten, zu den von der CCP zu führenden **Aufzeichnungen** über Vorgänge
und Tätigkeiten, die mit ihrer Geschäftsorganisation zusammenhängen. Sie unterliegen den allgemeinen Anforderungen an die Aufbewahrung nach Art. 29 VO Nr. 648/2012 und Art. 12 DelVO Nr. 153/2012, d.h. sie sind
für mindestens 10 Jahre aufzubewahren und der zuständigen Behörde, den im ESZB zusammenwirkenden Zentralbanken und der ESMA auf Anfrage zur Verfügung zu stellen.

Art. 30 Abs. 1 und 2 VO Nr. 648/2012 werden durch Art. 30 Abs. 4 VO Nr. 648/2012 ergänzt: Bei einer nachtei- 6
liger Einflussnahme der Personen mit qualifizierten Beteiligungen ergreift die zuständige Behörde die erforderlichen Maßnahmen. Diese können auch darin bestehen, dass die zuständige Behörde die **Zulassung entzieht**.

II. Personen mit enger Verbindung (Art. 30 Abs. 3 und 5 VO Nr. 648/2012). Besteht zwischen der CCP und 7
einer Person eine enge Verbindung, so erteilt die zuständige Behörde die Zulassung nur, wenn die enge Verbindung die zuständige Behörde nicht an der wirksamen Ausübung ihrer Aufsichtsfunktion hindert. Sind Personen mit enger Verbindung in einem Drittstaat ansässig und hindern die Rechts- und Verwaltungsvorschriften dieses Drittstaates die zuständige Behörde an der wirksamen Ausübung ihrer Aufsichtsfunktion, ist die Zulassung ebenfalls zu versagen. Wegen des Begriffs enge Verbindung wird auf die Ausführungen zu Art. 2 VO
Nr. 648/2012 Rz. 124–126 verwiesen.

Art. 31 Informationspflicht gegenüber den zuständigen Behörden

(1) Eine CCP teilt der für sie zuständigen Behörde sämtliche Veränderungen in der Geschäftsleitung
mit und stellt der zuständigen Behörde alle Informationen zur Verfügung, die erforderlich sind, um die
Einhaltung von Artikel 27 Absatz 1 und Artikel 27 Absatz 2 Unterabsatz 2 zu bewerten.
Besteht die Gefahr, dass das Verhalten eines Mitglieds des Leitungsorgans einem soliden und umsichtigen Management der CCP abträglich ist, ergreift die zuständige Behörde die erforderlichen Maßnahmen; dazu kann der Ausschluss des betreffenden Mitglieds aus dem Leitungsorgan gehören.
(2) Eine natürliche oder juristische Person oder gemeinsam handelnde natürliche oder juristische Personen (im Folgenden „interessierter Erwerber"), die beschlossen hat bzw. haben, direkt oder indirekt
eine qualifizierte Beteiligung an einer CCP zu erwerben oder eine derartige qualifizierte Beteiligung direkt oder indirekt zu erhöhen, mit der Folge, dass ihr Anteil an den Stimmrechten oder am Kapital
10 %, 20 %, 30 % oder 50 % erreichen oder überschreiten würde oder die CCP ihr Tochterunternehmen
würde (im Folgenden „beabsichtigter Erwerb"), teilt bzw. teilen dies – unter Angabe des Umfangs der
geplanten Beteiligung und zusammen mit den gemäß Artikel 32 Absatz 4 beizubringenden Informationen – zuerst schriftlich der für die CCP, an der eine qualifizierte Beteiligung erworben oder erhöht werden soll, zuständigen Behörde mit.
Eine natürliche oder juristische Person, die beschlossen hat, ihre an einer CCP direkt oder indirekt gehaltene qualifizierte Beteiligung zu veräußern (im Folgenden „interessierter Veräußerer"), unterrichtet

---
[1] Richtlinie 2004/109/EG des Europäischen Parlaments und des Rates vom 15. Dezember 2004 zur Harmonisierung der
Transparenzanforderungen in Bezug auf Informationen über Emittenten, deren Wertpapiere zum Handel auf einem geregelten Markt zugelassen sind, und zur Änderung der Richtlinie 2001/34/EG, ABl. EU Nr. L 390 v. 31.12.2004, S. 38
(TransparenzRL).

zuerst schriftlich die zuständige Behörde unter Angabe des Umfangs einer solchen Beteiligung. Die betreffende natürliche oder juristische Person teilt der zuständigen Behörde ebenfalls mit, wenn sie beschlossen hat, eine qualifizierte Beteiligung so zu verringern, dass ihr Anteil an den Stimmrechten oder am Kapital 10 %, 20 %, 30 % oder 50 % unterschreiten würde oder die CCP nicht mehr ihr Tochterunternehmen wäre.

Die zuständige Behörde bestätigt dem interessierten Erwerber oder Veräußerer umgehend, in jedem Fall jedoch innerhalb von zwei Arbeitstagen nach dem Erhalt der Meldung gemäß diesem Absatz sowie der in Absatz 3 genannten Informationen schriftlich deren Eingang.

Die zuständige Behörde verfügt über maximal 60 Arbeitstage ab dem Datum der schriftlichen Bestätigung des Eingangs der Meldung und aller Unterlagen, die der Meldung nach Maßgabe der in Artikel 32 Absatz 4 genannten Liste beizufügen sind (im Folgenden „Beurteilungszeitraum"), um die Beurteilung nach Artikel 32 Absatz 1 (im Folgenden „Beurteilung") vorzunehmen.

Die zuständige Behörde teilt dem interessierten Erwerber oder Veräußerer bei Bestätigung des Eingangs der Meldung den Zeitpunkt des Ablaufs des Beurteilungszeitraums mit.

(3) Die zuständige Behörde kann erforderlichenfalls bis spätestens am 50. Arbeitstag des Beurteilungszeitraums weitere Informationen anfordern, die für den Abschluss der Beurteilung erforderlich sind. Diese Anforderung ergeht schriftlich unter Angabe der zusätzlich benötigten Informationen.

Der Beurteilungszeitraum wird für die Dauer vom Zeitpunkt der Anforderung von Informationen durch die zuständige Behörde an bis zum Eingang der entsprechenden Antwort des interessierten Erwerbers unterbrochen. Diese Unterbrechung darf 20 Arbeitstage nicht überschreiten. Es liegt im Ermessen der zuständigen Behörde, weitere Ergänzungen oder Klarstellungen zu den Informationen anzufordern, doch darf dies nicht zu einer Unterbrechung des Beurteilungszeitraums führen.

(4) Die zuständige Behörde kann die Unterbrechung nach Absatz 3 Unterabsatz 2 bis auf 30 Arbeitstage ausdehnen, wenn der interessierte Erwerber oder Veräußerer

a) außerhalb der Union ansässig ist oder beaufsichtigt wird oder

b) eine natürliche oder juristische Person ist, die nicht einer Beaufsichtigung nach dieser Verordnung oder nach einer der folgenden Richtlinien unterliegt: Richtlinie 73/239/EWG, Richtlinie Richtlinie 92/49/EWG des Rates vom 18. Juni 1992 zur Koordinierung der Rechts- und Verwaltungsvorschriften für die Direktversicherung (mit Ausnahme der Lebensversicherung), Richtlinie 2002/83/EG, Richtlinie 2003/41/EG, Richtlinie 2004/39/EG, Richtlinie 2005/68/EG, Richtlinie 2006/48/EG, Richtlinie 2009/65/EG oder Richtlinie 2011/61/EU.

(5) Entscheidet die zuständige Behörde nach Abschluss der Beurteilung, Einspruch gegen den beabsichtigten Erwerb zu erheben, so setzt sie den interessierten Erwerber davon innerhalb von zwei Arbeitstagen und vor Ablauf des Beurteilungszeitraums schriftlich unter Angabe der Gründe für die Entscheidung in Kenntnis. Die zuständige Behörde setzt das in Artikel 18 genannte Kollegium entsprechend in Kenntnis. Vorbehaltlich einzelstaatlicher Rechtsvorschriften kann eine Begründung der Entscheidung auf Antrag des interessierten Erwerbers der Öffentlichkeit zugänglich gemacht werden. Die Mitgliedstaaten können der zuständigen Behörde jedoch gestatten, die Entscheidungsgründe auch ohne entsprechenden Antrag des interessierten Erwerbers der Öffentlichkeit zugänglich zu machen.

(6) Erhebt die zuständige Behörde gegen den beabsichtigten Erwerb innerhalb des Beurteilungszeitraums keinen Einspruch, so gilt der Erwerb als genehmigt.

(7) Die zuständige Behörde kann eine Frist für den Abschluss des beabsichtigten Erwerbs festlegen und diese Frist gegebenenfalls verlängern.

(8) Die Mitgliedstaaten dürfen an die Meldung eines direkten oder indirekten Erwerbs von Stimmrechten oder Kapital an die zuständige Behörde und die Genehmigung eines solchen Erwerbs durch diese Behörde keine strengeren Anforderungen stellen, als sie in dieser Verordnung vorgesehen sind.

In der Fassung vom 4.7.2012 (ABl. EU Nr. L 201 v. 27.7.2012, S. 1).

Art. 32 Beurteilung

(1) Bei der Beurteilung der Meldung nach Artikel 31 Absatz 2 und der Informationen nach Artikel 31 Absatz 3 prüft die zuständige Behörde im Interesse eines soliden und umsichtigen Managements der CCP, an der eine Beteiligung angestrebt wird, und unter Berücksichtigung des voraussichtlichen Einflusses des interessierten Erwerbers auf die CCP die Eignung des interessierten Erwerbers und die finanzielle Solidität des beabsichtigten Erwerbs im Hinblick auf sämtliche folgende Aspekte:

a) den Ruf und die finanzielle Solidität des interessierten Erwerbers;

b) den Ruf und die Erfahrung der Personen, die infolge des beabsichtigten Erwerbs die Geschäfte der CCP leiten werden;
c) die Frage, ob die CCP dauerhaft in der Lage sein wird, diese Verordnung einzuhalten;
d) die Frage, ob ein hinreichender Verdacht besteht, dass im Zusammenhang mit dem beabsichtigten Erwerb Geldwäsche oder Terrorismusfinanzierung im Sinne des Artikels 1 der Richtlinie 2005/60/EG stattfinden, stattgefunden haben oder ob diese Straftaten versucht wurden bzw. ob der beabsichtigte Erwerb das Risiko eines solchen Verhaltens erhöhen könnte.

Bei der Bewertung der finanziellen Solidität des interessierten Erwerbers schenkt die zuständige Behörde der Frage besondere Aufmerksamkeit, welcher Art die ausgeübte und geplante Geschäftstätigkeit im Rahmen der CCP ist, an der eine Beteiligung angestrebt wird.

Bei der Bewertung der Fähigkeit der CCP, diese Verordnung einzuhalten, schenkt die zuständige Behörde der Frage besondere Aufmerksamkeit, ob die Gruppe, der die CCP angehören wird, über eine Struktur verfügt, die eine wirksame Beaufsichtigung, einen effektiven Informationsaustausch zwischen den zuständigen Behörden und die Aufteilung der Zuständigkeiten zwischen den zuständigen Behörden ermöglichen wird.

(2) Die zuständigen Behörden können gegen den beabsichtigten Erwerb nur dann Einspruch erheben, wenn es dafür vernünftige Gründe auf der Grundlage der in Absatz 1 genannten Kriterien gibt oder wenn die vom interessierten Erwerber beigebrachten Informationen unvollständig sind.

(3) Die Mitgliedstaaten dürfen weder Vorbedingungen an die Höhe der zu erwerbenden Beteiligung knüpfen noch ihren zuständigen Behörden gestatten, bei der Prüfung des beabsichtigten Erwerbs auf die wirtschaftlichen Bedürfnisse des Marktes abzustellen.

(4) Die Mitgliedstaaten veröffentlichen eine Liste, in der die Informationen genannt werden, die für die Beurteilung erforderlich sind und den zuständigen Behörden zum Zeitpunkt der Anzeige nach Artikel 31 Absatz 2 zu übermitteln sind. Der Umfang der beizubringenden Informationen hat der Art des interessierten Erwerbers und der Art des beabsichtigten Erwerbs angemessen und angepasst zu sein. Die Mitgliedstaaten fordern keine Informationen an, die für die aufsichtsrechtliche Beurteilung nicht relevant sind.

(5) Werden der zuständigen Behörde zwei oder mehrere Vorhaben betreffend den Erwerb oder die Erhöhung von qualifizierten Beteiligungen an ein und derselben CCP angezeigt, so hat die Behörde unbeschadet des Artikels 31 Absätze 2, 3 und 4 alle interessierten Erwerber auf nicht diskriminierende Art und Weise zu behandeln.

(6) Die jeweils zuständigen Behörden arbeiten bei der Beurteilung des Erwerbs eng zusammen, wenn der interessierte Erwerber einer der folgenden Kategorien angehört:
a) andere CCP, Kreditinstitut, Lebensversicherungsunternehmen, sonstiges Versicherungsunternehmen, Rückversicherungsunternehmen, Wertpapierfirma, Marktbetreiber, Betreiber eines Wertpapierliefer- und -abrechnungssystems, OGAW-Verwaltungsgesellschaft oder Verwalter alternativer Investmentfonds, der/die/das in einem anderen Mitgliedstaat zugelassen ist;
b) Mutterunternehmen einer anderen CCP, eines Kreditinstituts, eines Lebensversicherungsunternehmens, sonstigen Versicherungsunternehmens, eines Rückversicherungsunternehmens, einer Wertpapierfirma, eines Marktbetreibers, eines Betreibers eines Wertpapierliefer- und -abrechnungssystems, einer OGAW-Verwaltungsgesellschaft oder eines Verwalters alternativer Investmentfonds, der/die/das in einem anderen Mitgliedstaat zugelassen ist;
c) natürliche oder juristische Person, die eine andere CCP, ein Kreditinstitut, ein Lebensversicherungsunternehmen, ein sonstiges Versicherungsunternehmen, ein Rückversicherungsunternehmen, eine Wertpapierfirma, einen Marktbetreiber, einen Betreiber eines Wertpapierliefer- und -abrechnungssystems, eine OGAW-Verwaltungsgesellschaft oder einen Verwalter alternativer Investmentfonds kontrolliert, der/die/das in einem anderen Mitgliedstaat zugelassen ist.

(7) Die zuständigen Behörden tauschen untereinander unverzüglich die Informationen aus, die für die Beurteilung unbedingt erforderlich oder relevant sind. Dabei teilen die zuständigen Behörden einander alle relevanten Informationen auf Anfrage und alle unbedingt erforderlichen Informationen von sich aus mit. In der Entscheidung der zuständigen Behörde, die die CCP zugelassen hat, an der eine Beteiligung angestrebt wird, sind die Auffassungen oder Vorbehalte darzulegen, die seitens der für den interessierten Erwerber zuständigen Behörde geäußert wurden.

In der Fassung vom 4.7.2012 (ABl. EU Nr. L 201 v. 27.7.2012, S. 1).

Die Art. 31 und 32 VO Nr. 648/2012 werden im Folgenden gemeinsam erläutert.

I. Übersicht und Zweck der Bestimmungen 1	2. Form und Inhalt der Anzeige 9
II. Aufsicht über Geschäftsleitung und Leitungsorgan der CCP (Art. 31 Abs. 1 VO Nr. 648/2012) 4	3. Eingangsbestätigung 13
	4. Beurteilungszeitraum 16
	5. Beurteilungsmaßstab 19
III. Anteilseignerkontrolle (Art. 31 Abs. 1–7 und Art. 32 VO Nr. 648/2012) 6	6. Kooperation mit anderen zuständigen Behörden................................... 25
1. Anzeigepflicht 8	

1 **I. Übersicht und Zweck der Bestimmungen.** Die Bestimmungen der Art. 31 und 32 VO Nr. 648/2012 befassen sich mit zwei unterschiedlichen Themen. Der mit *„Informationspflicht gegenüber den zuständigen Behörden"* überschriebene Art. 31 VO Nr. 648/2012 begründet zunächst die Pflicht der CCP, sämtliche **Veränderungen seines Managements** der zuständigen Behörde mitzuteilen (Art. 31 Abs. 1 Unterabs. 1 VO Nr. 648/2012). Die übermittelten Informationen sollen die zuständige Behörde in die Lage versetzen, die Einhaltung der in Art. 27 VO Nr. 648/2012 definierten Anforderungen an die persönliche Qualifikation der Geschäftsleitung und des Leitungsorgans zu überprüfen. Besteht die Gefahr, dass das Verhalten eines Mitglieds des Leitungsorgans dem soliden und umsichtigen Management der CCP abträglich ist, ist die zuständige Behörde nach Art. 31 Abs. 1 Unterabs. 2 VO Nr. 648/2012 gehalten, die erforderlichen Maßnahmen zu ergreifen, wozu insbesondere auch der Ausschluss des betreffenden Mitgliedes gehört.

2 Der **überwiegende Teil** der in Art. 31 und 32 VO Nr. 648/2012 zusammengefassten Bestimmungen befasst sich jedoch mit der Beurteilung der Erwerbs bzw. der Erhöhung, Reduzierung und Aufgabe einer qualifizierten Beteiligung, der sog. **Anteilseignerkontrolle**. Zweck der Anteilseignerkontrolle ist ebenfalls der Schutz des soliden und umsichtigen Managements der CCP. Die Pflicht zur Anzeige des beabsichtigten Erwerbs einer qualifizierten Beteiligung und das sich daran anschließende Verfahren ist in Art. 31 Abs. 2–8 VO Nr. 648/2012 geregelt. Die Beurteilung der qualifizierten Beteiligung bzw. die Feststellung, ob der mit der qualifizierten Beteiligung verbundene maßgebliche Einfluss auf die CCP für deren Management abträglich ist, richtet sich nach Art. 32 VO Nr. 648/2012.

3 Die in Art. 31 und 32 VO Nr. 648/2012 vorgesehenen Anforderungen und Verfahren sind nur auf die nach Art. 14 VO Nr. 648/2012 zugelassenen **europäischen CCPs** anwendbar. Bei den nach Art. 25 VO Nr. 648/2012 anerkannten CCPs mit Sitz in einem Drittstaat fehlen entsprechende Instrumentarien. Hier ist es Aufgabe der für die Drittstaaten-CCP zuständigen Behörde des Drittstaates, die erforderliche Eignung und Befähigung der Geschäftsleitung sicherzustellen. Sofern die Kommission mit ihrem Vorschlag für eine Änderung u.a. der Anforderungen für die Anerkennung zentraler Gegenparteien aus Drittstaaten (**EMIR-II-Entwurf**)[1] durchdringt, werden zukünftig zumindest die Drittstaaten-CCPs mit systemrelevanter Bedeutung (sog. „Tier-2-CCPs") die Anforderungen der Art. 31 und 32 VO Nr. 648/2012 ebenfalls erfüllen müssen.

4 **II. Aufsicht über Geschäftsleitung und Leitungsorgan der CCP (Art. 31 Abs. 1 VO Nr. 648/2012).** Nach Art. 31 Abs. 1 Unterabs. 1 VO Nr. 648/2012 hat die CCP der für sie zuständigen Behörde sämtliche Veränderungen seines **Managements** mitzuteilen. Unterabs. 1 erwähnt zwar nur Veränderungen der Geschäftsleitung. Wie jedoch bereits der Verweis auf Art. 27 Abs. 2 Unterabs. 2 VO Nr. 648/2012 und die dort definierten Anforderungen an die Qualifikation des Leitungsorgans belegt, muss die CCP auch Änderungen der Zusammensetzung des Leitungsorgans mitteilen. Dies wird auch durch die englische Fassung des Art. 31 Abs. 1 Unterabs. 1 VO Nr. 648/2012 bestätigt, der den Oberbegriff „management" verwendet. Wegen der Begriffe Geschäftsleitung und Leitungsorgan wird auf die Ausführungen zu Art. 2 VO Nr. 648/2012 Rz. 132–138 verwiesen.

5 Die in Art. 31 Abs. 1 Unterabs. 2 VO Nr. 648/2012 vorgesehenen Maßnahmen der zuständigen Behörde bei unzureichende Qualifikation beziehen sich nur auf **Mitglieder des Leitungsorgans**. Stellt die zuständige Behörde fest, dass ein Mitglied der Geschäftsführung nicht mehr den in Art. 27 Abs. 1 VO Nr. 648/2012 genannten Anforderungen genügt, kann die zuständige Behörde nur die allgemeinen Maßnahmen nach Art. 22 Abs. 3 VO Nr. 648/2012 ergreifen oder nach Art. 20 Abs. 1 Buchst. c VO Nr. 648/2012 eine Frist zur Behebung des Mangels setzen, deren Nichtbefolgung den Entzug der Zulassung nach sich ziehen kann.

6 **III. Anteilseignerkontrolle (Art. 31 Abs. 1–7 und Art. 32 VO Nr. 648/2012).** Die in Art. 31 und 32 VO Nr. 648/2012 zusammengefassten Bestimmungen über die Anteilseignerkontrolle lehnen sich eng an die Parallelvorschriften in Art. 22–27 RL 2013/36/EU (CRD IV) und Art. 11–13 RL 2014/65/EU (MiFID II) an.

---

1 *Kommission*, Vorschlag für eine Verordnung des Europäischen Parlaments und des Rates zur Änderung der Verordnung (EU) Nr. 1095/2010 zur Errichtung einer Europäischen Aufsichtsbehörde (Europäische Wertpapier- und Marktaufsichtsbehörde) sowie der Verordnung (EU) Nr. 648/2012 hinsichtlich der für die Zulassung von zentralen Gegenparteien anwendbaren Verfahren und zuständigen Behörden und der Anforderungen für die Anerkennung zentraler Gegenparteien aus Drittstaaten, KOM(2017) 331 vom 3.6.2017, abrufbar über: http://eur-lex.europa.eu/resource.html?uri=cellar:80b1cafa-50fe-11e7-a5ca-01aa75ed71a1.0020.02/DOC_1&format=PDF („*Kommission* EMIR-II-Entwurf"). Der Vorschlag der Kommission wurde am 20.9.2017 ergänzt; die Ergänzung ist abrufbar über: https://eur-lex.europa.eu/legal-content/DE/TXT/PDF/?uri=CELEX:52017PC0539&from=DE.

Der Gemeinsame Ausschuss der Europäischen Aufsichtsbehörden hat mit seinen **gemeinsamen Leitlinien** zur aufsichtsrechtlichen Beurteilung des Erwerbs und der Erhöhung von qualifizierten Beteiligungen im Finanzsektor[1] darüber hinaus die Voraussetzungen dafür geschaffen, dass sich die Auslegung und Anwendung der Bestimmungen über die Regelungsbereiche hinweg stark angleichen. Die neuen Leitlinien gelten ab dem 1.10.2017. Die BaFin hat zwischenzeitlich mitgeteilt, dass sie die Leitlinie anwenden wird, allerdings erst dann, wenn die vorgesehenen Änderungen der DelVO Nr. 1222/2014[2] und DurchfVO Nr. 1030/2014[3] in Kraft getreten sind[4]. 7

1. Anzeigepflicht. Nach Art. 31 Abs. 2 Unterabs. 1 VO Nr. 648/2012 hat jede Person, die beabsichtigt, direkt oder indirekt eine qualifizierte Beteiligung an einer CCP zu erwerben oder zu erhöhen – die VO Nr. 648/2012 und die genannten Richtlinien RL 2013/36/EU und RL 2014/65/EU sprechen in diesem Zusammenhang übereinstimmend vom „**interessierten Erwerber**" –, diese Absicht zuerst der für die CCP zuständigen Behörde mitzuteilen. Wegen des Begriffs qualifizierte Beteiligung und der in diesem Zusammenhang relevanten Einflussmöglichkeiten – das direkte oder indirekte Halten von 10 % des Kapitals oder der Stimmrechte einer CCP oder die Möglichkeit des Ausübens eines maßgeblichen Einflusses auf die Geschäftsleitung der CCP – wird auf die Ausführungen zu Art. 30 VO Nr. 648/2012 Rz. 3 und 4 verwiesen. 8

Die Mitteilungspflicht besteht, wenn die qualifizierte Beteiligung erstmals erworben wird; dies kann bereits eine Beteiligung unterhalb der 10 %-Schwelle sein, wenn mit ihr bereits ein maßgeblicher Einfluss auf die Geschäftsleitung der CCP verbunden ist. Die Anzeige ist zu wiederholen, wenn die Erhöhung der Beteiligung dazu führt, dass ihr Anteil an den Stimmrechten oder am Kapital der CCP 10 %, 20 %, 30 % oder 50 % erreicht oder übersteigt, oder dass die CCP Tochterunternehmen des interessierten Erwerbers wird.

Nach Art. 31 Abs. 2 Unterabs. 2 VO Nr. 648/2012 besteht dieselbe Mitteilungspflicht, wenn der Inhaber der qualifizierten Beteiligung beabsichtigt, diese zu veräußern oder so zu reduzieren, dass die genannten Beteiligungsschwellen unterschritten werden oder die CCP nicht mehr sein Tochterunternehmen ist.

2. Form und Inhalt der Anzeige. Die Anzeige des interessierten Erwerbers muss nach Art. 31 Abs. 2 Unterabs. 1 VO Nr. 648/2012 **schriftlich** erfolgen und die von dem betreffenden Mitgliedstaat nach Art. 32 Abs. 4 VO Nr. 648/2012 bestimmten Informationen enthalten. 9

Nach Art. 32 Abs. 4 VO Nr. 648/2012 haben die Mitgliedstaaten die Liste der vom interessierten Erwerber beizubringenden Informationen zu veröffentlichen. Dabei hat der Umfang der beizubringenden Informationen angemessen zu sein. Er muss die Art des interessierten Erwerbers und die Art des beabsichtigten Erwerbs berücksichtigen und darf keine Informationen enthalten, die für die Bewertung unerheblich sind. Darüber hinaus dürfen Mitgliedstaaten nach Art. 31 Abs. 8 VO Nr. 648/2012 an die Mitteilung eines beabsichtigten Erwerbes keine strengeren Anforderungen stellen als dies in der EMIR vorgesehen ist. 10

In Deutschland sind die mit der Anzeige einzureichenden Informationen in der Inhaberkontrollverordnung (InhKontrollV)[5] bestimmt worden. Da es sich bei den in Deutschland ansässigen CCPs um Kreditinstitute handelt, findet die Anforderungen nach § 1 Nr. 1 InhKontrollV auch auf CCPs Anwendung. Nach § 2 Abs. 1 InhKontrollV sind die Anzeigen jeweils in einfacher Ausfertigung der BaFin und der für die CCP zuständigen Hauptverwaltung der Deutschen Bundesbank zuzuleiten. 11

In seiner gemeinsamen Leitlinie hat der Gemeinsame Ausschuss der Europäischen Aufsichtsbehörden eine Liste von Informationen empfohlen, die für die Beurteilung des Erwerbs einer qualifizierten Beteiligung erforderlich ist[6]. Die **empfohlene Liste** unterscheidet danach, ob es sich bei dem interessierten Erwerber um eine na- 12

---

1 *Gemeinsamer Ausschuss (GA) der Europäischen Aufsichtsbehörden (ESA)*, Gemeinsame Leitlinien zur aufsichtsrechtlichen Beurteilung des Erwerbs und der Erhöhung von qualifizierten Beteiligungen im Finanzsektor, JC/GL/2016/01 vom 20.12.2016, abrufbar über: https://esas-joint-committee.europa.eu/Publications/Guidelines/JC%20GL%202016%2001%20(Joint%20Guidelines%20on%20prudential%20assessment%20of%20acquisitions%20and%20increases%20of%20qualifying%20holdings%20-%20Final).pdf („*GA-ESA* Gemeinsame Leitlinien JC/GL/2016/01").
2 Delegierte Verordnung (EU) Nr. 1222/2014 der Kommission vom 8. Oktober 2014 zur Ergänzung der Richtlinie 2013/36/EU des Europäischen Parlaments und des Rates durch technische Regulierungsstandards zur Festlegung der Methode zur Bestimmung global systemrelevanter Institute und zur Festlegung der Teilkategorien global systemrelevanter Institute, ABl. EU Nr. L 330 v. 15.11.2014, S. 27.
3 Durchführungsverordnung (EU) Nr. 1030/2014 der Kommission vom 29. September 2014 zur Festlegung technischer Durchführungsstandards in Bezug auf einheitliche Formate und Daten für die Offenlegung der Werte zur Bestimmung global systemrelevanter Institute gemäß der Verordnung (EU) Nr. 575/2013 des Europäischen Parlaments und des Rates, ABl. EU Nr. L 284 v. 30.9.2014, S. 14.
4 *GA-ESA*, Gemeinsame Leitlinien JC/GL/2016/01, Guideline Compliance Table vom 2.5.2016, zuletzt aktualisiert am 28.7.2017, abrufbar über: https://www.eba.europa.eu/documents/10180/1388592/EBA+GL+2016+01-Compliance+Table-Guidelines+for+identification+of+G-SIIs.pdf/554034f8-f9fa-4fe6-9892-0a69bed6483e („*GA-ESA* JC/GL/2016/01 Compliance Table").
5 Verordnung über die Anzeigen nach § 2c des Kreditwesengesetzes und § 104 des Versicherungsaufsichtsgesetzes (Inhaberkontrollverordnung – InhKontrollV) vom 20.3.2009 (BGBl. I 2009, 562, 688), zuletzt geändert durch das 2. FiMaNoG vom 23.6.2017 (BGBl. I 2017, 1683) m.W.v. 3.1.2018.
6 *GA-ESA* Gemeinsame Leitlinien JC/GL/2016/01, Abs. 9.4 i.V.m. Anhang I.

türliche Person, eine juristische Person oder eine Treuhandgesellschaft handelt. Darüber hinaus wird nach der Höhe des beabsichtigten Erwerbs differenziert.

13   **3. Eingangsbestätigung.** Nach Art. 31 Abs. 2 Unterabs. 3 VO Nr. 648/2012 hat die zuständige Behörde dem interessierten Erwerber oder Veräußerer den Eingang der Anzeige spätestens innerhalb von **zwei Arbeitstagen** nach deren Eingang zu bestätigen. Nach Abs. 9.1 der gemeinsamen Leitlinien sollte die Anzeige von der zuständigen Behörde als vollständig angesehen werden, wenn sie alle Informationen enthält, die in der Liste des betreffenden Mitgliedstaates (z.B. der deutschen Inhaberkontrollverordnung) aufgeführt sind. Die gemeinsamen Leitlinien stellen klar, dass die Bestätigung der Anzeige lediglich den ersten Verfahrensschritt darstellt und keinesfalls eine materielle Prüfung des Inhalts der Anzeige umfasst.

14   Die Bedeutung der Eingangsbestätigung liegt darin, dass eine vollständige Anzeige den in Art. 31 Abs. 2 Unterabs. 4 VO Nr. 648/2012 genannten **Beurteilungszeitraum** von maximal 60 Arbeitstagen beginnen lässt[1]. Ist die Anzeige unvollständig, bestätigt die zuständige Behörde den Eingang der Anzeige zwar ebenfalls, der Anzeige kommt dann allerdings nicht die beschriebene Wirkung des Fristbeginns zu[2].

15   Nach Art. 31 Abs. 2 Unterabs. 5 VO Nr. 648/2012 ist das **Ende der Beurteilungsfrist** in der Eingangsbestätigung anzugeben.

16   **4. Beurteilungszeitraum.** Der **Beurteilungszeitraum** innerhalb dessen die zuständige Behörde die Anzeige prüfen kann, beträgt nach Art. 31 Abs. 2 Unterabs. 4 VO Nr. 648/2012 maximal **60 Arbeitstage**. Sieht die zuständige Behörde dies als erforderlich an, kann sie von dem interessierten Erwerber innerhalb des Beurteilungszeitraums, spätestens jedoch bis zum 50. Arbeitstag nach Eingangsbestätigung, weitere Informationen anfordern. Die Anforderung **unterbricht den Beurteilungszeitraum** für maximal 20 Arbeitstage.

17   In den in Art. 31 Abs. 4 VO Nr. 648/2012 genannten Fällen kann die zuständige Behörde die Unterbrechung auf bis zu **30 Arbeitstage** ausdehnen. Zulässig ist die Verlängerung der Unterbrechung dann, wenn der interessierte Erwerber außerhalb der Union ansässig ist oder beaufsichtigt wird oder wenn es sich bei ihm um eine Person handelt, die nicht nach den in Art. 31 Abs. 4 Buchst. b VO Nr. 648/2012 genannten europäischen Richtlinien beaufsichtigt werden. Die genannten Richtlinien entsprechen denen, die für die Definition des Begriffs finanzielle Gegenpartei in Art. 2 Nr. 8 VO Nr. 648/2012 maßgeblich sind. Einzige Abweichung sind die in Art. 31 Abs. 4 Buchst. b VO Nr. 648/2012 nicht genannten OGAWs.

18   Widerspricht die zuständige Behörde dem beabsichtigten Erwerb, setzt sie den interessierten Erwerber nach Art. 31 Abs. 5 VO Nr. 648/2012 innerhalb von zwei Arbeitstagen und vor Ablauf des Beurteilungszeitraums hiervon in Kenntnis und informiert die im Kollegium der CCP vertretenen Aufsichtsbehörden und Stellen. Erhebt die zuständige Behörde **keinen Einspruch**, gilt der Erwerb nach Ablauf des Beurteilungszeitraums als genehmigt (Art. 31 Abs. 6 VO Nr. 648/2012).

19   **5. Beurteilungsmaßstab.** Bei der Beurteilung des beabsichtigten Erwerbes sind die in Art. 32 Abs. 1 Unterabs. 1 Buchst. a-d VO Nr. 648/2012 genannten Kriterien zu berücksichtigen. Hierzu zählen die **finanzielle Solidität und der Ruf** des interessierten Erwerbers, der Ruf und die Erfahrung derjenigen Personen, die nach dem Erwerb oder nach Erhöhung der qualifizierten Beteiligung die Geschäfte der CCP leiten sollen, die Frage, ob die CCP dauerhaft in der Lage sein wird, die **Anforderungen der EMIR** einzuhalten und die Frage, ob ein hinreichender Verdacht dafür besteht, dass im Zusammenhang mit dem beabsichtigten Erwerb **Geldwäsche** oder **Terrorismusfinanzierung** stattfindet.

20   Nach Art. 32 Abs. 2 VO Nr. 648/2012 kann die zuständige Behörden ihren Einspruch nur auf die in Art. 32 Abs. 1 Unterabs. 1 Buchst. a bis d VO Nr. 648/2012 genannten **Kriterien** oder darauf stützen, dass die vom interessierten Erwerber beigebrachten Informationen unvollständig sind. Mitgliedstaaten dürfen nach Art. 32 Abs. 3 VO Nr. 648/2012 keine Vorbedingungen an die Höhe der zu erwerbenden Beteiligung knüpfen oder prüfen, ob für den Erwerb oder die Erhöhung der qualifizierten Beteiligung ein wirtschaftliches Bedürfnis besteht.

21   Bei der Beurteilung des in Art. 32 Abs. 1 Unterabs. 1 Buchst. a VO Nr. 648/2012 genannten Kriteriums der **finanziellen Solidität** des interessierten Erwerbers soll die zuständige Behörde insbesondere berücksichtigen, welche Art von Dienstleistung oder Tätigkeiten die CCP erbringt (Art. 32 Abs. 1 Unterabs. 2 VO Nr. 648/2012). Die gemeinsame Leitlinie[3] stellt in diesem Zusammenhang klar, dass der interessierte Erwerber finanziell in der Lage sein muss, den beabsichtigten Erwerb zu finanzieren und die solide Finanzstruktur des Zielunternehmens (d.h. der CCP) auf absehbare Zeit – d.h. für mindestens drei Jahre – aufrecht zu erhalten. Darüber hinaus sollte der Umfang der Beurteilung an den wahrscheinlichen Einfluss des interessierten Erwerbers, die Art des interessierten Erwerbers – z.B. ob es sich bei dem interessierten Erwerber um einen strategischen Investor oder einen Finanzinvestor oder einen Private-Equity-Fonds oder Hedgefonds handelt – und die Komplexität des Erwerbs gekoppelt werden[4].

---

1 *GA-ESA* Gemeinsame Leitlinien JC/GL/2016/01, Abs. 9.1.
2 *GA-ESA* Gemeinsame Leitlinien JC/GL/2016/01, Abs. 9.2.
3 *GA-ESA* Gemeinsame Leitlinien JC/GL/2016/01, Abs. 12.1.
4 *GA-ESA* Gemeinsame Leitlinien JC/GL/2016/01, Abs. 12.5.

Für die nach Art. 32 Abs. 1 Unterabs. 1 Buchst. c VO Nr. 648/2012 zu beantwortende Frage, ob die **CCP die** 22
Anforderungen der EMIR dauerhaft erbringen kann, ist insbesondere die Gruppenstruktur maßgeblich, in die die CCP eingebunden ist, und die eine wirksame Beaufsichtigung der CCP und einen effektiven Informationsaustausch der zuständigen Behörden ggf. behindert (Art. 32 Abs. 1 Unterabs. 3 VO Nr. 648/2012)[1]. Nach der gemeinsamen Richtlinie sollte die Gruppe, der das Zielunternehmen (d.h. die CCP) angehören wird, über eine angemessene Kapitalausstattung verfügen. Von Bedeutung ist auch, ob der interessierte Erwerber in der Lage sein wird, dem Zielunternehmen die finanzielle Unterstützung zu leisten, die es für die Art der ausgeübten bzw. angestrebten Geschäftstätigkeit benötigt, sowie ggf. neues Kapital, das das Zielunternehmen im Hinblick auf das zukünftige Wachstum seines Geschäfts benötigt[2].

Bei der Beurteilung der in Art. 32 Abs. 1 Unterabs. 1 Buchst. d VO Nr. 648/2012 genannten Verdachtsmomente 23
für eine **Geldwäsche oder Terrorismusfinanzierung** ist nach der gemeinsamen Leitlinie von Bedeutung, ob sich z.B. aus Strafregistereinträgen oder anderen Unterlagen Anhaltspunkte dafür ergeben haben, dass der interessierte Erwerber oder Personen, die in enger persönlicher oder geschäftlicher Beziehung zu ihm stehen[3], möglicherweise an Geldwäscheaktivitäten oder Terrorismusfinanzierungen beteiligt waren. Ausreichend könne bereits sein, dass der beabsichtigte Erwerb das Risiko einer Geldwäsche erhöht, weil z.B. der interessierte Erwerber oder die ihm nahestehenden Personen in einem Land ansässig sind, für das die Arbeitsgruppe zur Bekämpfung der Geldwäsche – die Financial Action Task Force (FATF) – strategische Mängel festgestellt hat[4].

Gehen der für eine CCP zuständigen Behörde für dieselbe CCP mehrere Mitteilungen über den Erwerb oder 24
die Erhöhung einer qualifizierten Beteiligung zu, hat sie nach Art. 32 Abs. 5 VO Nr. 648/2012 sämtliche interessierten Erwerber gleich zu behandeln.

6. Kooperation mit anderen zuständigen Behörden. Handelt es sich bei dem interessierten Erwerber um eine 25
CCP, eine finanzielle Gegenpartei oder eine andere beaufsichtigte Einrichtung, so arbeitet die für die CCP zuständige Behörde nach Art. 32 Abs. 6 und 7 VO Nr. 648/2012 mit den für den interessierten Erwerber zuständige Behörde zusammen und tauschen untereinander alle notwendigen Informationen aus.

Art. 33 Interessenkonflikte

(1) Eine CCP muss auf Dauer wirksame, in schriftlicher Form festgelegte organisatorische und administrative Vorkehrungen treffen, um potenzielle Interessenkonflikte zwischen ihr, einschließlich Managern, Beschäftigten oder anderer Personen, zu denen ein direktes oder indirektes Kontrollverhältnis oder eine enge Verbindung besteht, einerseits und ihren Clearingmitgliedern oder deren Kunden, soweit diese ihr bekannt sind, andererseits zu erkennen und zu regeln. Die CCP muss geeignete Verfahren zur Beilegung von Interessenkonflikten einführen und anwenden.

(2) Reichen die von der CCP zur Regelung von Interessenkonflikten getroffenen organisatorischen oder administrativen Vorkehrungen nicht aus, um nach vernünftigem Ermessen zu gewährleisten, dass eine mögliche Beeinträchtigung der Interessen eines Clearingmitglieds oder eines Kunden vermieden wird, setzt die CCP das betreffende Clearingmitglied, bevor sie neue Transaktionen in seinem Auftrag durchführt, unmissverständlich über die allgemeine Art oder die Quellen der Interessenkonflikte in Kenntnis. Ist der CCP der Kunde bekannt, informiert sie ihn und das Clearingmitglied, dessen Kunde betroffen ist.

(3) Handelt es sich bei der CCP um ein Mutterunternehmen oder ein Tochterunternehmen, tragen die schriftlich festgelegten Regelungen darüber hinaus allen Umständen Rechnung, die der CCP bekannt sind oder bekannt sein sollten und die aufgrund der Struktur und der Geschäftstätigkeiten anderer Unternehmen, von denen sie ein Mutterunternehmen oder ein Tochterunternehmen ist, zu einem Interessenkonflikt führen könnten.

(4) In den schriftlichen Regelungen gemäß Absatz 1 ist festzulegen,
a) unter welchen Umständen ein Interessenkonflikt vorliegt oder entstehen könnte, der den Interessen eines oder mehrerer Clearingmitglieder oder Kunden erheblich schaden könnte;
b) welche Verfahren einzuleiten und welche Maßnahmen zu treffen sind, um einen derartigen Konflikt zu bewältigen.

(5) Eine CCP trifft alle angemessenen Maßnahmen, um einen Missbrauch der in ihren Systemen enthaltenen Informationen zu unterbinden, und verhindert die Nutzung dieser Informationen für andere Geschäftstätigkeiten. Eine natürliche Person, die in einer engen Verbindung zu einer CCP steht, oder eine

---
1 S. auch *GA-ESA* Gemeinsame Leitlinien JC/GL/2016/01, Abs. 13.5.
2 *GA-ESA* Gemeinsame Leitlinien JC/GL/2016/01, Abs. 13.7 und 13.8.
3 *GA-ESA* Gemeinsame Leitlinien JC/GL/2016/01, Abs. 14.2.
4 *GA-ESA* Gemeinsame Leitlinien JC/GL/2016/01, Abs. 14.4.

juristische Person, die in einer Mutter-Tochter-Beziehung zu einer CCP steht, darf von dieser CCP erfasste vertrauliche Informationen ohne vorherige schriftliche Einwilligung des Kunden, der das Verfügungsrecht über die vertraulichen Informationen hat, nicht für gewerbliche Zwecke nutzen.

In der Fassung vom 4.7.2012 (ABl. EU Nr. L 201 v. 27.7.2012, S. 1).

Schrifttum: *Redeke*, Zur Corporate Governance zentraler Gegenparteien (Central Counterparties, CCP), WM 2015, 554.

I. Identifizierung und Vermeidung von Interessenkonflikten (Art. 33 Abs. 1–4 VO Nr. 648/2012) . 1	II. Sicherheit der Informationstechnologie (Art. 33 Abs. 5 VO Nr. 648/2012) 9

1 **I. Identifizierung und Vermeidung von Interessenkonflikten (Art. 33 Abs. 1–4 VO Nr. 648/2012).** Nach Art. 33 Abs. 1 VO Nr. 648/2012 muss die CCP über geeignete und ausreichend dokumentierte Verfahren verfügen, mit denen sie potentielle Interessenkonflikte identifiziert und vermeidet. Bei den in Rede stehenden Interessen handelt es sich zum einen um die Interessen der **CCP** und die Interessen derjenigen Personen, die der Geschäftsleitung, dem Leitungsorgan oder der Belegschaft der CCP angehören oder zu denen ein direktes oder indirektes Kontrollverhältnis oder eine enge Verbindung besteht. Zum anderen geht es um die Interessen der **Clearingmitglieder und deren Kunden**[1]. Wegen der für die Zurechnung zur Interessensphäre der CCP maßgeblichen Begriffe Kontrolle und enge Verbindung wird auf die Ausführungen zu Art. 2 VO Nr. 648/2012 Rz. 123–126 verwiesen.

2 Die in Art. 33 Abs. 1 VO Nr. 648/2012 genannten **Verfahren** müssen nach Art. 33 Abs. 4 VO Nr. 648/2012 die Umstände festlegen, bei deren Vorliegen ein Interessenkonflikt anzunehmen ist. Zu definieren sind ferner die notwendigen Verfahren und Maßnahmen zur Vermeidung des Interessenkonflikts. Hervorzuheben ist, dass die Verfahren einen Interessenkonflikt nach Art. 33 Abs. 4 Buchst. a VO Nr. 648/2012 nur dann bewältigen müssen, wenn er die Interessen der Clearingmitglieder oder deren Kunden *„erheblich schaden könnte"*. Damit definiert der Gesetzgeber eine **Wesentlichkeitsschwelle**[2] deren Bestimmung Aufgabe der CCP ist.

3 Die Pflicht möglichen Interessenkonflikten durch organisatorische Vorkehrungen zu begegnen, entspricht weitestgehend den Parallelvorschriften in Art. 16 Abs. 3 Unterabs. 1 und Art. 23 RL 2014/65/EU (MiFID II); allerdings sind die Vorgaben, die Art. 33 VO Nr. 648/2012 an die CCP stellt, weniger granular. Auch fehlt es an einer mit Art. 23 Abs. 4 RL 2014/65/EU vergleichbaren Befugnis zum Erlass delegierter Rechtsakte, von der die Kommission für den Geltungsbereich der MiFID II durch Art. 33 und 34 DelVO 2017/565[3] Gebrauch gemacht hat.

4 Nach Art. 34 Abs. 3 Unterabs. 2 DelVO 2017/565 müssen Wertpapierfirmen den **Austausch von Informationen** zwischen relevanten Personen, deren Tätigkeiten einen Interessenkonflikt nach sich ziehen könnten, durch wirksame Verfahren – wie z.B. die Einrichtung sog. „Chinese Walls" – verhindern bzw. kontrollieren (Art. 34 Abs. 3 Unterabs. 2 Buchst. a DelVO 2017/565). Personen, deren Hauptaufgabe darin besteht, Dienstleistungen für Kunden zu erbringen, und deren Interessen möglicherweise mit den Interessen der Kunden kollidieren, müssen **gesondert überwacht** werden (Art. 34 Abs. 3 Unterabs. 2 Buchst. b DelVO 2017/565). Zu den erforderlichen Maßnahmen gehört auch eine Vergütungsstruktur, die keine Verbindung zu der für Kunden erbrachten Dienstleistungen aufweist (Art. 34 Abs. 3 Unterabs. 2 Buchst. c DelVO 2017/565).

5 Die vorstehend nur skizzierten Vorschriften sind auf CCPs nicht unmittelbar anwendbar. Es lassen sich jedoch wichtige Anhaltspunkte für die Ausgestaltung der nach Art. 33 Abs. 1 VO Nr. 648/2012 geforderten Verfahren entnehmen. Dies gilt insbesondere für die Mitarbeiter der CCP, die in den **Vertrieb der Clearingdienstleistungen** unmittelbar eingebunden sind. Soweit es um die Vergütungspolitik und deren Ausgestaltung geht, enthält Art. 8 DelVO Nr. 153/2013 Vorgaben, die auch mögliche Interessenkonflikte zwischen Mitarbeitern und Clearingmitgliedern adressiert. Wegen der Einzelheiten wird auf die Ausführungen zu Art. 26 VO Nr. 648/2012 Rz. 25–30 verwiesen.

6 Reichen die nach Art. 33 Abs. 1 VO Nr. 648/2012 einzurichtenden Verfahren nicht aus, um Interessenkonflikte zu vermeiden, so ist die CCP nach Art. 33 Abs. 2 VO Nr. 648/2012 verpflichtet, das Clearingmitglied, und, wenn ihr der Kunde des Clearingmitgliedes bekannt ist, auch den Kunden über die Art des Interessenkonflikts und dessen Ursachen in Kenntnis zu setzen. Die **Offenlegung des Interessenkonfliktes** muss erfolgen bevor die CCP ein neues Geschäft des Clearingmitgliedes bzw. des Kunden in ihr Clearing aufnimmt.

7 Konkrete Vorgaben über Form und Inhalt der Offenlegung finden sich in Art. 33 VO Nr. 648/2012 nicht. Art. 23 Abs. 3 RL 2014/65/EU sieht vor, dass die Offenlegung mittels dauerhaften Datenträgers zu erfolgen hat

---

1 *Redeke*, WM 2015, 554, 560.
2 *Redeke* in Wilhelmi/Achtelik/Kunschke/Sigmundt, Handbuch EMIR, Teil 5.A Rz. 35; *Redeke*, WM 2015, 554, 560.
3 Delegierte Verordnung (EU) 2017/565 der Kommission vom 25. April 2016 zur Ergänzung der Richtlinie 2014/65/EU des Europäischen Parlaments und des Rates in Bezug auf die organisatorischen Anforderungen an Wertpapierfirmen und die Bedingungen für die Ausübung ihrer Tätigkeit sowie in Bezug auf die Definition bestimmter Begriffe für die Zwecke der genannten Richtlinie, ABl. EU Nr. L 87 v. 31.3.2017, S. 1.

und je nach Status des Kunden so ausführlich sein muss, dass dieser seine Entscheidung über die Dienstleistung in Kenntnis der Sachlage treffen kann.

Ist die CCP Mitglied einer Gruppe, müssen die Verfahren nach Art. 33 Abs. 3 VO Nr. 648/2012 auch solchen Interessenkonflikten Rechnung tragen, die sich aus der Struktur der Gruppe oder der Geschäftstätigkeit eines anderen Mitgliedes der Gruppe ergeben können. 8

II. Sicherheit der Informationstechnologie (Art. 33 Abs. 5 VO Nr. 648/2012). Die CCP muss nach Art. 33 Abs. 5 VO Nr. 648/2012 angemessene Maßnahmen treffen, um einen Missbrauch der in ihren Systemen verarbeiteten Informationen oder deren Gebrauch für andere gewerbliche Zwecke zu verhindern. Unternehmen derselben Gruppe und Personen, zu denen die CCP eine enge Verbindung unterhält, dürfen die Informationen für gewerbliche Zwecke nur mit ausdrücklicher schriftlicher Zustimmung der betroffenen Kunden verwenden. 9

Die Anforderungen entsprechen weitestgehend den Parallelvorschriften in Art. 16 Abs. 5 Unterabs. 2 und 3 RL 2014/65/EU. Konkrete Ausgestaltungen insbesondere im Hinblick auf Schutzvorkehrungen gegen Eindringen und Datenmissbrauch und für die Wahrung der Authentizität und Integrität von Daten finden sich in Art. 9 DelVO Nr. 153/2013. Wegen der Einzelheiten wird auf die Ausführungen zu Art. 26 VO Nr. 648/2012 Rz. 31–34 verwiesen. 10

Art. 34 Fortführung des Geschäftsbetriebs

(1) Eine CCP hat eine angemessene Strategie zur Fortführung des Geschäftsbetriebs sowie einen Notfallwiederherstellungsplan festzulegen, umzusetzen und zu befolgen, um eine Aufrechterhaltung der Funktionen der CCP, eine rechtzeitige Wiederherstellung des Geschäftsbetriebs sowie die Erfüllung der Pflichten der CCP zu gewährleisten. Ein solcher Plan muss zumindest eine Wiederherstellung aller Transaktionen zum Zeitpunkt der Störung ermöglichen, so dass die CCP weiterhin zuverlässig arbeiten und die Abwicklung zum geplanten Termin vornehmen kann.

(2) Eine CCP hat ein geeignetes Verfahren einzurichten, anzuwenden und beizubehalten, das Gewähr dafür bietet, dass die Vermögenswerte und Positionen ihrer Kunden und Clearingmitglieder im Fall eines Entzugs der Zulassung aufgrund eines Beschlusses nach Artikel 20 zügig und ordnungsgemäß abgewickelt oder übertragen werden.

(3) Um die einheitliche Anwendung dieses Artikels zu gewährleisten, erarbeitet die ESMA nach Anhörung der Mitglieder des ESZB Entwürfe für technische Regulierungsstandards, in denen der Mindestinhalt und die Anforderungen an die Strategie zur Fortführung des Geschäftsbetriebs und an den Notfallwiederherstellungsplan festgelegt werden.

Die ESMA legt der Kommission diese Entwürfe für technische Regulierungsstandards bis zum 30. September 2012 vor.

Der Kommission wird die Befugnis übertragen, die in Unterabsatz 1 genannten technischen Regulierungsstandards gemäß den Artikeln 10 bis 14 der Verordnung (EU) Nr. 1095/2010 zu erlassen.

In der Fassung vom 4.7.2012 (ABl. EU Nr. L 201 v. 27.7.2012, S. 1).

Delegierte Verordnung (EU) Nr. 153/2013 vom 19. Dezember 2012
zur Ergänzung der Verordnung (EU) Nr. 648/2012 des Europäischen Parlaments und des Rates in Bezug auf technische Regulierungsstandards für Anforderungen an zentrale Gegenparteien

(Auszug)

Art. 17 Strategie und Grundsätze

(1) Eine CCP verfügt über eine Strategie zur Fortführung des Geschäftsbetriebs und einen Notfallwiederherstellungsplan, die vom Leitungsorgan genehmigt werden. Die Strategie zur Fortführung des Geschäftsbetriebs und der Notfallwiederherstellungsplan unterliegen unabhängigen Prüfungen, die dem Leitungsorgan vorgelegt werden.

(2) In der Strategie zur Fortführung des Geschäftsbetriebs werden sämtliche wesentlichen Geschäftsfunktionen und verbundenen Systeme erfasst und die Strategie der CCP, ihre Grundsätze und Ziele in Bezug auf die Gewährleistung der Fortführung dieser Funktionen und Systeme dargelegt.

(3) Die Strategie zur Fortführung des Geschäftsbetriebs berücksichtigt externe Verbindungen und wechselseitige Abhängigkeiten innerhalb der Finanzinfrastruktur, auch in Bezug auf Handelsplätze, an denen die CCP Clearingtätigkeiten erbringt, Zahlungs- sowie Wertpapierliefer- und -abrechnungssysteme und von der CCP oder einer verbundenen CCP beauftragte Kreditinstitute. Darüber hinaus soll sie die wesentlichen Funktionen oder Dienste, die an Dritte ausgelagert werden, erfassen.

(4) Die Strategie zur Fortführung des Geschäftsbetriebs und der Notfallwiederherstellungsplan enthalten für den Not-, Katastrophen- oder Krisenfall, in dem die Fortführung des Geschäftsbetriebs beeinträchtigt wird, klar definierte und dokumentierte Vorkehrungen, die gewährleisten sollen, dass die wesentlichen Funktionen in einem solchen Fall ein Mindestleistungsniveau erbringen können.

(5) Im Notfallwiederherstellungsplan werden die Vorgaben für Wiederherstellungspunkte und Wiederherstellungszeiten bezüglich der wesentlichen Funktionen erfasst und es wird die am besten geeignete Wiederherstellungsstrategie für jede dieser Funktionen bestimmt. Dadurch soll sichergestellt werden, dass die wesentlichen Funktionen in außergewöhnlichen Szenarien zeitnah wiederhergestellt werden und das vereinbarte Leistungsniveau gewährleistet ist.

(6) Im Rahmen der Strategie zur Fortführung des Geschäftsbetriebs wird die tolerierbare Höchstdauer des Zeitraums festgelegt, in dem die wesentlichen Funktionen und Systeme möglicherweise nicht genutzt werden können. Die in der Strategie zur Fortführung des Geschäftsbetriebs festgelegte maximale Wiederherstellungszeit der wesentlichen Funktionen der CCP darf nicht mehr als zwei Stunden betragen. Die Tagesabschlussprozesse und Zahlungen erfolgen unter allen Umständen fristgerecht.

(7) Eine CCP berücksichtigt bei der Festlegung der Wiederherstellungszeiten für jede Funktion die potenziellen Gesamtauswirkungen auf die Markteffizienz.

In der Fassung vom 19.12.2012 (ABl. EU Nr. L 52 v. 23.2.2013, S. 41).

Art. 18 Business-Impact-Analyse

(1) Eine CCP führt eine Business-Impact-Analyse durch, die darauf ausgelegt ist, die für die Gewährleistung der Dienste der CCP wesentlichen Geschäftsfunktionen zu ermitteln. Im Rahmen der Analyse wird auch die Kritikalität dieser Funktionen für andere Institute und Funktionen der Finanzinfrastruktur untersucht.

(2) Eine CCP verwendet eine szenariobasierte Risikoanalyse, um zu ermitteln, wie sich verschiedene Szenarien auf die Sicherheit ihrer wesentlichen Geschäftsfunktionen auswirken.

(3) Bei der Bewertung der Risiken berücksichtigt eine CCP die Abhängigkeiten von externen Dienstleistern, einschließlich von Versorgungsdiensten. Eine CCP ergreift Maßnahmen, um derartige Abhängigkeiten durch angemessene vertragliche und organisatorische Modalitäten zu steuern.

(4) Die Business-Impact-Analyse und die Szenarioanalyse werden aktualisiert und mindestens jährlich sowie nach Zwischenfällen oder wesentlichen organisatorischen Änderungen geprüft. Bei den Analysen werden alle relevanten Entwicklungen, auch marktbezogene und technologische Entwicklungen, berücksichtigt.

In der Fassung vom 19.12.2012 (ABl. EU Nr. L 52 v. 23.2.2013, S. 41).

Art. 19 Katastrophenmanagement

(1) Eine CCP sorgt für Vorkehrungen, die in Katastrophensituationen die Fortführung der wesentlichen Funktionen der CCP gewährleisten. Diese Vorkehrungen regeln zumindest die Verfügbarkeit angemessener Humanressourcen, die Höchstdauer eines Ausfalls der wesentlichen Funktionen, den Fall eines Failover und die Wiederherstellung an einem sekundären Standort.

(2) Eine CCP unterhält einen sekundären Bearbeitungsstandort, an dem die Fortführung aller wesentlichen Funktionen der CCP genau wie am primären Standort gewährleistet werden kann. Das geografische Risikoprofil des sekundären Standorts unterscheidet sich von dem des primären Standorts.

(3) Eine CCP unterhält einen sekundären Geschäftsstandort oder verfügt zumindest über einen unmittelbaren Zugang zu einem solchen Standort, damit die Mitarbeiter die Fortführung der Dienste sicherstellen können, falls dies am primären Geschäftsstandort nicht möglich ist.

(4) Die CCP erwägt die Einrichtung zusätzlicher Bearbeitungsstandorte, insbesondere, falls die unterschiedlichen Risikoprofile des primären und des sekundären Standorts nicht hinreichend gewährleisten, dass die Ziele der CCP hinsichtlich der Fortführung des Geschäftsbetriebs in allen Szenarien erreicht werden können.

In der Fassung vom 19.12.2012 (ABl. EU Nr. L 52 v. 23.2.2013, S. 41).

Art. 20 Tests und Überwachung

(1) Eine CCP testet und überwacht ihre Strategie zur Fortführung des Geschäftsbetriebs und ihren Notfallwiederherstellungsplan regelmäßig und nach wesentlichen Modifizierungen oder Änderungen der Systeme oder der verbundenen Funktionen, damit gewährleistet ist, dass die festgelegten Ziele, auch die maximale Wiederherstellungszeit von zwei Stunden, durch die Strategie zur Fortführung des Geschäftsbetriebs erreicht werden. Die Tests werden geplant und dokumentiert.

(2) Die Tests der Strategie zur Fortführung des Geschäftsbetriebs und des Notfallwiederherstellungsplans erfüllen die folgenden Bedingungen:

a) Sie umfassen Szenarien für schwere Katastrophen und Wechsel zwischen primären und sekundären Standorten.
b) Sie umfassen die Einbeziehung von Clearingmitgliedern, externen Dienstleistern und relevanten Instituten der Finanzinfrastruktur, mit denen – wie in der Strategie zur Fortführung des Geschäftsbetriebs ermittelt – wechselseitige Abhängigkeiten bestehen.

In der Fassung vom 19.12.2012 (ABl. EU Nr. L 52 v. 23.2.2013, S. 41).

Art. 21 Aufrechterhaltung

(1) Eine CCP sorgt für die regelmäßige Überprüfung und Aktualisierung ihrer Strategie zur Fortführung des Geschäftsbetriebs, um sämtliche wesentlichen Funktionen und die am besten geeignete Strategie zur Wiederherstellung dieser Funktionen zu berücksichtigen.

(2) Eine CCP sorgt für die regelmäßige Überprüfung und Aktualisierung ihres Notfallwiederherstellungsplans, um die am besten geeignete Strategie zur Wiederherstellung aller wesentlichen Funktionen zu berücksichtigen.

(3) Die Aktualisierungen der Strategie zur Fortführung des Geschäftsbetriebs und des Notfallwiederherstellungsplans tragen den Testergebnissen und den im Rahmen unabhängiger Prüfungen, sonstiger Prüfungen und Prüfungen der zuständigen Behörden ausgesprochenen Empfehlungen Rechnung. Die CCP überprüfen ihre Strategie zur Fortführung des Geschäftsbetriebs und den Notfallwiederherstellungsplan nach jeder wesentlichen Unterbrechung, um deren Ursachen und etwaige erforderliche Verbesserungen an den Abläufen der CCP, der Strategie zur Fortführung des Geschäftsbetriebs und am Notfallwiederherstellungsplan zu ermitteln.

In der Fassung vom 19.12.2012 (ABl. EU Nr. L 52 v. 23.2.2013, S. 41).

Art. 22 Krisenbewältigung

(1) Eine CCP verfügt über eine Funktion zur Krisenbewältigung, die in Notsituationen tätig wird. Das Verfahren zur Krisenbewältigung muss präzise und schriftlich dokumentiert sein. Die Krisenbewältigungsfunktion wird vom Leitungsorgan überwacht, das regelmäßig Berichte über die Funktion erhält und prüft.

(2) Die Krisenbewältigungsfunktion umfasst gut strukturierte und klare Verfahren zur Steuerung der internen und externen Kommunikation im Krisenfall.

(3) Nach einem Krisenereignis überprüft die CCP, wie die Situation bewältigt wurde. Bei der Überprüfung werden gegebenenfalls Beiträge von Clearingmitgliedern und anderen externen Interessenvertretern mit einbezogen.

In der Fassung vom 19.12.2012 (ABl. EU Nr. L 52 v. 23.2.2013, S. 41).

Art. 23 Kommunikation

(1) Eine CCP verfügt über einen Kommunikationsplan, in dem dokumentiert ist, wie die Geschäftsleitung, das Leitungsorgan und die relevanten externen Interessenvertreter, einschließlich der zuständigen Behörden, Clearingmitglieder, Kunden, Abwicklungsstellen, Zahlungs- sowie Wertpapierliefer- und -abrechnungssysteme und Handelsplätze, im Krisenfall angemessen informiert werden.

(2) Die Szenarioanalyse, die Risikoanalyse, die Überprüfungen sowie die Ergebnisse der Überwachung und Tests werden dem Leitungsorgan vorgelegt.

In der Fassung vom 19.12.2012 (ABl. EU Nr. L 52 v. 23.2.2013, S. 41).

I. Störung des Geschäftsbetriebes und Notfallplanung (Art. 34 Abs. 1 VO Nr. 648/2012) . . .	1
1. Aufgabe der Notfallplanung	3
2. Genehmigung und Validierung der Notfallplanung	4
3. Berücksichtigung externer Dienstleister und Finanzmarktinfrastrukturen	5
4. Identifizierung der wesentlichen Geschäftsfunktionen	7
5. Ausweichstandort	9
6. Notfallsimulationen	11
7. Kommunikationsplanung	12
8. Aufzeichnungen	13
II. Entzug der Zulassung (Art. 34 Abs. 2 VO Nr. 648/2012)	14
III. Technische Regulierungsstandards (Art. 34 Abs. 3 VO Nr. 648/2012)	15

I. Störung des Geschäftsbetriebes und Notfallplanung (Art. 34 Abs. 1 VO Nr. 648/2012). Für den Fall der Störung des Geschäftsbetriebes hat die CCP nach Art. 34 Abs. 1 VO Nr. 648/2012 angemessene Strategien zur Fortführung der Geschäftstätigkeit sowie einen **Notfallwiederherstellungsplan** zu entwickeln und umzusetzen. Dieser hat die rechtzeitige Wiederaufnahme der Geschäftstätigkeit und die Fortführung des Clearings der zum Zeitpunkt der Störung ausstehenden Kontrakte zu gewährleisten.

Die Anforderungen an die von der CCP zu entwickelnden Strategien zur Fortführung des Geschäftsbetriebes und an den Notfallwiederherstellungsplan sind von der Kommission in **Art. 17 DelVO Nr. 153/2013** festgelegt worden.

1. Aufgabe der Notfallplanung. Aufgabe der Strategien und Planungen ist es, im Fall einer Katastrophe oder einer Krise die wesentlichen Geschäftsfunktionen und Systeme der CCP auf einem definierten **Mindestleistungsniveau** fortzuführen (Art. 17 Abs. 4 DelVO Nr. 153/2013) und innerhalb der von der CCP zu bestimmenden Wiederherstellungszeiten, spätestens jedoch innerhalb von **zwei Stunden**, auf das vereinbarte Leistungsniveau zurückzubringen (Art. 17 Abs. 5 und Abs. 6 Satz 2 DelVO Nr. 153/2013). Dabei ist sicherzustellen, dass die für den Geschäftsschluss vorgesehenen Prozesse und Abwicklungen unter allen Umständen fristgerecht durchgeführt werden (Abs. 1 Satz 2 und Art. 17 Abs. 6 Satz 3 DelVO Nr. 153/2013).

2. Genehmigung und Validierung der Notfallplanung. Die Strategien und Notfallpläne sind vom **Leitungsorgan** der CCP zu genehmigen und durch eine unabhängige Stelle zu überprüfen. Das Ergebnis der **Validierung** ist dem Leitungsorgan vorzulegen (Art. 17 Abs. 1 DelVO Nr. 153/2013). Dem Leitungsorgan ebenfalls vorzulegen sind die im Rahmen der Entwicklung und Überprüfung der Strategien und Notfallpläne erstellten Szenarioanalysen, Risikoanalysen sowie die Ergebnisse der Valdierungen und Tests (Art. 23 Abs. 2 DelVO Nr. 153/2013).

5   **3. Berücksichtigung externer Dienstleister und Finanzmarktinfrastrukturen.** Bei der Festlegung der Strategien und Notfallpläne muss die CCP die zur Fortführung der wesentlichen Geschäftsfunktionen benötigten externen Dienstleister und Finanzmarktinfrastrukturen sowie die hierdurch begründeten wechselseitigen Abhängigkeiten berücksichtigen (Art. 17 Abs. 3 DelVO Nr. 153/2013). Nur beispielhaft genannt werden **Handelsplätze**, für die die CCP das Clearing von Finanzinstrumenten übernommen hat, **Zahlungs-, Wertpapierliefer- und -abrechnungssysteme** oder Kreditinstitute, die in die Abwicklung der Zahlungen und Lieferungen eingebunden sind oder Dienstleister, auf die die CCP Funktionen oder Tätigkeiten nach Art. 35 VO Nr. 648/2012 ausgelagert hat.

6   Die CCP muss für jede wesentliche Geschäftsfunktion und jedes von ihr genutzte System bestimmen, für welchen Zeitraum ein Ausfall oder eine nur eingeschränkte Verfügbarkeit toleriert werden kann (Art. 17 Abs. 6 Satz 1 DelVO Nr. 153/2013) und hieraus den spätesten Wiederherstellungszeitpunkt ableiten. Dabei hat sie nach Art. 17 Abs. 7 DelVO Nr. 153/2013 die potentiellen **Auswirkungen auf die Markteffizienz** zu berücksichtigen.

7   **4. Identifizierung der wesentlichen Geschäftsfunktionen.** Nach Art. 18 Abs. 1 und Abs. 2 DelVO Nr. 153/2013 sind die wesentlichen Geschäftsfunktionen der CCP durch eine **szenariobasierte Auswirkungsstudie** (business impact analysis) zu ermitteln. Im Rahmen dieser Studie ist auch zu untersuchen, wie wichtig die von der CCP wahrgenommenen Funktionen für die in Art. 17 Abs. 3 DelVO Nr. 153/2013 genannten externen Dienstleister und Finanzmarktinfrastrukturen sind.

8   Identifizierte wechselseitige Abhängigkeiten sind nach Art. 18 Abs. 3 DelVO Nr. 153/2013 durch vertragliche oder organisatorische Maßnahmen zu mindern. Die Auswirkungsstudie und die Szenarioanalyse sind anlassbezogen, z.B. nach einer Betriebsunterbrechung oder einem Störfall, mindestens jedoch **jährlich zu überprüfen** und bei Bedarf anzupassen. Im Rahmen der Überprüfungen sind neuere technische Entwicklungen und Veränderung der Märkte und der an ihnen gehandelten Finanzinstrumente zu berücksichtigen (Art. 18 Abs. 4 DelVO Nr. 153/2013).

9   **5. Ausweichstandort.** Um die Fortführung der wesentlichen Geschäftsfunktionen auch in einem **Katastrophenfall** zu gewährleisten, muss die CCP nach Art. 19 Abs. 1 DelVO Nr. 153/2013 geeignete Vorkehrungen treffen, die mindestens die Verfügbarkeit einer ausreichenden Anzahl an Mitarbeitern, die Höchstdauer eines Ausfalls der wesentlichen Geschäftsfunktionen, die Übernahme der Funktionen eines ausgefallenen Systems durch ein Ersatzsystem (sog. „failover") und die Wiederherstellung der wesentlichen Betriebsfunktionen an einem **Ausweichstandort** regelt.

10 Nach Art. 19 Abs. 2 DelVO Nr. 153/2013 muss die CCP einen **sekundären Betriebsstandort**, z.B. ein zweites Rechenzentrum, einrichten, der dasselbe Leistungsniveau wie der ausgefallene primäre Betriebsstandort gewährleistet. Er muss sich in einer Region befinden, die vom primären Betriebsstandort so weit entfernt ist, dass sie über ein **anderes geographisches Risikoprofil** verfügt, d.h. z.B. nicht demselben Erdbeben, Vulkanausbruch oder atomaren Störfall ausgesetzt ist. Neben dem sekundären Betriebsstandort muss die CCP nach Art. 19 Abs. 3 DelVO Nr. 153/2013 auch einen **sekundären Geschäftssitz** unterhalten.

11 **6. Notfallsimulationen.** Die von der CCP zu entwickelnden Strategien und Notfallpläne sind nach Art. 20 DelVO Nr. 153/2013 in regelmäßigen Abständen und nach jeder wesentlichen Änderung der Funktionen und Systeme zu testen. Die Tests müssen eine schwere Katastrophe und den Wechsel vom primären Standort zum Ausweichstandort simulieren und sämtliche Clearingmitglieder sowie externe Dienstleister und Finanzmarktinfrastrukturen, zu denen wechselseitige Abhängigkeiten bestehen, mit einbeziehen. Die Tests sind zu planen und ausreichend zu dokumentieren.

12 **7. Kommunikationsplanung.** Nach Art. 22 DelVO Nr. 153/2013 ist die CCP verpflichtet, eine **Funktion zur Krisenbewältigung** einzurichten, die in Notfällen tätig wird und insbesondere die interne und externe Kommunikation übernimmt. Das Verfahren zur Krisenbewältigung muss schriftlich dokumentiert sein. Es wird vom Leitungsorgan überwacht, das sich hierbei auf regelmäßige Berichte der Krisenbewältigungsfunktion stützt. Die CCP hat einen **Kommunikationsplan** zu erstellen, in dem dokumentiert wird, wie die Geschäftsführung, das Leitungsorgan, die zuständigen Behörden sowie die externen Dienstleister und Finanzmarktinfrastrukturen im Krisenfall informiert werden.

13 **8. Aufzeichnungen.** Nach Art. 15 Abs. 2 Buchst. h DelVO Nr. 153/2012 zählen die Strategien und Notfallpläne, zu den von der CCP zu führenden **Aufzeichnungen** über Vorgänge und Tätigkeiten, die mit ihrer Geschäftsorganisation zusammenhängen. Sie unterliegen den allgemeinen Anforderungen an die Aufbewahrung nach Art. 29 VO Nr. 648/2012 und Art. 12 DelVO Nr. 153/2012, d.h. sie sind für **mindestens 10 Jahre** aufzubewahren und der zuständigen Behörde, den im ESZB zusammenwirkenden Zentralbanken und der ESMA auf Anfrage zur Verfügung zu stellen. Gleiches gilt nach Art. 15 Abs. 2 Buchst. l DelVO Nr. 153/2012 für die Aufzeichnungen zu etwaigen Betriebsunterbrechungen oder -ausfällen und die Berichte über deren zeitlichen Verlauf und die beobachteten Auswirkungen.

14 **II. Entzug der Zulassung (Art. 34 Abs. 2 VO Nr. 648/2012).** Um im Falle des Entzuges der Zulassung nach Art. 20 VO Nr. 648/2012 sicherzustellen, dass die Positionen und Vermögenswerte der Clearingmitglieder und deren Kunden zeitnah abgewickelt oder auf eine andere CCP übertragen werden können, muss die CCP nach Art. 34 Abs. 2 VO Nr. 648/2012 geeignete Verfahren entwickeln und umsetzen.

III. **Technische Regulierungsstandards (Art. 34 Abs. 3 VO Nr. 648/2012).** Die Kommission ist nach Art. 34 Abs. 3 VO Nr. 648/2012 befugt, technische Regulierungsstandards zu erlassen, in denen sie den Mindestinhalt und die Anforderungen an die Strategie zur Fortführung des Geschäftsbetriebes und an den Notfallwiederherstellungsplan festlegt. Von der Befugnis hat sie mit Art. 17–23 DelVO Nr. 153/2013 Gebrauch gemacht. Die DelVO Nr. 153/2013 ist am zwanzigsten Tag nach ihrer Veröffentlichung im Amtsblatt der Europäischen Union, d.h. am 15.3.2013, in Kraft getreten (Art. 62 DelVO Nr. 153/2013).

Art. 35 Auslagerung

(1) Wenn eine CCP operationelle Funktionen, Dienstleistungen oder Tätigkeiten auslagert, bleibt sie in vollem Umfang für die Erfüllung aller ihr aus dieser Verordnung erwachsenden Pflichten verantwortlich und muss jederzeit sicherstellen, dass:

a) die Auslagerung nicht mit der Delegation ihrer Verantwortung verbunden ist;
b) die Beziehung der CCP zu ihren Clearingmitgliedern oder gegebenenfalls deren Kunden und ihre Verpflichtungen ihnen gegenüber unverändert bleiben;
c) die Voraussetzungen für die Zulassung der CCP nach wie vor erfüllt sind;
d) die Auslagerung der Ausübung von Aufsichts- und Überwachungsfunktionen, wozu auch der Zugang vor Ort gehört, um für die Wahrnehmung dieser Aufgaben erforderliche Informationen einzuholen, nicht entgegensteht;
e) die Auslagerung nicht dazu führt, dass die CCP der Systeme und Kontrollmöglichkeiten beraubt wird, die sie für ihr Risikomanagement benötigt;
f) der Dienstleister Anforderungen in Bezug auf die Fortführung des Geschäftsbetriebs erfüllt, die denen gleichwertig sind, die die CCP gemäß dieser Verordnung erfüllen muss;
g) die CCP für die Erhaltung der Fachkenntnisse und Ressourcen sorgt, die erforderlich sind, um die Qualität der erbrachten Dienstleistungen und die Angemessenheit der Organisationsstruktur und der Eigenkapitalausstattung des Dienstleisters zu bewerten, die ausgelagerten Funktionen wirksam zu überwachen und die mit der Auslagerung verbundenen Risiken zu managen, und die kontinuierliche Überwachung der betreffenden Funktionen sowie ein kontinuierliches Risikomanagement gewährleistet;
h) die CCP unmittelbaren Zugang zu den die ausgelagerten Funktionen betreffenden relevanten Informationen hat;
i) der Dienstleister, soweit es um die ausgelagerten Tätigkeiten geht, mit der zuständigen Behörde zusammenarbeitet;
j) Der Dienstleister gewährleistet den Schutz aller die CCP und ihre Clearingmitglieder und Kunden betreffenden vertraulichen Informationen oder stellt, soweit er in einem Drittstaat ansässig ist, sicher, dass die Datenschutzstandards dieses Drittstaats oder die in der Vereinbarung zwischen den betreffenden Parteien festgelegten Datenschutzstandards mit den in der Union geltenden Datenschutzstandards vergleichbar sind.

Eine CCP darf wichtige, mit dem Risikomanagement zusammenhängende Tätigkeiten nur mit Genehmigung der Auslagerung durch die zuständige Behörde auslagern.

(2) Die zuständige Behörde verlangt von der CCP, dass sie in einer schriftlichen Vereinbarung eine klare Definition und Zuweisung ihrer eigenen Rechte und Pflichten sowie der Rechte und Pflichten des Dienstleisters vornimmt.

(3) Die CCP stellt der zuständigen Behörde auf Verlangen alle Informationen zur Verfügung, die diese benötigt, um zu beurteilen, ob bei der Durchführung der ausgelagerten Tätigkeiten diese Verordnung eingehalten wird.

In der Fassung vom 4.7.2012 (ABl. EU Nr. L 201 v. 27.7.2012, S. 1).

I. Anforderungen an die Auslagerung (Art. 35 Abs. 1 VO Nr. 648/2012) 1
II. Vereinbarungen über die Auslagerung (Art. 35 Abs. 2 VO Nr. 648/2012) 10
III. Auskunftspflicht (Art. 35 Abs. 3 VO Nr. 648/2012) 14

I. Anforderungen an die Auslagerung (Art. 35 Abs. 1 VO Nr. 648/2012). Lagert eine CCP Funktionen, Dienstleistungen oder Tätigkeiten auf Dritte aus, so bleibt sie nach Art. 35 Abs. 1 Unterabs. 1 VO Nr. 648/2012 für sämtliche durch die EMIR begründeten Pflichten weiterhin verantwortlich. Sie muss insbesondere sicher-

Art. 35 VO Nr. 648/2012 | Auslagerung

stellen, dass die in Art. 35 Abs. 1 Unterabs. 1 Buchst. a–j VO Nr. 648/2012 definierten Anforderungen erfüllt sind.

2   Die Regelungen über die Auslagerungen von Funktionen oder Tätigkeiten entsprechen weitestgehend den Anforderungen in **Art. 30–32 DelVO 2017/565**[1] und denen der Vorgängervorschrift in Art. 13 und 14 RL 2006/73/EG[2], die in Deutschland im Wesentlichen durch AT 9 MaRisk[3] umgesetzt wurden (s. AT 1 Tz. 4 MaRisk).

3   Dass sich die CCP durch die Übertragung ihrer Funktionen oder Tätigkeiten auf einen Dritten der **Verantwortung** für die Einhaltung ihrer aufsichtlichen Pflichten nicht entziehen kann und dies auch nicht Folge der Auslagerung sein darf, ist Ausfluss eines allgemeinen Grundsatzes, der auch außerhalb des Art. 35 VO Nr. 648/2012 gilt, z.B. für die Delegierung der Meldepflichten nach Art. 9 VO Nr. 648/2012 (s. Art. 9 VO Nr. 648/2012 Rz. 123 m.w.N). Die in Art. 30 DelVO 2017/565 vorgesehenen Beschränkungen dieses Grundsatzes auf die kritischen oder wesentlichen Aufgaben, ist in Art. 35 VO Nr. 648/2012 jedoch nicht übernommen worden, was dafür spricht, dass der Verordnungsgeber grundsätzlich jede von der CCP ausgeübte Funktion oder Tätigkeit als wesentlich ansah.

4   Die in Art. 35 Abs. 1 Unterabs. 1 Buchst. a–j VO Nr. 648/2012 zusammengefassten **Anforderungen an die Auslagerung** entsprechen denen des Art. 31 Abs. 2 DelVO 2017/565. Hervorzuheben ist die Verpflichtung der CCP, auch nach Übertragung ihrer Funktionen oder Tätigkeiten eine ausreichende Anzahl an Mitarbeitern mit Fachkenntnissen vorzuhalten, um die Qualität der von dem Dienstleister erbrachten Leistungen zu überwachen und zu bewerten und die mit der Auslagerung selbst verbundenen Risiken zu steuern (sog. „retained organisation", Art. 35 Abs. 1 Unterabs. 1 Buchst. g VO Nr. 648/2012). Zu den zu steuernden Risiken zählen auch der Ausfall des Dienstleisters und die Notwendigkeit, die übertragenen Funktionen oder Tätigkeiten ggf. kurzfristig wieder selbst ausführen zu können.

5   Ebenfalls bedeutsam ist die Pflicht des Dienstleisters, die in Art. 34 VO Nr. 648/2012 verorteten Anforderungen an die Fortführung des Geschäftsbetriebes zu erfüllen, was dazu führt, dass auch der Dienstleister eigene Strategien und Notfallpläne entwickeln muss, mit denen er die Fortführung seiner Tätigkeit im Krisen- oder Katastrophenfall sicherstellt (Art. 35 Abs. 1 Unterabs. 1 Buchst. f VO Nr. 648/2012).

6   Ein **Verbot der Auslagerung**, wie sie AT 9 Tz. 4 MaRisk für die Leitungsaufgaben der Geschäftsleitung vorsieht, ist in Art. 35 VO Nr. 648/2012 nicht zu entnehmen. Ein echtes Auslagerungsverbot ergibt sich hingegen aus Art. 3 Abs. 3 Satz 2 DelVO Nr. 153/2013 für die Funktionen des Risikobeauftragten (**chief risk officer**), des Compliance-Beauftragten (**chief compliance officer**) und des Technologiebeauftragten (**chief technology officer**), die nur von Angestellten der CCP – d.h. nicht von einem Dritten – ausgeübt werden dürfen[4]. Unabhängig davon wird auch für die EMIR der allgemeine Grundsatz gelten müssen, dass ein beaufsichtigtes Unternehmen nicht so viele Funktionen und Tätigkeiten auslagern darf, dass aus ihr eine **Briefkastenfirma** wird[5].

7   Nach Art. 35 Abs. 1 Unterabs. 2 VO Nr. 648/2012 darf die CCP die mit dem **Risikomanagement** zusammenhängenden wichtigen Funktionen und Tätigkeiten nur mit **Genehmigung** der zuständigen Behörde auslagern[6]. Zweck der Genehmigungspflicht ist zum einen die Überprüfung der in Art. 35 Abs. 1 Unterabs. 1 VO Nr. 648/2012 definierten Anforderungen, die die Funktionsfähigkeit des Risikomanagements sicherstellen, insbesondere, dass die Auslagerung nicht dazu führen darf, dass die CCP ihrer Kontrollmöglichkeiten beraubt wird, die sie für ihr Risikomanagement benötigt (Art. 35 Abs. 1 Unterabs. 1 Buchst. e VO Nr. 648/2012).

8   Zum anderen gibt sie der zuständigen Behörde die Möglichkeit darauf hinzuwirken, dass sie ihre **Aufsichts- und Überwachungsfunktionen** im Hinblick auf das Risikomanagement der CCP weiterhin unbeeinträchtigt ausüben kann (Art. 35 Abs. 1 Unterabs. 1 Buchst. d und i VO Nr. 648/2012).

9   Nach Art. 28 Abs. 3 VO Nr. 648/2012 ist der **Risikoausschuss** vor jeder Entscheidung über einer Auslagerung von Funktionen oder Tätigkeiten zu konsultieren[7].

---

1   Delegierte Verordnung (EU) 2017/565 der Kommission vom 25. April 2016 zur Ergänzung der Richtlinie 2014/65/EU des Europäischen Parlaments und des Rates in Bezug auf die organisatorischen Anforderungen an Wertpapierfirmen und die Bedingungen für die Ausübung ihrer Tätigkeit sowie in Bezug auf die Definition bestimmter Begriffe für die Zwecke der genannten Richtlinie, ABl. EU Nr. L 87 v. 31.3.2017, S. 1.
2   Richtlinie 2006/73/EG der Kommission vom 10. August 2006 zur Durchführung der Richtlinie 2004/39/EG des Europäischen Parlaments und des Rates in Bezug auf die organisatorischen Anforderungen an Wertpapierfirmen und die Bedingungen für die Ausübung ihrer Tätigkeit sowie in Bezug auf die Definition bestimmter Begriffe für die Zwecke der genannten Richtlinie, ABl. EU Nr. L 241 v. 2.9.2006, S. 26.
3   *BaFin*, Rundschreiben 09/2017 (BA) – Mindestanforderungen an das Risikomanagement – MaRisk, BA 54-FR 2210-2017/0002 vom 27.10.2017, abrufbar über: https://www.bafin.de/SharedDocs/Downloads/DE/Rundschreiben/dl_rs0917_marisk_Endfassung_2017_pdf_ba.pdf;jsessionid=3C9EB966208B98EEFA667571EFFFA3F6.2_cid298?__blob=publicationFile&v=5 („*BaFin* MaRisk").
4   *Redeke* in Wilhelmi/Achtelik/Kunschke/Sigmundt, Handbuch EMIR, Teil 5.A Rz. 40.
5   S. Erwägungsgrund Nr. 19 RL 2006/73/EG.
6   Erwägungsgrund Nr. 62 VO Nr. 648/2012.
7   Erwägungsgrund Nr. 62 VO Nr. 648/2012.

II. Vereinbarungen über die Auslagerung (Art. 35 Abs. 2 VO Nr. 648/2012). Nach Art. 35 Abs. 2 VO Nr. 648/2012 muss die CCP mit ihren Dienstleistern schriftliche Vereinbarungen treffen, in denen die übertragenen Funktionen und Dienstleistungen und die beiderseitigen Rechte und Pflichten klar definiert und zugeordnet werden. 10

Die Vereinbarung muss auch sicherstellen, dass der Dienstleister die in Art. 35 Abs. 1 Unterabs. 1 Buchst. h–j VO Nr. 648/2012 vorgesehenen **Zugangs- und Informationsrechte**, die **Kooperation** mit der zuständigen Behörde sowie den **Schutz der vertraulichen Informationen** sicherstellt. 11

Im Hinblick auf die von der CCP nach Art. 34 Nr. 648/2012 zu entwickelnden Strategien und Notfallpläne und die nach Art. 20 DelVO Nr. 153/2013 durchzuführenden Tests (s. Art. 34 VO Nr. 648/2012 Rz. 11) ist von Bedeutung, dass der Dienstleister sich verpflichtet, seine Strategien und Notfallpläne mit denen der CCP abzustimmen und an den Tests mitzuwirken. 12

Wie in AT 9 Tz. 6 MaRisk vorgesehen, muss die Vereinbarung auch **Kündigungsrechte mit angemessenen Fristen** enthalten. 13

III. Auskunftspflicht (Art. 35 Abs. 3 VO Nr. 648/2012). Nach Art. 35 Abs. 3 VO Nr. 648/2012 hat die CCP der zuständigen Behörde alle Informationen zur Verfügung zu stellen, die diese benötigt, um zu prüfen, ob die ausgelagerte Tätigkeit den Anforderungen der EMIR genügt. 14

Kapitel 2
Wohlverhaltensregeln

Art. 36 Allgemeine Bestimmungen

(1) Bei der Erbringung von Dienstleistungen für ihre Clearingmitglieder und gegebenenfalls für deren Kunden handelt eine CCP fair und professionell im besten Interesse dieser Clearingmitglieder und Kunden und im Sinne eines soliden Risikomanagements.
(2) Eine CCP muss über zugängliche, transparente und faire Vorschriften für die zügige Bearbeitung von Beschwerden verfügen.

In der Fassung vom 4.7.2012 (ABl. EU Nr. L 201 v. 27.7.2012, S. 1).

I. FRAND-Prinzip (Art. 36 Abs. 1 VO Nr. 648/2012) 1
II. Beschwerdemanagement (Art. 36 Abs. 2 VO Nr. 648/2012) 5

I. FRAND-Prinzip (Art. 36 Abs. 1 VO Nr. 648/2012). Die CCP muss sich nach Art. 36 Abs. 1 VO Nr. 648/ 2012 gegenüber ihren Clearingmitgliedern und deren Kunden fair und professionell verhalten. Die Pflicht zum fairen und professionellen Umgang ist Ausprägung der im europäischen Kartellrecht entwickelten **Essential-Facilities-Doktrin** (s. Art. 7 VO Nr. 648/2012 Rz. 2) und dem hieraus abgeleiteten Anspruch auf einen Zugang zu Dienstleistungen zu fairen, angemessenen, diskriminierungsfreien und handelsüblichen Bedingungen (fair, reasonable and non-discriminatory oder „FRAND"). 1

Das FRAND-Prinzip findet sich an verschiedenen Stellen der EMIR **konkretisiert**. So müssen die von der CCP festgelegten Kriterien, mit denen sie den Zugang von Clearingmitgliedern zu ihren Dienstleistungen regelt, fair, objektiv und nichtdiskriminierend sein (Art. 37 Abs. 1 VO Nr. 648/2012). Die Entgelte, die die CCP für die Nutzung der von ihr angebotenen Kontentrennungsmodelle festlegt, müssen handelsüblich sein (Art. 39 Abs. 7 VO Nr. 648/2012). Es findet seine Entsprechung in Art. 24 Abs. 1 RL 2014/65/EU (MiFID II). 2

Um das Gebot der fairen Behandlung von Clearingmitgliedern und Kunden im Bereich der **Entgeltgestaltung** überprüfen zu können, sind CCPs nach Art. 38 Abs. 1 Unterabs. 2 VO Nr. 648/2012 verpflichtet, die Kalkulationsgrundlage für ihre Entgelte gegenüber der zuständigen Behörde offen zu legen. 3

Um den Zugang zum Clearing zu verbessern, hat die Kommission in ihrem Vorschlag für eine Verordnung zur Änderung der EMIR (**EMIR-REFIT-Entwurf**)[1] erwogen, das FRAND-Prinzip auf den Zugang zu Clearingdienstleistungen durch clearingpflichtige Gegenparteien zu erweitern. 4

---

[1] *Kommission*, Vorschlag für eine Verordnung des Europäischen Parlaments und des Rates zur Änderung der Verordnung (EU) Nr. 648/2012 in Bezug auf die Clearingpflicht, die Aussetzung der Clearingpflicht, die Meldepflichten, die Risikominderungstechniken für nicht durch eine zentrale Gegenpartei geclearte OTC-Derivatekontrakte, die Registrierung und Beaufsichtigung von Transaktionsregistern und die Anforderungen an Transaktionsregister, KOM(2017) 208 final vom 4.5.2017, abrufbar über: http://ec.europa.eu/transparency/regdoc/rep/1/2017/DE/COM-2017-208-F1-DE-MAIN-

5 **II. Beschwerdemanagement (Art. 36 Abs. 2 VO Nr. 648/2012).** Nach Art. 36 Abs. 2 VO Nr. 648/2012 muss die CCP über ein frei zugängliches und transparentes Beschwerdemanagement verfügen. Die Verpflichtung der CCP ein Verfahren für die zügige Bearbeitung von Beschwerden einzurichten, entspricht Art. 22 Abs. 2 DelVO 2017/565, der das **Beschwerdemanagement**[1] der Compliance-Funktion zuweist. Das Verfahren muss **zugänglich, transparent und fair** sein, insbesondere dürfen keine unverhältnismäßigen rechtlichen oder tatsächlichen Barrieren errichtet werden[2].

6 Nach Art. 15 Abs. 2 Buchst. k DelVO Nr. 153/2012 zählen die eingegangenen Beschwerden, der Name und die Anschrift der Beschwerdeführer sowie weitere Einzelheiten zu den von der CCP zu führenden **Aufzeichnungen** über Vorgänge und Tätigkeiten, die mit ihrer Geschäftsorganisation zusammenhängen. Sie unterliegen den allgemeinen Anforderungen an die Aufbewahrung nach Art. 29 VO Nr. 648/2012 und Art. 12 DelVO Nr. 153/2012, d.h. sie sind für mindestens 10 Jahre aufzubewahren und der zuständigen Behörde, den im ESZB zusammenwirkenden Zentralbanken und der ESMA auf Anfrage zur Verfügung zu stellen.

Art. 37 Vorschriften über die Teilnahme

(1) Nach Beratung durch den Risikoausschuss gemäß Artikel 28 Absatz 3 legt eine CCP – gegebenenfalls für jede dem Clearing unterliegende Produktkategorie – fest, welche Kategorien von Clearingmitgliedern zugelassen und welche Zulassungskriterien angewandt werden. Die Kriterien müssen im Interesse eines fairen und offenen Zugangs zur CCP nichtdiskriminierend, transparent und objektiv sein und müssen gewährleisten, dass Clearingmitglieder über ausreichende finanzielle Mittel und operationelle Kapazitäten verfügen, um den aus der Anbindung an eine CCP als Teilnehmer erwachsenden Verpflichtungen nachkommen zu können. Kriterien, die den Zugang beschränken, sind nur insoweit zulässig, als sie auf eine Kontrolle der Risiken für die CCP abzielen.

(2) Eine CCP trägt dafür Sorge, dass die gemäß Absatz 1 festgelegten Kriterien dauerhaft angewandt werden, und muss rechtzeitig Zugang zu den für die Bewertung relevanten Informationen haben. Eine CCP nimmt mindestens einmal jährlich eine umfassende Überprüfung der Einhaltung dieses Artikels seitens ihrer Clearingmitglieder vor.

(3) Clearingmitglieder, die Transaktionen im Namen ihrer Kunden clearen, müssen über die für die Ausübung dieser Tätigkeit erforderlichen zusätzlichen finanziellen Mittel und operationellen Kapazitäten verfügen. Die Vorschriften der CCP für Clearingmitglieder ermöglichen die Einholung relevanter grundlegender Informationen für die Ermittlung, Überwachung und Steuerung relevanter Risikokonzentrationen im Zusammenhang mit der Erbringung von Diensten für Kunden. Die Clearingmitglieder informieren die CCP auf Anfrage über die Kriterien, die sie einführen, und die Vorkehrungen, die sie treffen, um ihren Kunden den Zugang zu den Dienstleistungen der CCP zu ermöglichen. Die Clearingmitglieder bleiben dafür verantwortlich, dass die Kunden ihren Verpflichtungen nachkommen.

(4) Eine CCP muss über objektive und transparente Verfahren für die Aussetzung der Anbindung an eine CCP als Teilnehmer und die ordentliche Beendigung der Clearingmitgliedschaft von Teilnehmern verfügen, die nicht mehr die in Absatz 1 genannten Kriterien erfüllen.

(5) Clearingmitgliedern, die die in Absatz 1 genannten Kriterien nicht mehr erfüllen, kann eine CCP nur dann den Zugang verweigern, wenn dies in schriftlicher Form und auf der Grundlage einer umfassenden Risikoanalyse hinreichend begründet wird.

(6) Eine CCP kann Clearingmitgliedern spezifische zusätzliche Verpflichtungen auferlegen, wie etwa die Beteiligung an Auktionen zur Ersteigerung der Position eines ausfallenden Clearingmitglieds. Solche zusätzlichen Verpflichtungen müssen dem von dem betreffenden Clearingmitglied eingebrachten Risiko angemessen sein und dürfen nicht dazu führen, dass die Teilnahme auf bestimmte Kategorien von Clearingmitgliedern beschränkt wird.

In der Fassung vom 4.7.2012 (ABl. EU Nr. L 201 v. 27.7.2012, S. 1).

Schrifttum: *Braithwaite*, The dilemma of client clearing in the OTC derivatives markets, European Business Organization Law Review (2016), abrufbar über: http://eprints.lse.ac.uk/64476/; *Europäische Wertpapier- und Marktaufsichtsbehörde (ESMA)*, „Fragen und Antworten – Umsetzung der Verordnung (EU) Nr. 648/2012 über OTC-Derivate, zentrale Gegenparteien und Transaktionsregister (EMIR)", ESMA70-1861941480-52 vom 30.5.2018, abrufbar über: https://www.esma.

PART-1.PDF („*Kommission* EMIR-REFIT-Entwurf"), S. 17, 29 unter „Änderungen zur Schaffung von Clearing-Anreizen und zur Verbesserung des Clearing-Zugangs", neuer Art. 4 Abs. 4a VO Nr. 648/2012.
1 Erwägungsgrund Nr. 38 DelVO 2017/565.
2 *Grundmann* in Staub, HGB, Band 11/2, 5. Aufl. 2018, Rz. 749.

europa.eu („*ESMA* Q&A"); *Jaskulka*, Werden zentrale Gegenparteien durch die Umsetzung von EMIR zum Risiko? Eine Untersuchung unter Berücksichtigung der rechtlichen Rahmenbedingungen für die Eurex Clearing AG, BKR 2012, 441; *Kommission*, EMIR: Häufig gestellte Fragen, zuletzt aktualisiert am 10.7.2014, abrufbar über: http://ec.europa.eu („*Kommission FAQ*").

I. Funktion und Bedeutung der Zulassungskriterien 1
II. Allgemeine Anforderungen (Art. 37 Abs. 1 VO Nr. 648/2012) 2
III. Überwachung der Zulassungskriterien (Art. 37 Abs. 2 VO Nr. 648/2012) 9
IV. Besondere Anforderungen für das Kundenclearing (Art. 37 Abs. 3 VO Nr. 648/2012) 10
V. Aussetzung der Mitgliedschaft (Art. 37 Abs. 4 und 5 VO Nr. 648/2012) 16
VI. Zusätzliche Verpflichtungen (Art. 37 Abs. 6 VO Nr. 648/2012) 20

I. Funktion und Bedeutung der Zulassungskriterien. Die von der CCP zu definierenden Zulassungskriterien sind wesentlicher Bestandteil der Strategien und Verfahren, mit denen die CCP das durch ihre Clearingmitglieder begründete „**Ansteckungsrisiko**"[1] steuert. Sie sollen sicherstellen, dass nur solvente und leistungsfähige Clearingmitglieder Zugang zur CCP erhalten. Da die von ihr definierten Anforderungen zugleich **wettbewerbsrelevante** Zugangshürden definieren, müssen sie nichtdiskriminierend, objektiv und transparent ausgestaltet sein. Wesentliche Aufgabe des Art. 37 VO Nr. 648/2012 ist es, diesen **Gegensatz der Interessen** – den freien Zugang zu Clearingdienstleistungen einerseits und die Sicherheit der CCP anderseits – angemessen auszugleichen[2]. 1

II. Allgemeine Anforderungen (Art. 37 Abs. 1 VO Nr. 648/2012). Nach Art. 37 Abs. 1 VO Nr. 648/2012 müssen die von der CCP festgelegten Zulassungskriterien für Clearingmitglieder transparent, objektiv und nicht diskriminierend sein. Sie müssen sicherstellen, dass die **Clearingmitglieder** über ausreichende finanzielle Mittel und operationelle Kapazitäten verfügen, um ihren Pflichten nachkommen zu können. Hierzu zählen insbesondere die Leistung von Einschüssen (Art. 41 VO Nr. 648/2012), von Beiträgen zum Ausfallfonds (Art. 42 VO Nr. 648/2012) sowie der nach Art. 42 Abs. 3 VO Nr. 648/2012 ggf. vereinbarten zusätzlichen Mittel. Die Teilnahme am Clearing wird daher i.d.R. eine gewisse **Größe und Ausstattung** voraussetzen, die sich auch in einer guten Bonitätsbeurteilung (rating) widerspiegelt[3]. 2

Die CCP hat in ihren Regelwerken festzulegen, welche **Kategorien von Clearingmitgliedern** sie zulässt und welche Anforderungen die jeweilige Kategorie von Clearingmitgliedern erfüllen muss. Dabei kann sie zwischen unterschiedlichen **Kategorien von Finanzinstrumenten** unterscheiden. Wie sich aus Art. 37 Abs. 3 VO Nr. 648/2012 ergibt, wird die CCP regelmäßig zwischen Clearingmitgliedern unterscheiden müssen, die nur für eigene Rechnung abwickeln und solchen, die Finanzinstrumente auch für Rechnung ihrer Kunden clearen. 3

Die in Art. 37 Abs. 1 Satz 2 VO Nr. 648/2012 definierten Anforderungen an den fairen und offenen Zugang sind Ausprägung der im europäischen Kartellrecht entwickelten **Essential-Facilities-Doktrin**. Danach ist es auch Infrastruktureinrichtungen wie z.B. Wertpapierabwicklungs- und -abrechnungssystemen[4] untersagt, anderen Unternehmen, die für die Erbringung ihrer Dienstleistungen auf die Nutzung ihrer Einrichtungen angewiesen sind, den Zugang zu ihren Abwicklungsdienstleistungen missbräuchlich zu verweigern oder zu behindern (s. Art. 7 VO Nr. 648/2012 Rz. 2). 4

Die Bedeutung des Art. 37 Abs. 1 Satz 2 VO Nr. 648/2012 liegt in der Klarstellung, dass die aus Gründen des **Risikomanagements** der CCP definierten Anforderungen an die finanzielle und betriebliche Ausstattung von Clearingmitgliedern keine missbräuchliche Behinderung des Zugangs darstellen. Dies folgt mittelbar auch aus Art. 37 Abs. 1 Satz 3 VO Nr. 648/2012 wonach Zugangsbeschränkungen insoweit zulässig sind, als sie auf die **Kontrolle der Risiken** für die CCP abzielen. Eine weitere Klarstellung ergibt sich aus den Erwägungsgründen. Danach muss die CCP ihren Clearingmitgliedern den **Fernzugang** nur ermöglichen, soweit dies nicht mit zusätzlichen Risiken verbunden ist[5]. 5

Eine unter Risikogesichtspunkten wichtige Fragestellung für die CCP ist, ob ihre **Risikominderungstechniken** und ihre bei Ausfall eines Clearingmitgliedes zur Anwendung kommenden **Verfahren nach Art. 47 VO Nr. 648/2012** rechtlich durchsetzbar sind. Die Frage stellt sich insbesondere im Hinblick auf Clearingmitglieder, die in einem anderen Mitgliedstaat oder einem Drittstaat ansässig sind, und bei denen das jeweils anwendbare Insolvenzrecht eine Aufrechnung, das sog. Liquidationsnetting (close-out netting) oder eine Auszahlungen von Liquidationserlösen unmittelbar an die Kunden des Clearingmitgliedes (sog. „leapfrogging") nicht oder 6

---

1 Erwägungsgrund Nr. 65 VO Nr. 648/2012; *Wilhelmi/Bluhm* in Wilhelmi/Achtelik/Kunschke/Sigmundt, Handbuch EMIR, Teil 2.B Rz. 11; *Grundmann* in Staub, HGB, Band 11/2, 5. Aufl. 2018, Rz. 750.
2 *Braithwaite*, European Business Organization Law Review (2016), 8, mit Hinweis darauf, dass im Zweifel die Sicherheit der CCP Vorrang hat.
3 *Achtelik* in Wilhelmi/Achtelik/Kunschke/Sigmundt, Handbuch EMIR, Teil 3.B.I Rz. 38.
4 EuG v. 9.9.2009 – T-301/04, ECLI:EU:T:2009:317 – Clearstream, Slg. 2009, II-3155.
5 Erwägungsgrund Nr. 63 VO Nr. 648/2012.

nur unter bestimmten Voraussetzungen zulässt[1]. Bei Clearingmitgliedern, die Finanzinstrumente auch für Rechnung ihrer Kunden clearen, ist darüber hinaus zu berücksichtigen, ob das im Fall der Insolvenz eines Clearingmitgliedes anwendbare Insolvenzrecht das Wahlrecht des Kunden nach Art. 39 Abs. 5 VO Nr. 648/2012 und den mit den beiden **Formen der Kontentrennung** – der Omnibus-Kunden-Kontentrennung i.S.d. Art. 39 Abs. 2 VO Nr. 648/2012 und der Einzelkunden-Kontentrennung nach Art. 39 Abs. 3 VO Nr. 648/2012 – bezweckten **Schutz der Kunden** ausreichend gewährleisten kann[2].

7 Die Festlegung der Zulassungskriterien setzt nach Art. 37 Abs. 1 Satz 1 und Art. 28 Abs. 3 VO Nr. 648/2012 die vorherige Konsultation des **Risikoausschusses** voraus. Die Zulassungskriterien sowie die Voraussetzungen für die Aussetzung der Mitgliedschaft sind nach Art. 10 Abs. 1 Buchst. d DelVO Nr. 153/2013 über die **Webseite der CCP** zu veröffentlichen.

8 Nach Art. 15 Abs. 2 Buchst. q DelVO Nr. 153/2012 zählen die Zulassungskriterien zu den von der CCP zu führenden **Aufzeichnungen** über Vorgänge und Tätigkeiten, die mit ihrer Geschäftsorganisation zusammenhängen. Sie unterliegen den allgemeinen Anforderungen an die Aufbewahrung nach Art. 29 VO Nr. 648/2012 und Art. 12 DelVO Nr. 153/2012, d.h. sie sind für **mindestens 10 Jahre** aufzubewahren und der zuständigen Behörde, den im ESZB zusammenwirkenden Zentralbanken und der ESMA auf Anfrage zur Verfügung zu stellen.

9 **III. Überwachung der Zulassungskriterien (Art. 37 Abs. 2 VO Nr. 648/2012).** Die CCP muss nach Art. 37 Abs. 2 VO Nr. 648/2012 die Einhaltung der Zulassungskriterien durch ihre Clearingmitglieder regelmäßig, mindestens jedoch **jährlich** überprüfen[3]. Sie muss einen zeitnahen Zugang zu allen für die Überprüfung notwendigen Informationen haben. Wie die Überwachung auszugestalten ist, ob sich die CCP z.B. auf allgemein zugängliche Quellen, wie z.B. externen Ratings, veröffentlichte Quartals- oder Jahresabschlüsse, beschränken kann oder ob sie auch Befragungen oder Prüfung vor Ort durchführen muss, ist Art. 37 Abs. 2 VO Nr. 648/2012 nicht zu entnehmen[4].

10 **IV. Besondere Anforderungen für das Kundenclearing (Art. 37 Abs. 3 VO Nr. 648/2012).** Clearingmitglieder, die Finanzinstrumente für **Rechnung von Kunden** clearen, müssen nach Art. 37 Abs. 3 Satz 1 VO Nr. 648/2012 über die hierfür erforderlichen **zusätzlichen** finanziellen Mittel und operativen Kapazitäten verfügen. Sie müssen insbesondere in der Lage sein, die Anforderungen an die Trennung und Übertragung der für Kunden gehaltenen Positionen und Vermögenswerten (Art. 39 und 48 Abs. 5 und Abs. 6 VO Nr. 648/2012) einzuhalten oder, sofern sie aufgrund des für sie maßgeblichen Insolvenzrechts die Erfüllung der Anforderungen nicht sicher stellen können, für ein vergleichbares Schutzniveau zu sorgen[5].

11 Da Clearingmitglieder für die Verbuchung der Kundenpositionen auf Ebene der CCP nach Art. 39 Abs. 2 VO Nr. 648/2012 mit Zustimmung ihrer Kunden auch die **Omnibus-Kunden-Kontentrennung** verwenden können, ist nicht sichergestellt, dass der CCP die Kunden des Clearingmitgliedes stets namentlich bekannt sind. Um die sich hieraus ergebenden **Konzentrationsrisiken** steuern zu können, muss die CCP nach Art. 37 Abs. 3 Satz 2 VO Nr. 648/2012 sicherstellen, dass ihre Clearingmitglieder ihr alle hierfür relevanten Informationen (relevant basic information) zur Verfügung stellen. Hierzu zählen z.B. Angaben, die auf mögliche Korrelationen hinweisen, wie z.B. die Zugehörigkeit der Kunden zur selben Unternehmensgruppe oder Branche (Banken, Versicherungen, Fonds, Chemie) oder die Ansässigkeit in einem bestimmten Staat.

12 Nutzen Clearingmitglieder die **Einzelkunden-Kontentrennung** i.S.d. Art. 39 Abs. 3 VO Nr. 648/2012 und sind der CCP die Namen der Kunden bekannt, hat sie die Konzentrationsrisiken, die sich dadurch ergeben, dass ein Kunde über unterschiedliche Clearingmitglieder Finanzinstrumente abwickelt, nach Art. 51 Abs. 5 DelVO Nr. 153/2013 im Rahmen ihrer Stresstests zu berücksichtigen.

13 Art. 37 Abs. 3 Satz 3 VO Nr. 648/2012 sieht vor, dass Clearingmitglieder ihrer CCP auf Anfrage mitteilen müssen, auf Grundlage welcher **Zulassungskriterien** und **Vorkehrungen** sie ihren **Kunden** den – in diesem Fall indirekten – Zugang zu den Dienstleistungen der CCP gewähren. Die Vorschrift hat Bedeutung für **Art. 17 Abs. 6 RL 2014/65/EU (MiFID II)** bzw. **§ 78 WpHG**, der die als Clearingmitglieder agierenden Wertpapierfirmen verpflichtet, wirksame Systeme und Kontrollen vorzuhalten, mit denen sie sicherstellen, dass sie Clearing-

---

1 *Sigmundt* in Wilhelmi/Achtelik/Kunschke/Sigmundt, Handbuch EMIR, Teil 3.B.IV Rz. 6 mit Hinweis auf das Rechtsrisiko, das angemessen zu berücksichtigen ist; *Jaskulka*, BKR 2012, 441, 443 mit einem Einblick in die Praxis der Eurex Clearing AG, die 2012 bereits über 114 Clearingmitglieder mit Sitz in 10 verschiedenen Ländern verfügte.
2 *Sigmundt* in Wilhelmi/Achtelik/Kunschke/Sigmundt, Handbuch EMIR, Teil 3.B.IV Rz. 6.
3 *Grundmann* in Staub, HGB, Band 11/2, 5. Aufl. 2018, Rz. 751.
4 Hierzu ausführlich: *Richter/Eue/Gallei/Schmidt* in Wilhelmi/Achtelik/Kunschke/Sigmundt, Handbuch EMIR, Teil 5 E Rz. 5.
5 *Kommission*, „EMIR: Häufig gestellte Fragen", zuletzt aktualisiert am 10.7.2014, abrufbar über: http://ec.europa.eu/internal_market/financial-markets/docs/derivatives/emir-faqs_en.pdf („*Kommission* FAQ"), FAQ IV; *Europäische Wertpapier- und Marktaufsichtsbehörde (ESMA)*, „Fragen und Antworten – Umsetzung der Verordnung (EU) Nr. 648/2012 über OTC-Derivate, zentrale Gegenparteien und Transaktionsregister (EMIR)", ESMA70-1861941480-52 vom 30.5.2018, abrufbar über: https://www.esma.europa.eu/sites/default/files/library/esma70-1861941480-52_qa_on_emir_implementation.pdf („*ESMA* Q&A"), CCP Frage Nr. 8(i) [letzte Aktualisierung: 31.3.2015].

dienstleistungen nur für solche Kunden erbringen, die über die erforderliche Eignung verfügen und mit denen sie eine rechtlich bindende **schriftliche Vereinbarung** über das Clearing abgeschlossen haben.

Zu den geforderten Systemen und Kontrollen zählen nach **Art. 25 DelVO 2017/589** insbesondere die vor Aufnahme der Clearingtätigkeit durchzuführende und jährlich zu wiederholende **Due-Diligence-Prüfung**, die u.a. die Bonität des Kunden, dessen Handelsstrategie und Risikokontrollsysteme zum Gegenstand haben. Darüber hinaus ist Zweck der Überprüfung, mögliche Verstöße gegen Vorschriften, mit denen die Integrität der Finanzmärkte sichergestellt bzw. Marktmissbrauch, Finanzkriminalität oder Geldwäsche entgegen gewirkt wird, aufzudecken. Nach Art. 26 DelVO 2017/589 müssen die Clearingmitglieder angemessenen **Handels- und Positionslimits** festlegen, mit denen sie ihr eigenes Gegenparteiausfall- oder Liquiditätsrisiko steuern. 14

Die nach Art. 37 Abs. 3 Satz 4 VO Nr. 648/2012 vorgesehene **Haftung der Clearingmitglieder** für die Verbindlichkeiten ihrer Kunden hängt maßgeblich davon ab, wie die CCP ihr Clearing rechtlich ausgestaltet. Bei dem in den U.S.A vorherrschenden, teilweise aber auch in Europa genutzten Vertretermodell (agency model) handelt das Clearingmitglied (z.B. ein futures commission merchant oder FCM) im Namen seiner Kunden. Die Clearingbeziehung kommt hier unmittelbar zwischen der CCP und dem Kunden zustande. Die Haftung des Clearingmitgliedes wird hier durch eine Garantie begründet. Bei dem in Europa vorherrschenden Kommissionsmodel (principal model oder principal-to-principal model) handelt das Clearingmitglied im eigenen Namen. Die Haftung des Clearingmitgliedes wird hier dadurch begründet, dass zwischen ihm und der CCP eine eigene Clearingbeziehung mit originären Rechten und Pflichten begründet wird (s. auch die Erläuterungen in Art. 4 VO Nr. 648/2012 Rz. 103–105). 15

V. Aussetzung der Mitgliedschaft (Art. 37 Abs. 4 und 5 VO Nr. 648/2012). Für den Fall, dass ein Clearingmitglied die in den Regelwerken definierten Zulassungskriterien nicht mehr erfüllt, muss die CCP nach Art. 37 Abs. 4 VO Nr. 648/2012 Verfahren für die vorübergehende **Suspendierung** der Clearingtätigkeit und, wenn der Zustand ein dauerhafter ist, für die **ordnungsgemäße Beendigung** der Clearingmitgliedschaft vorsehen. Vor dem Hintergrund, dass es sich bei der CCP um eine wesentliche Einrichtung (essential facility) handelt, gilt auch hier, dass die Verfahren nichtdiskriminierend, objektiv und transparent ausgestaltet sein müssen. 16

In der Praxis sind die Verfahren, mit denen die CCP einen Verstoß gegen die Zulassungskriterien untersucht und ahndet i.d.R. in den Regelwerken beschreiben. Nicht selten ist es Aufgabe der **Compliance-Funktion** oder eines für diese Zwecke eingerichteten oder zusammentretenden **Disziplinarausschuss** (disciplinary committee)[1], die notwendigen Feststellungen und Beschlüsse zu treffen[2]. 17

Nach Art. 37 Abs. 5 VO Nr. 648/2012 muss der Entscheidung der CCP, den Zugang zu verweigern, eine **umfassende Risikoanalyse** vorausgehen. Die Entscheidung selbst bedarf der Schriftform. Sie ist unter Verweis auf die Risikoanalyse zu begründen. 18

Die Tatsache, dass ein Clearingmitglied die Zulassungskriterien nicht mehr erfüllt, ist von der CCP nach Art. 38 Abs. 5 VO Nr. 648/2012 **öffentlich bekannt** zu machen. Die zuständige Behörde kann jedoch nach Anhörung der ESMA entscheiden, dass die Veröffentlichung unterbleibt (s. Art. 38 VO Nr. 648/2012 Rz. 18–21). 19

VI. Zusätzliche Verpflichtungen (Art. 37 Abs. 6 VO Nr. 648/2012). Die **zusätzlichen Verpflichtungen**, die die CCP nach Art. 37 Abs. 6 VO Nr. 648/2012 ihren Clearingmitgliedern auferlegen darf, sind nur **beispielhaft** aufgezählt. Die genannte Teilnahme an Auktionen, mit denen die Positionen eines ausgefallenen Clearingmitgliedes versteigert und nach Erteilung des Zuschlages auf einen oder mehrere nicht ausgefallene Clearingmitglieder übertragen werden, ist in der Praxis durchaus üblich. 20

Die auferlegten zusätzlichen Verpflichtungen müssen in einem **angemessenen Verhältnis** zur Größe des für das Clearingmitglied abgewickelten Portfolios und der mit ihm verbundenen Risiken stehen. Sie dürfen insbesondere **keine negativen Anreize** begründen, die potentielle Clearingmitglieder davon abhalten, den Zugang zur CCP zu beantragen[3]. 21

Wie für Art. 43 Abs. 3 VO Nr. 648/2012 und Art. 48 Abs. 2 VO Nr. 648/2012 gilt darüber hinaus, dass die zusätzlichen Verpflichtungen **nur begrenze Risikopositionen** begründen dürfen, die von Clearingmitgliedern noch kontrolliert werden können[4]. 22

---

1 S. z.B. *Eurex Clearing AG*, Disciplinary Procedures Rules abrufbar über: https://www.eurexclearing.com/blob/2617914/db2836e778e7397d5edc53fada820586/data/04_09_rules_Disciplinary-procedures_en_2016_06_20.pdf; *LCH Clearnet Limited*, Section 5 der Clearing House Procedures (Disciplinary Proceedings), abrufbar über: http://secure-area.lchclearnet.com/Images/Procedures%20section%205%20-%20Disciplinary%20Proceedings_tcm6-65238.pdf.
2 Ausführlich: *Richter/Euel/Gallei/Schmidt* in Wilhelmi/Achtelik/Kunschke/Sigmundt, Handbuch EMIR, Teil 5 E Rz. 9.
3 *Grundmann* in Staub, HGB, Band 11/2, 5. Aufl. 2018, Rz. 755.
4 *ESMA* Q&A CCP Frage Nr. 17 [letzte Aktualisierung: 11.2.2014].

Art. 38 Transparenz

(1) Eine CCP und ihre Clearingmitglieder machen die im Zusammenhang mit den erbrachten Dienstleistungen zu zahlenden Preise und Entgelte öffentlich bekannt. Sie legen die Preise und Entgelte für jede separat erbrachte Dienstleistung und Aufgabe offen, einschließlich der Abschläge und Rabatte sowie der Bedingungen für die Gewährung entsprechender Nachlässe. Eine CCP ermöglicht ihren Clearingmitgliedern und gegebenenfalls deren Kunden einen separaten Zugang zu den erbrachten spezifischen Dienstleistungen.

Eine CCP rechnet die Aufwendungen für die erbrachten Dienstleistungen und daraus resultierenden Einkünfte getrennt ab und legt diese Informationen der zuständigen Behörde gegenüber offen.

(2) Eine CCP legt den Clearingmitgliedern und Kunden gegenüber offen, welche Risiken mit den erbrachten Dienstleistungen verbunden sind.

(3) Eine CCP legt die Preisinformationen, die bei der Berechnung ihrer Risikopositionen gegenüber ihren Clearingmitgliedern am Tagesende zugrunde gelegt werden, gegenüber ihren Clearingmitgliedern und der für sie zuständigen Behörde offen.

Eine CCP macht bei jeder durch die CCP geclearten Kategorie von Instrumenten das Volumen der geclearten Transaktionen in zusammengefasster Form öffentlich bekannt.

(4) Eine CCP macht die betrieblichen und technischen Vorschriften in Zusammenhang mit den Nachrichtenprotokollen öffentlich bekannt, welche sich auf die Inhalts- und Nachrichtenformate erstrecken, die sie für die Kommunikation mit Dritten verwendet, einschließlich der operativen und technischen Anforderungen, die gemäß Artikel 7 vorgesehen sind.

(5) Eine CCP macht Verstöße von Clearingmitgliedern gegen die in Artikel 37 Absatz 1 genannten Kriterien und die in Absatz 1 dieses Artikels genannten Anforderungen öffentlich bekannt, es sei denn, die zuständige Behörde gelangt nach Anhörung der ESMA zu dem Schluss, dass eine solche Veröffentlichung eine Bedrohung für die Stabilität der Finanzmärkte oder das Vertrauen in die Märkte schaffen würde oder die Finanzmärkte erheblich gefährden oder zu einem unverhältnismäßigen Schaden bei den Beteiligten führen würde.

In der Fassung vom 4.7.2012 (ABl. EU Nr. L 201 v. 27.7.2012, S. 1).

Schrifttum: *Europäische Wertpapier- und Marktaufsichtsbehörde (ESMA)*, „Fragen und Antworten – Umsetzung der Verordnung (EU) Nr. 648/2012 über OTC-Derivate, zentrale Gegenparteien und Transaktionsregister (EMIR)", ESMA70-1861941480-52 vom 30.5.2018, abrufbar über: https://www.esma.europa.eu („*ESMA Q&A*").

I. Preis- und Leistungsverzeichnis (Art. 38 Abs. 1 VO Nr. 648/2012) 1	VI. Veröffentlichung der operativen und technischen Anforderungen an die Nachrichtenprotokolle (Art. 38 Abs. 4 VO Nr. 648/2012) .. 17
II. Kopplungs- oder Bündelungsverbot 5	VII. Bekanntmachung von Verstößen gegen die Zulassungskriterien (Art. 38 Abs. 5 VO Nr. 648/2012) 18
III. Offenlegung der Kostenkalkulation 6	
IV. Risikoaufklärung (Art. 38 Abs. 2 VO Nr. 648/2012) 8	
V. Pflicht zur Mitteilung der Abrechnungspreise (Art. 38 Abs. 3 VO Nr. 648/2012) 12	

1 **I. Preis- und Leistungsverzeichnis (Art. 38 Abs. 1 VO Nr. 648/2012).** Nach Art. 38 Abs. 1 Unterabs. 1 Satz 1 und 2 VO Nr. 648/2012 haben die CCP und ihre Clearingmitglieder die von ihnen verlangten Preise und Entgelte einschließlich der ggf. gewährten Nachlässe und der Bedingungen für deren Gewährung für jede einzelne von ihnen erbrachte Dienstleistung öffentlich bekannt zu machen.

2 Die Clearingdienstleistungen, die Einzelheiten zu den jeweils eingeschlossenen Leistungen und die für sie verlangten Entgelte – das sog. „Preisverzeichnis" – sind nach Art. 10 Abs. 1 Buchst. b Ziff. iv) und v) i.V.m. Abs. 3 DelVO Nr. 153/2013 auf der **Webseite der CCP** offenzulegen. Die Webseite, auf der die Informationen veröffentlicht werden, muss einfach aufzufinden sein und darf **keinen Zugangsbeschränkungen**, wie z.B. einer Registrierungspflicht unterliegen[1].

3 Die Offenlegungspflicht nach Art. 38 VO Nr. 648/2012 wird durch Art. 39 Abs. 7 VO Nr. 648/2012 ergänzt. Danach muss die CCP in derselben Form auch über die mit der Nutzung der unterschiedlichen Kontentrennungsmodelle verbundenen Kosten informieren (s. Art. 39 VO Nr. 648/2012 Rz. 36–47).

---

1 *Europäische Wertpapier- und Marktaufsichtsbehörde (ESMA)*, „Fragen und Antworten – Umsetzung der Verordnung (EU) Nr. 648/2012 über OTC-Derivate, zentrale Gegenparteien und Transaktionsregister (EMIR)", ESMA70-1861941480-52 vom 30.5.2018, abrufbar über: https://www.esma.europa.eu/sites/default/files/library/esma70-1861941480-52_qa_on_emir_implementation.pdf („*ESMA Q&A*"), CCP Frage Nr. 16(b) [letzte Aktualisierung: 11.2.2014].

Bei der Offenlegung der Kosten hat die CCP **konkrete Zahlen** (z.B. 0,10 Euro je Kontrakt) zu nennen. Eine Darstellung lediglich der Grundsätze, nach denen die CCP Ihre Entgelte ermittelt, reicht nicht aus[1]. Neben den Standardentgelten sind auch die bei Überschreiten bestimmter Stückzahlen oder Volumina gewährten Preisnachlässe zu veröffentlichen. Dabei muss die Darstellung das Clearingmitglied und deren Kunden in die Lage versetzen, die mit dem Clearing verbundenen Kosten **vernünftig abschätzen** und mit den Kosten anderer CCPs **vergleichen** zu können[2]. 4

II. Kopplungs- oder Bündelungsverbot. Nach Art. 38 Abs. 1 Unterabs. 1 Satz 3 VO Nr. 648/2012 muss die CCP ihren Clearingmitgliedern und deren Kunden einen **separaten Zugang zu einzelnen Clearingdienstleistungen** ermöglichen. Sie darf die Clearingmitgliedschaft insbesondere nicht daran knüpfen, dass das Clearingmitglied für das Clearing sämtlicher Finanzinstrumente zur Verfügung steht[3]. 5

III. Offenlegung der Kostenkalkulation. Art. 38 Abs. 1 Unterabs. 2 Nr. 648/2012 verpflichtet die CCP die vereinnahmten Entgelte und sonstigen Einnahmen und die im Zusammenhang mit der Erbringung der Clearingdienstleistungen entstandenen Aufwendungen gesondert abzurechnen und der zuständigen Behörde offenzulegen. 6

Die Offenlegung gibt der zuständigen Behörde die Möglichkeit, die **Angemessenheit der Entgelte zu überprüfen**. Insoweit unterstützt Art. 38 Abs. 1 Unterabs. 2 VO Nr. 648/2012 die Durchsetzung des in Art. 36 Abs. 1 VO Nr. 648/2012 verorteten Grundsatz der fairen Behandlung von Clearingmitgliedern und Kunden sowie die Erfüllung der durch Art. 39 Abs. 7 VO Nr. 648/2012 begründeten Verpflichtung, die für die Segregierung genutzten Kontentrennungsmodelle zu „handelsüblichen Bedingungen" anzubieten. 7

IV. Risikoaufklärung (Art. 38 Abs. 2 VO Nr. 648/2012). Die CCP ist nach Art. 38 Abs. 2 VO Nr. 648/2012 verpflichtet, ihren Clearingmitgliedern und deren Kunden die Risiken, die mit den von ihr erbrachten Dienstleistungen verbunden sind, offenzulegen. 8

Art. 38 Abs. 2 VO Nr. 648/2012 wird durch die in Art. 39 Abs. 7 VO Nr. 648/2012 vorgesehene Verpflichtung der CCP, das mit den unterschiedlichen Kontentrennungsmodellen verbundene Schutzniveau und die in diesem Zusammenhang maßgeblichen rechtlichen Rahmenbedingungen zu beschreiben, konkretisiert. Auch die nach Art. 39 Abs. 7 VO Nr. 648/2012 geforderte Beschreibung muss Risikohinweise enthalten. 9

Zu den Risiken, die eine CCP offen legen muss, zählen auch die durch den Abschluss von **Interoperabilitätsvereinbarungen** begründeten zusätzlichen Risiken[4]. 10

Die Informationen über die Rechte und Pflichten der Clearingmitglieder und ihrer Kunden, die diese in die Lage versetzen muss, die mit der Nutzung der Clearingdienstleistungen verbundenen **Risiken** vollständig zu erfassen, sind nach Art. 10 Abs. 1 Buchst. b Ziff. iv) i.V.m. Abs. 3 DelVO Nr. 153/2013 auf der Webseite der CCP offenzulegen. 11

V. Pflicht zur Mitteilung der Abrechnungspreise (Art. 38 Abs. 3 VO Nr. 648/2012). Nach Art. 38 Abs. 3 Unterabs. 1 VO Nr. 648/2012 sind die täglichen Abrechnungspreise, auf deren Grundlage die CCP die Risikopositionen der Clearingmitglieder am Tagesende ermittelt, den Clearingmitgliedern und der für die CCP zuständigen Behörde mitzuteilen. Art. 38 Abs. 3 Unterabs. 2 VO Nr. 648/2012 sieht darüber hinaus vor, dass die CCP in aggregierter Form für jede Kategorie von Finanzinstrumenten das Volumen der von ihr geclearten Geschäfte öffentlich bekannt machen muss. 12

Der bei der Berechnung der Risikopositionen zugrunde gelegte **Abrechnungspreis** ist von der CCP nur gegenüber den Clearingmitgliedern und der für die CCP zuständigen Behörde offen zu legen. Eine darüber hinausgehende Veröffentlichung ist nach Art. 38 Abs. 3 Unterabs. 2 VO Nr. 648/2012 nur für das Volumen der insgesamt geclearten Finanzinstrumente vorgesehen. 13

Der Abrechnungspreis entspricht bei Finanzinstrumenten, die an einem Handelsplatz, z.B. an einer Terminbörse, gehandelt werden, dem am Ende des Handelstages festgestellten Preis. Bei OTC-Derivaten ist der Abrechnungspreis der von der CCP festgestellte Wert des OTC-Derivates. Dieser ist ebenfalls am Tagesende (end-of-day) zu ermitteln. 14

Basiert der von der CCP ermittelte Abrechnungspreis für OTC-Derivate auf **Quotierungen von Marktteilnehmern**, so sind auch die Quotierungen gegenüber den Clearingmitgliedern und der zuständigen Behörde offen zu legen. Die Benennung der Marktteilnehmer kann, wenn dies die Vertraulichkeit der Information gebietet, hingegen unterbleiben[5]. 15

Der für die Berechnung von Risikopositionen verwendete Abrechnungspreis ist nach Art. 14 Abs. 2 Buchst. c DelVO Nr. 153/2013 am Ende des Geschäftstages von der CCP in ihren **Aufzeichnungen** festzuhalten. 16

---

1 *ESMA* Q&A CCP Frage Nr. 16(d) [letzte Aktualisierung: 11.2.2014]: „numerical figures".
2 *ESMA* Q&A CCP Frage Nr. 16(d) [letzte Aktualisierung: 11.2.2014]: „to establish a reasonable estimate".
3 *Grundmann* in Staub, HGB, Band 11/2, 5. Aufl. 2018, Rz. 756.
4 *ESMA* Leitlinien Interoperabilität, Detaillierte Leitlinien und Empfehlungen Nr. 3 c (iii).
5 *ESMA* Q&A CCP Frage Nr. 16(a) [letzte Aktualisierung: 11.2.2014].

17 **VI. Veröffentlichung der operativen und technischen Anforderungen an die Nachrichtenprotokolle (Art. 38 Abs. 4 VO Nr. 648/2012).** Die CCP veröffentlicht nach Art. 38 Abs. 4 VO Nr. 648/2012 die operativen und technischen Anforderungen an die **Nachrichtenprotokolle**, die für die Kommunikation und den Datenaustausch mit Dritten zu verwenden sind. Die Veröffentlichung muss auch die Anforderungen enthalten, denen ein **Handelsplatz** im Hinblick auf das Risikomanagement der CCP nach Art. 7 Abs. 1 Unterabs. 1 VO Nr. 648/2012 genügen muss.

18 **VII. Bekanntmachung von Verstößen gegen die Zulassungskriterien (Art. 38 Abs. 5 VO Nr. 648/2012).** Erfüllt ein Clearingmitglied die Zulassungskriterien nicht mehr oder verstößt es gegen seine Verpflichtung aus Art. 38 Abs. 1 VO Nr. 648/2012 (Offenlegung der Preise und Entgelte), macht die CCP dies nach Art. 38 Abs. 5 VO Nr. 648/2012 öffentlich bekannt. Die Veröffentlichung muss auch den Namen des betreffenden Clearingmitgliedes enthalten[1].

19 Von der Veröffentlichung kann die CCP nur dann Abstand nehmen, wenn die für die CCP zuständige Behörde nach Anhörung der ESMA zu der Auffassung gelangt, dass eine Offenlegung die **Stabilität der Finanzmärkte** oder das **Vertrauen der Finanzmärkte** gefährden würde oder wenn die Offenlegung für die Beteiligten mit einem **unverhältnismäßigen Schaden** verbunden wäre.

20 Zu den Beteiligten, die einem unverhältnismäßigen Schaden ausgesetzt sein können, sind zunächst das betreffende Clearingmitglied und die seiner Gruppe angehörigen Unternehmen zu zählen. Darüber hinaus können auch die CCP selbst oder eine andere CCP, die mit der CCP eine Interoperabilitätsvereinbarung geschlossen hat, betroffen sein.

21 Angesichts der Bedeutung, die der Zugang zur CCP für das betreffende Clearingmitglied haben kann, verwundert es, dass sich die Anhörung auf die ESMA beschränkt und nicht auch die für die **Beaufsichtigung** oder die **Sanierung und Abwicklung** des Clearingmitgliedes verantwortlichen Behörden umfasst; zumal diese den potentiellen unverhältnismäßigen Schaden, den eine Veröffentlichung nach sich ziehen könnte, im Zweifel besser abschätzen können.

Art. 39 Trennung und Übertragbarkeit

(1) Eine CCP führt getrennte Aufzeichnungen und Abrechnungskonten, die es ihr ermöglichen, in den bei ihr geführten Konten jederzeit unverzüglich die im Namen eines Clearingmitglieds gehaltenen Vermögenswerte und Positionen von den im Namen eines anderen Clearingmitglieds gehaltenen Vermögenswerten und Positionen sowie von den eigenen Vermögenswerten zu unterscheiden.

(2) Eine CCP bietet die Möglichkeit, getrennte Aufzeichnungen und Abrechnungskonten zu führen, die es jedem Clearingmitglied ermöglichen, in Konten bei der CCP zwischen seinen eigenen Vermögenswerten und Positionen und den im Namen seiner Kunden gehaltenen zu unterscheiden (im Folgenden „Omnibus-Kunden-Kontentrennung").

(3) Eine CCP bietet die Möglichkeit, getrennte Aufzeichnungen und Abrechnungskonten zu führen, die es jedem Clearingmitglied ermöglichen, in Konten bei der CCP die im Namen eines Kunden gehaltenen Vermögenswerte und Positionen von den im Namen anderer Kunden gehaltenen zu unterscheiden (im Folgenden „Einzelkunden-Kontentrennung"). Auf entsprechenden Wunsch räumt die CCP Clearingmitgliedern die Möglichkeit ein, weitere Konten in eigenem Namen oder im Namen ihrer Kunden zu eröffnen.

(4) Ein Clearingmitglied führt getrennte Aufzeichnungen und Abrechnungskonten, die es ihm ermöglichen, sowohl in den bei der CCP geführten als auch in seinen eigenen Konten zwischen seinen eigenen Vermögenswerten und Positionen und den im Namen seiner Kunden bei der CCP gehaltenen Vermögenswerten und Positionen zu unterscheiden.

(5) Ein Clearingmitglied räumt seinen Kunden mindestens die Möglichkeit ein, zwischen einer „Omnibus-Kunden-Kontentrennung" und einer „Einzelkunden-Kontentrennung" zu wählen, und informiert sie darüber, welche Kosten und welches Schutzniveau nach Absatz 7 mit der jeweiligen Option einhergehen. Der Kunde bestätigt seine Wahl schriftlich.

(6) Entscheidet sich ein Kunde für die Einzelkunden-Kontentrennung, so muss jeder über die Einschussforderung an den Kunden hinausgehende Überschuss ebenfalls bei der CCP hinterlegt und von den Einschusszahlungen anderer Kunden oder Clearingmitglieder unterschieden werden und darf nicht dafür verwendet werden, Verluste im Zusammenhang mit Positionen eines anderen Abrechnungskontos zu tragen.

---

[1] *ESMA* Q&A CCP Frage Nr. 16(c) [letzte Aktualisierung: 11.2.2014]; *Grundmann* in Staub, HGB, Band 11/2, 5. Aufl. 2018, Rz. 758 spricht vom „naming and shaming".

(7) Die CCPs und die Clearingmitglieder veröffentlichen die Schutzniveaus und die Kosten, die mit dem jeweiligen Grad der von ihnen angebotenen Kontentrennung verbunden sind, und bieten diese Dienste zu handelsüblichen Bedingungen an. Die Erläuterungen der einzelnen Stufen der Trennung umfassen eine Beschreibung der wesentlichen rechtlichen Rahmenbedingungen des jeweiligen angebotenen Trennungsgrads einschließlich Informationen zum Insolvenzrecht der jeweiligen Rechtsordnung.

(8) Einer CCP steht ein Verfügungsrecht in Bezug auf die Einschusszahlungen oder Beiträge zu einem Ausfallfonds zu, die als Finanzsicherheiten in Form eines beschränkten dinglichen Rechts im Sinne des Artikels 2 Nummer 1 Buchstabe c der Richtlinie 2002/47/EG des Europäischen Parlaments und des Rates vom 6. Juni 2002 über Finanzsicherheiten eingenommen werden, sofern die Nutzung derartiger Sicherungsvereinbarungen durch ihre Betriebsvorschriften vorgesehen ist. Das Clearingmitglied hat schriftlich zu bestätigen, dass es die Betriebsvorschriften akzeptiert hat. Die CCP gibt öffentlich bekannt, dass sie dieses Verfügungsrecht besitzt, dessen Ausübung sich nach Artikel 47 bestimmt.

(9) Die Anforderung, dass die bei der CCP gehaltenen Vermögenswerte und Positionen in den Abrechnungskonten zu unterscheiden sind, gilt als erfüllt, wenn

a) die betreffenden Vermögenswerte und Positionen in getrennten Abrechnungskonten geführt werden,
b) die Aufrechnung von Positionen in unterschiedlichen Abrechnungskonten gegeneinander nicht möglich ist,
c) die den Positionen eines Abrechnungskontos entsprechenden Vermögenswerte nicht verwendet werden, um Verluste im Zusammenhang mit Positionen eines anderen Abrechnungskontos zu tragen.

(10) Vermögenswerte bezeichnen Sicherheiten, die zur Deckung von Positionen gehalten werden, und umfassen das Recht auf Übertragung von Vermögenswerten, die der betreffenden Sicherheit gleichwertig sind, oder den Gewinn aus der Veräußerung einer Sicherheit, nicht jedoch Beiträge zu einem Ausfallfonds.

In der Fassung vom 4.7.2012 (ABl. EU Nr. L 201 v. 27.7.2012, S. 1).

Schrifttum: *Decker,* Segregation und Ausfallrisiko nach EMIR und KAGB, BKR 2014, 397; *Europäische Wertpapier- und Marktaufsichtsbehörde (ESMA),* „Fragen und Antworten – Umsetzung der Verordnung (EU) Nr. 648/2012 über OTC-Derivate, zentrale Gegenparteien und Transaktionsregister (EMIR)", ESMA70-1861941480-52 vom 30.5.2018, abrufbar über: https://www.esma.europa.eu („*ESMA* Q&A"); *von Hall,* Warum EMIR den Finanzplatz Deutschland stärkt, und trotzdem eine Wettbewerbsverzerrung im Binnenmarkt droht, WM 2013, 673; *Kommission,* „EMIR: Häufig gestellte Fragen", zuletzt aktualisiert am 10.7.2014, abrufbar über: http://ec.europa.eu („*Kommission* FAQ").

I. Zweck des Trennungsprinzips 1	VII. Weiterleitung der vom Kunden empfangenen Einschüsse (Art. 39 Abs. 6 VO Nr. 648/2012) . 30
II. Pflichten der CCP (Art. 39 Abs. 1 VO Nr. 648/2012) 5	VIII. Risikoaufklärung (Art. 39 Abs. 7 VO Nr. 648/2012) 36
III. Omnibus-Kunden-Kontentrennung (Art. 39 Abs. 2 VO Nr. 648/2012) 15	IX. Verbot der Nutzung von Sicherheiten (Art. 39 Abs. 8 VO Nr. 648/2012) 48
IV. Einzelkunden-Kontentrennung (Art. 39 Abs. 3 VO Nr. 648/2012) 18	X. Anforderungen an die „Unterscheidung" (Art. 39 Abs. 9 VO Nr. 648/2012) 52
V. Pflichten des Clearingmitgliedes (Art. 39 Abs. 4 VO Nr. 648/2012) 24	XI. Begriff Vermögenswerte (Art. 39 Abs. 10 VO Nr. 648/2012) 56
VI. Wahlrecht des Kunden (Art. 39 Abs. 5 VO Nr. 648/2012) 27	

I. Zweck des Trennungsprinzips. Das mit Art. 39 VO Nr. 648/2012 begründete **Trennungsprinzip** soll die am Clearing beteiligten Clearingmitglieder und deren Kunden davor schützen, dass die der CCP oder deren Clearingmitgliedern anvertrauten Vermögenswerte bei Ausfall der CPP oder eines Clearingmitgliedes Bestandteile der jeweiligen Insolvenzmasse werden mit der Folge, dass den Clearingmitgliedern bei Ausfall der CCP oder den Kunden bei Ausfall ihres Clearingmitgliedes lediglich eine mit der Insolvenzquote zu befriedigende einfache Insolvenzforderung zusteht[1]. Er erfüllt damit eine vergleichbare Funktion wie Art. 16 Abs. 8 und 9 RL 2014/65/EU (MiFID II)[2]. 1

Wie die Überschrift des Art. 39 VO Nr. 648/2012 „*Trennung und Übertragbarkeit*" verdeutlicht, soll die Trennung auch sicherstellen, dass die Positionen und Forderungen der Kunden bei Ausfall ihres Clearingmitgliedes nach Art. 48 Abs. 5 oder 6 VO Nr. 648/2012 auf ein anderes Clearingmitglied **übertragen** werden können[3]. 2

---

1 ESMA, „Fragen und Antworten – Umsetzung der Verordnung (EU) Nr. 648/2012 über OTC-Derivate, zentrale Gegenparteien und Transaktionsregister (EMIR)", ESMA70-1861941480-52 vom 30.5.2018, abrufbar über: https://www.esma.europa.eu/sites/default/files/library/esma70-1861941480-52_qa_on_emir_implementation.pdf („*ESMA* Q&A"), CCP Frage Nr. 8(f)(1) [letzte Aktualisierung: 31.3.2015]: „high level of protection".
2 *Grundmann* in Staub, HGB, Band 11/2, 5. Aufl. 2018, Rz. 759.
3 Erwägungsgrund Nr. 64 VO Nr. 648/2012; *Grundmann* in Staub, HGB, Band 11/2, 5. Aufl. 2018, Rz. 759.

3   Das Trennungsprinzip ist durch Art. 4 Abs. 2 und Art. 5 Abs. 1 DelVO 149/2013 auf das **indirekte Clearing** übertragen worden. Eine vergleichbare Regelung sehen Art. 11 Abs. 3 VO Nr. 648/2012 und Art. 19 Abs. 5 DelVO 2016/2251 für **nicht zentral geclearte OTC-Derivate** und die für große Derivateportfolien zu stellenden Ersteinschüsse vor: Leistet die sicherungsgebende Partei Finanzinstrumente als Ersteinschuss, so sind diese auf ihren Wunsch hin bei einem Dritten zu verwahren, der sie so verbucht, dass sie von den Vermögenswerten anderer Gegenparteien getrennt sind.

4   Schließt eine CCP mit einer anderen CCP eine **Interoperabilitätsvereinbarung** ab, so gilt das Trennungsprinzip nach Art. 53 Abs. 1 VO Nr. 648/2012 auch für die für Rechnung der interoperablen CCP gehaltenen Positionen und Vermögenswerte.

5   **II. Pflichten der CCP (Art. 39 Abs. 1 VO Nr. 648/2012).** Art. 39 Abs. 1 VO Nr. 648/2012 verpflichtet die CCP, getrennte Aufzeichnungen und Abrechnungskonten zu führen, die es ihr ermöglichen, die im Namen eines Clearingmitgliedes gehaltenen Positionen und Vermögensgegenstände von den eigenen und den Positionen und Vermögensgegenständen anderer Clearingmitglieder zu unterscheiden.

6   Der Anwendungsbereich des Art. 39 Abs. 1 VO Nr. 648/2012 und der nachfolgenden Bestimmungen beschränkt sich auf die in der Union ansässigen und nach Art. 14 VO Nr. 648/2012 zugelassenen CCPs. Für **Drittstaaten-CCPs** gelten sie selbst dann nicht, wenn diese nach Art. 25 VO Nr. 648/2012 durch die ESMA anerkannt wurden[1]. Sofern die Rechts- und Aufsichtsmechanismen des Drittstaates nach Auffassung der Kommission ein gleichwertiges Schutzniveau bieten, werden Drittstaaten-CCPs ihren europäischen Clearingmitgliedern und deren Kunden nur die Optionen der Kontentrennung anbieten müssen, die das Recht des betreffenden Drittstaates verlangt. Sofern die Kommission mit ihrem Vorschlag für eine Änderung u.a. der Anforderungen für die Anerkennung zentraler Gegenparteien aus Drittstaaten (**EMIR-II-Entwurf**)[2] durchdringt, werden zukünftig zumindest die Drittstaaten-CCPs mit systemrelevanter Bedeutung (sog. „Tier-2-CCPs") die Trennungsanforderungen des Art. 39 VO Nr. 648/2012 ebenfalls erfüllen müssen.

7   In der **Union ansässige CCPs** müssen das in Art. 39 VO Nr. 648/2012 vorgesehene Schutzniveau auch ihren in einem Drittstaat ansässigen Clearingmitgliedern anbieten[3]. Dies gilt auch dann, wenn die Clearingmitglieder in ihrem Heimatland Rechtsvorschriften unterliegen, die es ihnen erlauben würden, die Positionen und Vermögenswerte ihrer Kunden nicht von den eigenen zu trennen.

8   Der Begriff **Vermögenswert** wird in Art. 39 Abs. 10 VO Nr. 648/2012 definiert. Er verdeutlicht, dass es sich bei ihm um die von den Clearingmitgliedern oder deren Kunden gestellten **Einschüsse** handelt. Die Trennung der Einschüsse auf Ebene der CCP wird durch Art. 47 Abs. 3 und 5 VO Nr. 648/2012 ergänzt. Danach ist die CCP verpflichtet, die als Einschüsse empfangenen Finanzinstrumente bei Dritten zu hinterlegen und sicher zu stellen, dass sie durch besondere Kennzeichnung der Verwahrkonten von den eigenen Vermögenswerten der CCP getrennt werden.

9   Nicht zu den Vermögenswerten, sondern zu den **Positionen** zählen die Marktwerte der OTC-Derivate, die das Clearingmitglied für Rechnung seiner Kunden über das System der CCP abwickeln lässt. Die Bedeutung der Trennung von Positionen zeigt sich bei Ausfall eines Clearingmitgliedes, wenn die Übertragung der OTC-Derivate auf ein anderes Clearingmitglied scheitert und die CCP die Positionen des Kunden durch Glattstellung liquidiert. In diesem Fall sind die Beträge, die den Kunden nach Glattstellung zustehen, unmittelbar an den Kunden oder, wenn die CCP die Identität des Kunden nicht kennt, für dessen Rechnung an das ausgefallene Clearingmitglied zu zahlen (Art. 48 Abs. 7 VO Nr. 648/2012)[4].

10 Die nach Art. 39 Abs. 1 VO Nr. 648/2012 geforderte „**Unterscheidung**" der Positionen und Vermögenswerte in den Aufzeichnungen und Abrechnungskonten der CCP wird in Art. 39 Abs. 9 VO Nr. 648/2012 näher präzisiert. Sie ist erfüllt, wenn die zu trennenden Positionen und Vermögenswerte in getrennten Abrechnungskonten geführt werden, die eine Aufrechnung mit den Positionen und Vermögenswerten anderer Abrechnungskonten ausschließt, und die sicherstellt, dass die Vermögenswerte nicht dazu genutzt werden können, die für Positionen eines anderen Abrechnungskontos ermittelten Verluste auszugleichen.

---

1   *ESMA*, endgültiger Bericht der ESMA über technische Regulierungsstandards für indirekte Clearingvereinbarungen unter der EMIR und MiFIR, ESMA/2016/725 vom 26.5.2016, abrufbar über: https://www.esma.europa.eu/sites/default/files/library/2016-725.pdf („*ESMA* RTS Indirektes Clearing"), Rz. 9.
2   *Kommission*, Vorschlag für eine Verordnung des Europäischen Parlaments und des Rates zur Änderung der Verordnung (EU) Nr. 1095/2010 zur Errichtung einer Europäischen Aufsichtsbehörde (Europäische Wertpapier- und Marktaufsichtsbehörde) sowie der Verordnung (EU) Nr. 648/2012 hinsichtlich der für die Zulassung von zentralen Gegenparteien anwendbaren Verfahren und zuständigen Behörden und der Anforderungen für die Anerkennung zentraler Gegenparteien aus Drittstaaten, KOM(2017) 331 vom 3.6.2017, abrufbar über: http://eur-lex.europa.eu/resource.html?uri=cellar:80b1cafa-50fe-11e7-a5ca-01aa75ed71a1.0020.02/DOC_1&format=PDF („*Kommission* EMIR-II-Entwurf"). Der Vorschlag der Kommission wurde am 20.9.2017 ergänzt; die Ergänzung ist abrufbar über: https://eur-lex.europa.eu/legal-content/DE/TXT/PDF/?uri=CELEX:52017PC0539&from=DE.
3   *Kommission*, „EMIR: Häufig gestellte Fragen", zuletzt aktualisiert am 10.7.2014, abrufbar über: http://ec.europa.eu/internal_market/financial-markets/docs/derivatives/emir-faqs_en.pdf („*Kommission* FAQ"), IV.
4   Erwägungsgrund Nr. 64 VO Nr. 648/2012.

Art. 39 Abs. 9 VO Nr. 648/2012 verbietet lediglich die Verrechnung über mehrere Abrechnungskonten hinweg. 11
Eine **Aufrechnung** von Positionen und Vermögenswerten **innerhalb** desselben Abrechnungskontos ist zulässig
und in der Praxis auch üblich. Dies schließt jedoch nicht aus, dass die Beteiligten vereinbaren, dass die Aufrechnung von Positionen und Vermögenswerten auch innerhalb desselben Abrechnungskontos ausgeschlossen
ist[1].

Die Anforderungen an die Führung von Aufzeichnungen sind in **Art. 14 DelVO Nr. 153/2013** konkretisiert 12
worden. Danach müssen die Aufzeichnungen sicherstellen, dass die einer Position zugrunde liegenden Transaktionen und die Personen, für die sie gehalten werden, soweit sie der CCP bekannt sind, **umfassend und jederzeit genau rekonstruiert** werden können.

Nach Art. 14 Abs. 2 DelVO Nr. 153/2013 müssen die Aufzeichnungen am Ende eines jeden Geschäftstages ak- 13
tualisiert werden und u.a. den Wert der Positionen, einschließlich des jeweiligen Vorzeichens, und die für die
Bewertung der Positionen genutzten Abrechnungspreise ausweisen. Die Aufzeichnungen müssen nach Art. 14
Abs. 3 DelVO Nr. 153/2013 darüber hinaus Angaben zu den von den Clearingmitgliedern, Kunden oder interoperablen CCPs geleisteten Einschusszahlungen (den Vermögenswerten i.S.d. Art. 39 Abs. 10 VO Nr. 648/
2012), den Beiträgen zum Ausfallfonds und den sonstigen nach Art. 43 Abs. 3 VO Nr. 648/2012 angeforderten
Leistungen enthalten. Auch diese sind an jedem Geschäftstag zu aktualisieren.

Die CCP muss ihren Clearingmitgliedern **zwei Formen der Kontentrennung** einräumen: Die Omnibus-Kun- 14
den-Kontentrennung nach Art. 39 Abs. 2 VO Nr. 648/2012 und die Einzelkunden-Kontentrennung nach
Art. 39 Abs. 3 VO Nr. 648/2012.

III. Omnibus-Kunden-Kontentrennung (Art. 39 Abs. 2 VO Nr. 648/2012). Bei der Omnibus-Kunden-Kon- 15
tentrennung i.S.d. Art. 39 Abs. 2 VO Nr. 648/2012 führt die CCP für sämtliche Kunden eines Clearingmitgliedes nur ein Abrechnungskonto. Das Omnibuskonto stellt das **Mindestschutzniveau** dar, das eine CCP ihren
Clearingmitgliedern anbieten muss[2]. Das Omnibuskonto wird im Namen des Clearingmitgliedes geführt. Der
Umstand, dass es für Rechnung von Kunden geführt wird, wird erst aus der Bezeichnung des Omnibuskontos
ersichtlich (z.B. EMIR Bank AG w/Kunden).

Die Regelwerke der CCPs können vorsehen, dass die Aufrechnung von Positionen und Vermögenswerten in- 16
nerhalb des Abrechnungskontos ausgeschlossen ist[3]. Das hierdurch begründete **Brutto-Omnibus-Abrechnungskonto** entspricht den Anforderungen des Art. 39 Abs. 2 VO Nr. 648/2012. Da es verhindert, dass die
Verluste aus Positionen eines Kunden mit den Gewinnen andere Kunden verrechnet werden, verfügt es jedoch
über ein höheres Schutzniveau als das üblicherweise genutzte Netto-Omnibus-Abrechnungskonto[4].

Das in Art. 39 Abs. 3 Satz 2 VO Nr. 648/2012 vorgesehene Recht des Clearingmitgliedes, **weitere Abrech-** 17
nungskonten im eigenen Namen oder in Namen von Kunden zu führen, fehlt in Art. 39 Abs. 2 VO Nr. 648/
2012. Wie sich jedoch bereits aus Art. 3 DelVO Nr. 149/2013 ergibt, muss es zumindest den Clearingmitgliedern, die indirekte Clearingdienstleistungen anbieten, möglich sein, für ihre Kunden weitere Omnibuskonten
einzurichten, in denen ein Kunde, der dies wünscht, die Positionen und Vermögenswerte seiner indirekten
Kunden trennen kann. In ihren Auslegungsentscheidungen hat die ESMA klargestellt, dass Art. 39 Abs. 3 Satz 2
VO Nr. 648/2012 auf Omnibuskonten grundsätzlich entsprechend anzuwenden ist, d.h. das Clearingmitglieder
für ihre Kunden auch außerhalb des Art. 3 DelVO Nr. 149/2013 mehr als ein Omnibuskonto führen können[5].

IV. Einzelkunden-Kontentrennung (Art. 39 Abs. 3 VO Nr. 648/2012). Bei der Einzelkunden-Kontentren- 18
nung führt die CCP für jeden einzelnen Kunden, für den dies das Clearingmitglied verlangt, ein gesondertes
Abrechnungskonto. Wie das Omnibuskonto wird auch das Einzelkundenkonto im Namen des Clearingmitgliedes geführt. Dass das Abrechnungskonto für Rechnung eines bestimmten Kunden geführt wird, ergibt sich erst
aus der Bezeichnung des Abrechnungskontos (z.B. EMIR Bank AG w/Dodd-Frank GmbH).

Die Einzelkunden-Kontentrennung führt dazu, dass die nach Art. 14 Abs. 3 DelVO Nr. 153/2013 zu führenden 19
Aufzeichnungen über die für Rechnung von Kunden geleisteten Ersteinschüsse und Nachschüsse für jeden einzelnen Kunden zu führen sind[6]. Dies schließt jedoch nicht aus, dass die CCP im Rahmen der Abwicklung nach
Art. 50 VO Nr. 648/2012 die für unterschiedliche Kunden ermittelten Einschussverpflichtungen technisch zu
einer Zahlung zusammenfasst[7].

---

1 *ESMA* RTS Indirektes Clearing, Rz. 38.
2 *Kommission* FAQ, II. 12; *ESMA* Q&A CCP Frage Nr. 8(b) [letzte Aktualisierung: 31.3.2015]; *ESMA*, Bericht „ESMA review of CCP colleges under EMIR", ESMA/2015/20 vom 8.1.2015, abrufbar über: https://www.esma.europa.eu/sites/
default/files/library/2015/11/2015-20-_report_on_esma_review_of_ccp_colleges.pdf („*ESMA* CCP Peer Review Colleges"),
S. 14.
3 *ESMA* RTS Indirektes Clearing, Rz. 38.
4 *ESMA* RTS Indirektes Clearing, Rz. 39: „high level of distinction".
5 *ESMA* Q&A CCP Frage Nr. 8(g) [letzte Aktualisierung: 31.3.2015].
6 S. auch die Formulierung „falls dieser der CCP bekannt ist".
7 *ESMA* Q&A CCP Frage Nr. 8(e)(2) [letzte Aktualisierung: 31.3.2015].

20 Im Falle der Einzelkunden-Kontentrennung ist es erforderlich, dass die für Rechnung des Kunden geleisteten Einschüsse nicht nur der Höhe nach, sondern **auch der Art** nach unterscheidbar bleiben. Sind z.B. die Ersteinschüsse durch Übertragung von Wertpapieren geleistet worden, ist in dem für Rechnung des Kunden geführten Abrechnungskonto auch die Wertpapierkennnummer oder ISIN der Wertpapiergattung festzuhalten[1].

21 Die Einzelkunden-Kontentrennung erstreckt sich nur auf die von der CCP geführten Aufzeichnungen und Abrechnungskonten. Ist die CCP nach Art. 47 Abs. 3 und 5 VO Nr. 648/2012 verpflichtet, die als Einschussleistungen empfangenen **Finanzinstrumente bei Dritten** zu hinterlegen, heißt dies nicht, dass sie das mit der Einzelkunden-Kontentrennung verbundene Schutzniveau auch beim Dritten sicherstellen muss[2]. Es ist hierfür ausreichend, wenn sie die Vermögenswerte in einem einzigen für Rechnung der Clearingmitglieder, Kunden und indirekten Kunden gehaltenen Omnibusdepot verwahren lässt.

22 Nach Art. 39 Abs. 5 Nr. 648/2012 steht die **Wahl** zwischen den beiden Kontentrennungsmodellen auf Ebene der CCP letztendlich dem **Kunden des Clearingmitgliedes** zu. So muss das Clearingmitglied seinen Kunden sowohl die Omnibus-Kunden-Kontentrennung als auch die Einzelkunden-Kontentrennung anbieten. Entscheidet sich der Kunde für die Einzelkunden-Kontentrennung, so muss das Clearingmitglied bei der CCP die Eröffnung des Kontos beantragen.

23 Abweichend von Art. 3 DelVO Nr. 149/2013 kann die CCP die Einzelkunden-Kontentrennung auch für **indirekte Kunden** anbieten. Verpflichtet ist sie hierzu allerdings nicht[3].

24 **V. Pflichten des Clearingmitgliedes (Art. 39 Abs. 4 VO Nr. 648/2012).** Die in Art. 39 Abs. 1 VO Nr. 648/2012 begründeten Pflichten der CCP werden durch Art. 39 Abs. 4 VO Nr. 648/2012 auf die Clearingmitglieder der CCP übertragen. Das Clearingmitglied muss auch auf seiner Ebene, d.h. in den **eigenen Büchern**, separate Aufzeichnungen und Abrechnungskonten führen, mit denen es die Positionen und Vermögenswerte der Kunden von den eigenen Positionen und Vermögenswerten unterscheiden kann. Wegen der Begriffe Positionen, Vermögenswerte und Unterscheidung wird auf die obigen Ausführungen verwiesen.

25 Der Anwendungsbereich des Art. 39 Abs. 4 VO Nr. 648/2012 und der nachfolgenden Bestimmungen ist in **räumlicher Hinsicht** weiter als der des Art. 39 Abs. 1 VO Nr. 648/2012. Wie sich Art. 1 Abs. 2 VO Nr. 648/2012 entnehmen lässt, gilt die EMIR für die CCP „und *deren* Clearingmitglieder" und zwar auch wenn diese ihren Sitz in einem **Drittstaat** haben[4]. Unterstützt wird diese Auslegung dadurch, dass die Definition des Begriffs Clearingmitglied in Art. 2 Nr. 14 VO Nr. 648/2012 kein in der Union niedergelassenes Unternehmen verlangt. Die Anwendung des Art. 39 VO Nr. 648/2012 auf Drittstaaten-Clearingmitglieder beschränkt sich jedoch auf die Rechtsbeziehungen, die sie durch ihre Teilnahme am Clearing der europäischen CCP begründet haben. Soweit dasselbe Clearingmitglied für das Clearing von OTC-Derivaten auch CCPs in Drittstaaten, z.B. in seinem Heimatland nutzt, findet Art. 39 VO Nr. 648/2012 keine Anwendung. Dies gilt selbst dann, wenn sie das Clearing an diesen Drittstaaten-CCPs für Kunden übernimmt, die ihren Sitz in der Union haben.

26 Die Bestimmungen der Art. 39 Abs. 4 bis 7 VO Nr. 648/2012 finden auch dann keine Anwendung, wenn ein in der Union ansässiges Clearingmitglied eine nach Art. 25 VO Nr. 648/2012 anerkannte Drittstaaten-CCP nutzt[5].

27 **VI. Wahlrecht des Kunden (Art. 39 Abs. 5 VO Nr. 648/2012).** Wie die CCP müssen auch deren Clearingmitglieder ihren Kunden **beide Optionen der Kontentrennung** einräumen: Die Omnibus-Kunden-Kontentrennung nach Art. 39 Abs. 2 VO Nr. 648/2012 und die Einzelkunden-Kontentrennung nach Art. 39 Abs. 3 VO Nr. 648/2012. Die Art der Kontentrennung ist zwischen dem Clearingmitglied und dem Kunde schriftlich zu vereinbaren. Vor Abschluss der Vereinbarung hat das Clearingmitglied den Kunden über die **Kosten** der Optionen und das mit der jeweiligen Kontentrennung verbundene **Schutzniveau** zu informieren. Wegen der Einzelheiten der unterschiedlichen Schutzniveaus wird auf die Ausführungen zu Art. 39 Abs. 7 VO Nr. 648/2012 Rz. 36–47 verwiesen.

28 Die Pflicht des Art. 39 Abs. 5 VO Nr. 648/2012 besteht auch gegenüber **Kunden mit Sitz in Drittstaaten**[6]. Hat das Clearingmitglied seinen **Sitz in einem Drittstaat**, dessen Insolvenzrecht den mit den beiden Formen der Kontentrennung bezweckten Schutz der Kunden nicht gewährleistet, so wird von ihm erwartet, dass es nach Alternativen sucht, wie z.B. der Einschaltung eines anderen Clearingmitgliedes oder eines Tochterunternehmens, die ein angemessenen Schutzniveaus sicherstellen[7].

---

1 *ESMA* Q&A CCP Frage Nr. 8(d) [letzte Aktualisierung: 31.3.2015].
2 *ESMA* Q&A CCP Frage Nr. 8(e)(1) [letzte Aktualisierung: 31.3.2015].
3 *ESMA* Q&A CCP Frage Nr. 8(h) [letzte Aktualisierung: 31.3.2015].
4 Kommission FAQ IV; ESMA Q&A CCP Frage Nr. 8(i) [letzte Aktualisierung: 31.3.2015].
5 *ESMA* Q&A CCP Frage Nr. 8(i) [letzte Aktualisierung: 31.3.2015].
6 *ESMA* Q&A CCP Frage Nr. 8(i) [letzte Aktualisierung: 31.3.2015].
7 *Kommission FAQ IV*; ESMA Q&A CCP Frage Nr. 8(i) [letzte Aktualisierung: 31.3.2015]; s. auch *Sigmundt* in Wilhelmi/Achtelik/Kunschke/Sigmundt, Handbuch EMIR, Teil 3.B.IV Rz. 6 wonach die fehlende Rechtssicherheit ggf. ein Grund für die Versagung der Clearingmitgliedschaft sein kann.

Die Wahl zwischen den beiden Formen der Kontentrennung kann durch **regulatorische Anforderungen** eingeschränkt sein. Im Schrifttum diskutiert wird insbesondere die Frage, ob die Omnibus-Kunden-Kontentrennung mit investmentrechtlichen Anforderungen vereinbar ist bzw. ob die nach deutschem Recht organisierten Investmentvermögen vor dem Hintergrund der Trennungsanforderungen des § 92 des Kapitalanlagegesetzbuches (KAGB) einem anderen Trennungsmodell als der Einzelkunden-Kontentrennung zustimmen dürfen[1]. Für eine Zulässigkeit der Omnibus-Kunden-Kontentrennung sprechen die Erwägungsgründe der RL 2011/61/EU (AIFMD)[2] und die Tatsache, dass die Trennungsanforderungen bereits durch die Erfassung der Positionen und Vermögenswerte in den Aufzeichnungen der Depotbank sichergestellt ist.

VII. Weiterleitung der vom Kunden empfangenen Einschüsse (Art. 39 Abs. 6 VO Nr. 648/2012).

Die Vorschrift enthält **zwei Regelungen**. Zum einen begründet sie den **Grundsatz**, dass das Clearingmitglied die von ihrem Kunden empfangenen Einschüsse, d.h. den bei Aufnahme eines OTC-Derivates in das Clearing fälligen Ersteinschuss und die für jeden Geschäftstag ermittelten Nachschüsse, bei der CCP zu hinterlegen hat. Dieser Grundsatz gilt unabhängig von der Art der Kontentrennung, d.h. auch für die Omnibus-Kunden-Kontentrennung. Zum anderen begründet sie für die Einzelkunden-Kontentrennung die **weitere Anforderung**, dass ein vom Clearingmitglied angeforderter, über die Einschussforderung der CCP hinausgehender Ersteinschuss – der „Überschuss", der in der Praxis gelegentlich auch „Bank-Margin" genannt wird – ebenfalls bei der CCP zu hinterlegen ist.

Die in Art. 39 Abs. 6 VO Nr. 648/2012 angesprochene „**Hinterlegung**" der Vermögenswerte des Kunden ist nicht wörtlich zu nehmen. In der Praxis ist es stets die CCP, die die Einschüsse ermittelt und gegenüber dem Clearingmitglied geltend macht. Da das Clearingmitglied die Einschussforderungen der CCP umgehend erfüllen muss, wird es für seine Kunden in der Regel in **Vorleistung treten** und die ausgelegten Einschusszahlungen erst im Wege des Aufwendungsersatzanspruches geltend machen. Für die Erfüllung der Einschussforderungen des Kunden wird das Clearingmitglied zunächst eigene Vermögenswerte verwenden. Soweit der Kunde der CCP nicht nur Einschüsse in bar sondern auch in Finanzinstrumenten leisten darf, wird sie selbst die Auswahl der geeigneten Sicherheiten treffen und deren Übertragung auf die CCP veranlassen. Der Begriff Hinterlegung erschöpft sich daher in der Verpflichtung des Clearingmitgliedes dafür Sorge zu tragen, dass die für Rechnung der Kunden gestellten Sicherheiten von der CCP verwahrt werden und in deren Aufzeichnungen und Abrechnungskonten als für Rechnung der Kunden gehaltene Sicherheiten ausgewiesen werden.

Macht das Clearingmitglied von der Möglichkeit Gebrauch, zunächst eigene Vermögenswerte als Kundensicherheit zu stellen, so werden diese mit der Verbuchung im entsprechenden Kundenkonto zu **Sicherheiten der Kunden** und können dazu genutzt werden, die für das betreffende Kundenkonto ermittelten Verluste zu decken[3].

Der im Falle der Einzelkunden-Kontentrennung bei der CCP zu hinterlegende **Überschuss** wird vom Gesetzgeber nicht definiert. Mit der Formulierung „Einschussforderung an den Kunden" (client requirement) sind zunächst die von der CCP für die Position des Kunden ermittelten Ersteinschüsse und Nachschüsse gemeint[4]. Diese werden vom Clearingmitglied als Mindestanforderung an seinen Kunden weitergereicht. Der Überschuss (excess margin) bezeichnet den von dem Clearingmitglied ermittelten zusätzlichen Einschuss, den der Kunde über die Mindestanforderung hinaus leisten muss. Bei dem Überschuss handelt es sich um einen Aufschlag auf den für jedes OTC-Derivat zu leistenden Ersteinschuss. Da die CCP die Angemessenheit der verlangten Ersteinschüsse nach Art. 40 VO Nr. 648/2012 laufend und nahezu in Echtzeit überprüft und bei veränderten Marktverhältnissen, insbesondere bei einer gestiegenen Volatilität der Marktwerte umgehend und untertägig erhöht, wird das Clearingmitglied auch hier regelmäßig in Vorlage treten müssen, bevor es den Betrag, um den sich der Ersteinschuss erhöht hat, vom Kunden ersetzt verlangen kann. Anders als bei den vom Kunden zu leistenden Nachschuss, der im Zweifel, wenn die von der CCP angewendeten Modelle die Reduzierung des Marktwertes richtig prognostiziert haben, durch den Ersteinschuss gedeckt ist, fehlt eine entsprechende Deckung für den untertägig erhöhten Ersteinschuss. Um sicher zu stellen, dass der Kunde eine potentielle zukünftige Erhöhung des Ersteinschusses abdecken kann, verlangt das Clearingmitglied den Zuschlag bzw. Überschuss.

Im Falle der Einzelkunden-Kontentrennung ist der vom Kunden empfangene Überschuss bei der CCP zu verbuchen, bei der die OTC-Derivate, für die der Überschuss verlangt wurde, tatsächlich gecleart werden[5]. Grund hierfür ist die in Art. 48 Abs. 6 VO Nr. 648/2012 vorgesehen Übertragung der im Wege der Einzelkunden-Kontentrennung verbuchten Positionen und Vermögenswerte. Diese soll nicht nur die Einschüsse sondern auch

---

1 *Decker*, BKR 2014, 397, 398 f.; *Specht/Klebeck* in Wilhelmi/Achtelik/Kunschke/Sigmundt, Handbuch EMIR, Teil 3.C Rz. 1.
2 Erwägungsgrund 40 RL 2011/61/EU: „Ein Dritter, dem die Verwahrung von Vermögenswerten übertragen wurde, sollte ein gemeinsames gesondertes Konto für mehrere AIF, ein sogenanntes ‚Omnibus- Konto' oder ‚Sammelkonto', unterhalten können."
3 ESMA Q&A CCP Frage Nr. 8(f)(2) [letzte Aktualisierung: 31.3.2015].
4 ESMA Q&A CCP Frage Nr. 8(a) [letzte Aktualisierung: 31.3.2015]: „over and above the amont called by the CCP".
5 ESMA Q&A CCP Frage Nr. 8(a) [letzte Aktualisierung: 31.3.2015].

den Überschuss umfassen. Nutzt ein Clearingmitglied für die OTC-Derivate eines Kunden **unterschiedliche CCPs**, hat sie einen Überschuss, den sie für mehrere, aber an unterschiedlichen CCPs geclearte OTC-Derivate gefordert hat, im Einvernehmen mit seinem Kunden auf die betreffenden CCPs aufzuteilen[1].

35 Stellt der Kunde seinen Überschuss in Vermögenswerten, die nach den Regelwerken der CCP **keine geeigneten Sicherheiten** darstellen oder stellt er eine Bankgarantie, so verbleibt der geleistete Überschuss bei dem Clearingmitglied[2]. Das Clearingmitglied ist auch nicht verpflichtet, nicht geeignete Sicherheiten des Kunden für Zwecke der Hinterlegung bei der CCP mittels eines collateral swaps in hinterlegungsfähige Finanzinstrumente zu tauschen[3].

36 **VIII. Risikoaufklärung (Art. 39 Abs. 7 VO Nr. 648/2012).** Die CCP und ihre Clearingmitglieder sind nach Art. 39 Abs. 7 Satz 1 VO Nr. 648/2012 verpflichtet, das Schutzniveaus und die Kosten, die mit der Nutzung der unterschiedlichen Kontentrennungsmodelle verbunden sind, zu veröffentlichen. Für die CCP schreibt Art. 10 Abs. 1 Buchst. b Ziff. iv) i.V.m. Abs. 3 DelVO Nr. 153/2013 vor, dass die **Veröffentlichung über die Webseite** der CCP erfolgen muss[4]. Die Webseite, auf der die Informationen veröffentlicht werden, muss einfach aufzufinden sein und darf **keinen Zugangsbeschränkungen** unterliegen[5]. Die Veröffentlichung über die Webseite entspricht auch bei Clearingmitgliedern der Praxis[6].

37 Die Verpflichtung, die Kontentrennung zu **handelsüblichen Bedingungen** anzubieten, soll verhindern, dass die CCP und ihre Clearingmitglieder die Preisgestaltung dazu nutzen, den Kunden in die für die Beteiligten weniger aufwendige Omnibus-Kunden-Kontentrennung zu drängen. Die Verpflichtung ist Ausdruck des FRAND-Prinzips, d.h. des Anspruchs auf einen Zugang zu Dienstleistungen zu fairen, angemessenen, diskriminierungsfreien und handelsüblichen Bedingungen (fair, reasonable and non-discriminatory oder „FRAND"). Das FRAND-Prinzip findet nach Art. 36 VO Nr. 648/2012 auf CCPs grundsätzlich Anwendung.

38 Art. 39 Abs. 7 Satz 2 VO Nr. 648/2012 verlangt von der CCP und ihren Clearingmitgliedern, dass sie das mit den von ihnen angebotenen Formen der Kontentrennung verbundene Schutzniveau beschreiben. Die entsprechenden **Risikohinweise** müssen auch die wesentlichen rechtlichen Rahmenbedingungen, einschließlich des jeweils anwendbaren Insolvenzrechts umfassen. Die Schutzniveaus unterscheiden sich wie folgt:

39 Bei der **Netto-Omnibus-Kunden-Kontentrennung** werden die für Kunden eines Clearingmitgliedes gehaltenen Positionen in nur einem Abrechnungskonto erfasst (Art. 39 Abs. 2 VO Nr. 648/2012) und die Einschüsse für sämtliche in dem Abrechnungskonto verbuchten Positionen ermittelt (Art. 41 Abs. 4 VO Nr. 648/2012). Da die Verrechnung von Positionen und Einschüssen innerhalb desselben Abrechnungskontos nicht ausgeschlossen ist (Umkehrschluss aus Art. 39 Abs. 9 Buchst. b und c VO Nr. 648/2012), werden sämtliche Einschüsse zu einer Nettozahlung zusammengefasst, mit der Folge dass die CCP, hat sie für die Geschäfte eines Kunden einen Einschuss zu zahlen und für die Geschäfte eines anderen Kunden einen Einschuss zu verlangen, eine Sicherheitsleistung nur in Höhe der Differenz zahlen oder verlangen wird. Fällt ein Kunde, der zur Leistung eines Einschusses verpflichtet ist, mit einem Wertverlust seiner Positionen auszugleichen, aus, so können die anderen Kunden hierdurch einen Schaden erleiden, weil ihre Gewinne dazu genutzt werden können, den Verlust des ausgefallenen Kunden auszugleichen[7]. Die Kunden eines Netto-Omnibuskontos bilden insoweit eine **Solidar- oder Gefahrengemeinschaft**.

40 Ein weiterer Aspekt, der das Schutzniveau der Omnibus-Kunden-Kontentrennung bestimmt, ist die ggf. **eingeschränkte Übertragbarkeit** der Positionen und Vermögenswerte bei Ausfall des Clearingmitgliedes. So sieht Art. 48 Abs. 5 VO Nr. 648/2012 vor, dass die Übertragung nur auf Verlangen **sämtlicher Kunden** des ausgefallenen Clearingmitgliedes und nur mit Zustimmung des übernehmenden Clearingmitgliedes übertragen werden können. Liegt die Zustimmung zur Übertragung nicht für jeden Kunden vor, oder weigern sich die Clearing-

---

1 *ESMA* Q&A CCP Frage Nr. 8(a) [letzte Aktualisierung: 31.3.2015].
2 *ESMA* Q&A CCP Frage Nr. 8(k) [letzte Aktualisierung: 31.3.2015].
3 *ESMA* Q&A CCP Frage Nr. 8(k) [letzte Aktualisierung: 31.3.2015].
4 S. folgende Beispiele: *Eurex Clearing AG*, Disclosure pursuant to Article 39(7) EMIR vom 6.7.2016, abrufbar über: https://www.eurexclearing.com/blob/284984/c4c6610b206f75aa657850aef14903e7/data/EMIR_disclosure_document_39.pdf; *LCH Clearnet Limited*, Disclosure for Purposes of Article 39(7) of Regulation (EU) No 648/2012 of the European Parliament and the Council of 4 July 2012 on OTC Derivatives, Central Counterparties, and Trade Repositories („EMIR") vom Juni 2014, abrufbar über: http://www.lch.com/documents/731485/762693/Legal+Implications+Article+39.7; *ICE Clear Europe*, Disclosure Statement pursuant to Article 39(7) of EMIR vom Mai 2016, abrufbar über: https://www.theice.com/publicdocs/clear_europe/ICEU_EMIR_Disclosure_Statement.pdf;
5 *ESMA* Q&A CCP Frage Nr. 16(b) [letzte Aktualisierung: 11.2.2014].
6 *Deutsche Bank AG*, EMIR Article 39(7) Clearing Member Disclosure Document vom September 2016, abrufbar über: https://www.db.com/company/en/media/Deutsche-Bank-EMIR-Clearing-Member-Risk-Disclosure-Document.pdf.
7 *ESMA*, Diskussionspapier „Calculation of counterparty risk by UCITS for OTC financial derivative transactions subject to clearing obligations" ESMA/2014/876 vom 22.7.2014 abrufbar über: https://www.esma.europa.eu/sites/default/files/library/2015/11/2014-esma-876.pdf (*ESMA*, Diskussionspapier UCITS Clearingpflicht), Rz. 15: „In particular, under omnibus client segregation, UCITS will be exposed to both the default of the CM and other clients of the CM"; *Decker*, BKR 2014, 397, 398; *Richter/Euel/Gallei/Schmidt* in Wilhelmi/Achtelik/Kunschke/Sigmundt, Handbuch EMIR, Teil 5.E Rz. 20.

mitglieder einer CCP ein möglicherweise sehr großes Portfolio von Kundentransaktionen zu übernehmen, wird die CCP die Glattstellung der Kundenpositionen einleiten müssen. Die ESMA erwartet deshalb von CCPs und deren Clearingmitglieder, dass sie ihre Kunden darauf hinweisen, dass die rechtzeitige Benennung eines Ersatzclearingmitgliedes (back-up clearing member) die Wahrscheinlichkeit einer Portierung erhöht[1].

Scheitert die Übertragung der Kundenpositionen oder lässt sie sich nicht innerhalb des von der CCP festgelegten Übertragungszeitraums durchführen, erlangt Art. 48 Abs. 7 VO Nr. 648/2012 Bedeutung. Danach sind die im **Wege der Glattstellung ermittelten Ausgleichsforderungen** der Kunden an das ausgefallene Clearingmitglied zu zahlen. Zwar sieht Art. 48 Abs. 7 VO Nr. 648/2012 vor, dass die Zahlung „für Rechnung" der Kunden erfolgen muss. Ob diese Widmung der Leistung jedoch verhindert, dass die gezahlten Beträge Teil des Insolvenzvermögens des ausgefallenen Clearingmitgliedes werden, hängt von dem jeweils anwendbaren Insolvenzrecht ab. So besteht insbesondere die Gefahr, dass der Insolvenzverwalter des Clearingmitgliedes die für Rechnung der Kunden gezahlten Ausgleichsforderungen nicht an diese freigibt, sondern die Kunden auf die Insolvenzquote verweist. 41

In den Erwägungsgründen hat der Gesetzgeber der Erwartung Ausdruck verliehen, dass die Mitgliedstaaten den Trennungs- und Übertragungsvorschriften der Art. 39 und 48 VO Nr. 648/2012 Vorrang vor den ggf. kollidierenden nationalen Rechts- und Verwaltungsvorschriften einräumen[2]. Konkrete Initiativen, die insbesondere auf ein Zurückweichen der Vorschriften des nationalen Insolvenzrechtes hinwirken, hat der Gesetzgeber jedoch zunächst vermissen lassen. In ihrem seit dem 4.5.2017 vorliegenden Entwurf einer Verordnung zur Änderung der EMIR (**EMIR REFIT-Entwurf**)[3] schlägt die Kommission nunmehr vor, die Insolvenzferne der in den Omnibus- und Einzelkundenkonten verbuchten Positionen und Vermögenswerte ausdrücklich klarzustellen[4]. Mit der Annahme des Berichts zum EMIR-REFIT-Entwurf[5] seines Berichterstatters *Langen* am 25.5.2018 hat sich das Europäische Parlament dem Vorschlag angeschlossen, so dass davon auszugehen ist, dass diese Änderung auch den Trilog überstehen wird. Zu berücksichtigen bleibt jedoch, dass die EMIR soweit sie das nationale Insolvenzrecht überschreibt, nur innerhalb der Union Wirkung entfalten kann, d.h. auf das Insolvenzstatut eines Clearingmitgliedes mit Sitz in einem Drittstaat keinen Einfluss hat. 42

Bei der **Brutto-Omnibus-Kunden-Kontentrennung** ist die nach Art. 39 Abs. 9 Buchst. b VO Nr. 648/2012 zulässige Aufrechnung von Positionen durch vertragliche Vereinbarung ausgeschlossen, womit die bei der Netto-Omnibus-Kunden-Kontentrennung begründete Solidar-und Gefahrengemeinschaft entfällt[6]. Es bleibt jedoch das Risiko der eingeschränkten Übertragbarkeit und der Gefahr, dass der Insolvenzverwalter bei Ausfall des Clearingmitgliedes die für Rechnung der Kunden gezahlten Ausgleichsforderungen nicht freigibt, sondern die Kunden auf die Insolvenzquote verweist. 43

Die **Einzelkunden-Kontentrennung** verhindert nicht nur die Aufrechnung mit Positionen anderer Kunden desselben Clearingmitgliedes, sie erhöht auch die Wahrscheinlichkeit, dass sich ein Clearingmitglied der CCP bereit erklärt, die Positionen des Kunden nach Art. 48 Abs. 6 VO Nr. 648/2012 im Rahmen der Portierung zu übernehmen. Einen zusätzlichen Schutz bietet Art. 48 Abs. 7 VO Nr. 648/2012, der es der CCP erlaubt, die von dem Kunden zu beanspruche Ausgleichsforderung, die sich nach Liquidierung seiner Positionen ergibt, unter Umgehung des ausgefallenen Clearingmitgliedes unmittelbar an den Kunden zu zahlen (sog. „**leapfrogging**"). Ob die Umgehung der Insolvenzmasse insolvenzrechtlich Bestand hat, hängt von den jeweils anwendbaren Rechts- und Verwaltungsvorschriften des Staates ab, in dem das Clearingmitglied seinen Sitz hat. Sofern die Kommission mit ihrem bereits erwähnten EMIR REFIT-Entwurf (s. Rz. 42) durchdringt, dürfte eine entsprechende Zahlung unmittelbar an den Kunden zumindest in der Insolvenz eines europäischen Clearingmitgliedes zulässig sein. 44

Für deutsche Clearingmitglieder ist **Art. 102b EGInsO** von Bedeutung, der in § 1 klarstellt, dass die Eröffnung eines Insolvenzverfahrens über das Vermögen eines Clearingmitglieds die Durchführung der in Art. 48 VO Nr. 648/2012 genannten Maßnahmen nicht beeinträchtigt. 45

Ausdruck des unterschiedlichen Schutzniveaus ist im bankaufsichtlichen Kontext Art. 305 Abs. 2 und Abs. 3 VO Nr. 575/2013, der für die Eigenkapitalanforderungen von Instituten, die als clearingpflichtige Gegenpar- 46

---

1 *ESMA* Q&A CCP Frage Nr. 3(b) [letzte Aktualisierung: 4.2.2016].
2 Erwägungsgrund Nr. 64 VO Nr. 648/2012.
3 *Kommission*, Vorschlag für eine Verordnung des Europäischen Parlaments und des Rates zur Änderung der Verordnung (EU) Nr. 648/2012 in Bezug auf die Clearingpflicht, die Aussetzung der Clearingpflicht, die Meldepflichten, die Risikominderungstechniken für nicht durch eine zentrale Gegenpartei geclearte OTC- Derivatekontrakte, die Registrierung und Beaufsichtigung von Transaktionsregistern und die Anforderungen an Transaktionsregister, COM(2017) 208 final vom 4.5.2017, abrufbar über: http://ec.europa.eu/transparency/regdoc/rep/1/2017/DE/COM-2017-208-F1-DE-MAIN-PART-1.PDF („*Kommission* EMIR-REFIT-Entwurf").
4 *Kommission* EMIR REFIT-Entwurf, S. 12, 17 und 34: Einfügung eines neuen Art. 39 Abs. 11 VO Nr. 648/2012.
5 Der Bericht ist abrufbar über: http://www.europarl.europa.eu/sides/getDoc.do?pubRef=-//EP//TEXT+REPORT+A8-2018-0181+0+DOC+XML+V0//EN&language=de.
6 *Richter/Eue/Gallei/Schmidt* in Wilhelmi/Achtelik/Kunschke/Sigmundt, Handbuch EMIR, Teil 5.E Rz. 21.

teien ihre Geschäfte über ein Clearingmitglied clearen lassen, bei qualifizierten CCPs im Falle der Omnibus-Kunden-Kontentrennung ein Risikogewicht von 4 % und im Falle der Einzelkunden-Kontentrennung ein Risikogewicht von 2 % vorsehen[1]. Qualifiziert ist eine CCP, wenn sie nach Art. 14 VO Nr. 575/2013 zugelassen oder nach Art. 25 VO Nr. 575/2013 anerkannt wurde.

47 Art. 39 Abs. 7 VO Nr. 648/2012 wird durch Art. 17 Abs. 6 RL 2014/65/EU (**MiFID II**) und Art. 27 DelVO 2017/589 für die als Clearingmitglieder tätigen Wertpapierfirmen mit nur geringfügigen Abweichungen wiederholt.

48 **IX. Verbot der Nutzung von Sicherheiten (Art. 39 Abs. 8 VO Nr. 648/2012).** Werden der CCP Einschüsse in Form von beschränkt dinglichen Rechten gestellt, steht der CCP nach Art. 39 Abs. 8 VO Nr. 648/2012 an den Einschüssen ein Nutzungsrecht nur zu, wenn dies in ihren Regelwerken so vorgesehen ist. Das Clearingmitglied hat schriftlich zu bestätigen, dass es diese Regelungen akzeptiert. Die CCP muss öffentlich bekannt machen, dass sie das Nutzungsrecht besitzt.

49 Das Erfordernis, dass das Clearingmitglied der Nutzung der Einschüsse und der Beiträge zum Ausfallfonds ausdrücklich zustimmen muss, gilt nur für die in der Form des beschränkten dinglichen Rechts i.S.d. Art. 2 Abs. 1 Buchst. c RL 2002/47/EG[2], z.B. als Pfandrecht gestellten Sicherheiten. Die Beschränkung entfällt, wenn Einschüsse wie in der Praxis üblich im Wege der **Vollrechtsübertragung** geleistet werden. Das schriftliche Zustimmungserfordernis entspricht Art. 15 Abs. 1 Unterabs. 1 Buchst. b VO 2015/2365[3].

50 Die in Art. 39 Abs. 8 VO Nr. 648/2012 geforderte öffentliche Bekanntgabe des Nutzungsrechts wird durch Art. 10 Abs. 1 Buchst. b Ziff. vii) (5) DelVO Nr. 153/2013 konkretisiert. Danach hat die CCP die Tatsache, dass sie die als Pfandrechte gestellten Einschüsse und Beiträge zum Ausfallfonds nutzen kann, **über ihre Webseite** zu veröffentlichen.

51 Die Ausübung des Nutzungsrechts durch die CCP bestimmt sich nach Art. 47 VO Nr. 648/2012 und den dort und in Art. 44 und 45 DelVO Nr. 153/2012 vorgesehenen **Beschränkungen**. So darf die CCP das Nutzungsrecht nach Art. 44 Abs. 3 DelVO Nr. 153/2012 nur ausüben, sofern der Zweck der Ausübung in der Vornahme von Zahlungen, der Steuerung eines Ausfalls eines Clearingmitgliedes oder der Durchführung einer interoperablen Vereinbarung besteht.

52 **X. Anforderungen an die „Unterscheidung" (Art. 39 Abs. 9 VO Nr. 648/2012).** Art. 39 Abs. 9 VO Nr. 648/2012 definiert die Anforderungen, die an die in den Art. 39 Abs. 1 und 4 VO Nr. 648/2012 geforderte „**Unterscheidung**" von Positionen und Vermögenswerten zu stellen sind. Die wichtigste Anforderung ist das in Art. 39 Abs. 9 Buchst. c VO Nr. 648/2012 verortete Verbot, Vermögenswerte eines Abrechnungskontos zur Deckung von Verlusten eines anderen Abrechnungskontos zu nutzen.

53 Art. 39 Abs. 9 Buchst. c VO Nr. 648/2012 soll sicherstellen, dass bei Ausfall eines Clearingmitgliedes, wenn die nach Art. 48 Abs. 5 und 6 VO Nr. 648/2012 vorgesehene Übertragung der Positionen und Vermögenswerte auf ein anderes Clearingmitglied (das sog. „porting") scheitert, und die CCP dazu übergeht, die Positionen der Kunden zu liquidieren, die für Kunden gehaltenen Vermögenswerte nicht zur Deckung der Verluste des Clearingmitgliedes oder – im Fall der Einzelkunden-Kontentrennung – zur Deckung der Verluste eines anderen Kunden herangezogen werden können[4].

54 Die Vorschrift schließt nicht aus, dass das Regelwerk einer CCP vorsieht, dass bei Ausfall eines Clearingmitgliedes ein für dessen Abrechnungskonto (house account) ermitteltes Guthaben dazu genutzt wird, die auf ein Kundenkonto entfallenden Verluste auszugleichen[5]. Art. 48 Abs. 7 VO Nr. 648/2012 verbietet lediglich den umgekehrten Fall: Dass die Verluste eines Clearingmitgliedes mit den Überschüssen eines Kundenkontos ausgeglichen werden. Diese sind vielmehr an die Kunden oder, wenn die Kunden der CCP nicht bekannt sind, für Rechnung der Kunden an das Clearingmitglied auszukehren.

55 Soweit dies mit dem anwendbaren Insolvenzrecht vereinbar ist, können das Clearingmitglied und der Kunde für den Ausfall des Kunden vereinbaren, dass das Clearingmitglied die Positionen und Vermögenswerte des Kunden vom Kundenkonto in das Abrechnungskonto des Clearingmitgliedes überträgt, um sie dort geordnet abzuwickeln. Auf die damit verbundenen Risiken, insbesondere bei Ausfall des Clearingmitgliedes ist jedoch hinzuweisen[6].

---

1 *Decker*, BKR 2014, 397, 398.
2 Richtlinie 2002/47/EG des Europäischen Parlaments und des Rates vom 6. Juni 2002 über Finanzsicherheiten, ABl. EG Nr. L 168 v. 27.6.2002, S. 43.
3 Verordnung (EU) 2015/2365 des Europäischen Parlaments und des Rates vom 25. November 2015 über die Transparenz von Wertpapierfinanzierungsgeschäften und der Weiterverwendung sowie zur Änderung der Verordnung (EU) Nr. 648/2012, ABl. EU Nr. L 337 v. 23.12.2015, S. 1 (SFT-Verordnung).
4 ESMA Q&A CCP Frage Nr. 8(d) [letzte Aktualisierung: 31.3.2015].
5 ESMA Q&A CCP Frage Nr. 8(f)(1) [letzte Aktualisierung: 31.3.2015]; *Richter/Eue/Gallei/Schmidt* in Wilhelmi/Achtelik/Kunschke/Sigmundt, Handbuch EMIR, Teil 5.E Rz. 15, die hieraus schließen, dass die im house account verbuchten Einschüsse des Clearingmitglied4es ein geringeres Schutzniveau aufweisen.
6 ESMA Q&A CCP Frage Nr. 8(l) [letzte Aktualisierung: 31.3.2015].

XI. **Begriff Vermögenswerte (Art. 39 Abs. 10 VO Nr. 648/2012).** Die Erläuterung des Begriffs **Vermögens- 56 werte** stellt zum einen klar, dass es sich bei ihnen um die von Kunden oder Clearingmitgliedern gestellten Sicherheiten handelt. Wegen des Begriffs **Sicherheiten** wird auf die Ausführungen zu Art. 46 VO Nr. 648/2012 verwiesen.

Die Formulierung „Vermögenswerte, die der betreffenden Sicherheit gleichwertig sind" deutet an, dass der 57 Gesetzgeber in den Kategorien der RL 2002/47/EG denkt. So unterscheidet er zwischen den beschränkt dinglichen Rechten, bei denen das **Eigentum** an den als Sicherheit gestellten Vermögenswerten beim Kunden verbleibt, und den Sicherheiten, die der Kunde im Wege der Vollrechtsübertragung leistet. Bei letzteren verliert der Kunde das Eigentum an den Vermögensgegenständen und erwirbt nur einen **schuldrechtlichen Anspruch auf Rückübertragung gleichwertiger Vermögenswerte**. Vermögenswert i.S.d. Art. 39 Abs. 10 VO Nr. 648/2012 sind beide Rechte: sowohl das Eigentumsrecht als auch der Anspruch auf gleichwertige Vermögenswerten. Ebenfalls vom Begriff Vermögenswerte erfasst, ist das im Rahmen der Veräußerung von Vermögenswerten an die Stelle des Eigentums oder des Rückübertragungsanspruches tretende Surrogat: der **Verkaufserlös**.

Der Begriff **gleichwertig** wird als bekannt unterstellt. Ein Vermögenswert ist gleichwertig, wenn sie derselben 58 Gattung untereinander austauschbarer Sachen oder Rechte angehören. Bei handelbaren Wertpapieren und Geldmarktinstrumenten ist die Gleichwertigkeit anzunehmen, wenn die Wertpapiere dieselbe Wertpapierkennnummer oder ISIN tragen.

Die Ausnahme der von den Clearingmitgliedern geleisteten **Beiträgen zum Ausfallfonds** stellt sicher, dass sie 59 nicht dem Trennungsprinzip des Art. 39 VO Nr. 648/2012 unterliegen[1]. Soweit sie in Form von Finanzinstrumenten geleistet werden, gelten für sie die Schutzvorschriften des Art. 47 Abs. 3 und 5 VO Nr. 648/2012.

Kapitel 3
Aufsichtsrechtliche Anforderungen

Art. 40 Management von Risikopositionen

Eine CCP misst und bewertet in nahezu Echtzeit ihre Liquiditäts- und Kreditrisikopositionen in Bezug auf jedes Clearingmitglied und gegebenenfalls in Bezug auf eine andere CCP, mit der sie eine Interoperabilitätsvereinbarung geschlossen hat. Eine CCP muss über einen zeitnahen und diskriminierungsfreien Zugang zu den relevanten Quellen für die Preisermittlung verfügen, so dass sie ihre Risikopositionen effektiv messen kann. Dies hat auf einer angemessenen Kostengrundlage zu erfolgen.

In der Fassung vom 4.7.2012 (ABl. EU Nr. L 201 v. 27.7.2012, S. 1).

I. Bewertung in nahezu Echtzeit . . . . 1 | II. Zugang zu Marktdaten 5

I. Bewertung in nahezu Echtzeit. Nach Art. 40 Satz 1 VO Nr. 648/2012 muss die CCP die Risikopositionen eines Clearingmitgliedes laufend und in nahezu Echtzeit ermitteln und bewerten. 1

Die Pflicht zur zeitnahen Bewertung erstreckt sich auch auf die Risikopositionen der CCPs, mit denen die **CCP** 2 **eine Interoperabilitätsvereinbarung** abgeschlossen hat. Interoperable CCPs werden für Zwecke des Clearings wie Clearingmitglieder behandelt, die über die CCP und die bei ihnen unterhaltenen Abrechnungskonten Kundenpositionen abwickeln lassen.

Die Bewertung der Risikopositionen in „**nahezu Echtzeit**" ist auf die **Nachhandelstransparenzpflichten der** 3 **MiFIR** abgestimmt. Nach Art. 6 Abs. 1 VO Nr. 600/2014 (MiFIR) haben Marktbetreiber und Wertpapierfirmen, die einen Handelsplatz betreiben, die Preise und Volumen der gehandelten Finanzinstrumente ebenfalls „so nah in Echtzeit wie technisch möglich" zu veröffentlichen. Für die CCP bedeutet dies, dass sie immer dann, wenn ihr die veröffentlichten Daten des Handelsplatzes zugehen, eine Neubewertung der von ihr geclearten Finanzinstrumente vornehmen muss[2].

Die Bewertung in nahezu Echtzeit verweist bereits auf die in Art. 41 Abs. 3 VO Nr. 648/2012 vorgesehene Verpflichtung der CCP, von ihren Clearingmitgliedern und interoperable CCPs **Einschusszahlungen**, die einen bestimmten Schwellenwert übersteigen, **auch untertägig** einzufordern. 4

---

[1] *Grundmann* in Staub, HGB, Band 11/2, 5. Aufl. 2018, Rz. 759.
[2] *Alfes* in Wilhelmi/Achtelik/Kunschke/Sigmundt, Handbuch EMIR, Teil 5.F Rz. 12; der im Ergebnis ebenfalls auf die im Markt verfügbaren Preis- und Datenquellen verweist.

5 II. **Zugang zu Marktdaten.** Art. 40 Satz 2 VO Nr. 648/2012 verpflichtet die CCP sicherzustellen, dass ihr die für die Bewertung der Risikopositionen in Echtzeit erforderlichen Referenzpreise zeitnah, diskriminierungsfrei und zu angemessenen Kosten zur Verfügung stehen.

6 Der **Zugang zu Marktdaten** wird für CCPs, die an Handelsplätzen zustande gekommene **OTC-Derivate** clearen wollen, durch Art. 8 Abs. 1 VO Nr. 648/2012 sichergestellt. Für andere an Handelsplätzen gehandelte Finanzinstrumente, d.h. übertragbare **Wertpapiere und Geldmarktinstrumente** oder börsengehandelte Derivate ist der Zugang zu Handelsdaten über Art. 36 VO Nr. 600/2014 gewährleistet.

7 Wird der Wert eines geclearten Finanzinstrumentes unter Bezugnahme auf einen **Referenzwert** berechnet, so beruht der Zugang zu den einschlägigen Handelsdaten und der für die Nutzung ggf. erforderlichen Lizenz auf Art. 37 VO Nr. 600/2014.

Art. 41 Einschussforderungen

(1) Eine CCP schreibt Einschusszahlungen (*margins*) vor, fordert sie an und zieht sie ein, um ihre von ihren Clearingmitgliedern und gegebenenfalls von anderen CCPs, mit denen Interoperabilitätsvereinbarungen bestehen, ausgehenden Kreditrisiken zu begrenzen. Die entsprechenden Einschusszahlungen müssen ausreichen, um potenzielle Risiken zu decken, die nach Einschätzung der CCP bis zur Liquidierung der relevanten Positionen eintreten können. Die Einschusszahlungen müssen auch ausreichend sein, um Verluste aus mindestens 99 % der Forderungsveränderungen über einen angemessenen Zeithorizont zu decken, und sie müssen gewährleisten, dass eine CCP ihre Risikopositionen gegenüber allen ihren Clearingmitgliedern und gegebenenfalls gegenüber anderen CCPs, mit denen Interoperabilitätsvereinbarungen bestehen, in vollem Umfang mindestens auf Tagesbasis besichert. Eine CCP überwacht regelmäßig die Höhe der von ihr zu fordernden Einschusszahlungen und passt sie gegebenenfalls den aktuellen Marktbedingungen an; sie trägt dabei den potenziell prozyklischen Wirkungen solcher Anpassungen Rechnung.

(2) Bei der Festlegung der von ihr eingeforderten Einschusszahlungen gibt eine CCP Modelle und Parameter vor, die die Risikomerkmale der geclearten Produkte berücksichtigen und dem Intervall der Einforderung der Einschusszahlungen, der Marktliquidität und der Möglichkeit von Veränderungen während der Laufzeit der Transaktion Rechnung tragen. Das Modell und die Parameter werden von der zuständigen Behörde validiert und sind Gegenstand einer Stellungnahme gemäß Artikel 19.

(3) Eine CCP fordert Einschusszahlungen untertägig ein, und zwar mindestens dann, wenn zuvor festgelegte Schwellenwerte überschritten werden.

(4) Eine CCP fordert Einschusszahlungen ein, die geeignet sind, die Risiken aus Positionen abzudecken, die in den einzelnen gemäß Artikel 39 in Bezug auf spezifische Finanzinstrumente geführten Konten registriert sind. Eine CCP kann Einschusszahlungen bezogen auf ein Portfolio von Finanzinstrumenten nur mittels einer konservativen und stabilen Methode berechnen.

(5) Um die einheitliche Anwendung dieses Artikels zu gewährleisten, erarbeitet die ESMA nach Anhörung der EBA und des ESZB Entwürfe für technische Regulierungsstandards, in denen der zweckmäßige Prozentsatz und die angemessenen Zeithorizonte für die Liquidierungsfrist und die Berechnung der historischen Volatilität gemäß Absatz 1 für die verschiedenen Kategorien von Finanzinstrumenten festgelegt werden; dabei ist dem Ziel der Vermeidung prozyklischer Effekte und den Bedingungen, unter denen die in Absatz 4 genannten Einschussregelungen bei Portfolien umgesetzt werden können, Rechnung zu tragen.

Die ESMA legt der Kommission diese Entwürfe für technische Regulierungsstandards bis zum 30. September 2012 vor.

Der Kommission wird die Befugnis übertragen, die in Unterabsatz 1 genannten technischen Regulierungsstandards gemäß den Artikeln 10 bis 14 der Verordnung (EU) Nr. 1095/2010 zu erlassen.

In der Fassung vom 4.7.2012 (ABl. EU Nr. L 201 v. 27.7.2012, S. 1).

Delegierte Verordnung (EU) Nr. 153/2013 vom 19. Dezember 2012
zur Ergänzung der Verordnung (EU) Nr. 648/2012 des Europäischen Parlaments und des Rates in Bezug auf technische Regulierungsstandards für Anforderungen an zentrale Gegenparteien

(Auszug)

Art. 1 Begriffsbestimmungen

Im Sinne dieser Verordnung bezeichnet der Ausdruck

1. „Basisrisiko" das aus nicht vollkommen korrelierten Entwicklungen von zwei oder mehreren durch die zentrale Gegenpartei (CCP) geclearten Vermögenswerten oder Kontrakten erwachsende Risiko;

2. „Konfidenzintervall" den Prozentsatz der Forderungsveränderungen für jedes gecleartes Finanzinstrument in Bezug auf einen spezifischen Lookback-Zeitraum, den eine CCP während einer bestimmten Liquidationsperiode abdecken muss;
3. „Verfügbarkeitsprämie" den Ertrag, der aus dem direkten Halten eines Grundstoffes erwächst und sowohl von den Marktbedingungen als auch von Faktoren wie den Lagerkosten abhängig ist;
4. „Einschusszahlungen" Einschusszahlungen im Sinne von Artikel 41 der Verordnung (EU) Nr. 648/2012, die aus Ersteinschusszahlungen und Nachschusszahlungen bestehen können;
5. „Ersteinschusszahlungen" Einschusszahlungen zur Deckung potenzieller künftiger Risikopositionen gegenüber Clearingmitgliedern, die die Einschusszahlungen bereitstellen, und gegebenenfalls gegenüber interoperablen CCP, die von der CCP im Intervall zwischen der letzten Einforderung von Einschusszahlungen und der Liquidierung von Positionen nach einem Ausfall eines Clearingmitglieds oder einer interoperablen CCP eingenommen werden;
6. „Nachschusszahlungen" Einschusszahlungen, die eingenommen oder ausgezahlt werden, um die aktuellen aus tatsächlichen Veränderungen der Marktpreise erwachsenden Risiken widerzuspiegeln;
7. „Jump-to-Default-Risiko" das Risiko, dass eine Gegenpartei oder ein Emittent plötzlich ausfällt, bevor der Markt Zeit hatte, das erhöhte Ausfallrisiko zu berücksichtigen;
8. „Liquidationsperiode" den Zeitraum, der bei der Berechnung der Einschusszahlungen verwendet wird, die nach Schätzungen der CCP für die Steuerung ihrer Risikopositionen gegenüber einem ausfallenden Mitglied erforderlich sind, und während dessen die CCP Marktrisiken ausgesetzt ist, die mit der Verwaltung der Positionen des ausfallenden Mitglieds verbunden sind;
9. „Lookback-Zeitraum" den Zeithorizont für die Berechnung der historischen Volatilität;
10. „Testausnahme" ein Testergebnis, aus dem hervorgeht, dass das Modell oder der Rahmen für die Steuerung des Liquiditätsrisikos einer CCP nicht das angestrebte Deckungsniveau gewährleisten konnten;
11. „Korrelationsrisiko" das aus Risikopositionen gegenüber einer Gegenpartei oder einem Emittenten erwachsende Risiko, wenn die von der Gegenpartei bereitgestellte oder von dem Emittenten ausgegebene Sicherheit eine hohe Korrelation mit dem betreffenden Kreditrisiko aufweist.

In der Fassung vom 19.12.2012 (ABl. EU Nr. L 52 v. 23.2.2013, S. 41).

Art. 24 Prozentsatz

(1) Eine CCP berechnet die zur Deckung der aus Marktbewegungen resultierenden Risiken erforderlichen Ersteinschusszahlungen für jedes Finanzinstrument, das auf Produktbasis besichert ist, berücksichtigt dabei den in Artikel 25 definierten Zeitraum und geht für die Liquidierung der Position von einem Zeithorizont gemäß Artikel 26 aus. Bei der Berechnung der Ersteinschusszahlungen hält die CCP mindestens folgende Konfidenzintervalle ein:
a) für OTC-Derivate: 99,5 %;
b) für Finanzinstrumente, bei denen es sich nicht um OTC-Derivate handelt: 99 %.

(2) Zur Bestimmung des angemessenen Konfidenzintervalls für die einzelnen Kategorien von Finanzinstrumenten, die durch die CCP gecleart werden, trägt die CCP außerdem mindestens folgenden Faktoren Rechnung:
a) der Komplexität und dem Umfang der Preisunsicherheiten bei der Kategorie von Finanzinstrumenten, die die Validierung der Berechnung von Ersteinschusszahlungen und Nachschusszahlungen einschränken könnten;
b) den Risikoeigenschaften der Kategorie von Finanzinstrumenten, die auch Volatilität, Duration, Liquidität, nichtlineare Preisbildung, Jump-to-Default-Risiken und Korrelationsrisiken umfassen können, aber nicht darauf beschränkt sind;
c) dem Umfang, in dem andere Maßnahmen zur Risikoüberwachung die Kreditrisiken nicht angemessen begrenzen;
d) der inhärenten Hebelwirkung der Kategorie von Finanzinstrumenten, auch in Bezug darauf, ob die Kategorie von Finanzinstrumenten signifikant volatil ist, sich stark auf wenige Marktakteure konzentriert oder schwierig glattzustellen sein könnte.

(3) Die CCP informiert die zuständige Behörde und ihre Clearingmitglieder über die Kriterien, die sie bei der Festlegung des zur Berechnung der Einschusszahlungen für jede Kategorie von Finanzinstrumenten angewandten Prozentsatzes berücksichtigt.

(4) Werden durch eine CCP OTC-Derivate gecleart, die nach einer Bewertung der in Absatz 2 aufgeführten Risikofaktoren dieselben Risikomerkmale wie auf geregelten Märkten oder auf einem äquivalenten Drittlandsmarkt ausgeübte Derivate aufweisen, so kann die CCP ein abweichendes Konfidenzintervall von mindestens 99 % für diese Kontrakte verwenden, sofern die Risiken der durch sie geclearten OTC-Derivatekontrakte durch die Verwendung eines derartigen Konfidenzintervalls angemessen verringert und die Bestimmungen des Absatzes 2 eingehalten werden.

In der Fassung vom 19.12.2012 (ABl. EU Nr. L 52 v. 23.2.2013, S. 41).

Art. 25 Zeithorizont für die Berechnung der historischen Volatilität

(1) Eine CCP stellt sicher, dass im Einklang mit ihrer Modellmethode und ihrem Validierungsprozess gemäß Kapitel XII die Ersteinschusszahlungen unter Berücksichtigung des in Artikel 24 definierten Konfidenzintervalls und während der in Artikel 26 festgelegten Liquidationsperiode mindestens die Risikopositionen decken, die aus der historischen Volatilität resultieren, die auf der Grundlage von Daten berechnet wird, die mindestens die letzten zwölf Monate abdecken.

Eine CCP sorgt dafür, dass die für die Berechnung der historischen Volatilität verwendeten Daten das gesamte Spektrum an Marktbedingungen, einschließlich Stressphasen, widerspiegeln.

(2) Eine CCP kann für die Berechnung der historischen Volatilität andere Zeithorizonte verwenden, sofern sich aus der Verwendung eines solchen Zeithorizonts Einschussanforderungen ergeben, die mindestens so hoch wie die anhand des in Absatz 1 festgelegten Zeithorizonts ermittelten Einschussanforderungen sind.

(3) Die Parameter für die Einschusszahlungen für Finanzinstrumente, für die kein historischer Beobachtungszeitraum verfügbar ist, basieren auf konservativen Annahmen. Eine CCP passt die Berechnung der Einschussanforderungen auf der Grundlage der Analyse der Preisentwicklung der neuen Finanzinstrumente umgehend an.

In der Fassung vom 19.12.2012 (ABl. EU Nr. L 52 v. 23.2.2013, S. 41).

Art. 26 Zeithorizonte für die Liquidationsperiode

(1) Eine CCP bestimmt für die Zwecke des Artikels 41 der Verordnung (EU) Nr. 648/2012 die angemessenen Zeithorizonte für die Liquidationsperiode unter Berücksichtigung der Merkmale des geclearten Finanzinstruments, der Art des Kontos, auf dem das Finanzinstrument geführt wird, des Markts, auf dem das Finanzinstrument gehandelt wird, und der folgenden Zeithorizonte für die Liquidationsperiode:
a) mindestens fünf Geschäftstage für OTC-Derivate;
b) mindestens zwei Geschäftstage für Finanzinstrumente, bei denen es sich nicht um OTC-Derivate handelt und die auf Konten geführt werden, die nicht die unter Buchstabe c genannten Bedingungen erfüllen;
c) mindestens ein Geschäftstag für Finanzinstrumente, bei denen es sich nicht um OTC-Derivate handelt und die auf Sammel-Kundenkonten oder Einzelkunden-Konten geführt werden, sofern die folgenden Bedingungen erfüllt sind:
   i) die CCP führt mindestens am Ende eines jeden Tages getrennte Aufzeichnungen über die Posten der einzelnen Kunden, berechnet die Einschusszahlungen in Bezug auf jeden einzelnen Kunden und nimmt die Summe der Einschussanforderungen für jeden Kunden auf Bruttobasis ein;
   ii) die Identität aller Kunden ist der CCP bekannt;
   iii) bei den auf dem Konto geführten Positionen handelt es sich nicht um Eigenhandelspositionen von Unternehmen der Gruppe, der auch das Clearingmitglied angehört;
   iv) die CCP bewertet die Risikopositionen und berechnet für jedes Konto untertägig in nahezu Echtzeit und mindestens stündlich auf der Grundlage aktualisierter Positionen und Preise die Ersteinschuss- und Nachschussanforderungen;
   v) falls die CCP den einzelnen Kunden untertägig keine neuen Geschäfte zuweist, nimmt sie die Einschusszahlungen innerhalb einer Stunde ein, wenn die gemäß Ziffer iv berechneten Einschussanforderungen 110 % der aktualisierten verfügbaren Sicherheit gemäß Kapitel X übersteigen, es sei denn, der Betrag der an die CCP zu zahlenden Intraday-Einschüsse ist gemessen an der zuvor von der CCP festgelegten und von der zuständigen Behörde genehmigten Höhe nicht wesentlich, und sofern Geschäfte, die den Kunden zuvor zugewiesen worden sind, gesondert von den Geschäfte, die nicht untertägig zugewiesen werden, mit Einschüssen unterlegt werden.

(2) In jedem Fall evaluiert und addiert die CCP für die Bestimmung der angemessenen Zeithorizonte für die Liquidationsperiode mindestens Folgendes:
a) den längstmöglichen Zeitraum ab der letzten Einnahme von Einschusszahlungen bis zur Erklärung des Ausfalls durch die CCP oder bis zur Einleitung des Verfahrens bei einem Ausfall durch die CCP;
b) den schätzungsweise erforderlichen Zeitraum, um eine Strategie für den Umgang mit dem Ausfall eines Clearingmitglieds zu entwickeln und umzusetzen, wobei die Eigenheiten der einzelnen Kategorien von Finanzinstrumenten, auch in Bezug auf die Höhe der Liquidität und den Umfang und die Konzentration der Positionen, sowie die Märkte berücksichtigt werden, auf denen die CCP eine Glattstellung oder eine vollständige Absicherung einer Position eines Clearingmitglieds vornehmen wird;
c) gegebenenfalls den Zeitraum, der für die Deckung des Gegenparteirisikos, dem die CCP ausgesetzt ist, erforderlich ist.

(3) Bei der Evaluierung der in Absatz 2 definierten Zeiträume berücksichtigt die CCP mindestens die in Artikel 24 Absatz 2 aufgeführten Faktoren und die Zeiträume für die Berechnung der historischen Volatilität nach Maßgabe von Artikel 25.

(4) Werden durch die CCP OTC-Derivate gecleart, die dieselben Merkmale wie auf geregelten Märkten oder auf einem äquivalenten Drittlandsmarkt ausgeübte Derivate aufweisen, so kann die CCP für die Liquidationsperiode einen von dem in Absatz 1 spezifizierten Zeithorizont abweichenden Zeithorizont verwenden, sofern sie gegenüber der zuständigen Behörde Folgendes nachweisen kann:
a) der betreffende Zeithorizont wäre angesichts der spezifischen Merkmale der relevanten OTC-Derivate angemessener als der in Absatz 1 spezifizierte Zeithorizont;
b) der betreffende Zeithorizont beträgt mindestens zwei Geschäftstage oder einen Geschäftstag, wenn die Voraussetzungen nach Absatz 1 Buchstabe c erfüllt sind.

In der Fassung vom 19.12.2012 (ABl. EU Nr. L 52 v. 23.2.2013, S. 41), geändert durch Delegierte Verordnung (EU) 2016/822 vom 21.4.2016 (ABl. EU Nr. L 137 v. 26.5.2016, S. 1).

Art. 27 Einschussregelungen bei Portfolios

(1) Eine CCP kann bei den durch sie geclearten Finanzinstrumenten zulassen, dass die Einschussanforderungen miteinander verrechnet oder verringert werden, falls das Preisrisiko eines Finanzinstruments oder verschiedener Finanzinstrumente mit dem Preisrisiko anderer Finanzinstrumente wesentlich und zuverlässig korreliert oder auf der Grundlage äquivalenter statistischer Parameter eine einschlägige Abhängigkeit aufweist.

(2) Die CCP dokumentiert ihren Ansatz für Einschussregelungen bei Portfolios und stellt zumindest sicher, dass die Korrelation oder äquivalente statistische Parameter für Abhängigkeiten bezüglich zweier oder mehrerer geclearter Finanzinstrumente sich während des mit Artikel 25 berechneten Lookback-Zeitraums als zuverlässig und in historischen oder hypothetischen Stressszenarien als belastbar erweisen. Die CCP weist nach, dass die preislichen Zusammenhänge ökonomisch begründet werden können.

(3) Alle Finanzinstrumente, auf die die portfoliobezogenen Einschussregelungen Anwendung finden, werden durch denselben Ausfallfonds gedeckt. Sofern die CCP jedoch gegenüber der zuständigen Behörde und ihren Clearingmitgliedern vorab nachweisen kann, wie potenzielle Verluste auf verschiedene Ausfallfonds verteilt werden und die erforderlichen Bestimmungen in ihre Vorschriften aufgenommen hat, dürfen portfoliobezogene Einschussregelungen auf Finanzinstrumente angewandt werden, die durch verschiedene Ausfallfonds gedeckt werden.

(4) Betreffen die portfoliobezogenen Einschussregelungen mehrere Instrumente, so beläuft sich der Betrag, um den die Einschusszahlungen verringert werden, auf höchstens 80 % der Differenz zwischen der Summe der berechneten Einschusszahlungen für jedes einzelne Produkt und der auf der Basis einer kombinierten Schätzung der Risikoposition für das ganze Portfolio berechneten Einschusszahlung. Entstehen infolge einer Verringerung der Einschusszahlungen keine potenziellen Risiken für die CCP, so darf sie auf diese Differenz eine Verringerung von bis zu 100 % anwenden.

(5) Die auf portfoliobezogene Einschussregelungen zurückzuführenden Verringerungen der Einschusszahlungen unterliegen einem soliden Stresstestprogramm nach Maßgabe von Kapitel XII.

In der Fassung vom 19.12.2012 (ABl. EU Nr. L 52 v. 23.2.2013, S. 41).

Art. 28 Prozyklizität

(1) Eine CCP stellt sicher, dass ihre Grundsätze für die Wahl und Überprüfung des Konfidenzintervalls, der Liquidationsperiode und des Lookback-Zeitraums für vorausschauende, stabile und vorsichtige Einschussanforderungen sorgen, die die Prozyklizität soweit begrenzen, dass die Solidität und finanzielle Sicherheit der CCP nicht beeinträchtigt werden. Vor diesem Hintergrund sollten nach Möglichkeit störende oder weitreichende Änderungen an den Einschussanforderungen vermieden werden und transparente und vorhersehbare Verfahren zur Anpassung der Einschussanforderungen an sich verändernde Marktbedingungen eingeführt werden. Die CCP nutzt zu diesem Zweck mindestens eine der folgenden Optionen:

a) Anwendung eines Puffers für Einschusszahlungen, der mindestens 25 % der berechneten Einschusszahlungen entspricht und in Phasen, in denen die berechneten Einschussanforderungen signifikant steigen, zeitweise ausgeschöpft werden kann;

b) Zuweisung einer Gewichtung von mindestens 25 % für Beobachtungen unter Stressbedingungen in dem gemäß Artikel 26 berechneten Lookback-Zeitraum;

c) Gewährleistung, dass ihre Einschussanforderungen nicht geringer ausfallen als die anhand der geschätzten Volatilität über einen Lookback-Zeitraum von 10 Jahren berechneten Anforderungen.

(2) Überprüft eine CCP die Parameter des Modells für Einschusszahlungen, um dieses besser an die aktuellen Marktbedingungen anzupassen, so berücksichtigt sie dabei alle potenziellen prozyklischen Auswirkungen derartiger Anpassungen.

In der Fassung vom 19.12.2012 (ABl. EU Nr. L 52 v. 23.2.2013, S. 41).

Schrifttum: *Europäische Wertpapier- und Marktaufsichtsbehörde (ESMA)*, „Fragen und Antworten – Umsetzung der Verordnung (EU) Nr. 648/2012 über OTC-Derivate, zentrale Gegenparteien und Transaktionsregister (EMIR)", ESMA70-1861941480-52 vom 2.10.2017, abrufbar über: https://www.esma.europa.eu („*ESMA Q&A*").

I. Funktion und Bedeutung der Einschussforderungen 1	3. Basis der Berechnung: Abrechnungskonto und Portfolio 25
II. Pflicht zur Leistung von Einschüssen (Art. 41 Abs. 1–4 VO Nr. 648/2012) 5	4. Häufigkeit der Berechnung 31
1. Höhe der Einschüsse 6	5. Leistung der Einschüsse 32
2. Pflicht zur Nutzung von Modellen 12	III. Technische Regulierungsstandards (Art. 41 Abs. 5 VO Nr. 648/2012) 35

I. Funktion und Bedeutung der Einschussforderungen. Die von der CCP zu fordernden Einschusszahlungen stellen die „**wichtigste Verteidigungslinie**"[1] dar, mit der sich die CCP vor dem Kreditrisiko ihrer Clearingmitglieder bzw. dem „Ansteckungsrisiko"[2] schützt. Ihre besondere Funktion wird bei Ausfall eines Clearingmitgliedes und dem nach Art. 45 VO Nr. 648/2012 zur Anwendung kommenden „Wasserfall" deutlich. So sollen die durch die Absicherung und Glattstellung von Positionen des ausgefallenen Clearingmitgliedes begründeten Verluste zuerst und nach Möglichkeit vollständig durch die von ihm geleisteten Einschusszahlungen gedeckt werden.

Art. 41 VO Nr. 648/2012 konkretisiert einen wesentlichen Aspekt der in Art. 2 Nr. 3 VO Nr. 648/2012 definierten **Clearingtätigkeit**. Danach hat die CCP nicht nur die Positionen zu ermitteln, die durch die von ihr geclearten Finanzinstrumente begründet werden, sondern auch zu gewährleisten, „dass zur Absicherung des aus diesen Positionen erwachsenden Risikos Finanzinstrumente, Bargeld oder beides zur Verfügung stehen". Bei dem vorstehend genannten Risiko handelt es sich um das Kreditrisiko bzw. das **Gegenparteiausfallrisiko**. Dieses ist durch **Einschusszahlungen** (margins) zu decken. Die für die Besicherung von Derivaten typische Unterscheidung in anfängliche Risikopositionen und laufende Risikopositionen bzw. **Ersteinschüsse** (initial margin) und **Nachschüsse** (variation margin) findet sich in Art. 41 Abs. 1 VO Nr. 648/2012 nur angedeutet. Deutlich wird sie erst in der Definition Einschusszahlungen in Art. 1 Nr. 4 DelVO Nr. 153/2013 und in Art. 46 VO Nr. 648/2012[3].

---

[1] Erwägungsgrund Nr. 70 VO Nr. 648/2012: „primary line of defence".
[2] Erwägungsgrund Nr. 65 VO Nr. 648/2012.
[3] *Alfes* in Wilhelmi/Achtelik/Kunschke/Sigmundt, Handbuch EMIR, Teil 5 F Rz. 18.

Art. 41 VO Nr. 648/2012 | Einschussforderungen

3   Die **Einzelheiten** der durch Art. 41 VO Nr. 648/2012 begründeten Einschusspflichten werden durch **Art. 24–28 DelVO Nr. 153/2013** näher bestimmt. Die durch Art. 41 VO Nr. 648/2012 und die DelVO Nr. 153/2013 definierten Anforderungen an die Besicherung der von CCPs geclearten Finanzinstrumente finden in der **DelVO 2016/2251** und den dort festgelegten Anforderungen für die Besicherung nicht zentral geclearter OTC-Derivate ihre Entsprechung. Beide Regulierungsstandards weichen jedoch deutlich voneinander ab. So hat die CCP für die Ermittlung der potentiellen künftigen Risikoposition (potential future exposure) und sich der daraus ableitenden Ersteinschüsse **stets eigene Modelle** zu verwenden.

4   Die von der CCP angeforderten Einschüsse werden von dem Clearingmitglied dadurch erbracht, dass es **Sicherheiten** stellt, die den Anforderungen des Art. 46 VO Nr. 648/2012 entsprechen, d.h. **hochliquide** sind und ein nur **minimales Kredit- und Marktrisiko** aufweisen. Wegen der Einzelheiten wird auf die Ausführungen zu Art. 46 VO Nr. 648/2012 verwiesen.

5   **II. Pflicht zur Leistung von Einschüssen (Art. 41 Abs. 1–4 VO Nr. 648/2012).** Die Pflicht zur Leistung von Einschüssen besteht nicht nur für Clearingmitglieder, sondern auch für **interoperable CCPs**. Diese werden für Zwecke der Besicherung wie Clearingmitglieder behandelt. Sie müssen bei der CCP eigene Abrechnungskonten unterhalten (Art. 53 Abs. 1 VO Nr. 648/2012) und für ihre in den Abrechnungskonten verbuchten Risikopositionen **eigene Ersteinschüsse und Nachschüsse** leisten. Die von der interoperablen CCP geschuldeten Einschusszahlungen sind die einzigen Leistungen, mit denen sie die Risiken der über sie geclearten Finanzinstrumente besichert. Sie leistet weder Beiträge zum Ausfallfonds nach Art. 42 VO Nr. 648/2012 noch können von ihr zusätzliche finanzielle Mittel i.S.v. Art. 43 Abs. 3 VO Nr. 648/2012 verlangt werden[1]. Um sicherzustellen, dass die durch die Interoperabilitätsvereinbarung begründeten zusätzlichen finanziellen Risiken ausreichend gemindert werden[2], muss die CCP ergänzende Maßnahmen, wie z.B. die Anforderung zusätzlichen Einschusszahlungen vorsehen[3].

6   **1. Höhe der Einschüsse.** Die Einschüsse müssen nach Art. 41 Abs. 1 Satz 2 VO Nr. 648/2012 so bemessen sein, dass sie nicht nur die laufende oder aktuelle Risikoposition (current exposure) abdecken, sondern auch die potentielle zukünftige Risikoposition (potential future exposure, PFE).

7   Die **aktuelle Risikoposition** entspricht in der Regel dem **Marktwert** (fair value) des von der CCP geclearten Finanzinstruments. Soweit die CCP Finanzinstrumente abwickelt, die an Handelsplätzen gehandelt werden, wird die CCP für Zwecke der Ermittlung der aktuellen Risikoposition auf die Kurse oder Abrechnungspreise der Handelsplätze zurückgreifen können (mark-to-market). Art. 8 Abs. 1 VO Nr. 648/2012 und Art. 36 VO Nr. 600/2014 sollen insoweit sicherstellen, dass der betreffende Handelsplatz der CCP die Handelsdaten zeitnah zur Verfügung stellt (s. Art. 40 VO Nr. 648/2012 Rz. 5–7). Bei Derivaten, die außerbörslich abgeschlossen wurden, wird die CCP die aktuelle Risikoposition in der Regel anhand eigener Bewertungsmodelle und Preisfaktoren (mark-to-model) ermitteln müssen.

8   Die **potentielle zukünftige Risikoposition** entspricht aus Sicht der CCP dem Betrag, um den der Marktwert des Finanzinstruments zukünftig fallen kann, weil in diesem Umfang Ansprüche der CCP entstehen können, die durch den Ausfall der Gegenpartei gefährdet sind.

9   Der für die Abschätzung des potentiellen zukünftige Gegenparteiausfallrisikos maßgebliche Zeitraum – die DelVO Nr. 153/2013 spricht von „**Liquidationsperiode**" – muss angemessen sein und mindestens die Zeit umfassen, die die CCP benötigt, um sämtliche relevanten Risikopositionen zu liquidieren. Nach Art. 26 Abs. 1 DelVO Nr. 153/2013 beträgt die Liquidationsperiode bei OTC-Derivaten mindestens **fünf Geschäftstage** und bei allen übrigen Finanzinstrumenten mindestens zwei Geschäftstage.

10 Eine Ausnahme ist nach Art. 26 Abs. 4 DelVO Nr. 153/2013 für solche OTC-Derivate vorgesehen, deren Ausstattungsmerkmale und Risikoprofil denen eines börsengehandelten Derivates entspricht („**exchange look-alike derivatives**"). Für sie kann eine Liquidationsperiode von mindestens zwei Geschäftstagen angesetzt werden, wenn die CCP der zuständigen Behörde nachweist, dass der kürzere Zeithorizont angesichts der spezifischen Merkmale der OTC-Derivate angemessener ist.

11 Mit den für die **Liquidation relevanten Risikopositionen** verweist Art. 41 Abs. 1 Satz 2 VO Nr. 648/2012 bereits auf Art. 48 VO Nr. 648/2012 und den bei **Ausfall eines Clearingmitgliedes** anzuwendenden Verfahren[4]. Danach sind die Eigenhandelspositionen des ausgefallenen Clearingmitglieds stets abzuwickeln, seine für Kunden gehaltenen Positionen jedoch nur dann, wenn sie nicht auf ein anderes Clearingmitglied übertragen werden können. Art. 26 Abs. 2 DelVO Nr. 153/2013 sieht deshalb vor, dass die CCP für die Ermittlung der Liquidations-

---

1 *Europäische Wertpapier- und Marktaufsichtsbehörde (ESMA)*, Leitlinien Interoperabilität, Detaillierte Leitlinie und Empfehlung Nr. 3 b) (v) und ESMA Q&A CCP Frage Nr. 21 [letzte Aktualisierung: 21.5.2014].
2 S. *ESMA* Leitlinien Interoperabilität, Detaillierte Leitlinie und Empfehlung Nr. 3 b) (i).
3 *ESMA*, „Fragen und Antworten – Umsetzung der Verordnung (EU) Nr. 648/2012 über OTC-Derivate, zentrale Gegenparteien und Transaktionsregister (EMIR)", ESMA70-1861941480-52 vom 30.5.2018, abrufbar über: https://www.esma.europa.eu/sites/default/files/library/esma70-1861941480-52_qa_on_emir_implementation.pdf („*ESMA* Q&A") CCP Frage Nr. 21 [letzte Aktualisierung: 21.5.2014]: „such as additional margin".
4 *Alfes* in Wilhelmi/Achtelik/Kunschke/Sigmundt, Handbuch EMIR, Teil 5.F Rz. 30.

periode den Ausfall eines Clearingmitgliedes simulieren muss. Ausgangspunkt ist der Zeitraum zwischen der letztmaligen Entgegennahme von Einschüssen bis zur Erklärung des Ausfalls durch die CCP und die Einleitung der von der CCP vorgesehen Verfahren. Hinzuzurechnen ist der von der CCP zu schätzende Zeitraum, den die CCP benötigt, um für den Ausfall des Clearingmitgliedes eine Strategie zu entwickeln und umzusetzen sowie der Zeitraum, den die CCP benötigt, um die durch den Ausfall begründeten offenen Positionen zu schließen.

2. Pflicht zur Nutzung von Modellen. Für die Schätzung der potentiellen zukünftigen Risikoposition und der sich daraus ergebenden Ersteinschusszahlung hat die CCP nach Art. 41 Abs. 1 Satz 3 VO Nr. 648/2012 ein Modell zu verwenden. Wie sich aus der Formulierung „Verluste aus mindestens 99 % der Forderungsveränderungen" schließen lässt, handelt es sich hierbei um ein **wahrscheinlichkeitsbasiertes stochastisches Modell**, bei dem die durch eine sehr hohe Anzahl von Wiederholungen eines Zufallsexperimentes (der sog. „Monte-Carlo-Simulation") ermittelten Werte – in diesem Fall eine aus Sicht der CCP positive Forderungsveränderung, die bei Ausfall des Clearingmitgliedes zu einem Verlust führen kann – einem Erwartungs- oder Vertrauensbereich, dem sog. „Konfidenzintervall", zugewiesen werden. Dabei wird vermutet, dass der „richtige" Wert mit einer gewissen Häufigkeit, dem sog. Konfidenzniveau, in dem zu beobachteten Konfidenzintervall liegt.

Nach Art. 24 Abs. 1 Buchst. a DelVO Nr. 153/2013 muss das Konfidenzintervall für OTC-Derivate **mindestens 99,5 %** und für alle übrigen Finanzinstrumente mindestens 99 % betragen. Eine Ausnahme ist nach Art. 24 Abs. 4 DelVO Nr. 153/2013 auch hier für solche OTC-Derivate vorgesehen, deren Ausstattungsmerkmale und Risikoprofil denen eines börsengehandelten Derivates entspricht; für sie kann ein Konfidenzintervall von 99 % angesetzt werden.

Für die Schätzung der potentiellen zukünftigen Risikoposition muss das Modell **historische Daten** nutzen, die mindestens einen Zeitraum von **12 Monaten** abdecken. Dieser in Art. 1 Nr. 9 DelVO Nr. 153/2013 als „Lookback-Zeitraum" bezeichnete Zeithorizont muss nach Art. 25 Abs. 1 DelVO Nr. 153/2013 das gesamte Spektrum an Marktbedingungen und Phasen mit erheblichem Finanzstress abbilden.

Während Art. 16 Abs. 2 DelVO 2016/2251 für nicht zentral gecleared OTC-Derivate vorsieht, dass die berücksichtigten historischen Daten zu mindestens 25 % aus Stressdaten bestehen müssen, ist in Art. 25 Abs. 1 DelVO Nr. 153/2013 für **Stressdaten** kein Mindestumfang vorgeschrieben. Ein entsprechender 25 %-Anteil kann jedoch nach Art. 28 Abs. 1 DelVO Nr. 153/2013 von der CCP genutzt werden, um potentielle prozyklische Auswirkungen zu adressieren (s. Rz. 18 und 19). Bei der Auswahl der Zeiträume, denen die CCP die historischen Marktdaten entnimmt, steht ihr nach Art. 25 Abs. 2 DelVO Nr. 153/2013 ein gewisser Gestaltungsspielraum zu, dessen Ausübung jedoch nicht dazu führen darf, dass die von der CCP ermittelte historische Volatilität weniger konservativ ausfällt als wenn sie nach den Bestimmungen der Art. 24–28 DelVO Nr. 153/2013 ermittelt worden wäre[1]. Liegen für ein geclearedtes Finanzinstrument (noch) keine ausreichenden historischen Marktdaten vor, kann die CCP nach Art. 25 Abs. 3 DelVO Nr. 153/2013 diese Lücken durch konservativ ermittelte Ersatzdaten (sog. „proxies") füllen. Stehen ausreichend historische Marktdaten zur Verfügung, sind diese Ersatzdaten jedoch umgehend auszutauschen.

Nach Art. 49 VO Nr. 648/2012 und Art. 49 Abs. 1 DelVO Nr. 153/2013 ist die mit Hilfe des Modells ermittelte Höhe der Einschusszahlungen – das sog. „Deckungsniveau" – durch täglich durchzuführende **Rückvergleiche** (back testing) zu überprüfen. Ziel der Rückvergleiche ist es, Abweichungen zu identifizieren, die auf mögliche Schwächen des Modells hinweisen. Der Rückvergleich ist anhand der **aktuellen Werte der Finanzinstrumente** und dem sich daraus ableitenden tatsächlichen Wertanstieg durchzuführen. Dabei sind auch mögliche Auswirkungen einer portfoliobezogenen Berechnung der Einschüsse, wie sie nach Art. 41 Abs. 4 VO Nr. 648/2012 zugelassen ist, zu berücksichtigen. Darüber hinaus hat die CCP nach Art. 59 Abs. 5 DelVO Nr. 153/2013 mindestens täglich **Stresstests** durchzuführen, mit denen sie die Leistungsfähigkeit ihres Modells anhand standardisierter und vorab festgelegter Parameter überprüft.

Die nach Art. 41 Abs. 1 Satz 4 VO Nr. 648/2012 erforderliche regelmäßige **Überwachung und Anpassung der Einschusszahlungen** ist primär für die Ersteinschüsse von Bedeutung, die auf der Grundlage historischer Marktwerte und der sich daraus ableitenden **Volatilität** ermittelt werden. Deuten die aktuellen Marktbedingungen an, dass die Volatilität der Marktwerte tatsächlich höher ist als in der Vergangenheit beobachtet, so muss die CCP die Ersteinschüsse entsprechend anpassen.

Dass die CCP bei der Anpassung von Einschusszahlungen einer **potentiellen prozyklischen Wirkungen** Rechnung tragen soll, hat folgenden Grund: Die auf Marktbedingungen beruhende Anpassung von Einschusszahlungen beschränkt sich in der Regel nicht auf ein einzelnes Finanzinstrument, sondern erfasst aufgrund des **allgemeinen Korrelationsrisikos** sämtliche Finanzinstrumente von Emittenten, die demselben Marktumfeld oder demselben Konjunkturzyklus ausgesetzt sind. So werden in der Regel mehrere Clearingmitglieder verpflichtet sein, zusätzliche Sicherheiten im erheblichen Umfang zu leisten, was die Nachfrage an geeigneten Finanzinstrumenten und die für sie geforderten Marktpreise bzw. deren Volatilität erhöht. Die Anforderung zusätzlicher Einschüsse kann daher selbstverstärkend wirken, indem sie eine erhöhte Volatilität und damit einen zusätzlichen Sicherheitenbedarf nach sich zieht.

---

1 *ESMA* Q&A CCP Frage Nr. 9(b) [letzte Aktualisierung: 4.6.2013].

19 Nach Art. 28 DelVO Nr. 153/2013 können CCPs der prozyklischen Wirkung von Ersteinschussleistungen auf unterschiedliche Weise Rechnung tragen. So können sie vorsehen, dass die Ersteinschusszahlungen um einen **Puffer von mindestens 25 %** erhöht werden, der in Phasen gestresster Marktbedingungen zeitweise ausgeschöpft wird, d.h. eine zusätzliche Einschusszahlung entbehrlich macht. Als Alternative kann die CCP vorsehen, dass sie für die Berechnung der historischen Volatilität Marktdaten aus Phasen mit erheblichem Finanzstress heranzieht, deren Anteil an den insgesamt berücksichtigen historischen Daten mindestens 25 % beträgt. Als dritte Alternative kann die CCP ihre Ersteinschüsse auf Basis von historischen Marktdaten ermittelnd, die mindestens einen 10-jährigen Zeithorizont abdecken. Dabei sind die übrigen Parameter, insbesondere das in Art. 24 Abs. 1 DelVO Nr. 153/2013 festgelegte Konfidenzintervall, zu verwenden[1]. Die drei Alternativen schließen sich nicht gegenseitig aus, d.h. können miteinander kombiniert werden[2].

20 Die für die Ermittlung der Einschusszahlungen verwendeten **Modelle und Parameter** müssen sämtliche Risikomerkmale des geclearten Finanzinstrumentes berücksichtigen. Art. 24 Abs. 2 DelVO Nr. 153/2013 benennt u.a. die **Komplexität des Finanzinstruments** und den sich daraus ableitenden Umfang von Preisunsicherheiten sowie die Risikoeigenschaften des Finanzinstrumentes, insbesondere bestehende Jump-to-Default- oder Korrelationsrisiken.

21 Der Begriff **Jump-to-Default-Risiko** ist in Art. 1 Nr. 7 DelVO Nr. 153/2013 definiert und beschreibt das Risiko dass der Emittenten eines Finanzinstruments plötzlich ausfällt, bevor sich seine finanziellen Schwierigkeiten in einer Reduzierung des Marktwertes widerspiegeln. Die Modelle und Parameter müssen darüber hinaus dem Intervall der Einschusszahlung (nur täglich oder auch untertägig) sowie der **Marktliquidität** und der **Volatilität** der Marktwerte des zu besichernden Finanzinstrumentes angemessen Rechnung tragen. In diesem Zusammenhang ist nach Art. 24 Abs. 2 DelVO Nr. 153/2013 u.a. von Bedeutung, ob das Finanzinstrument signifikant volatil ist, sich auf wenige Marktteilnehmer konzentriert oder schwierig glattzustellen ist.

22 Wie sich aus Art. 41 Abs. 4 VO Nr. 648/2012 ergibt, kann das Modell auch vorsehen, dass Einschüsse auf **Portfolioebene** ermittelt werden und dabei ggf. bestehende Korrelationen als risikoreduzierend berücksichtigt werden.

23 Das Ersteinschuss-Modell und seine Parameter sind Gegenstand der im Rahmen der **Zulassung der CCP** oder der Erweiterung einer bestehenden Zulassung nach Art. 17 Abs. 4 und Art. 19 VO Nr. 648/2012 einzuholenden **Stellungnahme des Kollegium**. Nach Art. 24 Abs. 3 DelVO Nr. 153/2013 hat die CCP die zuständige Behörde und die Clearingmitglieder über die Kriterien, die sie bei der Berechnung berücksichtigt, zu informieren.

24 Innerhalb der **BaFin** obliegt die Überprüfung und Bewertung der von CCPs genutzten Ersteinschuss-Modelle der Abteilung Q (Quantitative Risikomodellierung), Referat RM 1. Zuständig ist der Amtssitz der BaFin in Bonn.

25 **3. Basis der Berechnung: Abrechnungskonto und Portfolio.** Die Berechnung der Einschusszahlungen knüpft nach Art. 41 Abs. 4 Satz 1 VO Nr. 648/2012 an die nach Art. 39 VO Nr. 648/2012 zu führenden **Abrechnungskonten** an[3]: Nutzt z.B. ein Clearingmitglied für die von ihm gehaltenen Kundenpositionen die Omnibus-Kunden-Kontentrennung nach Art. 39 Abs. 2 VO Nr. 648/2012, so berechnet die CCP die Einschusszahlung für sämtliche in dem Omnibuskonto zusammengefassten Risikopositionen.

26 Nach Art. 41 Abs. 4 Satz 2 VO Nr. 648/2012 kann die CCP die Einschusszahlungen auch für ein **Portfolio** unterschiedlicher Finanzinstrumente berechnen und dabei ggf. bestehende Korrelationen, die zu einer Reduzierung von Risiken führen, berücksichtigen. Will sie hiervon Gebrauch machen, muss sie jedoch **stabile und konservative Methoden** verwenden.

27 Die Merkmale „stabil" und „konservativ" sind durch Art. 27 DelVO Nr. 153/2013 näher ausgeführt worden. Nach Art. 27 Abs. 1 DelVO Nr. 153/2013 müssen die Preisrisiken der zusammen als Portfolio besicherten Finanzinstrumente **wesentlich und zuverlässig** korrelieren. Dem steht es gleich, wenn die Preisrisiken der Finanzinstrumente von vergleichbaren statistischen Parametern (z.B. IBOR-Zinssätzen) abhängig sind (equivalent statistical parameter of dependence).

28 Der für die Besicherung auf Portfoliobasis verwendete Ansatz ist von der CCP ausreichend zu dokumentieren. Darüber hinaus muss die CCP nach Art. 27 Abs. 2 DelVO Nr. 153/2013 mittels **historischer Marktdaten**, die mindestens den in Art. 25 DelVO Nr. 153/2013 bestimmten Zeithorizont abdecken, sowie durch **Stressszenarien** nachweisen, dass sich die Korrelationsannahmen als belastbar und ökonomisch begründbar erweisen.

29 Die Portfoliobesicherung ist nach Art. 27 Abs. 3 DelVO Nr. 153/2013 grundsätzlich auch auf die nach Art. 42 VO Nr. 648/2012 einzurichtenden **Ausfallfonds** zu übertragen: So sind die als Portfolio besicherten Finanzinstrumente durch denselben Ausfallfonds zu decken. Dem Merkmal „konservativ" wird dadurch Rechnung getragen, dass die Portfoliobesicherung die Ersteinschussanforderung nur um maximal 80 % reduzieren darf. Eine vollständige Reduzierung auf null ist nach Art. 27 Abs. 4 DelVO Nr. 153/2013 nur dann zulässig, wenn sich für die CCP aus der Verrechnung keine potentiellen Risiken ergeben.

---

1 ESMA Q&A CCP Frage Nr. 9(c) [letzte Aktualisierung: 4.6.2013].
2 ESMA Q&A CCP Frage Nr. 9(c) [letzte Aktualisierung: 4.6.2013]: „not mutually exclusive".
3 Alfes in Wilhelmi/Achtelik/Kunschke/Sigmundt Handbuch, EMIR, Teil 5.F Rz. 17.

Die Frage, ob es mit Art. 41 VO Nr. 648/2012 vereinbar ist, wenn zwei miteinander operierende CCPs sog. 30
„Cross-Margin-Vereinbarungen" abschließen, unter denen sie gegenläufige Risikopositionen, die ein und dasselbe Clearingmitglied bei den beiden CCPs unterhält, miteinander verrechnen, mit der Folge, dass das Clearingmitglied nur geringere Einschüsse stellt, ist von der ESMA zu Recht verneint worden[1].

4. Häufigkeit der Berechnung. Die Einschüsse sind nach Art. 41 Abs. 1 Satz 4 VO Nr. 648/2012 regelmäßig zu 31
überwachen und an die aktuellen Marktbedingungen anzupassen. Dabei ergibt sich aus Art. 40 Satz 1 VO Nr. 648/2012, dass mit „regelmäßig" eigentlich die laufende Bewertung in nahezu Echtzeit gemeint ist.

5. Leistung der Einschüsse. Die Einschüsse sind nach Art. 41 Abs. 1 Satz 1 VO Nr. 648/2012 auf täglicher Ba- 32
sis zu verlangen. Übersteigt der Anstieg der einzufordernden Einschusszahlungen während eines Geschäftstages einen von der CCP festzulegenden Schwellenwert, muss die CCP die Einschusszahlung nach Art. 41 Abs. 3 VO Nr. 648/2012 auch **untertägig** gelten machen.

Die von der CCP festzulegenden **Schwellenwerte** für die untertägige Anforderung von Einschüssen müssen an- 33
gemessen sein. Um zu verhindern, dass Clearingmitglieder laufend Einschüsse auf Bruttobasis leisten müssen, dürfen sie nicht zu niedrig bemessen sein.

Die Vorschrift verdeutlicht die Bedeutung der in Art. 40 VO Nr. 648/2012 geforderten Bewertung der Risiko- 34
positionen „in nahezu Echtzeit". Die CCP muss die von ihr geclearten Finanzinstrumente einer laufenden Neubewertung unterziehen und hierbei überprüfen, ob die von ihr festgelegten Schwellenwerte für den Einschuss überschritten sind.

III. Technische Regulierungsstandards (Art. 41 Abs. 5 VO Nr. 648/2012). Die Kommission ist nach Art. 41 35
Abs. 5 VO Nr. 648/2012 befugt, technische Regulierungsstandards zu erlassen in denen sie die angemessenen Zeithorizonte für die Berechnung der Einschüsse und die Berechnung der historischen Volatilität für die verschiedenen Kategorien von Finanzinstrumenten festlegt. Von der Befugnis hat sie mit Art. 24–28 DelVO Nr. 153/2013 Gebrauch gemacht. Die DelVO Nr. 153/2013 ist am zwanzigsten Tag nach ihrer Veröffentlichung im Amtsblatt der Europäischen Union, d.h. am 15.3.2013, in Kraft getreten (Art. 62 DelVO Nr. 153/2013). Art. 26 Abs. 1 und 2 und Abs. 4 Buchst. b DelVO Nr. 153/2013 sind durch Art. 1 DelVO 2016/822 neu gefasst worden. Die DelVO 2016/822 ist am zwanzigsten Tag nach ihrer Veröffentlichung im Amtsblatt der Europäischen Union, d.h. am 15.6.2016, in Kraft getreten (Art. 2 DelVO 2016/822).

Art. 42 Ausfallfonds

(1) Um ihr Kreditrisiko gegenüber ihren Clearingmitgliedern zusätzlich einzuschränken, unterhält eine CCP einen vorfinanzierten Ausfallfonds zur Deckung der Verluste, die aus dem Ausfall eines oder mehrerer Clearingmitglieder, einschließlich aus der Eröffnung eines Insolvenzverfahrens gegenüber einem oder mehreren Clearingmitgliedern, entstehen und die von den Einschussanforderungen nach Artikel 41 gedeckten Verluste übersteigen.

Die CCP legt eine Mindestsumme für den Ausfallfonds fest, die unter keinen Umständen unterschritten werden darf.

(2) Eine CCP legt die Mindesthöhe der in den Ausfallfonds einzuzahlenden Beiträge sowie die Kriterien für die Berechnung der Beiträge der einzelnen Clearingmitglieder fest. Die Höhe des Beitrags muss dem Risiko des jeweiligen Clearingmitglieds angemessen sein.

(3) Der Ausfallfonds muss die CCP in die Lage versetzen, unter extremen, aber plausiblen Marktbedingungen zumindest den Ausfall des Clearingmitglieds, gegenüber dem sie die höchsten Risikopositionen hält, oder, wenn diese Summe höher ist, der Clearingmitglieder, gegenüber denen sie die zweit- und dritthöchsten Risikopositionen hält, aufzufangen. Eine CCP entwickelt Szenarien extremer, aber plausibler Marktbedingungen. Die Szenarien beinhalten auch die volatilsten Perioden, die bisher auf den von ihr bedienten Märkten beobachtet wurden, und mehrere für die Zukunft denkbare Szenarien. Die Szenarien berücksichtigen ferner unerwartete Verkäufe von Finanzmitteln und einen schnellen Rückgang der Marktliquidität.

(4) Eine CCP kann mehr als einen Ausfallfonds für die verschiedenen von ihr geclearten Kategorien von Instrumenten einrichten.

(5) Um die einheitliche Anwendung dieses Artikels zu gewährleisten, erarbeitet die ESMA in enger Zusammenarbeit mit dem ESZB und nach Anhörung der EBA Entwürfe für technische Regulierungsstandards, in denen ein Rahmen für die Feststellung extremer, aber plausibler Marktbedingungen im Sinne

---

1 *ESMA* Q&A CCP Frage Nr. 9(a) [letzte Aktualisierung: 4.6.2013].

des Absatzes 3 festgelegt wird; dieser Rahmen sollte herangezogen werden, wenn die Höhe des Ausfallfonds und der anderen in Artikel 43 genannten Finanzmittel bestimmt werden.

Die ESMA legt der Kommission diese Entwürfe für technische Regulierungsstandards bis zum 30. September 2012 vor.

Der Kommission wird die Befugnis übertragen, die in Unterabsatz 1 genannten technischen Regulierungsstandards gemäß den Artikeln 10 bis 14 der Verordnung (EU) Nr. 1095/2010 zu erlassen.

In der Fassung vom 4.7.2012 (ABl. EU Nr. L 201 v. 27.7.2012, S. 1).

Delegierte Verordnung (EU) Nr. 153/2013 vom 19. Dezember 2012
zur Ergänzung der Verordnung (EU) Nr. 648/2012 des Europäischen Parlaments und des Rates in Bezug auf technische Regulierungsstandards für Anforderungen an zentrale Gegenparteien

(Auszug)

Art. 29 Rahmen und Governance

(1) Um unter Berücksichtigung der gruppenbedingten Abhängigkeiten den Mindestumfang des Ausfallfonds und den Betrag der sonstigen Finanzmittel festzulegen, die notwendig sind, um die Anforderungen der Artikel 42 und 43 der Verordnung (EU) Nr. 648/2012 zu erfüllen, setzt die CCP einen internen Strategierahmen um, in dem die Arten extremer, aber plausibler Marktbedingungen, die die CCP größten Risiken aussetzen könnten, festgelegt werden.

(2) Der Rahmen enthält eine Erklärung, in der dargelegt wird, wie die CCP extreme, aber plausible Marktbedingungen festlegt. Der Rahmen ist vollständig zu dokumentieren und wird nach Maßgabe von Artikel 12 aufbewahrt.

(3) Der Rahmen wird vom Risikoausschuss erörtert und vom Leitungsorgan genehmigt. Die Robustheit des Rahmens und dessen Fähigkeit, auf Marktbewegungen zu reagieren, wird mindestens jährlich überprüft. Die Überprüfung wird vom Risikoausschuss erörtert und die Ergebnisse werden dem Leitungsorgan mitgeteilt.

In der Fassung vom 19.12.2012 (ABl. EU Nr. L 52 v. 23.2.2013, S. 41).

Art. 30 Ermittlung extremer, aber plausibler Marktbedingungen

(1) Der in Artikel 29 beschriebene Rahmen spiegelt das Risikoprofil der CCP wider und trägt gegebenenfalls den grenzübergreifenden Risiken und den Währungsrisiken Rechnung. Anhand des Rahmens werden alle Marktrisiken ermittelt, denen eine CCP nach dem Ausfall eines oder mehrerer Clearingmitglieder ausgesetzt wäre, darunter ungünstige Entwicklungen der Markpreise geclearter Instrumente, eine geringere Marktliquidität dieser Instrumente und eine Minderung des Liquidationswerts der Sicherheiten. Der Rahmen trägt außerdem zusätzlichen Risiken für die CCP Rechnung, die aus dem gleichzeitigen Zusammenbruch von Unternehmen, die Teil derselben Gruppe wie das ausfallende Clearingmitglied sind, resultieren würden.

(2) In dem Rahmen werden alle einzelnen Märkte ermittelt, in denen die CCP beim Ausfall eines Clearingmitglieds Risiken ausgesetzt wäre. Für jeden der ermittelten Märkte spezifiziert die CCP extreme, aber plausible Marktbedingungen und stützt sich dabei mindestens auf

a) ein Spektrum historischer Szenarien, einschließlich Phasen extremer Marktbewegungen, die in den letzten 30 Jahren oder während des Zeitraums, für den zuverlässige Daten verfügbar sind, beobachtet wurden und für die CCP größte finanzielle Risiken dargestellt hätten. Entscheidet eine CCP, dass ein Wiederauftreten einer historischen Phase wesentlicher Preisbewegungen nicht plausibel ist, so begründet sie dies und erläutert gegenüber der zuständigen Behörde, weshalb eine derartige Situation nicht in dem Rahmen berücksichtigt wurde;

b) verschiedene potenzielle künftige Szenarien auf der Grundlage kohärenter Annahmen hinsichtlich der Marktvolatilität und Preiskorrelation über Märkte und Finanzinstrumente hinweg, unter Beachtung quantitativer und qualitativer Bewertungen potenzieller Marktbedingungen.

(3) Darüber hinaus trägt der Rahmen quantitativ und qualitativ dem Umfang Rechnung, in dem extreme Preisbewegungen in verschiedenen identifizierten Märkten gleichzeitig auftreten könnten. In dem Rahmen wird die Möglichkeit berücksichtigt, dass historische Preiskorrelationen in extremen, aber plausiblen Marktbedingungen keinen Bestand mehr haben.

In der Fassung vom 19.12.2012 (ABl. EU Nr. L 52 v. 23.2.2013, S. 41).

Art. 31 Überprüfung extremer, aber plausibler Szenarien

Die CCP überprüft regelmäßig die in Artikel 30 beschriebenen Verfahren und berücksichtigt dabei alle relevanten Marktentwicklungen sowie den Umfang und die Konzentration der Risikopositionen der Clearingmitglieder. Die von einer CCP zur Ermittlung extremer, aber plausibler Marktbedingungen verwendeten historischen und hypothetischen Szenarien werden von der CCP in Abstimmung mit dem Risikoausschuss mindestens jährlich überprüft bzw. häufiger, wenn die Marktentwicklungen oder wesentliche Änderungen an den durch die CCP geclearten Kontrakten die Annahmen beeinträchtigen, die den Szenarien zugrunde liegen, so dass eine Anpassung erforderlich ist. Wird der Rahmen grundlegend geändert, so ist dies dem Leitungsorgan mitzuteilen.

In der Fassung vom 19.12.2012 (ABl. EU Nr. L 52 v. 23.2.2013, S. 41).

Schrifttum: *Europäische Wertpapier- und Marktaufsichtsbehörde (ESMA)*, „Fragen und Antworten – Umsetzung der Verordnung (EU) Nr. 648/2012 über OTC-Derivate, zentrale Gegenparteien und Transaktionsregister (EMIR)", ESMA70-1861941480-52 vom 30.5.2018, abrufbar über: https://www.esma.europa.eu („*ESMA Q&A*").

I. Funktion und Bedeutung des Ausfallfonds . .	1
II. Pflicht zur Leistung von Beiträgen zum Ausfallfonds (Art. 42 Abs. 1–4 VO Nr. 648/2012)	4
1. Mindestsumme des Ausfallfonds	9
2. Höhe der Beiträge zum Ausfallfonds	19
3. Mehrere Ausfallfonds	20
III. Technische Regulierungsstandards (Art. 42 Abs. 5 VO Nr. 648/2012)	21

I. Funktion und Bedeutung des Ausfallfonds. Der von der CCP einzurichtende Ausfallfonds stellt die „**zweite Verteidigungslinie**" dar, mit der die CCP das durch ihre Clearingmitglieder begründete „**Ansteckungsrisiko**"[1] mindert. Dem gleichen Zweck dienen die in Art. 37 VO Nr. 648/2012 vorgesehenen Teilnahmeanforderungen, die Einschussanforderungen des Art. 41 VO Nr. 648/2012 und das in Art. 48 VO Nr. 648/2012 vorgesehene Verfahren bei Ausfall eines Clearingmitgliedes, das sicherstellen soll, dass die durch die Absicherung und Glattstellung von Positionen begründeten Verluste den Geschäftsbetrieb der CCP nicht beeinträchtigen. 1

Der von der CCP einzurichtende Ausfallfonds ist nach Art. 43 Abs. 1VO Nr. 648/2012 durch **zugeordnete Finanzmittel der CCP** zu unterstützen. Der Ausfallfonds und die zugeordneten Finanzmittel erfüllen dieselbe Funktion: die Deckung potentieller, durch Einschüsse oder Beiträge des ausgefallenen Clearingmitgliedes nicht mehr gedeckte Verluste. Beide sind so zu bemessen, dass sie ausreichen, um den **Ausfall eines oder mehrere Clearingmitglieder** mit **großen Risikopositionen** aufzufangen. Die in Art. 29–31 DelVO Nr. 153/2013 definierten Anforderungen an die Strategie und Verfahren, mit denen die CCP das durch die Ausfälle von Clearingmitglieder begründete Maximalrisiko bzw. den sich daraus ableitenden Verlustdeckungsbedarf abschätzen muss, sind bei beiden identisch. Der Unterschied zwischen dem Ausfallfonds und den sonstigen Finanzmitteln zeigt sich erst bei Ausfall eines Clearingmitgliedes und dem nach Art. 45 VO Nr. 648/2012 zur Anwendung kommenden **Rangfolge der Verlusttragung**, dem sog. „Wasserfall". Wegen der Einzelheiten wird auf die Ausführungen zu Art. 45 VO Nr. 648/2012 verwiesen. 2

Die Beiträge zum Ausfallfonds werden von dem Clearingmitglied dadurch erbracht, dass es **Sicherheiten** stellt, die den Anforderungen des Art. 46 VO Nr. 648/2012 entsprechen, d.h. **hochliquide** sind und ein nur **minimales Kredit- und Marktrisiko** aufweisen. Wegen der Einzelheiten wird auf die Ausführungen zu Art. 46 VO Nr. 648/2012 verwiesen. 3

II. Pflicht zur Leistung von Beiträgen zum Ausfallfonds (Art. 42 Abs. 1–4 VO Nr. 648/2012). Die Beiträge, aus denen sich der Ausfallfonds speist, werden von den **Clearingmitgliedern** aufgebracht. Dies folgt aus Art. 45 Abs. 3 VO Nr. 648/2012 („Beiträge der nicht ausgefallenen Clearingmitglieder"). **Interoperable CCPs** zahlen keine Beiträge zum Ausfallfonds[2]; sie sind jedoch verpflichtet, Einschüsse nach Art. 41 VO Nr. 648/2012 zu leisten. 4

Art. 42 Abs. 1 Unterabs. 1 VO Nr. 648/2012 stellt klar, dass der von der CCP einzurichtende Ausfallfonds **vorfinanziert** sein muss. Ein auf Garantien, Bürgschaften oder vergleichbaren Zusagen basierender Ausfallfonds, der bei Ausfall eines Clearingmitgliedes die für die Deckung von Verlusten benötigten Finanzmittel erst einfordern muss, ist unzulässig. 5

Das Prinzip der vorfinanzierten Ausfallfonds findet seine **Entsprechung** in den Eigenkapitalanforderungen der **VO Nr. 575/2013 (CRR)**. So sehen die Art. 307 Buchst. a und Art. 308 VO Nr. 575/2013 Eigenkapitalanforderungen für Beiträge zum Ausfallfonds bei qualifizierten, d.h. nach Art. 14 oder 25 VO Nr. 648/2012 zugelassenen oder anerkannten CCPs nur für vorfinanzierte Beiträge vor, während Art. 309 Abs. 1 VO Nr. 575/2013 bei nicht qualifizierten CCPs aus Drittstaaten davon ausgeht, dass zu den mit Eigenkapital zu unterlegenden Risikopositionen auch nicht vorfinanzierte Beiträge zu Ausfallfonds zählen können. 6

Zweck der im Ausfallfonds zusammengefassten Finanzmittel ist der Ausgleich der nicht bereits durch Einschussforderungen gedeckten Verluste. Die sich hier andeutende **Subsidiarität** des Ausfallfonds wird in der in Art. 45 VO Nr. 648/2012 geregelten Rangfolge der Inanspruchnahme bei Ausfall von Clearingmitgliedern wieder aufgegriffen, aber auch modifiziert. So wird zwischen den Beiträgen des ausgefallenen Clearingmitgliedes und denen der nicht ausgefallenen Clearingmitglieder unterschieden: Nach Art. 45 Abs. 3 VO Nr. 648/2012 darf die CCP die Beiträge der nicht ausgefallenen Clearingmitglieder erst in Anspruch nehmen, wenn die Beiträge des ausgefallenen Clearingmitgliedes vollständig ausgeschöpft sind. Die Beiträge des ausgefallenen Clea- 7

---

1 Erwägungsgrund Nr. 65 VO Nr. 648/2012.
2 *Europäische Wertpapier- und Marktaufsichtsbehörde (ESMA)*, Leitlinien und Empfehlungen für die Erstellung kohärenter, effizienter und wirksamer Bewertungen von Interoperabilitätsvereinbarungen, ESMA/2013/322 vom 10.6.2013, abrufbar über: https://www.esma.europa.eu/sites/default/files/library/2015/11/2013-323_annex_1_esma_final_report_on_guidelines_on_interoperability.pdf („*ESMA* Leitlinien Interoperabilität"), Detaillierte Leitlinie und Empfehlung Nr. 3 b) (v) und *ESMA*, *ESMA*, „Fragen und Antworten – Umsetzung der Verordnung (EU) Nr. 648/2012 über OTC-Derivate, zentrale Gegenparteien und Transaktionsregister (EMIR)", ESMA70-1861941480-52 vom 30.5.2018, abrufbar über: https://www.esma.europa.eu/sites/default/files/library/esma70-1861941480-52_qa_on_emir_implementation.pdf („*ESMA* Q&A"), CCP Frage Nr. 21 [letzte Aktualisierung: 21.5.2014]; s. auch *Sigmundt* in Wilhelmi/Achtelik/Kunschke/Sigmundt, Handbuch EMIR, Teil 5.D Rz. 17, mit Hinweis auf das hierdurch begründete besondere Risiko und *ESMA* Q&A CCP Frage Nr. 21 [letzte Aktualisierung: 21.5.2014], die deshalb zusätzliche Sicherungsmaßnahmen „such as additional margin" vorschlägt.

Art. 42 VO Nr. 648/2012 | Ausfallfonds

ringmitgliedes nehmen im „Wasserfall" des Art. 45 VO Nr. 648/2012 den **zweiten Rang** ein, während die Beiträge der nicht ausgefallenen Clearingmitglieder den **vierten Rang** innehaben.

8 Die **Einzelheiten** der durch Art. 42 VO Nr. 648/2012 begründeten Pflichten werden durch **Art. 29–31 DelVO Nr. 153/2013** näher bestimmt.

9 **1. Mindestsumme des Ausfallfonds.** Nach Art. 42 Abs. 1 Unterabs. 2 VO Nr. 648/2012 muss die CCP für den Ausfallfonds eine **Mindestsumme** festlegen, die nicht unterschritten werden darf. Bei der Bestimmung der Mindestsumme hat die CCP die in Art. 42 Abs. 3 VO Nr. 648/2012 festgelegten Anforderungen zu beachten.

10 Die Mindestsumme des Ausfallfonds muss nach Art. 42 Abs. 3 VO Nr. 648/2012 so bemessen sein, dass sie die CCP in die Lage versetzt, den Ausfall des – gemessen an der Höhe der von ihm gehaltenen Risikopositionen – **größten Clearingmitgliedes** aufzufangen. Ist die Summe der von dem zweit- und dem drittgrößten Clearingmitglied gehaltenen Risikopositionen größer als die des größten Clearingmitgliedes, so sind für die Mindestsumme des Ausfallfonds die aggregierten Risikopositionen des **zweit- und des drittgrößten Clearingmitgliedes** maßgeblich.

11 Bei der Bestimmung der Risikopositionen eines Clearingmitgliedes sind die von dem Clearingmitglied gehaltenen Kundenpositionen mit zu berücksichtigen. Grund hierfür ist, dass die nach Art. 48 Abs. 5 und 6 VO Nr. 648/2012 vorgesehene Übertragung von Kundenpositionen (Portierung) scheitern kann und die CCP auch hier möglicherweise Verluste generierende Maßnahmen der Absicherung und Glattstellung ergreifen muss[1]. Unberücksichtigt bleiben hingegen die Risikopositionen die eine **interoperable CCP** hält. Dies gilt auch dann, wenn die Risikopositionen der interoperablen CCP größer sind als die eines der Clearingmitglieder[2].

12 Um die Höhe des durch den Ausfallfonds abzudeckenden Verlustes abzuschätzen, muss die CCP den **Ausfall** des größten Clearingmitgliedes bzw. den gleichzeitigen Ausfall des zweit- und des drittgrößten Clearingmitgliedes simulieren. Dabei hat sie zum einen das Risikoprofil der von ihr geclearten Finanzinstrumente zu berücksichtigen. Zum anderen muss sie die von ihr festgelegten Verfahren bei Ausfall von Clearingmitgliedern zugrunde legen und ermitteln, in welchem Umfang ihr durch die nach Art. 48 Abs. 2 VO Nr. 648/2012 anzuwendenden Maßnahmen Verluste entstehen, die nicht durch Einschüsse gedeckt sind.

13 Die Abschätzung der Verluste muss auf Basis von historischen und hypothetischen **Szenarien** und den sich hieraus ableitenden schwierigen Marktbedingungen erfolgen. Ziel der Abschätzung ist es, die **Marktbedingungen** zu identifizieren unter denen die CCP bei Ausfall des größten bzw. bei gemeinsamem Ausfall der beiden nächstgrößten Clearingmitglieder dem **größten Risiko** ausgesetzt ist (Art. 29 Abs. 1 DelVO Nr. 153/2013 a.E.). So muss die CCP z.B. unterstellen, dass sie die Risikopositionen des jeweils ausgefallenen Clearingmitgliedes unter schwierigen Marktbedingungen absichern bzw. glattstellen muss und dass sie die von dem ausgefallenen Clearingmitgliedern gestellten Sicherheiten aufgrund des Umfangs und der Eile, mit der sie verkauft werden müssen (**fire sale**) und der schnell abnehmenden Liquidität der Märkte nur mit höheren Abschlägen verwerten kann.

14 Die von der CCP unterstellen schwierigen Marktbedingungen müssen **extrem** aber noch **plausibel** sein. Die bei der Ermittlung der Marktbedingungen zu berücksichtigenden Aspekte sind in Art. 30 Abs. 1 DelVO Nr. 153/2013 festgelegt. Neben der bereits in Art. 42 Abs. 3 VO Nr. 648/2012 angedeuteten ungünstigen Entwicklung der Marktpreise für Absicherungs- und Glattstellungsgeschäfte und der Minderung des Liquidationswertes der gestellten Einschüsse sind u.a. auch grenzüberschreitende Risiken und Währungskursrisiken sowie Ansteckungsrisiken für Clearingmitglieder, die derselben Gruppe wie das ausgefallene Clearingmitglied angehören, genannt.

15 Nach Art. 30 Abs. 2 DelVO Nr. 153/2013 muss die CCP bei der Auswahl der **historischen Szenarien** die letzten 30 Jahre einschließlich Phasen mit extremen Marktbewegungen berücksichtigen. Gelangt die CCP zur Auffassung, dass ein Wiederauftreten einer in der Vergangenheit beobachteten Phase wesentlicher Preisbewegungen nicht mehr plausibel ist, kann sie diese Phase unberücksichtigt lassen[3]. Sie hat ihre Entscheidung der für sie zuständigen Behörde mitzuteilen und zu erläutern.

16 In **organisatorischer Hinsicht** verlangt Art. 29 Abs. 1 DelVO Nr. 153/2013 dass die CCP für die Ermittlung des Mindestumfangs des Ausfallfonds Strategien bestimmt, mit denen sie die extremen aber plausiblen Marktbedingungen festlegt. Wie sich aus Art. 29 Abs. 3 und Art. 31 DelVO Nr. 153/2013 ergibt, muss die Strategie die CCP in die Lage versetzen, auf Marktbewegungen oder eine wesentliche Veränderung der geclearten Finanzinstrumente bzw. deren Risikoprofil zu reagieren. Die Strategien sind mit dem **Risikoausschuss** der CCP zu erörtern, vom Leitungsorgan zu genehmigen, vollständig zu dokumentieren und in Übereinstimmung mit den in Art. 12 DelVO Nr. 153/2013 definierten Anforderungen aufzubewahren (Art. 29 Abs. 2 und Abs. 3 DelVO Nr. 153/2013). Nach Art. 31 DelVO Nr. 153/2013 muss die CCP die Verfahren, mit denen sie die extre-

---

1 *ESMA* Q&A CCP Frage Nr. 12(a) [letzte Aktualisierung: 11.2.2014].
2 *ESMA* Q&A CCP Frage Nr. 21 [letzte Aktualisierung: 21.5.2014].
3 *Alfes* in Wilhelmi/Achtelik/Kunschke/Sigmundt, Handbuch EMIR, Teil 5.F Rz. 44, mit dem Beispiel, dass in der Vergangenheit beobachtete starke kurzfristige Kurseinbrüche (sog. „flash crashes") außer Betracht bleiben können, wenn die Handelsplätze durch technische Vorkehrungen, wie die automatisierte Aussetzung des Handels, sichergestellt haben, dass sie in der Zukunft nicht mehr stattfinden können.

men aber plausiblen Marktbedingungen und die ihnen zugrunde liegenden Annahmen ermittelt, anlassbezogen, mindestens jedoch jährlich überprüfen. Die Überprüfung ist in Abstimmung mit dem Risikoausschuss der CCP durchzuführen.

Stellt die CCP nach Durchführung des in Art. 31 DelVO Nr. 153/2013 vorgesehenen Verfahren fest, dass die bisherige Höhe des Ausgleichsfonds nicht mehr ausreicht, um den Ausfall des größten Clearingmitgliedes oder den gleichzeitigen Ausfall des zweit- und des drittgrößten Clearingmitgliedes aufzufangen, so muss sie von den Clearingmitgliedern **zusätzliche Beiträge zum Ausfallfonds** verlangen. 17

Nach Art. 49 Abs. 1 VO Nr. 648/2012 und Art. 53 Abs. 2 DelVO Nr. 153/2013 muss die CCP durch geeignete **Stresstests** sicherstellen, dass die Einschusszahlungen und der Ausfallfonds zusammen ausreichen um den Ausfall des größten Clearingmitgliedes oder, wenn die von dem zweit- und dem drittgrößten Clearingmitglied gehaltenen Risikopositionen größer als die des größten Clearingmitgliedes sind, den Ausfall des zweit- und des drittgrößten Clearingmitgliedes aufzufangen. Geht aus den Stresstestergebnissen hervor, dass der Ausfallfonds unzureichend ist, so muss die CCP die Gesamtdeckung auf ein akzeptables Niveau anheben (Art. 56 Abs. 3 Satz 1 DelVO Nr. 153/2013). 18

2. Höhe der Beiträge zum Ausfallfonds. Nach Art. 42 Abs. 2 VO Nr. 648/2012 müssen die Regelwerke der CCP die Höhe der von den Clearingmitgliedern zu leistenden Beiträge sowie die Kriterien für die Berechnung der Beiträge festlegen. Es gilt das Prinzip der Proportionalität: Die Höhe des Beitrages muss dem jeweiligen Clearingmitgliedes angemessen sein. Das Risiko des Clearingmitgliedes bemisst sich zum einen an der Höhe der von ihm **gehaltenen Risikopositionen**. Wie sich aus Art. 37 VO Nr. 648/2012 ableiten lässt, wird das Risiko des Clearingmitgliedes zum anderen auch durch seine **finanziellen Mittel und operationellen Kapazitäten** bestimmt, die sich z.B. in der Bonitätsbeurteilung einer Ratingagentur wiederspiegeln können. 19

3. Mehrere Ausfallfonds. Die CCP kann nach Art. 42 Abs. 4 VO Nr. 648/2012 für die von ihr geclearten Kategorien von Finanzinstrumenten mehrere Ausfallfonds einrichten. Art. 42 Abs. 4 VO Nr. 648/2012 stellt auch klar, dass die kleinste Einheit, für die ein Ausfallfonds eingerichtet werden kann, die durch dasselbe Risikoprofil gekennzeichnete **Kategorie eines Finanzinstrumentes** ist. Dies schließt einen Ausfallfonds für einzelne Finanzinstrumente aus. 20

III. Technische Regulierungsstandards (Art. 42 Abs. 5 VO Nr. 648/2012). Die Kommission ist nach Art. 42 Abs. 5 VO Nr. 648/2012 befugt technische Regulierungsstandards zu erlassen mit denen sie den Rahmen für die Feststellung extremer, aber plausibler Marktbedingungen festlegt. Von ihrer Befugnis hat die Kommission mit Art. 29–31 DelVO Nr. 153/2013 Gebrauch gemacht. Die DelVO Nr. 153/2013 ist am zwanzigsten Tag nach ihrer Veröffentlichung im Amtsblatt der Europäischen Union, d.h. am 15.3.2013, in Kraft getreten (Art. 62 DelVO Nr. 153/2013). 21

Art. 43 Sonstige Finanzmittel

(1) Eine CCP muss ausreichende vorfinanzierte Finanzmittel vorhalten, um potenzielle Verluste zu decken, die über die von den Einschussanforderungen nach Artikel 41 und dem Ausfallfonds nach Artikel 42 gedeckten Verluste hinausgehen. Diese vorfinanzierten Finanzmittel müssen zugeordnete Finanzmittel der CCP umfassen und für die CCP frei verfügbar sein; sie dürfen nicht zur Deckung der Eigenkapitalanforderung nach Artikel 16 verwendet werden.

(2) Der Ausfallfonds gemäß Artikel 42 und die sonstigen Finanzmittel gemäß Absatz 1 dieses Artikels müssen es der CCP jederzeit ermöglichen, unter extremen, aber plausiblen Marktbedingungen einen Ausfall mindestens der beiden Clearingmitglieder, gegenüber denen sie die höchsten Risikopositionen hält, aufzufangen.

(3) Eine CCP kann von nicht ausfallenden Clearingmitgliedern verlangen, dass sie bei Ausfall eines anderen Clearingmitglieds zusätzliche Mittel bereitstellen. Die Clearingmitglieder einer CCP halten der CCP gegenüber begrenzte Risikopositionen.

In der Fassung vom 4.7.2012 (ABl. EU Nr. L 201 v. 27.7.2012, S. 1).

Schrifttum: *Europäische Wertpapier- und Marktaufsichtsbehörde (ESMA)*, „Fragen und Antworten – Umsetzung der Verordnung (EU) Nr. 648/2012 über OTC-Derivate, zentrale Gegenparteien und Transaktionsregister (EMIR)", ESMA70-1861941480-52 vom 30.5.2018, abrufbar über: https://www.esma.europa.eu („ESMA Q&A").

I. Funktion und Bedeutung der zugeordneten Finanzmittel der CCP 1	III. Nachschusspflicht der nicht ausgefallenen Clearingmitglieder (Art. 43 Abs. 3 VO Nr. 648/2012) 8
II. Höhe der sonstigen Finanzmittel (Art. 43 Abs. 1 und 2 VO Nr. 648/2012) 5	

Art. 43 VO Nr. 648/2012 | Sonstige Finanzmittel

1   **I. Funktion und Bedeutung der zugeordneten Finanzmittel der CCP.** Zweck der zugeordneten Finanzmittel der CCP ist der Ausgleich der nicht bereits durch die Einschussforderungen oder durch den Ausfallfonds gedeckten Verluste. Die sich hier andeutende **Subsidiarität** der zugeordneten Finanzmittel wird in Art. 45 VO Nr. 648/2012 (EMIR) und der dort geregelten Rangfolge der Inanspruchnahme – dem sog. „Wasserfall" – wieder aufgegriffen: Nach Art. 45 Abs. 3 VO Nr. 648/2012 darf die CCP auf die zugeordneten Finanzmittel erst dann zurückgreifen, wenn die Einschüsse und die in den Ausfallfonds gezahlten Beiträge des ausgefallenen Clearingmitgliedes vollständig erschöpft sind. Aus Art. 45 Abs. 4 VO Nr. 648/2012 ergibt sich wiederum, dass zumindest ein Teil der zugeordneten Finanzmittel[1] – und zwar ein Betrag i.H.v. 25 % der Eigenmittelanforderungen des Art. 16 Abs. 2 VO Nr. 648/2012 – vor den Ausfallfondsbeiträgen der nicht ausgefallenen Clearingmitglieder in Anspruch genommen werden muss. Die zugeordneten Finanzmittel nehmen in dieser Höhe im „Wasserfall" des Art. 45 VO Nr. 648/2012 damit den **dritten Rang** ein.

2   Wie sich mittelbar aus Art. 43 Abs. 1 Satz 2 VO Nr. 648/2012 und der Formulierung „dürfen nicht zur Deckung der Eigenmittelanforderung nach Art. 16 verwendet werden" ergibt, handelt es sich bei den zugeordneten Finanzmitteln des Art. 43 Abs. 1 VO Nr. 648/2012 um **Eigenmittel** der CCP i.S.d. Art. 16 VO Nr. 648/2012. Das Besondere an ihnen ist jedoch, dass sie in Höhe des durch Art. 43 Abs. 2 VO Nr. 648/2012 bestimmten Betrages der Verlusttragung zu widmen sind, und dass die mit dieser Zuordnung verbundene **Zweckbindung** es der CCP verbietet, sie bei der Abdeckung der Eigenkapitalanforderungen nach Art. 16 VO Nr. 648/2012 zu berücksichtigen[2].

3   Soweit die zugeordneten Finanzmittel auf der durch Art. 45 Abs. 4 VO Nr. 648/2012 definierten dritten Stufe des Wasserfalls aufgezehrt oder aus anderen Gründen unter die in Art. 35 Abs. 1 DelVO Nr. 153/2013 festgelegte 25 %-Schwelle sinken, unterliegen sie dem in Art. 36 DelVO Nr. 153/2013 vorgesehenen **Wiederauffüllungsgebot**. Wegen der Einzelheiten hierzu wird auf die Ausführungen in Art. 45 VO Nr. 648/2012 Rz. 11 verwiesen.

4   Wie die Beiträge zum Ausfallfonds müssen auch die zugeordneten Finanzmittel **vorfinanziert** und für die CCP **frei verfügbar** sein. Damit sie ihre Funktion als Ausgleich für Verluste erfüllen können, sind sie von der CCP nach Art. 47 Abs. 1 VO Nr. 648/2012 in bar oder in hochliquiden Finanzinstrumenten mit minimalem Markt- und Kreditrisiko anzulegen. Folgt die CCP dem Gebot nicht oder verlieren die als Anlage verwendeten Finanzinstrumente ihre Eignung als Anlageinstrument nachträglich, so stellt Art. 47 Abs. 2 VO Nr. 648/2012 klar, dass sie (auch) nicht als „Verlustabsorptionspuffer" nach Art. 45 Abs. 4 VO Nr. 648/2012 verwendet werden dürfen, d.h. durch andere liquide und sichere Finanzinstrumente zu ersetzen sind.

5   **II. Höhe der sonstigen Finanzmittel (Art. 43 Abs. 1 und 2 VO Nr. 648/2012).** Die zugeordneten Finanzmittel müssen nach Art. 43 Abs. 1 und 2 VO Nr. 648/2012 so bemessen sein, dass sie zusammen mit den Beiträgen des Ausfallfonds mindestens den Ausfall der beiden Clearingmitglieder mit den höchsten Risikopositionen auffangen können.

6   Die Vorschrift entspricht Art. 42 Abs. 3 VO Nr. 648/2012. Der wesentliche Unterschied besteht darin, dass die CCP bei der Berechnung der zusätzlichen zugeordneten Finanzmittel den Ausfall der – gemessen an der Höhe der von ihnen gehaltenen Risikopositionen – **zwei größten Clearingmitglieder** simulieren muss. Die bei der Berechnung der zugeordneten Finanzmittel zur Anwendung kommenden Strategien und Verfahren sind in den Art. 29–31 DelVO Nr. 153/2013 geregelt. Die Befugnis zum Erlass der technischen Regulierungsstandards und deren Erstreckung auf die sonstigen Beiträge ergibt sich unmittelbar aus Art. 42 Abs. 5 VO Nr. 648/2012. Wegen der Einzelheiten wird auf die Ausführungen zu Art. 42 VO Nr. 648/2012 Rz. 9–18 verwiesen.

7   Nach Art. 49 Abs. 1 VO Nr. 648/2012 und Art. 53 Abs. 1 DelVO Nr. 153/2013 muss die CCP durch geeignete **Stresstests** sicherstellen, dass die Einschusszahlungen, der Ausfallfonds und die zugeordneten Finanzmittel zusammen ausreichen, um den Ausfall der zwei größten Clearingmitglieder aufzufangen. Geht aus den Testergebnissen hervor, dass der Ausfallfonds unzureichend ist, so muss die CCP die Gesamtdeckung auf ein akzeptables Niveau anheben (Art. 56 Abs. 3 Satz 1 DelVO Nr. 153/2013).

8   **III. Nachschusspflicht der nicht ausgefallenen Clearingmitglieder (Art. 43 Abs. 3 VO Nr. 648/2012).** Nach Art. 43 Abs. 3 VO Nr. 648/2012 kann die CCP in ihren Regelwerken vorsehen, dass nicht ausgefallene Clearingmitglieder der CCP bei Ausfall eines Clearingmitgliedes **zusätzliche finanzielle Mittel** zur Verfügung stellen[3]. Da die nicht ausgefallenen Clearingmitglieder keinen Risiken ausgesetzt werden dürfen, die sie weder erwarten

---

1 *Alfes* in Wilhelmi/Achtelik/Kunschke/Sigmundt, Handbuch EMIR, Teil 5.F Rz. 48 und 51, der zutreffend darauf hinweist, dass es sich bei den „zugeordneten Eigenmitteln" des Art. 45 VO Nr. 648/2012 um eine Teilmenge der „sonstigen Finanzmittel" des Art. 43 Abs. 1 VO Nr. 648/2012 handelt.
2 *Alfes* in Wilhelmi/Achtelik/Kunschke/Sigmundt, Handbuch EMIR, Teil 5.F Rz. 50.
3 *Alfes* in Wilhelmi/Achtelik/Kunschke/Sigmundt, Handbuch EMIR, Teil 5.F Rz. 51 und 56 spricht vom Prinzip „survivor pays".

noch kontrollieren können, müssen diese zusätzlichen Mittel der Höhe nach begrenzt oder zumindest bestimmbar sein[1]. Von **interoperablen CCPs** darf die CCP keine Nachschüsse verlangen[2].

Von den zusätzlichen Mitteln nach Art. 43 Abs. 3 VO Nr. 648/2012 zu unterscheiden sind die **zusätzlichen Beiträge zum Ausfallfonds**, die die CCP von ihren Clearingmitgliedern einfordert, nachdem sie nach Art. 31 DelVO Nr. 153/2013 festgestellt hat, dass die bisherige Höhe des Ausgleichsfonds nicht mehr ausreicht, um den Ausfall des größten Clearingmitgliedes oder den gleichzeitigen Ausfall des zweit- und des drittgrößten Clearingmitgliedes aufzufangen.

9

Ebenfalls keine zusätzlichen finanziellen Mittel sind Vereinbarungen zwischen der CCP und ihren Clearingmitgliedern, wonach die CCP die von nicht ausgefallenen Clearingmitgliedern geleisteten **Einschüsse** für ihre im „house account" verbuchten Risikopositionen ganz oder teilweise zur Deckung von Verlusten verwenden kann. Dass entsprechende Vereinbarungen zulässig sind, lässt sich insbesondere Art. 50b Buchst. f VO Nr. 648/2012 entnehmen, der für diesen Fall vorsieht, dass die Einschüsse wie Beiträge zum Ausfallfonds zu behandeln und entsprechend mit Eigenkapital zu unterlegen sind. Vereinbarungen, die auch die im „client account" verbuchten Einschüsse der Kunden umfassen, sind hingegen nach Art. 39 Abs. 9 Buchst. c VO Nr. 648/2012 unzulässig.

10

Zur **Rangfolge** der Nachschüsse nach Art. 43 Abs. 3 VO Nr. 648/2012 schweigt sich Art. 45 VO Nr. 648/2012 zu Recht aus. Sie hängt von der Vereinbarung zwischen der CCP und ihren Clearingmitgliedern ab. Wie sich Art. 50d Buchst. b VO Nr. 648/2012 entnehmen können, kann das Regelwerk der CCP z.B. vorsehen, dass die CCP die Nachschüsse erst abrufen darf, nachdem sie ihre eigenen finanziellen Mittel vollständig erschöpft hat.

11

Art. 44 Kontrolle der Liquiditätsrisiken

(1) Eine CCP muss jederzeit Zugang zu ausreichender Liquidität haben, um ihre Dienstleistungen und Tätigkeiten ausführen zu können. Zu diesem Zweck verschafft sie sich die erforderlichen Kreditlinien oder ähnliche Möglichkeiten zur Deckung ihres Liquiditätsbedarfs für den Fall, dass ihre Finanzmittel nicht sofort verfügbar sind. Ein Clearingmitglied und sein Mutterunternehmen oder eines seiner Tochterunternehmen dürfen zusammen höchstens 25 % der von der CCP benötigten Kreditlinien bereitstellen.

Eine CCP ermittelt täglich ihren potenziellen Liquiditätsbedarf. Sie berücksichtigt dabei das Liquiditätsrisiko im Fall eines Ausfalls mindestens der beiden Clearingmitglieder, gegenüber denen sie die höchste Risikoposition hält.

(2) Um die einheitliche Anwendung dieses Artikels zu gewährleisten, erarbeitet die ESMA nach Anhörung der zuständigen Behörden und der Mitglieder des ESZB Entwürfe für technische Regulierungsstandards, in denen der Rahmen für die Kontrolle des Liquiditätsrisikos, dass CCPs gemäß Absatz 1 aufzufangen haben, festgelegt wird.

Die ESMA legt der Kommission diese Entwürfe für technische Regulierungsstandards bis zum 30. September 2012 vor.

Der Kommission wird die Befugnis übertragen, die in Unterabsatz 1 genannten technischen Regulierungsstandards gemäß den Artikeln 10 bis 14 der Verordnung (EU) Nr. 1095/2010 zu erlassen.

In der Fassung vom 4.7.2012 (ABl. EU Nr. L 201 v. 27.7.2012, S. 1).

**Delegierte Verordnung (EU) Nr. 153/2013 vom 19. Dezember 2012
zur Ergänzung der Verordnung (EU) Nr. 648/2012 des Europäischen Parlaments und des Rates in Bezug auf
technische Regulierungsstandards für Anforderungen an zentrale Gegenparteien**

(Auszug)

Art. 32 Bewertung des Liquiditätsrisikos

(1) Eine CCP richtet einen soliden Rahmen für die Steuerung des Liquiditätsrisikos ein, der wirksame operative und analytische Instrumente umfasst, um die Abwicklungen und Finanzierungsströme der CCP, einschließlich ihres Rückgriffs auf die Innertagesliquidität, laufend und zeitnah ermitteln, messen und überwachen zu können. Die CCP bewerten regel-

---

[1] *Europäische Wertpapier- und Marktaufsichtsbehörde (ESMA)*, „Fragen und Antworten – Umsetzung der Verordnung (EU) Nr. 648/2012 über OTC-Derivate, zentrale Gegenparteien und Transaktionsregister (EMIR)", ESMA70-1861941480-52 vom 30.5.2018, abrufbar über: https://www.esma.europa.eu/sites/default/files/library/esma70-1861941480-52_qa_on_emir_implementation.pdf („*ESMA Q&A*"), CCP Frage Nr. 17 [letzte Aktualisierung: 11.2.2014] mit Verweis auch auf Art. 48 Abs. 2 VO Nr. 648/2012.

[2] *ESMA*, Leitlinien und Empfehlungen für die Erstellung kohärenter, effizienter und wirksamer Bewertungen von Interoperabilitätsvereinbarungen, ESMA/2013/322 vom 10.6.2013, abrufbar über: https://www.esma.europa.eu/sites/default/files/library/2015/11/2013-323_annex_1_esma_final_report_on_guidelines_on_interoperability.pdf („*ESMA Leitlinien Interoperabilität*"), Detaillierte Leitlinie und Empfehlung Nr. 3 b) (v); ESMA Q&A CCP Frage Nr. 21 [letzte Aktualisierung: 21.5.2014].

mäßig die Konzeption und Funktionsweise ihres Rahmens für die Steuerung des Liquiditätsrisikos, auch anhand der Ergebnisse der Stresstests.

(2) Der Rahmen für die Steuerung des Liquiditätsrisikos einer CCP ist angemessen solide, um dafür zu sorgen, dass die CCP ihren Zahlungs- und Abwicklungsverpflichtungen in allen einschlägigen Währungen zu den betreffenden Fälligkeitsterminen nachkommen kann, auch gegebenenfalls auf Intra-Tagesbasis. Der Rahmen für die Steuerung des Liquiditätsrisikos einer CCP sieht außerdem eine Bewertung des potenziellen Liquiditätsbedarfs in verschiedensten möglichen Stressszenarien vor. Die Stressszenarien berücksichtigen den Ausfall von Clearingmitgliedern im Sinne von Artikel 44 der Verordnung (EU) Nr. 648/2012 ab dem Tag des Ausfalls bis zum Ende der Liquidationsperiode und das durch die Anlagepolitik der CCP und die Verfahren in extremen, aber plausiblen Marktbedingungen entstehende Liquiditätsrisiko.

(3) Der Rahmen für die Steuerung des Liquiditätsrisikos umfasst einen Liquiditätsplan, der gemäß Artikel 12 dokumentiert und aufbewahrt wird. Der Liquiditätsplan enthält mindestens die Verfahren der CCP in Bezug auf

a) die mindestens täglich vorzunehmende Steuerung und Überwachung ihres Liquiditätsbedarfs in verschiedenen Marktszenarien;
b) die Erhaltung ausreichender liquider Finanzmittel zur Deckung ihres Liquiditätsbedarfs und die Unterscheidung verschiedener Arten von liquiden Mitteln nach ihrer Verwendung;
c) die tägliche Beurteilung und Bewertung der liquiden Vermögenswerte, die der CCP zur Verfügung stehen, und ihres Liquiditätsbedarfs;
d) die Ermittlung von Quellen für Liquiditätsrisiken;
e) die Bewertung von Zeiträumen, in denen die liquiden Finanzmittel der CCP verfügbar sein sollten;
f) die Bewertung des potenziellen Liquiditätsbedarfs, der von der Fähigkeit der Clearingmitglieder abhängig ist, Barsicherheiten in unbare Sicherheiten umzuwandeln;
g) die Verfahren im Falle von Liquiditätsengpässen;
h) die Erneuerung der liquiden Finanzmittel, die möglicherweise während eines Stressereignisses aufgebraucht werden.

Der Plan wird vom Leitungsorgan der CCP nach Abstimmung mit dem Risikoausschuss genehmigt.

(4) Eine CCP nimmt eine Bewertung ihres Liquiditätsrisikos vor, auch in Bezug auf Situationen, in denen sie oder ihre Clearingmitglieder ihren Zahlungsverpflichtungen im Rahmen eines Clearing- oder Abwicklungsprozesses nicht zum Fälligkeitstermin nachkommen können, und trägt dabei der Anlagetätigkeit der CCP Rechnung. Der Rahmen für das Risikomanagement berücksichtigt den Liquiditätsbedarf, der aus den Beziehungen der CCP zu Unternehmen erwächst, gegenüber denen die CCP ein Liquiditätsrisiko trägt, darunter

a) Verrechnungsbanken;
b) Zahlungssysteme;
c) Wertpapierliefer- und -abrechnungssysteme;
d) Nostro-Agenten;
e) Depotbanken;
f) Liquiditätsbeschaffer;
g) interoperable CCP;
h) Diensteanbieter.

(5) Eine CCP berücksichtigt in ihrem Rahmen für die Steuerung des Liquiditätsrisikos alle wechselseitigen Abhängigkeiten in Bezug auf die in Absatz 4 aufgeführten Unternehmen sowie die Vielzahl von Beziehungen, die zwischen einem in Absatz 4 aufgeführten Unternehmen und einer CCP bestehen können.

(6) Eine CCP erstellt einen täglichen Bericht über den Bedarf und die Ressourcen im Sinne von Absatz 3 Buchstaben a, b und c sowie einen vierteljährlichen Bericht über ihren Liquiditätsplan unter Berücksichtigung von Absatz 3 Buchstaben d bis h. Die Berichte werden im Einklang mit Kapitel IV aufbewahrt.

In der Fassung vom 19.12.2012 (ABl. EU Nr. L 52 v. 23.2.2013, S. 41).

Art. 33 Zugang zu Liquidität

(1) Eine CCP hält in allen relevanten Währungen liquide Mittel im Einklang mit ihrem gemäß Artikel 44 der Verordnung (EU) Nr. 648/2012 und Artikel 32 dieser Verordnung ermittelten Liquiditätsbedarf vor. Diese liquiden Mittel beschränken sich auf

a) bei einer emittierenden Zentralbank eingezahlte Barmittel;
b) bei zugelassenen Kreditinstituten gemäß Artikel 47 eingezahlte Barmittel;
c) zugesagte Kreditlinien oder äquivalente Vereinbarungen mit nicht ausfallenden Clearingmitgliedern;
d) zugesagte Pensionsgeschäfte;
e) besonders marktgängige Finanzinstrumente, die die Anforderungen der Artikel 45 und 46 erfüllen und bezüglich derer die CCP nachweisen kann, dass sie durch vorab getroffene und äußerst zuverlässige Finanzierungsvereinbarungen auch unter angespannten Marktbedingungen rasch verfügbar und am selben Tag liquidierbar sind.

(2) Eine CCP berücksichtigt die Währungen, auf die ihre Verbindlichkeiten lauten, und die potenziellen Auswirkungen schwieriger Bedingungen auf ihre Fähigkeit, in den Abrechnungszyklen von Devisen und den Wertpapierliefer- und -abrechnungssystemen vereinbaren Weise Zugang zu Devisenmärkten zu erhalten.

(3) Zugesagte Kreditlinien, die gegen von Clearingmitgliedern bereitgestellte Sicherheiten gestellt werden, dürfen nicht doppelt als liquide Mittel gezählt werden. Eine CCP ergreift Maßnahmen, um die Konzentration von Liquiditätsrisiken gegenüber einzelnen Liquiditätsbeschaffern zu überwachen und zu steuern.

(4) Eine strikte Due Diligence sorgt bei der CCP dafür, dass ihre Liquiditätsbeschaffer über ausreichende Kapazitäten verfügen, um die in den Liquiditätsvereinbarungen festgelegten Leistungen zu erbringen.

(5) Eine CCP testet regelmäßig ihre Verfahren für den Zugang zu Mitteln, die Gegenstand vorab getroffener Finanzierungsvereinbarungen sind. Dies kann den Abruf von Testbeträgen bei Kreditlinien kommerzieller Banken umfassen, die Prüfung der Geschwindigkeit, mit der der Zugang zu den Mitteln gewährt wird, und die Prüfung der Zuverlässigkeit der Verfahren.

(6) Eine CCP sieht in ihrem Liquiditätsplan detaillierte Verfahren zur Nutzung ihrer liquiden Finanzmittel vor, um ihren Zahlungsverpflichtungen während eines Liquiditätsengpasses nachkommen zu können. In den liquiditätsbezogenen Verfahren ist klar festgelegt, wann bestimmte Ressourcen einzusetzen sind. Die Verfahren beschreiben außerdem den Zugang zu Bareinlagen oder Anlagen von Übernachtgeldern, die Ausführung von Markttransaktionen am selben Tag oder den Mittelabruf bei vorab vereinbarten Liquiditätslinien. Diese Verfahren werden regelmäßig getestet. Eine CCP erstellt außerdem vor dem Auslaufen einer Finanzierungsvereinbarung einen angemessenen Plan für deren Erneuerung.

In der Fassung vom 19.12.2012 (ABl. EU Nr. L 52 v. 23.2.2013, S. 41).

Art. 34 Konzentrationsrisiko

(1) Eine CCP sorgt für die sorgfältige Überwachung und Steuerung der Konzentration ihrer Liquiditätsrisiken, auch in Bezug auf Risikopositionen gegenüber den in Artikel 32 Absatz 4 aufgeführten Unternehmen sowie Unternehmen derselben Gruppe.

(2) Der Rahmen für die Steuerung des Liquiditätsrisikos einer CCP sieht die Anwendung von Grenzen für die Risikoposition und von Konzentrationsgrenzen vor.

(3) Eine CCP legt Prozesse und Verfahren für Verstöße gegen die Konzentrationsgrenzen fest.

In der Fassung vom 19.12.2012 (ABl. EU Nr. L 52 v. 23.2.2013, S. 41).

I. Funktion und Bedeutung des Liquiditätsrisikomanagements 1
II. Anforderungen an das Liquiditätsrisikomanagement (Art. 44 Abs. 1 VO Nr. 648/2012) 4
  1. Liquide Vermögenswerte 4
  2. Kreditlinien 8
  3. Ermittlung des potentiellen Liquiditätsbedarfs . 12
  4. Liquiditätsplan 16
III. Technische Regulierungsstandards (Art. 44 Abs. 2 VO Nr. 648/2012) 18

I. Funktion und Bedeutung des Liquiditätsrisikomanagements. Das von der CCP einzurichtende Verfahren 1 zur Steuerung von Liquiditätsrisiken ist nur eine der Maßnahmen, mit denen die CCP verhindert, dass es im Rahmen der Abwicklung der von ihr geclearten Finanzinstrumente, insbesondere aber in **Situationen hoher Belastung**[1] oder bei Ausfall eines Clearingmitgliedes zu **Liquiditätsengpässen** (Art. 48 Abs. 2 VO Nr. 648/2012) kommt.

Wesentlicher Bestandteil des Liquiditätsmanagements der CCP sind bereits die in Art. 47 VO Nr. 648/2012 2 definierten **Anlagegrundsätze**. Sie sollen sicherstellen, dass die CCP ihre Finanzmittel ausschließlich in Barmitteln oder hochliquiden Finanzinstrumenten anlegt, die geeignet sind, sowohl die vorhersehbaren als auch die unerwarteten Liquiditätsabflüsse jederzeit zu decken. An diese liquiden Vermögenswerte knüpft Art. 44 Abs. 1 VO Nr. 648/2012 an, wenn er von der CCP verlangt, dass sie durch Kreditlinien oder ähnliche Maßnahmen Vorkehrungen dafür treffen muss, dass ihre Finanzmittel nicht sofort verfügbar sind. Dabei verdeutlicht Art. 50 VO Nr. 648/2012, dass zu den Kreditlinien insbesondere auch der Zugang zu Zentralbankliquidität zählt[2].

Die in Art. 44 Nr. 648/2012 und Art. 32–34 DelVO Nr. 153/2013 definierten Anforderungen weisen ge- 3
wisse Parallelen zu den **bankaufsichtlichen Liquiditätsdeckungsanforderungen** für Institute nach Art. 411–428 VO Nr. 575/2013 (CRR) auf. Dies gilt insbesondere bei den Anforderungen an die zur Deckung von Liquiditätsabflüssen vorzuhaltenden liquiden Vermögenswerte. Beide Regelungsrahmen sind jedoch aufgrund der unterschiedlichen Geschäftsmodelle und der sich hieraus ergebenden unterschiedlichen Liquiditätsflüsse und Liquiditätsrisiken im Übrigen **nur bedingt miteinander vergleichbar**.

II. Anforderungen an das Liquiditätsrisikomanagement (Art. 44 Abs. 1 VO Nr. 648/2012). 1. Liquide Ver- 4
mögenswerte. Die in Art. 44 Abs. 1 Unterabs. 1 Satz 2 VO Nr. 648/2012 gewählte Formulierung „für den Fall, dass ihre Finanzmittel nicht sofort verfügbar sind" bezieht sich auf die von der CCP vorzuhaltenden **liquiden Vermögenswerte**. Die an sie zu stellenden Anforderungen ergeben sich erst aus Art. 33 Abs. 1 Satz 2 DelVO Nr. 153/2013 und dort aufgenommenen Verweisen auf Art. 45 und 46 Abs. 1 DelVO Nr. 153/2013. Danach beschränken sich die liquiden Vermögenswerte auf **Barguthaben** bei Zentralbanken und zugelassenen Kreditinstituten sowie **besonders marktgängige Finanzinstrumente**, die den Anforderungen der Art. 45 und 46 Abs. 1 DelVO Nr. 153/2013 entsprechen.

---

1 Erwägungsgrund Nr. 71 VO Nr. 648/2012.
2 Erwägungsgrund Nr. VO Nr. 648/2012 71.

5   Bei den in Art. 33 Abs. 1 Satz 2 Buchst. a DelVO Nr. 153/2013 genannten Zentralbankguthaben handelt es sich um die auch in Art. 47 Abs. 4 VO Nr. 648/2012 erwähnten **Einlagefazilitäten der Zentralbanken**, die von CCPs jedoch nur genutzt werden können, wenn diese über eine Zulassung als Kreditinstitut verfügen. Der in Art. 33 Abs. 1 Satz 2 Buchst. b DelVO Nr. 153/2013 aufgenommene Verweis auf die „zugelassenen Kreditinstitute nach Art. 47" ist unklar. In ihrem Entwurf des technischen Regulierungsstandards hatte die ESMA ebenfalls auf Art. 47[1] verwiesen, der dann später in den ersten Art. 45 DelVO Nr. 153/2013 („Besonders sichere Vereinbarungen zur Erhaltung von Barmitteln") überführt wurde; es handelt sich daher offensichtlich um ein Redaktionsversehen[2]. Nach Art. 45 DelVO Nr. 153/2013 müssen die von der CCP genutzten Kreditinstitute gemäß der RL 2006/48/EG (CRD) oder einem gleichwertigen Drittstaatenregime zugelassen sein und nach der internen Bewertung der CCP u.a. über ein geringes Kreditrisiko verfügen. Wegen der Einzelheiten wird auf die Ausführungen zu Art. 47 VO Nr. 648/2012 Rz. 23 verwiesen.

6   Die nach Art. 33 Abs. 1 Satz 2 Buchst. e DelVO Nr. 153/2013 zugelassenen besonders marktgängigen Finanzinstrumente müssen den in Art. 46 VO Nr. 648/2012 und Art. 37–42 DelVO Nr. 153/2013 definierten Anforderungen an die von Clearingmitglieder zu stellenden **Sicherheiten** genügen; dies folgt aus der Bezugnahme auf Art. 46 DelVO Nr. 153/2013. Maßgeblich ist somit der in **Anhang I Abschnitt 1 DelVO Nr. 153/2013** definierte Anforderungskatalog, der u.a. vorsieht, dass die von Clearingmitgliedern oder deren Tochtergesellschaften begebenen Finanzinstrumente als liquider Vermögenswerte ausscheiden. Wegen der Einzelheiten wird auf die Ausführungen zu Art. 46 VO Nr. 648/2012 verwiesen.

7   Art. 33 Abs. 1 Satz 2 Buchst. e DelVO Nr. 153/2013 verlangt darüber hinaus, dass die CCP nachweisen kann, dass sie die Finanzinstrumente aufgrund von vorab getroffenen äußerst zuverlässigen **Finanzierungsvereinbarungen** innerhalb eines Geschäftstages liquidieren kann. Art. 33 Abs. 5 DelVO Nr. 153/2013 sieht insoweit vor, dass die CCP die Wirksamkeit der von ihr getroffenen Finanzierungsvereinbarungen regelmäßig überprüft, in dem sie z.B. zugesagte Kreditlinien oder Wertpapierpensionsfazilitäten für Testzwecke in Anspruch nimmt. Dies entspricht Art. 417 Buchst. d VO Nr. 575/2013, der von Instituten verlangt, dass sie einen Teil ihrer liquiden Aktiva verkaufen oder durch Wertpapierpensionsgeschäfte liquidieren, um den Zugang zum Markt und die Wirksamkeit der Liquiditätsbeschaffung zu prüfen.

8   **2. Kreditlinien.** Die in Art. 44 Abs. 1 Unterabs. 1 Satz 2 VO Nr. 648/2012 genannten **Kreditlinien** oder ähnlichen Möglichkeiten zur Deckung des Liquiditätsbedarfs sind in Art. 33 Abs. 1 Satz 2 Buchst. c DelVO Nr. 153/2013 näher beschrieben. Dabei kann es sich sowohl um Kreditlinien, die von **Kreditinstituten** zur Verfügung gestellt wurden handeln, als auch um die **Refinanzierungsfazilität einer Zentralbank**. Wie bei der von Zentralbanken zur Verfügung gestellten Einlagenfazilität gilt auch hier, dass CCPs nur dadurch Zugang zu Zentralbankgeld erlangen, dass sie über eine Zulassung als Kreditinstitut verfügen[3]. Soweit Kreditinstitute Kreditlinien stellen, können diese nach Art. 44 Abs. 1 Unterabs. 1 Satz 3 VO Nr. 648/2012 zugleich auch **Clearingmitglieder** der CCP oder Tochterunternehmen eines Clearingmitgliedes sein.

9   Nutzt die CCP Kreditlinien, so hat sie nach Art. 33 Abs. 3 Satz 2 DelVO Nr. 153/2013 mögliche Konzentrationsrisiken gegenüber einzelnen Liquiditätsanbietern (liquidity provider) zu überwachen und zu steuern. Für die von Clearingmitgliedern oder deren Tochterunternehmen gestellten Kreditlinien gilt darüber hinaus die starre **Konzentrationsgrenze** des Art. 44 Abs. 1 Unterabs. 1 Satz 3 VO Nr. 648/2012, der den Umfang der Kreditlinien auf 25 % des ermittelten Liquiditätsbedarfs begrenzt. Nach Art. 34 DelVO Nr. 153/2013 sind „Klumpenrisiken" sowohl für die Liquiditätsanbieter als auch für die in das Clearing von Finanzinstrumenten oder deren Abwicklung eingebundenen Unternehmen, wie z.B. Zahlungs- oder Wertpapierliefer- und -abrechnungssysteme, interoperable CCPs oder Verrechnungsbanken zu erfassen, zu bewerten und zu steuern. Die CCP hat hierfür interne Konzentrationsgrenzen zu bestimmen und Verfahren vorzusehen, die im Falle einer Überschreitung des Konzentrationslimits zur Anwendung kommen.

10   Nach Art. 33 Abs. 3 Satz 1 DelVO Nr. 153/2013 dürfen Kreditlinien, für die vereinbart ist, dass die CCP im Falle der Inanspruchnahme Sicherheiten stellen muss, die den Anforderungen an die von Clearingmitgliedern zu stellenden Sicherheiten genügen, nicht zu einer **Doppelanrechnung** führen. Dies entspricht Art. 416 VO Nr. 575/2013 (CRR), wonach Zentralbankfazilitäten nur dann zu den liquiden Aktiva zu zählen sind, wenn sie nicht durch liquide Aktiva besichert sind (Art. 416 Abs. 1 Buchst. e VO Nr. 575/2013) und dass liquide Aktiva nur dann anerkennungsfähig sind, wenn sich nicht durch Rechte Dritter, wie z.B. Pfandrechte, belastet sind (Art. 416 Abs. 3 Buchst. a VO Nr. 575/2013).

11   Bei den **ähnlichen Möglichkeiten zur Deckung des Liquiditätsbedarfs** handelt es sich zum einen um die in Art. 33 Abs. 1 Satz 2 Buchst. d DelVO Nr. 153/2013 genannten zugesagten Wertpapierpensionsgeschäftsfazilitä-

---

1 Europäische Wertpapier- und Marktaufsichtsbehörde (ESMA), endgültiger Bericht über technische Regulierungsstandards unter der Verordnung (EU) Nr. 648/2012 über OTC-Derivate, zentrale Gegenparteien und Transaktionsregister, ESMA/2012/600 vom 27.9.2012, abrufbar über: https://www.esma.europa.eu/sites/default/files/library/2015/11/2012-600 _0.pdf („ESMA EMIR RTS"), S. 122.
2 Alfes in Wilhelmi/Achtelik/Kunschke/Sigmundt, Handbuch EMIR, Teil 5.F Rz. 65, Fn. 43.
3 Erwägungsgrund Nr. 71 VO Nr. 648/2012 mit Verweis auf Art. 6 RL 2006/48/EG.

ten. Gegenstand der Vereinbarung ist die Verpflichtung des Vertragspartners von der CCP gehaltene Vermögenswerte in „Pension zu nehmen", d.h. anzukaufen und zu einem späteren Zeitpunkt wieder an den CCP zurück zu verkaufen. Bei den in Art. 33 Abs. 1 Satz 2 Buchst. c DelVO Nr. 153/2013 genannten **äquivalenten Vereinbarungen mit nicht ausgefallenen Clearingmitgliedern** handelt es sich zum einen um die nach Art. 43 Abs. 3 VO Nr. 648/2012 vereinbarten zusätzlichen Finanzmittel, die nicht ausgefallene Clearingmitglieder bei Ausfall eines anderen Clearingmitgliedes zur Verfügung stellen. Zum anderen handelt es sich um Vereinbarungen zwischen der CCP und ihren Clearingmitglieder, die es der CCP erlauben, die von nicht ausgefallenen Clearingmitgliedern gestellten Nachschüsse bei Ausfall eines Clearingmitgliedes zur Abdeckung von Verlusten zu verwenden.

3. **Ermittlung des potentiellen Liquiditätsbedarfs.** Nach Art. 44 Abs. 1 Unterabs. 2 VO Nr. 648/2012 hat die CCP an jedem Geschäftstag ihren **potentiellen Liquiditätsbedarf** zu ermitteln. Wie der Verweis auf den – auch für Art. 43 VO Nr. 648/2012 maßgeblichen – **Ausfall der beiden größten Clearingmitglieder** belegt, muss der Liquiditätsbedarf auf Grundlage von Stressbedingungen ermittelt werden. Die Einzelheiten der von der CCP einzurichtenden Verfahren, mit denen sie das Liquiditätsrisiko erfasst, bewertet und steuert sind in Art. 32 DelVO Nr. 153/2013 geregelt.

Das Liquiditätsrisikomanagement der CCP muss nach Art. 32 Abs. 2 Satz 1 DelVO Nr. 153/2013 sicherstellen, dass die CCP sämtlichen Zahlungs- und Abwicklungsverpflichtungen in allen relevanten Währungen und zu jedem Fälligkeitstag auch untertägig nachkommen kann. Einen zeitlich begrenzten „Beobachtungszeitraum" von z.B. 30 Tagen, wie ihn Art. 412 Abs. 1 VO Nr. 575/2013 für die von Instituten einzuhaltenden Liquiditätsanforderungen vorgibt, sieht die delegierte Verordnung nicht vor.

Neben dem erwarteten Liquiditätsbedarf, der sich aus dem normalen Geschäftsbetrieb der CCP ableitet, muss die CCP nach Art. 32 Abs. 2 Satz 2 DelVO Nr. 153/2013 auch den **potentiellen Liquiditätsbedarf** ermitteln und bewerten. Die hierbei anzuwendenden **Stressszenarien** müssen auch den in Art. 44 Abs. 1 Unterabs. 2 VO Nr. 648/2012 erwähnten Ausfall der beiden größten Clearingmitglieder umfassen, beschränken sich hierauf jedoch nicht. Eine weiteres Szenario, das von der CCP zu simulieren ist, ist der in Art. 32 Abs. 4 DelVO Nr. 153/2013 genannte Fall, dass ein Clearingmitglied oder ein in das Clearing von Finanzinstrumenten oder deren Abwicklung eingebundenes Unternehmen – die Aufzählung in den Buchstaben a–h, die z.B. Zahlungs- oder Wertpapierliefer- und -abrechnungssysteme, interoperable CCPs und Verrechnungsbanken umfasst, ist nur beispielhaft[1] – seinen Zahlungsverpflichtungen nicht nachkommt.

Auch für das Liquiditätsrisikomanagement gilt, dass den Stressszenarien **extreme aber plausible Marktbedingungen** zugrunde liegen müssen. Dabei kommt der Fähigkeit der CCP, die von ihr im Rahmen der Anlagepolitik erworbenen Finanzinstrumente kurzfristig zu liquidieren, besondere Bedeutung zu. Wegen der Bestimmung der extremen aber plausiblen Marktbedingungen wird auf die Ausführungen zu Art. 42 VO Nr. 648/2012 Rz. 14–16 verwiesen.

4. **Liquiditätsplan.** Die von der CCP einzurichtenden Modelle und Verfahren, mit denen sie das Liquiditätsrisiko erfasst, bewertet und steuert, der sog. „Rahmen", muss nach Art. 32 Abs. 3 DelVO Nr. 153/2013 auch einen **Liquiditätsplan** umfassen, der die Einzelheiten des Liquiditätsrisikomanagements festlegt. Der Liquiditätsplan muss u.a. die täglich vorzunehmende Beurteilung und Bewertung der liquiden Finanzmittel und des Liquiditätsbedarfs (**Liquiditätsberichte**) und die Verfahren im Falle von Liquiditätsengpässen und die von der CCP zu ergreifenden Maßnahmen zur Erneuerung der liquiden Finanzinstrumente beschreiben. Der Liquiditätsplan ist mit dem **Risikoausschuss der CCP** zu erörtern, vom Leitungsorgan zu genehmigen und vollständig zu dokumentieren.

Nach Art. 15 Abs. 2 Buchst. i und Art. 32 Abs. 3 Satz 1 DelVO Nr. 153/2012 zählen der Liquiditätsplan und die täglichen Liquiditätsberichte zu den von der CCP zu führenden **Aufzeichnungen** über Vorgänge und Tätigkeiten, die mit ihrer Geschäftsorganisation zusammenhängen. Sie unterliegen den allgemeinen Anforderungen an die Aufbewahrung nach Art. 29 VO Nr. 648/2012 und Art. 12 DelVO Nr. 153/2012, d.h. sie sind für **mindestens 10 Jahre** aufzubewahren und der zuständigen Behörde, den im ESZB zusammenwirkenden Zentralbanken und der ESMA auf Anfrage zur Verfügung zu stellen.

III. **Technische Regulierungsstandards (Art. 44 Abs. 2 VO Nr. 648/2012).** Die Kommission ist nach Art. 44 Abs. 2 VO Nr. 648/2012 befugt technische Regulierungsstandards zu erlassen, mit denen sie den Rahmen für die Kontrolle des Liquiditätsrisikos, das CCPs aufzufangen haben, festlegt. Von ihrer Befugnis hat sie mit Art. 32–34 DelVO Nr. 153/2013 Gebrauch gemacht. Die DelVO Nr. 153/2013 ist am zwanzigsten Tag nach ihrer Veröffentlichung im Amtsblatt der Europäischen Union, d.h. am 15.3.2013, in Kraft getreten (Art. 62 DelVO Nr. 153/2013).

---

[1] *Alfes* in Wilhelmi/Achtelik/Kunschke/Sigmundt, Handbuch EMIR, Teil 5.F Rz. 63.

Art. 45 Wasserfallprinzip

(1) Eine CCP verwendet die Einschusszahlungen eines ausgefallenen Clearingmitglieds, bevor sie andere Finanzmittel zur Deckung von Verlusten einsetzen kann.

(2) Reichen die Einschusszahlungen des ausgefallenen Clearingmitglieds nicht zur Deckung der von der CCP erlittenen Verluste aus, greift die CCP auf den vom ausfallenden Mitglied in den Ausfallfonds eingezahlten Beitrag zurück, um diese Verluste zu decken.

(3) Eine CCP verwendet die in den Ausfallfonds eingezahlten Beiträge der nicht ausgefallenen Clearingmitglieder und sonstige Finanzmittel nach Artikel 43 Absatz 1 erst dann, wenn die Beiträge des ausgefallenen Clearingmitglieds ausgeschöpft sind.

(4) Eine CCP setzt zugeordnete Eigenmittel ein, bevor sie auf die in den Ausfallfonds eingezahlten Beiträge der nicht ausgefallenen Clearingmitglieder zurückgreift. Es ist einer CCP nicht gestattet, die von nicht ausfallenden Clearingmitgliedern geleisteten Einschusszahlungen zu verwenden, um Verluste aufgrund des Ausfalls eines anderen Clearingmitglieds zu decken.

(5) Um die einheitliche Anwendung dieses Artikels zu gewährleisten, erarbeitet die ESMA nach Anhörung der jeweils zuständigen Behörden und der Mitglieder des ESZB Entwürfe für technische Regulierungsstandards, in denen die Methode zur Berechnung und Beibehaltung des Betrags der Eigenmittel der CCP, die gemäß Absatz 4 einzusetzen sind, festgelegt wird.

Die ESMA legt der Kommission diese Entwürfe für technische Regulierungsstandards bis zum 30. September 2012 vor.

Der Kommission wird die Befugnis übertragen, die in Unterabsatz 1 genannten technischen Regulierungsstandards gemäß den Artikeln 10 bis 14 der Verordnung (EU) Nr. 1095/2010 zu erlassen.

In der Fassung vom 4.7.2012 (ABl. EU Nr. L 201 v. 27.7.2012, S. 1).

Delegierte Verordnung (EU) Nr. 153/2013 vom 19. Dezember 2012
zur Ergänzung der Verordnung (EU) Nr. 648/2012 des Europäischen Parlaments und des Rates in Bezug auf technische Regulierungsstandards für Anforderungen an zentrale Gegenparteien

(Auszug)

Art. 35 Berechnung des beim Wasserfallprinzip zu verwendenden Eigenmittelbetrags

(1) Eine CCP hält einen Eigenmittelbetrag für die in Artikel 45 Absatz 4 der Verordnung (EU) Nr. 648/2012 festgelegten Zwecke vor und weist diesen gesondert in ihrer Bilanz aus.

(2) Eine CCP berechnet für den in Absatz 1 genannten Eigenmittelbetrag einen Mindestbetrag, indem sie das im Einklang mit Artikel 16 der Verordnung (EU) Nr. 648/2012 und der Delegierten Verordnung (EU) 152/2013 der Kommission gehaltene Mindestkapital, einschließlich Gewinnrücklagen und sonstiger Rücklagen, mit 25 % multipliziert.

Die CCP überprüft diesen Mindestbetrag jährlich.

(3) Hat die CCP mehr als einen Ausfallfonds für die verschiedenen Kategorien von Finanzinstrumenten, die sie cleart, eingerichtet, so werden die gesamten gemäß Absatz 1 berechneten Eigenmittel anteilsmäßig auf alle Ausfallfonds verteilt, gesondert in der Bilanz ausgewiesen und für Ausfälle in den jeweiligen Marktsegmenten verwendet, für die die betreffenden Ausfallfonds eingerichtet wurden.

(4) Zur Erfüllung der in Absatz 1 festgelegten Anforderung werden keine anderen Mittel als das Eigenkapital im Sinne von Artikel 16 der Verordnung (EU) Nr. 648/2012, einschließlich Gewinnrücklagen und sonstiger Rücklagen, verwendet.

In der Fassung vom 19.12.2012 (ABl. EU Nr. L 52 v. 23.2.2013, S. 41).

Art. 36 Erhaltung des beim Wasserfallprinzip zu verwendenden Eigenmittelbetrags

(1) Eine CCP informiert die zuständige Behörde umgehend, falls der vorgehaltene Eigenmittelbetrag den gemäß Artikel 35 erforderlichen Betrag unterschreitet, übermittelt die Gründe für die Unterschreitung und eine umfassende schriftliche Beschreibung der Maßnahmen sowie einen Zeitplan für die Wiederauffüllung des betreffenden Betrags.

(2) Tritt ein Ausfall eines oder mehrerer Clearingmitglieder auf, bevor die CCP den Eigenmittelbetrag wieder aufgestockt hat, so wird lediglich der Restbetrag der betreffenden Eigenmittel für die Zwecke des Artikels 45 der Verordnung (EU) Nr. 648/2012 verwendet.

(3) Eine CCP stockt den Eigenmittelbetrag mindestens innerhalb eines Monats ab der Meldung nach Absatz 1 auf.

In der Fassung vom 19.12.2012 (ABl. EU Nr. L 52 v. 23.2.2013, S. 41).

Schrifttum: *Europäische Wertpapier- und Marktaufsichtsbehörde (ESMA)*, „Fragen und Antworten – Umsetzung der Verordnung (EU) Nr. 648/2012 über OTC-Derivate, zentrale Gegenparteien und Transaktionsregister (EMIR)", ESMA70-1861941480-52 vom 30.5.2018, abrufbar über: https://www.esma.europa.eu („*ESMA* Q&A").

I. Wasserfallprinzip	1	II. Einschüsse des ausgefallenen Clearingmitgliedes (Art. 45 Abs. 1 VO Nr. 648/2012)	4

III. Ausfallfondsbeiträge des ausgefallenen Clearingmitgliedes (Art. 45 Abs. 2 VO Nr. 648/2012)	6
IV. Zugeordnete Finanzmittel der CCP (Art. 45 Abs. 4 Satz 1 VO Nr. 648/2012)	8
V. Ausfallfondsbeiträge der nicht ausgefallenen Clearingmitglieder (Art. 45 Abs. 3 VO Nr. 648/2012)	18
VI. Einschüsse der nicht ausgefallenen Clearingmitglieder (Art. 45 Abs. 4 Satz 2 VO Nr. 648/2012)	19
VII. Technische Regulierungsstandards (Art. 45 Abs. 5 VO Nr. 648/2012)	23

I. Wasserfallprinzip. Art. 45 VO Nr. 648/2012 knüpft in prozessualer bzw. zeitlicher Hinsicht an das in Art. 48 VO Nr. 648/2012 geregelte **Verfahren bei Ausfall eines Clearingmitgliedes** an. Er beschreibt die Reihenfolge, in der die CCP die ihr zur Verfügung stehenden fremden und eigenen Finanzmittel einsetzen muss, um die Verluste zu decken, die durch die Absicherung oder Glattstellung der von dem ausgefallenen Clearingmitglied gehaltenen Positionen entstanden sind. 1

Danach besteht folgende **Reihenfolge**[1]: 2
1. Einschüsse des ausgefallenen Clearingmitgliedes (Art. 45 Abs. 1 VO Nr. 648/2012)
2. Ausfallfondsbeiträge des ausgefallenen Clearingmitgliedes (Art. 45 Abs. 2 VO Nr. 648/2012)
3. Zugeordnete Finanzmittel der CCP i.H.v. einem Viertel der Eigenmittelanforderungen des Art. 16 Abs. 2 VO Nr. 648/2012 (Art. 45 Abs. 4 VO Nr. 648/2012)
4. Ausfallfondsbeiträge der nicht ausgefallenen Clearingmitglieder (Art. 45 Abs. 3 VO Nr. 648/2012)
5. Sonstige Finanzmittel der CCP

Hat die CCP für die von ihr geclearten Kategorien von Finanzinstrumente nach Art. 42 Abs. 4 VO Nr. 648/ 2012 **mehrere Ausfallfonds** eingerichtet, so ist die oben beschriebene Reihenfolge der Mittelverwendung für jeden Ausfallfonds gesondert zu ermitteln. Dies ergibt sich insbesondere aus Art. 35 Abs. 3 DelVO Nr. 153/2013, der von der CCP verlangt, dass sie die nach Art. 45 Abs. 4 Nr. 648/2012 zu verwendenden zugeordneten Eigenmittel auf die betreffenden Ausfallfonds aufteilt. 3

II. Einschüsse des ausgefallenen Clearingmitgliedes (Art. 45 Abs. 1 VO Nr. 648/2012). Art. 45 Abs. 1 VO Nr. 648/2012 beschreibt die **erste Stufe des Wasserfalls**, in der zunächst die Einschüsse des ausgefallenen Clearingmitgliedes heranzuziehen sind. Eine Differenzierung zwischen Ersteinschüssen und Nachschüssen sieht Art. 45 Abs. 1 VO Nr. 648/2012 nicht vor. Da Nachschüsse stets in bar, Ersteinschüsse jedoch auch durch Übertragung oder Verpfändung von Finanzinstrumenten geleistet werden können, dürfte sich in der **Praxis** folgende Reihenfolge ergeben: 4

Zunächst werden die für offene Positionen des ausgefallenen Clearingmitgliedes ermittelten wechselseitigen **Nachschüsse** und die durch die Absicherung und Glattstellung der Positionen begründeten Gewinne und Verluste miteinander verrechnet. Verbleibt nach der Verrechnung ein nicht gedeckter Nettoverlust, wird die CCP die vom ausgefallenen Clearingmitglied gestellten **Ersteinschüsse** verwenden. Bevor sie jedoch Wertpapiere im Markt veräußert, was je nach Volumen der angebotenen Finanzinstrumente ggf. nicht marktschonend möglich ist, wird sie zunächst die in Form von Barguthaben gestellten Ersteinschüsse verrechnen. Ein ggf. verbleibender Überschuss wird an das ausgefallene Clearingmitglied bzw. dessen Insolvenzmasse ausgekehrt. 5

III. Ausfallfondsbeiträge des ausgefallenen Clearingmitgliedes (Art. 45 Abs. 2 VO Nr. 648/2012). In der **zweiten Stufe des Wasserfalls** sind nach Art. 45 Abs. 2 VO Nr. 648/2012 die vom ausgefallenen Clearingmitglied eingezahlten Beträge zum Ausfallfonds zu verwenden. Diese Rangfolge ist bereits in Art. 42 Abs. 1 VO Nr. 648/2012 angelegt: Danach dient der Ausfallfonds dazu, die Verluste zu decken, die die Einschussanforderungen nach Art. 41 VO Nr. 648/2012 übersteigen. 6

Bestehen **mehrere Ausfallfonds**, und hat das ausgefallene Clearingmitglied zu allen Ausfallfonds Beiträge geleistet, so ist auf dieser Stufe nur der Ausfallfonds heranzuziehen, der zur Deckung von Verlusten aus den abgesicherten oder glattgestellten Positionen eingerichtet wurde. 7

IV. Zugeordnete Finanzmittel der CCP (Art. 45 Abs. 4 Satz 1 VO Nr. 648/2012). Art. 45 Abs. 4 Satz 1 VO Nr. 648/2012 beschreibt die **dritte Stufe des Wasserfalls**. Bei dem auf dieser Stufe zu verwendenden „zugeordneten Eigenmitteln" handelt es sich um die zugeordneten Finanzmittel der CCP i.S.d. Art. 43 Abs. 1 VO Nr. 648/2012. Diese sind zwar Teil der von der CCP vorzuhaltenden Eigenmittel. Da sie jedoch nach Art. 43 Abs. 1 und 2 VO Nr. 648/2012 dazu bestimmt sind, zusammen mit den Beiträgen des Ausfallfonds mindestens den Ausfall der beiden Clearingmitglieder mit den höchsten Risikopositionen aufzufangen, schließt diese Zuordnung bzw. Widmung ihre Berücksichtigung als Deckung der Eigenkapitalanforderungen nach Art. 16 VO Nr. 648/2012 aus. Wegen der Begriffe Eigenkapital und Rücklagen wird auf die Ausführungen zu Art. 2 VO Nr. 648/2012, Rz. 127–131 verwiesen. 8

---

[1] *Alfes* in Wilhelmi/Achtelik/Kunschke/Sigmundt, Handbuch EMIR, Teil 5.F Rz. 86.

9   Die Zuordnung von Eigenmitteln nach Art. 45 Abs. 4 Satz 1 VO Nr. 648/2012 schafft einen **zusätzlichen Verlustabsorptionspuffer**, der insbesondere die nicht ausgefallenen Clearingmitglieder schützt. Deren Beiträge zum Ausfallfonds können erst auf der folgenden vierten Stufe des Wasserfalls zur Verlusttragung herangezogen werden. Die Eigenmittel schützen die übrigen Clearingmitglieder aber nicht nur vor „Ansteckungsrisiken". Sofern sie auf dieser Stufe ausreichen, um sämtliche bislang nicht gedeckten Verluste zu tragen, stellen sie auch sicher, dass die CCP ihren Geschäftsbetrieb mit den nicht ausgefallenen Clearingmitgliedern unbeeinträchtigt fortführen kann. Darüber hinaus begründet die Verpflichtung zur Verwendung eigener Finanzmittel auch **Anreize** dafür, dass die CCP ihren Anforderungen aus Art. 41 und 42 VO Nr. 648/2012 nachkommt[1] und die Einschuss- und Beitragsverpflichtungen ihrer Clearingmitglieder so berechnet, dass sie bei Ausfall eines Clearingmitgliedes ausreichen um die anfallenden Verluste auf den ersten beiden Stufen des Wasserfalls zu decken.

10 Die Pflicht zur Verwendung von vorfinanzierten und frei verfügbaren Eigenmitteln wird in Art. 35 Abs. 4 DelVO Nr. 153/2013 nochmals bekräftigt. Danach darf die CCP keine anderen Mittel als Eigenkapital, Gewinnrücklagen und sonstige Rücklagen verwenden. Dies schließt z.B. die Verwendung von Garantien oder Patronatserklärungen eines Mutterunternehmens aus.

11 Nach Art. 35 Abs. 1 DelVO Nr. 153/2013 muss der Eigenmittelbetrag mindestens **ein Viertel** der nach Art. 16 Abs. 2 VO Nr. 648/2012 und der DelVO Nr. 152/2013 geforderten Eigenmittel betragen[2]. Er ist jährlich zu überprüfen. Sinkt der nach Art. 45 Abs. 4 VO Nr. 648/2012 vorzuhaltende Eigenmittelbetrag unter den Mindestbetrag, so hat die CCP die für sie zuständige Behörde nach Art. 36 Abs. 1 DelVO Nr. 153/2013 umgehend zu informieren und die Gründe für das Absinken des Eigenmittelbetrages sowie die von der CCP geplanten Maßnahmen zur Wiederauffüllung mitzuteilen. Die **Aufstockung** des Eigenmittelbetrages soll nach Art. 36 Abs. 1 DelVO Nr. 153/2013 **innerhalb eines Monats** erfolgen.

12 Fällt ein Clearingmitglied aus, bevor die CCP den Eigenmittelbetrag wieder aufgestockt hat, so wird für Zwecke der Verlusttragung auf dieser Stufe des Wasserfalles nur der **reduzierte Eigenmittelbetrag** verwendet (Art. 36 Abs. 3 DelVO Nr. 153/2013). Diese Regelung stellt sicher, dass die CCP beim Ausfall mehrerer Clearingmitglieder in kurzer Zeit nur den gewidmeten Eigenmittelbetrag verwenden muss, bzw. die verbleibenden Dreiviertel der Eigenmittel zunächst verschont bleiben: Die CCP kann auf der nächsten Stufe des Wasserfalles zunächst die in den Ausfallfonds geleisteten Beiträge der nicht ausgefallenen Clearingmitglieder verwenden.

13 Wie sich aus Art. 50d Buchst. a VO Nr. 648/2012 ergibt, kann das Regelwerk der CCP vorsehen, dass es seine verbleibenden Eigenmittel auf der vierten Stufe des Wasserfalls ganz oder teilweise parallel zu den Ausfallfondsbeiträgen der nicht ausgefallenen Clearingmitglieder einsetzt. Alternativ kann es auch vorsehen, dass es auf der dritten Stufe mehr als den in Art. 35 Abs. 1 DelVO Nr. 153/2013 verlangten Mindestbetrag einsetzt.

14 Hat die CCP für die von ihr geclearten Finanzinstrumente **mehrere Ausfallfonds** eingerichtet, dann ist der Eigenmittelbetrag nach Art. 35 Abs. 3 DelVO Nr. 153/2013 **anteilsmäßig** auf die Ausfallfonds zu verteilen. Maßgeblich für die anteilsmäßige Verteilung ist die jeweilige Größe des Ausfallfonds[3]. Fällt ein Clearingmitglied aus, und werden im Rahmen der Glattstellung von Positionen in dem Segment, für das der betreffende Ausfallfonds gebildet wurde, Verluste ermittelt, so ist nach Aufzehrung der Einschüsse und Beiträge des ausgefallenen Clearingmitgliedes zunächst der dem betreffenden Ausfallfonds zugewiesene Anteil an dem Eigenmittelbetrag zu verwenden. Das Prinzip der proportionalen Verteilung gilt nur für den Mindestbetrag von einem Viertel der Eigenmittel. Ordnet die CCP mehr als den Mindestbetrag zu, so kann sie diese zusätzlichen Eigenmittel nach Belieben einem oder mehreren Ausfallfonds zuordnen[4].

15 Der Eigenmittelbetrag bzw. der den einzelnen Ausfallfonds zugewiesene Anteil des Eigenmittelbetrages sind nach Art. 35 Abs. 1 und Abs. 3 DelVO Nr. 153/2013 in der **Bilanz** gesondert auszuweisen.

16 Nach Art. 50c Abs. 1 Buchst. c VO Nr. 648/2012 muss die CCP die Höhe der zugewiesenen Eigenmittel den **Kreditinstituten und Wertpapierfirmen** unter ihren Clearingmitgliedern und deren zuständigen Behörden mitteilen. Die Mitteilung erfolgt nach Art. 2 Abs. 1 DurchfVO Nr. 484/2014 mindestens **monatlich**. Nach Art. 3 Abs. 1 DurchfVO Nr. 484/2014 kann die für ein Clearingmitglied zuständige Behörde die CCP jedoch er-

---

1   So schon *Europäische Wertpapier- und Marktaufsichtsbehörde (ESMA)*, endgültiger Bericht über technische Regulierungsstandards unter der Verordnung (EU) Nr. 648/2012 über OTC-Derivate, zentrale Gegenparteien und Transaktionsregister, ESMA/2012/600 vom 27.9.2012, abrufbar über: https://www.esma.europa.eu/sites/default/files/library/2015/11/2012-600_0.pdf („*ESMA* EMIR RTS"), Rz. 218, die vom „skin in the game" spricht; s. auch *Alfes* in Wilhelmi/Achtelik/Kunschke/Sigmundt, Handbuch EMIR, Teil 5.F Rz. 52.
2   Im Rahmen der Konsultation hatte die ESMA noch 50 % „skin in the game" vorgeschlagen während sich die Interessenvertreter der CCPs für einen Wert von nicht höher als 10 % aussprachen; s. *ESMA* EMIR RTS, Rz. 218 und 223.
3   *Europäische Wertpapier- und Marktaufsichtsbehörde (ESMA)*, „Fragen und Antworten – Umsetzung der Verordnung (EU) Nr. 648/2012 über OTC-Derivate, zentrale Gegenparteien und Transaktionsregister (EMIR)", ESMA70-1861941480-52 vom 30.5.2018, abrufbar über: https://www.esma.europa.eu/sites/default/files/library/esma70-1861941480-52_qa_on_emir_implementation.pdf („*ESMA* Q&A"), CCP Frage Nr. 15 [letzte Aktualisierung: 5.8.2013]: „in proportion to the size of each default fund".
4   *ESMA* Q&A CCP Frage Nr. 15 [letzte Aktualisierung: 5.8.2013].

suchen, die Mitteilung wöchentlich oder sogar täglich durchzuführen, wenn ein Clearingmitglied ausgefallen ist und die CCP auf der dritten Stufe des Wasserfalls zugeordnete Finanzmittel nach Art. 43 Abs. 1 VO Nr. 648/2012 einsetzen muss. Die Wahl hat nach Art. 3 Abs. 1 DurchfVO solange Bestand, bis die CCP die zugeordneten Finanzmittel nach Art. 36 Abs. 1 DelVO Nr. 153/2013 wieder aufgefüllt hat.

Die CCP hat die nach Art. 45 Abs. 4 Satz 1 VO Nr. 648/2012 zuzuordnenden Eigenmittel in bar oder in **hochliquiden Finanzinstrumenten** mit minimalem Markt- und Kreditrisiko anzulegen (Art. 47 Abs. 1 VO Nr. 648/2012). Finanzmittel, die diesen Anforderungen nicht entsprechen, können nicht als zugeordnete Eigenmittel anerkannt werden (Art. 47 Abs. 2 VO Nr. 648/2012). 17

V. Ausfallfondsbeiträge der nicht ausgefallenen Clearingmitglieder (Art. 45 Abs. 3 VO Nr. 648/2012). Reichen die von dem ausgefallenen Clearingmitglied geleisteten Einschüsse und Ausfallfondsbeiträge nicht aus, und hat die CCP die nach Art. 45 Abs. 4 Satz 1 VO Nr. 648/2012 einzusetzenden zugewiesenen Finanzmittel bzw. Eigenmittel erschöpft, verwendet die CCP nach Art. 45 Abs. 3 VO Nr. 648/2012 die in den Ausfallfonds gezahlten Beiträge der nicht ausgefallenen Clearingmitglieder. Art. 45 Abs. 3 VO Nr. 648/2012 definiert die **vierte Stufe des Wasserfalls**. 18

VI. Einschüsse der nicht ausgefallenen Clearingmitglieder (Art. 45 Abs. 4 Satz 2 VO Nr. 648/2012). Die von nicht ausgefallenen Clearingmitgliedern geleisteten Einschüsse dürfen nach Art. 45 Abs. 4 Satz 2 VO Nr. 648/2012 von der CCP für den Verlustausgleich nicht verwendet werden. 19

Der Begriff Einschüsse ist eng auszulegen; er umfasst nur die **Ersteinschüsse**. Nachschüsse, die den seit der letzten Bewertung ermittelten Anstieg des Wertes der von einem Clearingmitglied gehaltenen Positionen ausgleichen, sind vom Verwendungsverbot des Art. 45 Abs. 4 VO Nr. 648/2012 nicht erfasst[1]. Es steht der CCP daher frei, in ihrem Regelwerk vorzusehen, dass die bei Ausfall eines Clearingmitgliedes ausstehenden Nachschüsse zur **Abdeckung von Verlusten** verwendet werden[2]. Voraussetzungen ist jedoch, dass der Umfang, in dem Nachschüsse genutzt werden, bestimmt oder zumindest bestimmbar ist, so dass die nicht ausgefallenen Clearingmitglieder keinen Risiken ausgesetzt sind, die sie weder erwarten noch kontrollieren können[3]. 20

Von der nach Art. 45 Abs. 4 VO Nr. 648/2012 unzulässigen Abdeckung von Verlusten zu trennen, ist die nach Art. 39 Abs. 8 VO Nr. 648/2012 und Art. 44 Abs. 3 DelVO Nr. 153/2013 zugelassene vorübergehende Nutzung im Rahmen der Abwicklung von Zahlungen, der Bewältigung eines Ausfalls eines Clearingmitgliedes oder der Durchführung einer Interoperabilitätsvereinbarung. So können die Regelwerke der CCP vorsehen, dass die von Clearingmitgliedern gestellten Ersteinschüsse zur **Überbrückung eines Liquiditätsbedarfs** genutzt werden dürfen[4]. 21

Wie sich Art. 50b Buchst. f VO Nr. 648/2012 entnehmen lässt, kann die CCP mit ihren Clearingmitgliedern darüber hinaus vereinbaren, dass sie die von nicht ausgefallenen Clearingmitgliedern geleisteten **Einschüsse** für ihre im „house account" verbuchten Risikopositionen ganz oder teilweise zur Deckung von Verlusten verwenden kann. In diesem Fall sind die Einschüsse wie Beiträge zum Ausfallfonds zu behandeln und entsprechend mit Eigenkapital zu unterlegen. Vereinbarungen, die auch die im „client account" verbuchten Einschüsse der Kunden umfassen, sind hingegen nach Art. 39 Abs. 9 Buchst. c VO Nr. 648/2012 nicht zulässig. 22

VII. Technische Regulierungsstandards (Art. 45 Abs. 5 VO Nr. 648/2012). Die Kommission ist nach Art. 45 Abs. 5 VO Nr. 648/2012 befugt, technische Regulierungsstandards zu erlassen in denen sie die Methode zur Berechnung und Beibehaltung des Betrags der nach Art. 45 Abs. 4 VO Nr. 648/2012 zugeordneten Eigenmittel festlegt. Von ihrer Befugnis hat sie mit Art. 35 und 36 DelVO Nr. 153/2013 Gebrauch gemacht. Die DelVO Nr. 153/2013 ist am zwanzigsten Tag nach ihrer Veröffentlichung im Amtsblatt der Europäischen Union, d.h. am 15.3.2013, in Kraft getreten (Art. 62 DelVO Nr. 153/2013). 23

Art. 46 Anforderungen an die Sicherheiten

(1) Zur Deckung ihrer anfänglichen und laufenden Risikopositionen gegenüber ihren Clearingmitgliedern akzeptiert eine CCP nur hochliquide Sicherheiten mit minimalem Kredit- und Marktrisiko. Bei nichtfinanziellen Gegenparteien darf eine CCP Bankgarantien akzeptieren, wobei diese Garantien gegenüber einer Bank, die Clearingmitglied ist, als Bestandteil der Risikoposition dieser Bank berücksichtigt werden. Sie erhebt Sicherheitsabschläge auf Vermögenswerte, die dem Wertminderungspotenzial in dem Zeitraum zwischen der letzten Neubewertung und dem Zeitpunkt, bis zu dem nach vernünftigem Ermessen die Veräußerung erfolgen dürfte, entsprechen. Dabei trägt sie dem Liquiditätsrisiko infolge

---

1 ESMA Q&A CCP Frage Nr. 18(a) [letzte Aktualisierung: 11.2.2014].
2 ESMA Q&A CCP Frage Nr. 18(a) [letzte Aktualisierung: 11.2.2014].
3 ESMA Q&A CCP Frage Nr. 17 [letzte Aktualisierung: 11.2.2014] und CCP Frage Nr. 18(a) [letzte Aktualisierung: 11.2. 2014].
4 ESMA Q&A CCP Frage Nr. 18(b) [letzte Aktualisierung: 11.2.2014].

des Ausfalls eines Marktteilnehmers sowie dem Konzentrationsrisiko bei bestimmten Vermögenswerten unter anderem durch Forderung ausreichender Sicherheiten und Vornahme entsprechender Abschläge Rechnung.

(2) Eine CCP kann – bei ausreichender Vorsicht – den Basiswert des Derivatekontrakts bzw. das Finanzinstrument, das die Risikoposition der CCP verursacht, als Sicherheit zur Deckung ihrer Einschussanforderungen akzeptieren, soweit dies angemessen erscheint.

(3) Um die einheitliche Anwendung dieses Artikels zu gewährleisten, erarbeitet die ESMA nach Anhörung der EBA, des ESRB und des ESZB Entwürfe für technische Regulierungsstandards, in denen Folgendes festgelegt ist:

a) die Arten der Sicherheiten, die als hochliquide angesehen werden können, wie etwa Barmittel, Gold, Staatsanleihen sowie Unternehmensanleihen von sehr guter Bonität und gedeckte Schuldverschreibungen,

b) die Abschläge nach Absatz 1 und

c) die Bedingungen, die vorliegen müssen, damit Garantien von Geschäftsbanken gemäß Absatz 1 als Sicherheit akzeptiert werden können.

Die ESMA legt der Kommission diese Entwürfe für technische Regulierungsstandards bis zum 30. September 2012 vor.

Der Kommission wird die Befugnis übertragen, die in Unterabsatz 1 genannten technischen Regulierungsstandards gemäß den Artikeln 10 bis 14 der Verordnung (EU) Nr. 1095/2010 zu erlassen.

In der Fassung vom 4.7.2012 (ABl. EU Nr. L 201 v. 27.7.2012, S. 1).

Delegierte Verordnung (EU) Nr. 153/2013 vom 19. Dezember 2012
zur Ergänzung der Verordnung (EU) Nr. 648/2012 des Europäischen Parlaments und des Rates in Bezug auf technische Regulierungsstandards für Anforderungen an zentrale Gegenparteien
(Auszug)

Art. 37 *Allgemeine Anforderungen*

Eine CCP führt transparente und vorhersehbare Grundsätze und Verfahren zur Bewertung und ständigen Überwachung der Liquidität von als Sicherheit akzeptierten Vermögenswerten ein, setzt diese um und ergreift bei Bedarf Abhilfemaßnahmen.

Eine CCP überprüft ihre Grundsätze und Verfahren in Bezug auf als Sicherheit in Betracht kommende Vermögenswerte mindestens jährlich. Eine solche Überprüfung wird außerdem bei jeder wesentlichen Änderung der Risikoposition der CCP durchgeführt.

In der Fassung vom 19.12.2012 (ABl. EU Nr. L 52 v. 23.2.2013, S. 41).

Art. 38 *Barsicherheiten*

Für die Zwecke von Artikel 46 Absatz 1 der Verordnung (EU) Nr. 648/2012 lauten hochliquide Sicherheiten in Form von Barmitteln auf eine der folgenden Währungen:

a) eine Währung, für die die CCP gegenüber der zuständigen Behörde nachweisen kann, dass sie in der Lage ist, das betreffende Risiko angemessen zu steuern;

b) eine Währung, in der die CCP Transaktionen cleart, innerhalb des Umfangs der Sicherheiten, die für die Deckung der Risikopositionen der CCP in dieser Währung erforderlich sind.

In der Fassung vom 19.12.2012 (ABl. EU Nr. L 52 v. 23.2.2013, S. 41).

Art. 39 *Finanzinstrumente*

Für die Zwecke von Artikel 46 Absatz 1 der Verordnung (EU) Nr. 648/2012 werden Finanzinstrumente, Bankgarantien und Gold, die die in Anhang I festgelegten Bedingungen erfüllen, als hochliquide Sicherheiten betrachtet.

In der Fassung vom 19.12.2012 (ABl. EU Nr. L 52 v. 23.2.2013, S. 41).

Art. 40 *Bewertung von Sicherheiten*

(1) Für die Zwecke der Bewertung hochliquider Sicherheiten gemäß Artikel 37 führt eine CCP Grundsätze und Verfahren ein, um die Kreditqualität, Marktliquidität und Preisvolatilität aller als Sicherheit akzeptierten Vermögenswerte in Nahe-Echtzeit zu überwachen, und setzt diese um. Eine CCP überwacht regelmäßig und mindestens jährlich die Angemessenheit ihrer Bewertungsgrundsätze und -verfahren. Eine solche Überprüfung wird außerdem bei jeder wesentlichen Änderung, die sich auf die Risikopositionen der CCP auswirkt, durchgeführt.

(2) Eine CCP bewertet ihre Sicherheiten zu Marktpreisen und nahezu in Echtzeit und ist, falls dies nicht möglich sein sollte, in der Lage, gegenüber den zuständigen Behörden nachzuweisen, dass sie die Risiken steuern kann.

In der Fassung vom 19.12.2012 (ABl. EU Nr. L 52 v. 23.2.2013, S. 41).

Art. 41 Abschläge

(1) Eine CCP führt Grundsätze und Verfahren ein, um für den Wert von Sicherheiten vorsichtige Abschläge zu bestimmen, und setzt diese um.

(2) Bei den Abschlägen wird dem Umstand Rechnung getragen, dass die Sicherheiten möglicherweise unter angespannten Marktbedingungen liquidiert werden müssen, und es wird der für die Liquidierung erforderliche Zeitraum berücksichtigt. Die CCP weist gegenüber der zuständigen Behörde nach, dass die Abschläge konservativ berechnet werden, um prozyklische Effekte so weit wie möglich zu begrenzen. Der Abschlag für jede Sicherheit in Form eines Vermögenswerts wird unter Berücksichtigung der relevanten Kriterien festgelegt, darunter

a) die Art des Vermögenswerts und die Höhe des mit dem Finanzinstrument verbundenen Kreditrisikos, das anhand einer internen Bewertung der CCP ermittelt wird. Bei dieser Bewertung verwendet die CCP eine definierte und objektive Methodik, die nicht vollständig auf externen Stellungnahmen basieren darf und die das sich aus dem Sitz des Emittenten in einem bestimmten Land ergebende Risiko berücksichtigt;

b) die Laufzeit des Vermögenswerts;

c) die historische und die hypothetische künftige Preisvolatilität des Vermögenswerts unter angespannten Marktbedingungen;

d) die Liquidität des zugrunde liegenden Marktes, einschließlich der Geld-Brief-Spannen;

e) gegebenenfalls das Wechselkursrisiko;

f) Korrelationsrisiko.

(3) Eine CCP überwacht regelmäßig, ob die Abschläge angemessen sind. Eine CCP überprüft die Grundsätze und Verfahren im Zusammenhang mit den Abschlägen mindestens jährlich und bei jeder wesentlichen Änderung, die sich auf die Risikopositionen der CCP auswirkt, und sie sollte soweit möglich störende oder weitreichende Änderungen hinsichtlich der Abschläge, die prozyklische Effekte haben könnten, vermeiden. Die Grundsätze und Verfahren im Zusammenhang mit den Abschlägen werden mindestens jährlich einer unabhängigen Bewertung unterzogen.

In der Fassung vom 19.12.2012 (ABl. EU Nr. L 52 v. 23.2.2013, S. 41).

Art. 42 Konzentrationsgrenzen

(1) Eine CCP führt Grundsätze und Verfahren ein, die dafür sorgen, dass die Sicherheiten ausreichend diversifiziert sind, damit sie innerhalb eines definierten Haltezeitraums ohne wesentliche Auswirkungen auf den Markt liquidiert werden können, und setzt diese um. In den Grundsätzen und Verfahren werden die Maßnahmen zur Risikominderung festgelegt, die bei einer Überschreitung der in Absatz 2 spezifizierten Konzentrationsgrenzen anzuwenden sind.

(2) Eine CCP bestimmt Konzentrationsgrenzen für

a) einzelne Emittenten;

b) Arten von Emittenten;

c) Arten von Sicherheiten;

d) jedes einzelne Clearingmitglied;

e) alle Clearingmitglieder zusammen.

(3) Die Konzentrationsgrenzen werden konservativ festgelegt, wobei alle relevanten Kriterien berücksichtigt werden, auch in Bezug auf

a) Finanzinstrumente, die von Emittenten ausgegeben werden, die hinsichtlich des Wirtschaftszweigs, ihrer Tätigkeit oder der geografischen Region dieselben Merkmale aufweisen;

b) die Höhe des Kreditrisikos des Finanzinstruments oder des Emittenten, die anhand einer internen Bewertung der CCP ermittelt wird. Bei dieser Bewertung verwendet die CCP eine definierte und objektive Methodik, die nicht vollständig auf externen Stellungnahmen basieren darf und die das sich aus dem Sitz des Emittenten in einem bestimmten Land ergebende Risiko berücksichtigt;

c) die Liquidität und die Preisvolatilität der Finanzinstrumente.

(4) Eine CCP stellt sicher, dass nicht mehr als 10 % ihrer Sicherheiten von ein und demselben Kreditinstitut oder einem äquivalenten Finanzinstitut in einem Drittstaat oder einem Unternehmen, das Teil derselben Gruppe wie das Kreditinstitut oder das Finanzinstitut in einem Drittstaat ist, garantiert werden. Diese Obergrenze kann auf 25 % erhöht werden, wenn die von der CCP in Form von Garantien von Geschäftsbanken erhaltenen Sicherheiten mehr als 50 % der Sicherheiten insgesamt ausmachen.

(5) Bei der Berechnung der Obergrenzen nach Absatz 2 berücksichtigt die CCP ihre gesamten Risikopositionen gegenüber einem Emittenten, einschließlich des Betrags der kumulierten Kreditlinien, Einlagenzertifikate, Termineinlagen, Sparkonten, Einlagenkonten, Girokonten, Geldmarktinstrumente und der von ihr genutzten Fazilitäten für Pensionsgeschäfte. Diese Grenzen finden keine Anwendung auf die von der CCP gehaltenen Sicherheiten, die über die Mindesteinschussanforderungen, Ausfallfonds oder sonstige Finanzmittel hinausgehen.

(6) Bei der Festlegung der Konzentrationsgrenzen für die Risikopositionen gegenüber einem einzelnen Emittenten aggregiert die CCP alle Risikopositionen, die durch Finanzinstrumente des Emittenten oder eines Unternehmens der Gruppe bedingt sind und von dem Emittenten oder einem Unternehmen der Gruppe explizit garantiert werden, sowie Risikopositionen, die durch Finanzinstrumente bedingt sind, die von Unternehmen emittiert werden, die ausschließlich dazu dienen, das Eigentum an zentralen Produktionsmitteln für den Geschäftsbetrieb des Emittenten innezuhaben, und behandelt diese als ein einziges Risiko.

Art. 46 VO Nr. 648/2012 | Anforderungen an die Sicherheiten

(7) Eine CCP überwacht regelmäßig, ob ihre Grundsätze und Verfahren im Zusammenhang mit den Konzentrationsgrenzen angemessen sind. Sie überprüft ihre Grundsätze und Verfahren im Zusammenhang mit den Konzentrationsgrenzen mindestens jährlich und bei jeder wesentlichen Änderung, die sich auf die Risikopositionen der CCP auswirkt.

(8) Eine CCP informiert die zuständige Behörde und die Clearingmitglieder über die anwendbaren Konzentrationsgrenzen und jegliche Änderung dieser Grenzen.

(9) Verstößt die CCP gegen eine in ihren Grundsätzen und Verfahren festgelegte Konzentrationsgrenze, so teilt sie dies der zuständigen Behörde umgehend mit. Die CCP stellt den Verstoß so rasch wie möglich ab.

In der Fassung vom 19.12.2012 (ABl. EU Nr. L 52 v. 23.2.2013, S. 41).

Anhang I, II

(nicht abgedruckt)

Schrifttum: *Europäische Wertpapier- und Marktaufsichtsbehörde (ESMA)*, „Fragen und Antworten – Umsetzung der Verordnung (EU) Nr. 648/2012 über OTC-Derivate, zentrale Gegenparteien und Transaktionsregister (EMIR)", ESMA70-1861941480-52 vom 30.5.2018, abrufbar über: https://www.esma.europa.eu („*ESMA Q&A*").

I. Zweck und Bedeutung 1	Abschnitt 1 DelVO Nr. 153/2013:
II. Anforderungen an Sicherheiten (Art. 46 Abs. 1 und 2 VO Nr. 648/2012) 4	Abwesenheit von wesentlichen Korrelationsrisiken 20
1. Anerkennungsfähige Arten von Sicherheiten .. 6	c) Bankgarantien (Anhang I Abschnitt 2 DelVO Nr. 153/2013) 24
a) Barmittel 8	aa) Gemeinsame Anforderungen: Abwesenheit von Währungsrisiken 26
b) Finanzinstrumente 11	bb) Besondere Anforderungen für Bankgarantien, die von privaten Geschäftsbanken begeben werden: Bonität des Garanten, Abwesenheit von Korrelationsrisiken 27
aa) Schuldtitel der Regierungen, Zentralbanken, multilateralen Entwicklungsbanken und der EFSF und des ESM (Anhang II Ziff. 1 DelVO Nr. 153/2013) 13	
bb) Sonstige übertragbare Wertpapiere und Geldmarktinstrumente (Anhang I Abschnitt 1 DelVO Nr. 153/2013) 15	d) Gold (Anhang I Abschnitt 3 DelVO Nr. 153/2013) 30
	e) Basiswert eines Derivates 31
cc) Gemeinsame Anforderungen: Bonität des Emittenten und Liquidität der relevanten Märkte 16	2. Bewertung von Sicherheiten 34
	a) Laufende Bewertung 35
	b) Bewertungsabschläge 36
dd) Besondere Anforderungen an Schuldtitel des Anhang II Ziff. 1 DelVO Nr. 153/2013: Restlaufzeit 19	3. Diversifizierung und Konzentrationsrisiken ... 40
	4. Aufzeichnungspflicht 43
ee) Besondere Anforderungen an sonstigen übertragbare Wertpapiere und Geldmarktinstrumente des Anhang I	III. Technische Regulierungsstandards (Art. 46 Abs. 3 VO Nr. 648/2012) 44

1 **I. Zweck und Bedeutung.** Art. 46 VO Nr. 648/2012 soll sicherstellen, dass die von Clearingmitgliedern gestellten Sicherheiten **zeitnah und ohne wesentliche Wertabschläge liquidiert** und mit den tatsächlich realisierten Verlusten verrechnet werden können. Sie müssen deshalb hochliquide sein und dürfen ein nur minimales Markt- und Kreditrisiko aufweisen.

2 Die **Einzelheiten** der durch Art. 46 VO Nr. 648/2012 begründeten Anforderungen werden durch **Art. 37–42 DelVO Nr. 153/2013** näher bestimmt.

3 Die durch Art. 46 VO Nr. 648/2012 und die DelVO Nr. 153/2013 definierten Anforderungen an die Qualität der Sicherheiten finden in der **DelVO 2016/2251** über die Besicherung nicht zentral geclearter OTC-Derivate ihre Entsprechung. Beide Regulierungsstandards weichen jedoch voneinander ab.

4 **II. Anforderungen an Sicherheiten (Art. 46 Abs. 1 und 2 VO Nr. 648/2012).** Der Begriff **Sicherheiten** wird nicht definiert. Die systematische Stellung des Art. 46 VO Nr. 648/2012 – d.h. seine Verortung nach Art. 41–43 VO Nr. 648/2012 – sowie Art. 39 Abs. 10 VO Nr. 648/2012 legt es jedoch nahe, den Begriff weit auszulegen, so dass er neben den als **Einschusszahlungen** geleisteten Sicherheiten auch die Beiträge der Clearingmitglieder zum **Ausgleichsfonds** erfasst. Beide dienen der Deckung der anfänglichen und laufenden Risikopositionen der Clearingmitglieder. Nur die weite Auslegung erklärt die Notwendigkeit für die in Art. 39 Abs. 10 VO Nr. 648/2012 vorgesehene Ausnahme der Ausfallfondsbeiträge, für die das Trennungsgebot nicht gelten soll. Auch wäre es nicht nachvollziehbar, wenn der Verordnungsgeber an die Ausfallfondsbeiträge geringere Anforderungen stellen würde als an die Einschusszahlungen.

5 In Art. 46 VO Nr. 648/2012 nicht geregelt ist die Frage, ob die Sicherheiten in Form der **Vollrechtsübertragung** oder in Form eines beschränkten dinglichen Rechts i.s.d. der RL 2002/47/EG[1], z.B. eines **Pfandrechtes**,

---

[1] Richtlinie 2002/47/EG des Europäischen Parlaments und des Rates vom 6. Juni 2002 über Finanzsicherheiten, ABl. EU Nr. L 168 v. 27.6.2002, S. 43.

zu bestellen ist[1]. Art. 39 Abs. 8 VO Nr. 648/2012 und die dort vorgesehene Beschränkung des Nutzungsrechts (right of use), die nur für beschränkt dingliche Rechte relevant ist, lassen jedoch erkennen, dass der Gesetzgeber beide Formen der Sicherheitenbestellung als zulässig ansieht. In der Praxis ist für die Leistung von Nachschüssen, die stets durch Barsicherheiten zu erbringen ist, die Vollrechtsübertragung üblich. Bei der Leistung von Ersteinschüssen sind beide Formen anzutreffen.

1. Anerkennungsfähige Arten von Sicherheiten. Nach Art. 46 Abs. 1 Satz 1 VO Nr. 648/2012 darf die CCP zur Deckung der Risikopositionen ihrer Clearingmitglieder nur hochliquide Sicherheiten mit minimalem Kredit- und Marktrisiko akzeptieren. Die geforderten **hochliquiden Sicherheiten mit minimalem Kredit-und Marktrisiko** werden in Art. 38 und 39 DelVO Nr. 153/2013 und Anhang I der DelVO Nr. 153/2013 näher definiert. Anhang 1 DelVO Nr. 153/2013 verweist seinerseits auf Anhang II Ziff. 1 DelVO Nr. 153/2013, der die Anforderungen an die von bestimmten staatlichen und internationalen Einrichtungen begebenen Schuldtitel definiert.

Die Entscheidung der CCP über die von ihr anerkannten Sicherheiten ist, da sie wesentlicher Bestandteil ihres Risikomanagements ist, nach Art. 28 Abs. 2 VO Nr. 648/2012 Gegenstand der Konsultation des Risikoausschusses. Die von der CCP anerkannten Sicherheiten sind nach Art. 10 Abs. 1 Buchst. d DelVO Nr. 153/2013 von der CCP öffentlich zugänglich zu machen.

a) Barmittel. Dass die CCP Barmittel als Sicherheiten akzeptieren darf, ergibt sich bereits aus dem in Art. 2 Nr. 3 VO Nr. 648/2012 definierten Begriff Clearing („Bargeld"). In Art. 38 DelVO Nr. 153/2013 geregelt ist lediglich die Währung, in der die Barmittel denominiert sind bzw. das durch sie begründeten Währungsrisiko. Danach kann die CCP Barmittel als hochliquide Sicherheiten nur dann akzeptieren, wenn sie auf eine Währung lauten, deren **Währungsrisiken** sie nachweislich erfassen, bewerten und steuern kann, und wenn sie tatsächlich Finanzinstrumente in dieser Währung cleart und die entgegengenommenen Barmittel in dieser Währung den zur Deckung der Risikopositionen erforderlichen Umfang nicht überschreiten.

Ob die in Art. 38 Buchst. b DelVO Nr. 153/2013 vorgesehene **Kappung** auf den Umfang der in der betreffenden Währung begründeten Risikopositionen auch für solche Barmittel gilt, die in der **Heimatwährung** der CCP denominiert sind, ist der Vorschrift nicht zu entnehmen. Sie würde jedoch dem Zweck der Regelung, der Beschränkung von Fremdwährungsrisiken widersprechen. Auch wäre es nicht sinnvoll die CCP zu zwingen, die in der Heimatwährung gehaltenen Barmittel in nicht der Kappung unterliegende Finanzinstrumente zu investieren, was ihr Liquiditätsrisiko ggf. erhöhen würde.

Der Begriff Barmittel ist nicht definiert. Aus Art. 47 Abs. 4 VO Nr. 648/2012 und dem ersten Art. 45 DelVO Nr. 153/2013 („Besonders sichere Vereinbarungen zur Erhaltung von Barmitteln") folgt jedoch, dass es sich bei den Barmitteln um bei einer Zentralbank oder bei einem Kreditinstitut unterhaltene **Einlagen** handelt. Der Begriff Barmittel entspricht somit den nach Art. 4 Abs. 1 Buchst. a DelVO 2016/2251 zugelassen Barsicherheiten.

b) Finanzinstrumente. Nach Art. 39 DelVO Nr. 153/2013 werden neben Bareinlagen auch die in Anhang I Abschnitt 1 und Anhang II Ziff. 1 DelVO Nr. 153/2013 genannten Finanzinstrumente als hochliquide Sicherheiten anerkannt. Während Anhang II Ziff. 1 DelVO Nr. 153/2013 die Voraussetzungen für die Anerkennung der von staatlichen oder internationalen Einrichtungen begebenen Schuldtitel regelt, definiert Anhang I Abschnitt 1 DelVO Nr. 153/2013 Anforderungen, die für sonstige übertragbare **Wertpapiere und Geldmarktinstrumente** gelten.

Der Beschränkung auf übertragbare Wertpapiere und Geldmarktinstrumente ist zu entnehmen, dass sonstige Finanzinstrumente, insbesondere **Derivate**, nicht anerkennungsfähig sind. Die in Anhang I Abschnitt 1 und Anhang II Ziff. 1 DelVO Nr. 153/2013 gestellten Anforderungen an Schuldtitel und an sonstige übertragbare Wertpapiere und Geldmarktinstrumente ähneln sich weitestgehend und werden daher nachstehend zusammen kommentiert.

aa) Schuldtitel der Regierungen, Zentralbanken, multilateralen Entwicklungsbanken und der EFSF und des ESM (Anhang II Ziff. 1 DelVO Nr. 153/2013). Geeignete Sicherheiten sind nach Anhang II Ziff. 1 Buchst. a DelVO Nr. 153/2013 zunächst die von Regierungen, Zentralbanken, bestimmten multilateralen Entwicklungsbanken sowie die von der Europäischen Finanzstabilitätsfazilität (EFSF) oder dem Europäischen Stabilitätsmechanismus (ESM) begebenen Schuldtitel. Ob mit dem Begriff Regierung (government) nur der Zentralstaat (central government) oder auch die regionalen Gebietskörperschaften (regional government), d.h. in Deutschland die Bundesländer, gemeint sind, ist offen. Für eine weite Auslegung, die zumindest die **regionalen Gebietskörperschaften** mit einbezieht, spricht neben der Verwendung des gemeinsamen Oberbegriffs „government" auch Art. 416 Abs. 1 Buchst. c Ziff. i) VO Nr. 575/2013 (CRR), der die Regionen mit Haushaltsautonomie und eigenem Steuererhebungsrecht zu den geeigneten Emittenten für liquide Aktiva zählt. Die in Anhang IV Teil 1 Abschnitt 4.2 RL 2006/48/EG aufgezählten **multilateralen Entwicklungsbanken** sind mit den in Art. 117 Abs. 2 VO Nr. 575/2013 genannten identisch. Die Schuldtitel der multilateralen Entwicklungsbanken sind auch nach Art. 4 Abs. 1 Buchst. h DelVO 2016/2251 anerkennungsfähig.

---

[1] *Alfes* in Wilhelmi/Achtelik/Kunschke/Sigmundt, Handbuch EMIR, Teil 5.F Rz. 22.

14 Schuldtitel von **Gemeinden und anderen lokalen Gebietskörperschaften** scheiden als geeignete Sicherheiten nach Anhang II Ziff. 1 aus und können allenfalls über Anhang I Abschnitt 1 als sonstige übertragbare Wertpapiere und Geldmarktinstrumente anerkannt werden.

15 bb) **Sonstige übertragbare Wertpapiere und Geldmarktinstrumente (Anhang I Abschnitt 1 DelVO Nr. 153/2013).** Nach Anhang I Abschnitt 1 DelVO Nr. 153/2013 ebenfalls anerkennungsfähig sind sonstige übertragbare Wertpapiere und Geldmarktinstrumente und zwar unabhängig davon, ob es sich bei dem Emittenten um eine öffentliche Einrichtung, ein Finanzunternehmen oder ein gewerbliches Unternehmen handelt. Die Begriffe übertragbare Wertpapiere und Geldmarktinstrumente werden vom Verordnungsgeber als bekannt vorausgesetzt. Da er sich mit der Begriffsgruppe „Finanzinstrument, übertragbare Wertpapiere und Geldmarktinstrumente" offenbar bewusst an die damals geltende RL 2014/39/EG (MiFID) anlehnen wollte, sollte sich die Auslegung an Art. 4 Abs. 1 Nr. 18 und 19 RL 2014/39/EG bzw. an den neu verorteten Begriffsbestimmungen in Art. 4 Abs. 1 Nr. 17 und 44 RL 2014/39/EG (MiFID II) orientieren.

16 cc) **Gemeinsame Anforderungen: Bonität des Emittenten und Liquidität der relevanten Märkte.** Gemeinsame Voraussetzung für die Anerkennung ist sowohl bei den Schuldtiteln des Anhang II Ziff. 1 DelVO Nr. 153/2013 als auch bei den übertragbaren Wertpapieren und Geldmarktinstrumenten des Anhang I Abschnitt 1 DelVO Nr. 153/2013, dass die CCP nach ihrer eigenen internen Bewertung zu der Auffassung gelangt, dass die mit den Schuldverschreibungen verbundenen **Kredit- und Marktrisiken** gering sind.

17 Bei der Bewertung des Risikos hat die CCP eigene Methoden zu verwenden, die sich nicht vollständig auf externe Stellungnahmen (z.B. die von Ratingagenturen erstellten **Bonitätsbeurteilungen**) stützen. Wie bei den Barmitteln ist weitere Voraussetzung auch hier, dass die von der CCP empfangenen Finanzinstrumente in einer Währung denominiert sind, deren **Währungsrisiken** die CCP steuern kann und die sie für das Clearing von Finanzinstrumenten verwendet. Der Umfang der auf Fremdwährungen lautenden Finanzinstrumente ist auch hier durch die Höhe der Sicherheitenanforderungen in der betreffenden Währung begrenzt. Wie bereits ausgeführt (Rz. 9), sollte die **Kappung** nicht für die in der Heimatwährung der CCP denominierten Schuldverschreibungen gelten.

18 Weitere Voraussetzungen für die Eignung der Finanzinstrumente ist die Abwesenheit von **Übertragungsbeschränkungen** oder Rechten Dritter, die Möglichkeit der Veräußerung oder Verpensionierung über **liquide Märkte**, insbesondere in Phasen angespannten Marktbedingungen, sowie die Verfügbarkeit zuverlässiger und regelmäßig **veröffentlichter Preise**.

19 dd) **Besondere Anforderungen an Schuldtitel des Anhang II Ziff. 1 DelVO Nr. 153/2013: Restlaufzeit.** Als besondere Voraussetzung für die Anerkennung der von staatlichen oder internationalen Einrichtungen begebenen Schuldtitel verlangt Anhang II Ziff. 1 Buchst. c DelVO Nr. 153/2013, dass die von der CCP gehaltenen Schuldtitel – als Portfolio betrachtet – eine **durchschnittliche Restlaufzeit** von nicht mehr als zwei Jahren aufweisen. Dass es sich bei dem Durchschnitt um einen gewichteten Durchschnitt handelt, besagt die Vorschrift nicht, wäre jedoch sachgerecht.

20 ee) **Besondere Anforderungen an sonstige übertragbare Wertpapiere und Geldmarktinstrumente des Anhang I Abschnitt 1 DelVO Nr. 153/2013: Abwesenheit von wesentlichen Korrelationsrisiken.** Besondere Voraussetzung für die Anerkennung der sonstigen übertragbaren Wertpapiere und Geldmarktinstrumente ist nach Anhang I Abschnitt 1 Buchst. g und h DelVO Nr. 153/2013 die Abwesenheit von wesentlichen Korrelationsrisiken (**wrong-way risk**). So dürfen die von der CCP empfangenen Finanzinstrumente weder von dem die Sicherheit stellenden Clearingmitglied noch von einem Unternehmen, das derselben Gruppe wie das Clearingmitglied angehört, begeben worden sein.

21 Ausgenommen vom Korrelationsverbot sind – wie bei Art. 207 Abs. 2 Unterabs. 2 VO Nr. 575/2013 (CRR) – die von dem Clearingmitglied oder einem seiner Gruppenmitglieder begebenen **gedeckten Schuldverschreibungen.** Anders als Art. 207 Abs. 2 Unterabs. 2 VO Nr. 575/2013 verweist Anhang I Abschnitt 1 Buchst. g Ziff. i) DelVO Nr. 153/2013 nicht auf die strengen Anforderungen des Art. 129 VO Nr. 575/2013, sondern lässt es ausreichen, wenn die Vermögenswerte, die die Schuldverschreibungen decken, innerhalb eines robusten Rechtsrahmens angemessen von den Vermögenswerten des Emittenten getrennt sind.

22 Nach Anhang I Abschnitt 1 Buchst. g Ziff. ii) DelVO Nr. 153/2013 ebenfalls nicht als Sicherheiten zugelassen sind Finanzinstrumente, die von einer **CCP oder einem Unternehmen** begeben wurden, das derselben Gruppe wie die CCP angehört. Die Ausnahme ist insbesondere für interoperable CCPs von Bedeutung, die nach Art. 41 Abs. 1 VO Nr. 648/2012 für die durch sie geclearten Finanzinstrumente ebenfalls Einschusszahlungen leisten müssen.

23 Als Sicherheiten ausgeschlossen sind nach Anhang I Abschnitt 1 Buchst. g Ziff. iii) DelVO Nr. 153/2013 auch Finanzinstrumente, die von den in Art. 32 Abs. 4 DelVO Nr. 153/2013 genannten **externen Dienstleistern**, z.B. ein in die Abwicklung eingebundenes Zahlungs- oder Wertpapierliefer- und -abrechnungssystem oder eine Verrechnungsbank, begeben wurden. *Voraussetzung ist jedoch, dass es sich um einen Dienstleister handelt, dessen Tätigkeit für das Funktionieren der CCP wesentlich ist.* Europäische Zentralbanken und Zentralbanken, die für die Stabilität einer von der CCP genutzten Währung verantwortlich sind, werden von dem Verbot nicht

erfasst. Weitere Voraussetzung für die Anerkennung der sonstigen übertragbaren Wertpapiere und Geldmarktinstrumente ist nach Anhang II Ziff. 1 Buchst. h DelVO Nr. 153/2013 die Abwesenheit anderweitiger wesentlicher Korrelationsrisiken.

c) **Bankgarantien (Anhang I Abschnitt 2 DelVO Nr. 153/2013).** Nach Art. 46 Abs. 1 Satz 2 VO Nr. 648/2012 und Art. 39 DelVO Nr. 153/2013 ebenfalls zugelassen, sind **Bankgarantien**, die die in Anhang I Abschnitt 2 DelVO Nr. 153/2013 festgelegten Anforderungen erfüllen. Abschnitt 2 unterscheidet zwischen Garantien die von privaten **Geschäftsbanken** und solchen die von europäischen **Zentralbanken** oder Zentralbanken in Drittstaaten gestellt werden, die für die Stabilität einer von der CCP genutzten Währung verantwortlich sind. 24

Die an die Bankgarantien zu stellenden Anforderungen decken sich. Die von privaten Geschäftsbanken gestellten Garantien unterliegen jedoch **strengeren Anforderungen**[1]. 25

aa) **Gemeinsame Anforderungen: Abwesenheit von Währungsrisiken.** Eine gemeinsame Anforderung ist auch hier, dass die Garantien stets auf eine Währung lauten müssen, deren Währungsrisiken die CCP steuern kann und die sie für das Clearing von Finanzinstrumenten verwendet. Der Umfang der auf Fremdwährungen lautenden Bankgarantien ist auch hier durch die Höhe der Sicherheitenanforderungen in der betreffenden Währung begrenzt. Wie bereits ausgeführt (Rz. 9), sollte die **Kappung** nicht für die in der Heimatwährung der CCP denominierten Bankgarantien gelten. Die Bankgarantien müssen stets **unwiderruflich**, **unbedingt** und **auf erstes Anfordern zahlbar** sein. Der garantierenden Bank dürfen **keine Einreden** zustehen, die der sofortigen Zahlung entgegen gebracht werden können. Auch darf die Inanspruchnahme der Bankgarantien nicht von **rechtlichen oder operativen Voraussetzungen** oder der Zustimmung oder **Mitwirkung Dritter** abhängen, die dazu führen, dass die CCP innerhalb des Zeitraums, in dem sie die Positionen des ausgefallenen Clearingmitgliedes liquidiert, keine Zahlung erhält. 26

bb) **Besondere Anforderungen für Bankgarantien, die von privaten Geschäftsbanken begeben werden: Bonität des Garanten, Abwesenheit von Korrelationsrisiken.** Werden Bankgarantien von privaten Geschäftsbanken gestellt, so gelten nach Anhang I Abschnitt 2 Abs. 1 DelVO Nr. 153/2013 zusätzliche Anforderungen. Sie dürfen nach Anhang I Abschnitt 2 Abs. 1 Buchst. a DelVO Nr. 153/2013 nur zugunsten von **nichtfinanziellen Clearingmitgliedern** gestellt werden. Weitere Voraussetzung ist, dass die CCP nach ihrer eigenen internen Bewertung zu der Auffassung gelangt, dass das Kreditrisiko der garantierenden Geschäftsbank gering ist. Bei der **Bewertung des Kreditrisikos** hat die CCP auch hier eigene Methoden zu verwenden, die sich nicht vollständig auf externe Stellungnahmen (z.B. die von Ratingagenturen erstellten Bonitätsbeurteilungen) stützen. Auch für Garantien von Geschäftsbanken gilt, dass keine wesentlichen Korrelationsrisiken (**wrong-way risk**) bestehen dürfen. Insbesondere darf die garantierende Geschäftsbank nicht derselben Gruppe wie das Clearingmitglied angehören. Ebenfalls eingeschränkt sind Garantien die von Geschäftsbanken abgegeben werden, die z.B. weil sie als zentrale Verrechnungsbank tätig sind, für die Funktion der CCP wichtige Dienstleistungen erbringen. Eine wesentliche Einschränkung, die ebenfalls nur für die von Geschäftsbanken abgegebenen Garantien gilt, ist die **vollständige Deckung** durch korrelationsrisikofreie Sicherheiten (Anhang I Abschnitt 2 Abs. 1 Buchst. h DelVO Nr. 153/2013). 27

Werden Garantien – wie im U.S.-amerikanischen **Vertretermodell** (agency model) – vom Clearingmitglied (z.B. ein futures commission merchant oder FCM) gestellt, so sind diese nach Art. 46 Abs. 1 Satz 2 VO Nr. 648/2012 Bestandteil der Risikoposition des Clearingmitgliedes, d.h. von diesem mit geeigneten Sicherheiten zu decken. 28

Das Deckungserfordernis des Anhang I Abschnitt 2 Abs. 1 Buchst. h DelVO Nr. 153/2013 ist nach Art. 62 Unterabs. 2 DelVO Nr. 153/2013 für die von CCPs geclearten derivativen Energiegroßhandelsprodukte des Art. 2 Abs. 4 Buchst. b und d VO Nr. 1227/2011 (**REMIT**) erst nach einer dreijährigen Übergangsfrist am 15.3.2016 in Kraft getreten. Grund für die Übergangsfrist war die Befürchtung, dass Energiehändler die für die Deckung der Bankgarantien erforderlichen Sicherheiten nur unter Schwierigkeiten aufbringen können und dies ggf. die Liquidität der Energiemärkte beeinträchtigt (DelVO Nr. 153/2013 Erwägungsgrund Nr. 43). Die Übergangsvorschrift hat keine Bedeutung mehr. 29

d) **Gold (Anhang I Abschnitt 3 DelVO Nr. 153/2013).** Neben Bareinlagen, Finanzinstrumenten und Bankgarantien wird nach Art. 39 DelVO Nr. 153/2013 und Anhang I Abschnitt 3 DelVO Nr. 153/2013 auch Gold als hochliquide Sicherheit anerkannt. Voraussetzung für die Anerkennung ist, dass es sich um einzelverwahrtes **Barrengold** handelt, das dem **Good-Delivery-Standard** entspricht. Darüber hinaus ist erforderlich, dass das Barrengold von der CCP, einer Zentralbank, einem europäischen Kreditinstitut oder einem Drittstaatenkreditinstitut, das einem gleichwertigen Aufsichtsregime unterliegt, gehalten wird. Wird das Barrengold nicht von der CCP gehalten, so müssen mit der verwahrenden Stelle angemessen Vereinbarungen bestehen, die die Eigentumsrechte der Clearingmitglieder bzw. deren Kunden an dem Barrengold wahren. Die Anerkennung von Gold als Sicherheit und die an das Gold zu stellenden Anforderungen entsprechen **Art. 4 Abs. 1 Buchst. b DelVO 2016/2251.** 30

---

1 Erwägungsgrund Nr. 66 VO Nr. 648/2012, s. Rz. 15.

31 e) **Basiswert eines Derivates.** Soweit dies aus Sicht der CCP angemessen erscheint, kann sie nach Art. 46 Abs. 2 VO Nr. 648/2012 den **Basiswert** eines von ihr geclearten Derivates als Sicherheit für die durch das Derivat begründete Risikoposition akzeptieren. Ein mögliches **Beispiel** wäre der durch physische Lieferung zu erfüllenden Euro-Bund-Future, der sich auf eine fiktive Schuldverschreibung der Bundesrepublik Deutschland bezieht und die den Verkäufer verpflichtet, am Liefertag die von der CCP bestimmte Schuldverschreibung zu liefern. Nimmt die CCP die Stellung des Verkäufers ein, so könnte sie, falls das Clearingmitglied den zu zahlenden Kaufpreis am Liefertag nicht zahlt, die zu liefernde Schuldverschreibung wie andere Sicherheiten verwerten und den Verkaufserlös mit dem vom ausgefallenen Clearingmitglied geschuldeten Kaufpreis verrechnen. Art. 46 Abs. 2 VO Nr. 648/2012 entspricht der Regelung in Art. 8 Abs. 6 DelVO 2016/2251, die entsprechende Sicherheitsleistungen von den Konzentrationsgrenzen freistellt.

32 Die Erleichterung des Art. 46 Abs. 2 VO Nr. 648/2012 kann nur in Anspruch genommen werden, wenn das als Sicherheit dienende Finanzinstrument mit dem **Basiswert des Derivates identisch** ist (d.h. dieselbe Wertpapierkennnummer, ISIN oder CUSIP aufweist). Von einer entsprechenden Identität ist auch dann auszugehen, wenn der Basiswert des Derivates wie in dem oben angeführten Beispiel eines Euro-Bund-Future zunächst mehrere Gattungen (z.B. jede Schuldverschreibung der Bundesrepublik Deutschland mit einem Kupon von 6 % und einer Restlaufzeit von 8,5 bis 10,5 Jahren) umfasst und die CCP die am Liefertag zu liefernde Schuldverschreibung, die zugleich als Sicherheit dient, durch Erklärung gegenüber den Marktteilnehmern konkretisiert.

33 Die zusätzlichen Beschränkungen des **Anhang II Ziff. 2 DelVO Nr. 153/2013** – dass die Derivate im Zusammenhang mit der Abwicklung des Portfolios eines ausgefallenen Clearingmitgliedes oder im Zusammenhang mit dem Liquiditätsrisikomanagement abgeschlossen sein müssen – ist auf Sicherheiten nicht anwendbar. Dies folgt bereits aus der in Art. 39 DelVO Nr. 153/2013 beginnenden Verweiskette, die über Anhang I nur den Anhang II Ziff. 1 DelVO Nr. 153/2013 in Bezug nimmt.

34 **2. Bewertung von Sicherheiten.** Nach Art. 37 Abs. 1 DelVO Nr. 153/2013 muss die CCP Grundätze und Verfahren entwickeln und vorhalten, mit deren Hilfe sie den **Wert** und die **Liquidität** der von ihr als Sicherheit empfangenen Vermögenswerte bewertet und ständig überwacht. Gegenstand der laufenden Überwachung sind die mit den Sicherheiten verbundenen Liquiditäts-, Kredit- und Marktrisiken, die mit geeigneten Instrumenten – wie z.B. der an Handelsplätzen gehandelten Volumen, der Bid/Offer- oder Credit-Spreads – zu messen sind[1]. Diese Verfahren sind anlassbezogen, bei jeder wesentlichen Änderung der Risikopositionen der CCP, mindestens jedoch jährlich zu überprüfen.

35 a) **Laufende Bewertung.** Die Bewertung der Sicherheiten muss nach Art. 40 DelVO Nr. 153/2013 laufend und **nahezu in Echtzeit** erfolgen. Die bei der Bewertung zur Anwendung kommenden Grundsätze sind ebenfalls anlassbezogen, mindestens jedoch jährlich zu überprüfen.

36 b) **Bewertungsabschläge.** Die Grundsätze und Verfahren über die Bewertung von Sicherheiten müssen nach Art. 46 Abs. 1 Satz 3 VO Nr. 648/2012 und Art. 41 DelVO Nr. 153/2013 Bewertungsabschläge (**haircuts**) vorsehen, die dem Umstand Rechnung tragen, dass die Sicherheiten bei Ausfall eines Clearingmitgliedes möglicherweise unter angespannten Marktbedingungen liquidiert werden müssen.

37 Bei den nach Art. 41 Abs. 2 DelVO Nr. 153/2013 für die Berechnung von Abschlägen verwendeten Verfahren handelt es sich um **wahrscheinlichkeitsbasierte stochastische Verfahren**, mit denen der für den Zeitraum der Liquidierung der gestellten Sicherheit zu erwartende Wertverlust abzuschätzen ist. Die Abschätzung muss die **historische und die hypothetische zukünftige Preisvolatilität** des als Sicherheit gestellten Vermögenswertes unter angespannten Marktbedingungen berücksichtigen. Als weitere Faktoren bzw. Risikoparameter einzubeziehen sind das Kreditrisiko des Emittenten, die Restlaufzeit des Vermögenswertes, die Liquidität des zugrunde liegenden Marktes einschließlich der dort gehandelten Geld-Brief-Spannen sowie ggf. bestehende Wechselkurs- und Korrelationsrisiken.

38 Um **prozyklischen Effekten** entgegen zu wirken[2], müssen die Abschläge ausreichend konservativ sein. Wegen der durch Einschusszahlungen und Bewertungsabschläge hervorgerufenen prozyklischen Effekte wird auf die Ausführungen zu Art. 41 VO Nr. 648/2012 Rz. 18 und 19 verwiesen.

39 Die von der CCP ermittelten Bewertungsabschläge sind nach Art. 41 Abs. 3 DelVO Nr. 153/2013 anlassbezogen, mindestens jedoch jährlich zu überprüfen. Sie sind von ihr nach Art. 10 Abs. 1 Buchst. d DelVO Nr. 153/2013 öffentlich zugänglich zu machen.

40 **3. Diversifizierung und Konzentrationsrisiken.** Nach Art. 42 Abs. 1 DelVO Nr. 153/2013 muss die CCP darüber hinaus Grundätze und Verfahren entwickeln und vorhalten, mit denen sie sicherstellt, dass die empfange-

---

1 *Europäische Wertpapier- und Marktaufsichtsbehörde (ESMA)*, „Fragen und Antworten – Umsetzung der Verordnung (EU) Nr. 648/2012 über OTC-Derivate, zentrale Gegenparteien und Transaktionsregister (EMIR)", ESMA70-1861941480-52 vom 30.5.2018, abrufbar über: https://www.esma.europa.eu/sites/default/files/library/esma70-1861941480-52_qa_on_emir_implementation.pdf („*ESMA Q&A*"), CCP Frage Nr. 22 [letzte Aktualisierung: 2.10.2017].
2 Erwägungsgrund Nr. 68 VO Nr. 648/2012.

nen Sicherheiten ausreichend diversifiziert sind und innerhalb eines von der CCP definierten Haltezeitraums ohne wesentliche negative **Auswirkungen auf dem Markt** liquidiert werden können.

Die Grundätze und Verfahren müssen auch interne Konzentrationsgrenzen für einzelne Emittenten, Arten von Emittenten, Arten von Sicherheiten, einzelne Clearingmitglieder sowie für die Gesamtheit der Clearingmitglieder vorsehen. Nach Art. 42 Abs. 5 DelVO Nr. 153/2013 muss sie hierbei auch die Risikopositionen berücksichtigen, die sich aus Kreditlinien, Einlagen, Einlagenzertifikaten (certificates of deposit, CDs) oder Wertpapierpensionsfazilitäten ergeben. Ausgenommen von der Konzentrationsgrenze sind die Sicherheiten, die über die Einschussanforderungen oder die angeforderten Beiträge zum Ausfallfonds hinausgehen, d.h. bei denen es sich um eine **Überdeckung** handelt[1]. 41

Nach Art. 42 Abs. 7 DelVO Nr. 153/2013 muss die CCP ihre Grundsätze und Verfahren zur Minderung von Konzentrationsrisiken anlassbezogen, mindestens jedoch jährlich überprüfen. Sie muss die Clearingmitglieder und die für sie zuständige Behörde über jede Änderung der Konzentrationsgrenzen informieren (Art. 42 Abs. 8 DelVO Nr. 153/2013). Überschreitungen der Konzentrationsgrenzen sind der zuständigen Behörde umgehend mitzuteilen und so schnell wie möglich zurückzuführen (Art. 42 Abs. 9 DelVO Nr. 153/2013). 42

4. Aufzeichnungspflicht. Die Ergebnisse der täglichen Bewertung der Sicherheiten sind nach Art. 14 Abs. 3 DelVO Nr. 153/2013 täglich aufzuzeichnen. Dabei sind die Werte der Vermögenswerte und die berücksichtigten Abschläge gesondert auszuweisen[2]. 43

III. Technische Regulierungsstandards (Art. 46 Abs. 3 VO Nr. 648/2012). Die Kommission ist befugt, technische Regulierungsstandards zu erlassen, in denen sie die Arten der Sicherheiten, die als hochliquide angesehen werden können, die Abschläge und die Bedingungen, die vorliegen müssen, damit Garantien akzeptiert werden können, festlegt. Von der Befugnis hat sie mit Art. 37 bis 42 DelVO Nr. 153/2013 Gebrauch gemacht. Die DelVO Nr. 153/2013 ist am zwanzigsten Tag nach ihrer Veröffentlichung im Amtsblatt der Europäischen Union, d.h. am 15.3.2013, in Kraft getreten (Art. 62 DelVO Nr. 153/2013). Hiervon abweichend ist Anhang I Abschnitt 2 Abs. 1 Buchst. h erst am 15.3.2016 in Kraft getreten. 44

Art. 47 Anlagepolitik

(1) Eine CCP legt ihre Finanzmittel ausschließlich in bar oder in hochliquiden Finanzinstrumenten mit minimalem Markt- und Kreditrisiko an. Die Anlagen einer CCP müssen schnell und mit minimalem negativem Preiseffekt liquidierbar sein.

(2) Das Eigenkapital, einschließlich Gewinnrücklagen und sonstigen Rücklagen einer CCP, die nicht gemäß Absatz 1 angelegt werden, wird für die Zwecke des Artikels 16 Absatz 2 oder des Artikels 45 Absatz 4 nicht berücksichtigt.

(3) Finanzinstrumente, die als Einschusszahlung oder als Beiträge zum Ausfallfonds hinterlegt werden, werden, soweit möglich, bei Betreibern von Wertpapierliefer- und -abrechnungssystemen hinterlegt, die einen umfassenden Schutz der betreffenden Finanzinstrumente gewährleisten. Alternativ können auch andere besonders sichere Vereinbarungen mit zugelassenen Finanzinstituten genutzt werden.

(4) Geldanlagen einer CCP werden mittels besonders sicherer Vereinbarungen mit zugelassenen Finanzinstituten oder alternativ durch die Nutzung der ständigen Einlagefazilitäten der Zentralbanken oder anderer von den Zentralbanken bereitgestellter vergleichbarer Anlageformen getätigt.

(5) Wenn eine CCP Vermögenswerte bei einem Dritten hinterlegt, stellt sie durch eine andere Bezeichnung der betreffenden Konten in den Büchern dieses Dritten oder durch andere gleichwertige Vorkehrungen, die dasselbe Schutzniveau garantieren, sicher, dass die Vermögenswerte, die von den Clearingmitgliedern stammen, von den eigenen Vermögenswerten der CCP und von den Vermögenswerten des Dritten unterschieden werden können. Bei Bedarf muss eine CCP sofortigen Zugang zu den Finanzinstrumenten haben.

(6) Eine CCP legt ihr Kapital oder die aufgrund der Anforderungen gemäß den Artikeln 41, 42, 43 oder 44 erhaltenen Beträge nicht in eigenen Wertpapieren oder Wertpapieren ihres Mutterunternehmens oder ihres Tochterunternehmens an.

(7) Bei ihren Anlageentscheidungen berücksichtigt eine CCP ihre Gesamtrisikoposition gegenüber Einzelschuldnern und trägt dafür Sorge, dass ihre Gesamtrisikoposition gegenüber Einzelschuldnern innerhalb akzeptabler Konzentrationsgrenzen bleibt.

---

1 *Alfes* in Wilhelmi/Achtelik/Kunschke/Sigmundt, Handbuch EMIR, Teil 5.F Rz. 109, mit Hinweis auf den hierdurch begründeten Spielraum der CCP bei der Verwaltung von Sicherheiten.
2 *ESMA* Q&A, CCP Frage Nr. 2 [letzte Aktualisierung: 20.3.2013].

(8) Um die einheitliche Anwendung dieses Artikels zu gewährleisten, erarbeitet die ESMA nach Anhörung der EBA und der ESCB Entwürfe für technische Regulierungsstandards, in denen die Einzelheiten betreffend die Finanzinstrumente gemäß Absatz 1, die als hochliquide betrachtet werden können und nur mit einem minimalen Markt- und Kreditrisiko behaftet sind, betreffend die besonders sicheren Vereinbarungen gemäß den Absätzen 3 und 4 und betreffend die Konzentrationsgrenzen gemäß Absatz 7 festgelegt werden.

Die ESMA legt der Kommission diese Entwürfe für technische Regulierungsstandards bis zum 30. September 2012 vor.

Der Kommission wird die Befugnis übertragen, die in Unterabsatz 1 genannten technischen Regulierungsstandards gemäß den Artikeln 10 bis 14 der Verordnung (EU) Nr. 1095/2010 zu erlassen.

In der Fassung vom 4.7.2012 (ABl. EU Nr. L 201 v. 27.7.2012, S. 1).

**Delegierte Verordnung (EU) Nr. 153/2013 vom 19. Dezember 2012
zur Ergänzung der Verordnung (EU) Nr. 648/2012 des Europäischen Parlaments und des Rates in Bezug auf technische Regulierungsstandards für Anforderungen an zentrale Gegenparteien**

(Auszug)

Art. 43 Hochliquide Finanzinstrumente

Für die Zwecke von Artikel 47 Absatz 1 der Verordnung (EU) Nr. 648/2012 können Schuldtitel als hochliquide und mit minimalem Kredit- und Marktrisiko behaftet angesehen werden, sofern sie sämtliche der in Anhang II festgelegten Bedingungen erfüllen.

In der Fassung vom 19.12.2012 (ABl. EU Nr. L 52 v. 23.2.2013, S. 41).

Art. 44 Besonders sichere Vereinbarungen zur Hinterlegung von Finanzinstrumenten

(1) Ist eine CCP nicht in der Lage, die in Artikel 45 aufgeführten oder die als Einschusszahlungen, Beiträge zu einem Ausfallfonds oder zu sonstigen Finanzmitteln erhaltenen Finanzinstrumente, im Wege einer Vollrechtsübertragung oder in Form eines beschränkten dinglichen Sicherungsrechts, bei Betreibern von Wertpapierliefer- und -abrechnungssystemen zu hinterlegen, die einen umfassenden Schutz der betreffenden Instrumente gewährleisten, so werden derartige Finanzinstrumente bei einer der folgenden Einrichtungen hinterlegt:

a) bei einer Zentralbank, die den umfassenden Schutz dieser Instrumente gewährleistet und der CCP bei Bedarf umgehend Zugang zu den Finanzinstrumenten ermöglicht;

b) bei einem zugelassenen Kreditinstitut im Sinne der Richtlinie 2006/48/EG des Europäischen Parlaments und des Rates, das die vollständige Trennung und den Schutz der Instrumente gewährleistet, der CCP bei Bedarf umgehend Zugang zu den Finanzinstrumenten ermöglicht und für das die CCP anhand einer internen Bewertung nachweisen kann, dass es mit einem geringen Kreditrisiko behaftet ist. Bei dieser Bewertung verwendet die CCP eine definierte und objektive Methodik, die nicht vollständig auf externen Stellungnahmen basieren darf und die das sich aus dem Sitz des Emittenten in einem bestimmten Land ergebende Risiko berücksichtigt;

c) bei einem Finanzinstitut in einem Drittstaat, das prudenziellen Regeln unterstellt ist, die nach Auffassung der zuständigen Behörden mindestens so streng wie die in der Richtlinie 2006/48/EG festgelegten Regeln sind, diese einhält und über solide Verfahren für die Rechnungslegung, Verwahrung und interne Kontrollen verfügt und die vollständige Trennung und den Schutz dieser Instrumente gewährleistet, der CCP bei Bedarf umgehend Zugang zu den Finanzinstrumenten ermöglicht und für das die CCP anhand einer internen Bewertung nachweisen kann, dass es mit einem geringen Kreditrisiko behaftet ist. Bei dieser Bewertung verwendet die CCP eine definierte und objektive Methodik, die nicht vollständig auf externen Stellungnahmen basieren darf und die das sich aus dem Sitz des Emittenten in einem bestimmten Land ergebende Risiko berücksichtigt.

(2) Im Einklang mit Absatz 1 Buchstabe b oder c hinterlegte Finanzinstrumente werden nach Modalitäten gehalten, die Verlusten für die CCP durch Ausfälle oder Insolvenzen der zugelassenen Finanzinstitute vorbeugen.

(3) Besonders sichere Vereinbarungen für die Hinterlegung von Finanzinstrumenten, die als Einschusszahlungen, Beiträge zu einem Ausfallfonds oder zu sonstigen Finanzmitteln erhalten werden, ermöglichen der CCP nur dann, diese Finanzinstrumente wieder zu verwenden, wenn die in Artikel 39 Absatz 8 der Verordnung (EU) Nr. 648/2012 festgelegten Bedingungen erfüllt sind und sofern der Zweck der erneuten Verwendung in der Vornahme von Zahlungen, der Steuerung eines Ausfalls eines Clearingmitglieds oder der Durchführung einer interoperablen Vereinbarung besteht.

In der Fassung vom 19.12.2012 (ABl. EU Nr. L 52 v. 23.2.2013, S. 41).

Art. 45 Besonders sichere Vereinbarungen zur Erhaltung von Barmitteln

(1) Für die Zwecke von Artikel 47 Absatz 4 der Verordnung (EU) Nr. 648/2012 erfüllen Barmittel, die nicht bei einer Zentralbank hinterlegt werden, sämtliche der folgenden Bedingungen:

a) Die Einlage lautet auf eine der folgenden Währungen:
  i) eine Währung, für die die CCP mit großer Zuverlässigkeit nachweisen kann, dass sie in der Lage ist, das betreffende Risiko zu steuern;
  ii) eine Währung, in der die CCP Transaktionen cleart, innerhalb des Umfangs der in dieser Währung erhaltenen Sicherheiten.

b) Die Einlage wird bei einer der folgenden Einrichtungen hinterlegt:
   i) bei einem zugelassenen Kreditinstitut gemäß der Richtlinie 2006/48/EG, das nach einer internen Bewertung der CCP nachweislich ein geringes Kredit- und Marktrisiko aufweist. Bei dieser Bewertung verwendet die CCP eine definierte und objektive Methodik, die nicht vollständig auf externen Stellungnahmen basieren darf und die das sich aus dem Sitz des Emittenten in einem bestimmten Land ergebende Risiko berücksichtigt;
   ii) bei einem Finanzinstitut in einem Drittstaat, das prudenziellen Regeln unterstellt ist, die nach Auffassung der zuständigen Behörden mindestens so streng wie die in der Richtlinie 2006/48/EG festgelegten Regeln sind, diese einhält und über solide Verfahren für Rechnungslegung, Verwahrung und interne Kontrollen verfügt und für das die CCP anhand einer internen Bewertung nachweisen kann, dass es mit geringem Kreditrisiko behaftet ist. Bei dieser Bewertung verwendet die CCP eine definierte und objektive Methodik, die nicht vollständig auf externen Stellungnahmen basieren darf und die das sich aus dem Sitz des Emittenten in einem bestimmten Land ergebende Risiko berücksichtigt.

(2) Werden Barmittel im Einklang mit Absatz 1 als Übernachtgelder gehalten, so werden mindestens 95 % derartiger Barmittel, berechnet über einen durchschnittlichen Zeitraum von einem Kalendermonat, über Vereinbarungen hinterlegt, die die Besicherung der Barmittel mit hochliquiden Finanzinstrumenten gewährleisten, die die Anforderungen nach Artikel 45, ausgenommen der Anforderung nach Artikel 45 Absatz 1 Buchstabe c, erfüllen.

In der Fassung vom 19.12.2012 (ABl. EU Nr. L 52 v. 23.2.2013, S. 41).

Art. 45 Konzentrationsgrenzen

(1) Eine CCP sorgt für die Einführung und Umsetzung von Grundsätzen und Verfahren, die sicherstellen, dass die Finanzinstrumente, in die ihre Finanzmittel investiert sind, ausreichend diversifiziert bleiben.

(2) Eine CCP legt die Konzentrationsgrenzen fest und überwacht die Konzentration ihrer Finanzmittel in Bezug auf
a) einzelne Finanzinstrumente;
b) Arten von Finanzinstrumenten;
c) einzelne Emittenten;
d) Arten von Emittenten;
e) Gegenparteien, mit denen Vereinbarungen im Sinne von Artikel 44 Absatz 1 Buchstaben b und c oder von Artikel 45 Absatz 2 bestehen.

(3) Hinsichtlich der Arten von Emittenten berücksichtigt die CCP Folgendes:
a) die geografische Verteilung;
b) wechselseitige Abhängigkeiten und die Vielzahl von Beziehungen, die zwischen einer Einrichtung und einer CCP bestehen können;
c) die Höhe des Kreditrisikos;
d) die Risikopositionen der CCP gegenüber dem Emittenten durch Produkte, die durch die CCP gecleart werden.

(4) In den Grundsätzen und Verfahren werden Maßnahmen zur Risikominderung festgelegt, die bei einer Überschreitung der Konzentrationsgrenzen anzuwenden sind.

(5) Bei der Festlegung der Konzentrationsgrenze für ihre Risikopositionen gegenüber einem einzelnen Emittenten oder einer Verwahrstelle aggregiert die CCP ihre Risikopositionen in Bezug auf alle Finanzinstrumente, die von dem Emittenten ausgegeben oder explizit garantiert werden, sowie in Bezug auf alle bei der Verwahrstelle hinterlegten Finanzmittel, und behandelt diese als ein einziges Risiko.

(6) Eine CCP überwacht regelmäßig, ob ihre Grundsätze und Verfahren im Zusammenhang mit den Konzentrationsgrenzen angemessen sind. Darüber hinaus überprüft eine CCP ihre Grundsätze und Verfahren mindestens jährlich und bei jeder wesentlichen Änderung, die sich auf die Risikopositionen der CCP auswirkt.

(7) Verstößt die CCP gegen eine in ihren Grundsätzen und Verfahren festgelegte Konzentrationsgrenze, so teilt sie dies der zuständigen Behörde umgehend mit. Die CCP stellt den Verstoß so rasch wie möglich ab.

In der Fassung vom 19.12.2012 (ABl. EU Nr. L 52 v. 23.2.2013, S. 41).

Art. 46 Unbare Sicherheiten

Handelt es sich bei der erhaltenen Sicherheit um Finanzinstrumente im Sinne von Kapitel X, so finden lediglich die Artikel 44 und 45 Anwendung.

In der Fassung vom 19.12.2012 (ABl. EU Nr. L 52 v. 23.2.2013, S. 41).

Schrifttum: *Europäische Wertpapier- und Marktaufsichtsbehörde (ESMA)*, „Fragen und Antworten – Umsetzung der Verordnung (EU) Nr. 648/2012 über OTC-Derivate, zentrale Gegenparteien und Transaktionsregister (EMIR)", ESMA70-1861941480-52 vom 30.5.2018, abrufbar über: https://www.esma.europa.eu („*ESMA* Q&A").

I. Zweck und Bedeutung 1	a) Schuldtitel (Anhang II Ziff. 1 DelVO Nr. 153/2013) 11
II. Anlage von Finanzmitteln (Art. 47 Abs. 1, 2 und 7 VO Nr. 648/2012) 5	b) Basiswert eines Derivates (Anhang II Ziff. 2 DelVO Nr. 153/2013) 12
1. Anwendungsbereich 5	
2. Anerkennungsfähige Vermögenswerte 10	3. Konzentrationsgrenzen 13

Art. 47 VO Nr. 648/2012 | Anlagepolitik

4. Eigenmittel	16	c) Omnibusverwahrung	25
III. Anforderungen an das Halten und Reinvestieren von Einschüssen und Ausfallfondsbeiträgen (Art. 47 Abs. 3–6 VO Nr. 648/2012)	18	2. Bareinlagen	26
		3. Verwahrung durch Dritte	33
		4. Wiederanlage	35
1. Finanzinstrumente	18	IV. Technische Regulierungsstandards (Art. 47 Abs. 8 VO Nr. 648/2012)	36
a) Wertpapierliefer- und -abrechnungssysteme	19		
b) Besonders sichere Vereinbarungen mit Finanzinstituten	22		

1 **I. Zweck und Bedeutung.** Die Anlagegrundsätze des Art. 47 VO Nr. 648/2012 verfolgen unterschiedliche Ziele. Die in Art. 47 Abs. 1, 2 und 7 VO Nr. 648/2012 verortete Verpflichtung der CCP, ihre eigenen Finanzmittel ausschließlich in bar oder in hochliquiden Finanzinstrumenten mit minimalem Kredit- und Marktrisiko anzulegen, dient der **Reduzierung von Liquiditätsrisiken**. Sie soll verhindern, dass es im Rahmen der Abwicklung der von der CCP geclearten Finanzinstrumente, insbesondere aber bei Ausfall von Clearingmitgliedern, zu Liquiditätsengpässen kommt, die den Geschäftsbetrieb der CCP beeinträchtigen.

2 Der **Zweck** der Vorschriften ergibt sich unmittelbar aus Art. 47 Abs. 1 Satz 2 VO Nr. 648/2012: Die Vermögenswerte, die die CCP als Anlage ihrer eigenen Finanzmittel nutzt, müssen im Bedarfsfall **schnell und marktschonend liquidierbar** sein. Insbesondere darf die Veräußerung der Vermögenswerte nicht dazu führen, dass sie den Marktwert der Finanzinstrumente negativ beeinflusst, weil entweder der Umfang der angebotenen Finanzinstrumente von dem betreffenden Markt nicht mehr bewältigt werden kann (Angebotsüberhang) oder weil der Auftritt der CCP als Verkäuferin selbst negative Marktsignale setzt. Zu den Maßnahmen, die negative Preiseffekte reduzieren, zählt zum einen die nach Art. 7 VO Nr. 648/2012 geforderte **Diversifizierung** des Anlageportfolios. Eine andere Maßnahme stellen die nach Art. 33 Abs. 5 DelVO Nr. 153/2013 vorgesehenen Verkäufe dar, mit denen die CCP in regelmäßigen Abständen ihren Zugang zum Liquiditätsmarkt testet[1].

3 Die durch Art. 47 Abs. 3–6 VO Nr. 648/2012 begründeten Verpflichtungen dienen hingegen primär dem **Schutz der Clearingmitglieder** und deren **Kunden**. Sie sollen zum einen sicherstellen, dass die CCP die von ihr empfangenen Einschusszahlungen und Beiträge zum Ausfallfonds bei Dritten hinterlegt, wo sie von den eigenen Vermögenswerten der CCP **insolvenzfest** getrennt werden. Zum anderen sollen sie sicherstellen, dass die CCP die finanziellen Mittel nicht in Vermögensgegenstände investiert, die einem erhöhten **Kredit-, Korrelations-** oder **Konzentrationsrisiko** ausgesetzt sind. Wie sich mittelbar aus Art. 47 Abs. 6 VO Nr. 648/2012 („[e]ine CCP legt ihr Kapital") und Art. 44 DelVO Nr. 153/2013 („sonstigen Finanzmittel") ergibt, finden die Anforderungen der Art. 47 Abs. 3–6 VO Nr. 648/2012 auch auf die eigenen Finanzmittel der CCP Anwendung[2].

4 Die Anlagegrundsätze des Art. 47 VO Nr. 648/2012 sind durch **Art. 43–46 DelVO Nr. 153/2013** und die in **Anhang II DelVO Nr. 153/2013** enthaltene Liste der hochliquiden Finanzanlagen näher konkretisiert worden.

5 **II. Anlage von Finanzmitteln (Art. 47 Abs. 1, 2 und 7 VO Nr. 648/2012). 1. Anwendungsbereich.** Art. 47 Abs. 1 VO Nr. 648/2012 und der über Art. 43 DelVO Nr. 153/2013 und Anhang II DelVO Nr. 153/2013 vorgegebene Katalog der hochliquiden Finanzanlagen gilt grundsätzlich nur für die **eigenen Finanzmittel der CCP**, d.h. die Finanzmittel, die der CCP rechtlich und wirtschaftlich zuzuordnen sind und von ihr bilanziert werden müssen.

6 Nicht erfasst sind die von interoperablen CCPs oder Clearingmitgliedern geleisteten **Einschusszahlungen** und **Beiträge zum Ausfallfonds**. Die an sie als Sicherheiten zu stellenden Anforderungen richten sich nach Art. 46 VO Nr. 648/2012 und Art. 39 DelVO Nr. 153/2013. Diese verlangen zwar ebenfalls hochliquide Finanzinstrumente mit minimalem Kredit- und Marktrisiko. Der über Art. 39 DelVO Nr. 153/2013 und Anhang I DelVO Nr. 153/2013 vorgegebene **Katalog ist jedoch wesentlich umfangreicher** und beinhaltet neben den nach Art. 47 Abs. 1 VO Nr. 648/2012 zugelassenen Barmitteln und Schuldtiteln auch sonstige übertragbare Wertpapiere, Geldmarktinstrumente, Garantien und Gold. Der Grund dafür, dass die EMIR an die Anlage der Eigenmittel strengere Anforderungen stellt als an die Qualität der Sicherheiten, ist die besondere Bedeutung von Kapitalerhaltung und Liquidität[3].

7 Die Nichtanwendung des Art. 47 Abs. 1 VO Nr. 648/2012 auf Sicherheiten wird mittelbar auch durch Art. 46 DelVO Nr. 153/2013 bestätigt. Danach sind auf Sicherheiten **ausschließlich** die in Art. 44 und 45 DelVO Nr. 153/2013 definierten Anforderungen an die in Art. 47 Abs. 3–5 VO Nr. 648/2012 geforderte besonders sicheren Vereinbarungen anwendbar. Der in Art. 46 DelVO Nr. 153/2013 enthaltene Verweis auf „Art. 44 und

---

1 S. auch Art. 417 Buchst. d Ziff. iv) VO Nr. 575/2013 (CRR), wonach die dort vorgesehenen Testverkäufe auch negative Signalwirkungen minimieren sollen.
2 *Alfes* in Wilhelmi/Achtelik/Kunschke/Sigmundt, Handbuch EMIR, Teil 5.F Rz. 118.
3 *Europäische Wertpapier- und Marktaufsichtsbehörde (ESMA)*, endgültiger Bericht über technische Regulierungsstandards unter der Verordnung (EU) Nr. 648/2012 über OTC-Derivate, zentrale Gegenparteien und Transaktionsregister, ESMA/2012/600 vom 27.9.2012, abrufbar über: https://www.esma.europa.eu/sites/default/files/library/2015/11/2012-600 _0.pdf („*ESMA EMIR RTS*"), Rz. 244.

45" ist zwar unklar, weil die DelVO Nr. 153/2013 den Art. 45 aufgrund eines Redaktionsversehens[1] zweimal enthält. Da der **zweite** Art. 45 DelVO Nr. 153/2013 Konzentrationsgrenzen definiert, die eigentlich durch die für Sicherheiten geltende Parallelnorm in Art. 42 DelVO Nr. 153/2013 verdrängt werden sollten, wäre es sachgerecht den Verweis in Art. 46 DelVO Nr. 153/2013 auf den **ersten** Art. 45 DelVO Nr. 153/2013 zu beziehen. Dies entspräche zwar nicht dem von der ESMA vorgelegten Entwurf der technischen Regulierungsstandards, der noch auf den (späteren) zweiten Art. 45 DelVO Nr. 153/2013 verwiesen hatte[2], da jedoch Art. 47 Abs. 4 VO Nr. 648/2012 besonders sichere Vereinbarungen i.S.d. ersten Art. 45 DelVO Nr. 153/2013 auch für die als Geldanlagen geleiteten Sicherheiten vorsieht, erscheint dies sachgerecht.

Nach Auffassung der ESMA findet Art. 47 Abs. 1 VO Nr. 648/2012 auf Einschusszahlungen und Beiträge zum Ausfallfonds dann Anwendung, wenn die CCP die von ihren Clearingmitgliedern oder von interoperablen CCPs geleisteten Einschusszahlungen und die Beiträge der Clearingmitglieder zum Ausfallfonds **reinvestiert**[3], d.h. z.B. mit Barmitteln ausreichend diversifizierte Finanzinstrumente erwirbt. Soweit ihr die Sicherheiten im Wege der **Vollrechtsübertragung** geleistet wurden, steht ihr ein entsprechendes umfassendes Nutzungsrecht – d.h. ein Nutzungsrecht, das auch die **Wiederanlage** einschließt – ohne weiteres zu. Dies wird mittelbar auch durch Art. 47 Abs. 6 VO Nr. 648/2012 bestätigt, der die Anlage der von interoperablen CCPs oder Clearingmitgliedern erhaltenen Beträge ausdrücklich vorsieht. 8

Wurden der CCP hingegen Sicherheiten in Form eines beschränkten dinglichen Rechts i.S.d. Art. 2 Abs. 1 Buchst. c RL 2002/47/EG[4] gestellt, steht ihr das **Nutzungsrecht** (right of use) nach Art. 39 Abs. 8 VO Nr. 648/2012 nur dann zu, wenn das Regelwerk die Nutzung gestattet und das Clearingmitglied bzw. die interoperable CCP die Nutzung ausdrücklich schriftlich akzeptiert hat. Darüber hinaus unterliegt das Nutzungsrecht von verpfändeten Sicherheiten den **Beschränkungen** des Art. 44 Abs. 3 DelVO Nr. 153/2013. Danach darf die CCP die Sicherheiten nur für die Abwicklung von Zahlungen, die Bewältigung (managing) eines Ausfalls eines Clearingmitgliedes oder die Durchführung einer interoperablen Vereinbarung nutzen[5]. Ein Recht zur Wiederanlage steht der CCP hingegen nicht zu. 9

2. Anerkennungsfähige Vermögenswerte. Nach Art. 47 Abs. 1 VO Nr. 648/2012 darf die CCP ihre Finanzmittel ausschließlich in bar oder in hochliquiden Finanzinstrumenten mit minimalem Kredit- und Marktrisiko anlegen. Nach Art. 43 DelVO Nr. 153/2013 können Vermögenswerte für Zwecke des Art. 47 Abs. 1 VO Nr. 648/2012 als hochliquide und mit minimalem Kredit- und Marktrisiko behaftet angesehen werden, wenn sie sämtliche der in Anhang II DelVO Nr. 153/2013 festgelegten Bedingungen erfüllen. 10

a) Schuldtitel (Anhang II Ziff. 1 DelVO Nr. 153/2013). Geeignet sind nach Anhang II Ziff. 1 DelVO Nr. 153/2013 zunächst Schuldtitel, die von **Regierungen, Zentralbanken**, bestimmten **multilateralen Entwicklungsbanken** sowie von der Europäischen Finanzstabilitätsfazilität (**EFSF**) oder dem Europäischen Stabilitätsmechanismus (**ESM**) begeben worden sind, und bei denen die CCP nach ihrer eigenen internen Bewertung zu der Auffassung gelangt ist, dass das mit den Schuldtiteln verbundene **Kredit- und Marktrisiko** gering ist. Die Schuldtitel dürfen nur in Währungen denominiert sein, in denen die CCP Finanzinstrumente abwickelt und deren **Währungsrisiken** sie steuern kann. Darüber hinaus dürfen die Schuldtitel – als Portfolio betrachtet – eine **durchschnittliche Restlaufzeit** von nicht mehr als zwei Jahren aufweisen. Weitere Voraussetzungen sind die Abwesenheit von **Übertragungsbeschränkungen** und von Rechten Dritter, die Möglichkeit der Veräußerung oder Verpensionierung über **liquide Märkte**, sowie die Verfügbarkeit zuverlässiger und regelmäßig veröffentlichter **Preise**. Wegen der Einzelheiten wird auf die Kommentierung zu Art. 46 VO Nr. 648/2012 Rz. 13, 14 und 19 verwiesen. 11

b) Basiswert eines Derivates (Anhang II Ziff. 2 DelVO Nr. 153/2013). Nach Anhang II Ziff. 2 DelVO Nr. 153/2013 können Derivate unter bestimmten Voraussetzungen ebenfalls als hochliquide Finanzanlagen mit minimalem Kredit- und Marktrisiko angesehen werden. Die Anerkennung beschränkt sich zum einen auf solche Derivate, die die CCP bei **Ausfall eines Clearingmitgliedes** abschließt, um die Positionen des ausgefallenen Clearingmitgliedes abzusichern, zum anderen auf die im Rahmen der Steuerung von Liquiditätsrisiken abgeschlossenen **Fremdwährungsderivate**. Bedingung für die Anerkennung ist u.a., die Verfügbarkeit zuverlässiger und regelmäßig veröffentlichter Preise. Die Grundsätze für die Verwendung von Derivaten als Anlage sind vom Leitungsorgan nach Konsultation des Risikoausschusses zu genehmigen. 12

---

1 *Alfes* in Wilhelmi/Achtelik/Kunschke/Sigmundt, Handbuch EMIR, Teil 5.F Rz. 117 und 127.
2 *ESMA* EMIR RTS S. 131: „only Article 46 and 48 shall apply".
3 *Europäische Wertpapier- und Marktaufsichtsbehörde (ESMA)*, „Fragen und Antworten – Umsetzung der Verordnung (EU) Nr. 648/2012 über OTC-Derivate, zentrale Gegenparteien und Transaktionsregister (EMIR)", ESMA70-1861941480-52 vom 30.5.2018, abrufbar über: https://www.esma.europa.eu/sites/default/files/library/esma70-1861941480-52_qa_on_emir_implementation.pdf („*ESMA Q&A*"), CCP Frage Nr. 4(f) [letzte Aktualisierung: 5.8.2013].
4 Richtlinie 2002/47/EG des Europäischen Parlaments und des Rates vom 6. Juni 2002 über Finanzsicherheiten, ABl. EU Nr. L 168 v. 27.6.2002, S. 43.
5 *ESMA* Q&A CCP Frage Nr. 18(b) [letzte Aktualisierung: 11.2.2014]; *Alfes* in Wilhelmi/Achtelik/Kunschke/Sigmundt, Handbuch EMIR, Teil 5.F Rz. 120.

Art. 47 VO Nr. 648/2012 | Anlagepolitik

13 **3. Konzentrationsgrenzen.** Art. 47 Abs. 7 VO Nr. 648/2012 verpflichtet die CCP, bei ihrer Anlageentscheidung potentiellen **Konzentrationsrisiken** angemessen Rechnung zu tragen. Die Verpflichtung wird durch den mit „Konzentrationsgrenzen" überschriebenen zweiten Art. 45 DelVO Nr. 153/2013 konkretisiert. Danach muss die CCP **Grundsätze und Verfahren** einführen und anwenden, mit denen sie im Rahmen ihrer Anlagetätigkeit für eine ausreichende Diversifizierung der Vermögenswerte sorgt.

14 Nach Art. 45 Abs. 2 DelVO Nr. 153/2013 muss die CCP interne **Konzentrationsgrenzen** für einzelne Finanzinstrumente, Arten von Finanzinstrumenten, einzelne Emittenten, Arten von Emittenten, sowie für diejenigen Kreditinstitute definieren, mit denen sie besonders sichere Vereinbarungen über die Verwahrung von Finanzinstrumenten und Bareinlagen nach Art. 44 Abs. 1 DelVO Nr. 153/2013 oder dem ersten Art. 45 Abs. 2 DelVO Nr. 153/2013 abgeschlossen hat. Sie muss bei der Festlegung der Konzentrationsgrenzen neben dem unterschiedlichen **Kreditrisiko**, das mit den Finanzinstrumenten verbunden ist, u.a. auch die **geographische Verteilung** der Finanzinstrumente und Emittenten sowie die wechselseitigen Abhängigkeiten berücksichtigen (Art. 45 Abs. 3 DelVO Nr. 153/2013). Die CCP muss darüber hinaus **Maßnahmen** vorsehen, mit denen sie auf eine Überschreitung der Konzentrationsgrenzen reagiert (Art. 45 Abs. 4 DelVO Nr. 153/2013).

15 Die Grundsätze und Verfahren selbst sind anlassbezogen, bei jeder wesentlichen Änderung, die sich auf die Risikopositionen der CCP auswirken, mindestens jedoch jährlich zu überprüfen (Art. 45 Abs. 6 DelVO Nr. 153/2013). Überschreitungen der Konzentrationsgrenzen sind der zuständigen Behörde umgehend mitzuteilen und so schnell wie möglich zurückzuführen (Art. 45 Abs. 7 DelVO Nr. 153/2013).

16 **4. Eigenmittel.** Eigene Finanzmittel, die nicht den Anforderungen des Art. 47 Abs. 1 VO Nr. 648/2012 genügen, dürfen nach Art. 47 Abs. 2 VO Nr. 648/2012 von der CCP weder als Eigenmittel i.S.d. Art. 16 VO Nr. 648/2012 noch als „zugeordnete Eigenmittel" i.S.d. Art. 45 Abs. 3 VO Nr. 648/2012 verwendet werden. Stellt die CCP fest, dass der Schuldtitel einer Zentralregierung seine Geeignetheit z.B. deshalb verliert, weil für ihn keine zuverlässigen und regelmäßig quotierten Marktpreise beobachtet werden können, muss die CCP, wenn sie ihre Eigenmittelbasis nicht schmälern will, den Schuldtitel verkaufen.

17 Art. 47 Abs. 2 VO Nr. 648/2012 setzt nicht nur einen **Anreiz** für das Befolgen der Anlagegrundsätze; über die Aberkennung der Vermögenswerte als Eigenmittel bzw. deren Reduzierung verknüpft er die Liquiditätsrisikoanforderungen darüber hinaus mit dem durch Art. 16 VO Nr. 648/2012 und Art. 1 Abs. 3 und 4 DelVO Nr. 153/2013 begründeten **Anzeige- und Berichtspflichten.** Wegen der Einzelheiten wird auf die Ausführungen zu Art. 16 VO Nr. 648/2012 Rz. 14–16 verwiesen.

18 **III. Anforderungen an das Halten und Reinvestieren von Einschüssen und Ausfallfondsbeiträgen (Art. 47 Abs. 3–6 VO Nr. 648/2012). 1. Finanzinstrumente.** Nach Art. 47 Abs. 3 Satz 1 VO Nr. 648/2012 müssen die als Einschusszahlungen oder Beiträge zum Ausfallfonds erhaltenen Finanzinstrumente von der CCP nach Möglichkeit unmittelbar bei Betreibern von **Wertpapierliefer- und -abrechnungssystemen** hinterlegt werden. Diese müssen einen umfassenden Schutz der betreffenden Finanzinstrumente gewährleisten. Ist eine CCP nicht in der Lage, ein entsprechendes Wertpapierliefer- und -abrechnungssystem zu nutzen, kann sie die Finanzinstrumente nach Art. 47 Abs. 3 Satz 1 VO Nr. 648/2012 auch bei einem Finanzinstitut hinterlegen. In diesem Falle muss sie jedoch zusätzliche Vereinbarungen treffen, die ein vergleichbares Schutzniveau sicherstellen. Art. 44 DelVO Nr. 153/2013 bezeichnet sie als „besonders sichere Vereinbarungen".

19 **a) Wertpapierliefer- und -abrechnungssysteme.** Wie an der Parallelvorschrift in Art. 53 Abs. 3 VO Nr. 648/2012 deutlich wird, verweist der Verordnungsgeber mit dem geforderten **umfassenden Schutz** auf ein Wertpapierliefer- und -abrechnungssystem, das als europäische Einrichtung nach den Bestimmungen der RL 98/26/EG (FinalitätsRL)[1] von einem Mitgliedstaat als System gemeldet wurde oder, falls der Betreiber des Systems seinen Sitz in einem Drittstaat hat, einem Rechtssystem unterliegt, das einen vergleichbaren umfassenden Schutz gewährleistet[2].

20 Der Umstand, dass der durch die RL 98/26/EG vermittelte Schutz grundsätzlich nur für die Teilnehmer an dem System gilt, verdeutlich auch, warum Art. 47 Abs. 3 VO Nr. 648/20 die **unmittelbare Verwahrung** beim Betreiber des Wertpapierliefer- und -abrechnungssystems verlangt. Eine mittelbare Verwahrung über eine Depotbank, die ihrerseits Teilnehmerin des Systems ist, reicht hiernach nicht aus[3]. Sie ist nur dann zulässig, wenn die in Art. 44 DelVO Nr. 153/2013 gestellten Anforderungen an die besonders sichere Verwahrung erfüllt sind[4].

21 Die fehlende Verfügbarkeit eines Wertpapierliefer- und -abrechnungssystems mit umfassenden Schutzniveau ist von der CCP nachzuweisen[5]. Die Tatsache, dass ein Wertpapierliefer- und -abrechnungssystem seinen Kunden keine Einzelkunden-Kontentrennung anbietet, reicht für sich nicht aus, um die fehlende Verfügbarkeit zu

---

1 Richtlinie 98/26/EG des Europäischen Parlaments und des Rates vom 19. Mai 1998 über die Wirksamkeit von Abrechnungen in Zahlungs- sowie Wertpapierliefer- und -abrechnungssystemen, ABl. EG Nr. L 166 v. 11.6.1998, S. 45.
2 *ESMA* Q&A CCP Frage Nr. 4(b) [letzte Aktualisierung: 5.8.2013]: „equivalent to the protection under the Settlement Finality Directive".
3 *ESMA* Q&A CCP Frage Nr. 4(a) [letzte Aktualisierung: 5.8.2013].
4 *Alfes* in Wilhelmi/Achtelik/Kunschke/Sigmundt, Handbuch EMIR, Teil 5.F Rz. 115.
5 *ESMA* Q&A CCP Frage Nr. 4(b) [letzte Aktualisierung: 5.8.2013].

begründen[1]. Eine Liste der unter der RL 98/26/EG gemeldeten Wertpapierliefer- und -abrechnungssysteme ist über die Webseite der ESMA abrufbar[2]. In Deutschland ist dies das Wertpapierliefer- und -abrechnungssystem der Clearstream Banking AG.

b) Besonders sichere Vereinbarungen mit Finanzinstituten. Steht ein Wertpapierliefer- und -abrechnungssystem nicht zur Verfügung, kann die CCP als Alternative die Finanzinstrumente auch bei einem zugelassenen Finanzinstitut hinterlegen, mit dem eine besonders sichere Vereinbarung i.S.d. Art. 44 DelVO Nr. 153/2013 besteht. 22

Voraussetzung ist nach Art. 44 Abs. 1 DelVO Nr. 153/2013 zunächst, dass es sich bei dem Finanzinstitut um eine **Zentralbank**, ein gemäß der RL 2006/48/EG **zugelassenes Kreditinstitut** oder um ein Kreditinstitut mit Sitz in einem Drittstaat handelt, das nach Auffassung der zuständigen Behörde einem vergleichbaren Aufsichtsregime unterliegt. Einen Anhaltspunkt für Drittstaaten-Kreditinstitute mit vergleichbarem Aufsichtsregime dürften die auf der Grundlage des Art. 107 Abs. 4 und Art. 142 Abs. 2 VO Nr. 575/2013 erlassenen Durchführungsbeschlüsse 2014/908/EU[3] und 2016/230[4] der Kommission sein, mit denen sie die Drittländer definiert hat, deren aufsichtliche und rechtliche Anforderungen denen der Union gleichwertig sind. 23

Die verwahrende Zentralbank bzw. das Kreditinstitut muss der CCP bei Bedarf – d.h. in den in Art. 44 Abs. 3 DelVO Nr. 153/2013 genannten Fällen (z.B. bei Ausfall eines Clearingmitgliedes) – **umgehend Zugang** zu den verwahrten Finanzinstrumenten ermöglichen. Nutzt die CCP ein Kreditinstitut, müssen diese die **vollständige Trennung der Finanzinstrumente** von den eigenen Vermögenswerten und den Schutz der Finanzinstrumente gewährleisten. Darüber hinaus muss die CCP anhand eigener interner Bewertungen nachweisen können, dass das verwahrende Kreditinstitut mit einem **geringen Kreditrisiko** behaftet ist. Bei dieser Bewertung darf sich die CCP nicht vollständig auf externe Stellungnahmen (z.B. die von Ratingagenturen erstellten Bonitätsbeurteilungen) stützen. 24

c) Omnibusverwahrung. Anders als Art. 39 Abs. 3 VO Nr. 648/2012 ist für die Verwahrung nach Art. 47 Abs. 3 VO Nr. 648/2012 keine Einzelkunden-Kontentrennung vorgesehen[5]. Es ist der CCP daher möglich, die Finanzinstrumente bei dem Betreiber des Wertpapierliefer- und -abrechnungssystems oder dem Finanzinstitut im Wege der Omnibusverwahrung zu halten. Nach Art. 47 Abs. 5 VO Nr. 648/2012 muss jedoch durch die Bezeichnung des Omnibuskontos oder durch eine gleichwertige Vorkehrung sichergestellt sein, dass die Finanzinstrumente die von interoperablen CCPs, Clearingmitgliedern und deren Kunden stammen, von den eigenen Vermögenswerten der CCP oder denen des verwahrenden Finanzinstitutes getrennt sind. 25

2. Bareinlagen. Barmittel hat die CCP entweder bei einer Zentralbank oder mittels besonders sicherer Vereinbarungen bei einem Finanzinstitut anzulegen. Die Anforderungen an die besonders sicheren Vereinbarungen sind im ersten Art. 45 DelVO Nr. 153/2013 („Besonders sichere Vereinbarungen zur Erhaltung von Barmitteln") definiert. 26

Art. 45 Abs. 1 Buchst. b DelVO Nr. 153/2013 verlangt, dass es sich bei dem Finanzinstitut entweder um ein gemäß der RL 2006/48/EG (CRD) zugelassenes **Kreditinstitut** oder um ein Kreditinstitut mit Sitz in einem Drittstaat handelt, das nach Auffassung der zuständigen Behörde einem vergleichbaren Aufsichtsregime unterliegt. Anhaltspunkte für Drittstaaten-Kreditinstitute mit vergleichbarem Aufsichtsregime bieten – wie bereits in Rz. 23 erwähnt – die Durchführungsbeschlüsse 2014/908/EU und 2016/230. 27

Wie bei der alternativen Verwahrung von Finanzinstrumenten nach Art. 47 Abs. 3 VO Nr. 648/2012 muss die CCP auch hier anhand eigener interner Bewertungen nachweisen können, dass das Kreditinstitut, bei dem die Barmittel hinterlegt sind, mit einem **geringen Kreditrisiko** behaftet ist. Wie bei der nach Art. 19 Abs. 8 DelVO 2016/2251 vorgeschriebenen Bonitätsbeurteilung gilt auch hier, dass die Bonität der kontoführenden Stelle nicht ausschließlich und automatisch auf die Bonitätsbeurteilung einer **externen Ratingagentur** gestützt werden darf, sondern dass ein entsprechendes Rating zumindest plausibilisiert bzw. kritisch hinterfragt werden muss. 28

Weitere Voraussetzung ist nach Art. 45 Abs. 1 Buchst. a DelVO Nr. 153/2013, dass die Einlage auf eine Währung lautet, deren **Währungsrisiken** die CCP steuern kann und die sie für das Clearing von Finanzinstrumen- 29

---

1 ESMA Q&A CCP Frage Nr. 4(c) [letzte Aktualisierung: 5.8.2013].
2 ESMA, Liste der unter der Finalitätsrichtlinie gemeldeten Zahlungs- und Wertpapierabrechnungssysteme, ESMA70-708036281-86, Stand: 15.3.2018 abrufbar über: https://www.esma.europa.eu/system/files_force/library/designated_payment_and_securities_settlement_systems.pdf („ESMA FSD Liste").
3 Durchführungsbeschluss 2014/908/EU der Kommission vom 12. Dezember 2014 über die Gleichwertigkeit der aufsichtlichen und rechtlichen Anforderungen bestimmter Drittländer und Gebiete für die Zwecke der Behandlung von Risikopositionen gemäß der Verordnung (EU) Nr. 575/2013 des Europäischen Parlaments und des Rates, ABl. EU Nr. L 359 v. 16.12.2014, S. 155.
4 Durchführungsbeschluss (EU) 2016/230 der Kommission vom 17. Februar 2016 zur Änderung des Durchführungsbeschlusses 2014/908/EU im Hinblick auf die Listen der Drittländer und Gebiete, deren aufsichtliche und rechtliche Anforderungen für die Zwecke der Behandlung von Risikopositionen gemäß der Verordnung (EU) Nr. 575/2013 des Europäischen Parlaments und des Rates als gleichwertig betrachtet werden, ABl. EU Nr. L 41 v. 18.2.2016, S. 23.
5 ESMA Q&A CCP Frage Nr. 4(c) [letzte Aktualisierung: 5.8.2013].

ten verwendet. Der Umfang der auf Fremdwährungen lautenden Einlagen ist auch hier durch die Höhe der Sicherheitenanforderungen in der betreffenden Währung begrenzt. Wie bereits in der Kommentierung zu Art. 46 VO Nr. 648/2012 Rz. 9 ausgeführt, sollte die **Kappung** nicht für die in der Heimatwährung der CCP denominierten Einlagen gelten.

30 Nach dem ersten Art. 45 Abs. 2 DelVO Nr. 153/2013 müssen die Vereinbarungen mit dem Kreditinstitut vorsehen, dass die „über Nacht" (over night) gehaltenen Einlagen in einem Umfang von mindestens **95 %** durch **hochliquide Finanzinstrumente besichert** sein müssen. Die Dauer der Einlagen ist zeitlich nicht beschränkt[1]. Die besicherten Einlagen können auch in Form eines Wertpapierpensionsgeschäfts getätigt werden, bei der die CCP als Käufer der geeigneten Finanzinstrumente fungiert[2]. Macht die CCP hiervon Gebrauch, sind die übereigneten Finanzinstrumente nach Art. 47 Abs. 3 VO Nr. 648/2012 bei geeigneten Wertpapierliefer- und -abrechnungssystemen zu hinterlegen.

31 Der Verweis im ersten Art. 45 Abs. 2 DelVO Nr. 153/2013 auf die „Anforderungen nach Art. 45" und den ausgenommenen „Art. 45 Abs. 1 Buchst. c" ist unklar. In ihrem Entwurf des technischen Regulierungsstandards hatte die ESMA ebenfalls auf Art. 45[3] verwiesen, der dann später in Art. 43 DelVO Nr. 153/2013 überführt wurde, in seiner Entwurfsfassung aber noch wesentliche Teile des späteren Anhang II der DelVO Nr. 153/2013 enthielt. Hätte die endgültige Fassung die vorgenommenen Änderungen nachvollzogen, würde Art. 45 Abs. 2 DelVO Nr. 153/2013 heute auf die „Anforderungen nach Art. 43" mit Ausnahme des „Anhang II Ziff. 1 Buchst. c" verweisen. Art. 45 Abs. 2 DelVO Nr. 153/2013 ist folglich so auszulegen, dass die „über Nacht" gehaltenen Einlagen mit den in Anhang II Ziff. 1 DelVO Nr. 153/2013 genannten Schuldtiteln der Regierungen, Zentralbanken und sonstigen – im Kreditrisikostandardansatz der CRR mit null gewichteten – internationalen oder europäischen Einrichtungen zu besichern sind. Das Erfordernis, dass die gestellten Sicherheiten über eine durchschnittliche Restlaufzeit von maximal zwei Jahren verfügen müssen, findet hingegen keine Anwendung.

32 Wie bei Art. 47 Abs. 3 VO Nr. 648/2012 gilt auch hier, dass die CCP die Barmittel bei der Zentralbank oder dem zugelassenen Kreditinstitut in einem Omnibuskonto halten darf. Nach Art. 47 Abs. 5 VO Nr. 648/2012 muss jedoch durch die Bezeichnung des Omnibuskontos oder durch eine gleichwertige Vorkehrung auch hier sichergestellt sein, dass die Barmittel die von interoperablen CCPs, Clearingmitgliedern und deren Kunden stammen, von den Einlagen der CCP oder den Vermögenswerten des verwahrenden Finanzinstitutes getrennt sind.

33 **3. Verwahrung durch Dritte.** Art. 47 Abs. 5 VO Nr. 648/2012 soll sicherstellen, dass die bei Dritten hinterlegten Finanzinstrumente und Barmittel in den Aufzeichnungen und Konten des Dritten von den Vermögenswerten der CCP und des Dritten unterschieden werden können. Dies ist durch eine **besondere Bezeichnung der verwendeten Konten** oder vergleichbare Vorkehrungen sicherzustellen.

34 Eine zusätzliche Trennung der von unterschiedlichen CCPs oder Clearingmitgliedern übertragenen Vermögenswerte verlangt Art. 47 Abs. 5 VO Nr. 648/2012 nicht[4]. Damit begründet er ein Schutzniveau, das der **Omnibus-Kunden-Kontentrennung** des Art. 39 Abs. 2 VO Nr. 648/2012 entspricht.

35 **4. Wiederanlage.** Nach Art. 47 Abs. 6 VO Nr. 648/2012 darf die CCP ihre Finanzmittel nicht in Finanzinstrumente anlegen, die von den Mitgliedern ihrer Gruppe emittiert wurden. Das Verbot sichert die Wirksamkeit der in Art. 47 Abs. 3–5 VO Nr. 648/2012 vorgesehenen Vermögenstrennung bzw. das mit ihr verbundene Schutzniveau.

36 **IV. Technische Regulierungsstandards (Art. 47 Abs. 8 VO Nr. 648/2012).** Die Kommission ist nach Art. 47 Abs. 8 VO Nr. 648/2012 befugt, technische Regulierungsstandards zu erlassen in denen sie die Einzelheiten der Finanzinstrumente die als hochliquide betrachtet werden können und nur mit minimalem Markt- und Kreditrisiko behaftet sind, sowie die besonderen sicheren Vereinbarungen und die Konzentrationsgrenzen festlegt. Von der Befugnis hat sie mit Art. 43–46 DelVO Nr. 153/2013 Gebrauch gemacht. Die DelVO Nr. 153/2013 ist am zwanzigsten Tag nach ihrer Veröffentlichung im Amtsblatt der Europäischen Union, d.h. am 15.3.2013, in Kraft getreten (Art. 62 DelVO Nr. 153/2013).

Art. 48 Verfahren bei Ausfall eines Clearingmitglieds

(1) Eine CCP muss über detaillierte Verfahren verfügen, die in dem Fall Anwendung finden, dass ein Clearingmitglied die in Artikel 37 genannten Zulassungsvorschriften der CCP nicht innerhalb der von der CCP vorgegebenen Frist und im Einklang mit den von ihr festgelegten Verfahren erfüllt. Die CCP legt detailliert fest, welche Verfahren Anwendung finden, wenn dies nicht zu einem Ausfall eines Clearingmitglieds führt, der durch die CCP bekanntgegeben wird. Diese Verfahren werden jährlich überprüft.

---

1 *ESMA* Q&A CCP Frage Nr. 11(a) [letzte Aktualisierung: 11.2.2014].
2 *ESMA* Q&A CCP Frage Nr. 11(a) [letzte Aktualisierung: 11.2.2014].
3 *ESMA* EMIR RTS, S. 129.
4 *ESMA* Q&A CCP Frage Nr. 4(c) [letzte Aktualisierung: 5.8.2013].

(2) Die CCP ergreift unverzüglich Maßnahmen, um Verluste und Liquiditätsengpässe, die sich durch den Ausfall von Clearingmitgliedern ergeben, zu begrenzen; dazu sorgt sie dafür, dass durch die Glattstellung der Positionen eines Clearingmitglieds ihr Geschäftsbetrieb nicht beeinträchtigt wird und die nicht ausfallenden Clearingmitglieder nicht Verlusten ausgesetzt werden, die sie nicht erwarten oder kontrollieren können.

(3) Wenn die CCP der Auffassung ist, dass ein Clearingmitglied nicht in der Lage sein wird, seinen künftigen Verpflichtungen nachzukommen, unterrichtet sie unverzüglich die zuständige Behörde, bevor der Ausfall erklärt oder das entsprechende Verfahren angewendet wird. Die zuständige Behörde übermittelt diese Information umgehend an die ESMA, die einschlägigen Mitglieder des ESZB und die für die Beaufsichtigung des ausfallenden Clearingmitglieds verantwortliche Behörde.

(4) Eine CCP überzeugt sich, dass ihre Verfahren bei einem Ausfall rechtlich durchsetzbar sind. Sie trifft alle angemessenen Maßnahmen, um sicherzustellen, dass sie über die rechtlichen Befugnisse verfügt, um Eigenhandelspositionen des ausfallenden Clearingmitglieds abzuwickeln und die Kundenpositionen des ausfallenden Clearingmitglieds zu übertragen oder abzuwickeln.

(5) Wenn Vermögenswerte und Positionen in den Aufzeichnungen und Abrechnungskonten einer CCP im Einklang mit Artikel 39 Absatz 2 als für die Rechnung der Kunden eines ausfallenden Clearingmitglieds geführt werden, verpflichtet sich die CCP zumindest vertraglich dazu, die Verfahren einzuleiten, mit denen die Vermögenswerte und Positionen, die das ausfallende Clearingmitglied für Rechnung der Kunden hält, auf Verlangen jener Kunden und ohne Zustimmung des ausfallenden Clearingmitglieds auf ein anderes, von den betreffenden Kunden benanntes Clearingmitglied zu übertragen. Dieses andere Clearingmitglied muss der Übertragung solcher Vermögenswerte und Positionen nur zustimmen, soweit es sich zuvor gegenüber den entsprechenden Kunden hierzu vertraglich verpflichtet hat. Findet die Übertragung auf das andere Clearingmitglied, gleich aus welchen Gründen, nicht innerhalb eines in den Betriebsvorschriften der CCP vorab festgelegten Übertragungszeitraums statt, kann die CCP alle nach ihren Vorschriften zulässigen Vorkehrungen treffen, um ihre Risiken in Bezug auf die betreffenden Positionen aktiv zu verwalten, wozu auch die Liquidierung der Vermögenswerte und Positionen zählt, die das ausfallende Clearingmitglied für Rechnung seiner Kunden hält.

(6) Wenn Vermögenswerte und Positionen in den Aufzeichnungen und Abrechnungskonten einer CCP im Einklang mit Artikel 39 Absatz 3 als für die Rechnung des Kunden eines ausfallenden Clearingmitglieds geführt werden, verpflichtet sich die CCP zumindest vertraglich dazu, die Verfahren einzuleiten, mit denen die Vermögenswerte und Positionen, die das ausfallende Clearingmitglied für Rechnung der Kunden hält, auf Verlangen jener Kunden und ohne Zustimmung des ausfallenden Clearingmitglieds auf ein anderes, von dem betreffenden Kunden benanntes Clearingmitglied übertragen werden. Dieses andere Clearingmitglied muss der Übertragung solcher Vermögenswerte und Positionen nur zustimmen, soweit es sich zuvor gegenüber den entsprechenden Kunden hierzu vertraglich verpflichtet hat. Findet die Übertragung auf das andere Clearingmitglied, gleich aus welchen Gründen, nicht innerhalb eines in den Betriebsvorschriften der CCP vorab festgelegten Übertragungszeitraums statt, kann die CCP alle nach ihren Vorschriften zulässigen Vorkehrungen treffen, um ihre Risiken in Bezug auf die betreffenden Positionen aktiv zu verwalten, wozu auch die Liquidierung der Vermögenswerte und Positionen zählt, die das ausfallende Clearingmitglied für Rechnung des Kunden hält.

(7) Sicherheiten von Kunden, die gemäß Artikel 39 Absätze 2 und 3 als solche gekennzeichnet sind, sind ausschließlich zur Besicherung der für die betreffenden Kunden gehaltenen Positionen zu verwenden. Eine CCP muss einen etwaige verbleibenden Überschuss nach Abschluss aller Verfahrensschritte beim Ausfall eines Clearingmitglieds unverzüglich den entsprechenden Kunden zurückgeben, soweit ihr diese bekannt sind; sind ihr die Kunden nicht bekannt, so sind die Sicherheiten dem Clearingmitglied für Rechnung seiner Kunden zurückzugeben.

In der Fassung vom 4.7.2012 (ABl. EU Nr. L 201 v. 27.7.2012, S. 1).

Schrifttum: *Decker*, Segregation und Ausfallrisiko nach EMIR und KAGB, BKR 2014, 397; *Europäische Wertpapier- und Marktaufsichtsbehörde (ESMA)*, „Fragen und Antworten – Umsetzung der Verordnung (EU) Nr. 648/2012 über OTC-Derivate, zentrale Gegenparteien und Transaktionsregister (EMIR)", ESMA70-1861941480-52 vom 30.5.2018, abrufbar über: https://www.esma.europa.eu („*ESMA Q&A*"); *Holzer*, Insolvenzverfahren und zentrale Vertragspartei – Zur geplanten Einführung des § 104a InsO-E durch den Entwurf eines Gesetzes zur weiteren Erleichterung der Sanierung von Unternehmen (ESUG), BKR 2011, 366; *Jaskulka*, Werden zentrale Gegenparteien durch die Umsetzung von EMIR zum Risiko? Eine Untersuchung unter Berücksichtigung der rechtlichen Rahmenbedingungen für die Eurex Clearing AG, BKR 2012, 441; *Litten/Schwenk*, EMIR – Auswirkungen der OTC-Derivateregulierung auf Unternehmen der Realwirtschaft, DB 2013, 857 und 918; *Meyer/Rieger*, Umsetzungsprozess in der heißen Phase, Die Bank 4.2012, 16; *von Hall*, Warum EMIR den Finanzplatz stärkt, und trotzdem eine Wettbewerbsverzerrung im Binnenmarkt droht, BVerfG v. 28.6.2012 – 1 BvR 2952/08, WM 2013, 673.

Art. 48 VO Nr. 648/2012 | Verfahren bei Ausfall eines Clearingmitglieds

I. Zweck und Bedeutung 1	V. Unterrichtung der zuständigen Behörden (Art. 48 Abs. 3 VO Nr. 648/2012) 18
II. Der Begriff Ausfall 3	VI. Rechtliche Durchsetzbarkeit der Verfahren (Art. 48 Abs. 4 VO Nr. 648/2012) 19
III. Festlegung der bei Ausfall anzuwendenden Verfahren (Art. 48 Abs. 1 VO Nr. 648/2012) 7	VII. Übertragung von Positionen und Vermögenswerten der Kunden (Art. 48 Abs. 5 und 6 VO Nr. 648/2012) 24
IV. Absicherung, Glattstellung und Abwicklung von Positionen (Art. 48 Abs. 2 VO Nr. 648/2012) 12	VIII. Rückgabe der nicht benötigten Sicherheiten und Abwicklungserlöse (Art. 48 Abs. 7 VO Nr. 648/2012) 31
1. Glattstellung 14	
2. Absicherungsgeschäfte 15	

1 **I. Zweck und Bedeutung.** Das von der CCP einzurichtende Verfahren bei Ausfall eines Clearingmitgliedes ist nur eine der Maßnahmen, mit denen sie das durch ihre Clearingmitglieder begründete „**Ansteckungsrisiko**"[1] mindert. Dem gleichen Zweck dienen die nach Art. 37 VO Nr. 648/2012 vorgeschriebenen Teilnahmeanforderungen, die sicherstellen sollen, dass nur solvente und leistungsfähige Clearingmitglieder Zugang zur CCP erhalten, sowie die nach Art. 41–43 VO Nr. 648/2012 geforderten Einschüsse, Ausfallfondsbeiträge und sonstigen Finanzmittel, mit denen Verluste, die im Rahmen der Absicherung und Glattstellung von Positionen des ausgefallenen Clearingmitgliedes entstehen, gedeckt werden können.

2 Von besonderer Bedeutung sind die in Art. 48 Abs. 5–7 VO Nr. 648/2012 verorteten Bestimmungen über die **Übertragbarkeit von Kundenpositionen** bei Ausfall eines Clearingmitgliedes. Sie sind mit den Bestimmungen des Art. 39 Abs. 5 VO Nr. 648/2012 über die Trennung von Kundenpositionen eng verbunden, was bereits an der Überschrift des Art. 39 VO Nr. 648/2012 („Trennung und Übertragbarkeit") deutlich wird. Während Art. 39 Abs. 5 VO Nr. 648/2012 sicherstellt, dass die Positionen und Vermögenswerte der Kunden in den Aufzeichnungen und Abrechnungskonten der CCP und des Clearingmitgliedes insolvenzfest unterscheidbar bleiben, schaffen die Art. 48 Abs. 5–7 VO Nr. 648/2012 die Voraussetzungen dafür, dass die Kundenpositionen den Ausfall des Clearingmitgliedes unbeschadet überstehen oder, wenn die Abwicklung der Kundenpositionen unvermeidbar ist, ein von der CCP realisierter Überschuss einschließlich der nicht benötigten Ersteinschüsse an die Kunden ausgekehrt wird.

3 **II. Der Begriff Ausfall.** Der in Art. 48 VO Nr. 648/2012 verwendete Begriff **Ausfall** wird vom Gesetzgeber nicht definiert, sondern lediglich angedeutet. Wie sich aus dem Zusammenspiel mit Art. 37 VO Nr. 648/2012 ergibt, ist ein Ausfall nicht bereits dann anzunehmen, wenn ein Clearingmitglied die von der CCP definierten **Zulassungskriterien** nicht mehr erfüllt. Für diesen Fall sieht Art. 37 Abs. 4 VO Nr. 648/2012 zunächst nur die vorübergehende Aussetzung der Mitgliedschaft vor. Ein Ausfall ist nach Art. 48 Abs. 1 VO Nr. 648/2012 erst dann gegeben, wenn das Clearingmitglied die Zulassungskriterien auch nach Ablauf der von der CCP vorgegebenen Frist nicht erfüllt.

4 Art. 42 Abs. 1 VO Nr. 648/2012 ist zu entnehmen, dass der Ausfall eines Clearingmitgliedes zumindest die **Eröffnung des Insolvenzverfahrens** über das Vermögen des Clearingmitgliedes umfasst. Art. 48 Abs. 3 VO Nr. 648/2012, der den drohenden Ausfall beschreibt, verweist auf die Einschätzung der CCP, dass das Clearingmitglied nicht in der Lage sein wird, seinen künftigen Verpflichtungen nachzukommen.

5 Die enge Verbindung zwischen der EMIR und der VO Nr. 575/2013, insbesondere die Vorschriften über die hypothetischen Eigenkapitalanforderungen von CCPs in Art. 50a–50d VO Nr. 648/2012, rechtfertigen es, den Begriff Ausfall in Anlehnung an **Art. 178 Abs. 1 Buchst. a VO Nr. 575/2013** auszulegen. Danach wäre ein Ausfall immer dann gegeben, wenn die CCP – wie in Art. 48 Abs. 3 VO Nr. 648/2012 bereits angedeutet – es aufgrund der gegebenen Umstände als unwahrscheinlich ansehen muss, dass das Clearingmitglied seine Verbindlichkeiten gegenüber der CCP in voller Höhe begleichen wird, ohne dass die CCP auf Maßnahmen wie die Verwertung von Einschüssen zurückgreifen muss.

6 Relevante Umstände sind nach Art. 178 Abs. 3 VO Nr. 575/2013 die Stellung eines **Antrages auf Eröffnung eines Insolvenz**- oder eines vergleichbaren Verfahrens, die Eröffnung des Insolvenzverfahrens, die Ablehnung der Eröffnung „mangels Masse" oder eine **wesentliche Vermögensverschlechterung**, die sich insbesondere in einer Herabstufung der Bonitätsbeurteilung ausdrückt (downgrading). Zu den vergleichbaren Verfahren kann auch ein **Sanierungs- oder Abwicklungsverfahren** i.S.d. der RL 2014/59/EG (BRRD)[2] zählen. Dies wird insbesondere an Art. 69 Abs. 4, 70 Abs. 2 und 71 Abs. 3 RL 2014/59/EG deutlich, mit denen CCPs von den Bestimmungen über die Aussetzung von Vertragspflichten und die Suspendierung von Kündigungs- und Sicherungsrechten ausdrücklich ausgenommen werden.

---

1 Erwägungsgrund Nr. 65 VO Nr. 648/2012.
2 Richtlinie 2014/59/EU des Europäischen Parlaments und des Rates vom 15. Mai 2014 zur Festlegung eines Rahmens für die Sanierung und Abwicklung von Kreditinstituten und Wertpapierfirmen und zur Änderung der Richtlinie 82/891/EWG des Rates, der Richtlinien 2001/24/EG, 2002/47/EG, 2004/25/EG, 2005/56/EG, 2007/36/EG, 2011/35/EU, 2012/30/EU und 2013/36/EU sowie der Verordnungen (EU) Nr. 1093/2010 und (EU) Nr. 648/2012 des Europäischen Parlaments und des Rates, ABl. EU Nr. L 173 v. 12.6.2014, S. 190 („RL 2014/59" oder „BRRD").

III. Festlegung der bei Ausfall anzuwendenden Verfahren (Art. 48 Abs. 1 VO Nr. 648/2012). Die von der CCP festzulegenden Verfahren bei Ausfall eines Clearingmitgliedes müssen die Maßnahmen festlegen, die die CCP ergreifen wird, um durch den Ausfall drohende Verluste und Liquiditätsengpässe zu begrenzen. Die Verfahren können z.B. vorsehen, dass die CCP **Auktionen** durchführt, mit denen sie die von dem ausgefallenen Clearingmitglied gehaltenen Positionen versteigert, oder dass sie innerhalb eines bestimmten Zeitraums, ggf. nach erfolgloser Durchführung einer Auktion, die Positionen des Clearingmitgliedes glattstellt. Ebenfalls zu regeln sind die für die Übertragung von Kundenpositionen nach Art. 48 Abs. 5 und 6 VO Nr. 648/2012 vorgesehenen Zeiträume. 7

In Art. 48 Abs. 1 Satz 2 VO Nr. 648/2012 gesondert erwähnt sind Vorkehrungen für den Fall, dass der Ausfall nicht durch die CCP, sondern **auf andere Weise festgestellt** wird („not declared by the CCP"). Er verweist damit auf Umstände, die das Zusammenwirken mit Dritten erforderlich machen. Zu denken ist etwa an die für das Clearingmitglied zuständige Behörde, die den Insolvenzantrag über das Vermögen eines Clearingmitgliedes gestellt oder ein Abwicklungsverfahren eingeleitet hat. 8

Die Verfahren bei Ausfall eines Clearingmitgliedes sind nach Art. 28 Abs. 3 VO Nr. 648/2012 Gegenstand der Beratungen des **Risikoausschusses**. 9

Nach Art. 49 Abs. 2 VO Nr. 648/2012 muss die CCP die von ihr festgelegten Verfahren bei Ausfall eines Clearingmitgliedes regelmäßigen **Tests** unterziehen. Zweck dieser Tests ist es festzustellen, ob die Verfahren praktikabel und wirksam sind (Art. 58 Abs. 1 DelVO Nr. 153/2013). Die von der CCP durchzuführenden Tests müssen auch **Simulationsübungen** vorsehen, in die die Clearingmitglieder und deren Kunden, soweit sie der CCP bekannt sind, oder interoperable CCPs einzubinden sind. Diese Simulationsübungen sollen nicht nur Schwächen des Verfahrens aufdecken, sondern auch sicherstellen, dass die in die Übung eingebundenen Clearingmitglieder und Kunden sich mit dem Verfahren bei Ausfall vertraut machen (Art. 58 Abs. 3 DelVO Nr. 153/2013). Simulationsübungen sind nach Art. 59 Abs. 12 DelVO Nr. 153/2013 mindestens **einmal im Jahr** durchzuführen. Darüber hinaus hat die CCP ihre Verfahren mindestens vierteljährlich zu überprüfen. Die im Rahmen der Überprüfungen oder Simulationsübungen festgestellten Schwächen und Unsicherheiten sind durch Anpassung des Verfahrens zu beseitigen (Art. 58 Abs. 2 DelVO Nr. 153/2013). 10

Nach Art. 10 Abs. 1 Buchst. b Ziff. und Art. 61 Abs. 2 DelVO Nr. 153/2013 sind die wesentlichen Merkmale des von der CCP angewendeten Verfahrens bei Ausfall eines Clearingmitgliedes von der CCP zu **veröffentlichen**. Anzugeben sind insbesondere die Umstände, unter denen Maßnahmen ergriffen werden können, Angaben dazu, wer die Maßnahmen ergreift und Angaben zum Umfang der zu ergreifenden Maßnahmen, insbesondere im Hinblick auf die Positionen der Kunden. 11

IV. Absicherung, Glattstellung und Abwicklung von Positionen (Art. 48 Abs. 2 VO Nr. 648/2012). Nach Art. 48 Abs. 2 VO Nr. 648/2012 muss die CCP bei Ausfall eines Clearingmitgliedes unverzüglich Maßnahmen ergreifen, um drohende Verluste und Liquiditätsengpässe zu begrenzen. Dass die Maßnahmen **unverzüglich** ergriffen werden müssen, dient auch dem Schutz der nicht ausgefallenen Clearingmitglieder, die über den in Art. 45 VO Nr. 648/2012 definierten Wasserfall ebenfalls zur Verlusttragung herangezogen werden können[1]. 12

Bei der Festlegung dieser Maßnahmen steht der CCP ein gewisser **Gestaltungsspielraum** zu. Die in Art. 48 Abs. 2 und 4 VO Nr. 648/2012 vorgesehene Glattstellung der Eigenpositionen des ausgefallenen Clearingmitgliedes stellt nur eine denkbare Maßnahme dar. Möglich und in der Praxis durchaus üblich ist die Versteigerung der Eigenpositionen im Wege der Auktion und ihre Übertragung auf ein oder mehrere andere Clearingmitglieder[2]. Weniger Gestaltungsspielraum steht der CCP bei den Kundenpositionen des ausgefallenen Clearingmitgliedes zu, bei denen sie nach Art. 48 Abs. 5 und 6 VO Nr. 648/2012 zunächst die Übertragung der Kundenpositionen anstreben muss. Eine Glattstellung von Kundenpositionen ist erst dann zulässig, wenn die Übertragung scheitert oder sich nicht innerhalb des von der CCP festgelegten Übertragungszeitraums durchführen lässt. 13

1. Glattstellung. Die Glattstellung von Positionen bewirkt die CCP dadurch, dass sie für eigene Rechnung und für Rechnung des ausgefallenen Clearingmitglieds für jede Position jeweils zwei spiegelbildliche Geschäfte mit gegenläufigen Zahlungs- und Lieferverpflichtungen abschließt. Diese führen zunächst dazu, dass die aus der Position des ausgefallenen Clearingmitgliedes begründeten laufenden und zukünftigen Nachschussverpflichtungen vollständig miteinander verrechnet werden können. Die Position des ausgefallenen Clearingmitgliedes und das für seine Rechnung getätigten Gegengeschäft bilden ein Portfolio i.S.d. Art. 27 Abs. 4 DelVO Nr. 153/2013, für das auch die Ersteinschusszahlungen um 100 % verringert werden kann. Das von der CCP für eigene Rechnung mit einem Dritten abgeschlossene zweite Gegengeschäft (das ökonomisch der bereits glattgestellten Position des ausgefallenen Clearingmitglieds entspricht), kann einen Verlust kreieren, den die CCP nach Maßgabe des Art. 45 VO Nr. 648/2012 zunächst durch die vom ausgefallenen Clearingmitglied geleisteten Einschüsse deckt. 14

---

1 *Alfes* in Wilhelmi/Achtelik/Kunschke/Sigmundt, Handbuch EMIR, Teil 5.F Rz. 130.
2 S. auch Art. 37 Abs. 6 VO Nr. 648/2012, wonach die Regelwerke der CCP vorsehen können, dass Clearingmitglieder zur Teilnahme an Auktionen verpflichtet sind.

15 **2. Absicherungsgeschäfte.** Wie sich aus den nach Art. 48 Abs. 5 und 6 VO Nr. 648/2012 und der dort gewählten Formulierung „Risiken in Bezug auf die betreffenden Positionen aktiv zu verwalten", aber auch aus Anhang II Abs. 2 Buchst. a DelVO Nr. 153/2013 ergibt, kann die CCP bis zur endgültigen Glattstellung der Positionen die durch sie begründeten Marktrisiken durch eines oder mehrere **Absicherungsgeschäfte** (hedges) steuern[1]. Sofern die CCP dies für zweckdienlich hält und in ihren Verfahren vorsieht, kann sie Glattstellungs- und Absicherungsgeschäfte auch über mehrere Abrechnungskonten hinweg tätigen und die hiermit verbundenen Kosten auf die betreffenden Abrechnungskonten verteilen[2].

16 Die von der CCP festgelegten Maßnahmen können auch vorsehen, dass die **nicht ausfallenden Clearingmitgliedern** zusätzliche Mittel i.S.d. Art. 43 Abs. 3 VO Nr. 648/2012 bereitstellen. Diese müssen nach Art. 48 Abs. 2 VO Nr. 648/2012 jedoch der Höhe nach bestimmt bzw. bestimmbar sein[3].

17 Soweit es sich bei dem zweiten Gegengeschäft, das die CCP mit Dritten abschließt, um ein **OTC-Derivat** handelt, unterliegt es weder der Clearing- noch der Besicherungspflicht. Dies folgt bereits aus dem Umstand, dass die CCP nach Art. 2 Nr. 9 VO Nr. 648/2012 vom Begriff der nichtfinanziellen Gegenpartei ausgenommen ist und weder als Einlagenkreditinstitut noch als Wertpapierfirma i.S.d. Art. 2 Nr. 8 VO Nr. 648/2012 klassifiziert werden kann. Für CCPs, die wie die deutschen CCPs nach den nationalen Vorschriften als Kreditinstitute gelten (s. § 1 Abs. 2 Satz 2 Nr. 12 KWG), ist die Freistellung von der Besicherungspflicht durch Art. 23 DelVO 2016/2251 ausdrücklich klargestellt worden.

18 **V. Unterrichtung der zuständigen Behörden (Art. 48 Abs. 3 VO Nr. 648/2012).** Droht der Ausfall eines Clearingmitgliedes, so ist die CCP nach Art. 48 Abs. 3 VO Nr. 648/2012 verpflichtet, die für sie zuständige Behörde unverzüglich zu **informieren**, und zwar noch bevor sie den Ausfall erklärt und das für den Ausfall vorgesehene Verfahren einleitet. Die für die CCP zuständige Behörde informiert ihrerseits die ESMA, die einschlägigen Behörden des ESZB und die für die Beaufsichtigung des ausfallenden Clearingmitgliedes verantwortliche Behörde.

18a Bislang nicht vorgesehen ist die Information der nach der RL 2014/59/EG (BRRD) oder der VO Nr. 806/2014 (SRM-Verordnung)[4] für die Abwicklung des ausfallenden Clearingmitgliedes zuständigen Behörde. Eines der vorrangigen Ziele der Abwicklung von Kreditinstituten und Wertpapierfirmen ist es, die Fortführung solcher Funktionen sicherzustellen, die für die Stabilität der Finanzmärkte kritisch sind[5]. Zählt zu den kritischen Funktionen des in Abwicklung befindlichen Instituts das Clearing von Finanzinstrumenten, kann die Abwicklungsbehörde ein Interesse daran haben, dass die CCP weder den Zugang zu ihren Clearingleistungen aussetzt noch das Verfahren bei Ausfall einleitet.

19 **VI. Rechtliche Durchsetzbarkeit der Verfahren (Art. 48 Abs. 4 VO Nr. 648/2012).** Die CCP muss sich davon überzeugen, dass ihre bei Ausfall eines Clearingmitgliedes zur Anwendung kommenden Verfahren **rechtlich durchsetzbar** sind. Wie die CCP zu der Überzeugung gelangt, ob sie sich – wie dies im bankaufsichtlichen Kontext (s. z.B. Art. 194 Abs. 1, 296 Abs. 2, 305 Abs. 2 VO Nr. 575/2013) oder nach Art. 2 Abs. 3 DelVO 2016/2251 vorgesehen ist – hierbei auf Rechtsauskünfte einer unabhängigen Stelle oder auf schriftliche und mit einer Begründung versehene Rechtsgutachten stützen muss, ist nicht vorgeschrieben. In der Praxis werden sehr häufig Rechtsgutachten externer Rechtsanwaltskanzleien eingeholt.

20 Gründe, an denen die rechtliche Durchsetzbarkeit der Verfahren bei Ausfall scheitern kann, ergeben sich sehr häufig aus dem im Falle der Insolvenz eines Clearingmitgliedes anwendbaren **insolvenzrechtlichen Vorschriften**[6]. Maßgeblich ist insoweit nicht nur das Recht des Staates, in dem das Clearingmitglied seinen Sitz hat und für den zu vermuten ist, dass in ihm das Hauptinsolvenzverfahren eröffnet wird; soweit das Clearingmitglied seine Tätigkeit über eine Zweigniederlassung in einem anderen Staat ausübt, kann auch das Insolvenzrecht dieses Staates maßgeblich sein, wenn es die Eröffnung eines Sekundärinsolvenzverfahrens zulässt.

21 Aus insolvenzrechtlicher Sicht problematisch kann bereits die **Glattstellung von Positionen** für Rechnung des ausgefallenen Clearingmitgliedes sein. Sofern die CCP die Gegengeschäfte, die zur Glattstellung führen, aufgrund eines mit dem Beitritt des Clearingmitgliedes erklärten Auftrages abgeschlossen hat, kann es sein, dass

---

1 *Europäische Wertpapier- und Marktaufsichtsbehörde (ESMA)*, „Fragen und Antworten – Umsetzung der Verordnung (EU) Nr. 648/2012 über OTC-Derivate, zentrale Gegenparteien und Transaktionsregister (EMIR)", ESMA70-1861941480-52 vom 30.5.2018, abrufbar über: https://www.esma.europa.eu/sites/default/files/library/esma70-1861941480-52_qa_on_emir_implementation.pdf („*ESMA Q&A*"), CCP Frage Nr. 3(d) [letzte Aktualisierung: 4.2.2016]: „minimise market risk".
2 ESMA Q&A CCP Frage Nr. 3(d)(ii) [letzte Aktualisierung: 4.2.2016].
3 ESMA Q&A CCP Frage Nr. 17 [letzte Aktualisierung: 11.2.2014]: „that they can be both anticipated and controlled [or] modelled with reasonable confidence".
4 Verordnung (EU) Nr. 806/2014 des Europäischen Parlaments und des Rates vom 15. Juli 2014 zur Festlegung einheitlicher Vorschriften und eines einheitlichen Verfahrens für die Abwicklung von Kreditinstituten und bestimmten Wertpapierfirmen im Rahmen eines einheitlichen Abwicklungsmechanismus und eines einheitlichen Abwicklungsfonds sowie zur Änderung der Verordnung (EU) Nr. 1093/2010, ABl. EU Nr. L 225 v. 30.7.2014, S. 1 („VO Nr. 806/2014" oder „SRM-Verordnung").
5 Erwägungsgrund Nr. 49 RL 2014/59/EG: Fortführung systemisch wichtiger Funktionen.
6 *Jaskulka*, BKR 2012, 441, 443, mit Hinweis auf die fehlende Harmonisierung in der Union.

dieser Auftrag mit Eröffnung des Insolvenzverfahrens, ggf. sogar rückwirkend auf null Uhr des Tages, an dem der Eröffnungsbeschluss verkündet wird (zero hour rule) entfällt. Gleiches gilt für die **Übertragung der Kundenpositionen** nach den Art. 48 Abs. 5 und 6 VO Nr. 648/2012, die ohne die Zustimmung des ausgefallenen Clearingmitgliedes bzw. seines Insolvenzverwalters erfolgt, und die in Art. 48 Abs. 7 VO Nr. 648/20127 vorgesehene Auszahlung von Überschüssen unmittelbar an den Kunden, d.h. unter Umgehung der Insolvenzmasse des ausgefallenen Clearingmitgliedes (sog. „**Leapfrogging**").

Bemerkenswert ist, dass der europäische Gesetzgeber die möglichen Konflikte der Verfahren bei Ausfall mit den insolvenzrechtlichen Vorschriften erkannt hat. So hat er in den Erwägungsgründen seiner Erwartung Ausdruck verliehen, dass die Mitgliedstaaten den Trennungs- und Übertragungsvorschriften der Art. 39 und 48 VO Nr. 648/2012 Vorrang vor den ggf. kollidierenden nationalen Rechts- und Verwaltungsvorschriften einräumen[1]. Konkrete Initiativen, die insbesondere auf ein Zurückweichen der Vorschriften des nationalen Insolvenzrechtes hinwirken, hat der europäische Gesetzgeber jedoch zunächst vermissen lassen. In ihrem seit dem 4.5. 2017 vorliegenden Entwurf einer Verordnung zur Änderung der EMIR (**EMIR REFIT-Entwurf**)[2] schlägt die Kommission nunmehr vor, die Insolvenzferne der in den Omnibus- und Einzelkundenkonten verbuchten Positionen und Vermögenswerte ausdrücklich klarzustellen[3]. Wegen der Einzelheiten wird auf die Ausführungen zu Art. 39 VO Nr. 648/2012 Rz. 42 verwiesen. 22

Für deutsche Clearingmitglieder ist **Art. 102b EGInsO** von Bedeutung, der in § 1 ausdrücklich klarstellt, dass die Eröffnung eines Insolvenzverfahrens über das Vermögen eines Clearingmitglieds die Durchführung der in Art. 48 VO Nr. 648/2012 genannten Maßnahmen nicht beeinträchtigt[4]. 23

VII. Übertragung von Positionen und Vermögenswerten der Kunden (Art. 48 Abs. 5 und 6 VO Nr. 648/ 2012). Art. 48 Abs. 5 und 6 VO Nr. 648/2012 sehen vor, dass sich die CCP bei Kundenpositionen verpflichtet, diejenigen Verfahren einzuleiten, mit denen sie die für Kunden gehaltenen Positionen und Vermögenswerte auf Verlangen der Kunden auf ein anderes Clearingmitglied überträgt. Die beiden Vorschriften regeln die bereits in Art. 48 Abs. 4 VO Nr. 648/2012 angekündigte **Übertragung von Kundenpositionen** auf nicht ausgefallene Clearingmitglieder. Sie knüpfen an die in Art. 39 Abs. 2 und 3 VO Nr. 648/2012 geregelten Formen der Trennung von Kundenpositionen an: Während Art. 48 Abs. 5 VO Nr. 648/2012 die Übertragung der im Wege der **Omnibus-Kunden-Kontentrennung** verbuchten Positionen und Vermögenswerte regelt, findet Art. 48 Abs. 6 VO Nr. 648/2012 auf die Positionen und Vermögenswerte Anwendung, für die das Clearingmitglied mit seinen Kunden nach Art. 39 Abs. 5 und 6 VO Nr. 648/2012 die **Einzelkunden-Kontentrennung** vereinbart hat. 24

Die in Art. 48 Abs. 5 und 6 VO Nr. 648/2012 geregelten Verfahren sind weitestgehend identisch und werden deshalb zusammen kommentiert. Der wesentliche **Unterschied** ist, dass im Falle der Einzelkunden-Kontentrennung neben der stets erforderlichen Bereitschaft der übernehmenden Clearingmitglieder nur die Zustimmung des betreffenden einzelnen Kunden vorausgesetzt wird, was die Wahrscheinlichkeit einer erfolgreichen Übertragung deutlich erhöht. 25

Beide Vorschriften verlangen, dass sich die CCP dazu verpflichtet, das für die Übertragung von Kundenpositionen vorgesehene **Verfahren einzuleiten**. Ihnen ist auch zu entnehmen, dass die CCP die Übertragung durchführen muss, sobald die in Art. 48 Abs. 5 und 6 VO Nr. 648/2012 definierten Anforderungen erfüllt sind[5], d.h. sowohl die Kunden als auch die übernehmenden Clearingmitglieder der Übertragung innerhalb des von der CCP vorgesehenen Übertragungszeitraums zugestimmt haben. 26

Die Übertragung setzt zunächst die **Zustimmung der Kunden** voraus. Bei den im Wege der Omnibus-Kunden-Kontentrennung verwahrten Positionen und Vermögenswerten sind dies **sämtliche Kunden**, deren Positionen in demselben Abrechnungskonto zusammengefasst werden. Da der CCP die Kunden in der Regel nicht bekannt sind, dürfte sie bei der Einholung der Zustimmung auf die Mitwirkung des ausgefallenen Clearingmitgliedes bzw. dessen Insolvenzverwalters angewiesen sein. Anders verhält es sich bei der Einzelkunden-Kontentrennung, bei die CCP den Kunden kennt und direkt kontaktieren kann. 27

Die Kunden des Clearingmitgliedes sind nicht verpflichtet, der Übertragung bereits vor Ausfall des Clearingmitgliedes zuzustimmen. Ebenso wenig besteht eine Verpflichtung, ein Ersatzclearingmitglied (back-up clearing 28

---

1 Erwägungsgrund Nr. 64 VO Nr. 648/2012; s. auch *von Hall*, WM 2013, 673, 678 wonach sich die Insolvenzfestigkeit bereits aus Art. 39 und 48 VO Nr. 648/2012 und dem Vorrang des europäischen Rechte ergibt mit der Schlussfolgerung, dass es der deutschen Regelung in Art. 102b EGInsO nicht bedurft hätte.
2 *Kommission*, Vorschlag für eine Verordnung des Europäischen Parlaments und des Rates zur Änderung der Verordnung (EU) Nr. 648/2012 in Bezug auf die Clearingpflicht, die Aussetzung der Clearingpflicht, die Meldepflichten, die Risikominderungstechniken für nicht durch eine zentrale Gegenpartei gecleartre OTC- Derivatekontrakte, die Registrierung und Beaufsichtigung von Transaktionsregistern und die Anforderungen an Transaktionsregister, KOM(2017) 208 final vom 4.5.2017, abrufbar über: http://ec.europa.eu/transparency/regdoc/rep/1/2017/DE/COM-2017-208-F1-DE-MAIN-PART-1.PDF ("*Kommission* EMIR-REFIT-Entwurf").
3 *Kommission* EMIR REFIT-Entwurf, S. 12, 17 und 34: Einfügung eines neuen Art. 39 Abs. 11 VO Nr. 648/2012.
4 *Litten/Schwenk*, DB 2013, 918, 922; zur Entstehungsgeschichte: *Jaskulka*, BKR 2012, 441, 445 ff.; *Holzer*, BKR 2011, 366, 369.
5 ESMA Q&A CCP Frage Nr. 3(a) [letzte Aktualisierung: 4.2.2016].

member) zu benennen, auf das die CCP die Positionen und Vermögenswerte des Kunden bei Ausfall übertragen kann[1]. Das Fehlen eines Ersatzclearingmitgliedes reduziert jedoch die Wahrscheinlichkeit einer erfolgreichen Übertragung. Die ESMA erwartet deshalb, dass die CCP und die Clearingmitglieder auf dieses Risiko besonders hinweisen[2].

29 Ein **Clearingmitglied** muss der Übernahme von Kundenpositionen nur dann zustimmen, wenn es sich gegenüber den betreffenden Kunden hierzu vertraglich verpflichtet hat. Um die Bereitschaft von Clearingmitgliedern zur Übernahme von Kundenpositionen zu erhöhen, sieht Art. 304 Abs. 2 VO Nr. 575/2013 vor, dass ein Clearingmitglied den durch die vertragliche Verpflichtung begründeten Eventualverbindlichkeiten einen Risikopositionswert von null zuweisen darf; sie wirken sich somit auf die Eigenkapitalanforderungen oder die Berechnung des Verschuldungsquote nicht aus.

30 Scheitert die Übertragung der Kundenpositionen oder lässt sie sich nicht innerhalb des von der CCP festgelegten **Übertragungszeitraums** durchführen, kann die CCP die Kundenpositionen glattstellen[3]. Bei der Festlegung des Übertragungszeitraums steht der CCP ein gewisser **Gestaltungsspielraum** zu[4]. Er darf allerdings nicht so kurz bemessen sein, dass eine Übertragung innerhalb des festgelegten Zeitraums deshalb unmöglich ist, weil die Kunden innerhalb der Frist kein Ersatzclearingmitglied benennen können[5]. Wegen der Glattstellung wird auf die Ausführungen in Rz. 14 verwiesen.

31 **VIII. Rückgabe der nicht benötigten Sicherheiten und Abwicklungserlöse (Art. 48 Abs. 7 VO Nr. 648/2012).** Die für Kundenpositionen gestellten Einschüsse und der im Falle der Einzelkunden-Kontentrennung nach Art. 39 Abs. 6 VO Nr. 648/2012 von der CCP gehaltene zusätzliche Einschuss bzw. Überschuss dürfen von der CCP nur zur Deckung von Verlusten aus den durch sie besicherten Kundenpositionen verwendet werden. Die Vorschrift entspricht Art. 45 Abs. 4 VO Nr. 648/2012, der ebenfalls vorsieht, dass die von nicht ausfallenden Clearingmitgliedern gestellten Einschüsse nicht dazu verwendet werden dürfen, Verluste des ausgefallenen Clearingmitgliedes zu decken.

32 Maßgeblich für den Umfang, in dem Verluste aus Kundenpositionen durch die für sie gestellten Einschüsse gedeckt werden, ist das **Abrechnungskonto**. So sind nach Art. 41 Abs. 4 VO Nr. 648/2012 Einschüsse für die in einem Abrechnungskonto verbuchten Kundenpositionen zu ermitteln. Auch dürfen nach Art. 39 Abs. 9 Buchst. c VO Nr. 648/2012 die für ein Abrechnungskonto gestellten Sicherheiten nur dazu verwendet werden, die für das betreffende Abrechnungskonto ermittelten Verluste zu decken. Eine Verrechnung von Positionen oder Sicherheiten über mehrere Abrechnungskonten hinweg ist damit nicht zulässig[6].

33 Werden die für mehrere Kunden gehaltenen Positionen im Wege der **Omnibus-Kunden-Kontentrennung** nach Art. 39 Abs. 2 VO Nr. 648/2012 in nur einem Abrechnungskonto verbucht, so bedeutet dies jedoch auch, dass die Einschüsse für sämtliche in diesem Abrechnungskonto verbuchten Positionen ermittelt und zur Deckung sämtlicher Verluste aus diesen Positionen herangezogen werden, und zwar unabhängig davon ob der Kunde, dessen Positionen die Verluste verursacht haben zugleich auch die Sicherheit gestellt hat.

34 Scheitert die Übertragung der Kundenpositionen nach Art. 48 Abs. 5 und 6 VO Nr. 648/2012 und stellt die CCP die Kundenpositionen glatt, so hat sie einen ggf. verbleibenden **Überschuss** an die Kunden auszukehren. Ist ihr der Kunde bekannt, muss sie den Überschuss unmittelbar an den Kunden zahlen (sog. „**leapfrogging**"). Sind ihr die Kunden nicht bekannt, leistet sie den Überschuss an das ausgefallene Clearingmitglied bzw. an dessen Insolvenzverwalter wobei die Leistung „für Rechnung" der Kunden erfolgen muss.

35 Ob die Widmung der Leistung „für Rechnung" der Kunden verhindert, dass die gezahlten Beträge Teil des Insolvenzvermögens des ausgefallenen Clearingmitgliedes werden, hängt von dem jeweils anwendbaren Insolvenzrecht ab. So ist nicht auszuschließen, dass der Insolvenzverwalter des Clearingmitgliedes die für Rechnung der Kunden gezahlten Ausgleichsforderungen nicht an diese freigibt, sondern die Kunden auf die Insolvenzquote verweist oder dass sich die Freigabe der Beträge durch den Insolvenzverwalter erheblich verzögert[7]. Ebenfalls offen ist, ob das leapfrogging mit insolvenzrechtlichen Bestimmungen vereinbar und durchsetzbar ist[8]. Wegen der Einzelheiten wird auf die Ausführungen in Rz. 19–23 verwiesen.

---

1 *ESMA* Q&A CCP Frage Nr. 3(c) [letzte Aktualisierung: 4.2.2016].
2 *ESMA* Q&A CCP Frage Nr. 3(c) [letzte Aktualisierung: 4.2.2016].
3 *ESMA* Q&A CCP Frage Nr. 3(d) [letzte Aktualisierung: 4.2.2016]; *Richter/Eue/Gallei/Schmidt* in Wilhelmi/Achtelik/Kunschke/Sigmundt, Handbuch EMIR, Teil 5.E Rz. 25.
4 *ESMA* Q&A CCP Frage Nr. 3(b) [letzte Aktualisierung: 4.2.2016].
5 *ESMA* Q&A CCP Frage Nr. 3(c) [letzte Aktualisierung: 4.2.2016]: „be able to designate another back-up clearing member"; s. auch *Meyer/Rieger*, Die Bank 2012, 16, 19.
6 *ESMA* Q&A CCP Frage Nr. 3(d) [letzte Aktualisierung: 4.2.2016].
7 *ESMA*, Diskussionspapier „Calculation of counterparty risk by UCITS for OTC financial derivative transactions subject to clearing obligations" ESMA/2014/876 vom 22.7.2014 abrufbar über: https://www.esma.europa.eu/sites/default/files/library/2015/11/2014-esma-876.pdf („*ESMA*, Diskussionspapier UCITS Clearingpflicht"), Rz. 14; *Decker* BKR 2014, 397, 398.
8 S. *von Hall*, WM 2013, 673, 680, wonach das Leapfrogging insolvenzrechtlich deshalb kein Problem ist, weil die Vermögenswerte der Kunden aufgrund der Art. 39 und 48 VO Nr. 648/2012 und des Vorrangs des europäischen Rechte nie Bestandteil der Insolvenzmasse des Clearingmitgliedes wurden.

Art. 49 Überprüfung der Modelle, Stresstests und Backtesting

(1) Eine CCP überprüft regelmäßig die Modelle und Parameter, die bei der Berechnung ihrer Einschussanforderungen, der Beiträge zum Ausfallfonds und der Anforderungen an die Sicherheiten zugrunde gelegt werden, sowie andere Risikokontrollmechanismen. Sie unterwirft die Modelle häufigen, strikten Stresstests, um ihre Belastbarkeit unter extremen, aber plausiblen Marktbedingungen zu bewerten, und sie führt Backtests durch, um die Zuverlässigkeit der angewandten Methodik zu beurteilen. Die CCP lässt eine unabhängige Validierung vornehmen, unterrichtet die für sie zuständige Behörde und die ESMA über die Ergebnisse der durchgeführten Tests und muss vor einer wesentlichen Änderung der Modelle und Parameter eine Validierung durch diese vornehmen lassen.

Die angenommenen Modelle und Parameter sowie wesentliche Änderungen daran werden dem Kollegium zum Zwecke einer Stellungnahme gemäß Artikel 19 vorgelegt.

Die ESMA stellt sicher, dass die Informationen über die Ergebnisse der Stresstests an die ESA weitergeleitet werden, damit diese das Risiko von Finanzunternehmen gegenüber dem Ausfall von CCPs bewerten können.

(2) Eine CCP unterwirft die wesentlichen Aspekte ihrer Verfahren bei Ausfall eines Clearingmitglieds regelmäßigen Tests und ergreift alle angemessenen Maßnahmen, um sicherzustellen, dass alle Clearingmitglieder diese Verfahren verstehen und geeignete Vorkehrungen getroffen haben, um bei einem Ausfall entsprechend reagieren zu können.

(3) Eine CCP veröffentlicht Hauptaspekte zu ihrem Risikomanagementmodell und die bei der Durchführung des Stresstests gemäß Absatz 1 zugrunde gelegten Annahmen.

(4) Um die einheitliche Anwendung dieses Artikels zu gewährleisten, erarbeitet die ESMA nach Anhörung der EBA, anderer jeweils zuständiger Behörden und der Mitglieder des ESZB Entwürfe für technische Regulierungsstandards, in denen Folgendes festgelegt wird:

a) Art der Tests, die für verschiedene Kategorien von Finanzinstrumenten und Portfolios durchzuführen sind;

b) Einbeziehung von Clearingmitgliedern oder anderen Parteien in die Tests;

c) Häufigkeit der Tests;

d) Zeithorizont der Tests;

e) Schlüsselinformationen gemäß Absatz 3.

Die ESMA legt der Kommission diese Entwürfe für technische Regulierungsstandards bis zum 30. September 2012 vor.

Der Kommission wird die Befugnis übertragen, die in Unterabsatz 1 genannten technischen Regulierungsstandards gemäß den Artikeln 10 bis 14 der Verordnung (EU) Nr. 1095/2010 zu erlassen.

In der Fassung vom 4.7.2012 (ABl. EU Nr. L 201 v. 27.7.2012, S. 1).

Delegierte Verordnung (EU) Nr. 153/2013 vom 19. Dezember 2012
zur Ergänzung der Verordnung (EU) Nr. 648/2012 des Europäischen Parlaments und des Rates in Bezug auf technische Regulierungsstandards für Anforderungen an zentrale Gegenparteien
(Auszug)

Art. 1 Begriffsbestimmungen

Im Sinne dieser Verordnung bezeichnet der Ausdruck

1. „Basisrisiko" das aus nicht vollkommen korrelierten Entwicklungen von zwei oder mehreren durch die zentrale Gegenpartei (CCP) geclearten Vermögenswerten oder Kontrakten erwachsende Risiko;

2. „Konfidenzintervall" den Prozentsatz der Forderungsveränderungen für jedes geclearte Finanzinstrument in Bezug auf einen spezifischen Lookback-Zeitraum, den eine CCP während einer bestimmten Liquidationsperiode abdecken muss;

3. „Verfügbarkeitsprämie" den Ertrag, der aus dem direkten Halten eines Grundstoffes erwächst und sowohl von den Marktbedingungen als auch von Faktoren wie den Lagerkosten abhängig ist;

4. „Einschusszahlungen" Einschusszahlungen im Sinne von Artikel 41 der Verordnung (EU) Nr. 648/2012, die aus Ersteinschusszahlungen und Nachschusszahlungen bestehen können;

5. „Ersteinschusszahlungen" Einschusszahlungen zur Deckung potenzieller künftiger Risikopositionen gegenüber Clearingmitgliedern, die die Einschusszahlungen bereitstellen, und gegebenenfalls gegenüber interoperablen CCP, die von der CCP im Intervall zwischen der letzten Einforderung von Einschusszahlungen und der Liquidierung von Positionen nach einem Ausfall eines Clearingmitglieds oder einer interoperablen CCP eingenommen werden;

6. „Nachschusszahlungen" Einschusszahlungen, die eingenommen oder ausgezahlt werden, um die aktuellen aus tatsächlichen Veränderungen der Marktpreise erwachsenden Risiken widerzuspiegeln;

7. „Jump-to-Default-Risiko" das Risiko, dass eine Gegenpartei oder ein Emittent plötzlich ausfällt, bevor der Markt Zeit hatte, das erhöhte Ausfallrisiko zu berücksichtigen;

8. „Liquidationsperiode" den Zeitraum, der bei der Berechnung der Einschusszahlungen verwendet wird, die nach Schätzungen der CCP für die Steuerung ihrer Risikopositionen gegenüber einem ausfallenden Mitglied erforderlich sind, und während dessen die CCP Marktrisiken ausgesetzt ist, die mit der Verwaltung der Positionen des ausfallenden Mitglieds verbunden sind;
9. „Lookback-Zeitraum" den Zeithorizont für die Berechnung der historischen Volatilität;
10. „Testausnahme" ein Testergebnis, aus dem hervorgeht, dass das Modell oder der Rahmen für die Steuerung des Liquiditätsrisikos einer CCP nicht das angestrebte Deckungsniveau gewährleisten konnten;
11. „Korrelationsrisiko" das aus Risikopositionen gegenüber einer Gegenpartei oder einem Emittenten erwachsende Risiko, wenn die von der Gegenpartei bereitgestellte oder von dem Emittenten ausgegebene Sicherheit eine hohe Korrelation mit dem betreffenden Kreditrisiko aufweist.

In der Fassung vom 19.12.2012 (ABl. EU Nr. L 52 v. 23.2.2013, S. 41).

Art. 47 Modellvalidierung

(1) Eine CCP führt eine umfassende Validierung ihrer Modelle, Methoden und des Rahmens für die Steuerung des Liquiditätsrisikos durch, um ihre Risiken zu quantifizieren, zu aggregieren und zu steuern. Alle wesentlichen Änderungen oder Anpassungen ihrer Modelle, der Methoden und des Rahmens für die Steuerung des Liquiditätsrisikos unterliegen angemessenen Steuerungsmechanismen, die auch die Konsultation des Risikoausschusses vorsehen, und werden vor der Anwendung von einer qualifizierten und unabhängigen Stelle validiert.

(2) Der Validierungsprozess einer CCP wird dokumentiert und er spezifiziert mindestens die Grundsätze zur Prüfung der Methoden der CCP im Zusammenhang mit den Einschusszahlungen, Ausfallfonds und sonstigen Finanzmitteln und des Rahmens für die Berechnung der liquiden Finanzmittel. Alle wesentlichen Änderungen oder Anpassungen derartiger Grundsätze unterliegen angemessenen Steuerungsmechanismen, die auch die Konsultation des Risikoausschusses vorsehen, und werden vor der Anwendung von einer qualifizierten und unabhängigen Stelle validiert.

(3) Eine umfassende Validierung umfasst mindestens Folgendes:
a) eine Evaluierung, ob die Modelle und der Rahmen solide konzipiert sind, auch anhand der Unterlagen, die die Erarbeitung der Modelle und des Rahmens dokumentieren;
b) eine Überprüfung der laufenden Überwachungsverfahren, einschließlich der Verifizierung von Prozessen und Benchmarking;
c) eine Überprüfung der bei der Entwicklung der Modelle, Methoden und des Rahmens zugrunde gelegten Parameter und Annahmen;
d) eine Überprüfung, ob die angenommenen Modelle, Methoden und der Rahmen hinsichtlich der Art der Kontrakte, auf die sie Anwendung finden, adäquat und angemessen sind;
e) eine Überprüfung, ob ihre Szenarien für Stresstests nach Kapitel VII und Artikel 52 angemessen sind;
f) eine Analyse der Testergebnisse.

(4) Eine CCP legt Kriterien fest, anhand derer sie bewertet, ob ihre Modelle, Methoden und der Rahmen für die Steuerung des Liquiditätsrisikos erfolgreich validiert werden können. Zu den Kriterien gehören auch positive Testergebnisse.

(5) Sind die Preisdaten nicht ohne Weiteres verfügbar oder nicht zuverlässig, so reagiert die CCP auf derartige Einschränkungen und stützt sich mindestens auf konservative Annahmen, die auf beobachteten korrelierenden oder verbundenen Märkten und aktuellen Marktentwicklungen basieren.

(6) Sind die Preisdaten nicht ohne Weiteres verfügbar oder nicht zuverlässig, so unterliegen die zu diesem Zweck verwendeten Systeme und Bewertungsmodelle angemessenen Steuerungsmechanismen, die auch die Konsultation des Risikoausschusses vorsehen, sowie einer Validierung und Tests. Eine CCP lässt ihre Bewertungsmodelle für verschiedene Marktszenarien von einer qualifizierten und unabhängigen Stelle validieren, um zu gewährleisten, dass ihre Modelle angemessene Preise generieren, und passt ihre Berechnung der Ersteinschusszahlungen gegebenenfalls an, um etwaige ermittelte Modellrisiken zu berücksichtigen.

(7) Eine CCP führt regelmäßig eine Bewertung der theoretischen und empirischen Eigenschaften ihrer Modelle für Einschusszahlungen für alle durch sie geclearten Finanzinstrumente durch.

In der Fassung vom 19.12.2012 (ABl. EU Nr. L 52 v. 23.2.2013, S. 41).

Art. 48 Testprogramme

(1) Eine CCP verfügt über Grundsätze und Verfahren, in denen die Programme für Stress- und Backtests erläutert sind, die sie durchführt, um die Angemessenheit, Genauigkeit, Zuverlässigkeit und Belastbarkeit der Modelle und Methoden zu bewerten, die sie zur Berechnung ihrer Risikokontrollmechanismen, darunter Einschusszahlungen, Beiträge zu Ausfallfonds und sonstige Finanzmittel vor dem Hintergrund verschiedenster Marktbedingungen, verwendet.

(2) In den Grundsätzen und Verfahren der CCP werden außerdem die Programme für die Stresstests dargelegt, die sie durchführt, um die Angemessenheit, Genauigkeit, Zuverlässigkeit und Belastbarkeit des Rahmens für die Steuerung des Liquiditätsrisikos zu bewerten.

(3) Die Grundsätze und Verfahren enthalten mindestens Methoden für die Auswahl und Entwicklung angemessener Tests, einschließlich der Auswahl der Portfolio- und Marktdaten, der Häufigkeit der Tests, der spezifischen Risikomerkmale der geclearten Finanzinstrumente, der Analyse der Testergebnisse und Testausnahmen und der einschlägigen erforderlichen Abhilfemaßnahmen.

(4) Die Kundenpositionen werden von der CCP in alle Tests miteinbezogen.

In der Fassung vom 19.12.2012 (ABl. EU Nr. L 52 v. 23.2.2013, S. 41).

Art. 49 Verfahren für Backtests

(1) Eine CCP bewertet das Deckungsniveau der Einschusszahlungen durch einen Ex-Post-Vergleich der festgestellten Ergebnisse mit den erwarteten Ergebnissen, die auf der Verwendung von Modellen für Einschusszahlungen basieren. Derartige Analysen anhand von Backtests werden jeden Tag durchgeführt, um zu evaluieren, ob hinsichtlich des Deckungsniveaus der Einschusszahlungen Testausnahmen aufgetreten sind. Das Deckungsniveau wird auf der Basis der aktuellen Positionen in Finanzinstrumenten und mit Blick auf die Clearingmitglieder evaluiert, wobei mögliche Auswirkungen der portfoliobezogenen Einschussregelungen und gegebenenfalls interoperable CCP berücksichtigt werden.

(2) Eine CCP berücksichtigt bei ihrem Programm für Backtests angemessene historische Zeithorizonte, damit gewährleistet ist, dass der verwendete Beobachtungszeitraum ausreicht, um etwaige Beeinträchtigungen der statistischen Signifikanz zu mindern.

(3) Eine CCP sieht in ihrem Programm für Backtests mindestens klare statistische Tests sowie Leistungskriterien vor, die sie zur Bewertung der Backtestergebnisse festlegt.

(4) Eine CCP berichtet dem Risikoausschuss regelmäßig unter Wahrung der Vertraulichkeit der Daten über die Backtestergebnisse und deren Analyse und konsultiert den Ausschuss hinsichtlich der Überprüfung ihres Modells für Einschusszahlungen.

(5) Die Ergebnisse und die Analyse der Backtests werden allen Clearingmitgliedern und den Kunden, falls diese der CCP bekannt sind, zur Verfügung gestellt. Alle anderen Kunden erhalten die Ergebnisse und Analysen der Backtests auf Anfrage über die einschlägigen Clearingmitglieder. Derartige Informationen werden unter Wahrung der Vertraulichkeit der Daten aggregiert und die Clearingmitglieder und Kunden können lediglich auf die detaillierten Ergebnisse und Analysen der Backtests ihrer eigenen Portfolios zugreifen.

(6) Eine CCP legt Verfahren fest, um die Maßnahmen zu konkretisieren, die sie angesichts der Ergebnisse und Analysen von Backtests ergreifen kann.

In der Fassung vom 19.12.2012 (ABl. EU Nr. L 52 v. 23.2.2013, S. 41).

Art. 50 Verfahren für Sensitivitätstests und -analysen

(1) Eine CCP führt Sensitivitätstests und -analysen durch, um das Deckungsniveau ihres Modells für Einschusszahlungen in verschiedenen Marktsituationen zu bewerten und greift dabei auf historische Daten für tatsächlich aufgetretene schwierige Marktbedingungen und hypothetische Daten für nicht aufgetretene schwierige Marktbedingungen zurück.

(2) Eine CCP verwendet ein weites Spektrum an Parametern und Annahmen, um verschiedene historische und hypothetische Bedingungen zu erfassen, darunter auch die volatilsten Zeiträume auf den Märkten, in denen sie tätig ist, und extreme Änderungen der Preiskorrelationen bei durch die CCP geclearten Kontrakten, um zu verstehen, wie sich sehr angespannte Marktbedingungen und Veränderungen bei wichtigen Modellparametern auf das Deckungsniveau auswirken könnten.

(3) Die Sensitivitätsanalysen werden für verschiedene bestehende Portfolios von Clearingmitgliedern sowie für repräsentative Portfolios durchgeführt. Die repräsentativen Portfolios werden unter Berücksichtigung ihrer Sensibilität im Zusammenhang mit wesentlichen Risikofaktoren und den für die CCP bestehenden Korrelationen zusammengestellt. Derartige Sensitivitätstests und -analysen sind darauf ausgelegt, die Hauptparameter und -annahmen des Modells für die Ersteinschusszahlungen vor dem Hintergrund verschiedener Konfidenzintervalle zu testen, um festzustellen, wie sensibel das System auf Fehler bei der Kalibrierung derartiger Parameter und Annahmen reagiert. Die zeitliche Struktur der Risikofaktoren und die angenommene Korrelation zwischen den Risikofaktoren werden angemessen berücksichtigt.

(4) Eine CCP evaluiert die potenziellen Verluste bei den Positionen von Clearingmitgliedern.

(5) Eine CCP berücksichtigt bei Bedarf Parameter, die einen gleichzeitigen Ausfall von Clearingmitgliedern widerspiegeln, die durch die CCP geclearte Finanzinstrumente oder Vermögenswerte, die durch die CCP geclearten Derivaten zugrunde liegen, ausgeben. Gegebenenfalls werden auch die Auswirkungen eines Ausfalls eines Kunden berücksichtigt, der durch die CCP geclearte Finanzinstrumente oder Vermögenswerte, die durch die CCP geclearten Derivaten zugrunde liegen, emittiert.

(6) Eine CCP berichtet dem Risikoausschuss regelmäßig unter Wahrung der Vertraulichkeit der Daten über die Ergebnisse der Sensitivitätstests und deren Analyse und konsultiert den Ausschuss hinsichtlich der Überprüfung ihres Modells für Einschusszahlungen.

(7) Eine CCP legt Verfahren fest, um die Maßnahmen zu konkretisieren, die sie angesichts der Ergebnisse und Analysen von Sensitivitätstests ergreifen kann.

In der Fassung vom 19.12.2012 (ABl. EU Nr. L 52 v. 23.2.2013, S. 41).

Art. 51 Verfahren für Stresstests

(1) Bei Stresstests einer CCP werden Stressparameter, -annahmen und -szenarien auf die zur Schätzung der Risikoposition verwendeten Modelle angewandt, damit sichergestellt wird, dass die Finanzmittel ausreichen, um die Risikopositionen in extremen, aber plausiblen Marktbedingungen zu decken.

(2) Das Programm einer CCP für Stresstests sieht die regelmäßige Durchführung einer Reihe von Stresstests vor, die dem Produktmix der CCP und allen Elementen ihrer Modelle, ihren Methoden und ihrem Rahmen für die Steuerung des Liquiditätsrisikos Rechnung tragen.

(3) Das Programm der CCP für Stresstests sieht vor, dass die Stresstests mit Hilfe definierter Stresstestszenarien durchgeführt werden, bei denen sowohl in der Vergangenheit aufgetretene als auch hypothetische extreme, aber plausible Marktbedingungen gemäß Kapitel VII berücksichtigt werden. Die dabei zu verwendenden in der Vergangenheit aufgetretenen Marktbedingungen werden gegebenenfalls überprüft und angepasst. Eine CCP berücksichtigt auch andere Formen

angemessener Stresstestszenarien wie den technischen oder finanziellen Ausfall ihrer Verrechnungsbanken, Nostro-Agenten, Depotbanken, Liquiditätsbeschaffer oder interoperabler CCP.

(4) Eine CCP ist in der Lage, ihre Stresstests schnell anzupassen, um neue oder entstehende Risiken zu berücksichtigen.

(5) Eine CCP berücksichtigt die potenziellen Verluste, die auf den Ausfall eines gegebenenfalls bekannten Kunden zurückzuführen sind, dessen Clearing über verschiedene Clearingmitglieder erfolgt.

(6) Eine CCP berichtet dem Risikoausschuss regelmäßig unter Wahrung der Vertraulichkeit der Daten über die Ergebnisse der Stresstests und deren Analyse und konsultiert den Ausschuss hinsichtlich der Überprüfung ihrer Modelle, Methoden und des Rahmen für die Steuerung des Liquiditätsrisikos.

(7) Die Ergebnisse und die Analyse der Stresstests werden allen Clearingmitgliedern und den Kunden, falls diese der CCP bekannt sind, zur Verfügung gestellt. Allen anderen Kunden werden die Ergebnisse und Analysen der Stresstests durch die einschlägigen Clearingmitglieder auf Anfrage zur Verfügung gestellt. Derartige Informationen werden unter Wahrung der Vertraulichkeit der Daten aggregiert und die Clearingmitglieder und Kunden haben lediglich Zugang zu detaillierten Ergebnissen und Analysen der Stresstests, die ihre eigenen Portfolios betreffen.

(8) Eine CCP legt Verfahren fest, um die Maßnahmen zu konkretisieren, die sie angesichts der Ergebnisse und Analysen von Stresstests ergreifen kann.

In der Fassung vom 19.12.2012 (ABl. EU Nr. L 52 v. 23.2.2013, S. 41).

Art. 52 Risikofaktoren bei Stresstests

(1) Eine CCP ermittelt relevante Risikofaktoren, die für die durch sie geclearten Kontrakte spezifisch sind und sich auf ihre Verluste auswirken könnten, und verfügt über eine angemessene Methode zur Messung dieser Faktoren. Bei den Stresstests einer CCP wird bei Bedarf mindestens den für folgende Finanzinstrumente spezifizierten Risikofaktoren Rechnung getragen:
a) zinsbezogene Kontrakte: Risikofaktoren in Bezug auf die Zinssätze in allen Währungen, in denen die CCP Finanzinstrumente cleArt. Das Modell für die Zinsstrukturkurve wird in verschiedene Laufzeitsegmente unterteilt, um die Volatilitätsschwankungen der Zinsen entlang der Zinsstrukturkurve zu erfassen. Die Anzahl der betreffenden Risikofaktoren hängt von der Komplexität der durch die CCP geclearten Zinskontrakte ab. Das aus nicht vollkommen korrelierten Entwicklungen der Zinsen von Staatstiteln und anderer festverzinslicher Titel erwachsende Basisrisiko wird gesondert erfasst;
b) wechselkursbezogene Kontrakte: Risikofaktoren in Bezug auf jede Fremdwährung, in der die CCP Finanzinstrumente cleart, und in Bezug auf die Wechselkurse zwischen der Währung, in der die Einschusszahlungen abgerufen werden, und der Währung, in der die CCP Finanzinstrumente cleart;
c) aktienbezogene Kontrakte: Risikofaktoren in Bezug auf die Volatilität einzelner Aktienemissionen für jeden der durch die CCP geclearten Märkte und in Bezug auf die Volatilität verschiedener Sektoren des Aktienmarkts insgesamt. Die Komplexität und Art der Modellierungstechnik für einen bestimmten Markt trägt den Risikopositionen der CCP gegenüber dem gesamten Markt und der Konzentration individueller Aktienemissionen in diesem Markt Rechnung;
d) Warenkontrakte: Risikofaktoren, die den verschiedenen Kategorien und Unterkategorien von Warenkontrakten und verbundenen Derivaten, die durch die CCP gecleart werden, Rechnung tragen, auch gegebenenfalls den Schwankungen der Verfügbarkeitsprämie in Bezug auf Derivatepositionen und Kassapositionen in der Ware;
e) kreditbezogene Kontrakte: Risikofaktoren, die dem Jump-to- Default-Risiko, einschließlich des kumulativen Risikos vielfacher Ausfälle, dem Basisrisiko und der Volatilität der Erlösquote Rechnung tragen.

(2) Darüber hinaus berücksichtig eine CCP bei ihren Stresstests Folgendes angemessen:
a) Korrelationen, auch in Bezug auf ermittelte Risikofaktoren und ähnliche durch die CCP geclearte Kontrakte;
b) Faktoren im Zusammenhang mit der implizierten und historischen Volatilität der geclearten Kontrakte;
c) spezifische Merkmale neuer Kontrakte, die von der CCP zu clearen sind;
d) Konzentrationsrisiko, einschließlich gegenüber einem Clearingmitglied und gegenüber Unternehmen, die der Gruppe eines Clearingmitglieds angehören;
e) wechselseitige Abhängigkeiten und Vielzahl der Beziehungen;
f) relevante Risiken, einschließlich Wechselkursrisiko;
g) festgelegte Grenzen für Risikopositionen;
h) Korrelationsrisiko.

In der Fassung vom 19.12.2012 (ABl. EU Nr. L 52 v. 23.2.2013, S. 41).

Art. 53 Stresstests für die Finanzmittel insgesamt

(1) Das Programm einer CCP für Stresstests gewährleistet, dass die Einschusszahlungen, Beiträge zu Ausfallfonds und die sonstigen Finanzmittel zusammen genommen ausreichen, um den Ausfall von mindestens zwei Clearingmitgliedern, gegenüber denen sie die größten Risikopositionen hält, in extremen, aber plausiblen Marktbedingungen zu decken. Mit dem Programm für Stresstests werden außerdem potenzielle Verluste in extremen, aber plausiblen Marktbedingungen untersucht, die auf den Ausfall von Unternehmen zurückzuführen sind, die derselben Gruppe wie die zwei Clearingmitglieder angehören, gegenüber denen die größten Risikopositionen bestehen.

(2) Das Programm einer CCP für Stresstests gewährleistet, dass ihre Einschusszahlungen und der Ausfallfonds ausreichen, um im Einklang mit Artikel 42 der Verordnung (EU) Nr. 648/2012 zumindest den Ausfall des Clearingmitglieds, gegen-

über dem sie die höchsten Risikopositionen hält, oder, wenn diese Summe höher ist, derjenigen Clearingmitglieder, gegenüber denen sie die zweit- und dritthöchsten Risikopositionen hält, aufzufangen.

(3) Die CCP führt eine sorgfältige Analyse der potenziellen Verluste durch, die sie erleiden könnte, und evaluiert die potenziellen Verluste in Bezug auf Positionen der Clearingmitglieder, auch in Bezug auf das Risiko, dass die Liquidierung derartiger Positionen Auswirkungen auf den Markt und das Deckungsniveau der Einschusszahlungen haben könnte.

(4) Eine CCP berücksichtigt in ihren Stresstests bei Bedarf die Auswirkungen des Ausfalls eines Clearingmitglieds, das durch die CCP geclearte Finanzinstrumente oder Vermögenswerte, die durch die CCP geclearten Derivaten zugrunde liegen, ausgibt. Gegebenenfalls werden auch die Auswirkungen eines Ausfalls eines Kunden berücksichtigt, der durch die CCP geclearte Finanzinstrumente oder Vermögenswerte, die durch die CCP geclearten Derivaten zugrunde liegen, emittiert.

(5) Die Stresstests einer CCP tragen der Liquidationsperiode nach Maßgabe von Artikel 26 Rechnung.

In der Fassung vom 19.12.2012 (ABl. EU Nr. L 52 v. 23.2.2013, S. 41).

Art. 54 Stresstests für die liquiden Finanzmittel

(1) Das Programm einer CCP für Stresstests für ihre liquiden Finanzmittel gewährleistet, dass diese im Einklang mit den in Kapitel VIII festgelegten Anforderungen ausreichend sind.

(2) Eine CCP verfügt über klare und transparente Regeln und Verfahren, um einen im Rahmen ihrer Stresstests ermittelten Engpass bei den liquiden Finanzmitteln zu beseitigen und die Abwicklung von Zahlungsverpflichtungen zu gewährleisten.

Eine CCP verfügt außerdem über klare Verfahren zur Verwendung der Ergebnisse und Analysen der Stresstests, um zu evaluieren, ob ihr Rahmen für die Steuerung des Risikos und ihre Liquiditätsbeschaffer angemessen sind oder diesbezüglich Anpassungen vorgenommen werden müssen.

(3) Die bei den Stresstests für die liquiden Finanzmittel verwendeten Stresstestszenarien berücksichtigen das Konzept und den Betrieb der CCP und tragen allen Unternehmen Rechnung, die für sie ein wesentliches Liquiditätsrisiko darstellen könnten. Derartige Stresstests tragen außerdem etwaigen engen Verbindungen oder ähnlichen Risikopositionen von Clearingmitgliedern, einschließlich von anderen Unternehmen, die derselben Gruppe angehören, Rechnung, und dienen der Bewertung der Wahrscheinlichkeit mehrfacher Ausfälle und der Ansteckungsgefahr unter den Clearingmitgliedern bei derartigen Ausfällen.

In der Fassung vom 19.12.2012 (ABl. EU Nr. L 52 v. 23.2.2013, S. 41).

Art. 55 Erhaltung eines ausreichenden Deckungsniveaus

(1) Eine CCP führt Verfahren zur Erkennung von Veränderungen der Marktbedingungen ein, einschließlich von Volatilitätssteigerungen oder Liquiditätsverringerungen der durch sie geclearten Finanzinstrumente, um die Berechnung ihrer Einschussanforderungen umgehend anzupassen und neuen Marktbedingungen angemessen Rechnung tragen zu können, und setzt diese dauerhaft um.

(2) Eine CCP führt Tests bezüglich ihrer Abschläge durch, um sicherzustellen, dass die Sicherheiten in extremen, aber plausiblen Marktbedingungen zumindest zu dem um den Abschlag bereinigten Wert liquidiert werden können.

(3) Nimmt eine CCP statt einer produktbezogenen eine portfoliobezogene Einschusszahlung ein, so prüft und testet sie kontinuierlich die zwischen den Produkten vorgenommenen Verrechnungen. Eine CCP stützt sich bei solchen Verrechnungen auf eine umsichtige und wirtschaftlich sinnvolle Methode, die den Grad der zwischen den Produkten bestehenden Preisabhängigkeit widerspiegelt. Insbesondere testet eine CCP, wie sich die Korrelationen in Zeiträumen mit tatsächlichen oder hypothetischen schwierigen Marktbedingungen entwickeln.

In der Fassung vom 19.12.2012 (ABl. EU Nr. L 52 v. 23.2.2013, S. 41).

Art. 56 Überprüfung von Modellen anhand von Testergebnissen

(1) Eine CCP verfügt über klare Verfahren zur Festlegung der Höhe der zusätzlichen Einschusszahlungen, die sie möglicherweise einnehmen muss, einschließlich auf Intra-Tagesbasis, und über Verfahren zur Neukalibrierung ihres Modells für Einschusszahlungen, falls aus den Backtests hervorgeht, dass das Modell hinter den Erwartungen zurückbleibt und dadurch der für die Erreichung des angestrebten Zuverlässigkeitsgrads erforderliche Betrag der Ersteinschusszahlungen anhand des Modells nicht ermittelt werden kann. Hat eine CCP festgelegt, dass eine zusätzliche Einschusszahlung notwendig ist, so wird diese im Zuge der folgenden Einschussanforderung abgerufen.

(2) Eine CCP bewertet, worauf die im Zuge ihrer Backtests ermittelten Testausnahmen zurückzuführen sind. Gestützt auf diese Evaluierung legt die CCP fest, ob eine wesentliche Änderung des Modells für die Einschusszahlungen oder des Modelle, die darin einfließen, erforderlich ist, und ob die aktuellen Parameter neu ausgerichtet werden müssen.

(3) Eine CCP bewertet, worauf die im Zuge ihrer Stresstests ermittelten Testausnahmen zurückzuführen sind. Gestützt auf diese Evaluierung legt die CCP fest, ob eine wesentliche Änderung ihrer Modelle, ihrer Methoden oder ihres Rahmens für die Steuerung des Liquiditätsrisikos erforderlich ist, oder ob die aktuellen Parameter oder Annahmen neu ausgerichtet werden müssen.

(4) Geht aus den Testergebnissen hervor, dass das Deckungsniveau der Einschusszahlungen, der Ausfallfonds oder der sonstigen Finanzmittel nicht ausreichen, so erhöht die CCP im Wege der folgenden Einschussanforderung die Gesamtdeckung durch ihre Finanzmittel auf ein akzeptables Niveau. Geht aus den Testergebnissen hervor, dass die liquiden Finanzmittel nicht ausreichen, so erhöht die CCP so bald wie möglich ihre liquiden Finanzmittel auf ein akzeptables Niveau.

(5) Eine CCP überwacht bei der Überprüfung ihrer Modelle, Methoden und des Rahmens für die Steuerung des Liquiditätsrisikos, wie häufig Testausnahmen auftreten, um Probleme umgehend und angemessen zu ermitteln und zu lösen.

In der Fassung vom 19.12.2012 (ABl. EU Nr. L 52 v. 23.2.2013, S. 41).

Art. 57 Reverse Stresstests

(1) Eine CCP führt reverse Stresstests durch, anhand derer ermittelt werden soll, unter welchen Marktbedingungen ihre Einschusszahlungen, der Ausfallfonds und die sonstigen Finanzmittel zusammen genommen möglicherweise nicht für eine hinreichende Deckung von Kreditrisiken sorgen und unter welchen Bedingungen ihre liquiden Finanzmittel nicht ausreichen könnten. Bei der Durchführung derartiger Tests bildet eine CCP extreme Marktbedingungen nach, die über die als plausibel geltenden Marktbedingungen hinausgehen, um dazu beizutragen, die Grenzen ihrer Modelle, ihres Rahmens für die Steuerung des Liquiditätsrisikos, ihrer Finanzmittel und der liquiden Finanzmittel festzulegen.

(2) Eine CCP erarbeitet reverse Stresstests, die den spezifischen Risiken der Märkte und Kontrakte, für die sie Clearingdienste bietet, angepasst sind.

(3) Eine CCP nutzt die gemäß Absatz 1 ermittelten Bedingungen und die Ergebnisse und Analysen ihrer reversen Stresstests, um extreme, aber plausible Szenarien nach Maßgabe von Kapitel VII zu ermitteln.

(4) Eine CCP berichtet dem Risikoausschuss regelmäßig unter Wahrung der Vertraulichkeit der Daten über die Ergebnisse der reversen Stresstests und deren Analyse und konsultiert den Ausschuss hinsichtlich ihrer Überprüfung.

In der Fassung vom 19.12.2012 (ABl. EU Nr. L 52 v. 23.2.2013, S. 41).

Art. 58 Tests der Verfahren bei Ausfall eines Clearingmitglieds

(1) Eine CCP testet und überprüft ihre Verfahren bei Ausfall eines Clearingmitglieds, um sicherzustellen, dass diese sowohl praktikabel als auch wirksam sind. Eine CCP führt im Rahmen der Tests ihrer Verfahren bei Ausfall eines Clearingmitglieds Simulationsübungen durch.

(2) Eine CCP ermittelt im Nachgang zu den Tests ihrer Verfahren bei Ausfall eines Clearingmitglieds Unsicherheiten und passt ihre Verfahren entsprechend an, um derartige Unsicherheiten zu beseitigen.

(3) Eine CCP prüft durch die Durchführung von Simulationsübungen, dass alle Clearingmitglieder und gegebenenfalls die Kunden und andere einschlägige Parteien, einschließlich interoperabler CCP und der mit ihnen verbundenen Diensteanbieter, gebührend informiert werden und die Verfahren bei einem Ausfall kennen.

In der Fassung vom 19.12.2012 (ABl. EU Nr. L 52 v. 23.2.2013, S. 41).

Art. 59 Häufigkeit

(1) Eine CCP führt mindestens jährlich eine umfassende Validierung ihrer Modelle und Methoden durch.

(2) Eine CCP führt mindestens jährlich eine umfassende Validierung ihres Rahmens für die Steuerung des Liquiditätsrisikos durch.

(3) Eine CCP führt mindestens jährlich eine vollständige Validierung ihrer Bewertungsmodelle durch.

(4) Eine CCP überprüft mindestens jährlich die Angemessenheit der in Artikel 51 spezifizierten Grundsätze.

(5) Eine CCP analysiert und überprüft die Leistung ihres Modells und die Deckung durch Finanzmittel im Falle eines Ausfalls durch mindestens tägliche Backtests des Deckungsniveaus der Einschusszahlungen und führt mindestens täglich Stresstests anhand standardisierter und vorab festgelegter Parameter und Annahmen durch.

(6) Eine CCP analysiert und überwacht ihren Rahmen für die Steuerung des Liquiditätsrisikos, indem sie mindestens täglich Stresstests ihrer liquiden Finanzmittel durchführt.

(7) Eine CCP führt mindestens monatlich eine detaillierte Analyse der Testergebnisse durch, um sicherzustellen, dass ihre Stresstest-Szenarien, ihre Modelle, der Rahmen für die Steuerung des Liquiditätsrisikos und die zugrunde liegenden Parameter und Annahmen korrekt sind. Derartige Analysen werden unter angespannten Marktbedingungen häufiger durchgeführt, einschließlich dann, wenn die geclearten Finanzinstrumente oder bedienten Märkte im Allgemeinen eine hohe Volatilität aufweisen oder an Liquidität verlieren oder wenn sich der Umfang oder die Konzentration der von ihren Clearingmitgliedern gehaltenen Positionen wesentlich erhöht oder wenn zu erwarten steht, dass eine CCP ihre Tätigkeiten in schwierigen Marktbedingungen ausführen muss.

(8) Die Sensitivitätsanalysen werden mindestens monatlich und unter Verwendung der Ergebnisse der Sensitivitätstests durchgeführt. Diese Analyse wird häufiger vorgenommen, wenn die Märkte ungewöhnlich volatil oder weniger liquide sind oder der Umfang oder die Konzentration der von ihren Clearingmitgliedern gehaltenen Positionen sich wesentlich erhöht.

(9) Eine CCP testet mindestens jährlich die bei den Finanzinstrumenten vorgenommenen Verrechnungen und die Entwicklung der Korrelationen in Zeiträumen mit tatsächlichen oder hypothetischen schwierigen Marktbedingungen.

(10) Die Abschläge einer CCP werden mindestens monatlich getestet.

(11) Eine CCP führt mindestens vierteljährlich reverse Stresstests durch.

(12) Eine CCP testet und überprüft mindestens vierteljährlich ihre Verfahren bei Ausfall eines Clearingmitglieds und führt mindestens jährlich im Einklang mit Artikel 61 Simulationsübungen durch. Eine CCP führt außerdem nach wesentlichen Änderungen an ihren Verfahren bei Ausfall eines Clearingmitglieds Simulationsübungen durch.

In der Fassung vom 19.12.2012 (ABl. EU Nr. L 52 v. 23.2.2013, S. 41).

Art. 60 Zeithorizonte

(1) Die Zeithorizonte für Stresstests werden im Einklang mit Kapitel VII festgelegt und umfassen prospektive extreme, aber plausible Marktbedingungen.

(2) Die historischen Zeithorizonte für Backtests umfassen mindestens Daten aus dem Jahr, für das die neuesten Daten vorliegen, oder, falls die CCP das betreffende Finanzinstrument seit weniger als einem Jahr cleart, Daten aus dem gesamten Zeitraum, in dem das Finanzinstrument durch die CCP gecleart wurde.

In der Fassung vom 19.12.2012 (ABl. EU Nr. L 52 v. 23.2.2013, S. 41).

Art. 61 Zu veröffentlichende Informationen

(1) Eine CCP veröffentlicht die allgemeinen Grundsätze, die ihren Modellen und Methoden zugrunde liegen, und Informationen über die Art der durchgeführten Tests mit einer auf oberster Ebene erstellten Zusammenfassung der Testergebnisse und aller ergriffenen Abhilfemaßnahmen.

(2) Eine CCP veröffentlicht die Schlüsselaspekte ihrer Verfahren bei Ausfall eines Clearingmitglieds, einschließlich
a) der Umstände, unter denen Maßnahmen ergriffen werden dürfen;
b) Angaben, wer diese Maßnahmen ergreifen darf;
c) des Umfangs der möglicherweise zu ergreifenden Maßnahmen, auch in Bezug auf eigene Positionen, Mittel und Vermögenswerte und die der Kunden;
d) der Verfahren hinsichtlich der Verpflichtungen einer CCP gegenüber nicht ausfallenden Clearingmitgliedern;
e) der Verfahren hinsichtlich der Verpflichtungen ausfallender Clearingmitglieder gegenüber ihren Kunden.

In der Fassung vom 19.12.2012 (ABl. EU Nr. L 52 v. 23.2.2013, S. 41).

Schrifttum: *Europäische Wertpapier- und Marktaufsichtsbehörde (ESMA)*, „Fragen und Antworten – Umsetzung der Verordnung (EU) Nr. 648/2012 über OTC-Derivate, zentrale Gegenparteien und Transaktionsregister (EMIR)", ESMA70-1861941480-52 vom 30.5.2018, abrufbar über: https://www.esma.europa.eu („*ESMA Q&A*").

I. Überprüfung der Risikomodelle und Parameter (Art. 49 Abs. 1 VO Nr. 648/2012) 1	7. Unterrichtung der zuständigen Behörden 27
1. Anwendungsbereich 1	II. Überprüfung der Verfahren bei Ausfall (Art. 49 Abs. 2 VO Nr. 648/2012) 28
2. Validierung 4	III. Veröffentlichungspflicht (Art. 49 Abs. 3 VO Nr. 648/2012) 30
3. Rückvergleiche (Back Testing) 9	
4. Sensitivitätstests 12	IV. Technische Regulierungsstandards (Art. 49 Abs. 4 VO Nr. 648/2012) 31
5. Stresstests 15	
6. Wesentliche Modelländerungen 25	

I. Überprüfung der Risikomodelle und Parameter (Art. 49 Abs. 1 VO Nr. 648/2012). 1. Anwendungsbereich. Zu den in Art. 49 Abs. 1 Unterabs. 1 VO Nr. 648/2012 genannten **Modellen und Parametern**, die die CCP regelmäßig überprüfen und testen muss, zählen zunächst die Modelle, mit denen die CCP die Höhe der von Clearingmitgliedern und interoperablen CCPs zu leistenden Einschusszahlungen oder Ausfallfondsbeiträge abschätzt, oder mit denen sie die Werthaltigkeit der von ihr empfangenen Sicherheiten und die Höhe der Abschläge (haircuts) bestimmt.

Zu den „anderen Risikokontrollmechanismen" zählen nach Art. 47 Abs. 1 DelVO Nr. 153/2013 ferner die Modelle und Verfahren, mit denen die CCP nach Art. 44 VO Nr. 648/2012 ihren potentiellen Liquiditätsbedarf ermittelt und die mit ihrer Clearingtätigkeit verbundenen Liquiditätsrisiken erfasst, bewertet und steuert.

Die in Art. 49 Abs. 1 Unterabs. 1 VO Nr. 648/2012 vorgeschriebenen **Stresstests, Rückvergleiche und Validierungen**, mit denen die CCP die Angemessenheit, Genauigkeit, Zuverlässigkeit und Belastbarkeit ihrer Modelle und Parameter überprüft, sind in den Art. 47–62 DelVO Nr. 153/2013 näher konkretisiert worden. Die nachfolgende Darstellung lehnt sich an die dort gewählte Reihenfolge an.

2. Validierung. Nach Art. 47 Abs. 1 DelVO Nr. 153/2013 die CCP muss die CCP die von ihr verwendeten Modelle, Methoden und Verfahren einer umfassenden Validierung unterziehen. Die Validierung ist nach Art. 59 Abs. 1–3 DelVO Nr. 153/2013 mindestens **jährlich** durchzuführen. Davon abweichend sind die im Rahmen der Bewertung von Sicherheiten zur Anwendung kommenden Abschläge (haircuts) von der CCP mindestens monatlich zu testen (Art. 59 Abs. 10 DelVO Nr. 153/2013). Die sich aus der Validierung ergebenden Änderungen der Modelle und Parameter sind, wenn sie wesentlich sind, von einer unabhängigen Stelle zu überprüfen und unterliegen der Konsultation des **Risikoausschusses**. Darüber hinaus muss die CCP vor Umsetzung einer wesentlichen Modelländerung eine Validierung durch die **zuständige Behörde** und die **ESMA** vornehmen lassen[1].

---

[1] *Europäische Wertpapier- und Marktaufsichtsbehörde (ESMA)*, „Fragen und Antworten – Umsetzung der Verordnung (EU) Nr. 648/2012 über OTC-Derivate, zentrale Gegenparteien und Transaktionsregister (EMIR)", ESMA70-1861941480-52 vom 30.5.2018, abrufbar über: https://www.esma.europa.eu/sites/default/files/library/esma70-1861941480-52_qa_on_emir_implementation.pdf („*ESMA Q&A*"), CCP Frage Nr. 5(b) [letzte Aktualisierung: 20.3.2013].

5   Der Validierungsprozess selbst und die hierbei zur Anwendung kommenden Grundsätze und Verfahren sind nach Art. 47 Abs. 2 DelVO Nr. 153/2013 von der CCP zu dokumentieren. Wesentliche Änderungen des Validierungsprozesses unterliegen denselben Anforderungen wie Modelländerungen: Sie sind durch eine unabhängige Stelle zu prüfen und mit dem Risikoausschuss abzustimmen. Eine zusätzliche Validierung durch die zuständige Behörde und ESMA ist hingegen nicht vorgesehen.

6   Der Gegenstand der Validierung ist in Art. 47 Abs. 3 DelVO Nr. 153/2013 näher beschrieben. So müssen insbesondere die im Rahmen der Stresstests und Rückvergleiche (back testings) beobachteten **Testergebnisse**, die den Modellen und Methoden zugrunde liegenden **Parameter und Annahmen** sowie die im Rahmen der Stresstest zugrunde liegenden **Szenarien** neu bewertet werden.

7   Die Validierung ist anhand von **Preisdaten** vorzunehmen. Sind die Preisdaten nicht ohne weiteres verfügbar oder nicht zuverlässig, muss die CCP diese Schwächen nach Art. 47 Abs. 5 DelVO Nr. 153/2013 durch konservative Annahmen, die sich an wesentlich korrelierten bzw. verbundenen Märkten oder Finanzinstrumenten orientieren (sog. „proxies") ausgleichen. Die bei diesem Ausgleich zur Anwendung kommenden Verfahren sind nach Art. 47 Abs. 6 DelVO Nr. 153/2013 durch eine unabhängige Stelle zu prüfen und mit dem Risikoausschuss abzustimmen. Die theoretischen und empirischen Eigenschaften der für die Berechnung der Einschusszahlungen verwendeten Modelle sind nach Art. 47 Abs. 7 DelVO Nr. 153/2013 von der CCP ebenfalls regelmäßig zu validieren.

8   Die von der CCP verwendeten Grundsätze und Verfahren müssen nach Art. 48 Abs. 1 und Abs. 2 DelVO Nr. 153/2013 u.a. die **Programme für die Stresstests und Rückvergleiche** beschreiben, mit denen die CCP die Angemessenheit, Genauigkeit, Zuverlässigkeit und Belastbarkeit ihrer Modelle, Methoden und Verfahren überprüft. Die Beschreibung muss nach Art. 48 Abs. 3 DelVO Nr. 153/2013 mindestens die Methoden für die Auswahl und Entwicklung angemessener Tests, einschließlich der hierbei heranzuziehenden Marktdaten umfassen.

8a Art. 48 Abs. 4 DelVO Nr. 153/2013 stellt klar, dass die für **Kunden** gehaltenen Positionen in die Tests mit einbezogen werden müssen. Bei CCPs, die das Clearing von Finanzinstrumenten erst beginnen, sind die nach Art. 48 Abs. 1 DelVO Nr. 153/2013 geforderten Stresstests und Rückvergleiche auf Basis der von der CCP geschätzten Risikopositionen, wie sie sich aus dem Geschäftsplan ableiten, zu ermitteln[1].

9   **3. Rückvergleiche (Back Testing).** Nach Art. 49 Abs. 1 DelVO Nr. 153/2013 ist die mit Hilfe des Modells nach Art. 41 Abs. 1 VO Nr. 648/2012 geschätzte Höhe der Ersteinschüsse – das sog. „Deckungsniveau" – durch mindestens täglich durchzuführende Rückvergleiche (**back testing**) zu überprüfen. Der Rückvergleich ist anhand der aktuellen Werte der Finanzinstrumente und dem sich daraus ableitenden tatsächlichen Wertanstieg durchzuführen. Dabei sind auch mögliche Auswirkungen einer **portfoliobezogenen Berechnung** der Einschüsse zu berücksichtigen.

10 **Ziel** der Rückvergleich ist es, Abweichungen (sog. „Ausreißer" oder „outlier") zu identifizieren, die auf mögliche Schwächen des Modells hinweisen. Um die statistische Aussagekraft dieser Abweichungen richtig einschätzen zu können (ein Ausreißer pro Tag wiegt schwerer als ein Ausreißer in 180 Tagen), muss die CCP einen angemessenen historischen Zeithorizont zugrunde legen, der mindestens das zurückliegende Jahr umfasst (Art. 60 Abs. 1 DelVO Nr. 153/2013). Bei CCPs, die das Clearing von Finanzinstrumenten erst beginnen, ist die Zeithorizont und der für den Rückvergleich zu verwendende historische Datensatz mit der zuständigen Behörde abzustimmen[2].

11 In ihren Grundsätzen und Verfahren muss die CCP die **Maßnahmen** beschreiben, die sie im Falle eines negativen Testergebnisses ergreifen wird (Art. 49 Abs. 6 DelVO Nr. 153/2013). Dazu zählen nach Art. 56 Abs. 1 DelVO Nr. 153/2013 auch die sofortige **Neukalibrierung** des Modells und die ggf. untertägigen Anforderungen zusätzlicher Einschusszahlungen. Nach Art. 49 Abs. 4 und Abs. 5 DelVO Nr. 153/2013 sind die Risikoausschuss, die Clearingmitglieder und deren Kunden, soweit sie der CCP namentlich bekannt sind, über die Ergebnisse der Rückvergleiche und deren Analyse zu unterrichten.

12 **4. Sensitivitätstests.** Nach Art. 50 Abs. 1 DelVO Nr. 153/2013 muss die CCP ihr Modell für Einschusszahlungen Sensitivitätstests unterziehen, mit denen sie die Höhe der von ihr ermittelten Einschusszahlungen im Lichte unterschiedlicher schwieriger Marktsituationen überprüft. Hierfür muss sie auf historische und hypothetische Daten zurückgreifen, die sich auf tatsächlich beobachtete oder potentielle zukünftige Marktbedingungen beziehen; diese müssen insbesondere Zeiträume mit größter Volatilität und extremen Änderungen von Preiskorrelationen umfassen.

13 Ziel des Sensitivitätstests ist es festzustellen, wie sich eine negative Veränderung von Marktbedingungen bzw. eine Änderung der im Modell verwendeten Parameter auf das von dem Modell geschätzte Deckungsniveau auswirken kann (Art. 50 Abs. 2 DelVO Nr. 153/2013). Die Sensitivitätstests und -analysen sind nach Art. 59 Abs. 8 DelVO Nr. 153/2013 mindestens monatlich durchzuführen.

---

1 ESMA Q&A CCP Frage Nr. 5(a) [letzte Aktualisierung: 20.3.2013].
2 ESMA Q&A CCP Frage Nr. 5(a) [letzte Aktualisierung: 20.3.2013].

In ihren Grundsätzen und Verfahren muss die CCP die Maßnahmen beschreiben, die sie im Falle eines negativen Testergebnisses ergreifen wird (Art. 50 Abs. 7 DelVO Nr. 153/2013). Die Sensitivitätstests sind nach Art. 50 Abs. 3 DelVO Nr. 153/2013 für verschiedene bestehende Portfolien von Clearingmitgliedern sowie für **repräsentative Portfolien** durchzuführen, wobei die repräsentativen Portfolien unter Berücksichtigung ihrer Sensibilität, die sie im Hinblick auf bestimmte Risikofaktoren aufweisen, zu ermitteln sind. Nach Art. 50 Abs. 6 DelVO Nr. 153/2013 ist der Risikoausschuss über die Ergebnisse der Sensitivitätstests und deren Analyse zu unterrichten. 14

5. Stresstests. Zweck der von der CCP durchzuführenden Stresstests ist es festzustellen, ob die der CCP zur Verfügung stehenden Finanzmittel ausreichen, um die möglichen Verluste aus den von ihr geclearten Finanzinstrumenten bei Ausfall von Clearingmitgliedern auch unter extremen aber plausiblen Marktbedingungen zu decken (Art. 51 Abs. 1 und Art. 53 Abs. 1 und Abs. 2 DelVO Nr. 153/2013). 15

Die nach Art. 48 Abs. 1 und Abs. 2 DelVO Nr. 153/2013 vorzuhaltenden Programme müssen die regelmäßige Durchführung von unterschiedlichen Stresstests vorsehen, die dem „Produktmix" der CCP und den wesentlichen Elementen der von der CCP verwendeten Modelle, Methoden und Verfahren angemessen Rechnung tragen (Art. 51 Abs. 2 DelVO Nr. 153/2013). 16

Die Stresstests müssen mit Hilfe definierter Stressszenarien durchgeführt werden, die auf tatsächlichen und hypothetischen **extremen aber plausiblen Marktbedingungen** i.S.d. Art. 30 DelVO Nr. 153/2013 basieren. Zu berücksichtigen ist aber auch der technische oder finanzielle **Ausfall** von in das Clearing eingebundenen **Dienstleistern**, wie z.B. eines Wertpapierliefer- und -abrechnungssystems, eines Liquiditätsanbieters oder einer interoperablen CCP (Art. 51 Abs. 3 DelVO Nr. 153/2013). Zu berücksichtigen sind ferner Konzentrationsrisiken, wie der in Art. 51 Abs. 5 DelVO Nr. 153/2013 genannte Ausfall eines der CCP bekannten Kunden, der Finanzinstrumente über unterschiedliche Clearingmitglieder der CCP abwickelt. 17

Um den erwähnten „Produktmix" der CCP angemessen Rechnung zu tragen, muss die CCP für jede der von ihr geclearten Kategorie von Finanzinstrumenten die relevanten **Risikofaktoren** definieren. Hierzu zählen mindestens die in Art. 52 Abs. 1 DelVO Nr. 153/2013 aufgeführten „Risikotreiber" (z.B. Zinsrisiko, Jump-to-Default-Risiko). Darüber hinaus muss die CCP zusätzliche Faktoren, wie Korrelations-, und Konzentrationsrisiken oder bestehende wechselseitige Abhängigkeiten berücksichtigen (Art. 52 Abs. 2 DelVO Nr. 153/2013). Die CCP muss in der Lage sein, ihre Stresstest schnell anzupassen (Art. 51 Abs. 4 DelVO Nr. 153/2013). 18

Nach Art. 59 Abs. 5 DelVO Nr. 153/2013 hat die CCP mindestens täglich Stresstests durchzuführen, mit denen sie die Leistungsfähigkeit ihrer Modelle zur Berechnung der **Einschusszahlungen** anhand standardisierter und vorab festgelegter Parameter überprüft. Über die Ergebnisse der Stresstests und deren Analyse sind der Risikoausschuss, die Clearingmitglieder und deren Kunden, soweit sie der CCP namentlich bekannt sind, zu unterrichten (Art. 51 Abs. 6 und Abs. 7 DelVO Nr. 153/2013). Darüber hinaus muss die CCP auch die für sie zuständige Behörde sowie die ESMA über die von durchgeführten Stresstests unterrichten. 19

Art. 53 DelVO Nr. 153/2013 verpflichtet die CCP durch Stresstests sicherzustellen, dass der Gesamtbetrag der ihr **zur Verfügung stehenden Finanzmittel** ausreicht, den Ausfall des größten bzw. der beiden größten Clearingmitglieder aufzufangen. Der nach Art. 53 Abs. 1 DelVO Nr. 153/2013 durchzuführende Stresstest hat die Summe der Einschusszahlungen, Ausfallfondsbeiträge und sonstigen Finanzmittel zum Gegenstand. Zu untersuchen ist, ob die Gesamtheit dieser Finanzmittel ausreichend ist, um den simulierten Ausfall der – gemessen an der Höhe der von ihnen gehaltenen Risikopositionen – zwei größten Clearingmitglieder auch unter extremen aber plausiblen Marktbedingungen aufzufangen. 20

Der nach Art. 53 Abs. 2 DelVO Nr. 153/2013 durchzuführende Stresstest beschränkt sich auf die Einschusszahlungen und Ausfallfondsbeiträge und ermittelt ob sie ausreichen, um den simulierten Ausfall des größten Clearingmitgliedes oder, wenn die Summe der von dem zweit- und dem drittgrößten Clearingmitglied gehaltenen Risikopositionen größer als die des größten Clearingmitgliedes ist, den simulierten Ausfall des zweit- und des drittgrößten Clearingmitgliedes aufzufangen. Geht aus den Testergebnissen hervor, dass das Deckungsniveau der Finanzmittel unzureichend ist, so muss die CCP die Gesamtdeckung auf ein akzeptables Niveau anheben (Art. 56 Abs. 3 Satz 1 DelVO Nr. 153/2013). 21

Die nach Art. 54 DelVO Nr. 153/2013 durchzuführenden Stresstests für die liquiden Finanzmittel sind täglich durchzuführen. Geht aus den Testergebnissen hervor, dass die **liquiden Finanzmittel** nicht ausreichen um den prognostizierten Liquiditätsbedarf zu decken, so muss die CCP ihren Liquiditätspool auf ein akzeptables Niveau anheben (Art. 56 Abs. 3 Satz 2 DelVO Nr. 153/2013). 22

Die von der CCP durchzuführenden Stresstest schließen nach Art. 57 DelVO Nr. 153/2013 auch sog. „**reverse Stresstests**" mit ein. Ziel des reversen Stresstests ist es, die Marktbedingungen zu ermitteln, die beim Ausfall von Clearingmitgliedern dazu führen, dass die der CCP zur Verfügung stehenden Finanzmittel aus Einschusszahlungen, Ausfallfondsbeiträgen und sonstigen **Finanzmitteln nicht mehr ausreichen**, die Verluste der CCP zu decken. Dabei muss die CCP auch solche extremen Marktbedingungen zugrunde legen, die nicht mehr plausible sind. Die reversen Stresstests sind nach Art. 59 Abs. 11 DelVO Nr. 153/2013 mindestens vierteljährlich 23 durchzuführen. Nach Art. 57 Abs. 4 DelVO Nr. 153/2013 ist der Risikoausschuss über die Ergebnisse der reversen Stresstests und deren Analyse zu unterrichten.

24 Nach Art. 15 Abs. 2 Buchst. m DelVO Nr. 153/2012 zählen die **Aufzeichnungen** über die Ergebnisse der von der CCP durchgeführten Stresstests und Rückvergleiche zu den von der CCP zu führenden Aufzeichnungen über Vorgänge und Tätigkeiten, die mit ihrer Geschäftsorganisation zusammenhängen. Sie unterliegen den allgemeinen Anforderungen an die Aufbewahrung nach Art. 29 VO Nr. 648/2012 und Art. 12 DelVO Nr. 153/2012, d.h. sie sind für **mindestens 10 Jahre** aufzubewahren und der zuständigen Behörde, den im ESZB zusammengeschlossenen Zentralbanken und der ESMA auf Anfrage zur Verfügung zu stellen.

25 **6. Wesentliche Modelländerungen.** Die von der CCP verwendeten Modelle und Parameter sind Bestandteil der nach Art. 19 VO Nr. 648/2012 zu erstellenden Stellungnahme des **Kollegiums**[1]. Gleiches gilt für jede wesentliche Änderung des Modells oder eines seiner Parameter[2]. Darüber hinaus ist nach Art. 28 Abs. 3 VO Nr. 648/2012 der **Risikoausschuss** zu konsultieren.

26 Zu der Frage, wann eine wesentliche Modelländerung anzunehmen ist, hat die **ESMA** zwischenzeitlich Stellung[3] genommen. Die nicht abschließende Liste nennt u.a. die Berücksichtigung neuer Risikofaktoren, Stressszenarien oder Bewertungsmodelle oder Änderungen, die die Abwicklung der Finanzinstrumente betreffen. Ebenfalls als wesentlich einzustufen sind die Erweiterung des Kataloges der anerkannten Sicherheiten und jede Modelländerung, die mit einer Veränderung der Eigenkapitalanforderungen oder Einschusszahlungen um jeweils 10 % oder einer Veränderung der Ausfallfondsbeiträge oder des Gesamtbetrages aller vorfinanzierten Finanzmittel um jeweils 5 % verbunden ist[4].

27 **7. Unterrichtung der zuständigen Behörden.** Nach Art. 49 Abs. 1 Unterabs. 1 Satz 3 VO Nr. 648/2012 hat die CCP die für sie **zuständige Behörde und die ESMA** über die Ergebnisse der von ihr durchgeführten Stresstests zu **unterrichten**. Art. 49 Abs. 1 Unterabs. 3 VO Nr. 648/2012 stellt sicher, dass die Informationen über die Ergebnisse an die anderen europäischen Aufsichtsbehörden weitergeleitet werden, damit diese das Risiko eines Ausfalls der CCP bzw. die mit ihr verbundenen Folgewirkungen für die von ihnen beaufsichtigten Clearingmitglieder und Kunden bewerten können.

28 **II. Überprüfung der Verfahren bei Ausfall (Art. 49 Abs. 2 VO Nr. 648/2012).** Mit dem in Art. 49 Abs. 2 VO Nr. 648/2012 vorgeschriebenen Test soll die CCP ermitteln, ob die von ihr entwickelten Verfahren bei Ausfall eines Clearingmitgliedes praktikabel und wirksam sind (Art. 58 Abs. 1 DelVO Nr. 153/2013). Der Test besteht u.a. in der Durchführung von **Simulationsübungen**. Diese Übungen sollen nicht nur Schwächen des Verfahrens aufdecken, sondern auch sicherstellen, dass die in die Übung eingebundenen Clearingmitglieder und Kunden sich mit dem Verfahren bei Ausfall vertraut machen (Art. 58 Abs. 3 DelVO Nr. 153/2013). Simulationsübungen sind nach Art. 59 Abs. 12 DelVO Nr. 153/2013 mindestens einmal im Jahr durchzuführen. Darüber hinaus hat die CCP ihre Verfahren mindestens vierteljährlich zu überprüfen.

29 Die im Rahmen der Überprüfungen oder Simulationsübungen festgestellten Schwächen und Unsicherheiten sind durch Anpassung des Verfahrens zu beseitigen (Art. 58 Abs. 2 DelVO Nr. 153/2013).

30 **III. Veröffentlichungspflicht (Art. 49 Abs. 3 VO Nr. 648/2012).** Die nach Art. 49 Abs. 3 VO Nr. 648/2012 zu veröffentlichen **Hauptaspekte des Risikomanagementmodells** und der den Stresstest zugrunde gelegten Annahmen sind in Art. 61 DelVO Nr. 153/2013 näher konkretisiert worden. Hierzu zählen nach Art. 61 Abs. 1 DelVO Nr. 153/2013 die allgemeinen Grundsätze, die den von der CCP verwendeten **Modellen, Methoden und Verfahren** zugrunde liegen, die Art der von der CCP durchgeführten Tests und Rückvergleiche sowie eine auf das Wesentliche beschränkte Darstellung der Testergebnisse und der von der CCP ergriffenen Maßnahmen. Ebenfalls zu veröffentlichen sind nach Art. 61 Abs. 2 DelVO Nr. 153/2013 die wesentlichen Merkmale des von der CCP angewendeten **Verfahrens bei Ausfall eines Clearingmitgliedes**. Anzugeben sind insbesondere die Umstände, unter denen Maßnahmen ergriffen werden können, Angaben dazu, wer die Maßnahmen ergreift und Angaben zum Umfang der zu ergreifenden Maßnahmen, insbesondere im Hinblick auf die Positionen der Kunden.

31 **IV. Technische Regulierungsstandards (Art. 49 Abs. 4 VO Nr. 648/2012).** Die Kommission ist nach Art. 49 Abs. 4 VO Nr. 648/2012 befugt, technische Regulierungsstandards zu erlassen in denen sie die Art der durchzuführen Tests, die Einbeziehung von Clearingmitgliedern, die Häufigkeit der Tests, den Zeithorizont der Tests und die zu veröffentlichen Einzelheiten festlegt. Von der Befugnis hat sie mit Art. 47 bis 61 DelVO Nr. 153/2013 Gebrauch gemacht. Die DelVO Nr. 153/2013 ist am zwanzigsten Tag nach ihrer Veröffentlichung im Amtsblatt der Europäischen Union, d.h. am 15.3.2013, in Kraft getreten (Art. 62 DelVO Nr. 153/2013).

---

1 *Alfes* in Wilhelmi/Achtelik/Kunschke/Sigmundt, Handbuch EMIR, Teil 5 F Rz. 136.
2 *ESMA* Q&A CCP Frage Nr. 5(b) [letzte Aktualisierung: 20.3.2013].
3 *ESMA*, Gutachten zu „Common indicators for new products and services under Article 15 and for significant changes under Article 49 of EMIR" vom 15.11.2016 (*ESMA/2016/1574*), abrufbar über: https://www.esma.europa.eu/sites/default/files/library/2016-1574_-_opinion_on_significant_changes_for_ccps_1.pdf („*ESMA* Opinion 2016/1574").
4 *ESMA* Opinion 2016/1574, Rz. 15.

Art. 50 Abwicklung

(1) Eine CCP verwendet, soweit zweckmäßig und verfügbar, Zentralbankgeld für die Abwicklung ihrer Transaktionen. Wird kein Zentralbankgeld genutzt, werden Maßnahmen getroffen, um die mit dem Barausgleich verbundenen Risiken streng zu begrenzen.

(2) Eine CCP legt in klarer Form ihre Verpflichtungen in Bezug auf die Lieferung von Finanzinstrumenten dar, unter anderem, ob sie verpflichtet ist, Finanzinstrumente zu liefern oder entgegenzunehmen, und ob sie Teilnehmer für Verluste im Zusammenhang mit der Lieferung entschädigt.

(3) Ist eine CCP zur Lieferung oder Entgegennahme von Finanzinstrumenten verpflichtet, schaltet sie durch Anwendung des Prinzips „Lieferung gegen Zahlung" das Erfüllungsrisiko weitestgehend aus.

In der Fassung vom 4.7.2012 (ABl. EU Nr. L 201 v. 27.7.2012, S. 1).

I. Abwicklung von Zahlungen (Art. 50 Abs. 1 VO Nr. 648/2012) 1	II. Abwicklung von Finanzinstrumenten (Art. 50 Abs. 2 und 3 VO Nr. 648/2012) 6

I. Abwicklung von Zahlungen (Art. 50 Abs. 1 VO Nr. 648/2012). Soweit zweckmäßig und verfügbar soll die CCP nach Art. 50 Abs. 1 VO Nr. 648/2012 für die Abwicklung der von ihr geclearten Finanzinstrumente Zentralbankgeld verwenden. Nutzt sie kein Zentralbankgeld, muss sie angemessene Maßnahmen treffen, um die mit dem Barausgleich verbundenen Risiken zu begrenzen.

Mit dem in Art. 50 Abs. 1 Satz 1 VO Nr. 648/2012 genannten **Zentralbankgeld** ist die Führungen eines Zahlungsverkehrskonto bei einer Zentralbank, die Abwicklung von Zahlungen über das von der Zentralbank betriebene Echtzeit-Bruttozahlungsverkehrssystem (real-time gross settlement system oder RTGS-System) und die im Falle eines Liquiditätsengpasses in Anspruch zu nehmende Refinanzierungsfazilität der Zentralbank gemeint.

Für die Abwicklung von **Zahlungen in Euro** ist dies das TARGET2-System. TARGET steht für Trans-European-Automated-Real-Time-Gross-Settlement-Express-Transfer und ist das Echtzeit-Bruttogrosszahlungsverkehrssystem der im **ESZB** zusammengeschlossenen europäischen Zentralbanken. Eine direkte Teilnahme an TARGET2 ist nur den im EWR zugelassenen und beaufsichtigten **Kreditinstituten** möglich. Diese müssen bei einer nationalen Zentralbank, z.B. der Deutschen Bundesbank, ein RTGS-Konto unterhalten, über das sie bei Bedarf auch die **Spitzenrefinanzierungsfazilität** nutzen können. Die Zahlungen selbst werden entweder über S.W.I.F.T (Society for Worldwide Interbank Financial Telecommunication) oder über den von der TARGET2-Gemeinschaftsplattform bereitgestellten Internetzugang initiiert. In Deutschland nutzen die EUREX Clearing AG und die European Commodity Clearing AG das TARGET2-System. Beide sind als Kreditinstitute zugelassen.

Sollen auf **britische Pfund** lautende Zahlungen in Zentralbankgeld abgewickelt werden, so ist das RTGS-System der Bank of England zu nutzen. Grundlage ist ein bei der **Bank of England** unterhaltenes RTGS-Konto (settlement account), über das im Falle eines kurzfristigen Liquiditätsbedarfs auch die von der Bank of England zur Verfügung gestellten Refinanzierungsfazilität (**operational standing lending facility**) genutzt werden kann. Die Zahlungen selbst werden über S.W.I.F.T abgewickelt. Das RTGS-System der Bank of England steht nur Banken und anderen geeigneten Instituten zur Verfügung. Angeschlossen an das RTGS-System sind u.a. das von der als Bank zugelassenen CHAPS Clearing Company Limited betriebene Clearing House Automated Payment System (CHAPS), das ebenfalls Zahlungen in Echtzeit zulässt. Unternehmen, die als indirekte Teilnehmer über CHAPS Zahlungen in britischen Pfund abwickeln wollen, müssen bei der Bank of England ein RTGS-Konto unterhalten. Nichtbanken können CHAPS-Zahlungen nur als indirekte Teilnehmer abwickeln. Die im Vereinigten Königreich zugelassenen CCPs nutzen CHAPS ausschließlich als indirekte Teilnehmer über zugelassene Geschäftsbanken.

Die Formulierung „soweit zweckmäßig und verfügbar" bezieht sich auf die für die Nutzung von Zentralbankgeld benötigte Zulassung als Kreditinstitut[1]. Soweit eine Abwicklung nur über Geschäftsbanken möglich ist, muss die CCP nach Art. 50 Abs. 1 Satz 2 VO Nr. 648/2012 Maßnahmen ergreifen, mit denen sie die mit dem Barausgleich verbundenen Risiken begrenzt. Soweit die CCP für Zwecke des Zahlungsabwicklung Guthaben bei der Geschäftsbank unterhält, die der Geschäftsbank als Einlagen „über Nacht" zur Verfügung stehen, sind mit den Maßnahmen auch die nach Art. 45 Abs. 2 DelVO Nr. 153/2013 zu treffenden **besonders sicheren Vereinbarungen** gemeint, die eine Besicherung der bei der Geschäftsbank unterhaltenen Over-night-Einlagen durch hochliquide Finanzinstrumente i.H.v. mindestens 95 % vorsehen. Wegen der Einzelheiten wird auf die Ausführungen zu Art. 47 VO Nr. 648/2012 Rz. 30 verwiesen.

II. Abwicklung von Finanzinstrumenten (Art. 50 Abs. 2 und 3 VO Nr. 648/2012). Nach Art. 50 Abs. 2 VO Nr. 648/2012 müssen die Regelwerke der CCP auch die mit der Lieferung von Finanzinstrumenten verbundenen Rechte und Pflichten der CPP, der Clearingmitglieder und derer Kunden regeln. Sie müssen insbesondere Aussagen dazu enthalten, ob die CCP im Falle einer Spät- oder Nichtlieferung von Finanzinstrumenten für die

---

1 Erwägungsgrund Nr. 71 VO Nr. 648/2012 mit Verweis auf Art. 6 RL 2006/48/EG.

damit verbundenen Verluste der Clearingmitglieder oder deren Kunden haftet. Um mögliche Erfüllungsrisiken auszuschließen, liefert die CCP nach Art. 50 Abs. 3 VO Nr. 648/2012, soweit möglich, Finanzinstrumente nur Zug um Zug gegen Zahlung[1].

7   Die in Art. 50 Abs. 1 VO Nr. 648/2012 nach Möglichkeit einzusetzende „**Lieferung gegen Zahlung**" (delivery vs. payment, DVP) setzt die Nutzung eines Wertpapierliefer- und -abrechnungssystems voraus, das seinerseits wiederum in Zentralbankgeld abwickelt. In Deutschland ist dies die Clearstream Banking AG, im Vereinigten Königreich das von der Euroclear UK & Ireland (EUI) betriebene CREST-System.

Kapitel 4
Berechnungen und Meldungen für die Zwecke der Verordnung (EU) Nr. 575/2013

Art. 50a Berechnung der hypothetischen Kapitalanforderung (K_{CCP})

(1) Für die Zwecke des Artikels 308 der Verordnung (EU) Nr. 575/2013 des Europäischen Parlaments und des Rates über Aufsichtsanforderungen an Kreditinstitute und Wertpapierfirmen vom 26. Juni 2013 berechnet eine ZGP für alle Kontrakte und Transaktionen, die sie für alle ihre Clearingmitglieder im Deckungskreis des jeweiligen Ausfallfonds cleart, K_{CCP} wie in Absatz 2 erläutert.

(2) Eine ZGP berechnet das hypothetische Kapital (K_{CCP}) wie folgt:

$K_{CCP} = \sum_i \max\{EBRM_i - IM_i - DF_i ; 0\} \cdot RW \cdot$ capital ratio

dabei entspricht

$EBRM_i$ = dem Risikopositionswert vor Risikominderung, der gleich dem Wert der Risikoposition der ZGP gegenüber Clearingmitglied i aus den Kontrakten und Transaktionen mit dem betreffenden Clearingmitglied ist, und der ohne Anrechnung der von diesem Clearingmitglied gestellten Sicherheit ermittelt wird,

IM_i = dem Einschuss von Clearingmitglied i bei der ZGP,

DF_i = dem vorfinanzierten Beitrag von Clearingmitglied i,

RW = einem Risikogewicht von 20 %,

capital ratio (Eigenkapitalquote) = 8 %.

Alle Werte der Formel nach Unterabsatz 1 beziehen sich auf die Bewertung am Tagesende vor dem Austausch der in der letzten Nachschussforderung des betreffenden Tages geforderten Nachschüsse.

(3) Eine ZGP führt die nach Absatz 2 vorgeschriebene Berechnung zumindest quartalsweise durch oder häufiger, wenn die für die Institute unter ihren Clearingmitgliedern zuständigen Behörden dies verlangen.

(4) Die EBA arbeitet Entwürfe technischer Durchführungsstandards aus, um für die Zwecke des Absatzes 3 folgendes zu präzisieren:

a) Häufigkeit und Termine der Berechnungen nach Absatz 2,

b) die Fälle, in denen die zuständige Behörde eines als Clearingmitglied auftretenden Instituts häufigere Berechnungen und Meldungen verlangen kann als unter Buchstabe a festgelegt.

Die EBA legt der Kommission diese Entwürfe technischer Durchführungsstandards bis 1. Januar 2014 vor. Der Kommission wird die Befugnis übertragen, die technischen Durchführungsstandards nach Unterabsatz 1 gemäß Artikel 15 der Verordnung (EU) Nr. 1093/2010 zu erlassen.

In der Fassung vom 26.6.2013 (ABl. EU Nr. L 176 v. 27.6.2013, S. 1), geändert durch Berichtigung vom 30.11.2013 (ABl. EU Nr. L 321 v. 30.11.2013, S. 6).

Art. 50b Allgemeine Regeln für die Berechnung der K_{CCP}

Für die Zwecke der Berechnung nach Artikel 50a Absatz 2 gilt:

a) Eine ZGP berechnet den Wert der Risikopositionen gegenüber ihren Clearingmitgliedern wie folgt:
   i) für Risikopositionen aus Kontrakten und Geschäften nach Artikel 301 Absatz 1 Buchstaben a und d der Verordnung (EU) Nr. 575/2013 berechnet sie den Wert nach der Marktbewertungsmethode gemäß Artikel 274 jener Verordnung,

---

[1] *Alfes* in Wilhelmi/Achtelik/Kunschke/Sigmundt, Handbuch EMIR, Teil 5.F Rz. 142.

ii) für Risikopositionen aus Kontrakten und Geschäften nach Artikel 301 Absatz 1 Buchstaben b, c und e der Verordnung (EU) Nr. 575/2013 berechnet sie den Wert gemäß der umfassenden Methode zur Berücksichtigung finanzieller Sicherheiten nach Artikel 223 jener Verordnung mit den aufsichtlichen Volatilitätsanpassungen gemäß den Artikeln 223 und 224; die Ausnahmeregelung nach Artikel 285 Absatz 2 Satz 2 Ziffer i jener Verordnung findet keine Anwendung,

iii) für Risikopositionen aus in Artikel 301 Absatz 1 der Verordnung (EU) Nr. 575/2013 nicht genannten Geschäften berechnet sie den Wert gemäß Teil 3 Titel V jener Verordnung;

b) für Institute im Geltungsbereich der Verordnung (EU) Nr. 575/2013 sind die Netting-Sätze dieselben wie die in Teil 3 Titel II jener Verordnung festgelegten Nettingsätze;

c) bei der Berechnung der Werte nach Buchstabe a zieht die ZGP die von ihren Clearingmitgliedern gestellten Sicherheiten von ihren Risikopositionen ab und nimmt dabei angemessene aufsichtliche Volatilitätsanpassungen gemäß der umfassenden Methode zur Berücksichtigung finanzieller Sicherheiten nach Artikel 2 der Verordnung (EU) Nr. 575/2013 vor;

d) *[am 30.11.2013 gestrichen]*

e) hat eine ZGP Risikopositionen gegenüber einer oder mehreren ZGP, so behandelt sie diese wie eine Risikopositionen gegenüber einem Clearingmitglied und bezieht Nachschüsse oder vorfinanzierte Beiträge dieser ZGP in die Berechnung von K_{CCP} ein;

f) hat eine ZGP mit ihren Clearing-Mitgliedern eine verbindliche vertragliche Vereinbarung geschlossen, nach der sie die deren Einschüsse ganz oder teilweise wie vorfinanzierte Beiträge verwenden kann, behandelt sie diese Einschüsse für die Berechnung gemäß diesem Absatz wie vorfinanzierte Beiträge und nicht als Einschüsse;

g) *[am 30.11.2013 gestrichen]*

h) bei Anwendung der Marktbewertungsmethode nach Artikel 274 der Verordnung (EU) Nr. 575/2013 ersetzt die ZGP die Formel nach Artikel 298 Absatz 1 Buchstabe c Ziffer ii jener Verordnung durch die folgende:

$PCE_{red} = 0{,}15 \cdot PCE_{gross} + 0{,}85 \cdot NGR \cdot PCE_{gross}$,

wobei der Zähler von NGR gemäß Artikel 274 Absatz 1 jener Verordnung berechnet wird, unmittelbar bevor Nachschüsse am Ende des Abwicklungszeitraums tatsächlich getauscht werden, in der Zähler gleich den Brutto-Wiederbeschaffungskosten ist;

i) kann eine ZGP NGR nicht gemäß Artikel 298 Absatz 1 Buchstabe c Ziffer ii der Verordnung (EU) Nr. 575/2013 berechnen, so

i) teilt sie den Instituten unter ihren Clearingmitgliedern und deren zuständigen Behörden mit, dass sie NGR nicht berechnen kann und legt die Gründe dafür dar,

ii) darf sie bei der Berechnung von PCE_{red} nach Buchstabe h drei Monate lang für NGR einen Wert von 0,3 ansetzen,

j) ist die ZGP am Ende des unter Buchstabe i Ziffer ii genannten Zeitraums noch immer nicht zur Berechnung des NGR-Werts in der Lage, so

i) berechnet K_{CCP} nicht mehr und

ii) teilt dies den Instituten unter ihren Clearingmitgliedern und deren zuständigen Behörden mit;

k) zur Berechnung des potenziellen künftigen Wiederbeschaffungswerts bei Optionen und Swaptionen gemäß der Marktbewertungsmethode nach Artikel 274 der Verordnung (EU) Nr. 575/2013 multipliziert eine ZGP den Nominalbetrag des Kontrakts mit dem absoluten Delta-Wert der Option ($\delta V/\delta p$) nach Artikel 280 Absatz 1 Buchstabe a jener Verordnung;

l) hat eine ZGP mehr als einen Ausfallfonds, nimmt sie die Berechnung nach Artikel 50a Absatz 2 für jeden Fonds getrennt vor.

In der Fassung vom 26.6.2013 (ABl. EU Nr. L 176 v. 27.6.2013, S. 1), geändert durch Berichtigung vom 30.11.2013 (ABl. EU Nr. L 321 v. 30.11.2013, S. 6).

Art. 50c Information

(1) Für die Zwecke des Artikels 308 der Verordnung (EU) Nr. 575/2013 macht eine ZGP den Instituten unter ihren Clearingmitgliedern und deren zuständige Behörden folgende Angaben:

a) hypothetische Kapital (K_{CCP}),

b) Summe der vorfinanzierten Beiträge (D_{FCM}),

c) Betrag ihrer vorfinanzierten finanziellen Mittel, die sie nach geltendem Recht oder aufgrund einer vertraglichen Vereinbarung mit ihren Clearingmitgliedern zur Deckung der durch den Ausfall eines oder mehrerer Clearingmitglieder bedingten Verluste einsetzen muss, bevor sie die Ausfallfondsbeiträge der übrigen Clearingmitglieder (DF_{CCP}) verwenden darf,

d) die Gesamtzahl ihrer Clearingmitglieder (N),

e) den Konzentrationsfaktor (β) nach Artikel 50d,

f) [am 30.11.2013 gestrichen]

Hat eine ZGP mehr als einen Ausfallfonds, macht sie die Angaben nach Unterabsatz 1 für jeden Fonds getrennt.

(2) Die ZGP informiert die Institute unter ihren Clearingmitgliedern mindestens quartalsweise oder häufiger, wenn deren zuständige Behörden dies verlangen.

(3) Die EBA arbeitet Entwürfe technischer Durchführungsstandards aus, in denen Folgendes präzisiert wird:

a) das einheitliche Formblatt für die Angaben nach Absatz 1;

b) Häufigkeit und Termine der Information nach Absatz 2;

c) die Fälle, in denen die zuständige Behörde eines als Clearingmitglied auftretenden Instituts die Angaben häufiger verlangen kann als unter Buchstabe b festgelegt.

Die EBA legt der Kommission diese Entwürfe technischer Durchführungsstandards bis 1. Januar 2014 vor.

Der Kommission wird die Befugnis übertragen, die technischen Durchführungsstandards nach Unterabsatz 1 gemäß Artikel 15 der Verordnung (EU) Nr. 1093/2010 zu erlassen.

In der Fassung vom 26.6.2013 (ABl. EU Nr. L 176 v. 27.6.2013, S. 1), geändert durch Berichtigung vom 30.11.2013 (ABl. EU Nr. L 321 v. 30.11.2013, S. 6).

Art. 50d Berechnung der von der ZGP zu meldenden besonderen Positionen

Für die Zwecke des Artikels 50c gilt Folgendes:

a) Sieht die Satzung einer ZGP vor, dass sie ihre finanziellen Mittel ganz oder teilweise parallel zu den vorfinanzierten Beiträgen der Clearingmitglieder derart verwenden muss, dass diese Mittel den vorfinanzierten Beiträgen eines Clearingmitglieds in Bezug auf das Auffangen von Verlusten der ZGP bei Ausfall oder Insolvenz eines oder mehrerer ihrer Clearingmitglieder der Höhe nach entsprechen, schlägt sie den entsprechenden Betrag dieser Mittel auf D_{FCM} auf;

b) sieht die Satzung einer ZGP vor, dass diese nach Verbrauch der Mittel des Ausfallfonds, aber vor Abruf der vertraglich zugesagten Beiträge ihrer Clearingmitglieder ihre finanziellen Mittel ganz oder teilweise zur Deckung der durch den Ausfall eines oder mehrerer Clearingmitglieder bedingten Verluste einsetzen muss, so schlägt die ZGP den entsprechenden Betrag dieser zusätzlichen finanziellen Mittel (DF^a_{CCP}) auf die Gesamtsumme der vorfinanzierten Beiträge (DF) wie folgt auf: $DF = DF_{CCP} + D_{FCM} + DF^a_{CCP}$.

c) Eine ZGP berechnet den Konzentrationsfaktor (β) nach folgender Formel:

$$\beta = \frac{PCE_{red,1} + PCE_{red,2}}{P \sum_i PCE_{red,i}}$$

dabei entspricht

$PCE_{red,i}$ = dem reduzierten potenziellen künftigen Wiederbeschaffungswert für alle Kontrakte und Transaktionen einer ZGP mit Clearingmitglied i,

$PCE_{red,1}$ = dem reduzierten potenziellen künftigen Wiederbeschaffungswert für alle Kontrakte und Transaktionen einer ZGP mit dem Clearingmitglied, das den höchsten PCE_{red}-Wert aufweist,

$PCE_{red,2}$ = dem reduzierten potenziellen künftigen Wiederbeschaffungswert für alle Kontrakte und Transaktionen einer ZGP mit dem Clearingmitglied, das den zweithöchsten PCE_{red}-Wert aufweist.

In der Fassung vom 26.6.2013 (ABl. EU Nr. L 176 v. 27.6.2013, S. 1), geändert durch Berichtigung vom 30.11.2013 (ABl. EU Nr. L 321 v. 30.11.2013, S. 6).

**Durchführungsverordnung (EU) Nr. 484/2014 vom 12. Mai 2014
zur Festlegung technischer Durchführungsstandards bezüglich des hypothetischen Kapitals einer zentralen
Gegenpartei gemäß der Verordnung (EU) Nr. 648/2012 des Europäischen Parlaments und des Rates**

Art. 1 Häufigkeit und Termine der gemäß Artikel 50a Absatz 3 der Verordnung (EU) Nr. 648/2012 erforderlichen Berechnung

(1) Die in Artikel 50a Absatz 3 der Verordnung (EU) Nr. 648/2012 festgelegte Häufigkeit der Berechnungen ist monatlich, sofern nicht das in Artikel 3 Absatz 1 dieser Verordnung vorgesehene Ermessen ausgeübt wird. In diesem Fall erfolgen die Berechnungen entweder wöchentlich oder täglich.

(2) Ist die Häufigkeit der Berechnungen, auf die in Absatz 1 Bezug genommen wird, monatlich, wendet die zentrale Gegenpartei die beiden folgenden Bestimmungen an:

a) die Stichtage für diese Berechnung lauten: 31. Januar, 28. Februar (oder 29. Februar in Schaltjahren), 31. März, 30. April, 31. Mai, 30. Juni, 31. Juli, 31. August, 30. September, 31. Oktober, 30. November und 31. Dezember;

b) der Tag, an dem die zentrale Gegenpartei die Berechnung vornimmt („Berechnungstag") ist jeweils der: 1. Februar, 1. März, 1. April, 1. Mai, 1. Juni, 1. Juli, 1. August, 1. September, 1. Oktober, 1. November, 1. Dezember, 1. Januar.

(3) Ist die Häufigkeit der Berechnungen, auf die in Absatz 1 Bezug genommen wird, wöchentlich oder täglich, fällt der Tag der ersten Berechnung auf den dem Tag des entsprechenden Ersuchens der zuständigen Behörde folgenden Tag. Der erste Stichtag entspricht dem Tag, an dem die zuständige Behörde ihr Ersuchen stellte. Für die anschließenden Berechnungen entspricht der Stichtag dem Tag vor dem Berechnungstag. Bei wöchentlichen Berechnungen beträgt die Zeitspanne zwischen den Berechnungstagen fünf Arbeitstage.

(4) Fällt der Berechnungstag auf einen allgemeinen Feiertag, einen Samstag oder Sonntag, wird die Berechnung am darauffolgenden Arbeitstag durchgeführt.

In der Fassung vom 12.5.2014 (ABl. EU Nr. L 138 v. 13.5.2014, S. 57).

Art. 2 Häufigkeit, Termine und einheitliches Format der gemäß Artikel 50c Absatz 2 und Artikel 89 Absatz 5a der Verordnung (EU) Nr. 648/2012 erforderlichen Meldungen

(1) Die in Artikel 50c Absatz 2 der Verordnung (EU) Nr. 648/2012 und gegebenenfalls in Artikel 89 Absatz 5a Unterabsatz 3 der Verordnung (EU) Nr. 648/2012 vorgeschriebene Häufigkeit der Meldungen ist monatlich, sofern nicht das in Artikel 3 Absatz 1 dieser Verordnung vorgesehene Ermessen ausgeübt wird. In diesem Fall erfolgen die Berechnungen entweder wöchentlich oder täglich.

(2) Erfolgen die Meldungen gemäß Absatz 1 monatlich, liegt der Berichtsstichtag innerhalb einer Frist von fünf Arbeitstagen ab dem in Artikel 1 festgelegten Berechnungstag, nach Möglichkeit aber früher.

(3) Erfolgen die Meldungen gemäß Absatz 1 täglich oder wöchentlich, entspricht der Meldetermin dem auf den Berechnungstag folgenden Tag.

(4) Fällt der Berichtsstichtag auf einen allgemeinen Feiertag, einen Samstag oder Sonntag, ist der darauffolgende Arbeitstag Berichtsstichtag.

(5) Die zentralen Gegenparteien melden die Informationen, auf die in Absatz 1 Bezug genommen wird, unter Zuhilfenahme der in Anhang I aufgeführten Vorlage (Angaben zum hypothetischen Kapital). Die Vorlage wird nach den in Anhang II (Hinweise für die Meldung von Angaben zum hypothetischen Kapital) aufgeführten Anweisungen ausgefüllt.

In der Fassung vom 12.5.2014 (ABl. EU Nr. L 138 v. 13.5.2014, S. 57).

Art. 3 Bedingungen für häufiger durchgeführte Berechnungen und Meldungen gemäß Artikel 50a Absatz 3 und Artikel 50c Absatz 2 der Verordnung (EU) Nr. 648/2012

(1) Die für ein als Clearingmitglied auftretendes Institut zuständigen Behörden können von jeder zentralen Gegenpartei, in der das betreffende Institut als Clearingmitglied auftritt, verlangen, die Berechnungen, auf die in Artikel 1 Absatz 1 Bezug genommen wird, und die Meldungen, auf die in Artikel 2 Absatz 1 Bezug genommen wird, täglich oder wöchentlich durchzuführen, wenn eine der folgenden Situationen zutrifft:

a) eine zentrale Gegenpartei ist nach dem Ausfall eines Clearingmitglieds verpflichtet, gemäß Artikel 43 der Verordnung (EU) Nr. 648/2012 einen beliebigen Anteil der vorfinanzierten Finanzmittel einzusetzen, die sie zu dem nach dem Wasserfallprinzip aufgebauten Ausfallvorsorgesystem beitrug;

b) eine zentrale Gegenpartei ist nach dem Ausfall eines Clearingmitglieds verpflichtet, gemäß Artikel 42 der Verordnung (EU) Nr. 648/2012 die Beiträge nicht ausfallender Clearingmitglieder zum Ausfallfonds einzusetzen.

(2) Die zuständigen Behörden legen ihrer in Absatz 1 vorgesehenen Wahl zwischen täglicher und wöchentlicher Häufigkeit den Grad der tatsächlichen oder vorhergesehenen Erschöpfung der vorfinanzierten Finanzmittel zugrunde.

(3) Fordern zuständige Behörden von einer zentralen Gegenpartei gemäß Absatz 1 Buchstabe a häufigere Berechnungen und Meldungen, gilt diese höhere Häufigkeit so lange, bis die vorfinanzierten Finanzmittel, die die zentrale Gegenpartei zu dem nach dem Wasserfallprinzip aufgebauten Ausfallvorsorgesystem beigetrug, wieder auf die in Artikel 35 der delegierten Verordnung (EU) Nr. 153/2013 der Kommission festgelegte Höhe aufgestockt worden sind.

(4) Fordern zuständige Behörden von einer zentralen Gegenpartei gemäß Absatz 1 Buchstabe b häufigere Berechnungen und Meldungen, gilt diese höhere Häufigkeit so lange, bis die Beiträge der nicht ausfallenden Mitglieder der zentralen Gegenpartei zum Ausfallfonds wieder auf die in Artikel 42 der Verordnung (EU) Nr. 648/2012 festgelegte Höhe aufgestockt worden sind.

In der Fassung vom 12.5.2014 (ABl. EU Nr. L 138 v. 13.5.2014, S. 57).

Art. 4 Übergangsvorschriften

Abweichend von Artikel 2 Absatz 2 melden zentrale Gegenparteien während des Zeitraums zwischen dem Geltungsbeginn dieser Verordnung und dem 31. Dezember 2014 die Angaben, auf die in dem genannten Absatz Bezug genommen wird, innerhalb von fünfzehn Arbeitstagen nach dem Stichtag, nach Möglichkeit aber früher.

In der Fassung vom 12.5.2014 (ABl. EU Nr. L 138 v. 13.5.2014, S. 57).

Art. 5 Inkrafttreten und Geltungsbeginn

Diese Verordnung tritt am zwanzigsten Tag nach ihrer Veröffentlichung im *Amtsblatt der Europäischen Union* in Kraft. Sie gilt ab 2. Juni 2014. Ausgenommen sind Artikel 1 Absatz 3, Artikel 2 Absatz 3 und Artikel 3, die ab 1. Januar 2015 gelten.

In der Fassung vom 12.5.2014 (ABl. EU Nr. L 138 v. 13.5.2014, S. 57).

Anhang

(nicht abgedruckt)

Die Art. 50a–50d VO Nr. 648/2012 sowie die DurchfVO Nr. 484/2014 werden im Folgenden gemeinsam erläutert.

I. Zweck und Bedeutung 1	4. Mehrere Ausfallfonds (Art. 50b Buchst. l VO Nr. 648/2012) 25
II. Berechnung der hypothetischen Kapitalanforderungen 10	III. Berechnung des Konzentrationsfaktors (Art. 50d Buchst. c VO Nr. 648/2012) 26
1. Berechnungsformel (Art. 50a Abs. 2 VO Nr. 648/2012) 10	IV. Mitteilung der für die Berechnung der Eigenmittelanforderungen benötigten Parameter (Art. 50c VO Nr. 648/2012) 27
2. Ermittlung des Risikopositionswertes (Art. 50b VO Nr. 648/2012) 13	
3. Häufigkeit der Berechnung (Art. 50a Abs. 3 VO Nr. 648/2012) 21	V. Technische Durchführungsstandards 30
	VI. Ausblick 31

1 **I. Zweck und Bedeutung.** Die Art. 50a–50d VO Nr. 648/2012 sind durch Art. 520 Abs. 1 VO Nr. 575/2013 (CRR) eingefügt worden[1]. Der Zweck der Art. 50a–50d VO Nr. 648/2012 ergibt sich unmittelbar aus Art. 50a Abs. 1 VO Nr. 648/2012 und den dort erwähnten **Eigenmittelanforderungen** des Art. 308 VO Nr. 575/2013 (CRR). Soweit Clearingmitglieder als Kreditinstitute und Wertpapierfirmen dem Geltungsbereich der VO Nr. 648/2012 unterliegen und deshalb für ihre vorfinanzierten Beiträge zum Ausfallfonds der CCP die Eigenmittelanforderungen des Art. 308 VO Nr. 575/2013 erfüllen müssen, soll die CCP die für die Berechnung der Eigenmittelanforderungen notwendigen Faktoren ermitteln und ihren Clearingmitgliedern mitteilen.

2 Art. 308 VO Nr. 575/2013 regelt die Eigenmittelanforderungen für Ausfallfondsbeiträge, die von einer **qualifizierten zentralen Gegenpartei** entgegen genommen wurden. Der Begriff qualifizierte zentrale Gegenpartei (oder „qualifizierte ZGB") ist in Art. 4 Abs. 1 Nr. 88 VO Nr. 575/2013 definiert und meint eine CCP, die entweder nach Art. 14 VO Nr. 648/2012 zugelassen oder als Drittstaaten-CCP nach Art. 25 VO Nr. 648/2012 anerkannt worden ist. Ist das Kreditinstitut oder die Wertpapierfirma Clearingmitglied einer nicht qualifizierten zentralen Gegenpartei, dann sind die Eigenmittelanforderungen für die Beiträge zum Ausfallfonds nach Art. 309 VO Nr. 575/2013 zu ermitteln.

3 Die bei **nicht qualifizierten CCPs** zur Anwendung kommenden Eigenmittelanforderungen des Art. 309 VO Nr. 575/2013 sind hoch, dafür aber einfach zu ermitteln. Sie sind das Produkt des von dem Kreditinstitut oder der Wertpapierfirma geleisteten vorfinanzierten Beitrag zum Ausfallfonds (DF_i) und dem mit dem Faktor μ (1,2) multiplizierten Risikogewicht von 100 %. Der so ermittelte risikogewichtete Positionsbetrag ist nach Art. 309 Abs. 3 VO Nr. 575/2013 mit 12,5 zu multiplizieren. Er ist nach Art. 92 Abs. 3 Buchst. a VO Nr. 575/2013 in dieser Höhe Teil des Gesamtrisikobetrages, der für Zwecke der Gesamtkapitalquote des Art. 92 Abs. 1 Buchst. c VO Nr. 575/2013 zu 8 % mit Eigenmitteln zu unterlegen ist. Im Ergebnis heißt dies, dass 100 Euro vorfinanzierter Ausfallfondsbeitrag mit 102 Euro Eigenmittel zu decken sind.

4 Während die Eigenmitteanforderungen nach Art. 309 VO Nr. 575/2013 auch ohne Mitwirkung der CCP ermittelt werden können, ist dies bei den Eigenmittelanforderungen für qualifizierte CCPs nach Art. 308 VO Nr. 575/2013 nicht der Fall. Grundlage der Berechnung sind hier die **hypothetischen Eigenkapitalanforderungen der CCP (K_{CCP})**, d.h. die Eigenmittelanforderungen, die eine CCP zu erfüllen hätte, wenn sie als Kreditinstitut ihre Risikopositionen aus den von ihr geclearten Geschäften mit Eigenmitteln unterlegen müsste. Dabei beschränkt sich die Berechnung auf die in Art. 301 Abs. 1 Buchst. a–e VO Nr. 575/2013 genannten Geschäfte,

---

[1] Die CRR ist am Tag nach ihrer Veröffentlichung im Amtsblatt der Europäischen Union, d.h. am 28.6.2013, in Kraft getreten und seit 1.1.2014 anwendbar. Der Text der Bestimmungen ist am 30.11.2013 (ABl. EU Nr. L 321 v. 30.11.2013, S. 6) berichtigt worden. Dabei wurden u.a. Art. 50b Buchst. d und g VO Nr. 648/2012 und Art. 50c Abs. 1 Buchst. f VO Nr. 648/2012 gestrichen.

die für die CCP ein Gegenparteiausfallrisiko, nämlich das Ausfallrisiko ihres Clearingmitglieds begründen. Dies sind die in Anhang II der VO Nr. 575/2013 genannten Derivate sowie Wertpapierpensionsgeschäfte, Wertpapierdarlehen, Margin-Loans und Geschäfte mit langer Abwicklungsfrist. Für die von der CCP geclearten Kassageschäfte über Finanzinstrumente, die sie nach Art. 50 Abs. 3 VO Nr. 575/2013 Zug um Zug abwickeln soll, braucht sie keine Eigenmittelanforderungen berechnen.

Sind die hypothetischen Eigenkapitalanforderungen der CCP (K_{CCP}) ermittelt, so wird aus ihnen mit Hilfe der in Art. 308 Abs. 3 Buchst. a–c VO Nr. 575/2013 definierten Formeln im zweiten Schritt die Summe der **Eigenmittelanforderungen sämtlicher Clearingmitglieder (K_{CM})** abgeleitet. Dabei berücksichtigen die Formeln, in welchem Umfang die Eigenkapitalanforderungen der CCP bereits mit Eigenmitteln der CCP abgesichert sind bzw. in welchem Umfang die Clearingmitglieder bereits Beiträge zum Ausfallrisiko der CCP geleistet haben. Um die Eigenmittelanforderungen sämtlicher Clearingmitglieder (K_{CM}) zu ermitteln, werden die hypothetischen Eigenkapitalanforderungen der CCP (K_{CCP}) zum einen mit den finanziellen Ressourcen der CCP (DF_{CCP}) und zum anderen mit der bereinigten Summe der vorfinanzierten Ausfallfondsbeiträge sämtlicher Clearingmitglieder (DF_{CM}^*) in Beziehung gesetzt. 5

Bei den **finanziellen Ressourcen der CCP (DF_{CCP})** handelt es sich um die von der CCP zugeordneten Eigenmittel i.S.d. Art. 45 Abs. 4 Satz 1 VO Nr. 648/2012. Diese sind bei Ausfall eines Clearingmitgliedes der **dritten Stufe** des in Art. 45 VO Nr. 648/2012 beschriebenen Wasserfalls zuzuordnen. Sie sind von der CCP im Rahmen des Verlustausgleichs vorrangig, d.h. noch vor den Ausfallfondsbeiträgen der nicht ausgefallenen Clearingmitglieder zu nutzen und bilden daher aus Sicht der Clearingmitglieder einen „Risikopuffer". Sind die finanziellen Ressourcen der CCP (DF_{CCP}) höher als die hypothetischen Eigenmittelanforderungen der CCP (K_{CCP}) dann sind die Eigenmittelanforderungen sämtlicher Clearingmitglieder (K_{CM}) nach der Formel in Art. 308 Abs. 3 Buchst. a VO Nr. 575/2013 zu ermitteln. In diesem Fall ist K_{CM} auf maximal 0,16 % der bereinigten Summe der vorfinanzierten Ausfallfondsbeiträge sämtlicher Clearingmitglieder (DF_{CM}^*) begrenzt. 6

Bei der **bereinigten Summe der vorfinanzierten Ausfallfondsbeiträge sämtlicher Clearingmitglieder (DF_{CM}^*)** handelt es sich um die Summe der tatsächlich gezahlten Ausfallfondbeiträge (DF_{CM}) abzgl. eines Betrages, der dem Zweifachen des durchschnittlich vorfinanzierten Beitrag zum Ausfallfonds entspricht. Der Abzug **simuliert den Ausfall** von zwei Clearingmitgliedern, deren Ausfallfondsbeiträge bereits in der **zweiten Stufe** des Verlustwasserfalles verbraucht worden sind und für den Ausgleich der in Stufe vier zu deckenden Verluste nicht mehr zur Verfügung stehen. Überschreiten die hypothetischen Eigenmittelanforderungen der CCP (K_{CCP}) die finanziellen Ressourcen der CCP (DF_{CCP}), werden sie jedoch noch durch die bereinigte Summe der vorfinanzierten Ausfallfondsbeiträge sämtlicher Clearingmitglieder (DF_{CM}^*) gedeckt, dann sind die Eigenmittelanforderungen sämtlicher Clearingmitglieder (K_{CM}) nach der ungünstigeren Formel in Art. 308 Abs. 3 Buchst. b VO Nr. 575/2013 zu ermitteln. Übersteigen die hypothetischen Eigenmittelanforderungen der CCP (K_{CCP}) die bereinigte Summe der vorfinanzierten Ausfallfondsbeiträge sämtlicher Clearingmitglieder (DF_{CM}^*), dann kommt für die Berechnung der Eigenmittelanforderungen sämtlicher Clearingmitglieder (K_{CM}) die ungünstigste Formel in Art. 308 Abs. 3 Buchst. c VO Nr. 575/2013 zur Anwendung. 7

Sind die Eigenmittelanforderungen sämtlicher Clearingmitglieder (K_{CM}) ermittelt, so ist aus ihnen im dritten Schritt die Eigenmittelanforderung des betreffenden Clearingmitgliedes (K_i) zu ermitteln. Die hierfür zu verwendende Formel in Art. 308 Abs. 1 VO Nr. 575/2013 berücksichtigt die Anzahl der Clearingmitglieder, die Beiträge zum Ausfallfonds leisten, sowie den **Konzentrationsfaktor (ß)**, der die relative Größe des Portfolios des betreffenden Clearingmitgliedes im Vergleich mit der Summe der beiden größten Clearingmitglieder angibt. Grundlage für den Vergleich ist nach Art. 50d Buchst. c VO Nr. 648/2012 der potentielle künftige Wiederbeschaffungswert (Add-on) der Geschäfte der zu vergleichenden Portfolien. 8

Auch hier gilt, dass der nach Art. 308 Abs. 1 VO Nr. 575/2013 ermittelte risikogewichtete Positionsbetrag nach Art. 308 Abs. 4 VO Nr. 575/2013 mit 12,5 zu multiplizieren ist und in dieser Höhe in den Gesamtrisikobetrag nach Art. 92 Abs. 3 Buchst. a VO Nr. 575/2013 eingeht, bzw. zu 8 % mit Eigenmitteln zu unterlegen ist. 9

II. Berechnung der hypothetischen Kapitalanforderungen. 1. Berechnungsformel (Art. 50a Abs. 2 VO Nr. 648/2012). Die hypothetischen Kapitalanforderungen der CCP (K_{CCP}) entsprechen nach Art. 50a Abs. 2 VO Nr. 648/2012 der Summe der für jedes Clearingmitglied gesondert ermittelten Eigenkapitalanforderungen. 10

Ausgangspunkt für die Berechnung der Eigenkapitalanforderungen für ein Clearingmitglied ist der für dieses Clearingmitglied ermittelte Risikopositionswert ($EBRM_i$). Dieser ist nach den in Art. 50b VO Nr. 648/2012 genannten **bankaufsichtlichen Verfahren** zu berechnen. Für Derivate und Geschäfte mit langer Abwicklungsfrist entspricht der Risikopositionswert z.B. dem mittels der Marktbewertungsmethode nach Art. 274 VO Nr. 575/2013 ermittelten Risikopositionswert. Dieser setzt sich nach Art. 274 Abs. 4 VO Nr. 575/2013 aus dem Wiedereindeckungsaufwand (dem „current exposure" oder Marktwert) und dem künftigen Wiederbeschaffungswert („potential future exposue" oder „Add-on") zusammen. 11

Der so ermittelte Risikopositionswert ($EBRM_i$) ist um die von dem Clearingmitglied geleisteten Ersteinschüsse (IM_i) und die von ihm geleisteten Beiträge zum Ausfallfonds (DF_i) zu reduzieren. Die vom Clearingmitglied geleisteten **Nachschüsse**, die bereits in die Berechnung des „current exposures" eingegangen sind, bleiben unbe- 12 rücksichtigt. Der so bereinigte Risikopositionswert wird mit dem Standardrisikogewicht von 20 % (RW) und mit der Eigenkapitalquote von 8 % (capital ratio) multipliziert.

13 2. **Ermittlung des Risikopositionswertes (Art. 50b VO Nr. 648/2012).** Nach Art. 50b Buchst. a VO Nr. 648/2012 berechnet die CCP den Risikopositionswert ($EBRM_i$) für die von ihr geclearten **Derivate und Geschäfte mit langer Abwicklungsfrist** nach der Marktbewertungsmethode gem. Art. 274 VO Nr. 575/2013.

14 Bei Anwendung der Marktbewertungsmethode und der Berechnung des **genetteten potentiellen künftigen Wiederbeschaffungswertes** (Netto-Add-on) verwendet die CCP für den Faktor „NGR" (net gross ratio) eine günstigere Formel, die die Nettingeffekte stärker berücksichtigt (Art. 50b Buchst. h VO Nr. 648/2012). Kann die CCP den Faktor NGR nicht berechnen, teilt sie dies der zuständigen Behörde mit und verwendet für eine Übergangszeit von drei Monaten den Faktor 0,3 (Art. 50b Buchst. i VO Nr. 648/2012). Ist sie nach den drei Monaten immer noch nicht in der Lage, den Faktor „NGR" zu berechnen, stellt sie die Berechnung der hypothetischen Kapitalanforderungen K_{CCP} ein und informiert hierüber ihre Clearingmitglieder (Art. 50b Buchst. j VO Nr. 648/2012).

15 Für die Berechnung des potentiellen künftigen Wiederbeschaffungswertes (Add-on) von **Optionen** verwendet sie das **Deltaequivalent** nach Art. 280 Abs. 1 VO Nr. 648/2012 (Art. 50b Buchst. k VO Nr. 648/2012).

16 Für die von ihr geclearten **Wertpapierfinanzierungsgeschäfte** verwendet sie die **umfassende Methode** mit aufsichtlichen Volatilitätsanpassungen (haircuts) gem. Art. 223 VO Nr. 575/2013.

17 Bei der Berechnung des Risikopositionswertes darf sie nach Art. 50b Buchst. b VO Nr. 648/2012 die in ihren Regelwerken festgelegten Bestimmungen über das Liquidationsnetting (**Close-out-Netting**) im selben Umfang berücksichtigen, wie dies Institute im Geltungsbereich der CRR nach Art. 206 und 295 VO Nr. 575/2013 dürften.

18 Die im Rahmen der Berechnung nach Art. 50a Abs. 2 VO Nr. 648/2012 abzuziehenden Ersteinschüsse (IM_i) dürfen nach Art. 50b Buchst. c VO Nr. 648/2012 nur mit dem um Volatilitätsanpassungen (**haircuts**) bereinigten Wert berücksichtigt werden.

19 Hat die CCP Risikopositionen gegenüber einer anderen CCP, mit der sie **eine Interoperabilitätsvereinbarung** abgeschlossen hat, so behandelt sie diese nach Art. 50b Buchst. e VO Nr. 648/2012 wie Risikopositionen gegenüber einem Clearingmitglied.

20 Hat die CCP mit ihren Clearingmitgliedern vereinbart, dass sie die von ihnen geleisteten Einschüsse, ganz oder teilweise wie vorfinanzierte Beiträge zum Ausfallfonds verwenden kann, dann behandelt sie diese nach Art. 50b Buchst. f VO Nr. 648/2012 wie Beiträge zum Ausfallfonds.

21 3. **Häufigkeit der Berechnung (Art. 50a Abs. 3 VO Nr. 648/2012).** Die CCP führt die Berechnungen der hypothetischen Kapitalanforderungen mindestens **vierteljährlich** durch. Die mindestens vierteljährliche Berechnung trägt dem Umstand Rechnung, dass die in der Union ansässigen Institute ihre Eigenkapitalanforderungen nach der VO Nr. 575/2013 ebenfalls auf Quartalsbasis melden müssen[1].

22 Abweichend hiervon muss die Berechnung der hypothetischen Kapitalanforderungen nach Art. 1 Abs. 1 DurchfVO Nr. 484/2014 mindestens **monatlich** erfolgen. Nach Art. 3 Abs. 1 DurchfVO Nr. 484/2014 kann die für ein Clearingmitglied zuständige Behörde die CCP ersuchen, die Berechnung wöchentlich oder sogar täglich durchzuführen, wenn ein Clearingmitglied ausgefallen ist und die CCP entweder verpflichtet ist, zugeordnete Finanzmittel nach Art. 43 Abs. 1 VO Nr. 648/2012 oder Ausfallfondsbeiträge der nicht ausgefallenen Clearingmitglieder einzusetzen. Die Wahl nach Art. 3 Abs. 1 DurchfVO hat solange Bestand, bis die CCP die auf der jeweiligen Stufe verwendeten Mittel wieder aufgefüllt hat. Für das Auffüllen der zugeordneten Eigenmittel nach Art. 43 Abs. 1 VO Nr. 648/2012 bzw. Art. 45 Abs. 4 VO Nr. 648/2012 hat die CCP nach Art. 36 Abs. 1 DelVO Nr. 153/2013 einen Monat Zeit.

23 Bei ihrer Wahl zwischen täglicher und wöchentlicher Berechnung hat die zuständige Behörde nach Art. 3 Abs. 2 DurchfVO Nr. 484/2014 den Grad der Erschöpfung der jeweils eingesetzten Finanzmittel zu berücksichtigen.

24 Ist die Häufigkeit der Berechnung monatlich, sind die Berechnungen nach Art. 1 Abs. 2 Buchst. b DurchfVO Nr. 484/2014 **am ersten Kalendertag eines jeden Monats** oder, wenn dies kein Arbeitstag ist, am unmittelbar folgenden Arbeitstag durchzuführen. Maßgeblich für die Berechnungen sind die Risikopositionen der Clearingmitglieder und die von ihnen geleisteten Ersteinschüsse und Ausfallfondsbeiträge, wie sie sich für den letzten Kalendertag des Vormonats – dem Stichtag – feststellen lassen. Bei wöchentlicher Berechnung ist Stichtag der Arbeitstag, an dem die zuständige Behörde das Ersuchen nach Art. 1 Abs. 3 DurchfVO Nr. 484/2014 stellt.

25 4. **Mehrere Ausfallfonds (Art. 50b Buchst. l VO Nr. 648/2012).** Hat die CCP mehr als einen Ausfallfonds, nimmt sie nach Art. 50b Buchst. l VO Nr. 648/2012 die Berechnung des Risikopositionswertes für jeden Ausfallfonds getrennt vor.

26 **III. Berechnung des Konzentrationsfaktors (Art. 50d Buchst. c VO Nr. 648/2012).** Der von der CCP ermittelte Konzentrationsfaktor (ß) gibt nach Art. 50d Buchst. c VO Nr. 648/2012 an, wie sich der potentielle künf-

---

[1] Erwägungsgrund Nr. 1 DurchfVO Nr. 484/2014.

tige Wiederbeschaffungswert (Add-on) der Geschäfte, die von den beiden Clearingmitgliedern mit den höchsten Risikopositionen gehalten werden, zu dem Add-on der Geschäfte verhält, die von der CCP für das betreffende Clearingmitglied gecleart werden.

IV. Mitteilung der für die Berechnung der Eigenmittelanforderungen benötigten Parameter (Art. 50c VO Nr. 648/2012). Art. 50c VO Nr. 648/2012 verpflichtet die CCP ihren Clearingmitgliedern, die als Institute dem Geltungsbereich der VO Nr. 575/2013 (CRR) unterliegen, sowie den für die Aufsicht über die Clearingmitglieder zuständigen Behörden für jeden ihrer Ausfallfonds die hypothetischen Kapitalanforderungen, die Summe der von allen Clearingmitgliedern geleisteten Beiträge, die Gesamtzahl der Clearingmitglieder und den Konzentrationsfaktor nach Art. 50d VO Nr. 648/2012 mitzuteilen. Die Mitteilung muss mindestens **vierteljährlich**, auf Anforderung der für die Aufsicht über die Clearingmitglieder zuständigen Behörden auch häufiger erfolgen. 27

Auch hier sieht die DurchfVO Nr. 484/2014 vor, das die Mitteilung mindesten **monatlich** erfolgt (Art. 2 Abs. 1 DurchfVO Nr. 484/2014). Unter den in Art. 3 Abs. 1 DurchfVO Nr. 484/2014 genannten Bedingungen (s. Rz. 22), können die zuständigen Behörden der Clearingmitglieder auch eine tägliche oder wöchentliche Mitteilung verlangen. 28

Die Mitteilungen müssen nach Art. 2 Abs. 5 DurchfVO Nr. 484/2014 der in Anhang I der DurchfVO Nr. 484/2014 wiedergegeben Vorlage entsprechen. Die in Anhang I anzugebenden Angaben sind in Anhang II der DurchfVO Nr. 484/2014 erläutert. 29

V. Technische Durchführungsstandards. Die Kommission ist nach Art. 50a Abs. 4 VO Nr. 648/2012 befugt, technische Durchführungsstandards zu erlassen, mit denen sie die Häufigkeit und die Termine der Berechnung der hypothetischen Kapitalanforderungen präzisiert und die Fälle festlegt, in denen die zuständige Behörde des Clearingmitgliedes häufigere Berechnung verlangen kann. Sie ist nach Art. 50c Abs. 3 VO Nr. 648/2012 befugt, technische Durchführungsstandards zu erlassen, mit denen sie das Formblatt für die Angaben nach Art. 50c Abs. 1 VO Nr. 648/2012 und die Häufigkeit und Termine der Mitteilung nach Art. 50c Abs. 2 VO Nr. 648/2012 festlegt. Von der Befugnis hat die Kommission mit Erlass der DurchfVO Nr. 484/2014 Gebrauch gemacht. Die DurchfVO Nr. 484/2014 ist am zwanzigsten Tag nach ihrer Veröffentlichung im Amtsblatt der Europäischen Union, d.h. am 12.6.2014, in Kraft getreten. Sie gilt seit dem 2.6.2014. Art. 1 Abs. 3, Art. 2 Abs. 3 und Art. 3 DurchfVO Nr. 484/2014 gelten seit 1.1.2015 (Art. 5 DurchfVO Nr. 484/2014). 30

VI. Ausblick. Zum Zeitpunkt der Kommentierung zeichneten sich folgende Änderungen ab: Art. 2 Abs. 1–4 des seit 23.11.2016 vorliegenden Vorschlages der Kommission für eine Änderung der VO Nr. 575/2013 (**CRR II**)[1] sieht vor, dass die Art. 50a–50d VO Nr. 648/2012 geändert werden, um die neue Methode zur Berechnung des hypothetischen Eigenkapitals von CCPs – den neuen Standardansatz für das Gegenparteiausfallrisiko (Art. 274–280f VO Nr. 575/2013, sog. SA-CCR) – zu berücksichtigen. Am 22.5.2018 hat der Präsident des Europäischen Rats einen Kompromissvorschlag[2] unterbreitet, der von dem Rat „Wirtschaft und Finanzen" (ECOFIN-Rat) am 25.5.2018 angenommen wurde. Soweit es die Änderung der EMIR betrifft, sieht der Kompromissvorschlag gegenüber dem Vorschlag der Kommission keine Abweichungen vor. Der Trilog stand zum Zeitpunkt der Kommentierung noch aus. 31

Titel V
Interoperabilitätsvereinbarungen

Art. 51 Interoperabilitätsvereinbarung

(1) Eine CCP kann eine Interoperabilitätsvereinbarung mit einer anderen CCP schließen, wenn die Anforderungen der Artikel 52, 53 und 54 erfüllt sind.
(2) Im Falle des Abschlusses einer Interoperabilitätsvereinbarung mit einer anderen CCP zum Zwecke der Erbringung von Dienstleistungen für einen bestimmten Handelsplatz muss die CCP, sofern sie den von dem betreffenden Handelsplatz festgelegten operationellen und technischen Anforderungen ge-

---

1 *Kommission*, Vorschlag für eine Verordnung des Europäischen Parlaments und des Rates zur Änderung der Verordnung (EU) Nr. 575/2013 in Bezug auf die Verschuldungsquote, die strukturelle Liquiditätsquote, Anforderungen an Eigenmittel und berücksichtigungsfähige Verbindlichkeiten, das Gegenparteiausfallrisiko, das Marktrisiko, Risikopositionen gegenüber zentralen Gegenparteien, Risikopositionen gegenüber Organismen für gemeinsame Anlagen, Großkredite, Melde- und Offenlegungspflichten und zur Änderung der Verordnung (EU) Nr. 648/2012, KOM(2016) 850 final vom 23.11. 2016, abrufbar über: http://eur-lex.europa.eu/resource.html?uri=cellar:9b17b18d-cdb3-11e6-ad7c-01aa75ed71a1.0024.01/ DOC_1&format=PDF („*Kommission* CRR II"), S. 308.
2 Der Kompromissvorschlag ist abrufbar über: https://eur-lex.europa.eu/legal-content/DE/TXT/PDF/?uri=CONSIL:ST_ 9055_2018_INIT&from=EN.

nügt, einen diskriminierungsfreien Zugang zu den Daten, die sie für die Wahrnehmung ihrer Aufgaben vom betreffenden Handelsplatz benötigt, sowie zum entsprechenden Abwicklungssystem erhalten.

(3) Der Abschluss einer Interoperabilitätsvereinbarung oder der Zugang zu einem Datenfeed- oder einem Abwicklungssystem gemäß den Absätzen 1 und 2 dürfen nur dann direkt oder indirekt abgelehnt oder beschränkt werden, wenn damit die Abwehr der mit einer solchen Vereinbarung oder der Gewährung des Zugangs verbundenen Risiken bezweckt wird.

In der Fassung vom 4.7.2012 (ABl. EU Nr. L 201 v. 27.7.2012, S. 1).

Art. 52 Risikomanagement

(1) CCPs, die eine Interoperabilitätsvereinbarung schließen, müssen

a) angemessene Strategien, Verfahren und Systeme einführen, die es ermöglichen, die aus der Vereinbarung erwachsenden Risiken wirksam zu identifizieren, zu überwachen und zu steuern, so dass sie ihren Verpflichtungen rechtzeitig nachkommen können;
b) sich über ihre jeweiligen Rechte und Pflichten, einschließlich des auf die zwischen ihnen bestehenden Beziehungen anwendbaren Rechts, verständigen;
c) Kredit- und Liquiditätsrisiken wirksam identifizieren, überwachen und steuern, so dass der Ausfall eines Clearingmitglieds einer CCP keine Auswirkungen auf eine interoperable CCP hat;
d) potenzielle Interdependenzen und Korrelationen identifizieren, überwachen und berücksichtigen, die sich aus einer Interoperabilitätsvereinbarung, die – sich auf Kredit- und Liquiditätsrisiken im Zusammenhang mit Konzentrationen von Clearingmitgliedern auswirken kann, sowie aus der Zusammenlegung von Finanzmitteln in einem Pool ergeben können.

Für die Zwecke des Unterabsatzes 1 Buchstabe b wenden CCPs, soweit angebracht, dieselben Regeln hinsichtlich des Zeitpunkts des Einbringens von Übertragungsaufträgen in ihre jeweiligen Systeme und hinsichtlich des Zeitpunkts der Unwiderruflichkeit an, die in der Richtlinie 98/26/EG vorgesehen sind.

Für die Zwecke des Unterabsatzes 1 Buchstabe c ist in den Bestimmungen der Vereinbarung der Prozess zur Bewältigung der Folgen des Ausfalls einer CCP, mit der eine Interoperabilitätsvereinbarung geschlossen wurde, darzulegen.

Für die Zwecke des Unterabsatzes 1 Buchstabe d müssen die CCPs eine solide Kontrolle über die Weiterverfügung über die Sicherheiten der Clearingmitglieder im Rahmen der Vereinbarung ausüben können, soweit dies von den zuständigen Behörden gestattet wird. In der Vereinbarung ist darzulegen, wie diesen Risiken Rechnung getragen wird, wobei die Notwendigkeit einer ausreichenden Deckung sowie die Notwendigkeit einer Eindämmung der Ansteckungsgefahr zu berücksichtigen sind.

(2) Verwenden CCPs unterschiedliche Risikomanagementmodelle zur Absicherung ihrer Risikopositionen gegenüber ihren Clearingmitgliedern oder ihrer gegenseitigen Risikopositionen, ermitteln die CCPs die betreffenden Unterschiede, bewerten die Risiken, die daraus erwachsen können, treffen Maßnahmen, einschließlich der Bereitstellung zusätzlicher Finanzmittel, die die Auswirkungen auf die Interoperabilitätsvereinbarung sowie die potenziellen Konsequenzen hinsichtlich Ansteckungsgefahren eindämmen, und sorgen dafür, dass diese Unterschiede die Fähigkeit der CCPs nicht beeinträchtigen, die Folgen des Ausfalls eines Clearingmitglieds zu bewältigen.

(3) Soweit von den Parteien nicht anders vereinbart, sind alle Kosten, die in Verbindung mit den Absätzen 1 und 2 anfallen, von der CCP zu tragen, die die Interoperabilitätsvereinbarung oder den Zugang wünscht.

In der Fassung vom 4.7.2012 (ABl. EU Nr. L 201 v. 27.7.2012, S. 1).

Art. 53 Leistung von Einschusszahlungen im Rahmen der Vereinbarungen zwischen CCPs

(1) Eine CCP weist in den Abrechnungskonten die Vermögenswerte und Positionen, die sie für die Rechnung von CCPs hält, mit denen sie eine Interoperabilitätsvereinbarung geschlossen hat, gesondert aus.

(2) Wenn eine CCP, die eine Interoperabilitätsvereinbarung mit einer anderen CCP schließt, die Ersteinschusszahlungen nur als Finanzsicherheit in Form eines beschränkten dinglichen Rechts leistet, hat die *empfangende CCP* kein Verfügungsrecht über die von der anderen CCP geleisteten Einschusszahlungen.

(3) Sicherheiten in Form von Finanzinstrumenten werden bei den Betreibern von Wertpapierliefer- und Abrechnungssystemen hinterlegt, die nach den Bestimmungen der Richtlinie 98/26/EG mitgeteilt wurden.

(4) Die Vermögenswerte im Sinne der Absätze 1, 2 und 3 stehen der empfangenden CCP nur im Falle des Ausfalls der CCP, die die betreffende Sicherheit im Rahmen einer Interoperabilitätsvereinbarung gestellt hat, zur Verfügung.

(5) Bei einem Ausfall der CCP, die eine Sicherheit im Rahmen einer Interoperabilitätsvereinbarung erhalten hat, werden die gemäß den Absätzen 1 und 2 hinterlegten Sicherheiten der CCP, die sie gestellt hat, ohne weiteres erstattet.

In der Fassung vom 4.7.2012 (ABl. EU Nr. L 201 v. 27.7.2012, S. 1).

Art. 54 Genehmigung einer Interoperabilitätsvereinbarung

(1) Eine Interoperabilitätsvereinbarung unterliegt der vorherigen Genehmigung durch die für die beteiligten CCPs zuständigen Behörden. Dabei findet das Verfahren nach Artikel 17 Anwendung.

(2) Die zuständigen Behörden genehmigen die Interoperabilitätsvereinbarung nur dann, wenn den beteiligten CCPs die Genehmigung erteilt wurde, das Clearing nach dem Verfahren des Artikels 17 vorzunehmen, oder die beteiligten CCPs gemäß Artikel 25 oder im Rahmen eines bereits bestehenden nationalen Zulassungssystems für einen Zeitraum von mindestens drei Jahren zugelassen waren, die Bedingungen des Artikels 52 erfüllt sind und die technischen Bedingungen für Clearingtransaktionen nach den Bestimmungen der Vereinbarung ein reibungsloses und ordnungsgemäßes Funktionieren der Finanzmärkte ermöglichen und die Vereinbarung nicht die Wirksamkeit der Aufsicht beeinträchtigt.

(3) Ist eine zuständige Behörde der Auffassung, dass die Anforderungen des Absatzes 2 nicht erfüllt sind, übermittelt sie den anderen zuständigen Behörden und den beteiligten CCPs eine schriftliche Erläuterung ihrer Risikoerwägungen. Außerdem unterrichtet sie die ESMA, die daraufhin eine Stellungnahme dazu abgibt, inwieweit die Risikoerwägungen stichhaltig sind und die Ablehnung einer Interoperabilitätsvereinbarung rechtfertigen. Die Stellungnahme der ESMA wird allen beteiligten CCPs zugänglich gemacht. Weicht die Stellungnahme der ESMA von der Einschätzung der jeweils zuständigen Behörde ab, überprüft letztere ihren Standpunkt unter Berücksichtigung der Stellungnahme der ESMA.

(4) Die ESMA gibt gemäß dem Verfahren des Artikels 16 der Verordnung (EU) Nr. 1095/2010 spätestens bis zum 31. Dezember 2012 Leitlinien oder Empfehlungen für die Erstellung kohärenter, effizienter und wirksamer Bewertungen von Interoperabilitätsvereinbarungen heraus.
Sie arbeitet nach Anhörung der Mitglieder des ESZB Entwürfe für diese Leitlinien oder Empfehlungen aus.

In der Fassung vom 4.7.2012 (ABl. EU Nr. L 201 v. 27.7.2012, S. 1).

Die Art. 51–54 VO Nr. 648/2012 werden im Folgenden gemeinsam erläutert.

I. Anwendungsbereich 1	V. Trennung von Positionen und Vermögenswerten (Art. 53 VO Nr. 648/2012) 18
II. Begriff Interoperabilitätsvereinbarung 5	VI. Genehmigungsverfahren (Art. 54 VO Nr. 648/2012) 29
III. Zugang zu einem Handelsplatz (Art. 51 VO Nr. 648/2012) 9	
IV. Risikomanagement (Art. 52 VO Nr. 648/2012) . . 13	VII. Leitlinien 34

I. **Anwendungsbereich.** Der sachliche Anwendungsbereich der Art. 51–54 VO Nr. 648/2012 ist auf das Clearing von **übertragbaren Wertpapieren** und **Geldmarktinstrumenten** beschränkt (Art. 1 Abs. 3 VO Nr. 648/2012). 1

Ob es sachgerecht ist, den Anwendungsbereich zukünftig zu erweitern, unterliegt der Prüfung durch die ESMA. Nach Art. 85 Abs. 3 Buchst. d VO Nr. 648/2012 sollte die ESMA der Kommission bis 30.9.2014 einen **Bericht** vorlegen, um zu ermitteln, ob eine Ausweitung des Anwendungsbereichs zweckmäßig ist[1]. In ihrem Schreiben vom 29.9.2014[2] wies die ESMA die Kommission darauf hin, dass sich das Wirksamwerden der Clearingpflicht und die Zulassung und die Anerkennung von CCPs so verzögert habe, dass die für die Erstellung der Berichte 2

---

1 Erwägungsgrund Nr. 73 VO Nr. 648/2012.
2 *Europäische Wertpapier- und Marktaufsichtsbehörde (ESMA)*, Brief an die Kommission „Postponement of reports due by ESMA under Article 85.3 of EMIR" vom 29.9.2014, abrufbar über: https://www.esma.europa.eu/sites/default/files/library/2015/11/esma_2014_1179_letter_to_commisison_on_esma_reports_per_art_85.pdf („*ESMA* Brief vom 29.9.2014").

gesetzte Frist nicht sinnvoll einzuhalten sei. Sie kündigte daher an, dass sich die Fertigstellung der Berichte verzögern werde. Dies gelte insbesondere für den Bericht über die mögliche Ausweitung der Vorschriften über Interoperabilitätsvereinbarungen. Bislang steht der Bericht noch aus.

3 Wie sich aus Art. 54 Abs. 2 VO Nr. 648/2012 ergibt, kann eine Interoperabilitätsvereinbarung nicht nur zwischen zwei europäischen CCPs, sondern auch mit einer CCP oder zwischen CCPs mit Sitz in einem oder mehreren **Drittstaaten** abgeschlossen werden. Voraussetzung ist jedoch, dass die beteiligten Drittstaaten-CCPs nach Art. 25 VO Nr. 648/2012 von der ESMA anerkannt worden sind.

4 Neben den in 51 Abs. 1 VO Nr. 648/2012 ausdrücklich genannten Anforderungen der Art. 52–54 VO Nr. 648/2012 ergeben sich weitere Verpflichtungen aus Art. 40 und 41 VO Nr. 648/2012. Danach muss die CCP **Risikopositionen** und **Einschusszahlungen** auch für die durch die interoperable CCP geclearten Finanzinstrumente ermitteln und einfordern.

5 **II. Begriff Interoperabilitätsvereinbarung.** Der Begriff Interoperabilitätsvereinbarung ist in Art. 2 Nr. 12 VO Nr. 648/2012 als Vereinbarung zwischen zwei oder mehreren CCPs über die systemübergreifende Ausführung von Transaktionen definiert. Die Formulierung *„Ausführung von Transaktionen"* bzw. die *„cross-system exexcution of transactions"* ist missverständlich, weil eine Ausführung von Kaufaufträgen nur an Handelsplätzen erfolgen kann. Gemeint ist offenbar die zwischen zwei oder mehreren CCPs getroffene **Vereinbarung über das systemübergreifende Clearing**. Dies wird auch durch die Erwägungsgründe[1] und den dortigen Verweis auf den Europäischer Verhaltenskodex für Clearing und Settlement vom 7.11.2006[2] bestätigt. Danach ist eine Interoperabilitätsvereinbarung eine Vereinbarung, die über den bloßen Zugang zu den von einer CCP angebotenen Standard-Clearingdienstleistungen hinausgeht, und bei der es sich um eine fortgeschrittene, maßgeschneiderte Form von Zusammenarbeit handelt, die ohne zusätzliche technische Entwicklung der von den CCPs angewendeten Verfahren nicht möglich ist[3].

6 Der Grund für den Abschluss einer Interoperabilitätsvereinbarung ist nicht die Absicht einer CCP, ein Finanzinstrument zu clearen, dass bereits von einer anderen CCP gecleart wird. Erschöpft sich die Absicht einer CCP darin, der im Clearingmarkt bereits etablierten CCP, Marktanteile streitig zu machen, so sind die angemessenen Instrumente hierfür die **Zugangsrechte nach Art. 8 VO Nr. 648/2012** bzw. Art. 36–38 VO Nr. 600/2014 (MiFIR), mit denen die neue CCP sich Zugang zu den Handelsdaten oder Lizenzen verschafft, die sie für das Clearing der Finanzinstrumente benötigt. Adressat der Zugangsrechte ist in diesem Fall der betreffende Handelsplatz oder der Inhaber der an den Referenzwerten bestehenden gewerblichen Schutzrechte, nicht jedoch die etablierte CCP. Beabsichtigt die neue CCP OTC-Derivate zu clearen, so kann es sogar sein, dass sie auf die Zugangsrechte überhaupt nicht angewiesen ist.

7 Anders verhält es sich jedoch, wenn zwei CCPs, die dieselben oder vergleichbaren Finanzinstrumente clearen, feststellen, dass sie für dieselben Clearingmitglieder tätig sind und beschließen, ihre **Clearingdienstleistungen** so zu **bündeln**, dass sie aus Sicht ihrer gemeinsamen Kunden wirtschaftlich betrachtet wie ein Clearinghaus agieren. Denkbar wäre z.B. dass sie ihren Clearingmitgliedern erlauben, die in den Abrechnungskonten einer CCP verbuchten Positionen in die Abrechnungskonten der anderen CCP zu übertragen, wo sie dann von der zuletzt genannten CCP auf **Portfoliobasis** unter Berücksichtigung von Netting- und Korrelationseffekten besichert werden. Denkbar ist auch dass die Zusammenfassung der Positionen eines Clearingmitgliedes über zwei CCPs hinweg nur virtuell erfolgt, dass die beteiligten CCPs jedoch mit ihrem Clearingmitglied vereinbaren, dass die von ihm geleisteten Einschüsse nicht nur die Positionen der CCP abdecken, der gegenüber sie erbracht wurden, sondern auch die Positionen der anderen CCP[4]. Ein derartiges Zusammenwirken kann nur über eine Interoperabilitätsvereinbarung erreicht werden.

8 Die vorstehend skizzierte Inhalt einer möglichen Interoperabilitätsvereinbarung verdeutlicht, dass der Abschluss und die Umsetzung von Interoperabilitätsvereinbarung mit erheblichen **operationellen Risiken** verbunden sein kann. Dies gilt insbesondere für grenzüberschreitende Interoperabilitätsvereinbarung, bei denen als weitere Komplexität das jeweils anwendbare national Recht und die sich hieraus ggf. ergebenden Rechtsanwendungskonflikte hinzutreten. Auch stellt die virtuelle Zusammenfassung der CCP zu einem Clearinghaus

---

1 Erwägungsgründen Nr. 72 und 73 VO Nr. 648/2012.
2 *Federation of European Securities Exchanges (FESE), the European Association of Central Counterparty Clearing Houses (EACH) and the European Central Securities Depositories Association (ECSDA)*, Europäischer Verhaltenskodex für Clearing und Settlement vom 7.11.2006, in Englisch abrufbar über: http://www.eesc.europa.eu/sites/default/files/resources/docs/076-private-act.pdf („*FESE/EACH/ECSDA* Clearing und Settlement Code"), Rz. 24.
3 *FESE/EACH/ECSDA* Clearing und Settlement Code, Rz. 24: „Interoperability means advanced forms of relationships amongst Organisations where an Organisation is not generally connecting to existing standard service offerings of the other Organisations but where Organisations agree to establish customised solutions. Amongst its objectives, Interoperability will aim to provide a service to the customers such that they have choice of service provider. Such agreement will require *Organisations to incur additional technical development*." S. auch *Sigmundt* in Wilhelmi/Achtelik/Kunschke/Sigmundt, Handbuch EMIR, Teil 5.D Rz. 9.
4 *Sigmundt* in Wilhelmi/Achtelik/Kunschke/Sigmundt, Handbuch EMIR, Teil 5.D Rz. 14 mit weiteren Beispielen.

besondere Anforderungen an die von den CCPs vorzuhaltenden Strategien und Verfahren zur **Erfassung und Steuerung von Risiken**, wozu nicht nur die durch die Clearingmitglieder begründeten und mit Einschüssen zu deckenden Gegenparteiausfallrisiken zählen, sondern auch die mit dem Austausch von Zahlungen innerhalb des virtuellen Clearinghauses verbundenen **zusätzlichen Liquiditätsrisiken**, zu denen im grenzübergreifenden Fall auch erhebliche Währungs-, Transfer- und Settlement-Systemrisiken hinzutreten[1].

III. Zugang zu einem Handelsplatz (Art. 51 VO Nr. 648/2012). Dient der Abschluss der Interoperabilitätsvereinbarung der Erbringung von Clearingdienstleistungen für einen bestimmten Handelsplatz, muss die interoperable CCP nach Art. 51 Abs. 2 VO Nr. 648/2012 einen diskriminierungsfreien Zugang zu den für das Clearing erforderlichen Daten und Abwicklungssystemen erhalten. Art. 51 Abs. 2 VO Nr. 648/2012 verpflichtet sowohl den **Handelsplatz**, dessen Finanzinstrumente mittels der Interoperabilitätsvereinbarung indirekt gecleart werden sollen, als auch die **CCP**, die das Clearing der Finanzinstrumente des Handelsplatzes bereits durchführt, und die der interoperablen CCP Zugang zu ihren eigenen Abwicklungssystemen gewähren muss[2]. 9

Die Verpflichtung des **Handelsplatzes**, auch der interoperablen CCP Zugang zu ihren Handelsdaten zu gewähren, ergänzt Art. 36 VO Nr. 600/2014 (MiFIR) und – falls die Einschränkung des sachlichen Anwendungsbereiches durch Art. 1 Abs. 3 VO Nr. 648/2012 zukünftig aufgegeben wird – Art. 8 Abs. 1 VO Nr. 648/2012. Für diesen Fall wird die in beiden Vorschriften vorgesehene Beschränkung, dass der Zugang zu den Handelsdaten nur dann gewährt werden muss, wenn er keine Interoperabilität erfordert, ausdrücklich aufgehoben. 10

Art. 51 Abs. 2 VO Nr. 648/2012 und der in Art. 51 Abs. 3 VO Nr. 648/2012 verortete Grundsatz, dass **Beschränkungen des Zugangs** ausschließlich auf Risikoüberlegungen beruhen dürfen, sind Ausprägung der im europäischen Kartellrecht entwickelten **Essential-Facilities-Doktrin**. Wegen der Einzelheiten wird auf die Anmerkungen zu Art. 7 VO Nr. 648/2012 Rz. 2 verwiesen. 11

Ob die Interoperabilitätsvereinbarung den geforderten diskriminierungsfreien Zugang gewährleistet, ist von der **zuständigen Behörde** im Rahmen des Genehmigungsverfahrens nach Art. 54 Abs. 1 i.V.m. Art. 17 VO Nr. 648/2012 zu bewerten[3]. Dabei ist auch zu untersuchen, ob die Ausgestaltung der Vereinbarung geeignet ist, den zukünftigen Zugang oder die Verlängerung eines bestehenden **Zugangs anderer CCPs** zu beschränken oder zu erschweren[4]. Darüber hinaus muss es der CCP möglich sein, die Interoperabilitätsvereinbarung zu **beenden**, wenn sie dies aufgrund begründeter Risikoüberlegungen für erforderlich hält[5]. 12

IV. Risikomanagement (Art. 52 VO Nr. 648/2012). Art. 52 Abs. 1 Unterabs. 1 Buchst. a, c und d VO Nr. 648/2012 erweitern die im Titel IV der EMIR zusammengefassten **aufsichtsrechtlichen Anforderungen** an die von der CCP vorzuhaltenden Strategien, Verfahren und Systeme, mit denen sie die durch ihre Clearingtätigkeit begründeten Kredit-, Liquiditäts- und operativen Risiken erfassen, beurteilen und steuern muss. Diese müssen sämtliche mit der Interoperabilitätsvereinbarung einhergehenden **zusätzlichen Risiken** erfassen. Der in Art. 52 Abs. 1 Unterabs. 1 Buchst. c VO Nr. 648/2012 erwähnte Ausfall der interoperablen CCP und die in Art. 52 Abs. 1 Unterabs. 1 Buchst. d VO Nr. 648/2012 angesprochenen zusätzlichen **Konzentrationsrisiken**, die sich daraus ergeben können, dass Clearingmitglieder über beide CCPs Finanzinstrumente abwickeln, sind nur Ausprägung dieser zusätzlichen Risiken. 13

Die sich aus Art. 52 Abs. 1 VO Nr. 648/2012 ergebenden zusätzlichen Anforderungen an das Risikomanagement sind von der **ESMA** in ihren **Leitlinien und Empfehlungen** für die Bewertung von Interoperabilitätsvereinbarungen konkretisiert worden. Ein wesentlicher Grundsatz ist, dass die Interoperabilitätsvereinbarung sich nicht auf die Einhaltung der für die beteiligten CCPs maßgeblichen Anforderungen der EMIR oder der vergleichbaren Drittstaatenregelung auswirken darf[6]. Im Übrigen enthalten die Leitlinien und Empfehlungen Hinweise auf die mit Interoperabilitätsvereinbarungen verbundenen besonderen Risiken. Zu nennen sind „Klumpenrisiken", die sich aus der Nutzung derselben **externen Dienstleister** – z.B. Zahlungs-, Wertpapierliefer- und -abrechnungssysteme oder Kreditinstitute -ergeben[7], wesentliche Unterschiede der **Risikomanagementsysteme** oder der in diesem Zusammenhang genutzten Parameter, Szenarien, Stresstests oder Rückvergleiche[8] oder Abweichungen bei der Bestimmung der **Zulassungskriterien für Clearingmitglieder**[9]. 14

---

1 Hierzu ausführlich: *Sigmundt* in Wilhelmi/Achtelik/Kunschke/Sigmundt, Handbuch EMIR, Teil 5.D Rz. 15–18.
2 Kritisch: *Sigmundt* in Wilhelmi/Achtelik/Kunschke/Sigmundt, Handbuch EMIR, Teil 5.D Rz. 24, wonach es in der Praxis schwer sein dürfte, eine CCP aufgrund des Art. 51 Abs. 2 VO Nr. 648/2012 zur konstruktiven Mitarbeit zu bewegen.
3 *ESMA*, Leitlinien und Empfehlungen für die Erstellung kohärenter, effizienter und wirksamer Bewertungen von Interoperabilitätsvereinbarungen, ESMA/2013/322 vom 10.6.2013, abrufbar über: https://www.esma.europa.eu/sites/default/files/library/2015/11/2013-323_annex_1_esma_final_report_on_guidelines_on_interoperability.pdf („*ESMA* Leitlinien Interoperabilität"), Allgemeine Leitlinie und Empfehlung Nr. 2.
4 *ESMA* Leitlinien Interoperabilität, Detaillierte Leitlinie und Empfehlung Nr. 2(i).
5 *ESMA* Leitlinien Interoperabilität, Detaillierte Leitlinie und Empfehlung Nr. 2(ii).
6 *ESMA* Leitlinien Interoperabilität, Detaillierte Leitlinie und Empfehlung Nr. 3 a) (i).
7 *ESMA* Leitlinien Interoperabilität, Detaillierte Leitlinie und Empfehlung Nr. 3 a) (ii).
8 *ESMA* Leitlinien Interoperabilität, Detaillierte Leitlinie und Empfehlung Nr. 3 d) (i).
9 *ESMA* Leitlinien Interoperabilität, Detaillierte Leitlinie und Empfehlung Nr. 3 e) (i).

15 Die in Art. 52 Abs. 1 Unterabs. 1 Buchst. b VO Nr. 648/2012 verortete Pflicht zur **Vereinbarung** der beiderseitigen Rechte und Pflichten und des auf die Vertragsbeziehung **anwendbare Rechts** wird durch zusätzliche Anforderungen an den Inhalt der Vereinbarung ergänzt. Hierzu zählen nach Art. 52 Abs. 1 Unterabs. 2 VO Nr. 648/2012 Vereinbarungen über den Zeitpunkt, zu dem die in das System einer CCP eingebrachten Aufträge über das Clearing von Finanzinstrumenten wirksam und unwiderruflich werden. Der Verweis auf die RL 98/26/EG[1] verpflichtet die CCPs insoweit sicherzustellen, dass die für ihre jeweiligen Systeme festgelegten Regelungen über den **Zeitpunkt des Einbringens und der Unwiderruflichkeit von Aufträgen** aufeinander abgestimmt sind (Art. 3 Abs. 4 und Art. 5 Unterabs. 2 RL 98/26/EG).

16 Ebenfalls zu vereinbaren sind die von einer CCP angewendeten **Verfahren bei Ausfall** der anderen CCP sowie das Recht einer CCP, über die von der anderen CCP nach Art. 41 VO Nr. 648/2012 gestellten Sicherheiten zu verfügen. Weitere Bereiche, über die sich die beiden CCPs verständigen müssen, sind die Beendigung der Interoperabilitätsvereinbarung, das Verfahren zur **Beilegung von Streitigkeiten**[2], der **Austausch von Informationen** über die Geschäftstätigkeit und die mögliche Abhängigkeit von externen Dienstleistern[3] sowie die Modalitäten der Kommunikation[4].

17 Im Rahmen des Genehmigungsverfahrens nach Art. 54 Abs. 1 i.V.m. Art. 17 VO Nr. 648/2012 hat die zuständige Behörde zu bewerten, ob die Interoperabilitätsvereinbarung **eindeutig, transparent** und in allen relevanten Rechtsordnungen **wirksam und durchsetzbar** ist[5]. Die Prüfung der Wirksamkeit und Durchsetzbarkeit muss sich insbesondere auf die Wirksamkeit und Unwiderruflichkeit der eingebrachten Aufträge und die Verfahrensschritte bei Ausfall einer interoperablen CCP beziehen[6]. In diesem Zusammenhang ist von Bedeutung dass das Insolvenzrecht selbst innerhalb Europas noch stark fragmentiert ist und nur in Teilbereichen wie der erwähnten RL 98/26/EG oder der RL 2002/47/EG[7] harmonisiert ist[8].

18 **V. Trennung von Positionen und Vermögenswerten (Art. 53 VO Nr. 648/2012).** Die Bestimmungen der Art. 53 Abs. 1 und 2 VO Nr. 648/2012 erweitern und modifizieren die in Art. 39 VO Nr. 648/2012 zusammengefassten aufsichtsrechtlichen Anforderungen an die **Trennung von Positionen und Vermögenswerten**.

19 Art. 53 Abs. 1 VO Nr. 648/2012 entspricht dem in Art. 39 Abs. 1 VO Nr. 648/2012 verorteten **Trennungsprinzip**. Danach muss die CCP die Positionen und Vermögenswerte der interoperablen CCP in ihren Aufzeichnungen und Abrechnung so erfassen, dass sie von den Positionen und Vermögenswerten ihrer Clearingmitglieder sowie den eigenen Vermögenswerten unterscheidbar sind. Der Begriff **Vermögenswert** ist in Art. 39 Abs. 10 VO Nr. 648/2012 definiert. Die Anforderungen, die an die **Unterscheidbarkeit** der Positionen und Vermögenswerte sowie an das **Führung der Aufzeichnungen** zu stellen sind, ergeben sich aus Art. 39 Abs. 9 VO Nr. 648/2012 und Art. 14 Abs. 2 DelVO Nr. 153/2013.

20 Das für die interoperable CCP geführte Abrechnungskonto ist ein **Omnibuskonto**. Die durch Art. 39 Abs. 3 VO Nr. 648/2012 begründete Verpflichtung der CCP, ihren Clearingmitgliedern die Möglichkeit zu geben, auf Ebene der CCP auch Abrechnungskonten für einzelne Kunden zu führen (sog. „Einzelkunden-Kontentrennung"), sieht Art. 53 VO Nr. 648/2012 nicht vor.

21 Die Bestimmung des Art. 53 Abs. 2 VO Nr. 648/2012 über die als beschränkte dingliche Rechte gestellten Sicherheiten entspricht Art. 39 Abs. 8 VO Nr. 648/2012, weist jedoch einen wesentlichen Unterschied auf: An den von der interoperablen CCP verpfändeten Vermögenswerten steht der CCP **kein Nutzungsrecht** (right of use) zu[9]. Dies entspricht Art. 20 Abs. 1 DelVO 2016/2251 und den als Sicherheit für nicht zentral geclearte OTC-Derivate gestellten Ersteinschüssen.

22 Die Verpflichtung, die von der interoperablen CCP als Sicherheit übertragenen Finanzinstrumente bei Betreibern von **Wertpapierliefer- und -abrechnungssystemen** zu hinterlegen, entspricht Art. 47 Abs. 3 VO Nr. 648/2012. Auch hier gilt, dass die CCP Teilnehmerin des Systems sein muss und eine mittelbare Verwahrung der Finanzinstrumente über eine Depotbank nicht ausreicht. Abweichend von Art. 47 Abs. 3 VO Nr. 648/2012 muss es sich bei dem genutzten Wertpapierliefer- und -abrechnungssystem jedoch um ein nach Art. 2 Buchst. a Gedankenstrich 3 RL 98/26/EG gemeldetes **europäisches System** handeln. Drittstaatensysteme sind selbst dann ausgeschlossen, wenn das auf sie anwendbare Rechts-und Aufsichtssystem des betreffenden Drittstaates gleichwertig ist.

---

1 Richtlinie 98/26/EG des Europäischen Parlaments und des Rates vom 19. Mai 1998 über die Wirksamkeit von Abrechnungen in Zahlungs- sowie Wertpapierliefer- und -abrechnungssystemen, ABl. EG Nr. L 166 v. 11.6.1998, S. 45.
2 *ESMA* Leitlinien Interoperabilität, Detaillierte Leitlinie und Empfehlung Nr. 1 a) (vi) und (vii).
3 *Sigmundt* in Wilhelmi/Achtelik/Kunschke/Sigmundt, Handbuch EMIR, Teil 5.D Rz. 32.
4 *ESMA* Leitlinien Interoperabilität, Detaillierte Leitlinie und Empfehlung Nr. 3 a) (ii) und (viii).
5 *ESMA* Leitlinien Interoperabilität, Allgemeine Leitlinie und Empfehlung Nr. 1.
6 *ESMA* Leitlinien Interoperabilität, Detaillierte Leitlinie und Empfehlung Nr. 1 b).
7 Richtlinie 2002/47/EG des Europäischen Parlaments und des Rates vom 6. Juni 2002 über Finanzsicherheiten, ABl. EG Nr. L 168 v. 27.6.2002, S. 43.
8 *Sigmundt* in Wilhelmi/Achtelik/Kunschke/Sigmundt, Handbuch EMIR, Teil 5.D Rz. 28.
9 *Sigmundt* in Wilhelmi/Achtelik/Kunschke/Sigmundt, Handbuch EMIR, Teil 5.D Rz. 41.

Eine Liste der unter der RL 98/26/EG gemeldeten Wertpapierliefer- und -abrechnungssysteme ist über die Webseite der ESMA abrufbar[1]. In Deutschland ist dies das Wertpapierliefer- und -abrechnungssystem der Clearstream Banking AG. Dass die CCP ihrer Verpflichtung aus Art. 53 Abs. 3 VO Nr. 648/2012 nachkommt, ist von der zuständigen Behörde im Rahmen des Genehmigungsverfahrens nach Art. 54 Abs. 1 i.V.m. Art. 17 VO Nr. 648/2012 zu prüfen[2]. 23

Die Regelung des Art. 53 Abs. 4 VO Nr. 648/2012 entspricht Art. 45 Abs. 4 Satz 2 VO Nr. 648/2012: Danach dürfen die von der interoperablen CCP gestellten Sicherheiten nicht dazu verwendet werden, die durch den Ausfall eines Clearingmitgliedes oder den Ausfall der CCP verursachten Verluste zu decken. 24

Die durch Art. 53 Abs. 5 VO Nr. 648/2012 begründete Verpflichtung der ausgefallenen CCP bzw. des für sie tätigen Verwalters, die von einer interoperablen CCP geleisteten Sicherheiten ohne weiteres **zurück zu erstatten**, kann sich nur auf die von der interoperablen CCP geleisteten Ersteinschüsse beziehen. Die Nachschüsse, mit denen die täglich festgestellten Veränderungen der Risikopositionen ausgeglichen werden, können vom jeweiligen Empfänger dauerhaft behalten werden. Die Regelung entspricht der Regelung in Art. 48 Abs. 7 VO Nr. 648/2012, die die Rückgabe der Sicherheiten an die Kunden des ausgefallenen Clearingmitgliedes verlangt. 25

Der Anspruch der interoperablen CCP aus Art. 53 Abs. 5 VO Nr. 648/2012 ist durch die in Art. 87 Abs. 1 VO Nr. 648/2012 vorgesehene Änderung des Art. 9 Abs. 1 RL 98/26/EG **zusätzlich abgesichert** worden. Danach darf die Eröffnung des Insolvenzverfahrens die Rechte der interoperablen CCP (des die Sicherheit leistenden Systembetreibers) an den von ihr gestellten Sicherheiten nicht berühren. 26

Da die in einem Mitgliedstaat ansässige CCP ihre Zulassung nach Art. 14 VO Nr. 648/2012 nur dann erhalten darf, wenn der betreffende Mitgliedstaat die CCP nach Art. 2 Buchst. a Gedankenstrich 3 RL 98/26/EG als System gemeldet hat, ist der Rückübertragungsanspruch der interoperablen CCP zumindest bei europäischen CCPs ausreichend gesichert. 27

Die Formulierung „ohne weiteres" schließt nicht aus, das die CCP die im Rahmen der Verwahrung der Finanzinstrumente anfallenden Kosten und Ausgaben geltend macht und insoweit ggf. ein Zurückbehaltungsrecht in Anspruch nimmt. Eine vergleichbare Einschränkung sieht auch die Parallelvorschrift in Art. 19 Abs. 1 Buchst. 1 DelVO 2016/2251 für die zur Besicherung von nicht zentral geclearten OTC-Derivaten gestellten Ersteinschüsse vor. Dass die interoperable CCP die Kosten der Verwahrung ihrer Sicherheiten trägt, folgt aus Art. 52 Abs. 3 VO Nr. 648/2012. 28

VI. Genehmigungsverfahren (Art. 54 VO Nr. 648/2012). Der Abschluss einer Interoperabilitätsvereinbarung bedarf nach Art. 54 Abs. 1 VO Nr. 648/2012 der vorherigen Genehmigung durch die für die beteiligten CCPs zuständigen Behörden. Soweit es sich bei einer der an der Interoperabilitätsvereinbarung beteiligten CCPs um eine nach Art. 25 VO Nr. 648/2012 zugelassenen **Drittstaaten-CCP** handelt, ist auch die Genehmigung der ESMA erforderlich. 29

Dem Verweis auf das in Art. 17 VO Nr. 648/2012 geregelte Verfahren ist zu entnehmen, dass jede CCP bei der für sie zuständigen Behörde einen **Antrag** auf Genehmigung der Interoperabilitätsvereinbarung stellen muss. Weitere Folge des Verweises auf Art. 17 VO Nr. 648/2012 ist die Einbindung der von den zuständigen Behörden eingerichteten **Kollegien**, deren Stellungnahmen im Rahmen der in Art. 17 Abs. 4 VO Nr. 648/2012 geregelten Entscheidungsprozesses zu berücksichtigen ist[3]. 30

Nähme man Art. 18 Abs. 1 VO Nr. 648/2012 wörtlich, müsste die ESMA in den Fällen, in denen eine von ihr anerkannte Drittstaaten-CCP an der Interoperabilitätsvereinbarung beteiligt ist, ein Kollegium einrichten „um die Durchführung der in den Artikeln [...] 51 und 54 genannten Aufgaben zu erleichtern". Sinnvoller erscheint es jedoch, anstelle der Einrichtung eines Kollegiums die nach Art. 25 Abs. 3 VO Nr. 648/2012 vorgesehene **Konsultation** vorzusehen. 31

ESMA hat in ihren Leitlinien und Empfehlungen darauf hingewiesen, dass die über die Genehmigung entscheidenden zuständigen Behörden während des Genehmigungsverfahrens aber auch nach Abschluss des Verfahrens eng miteinander zusammenarbeiten sollen[4]. Soweit an der Interoperabilitätsvereinbarung eine anerkannte Drittstaaten-CCP beteiligt ist, sollen neben der von der ESMA abgeschlossenen Kooperationsvereinbarung nach Art. 25 Abs. 7 VO Nr. 648/2012 weitere Vereinbarungen abgeschlossen werden, mit denen die zuständigen europäischen Aufsichtsbehörden und die zuständigen Behörden des betreffenden Drittstaates ihre Zusammenarbeit regeln[5]. 32

---

1 *ESMA*, Liste der unter der Finalitätsrichtlinie gemeldeten Zahlungs- und Wertpapierabrechnungssysteme, ESMA70-7080 36281-86, Stand: 3.11.2017 abrufbar über: https://www.esma.europa.eu/system/files_force/library/designated_payment_and_securities_settlement_systems.pdf („*ESMA* FSD Liste").
2 *ESMA* Leitlinien Interoperabilität, Allgemeine Leitlinie und Empfehlung Nr. 4.
3 *Sigmundt* in Wilhelmi/Achtelik/Kunschke/Sigmundt, Handbuch EMIR, Teil 5.D Rz. 19.
4 *ESMA* Leitlinien Interoperabilität, Allgemeine Leitlinie und Empfehlung Nr. 5 Nr. 1.
5 *ESMA* Leitlinien Interoperabilität, Allgemeine Leitlinie und Empfehlung Nr. 5 Nr. 2.

33 Voraussetzung für die Genehmigung ist nach Art. 54 Abs. 2 VO Nr. 648/2012 neben der Erfüllung der in Art. 52 VO Nr. 648/2012 definierten Anforderungen an das Risikomanagement und der Gewährleistung eines reibungslosen und ordnungsgemäßen Funktionierens der Finanzmärkte sowie einer wirksamen Aufsicht, dass die an der Interoperabilitätsvereinbarung beteiligten CCPs seit mindestens **drei Jahren** über eine **Zulassung oder Anerkennung** verfügen. Grund für die Drei-Jahres-Anforderung sind die mit der Durchführung von Interoperabilitätsvereinbarungen verbundenen zusätzlichen Risiken[1], die von den zuständigen Behörden besser beurteilt werden können, wenn sie die beteiligten CCPs und die von ihnen genutzten Risikomanagementverfahren bereits über einen entsprechend langen Zeitraum beaufsichtigt haben.

34 **VII. Leitlinien.** Ihrer durch Art. 54 Abs. 4 VO Nr. 648/2012 begründete Verpflichtung, **Leitlinien und Empfehlungen** für die Erstellung kohärenter, effizienter und wirksamer Bewertungen von Interoperabilitätsvereinbarungen zu erlassen, ist die ESMA am 10.6.2013 nachgekommen.

Titel VI
Registrierung und Aufsicht von Transaktionsregistern

Kapitel 1
Bedingungen und Verfahren für die Registrierung eines Transaktionsregisters

Art. 55 Registrierung eines Transaktionsregisters

(1) Für die Zwecke des Artikels 9 lässt sich ein Transaktionsregister bei der ESMA registrieren.

(2) Voraussetzung für eine Registrierung gemäß diesem Artikel ist, dass es sich bei dem Transaktionsregister um eine in der Union niedergelassene Rechtsperson handelt, die den Anforderungen des Titels VII genügt.

(3) Die Registrierung eines Transaktionsregisters gilt für das gesamte Gebiet der Union.

(4) Ein registriertes Transaktionsregister muss zu jedem Zeitpunkt die Voraussetzungen für die Registrierung erfüllen. Ein Transaktionsregister unterrichtet die ESMA unverzüglich über alle wesentlichen Änderungen der Voraussetzungen für die Registrierung.

In der Fassung vom 4.7.2012 (ABl. EU Nr. L 201 v. 27.7.2012, S. 1).

Schrifttum: *Flosbach*, EMIR-Gesetz: ein Beitrag zu mehr Vertrauen und Transparenz, Kreditwesen 2013, 168; *Hartenfels*, Die Verordnung (EU) Nr. 648/2012 über OTC-Derivate, zentrale Gegenparteien und Transaktionsregister („EMIR"), ZHR 178, 173; *Jahn/Reiner*, § 114. Außerbörsliche Fianzterminegeschäfte (OTC-Derivate) [Rz. 208 ff.], in Schimansky/Bunte/Lwowski, Bankrechts-Handbuch, 5. Aufl. 2017; *Köhling/Adler*, Der neue europäische Regulierungsrahmen für OTC-Derivate, WM 2012, 2125 (Teil I) und 2173 (Teil II); *Kopp/Ramsauer*, VwVfG, 18. Aufl. 2017; *Ress/Ukrow*, AEUV Art. 63 Freier Kapitalverkehr [Rz. 470 ff.], in Grabitz/Hilf/Nettesheim, Das Recht der Europäischen Union, 61. ErgLfg. April 2017; *Walla*, Die Europäische Wertpapier- und Marktaufsichtsbehörde (ESMA) als Akteur bei der Regulierung der Kapitalmärkte Europas – Grundlagen, erste Erfahrungen und Ausblick, BKR 2012, 265; *Zeitz*, Zulassungsverfahren für Transaktionsregister, in Wilhelmi/Achtelik/Kunschke/Sigmundt, Handbuch EMIR, 2016, S. 332 ff.

I. Pflicht zur Registrierung eines Transaktionsregisters bei der ESMA (Art. 55 Abs. 1 VO Nr. 648/2012) 1	III. Wirkung der Registrierung (Art. 55 Abs. 3 VO Nr. 648/2012) 5
II. Voraussetzungen einer Registrierung (Art. 55 Abs. 2 VO Nr. 648/2012) 3	IV. Kontinuierliches Erfüllen der Registrierungsvoraussetzungen (Art. 55 Abs. 3 VO Nr. 648/2012) 7

1 **I. Pflicht zur Registrierung eines Transaktionsregisters bei der ESMA (Art. 55 Abs. 1 VO Nr. 648/2012).** Art. 55 Abs. 1 VO Nr. 648/2012 (EMIR) regelt verbindlich, dass sich ein **innerhalb der Europäischen Union ansässiges Transaktionsregister** für die Zwecke der Meldung aller geschlossener Derivatekontrakte nach Art. 9 VO Nr. 648/2012 **registrieren lassen** muss. Denn Art. 9 VO Nr. 648/2012 lässt Meldungen nur an ein nach Art. 55 VO Nr. 648/2012 registriertes Transaktionsregister zu oder an ein gem. Art. 77 VO Nr. 648/2012 anerkanntes Transaktionsregister. Bei letzterem handelt es sich ausschließlich um ein in einem Drittstaat ansässiges Transaktionsregister, dass anders als innerhalb der Europäischen Union ansässige Transaktionsregister ein Anerkennungsverfahren nach Art. 77 VO Nr. 648/2012 durchlaufen müssen.

---

1 Erwägungsgrund Nr. 73 VO Nr. 648/2012.

Zuständig für die Registrierung der Transaktionsregister ist **die ESMA**. Entsprechend ist der Registrierungsantrag an die ESMA zu richten, wie dies ausdrücklich auch in Art. 56 Abs. 1 VO Nr. 648/2012 geregelt ist. Weitere Details zum Registrierungsantrag regelt ebenfalls Art. 56 VO Nr. 648/2012.

II. Voraussetzungen einer Registrierung (Art. 55 Abs. 2 VO Nr. 648/2012). Erste Voraussetzung für eine Registrierung als Transaktionsregister ist nach Art. 55 Abs. 2 VO Nr. 648/2012, dass es sich bei dem Transaktionsregister um eine **in der Union niedergelassene Rechtsperson** handelt. Personen aus einem Drittstaat, die innerhalb der europäischen Union die Dienste als Transaktionsregister anbieten möchten, können kein Registrierungsverfahren nach den Art. 55 ff. VO Nr. 648/2012 durchlaufen, sondern müssen ein Anerkennungsverfahren nach Art. 77 VO Nr. 648/2012 absolvieren. Die Formulierung „Rechtsperson" findet sich auch in der Legaldefinition des Terminus „Transaktionsregister" wieder. Nach Art. 2 Nr. 2 VO Nr. 648/2012 ist ein „Transaktionsregister" eine juristische Person, die die Aufzeichnungen zu Derivaten zentral sammelt und verwahrt. Damit ist es ausgeschlossen, dass eine natürliche Person diese Dienstleistung anbietet.

Als weitere Voraussetzung muss die Rechtsperson mit Niederlassung in der EU den **Anforderungen des Titels VII der EMIR genügen**. Hierbei handelt es sich um die **Regelungen der Art. 78–81 VO Nr. 648/2012**, auf die auch Art. 58 Abs. 1 VO Nr. 648/2012 bezüglich des Prüfungsmaßstabs bei einem Registrierungsantrag verweist. Diese Regelungen über das Erfordernis von beispielsweise klaren Organisationsstrukturen, einer zuverlässigen und fachlich geeigneten Geschäftsleitung, das Vorhandensein von hinreichenden Strukturen zum Risikomanagement etc.[1] werden nach Art. 56 Abs. 2 und Abs. 3 VO Nr. 648/2012 durch einen technischen Regulierungsstandard in Bezug auf die Anforderungen an einen Registrierungsantrag für ein Transaktionsregister konkretisiert. Die EU-Kommission hat hierfür die Delegierte Verordnung (EU) Nr. 150/2013[2], erlassen. Zur Vermeidung von Wiederholungen wird insoweit auf die Kommentierung zu Art. 56 Abs. 3 VO Nr. 648/2012 (Art. 56 VO Nr. 648/2012 Rz. 10 und 11) verwiesen.

III. Wirkung der Registrierung (Art. 55 Abs. 3 VO Nr. 648/2012). Nach Art. 55 Abs. 3 VO Nr. 648/2012 **gilt** die **Registrierung** eines Transaktionsregisters **für das gesamte Gebiet der Union**. Das bedeutet, dass ein registriertes Transaktionsregister gegenüber allen nach Art. 9 VO Nr. 648/2012 Meldepflichtigen seine Dienstleistung des Entgegennehmens der Meldungen nach Art. 9 VO Nr. 648/2012 einschließlich des zentralen Sammelns und Verwahrens dieser Meldungen zu Derivaten anbieten kann.

Mit der Registrierung unterliegt die **Tätigkeit als Transaktionsregister** zudem für den Zeitraum der Registrierung der **laufenden Aufsicht der ESMA**[3], nicht der zuständigen nationalen Aufsichtsbehörden. Demgegenüber sind die zuständigen nationalen Behörden zuständig für die Überwachung der Einhaltung der Meldepflicht gem. Art. 9 VO Nr. 648/2012 gegenüber den Transaktionsregistern.

IV. Kontinuierliches Erfüllen der Registrierungsvoraussetzungen (Art. 55 Abs. 3 VO Nr. 648/2012). Ein registriertes Transaktionsregister muss gem. Art. 55 Abs. 3 Satz 1 VO Nr. 648/2012 **zu jedem Zeitpunkt die Voraussetzungen für die Registrierung** erfüllen. Diese Anforderung entspricht dem bewährten Prinzip, dass bei potentiell risikogeneigten Tätigkeiten die für eine Zulassung erforderlichen Voraussetzungen kontinuierlich eingehalten werden müssen. Naheliegendes Beispiel hierfür ist z.B. §§ 32, 35 Abs. 2 KWG. Die in Art. 55 Abs. 3 VO Nr. 648/2012 formulierte Forderung des kontinuierlichen Erfüllens der Registrierungsvoraussetzungen durch das Transaktionsregister findet seinen Niederschlag auch in Art. 71 Abs. 1 lit. c VO Nr. 648/2012, der als Rechtsfolge für den Wegfall der Voraussetzungen vorsieht, dass die ESMA die Registrierung dann widerruft.

Art. 55 Abs. 3 Satz 2 VO Nr. 648/2012 verpflichtet die zugelassenen Transaktionsregister, die ESMA unverzüglich über alle **wesentlichen Änderungen der Voraussetzungen für die Registrierung** zu unterrichten. Hierdurch wird es der ESMA erleichtert, die Einhaltung der Registrierungsvoraussetzungen zu prüfen und ggf. auf seine Bedenken bezüglich der Einhaltung hinzuweisen und ggf. den Widerruf der Registrierung (Art. 71 VO Nr. 648/2012) einzuleiten. Die Einhaltung dieser Unterrichtungspflicht ist insbesondere auch mit Blick auf die Voraussetzung einer zuverlässigen und fachlich geeigneten Geschäftsleitung erforderlich, an denen bei Unterlassen der Änderungsmittteilung ggf. Zweifel aufkommen können.

---

1 Vgl. die Kommentierungen zu den Art. 26 ff. VO Nr. 648/2012.
2 Delegierte Verordnung (EU) Nr. 150/2013 vom 19. Dezember 2012 zur Ergänzung der Verordnung (EU) Nr. 648/2012 des Europäischen Parlaments und des Rates über OTC-Derivate, zentrale Gegenparteien und Transaktionsregister durch technische Regulierungsstandards, in denen die Einzelheiten eines Antrags auf Registrierung als Transaktionsregister festgelegt werden, ABl. EU Nr. L 52 v. 23.2.2013, S. 25.
3 S. Erwägungsgrund 74 VO Nr. 648/2012 und die Befugnisse für die Beaufsichtigung, Art. 61 ff. VO Nr. 648/2012.

Art. 56 Registrierungsantrag

(1) Ein Transaktionsregister richtet seinen Antrag auf Registrierung an die ESMA.

(2) Innerhalb von 20 Arbeitstagen nach seinem Eingang überprüft die ESMA den Antrag auf Vollständigkeit.

Ist der Antrag unvollständig, setzt die ESMA eine Frist, innerhalb deren ihr das Transaktionsregister zusätzliche Informationen zu übermitteln hat.

Hat die ESMA festgestellt, dass der Antrag vollständig ist, teilt sie dies dem Transaktionsregister mit.

(3) Um die einheitliche Anwendung dieses Artikels zu gewährleisten, erarbeitet die ESMA Entwürfe für technische Regulierungsstandards, in denen die Einzelheiten der Registrierung gemäß Absatz 1 festgelegt werden.

Die ESMA legt der Kommission diese Entwürfe für technische Regulierungsstandards bis zum 30. September 2012 vor.

Der Kommission wird die Befugnis übertragen, die in Unterabsatz 1 genannten technischen Regulierungsstandards gemäß den Artikeln 10 bis 14 der Verordnung (EU) Nr. 1095/2010 zu erlassen.

(4) Um einheitliche Bedingungen für die Anwendung des Absatzes 1 zu gewährleisten, erarbeitet die ESMA Entwürfe für technische Durchführungsstandard, in denen das Format des Antrags auf Registrierung bei der ESMA festgelegt wird.

Die ESMA legt der Kommission diese Entwürfe für technische Durchführungsstandards bis zum 30. September 2012 vor.

Der Kommission wird die Befugnis übertragen, die in Unterabsatz 1 genannten technischen Durchführungsstandards gemäß Artikel 15 der Verordnung (EU) Nr. 1095/2010 zu erlassen.

In der Fassung vom 4.7.2012 (ABl. EU Nr. L 201 v. 27.7.2012, S. 1).

Durchführungsverordnung (EU) Nr. 1248/2012 der Kommission vom 19. Dezember 2012
zur Festlegung technischer Durchführungsstandards für das Format von Anträgen auf Registrierung von Transaktionsregistern gemäß der Verordnung (EU) Nr. 648/2012 des Europäischen Parlaments und des Rates über OTC-Derivate, zentrale Gegenparteien und Transaktionsregister

Art. 1 Format des Antrags

(1) Registrierungsanträge werden mittels eines Instruments gestellt, das Informationen auf einem dauerhafter Datenträger im Sinne von Artikel 2 Absatz 1 Buchstabe m der Richtlinie 2009/65/EG des Europäischen Parlaments und des Rates speichert.

(2) Registrierungsanträge werden in dem im Anhang beschriebenen Format gestellt.

(3) Die Transaktionsregister weisen allen von ihnen vorgelegten Unterlagen eine einmalige Referenznummer zu, stellen sicher, dass den übermittelten Angaben eindeutig zu entnehmen ist, auf welche spezifische Anforderung des delegierten Rechtsakts sie sich im Hinblick auf die gemäß Artikel 56 Absatz 3 der Verordnung (EU) Nr. 648/2012 verabschiedeten technischen Regulierungsstandards zur Spezifizierung von Anträgen auf Registrierung von Transaktionsregistern sie sich beziehen und in welcher Unterlage die Informationen enthalten sind, und geben den Grund an, falls die Informationen nicht gemäß dem Abschnitt Verweise auf Unterlagen des Anhangs vorgelegt werden.

In der Fassung vom 19.12.2012 (ABl. EU Nr. L 352 v. 21.12.2012, S. 30).

Art. 2 Inkrafttreten

Diese Verordnung tritt am zwanzigsten Tag nach ihrer Veröffentlichung im *Amtsblatt der Europäischen Union* in Kraft.

In der Fassung vom 19.12.2012 (ABl. EU Nr. L 352 v. 21.12.2012, S. 30).

Anhang

(nicht abgedruckt)

Delegierte Verordnung (EU) Nr. 150/2013 der Kommission vom 19. Dezember 2012
zur Ergänzung der Verordnung (EU) Nr. 648/2012 des Europäischen Parlaments und des Rates über OTC-Derivate, zentrale Gegenparteien und Transaktionsregister durch technische Regulierungsstandards, in denen die Einzelheiten eines Antrags auf Registrierung als Transaktionsregister festgelegt werden

(nicht abgedruckt)

Schrifttum: *S. Art. 55 VO Nr. 648/2012.*

I. Form der Antragstellung (Art. 56 Abs. 1 VO Nr. 648/2012) 1
II. Prüfungsfristen für den Antrag (Art. 56 Abs. 2 VO Nr. 648/2012) 6
III. Technischer Regulierungsstandard bezüglich der Antragsinhalte (Art. 56 Abs. 3 VO Nr. 648/2012) 9
IV. Technischer Regulierungsstandard bezüglich der Antragsform (Art. 56 Abs. 4 VO Nr. 648/2012) 13
V. Änderungsvorschläge 15

I. Form der Antragstellung (Art. 56 Abs. 1 VO Nr. 648/2012). Gem. Art. 56 Abs. 1 VO Nr. 648/2012 (EMIR) hat ein Transaktionsregister seinen **Antrag auf Registrierung an die ESMA** zu richten. Diese Regelung entspricht der Regelung in Art. 55 Abs. 1 VO Nr. 648/2012, dass die Registrierung durch die ESMA und nicht durch nationale Aufsichtsbehörden erfolgt. Entgegen dem ersten Blick regelt Art. 56 Abs. 1 VO Nr. 648/2012 nicht nur die reine **Adressierung an die ESMA**, sondern auch die **Form des Antrags**. Denn mit ausdrücklichen Bezug auf Art. 56 Abs. 1 VO Nr. 648/2012 sieht Art. 56 Abs. 4 VO Nr. 648/2012 vor, dass die ESMA Entwürfe für technische Durchführungsstandards erarbeitet, in denen das Format des Antrags auf Registrierung bei der ESMA festgelegt wird. Dies soll eine Vereinheitlichung der Voraussetzungen der Antragstellung nach der vorliegenden Regelung gewährleisten. Dieser technische Durchführungsstandard darf dann von der EU-Kommission erlassen werden. 1

Die EU-Kommission hat am 19.12.2012 eine auf die EMIR, insbesondere Art. 56 Abs. 4 VO Nr. 648/2012 gestützte **Durchführungsverordnung zur Festlegung des Formats von Registrierungsanträgen**[1] erlassen (DurchfVO Nr. 1248/2012)[2]. So hat die EU-Kommission im Anhang der Durchführungsverordnung ein bestimmtes **Format im Sinne eines Formulars** vorgegeben, das nach Art. 1 Abs. 2 DurchfVO Nr. 1248/2012 zwingend ist. Hier sind in einer tabellarischen Aufstellung u.a. Firma und Anschrift des Transaktionsregisters, Name und Kontaktdaten der für den Antrag zuständigen Person, Name und Kontaktdaten der/des Compliance-Beauftragten, die Identität von Mutterunternehmen und die Derivateklassen, für die das Transaktionsregister eine Registrierung beantragt, anzugeben. 2

Zudem müssen gem. Art. 1 Abs. 3 DurchfVO Nr. 1248/2012 den vorgelegten **Unterlagen** vom Antragsteller **einmalige Referenznummern** zugewiesen werden und angegeben werden, auf welche konkreten inhaltlichen Anforderungen sie sich beziehen, wo konkret in der Unterlage die Angabe zu finden ist und warum ggf. die Information nicht auf die in dieser Durchführungsverordnung und Ihres Anhangs beschriebene Weise vorgelegt wird. Auch hier sieht der Anhang der Durchführungsverordnung eine tabellarische Übersicht über diese Angaben vor. 3

Letztlich sind die Registrierungsanträge so zu stellen, dass die Informationen auf einem **dauerhaften Datenträger** i.S.v. Art. 2 Abs. 1 lit. m RL 2009/65/EG (OGAW)[3] gespeichert sind. Dauerhaft bedeutet nach dieser OGAW-Regelung, dass die Informationen so gespeichert sind, dass sie für eine angemessene Dauer einsehen werden können und die Wiedergabe der gespeicherten Informationen unveränderte möglich ist. Nach Erwägungsgrund 1 DurchfVO Nr. 1248/2012 soll die dauerhafte Speicherung die künftige Einsicht und Reproduzierung ermöglichen. Unabhängig von der Möglichkeit der Übersendung in Papierform ist diese Vorgabe bezüglich elektronischer Anträge nur begrenzt aussagekräftig. 4

In Anbetracht der Auslegungsbedürftigkeit dieser und verschiedener anderer Vorgaben der EMIR in Bezug auf das Registrierungsverfahren hat die ESMA einen **Leitfaden**[4] **für das Registrierungsverfahren** veröffentlicht, der eine Vielzahl von praktischen Hilfestellungen für die Antragstellung gibt. In diesem Leitfaden sind Vorgaben und Hinweise enthalten, wie eine E-Mail-Adresse für generelle Anfragen zum Registrierungsverfahren sowie Hinweise zur zeitlichen Planung, zu den sprachlichen Anforderungen und zur Übersendung in zweifacher Papierfassung sowie in elektronischer Form, bevorzugt per USB-Stick oder CD bzw. DVD. Im Hinblick auf die Vielzahl von Detailregelungen zum praktischen Vorgehen für eine Registrierung als Transaktionsregister wird auf diesen Leitfaden/Practical guidance der ESMA verwiesen. 5

II. Prüfungsfristen für den Antrag (Art. 56 Abs. 2 VO Nr. 648/2012). Gem. Art. 56 Abs. 2 VO Nr. 648/2012 **überprüft die ESMA den Antrag** innerhalb von 20 Arbeitstagen nach seinem Eingang **auf seine Vollständigkeit**. Arbeitstage bedeutet in diesem Zusammenhang nicht Werktage im Sinne der deutschen Regelung, die regelmäßig auch Samstage umfasst, sondern Arbeitstage („working days") bei der ESMA[5]. 6

Stellt die ESMA fest, dass der **Antrag unvollständig** ist, setzt sie eine Frist, innerhalb deren ihr das Transaktionsregister zusätzliche Informationen zu übermitteln hat. Hierbei teilt ESMA dem Transaktionsregister sowohl 7

---

1 Vgl. Durchführungsverordnung (EU) Nr. 1248/2012 der Kommission vom 19. Dezember 2012 zur Festlegung technischer Durchführungsstandards für das Format von Anträgen auf Registrierung von Transaktionsregistern gemäß der Verordnung (EU) Nr. 648/2012 des Europäischen Parlaments und des Rates über OTC-Derivate, zentrale Gegenparteien und Transaktionsregister, ABl. EU Nr. L 352 v. 21.12.2012, S. 30.
2 Text abgedruckt hinter dem Text von Art. 56 VO Nr. 648/2012.
3 Richtlinie 2009/65/EG des Europäischen Parlaments und des Rates vom 13. Juli 2009 zur Koordinierung der Rechts- und Verwaltungsvorschriften betreffend bestimmte Organismen für gemeinsame Anlagen in Wertpapieren (OGAW), ABl. EU Nr. L 302 v. 17.11.2009, S. 32.
4 Veröffentlicht mit derzeitigem Stand vom 15.4.2013 auf der Internetseite der ESMA als Practical guidance for the registation of Trade repositories by ESMA unter https://www.esma.europa.eu/sites/default/files/library/website_tr_registration.pdf.
5 Vgl. ESMA Leitfaden (Fundstelle s. zuvor) unter Nr. 26.

Art. 56 VO Nr. 648/2012 | Registrierungsantrag

mit, dass der Antrag unvollständig ist, als auch welche zusätzlichen Informationen ESMA benötigt. Für die Nachlieferung setzt ESMA regelmäßig eine Frist von 10 Tagen. Die Frist ist auf 20 ESMA-Arbeitstage verlängerbar, wenn die Komplexität oder die Menge der angefragten Informationen dies erfordern[1]. Mit Eingang der zusätzlichen Informationen bestätigt ESMA innerhalb eines Arbeitstages den Eingang und hat dann wieder eine Frist von 20 Arbeitstagen, um die Vollständigkeit des Antrags zu prüfen.

8 Stellt die ESMA fest, dass der **Antrag vollständig** ist, so teilt sie dies dem Transaktionsregister mit. Hierzu übersendet ESMA dem Transaktionsregister eine Mitteilung über die Vollständigkeit des Antrags. Mit Vollständigkeit des Antrags beginnt für ESMA dann nach Art. 58 Abs. 1 VO Nr. 648/2012 eine Frist von 40 Arbeitstagen, um über die Registrierung des Transaktionsregisters zu entscheiden.

9 **III. Technischer Regulierungsstandard bezüglich der Antragsinhalte (Art. 56 Abs. 3 VO Nr. 648/2012).** Die Regelung in Art. 56 Abs. 4 VO Nr. 648/2012 verpflichtet die ESMA bis zu einem bestimmten Datum **Entwürfe für technische Durchführungsstandards** bezüglich der inhaltlichen Anforderungen an Registrierungsanträge zu erarbeiten und der EU-Kommission vorzulegen. Hiermit sollen einheitliche Bedingungen für die Antragstellung bei der ESMA geschaffen werden. Zudem wird der Kommission die Befugnis übertragen, diesen technischen Durchführungsstandard gem. Art. 15 VO Nr. 1095/2010 (ESMA-VO) zu erlassen.

10 Diesen Anforderungen ist ESMA ersichtlich nachgekommen, so dass die EU-Kommission die **Delegierte Verordnung (EU) Nr. 150/2013**[2] erlassen hat. In Anbetracht des Umfangs und der Tiefe ihrer Regelungen kann an dieser Stelle nur ein Überblick über diese Regelungen gegeben und im Übrigen auf die Delegierte Verordnung selbst verwiesen werden. Als Hilfestellung für die Anwendungen der Regelungen der EMIR hat ESMA zudem **Antworten auf häufig gestellte Fragen auf ihrer Internetseite veröffentlicht**[3].

11 Die **DelVO Nr. 150/2013** zur Ergänzung der EMIR-Regelungen, insbesondere Art. 56 Abs. 3 VO Nr. 648/2012, legt fest, **welche Angaben der ESMA mit dem Antrag auf Registrierung als Transaktionsregister zu übermitteln sind**[4]. Hierbei sind vom Antragsteller beispielsweise zu folgenden Aspekten Informationen einzureichen:

- Angaben zur Identifikation des Unternehmens, seiner Rechtsstellung und Angaben zu den Derivatekategorien, für die der Antragsteller registriert werden möchte, zu Tochterunternehmen und zu einer ggf. vorhandenen Gruppenstruktur (Art. 1 DelVO Nr. 150/2013),
- Angaben zu Strategien und Verfahren (Art. 2 DelVO Nr. 150/2013)
- Angaben zur Eigentümerstruktur (Art. 3 und 4 DelVO Nr. 150/2013),
- den Organisationsplan (Art. 5 DelVO Nr. 150/2013),
- Angaben zur Art und Weise der Unternehmensführung, zur Geschäftsleitung und der Leitungsorgane und zu den internen Kontrollmechanismen nebst Vergütungspolitik (Art. 6–10 DelVO Nr. 150/2013),
- Angaben zur Zuverlässigkeit und fachlichen Eignung der Mitarbeiter (Art. 11 DelVO Nr. 150/2013),
- Angaben zu Bewertung der finanziellen Ressourcen für die Tätigkeit als Transaktionsregister (Art. 12 DelVO Nr. 150/2013)
- Angaben zur Regelung von Interessenkonflikten, zu den Strategien und Mechanismen zur Wahrung der Vertraulichkeit nebst einer Auflistung von aktuellen Interessenkonflikten und der Beschreibung ihrer Beherrschung (Art. 13–15 DelVO Nr. 150/2013),
- Angaben zu den zu nutzenden informationstechnischen Ressourcen, Strategien, zu Auslagerungen und zu angebotenen oder geplanten Nebendienstleistungen (Art. 16 und 17 DelVO Nr. 150/2013),
- Angaben bezüglich der Transparenz der Zugangsregelungen zum Transaktionsregister, der Compliance-Regelungen, der Datengenauigkeit und der Preispolitik (Art. 18–20 DelVO Nr. 150/2013),
- Angaben über die Art und Weise der Sicherstellung der operationellen Zuverlässigkeit (Art. 21 DelVO Nr. 150/2013),
- Angaben zur Sicherstellung der Aufbewahrungspflichten (Art. 22 DelVO Nr. 150/2013) und
- Angaben über die Mechanismen zur Gewährleistung der Datenverfügbarkeit (Art. 23 DelVO Nr. 150/2013).

Wenn ein Transaktionsregister über Zweigniederlassungen ohne eigene Rechtspersönlichkeit tätig ist, sollen **auch für die einzelnen Zweigniederlassungen gesonderte Angaben** vorgelegt werden, damit die ESMA sich ein klares Bild von der Stellung dieser Zweigniederlassungen in der Organisationsstruktur des Transaktionsregisters machen, die Zuverlässigkeit und fachliche Eignung der Geschäftsleitung der Zweigniederlassungen be-

---

1 Vgl. ESMA Leitfaden (Fundstelle s. zuvor) unter Nr. 29 f.
2 Delegierte Verordnung (EU) Nr. 150/2013 vom 19. Dezember 2012 zur Ergänzung der Verordnung (EU) Nr. 648/2012 des Europäischen Parlaments und des Rates über OTC-Derivate, zentrale Gegenparteien und Transaktionsregister durch technische Regulierungsstandards, in denen die Einzelheiten eines Antrags auf Registrierung als Transaktionsregister festgelegt werden, ABl. EU Nr. L 52 v. 23.2.2013, S. 25.
3 Veröffentlicht unter https://www.esma.europa.eu/sites/default/files/library/esma70-1861941480-52_qa_on_emir_implementation.pdf, bezüglich Transaktionsregister unter dem Schlagwort TR Question.
4 S. Erwägungsgrund 1 DelVO Nr. 150/2013.

werten und beurteilen kann, ob die bestehenden Kontrollmechanismen, Compliance- und sonstigen Funktionen als solide zu betrachten sind und ausreichen, um die Risiken der Zweigniederlassungen in angemessener Weise zu ermitteln, zu bewerten und zu steuern[1]. Alle gegenüber der ESMA im Rahmen des Registrierungsverfahrens einzureichenden **Informationen sind** zudem von einem Mitglied des Leitungsorgans und der Geschäftsleitung des Transaktionsregisters **bezüglich ihrer Richtigkeit und Vollständigkeit zu bestätigen und ggf. durch Rechtsunterlagen zu belegen** (Art. 24 DelVO Nr. 150/2013).

In Anbetracht der Detailtiefe der Angaben, die für den Antrag auf Registrierung erforderlich sind, und der mit Einreichung des Registrierungsantrags beginnenden Fristen ist nochmals auf den von ESMA veröffentlichten **Leitfaden[2] für das Registrierungsverfahren** und die dort gegebenen praktischen Hinweise hinzuweisen. 12

IV. Technischer Regulierungsstandard bezüglich der Antragsform (Art. 56 Abs. 4 VO Nr. 648/2012). Die Regelung in Art. 56 Abs. 4 VO Nr. 648/2012 verpflichtet die ESMA bis zu einem bestimmten Datum **Entwürfe für technische Durchführungsstandards bezüglich des Antragsformats** zu erarbeiten und der EU-Kommission vorzulegen. Hiermit sollen einheitliche Bedingungen für die Antragstellung bei der ESMA geschaffen werden. Zudem wird der Kommission die Befugnis übertragen, diesen technischen Durchführungsstandard gem. Art. 15 VO Nr. 1095/2010 (ESMA-VO) zu erlassen. 13

Auch diesen Vorgaben ist die ESMA ersichtlich nachgekommen. Entsprechend hat die EU-Kommission am 19.12.2012 eine auf die EMIR, insbesondere Art. 56 Abs. 4 VO Nr. 648/2012 gestützte **Durchführungsverordnung zur Festlegung des Formats von Registrierungsanträgen** erlassen (DurchfVO Nr. 1248/2012)[3]. Auf die hiernach notwendige **tabellarische Aufstellung** von Firma und Anschrift des Transaktionsregisters, Name und Kontaktdaten der für den Antrag zuständigen Person, Name und Kontaktdaten der/des Compliance-Beauftragten, die Identität von Mutterunternehmen und die Derivateklassen, für die das Transaktionsregister eine Registrierung beantragt, etc. wurde schon in Rz. 2 ff. verwiesen. 14

V. Änderungsvorschläge. Entsprechend Art. 85 Abs. 1 VO Nr. 648/2012 hat die **Kommission die EMIR einer Überprüfung unterzogen**. Hierfür hat die EU-Kommission auch eine öffentliche Konsultation zur Umsetzung der EMIR durchgeführt. Als Ergebnis hat die EU-Kommission einen **Bericht über ihre Prüfung** vorgelegt[4] und hierin festgestellt, dass an den Kernanforderungen der ESMA festgehalten werden soll. „Allerdings wurden auch einige Bereiche hervorgehoben, in denen die Anforderungen der EMIR ohne Beeinträchtigung der übergeordneten Ziele der Verordnung angepasst werden könnten, um: 15

– (i) die Anforderungen zu vereinfachen und effizienter zu gestalten und
– (ii) unverhältnismäßig hohe Kosten und Belastungen zu verringern."[5]

Speziell zu den Registrierungsanforderungen enthält der Bericht keine näheren Ausführungen, einzig zu den Zugangsmöglichkeiten von Drittstaaten.

Im Ergebnis dieser Überprüfung legte die Europäischen Kommission im Mai 2017 einen **Vorschlag zur Änderung der EMIR** vor, der veröffentlicht[6] wurde. Dieser Änderungsvorschlag sieht auch eine **Änderung der Regelungen des Art. 56 VO Nr. 648/2012** vor. Zur Begründung dieses Änderungsvorschlags wird vorgetragen[7]: „Artikel 1 Nummer 12 Buchstabe a ändert Artikel 56 der EMIR-Verordnung durch Einführung der Möglichkeit eines vereinfachten Antrags auf Ausweitung der Registrierung von Transaktionsregistern, die bereits nach der Verordnung über Wertpapierfinanzierungsgeschäfte registriert sind. In Artikel 1 Nummer 12 Buchstaben b und c wird der ESMA ein Mandat zur Entwicklung technischer Standards für vereinfachte Anträge auf Ausweitung der Registrierung erteilt, um Doppelverfahren zu vermeiden. Durch Artikel 1 Nummer 14 wird eine entspre- 16

---

1 S. Erwägungsgrund 5 DelVO Nr. 150/2013.
2 Veröffentlicht mit derzeitigem Stand vom 15.4.2013 auf der Internetseite der ESMA als Practical guidance for the registation of Trade repositories by ESMA unter https://www.esma.europa.eu/sites/default/files/library/website_tr_registration.pdf.
3 Vgl. Durchführungsverordnung (EU) Nr. 1248/2012 der Kommission vom 19. Dezember 2012 zur Festlegung technischer Durchführungsstandards für das Format von Anträgen auf Registrierung von Transaktionsregistern gemäß der Verordnung (EU) Nr. 648/2012 des Europäischen Parlaments und des Rates über OTC-Derivate, zentrale Gegenparteien und Transaktionsregister, ABl. EU Nr. L 352 v. 21.12.2012, S. 30.
4 Bericht der Kommission an das Europäische Parlament und den Rat gemäß Artikel 85 Absatz 1 der Verordnung (EU) Nr. 648/2012 des Europäischen Parlaments und des Rates vom 4. Juli 2012 über OTC-Derivative, zentrale Gegenparteien und Transaktionsregister vom 23.11.2016, COM(2016) 857 final, veröffentlicht unter http://eur-lex.europa.eu/legal-content/DE/TXT/PDF/?uri=CELEX:52016DC0857&from=DE.
5 Vgl. S. 7 des vorgelegten Berichts der Kommission.
6 Vorschlag für eine Verordnung der Europäischen Parlaments und des Rates zur Änderung der Verordnung (EU) Nr. 648/2012 in Bezug auf die Clearingpflicht, die Aussetzung der Clearingpflicht, die Meldepflichten, die Risikominderungstechniken für nicht durch eine zentrale Gegenpartei geclearte OTC-Derivatekontrakte, die Registrierung und Beaufsichtigung von Transaktionsregistern und die Anforderungen an Transaktionsregister, vom 4.5.2017, COM(2017) 208 final, 2017/0090 (COD), veröffentlicht unter http://ec.europa.eu/transparency/regdoc/rep/1/2017/DE/COM-2017-208-F1-DE-MAIN-PART-1.PDF.
7 Vgl. S. 19 des Vorschlags für eine Verordnung der Europäischen Parlaments und des Rates zur Änderung der Verordnung (EU) Nr. 648/2012 vom 4.5.2017.

chende Änderung von Artikel 72 Absatz 1 im Hinblick auf die Gebühren eingefügt, die zu entrichten sind, wenn ein Transaktionsregister bereits gemäß der Verordnung über Wertpapierfinanzierungsgeschäfte registriert ist."
Dieser Vorschlag nimmt damit den Hinweis auf, die Anforderungen der EMIR zu vereinfachen und effizienter zu gestalten, ohne die übergeordneten Ziele der EMIR zu beeinträchtigen. In Bezug auf die gleichfalls nach der **VO 2015/2365 zu registrierenden Transaktionsregister liegt eine erleichtere Registrierung nach Art. 56 VO Nr. 648/2012** auf der Hand, ohne die Anforderungen der EMIR an Transaktionsregister einzuschränken.

17 So sieht der **Vorschlag** der EU-Kommission eine **Änderung des Art. 56 VO Nr. 648/2012** in Bezug auf die Abs. 1, 3 und 4 vor. Der Vorschlag lautet wie folgt[1]:

„(1) Für die Zwecke des Artikels 55 Absatz 1 übermittelt ein Transaktionsregister der ESMA

    a) entweder einen Antrag auf Registrierung

    b) oder einen Antrag auf Ausweitung der Registrierung, wenn das Transaktionsregister bereits im Rahmen von Kapitel III der Verordnung (EU) 2015/2365 registriert wurde.

(2) (unverändert)

(3) Um eine einheitliche Anwendung dieses Artikels zu gewährleisten, arbeitet die ESMA Entwürfe technischer Regulierungsstandards aus, in denen Folgendes Festgelegt wird.

    a) die Einzelheiten des in Absatz 1 Buchstabe a genannten Antrags auf Registrierung;

    b) die Einzelheiten eines in Absatz 1 Buchstabe b genannten vereinfachten Antrags auf Ausweitung der Registrierung.

Die ESMA legt der Kommission diese Entwürfe technischer Regulierungsstandards bis zum *[PO: Bitte Datum 9 Monate nach Inkrafttreten dieser Verordnung einfügen]* vor.

Der Kommission wird die Befugnis übertragen, die in Unterabsatz 1 genannten technischen Regulierungsstandards gemäß den Artikeln 10 bis 14 der Verordnung (EU) Nr. 1095/2010 zu erlassen.

(4) Um einheitliche Bedingungen für die Anwendung des Absatz 1 zu gewährleisten, arbeitet die ESMA Entwürfe technischer Durchführungsstandards aus, in denen Folgendes festgelegt wird:

    a) das Format des in Absatz 1 Buchstabe a genannten Antrags auf Registrierung;

    b) das Format des in Absatz 1 Buchstabe b genannten Antrags auf Ausweitung der Registrierung.

Im Hinblick auf Absatz 1 Buchstabe b arbeitet die ESMA ein vereinfachtes Formular aus.

Die ESMA legt der Kommission diese Entwürfe technischer Durchführungsstandards bis zum *[PO: Bitte Datum 9 Monate nach Inkrafttreten dieser Verordnung einfügen]* vor.

Der Kommission wird die Befugnis übertragen, die in Unterabsatz 1 genannten technischen Durchführungsstandards gemäß Artikel 15 der Verordnung (EU) Nr. 1095/2010 zu erlassen."

Mit Umsetzung dieses Vorschlags wäre künftig nicht nur zwischen der Registrierung der innerhalb der Europäischen Union ansässigen Transaktionsregister und der Anerkennung der in Drittstaaten ansässigen Transaktionsregister zu unterscheiden, sondern auch zwischen den allein nach der EMIR zu registrierenden Transaktionsregister, die ein vollumfängliches Registrierungsverfahren absolvieren müssen und den Transaktionsregistern, die **bereits ein Registrierungsverfahren nach der VO 2015/2365 erfolgreich** durchgeführt haben und künftig eine Registrierung nach der EMIR im Rahmen eines **vereinfachten Verfahrens** erreichen können.

Art. 57 Unterrichtung und Konsultation der zuständigen Behörden vor der Registrierung

(1) Handelt es sich bei dem die Registrierung beantragenden Transaktionsregister um eine Einrichtung, die von einer zuständigen Behörde des Mitgliedstaats, in dem sie niedergelassen ist, zugelassen oder registriert wurde, so unterrichtet und konsultiert die ESMA unverzüglich diese zuständige Behörde, bevor sie die Registrierung des Transaktionsregisters vornimmt.

(2) Die ESMA und die jeweils zuständige Behörde tauschen alle für die Registrierung des Transaktionsregisters erforderlichen Informationen sowie alle Informationen aus, die erforderlich sind, um zu prüfen, ob die Einrichtung die Voraussetzungen erfüllt, aufgrund deren ihre Registrierung oder Zulassung in dem Mitgliedstaat, in dem sie niedergelassen ist, erfolgte.

In der Fassung vom 4.7.2012 (ABl. EU Nr. L 201 v. 27.7.2012, S. 1).

Schrifttum: S. Art. 55 VO Nr. 648/2012.

---

[1] Vgl. S. 34 f. des Vorschlags für eine Verordnung der Europäischen Parlaments und des Rates zur Änderung der Verordnung (EU) Nr. 648/2012 vom 4.5.2017.

I. Konsultation der nationalen Aufsichtsbehörde durch die ESMA (Art. 57 Abs. 1 VO Nr. 648/2012) 1

II. Informationsaustausch (Art. 57 Abs. 2 VO Nr. 648/2012) 4

I. Konsultation der nationalen Aufsichtsbehörde durch die ESMA (Art. 57 Abs. 1 VO Nr. 648/2012). Nach Art. 57 Abs. 1 VO Nr. 648/2012 (EMIR) **unterrichtet und konsultiert die ESMA unverzüglich die zuständige Behörde**, wenn es sich bei dem die Registrierung beantragenden Transaktionsregister um eine Einrichtung handelt, die von einer zuständigen Behörde des Mitgliedstaats, in dem sie niedergelassen ist, zugelassen oder registriert wurde. Diese Unterrichtung und Konsultation hat zu erfolgen, noch bevor die ESMA die Registrierung des Transaktionsregisters vornimmt. 1

Die Formulierung „**Einrichtung**, die von einer zuständigen Behörde des Mitgliedstaats, in dem sie niedergelassen ist, zugelassen oder registriert wurde", ist **sehr weit gefasst**. Anders als in anderen Regelungen stellt Art. 57 Abs. 1 VO Nr. 648/2012 auf eine bestimmte Rechtspersönlichkeit, wie z.B. juristische Person, oder Eigenschaft, wie z.B. die Unternehmenseigenschaft, ab. Entsprechend können unter „Einrichtung" alle Personen, Unternehmen, Zweigniederlassungen etc. gefasst werden, unabhängig davon, wie ihre rechtliche Konstruktion ist. **Maßgeblich ist allein**, dass sie in ihrem Herkunftsstaat durch die dortige zuständige Behörde **zugelassen oder registriert** wurden. Regelmäßig wird es sich hier um eine Zulassung oder Registrierung im Bereich des Kapitalmarktrechts einschließlich des Bankrechts handeln. Dies ist aber nicht Voraussetzung, auch hier ist die Formulierung weit gefasst, so dass auch andere Registrierungen oder Zulassungen denkbar sind[1]. 2

Die **Unterrichtung und Konsultation durch die ESMA** hat unverzüglich zu erfolgen, damit diese mit der zuständigen Behörde schnellstmöglich die erforderlichen Informationen nach Art. 57 Abs. 2 VO Nr. 648/2012 austauschen können und diese Informationen Eingang in die Prüfung des Registrierungsantrags einfließen können. Die Begrifflichkeit der Konsultation geht aber über den reinen **Informationsaustausch** nach Art. 57 Abs. 2 VO Nr. 648/2012 hinaus und umfasst z.B. auch eine **Einholung einer Einschätzung** der zuständigen nationalen Behörde in Bezug auf die Registrierung des Transaktionsregisters, z.B. hinsichtlich der Prognose der Zuverlässigkeit und fachlichen Eignung etc. 3

II. Informationsaustausch (Art. 57 Abs. 2 VO Nr. 648/2012). Die ESMA und die jeweils zuständige Behörde **tauschen** nach Art. 57 Abs. 2 VO Nr. 648/2012 alle erforderlichen **Informationen aus**. Hierbei handelt es sich um eine Regelung, die die grundsätzliche Pflicht zum Informationsaustausch zwischen der ESMA, den zuständigen nationalen Behörden und anderen nationalen Behörden nach Art. 84 VO Nr. 648/2012 ergänzt und konkretisiert. 4

Der Informationsaustausch ist als **Austausch in beide Richtungen ausgestaltet**. D.h. sowohl die zuständigen nationalen Aufsichtsbehörden übermitteln der ESMA die für die Registrierung des Transaktionsregisters erforderlichen Informationen als auch die ESMA übermittelt alle erforderlichen Informationen an die zuständigen nationalen Behörden, die diese zur Prüfung der Registrierungs- oder Zulassungsvoraussetzungen in dem jeweiligen Mitgliedstaat benötigen kann. Beschränkt wird der Informationsaustausch nur die die notwendige Erforderlichkeit des Informationsaustausches für die aufsichtliche Prüfung. Eine Beschränkung des Austauschs auf bestimmte Daten ist nicht vorgesehen. Entsprechend dürfen auch vertrauliche Informationen ausgetauscht werden, soweit diese für die jeweilige Prüfung erforderlich sind (vgl. auch Art. 84 Abs. 2 VO Nr. 648/2012). 5

Art. 58 Prüfung des Antrags

(1) Die ESMA prüft den Registrierungsantrag innerhalb von 40 Werktagen nach der Mitteilung gemäß Artikel 56 Absatz 2 Unterabsatz 3 daraufhin, ob das Transaktionsregister die Artikel 78 bis 81 einhält, und erlässt einen ausführlich begründeten Beschluss über die Registrierung oder die Ablehnung der Registrierung.

(2) Ein von der ESMA gemäß Absatz 1 erlassener Beschluss wird am fünften Werktag nach seinem Erlass wirksam.

In der Fassung vom 4.7.2012 (ABl. EU Nr. L 201 v. 27.7.2012, S. 1).

Schrifttum: S. Art. 55 VO Nr. 648/2012.

I. Prüfung des Registrierungsantrags und Entscheidung darüber (Art. 58 Abs. 1 VO Nr. 648/2012) ... 1

II. Wirksamwerden des Beschlusses (Art. 58 Abs. 2 VO Nr. 648/2012) 5

---

[1] Vgl. auch unter https://www.esma.europa.eu/sites/default/files/library/esma70-1861941480-52_qa_on_emir_implementation.pdf die Antwort zu TR Question 2, S. 69 f.

Art. 58 VO Nr. 648/2012 | Prüfung des Antrags

1 **I. Prüfung des Registrierungsantrags und Entscheidung darüber (Art. 58 Abs. 1 VO Nr. 648/2012).** Art. 58 Abs. 1 VO Nr. 648/2012 (EMIR) regelt das Prüfungsverfahren über die Anträge auf Registrierung eines Transaktionsregisters. Die ESMA prüft den von ihr als vollständig anerkannten Registrierungsantrag. Über die Vollständigkeit des Registrierungsantrags informiert die ESMA den Antragsteller nach Art. 56 Abs. 2 Unterabs. 3 VO Nr. 648/2012. Nach dieser Mitteilung der Vollständigkeit **prüft die ESMA den Registrierungsantrag innerhalb von 40 Werk- bzw. Arbeitstagen**[1].

2 Die ESMA prüft den Registrierungsantrag innerhalb dieser Frist daraufhin, **ob das Transaktionsregister die in den Art. 78-81 VO Nr. 648/2012 geregelten Anforderungen erfüllt**. Hierbei handelt es sich nach Art. 78 VO Nr. 648/2012 um allgemeine Anforderungen, wie z.B. eine klare, angemessene Organisationsstruktur, die Zuverlässigkeit und fachliche Eignung der Geschäftsleitung und der Mitglieder des Leitungsorgans, nach Art. 79 VO Nr. 648/2012 über die operationelle Zuverlässigkeit, nach Art. 80 VO Nr. 648/2012 über den Schutz und die Speicherung der Daten sowie nach Art. 81 VO Nr. 648/2012 über Transparenz und Datenverfügbarkeit (vgl. auch die Kommentierungen zu Art. 78–81 VO Nr. 648/2012). Grundlage der Entscheidung sind die gem. der DelVO Nr. 150/2013[2] mit dem Registrierungsantrag an die ESMA eingereichten Angaben, Unterlagen etc. und die sonstigen von der ESMA eingeholten Informationen, wie die Informationen von den zuständigen Behörden nach Art. 57 der ESMA.

3 Die ESMA erlässt einen **ausführlich begründeten Beschluss** über die Registrierung oder die Ablehnung der Registrierung. Auch unter Berücksichtigung der verbindlichen Vorgabe einer ausführlichen Begründung wird sich der Umfang der Begründung vor allem danach richten, ob dem Antrag stattgegeben wird oder nicht. Bei einer Antragsablehnung wird die Begründung aus praktischen Erwägungen deutlich umfangreicher ausfallen. Die ESMA wird im Detail darlegen, warum das antragstellende Transaktionsregister den Anforderungen der EMIR nicht genügt. Das Transaktionsregister hat dann die Möglichkeit zu prüfen, ob es gegen den Beschluss Beschwerde vor dem Beschwerdeausschuss der ESMA nach Art. 60 VO Nr. 1095/2010 (ESMA-VO) einlegt und diesen Beschluss durch den EuGH nach Art. 61 VO Nr. 1095/2010 überprüfen lässt.

4 **Für die Registrierung** eines Transaktionsregisters durch die ESMA fallen **Gebühren** an. Diese bestimmen sich nach dem für die Bewertung und Prüfung des Antrags erforderlichen Aufsichtsaufwand sowie nach dem erwarteten Gesamtumsatz des Transaktionsregisters. In Bezug auf die Details der anfallenden Kosten kann auf Art. 72 VO Nr. 648/2012 i.V.m. Art. 6 DelVO Nr. 1003/2013[3] verwiesen werden. Zusätzlich erhebt die ESMA nach Art. 7 DelVO Nr. 1003/2013 der Kommission eine Jahresaufsichtsgebühr für registrierte Transaktionsregister.

5 **II. Wirksamwerden des Beschlusses (Art. 58 Abs. 2 VO Nr. 648/2012).** Ein von der ESMA gem. Art. 58 Abs. 1 VO Nr. 648/2012 erlassener **Beschluss wird am fünften Werktag**[4] **nach seinem Erlass wirksam**. Der Erlass eines solchen Beschlusses erfolgt mit dem internen Abschluss des Entscheidungsprozesses. Denn Art. 59 Abs. 1 VO Nr. 648/2012 regelt, dass die ESMA nach Erlass des Beschlusses diesen dem Transaktionsregister innerhalb von fünf Werttagen mitteilt. In Anbetracht dieser zeitlichen Abstimmung zwischen Wirksamwerden des Beschlusses und seiner Bekanntgabe gegenüber dem Transaktionsregister wird sichergestellt, dass die Wirksamkeit des Beschlusses erst nach der Bekanntgabe oder zumindest zeitgleich mit dieser eintritt. Zugleich zeigt diese Regelung des Wirksamwerdens am fünften Werktag einen Unterschied zum deutschen Verwaltungsrecht auf. Nach § 43 Abs. 1 Satz 1 VwVfG wird ein Verwaltungsakt im deutschen Recht mit seiner Bekanntgabe an den Adressaten wirksam. Nach Art. 58 Abs. 2 VO Nr. 648/2012 kann hingegen der Zeitpunkt der Bekanntgabe und der Zeitpunkt des Wirksamwerdens des Beschlusses auseinanderfallen. Dies wird immer dann vorliegen, wenn die Bekanntgabe der Entscheidung gegenüber dem Transaktionsregister nicht unter vollständiger Ausnutzung der 5-Tages-Frist, sondern schon vor dem fünften Werktag erfolgt.

---

[1] Hierbei handelt es sich um Arbeitstage der ESMA, vgl. den ESMA-Leitfaden für das Registrierungsverfahren vom 15.4. 2013, Anmerkung Nr. 26, veröffentlicht unter https://www.esma.europa.eu/sites/default/files/library/website_tr_registration.pdf.

[2] Delegierte Verordnung (EU) Nr. 150/2013 vom 19. Dezember 2012 zur Ergänzung der Verordnung (EU) Nr. 648/2012 des Europäischen Parlaments und des Rates über OTC-Derivate, zentrale Gegenparteien und Transaktionsregister durch technische Regulierungsstandards, in denen die Einzelheiten eines Antrags auf Registrierung als Transaktionsregister festgelegt werden, ABl. EU Nr. L 52 v. 23.2.2013, S. 25.

[3] Delegierte Verordnung (EU) Nr. 1003/2013 der Kommission vom 12. Juli 2013 zur Ergänzung der Verordnung (EU) Nr. 648/2012 des Europäischen Parlaments und des Rates in Bezug auf die Gebühren, die den Transaktionsregistern von der Europäischen Wertpapier- und Marktaufsichtsbehörde in Rechnung gestellt werden, ABl. EU Nr. L 279 v. 19.10.2013 S. 4.

[4] Hierbei handelt es sich um ESMA-Arbeitstage, vgl. die Fn. bei Rz. 1.

Art. 59 Mitteilung von Beschlüssen der ESMA in Bezug auf die Registrierung

(1) Hat die ESMA einen Beschluss über die Registrierung oder einen Beschluss über die Ablehnung oder den Widerruf der Registrierung erlassen, teilt sie dies dem Transaktionsregister innerhalb von fünf Werktagen mit einer ausführlichen Begründung ihres Beschlusses mit.
Die ESMA teilt der jeweils zuständigen Behörde nach Artikel 57 Absatz 1 unverzüglich ihren Beschluss mit.
(2) Die ESMA unterrichtet die Kommission über jeden gemäß Absatz 1 erlassenen Beschluss.
(3) Die ESMA veröffentlicht auf ihrer Website ein Verzeichnis der nach dieser Verordnung registrierten Transaktionsregister. Dieses Verzeichnis wird innerhalb von fünf Werktagen nach Erlass eines Beschlusses gemäß Absatz 1 aktualisiert.

In der Fassung vom 4.7.2012 (ABl. EU Nr. L 201 v. 27.7.2012, S. 1).

Schrifttum: S. Art. 55 VO Nr. 648/2012.

I. Mitteilung der Entscheidung über die Registrierung (Art. 59 Abs. 1 VO Nr. 648/2012) 1	III. Veröffentlichung der registrierten Transaktionsregister (Art. 59 Abs. 3 VO Nr. 648/2012) 5
II. Unterrichtung der EU-Kommission (Art. 59 Abs. 2 VO Nr. 648/2012) 4	

I. Mitteilung der Entscheidung über die Registrierung (Art. 59 Abs. 1 VO Nr. 648/2012). Art. 59 Abs. 1 VO Nr. 648/2012 (EMIR) regelt, dass die ESMA einen **Beschluss in Bezug auf die Registrierung** eines Transaktionsregisters innerhalb von **fünf ESMA-Werktagen**[1] dem **Transaktionsregister mit einer ausführlichen Begründung mitzuteilen** hat. Anhand dieser Regelung wird deutlich, dass der Terminus „Erlass des Beschlusses" der interne Abschluss des Entscheidungsprozesses ist. 1

Die Regelung der Mitteilung des Beschlusses bezieht sich konkret auf **Beschlüsse über** 2
- die Registrierung (Art. 58 Abs. 1 VO Nr. 648/2012),
- die Ablehnung der Registrierung (Art. 58 Abs. 1 VO Nr. 648/2012) und
- den Widerruf der Registrierung (Art. 71 Abs. 1 VO Nr. 648/2012).

Diesen Beschluss **teilt die ESMA** zudem unverzüglich der jeweils **zuständigen Behörde** nach Art. 57 Abs. 1 VO Nr. 648/2012 **mit**. Das ist die jeweilige nationale Aufsichtsbehörde des Herkunftsstaates eines Transaktionsregisters, wenn dies zugleich von dieser zuständigen nationalen Aufsichtsbehörde zugelassen oder registriert ist. 3

II. Unterrichtung der EU-Kommission (Art. 59 Abs. 2 VO Nr. 648/2012). Nach Art. 59 Abs. 2 VO Nr. 648/2012 **unterrichtet die ESMA zusätzlich die EU-Kommission** über jeden gem. Abs. 1 erlassenen Beschluss, also über jede Registrierung, Ablehnung der Registrierung und über jeden Widerruf einer Registrierung eines Transaktionsregisters. 4

III. Veröffentlichung der registrierten Transaktionsregister (Art. 59 Abs. 3 VO Nr. 648/2012). Art. 59 Abs. 3 VO Nr. 648/2012 verpflichtet die ESMA, auf ihrer Website ein **Verzeichnis** der nach dieser Verordnung **registrierten Transaktionsregister zu veröffentlichen**. Innerhalb von fünf (ESMA-)Werktagen[2] nach der Registrierung eines Transaktionsregisters ist dieses in dieses Verzeichnis aufzunehmen. Die 5-Tages-Frist beginnt mit dem Erlass eines Beschlusses gem. Abs. 1. Gleiches gilt auch für den Widerruf der Registrierung. Diese 5-Tages-Frist korrespondiert sowohl mit der Frist zur Wirksamkeit des Beschlusses nach Art. 58 Abs. 2 VO Nr. 648/2012 als auch mit der Bekanntgabefrist gem. Art. 59 Abs. 1 VO Nr. 648/2012. 5

Das **Verzeichnis der registrierten Transaktionsregister** hat die ESMA unter der **Internet-Adresse** https://www.esma.europa.eu/supervision/trade-repositories/list-registered-trade-repositories veröffentlicht. In dem Verzeichnis sind nicht nur die derzeit[3] registrierten Transaktionsverzeichnisse aufgeführt, sondern auch die Derivateklassen, für die die Registrierung gilt, und das Datum des Beschlusses der Registrierung. 6

---

[1] Vgl. Practical guidance for the registation of Trade repositories by ESMA unter https://www.esma.europa.eu/sites/default/files/library/website_tr_registration.pdf, Stand: 15.4.2013, unter Nr. 26, 27 und 40.
[2] Vgl. Practical guidance for the registation of Trade repositories by ESMA unter https://www.esma.europa.eu/sites/default/files/library/website_tr_registration.pdf, Stand: 15.4.2013, unter Nr. 26, 41 und 42.
[3] Mit Stand zum 21.2.2018 sind acht Transaktionsregister in dem Verzeichnis aufgenommen.

Art. 60 Ausübung der in den Artikeln 61 bis 63 genannten Befugnisse

Die der ESMA oder Bediensteten der ESMA oder sonstigen von ihr bevollmächtigten Personen nach den Artikeln 61 bis 63 übertragenen Befugnisse dürfen nicht genutzt werden, um die Offenlegung von Informationen oder Unterlagen zu verlangen, die einem Rechtsprivileg unterliegen.

In der Fassung vom 4.7.2012 (ABl. EU Nr. L 201 v. 27.7.2012, S. 1).

Schrifttum: S. Art. 55 VO Nr. 648/2012.

1 Die Regelung des Art. 60 VO Nr. 648/2012 (EMIR) **schränkt die Befugnisse der ESMA zur Informationsgewinnung** für ihre Aufsicht in Bezug auf die spezielle Fallgruppe von Informationen **ein**, die einem Rechtsprivileg unterliegen.

2 Die Beschränkung der Befugnisse betrifft sowohl um die **Befugnisse der ESMA** selbst, als auch um die Befugnisse, die die EMIR dem **Bediensteten der ESMA oder sonstigen von ihr bevollmächtigten Personen** eingeräumt hat (vgl. z.B. Art. 62 Abs. 1 Satz 2, Art. 63 Abs. 2 VO Nr. 648/2012). Diese Unterscheidung der Inhaber der Befugnisse zum einen in die Behörde bzw. Stelle und zum anderen in die ausführenden Personen (Bediensteten der ESMA oder sonstigen von ihr bevollmächtigten Personen) ist im deutschen Verwaltungsrecht unüblich. Für die Praxis dürfte diese Unterscheidung der verschiedenen Inhaber der Befugnisse aber keine Auswirkungen haben.

3 Beschränkt werden durch die Regelung des Art. 60 VO Nr. 648/2012 die nach den Art. 61–63 VO Nr. 648/2012 übertragenen Befugnisse. Hierbei handelt es sich um die Befugnis zu
- Informationsersuchen nach Art. 61 VO Nr. 648/2012,
- allgemeine Untersuchung nach Art. 62 VO Nr. 648/2012 und
- Prüfungen vor Ort nach Art. 63 VO Nr. 648/2012.

4 Diese näher bezeichneten Befugnisse dürfen nicht genutzt werden, um die **Offenlegung** dieser geschützten **Informationen oder Unterlagen** zu verlangen. Hier stellt sich die Frage, was mit der Offenlegung der Informationen gemeint ist. Handelt es sich hierbei um die Weitergabe der erlangten Informationen durch die ESMA, ihre Bediensteten oder Beauftragten gegenüber Dritten, so wie die Begrifflichkeit in § 21 Abs. 1 WpHG genutzt wird, oder ist hier die Offenbarung der Informationen gegenüber der ESMA, ihren Bediensteten oder Beauftragten gemeint? Mit Blick darauf, dass das Berufsgeheimnis und die Möglichkeiten der Weitergabe vertraulicher Informationen grundsätzlich in Art. 83 VO Nr. 648/2012 geregelt sind, ist davon auszugehen, dass es sich bei der Regelung des Art. 60 VO Nr. 648/2012 um eine **Begrenzung der Pflicht zur Herausgabe von bestimmten Informationen** und Unterlagen handelt. Hierfür spricht auch, dass es sich um solche Informationen und Unterlagen handelt, die einen besonderen rechtlichen Schutz genießen.

5 Die Beschränkung der Befugnisse bezieht sich auf Informationen und Unterlagen, die einem **Rechtsprivileg** unterliegen. Dieser Begriff eines Rechtsprivilegs wird im deutschen Rechts sehr unterschiedlich verstanden, je nach dem auf welcher Rechtsmaterie sich diese Regelung bezieht. So könnten darunter verschiedene verschwiegenheitspflichtige Informationen, wie Betriebs- und Geschäftsgeheimnisse, personenbezogene Daten, oder Informationen, die einem Aussageverweigerungsrecht unterliegen verstanden werden, aber auch spezielle Berufsgeheimnisse etc. Im Kapitalmarktrecht gibt es kein eigenes Verständnis für diesen Terminus. Insoweit kann ein Blick in die anderen Sprachfassungen der EMIR hilfreich sein. So wird in der englischen Fassung der EMIR das Rechtsprivileg als „legal privilege" bezeichnet. Dies wird üblicherweise als **Anwaltsprivileg bzw. anwaltliches Berufsgeheimnis** verstanden. Im Sachzusammenhang mit der Beaufsichtigung der durch die ESMA registrierten Transaktionsregister ist dieses Verständnis des Begriffs „Rechtsprivileg" am überzeugendsten. Denn grundsätzlich soll auch durch die Registrierung und Beaufsichtigung der Transaktionsregister durch die ESMA der Aufsichtsrahmen für den Finanzsektor der EU gestärkt werden und das Risiko künftiger Finanzkrisen eingedämmt werden[1]. Entsprechend müssen die ESMA bzw. ihre Bediensteten oder Beauftragten grundsätzlich auf alle Informationen und Unterlagen zugreifen können, die für die Beaufsichtigung erforderlich sind. Eine Ausnahme hiervon kann nur unter sehr eingeschränkten Voraussetzungen möglich sein. In Angesicht der Bedeutung des anwaltlichen Berufsgeheimnisses, auch bei der Vertretung von Transaktionsregister, ist die hier vorgenommene Abwägung für die hierdurch geschützten Informationen und Unterlagen nachvollziehbar. Entsprechend darf von den Befugnissen der Art. 61–63 VO Nr. 648/2012 keinen Gebrauch gemacht werden, um Informationen und Unterlagen heraus zu verlangen, die aufgrund eines anwaltlichen Beratungs- oder Vertretungsverhältnisses gegenüber einem Mandanten dem Anwaltsgeheimnis unterliegt.

---

1 Vgl. Erwägungsgrund 1 VO Nr. 648/2012.

Art. 61 Informationsersuchen

(1) Die ESMA kann durch einfaches Ersuchen oder durch Beschluss von Transaktionsregistern und mit diesen verbundenen Dritten, an die die Transaktionsregister betriebliche Aufgaben oder Tätigkeiten ausgelagert haben, die Vorlage sämtlicher Informationen verlangen, die sie für die Wahrnehmung ihrer Aufgaben im Rahmen dieser Verordnung benötigt.

(2) Bei der Übermittlung eines einfachen Informationsersuchens nach Absatz 1 verfährt die ESMA wie folgt:
a) Sie nimmt auf diesen Artikel als Rechtsgrundlage des Ersuchens Bezug;
b) sie erläutert den Zweck des Ersuchens;
c) sie erläutert die Art der geforderten Informationen;
d) sie legt die Frist fest, innerhalb derer die Informationen beizubringen sind;
e) sie unterrichtet die Person, von der die Informationen angefordert werden, darüber, dass sie nicht zu deren Übermittlung verpflichtet ist, dass jedoch die übermittelten Informationen im Falle einer freiwilligen Beantwortung des Ersuchens nicht falsch und irreführend sein dürfen, und
f) sie nennt die nach Artikel 65 in Verbindung mit Anhang I Abschnitt IV Buchstabe a vorgesehene Geldbuße für den Fall, dass die Antworten auf die gestellten Fragen falsch oder irreführend sind.

(3) Bei der Aufforderung zur Vorlage von Informationen nach Absatz 1 durch Beschluss verfährt die ESMA wie folgt:
a) Sie nimmt auf diesen Artikel als Rechtsgrundlage des Ersuchens Bezug;
b) sie erläutert den Zweck des Ersuchens;
c) sie erläutert die Art der geforderten Informationen;
d) sie legt die Frist fest, innerhalb derer die Informationen beizubringen sind;
e) sie nennt die nach Artikel 66 zu verhängenden Zwangsgelder, wenn die geforderten Informationen unvollständig sind;
f) sie nennt die nach Artikel 65 in Verbindung mit Anhang I Abschnitt IV Buchstabe a vorgesehene Geldbuße für den Fall, dass die Antworten auf die gestellten Fragen falsch oder irreführend sind, und
g) sie weist auf das Recht nach den Artikeln 60 und 61 der Verordnung (EU) Nr. 1095/2010 hin, vor dem Beschwerdeausschuss der ESMA Beschwerde gegen den Beschluss einzulegen und den Beschluss durch den Gerichtshof der Europäischen Union (im Folgenden „Gerichtshof") überprüfen zu lassen.

(4) Die in Absatz 1 genannten Personen oder deren Vertreter und bei juristischen Personen und nicht rechtsfähigen Vereinen die nach Gesetz oder Satzung zur Vertretung berufenen Personen stellen die geforderten Informationen zur Verfügung. Ordnungsgemäß bevollmächtigte Rechtsanwälte können die Auskünfte im Namen ihrer Mandanten erteilen. Letztere bleiben in vollem Umfang dafür verantwortlich, dass die erteilten Auskünfte vollständig, sachlich richtig und nicht irreführend sind.

(5) Die ESMA übermittelt der zuständigen Behörde des Mitgliedstaats, in dem die in Absatz 1 genannten und von dem Informationsersuchen betroffenen Personen ansässig oder niedergelassen sind, unverzüglich eine Kopie des einfachen Ersuchens oder ihres Beschlusses.

In der Fassung vom 4.7.2012 (ABl. EU Nr. L 201 v. 27.7.2012, S. 1).

Schrifttum: S. Art. 55 VO Nr. 648/2012.

I. Informationsverlangen durch die ESMA (Art. 61 Abs. 1 VO Nr. 648/2012) 1	IV. Informationserteilung durch die Verpflichteten oder deren Rechtsanwälte (Art. 61 Abs. 4 VO Nr. 648/2012) 11
II. Einfaches Informationsersuchen (Art. 61 Abs. 2 VO Nr. 648/2012) 4	V. Information der zuständigen Behörde im Heimatland (Art. 61 Abs. 5 VO Nr. 648/2012) 14
III. Beschluss über eine Informationsvorlage (Art. 61 Abs. 3 VO Nr. 648/2012) 8	

I. Informationsverlangen durch die ESMA (Art. 61 Abs. 1 VO Nr. 648/2012). Nach Art. 61 Abs. 1 VO Nr. 648/2012 (EMIR) ist die ESMA **befugt, die Vorlage sämtlicher Informationen zu verlangen**, die sie für die Wahrnehmung ihrer Aufgaben im Rahmen dieser Verordnung benötigt. Tatbestandsvoraussetzung eines Informationsersuchens ist daher, dass sie die geforderten Angaben für ihre Aufgabenwahrnehmung nach der EMIR benötigt. Die ESMA muss daher darlegen können, warum sie davon ausgeht, dass sie die geforderte Information insbesondere für die laufende Überwachung der Tätigkeit des Transaktionsregisters benötigt. Von einem Benötigen wird man nicht ausgehen können, wenn der ESMA diese Informationen ersichtlich schon vorliegen oder wenn die Information in keinem hinreichenden Zusammenhang mit der Aufgabenwahrnehmung nach der EMIR steht. Unter Berücksichtigung dieser Vorgabe kann die ESMA alle Informationen anfordern.

2 Diese Befugnis steht der ESMA **gegenüber Transaktionsregistern** zu und gegenüber mit diesen verbundenen Dritten, an die die Transaktionsregister betriebliche Aufgaben oder Tätigkeiten ausgelagert haben. Art. 61 Abs. 1 VO Nr. 648/2012 unterscheidet vom Wortlaut her nicht zwischen registrierten, anerkannten oder sonstigen Transaktionsregistern. Entsprechend ist davon auszugehen, dass sich die Befugnis auf alle Anbieter dieser Dienstleistung „Transaktionsregisterführung" erstreckt. In Bezug auf **Dritte, auf die betriebliche Aufgaben oder Tätigkeiten eines Transaktionsregisters ausgelagert** sind, unterscheidet die Regelung nicht nach der Art der Rechtspersönlichkeit des Dritten; es könnte also auch eine natürliche Person sein. Insoweit ist der Begriff „Auslagerungsunternehmen" zwar nicht ganz zutreffend, er soll aber aufgrund seiner Griffigkeit für die weiteren Ausführungen in Bezug auf diesen Dritten genutzt werden. Maßgeblich für das Bestehen der Befugnis ist die Auslagerung von betrieblichen Aufgaben oder Tätigkeiten eines Transaktionsregisters. Neben der Auslagerung ist auch keine weitere Verbundenheit erforderlich, sondern die Formulierung „verbundene Dritte" wird durch die Art der Verbundenheit, nämlich die Auslagerungsvereinbarung, näher beschrieben.

3 Nach Art. 61 Abs. 1 VO Nr. 648/2012 stehen der ESMA **zwei Möglichkeiten** zur Verfügung, ihr Informationsverlangen an ein Transaktionsregister oder ein Auslagerungsunternehmen zu adressieren. Dies ist zum einen die Möglichkeit ein **einfaches Ersuchen** nach Art. 61 Abs. 2 VO Nr. 648/2012 oder zum anderen die Befugnis einen **Beschluss** nach Art. 61 Abs. 3 VO Nr. 648/2012 an das Transaktionsregister oder das Auslagerungsunternehmen richten[1]. Die formalen Anforderungen an ein einfaches Ersuchen und einen Beschluss über die Vorlage von Informationen werden in Art. 61 Abs. 2 und 3 VO Nr. 648/2012 eingehend ausgeführt. Gem. Art. 65 Abs. 1 i.V.m. Anhang I Abschnitt IV. lit. a VO Nr. 648/2012 verwirklicht ein Transaktionsregister den objektiven Tatbestand für eine Geldbuße, wenn es entgegen Art. 61 Abs. 1 VO Nr. 648/2012 auf ein einfaches Ersuchen nach Art. 61 Abs. 2 VO Nr. 648/2012 oder auf einen Beschluss nach Art. 62 Abs. 3 VO Nr. 648/2012 sachliche falsche oder irreführende Auskünfte gibt.

4 **II. Einfaches Informationsersuchen (Art. 61 Abs. 2 VO Nr. 648/2012).** Art. 61 Abs. 2 VO Nr. 648/2012 regelt, wie die ESMA bei der Übermittlung eines **einfachen Informationsersuchens** zu verfahren hat. Hierbei hat die ESMA folgende **sechs Punkte kumulativ zu berücksichtigen:**

a) Sie nimmt auf diesen Artikel als Rechtsgrundlage des Ersuchens Bezug.
b) Sie erläutert den Zweck des Ersuchens.
c) Sie erläutert die Art der geforderten Informationen.
d) Sie legt die Frist fest, innerhalb derer die Informationen beizubringen sind.
e) Sie weist den Adressaten des Ersuchens darauf hin, dass er nicht zur Übermittlung der Informationen verpflichtet ist, dass jedoch die übermittelten Informationen im Falle einer freiwilligen Beantwortung des Ersuchens nicht falsch und irreführend sein dürfen.
f) Sie nennt die nach Art. 65 i.V.m. Anhang I Abschnitt IV lit. a VO Nr. 648/2012 vorgesehene Geldbuße falls die Antworten auf die gestellten Fragen falsch oder irreführend sind.

5 Das einfache Informationsersuchen ist somit zwar nicht bindend aber dennoch im Falle einer unrichtigen oder irreführenden Beantwortung bußgeldbewehrt[2]. Ein solches unverbindliches Ersuchen mit einer Bußgeldbewährung im Fall der unrichtigen oder irreführenden Beantwortung findet im deutschen Verwaltungsrecht **keine Entsprechung**. Einen Vergleich könnte man in Bezug auf das Aussageverweigerungsrecht ziehen. Auch hier hat beispielsweise der Zeuge die Möglichkeit die Aussage zu verweigern, macht er von seinem Aussageverweigerungsrecht jedoch nicht ausdrücklich Gebrauch, muss seine Aussage zutreffend sein, also er darf nichts verschweigen oder wahrheitswidrige Aussagen tätigen[3].

6 Ungeachtet der Unverbindlichkeit des einfachen Informationsersuchens finden sich bei den Anforderungen an das einfache Informationsersuchen durchaus Parallelen zu den Anforderungen an einen Verwaltungsakt nach deutschem Recht, wie **Begründung und Bestimmtheit** des Verwaltungsakts. So muss die ESMA auf die Rechtsgrundlage des Informationsersuchens Bezug nehmen, den Zweck des Ersuchens darlegen, also dass und warum die Information zur Aufgabenwahrnehmung benötigt wird, und die Frist zur Erfüllung des Ersuchens bestimmen. Zudem hat die ESMA die Art der Informationen zu erläutern, also Hinweise zu geben, damit der Adressat bestimmen kann, welche Informationen die ESMA benötigt. Hintergrund ist, dass der ESMA die Informationen selbst nicht bekannt sind, so dass sie nur die Art, also die Zielrichtung oder den Sachzusammenhang benennen kann, hinsichtlich derer sie die Informationen benötigt. Entsprechend wird von der ESMA nur die Erläuterung der Art der Information gefordert.

---

1 Vgl. auch die Ausführungen im Erwägungsgrund 77 VO Nr. 648/2012.
2 Vgl. auch die Ausführungen im Erwägungsgrund 77 VO Nr. 648/2012.
3 Vgl. hierzu z.B. *Meyer-Goßner/Schmitt*, 60. Aufl. 2017, § 55 StPO Rz. 11 mit Verweis auf die entsprechende Rspr.

Da das einfache Informationsersuchen **keine Pflicht** zur Übermittlung der Informationen auslöst, ist hiergegen auch **kein Rechtsmittel** vorgesehen. Soweit die ESMA wegen unrichtiger oder irreführender Informationen eine Geldbuße nach Art. 65 i.V.m. Anhang I Abschnitt IV lit. a VO Nr. 648/2012 verhängt, kann diese Geldbuße nach Art. 69 VO Nr. 648/2012 angegriffen und durch den EuGH überprüft werden. 7

III. Beschluss über eine Informationsvorlage (Art. 61 Abs. 3 VO Nr. 648/2012). Soweit die ESMA ihre Aufforderung zur Vorlage von Informationen nach Art. 61 Abs. 1 VO Nr. 648/2012 **durch Beschluss** geltend macht, hat die ESMA nach Art. 61 Abs. 3 VO Nr. 648/2012 folgende **sieben Anforderungen kumulativ** zu berücksichtigen: 8

a) Sie nimmt auf diesen Artikel als Rechtsgrundlage des Ersuchens Bezug.

b) Sie erläutert den Zweck des Ersuchens.

c) Sie erläutert die Art der geforderten Informationen.

d) Sie legt die Frist fest, innerhalb derer die Informationen beizubringen sind.

e) Sie nennt die nach Art. 66 VO Nr. 648/2012 zu verhängenden Zwangsgelder, wenn die geforderten Informationen unvollständig sind.

f) Sie nennt die nach Art. 65 i.V.m. Anhang I Abschnitt IV lit. a VO Nr. 648/2012 vorgesehene Geldbuße für den Fall, dass die Antworten auf die gestellten Fragen falsch oder irreführend sind.

g) Sie weist auf das Recht nach den Art. 60 und 61 VO Nr. 1095/2010 (ESMA-VO) hin, vor dem Beschwerdeausschuss der ESMA Beschwerde gegen den Beschluss einzulegen und den Beschluss durch den Gerichtshof der Europäischen Union (im Folgenden „Gerichtshof") überprüfen zu lassen.

Anders als das einfache Informationsersuchen ist die **Aufforderung zur Vorlage von Informationen durch Beschluss** nach Art. 61 Abs. 3 VO Nr. 648/2012 **verpflichtend**. Entsprechend kann die Aufforderung zur vollständigen Vorlage von Informationen auch mit Zwangsgeldern nach Art. 66 VO Nr. 648/2012 durchgesetzt werden. Zudem bestehen Rechtsmittel gegen die bindende Aufforderung. Hierüber muss die ESMA den Adressaten belehren. 9

Die **übrigen formalen Anforderungen** an die ESMA zur Geltendmachung eines Beschlusses über die Vorlage von Informationen **entsprechen denen bei einem einfachen Informationsersuchen** nach Art. 61 Abs. 2 VO Nr. 648/2012. Entsprechend hat die ESMA auf die Androhung von Geldbußen nach Art. 65 VO Nr. 648/2012 für den Fall falscher oder unrichtiger Angaben hinzuweisen. Zudem hat die ESMA die entsprechenden Anforderungen in Bezug auf die Begründetheit und Bestimmtheit des Ersuchens wie bei einem einfachen Informationsersuchen zu berücksichtigen (vgl. Rz. 6). 10

IV. Informationserteilung durch die Verpflichteten oder deren Rechtsanwälte (Art. 61 Abs. 4 VO Nr. 648/2012). Nach Art. 61 Abs. 4 VO Nr. 648/2012 sind die geforderten **Informationen von den Transaktionsregistern bzw. Auslagerungsunternehmen** oder deren Vertreter **zur Verfügung zu stellen**. Soweit es sich hierbei um juristische Personen oder nicht rechtsfähige Vereine handelt, müssen die geforderten Informationen von den nach dem jeweiligen nationalen Recht oder nach der Satzung zur Vertretung berufenen Personen zur Verfügung gestellt werden. 11

Die Auskünfte können aber auch durch **ordnungsgemäß bevollmächtigte Rechtsanwälte** im Namen ihrer Mandanten erteilt werden. Aus der Formulierung der „ordnungsgemäß bevollmächtigte Rechtsanwälte" kann zugleich abgeleitet werden, dass die ESMA befugt ist, die ordnungsgemäße Bevollmächtigung zu überprüfen, sich also z.B. die schriftliche Anwaltsvollmacht vorlegen zu lassen. 12

Ungeachtet der ordnungsgemäßen Bevollmächtigung eines Rechtsanwalts bleiben nach ausdrücklicher Regelung des Art. 61 Abs. 4 Satz 3 VO Nr. 648/2012 die **Mandanten in vollem Umfang** dafür **verantwortlich**, dass die **erteilten Auskünfte** vollständig, sachlich richtig und nicht irreführend sind. Dies entspricht der Regelung, dass die Auskünfte im Namen der Mandanten erteilt werden und ist im nationalen deutschen Recht ebenso. Damit würden sich auch die von der ESMA ggf. festzusetzenden Zwangsgelder nach Art. 66 VO Nr. 648/2012 oder Geldbußen nach Art. 65 VO Nr. 648/2012 gegen den Mandanten richten, also das Transaktionsregister bzw. Auslagerungsunternehmen. 13

V. Information der zuständigen Behörde im Heimatland (Art. 61 Abs. 5 VO Nr. 648/2012). Art. 61 Abs. 5 VO Nr. 648/2012 regelt, dass die ESMA der zuständigen Behörde des Mitgliedstaats, in dem das betroffene Transaktionsregister bzw. das Auslagerungsunternehmen ansässig oder niedergelassen ist, unverzüglich eine Kopie des einfachen Ersuchens oder ihres Beschlusses übermittelt. Diese Informationsübermittlung ist an und für sich ein Unterfall des schon in Art. 84 VO Nr. 648/2012 geregelten Informationsaustauschs. Nach Art. 61 Abs. 5 VO Nr. 648/2012 kommt es jedoch nicht darauf an, dass die Mitteilung bezüglich des Informationsersuchens für die Tätigkeit der zuständigen Behörde des Mitgliedstaats erforderlich ist. Sie soll aber wissen, dass die in ihrem Mitgliedstaat ansässige oder niedergelassene Person zu einer Informationserteilung an die ESMA herangezogen wird. 14

Art. 62 Allgemeine Untersuchungen

(1) Zur Wahrnehmung ihrer Aufgaben nach dieser Verordnung kann die ESMA im Hinblick auf die in Artikel 61 Absatz 1 genannten Personen erforderliche Untersuchungen durchführen. Zu diesem Zweck haben die Bediensteten der ESMA und sonstige von ihr bevollmächtigte Personen die Befugnis,

a) Aufzeichnungen, Daten, Verfahren und sonstiges für die Erfüllung ihrer Aufgaben relevantes Material unabhängig von der Speicherform zu prüfen;
b) beglaubigte Kopien oder Auszüge dieser Aufzeichnungen, Daten, Verfahren und des sonstigen Materials anzufertigen oder zu verlangen;
c) jede in Artikel 61 Absatz 1 genannte Person oder ihre Vertreter oder Beschäftigten vorzuladen und zur Abgabe mündlicher oder schriftlicher Erklärungen zu Sachverhalten oder Unterlagen aufzufordern, die mit Gegenstand und Zweck der Nachprüfung in Zusammenhang stehen, und die Antworten aufzuzeichnen;
d) jede andere natürliche oder juristische Person zu befragen, die einer Befragung zum Zwecke des Erlangens von Informationen über einen Untersuchungsgegenstand zustimmt;
e) Aufzeichnungen von Telefongesprächen und Datenübermittlungen anzufordern.

(2) Die Bediensteten der ESMA und sonstige von ihr zu diesen Untersuchungen bevollmächtigte Personen im Sinne des Absatzes 1 üben ihre Befugnisse unter Vorlage einer schriftlichen Vollmacht aus, in der Gegenstand und Zweck der Untersuchung angegeben werden. Darüber hinaus wird in der Vollmacht angegeben, welche Zwangsgelder gemäß Artikel 66 für den Fall verhängt werden, dass die angeforderten Aufzeichnungen, Daten, Verfahren und das sonstige Material oder die Antworten auf die Fragen, die den in Artikel 61 Absatz 1 genannten Personen gestellt wurden, nicht bereitgestellt bzw. erteilt werden oder unvollständig sind, und welche Geldbußen gemäß Artikel 65 in Verbindung mit Anhang I Abschnitt IV Buchstabe b für den Fall verhängt werden, dass die Antworten auf die Fragen, die den in Artikel 61 Absatz 1 genannten Personen gestellt wurden, sachlich falsch oder irreführend sind.

(3) Die in Artikel 61 Absatz 1 genannten Personen sind verpflichtet, sich den durch Beschluss der ESMA eingeleiteten Untersuchungen zu unterziehen. In dem Beschluss wird Folgendes angegeben: Gegenstand und Zweck der Untersuchung, die in Artikel 66 vorgesehenen Zwangsgelder, die nach der Verordnung (EU) Nr. 1095/2010 möglichen Rechtsbehelfe sowie das Recht, den Beschluss durch den Gerichtshof überprüfen zu lassen.

(4) Die ESMA unterrichtet die zuständige Behörde des betreffenden Mitgliedstaats, in dem die Untersuchung erfolgen soll, rechtzeitig über die bevorstehende Untersuchung und die Identität der bevollmächtigten Personen. Bedienstete der zuständigen Behörde des betreffenden Mitgliedstaats unterstützen auf Antrag der ESMA die bevollmächtigten Personen bei der Durchführung ihrer Aufgaben. Die Bediensteten der betreffenden zuständigen Behörde können auf Antrag auch an den Untersuchungen teilnehmen.

(5) Setzt die Anforderung von Aufzeichnungen von Telefongesprächen oder Datenübermittlungen nach Absatz 1 Buchstabe e nach nationalem Recht eine gerichtliche Genehmigung voraus, so muss diese beantragt werden. Die Genehmigung kann auch vorsorglich beantragt werden.

(6) Wird die in Absatz 5 genannte Genehmigung beantragt, so prüft das nationale Gericht, ob der Beschluss der ESMA echt ist und ob die beantragten Zwangsmaßnahmen im Hinblick auf den Gegenstand der Untersuchungen nicht willkürlich oder unverhältnismäßig sind. Bei der Prüfung der Verhältnismäßigkeit der Zwangsmaßnahmen kann das nationale Gericht die ESMA um detaillierte Erläuterungen bitten, insbesondere in Bezug auf die Gründe, aus denen die ESMA annimmt, dass ein Verstoß gegen diese Verordnung erfolgt ist, sowie in Bezug auf die Schwere des mutmaßlichen Verstoßes und die Art der Beteiligung der den Zwangsmaßnahmen unterworfenen Person. Das nationale Gericht darf jedoch weder die Notwendigkeit der Untersuchung prüfen noch die Übermittlung der in den Akten der ESMA enthaltenen Informationen verlangen. Die Rechtmäßigkeit des Beschlusses der ESMA unterliegt ausschließlich der Prüfung durch den Gerichtshof nach dem in der Verordnung (EU) Nr. 1095/2010 vorgesehenen Verfahren.

In der Fassung vom 4.7.2012 (ABl. EU Nr. L 201 v. 27.7.2012, S. 1).

Schrifttum: S. Art. 55 VO Nr. 648/2012.

I. Befugnisse zur Untersuchung (Art. 62 Abs. 1 VO Nr. 648/2012) 1	IV. Unterrichtung und Beteiligung der zuständigen Behörde (Art. 62 Abs. 4 VO Nr. 648/2012) 13
II. Form der Bevollmächtigung durch die ESMA (Art. 62 Abs. 2 VO Nr. 648/2012) 8	V. Antrag auf gerichtliche Genehmigung des Anforderns von Telekommunikationsdaten (Art. 62 Abs. 5 VO Nr. 648/2012) 17
III. Verpflichtung zur Duldung der Untersuchung (Art. 62 Abs. 3 VO Nr. 648/2012) 10	VI. Gerichtliche Überprüfung der Maßnahme (Art. 62 Abs. 6 VO Nr. 648/2012) 19

I. Befugnisse zur Untersuchung (Art. 62 Abs. 1 VO Nr. 648/2012).

Art. 62 Abs. 1 VO Nr. 648/2012 (EMIR) regelt, dass die **ESMA** zur Wahrnehmung ihrer Aufgaben nach der EMIR **befugt** ist, im Hinblick auf die in Art. 61 Abs. 1 VO Nr. 648/2012 genannten Personen **erforderliche Untersuchungen durchführen**. Erläuternd führt der Erwägungsgrund 79 VO Nr. 648/2012 nur aus: „Im Interesse einer wirksamen Ausübung ihrer Aufsichtsbefugnisse sollte die ESMA in der Lage sein, Untersuchungen und Prüfungen vor Ort durchzuführen". Insoweit ist eine sehr weitgehende Untersuchungsbefugnis für die ESMA vorgesehen. Diese Weite der Befugnis spiegelt sich auf in der Bezeichnung der Befugnisse in Art. 62 VO Nr. 648/2012 als „Allgemeine Untersuchung" wider.

Die Weite der Befugnis zeigt sich auch in den Voraussetzungen für die Wahrnehmung der Befugnisse, die durch eine vorgegebene **Zweckrichtung der Untersuchung** geprägt sind, nämlich die **Wahrnehmung der Aufgaben nach der EMIR** durch die ESMA. Zudem muss eine **Erforderlichkeit** der Untersuchung vorliegen, denn die ESMA wird befugt, die erforderlichen Untersuchungen durchzuführen.

Allgemeine Untersuchung bedeutet in diesem Zusammenhang eine **umfassende Sachverhaltsaufklärung** in Bezug auf die Einhaltung der nach EMIR geregelten Anforderungen an die Tätigkeit eines Transaktionsregisters. Die Untersuchung geht deutlich über ein Informationsersuchen hinaus und umfasst als äußere Grenze nicht mehr die Prüfung vor Ort, die in Art. 63 VO Nr. 648/2012 geregelt ist. Die allgemeine Untersuchung ist aber nicht nur eine Sachverhaltsaufklärung aus der Ferne, sondern ermöglicht auch Maßnahmen in dem Mitgliedstaat, in dem das Transaktionsregister bzw. dessen Auslagerungsunternehmen seinen Sitz hat. So können Vernehmungen und Befragungen durchaus in den Räumlichkeiten der ESMA durchgeführt werden; diese sind aber auch – unter Nutzung der Möglichkeiten bei den zuständigen nationalen Behörden – im jeweiligen Mitgliedstaat des Unternehmenssitzes denkbar.

Die Untersuchungen müssen zudem im **Hinblick auf die in Art. 61 Abs. 1 VO Nr. 648/2012 genannten Personen** erfolgen. Dies sind die **Transaktionsregister** und **verbundene Dritte**, an die die Transaktionsregister betriebliche Aufgaben oder Tätigkeiten ausgelagert haben (im Folgenden als Auslagerungsunternehmen bezeichnet, vgl. auch Ausführungen zu Art. 61 VO Nr. 648/2012 Rz. 2). Hierbei können nicht nur die Transaktionsregister und die Auslagerungsunternehmen Adressaten der Untersuchungsmaßnahmen sein, sondern auch andere Dritte. Denn die Untersuchungen müssen nur im Hinblick auf die Transaktionsregister und Auslagerungsunternehmen erfolgen. Das bedeutet, sie müssen zwar Objekt der Untersuchung sein, nicht aber zwingend auch Adressanten der Maßnahmen zur Sachverhaltsaufklärung. D.h., zur Sachverhaltsaufklärung in Bezug auf die Tätigkeit der Transaktionsregister und deren Auslagerungsunternehmen können auch andere Personen herangezogen werden.

Um diese Untersuchung durch die ESMA durchzuführen, überträgt Art. 62 Abs. 1 Satz 2 VO Nr. 648/2012 den **Bediensteten der ESMA** und den sonstigen von ihr **bevollmächtigte Personen** bestimmte, näher ausgeführte **Befugnisse**. Diese Unterscheidung in die Befugnis der ESMA zur Untersuchung und der Befugnis ihrer Beschäftigten oder sonstigen Bevollmächtigten zur Nutzung von Befugnissen zum Zweck der Untersuchung ist aus Sicht des deutschen Verwaltungsrechts ungewöhnlich, zumal sich die sowohl die Bediensteten der ESMA als auch die bevollmächtigten Personen bei der Nutzung ihrer Befugnisse unter Vorlage einer schriftlichen Vollmacht auszuweisen haben (vgl. Art. 62 Abs. 2 Satz 1 VO Nr. 648/2012). Insoweit ist davon auszugehen, dass die Befugnisse nach Art. 62 Abs. 1 Satz 2 VO Nr. 648/2012 auch der ESMA zustehen, aber letztlich von den Bediensteten oder bevollmächtigten Personen in Vollmacht für die ESMA ausgeübt werden.

Nach Art. 62 Abs. 1 Satz 2 VO Nr. 648/2012 stehen den für die ESMA mit schriftlich Vollmacht tätig werdenden Bediensteten der ESMA und Bevollmächtigten **folgende Befugnisse** einzeln oder auch jeweils in Kombination miteinander zu:

- Prüfen von Aufzeichnungen, Daten, Verfahren und sonstiges für die Erfüllung ihrer Aufgaben relevantes Material unabhängig von der Speicherform,
- Anfertigen oder Verlangen von beglaubigte Kopien oder Auszüge dieser Aufzeichnungen, Daten, Verfahren und des sonstigen Materials,
- Vorladen von Transaktionsregister und Auslagerungsunternehmen oder deren Vertreter oder Beschäftigten,
- Auffordern zur Abgabe mündlicher oder schriftlicher Erklärungen zu Sachverhalten oder Unterlagen, die mit Gegenstand und Zweck der Nachprüfung in Zusammenhang stehen, und Aufzeichnen der Antworten,
- Befragen jeder anderen natürlichen oder juristischen Person, soweit diese zustimmt,
- Anfordern von Aufzeichnungen von Telefongesprächen und Datenübermittlungen.

Mit Blick auf die Befugnis in Art. 62 Abs. 1 lit. d VO Nr. 648/2012, die vorsieht, dass die ESMA-Beschäftigen bzw. -Bevollmächtigten **jede andere natürliche oder juristische Person befragen darf**, soweit diese zustimmt, kann abgeleitet werden, dass die **übrigen Befugnisse gegenüber Transaktionsregistern und deren Auslagerungsunternehmen** bestehen und für diese auch – anders als die vorgenannte Befragung Dritter oder die einfachen Informationsersuchen nach Art. 61 Abs. 2 VO Nr. 648/2012 – **verpflichtenden Charakter** haben.

II. Form der Bevollmächtigung durch die ESMA (Art. 62 Abs. 2 VO Nr. 648/2012).

Im Rahmen der Untersuchung nach Art. 62 Abs. 1 VO Nr. 648/2012 üben die Bediensteten der ESMA und sonstige von ihr zu diesen Untersuchungen bevollmächtigte Personen i.S.d. Abs. 1 ihre Befugnisse aufgrund einer **Vollmacht der ESMA** aus. Hierbei erfolgt die Ausübung der Befugnisse unter Vorlage einer schriftlichen Vollmacht, deren Mindestinhalt geregelt ist.

9   In der vorzulegenden Vollmacht ist **zwingend anzugeben:**
    – der Gegenstand und Zweck der Untersuchung,
    – welche Zwangsgelder gem. Art. 66 VO Nr. 648/2012 für den Fall verhängt werden, dass die angeforderten Aufzeichnungen, Daten, Verfahren und das sonstige Material oder die Antworten auf die Fragen, die den Transaktionsregistern bzw. Auslagerungsunternehmen gestellt wurden, nicht bereitgestellt bzw. erteilt werden oder unvollständig sind, und
    – welche Geldbußen gem. Art. 65 in Verbindung mit Anhang I Abschnitt IV Buchstabe b VO Nr. 648/2012 für den Fall verhängt werden, dass die Antworten auf die Fragen, die den in Art. 61 Abs. 1 VO Nr. 648/2012 genannten Personen gestellt wurden, sachlich falsch oder irreführend sind.

10 **III. Verpflichtung zur Duldung der Untersuchung (Art. 62 Abs. 3 VO Nr. 648/2012).** Nach Art. 62 Abs. 3 VO Nr. 648/2012 sind die in Art. 61 Abs. 1 VO Nr. 648/2012 genannten Personen **verpflichtet, sich den durch Beschluss der ESMA eingeleiteten Untersuchungen zu unterziehen.** Dies sind die Transaktionsregister und die Auslagerungsunternehmen. Die Pflicht sich der Untersuchung zu unterziehen, bedeutet die Untersuchung zu dulden und im Rahmen der Nutzung der Befugnisse nach Art. 62 Abs. 2 VO Nr. 648/2012 mitzuwirken. Voraussetzung ist ein entsprechender **Beschluss der ESMA**.

11 In dem Beschluss hat die ESMA **Folgendes anzugeben:**
    – Gegenstand und Zweck der Untersuchung,
    – die in Art. 66 VO Nr. 648/2012 vorgesehenen Zwangsgelder,
    – die nach der VO Nr. 1095/2010 (ESMA-VO) möglichen Rechtsbehelfe sowie
    – das Recht, den Beschluss durch den Gerichtshof überprüfen zu lassen.

12 Aus diesem Inhalt des Beschlusses der ESMA und der Regelung, dass sich die Betroffenen Personen den durch Beschluss der ESMA angeordneten Prüfungen unterziehen müssen, ergibt sich, dass die **Untersuchungsanordnung den jeweils betroffenen Transaktionsregistern bzw. Auslagerungsunternehmen mitzuteilen** ist. Denn nur bei Kenntnis des Beschlusses können sie sich diesem unterziehen. Zudem umfasst der Beschluss neben der Mitteilung der Anordnung überwiegend rechtliche Hinweise für den jeweils von der Untersuchung Betroffenen. Nicht ausdrücklich gefordert ist ein schriftlicher Beschluss der ESMA, ungeachtet dessen bietet sich eine schriftliche Abfassung an.

13 **IV. Unterrichtung und Beteiligung der zuständigen Behörde (Art. 62 Abs. 4 VO Nr. 648/2012).** Gem. Art. 62 Abs. 4 VO Nr. 648/2012 hat die ESMA die zuständige **Behörde des betreffenden Mitgliedstaats**, in dem die Untersuchung erfolgen soll, **rechtzeitig** über die bevorstehende Untersuchung **zu unterrichten**. Die Unterrichtung muss auch die Identität der von ESMA bevollmächtigten Personen enthalten. Zudem haben Bedienstete der zuständigen Behörde des betreffenden Mitgliedstaats **auf Antrag der ESMA** die bevollmächtigten Personen bei der Durchführung ihrer Aufgaben zu **unterstützen**.

14 Unabhängig von Unterstützungshandlungen ist auch eine **Teilnahme der Bediensteten der betreffenden zuständigen Behörde** an den Untersuchungen **auf Antrag** gegenüber der ESMA möglich. In einem solchen Fall ist weiterhin die ESMA Herrin der Untersuchung, die Bediensteten der zuständigen Behörde des betreffenden Mitgliedstaats unterstützen die Untersuchung der ESMA und verschaffen sich einen eigenen Eindruck von der Untersuchung und ihren Ergebnissen.

15 Unabhängig der Möglichkeiten der Teilnahme der zuständigen Behörden an der ESMA-Untersuchung auf deren Antrag **kann die ESMA** nach Art. 63 Abs. 6 VO Nr. 648/2012 die **zuständigen Behörden auch bitten, in ihrem Namen spezifische Untersuchungsaufgaben wahrzunehmen und Prüfungen vor Ort durchzuführen**. Diese Möglichkeit der Beauftragung der zuständigen nationalen Behörden durch ESMA erstreckt sich nicht nur auf Vor-Ort-Prüfungen nach Art. 63 VO Nr. 648/2012, sondern auch auf die hier geregelten allgemeinen Untersuchungen i.S.d. Art. 62 VO Nr. 648/2012. Zur Wahrnehmung dieses Auftrags stehen den zuständigen Behörden dann dieselben Befugnisse zu wie der ESMA (Art. 63 Abs. 6 Satz 2 VO Nr. 648/2012). In einem solchen Fall können die **nationalen Behörden** dann **auf die Befugnisse gem. Art. 62 Abs. 1 und Art. 63 Abs. 1 VO Nr. 648/2012 zugreifen**.

16 Unabhängig davon hat der deutsche Gesetzgeber der **Bundesanstalt** zur Durchführung der nach Art. 62 Abs. 4 VO Nr. 648/2012 vorgesehenen Unterstützungsmaßnahmen und Teilnahme an der Untersuchung gleichfalls **entsprechende nationale Befugnisse an die Hand gegeben**. Nach § 30 Abs. 1 Satz 2 und 3 WpHG ist die Bundesanstalt zuständige Behörde i.S.d. Art. 62 Abs. 4 VO Nr. 648/2012 und ihr stehen, soweit in den EMIR-Regelungen nichts Abweichendes geregelt ist, die Befugnisse der Abschnitte 1 und 2 des WpHG zur Verfügung, also der §§ 1–21 und 24 WpHG. Das bedeutet, dass die Bundesanstalt bei Maßnahmen nach Art. 62 Abs. 4 VO Nr. 648/2012 regelmäßig sowohl aufgrund ihrer eigenen Befugnisse nach § 30 Abs. 1 Satz 2 und 3 WpHG i.V.m. §§ 6 ff. WpHG tätig werden kann als auch aufgrund der delegierten Aufgabe und Befugnisse nach Art. 63 Abs. 6

i.V.m. Art. 62 Abs. 4 VO Nr. 648/2012. Eine Ausnahme gilt nur, soweit die EMIR-Regelungen Abweichendes vorsehen. Die Ermächtigungsgrundlagen schließen einander auch nicht aus, sondern stehen nebeneinander.

V. Antrag auf gerichtliche Genehmigung des Anforderns von Telekommunikationsdaten (Art. 62 Abs. 5 VO Nr. 648/2012). Soweit die **Anforderung von Aufzeichnungen von Telefongesprächen oder Datenübermittlungen** nach Art. 62 Abs. 1 lit. e VO Nr. 648/2012 nach dem jeweiligen nationalem Recht eine **gerichtliche Genehmigung** voraussetzt, so muss die ESMA oder der von ihr Beauftragte diese beantragen. Die Genehmigung kann auch vorsorglich beantragt werden.

Hinsichtlich der Rechtslage in Deutschland kann auf die **vergleichbare Befugnisnorm der Bundesanstalt in § 7 WpHG** verwiesen werden. Nach dieser Norm kann die Bundesanstalt Aufzeichnungen von Telefongesprächen, elektronische Mitteilungen oder Verkehrsdaten i.S.d. § 96 Abs. 1 TKG herausverlangen. Hierbei unterscheidet § 7 WpHG in die Befugnisse gegenüber Telekommunikationsbetreibern in Abs. 1 und in die Befugnisse gegenüber beaufsichtigten Unternehmen, wie Wertpapierdienstleistungsunternehmen, Kreditinstituten etc. in Abs. 2. Während für ein Herausgabeverlangen gegenüber einem Telekommunikationsbetreiber ein Richtervorbehalt besteht, kann die Bundesanstalt in eigenem Ermessen über ein Herausgebeverlangen nach § 7 Abs. 2 WpHG gegenüber den Beaufsichtigten entscheiden. Diese Rechtslage übertragen auf die vorliegende Fallkonstellation bedeutet, dass eine gerichtliche Genehmigung eines **Herausgabeverlangens der ESMA gegenüber einem Transaktionsregister oder dessen Auslagerungsunternehmen keinem Richtervorbehalt** unterliegt. Soweit die Bundesanstalt von der ESMA nach Art. 62 Abs. 4 VO Nr. 648/2012 beauftragt wird, die Aufzeichnungen von Telefongesprächen oder Datenübermittlungen bei einem deutschen Transaktionsregister anzufordern, kann sie als Ermächtigungsgrundlage neben den Befugnissen nach Art. 63 Abs. 6 i.V.m. Art. 62 Abs. 2 EMIR[1] ggf. auch § 30 Abs. 1 Satz 3 i.V.m. § 7 Abs. 2 WpHG wählen.

VI. Gerichtliche Überprüfung der Maßnahme (Art. 62 Abs. 6 VO Nr. 648/2012). Die Regelung in Art. 62 Abs. 6 VO Nr. 648/2012 spricht **zwei Fallgruppen** an. Zum einen regelt diese Bestimmung den Prüfungsmaßstab für den Antrag auf **Herausgabe von Aufzeichnungen von Telefongesprächen oder Datenübermittlungen** bei dem nationalen Gericht und zum anderen stellt die Regelung die Möglichkeit der Überprüfung der **Untersuchungsanordnung** der ESMA klar.

In Bezug auf den ggf. erforderlichen **Antrag für eine Anforderung von Aufzeichnungen von Telefongesprächen oder Datenübermittlungen** nach Art. 62 Abs. 1 lit. e VO Nr. 648/2012 bei einem nationalen Gericht, bestimmt Art. 62 Abs. 6 VO Nr. 648/2012 den **Prüfungsmaßstab** für das nationale Gericht. In einem solchen Fall prüft das nationale Gericht, ob der Beschluss der ESMA echt ist und ob die beantragten Zwangsmaßnahmen im Hinblick auf den Gegenstand der Untersuchungen nicht willkürlich oder unverhältnismäßig sind. „Beantragte Zwangsmaßnahmen" kann aus dem Sachzusammenhang heraus nur die verpflichtende Anforderung von Aufzeichnungen von Telefongesprächen oder Datenübermittlungen nach Art. 62 Abs. 1 lit. e VO Nr. 648/2012 sein. Bei der Prüfung der Verhältnismäßigkeit dieser Maßnahmen kann das nationale Gericht die ESMA um detaillierte Erläuterungen bitten, insbesondere in Bezug auf die Gründe, aus denen die ESMA annimmt, dass ein Verstoß gegen diese Verordnung erfolgt ist, sowie in Bezug auf die Schwere des mutmaßlichen Verstoßes und der Art der Beteiligung der den Zwangsmaßnahmen unterworfenen Person.

Die Regelung in Art. 62 Abs. 6 VO Nr. 648/2012 stellt zudem klar, dass das nationale Gericht jedoch weder die Notwendigkeit der Untersuchung prüfen darf noch die Übermittlung der in den Akten der ESMA enthaltenen Informationen verlangen kann. Die **Prüfung der Rechtmäßigkeit des Untersuchungsbeschlusses der ESMA** unterliegt ausschließlich der Prüfung durch den Gerichtshof nach dem in der VO Nr. 1095/2010 (ESMA-VO) vorgesehenen Verfahren. Hierbei handelt es sich um die Klage vor dem EuGH nach Art. 61 VO Nr. 1095/2010, auf die der Betroffene im Rahmen der Untersuchungsanordnung hinzuweisen ist (vgl. Art. 62 Abs. 3 VO Nr. 648/2012).

Art. 63 Prüfungen vor Ort

(1) Zur Wahrnehmung ihrer Aufgaben im Sinne dieser Verordnung kann die ESMA alle erforderlichen Prüfungen vor Ort in den Geschäftsräumen oder auf den Grundstücken der in Artikel 61 Absatz 1 genannten juristischen Personen durchführen. Die ESMA kann die Prüfung vor Ort ohne vorherige Ankündigung durchführen, wenn die ordnungsgemäße Durchführung und die Wirksamkeit der Prüfung dies erfordern.

(2) Die Bediensteten der ESMA und sonstige von ihr zur Durchführung der Prüfungen vor Ort bevollmächtigte Personen sind befugt, die Geschäftsräume oder Grundstücke der juristischen Personen, gegen die sich der Beschluss der ESMA über die Einleitung einer Untersuchung richtet, zu betreten und

---

[1] Das in § 7 Abs. 2 WpHG erfüllte Zitiergebot nach Art. 19 Abs. 1 GG bezüglich der Einschränkung des Post- und Fernmeldegeheimnisses nach Art. 10 GG ist in Bezug auf die europäischen Eingriffsbefugnisse nicht anwendbar, vgl. *Remmert* in Maunz/Düring, Art. 19 GG Rz. 12, 13.

Art. 63 VO Nr. 648/2012 | Prüfungen vor Ort

verfügen über sämtliche in Artikel 62 Absatz 1 genannten Befugnisse. Darüber hinaus sind sie befugt, die Geschäftsräume und Bücher oder Aufzeichnungen jeder Art für die Dauer und in dem Ausmaß zu versiegeln, wie es für die Prüfung erforderlich ist.

(3) Die Bediensteten der ESMA und sonstige von ihr zur Durchführung der Prüfungen vor Ort bevollmächtigte Personen üben ihre Befugnisse unter Vorlage einer schriftlichen Vollmacht aus, in der der Gegenstand und der Zweck der Prüfung genannt werden, und angegeben wird, welche Zwangsgelder gemäß Artikel 66 für den Fall verhängt werden, dass sich die betreffenden Personen nicht der Prüfung unterziehen. Die ESMA setzt die zuständige Behörde des Mitgliedstaats, in dem die Prüfung vorgenommen werden soll, von der Prüfung rechtzeitig vor deren Beginn in Kenntnis.

(4) Die in Artikel 61 Absatz 1 genannten Personen müssen sich den durch Beschluss der ESMA angeordneten Prüfungen vor Ort unterziehen. In dem Beschluss wird Folgendes angegeben: Gegenstand, Zweck und Zeitpunkt des Beginns der Untersuchung, die in Artikel 66 festgelegten Zwangsgelder, die nach der Verordnung (EU) Nr. 1095/2010 möglichen Rechtsbehelfe sowie das Recht, den Beschluss durch den Gerichtshof überprüfen zu lassen. Die ESMA fasst derartige Beschlüsse nach Anhörung der zuständigen Behörde des Mitgliedstaats, in dem die Prüfung durchgeführt werden soll.

(5) Die Bediensteten der zuständigen Behörde des Mitgliedstaats, in dem die Prüfung vorgenommen werden soll, sowie von dieser Behörde entsprechend ermächtigte oder bestellte Personen unterstützen auf Ersuchen der ESMA die Bediensteten der ESMA und sonstige von ihr bevollmächtigte Personen aktiv. Sie verfügen hierzu über die in Absatz 2 genannten Befugnisse. Auch die Bediensteten der zuständigen Behörde des betroffenen Mitgliedstaats können auf Antrag an den Prüfungen vor Ort teilnehmen.

(6) Die ESMA kann die zuständigen Behörden ebenfalls bitten, in ihrem Namen im Sinne dieses Artikels und des Artikels 62 Absatz 1 spezifische Untersuchungsaufgaben wahrzunehmen und Prüfungen vor Ort durchzuführen. Zu diesem Zweck haben die zuständigen Behörden dieselben Befugnisse wie die ESMA gemäß diesem Artikel und Artikel 62 Absatz 1.

(7) Stellen die Bediensteten der ESMA und andere von ihr bevollmächtigte Begleitpersonen fest, dass sich eine Person einer nach Maßgabe dieses Artikels angeordneten Prüfung widersetzt, so gewährt die zuständige Behörde des betreffenden Mitgliedstaats ihnen die erforderliche Unterstützung, wobei sie gegebenenfalls um den Einsatz von Polizeikräften oder einer entsprechenden vollziehenden Behörde ersucht, damit die Prüfung vor Ort durchgeführt werden kann.

(8) Setzt die Prüfung vor Ort nach Absatz 1 oder die Unterstützung nach Absatz 7 nach nationalem Recht eine gerichtliche Genehmigung voraus, so ist diese zu beantragen. Die Genehmigung kann auch vorsorglich beantragt werden.

(9) Wird die Genehmigung nach Absatz 8 beantragt, so prüft das nationale Gericht, ob der Beschluss der ESMA echt ist und ob die beantragten Zwangsmaßnahmen im Hinblick auf den Gegenstand der Untersuchung nicht willkürlich oder unverhältnismäßig sind. Bei der Prüfung der Verhältnismäßigkeit der Zwangsmaßnahmen kann das nationale Gericht die ESMA um detaillierte Erläuterungen bitten. Dieses Ersuchen um detaillierte Erläuterungen kann sich insbesondere darauf beziehen, welche Gründe der ESMA Anlass zu der Vermutung geben, dass ein Verstoß gegen diese Verordnung vorliegt, sowie auf die Schwere des mutmaßlichen Verstoßes und die Art der Beteiligung der Person, gegen die sich die Zwangsmaßnahmen richten. Das nationale Gericht darf jedoch weder die Notwendigkeit der Prüfung prüfen noch die Übermittlung der in den Akten der ESMA enthaltenen Informationen verlangen. Die Rechtmäßigkeit des Beschlusses der ESMA unterliegt ausschließlich der Prüfung durch den Gerichtshof nach dem in der Verordnung (EU) Nr. 1095/2010 vorgesehenen Verfahren.

In der Fassung vom 4.7.2012 (ABl. EU Nr. L 201 v. 27.7.2012, S. 1).

Schrifttum: S. Art. 55 VO Nr. 648/2012.

I. Befugnis zur Prüfung vor Ort (Art. 63 Abs. 1 VO Nr. 648/2012) 1	VI. Mitwirkung durch die zuständige Behörde (Art. 63 Abs. 5 VO Nr. 648/2012) 12
II. Betretungs- und Untersuchungsbefugnisse sowie Möglichkeit der Versiegelung (Art. 63 Abs. 2 VO Nr. 648/2012) 4	VII. Beauftragung der zuständigen Behörden durch die ESMA (Art. 63 Abs. 6 VO Nr. 648/2012) .. 17
III. Einbeziehung der zuständigen Behörde in die Entscheidungsfindung (Art. 63 Abs. 3 Satz 2 und Abs. 4 Satz 3 VO Nr. 648/2012) 6	VIII. Sonstige Unterstützung (Art. 63 Abs. 7 VO Nr. 648/2012) 19
IV. Form der Bevollmächtigung (Art. 63 Abs. 3 Satz 1 VO Nr. 648/2012) 7	IX. Antrag auf gerichtliche Genehmigung (Art. 63 Abs. 8 VO Nr. 648/2012) 21
V. Pflicht zur Duldung der Prüfung (Art. 63 Abs. 4 VO Nr. 648/2012) 9	X. Gerichtliche Überprüfung der Maßnahme (Art. 63 Abs. 9 VO Nr. 648/2012) 22

I. Befugnis zur Prüfung vor Ort (Art. 63 Abs. 1 VO Nr. 648/2012). Art. 63 Abs. 1 VO Nr. 648/2012 (EMIR) räumt der ESMA die Befugnis ein, **Prüfungen vor Ort durchzuführen**, wenn dies zur Wahrnehmung ihrer Aufgaben im Sinne der EMIR erforderlich ist. Der Erwägungsgrund 79 VO Nr. 648/2012 führt hierzu nur aus: „Im Interesse einer wirksamen Ausübung ihrer Aufsichtsbefugnisse sollte die ESMA in der Lage sein, Untersuchungen und Prüfungen vor Ort durchzuführen". Insoweit umfasst die Befugnis ausdrücklich alle erforderlichen Prüfungen vor Ort in den Geschäftsräumen der Betroffenen. Die Besonderheit ist u.a. der unmittelbare, authentische Eindruck der Tätigkeit des Unternehmens und das zügige Wechselspiel zwischen den Zwischenergebnissen der Prüfung und der Nutzung weiterer sachverhaltsaufklärender Möglichkeiten durch den Prüfenden. 1

Dieses Prüfungsrecht vor Ort erstreckt sich auf die **Geschäftsräume und Grundstücke der in Art. 61 Abs. 1 VO Nr. 648/2012 genannten juristischen Personen und rechtsfähigen Personengesellschaften**. Das sind die Transaktionsregister und deren Auslagerungsunternehmen. Konkret formuliert Art. 61 Abs. 1 VO Nr. 648/2012 in Bezug auf die Auslagerungsunternehmen „mit diesen (den Transaktionsregistern) verbundenen Dritten, an die die Transaktionsregister betriebliche Aufgaben oder Tätigkeiten ausgelagert haben". Das bedeutet, dass grundsätzlich als Auslagerungsunternehmen jeder Dritte, also auch natürliche Personen in Betracht kommen können. Das Prüfungsrecht vor Ort bezieht sich hingegen nur auf Geschäftsräume und Grundstücke von „legal person". Der in der englischen Fassung genutzte Begriff „legal person" wird in der deutschen Fassung übersetzt mit „juristische Person". Das wirft die Frage auf, wie mit rechtsfähigen Personengesellschaften, wie OHG und KG umzugehen ist. Mit Blick auf beispielsweise das englische Rechtssysteme und der offensichtlich bezweckten Unterscheidung in natürliche Personen und andere Personen, soll sich das Prüfungsrecht vor Ort neben den juristischen Personen nach deutschem Rechtsverständnis auch auf rechtsfähige Personengesellschaften beziehen. Soweit vom Aufgabengebiet her eine Auslagerung betrieblicher Aufgaben oder Tätigkeiten eines Transaktionsregisters auf eine natürliche Person überhaupt in Betracht kommt, müsste eine Prüfung deren Tätigkeit auf der Grundlage von Art. 62 VO Nr. 648/2012 oder auf der Basis von entsprechenden Regelungen in den Auslagerungsverträgen erfolgen. Transaktionsregister hingegen können schon nach der Legaldefinition in Art. 2 Nr. 2 VO Nr. 648/2012 und der Regelung in Art. 55 Abs. 2 VO Nr. 648/2012 nur eine juristische Person sein, so dass bei diesen stets eine Prüfung vor Ort möglich ist. 2

Die ESMA kann die Prüfung vor Ort **auch ohne vorherige Ankündigung durchführen**, wenn die ordnungsgemäße Durchführung und die Wirksamkeit der Prüfung dies erfordern. Diese Regelung entspricht der Regelungen im deutschen Verwaltungsrecht, wonach eine Anhörung vor einer entsprechenden Maßnahme unterbleiben kann, wenn beispielsweise ein Überraschungseffekt ausgenutzt werden soll, um vor Ort einen authentischen Eindruck von der Tätigkeit und der zugrunde liegenden Organisation zu gewinnen (§ 28 Abs. 2 Nr. 1 Alt. 2 VwVfG). Im Umkehrschluss ergibt sich aus dieser Regelung aber auch, dass die ESMA regelmäßig vor Beginn der Prüfung vor Ort diese gegenüber dem Betroffenen ankündigt. 3

II. Betretungs- und Untersuchungsbefugnisse sowie Möglichkeit der Versiegelung (Art. 63 Abs. 2 VO Nr. 648/2012). Die ESMA bedient sich für die Prüfung vor Ort ihrer Bediensteten und sonstiger von ihr zur Durchführung der Prüfungen vor Ort bevollmächtigter Personen. Die von der ESMA zur Durchführung der Prüfungen vor Ort **bevollmächtigter Personen** können die Beschäftigten der zuständigen nationalen Behörde bzw. auch andere Personen, wie z.B. Wirtschaftsprüfer, sein. Im Rahmen der Vor-Ort-Prüfung verfügen sie über ein **Betretungsrecht und sämtliche in Art. 62 Abs. 1 VO Nr. 648/2012 genannten Befugnisse**. Zusammen sind das folgende Befugnisse: 4

- Betreten der Geschäftsräume oder Grundstücke der von der Untersuchung betroffenen juristischen Personen,
- Prüfen von Aufzeichnungen, Daten, Verfahren und sonstiges für die Erfüllung ihrer Aufgaben relevantes Material unabhängig von der Speicherform,
- Anfertigen oder Verlangen von beglaubigte Kopien oder Auszüge dieser Aufzeichnungen, Daten, Verfahren und des sonstigen Materials,
- Vorladen von Transaktionsregister und Auslagerungsunternehmen oder deren Vertreter oder Beschäftigten und
- Auffordern zur Abgabe mündlicher oder schriftlicher Erklärungen zu Sachverhalten oder Unterlagen, die mit Gegenstand und Zweck der Nachprüfung in Zusammenhang stehen, und Aufzeichnen der Antworten,
- Befragen jeder anderen natürlichen oder juristischen Person, soweit diese zustimmt,
- Anfordern von Aufzeichnungen von Telefongesprächen und Datenübermittlungen.

Darüber hinaus sind die Bediensteten der ESMA und sonstiger von ihr zur Durchführung der Prüfungen vor Ort bevollmächtigter Personen befugt, die **Geschäftsräume und Bücher oder Aufzeichnungen** jeder Art für die Dauer und in dem Ausmaß zu **versiegeln**, wie es für die Prüfung erforderlich ist. Auf diese Weise kann eine störungsfreie Auswertung der zur Prüfung herangezogenen Materialien, insbesondere Unterlagen, bewirkt werden. Denn es ist davon auszugehen, dass Vor-Ort-Prüfungen auch über mehrere Tage andauern. Je nach Art und Umfang der zu sichernden Gegenstände können Bücher oder Aufzeichnungen versiegelt werden oder auch ganze Räume, in denen z.B. das auszuwertende Material gesammelt wird. 5

6 III. **Einbeziehung der zuständigen Behörde in die Entscheidungsfindung (Art. 63 Abs. 3 Satz 2 und Abs. 4 Satz 3 VO Nr. 648/2012).** Bei einer Prüfung vor Ort hat die **ESMA die zuständige Behörde** des Mitgliedstaats, in dem die Prüfung vorgenommen werden soll, **zu informieren und anzuhören**. So regelt Art. 63 Abs. 4 VO Nr. 648/2012, dass die ESMA Beschlüsse über eine Vor-Ort-Prüfung erst nach Anhörung der zuständigen Behörde des jeweiligen Mitgliedstaats fasst. Entsprechend wird die zuständige Behörde des Mitgliedstaats, in dem die Prüfung geplant ist, von dieser Planung in Kenntnis gesetzt und kann ihre Einschätzung der Sach- und Rechtslage vortragen, damit die ESMA diese Ausführungen in ihre Entscheidungsfindung einfließen lassen kann. Zudem setzt die ESMA gem. Art. 63 Abs. 3 Satz 1 VO Nr. 648/2012 die zuständige Behörde des entsprechenden Mitgliedstaats von der Prüfung rechtzeitig vor deren Beginn in Kenntnis. Damit erhält die zuständige Behörde des jeweiligen Mitgliedstaats rechtzeitig Kenntnis über den Beschluss der ESMA über die Prüfung und hat damit die Möglichkeit sich ihrerseits auf das Prüfungsgeschehen vorzubereiten, z.B. den Antrag auf Teilnahme ihrer Bediensteten an der Vor-Ort-Prüfung der ESMA nach Art. 63 Abs. 5 Satz 3 VO Nr. 648/2012 zu stellen.

7 IV. **Form der Bevollmächtigung (Art. 63 Abs. 3 Satz 1 VO Nr. 648/2012).** Im Rahmen der Vor-Ort-Prüfung nach Art. 63 Abs. 1 VO Nr. 648/2012 üben die Bediensteten der ESMA und sonstige von ihr zu diesen Untersuchungen bevollmächtigte Personen ihre Befugnisse aufgrund einer **Vollmacht der ESMA** aus. Die Ausübung der Befugnisse erfolgt – wie auch bei einer allgemeinen Untersuchung nach Art. 62 VO Nr. 648/2012 – unter Vorlage einer schriftlichen Vollmacht, deren Mindestinhalt geregelt ist.

8 Inhalt der schriftlichen Vollmacht für eine Vor-Ort-Prüfung ist:
 – der Gegenstand und der Zweck der Prüfung und
 – die Angabe, welche Zwangsgelder gem. Art. 66 VO Nr. 648/2012 für den Fall verhängt werden, dass sich die betreffenden Personen nicht der Prüfung unterziehen.

9 V. **Pflicht zur Duldung der Prüfung (Art. 63 Abs. 4 VO Nr. 648/2012).** Die in Art. 61 Abs. 1 VO Nr. 648/2012 genannten Personen, also Transaktionsregister und Auslagerungsunternehmen, müssen sich den durch Beschluss der ESMA angeordneten Prüfungen vor Ort unterziehen. Die Regelung normiert eine entsprechende Pflicht für die Betroffenen. Diese Regelung entspricht der Regelung des Art. 62 Abs. 3 VO Nr. 648/2012, der gleichfalls eine Pflicht für Transaktionsregister und Auslagerungsunternehmen vorsieht, sich der angeordneten allgemeinen Untersuchung zu unterziehen. Die **Pflicht, sich der Untersuchung zu unterziehen,** bedeutet das Betreten der Grundstücke und Räumlichkeiten und die Untersuchungshandlungen zu dulden sowie im Rahmen der Nutzung der Befugnisse nach Art. 63 VO Nr. 648/2012 mitzuwirken. Voraussetzung ist ein entsprechender Beschluss der ESMA.

10 Der **Beschluss über die Vor-Ort-Prüfung** der ESMA ist parallel zum Beschluss über eine allgemeine Untersuchung nach Art. 62 Abs. 3 VO Nr. 648/2012 geregelt. Zusätzlich zu den Anforderungen, die auch nach Art. 62 Abs. 3 VO Nr. 648/2012 zu erfüllen sind, muss ein Beschluss über eine Vor-Ort-Prüfung auch noch den Zeitpunkt des Beginns der Untersuchung angeben. Insoweit muss ein solcher Beschluss **Folgendes anzugeben:**
 – Gegenstand und Zweck der Untersuchung,
 – Zeitpunkt des Beginns der Untersuchung,
 – die in Art. 66 VO Nr. 648/2012 festgelegten Zwangsgelder,
 – die nach der VO Nr. 1095/2010 (ESMA-VO) möglichen Rechtsbehelfe sowie
 – das Recht, den Beschluss durch den Gerichtshof überprüfen zu lassen.

11 Aus dem Inhalt des Beschlusses der ESMA und der Regelung, dass sich die Betroffenen Personen den durch Beschluss der ESMA angeordneten Prüfungen unterziehen müssen, ergibt sich, dass die **Untersuchungsanordnung den jeweils betroffenen Transaktionsregistern bzw. Auslagerungsunternehmen mitzuteilen** ist. Denn nur bei Kenntnis des Beschlusses können sie sich diesem unterziehen. Zudem umfasst der Beschluss neben der Mitteilung der Anordnung überwiegend rechtliche Hinweise für den jeweils von der Untersuchung Betroffenen. Nicht ausdrücklich gefordert ist ein schriftlicher Beschluss der ESMA, ungeachtet dessen bietet sich eine schriftliche Abfassung an.

12 VI. **Mitwirkung durch die zuständige Behörde (Art. 63 Abs. 5 VO Nr. 648/2012).** Art. 63 Abs. 5 VO Nr. 648/2012 regelt **zwei Alternativen der Mitwirkung** der zuständigen nationalen Behörden an der Vor-Ort-Prüfung der ESMA. In der ersten Alternative wirken die Bediensteten der zuständigen Behörde aktiv an der Vor-Ort-Prüfung der ESMA mit. In der zweiten Alternative nehmen die Bediensteten der zuständigen Behörde an der Prüfung durch die ESMA nur teil, sind also eher in einer Zuschauerrolle.

13 Nach Art. 63 Abs. 5 Satz 1 und 2 VO Nr. 648/2012 hat die ESMA die Möglichkeit, ein Ersuchen an die zuständigen nationalen Behörden zu richten, damit deren Bediensteten sowie von dieser Behörde entsprechend ermächtigte oder bestellte Personen **aktiv an der Vor-Ort-Prüfung der ESMA unterstützen**. Diese Möglichkeit besteht gegenüber der zuständigen Behörde des Mitgliedstaats, in dem die Prüfung vorgenommen werden soll. Aufgrund eines solchen Ersuchens ist die zuständige Behörde des jeweiligen Mitgliedstaats bzw. deren Bediens-

teten sowie von dieser Behörde entsprechend ermächtigte oder bestellte Personen verpflichtet, aktiv die Bediensteten der ESMA und sonstige von ihr bevollmächtigte Personen zu unterstützen.

Die aktive Unterstützung der Vor-Ort-Prüfung der ESMA durch die zuständige nationale Behörde geht deutlich über einen Informationsaustausch sowie die Möglichkeit des Abgebens von Stellungnahmen und damit die Einwirkung auf die Tätigkeit der ESMA hinaus. Die Bediensteten der zuständigen Behörden sowie von diesen Behörden entsprechend ermächtigte oder bestellte Personen, wie möglicherweise z.B. Wirtschaftsprüfer, **übernehmen selbst auch Prüfungshandlungen**. Sie verfügen hierzu nach Art. 63 Abs. 5 Satz 2 VO Nr. 648/2012 über die in **Abs. 2 genannten Befugnisse** (vgl. Rz. 4). Das Vorgehen im Rahmen der aktiven Unterstützung hat aber stets in Absprache mit der ESMA zu erfolgen. Denn auch bei einer aktiven Unterstützung durch die zuständigen Behörden verbleibt es bei einer Prüfung in der Verantwortung der ESMA. 14

Unabhängig von diesen europarechtlich normierten Befugnissen hat der deutsche Gesetzgeber der **Bundesanstalt** zur Durchführung der in Art. 63 VO Nr. 648/2012 vorgesehenen Unterstützungsmaßnahmen, Prüfungsteilnahmen oder Aufgabendelegation zusätzlich **entsprechende nationale Befugnisse an die Hand gegeben**. Nach § 30 Abs. 1 Satz 2 und 3 WpHG ist die Bundesanstalt zuständige Behörde i.S.d. Art. 63 Abs. 3–7 VO Nr. 648/2012 und ihr stehen, soweit in den EMIR-Regelungen nichts Abweichendes geregelt ist, die **Befugnisse der** Abschnitte 1 und 2 des WpHG (ohne §§ 22 f. WpHG) zur Verfügung, also der **§§ 1–21 und 24 WpHG**. Das bedeutet, dass die Bundesanstalt bei Maßnahmen nach Art. 63 Abs. 3–7 VO Nr. 648/2012 regelmäßig sowohl aufgrund ihrer eigenen Befugnisse nach § 30 Abs. 1 Satz 2 und 3 WpHG i.V.m. §§ 6 ff. WpHG tätig werden kann als auch aufgrund der delegierten Aufgabe und Befugnisse nach Art. 63 Abs. 2 und 5 VO Nr. 648/2012. Eine Ausnahme gilt nur, soweit die EMIR-Regelungen Abweichendes vorsehen. Die Ermächtigungsgrundlagen schließen einander auch nicht aus, sondern stehen nebeneinander. 15

Nach Art. 63 Abs. 5 Satz 3 VO Nr. 648/2012 besteht aber auch die Möglichkeit, dass die **Bediensteten der zuständigen Behörde** des betroffenen Mitgliedstaats **auf Antrag an den Prüfungen vor Ort teilnehmen** können. Diese Regelung einer eher passiven Teilnahme entspricht auch der Möglichkeit der Teilnahme der zuständigen nationalen Behörden an allgemeinen Prüfungen nach Art. 62 Abs. 4 Satz 3 VO Nr. 648/2012, so dass auf diese Regelung verwiesen werden kann (vgl. Art. 62 VO Nr. 648/2012 Rz. 14). 16

VII. Beauftragung der zuständigen Behörden durch die ESMA (Art. 63 Abs. 6 VO Nr. 648/2012). Neben den Möglichkeiten der Mitwirkung der zuständigen Behörden nach Art. 63 Abs. 5 VO Nr. 648/2012 kann die ESMA nach Art. 63 Abs. 6 VO Nr. 648/2012 die zuständigen Behörden auch bitten, in ihrem Namen spezifische Untersuchungsaufgaben wahrzunehmen und Prüfungen vor Ort durchzuführen. Diese **Möglichkeit der Beauftragung der zuständigen nationalen Behörden durch ESMA** erstreckt sich nicht nur auf Vor-Ort-Prüfungen, sondern auch auf allgemeine Untersuchungen nach Art. 61 VO Nr. 648/2012. Zur Wahrnehmung dieses Auftrags stehen der zuständigen Behörden dann dieselben Befugnisse zu wie der ESMA. Entsprechend können die beauftragten zuständigen nationalen Behörden dann auf die Befugnisse gem. Art. 62 Abs. 1 und Art. 63 Abs. 1 VO Nr. 648/2012 zugreifen. Die Bundesanstalt als zuständige deutsche Behörde kann zudem auf ihre nationalrechtlichen Befugnisse nach § 30 Abs. 1 Satz 2 und 3 i.V.m. §§ 6 ff. WpHG zugreifen (vgl. auch Rz. 15). 17

Die Formulierung, dass die ESMA die zuständigen Behörden „bitten" kann, spricht dafür, dass die **Beauftragung** der zuständigen nationalen Behörden **im gegenseitigen Einverständnis erfolgen** soll, es also keine rechtliche Pflicht zur Übernahme des Auftrags gibt. Dies erscheint für eine effektive Aufgabenwahrnehmung durch die zuständige nationale Behörde auch als sinnvoll. Eine kooperative Absprache der Beauftragung entspricht auch dem in Art. 74 VO Nr. 648/2012 geregelten Vorgehen bei der Delegation von Aufgaben durch die ESMA an die zuständigen nationalen Behörden. Mit Blick auf die Verweisung in Art. 74 Abs. 1 VO Nr. 648/2012 auf die Möglichkeit der Beauftragung der zuständigen Behörde nach Art. 63 Abs. 6 VO Nr. 648/2012 ist davon auszugehen, dass die hier geregelte Beauftragung ein Unterfall der Delegation nach Art. 74 Abs. 1 VO Nr. 648/2012 ist. Insoweit sind die Regelungen des Art. 74 VO Nr. 648/2012 gleichfalls zu berücksichtigen. Ungeachtet der fehlenden Pflicht zur Übernahme durch die zuständigen Behörden, sondern der vorgesehenen kooperativen Absprache über die Beauftragung, wird eine solche Bitte der ESMA wohl regelmäßig von den zuständigen nationalen Behörden im Rahmen des Möglichen erfüllt werden, es sei denn es liegen gewichtige Gründe gegen eine Übernahme des Auftrags vor. In diesem Zusammenhang kann auch auf die Erstattung der Kosten für die Durchführung der Aufsichtsmaßnahmen nach Art. 72 Abs. 1 VO Nr. 648/2012 verwiesen werden. 18

VIII. Sonstige Unterstützung (Art. 63 Abs. 7 VO Nr. 648/2012). Stellen die Bediensteten der ESMA und andere von ihr bevollmächtigte Begleitpersonen fest, dass sich eine **Person** einer nach Maßgabe dieses Artikels **angeordneten Prüfung widersetzt**, so ist die zuständige Behörde des betroffenen Mitgliedstaats verpflichtet, der ESMA oder ihren Bevollmächtigten **die erforderliche Unterstützung zu gewähren**. Eine „nach Maßgabe dieses Artikels angeordneten Prüfung" bedeutet, dass der Beschluss über die Prüfung dem betroffenen Transaktionsregister bzw. Auslagerungsunternehmen zur Kenntnis gebracht wurde und sich die Beschäftigten der ESMA oder Ihre Bevollmächtigten mit der in Art. 63 Abs. 2 VO Nr. 648/2012 geregelten Vollmacht ausgewiesen haben. Eine Prüfung der Rechtmäßigkeit der Prüfungsanordnung kann der zuständigen nationalen Behörde nicht zustehen; dies obliegt gem. Art. 63 Abs. 9 VO Nr. 648/2012 allein dem EuGH. 19

20 Soweit erforderlich, hat die zuständige nationale Behörde um den **Einsatz von Polizeikräften** oder einer entsprechenden **vollziehenden Behörde** zu **ersuchen**, damit die Prüfung vor Ort durchgeführt werden kann. Der Einsatz von Polizeikräften kommt vor allem in Bezug auf die Durchsetzung des Betretungsrechts durch unmittelbare Gewalt in Betracht. Der Einsatz von Vollstreckungsbeamten könnte beispielsweise in Bezug auf die Vorlage von bestimmten Unterlagen etc. in Betracht kommen.

21 **IX. Antrag auf gerichtliche Genehmigung (Art. 63 Abs. 8 VO Nr. 648/2012).** Art. 63 Abs. 8 VO Nr. 648/2012 regelt, dass die ESMA oder ein von ihr Beauftragter eine **gerichtliche Genehmigung beantragt, wenn die Prüfung vor Ort** nach Abs. 1 **oder die Unterstützung** nach Abs. 7 nach nationalem Recht eine solche **Genehmigung voraussetzt**. Die Genehmigung kann auch vorsorglich beantragt werden. Im Hinblick auf die Möglichkeit der Vor-Ort-Prüfung bei juristischen Personen und rechtsfähigen Personengesellschaften (vgl. Rz. 2) ist nach deutschem Recht nicht von einer notwendigen gerichtlichen Genehmigung auszugehen (vgl. auch die Möglichkeit der Vor-Ort-Prüfung durch die Bundesanstalt nach § 88 Abs. 1 WpHG).

22 **X. Gerichtliche Überprüfung der Maßnahme (Art. 63 Abs. 9 VO Nr. 648/2012).** Hinsichtlich der gerichtlichen Überprüfung der Maßnahmen der ESMA im Zusammenhang mit einer Vor-Ort-Prüfung geht Art. 63 Abs. 9 VO Nr. 648/2012 – wie auch Art. 62 Abs. 6 VO Nr. 648/2012 – auf **zwei Fallgruppen** ein. Zum einen regelt diese Bestimmung den Prüfungsmaßstab für den Antrag auf **Genehmigung der zur Durchführung der Vor-Ort-Prüfung erforderlichen Durchführungsmaßnahmen der ESMA**, hier der Prüfung vor Ort/Betretungsrecht oder die Unterstützung nach Abs. 7, bei dem nationalen Gericht und zum anderen stellt die Regelung die Möglichkeit der Überprüfung der eigentlichen **Untersuchungsanordnung** der ESMA allein vor dem EuGH klar. Insoweit kann – um Wiederholungen zu vermeiden – auf die Ausführungen zu Art. 62 VO Nr. 648/2012 Rz. 19 ff. verwiesen werden.

Art. 64 Verfahrensvorschriften für Aufsichtsmaßnahmen und die Verhängung von Geldbußen

(1) Stellt die ESMA bei der Wahrnehmung ihrer Aufgaben nach dieser Verordnung fest, dass es ernsthafte Anhaltspunkte für das mögliche Vorliegen von Tatsachen gibt, die einen oder mehrere der in Anhang I aufgeführten Verstöße darstellen können, benennt sie aus dem Kreis ihrer Bediensteten einen unabhängigen Untersuchungsbeauftragten zur Untersuchung des Sachverhalts. Der benannte Beauftragte darf nicht direkt oder indirekt in die Beaufsichtigung oder das Registrierungsverfahren des betreffenden Transaktionsregisters einbezogen sein oder gewesen sein und nimmt seine Aufgaben unabhängig von der ESMA wahr.

(2) Der Untersuchungsbeauftragte untersucht die mutmaßlichen Verstöße, wobei er alle Bemerkungen der Personen, die Gegenstand der Untersuchungen sind, berücksichtigt, und legt der ESMA eine vollständige Verfahrensakte mit seinen Feststellungen vor.
Zur Erfüllung seiner Aufgaben kann der Untersuchungsbeauftragte von der Befugnis Gebrauch machen, nach Artikel 61 Informationen anzufordern und nach den Artikeln 62 und 63 Untersuchungen und Prüfungen vor Ort durchzuführen. Bei der Ausübung dieser Befugnisse muss der Untersuchungsbeauftragte Artikel 60 einhalten.
Bei der Erfüllung seiner Aufgaben hat der Untersuchungsbeauftragte Zugang zu allen Unterlagen und Informationen, die die ESMA bei ihren Aufsichtstätigkeiten zusammengetragen hat.

(3) Beim Abschluss seiner Untersuchung gibt der Untersuchungsbeauftragte den Personen, gegen die sich die Untersuchung richtet, Gelegenheit, zu den untersuchten Fragen angehört zu werden, bevor er der ESMA die Verfahrensakte mit seinen Feststellungen vorlegt. Der Untersuchungsbeauftragte stützt seine Feststellungen nur auf Tatsachen, zu denen die betreffenden Personen Stellung nehmen konnten.
Die Verteidigungsrechte der betreffenden Personen müssen während der Untersuchungen nach diesem Artikel in vollem Umfang gewahrt werden.

(4) Wenn der Untersuchungsbeauftragte der ESMA die Verfahrensakte mit seinen Feststellungen vorlegt, setzt er die Personen, gegen die sich die Untersuchungen richten, davon in Kenntnis. Die Personen, gegen die sich die Untersuchungen richten, haben das Recht auf Einsicht in die Verfahrensakte, vorbehaltlich des berechtigten Interesses anderer Personen an der Wahrung ihrer Geschäftsgeheimnisse. Das Recht auf Einsicht in die Verfahrensakte gilt nicht für vertrauliche Informationen, die Dritte betreffen.

(5) Anhand der Verfahrensakte mit den Feststellungen des Untersuchungsbeauftragten und – wenn die betreffenden Personen darum ersuchen – nach der gemäß Artikel 67 erfolgten Anhörung der Personen, die Gegenstand der Untersuchungen waren, entscheidet die ESMA, ob die Personen, die Gegenstand

der Untersuchungen waren, einen oder mehrere der in Anhang I aufgeführten Verstöße begangen haben; ist dies der Fall, ergreift sie eine Aufsichtsmaßnahme nach Artikel 73 und verhängt eine Geldbuße nach Artikel 65.

(6) Der Untersuchungsbeauftragte nimmt nicht an den Beratungen der ESMA teil und greift auch nicht in anderer Weise in den Beschlussfassungsprozess der ESMA ein.

(7) Die Kommission erlässt weitere Verfahrensvorschriften für die Ausübung der Befugnis zur Verhängung von Geldbußen oder Zwangsgeldern, einschließlich Bestimmungen zu den Verteidigungsrechten, zu Zeitpunkten und Fristen und zu der Einziehung der Geldbußen und Zwangsgelder, und erlässt detaillierte Bestimmungen zur Verjährung bezüglich der Verhängung und Vollstreckung von Sanktionen. Die Vorschriften nach Unterabsatz 1 werden anhand delegierter Rechtsakte nach Artikel 82 erlassen.

(8) Die ESMA verweist strafrechtlich zu verfolgende Sachverhalte an die zuständigen nationalen Behörden, wenn sie bei der Wahrnehmung ihrer Aufgaben nach dieser Verordnung feststellt, dass es ernsthafte Anhaltspunkte für das mögliche Vorliegen von Tatsachen gibt, die Straftaten darstellen können. Ferner sieht die ESMA davon ab, Geldbußen oder Zwangsgelder zu verhängen, wenn ein früherer Freispruch oder eine frühere Verurteilung aufgrund identischer Tatsachen oder im Wesentlichen gleichartiger Tatsachen als Ergebnis eines Strafverfahrens nach nationalem Recht bereits Rechtskraft erlangt hat.

In der Fassung vom 4.7.2012 (ABl. EU Nr. L 201 v. 27.7.2012, S. 1).

Schrifttum: Schriftliche Anfrage E-3482/03 von Richard Corbett (PSE) an die Kommission. Rechtsprivileg für den Schriftverkehr zwischen Unternehmen und ihren Rechtsberatern, ABl. EU Nr. C 78E v. 27.3.2004, S. 562; *v. Danwitz*, Europäisches Verwaltungsrecht, 2008; *Glaser*, Die Entwicklung des Europäischen Verwaltungsrechts aus der Perspektive der Handlungsformenlehre, 2013; *Huck*, Das System des rechtlichen Gehörs im europäisch geprägten Verwaltungsverfahren, EuZW 2016, 132; *Lais*, Das Recht auf eine gute Verwaltung unter besonderer Berücksichtigung der Rechtsprechung des Europäischen Gerichtshofs, ZEuS 2002, 447; *Mader*, Verteidigungsrechte im Europäischen Gemeinschaftsverwaltungsverfahren, 2006; *Terhechte*, Verwaltungsrecht der Europäischen Union, 2011.

I. Grundlagen 1	2. Personeller Anwendungsbereich der Verteidigungsrechte 12
II. Ablauf des Untersuchungsverfahrens 5	3. Anhörung 13
III. Stellung des Untersuchungsbeauftragten (Art. 64 Abs. 1, 6 VO Nr. 648/2012) 8	4. Akteneinsichtsrecht 15
1. Unabhängigkeit 8	5. Verbot der Doppelsanktionierung 16
2. Befugnisse 10	6. Rechtsprivilegien 17
IV. Verteidigungsrechte 11	V. Mitteilungspflicht (Art. 64 Abs. 8 VO Nr. 648/2012) 18
1. Wahrung der Verteidigungsrechte 11	VI. Strafrechtliche Verfahrensgarantien 19

I. Grundlagen. Eine Vorschrift über das Untersuchungsverfahren zur Feststellung eines Verstoßes gem. Anhang I VO Nr. 648/2012 (EMIR) war weder im Gesetzgebungsvorschlag der Kommission[1] noch in den Änderungsvorschlägen des Europäischen Parlaments[2] enthalten. Wie die ausführliche Verfahrensvorschrift des Art. 64 VO Nr. 648/2012[3] in den finalen Gesetzesentwurf gelangt ist, lässt sich anhand der Gesetzesmaterialien nicht nachvollziehen. Wahrscheinlich ist, dass die Vorschrift **zur Angleichung an die VO Nr. 513/2011** des Europäischen Parlaments und des Rates vom 11. Mai 2011 zur Änderung der VO Nr. 1060/2009 über Ratingagenturen eingefügt wurde[4]. Art. 23e VO Nr. 513/2011 war aufgrund eines Änderungsvorschlages des Europäischen Parlaments eingeführt worden[5]. 1

Während Verstöße gegen die Vorschriften des Titels II durch die Mitgliedstaaten sanktioniert und verfolgt werden müssen (s. die Kommentierung zu Art. 12 VO Nr. 648/2012), übernimmt die ESMA gem. Art. 64 ff. VO Nr. 648/2012 die Verfolgung von Verstößen von Transaktionsregistern gem. Anhang I zur EMIR selbst. Diese Aufteilung ist mit der aus Titel VI der EMIR folgenden **größeren Sachnähe** der ESMA hinsichtlich Transaktionsregistern zu rechtfertigen. Die Regelungen stellen einen Teil des Eigenverwaltungsrechts der Europäischen 2

---

1 Vorschlag für eine Verordnung des Europäischen Parlaments und des Rates über OTC-Derivate, zentrale Gegenparteien und Transaktionsregister vom 15.9.2010, KOM(2010) 484.
2 Abänderungen des Europäischen Parlaments vom 5. Juli 2011 zu dem Vorschlag für eine Verordnung des Europäischen Parlaments und des Rates über OTC-Derivate, zentrale Gegenparteien und Transaktionsregister, ABl. EU Nr. CE 33 v. 5.2.2013, S. 234.
3 Verordnung (EU) Nr. 648/2012 des Europäischen Parlaments und des Rates vom 4. Juli 2012 über OTC-Derivate, zentrale Gegenparteien und Transaktionsregister, ABl. EU Nr. L 201 v. 27.7.2012, S. 1.
4 ABl. EU Nr. L 145 v. 31.5.2011, S. 30.
5 Stellungnahme des Europäischen Parlaments in 1. Lesung v. 15.12.2010, ABl. EU Nr. C 169E v. 15.6.2012, S. 218.

Union dar[1], das zunehmend sektoriell verschriftlicht wird[2]. Die Sanktionierung von Verstößen soll den Organisations- und Mitwirkungspflichten des Titels VI der EMIR größere Wirksamkeit verleihen. Ihnen wird besondere Bedeutung beigemessen, da Transaktionsregister Informationen erfassen, die für die Behörden aller Mitgliedstaaten wichtig sind[3].

3 Art. 64 VO Nr. 648/2012 regelt im Gleichlauf zu Art. 23e VO Nr. 513/2011 mehrere Aspekte des Verfahrens zur Ermittlung von Tatsachen, ob Verstöße gegen Anhang I der Verordnung vorliegen, sowie des Verfahrens zur anschließenden Verhängung von Sanktionen. Die inhaltliche Ausgestaltung ist durch die in Art. 41 GRCh verbürgten Garantien des Rechts auf eine gute Verwaltung geprägt (s. Rz. 8, 11–13). Die Vorschrift kodifiziert die durch den Europäischen Gerichtshof entwickelten Verteidigungsrechte, denen der Gerichtshof Geltung in Form von allgemeinen Rechtsgrundsätzen zugesprochen hat[4]. Aus der Norm ergibt sich eine **Zweiteilung des Verfahrens** über die Verhängung einer Geldbuße: Die Ermittlung von und die Entscheidung über das Vorliegen von Verstößen sind unterschiedlichen Stellen zugewiesen. Gründe für diese Gestaltung sind weder in den Gesetzesmaterialien dieser noch der Vorbildverordnung Nr. 513/2011 genannt. Sie dürfte jedoch darauf abzielen, die Qualität und Überzeugungskraft einer Sanktionsentscheidung durch Absicherung der Unabhängigkeit der am Verfahren beteiligten Stellen zu erhöhen (dazu näher unter Rz. 5 ff.).

4 Von der Ermächtigung zum Erlass weiterer Verfahrensvorschriften gem. Art. 64 Abs. 7 VO Nr. 648/2012 hat die Kommission mit ihrer Delegierten Verordnung Nr. 667/2014 vom 13.3.2014 „zur Ergänzung der Verordnung (EU) Nr. 648/2012 des Europäischen Parlaments und des Rates im Hinblick auf Verfahrensvorschriften für von der Europäischen Wertpapier- und Marktaufsichtsbehörde (ESMA) Transaktionsregistern auferlegte Sanktionen, einschließlich Vorschriften über das Verteidigungsrecht und Fristen"[5] Gebrauch gemacht.

5 **II. Ablauf des Untersuchungsverfahrens.** Ein Untersuchungsverfahren beginnt gem. Art. 64 Abs. 1 VO Nr. 648/2012, wenn die ESMA bei der Wahrnehmung ihrer Aufgaben **ernsthafte Anhaltspunkte** für mögliche Tatsachen feststellt, die einen in Anhang I zur EMIR aufgelisteten Verstoß begründen können, und daraufhin einen Untersuchungsbeauftragten benennt. Die Entscheidung über die Eröffnung eines Verfahrens liegt damit allein bei der ESMA. Die eigenständige Aufnahme eines Tatsachenermittlungsverfahrens ist dem Untersuchungsbeauftragten nicht möglich.

6 Um Informationen zu erlangen, kann der Untersuchungsbeauftragte **Untersuchungshandlungen** durchführen (s. hierzu ausführlich unter Rz. 8 ff.). Darüber hinaus kann der Untersuchungsbeauftragte gem. Art. 64 Abs. 2 Unterabs 3 VO Nr. 648/2012 auf alle Informationen zurückgreifen, die die ESMA im Rahmen ihrer Aufsichtstätigkeit zusammengetragen hat. Art. 64 Abs. 2 Unterabs. 1 VO Nr. 648/2012 bestimmt, dass am Ende der Untersuchung eine Verfahrensakte mit Feststellungen vorgelegt werden soll. Aus dem Untersuchungsauftrag gem. Art. 64 Abs. 1 VO Nr. 648/2012 und der Aufteilung der Verfahrensstadien gem. Art. 64 Abs. 6 VO Nr. 648/2012 ergibt sich, dass sich die „Feststellungen" nur auf die Bestimmung eines für mögliche Verstöße **relevanten Sachverhalts** beziehen, vorläufige rechtliche Wertungen aber nicht enthalten sollen. Da die Zusammenstellung relevanter Tatsachen nur im Hinblick auf einen möglichen Verstoß i.S.d. Anhang I zur EMIR erfolgen kann, werden die Feststellungen jedoch immer auch eine implizite rechtliche Wertung in sich tragen.

7 Nach Abschluss der Ermittlungen führt der Untersuchungsbeauftragte Anhörungen gem. Art. 64 Abs. 3 VO Nr. 648/2012 durch, um dann die Verfahrensakte mit seinen Feststellungen der ESMA vorzulegen. Über den Abschluss der Ermittlungen setzt der Untersuchungsbeauftragte die betreffenden Personen gem. Art. 64 Abs. 4 VO Nr. 648/2012 in Kenntnis. Gem. Art. 64 Abs. 5 VO Nr. 648/2012 entscheidet die ESMA auf Grundlage der durch den Untersuchungsbeauftragten zusammengestellten Verfahrensakte und ggf. durchgeführter Anhörungen, ob ein Verstoß gem. Anhang I zur EMIR vorliegt. Daran schließt sich die Entscheidung über die Verhängung von Geldbußen gem. Art. VO Nr. 648/2012 EMIR und Aufsichtsmaßnahmen an.

8 **III. Stellung des Untersuchungsbeauftragten (Art. 64 Abs. 1, 6 VO Nr. 648/2012). 1. Unabhängigkeit.** Art. 64 Abs. 1 VO Nr. 648/2012 bestimmt die **Unabhängigkeit des Untersuchungsbeauftragten** und konkretisiert in seinem Satz 2, dass er weder direkt noch indirekt in die Beaufsichtigung oder Registrierung des betroffenen Transaktionsregisters einbezogen gewesen oder einbezogen sein darf. Danach enthält die in Art. 64 Abs. 1 VO Nr. 648/2012 verankerte Unabhängigkeit einerseits das **Unparteilichkeitsgebot** gem. Art. 41 GRCh[6] – die Unvoreingenommenheit des Untersuchungsbeauftragten gegenüber dem zu untersuchenden Transaktionsregister soll sichergestellt werden. Hierzu gehört auch, dass er alle relevanten Informationen sammelt, unabhän-

---

1 *v. Danwitz*, Europäisches Verwaltungsrecht, 2008, S. 6; *Stelkens* in Stelkens/Bonk/Sachs, VwVfG, 8. Aufl. 2014, Europäisches Verwaltungsrecht, Europäisierung des Verwaltungsrechts und Internationales Verwaltungsrecht Rz. 155.
2 *Terhechte* in Terhechte, Verwaltungsrecht der Europäischen Union, § 1 Rz. 13.
3 Erwägungsgrund 75 VO Nr. 648/2012.
4 Erläuterungen zu Art. 41 GRCh, ABl. EU Nr. C 303 v. 14.12.2007, S. 17, 28; *Mader*, Verteidigungsrechte im Europäischen Gemeinschaftsverwaltungsverfahren, S. 135; s. hierzu ausführlicher Rz. 11 ff.
5 ABl. EU Nr. L 179 v. 19.6.2014, S. 31.
6 EuGH v. 11.7.2013 – C-439/11 P, ECLI:EU:C:2013:513, NZKart 2013, 364, 366; *Jarass*, Charta der Grundrechte der EU, 3. Aufl. 2016, Art. 41 GRCh Rz. 27.

gig von ihrer be- oder entlastenden Qualität[1]. Der Mitarbeiterstatus in der über die Sanktion entscheidenden Behörde steht der Unparteilichkeit des Untersuchungsbeauftragten nach höchstrichterlicher Rechtsprechung nicht entgegen[2]. An der Praxiswirksamkeit der beabsichtigten Unabhängigkeit bestehen aber dennoch Zweifel. Aus der Trennung der zuständigen Stellen für Sachverhaltsermittlung und Sanktionsentscheidung sowie dem allgemeinen europarechtlichen Verständnis von Unabhängigkeit[3] folgt andererseits auch die **sachliche Unabhängigkeit** des Untersuchungsbeauftragten gegenüber der ESMA.

In Fortführung der **Trennung von Sachverhaltsermittlung und Sanktionsentscheidung** ist der Untersuchungsbeauftragte gem. Art. 64 Abs. 6 VO Nr. 648/2012 von einer direkten oder indirekten Beteiligung an der Entscheidung der ESMA über Geldbußen ausgeschlossen.

2. **Befugnisse.** Für Untersuchungen stehen dem Beauftragten die **Befugnisse der Art. 61–63 VO Nr. 648/2012** zur Verfügung. Diesen weitreichenden Befugnissen liegt zugrunde, dass Informationen zu Verstößen i.S.d. Anhang I zur EMIR sich zumeist nicht in allgemein-zugänglichen Quellen, sondern nur bei den betroffenen Transaktionsregistern selbst finden werden. Zudem kann der Untersuchungsbeauftragte gem. Art. 64 Abs. 2 Unterabs. 3 VO Nr. 648/2012 auf alle Informationen zurückgreifen, die die ESMA im Rahmen ihrer Aufsichtstätigkeit zusammengetragen hat. Zur Durchsetzung dieser Befugnisse kann er aufgrund der Verweisung auch Zwangsgelder gem. Art. 66 VO Nr. 648/2012 verhängen (s. Kommentierung zu Art. 66 VO Nr. 648/2012). Ebenso stellt die Behinderung von Aufsichtstätigkeiten des Untersuchungsbeauftragten gem. Art. 61 und 63 VO Nr. 648/2012 einen Verstoß i.S.d. Anhang I zur EMIR dar. Bei der Erhebung und Verarbeitung personenbezogener Daten durch die ESMA sind auch ohne ausdrücklichen Verweis die Schutzvorschriften der VO Nr. 45/2001 zu beachten, Erwägungsgrund 89 VO Nr. 648/2012, Art. 16 AEUV.

IV. Verteidigungsrechte. 1. Wahrung der Verteidigungsrechte. Art. 64 Abs. 3 Unterabs. 2 VO Nr. 648/2012 bestimmt, dass während der gesamten Untersuchung durch den Untersuchungsbeauftragten die **Verteidigungsrechte** der betroffenen Personen beachtet werden müssen. Die Wahrung der Verteidigungsrechte[4] ist ein tragender Grundsatz des Unionsrechts, findet auch im verwaltungsrechtlichen Kontext Anwendung[5] und ist zumindest teilweise[6] in Art. 41 GRCh im Recht auf eine gute Verwaltung normiert. Einzelne, unter Rz. 12 und Rz. 13 f. erörterte Verteidigungsrechte sind in Art. 64 ff. VO Nr. 648/2012 ausdrücklich normiert. Darüber hinaus stellt Art. 64 Abs. 3 Unterabs. 2 VO Nr. 648/2012 die sich bereits aus ihrer Rechtsnatur als allgemeine Rechtsgrundsätze ergebende Geltung der Verteidigungsrechte klar, Art. 6 Abs. 3 EUV. Über die nachfolgenden, ausdrücklich normierten Rechte hinaus können etwa der Vertrauensschutz[7] und das Recht auf Hinzuziehung eines juristischen Beistands[8] relevant werden.

2. **Personeller Anwendungsbereich der Verteidigungsrechte.** Fraglich ist, wem die Verteidigungsrechte zustehen. Art. 64 VO Nr. 648/2012 verwendet für die Inhaber von Verteidigungsrechten die Formulierungen „**Personen, gegen die sich die Untersuchung richtet**", „**betroffenen Personen**" und „**Personen, die Gegenstand der Untersuchung waren**". Diese Begriffe sind Synonyme – sie werden in Bezug auf dieselben Rechte in Art. 64 VO Nr. 648/2012 und in der DelVO Nr. 667/2014 austauschbar verwendet. In dem Zusammenhang überrascht, dass sowohl Art. 67 VO Nr. 648/2012 als auch der parallele Art. 23e in der Vorbildverordnung Nr. 513/2011 statt „Personen, gegen die sich die Untersuchung richtet" die Formulierung „Personen, die dem Verfahren unterworfen sind" verwenden. Von einer abweichenden Bedeutung ist jedoch nicht auszugehen. Der Unterschied ließe sich sowohl mit einer Unachtsamkeit des Gesetzgebers als auch mit einer beabsichtigten Präzisierung der Formulierung in der EMIR erklären, wobei im letzteren Fall eine Angleichung in Art. 67 VO Nr. 648/2012 vergessen wurde. Neben den Transaktionsregistern als juristischen Personen könnten auch **weitere natürliche oder juristische Personen** erfasst sein. Zwar richtet sich die Untersuchung primär gegen das jeweilige Transaktionsregister, der Wortlaut ließe es jedoch auch zu, dass etwa Personen erfasst sind, die faktisch Adressat von Untersuchungshandlungen werden, deren Beteiligung an Verstößen des Transaktionsregisters aufgeklärt wird oder die mittelbar von Ermittlungen gegen das Transaktionsregister betroffen werden, weil sie zu dessen Anteilseignern

---

1 EuG v. 31.3.1992 – C-255/90, ECLI:EU:C:1992:153, Slg. 1992, I-2253 Rz. 7; *Lais*, ZEuS 2002, 447, 462.
2 EuGH v. 11.7.2013 – C-439/11 P, ECLI:EU:C:2013:513, NZKart 2013, 364, 366.
3 EuGH v. 9.3.2010 – C-518/07, ECLI:EU:C:2010:125, MMR 2010, 352; *Jarass*, Charta der Grundrechte der EU, 3. Aufl. 2016, Art. 47 GRCh Rz. 19 ff.
4 Ausführlich *Mader*, Verteidigungsrechte im Europäischen Gemeinschaftsverwaltungsverfahren, 2006.
5 Vgl. EuGH v. 13.2.1979 – C-85/76, ECLI:EU:C:1979:36, Slg. 1979, 461 Rz. 9; EuGH v. 2.10.2003 – C-176/99 P, ECLI:EU:C:2003:524, Slg. 2003, I-10687 Rz. 19; EuGH v. 18.12.2008 – C-349/07, ECLI:EU:C:2008:746, Slg. 2008, I-10369; EuGH v. 22.11.2012 – C-277/11, ECLI:EU:C:2012:744, NVwZ 2013, 59, 60 f.; Erläuterungen zu Art. 41 GRCh, ABl. EU Nr. C 303 v. 14.12.2007, S. 17.
6 Zum eigenständigen Anwendungsbereich nach der Kodifizierung *Nowak* in Terhechte, Verwaltungsrecht der Europäischen Union, § 14 Rz. 52.
7 *Mader*, Verteidigungsrechte im Europäischen Gemeinschaftsverwaltungsverfahren, S. 259 f.; *Terchechte* in Terhechte, Verwaltungsrecht der Europäischen Union, § 7 Rz. 24.
8 *Mader*, Verteidigungsrechte im Europäischen Gemeinschaftsverwaltungsverfahren, S. 261 f.; *Nowak* in Terhechte, Verwaltungsrecht der Europäischen Union, § 14 Rz. 47.

gehören. Hierfür spricht die Verwendung des Plurals, da Verfahren i.d.R. nur gegen jeweils ein Transaktionsregister durchgeführt werden dürften und Art. 64 und 67 VO Nr. 648/2012 Transaktionsregister im Übrigen nur im Singular bezeichnen. Auch hätte ansonsten die Verwendung des Begriffes Transaktionsregister, wie an anderer Stelle des Art. 64 VO Nr. 648/2012, nahe gelegen. Einiges Gewicht hat auch die Konkretisierung in Erwägungsgrund 2 der DelVO Nr. 667/2014, die explizit vorgibt, dass neben dem Transaktionsregister auch „sonstige betroffene Personen" angehört werden sollten. Entscheidend für die Auslegung dürfte letztlich sein, wem nach allgemeinen Grundsätzen die Verteidigungsrechte zukommen. Für ein darüber hinausgehendes Schutzniveau gibt es keine Veranlassung. Nach der Rechtsprechung greifen Verteidigungsrechte ein, wenn der jeweiligen Person **belastende Maßnahmen** drohen[1]. Dies hat sich auch in der Formulierung des Art. 41 Abs. 2 lit. a GRCh niedergeschlagen. Hierfür ist nicht erforderlich, dass der Betroffene Adressat einer belastenden Verwaltungsentscheidung ist[2]. Auch kann sich die Belastung aus faktischen, etwa finanziellen Nachteilen ergeben[3]. Die Betroffenheit muss sich aber in spürbarer[4] und unmittelbarer[5] Weise ergeben. Im Rahmen der Art. 64 ff. VO Nr. 648/2012 drohen belastende Maßnahmen in Form von Geldbußen zunächst nur dem Transaktionsregister. Es ist denkbar, dass auch Anteilseignern ein eigenes Anhörungsrecht zustehen könnte, weil sich eine finanzielle Belastung daraus ergibt, dass der Wert ihres Anteils verringert wird. Es erscheint jedoch zweifelhaft, ob eine solche Belastung angesichts der vergleichsweise geringen Höhe der in Art. 67 VO Nr. 648/2012 vorgesehenen Geldbußen die Spürbarkeitsschwelle überschreitet und gleichzeitig eine unmittelbare Folge der Sanktion ist. Auch dürfte dies eine übermäßige Ausweitung der Zahl der Berechtigten bedeuten. Dies gilt erst recht, wenn man Art. 64 VO Nr. 648/2012 mit anderen Verordnungen des europäischen Wirtschaftsverwaltungsrechts vergleicht, in denen das Anhörungsrecht von einem vorherigen Antrag oder dem Ermessen der Behörde abhängig ist[6]. Die Rechte von Anteilseignern dürften bereits ausreichend durch die von ihnen beeinflussbare Anhörung des Transaktionsregisters gewahrt werden können, so dass ein **eigenes Anhörungsrecht für Anteilseigner abzulehnen** ist. Den befragten oder am Verstoß des Transaktionsregisters beteiligten Mitarbeitern drohen hingegen in gegen das Transaktionsregister durchgeführten Verfahren keine Nachteile. Sollte ein strafrechtlich relevantes Verhalten der Mitarbeiter im Raum stehen[7], wird diesem durch eigene Äußerungsrechte im Strafverfahren Rechnung getragen. Danach gebietet eine an Art. 41 GRCh angelehnte Auslegung ebenfalls **keine Verteidigungsrechte für vom Verfahren betroffene Mitarbeiter** des Transaktionsregisters. Ihr Wissensstand kann ebenfalls in ausreichender Weise im Rahmen der Anhörung des Transaktionsregisters berücksichtigt werden. Auch wenn die DelVO Nr. 667/2014 ausdrücklich von weiteren Trägern von Verteidigungsrechten auszugehen scheint, bleibt letztlich offen, wer noch davon erfasst sein soll. Die Formulierung lässt sich am plausibelsten mit einem lobenswerten Bestreben des europäischen Gesetzgebers erklären, **eine möglichst umfassende Geltung der Verteidigungsrechte** sicherzustellen. Ein weitergehender Schutz von Personen erscheint aber nach der obigen Untersuchung nicht erforderlich und die vom Gesetzgeber **gewählte Formulierung zu weit**.

13 **3. Anhörung.** Aufgrund der Zweiteilung des Verfahrens sehen die Art. 64 ff. VO Nr. 648/2012 ein **doppeltes Anhörungsrecht** vor: Es ist für das Untersuchungsverfahren sowie im Hinblick auf die Verhängung einer Geldbuße (s. Kommentierung zu Art. 67 VO Nr. 648/2012) vorgeschrieben. Das Anhörungsrecht ist Ausformung des Anspruches auf rechtliches Gehör als allgemeiner Rechtsgrundsatz[8] und entspricht Art. 41 Abs. 2 lit. a GRCh, der auch auf juristische Personen Anwendung findet[9]. Anzuhören ist von Amts wegen und nicht etwa auf Antrag wie in anderen Vorschriften[10] des europäischen Eigenverwaltungsrechts. Hiervon ist auch die Anhö-

---

1 Vgl. etwa EuGH v. 12.2.1990 – C-48/90 und C-66/90, ECLI:EU:C:1992:63, Slg. 1992, I-565 Rz. 44; EuGH v. 24.10.1996 – C-32/95 P, ECLI:EU:C:1996:402, Slg. 1996, I-5373 Rz. 21; zum Anhörungsrecht *Jarass*, Charta der Grundrechte der EU, 3. Aufl. 2016, Art. 41 GRCh Rz. 15 f.
2 EuGH v. 12.2.1990 – C-48/90 und C-66/90, ECLI:EU:C:1992:63, Slg. 1992, I-565 Rz. 50 f.; EuG v. 6.12.1994 – T-450/93, ECLI:EU:T:1994:290, Slg. 1994, II-1177 Rz. 48 f.; EuG v. 19.6.1997 – T-260/94, ECLI:EU:T:1997:89, Slg. 1997, II-997 Rz. 62 f.; *Glaser*, die Entwicklung des Europäischen Verwaltungsrechts aus der Perspektive der Handlungsformenlehre, S. 410.
3 EuGH v. 12.2.1990 – C-48/90 und C-66/90, ECLI:EU:C:1992:63, Slg. 1992, I-565 Rz. 50 f.; EuG v. 6.12.1994 – T-450/93, ECLI:EU:T:1994:290, Slg. 1994, II-1177 Rz. 48 f.; EuG v. 19.6.1997 – T-260/94, ECLI:EU:T:1997:89, Slg. 1997, II-997 Rz. 62 f.
4 Vgl. etwa EuGH v. 28.5.1980 – C-33/79 und C-75/79, ECLI:EU:C:1980:139, Slg. 1980, 1677 Rz. 25; EuGH v. 24.10.1991 – C-32/95 P, ECLI:EU:C:1996:402, Slg. 1996, I-5373 Rz. 21; ausführlich m.w.N. zur Spürbarkeit der Belastung *Mader*, Verteidigungsrechte im Europäischen Gemeinschaftsverwaltungsverfahren, S. 231 ff.
5 Vgl. etwa EuGH v. 12.2.1990 – C-48/90 und C-66/90, ECLI:EU:C:1992:63, Slg. 1992, I-565 Rz. 50; EuGH v. 27.6.1991 – C-49/88, ECLI:EU:C:1991:276, Slg. 1991, I-3187 Rz. 15; EuG v. 6.12.1994 – T-450/93, ECLI:EU:T:1994:290, Slg. 1994, II-1177 Rz. 46.
6 Art. 27 Abs. 3 VO Nr. 1/2003; Art. 18 Abs. 4 VO Nr. 139/2004; Art. 8 Abs. 4 VO Nr. 868/2004; Art. 6 Abs. 5 VO Nr. 1225/2009.
7 S. hierzu die Mitteilungspflicht der ESMA gem. Art. 64 Abs. 8 VO Nr. 648/2012.
8 *Huck*, EuZW 2016, 132; *Nowak* in Terhechte, Verwaltungsrecht der Europäischen Union, § 14 Rz. 37.
9 *Magiera* in Meyer, Charta der Grundrechte der Europäischen Union, 4. Aufl. 2014, Art. 41 GRCh Rz. 8; *Lais*, ZEuS 2002, 447, 460 f. m.w.N.
10 Art. 27 Abs. 3 VO Nr. 1/2003; Art. 18 Abs. 4 VO Nr. 139/2004; Art. 8 Abs. 4 VO Nr. 868/2004; Art. 6 Abs. 5 VO Nr. 1225/2009.

rung von Personen auf Anregung des Betroffenen gem. Art. 2 Abs. 3 DelVO Nr. 667/2014 zu unterscheiden, die im Ermessen des Untersuchungsbeauftragten steht. Ein effektiver Rechtsschutz erfordert nach Ansicht des EuGH eine Anhörung bereits im Voruntersuchungsverfahren[1], was sich auf den vorliegenden Fall eines Tatsachenermittlungsverfahrens übertragen lässt. Auch hier werden bei der Sammlung von Sachverhaltsinformationen entscheidende Weichenstellungen für das spätere Verfahren getroffen, auf die das jeweilige Transaktionsregister Einfluss haben muss. Um seine Untersuchung abzuschließen, hat der Untersuchungsbeauftragte gem. Art. 64 Abs. 3 VO Nr. 648/2012 die Personen, gegen die sich seine Untersuchung richtet, zu den untersuchten Fragen anzuhören. Das Anhörungsrecht gegenüber dem Untersuchungsbeauftragten ist in Art. 2 DelVO Nr. 667/2014 näher aufgeschlüsselt. Zu ihr gehört, dass der Untersuchungsbeauftragte seine Prüfungsfeststellungen auflistet. Gem. Art. 2 Abs. 3 DelVO Nr. 667/2014 ist eine angemessene Frist für Eingaben des Anzuhörenden zu setzen, nach deren Ablauf Eingaben unberücksichtigt bleiben können. Die Anhörung wird grundsätzlich schriftlich durchgeführt, gem. Art. 2 Abs. 4 DelVO Nr. 667/2014 kann aber im Ermessen des Untersuchungsbeauftragten auch eine mündliche Anhörung durchgeführt werden. Die Feststellungen des Untersuchungsbeauftragten dürfen nur auf Tatsachen gestützt werden, zu denen Stellung genommen werden konnte. Erst nach Anhörung darf er die Verfahrensakte vorlegen, Art. 64 Abs. 3 VO Nr. 648/2012. Die Anhörung umfasst nicht nur die Kenntnisnahme von Informationen, sondern auch deren Berücksichtigung bei einer nachfolgenden Entscheidung[2]. Als **weitere Ausprägung des Anspruchs auf rechtliches Gehör** bestimmt Art. 64 Abs. 2 VO Nr. 648/2012, dass der Untersuchungsbeauftragte bei seinen Untersuchungen alle Bemerkungen der Personen berücksichtigen muss, die Gegenstand der Untersuchungen sind.

Zweifelhaft erscheint, ob das Anhörungsrecht eingeschränkt werden kann. Für die Vorbildvorschrift des Art. 41 GRCh wird diese Möglichkeit durch Art. 52 Abs. 1 GRCh eröffnet. Bei den Verteidigungsrechten als von den Gerichten der Europäischen Union entwickeltem Rechtsinstitut, auf das Art. 64 VO Nr. 648/2012 Bezug nimmt, wird ebenfalls eine Einschränkung zugelassen[3]. Im Wortlaut der EMIR werden Einschränkungen aber nicht vorgesehen, was angesichts des Gesetzesvorbehalts in Art. 52 Abs. 1 GRCh erwartbar wäre[4]. Denkbar wären ungeschriebene Beschränkungen des Anhörungsrechts etwa, wenn der Betroffene den Kontakt verweigert[5] oder ansonsten der Entscheidungszweck entfallen würde[6], weil etwa die Vernichtung von Beweismitteln droht. 14

4. Akteneinsichtsrecht. Es besteht ein Akteneinsichtsrecht der Personen, gegen die sich die Untersuchungen richten. Dieses spiegelt Art. 41 Abs. 2 lit. b GRCh wieder. Zwar weicht der Wortlaut in Art. 64 Abs. 3 VO Nr. 648/2012, der auf berechtigte Interessen an Geschäftsgeheimnissen und vertraulichen Informationen, die Dritte betreffen, Bezug nimmt, von der Grundrechtecharta ab. Dort wird umgekehrt von einem berechtigten Interesse der Vertraulichkeit und Geschäftsgeheimnissen gesprochen. Ein inhaltlicher Unterschied ist hieraus aber nicht abzuleiten, da auch ohne ausdrückliche Erwähnung stets nur ein berechtigtes Interesse an der Geheimhaltung – sei es in Bezug auf Geschäftsgeheimnisse oder sonstige vertrauliche Informationen – geschützt werden kann. Eine Beschränkung[7] oder Ablehnung als ultima ratio[8] des Rechts auf Akteneinsicht kommt aufgrund von **Geschäftsgeheimnissen** (Art. 339 AEUV) anderer Personen und **vertraulicher Informationen Dritter** (Art. 16 AEUV) in Betracht, Art. 64 Abs. 4 Satz 2 und 3 VO Nr. 648/2012[9]. Während sich die „vertrauliche[n] Informationen" auf natürliche Personen beziehen, stellt „Geschäftsgeheimnisse" klar, dass auch juristische Personen und Personenvereinigungen geschützt sein können[10]. Gem. Art. 4 DelVO Nr. 667/2014 ist die Akteneinsicht **nach Zusendung der Prüfungsfeststellungen** zu gewähren. Dies zielt darauf ab, den Untersuchungszweck nicht zu gefährden. Die Verwendung eingesehener Akten wird auf Verfahren zur Anwendung der EMIR beschränkt. Weiterhin fragt sich, ob das Akteneinsichtsrecht immer ausgeschlossen ist, wenn Geschäftsgeheimnisse oder vertrauliche Informationen vorliegen oder dies erst **nach Abwägung** der betroffenen Interessen entschieden wird. 15

5. Verbot der Doppelsanktionierung. Darüber hinaus enthält Art. 64 Abs. 8 VO Nr. 648/2012 ein Doppelsanktionierungsverbot– Geldbußen oder Zwangsgelder dürfen nicht verhängt werden, wenn aufgrund iden- 16

---

1 EuGH v. 21.9.1989 – C-46/87 und C-227/88, ECLI:EU:C:1989:337, Slg. 1989, 2859 Rz. 15; EuGH v. 18.10.1989 – C-374/87, ECLI:EU:C:1989:387, BeckEuRS 1989, 153372 Rz. 33; EuGH v. 27.6.1991 – C-49/88, ECLI:EU:C:1991:276, Slg. 1991, I-3187 Rz. 15.
2 EuGH v. 22.11.2012 – C-277/11, ECLI:EU:C:2012:744, NVwZ 2013, 59, 60 f.
3 EuGH v. 11.12.2014 – C-249/13, ECLI:EU:C:2014:2431, NVwZ-RR 2015, 233 Rz. 43 spricht von „ständiger Rechtsprechung".
4 Vgl. den strengeren Ansatz in EuGH v. 1.7.2010 – C-407/08, ECLI:EU:C:2010:389, Slg. 2010, I-6375 Rz. 91.
5 *Schwarze*, Europäisches Verwaltungsrecht, 2. Aufl. 2005, S. 1248 f.
6 *Huck*, EuZW 2016, 132, 134 f.; *Warner*, Due process in administrative procedure, VIII FIDE Congress Copenhagen, 23–24 June 1978, S. 1.7 zitiert nach *Schwarze*, Europäisches Verwaltungsrecht, 2. Aufl. 2005, S. 1279 Fn. 21.
7 Etwa durch teilweise Schwärzung der Unterlagen, vgl. EuG v. 29.6.1995 – T-30/91, ECLI:EU:T:1995:115, Slg. 1995, II-1775 Rz. 88 ff.
8 *Lais*, ZEuS 2002, 447, 468.
9 EuGH v. 24.6.1986 – 53/85, ECLI:EU:C:1986:256, Slg. 1986, 1965 Rz. 28; EuG v. 29.6.1995 – T-36/91, ECLI:EU:T:1995:118, Slg.1995, II-1847 Rz. 98.
10 EuG v. 29.6.1995 – T-36/91, ECLI:EU:T:1995:118, Slg.1995, II-1847 Rz. 98; *Jarass*, Charta der Grundrechte der EU, 3. Aufl. 2016, Art. 47 GRCh Rz. 22.

tischer oder im Wesentlichen gleichartiger Tatsachen auf nationaler Ebene nach nationalen Vorschriften bereits eine rechtskräftige Verurteilung oder ein rechtskräftiger Freispruch als Ergebnis eines Strafverfahrens vorliegt. Diese Normierung geht über das im Rahmen der Verteidigungsrechte anerkannte[1] Doppelbestrafungsverbot hinaus. Dieses gilt nur für wegen desselben Verhaltens verhängte Sanktionen durch europäische Institutionen, nicht aber in Bezug auf Mitglieds- oder dritte Staaten[2]. Stattdessen wird eine bereits verhängte Sanktion bei der Bemessung der zusätzlich zu verhängenden Strafe berücksichtigt[3]. Zur Begründung verweist der EuGH auf unterschiedliche Ziele von Verfahren auf nationaler und europäischer Ebene[4], was dafür spricht, dass bei Angleichung der Ziele ein Doppelsanktionierungsverbot greifen könnte[5]. Ob der europäische Gesetzgeber das Doppelsanktionierungsverbot in Art. 64 VO Nr. 648/2012 derart ausgeweitet hat, weil er bereits von einer Angleichung der Ziele ausgegangen ist, erscheint fraglich, ist aber von rein akademischen Interesse. Unklar ist insbesondere, ob allgemein auf die Ziele der Finanzmarktregulierung oder konkret der Beaufsichtigung von Transaktionsregistern abzustellen ist. Ebenso leitet sich das Verbot des Art. 64 Abs. 8 VO Nr. 648/2012 nicht aus dem Doppelbestrafungsverbot gem. Art. 51 GRCh ab, da es nur für eine zweite strafrechtliche Verfolgung gilt[6]. Dabei sind die Kriterien zur Bestimmung des Vorliegens einer Straftat dieselben wie bei Art. 6 EMRK, Art. 52 Abs. 3 GRCh, weswegen es Verwaltungssanktionen mit strafrechtlichem Charakter gibt (§ 120 WpHG Rz. 7)[7].

17 **6. Rechtsprivilegien.** Nur solche Unterlagen und Informationen sind gem. Art. 60 VO Nr. 648/2012 von den Untersuchungshandlungen des Untersuchungsbeauftragten ausgenommen, die einem Rechtsprivileg unterliegen. Darunter kann die Vertraulichkeit der Korrespondenz zwischen einem Unternehmen und seinem Rechtsberater fallen[8]. Ihre Anerkennung setzt voraus, dass der Schriftwechsel mit dem Rechtsanwalt mit der Ausübung des Verteidigungsrechts des Mandanten zusammenhängt und er von unabhängigen Rechtsanwälten ausgeht, d.h. von Anwälten, die nicht durch einen Arbeitsvertrag an den Mandanten gebunden sind[9].

18 **V. Mitteilungspflicht (Art. 64 Abs. 8 VO Nr. 648/2012).** Die ESMA ist zur **Mitteilung von Sachverhalten** verpflichtet, wenn sie bei der Wahrnehmung ihrer Aufgaben nach der EMIR ernsthafte Anhaltspunkte für mögliche Tatsachen vorfindet, die **Straftaten** darstellen können. Obwohl diese Verpflichtung in Art. 64 VO Nr. 648/2012 verortet ist, bezieht sie sich ihrem umfassenden Wortlaut nach nicht nur auf Erkenntnisse, die im Rahmen des Verfahrens zur Verhängung einer Geldbuße gewonnen werden, sondern auf alle Fälle der Aufsichtstätigkeit der ESMA.

19 **VI. Strafrechtliche Verfahrensgarantien.** Die Anwendbarkeit der für Strafverfahren gem. Art. 6 EMRK/ Art. 47 ff. GRCh geltenden Garantien ist zu verneinen. Die Veröffentlichung von verhängten Geldbußen und Zwangsgeldern, sog. „naming and shaming", stellt keine Strafe i.S.d. EMRK und GRCh dar. Bereits der Sanktionscharakter des „naming and shaming" ist umstritten (s. hierzu ausführlich § 123 WpHG Rz. 8 ff.). Jedenfalls aber lässt sich der Strafcharakter der Veröffentlichungspflicht unter Anwendung der Engel-Kriterien (s. § 123 WpHG Rz. 10) damit ablehnen, dass der europäische Gesetzgeber – soweit er sich ausdrücklich geäußert hat – vom präventiven Charakter des „naming and shaming" ausgegangen ist[10], keine personenbezogenen Daten veröffentlicht werden und es sich nur um durch Transaktionsregister begehbare Verstöße handelt (s. hierzu auch ausführlich § 123 WpHG Rz. 11). Der Strafcharakter der Geldbußen gem. Art. 65 VO Nr. 648/2012 ist zu verneinen, da es sich ebenfalls nur durch Transaktionsregister begehbare Verstöße handelt, die Sanktion angesichts einer Obergrenze von 10.000 Euro und Untergrenze von 5.000 Euro insbesondere im Vergleich mit anderen Geldbußen im Rahmen der Finanzmarktaufsicht[11] nicht sehr schwer wiegt und der Gesetzgeber von einem verwaltungsrechtlichen Rahmen ausgegangen ist.

---

1 EuG v. 9.7.2003 – T-224/00, ECLI:EU:T:2003:195, Slg. 2003, II-2597 Rz. 85 m.w.N.
2 EuGH v. 13.2.1969 – C-14/68, ECLI:EU:C:1969:4, Slg. 1969, 1 Rz. 10 f.; EuG v. 9.7.2003 – T-224/00, ECLI:EU: T:2003:195, Slg. 2003, II-2597 Rz. 87.
3 EuG v. 9.7.2003 – T-224/00, ECLI:EU:T:2003:195, Slg. 2003, II-2597 Rz. 87.
4 EuGH v. 13.2.1969 – C-14/68, ECLI:EU:C:1969:4, Slg. 1969 Rz. 10 f.; EuG v. 9.7.2003 – T-224/00, ECLI:EU:T:2003:195, Slg. 2003, II-2597 Rz. 87.
5 *Mader*, Verteidigungsrechte im Europäischen Gemeinschaftsverwaltungsverfahren, S. 273.
6 *Jarass*, Charta der Grundrechte der EU, 3. Aufl. 2016, Art. 51 GRCh Rz. 5.
7 EuGH v. 26.2.2013 – C-617/10, ECLI:EU:C:2013:105, EuZW 2013, 302, 304; EuGH v. 5.6.2012 – C-489/10, ECLI:EU: C:2012:319, EuZW 2012, 543, 544; *Eser* in Meyer, Charta der Grundrechte der Europäischen Union, 4. Aufl. 2014, Art. 50 GRCh Rz. 8.
8 Vgl. etwa EuGH v. 14.9.2010 – C-550/07, ECLI:EU:C:2010:512, Slg. 2010, I-8301 Rz. 40 ff.; Schriftliche Anfrage E-3482/ 03 von Richard Corbett (PSE) an die Kommission. Rechtsprivileg für den Schriftverkehr zwischen Unternehmen und ihren Rechtsberatern, ABl. C 78E v. 27.3.2004, S. 562 f.
9 EuGH v. 14.9.2010 – C-550/07, ECLI:EU:C:2010:512, Slg. 2010, I-8301 Rz. 40 ff.
10 *Europäische Kommission*, Vorschlag für eine Richtlinie des Europäischen Parlaments und des Rates über Insider-Geschäfte und Marktmanipulation (Marktmissbrauch), ABl. EU Nr. C 240E v. 28.8.2001, S. 265.
11 Art. 24 Abs. 2 lit. e VO Nr. 648/2012; Art. 30 Abs. 2 lit. i, j VO Nr. 596/2014.

Art. 65 Geldbußen

(1) Stellt die ESMA im Einklang mit Artikel 64 Absatz 5 fest, dass ein Transaktionsregister einen der in Anhang I genannten Verstöße vorsätzlich oder fahrlässig begangen hat, so fasst sie im Einklang mit Absatz 2 dieses Artikels einen Beschluss über die Verhängung einer Geldbuße.

Ein Verstoß eines Transaktionsregisters gilt als vorsätzlich begangen, wenn die ESMA objektive Anhaltspunkte zum Nachweis dessen ermittelt hat, dass das Transaktionsregister oder seine Geschäftsleitung den Verstoß absichtlich begangen hat.

(2) Für die Grundbeträge der gemäß Absatz 1 verhängten Geldbußen gelten die folgenden Ober- und Untergrenzen:

a) bei Verstößen nach Anhang I Abschnitt Buchstabe c, nach Anhang I Abschnitt II Buchstabe c bis g sowie nach Anhang I Abschnitt III Buchstaben a und b betragen die Geldbußen mindestens 10 000 EUR, höchstens aber 20 000 EUR;

b) bei Verstößen nach Anhang I Abschnitt I Buchstabe a und b sowie d bis h sowie nach Anhang I Abschnitt II Buchstaben a, b und h betragen die Geldbußen mindestens 5 000 EUR, höchstens aber 10 000 EUR.

Bei der Entscheidung darüber, ob der Grundbetrag einer Geldbuße eher an den in Unterabsatz 1 genannten Untergrenzen, in der Mitte oder den Obergrenzen liegen sollte, berücksichtigt die ESMA den Umsatz des betreffenden Transaktionsregisters im vorangegangenen Geschäftsjahr. Für Transaktionsregister mit einem Umsatz von weniger als 1 Mio. EUR liegt der Grundbetrag an den Untergrenzen, bei einem Umsatz zwischen 1 und 5 Mio. EUR in der Mitte und bei einem Umsatz von mehr als 5 Mio. EUR an den Obergrenzen.

(3) Die Grundbeträge nach Absatz 2 werden nötigenfalls unter Berücksichtigung etwaiger erschwerender oder mildernder Faktoren entsprechend den in Anhang II festgelegten relevanten Koeffizienten angepasst.

Die relevanten erschwerenden Koeffizienten werden einzeln auf den Grundbetrag angewendet. Ist mehr als ein erschwerender Koeffizient anzuwenden, wird die Differenz zwischen dem Grundbetrag und dem Betrag, der sich aus der Anwendung jedes einzelnen erschwerenden Koeffizienten ergibt, zum Grundbetrag hinzugerechnet.

Die relevanten mildernden Koeffizienten werden einzeln auf den Grundbetrag angewendet. Ist mehr als ein mildernder Koeffizient anzuwenden, wird die Differenz zwischen dem Grundbetrag und dem Betrag, der sich aus der Anwendung jedes einzelnen mildernden Koeffizienten ergibt, vom Grundbetrag abgezogen.

(4) Unbeschadet der Absätze 2 und 3 darf der Betrag der Geldbuße 20 % des Umsatzes des Transaktionsregisters im vorangegangenen Geschäftsjahr nicht überschreiten, und muss in dem Fall, dass das Transaktionsregister direkt oder indirekt einen finanziellen Gewinn aus dem Verstoß gezogen hat, zumindest diesem Gewinn entsprechen.

Hat ein Transaktionsregister als Folge einer Handlung oder Unterlassung mehr als einen der in Anhang I aufgeführten Verstöße begangen, so wird nur die höhere der gemäß den Absätzen 2 und 3 berechneten Geldbußen für einen der zugrunde liegenden Verstöße verhängt.

In der Fassung vom 4.7.2012 (ABl. EU Nr. L 201 v. 27.7.2012, S. 1).

Anhang I
Liste der Verstöße nach Artikel 65 Absatz 1

I. Verstöße im Zusammenhang mit organisatorischen Anforderungen oder mit Interessenkonflikten:

a) Ein Transaktionsregister verstößt gegen Artikel 78 Absatz 1, wenn es nicht über solide Unternehmensführungsregeln verfügt, wozu auch eine klare Organisationsstruktur mit genau abgegrenzten, transparenten und kohärenten Verantwortungsbereichen und angemessenen Mechanismen der internen Kontrolle einschließlich solider Verwaltungs- und Rechnungslegungsverfahren, die die Offenlegung vertraulicher Informationen verhindern, gehört.

b) Ein Transaktionsregister verstößt gegen Artikel 78 Absatz 2, wenn es nicht in schriftlicher Form festgelegte organisatorische und administrative Vorkehrungen bereithält bzw. anwendet, um potenzielle Interessenkonflikte zu erkennen und zu regeln, die seine Manager, seine Beschäftigten oder andere mit ihnen direkt oder indirekt durch eine enge Verbindung verbundene Personen betreffen.

c) Ein Transaktionsregister verstößt gegen Artikel 78 Absatz 3, wenn es nicht angemessene Strategien und Verfahren einführt, die dazu ausreichen, die Einhaltung aller Bestimmungen dieser Verordnung, auch durch seine Manager und Beschäftigten, sicherzustellen.

d) Ein Transaktionsregister verstößt gegen Artikel 78 Absatz 4, wenn es nicht dauerhaft eine angemessene Organisationsstruktur unterhält bzw. einsetzt, die die Kontinuität und das ordnungsgemäße Funktionieren des Transaktionsregisters bei der Erbringung seiner Dienstleistungen und der Ausübung seiner Tätigkeiten sicherstellt.

Art. 65 VO Nr. 648/2012 | Geldbußen

  e) Ein Transaktionsregister verstößt gegen Artikel 78 Absatz 5, wenn es seine Nebendienstleistungen nicht von seiner Aufgabe der zentralen Erfassung und Verwahrung von Aufzeichnungen über Derivate betrieblich trennt.
  f) Ein Transaktionsregister verstößt gegen Artikel 78 Absatz 6, wenn es nicht dafür sorgt, dass seine Geschäftsleitung und die Mitglieder seines Leitungsorgans hinlänglich gut beleumundet sind und über ausreichende Erfahrung verfügen, um eine solide und umsichtige Führung des Transaktionsregisters sicherzustellen.
  g) Ein Transaktionsregister verstößt gegen Artikel 78 Absatz 7, wenn es nicht objektive, diskriminierungsfreie und öffentlich zugängliche Anforderungen für den Zugang von Dienstleistungsanbietern und Unternehmen, die der Meldepflicht nach Artikel 9 unterliegen, aufstellt.
  h) Ein Transaktionsregister verstößt gegen Artikel 78 Absatz 8, wenn es nicht die Preise und Entgelte im Zusammenhang mit den aufgrund dieser Verordnung erbrachten Dienstleistungen bekannt macht, wenn meldende Einrichtungen keinen separaten Zugang zu einzelnen Diensten erhalten oder wenn die in Rechnung gestellten Preise und Entgelte nicht kostengerecht sind.
II. Verstöße im Zusammenhang mit betrieblichen Anforderungen:
  a) Ein Transaktionsregister verstößt gegen Artikel 79 Absatz 1, wenn es nicht die Quellen betrieblicher Risiken ermittelt bzw. solche Risiken nicht durch die Schaffung geeigneter Systeme, Kontrollen und Verfahren minimiert.
  b) Ein Transaktionsregister verstößt gegen Artikel 79 Absatz 2, wenn es nicht eine angemessene Strategie für die Fortführung des Geschäftsbetriebs und einen Notfallwiederherstellungsplan festlegt, umsetzt oder aufrechterhält, damit die Aufrechterhaltung der Funktionen des Transaktionsregisters, die zeitnah Wiederherstellung des Geschäftsbetriebs und die Erfüllung seiner Verpflichtungen sichergestellt sind.
  c) Ein Transaktionsregister verstößt gegen Artikel 80 Absatz 1, wenn es nicht die Vertraulichkeit, die Integrität und den Schutz der nach Artikel 9 erhaltenen Informationen gewährleistet.
  d) Ein Transaktionsregister verstößt gegen Artikel 80 Absatz 2, wenn es die Daten, die es aufgrund dieser Verordnung erhält, für gewerbliche Zwecke nutzt, ohne dass die jeweiligen Gegenparteien ihre Zustimmung dazu erteilt haben.
  e) Ein Transaktionsregister verstößt gegen Artikel 80 Absatz 3, wenn es nicht die gemäß Artikel 9 erhaltenen Informationen umgehend aufzeichnet und während mindestens zehn Jahren nach Beendigung der entsprechenden Kontrakte aufbewahrt oder wenn es nicht effiziente Verfahren zur zeitnahen Aufzeichnung anwendet, um Änderungen der aufgezeichneten Informationen zu dokumentieren.
  f) Ein Transaktionsregister verstößt gegen Artikel 80 Absatz 4, wenn es nicht die Positionen nach Derivatekategorien und nach meldenden Einrichtungen auf der Grundlage der gemäß Artikel 9 übermittelten Angaben zu den Derivatekontrakten berechnet.
  g) Ein Transaktionsregister verstößt gegen Artikel 80 Absatz 5, wenn es nicht den Vertragsparteien die Möglichkeit gibt, zeitnah auf die Informationen zu einem Kontrakt zuzugreifen und sie zu korrigieren.
  h) Ein Transaktionsregister verstößt gegen Artikel 80 Absatz 6, wenn es nicht alle angemessenen Maßnahmen trifft, um einen Missbrauch der in seinen Systemen gespeicherten Informationen zu verhindern.
III. Verstöße im Zusammenhang mit der Transparenz und der Verfügbarkeit von Informationen:
  a) Ein Transaktionsregister verstößt gegen Artikel 81 Absatz 1, wenn es nicht regelmäßig aggregierte Positionen, aufgeschlüsselt nach Derivatekategorien, zu den ihm gemeldeten Kontrakten veröffentlicht.
  b) Ein Transaktionsregister verstößt gegen Artikel 81 Absatz 2, wenn es nicht den in Artikel 81 Absatz 3 genannten Stellen unmittelbar und unverzüglich Zugang zu den Einzelheiten von Derivatekontrakten gewährt, die sie für die Erfüllung ihrer jeweiligen Aufgaben und Mandate benötigen.
IV. Verstöße im Zusammenhang mit der Behinderung von Aufsichtstätigkeiten:
  a) Ein Transaktionsregister verstößt gegen Artikel 61 Absatz 1, wenn es auf ein einfaches Auskunftsersuchen der ESMA nach Artikel 61 Absatz 2 oder einen Beschluss der ESMA zur Anforderung von Auskünften nach Artikel 61 Absatz 3 hin sachlich falsche oder irreführende Auskünfte abgibt.
  b) Ein Transaktionsregister begeht einen Verstoß, wenn es sachlich falsche oder irreführende Antworten auf Fragen erteilt, die nach Artikel 62 Absatz 1 Buchstabe c gestellt werden.
  c) Ein Transaktionsregister begeht einen Verstoß, wenn es einer von der ESMA aufgrund von Artikel 73 erlassenen Aufsichtsmaßnahme nicht fristgemäß nachkommt.

In der Fassung vom 4.7.2012 (ABl. EU Nr. L 201 v. 27.7.2012, S. 1).

Anhang II
Liste der Koeffizienten aufgrund erschwerender und mildernder Faktoren zum Zwecke der Anwendung des Artikels 65 Absatz 3

Die nachstehenden Koeffizienten sind kumulativ auf die Grundbeträge nach Artikel 65 Absatz 2 anzuwenden:
I. Anpassungskoeffizienten aufgrund erschwerender Faktoren:
  a) Wenn der Verstoß wiederholt begangen wurde, gilt für jede Wiederholung ein zusätzlicher Koeffizient von 1,1.
  b) Wenn der Verstoß während mehr als sechs Monaten begangen wurde, gilt ein Koeffizient von 1,5.
  c) Wenn durch den Verstoß systemimmanente Schwachstellen in der Organisation des Transaktionsregisters, insbesondere in seinen Verfahren, Verwaltungssystemen oder internen Kontrollen erkennbar geworden sind, gilt ein Koeffizient von 2,2.
  d) Wenn der Verstoß negative Auswirkungen auf die Qualität der von dem Transaktionsregister verwahrten Daten hat, gilt ein Koeffizient von 1,5.

e) Wenn der Verstoß vorsätzlich begangen wurde, gilt ein Koeffizient von 2.
f) Wenn seit der Feststellung des Verstoßes keine Abhilfemaßnahmen getroffen wurden, gilt ein Koeffizient von 1,7.
g) Wenn die Geschäftsleitung des Transaktionsregisters nicht mit der ESMA bei der Durchführung von deren Ermittlungen zusammengearbeitet hat, gilt ein Koeffizient von 1,5.

II. Anpassungskoeffizienten aufgrund mildernder Faktoren:
a) Wenn der Verstoß während weniger als zehn Arbeitstagen begangen wurde, gilt ein Koeffizient von 0,9.
b) Wenn die Geschäftsleitung des Transaktionsregisters nachweisen kann, dass sie alle erforderlichen Maßnahmen zur Verhinderung des Verstoßes ergriffen hat, gilt ein Koeffizient von 0,7.
c) Wenn das Transaktionsregister die ESMA zügig, wirkungsvoll und umfassend von dem Verstoß in Kenntnis gesetzt hat, gilt ein Koeffizient von 0,4.
d) Wenn das Transaktionsregister freiwillig Maßnahmen getroffen hat, damit ein ähnlicher Verstoß künftig nicht mehr begangen werden kann, gilt ein Koeffizient von 0,6.

In der Fassung vom 4.7.2012 (ABl. EU Nr. L 201 v. 27.7.2012, S. 1).

Schrifttum: EMIR Review Report No. 4 vom 13. August 2015, ESMA/2015/1245; Decision of the Board of Supervisors vom 23. März 2016, ESMA/2016/408; ESMA letter on EMIR review and sanctioning powers to the European Commission vom 27. Januar 2017, ESMA70-708036281-19; *Engels*, Unternehmensvorsatz und Unternehmensfahrlässigkeit im Europäischen Kartellrecht, 2002; *Weller*, Wissenszurechnung in internationalen Unternehmensstrafverfahren ZGR 2016, 384.

I. Grundlagen 1	5. Entschließungsermessen 9
II. Feststellung eines Verstoßes gem. Anhang I VO Nr. 648/2012 3	III. Höhe der Geldbuße 10
	1. Berechnung 10
1. Definition von Vorsatz und Fahrlässigkeit 4	2. Konkurrenzen 11
2. Zurechnung von Verhalten 6	3. Bewertung 12
3. Zurechnung von Wissen 7	IV. Anwendungsfall 13
4. Objektive Anhaltspunkte 8	

I. Grundlagen. Ursprünglich sah die EMIR[1] nur ein Recht der ESMA gegenüber der Kommission vor, diese um die Verhängung von Geldbußen zu ersuchen. Nach dem Ursprungsentwurf der Verordnung stand es zudem im **Ermessen der Kommission**, Geldbußen zu verhängen[2]. Wie die ESMA im finalen Gesetzesentwurf die alleinige Zuständigkeit zur Verhängung von Geldbußen erlangt hat, ergibt sich aus den zur Verfügung stehenden Gesetzesmaterialien nicht. Vermutlich war Art. 36a VO Nr. 513/2011 **Vorbild** für Art. 65 VO Nr. 648/2012. Eine parallele Vorschrift findet sich inzwischen auch in Art. 38 VO Nr. 806/2014[3]. 1

Art. 65 VO Nr. 648/2012 regelt die Feststellung von Verstößen gegen Anhang I der Verordnung sowie die Verhängung von Geldbußen für diese Verstöße. Die Verhängung von Geldbußen stellt eine der **Aufsichtsmaßnahmen** gem. Art. 73 VO Nr. 648/2012 dar, die verhängt werden können, wenn ein Verstoß i.S.d. Anhang I zur EMIR durch die ESMA festgestellt wird. Detailliert bestimmt die Vorschrift, wie die Höhe der zu verhängenden Geldbuße zu ermitteln ist. Die Ausgestaltung von Art. 65 VO Nr. 648/2012 ist am Maßstab der Empfehlungen der Kommission in der **Mitteilung über die „Stärkung der Sanktionsregelungen im Finanzdienstleistungssektor"**[4] zu messen. Zwar beziehen sich die Empfehlungen vorrangig auf Sanktionsvorschriften der Mitgliedstaaten (vgl. zum Inhalt auch Art. 22 VO Nr. 1286/2014 Rz. 5). Dennoch sollten auch die Sanktionsvorschriften auf EU-Ebene dem so postulierten Anspruch der Europäischen Union an angemessene Verwaltungssanktionen genügen. 2

II. Feststellung eines Verstoßes gem. Anhang I VO Nr. 648/2012. Ein Verstoß wird gem. Art. 65 Abs. 1 i.V.m. Art. 64 Abs. 5 VO Nr. 648/2012 festgestellt, wenn die ESMA **auf Grundlage der Verfahrensakte und nach Anhörung** gem. Art. 67 VO Nr. 648/2012 ermittelt, dass ein Transaktionsregister einen der Verstöße gemäß Anhang I zur EMIR vorsätzlich oder fahrlässig begangen hat. Kritisch zu hinterfragen ist, ob alle der in Anhang I aufgelisteten Verstöße dem unionsrechtlichen Bestimmtheitsgebot gerecht werden (vgl. Art. 66 VO Nr. 648/2012 Rz. 8 f.). 3

1. Definition von Vorsatz und Fahrlässigkeit. Die **Vorsatzdefinition** in Art. 65 Abs. 1 Unterabs. 2 VO Nr. 648/2012 wirft Fragen auf. So soll Vorsatz vorliegen, „wenn die ESMA objektive Anhaltspunkte zum Nachweis dessen ermittelt hat, dass das Transaktionsregister oder seine Geschäftsleitung den Verstoß **absichtlich** [Hervorhebung des Verfassers] begangen hat". Würde man dieser Formulierung ein deutsches strafrechtliches Verständnis zugrunde legen, wäre nur dolus directus 1. Grades, d.h. das zielgerichtete Wollen der Tatbestandsverwirklichung erfasst. Dann wären zwar fahrlässiges, aber ein bedingt vorsätzliches und ein Handeln mit si- 4

---
[1] Verordnung (EU) Nr. 648/2012 des Europäischen Parlaments und des Rates vom 4. Juli 2012 über OTC-Derivate, zentrale Gegenparteien und Transaktionsregister, ABl. EU Nr. L 201 v. 27.7.2012, S. 1.
[2] Erwägungsgrund 46, Art. 55, KOM(2010) 484.
[3] Die Verordnung errichtet einen Abwicklungsmechanismus für Banken.
[4] Mitteilung der Kommission vom 8.12.2010 „Stärkung der Sanktionsregelungen im Finanzdienstleistungssektor", KOM (2010) 716.

cherem Wissen der Tatbestandsverwirklichung ohne zielgerichtetes Wollen (dolus directus 2. Grades) nicht sanktionsbewehrt, es sei denn dolus eventualis und dolus directus 2. Grades wären nach Ansicht des EU-Gesetzgebers Fahrlässigkeitsformen. Eine solche Auslegung wäre entweder widersprüchlich oder zumindest ungewöhnlich. Die anderen Sprachfassungen der Verordnung sind ebenfalls nicht eindeutig: Die englische Sprachfassung verwendet den Begriff „deliberately", die französische „délibérément", die beide sowohl vorsätzlich als auch absichtlich bedeuten können. Allerdings enthält die französische Sprachfassung zudem eine zirkelschlüssige Definition[1], die dafür spricht, dass **kein gesteigertes Vorsatzerfordernis** aufgestellt wird. Dem deutschen Verständnis von „Absicht" sollte in jedem Fall kein übermäßiger Wert beigemessen werden, da mangels Verweisung auf nationales Recht der Begriff **autonom unionsrechtlich auszulegen** ist[2]. Ein Blick ins übrige Unionsrecht vermag die Begrifflichkeiten nicht weiter aufzuklären: So existiert **keine einheitliche Vorsatzdefinition** im Unionsrecht[3]. Eine gleichlautende Formulierung findet sich nur in den parallelen Art. 36a VO Nr. 513/2011 und Art. 38 VO Nr. 806/2014. Eine Übertragung des ohnehin unscharfen Vorsatzverständnisses aus dem Kartellrecht erscheint problematisch, da das von der Rechtsprechung des EuGH im Kartellrecht vertretene, in die bewusste Fahrlässigkeit hineinspielende Verständnis von Vorsatz[4] im Widerspruch zur Verwendung des Begriffes „absichtlich" in der EMIR steht. Es bleibt festzuhalten, dass die Definition von Vorsatz und Fahrlässigkeit im Rahmen der EMIR noch **ungeklärt** ist. Es ergibt sich aber jedenfalls der Wille des Gesetzgebers, alle Verstöße gegen Anhang I der EMIR zu erfassen, die mindestens fahrlässig sind.

5 Gleichwohl kann die genaue Abgrenzung von Vorsatz und Fahrlässigkeit nicht dahinstehen, da hiervon gem. Anhang II zur EMIR die Anwendung **strafschärfender Koeffizienten** abhängt. Es bleibt abzuwarten, wie die Auslegung durch die ESMA und die Rechtsprechung konkretisiert werden.

6 **2. Zurechnung von Verhalten.** Im Hinblick auf die Zurechnung von Verstößen spricht Art. 65 Abs. 1 Unterabs. 2 VO Nr. 648/2012 von der Begehung durch das Transaktionsregister oder seiner Geschäftsleitung. Auf den ersten Blick erscheint die separate Aufzählung der Geschäftsleitung widersinnig, weil sie zu bedeuten scheint, dass die Handlungen der Geschäftsleitung nicht automatisch dem Transaktionsregister zugerechnet werden. Einleuchtender erscheint hingegen die Erklärung, dass die separate Nennung lediglich die **Verantwortung des Managements** betonen soll. Darüber hinaus kommen noch **weitere Personen** in Betracht, deren Verhalten dem Transaktionsregister zugerechnet werden kann. Wenn allein die Geschäftsleitung eine Haftung des Transaktionsregisters begründen könnte, hätte es deren Herausstellung nicht bedurft. Dafür spricht auch die Natur der in Anhang I zur EMIR aufgezählten Verstöße. Während die Verstöße der Kategorie I inhaltlich überwiegend auf die Geschäftsleitung abstellen, können an Verstößen der Kategorien II–IV – insbesondere bei einem Verstoß gem. der Kategorie IV. b) i.V.m. Art. 62 Abs. 1 lit. c) VO Nr. 648/2012 – Mitarbeiter der Transaktionsregister beteiligt sein. Dies legt die Übertragung der Rechtsprechung des EuGH zur Verhaltenszurechnung im Kartellrecht nahe, wonach das Verhalten **aller für das Unternehmen befugter Weise handelnden Personen** zugerechnet werden kann[5].

7 **3. Zurechnung von Wissen.** Darüber hinaus fragt sich, auf welche natürlichen Personen abzustellen ist, wenn die Fahrlässigkeit oder der Vorsatz des Transaktionsregisters oder seiner Geschäftsleitung ermittelt werden soll. Die Wissenszurechnung muss nämlich zwangsläufig mit der Zurechnung von Verhalten gleichlaufen[6]. Art. 65 Abs. 1 Unterabs. 2 VO Nr. 648/2012fragt, wie die anderen Sprachfassungen der Verordnung, danach, ob „das Transaktionsregister oder seine Geschäftsleitung" den Verstoß absichtlich begangen haben. Aus dieser Formulierung folgt, dass zumindest die **Kenntnisse und das Kennenmüssen der Geschäftsleitung** den Vorsatz oder die Fahrlässigkeit des Transaktionsregisters begründen. Fraglich ist jedoch, wie darüber hinaus Kenntnisse von Beschäftigten des Transaktionsregisters zugerechnet werden. Wiederum bietet sich die Anlehnung an das Kartellrecht an, in dem nach herrschender Meinung genauso wie bei der Verhaltenszurechnung das Wissen solcher Personen zugerechnet wird, die für das Unternehmen befugter Weise handeln[7]. Eine genaue Feststellung der Personen, auf deren Kenntnisse oder Verhaltensweisen abgestellt wird, hält die Kommission in Abgrenzung zum Strafrecht dabei nicht für erforderlich[8]. Dem entspricht es, dass die ESMA bei der erstmals verhängten

---

1 Nach dieser wurde ein Verstoß „délibérément" begangen wurde, wenn Tatsachen belegen, dass das Transaktionsregister oder seine Geschäftsleitung „ont agit délibérément".
2 EuGH v. 18.1.1984 – 327/82, ECLI:EU:C:1984:11, Slg. 1984, 107 Rz. 11; EuGH v. 21.10.2010 – C-467/08, ECLI:EU:C:2010:620, Slg. 2010, I-10055 Rz. 32.
3 Schlussanträge der Generalanwältin *Kokott* v. 24.10.2013 – C-396/12, ECLI:EU:C:2013:698 Rz. 33.
4 *Sura* in Langen/Bunte, Kartellrecht, 12. Aufl. 2014, Art. 23 VO 1/2003 Rz. 37; *Schütz* in Busche/Röhling, KölnKomm. Kartellrecht, 1. Aufl. 2013, Art. 23 VO Nr. 1/2003 Rz. 20.
5 EuGH v. 7.6.1983 – 100/80, ECLI:EU:C:1983:158, Slg. 1983, 1825 Rz. 96 f.; *Engels*, Unternehmensvorsatz und Unternehmensfahrlässigkeit im Europäischen Kartellrecht, 2002, S. 46 f.; *Dannecker/Biermann* in Immenga/Mestmäcker, EU-Wettbewerbsrecht, 5. Aufl. 2012, Art. 23 f. EU Kartellverfahrensverordnung 1/2003 Rz. 184 f.
6 *Engels*, Unternehmensvorsatz und Unternehmensfahrlässigkeit im Europäischen Kartellrecht, 2002, S. 49.
7 *Dannecker/Biermann* in Immenga/Mestmäcker, EU-Wettbewerbsrecht, 5. Aufl. 2012, Art. 23 f. EU Kartellverfahrensverordnung 1/2003 Rz. 184 f.; *Sura* in Langen/Bunte, Kartellrecht, 12. Aufl. 2014, Art. 23 VO 1/2003 Rz. 37.
8 EuGH v. 18.9.2003 – C-338/00 P, ECLI:EU:C:2003:473, Slg. 2003, I-9189 Rz. 95 ff.; *Schütz* in Busche/Röhling, KölnKomm. Kartellrecht, 1. Aufl. 2013, Art. 23 VO Nr. 1/2003 Rz. 22.

Geldbuße (vgl. Rz. 13) gem. Art. 65 VO Nr. 648/2012 ebenso eine Konkretisierung der verantwortlichen Personen unterlassen hat[1]. Denkbar wäre hingegen auch, den strafrechtsähnlichen Charakter der Sanktionen zu betonen und **Analogien zur strafrechtlichen Wissenszurechnung** im Fall der Unternehmensstrafbarkeit zu bilden. Im Strafrecht gibt es eine Vielzahl von Wissenszurechnungsmodellen. So könnte etwa auf das Kollektivwissen aller Mitarbeiter, nur das Wissen der Organmitglieder oder auf die Grundsätze der zivilrechtlichen Wissenszurechnung abgestellt werden[2]. Wahrscheinlicher ist aber, dass sich die Praxis und Rechtsprechung dem oben skizzierten kartellrechtlichen Modell der Wissenszurechnung für Transaktionsregister anschließen werden, da es weniger präzise Feststellungen erfordert.

4. Objektive Anhaltspunkte. Wenn gem. Art. 65 Abs. 1 Unterabs. 2 VO Nr. 648/2012 **objektive Anhaltspunkte** zum Nachweis der absichtlichen Begehung gefordert werden, lässt sich dies als eine Klarstellung des europäischen Gesetzgebers verstehen, dass eine Geldbuße nur beim Vorliegen von Beweisen verhängt werden darf.

5. Entschließungsermessen. Die ESMA hat ein Entschließungsermessen dahingehend, ob sie eine Geldbuße erlässt. Dies ergibt sich zwar nicht eindeutig aus Art. 65 VO Nr. 648/2012 selbst. Er bestimmt, dass die ESMA „einen Beschluss über die Verhängung einer Geldbuße" erlässt, wenn sie die vorsätzliche oder fahrlässige Begehung festgestellt hat. Dem Wortlaut nach muss zwar ein Beschluss gefasst werden. Dieser könnte jedoch auch zum Inhalt haben, dass von der Verhängung einer Geldbuße abgesehen wird. Die Ermessensfrage wird aber durch Art. 73 VO Nr. 648/2012 geklärt, der das Verhältnis der möglichen Aufsichtsmaßnahmen der ESMA bestimmt. Danach fasst die ESMA einen oder mehrere der nachfolgend aufgelisteten Beschlüsse bei Feststellung eines Verstoßes. Dazu gehören die Aufforderung, den Verstoß zu beenden, die Verhängung von Geldbußen, die öffentliche Bekanntmachung und „als letztes Mittel" der Widerruf der Registrierung des Transaktionsregisters. Bei dieser Entscheidung sind gem. Art. 73 Abs. 2 VO Nr. 648/2012 die Art und Schwere des Verstoßes zu berücksichtigen. Hieraus ergibt sich, dass zwar mindestens eine der Maßnahmen ergriffen werden muss, ansonsten aber ein Auswahlermessen besteht. Handelt es sich um einen leichten Verstoß, ist eine Geldbuße nicht zwingend.

III. Höhe der Geldbuße. 1. Berechnung. Die Festlegung der Höhe der Geldbuße erfolgt in mehreren Schritten. Zunächst wird die **Ober- und Untergrenze** für den jeweiligen Grundbetrag in Abhängigkeit von der Art des Verstoßes i.S.d. Anhang I gem. Art. 65 Abs. 2 VO Nr. 648/2012 identifiziert. Hierbei ist zu beachten, dass für Verstöße im Zusammenhang mit der Behinderung von Aufsichtstätigkeiten gem. Abschnitt IV des Anhang I zur EMIR aufgrund eines **gesetzgeberischen Versehens** die Angabe einer Ober- und Untergrenze für Geldbußen fehlt[3]. Die ESMA hat in ihrem Review Report No. 4 auf diese Lücke hingewiesen und schlägt vor, diese mit einem Art. 65 Abs. 2 lit. c) VO Nr. 648/2012 auszufüllen[4]. In der Zwischenzeit ist eine **analoge Anwendung der Obergrenze** des Art. 65 Abs. 2 lit. b) VO Nr. 648/2012 für die weniger schwerwiegenden Verstöße der Behinderung von Aufsichtstätigkeiten zu empfehlen. Eine Analogie auch hinsichtlich der Untergrenze der Geldbuße dürfte hingegen rechtlich unzulässig sein, da es sich um eine sanktionsschärfende Analogie handeln würde. Dies könnte gegen das im Bereich der Verwaltungssanktionen zumindest in Form von höheren Bestimmtheitsanforderungen geltende Analogieverbot verstoßen[5]. Eine Orientierung an den für parallele Verstöße verhängten Geldbußen in Ausübung eines freien Ermessens ist hingegen nicht zu beanstanden. In der Praxis dürften die ermittelten Geldbußen daher auch ohne Analogie zu den Ober- und Untergrenzen des Art. 65 Abs. 2 lit. b) VO Nr. 648/2012 ähnlich ausfallen. Zweitens wird der genaue **Grundbetrag** gem. Art. 65 Abs. 2 VO Nr. 648/2012 unter **Orientierung am Umsatz** des betreffenden Transaktionsregisters im vorangegangenen Geschäftsjahr festgelegt. In einem dritten Schritt wird der so ermittelte Grundbetrag um **erschwerende oder mildernde Koeffizienten**, die in Anhang II zur EMIR aufgezählt sind, erhöht oder erniedrigt. Als Formel lässt sich die Berechnung wie folgt darstellen:

Geldbuße = Grundbetrag + (Grundbetrag × erschwerender Koeffizient 1 – Grundbetrag) + (Grundbetrag × erschwerender Koeffizient 2 – Grundbetrag) – (Grundbetrag – Grundbetrag × mildernder Koeffizient 1) – (Grundbetrag- Grundbetrag × mildernder Koeffizient 2).

Viertens sind einige korrigierenden Faktoren gem. Art. 65 Abs. 4 Unterabs. 1 VO Nr. 648/2012 zu beachten. Dazu gehört, dass die **Geldbuße nicht mehr als 20 %** des Umsatzes des Transaktionsregisters im vorangegangenen Geschäftsjahr betragen darf und mindestens den durch den Verstoß direkt oder indirekt **erzielten Gewinn** erfassen muss. Die durch Art. 65 Abs. 2 VO Nr. 648/2012 vorgegebenen Ober- und Untergrenzen bleiben hiervon jedoch unberührt.

2. Konkurrenzen. Die **Konkurrenzen** sind in Art. 65 Abs. 4 Unterabs. 1 VO Nr. 648/2012 geregelt. Werden mehrere Verstöße durch eine Handlung oder Unterlassung des Transaktionsregisters verwirklicht, bleibt es bei der höchsten Geldbuße, die für einen Verstoß verhängt wurde. Im Umkehrschluss bedeutet dies, dass die Geld-

---
1 Decision of the Board of Supervisors vom 23.3.2016, ESMA/2016/408.
2 Eine Diskussion der verschiedenen Ansätze überschreitet den Rahmen dieser Kommentierung; für einen Überblick s. aber etwa *Weller*, ZGR 2016, 384.
3 EMIR Review Report No. 4 vom 13.8.2015, ESMA/2015/1245, Rz. 132 f.
4 EMIR Review Report No. 4 vom 13.8.2015, ESMA/2015/1245, Rz. 133.
5 EuG v. 8.7.2008 – T-99/04, ECLI:EU:T:2008:256, Slg. 2008, II-1505 Rz. 113, 139–141.

bußen von Verstößen, die auf unterschiedlichen Handlungen oder Unterlassungen beruhen, addiert werden. Insofern macht die Abgrenzung von einer und mehreren Handlungen einen großen Unterschied für die Sanktionshöhe. Es kommt eine Übertragung von Grundsätzen aus dem Strafrecht in Betracht, so z.B. die Institute der tatbestandlichen Handlungseinheit[1] und der natürlichen Handlungseinheit[2].

12 3. **Bewertung.** Fraglich erscheint, ob die Höhe der Geldbußen der Zielvorgabe der Mitteilung der Kommission entspricht, d.h. ausreichend hoch ist, um eine effektive Durchsetzung der Organisations- und Verhaltenspflichten der beaufsichtigten Transaktionsregister zu erreichen. Im Vergleich mit den Vorgaben für Geldbußen anderer EU-Verordnungen der Finanzmarktregulierung[3], insbesondere der Verordnung über Kreditratingagenturen[4], und dem Umsatz von Transaktionsregistern[5], erscheinen die Grenzwerte der EMIR **auffallend niedrig**. Dem entspricht, dass die ESMA bereits mehrfach eine **Verschärfung der möglichen Geldbußen** empfohlen hat. Im Einzelnen schlägt sie die Anhebung der Maximalhöhe der Geldbußen auf das Zehnfache, eine Mindesthöhe von 2 % des Umsatzes des betroffenen Sanktionsregisters[6] und die Sanktionierung einer neu einzuführenden Informationspflicht vor[7]. Schließlich soll ein länger andauernder Verstoß früher zu einem erhöhenden Faktor für die Geldbuße werden[8]. In jedem Fall ist zu erwarten, dass die ESMA, solange die Grenzwerte nicht erhöht werden, in ihren Sanktionsentscheidungen das rechtlich mögliche Maximum an Geldbußen ausschöpfen wird, wie sich auch in dem ersten rechtlichen Anwendungsfall zeigt (vgl. Rz. 13). Abgesehen von den zu geringen Maximalgeldbußen wird die ESMA mit ihren detaillierten Vorgaben zur Bestimmung von Geldbußen dem durch die Kommission formulierten Anspruch an **angemessene Sanktionen** gerecht[9].

13 **IV. Anwendungsfall.** Bis zum Redaktionsschluss hat es **einen Fall der Verhängung einer Geldbuße** gegeben, namentlich für einen Verstoß i.S.d. Anhang I Kategorie III. lit. b) zur EMIR[10]. Es wurde ein fahrlässiger Verstoß festgestellt, ohne dass die hierfür verantwortlichen Personen im Einzelnen benannt worden wären. Gem. Art. 65 Abs. 2 lit. a VO Nr. 648/2012 hat die ESMA den maximalen Grundbetrag von 20.000 Euro zugrunde gelegt und diesen unter Verwendung von drei erschwerenden Koeffizienten auf 64.000 Euro erhöht. Zu den weiteren begrenzenden Berechnungsfaktoren des Art. 64 Abs. 4 VO Nr. 648/2012, d.h. die Maximalgrenze von 20 % des Umsatzes des vorangegangenen Geschäftsjahrs und mindestens dem durch den Verstoß erzielten Gewinn, wurden keine Angaben gemacht. Die Geldbuße wurde zudem von einer öffentlichen Bekanntmachung begleitet, in der die Rechtsgrundlagen, der Sachverhalt und die Entscheidung zusammengefasst wurden.

Art. 66 Zwangsgelder

(1) Die ESMA verhängt per Beschluss Zwangsgelder, um folgende Verpflichtungen aufzuerlegen:

a) ein Transaktionsregister im Einklang mit einem Beschluss gemäß Artikel 73 Absatz 1 Buchstabe a zur Beendigung eines Verstoßes zu verpflichten, oder

b) eine in Artikel 61 Absatz 1 genannte Person:

   i) zur Erteilung einer vollständigen Auskunft zu verpflichten, die die ESMA per Beschluss nach Artikel 61 angefordert hat;

   ii) zur Einwilligung in eine Untersuchung und insbesondere zur Vorlage vollständiger Unterlagen, Daten, Verfahren und sonstigen angeforderten Materials sowie zur Vervollständigung und Korrektur sonstiger im Rahmen einer per Beschluss nach Artikel 62 angeordneten Untersuchung beizubringender Informationen zu verpflichten, oder

   iii) zur Duldung einer Prüfung vor Ort zu verpflichten, die mit Beschluss gemäß Artikel 63 angeordnet wurde.

(2) Ein Zwangsgeld muss wirksam und verhältnismäßig sein. Die Zahlung des Zwangsgelds wird für jeden Tag des Verzugs angeordnet.

---

1 S. z.B. den Überblick von *v. Heintschel-Heinegg* in MünchKomm. StGB, 3. Aufl. 2016, § 52 StGB Rz. 24 ff.
2 S. z.B. den Überblick von *v. Heintschel-Heinegg* in MünchKomm. StGB, 3. Aufl. 2016, § 52 StGB Rz. 52 ff.
3 Art. 30 Abs. 2 lit. h–j VO Nr. 596/2014; Art. 24 Abs. 2 lit. e VO Nr. 1286/2014.
4 Art. 36a VO Nr. 513/2011.
5 Nach Angaben der ESMA liegt der Umsatz der registrierten Transaktionsregister zwischen 1 Euro und 10 Mio. Euro, EMIR Review Report No. 4 vom 13.8.2015, ESMA/2015/1245, Rz. 127.
6 EMIR Review Report No. 4 vom 13.8.2015, ESMA/2015/1245, Rz. 131.
7 ESMA Letter on EMIR Review and sanctioning powers to the European Commission vom 27.1.2017, ESMA70-708036281-19, Annex No. 2.6.
8 ESMA Letter on EMIR Review and sanctioning powers to the European Commission vom 27.1.2017, ESMA70-708036281-19, Annex No. 1.3., 1.2., 2.6.
9 S. insbesondere Mitteilung der Kommission vom 8.12.2010 „Stärkung der Sanktionsregelungen im Finanzdienstleistungssektor", KOM(2010) 716, S. 15.
10 Decision of the Board of Supervisors vom 23.3.2016, ESMA/2016/408.

(3) Unbeschadet des Absatzes 2 beträgt das Zwangsgeld 3 % des durchschnittlichen Tagesumsatzes im vorangegangenen Geschäftsjahr bzw. bei natürlichen Personen 2 % des durchschnittlichen Tageseinkommens im vorausgegangenen Kalenderjahr. Es wird ab dem im Beschluss über die Verhängung des Zwangsgelds festgelegten Termin berechnet.

(4) Ein Zwangsgeld kann für einen Zeitraum von höchstens sechs Monaten ab der Bekanntgabe des Beschlusses der ESMA verhängt werden. Nach Ende dieses Zeitraums überprüft die ESMA diese Maßnahme.

In der Fassung vom 4.7.2012 (ABl. EU Nr. L 201 v. 27.7.2012, S. 1).

Schrifttum: *Öberg*, The definition of criminal sanctions in the EU, EuCLR 2013, 273; *Wulff/Kloka*, Umsetzung von EMIR-Pflichten in Zusammenhang mit Vereinbarungen nicht geclearter Derivategeschäfte, WM 2015, 215; *Hartenfels*, Die Verordnung (EU) Nr. 648/2012 über OTC-Derivate, zentrale Gegenparteien und Transaktionsregister (EMIR), ZHR 2014, 173.

I. Grundlagen 1	a) Art. 66 Abs. 1 lit. a VO Nr. 648/2012 6
II. Zwangsgeldtatbestände 4	b) Art. 66 Abs. 1 lit. b Ziff. i VO Nr. 648/2012 . 8
1. Adressat des Zwangsgeldes 4	c) Art. 66 Abs. 1 lit. b Ziff. ii VO Nr. 648/2012 . 9
2. Anwendung der Art. 6 EMRK, Art. 47 ff. GRCh, Art. 83 AEUV 5	d) Art. 66 Abs. 1 lit. b Ziff. iii VO Nr. 648/2012 11
	4. Zweistufiges Verfahren 12
3. Tatbestände 6	5. Höhe und Dauer des Zwangsgeldes 13

I. Grundlagen. Bereits der **Vorschlag der Kommission** für die Verordnung des Europäischen Parlaments und 1 des Rates über OTC-Derivate, zentrale Gegenparteien und Transaktionsregister beinhaltete eine Regelung über die Verhängung von Zwangsgeldern[1]. Allerdings sah der dortige Art. 56 noch eine Verhängung der Zwangsgelder durch die Kommission vor. Erst nach der **Stellungnahme durch das Europäische Parlament** wurde dies dahingehend geändert, dass der Rat als Aufseher über die ESMA die Zwangsgelder verhängen sollte[2], bis schließlich die endgültige Version eine Befugnis der ESMA vorsah. Auch Teile des heutigen Abs. 3 und die endgültige Textfassung des Abs. 4 wurden durch die Änderungsvorschläge des Europäischen Parlaments eingefügt[3].

Die EMIR[4] ist Rechtsgrundlage für **24** weitere **Delegierte Verordnungen (DelVO)**, davon 9 DelVO, die bestehende DelVO ändern. Darunter ist auch die Delegierte Verordnung Nr. 667/2014 vom 13.3.2014 „zur Ergänzung der Verordnung Nr. 648/2012 des Europäischen Parlaments und des Rates im Hinblick auf Verfahrensvorschriften für von der Europäischen Wertpapier- und Marktaufsichtsbehörde (ESMA) Transaktionsregistern auferlegte Sanktionen, einschließlich Vorschriften über das Verteidigungsrecht und Fristen", die auch Vorschriften über die Verhängung von Zwangsgeldern beinhaltet.

Die Vorschrift des Art. 66 VO Nr. 648/2012 verleiht der ESMA die Befugnis, per Beschluss Zwangsgelder zu 3 verhängen. Dabei handelt es sich um die Möglichkeit der ESMA, bestimmte von ihr erlassene Maßnahmenbeschlüsse durchzusetzen. So kann sie durch ein Zwangsgeld ein Transaktionsregister zwingen, Zuwiderhandlungen zu beenden. Sie ist außerdem befugt, ein Zwangsgeld zu verordnen, damit ein Transaktionsregister oder mit diesem verbundene Dritte die von der ESMA angeforderten vollständigen und richtigen Informationen übermittelt oder sich einer Untersuchung oder einer Prüfung vor Ort unterzieht[5]. Die ESMA soll dadurch die **kohärente Anwendung der Rechtsvorschriften** der Union sicherstellen[6]. Die Norm ordnet außerdem an, dass das Zwangsgeld **wirksam und verhältnismäßig** sein muss und für jeden Tag des Verzugs angeordnet wird. Die Höchstdauer des Zwangsgeldes legt Abs. 4 mit 6 Monaten ab der Bekanntgabe des Beschlusses fest. Danach ist die ESMA zur Prüfung der Maßnahme verpflichtet. Die Höhe des Zwangsgeldes ist grundsätzlich in Abs. 3 festgelegt und beträgt 3 % des durchschnittlichen Tagesumsatzes im vorangegangenen Geschäftsjahr bzw. 2 % des durchschnittlichen Tageseinkommens im vorangegangenen Kalenderjahr bei natürlichen Personen. Die Zusammenschau aus Abs. 2 und 3 macht deutlich, dass die Prozentzahlen des Abs. 3 grundsätzlich als verhältnismäßig eingestuft werden, wobei im Einzelfall ein anderer Satz angemessen sein kann.

---

1 KOM(2010) 484.
2 Abänderungen des Europäischen Parlaments vom 5. Juli 2011 zu dem Vorschlag für eine Verordnung des Europäischen Parlaments und des Rates über OTC-Derivate, zentrale Gegenparteien und Transaktionsregister (KOM(2010)0484 – C7-0265/2010 – 2010/0250(COD)), ABl. EU Nr. C 33E v. 5.2.2013, S. 287.
3 Abänderungen des Europäischen Parlaments vom 5. Juli 2011 zu dem Vorschlag für eine Verordnung des Europäischen Parlaments und des Rates über OTC-Derivate, zentrale Gegenparteien und Transaktionsregister (KOM(2010)0484 – C7-0265/2010 – 2010/0250(COD)), ABl. EU Nr. C 33E v. 5.2.2013, S. 287.
4 Verordnung (EU) Nr. 648/2012 des Europäischen Parlaments und des Rates vom 4. Juli 2012 über OTC-Derivate, zentrale Gegenparteien und Transaktionsregister, ABl. EU Nr. L 201 v. 27.7.2012, S. 1.
5 Erwägungsgrund 82 VO Nr. 648/2012.
6 Erwägungsgrund 10 VO Nr. 648/2012.

4 **II. Zwangsgeldtatbestände. 1. Adressat des Zwangsgeldes.** Der Adressat des Zwangsgeldes ist im Falle des Art. 66 Abs. 1 lit. a VO Nr. 648/2012 ein **Transaktionsregister**, das Adressat eines Beschlusses der ESMA mit der Aufforderung ist, den nach Anhang I der EMIR begangenen Verstoß zu beenden. Nach Art. 2 Nr. 2 VO Nr. 648/2012 ist ein Transaktionsregister eine juristische Person, welche die Aufzeichnungen zu Derivaten zentral sammelt und verwahrt. Adressat des Zwangsgeldes nach Art. 66 Abs. 1 lit. b Ziff. i–iii VO Nr. 648/2012 ist entweder das **Transaktionsregister selbst oder ein mit diesem verbundener Dritter**, an den das Transaktionsregister betriebliche Aufgaben oder Tätigkeiten ausgelagert hat.

5 **2. Anwendung der Art. 6 EMRK, Art. 47 ff. GRCh, Art. 83 AEUV.** Bei der Verhängung von Zwangsgeldern handelt es sich weder um eine **strafrechtliche Anklage** noch um **zivilrechtliche Ansprüche** i.S.d. Art. 6 EMRK (vgl. dazu ausführlich Art. 24 VO Nr. 1286/2014 Rz. 15 ff.). Zwar sind die Begriffe autonom[1] auszulegen und deutlich weiter gefasst, als dies zunächst nach deutschem Verständnis den Anschein hat[2]. Die Einordnung des Gesetzgebers stellt dabei nur den Ausgangspunkt der Bewertung dar[3]. Ein zivilrechtlicher Anspruch besteht hier jedenfalls nicht, denn nach der ständigen Rechtsprechung des EGMR muss unabhängig von der Gerichtsbarkeit das Ergebnis des Verfahrens für zivilrechtliche Ansprüche und Verpflichtungen entscheidend sein[4]. Das ist vorliegend nicht der Fall, da das Zwangsgeld lediglich die Durchsetzung der Maßnahmen der ESMA gegenüber dem Transaktionsregister oder bestimmten Dritten bezweckt.

Unter Anwendung der **Engel-Kriterien**[5] handelt es sich auch nicht um eine strafrechtliche Anklage. Maßgeblich sind, sprechen verschiedene Argumente für eine Bewertung als solche. Das Zwangsgeld ist eine **präventive Maßnahme**[6], die keinen strafenden Charakter hat[7], auch weil es nicht mehr verhängt werden kann, sobald die Zuwiderhandlung beendet wurde (Art. 4 Unterabs. 2 DelVO Nr. 667/2014). Allerdings sind die in **Art. 6 EMRK vorgesehenen Rechte gewahrt:** Art. 69 VO Nr. 648/2012 weist dem Gerichtshof die unbeschränkte Kontrolle von Zwangsgeldfestsetzungsbeschlüssen der ESMA zu. Das Recht auf Gehör, das Recht auf Akteneinsicht sowie das Recht, sich bei der Anhörung von einem Rechtsanwalt begleiten zu lassen, sind durch Art. 67 Abs. 1 und 2 VO Nr. 648/2012 sowie Art. 4 Unterabs. 4 DelVO Nr. 667/2014 sichergestellt. Da die Vorgaben der **Art. 47 ff. GRCh** denen des Art. 6 EMRK nachgebildet sind, lassen sich die zu Art. 6 EMRK vorgebrachten Überlegungen übertragen.

6 **3. Tatbestände. a) Art. 66 Abs. 1 lit. a VO Nr. 648/2012.** Befolgt ein Transaktionsregister die Aufforderung der ESMA nicht, einen nach Anhang I der EMIR begangenen Verstoß zu beenden, kann die ESMA ein Zwangsgeld verhängen. Die Liste der Verstöße nach Anhang I ist recht umfangreich und beinhaltet insbesondere Verstöße zu **organisatorischen und betrieblichen Anforderungen** des Transaktionsregisters. Problematisch sind die im Anhang I der EMIR gelisteten Verstöße insbesondere im Hinblick auf den **Bestimmtheitsgrundsatz**. Dieses Prinzip stellt als Grundsatz der Rechtssicherheit ein tragendes Prinzip des Unionsrechts dar[8]. Es verlangt, dass eine belastende Norm klar und deutlich ist, damit der Adressat seine Pflichten unzweideutig erkennen kann und sein Handeln darauf einstellen kann[9]. Nach Anhang I Nr. 1 lit. f VO Nr. 648/2012 gilt es beispielsweise als Verstoß, wenn die Geschäftsleitung und die Mitglieder des Leitungsorgans nicht „hinlänglich gut beleumundet" sind und über „ausreichende Erfahrung verfügen, um eine solide und umsichtige Führung des Transaktionsregisters sicherzustellen".

7 Voraussetzung für die Verhängung des Zwangsgeldes ist, dass die ESMA das Transaktionsregister per **Beschluss** aufgefordert hat, den **Verstoß zu beenden**. Die Norm selbst gibt keine Auskunft darüber, ob der Zwangsgeldbeschluss bereits mit dem Beschluss zur Beendigung des Verstoßes verbunden werden kann. Der Zwangsgeldbeschluss kann aber erst dann seine Wirkung entfalten, wenn der zeitlich vorgelagerte Beschluss zur Beendigung des Verstoßes nicht befolgt wurde. Diese Auslegung ergibt sich aus Art. 73 Abs. 1 lit. a–d VO Nr. 648/2012 und der DelVO Nr. 667/2014. In Art. 73 Abs. 1 lit. a–d VO Nr. 648/2012 sind die Möglichkeiten aufgelistet, welche die ESMA im Falle eines Verstoßes gegen Anhang I der EMIR ergreifen kann. Darunter fällt die Verhängung eines Zwangsgeldes zunächst nicht. Außerdem wird durch Art. 4 DelVO Nr. 667/2014 deut-

---

1 EGMR v. 26.3.1982 – 8269/78 – Adolf v. Austria, EGMR-E 2, 70, 78; EGMR v. 27.7.2000 – 33379/96 – Klein v. Germany, NJW 2001, 213, 213.
2 *Meyer-Ladewig/Harrendorf* in Meyer-Ladewig/Nettesheim/von Raumer, 4. Aufl. 2017, Art. 6 EMRK Rz. 5.
3 EGMR v. 26.3.1982 – 8269/78 – Adolf v. Austria, EGMR-E 2, 70, 78.
4 EGMR v. 27.7.2000 – 33379/96 – Klein v. Germany, NJW 2001, 213, 213.
5 EGMR v. 8.6.1976 – 5100/71 – Engel and others v. The Netherlands, EGMR-E 1, 178, 190.
6 *Schneider/Engelsing* in MünchKomm. Kartellrecht, 2. Aufl. 2015, Art. 23 VO Nr. 1/2003 Rz. 36; *Sura* in Langen/Bunte, Kartellrecht, 12. Aufl. 2014, VO Nr. 1/2003 Rz. 2.
7 *Weiß* in Loewenheim/Meessen/Riesenkampff/Kersting/Meyer-Lindemann, Kartellrecht, 3. Aufl. 2016, Art. 24 VerfVO Rz. 5, a.A. *van der Hout/Lux* in Berg/Mänsch, Deutsches und Europäisches Kartellrecht, 2. Aufl. 2015, Art. 24 VO Nr. 1/2003 Rz. 1.
8 *EuGH* v. 21.9.1983 – C-205–215/82, ECLI:EU:C:1983:233 – Deutsche Milchkontor, NJW 1984, 2024, 2025 Rz. 30; EuGH v. 13.2.1996 – C-143/93, ECLI:EU:C:1996:45, ABl. EG Nr. C 133 v. 4.5.1996, S. 2 Rz. 27; EuGH v. 17.6.2010 – C-413/08 P, ECLI:EU:C:2010:346, Slg. 2010, I-5361 Rz. 94.
9 EuGH v. 13.2.1996 – C-143/93, ECLI:EU:C:1996:45, ABl. EG Nr. C 133 v. 4.5.1996, S. 2 Rz. 27.

lich, dass die ESMA zunächst eine Auflistung der Prüfungsfeststellungen zukommen lassen muss, die die Höhe des Zwangsgeldes sowie die Gründe für die Verhängung enthalten müssen. Daraufhin besteht das Recht zur Stellungnahme. Auch daraus ergibt sich eine Zweistufigkeit des Verfahrens.

b) Art. 66 Abs. 1 lit. b Ziff. i VO Nr. 648/2012. Der Tatbestand setzt voraus, dass die ESMA den Adressaten 8 per Beschluss aufgefordert hat, eine **vollständige Auskunft** nach Art. 61 Abs. 1 VO Nr. 648/2012 zu erteilen. Während in Art. 61 Abs. 1 VO Nr. 648/2012 sowohl die Möglichkeit der ESMA besteht, die Informationen per einfachem Ersuchen oder per Beschluss anzufordern, ist die Verhängung eines Zwangsgeldes nur nach der **Aufforderung per Beschluss** möglich. Denn nach Art. 61 Abs. 2 lit. e VO Nr. 648/2012 ist die Übermittlung der Informationen nach einfachem Ersuchen nicht verpflichtend. Art. 61 Abs. 1 VO Nr. 648/2012 legt außerdem fest, dass die ESMA sämtliche für die Wahrnehmung ihrer Aufgaben benötigten Informationen verlangen kann. Auch dieser Tatbestand ist ausgesprochen weit gefasst. Mit Blick auf den Bestimmtheitsgrundsatz ist die Norm zumindest problematisch.

c) Art. 66 Abs. 1 lit. b Ziff. ii VO Nr. 648/2012. Nach Art. 66 Abs. 1 lit. b Ziff. ii VO Nr. 648/2012 kann die 9 ESMA ein Zwangsgeld verhängen, um die **Einwilligung in eine Untersuchung** und insbesondere zur **Vorlage vollständiger Unterlagen, Daten, Verfahren und sonstigen per Beschluss angeforderten Materials** nach Art. 62 VO Nr. 648/2012 durchzusetzen. Der Tatbestand gilt auch für die Erzwingung der Vervollständigung und der Korrektur sonstiger vorzulegender Informationen, die im Rahmen einer per Beschluss angeordneten Untersuchung beizubringen sind. Nach Art. 61 Abs. 1 VO Nr. 648/2012 kann die ESMA zur Wahrnehmung ihrer Aufgaben nach der Verordnung erforderliche Untersuchungen durchführen. Demnach dürfen die Bediensteten der ESMA und von ihr bevollmächtigte Personen Aufzeichnungen, Daten, Verfahren und sonstiges Material prüfen. Sie dürfen auch beglaubigte Kopien oder Auszüge der Aufzeichnungen, Daten, Verfahren oder des sonstigen Materials anfertigen oder verlangen. Sie sind ebenfalls befugt, die Vertreter oder Beschäftigten des Transaktionsregisters oder dritter Personen vorzuladen und diese zur Abgabe mündlicher oder schriftlicher Informationen aufzufordern und deren Antworten aufzuzeichnen. Die ESMA kann auch andere Personen befragen, wenn diese der Befragung zustimmen. Durch diese Vielzahl von Maßnahmen der ESMA ist auch dieser Tatbestand sehr weit gefasst.

Zur Beantwortung der Frage, ob durch die Vorschrift der **nemo tenetur Grundsatz** verletzt ist, muss zunächst 10 berücksichtigt werden, dass dieser Grundsatz weder im Primärrecht noch in der Grundrechtecharta oder den Vorschriften der EMRK ausdrücklich genannt ist. Allerdings kann er aus Art. 6 Abs. 1 und 2 EMRK sowie Art. 47, 48 GRCh hergeleitet werden[1]. Während das BVerfG dieses Recht nur natürlichen Personen zugesteht[2], stellt der EuGH klar, dass dieses auch für juristische Personen gelten kann, um aber im nächsten Schritt zugunsten der praktischen Wirksamkeit des Unionsrechts eine absolute Geltung abzulehnen[3]. Zwar dürfe die Kommission von einem Unternehmen gegen das sich eine Untersuchung richtet, nicht versuchen, Informationen zu erlangen, durch die das Unternehmen eine Zuwiderhandlung eingestehen müsste, für die die Kommission Beweis zu erbringen habe[4]. Allerdings ginge ein absolutes **Auskunftsverweigerungsrecht** über die Wahrung der Verteidigungsrechte hinaus und behindern den **effet utile**-Grundsatz des Unionsrechts[5]. Daher besteht ein Aussageverweigerungsrecht im unionsrechtlichen Verwaltungsrecht allenfalls formal und hat keine nennenswerte verfahrensrechtliche Bedeutung[6]. Auch der EGMR hat bisher zwar eine generelle Geltung des Art. 6 Abs. 1 EMRK gegenüber juristischen Personen bejaht[7], eine klare Positionierung zur Frage der Selbstbelastungsfreiheit für juristische Personen jedoch vermieden.

d) Art. 66 Abs. 1 lit. b Ziff. iii VO Nr. 648/2012. Die ESMA kann dem Adressaten durch einen Zwangsgeld- 11 beschluss auch die Verpflichtung auferlegen, eine **Prüfung vor Ort** nach Art. 63 VO Nr. 648/2012 zu dulden. Die ESMA darf demnach alle erforderlichen Prüfungen vor Ort in den Geschäftsräumen oder auf den Grundstücken des Transaktionsregisters oder verbundenen Dritten vornehmen. Sie ist dazu befugt, die Geschäftsräume zu betreten und Aufzeichnungen, Bücher oder Geschäftsräume zu versiegeln. Das Transaktionsregister oder der mit ihr verbundene Dritte, an den eine Tätigkeit ausgelagert wurde, ist nach Art. 63 Abs. 3, 4 VO Nr. 648/2012 unter Vorlage des Beschlusses der ESMA und Vorlage einer Vollmacht zur Duldung verpflichtet. Da die Norm als Befugnisnorm ausgestaltet ist und der ESMA weitgehende Möglichkeiten zur Durchsuchung verleiht, sind **Rechtsschutzmöglichkeiten** gegen diese Maßnahmen vorgesehen. Zum einen kann der Beschluss zur Prüfung vor Ort vor dem EuGH mit Rechtsmitteln nach Art. 69 VO Nr. 648/2012 angegriffen werden, zum anderen muss in den Ländern eine gerichtliche Genehmigung eingeholt werden, in denen ein richterlicher Durchsuchungsbeschluss im nationalen Recht vorgesehen ist. Dabei überprüft das nationale Gericht allerdings

---

1 EGMR v. 8.2.1996 – 18731/91 – Murray v. The United Kingdom, EuGRZ 1996, 587; *Albin/Eser* in Meyer, Charta der Grundrechte der Europäischen Union, 4. Aufl. 2014, Art. 48 GRCh Rz. 10a; vgl. zum Gemeinschaftsrecht EuGH v. 18.10.1989 – C-374/87, ECLI:EU:C:1989:387 – Orkem/Kommission, BeckEuRS 1989, 153372 Rz. 32 ff.
2 BVerfG v. 26.2.1997 – 1 BvR 2172/96, BVerfGE 95, 220.
3 EuGH v. 18.10.1989 – C-374/87, ECLI:EU:C:1989:387, BeckEuRS 1989, 153372 Rz. 32 ff.
4 EuGH v. 18.10.1989 – C-374/87, ECLI:EU:C:1989:387, BeckEuRS 1989, 153372 Rz. 35.
5 EuGH v. 29.6.2006 – C-301/04 P, ECLI:EU:C:2006:432, Slg. 2006, I-05915.
6 *Engel/Pfau* in Mann/Sennekamp/Uechtritz, 1. Aufl. 2014, § 26 VwVfG Rz. 75.
7 EGMR v. 27.9.2011 – 43509/08 – Menarini Diagnostics v. Italy, Rz. 44.

nur die Echtheit des Beschlusses der ESMA und ob die Maßnahme nicht willkürlich oder unverhältnismäßig ist. Die Rechtmäßigkeitsprüfung des Beschlusses ist dem EuGH vorbehalten.

12 **4. Zweistufiges Verfahren.** Das Verfahren zur Verhängung von Zwangsgeldern ist zweistufig aufgebaut. Dies ergibt sich aus der Systematik der Norm im Verhältnis zu Art. 73 Abs. 1 lit. a–d VO Nr. 648/2012 und Art. 4 Unterabs. 1 DelVO Nr. 667/2014. Bevor die **Verhängung** des Zwangsgeldes (nach dem deutschen Verständnis entspricht dies der Festsetzung) stattfinden kann, müssen zunächst die Prüffeststellungen der ESMA an den Betroffenen übermittelt werden. Dabei sind die Gründe für die Verhängung und der Betrag des Zwangsgeldes für jeden Tag der Nichteinhaltung zu nennen. Der Betroffene erhält daraufhin die **Möglichkeit zur Stellungnahme** innerhalb einer bestimmten Frist. Dieses Verfahren entspricht der deutschen Androhung. Der Betroffene hat zur Vermeidung des Zwangsgeldes nach Art. 4 Unterabs. 2 DelVO Nr. 667/2014 die Möglichkeit, die von der ESMA geforderte Maßnahme umzusetzen, um der Verhängung des Zwangsgeldes zu entgehen. Die Systematik der Zwangsgeldverhängung ähnelt der Verhängung in anderen Bereichen des Unionsrechts[1].

13 **5. Höhe und Dauer des Zwangsgeldes.** Die Höhe des Zwangsgeldes ist in Art. 66 Abs. 3 VO Nr. 648/2012 geregelt. Sie beträgt 3 % des durchschnittlichen Tagesumsatzes im vorangegangenen Geschäftsjahr, bei natürlichen Personen beträgt es 2 % des durchschnittlichen Tageseinkommens im vorausgegangenen Kalenderjahr. Die Höhe des Zwangsgeldes kann im Einzelfall allerdings auch geringer oder höher ausfallen, wenn dies zur Wahrung des **Verhältnismäßigkeitsgrundsatzes** oder unter dem Gesichtspunkt der **Wirksamkeit** erforderlich ist. Das Zwangsgeld wird ab dem Zeitpunkt berechnet, der im Beschluss der ESMA zur Verhängung des Zwangsgeldes festgelegt ist. Die Zahlung wird für jeden Tag des Verzugs angeordnet. Die Dauer für die Verhängung des Zwangsgeldes ist in Art. 66 Abs. 4 VO Nr. 648/2012 mit sechs Monaten ab der Bekanntgabe des Beschlusses der ESMA beziffert.

Art. 67 Anhörung der betreffenden Personen

(1) Vor einem Beschluss über die Verhängung einer Geldbuße oder eines Zwangsgelds gemäß den Artikeln 65 und 66 gibt die ESMA den Personen, die dem Verfahren unterworfen sind, Gelegenheit, zu den im Rahmen des Verfahrens getroffenen Feststellungen angehört zu werden. Die ESMA stützt ihre Beschlüsse nur auf Feststellungen, zu denen sich die Personen, die dem Verfahren unterworfen sind, äußern konnten.

(2) Die Verteidigungsrechte der Personen, die dem Verfahren unterworfen sind, müssen während des Verfahrens in vollem Umfang gewahrt werden. Sie haben Recht auf Einsicht in die Akten der ESMA, vorbehaltlich des berechtigten Interesses anderer Personen an der Wahrung ihrer Geschäftsgeheimnisse. Von der Akteneinsicht ausgenommen sind vertrauliche Informationen sowie interne vorbereitende Unterlagen der ESMA.

In der Fassung vom 4.7.2012 (ABl. EU Nr. L 201 v. 27.7.2012, S. 1).

I. Entstehung .... 1 | II. Regelungsgegenstand und Regelungszweck ... 2

1 **I. Entstehung.** Art. 67 VO Nr. 648/2012 (EMIR)[2] war unter anderer Nummer bereits inhaltsgleich im Gesetzesvorschlag der Kommission enthalten. Der Artikel entspricht **Art. 36c der parallelen Verordnung (EU) Nr. 513/2011**, der vermutlich Vorbild für Art. 67 VO Nr. 648/2012 war.

2 **II. Regelungsgegenstand und Regelungszweck.** Art. 67 VO Nr. 648/2012 regelt ausweislich seiner Überschrift das Anhörungsrecht der betreffenden Personen gegenüber der ESMA, bevor diese einen Beschluss über die Verhängung einer Geldbuße oder eines Zwangsgelds erlässt. Gleichzeitig stellt er aber auch die Geltung der Verteidigungsrechte der Personen klar, die dem Verfahren unterworfen sind. Ob dies bedeutet, dass die bereits gem. Art. 64 VO Nr. 648/2012 vorgeschriebene Geltung der Verteidigungsrechte sich nur auf das Tatsachenermittlungsverfahren durch den Ermittlungsbeauftragten bezieht und Art. 67 VO Nr. 648/2012 insofern einen eigenständigen zeitlichen Anwendungsbereich hat, kann dahinstehen. Jedenfalls sollen die Verteidigungsrechte während des gesamten Buß- oder Zwangsgeldverfahrens, d.h. von der Kenntnis erster Tatsachen hin bis zum Erlass eines Beschlusses durch die ESMA, gewährt werden. Gem. Art. 67 Abs. 2 VO Nr. 648/2012 soll zudem ein Akteneinsichtsrecht gewährt werden. Zu Ursprung, Inhalt und Umfang der Verteidigungsrechte, der Anhörung und des Akteneinsichtsrechts vgl. im Übrigen vollumfänglich Art. 64 VO Nr. 648/2012 Rz. 11–15.

---

1 Vgl. für das Kartellrecht: *van der Hout/Lux* in Berg/Mäsch, Deutsches und Europäisches Kartellrecht, 2. Aufl.2015, Art. 24 VO Nr. 1/2003 Rz. 11.
2 Verordnung (EU) Nr. 648/2012 des Europäischen Parlaments und des Rates vom 4. Juli 2012 über OTC-Derivate, zentrale Gegenparteien und Transaktionsregister, ABl. EU Nr. L 201 v. 27.7.2012, S. 1.

Art. 68 Offenlegung, Art, Zwangsvollstreckung und Zuweisung der Geldbußen und Zwangsgelder

(1) Die ESMA veröffentlicht sämtliche gemäß den Artikeln 65 und 66 verhängten Geldbußen und Zwangsgelder, sofern dies die Stabilität der Finanzmärkte nicht ernsthaft gefährdet oder den Beteiligten daraus kein unverhältnismäßiger Schaden erwächst. Diese Veröffentlichung darf keine personenbezogenen Daten im Sinne der Verordnung (EG) Nr. 45/2001 enthalten.

(2) Gemäß den Artikeln 65 und 66 verhängte Geldbußen und Zwangsgelder sind administrativer Art.

(3) Beschließt die ESMA, keine Geldbußen oder Zwangsgelder zu verhängen, so informiert sie das Europäische Parlament, den Rat, die Kommission und die zuständigen Behörden des betreffenden Mitgliedstaats entsprechend und legt die Gründe für ihren Beschluss dar.

(4) Gemäß den Artikeln 65 und Artikel 66 verhängte Geldbußen und Zwangsgelder sind vollstreckbar.
Die Zwangsvollstreckung erfolgt nach den Vorschriften des Zivilprozessrechts des Staates, in dessen Hoheitsgebiet sie stattfindet. Die Vollstreckungsklausel wird nach einer Prüfung, die sich lediglich auf die Echtheit des Titels erstrecken darf, von der Behörde erteilt, die die Regierung jedes Mitgliedstaats zu diesem Zweck bestimmt und der ESMA und dem Gerichtshof benennt.
Sind diese Formvorschriften auf Antrag der die Vollstreckung betreibenden Partei erfüllt, so kann diese die Zwangsvollstreckung nach innerstaatlichem Recht betreiben, indem sie die zuständige Stelle unmittelbar anruft.
Die Zwangsvollstreckung kann nur durch eine Entscheidung des Gerichtshofs ausgesetzt werden. Für die Prüfung der Ordnungsmäßigkeit der Vollstreckungsmaßnahmen sind jedoch die Rechtsprechungsorgane des betreffenden Mitgliedstaats zuständig.

(5) Die Geldbußen und Zwangsgelder werden dem Gesamthaushaltsplan der Europäischen Union zugewiesen.

In der Fassung vom 4.7.2012 (ABl. EU Nr. L 201 v. 27.7.2012, S. 1).

Schrifttum: Vorschlag für eine Verordnung des Europäischen Parlaments und des Rates über OTC-Derivate, zentrale Gegenparteien und Transaktionsregister, 15.9.2010, KOM(2010), 484; Stellungnahme des Europäischen Datenschutzbeauftragten zum Vorschlag für eine Verordnung des Europäischen Parlaments und des Rates über OTC-Derivate, zentrale Gegenparteien und Transaktionsregister, ABl. EU Nr. C 216 v. 22.7.2011, S. 9; Abänderungen des Europäischen Parlaments zu dem Vorschlag für eine Verordnung des Europäischen Parlaments und des Rates über OTC-Derivate, zentrale Gegenparteien und Transaktionsregister, 5.7.2011, ABl. EU Nr. C 33E v. 5.2.2013, S. 233; *Ernst* in Paal/Pauly, Datenschutz-Grundverordnung. Bundesdatenschutzgesetz, 2. Aufl. 2018; *Nartowska/Knierbein*, Ausgewählte Aspekte des „Naming and Shaming" nach § 40c WpHG, NZG 2016, 256; *Wendt*, „Naming and Shaming" im Privatversicherungsrecht, VersR 2016, 1277; *Pfisterer*, „Finanzprivatsphäre" in Europa, EuR 2016, 553; *Irmscher*, Rechtsschutz gegen „naming and shaming" im EU-Rechtsschutzsystem – eine Analyse anhand des Single Supervisory Mechanism (SSM), EWS 2016, 318; *Hartenfels*, Die Verordnung (EU) Nr. 648/2012 über OTC-Derivate, zentrale Gegenparteien und Transaktionsregister (EMIR), ZHR 2014, 173; *Adler/Köhling*, Der neue europäische Regulierungsrahmen für OTC-Derivate – Verordnung über OTC-Derivate, zentrale Gegenparteien und Transaktionsregister, WM 2012, 2125 (Teil I), 2173 (Teil II).

I. Grundlagen 1	5. Absehen von der Verhängung einer Geldbuße oder eines Zwangsgeldes 8
II. Veröffentlichung der verhängten Geldbußen und Zwangsgelder (Art. 68 Abs. 1 VO Nr. 648/2012) 4	III. Vollstreckung des Buß- oder Zwangsgeldes . . 9
1. „Naming and Shaming" 4	1. Allgemeines 9
2. Keine Veröffentlichung personenbezogener Daten 5	2. Verfahren 10
3. Ausschluss der Veröffentlichung 6	3. Rechtsschutz 11
4. Rechtsfolge und Inhalt der Veröffentlichung . . 7	4. Vollstreckungsverjährung 12

I. Grundlagen. Der ursprüngliche Art. 58 VO Nr. 648/2012 (EMIR)[1] des Gesetzgebungsvorschlags der Kommission[2] war mit zwei Absätzen zunächst deutlich kürzer gefasst. Er sah eine Veröffentlichung der Geldbußen und Zwangsgelder ohne Einschränkung vor. Erst auf Vorschlag des Europäischen Datenschutzbeauftragten wurde klargestellt, dass die Veröffentlichung keine personenbezogenen Daten i.S.d. Verordnung (EG) Nr. 45/ 2001 enthalten darf[3]. Zudem enthielt Art. 58 VO Nr. 648/2012 bereits die Festlegung, dass es sich bei den ver-

---
1 Verordnung (EU) Nr. 648/2012 des Europäischen Parlaments und des Rates vom 4. Juli 2012 über OTC-Derivate, zentrale Gegenparteien und Transaktionsregister, ABl. EU Nr. L 201 v. 27.7.2012, S. 1.
2 KOM(2010) 484.
3 Stellungnahme des Europäischen Datenschutzbeauftragten, ABl. EU Nr. C 216 v. 22.7.2011, S. 9 Rz. 23.

hängten Geldbußen und Zwangsgeldern um solche administrativer Art handeln sollte. Der heutige Abs. 3 ist leicht verändert auf Vorschlag des Europäischen Parlaments in die EMIR eingefügt worden[1].

2 Art. 68 VO Nr. 648/2012 sieht eine Reihe allgemeiner, nicht zusammenhängender Regelungen vor, die sich sowohl auf Zwangsgelder als auch auf Geldbußen beziehen. Sie stellen teilweise aber ein Spiegelbild zu Art. 12 VO Nr. 648/2012 dar. Während Art. 12 VO Nr. 648/2012 die Mitgliedstaaten verpflichtet, Sanktionen zu erlassen, bezieht sich Art. 68 VO Nr. 648/2012 auf Maßnahmen der ESMA. Beiden Vorschriften ist gemein, dass sie Formen des bereits aus kapitalmarktrechtlichen und anderen EU-Vorschriften bekannten Prinzips des „naming and shaming"[2] enthalten[3]. In Art. 68 VO Nr. 648/2012 ist die Veröffentlichung aller nach den Art. 65 und 66 VO Nr. 648/2012 verhängten Zwangsgelder vorgesehen, wenn die Stabilität der Finanzmärkte nicht ernstlich gefährdet wird und den Beteiligten kein unverhältnismäßiger Schaden entsteht. Wegen der wesentlichen Bedeutung, die der Datenschutz einnimmt[4], wird bei der Veröffentlichung der Zwangsgelder oder Geldbußen von der Veröffentlichung der personenbezogenen Daten abgesehen. Es handelt sich auf den ersten Blick um eine mildere Form des „naming and shaming" im Vergleich zu den Vorschriften aus Art. 34 VO Nr. 596/2014 (MAR) und Art. 29 VO Nr. 1286/2014 (PRIIP-VO). Allerdings darf dabei nicht außer Acht gelassen werden, dass es sich bei den Verstößen, die zur Verhängung von Geldbußen und Zwangsgeldern gehören, um geringfügiges Fehlverhalten handelt. Insofern stellt die Veröffentlichung bereits einen schweren Eingriff dar und ist mit Blick auf den Verhältnismäßigkeitsgrundsatz genauer zu untersuchen. Für die umstrittene Frage, ob das „naming and shaming" selbst einen repressiven Charakter aufweist oder ob es lediglich eine präventive Funktion besitzt kann auf die Kommentierung zu § 123 WpHG (Rz. 8ff.) verwiesen werden.

3 Sieht die ESMA von der Verhängung einer Geldbuße oder eines Zwangsgeldes ab, muss sie nach Art. 68 Abs. 3 VO Nr. 648/2012 den Europäischen Institutionen und den mitgliedstaatlichen Behörden eine Begründung dafür geben. Außerdem wird festgelegt, dass die Zwangsgelder und Geldbußen administrativer Art sind, wobei dies nicht zwangsläufig mit der in Art. 6 EMRK vorgenommenen Bewertung übereinstimmen muss (vgl. hierzu ausführlich Art. 66 VO Nr. 648/2012 Rz. 5). Art. 68 Abs. 4 VO Nr. 648/2012 und seine Unterabsätze stellen Regeln für die **Zwangsvollstreckung** der Geldbußen und Zwangsgelder auf. Art. 68 Abs. 5 VO Nr. 648/2012 schreibt vor, dass die verhängten Zwangsgelder und Geldbußen dem Gesamthaushalt der EU zugutekommen.

4 **II. Veröffentlichung der verhängten Geldbußen und Zwangsgelder (Art. 68 Abs. 1 VO Nr. 648/2012). 1. „Naming and Shaming".** Art. 68 Abs. 1 VO Nr. 648/2012 sieht die Veröffentlichung der verhängten Zwangsgelder und Geldbußen vor. Diese vom Gesetzgeber verordnete, öffentliche Bekanntgabe eines Rechtsverstoßes wird mit dem englischen Begriff des **„naming and shaming"** umschrieben[5]. Das Modell für dieses Prinzip im Kapitalmarktrecht hat Großbritannien mit seinem Financial Markets Act 2000 entwickelt[6]. Dabei kann die Veröffentlichung des Rechtsverstoßes nach Section 91(3) statt einer Geldbuße verhängt werden[7] oder beispielsweise nach Section 66(3) kumulativ mit anderen Maßnahmen[8]. Art. 68 Abs. 1 VO Nr. 648/2012 sieht hingegen weder ein Entschließungsermessen noch ein Ermessen bezüglich der Auswahl des Mittels vor.

5 **2. Keine Veröffentlichung personenbezogener Daten.** Personenbezogene Daten nach der VO Nr. 45/2001 dürfen nicht veröffentlicht werden[9]. Die VO Nr. 45/2001 soll auch nach Inkrafttreten der VO 2016/679 (DSGVO) zum 25.5.2018 bei der Datenverarbeitung durch Organe und Einrichtungen der EU maßgeblich bleiben und lediglich im Lichte der DSGVO angewendet werden, Art. 2 Abs. 3 VO 2016/679. Davon sind Informationen einer bestimmten oder bestimmbaren natürlichen Person erfasst. Bestimmbar ist eine Person, wenn sie direkt oder indirekt identifiziert werden kann, insbesondere durch Zuordnung zu einer Kennnummer oder zu einem oder mehreren spezifischen Elementen, die Ausdruck ihrer physischen, physiologischen, psychischen, wirtschaftlichen, kulturellen oder sozialen Identität sind (Art. 2 lit. a VO Nr. 45/2001). Die fehlende Veröffentlichung personenbezogener Daten trägt damit dem in **Art. 8 der GRCh** verankerten Datenschutz für natürliche Personen Rechnung. Nicht abschließend geklärt ist, wie weit der Schutzbereich des Art. 8 GRCh in persönlicher Hinsicht **bei juristischen Personen** reicht[10]. Er ist bislang nur dann eröffnet, wenn der Name der juristischen

---

1 Abänderungen des Europäischen Parlaments vom 5. Juli 2011 zu dem Vorschlag für eine Verordnung des Europäischen Parlaments und des Rates über OTC-Derivate, zentrale Gegenparteien und Transaktionsregister (KOM(2010)0484 – C7-0265/2010 – 2010/0250(COD)), ABl. EU Nr. C 33E v. 5.2.2013, S. 288.
2 Zum Begriff: *Nartowska/Knierbein*, NZG 2016, 256; *Wendt*, VersR 2016, 1277.
3 Vgl. dazu Art. 12 VO Nr. 648/2012, Art. 29 VO Nr. 1286/2014, Art. 34 VO Nr. 596/2014.
4 Erwägungsgrund 89 VO Nr. 648/2012.
5 *Wendt*, VersR 2016, 1277.
6 Vgl. z.B. Financial Markets Act 2000, s 66(3)(b); s 87M(1); s 91(3).
7 Financial Markets Act 2000 s 91(3): „If the competent authority is entitled to impose a penalty on a person under this section in respect of a particular matter it may, instead of imposing a penalty on him in respect of that matter, publish a statement censuring him."
8 Financial Markets Act 2000, s 66(3): „If the Authority is entitled to take action under this section against a person [it may do one or more of the following] (…) publish a statement of his misconduct."
9 Vgl. *Ernst* in Paal/Pauly, Art. 2 DS-GVO Rz. 24.
10 *Pfisterer*, EuR 2016, 553, 556.

Person eine oder mehrere natürliche Personen bestimmt[1]. Da es sich bei den Adressaten des Zwangsgeldes und der Geldbußen jedoch ausschließlich um Transaktionsregister und mit ihnen verbundenen Dritten handelt, läuft die Einschränkung der Nichtveröffentlichung personenbezogener Daten weitestgehend leer. Denn Transaktionsregistern sind per Definition aus Art. 2 Nr. 2 VO Nr. 648/2012 juristische Personen, bei den mit ihnen verbundenen Dritten ist ebenfalls davon auszugehen. Einzig Informationen, bei denen beispielsweise die Namen der Geschäftsführer genannt sind, werden durch die Vorgabe des Art. 68 Abs. 1 VO Nr. 648/2012 ausgeschlossen.

3. Ausschluss der Veröffentlichung. Die Veröffentlichung ist ausgeschlossen, wenn daraus ein unverhältnismäßiger Schaden für die Beteiligten erwächst oder die **Stabilität der Finanzmärkte ernsthaft gefährdet** wird. Was genau darunter zu verstehen ist, wird durch die Verordnung selbst nicht definiert. Es ist jedoch davon auszugehen, dass die Veröffentlichung zu einer gravierenden Störung der Volkswirtschaft oder zu einer Insolvenz eines Kreditinstituts führen muss, wodurch die finanzielle Stabilität nicht nur in einem Mitgliedstaat, sondern der gesamten Union bedroht ist[2]. Dies kann durch einen erheblichen Vertrauensverlust oder eine Panikreaktion hervorgerufen werden[3]. Durch die Formulierung, dass der **Schaden nicht unverhältnismäßig** sein darf, wird bereits deutlich, dass die Veröffentlichung grundsätzlich dazu geeignet ist, einen Schaden hervorzurufen. Dieser wird bis zu einem gewissen Grad in Kauf genommen. Nur wenn er ein solches Ausmaß annimmt, dass er zu einer unangemessenen Beeinträchtigung der Beteiligten führen würde, muss die Veröffentlichung unterbleiben. Sofern der Schaden finanzieller Art ist, kann er in der Regel nicht beziffert werden, weil es nicht möglich ist, die Zahl und Eigenschaft aller Personen festzustellen, die tatsächlich von den veröffentlichten Informationen Kenntnis erlangen[4]. Dass auch immaterielle Schäden, wie z.B. eine Rufschädigung des Unternehmens erfasst sind, legt die bisherige Rechtsprechung der europäischen Gerichte in vergleichbaren Fällen nahe[5].

4. Rechtsfolge und Inhalt der Veröffentlichung. Als Rechtsfolge sieht Art. 68 Abs. 1 VO Nr. 648/2012 eine gebundene Entscheidung hinsichtlich des „Ob" der Veröffentlichung vor. Anders als in anderen kapitalmarktrechtlichen Vorschriften zum „naming and shaming", macht Art. 68 Abs. 1 VO Nr. 648/2012 keine Vorschriften zu den Mindestangaben der Veröffentlichung. Mit Ausnahme der personenbezogenen Daten dürfen somit die Namen der Transaktionsregister, die Höhe der Geldbuße oder des Zwangsgeldes, die Dauer der Verhängung, die Rechtsgrundlagen, die Dauer des Verstoßes und die Art und Weise (Vorsatz oder Fahrlässigkeit) und der dazugehörige Sachverhalt veröffentlicht werden. Aufgrund des Wortlauts des Art. 68 Abs. 1 VO Nr. 648/2012 ist jedoch auch denkbar, dass die ESMA nur die Summe der verhängten Geldbuße oder des Zwangsgeldes veröffentlicht. Insofern besteht zumindest ein **Ermessen bezüglich der zu veröffentlichenden Angaben**. Im Zuge einer einheitlichen Rechtsanwendung dürfen die einzelnen Transaktionsregister aber nicht ohne sachlichen Grund unterschiedlich behandelt werden. Da die ESMA von ihrer Befugnis aus Art. 68 Abs. 1 VO Nr. 648/2012 bereits Gebrauch gemacht hat und die Verhängung einer Geldbuße gegen DTCC Derivates Repository Ltd. i.H.v. 64.000 Euro öffentlich gemacht hat[6], werden sich auch zukünftige Berichte daran zu orientieren haben.

5. Absehen von der Verhängung einer Geldbuße oder eines Zwangsgeldes. Wird von der Verhängung eines Zwangsgeldes oder einer Geldbuße vollständig abgesehen, muss die ESMA nach den Vorgaben des Art. 68 Abs. 2 VO Nr. 648/2012 die europäischen Institutionen und die Behörden der Mitgliedstaaten umfassend informieren. In Deutschland muss der **mit Gründen versehene Beschluss** an die BaFin ergehen (vgl. § 30 Abs. 1 WpHG). Die Vorschrift führt dazu, dass die ESMA nicht, um ihr Arbeitspensum zu reduzieren, von der Verhängung der Geldbußen oder Zwangsgelder absehen kann. Der Aufwand, der durch die Information des Europäischen Parlaments, des Rates, der Kommission und der Behörden der Mitgliedstaaten entsteht, ist mindestens so hoch, wie die Erstellung eines begründeten Zwangs- oder Bußgeldbeschlusses. Die Konzeption der Norm lässt vermuten, dass der Erlass des Buß- oder Zwangsgeldes den Regelfall darstellen soll.

III. Vollstreckung des Buß- oder Zwangsgeldes. 1. Allgemeines. Durch Art. 68 Abs. 4 VO Nr. 648/2012 wird die **funktionale Kompetenzaufteilung** innerhalb der Union deutlich. Während die materielle Kompetenz zum Erlass der Buß- oder Zwangsgelder bei der ESMA liegt, ist die formale Kompetenz für die Durchsetzung der Vollstreckung den Mitgliedstaaten zugewiesen[7]. Art. 68 Abs. 4 VO Nr. 648/2012 mit seinen drei Unterabsätzen ist eine fast wortgleiche Nachbildung des Art. 299 AEUV, der Regelungen für die Zwangsvollstreckung von Rechts-

---

1 EuGH v. 9.11.2010 – C-92/09 und 93/09, ECLI:EU:C:2010:662, Slg. 2010, I-11063. Nichts anderes ergibt sich nach Inkrafttreten der DS-GVO, die personenbezogene Daten natürlicher Personen schützt, dazu *Ernst* in Paal/Pauly, Art. 4 DS-GVO Rz. 3.
2 Vgl. EuGH v. 8.11.2016 – C-41/15, ECLI:EU:C:2016:836, EuZW 2016, 955 = AG 2017, 24.
3 Vgl. *Waßmer* in Fuchs, 2. Aufl. 2016, § 40b WpHG Rz. 15; *Zimmer/Cloppenburg* in Schwark/Zimmer, Kapitalmarktrechts-Kommentar, § 40b WpHG Rz. 3.
4 Vgl. EuGH v. 2.3.2016 – C-162/15 P-R, ECLI:EU:C:2016:142, EuZW 2016, 314, 319.
5 Vgl. EuG v. 8.11.2011 – T-88/09, ECLI:EU:T:2011:641, Slg. 2011, II-7833 Rz. 70 ff.; EuGH v. 2.3.2016 – C-162/15 P-R, ECLI:EU:C:2016:142, EuZW 2016, 314, 319.
6 Abrufbar unter: https://www.esma.europa.eu/sites/default/files/library/2016-408_decision_to_adopt_a_supervisory_measure_-_public_notice_and_fine_-_dtcc_derivatives_repository_limited.pdf, zuletzt abgerufen am 10.7.2018.
7 Vgl. *Schoo* in Schwarze/Becker/Hatje/Schoo, 3. Aufl. 2012, Art. 299 AEUV Rz. 1.

akten des Rates, der Kommission und der EZB festlegt. Zunächst ordnet Art. 68 Abs. 4 VO Nr. 648/2012 an, dass die verhängten Buß- oder Zwangsgelder vollstreckbar sind. Die Zwangsvollstreckung soll nach den Vorschriften des Zivilprozesses des Mitgliedstaates erfolgen, in der die Zwangsvollstreckung stattfindet. Die Vorschriften des Zivilprozessrechts sollen keine Strafverfahrensvorschriften umfassen, sie können jedoch Verwaltungsverfahrensvorschriften einschließen[1]. Im deutschen Recht sind die Zwangsvollstreckungsregelungen im 8. Buch der ZPO geregelt, die über den Verweis aus Art. 68 Abs. 4 Unterabs. 1 VO Nr. 648/2012 Anwendung finden.

10 **2. Verfahren.** Die die Zwangsvollstreckung betreibende Partei muss zunächst einen Antrag nach Art. 68 Abs. 4 Unterabs. 2 VO Nr. 648/2012 auf Erteilung der Vollstreckungklausel stellen. Die Klauselerteilung erfolgt durch die Behörde des Mitgliedstaates, die durch die Regierung des Mitgliedstaates bestimmt wird und sowohl der ESMA als auch dem Gerichtshof benannt wird. Die Behörde ist auf die **Prüfung der Echtheit des Titels** beschränkt, bevor sie die Klausel erteilt. Daher darf sie weder prüfen, ob die ESMA für die Verhängung des Buß- oder Zwangsgeldes zuständig war, noch ob die Entscheidung rechtmäßig ergangen ist[2].

Nach der Erteilung der Klausel, kann die Partei unmittelbar die für die Zwangsvollstreckung zuständige Stelle anrufen. In Deutschland handelt es sich dabei um das Vollstreckungsgericht (§ 753 ZPO) oder den Gerichtsvollzieher (§ 764 ZPO).

11 **3. Rechtsschutz.** Der Rechtsschutz gegen Vollstreckungsmaßnahmen ist zweigeteilter Art. Handelt es sich um eine Frage der **Ordnungsmäßigkeit der Vollstreckungsmaßnahmen** sind die nationalen Gerichte zuständig. In Deutschland können daher die Rechtsbehelfe der Erinnerung (§ 766 ZPO) und der Drittwiderspruchsklage (§ 771 ZPO) erhoben werden. Sofern es sich allerdings um Maßnahmen gegen den Vollstreckungstitel als solchen handelt, kann nach Art. 68 Abs. 4 Unterabs. 3 VO Nr. 648/2012 die **Aussetzung der Zwangsvollstreckung** nur durch den EuGH angeordnet werden. Daher wäre die Erhebung einer Vollstreckungsgegenklage in Deutschland mit der Absicht, gegen den Titel vorzugehen, unzulässig[3]. Das Verfahren vor dem EuGH richtet sich nach Art. 160 ff. der Verfahrensordnung des EuGH (früher Art. 83 ff.). Demnach ist die Aussetzung als vorläufiger Rechtsbehelf nur dann zulässig, wenn auch eine Klage in der Hauptsache erhoben wird.

12 **4. Vollstreckungsverjährung.** Die Regelungen zur Verjährung finden sich in **Art. 7 DelVO Nr. 667/2014.** Die Befugnis zur Vollstreckung der Zwangs- oder Bußgeldbeschlüsse verjährt demnach in fünf Jahren und beginnt einen Tag nach Rechtshängigkeit des Beschlusses. Die Verjährung wird unterbrochen, wenn die ESMA die Änderung des Buß- oder Zwangsgeldbeschlusses bekanntgibt. Sie wird auch durch jede andere Handlung der ESMA oder einer auf Antrag der ESMA handelnden nationalen Behörde unterbrochen, die auf die Vollstreckung der Zahlung oder Durchsetzung der Zahlungsbedingungen gerichtet ist. Die Unterbrechung führt zu einem Neubeginn des Fristlaufs. Der etwas unverständliche Wortlaut des Art. 7 Abs. 5 DelVO Nr. 667/2014 meint, dass die Verjährungsfrist solange ruht, wie eine Stundung gewährt wurde oder die Zahlung ausgesetzt ist, weil ein Verfahren bei der ESMA-Beschwerdestelle oder beim Europäischen Gerichtshof anhängig ist.

Art. 69 Kontrolle durch den Gerichtshof

Der Gerichtshof besitzt die unbeschränkte Befugnis zur Überprüfung von Beschlüssen, mit denen die ESMA eine Geldbuße oder ein Zwangsgeld festgesetzt hat. Er kann die verhängten Geldbußen oder Zwangsgelder aufheben, herabsetzen oder erhöhen.

In der Fassung vom 4.7.2012 (ABl. EU Nr. L 201 v. 27.7.2012, S. 1).

Schrifttum: Vorschlag für eine Verordnung des Europäischen Parlaments und des Rates über OTC-Derivate, zentrale Gegenparteien und Transaktionsregister vom 15. September 2010, KOM(2010) 484; *F. Schmidt*, Die Befugnis des Gemeinschaftsrichters zu unbeschränkter Ermessensnachprüfung, 2004.

I. Grundlagen	1	2. Untätigkeitsklage	7
II. Rechtsschutz gegen Buß- und Zwangsgelder	3	3. Abgrenzung zur Zwangsvollstreckung	8
1. Nichtigkeitsklage	4	III. Uneingeschränkte Nachprüfung	9

1 **I. Grundlagen.** Eine inhaltlich identische Vorschrift über die Kontrolle von Buß- und Zwangsgeldbeschlüssen war bereits im Kommissionsvorschlag zur EMIR[4] enthalten[5].

---

1 Erwägungsgrund 87 VO Nr. 648/2012.
2 Vgl. *Krajewski/Rösslein* in Grabitz/Hilf/Nettesheim, Das Recht der Europäischen Union, Band III, Art. 299 AEUV Rz. 13.
3 *Geismann* in von der Groeben/Schwarze/Hatje, Europäisches Unionsrecht, 7. Aufl. 2015, Art. 299 AEUV Rz. 18.
4 Verordnung (EU) Nr. 648/2012 des Europäischen Parlaments und des Rates vom 4. Juli 2012 über OTC-Derivate, zentrale Gegenparteien und Transaktionsregister, ABl. EU Nr. L 201 v. 27.7.2012, S. 1.
5 Art. 59, KOM(2010) 484.

Art. 69 VO Nr. 648/2012 erweitert den Rechtsschutz für Klagen gegen Buß- und Zwangsgelder, indem der Gerichtshof eine **uneingeschränkte Nachprüfungsbefugnis** i.S.d. Art. 261 AEUV erhält. Die Buß- und Zwangsgelder werden nicht nur auf ihre Recht-, sondern auch ihre Zweckmäßigkeit hin überprüft. Die weitgehende Kontrolle durch den Europäischen Gerichtshof ist nicht nur ein gem. Art. 47 GRCh gebotenes, sondern auch zweckmäßiges Mittel, um die Verhängung von Buß- und Zwangsgeldern zu vereinheitlichen. 2

II. Rechtsschutz gegen Buß- und Zwangsgelder. Für ein besseres Verständnis von Art. 69 VO Nr. 648/2012 ist eine Einordnung in das europäische Rechtsschutzgefüge notwendig. So stellt Art. 69 VO Nr. 648/2012 in Verbindung mit der Grundsatznorm im Gründungsrechtsakt der ESMA, Art. 61 VO Nr. 1095/2010[1], den gem. Art. 47 GRCh gewährleisteten **effektiven Rechtsschutz gegen Maßnahmen von Unionseinrichtungen** gem. Art. 263 Abs. 1 Satz 2 und Art. 265 Abs. 1 Satz 2 AEUV sicher. Auf Art. 263 AEUV ist daher abzustellen, soweit Art. 61 VO Nr. 1095/2010 und Art. 69 VO Nr. 648/2012 keine speziellere Regelung treffen. 3

1. Nichtigkeitsklage. Gegen Buß- und Zwangsgelder ist mit der Nichtigkeitsklage gem. Art. 263 AEUV vorzugehen. Für Nichtigkeitsklagen von natürlichen und juristischen Personen regelt Art. 61 VO Nr. 1095/2010 gem. Art. 263 Abs. 5 AEUV Einzelheiten und besondere Bedingungen. Das gem. Art. 61 Abs. 1 VO Nr. 1095/2010 grundsätzlich vorrangige Verfahren vor dem Beschwerdeausschuss muss gem. Art. 61 Abs. 1 Alt. 2 VO Nr. 1095/2010 im Fall von Buß- und Zwangsgeldern vor Erhebung einer Klage nicht durchgeführt werden, weil für diese **ein Beschwerdeverfahren nicht vorgesehen** ist. 4

Die **Klageberechtigung** steht entsprechend Art. 61 Abs. 1, 2 VO Nr. 1095/2010 den Mitgliedstaaten, den Organen der Union sowie natürlichen und juristischen Personen zu. Die Hauptzahl von Klagen ist von Transaktionsregistern als primär durch Buß- und Zwangsgelder Betroffene zu erwarten. Trotz der missverständlichen Formulierung in Art. 61 VO Nr. 1095/2010 und Art. 69 VO Nr. 648/2012, Klagen seien „vor dem Gerichtshof" zu erheben, ist damit die europäische Gerichtsbarkeit im Ganzen gemeint[2]. Dementsprechend ist im Einklang mit den Zuständigkeitsvorgaben von Art. 256 Abs. 1 AEUV i.V.m. der Satzung des Gerichtshofs und Art. 263 AEUV für Klagen von natürlichen und juristischen Personen **das Gericht** (EuG) und nur für Staaten- und Organklagen der **Europäische Gerichtshof** (EuGH) zuständig. 5

Zwingende Voraussetzung für eine zulässige Nichtigkeitsklage ist die **Klagebefugnis**. Auch wenn diese weder in Art. 61 VO Nr. 1095/2010 noch in Art. 69 VO Nr. 648/2012 ausdrücklich erwähnt ist, ergibt sich die Notwendigkeit aus den allgemeinen Grundsätzen des Unionsrechts. Dafür spricht auch, dass Art. 263 Abs. 5 AEUV Modifikationen bei Klagen gegen europäische Agenturen nur soweit zulässt, als die Maßnahmen „Rechtswirkungen gegenüber diesen Personen [den Klägern]" haben[3]. 6

2. Untätigkeitsklage. Untätigkeitsklagen wegen des Nichterlasses eines Buß- oder Zwangsgeldes gem. Art. 61 Abs. 3 VO Nr. 1095/2010 i.V.m. Art. 265 Abs. 1 Satz 2 AEUV dürften in der zukünftigen Gerichtspraxis nur eine geringe Rolle spielen. **Individuelle Untätigkeitsklagen**, etwa von Transaktionsregistern, die eine Geldbuße gegen den Wettbewerber anstreben, kommen nicht in Betracht, da die Kläger nicht die ungeschriebene Voraussetzung des Art. 265 AEUV erfüllen würden, potentielle Adressaten der unterlassenen Maßnahme zu sein[4]. Aber auch die privilegierten **Staaten- und Organklagen**[5] dürften in der Regel daran scheitern, dass eine Untätigkeitsklage gem. Art. 61 Abs. 3 VO Nr. 1095/2010 i.V.m. Art. 265 AEUV nur begründet ist, wenn eine Verpflichtung zum Tätigwerden bestand[6]. Dies dürfte angesichts des Entschließungsermessen (vgl. Art. 65 VO Nr. 648/2012 Rz. 9) beim Erlass von Zwangsgeldern und Geldbußen ein Ausnahmefall sein. Auch Art. 69 VO Nr. 648/2012 erlaubt keine Überprüfung dieses Ermessens, da er den gerichtlichen Prüfungsumfang ausdrücklich nur für den Fall der Verhängung einer Geldbuße erweitert. Zum anderen ist fraglich, ob die Mitgliedstaaten und EU-Organe ein großes Interesse an der Sanktionierungstätigkeit der ESMA entwickeln werden. 7

3. Abgrenzung zur Zwangsvollstreckung. Abzugrenzen sind die Rechtsmittel der Nichtigkeits- und Untätigkeitsklage, die sich gegen die Rechtmäßigkeit der Buß- oder Zwangsgeldverhängung richten, von dem Vorgehen gem. Art. 68 Abs. 4 Unterabs. 3 VO Nr. 648/2012, um die **Aussetzung der Zwangsvollstreckung** einer Geldbuße durch den EuGH zu erreichen. 8

III. Uneingeschränkte Nachprüfung. Art. 69 VO Nr. 648/2012 bestimmt, dass die **Überprüfung durch die Gerichte in vollem Umfang** erfolgen kann. Damit hat der europäische Gesetzgeber von der Befugnis des Art. 261 AEUV[7] Gebrauch gemacht, Zwangsmaßnahmen durch das Gericht nicht nur auf ihre Recht-, sondern 9

---

1 Ähnliche Regelungen existieren für andere europäische Agenturen: Für das Europäischen Markenamt Art. 65 VO Nr. 207/2009, Art. 61 VO Nr. 6/2002, das Gemeinschaftliche Sortenamt Art. 73 VO Nr. 2177/9, die Europäische Arzneimittelagentur Art. 73 VO Nr. 726/2004.
2 *van der Hout/Walzel* in Berg/Mäsch, Deutsches und Europäisches Kartellrecht, 2. Aufl. 2015, Art. 31 VO 1/2003 Rz. 3.
3 *Dörr* in Grabitz/Hilf/Nettesheim, Das Recht der Europäischen Union, Band III, Art. 263 AEUV Rz. 114.
4 *Dörr* in Grabitz/Hilf/Nettesheim, Das Recht der Europäischen Union, Band III, Art. 265 AEUV Rz. 17.
5 *Dörr* in Grabitz/Hilf/Nettesheim, Das Recht der Europäischen Union, Band III, Art. 265 AEUV Rz. 7.
6 *Cremer* in Calliess/Ruffert, EUV/AEUV, 5. Aufl. 2016, Art. 265 AEUV Rz. 15.
7 *Booß* in Grabitz/Hilf/Nettesheim, Das Recht der Europäischen Union, Band III, Art. 261 AEUV Rz. 9.

auch ihre Zweckmäßigkeit überprüfen zu lassen. Die Rechtsprechung geht davon aus, dass es sich bei Art. 261 AEUV nicht um eine eigenständige Verfahrensart, sondern um eine Erweiterung ihrer Kontrollkompetenz handelt[1]. Erfahrungen mit einer solchen Befugnis gibt es bereits aus dem Bereich des europäischen Verkehrs- und Wettbewerbsrecht sowie der EZB[2]. In Ausübung dieser Befugnis kann das Gericht Buß- und Zwangsgelder nicht nur aufheben, sondern auch **erhöhen und herabsetzen**. So kann das Handeln des Gerichts zu einer *reformatio in peius* führen[3]. In der bisherigen Rechtsprechungspraxis wurden Geldbußen nur zurückhaltend – und nur durch das EuG – erhöht[4]. Es ist anerkannt, dass das Gericht im Rahmen der uneingeschränkten Nachprüfungsbefugnis neben den von der ESMA der Entscheidung zugrunde gelegten Informationen noch weitere heranziehen kann[5]. Darüber hinaus erlässt der EuGH aufgrund der Kontrollbefugnisse gem. Art. 261 AEUV mitunter weitergehende Anordnungen, etwa zur Verzinsung des zu erstattenden Betrages[6]. Im Rechtsmittelverfahren geht der EuGH davon aus, Entscheidungen des EuG hinsichtlich Buß- und Zwangsgeldern – wenn auch nur aus Rechtsgründen[7] – abändern zu können[8].

Art. 70 Änderungen des Anhang II

Um den Entwicklungen auf den Finanzmärkten Rechnung zu tragen, wird der Kommission die Befugnis übertragen, gemäß Artikel 82 in Bezug auf Maßnahmen zur Änderung des Anhang II delegierte Rechtsakte zu erlassen.
In der Fassung vom 4.7.2012 (ABl. EU Nr. L 201 v. 27.7.2012, S. 1).

Schrifttum: S. Art. 55 VO Nr. 648/2012.

1 Art. 70 VO Nr. 648/2012 (EMIR) **überträgt der EU-Kommission die Befugnis, delegierte Rechtsakte zu erlassen, die eine Änderung des Anhang II VO Nr. 648/2012 bewirken**. Der Anhang II VO Nr. 648/2012 umfasst die Liste der Koeffizienten mit denen die Grundbeträge der nach Art. 65 Abs. 1 VO Nr. 648/2012 zu verhängenden Geldbußen nötigenfalls unter Berücksichtigung etwaiger erschwerender oder mildernder Faktoren angepasst werden (Art. 65 Abs. 1 VO Nr. 648/2012). Das bedeutet, die Kommission hat auf diesem Weg die Möglichkeit, die grundsätzliche Ausrichtung der Festsetzung der Geldbußen gegenüber Transaktionsregistern zu beeinflussen. Mit dieser Möglichkeit der Anpassung dieser Koeffizienten für die Grundbeträge der Geldbußen im Anhang II VO Nr. 648/2012 soll den künftigen, derzeit nicht hinreichend vorhersehbaren Entwicklungen auf den Finanzmärkten Rechnung getragen werden. Entsprechend ist der Schwerpunkt des Einwirkens der Kommission auf die Geldbußen gegenüber Transaktionsregistern weniger der Aspekt des Umfangs des repressiven Einschreitens bei Verstößen, sondern insbesondere der (general-)präventive Aspekt durch die Anpassung der Koeffizienten für die Höhen der angedrohten Geldbußen durch delegierte Rechtsakte. So kann es für Transaktionsregister durchaus von Interesse sein, wenn ein erschwerender Koeffizient, wie z.B. Wiederholung von Verstößen, künftig mit einem besonders hohen Faktor bewertet wird.

2 Hierbei verweist die Ermächtigung in Art. 70 VO Nr. 648/2012 auf die **Regelungen des Art. 82 VO Nr. 648/2012**, der die Bedingungen für die Ausübung der auf die Kommission übertragenen Befugnisse regelt. Insoweit sind beispielsweise die Regelungen in Art. 82 Abs. 2–6 VO Nr. 648/2012 von Bedeutung, wonach die Befugnisübertragung auf unbestimmte Zeit bis zu ihrem Widerruf gilt, die Kommission vor Erlass eines entsprechenden delegierten Rechtsaktes nach Möglichkeit die ESMA konsultiert und mit Erlass des delegierten Rechtsaktes durch die Kommission das Europäische Parlament und der Rat informiert werden müssen. Die Regelung tritt zudem nur in Kraft, wenn weder das EU-Parlament noch der Rat innerhalb von grundsätzlich drei Monaten Einwände gegen die Regelung erhebt (vgl. auch Kommentierung zu Art. 82 VO Nr. 648/2012).

---

1 EuG v. 8.10.2008 – T-69/04, ECLI:EU:T:2008:415, Slg. 2008, II-2567 Rz. 246; zu den Literaturstimmen *Cremer* in Calliess/Ruffert, EUV/AEUV, 5. Aufl. 2016, Art. 261 AEUV Rz. 1 f.
2 Z.B. Art. 31 VO Nr. 1/2003, Art. 16 VO Nr. 139/2004, Art. 15 Abs. 5 VO Nr. 80/2009, vgl. *Booß* in Grabitz/Hilf/Nettesheim, Das Recht der Europäischen Union, Band III, Art. 261 AEUV Rz. 2.
3 *Dörr* in Grabitz/Hilf/Nettesheim, Das Recht der Europäischen Union, Band III, Art. 263 AEUV Rz. 196; *Schwarze* in Schwarze/Becker/Hatje/Schoo, 3. Aufl. 2012, Art. 261 AEUV Rz. 9.
4 EuG v. 12.12.2007 – T-101/05 und T-111/05, ECLI:EU:T:2007:380, Slg. 2007, II-4949 Rz. 24 und 223.
5 EuGH v. 16.11.2000 – C-248/98 P, ECLI:EU:C:2000:625, Slg. 2000, I-9641 Rz. 40; EuG v. 12.12.2007 – T-101/05 und T-111/05, ECLI:EU:T:2007:380, Slg. 2007, II-4949 Rz. 70; *Booß* in Grabitz/Hilf/Nettesheim, Das Recht der Europäischen Union, Band III, Art. 261 AEUV Rz. 14.
6 EuGH v. 20.3.1984 – 75/82 und 117/82, ECLI:EU:C:1984:116, Slg. 1984, 1509 Rz. 19; *Schwarze* in Schwarze/Becker/Hatje/Schoo, 3. Aufl. 2012, Art. 261 AEUV Rz. 11.
7 EuGH v. 17.12.1998 – C-185/95 P, ECLI:EU:C:1998:608, Slg. 1998, I-8417 Rz. 48, 129; EuGH v. 29.9.2011 – C-521/09 P, ECLI:EU:C:2011:620, Slg. 2010, I-8947 Rz. 180.
8 EuGH v. 17.12.1998 – C-185/95 P, ECLI:EU:C:1998:608, Slg. 1998, I-8417 Rz. 48, 141 f.

Art. 71 Widerruf der Registrierung

(1) Unbeschadet des Artikels 73 widerruft die ESMA die Registrierung eines Transaktionsregisters, wenn das Transaktionsregister
a) ausdrücklich auf die Registrierung verzichtet oder in den letzten sechs Monaten keine Dienstleistungen erbracht hat;
b) die Registrierung aufgrund falscher Erklärungen oder auf sonstige rechtswidrige Weise erlangt hat oder
c) die an die Registrierung geknüpften Voraussetzungen nicht mehr erfüllt.

(2) Die ESMA teilt der jeweils zuständigen Behörde nach Artikel 57 Absatz 1 unverzüglich ihren Beschluss mit, die Registrierung eines Transaktionsregisters zu widerrufen.

(3) Vertritt die zuständige Behörde eines Mitgliedstaats, in dem das Transaktionsregister seine Dienstleistungen und Tätigkeiten erbringt, die Auffassung, dass eine der Bedingungen des Absatzes 1 erfüllt ist, kann sie die ESMA auffordern zu überprüfen, ob die Bedingungen für den Widerruf der Registrierung des betreffenden Transaktionsregisters erfüllt sind. Beschließt die ESMA, die Registrierung des betreffenden Transaktionsregisters nicht zu widerrufen, so begründet sie dies umfassend.

(4) Die in Absatz 3 genannte zuständige Behörde ist die gemäß Artikel 22 benannte Behörde.

In der Fassung vom 4.7.2012 (ABl. EU Nr. L 201 v. 27.7.2012, S. 1).

Schrifttum: S. Art. 55 VO Nr. 648/2012.

I. Gründe des Widerrufs der Registrierung (Art. 71 Abs. 1 VO Nr. 648/2012) 1	III. Ersuchen auf Prüfung des Widerrufs der Registrierung (Art. 71 Abs. 3 und 4 VO Nr. 648/2012) 10
II. Information der zuständigen Behörde (Art. 71 Abs. 2 VO Nr. 648/2012) 9	

I. Gründe des Widerrufs der Registrierung (Art. 71 Abs. 1 VO Nr. 648/2012). Eine Registrierung eines Transaktionsregisters nach Art. 55 ff. VO Nr. 648/2012 (EMIR) kann von der ESMA wiederrufen werden, wenn hinreichende **Gründe für einen Widerruf** vorliegen. Nach Art. 71 Abs. 1 VO Nr. 648/2012 widerruft die ESMA die Registrierung eines Transaktionsregisters, wenn das Transaktionsregister 1

a) ausdrücklich auf die Registrierung verzichtet oder in den letzten sechs Monaten keine Dienstleistungen erbracht hat;
b) die Registrierung aufgrund falscher Erklärungen oder auf sonstige rechtswidrige Weise erlangt hat oder
c) die an die Registrierung geknüpften Voraussetzungen nicht mehr erfüllt.

Der **Verzicht auf die Registrierung** durch das Transaktionsregister dürfte die am wenigsten streitbefangene Fallkonstellation des Widerrufs der Registrierung sein. Nach deutschem Verwaltungsrecht kommt hier sogar eine Erledigung des ursprünglichen Verwaltungsakts in Betracht, ohne dass es dann noch einer Aufhebung des begünstigenden Verwaltungsakts bedarf[1]. 2

Die Regelung eines Widerrufgrundes für die Registrierung, wenn das Transaktionsregister in den **letzten sechs Monaten keine Dienstleistungen erbracht**, entspricht der gleichen Überlegung wie bei der Schaffung des Aufhebungsgrunds für die KWG-Erlaubnis, wenn der Geschäftsbetrieb, auf den sich die Erlaubnis bezieht, seit mehr als sechs Monaten nicht mehr ausgeübt worden ist (§ 35 Abs. 2 Satz 1 KWG). Durch diese Widerrufsregelung soll das Vorhalten ungenutzter Mäntel mit einer Registratur oder Zulassung vermieden und die Übersicht über den Bestand erleichtert werden[2]. Die Regelung, dass ein Widerrufsgrund vorliegt, wenn das Transaktionsregister in den letzten sechs Monaten keine Dienstleistungen erbracht hat, bezieht sich auf die Tätigkeit als Transaktionsregister. Andere Tätigkeiten der juristischen Person, die keinen Bezug zu der Dienstleistung als Transaktionsregister haben, vermögen das Entstehen des Widerrufsgrundes nicht verhindern[3]. Demgegenüber kann das rechtzeitige Beenden des Ruhens, auch wenn die 6-Monats-Frist schon überschritten ist, den Widerrufsgrund wieder beseitigen. Dies kann eintreten, wenn die ESMA bis zu dem Zeitpunkt noch nicht tätig geworden ist, zu dem das Transaktionsregister wieder entsprechende Dienstleistungen erbringt[4]. 3

---

1 Vgl. z.B. *Ramsauer* in Kopp/Ramsauer, § 43 VwVfG Rz. 41a: Erledigung eines begünstigenden Verwaltungsakts, deren Bestand nicht auch im öffentlichen Interesse oder im rechtlich geschützten Interesse Dritter liegt.
2 Vgl. zu § 35 KWG: *Fischer/Müller* in Boos/Fischer/Schulte-Mattler, KWG, CRR-VO, § 35 KWG Rz. 16; *Reischauer/Kleinhans*, § 35 KWG Rz. 1 und 9 mit Hinweis auf Bericht des Wirtschaftsausschusses – Bericht des Abgeordneten Ruland vom 13.3.1961, zu BT-Drucks. 3/2563, 14 (http://dip21.bundestag.de/dip21/btd/03/025/0302563zu.pdf).
3 Vgl. zu § 35 KWG: *Fischer/Müller* in Boos/Fischer/Schulte-Mattler, KWG, CRR-VO, § 35 KWG Rz. 17; *Reischauer/Kleinhans*, § 35 KWG Rz. 9.
4 Vgl. zu § 35 KWG: *Fischer/Müller* in Boos/Fischer/Schulte-Mattler, KWG, CRR-VO, § 35 KWG Rz. 19.

Art. 71 VO Nr. 648/2012 | Widerruf der Registrierung

4 Soweit das Transaktionsregister die **Registrierung aufgrund falscher Erklärungen oder auf sonstige rechtswidrige Weise erlangt** hat, liegt ein weiterer Widerrufsgrund vor. Dieser Grund ist vergleichbar mit der Rücknahme eines rechtswidrigen Verwaltungsakts nach § 48 Abs. 2 VwVfG. In einem solchen Fall soll das Transaktionsregister keinen Vorteil aus seinem rechtswidrigen Handeln ziehen können, insbesondere besteht auch kein schutzwürdiges Vertrauen in das Fortbestehen der Begünstigung in Form der Registrierung.

5 Ein weiterer Widerrufsgrund liegt dann vor, wenn das Transaktionsregister die **an die Registrierung geknüpften Voraussetzungen nicht mehr erfüllt**. Dieser Widerrufsgrund greift die Regelung in Art. 55 Abs. 4 VO Nr. 648/2012 auf, dass ein registriertes Transaktionsregister zu jedem Zeitpunkt die Voraussetzungen der Registrierung erfüllen muss und komplettiert diese Regelung mit einer Reaktionsmöglichkeit für die ESMA. Nicht ganz klar wird aus der Formulierung, ob der Widerrufsgrund gegeben ist, wenn die Voraussetzungen vom Transaktionsregister einmalig nicht erfüllt werden oder wenn davon auszugehen ist, dass das Transaktionsregister dauerhaft die Voraussetzungen nicht mehr erfüllt. Mit Blick auf die in Art. 73 VO Nr. 648/2012 geregelten Aufsichtsmaßnahmen der ESMA und auf die Bedeutung des Widerrufs der Registrierung ist davon auszugehen, dass der Widerrufsgrund dann vorliegt, wenn davon auszugehen ist, dass das Transaktionsregister in absehbarer Zeit oder auf Dauer die Voraussetzungen für die Registrierung nicht erfüllt.

6 Soweit ein Transaktionsregister die Voraussetzungen für eine Registrierung nicht mehr erfüllt, kann dies auch einen der im Anhang I VO Nr. 648/2012 aufgeführten Verstöße verwirklichen, so dass auch eine Aufsichtsmaßnahme der ESMA nach Art. 73 VO Nr. 648/2012 in Betracht kommen würde. Insoweit stellt Art. 71 Abs. 1 VO Nr. 648/2012 klar, dass der **Widerrufsgrund nach Art. 71 VO Nr. 648/2012 unbeschadet der Widerrufsmöglichkeiten nach Art. 73 VO Nr. 648/2012** besteht. Im Vergleich dieser beiden Vorschriften zeigt sich ein fließender Übergang zwischen den verschiedenen Reaktionsmöglichkeiten.

7 Im Fall des Vorliegens eines Widerrufsgrundes geht Art. 71 Abs. 1 VO Nr. 648/2012 davon aus, dass die ESMA die Registrierung widerruft. Die Regelung ist also nicht als Handlungsmöglichkeit – im Sinne des deutschen Verwaltungsrechts als Ermessensentscheidung – formuliert, sondern als zwingende Reaktion der ESMA – als **gebundene Entscheidung**: „die ESMA widerruft die Registrierung".

8 Wie auch die Entscheidung über die Registrierung (vgl. Art. 58 VO Nr. 648/2012) ergeht auch der Widerruf der Registrierung **als Beschluss der ESMA**, der mit den Rechtsmitteln nach Art. 60, 61 VO Nr. 1095/2010 überprüft werden kann.

9 **II. Information der zuständigen Behörde (Art. 71 Abs. 2 VO Nr. 648/2012).** Die ESMA **teilt ihren Beschluss über den Widerruf** der Registrierung eines Transaktionsregisters **unverzüglich der jeweils zuständigen Behörde nach Art. 57 Abs. 1 VO Nr. 648/2012 mit**. Das ist die zuständige Behörde des Mitgliedstaates, in dem das Transaktionsregister niedergelassen ist und dort anderweitig zugelassen oder registriert wurde. Da diese zuständige Behörde im Rahmen des Registrierungsverfahrens schon konsultiert wurde, liegen die Kenntnisse über die anderweitige Zulassung oder Registrierung vor, so dass eine Mitteilung unverzüglich möglich ist. Die Gründe für den Widerruf der Registrierung eines Transaktionsregisters können bei der zuständigen Behörde des Mitgliedstaates, in dem das Transaktionsregister ansässig ist, Grund für weiter Prüfungen in Bezug auf die dort bestehende Zulassung oder Registrierung sein.

10 **III. Ersuchen auf Prüfung des Widerrufs der Registrierung (Art. 71 Abs. 3 und 4 VO Nr. 648/2012).** Nach Art. 71 Abs. 3 VO Nr. 648/2012 haben die zuständigen Behörden der Mitgliedstaaten die Möglichkeit, **die ESMA zur Überprüfung des Widerrufs zu ersuchen**. Hierzu führt der Erwägungsgrund 81 VO Nr. 648/2012 aus: „Es muss sichergestellt werden, dass die zuständigen Behörden die ESMA ersuchen können, zu überprüfen, ob die Bedingungen für den Widerruf der Registrierung eines Transaktionsregisters erfüllt sind. Die ESMA sollte diese Ersuchen prüfen und gegebenenfalls zweckmäßige Maßnahmen ergreifen."

11 Zu diesem Ersuchen ist die zuständige Behörde eines Mitgliedstaates berechtigt. **Zuständige Behörde** bedeutet in diesem Zusammenhang die gem. Art. 22 VO Nr. 648/2012 benannte Behörde (vgl. Art. 71 Abs. 4 VO Nr. 648/2012). Die Berechtigung ist des Weiteren begrenzt auf die zuständige Behörde des **Mitgliedstaats, in dem das Transaktionsregister seine Dienstleistungen und Tätigkeiten erbringt**. Der Kreis der berechtigten Behörden ist somit wesentlich anders gefasst als z.B. nach Art. 57 VO Nr. 648/2012.

12 Diese zuständige **nationale Behörde kann die ESMA auffordern zu überprüfen, ob die Voraussetzungen für den Widerruf** der Registrierung des betreffenden Transaktionsregisters **erfüllt sind**. Die Voraussetzung hierfür ist, dass die zuständige nationale Behörde zur Auffassung gelangt ist, dass eine der Voraussetzungen des Art. 71 Abs. 1 VO Nr. 648/2012 erfüllt ist. Die zuständige Behörde hat daher gegenüber der ESMA die tatsächlichen Grundlagen und ihre wesentlichen rechtlichen Überlegungen darzulegen, die sie zur Auffassung des Vorliegens eines Widerrufsgrundes hat kommen lassen. Eine solche hinreichende Darlegung wäre aber auch aufgrund des verpflichtenden Informationsaustausches nach Art. 84 VO Nr. 648/2012 angezeigt.

13 Aufgrund des Ersuchens der zuständigen Behörde ist die **ESMA angehalten, den Sachverhalt zu prüfen**. Ein Ergebnis der Prüfung ist hierbei nicht vorgegeben. Kommt die ESMA bei ihrer Prüfung zu dem Ergebnis, dass die Registrierung des betreffenden Transaktionsregisters nicht zu widerrufen ist, so begründet sie dies gem.

Art. 71 Abs. 3 Satz 2 VO Nr. 648/2012 umfassend. Die Regelung der EMIR führt nicht aus, wem gegenüber diese umfassende Begründung zu erfolgen hat. Aus dem Zusammenhang heraus, kann es sich nur um eine Begründung gegenüber der ersuchenden zuständigen Behörde handeln. Eine Begründung gegenüber dem Transaktionsregister würde wenig Sinn ergeben. Eine interne Dokumentation des Entscheidungsprozesses sollte selbstverständlich sein.

Art. 72 Gebühren für die Beaufsichtigung

(1) Die ESMA stellt den Transaktionsregistern gemäß dieser Verordnung und gemäß den nach Absatz 3 erlassenen delegierten Rechtsakten Gebühren in Rechnung. Diese Gebühren decken die Aufwendungen der ESMA im Zusammenhang mit der Registrierung und Beaufsichtigung von Transaktionsregistern und die Erstattung der Kosten, die den zuständigen Behörden bei Durchführung von Arbeiten nach dieser Verordnung – insbesondere infolge einer Delegierung von Aufgaben nach Artikel 74 – entstehen können, voll ab.

(2) Die Höhe einer von einem Transaktionsregister zu entrichtenden Gebühr deckt alle Verwaltungskosten der ESMA im Zusammenhang mit ihren Registrierungs- und Beaufsichtigungstätigkeiten ab und steht in einem angemessenen Verhältnis zum Umsatz des betreffenden Transaktionsregisters.

(3) Die Kommission erlässt einen delegierten Rechtsakt nach Artikel 82, durch den die Art der Gebühren, die Tatbestände, für die Gebühren zu entrichten sind, die Höhe der Gebühren und die Art und Weise, wie sie zu zahlen sind, genauer festgelegt werden.

In der Fassung vom 4.7.2012 (ABl. EU Nr. L 201 v. 27.7.2012, S. 1).

**Delegierte Verordnung (EU) Nr. 1003/2013 der Kommission vom 12. Juli 2013
zur Ergänzung der Verordnung (EU) Nr. 648/2012 des Europäischen Parlaments und des Rates in Bezug
auf die Gebühren, die den Transaktionsregistern von der Europäischen Wertpapier- und Marktaufsichtsbehörde in
Rechnung gestellt werden**

Art. 1 Gegenstand

Diese Verordnung legt Bestimmungen für die Gebühren fest, die die Europäische Wertpapier- und Marktaufsichtsbehörde (ESMA) Transaktionsregistern für deren Registrierung, Beaufsichtigung und Anerkennung in Rechnung stellt.

In der Fassung vom 12.7.2013 (ABl. EU Nr. L 279 v. 19.10.2013, S. 4).

Art. 2 Vollständige Abgeltung der Aufsichtskosten

Die den Transaktionsregistern in Rechnung gestellten Gebühren decken Folgendes ab:
a) sämtliche Kosten für ihre Registrierung und Beaufsichtigung durch die ESMA gemäß der Verordnung (EU) Nr. 648/2012, einschließlich der im Zusammenhang mit ihrer Anerkennung anfallenden Kosten;
b) sämtliche Kosten für die Rückvergütungen an die zuständigen Behörden, die insbesondere infolge einer Delegierung von Aufgaben nach Artikel 74 der Verordnung (EU) Nr. 648/2012 Arbeiten gemäß der Verordnung (EU) Nr. 648/2012 durchführen.

In der Fassung vom 12.7.2013 (ABl. EU Nr. L 279 v. 19.10.2013, S. 4).

Art. 3 Zugrunde zu legender Umsatz

(1) Der zugrunde zu legende Umsatz eines Transaktionsregisters in einem Geschäftsjahr (n) entspricht der Summe aus jeweils einem Drittel
a) der im geprüften Abschluss des Vorjahres (n-1) ausgewiesenen Einnahmen des Transaktionsregisters aus seinen Kerntätigkeiten, d. h. der zentralen Sammlung und Verwahrung von Aufzeichnungen zu Derivaten, geteilt durch die im Vorjahr (n-1) von allen registrierten Transaktionsregistern mit ihren Kerntätigkeiten, d. h. der zentralen Sammlung und Verwahrung von Aufzeichnungen zu Derivaten, erzielten Gesamteinnahmen;
b) der Zahl der im Vorjahr (n-1) an das Transaktionsregister gemeldeten Transaktionen, geteilt durch die Gesamtzahl der im Vorjahr (n-1) an registrierte Transaktionsregister gemeldeten Transaktionen;
c) der Zahl der erfassten, am 31. Dezember des Vorjahres (n-1) ausstehenden Transaktionen, geteilt durch die Gesamtzahl der am 31. Dezember des Vorjahres (n-1) in allen registrierten Transaktionsregistern erfassten ausstehenden Transaktionen.

Der zugrunde zu legende Umsatz eines bestimmten Transaktionsregisters („TRi" in der nachstehenden Formel) gemäß Unterabsatz 1 wird wie folgt berechnet:

$$\frac{1}{3} \times \frac{\text{Einnahmen Kertätigkeiten TRi}}{\sum \text{Einnahmen Kertätigkeiten alle TR}} + \frac{1}{3} \times \frac{\text{gemeldete Transaktionen TRi}}{\sum \text{gemeldete Transaktionen alle TR}} + \frac{1}{3} \times \frac{\text{ausstehende Transaktion TRi}}{\sum \text{ausstehende Transaktionen alle TRi}}$$

(2) War das Transaktionsregister nicht während des gesamten Jahres (n-1) tätig, wird der zugrunde zu legende Umsatz anhand der in Absatz 1 genannten Formel durch Extrapolierung der für die Zahl der Monate, in denen das Transaktions-

Art. 72 VO Nr. 648/2012 | Gebühren für die Beaufsichtigung

register im Jahr (n-1) tätig war, berechneten Werte für das Transaktionsregister und jede der in Absatz 1 Buchstaben a, b und c genannten Komponenten auf das gesamte Jahr (n-1) geschätzt.

In der Fassung vom 12.7.2013 (ABl. EU Nr. L 279 v. 19.10.2013, S. 4).

Art. 4 Gebührenanpassung

(1) Die Höhe der Transaktionsregistern in Rechnung zu stellenden Gebühren wird so festgesetzt, dass signifikante Defizite oder Überschüsse vermieden werden.

Werden wiederholt signifikante Überschüsse oder Defizite verzeichnet, überprüft die Kommission die Höhe der Gebühren.

(2) Reichen die den Transaktionsregistern im Jahr (n) in Rechnung gestellten Gebühren nicht aus, um sämtliche notwendigen Ausgaben der ESMA für die Registrierung, Beaufsichtigung und Anerkennung von Transaktionsregistern zu decken, erhöht die ESMA im Jahr (n + 1) die Aufsichtsgebühren, die den während des gesamten Jahres (n) registrierten und im Jahr (n + 1) immer noch registrierten Transaktionsregistern in Rechnung gestellt werden, um den erforderlichen Betrag.

(3) Die Anpassung der Gebühren zur Deckung von Defiziten gemäß Absatz 2 wird für jedes Transaktionsregister individuell im Verhältnis zu seinem zugrunde zu legenden Umsatz im Jahr (n) berechnet.

In der Fassung vom 12.7.2013 (ABl. EU Nr. L 279 v. 19.10.2013, S. 4).

Art. 5 Gebührenarten

(1) In der Union niedergelassenen Transaktionsregistern, die eine Registrierung gemäß Artikel 55 Absatz 1 der Verordnung (EU) Nr. 648/2012 beantragen, werden folgende Gebühren in Rechnung gestellt:
a) Registrierungsgebühren gemäß Artikel 6;
b) Jahresaufsichtsgebühren gemäß Artikel 7.

(2) In Drittstaaten ansässigen Transaktionsregistern, die eine Anerkennung gemäß Artikel 77 Absatz 1 der Verordnung (EU) Nr. 648/2012 beantragen, werden folgende Gebühren in Rechnung gestellt:
a) Anerkennungsgebühren gemäß Artikel 8 Absatz 1;
b) Jahresaufsichtsgebühren für anerkannte Transaktionsregister gemäß Artikel 8 Absatz 2.

In der Fassung vom 12.7.2013 (ABl. EU Nr. L 279 v. 19.10.2013, S. 4).

Art. 6 Registrierungsgebühr

(1) Die von einem antragstellenden Transaktionsregister zu entrichtende Registrierungsgebühr berechnet sich nach dem für die Bewertung und Prüfung des Antrags erforderlichen Aufsichtsaufwand sowie nach dem erwarteten Gesamtumsatz des Transaktionsregisters gemäß den Absätzen 2 bis 6.

(2) In die Berechnung der Registrierungsgebühr werden folgende Tätigkeiten des Transaktionsregisters einbezogen:
a) Nebendienstleistungen, wie Geschäftsbestätigung, Geschäftsabgleich, Dienstleistungen bei Kreditereignissen, Portfolioabgleich oder Portfoliokomprimierung;
b) Registerdienste für drei oder mehr Kategorien von Derivaten.

(3) Für die Zwecke des Absatzes 2 wird in folgenden Fällen davon ausgegangen, dass ein Transaktionsregister Nebendienstleistungen anbietet:
a) wenn es direkte Nebendienstleistungen erbringt;
b) wenn eine Einrichtung, die derselben Gruppe wie das Transaktionsregister angehört, indirekte Nebendienstleistungen erbringt;
c) wenn eine Einrichtung, mit der das Transaktionsregister im Zusammenhang mit dem Handels- oder Nachhandelsprozess oder -geschäftsbereich eine Vereinbarung über Zusammenarbeit bei der Erbringung von Dienstleistungen geschlossen hat, die Nebendienstleistungen erbringt.

(4) Geht ein Transaktionsregister keiner der in Absatz 2 genannten Tätigkeiten nach, wird von einem zu erwartenden geringen Gesamtumsatz ausgegangen und ihm eine Registrierungsgebühr von 45 000 EUR in Rechnung gestellt.

(5) Geht ein Transaktionsregister einer der beiden in Absatz 2 genannten Tätigkeiten nach, wird von einem zu erwartenden mittleren Gesamtumsatz ausgegangen und ihm eine Registrierungsgebühr von 65 000 EUR in Rechnung gestellt.

(6) Geht ein Transaktionsregister beiden der in Absatz 2 genannten Tätigkeiten nach, wird von einem zu erwartenden hohen Gesamtumsatz ausgegangen und ihm eine Registrierungsgebühr von 100 000 EUR in Rechnung gestellt.

(7) Im Falle einer wesentlichen Änderung bezüglich der erbrachten Dienstleistungen, die dazu führt, dass ein Transaktionsregister gemäß den Absätzen 4, 5 und 6 eine höhere Registrierungsgebühr als die ursprünglich gezahlte zu entrichten hat, wird dem Transaktionsregister die Differenz zwischen der bereits gezahlten Registrierungsgebühr und der sich aufgrund der Änderung ergebenden höheren Registrierungsgebühr in Rechnung gestellt.

In der Fassung vom 12.7.2013 (ABl. EU Nr. L 279 v. 19.10.2013, S. 4).

Art. 7 Jahresaufsichtsgebühr für registrierte Transaktionsregister

(1) Einem registrierten Transaktionsregister wird eine Jahresaufsichtsgebühr in Rechnung gestellt.

(2) Die Gesamtjahresaufsichtsgebühr für ein Geschäftsjahr (n) wird wie folgt berechnet:

a) Grundlage für die Berechnung der Gesamtjahresaufsichtsgebühr für ein Geschäftsjahr (n) ist der gemäß Artikel 63 der Verordnung (EU) Nr. 1095/2010 aufgestellte und genehmigte, im ESMA-Haushalt für das betreffende Jahr enthaltene Voranschlag der Ausgaben für die Beaufsichtigung von Transaktionsregistern.
b) Die Gesamtjahresaufsichtsgebühr für ein Geschäftsjahr (n) wird berechnet, indem von den gemäß Buchstabe a veranschlagten Ausgaben Folgendes abgezogen wird:
   i) der Gesamtbetrag der in einem Geschäftsjahr (n) gemäß Artikel 6 von Transaktionsregistern gezahlten Registrierungsgebühren und der im Geschäftsjahr (n) von bereits registrierten Transaktionsregistern bei einer wesentlichen Änderung im Sinne von Artikel 6 Absatz 7 gezahlten zusätzlichen Registrierungsgebühren;
   ii) der Gesamtbetrag der im Geschäftsjahr (n) gemäß Artikel 8 von Transaktionsregistern aus Drittstaaten gezahlten Anerkennungsgebühren;
   iii) die von Transaktionsregistern in einem Geschäftsjahr (n) gemäß Absatz 4 zu zahlende anfängliche Aufsichtsgebühr.
c) Ein registriertes Transaktionsregister zahlt eine Jahresaufsichtsgebühr, deren Höhe sich durch Aufteilung der gemäß Buchstabe b berechneten Gesamtjahresaufsichtsgebühr auf alle im Jahr (n-1) registrierten Transaktionsregister im Verhältnis zum Anteil des zugrunde zu legenden Umsatzes des Transaktionsregisters an dem gemäß Artikel 3 Absatz 1 berechneten Gesamtumsatz aller registrierten Transaktionsregister sowie durch Anpassungen gemäß Artikel 4 Absätze 2 und 3 ergibt.

(3) In keinem Fall beträgt die von einem Transaktionsregister zu zahlende Jahresaufsichtsgebühr weniger als 30 000 EUR.

(4) Abweichend von den Absätzen 2 und 3 zahlt ein registriertes Transaktionsregister im Jahr seiner Registrierung eine anfängliche Aufsichtsgebühr in Höhe des niedrigeren der beiden folgenden Beträge:
a) Registrierungsgebühr gemäß Artikel 6;
b) Registrierungsgebühr gemäß Artikel 6, multipliziert mit dem Quotienten aus der Zahl der Arbeitstage ab dem Tag der Registrierung bis zum Jahresende und 60 Arbeitstagen.

Die Berechnung erfolgt anhand nachstehender Formel:

$$\text{Aufsichtsgebühr TR Jahr 1} = \text{Min (Registrierungsgebühr TR, Registrierungsgebühr TR} \times \text{Koeffizient)}$$

$$\text{Koeffizient} = \frac{\text{Arbeitstage Aufsicht Jahr 1}}{60}$$

In der Fassung vom 12.7.2013 (ABl. EU Nr. L 279 v. 19.10.2013, S. 4).

Art. 8 Gebühr für die Anerkennung von Transaktionsregistern in Drittstaaten

(1) Ein Transaktionsregister, das einen Antrag auf Anerkennung stellt, zahlt eine Antragsgebühr, deren Höhe der Summe folgender Beträge entspricht:
a) EUR 20 000;
b) Betrag, der sich bei Aufteilung des Betrags von 35 000 EUR auf alle in ein und demselben Drittstaat ansässigen Transaktionsregister ergibt, die entweder von der ESMA anerkannt wurden oder eine Anerkennung beantragt haben, aber noch nicht anerkannt wurden.

(2) Ein gemäß Artikel 77 Absatz 1 der Verordnung (EU) Nr. 648/2012 anerkanntes Transaktionsregister zahlt eine Jahresaufsichtsgebühr von 5 000 EUR.

In der Fassung vom 12.7.2013 (ABl. EU Nr. L 279 v. 19.10.2013, S. 4).

Art. 9 Allgemeine Zahlungsmodalitäten

(1) Alle Gebühren sind in Euro zu entrichten. Die Zahlung erfolgt im Einklang mit den Artikeln 10, 11 und 12.

(2) Bei Zahlungsverzug wird eine tägliche Strafe von 0,1 % des geschuldeten Betrags in Rechnung gestellt.

In der Fassung vom 12.7.2013 (ABl. EU Nr. L 279 v. 19.10.2013, S. 4).

Art. 10 Zahlung der Registrierungsgebühren

(1) Die Registrierungsgebühren gemäß Artikel 6 sind in voller Höhe zum Zeitpunkt der Beantragung der Anerkennung durch das Transaktionsregister zahlbar.

(2) Registrierungsgebühren werden nicht zurückerstattet, wenn ein Transaktionsregister seinen Registrierungsantrag zurückzieht, bevor die ESMA den begründeten Beschluss über die Registrierung oder die Ablehnung der Registrierung erlässt, oder wenn die Registrierung abgelehnt wird.

In der Fassung vom 12.7.2013 (ABl. EU Nr. L 279 v. 19.10.2013, S. 4).

Art. 11 Zahlung der Jahresaufsichtsgebühren

(1) Die in Artikel 7 genannte Jahresaufsichtsgebühr für ein bestimmtes Geschäftsjahr wird in zwei Tranchen gezahlt. Die erste Tranche in Höhe von zwei Dritteln der veranschlagten Jahresaufsichtsgebühr ist am 28. Februar des betreffenden Jahres fällig. Sind die zugrunde zu legenden, gemäß Artikel 3 ermittelten Umsatzzahlen zu diesem Zeitpunkt noch nicht verfügbar, wird der Umsatz auf der Grundlage der letzten gemäß Artikel 3 ermittelten verfügbaren Umsatzzahlen berechnet.

Art. 72 VO Nr. 648/2012 | Gebühren für die Beaufsichtigung

Die zweite Tranche ist am 31. August fällig. Die Höhe der zweiten Tranche entspricht der gemäß Artikel 7 berechneten Jahresaufsichtsgebühr abzüglich der Höhe der ersten Tranche.

(2) Die ESMA übermittelt den Transaktionsregistern die Zahlungsaufforderungen für die fälligen Tranchen spätestens 30 Tage vor dem jeweiligen Zahlungstermin.

In der Fassung vom 12.7.2013 (ABl. EU Nr. L 279 v. 19.10.2013, S. 4).

Art. 12 Zahlung von Anerkennungsgebühren

(1) Die Anerkennungsgebühren gemäß Artikel 8 Absatz 1 sind zum Zeitpunkt der Beantragung der Anerkennung durch das Transaktionsregister in voller Höhe zahlbar. Sie werden nicht zurückerstattet.

(2) Sobald ein neuer Antrag auf Anerkennung eines in einem Drittstaat ansässigen Transaktionsregisters gestellt wird, nimmt die ESMA eine Neuberechnung des in Artikel 8 Absatz 1 Buchstabe b genannten Betrags vor.

Die ESMA erstattet die Differenz zwischen dem gemäß Artikel 8 Absatz 1 Buchstabe b in Rechnung gestellten Betrag und dem sich aus der Neuberechnung ergebenden Betrag zu gleichen Teilen an die bereits anerkannten Transaktionsregister im betreffenden Drittstaat. Der Differenzbetrag wird entweder direkt ausgezahlt oder von den im Folgejahr in Rechnung gestellten Gebühren abgezogen.

(3) Die Jahresaufsichtsgebühr für ein anerkanntes Transaktionsregister ist Ende Februar des jeweiligen Geschäftsjahres fällig. Spätestens 30 Tage vor diesem Termin übermittelt die ESMA dem anerkannten Transaktionsregister die Zahlungsaufforderung.

In der Fassung vom 12.7.2013 (ABl. EU Nr. L 279 v. 19.10.2013, S. 4).

Art. 13 Rückvergütung an die zuständigen Behörden

(1) Nur die ESMA stellt Transaktionsregistern Gebühren für deren Registrierung, Beaufsichtigung und Anerkennung in Rechnung.

(2) Die ESMA erstattet einer zuständigen Behörde die tatsächlichen Kosten, die infolge der Ausführung von Aufgaben gemäß der Verordnung (EG) Nr. 648/2012 und insbesondere infolge einer Delegierung von Aufgaben gemäß Artikel 74 der Verordnung (EU) Nr. 648/2012 angefallen sind.

In der Fassung vom 12.7.2013 (ABl. EU Nr. L 279 v. 19.10.2013, S. 4).

Art. 14 Gebühren für 2013

(1) Transaktionsregister, die im Jahr 2013 eine Registrierung beantragen, zahlen die Registrierungsgebühr gemäß Artikel 6 in voller Höhe binnen 30 Tagen nach Inkrafttreten dieser Verordnung oder zum Zeitpunkt der Einreichung des Registrierungsantrags – je nachdem, welcher Zeitpunkt der spätere ist.

(2) Im Jahr 2013 registrierte Transaktionsregister zahlen für 2013 eine anfängliche – im Einklang mit Artikel 7 Absatz 4 berechnete – Jahresaufsichtsgebühr in voller Höhe binnen 60 Tagen nach Inkrafttreten dieser Verordnung oder 30 Tage nach Erlass des Beschlusses über die Registrierung – je nachdem, welcher Zeitpunkt der spätere ist.

(3) In Drittstaaten ansässige Transaktionsregister, die im Jahr 2013 eine Anerkennung beantragen, zahlen die Anerkennungsgebühr gemäß Artikel 8 Absatz 1 in voller Höhe binnen 30 Tagen nach Inkrafttreten dieser Verordnung oder zum Zeitpunkt der Einreichung des Antrags – je nachdem, welcher Zeitpunkt der spätere ist.

(4) Im Jahr 2013 anerkannte Transaktionsregister in Drittstaaten zahlen für 2013 eine anfängliche – im Einklang mit Artikel 8 Absatz 1 berechnete – Jahresaufsichtsgebühr in voller Höhe binnen 60 Tagen nach Inkrafttreten dieser Verordnung oder 30 Tagen nach Erlass des Beschlusses über die Anerkennung – je nachdem, welcher Zeitpunkt der spätere ist.

In der Fassung vom 12.7.2013 (ABl. EU Nr. L 279 v. 19.10.2013, S. 4).

Art. 15 Jahresaufsichtsgebühr 2014 für im Jahr 2013 registrierte Transaktionsregister

(1) Den im Jahr 2013 registrierten Transaktionsregistern wird für 2014 eine Jahresaufsichtsgebühr in Rechnung gestellt, die im Einklang mit Artikel 7 auf der Basis ihres zugrunde zu legenden Umsatzes zwischen dem 1. Januar 2014 und dem 30. Juni 2014 gemäß Absatz 2 berechnet wird.

(2) Für die Zwecke der Berechnung der Aufsichtsgebühren, die von im Jahr 2013 registrierten Transaktionsregistern im Einklang mit Artikel 7 für 2014 zu entrichten sind, entspricht der zugrunde zu legende Umsatz eines Transaktionsregisters der Summe aus jeweils einem Drittel

a) der Einnahmen des Transaktionsregisters aus seinen Kerntätigkeiten, d. h. der zentralen Sammlung und Verwahrung von Aufzeichnungen zu Derivaten, im Zeitraum vom 1. Januar 2014 bis zum 30. Juni 2014, geteilt durch die von allen registrierten Transaktionsregistern mit ihren Kerntätigkeiten, d. h. der zentralen Sammlung und Verwahrung von Aufzeichnungen zu Derivaten, im Zeitraum vom 1. Januar 2014 bis zum 30. Juni 2014 erzielten Gesamteinnahmen;

b) der Zahl der im Zeitraum vom 1. Januar 2014 bis zum 30. Juni 2014 an das Transaktionsregister gemeldeten Transaktionen, geteilt durch die Gesamtzahl der im Zeitraum vom 1. Januar 2014 bis zum 30. Juni 2014 an alle registrierten Transaktionsregister gemeldeten Transaktionen;

c) der Zahl der erfassten, am 30. Juni 2014 ausstehenden Transaktionen, geteilt durch die Gesamtzahl der am 30. Juni 2014 in allen registrierten Transaktionsregistern erfassten ausstehenden Transaktionen.

(3) Die Jahresaufsichtsgebühr 2014 für im Jahr 2013 registrierte Transaktionsregister ist in zwei Tranchen zu zahlen.

Die erste Tranche – in Höhe der gemäß Artikel 6 vom Transaktionsregister im Jahr 2013 gezahlten Registrierungsgebühr – ist am 28. Februar 2014 fällig.

Die zweite Tranche ist am 31. August fällig. Die Höhe der zweiten Tranche entspricht der gemäß den Absätzen 1 und 2 berechneten Jahresaufsichtsgebühr, abzüglich der Höhe der ersten Tranche.

Ist der von einem Transaktionsregister als erste Tranche gezahlte Betrag höher als die gemäß den Absätzen 1 und 2 berechnete Jahresaufsichtsgebühr, erstattet die ESMA dem Transaktionsregister die Differenz zwischen dem als erste Tranche gezahlten Betrag und der gemäß den Absätzen 1 und 2 berechneten Jahresaufsichtsgebühr.

(4) Die ESMA übermittelt den im Jahr 2013 registrierten Transaktionsregistern die Zahlungsaufforderungen für die Tranchen der Jahresaufsichtsgebühr 2014 spätestens 30 Tage vor dem jeweiligen Zahlungstermin.

(5) Sobald der geprüfte Abschluss für 2014 vorliegt, erstatten die im Jahr 2013 registrierten Transaktionsregister der ESMA Bericht über etwaige sich aus der Differenz zwischen den endgültigen Daten und den bei der Berechnung zugrunde gelegten vorläufigen Daten ergebende Änderungen der in Absatz 2 Buchstaben a, b und c genannten Indikatoren, die für die Berechnung des zugrunde zu legenden Umsatzes gemäß Absatz 2 herangezogen werden.

Den Transaktionsregistern wird die Differenz zwischen der für 2014 tatsächlich gezahlten Jahresaufsichtsgebühr und der Jahresaufsichtsgebühr 2014 in Rechnung gestellt, die infolge etwaiger Änderungen der in Absatz 2 Buchstaben a, b und c genannten, für die Berechnung des zugrunde zu legenden Umsatzes gemäß Absatz 2 herangezogenen Indikatoren zu zahlen ist.

Die ESMA übermittelt die Zahlungsaufforderung für eine von einem Transaktionsregister zu leistende etwaige zusätzliche Zahlung infolge einer Änderung eines der in Absatz 2 Buchstaben a, b und c genannten, für die Berechnung des zugrunde zu legenden Umsatzes gemäß Absatz 2 herangezogenen Indikatoren spätestens 30 Tage vor dem jeweiligen Zahlungstermin.

In der Fassung vom 12.7.2013 (ABl. EU Nr. L 279 v. 19.10.2013, S. 4).

Art. 16 Inkrafttreten

Diese Verordnung tritt am dritten Tag nach ihrer Veröffentlichung im *Amtsblatt der Europäischen Union* in Kraft.

In der Fassung vom 12.7.2013 (ABl. EU Nr. L 279 v. 19.10.2013, S. 4).

Schrifttum: S. Art. 55 VO Nr. 648/2012.

I. Gebührenerhebung durch die ESMA (Art. 72 Abs. 1 VO Nr. 648/2012) 1
II. Gebührenhöhe (Art. 72 Abs. 2 VO Nr. 648/2012) 4
III. Delegierter Rechtsakt über Gebührentatbestände und Gebührenhöhe (Art. 72 Abs. 3 VO Nr. 648/2012) 5

I. Gebührenerhebung durch die ESMA (Art. 72 Abs. 1 VO Nr. 648/2012). Nach Art. 72 Abs. 1 VO Nr. 648/ 2012 (EMIR) **stellt die ESMA den Transaktionsregistern** gemäß der EMIR und gemäß den nach Abs. 3 erlassenen delegierten Rechtsakten **Gebühren in Rechnung**. Bei den Transaktionsregistern, die Gebühren an die ESMA zu zahlen haben, handelt es sich dementsprechend nicht nur um registrierte Transaktionsregister nach Art. 55 ff. VO Nr. 648/2012, sondern auch um anerkannte Transaktionsregister aus einem Drittstaat nach Art. 77 VO Nr. 648/2012. Denn die Regelung bezieht sich auf alle Transaktionsregister nach der EMIR, die dem Grunde nach zur Gebührenzahlung verpflichtet werden.

Die von der ESMA zu erhebenden Gebühren sollen die **Aufwendungen der ESMA** im Zusammenhang mit der Registrierung, Anerkennung und Beaufsichtigung von Transaktionsregistern und die Erstattung der Kosten, die den zuständigen Behörden bei Durchführung von Arbeiten nach der EMIR – insbesondere infolge einer Delegierung von Aufgaben nach Art. 74 VO Nr. 648/2012 – entstehen können, **voll abdecken**. Insoweit unterscheidet Art. 72 VO Nr. 648/2012 nicht in Gebühren und Auslagen im Sinne des deutschen Bundesgebührengesetzes (vgl. z.B. die Bestimmung der Auslagen nach § 12 Abs. 1 Nr. 2 BGebG), sondern fasst sowohl die Kosten die der ESMA selbst als auch die Kosten durch die Heranziehung der von der ESMA Beauftragten und die Kosten infolge der Heranziehung der zuständigen nationalen Behörden unter seinem Gebührenbegriff zusammen.

Diese in Art. 72 Abs. 1 VO Nr. 648/2012 sehr grundsätzlich gehaltene Regelung wird unabhängig von der gleichfalls noch sehr generellen Regelung bezüglich der Gebührenhöhe in Abs. 2 letztlich mittels der Befugnisübertragung in Abs. 3 **durch die Delegierte Verordnung (EU) Nr. 1003/2013** der Kommission **konkretisiert**.

II. Gebührenhöhe (Art. 72 Abs. 2 VO Nr. 648/2012). In Bezug auf die **Höhe** regelt Art. 72 Abs. 2 VO Nr. 648/2012, dass die von einem Transaktionsregister zu entrichtende Gebühr zum einen **alle Verwaltungskosten der ESMA** im Zusammenhang mit ihren Registrierungs- und Beaufsichtigungstätigkeiten **abdecken** und zum anderen in einem **angemessenen Verhältnis zum Umsatz** des betreffenden Transaktionsregisters stehen soll. Wie diese Balance zwischen Kostendeckung und Anpassung an den Umsatz des betreffenden Transaktionsregisters erreicht werden kann, lässt die Regelung der EMIR offen. Auch hier erfolgt die **konkrete Ausgestaltung** der Regelung über die an die Europäische Kommission übertragene Befugnis zu einem delegierten Rechtsakt **mittels der Delegierten Verordnung (EU) Nr. 1003/2013** der Kommission.

III. Delegierter Rechtsakt über Gebührentatbestände und Gebührenhöhe (Art. 72 Abs. 3 VO Nr. 648/ 2012). Gem. Art. 72 Abs. 3 VO Nr. 648/2012 besteht die **Befugnis und die Pflicht der Kommission, einen de-**

legierten Rechtsakt in Bezug auf die konkrete Gebührenerhebung **zu erlassen**. Auf Basis dieser Befugnis hat die Europäische Kommission die **Delegierte Verordnung (EU) Nr. 1003/2013**[1] erlassen.

6 Bei der Übertragung der Befugnis zum Erlass eines delegierten Rechtsakts verweist Art. 72 Abs. 3 VO Nr. 648/2012 auf die **Regelungen des Art. 82 VO Nr. 648/2012**: Diese Norm regelt die Bedingungen für die Ausübung der auf die Kommission übertragenen Befugnisse. Insoweit sind beispielsweise Art. 82 Abs. 2–6 VO Nr. 648/2012 von Bedeutung, wonach die Übertragung der Befugnis auf unbestimmte Zeit bis zu ihrem Widerruf gilt, die Kommission vor Erlass eines entsprechenden delegierten Rechtsaktes nach Möglichkeit die ESMA konsultiert[2] und mit Erlass des delegierten Rechtsaktes durch die Kommission das Europäische Parlament und der Rat informiert werden müssen, wobei die Regelung nur in Kraft tritt, wenn weder das EU-Parlament noch der Rat innerhalb von grundsätzlich drei Monaten Einwände gegen die Regelung erhebt (vgl. auch Kommentierung zu Art. 82 VO Nr. 648/2012).

7 Die **Befugnis** zum Erlass des delegierten Rechtsaktes bezieht sich inhaltlich auf die genaue Festlegung **folgender Aspekte der Gebührenerhebung:**
   – der Art der Gebühren,
   – der Tatbestände, für die Gebühren zu entrichten sind,
   – der Höhe der Gebühren und
   – der Art und Weise, wie sie zu zahlen sind.

8 In Bezug auf die **Art der Gebühren** und in Bezug auf die **Tatbestände, für die Gebühren zu entrichten sind**, regelt Art. 5 DelVO Nr. 1003/2013, dass die Transaktionsregister mit Sitz innerhalb der EU Registrierungs- und Jahresaufsichtsgebühren zu entrichten haben, die Transaktionsregister mit Sitz in einem Drittstaat Anerkennungs- und Jahresaufsichtsgebühren.

9 Hinsichtlich der **Höhe der Gebühren** unterscheidet DelVO Nr. 1003/2013 **zum einen** in eine Bestimmung des **Rahmens der Gebührenerhebung**, wie die Betonung der vollständigen Abgeltung der Aufsichtskosten einschließlich der Kosten für die Vergütung der Kosten der zuständigen Behörden für Tätigkeiten nach der EMIR, insbesondere nach Art. 74 VO Nr. 648/2012 (Art. 2 DelVO Nr. 1003/2013), erkennen lässt. Hierzu gehört auch die Bestimmung des zugrunde zu legenden Umsatzes nach Art. 3 DelVO Nr. 1003/2013 und die Regelung der Gebührenanpassung zur Vereidung von signifikanten Defizite oder Überschüsse in Art. 4 DelVO Nr. 1003/2013. **Zum anderen** finden sich in den Art. 6–8 DelVO Nr. 1003/2013 die Regelungen für die **konkrete Bestimmung der Höhe** der Registrierungs- oder Anerkennungsgebühren und der jeweiligen Jahresaufsichtsgebühren.

10 Die Regelungen zur **Art und Weise der Zahlung**, wie beispielsweise Währung der Zahlung, Zahlungsfälligkeit, Höhe der Verzugszinsen, sowie die Regelungen zur Erstattung der Kosten der zuständigen nationalen Behörden für die Ausführung von Aufgaben nach der EMIR sind in den Art. 9–13 DelVO Nr. 1003/2013 normiert.

11 Letztlich wird die Delegierte Verordnung vervollständigt durch die **Benennung des Gegenstands** der Verordnung (Art. 1 DelVO Nr. 1003/2013), durch **Übergangsregelungen** für die Jahre 2013 und 2014 (Art. 14 und 15 DelVO Nr. 1003/2013) und durch die **Schlussbestimmung** über den Zeitpunkt des Inkrafttretens (Art. 16 DelVO Nr. 1003/2013).

12 Für die detaillierten Regelungen soll an dieser Stelle auf die DelVO Nr. 1003/2013 der Kommission[3] selbst verwiesen werden[4].

Art. 73 Aufsichtsmaßnahmen der ESMA

(1) Stellt die ESMA gemäß Artikel 64 Absatz 5 fest, dass ein Transaktionsregister einen der in Anhang I aufgeführten Verstöße begangen hat, fasst sie einen oder mehrere der nachfolgenden Beschlüsse:
a) Aufforderung an das Transaktionsregister, den Verstoß zu beenden;
b) Verhängung von Geldbußen gemäß Artikel 65;

---

1 Delegierte Verordnung (EU) Nr. 1003/2013 der Kommission vom 12. Juli 2013 zur Ergänzung der Verordnung (EU) Nr. 648/2012 des Europäischen Parlaments und des Rates in Bezug auf die Gebühren, die den Transaktionsregistern von der Europäischen Wertpapier- und Marktaufsichtsbehörde in Rechnung gestellt werden, ABl. EU Nr. L 279 v. 19.10.2013 S. 4.
2 In Bezug auf die erfolgte Anhörung der ESMA vgl. ESMA's Technical Advice to the Commission on Fees for Trade Repositories vom 4.4.2013, Dokument: ESMA/2013/302, abrufbar unter https://www.esma.europa.eu/sites/default/files/library/2015/11/2013-302.pdf.
3 Delegierte Verordnung (EU) Nr. 1003/2013 der Kommission vom 12. Juli 2013 zur Ergänzung der Verordnung (EU) Nr. 648/2012 des Europäischen Parlaments und des Rates in Bezug auf die Gebühren, die den Transaktionsregistern von der Europäischen Wertpapier- und Marktaufsichtsbehörde in Rechnung gestellt werden, ABl. EU Nr. L 279 v. 19.10.2013 S. 4.
4 Text abgedruckt hinter dem Text von Art. 72 VO Nr. 648/2012.

c) öffentliche Bekanntmachung;
d) als letztes Mittel Widerruf der Registrierung des Transaktionsregisters.

(2) Beim Erlass der Beschlüsse gemäß Absatz 1 berücksichtigt die ESMA die Art und die Schwere des Verstoßes anhand folgender Kriterien:
a) Dauer und Häufigkeit des Verstoßes;
b) die Tatsache, ob der Verstoß schwerwiegende oder systemische Schwächen der Verfahren des Unternehmens oder seiner Managementsysteme oder internen Kontrollen aufgedeckt hat;
c) die Tatsache, ob ein Finanzverbrechen verursacht oder erleichtert wurde oder ansonsten mit dem Verstoß in Verbindung steht;
d) die Tatsache, ob der Verstoß vorsätzlich oder fahrlässig begangen wurde.

(3) Die ESMA teilt dem betreffenden Transaktionsregister unverzüglich jeden aufgrund Absatz 1 gefassten Beschluss mit und setzt die zuständigen Behörden der Mitgliedstaaten und die Kommission unverzüglich davon in Kenntnis. Sie macht jeden derartigen Beschluss innerhalb von zehn Arbeitstagen ab dem Datum seines Erlasses auf ihrer Website öffentlich bekannt.

Bei der öffentlichen Bekanntmachung ihres Beschlusses gemäß Unterabsatz 1 gibt die ESMA auch öffentlich bekannt, dass das betreffende Transaktionsregister das Recht hat, gegen den Beschluss Beschwerde einzulegen, und gegebenenfalls, dass Beschwerde eingelegt wurde, wobei sie darauf hinweist, dass die Beschwerde keine aufschiebende Wirkung hat und dass der Beschwerdeausschuss der ESMA die Möglichkeit hat, die Anwendung des angefochtenen Beschlusses nach Artikel 60 Absatz 3 der Verordnung (EU) Nr. 1095/2010 auszusetzen.

In der Fassung vom 4.7.2012 (ABl. EU Nr. L 201 v. 27.7.2012, S. 1).

Schrifttum: S. Art. 55 VO Nr. 648/2012.

I. Maßnahmen der ESMA bei Verstößen (Art. 73 Abs. 1 VO Nr. 648/2012) 1
II. Auswahlkriterien für die Aufsichtsmaßnahmen (Art. 73 Abs. 2 VO Nr. 648/2012) 7
III. Bekanntgabe der Aufsichtsmaßnahme (Art. 73 Abs. 3 VO Nr. 648/2012) 8

I. Maßnahmen der ESMA bei Verstößen (Art. 73 Abs. 1 VO Nr. 648/2012). Soweit die ESMA im Rahmen der Beaufsichtigung der Tätigkeit der Transaktionsregister oder aufgrund des Informationsaustausches mit der zuständigen Behörde **feststellt, dass eines der Transaktionsregister nicht zu jedem Zeitpunkt den Anforderungen** der Art. 78 ff. VO Nr. 648/2012 (EMIR) **Genüge getan hat** (vgl. Art. 55 Abs. 4 VO Nr. 648/2012) oder deren Aufsichtstätigkeit behindert hat, muss sie **prüfen, ob und inwieweit sie aufsichtliche Maßnahmen gegenüber diesem Transaktionsregister ergreifen** sollte. 1

Die Befugnis zum Ergreifen aufsichtsrechtlicher Maßnahmen bezieht sich nicht auf jedweden Verstoß gegen die Anforderungen der EMIR an die Tätigkeit eines Transaktionsregisters, sondern es muss sich um einen oder mehrere **Verstöße** handeln, **die im Anhang I VO Nr. 648/2012 aufgeführt** sind. Hierbei handelt es sich um vier Kategorien von Verstößen, die jeweils verschiedene Unterfälle umfassen. Diese vier Kategorien sind: 2
– Verstöße im Zusammenhang mit organisatorischen Anforderungen oder mit Interessenkonflikten,
– Verstöße im Zusammenhang mit betrieblichen Anforderungen,
– Verstöße im Zusammenhang mit der Transparenz und der Verfügbarkeit der Informationen und
– Verstöße im Zusammenhang mit der Behinderung von Aufsichtstätigkeit.

Hinsichtlich der Ausgestaltung der einzelnen objektiven Tatbestände kann auf den Anhang I VO Nr. 648/2012 verwiesen werden. Auf ebendiese im Anhang I aufgezählten Verstöße beziehen sich auch die Regelungen des Art. 64 VO Nr. 648/2012 über die Sachverhaltsklärung und Feststellung von Verstößen.

Weitere Voraussetzung für die Entscheidung über das Ergreifen einer oder mehrerer aufsichtlicher Maßnahmen ist, dass **die ESMA gem. Art. 64 Abs. 5 VO Nr. 648/2012 feststellt**, dass ein Transaktionsregister einen entsprechenden **Verstoß begangen** hat. Art. 64 VO Nr. 648/2012 regelt das Verfahren für die Aufklärung von Anhaltspunkten für mögliche Verstöße und für die Feststellung ebendieser im Anhang I der EMIR näher bezeichneten Verstöße. Hinsichtlich dieser Verfahrensvorschriften kann auf die Kommentierung zu Art. VO Nr. 648/2012 verwiesen werden. 3

Art. 73 Abs. 1 VO Nr. 648/2012 räumt der ESMA die **Befugnis** ein, bei Feststellung entsprechender Verstöße **einen oder mehrere Maßnahmen** der folgenden Aufzählung zu ergreifen: 4
a) Aufforderung an das Transaktionsregister, den Verstoß zu beenden;
b) Verhängung von Geldbußen gem. Art. 65 VO Nr. 648/2012;

c) öffentliche Bekanntmachung;
d) Widerruf der Registrierung des Transaktionsregisters als letztes Mittel, das unabhängig von der Möglichkeit des Widerrufs der Registrierung nach Art. 71 VO Nr. 648/2012 beispielsweise wegen des Entfallens der Registrierungsvoraussetzungen ist (vgl. Art. 71 Abs. 1 VO Nr. 648/2012).

5 Über die gewählte Aufsichtsmaßnahme oder die Maßnahmen muss **die ESMA einen Beschluss fassen**. Beim Ergreifen von mehreren Maßnahmen sind mehrere Beschlüsse erforderlich, die aber auch in einer Entscheidung zusammengefasst sein können. Diese formale Anforderung einer Beschlussfassung über die ergriffene Aufsichtsmaßnahme ermöglicht dem betroffenen Transaktionsregister von seiner Beschwerdemöglichkeit nach Art. 60 VO Nr. 1095/2010 Gebrauch zu machen. Ohne vorherigen Erlass eines Beschlusses und Bekanntgabe gegenüber dem Transaktionsregister würde beispielsweise eine Bekanntmachung eines Verstoßes nach Art. 73 Abs. 1 lit. c VO Nr. 648/2012 jedes Rechtsmittel des Transaktionsregisters zu spät erscheinen lassen, da der Verstoß dann schon allgemein bekannt ist.

6 Die Benennung der **öffentlichen Bekanntmachung eines Verstoßes** durch ein Transaktionsregister als eigene Aufsichtsmaßnahme i.S.d. Art. 73 Abs. 1 VO Nr. 648/2012 verwundert zunächst, da nach Art. 73 Abs. 3 Unterabs. 2 VO Nr. 648/2012 jeder Beschluss nach Abs. 1 zu veröffentlichen ist. Eine Erklärung hierfür könnte sein, dass es auch in Betracht kommen kann, dass als Aufsichtsmaßnahme ggf. nur die Veröffentlichung des Verstoßes in Betracht kommt und andere Maßnahmen nicht dienlich sind, weil beispielsweise die Schwere des Verstoßes nicht groß und der Verstoß schon abgestellt ist.

7 **II. Auswahlkriterien für die Aufsichtsmaßnahmen (Art. 73 Abs. 2 VO Nr. 648/2012).** Bei der Wahl der aufsichtlichen Maßnahmen gegenüber dem betroffenen Transaktionsregister hat die ESMA gem. Art. 73 Abs. 2 VO Nr. 648/2012 die **Art und die Schwere des Verstoßes zu berücksichtigen**. Die Art des Verstoßes richtet sich nach der Kategorie, in die der konkrete Verstoß des Transaktionsregisters fällt. Die Schwere des Verstoßes ist anhand folgender Kriterien zu bestimmen:
a) Dauer und Häufigkeit des Verstoßes;
b) die Tatsache, ob der Verstoß schwerwiegende oder systemische Schwächen der Verfahren des Unternehmens oder seiner Managementsysteme oder internen Kontrollen aufgedeckt hat;
c) die Tatsache, ob ein Finanzverbrechen verursacht oder erleichtert wurde oder ansonsten mit dem Verstoß in Verbindung steht;
d) die Tatsache, ob der Verstoß vorsätzlich oder fahrlässig begangen wurde.

8 **III. Bekanntgabe der Aufsichtsmaßnahme (Art. 73 Abs. 3 VO Nr. 648/2012). Nach dem Erlass eines jeden Beschlusses** aufgrund von Abs. 1 sieht Art. 73 Abs. 3 VO Nr. 648/2012 das **folgende Vorgehen der ESMA** vor: Die ESMA
– teilt dem betreffenden Transaktionsregister unverzüglich seinen Beschluss mit,
– setzt unverzüglich die zuständigen Behörden der Mitgliedstaaten darüber in Kenntnis,
– setzt unverzüglich die EU-Kommission davon in Kenntnis und
– macht jeden derartigen Beschluss innerhalb von zehn Arbeitstagen ab dem Datum seines Erlasses auf ihrer Website öffentlich bekannt.

9 Bei der **öffentlichen Bekanntmachung ihres Beschlusses** gem. Art. 73 Abs. 3 Unterabs. 1 VO Nr. 648/2012 macht die ESMA auch öffentlich bekannt, dass das betreffende Transaktionsregister das Recht hat, gegen den Beschluss Beschwerde einzulegen, und gegebenenfalls, dass Beschwerde eingelegt wurde, wobei sie darauf hinweist, dass die Beschwerde keine aufschiebende Wirkung hat und dass der Beschwerdeausschuss der ESMA die Möglichkeit hat, die Anwendung des angefochtenen Beschlusses nach Art. 60 Abs. 3 VO Nr. 1095/2010 auszusetzen.

10 **Ein erstes Beispiel für einen Beschluss** wegen eines Verstoßes gegen die im Anhang I VO Nr. 648/2012 aufgeführten Tatbestände durch die ESMA nebst dessen Veröffentlichung unter Benennung des betroffenen Transaktionsregisters, des Vorwurfs und der gewählten Maßnahme hat es im Jahre 2016 gegeben[1].

Art. 74 Delegation von Aufgaben durch die ESMA an die zuständigen Behörden

(1) Soweit es für die ordnungsgemäße Erfüllung einer Aufsichtsaufgabe erforderlich ist, kann die ESMA spezifische Aufsichtsaufgaben gemäß den von der ESMA nach Artikel 16 der Verordnung (EU) Nr. 1095/2010 herausgegebenen Leitlinien an die zuständige Behörde eines Mitgliedstaats delegieren. Zu diesen spezifischen Aufsichtsaufgaben können insbesondere die Befugnis zum Stellen von Informa-

---
1 Vgl. die Pressemitteilung der ESMA unter https://www.esma.europa.eu/sites/default/files/library/2016-408_decision_to_adopt_a_supervisory_measure_-_public_notice_and_fine_-_dtcc_derivatives_repository_limited.pdf.

tionsersuchen gemäß Artikel 61 und zur Durchführung von Untersuchungen und Prüfungen vor Ort gemäß Artikel 62 und Artikel 63 Absatz 6 zählen.

(2) Bevor die ESMA Aufgaben delegiert, konsultiert sie die jeweils zuständige Behörde. Gegenstand der Konsultation sind
a) der Umfang der zu delegierenden Aufgabe,
b) der Zeitplan für die Ausführung der Aufgabe und
c) die Übermittlung erforderlicher Informationen durch und an die ESMA.

(3) Gemäß der von der Kommission nach Artikel 72 Absatz 3 angenommenen Gebührenverordnung erstattet die ESMA einer zuständigen Behörde die Kosten, die dieser bei der Durchführung delegierter Aufgaben entstanden sind.

(4) Die ESMA überprüft den Beschluss nach Absatz 1 in angemessenen Zeitabständen. Eine Delegation von Aufgaben kann jederzeit widerrufen werden.

(5) Eine Delegation von Aufgaben berührt nicht die Zuständigkeit der ESMA und schränkt die Möglichkeit der ESMA, die delegierte Tätigkeit durchzuführen und zu überwachen, nicht ein. Aufsichtsbefugnisse nach dieser Verordnung, einschließlich Registrierungsbeschlüsse, endgültige Bewertungen und Folgebeschlüsse im Zusammenhang mit Verstößen, dürfen nicht delegiert werden.

In der Fassung vom 4.7.2012 (ABl. EU Nr. L 201 v. 27.7.2012, S. 1).

Schrifttum: S. Art. 55 VO Nr. 648/2012.

I. Delegationsmöglichkeit (Art. 74 Abs. 1 VO Nr. 648/2012) 1
II. Konsultation der zuständigen Behörde (Art. 74 Abs. 2 VO Nr. 648/2012) 5
III. Kostenerstattung (Art. 74 Abs. 3 VO Nr. 648/2012) 8
IV. Überprüfung der Delegation (Art. 74 Abs. 4 VO Nr. 648/2012) 9
V. Fortbestehende Zuständigkeit der ESMA (Art. 74 Abs. 5 VO Nr. 648/2012) 11

I. Delegationsmöglichkeit (Art. 74 Abs. 1 VO Nr. 648/2012). Art. 74 Abs. 1 VO Nr. 648/2012 (EMIR) räumt 1 der ESMA die Möglichkeit ein, spezifische **Aufsichtsaufgaben an die zuständige Behörde eines Mitgliedstaats zu delegieren**. Die Erforderlichkeit einer solchen dieser Delegationsmöglichkeit zeigt sich beispielsweise dann, „wenn für eine Aufsichtsaufgabe Kenntnisse der Bedingungen vor Ort und entsprechende Erfahrungen notwendig sind, die eher auf nationaler Ebene verfügbar sind"[1].

In Anbetracht der Zielsetzung der Delegationsmöglichkeit, nämlich der Nutzung der auf die örtlichen Gege- 2 benheiten bezogenen Kenntnisse und Erfahrungen, **fördert diese die Effektivität der Überwachung** der Transaktionsregister und deren Auslagerungsunternehmen. Vor diesem Hintergrund stellt sich die Frage nach dem Darlegungsmaßstab für die Voraussetzung der Delegation, dass diese es „für die ordnungsgemäße Erfüllung einer Aufsichtsaufgabe erforderlich ist". An dieser Erforderlichkeit der Delegation ist unter Berücksichtigung der Ausführungen im Erwägungsgrund 80 VO Nr. 648/2012 kein überhöhter Anforderungsmaßstab zu stellen. Die Erforderlichkeit verlangt daher nicht, dass anderenfalls die ordnungsgemäße Erfüllung einer Aufsichtsaufgabe nicht sichergestellt erscheint, sondern die **Erforderlichkeit** verlangt, dass die die ordnungsgemäße Erfüllung einer **Aufsichtsaufgabe effizienter wahrgenommen** werden kann.

Die Delegation der Aufsichtsaufgaben soll in Übereinstimmung mit **Leitlinien der ESMA** erfolgen, die auf der 3 Grundlage von Art. 16 VO Nr. 1095/2010 herausgegeben werden können. Bislang ist ein solcher Leitfaden oder ein Entwurf eines solchen nicht veröffentlicht.

Die Delegationsmöglichkeit besteht für **spezifische Aufsichtsaufgaben** der ESMA. Als Beispiele für derartige 4 spezifischen Aufsichtsaufgaben führt sowohl Art. 74 Abs. 1 Satz 2 VO Nr. 648/2012 als auch der Erwägungsgrund 80 VO Nr. 648/2012 das Stellen von Informationsersuchen gem. Art. 61 VO Nr. 648/2012, die Durchführung von Untersuchungen gem. Art. 62 VO Nr. 648/2012 und die Prüfungen vor Ort gem. Art. 63 Abs. 6 VO Nr. 648/2012 auf. Demgegenüber regelt Art. 74 Abs. 5 Satz 2 VO Nr. 648/2012, dass bestimmte Aufgaben, wie z.B. die Registrierung von Transaktionsregistern, nicht auf die zuständigen nationalen Aufsichtsbehörden delegiert werden dürfen. Mit Blick auf diesen Ausnahmekatalog für die Delegationsmöglichkeit und der Regelung, dass die Delegation von Aufgaben nicht die Zuständigkeit von ESMA berührt (Art. 74 Abs. 5 Satz 1 VO Nr. 648/2012), sind mit spezifische Aufsichtsaufgaben die einzelnen aufsichtsrechtlichen Maßnahmen zu verstehen, nicht aber die Beaufsichtigung der Tätigkeit der Transaktionsregister insgesamt.

II. Konsultation der zuständigen Behörde (Art. 74 Abs. 2 VO Nr. 648/2012). Zum Vorgehen bei der Delega- 5 tion von spezifische Aufsichtsaufgaben der ESMA auf die zuständige nationale Behörde sieht Art. 74 Abs. 2 VO

---
1 Erwägungsgrund 80 VO Nr. 648/2012.

Nr. 648/2012 vor, dass die **ESMA die jeweils zuständige Behörde konsultiert**, bevor sie die Aufgaben delegiert. Der Erwägungsgrund 80 VO Nr. 648/2012 führt hierzu aus: „Bevor die ESMA Aufgaben delegiert, sollte sie sich mit der jeweils zuständigen Behörde über die genauen Bedingungen einer solchen Aufgabenübertragung abstimmen; dazu gehören der Umfang der zu übertragenden Aufgabe, der Zeitplan für die Ausführung der Aufgabe und die Übermittlung erforderlicher Informationen durch und an die ESMA." Das bedeutet, dass die Konsultation nicht allein die Möglichkeit einer Stellungnahme der zuständigen nationalen Behörde darstellt, sondern dass ein Abstimmungsprozess über die zu übertragende Aufgabe erfolgen soll.

6   **Gegenstand der Konsultation** sind nach Art. 74 Abs. 2 Satz 2 VO Nr. 648/2012 daher
   a) der Umfang der zu delegierenden Aufgabe,
   b) der Zeitplan für die Ausführung der Aufgabe und
   c) die Übermittlung erforderlicher Informationen durch und an die ESMA.

7   In Anbetracht des Ziels der Delegationsmöglichkeit, die Aufgabenwahrnehmung möglichst effektiv zu gestalten, und dem Fortbestehen der Verantwortung der ESMA ist diese **Feinabstimmung über den genauen Umfang der zu delegierenden Aufgabe**, die hierfür erforderlichen Informationen und den zeitlichen Horizont für die Aufgabenerfüllung von wesentlicher Bedeutung und unverzichtbarer Bestandteil einer Delegation.

8   **III. Kostenerstattung (Art. 74 Abs. 3 VO Nr. 648/2012).** Im Rahmen der Delegation von Aufsichtsaufgaben entstehen den zuständigen nationalen Aufsichtsbehörden Kosten für eine Aufgabe, die in der Verantwortung der ESMA liegt. Die Belastung der nationalen Stellen oder Kostenträger (in Deutschland der Umlagepflichtigen nach §§ 16 ff. FinDAG) mit diesen Kosten wäre unbillig. Daher **erstattet die ESMA** nach der Regelung in Art. 74 Abs. 3 VO Nr. 648/2012 **einer zuständigen Behörde die Kosten**, die dieser bei der Durchführung delegierter Aufgaben entstanden sind. Die Kostenerstattung richtet sich nach der von der Kommission nach Art. 72 Abs. 3 VO Nr. 648/2012 erlassenen Gebührenverordnung. Konkret ist die Kostenerstattung der ESMA an die zuständigen nationalen Behörden in Art. 13 DelVO Nr. 1003/2013[1] geregelt. In dieser Vorschrift ist sowohl vorgesehen, dass allein nur die ESMA den Transaktionsregistern Kosten in Rechnung stellt, als auch, dass die ESMA einer zuständigen Behörde die tatsächlichen Kosten erstattet, die infolge der Ausführung von Aufgaben der EMIR entstanden sind.

9   **IV. Überprüfung der Delegation (Art. 74 Abs. 4 VO Nr. 648/2012).** Gem. Art. 74 Abs. 4 VO Nr. 648/2012 **überprüft die ESMA ihre Entscheidung** über die Delegation der spezifischen Aufsichtsaufgabe in angemessener Zeitabständen. Die Zeitabstände werden sich danach richten, welchen zeitlichen Horizont die ESMA und zu ständige nationale Behörde nach Art. 74 Abs. 2 VO Nr. 648/2012 für die Aufgabenerfüllung vorgesehen haben.

10 Die **Delegation** der Aufsichtsaufgaben **kann** von der ESMA **jederzeit widerrufen** werden. Besondere Gründe für den Widerruf der Delegation sind in Art. 74 Abs. 4 VO Nr. 648/2012 nicht vorgesehen. Im Ergebnis begründet sich diese jederzeitige Widerrufsmöglichkeit auch ohne besondere Gründe in der fortdauernden Zuständigkeit der ESMA für die Beaufsichtigung der Tätigkeit der Transaktionsregister, die ihrerseits nicht delegierbar ist.

11 **V. Fortbestehende Zuständigkeit der ESMA (Art. 74 Abs. 5 VO Nr. 648/2012).** Eine **Delegation von Aufgaben der ESMA** auf die zuständige Behörde **berührt nicht die Zuständigkeit der ESMA für die Beaufsichtigung der Tätigkeit der Transaktionsregister**. Insbesondere schränkt die Delegation nicht die Möglichkeit der ESMA ein, die delegierte Tätigkeit durchzuführen und zu überwachen. Diese Regelung des Art. 74 Abs. 5 Satz 1 VO Nr. 648/2012 ist in Einklang mit der Regelung in Art. 74 Abs. 4 VO Nr. 648/2012, dass die ESMA die Entscheidung über die Delegation in angemessener Zeit überprüft und jederzeit widerrufen kann.

12 Art. 74 Abs. 5 Satz 2 VO Nr. 648/2012 regelt einen **Ausnahmekatalog von Tätigkeiten**, die die **ESMA nicht** auf die zuständige nationale Behörde **delegieren darf**. Die deutsche Fassung dieses Katalogs irritiert, da hiernach „Aufsichtsbefugnisse nach dieser Verordnung" nicht delegierbar seien. Demgegenüber beziehen sich die in Art. 74 Abs. 1 Satz 2 VO Nr. 648/2012 aufgeführten Beispiele für die Möglichkeit der Delegation eindeutig auf Aufsichtsbefugnisse. Hier vermag ein Blick auf die englische Sprachfassung der EMIR weiterzuhelfen: Hier wird in Bezug auf die nicht delegierbare Aufgabe von „Supervisory responsibilities" gesprochen. Dies lässt sich auch mit Aufsichtspflicht, Aufsichtsverantwortung oder Überwachungsverantwortung übersetzen. Mit diesem Sinngehalt ergibt die Regelung ein stimmiges Bild, denn dann darf die (grundsätzliche) Aufsichtspflicht über die Tätigkeit der Transaktionsregister nach der EMIR, einschließlich Registrierungsbeschlüssen, endgültiger Bewertungen und Folgebeschlüssen im Zusammenhang mit Verstößen nicht auf die zuständige nationale Behörde delegiert werden, wohl aber die einzelnen (spezifischen) Aufsichtsaufgaben nebst den dazu erforderlichen Befugnissen, wie z.B. nach Art. 63 Abs. 6 VO Nr. 648/2012.

---

1 Delegierte Verordnung (EU) Nr. 1003/2013 der Kommission vom 12. Juli 2013 zur Ergänzung der Verordnung (EU) Nr. 648/2012 des Europäischen Parlaments und des Rates in Bezug auf die Gebühren, die den Transaktionsregistern von der Europäischen Wertpapier- und Marktaufsichtsbehörde in Rechnung gestellt werden, ABl. EU Nr. L 279 v. 19.10.2013 S. 4.

Kapitel 2
Beziehungen zu Drittstaaten

Art. 75 Gleichwertigkeit und internationale Übereinkünfte

(1) Die Kommission kann einen Durchführungsrechtsakt erlassen, in dem sie feststellt, dass die Rechts- und Aufsichtsmechanismen eines Drittstaats gewährleisten, dass

a) die in diesem Drittstaat zugelassenen Transaktionsregister rechtsverbindliche Anforderungen erfüllen, die denen dieser Verordnung entsprechen,

b) in diesem Drittstaat dauerhaft eine wirksame Beaufsichtigung der Transaktionsregister und eine wirkungsvolle Rechtsdurchsetzung sichergestellt ist und

c) Garantien hinsichtlich des Berufsgeheimnisses bestehen, einschließlich des Schutzes der von den Behörden mit Dritten geteilten Geschäftsgeheimnisse, und diese Garantien mindestens denen dieser Verordnung gleichwertig sind.

Der genannte Durchführungsrechtsakt wird nach dem Prüfverfahren des Artikels 86 Absatz 2 erlassen.

(2) Die Kommission unterbreitet dem Rat gegebenenfalls, und in jedem Fall nach dem Erlass eines Durchführungsrechtsakts gemäß Absatz 1, Empfehlungen für die Aushandlung internationaler Übereinkünfte mit den einschlägigen Drittstaaten über den gegenseitigen Zugang zu Informationen über Derivatekontrakte, die in Transaktionsregistern in dem betreffenden Drittstaat erfasst sind, und den Austausch solcher Informationen in einer Weise, die sicherstellt, dass die Behörden der Union, einschließlich der ESMA, unmittelbaren und ständigen Zugang zu allen Informationen haben, die sie zur Ausübung ihrer Aufgaben benötigen.

(3) Nach dem Abschluss der Übereinkünfte gemäß Absatz 2 und im Einklang mit ihnen schließt die ESMA Kooperationsvereinbarungen mit den zuständigen Behörden der betroffenen Drittstaaten. In diesen Vereinbarungen wird mindestens Folgendes festgelegt:

a) ein Mechanismus für den Austausch von Informationen zwischen der ESMA und anderen Behörden der Union, die Aufgaben aufgrund dieser Verordnung wahrnehmen, einerseits und den jeweils zuständigen Behörden der betroffenen Drittstaaten andererseits und

b) Verfahren für die Koordinierung von Aufsichtstätigkeiten.

(4) Die ESMA wendet in Bezug auf die Übermittlung personenbezogener Daten an Drittstaaten die Verordnung (EG) Nr. 45/2001 an.

In der Fassung vom 4.7.2012 (ABl. EU Nr. L 201 v. 27.7.2012, S. 1).

Schrifttum: *Coridaß*, Regulierung in Europa – auch in der Schweiz: Finanzmarktinfrastrukturgesetz WM 2015 268; *Bachmann/Breitig*, Finanzmarktregulierung zwischen Innovation und Kontinuität in Deutschlad, Europa und Russland, 2014; *Bönsch/Kramer*, Schweizer Finanzmarktrecht im Umbruch – Das Finanzinfrastrukturgesetz als eine der neuen Säulen, SJZ 2014, 236; *Sethe*, Das Drittstaatenregime von MiFIR und MIFID II, SZW 2014, 621; *Zetzsche/Lehmann*, Das Vereinigte Königreich als Drittstaat? – Die Auswirkungen des Brexit auf das Finanzmarktrecht, AG 2017, 651.

I. Regelungsgegenstand 1	IV. Kooperationsvereinbarung der ESMA mit Drittstaatenaufsicht (Art. 75 Abs. 3 VO Nr. 648/2012) 10
II. Anerkennung der Gleichwertigkeit eines Drittstaates (Art. 75 Abs. 1 VO Nr. 648/2012) 2	V. Verwendung personenbezogener Daten (Art. 75 Abs. 4 VO Nr. 648/2012) 13
III. Übereinkunft mit Drittstaat über gegenseitigen Informationsaustausch (Art. 75 Abs. 2 VO Nr. 648/2012) 8	VI. Geplante Änderungen bezüglich Drittstaaten mit Transaktionsregister(n) 16

I. Regelungsgegenstand. Art. 75 VO Nr. 648/2012 (EMIR) regelt die den Weg des **Zusammenwirkens mit** 1
den Drittstaaten, in denen ein oder mehrere Transaktionsregister ihren Sitz haben. Der Bezug zu Drittstaaten mit einem oder mehreren Transaktionsregistern ergibt sich nicht ausdrücklich aus Art. 75 VO Nr. 648/ 2012, sondern aus dem Regelungskontext des Art. 75 VO Nr. 648/2012 und aus systematischen Überlegungen. So verweisen die Regelungen des Art. 77 VO Nr. 648/2012 bezüglich der Anerkennung von Transaktionsregistern aus Drittstaaten auf alle drei Absätze des Art. 75 VO Nr. 648/2012. Zudem regelt Art. 76 VO Nr. 648/2012 die Möglichkeit von Kooperationsvereinbarungen mit entsprechenden Behörden von Drittstaaten, in denen kein Transaktionsregister ansässig ist, die aber Zugang zu den Daten von in der EU registrierten Transaktionsregistern haben möchten. Derzeit liegt ein Änderungsvorschlag der EU-Kommission für die EMIR-Regelungen vor, der die Möglichkeiten der Zusammenarbeit mit Drittstaaten, in denen ein oder mehrere Transaktionsregister ansässig sind, erweitern soll. Im letzten Abschnitt dieser Kommentierung (Rz. 16 f.) wird auf diesen Vorschlag eingegangen.

2 **II. Anerkennung der Gleichwertigkeit eines Drittstaates (Art. 75 Abs. 1 VO Nr. 648/2012).** In Bezug auf Drittstaaten, in denen ein oder mehrere Transaktionsregister ihren Sitz haben, kann die EU-Kommission einen **Durchführungsrechtsakt erlassen, in dem sie die Gleichwertigkeit der Rechts- und Aufsichtsmechanismen eines Drittstaats feststellt**. Diese Feststellung bezieht sich darauf, dass die Rechts- und Aufsichtsmechanismen eines Drittstaats gewährleisten, dass

   a) die in diesem Drittstaat zugelassenen Transaktionsregister rechtsverbindliche Anforderungen erfüllen, die denen dieser Verordnung entsprechen,

   b) in diesem Drittstaat dauerhaft eine wirksame Beaufsichtigung der Transaktionsregister und eine wirkungsvolle Rechtsdurchsetzung sichergestellt ist und

   c) Garantien hinsichtlich des Berufsgeheimnisses bestehen, einschließlich des Schutzes der von den Behörden mit Dritten geteilten Geschäftsgeheimnisse, und diese Garantien mindestens denen dieser Verordnung gleichwertig sind.

   Die Feststellung der Gleichwertigkeit durch einen Durchführungsrechtsakt der EU-Kommission ist Voraussetzung für die Anerkennung eines Transaktionsregisters mit Sitz in einem Drittstaat nach Art. 77 Abs. 2 lit. a VO Nr. 648/2012.

3 Die Forderung, dass der Drittstaat gewährleistet, dass die in diesem Drittstaat zugelassenen **Transaktionsregister rechtsverbindliche Anforderungen erfüllen, die denen dieser Verordnung entsprechen**, verlangt von dem jeweiligen Drittstaat einen weitestgehenden Gleichklang mit den Anforderungen der Art. 78 ff. VO Nr. 648/2012. Dieses „Entsprechen" im Sinne einer Gleichwertigkeit ist nicht näher bestimmt und daher auslegungsbedürftig. Wie viel Abweichung ein weitestgehender Gleichklang der Regelungen haben kann, ist entsprechend eine Einzelfallentscheidung der EU-Kommission, die nicht gerichtlich überprüfbar ist[1]. Die Entscheidung der EU-Kommission wird sich u.a. danach richten, wie zentral die jeweilige Forderung, die nicht vollständig erfüllt ist, für die ordnungsgemäße Tätigkeit als Transaktionsregister eingeschätzt wird. Zudem spielen auch strategische Überlegungen der EU-Kommission zur Förderung öffentlicher Interessen und der Funktionsfähigkeit der Kapitalmärkte in der EU unter Berücksichtigung weiterer politischer Präferenzen eine Rolle[2]. Die mit der Forderung nach der Gleichwertigkeit der in diesem Drittstaat gegenüber zugelassenen Transaktionsregistern aufgestellten Anforderungen scheint derzeit für verschiedene Drittstaaten mit größeren Schwierigkeiten verbunden zu sein. Entsprechend sieht der Entwurf einer Überarbeitung der EMIR-Regelungen diesbezüglich die Erweiterung der Möglichkeiten für entsprechende Durchführungsrechtsakte der EU-Kommission.

4 Weiter wesentlicher Aspekt für die Gleichwertigkeit der Rechts- und Aufsichtsmechanismen in einem Drittstaat in Bezug auf Transaktionsregister ist, dass der Drittstaat **dauerhaft eine wirksame Beaufsichtigung der Transaktionsregister** und eine **wirkungsvolle Rechtsdurchsetzung** sichergestellt. Die Beaufsichtigung und Durchsetzung muss hierbei gerade auch die effiziente Umsetzung der vergleichbaren Anforderungen der Transaktionsregister umfassen.

5 Zudem müssen die Rechts- und Aufsichtsmechanismen des Drittstaates gewährleisten, dass **Garantien hinsichtlich des Berufsgeheimnisses** bestehen, einschließlich des Schutzes der von den Behörden mit Dritten geteilten Geschäftsgeheimnisse, und diese Garantien mindestens **denen dieser Verordnung gleichwertig** sind. Garantien bedeutet, dass nicht nur entsprechende, gleichwertige Berufsgeheimnisse bestehen, sondern dass diese auch tatsächlich durchgesetzt und ggf. vorliegende Verstöße auch geahndet werden.

6 Die **Prüfung** des Vorliegens der Voraussetzungen liegt in der **Verantwortung der EU-Kommission**, die hierbei auch von der ESMA unterstützt wird. Soweit die Voraussetzungen erfüllt sind, kann die EU Kommission einen entsprechenden Durchführungsrechtsakt erlassen. Der **Durchführungsrechtsakt zur Feststellung der Gleichwertigkeit** wird nach dem Prüfverfahren des Art. 86 Abs. 2 VO Nr. 648/2012 erlassen. Art. 86 Abs. 2 VO Nr. 648/2012 verweist seinerseits auf Art. 5 VO Nr. 182/2011[3]. Hiernach wird die Kommission beim Erlass entsprechender Durchführungsrechtsakte durch einen Ausschuss unterstützt, der eine Stellungnahme zu dem Entwurf des Durchführungsrechtsakts abgeben kann.

7 Eine **Übersicht** über die bislang erlassenen Durchführungsrechtsakte mit weiterführenden Dokumenten sind auf der **Homepage der ESMA veröffentlicht**[4]. Hierbei handelt es sich bislang um Durchführungsrechtsakte in Bezug auf Drittstaaten-CCP. Geprüft werden von der EU-Kommission derzeit Durchführungsrechtsakte in Bezug auf Transaktionsregister für Japan, Australien, Hongkong, Singapur und der USA (CFTC und SEC)[5].

---

1 Vgl. auch *Zetzsche/Lehmann*, AG 2017, 651, 655; für eine Justiziabilität de Lege Ferenda *Zetzsche* in Bachmann/Breitig, Finanzmarktregulierung zwischen Innovation und Kontinuität in Deutschland, Europa und Russland, S. 127, 136.
2 Vgl. auch *Zetzsche/Lehmann*, AG 2017, 651, 655.
3 Verordnung (EU) Nr. 182/2011 des Europäischen Parlaments und des Rates vom 16. Februar 2011 zur Festlegung der allgemeinen Regeln und Grundsätze, nach denen die Mitgliedstaaten die Wahrnehmung der Durchführungsbefugnisse durch die Kommission kontrollieren, ABl. EU Nr. L 55 v. 28.2.2011, S. 13.
4 Vgl. https://www.esma.europa.eu/regulation/post-trading/central-counterparties-ccps.
5 Vgl. Veröffentlichung des Financial Stability Board (FSB) unter: http://www.fsb.org/wp-content/uploads/c_140918f.pdf.

III. Übereinkunft mit Drittstaat über gegenseitigen Informationsaustausch (Art. 75 Abs. 2 VO Nr. 648/ 2012). Art. 75 Abs. 2 VO Nr. 648/2012 sieht vor, dass die **EU-Kommission dem Rat der der Europäischen Union Empfehlungen für die Aushandlung internationaler Übereinkünfte mit Drittstaaten unterbreitet.** Soweit die EU-Kommission einen Durchführungsrechtsakt gem. Art. 75 Abs. 1 VO Nr. 648/2012 erlassen hat, ist die Unterbreitung des Vorschlags als Pflicht der EU-Kommission ausgestaltet. Das bedeutet, dass es bei der zu unterbreitenden Empfehlung nicht nur um das „Ob" einer solchen Übereinkunft geht, sondern auch um das „Wie", also, wie eine solche Übereinkunft gefasst werden sollte. In den Fällen, in denen noch kein Durchführungsrechtsakt gem. Art. 75 Abs. 1 VO Nr. 648/2012 erlassen wurde, steht es im Ermessen der EU-Kommission, ob sie eine solche Empfehlung unterbreiten möchte.

8

Die Empfehlung bezieht sich auf das Aushandeln und Abschließen einer internationalen Übereinkunft mit dem einschlägigen Drittstaat. **Gegenstand der Übereinkunft ist zwingend:**

9

- der gegenseitige Zugang zu Informationen über Derivatekontrakte in den jeweiligen Transaktionsregistern und
- die Sicherstellung eines unmittelbaren und ständigen Zugangs der EU-Behörden, einschließlich der ESMA, zu allen Informationen, die sie zur Ausübung ihrer Aufgaben benötigen, mittels dieses Informationsaustauschs.

Eine solche internationale Übereinkunft zum gegenseitigen Informationsaustausch wird regelmäßig als Memorandum of Understanding (MoU) abgeschlossen. Die Entscheidung über das abschließende Aushandeln und den Abschluss einer entsprechenden internationalen Übereinkunft gem. Art. 75 Abs. 2 VO Nr. 648/2012 trifft der Rat, der hierbei die Interessen aller EU-Behörden, einschließlich der ESMA, berücksichtigt. Der Abschluss einer entsprechenden Übereinkunft nach Art. 75 Abs. 2 VO Nr. 648/2012 ist **Voraussetzung für die Anerkennung von Drittstaaten-Transaktionsregistern nach Art. 77 VO Nr. 648/2012** (vgl. Art. 77 Abs. 2 lit. b VO Nr. 648/2012).

IV. Kooperationsvereinbarung der ESMA mit Drittstaatenaufsicht (Art. 75 Abs. 3 VO Nr. 648/2012). In einem nächsten Schritt der Koordination der Aufsicht über Transaktionsregister **schließt die ESMA mit der zuständigen Behörde des Drittstaates eine Kooperationsvereinbarung.** Dies erfolgt regelmäßig als Memorandum of Understanding (MoU). Voraussetzung einer entsprechenden Vereinbarung ist der Abschluss einer Übereinkunft gem. Art. 75 Abs. 2 VO Nr. 648/2012, der zugleich auch Rahmen einer Kooperationsvereinbarung der ESMA ist. Denn die ESMA-Kooperationsvereinbarung mit dem Drittstaat soll in Einklang mit der getroffenen Übereinkunft gem. Art. 75 Abs. 2 VO Nr. 648/2012 sein.

10

Mindestinhalt einer entsprechenden Vereinbarung der ESMA nach Art. 75 Abs. 3 VO Nr. 648/2012 ist:

11

- ein Mechanismus für den Austausch von Informationen zwischen der ESMA und anderen Behörden der Union, die Aufgaben aufgrund dieser Verordnung wahrnehmen, einerseits und den jeweils zuständigen Behörden der betroffenen Drittstaaten andererseits und
- ein Verfahren für die Koordinierung von Aufsichtstätigkeiten.

Eine Übersicht über die nach den Regelungen der EMIR bislang abgeschlossenen MoU ist auf der Internetseite der ESMA veröffentlicht[1]. Hierbei handelt es sich bislang um MoU der ESMA mit Drittstatten nach Art. 25 VO Nr. 648/2012 bezüglich der Anerkennung einer Drittstaaten-CCP.

Der Abschluss einer Kooperationsvereinbarung zwischen der ESMA und der zuständigen Behörde eines Drittstaates ist eine weitere Voraussetzung für eine Anerkennung eines Transaktionsregisters nach Art. 77 VO Nr. 648/2012. Denn nach Art. 77 Abs. 2 lit. c VO Nr. 648/2012 muss das Transaktionsregister darlegen, dass der Drittstaat seines Sitzes „mit der Union Kooperationsvereinbarungen gemäß Artikel 75 Absatz 3 getroffen hat, um sicherzustellen, dass die Behörden der Union einschließlich der ESMA, unmittelbaren und ständigen Zugang zu allen erforderlichen Informationen haben".

12

V. Verwendung personenbezogener Daten (Art. 75 Abs. 4 VO Nr. 648/2012). Nach Art. 75 Abs. 4 VO Nr. 648/2012 wendet die ESMA in Bezug auf die Übermittlung personenbezogener Daten an Drittstaaten die VO Nr. 45/2001[2] an. Diese Verordnung regelt die Pflichten der EU-Organe bei der Verarbeitung personenbezogener Daten. Neben der Pflicht zur Bestellung eines Datenschutzbeauftragten bei jedem Organ und Informations- und Abwehrrechten der betroffenen Personen sieht die Verordnung beispielsweise eine strikte Zweckbestimmung, Erforderlichkeit, Vertraulichkeit und Sicherheit der Datenverarbeitung und die Aktualität der verarbeiteten personenbezogenen Daten vor. Personenbezogene Daten sind in diesem Zusammenhang alle Informationen über eine bestimmte oder bestimmbare natürliche Person, die Ausdruck ihrer physischen, physiologischen, psychischen, wirtschaftlichen, kulturellen oder sozialen Identität sind (Art. 2 lit. a VO Nr. 45/2001).

13

---

1 Vgl. https://www.esma.europa.eu/regulation/post-trading/central-counterparties-ccps.
2 Verordnung (EG) Nr. 45/2001 des Europäischen Parlaments und des Rates vom 18. Dezember 2000 zum Schutz natürlicher Personen bei der Verarbeitung personenbezogener Daten durch die Organe und Einrichtungen der Gemeinschaft und zum freien Datenverkehr, ABl. EG Nr. L 8 v. 12.1.2001, S. 1.

Der Terminus „Verarbeiten" ist hierbei weit zu verstehen, er umfasst unter anderen das Erheben, Speichern, die Veränderung, die Nutzung, die Weitergabe durch Übermittlung, Verbreitung oder jede andere Form der Bereitstellung, die Kombination oder die Verknüpfung sowie das Sperren, Löschen oder Vernichten der Daten (Art. 2 lit. b VO Nr. 45/2001). Diese Regelungen können nur zur Wahrung besonderer öffentlicher Interessen nach Art. 20 VO Nr. 45/2001 eingeschränkt werden, wie z.B. zur Verhütung und Verfolgung von Straftaten, wegen wichtigen wirtschaftlichen oder finanziellen Interessen eines Mitgliedstaates oder der EU oder wegen Kontroll-, Überwachungs- und Ordnungsaufgaben, die im Zusammenhang nicht den beiden zuvor benannten Aspekten stehen.

14 In Art. 9 VO Nr. 45/2001 sind spezielle Regelung für die Weitergabe von personenbezogene Daten an Empfänger, die nicht Organe oder Einrichtungen der Gemeinschaft sind und die nicht der RL 95/46/EG unterworfen sind, normiert. Hiernach dürfen personenbezogene Daten an diese Stellen grundsätzlich nur übermittelt werden, wenn ein angemessenes Schutzniveau in dem Land des Empfängers oder innerhalb der empfangenden internationalen Organisation gewährleistet ist. Zudem soll die Übermittlung ausschließlich die Wahrnehmung von solchen Aufgaben ermöglichen, die in die Zuständigkeit des für die Verarbeitung Verantwortlichen fallen. Weitere Detailregelungen bestimmen das Vorliegen dieser Voraussetzungen. Soweit diese Voraussetzungen nicht erfüllt sind, darf eine Weitergabe nur in bestimmten, näher geregelten Fallkonstellationen erfolgen. Diese umfassen beispielsweise die Fälle der ausdrücklichen Zustimmung zur Übermittlung durch die Personen, deren Daten weitergegeben werden sollen, der Erforderlichkeit zur Wahrung lebenswichtiger Interessen dieser Person, der Weitergabe öffentlich zugänglicher Registerdaten oder bei Genehmigung der Übermittlung durch den Europäischen Datenschutzbeauftragten.

15 In Anbetracht der europäischen Datenschutz-Grundverordnung (DSGVO)[1], die zum 25.5.2018 in Kraft trat, wird die Verordnung derzeit überarbeitet[2], um sie in Einklang mit diesen neuen Vorschriften zu bringen. Einen entsprechenden Vorschlag für diese Anpassung veröffentlichte die EU-Kommission am 10.1.2017[3]. Zu diesem Vorschlag sind schon verschiedene Stellungnahmen abgegeben worden, so auch vom Europäischen Datenschutzbeauftragten (EDBA)[4]. Die vermutlich im Laufe des Jahres 2018 finalisierte Fassung der Regelungen der Pflichten der EU-Organe bei der Verarbeitung personenbezogener Daten werden künftig wohl auch auf die Übermittlung personenbezogener Daten an Drittstaaten nach der EMIR Anwendung finden. Der Entwurf der neuen Verordnung sieht in Art. 71 vor, dass Bezugnahmen auf die dann aufzuhebende VO Nr. 45/2001 als Bezugnahmen auf die neue Verordnung gelten.

16 **VI. Geplante Änderungen bezüglich Drittstaaten mit Transaktionsregister(n).** Entsprechend Art. 85 Abs. 1 VO Nr. 648/2012 hat die **EU-Kommission die EMIR einer Überprüfung unterzogen**. Hierfür führte die EU-Kommission auch eine öffentliche Konsultation zur Umsetzung der EMIR durch[5]. Als Ergebnis hat die EU-Kommission einen **Bericht über ihre Prüfung** vorgelegt[6] und hierin festgestellt, dass an den Kernanforderungen der ESMA festgehalten werden soll[7]. Bezüglich der Zugangsmöglichkeiten von Drittstaaten zeigt der Bericht jedoch Änderungsbedarf auf. Unter dem Punkt 4.1.3. letzter Absatz[8] führt der Bericht aus: „Darüber hinaus sehen sich bestimmte Drittlandbehörden mit rechtlichen Herausforderungen bei den Vorkehrungen (z.B. Abschluss internationaler Verträge) konfrontiert, die nach der EMIR derzeit für den gegenseitigen Zugang zu den Daten von Transaktionsregistern vorgeschrieben sind. Daher sollten alternative Wege für den Zugang von Drittlandbehörden zu Transaktionsregisterdaten geprüft werden, die geeignete Schutzbestimmungen beinhalten."

---

1 Verordnung (EU) 2016/679 des Europäischen Parlaments und des Rates vom 27. April 2016 zum Schutz natürlicher Personen bei der Verarbeitung personenbezogener Daten, zum freien Datenverkehr und zur Aufhebung der Richtlinie 95/46/EG (Datenschutz-Grundverordnung), ABl. EU Nr. L 119 v. 4.5.2016, S. 1.
2 Vgl. die Ausführungen von *Hoffmann* in der cepStudie (Centrum für Europäische Politik) zu dem Vorhaben unter https://www.cep.eu/fileadmin/user_upload/cep.eu/Studien/EU-Datenschutzrecht/cepStudie_EU-Datenschutzrecht.pdf, S. 52 ff. und der derzeitige Entwurf einer neuen Verordnung unter http://eur-lex.europa.eu/legal-content/DE/TXT/?qid =1488205011179&uri=CELEX:52017PC0008.
3 Vorschlag für eine Verordnung des Europäischen Parlaments und des Rates zum Schutz natürlicher Personen bei der Verarbeitung personenbezogener Daten durch die Organe, Einrichtungen und sonstigen Stellen der Union, zum freien Datenverkehr und zur Aufhebung der Verordnung (EG) Nr. 45/2001 und des Beschlusses Nr. 1247/2002/EG, COM (2017) 8 final. 2017/0002 (COD), veröffentlicht unter https://ec.europa.eu/transparency/regdoc/rep/1/2017/DE/COM-2017-8-F1-DE-MAIN-PART-1.PDF.
4 Vgl. Stellungnahme des Europäischen Datenschutzbeauftragten vom 15.3.2017, veröffentlicht unter https://edps.europa.eu/sites/edp/files/publication/17-03-15_regulation_45-2001_de.pdf.
5 Vgl. http://ec.europa.eu/finance/consultations/2015/emir-revision/index_de.htm.
6 Bericht der Kommission an das Europäische Parlament und den Rat gemäß Artikel 85 Absatz 1 der Verordnung (EU) Nr. 648/2012 des Europäischen Parlaments und des Rates vom 4.7.2012 über OTC-Derivative, zentrale Gegenparteien und Transaktionsregister vom 23.11.2016, COM(2016) 857 final, veröffentlicht unter http://eur-lex.europa.eu/legal-content/DE/TXT/PDF/?uri=CELEX:52016DC0857&from=DE.
7 Vgl. S. 6 des vorgelegten Berichts der Kommission.
8 Vgl. S. 9 des vorgelegten Berichts der Kommission.

Im Ergebnis dieser Überprüfung legte die Europäischen Kommission im Mai 2017 einen **Vorschlag zur Änderung der EMIR** vor, der veröffentlicht[1] wurde. Dieser Änderungsvorschlag sieht auch eine weitere Möglichkeit des Zusammenwirkens mit Drittstaaten vor, in denen ein oder mehrere Transaktionsregister niedergelassen sind. Zur Begründung dieses Änderungsvorschlags wird vorgetragen[2]: „Behörden in Drittländern, die Transaktionsregister haben, erhalten unmittelbaren Zugang zu den in Transaktionsregistern der Union gespeicherten Daten, sofern die Kommission einen Durchführungsrechtsakt angenommen hat, in dem festgestellt wird, dass in dem Drittland a) die Transaktionsregister ordnungsgemäß zugelassen sind; b) dauerhaft eine wirksame Beaufsichtigung der Transaktionsregister und eine wirkungsvolle Rechtsdurchsetzung sichergestellt ist; c) Garantien hinsichtlich des Berufsgeheimnisses bestehen, einschließlich des Schutzes der von den Behörden mit Dritten geteilten Geschäftsgeheimnisse, und diese Garantien mindestens denen dieser Verordnung gleichwertig sind; d) die in dem betreffenden Drittland zugelassenen Transaktionsregister der rechtsverbindlichen und durchsetzbaren Verpflichtung unterliegen, den einschlägigen Stellen der Union unmittelbar und unverzüglich Zugang zu den Daten zu gewähren."

Der Vorschlag lautet wie folgt[3]:

„**Art. 76a**
Gegenseitiger direkter Datenzugang
(1) Wenn dies zur Ausübung ihrer Aufgaben nötig ist, erhalten die einschlägigen Behörden von Drittstaaten, in denen ein oder mehrere Transaktionsregister niedergelassen sind, direkten Zugang zu den Informationen in den in der Union niedergelassenen Transaktionsregistern, sofern die Kommission gem. Abs. 2 einen entsprechenden Durchführungsrechtsakt erlassen hat.

(2) Nach Eingang eines Antrags von den in Abs. 1 genannten Behörden kann die Kommission nach dem in Art. 86 Abs. 2 genannten Prüfverfahren Durchführungsrechtsakte erlassen, in denen festgestellt wird, ob der Rechtsrahmen des Drittstaats der antragstellenden Behörde alle folgenden Bedingungen erfüllt:

a) Die in diesem Drittstaat niedergelassenen Transaktionsregister sind ordnungsgemäß zugelassen;

b) in diesem Drittstaat erfolgen laufend eine wirksame Beaufsichtigung der Transaktionsregister und eine wirksame Durchsetzung von deren Verpflichtungen;

c) hinsichtlich des Berufsgeheimnisses bestehen Garantien, die den in dieser Verordnung niedergelegten Garantien mindestens gleichwertig sind und den Schutz der von den Behörden mit Dritten geteilten Geschäftsgeheimnisse einschließen;

d) die in diesem Drittstaat zugelassenen Transaktionsregister unterliegen einer rechtsverbindlichen und rechtlich durchsetzbaren Verpflichtung, den in Art. 81 Abs. 3 genannten Stellen direkten und sofortigen Zugang zu den Daten zu gewähren."

Wesentlicher Unterschied zu der in Art. 75 Abs. 1 VO Nr. 648/2012 geregelten Möglichkeit für Durchführungsrechtsakte der EU-Kommission ist, dass die Feststellung einer Gleichwertigkeit der rechtsverbindlichen Anforderungen an die im Drittstaat ansässigen Transaktionsregister mit den Regelungen der EMIR nicht erforderlich ist. Unabdingbar ist jedoch die rechtlich verbindliche und durchsetzbare Verpflichtung zum direkten und sofortigen Zugang zu den Daten gem. Art. 81 Abs. 3 VO Nr. 648/2012, die stets erforderlichen Garantien für das Berufsgeheimnis sowie die ordnungsgemäße Zulassung und wirksame Beaufsichtigung im Drittstaat.

Art. 76 Kooperationsvereinbarungen

Die einschlägigen Behörden von Drittstaaten, in denen kein Transaktionsregister ansässig ist, können sich an die ESMA wenden, um Kooperationsvereinbarungen über den Zugang zu Informationen über in Transaktionsregistern der Union erfasste Derivatekontrakte zu treffen.

Die ESMA kann Kooperationsvereinbarungen mit den genannten Behörden treffen über den Zugang zu Informationen über in Transaktionsregistern der Union erfasste Derivatekontrakte, die diese Behörden zur Erfüllung ihrer jeweiligen Aufgaben und Mandate benötigen, vorausgesetzt, dass Garantien hin-

---

1 Vorschlag für eine Verordnung der Europäischen Parlaments und des Rates zur Änderung der Verordnung (EU) Nr. 648/2012 in Bezug auf die Clearingpflicht, die Aussetzung der Clearingpflicht, die Meldepflichten, die Risikominderungstechniken für nicht durch eine zentrale Gegenpartei geclearte OTC-Derivatekontrakte, die Registrierung und Beaufsichtigung von Transaktionsregistern und die Anforderungen an Transaktionsregister, vom 4.5.2017, COM(2017) 208 final, 2017/0090 (COD), veröffentlicht unter http://ec.europa.eu/transparency/regdoc/rep/1/2017/DE/COM-2017-208-F1-DE-MAIN-PART-1.PDF und https://eur-lex.europa.eu/legal-content/DE/TXT/?uri=CELEX:52017PC0208.

2 Vgl. S. 19 des Vorschlags für eine Verordnung der Europäischen Parlaments und des Rates zur Änderung der Verordnung (EU) Nr. 648/2012 vom 4.5.2017.

3 Vgl. S. 35 f. des Vorschlags für eine Verordnung der Europäischen Parlaments und des Rates zur Änderung der Verordnung (EU) Nr. 648/2012 vom 4.5.2017, veröffentlicht unter: http://ec.europa.eu/transparency/regdoc/rep/1/2017/DE/COM-2017-208-F1-DE-MAIN-PART-1.PDF.

sichtlich des Berufsgeheimnisses bestehen, einschließlich des Schutzes der von den Behörden mit Dritten geteilten Geschäftsgeheimnisse.

In der Fassung vom 4.7.2012 (ABl. EU Nr. L 201 v. 27.7.2012, S. 1).

Schrifttum: S. Art. 75 VO Nr. 648/2012.

I. Kooperationsvereinbarungen mit Drittstaaten . . 1
II. Unabdingbare Voraussetzung für eine Kooperationsvereinbarung 4
III. Ermessensentscheidung der ESMA 5

1 **I. Kooperationsvereinbarungen mit Drittstaaten.** Die Regelung des Art. 76 VO Nr. 648/2012 (EMIR) ermöglicht der ESMA den Abschluss von **Kooperationsvereinbarungen über den Zugang zu Informationen über in Transaktionsregistern** der Union erfasste Derivatekontrakte. Hintergrund ist, dass die entsprechenden Behörden von Drittstaaten, in denen kein Transaktionsregister ansässig ist, auf diese Daten zugreifen können sollen, wenn sie die Informationen zur Erfüllung ihrer jeweiligen Aufgaben und Mandate benötigen. Der Abschluss dieser Kooperationsvereinbarungen erfolgt regelmäßig als Memorandum of Understanding (MoU).

2 Entsprechend der Ausgestaltung dieser Befugnis für die ESMA besteht die Möglichkeit der Kooperationsvereinbarung mit Drittstaaten nach Art. 77 VO Nr. 648/2012 in Bezug auf solche **Drittstaaten, in denen kein Transaktionsregister ansässig ist.** Für Drittstaaten, in denen ein oder mehrere Transaktionsregister ansässig sind, ergeben sich die Kooperationsmöglichkeiten aus Art. 75 VO Nr. 648/2012 bzw. der im Rahmen der Überarbeitung der EMIR vorgeschlagenen Kooperationsmöglichkeit für Drittstaaten mit Transaktionsregistern nach dem Art. 76a EMIR-E (vgl. Art. 75 VO Nr. 648/2012 Rz. 16 f.).

3 Der Weg zu einer solchen Kooperationsvereinbarung ist, dass sich die einschlägigen Behörden von Drittstaaten, in denen kein Transaktionsregister ansässig ist, sich an die ESMA wenden. Ziel dieser Kooperationsvereinbarungen ist die Eröffnung des Zugangs zu Informationen über in Transaktionsregistern der Union erfasste Derivatekontrakte, die diese Behörden zur Erfüllung ihrer jeweiligen Aufgaben und Mandate benötigen. Entsprechend ist auch erforderlich darzulegen, welche Informationen zur Erfüllung ihrer jeweiligen Aufgaben und Mandate benötigt werden.

4 **II. Unabdingbare Voraussetzung für eine Kooperationsvereinbarung.** Unabdingbare Voraussetzung für den Abschluss einer Kooperationsvereinbarung mit den entsprechenden Behörden von Drittstaaten, in denen kein Transaktionsregister ansässig ist, ist, dass **Garantien hinsichtlich des Berufsgeheimnisses bestehen**, einschließlich des Schutzes der von den Behörden mit Dritten geteilten Geschäftsgeheimnisse. Diese Forderung als **zwingende Voraussetzung** für eine Kooperationsvereinbarung über den Zugang zu Informationen in den Transaktionsregistern zu normieren ist konsequent. Mit Blick auf die Regelungen zur Wahrung des Berufsgeheimnisses nach Art. 83 VO Nr. 648/2012, der Pflicht der europäischen Transaktionsregister zum Schutz und Daten nach Art. 80 VO Nr. 648/2012 und einer Anerkennung der Gleichwertigkeit nur bei hinreichenden Garantien hinsichtlich des Berufsgeheimnisses kann ein Zugang zu den Informationen über in Transaktionsregistern der Union erfasste Derivatekontrakte nicht ohne hinreichender Sicherheit bezüglich der Wahrung des Berufsgeheimnisses der entsprechenden Behörde des Drittstaates gewährt werden.

5 **III. Ermessensentscheidung der ESMA.** Der Abschluss einer entsprechenden Kooperationsvereinbarung steht im Ermessen der ESMA. Auch wenn die Voraussetzungen vorliegen, besteht also keine Pflicht der ESMA, eine entsprechende Kooperationsvereinbarung abzuschließen. Faktisch wird wohl in der überwiegenden Anzahl der Fälle, in denen die Voraussetzungen für eine Kooperationsvereinbarung vorliegen, eine solche auch ermöglicht werden. Es sind aber durchaus auch Gründe denkbar, in denen die ESMA trotz formalen Vorliegens der Voraussetzungen von dem Abschluss einer Kooperationsvereinbarung absehen wird.

6 Eine Übersicht über die von der ESMA bislang geschlossenen Kooperationsvereinbarungen, auch in Bezug auf Transaktionsregister, ist auf der Internetseite der ESMA[1] eingestellt. So schloss die ESMA eine erste bilaterale Kooperationsvereinbarung im November 2014 mit der australischen Aufsicht (Australian Securities & Investments Commission [ASIC]). Diese Vereinbarung wurde zum 18.2.2015 ergänzt durch eine Vereinbarung mit der Zentralbank Australiens (Reserve Bank of Australia [RBA]), die hierdurch gleichfalls Zugang zu den Informationen der europäischen Transaktionsregister erhält. Zudem wurde mit Wirkung zum 21.6.2017 eine entsprechende Kooperationsvereinbarung von der ESMA mit der indischen Aufsichtsbehörde, Exchange Board of India (SEBI) geschlossen.

---

1 Die von der ESMA veröffentlichte Liste der geschlossenen Kooperationsvereinbarungen mit weitergehenden Informationen ist veröffentlicht unter: https://www.esma.europa.eu/regulation/post-trading/central-counterparties-ccps.

Art. 77 Anerkennung von Transaktionsregistern

(1) Ein in einem Drittstaat ansässiges Transaktionsregister kann Dienstleistungen und Tätigkeiten für in der Union ansässige Einrichtungen für die Zwecke des Artikels 9 nur erbringen, nachdem es von der ESMA gemäß Absatz 2 anerkannt wurde.

(2) Ein Transaktionsregister im Sinne des Absatzes 1 richtet seinen Antrag auf Anerkennung zusammen mit allen erforderlichen Informationen an die ESMA, einschließlich mindestens der Informationen, die erforderlich sind, um zu überprüfen, dass das Transaktionsregister zugelassen ist und einer wirksamen Aufsicht in einem Drittstaat unterliegt, der

a) von der Kommission im Wege eines Durchführungsrechtsakts gemäß Artikel 75 Absatz 1 als Staat anerkannt wurde, der über einen gleichwertigen und durchsetzbaren Rechts- und Aufsichtsrahmen verfügt,

b) mit der Union eine internationale Übereinkunft gemäß Artikel 75 Absatz 2 geschlossen hat und

c) mit der Union Kooperationsvereinbarungen gemäß Artikel 75 Absatz 3 getroffen hat, um sicherzustellen, dass die Behörden der Union, einschließlich der ESMA, unmittelbaren und ständigen Zugang zu allen erforderlichen Informationen haben.

Die ESMA prüft den Antrag innerhalb von 30 Arbeitstagen nach Eingang auf Vollständigkeit. Ist der Antrag unvollständig, so setzt die ESMA eine Frist, innerhalb deren ihr das beantragende Transaktionsregister zusätzliche Informationen zu übermitteln hat.

Innerhalb von 180 Arbeitstagen nach Übermittlung eines vollständigen Antrags informiert die ESMA das beantragende Transaktionsregister schriftlich darüber, ob die Anerkennung gewährt oder abgelehnt wurde und begründet ihre Entscheidung umfassend.

Die ESMA veröffentlicht auf ihrer Website ein Verzeichnis der nach dieser Verordnung anerkannten Transaktionsregister.

In der Fassung vom 4.7.2012 (ABl. EU Nr. L 201 v. 27.7.2012, S. 1).

Schrifttum: S. Art. 75 VO Nr. 648/2012.

I. Notwendige Anerkennung von Transaktionsregistern aus Drittstaaten (Art. 77 Abs. 1 VO Nr. 648/2012) 1

II. Anerkennungsverfahren (Art. 77 Abs. 2 VO Nr. 648/2012) 4

I. Notwendige Anerkennung von Transaktionsregistern aus Drittstaaten (Art. 77 Abs. 1 VO Nr. 648/ 2012). Gem. Art. 77 Abs. 1 VO Nr. 648/2012 (EMIR) ist eine entsprechende **Anerkennung durch die ESMA erforderlich**, damit ein in einem **Drittstaat ansässiges Transaktionsregister Dienstleistungen und Tätigkeiten** für in der Union ansässige Einrichtungen für die Zwecke des Art. 9 VO Nr. 648/2012 nur **erbringen darf**. Diese Regelung korrespondiert mit der Regelung in Art. 9 Abs. 1 VO Nr. 648/2012, die normiert, dass Gegenparteien und CCPs entsprechende Meldungen an ein gem. Art. 55 VO Nr. 648/2012 registriertes oder gem. Art. 77 VO Nr. 648/2012 anerkanntes Transaktionsregister übermitteln müssen.

Das **Anerkennungsverfahren für Transaktionsregister** aus Drittstaaten **übernimmt die Aufgabe des Registrierungsverfahren** nach Art. 55 ff. VO Nr. 648/2012 für Transaktionsregister mit Sitz in der EU, es sollen nur solche Transaktionsregister innerhalb der EU ihre Dienste anbieten dürfen, die die in der EMIR geregelten Mindestanforderungen an Transaktionsregister erfüllen. Hierbei ist eine wesentliche Unterscheidung vom Registrierungsverfahren nach Art. 55 ff. VO Nr. 648/2012, dass an den Drittstaat, in dem das Transaktionsregister seinen Sitz hat, und die dortige Aufsichtsbehörde besondere Anforderungen bestehen, die in Art. 77 Abs. 2 VO Nr. 648/2012 näher ausgestaltet sind (vgl. Rz. 7).

Mit Stand Mai 2018 ist bislang noch kein Transaktionsregister mit Sitz in einem Drittstaat anerkannt worden[1]. Die derzeit innerhalb der EU tätigen Transaktionsregister haben ihren Sitz innerhalb der EU und haben somit das Registrierungsverfahren nach Art. 55 ff. VO Nr. 648/2012 durchlaufen.

II. Anerkennungsverfahren (Art. 77 Abs. 2 VO Nr. 648/2012). Den **Antrag auf Anerkennung** hat ein Transaktionsregister, das in einem Drittstaat ansässig ist, **an die ESMA zu richten**. Diese Regelung entspricht auf den ersten Blick der Regelung des Art. 56 Abs. 1 VO Nr. 648/2012 für das Registrierungsverfahren.

---

1 Vgl. die Ausführungen im ESMA-Jahresbericht 2016, S. 20, veröffentlicht als ESMA's supervision of credit ratingagencies, trade repositories and monitoring of third country central counterparties, 2016 annual report and 2017 work programme, 3.2.2017, ESMA80-1467488426-27, unter https://www.esma.europa.eu/sites/default/files/library/supervision_annual_report_2016_and_work_program_2017_0.pdf und die Pressemitteilung zur Registrierung eines EU-Transaktionsregisters im Jahre 2017, veröffentlicht unter https://www.esma.europa.eu/sites/default/files/library/esma71-99-470_public_statement_btlr_registration_1.pdf.

Art. 77 VO Nr. 648/2012 | Anerkennung von Transaktionsregistern

5   Art. 56 Abs. 1 i.V.m. Abs. 4 VO Nr. 648/2012 regelt aber nicht nur die Adressierung des Antrags an die ESMA, sondern auch die Form des Antrags. Hinsichtlich der **Form des Antrags** wird in Art. 77 VO Nr. 648/2012 keine Regelung getroffen. Die Durchführungsverordnung[1] zur Festlegung des Formats von Registrierungsanträgen der EU-Kommission vom 19.12.2012 stützt sich insbesondere auf Art. 56 Abs. 4 VO Nr. 648/2012. Ausführung zum Antrag auf Anerkennung von Transaktionsregistern mit Sitz in einem Drittstaat enthält diese Durchführungsverordnung nicht. Entsprechend ist sie zumindest nicht unmittelbar anwendbar. Es ist aber davon auszugehen, dass die ESMA auch von einem Transaktionsregister mit Sitz in einem Drittstaat in Kombination mit den für die Feststellung der Gleichwertigkeit vorliegenden Informationen vergleichbare Daten und Dokumente zur Prüfung der Anerkennung verlangen wird und daher die Durchführungsverordnung in angepasster Form anwenden wird. Insoweit empfiehlt es sich, **vor Einreichung des Antrags** auf Anerkennung des Transaktionsregisters entsprechend dem von der ESMA erarbeiteten Leitfaden[2] für das Registrierungsverfahren **Kontakt mit der ESMA aufzunehmen** und das konkrete Vorgehen abzuklären.

6   Der Antrag auf Anerkennung des Transaktionsregisters ist zusammen **mit allen erforderlichen Informationen** bei der ESMA einzureichen. Auch in Bezug auf die erforderlichen Informationen zur Prüfung des Antrags regelt Art. 77 VO Nr. 648/2012 nur weitere Vorgaben für die Zulassung und wirksame Aufsicht des Transaktionsregisters in den Drittstaat. Da in Bezug auf die Anerkennung von Transaktionsregistern aus Drittstaaten die Delegierte Verordnung (EU) Nr. 150/2013 vom 19.12.2012 zur Ergänzung der EMIR-Regelungen insbesondere Art. 56 Abs. 3 VO Nr. 648/2012 gleichfalls nicht unmittelbar anwendbar ist, empfiehlt es sich ebenfalls, **vor Einreichung des Antrags** auf Anerkennung des Transaktionsregisters entsprechend dem von der ESMA erarbeiteten Leitfaden[3] für das Registrierungsverfahren **Kontakt mit der ESMA aufzunehmen** und das konkrete Vorgehen abzuklären.

7   Die für die Antragstellung erforderlichen **Informationen umfassen mindestens die Informationen**, die für die Prüfung erforderlich sind, dass das **Transaktionsregister zugelassen** ist und **einer wirksamen Aufsicht in einem Drittstaat unterliegt**. Hierzu muss der Drittstaat

– von der EU-Kommission im Wege eines Durchführungsrechtsakts gem. Art. 75 Abs. 1 VO Nr. 648/2012 als Staat **anerkannt werden**, der über einen gleichwertigen und durchsetzbaren Rechts- und Aufsichtsrahmen verfügt,

– mit der Union eine **internationale Übereinkunft** gem. Art. 75 Abs. 2 VO Nr. 648/2012 geschlossen haben und

– mit der Union **Kooperationsvereinbarungen** gem. Art. 75 Abs. 3 VO Nr. 648/2012 getroffen haben, um sicherzustellen, dass die Behörden der Union, einschließlich der ESMA, unmittelbaren und ständigen Zugang zu allen erforderlichen Informationen haben. Die Kooperationsvereinbarung wird gem. Art. 75 Abs. 3 VO Nr. 648/2012 zwischen der ESMA und der zuständigen Behörde des Drittstaates abgeschlossen.

Hierzu führt der Erwägungsgrund 6 VO Nr. 648/2012 aus: „Die Kommission wird darüber wachen, dass die eingegangenen Verpflichtungen von den internationalen Partnern der Union in gleicher Weise umgesetzt werden, und das Ihre dazu beitragen. Sie sollte mit den Behörden von Drittstaaten zusammenarbeiten, um für beide Seiten vorteilhafte Lösungen zu finden, mit denen die Kohärenz zwischen dieser Verordnung und den von den Drittstaaten festgelegten Anforderungen sichergestellt werden kann und somit etwaige Überschneidungen in dieser Hinsicht vermieden werden. Mit Unterstützung der ESMA sollte die Kommission die internationale Anwendung der in dieser Verordnung festgelegten Grundsätze überwachen und dem Europäischen Parlament und dem Rat darüber Bericht erstatten. Zur Vermeidung etwaiger doppelter oder kollidierender Anforderungen könnte die Kommission Beschlüsse über die Gleichwertigkeit des Rechts-, Aufsichts- und Durchsetzungsrahmens in Drittstaaten fassen, wenn eine Reihe von Bedingungen erfüllt ist. Das Recht einer in einem Drittstaat niedergelassenen und von der ESMA anerkannten CCP, Clearingdienstleistungen für in der Union ansässige Clearingmitglieder oder Handelsplätze zu erbringen, sollte von der Bewertung, die solchen Beschlüssen zugrunde liegen, nicht beeinträchtigt werden, da die Entscheidung über die Anerkennung von dieser Bewertung unabhängig sein sollte. Ebenso sollte das Recht eines in einem Drittstaat ansässigen und von der ESMA anerkannten Transaktionsregisters, Dienstleistungen für in der Union ansässige Einrichtungen zu erbringen, weder durch einen Beschluss über die Gleichwertigkeit noch durch die Bewertung beeinträchtigt werden."

8   Die **ESMA prüft** den Antrag auf Anerkennung **innerhalb von 30 Arbeitstagen** nach Eingang **auf seine Vollständigkeit**. Diese Regelung entspricht – unter Berücksichtigung der besonderen Gegebenheiten bei einem

---

1 Vgl. Durchführungsverordnung (EU) Nr. 1248/2012 der Kommission vom 19. Dezember 2012 zur Festlegung technischer Durchführungsstandards für das Format von Anträgen auf Registrierung von Transaktionsregistern gemäß der Verordnung (EU) Nr. 648/2012 des Europäischen Parlaments und des Rates über OTC-Derivate, zentrale Gegenparteien und Transaktionsregister, ABl. EU Nr. L 352 v. 21.12.2012, S. 30.

2 Veröffentlicht mit derzeitigem Stand vom 15.4.2013 auf der Internetseite der ESMA als Practical guidance for the registation of Trade repositories by ESMA unter https://www.esma.europa.eu/sites/default/files/library/website_tr_registration.pdf.

3 Veröffentlicht mit derzeitigem Stand vom 15.4.2013 auf der Internetseite der ESMA als Practical guidance for the registation of Trade repositories by ESMA unter https://www.esma.europa.eu/sites/default/files/library/website_tr_registration.pdf.

Drittstaatenregister und der hieraus folgenden verlängerten Prüfungsfrist für die ESMA – der Regelung nach Art. 56 Abs. 2 Satz 1 VO Nr. 648/2012 (vgl. Art. 56 VO Nr. 648/2012 Rz. 6).

Stellt die ESMA fest, dass der **Antrag unvollständig** ist, so **setzt sie eine Frist**, innerhalb deren ihr das beantragende Transaktionsregister zusätzliche Informationen zu übermitteln hat. Da der ESMA-Leitfaden[1] für das Registrierungsverfahren nicht unmittelbar auf das Anerkennungsverfahren anwendbar ist, hat sich die ESMA in Bezug auf die Dauer der zu setzenden Frist nicht selbst gebunden und ist in der Bestimmung der Frist unter Berücksichtigung des Einzelfalls frei.

Nach Übermittlung eines **vollständigen Antrags informiert die ESMA innerhalb von 180 Arbeitstagen das beantragende Transaktionsregister** schriftlich darüber, ob die Anerkennung gewährt oder abgelehnt wurde und begründet ihre Entscheidung umfassend. In Bezug auf die Prüfungsfrist geht diese Regelung – wie auch bei der Prüfung der Vollständigkeit des Antrags – von einem deutlich erhöhten Schwierigkeitsgrad aus, so dass die in Art. 77 Abs. 2 Unterabs. 3 VO Nr. 648/2012 geregelte kombinierte Prüfungs- und Mitteilungsfrist im Vergleich zur Regelung in Art. 58 Abs. 1, 59 Abs. 1 VO Nr. 648/2012 wesentlich länger ist. Im Übrigen kann auf die Ausführungen in Art. 58 Abs. 1 und Art. 59 Abs. 1 VO Nr. 648/2012 verwiesen werden.

Weitergehende Verfahrensvorschriften, wie z.B. dem Zeitpunkt des Wirksamwerdens der Anerkennung, sind anders als beim Registrierungsverfahren für Transaktionsregister mit Sitz innerhalb der EU beim Anerkennungsverfahren **nicht ausdrücklich in der EMIR** geregelt. Soweit hier Regelungslücken verbleiben, sollten diese durch eine entsprechende Anwendung der Regelungen zum Registrierungsverfahren geschlossen werden.

Wie auch bei der Registrierung von Transaktionsregistern mit Sitz innerhalb der EU nach Art. 59 Abs. 3 VO Nr. 648/2012 **veröffentlicht die ESMA auf ihrer Website ein Verzeichnis** der nach dieser Verordnung anerkannten Transaktionsregister. Das Verzeichnis der registrierten Transaktionsregister, in das vermutlich auch die anerkennten Transaktionsregister aufgenommen werden, hat die ESMA unter der **Internet-Adresse** https://www.esma.europa.eu/supervision/trade-repositories/list-registered-trade-repositories veröffentlicht.

Hinsichtlich der für die Anerkennung eines Transaktionsregisters **anfallenden Gebühren** kann auf Art. 72 VO Nr. 648/2012 i.V.m. Art. 8 DelVO Nr. 1003/2013[2] verwiesen werden. Die Gebühr für die Registrierung beträgt maximal 20.000 Euro. Zusätzlich fällt nach Art. 8 Abs. 2 DelVO Nr. 1003/2013 eine Jahresaufsichtsgebühr für anerkannte Transaktionsregister i.H.v. 5.000 Euro an.

Titel VII
Anforderungen an Transaktionsregister

Art. 78 Allgemeine Anforderungen

(1) Ein Transaktionsregister muss über solide Regelungen zur Unternehmensführung verfügen, wozu eine klare Organisationsstruktur mit genau abgegrenzten, transparenten und kohärenten Verantwortungsbereichen und angemessenen Mechanismen der internen Kontrolle einschließlich solider Verwaltungs- und Rechnungslegungsverfahren zählen, die jede Offenlegung vertraulicher Informationen verhindern.

(2) Ein Transaktionsregister muss auf Dauer wirksame, in schriftlicher Form festgelegte organisatorische und administrative Vorkehrungen treffen, um potenzielle Interessenkonflikte, die seine Manager, Beschäftigten oder andere mit diesen direkt oder indirekt durch eine enge Verbindung verbundene Personen betreffen, zu erkennen und zu regeln.

(3) Ein Transaktionsregister führt angemessene Strategien und Verfahren ein, die ausreichend sind, um die Einhaltung sämtlicher Bestimmungen dieser Verordnung, auch durch seine Manager und Beschäftigten, sicherzustellen.

(4) Ein Transaktionsregister muss dauerhaft über eine angemessene Organisationsstruktur verfügen, die die Kontinuität und das ordnungsgemäße Funktionieren des Transaktionsregisters im Hinblick auf die Erbringung seiner Dienstleistungen und Ausübung seiner Tätigkeiten gewährleistet. Es muss angemessene und geeignete Systeme, Ressourcen und Verfahren einsetzen.

---

1 Vgl. ESMA Leitfaden unter Nr. 29 f.
2 Delegierte Verordnung (EU) Nr. 1003/2013 der Kommission vom 12. Juli 2013 zur Ergänzung der Verordnung (EU) Nr. 648/2012 des Europäischen Parlaments und des Rates in Bezug auf die Gebühren, die den Transaktionsregistern von der Europäischen Wertpapier- und Marktaufsichtsbehörde in Rechnung gestellt werden, ABl. EU Nr. L 279 v. 19.10.2013, S. 4.

(5) Bietet ein Transaktionsregister Nebendienstleistungen an, wie Geschäftsbestätigung, Geschäftsabgleich, Dienstleistungen bei Kreditereignissen, Portfolioabgleich und Portfoliokomprimierung, so muss das Transaktionsregister diese Nebendienstleistungen betrieblich von seiner Aufgabe der zentralen Erfassung und Verwahrung der Aufzeichnungen zu Derivatekontrakten getrennt halten.

(6) Die Geschäftsleitung und die Mitglieder des Leitungsorgans eines Transaktionsregisters müssen gut beleumundet sein und über ausreichende Erfahrung verfügen, um ein solides und umsichtiges Management des Transaktionsregisters sicherzustellen.

(7) Ein Transaktionsregister legt objektive, diskriminierungsfreie und öffentlich zugängliche Anforderungen für den Zugang von Unternehmen, die der Meldepflicht nach Artikel 9 unterliegen, fest. Es gewährt externen Dienstleistungsanbietern diskriminierungsfrei Zugang zu den Informationen in dem Transaktionsregister, sofern die jeweiligen Gegenparteien dem zugestimmt haben. Kriterien, die den Zugang beschränken, sind nur insoweit zulässig, als mit ihnen das Ziel verfolgt wird, die Risiken für die von einem Transaktionsregister verwalteten Daten zu kontrollieren.

(8) Ein Transaktionsregister veröffentlicht die im Zusammenhang mit den nach dieser Verordnung erbrachten Dienstleistungen zu zahlenden Preise und Entgelte. Es legt die Preise und Entgelte für alle Einzeldienstleistungen offen, einschließlich der Abschläge und Rabatte sowie der Bedingungen für die Gewährung entsprechender Nachlässe. Es ermöglicht den meldenden Einrichtungen den Zugang zu einzelnen Diensten. Die von einem Transaktionsregister in Rechnung gestellten Preise und Entgelte müssen im Verhältnis zum Aufwand stehen.

In der Fassung vom 4.7.2012 (ABl. EU Nr. L 201 v. 27.7.2012, S. 1).

Schrifttum: *Europäische Wertpapier- und Marktaufsichtsbehörde (ESMA)*, „Fragen und Antworten – Umsetzung der Verordnung (EU) Nr. 648/2012 über OTC-Derivate, zentrale Gegenparteien und Transaktionsregister (EMIR)", ESMA70-1861941480-52 vom 30.5.2018, abrufbar über: https://www.esma.europa.eu („*ESMA Q&A*").

I. Regelungen zur Unternehmensführung (Art. 78 Abs. 1 VO Nr. 648/2012) 1	V. Nebendienstleistungen (Art. 78 Abs. 5 VO Nr. 648/2012) 15
II. Interessenkonflikte (Art. 78 Abs. 2 VO Nr. 648/2012) 11	VI. Geschäftsleitung und Leitungsorgan (Art. 78 Abs. 6 VO Nr. 648/2012) 16
III. Compliance Funktion (Art. 78 Abs. 3 VO Nr. 648/2012) 12	VII. Zugang zu den Transaktionsdaten (Art. 78 Abs. 7 VO Nr. 648/2012) 17
IV. Angemessene Ausstattung (Art. 78 Abs. 4 VO Nr. 648/2012) 13	VIII. Entgelte (Art. 78 Abs. 8 VO Nr. 648/2012) ... 19
	IX. Sanktionen 21

1 **I. Regelungen zur Unternehmensführung (Art. 78 Abs. 1 VO Nr. 648/2012).** Ein Transaktionsregister muss nach Art. 78 Abs. 1 VO Nr. 648/2012 über solide Regelungen zur Unternehmensführung (**governance arrangements**) verfügen. Diese beinhalten mindestens eine klare Organisationsstruktur mit genau definierten und abgegrenzten Verantwortungsbereichen, und angemessene Mechanismen der internen Kontrolle einschließlich solider Verwaltungs- und Rechnungslegungsverfahren, die jede Offenlegung vertraulicher Informationen verhindern.

2 Art. 78 Abs. 1 VO Nr. 648/2012 lehnt sich bewusst an die **gemeinsamen Empfehlungen** des Basler Ausschusses für Zahlungsverkehrs- und Abwicklungssysteme (CPSS) und der Internationalen Vereinigung der Wertpapieraufsichtsbehörden (IOSCO) für Finanzmarktinfrastrukturen vom 16.4.2012[1] an[2]. Nach den ersten drei Prinzipien der gemeinsamen Empfehlungen, die sich mit der **organisatorischen Ausgestaltung** von Finanzmarktinfrastrukturen befassen, müssen diese über klare und transparente Regelungen der Unternehmensführung verfügen. Wegen weiterer Einzelheiten wird auf die Ausführungen zu Art. 26 VO Nr. 648/2012 Rz. 2 und 3 verwiesen.

3 Die organisatorischen Anforderungen an Transaktionsregister entsprechen weitestgehend den in Art. 26 Abs. 1 VO Nr. 648/2012 definierten Anforderungen an die Unternehmensführung einer **CCP**. Abweichungen ergeben sich zum einen im Hinblick auf die **unterschiedlichen Geschäftsmodelle** und der durch sie begründeten typischen Risiken. So stehen bei den CCPs die Verfahren zur Identifizierung, Steuerung und Minderung von Gegenparteiausfallrisiken im Vordergrund, während es bei Transaktionsregistern in erster Linie die Verfahren sind, mit denen das Transaktionsregister die **Vertraulichkeit, die Integrität und den Schutz** der von ihr verwahrten **Daten** gewährleistet.

4 Ein weiterer Unterschied ist, dass der Gesetzgeber in Art. 78 VO Nr. 648/2012 **keine Befugnis** zum **Erlass technischer Regulierungsstandards** vorgesehen hat, mit denen die Kommission den Mindestinhalt der in Art. 78

---

1 *Baseler Ausschuss für Zahlungsverkehr und Marktinfrastrukturen (CPMI) und Internationale Organisation der Wertpapieraufsichtsbehörden (IOSCO)*, Prinzipien für Finanzmarktinfrastrukturen vom 16.4.2012, abrufbar über: https://www.bis.org/cpmi/publ/d101a.pdf („*CPMI d101a*").
2 Erwägungsgrund Nr. 90 VO Nr. 648/2012.

VO Nr. 648/2012 geregelten allgemeinen Anforderungen festlegen kann. Grund für die Zurückhaltung war möglicherweise der Umstand, dass die Zuständigkeit für die Registrierung von Transaktionsregistern nach Art. 55 Abs. 1 VO Nr. 648/2012 ausschließlich bei der Europäischen Wertpapier- und Marktaufsichtsbehörde (ESMA) liegt, und deshalb kein Bedürfnis für eine Angleichung der bei einer Zuständigkeit der nationalen Aufsichtsbehörden ggf. zu befürchtenden divergierenden Aufsichtsstandards gesehen wurde. Anhaltspunkte für die nähere Ausgestaltung der allgemeinen Anforderungen lassen sich jedoch mittelbar der auf Art. 56 Abs. 3 VO Nr. 648/2012 gestützten **DelVO Nr. 150/2013** entnehmen, mit denen die Kommission die Einzelheiten der Registrierung von Transaktionsregistern geregelt hat.

Die **Elemente der Unternehmensführung** die von dem Transaktionsregister zu regeln sind, finden sich in Art. 6 DelVO Nr. 150/2013 näher bestimmt. Nach Art. 6 Abs. 1 DelVO Nr. 150/2013 muss das Transaktionsregister Regelungen zu den internen Unternehmensführungsstrategien sowie zu den Mandaten, d.h. der Aufgaben und Zuständigkeiten der Geschäftsleitung, des Leitungsorgans, der nicht geschäftsführenden Mitglieder des Leitungsorgans sowie der ggf. eingerichteten Ausschüsse (Geschäftsverteilung) festlegen. Ebenfalls zu regeln sind nach Art. 6 Abs. 2 DelVO Nr. 150/2013 die Verfahren für die Ernennung der Mitglieder des Leitungsorgans und der Geschäftsleitung. Wegen der Definition der Begriffe Leitungsorgan und Geschäftsleitung wird auf die Anmerkungen zu Art. 2 VO Nr. 648/2012 Rz. 132–134 und Rz. 137–138 verwiesen. 5

Wie sich mittelbar aus Art. 5 DelVO Nr. 150/2013 ergibt, muss das Transaktionsregister **Organigramme** erstellen, die über die Organisationsstruktur sowie alle Nebendienstleistungen Aufschluss geben und für jede zentrale Aufgabe eine zuständige Person sowie das zuständige Mitglied der Geschäftsleitung benennen. 6

Den nach Art. 7 Abs. 1 und 2 DelVO Nr. 150/2013 vorzulegenden Unterlagen zur **internen Kontrolle** ist auch zu entnehmen, dass das Transaktionsregister über eine Compliance-Funktion und einer Innenrevisions-Funktion verfügen und angemessene Strategien und Verfahren für die interne Kontrolle vorhalten muss. Hierzu zählen insbesondere Verfahren, mit denen das Transaktionsregister die Angemessenheit und Wirksamkeit der von ihm genutzten Systeme überwacht und bewertet und die Informationsverarbeitungssysteme kontrolliert und vor unerlaubten Zugriffen schützt. 7

Art. 80 VO Nr. 648/2012 und Art. 14 Abs. 1 DelVO Nr. 150/2013 ist zu entnehmen, dass das Transaktionsregister über Strategien und Verfahren verfügen muss, die verhindern, dass die vom Transaktionsregister gespeicherten Daten für **unrechtmäßige Zwecke**, insbesondere für eine nicht erlaubte gewerbliche Nutzung, verwendet oder in unzulässiger Weise offengelegt werden. Die Verfahren müssen nach Art. 14 Abs. 2 DelVO Nr. 150/2013 auch regeln, welche Mitarbeiter in welchem Umfang und zu welchem Zweck auf die Daten zugreifen können. Datenzugriffe müssen nach Art. 14 Abs. 3 DelVO Nr. 150/2013 aufgezeichnet werden. 8

Aus Art. 19 DelVO Nr. 150/2013 lässt sich die Erwartung des Gesetzgebers ableiten, dass das Transaktionsregister Verfahren einrichtet, mit denen es überprüft, ob meldepflichte Gegenparteien und CCPs ihre durch Art. 9 VO Nr. 648/2012 begründete **Meldepflicht einhalten** und die von ihnen gemeldeten Einzelheiten **korrekt** sind[1]. Auch muss das Transaktionsregister in den Fällen, in denen die meldepflichtigen Unternehmen ein Derivat an zwei unterschiedliche Transaktionsregister melden, die Transaktionsdaten zwischen den Registern **abgeglichen werden** können. 9

Soweit das Transaktionsregister Funktionen auf externe Dienstleister **auslagert**, muss es auch die hiermit verbundenen Risiken steuern. Art. 16 Buchst. c DelVO Nr. 150/2013 verdeutlicht, dass das Transaktionsregister die Qualität der erbrachten Dienstleistungen überwachen muss (sog. „retained organisation"). 10

II. Interessenkonflikte (Art. 78 Abs. 2 VO Nr. 648/2012). Nach Art. 78 Abs. 2 VO Nr. 648/2012 muss ein Transaktionsregister über auf Dauer wirksame organisatorische und administrative Vorkehrungen verfügen, mit denen sie potentielle Interessenkonflikte, die die Mitglieder seines Leitungsorgans und seiner Geschäftsleitung, seine Mitarbeiter oder den mit ihnen eng verbundenen Personen betreffen, erkennt, regelt und offenlegt. Die Vorkehrungen müssen schriftlich festgelegt werden. Nach Art. 13 Buchst. a DelVO Nr. 150/2013 muss das Transaktionsregister auch sicherstellen, dass seine Organe und Mitarbeiter über die Strategien und Verfahren zur Regelung von Interessenkonflikten ausreichend unterrichtet sind. Wegen des Begriffs enge Verbindung wird auf die Ausführungen zu Art. 2 VO Nr. 648/2012 Rz. 124–126 verwiesen. 11

III. Compliance Funktion (Art. 78 Abs. 3 VO Nr. 648/2012). Das Transaktionsregister ist nach Art. 78 Abs. 3 VO Nr. 648/2012 verpflichtet, angemessene Strategien und Verfahren einzurichten, mit denen es die Einhaltung sämtlicher Bestimmungen der EMIR sicherstellt. Mit der Einhaltung der durch die EMIR begründeten Anforderungen ist die bereits erwähnte **Compliance-Funktion** gemeint. Art. 8 DelVO Nr. 150/2013 lässt sich entnehmen, dass das Transaktionsregister einen unabhängigen Compliancebeauftragten (chief compliance of- 12

---

1 *Europäische Wertpapier- und Marktaufsichtsbehörde (ESMA)*, „Fragen und Antworten – Umsetzung der Verordnung (EU) Nr. 648/2012 über OTC-Derivate, zentrale Gegenparteien und Transaktionsregister (EMIR)", ESMA70-1861941480-52 vom 30.5.2018, abrufbar über: https://www.esma.europa.eu/sites/default/files/library/esma70-1861941480-52_qa_on_emir_implementation.pdf („*ESMA* Q&A"), TR Frage Nr. 37(a) [letzte Aktualisierung: 29.5.2018].

ficers) benennen muss. Sämtliche in der Compliance-Funktion beschäftigten Mitarbeiter müssen nach Art. 11 Buchst. c DelVO Nr. 150/2013 ausreichend qualifiziert sein.

13 **IV. Angemessene Ausstattung (Art. 78 Abs. 4 VO Nr. 648/2012).** Nach Art. 78 Abs. 4 VO Nr. 648/2012 müssen die Organisationsstruktur und die von dem Transaktionsregister genutzten **Systeme und Ressourcen** eine dauerhafte Erbringung der Tätigkeiten und Dienstleistungen sicherstellen. Wie sich aus Art. 16 Buchst. b DelVO Nr. 150/2013 ergibt, erwartet der Gesetzgeber vom Transaktionsregister insbesondere Strategien für die Erneuerung bzw. Modernisierung seiner **Informationstechnologie** bzw. die in diesem Zusammenhang erforderlichen Investitionen.

14 Das Transaktionsregister muss über angemessenes **Personal** verfügen, und – dies folgt aus Art. 10 Buchst. b VO Nr. 648/2012 – zu starke Abhängigkeiten von einzelnen Mitarbeitern (key person risk) vermeiden. Art. 11 Buchst. b DelVO Nr. 150/2013 lässt erkennen, dass die für die Informationsverarbeitungssysteme zuständigen Mitarbeiter, die zur Erbringung der Transaktionsregisterdienste beschäftigt werden, über eine ausreichende Qualifikation verfügen müssen und – dies legt wiederum Art. 11 Buchst. e DelVO Nr. 150/2013 nahe –, an Schulungen und Weiterbildungen teilnehmen sollen.

15 **V. Nebendienstleistungen (Art. 78 Abs. 5 VO Nr. 648/2012).** Bietet das Transaktionsregister Nebendienstleistungen an, so muss es diese nach Art. 78 Abs. 5 VO Nr. 648/2012 betrieblich bzw. operativ von seinen Transaktionsregisterdiensten – d.h. der Erfassung und Verwahrung der ihm gemeldeten Transaktionsdaten – getrennt halten. Nach Art. 17 DelVO Nr. 150/2013 muss das Transaktionsregister Strategien und Verfahren vorhalten, mit denen es die Trennung sicherstellt, und zwar auch in den Fällen, in denen das Transaktionsregister oder eines der mit ihm verbundenen Unternehmen hierfür einen gesonderten Geschäftsbetrieb eingerichtet hat.

16 **VI. Geschäftsleitung und Leitungsorgan (Art. 78 Abs. 6 VO Nr. 648/2012).** Art. 78 Abs. 6 VO Nr. 648/2012 müssen die Mitglieder der Geschäftsleitung und des Leitungsorgans gut beleumundet sein und über eine ausreichende Erfahrung verfügen um ein **solides und umsichtiges Management** des Transaktionsregisters sicherzustellen. Wie Eignung und Zuverlässigkeit im Einzelnen beschaffen sein müssen, ist in Art. 78 Abs. 6 VO Nr. 648/2012 nicht geregelt.

17 **VII. Zugang zu den Transaktionsdaten (Art. 78 Abs. 7 VO Nr. 648/2012).** Das Transaktionsregister ist nach Art. 78 Abs. 7 VO Nr. 648/2012 verpflichtet, die von meldepflichtigen Gegenparteien und CCPs zu erfüllenden Anforderungen für den in Art. 80 Abs. 5 VO Nr. 648/2012 vorgesehenen Zugang zu dem von ihm gespeicherten Transaktionsdaten festzulegen. Die Zugangskriterien für meldepflichtige Unternehmen müssen objektiv, diskriminierungsfrei und öffentlich zugänglich sein. Externen Dienstleistern, die z.B. Meldungen nach Art. 9 VO Nr. 648/2012 auf Basis einer Delegation vornehmen, muss ebenfalls diskriminierungsfreier Zugang zu den Transaktionsdaten gewährt werden, wenn das betreffende meldepflichtige Unternehmen dem zugestimmt hat. Zugangsbeschränkungen sind nur zulässig, wenn sie das Ziel verfolgen, die vom Transaktionsregister verwahrten Daten zu schützen.

18 Art. 18 DelVO Nr. 150/2013 ist zu entnehmen, dass das Transaktionsregister über Strategien und Verfahren verfügen muss, mit denen es den Zugriff auf die Transaktionsdaten sowie die ggf. vorgenommenen Änderung regelt. Die Verfahren müssen insbesondere die Rechte und Pflichten der Zugangsberechtigten, die ggf. unterschiedlich ausgestalteten Zugangskategorien sowie den diskriminierungsfreien Zugang Dritter regeln.

19 **VIII. Entgelte (Art. 78 Abs. 8 VO Nr. 648/2012).** Nach 78 Abs. 8 VO Nr. 648/2012 muss das Transaktionsregister die für die von ihm erbrachten Tätigkeiten und Dienstleistungen zu zahlenden Entgelte einschließlich der gewährten Abschläge und Rabatte und die Bedingungen für deren Gewährung veröffentlichen. Die Entgelte müssen im Verhältnis zum Aufwand stehen.

20 Nach Art. 20 DelVO Nr. 150/2013 hat das Transaktionsregister im Rahmen der Registrierung seine Preispolitik und die für die Erbringung der Transaktionsregisterdienstleistungen und Nebendienstleitrungen geschätzten Kosten anzugeben.

21 **IX. Sanktionen.** Verstöße gegen die in Art. 78 VO Nr. 648/2012 festgelegten organisatorischen Anforderungen können nach Art. 65 Abs. 1 VO Nr. 648/2012 von der ESMA mit einem Bußgeld sanktioniert werden. Der Grundbetrag des Bußgeldes beträgt nach Art. 65 Abs. 2 Buchst. b VO Nr. 648/2012 zwischen 5.000 und 10.000 Euro. Ein Verstoß gegen Art. 78 Abs. 3 VO Nr. 648/2012 – der Pflicht zur Einrichtung einer angemessenen Compliance-Funktion – kann nach Art. 65 Abs. 2 Buchst. a VO Nr. 648/2012 mit einem Bußgeld zwischen 10.000 Euro und 20.000 Euro geahndet werden. Darüber hinaus kann die ESMA die in Art. 73 Abs. 1 VO Nr. 648/2012 genannten Aufsichtsmaßnahmen beschließen. Ein Beschluss, mit dem die ESMA Aufsichtsmaßnahmen verhängt, ist von ihr nach Art. 73 Abs. 3 VO Nr. 648/2012 innerhalb von zehn Arbeitstagen öffentlich bekannt zu machen.

Art. 79 Operationale Zuverlässigkeit

(1) Ein Transaktionsregister ermittelt Quellen operationeller Risiken und minimiert diese Risiken durch Entwicklung geeigneter Systeme, Kontrollen und Verfahren. Solche Systeme müssen zuverlässig und sicher sein und über eine ausreichende Kapazität zur Bearbeitung der eingehenden Informationen verfügen.

(2) Ein Transaktionsregister hat eine angemessene Strategie für die Fortführung des Geschäftsbetriebs und einen Notfallwiederherstellungsplan festzulegen, umzusetzen und zu befolgen, die eine Aufrechterhaltung der Funktionen des Transaktionsregisters, eine rechtzeitige Wiederherstellung des Geschäftsbetriebs sowie die Erfüllung der Pflichten des Transaktionsregisters gewährleisten. Ein solcher Plan muss mindestens die Implementierung von Backup-Systemen vorsehen.

(3) Ein Transaktionsregister, dessen Registrierung widerrufen wurde, muss für die ordnungsgemäße Ersetzung sorgen, einschließlich des Datentransfers auf andere Transaktionsregister und der Umleitung der Meldungen auf andere Transaktionsregister.

In der Fassung vom 4.7.2012 (ABl. EU Nr. L 201 v. 27.7.2012, S. 1).

I. Operationelle Risiken (Art. 79 Abs. 1 VO Nr. 648/2012) 1	III. Widerruf der Registrierung (Art. 79 Abs. 3 VO Nr. 648/2012) 5
II. Fortführung des Geschäftsbetriebes (Art. 79 Abs. 2 VO Nr. 648/2012) 3	IV. Sanktionen 6

I. Operationelle Risiken (Art. 79 Abs. 1 VO Nr. 648/2012). Ein Transaktionsregister muss nach Art. 79 Abs. 1 VO Nr. 648/2012 mögliche Quellen operationeller Risiken identifizieren und durch die Entwicklung geeigneter Systeme, Kontrollen und Verfahren minimieren. Die von dem Transaktionsregister genutzten **Informationsverarbeitungssysteme** müssen zuverlässig und sicher sein und über eine ausreichende Kapazität zur Bearbeitung der eingehenden Information verfügen. 1

Den Bestimmungen des Art. 21 Buchst. b DelVO Nr. 150/2013 ist zu entnehmen, dass der Gesetzgeber den **Eigenmitteln des Transaktionsregisters** und der mit ihnen verbundenen Verlustabsorptionsfähigkeit eine wichtige Funktion bei der Steuerung operationeller Risiken beimisst. Darüber hinaus muss das Eigenkapital des Transaktionsregisters auch die mit der Abwicklung und Sanierung des Transaktionsregisters verbundenen Kosten decken. Maßgeblich ist, wie bei den von CCPs zu erfüllenden Eigenmittelanforderungen (Art. 2 Abs. 2 DelVO Nr. 152/2013), ein Zeitraum von mindestens sechs Monaten. 2

II. Fortführung des Geschäftsbetriebes (Art. 79 Abs. 2 VO Nr. 648/2012). Nach Art. 79 Abs. 2 VO Nr. 648/ 2012 muss das Transaktionsregister über eine angemessene Strategie für die Fortführung ihres Geschäftsbetriebes und einen Notfallwiederherstellungsplan verfügen. Dieser muss die **Aufrechterhaltung der Transaktionsregisterfunktionen** und die rechtzeitige Wiederherstellung des Geschäftsbetriebes gewährleisten. Der Notfallwiederherstellungsplan muss mindestens die Implementierung von Ausweichsystemen vorsehen. 3

Wie sich mittelbar aus Art. 21 Buchst. c DelVO Nr. 150/2013 ergibt, müssen die Strategie und die Notfallplanung die Prozesse und Systeme beschreiben, die für die Gewährleistung der Transaktionsregisterdienstleistungen von zentraler Bedeutung sind. Dabei sind auch die auf Dritte ausgelagerten Dienste einzubeziehen. Der Notfallwiederherstellungsplan muss die Vorkehrungen beschreiben, mit denen das Transaktionsregister die kritischen Funktionen auf Basis eines von ihr zu definierenden **Mindestleistungsniveaus** fortführen bzw. innerhalb angemessener Frist wieder vollständig herstellen will. Dabei sollte sich die Maximalfrist für die **Wiederherstellung** an den für die Meldungen nach Art. 9 VO Nr. 648/2012 festgelegten Fristen orientieren. Einzubeziehen in die Planung sind auch die Vorkehrungen die von anderen Finanzmarktinfrastruktureinheiten, z.B. anderen Transaktionsregistern zu treffen sind. Die Strategie und Notfallplanung muss darüber hinaus Testprogramme und **Notfallübungen** vorsehen, mit deren Hilfe die Plausibilität der geplanten Vorkehrungen überprüft werden kann. Nach Art. 21 Buchst. d DelVO Nr. 150/2013 sind die meldepflichtigen Unternehmen, andere Nutzer sowie Dritte, wie z.B. ein anderes Transaktionsregister in die Notfallübungen einzubeziehen. Bei den nach Art. 79 Abs. 2 VO Nr. 648/2012 geforderten **Ausweichsystemen** kann es sich auch um eine sekundäre Unternehmenswebseite handeln, mit deren Hilfe die Mitarbeiter des Transaktionsregisters die Kontinuität der Transaktionsregisterdienstleistungen gewährleisten. 4

III. Widerruf der Registrierung (Art. 79 Abs. 3 VO Nr. 648/2012). Für den Fall dass die Registrierung des Transaktionsregisters nach Art. 71 VO Nr. 648/2012 **widerrufen** wird, muss das Transaktionsregister nach Art. 79 Abs. 3 VO Nr. 648/2012 für eine ordnungsgemäße Übertragung der gespeicherten Transaktionsdaten und die Umleitung der Meldungen auf ein anderes Transaktionsregister sorgen. 5

IV. Sanktionen. Verstöße gegen die in Art. 79 VO Nr. 648/2012 festgelegten organisatorischen Anforderungen können nach Art. 65 Abs. 1 VO Nr. 648/2012 von der ESMA mit einem Bußgeld geahndet werden. Der Grundbetrag des **Bußgeldes** beträgt nach Art. 65 Abs. 2 Buchst. b VO Nr. 648/2012 zwischen 5.000 und 10.000 Euro. 6

Darüber hinaus kann die ESMA die in Art. 73 Abs. 1 VO Nr. 648/2012 genannten Aufsichtsmaßnahmen beschließen. Ein Beschluss, mit dem die ESMA Aufsichtsmaßnahmen verhängt ist von ihr nach Art. 73 Abs. 3 VO Nr. 648/2012 innerhalb von zehn Arbeitstagen öffentlich bekannt zu machen.

Art. 80 Schutz und Speicherung der Daten

(1) Ein Transaktionsregister gewährleistet Vertraulichkeit, Integrität und Schutz der gemäß Artikel 9 erhaltenen Informationen.

(2) Ein Transaktionsregister darf die Daten, die es nach dieser Verordnung erhält, für gewerbliche Zwecke nur nutzen, wenn die jeweiligen Gegenparteien ihre Zustimmung dazu erteilt haben.

(3) Ein Transaktionsregister zeichnet umgehend die gemäß Artikel 9 empfangenen Informationen auf und bewahrt sie mindestens für einen Zeitraum von zehn Jahren nach Beendigung der entsprechenden Kontrakte auf. Es wendet effiziente Verfahren zur zeitnahen Aufzeichnung an, um Änderungen der aufgezeichneten Informationen zu dokumentieren.

(4) Ein Transaktionsregister berechnet die Positionen nach Derivatekategorien und nach meldenden Einrichtungen auf der Grundlage der gemäß Artikel 9 übermittelten Angaben zu den Derivatekontrakten.

(5) Ein Transaktionsregister ermöglicht den Vertragsparteien, zeitnah auf die Informationen zu einem Kontrakt zuzugreifen und sie gegebenenfalls zu korrigieren.

(6) Ein Transaktionsregister trifft alle angemessenen Maßnahmen, um einen Missbrauch der in seinen Systemen abgespeicherten Informationen zu unterbinden.

Eine natürliche Person mit einer engen Verbindung zu einem Transaktionsregister oder eine juristische Person, die in einer Mutter-Tochter-Beziehung zu dem Transaktionsregister steht, darf von einem Transaktionsregister aufgezeichnete vertrauliche Informationen nicht für gewerbliche Zwecke nutzen.

In der Fassung vom 4.7.2012 (ABl. EU Nr. L 201 v. 27.7.2012, S. 1).

I. Datenschutz (Art. 80 Abs. 1 VO Nr. 648/2012) . . 1	IV. Berechnung von Positionen nach Derivatekategorien (Art. 80 Abs. 4 VO Nr. 648/2012) . . 7
II. Nutzung von Transaktionsdaten für gewerbliche Zwecke (Art. 80 Abs. 2 VO Nr. 648/2012) 3	V. Zugangsrecht der meldepflichtigen Gegenparteien und CCPs (Art. 80 Abs. 5 VO Nr. 648/2012) 10
III. Aufzeichnungs- und Aufbewahrungspflicht und Meldelogbuch (Art. 80 Abs. 3 VO Nr. 648/2012) 4	

1 **I. Datenschutz (Art. 80 Abs. 1 VO Nr. 648/2012).** Nach Art. 80 Abs. 1 VO Nr. 648/2012 (EMIR) ist das Transaktionsregister verpflichtet, die nach Art. 9 VO Nr. 648/2012 gemeldeten Transaktionsdaten so aufzubewahren und zu speichern, dass die **Vertraulichkeit, die Integrität und der Schutz** der gespeicherten Daten gewährleistet ist. Das Transaktionsregister muss nach Art. 80 Abs. 6 Unterabs. 1 VO Nr. 648/2012 insbesondere sicherstellen, dass ein Missbrauch der gespeicherten Daten durch geeignete Maßnahmen verhindert wird.

2 Wie sich mittelbar aus Art. 14 Abs. 1 DelVO Nr. 150/2013 ergibt, muss das Transaktionsregister über Strategien und Verfahren verfügen, die verhindern, dass die von Transaktionsregister gespeicherten Daten für unrechtmäßige Zwecke – insbesondere für eine nicht erlaubte gewerbliche Nutzung i.S.d. Art. 80 Abs. 2 VO Nr. 648/2012 – verwendet werden. Die Verfahren müssen nach Art. 14 Abs. 2 DelVO Nr. 150/2013 auch regeln, welche Mitarbeiter in welchem Umfang und zu welchem Zweck auf die Daten zugreifen können. Datenzugriffe müssen nach Art. 14 Abs. 3 DelVO Nr. 150/2013 aufgezeichnet werden.

3 **II. Nutzung von Transaktionsdaten für gewerbliche Zwecke (Art. 80 Abs. 2 VO Nr. 648/2012).** Art. 80 Abs. 2 VO Nr. 648/2012 stellt klar, dass das Transaktionsregister die in seinen Systemen gespeicherten Transaktionsdaten nur mit Zustimmung der meldepflichtigen Gegenparteien bzw. CCPs für **gewerbliche Zwecke** nutzen darf. Art. 80 Abs. 6 Unterabs. 2 VO Nr. 648/2012 erweitert das Verbot der gewerblichen Nutzung auf die Personen, zu denen eine enge Verbindung oder ein Kontrollverhältnis, d.h. eine Mutter-Tochter-Beziehung besteht.

4 **III. Aufzeichnungs- und Aufbewahrungspflicht und Meldelogbuch (Art. 80 Abs. 3 VO Nr. 648/2012).** Art. 80 Abs. 3 VO Nr. 648/2012 verpflichtet das Transaktionsregister, die ihm nach Art. 9 VO Nr. 648/2012 gemeldeten Transaktionsdaten **umgehend aufzuzeichnen**. Soweit das Transaktionsregister als genehmigter Meldemechanismus (ARM) i.S.d. Art. 2 Abs. 1 Nr. 36 VO Nr. 600/2014 (MiFIR) auch Meldungen nach Art. 26 VO Nr. 600/2014 entgegen nimmt, wird die Aufzeichnungspflicht durch Art. 81 Abs. 3 Unterabs. 2 VO Nr. 648/2012 um eine Weiterleitungspflicht ergänzt. Wegen der Einzelheiten wird auf die Ausführungen zu Art. 81 VO Nr. 648/2012 Rz. 27 verwiesen.

Die Aufzeichnungen sind von dem Transaktionsregister für mindestens **10 Jahre aufzubewahren**. Die Aufbewahrungsfrist beginnt an dem Tag, an dem das aufgezeichnete Derivat beendet worden ist[1]. Mit ihren Leitlinien für die **Übertragung von Daten zwischen Transaktionsregistern** vom 24.8.2017[2] hat die Europäische Wertpapier- und Marktaufsichtsbehörde (ESMA) Aussagen darüber getroffen, wie die von einer meldepflichtigen Gegenpartei gemeldeten Transaktionsdaten beim Wechsel des von ihr genutzten Transaktionsregisters auf ein neues Transaktionsregister übertragen werden sollen. Um Doppelmeldungen und fehlerhafte Eintragungen zu vermeiden, soll der Datentransfer ausschließlich zwischen den beiden Transaktionsregistern und auf Basis eines gesondert vereinbarten **Übertragungsplanes** erfolgen[3]. Bis zum Abschluss des Datentransfers soll das neue Transaktionsregister von der meldepflichtigen Gegenpartei keine Meldungen entgegen nehmen, die sich auf Transaktionen beziehen, deren Daten Gegenstand der Übertragung sind[4].

Die in Art. 80 Abs. 3 VO Nr. 648/2012 begründete Pflicht, jede Änderung der aufgezeichneten Informationen zu dokumentieren, wird durch Art. 4 DelVO Nr. 148/2013 konkretisiert. Danach hat jedes Transaktionsregister ein **Meldelogbuch** zu führen, in dem es die bei ihm eingegangenen Änderungen aufzeichnet. Anzugeben sind die Person, die die Änderung meldet, der sog. „Meldezeitstempel", d.h. das in Tabelle 1 Feld 1 des Meldesatzes anzugebende Datum und die Uhrzeit der Meldung, sowie die Änderung selbst. Bei der Beschreibung der Änderung ist auf die in Tabelle 2 Feld 93 einzutragenden Daten zurückzugreifen. Wegen der Einzelheiten wird auf die Ausführungen zu Art. 9 VO Nr. 648/2012 Rz. 141 und 142 verwiesen.

IV. Berechnung von Positionen nach Derivatekategorien (Art. 80 Abs. 4 VO Nr. 648/2012). Das Transaktionsregister ist nach Art. 80 Abs. 4 VO Nr. 648/2012 verpflichtet, auf Grundlage der nach Art. 9 VO Nr. 648/2012 gemeldeten Transaktionsdaten aggregierte Positionen zu ermitteln. Die Zusammenfassung der Positionen muss zumindest bis auf Ebene der meldenden Gegenpartei und der betreffenden Derivatekategorie erfolgen.

Die ESMA hat am 27.3.2018 Leitlinien für die Berechnung von Positionswerten veröffentlicht[5]. Zweck der Leitlinien ist es sicherzustellen, dass Transaktionsregister die aggregierten Positionswerte nach einheitlichen Grundsätzen ermitteln und dass die den Aufsichtsbehörden und öffentlichen Stellen zur Verfügung zu stellenden Daten eine hohe Qualität aufweisen[6]. Ein weiterer Zweck ist die Vermeidung von Doppelmeldungen[7]. Die Leitlinien werden sich sowohl an registrierte europäische Transaktionsregister wenden als auch an die nach Art. 77 VO Nr. 648/2012 anerkannten Transaktionsregister mit Sitz in Drittstaaten[8], die aufgrund der stattlichen Übereinkunft nach Art. 75 Abs. 2 VO Nr. 648/2012 verpflichtet werden, unmittelbaren Zugang zu den von ihnen gespeicherten Transaktionsdaten zu vermitteln.

Die Zusammenfassung zu aggregierten Positionen ist auch für die nach Art. 81 Abs. 1 VO Nr. 648/2012 erforderliche Veröffentlichung anonymisierter aggregierter Positionswert von Bedeutung, für die dann auch die ergänzenden Anforderungen aus Art. 1 DelVO Nr. 151/2013 zu beachten sind. Wegen der Einzelheiten wird auf die Anmerkungen zu Art. 81 VO Nr. 648/2012 Rz. 4–9 verwiesen.

V. Zugangsrecht der meldepflichtigen Gegenparteien und CCPs (Art. 80 Abs. 5 VO Nr. 648/2012). Meldepflichtige Gegenparteien und CCPs haben nach Art. 80 Abs. 5 VO Nr. 648/2012 das Recht, die für sie aufgezeichneten und verwahrten Transaktionsdaten einzusehen und ggf. zu korrigieren.

Nach Art. 78 Abs. 7 VO Nr. 648/2012 ist das Transaktionsregister verpflichtet, die von meldepflichtigen Gegenpartien und CCPs zu erfüllenden Anforderungen für den Zugang festzulegen. Die Zugangskriterien müssen objektiv, diskriminierungsfrei und öffentlich zugänglich sein. **Zugangsbeschränkungen** sind nur zulässig, wenn sie das Ziel verfolgen, die vom Transaktionsregister verwahrten Daten zu schützen. Wegen der Einzelheiten wird auf die Ausführungen zu Art. 78 VO Nr. 648/2012 Rz. 17 und 18 verwiesen.

---

1 Ob ein Derivat beendet worden ist, lässt sich im Meldesatz an den Felder 27 (Fälligkeitsdatum) und 28 (Kontraktbeendigung) der Tabelle 2 erkennen. Immer wenn eines der beiden Felder ein Datum ausweist, das in der Vergangenheit liegt, ist die Transaktion beendet.
2 *Europäische Wertpapier- und Marktaufsichtsbehörde (ESMA)*, Endgültiger Bericht der ESMA über Leitlinien für die Übertragung von Daten zwischen Transaktionsregistern, ESMA70-151-552 vom 24.8.2017, abrufbar über: https://www.esma.europa.eu/sites/default/files/library/esma70-151-552_guidelines_on_transfer_of_data_between_trade_repositories.pdf („*ESMA* Leitlinien TR-Datenaustausch").
3 *ESMA* Leitlinien TR-Datenaustausch, Rz. 40, 43.
4 *ESMA* Leitlinien TR-Datenaustausch, S. 22, Leitlinie 12.
5 *ESMA*, Leitlinien über die Berechnung von Positionen unter der EMIR, ESMA70-151-1272 vom 27.3.2018, abrufbar über: https://www.esma.europa.eu/sites/default/files/library/esma70-151-1272_guidelines_on_position_calculation_by_trade_repositories_under_emir_final_report.pdf („*ESMA* Leitlinien Positionsbestimmung").
6 *ESMA* Konsultation Leitlinienentwurf Positionsbestimmung, S. 6, Rz. 14: „ensure that data made available to authorities in the form of aggregations carried out by TRs is of a high standard."
7 *ESMA* Leitlinien Positionsbestimmung, S. 6, Rz. 15.
8 *ESMA* Leitlinien Positionsbestimmung, S. 4, Rz. 2, Definition des Begriffs Transaktionsregister bzw. „TR".

Art. 81 Transparenz und Datenverfügbarkeit

(1) Ein Transaktionsregister veröffentlicht regelmäßig und auf leicht zugängliche Art und Weise zu den gemeldeten Kontrakten die aggregierten Positionen nach Derivatekategorien.

(2) Ein Transaktionsregister erhebt Daten, hält sie vor und stellt sicher, dass die in Absatz 3 genannten Stellen unmittelbaren Zugang zu den Einzelheiten von Derivatekontrakten haben, die sie für die Erfüllung ihrer jeweiligen Aufgaben und Mandate benötigen.

(3) Ein Transaktionsregister macht folgenden Stellen die für die Erfüllung ihrer jeweiligen Aufgaben und Mandate erforderlichen Informationen zugänglich:

a) der ESMA,
b) der EBA,
c) der EIOPA,
d) dem ESRB,
e) der zuständigen Behörde, die die CCPs mit Zugang zum Transaktionsregister beaufsichtigt,
f) der zuständigen Behörde, die die Handelsplätze der gemeldeten Kontrakte beaufsichtigt,
g) den einschlägigen Mitgliedern des ESZB, einschließlich der EZB, wenn sie ihre Aufgaben im Rahmen eines einheitlichen Aufsichtsmechanismus gemäß der Verordnung (EU) Nr. 1024/2013 des Rates wahrnimmt,
h) den einschlägigen Behörden eines Drittstaats, der eine internationale Übereinkunft nach Artikel 75 mit der Union geschlossen hat,
i) den gemäß Artikel 4 der Richtlinie 2004/25/EG des Europäischen Parlaments und des Rates benannten Aufsichtsbehörden,
j) den einschlägigen Wertpapier- und Marktaufsichtsbehörden der Union, deren jeweilige Aufsichtsbefugnisse und -mandate sich auf Geschäfte, Märkte, Teilnehmer und Vermögenswerte im Anwendungsbereich dieser Verordnung erstrecken,
k) den einschlägigen Behörden eines Drittstaats, die eine Kooperationsvereinbarung nach Artikel 76 mit der ESMA geschlossen haben,
l) der mit der Verordnung (EG) Nr. 713/2009 des Europäischen Parlaments und des Rates errichteten Agentur für die Zusammenarbeit der Energieregulierungsbehörden,
m) den nach Artikel 3 der Richtlinie 2014/59/EU des Europäischen Parlaments und des Rates benannten Abwicklungsbehörden,
n) dem durch die Verordnung (EU) Nr. 806/2014 eingerichteten Ausschuss für die einheitliche Abwicklung,
o) den zuständigen Behörden oder nationalen zuständigen Behörden im Sinne der Verordnungen (EU) Nr. 1024/2013 und (EU) Nr. 909/2014 sowie der Richtlinien 2003/41/EG, 2009/65/EG, 2011/61/EU, 2013/36/EU und 2014/65/EU sowie den Aufsichtsbehörden im Sinne der Richtlinie 2009/138/EG;
p) den gemäß Artikel 10 Absatz 5 benannten zuständigen Behörden.

Ein Transaktionsregister übermittelt Daten an die zuständigen Behörden gemäß der Anforderungen nach Artikel 26 der Verordnung (EU) Nr. 600/2014.

(4) Die ESMA übermittelt anderen einschlägigen Behörden der Union die Informationen, die diese für die Wahrnehmung ihrer Aufgaben benötigen.

(5) Um die einheitliche Anwendung dieses Artikels zu gewährleisten, erarbeitet die ESMA nach Anhörung der Mitglieder des ESZB Entwürfe für technische Regulierungsstandards, in denen die Häufigkeit der Übermittlung und die Einzelheiten der in den Absätzen 1 und 3 genannten Informationen angegeben werden, sowie die operationellen Standards, die für die Zusammenstellung und den Vergleich von Daten zwischen den Registern und nötigenfalls für den Zugang der in Absatz 3 genannten Stellen zu diesen Informationen erforderlich sind. Diese Entwürfe für technische Regulierungsstandards zielen darauf ab, sicherzustellen, dass es aufgrund der gemäß Absatz 1 veröffentlichten Informationen nicht möglich ist, Rückschlüsse auf eine Vertragspartei zu ziehen.

Die ESMA legt der Kommission diese Entwürfe für technische Regulierungsstandards bis zum 30. September 2012 vor.

Der Kommission wird die Befugnis übertragen, die in Unterabsatz 1 genannten technischen Regulierungsstandards gemäß den Artikeln 10 bis 14 der Verordnung (EU) Nr. 1095/2010 zu erlassen.

In der Fassung vom 4.7.2012 (ABl. EU Nr. L 201 v. 27.7.2012, S. 1), geändert durch Richtlinie 2014/59/EU vom 15.5.2014 (ABl. EU Nr. L 173 v. 12.6.2014, S. 190), Verordnung (EU) Nr. 600/2014 vom 15.5.2014 (ABl. EU Nr. L 173 v. 12.6.2014, S. 84) und Verordnung (EU) 2015/2365 vom 25.11.2015 (ABl. EU Nr. L 337 v. 23.12.2015, S. 1).

Delegierte Verordnung (EU) Nr. 151/2013 vom 19. Dezember 2012
zur Ergänzung der Verordnung (EU) Nr. 648/2012 des Europäischen Parlaments und des Rates über OTC-Derivate, zentrale Gegenparteien und Transaktionsregister im Hinblick auf technische Regulierungsstandards für die von Transaktionsregistern zu veröffentlichenden und zugänglich zu machenden Daten sowie operationelle Standards für die Zusammenstellung und den Vergleich von Daten sowie den Datenzugang

Art. 1 Veröffentlichung aggregierter Daten

(1) Transaktionsregister veröffentlichen die in Artikel 81 Absatz 1 der Verordnung (EU) Nr. 648/2012 vorgesehenen Daten, die mindestens Folgendes beinhalten:

a) eine Aufschlüsselung der aggregierten offenen Positionen nach folgenden Derivatekategorien:
   i) Warenderivate,
   ii) Kreditderivate,
   iii) Devisenderivate,
   iv) Aktienderivate,
   v) Zinsderivate,
   vi) Sonstige;

b) eine Aufschlüsselung der aggregierten Transaktionsvolumen nach folgenden Derivatekategorien:
   i) Warenderivate,
   ii) Kreditderivate,
   iii) Devisenderivate,
   iv) Aktienderivate,
   v) Zinsderivate,
   vi) Sonstige;

c) eine Aufschlüsselung der aggregierten Werte nach folgenden Derivatekategorien:
   i) Warenderivate,
   ii) Kreditderivate,
   iii) Devisenderivate,
   iv) Aktienderivate,
   v) Zinsderivate,
   vi) Sonstige.

(2) Die Daten werden auf einer Website oder über ein Online-Portal veröffentlicht, die für die Öffentlichkeit leicht zugänglich sind und mindestens einmal wöchentlich aktualisiert werden.

In der Fassung vom 19.12.2012 (ABl. EU Nr. L 52 v. 23.2.2013, S. 33).

Art. 2 Datenzugang einschlägiger Behörden

(1) Ein Transaktionsregister verschafft der Europäischen Wertpapier- und Marktaufsichtsbehörde (ESMA) zwecks Wahrnehmung ihrer Aufsichtsbefugnisse Zugang zu allen Transaktionsdaten.

(2) Die ESMA setzt interne Verfahren in Kraft, um einen angemessenen Mitarbeiterzugang und etwaige relevante Zugangsbeschränkungen im Zusammenhang mit nichtaufsichtlichen Tätigkeiten im Rahmen des Mandats der ESMA sicherzustellen.

(3) Ein Transaktionsregister verschafft der Behörde für die Zusammenarbeit der Energieregulierungsbehörden (ACER) Zugang zu allen Transaktionsdaten über Derivate, sofern es sich beim Basiswert um Energie oder Emissionszertifikate handelt.

(4) Ein Transaktionsregister verschafft einer für die Beaufsichtigung einer CCP zuständigen Behörde und, falls anwendbar, dem für die Überwachung der CCP relevanten Mitglied des Europäischen Systems der Zentralbanken (ESZB) Zugang zu den Daten über alle Transaktionen, die von der CCP gecleart oder gemeldet wurden.

(5) Ein Transaktionsregister verschafft einer für die Beaufsichtigung der Ausführungsplätze der gemeldeten Kontrakte zuständigen Behörde Zugang zu allen Transaktionsdaten über die an diesen Plätzen ausgeführten Kontrakte.

(6) Ein Transaktionsregister verschafft einer gemäß Artikel 4 der Richtlinie 2004/25/EG benannten Aufsichtsbehörde Zugang zu allen Transaktionsdaten über Derivate, wenn der Basiswert ein Wertpapier ist, das von einer Gesellschaft ausgegeben wurde, die eine der folgenden Bedingungen erfüllt:

a) Sie ist in ihrem Rechtsraum zum Handel auf einem geregelten Markt zugelassen;
b) sie unterhält ihren satzungsmäßigen Sitz oder, sofern sie keinen satzungsmäßigen Sitz hat, ihre Hauptverwaltung in ihrem Rechtsraum;
c) sie ist Bieter um ein unter den Buchstaben a oder b vorgesehenes Unternehmen und die von ihr angebotene Gegenleistung beinhaltet Wertpapiere.

(7) Die gemäß Absatz 6 zur Verfügung zu stellenden Daten beinhalten Angaben zu Folgendem:

a) Wertpapiere, die den Basiswert darstellen,
b) Derivatekategorie,

Art. 81 VO Nr. 648/2012 | Transparenz und Datenverfügbarkeit

c) Zeichen der Position,
d) Anzahl der Referenzpapiere,
e) Gegenparteien des Derivats.

(8) Ein Transaktionsregister verschafft den in Artikel 81 Absatz 3 Buchstabe h der Verordnung (EU) Nr. 648/2012 genannten einschlägigen Wertpapier- und Marktaufsichtsbehörden der Union Zugang zu allen Transaktionsdaten über Märkte, Teilnehmer, Kontrakte und Basiswerte, die gemäß ihrer jeweiligen Aufsichtszuständigkeiten und -mandate in ihren Bereich fallen.

(9) Ein Transaktionsregister stellt dem Europäischen Ausschuss für Systemrisiken (ESRB), der ESMA und den einschlägigen Mitgliedern des ESZB Daten auf Transaktionsebene zur Verfügung:
a) für alle Gegenparteien in ihrem jeweiligen Rechtsraum,
b) für Derivatekontrakte, bei denen das Referenzunternehmen des Derivatekontrakts in ihrem jeweiligen Rechtsraum sitzt oder die Referenzverpflichtung ein staatlicher Schuldtitel des jeweiligen Rechtsraums ist.

(10) Ein Transaktionsregister verschafft einem einschlägigen Mitglied des ESZB Zugang zu Positionsdaten für Derivatekontrakte in der von diesem Mitglied ausgegebenen Währung.

(11) Ein Transaktionsregister verschafft den in Artikel 81 Absatz 3 der Verordnung (EU) Nr. 648/2012 genannten einschlägigen Stellen für die Beaufsichtigung meldepflichtiger Gegenparteien Zugang zu allen Transaktionsdaten dieser Gegenparteien.

In der Fassung vom 19.12.2012 (ABl. EU Nr. L 52 v. 23.2.2013, S. 33).

Art. 3 Behörden von Drittstaaten

(1) Im Verhältnis zu einer einschlägigen Behörde eines Drittstaates, der eine internationale Übereinkunft im Sinne des Artikels 75 der Verordnung (EU) Nr. 648/2012 mit der Union geschlossen hat, gewährt ein Transaktionsregister Zugang zu Daten unter Berücksichtigung des Mandats und der Aufgaben der Behörde des Drittstaates und in Einklang mit den Bestimmungen der jeweiligen internationalen Übereinkunft.

(2) Im Verhältnis zu einer einschlägigen Behörde eines Drittstaates, der eine Kooperationsvereinbarung im Sinne des Artikels 76 der Verordnung (EU) Nr. 648/2012 mit der Union geschlossen hat, gewährt ein Transaktionsregister Zugang zu Daten unter Berücksichtigung des Mandats und der Aufgaben der Behörde des Drittstaates und in Einklang mit den Bestimmungen der jeweiligen Kooperationsvereinbarung.

In der Fassung vom 19.12.2012 (ABl. EU Nr. L 52 v. 23.2.2013, S. 33).

Art. 4 Operationelle Standards für die Zusammenstellung und den Vergleich von Daten

(1) Ein Transaktionsregister verschafft den in Artikel 81 Absatz 3 der Verordnung (EU) Nr. 648/2012 genannten Stellen gemäß den Artikeln 2 und 3 direkten und sofortigen Zugang zu den Einzelheiten von Derivatekontrakten; dies gilt auch in Fällen, in denen eine Delegation nach Artikel 28 der Verordnung (EU) Nr. 1095/2010 vorliegt.

Für die Zwecke von Unterabsatz 1 verwendet ein Transaktionsregister ein XML-Format und eine XML-Vorlage, die nach der Methodik von ISO 20022 entwickelt wurden. Im Einvernehmen mit einzelnen Stellen kann ein Transaktionsregister in einem gemeinsam festgelegten zusätzlichen Format Zugang zu den Einzelheiten von Derivatekontrakten gewähren.

(2) [am 1.11.2017 gestrichen]

In der Fassung vom 19.12.2012 (ABl. EU Nr. L 52 v. 23.2.2013, S. 33), geändert durch Delegierte Verordnung (EU) 2017/1800 vom 29.6.2017 (ABl. EU Nr. L 259 v. 7.10.2017, S. 14).

Art. 5 Operationelle Standards für den Zugang zu Daten

(1) Ein Transaktionsregister zeichnet Informationen über den Datenzugang, der den in Artikel 81 Absatz 3 der Verordnung (EU) Nr. 648/2012 genannten Stellen gewährt wurde, auf.

(2) Die in Absatz 1 genannten Informationen beinhalten:
a) den Umfang der Daten, auf die zugegriffen wurde,
b) einen Verweis auf die Rechtsvorschriften, die zum Zugang zu diesen Daten im Rahmen der Verordnung (EU) Nr. 648/2012 und der vorliegenden Verordnung berechtigen.

(3) Ein Transaktionsregister schafft und erhält die technischen Voraussetzungen aufrecht, die erforderlich sind, um die in Artikel 81 Absatz 3 der Verordnung (EU) Nr. 648/2012 genannten Stellen in die Lage zu versetzen, unter Verwendung einer sicheren Machine-to-Machine-Schnittstelle eine Verbindung einzurichten, über die Anträge auf Datenzugang sowie Daten übermittelt werden können.

Für die Zwecke von Unterabsatz 1 verwendet das Transaktionsregister das SSH-Dateiübertragungsprotokoll. Für die Kommunikation über diese Schnittstelle verwendet das Transaktionsregister im Einklang mit der Methode nach ISO 20022 entwickelte standardisierte XML-Nachrichten. Im Einvernehmen mit einzelnen Stellen kann ein Transaktionsregister zusätzlich eine Verbindung einrichten, die auf einem anderen vereinbarten Protokoll basiert.

(4) Gemäß den Artikeln 2 und 3 verschafft ein Transaktionsregister den in Artikel 81 Absatz 3 der Verordnung (EU) Nr. 648/2012 genannten Stellen Zugang zu:
a) allen Meldungen über Derivatekontrakte;
b) dem letzten Handelsstand von Derivatekontrakten, die noch nicht fällig sind oder die nicht Gegenstand einer Meldung mit der Maßnahmenart „E", „C", „P" oder „Z" nach Feld 93 in Tabelle 2 des Anhangs zur Durchführungsverordnung (EU) Nr. 1247/2012 der Kommission waren.

(5) Ein Transaktionsregister schafft und erhält die technischen Voraussetzungen aufrecht, die erforderlich sind, um die in Artikel 81 Absatz 3 der Verordnung (EU) Nr. 648/2012 genannten Stellen in die Lage zu versetzen, vordefinierte regelmäßige Anträge auf Zugang zu den in Absatz 4 aufgeführten Details von Derivatekontrakten einzurichten, die diese Stellen benötigen, um ihre Aufgaben und Mandate zu erfüllen.

(6) Auf Antrag verschafft ein Transaktionsregister den in Artikel 81 Absatz 3 der Verordnung (EU) Nr. 648/2012 genannten Stellen in Bezug auf eine beliebige Kombination der folgenden, im Anhang der Durchführungsverordnung (EU) Nr. 1247/2012 aufgeführten Felder Zugang zu den Einzelheiten von Derivatekontrakten:
a) Meldezeitstempel;
b) ID der meldenden Gegenpartei;
c) ID der anderen Gegenpartei;
d) Sparte, in der die meldende Gegenpartei tätig ist;
e) Art der meldenden Gegenpartei;
f) Makler-ID;
g) ID der meldenden Stelle;
h) ID des Begünstigten;
i) Vermögensklasse;
j) Produktklassifizierung;
k) Produktkennziffer;
l) Identifizierung der Basiswerte;
m) Ausführungsplatz;
n) Ausführungszeitstempel;
o) Fälligkeitstermin;
p) Kontraktende;
q) CCP und
r) Art der Maßnahme.

(7) Ein Transaktionsregister schafft und erhält die technischen Voraussetzungen aufrecht, die erforderlich sind, um den in Artikel 81 Absatz 3 der Verordnung (EU) Nr. 648/2012 genannten Stellen den direkten und sofortigen Zugang zu den Einzelheiten von Derivatekontrakten zu gewähren, den die genannten Stellen im Hinblick auf die Erfüllung ihrer Aufgaben und Mandate benötigen. Dieser Zugang wird in folgender Weise gewährt:
a) Hat eine in Artikel 81 Absatz 3 der Verordnung (EU) Nr. 648/2012 genannte Stelle Zugang beantragt zu den Einzelheiten von noch ausstehenden Derivatekontrakten oder von Derivatekontrakten, die entweder fällig geworden sind oder für die nicht mehr als ein Jahr vor dem Datum der Übermittlung des Antrags Meldungen mit der Maßnahmenart „E", „C", „Z" oder „P" nach Feld 93 in Tabelle 2 des Anhangs der Durchführungsverordnung (EU) Nr. 1247/2012 abgegeben wurden, kommt ein Transaktionsregister diesem Antrag am ersten Kalendertag nach dem Tag, an dem der Antrag auf Zugang übermittelt wurde, bis spätestens 12:00 koordinierter Weltzeit nach.
b) Hat eine in Artikel 81 Absatz 3 der Verordnung (EU) Nr. 648/2012 genannte Stelle Zugang beantragt zu den Einzelheiten von Derivatekontrakten, die entweder fällig geworden sind oder für die mehr als ein Jahr vor dem Datum der Übermittlung des Antrags Meldungen mit der Maßnahmenart „E", „C", „Z" oder „P" nach Feld 93 in Tabelle 2 des Anhangs der Durchführungsverordnung (EU) Nr. 1247/2012 abgegeben wurden, kommt ein Transaktionsregister diesem Antrag innerhalb von drei Arbeitstagen nach dem Tag, an dem der Antrag auf Zugang übermittelt wurde, nach.
c) Bezieht sich der Antrag auf Datenzugang einer in Artikel 81 Absatz 3 der Verordnung (EU) Nr. 648/2012 genannten Stelle auf Derivatekontrakte, die sowohl unter den Buchstaben a als auch unter den Buchstaben b fallen, übermittelt das Transaktionsregister die Einzelheiten zu den jeweiligen Derivatekontrakten innerhalb von drei Arbeitstagen nach dem Tag, an dem der jeweilige Antrag auf Zugang übermittelt wurde.

(8) Ein Transaktionsregister bestätigt den Empfang und prüft die Korrektheit und Vollständigkeit der von den in Artikel 81 Absatz 3 der Verordnung (EU) Nr. 648/2012 genannten Stellen übermittelten Anträge auf Datenzugang. Es informiert die genannten Stellen innerhalb von sechzig Minuten nach der Übermittlung des Antrags über das Ergebnis dieser Prüfung.

(9) Ein Transaktionsregister verwendet eine elektronische Signatur und Datenverschlüsselungsprotokolle, um die Vertraulichkeit, die Integrität und den Schutz der Daten, die den in Artikel 81 Absatz 3 der Verordnung (EU) Nr. 648/2012 genannten Stellen zugänglich gemacht werden, zu gewährleisten.

In der Fassung vom 19.12.2012 (ABl. EU Nr. L 52 v. 23.2.2013, S. 33), geändert durch Delegierte Verordnung (EU) 2017/1800 vom 29.6.2017 (ABl. EU Nr. L 259 v. 7.10.2017, S. 14).

Art. 6 Inkrafttreten
Diese Verordnung tritt am zwanzigsten Tag nach ihrer Veröffentlichung im Amtsblatt der Europäischen Union in Kraft.
Diese Verordnung ist in allen ihren Teilen verbindlich und gilt unmittelbar in jedem Mitgliedstaat.

In der Fassung vom 19.12.2012 (ABl. EU Nr. L 52 v. 23.2.2013, S. 33).

Art. 81 VO Nr. 648/2012 | Transparenz und Datenverfügbarkeit

Schrifttum: *Bundesverband deutscher Banken (BdB)*, ISO 20022 im Überblick, abrufbar über: https://bankenverband.de; *Europäische Wertpapier- und Marktaufsichtsbehörde (ESMA)*, „Fragen und Antworten – Umsetzung der Verordnung (EU) Nr. 648/2012 über OTC-Derivate, zentrale Gegenparteien und Transaktionsregister (EMIR)", ESMA70-1861941480-52 vom 30.5.2018, abrufbar über: https://www.esma.europa.eu („*ESMA* Q&A"); *Kommission*, „EMIR: Häufig gestellte Fragen", zuletzt aktualisiert am 10.7.2014, abrufbar über: http://ec.europa.eu („*Kommission* FAQ").

I. Anwendungsbereich 1	4. Aufzeichnungspflicht 30
II. Veröffentlichung aggregierter Daten (Art. 81 Abs. 1 VO Nr. 648/2012) 4	5. Vermeidung von Doppelmeldungen 31
III. Direkter Zugang zu sämtlichen Transaktionsdaten (Art. 81 Abs. 2 und 3 VO Nr. 648/2012) 10	IV. Indirekter Zugang zu Transaktionsdaten (Art. 81 Abs. 4 VO Nr. 648/2012) 32
	V. Sanktionen 33
1. Zugangsberechtigte und Umfang des Zugangsrechts 11	VI. Technische Regulierungsstandards (Art. 81 Abs. 5 VO Nr. 648/2012) 34
2. Organisatorische Anforderungen 22	VII. Ausblick 35
3. Operationeller Standard 23	

1   **I. Anwendungsbereich.** Transaktionsregister sind nach Art. 81 VO Nr. 648/2012 (EMIR) verpflichtet, aggregierte Daten über die bei ihnen gemeldeten Derivate zu **veröffentlichen**. Darüber hinaus müssen sie den Europäischen Aufsichtsbehörden, den für die Beaufsichtigung von CCPs und Handelsplätzen zuständigen Behörden und Zentralbanken sowie weiteren öffentlichen Stellen **Zugang** zu sämtlichen Transaktionsdaten gewähren.

2   Adressat der durch Art. 81 VO Nr. 648/2012 begründeten Veröffentlichungs- und Zugangspflichten kann nur ein in der **Union** ansässiges und nach Art. 55 VO Nr. 648/2012 registriertes Transaktionsregister sein. Der Zugang zu den Transaktionsdaten, die in einem Transaktionsregister mit Sitz in einem Drittstaat verwahrt werden, kann nur durch die in Art. 75 Abs. 2 VO Nr. 648/2012 geforderte internationale Übereinkunft zwischen der Union und dem Drittstaat sichergestellt werden. Auch ist nicht erkennbar, wie der grundlos verweigerte Zugang zu den Transaktionsdaten oder die nach Art. 65 Abs. 1 VO Nr. 648/2012 i.V.m. Abschnitt III Buchst. a und b des Anhang I verhängten Bußgelder ohne die Mitwirkung der im Drittland ansässigen Aufsichtsbehörde durchgesetzt werden könnten.

3   Gegenstand der durch Art. 81 VO Nr. 648/2012 gewährleisteten Transparenz sind nur Daten über **Derivate**. Ist das Transaktionsregister auch für die Sammlung und Verwahrung von Daten über **Wertpapierfinanzierungsgeschäfte** (securities financing transactions, SFT) registriert worden, richtet sich die Veröffentlichungspflicht und der Zugang zu den Transaktionsdaten nach Art. 12 VO 2015/2365 (SFT-Verordnung)[1], der dem Art. 81 VO Nr. 648/2012 aber weitestgehend nachgebildet ist.

4   **II. Veröffentlichung aggregierter Daten (Art. 81 Abs. 1 VO Nr. 648/2012).** Nach Art. 81 Abs. 1 VO Nr. 648/2012 müssen Transaktionsregister regelmäßig und auf leicht zugängliche Form **aggregierte Daten** über die bei ihnen gemeldeten Derivate veröffentlichen. Dabei ist nach Derivatekategorien zu unterscheiden. Die Verpflichtung, nur aggregierte Daten zu veröffentlichen, soll hier wie an anderen Stellen der EMIR – z.B. in Art. 83 VO Nr. 648/2012 – den **Schutz von personenbezogenen Daten bzw. Geschäftsgeheimnissen** sicherstellen: So sollen einzelne CCPs, Handelsplätze, Gegenparteien oder sonstige Personen nicht identifiziert werden können.

5   Die Einzelheiten der von Transaktionsregistern zu veröffentlichenden aggregierten Daten sind in Art. 1 Abs. 1 DelVO Nr. 151/2013 näher bestimmt worden. Danach sind für die dort genannten sechs Derivatekategorien jeweils die folgenden **drei Datensätze** zu veröffentlichen: die aggregierten offenen Positionen, die aggregierten Transaktionsvolumen und die aggregierten Werte der Derivate. Die Veröffentlichung der Datensätze ist durch die Leitlinien der Europäische Wertpapier- und Marktaufsichtsbehörde (ESMA) für die Berechnung von Positionswerten vom 27.3.2018[2] weiter konkretisiert worden. Zunächst verwenden die Leitlinien ebenfalls den Begriff Position, nicht jedoch im engeren Sinne der DelVO Nr. 151/2013, sondern als einheitlichen Oberbegriffs. Erst aus den Leitlinien 19 und 20 und den dort aufgeführten Einzelheiten zeigt sich, dass auch die Leitlinien an der in Art. 1 Abs. 1 DelVO Nr. 151/2013 gewählten Unterscheidung festhalten. Darüber hinaus weisen die Leitlinien eine höhere Granularität aus. So verlangen sie die Unterscheidung zwischen Datensätzen, die fehlerhafte Daten (sog „**Ausreißer**" oder „outlier") enthalten und solchen die fehlerfrei sind[3]. Darüber hinaus erweitern

---

1   Verordnung (EU) 2015/2365 des Europäischen Parlaments und des Rates vom 25. November 2015 über die Transparenz von Wertpapierfinanzierungsgeschäften und der Weiterverwendung sowie zur Änderung der Verordnung (EU) Nr. 648/2012, ABl. EU Nr. L 337 v. 23.12.2015, S. 1.

2   *Europäische Wertpapier- und Marktaufsichtsbehörde (ESMA)*, Leitlinien über die Berechnung von Positionen unter der EMIR, ESMA70-151-1272 vom 27.3.2018, abrufbar über: https://www.esma.europa.eu/sites/default/files/library/esma70-151-1272_guidelines_on_position_calculation_by_trade_repositories_under_emir_final_report.pdf („*ESMA* Leitlinien Positionsbestimmung"); anders als

3   *ESMA* Leitlinien Positionsbestimmung, S. 22, Leitlinie 19; die fehlerfreien Datensätze werden als „clean" bezeichnet, während die mit Ausreißern versehenen Datensätze als „total" zu kennzeichnen sind.

die Leitlinien die Anzahl der Datensätze um die Dimension „Währung", „Sicherheiten", so dass sich hieraus eine Matrix aus insgesamt **vier Datensätzen**[1] ergibt.

Den in Art. 1 Abs. 1 DelVO Nr. 151/2013 eingeführten Begriff **Position** sollte hier dieselbe Bedeutung beigemessen werden wie in Art. 10 VO Nr. 648/2012 bzw. Art. 11 DelVO Nr. 149/2013 wo er die für nichtfinanzielle Gegenparteien maßgebliche Clearingschwelle beschreibt. Danach wäre mit dem Begriff Position der für das Derivat vereinbarte Nennwert (notional values) oder Nennbetrag (notional amount) gemeint. Der Nennbetrag ist für die Zwecke der Meldung nach Art. 9 VO Nr. 648/2012 gemäß den in Art. 3a Abs. 1 DelVO Nr. 148/2013 definierten Anforderungen zu ermitteln und in Tabelle 2 Feld 20 des Meldesatzes anzugeben. Dies wird durch Leitlinie 19 Buchst. c-f und n-q bestätigt. Danach ist der in Tabelle 2 Feld 20 zu meldende Nennwert zu aggregieren. **Offen** (outstanding) sind die Positionen der Derivate, die zum Zeitpunkt der Veröffentlichung der aggregierten Daten noch nicht fällig gewesen oder beendet worden sind[2].   6

Mit **Transaktionsvolumen** ist nach Leitlinie 19 Buchst. q und b bzw. l und m die aggregierte Anzahl der Transaktion gemeint.   7

Bei dem **Wert** der Derivate handelt es sich um den in Tabelle 1 Feld 17 des Meldesatzes anzugebenden Wert des Kontrakts (Leitlinie 19 Buchst. h–k und s–v). Nach Art. 3 Abs. 6 DelVO Nr. 148/202 ist dies der nach IFRS 13 ermittelte Wert des Derivats. Mit dem Verweis auf IFRS 13 sind die durch die VO Nr. 1606/2002 übernommenen International Financial Reporting Standards (IFRS) und die in IFRS 13 definierten besonderen Anforderungen an die Bewertung von Finanzinstrumenten gemeint. Wegen der Einzelheiten wird auf die Ausführungen zu Art. 11 VO Nr. 648/2012 Rz. 123–125 verwiesen. Obwohl nicht ausdrücklich erwähnt, kann sich die Veröffentlichungspflicht der Transaktionsregister nur auf die Werte der noch ausstehenden d.h. offenen Derivate beziehen.   8

Nach Art. 1 Abs. 2 DelVO Nr. 151/2013 kommt das Transaktionsregister seiner Veröffentlichungspflicht dadurch nach, dass es die aggregierten Daten auf seiner Webseite oder über ein Online-Portal veröffentlicht. Die Webseite und das Portal müssen für die Öffentlichkeit leicht zugänglich sein. Die Mindestfrequenz, mit der die Daten zu aktualisieren sind, ist wöchentlich. Beispiele für entsprechende Veröffentlichung sind die Webseite der in Luxembourg ansässigen REGIS-TR S.A[3]. oder die derzeit in London ansässige DTCC Derivatives Repository Ltd. (DDRL)[4]   9

III. Direkter Zugang zu sämtlichen Transaktionsdaten (Art. 81 Abs. 2 und 3 VO Nr. 648/2012). Nach Art. 81 Abs. 2 VO Nr. 648/2012 gewähren Transaktionsregister den in Art. 81 Abs. 3 Unterabs. 1 VO Nr. 648/2012 genannten Stellen unmittelbaren Zugang zu den von ihnen verwahrten Transaktionsdaten. Andere als die in Art. 81 Abs. 3 Unterabs. 1 VO Nr. 648/2012 genannten Stellen können den Zugang nach Art. 81 Abs. 4 VO Nr. 648/2012 nur mittelbar – über die Europäische Wertpapier- und Marktaufsichtsbehörde (ESMA) – erhalten. Der mit Abs. 3 VO Nr. 600/2014 (MiFIR)[5] neu eingefügte Art. 81 Abs. 3 Unterabs. 2 VO Nr. 648/ 2012 stellt darüber klar, dass die Transaktionsregister, die als genehmigter Meldemechanismus (ARM) i.S.d. Art. 2 Abs. 1 Nr. 36 VO Nr. 600/2014 Transaktionsdaten von meldepflichtigen Wertpapierfirmen erhalten, sich nicht auf die Gewährung des Zugangs beschränken können, sondern die Daten innerhalb der in Art. 26 VO Nr. 600/2014 geregelten Fristen an die zuständigen Behörden weiterleiten müssen.   10

1. Zugangsberechtigte und Umfang des Zugangsrechts. Die in Art. 81 Abs. 3 Unterabs. 1 VO Nr. 648/2012 aufgenommene Liste der Zugangsberechtigten ist wiederholt erweitert worden. Die unter Buchst. m genannten Abwicklungsbehörden sind – ursprünglich als Buchst. k - durch Art. 126 RL 2014/59/EU (BRRD) eingefügt worden[6].   11

---

1 *ESMA* Leitlinien Positionsbestimmung, S. 6, Rz. 16: „Having considered the purpose of position calculations, the guidelines require four datasets - the „Position Set", the „Collateral Position Set", the „Currency Position Set" and the „Currency Collateral Position Set"."
2 Ob ein Derivat fällig geworden ist, lässt sich im Meldesatz an den Felder 27 und 28 der Tabelle 2 erkennen. Immer dann, wenn eines der beiden Felder ein Datum ausweist, das vor dem für die Veröffentlichung maßgeblichen Stichtag liegt, ist das Derivat bereits fällig geworden. Die Beendigung eines Derivates ist dem Feld 93 der Tabelle 2 zu entnehmen. Weist dieses Feld den Wert „E", „C", „P" oder „Z" auf, heißt dies, dass das Derivat Gegenstand einer vorzeitigen Löschung, Beendigung, Komprimierung oder Einbeziehung in eine gesondert gemeldete Position geworden ist. S. *ESMA* Leitlinien Positionsbestimmung, S. 4, Rz. 2, Definition des Begriffs „outstanding transaction".
3 Die aggregierten Daten sind abrufbar über: http://www.regis-tr.com/regis-tr/public-data/emir-public-data.
4 Die aggregierten Daten sind abrufbar über: http://www.dtcc.com/repository-otc-data/emir-public-reports.
5 Art. 53 Abs. 3 VO Nr. 600/2014 (MiFIR) ist am zwanzigsten Tag nach der Veröffentlichung der MiFIR im Amtsblatt der *Europäischen Union*, d.h. am 2.7.2014, in Kraft getreten. Ursprünglich war vorgesehen, dass ihre Bestimmungen, einschließlich Art. 53 VO Nr. 600/2014 ab dem 3.1.2017 gelten. Die Geltung der MiFIR ist durch Art. 1 Nr. 14 VO 2016/ 1033 auf den 3.1.2018 verschoben worden.
6 Richtlinie 2014/59/EU des Europäischen Parlaments und des Rates vom 15. Mai 2014 zur Festlegung eines Rahmens für die Sanierung und Abwicklung von Kreditinstituten und Wertpapierfirmen und zur Änderung der Richtlinie 82/891/ EWG des Rates, der Richtlinien 2001/24/EG, 2002/47/EG, 2004/25/EG, 2005/56/EG, 2007/36/EG, 2011/35/EU, 2012/ 30/EU und 2013/36/EU sowie der Verordnungen (EU) Nr. 1093/2010 und (EU) Nr. 648/2012 des Europäischen Parlaments und des Rates, ABl. EU Nr. L 173 v. 12.6.2014, S. 190 („BRRD"); die BRRD ist am zwanzigsten Tag nach ihrer Veröffentlichung im Amtsblatt der Europäischen Union – d.h. am 2.7.2014 – in Kraft getreten.

Art. 81 VO Nr. 648/2012 | Transparenz und Datenverfügbarkeit

Durch Art. 32 Abs. 3 VO 2015/2365 (SFT-Verordnung)[1] hat die Liste ihre heutige Fassung erhalten. Sie umfasst folgende Stellen:

- die Europäische Wertpapier- und Marktaufsichtsbehörde (**ESMA**),
- die Europäische Aufsichtsbehörde für das Versicherungswesen (**EIOPA**),
- die Europäische Bankenaufsichtsbehörde (**EBA**),
- der Europäische Ausschuss für Systemrisiken (**ESRB**),
- die zuständigen Behörden, die die **CCPs** beaufsichtigen, die Zugang zu dem betreffenden Transaktionsregister haben,
- die zuständigen Behörden, die die **Handelsplätze** beaufsichtigen, deren Derivate an das betreffende Transaktionsregister gemeldet werden,
- die im Europäischen System der Zentralbanken (**ESZB**) zusammengeschlossenen **nationalen Zentralbanken** und die Europäische Zentralbank (**EZB**), soweit sie Aufgaben im Rahmen des einheitlichen Aufsichtsmechanismus gemäß der VO Nr. 1024/2013 (SSM-Verordnung)[2] wahrnehmen,
- den einschlägigen Behörden eines **Drittstaates**, der mit der Union eine internationale Übereinkunft nach **Art. 75 Abs. 2 VO Nr. 648/2012** abgeschlossen hat,
- Die nach Art. 4 RL 2004/25/EG (**Übernahmerichtlinie**)[3] benannte Aufsichtsbehörde,
- den einschlägigen **Wertpapier- und Marktaufsichtsbehörden der Union**, deren jeweilige Aufsichtsbefugnisse sich auf Geschäfte, Märkte, Teilnehmer und Vermögenswerte im Anwendungsbereich der EMIR erstrecken,
- den einschlägigen Behörden eines **Drittstaates**, der mit der ESMA eine Kooperationsvereinbarung nach **Art. 76 VO Nr. 648/2012** abgeschlossen haben;
- die mit der von VO Nr. 713/2009 (ACER-Verordnung)[4] errichtete Agentur für die Zusammenarbeit der Energieregulierungsbehörden (Agency for the Cooperation of Energy Regulators, **ACER**),
- die nach Art. 3 RL 2014/59/EU (BRRD) benannten **Abwicklungsbehörden**,
- dem mit der VO Nr. 806/2014 (SRM-Verordnung)[5] eingerichteten Ausschuss für die einheitliche Abwicklung (Single Resolution Board, **SRB**),
- den für die Beaufsichtigung von **finanziellen Gegenparteien** i.S.d. Art. 2 Nr. 8 VO Nr. 648/2012 zuständigen Behörden i.S.d. der VO Nr. 1024/2013 (SSM-Verordnung), der VO 909/2014 (Zentralverwahrer-VO)[6] sowie der RL 2003/41/EG (AltersVRL)[7], der RL 2009/65/EG (OGAW-RL), der RL 2011/61/EU (AIFMD), der RL 2013/36/EU (CRD IV), der RL 2014/65/EU (MiFID II) und der RL 2009/138/EG (Solvabilität II),
- die nach Art. 10 Abs. 5 VO Nr. 648/2012 zuständige Behörde für die Beaufsichtigung **nichtfinanzieller Gegenparteien** i.S.d. Art. 2 Nr. 8 VO Nr. 648/2012.

12 Soweit die in Art. 81 Abs. 3 Unterabs. 1 VO Nr. 648/2012 genannten Stellen die Aufgaben, für die sie Transaktionsdaten benötigen, nicht selbst, sondern durch eine **nachgeordnete Stelle oder Tochtergesellschaft** ausüben, müssen die Transaktionsregister auch diesen Stellen Zugang gewähren. Dieser Zugang ist jedoch nur mittelbar über die in Art. 81 Abs. 3 Unterabs. 1 VO Nr. 648/2012 genannte Stelle möglich[8].

---

1 Verordnung (EU) 2015/2365 des Europäischen Parlaments und des Rates vom 25. November 2015 über die Transparenz von Wertpapierfinanzierungsgeschäften und der Weiterverwendung sowie zur Änderung der Verordnung (EU) Nr. 648/2012, ABl. EU Nr. L 337 v. 23.12.2015, S. 1 („SFT-Verordnung"); die SFT-Verordnung ist am zwanzigsten Tag nach ihrer Veröffentlichung im Amtsblatt der Europäischen Union – d.h. am 12.1.2016 – in Kraft getreten.
2 Verordnung (EU) Nr. 1024/2013 des Rates vom 15. Oktober 2013 zur Übertragung besonderer Aufgaben im Zusammenhang mit der Aufsicht über Kreditinstitute auf die Europäische Zentralbank, ABl. EU Nr. L 287 v. 29.10.2013, S. 63.
3 Richtlinie 2004/25/EG des Europäischen Parlaments und des Rates vom 21. April 2004 betreffend Übernahmeangebote, ABl. EU Nr. L 142 v. 30.4.2004, S. 12.
4 Verordnung (EG) Nr. 713/2009 des Europäischen Parlaments und des Rates vom 13. Juli 2009 zur Gründung einer Agentur für die Zusammenarbeit der Energieregulierungsbehörden, ABl. EU Nr. L 211 v. 14.8.2009, S. 1.
5 Verordnung (EU) Nr. 806/2014 des Europäischen Parlaments und des Rates vom 15. Juli 2014 zur Festlegung einheitlicher Vorschriften und eines einheitlichen Verfahrens für die Abwicklung von Kreditinstituten und bestimmten Wertpapierfirmen im Rahmen eines einheitlichen Abwicklungsmechanismus und eines einheitlichen Abwicklungsfonds sowie zur Änderung der Verordnung (EU) Nr. 1093/2010, ABl. EU Nr. L 225 v. 30.7.2014, S. 1.
6 Verordnung (EU) Nr. 909/2014 des Europäischen Parlaments und des Rates vom 23. Juli 2014 zur Verbesserung der Wertpapierlieferungen und -abrechnungen in der Europäischen Union und über Zentralverwahrer sowie zur Änderung der Richtlinien 98/26/EG und 2014/65/EU und der Verordnung (EU) Nr. 236/2012, ABl. EU Nr. L 257 v. 8.8.2014, S. 1.
7 Richtlinie 2003/41/EG des Europäischen Parlaments und des Rates vom 3. Juni 2003 über die Tätigkeiten und die Beaufsichtigung von Einrichtungen der betrieblichen Altersversorgung, ABl. EU Nr. L 235 v. 23.9.2003, S. 10.
8 *Kommission*, „EMIR: Häufig gestellte Fragen", zuletzt aktualisiert am 10.7.2014, abrufbar über: http://ec.europa.eu/internal_market/financial-markets/docs/derivatives/emir-faqs_en.pdf (*Kommission* FAQ"), II.7: „these entities access trade repositories data via their parent entity".

Der **Umfang** des durch Art. 81 Abs. 2 VO Nr. 648/2012 gewährten Zugangsrecht umfasst nur die Transaktionsdaten, die von den in Art. 81 Abs. 3 Unterabs. 1 VO Nr. 648/2012 genannten Stellen für die Erfüllungen ihrer Aufgaben benötigt werden (**Need-to-know-Prinzip**). Soweit das Mandat der zugangsberechtigten Stelle dies rechtfertigt, sind jedoch sämtliche in den Meldesätzen enthaltenen Transaktionsdaten Gegenstand des Zugangs, und zwar auch soweit die Transaktionen bereits fällig oder durch eine vorzeitige Beendigung oder durch Komprimierung beendet worden sind und unabhängig davon, ob das Transaktionsregister dem Inhalt der Meldung widersprochen hat oder nicht[1].

Gegenstand des Zugangsrechts sind nur Transaktionsdaten. Soweit die der Meldepflicht nach Art. 8 VO Nr. 1227/2011 (REMIT)[2] unterliegenden Energiehändler an die Transaktionsregister auch **Vorhandelsdaten**, z.B. ihre aufzeichnungspflichtigen Handelsaufträge übermitteln, sind diese nicht Gegenstand des Zugangsrechts[3].

Der Umfang des Zugangsrecht der in Art. 81 Abs. 3 Unterabs. 1 VO Nr. 648/2012 genannten Stellen ist durch Art. 2 und 3 **DelVO Nr. 151/2013** im Hinblick auf das Need-to-know-Prinzip konkretisiert bzw. eingeschränkt worden[4]. Nach Art. 2 Abs. 1 DelVO Nr. 151/2013 wird die **ESMA** als der für die Beaufsichtigung der Transaktionsregister zuständigen Behörde der umfassendste Zugang zu allen Transaktionsdaten gewährt[5].

Der Zugang der Agentur für die Zusammenarbeit der Energieregulierungsbehörden (**ACER**) beschränkt sich nach Art. 2 Abs. 3 DelVO Nr. 151/2013 auf die Transaktionsdaten derjenigen Derivate, denen als Basiswert **Strom, Erdgas oder Emissionszertifikate** zugrunde liegen.

Art. 2 Abs. 4 DelVO Nr. 151/2013 stellt klar, dass es sich bei der für eine **CCP** zuständigen Behörde auch um eine im ESZB zusammenwirkende nationale Zentralbank handeln kann und dass sich der Zugang zu den Transaktionsdaten nicht nur auf die Derivate beschränkt, die die CCP selbst gemeldet hat, sondern auf alle Derivate, die sie cleart. Der Zugang der für die Beaufsichtigung von **Handelsplätzen** zuständigen Behörden erstreckt sich nach Art. 2 Abs. 5 DelVO Nr. 151/2013 auf alle Derivate, die an dem betreffenden Handelsplatz ausgeführt werden.

Der Zugang der nach der **Übernahmerichtlinie** zuständigen Behörde beschränkt sich nach Art. 2 Abs. 6 und 7 DelVO Nr. 151/2013 auf die Derivate, deren Basiswert ein Wertpapier ist, das entweder von der **Zielgesellschaft** oder von dem **Bieter** begeben worden ist, wobei die Wertpapiere des Bieters nur dann relevant sind, wenn die vom ihm angebotenen Gegenleistung in eigenen Wertpapieren besteht. Die Daten, zu denen die zuständige Behörde Zugang haben muss, sind der zugrunde liegende Basiswert, die Derivatekategorie, das Vorzeichen der Position, die Anzahl der Wertpapiere und der Name der Gegenpartei des Derivats.

Der Zugang des **ESRB**, der **ESMA** und der im **ESZB** zusammenwirkenden Zentralbanken bezieht sich nach Art. 2 Abs. 9 DelVO Nr. 151/2013 auf alle **Gegenparteien** und sämtliche **Emittenten von Basiswerten**, die ihren Sitz in dem jeweiligen Rechtsraum haben. Zentralbanken haben nach Art. 2 Abs. 10 DelVO Nr. 151/2013 darüber hinaus Zugang zu allen Derivaten, die auf eine von ihnen ausgegebenen **Währung** lauten.

Die für die Beaufsichtigung von **meldepflichtigen Gegenparteien** zuständigen Behörden haben Zugang zu sämtlichen Derivaten, die von den von ihnen beaufsichtigen Gegenparteien gemeldet wurden (Art. 2 Abs. 11 DelVO Nr. 151/2013), und zwar unabhängig davon, ob die Gegenpartei die meldende Stelle oder die in Tabelle 1 Feld 3 des Meldesatzes angegebene „andere Gegenpartei" ist[6].

Der Zugang der einschlägigen **Behörden eines Drittstaates** ist nach Art. 3 DelVO Nr. 151/2013 nur unter Berücksichtigung des Mandats und der Aufgaben der betreffenden Behörde und nur im Einklang mit den Bestimmungen der jeweiligen Übereinkunft bzw. der jeweiligen Kooperationsvereinbarung nach Art. 75 Abs. 2 und 3 VO Nr. 648/2012 zu gewähren. Die **Übergangsregelung** des Art. 89 Abs. 9 VO Nr. 648/2012 – danach durfte ein in der Union ansässiges Transaktionsregister den Behörden dieses Drittstaats die erforderlichen Informationen bis zum 17.8.2013 auch dann übermitteln, wenn mit dem betreffenden Drittstaat kein Übereinkommen nach Art. 75 Abs. 2 VO Nr. 648/2012 abgeschlossen worden war – hat nur noch historische Bedeutung.

2. Organisatorische Anforderungen. Nach Art. 2 Abs. 2 DelVO Nr. 151/2013 müssen die zugangsberechtigten Stellen durch interne Verfahren sicherstellen, dass nur diejenigen Mitarbeiter Zugang zu den Transaktionsdaten haben, die mit der Erfüllung der Aufgaben, für die die Informationen benötigt werden, tatsächlich be-

---

1 *Europäische Wertpapier- und Marktaufsichtsbehörde (ESMA)*, „Fragen und Antworten – Umsetzung der Verordnung (EU) Nr. 648/2012 über OTC-Derivate, zentrale Gegenparteien und Transaktionsregister (EMIR)", ESMA70-1861941480-52 vom 30.5.2018, abrufbar über: https://www.esma.europa.eu/sites/default/files/library/esma70-1861941480-52_qa_on_emir_implementation.pdf („*ESMA Q&A*"), TR Frage Nr. 37(a) [letzte Aktualisierung: 29.5.2018].
2 Verordnung (EU) Nr. 1227/2011 des Europäischen Parlaments und des Rates vom 25. Oktober 2011 über die Integrität und Transparenz des Energiegroßhandelsmarkts, ABl. EU Nr. L 326 v. 8.12.2011, S. 1.
3 Erwägungsgrund Nr. 10 DelVO Nr. 151/2013.
4 *Kommission* FAQ, II.7.
5 Erwägungsgrund Nr. 2 DelVO Nr. 151/2013.
6 *ESMA Q&A*, TR Frage Nr. 37(b) [letzte Aktualisierung: 29.5.2018].

traut sind. Art. 2 Abs. 2 DelVO Nr. 151/2013 selbst benennt zwar nur die ESMA als Adressatin der Organisationspflicht; wie sich aus den Erwägungsgründen[1] ergibt, handelt es sich hierbei jedoch um einen allgemeinen Grundsatz, der für sämtliche Zugangsberechtigte gilt.

23 **3. Operationeller Standard.** Die in Art. 4 und 5 DelVO Nr. 151/2013 zusammengefassten operativen Standards für die Zusammenstellung und den Vergleich der Daten sowie den Zugang zu den Daten sind durch die DelVO 2017/1800[2] neu gefasst worden. Nach Art. 4 Abs. 1 Unterabs. 1 DelVO Nr. 151/2013 muss der Zugang der in Art. 81 Abs. 3 VO Nr. 648/2012 genannten Stellen zu den durch Art. 2 und 3 DelVO Nr. 151/2013 konkretisierten Daten **direkt und sofort** möglich sein.

24 Für die Bereitstellung der Daten hat das Transaktionsregister nach Art. 4 Abs. 1 Unterabs. 1 DelVO Nr. 151/2013 ein **XML-Format** und eine **XML-Vorlage** zu verwenden, die der Methodik der ISO 20022 entspricht. Die Bereitstellung im XML-Standard ist der Mindeststandard. Es bleibt dem Transaktionsregister unbenommen, mit den in Art. 81 Abs. 3 VO Nr. 648/2012 genannten Stellen zu vereinbaren, dass sie die Daten **zusätzlich** auch in einem anderen Datenformat, z.B. CSV-Daten oder TXT-Dateien[3], bereitstellt.

25 Ziel des durch die **ISO 20022** beschriebenen Standards[4] ist die weltweite Angleichung der in der Finanzwirtschaft verwendeten Nachrichtenstandards. Er wird für die Abwicklung von Zahlungen, z.B. über S.W.I.F.T. (Society for Worldwide Interbank Financial Telecommunication) oder das TARGET2-System der im ESZB zusammengeschlossenen Zentralbanken verwendet. Darüber hinaus findet es Einsatz bei der Abwicklung von Wertpapiertransaktionen, Devisengeschäften oder Kreditkartenzahlungen. Auch das Format für SEPA-Zahlungen basiert auf der ISO 20022. Die ISO 20022 beinhaltet ein Datenmodell und entsprechende Nachrichtentypen. Die Nachrichtentypen stehen als XSD-Dateien jedermann frei zur Verfügung (**open source**).

26 Nach Art. 5 Abs. 3 DelVO Nr. 151/2013 muss das Transaktionsregister die technischen Voraussetzungen dafür schaffen, dass die in Art. 81 Abs. 3 VO Nr. 648/2012 genannten Stellen die Daten in automatisierter Form mittels einer sicheren Schnittstelle (a secure machine-to-machine interface) abrufen können. Für diese Zwecke hat das Transaktionsregister das SSH-Datenübertragungsprotokoll zu verwenden. „SSH" steht für Secure Shell; es bezeichnet ein Netzwerkprotokoll das es ermöglicht, auf sichere Art und Weise eine **verschlüsselte Netzwerkverbindung** zwischen zwei Datenverarbeitungsanlagen herzustellen. Darüber hinaus hat das Transaktionsregister nach Art. 5 Abs. 9 DelVO Nr. 151/2013 **elektronische Signaturen** und **Datenverschlüsselungsprotokolle** zu verwenden.

26a Gegenstand des automatischen Datentransfers sind nach Art. 5 Abs. 4 DelVO Nr. 151/2013 **sämtliche Meldungen**, die für Derivate abgegeben wurden, sowie der letzte **Handelstand** (trade state) der noch **offenen Derivate**. Der Begriff offene Derivate wird in Art. 5 Abs. 4 Buchst. b DelVO Nr. 151/2013 nur umschrieben. Er umfasst alle Derivate, die zum Zeitpunkt des Datenabrufs weder fällig geworden sind noch in Tabelle 2 Feld 93 des Meldesatzes den Wert „E", „C", „P" oder „Z" aufweisen, d.h. die nicht Gegenstand eine vorzeitigen Löschung, Beendigung oder Komprimierung gewesen oder in einer separate Positionsmeldung aufgegangen sind. Was mit dem Begriff Handelstand gemeint ist, ist unklar. Den in den Erwägungsgründen verwendeten Begriff **open interest**[5] lässt sich entnehmen, dass es sich hierbei um aggregierte Daten handelt, bei denen sämtliche Derivate, die sich auf denselben Basiswert (z.B. die Aktien der EMIR AG) beziehen, im Hinblick auf die in diesem Basiswert begründete Position zusammengefasst werden.

27 Nach Art. 5 Abs. 5 DelVO Nr. 151/2013 muss das Transaktionsregister die Voraussetzungen dafür schaffen, dass die in Art. 81 Abs. 3 VO Nr. 648/2012 genannten Stellen **vordefinierte regelmäßige Datenabfragen** stellen können. Auch müssen die in Art. 5 Abs. 6 DelVO Nr. 151/2013 gelisteten Datenfelder in **jeglicher Kombination** abrufbar sein (Art. 5 Abs. 6 DelVO Nr. 151/2013).

28 Die **Zeiträume**, innerhalb derer das Transaktionsregister die abgerufenen Daten zur Verfügung stellen muss, sind in Art. 5 Abs. 7 DelVO Nr. 151/2013 geregelt. Die Bestimmung unterscheidet danach, ob die Transaktionen, auf die sich die Meldungen beziehen, am Tag des Datenabrufes oder in dem **Einjahreszeitraum davor** noch ausstanden, d.h. weder fällig geworden noch durch Löschung, Beendigung, Komprimierung oder Einbeziehung in eine gesondert gemeldete Gesamtposition beendet worden sind. Meldungen für diese Transaktionen sind am ersten Kalendertag nach dem Datenabruf (d.h. T+1) bis spätestens 12.00 Uhr koordinierte Weltzeit (UTC)[6] zur Verfügung zu stellen. Bezieht sich die Datenabfrage ganz oder teilweise auf Transaktionen, die bereits vor dem

---

1 Erwägungsgrund Nr. 12 DelVO Nr. 151/2013.
2 Die DelVO 2017/1800 ist am zwanzigsten Tag nach ihrer Veröffentlichung im Amtsblatt der Europäischen Union, d.h. am 27.10.2017, in Kraft getreten; sie gilt seit dem 1.11.2017 (Art. 2 DelVO 2017/1800).
3 Erwägungsgrund Nr. 4 DelVO 2017/1800.
4 Die ISO 20022 wird auch als UNIFI-Standard (universal financial industry message scheme) bezeichnet. Einen guten Überblick bietet die Broschüre des *Bundesverbandes deutscher Banken* (BdB), ISO 20022 im Überblick, abrufbar über: https://bankenverband.de/media/files/ISO-20022_im-ueberblick.pdf; s. auch https://www.iso20022.org/.
5 *Erwägungsgrund Nr. 7 DelVO 2017/1800*; die deutsche Fassung spricht etwas unglücklich on Open-Interest-Derivatekontrakten.
6 Die koordinierte Weltzeit (UCT) entspricht der am Nullmeridian geltenden Greenwich Mean Time (GMT), jedoch ohne die Anpassung an die „Sommerzeit". 12.00 Uhr UTC entspricht im Winter 13.00 Uhr Frankfurter Zeit.

Einjahreszeitraum fällig geworden oder beendet worden sind, muss das Transaktionsregister die Daten innerhalb von **drei Arbeitstagen** zur Verfügung stellen.

Unmittelbar nach Eingang einer Datenabfrage muss das Transaktionsregister die **Korrektheit und Vollständigkeit** der Datenabfrage überprüfen; sie hat die antragstellenden Stelle innerhalb von 60 Minuten über das Ergebnis ihrer Prüfung zu informieren (Art. 5 Abs. 8 DelVO Nr. 151/2013) 29

4. Aufzeichnungspflicht. Transaktionsregister sind nach Art. 5 Abs. 1 DelVO Nr. 151/2013 verpflichtet, jeden Zugang zu ihren Daten, den sie einer der in Art. 81 Abs. 3 Unterabs. 1 VO Nr. 648/2012 genannten Stellen gewährt haben, aufzuzeichnen. Die **Aufzeichnungen** müssen nach Art. 5 Abs. 2 DelVO Nr. 151/2013 den Umfang der Daten, auf die zugegriffen wurde, und die Rechtsgrundlage für den Zugang beinhalten. 30

5. Vermeidung von Doppelmeldungen. Art. 26 Abs. 7 Unterabs. 7 VO Nr. 600/2014 (MiFIR) sieht vor, dass eine Wertpapierfirma ihre Meldepflicht nach Art. 26 Abs. 1 VO Nr. 600/2014 auch dadurch erfüllen kann, dass sie die Einzelheiten des von ihr abgeschlossenen Derivats nach Art. 9 VO Nr. 648/2012 einem Transaktionsregister meldet, das seinerseits als genehmigter Meldemechanismus (ARM) i.S.d. Art. 2 Abs. 1 Nr. 36 VO Nr. 600/2014 anerkannt wurde. Voraussetzung für die Befreiung der Wertpapierfirma von der Meldepflicht ist jedoch, dass das Transaktionsregister die gemeldeten Einzelheiten innerhalb der in Art. 26 Abs. 1 VO Nr. 600/2014 an die zuständige Behörde weiterleitet[1]. Art. 26 Abs. 7 Unterabs. 7 VO Nr. 600/2014 dient der Vermeidung von **Doppelmeldungen**[2]. Um dieses Ziel zu unterstützen, verpflichtet Art. 81 Abs. 3 Unterabs. 2 VO Nr. 648/2012 die Transaktionsregister, die ihnen zugehenden Meldungen über börsengehandelte Derivate fristgerecht an die zuständigen Behörden zu übermitteln. 31

IV. Indirekter Zugang zu Transaktionsdaten (Art. 81 Abs. 4 VO Nr. 648/2012). Andere als die in Art. 81 Abs. 3 Unterabs. 1 VO Nr. 648/2012 genannten Stellen – z.B. Strafverfolgungsbehörden oder Steuerbehörden[3] – können den Zugang zu den in den Transaktionsregistern verwahrten Daten nach Art. 81 Abs. 4 VO Nr. 648/2012 nur über die ESMA erhalten. Der Anspruch steht nur **Behörden mit Sitz in der Union** zu. Auch hier gilt das Need-to-know-Prinzip: Die ESMA darf den Zugang nur dann und nur in dem Umfang gewähren, den die Behörde für die Wahrnehmung ihrer Aufgaben benötigt. 32

V. Sanktionen. Nach Art. 65 Abs. 1 VO Nr. 648/2012 i.V.m. Abschnitt III Buchst. a und b des Anhang I kann die ESMA Verstöße gegen die durch Art. 81 VO Nr. 648/2012 begründeten Veröffentlichungs- und Zugangspflichten mit Geldbußen ahnden. Der **Grundbetrag der Geldbußen** beträgt nach Art. 65 Abs. 2 Buchst. a VO Nr. 648/2012 mindestens 10.000 Euro und höchsten 20.000 Euro. 33

VI. Technische Regulierungsstandards (Art. 81 Abs. 5 VO Nr. 648/2012). Die Kommission ist befugt, technische Regulierungsstandards zu erlassen, in denen sie die **Häufigkeit der Übermittlung und die Einzelheiten** der in Art. 81 Abs. 1 und 3 VO Nr. 648/2012 genannten Informationen sowie die operationellen Standards für die Zusammenstellung und den Vergleich von Daten zwischen den Transaktionsregistern festlegt. Von der Befugnis hat sie mit Erlass der **DelVO Nr. 151/2013** und **DelVO 2017/1800** Gebrauch gemacht. Die DelVO Nr. 151/2013 ist am zwanzigsten Tag nach ihrer Veröffentlichung im Amtsblatt der Europäischen Union, d.h. am 15.3.2013, in Kraft getreten (Art. 6 DelVO Nr. 151/2013). Die DelVO 2017/1800 gilt seit dem 1.11.2017 (Art. 2 DelVO 2017/1800). 34

VII. Ausblick. Zum Zeitpunkt der Kommentierung zeichneten sich folgende Änderungen ab: Am 10.7.2017 hat die *Europäische Wertpapier- und Marktaufsichtsbehörde (ESMA)* den Entwurf einer Delegierten Verordnung zur Änderung der DelVO Nr. 151/2013 vorgelegt[4], in dem sie die Neufassung des Art. 1 DelVO Nr. 151/2013 und die Einführung neuer Vorschriften für die Veröffentlichung von Transaktionsdaten für Warenderivate (Art. 1a DelVO Nr. 151/2013) und für Derivate, die auf Referenzwerte Bezug nehmen (Art. 1b DelVO Nr. 151/2013), vorschlägt. 35

Art. 82 Ausübung der Befugnisübertragung

(1) Die der Kommission übertragene Befugnis zum Erlass delegierter Rechtakte unterliegt den in diesem Artikel festgelegten Bedingungen.
(2) Die in Artikel 1 Absatz 6, Artikel 64 Absatz 7, Artikel 70, Artikel 72 Absatz 3 und Artikel 85 Absatz 2 genannte Befugnisübertragung auf die Kommission gilt auf unbestimmte Zeit.
(3) Vor dem Erlass eines delegierten Rechtsakts konsultiert die Kommission nach Möglichkeit die ESMA.

---

1 *Zeitz* in Wilhelmi/Achtelik/Kunschke/Sigmundt, Handbuch EMIR, Teil 6.D Rz. 38.
2 Erwägungsgrund Nr. 35 VO Nr. 600/2014.
3 Erwägungsgrund Nr. 78 VO Nr. 648/2012.
4 *ESMA*, Endgültiger Bericht der ESMA über technische Regulierungsstandards über die nach Art. 81 EMIR von Transaktionsregistern zu veröffentlichenden Daten, ESMA70-151-370 vom 10.7.2017, abrufbar über: https://www.esma.europa.eu/sites/default/files/library/esma70-151-370_final_report_tr_public_data_under_emir.pdf („*ESMA* RTS Veröffentlichung von TR-Daten").

Art. 82 VO Nr. 648/2012 | Ausübung der Befugnisübertragung

(4) Die in Artikel 1 Absatz 6, Artikel 64 Absatz 7, Artikel 70, Artikel 72 Absatz 3 und Artikel 85 Absatz 2 genannte Befugnisübertragung kann vom Europäischen Parlament oder vom Rat jederzeit widerrufen werden. Ein Beschluss über den Widerruf beendet die Übertragung der darin angegebenen Befugnis. Der Beschluss über den Widerruf wird am Tag nach dem Datum seiner Veröffentlichung im Amtsblatt der Europäischen Union oder zu einem darin genannten späteren Zeitpunkt wirksam. Die Gültigkeit von delegierten Rechtsakten, die bereits in Kraft sind, wird von dem Beschluss über den Widerruf nicht berührt.

(5) Sobald die Kommission einen delegierten Rechtsakt erlässt, übermittelt sie ihn gleichzeitig dem Europäischen Parlament und dem Rat.

(6) Ein delegierter Rechtsakt, der gemäß Artikel 1 Absatz 6, Artikel 64 Absatz 7, Artikel 70, Artikel 72 Absatz 3 und Artikel 85 Absatz 2 erlassen worden ist, tritt nur in Kraft, wenn weder das Europäische Parlament noch der Rat innerhalb einer Frist von drei Monaten nach Übermittlung dieses Rechtsakts an das Europäische Parlament und den Rat Einwände erhoben hat oder wenn vor Ablauf dieser Frist sowohl das Europäische Parlament als auch der Rat der Kommission mitgeteilt haben, dass sie keine Einwände erheben werden. Auf Initiative des Europäischen Parlaments oder des Rates wird die Frist um drei Monate verlängert.

In der Fassung vom 4.7.2012 (ABl. EU Nr. L 201 v. 27.7.2012, S. 1).

I. Bedeutung	1	III. Dauer der Befugnisübertragung	4
II. Anwendungsbereich	3	IV. Verfahren	6

1 **I. Bedeutung.** Während die Kommission die ihr aufgrund der EMIR übertragenen Befugnisse zum Erlass delegierter Rechtsakte i.d.R. nach Art. 10–14 VO Nr. 1095/2010 (ESMA-Verordnung)[1] oder Art. 15 VO Nr. 1095/2010 erlässt, sieht Art. 82 VO Nr. 648/2012 für einige wenige Befugnisübertragungen ein hiervon abweichendes Verfahren vor. Der wesentliche Unterschied besteht darin, dass der Entwurf des auf Art. 82 VO Nr. 648/2012 gestützten delegierten Rechtsaktes nicht von der Europäischen Wertpapier- und Marktaufsichtsbehörde (ESMA), sondern von der **Kommission** selbst erstellt wird. Art. 82 Abs. 3 VO Nr. 648/2012 sieht lediglich vor, dass die Kommission die ESMA nach Möglichkeit vor Erlass des delegierten Rechtsaktes konsultiert.

2 Die in Art. 82 Abs. 1 VO Nr. 648/2012 gewählte Formulierung ist unglücklich, weil sie suggeriert, dass sich der Erlass sämtlicher delegierter Rechtsakte, für die die Kommission zuständig ist, nach den Bestimmungen des Art. 82 Abs. 2 bis 6 VO Nr. 648/2012 richtet. Tatsächlich umfasst der Anwendungsbereich nur die in Art. 82 Abs. 2, 4 und 6 VO Nr. 648/2012 genannten Befugnisübertragungen.

3 **II. Anwendungsbereich.** Das Verfahren nach Art. 82 VO Nr. 648/2012 ist nur für folgende Befugnisübertragungen vorgesehen:

- Art. 1 Abs. 6 VO Nr. 648/2012: Befugnis zur Änderung bzw. Erweiterung der in Art. 1 Abs. 4 VO Nr. 648/2012 genannten Zentralbanken und öffentlichen Einrichtungen der staatlichen Schuldenverwaltung, die vom **Anwendungsbereich der EMIR** ausgenommen sind.
- Art. 64 Abs. 7 VO Nr. 648/2012: Befugnis zum Erlass weiterer **Verfahrensvorschriften** für die Ausübung der Befugnis zur Verhängung von Geldbußen oder Zwangsgelder im Rahmen der Aufsicht über Transaktionsregister.
- Art. 70 VO Nr. 648/2012: Befugnis zur Änderung der in Anhang II aufgeführten Koeffizienten, für **erschwerende oder mildernde Umstände**, mit denen der Grundbetrag für die von der ESMA zu verhängende Geldbuße nach Art. 65 Abs. 3 VO Nr. 648/2012 anzupassen ist.
- Art. 72 Abs. 3 VO Nr. 648/2012: Befugnis zur Festlegung der für die Beaufsichtigung von Transaktionsregistern zu entrichtenden **Gebühren**.
- Art. 85 Abs. 2 VO Nr. 648/2012: Befugnis zur Verlängerung des in Art. 89 Abs. 1 VO Nr. 648/2012 vorgesehenen Übergangszeitraums für **Altersversorgungssysteme**.

4 **III. Dauer der Befugnisübertragung.** Nach Art. 82 Abs. 2 VO Nr. 648/2012 erfolgt die Übertragung der Befugnisse auf **unbestimmte Zeit**. Sie kann jedoch nach Art. 82 Abs. 4 VO Nr. 648/2012 vom Europäischen Parlament oder vom Rat **jederzeit widerrufen** werden. Der Beschluss über den Widerruf ist im Amtsblatt der Europäischen Union zu veröffentlichen; er wird am Tag nach dem Datum seiner Veröffentlichung oder zu einem im Beschluss genannten späteren Zeitpunkt wirksam. Die Gültigkeit der bereits erlassenen delegierten Rechtsakte bleibt vom Widerruf unberührt.

---

[1] *Verordnung (EU) Nr. 1095/2010* des Europäischen Parlaments und des Rates vom 24. November 2010 zur Errichtung einer Europäischen Aufsichtsbehörde (Europäische Wertpapier- und Marktaufsichtsbehörde), zur Änderung des Beschlusses Nr. 716/2009/EG und zur Aufhebung des Beschlusses 2009/77/EG der Kommission, ABl. EU Nr. L 331 v. 15.12.2010, S. 84.

Art. 82 Abs. 2 und 4 VO Nr. 648/2012 entsprechen weitestgehend den für den Erlass technischer Regulierungs- 5
standards nach Art. 10–14 VO Nr. 1095/2010 vorgesehenen Bestimmungen. Der Unterschied besteht darin,
dass die Befugnis zum Erlass technischer Regulierungsstandards nach Art. 11 Abs. 1 VO Nr. 1095/2010 **nicht
für unbestimmte Zeit** gewährt wird. Sie wird für vier Jahre – beginnend mit dem 16.12.2010 – übertragen, verlängert sich jedoch automatisch, wenn das Europäische Parlament oder der Rat sie nicht vor Ablauf der Frist
widerruft. Die wesentliche Abweichung besteht darin, dass die Kommission sechs Monate vor Ablauf des Vier-Jahres-Zeitraums – d.h. erstmals am 16.6.2014 – einen **Bericht über die Ausübung ihrer Befugnisse** vorlegen
muss. Unabhängig vom Widerrufsrecht nach Art. 11 Abs. 1 VO Nr. 1095/2010 können das Europäische Parlament oder der Rat die Befugnis nach Art. 12 Abs. 1 VO Nr. 1095/2010 jederzeit widerrufen. Abweichend von
Art. 82 Abs. 4 VO Nr. 648/2012 sieht Art. 12 Abs. 2 VO Nr. 1095/2010 vor, dass das Europäische Parlament
oder der Rat, bevor er den Widerruf beschließt, das jeweilige andere Organ und die Kommission über die beabsichtigte Entscheidung zu unterrichten.

IV. Verfahren. Wie sich aus dem Vergleich mit den übrigen Befugnisübertragungen der EMIR ergibt, geht die 6
Initiative zum Erlass der auf Art. 82 VO Nr. 648/2012 gestützten delegierten Rechtsakte nicht vom Gesetzgeber, sondern von der Kommission aus. Diese entscheidet darüber, ob und in welchem Umfang ein delegierter
Rechtsakt erforderlich ist und innerhalb welcher Frist er zu erlassen ist.

Abweichend von den in Art. 10–14 VO Nr. 1095/2010 und Art. 15 VO Nr. 1095/2010 geregelten Verfahren 7
wird der Entwurf des delegierten Rechtsaktes nicht von der ESMA erstellt. Art. 82 VO Nr. 648/2012 geht davon
aus, dass dies die Aufgabe der Kommission ist und diese, soweit dies möglich ist, die **ESMA** vor Erlass des delegierten Rechtsaktes lediglich konsultiert. Dies schließt nicht aus, dass die Kommission die ESMA im Vorfeld
um eine Stellungnahme nach Art. 34 VO Nr. 1095/2010 bittet.

Sobald die Kommission den delegierten Rechtsakt erlassen hat, muss sie ihn nach Art. 82 Abs. 5 VO Nr. 648/ 8
2012 gleichzeitig dem Europäischen Parlament und dem Rat übermitteln. Diese haben nach Art. 82 Abs. 6 VO
Nr. 648/2012 **drei Monate** Zeit, Einwände zu erheben. Auf Initiative des Europäischen Parlaments oder des Rates ist die Frist um weitere drei Monate zu verlängern. Der delegierte Rechtsakt tritt nur in Kraft, wenn weder
das Europäische Parlament noch der Rat innerhalb der Frist Einwände erhoben hat oder wenn beide Organe
der Kommission vor Ablauf der Frist mitgeteilt haben, dass sie keine Einwände erheben.

Die Ausgestaltung des Verfahrens lehnt sich eng an Art. 13 Abs. 1 Unterabs. 1 und Abs. 2 VO Nr. 1095/2010 9
an: Erlässt die Kommission einen technischen Regulierungsstandard, der nicht dem von der ESMA übermittelten Entwurf entspricht, gilt auch hier die Dreimonatsfrist mit entsprechender Verlängerungsmöglichkeit.

Titel VIII
Gemeinsame Bestimmungen

Art. 83 Wahrung des Berufsgeheimnisses

(1) Die Verpflichtung zur Wahrung des Berufsgeheimnisses gilt für alle Personen, die für die gemäß Artikel 22 benannten zuständigen Behörden und für die in Artikel 81 Absatz 3 genannten Behörden, für
die ESMA oder für die von den zuständigen Behörden oder der ESMA beauftragten Prüfer und Sachverständigen tätig sind oder tätig waren. Unbeschadet der Fälle, die unter das Strafrecht oder das Steuerrecht fallen, und der Bestimmungen dieser Verordnung dürfen die genannten Personen vertrauliche
Informationen, die sie bei der Wahrnehmung ihrer Aufgaben erhalten, an keine Person oder Behörde
weitergeben, es sei denn in zusammengefasster oder aggregierter Form, so dass einzelne CCPs, Transaktionsregister oder sonstige Personen nicht identifiziert werden können.
(2) Wenn für eine CCP durch Gerichtsbeschluss das Insolvenzverfahren eröffnet oder die Zwangsabwicklung eingeleitet worden ist, können vertrauliche Informationen, die sich nicht auf Dritte beziehen, in zivil- oder handelsrechtlichen Verfahren weitergegeben werden, sofern dies für das betreffende
Verfahren erforderlich ist.
(3) Unbeschadet der unter das Strafrecht oder das Steuerrecht fallenden Fälle dürfen die zuständigen Behörden, die ESMA und andere Stellen oder andere natürliche oder juristische Personen, bei denen es sich
nicht um die zuständigen Behörden handelt, vertrauliche Informationen, die sie aufgrund dieser Verordnung erhalten, nur zur Wahrnehmung ihrer Aufgaben und zur Ausübung ihrer Funktionen verwenden,
und zwar im Fall der zuständigen Behörden im Rahmen dieser Verordnung und im Fall anderer Behörden, Stellen oder natürlicher oder juristischer Personen für die Zwecke, für die ihnen die entsprechenden
Informationen zur Verfügung gestellt wurden, und/oder in Verwaltungs- oder Gerichtsverfahren, die in
besonderem Zusammenhang mit der Ausübung ihrer Funktionen stehen. Erteilt jedoch die ESMA, die

zuständige Behörde oder eine andere Behörde, Stelle oder Person, die Informationen übermittelt, ihre Zustimmung, darf die Behörde, die Empfänger der Informationen ist, diese auch für andere nichtkommerzielle Zwecke verwenden.

(4) Vertrauliche Informationen, die aufgrund dieser Verordnung empfangen, ausgetauscht oder übermittelt werden, unterliegen den Vorschriften der Absätze 1, 2 und 3 über das Berufsgeheimnis. Diese Bestimmungen hindern allerdings die ESMA, die zuständigen Behörden oder die zuständigen Zentralbanken nicht daran, vertrauliche Informationen im Einklang mit dieser Verordnung und mit anderen für Wertpapierfirmen, Kreditinstitute, Pensionsfonds, OGAW, AIFM, Versicherungs- und Rückversicherungsvermittler, Versicherungsunternehmen, geregelte Märkte oder Marktteilnehmer geltenden Rechtsvorschriften mit Zustimmung der zuständigen Behörde bzw. der anderen Behörde oder Stelle oder der sonstigen juristischen oder natürlichen Person, die die Informationen übermittelt hat, auszutauschen oder zu übermitteln.

(5) Die Absätze 1, 2 und 3 stehen dem Austausch oder der Weitergabe vertraulicher Informationen, die nicht von einer zuständigen Behörde eines anderen Mitgliedstaats empfangen wurden, durch die zuständigen Behörden im Einklang mit dem nationalen Recht nicht entgegen.

In der Fassung vom 4.7.2012 (ABl. EU Nr. L 201 v. 27.7.2012, S. 1).

Schrifttum: *Gergen*, Systemrelevanz und staatliche Verflechtung – ein Beitrag zur neuen Marktinfrastruktur für außerbörsliche Derivate unter Einschaltung einer zentralen Gegenpartei, jM 2015, 139; *Flosbach*, EMIR-Gesetz: ein Beitrag zu mehr Vertrauen und Transparenz?, Kreditwesen 2013, 168; *Grüning/Cieslarczyk*, EMIR – Auswirkungen der Derivateregulierung auf die Energiebranche, RdE 2013, 354; *Hartenfels*, Die Verordnung (EU) Nr. 648/2012 über OTC-Derivate, zentrale Gegenparteien und Transaktionsregister („EMIR"), ZHR 178, 173 (2014); *Heuer/Schütt*, Auf dem Weg zu einer europäischen Kapitalmarktunion, BKR 2016, 45; *Jordans*, Zum aktuellen Stand der Finanzmarktnovellierung in Deutschland, BKR 2017, 273; *Köhling/Adler*, Der neue europäische Regulierungsrahmen für OTC-Derivate, WM 2012, 2125 (Teil I) und 2173 (Teil II); *Kox*, REMIT, MiFID, EMIR und Co. verschärfen die Anforderungen zur Teilnahme am Energiehandel, ET 2013, 42; *Litten/Schwenk*, EMIR – Auswirkungen der OTC-Derivateregulierung auf Unternehmen der Realwirtschaft (Teil 1), DB 2013, 857; *Pankoke/Wallus*, Europäische Derivateregulierung und M&A, WM 2014, 4; *Schüttler*, Zum neuen IDW EPS 920: EMIR im Mittelstand – Das Prüfproblem schlechthin?, DStR 2016, 2006; *Schuster/Ruschkowski*, EMIR – Überblick und ausgewählte Aspekte, ZBB 2014, 123; *Walla*, Die Europäische Wertpapier- und Marktaufsichtsbehörde (ESMA) als Akteur bei der Regulierung der Kapitalmärkte Europas – Grundlagen, erste Erfahrungen und Ausblick, BKR 2012, 265; *Wulff/Kloka*, Umsetzung von EMIR-Pflichten im Zusammenhang mit Vereinbarungen nicht-geclearter Derivategeschäfte, WM 2015, 215; *von Hall*, Warum EMIR den Finanzplatz Deutschland stärkt und trotzdem eine Wettbewerbsverzerrung im Binnenmarkt droht, WM 2013, 673; *Zimmermann/Weck*, Finanzprodukte transparent und sicher gestalten, StG 2013, 156.

I. Regelung eines Berufsgeheimnisses 1	IV. Nutzung vertraulicher Informationen (Art. 83 Abs. 3 VO Nr. 648/2012) 12
II. Grundsätzliches Verbot der Weitergabe vertraulicher Informationen (Art. 83 Abs. 1 VO Nr. 648/2012) 3	V. Fortwirken des Berufsgeheimnisses bei Austausch vertraulicher Informationen (Art. 83 Abs. 4 VO Nr. 648/2012) 17
III. Befugte Weitergabe im Falle einer Insolvenz oder Zwangsabwicklung einer CCP (Art. 83 Abs. 2 VO Nr. 648/2012) 10	VI. Vertrauliche Informationen von dritter Seite (Art. 83 Abs. 5 VO Nr. 648/2012) 19

1 **I. Regelung eines Berufsgeheimnisses.** Art. 83 VO Nr. 648/2012 (EMIR) **regelt verbindlich ein Berufsgeheimnis** für alle Personen, die für die ESMA, für die zuständigen nationalen Aufsichtsbehörden oder für die von diesen beauftragten Prüfer oder Sachverständigen tätig werden und **gestaltet dieses Berufsgeheimnis näher aus.** Nach der näheren Ausgestaltung des Berufsgeheimnisses dürfen vertrauliche Informationen grundsätzlich nicht weitergegeben werden (Art. 83 Abs. 1 VO Nr. 648/2012). Im Rahmen der EMIR-Regelungen ausnahmsweise weitergegebene Daten dürfen nur zur Aufgabenwahrnehmung und zur Ausübung ihrer Funktion genutzt werden (Art. 83 Abs. 3 VO Nr. 648/2012) und unterliegen beim Empfänger gleichfalls dem Berufsgeheimnis (Art. 83 Abs. 4 VO Nr. 648/2012).

2 Dieses Berufsgeheimnis aus Art. 83 VO Nr. 648/2012 ist **unmittelbar geltendes EU-Recht**. Zu seiner Wirksamkeit bedarf es also keiner Umsetzung in nationales Recht. Ungeachtet dessen hat das Berufsgeheimnis aus Art. 83 VO Nr. 648/2012 eine große Nähe zu der in § 21 WpHG geregelten Verschwiegenheitspflicht, die gleichfalls ein Berufsgeheimnis statuiert und auf der Umsetzung europarechtlicher Vorgaben beruht. Insofern kann an dieser Stelle auch auf die **Kommentierung zu § 21 WpHG verwiesen** werden.

3 **II. Grundsätzliches Verbot der Weitergabe vertraulicher Informationen (Art. 83 Abs. 1 VO Nr. 648/2012).** Art. 83 Abs. 1 VO Nr. 648/2012 regelt ein **grundsätzliches Verbot der Weitergabe** vertraulicher Informationen als ein Teil des Berufsgeheimnisses. Hiernach dürfen die verpflichteten Personen vertrauliche Informationen, die sie bei der Wahrnehmung ihrer Aufgaben erhalten, grundsätzlich an keine Person oder Behörde weitergeben, es sei denn es greift eine der in Art. 83 VO Nr. 648/2012 geregelten Ausnahmen.

Die Verpflichtung zur Wahrung des Berufsgeheimnisses **gilt für alle Personen**, die 4
- für die gem. Art. 22 VO Nr. 648/2012 für die Zulassung und Beaufsichtigung der CCP benannten zuständigen nationalen Behörden,
- für die in Art. 81 Abs. 3 VO Nr. 648/2012 genannten Behörden, die entsprechende Informationen von den Transaktionsregistern erhalten,
- für die ESMA oder
- für die von den zuständigen Behörden oder der ESMA beauftragten Prüfer und Sachverständigen

tätig sind oder tätig waren. Das bedeutet, dass die bezeichneten Personen **auch nach der Beendigung ihrer Tätigkeit** für die benannten Behörden, Stellen oder Personen weiterhin dem Berufsgeheimnis nach Art. 83 VO Nr. 648/2012 unterliegen. Diese Fortwirkung des Berufsgeheimnisses bezieht sich auf die vertraulichen Informationen, die die Verpflichteten im Rahmen ihrer Tätigkeit nach den Regelungen der EMIR erhalten haben.

Das Berufsgeheimnis bezieht sich auf **vertrauliche Informationen**. Was im Rahmen des Regelungskontextes 5
der EMIR als vertrauliche Information zu verstehen ist, wird in der Verordnung nicht näher ausgeführt. Insoweit kann auf die bisherige Rechtsprechung in Bezug auf die übrigen kapitalmarktrechtlichen europäischen Regelungen, insbesondere zu Art. 54 RL 2014/39/EG (MiFID I) zurückgegriffen werden, bei denen eine zumindest vergleichbare, wenn nicht sogar identische Ausgangssituation vorliegt. In Anlehnung an die Rechtsprechung des EuGH[1] handelt es sich hierbei um die **Informationen, die dem Bankgeheimnis unterliegen**, um die **Geschäfts- und Betriebsgeheimnisse der betreffenden Unternehmen**, im Rahmen der EMIR-Regelungen also der CCP, Transaktionsregister u.a., und um die Informationen in Bezug auf das sog. „**aufsichtsrechtliche Geheimnis**", zu dem beispielsweise die von den zuständigen Behörden angewandten Überwachungsmethoden, die Korrespondenz und der Informationsaustausch der verschiedenen zuständigen Behörden untereinander sowie zwischen ihnen und den beaufsichtigten Unternehmen und alle sonstigen nicht öffentlichen Informationen über den Stand der beaufsichtigten Märkte und die dort ablaufenden Transaktionen gehören[2]. Nähere Ausführungen zum aufsichtsrechtlichen Geheimnis finden sich in der aufgrund der Vorlage des BVerwG vom 4.11.2015[3] an den EuGH ergangenen EuGH-Entscheidung vom 19.6.2018[4]. Hierunter fallen – vorbehaltlich strengerer Vorschriften zum Berufsgeheimnis – solche Informationen, die erstens **nicht öffentlich zugänglich sind** und bei **deren Weitergabe** zweitens die **Gefahr einer Beeinträchtigung der Interessen** der natürlichen oder juristischen übermittelnden Person oder der Interessen Dritter **oder des ordnungsgemäßen Funktionierens des vom Unionsgesetzgeber geschaffenen Systems der Aufsicht** bestünde[5]. Bezüglich weiterer Details kann auf die Kommentierung zu § 21 WpHG (vgl. § 21 WpHG Rz. 23 ff., insb. Rz. 31, 37) verwiesen werden.

Die bezeichneten Personen müssen die vertraulichen **Informationen bei der Wahrnehmung ihrer Aufgaben** 6
erhalten haben, damit sie unter das Berufsgeheimnis fallen. Das heißt, Wahrnehmungen von vertraulichen Informationen im privaten Umfeld führen nicht zu einer Pflicht zur Wahrung des Berufsgeheimnisses. Soweit diese dann aber Eingang in die dienstliche Tätigkeit finden, unterliegen die sich im Weiteren ergebenden Information zu den Informationen dann dem Berufsgeheimnis. Bei der Wahrnehmung ihrer Aufgaben bedeutet auch, dass es ausreicht, wenn die Personen die vertraulichen Informationen bei Gelegenheit der Wahrnehmung ihrer Aufgaben erhalten haben, z.B. ein Prüfer bei Gelegenheit seiner Prüfung weitergehende vertrauliche Informationen erhält. Außer an seinen Auftraggeber, der zuständigen Behörden oder der ESMA, darf er diese vertrauliche Information nicht weitergeben.

Eine **Ausnahme von dem Verbot der Weitergabe** von vertraulichen Informationen greift nach Art. 83 Abs. 1 7
Satz 2 letzter Teilsatz VO Nr. 648/2012 dann, wenn die vertraulichen Informationen ausschließlich in zusammengefasster oder aggregierter Form weitergegeben werden, so dass einzelne CCPs, Transaktionsregister oder sonstige Personen nicht identifiziert werden können. Das bedeutet, dass beispielsweise Statistiken oder Analysen von z.B. Meldungen ohne Verstoß gegen die Pflicht zur Wahrung des Berufsgeheimnisses weitergegeben werden können, wenn daraus kein Rückschluss auf einzelne Marktteilnehmer, Transaktionsregister etc. möglich ist.

Eine **weitere Ausnahme** vom Verbot der Weitergabe von vertraulichen Informationen besteht für **Fälle, die** 8
unter das Strafrecht oder das Steuerrecht fallen. Die EMIR enthält weder eine Definition der Fälle, „die unter das Strafrecht oder Steuerrecht fallen" noch verweist sie auf das jeweilige nationale Recht. In Anlehnung an die Ausführungen der Generalanwältin *Juliane Kokott* in ihren Schlussanträgen vom 26.7.2017 in der Rechtssache

---

1 Vgl. EuGH v. 12.11.2014 – C-140/13, ECLI:EU:C:2014:2362 – Annett Altmann u.a./Bundesanstalt für Finanzdienstleistungsaufsicht, ABl. EU Nr. C 16 v. 19.1.2015, S. 3 = ZIP 2014, 2307.
2 Vgl. die Schlussanträge des Generalanwalts *Jääskinen* v. 4.9.2014 – C-140/03, ECLI:EU:C:2014:2168 – Annett Altmann u.a./Bundesanstalt für Finanzdienstleistungsaufsicht, ZIP 2014, 2052; Ersuchen um Vorabentscheidung: VG Frankfurt/M. v. 19.2.2013 – 7 K 4127/12.F, ZIP 2014, 40.
3 Vorabentscheidungsersuchen des BVerwG v. 4.11.2015 – 7 C 4.14, juris.
4 EuGH v. 19.6.2018 – C-15/16, ECLI:EU:C:2018:464 – Ewald Baumeister/BaFin, veröffentlicht unter curia.europa.eu.
5 EuGH v. 19.6.2018 – C-15/16, ECLI:EU:C:2018:464 – Ewald Baumeister/BaFin, Rz. 35, veröffentlicht unter curia.europa.eu.

UBS (Luxembourg) S. A. u.a.[1] kann auch für den Bereich der EMIR von einer „verfahrensbezogenen" Auslegung ausgegangen werden. Danach ist die Weitergabe von vertraulichen Informationen nur zulässig, wenn dies für ein Ermittlungs-, Straf- oder Steuerverfahren nach nationalem Recht erforderlich ist. Demgegenüber ist eine „materielle" Auslegung abzulehnen, wonach Sachverhalte umfasst sind, die eine Straftat, eine strafrechtliche Sanktion oder einen steuerlichen Sachverhalt zum Gegenstand haben[2].

9   Letztlich greift das Berufsgeheimnis nicht **soweit Regelungen der EMIR die Weitergabe von Informationen verpflichtend vorschreiben oder die Möglichkeit der Weitergabe von vertraulichen Informationen vorsehen**. Hier ist nicht nur an die Regelungen in Art. 83 Abs. 2 und 4 VO Nr. 648/2012 zu denken, sondern auch an die Regelungen in Art. 64 Abs. 4, 67 Abs. 2 und 84 Abs. 2 VO Nr. 648/2012.

10 **III. Befugte Weitergabe im Falle einer Insolvenz oder Zwangsabwicklung einer CCP (Art. 83 Abs. 2 VO Nr. 648/2012).** Eine **Befugnis zur Weitergabe** von vertraulichen Informationen ist in Art. 83 Abs. 2 VO Nr. 648/2012 ausdrücklich für die Fallkonstellation vorgesehen, wenn für **eine CCP durch Gerichtsbeschluss das Insolvenzverfahren eröffnet oder die Zwangsabwicklung eingeleitet** worden ist. In diesem Fall können vertrauliche Informationen in zivil- und handelsrechtlichen Verfahren weitergegeben werden, sofern dies für das betreffende Verfahren erforderlich ist und die vertraulichen Information sich nicht auf Dritte beziehen.

11 Diese befugte Weitergabe von vertraulichen Informationen im Falle der Eröffnung einer Insolvenz oder Zwangsabwicklung durch Gerichtsbeschluss **entspricht** auch der im **deutschen Kapitalmarktrecht** geregelten befugten Weitergabe von vertraulichen Informationen im Fall der Liquidation oder im Insolvenzverfahren z.B. in § 9 Abs. 1 Satz 4 Nr. 3 KWG und § 21 Abs. 1 Satz 3 Nr. 4 WpHG.

12 **IV. Nutzung vertraulicher Informationen (Art. 83 Abs. 3 VO Nr. 648/2012).** Gem. Art. 83 Abs. 3 VO Nr. 648/2012 dürfen die zuständigen Behörden, die ESMA und andere Stellen oder andere natürliche oder juristische Personen vertrauliche Informationen, die sie aufgrund dieser Verordnung erhalten, nur zur Wahrnehmung ihrer Aufgaben und zur Ausübung ihrer Funktionen verwenden. Hierbei handelt es sich um eine **Zweckbestimmung für die Nutzung der vertraulichen Informationen**. Diese Zweckbestimmung gilt für vertrauliche Informationen, die die benannten Stellen oder Personen aufgrund dieser Verordnung erhalten haben. Hierunter sind sowohl die nach dieser Verordnung von den Marktteilnehmern an die CCP oder Transaktionsregister und deren Organe, Beschäftigten etc. gegebenen vertraulichen Informationen zu verstehen, wie auch die vertraulichen Informationen, die von der ESMA oder den zuständigen nationalen Behörden angefordert wurden oder diesen nach den EMIR-Regularien mitzuteilen sind, und die vertraulichen Informationen, die zwischen der ESMA und den Behörden ausgetauscht werden. Hinsichtlich der Bestimmung von Informationen als vertrauliche Informationen kann auf die Ausführungen zu Art. 83 Abs. 1 VO Nr. 648/2012 (Rz. 5) verwiesen werden.

13 In Bezug auf die zuständigen **Behörden** wird die Nutzung zur Wahrnehmung ihrer Aufgaben und zur Ausübung ihrer Funktionen beschrieben als **Nutzung im Rahmen dieser Verordnung**. „Im Rahmen dieser Verordnung" könnte bei einem engen Verständnis so verstanden werden, dass die vertraulichen Informationen ausschließlich zur Aufsicht nach der EMIR verwendet werden dürfen. Gegen diese enge Sichtweise spricht allerdings schon der Erwägungsgrund 78 VO Nr. 648/2012, der in seinem zweiten Satz ausführt: „Dies sollte die für die Verhütung, Untersuchung oder Beseitigung von Verwaltungsmissständen zuständigen nationalen Behörden jedoch nicht daran hindern, ihre Aufgaben gemäß dem innerstaatlichen Recht wahrzunehmen." Ein Verständnis der Nutzung der vertraulichen Informationen für alle durch Rechtsakt oder durch staatlichen Auftrag an die jeweilige zuständige Behörde übertragenen Aufgaben entspricht auch der Regelung in Art. 83 Abs. 4 VO Nr. 648/2012, nach der die Nutzung von vertraulichen Information auch dann möglich ist, wenn ein Austausch im Einklang mit anderen näher ausgeführten Rechtsvorschriften erfolgt ist. Es würde zudem keinen Sinn ergeben, wenn die Behörde, die die Daten zur Verfügung stellt, in ihrer Datennutzung weiter eingeengt ist, als die Behörde, die die Informationen von ihr erhält. D.h., eine Genehmigung einer anderweitigen Nutzung wäre nicht nachvollziehbar, wenn die übermittelnde Behörde die vertraulichen Informationen selbst nicht anderweitig nutzen dürfte. Für ein weites Verständnis der Wahrnehmung der Aufgaben und zur Ausübung ihrer Funktionen spricht auch die weiter gefasste Nutzungsmöglichkeit von vertraulichen Daten für andere Behörden, Stellen und Personen. Entsprechend muss die Formulierung „Nutzung nur zur Wahrnehmung ihrer Aufgaben und zur Ausübung ihrer Funktionen verwenden, und zwar im Fall der zuständigen Behörden im Rahmen dieser Verordnung" so verstanden werden, dass die zuständigen Behörden die vertraulichen Daten nur **im Einklang mit den Regelungen der EMIR nutzen** dürfen, also auch für die anderweitigen Nutzungen, die die Regelungen der EMIR vorsehen. Dies entspricht auch der Regelung in Art. 84 Abs. 2 VO Nr. 648/2012 über die Nutzungsmöglichkeiten erlangter vertraulicher Informationen.

14 Werden **vertrauliche Informationen anderen Behörden**, Stellen oder natürlichen oder juristischen Personen **zur Verfügung gestellt**, dürfen diese die vertraulichen **Informationen für die Zwecke nutzen**, für die ihnen die entsprechenden Informationen zur Verfügung gestellt wurden, **bzw. in Verwaltungs- oder Gerichtsverfah-**

---

[1] Vgl. die Schlussanträge der Generalanwältin *Juliane Kokott* v. 26.7.2017 – C-358/16, ECLI:EU:C:2017:606 – UBS (Luxembourg) S. A. u.a., veröffentlicht unter www.curia.europa.eu.

[2] Vgl. die Schlussanträge der Generalanwältin *Juliane Kokott* v. 26.7.2017 – C-358/16, ECLI:EU:C:2017:606 – UBS (Luxembourg) S. A. u.a., veröffentlicht unter www.curia.europa.eu, Rz. 34 ff., insb. Rz. 47, 55.

ren, die in besonderem Zusammenhang mit der Ausübung ihrer Funktionen stehen. Unter Verwaltungs- oder Gerichtsverfahren „in besonderem Zusammenhang" mit der Ausübung ihrer Funktionen sind solche Verfahren zu verstehen, die durch die empfangene Stelle im Rahmen ihrer speziellen Aufgabenerfüllung führt. Hierzu gehören nicht Verfahren bezüglich der Herausgabe dieser vertraulichen Informationen an Dritte etc. Hierfür wäre eine entsprechende Zweckbestimmung oder Zustimmung durch die übermittelnde Stelle nötig.

Eine Behörde, die vertraulichen Information empfängt, darf diese auch für andere Zwecke nutzen, wenn die ESMA, die zuständige Behörde oder eine andere Behörde, Stelle oder Person, die Informationen übermittelt, ihre **Zustimmung** erteilt. Eine **Nutzung der vertraulichen Informationen für kommerzielle Zwecke ist ausgeschlossen.** Die Befugnis zur Zustimmung zu einer anderen Nutzung bezieht sich allein auf eine Nutzung zu nicht kommerziellen Zwecken durch die empfangende Behörde. 15

Diese Regelung bezüglich der beschränkten Nutzung vertraulicher Informationen gilt nicht für **Fälle, die unter das Strafrecht oder das Steuerrecht fallen**. Das bedeutet, dass die zuständigen Behörden, die ESMA und andere Stellen oder Personen nicht gehindert sein sollen, entsprechende Fälle anzuzeigen und ggf. ihren Anzeigepflichten nachzukommen. Hinsichtlich des Verständnisses des Terminus „Fälle, die unter das Strafrecht oder das Steuerrecht fallen" kann auf die Ausführungen zu Art. 83 Abs. 1 VO Nr. 648/2012 (Rz. 8) verwiesen werden. 16

V. Fortwirken des Berufsgeheimnisses bei Austausch vertraulicher Informationen (Art. 83 Abs. 4 VO Nr. 648/2012). Art. 83 Abs. 4 VO Nr. 648/2012 bestimmt, dass **vertrauliche Informationen, die aufgrund der EMIR-Regelungen empfangen, ausgetauscht oder übermittelt werden**, dem in den Abs. 1, 2 und 3 geregelten **Berufsgeheimnis unterliegen**. Das bedeutet, dass mit der Weitergabe der geschützten vertraulichen Information auch das Berufsgeheimnis weitergegeben wird. 17

Die Regelung, dass empfangene, ausgetauschte oder übermittelte vertrauliche Informationen auch bei dem Empfänger dem Berufsgeheimnis nach Art. 83 Abs. 1–3 VO Nr. 648/2012 unterliegen, **soll den weiteren Austausch oder die weitere Übermittlung** derartiger Informationen zwischen der ESMA, den zuständigen Behörden oder den zuständigen Zentralbanken **nicht hindern**. Wesentlicher Aspekt für die Weitergabe der vertraulichen Informationen ist allerdings, dass diese im Einklang mit den EMIR-Regelungen ausgetauscht oder übermittelt werden (vgl. z.B. Art. 23, 57 Abs. 2, 84 VO Nr. 648/2012). Gleiches gilt für einen Informationsaustausch aufgrund anderer für Wertpapierfirmen, Kreditinstitute, Pensionsfonds, OGAW, AIFM, Versicherungs- und Rückversicherungsvermittler, Versicherungsunternehmen, geregelte Märkte oder Marktteilnehmer geltenden Rechtsvorschriften. Zudem ist in Bezug auf diesen weiteren Austausch oder diese weitere Weitergabe von vertraulichen Informationen eine Zustimmung erforderlich, die von der die Informationen übermittelnden zuständigen Behörde bzw. der anderen Behörde oder Stelle oder der sonstigen juristischen oder natürlichen Person, einzuholen ist. Im Ergebnis bedeutet das, dass die Behörde(n), Stellen oder Personen, die die vertrauliche Information erhalten und sodann im Rahmen des EMIR-Reglements an andere Behörden, die ESMA etc. weitergegeben haben, wissen sollen, was mit den von ihnen erhobenen Daten geschieht und sie sollen durch das Zustimmungserfordernis einer nächsten Weitergabe der vertraulichen Daten entgegentreten können. 18

VI. Vertrauliche Informationen von dritter Seite (Art. 83 Abs. 5 VO Nr. 648/2012). Art. 83 Abs. 5 VO Nr. 648/2012 regelt, dass eine zuständige Behörde vertrauliche Informationen, die sie von einer anderen Seite als einer zuständigen Behörde eines anderen Mitgliedstaats erhalten hat, im Einklang mit dem nationalen Recht austauschen und weitergeben kann. Bezüglich dieses Austauschs oder dieser Weitergabe vertraulicher Informationen in Einklang mit den nationalen Vorschriften steht Art. 83 Abs. 1–3 VO Nr. 648/2012 nicht entgegen. Für die Bundesanstalt bedeutet das, dass bei Wahrung der Verschwiegenheitspflicht gem. § 21 WpHG bzw. den übrigen gleichgelagerten fachgesetzlichen Verschwiegenheitspflichten das Berufsgeheimnis nach Art. 83 VO Nr. 648/2012 einer Weitergabe dieser vertraulichen Informationen, die von andere Stellen erlangt wurden, nicht entgegensteht. 19

Art. 84 Informationsaustausch

(1) Die ESMA, die zuständigen Behörden sowie andere einschlägige Behörden übermitteln einander unverzüglich die zur Wahrnehmung ihrer Aufgaben erforderlichen Informationen.

(2) Die zuständigen Behörden, die ESMA, andere einschlägige Behörden und andere Stellen oder natürliche oder juristische Personen, die bei der Wahrnehmung ihrer Aufgaben gemäß dieser Verordnung in den Besitz vertraulicher Informationen gelangen, dürfen diese ausschließlich im Zusammenhang mit der Erfüllung ihrer Aufgaben verwenden.

(3) Die zuständigen Behörden teilen den einschlägigen Mitgliedern des ESZB Informationen mit, die für die Wahrnehmung ihrer Aufgaben relevant sind.

In der Fassung vom 4.7.2012 (ABl. EU Nr. L 201 v. 27.7.2012, S. 1).

Schrifttum: S. Art. 83 VO Nr. 648/2012.

Art. 84 VO Nr. 648/2012 | Informationsaustausch

I. Informationsaustausch (Art. 84 Abs. 1 VO Nr. 648/2012) 1
II. Nutzung vertraulicher Informationen (Art. 84 Abs. 2 VO Nr. 648/2012) 6
III. Informationsweitergabe an das ESZB (Art. 84 Abs. 3 VO Nr. 648/2012) 11

1 **I. Informationsaustausch (Art. 84 Abs. 1 VO Nr. 648/2012).** Art. 84 Abs. 1 VO Nr. 648/2012 (EMIR) regelt verbindlich einen Informationsaustausch zwischen der ESMA, den zuständigen Behörden sowie anderen einschlägigen Behörden hinsichtlich der Informationen, die zur Wahrnehmung ihrer Aufgaben erforderlich sind. Hierbei handelt es sich um eine unmittelbar wirkende Rechtspflicht der zuständigen nationalen Aufsichtsbehörden, der ESMA und der anderen einschlägigen Behörden. Diese Regelung wird in Bezug auf die einzelnen Regelungsmaterien der EMIR teilweise weiter konkretisiert. So regelt z.B. Art. 57 Abs. 2 VO Nr. 648/2012 den Informationsaustausch im Rahmen der Prüfung des Antrags auf Registration eines Transaktionsregisters. Gem. Art. 18 Abs. 4 lit. b VO Nr. 648/2012 nimmt das Kollegium bei der Zulassung einer CCP den Informationsaustausch, einschließlich Informationsersuchen, wahr. Diese Regelungen verdrängen jedoch nicht als lex spezialis die in Art. 84 Abs. 1 VO Nr. 648/2012 getroffene generelle Regelung, die bezüglich der in den Informationsaustausch einbezogenen Stellen umfassender ist und auch nicht im Widerspruch zu den Einzelregelungen steht.

2 Erwägungsgrund 58 VO Nr. 648/2012 führt zum **Hintergrund** der Pflichtenregelung aus: „Die Bestimmungen über den Austausch von Informationen zwischen den zuständigen Behörden, der ESMA und anderen relevanten Behörden sowie deren Verpflichtung zu gegenseitiger Amtshilfe und Zusammenarbeit müssen verstärkt werden. In Anbetracht zunehmender grenzüberschreitender Tätigkeiten sollten diese Behörden einander die für die Wahrnehmung ihrer Aufgaben zweckdienlichen Informationen übermitteln, um eine wirksame Durchsetzung dieser Verordnung auch in Situationen zu gewährleisten, in denen Verstöße oder mutmaßliche Verstöße die Behörden in zwei oder mehreren Mitgliedstaaten betreffen können. Beim Informationsaustausch ist die strikte Wahrung des Berufsgeheimnisses erforderlich. Aufgrund der weitreichenden Auswirkungen von OTC-Derivatekontrakten ist es von wesentlicher Bedeutung, dass andere betroffene Behörden wie Steuerbehörden und Regulierungsstellen des Energiesektors Zugang zu den für die Ausübung ihrer Funktionen notwendigen Informationen haben."

3 Hinsichtlich der zum Informationsaustausch verpflichteten Behörden sind die Ausführungen im Erwägungsgrund 58 VO Nr. 648/2012 insoweit hilfreich, als die über die ESMA und die zuständigen Behörden hinausgehenden **anderen einschlägigen Behörden** etwas deutlicher dargestellt werden. So werden im zitierten Erwägungsgrund 58 VO Nr. 648/2012 ausdrücklich Steuerbehörden und Regulierungsstellen des Energiesektors erwähnt. Ggf. kann auch an Kartellbehörden gedacht werden, die über Informationen für die Eigentümerkontrolle nach Art. 30 ff. VO Nr. 648/2012, insbesondere nach Art. 31 Abs. 2 VO Nr. 648/2012, verfügen könnten oder diese für ihre Arbeit benötigen. Letztlich ist auf die besondere Rolle des Kollegiums beim Informationsaustausch im Rahmen der Zulassung eines CCP gem. Art. 18 Abs. 4 lit. b VO Nr. 648/2012 hinzuweisen.

4 Die Pflicht zur Übermittlung von Informationen bezieht sich nur auf diejenigen Informationen, die für die jeweilige empfangende Behörde **zur Wahrnehmung ihrer Aufgaben erforderlich** sind. Damit wird dem Grundsatz der Datensparsamkeit und der möglichst umfassenden Vertraulichkeit von sensiblen Daten entsprochen.

5 Die **Übermittlung** der erforderlichen Information hat **unverzüglich**, also ohne schuldhaftes Zögern zu erfolgen. Hierzu ist es notwendig, dass die Behörde, die schon über die Informationen verfügt, erkennt, dass für die andere Behörde die Informationen zur Aufgabenwahrnehmung erforderlich sind.

6 **II. Nutzung vertraulicher Informationen (Art. 84 Abs. 2 VO Nr. 648/2012).** Art. 84 Abs. 2 VO Nr. 648/2012 regelt eine **Begrenzung der Verwendung vertraulicher Informationen** durch die entsprechenden Behörden, der ESMA und andere Personen. Hierbei ist Ziel die strikte Wahrung des Berufsgeheimnisses, wie dies auch im Erwägungsgrund 58 VO Nr. 648/2012 ausgeführt wird. Entsprechend dürfen die vertraulichen Informationen **ausschließlich im Zusammenhang mit der Erfüllung ihrer Aufgaben** verwendet werden. Diese Begrenzung der Nutzung der vertraulichen Informationen ist nochmals eine Regelung zur Wahrung des Berufsgeheimnisses aber auch in Bezug auf die Nutzung der Daten innerhalb der Stellen oder innerhalb der bzw. durch die sonstigen Personen.

7 Die Befugnis zur Nutzung der vertraulichen Informationen zur **Erfüllung ihrer Aufgaben** erstreckt sich nicht allein auf die Aufgaben nach den Vorschriften der EMIR, sondern auf die Aufgaben, die den betroffenen Stellen und Personen aufgrund nationaler oder europäischer Gesetzgebung oder aufgrund öffentlichen Auftrags übertragen sind. Insbesondere soll die Einschränkung der Nutzung vertraulicher Informationen die zuständigen nationalen Behörden nicht daran hindern, ihre Aufgaben gemäß dem innerstaatlichen Recht wahrzunehmen[1].

8 **Adressaten** der Pflicht zur Verwendung der vertraulichen Informationen ausschließlich zur Aufgabenwahrnehmung sind die zuständigen Behörden, die ESMA, andere einschlägige Behörden und andere Stellen oder natürliche oder juristische Personen, die bei der Wahrnehmung ihrer Aufgaben gemäß der EMIR-Vorschriften in

---

[1] Vgl. letzten Satz des Erwägungsgrunds 78 VO Nr. 648/2012.

den Besitz vertraulicher Informationen gelangen. Die Adressierung der Pflicht an die ESMA und an die zuständigen nationalen Behörden bedarf keiner näheren Erläuterung. Die anderen einschlägigen Behörden sind die in Art. 84 Abs. 1 VO Nr. 648/2012 in den Informationsaustausch einbezogenen anderen Behörden, wie beispielsweise Steuerbehörden und Regulierungsstellen des Energiesektors (vgl. Rz. 3). Bei den anderen Stellen oder natürlichen oder juristischen Personen, die die bei der Wahrnehmung ihrer Aufgaben nach den EMIR-Vorschriften in den Besitz vertraulicher Informationen gelangen, ist z.B. an die von der ESMA beauftragten Prüfer und Sachverständigen zu denken. Auch diese erlangen im Rahmen der Wahrnehmung ihrer Aufgaben nach den EMIR-Vorschriften vertraulich Informationen. Vertrauliche Informationen, die eine CCP im Rahmen seiner unter die EMIR fallenden Tätigkeiten erlangt, sind nach Art. 33 Abs. 5, 35 Abs. 1 lit. j VO Nr. 648/2012 geschützt. Gleiches gilt für vertrauliche Informationen bei einem Transaktionsregister, die nach Art. 78 Abs. 1, 80 Abs. 5 VO Nr. 648/2012 geschützt sind.

Vertrauliche Informationen i.S.d. Art. 84 Abs. 2 VO Nr. 648/2012 sind die Informationen, die unter das Berufsgeheimnis fallen. In Anlehnung an die Rechtsprechung des EuGH[1] handelt es sich hierbei um die Informationen, die dem Bankgeheimnis unterliegen, um die Geschäfts- und Betriebsgeheimnisse der betreffenden Wertpapierfirmen oder Finanzunternehmen und um die Informationen aus dem sog. „aufsichtsrechtlichen Geheimnis", zu dem beispielsweise die von den zuständigen Behörden angewandten Überwachungsmethoden, die Korrespondenz und der Informationsaustausch der verschiedenen zuständigen Behörden untereinander gehören[2]. Vgl. hierzu auch die weiteren Ausführungen zu den vertraulichen Informationen im Rahmen des Berufsgeheimnisses nach Art. 83 VO Nr. 648/2012 (Art. 83 VO Nr. 648/2012 Rz. 5).

9

Der Begriff „**Nutzen**" der Daten bezieht sich auf das **Verwenden der Daten** und ist nicht gleichzusetzen mit der Begrifflichkeit der Verarbeitung von Daten aus der EU-Datenschutz-Grundverordnung (VO 2016/679 – DSGVO), die das Erheben, das Erfassen, die Organisation, das Ordnen, die Speicherung, die Anpassung oder Veränderung, das Auslesen, das Abfragen, die Verwendung, die Offenlegung durch Übermittlung, Verbreitung oder eine andere Form der Bereitstellung, den Abgleich oder die Verknüpfung, die Einschränkung, das Löschen oder die Vernichtung der Daten umfasst[3]. Denn das Verwenden der Daten ist auch nach der DSGVO nur ein Unterfall der Verarbeitung, vorliegend geht es ganz überwiegend nicht um personenbezogene Daten und auch die Zweckrichtungen der Regelungen unterscheiden sich deutlich. Art. 84 Abs. 2 VO Nr. 648/2012 will gerade nicht die Speicherung, Verknüpfung etc. der Daten begrenzen, sondern allein den Zweck ihrer Verwendung begrenzen und zwar auf die Erfüllung der Aufgaben der jeweiligen Behörden, Personen und der ESMA.

10

III. Informationsweitergabe an das ESZB (Art. 84 Abs. 3 VO Nr. 648/2012). Nach Art. 84 Abs. 2 VO Nr. 648/2012 haben die zuständigen nationalen Behörden den einschlägigen Mitgliedern des ESZB (Europäisches System der Zentralbanken) die Informationen mitzuteilen, die für die Wahrnehmung deren Aufgaben relevant sind. Hierzu gehören auch vertrauliche Informationen, soweit sie für die Aufgabenerfüllung des ESZB erforderlich sind. Die Verpflichtung zur **Informationsweitergabe an das ESZB** entspricht der in Art. 23 Abs. 1 VO Nr. 648/2012 geregelten Zusammenarbeit mit dem ESZB und ist ein Unterfall dieser Zusammenarbeit. Entsprechend kann auf die Ausführungen zu Art. 23 VO Nr. 648/2012 Rz. 4 verwiesen werden.

11

Titel IX
Übergangs- und Schlussbestimmungen

Art. 85 Berichte und Überprüfung

(1) Die Kommission überprüft diese Verordnung bis zum 17. August 2015 und erstellt einen allgemeinen Bericht über sie. Die Kommission legt den Bericht dem Europäischen Parlament und dem Rat vor, gegebenenfalls zusammen mit geeigneten Vorschlägen.

Die Kommission wird insbesondere wie folgt tätig:

a) sie prüft in Zusammenarbeit mit den Mitgliedern des ESZB, ob es notwendig ist, Maßnahmen zu ergreifen, um den Zugang von CCPs zu Zentralbank-Liquiditätsfazilitäten zu erleichtern;

---

1 Vgl. EuGH v. 12.11.2014 – C-140/13, ECLI:EU:C:2014:2362 – Annett Altmann u.a./Bundesanstalt für Finanzdienstleistungsaufsicht, ABl. EU Nr. C 16 v. 19.1.2015, S. 3 = ZIP 2014, 2307.
2 Vgl. Schlussanträge des Generalanwalts *Jääskinen* v. 4.9.2014 – C-140/03, ECLI:EU:C:2014:2168 – Annett Altmann u.a./ Bundesanstalt für Finanzdienstleistungsaufsicht, ZIP 2014, 2052; Ersuchen um Vorabentscheidung: VG Frankfurt/M. v. 19.2.2013 – 7 K 4127/12.F, ZIP 2014, 40.
3 Vgl. Legaldefinition in Art. 4 Nr. 2 der Verordnung (EU) 2016/679 des Europäischen Parlaments und des Rates vom 27. April 2016 zum Schutz natürlicher Personen bei der Verarbeitung personenbezogener Daten, zum freien Datenverkehr und zur Aufhebung der Richtlinie 95/46/EG, ABl. EU Nr. L 119 v. 4.5.2016, S. 1.

b) sie nimmt in Abstimmung mit der ESMA und den relevanten sektoralen Behörden eine Bewertung der systemischen Bedeutung der Transaktionen von Nichtfinanzunternehmen mit OTC-Derivaten und insbesondere der Auswirkungen dieser Verordnung auf die Verwendung von OTC-Derivaten durch Nichtfinanzunternehmen vor;

c) sie nimmt anhand der bisherigen Erfahrungen eine Bewertung des Funktionierens des Aufsichtsrahmens für CCPs, einschließlich der Wirksamkeit der Tätigkeit der Kollegien von Aufsichtsbehörden, der entsprechenden Abstimmungsmodalitäten nach Artikel 19 Absatz 3 und der Rolle der ESMA, insbesondere bei der Zulassung von CCPs, vor;

d) sie bewertet in Zusammenarbeit mit der ESMA und dem ESRB die Effizienz von Einschussanforderungen zur Begrenzung der prozyklischen Effekte und die Notwendigkeit zur Festlegung einer zusätzlichen Interventionsmöglichkeit in diesem Bereich;

e) sie bewertet in Zusammenarbeit mit der ESMA, wie sich die Strategien der CCPs bezüglich der Anforderungen an Einschusszahlungen und andere Sicherungsmittel und deren Anpassung an die spezifischen Tätigkeiten und Risikoprofile ihrer Nutzer entwickelt haben.

Bei der in Unterabsatz 1 Buchstabe a genannten Bewertung sind etwaige Ergebnisse der laufenden Arbeiten zwischen den Zentralbanken auf der Ebene der Union und auf internationaler Ebene in Betracht zu ziehen. Bei dieser Prüfung ist auch dem Grundsatz der Unabhängigkeit der Zentralbanken und ihrem Recht, nach eigenem Ermessen Zugang zu Liquiditätsfazilitäten zu gewähren, sowie potenziellen unbeabsichtigten Auswirkungen auf das Verhalten der CCPs oder den Binnenmarkt Rechnung zu tragen. Etwaige Vorschläge, die dieser Bewertung beigegeben werden, dürfen einzelne Mitgliedstaaten oder Gruppen von Mitgliedstaaten als Ort für die Erbringung von Clearingdiensten weder direkt noch indirekt diskriminieren.

(2) Bis zum 17. August 2014 arbeitet die Kommission nach Anhörung der ESMA und der EIOPA einen Bericht aus, in dem eine Bewertung der Fortschritte und Anstrengungen der CCPs bei der Erarbeitung technischer Lösungen für die Übertragung unbarer Sicherheiten als Nachschusszahlungen durch Altersversorgungssysteme sowie der gegebenenfalls notwendigen Maßnahmen zur Erleichterung einer solchen Lösung vorgenommen wird. Für den Fall, dass die Kommission der Auffassung ist, dass die notwendigen Bemühungen um geeignete technische Lösungen nicht unternommen worden sind und dass die nachteiligen Auswirkungen eines zentralen Clearings von Derivatekontrakten auf die Ruhestandseinkünfte künftiger Rentenempfänger bestehen bleiben, wird ihr die Befugnis übertragen, gemäß Artikel 82 in Bezug auf die Verlängerung des in Artikel 89 Absatz 1 genannten Dreijahreszeitraums einmal um zwei Jahre und einmal um ein Jahr delegierte Rechtsakte zu erlassen.

(3) Die ESMA unterbreitet der Kommission Berichte

a) über die Anwendung der Clearingpflicht gemäß Titel II und insbesondere das Fehlen einer Clearingpflicht in Bezug auf OTC-Derivatekontrakte, die vor dem Tag des Inkrafttretens dieser Verordnung geschlossen wurden;

b) über die Anwendung des Verfahrens für die Ermittlung nach Artikel 5 Absatz 3;

c) über die Anwendung der Bestimmungen über die Kontentrennung nach Artikel 39;

d) über die Ausweitung des Anwendungsbereichs von Interoperabilitätsvereinbarungen gemäß Titel V auf andere Kategorien von Finanzinstrumenten als übertragbare Wertpapiere und Geldmarktinstrumente;

e) über den Zugang von CCPs zu Handelsplätzen, die Auswirkungen bestimmter Praktiken auf die Wettbewerbsfähigkeit und die Auswirkungen auf die Fragmentierung der Liquidität;

f) über den Personal- und Ressourcenbedarf der ESMA, der sich aus der Wahrnehmung der Befugnisse und Aufgaben nach dieser Verordnung ergibt;

g) über die Auswirkungen der Anwendung zusätzlicher Anforderungen durch Mitgliedstaaten gemäß Artikel 14 Absatz 5.

Diese Berichte werden der Kommission bis zum 30. September 2014 für die Zwecke des Absatzes 1 übermittelt. Sie werden auch dem Europäischen Parlament und dem Rat unterbreitet.

(4) Die Kommission erstellt in Zusammenarbeit mit den Mitgliedstaaten und der ESMA und nach Anforderung der Bewertung durch den ESRB einen jährlichen Bericht, in dem die möglichen Auswirkungen von Interoperabilitätsvereinbarungen auf das Systemrisiko und die Kosten bewertet werden.

Der Bericht enthält zumindest Angaben zur Anzahl und zur Komplexität entsprechender Vereinbarungen und geht auf die Angemessenheit der Risikomanagementsysteme und -modelle ein. Die Kommission legt den Bericht dem Europäischen Parlament und dem Rat vor, gegebenenfalls zusammen mit geeigneten Vorschlägen.

Der ESRB legt der Kommission seine Bewertung der möglichen Auswirkungen von Interoperabilitätsvereinbarungen auf das Systemrisiko vor.

(5) Die ESMA legt dem Europäischen Parlament, dem Rat und der Kommission einen jährlichen Bericht über die von den zuständigen Behörden verhängten Sanktionen, einschließlich Aufsichtsmaßnahmen, Geldbußen und Zwangsgelder, vor.

In der Fassung vom 4.7.2012 (ABl. EU Nr. L 201 v. 27.7.2012, S. 1).

I. Überprüfung der EMIR (Art. 85 Abs. 1 VO Nr. 648/2012) 1
II. Altersversorgungssysteme, technische Lösungen für die Übertragung unbarer Sicherheiten (Art. 85 Abs. 2 VO Nr. 648/2012) 5
III. Berichte zu diversen Themen (Art. 85 Abs. 3 VO Nr. 648/2012) 6
IV. Risiken von Interoperabilitätsvereinbarungen (Art. 85 Abs. 4 VO Nr. 648/2012) 9
V. Verhängte Sanktionen (Art. 85 Abs. 5 VO Nr. 648/2012) 10

I. Überprüfung der EMIR (Art. 85 Abs. 1 VO Nr. 648/2012). Nach Art. 85 Abs. 1 Unterabs. 1 VO Nr. 648/ 2012 war die Kommission verpflichtet, die **Bestimmungen der EMIR** innerhalb von drei Jahren ab deren Inkrafttreten, d.h. bis zum 17.8.2015, zu überprüfen und einer kritischen Bewertung zu unterziehen. Die Ergebnisse ihrer Überprüfung sollten von der Kommission in einen allgemeinen **Bericht an das Europäische Parlament** und den Rat zusammengefasst und ggf. mit geeigneten Vorschlägen für eine Änderung der EMIR übermittelt werden. 1

Die **Prüfungsschwerpunkte** und das konkrete Vorgehen der Kommission, insbesondere die Beteiligung der im ESZB zusammenwirkenden Zentralbanken, des Europäischen Ausschusses für Systemrisiken (ESRB) und der ESMA, sind in Art. 85 Abs. 1 Unterabs. 2 Buchst a bis e und Unterabs. 3 VO Nr. 648/2012 geregelt worden. 2

Zu der in Art. 85 Abs. 1 Unterabs. 2 Buchst a VO Nr. 648/2012 aufgeworfenen Frage zur Verbesserung des **Zugangs von CCPs zu Zentralbank-Liquiditätsfazilitäten** hat das ESZB am 31.8.2015 Stellung genommen[1]. Die nach Art. 85 Abs. 1 Unterabs. 2 Buchst d VO Nr. 648/2012 vorzunehmende Bewertung der Effizienz von **Einschussforderungen** und zur Begrenzung der **prozyklischen Effekte** hat der ESRB mit seinem Bericht vom 28.7. 2015[2] vorgenommen. Die Stellungnahmen der ESMA zu den in Art. 85 Abs. 1 Unterabs. 2 Buchst. b–e VO Nr. 648/2012 aufgeführten Fragestellungen – die Bewertung der Systemrelevanz von Transaktionen von **nichtfinanziellen Gegenparteien**, die Funktionsfähigkeit des Aufsichtsrahmens einschließlich der **Kollegien von CCPs** – sind in den vier Prüfberichte der ESMA vom 13.8.2015[3] zusammengefasst worden. Zu diesem Zeitpunkt lag bereits der auf Art. 21 Abs. 6 VO Nr. 648/2012 gestützte Bericht der ESMA zu den Aufsichtskollegien von CCPs vom 8.1.2015[4] vor. 3

Auf Basis der vorstehenden Berichte und Stellungnahmen hat die Kommission am 23.11.2016 ihren Bericht an das Europäische Parlament und den Rat[5] vorgelegt. Die dort skizzierten Vorschläge für eine Änderung der EMIR sind zwischenzeitlich in zwei Gesetzesinitiativen aufgegriffen worden: Dem Vorschlag für eine Verordnung zur Änderung der EMIR (**EMIR-REFIT-Entwurf**)[6] und den Entwurf einer Verordnung zur Änderung der Verord- 4

---

1 *Europäisches System der Zentralbanken (ESZB)*, Bericht des ESZB über die Notwendigkeit von Maßnahmen zur Verbesserung des Zugangs von CCPs zu Zentralbank-Liquiditätsfazilitäten vom 31.8.2015, abrufbar über: https://www.ecb.europa.eu/pub/pdf/other/genc-2015-escb-reporten.pdf („*ESZB Bericht über CCP-Zugang*").
2 *Europäischer Ausschuss für Systemrisiken (ESRB)*, Bericht über die Effizienz von Einschussforderungen und zur Begrenzung der prozyklischen Effekte und zur Notwendigkeit zusätzlicher Interventionsmöglichkeiten vom 28.7.2015, abrufbar über: https://www.esrb.europa.eu/pub/pdf/other/150729_report_pro-cyclicality.en.pdf („*ESRB Bericht nach Art. 85 (1) EMIR über Einschüsse*").
3 *Europäische Wertpapier- und Marktaufsichtsbehörde (ESMA)*, Berichte über die Überprüfung der EMIR: Bericht Nr. 1 über die Verwendung von OTC-Derivaten durch nichtfinanzielle Gegenparteien, ESMA/2015/1251 vom 13.8.2015, abrufbar über: https://www.esma.europa.eu/sites/default/files/library/2015/11/esma-2015-1251_-_emir_review_report_no.1_on_non_financial_firms.pdf („*ESMA EMIR Prüfbericht Nr. 1*"), Bericht Nr. 2 über die Effizienz von Besicherungsanforderungen zur Begrenzung prozyklischer Effekte, ESMA/2015/1252 vom 13.8.2015, abrufbar über: https://www.esma.europa.eu/sites/default/files/library/2015/11/esma-2015-1252_-_emir_review_report_no.2_on_procyclicality.pdf („*ESMA EMIR Prüfbericht Nr. 2*"), Bericht Nr. 3 über die Trennung- und Übertragbarkeitsanforderungen, ESMA/2015/1253 vom 13.8.2015, abrufbar über: https://www.esma.europa.eu/sites/default/files/library/2015/11/esma-2015-1253_-_emir_review_report_no.3_on_segregation_and_portability.pdf („*ESMA EMIR Prüfbericht Nr. 3*"), Bericht Nr. 4 über weitere Anregungen der ESMA im Rahmen der Überprüfung der EMIR durch die Kommission, ESMA/2015/1254 vom 13.8.2015, abrufbar über: https://www.esma.europa.eu/sites/default/files/library/2015/11/esma-2015-1254_-_emir_review_report_no.4_on_other_issues.pdf („*ESMA EMIR Prüfbericht Nr. 4*").
4 *ESMA*, Bericht „ESMA review of CCP colleges under EMIR", ESMA/2015/20 vom 8.1.2015, abrufbar über: https://www.esma.europa.eu/sites/default/files/library/2015/11/2015-20-_report_on_esma_review_of_ccp_colleges.pdf („*ESMA CCP Peer Review Colleges*").
5 *Kommission*, Bericht der Kommission gemäß Artikel 85 Absatz 1 der Verordnung (EU) Nr. 648/2012 des Europäischen Parlaments und des Rates vom 4.7.2012 über OTC-Derivate, zentrale Gegenparteien und Transaktionsregister, KOM(2016) 857 final vom 23.11.2016, abrufbar über: http://eur-lex.europa.eu/legal-content/DE/TXT/PDF/?uri=CELEX:52016DC0857&from=DE („*Kommission* EMIR-Prüfbericht").
6 *Kommission*, Vorschlag für eine Verordnung des Europäischen Parlaments und des Rates zur Änderung der Verordnung (EU) Nr. 648/2012 in Bezug auf die Clearingpflicht, die Aussetzung der Clearingpflicht, die Meldepflichten, die Risiko-

nung (EU) Nr. 1095/2010 und der EMIR hinsichtlich der für die Zulassung von zentralen Gegenparteien anwendbaren Verfahren und zuständigen Behörden und der Anforderungen für die Anerkennung zentraler Gegenparteien aus Drittstaaten (**EMIR-II-Entwurf**)[1].

5 **II. Altersversorgungssysteme, technische Lösungen für die Übertragung unbarer Sicherheiten (Art. 85 Abs. 2 VO Nr. 648/2012).** Die Kommission hat den Art. 85 Abs. 2 VO Nr. 648/2012 vorzulegenden Bericht über die Fortschritte und Bemühungen der CCPs bei der Entwicklung technischer Lösungen für die Übertragung unbarer Sicherheiten durch Altersversorgungssysteme am 3.2.2015[2] vorgelegt. Darin stellt sie fest, dass bislang nur eine CCP nennenswerte Anstrengungen zur Erarbeitung einer Lösung für die **Verbuchung unbarer Sicherheiten** übernommen habe und es deshalb geboten sei, die in Art. 89 Abs. 1 und 2 VO Nr. 648/2012 vorgesehene Übergangsregelung fortzuführen.

6 **III. Berichte zu diversen Themen (Art. 85 Abs. 3 VO Nr. 648/2012).** Die in Art. 85 Abs. 3 VO Nr. 648/2012 genannten Berichte zu unterschiedlichen Fragestellungen waren der Kommission bis zum 30.9.2014 zu übermitteln. Zu diesem Zeitpunkt lag nur der auf Art. 90 VO Nr. 648/2012 gestützte Bericht der ESMA vom 21.12. 2012 über den **Personal und Ressourcenbedarf der ESMA**[3] vor.

7 In ihrem Schreiben vom 29.9.2014[4] wies die ESMA die Kommission darauf hin, dass sich das Wirksamwerden der Clearingpflicht und die Zulassung und die Anerkennung von CCPs so verzögert habe, dass die für die Erstellung der Berichte gesetzte Frist nicht sinnvoll einzuhalten sei. Sie kündigte daher an, dass sich die Fertigstellung der Berichte verzögern werde. Dies gelte insbesondere für die in Art. 85 Abs. 3 Buchst. c, d, e und g VO Nr. 648/2012 geforderten Berichte zur Anwendung der **Trennungsanforderungen** nach Art. 39 VO Nr. 648/2012, die mögliche Ausweitung der Vorschriften über **Interoperabilitätsvereinbarungen** auf andere Finanzinstrumente, den **Zugang zu Handelsplätzen** und die Auswirkungen der von Mitgliedstaaten nach Art. 14 Abs. 5 VO Nr. 648/2012 festgelegten zusätzlichen Anforderungen an CCPs.

8 Der nach Art. 85 Abs. 3 Buchst. c VO Nr. 648/2012 über die Trennungsforderungen ist von der ESMA in den EMIR Prüfbericht Nr. 3 vom 13.8.2015 integriert worden[5].

9 **IV. Risiken von Interoperabilitätsvereinbarungen (Art. 85 Abs. 4 VO Nr. 648/2012).** Der von der Kommission geschuldete jährliche Bericht über die **Risiken von Interoperabilitätsvereinbarungen** ist nach Art. 85 Abs. 4 VO Nr. 648/2012 nur auf Anforderung des ESRB zu erstellen. Bislang liegen keine Berichte vor.

10 **V. Verhängte Sanktionen (Art. 85 Abs. 5 VO Nr. 648/2012).** Die nach Art. 85 Abs. 5 VO Nr. 648/2012 zu erstellenden jährlichen Bericht über die von den zuständigen Behörden der Mitgliedstaaten verhängten **Sanktionen** liegen ebenfalls noch nicht vor. Die ESMA hat auf ihrer Webseite[6] ein Register veröffentlicht, über das sich die unter bestimmten Richtlinien und Verordnungen des europäischen Rechts, wie z.B. die RL 2006/39/EG, verhängten Sanktionen abrufen lassen. Verstöße gegen die EMIR sind bislang nicht veröffentlicht worden.

---

minderungstechniken für nicht durch eine zentrale Gegenpartei geclearte OTC- Derivatekontrakte, die Registrierung und Beaufsichtigung von Transaktionsregistern und der Anforderungen an Transaktionsregister, KOM(2017) 208 final vom 4.5.2017, abrufbar über: http://ec.europa.eu („*Kommission* EMIR-REFIT-Entwurf").

1 *Kommission*, Vorschlag für eine Verordnung des Europäischen Parlaments und des Rates zur Änderung der Verordnung (EU) Nr. 1095/2010 zur Errichtung einer Europäischen Aufsichtsbehörde (Europäische Wertpapier- und Marktaufsichtsbehörde) sowie der Verordnung (EU) Nr. 648/2012 hinsichtlich der für die Zulassung von zentralen Gegenparteien anwendbaren Verfahren und zuständigen Behörden und der Anforderungen für die Anerkennung zentraler Gegenparteien aus Drittstaaten, KOM(2017) 331 final vom 13.6.2017, abrufbar über: http://ec.europa.eu/transparency/regdoc/rep/1/2017/DE/COM-2017-331-F1-DE-MAIN-PART-1.PDF („*Kommission* EMIR-II-Entwurf"). Der Vorschlag der Kommission wurde am 20.9.2017 ergänzt; die Ergänzung ist abrufbar über: https://eur-lex.europa.eu/legal-content/DE/TXT/PDF/?uri=CELEX:52017PC0539&from=DE.

2 *Kommission*, Bericht gemäß Artikel 85 Absatz 2 der Verordnung (EU) Nr. 648/2012 des Europäischen Parlaments und des Rates vom 4.7.2012 über OTC-Derivate, zentrale Gegenparteien und Transaktionsregister zur Bewertung der Fortschritte und Bemühungen der zentralen Gegenparteien bei der Entwicklung technischer Lösungen für die Übertragung unbarer Sicherheiten als Nachschussleistungen durch Altersversorgungssysteme sowie der Notwendigkeit weiterer Maßnahmen zur Erleichterung solcher Lösungen, KOM(2015) 39 final vom 3.2.2015, abrufbar über: http://www.europarl.europa.eu/registre/docs_autres_institutions/commission_europeenne/com/2015/0039/COM_KOM(2015)0039_DE.pdf („*Kommission* Bericht nach Art. 85 (2) EMIR über Altersversorgungssysteme").

3 *Europäische Wertpapier- und Marktaufsichtsbehörde (ESMA)*, Bericht über den Personal und Ressourcenbedarf der ESMA – Report to the European Parliament, the Council and the Commission on the budgetary implications of Regulation (EU) No 648/2012 on OTC derivatives, central counterparties and trade repositories (EMIR), ESMA/2012/874 vom 21.12.2012, abrufbar über: https://www.esma.europa.eu/sites/default/files/library/2015/11/2012-874.pdf („*ESMA* Bericht Personal und Ressourcen").

4 *ESMA*, Brief an die Kommission „Postponement of reports due by ESMA under Article 85.3 of EMIR" vom 29.9.2014, abrufbar über: https://www.esma.europa.eu/sites/default/files/library/2015/11/esma_2014_1179_letter_to_commisison_on_esma_reports_per_art_85.pdf („*ESMA* Brief vom 29.9.2014").

5 *ESMA* EMIR Prüfbericht Nr. 3, S. 3.

6 https://registers.esma.europa.eu/publication/searchSanction.

Art. 86 Ausschussverfahren

(1) Die Kommission wird von dem durch den Beschluss 2001/528/EG der Kommission eingesetzten Europäischen Wertpapierausschuss unterstützt. Dieser Ausschuss ist ein Ausschuss im Sinne der Verordnung (EU) Nr. 182/2011.

(2) Wird auf diesen Absatz Bezug genommen, gilt Artikel 5 der Verordnung (EU) Nr. 182/2011.

In der Fassung vom 4.7.2012 (ABl. EU Nr. L 201 v. 27.7.2012, S. 1).

I. Europäischer Wertpapierausschuss (Art. 86 Abs. 1 VO Nr. 648/2012) 1	II. Prüfverfahren (Art. 86 Abs. 2 VO Nr. 648/2012) 3

I. Europäischer Wertpapierausschuss (Art. 86 Abs. 1 VO Nr. 648/2012). Art. 86 Abs. 1 VO Nr. 648/2012 stellt klar, dass der durch Kommissionsbeschluss 2001/528/EG[1] eingesetzte **Europäische Wertpapierausschuss** ein Ausschuss i.S.d. VO Nr. 182/2011[2] ist und somit an den Durchführungsrechtsakten, für die das Prüfverfahren nach Art. 5 VO Nr. 182/2011 vorgesehen ist, mitwirken kann. Hiervon hat die Kommission bei ihren Gleichwertigkeitsbeschlüssen nach Art. 25 Abs. 6 VO Nr. 648/2012 Gebrauch gemacht[3]. 1

Nach Art. 3 Beschluss 2001/528/EG setzt sich der Europäische Wertpapierausschuss aus **hochrangigen Vertretern der Mitgliedstaaten** zusammen. Den **Vorsitz** führt, wie bei dem Ausschuss nach der VO Nr. 182/2011 ein **Vertreter der Kommission**, der jedoch nicht stimmberechtigt ist. Der Europäische Wertpapierausschuss kann Sachverständige und Beobachter einladen. 2

II. Prüfverfahren (Art. 86 Abs. 2 VO Nr. 648/2012). Die VO Nr. 182/2011 basiert auf Art. 291 Abs. 3 des Vertrages über die Arbeitsweise der Europäischen Union (AEUV). Danach ist es Aufgabe des Europäischen Parlaments und des Rates, die Grundsätze und Verfahren festzulegen, nach denen die Mitgliedstaaten den Erlass von Durchführungsrechtsakten durch die Kommission kontrollieren. Art. 3 VO Nr. 182/2011 sieht die Einrichtung eines Ausschusses vor, der sich aus Vertretern der Mitgliedstaaten zusammensetzt und der die Arbeit der Kommission unterstützen soll. Den Vorsitz im Ausschuss führt ein nicht stimmberechtigter Vertreter der Kommission. 3

Findet das Prüfverfahren nach Art. 5 VO Nr. 182/2011 Anwendung, so ist folgendes Verfahren vorgesehen: Der Entwurf des Durchführungsrechtsaktes wird von der Kommission über den Vorsitz an die Mitglieder des Ausschusses geleitet (Art. 4 Abs. 1 Unterabs. 1 VO Nr. 182/2011). Zwischen der Vorlage des Entwurfs und der Sitzung, in der der Ausschuss den Entwurf erörtert, müssen (außer in begründeten Fällen) mindestens 14 Tage liegen. Mit der Weiterleitung des Entwurfs gibt der Vorsitz eine Frist an, binnen derer der Ausschuss zu dem Durchführungsrechtsakt Stellung nehmen muss; die Frist muss angemessen sein (Art. 4 Abs. 1 Unterabs. 2 VO Nr. 182/2011). 4

Da die Durchführungsrechtsakte der EMIR auf Vorschlag der Kommission zu erlassen sind, muss der Ausschuss seine Stellungnahme mit der in Art. 238 Abs. 3 AEUV definierten **qualifizierten Mehrheit** (55 % der Mitglieder, die mindestens 65 % der Bevölkerung vertreten) beschließen (Art. 5 Abs. 1 VO Nr. 182/2011); die Übergangsvorschrift, die zunächst andere Mehrheiten vorsah, ist am 31.3.2017 ausgelaufen. 5

Gibt der Ausschuss eine befürwortende Stellungnahme ab, erlässt die Kommission den Durchführungsrechtsakt (Art. 5 Abs. 2 VO Nr. 182/2011). Lehnt der Ausschuss den Durchführungsrechtsakt ab, so kann die Kommission innerhalb von zwei Monaten eine geänderte Fassung des Entwurfs vorlegen (Art. 5 Abs. 3 VO Nr. 182/2011). 6

Das Prüfverfahren ist mittelbar (über Art. 86 Abs. 2 VO Nr. 648/2012) oder unmittelbar für folgende Durchführungsrechtsakte der Kommission anzuwenden: Die Beschlüsse über die Gleichwertigkeit der Rechts-, Aufsichts- und Durchsetzungsmechanismen eines Drittstaates im Hinblick auf die 7
– durch die EMIR begründeten **Clearing-, Melde- und Besicherungspflichten** nach Art. 13 Abs. 2 VO Nr. 648/2012,
– Anforderungen an **zentrale Gegenparteien** nach Art. 25 Abs. 6 VO Nr. 648/2012,
– Anforderungen an **Transaktionsregister** nach Art. 75 Abs. 1 VO Nr. 648/2012 und
– Anforderungen an **geregelte Märkte** nach Art. 2a Abs. 2 VO Nr. 648/2012.

---

1 2001/528/EG: Beschluss der Kommission vom 6. Juni 2001 zur Einsetzung des Europäischen Wertpapierausschusses, ABl. EG Nr. L 191 v. 13.7.2001, S. 45 („Kommissionsbeschluss 2001/528/EG").
2 Verordnung (EU) Nr. 182/2011 des Europäischen Parlaments und des Rates vom 16. Febuar 2011 zur Festlegung der allgemeinen Regeln und Grundsätze, nach denen die Mitgliedstaaten die Wahrnehmung der Durchführungsbefugnisse durch die Kommission kontrollieren, ABl. EU Nr. L 55 v. 28.2.2011, S. 13.
3 S. Durchführungsbeschluss (EU) 2016/377 der Kommission vom 15. März 2016 über die Gleichwertigkeit des Regulierungsrahmens der Vereinigten Staaten von Amerika für von der Commodity Futures Trading Commission (Aufsichtsbehörde für den Warenterminhandel) zugelassene und beaufsichtigte zentrale Gegenparteien mit den Anforderungen der Verordnung (EU) Nr. 648/2012 des Europäischen Parlaments und des Rates, ABl. EU Nr. L 70 v. 16.3.2016, S. 32, Erwägungsgrund Nr. 21.

Art. 87 Änderung der Richtlinie 98/26/EG

(1) In Artikel 9 Absatz 1 der Richtlinie 98/26/EG wird folgender Unterabsatz angefügt:
„Hat ein Systembetreiber einem anderen Systembetreiber im Rahmen eines interoperablen Systems eine dingliche Sicherheit geleistet, so werden die Rechte des die Sicherheit leistenden Systembetreibers an dieser Sicherheit von Insolvenzverfahren gegen den die Sicherheit empfangenden Systembetreiber nicht berührt."

(2) Die Mitgliedstaaten erlassen und veröffentlichen bis zum 17. August 2014 die erforderlichen Rechts- und Verwaltungsvorschriften, um Absatz 1 nachzukommen. Sie unterrichten die Kommission unverzüglich davon.

Wenn die Mitgliedstaaten diese Vorschriften erlassen, nehmen sie in den Vorschriften selbst oder durch einen Hinweis bei der amtlichen Veröffentlichung auf die Richtlinie 98/26/EG Bezug. Die Mitgliedstaaten regeln die Einzelheiten der Bezugnahme.

In der Fassung vom 4.7.2012 (ABl. EU Nr. L 201 v. 27.7.2012, S. 1).

I. Änderung der Finalitätsrichtlinie (Art. 87 Abs. 1 VO Nr. 648/2012) 1	II. Umsetzung in den Mitgliedstaaten (Art. 87 Abs. 2 VO Nr. 648/2012) 4

1 **I. Änderung der Finalitätsrichtlinie (Art. 87 Abs. 1 VO Nr. 648/2012).** Die Änderung der RL 98/26/EG (FinalitätsRL)[1] steht im engen sachlichen Zusammenhang mit Art. 53 Abs. 5 VO Nr. 648/2012 (EMIR)[2]. Danach hat die CCP, die im Rahmen einer Interoperabilitätsvereinbarung Sicherheiten gestellt hat, das Recht, diese im Falle des Ausfalls der sicherungsnehmenden CCP ohne weiteres zurück zu verlangen. Der ergänzte Art. 9 RL 98/26/EG soll nach seiner Umsetzung in den Mitgliedstaaten sicherstellen, dass der Anspruch der interoperablen CCP im Falle der Insolvenz der sicherungsnehmenden CCP rechtlich durchsetzbar ist.

2 Bedeutung hat die Änderung nur für die in der Union niedergelassenen CCPs. Nach Art. 17 Abs. 4 Unterabs. 1 VO Nr. 648/2012 dürfen diese ihre Zulassung nur erhalten, wenn sie von ihrem Mitgliedstaat als **System** i.S.d. Art. 2 Buchst. a Gedankenstrich 3 RL 98/26/EG gemeldet wurden. Handelt es sich bei der sicherungsnehmenden CCP um eine nach Art. 25 VO Nr. 648/2012 anerkannte CCP mit Sitz in einem Drittstaat, kommt eine entsprechende Meldung als System i.S.d. Finalitätsrichtlinie nicht in Betracht. Der Schutz des Art. 9 RL 98/26/EG läuft dann ins Leere.

3 Der Begriff **dingliche Sicherheiten** ist in Art. 2 Buchst. m RL 98/26/EG definiert und umfasst jeden verwertbaren Vermögenswert einschließlich Finanzsicherheiten i.S.d. Art. 1 Abs. 4 Buchst. a RL 2002/47/EG.

4 **II. Umsetzung in den Mitgliedstaaten (Art. 87 Abs. 2 VO Nr. 648/2012).** Die Ergänzung war von den Mitgliedstaaten bis zum 17.8.2014 in nationales Recht umzusetzen.

5 In Deutschland ist die VO Nr. 648/2012 im Wesentlichen durch das EMIR-Ausführungsgesetz[3] umgesetzt worden. Der mit Art. 9 des EMIR-Ausführungsgesetzes eingefügte Art. 102b § 1 Abs. 1 Nr. 3 Einführungsgesetz zur Insolvenzordnung sichert jedoch lediglich den durch Art. 48 Abs. 7 VO Nr. 648/2012 begründeten Rückgewähranspruch der Kunden eines ausgefallenen Clearingmitgliedes ab. Eine vergleichbare Regelung ist für den Anspruch der interoperablen CCP aus Art. 53 Abs. 5 VO Nr. 648/2012 bislang nicht vorgesehen.

Art. 88 Websites

(1) Die ESMA unterhält eine Website, auf der sie über Folgendes informiert:
a) Kontrakte, die gemäß Artikel 5 für die Clearingpflicht in Betracht kommen,
b) Sanktionen, die bei Verstößen gegen die Artikel 4, 5 und 7 bis 11 verhängt werden,
c) die CCPs, die befugt sind, in der Union Dienstleistungen oder Tätigkeiten anzubieten, und die in der Union niedergelassen sind, sowie die Dienstleistungen oder Tätigkeiten, die sie erbringen bzw. ausüben dürfen, einschließlich der Kategorien von Finanzinstrumenten, die von ihrer Zulassung abgedeckt sind,
d) Sanktionen, die bei Verstößen gegen die Titel IV und V verhängt werden,

---

1 Richtlinie 98/26/EG des Europäischen Parlaments und des Rates vom 19. Mai 1998 über die Wirksamkeit von Abrechnungen in Zahlungs- sowie Wertpapierliefer- und -abrechnungssystemen, ABl. EG Nr. L 166 v. 11.6.1998, S. 45.
2 Erwägungsgrund Nr. 97 VO Nr. 648/2012.
3 Ausführungsgesetz zur Verordnung (EU) Nr. 648/2012 über OTC-Derivate, zentrale Gegenparteien und Transaktionsregister vom 13.2.2013, BGBl. I 2013, 174.

e) die CCPs, die befugt sind, in der Union Dienstleistungen oder Tätigkeiten anzubieten, und in einem Drittstaat ansässig sind, sowie die Dienstleistungen oder Tätigkeiten, die sie erbringen bzw. ausüben dürfen, einschließlich der Kategorien von Finanzinstrumenten, die von ihrer Zulassung abgedeckt sind,

f) Transaktionsregister, die befugt sind, Dienstleistungen oder Tätigkeiten in der Union anzubieten,

g) Geldbußen und Zwangsgelder, die gemäß den Artikeln 65 und 66 verhängt werden,

(2) Für die Zwecke des Absatzes 1 Buchstaben b, c und d unterhalten die zuständigen Behörden Websites, die mit der Website der ESMA verknüpft sind.

(3) Alle in diesem Artikel genannten Websites müssen öffentlich zugänglich sein, regelmäßig aktualisiert werden und die Informationen in verständlicher Form zur Verfügung stellen.

In der Fassung vom 4.7.2012 (ABl. EU Nr. L 201 v. 27.7.2012, S. 1).

I. ESMA Webseite 1	4. Verhängte Sanktionen, Verstöße gegen Titel IV- und V-Bestimmungen 8
II. Übersicht über die Fundorte 3	5. Liste der anerkannten CCP mit Sitz in einem Drittstaat 9
1. Für die Clearingpflicht in Betracht kommende Kontrakte 4	6. Liste der registrierten Transaktionsregister 10
2. Verhängte Sanktionen, Verstöße gegen Titel II-Bestimmungen 6	7. Von der ESMA verhängte Geldbußen und Zwangsgelder 11
3. Liste der zugelassenen CCP mit Sitz in der Union 7	

I. ESMA Webseite. Nach Art. 88 VO Nr. 648/2012 muss die ESMA eine Webseite unterhalten, auf der sie in **verständlicher Form** und **regelmäßig aktualisiert** die in Art. 88 Abs. 1 Buchst. a–h VO Nr. 648/2012 bestimmten Informationen veröffentlicht. 1

Die Webseite trägt derzeit den Namen „**Registers and Data**" und ist über https://www.esma.europa.eu/databases-library/registers-and-data aufrufbar. Die für die EMIR relevanten Informationen sind zum Teil unter der Zwischenüberschrift „**Post-trading (EMIR, Settlement Finality Directive, CSDR)**" zusammengefasst. Andere Informationen, wie z.B. die Liste der anerkannten Transaktionsregister, finden sich unter der Zwischenüberschrift „**Supervision (Credit rating agencies (CRA) Regulation and EMIR)**". 2

II. Übersicht über die Fundorte. Die nachfolgende Übersicht gibt die nach Art. 88 Abs. 1 Buchst. a–h VO Nr. 648/2012 zu veröffentlichenden Informationen und die Fundorte an. 3

1. Für die Clearingpflicht in Betracht kommende Kontrakte. Bei den in Art. 88 Abs. 1 Buchst. a VO Nr. 648/2012 genannten Kontrakten, die „gemäß Art. 5 für die Clearingpflicht in Betracht kommen" handelt es sich zum einen um die Kategorien von OTC-Derivaten, die von der Zulassung oder Anerkennung einer CCP abgedeckt sind, und die im Falle einer europäischen CCP eine **Mitteilung an die ESMA nach Art. 5 Abs. 2 VO Nr. 648/2012** ausgelöst haben. Zum anderen handelt es sich um die Kategorien von OTC-Derivaten, bei denen die ESMA nach Durchführung des in Art. 5 Abs. 3 VO Nr. 648/2012 vorgesehenen Verfahrens zur Auffassung gelangt ist, dass sie der Clearingpflicht unterliegen sollten. 4

Beide Kategorien von OTC-Derivaten sind nach Art. 6 Abs. 2 Buchst. d und f VO Nr. 648/2012 in das öffentliche Register aufzunehmen. Das öffentliche Register ist abrufbar über: https://www.esma.europa.eu/sites/default/files/library/public_register_for_the_clearing_obligation_under_emir.pdf[1]. 5

2. Verhängte Sanktionen, Verstöße gegen Titel II-Bestimmungen. Sanktionen, die bei Verstößen gegen die Art. 4, 5 und 7–11 VO Nr. 648/2012 verhängt worden sind, sind bislang nicht veröffentlicht worden. Die über die Webseite https://registers.esma.europa.eu/publication/searchSanction abrufbare Datenbank für Sanktionen enthält, wie in Art. 88 Abs. 2 VO Nr. 648/2012 vorgesehen, Verknüpfungen zu den Webseiten der nationalen Aufsichtsbehörden. Sie ist mittlerweile auch für die Veröffentlichung von Sanktionen bei Verstößen gegen die EMIR vorgesehen; der letzte Abruf am 28.6.2018 ergab jedoch keine Treffer („No data found"). 6

3. Liste der zugelassenen CCP mit Sitz in der Union. Die Liste der nach Art. 14 VO Nr. 648/2012 anerkannten CCPs mit Sitz in der Union ist abrufbar über: https://www.esma.europa.eu/sites/default/files/library/ccps_authorised_under_emir.pdf[2]. 7

4. Verhängte Sanktionen, Verstöße gegen Titel IV- und V-Bestimmungen. Sanktionen, die bei Verstößen gegen die in Titel IV und V zusammengefassten Anforderungen an CCPs und Interoperabilitätsvereinbarungen verhängt worden sind, sind bislang nicht veröffentlicht worden. Wegen der Einzelheiten wird auf Rz. 6 verwiesen. 8

---

1 *ESMA*, Öffentliches Register für die Clearingpflicht unter der EMIR, ESMA70-708036281, zuletzt aktualisiert am 19.1.2018 („*ESMA* Öffentliches Register für die Clearingpflicht").

2 *ESMA*, Liste der europäischen CCPs, die für die Erbringung von Clearingdienstleistungen in der Union zugelassen worden sind, zuletzt aktualisiert am 18.5.2018 („*ESMA* Liste der zugelassenen CCPs").

9 5. **Liste der anerkannten CCP mit Sitz in einem Drittstaat.** Die Liste der nach Art. 25 VO Nr. 648/2012 anerkannten CCPs mit Sitz in Drittstaaten ist abrufbar über: https://www.esma.europa.eu/sites/default/files/library/third-country_ccps_recognised_under_emir.pdf[1].

10 6. **Liste der registrierten Transaktionsregister.** Die Liste der nach Art. 55 VO Nr. 648/2012 registrierten Transaktionsregister ist abrufbar über: https://www.esma.europa.eu/supervision/trade-repositories/list-registered-trade-repositories.

11 7. **Von der ESMA verhängte Geldbußen und Zwangsgelder.** Von der ESMA verhängte Geldbußen und Zwangsgelder nach Art. 65 und Art. 66 VO Nr. 648/2012 sind bislang nicht veröffentlicht worden. Wegen der Einzelheiten wird auf Rz. 6 verwiesen.

Art. 89 Übergangsbestimmungen

(1) Bis zum 16. August 2018 findet die Clearingpflicht nach Artikel 4 keine Anwendung auf OTC-Derivatekontrakte, die objektiv messbar die Anlagerisiken reduzieren, welche unmittelbar mit der Zahlungsfähigkeit von Altersversorgungssystemen im Sinne des Artikels 2 Nummer 10 verbunden sind. Die Übergangsfrist gilt auch für Einrichtungen, die zu dem Zweck errichtet wurden, die Mitglieder von Altersversorgungssystemen bei einem Ausfall zu entschädigen.

Für von diesen Einrichtungen während des genannten Zeitraums geschlossene OTC-Derivatekontrakte, die anderenfalls der Clearingpflicht nach Artikel 4 unterliegen würden, gelten die Anforderungen des Artikels 11.

(2) In Bezug auf Altersversorgungssysteme im Sinne des Artikels 2 Nummer 10 Buchstaben c und d wird die in Absatz 1 dieses Artikels genannte Befreiung durch die jeweils zuständige Behörde für Arten von Einrichtungen oder Arten von Systemen gewährt. Nach Eingang des Antrags benachrichtigt die zuständige Behörde die ESMA und die EIOPA. Innerhalb von 30 Kalendertagen ab dem Eingang der Benachrichtigung gibt die ESMA nach Anhörung der EIOPA eine Stellungnahme dazu ab, ob die betreffende Art von Einrichtungen oder die betreffende Art von Systemen Artikel 2 Nummer 10 Buchstabe c oder d erfüllt, und die Gründe dafür, weshalb eine Befreiung aufgrund von Schwierigkeiten bei der Erfüllung der Nachschussanforderungen gerechtfertigt ist. Die zuständige Behörde gewährt eine Befreiung nur dann, wenn ihr hinreichend nachgewiesen wurde, dass die betreffende Art von Einrichtungen oder die betreffende Art von Systemen Artikel 2 Nummer 10 Buchstabe c oder d genügt und dass Schwierigkeiten bei der Erfüllung der Nachschussanforderungen auftreten. Sie trifft ihre Entscheidung innerhalb von zehn Arbeitstagen ab dem Eingang der Stellungnahme der ESMA und trägt dabei dieser Stellungnahme gebührend Rechnung. Folgt die zuständige Behörde der Stellungnahme der ESMA nicht, muss ihre Entscheidung eine ausführliche Begründung und eine Erläuterung erheblicher Abweichungen von der Stellungnahme enthalten.

Die ESMA veröffentlicht auf ihrer Website ein Verzeichnis der Arten von Einrichtungen und der Arten von Systemen im Sinne des Artikels 2 Nummer 10 Buchstaben c und d, denen eine Befreiung nach Unterabsatz 1 gewährt wurde. Um bei den Ergebnissen der Aufsicht eine größere Angleichung zu erreichen, unterzieht die ESMA die in dem Verzeichnis genannten Einrichtungen jährlich einer vergleichenden Analyse nach Artikel 30 der Verordnung (EU) Nr. 1095/2010.

(3) Eine CCP, die in ihrem Niederlassungsmitgliedstaat für die Erbringung von Clearingdienstleistungen im Einklang mit den innerstaatlichen Rechtsvorschriften dieses Mitgliedstaats zugelassen wurde, bevor alle technischen Regulierungsstandards nach den Artikeln 4, 5, 8 bis 11, 16, 18, 25, 26, 29, 34, 41, 42, 44, 45, 46, 47, 49, 56 und 81 von der Kommission erlassen wurden, muss binnen sechs Monaten nach dem Tag des Inkrafttretens sämtlicher technischen Regulierungsstandards nach den Artikeln 16, 25, 26, 29, 34, 41, 42, 44, 45, 47 und 49 eine Zulassung nach Artikel 14 für die Zwecke dieser Verordnung beantragen.

Eine in einem Drittstaat ansässige CCP, die in einem Mitgliedstaat für die Erbringung von Clearingdienstleistungen im Einklang mit den innerstaatlichen Rechtsvorschriften dieses Mitgliedstaats zugelassen wurde, bevor alle technischen Regulierungsstandards nach den Artikeln 16, 26, 29, 34, 41, 42, 44, 45, 47 und 49 von der Kommission erlassen wurden, muss binnen sechs Monaten nach dem Tag des Inkrafttretens sämtlicher technischen Regulierungsstandards nach den Artikeln 16, 26, 29, 34, 41, 42, 44, 45, 47 und 49 eine Zulassung nach Artikel 25 für die Zwecke dieser Verordnung beantragen.

(4) Bis eine Entscheidung nach dieser Verordnung über die Zulassung oder Anerkennung einer CCP getroffen ist, gelten die jeweiligen innerstaatlichen Vorschriften über die Zulassung und Anerkennung

---

1 *ESMA*, Liste der Drittstaaten-CCPs, die für die Erbringung von Clearingdienstleistungen in der Union anerkannt worden sind, ESMA70-152-348, zuletzt aktualisiert am 18.5.2018 („*ESMA* Liste der anerkannten Drittstaaten-CCPs").

von CCPs weiter, und die CCP wird weiterhin von der zuständigen Behörde ihres Niederlassungs- oder Anerkennungsmitgliedstaats beaufsichtigt.

(5) Hat eine zuständige Behörde eine CCP für das Clearing einer bestimmten Kategorie von Derivaten im Einklang mit den innerstaatlichen Rechtsvorschriften ihres Mitgliedstaats zugelassen, bevor alle technischen Regulierungsstandards nach den Artikeln 16, 26, 29, 34, 41, 42, 45, 47 und 49 von der Kommission erlassen wurden, setzt die zuständige Behörde dieses Mitgliedstaats die ESMA binnen eines Monats nach dem Tag des Inkrafttretens der technischen Regulierungsstandards nach Artikel 5 Absatz 1 von dieser Zulassung in Kenntnis.

Hat eine zuständige Behörde eine in einem Drittstaat ansässige CCP für die Erbringung von Clearingdienstleistungen im Einklang mit den innerstaatlichen Rechtsvorschriften ihres Mitgliedstaats zugelassen, bevor alle technischen Regulierungsstandards nach den Artikeln 16, 26, 29, 34, 41, 42, 45, 47 und 49 von der Kommission erlassen wurden, setzt die zuständige Behörde dieses Mitgliedstaats die ESMA binnen eines Monats nach dem Tag des Inkrafttretens der technischen Regulierungsstandards nach Artikel 5 Absatz 1 von dieser Zulassung in Kenntnis.

(5a) Bis 15 Monate nach dem Tag des Inkrafttretens des letzten der technischen Regulierungsstandards nach den Artikeln 16, 25, 26, 29, 34, 41, 42, 44, 45, 47 und 49 oder bis gemäß Artikel 14 jener Verordnung über die Zulassung der ZGP entschieden wurde, verfährt die ZGP wie in Unterabsatz 3 erläutert.

Bis 15 Monate nach dem Tag des Inkrafttretens des letzten der technischen Regulierungsstandards nach den Artikeln 16, 26, 29, 34, 41, 42, 44, 45, 47 und 49 oder bis gemäß Artikel 25 jener Verordnung über die Anerkennung der ZGP entschieden wurde, wenn dieser Zeitpunkt der frühere ist, verfährt die ZGP wie in Unterabsatz 3 erläutert.

Bis zum Ablauf der Fristen nach den Unterabsätzen 1 und 2 und vorbehaltlich des Unterabsatzes 4 hat eine ZGP, die weder einen Ausfallfonds noch bindende Vereinbarungen mit ihren Clearingmitgliedern, die ihr erlauben, deren Einschüsse ganz oder teilweise wie vorfinanzierte Beiträge zu verwenden, hat, gemäß Artikel 50c Absatz 1 außerdem die Gesamtsumme der Einschussbeträge, die sie von ihren Clearingmitgliedern erhalten hat, zu melden.

Die Fristen nach den Unterabsätzen 1 und 2 können im Einklang mit einem nach Artikel 497 Absatz 3 der Verordnung (EU) Nr. 575/2013 erlassenen Durchführungsrechtsakt der Kommission um sechs Monate verlängert werden.

(6) Ein Transaktionsregister, das in dem Mitgliedstaat, in dem es niedergelassen ist, für die Erfassung und Verwahrung von Aufzeichnungen zu Derivatekontrakten im Einklang mit den innerstaatlichen Rechtsvorschriften dieses Mitgliedstaats zugelassen oder registriert wurde, bevor alle technischen Regulierungs- und Durchführungsstandards nach den Artikeln 9, 56 und 81 von der Kommission erlassen wurden, muss binnen sechs Monaten nach dem Tag des Inkrafttretens dieser technischen Regulierungs- und Durchführungsstandards die Registrierung nach Artikel 55 beantragen.

Ein in einem Drittstaat niedergelassenes Transaktionsregister, das in einem Mitgliedstaat für die Erfassung und Verwahrung von Aufzeichnungen zu Derivatekontrakten im Einklang mit den innerstaatlichen Rechtsvorschriften dieses Mitgliedstaats zugelassen wurde, bevor alle technischen Regulierungs- und Durchführungsstandards nach den Artikeln 9, 56 und 81 von der Kommission erlassen wurden, muss binnen sechs Monaten nach dem Tag des Inkrafttretens dieser technischen Regulierungs- und Durchführungsstandards die Anerkennung nach Artikel 77 beantragen.

(7) Bis eine Entscheidung nach dieser Verordnung über die Registrierung oder Anerkennung eines Transaktionsregisters getroffen ist, gelten die jeweiligen innerstaatlichen Vorschriften über die Zulassung, Registrierung und Anerkennung von Transaktionsregistern weiter, und das Transaktionsregister wird weiterhin von der zuständigen Behörde seines Niederlassungs- oder Anerkennungsmitgliedstaats beaufsichtigt.

(8) Ein Transaktionsregister, das in dem Mitgliedstaat, in dem es ansässig ist, für die Erfassung und Verwahrung von Aufzeichnungen zu Derivatekontrakten im Einklang mit den innerstaatlichen Rechtsvorschriften dieses Mitgliedstaats zugelassen oder registriert wurde, bevor die technischen Regulierungs- und Durchführungsstandards nach den Artikeln 56 und 81 von der Kommission erlassen wurden, kann genutzt werden, um der Meldepflicht nach Artikel 9 nachzukommen, bis eine Entscheidung aufgrund dieser Verordnung über seine Registrierung getroffen ist.

Ein in einem Drittstaat ansässiges Transaktionsregister, das für die Erfassung und Verwahrung von Aufzeichnungen zu Derivatekontrakten im Einklang mit den innerstaatlichen Rechtsvorschriften eines Mitgliedstaats zugelassen wurde, bevor alle technischen Regulierungs- und Durchführungsstandards nach den Artikeln 56 und 81 von der Kommission erlassen wurden, kann genutzt werden, um der Meldepflicht nach Artikel 9 nachzukommen, bis eine Entscheidung nach dieser Verordnung über seine Anerkennung getroffen ist.

Art. 89 VO Nr. 648/2012 | Übergangsbestimmungen

(9) Unbeschadet des Artikels 81 Absatz 3 Buchstabe f kann ein Transaktionsregister in Fällen, in denen keine internationale Übereinkunft nach Artikel 75 zwischen einem Drittstaat und der Union besteht, den einschlägigen Behörden dieses Drittstaats die erforderlichen Informationen bis zum 17. August 2013 übermitteln, vorausgesetzt, dass es die ESMA unterrichtet.

In der Fassung vom 4.7.2012 (ABl. EU Nr. L 201 v. 27.7.2012, S. 1), geändert durch Verordnung (EU) Nr. 575/2013 vom 26.6.2013 (ABl. EU Nr. L 176 v. 27.6.2013, S. 1), durch Berichtigung vom 30.11.2013 (ABl. EU Nr. L 321 v. 30.11.2013, S. 6), durch Delegierte Verordnung (EU) 2015/1515 vom 5.6.2015 (ABl. EU Nr. L 239 v. 15.9.2015, S. 63) und durch Delegierte Verordnung (EU) 2017/610 vom 20.12.2016 (ABl. EU Nr. L 86 v. 31.3.2017, S. 3).

Schrifttum: *Europäische Wertpapier- und Marktaufsichtsbehörde (ESMA)*, „Fragen und Antworten – Umsetzung der Verordnung (EU) Nr. 648/2012 über OTC-Derivate, zentrale Gegenparteien und Transaktionsregister (EMIR)", ESMA70-1861941480-52 vom 30.5.2018, abrufbar über: https://www.esma.europa.eu („*ESMA Q&A*"); *Lutter/Bayer/J. Schmidt* (Hrsg.) Europäisches Unternehmens- und Kapitalmarktrecht, 6. Aufl. 2017, ZGR Sonderheft 1, Teil 1.

I. Übergangsregelung für Altersversorgungssysteme (Art. 89 Abs. 1 VO Nr. 648/2012) 1
II. Genehmigungsverfahren für Lebensversicherungen und sonstige beaufsichtigte Einrichtungen (Art. 89 Abs. 2 VO Nr. 648/2012) 12
III. Übergangsregelungen für CCPs (Art. 89 Abs. 3–5 VO Nr. 648/2012) 17
IV. Übergangsregelung über erweiterte Meldepflichten von CCPs (Art. 89 Abs. 5a VO Nr. 648/2012) 18
V. Übergangsregelungen für Transaktionsregister (Art. 89 Abs. 6–9 VO Nr. 648/2012) 21
VI. Ausblick 22

1 **I. Übergangsregelung für Altersversorgungssysteme (Art. 89 Abs. 1 VO Nr. 648/2012).** Die Clearingpflicht nach Art. 4 VO Nr. 648/2012 fand auf die von Altersversorgungssystemen abgeschlossenen und der Absicherung von Anlagerisiken dienenden OTC-Derivate bis zum **16.8.2018** keine Anwendung. Altersversorgungssysteme i.S.d. Art. 2 Nr. 10 Buchst. c und d VO Nr. 648/2012, insbesondere die unter den Anwendungsbereich der RL 2002/83/EG fallenden Lebensversicherungen konnten die Übergangsfrist nur auf Antrag und nach vorheriger Zustimmung der für sie zuständigen Behörde in Anspruch nehmen. Den Altersversorgungssystemen gleichgestellt waren Einrichtungen, die zu dem Zweck errichtet wurden, die Mitglieder von Altersversorgungssystemen bei einem Ausfall des Systems zu entschädigen. Art. 89 Abs. 1 Unterabs. 2 VO Nr. 648/2012 stellte insoweit klar, dass die Befreiung von der Clearingpflicht nach Art. 4 VO Nr. 648/2012 die Verpflichtung zum Einsatz von Risikominderungstechniken nach Art. 11 VO Nr. 648/2012 unberührt lässt.

2 Die Eingangsworte des Art. 89 Abs. 1 Unterabs. 1 Satz 1 VO Nr. 648/2012 waren durch Art. 1 DelVO 2015/1515[1] geändert worden: Die ursprünglich auf drei Jahre nach Inkrafttreten der EMIR beschränkte Übergangsfrist war zunächst bis zum 16.8.2017 verlängert worden. Mit Art. 1 DelVO 2017/610[2] hatte die Kommission das Ende der Übergangsfrist um ein weiteres Jahr bis zum 16.8.2018 hinausgeschoben. Mit den beiden **Verlängerungen** hatte die Kommission von ihrer in Art. 85 Abs. 2 VO Nr. 648/2012 vorgesehenen Befugnis Gebrauch gemacht, diese aber auch erschöpft. In ihrem Bericht nach Art. 85 Abs. 1 VO Nr. 648/2012[3] hatte sich die Kommission dafür ausgesprochen, die **nochmalige Verlängerung** der Übergangsfrist zu überprüfen oder sie in eine dauerhafte Befreiung umzuwandeln[4]. Mit der im Entwurf vorliegenden Verordnung zur Änderung der EMIR (**EMIR-REFIT-Entwurf**)[5] hat sie sich für eine Verlängerung um weitere drei Jahre entschieden[6]. Mit der Annahme des Berichts zum EMIR-REFIT-Entwurf[7] seines Berichterstatters *Langen* am 25.5.2018 hat sich das Europäische Parlament dem Vorschlag grundsätzlich angeschlossen. Es will jedoch die Verlängerung um drei Jahre auf kleine Altersversorgungssysteme beschränken. Große Altersversorgungssysteme sollen nur für zwei weitere Jahre von

---

1 Die DelVO 2015/1515 ist am Tag nach ihrer Veröffentlichung im Amtsblatt der Europäischen Union, d.h. am 16.9.2015, in Kraft getreten.
2 Die DelVO 2017/610 ist ebenfalls am Tag nach ihrer Veröffentlichung im Amtsblatt der Europäischen Union, d.h. am 1.4.2017, in Kraft getreten
3 *Kommission*, Bericht der Kommission gemäß Artikel 85 Absatz 1 der Verordnung (EU) Nr. 648/2012 des Europäischen Parlaments und des Rates vom 4.7.2012 über OTC-Derivative, zentrale Gegenparteien und Transaktionsregister, KOM(2016) 857 final vom 23.11.2016, abrufbar über: http://eur-lex.europa.eu/legal-content/DE/TXT/PDF/?uri=CELEX: 52016DC0857&from=DE („*Kommission* EMIR-Prüfbericht").
4 *Kommission* EMIR-Prüfbericht, 4.2.2 (c), S. 11.
5 *Kommission*, Vorschlag für eine Verordnung des Europäischen Parlaments und des Rates zur Änderung der Verordnung (EU) Nr. 648/2012 in Bezug auf die Clearingpflicht, die Aussetzung der Clearingpflicht, die Meldepflichten, die Risikominderungstechniken für nicht durch eine zentrale Gegenpartei geclearte OTC- Derivatekontrakte, die Registrierung und Beaufsichtigung von Transaktionsregistern und die Anforderungen an Transaktionsregister, KOM(2017) 208 final vom 4.5.2017, abrufbar über: http://ec.europa.eu („*Kommission* EMIR-REFIT-Entwurf").
6 *Kommission* EMIR-REFIT-Entwurf, S. 39 unter Änderung Nr. 20. Die Dreijahresfrist soll mit Inkrafttreten der Verordnung beginnen.
7 Der Bericht ist abrufbar über: http://www.europarl.europa.eu/sides/getDoc.do?pubRef=-//EP//TEXT+REPORT+A8-2018-0181+0+DOC+XML+V0//EN&language=de.

der Clearingpflicht befreit werden. Nachdem sich abzeichnete, dass die geplante Änderung des Art. 89 Abs. 1 Unterabs. 1 Satz 1 VO Nr. 648/2012 nicht rechtzeitig vor Ablauf der Übergangsfrist in Kraft treten kann, hat die **ESMA am 3.7.2018 eine Pressemitteilung**[1] veröffentlicht, in der sie die Erwartung zum Ausdruck bringt, dass die bislang von der Clearingpflicht befreiten Altersversorgungssysteme auch zukünftig vom Clearing befreit sein werden und dass die zuständigen Behörden dies im Rahmen ihrer Aufsichtstätigkeit berücksichtigen.

Der **Grund für die Privilegierung**[2] ist nach Auffassung des Gesetzgebers der Umstand, dass Altersversorgungssysteme die von ihnen zu bildenden Rückstellungen überwiegend in langfristige, höher rentierende Wertpapiere anlegen, um ihren Versicherungsnehmern ein Höchstmaß an Rentabilität und Ertrag zu verschaffen[3], und dass sie Barmittel i.d.R. nur in dem Umfang bereithalten, in dem sie unmittelbar anstehende Zahlungen an ihre Versicherungsnehmer zu erbringen haben. Würden Altersversorgungssysteme dem Clearingzwang nach Art. 4 VO Nr. 648/2012 unterworfen, müssten sie, um die täglich auszugleichende Nachschüsse leisten zu können, einen sehr viel größeren **Anteil an Barreserven** vorhalten, was die Einkünfte der zukünftigen Empfänger von Altersversorgungsleistungen schmälern würde[4]. Wie Art. 85 Abs. 2 VO Nr. 648/2012 zu entnehmen ist, vertraut der Gesetzgeber darauf, dass die mit Clearing von OTC-Derivaten befassten CCPs technische Lösungen erarbeiten, die es den clearingpflichtigen Altersversorgungssystemen ermöglicht, ihre laufenden Nachschusspflichten zukünftig auch durch Übertragung von Finanzinstrumenten zu erfüllen. In ihrem Bericht vom 3.2.2015 stellte die Kommission jedoch fest, dass bislang nur eine CCP nennenswerte Anstrengungen zur Erarbeitung einer Lösung für die Verbuchung unbarer Sicherheiten übernommen habe[5]. 3

Die Privilegierung ist nicht unproblematisch, zumal andere finanziellen Gegenparteien, z.B. OGAWs, ähnlichen Einschränkungen unterliegen. In der Praxis hat sich mittlerweile ein **liquider Markt für Sicherheiten** entwickelt, der es clearingpflichtigen Parteien ermöglicht, ihre nicht für das Clearing geeigneten Finanzinstrumente mittels Wertpapierpensionsgeschäften, Wertpapierdarlehen oder den sog. „Sicherheitentauschgeschäften" (collateral swaps) in Barmittel oder andere CCP-geeignete Sicherheiten zu tauschen. Dies würdigt auch die Kommission. Sie befürchtet jedoch, dass ein Ausweichen der Altersversorgungssysteme auf die Repo-Märkte deren Kapazität übersteigen könnte[6]. 4

Die von Altersversorgungssystemen abgeschlossenen OTC-Derivate sind nur dann von der Clearingpflicht befreit, wenn sie **objektiv messbar der Reduzierung von Anlagerisiken** dienen. Die Privilegierung verlangt einen Bezug zu den von dem betreffenden Altersversorgungssystem erworbenen Finanzinstrumenten und den durch sie begründeten Markt- und Kreditrisiken. So wären etwa ein Zinssatzswap und ein Kreditderivat, mit dem das Altersversorgungssystem ihre Risiken aus einer variabel verzinslichen Staatsanleihe absichert, nicht dem Clearingzwang unterworfen. 5

Wegen der Anforderung „**objektiv messbar**" wird auf die Ausführungen zu Art. 10 Abs. 3 VO Nr. 648/2012 verwiesen. Auch hier gilt, dass die Absicherung von Risiken auch auf Basis beobachtbarer Korrelationen (macro hedging, portfolio hedging) erfolgen kann. Auch kann das OTC-Derivat dem zukünftigen Erwerb von Finanzinstrumenten dienen. Ein Bedürfnis für solche Erwerbsvorbereitungsgeschäfte besteht immer dann, wenn sich die Notwendigkeit einer Anlage in Finanzinstrumenten erst in der Zukunft ergibt, z.B. weil die zwischenzeitlich auflaufenden Beiträge der Versicherungsnehmer sich erst zu einem für die Anlage geeigneten Betrag aufsummieren müssen, die Preise für geeignete Finanzinstrumente jedoch zum aktuellen Zeitpunkt günstig sind. Ein Beispiel wäre der Kauf einer Call-Option, mit dem das Altersversorgungssystem das Recht erwirbt, eine Staatsanleihe zu einem in der Zukunft liegenden Zeitraum aber zu einem bereits heute vereinbarten günstig erscheinenden Preis zu erwerben. 6

Ungeklärt ist, ob die Privilegierung des Art. 89 Abs. 1 VO Nr. 648/2012 nur für diejenigen OTC-Derivate gilt, die sich auf das **zweckgebundene Vermögen des Altersversorgungssystems** beziehen, d.h. auf die Vermögensmasse beziehen, aus der sich die zukünftigen Altersversorgungsleistungen speisen. Der Wortlaut des Abs. 1 sieht keine 7

---

1 *ESMA*, Pressemitteilung „Clearing obligation for pension scheme arrangements", ESMA70-151-1462 vom 3.7.2018, abrufbar über: https://www.esma.europa.eu/sites/default/files/library/esma70-151-1462_communication_on_clearing_obligation_for_pension_scheme_arrangements_0.pdf.
2 Erwägungsgrund Nr. 27 VO Nr. 648/2012 spricht von „Sonderbehandlung".
3 Erwägungsgrund Nr. 26 VO Nr. 648/2012 und Erwägungsgrund Nr. 2 DelVO 2015/1515.
4 *Kommission*, Bericht gemäß Artikel 85 Absatz 2 der Verordnung (EU) Nr. 648/2012 des Europäischen Parlaments und des Rates vom 4.7.2012 über OTC-Derivate, zentrale Gegenparteien und Transaktionsregister zur Bewertung der Fortschritte und Bemühungen der zentralen Gegenparteien bei der Entwicklung technischer Lösungen für die Übertragung unbarer Sicherheiten als Nachschussleistungen durch Altersversorgungssysteme sowie die Notwendigkeit weiterer Maßnahmen zur Erleichterung solcher Lösungen, KOM(2015) 39 final vom 3.2.2015, abrufbar über: http://www.europarl.europa.eu/registre/docs_autres_institutions/commission_europeenne/com/2015/0039/COM_KOM(2015)0039_DE.pdf („*Kommission* Bericht nach Art. 85 (2) EMIR über Altersversorgungssysteme"), S. 2: „Eine solche Beibehaltung der Barreserven verursacht den Altersversorgungssystemen hohe Opportunitätskosten, da Barsicherheiten nur gering verzinst werden."; s. auch Erwägungsgrund Nr. 26 VO Nr. 648/2012.
5 *Kommission* Bericht nach Art. 85 (2) EMIR über Altersversorgungssysteme, S. 4 unter 3.1.
6 *Kommission* EMIR-Prüfbericht, S. 11 unter 4.2.2 (c).

Art. 89 VO Nr. 648/2012 | Übergangsbestimmungen

Einschränkung vor. Für einen entsprechenden Konnex spricht der bereits erwähnte Grund für die Privilegierung. Hinweise enthalten auch die Erwägungsgründe, die z.B. für Lebensversicherungen verlangen, dass sie für ihre Altersversorgungsleistungen einen besonderen Abrechnungsverband eingerichtet haben müssen[1], der die Zuordnung der OTC-Derivate zu den abgesicherten Vermögenswerten ermöglicht.

8   Für die in Art. 2 Nr. 10 Buchst. d VO Nr. 648/2012 genannten sonstigen Einrichtungen, die die Freistellung von der Clearingpflicht nach Art. 89 Abs. 2 VO Nr. 648/2012 nur auf positiv beschiedenen Antrag hin nutzen können, ist erforderlich, dass die Bereitstellung von Altersversorgungsleistungen ihr **„primärer Zweck"** ist (Art. 2 Nr. 10 Buchst. d Ziff. ii) VO Nr. 648/2012). In ihren Auslegungsentscheidungen hat die ESMA insoweit klargestellt, dass die Einrichtung diese Anforderung nur zu dem Zeitpunkt erfüllen muss, zu dem sie das OTC-Derivat abschließt. Entfällt die Bereitstellung von Altersversorgungsleistungen als Primärzweck zu einem späteren Zeitpunkt, hat dies auf die Freistellung des betreffenden Geschäfts keine Auswirkung[2].

9   Der in Art. 2 Nr. 10 VO Nr. 648/2012 definierte Begriff Altersversorgungssystem erfasste nur in der **Union ansässige Einrichtungen**. Die in einem Drittstaat ansässigen Altersversorgungssysteme können die Privilegierung des Art. 89 Abs. 1 VO Nr. 648/2012 auch dann nicht nutzen, wenn sie im Falle der fiktiven Sitzverlegung in die Union als Altersversorgungssystem i.S.d. Art. 2 Nr. 10 VO Nr. 648/2012 zu qualifizieren wären[3].

10 Läuft die Übergangsfrist aus, unterliegen die Altersversorgungssysteme der Clearingpflicht für die Derivatekategorien, für die sie zu diesem Zeitpunkt angeordnet ist. Clearingpflichtig sind nur solche OTC-Derivate, die das Altersversorgungssystem **nach diesem Zeitpunkt** neu abschließt[4].

11 Die Privilegierung der Altersvorsorgesysteme ist auch für Kreditinstitute und Wertpapierfirmen von Bedeutung. So sehen Art. 382 Abs. 4 Buchst. c und Art. 482 VO Nr. 575/2013 (CRR) vor, dass die mit einem Altersversorgungssystem eingegangen OTC-Derivate während der Übergangsfrist von den Eigenmittelanforderungen für das CVA-Risiko befreit sind.

12 **II. Genehmigungsverfahren für Lebensversicherungen und sonstige beaufsichtigte Einrichtungen (Art. 89 Abs. 2 VO Nr. 648/2012).** Für die in Art. 2 Nr. 10 Buchst. c und d VO Nr. 648/2012 genannten betrieblichen Altersversorgung von Lebensversicherungen und sonstigen beaufsichtigten Einrichtungen gilt die befristete Ausnahme von der Clearingpflicht nur, wenn die für sie zuständige Behörden sie auf ihren **Antrag** hin **ausdrücklich gewährt** haben. Nach Eingang des Antrages benachrichtigt die zuständige Behörde die ESMA und die EIOPA. Die ESMA gibt nach Anhörung der EIOPA innerhalb von **30 Kalendertagen** eine Stellungnahme dazu ab, ob die Freistellung aufgrund von Schwierigkeiten bei der Erfüllung der von CCPs geforderten Einschüsse gerechtfertigt ist. Die zuständigen Behörden erteilen die Genehmigung, wenn die behaupteten Schwierigkeiten bestehen; sie entscheiden innerhalb von **zehn Arbeitstagen** nach Eingang der Stellungnahme der ESMA.

13 Besondere Voraussetzung für die **Lebensversicherungen** ist, dass sie für die betriebliche Altersversorgung einen besonderen Abrechnungsverband eingerichtet hat, den sie getrennt verwaltet und für den die Übertragung von Vermögensanlagen ausgeschlossen ist. Die Freistellung darf sich nicht auf andere Lebensversicherungsprodukte des Versicherers erstrecken[5].

14 Die Einbindung der **ESMA und der EIOPA** dient dazu, die Kohärenz der Entscheidungen der zuständigen Behörden sicherzustellen und um möglichen Wettbewerbsverzerrungen oder Missbräuchen entgegen zu wirken[6].

15 Die von der ESMA **veröffentlichten Liste**[7] der Altersversorgungssysteme, die von der Clearingpflicht befreit wurden, weist bislang 24 Freistellungen aus. Begünstigte sind bislang Lebensversicherungen und Pensionsfonds im Vereinigten Königreich, Dänemark, Schweden und Spanien.

16 Die von der ESMA getroffenen Auslegungsentscheidungen zu den Intragruppenfreistellungen nach Art. 4 Abs. 2 VO Nr. 648/2012, insbesondere zum Zeitpunkt, zu dem die Freistellungen beantragt werden können (s. Art. 4 VO Nr. 648/2012 Rz. 53), gelten auch für die betriebliche Altersversorgung von Lebensversicherungen[8].

---

1 VO Nr. 648/2012 Erwägungsgrund Nr. 28.
2 *Europäische Wertpapier- und Marktaufsichtsbehörde (ESMA)*, „Fragen und Antworten – Umsetzung der Verordnung (EU) Nr. 648/2012 über OTC-Derivate, zentrale Gegenparteien und Transaktionsregister (EMIR)", ESMA70-1861941480-52 vom 30.5.2018, abrufbar über: https://www.esma.europa.eu/sites/default/files/library/esma70-1861941480-52_qa_on_emir_implementation.pdf („*ESMA* Q&A"); OTC Frage Nr. 16(b) [letzte Aktualisierung: 31.3.2015].
3 ESMA Q&A OTC Frage Nr. 13(c) [letzte Aktualisierung: 31.3.2015]; *Achtelik* in Wilhelmi/Achtelik/Kunschke/Sigmundt, Handbuch EMIR, Teil 3.B.I Rz. 26.
4 *ESMA* Q&A OTC Frage Nr. 16(a) [letzte Aktualisierung: 31.3.2015].
5 VO Nr. 648/2012 Erwägungsgrund Nr. 28.
6 VO Nr. 648/2012 Erwägungsgrund Nr. 28.
7 *ESMA*, Liste der nach Artikel 89 Absatz 2 VO Nr. 648/2012 von der Clearingpflicht befreiten Altersversorgungssysteme, Stand: 26.4.2017, abrufbar über: https://www.esma.europa.eu/sites/default/files/library/list_of_exempted_pension_schemes.pdf.
8 *ESMA* Q&A OTC Frage Nr. 6(a) [letzte Aktualisierung: 10.7.2017].

III. **Übergangsregelungen für CCPs (Art. 89 Abs. 3–5 VO Nr. 648/2012).** Die in den Art. 89 Abs. 3–5 VO Nr. 648/2012 zusammen gefassten Bestimmungen und die hierzu ergangenen Auslegungsentscheidungen der Kommission und der ESMA[1] haben überwiegend nur noch historische Bedeutung. Für **CCPs mit Sitz in Drittstaaten**, die bei der ESMA innerhalb der in Art. 89 Abs. 3 VO Nr. 648/2012 vorgesehenen 6-Monats-Frist einen Antrag auf Anerkennung nach Art. 25 VO Nr. 648/2012 gestellt haben, über den die ESMA mangels Durchführungsbeschluss der Kommission noch nicht entscheiden konnte, ist jedoch Art. 89 Abs. 4 VO Nr. 648/2012 von Bedeutung: Sie werden im Einklang mit den innerstaatlichen Vorschriften weiterhin von der zuständigen Behörde ihres Niederlassungs- oder Anerkennungsmitgliedstaats beaufsichtigt[2].

IV. **Übergangsregelung über erweiterte Meldepflichten von CCPs (Art. 89 Abs. 5a VO Nr. 648/2012).** Die Vorschrift ist durch Art. 520 Abs. 3 der VO Nr. 575/2013 (CRR) eingefügt worden und seit 1.1.2014 anwendbar[3]. Sie verpflichtet diejenigen CCPs, bei denen die Zulassung oder Anerkennung nach Art. 14 bzw. Art. 25 VO Nr. 648/2012 ausstand bzw. noch aussteht, ihren Clearingmitgliedern und der für sie zuständigen Behörden die Gesamtsumme der Einschussbeträge, die sie von ihren Clearingmitgliedern erhalten haben, zu melden.

Die erstmals am 15.6.2014 endende Frist ist durch mehrere Durchführungsverordnungen – DurchfVO Nr. 591/2014[4], DurchfVO Nr. 1317/2014[5], DurchfVO 2015/880[6], DurchfVO 2015/2326[7], DurchfVO 2016/892[8], DurchfVO 2016/2227[9], DurchfVO 2017/954[10], DurchfVO 2017/2241[11] und DurchfVO 2018/815[12] – jeweils um sechs Monate bis zum 15.12.2018 verlängert worden[13].

Bei der in Art. 89 Abs. 5a VO Nr. 648/2012 verwendeten Abkürzung „ZGB" handelt es sich um die in der deutschen Fassung der CRR verwendete Abkürzung für „zentrale Gegenpartei". Dass die EMIR durchgehend die Abkürzung „CCP" verwendet, ist bei der Erstellung der deutschen Fassung übersehen worden.

V. **Übergangsregelungen für Transaktionsregister (Art. 89 Abs. 6–9 VO Nr. 648/2012).** Die in den Art. 89 Abs. 6–9 VO Nr. 648/2012 zusammen gefassten Bestimmungen und die hierzu ergangenen Auslegungsentschei-

---

1 Z.B. *Kommission* FAQ I.4., I.5 und III.1 und *ESMA* Q&A CCP Frage Nr. 6(c) [letzte Aktualisierung: 10.7.2017].
2 *Achtelik* in Wilhelmi/Achtelik/Kunschke/Sigmundt, Handbuch EMIR, Teil 5.B Rz. 13.
3 Art. 520 Abs. 3 der VO Nr. 575/2013 ist am Tag nach ihrer Veröffentlichung im Amtsblatt der Europäischen Union, d.h. am 28.6.2013, in Kraft getreten und seit dem 1.1.2014 anwendbar.
4 Durchführungsverordnung (EU) Nr. 591/2014 der Kommission vom 3. Juni 2014 zur Verlängerung der in der Verordnung (EU) Nr. 575/2013 und der Verordnung (EU) Nr. 648/2012 des Europäischen Parlaments und des Rates vorgesehenen Übergangszeiträume in Bezug auf die Eigenmittelanforderungen für Risikopositionen gegenüber zentralen Gegenparteien, ABl. EU Nr. L 165 v. 4.6.2014, S. 31.
5 Durchführungsverordnung (EU) Nr. 1317/2014 der Kommission vom 11. Dezember 2014 zur Verlängerung der in den Verordnungen (EU) Nr. 575/2013 und (EU) Nr. 648/2012 des Europäischen Parlaments und des Rates vorgesehenen Übergangszeiträume in Bezug auf die Eigenmittelanforderungen für Risikopositionen gegenüber zentralen Gegenparteien, ABl. EU Nr. L 355 v. 12.12.2014, S. 6.
6 Durchführungsverordnung (EU) 2015/880 der Kommission vom 4. Juni 2015 zur Verlängerung der in den Verordnungen (EU) Nr. 575/2013 und (EU) Nr. 648/2012 des Europäischen Parlaments und des Rates vorgesehenen Übergangszeiträume in Bezug auf die Eigenmittelanforderungen für Risikopositionen gegenüber zentralen Gegenparteien, ABl. EU Nr. L 143 v. 9.6.2015, S. 7.
7 Durchführungsverordnung (EU) 2015/2326 der Kommission vom 11. Dezember 2015 zur Verlängerung der in den Verordnungen (EU) Nr. 575/2013 und (EU) Nr. 648/2012 des Europäischen Parlaments und des Rates vorgesehenen Übergangszeiträume in Bezug auf die Eigenmittelanforderungen für Risikopositionen gegenüber zentralen Gegenparteien, ABl. EU Nr. L 328 v. 12.12.2015, S. 108.
8 Durchführungsverordnung (EU) 2016/892 der Kommission vom 7. Juni 2016 zur Verlängerung der in den Verordnungen (EU) Nr. 575/2013 und (EU) Nr. 648/2012 des Europäischen Parlaments und des Rates vorgesehenen Übergangszeiträume in Bezug auf die Eigenmittelanforderungen für Risikopositionen gegenüber zentralen Gegenparteien, ABl. EU Nr. L 151 v. 8.6.2016, S. 4.
9 Durchführungsverordnung (EU) 2016/2227 der Kommission vom 9. Dezember 2016 zur Verlängerung der in den Verordnungen (EU) Nr. 575/2013 und (EU) Nr. 648/2012 des Europäischen Parlaments und des Rates vorgesehenen Übergangszeiträume in Bezug auf die Eigenmittelanforderungen für Risikopositionen gegenüber zentralen Gegenparteien, ABl. EU Nr. L 336 v. 10.12.2016, S. 36.
10 Durchführungsverordnung (EU) 2017/954 der Kommission vom 6. Juni 2017 zur Verlängerung der in den Verordnungen (EU) Nr. 575/2013 und (EU) Nr. 648/2012 des Europäischen Parlaments und des Rates vorgesehenen Übergangszeiträume in Bezug auf die Eigenmittelanforderungen für Risikopositionen gegenüber zentralen Gegenparteien, ABl. EU Nr. L 144 v. 7.6.2017, S. 14.
11 Durchführungsverordnung (EU) 2017/2241 der Kommission vom 6. Dezember 2017 zur Verlängerung der in den Verordnungen (EU) Nr. 575/2013 und (EU) Nr. 648/2012 des Europäischen Parlaments und des Rates vorgesehenen Übergangszeiträume in Bezug auf die Eigenmittelanforderungen für Risikopositionen gegenüber zentralen Gegenparteien, ABl. EU Nr. L 322 v. 7.12.2017, S. 27.
12 Durchführungsverordnung (EU) 2018/815 der Kommission vom 1. Juni 2018 zur Verlängerung der in den Verordnungen (EU) Nr. 575/2013 und (EU) Nr. 648/2012 des Europäischen Parlaments und des Rates vorgesehenen Übergangszeiträume in Bezug auf die Eigenmittelanforderungen für Risikopositionen gegenüber zentralen Gegenparteien, ABl. EU Nr. L 137 v. 4.6.2018, S. 3.
13 S. die Übersicht bei *Lutter/Bayer/J. Schmidt*, EuropUR, Fundstellenverzeichnis (nach 37.29).

dungen der Kommission[1] und der ESMA haben überwiegend nur noch historische Bedeutung. Für **Transaktionsregister mit Sitz in Drittstaaten**, die bei der ESMA innerhalb der in Art. 89 Abs. 6 VO Nr. 648/2012 vorgesehenen 6-Monats-Frist einen Antrag auf Anerkennung nach Art. 77 VO Nr. 648/2012 gestellt haben, über den die ESMA mangels Durchführungsbeschluss der Kommission nach Art. 75 VO Nr. 648/2012 noch nicht entscheiden konnte, sind jedoch die Abs. 8 und 9 noch relevant: Sie können weiterhin für Meldungen nach Art. 9 VO Nr. 648/2012 genutzt werden und den Datenaustausch mit ihren lokalen Behörden durchführen.

22 **VI. Ausblick.** Zum Zeitpunkt der Kommentierung zeichneten sich folgende Änderungen ab: Art. 2 Abs. 5 des seit 23.11.2016 vorliegenden Vorschlages der Kommission für eine Änderung der VO Nr. 575/2013 (CRR II)[2] sieht vor, dass Art. 89 Abs. 5a VO Nr. 648/2012 geändert wird, um die Übergangsvorschriften im Zusammenhang mit der Berechnung der Eigenmittelanforderungen für Beiträge zum Ausfallsfonds zu aktualisieren. Am 22.5.2018 hat der Präsident des Europäischen Rats einen Kompromissvorschlag[3] unterbreitet, der von dem Rat „Wirtschaft und Finanzen" (ECOFIN-Rat) am 25.5.2018 angenommen wurde. Soweit es die Änderung der EMIR betrifft, sieht der Kompromissvorschlag gegenüber dem Vorschlag der Kommission keine Abweichungen vor. Der Trilog stand zum Zeitpunkt der Kommentierung noch aus.

Art. 90 Personal und Ressourcen der ESMA

Die ESMA beurteilt bis zum 31. Dezember 2012 den Personal- und Ressourcenbedarf, der sich aus der Wahrnehmung der ihr gemäß dieser Verordnung übertragenen Befugnisse und Aufgaben ergibt, und übermittelt dem Europäischen Parlament, dem Rat und der Kommission einen Bericht.

In der Fassung vom 4.7.2012 (ABl. EU Nr. L 201 v. 27.7.2012, S. 1).

1 Die ESMA ist ihrer Pflicht mit dem Bericht vom 21.12.2012[4] nachgekommen. Sie listet ihre Aufgaben auf und quantifiziert jeweils den Personalbedarf für die folgenden drei Jahre 2013 bis 2015 sowie sonstige anfallende Kosten. Der Bericht hat nur noch historische Bedeutung.

2 Einen Bericht gleichen Inhalts sieht auch Art. 85 Abs. 3 Buchst. f VO Nr. 648/2012 vor. Dieser ist jedoch nur an die Kommission zu richten.

Art. 91 Inkrafttreten

Diese Verordnung tritt am zwanzigsten Tag nach ihrer Veröffentlichung im *Amtsblatt der Europäischen Union* in Kraft.
Diese Verordnung ist in allen ihren Teilen verbindlich und gilt unmittelbar in jedem Mitgliedstaat.

In der Fassung vom 4.7.2012 (ABl. EU Nr. L 201 v. 27.7.2012, S. 1).

1 Die VO Nr. 648/2012 ist am 16.8.2012 in Kraft getreten. Ungeachtet des Inkrafttretens galten diejenigen durch die EMIR begründeten Verpflichtungen, die durch ergänzende **Durchführungsrechtsakte** weiterzuentwickeln waren – z.B. die Clearingpflicht, die Meldepflicht und einige der Risikominderungspflichten – erst ab dem Zeitpunkt zu dem die betreffenden Durchführungsrechtsakte wirksam wurden[5] (s. Vor Art. 1 ff. VO Nr. 648/2012 Rz. 21 und 22).

2 Dass die EMIR unmittelbar in jedem Mitgliedstaat gilt entspricht Art. 288 Abs. 2 des Vertrags über die Arbeitsweise der Europäischen Union (AEUV).

---

1 Z.B. *Kommission* FAQ I.9 und III.2.
2 *Kommission*, Vorschlag für eine Verordnung des Europäischen Parlaments und des Rates zur Änderung der Verordnung (EU) Nr. 575/2013 in Bezug auf die Verschuldungsquote, die strukturelle Liquiditätsquote, Anforderungen an Eigenmittel und berücksichtigungsfähige Verbindlichkeiten, das Gegenparteiausfallrisiko, das Marktrisiko, Risikopositionen gegenüber zentralen Gegenparteien, Risikopositionen gegenüber Organismen für gemeinsame Anlagen, Großkredite, Melde- und Offenlegungspflichten und zur Änderung der Verordnung (EU) Nr. 648/2012, KOM(2016) 850 final vom 23.11. 2016, abrufbar über: http://eur-lex.europa.eu/resource.html?uri=cellar:9b17b18d-cdb3-11e6-ad7c-01aa75ed71a1.0024.01/ DOC_1&format=PDF („*Kommission* CRR II"), S. 308.
3 Der Kompromissvorschlag ist abrufbar über: https://eur-lex.europa.eu/legal-content/DE/TXT/PDF/?uri=CONSIL:ST_ 9055_2018_INIT&from=EN.
4 *Europäische Wertpapier- und Marktaufsichtsbehörde (ESMA)*, Bericht über den Personal und Ressourcenbedarf der ESMA – Report to the European Parliament, the Council and the Commission on the budgetary implications of Regulation (EU) No 648/2012 on OTC derivatives, central counterparties and trade repositories (EMIR), ESMA/2012/874 vom 21.12.2012, abrufbar über: https://www.esma.europa.eu/sites/default/files/library/2015/11/2012-874.pdf („*ESMA* Bericht Personal und Ressourcen").
5 Erwägungsgrund Nr. 93 VO Nr. 648/2012.

Sachregister

Bearbeiter: Wissenschaftlicher Mitarbeiter Fabian B. Schwarzfischer

Die fetten Zahlen verweisen auf die Paragraphen des WpHG bzw. auf die Artikel der jeweiligen Verordnung, die mageren Zahlen auf die Randzahlen.

Abgestimmtes Verhalten
- Stimmrechtsanteile, Zurechnung s. „Acting in concert"

Abschlussprüfer s. „Wirtschaftsprüfer"

Abschlussvermittlung
- Best Execution **82** 4

Abusive squeeze
- Marktmanipulation **VO Nr. 596/2014 12** 93

Acting in concert
- abgestimmter Parallelerwerb **34** 160 ff.
- Aktionärsforum **34** 180
- Aufsichtsratswahl **34** 183 f.
- Begriff **34** 126
- Berater **34** 196 f.
- Beteiligte **34** 135 f.
- Beweislast **34** 176 ff.
- Familien-Pool **34** 190 ff.
- Frühstücks-Pool **34** 189
- gemeinsame Beratung **34** 180 f.
- gemeinsamer Vertreter **34** 137 f.
- geschäftsführende Organmitglieder **34** 195
- Konzernverhältnis **34** 198
- Mitteilungspflichten **38** 29
- Mitteilungspflichtverletzung **44** 38
- Pool-in-Pool-Vereinbarung **34** 188
- Poolvereinbarung **34** 185 f.
- Rechtsentwicklung **34** 7 ff.
- Vereinbarung/Absprache **34** 140 ff.
- Verwandte **34** 190 ff.

Ad-hoc-Publizitätspflicht
- Adressatenkreis **VO Nr. 596/2014 17** 19 ff.
- Aktualisierung **VO Nr. 596/2014 17** 198 ff., 281 ff.
- Anwendungsfälle **VO Nr. 596/2014 17** 211 ff.
- Berater, Verantwortlichkeit **VO Nr. 596/2014 17** 195
- Berichtigung **VO Nr. 596/2014 17** 202 ff., 281 ff.
- Beteiligungserwerb **VO Nr. 596/2014 17** 211 ff.
- Directors' Dealings **VO Nr. 596/2014 17** 243; **VO Nr. 596/2014 19** 207
- Enforcement-Verfahren **VO Nr. 596/2014 17** 244 ff.
- Erträge/Aufwendungen, außerordentliche **VO Nr. 596/2014 17** 227
- Erwartungen/Prognosen **VO Nr. 596/2014 17** 42
- Erwerb eigener Aktien **VO Nr. 596/2014 17** 224 ff.
- Finanzinstrumente **VO Nr. 596/2014 17** 33
- Folgen, verwaltungsrechtliche **VO Nr. 596/2014 17** 314 ff.
- freiwillige **VO Nr. 596/2014 17** 5
- Geldbuße **VO Nr. 596/2014 17** 299 ff.
- Gerichts-/Verwaltungsverfahren **VO Nr. 596/2014 17** 237 ff.
- Haftung **97/98** 1 ff.; s.a. „Kapitalmarktinformationen – Haftung"
- Inhalt **VO Nr. 596/2014 17** 154 ff.
- Insiderinformationen **VO Nr. 596/2014 17** 30 ff.
- insiderrechtliche Präventivmaßnahme **VO Nr. 596/2014 17** 7 f.
- jährliches Dokument **VO Nr. 596/2014 17** 6
- Kennzeichnung der Veröffentlichung **VO Nr. 596/2014 17** 162 ff.
- Konzernverhältnis **VO Nr. 596/2014 17** 24, 49
- Leniency-Antrag **VO Nr. 596/2014 17** 239
- Mergers & Acquisitions **VO Nr. 596/2014 17** 218 ff.
- Nachholung **VO Nr. 596/2014 17** 279
- nemo tenetur-Grundsatz **VO Nr. 596/2014 17** 76 ff.
- not binding indicate offer letter **VO Nr. 596/2014 17** 214
- Ordnungswidrigkeiten **120** 92; **VO Nr. 596/2014 17** 299 ff.
- Organmitglieder, Wechsel **VO Nr. 596/2014 17** 228 ff.
- Rechtsentwicklung **VO Nr. 596/2014 17** 13 ff.
- Regelpublizität, Verhältnis **VO Nr. 596/2014 17** 9
- Sanktionen **VO Nr. 596/2014 17** 298 ff.
- Sanktionen, verwaltungsrechtliche **VO Nr. 596/2014 17** 314 ff.
- Schadensersatzpflicht **26** 15 ff.; **VO Nr. 596/2014 17** 307 ff.
- Schutzgesetz **97/98** 155
- Schutzgut **97/98** 32 ff.
- Schutzzweck **97/98** 32 ff.; **VO Nr. 596/2014 17** 11 f.
- Selbstbefreiung **VO Nr. 596/2014 17** 88 ff.
- Squeeze-out **VO Nr. 596/2014 17** 222 f.
- Stimmrechtsanteil, Veränderungen **VO Nr. 596/2014 17** 240 ff.
- strafbare Handlungen **VO Nr. 596/2014 17** 232 ff.
- Teilnehmer am Markt für Emissionszertifikate **VO Nr. 596/2014 17** 254 ff.
- Überblick **VO Nr. 596/2014 17** 1 ff.
- Übermittlung an das Unternehmensregister **26** 12 f.
- Übernahmeangebote **VO Nr. 596/2014 17** 211 ff.
- unmittelbarer Emittentenbezug **VO Nr. 596/2014 17** 30 ff.
- Unterlassen/Mängel s. „Ad-hoc-Publizitätspflicht – Haftung"
- Unverzüglichkeit **VO Nr. 596/2014 17** 63 ff.
- Urheberschaft, Angaben **VO Nr. 596/2014 17** 287
- Veröffentlichungspflichtiger **VO Nr. 596/2014 17** 19 ff.
- Veröffentlichungsverfahren **VO Nr. 596/2014 17** 152 ff.
- Verordnungsermächtigung **VO Nr. 596/2014 17** 105
- Vorabmitteilung **26** 7 ff.
- Vorstand, Verantwortlichkeit **VO Nr. 596/2014 17** 304 ff.
- Wettbewerbsverstoß **VO Nr. 596/2014 17** 239
- zulässige Kennzahlen **VO Nr. 596/2014 17** 155 ff.

Ad-hoc-Publizitätspflicht – Befreiung
- Befreiungsentscheidung **VO Nr. 596/2014 17** 88 ff.
- berechtigte Interessen **VO Nr. 596/2014 17** 101 ff.
- keine Irreführung **VO Nr. 596/2014 17** 122 ff.
- Nachholung **VO Nr. 596/2014 17** 279
- Übersicht **VO Nr. 596/2014 17** 88
- Vertraulichkeit, Gewährleistung **VO Nr. 596/2014 17** 125 ff.
- Voraussetzungen **VO Nr. 596/2014 17** 100 ff.

Ad-hoc-Publizitätspflicht – Haftung
- anspruchsbegründende Transaktion **97/98** 72 ff.
- Anspruchsberechtigung **97/98** 69 ff.
- Anspruchsberechtigung, unionsrechtliche Vorgaben **97/98** 26
- Anspruchsberechtigung, zeitliche Begrenzung **97/98** 75 ff.
- Anspruchsverpflichtete **97/98** 59 ff.
- Äquivalenzgebot **97/98** 23 ff.
- Außenhaftung von Organwaltern **97/98** 171 ff.
- Beweislast **97/98** 103 ff.
- Birnbaum-Rule **97/98** 12
- Corporate Governance **97/98** 34
- Darlegungslast **97/98** 103 ff.
- deliktische Ansprüche **97/98** 152 ff.
- deliktische Haftung **97/98** 51
- Desinformationsphase **97/98** 75 ff.
- Effektivitätsgebot **97/98** 21 ff.
- Emittent **97/98** 61 ff.
- Entstehungsgeschichte **97/98** 1 ff.
- Erwerb eigener Aktien **97/98** 53

Sachregister

- Fraud-on-the-Market-Theory **97/98** 11
- Gehilfenhaftung **97/98** 174
- gerichtliche Zuständigkeit **97/98** 178 f.
- geschütztes Interesse **97/98** 120 ff.
- haftungsausfüllende Kausalität **97/98** 145 f.
- haftungsbegründende Kausalität **97/98** 139 ff.
- Haftungserweiterung **97/98** 55 f.
- Handeln zu verfälschten Preisen **97/98** 83 ff.
- individuelle Rechte **97/98** 18 ff.
- Informationspflichtverletzung **97/98** 83 ff.
- internationale Kapitalmarkthaftung **97/98** 175 ff.
- Irreführung von Anlegern **97/98** 33
- Kapitalanleger-Musterverfahren **97/98** 180 f.
- Kapitalerhaltung **97/98** 52 f.
- Kapitalmarktdeliktsrecht **97/98** 57 f.
- Kausalität **97/98** 139 ff.
- Kausalität, unionsrechtliche Vorgaben **97/98** 28
- Kenntnis der Insiderinformation **97/98** 89
- Konkurrenzen **97/98** 149 ff.
- Kursdifferenzschaden **97/98** 125 f., 134 ff., 142 ff.
- Kurserheblichkeit **97/98** 105
- Musterverfahren **97/98** 180 f.
- ökonomische Analyse **97/98** 31
- Organwalterhaftung **97/98** 171 ff.
- praktische Bedeutung **97/98** 54
- Preisbildung am Markt **97/98** 38
- Private Enforcement **97/98** 20 ff.
- Prospekthaftung **97/98** 153 f.
- Rechtsnatur der Haftung **97/98** 45 ff.
- rechtspolitische Aspekte **97/98** 55 ff.
- Rechtsvergleich **97/98** 7 ff.
- Rechtswidrigkeit **97/98** 95 f.
- Regelungsvorbilder **97/98** 7 ff.
- Regress **97/98** 167 f.
- Schaden **97/98** 120 ff.
- Schaden, unionsrechtliche Vorgaben **97/98** 29
- Schadenminderungspflicht **97/98** 147 f.
- Schadensberechnung **97/98** 131 f.
- Transaktionserfordernis **97/98** 70 f.
- überholender Kausalverlauf **97/98** 144
- unionsrechtliche Vorgaben **97/98** 16 ff.
- Unterlassen **97/98** 87 ff.
- Unwahrheit **97/98** 99 ff.
- US-amerikanisches Kapitalmarktrecht **97/98** 7 ff.
- Verhältnis zur Kapitalerhaltung **97/98** 52 f.
- Verjährung **97/98** 169 f.
- Verschulden **97/98** 107 ff.
- Verschulden, Bezugspunkt **97/98** 108
- Verschulden, unionsrechtliche Vorgaben **97/98** 27
- Vertragsabschlussschaden **97/98** 122 ff., 131 ff., 140 f.
- Vertragshaftungstheorie **97/98** 46
- Vertrauenshaftung **97/98** 47 ff.
- Vorliegen einer Insiderinformation **97/98** 103
- Wettbewerbsrecht, Vorbildfunktion **97/98** 17
- Willensbildung des Anlegers **97/98** 37
- zeitliche Grenze der Anspruchsberechtigung **97/98** 75 ff.
- Zulassung zu einem inländischen Handelsplatz **97/98** 65 ff.
- Zweck der Haftung **97/98** 30 f.

Ad-hoc-Publizitätspflicht – Verfahren
- Unternehmensregistermitteilung **26** 12 f.
- Veröffentlichung, Beleg **VO Nr. 596/2014 17** 193
- Veröffentlichung, Medium **VO Nr. 596/2014 17** 185 ff.
- Veröffentlichung, Zeitpunkt **VO Nr. 596/2014 17** 63 ff.
- Vorabmitteilung **VO Nr. 596/2014 17** 178 ff.
- Vorabmitteilung, Form **VO Nr. 596/2014 17** 184
- Vorabmitteilung, Medien **VO Nr. 596/2014 17** 185 ff.
- Vorabmitteilung, Zeitpunkt **VO Nr. 596/2014 17** 178 ff.

Aktien
- Ausgabe **49** 15
- Bezugsrecht **49** 11 ff.
- Directors' Dealings, Mitteilungspflicht **VO Nr. 596/2014 19** 61
- Einziehung **49** 14
- Erwerbsmöglichkeit **38** 20 ff., 79
- Erwerbsrecht **38** 20 ff.
- Handelsbestand **36** 8 ff.; s.a. dort
- nicht-komplexe **63** 143
- Rechteänderung **50** 6 ff.
- Umtauschrecht **49** 11 ff.
- vergleichbare Anteile **2** 19 ff.
- Veröffentlichungspflichten **49** 4 ff.; s.a. „Zulassungsfolgepflichten"
- Wertpapiere, Begriff **2** 18
- Zusammenrechnung verschiedener Instrumente **38** 67 ff.

Aktien – Rechtsverlust
- acting in concert **44** 38
- Andienungs-/Erwerbsrecht **44** 74
- BaFin-Auskünfte, Bindungswirkung **44** 90
- Beendigung **44** 57 ff.
- Beweislast **44** 89
- Bezugsrecht **44** 71
- Dauer **44** 45
- Dauer, Verlängerung **44** 46 ff.
- Delegation von Meldepflichten **44** 25 ff.
- Dividendenverlust **44** 68 ff.
- Dividendenverlust, Ausnahme **44** 77 ff.
- erfasste Pflichten **44** 12 f.
- Falschmeldung **44** 7 ff.
- grobe Fahrlässigkeit **44** 53 ff.
- Irrtum **44** 86 f.
- kein Erwerbsverbot **44** 92
- Kenntnis der Pflicht **44** 84
- konzernweiter **44** 30 ff.
- Liquidationserlös **44** 72 f.
- Mitverwaltungsrechte **44** 41 ff.
- Nachholung der Mitteilung **44** 88
- nicht erfasste Rechte **44** 75 f.
- Nichterfüllung der Meldepflicht **44** 12 ff.
- Organpflichten **44** 93 ff.
- Rechtsentwicklung **44** 4 ff.
- Rechtsirrtum **44** 24
- Rechtsnachfolger **44** 91
- Rechtsnatur **44** 3
- Stimmenmehrheit, Berechnung **44** 66
- Stimmrecht **44** 43 f.
- unvollständige Meldung **44** 17 ff.
- Verbotsirrtum **44** 86 f.
- Vermögensrechte **44** 67 ff.
- Verschulden **44** 22 ff.
- verspätete Meldung **44** 21
- Voraussetzungen **44** 12 ff.
- Vorsatz **44** 53 ff.
- Zweck **44** 1 ff.

Aktienoptionen
- Finanzinstrumente, Begriff **2** 86
- Insiderhandelsverbot **VO Nr. 596/2014 8** 80 ff.

Aktientausch
- Directors' Dealings, Mitteilungspflicht **VO Nr. 596/2014 19** 73

Aktienverwahrung
- Custodians **36** 49 ff.
- Depotbanken **36** 49 ff.
- Mitteilungspflicht, Befreiung **36** 49 ff.

Aktionäre
- ausländische/Auslandssitz **33** 18 ff.
- Datenschutz **48** 20 f.
- Einsichtsrecht **48** 21
- Ermöglichung der Rechtsausübung **48** 14 ff.
- Gleichbehandlung **48** 5 ff.; s.a. dort
- Hauptversammlung, Einberufung **49** 5 ff.
- inländische Zahlstelle **48** 22 f.
- Mitteilungspflichtverletzung s. „Aktien – Rechtsverlust"
- Stimmrechtsanteile, Mitteilungspflichten **33** 6 f.
- Vollmachtsformulare **48** 30 f.
- Zustimmung, Datenfernübertragung **49** 40 ff.

Algorithmischer Handel
- BaFin, Informationseinholung **6** 128 f.
- Organisationspflichten **80** 103 ff.

Sachregister

Allgemeine Geschäftsbedingungen s.a. „Geschäftsbedingungen"
- Schiedsvereinbarungen **101** 51 ff.

Altersversorgungssysteme
- Begriff **VO Nr. 648/2012 2** 96 ff.

Amtshilfe
- BaFin, Verschwiegenheitspflicht **21** 61

Amtspflichtverletzung
- BaFin **vor 6** 54
- Verschwiegenheitspflicht, Verletzung **21** 92 f.

Anfechtungsklage
- aufschiebende Wirkung **13** 1 ff.; **14** 27
- Klagebefugnis **6** 51

Angehörige
- Finanzportfolioverwaltung **2** 157
- Stimmrechtsanteile, Mitteilungspflichten **33** 12

Anlageberatung
- Abgrenzung zur Anlagevermittlung **2** 129
- Abgrenzung zur Finanzanalyse **85** 3
- Anlagestrategie **85** 12 ff.
- Anlageziele **64** 29 ff.
- Aufklärung, Risiken **64** 9 ff.
- Begriff **64** 2 ff.
- Beratungsprotokoll s.a. dort
- Eigeninteressen **64** 44
- finanzielle Verhältnisse **64** 35 f.
- Informationsblätter **64** 52 ff.
- Informationseinholung, Kundenweigerung **64** 39
- Informationseinholung, über Kunden **64** 24 ff.
- Investmentvermögen, Vertrieb **3** 49 ff.
- Kunden, Kenntnisse/Erfahrungen **64** 27 f.
- Kundenorder, Ausführung **64** 87
- Mitarbeiter, Einsatz/Auswahl **87** 3 ff.; s.a. „Mitarbeiter – Anlageberatung"
- nicht vergütete i.R. anderer Tätigkeit **3** 67 f.
- Ordnungswidrigkeiten **120** 200 f.
- Qualität **64** 41 ff.
- Risikobereitschaft **64** 29 ff.
- Verbot **64** 39
- Verhaltenspflichten, allgemeine **63** 1 ff.; s.a. dort
- Vertreter der Kunden **67** 30 f.
- Wertpapierdienstleistungen, Begriff **2** 167 ff.
- Zuwendungsverbot 1 ff.; s.a. „Zuwendungen"

Anlagebestand
- Begriff **36** 9 ff., 11

Anlageempfehlungen
- Anlagevorschlag, erfasste Informationen **VO Nr. 596/2014 20** 9 ff.
- Art der Offenlegung **VO Nr. 596/2014 20** 54 ff., 63 ff.
- Bewertungsgrundlagen **VO Nr. 596/2014 20** 46 ff.
- darzustellende Informationen **VO Nr. 596/2014 20** 40 ff.
- Erstellung/Verbreitung **VO Nr. 596/2014 20** 30 ff.
- Erstellung/Verbreitung durch Wertpapierdienstleistungsunternehmen **VO Nr. 596/2014 20** 6 ff.
- Geeignetheit **64** 48 ff.
- geschützte Modelle **VO Nr. 596/2014 20** 48
- Information **VO Nr. 596/2014 20** 9 ff.
- Informationsquellen **VO Nr. 596/2014 20** 41 f.
- Journalisten **VO Nr. 596/2014 20** 108 ff.
- Morning Notes **VO Nr. 596/2014 20** 25
- öffentliche Stellen **VO Nr. 596/2014 20** 112
- Pflichten bei der Erstellung **VO Nr. 596/2014 20** 38 ff.
- Prognosen **VO Nr. 596/2014 20** 43
- Sachverständige **VO Nr. 596/2014 20** 79
- Sales Notes **VO Nr. 596/2014 20** 25
- sonstige Personen **VO Nr. 596/2014 20** 84 ff.
- unabhängige Analysten **VO Nr. 596/2014 20** 76 ff.
- ungeschützte Modelle **VO Nr. 596/2014 20** 47
- Verbreitungskanal **VO Nr. 596/2014 20** 23 ff.
- Vergütung **VO Nr. 596/2014 20** 72
- Verhaltenspflichten, allgemeine **63** 59 f., 150 ff.; **85** 12 ff.
- Verhältnis zu Anlagestrategieempfehlungen **VO Nr. 596/2014 20** 3 ff.
- Vorschlag **VO Nr. 596/2014 20** 13 ff.
- Weitergabe von Drittempfehlungen **VO Nr. 596/2014 20** 88 ff.
- Weitergabe von Drittempfehlungen, Information und Offenlegung **VO Nr. 596/2014 20** 91 ff.
- Weitergabe von eigenen Empfehlungen **VO Nr. 596/2014 20** 87
- Weitergabe von Zusammenfassungen/Auszügen **VO Nr. 596/2014 20** 98 ff.
- Weitergabe wesentlich veränderter Empfehlungen **VO Nr. 596/2014 20** 102 ff.
- Wertpapiernebendienstleistungen **2** 175 ff.
- Zusammenfassung, Begriff **VO Nr. 596/2014 20** 99

Anlagevermittlung
- Abgrenzung zur Anlageberatung **2** 129
- geeignete Gegenpartei **68** 1 ff.
- Investmentvermögen, Vertrieb **3** 49 ff.
- Vermittler, gebundene **3** 85 ff.
- Wertpapierdienstleistungen, Begriff **2** 125 ff.
- Zuwendungsverbot s. „Zuwendungen"

Anlageverwaltung s. „Portfolioverwaltung"; „Vermögensverwaltung"

Anlegerschutz s.a. „Verhaltenspflichten, allgemeine"
- Finanztermingeschäfte **vor 99** 1 ff.; **100** 3
- Schiedsvereinbarungen **101** 8 ff.

Anzeigepflicht an die BaFin
- Adressatenkreis **23** 12 ff.
- Anlageempfehlung/Anlagestrategieempfehlung **86** 2 ff.
- Anzeige, Form **23** 34
- Anzeige, Inhalt **23** 27 ff.
- Anzeige, Verwendungsbeschränkung **23** 58 f.
- Anzeigeerstatter, grobe Fahrlässigkeit **23** 66
- Anzeigeerstatter, Verantwortlichkeit **23** 63 ff.
- Anzeigeerstatter, Verschwiegenheitspflicht **23** 46 ff.
- Bedeutung in der Praxis **23** 7
- Bekanntmachung, WpHG-Verstöße **23** 62
- Compliance, Organisation **23** 42
- Mitarbeitereinsatz **87** 19 ff., 33, 49
- nachgelagerte Pflichten **23** 25
- Ordnungswidrigkeiten **120** 125 f.
- Prüfung **89** 5 ff.
- Überwachung **88** 1 ff.
- ungedeckte Leerverkäufe **23** 15
- Verdacht, Gegenstand **23** 21 f.
- Verdacht, Gewinnung/Prüfung **23** 35 f.
- Verdacht, Zeitpunkt **23** 23 ff.
- Verdachtsbegriff **23** 18 ff.
- Verdachtsgeschäft, Ausführungsverbot **23** 43 ff.
- verfassungsrechtliche Aspekte **23** 9 ff.
- Verstöße **23** 70
- Voraussetzungen **23** 12 ff.
- vorgelagerte Pflichten **23** 35 ff.
- Zweck **23** 6

Anzeigepflicht der BaFin
- Straftaten **11** 3 ff.

Arbeitnehmer s. „Mitarbeiter"

Arbeitnehmerbeteiligungen
- Wertpapierdienstleistungsunternehmen **3** 20 ff.

Aufbewahrungspflicht
- Aufbewahrungsdauer **VO Nr. 600/2014 25** 31 f.
- aufzubewahrende Daten, Handelsplatzbetreiber **VO Nr. 600/2014 25** 28 ff.
- aufzubewahrende Daten, Wertpapierdienstleistungsunternehmen **VO Nr. 600/2014 25** 17 ff.
- Datenzugang **VO Nr. 600/2014 25** 33 ff.
- Modalitäten für Handelsplatzbetreiber **VO Nr. 600/2014 25** 26 f.
- Modalitäten für Wertpapierdienstleistungsunternehmen **VO Nr. 600/2014 25** 13 ff.
- Ordnungswidrigkeiten **120** 240 ff.

Aufklärungspflichten
- Emittent, Insiderliste **VO Nr. 596/2014 18** 70 ff.

Aufnahmemitgliedstaat
- Begriff **2** 248 ff.

3397

Sachregister

Auftragsverwaltungssysteme
- Veröffentlichungspflicht, Ausnahme 9 5 f.

Aufzeichnungspflichten
- aufzuzeichnende Daten, Handelsplatzbetreiber VO Nr. 600/2014 25 28 ff.
- aufzuzeichnende Daten, Wertpapierdienstleistungsunternehmen VO Nr. 600/2014 25 17 ff.
- Auskunftsrecht 83 19, 25
- elektronische Kommunikation 83 9 ff.
- Emission, Übernahme 83 6
- Führungspflicht VO Nr. 600/2014 25 11 ff.
- Handelsentscheidungen 83 3
- Kundenaufträge 83 3
- Kundeninformation 27 1 ff.
- Mindestaufzeichnungen, Verzeichnis 83 28
- Modalitäten für Handelsplatzbetreiber VO Nr. 600/2014 25 26 f.
- Modalitäten für Wertpapierdienstleistungsunternehmen VO Nr. 600/2014 25 13 ff.
- Ordnungswidrigkeiten 120 113 f.
- persönliche Gespräche unter Anwesenden 83 23 ff.
- Sanktionen 83 29
- Telefongespräche 83 9 ff.
- Umfang der Aufzeichnungen 83 12 ff.
- Vertriebsvorgaben 83 7
- Verzeichnis der Mindestaufzeichnungen 83 28

Auskunftspflichten
- Enforcement-Verfahren 107 41 ff., 53

Auskunftsverlangen
- BaFin 8 17 ff.

Auskunftsverweigerungsrecht
- BaFin 6 231 ff.

Auslandsberührung
- BaFin, internationale Zusammenarbeit 18 1 ff.
- Finanzinstrumente, Aufhebung der Zugangserlaubnis 104 1 ff.
- Finanzinstrumente, Marktzugang 102 1 ff.
- inländische Zweigstelle, Wertpapierdienstleistungsunternehmen 2 208 f.
- Meldepflicht von Auslandsunternehmen VO Nr. 600/2014 26 9
- Prinzip der Herkunftslandaufsicht 90 8 ff.
- Schiedsvereinbarungen 101 48 ff.
- Stimmrechtsanteile, Mitteilungspflichten 33 18 ff.
- Unternehmen im EU-/EWR-Raum 90 1 ff.
- Wertpapierdienstleistungsunternehmen, Überwachung 88 15 f.

Auslegung
- Stimmrechtsanteile, Mitteilungspflichten vor 33 39 ff.
- Wertpapierbegriff 2 17

Auslosung
- Schuldtitel 49 24

Außerbörslicher Handel
- Anzeigepflicht an die BaFin 23 8 ff.

BaFin
- Amtspflichtverletzung vor 6 54; 21 92 f.
- Aufbau vor 6 15 ff.
- FinDAG vor 6 8, 21 ff.
- FinDAGKostV vor 6 77
- Gebühren vor 6 76 ff.
- Gerichtsstand vor 6 13 f.
- Kosten vor 6 71 ff.
- Kosten, Beitreibung vor 6 92
- Kosten, Erstattung vor 6 79 f.
- Kosten, Umlage vor 6 81 ff.
- Mitwirkung Dritter vor 6 41 ff.
- Prinzip der Herkunftslandaufsicht 90 8 ff.
- Sitz vor 6 12
- Struktur vor 6 15 ff.

BaFin – Aufgaben
- Ad-hoc-Publizitätspflicht, Katalog VO Nr. 596/2014 17 39

- Anzeige, Verwendungsbeschränkung 23 58 f.
- Anzeigepflicht bei Straftaten 11 3 ff.
- Aufsicht über Transaktionsregister 30 1 ff.
- Aufsichtspflichtverletzung 119 202
- Auskünfte, Bindungswirkung 44 90
- Benchmark-VO 10 26 ff.
- Bereitstellung von Informationen an die ESMA VO Nr. 236/2012 11 1 ff.
- Berücksichtigung der Stabilität des Finanzsystems VO Nr. 648/2012 23 8 ff.
- Bündelung vor 6 22 ff.
- Datenabruf, automatisierter 17 23 ff.
- Datenschutz VO Nr. 596/2014 28 1 ff.
- Directors' Dealings, Naming and shaming VO Nr. 596/2014 19 203
- Directors' Dealings, Überwachung VO Nr. 596/2014 19 192
- Drittstaatenmärkte, Aufhebung der Zugangserlaubnis 104 1 ff.
- Drittstaatenmärkte, Zugangserlaubnis 102 1 ff.
- Einrichtung einer Hinweisgeberstelle vor 6 55 ff.
- Emittentenleitfaden VO Nr. 596/2014 7 95
- Handeln im öffentlichen Interesse vor 6 46 ff.
- Hinweis auf geltende Rechte und Pflichten 90 16 f.
- internationale Zusammenarbeit 18 1 ff.; s.a. „BaFin – internationale Zusammenarbeit"
- Kreis der Beaufsichtigten 6 11 f.
- Marktüberwachung VO Nr. 600/2014 39 6 ff.
- Missstandsaufsicht 6 34 ff.
- Mitteilung der Veröffentlichung 40 29 ff.
- Mitteilungspflicht, Befreiung 46 1 ff.
- Nachweis mitgeteilter Beteiligungen 42 1 ff.
- PRIIP-VO 10 4 ff.
- Prüfstelle, Anerkennung 108 1 ff.
- Prüfung, Verhaltenspflichten 89 5 ff.
- Ratingagenturen, Überwachung/Regulierung 29 1 ff.
- Sicherung des Finanzsystems 14 1 ff.
- Stimmrechtsdatenbank 40 4, 59, 66
- Überprüfung und Bewertung von zentralen Gegenparteien VO Nr. 648/2012 21 1 ff.
- Überwachung der Beschäftigten 44 1 ff.
- Überwachung des Clearings von OTC-Derivaten 30 1 ff.
- Überwachung, Verhaltenspflichten 88 1 ff.
- Überwachung, Zweigniederlassungen 90 18 ff.
- Überwachungspflicht 6 30 ff.
- unabhängige Honoraranlageberatung, Entscheidung 94 21 ff.
- Unterrichtung der Unternehmen, bei Auslandsberührung 90 43
- Verschwiegenheitspflicht 23 60 f.
- Verwaltungsmaßnahmen 6 22 ff.
- Wertpapieraufsicht 6 1 ff.
- Zusammenarbeit, Aufsichtsbehörden 17 6 ff.
- Zusammenarbeit, Börsenaufsichtsbehörden 17 4 ff.
- Zusammenarbeit, Bundesbank 17 23 ff.
- Zusammenarbeit, Emissionszertifikatemärkte 17 18 ff.
- Zusammenarbeit mit anderen Behörden 6 25 ff.; 17 1 ff.
- Zuständigkeit, Bußgeldverfahren 121 9 ff.
- Zuständigkeit, Ordnungswidrigkeiten 121 1 ff.
- Zweigniederlassungen, Überwachung 90 18 ff.

BaFin – Befugnisse
- Allgemeinverfügungen 6 50 f.
- Anforderung von Unterlagen/Kopien 6 117 ff.
- Anhörung 6 48
- Anordnungen, Veröffentlichung 123 35 ff.
- Anordnungen, Zuwiderhandlung 120 18 ff.
- Aufsicht über Basisinformationsblätter VO Nr. 1286/2014 20 9 ff.
- Auskunftsverlangen 6 105 ff.; 8 17 ff.
- Auskunftsverweigerungsrecht 6 125 f., 231 ff.
- Bankgeheimnis 6 114
- Bekanntgabe, öffentliche 6 178 ff.
- Bekanntmachung von MAR-Verstößen 125 6 ff.
- Bekanntmachung von MiFID-II-Verstößen 126 4 ff.

Sachregister

- Bekanntmachung von MiFIR-Verstößen **126** 4 ff.
- Bekanntmachung von Transparenzpflichtverstößen **124** 1 ff.
- Bekanntmachung von Transparenzpflichtverstößen, grundrechtliche Garantien **124** 10 ff.
- Bekanntmachung von Transparenzpflichtverstößen, Löschung **124** 41 f.
- Bekanntmachung von Transparenzverstößen, keine Rechts-/Bestandskraft **124** 34
- Bekanntmachung von Transparenzpflichtverstößen, modifizierte Veröffentlichung **124** 35 ff.
- Bekanntmachung von Transparenzverstößen, Rechtsbehelfsverfahren **124** 34
- Bekanntmachung von Transparenzpflichtverstößen, Rechtsschutz **124** 33
- Bekanntmachung von Transparenzpflichtverstößen, Tatbestand **124** 20 ff.
- Benchmark-VO **10** 26 ff.
- Beschlagnahmeantrag **6** 220 ff.
- Beschränkung des Eingehens von Positionen bezüglich Warenderivaten **9** 16 ff.
- Betretungsrecht **6** 196 ff.
- Directors' Dealings, Ersatzvornahme **VO Nr. 596/2014 19** 193
- Durchsetzungsmaßnahmen **6** 52 ff.
- Durchsuchung **6** 205 ff.
- Einblicknahme **6** 117 ff.
- Eingriffsbefugnisse **6** 14 ff.
- Einsatz Dritter **6** 244 ff.
- Enforcement-Verfahren **vor 106** 9 f.; **106** 1 ff.; **107** 1 ff.; **108** 9 ff.; **109** 1 ff.; **112** 1 ff.; **113** 1 ff.; s.a. dort
- Erklärungsverlangen, organisierte Handelssysteme **75** 28 ff.
- Erlaubnisversagung **103** 1 ff.
- Finanzmarktkrise **14** 2 ff.
- Genehmigung einer späteren Veröffentlichung **VO Nr. 600/2014 11** 1 ff.
- Handelsuntersagung/-aussetzung **6** 76 ff.
- Herausgabe von Aufzeichnungen beaufsichtigter Personen **7** 29 ff.
- Herausgabe von Kommunikationsdaten **7** 1 ff.
- Herausgabe von Verkehrsdaten eines Telekommunikationsbetreibers **7** 6 ff.
- Identitätsfeststellung **6** 112 ff.
- Jahresfinanzbericht **114** 27 ff.
- Leerverkäufe, ungedeckte **VO Nr. 236/2012 33** 1 ff.
- Maßnahmen, Befristung/Verlängerung **14** 22 ff.
- Maßnahmen, Betreiber von organisierten Märkten/MTF/OTF **90** 39 ff.
- Maßnahmen, grenzüberschreitend tätige Unternehmen **90** 35 ff.
- Maßnahmen, sofortige Vollziehung **6** 58 f.; **14** 27
- Maßnahmen, Zweigniederlassungen **90** 28 ff.
- Meldepflichten **VO Nr. 600/2014 26** 24; s.a. dort
- Missstandsaufsicht **6** 43 ff.
- Mitarbeitereinsatz, Warnung **87** 25
- Mitteilungen, aus Strafverfahren **122** 19 ff.
- Mitwirkung an Prüfungen vor Ort der ESMA **VO Nr. 648/2012 63** 12 ff.
- modifizierte Veröffentlichung **VO Nr. 596/2014 34** 14 ff.
- öffentliche Bekanntmachung von Bußgeldentscheidungen, EMIR **123** 54 ff.
- öffentliche Bekanntmachung von unanfechtbaren Maßnahmen, Ratings **123** 44 ff.
- öffentliche Bekanntmachung von unanfechtbaren Maßnahmen, WpHG **123** 15 ff.
- personenbezogene Daten, Nutzung **6** 240 ff.
- personenbezogene Daten, Weitergabe **6** 240 ff.
- PRIIP-VO **10** 4 ff.
- Realakte **6** 47
- Sachverhaltsaufklärung **6** 18 ff.
- Sachverständige, Hinzuziehung **6** 244
- Schutz von Informanten **VO Nr. 596/2014 23** 30 ff.
- Sicherung des Finanzsystems **14** 1 ff.
- Strafverfahren, Beteiligung **122** 8 ff.
- subsidiäre Maßnahmen **90** 28 ff.
- Transparenzverstöße, Bekanntmachung **124** 1 ff.
- Übermittlung personenbezogener Daten in Drittländer **VO Nr. 596/2014 29** 2 ff.
- unabhängige Honoraranlageberatung, Entscheidung **94** 21 ff.
- Verbote **6** 146 ff.
- Verfügungen, Werbemaßnahmen **92** 15
- Verlangen standardisierter elektronischer Meldungen **8** 4 ff.
- Vernehmung **6** 123 f.
- Veröffentlichung **VO Nr. 596/2014 34** 4 ff.
- Veröffentlichung, Dauer **VO Nr. 596/2014 34** 20 ff.
- Veröffentlichungsrecht **6** 226 ff.; **8** 13 ff.
- Verringerung von Positionen und Forderungen **9** 3 ff.
- Verschwiegenheitspflicht **21** 1 ff.; s.a. dort
- Verwaltungsakte **6** 48 f.; **VO Nr. 648/2012 22** 5 ff.
- Wahrnehmungsmodalitäten **VO Nr. 596/2014 23** 5 ff.
- Warnungen **6** 76 ff.
- Zugang zu Unterlagen und Daten **VO Nr. 596/2014 23** 14
- Zwangsmittel **vor 6** 74

BaFin – internationale Zusammenarbeit
- Amtshilfe bei Maßnahmen vor Ort **VO Nr. 596/2014 25** 14 ff.
- ausländische Stellen **18** 12 ff., 54 ff.
- ausschließliche Zuständigkeit **18** 8 ff.
- Befugnisse **18** 12 ff.
- Bereitstellung von Informationen an die ESMA **VO Nr. 236/2012 11** 1 ff.
- Datenaustausch, Drittstaaten **18** 57 ff.
- Datenaustausch, Europäische Union **18** 19 ff.
- Drittstaaten **18** 54 ff.
- eigene Prüfung ausländischer Stellen **18** 30 f.
- Emissionszertifikatemärkte **VO Nr. 596/2014 25** 36 ff.
- Energieregulierungsbehörden **VO Nr. 596/2014 25** 32 ff.
- Erfüllung aus dem Ausland **18** 19 ff.
- Ersuchen ins Ausland **18** 39 ff.
- ESMA **19** 1 ff.; **VO Nr. 596/2014 24** 1 ff.; **VO Nr. 648/2012 23** 1 ff.; s.a. „Europäische Wertpapier- und Marktaufsichtsbehörde"
- ESMA, Befassung bei unzureichender Zusammenarbeit **VO Nr. 596/2014 25** 29 f.
- ESMA, Informationsaustausch **VO Nr. 596/2014 33** 1 ff.
- ESMA, Informationspflicht **19** 18 ff.
- ESMA, Jahresberichtübermittlung **19** 25 f.
- ESMA, Unterrichtungspflicht **19** 27
- EU-Mitgliedsstaaten **7** 13 ff.; **18** 12 ff.; **VO Nr. 648/2012 23** 1 ff.
- Europäische Kommission **VO Nr. 596/2014 25** 31
- Europäische Kommission, Energiewirtschaftsgesetz **20** 1 ff.
- Handel, Untersagung/Aussetzung **18** 27
- Informationsaustausch **VO Nr. 596/2014 25** 11 ff.; **VO Nr. 648/2012 84** 1 ff.
- Informationsaustausch, Ausnahmen **VO Nr. 596/2014 25** 24 ff.
- Informationsfreiheitsgesetz **21** 74
- Informationsverwendung **18** 44 ff.; **VO Nr. 648/2012 84** 6 ff.
- Krisensituationen, Informationspflicht **VO Nr. 648/2012 24** 1 ff.
- Meldepflichten, Datenaustausch **VO Nr. 600/2014 26** 40 ff.
- Rechtshilfe in Strafsachen **18** 67 ff.
- Spotmärkte **VO Nr. 596/2014 25** 36 ff.
- strafrechtliche Sanktionen, Vorkehrungen **VO Nr. 596/2014 25** 20 ff.
- Teilnahme an Untersuchungen **18** 28 f.
- unaufgeforderte Hinweise auf Verstöße **VO Nr. 596/2014 25** 7 ff.
- Unterrichtungspflichten **18** 47 ff.
- unzureichende Zusammenarbeit **VO Nr. 596/2014 25** 29 f.
- Verpflichtung zur Zusammenarbeit **VO Nr. 596/2014 25** 2 f.
- Verweigerung der Kooperation **18** 34 ff.
- zulässige Marktpraxis **VO Nr. 596/2014 13** 75 ff.

Sachregister

BaFin – Rechtsschutz
- Amtshilfe, verwaltungsbehördliche **vor 13** 48 f.
- Anfechtungsklage **vor 13** 14 ff.
- Anfechtungsklage, aufschiebende Wirkung **vor 13** 30
- Bekanntmachung von Transparenzpflichtverstößen **124** 33
- einstweiliger **vor 13** 30
- Enforcement-Verfahren **vor 13** 29
- Ermittlungsverfahren **vor 13** 41 ff.
- Ersatzleistungen, staatliche **vor 13** 51 f.
- Feststellungsklage **vor 13** 26
- Folgenbeseitigungsanspruch **vor 13** 52
- Fortsetzungsfeststellungsklage **vor 13** 22
- Informationszugang **vor 13** 31 ff.
- internationale Rechtshilfe **18** 79
- Leistungsklage **vor 13** 26
- Rechtsbehelfsbelehrung **vor 13** 19
- Straf-/Bußgeldverfahren **vor 13** 41 ff.
- Verordnungserlass **vor 13** 27 ff.
- Verwaltungsverfahren **vor 13** 13 ff.
- Verwaltungsvollstreckungsverfahren **vor 13** 38 ff.
- Widerspruch, Anfechtungsklage **vor 13** 14 ff.
- Widerspruch, aufschiebende Wirkung **vor 13** 30
- Widerspruch, Verpflichtungsklage **vor 13** 23 ff.
- Widerspruchsfrist **vor 13** 19

Bank für internationalen Zahlungsausgleich
- Bereichsausnahme **VO Nr. 648/2012 1** 18

Bankgeheimnis
- BaFin, Befugnisse **6** 114

Basisinformationsblatt
- Abänderung der Mustervorlage **VO Nr. 1286/2014 8** 12 ff.
- Abgrenzung **VO Nr. 1286/2014 6** 30 ff.
- Ad-hoc-Überprüfung **VO Nr. 1286/2014 10** 10 ff.
- Adressat der Pflichten **VO Nr. 1286/2014 5** 1 ff.
- Amtssprachen **VO Nr. 1286/2014 7** 4 ff.
- Anonymisierung von Bekanntmachungen **VO Nr. 1286/2014 29** 22
- Aufsichtsbefugnisse **VO Nr. 1286/2014 20** 9 ff.
- Ausnahmen vom Anwendungsbereich **VO Nr. 1286/2014 2** 5 ff.
- behördliche Zusammenarbeit **VO Nr. 1286/2014 20** 2 ff.
- Bekanntmachung von Sanktionen **VO Nr. 1286/2014 29** 5 ff.
- Bereitstellung, elektronische Kommunikationsmittel **VO Nr. 1286/2014 14** 4 ff.
- Bereitstellung, Papier **VO Nr. 1286/2014 14** 1 ff.
- Bereitstellungpflicht, persönlicher Anwendungsbereich **VO Nr. 1286/2014 13** 5 ff.
- Bereitstellungszeitpunkt **VO Nr. 1286/2014 13** 12 ff.
- Beschwerdemöglichkeit **VO Nr. 1286/2014 8** 82 f.; **VO Nr. 1286/2014 19** 10 ff.
- Beschwerdeverfahren **VO Nr. 1286/2014 19** 3 ff.
- Darstellung **VO Nr. 1286/2014 6** 6 ff.
- Datenschutz **VO Nr. 1286/2014 21** 3 ff.
- dauerhafter Datenträger **VO Nr. 1286/2014 14** 4 ff.
- Delegation der Verantwortung **VO Nr. 1286/2014 5** 11 ff.
- Einlagen **VO Nr. 1286/2014 2** 13
- Entschädigungssystem **VO Nr. 1286/2014 8** 72 ff.
- Ergänzung der Mustervorlage **VO Nr. 1286/2014 8** 18 ff.
- generisches Basisinformationsblatt **VO Nr. 1286/2014 8** 88 ff.
- Gesamtkostenindikatoren **VO Nr. 1286/2014 8** 78
- Herstellerverantwortung **VO Nr. 1286/2014 5** 4 ff.
- Hinweispflicht in Werbematerialien **VO Nr. 1286/2014 9** 6 f.
- Inhalt **VO Nr. 1286/2014 6** 12 ff.
- interne Whistleblower-Struktur **VO Nr. 1286/2014 28** 8
- Irreführungsverbot **VO Nr. 1286/2014 6** 21 ff.
- Jahresbericht **VO Nr. 1286/2014 27** 5
- Klarheit **VO Nr. 1286/2014 6** 16 ff.
- Konkurrenz zur Prospektrichtlinie **VO Nr. 1286/2014 3** 3 ff.
- Konkurrenz zur Solvabilität II-Richtlinie **VO Nr. 1286/2014 3** 7 f.
- Koordination durch die EIOPA **VO Nr. 1286/2014 18** 2 ff.
- Kosten **VO Nr. 1286/2014 8** 75 ff.
- Marktüberwachung, BaFin **VO Nr. 1286/2014 15** 9 ff.
- Marktüberwachung, EIOPA **VO Nr. 1286/2014 15** 3 ff.
- Meldemechanismen **VO Nr. 1286/2014 28** 1 ff.
- Meldung an die ESMA, öffentliche Bekanntmachung **VO Nr. 1286/2014 27** 2 f.
- modifizierte Veröffentlichung **VO Nr. 1286/2014 29** 18 ff.
- Mustervorlage **VO Nr. 1286/2014 8** 8 ff.
- Nichtlebensversicherungsprodukte **VO Nr. 1286/2014 2** 10
- ökologische Ziele **VO Nr. 1286/2014 8** 45 ff.
- Organisationspflicht **VO Nr. 1286/2014 10** 4 f.
- Palette von Anlageinformationen **VO Nr. 1286/2014 6** 37 ff.
- Performance-Scenario **VO Nr. 1286/2014 8** 67 ff.
- periodische Überprüfung **VO Nr. 1286/2014 10** 6 ff.
- personenbezogene Daten **VO Nr. 1286/2014 21** 3 ff.
- persönlicher Anwendungsbereich der Bereitstellungspflicht **VO Nr. 1286/2014 13** 5 ff.
- Pflichtenadressat **VO Nr. 1286/2014 2** 1 ff.
- Präzision **VO Nr. 1286/2014 6** 14
- Product Governance **VO Nr. 1286/2014 10** 4 f.
- Produktart **VO Nr. 1286/2014 8** 37 ff.
- Prospektrichtlinie, Konkurrenz **VO Nr. 1286/2014 3** 3 ff.
- Querverweise **VO Nr. 1286/2014 6** 34 ff.
- Rechtsfolgen bei Verstoß **VO Nr. 1286/2014 1** 77 ff.; **VO Nr. 1286/2014 8** 94
- Rechtsfolgen bei Verstoß gegen die Bereitstellungspflicht **VO Nr. 1286/2014 13** 26 ff.; **VO Nr. 1286/2014 14** 16
- Rechtsmittel **VO Nr. 1286/2014 26** 4 ff.
- Rechtsmittel, Verhältnis zu EMRK/GrCh/GG **VO Nr. 1286/2014 26** 8 f.
- Rechtsmittelverfahren bei Sanktionen **VO Nr. 1286/2014 29** 23
- Renditeprofil **VO Nr. 1286/2014 8** 59 ff.
- Risikolebensversicherungen **VO Nr. 1286/2014 2** 12
- Risikoprofil **VO Nr. 1286/2014 8** 59 ff.
- Sanktionen **VO Nr. 1286/2014 24** 5 ff.
- Sanktionen, Bekanntmachung **VO Nr. 1286/2014 29** 5 ff.
- Sanktionen, Mindestharmonisierung **VO Nr. 1286/2014 24** 5 f.
- Sanktionen, Rechtsmittel **VO Nr. 1286/2014 26** 4 ff.
- Sanktionen, Strafcharakter **VO Nr. 1286/2014 24** 14 ff.
- Sicherungssystem **VO Nr. 1286/2014 8** 72 ff.
- Solvabilität II, Konkurrenz **VO Nr. 1286/2014 3** 7 f.
- soziale Ziele **VO Nr. 1286/2014 8** 45 ff.
- Sprache **VO Nr. 1286/2014 7** 4 ff.
- sprachlicher Gleichlauf mit Werbeunterlagen **VO Nr. 1286/2014 7** 9 ff.
- Strafcharakter von Sanktionen **VO Nr. 1286/2014 24** 14 ff.
- Überarbeitungspflicht **VO Nr. 1286/2014 10** 20 ff.
- Übereinstimmung mit anderen Unterlagen **VO Nr. 1286/2014 6** 26
- Übermittlung personenbezogener Daten in Drittländer **VO Nr. 1286/2014 21** 14
- Übermittlung von Zusammenfassungen **VO Nr. 1286/2014 27** 4
- Überprüfung durch die Europäische Kommission **VO Nr. 1286/2014 33** 1 ff.
- Überprüfungspflicht, Dauer **VO Nr. 1286/2014 10** 17 f.
- Überprüfungspflicht erhaltener Informationen **VO Nr. 1286/2014 10** 6 ff.
- Umfang **VO Nr. 1286/2014 6** 2 ff.
- Verantwortung **VO Nr. 1286/2014 5** 1 ff.
- Verantwortung für bestimmungswidrigen Vertrieb **VO Nr. 1286/2014 5** 9 f.
- Verarbeitung personenbezogener Daten, europäische Aufsichtsbehörden **VO Nr. 1286/2014 21** 10 ff.
- Verarbeitung personenbezogener Daten, Mitgliedsstaaten **VO Nr. 1286/2014 21** 3 ff.
- Verhältnis zu anderen Informationsblättern **VO Nr. 1286/2014 1** 68 ff.
- Veröffentlichung **VO Nr. 1286/2014 5** 14 ff.
- Versicherungsanlageprodukte **VO Nr. 1286/2014 8** 70
- Vertretung bei Bereitstellung **VO Nr. 1286/2014 13** 24 f.
- Vertrieb **VO Nr. 1286/2014 7** 1 ff.

Sachregister

- Vertriebskosten **VO Nr. 1286/2014 8** 78
- verwaltungsrechtliche Sanktionen **VO Nr. 1286/2014 22** 6 ff.
- Vorabnotifizierung **VO Nr. 1286/2014 5** 18 ff.
- Warnhinweis **VO Nr. 1286/2014 8** 29 ff.
- Website **VO Nr. 1286/2014 14** 11 ff.
- Werbematerialien **VO Nr. 1286/2014 6** 31 ff.
- Werbematerialien, Inhalt **VO Nr. 1286/2014 9** 1 ff.
- Werbematerialien, Widersprüchlichkeit **VO Nr. 1286/2014 9** 4 f.
- Whistleblower-Infrastruktur **VO Nr. 1286/2014 28** 8
- Whistleblower-System **VO Nr. 1286/2014 28** 5
- Widersprüchlichkeit von Werbematerialien **VO Nr. 1286/2014 9** 4 f.
- wirksame Meldemechanismen **VO Nr. 1286/2014 28** 6 ff.
- Zertifikate **VO Nr. 1286/2014 2** 13
- zivilrechtliche Haftung, Haftungsansprüche **VO Nr. 1286/2014 11** 39 ff.
- zivilrechtliche Haftung, Kausalität **VO Nr. 1286/2014 11** 23 ff.
- zivilrechtliche Haftung, Klauselverbot **VO Nr. 1286/2014 11** 47 f.
- zivilrechtliche Haftung, Pflichtverletzung **VO Nr. 1286/2014 11** 16 ff.
- zivilrechtliche Haftung, Rechtsfolgen **VO Nr. 1286/2014 11** 33 ff.
- zivilrechtliche Haftung, Verjährung **VO Nr. 1286/2014 11** 36 ff.
- zivilrechtliche Haftung, Verschulden **VO Nr. 1286/2014 11** 29 ff.
- zivilrechtliche Haftung, Voraussetzungen **VO Nr. 1286/2014 11** 14 ff.
- Zusammenarbeit zuständiger Behörden **VO Nr. 1286/2014 20** 2 ff.
- zweckdienliche Angaben **VO Nr. 1286/2014 8** 84 ff.

Basisinformationsblatt – Produktinterventionsbefugnisse
- Adressat **VO Nr. 1286/2014 17** 36
- Anwendungsbereich **VO Nr. 1286/2014 16** 7 ff.; **VO Nr. 1286/2014 17** 6 ff.
- Aufgabenbegründung BaFin **VO Nr. 1286/2014 15** 9 ff.
- Aufgabenbegründung EIOPA **VO Nr. 1286/2014 15** 3 ff.
- Beeinträchtigung von Aufsichtszielen **VO Nr. 1286/2014 17** 14 ff.
- Bekanntgabe von Interventionsmaßnahmen **VO Nr. 1286/2014 17** 34 ff.
- Durchsetzung **VO Nr. 1286/2014 16** 32; **VO Nr. 1286/2014 17** 42
- EIOPA **VO Nr. 1286/2014 16** 1 ff.
- grenzüberschreitendes Informationsverfahren **VO Nr. 1286/2014 17** 31 ff.
- Rechtsschutz **VO Nr. 1286/2014 16** 32; **VO Nr. 1286/2014 17** 43 f.
- Verhältnis zu mitgliedstaatlichen Maßnahmen **VO Nr. 1286/2014 16** 24
- Voraussetzungen einer Intervention **VO Nr. 1286/2014 16** 10 ff.; **VO Nr. 1286/2014 17** 12 ff.
- Widerruf von Interventionsmaßnahmen **VO Nr. 1286/2014 17** 38

Bedeutende Kaufs- oder Verkaufspositionen
- Marktmanipulation **VO Nr. 596/2014 12** 91 ff.

Begrenzungsmechanismus
- Handelsbeschränkung **VO Nr. 600/2014 5** 3 f.

Bereitsteller konsolidierter Datenticker
- angemessene Grundsätze **59** 11
- Begriff **2** 291
- Echtzeitbasis **59** 10
- Gewährleistung der Informationssicherheit **59** 26 ff.
- Handelsdaten, Erfassung **59** 6
- Handelsdaten, Konsolidierung **59** 7
- Handelsdaten, Veröffentlichung **59** 8 f.
- Hinweisgeberverfahren **59** 36 f.
- Informationsbereitstellung, Modalitäten **59** 19 ff.
- Informationssicherheit, Gewährleistung **59** 26 ff.
- Interessenskonflikte, Vermeidung **59** 24 f.
- Organisationspflicht **59** 1 ff.
- Veröffentlichung, Inhalt **59** 17 f.
- Vorkehrungen **59** 11

Berufsgeheimnis
- Adressaten **VO Nr. 596/2014 27** 3 ff.
- ausgetauschte Informationen **VO Nr. 236/2012 34** 10 ff.
- besonderer Schutz bei behördlichem Informationsaustausch **VO Nr. 596/2014 27** 10 ff.
- Gegenstand **VO Nr. 596/2014 27** 7
- Weitergabebefugnis **VO Nr. 596/2014 27** 8 f.
- Weitergabeverbot vertraulicher Informationen **VO Nr. 648/2012 83** 3 ff.

Berufsverbot 96; s. *„Tätigkeitsverbot"*

Beschwerde
- Enforcement-Verfahren **113** 1 ff.

Besonderer Vertreter
- Ad-hoc-Publizitätspflicht **VO Nr. 596/2014 17** 27 ff.

Best Execution
- Anwendungsbereich **82** 2 ff.
- Auftragsweiterleitung **82** 46 ff.
- Ausführung durch Dritte **82** 35
- außerbörsliche Ausführung **82** 25 ff.
- Grundsätze **82** 7 ff., 41 ff., 46 ff.
- Informationspflicht **82** 34 ff.
- Ordnungswidrigkeiten **120** 235 ff.
- Privatkunden **82** 15 ff.
- professionelle Kunden **82** 7 ff.
- Vermögensverwaltung **82** 54
- Weisungen **82** 30 ff.

Beteiligungen
- Stimmrechtsanteile, Mitteilungspflichten *s. dort*
- Strategie- und Mittelherkunftsbericht **43** 1 ff.; *s.a. „Mittelherkunftsbericht"; „Strategiebericht"*

Beteiligungserwerb
- Ad-hoc-Publizitätspflicht **VO Nr. 596/2014 17** 240 ff.
- Insiderhandelsverbot **VO Nr. 596/2014 8** 59 ff.

Betretungsrecht
- Ordnungswidrigkeiten **120** 327 ff.

Betreuung
- Vermögensverwaltung **2** 123

Betrieb eines MTF/OTF
- Ablauf des Handels **72** 25 ff.
- algorithmisch erzeugte Aufträge, Kennzeichnungspflicht **72** 65 ff.
- angemessene Kontrollverfahren **72** 31 ff.
- Beschreibung der Funktionsweise des Systems **72** 115 ff.
- börsengesetzliche Vorschriften **72** 81 ff.
- direkter elektronischer Zugang **72** 60 ff.
- Einbeziehung von Finanzinstrumenten **72** 22 ff.
- Entgelt, übermäßige Systemnutzung **72** 42 ff.
- Entgelte **72** 107 ff.
- erhebliche Preisschwankungen **72** 45 ff.
- Funktionsweise des Systems, Beschreibung **72** 115 ff.
- Kontrollverfahren **72** 31 ff.
- Mindestpreisänderungsgröße **72** 56 ff.
- Mitteilung, signifikanter Kursverfall **72** 133 f.
- Mitteilung, Verstöße **72** 125 ff.
- öffentliche Bekanntgabe von Informationen **72** 39 ff.
- Order-Transaktions-Verhältnis **72** 52 ff.
- Preisermittlung **72** 25 ff.
- Preisschwankungen **72** 45 ff.
- Referenzdaten **72** 124
- übermäßige Systemnutzung, Entgelt **72** 42 ff.
- Verstöße, Mitteilung **72** 125 ff.
- vertragsgemäße Abwicklung **72** 29 f.
- Verwaltung technischer Abläufe **72** 68 ff.
- zentrale Gegenpartei **72** 135 f.
- Zugang von Handelsteilnehmern **72** 13 ff.

Betriebsrat
- Insiderliste **VO Nr. 596/2014 18** 93 ff.

Betrug
- Insiderhandelsverbot **VO Nr. 596/2014 8** 9 ff.

Beweislast
- Mitteilungspflichtverletzung **44** 89
- Zuwendungen **70** 52

3401

Sachregister

Bezugsrecht
- Ausübung **49** 11 ff.
- Finanzinstrumente, Begriff **2** 86
- Mitteilungspflichtverletzung **44** 71; s.a. „Aktien – Rechtsverlust"

Bilanzeid
- Halbjahresfinanzbericht **115** 34 f.
- Jahresfinanzbericht **114** 46 f.
- Ordnungswidrigkeiten **120** 127

Bilanzkontrolle
- internationale Zusammenarbeit **18** 11

Börsenaufsicht
- Anwendungsbereich des WpHG **6** 13
- BaFin, Zusammenarbeit **6** 13; **18** 8 ff.
- Missstandsaufsicht **6** 12 f.

Börsenhandel
- Anwendungsbereich des WpHG **6** 13
- insolvente Gesellschaft **24** 10 ff.
- Überwachungsstellen **6** 13
- Untersagung/Aussetzung **6** 76 ff.; **18** 27

Börsennotierte Unternehmen
- Insolvenzverwalter, Pflichten **24** 5 ff.
- Stimmrechtsanteile, Mitteilungspflichten **33** 94
- Stimmrechtsanteile, Veröffentlichungspflicht **40** 1 ff.
- Strategie- und Mittelherkunftsbericht **43** 1 ff.; s.a. „Mittelherkunftsbericht"; „Strategiebericht"

Börsennotierung
- Information der Wertpapierinhaber s. „Zulassungsfolgepflichten"
- Mehrfachnotierung, Drittland **40** 67

Börsenzulassung
- Enforcement-Verfahren s. dort
- Stimmrechtsanteile, Mitteilungspflichten **33** 88

Botenbanken
- Wertpapierdienstleistungen, Begriff **2** 103

Bruchteilsgemeinschaften
- Stimmrechtsanteile, Mitteilungspflichten **33** 8

Bußgeld s.a. „Ordnungswidrigkeiten"
- Gleichbehandlungsgebot **48** 37
- Insiderliste, Pflichtverstoß **VO Nr. 596/2014 18** 96 ff.
- Publizitätspflicht, Verletzung **51** 13
- Zulassungsfolgepflichten **49** 44

Bußgeldverfahren
- vollständige Überprüfbarkeit **VO Nr. 648/2012 69** 9
- Zuständigkeit **40** 9 ff.

C.6-Energiederivatkontrakt
- Übergangsvorschrift **138** 1 ff.

Cash Settled Equity Swaps
- Mitteilungspflichten **38** 45 ff.

Central Counterparty s. „Zentrale Gegenpartei"

Clearing
- Ausfall eines Clearingmitglieds **VO Nr. 648/2012 48** 1 ff.
- Ausfall eines Clearingmitglieds, Verfahren **VO Nr. 648/2012 48** 7 ff.
- Definition **VO Nr. 648/2012 2** 13 ff.
- Mitteilungspflicht, Befreiung **36** 42 ff.

Clearingdienstleistungen – Organisationspflichten
- Anforderungen an potentielle Kunden **78** 7 ff.
- Anwendungsbereich **78** 1 ff.
- Dokumentationspflicht **78** 10 ff.
- Kontrollen **78** 6
- Offenlegung **78** 13 ff.
- Sanktionen **78** 16
- Systeme **78** 6
- Zweck **78** 1 ff.

Clearingpflicht
- Derivate, börsengehandelte **VO Nr. 600/2014 29** 2 f.
- Derivate, zeitnahe Aufnahme in das Clearing **VO Nr. 600/2014 29** 4 ff.

Clearingpflicht – nichtfinanzielle Gegenparteien
- Absicherungsgeschäfte **VO Nr. 648/2012 10** 35 ff.
- Anwendungsbereich **VO Nr. 648/2012 10** 6 ff.
- Begründung der Clearingpflicht **VO Nr. 648/2012 10** 9 ff.
- Clearingschwelle **VO Nr. 648/2012 10** 48 ff.
- Clearingschwelle, Anrechnung **VO Nr. 648/2012 10** 30 ff.
- Clearingschwelle, nachhaltiges Überschreiten **VO Nr. 648/2012 10** 15 ff.
- Zweck **VO Nr. 648/2012 10** 1 ff.

Clearingpflicht – OTC-Derivate
- Anordnung, Kriterien **VO Nr. 648/2012 5** 20 ff.
- Anordnung, Verfahren **VO Nr. 648/2012 5** 1 ff.
- Anwendungsbereich, Ausnahmen **VO Nr. 648/2012 4** 57 ff.
- Anwendungsbereich, persönlicher **VO Nr. 648/2012 4** 2 ff.
- Anwendungsbereich, zeitlicher **VO Nr. 648/2012 4** 48 ff.
- Clearingmitglieder **VO Nr. 648/2012 4** 158
- Drittstaaten **VO Nr. 648/2012 4** 10 ff.; **VO Nr. 648/2012 5** 68 ff.
- Ende der Clearingpflicht **VO Nr. 648/2012 5** 38 ff.
- Freistellung **VO Nr. 648/2012 4** 77 ff.
- Gegenparteien, Kategorien **VO Nr. 648/2012 5** 52 ff.
- Gegenstand des Clearings **VO Nr. 648/2012 4** 95 ff.
- gruppeninterne Geschäfte **VO Nr. 648/2012 4** 77 ff.
- indirektes Clearing **VO Nr. 648/2012 4** 110 ff.
- Kundeneinstufung **VO Nr. 648/2012 4** 33 ff.
- Sanktionen **VO Nr. 648/2012 4** 161
- Verfahren **VO Nr. 648/2012 4** 100 ff.

Clearingvereinbarungen – indirekte
- Anforderungen **VO Nr. 600/2014 30** 7 ff.
- indirekter Kunde **VO Nr. 600/2014 30** 8 ff.
- Pflichten der CCP **VO Nr. 600/2014 30** 21 ff.
- Pflichten der Clearingmitglieder **VO Nr. 600/2014 30** 27 ff.
- Pflichten der Kunden **VO Nr. 600/2014 30** 41 ff.

Clearingverfahren
- Ausgestaltung **VO Nr. 600/2014 30** 1 ff.; **VO Nr. 648/2012 4** 100 ff.

Compliance
- Ausnahmen **80** 100
- BaFin-Kontrollsystem **44** 5 ff.
- Beauftragter **80** 92 ff.; **87** 44 ff.; s.a. „Mitarbeiter – Compliance"
- Berichtspflicht **80** 99
- Funktion **80** 83 ff.
- Organisation **23** 42
- Vergütungsstruktur **80** 96
- Vertraulichkeitsbereiche, Überschreiten **80** 45
- Vertriebsvorgaben **80** 61 ff.
- whistleblowing **80** 91

Contracts for Difference
- Mitteilungspflichten **38** 45 ff.

Credit Default Swaps
- Kreditderivate, Verbot s. dort

Darlegungslast s. „Beweislast"
Darlehen s. „Kredit"

Datenbereitstellungsdienst
- Begriff **2** 293
- Organisation, Regelungskonzept **vor 58** 1 ff.

Datenfernübertragung
- Aktionäre, Einwilligung **49** 40 ff.
- Anwendungsbereich **49** 33
- Begriff **49** 34
- Diskriminierung **49** 38
- Hauptversammlungsbeschluss **49** 36 f.
- Identifizierung **49** 39
- Kostenumlegung **49** 35
- Zulässigkeit **49** 32, 36 f.
- Zulässigkeit, bei Schuldtiteln **49** 43

Datenschutz
- Regelungsinhalt **VO Nr. 596/2014 28** 1 ff.
- Übermittlung in Drittstaaten **VO Nr. 596/2014 29** 2 ff.

Deliktshaftung s. „Schadensersatzpflicht"

Depotbanken
- Auslandssitz **84** 41

Sachregister

- Finanzinstrumente 84 40 ff.
- Mitteilungspflichten 84 48
- Schutz der Finanzinstrumente 84 40 ff.
- Stimmrechtsanteile, Zurechnung 35 63 ff.
- Überwachung 84 44

Depotgeschäft
- Wertpapiernebendienstleistungen 2 180 ff.

Derivate
- Ad-hoc-Publizitätspflicht VO Nr. 596/2014 17 33
- außerbörslicher Handel 2 50
- außerbörslicher Handel, Meldepflicht s. „Meldepflichten – Außerbörslicher Derivatehandel"
- außerbörslicher Handel, Sanktionen VO Nr. 648/2012 12 4 ff.
- Basiswert 2 53 ff.
- Begriff 2 45 ff.
- Differenzgeschäfte 2 75
- Directors' Dealings, Mitteilungspflicht VO Nr. 596/2014 19 63 ff.
- Emissionszertifikate 2 60 ff.
- Festgeschäfte 2 49, 51 f.
- Finanztermingeschäfte 99 10 f.
- Frachtsätze 2 66
- Handelbarkeit/Standardisierung 2 50
- Kreditderivate 2 76 f.
- Kreditderivate, Verbot s. dort
- Leerverkaufsverordnung, Anwendungsbereich VO Nr. 236/2012 1 7 ff.
- Optionsgeschäfte 2 51 f.
- Rechteänderung 50 8
- Swaps 2 77
- Termingeschäfte 2 78 ff.
- Verbriefung 2 50
- Warentermingeschäfte 2 65

Derivatekategorie
- Begriff VO Nr. 648/2012 2 39 f.

Derivatekontrakt
- Begriff VO Nr. 648/2012 2 24 f.

Deutsche Prüfstelle für Rechnungslegung
- Mitwirkung der Unternehmen 108 5 f., 9 ff.
- Rechtsbehelf 112 2
- Stichprobenprüfung 108 7 f.

Deutscher Corporate Governance Kodex
- Directors' Dealings VO Nr. 596/2014 19 209

Devisengeschäft
- Wertpapiernebendienstleistungen 2 191

Differenzgeschäfte
- Derivate, Begriff 2 75
- Mitteilungspflichten 38 29

Directors' Dealings
- Ad-hoc-Publizitätspflicht VO Nr. 596/2014 17 243
- Deutscher Corporate Governance Kodex VO Nr. 596/2014 19 209
- Gewinnherausgabe VO Nr. 596/2014 19 187
- Handelsverbot VO Nr. 596/2014 19 153 ff.
- Handelsverbot, Anwendungsbereich VO Nr. 596/2014 19 154 ff.
- Handelsverbot, Ausnahmen VO Nr. 596/2014 19 169 ff.
- Handelsverbot, Closed Periods VO Nr. 596/2014 19 161 ff.
- Handelsverbot, erfasste Veröffentlichungen VO Nr. 596/2014 19 162 ff.
- Handelsverbot, Sanktionen VO Nr. 596/2014 19 185 ff.
- Ordnungswidrigkeiten 120 349
- pre-trading disclosure VO Nr. 596/2014 19 16
- Schadensersatzpflicht VO Nr. 596/2014 19 204 f.
- Unternehmensregistermitteilung VO Nr. 596/2014 19 134, 144
- Verhältnis zu anderen Publizitätspflichten VO Nr. 596/2014 19 206 f.
- Verhältnis zu Bilanzvorschriften VO Nr. 596/2014 19 210
- Verhältnis zum Informationsfreiheitsgesetz VO Nr. 596/2014 19 211

Directors' Dealings – Mitteilungspflicht
- Adressat VO Nr. 596/2014 19 24 ff.
- Aktien VO Nr. 596/2014 19 61
- Aktientausch VO Nr. 596/2014 19 73
- Alternativen VO Nr. 596/2014 19 14 ff.
- Anwendungsbereich, sachlicher VO Nr. 596/2014 19 18 ff.
- Bagatellgrenze VO Nr. 596/2014 19 111 ff.
- Bedeutung in der Praxis VO Nr. 596/2014 19 17
- Derivate VO Nr. 596/2014 19 63 ff.
- Eigengeschäft, Begriff VO Nr. 596/2014 19 71 ff.
- Eigengeschäft, Verpflichtungs-/Verfügungsgeschäft VO Nr. 596/2014 19 72 ff.
- erfasste Geschäfte VO Nr. 596/2014 19 69 ff.
- Finanzinstrumente VO Nr. 596/2014 19 59 ff.
- Form VO Nr. 596/2014 19 120 ff.
- Frist VO Nr. 596/2014 19 130
- Führungsaufgaben VO Nr. 596/2014 19 24 ff.
- Genussrechte VO Nr. 596/2014 19 65
- Gewinnherausgabe VO Nr. 596/2014 19 187
- Gratisaktien VO Nr. 596/2014 19 73
- Hauptaktionär VO Nr. 596/2014 19 36
- in enger Beziehung stehende juristische Personen/Gesellschaften/Einrichtungen VO Nr. 596/2014 19 49 ff.
- in enger Beziehung stehende Personen VO Nr. 596/2014 19 40 ff.
- Indexprodukte VO Nr. 596/2014 19 105
- Inhalt VO Nr. 596/2014 19 120 ff.
- Insiderliste VO Nr. 596/2014 19 34
- Insolvenzverwalter VO Nr. 596/2014 19 35
- Investmentanteile VO Nr. 596/2014 19 90
- Kauf/Verkauf VO Nr. 596/2014 19 73
- KGaA VO Nr. 596/2014 19 27 f.
- Leitungsorgane VO Nr. 596/2014 19 25 ff., 32
- Mitarbeiteroptions-/aktienprogramme VO Nr. 596/2014 19 74 ff.
- Nachmeldungspflicht VO Nr. 596/2014 19 114
- Optionsgeschäfte VO Nr. 596/2014 19 65, 74 f.
- Phantom Stock VO Nr. 596/2014 19 66 f.
- Rechtsentwicklung VO Nr. 596/2014 19 1 ff.
- Regelungsvorbilder VO Nr. 596/2014 19 14 ff.
- Sanktionen VO Nr. 596/2014 19 197 ff.
- Schadensersatzpflicht VO Nr. 596/2014 19 204 f.
- Schenkung VO Nr. 596/2014 19 103
- Schuldverschreibungen VO Nr. 596/2014 19 65
- Sicherungsübereignung/Verpfändung VO Nr. 596/2014 19 81 f.
- Stock Appreciation rights VO Nr. 596/2014 19 66 ff.
- top executives VO Nr. 596/2014 19 31
- Treuhand VO Nr. 596/2014 19 49 ff.
- unterlassene Mitteilung VO Nr. 596/2014 19 134 f.
- Vergütungsbestandteile VO Nr. 596/2014 19 74 ff.
- Vermögensverwaltung VO Nr. 596/2014 19 84 ff.
- Verpflichtete VO Nr. 596/2014 19 24 ff., 40 ff.
- Verwandte VO Nr. 596/2014 19 40 ff.
- vorbeugende Mitteilung VO Nr. 596/2014 19 117
- vorübergehende Überlassung VO Nr. 596/2014 19 69, 80 ff.
- Wandelanleihen/-genussrechte VO Nr. 596/2014 19 65
- Wertpapierleihe VO Nr. 596/2014 19 83
- Wertpapierpensions-/Repogeschäfte VO Nr. 596/2014 19 83
- Zeitpunkt VO Nr. 596/2014 19 72 ff.
- Zuteilung von Aktien/Bezugsrechten VO Nr. 596/2014 19 73 f.
- Zweck VO Nr. 596/2014 19 8 ff.

Directors' Dealings – Veröffentlichung
- Anwendungsbereich VO Nr. 596/2014 19 134 ff.
- Art VO Nr. 596/2014 19 137 ff.
- Frist VO Nr. 596/2014 19 141 ff.
- Inhalt VO Nr. 596/2014 19 140
- Nachweis VO Nr. 596/2014 19 141 ff.
- Sanktionen VO Nr. 596/2014 19 198
- Schadensersatzpflicht VO Nr. 596/2014 19 204 f.
- Sprache VO Nr. 596/2014 19 140
- unterlassene Mitteilung des Meldepflichtigen VO Nr. 596/2014 19 134 f.

Sachregister

Direkter elektronischer Zugang
- Aufbewahrungspflicht 77 49 ff.
- Aufzeichnungspflicht 77 49 ff.
- Beschreibungsverlangen der BaFin 77 47 f.
- Eignungsprüfung von Kunden 77 20 ff.
- Festlegung angemessener Handels- und Kreditschwellen 77 29
- Handelsüberwachung 77 30 ff.
- Marktmissbrauch 77 37 ff.
- marktstörende Handelsbedingungen 77 37 ff.
- Mitteilung an Behörden 77 41 ff.
- Nachweisverlangen der BaFin 77 47 f.
- Normadressaten 77 10 ff.
- Regelungsgegenstand 77 1 ff.
- schriftlicher Vertrag 77 26 ff.

Dividende
- Ausschüttung 49 11
- Mitteilungspflichtverletzung 44 68 ff.; *s.a. „Aktien – Rechtsverlust"*

Dokumentation
- Kundeninteressen 80 24
- Vermögensverwaltung 64 86 ff.

Drittstaaten *s.a. „Auslandsberührung"*
- BaFin, internationale Zusammenarbeit 18 54 ff.
- Dienstleistungserbringung, Registrierungsantrag VO Nr. 600/2014 46 15 ff.
- Dienstleistungserbringung, Registrierungspflicht VO Nr. 600/2014 46 2 ff.
- Dienstleistungserbringung, Registrierungsvoraussetzungen VO Nr. 600/2014 46 10 ff.
- Finanzinstrumente, Aufhebung der Zugangserlaubnis 104 1 ff.
- Finanzinstrumente, Marktzugang 102 1 ff.
- Gleichbehandlungsgrundsatz VO Nr. 600/2014 46 14
- Gleichwertigkeit, Anerkennung VO Nr. 600/2014 47 2 ff.
- Informationspflichten gegenüber Kunden VO Nr. 600/2014 46 24 ff.
- Marktzugang, Antrag 102 14 ff.
- Marktzugang, Erlaubnispflicht 102 4 ff.
- Marktzugang, Verfahren 102 24 ff.
- Meldepflicht von Auslandsunternehmen VO Nr. 600/2014 26 9
- Registrierung, Widerruf VO Nr. 600/2014 49 2 ff.
- Wertpapierdienstleistungen, Befreiung 91 3 ff.
- Zusammenarbeitsvereinbarung VO Nr. 600/2014 47 7 ff.
- Zweigniederlassung VO Nr. 600/2014 47 10 ff.

Drittstaateninformationen
- Publizitätspflicht 51 1 ff.

Drittstaatensitz
- Stimmrechtsanteile, Mitteilungspflichten 33 91 ff.

Due Diligence
- Ad-hoc-Publizitätspflicht VO Nr. 596/2014 17 121, 214, 220
- Insiderhandelsverbot VO Nr. 596/2014 8 29

Durchsuchung
- BaFin-Maßnahmen 6 205 ff.

Ehegatten
- Directors' Dealings, Mitteilungspflicht VO Nr. 596/2014 19 42

Eigene Aktien
- Ad-hoc-Publizitätspflicht VO Nr. 596/2014 17 224 ff.
- Insiderhandelsverbot VO Nr. 596/2014 8 49 ff.
- Stimmrechtsanteile, Veröffentlichungspflicht 40 20 ff.

Eigenhandel
- Best Execution 82 4
- geeignete Gegenpartei 68 1 ff.

Eigenkapitalinstrumente – Vorhandelstransparenzanforderungen
- Anwendungsbereich, gegenständlicher VO Nr. 600/2014 3 13 ff.
- Anwendungsbereich, personeller VO Nr. 600/2014 3 8 ff.
- systematische Stellung VO Nr. 600/2014 3 1 ff.
- Überwachung VO Nr. 600/2014 3 5
- Veröffentlichungsinhalt VO Nr. 600/2014 3 20 ff.
- Veröffentlichungsmodalitäten VO Nr. 600/2014 3 25 ff.
- Zweck VO Nr. 600/2014 3 4

Eigenkapitalinstrumente – Vorhandelstransparenzausnahmen
- Aufträge mit großem Volumen VO Nr. 600/2014 4 10
- Auftragsverwaltungssysteme VO Nr. 600/2014 4 11 f.
- ausgehandelte Geschäfte VO Nr. 600/2014 4 5 ff.
- Gewährungsverfahren VO Nr. 600/2014 4 13 ff.
- Referenzpreissystem VO Nr. 600/2014 4 3 f.
- Rücknahme gewährter Ausnahmen VO Nr. 600/2014 4 18 ff.

Einflussnahme
- Strategiebericht 43 18

Einsichtsrecht
- BaFin 6 117 ff.

Einstweiliger Rechtsschutz *s.a. „BaFin – Rechtsschutz"*
- Enforcement-Verfahren 113 13 ff.

EIOPA
- Basisinformationsblätter, Koordination VO Nr. 1286/2014 18 2 ff.

Elektronische Übermittlung *s. „Datenfernübertragung"*

EMIR
- Anwendungsbereich, persönlicher VO Nr. 648/2012 1 2 ff.
- Aufsichtsmaßnahmen VO Nr. 648/2012 64 1 ff.
- Bereichsausnahme VO Nr. 648/2012 1 9 ff.
- Entstehungsgeschichte VO Nr. 648/2012 vor 1 10 ff.
- extraterritoriale Wirkungen VO Nr. 648/2012 vor 1 36 ff.
- geplante Überarbeitungen VO Nr. 648/2012 vor 1 31 ff.
- Prüfpflichten 32 2 ff.
- Prüfpflichten, Anwendungsbereich 32 3 ff.
- Prüfpflichten, Mitteilungspflicht des Prüfers 32 43 ff.
- Prüfpflichten, Prüfungsbescheinigung 32 46 ff.
- Prüfpflichten, Prüfungsgegenstand 32 31 ff.
- Regelungszweck VO Nr. 648/2012 vor 1 1 ff.

Emissionsgeschäft
- Eigenplatzierung 2 132
- Platzierung für eigenes Risiko 2 133 ff.
- Platzierungsgeschäft 2 141 ff.
- Wertpapierdienstleistungen, Begriff 2 132

Emissionszertifikat
- Derivate, Begriff 2 60 f.

Emittent
- Ad-hoc-Publizität VO Nr. 596/2014 17 19 ff.
- Directors' Dealings, Mitteilungspflicht VO Nr. 596/2014 19 18 ff.
- Herkunftsmitgliedstaat, Wahl 4 1 ff.
- Information der Wertpapierinhaber *s. „Zulassungsfolgepflichten"*
- Inlandsemittent 2 229 ff.; *s.a. dort*
- Insiderliste, Aufklärungspflicht VO Nr. 596/2014 18 70 ff.
- Insiderliste, Führung VO Nr. 596/2014 18 12 ff.
- Stimmrechtsanteile, Mitteilungspflichten 33 83 ff.

Emittent – Herkunftsstaat BRD
- aktienbezogene Publizitätspflicht 49 4 ff.
- Begriff 2 217 ff.
- Gleichbehandlung der Aktionäre 48 5 ff.; *s.a. dort*
- Hauptversammlung, Einberufung 49 5 ff.
- Information der Wertpapierinhaber 48 2; *s.a. „Zulassungsfolgepflichten"*
- schuldtitelbezogene Publizitätspflicht 49 22 ff.
- Strategie- und Mittelherkunftsbericht 43 4

Emittent – Herkunftsstaat EU/EWR
- Publizitätspflicht 51 2 ff.

Energiewirtschaft
- BaFin, internationale Zusammenarbeit 18 1 ff.

Enforcement-Verfahren
- Ad-hoc-Publizitätspflicht VO Nr. 596/2014 17 244 ff.
- Anlassprüfung 107 1 ff.
- Aufbau 106 1; **vor** 106 9 f.
- Auskunfts-/Vorlagepflicht 107 41 ff.
- Auskunftsverweigerung 107 53

Sachregister

- Bekanntmachung **107** 26f.; **109** 18ff.
- Beschwerde **113** 1ff.
- Beteiligung Dritter **107** 39f.
- Betretungsrecht **107** 54ff.
- betroffene Unternehmen **106** 2ff.
- Börsenzulassung, Zeitpunkt **106** 3ff.
- DPR-Prüfung **vor 106** 2, 9f.
- HGB-Regelungen **vor 106** 18
- Hintergrund, internationaler **vor 106** 14ff.
- internationaler Hintergrund **vor 106** 14ff.
- Mitwirkung der Unternehmen **108** 5f., 9ff.
- Nichtigkeitsklage **107** 34ff.
- Prüfstelle, Anerkennung **108** 1ff.
- Prüfungsgegenstände **106** 7ff.; **107** 30ff.
- Prüfungsmaßstab **106** 22ff.
- Prüfungsumfang **107** 18ff.
- Prüfungsverlangen **108** 16f.
- Rechnungslegung, Berichtigung **109** 15ff.
- Rechnungslegung, ohne Beanstandung **109** 31
- Rechnungslegungsfehler **109** 1ff., 8ff., 18ff.
- Rechtsentwicklung **vor 106** 1ff.
- Sonderprüfung, aktienrechtliche **107** 38
- Stichprobenprüfung **107** 15ff.; **108** 7f.
- Umlage **vor 106** 11ff.
- Verfahrenseröffnung **107** 1ff.; **108** 16f.
- Verfahrenshemmnisse **107** 33ff.; **108** 18
- Widerspruchsverfahren **112** 1ff.
- Wirkung **vor 106** 6ff.
- Zuständigkeit **106** 1; **108** 1, 9ff.
- Zweck **vor 106** 4f.

Erbengemeinschaft
- Stimmrechtsanteile, Mitteilungspflichten **33** 13f.

ESMA – Aufgaben
- Einbeziehung der zuständigen Behörde **VO Nr. 648/2012 63** 6
- Informationsaustausch **VO Nr. 648/2012 84** 1ff.
- Interventionskoordinierung **VO Nr. 600/2014 43** 2
- Marktüberwachung **VO Nr. 600/2014 39** 2ff.
- Positionsmanagement, Koordinierung **VO Nr. 600/2014 44** 2f.
- Registerführung **VO Nr. 600/2014 48** 1ff.
- Registerführung, OTC-Derivate **VO Nr. 648/2012 6** 1ff.
- Überprüfung des Registrierungswiderrufs von Transaktionsregistern **VO Nr. 648/2012 71** 10ff.
- Vermeidung doppelter oder kollidierender Vorschriften **VO Nr. 648/2012 13** 5ff.
- Veröffentlichung einer Liste von Finanzinstrumenten **VO Nr. 596/2014 4** 15ff.

ESMA – Befugnisse
- Aufsichtsmaßnahmen, Transaktionsregister **VO Nr. 648/2012 73** 1ff.
- Delegation von Aufgaben **VO Nr. 648/2012 74** 1ff.
- Handelspflicht, Anordnung **VO Nr. 600/2014 32** 1ff.
- Handelspflicht, Beendigung **VO Nr. 600/2014 32** 28ff.
- Informationsersuchen von Transaktionsregistern **VO Nr. 648/2012 61** 1ff.
- Initiativrecht, Clearingpflicht **VO Nr. 648/2012 5** 17ff.
- Intervention, Bekanntgabe von Beschlüssen **VO Nr. 600/2014 40** 29ff.
- Intervention, Durchsetzung **VO Nr. 600/2014 40** 36
- Intervention, Koordinierung **VO Nr. 600/2014 43** 3ff.
- Intervention, Rechtsschutz **VO Nr. 600/2014 40** 37ff.
- Intervention, Voraussetzungen **VO Nr. 600/2014 40** 9ff.
- Prüfung vor Ort **VO Nr. 648/2012 63** 1ff.
- Registrierung, Widerruf **VO Nr. 600/2014 49** 2ff.
- Untersuchungsbefugnis **VO Nr. 648/2012 62** 1ff.
- Untersuchungsverfahren, Ablauf **VO Nr. 648/2012 64** 5ff.

EU-/EWR-Raum
- Drittstaatenmärkte, Aufhebung der Zugangserlaubnis **104** 1ff.
- Märkte außerhalb, Zugang **102** 1ff.
- Wertpapierdienstleistungsunternehmen **90** 1ff.

Europäische Finanzaufsicht
- ESMA *s. dort*

Europäische Kommission
- BaFin, internationale Zusammenarbeit **18** 1ff.

Europäische Union
- Aufnahmemitgliedstaat, Begriff **2** 248ff.
- BaFin, internationale Zusammenarbeit **18** 12ff.
- Herkunftsmitgliedstaat, Begriff **2** 243ff.
- Meldepflicht von Auslandsunternehmen **VO Nr. 600/2014 26** 9

Europäische Wertpapier- und Marktaufsichtsbehörde
- Aufgaben **19** 7f.
- BaFin, internationale Zusammenarbeit **7** 6; *s.a. „ESMA"*
- Befugnisse **19** 7ff.
- Errichtung **19** 7ff.
- Finanzaufsichtssystem **19** 3ff.
- Informationsweitergabe durch BaFin **19** 18ff.
- Jahresbericht der BaFin **19** 25f.
- Unterrichtungspflicht der BaFin **19** 27

Europäische Zentralbank
- Ausübung von Stimmrechten **36** 58
- Mitteilungspflicht, Befreiung **36** 53ff.

Europäischer Pass
- zentrale Gegenpartei **VO Nr. 648/2012 14** 7ff.

Europäisches Recht
- Wertpapierstraf-/ordnungswidrigkeitenrecht **vor 119** 20ff.

European Market Infrastructure Regulation *s. „EMIR"*

Finanzanalysen
- Abgrenzung zur Anlageberatung **85** 3
- einfache **85** 5ff.
- einfache/qualifizierte, Abgrenzung **85** 3f.
- Interessenkonflikt **85** 19ff.
- Ordnungswidrigkeiten **120** 127
- qualifizierte **85** 9ff.
- Verhaltenspflichten, allgemeine **63** 59
- Zuwendungen **85** 15

Finanzaufsichtssystem *s.a. „BaFin"*
- europäisches **19** 3ff.; **29** 13ff.; *s.a. „Europäische Wertpapier- und Marktaufsichtsbehörde"*
- Ratingagenturen, Überwachung/Regulierung **29** 1ff.

Finanzbehörden
- BaFin, Verschwiegenheitspflicht **21** 83ff.

Finanzdienstleistungsaufsichtsgesetz *s. „FinDAG"*

Finanzdienstleistungsinstitute
- Meldepflicht **VO Nr. 600/2014 26** 9
- Wertpapierdienstleistungsunternehmen **2** 207

Finanzielle Gegenpartei *s. „Gegenpartei, finanzielle"*

Finanzinstrumente
- Anlageberatung **2** 167ff.
- Anlagevermittlung **2** 125ff.
- Anzeigepflicht an die BaFin **23** 1ff.
- Ausschluss, MTF/OTF **73** 5ff.
- Aussetzung des Handels, MTF/OTF **73** 5ff.
- basket-/indexbezogene Instrumente **38** 63ff.
- bedingtes Erwerbsrecht **38** 22f., 46ff.
- befristetes Erwerbsrecht **38** 46ff.
- Begriff **2** 80ff.; **38** 15ff.
- Directors' Dealings, Mitteilungspflicht **VO Nr. 596/2014 19** 59ff.
- Drittstaatenmärkte, Aufhebung der Zugangserlaubnis **104** 1ff.
- Drittstaatenmärkte, Zugangserlaubnis **102** 1ff.
- Eigenhandel **2** 115ff.
- Emissionsgeschäft **2** 132ff.
- Emissionszertifikate **VO Nr. 596/2014 2** 17f.
- Erwerbsmöglichkeit **38** 20ff., 79
- getrennte Vermögensverwaltung **84** 13ff.
- Handeln für fremde Rechnung **2** 97ff.
- Handelsbestand **36** 5ff.; *s.a. dort*
- Handelssysteme, multilaterale **2** 163; *s.a. „Multilaterale Handelssysteme"*
- Insiderinformation **VO Nr. 596/2014 7** 96ff.
- Investmentvermögen **2** 83

3405

Sachregister

- Marktmissbrauchsverordnung, Anwendungsbereich 2 5 ff.
- meldepflichtige Geschäfte **VO Nr. 600/2014 26** 7 ff.
- Mitteilungspflichten **36** 1 ff.
- nicht-komplexe **63** 143 ff.
- Platzierungsgeschäft **2** 141 ff.
- Portfolioverwaltung **2** 148 ff.
- unangemessene Dienstleistungen **63** 135 ff.
- Vermögensanlagen **2** 87
- Waren-Spot-Kontrakte **VO Nr. 596/2014 2** 20 ff.
- Zeichnungsrechte **2** 86
- Zusammenrechnung verschiedener Instrumente **38** 67 ff.

Finanzinvestoren
- Strategie- und Mittelherkunftsbericht **43** 1 ff.; *s.a. „Mittelherkunftsbericht"; „Strategiebericht"*

Finanzkommissionsgeschäft
- Begriff **2** 97 ff.
- Best Execution **82** 4

Finanzmarktkrise
- BaFin, Befugnisse **14** 2 ff.
- Veröffentlichungs-/Mitteilungspflichten **14** 17 ff.

Finanzmarktrichtlinie-Umsetzungsgesetz *s.a. „FRUG"*

Finanzportfolioverwaltung
- Wertpapierdienstleistungen, Begriff **2** 148 ff.

Finanztermingeschäfte
- 4. FFG **vor 99** 13 ff.
- Begriff **99** 10 ff.
- Beschränkung **100** 7
- Rechtsentwicklung **vor 99** 1 ff.
- Schiedsvereinbarungen **101** 1 ff.; *s.a. dort*
- Spieleinwand **99** 3 ff.
- Verbot **100** 1 ff.
- Verbot, Verletzungsfolgen **100** 8 ff.
- Verbot, Voraussetzungen **100** 6
- Verordnungsermächtigung **100** 4 ff.

FinDAG
- BaFin, Aufgaben **6** 1 ff.; **vor 6** 21 ff.
- BaFin, Kosten **vor 6** 71 ff.
- BaFin, Struktur **vor 6** 15 ff.
- FinDAGKostV **vor 6** 77

Firmenänderung
- Stimmrechtsanteile, Mitteilungspflichten **33** 81

Fonds
- Drittstaaten-Vermögen **35** 57 ff.
- Stimmrechtsanteile, Zurechnung **35** 19 ff.

Frachtsätze
- Derivate, Begriff **2** 62

Freie Berufe
- Wertpapierdienstleistungen **3** 30 ff.

Freiverkehr
- Directors' Dealings, Mitteilungspflicht **VO Nr. 596/2014 19** 20

G_{bR}
- Stimmrechtsanteile, Mitteilungspflichten **33** 10 f.

Gegenpartei
- finanzielle, Begriff **VO Nr. 648/2012 2** 48 ff.
- geeignete **68** 1 ff.
- Kommunikationsverhalten, Anforderungen **68** 4
- nichtfinanzielle, Begriff **VO Nr. 648/2012 2** 79 ff.
- nichtfinanzielle, Clearingpflicht *s. „Clearingpflicht – nichtfinanzielle Gegenparteien"*
- nichtfinanzielle, Mitteilungspflicht **63** 1 ff.
- professionelle Kunden **67** 14 ff.

Geistiges Eigentum
- Informationsfreiheitsgesetz **21** 78

Geldbuße
- Ad-hoc-Publizitätspflicht **VO Nr. 596/2014 17** 299 ff.
- Leniency-Antrag **VO Nr. 596/2014 17** 239
- Mitteilungspflichtverletzung **44** 99 ff.

Geldmarktinstrumente
- Begriff **2** 38 ff.

Genehmigter Meldemechanismus
- Begriff **2** 292
- Gewährleistung der Informationssicherheit **60** 21 ff.
- Hinweisgeberverfahren **60** 35 f.
- Informationssicherheit **60** 21 ff.
- Interessenskonflikte, Vermeidung **60** 19 f.
- Meldungen, Frist **60** 13
- Meldungen, Gegenstand **60** 10 ff.
- Meldungen, Inhalt **60** 10 ff.
- Organisationspflichten **60** 9 ff.
- Organisationspflichten, angemessene Grundsätze **60** 14 ff.
- Organisationspflichten, Vorkehrungen **60** 14 ff.
- Prüfung von Informationen auf Vollständigkeit/Richtigkeit **60** 32 ff.
- Vermeiden von Interessenskonflikten **60** 19 f.

Genehmigtes Veröffentlichungssystem
- Gewährleistung der Informationssicherheit **58** 26 ff.
- Hinweisgeberverfahren **58** 42 f.
- Informationsbereitstellung, Modalitäten **58** 18 ff.
- Informationsprüfung **58** 37 ff.
- Informationssicherheit **58** 26 ff.
- Interessenkonflikte, Vermeidung **58** 24 f.
- Organisationspflichten **58** 4 ff.
- Organisationspflichten, angemessene Grundsätze **58** 8 ff.
- Organisationspflichten, Echtzeitbasis **58** 7
- Organisationspflichten, Inhalt der Veröffentlichung **58** 12 ff.
- Organisationspflichten, Vorkehrungen **58** 8 ff.
- Prüfung von Informationen auf Vollständigkeit/Richtigkeit **58** 37 ff.
- Vermeiden von Interessenskonflikten **58** 24 f.

Genussrechte
- Directors' Dealings, Mitteilungspflicht **VO Nr. 596/2014 19** 65

Genussscheine
- Begriff **2** 28

Gerichtsverfahren
- Ad-hoc-Publizität **VO Nr. 596/2014 17** 237 f.

Gerüchte
- Marktmanipulation, informationsgestützte **VO Nr. 596/2014 12** 182

Geschäftsbedingungen
- Anleihebedingungen **48** 11 f.

Geschäftsgeheimnisse
- Informationsfreiheitsgesetz **21** 78

Gesellschaftsanteile
- Wertpapiere, Begriff **2** 19 ff.

Gläubigerversammlung
- Veröffentlichungspflichten **49** 23
- Vollmachtsformulare **48** 35

Gleichbehandlung
- Aktionäre **48** 9
- Bußgeld **48** 37
- Datenfernübertragung, Kosten **49** 35
- Datenschutz **48** 20 f.
- Ermöglichung der Rechtsausübung **48** 14 ff.
- inländische Zahlstelle **48** 22 ff.
- Investmentanteile **48** 13
- materielle **48** 5 ff.
- Ordnungswidrigkeiten **120** 401 f.
- Schadensersatzpflicht **48** 39 f.
- Schuldtitel **48** 11 f.
- Vollmachtsformulare **48** 30 ff.
- Wertpapierinhaber **48** 5 ff.
- Zertifikate **48** 6, 31

Gleichwertigkeitsbeschluss
- Drittstaat **VO Nr. 600/2014 47** 1 ff.

Grundgesetz *s. „Verfassungsrechtliche Aspekte"*

Grundstück
- Betretungsrecht **6** 196 ff.; **107** 54 ff.

Gutachter
- Insiderliste **VO Nr. 596/2014 18** 21

Gütergemeinschaft
- Stimmrechtsanteile, Mitteilungspflichten **33** 13 f.

Sachregister

Haftung
- Insolvenzverwalter 24 26

Halbjahresfinanzbericht
- Bilanzeid 115 34 f.
- Hinweisbekanntmachung 115 11
- Inhalt 115 14 ff.
- Offenlegung 115 5 ff.
- Ordnungswidrigkeiten 120 332
- Prüfung 115 36 ff.
- Rechtsentwicklung 115 1 ff.
- Sanktionen 115 13
- TranspRLDV 115 48
- Unternehmensregister 115 12
- Verpflichtete 115 5 f.
- WpAV 115 49
- Zwischenlagebericht 115 24 ff.

Handelsbeschränkung
- Volumenbegrenzung VO Nr. 600/2014 5 3 f.

Handelsbestand
- Begriff 36 3, 8 ff.
- fehlende Einflussnahme 36 26 ff.
- Irreführung des Publikums, Ausschluss 36 35
- Kontenführung 36 24 f.
- Konzernverhältnis 36 19 ff., 36
- Konzernverhältnis, Konsolidierung 36 81
- Market Maker 36 61
- Obergrenze 36 18
- Selbstbefreiung 36 72 ff.
- Umwidmung 36 31 ff.
- Zölibatsabsicht 36 15, 26 ff.
- Zurechnung von Anteilen 36 36
- Zweckbestimmung 36 14 ff.

Handelsgestützte Marktmanipulation s. „Marktmanipulation – handelsgestützte"

Handelspflicht
- Aktien mit Kapitalmarktbezug VO Nr. 600/2014 23 12 ff.
- Anordnung VO Nr. 600/2014 32 1 ff.
- Anschluss an Ausführungsplätze VO Nr. 600/2014 23 11
- Ausführungsort VO Nr. 600/2014 23 18 ff.
- Ausnahmen VO Nr. 600/2014 23 26 ff.
- Beendigung VO Nr. 600/2014 32 28 ff.
- Derivate VO Nr. 600/2014 28 12 ff.
- Derivate, Ausnahmen VO Nr. 600/2014 28 38 ff.
- Handelsgeschäfte mit Aktien VO Nr. 600/2014 23 15 ff.
- Inhalt der Handelspflicht VO Nr. 600/2014 23 11 ff.
- Initiativrecht der ESMA VO Nr. 600/2014 32 14 ff.
- Regelungsgegenstand VO Nr. 600/2014 23 1 ff.
- Sicherstellungspflichten VO Nr. 600/2014 23 32 ff.
- Verpflichtete VO Nr. 600/2014 23 8 ff.
- Voraussetzungen VO Nr. 600/2014 32 17 ff.
- Wertpapierdienstleistungsunternehmen, Pflichtgegenstand VO Nr. 600/2014 23 11 ff.

Handelsplatz
- Zugangsanforderungen VO Nr. 600/2014 36 10 ff.
- Zugangsverfahren VO Nr. 600/2014 36 29 ff.

Handelsregister
- Nichterfüllung der Meldepflicht 44 98

Handelssysteme
- Wertpapierdienstleistungen, Begriff 2 166 ff.

Handelssysteme, multilaterale s.a. „Multilaterale Handelssysteme"
- Wertpapierdienstleistungen, Begriff 2 257 f.
- Wertpapierdienstleistungsunternehmen 3 69

Handelstage
- Berechnung 47 1 ff.

Hauptversammlung
- Einberufung 49 5 ff.
- Teilnehmerverzeichnis 48 21
- Zustimmung, Datenfernübertragung 49 36 f.

Herkunftsmitgliedstaat
- Begriff 2 243 ff.
- Wahl 4 1 ff.

Hinterlegungsscheine
- aktienvertretende 2 23

- Schuldtitel vertretende 2 222
- Stimmrechtsanteile, Mitteilungspflichten 33 102 ff.

Hochfrequenzhandel
- Wertpapierdienstleistung 2 119 f.

Identitätsfeststellung
- BaFin 6 112 ff.

Immaterielle Vorteile
- Zuwendungsverbot 70 6

Indexprodukte
- Directors' Dealings, Mitteilungspflicht VO Nr. 596/2014 19 105

Informationsaustausch
- Dreistufenmechanismus bei Verletzung von Unionsrecht VO Nr. 596/2014 33 23 ff.
- Meldung bei öffentlicher Bekanntgabe VO Nr. 596/2014 33 27 ff.
- Modalitäten VO Nr. 596/2014 33 12 ff.
- Rechtsfolgen VO Nr. 596/2014 33 20 ff.
- Rechtsschutz VO Nr. 596/2014 33 31
- Regelungszweck VO Nr. 596/2014 33 1 ff.
- Registereintragung VO Nr. 596/2014 33 30
- strafrechtliche Sanktionen/Ermittlungen VO Nr. 596/2014 33 26
- Verwaltungsermittlungen VO Nr. 596/2014 33 17 ff.
- Verwaltungsrechtliche Sanktionen/Maßnahmen VO Nr. 596/2014 33 16

Informationsfreiheitsgesetz
- Anspruchsgegner 21 66
- Anspruchsinhaber 21 67
- Antragstellung 21 80
- Directors' Dealings VO Nr. 596/2014 19 211
- geistiges Eigentum 21 78
- Geschäftsgeheimnisse 21 78
- Informationsausschluss 21 68 ff.
- Insiderliste VO Nr. 596/2014 18 106
- Ordnungswidrigkeits-/Strafverfahren 21 75
- personenbezogene Daten 21 77

Informationsgestützte Marktmanipulation s. „Marktmanipulation – informationsgestützte"

Informationspflichten
- Ad-hoc-Publizitätspflicht s. dort
- Directors' Dealings s. dort
- Information der Wertpapierinhaber s. „Zulassungsfolgepflichten"
- Stimmrechtsanteile, Veränderungen 33 137

Informationsverwendung
- Begrenzung VO Nr. 648/2012 84 6 ff.

Inhaberschuldverschreibungen
- Begriff 2 29 ff.

Inländische Zahlstelle
- Finanzinstitut, Begriff 48 23
- Kosten 48 28

Inlandsemittent
- Ad-hoc-Publizität VO Nr. 596/2014 17 20
- Begriff 2 229 ff.
- Drittstaateninformationen 51 1 ff.
- Drittstaatensitz VO Nr. 596/2014 17 173
- EU-/EWR-Sitz VO Nr. 596/2014 17 171
- Information der Wertpapierinhaber s. „Zulassungsfolgepflichten"
- Jahresfinanzbericht 114 9
- Publizitätspflicht 51 2 ff.
- Stimmrechtsanteile, Veröffentlichungspflicht 40 2 ff.
- Unternehmensregister 40 2 ff.
- Veröffentlichung zusätzlicher Angaben 50 6 ff.
- Wertpapiere, Rechteänderung 50 6 ff.

Inlandssitz
- Stimmrechtsanteile, Mitteilungspflichten 33 84 ff.

Insider
- Begriff VO Nr. 596/2014 8 7 ff.

3407

Sachregister

- Primärinsider **VO Nr. 596/2014 8** 9
- Sekundärinsider **VO Nr. 596/2014 8** 9

Insiderhandel – Empfehlungs-/Verleitungsverbot
- Empfehlung **VO Nr. 596/2014 8** 80 ff.
- objektiver Tatbestand **VO Nr. 596/2014 8** 80 ff.
- subjektiver Tatbestand **VO Nr. 596/2014 8** 80
- Verleitung **VO Nr. 596/2014 8** 80 ff.

Insiderhandel – Erwerb/Veräußerungsverbot s.a. „Insiderhandelsverbot"
- Nichtigkeit des Geschäfts **VO Nr. 596/2014 14** 9 ff.
- objektiver Tatbestand **VO Nr. 596/2014 8** 15 ff.
- Schadensersatzanspruch **VO Nr. 596/2014 14** 9 ff.
- Übernahmeangebote **VO Nr. 596/2014 8** 28 f.
- Verwendung **VO Nr. 596/2014 8** 30 ff.

Insiderhandelsverbot
- Ad-hoc-Publizitätspflicht s. dort
- Anwendungsbereich **VO Nr. 596/2014 8** 1 ff.
- Ausnahmen **VO Nr. 596/2014 9** 5 ff.
- Ausnahmen, Entschlussumsetzung **VO Nr. 596/2014 9** 23
- Ausnahmen, fällig gewordene Verpflichtungen **VO Nr. 596/2014 9** 16 ff.
- Ausnahmen, juristische Personen mit Insiderwissen **VO Nr. 596/2014 9** 6 ff.
- Ausnahmen, Marktintermediäre **VO Nr. 596/2014 9** 11 ff.
- Ausnahmen, Rückausnahme **VO Nr. 596/2014 9** 24 f.
- Ausnahmen, Unternehmensübernahmen **VO Nr. 596/2014 9** 19 ff.
- Ausnahmen, Zusammenschlüsse nach Unternehmensübernahmen **VO Nr. 596/2014 9** 19 ff.
- BaFin, Befugnisse s. dort
- BaFin-Beschäftigte **44** 1 ff.
- Beteiligungserwerb **VO Nr. 596/2014 8** 59 ff.
- Betrug **VO Nr. 596/2014 14** 12
- Due Diligence **VO Nr. 596/2014 8** 29
- Erwartungen/Prognosen **VO Nr. 596/2014 17** 42
- Erwerb-/Veräußerungsverbot **VO Nr. 596/2014 8** 15 ff.; s.a. „Insiderhandel – Erwerb/Veräußerungsverbot"
- Frontrunning **VO Nr. 596/2014 8** 43 f.
- geschütztes Rechtsgut **VO Nr. 596/2014 vor 7** 29 f.
- Insiderinformation **VO Nr. 596/2014 7** 5 ff.
- Kundenorder, Ausführung **VO Nr. 596/2014 8** 65 ff.
- Mitarbeiteroptionsprogramme **VO Nr. 596/2014 8** 68 ff.
- Ordnungswidrigkeiten **VO Nr. 596/2014 14** 5 ff.
- Organisationspflichten **80** 5
- Paketerwerb **VO Nr. 596/2014 8** 40 f.
- Rückkaufprogramme **VO Nr. 596/2014 5** 31 ff.
- Sanktionen **VO Nr. 596/2014 8** 100 f.
- Sanktionen, strafrechtliche **VO Nr. 596/2014 14** 5 ff.
- Sanktionen, verwaltungsrechtliche **VO Nr. 596/2014 14** 16 ff.
- Stabilisierungsmaßnahmen **VO Nr. 596/2014 8** 56 ff.
- Straftaten **119** 87 ff.; **VO Nr. 596/2014 14** 5 ff.
- Täterschaft/Teilnahme **VO Nr. 596/2014 8** 80
- Übernahmeangebote **VO Nr. 596/2014 8** 29
- Unternehmenskauf **VO Nr. 596/2014 8** 59 ff.
- Versuch/Vollendung **VO Nr. 596/2014 8** 75
- Weitergabeverbot s. „Insiderinformationen – Weitergabeverbot"
- zivilrechtliche Folgen **VO Nr. 596/2014 14** 9 ff.

Insiderinformation
- Ad-hoc-Publizitätspflicht s. dort
- Begriffselemente **VO Nr. 596/2014 7** 6 f.
- Bereichsöffentlichkeit **VO Nr. 596/2014 7** 64 ff.
- Bezugsobjekt **VO Nr. 596/2014 7** 5 ff.
- Compliance-Verstöße **VO Nr. 596/2014 7** 37 ff.
- Emissionszertifikate **VO Nr. 596/2014 7** 101 f.
- emittentenbezogene **VO Nr. 596/2014 7** 73 ff.
- Emittentenleitfaden **VO Nr. 596/2014 7** 95
- Entscheidungsprozesse **VO Nr. 596/2014 7** 49 ff.
- Gerichtsöffentlichkeit **VO Nr. 596/2014 7** 69
- Gerüchte **VO Nr. 596/2014 7** 35 f.
- Geschäfte mit Finanzinstrumenten **VO Nr. 596/2014 7** 96 ff.
- Hauptversammlung, Unterrichtung **VO Nr. 596/2014 7** 70

- Informationen an die Medien/Internet **VO Nr. 596/2014 7** 68 f.
- Informationsfluss **VO Nr. 596/2014 10** 37 ff.
- Interessenkonflikte **VO Nr. 596/2014 10** 58 ff.
- Kapitalmarktinformationen, Haftung s.a. dort
- Kenntnis **VO Nr. 596/2014 7** 63 ff.
- konkrete Information **VO Nr. 596/2014 7** 8 ff.
- Kurserheblichkeit **VO Nr. 596/2014 7** 78 ff.
- Kurserheblichkeit, Beispiele **VO Nr. 596/2014 7** 94 f.
- Kurserheblichkeit, Beurteilung **VO Nr. 596/2014 7** 88 ff.
- Kursspezifität **VO Nr. 596/2014 7** 60 ff.
- Marktinformationen **VO Nr. 596/2014 7** 61
- Marktsondierung **VO Nr. 596/2014 11** 1 ff.; s.a. „Marktsondierung"
- mehrstufige Entscheidungsvorgänge **VO Nr. 596/2014 7** 49 ff.
- Meldeschwelle, Über-/Unterschreiten **44** 96 f.
- nicht öffentlich bekannte **VO Nr. 596/2014 7** 63 ff.
- Offenlegung **VO Nr. 596/2014 10** 11 ff.
- Offenlegung, gesetzliche Gebote/Obliegenheiten **VO Nr. 596/2014 10** 24 ff.
- öffentlich bekannte Umstände **VO Nr. 596/2014 7** 63 ff.
- organisierte Derivatemärkte **VO Nr. 596/2014 7** 97
- Pläne/Absichten **VO Nr. 596/2014 7** 20 ff.
- probability/magnitude-test **VO Nr. 596/2014 7** 45 ff.
- Prognosen **VO Nr. 596/2014 7** 28 ff.
- Rechnungslegung **VO Nr. 596/2014 7** 71
- Sachverständigenbewertungen **VO Nr. 596/2014 7** 32
- Scalping **VO Nr. 596/2014 7** 17
- Tatsachen **VO Nr. 596/2014 7** 16 ff.
- Tipps/Empfehlungen **VO Nr. 596/2014 7** 31
- Überblick **VO Nr. 596/2014 7** 8 ff.
- unrechtmäßige Offenlegung, Kriterien **VO Nr. 596/2014 10** 19 ff.
- Unternehmensplanungen **VO Nr. 596/2014 7** 25 ff.
- Verdacht auf Rechtsverstöße **VO Nr. 596/2014 7** 37 ff.
- Warenderivate **VO Nr. 596/2014 7** 96 ff.
- Weitergabe an Externe **VO Nr. 596/2014 10** 45 ff.
- Weitergabe von Empfehlungen **VO Nr. 596/2014 10** 64 ff.
- Werturteile/Ansichten/Rechtsauffassungen **VO Nr. 596/2014 7** 19
- zukünftige Umstände/Ereignisse **VO Nr. 596/2014 7** 42 ff.
- Zwischenschritte **VO Nr. 596/2014 7** 49 ff.

Insiderinformation – Weitergabeverbot s.a. „Insiderhandelsverbot"
- Ad-hoc-Publizitätspflicht **VO Nr. 596/2014 17** 126
- Adressat **VO Nr. 596/2014 10** 8
- gesetzliche Pflichten/Obliegenheiten **VO Nr. 596/2014 10** 24 ff.
- Informationsfluss **VO Nr. 596/2014 10** 37 ff.
- Interessenkonflikte **VO Nr. 596/2014 10** 58 ff.
- Mitteilung/Zugänglichmachung **VO Nr. 596/2014 10** 17 ff.
- Offenlegung **VO Nr. 596/2014 10** 11 ff.
- Straftaten **119** 149 f.
- unrechtmäßige Offenlegung **VO Nr. 596/2014 10** 17 ff.
- Unternehmensexterne **VO Nr. 596/2014 10** 45 ff.

Insiderliste
- Aktualisierung **VO Nr. 596/2014 18** 64 ff.
- Anlassbezogene Liste **VO Nr. 596/2014 18** 29 ff.
- Anwendungsbereich, persönlicher **VO Nr. 596/2014 18** 10 ff.
- Art **VO Nr. 596/2014 18** 28 ff.
- Aufbau **VO Nr. 596/2014 18** 34 ff.
- Aufbewahrung **VO Nr. 596/2014 18** 76 ff.
- Aufklärungspflicht des Emittenten **VO Nr. 596/2014 18** 70 ff.
- aufzunehmende Personen **VO Nr. 596/2014 18** 40 ff., 45 ff.
- Ausnahme **VO Nr. 596/2014 18** 21
- Betriebsrat, Rechte **VO Nr. 596/2014 18** 93 ff.
- Delisting **VO Nr. 596/2014 18** 78
- Dienstleister **VO Nr. 596/2014 18** 17 ff., 70, 88
- Drittstaaten **VO Nr. 596/2014 18** 13
- erfasste Emittenten **VO Nr. 596/2014 18** 12 ff.
- Finanzinstrumente **VO Nr. 596/2014 18** 12

Sachregister

- Führungspflicht **VO Nr. 596/2014 18** 28 ff.
- Informationsfreiheitsgesetz **VO Nr. 596/2014 18** 106
- Inhalt **VO Nr. 596/2014 18** 54 ff.
- Insolvenzverwalter **VO Nr. 596/2014 18** 22
- KMU-Wachstumsmärkte, Erleichterungen **VO Nr. 596/ 2014 18** 80 ff.
- Konzernverhältnis **VO Nr. 596/2014 18** 26
- Kreditinstitute **VO Nr. 596/2014 18** 25
- Löschung **VO Nr. 596/2014 18** 79
- Markt für Emissionszertifikate **VO Nr. 596/2014 18** 15 f.
- Ordnungswidrigkeiten **120** 347 f.
- permanente Insider **VO Nr. 596/2014 18** 52 f.
- Ratingagenturen **VO Nr. 596/2014 18** 24
- Rechtsentwicklung **VO Nr. 596/2014 18** 1 ff.
- Sanktionen **VO Nr. 596/2014 18** 96 ff.
- Schatteninsiderliste **VO Nr. 596/2014 18** 85
- Übermittlungspflicht **VO Nr. 596/2014 18** 68 f.
- vereinfachte Insiderliste **VO Nr. 596/2014 18** 86 f.
- verfassungsrechtliche Aspekte **VO Nr. 596/2014 18** 9
- Verordnungsermächtigung **VO Nr. 596/2014 18** 89 f.
- Verpflichtete **VO Nr. 596/2014 18** 10 ff.
- Verschwiegenheitsverpflichtete **VO Nr. 596/2014 18** 79
- Versteigerer **VO Nr. 596/2014 18** 15 f.
- Vertraulichkeit **VO Nr. 596/2014 18** 79
- Zweck **VO Nr. 596/2014 18** 6 ff.

Insiderpapiere
- Erwerb/Veräußerung **VO Nr. 596/2014 8** 17

Insiderrecht
- Entwicklung **VO Nr. 596/2014 vor 7** 1 ff.
- Regelungsleitbild **VO Nr. 596/2014 vor 12** 29 f.
- Verbotstatbestand s. „Insiderhandelsverbot"

Insidertatsachen
- BaFin-Beschäftigte **44** 1 ff.

Insiderverstoß
- Anzeigeerstatter, Verschwiegenheitspflicht **23** 46 ff.
- Bekanntmachung, WpHG-Verstöße **23** 62
- Verdacht **23** 18 ff.
- Verdachtsgeschäft, Ausführungsverbot **23** 43 ff.

Insolvenz
- Insolvenzverwalter, Pflichten **24** 5 ff.
- Stimmrechtsanteile, Mitteilungspflichten **33** 141
- Stimmrechtsanteile, Veröffentlichungspflicht **40** 6

Insolvenzeröffnung
- Insolvenzverwalter, Pflichten **24** 10 ff.

Insolvenzverwalter
- Ad-hoc-Publizitätspflicht **VO Nr. 596/2014 17** 27
- Haftung **24** 26
- Insiderliste **VO Nr. 596/2014 18** 22
- Mittelbereitstellung **24** 19 f.
- Pflichten **24** 5 ff.
- Pflichten, Durchsetzung **24** 25
- Stimmrechtsanteile, Mitteilungspflichten **33** 16 f.
- vorläufiger **24** 21 ff.

Interessenkonflikte
- Arbeitsanweisung **80** 30
- Begriff **80** 14 f.
- Beobachtungsliste **80** 47 ff.
- Bewältigungsmaßnahmen **80** 23 ff.
- Einflussnahme, unsachgemäße **80** 53
- Kundeninteresse, Dokumentation **80** 24
- Kundeninteressen, Analyse **80** 19 ff.
- Organisationspflichten **85** 19 ff.
- Schulungen **80** 30
- Verbotsliste **80** 50 ff.
- Vergütungsstruktur **80** 96
- Vertraulichkeitsbereiche **80** 35 ff.
- zwischen Kunden **80** 56 ff.
- zwischen Unternehmen/Mitarbeitern und Kunden **80** 18 ff.

International Organization of Securities Commissions
- BaFin, internationale Zusammenarbeit **18** 59

Introducing Brokers
- Wertpapierdienstleistungen, Begriff **2** 103

Investmentaktiengesellschaften
- Wertpapierdienstleistungsunternehmen **2** 199

Investmentanteile
- Directors' Dealings, Mitteilungspflicht **VO Nr. 596/2014 19** 90
- Gleichbehandlung der Inhaber **48** 13
- nicht-komplexe Finanzinstrumente **63** 146
- Verhaltenspflichten, allgemeine **63** 112
- Wertpapiere, Begriff **2** 8 f.

Investmentclub
- Finanzportfolioverwaltung **2** 156
- Wertpapierdienstleistungsunternehmen **2** 204

Investmentfonds
- OGAW **35** 19 ff.
- Stimmrechtsanteile, Zurechnung **35** 40 ff.

Investmentgesellschaften
- Wertpapierdienstleistungsunternehmen **2** 199

Investmentvermögen
- Drittstaaten-Vermögen **35** 57 ff.
- Finanzinstrument **2** 83
- Meldepflichten **35** 40 ff.
- OGAW **35** 19 ff.
- Spezial-AIF **35** 50 ff.
- Stimmrechtsanteile, Zurechnung **35** 40 ff.
- Weisung zur Stimmrechtsausübung **35** 27 ff.
- Wertpapierdienstleistungsunternehmen **3** 49 ff.

Investor-Relations-Agentur
- Insiderliste **VO Nr. 596/2014 18** 23

IOSCO
- BaFin, internationale Zusammenarbeit **18** 59

Jahresabschluss
- Ad-hoc-Publizitätspflicht, Verhältnis **VO Nr. 596/2014 17** 9
- Jahresfinanzbericht **114** 40 ff.

Jahresfinanzbericht
- Auslandsberührung **118** 1 ff.
- BaFin, Übermittlung **114** 27 ff.
- Bilanzeid **114** 46 f.
- Halbjahresbericht **115** 1 ff.; s.a. dort
- handelsrechtliche Offenlegung **114** 13 ff.
- Hinweisbekanntmachung **114** 20 ff.
- Inhalt **114** 38 ff.
- Jahresabschluss **114** 40 ff.
- Lagebericht **114** 45
- Offenlegung **114** 11 f., 20 ff.
- Ordnungswidrigkeiten **114** 37; **120** 332
- Rechtsentwicklung **114** 1 ff.
- Sanktion **114** 37
- Sprache **114** 6
- Unternehmensregister **114** 11, 31 ff.
- Verpflichtete **114** 8 ff.
- Wirtschaftsprüferkammer, Bestätigung **114** 48 f.
- WpAV **114** 50 f.

Jährliches Dokument
- Publizitätspflicht **VO Nr. 596/2014 17** 6
- Stimmrechtsanteile, Mitteilungspflichten **33** 142

Journalisten
- Anlageempfehlungen **VO Nr. 596/2014 20** 108 ff.
- Informationen, Weitergabe **VO Nr. 596/2014 21** 4

Juristische Personen
- Stimmrechtsanteile, Mitteilungspflichten **33** 6 f.

Kapitalanlage *s.a.* „Anlageberatung"
- Verhaltenspflichten, allgemeine **63** 1 ff.; s.a. dort

Kapitalanlagegesellschaften
- Investvermögen/Sondervermögen s. „Investmentvermögen"; „Publikums-Investmentvermögen"
- Wertpapiere **2** 8

3409

Sachregister

Kapitalmarkt
- grauer s. *„Grauer Kapitalmarkt"*
- organisierter s. *„Organisierter Kapitalmarkt"*

Kapitalverwaltungsgesellschaften
- Anzeigeerstatter, Verschwiegenheitspflicht 23 46 ff.
- Anzeigepflicht an die BaFin 23 12 ff.
- Drittstaaten-Vermögen 35 57 ff.
- Investvermögen/Sondervermögen 35 40 ff.
- mehrere Publikums-Sondervermögen 35 43 ff.

Kaufleute
- Schiedsvereinbarungen 101 14 ff., 54, 58 ff.

KGaA
- Directors' Dealings, Mitteilungspflicht VO Nr. 596/2014 19 27 f.

Kinder
- Directors' Dealings, Mitteilungspflicht VO Nr. 596/2014 19 45 f.

Kleinanleger
- Schutzadressat der PRIIP-VO VO Nr. 1286/2014 4 40 ff.

KMU-Wachstumsmarkt
- Antragstellung 76 5 ff.
- Aufhebung der Registrierung 76 22 ff.
- Emittenten 76 9 f.
- Finanzberichterstattung 76 17 f.
- Rechtsschutz 76 28 ff.
- Regelungsgegenstand 76 1 ff.
- Registrierungsaufhebung 76 22 ff.
- Registrierungsvoraussetzungen 76 5 ff.
- systematische Stellung 76 1 ff.
- Zulassungskriterien 76 11 f.
- Zulassungspublizität, ausreichende 76 13
- Zweitnotierung 76 25 ff.

Kollegium
- zentrale Gegenpartei VO Nr. 648/2012 18 1 ff.

Kommunikationsdaten – Herausgabe
- Aufzeichnungen, Adressaten 7 32 ff.
- Aufzeichnungen, betroffene Daten 7 40 ff.
- Aufzeichnungen, Ermessen 7 46
- Aufzeichnungen, Verhältnismäßigkeit 7 46
- Aufzeichnungen von beaufsichtigten Personen 7 29 ff.
- Aufzeichnungen, Voraussetzungen 7 35 ff.
- europarechtlicher Hintergrund 7 1 ff.
- Rechtsentwicklung 7 1 ff.
- Verkehrsdaten, Adressaten 7 7 f.
- Verkehrsdaten eines Telekommunikationsbetreibers 7 6 ff.
- Verkehrsdaten, Ermessen 7 28
- Verkehrsdaten, Herausgabe 7 15 ff.
- Verkehrsdaten, Verfahren 7 19 ff.
- Verkehrsdaten, Verhältnismäßigkeit 7 28
- Verkehrsdaten, Voraussetzungen 7 9 ff.

Konzern
- Handelsbestand 36 19 ff.
- Handelsbestand, Konsolidierung 36 81
- Insiderliste VO Nr. 596/2014 18 25
- interne Finanzdienstleistungen 3 7 ff.
- konzernweiter Rechtsverlust 44 30 ff.
- mehrstufiger 37 13
- Mitteilungspflichten 37 1 ff.

Kopien
- Anforderung durch BaFin 6 122

Kosten
- BaFin vor 6 71 ff.
- Reduzierung 70 4

Kreditderivate
- Derivate, Begriff 2 76 f.

Kreditderivate – Verbot
- öffentliche Schuldtitel VO Nr. 236/2012 4 6 ff.

Kredite
- Wertpapiernebendienstleistungen 2 186 ff.

Kreditinstitute
- Anzeigepflicht an die BaFin 23 12 ff.
- Insiderliste VO Nr. 596/2014 18 25
- Meldepflicht VO Nr. 600/2014 26 9
- Wertpapierdienstleistungsunternehmen 2 200, 206

Kunden
- Arten 67 6 ff.
- Begriff 67 4 f.
- geeignete Gegenpartei 68 1 ff.
- getrennte Vermögensverwaltung 84 1 ff.
- Interessenkonflikte 80 18 ff., 56 ff.; s.a. dort
- Kundeninteressen, Analyse 80 20 ff.
- Nötigung 92 14
- Privatkunden 67 17 ff.; s.a. dort
- professionelle Kunden 67 6 ff.; s.a. dort
- Täuschung 92 13
- unaufgeforderte Besuche 92 8
- unerwünschte Werbung 92 8 ff.
- Vertreter/Bote 67 22 ff.
- Zuwendungen 70 1 ff.; s.a. dort

Kundenaufträge
- Bearbeitungsreihenfolge 69 4 f.
- bestmögliche Ausführung 82 1 ff.; s.a. *„Best Execution"*
- Kundeninformation 69 11 f.
- limitierte 69 13
- Missbrauch von Informationen 69 9 f.
- Unterrichtung von Kunden 69 11 f.
- unverzügliche, redliche Ausführung 69 3
- Verbuchung 69 6
- Weiterleitung 82 4, 46 ff.
- Zusammenlegung mit anderen Aufträgen 69 7 f.
- Zuwendungen 70 1 ff.; s.a. dort

Kündigungsrecht
- Schuldtitel 49 24 ff.

Kursbeeinflussungseignung
- Marktmanipulation VO Nr. 596/2014 12 145 f.

Kurspflegemaßnahmen
- Marktmanipulation VO Nr. 596/2014 5 116 f.

Kursstabilisierung
- außerhalb der safe harbour-Regelung VO Nr. 596/2014 5 108 ff.
- ergänzende Maßnahmen VO Nr. 596/2014 5 99 ff.
- Flipping VO Nr. 596/2014 5 26
- kapitalmarktrechtliche Pflichten VO Nr. 596/2014 5 18
- Marktmanipulation VO Nr. 596/2014 5 4
- Marktschutzvereinbarungen VO Nr. 596/2014 5 114
- Meldepflichten VO Nr. 596/2014 5 90 ff.
- safe harbour VO Nr. 596/2014 5 28 ff.
- Stabilisierungspreis VO Nr. 596/2014 5 89
- Stabilisierungszeitraum VO Nr. 596/2014 5 84 ff.
- Überblick VO Nr. 596/2014 5 72 f.
- zulässige Maßnahmen VO Nr. 596/2014 5 26 f.

Lagebericht
- Jahresfinanzbericht 114 45
- Zwischenlagebericht 115 24 ff.

Lebenspartner
- Directors' Dealings, Mitteilungspflicht VO Nr. 596/2014 19 42 ff.

Leerverkauf
- Begriff VO Nr. 236/2012 2 5 ff.
- Begriff, Ausnahmen VO Nr. 236/2012 2 10 ff.
- Konzernprivileg VO Nr. 236/2012 2 19

Leerverkäufe
- Netto-Leerverkaufspositionen s. *dort*
- ungedeckte s. *„Leerverkäufe, ungedeckte"*

Leerverkäufe, ungedeckte
- Absicherung gegen Ausfallrisiko wegen Long-Position VO Nr. 236/2012 4 8 ff.
- Absicherung gegen korrelierende Risikoposition VO Nr. 236/2012 4 12 ff.
- Ad-hoc-Meldungen VO Nr. 236/2012 11 9 ff.
- Anwendungsbereich, persönlicher VO Nr. 236/2012 1 11 f.
- Anwendungsbereich, räumlicher VO Nr. 236/2012 1 13 ff.
- Aufbewahrungspflicht VO Nr. 236/2012 5–10 62

Sachregister

- Auskunftsverlangen über Credit Default Swaps **VO Nr. 236/2012** 33 22 ff.
- Ausnahme **VO Nr. 236/2012** 2 7 ff.
- Ausnahme, Haupthandelsplätze **VO Nr. 236/2012** 16 8 f.
- Ausnahme, Market-Making-Tätigkeiten **VO Nr. 236/2012** 17 16 ff.
- Ausnahme, Mitteilungsverfahren **VO Nr. 236/2012** 17 41 ff.
- Ausnahme, Regelungszweck **VO Nr. 236/2012** 17 13 ff.
- Ausnahme, Stabilisierungsmaßnahmen **VO Nr. 236/2012** 17 39 f.
- Ausnahme, zugelassene Primärhändler **VO Nr. 236/2012** 17 33 ff.
- Befugnisse der Behörden **VO Nr. 236/2012** 33 13 ff.
- Begriff **VO Nr. 236/2012** 2 1 ff.
- Bereitstellung von Informationen an die ESMA **VO Nr. 236/2012** 11 1 ff.
- Berufsgeheimnis **VO Nr. 236/2012** 34 3 ff.
- Börsenzulassung **VO Nr. 236/2012** 1 3 ff.
- Credit Default Swap, Absicherung gegen ein Ausfallrisiko **VO Nr. 236/2012** 4 8 ff.
- Credit Default Swap auf öffentliche Schuldtitel **VO Nr. 236/2012** 4 6 ff.
- Credit Default Swaps, Auskunftsverlangen **VO Nr. 236/2012** 33 22 ff.
- Credit Default Swaps, Korrelationserfordernis **VO Nr. 236/2012** 4 16 ff.
- Drittländer, Informationsweitergabe **VO Nr. 236/2012** 40 2 ff.
- Drittländer, Weitergabe der Daten anderer Stellen **VO Nr. 236/2012** 40 6 ff.
- Drittländer, Zusammenarbeit **VO Nr. 236/2012** 38 1 ff.
- Entstehungsgeschichte **VO Nr. 236/2012** vor 1 1 ff.
- Fonds, Sonderregeln **VO Nr. 236/2012** 3 38 ff.
- gemischte Unternehmen, Sonderregeln **VO Nr. 236/2012** 3 51
- gleichwertige Drittstaaten, Ausnahmen **VO Nr. 236/2012** 17 30 ff.
- Haupthandelsplätze, Festlegungsverfahren für Ausnahmen **VO Nr. 236/2012** 16 8 ff.
- Investmentfonds **VO Nr. 236/2012** 12, 13 14
- Long-Position, Aktien **VO Nr. 236/2012** 3 9 ff.
- Long-Position, öffentliche Schuldtitel **VO Nr. 236/2012** 3 26 ff.
- Market-Making, Ausnahme **VO Nr. 236/2012** 17 16 ff.
- Meldepflichtiger **VO Nr. 236/2012** 5–10 25 f.
- Meldeverfahren **VO Nr. 236/2012** 5–10 38 ff.
- Meldezeitpunkt **VO Nr. 236/2012** 5–10 45 f.
- Meldung durch Dritte **VO Nr. 236/2012** 5–10 47 f.
- Mindestbefugnisse der zuständigen Behörde **VO Nr. 236/2012** 33 13 ff.
- Mitteilungsverfahren bei Ausnahmen **VO Nr. 236/2012** 17 41 ff.
- Netto-Leerverkaufsposition, Aktien **VO Nr. 236/2012** 3 6 ff.
- Netto-Leerverkaufsposition, Berechnung bei Aktien **VO Nr. 236/2012** 3 18 ff.
- Netto-Leerverkaufsposition, Berechnung bei öffentlichen Schuldtiteln **VO Nr. 236/2012** 3 32 ff.
- Netto-Leerverkaufsposition, öffentliche Schuldtitel **VO Nr. 236/2012** 3 24 ff.
- Netto-Leerverkaufsposition, Sonderregeln **VO Nr. 236/2012** 3 36 ff.
- Offenlegungsverfahren **VO Nr. 236/2012** 5–10 50 ff.
- ökonomische Analyse **VO Nr. 236/2012** vor 1 49 ff.
- Ordnungswidrigkeiten 120 152 ff.
- Portfolios, Sonderregeln **VO Nr. 236/2012** 3 38 ff.
- Primärhändler, Ausnahme **VO Nr. 236/2012** 17 33 ff.
- Rechtspraxis **VO Nr. 236/2012** vor 1 65 ff.
- Regelungssystematik **VO Nr. 236/2012** vor 1 25 ff.
- Sanktionen **VO Nr. 236/2012** 41 1 ff.
- Sanktionen, ESMA-Leitlinien **VO Nr. 236/2012** 41 9 ff.
- Schuldtitel **VO Nr. 236/2012** 2 24 f.
- Schutz ausgetauschter Informationen **VO Nr. 236/2012** 34 10 ff.
- Short-Position, Aktien **VO Nr. 236/2012** 3 14 ff.
- Short-Position, öffentliche Schuldtitel **VO Nr. 236/2012** 3 30 f.
- Short-Seller-Attacken **VO Nr. 236/2012** vor 1 71 ff.
- signifikante Leerverkaufspositionen in öffentlichen Schuldtiteln **VO Nr. 236/2012** 5–10 32 ff.
- signifikante Netto-Leerverkaufspositionen in Aktien **VO Nr. 236/2012** 5–10 27 ff.
- Speicherung personenbezogener Daten **VO Nr. 236/2012** 39 12
- Stornierung der Offenlegung **VO Nr. 236/2012** 5–10 61
- Strafmaßnahmen **VO Nr. 236/2012** 41 1 ff.
- Transparenzvorschriften, Anwendungsbereich **VO Nr. 236/2012** 5–10 19 ff.
- Transparenzvorschriften, Rechtsfolgen eines Verstoßes **VO Nr. 236/2012** 5–10 68 ff.
- Übermittlung personenbezogener Daten **VO Nr. 236/2012** 39 2 ff.
- Unternehmensgruppen, Sonderregeln **VO Nr. 236/2012** 3 42 ff.
- verfassungsrechtliche Fragen **VO Nr. 236/2012** vor 1 44 ff.
- Verwaltungstätigkeit, Sonderregeln **VO Nr. 236/2012** 3 38 ff.
- Weitergabe von Informationen in Drittländer **VO Nr. 236/2012** 40 2 ff.
- Zugang zu Unterlagen und Daten **VO Nr. 236/2012** 33 16
- zugelassene Primärhändler, Ausnahme **VO Nr. 236/2012** 17 33 ff.
- Zusammenarbeit mit Drittländern **VO Nr. 236/2012** 38 1 ff.
- zuständige Behörde **VO Nr. 236/2012** 32 1 ff.

Leerverkäufe, ungedeckte – Beschränkung
- Aktien **VO Nr. 236/2012** 12, 13 16 ff.
- Anwendungsbereich, internationaler **VO Nr. 236/2012** 12, 13 25; **VO Nr. 236/2012** 14 16
- Anwendungsbereich, persönlicher **VO Nr. 236/2012** 12, 13 23 f.; **VO Nr. 236/2012** 14 13 ff.
- Anwendungsbereich, sachlicher **VO Nr. 236/2012** 12, 13 16 ff.; **VO Nr. 236/2012** 14 11 f.
- Anwendungsbereich, zeitlicher **VO Nr. 236/2012** 12, 13 26; **VO Nr. 236/2012** 14 17 f.
- Beispielskatalog tauglicher Deckungsgeschäfte **VO Nr. 236/2012** 12, 13 42 ff.
- Bezugrechtsvereinbarungen **VO Nr. 236/2012** 12, 13 48
- Credit Default Swaps, Aussetzung des Verbots **VO Nr. 236/2012** 14 24 ff.
- Credit Default Swaps, Verbotstatbestand **VO Nr. 236/2012** 14 19 ff.
- Dauer der Deckungsvoraussetzungen **VO Nr. 236/2012** 12, 13 64 ff.
- Deckungsgeschäfte **VO Nr. 236/2012** 12, 13 42 ff.
- Deckungsvoraussetzungen **VO Nr. 236/2012** 12, 13 30 ff.
- internationaler Geltungsbereich **VO Nr. 236/2012** 12, 13 25
- Leihvereinbarungen **VO Nr. 236/2012** 12, 13 43
- Lokalisierungszusagen für Aktien **VO Nr. 236/2012** 12, 13 50 ff.
- Lokalisierungszusagen für öffentliche Schuldtitel **VO Nr. 236/2012** 12, 13 57 ff.
- öffentliche Schuldtitel **VO Nr. 236/2012** 12, 13 20 f.
- Optionen **VO Nr. 236/2012** 12, 13 45
- Rechtsfolgen eines Verstoßes **VO Nr. 236/2012** 12, 13 79 ff.; **VO Nr. 236/2012** 14 32 ff.
- Regelungssystematik **VO Nr. 236/2012** 12, 13 5 ff.
- Regelungszweck **VO Nr. 236/2012** 12, 13 15
- rollierende Fazilitäten **VO Nr. 236/2012** 12, 13 47
- Rückkaufvereinbarungen **VO Nr. 236/2012** 12, 13 46
- ständige Vereinbarungen **VO Nr. 236/2012** 12, 13 47
- Swaps **VO Nr. 236/2012** 12, 13 44
- synthetische Leerverkäufe **VO Nr. 236/2012** 12, 13 22
- Termingeschäfte **VO Nr. 236/2012** 12, 13 44
- Verbotstatbestände **VO Nr. 236/2012** 12, 13 27 ff.

Sachregister

Leerverkäufe, ungedeckte – Eingriffsbefugnisse
- Auskunftsverlangen über Credit Default Swaps **VO Nr. 236/2012** 14 22 ff.
- Ausnahmesituationen **VO Nr. 236/2012** 18–26 19; **VO Nr. 236/2012** 27–31 23 ff., 57
- Bedrohungssituation **VO Nr. 236/2012** 27–31 59
- befristete Beschränkungen bei signifikantem Kursverfall **VO Nr. 236/2012** 18–26 39 ff.
- Befugnisse der zuständigen Behörden **VO Nr. 236/2012** 33 13 ff.
- Bekanntmachung von Beschränkungen **VO Nr. 236/2012** 18–26 65 ff.
- Bekanntmachung von Maßnahmen **VO Nr. 236/2012** 18–26 35
- Beschränkung von Leerverkäufen **VO Nr. 236/2012** 18–26 28 ff.
- Beschränkung von Transaktionen mit Credit Default Swaps **VO Nr. 236/2012** 18–26 33 f.
- Circuit Breaker **VO Nr. 236/2012** 18–26 39 ff.
- Dauer von Maßnahmen **VO Nr. 236/2012** 18–26 36 f.; **VO Nr. 236/2012** 27–31 46
- Erlass einer Maßnahme **VO Nr. 236/2012** 27–31 35 ff.
- Erlassvoraussetzungen **VO Nr. 236/2012** 27–31 26 ff.
- Koordinierung durch die ESMA **VO Nr. 236/2012** 27–31 15 ff.
- Maßnahmen in Ausnahmesituationen **VO Nr. 236/2012** 18–26 17 ff.; **VO Nr. 236/2012** 27–31 23 ff.
- Meldepflichten von Verleihern **VO Nr. 236/2012** 18–26 26 f.
- Rechtsschutz **VO Nr. 236/2012** 18–26 69 f.
- signifikanter Kursverfall **VO Nr. 236/2012** 18–26 42 ff.
- signifikanter Kursverfall, Berechnung **VO Nr. 236/2012** 18–26 46 ff.
- signifikanter Kursverfall, Beschränkungen **VO Nr. 236/2012** 18–26 52 ff.
- signifikanter Kursverfall, Verbote **VO Nr. 236/2012** 18–26 52 ff.
- Unterrichtungspflichten der zuständigen Behörden **VO Nr. 236/2012** 18–26 60 ff.
- Untersuchungsbefugnisse der ESMA **VO Nr. 236/2012** 27–31 60

Leniency-Antrag
- Ad-hoc-Publizitätspflicht **VO Nr. 596/2014** 17 239

Letter of Intent
- Ad-hoc-Publizitätspflicht **VO Nr. 596/2014** 17 214

Market Maker
- Begriff 36 60
- Bestand 36 61 ff.
- Meldeschwelle 36 67
- Mitteilungspflicht, Befreiung 36 59 ff.

Marketingmitteilungen
- Verhaltenspflichten, allgemeine 63 58 ff., 86

Marktinformationen
- Insiderinformation **VO Nr. 596/2014** 7 61

Marktintegrität
- Wahrungspflicht **VO Nr. 600/2014** 24 1 ff.

Marktmanipulation
- Anwendungsbereich, persönlicher **VO Nr. 596/2014** 12 38 ff.
- Anwendungsbereich, räumlicher **VO Nr. 596/2014** 12 41 ff.
- Anwendungsbereich, sachlicher **VO Nr. 596/2014** 12 27 ff.
- Anwendungsbereich, zeitlicher **VO Nr. 596/2014** 12 47
- Ausnutzung der Wirkung von Stellungnahmen **VO Nr. 596/2014** 12 245 ff.
- BaFin, Befugnisse s. dort
- Basisdefinition **VO Nr. 596/2014** 12 48
- Beeinträchtigung des Funktionierens des Handelssystems **VO Nr. 596/2014** 12 235 ff.
- Beispiele/Katalog **VO Nr. 596/2014** 12 216 ff.
- Eignung zur Kursbeeinflussung **VO Nr. 596/2014** 12 145 ff.
- Emissionszertifikate **VO Nr. 596/2014** 12 254 ff.
- Entstehungsgeschichte **VO Nr. 596/2014** vor 12 1 ff.
- Finanzinstrumente **VO Nr. 596/2014** 12 28 ff.
- Finanzinstrumente ohne eigenen Marktbezug **VO Nr. 596/2014** 12 32
- Generalamnestie **VO Nr. 596/2014** 15 36 ff.
- handelsgestützte **VO Nr. 596/2014** 12 49 ff.
- Indikatoren **VO Nr. 596/2014** 12 257 ff.
- Kauf/Verkauf von Finanzinstrumenten bei Handelsbeginn/-schluss **VO Nr. 596/2014** 12 227 ff.
- Kursbeeinflussung **VO Nr. 596/2014** 12 145 ff.
- Kursbeeinflussung, Ausschluss einer **VO Nr. 596/2014** 12 155
- Methodenfragen **VO Nr. 596/2014** vor 12 45 ff.
- ökonomische Analyse **VO Nr. 596/2014** vor 12 56 ff.
- Ordnungswidrigkeiten 120 342
- Referenzwerte **VO Nr. 596/2014** 12 37
- Regelungssystematik **VO Nr. 596/2014** vor 12 21 ff.
- Regelungszweck **VO Nr. 596/2014** 12 21 ff.
- safe harbour s. dort
- Sanktionierung, aufsichtsrechtlich **VO Nr. 596/2014** 15 41 f.
- Sanktionierung, straf- und ordnungswidrigkeitenrechtlich **VO Nr. 596/2014** 15 31 ff.
- Sanktionierung, Verhältnis zueinander **VO Nr. 596/2014** 15 43 f.
- Sanktionierung, zivilrechtlich **VO Nr. 596/2014** 15 45 ff.
- Sicherung einer marktbeherrschenden Stellung **VO Nr. 596/2014** 12 217 ff.
- Straftaten 119 35 ff., 151 ff.
- Täuschungsverwendung **VO Nr. 596/2014** 12 144
- Verbot, Regelungszweck **VO Nr. 596/2014** 12 21 ff.
- Versuch **VO Nr. 596/2014** 15 15 ff.
- Vorspiegelung falscher Tatsachen **VO Nr. 596/2014** 12 142 f.
- Waren-Spot-Kontrakte **VO Nr. 596/2014** 12 35
- zulässige Marktpraxis **VO Nr. 596/2014** 13 1 ff.; s.a. „Zulässige Marktpraxis"
- Zusammenhang mit Anlageempfehlungen **VO Nr. 596/2014** 12 172 ff.
- Zusammenhang mit falschen Informationen **VO Nr. 596/2014** 12 160 ff.

Marktmanipulation – handelsgestützte
- bedeutende Kauf- oder Verkaufspositionen **VO Nr. 596/2014** 12 91 ff.
- Beeinflussung der Darstellung des Orderbuchs **VO Nr. 596/2014** 12 124 ff.
- Geschäft **VO Nr. 596/2014** 12 52
- Geschäft, Abschluss **VO Nr. 596/2014** 12 53 ff.
- Häufung von Geschäften und Aufträgen **VO Nr. 596/2014** 12 119 ff.
- Indikatoren **VO Nr. 596/2014** 12 80 ff.
- Kursniveau, anormal oder künstlich **VO Nr. 596/2014** 12 67 ff.
- ökonomische Analyse **VO Nr. 596/2014** vor 12 61 ff.
- Phishing **VO Nr. 596/2014** 12 89 f.
- Ping-Aufträge **VO Nr. 596/2014** 12 87 f.
- Positionsumkehrungen **VO Nr. 596/2014** 12 109 ff.
- Scheingeschäfte **VO Nr. 596/2014** 12 98 ff.
- Signale, falsche oder irreführende **VO Nr. 596/2014** 12 60 ff.
- Signalwirkungseignung **VO Nr. 596/2014** 12 64 f.
- subjektives Element, Fehlen **VO Nr. 596/2014** 12 73 ff.
- Verwirklichung durch Unterlassen **VO Nr. 596/2014** 12 58
- zeitliche Nähe zu Referenzkursberechnungen **VO Nr. 596/2014** 12 135 ff.

Marktmanipulation – informationsgestützte
- geeignete Informationen **VO Nr. 596/2014** 12 191 ff.
- Information, Begriff **VO Nr. 596/2014** 12 177
- Kursniveau, anormal oder künstlich **VO Nr. 596/2014** 12 189 f.

Sachregister

- ökonomische Analyse **VO Nr. 596/2014 vor 12** 57 ff.
- Referenzwertmanipulation **VO Nr. 596/2014 12** 201 ff.
- Signale, falsche oder irreführende **VO Nr. 596/2014 12** 183 ff.
- subjektiver Tatbestand **VO Nr. 596/2014 12** 199 f.
- Verbreitung von Gerüchten **VO Nr. 596/2014 12** 182
- Verbreitung von Informationen **VO Nr. 596/2014 12** 177 ff.

Marktmanipulation – Verbotstatbestand
- safe harbour s. dort

Marktmissbrauch
- Anzeigeerstatter, Verschwiegenheitspflicht **23** 46 ff.
- Bekanntmachung, WpHG-Verstöße **23** 62
- Marktmanipulation s. dort
- Verdacht **23** 18 ff.
- Verdachtsgeschäft, Ausführungsverbot **23** 43 ff.

Marktmissbrauch – Vorbeugung/Aufdeckung
- Anwendungsbereich, persönlicher **VO Nr. 596/2014 16** 12 ff.
- Anwendungsbereich, räumlicher **VO Nr. 596/2014 16** 15 ff.
- Anwendungsbereich, sachlicher **VO Nr. 596/2014 16** 9 ff.
- Anwendungsbereich, zeitlicher **VO Nr. 596/2014 16** 18
- Ausführungsverbot **VO Nr. 596/2014 16** 66 f.
- behördlicher Umgang mit Verdachtsmeldungen **VO Nr. 596/2014 16** 64
- berufliche Vermittlung/Ausführung von Geschäften, Begriff **VO Nr. 596/2014 16** 13
- berufliche Vermittlung/Ausführung von Geschäften, Pflichten **VO Nr. 596/2014 16** 35 ff.
- Betreiber von Märkten/Handelsplätzen **VO Nr. 596/2014 16** 21 ff.
- Bewertung und Dokumentation **VO Nr. 596/2014 16** 31 ff.
- Durchführungsverbot **VO Nr. 596/2014 16** 66 f.
- Meldepflicht, Voraussetzungen **VO Nr. 596/2014 16** 47 ff.
- Meldungsadressat **VO Nr. 596/2014 16** 57 f.
- Meldungsmodalitäten **VO Nr. 596/2014 16** 59 ff.
- Proportionalitätsgebot **VO Nr. 596/2014 16** 20
- Regelungssystematik **VO Nr. 596/2014 16** 3 ff.
- Regelungszweck **VO Nr. 596/2014 16** 7 f.
- Übermittlung von Verdachtsmeldungen **VO Nr. 596/2014 16** 63
- Verdacht, Bezugspunkt **VO Nr. 596/2014 16** 48 ff.
- Verdachtsmeldungen **VO Nr. 596/2014 16** 41 ff.
- Vorbeugungs-/Überwachungssystem **VO Nr. 596/2014 16** 26 ff.

Marktmissbrauchsverordnung
- Ausnahmen **VO Nr. 596/2014 6** 3 ff.
- Regelungszweck **VO Nr. 596/2014 1** 6 ff.
- verwaltungsrechtliche Sanktionen, Tatbestände **VO Nr. 596/2014 30** 17 f.
- verwaltungsrechtliche Sanktionen, Voraussetzungen **VO Nr. 596/2014 30** 23 ff.
- verwaltungsrechtliche Sanktionen/Maßnahmen, Abgrenzung **VO Nr. 596/2014 30** 19 ff.

Marktsondierung
- Aufbewahrungsfrist **VO Nr. 596/2014 11** 71
- Berücksichtigungspflichten **VO Nr. 596/2014 11** 40 ff.
- Eigenverantwortlichkeit bei Beurteilung **VO Nr. 596/2014 11** 68 ff.
- Ergänzung der Rechtmäßigkeitsanforderungen **VO Nr. 596/2014 11** 49 ff.
- erhaltendenbezogene Pflichten **VO Nr. 596/2014 11** 44 ff.
- Informationspflicht bei Wegfall einer übermittelten Insiderinformation **VO Nr. 596/2014 11** 63 ff.
- Informationsübermittlung **VO Nr. 596/2014 11** 55 ff.
- Korrektur der Rechtmäßigkeitsanforderungen **VO Nr. 596/2014 11** 49 ff.
- offenlegende Marktteilnehmer **VO Nr. 596/2014 11** 16 ff.
- rechtmäßige Weitergabe von Insiderinformationen **VO Nr. 596/2014 11** 1 ff.
- rechtmäßigkeitsanforderungen, beabsichtigtes Übernahmeangebot **VO Nr. 596/2014 11** 37 ff.
- Rechtmäßigkeitsanforderungen, Ergänzung/Korrektur **VO Nr. 596/2014 11** 44 ff.
- Rechtmäßigkeitsanforderungen, Geschäfte mit Finanzinstrumenten **VO Nr. 596/2014 11** 34 ff.
- Übernahmeangebot, potentieller Bieter **VO Nr. 596/2014 11** 24 ff.
- Vorgang **VO Nr. 596/2014 11** 10 ff.

Marktüberwachung
- BaFin **VO Nr. 600/2014 39** 6 ff.
- ESMA **VO Nr. 600/2014 39** 2 ff.

Meldepflichten
- Ausnahmen **VO Nr. 600/2014 26** 13 ff.
- Betreiber von Handelsplätzen **VO Nr. 596/2014 4** 4 ff.; **VO Nr. 600/2014 26** 10 ff.
- Betrieb eines MTF/OTF **VO Nr. 600/2014 26** 17
- Datenaustausch **VO Nr. 600/2014 26** 40 ff.
- elektronische Übermittlung **VO Nr. 600/2014 26** 30 f.
- erfasste Geschäfte **VO Nr. 600/2014 26** 13 ff.
- Erfüllung durch Dritte **VO Nr. 600/2014 26** 32 ff.
- Fehlerkorrektur **VO Nr. 600/2014 26** 13
- Formerfordernisse **VO Nr. 600/2014 26** 30 f.
- Frist **VO Nr. 600/2014 26** 27 ff.
- Liste von Finanzinstrumenten **VO Nr. 596/2014 4** 4 ff.
- Meldungsdaten **VO Nr. 600/2014 26** 20 ff.
- Prüfung, jährliche **89** 5 ff.
- Rechtsentwicklung **VO Nr. 600/2014 26** 1 ff.
- Referenzdaten **22** 1 ff.
- Überwachung **VO Nr. 600/2014 26** 24
- Überwachung durch BaFin **88** 1 ff.
- Verpflichtete **VO Nr. 600/2014 26** 7 ff.
- Zuständigkeit **VO Nr. 600/2014 26** 23 ff.
- Zweck **VO Nr. 600/2014 26** 2
- Zweigniederlassung **VO Nr. 600/2014 26** 25

Meldepflichten – außerbörslicher Derivatehandel
- Anwendungsbereich, gegenständlicher **VO Nr. 648/2012 9** 15 ff.
- Anwendungsbereich, persönlicher **VO Nr. 648/2012 9** 8 ff.
- Anwendungsbereich, zeitlicher **VO Nr. 648/2012 9** 18 ff.
- Aufzeichnungspflicht **VO Nr. 648/2012 9** 133 ff.
- Delegation der Meldung **VO Nr. 648/2012 9** 120 f.
- Form **VO Nr. 648/2012 9** 48 ff.
- Inhalt **VO Nr. 648/2012 9** 48 ff.
- Produktkategorie **VO Nr. 648/2012 9** 79 ff.
- relevante Transaktion **VO Nr. 648/2012 9** 42 ff.
- Transaktionsregister **VO Nr. 648/2012 9** 28 f.
- Vermögensklassen **VO Nr. 648/2012 9** 84 ff.
- Wertpapierkennnummer **VO Nr. 648/2012 9** 91 ff.
- Zeitpunkt **VO Nr. 648/2012 9** 31 ff.
- Zweck **VO Nr. 648/2012 9** 1 ff.

Meldung von Verstößen
- Grundlagen **VO Nr. 596/2014 32** 1 ff.
- whistleblowing **VO Nr. 596/2014 32** 10 ff.
- wirksame Meldemechanismen **VO Nr. 596/2014 32** 7 ff.

Missstandsaufsicht
- BaFin **6** 34 ff.
- Befugnisse **6** 43 ff.; s.a. „BaFin – Befugnisse"
- Börsenaufsicht **6** 42
- Finanzmarktstabilität **14** 4 ff.
- WpHG-Verstoß **6** 35, 39 f.

Mitarbeiter
- Begriff **87** 5
- Interessenkonflikte **80** 18 ff.
- WpHGMaAnzV **87** 3 ff.

Mitarbeiter – Anlageberatung
- BaFin, Anzeigepflicht **87** 19 ff.
- BaFin, Datenbank **87** 26
- BaFin, Warnung **87** 25
- Begriff **87** 5
- Beschäftigungsverbot **87** 22 ff.
- Mitarbeitereinsatz, Datenbank **87** 26
- Ordnungswidrigkeiten **120** 245 ff.
- Regelung **87** 1 ff.
- Sachkunde **87** 6 ff., 22
- Sachkunde, Nachweis **87** 11 ff.

Sachregister

- Unzuverlässigkeit **87** 22
- WpHG-Verstöße **87** 23 f.
- Zuverlässigkeit **87** 17 ff.

Mitarbeiter – Auswahl
- Ordnungswidrigkeiten **120** 245 ff.

Mitarbeiter – Compliance
- Auslagerung **87** 45
- BaFin, Anzeigepflicht **87** 49
- Beauftragter **80** 92 ff.
- Berichtspflicht **80** 99
- Sachkunde **87** 46 f.
- whistleblowing **80** 91
- Zuverlässigkeit **87** 48

Mitarbeiter – Vertrieb
- BaFin, Anzeigepflicht **87** 33
- Begriff der Vertriebsbeauftragten **87** 37
- Compliance **80** 61 ff.
- Sachkunde **87** 29 ff., 36 ff.
- Zuverlässigkeit **87** 32

Mitarbeiteroptionsprogramme
- Directors' Dealings, Mitteilungspflicht **VO Nr. 596/2014 19** 178 ff.
- Insiderhandelsverbot **VO Nr. 596/2014 8** 80 ff.

Mitbestimmung
- Insiderliste **VO Nr. 596/2014 18** 93 ff.

Mitteilungspflichten
- Aktien, Zugriffsrecht **38** 10 ff.
- aktienbezogene **49** 4 ff.
- aktienrechtliche Offenlegungspflichten **vor 33** 66
- Anlagebestand **36** 33 ff.
- Anordnung zusätzlicher **14** 17 ff.
- Ausübung von Stimmrechten, Verbot **36** 70 ff.
- Clearing **36** 42 ff.
- Datenfernübertragung *s. dort*
- Handelsbestand **36** 8 ff.
- Investvermögen/Sondervermögen **35** 40 ff.; *s.a. „Investmentvermögen"; „Publikums-Investmentvermögen"*
- Ordnungswidrigkeiten **120** 96 ff.
- Rechtsentwicklung **vor 33** 1 ff.
- schuldtitelbezogene **49** 22 ff.
- Schutz der Finanzinstrumente **84** 26 ff.
- Schutz der Kundengelder **84** 2 ff.
- Selbstbefreiung **36** 72 ff.
- Selbstbefreiung, Fehlschlagen **36** 75 ff.
- Selbstvornahme der BaFin **6** 228 ff.
- Settlement **36** 42 ff.
- Stimmrechtsanteile, Veränderungen *s.a. „Stimmrechtsanteile – Mitteilungspflicht"; „Stimmrechtsanteile – Veröffentlichungspflicht"*
- Übergangsrecht **127** 1 ff.
- Zentralbanken **36** 53 ff.
- Zusammenrechnung **39** 1 ff.

Mittelherkunftsbericht
- Ausnahmen **43** 8 f.
- Empfänger **43** 22
- Frist **43** 26
- Inhalt **43** 20 f., 23 f.
- Pflichtverletzung **43** 29 f.
- Rechtsentwicklung **43** 1 f.
- Rechtsvergleichung **43** 3
- Satzungsregelungen **43** 31 f.
- Verlangen des Emittenten **43** 10 f.
- Veröffentlichungspflicht **43** 27 f.
- Verordnungsermächtigung **43** 23, 33
- Verpflichtete **43** 4 ff.

Multilaterale Handelssysteme
- Anschlussaussetzungen und -ausschlüsse **73** 19 ff.
- Auslandsberührung, BaFin-Befugnisse **90** 39
- Ausschluss von Finanzinstrumenten **73** 17
- Aussetzung, Handel verbundener Derivate **73** 13 ff.
- Aussetzung, Handel von Finanzinstrumenten **73** 5 ff.
- Begriff **2** 257 f.
- Einsatz eigenen Kapitals **74** 12
- Finanzmittel, ausreichende **74** 10 f.

- Generalklausel, Aussetzung/Ausschluss **73** 7 f.
- Geschäftserfüllung **74** 9
- Handel **74** 6 f.
- Pflichten **74** 2 ff.
- Preisbildung **74** 6 f.
- Regelbeispiele, Aussetzung/Ausschluss **73** 9 ff.
- Regelung **74** 1
- Risikosteuerung **74** 8
- verbundene Unternehmen **74** 15
- Wertpapierdienstleistungsunternehmen **3** 69
- Zugang von Handelsteilnehmern **74** 2 ff.
- Zusammenführung sich deckender Aufträge **74** 16

Mutterunternehmen
- Investvermögen/Sondervermögen **35** 40 ff.; *s.a. „Investmentvermögen"; „Publikums-Investmentvermögen"*
- konzernweiter Rechtsverlust **44** 30 ff.
- Mitteilungspflichten **37** 1 ff.

Nachhandelsdaten
- angemessene kaufmännische Bedingungen **VO Nr. 600/2014 12, 13** 7
- Disaggregationsniveau **VO Nr. 600/2014 12, 13** 3 ff.
- diskriminierungsfreier Zugang **VO Nr. 600/2014 12, 13** 8 ff.
- Offenlegungspflicht **VO Nr. 600/2014 12, 13** 1 f.
- Preisgestaltung **VO Nr. 600/2014 12, 13** 6 ff.

Nachhandelstransparenz
- Anwendungsbereich **VO Nr. 600/2014 20** 9 ff.; **VO Nr. 600/2014 21** 4 ff.
- Bekanntgabe mittels Approved Publication Arrangement **VO Nr. 600/2014 20** 24 ff.
- Echtzeitabweichungen **VO Nr. 600/2014 21** 15 ff.
- Handelsplatzbetreiber **VO Nr. 600/2014 6** 8 ff.; **VO Nr. 600/2014 10** 8 ff.
- systematischer Zusammenhang **VO Nr. 600/2014 20** 1 ff.; **VO Nr. 600/2014 21** 1 ff.
- Veröffentlichungsinhalt **VO Nr. 600/2014 20** 16 f.; **VO Nr. 600/2014 21** 11 f.
- Veröffentlichungszeitpunkt **VO Nr. 600/2014 20** 18 f.; **VO Nr. 600/2014 21** 13 f.
- verzögerte Veröffentlichung **VO Nr. 600/2014 20** 20 ff.

Nahestehende Personen *s.a. „Angehörige"*
- Stimmrechtsanteile, Mitteilungspflichten **33** 12

Namensänderung
- Stimmrechtsanteile, Mitteilungspflichten **33** 81

Namensschuldverschreibungen
- Begriff **2** 34

Nemo tenetur-Grundsatz
- Ad-hoc-Publizitätspflicht **VO Nr. 596/2014 17** 76 ff.

Netto-Leerverkaufsoptionen
- Sonderregeln **3** 36 f.

Netto-Leerverkaufspositionen
- Aktien **3** 6 ff.
- Begriff **3** 2 ff.
- Berechnung (Aktien) **3** 18 ff.
- eigene Aktien **3** 17
- einzubeziehende Positionen **3** 9 ff.
- Ermittlungszeitpunkt (Aktien) **3** 23
- Ermittlungszeitpunkt (öffentliche Schuldtitel) **3** 35
- Melde- und Offenlegungspflicht **VO Nr. 236/2012 5–10** 25 ff.
- Meldepflichtiger **VO Nr. 236/2012 5–10** 25 f.
- Meldeverfahren **VO Nr. 236/2012 5–10** 38 f.
- Offenlegungsverfahren **VO Nr. 236/2012 5–10** 50 ff.
- öffentliche Schuldtitel **3** 24 ff.
- Verordnungsermächtigung **3** 52 f.

Nichteigenkapitalinstrumente – Veröffentlichungspflicht
- Ausnahme, Auftragsverwaltungssysteme **VO Nr. 600/2014 9** 5 f.
- Ausnahme, Gewährungsverfahren **VO Nr. 600/2014 9** 18 ff.
- Ausnahme, Rücknahme **VO Nr. 600/2014 9** 23 f.

Sachregister

- Ausnahme, verbindliche Interessensbekundungen **VO Nr. 600/2014 9** 7 ff.
- Ausnahme, Volumen **VO Nr. 600/2014 9** 3 f.
- Ausnahme, Zweck **VO Nr. 600/2014 9** 1 f.
- Vorhandelstransparenz, Aussetzung **VO Nr. 600/2014 9** 25 ff.

Nichteigenkapitalinstrumente – Vorhandelstransparenz
- Anwendungsbereich, gegenständlicher **VO Nr. 600/2014 8** 14 ff.
- Anwendungsbereich, personeller **VO Nr. 600/2014 8** 9 ff.
- Handelsplatzgehandelt **VO Nr. 600/2014 8** 25
- Veröffentlichungsinhalt **VO Nr. 600/2014 8** 27 ff.
- Veröffentlichungsmodalitäten **VO Nr. 600/2014 8** 32 ff.

Nichtfinanzielle Gegenpartei s. *„Gegenpartei", nichtfinanzielle*

Not binding indicate offer letter
- Ad-hoc-Publizitätspflicht **VO Nr. 596/2014 17** 214

Notare
- Insiderliste **VO Nr. 596/2014 18** 21

Offenlegung
- Zuwendungen **70** 46 ff.; *s.a. dort*

Öffentlicher Schultitel
- Begriff **VO Nr. 236/2012 2** 24

OGAW
- Stimmrechtsanteile, Zurechnung **35** 19 ff.

Optionen s. *„Aktienoptionen"*

Optionsanleihen
- Mitteilungspflichten **38** 31 f.

Optionsgeschäfte
- Derivate, Begriff **2** 49, 52
- Directors' Dealings, Mitteilungspflicht **VO Nr. 596/2014 19** 65, 74 f.
- Futures **38** 51

Optionsscheine
- Begriff **2** 36 f.
- Finanztermingeschäfte **99** 12

Orderschuldverschreibungen
- Begriff **2** 29 ff.

Ordnungswidrigkeiten s.a. *„Bußgeldverfahren"*
- Ad-hoc-Publizitätspflicht **120** 92; **VO Nr. 596/2014 17** 299 ff.
- Anlageberatung **120** 200 f.
- Anordnungen der BaFin, Zuwiderhandlung **120** 313 ff.
- Anwendung, räumliche **120** 73 ff.
- Anwendung, zeitliche **120** 67 ff.
- Anzeigepflicht an die BaFin, Verstöße **23** 70 ff.
- Anzeigepflichtverletzung **120** 96 ff.
- Aufbewahrungspflichten **120** 240 ff.
- Aufsichtspflichtverletzung, in Unternehmen **120** 411 ff.
- Aufzeichnungspflichten **120** 113 f., 240 ff.
- Auslegung, nationale/europäische **vor 119** 46 f.
- Best Execution **120** 235 ff.
- Beteiligung **120** 77 ff.
- Betretungsrecht, Vereiteln **120** 327 ff.
- Bilanzeid **120** 127
- Blankettcharakter **vor 119** 29 ff.
- Bußgeldbemessung **120** 376 ff.
- Directors' Dealings **120** 349
- Directors' Dealings, Mitteilungspflicht **VO Nr. 596/2014 19** 197
- Directors' Dealings, Veröffentlichung **VO Nr. 596/2014 19** 198
- europäisches Recht **vor 119** 21 ff.
- Fahrlässigkeit **120** 362 ff.
- Finanzanalysen **120** 127
- Finanzanalysen, Anzeigepflichtverletzung **86** 6
- Finanzbericht, Publizitätspflichtverletzung **120** 332
- Geschäftsherrenhaftung **120** 84
- getrennte Vermögensverwaltung **84** 51
- Gleichbehandlungsgebot **48** 37
- Handeln für einen anderen **120** 77 ff.
- Handelssysteme **120** 213 ff.
- Insidergeschäfte **120** 337 f.
- Insiderhandelsverbot **VO Nr. 596/2014 8** 100; **VO Nr. 596/2014 14** 5 ff.
- Insiderlisten **120** 347 f.; **VO Nr. 596/2014 18** 96 ff.
- Irrtum **120** 362 ff.
- Jahresfinanzbericht **114** 37
- juristische Personen **120** 403 ff.
- Konzerndimensionalität **120** 415 ff.
- Kreditderivate **120** 11
- Leerverkaufs-VO **120** 152 ff.
- Marktmanipulation **120** 342
- Mitteilungspflichtverletzung **120** 96 ff.
- multilaterale Handelssysteme **120** 213 ff.
- natürliche Personen **120** 4
- Organisationspflichten **120** 227 ff.
- Positionsmanagement bei Warenderivaten **120** 186
- PRIIP-VO **120** 353 ff.
- Prüfer **120** 330 f.
- Ratingagenturen **120** 140 ff.
- Rechtsentwicklung **vor 119** 1 ff.
- Rechtsschutz **VO Nr. 648/2012 69** 3 ff.
- Stimmrechtsanteile, Veröffentlichungspflicht **40** 62
- Teilnahme **120** 77 ff.
- Überblick **120** 1 ff.
- Unterlassungstat **120** 84
- Unternehmensregister **120** 118, 127
- Unternehmensregistermitteilung, Directors' Dealings **VO Nr. 596/2014 19** 199
- Verdachtsgeschäft, Ausführungsverbot **23** 43 ff.
- Verfassungsrecht **vor 119** 33 ff.
- Verhaltenspflichtverletzung **120** 191 ff.
- Verjährung **120** 85
- Vermögensverwahrung **120** 244
- Veröffentlichung von Verstößen **123** 1 ff.
- Verschwiegenheitspflichtverletzung **120** 102 ff.
- Verwaltungsaktungehorsam **120** 19 ff.
- Vorsatz **120** 362 ff.
- Werbemaßnahmen **92** 16
- Zulassungsfolgepflichten **49** 44
- Zusammentreffen mit Straftat **120** 424 ff.
- Zuständigkeit **121** 1 ff.
- Zuwendungen **120** 210

Organe s.a. *„Vorstand"*
- Leitungsorgane **VO Nr. 596/2014 19** 24 ff.
- Leitungsorgane, fehlerhafte bestellte **VO Nr. 596/2014 19** 33
- Leitungsorgane, verbundene Unternehmen **VO Nr. 596/2014 19** 32
- Mitgliederwechsel, Ad-hoc-Publizität **VO Nr. 596/2014 17** 228 ff.

Organisationspflicht
- algorithmischer Handel **80** 103 ff.
- algorithmischer Handel, ausreichende Systeme **80** 107 ff.
- algorithmischer Handel, Begriff **80** 104 ff.
- algorithmischer Handel, Risikokontrollen
- Auslagerung **80** 116 ff.
- Beschwerdemanagement **80** 101 f.
- Compliance **80** 83
- Datenschutz **80** 64
- Emissionen **80** 155 ff.
- Finanzwirtschaftsberatung **80** 155 ff.
- Honorar-Anlageberatung, Unabhängige **80** 125 ff.
- Interessenkonflikte **80** 14 ff., 56 f.; **85** 19 ff.
- Konzeption, Finanzinstrumente **80** 129 ff.
- Konzeption, nachgelagerte Pflichten **80** 141 ff.
- Kreditwesengesetz **80** 2 ff.
- Kundenaufträge *s. dort*
- Kundenaufträge, bestmögliche Ausführung **82** 1 ff.; s.a. *„Best Execution"*
- Mitarbeitergeschäfte **80** 66 ff.
- Mittel/Verfahren **80** 2 ff.
- multilaterale Handelssysteme **74** 1 ff.; *s.a. dort*
- Ordnungswidrigkeiten **120** 227 ff.

Sachregister

- persönliche Geschäfte relevanter Personen **80** 65 ff.
- Platzierung von Finanzinstrumenten **80** 155 ff.
- Produktfreigabe, Finanzinstrumente **80** 129 ff.
- Produktfreigabe, Vertriebsunternehmen **80** 146 ff.
- Prüfung, Datenbereitstellungsdienste **62** 1 ff.
- relevante Personen **80** 66 ff.
- Sicherheit der Informationsübermittlung **80** 64
- Störung des Geschäftsbetriebs **80** 13
- Überwachung, Datenbereitstellungsdienste **61** 1 ff.
- Vergütungsgrundsätze **80** 59 f.
- Vertriebsvorgaben **80** 61 ff.
- Zielmarktausrichtung bei Konzeption **80** 135 ff.

Organisierte Handelssysteme
- Anforderungen **75** 1 ff.
- Anschlussaussetzungen und -ausschlüsse **73** 19 ff.
- Auftragsausführung nach Ermessen **75** 18 ff.
- Ausschluss von Finanzinstrumenten **73** 5 ff.
- Aussetzung, Handel verbundener Derivate **73** 13 ff.
- Aussetzung, Handel von Finanzinstrumenten **73** 5 ff.
- Erklärungsverlangen der BaFin **75** 28 ff.
- erlaubter Handel für eigene Rechnung **75** 10
- Generalklausel, Aussetzung/Ausschluss **73** 7 f.
- Market-Making **75** 15 ff.
- Regelbeispiele, Aussetzung/Ausschluss **73** 9 ff.
- Systemverbindungen, verbotene **75** 11 ff.
- verbotene Systemverbindungen **75** 11 ff.
- Zusammenführung sich deckender Aufträge **75** 7 ff.
- Zusammenführung sich deckender Aufträge, Überwachung **75** 31

Organisierter Kapitalmarkt
- Begriff **2** 210 ff.

Organisierter Markt
- Auslandsberührung, BaFin-Befugnisse **90** 39
- Gleichbehandlungsgebot **48** 5 ff.
- Information der Wertpapierinhaber *s. „Zulassungsfolgepflichten"*
- Veröffentlichungspflichten **49** 1 ff.

Organisiertes Handelssystem
- Begriff **2** 165 f.

OTC-Derivate
- Clearingpflicht *s. „Clearingpflicht – OTC-Derivate"*
- Gleichwertigkeitsentscheidung **VO Nr. 648/2012 2a** 1 ff.
- Sanktionen, Veröffentlichung **VO Nr. 648/2012 12** 9 ff.
- Sanktionen, verwaltungsrechtliche **VO Nr. 648/2012 12** 4 ff.
- Sanktionen, zivilrechtliche **VO Nr. 648/2012 12** 12

OTC-Derivate/OTC-Derivatekontrakte
- Begriff **2** 41 ff.

Paketerwerb
- Insiderhandelsverbot **VO Nr. 596/2014 8** 40 f.

Personenhandelsgesellschaften
- Stimmrechtsanteile, Mitteilungspflichten **33** 9

Phantom Stock
- Directors' Dealings, Mitteilungspflicht **VO Nr. 596/2014 19** 66 ff.

Ping-Aufträge
- Marktmanipulation, handelsgestützte **VO Nr. 596/2014 12** 87 f.

Platzierung
- für eigenes Risiko **2** 133 ff.

Platzierungsgeschäft
- Abgrenzung Abschlussvermittlung **2** 146
- Begebungsübernahme **2** 147
- Daueremissionen **2** 144
- Wertpapierdienstleistungen, Begriff **2** 141 ff.
- Zweitplatzierung **2** 144

Portfoliokomprimierung
- Anforderungen **VO Nr. 600/2014 31** 9 ff.
- Aufzeichnungspflicht **VO Nr. 600/2014 31** 15
- Begriff **VO Nr. 600/2014 31** 1 ff.
- Freistellung von Pflichten **VO Nr. 600/2014 31** 6 ff.
- Veröffentlichungspflicht **VO Nr. 600/2014 31** 13 f.

Positionsmanagement
- Anwendungsbereich, persönlicher **54** 12 f.
- Anwendungsbereich, räumlicher **54** 14
- Anwendungsbereich, sachlicher **54** 8 ff.
- Aufhebung von Positionen **VO Nr. 600/2014 45** 19 ff.
- Beschränkung des Vertragsabschlusses **VO Nr. 600/2014 45** 22 f.
- Bona fide hedging, Ausnahme **56** 11 ff.
- Festlegung von Positionslimits **54** 15 ff.
- Festlegung von Positionslimits, Änderung der Verhältnisse **54** 38 f.
- Festlegung von Positionslimits, Durchsetzung **54** 50
- Festlegung von Positionslimits, Festlegungskriterien **54** 18 ff.
- Festlegung von Positionslimits, Rechtsnatur **54** 44 ff.
- Festlegung von Positionslimits, Rechtsschutz **54** 51 ff.
- Festlegung von Positionslimits, strengere Positionslimits **54** 33 ff.
- Informationsverlangen **VO Nr. 600/2014 45** 16 ff.
- Kontrollen **54** 56 ff.
- Normzweck **VO Nr. 600/2014 45** 1 ff.
- Positionslimits, Berechnung **56** 3 ff.
- Positionslimits, bona fide hedging **56** 11 ff.
- Positionslimits, europaweit gehandelte Derivate **55** 1 ff.
- Positionslimits, Geltung für OTC-Kontrakte **56** 8 ff.
- Reduzierung von Positionen **VO Nr. 600/2014 45** 19 ff.
- Voraussetzungen einer Maßnahme **VO Nr. 600/2014 45** 24 ff.

Positionsmeldung
- Meldepflicht, Betreiber von Handelsplätzen **57** 11 ff.
- Meldepflicht, Handelsteilnehmer **57** 6 ff.
- Meldepflicht, Wertpapierdienstleistungsunternehmen **57** 18 ff.
- systematischer Zusammenhang **57** 3 ff.
- untertägige Meldungen **57** 24
- Zweck **57** 1 f.

Positionsumkehrungen
- Marktmanipulation **VO Nr. 596/2014 12** 109 ff.

PRIIP *s.a. „Basisinformationsblatt"*
- Definition **VO Nr. 1286/2014 4** 21 ff.

PRIIP-Verkäufer
- Informationsverpflichteter **VO Nr. 1286/2014 4** 35 ff.

PRIIP-VO
- Anwendungsbereich **VO Nr. 1286/2014 1** 55 ff.
- Anwendungsbereich, persönlicher **VO Nr. 1286/2014 4** 27 ff.
- Ausnahmen vom Anwendungsbereich **VO Nr. 1286/2014 2** 5 ff.
- Entstehungsgeschichte **VO Nr. 1286/2014 1** 11 ff.
- persönlicher Anwendungsbereich **VO Nr. 1286/2014 2** 1 ff.
- Regelungsgegenstände **VO Nr. 1286/2014 1** 15 ff.
- Regularien **VO Nr. 1286/2014 1** 37 ff.
- Ziele **VO Nr. 1286/2014 1** 19 ff.

Prime Broker
- Stimmrechtsanteile, Zurechnung **35** 63 ff.

PRIP
- Beispiele **VO Nr. 1286/2014 4** 10 ff.
- Definition **VO Nr. 1286/2014 4** 3 ff.

Privatkunden
- Beratungsprotokoll *s. dort*
- Best Execution **82** 15 ff.
- Heraufstufung **67** 19 ff.
- Wertpapierdienstleistungsunternehmen, Verhaltenspflichten **63** 14, 61 ff., 142 ff.; **64** 48 ff.

Produktintervention
- Adressaten **15** 17 f.
- Anwendungsbereich, persönlicher **VO Nr. 600/2014 42** 10
- Anwendungsbereich, räumlicher **VO Nr. 600/2014 42** 11 ff.
- Anwendungsbereich, sachlicher **VO Nr. 600/2014 42** 8 f.
- Basisinformationsblatt **VO Nr. 1286/2014 17** 1 ff.; *s.a. „Basisinformationsblatt – Produktinterventionsbefugnisse"*

- Beeinträchtigung von Aufsichtszielen **VO Nr. 600/2014** 42 15 ff.
- Bekanntgabe von Interventionsmaßnahmen **VO Nr. 600/2014** 42 40 ff.
- Durchsetzung **15** 19 ff.; **VO Nr. 600/2014** 42 47 f.
- Ermessen **15** 16; **VO Nr. 600/2014** 42 35 f.
- Gefahr für Marktfunktion/Finanzstabilität **VO Nr. 600/2014** 42 22
- grenzüberschreitendes Informationsverfahren **VO Nr. 600/2014** 42 37 ff.
- Rechtsschutz **15** 26 ff.; **VO Nr. 600/2014** 42 49 ff.
- systematischer Zusammenhang **15** 6 ff.; **VO Nr. 600/2014** 42 3 ff.
- überschießende Anwendung des Unionsrechts **15** 9 f.
- Verbraucherschutzbedenken **VO Nr. 600/2014** 42 17 ff.
- Verhältnis zu anderen regulatorischen Anforderungen **VO Nr. 600/2014** 42 24 f.
- Verhältnismäßigkeit **VO Nr. 600/2014** 42 26 ff.
- Voraussetzungen, materielle **15** 12 ff.; **VO Nr. 600/2014** 42 15 ff.
- Voraussetzungen, verfahrungsrechtliche **15** 15; **VO Nr. 600/2014** 42 32 ff.
- Widerruf von Interventionsmaßnahmen **VO Nr. 600/2014** 42 43
- zivilrechtliche Wirkungen **15** 30 ff.
- Zweck **15** 2 ff.; **VO Nr. 600/2014** 42 1 f.

Professionelle Kunden
- Best Execution **82** 7 ff.
- geeignete Gegenpartei **67** 14 ff.
- Herabstufung **67** 12, 18
- Heraufstufung von Privatkunden **67** 19 ff.
- Wertpapierdienstleistungsunternehmen, Verhaltenspflichten **63** 14, 106, 120

Provisionen
- Zuwendungsverbot *s. „Zuwendungen"*

Prüfungspflichten
- Systeme für Einhaltung der EMIR-Pflichten **32** 2 ff.

Publikums-Investmentaktiengesellschaften
- Stimmrechtsanteile, Zurechnung **35** 46 ff.

Publikums-Investmentvermögen
- mehrere Sondervermögen **35** 43 ff.
- Miteigentumslösung **35** 43 ff.
- Stimmrechtsanteile, Zurechnung **35** 46 ff.
- Treuhandlösung **35** 44 f.

Publizitätspflichten *s.a. „Transparenzpflichten"*
- Ad-hoc-Publizität *s. dort*
- Aktien, Ausgabe **49** 15
- Aktien, Einziehung **49** 14
- aktienbezogene **49** 4 ff.
- aus Treuepflicht **44** 104 f.
- Bußgeld **50** 20 f.
- Datenfernübertragung *s. dort*
- Derivate, Rechteänderung **50** 8 f.
- Dividendenausschüttung **49** 11
- Finanzberichte, Ausnahmen **114** 1 ff.
- Halbjahresfinanzbericht **115** 1 ff.
- Hinweisbekanntmachung **114** 20 ff.; **115** 11
- Information der Wertpapierinhaber *s. „Zulassungsfolgepflichten"*
- Inlandsemittent **51** 2 ff.
- Jahresfinanzbericht **114** 7 ff., 11 f.
- Rechnungslegungsfehler **vor 106** 6; **109** 18 ff.
- Regelpublizität **VO Nr. 596/2014 17** 9
- Schadensersatzpflicht **50** 23
- Schuldtitel **49** 22 ff.
- schuldtitelbezogene **49** 22 ff.
- Umtausch-/Bezugs-/Zeichnungsrechte, Ausübung **49** 11 ff.
- Verhältnis zu Directors' Dealings-Pflichten **VO Nr. 596/2014 19** 206 ff.
- Verletzung **49** 44 ff.
- Wertpapiere, Rechteänderung **50** 6 ff.
- Zeitpunkt **49** 16 ff., 27 f.

Put-Option
- Mitteilungspflichten **38** 40 f., 51

Ratingagenturen
- Insiderliste **VO Nr. 596/2014 18** 24
- Ordnungswidrigkeiten **120** 140 ff.
- Überwachung/Regulierung **29** 1 ff.
- Zuständigkeit **29** 1 ff.

Rechnungslegung
- Ad-hoc-Publizitätspflicht, Verhältnis **VO Nr. 596/2014 17** 244 ff.
- Bilanzkontrollgesetz **vor 106** 2
- Enforcement-Verfahren *s. dort*
- Fehler, Publizitätspflicht **vor 106** 6; **109** 18 ff.
- Halbjahresfinanzbericht **115** 1 ff.; *s.a. dort*
- Jahresfinanzbericht **114** 35 ff.; *s.a. dort*
- Konzernabschluss *s. dort*
- Verhältnis zu Directors' Dealings-Pflichten **VO Nr. 596/2014 19** 210
- Zwischenmitteilung *s. dort*

Rechtsanwälte
- Insiderliste **VO Nr. 596/2014 18** 21
- Wertpapierdienstleistungen **3** 30 ff.

Rechtshilfe
- BaFin, Verschwiegenheitspflicht **21** 61
- Strafverfahren **18** 67 ff.

Rechtsverlust
- Aktien *s. „Aktien – Rechtsverlust"*

Referenzdaten – Bereitstellungspflicht
- behördliche Pflichten **VO Nr. 600/2014 27** 21 ff.
- Inhalt der Meldung **VO Nr. 600/2014 27** 13 ff.
- Meldepflichtige **VO Nr. 600/2014 27** 6 ff.
- systematische Stellung **VO Nr. 600/2014 27** 1 ff.

Referenzwerte – diskriminierungsfreier Zugang
- Anforderungen **VO Nr. 600/2014 37** 13 ff.
- Anwendungsbereich **VO Nr. 600/2014 37** 3 ff.
- Gegenstand der Zugangspflicht **VO Nr. 600/2014 37** 10 ff.
- Zugangsverfahren **VO Nr. 600/2014 37** 25 ff.

Regulierter Markt
- Directors' Dealings, Mitteilungspflicht **VO Nr. 596/2014 19** 20
- Enforcement-Verfahren *s. dort*

REIT-AG
- Stimmrechtsanteile, Mitteilungspflichten **33** 95

Rückkaufprogramme
- außerhalb der safe harbour-Regelung **VO Nr. 596/2014 5** 108 ff.
- safe harbour **VO Nr. 596/2014 5** 31 ff.
- safe harbour, Stabilisierungsmaßnahmen **VO Nr. 596/2014 5** 72 ff.

Sachverständige
- Bewertung, Insiderinformation **VO Nr. 596/2014 7** 32
- Hinzuziehung durch BaFin **6** 244

Safe harbour
- Anwendungsbereich **VO Nr. 596/2014 5** 1 ff.
- eigene Aktien **VO Nr. 596/2014 5** 22 ff.
- ergänzende Stabilisierungsmaßnahmen **VO Nr. 596/2014 5** 99 ff.
- Greenshoe-Option **VO Nr. 596/2014 5** 101
- Kursstabilisierung *s. dort*
- Publizitäts-/Dokumentations-/Organisationspflicht **VO Nr. 596/2014 5** 90 ff.
- Rechtsnatur **VO Nr. 596/2014 5** 4
- Regelungszweck **VO Nr. 596/2014 5** 21
- Rückkaufprogramme **VO Nr. 596/2014 5** 31 ff.

Scalping
- Insiderinformation **VO Nr. 596/2014 7** 17

Schadensersatzpflicht
- Ad-hoc-Publizitätspflicht **VO Nr. 596/2014 17** 307 ff.
- Directors' Dealings **VO Nr. 596/2014 19** 204 f.
- Gleichbehandlungsgebot **48** 39 f.
- Insiderliste, Pflichtverstoß **VO Nr. 596/2014 18** 103 ff.
- Kapitalmarktinformationen, Haftung *s.a. dort*
- Mitteilungspflichtverletzung **44** 101 ff.

Sachregister

- Publizitätspflicht, Verletzung **51** 15
- Stimmrechtsanteile, Veröffentlichungspflicht **40** 63
- Zulassungsfolgepflichten **49** 46

Scheingeschäfte
- Marktmanipulation VO Nr. 596/2014 **12** 98 ff.

Schenkung
- Directors' Dealings, Mitteilungspflicht VO Nr. 596/2014 **19** 103

Schiedsvereinbarungen
- AGB-Kontrolle **101** 51 ff.
- Anwendungsbereich, persönlicher **101** 11 ff.
- Anwendungsbereich, sachlicher **101** 31 ff.
- Auslandsberührung **101** 48 ff.
- Beteiligte **101** 30
- börsengesetzliche Vorgängerregelung **101** 6 f.
- Börsenleute **101** 24
- Ehegatten/Lebenspartner **101** 26 ff.
- Geschäft zu privaten Zwecken **101** 21
- juristische Personen des öffentlichen Rechts **101** 29
- Kaufleute **101** 14 ff., 54, 58 ff.
- Konkurrenzen **101** 61 ff.
- Normzweck **101** 4 f.
- Organe juristischer Personen **101** 22
- Personengesellschafter **101** 20
- Rechtsnachfolger **101** 23
- rügeloses Einlassen **101** 41
- Schiedsgutachten **101** 35
- Streitigkeit, Begriff **101** 32 ff.
- Übergangsrecht **101** 64
- Unterwerfung nach Streitigkeit **101** 38 ff.
- Unterwerfung vor Streitigkeit **101** 36 f.
- Unwirksamkeit **101** 42 ff.
- Verbraucher **101** 6 f., 39, 52 f., 56 f.
- Vertreter **101** 25
- Zeitpunkt **101** 36 ff.

Schuldtitel
- Auslosung **49** 24
- Ausübung von Rechten **49** 24 ff.
- Begriff **2** 25 ff.
- Ermöglichung der Rechtsausübung **48** 16
- Genussscheine **2** 28
- Gläubigerversammlung **48** 35; **49** 23
- Gleichbehandlung der Inhaber **48** 11 f.
- Inhaber-/Orderschuldverschreibungen **2** 29 ff.
- inländische Zahlstelle **48** 24
- Namensschuldverschreibungen **2** 34
- nicht-komplexe **63** 144
- Optionsscheine **2** 36 f.
- Veröffentlichungspflichten **49** 22 ff.; s.a. „Zulassungsfolgepflichten"
- Zertifikate **2** 35
- Zinszahlung **49** 24

Schuldverschreibungen
- Directors' Dealings, Mitteilungspflicht VO Nr. 596/2014 **19** 65
- nicht-komplexe **63** 144

Schweigepflicht 12 2 ff.; s.a. „Verschwiegenheitspflicht"

Schwellenwerte
- Stimmrechtsanteile, Mitteilungspflicht **33** 24 ff.

Selbstauskunft
- Vertragsschlussvermittlung, Vermögensanlagegesetz **65** 1 ff.
- Vertragsschlussvermittlung, Wertpapierprospektgesetz **65a** 1 ff.

Settlement
- Mitteilungspflicht, Befreiung **36** 42 ff.

Short Sales s. „Leerverkäufe"

Sicherungsübereignung
- Mitteilungspflichten **36** 22 f.

Sondervermögen
- Drittstaaten-Vermögen **35** 57 ff.
- Meldepflichten **35** 40 ff.; s.a. „Investmentvermögen"; „Publikums-Investmentvermögen"

Sparbrief
- Abgrenzung zu Geldmarktinstrumenten **2** 43

Spätere Veröffentlichung
- Ausnahmetatbestände VO Nr. 600/2014 **11** 9 ff.
- Genehmigungsverfahren VO Nr. 600/2014 **7** 7 ff.

Spezial-AIF
- Stimmrechtsanteile, Zurechnung **35** 50 ff.

Spiel
- Finanztermingeschäfte **99** 1 ff.
- öffentlich-rechtliche Sperrwirkung **99** 15
- strafrechtlicher Tatbestandsausschluss **99** 14

Spotgeschäfte
- Wertpapiernebendienstleistungen **2** 196 f.

Squeeze-out
- Ad-hoc-Publizitätspflicht VO Nr. 596/2014 **17** 222 f.

Staatsanwaltschaft
- Ermittlungen **11** 3 ff.

Stabilisierungsmaßnahmen
- Insiderhandelsverbot VO Nr. 596/2014 **8** 56 ff.

Stellvertretung
- Directors' Dealings, Mitteilungspflicht VO Nr. 596/2014 **19** 110
- gesetzliche **67** 26 f.
- Handeln für fremde Rechnung **2** 98 ff.
- Kundenvollmacht **67** 23 f.
- verdeckte **67** 32

Steuerberater
- Insiderliste VO Nr. 596/2014 **18** 21
- Wertpapierdienstleistungen **3** 30 ff.

Stimmrecht – Ausübung
- Rechtsverlust **44** 43 f.
- Selbstbefreiung, Fehlschlagen **36** 75 ff.
- trotz Verlust **44** 61 ff.
- Verbot **36** 70 ff.
- Zentralbanken **36** 58

Stimmrechtsanteile – Mitteilungspflicht
- abgestimmtes Verhalten s. „Acting in concert"
- acting in concert **38** 29
- Adressat **38** 84
- Aktien, bedingtes Zugriffsrecht **38** 46 ff.
- Aktien, befristetes Zugriffsrecht **38** 46 ff.
- Aktien, Erwerbsmöglichkeit **38** 20 ff., 79
- Aktien, Zugriffsrecht **38** 10 ff.
- Aktienbesitz zwecks Abrechnung/Abwicklung **36** 42 ff.
- Aktienverwahrung **36** 49 ff.
- an die BaFin, nach Veröffentlichung **40** 29 ff.
- analoge Anwendung vor **33** 54 f.
- Anspruch der Gesellschaft **33** 139
- Anteile, Berechnung **38** 67 ff.
- Anteile, Übertragung **33** 70 ff.
- Anteile, Umschichtung **33** 80
- Anwendungsbereich, räumlicher vor **33** 56 ff.
- Auffangtatbestand **38** 10 ff.
- aus Treuepflicht **44** 104 f.
- Ausübung von Stimmrechten **36** 70 ff.; s.a. „Stimmrecht – Ausübung"
- basket-/indexbezogene Instrumente **38** 63 ff.
- Befreiung **36** 5 ff., 39 f., 53 f., 59 f.; **46** 1 ff.
- Börsennotierung, mehrfache **33** 93
- Börsenzulassung, vorheriger Erwerb **33** 107
- Cash Settled Equity Swaps **38** 45 ff.
- Contracts for Difference **38** 45 ff.
- Custodians **36** 49 ff.
- Dauer der Beteiligung **33** 21 ff.
- Deltafaktor **38** 58 ff.
- Depotbanken **36** 49 ff.
- Differenzgeschäfte **38** 29
- Doppelmeldung **38** 73 ff.
- Drittstaatensitz **33** 91 ff.
- Eingangsschwelle **38** 66; **39** 6 ff.
- Emittent, Begriff **33** 83 ff.
- Emittentenleitfaden vor **33** 49
- Falschmeldung **44** 17 ff.
- Finanzinstrumente, bedingtes Erwerbsrecht **38** 22 f., 46 ff.

Sachregister

- Finanzinstrumente, befristetes Erwerbsrecht 38 46 ff.
- Finanzinstrumente, Erwerbsmöglichkeit 38 20 ff., 79
- Finanzinstrumente, Erwerbsrecht 38 14 ff.
- Firmenänderung 33 81
- Form 38 85; 39 10
- Frist 38 82 f.
- Futures 38 51
- Geldbuße 44 99 f.
- Geschäftsverteilung 33 138
- Halten, mittelbares/unmittelbares 38 24 ff.
- Handelsbestand 36 8 ff.; s.a. dort
- Hinterlegungsscheine 33 102 ff.
- Informationsverschaffungspflicht 33 137
- Inhalt 38 85 f.; 39 10
- Inlandssitz 33 84 ff.
- Insolvenz 33 141
- Investvermögen/Sondervermögen 35 40 ff.; s.a. „Investmentvermögen"; „Publikums-Investmentvermögen"
- jährliches Dokument 33 142
- Konzernverhältnis 37 1 ff.
- Market Maker 36 59 ff.; s.a. dort
- Meldeschwelle, Über-/Unterschreiten 44 96 f.
- Mitteilung, alternative 33 71 ff.
- Mitteilung, fehlerhafte 33 135
- Mitteilung, Nachholung 33 135
- Mitteilung, vorsorgliche 33 71 ff.
- Mitteilungsempfänger 33 109 f.
- Mitteilungsform 33 115
- Mitteilungsfrist bei dinglicher Übertragung/Änderung 33 78
- Mitteilungsinhalt 33 111 ff.
- Mitteilungspflichtige 33 6 ff.
- Nachholung 44 88
- Nachweis der Beteiligung 42 1 ff.
- Namensänderung 33 81
- nicht zu berücksichtigende Anteile 36 5 ff.
- Offenlegungspflichten, außerhalb des WpHG vor 33 66 ff.
- Optionen 38 39 ff.
- Organisationspflicht 33 137
- Organpflichten 44 93 ff.
- Pflichtverletzung 44 1 ff.; s.a. „Aktien – Rechtsverlust"
- Publizitätspflicht VO Nr. 596/2014 19 208
- Put-Option 38 40 f., 51
- Rechtsentwicklung vor 33 1 ff.
- Rechtsfolgen 38 80 ff.
- Rechtsnatur vor 33 15 ff.
- Regelungen, Auslegung vor 33 39 ff.
- Regelungen, Rechtsnatur vor 33 15 ff.
- Regelungen, Systematik vor 33 36 ff.
- REIT-AG 33 95
- Risikobegrenzungsgesetz vor 33 7 ff.
- Rückkaufprogramme 38 42
- Schadensersatzpflicht 44 101 ff.
- Schwellenwerte 33 24 ff., 61 f.
- Selbstbefreiung 36 72 ff.
- sonstige Instrumente 38 33 ff.
- Stimmrechtsquote, Berechnung 33 30 ff.
- Strategie- und Mittelherkunftsbericht 43 1 ff.; s.a. „Mittelherkunftsbericht"; „Strategiebericht"
- Überblick vor 33 21 ff.
- Übergangsrecht 127 1 ff.
- Umgehungsversuche vor 33 50 ff.; 38 2 ff.
- Umtauschanleihen 38 67
- unvollständige Meldung 44 17 ff.
- Verhältnis verschiedener Meldepflichten 38 13, 77 f.
- Verhältnis zur Ad-hoc-Publizität VO Nr. 596/2014 17 240 ff.; vor 33 62 ff.
- Verletzung 38 87
- Veröffentlichungspflicht 40 1 ff.; s.a. „Stimmrechtsanteile – Veröffentlichungspflicht"
- Verordnungsermächtigung 33 143; 36 84
- Verpflichtete 37 1 ff.; 38 80 f.
- Verwahrung vor 33 35
- Vollharmonisierung vor 33 13 f.
- Voraussetzungen 33 6 ff.
- Wandelschuldverschreibungen 38 31 f.
- wesentliche Beteiligung 43 4 ff.
- Zentralbanken 36 53 ff.
- Zurechnung bei dinglicher Übertragung/Änderung 33 70 ff.; s.a. „Stimmrechtsanteile – Zurechnung"
- Zusammenrechnung verschiedener Instrumente 38 67 ff.; 39 4 ff.
- Zweck 33 3 f.; vor 33 21 ff.

Stimmrechtsanteile – Veröffentlichungspflicht
- aktiengesetzliche Offenlegungspflicht 40 64 f.
- Berechnung, Vereinfachung 41 5 ff.
- Durchsetzung 40 60 ff.
- eigene Aktien 40 20 ff., 35 f.
- Ersatzvornahme 40 61
- fremdstaatliche Regelungen 40 8
- Frist 40 10 f., 27
- Informationsbeschaffungspflicht 40 13 ff.
- Inhalt 40 33 ff.
- Inlandsemittent 40 2 ff.
- Insolvenz 40 6
- Korrektur 40 17
- Kosten 40 12
- Medien, Übersendung 40 44 ff.
- Medium/Veröffentlichungsart 40 38 ff.
- Mehrfachnotierung, Drittland 40 67
- Mitteilung an die BaFin 40 29 ff.
- Muster 40 30
- Ordnungswidrigkeiten 40 62
- Schadensersatzpflicht 40 63
- Sprache 40 51 ff.
- Stimmrechtsdatenbank 40 4, 59, 66
- übernahmerechtliche vor 33 67 f.
- Unternehmensregister 40 28; 41 15
- Unvollständigkeit 40 35 f.
- Verpflichtete 40 5, 19
- Voraussetzungen 40 5 f.
- wesentliche Beteiligung 43 27 f.
- WpAV 40 30

Stimmrechtsanteile – Zurechnung
- abgestimmtes Verhalten 34 126 ff.; s.a. „Acting in concert"
- Aktienverwahrung 36 52
- Analogie Vor 33 ff. 50 ff.
- Ausübungsvollmacht 34 96 ff.
- beherrschender Einfluss 34 33
- dinglicher Übertragung/Änderung 34 93 ff.
- Erwerb durch Willenserklärung 34 92 ff.
- Fonds 34 108 ff.
- Gemeinschaftsunternehmen 34 38 ff.
- Grundsatz der doppelten Meldepflicht 34 18 ff.
- Grundsatz der Kettenzurechnung 34 21 ff.
- Grundsatz der mehrfachen Zurechnung 34 18 ff.
- Halten für Rechnung der Meldepflichtigen 34 41 ff.
- Halten, mittelbares/unmittelbares 38 24 ff.
- Handelsbestand 34 85
- Holding 34 65 f.
- Informationsverschaffungspflicht 34 26 f.
- Investvermögen/Sondervermögen 35 40 ff.; s.a. „Investmentvermögen"; „Publikums-Investmentvermögen"
- KG/GmbH & Co. KG 34 103
- Kommissionsgeschäft 34 85
- mehrstufiger Konzern 34 55 ff.
- Mitteilungspflichtige, Auskunftsrecht 34 28 ff.
- Mutterunternehmen 34 34 f.
- Nachweis mitgeteilter Beteiligungen 42 15 ff.
- Nießbrauch 34 90 f.
- Rechtsverlust 44 36 ff.; s.a. „Aktien – Rechtsverlust"
- Sicherungsübereignung 34 86 ff.
- Tochterunternehmen 34 33 ff.
- Treuhand 34 47 ff.
- Vermögensverwaltungsgesellschaften 34 67 ff.
- Verwahrung 34 96
- Verwaltungstreuhand 34 55 ff.

3419

Sachregister

- Vorschaltgesellschaften **34** 67 ff.
- Wertpapierleihe/Aktiendarlehen **34** 72 ff.

Stimmrechtsdatenbank
- Abrufen von Information **40** 66
- Stimmrechtsanteile, Veröffentlichungspflicht **40** 4

Stimmrechtsmehrheit
- Berechnung bei Rechtsverlust **44** 66

Stimmrechtsvollmacht
- Formulare **48** 30 ff.

Stock Appreciation Rights
- Directors' Dealings, Mitteilungspflicht **VO Nr. 596/2014 19** 66 ff.

Stock Options
- Insiderhandelsverbot **VO Nr. 596/2014 8** 68 ff.

Straftaten
- Ad-hoc-Publizitätspflicht **VO Nr. 596/2014 17** 76 ff.
- Alltagshandlungen **119** 164 f.
- Anwendungsbereich, räumlicher **119** 203 ff.
- arbeitsteiliges Zusammenwirken **119** 172
- Auffangtatbestand, Marktmanipulation **119** 65 ff.
- Aufsichtspflichtverletzung **119** 202
- Auslegung, nationale/europäische **vor 119** 46 f.
- Bandenmäßigkeit **119** 153
- Behördenauskunft **119** 177
- berufsneutrale Handlungen **119** 164 f.
- Berufsverbot **119** 200
- Blankettcharakter **vor 119** 29 ff.
- börsenrechtliche Folgen **119** 201
- Directors' Dealings **VO Nr. 596/2014 19** 202
- Einziehung von Tatertägen **119** 184 ff.
- Emissionszertifikate **119** 136 ff.
- Empfehlung **119** 113 f.
- Entschuldigungsgründe **119** 176
- Erfolgsdelikt **119** 6
- europäisches Recht **vor 119** 21 ff.
- Freiheitsstrafe **119** 181 f.
- Garantenpflicht **119** 167
- Gebote **119** 145 ff.
- Gefährdungsdelikte, abstrakte **119** 6
- Geldstrafe **119** 181 f.
- Geschäftsherrenhaftung **119** 171
- Gesetzesentwicklung **119** 1 ff.
- Gewerbsmäßigkeit **119** 153
- Gewinnabschöpfung **119** 184 ff.
- Haftung, Unternehmen **119** 202
- handelsgestützte Marktmanipulation **119** 50 ff.
- informationsgestützte Marktmanipulation **119** 57 ff., 196 ff.
- inkorporierte Tatbestandsmerkmale **119** 23 ff.
- Insidergeschäfte **119** 87 ff.
- Insiderhandelsverbot **VO Nr. 596/2014 8** 100
- Insiderinformation, Tatbestandsmerkmale **119** 91 ff.
- Insiderliste, Pflichtverstoß **VO Nr. 596/2014 18** 100 ff.
- Irrtum **119** 176 f.
- Kausalitätsfeststellung **119** 78 ff.
- Kompetenzgrundlage **119** 13 f.
- Konkurrenzen **119** 211 f.
- kriminalpolitische Aspekte **vor 119** 14 ff.
- Leichtfertigkeit **119** 148, 175
- Marktmanipulation **119** 35 ff.
- Marktmanipulation, Finanzinstrumente **119** 41 ff.
- Marktmanipulation, gewerbs- oder bandenmäßige **119** 151 ff.
- Marktmanipulation, handelsgestützte **119** 50 ff.
- Marktmanipulation, informationsgestützte **119** 57 ff., 196 ff.
- Marktmanipulation, Internet **119** 63
- Marktmanipulation, soziale Medien **119** 63
- Marktsondierung **119** 121 ff.
- minder schwerer Fall **119** 155
- Mittäterschaft **119** 161
- Mitteilungen, aus Strafverfahren **122** 19 ff.
- mittelbare Täterschaft **119** 160
- Offenlegung **119** 116 ff.
- Offenlegung, Ausnahmetatbestand **119** 119 ff.
- Preiseinwirkung, Tatbestand **119** 75 ff.
- räumlicher Anwendungsbereich **119** 203 ff.
- Rechtfertigung **119** 178
- Rechtsentwicklung **vor 119** 1 ff.
- Rechtsfolgen **119** 181 ff.
- Rechtsfragen, übergreifende **vor 119** 20 ff.
- Rechtsgüter **119** 4 f.
- Rechtsrat **119** 177
- Referenzwerte **119** 46
- Rückwirkungsverbot **119** 209 ff.
- Sachkunde **119** 83 f.
- Schuldnachweis **vor 119** 50
- Schuldprinzip **119** 119
- soziale Medien, Marktmanipulation **119** 63
- Tatbestandsmerkmale, Auslegung **119** 20 ff.
- Tateinheit/-mehrheit **119** 183
- Täterschaft/Teilnahme **119** 157 ff.
- Taterträge, Einziehung **119** 184 ff.
- Tätigkeitsdelikte **119** 6
- Tatsachenfeststellung **vor 119** 50
- Teilnahmestrafbarkeit **119** 162 ff.
- Treibhausgasemissionszertifikate **119** 136 ff.
- Übergangsrecht **119** 209 ff.
- Umsetzungserfordernisse **119** 8 ff.
- Unterlassungstat **119** 168 f.
- Verbotsirrtum **119** 177
- Verdacht, Anzeigepflicht **110** 1 ff.
- Verfahrensbeteiligung der BaFin **122** 8 ff.
- Verfall **119** 186
- Verfassungsrecht **vor 119** 33 ff.
- Verfolgungsverjährung **119** 179 f.
- Verjährung **119** 179 f.
- Verleiten **119** 115
- Veröffentlichung von Verstößen **123** 1 ff.
- Verschwiegenheitspflicht, Verletzung **21** 88 ff.
- Versteigerungsverfahren **119** 139
- Versuch **119** 127 ff.
- Vorsatz **119** 85 f., 175
- Warenmärkte **119** 47
- Zusammenlesen **vor 119** 29 ff.
- Zusammentreffen mit Ordnungswidrigkeit **120** 424 ff.

Strafverfahren
- Anzeigepflicht der BaFin **11** 3 ff.
- Informationsfreiheitsgesetz **21** 51
- internationale Rechtshilfe **18** 67 ff.

Strategiebericht
- Ausnahmen **43** 8 f.
- Einflussnahme **43** 18
- Empfänger **43** 22
- Erwerb von Stimmrechten **43** 15
- Frist **43** 26
- Inhalt **43** 12 ff., 23 ff.
- Kapitalstruktur, Änderung **43** 19
- Kontrollerlangung **43** 16 f.
- Pflichtverletzung **43** 29 f.
- Rechtsentwicklung **43** 1 f.
- Rechtsvergleichung **43** 3
- Satzungsregelungen **43** 31 f.
- Verlangen des Emittenten **43** 10 f.
- Veröffentlichungspflicht **43** 27 f.
- Verordnungsermächtigung **43** 23, 33
- Verpflichtete **43** 4 ff.

Strukturierte Einlage
- Anwendbarkeit von Verhaltensregeln **96** 3 f.
- Begriff **2** 251 ff.; **96** 2

Swaps
- Derivate, Begriff **2** 49
- Kreditderivate **2** 77

Systematische Internalisierer
- Begriff **2** 112 ff.
- Kursofferten, Enzug der Zugangsmöglichkeit **VO Nr. 600/2014 17** 11
- Kursofferten, Zugangsentscheidung **VO Nr. 600/2014 17** 5 ff.
- Mitteilungspflicht, Entstehen **79** 11 ff.

Sachregister

- Mitteilungspflicht, Form **79** 22 f.
- Mitteilungspflicht, Inhalt **79** 24 f.
- Mitteilungspflicht, Regelungsgegenstand **79** 1 ff.

Systematische Internalisierer – Kundenaufträge
- Verbindlichkeit der Kursofferten **VO Nr. 600/2014 15** 10 ff.
- Veröffentlichungsmodalitäten **VO Nr. 600/2014 15** 4 ff.

Systematische Internalisierer – Offenlegungspflicht
- Anwendungsbereich, gegenständlicher **VO Nr. 600/2014 14** 18 ff.
- Anwendungsbereich, personeller **VO Nr. 600/2014 14** 8 ff.
- Inhalt **VO Nr. 600/2014 14** 20 ff.

Systematische Internalisierer – Veröffentlichungspflicht
- Abgabe von Kursofferten **VO Nr. 600/2014 18** 9 ff.
- Abgabe von Kursofferten, Anwendungsbereich, gegenständlicher **VO Nr. 600/2014 18** 14 ff.
- Abgabe von Kursofferten, Anwendungsbereich, persönlicher **VO Nr. 600/2014 18** 9 ff.
- Abgabe von Kursofferten, illiquide Märkte **VO Nr. 600/2014 18** 31 ff.
- Abgabe von Kursofferten, liquide Märkte **VO Nr. 600/2014 18** 25 ff.
- Abgabe von Kursofferten, Pflichteninhalt **VO Nr. 600/2014 18** 18 ff.
- Aktualisierung von Offerten **VO Nr. 600/2014 18** 38 ff.
- Auftragspakete **VO Nr. 600/2014 18** 60
- Beschränkung der Zahl der Geschäfte **VO Nr. 600/2014 18** 53
- Geschäftsumfang **VO Nr. 600/2014 18** 48 ff.
- Preisverbindlichkeit **VO Nr. 600/2014 18** 48 ff.
- Schwellenwertunterschreitung **VO Nr. 600/2014 18** 52
- Überschreiten des typischen Geschäftsumfangs **VO Nr. 600/2014 18** 59
- Zugänglichmachung von Kursoffferten **VO Nr. 600/2014 18**
- Zugangsentscheidung **VO Nr. 600/2014 18** 42 ff.
- Zurückziehen von Offerten **VO Nr. 600/2014 18** 38 ff.

Tätigkeitsverbot
- natürliche Person **6** 165 ff.

Teilnehmerverzeichnis
- Einsichtsrecht **48** 21

Termingeld
- Abgrenzung zu Geldmarktinstrumenten **2** 43

Termingeschäfte
- Derivate, Begriff **2** 62 ff.

Testamentsvollstreckung
- Stimmrechtsanteile, Mitteilungspflichten **33** 15
- Wertpapierdienstleistungen, Begriff **2** 155

Tochterunternehmen
- Fallgruppen **35** 4 ff.
- Investvermögen/Sondervermögen s. „Investmentvermögen"; „Publikums-Investmentvermögen"
- Kapitalverwaltungsgesellschaften, Ausnahmen **35** 13 ff.
- konzernweiter Rechtsverlust **44** 30 ff.
- Mitteilungspflichten **37** 1 ff.
- Stimmrechtsanteile, Zurechnung **35** 22 ff.

Transaktionsregister
- Anerkennungsverfahren **VO Nr. 648/2012 77** 4 ff.
- Aufbewahrungspflicht **VO Nr. 648/2012 80** 5
- Aufsichtsmaßnahmen der ESMA **VO Nr. 648/2012 73** 1 ff.
- Aufzeichnungspflicht **VO Nr. 648/2012 80** 4
- Ausstattung, angemessene **VO Nr. 648/2012 78** 13
- Betretungsbefugnis **VO Nr. 648/2012 63** 4 f.
- Compliance-Funktion **VO Nr. 648/2012 78** 12
- Datenschutz **VO Nr. 648/2012 80** 1 f.
- Definition **VO Nr. 648/2012 2** 10 ff.
- Drittstaat, Anerkennung **VO Nr. 648/2012 77** 1 ff.
- Drittstaat, Anerkennungsverfahren **VO Nr. 648/2012 78** 4 ff.
- Entgelte **VO Nr. 648/2012 78** 19 f.
- Gebührenerhebung **VO Nr. 648/2012 72** 1 ff.
- Gebührenhöhe **VO Nr. 648/2012 72** 4
- gegenseitiger Informationsaustausch **VO Nr. 648/2012 75** 8 f.
- Geldbuße, Höhe **VO Nr. 648/2012 65** 10 ff.
- Geldbuße, Veröffentlichung **VO Nr. 648/2012 68** 4 ff.
- Geldbuße, Vollstreckung **VO Nr. 648/2012 68** 9 ff.
- Geschäftsbetrieb, Fortführung **VO Nr. 648/2012 79** 3 f.
- Geschäftsleitung **VO Nr. 648/2012 78** 16
- Gleichwertigkeit, Anerkennung **VO Nr. 648/2012 75** 2 ff.
- Informationsersuchen der ESMA **VO Nr. 648/2012 61** 1 ff.
- Informationserteilung **VO Nr. 648/2012 61** 11 ff.
- Interessenkonflikte **VO Nr. 648/2012 78** 11
- Meldelogbuch **VO Nr. 648/2012 80** 6
- Prüfung vor Ort **VO Nr. 648/2012 63** 1 ff.
- Registrierung, Voraussetzungen **VO Nr. 648/2012 55** 3 f.
- Registrierung, Widerruf **VO Nr. 648/2012 71** 1 ff.
- Registrierung, Wirkung **VO Nr. 648/2012 55** 5 f.
- Registrierungsantrag, Form **VO Nr. 648/2012 56** 1 ff.
- Registrierungsantrag, Prüfungsfristen **VO Nr. 648/2012 56** 6 ff..
- Registrierungspflicht **VO Nr. 648/2012 55** 1 f.
- Risiken, operationelle **VO Nr. 648/2012 79** 1 f.
- Sanktionen **VO Nr. 648/2012 78** 21
- Transaktionsdaten, Nutzung für gewerbliche Zwecke **VO Nr. 648/2012 80** 3
- Transaktionsdaten, Zugang **VO Nr. 648/2012 78** 17 f.
- Unternehmensführungsregelungen **VO Nr. 648/2012 78** 1 ff.
- Untersuchungsbefugnis **VO Nr. 648/2012 63** 4 f.
- Veröffentlichung aggregierter Daten **VO Nr. 648/2012 81** 4 ff.
- Verstoß, Feststellung **VO Nr. 648/2012 65** 3 ff.
- Verwendung personenbezogener Daten **VO Nr. 648/2012 75** 13 ff.
- Widerruf der Registrierung **VO Nr. 648/2012 71** 1 ff.
- Zugang, direkter **VO Nr. 648/2012 81** 10 ff.
- Zugang, indirekter **VO Nr. 648/2012 81** 28
- Zugangsberechtigung **VO Nr. 648/2012 81** 11 ff.
- Zwangsgelder **VO Nr. 648/2012 66** 4 ff.
- Zwangsgelder, Anwendungskonflikte **VO Nr. 648/2012 66** 5
- Zwangsgelder, Engel-Kriterien **VO Nr. 648/2012 66** 5
- Zwangsgelder, Tatbestände **VO Nr. 648/2012 66** 6 ff.
- Zwangsgelder, Zweistufigkeit des Verfahrens **VO Nr. 648/2012 12**

Transparenzpflichten s.a. „Publizitätspflicht"
- Berichte und Überpfüung **VO Nr. 600/2014 53** 1 ff.
- Verstöße, Bekanntmachung **124** 1 ff.
- Zuwendungen **70** 46 ff.; s.a. dort

TranspRLDV
- Halbjahresfinanzbericht **115** 48

Treuhand
- Directors' Dealings, Mitteilungspflicht **VO Nr. 596/2014 19** 49 ff.
- Kundenermächtigung **67** 32
- Mitteilungspflichtverletzung **44** 36

Treuhandkonto
- Schutz der Kundengelder **84** 2 ff.

Übergangsrecht
- C.6-Energiederivatkontrakt **138** 1 ff.
- Stimmrechtsanteile, Mitteilungspflicht **127** 1 ff.
- Straftaten/Ordnungswidrigkeiten **137** 1 ff.

Übernahme
- Strategie- und Mittelherkunftsbericht **43** 1 ff.; s.a. „Mittelherkunftsbericht"; „Strategiebericht"

Übernahmeangebote
- Ad-hoc-Publizitätspflicht **VO Nr. 596/2014 17** 211 ff.
- freiwilliges Angebot **VO Nr. 596/2014 8** 29
- Offenlegungspflichten, außerhalb des WpHG **vor 33** 67 f.

Umtauschanleihen
- Mitteilungspflichten **38** 67

Umtauschrecht
- Ausübung **49** 11 ff.
- Schuldtitel **49** 24 ff.

Unabhängige Honoraranlageberatung
- BaFin, Entscheidung **94** 21 ff.
- Berufsbildfixierung **94** 12 ff.
- Bezeichnung, Ausnahmen **94** 18 ff.
- Bezeichnungsschutz **94** 8 ff.
- Bezeichnungsschutz, Ausland **94** 19 f.
- Grundlagen **94** 1 ff.
- Register **93** 6 ff.
- Register, Anlageberatung **93** 15
- Register, Anzeigepflicht **93** 21
- Register, Eintragungsvoraussetzungen **93** 9 ff.
- Register, Löschung **93** 20
- Register, Verordnungsermächtigung **93** 22 ff.
- Register, Zweigniederlassungen **93** 14
- Registervorschriften des KWG, Anwendbarkeit **94** 26 ff.

Unternehmensberatung
- Wertpapiernebendienstleistungen **2** 189 f.

Unternehmensbeteiligung s. „Beteiligung"

Unternehmenskauf
- Insiderhandelsverbot **VO Nr. 596/2014 8** 59 ff.

Unternehmensregister
- Abrufen von Information **40** 59
- Directors' Dealings **VO Nr. 596/2014 19** 134, 144
- Halbjahresfinanzbericht **115** 12
- Inlandsemittent **41** 4
- Insiderinformation **VO Nr. 596/2014 17** 178 ff.
- Jahresfinanzbericht **114** 11, 31 ff.
- Meldepflicht **40** 28
- Meldezeitpunkt **41** 14
- Mitteilung an die BaFin **41** 12 f.
- Ordnungswidrigkeiten **120** 118, 127
- Stimmrechte, Gesamtzahl **41** 5 ff.
- Stimmrechte, Zu-/Abnahme **41** 9
- Übermittlung der Informationen **41** 15
- Veröffentlichungspflicht **41** 10 f.
- Zweck **41** 1 ff.

Untersuchung
- gerichtliche Überprüfung **VO Nr. 648/2012 62** 19 ff.

Untersuchungsbeauftragter
- Befugnisse **VO Nr. 648/2012 64** 10
- Stellung **VO Nr. 648/2012 64** 8 f.

Untersuchungsverfahren
- Ablauf **VO Nr. 648/2012 64** 5 ff.
- Verteidigungsrecht **VO Nr. 648/2012 64** 11 ff.

Verbraucher
- Schiedsvereinbarungen **101** 6 f., 39, 52 f., 56 f.
- Verbraucher **101** 56 f.

Verbreitung von Informationen
- Marktmanipulation, informationsgestützte **VO Nr. 596/2014 12** 177 ff.

Verfassungsrecht
- Wertpapierstraf-/ordnungswidrigkeitenrecht **vor 119** 33 ff.

Verfassungsrechtliche Aspekte
- Anzeigepflicht an die BaFin **23** 9 ff.
- Insiderliste **VO Nr. 596/2014 18** 9

Verhaltenspflicht
- Beauftragung durch anderes Wertpapierdienstleistungsunternehmen **71** 1 ff.
- geeignete Gegenpartei **68** 1 ff.
- Kundenaufträge **69** 1 ff.; s.a. dort
- mehrstufige Vermittlungsverhältnisse **71** 7
- multilaterale Handelssysteme **74** 1 ff.; s.a. dort
- Prüfung, jährliche **89** 5 ff.
- Überwachung durch BaFin **88** 1 ff.
- Zuwendungen **70** 1 ff.; s.a. dort

Verhaltenspflicht, allgemeine s.a. „Kunden"
- Anlageberatung **64** 2 ff.
- Anlageempfehlungen **63** 59 f.; **85** 12 ff.
- Anlagestrategie **85** 12 ff.
- Aufklärungspflicht, Interessenkonflikte **63** 37 ff.
- Ausführungspflicht **63** 22
- Basisinformationen **63** 74 ff.
- Behörde, Name **63** 88
- Berichtspflicht, ausgeführte Geschäfte **63** 154
- Berichtspflicht, Vermögensverwaltung **64** 88 ff.
- Eindeutigkeitsgebot **63** 61
- Essential-Facilities-Doktrin **VO Nr. 648/2012 7** 2
- EU-/EWR-Raum **90** 1 ff.
- Finanzanalysen **63** 59
- Finanzinstrumente, nicht komplexe **63** 143 ff.
- Informationsblatt **64** 52 ff.
- Interessenkonflikte **63** 35 ff.
- Investmentvermögen **63** 112
- Irreführungsverbot **63** 62, 74 ff.
- Kenntnisstand des Kunden **63** 54
- Kosten **63** 109 ff.
- Kunden, Kenntnisse/Erfahrungen **67** 27
- Kundeninformation **63** 90 ff.
- Kundeninformation, Aktualisierung **63** 95 f.
- Kundeninformation, Form **63** 98
- Kundeninformation, Inhalt **63** 99 ff.
- Kundeninformation, Rechtzeitigkeit **63** 97, 113 ff.
- Kundeninformation, Verständlichkeit **63** 64 ff., 93 f.
- Kundeninformation, Vollständigkeit **63** 96
- Kundeninformation, Widerspruchsfreiheit **63** 68
- Kundeninformation, Zugänglichmachung **63** 57
- Kundeninteressen **63** 19 ff.
- Marketingmitteilungen **63** 58 ff.
- Nebenkosten **63** 109
- Ordnungswidrigkeiten **120** 191 ff.
- Pflichtinformationen **63** 90 ff.
- Privatkunden **63** 14, 61 ff., 142 ff.
- professionelle Kunden **63** 14, 106, 120
- Prospektangaben **63** 103
- Prüfung, jährliche **89** 5 ff.
- Redlichkeitsgebot **63** 63 ff.
- Risiko **63** 70 ff.
- Risiko/Vorteil-Korrelation **63** 70 ff.
- Sachkenntnis **63** 18
- Sorgfaltspflicht **63** 18
- steuerliche Behandlung **63** 87
- Überwachung durch BaFin **88** 1 ff.
- unabhängige Honorar-Anlageberatung **64** 63 ff.
- unangemessene Dienstleistungen **63** 135 ff.
- Vergütung **63** 46
- Vermögensverwaltung **64** 77 ff.
- Vermögensverwaltung, Informationseinholung bei Kunden **64** 79 f.
- Vermögensverwaltung, Zuwendungen **64** 84 f.
- Verständnisgebot **63** 50 ff., 64 ff.
- Vertreter/Boten s. dort
- Warnungen **63** 131 ff., 135 ff.
- Wertentwicklung **63** 78 ff.
- Wertpapierdienstleistung, Vergleich **63** 77
- Wertpapiere, Art **63** 99 ff.
- WpDVerOV **63** 47 ff.
- Zweck **63** 2 ff.

Vermögensverwahrung
- Ordnungswidrigkeiten **120** 244

Vermögensverwaltung
- Anlageempfehlungen **64** 83
- Anlagen, Geeignetheit **64** 82
- Begriff **64** 77
- Berichtspflicht **64** 86 ff.
- Best Execution **82** 4, 54
- Betreuung/Vormundschaft **2** 157
- Directors' Dealings, Mitteilungspflicht **VO Nr. 596/2014 19** 84 ff.
- getrennte **84** 1 ff.
- Informationseinholung, über Kunden **64** 79 f.
- Mitteilungspflicht **84** 21 ff.
- naher Angehöriger **2** 157

Sachregister

- Risiken 64 78
- Schutz der Finanzinstrumente 84 26 ff.
- Schutz der Kundengelder 84 2 ff.
- Vertreter der Kunden 67 30 f.
- Wertpapierdienstleistungen, Begriff 2 149 f.

Veröffentlichungspflicht
- Anordnung zusätzlicher 14 17 ff.
- Nichteigenkapitalinstrumente VO Nr. 600/2014 9 1 ff.
- spätere Veröffentlichung VO Nr. 600/2014 11 9 ff.
- spätere Veröffentlichung, Aussetzung der Nachhandelstransparenz VO Nr. 600/2014 11 22 ff.
- spätere Veröffentlichung, Genehmigungsverfahren VO Nr. 600/2014 7 7 ff.; VO Nr. 600/2014 11 18 ff.

Verpacktes Anlageprodukt für Kleinanleger
- Definition VO Nr. 1286/2014 4 3 ff.

Verschwiegenheitspflicht
- Amtspflichtverletzung 21 92
- Anzeige an die BaFin 23 46 ff., 60 f., 68 f.
- Anzeigenerstatter 23 46 ff.
- Auskunft ggü. Finanzbehörden 21 83 ff.
- BaFin 23 60 f.
- BaFin, Beschäftigte/Beauftragte 21 1 ff.
- Bekanntmachung, WpHG-Verstöße 23 62
- Geheimhaltungsinteresse 21 22 ff.
- Informationsfreiheitsgesetz 21 65 ff.
- Offenbarungsbefugnis 21 47 ff.
- Ordnungswidrigkeiten 120 102 ff.
- Personenkreis 21 14 ff.
- Rechts-/Amtshilfe 21 61
- Umfang 21 19 ff.
- Verletzung 21 88 ff.

Versicherungsanlageprodukt
- Definition VO Nr. 1286/2014 4 15 ff.

Versicherungsunternehmen
- Wertpapierdienstleistungsunternehmen 3 25 f.

Vertretung s. „Vertretung"

Vertrieb
- Kundeninteressen, Wahrung 80 146 ff.
- Mitarbeiter, Einsatz/Auswahl 87 36 ff.; s.a. dort

Verwahrung s.a. „Depotbank"; „Vermögensverwaltung"
- Stimmrechtsanteile, Zurechnung 35 63

Verwaltungsrechtliche Sanktionen
- Abgrenzung zu verwaltungsrechtlichen Maßnahmen VO Nr. 596/2014 30 19 ff.
- Auslösungstatbestände VO Nr. 596/2014 30 17 f.
- Bestimmung von Art und Höhe VO Nr. 596/2014 31 5 ff.
- Doppelsanktionierung VO Nr. 596/2014 31 10 f.
- finanzielle Sanktionen VO Nr. 596/2014 30 28 ff.
- Grundrechtsschutz im Mehrebenensystem VO Nr. 596/2014 30 9 ff.
- Kooperationsgebot VO Nr. 596/2014 31 10 f.
- Mindestharmonisierung VO Nr. 596/2014 30 37
- Schuldprinzip VO Nr. 596/2014 30 32 ff.
- unionsrechtliche inhaltliche Anforderungen VO Nr. 596/2014 30 23 ff.
- zuständige Behörde VO Nr. 596/2014 30 15 f.

Verwaltungsverfahren
- Ad-hoc-Publizität VO Nr. 596/2014 17 237 ff.
- Anhörung 6 48
- Realakte 6 47
- Rechtsbehelfsbelehrung 6 49
- Rechtsschutz s. „BaFin – Rechtsschutz"
- Verhältnismäßigkeitsgrundsatz 6 45
- Verwaltungsakte 6 48 f.

Verwaltungsvollstreckung
- Rechtsschutz s. „BaFin – Rechtsschutz"
- Zwangsmittel vor 6 74

Verwandte
- Directors' Dealings, Mitteilungspflicht VO Nr. 596/2014 19 40 ff.

Verwertungsverbot
- Auskunft ggü. Finanzbehörden 21 83 ff.
- BaFin, Beschäftigte/Beauftragte 21 1 ff.

Vorhandelstransparenz
- Eigenkapitalinstrumente s. „Eigenkapitalinstrumente – Vorhandelstransparenz"
- Nichteigenkapitalinstrumente s. „Nichteigenkapitalinstrumente – Vorhandelstransparenz"

Vorlagepflichten
- Enforcement-Verfahren 107 41 ff.

Vormund
- Stimmrechtsanteile, Mitteilungspflichten 33 15
- Vermögensverwaltung 2 157

Vorsatz
- Aktien, Rechtsverlust 44 82 ff.
- Begriff, kapitalmarktrechtlicher 44 82 ff.
- Ordnungswidrigkeiten 120 362 ff.
- Straftaten 119 175

Vorstand
- Ad-hoc-Publizitätspflicht, Verantwortlichkeit VO Nr. 596/2014 17 25, 304 ff.

W

Wandelanleihen
- Directors' Dealings, Mitteilungspflicht VO Nr. 596/2014 19 65

Wandelgenussrechte
- Directors' Dealings, Mitteilungspflicht VO Nr. 596/2014 19 65

Wandelschuldverschreibungen
- Mitteilungspflichten 38 31 f.

Waren
- Begriff 2 88 f.

Waren-Spot-Kontrakt
- Begriff 2 90

Warentermingeschäfte
- Derivate, Begriff 2 65

Warnung
- unangemessene Dienstleistungen 63 135 ff.

Wechsel
- Wertpapiere, Begriff 2 16

Werbemaßnahmen
- BaFin-Verfügungen 92 15
- irreführende Werbung 92 5
- Kundentäuschung 92 13
- Missstand 92 2 ff.
- Nötigung 92 14
- Ordnungswidrigkeiten 92 16
- unaufgeforderte Besuche 92 12
- unerwünschte 92 8 ff.

Wertpapierausschuss
- Zusammensetzung VO Nr. 600/2014 51 2

Wertpapierdienstleistung
- Anlageberatung 2 82, 129
- Anlagevermittlung 2 125 ff.
- Aufzeichnungspflichten s.a. dort
- Begriff 2 92 ff.
- Börsenhandel 2 282 f.
- Clearing, Organisationspflicht 78 1 ff.
- Eigenhandel mit Finanzinstrumenten 2 115 ff.
- Emissionsgeschäft 2 132
- Finanzkommissionsgeschäft 2 98 ff.
- Finanzportfolioverwaltung 2 148 ff.
- gelegentliche 3 30 ff.
- Handeln für fremde Rechnung 2 98 ff.
- Handelssysteme, multilaterale 2 160 ff.
- Handelssysteme, organisierte 2 165 ff.
- Investmentvermögen, Vertrieb 2 104
- Kapitalanlagegesellschaften 2 8
- Kundenaufträge, Bearbeitung 69 1 ff.; s.a. dort
- naher Angehöriger 2 157
- Platzierung für eigenes Risiko 2 133 ff.
- Platzierungsgeschäft 2 141 ff.
- Rahmenvereinbarung 63 164
- Schiedsvereinbarungen 101 1 ff.; s.a. dort
- unangemessene Dienstleistungen 63 135 ff.

Sachregister

- Verhaltenspflichten, allgemeine *s. dort*
- Wertpapierleihe **2** 99
- Zuwendungen **70** 1 ff.; *s.a. dort*

Wertpapierdienstleistungsunternehmen
- AIF **2** 199
- Anlageberatung, nicht vergütete **3** 67 f.
- Anlageberatung/-vermittlung, Investmentvermögen **3** 49 ff.
- Anlagebestand **36** 3, 8 ff.; *s.a. dort*
- Anzeigeerstatter, Verschwiegenheitspflicht **23** 46 ff.
- Anzeigepflicht an die BaFin **23** 12 ff.
- Arbeitnehmerbeteiligungen, Verwaltung **3** 20 ff.
- Aufzeichnungspflichten **83** 1 ff.; *s.a. dort*
- Auslandsunternehmen, inländische Zweigstelle **2** 208 ff.
- Ausnahmen **3** 1 ff.
- Befreiung, Wertpapierdienstleistungen **91** 3 ff.
- Begriff **2** 198 ff.
- Beschwerdemanagement **80** 101 f.
- Clearing, Organisationspflicht **78** 1 ff.
- derivatbezogene Nebendienstleistungen **3** 54 ff.
- Derivategeschäfte durch sog. Locals **3** 54
- Drittstaat, Befreiung **91** 3 ff.
- Einschaltung durch anderes **71** 1 ff.
- EU-/EWR-Raum **90** 1 ff.
- Finanzdienstleistungsinstitute **2** 207
- Freiberufler **3** 30 ff.
- Geldbuße **119** 202
- Geschäftsleiter, Aufgaben **81** 2 ff.
- Geschäftsleiter, Compliance-Berichte **81** 7
- Geschäftsleiter, Überwachung des Produktfreigabeprozesses **81** 7
- Geschäftsleiter, Zugang zu Informationen und Dokumenten **81** 6
- Handelsbestand **36** 3, 8 ff.; *s.a. dort*
- Handelssysteme, multilaterale **3** 69
- konzerninterne Dienstleistungen **3** 7 ff.
- Kreditinstitute **2** 200
- kumulative Dienstleistungserbringung **3** 24
- Kundenaufträge, bestmögliche Ausführung **82** 1 ff.; *s.a. „Best Execution"*
- mehrstufige Vermittlungsverhältnisse **71** 7
- Meldepflicht **VO Nr. 600/2014 26** 7 ff.
- Mitarbeiter, Einsatz/Auswahl **87** 1 ff.; *s.a. dort*
- Mitteilungspflicht, Befreiung **36** 5 ff.
- multilaterale Handelssysteme **74** 1 ff.; *s.a. dort*
- öffentliche Schuldenverwaltung **3** 28
- OGAW **2** 199
- Organisationspflichten **80** 1 ff.; *s.a. dort*
- Prüfung der Meldepflichten **89** 5 ff.
- Prüfung, Verhaltenspflichten **89** 5 ff.
- Selbstauskunft, Wertpapierprospektgesetz **65a** 1 ff.
- systematische Internalisierer *s. dort*
- Überwachung, Mitarbeitereinsatz **88** 1 ff.
- Überwachung, Verhaltenspflichten **88** 1 ff.
- Verhaltenspflichten, allgemeine **63** 1 ff.; *s.a. dort*
- Vermittler, gebundene **3** 85 ff.
- Versicherungsunternehmen **3** 25 ff.
- Vertretung von Kunden **67** 22
- Vertriebsvorgaben **80** 61 ff.
- Voraussetzungen **2** 201 ff.
- Vorsorgewertpapierbestand **36** 8

Wertpapiere
- Aktien **2** 18
- Aktien vergleichbare Anteile **2** 19 ff.
- Aktien vertretende Hinterlegungsscheine **2** 23
- Begriff **2** 8 ff.
- getrennte Vermögensverwaltung **84** 1 ff.
- Handelbarkeit **2** 12 f.
- Investmentanteile **2** 8
- nicht verbriefte **2** 15
- Schuldtitel **2** 25 ff.
- Standardisierung **2** 11
- Übertragbarkeit **2** 14
- Vinkulierung **2** 13

- Wechsel **2** 16
- Zwischenscheine **2** 22

Wertpapierinhaber
- Datenschutz **48** 20 f.
- Ermöglichung der Rechtsausübung **48** 14 ff.
- Gleichbehandlung **48** 5 ff.; *s.a. dort*
- inländische Zahlstelle **48** 22 ff.
- notwendige Informationen *s. „Zulassungsfolgepflichten"*
- Vollmachtsformulare **48** 30 ff.

Wertpapierleihe
- Mitteilungspflichten **36** 22 f.
- Wertpapierdienstleistungen **2** 99

Wertpapiernebendienstleistungen
- Anlageempfehlungen **2** 192 ff.
- Aufzeichnungspflichten *s. dort*
- Begriff **2** 177 ff.
- Depotgeschäft **2** 180 ff.
- derivatbezogene **3** 54 ff.
- Devisengeschäft **2** 191
- Emissionsgeschäft **2** 195
- geeignete Gegenpartei **68** 1 ff.
- Kreditgewährung **2** 186 ff.
- Schiedsvereinbarungen **101** 1 ff.; *s.a. dort*
- Spotgeschäfte **2** 196 f.
- Unternehmensberatung **2** 189 f.
- Zuwendungen **70** 1 ff.; *s.a. dort*

Wertpapierrat
- Aufgaben **16** 5 ff.
- Einberufung **16** 12
- Geschäftsordnung **16** 13
- Mitglieder/Teilnehmer **16** 9 ff.
- Zweck **16** 1 ff.

Wesentliche Beteiligung
- Strategie- und Mittelherkunftsbericht **43** 1 ff.; *s.a. „Mittelherkunftsbericht"; „Strategiebericht"*

Wettbewerbsverstoß
- Ad-hoc-Publizitätspflicht **VO Nr. 596/2014 17** 239

Whistleblowing
- Arbeitsrecht, Verhältnis **VO Nr. 596/2014 32** 16 ff.
- Durchführungsbefugnis der Europäischen Kommission **VO Nr. 596/2014 32** 28 ff.
- finanzielle Anreize **VO Nr. 596/2014 32** 24 ff.
- Hinweisgebersystem **VO Nr. 596/2014 32** 11 ff.
- interne Meldesysteme, regulierter Finanzdienstleistungssektor **VO Nr. 596/2014 32** 22 f.
- Schutz personenbezogener Daten **VO Nr. 596/2014 32** 32
- wirksame Meldemechanismen **VO Nr. 596/2014 32** 7 ff.

Widerspruch
- aufschiebende Wirkung **13** 1 ff.; **14** 27
- Enforcement-Verfahren **112** 1 ff.

Wirtschaftsprüfer
- Hinzuziehung durch BaFin **6** 244
- Insiderliste **VO Nr. 596/2014 18** 21

Wirtschaftsprüferkammer
- Jahresfinanzbericht **114** 48 f.

Wohlverhaltensregelungen *s. „Verhaltenpflichten, allgemeine"*

WpAV
- Ad-hoc-Publizitätspflicht **VO Nr. 596/2014 17** 90 ff.
- Halbjahresfinanzbericht **115** 49
- Jahresfinanzbericht **114** 50 f.
- Stimmrechtsanteile, Veröffentlichungspflicht **40** 30

WpDVerOV
- Verhaltenspflichten, allgemeine **63** 47 ff.

Zahlungsbericht
- Erklärung zur Unternehmenstätigkeit **116** 8 ff.
- Erstellungspflicht **116** 1 ff.
- Hinweisbekanntmachung und Übermittlung **116** 7
- Sanktionen **116** 12
- Veröffentlichungspflicht **116** 5 f.

Zahlungsinstrumente
- Abgrenzung zu Wertpapieren **2** 16

Sachregister

Zeichnungsrecht
- Ausübung 49 11 ff.
- Finanzinstrumente, Begriff 2 86
- Schuldtitel 49 24 ff.

Zentralbanken
- Bereichsausnahme VO Nr. 648/2012 1 10 ff.
- Mitteilungspflicht, Befreiung 36 53 ff.
- Wertpapierdienstleistungsunternehmen 3 28 f.

Zentrale Gegenpartei
- Abrechnungspreise, Mitteilungspflicht VO Nr. 648/2012 38 12 ff.
- Abwicklung von Finanzinstrumenten VO Nr. 648/2012 50 6 f.
- Abwicklung von Zahlungen VO Nr. 648/2012 50 1 ff.
- Anfangskapital VO Nr. 648/2012 16 5 f.
- Anlage von Finanzmitteln VO Nr. 648/2012 47 5 ff.
- Anteilseignerkontrolle VO Nr. 648/2012 31, 32 6 ff.
- Aufbewahrungsfrist von Aufzeichnungen VO Nr. 648/2012 29 1 f.
- Aufsichtsbefugnisse der BaFin VO Nr. 648/2012 22 4
- Aufzeichnungen, Modalitäten VO Nr. 648/2012 29 3 ff.
- Aufzeichnungen, Vorlagepflicht VO Nr. 648/2012 29 6 ff.
- Ausfallfonds, Beitragsleistungspflicht VO Nr. 648/2012 42 4 ff.
- Ausfallfondsbeiträge, Halten und Reinvestieren VO Nr. 648/2012 47 18 ff.
- Auslagerung von Funktionen, Anforderungen VO Nr. 648/2012 35 1 ff.
- Auslagerung von Funktionen, Vereinbarungen VO Nr. 648/2012 35 10 ff.
- Aussetzung der Mitgliedschaft VO Nr. 648/2012 37 16 ff.
- Ausstattung, angemessene VO Nr. 648/2012 26 18 ff.
- Bekanntmachung von Verstößen gegen die Zulassungskriterien VO Nr. 648/2012 38 18 ff.
- Beschwerdemanagement VO Nr. 648/2012 36 5 f.
- Beteiligung, Qualifizierte VO Nr. 648/2012 30 1 ff.
- Compliance-Funktion VO Nr. 648/2012 26 13 ff.
- Definition VO Nr. 648/2012 2 6 ff.
- diskriminierungsfreier Zugang VO Nr. 600/2014 35 1 ff.
- Drittstaat, Anerkennungsverfahren VO Nr. 648/2012 25 9 ff.
- Drittstaat, Anerkennungsvoraussetzungen VO Nr. 648/2012 25 25 ff.
- Eigenkapital, Funktion VO Nr. 648/2012 16 1 ff.
- Eigenkapitalanforderungen VO Nr. 648/2012 16 7 ff.
- Einschüsse, Halten und Reinvestieren VO Nr. 648/2012 47 18 ff.
- Einschüsse, Leistungspflicht VO Nr. 648/2012 41 5 ff.
- Einschüsse, Modellnutzungspflicht VO Nr. 648/2012 41 12 ff.
- Einzelkunden-Kontentrennung VO Nr. 648/2012 39 18 ff.
- Entziehung der Zulassung VO Nr. 648/2012 20 5 ff.
- Essential-Facilities-Doktrin VO Nr. 648/2012 36 1
- europäischer Pass VO Nr. 648/2012 14 7 ff.
- Finanzmittel VO Nr. 648/2012 43 1 ff.
- Fortführung des Geschäftsbetriebs VO Nr. 648/2012 79 3 f.
- FRAND-Prinzip VO Nr. 648/2012 36 1 ff.
- Geschäftsausweitung VO Nr. 648/2012 15 2 ff.
- Geschäftsführung, Eignung VO Nr. 648/2012 27 1 ff.
- gruppeninterne Geschäfte, Anforderungen VO Nr. 648/2012 3 13 ff.
- gruppeninterne Geschäfte, Begriff VO Nr. 648/2012 3 1 ff.
- gruppeninterne Geschäfte, Drittstaaten VO Nr. 648/2012 3 48 ff.
- gruppeninterne Geschäfte, Vollkonsolidierung VO Nr. 648/2012 3 13 ff.
- Handelsplatz, Zugang VO Nr. 648/2012 8 1 ff.
- hypothetischer Kapitalbedarf, Rechnung VO Nr. 648/2012 50a–50d 10 ff.
- Informationstechnologie VO Nr. 648/2012 26 31 ff.
- Informationstechnologie, Sicherheit VO Nr. 648/2012 33 9 f.
- Innenrevision VO Nr. 648/2012 26 35 ff.
- Interessenskonflikte, Identifizierung und Vermeidung VO Nr. 648/2012 33 1 ff.
- Interoperabilitätsvereinbarung, Begriff VO Nr. 648/2012 51–54 5 ff.
- Interoperabilitätsvereinbarung, Genehmigungsverfahren VO Nr. 648/2012 51–54 29 ff.
- Interoperabilitätsvereinbarung, Risikomanagement VO Nr. 648/2012 51–54 13 ff.
- Kollegium, Errichtung VO Nr. 648/2012 18 1 ff.
- Kollegium, Stellungnahme zur Risikobewertung VO Nr. 648/2012 19 3 ff.
- Kollegium, Vorsitz VO Nr. 648/2012 18 24
- Kollegium, Zusammensetzung VO Nr. 648/2012 18 7 ff.
- Kollegium, Zuständigkeiten VO Nr. 648/2012 18 17
- Kontentrennung, Wahlrecht des Kunden VO Nr. 648/2012 39 27 ff.
- Kopplungsverbot VO Nr. 648/2012 38 5
- Kostenkalkulation, Offenlegung VO Nr. 648/2012 38 6 f.
- Kundenclearing, Anforderungen VO Nr. 648/2012 37 10 ff.
- Leitungsorgan, Mitwirkung von Kunden VO Nr. 648/2012 27 10 ff.
- Leitungsorgan, Zusammensetzung VO Nr. 648/2012 27 5 ff.
- Liquiditätsrisikomanagement, Anforderungen VO Nr. 648/2012 44 4 ff.
- Mitteilung von Abrechnungspreisen VO Nr. 648/2012 38 12 ff.
- Modellnutzungspflicht VO Nr. 648/2012 41 12 ff.
- Nachschusspflicht VO Nr. 648/2012 43 8 ff.
- Notfallplanung VO Nr. 648/2012 34 1 ff.
- Omnibus-Kunden-Kontentrennung VO Nr. 648/2012 39 15 ff.
- Peer Reviews VO Nr. 648/2012 21 7 ff.
- Preis- und Leistungsverzeichnis VO Nr. 648/2012 38 1 ff.
- Risiken, operationelle VO Nr. 648/2012 79 1 f.
- Risikoaufklärung VO Nr. 648/2012 38 8 ff.; VO Nr. 648/2012 39 36 ff.
- Risikoausschuss, Pflichten der Mitglieder VO Nr. 648/2012 28 7 ff.
- Risikoausschuss, Zusammensetzung VO Nr. 648/2012 28 1 ff.
- Risikoausschuss, Zuständigkeiten VO Nr. 648/2012 28 6
- Risikobewertung VO Nr. 648/2012 19 1 f.
- Risikobewertung, Stellungnahme VO Nr. 648/2012 19 3 ff.
- Risikomodelle, Überprüfung VO Nr. 648/2012 49 1 ff.
- Risikopositionen, Management VO Nr. 648/2012 40 1 ff.
- Risikopositionswert, Ermittlung VO Nr. 648/2012 50a–50d 13 ff.
- Sicherheiten, anerkennungsfähige Arten VO Nr. 648/2012 46 6 ff.
- Sicherheiten, Anforderungen VO Nr. 648/2012 46 4 ff.
- Sicherheiten, Bewertung VO Nr. 648/2012 46 34 ff.
- Sicherungssystem, institutsbezogenes VO Nr. 648/2012 3 33 ff.
- Störung des Geschäftsbetriebes VO Nr. 648/2012 34 1 ff.
- Stresstests VO Nr. 648/2012 21 10; VO Nr. 648/2012 49 15 ff.
- Teilnahme, Anforderungen VO Nr. 648/2012 37 2 ff.
- Trennung, funktionale VO Nr. 648/2012 26 23 ff.
- Trennungsprinzip, Pflichten VO Nr. 648/2012 39 5 ff.
- Trennungsprinzip, Zweck VO Nr. 648/2012 39 1 ff.
- Überprüfung und Bewertung VO Nr. 648/2012 21 1 ff.
- Überprüfung, Validierung VO Nr. 648/2012 49 4 ff.
- Unternehmensführung VO Nr. 648/2012 26 1 ff.
- Untersuchungsbefugnisse der BaFin VO Nr. 648/2012 22 4
- Vergütungsstruktur VO Nr. 648/2012 26 25 ff.
- Vermögenswerte VO Nr. 648/2012 39 56 ff.
- Verstöße gegen Zulassungskriterien, Bekanntmachung VO Nr. 648/2012 38 18 ff.
- Verwaltungsmaßnahmen VO Nr. 648/2012 22 5 ff.
- Vorlage von Aufzeichnungen VO Nr. 648/2012 29 6 ff.
- Wasserfallprinzip VO Nr. 648/2012 45 1 ff.
- Weiterleitung von Einschüssen VO Nr. 648/2012 39 30 ff.

Sachregister

- Wohlverhaltensregeln **VO Nr. 648/2012** 36 1 ff.
- Zugang, Anforderungen **VO Nr. 600/2014** 35 10 ff.; **VO Nr. 648/2012** 7 11 ff.
- Zugang, Drittland **VO Nr. 600/2014** 38 3 ff.
- Zugang, Gewährungspflicht **VO Nr. 648/2012** 7 1 ff.
- Zugang, Verfahren **VO Nr. 600/2014** 35 38 ff.
- Zugang zu einem Handelsplatz **VO Nr. 648/2012** 8 1 ff.
- Zulassung, Umfang **VO Nr. 648/2012** 14 12 ff.
- Zulassung, Zuständigkeit **VO Nr. 648/2012** 14 2 ff.
- Zulassungsverfahren **VO Nr. 648/2012** 17 2 ff.
- Zulassungsverfahren, Änderung **VO Nr. 648/2012** 17 27
- Zulassungsvoraussetzungen **VO Nr. 648/2012** 17 16 ff.
- zuständige Behörde **VO Nr. 648/2012** 22 1 ff.

Zentrale Gegenpartei – Risikominderungspflicht
- Anteile an OGAW **VO Nr. 648/2012** 11 401 ff.
- Anwendungsbereich, Ausnahmen **VO Nr. 648/2012** 11 32 ff.
- Anwendungsbereich, persönlicher **VO Nr. 648/2012** 11 9 ff.
- Anwendungsbereich, sachlicher **VO Nr. 648/2012** 11 20 ff.
- Anwendungsbereich, zeitlicher **VO Nr. 648/2012** 11 26 ff.
- Ausblick auf Änderungen **VO Nr. 648/2012** 11 834 ff.
- Besicherungspflicht **VO Nr. 648/2012** 11 205 ff.
- Besicherungspflicht, Freistellungen **VO Nr. 648/2012** 11 674 ff.
- Bewertung und Verwaltung von Sicherheiten **VO Nr. 648/2012** 11 649 ff.
- Bonitätsbeurteilung von Sicherheiten **VO Nr. 648/2012** 11 288 ff.
- EMIR-REFIT-Entwurf **VO Nr. 648/2012** 11 39 ff., 119
- Ersteinschüsse **VO Nr. 648/2012** 11 485 ff.
- Ersteinschüsse, Anforderungen an das Halten **VO Nr. 648/2012** 11 590 ff.
- Ersteinschüsse, Häufigkeit der Berechnung **VO Nr. 648/2012** 11 535 ff.
- Ersteinschüsse, Höhe **VO Nr. 648/2012** 11 488 ff.
- Freistellung gruppeninterner Geschäfte **VO Nr. 648/2012** 11 757 ff.
- geeignete Sicherheiten **VO Nr. 648/2012** 11 217 ff.
- Korrelationsrisiken **VO Nr. 648/2012** 11 278 ff.
- Liquiditätsanforderungen **VO Nr. 648/2012** 11 355 ff.
- Mindestbonitätsstufen **VO Nr. 648/2012** 11 337 ff.
- Nachschüsse **VO Nr. 648/2012** 11 430 ff.
- Portfolioabgleich **VO Nr. 648/2012** 11 69 ff.
- Portfoliokomprimierung **VO Nr. 648/2012** 11 107 ff.
- Risikomanagementverfahren **VO Nr. 648/2012** 11 173 ff.
- Streitbeilegung **VO Nr. 648/2012** 11 89 ff.
- tägliche Bewertung von OTC-Derivaten **VO Nr. 648/2012** 11 120 ff.
- Übergangsvorschriften **VO Nr. 648/2012** 11 726 ff.
- zeitnahe Bestätigung von OTC-Derivaten **VO Nr. 648/2012** 11 43 ff.
- zeitnahe Dokumentation der Vertragsbestimmungen **VO Nr. 648/2012** 11 129 ff.

Zentralregierungen
- Bereichsausnahme **VO Nr. 648/2012** 1 10 ff.

Zertifikate
- Gleichbehandlung 48 6, 10
- Vollmachtsformulare 48 31

Zinszahlung
- Schuldtitel 49 24

Zulässige Marktpraxis
- Änderung **VO Nr. 596/2014** 13 96 ff.
- Beendigung **VO Nr. 596/2014** 13 96 ff.
- dogmatische Einordnung **VO Nr. 596/2014** 13 11 f.
- Einklang mit zulässiger Marktpraxis **VO Nr. 596/2014** 13 18 ff.
- erfasste Marktmanipulationshandlungen **VO Nr. 596/2014** 13 14 f.
- Festlegungsverfahren **VO Nr. 596/2014** 13 68 ff.
- Funktionieren der Marktkräfte **VO Nr. 596/2014** 13 44 ff.
- geltende zulässige Marktpraxen **VO Nr. 596/2014** 13 100 ff.
- Geltungsbereich, räumlicher **VO Nr. 596/2014** 13 16 f.
- Integrität verbundener Märkte **VO Nr. 596/2014** 13 61 ff.
- Kriterien, materielle **VO Nr. 596/2014** 13 35 ff.
- Markteffizienz, Auswirkungen **VO Nr. 596/2014** 13 52 ff.
- Marktliquidität, Auswirkungen **VO Nr. 596/2014** 13 52 ff.
- Markttransparenz **VO Nr. 596/2014** 13 37 ff.
- Mitwirkung der ESMA **VO Nr. 596/2014** 13 81 ff.
- ordnungsgemäßes Funktionieren des Marktes **VO Nr. 596/2014** 13 55 ff.
- potentiell anerkennungsfähige Marktpraktiken **VO Nr. 596/2014** 13 105 ff.
- Rechtsschutz **VO Nr. 596/2014** 13 109 ff.
- Regelungsgegenstand **VO Nr. 596/2014** 13 1 f.
- Regelungssystematik **VO Nr. 596/2014** 13 3 ff.
- Regelungszweck **VO Nr. 596/2014** 13 8 ff.
- Risiken für die Integrität verbundener Märkte **VO Nr. 596/2014** 13 61 ff.
- Strukturmerkmale des Marktes **VO Nr. 596/2014** 13 67
- Überprüfung **VO Nr. 596/2014** 13 93 ff.
- Untersuchung der Marktpraxis **VO Nr. 596/2014** 13 65 f.
- Verfahren, Behördeninformation **VO Nr. 596/2014** 13 75 ff.
- Verfahren der Festlegung **VO Nr. 596/2014** 13 68 ff.
- Verhältnis zu anderen Bestimmungen **VO Nr. 596/2014** 13 5 ff.
- Voraussetzungen **VO Nr. 596/2014** 13 13 ff.
- Zusammenspiel von Angebot/Nachfrage **VO Nr. 596/2014** 13 44 ff.
- Zuständigkeit für die Festlegung **VO Nr. 596/2014** 13 34

Zulassungsfolgepflichten
- Aktien, Ausgabe 49 15
- Aktien, Einziehung 49 14
- Anwendungsbereich, persönlicher 48 2 ff.; vor 48 9 f.
- Bußgeld 49 44
- Dividendenausschüttung 49 11
- Entstehungsgeschichte vor 48 1 ff.
- Rechtsnatur vor 48 16 ff.
- Regelungsgegenstand vor 48 8 ff.
- Schadensersatzpflicht 49 46
- Schuldtitel, Ausübung von Rechten 49 22 ff.
- Umtausch-/Bezugs-/Zeichnungsrechte, Ausübung 49 11 ff.
- Veröffentlichung, Art 49 29
- Veröffentlichung, Datenfernübertragung 49 30 ff.; s.a. dort
- Veröffentlichung, unverzügliche 49 16 ff., 27 f.
- Veröffentlichungspflichten, aktienbezogene 49 4 ff.
- Veröffentlichungspflichten, schuldtitelbezogene 49 22 ff.

Zuwendungen
- Analysekonto 70 24 ff.
- Bagatellzuwendung 70 3
- Begriff 70 3 ff.
- Beweislast 70 52
- Dritte 70 13 ff.
- Empfänger/Zuwendender 70 9 ff.
- Finanzanalysen, Erstellung 85 15
- geldwerter Vorteil 70 5 f.
- Kundeninteressen 70 43 ff.
- notwendige Zuwendungen 70 16 ff.
- Offenlegung 70 46 ff.
- Ordnungswidrigkeiten 120 210
- Platzierungen 70 53 f.
- Regelung 70 1 ff.
- Verbot 70 27 ff.
- Vergütungen des Kunden 70 19
- zur Qualitätsverbesserung 70 28 ff.
- Zusammenhang mit Wertpapierdienstleistung 70 7 f.

Zwangsmittel
- Arten 6 52 ff.
- BaFin vor 6 74

Zweigstelle
- inländische, Wertpapierdienstleistungsunternehmen 2 208 ff.

Zwischenbericht
- Ad-hoc-Publizitätspflicht, Verhältnis **VO Nr. 596/2014** 17 9

Zwischenscheine
- Wertpapiere, Begriff 2 22